Hölters
Aktiengesetz

Aktiengesetz

Kommentar

Herausgegeben von

Dr. Wolfgang Hölters
Rechtsanwalt in Düsseldorf

3. Auflage

C.H.BECK/Verlag Vahlen
München 2017

Zitiervorschlag:
Hölters/*Bearbeiter* AktG § ... Rn. ...

www.vahlen.de

ISBN 978 3 8006 5231 0

Wilhelmstraße 9, 80801 München

Druck: Druckerei C. H. Beck Nördlingen
(Adresse wie Verlag)
Satz: Meta Systems Publishing & Printservices GmbH, Wustermark
Umschlag: Ralph Zimmermann – Bureau Parapluie

Gedruckt auf säurefreiem, alterungsbeständigem Papier
(hergestellt aus chlorfrei gebleichtem Zellstoff)

Vorwort

Seit dem Erscheinen der zweiten Auflage des Kommentars sind dreieinhalb Jahre vergangen. Zu meiner Freude sowie selbstverständlich auch zur Genugtuung der Autoren und des Verlags hat sich der Kommentar im Aktienrecht an profilierter Stelle etabliert. Das zeigt sich an der häufigen Zitierung in Rechtsprechung und Literatur. Die Erwartung der Benutzer an die Aktualität sowie der Erfolg und die positiven Reaktionen auf die vorangegangenen Auflagen machen eine Neuauflage notwendig. In dieser dritten Auflage werden die zwischenzeitlich in Kraft getretenen gesetzlichen Neuerungen, zum Beispiel die Aktienrechtsnovelle 2016 vom 22. November 2015 sowie das Gesetz für die gleichberechtigte Teilhabe von Männern und Frauen an Führungspositionen in der Privatwirtschaft und im öffentlichen Dienst vom 24. April 2015 berücksichtigt. Insbesondere das letztgenannte Gesetz bedingte eine umfassende Überarbeitung einzelner Paragraphen der Vorschriften zu Vorstand und Aufsichtsrat. Der Deutsche Corporate Governance Kodex ist in seiner jüngsten Fassung berücksichtigt. Die Rechtsprechung konnte mit einigen interessanten Entscheidungen aufwarten, die bis zum Redaktionsschluss eingearbeitet wurden.

Meinen Mitautoren danke ich für ihren Einsatz eingedenk der Tatsache, dass es gerade Aktienrechtspraktikern schwerfällt, die für eine Kommentierung mit höchstem Anspruch notwendige Zeit aufzubringen. Dem Verlag gilt Dank für die stets bereitwillige und hilfreiche Unterstützung. Unsere Leser fordere ich zugleich im Namen der Autoren zu hilfreichen Anregungen und Kritik auf.

Düsseldorf, im April 2017 | Wolfgang Hölters

Bearbeiterverzeichnis

Dr. Gabriele Apfelbacher
Rechtsanwältin in Frankfurt am Main

Dr. Barbara Deilmann
Rechtsanwältin in Düsseldorf

Dr. Florian Drinhausen
Rechtsanwalt in Frankfurt am Main

Dr. Lutz Englisch
Rechtsanwalt in München

Franz-Josef Gesinn
Rechtsanwalt
vormals Vorstandsmitglied der
Deutschen Genossenschafts-Hypothekenbank, Hamburg

Dr. Alexander Goertz
Rechtsanwalt in Bonn

Dr. Georg Greitemann
Rechtsanwalt in Frankfurt am Main

Otto Haberstock
Rechtsanwalt in München

Sylvie Hambloch-Gesinn
Rechtsanwältin
vormals Chefjustitiarin der Deutschen Post AG, Bonn

Dr. Jörn Hirschmann
Rechtsanwalt in Frankfurt am Main

Dr. Wolfgang Hölters
Rechtsanwalt in Düsseldorf

Dr. Thomas Laubert
Rechtsanwalt in Stuttgart

Dr. Dieter Leuering
Rechtsanwalt, Fachanwalt für Steuerrecht in Bonn
Honorarprofessor an der Universität Düsseldorf

Dr. Olaf Müller-Michaels
Rechtsanwalt in Düsseldorf
Professor an der FOM Hochschule für Oekonomie & Management in Essen

Dr. Gerold Niggemann
Rechtsanwalt in New York City, USA

Dr. Cornelius Simons, LL.M. (Cornell)
Rechtsanwalt und Syndikusrechtsanwalt in München

Dr. Dirk Solveen
Notar in Bonn

Bearbeiterverzeichnis

Dr. Erich Waclawik
Rechtsanwalt beim BGH, Karlsruhe

Dr. Markus Weber
Rechtsanwalt in Düsseldorf

Im Einzelnen haben bearbeitet:

§§ 1–14	Solveen
§§ 15–22	Hirschmann
WpHG §§ 21–29	Hirschmann
§§ 23–53	Solveen
§§ 53a–57	Laubert
§§ 58, 59	Waclawik
§§ 60–75	Laubert
§ 76 Rn. 1–49, 62 ff.	Weber
§ 76 Rn. 50–61	Hölters
§§ 77–89	Weber
§§ 90–92	Müller-Michaels
§ 93	Hölters
§ 94	Müller-Michaels
§§ 95–106	Simons
§§ 107–116	Hambloch-Gesinn/Gesinn
§ 117	Leuering/Goertz
§§ 118–132	Drinhausen
§§ 133–149	Hirschmann
§§ 150–160	Waclawik
§ 161	Hölters
§§ 170–174	Waclawik
§§ 175–178	Drinhausen
§§ 179–181	Haberstock/Greitemann
§§ 182–206	Apfelbacher/Niggemann
§§ 207–220	Simons
SpruchG §§ 1–17	Simons
§§ 221–240	Haberstock/Greitemann
§§ 241–249	Englisch
§§ 250–252	Simons
§§ 253, 254	Waclawik
§ 255	Englisch
§§ 256–261a	Waclawik
§§ 262–277	Hirschmann
§§ 278–290	Müller-Michaels
§§ 291–307	Deilmann
§§ 308–327	Leuering/Goertz
§§ 327a–327f	Müller-Michaels
WpÜG §§ 39a–39c	Müller-Michaels
§ 328	Leuering/Goertz
§§ 394–410	Müller-Michaels
Sachverzeichnis	Dr. Martina Schulz

Inhaltsverzeichnis

Aktiengesetz

vom 6. September 1965 (BGBl. I S. 1089),
zuletzt geändert durch Gesetz vom 17. Juli 2017 (BGBl. I S. 2446)

Erstes Buch. Aktiengesellschaft

Erster Teil. Allgemeine Vorschriften

Zweiter Teil. Gründung der Gesellschaft

Seite

Vierter Abschnitt. Hauptversammlung

Erster Unterabschnitt. Rechte der Hauptversammlung

Zweiter Unterabschnitt. Einberufung der Hauptversammlung

Dritter Unterabschnitt. Verhandlungsniederschrift. Auskunftsrecht

Vierter Unterabschnitt. Stimmrecht

Fünfter Unterabschnitt. Sonderbeschluß

Sechster Unterabschnitt. Vorzugsaktien ohne Stimmrecht

Siebenter Unterabschnitt. Sonderprüfung. Geltendmachung von Ersatzansprüchen

Seite

Drittes Buch. Verbundene Unternehmen

Erster Teil. Unternehmensverträge

Erster Abschnitt. Arten von Unternehmensverträgen

Zweiter Abschnitt. Abschluß, Änderung und Beendigung von Unternehmensverträgen

Dritter Abschnitt. Sicherung der Gesellschaft und der Gläubiger

Vierter Abschnitt. Sicherung der außenstehenden Aktionäre bei Beherrschungs- und Gewinnabführungsverträgen

Zweiter Teil. Leitungsmacht und Verantwortlichkeit bei Abhängigkeit von Unternehmen

Erster Abschnitt. Leitungsmacht und Verantwortlichkeit bei Bestehen eines Beherrschungsvertrags

Zweiter Abschnitt. Verantwortlichkeit bei Fehlen eines Beherrschungsvertrags

Abkürzungs- und Literaturverzeichnis

aA	anderer Ansicht; am Anfang
ABGB	Allgemeines Bürgerliches Gesetzbuch (Österreich)
Abh.	Abhandlungen
Abk.	Abkommen
abl.	ablehnend
ABl.	Amtsblatt
Abs.	Absatz
Abt.	Abteilung
abw.	abweichend
AcP	Archiv für die civilistische Praxis (Zeitschrift)
ADHGB	Allgemeines Deutsches Handelsgesetzbuch von 1861
ADS	Adler/Düring/Schmaltz, Rechnungslegung und Prüfung der Unternehmen, 6. Aufl. 1995 ff.
aE	am Ende
AE	Arbeitsrechtliche Entscheidungen
AEUV	Vertrag über die Arbeitsweise der Europäischen Union
aF	alte Fassung
AG	Aktiengesellschaft; Amtsgericht; Die Aktiengesellschaft (Zeitschrift)
AGB	Allgemeine Geschäftsbedingungen
AGBGB	Ausführungsgesetz zum BGB
AGG	Allgemeines Gleichbehandlungsgesetz
AHB	Allgemeine Versicherungsbedingungen für die Haftpflichtversicherung
AiB	Arbeitsrecht im Betrieb (Zeitschrift)
AIZ	Allgemeine Immobilien-Zeitung
AJP/PJA	Aktuelle juristische Praxis/Practique juridique actuelle (Zeitschrift)
AK-BGB/*Bearbeiter*	Alternativkommentar zum Bürgerlichen Gesetzbuch, hrsg. von Wassermann, 1979 ff.
AkDR	Akademie für Deutsches Recht
AktG	Aktiengesetz
Aktionärsrechte-RL	Richtlinie 2007/36/EG des Europäischen Parlaments und des Rates vom 11. Juli 2007 über die Ausübung bestimmter Rechte von Aktionären in börsennotierten Gesellschaften (ABl. L 184, 17)
AktFoV	Verordnung über das Aktionärsforum nach § 127a des Aktiengesetzes (Aktionärsforumsverordnung)
ALB	Allgemeine Lagerbedingungen des Deutschen Möbeltransports
allgM	allgemeine Meinung
ALR	Allgemeines Landrecht für die Preußischen Staaten von 1794; American Law Reports
Alt.	Alternative
amtl. Begr.	amtliche Begründung
AnfG	Gesetz über die Anfechtung von Rechtshandlungen eines Schuldners außerhalb des Insolvenzverfahrens
Angerer/Geibel/Süßmann/*Bearbeiter*	Angerer/Geibel/Süßmann (Hrsg.), Wertpapiererwerbs und -übernahmegesetz, Kommentar, 3. Aufl. 2017
Anh.	Anhang

Abkürzungs- und Literaturverzeichnis

Anm.	Anmerkung
AnwBl.	Anwaltsblatt (Zeitschrift)
AO	Abgabenordnung
AöR	Archiv des öffentlichen Rechts
AP	Arbeitsrechtliche Praxis (Entscheidungssammlung 1950 ff.)
AR-Blattei	Arbeitsrechts-Blattei
ArbG	Arbeitsgericht
ArbGG	Arbeitsgerichtsgesetz
ArbNErfG	Arbeitnehmererfindungsgesetz
ArbPlSchG	Arbeitsplatzschutzgesetz
ArbRdGgw	Das Arbeitsrecht der Gegenwart
ArbZG	Arbeitszeitgesetz
Arch.	Archiv
ArchBürgR	Archiv für Bürgerliches Recht
arg.	argumentum
ARGE	Arbeitsgemeinschaft
Art.	Artikel
ARUG	Gesetz zur Umsetzung der Aktionärsrechterichtlinie (ARUG) vom 30.7.2009 (BGBl. I S. 2479)
ASiG	Gesetz über Betriebsärzte, Sicherheitsbeamte und andere Fachkräfte für Arbeitssicherheit (Arbeitssicherheitsgesetz)
APS/*Bearbeiter*	Assmann/Pötzsch/Schneider (Hrsg.), Wertpapiererwerbs- und Übernahmegesetz, Kommentar, 2. Aufl. 2013
Assmann/Schneider/*Bearbeiter*	Assmann/Schneider (Hrsg.), Wertpapierhandelsgesetz, Kommentar, 6. Aufl. 2012
Bearbeiter in Assmann/Schütze KapitalanlageR-HdB	Assmann/Schütze (Hrsg.), Handbuch des Kapitalanlagerechts, 4. Aufl. 2015
AT	allgemeiner Teil, außertariflich
AuA	Arbeit und Arbeitsrecht (Zeitschrift)
AUB	Allgemeine Unfallversicherungsbedingungen
Aufl.	Auflage
Aufs.	Aufsatz
AÜG	Arbeitnehmerüberlassungsgesetz
AuR	Arbeit und Recht (Zeitschrift)
ausf.	ausführlich
AVAG	Gesetz zur Ausführung zwischenstaatlicher Verträge und zur Durchführung von Verordnungen und Abkommen der Europäischen Gemeinschaft auf dem Gebiet der Anerkennung und Vollstreckung in Zivil- und Handelssachen (Anerkennungs- und Vollstreckungsausführungsgesetz)
AVB	Allgemeine Versicherungsbedingungen, Allgemeine Vertragsbestimmungen
AVE	Allgemeinverbindlicherklärung
AVG	Angestelltenversicherungsgesetz
AVV	Allgemeine Verwaltungsvorschrift
AW	Außenwirtschaft
AWD	Außenwirtschaftsdienst des Betriebs-Beraters (Zeitschrift)
AWG	Außenwirtschaftsgesetz
AWV	Außenwirtschaftsverordnung
Az.	Aktenzeichen

B	Bundes-
BABl.	Bundesarbeitsblatt
Bad., bad.	Baden, badisch
BaFin	Bundesanstalt für Finanzdienstleistungsaufsicht
BAG	Bundesarbeitsgericht
BAGE	Entscheidungen des Bundesarbeitsgerichts
Bamberger/Roth/ *Bearbeiter*	Bamberger/Roth (Hrsg.), Bürgerliches Gesetzbuch, Kommentar, 3. Aufl. 2012
BankR-HdB/ *Bearbeiter*	Schimansky/Bunte/Lwowski (Hrsg.), Bankrechts-Handbuch, 4. Aufl. 2011
BAnz.	Bundesanzeiger
Baumbach/ Hefermehl/*Casper*	Baumbach/Hefermehl/Casper, Wechselgesetz, Scheckgesetz, Recht der kartengestützten Zahlungen, Kommentar, 23. Aufl. 2008
Baumbach/Hopt/ *Bearbeiter*	Baumbach/Hopt, Handelsgesetzbuch, Kommentar, 37. Aufl. 2016
Baumbach/Hueck	Baumbach/Hueck, Aktiengesetz, Kommentar, 13. Aufl. 1968
Baumbach/Hueck/ *Bearbeiter*	Baumbach/Hueck, GmbHG, Kommentar, 21. Aufl. 2017
BLAH/*Hartmann*	Baumbach/Lauterbach/Albers/Hartmann, Zivilprozessordnung, Kommentar, 75. Aufl. 2017
BLP/*Bearbeiter*	Baumgärtel/Laumen/Prütting, Handbuch der Beweislast im Privatrecht, Kommentar, 3. Aufl. 1997–2010
BauR	Zeitschrift für das gesamte öffentliche und private Baurecht
Baur/Stürner SachenR	Baur/Stürner, Sachenrecht, 18. Aufl. 2009
BauSparkG	Gesetz über Bausparkassen
Bay., bay.	Bayern, bayerisch
BayObLG	Bayerisches Oberstes Landesgericht
BayObLGZ	Amtliche Sammlung des Bayerischen Obersten Landgerichts in Zivilsachen
BayVBl.	Bayerische Verwaltungsblätter
BB	Betriebs-Berater (Zeitschrift)
BBankG	Gesetz über die deutsche Bundesbank
BBG	Bundesbeamtengesetz
BBiG	Berufsbildungsgesetz
BBK	Betrieb und Rechnungswesen: Buchführung, Bilanz, Kostenrechnung (Zeitschrift)
BBl.	Bundesblatt; Betriebswirtschaftliche Blätter (Zeitschrift)
Bd. (Bde.)	Band (Bände)
BdB	Bundesverband deutscher Banken
BDSG	Bundesdatenschutzgesetz
BeckBil-Komm./ *Bearbeiter*	Ellrott/Förschle/Kozikowski (Hrsg.), Beck'scher Bilanz-Kommentar, 10. Aufl. 2016
BeckFormB AktR/ *Bearbeiter*	Lorz/Pfisterer/Gerber (Hrsg.), Beck'sches Formularbuch Aktienrecht, 2005
BeckHdB AG/ *Bearbeiter*	Müller/Rödder (Hrsg.), Beck'sches Handbuch der AG, 2. Aufl. 2009
BeckHdB GmbH/ *Bearbeiter*	Müller/Winkeljohann (Hrsg.), Beck'sches Handbuch der GmbH, 5. Aufl. 2014

BeckHdB PersGes/*Bearbeiter* .... Müller/Hoffmann (Hrsg.), Beck'sches Handbuch der Personengesellschaften, 4. Aufl. 2014
BeckHdB-Notar/*Bearbeiter* .... Brambring/Jerschke (Hrsg.), Beck'sches Notar-Handbuch, 6. Aufl. 2015
BeckRS .... Entscheidungssammlung in Beck-Online (Jahr, Nummer)
BEEG .... Gesetz zum Elterngeld und zur Elternzeit (Bundeselterngeld- und Elternzeitgesetz)
Begr. .... Begründung
Begr. *Kropff* Textausgabe .... Textausgabe des Aktiengesetzes 1965 mit Begründungen und Berichten, 1965
Bek. .... Bekanntmachung
Bspr. .... Besprechung
bestr. .... bestritten
betr. .... betreffend, betreffs
BetrAVG .... Gesetz zur Verbesserung der betrieblichen Altersversorgung (Betriebsrentengesetz)
BetrVG .... Betriebsverfassungsgesetz
BetrVR .... Betriebsverfassungsrecht
BeurkG .... Beurkundungsgesetz
BFA .... Bankenfachausschuss des IDW
BfAI .... Bundesstelle für Außenhandelsinformation
BFH .... Bundesfinanzhof
BFHE .... Sammlung der Entscheidungen und Gutachten des Bundesfinanzhofs
BFM .... Bundesfinanzministerium
BFuP .... Betriebswirtschaftliche Forschung und Praxis (Zeitschrift)
BG .... Berufsgenossenschaft; (schweizerisches) Bundesgericht
BGB .... Bürgerliches Gesetzbuch
BGBl. .... Bundesgesetzblatt
BGE .... Entscheidungen des Schweizerischen Bundesgerichts, Amtliche Sammlung
BGH .... Bundesgerichtshof
BGHR .... BGH-Rechtsprechung (Loseblattsammlung 1987 ff.)
BGHSt .... Entscheidungen des Bundesgerichtshofs in Strafsachen
BGHWarn .... Rechtsprechung des Bundesgerichtshofes in Zivilsachen – in der amtlichen Sammlung nicht enthaltene Entscheidungen (als Fortsetzung von WarnR)
BGHZ .... Entscheidungen des Bundesgerichtshofes in Zivilsachen
BI/GF .... Bankinformation und Genossenschaftsforum (Zeitschrift)
Binz/Sorg GmbH & Co. KG .... Binz/Sorg, Die GmbH & Co. KG, 11. Aufl. 2010
BKartA .... Bundeskartellamt
BKR .... Zeitschrift für Bank- und Kapitalmarktrecht
Bl. .... Blatt
BlStSozArbR .... Blätter für Steuerrecht, Sozialversicherung und Arbeitsrecht
Blümich/*Bearbeiter* .. Heuermann (Hrsg.), EStG, KStG, GewStG, Kommentar, Loseblatt, 134. Aufl. 2016
BMF .... Bundesminister der Finanzen
BMJV .... Bundesministerium der Justiz und für Verbraucherschutz
BöhmsZ .... Zeitschrift für internationales Privat- und Strafrecht, begründet von Böhm
BörsG .... Börsengesetz

BPersVG	Bundespersonalvertretungsgesetz
BR-Drs.	Drucksachen des Deutschen Bundesrates
BRAO	Bundesrechtsanwaltsordnung
BRD	Bundesrepublik Deutschland
Brox/Henssler HandelsR	Brox/Henssler, Handelsrecht, 22. Aufl. 2016
BRTV	Bundesrahmentarifvertrag
BSG	Bundessozialgericht
BSGE	Entscheidungen des Bundessozialgerichts
BStBl.	Bundessteuerblatt
BT	Besonderer Teil; Bundestag
BT-Drs.	Drucksachen des Deutschen Bundestages
BuB	Bankrecht und Bankpraxis
Buchst.	Buchstabe
Bumiller/Harders/Schwamb/*Bearbeiter*	Bumiller/Harders/Schwamb, FamFG Freiwillige Gerichtsbarkeit, Kommentar, 11. Aufl. 2015
Bearbeiter in Bürgers/Fett KGaA	Bürgers/Fett (Hrsg.), Die Kommanditgesellschaft auf Aktien, 2. Aufl. 2015
BBankG	Gesetz über die Deutsche Bundesbank
BUrlG	Bundesurlaubsgesetz
Busch's Arch.	Archiv für Theorie und Praxis des Allgemeine, Deutschen Handelsrechts
Butzke HV	Butzke, Die Hauptversammlung der Aktiengesellschaft, begründet von Obermüller/Werner/Winden, 5. Aufl. 2011
BuW	Betrieb und Wirtschaft (Zeitschrift)
BVerfG	Bundesverfassungsgericht
BVerfGE	Entscheidungen des Bundesverfassungsgerichts
BVerwG	Bundesverwaltungsgericht
BVerwGE	Entscheidungen des Bundesverwaltungsgerichts
BWNotZ	Zeitschrift des Notariats in Baden-Württemberg
BZ	Börsen-Zeitung
bzw.	beziehungsweise
ca.	circa
Canaris BankvertragsR	Canaris, Bankvertragsrecht, 1. Teil 3. Aufl. 1988, 2. Teil 4. Aufl. 1995
Canaris HandelsR	Canaris, Handelsrecht, 24. Aufl. 2006
Capelle/Canaris HandelsR	Capelle/Canaris, Handelsrecht, 21. Aufl. 1989
CCZ	Corporate Compliance Zeitschrift
CISG	United Nations Convention on Contracts for the International Sale of Goods/Übereinkommen der Vereinten Nationen über Verträge über den internationalen Warenkauf
Claussen BankR/BörsenR	Claussen, Bank- und Börsenrecht, 4. Aufl. 2008
Clunet	Clunet, Journal du droit international
CMLR	Common Market Law Report
Co.	Company
CR	Computer und Recht (Zeitschrift)
DAR	Deutsches Autorecht (Zeitschrift)
DAX	Deutscher Aktenindex
DB	Der Betrieb (Zeitschrift)

DBW	Die Betriebswirtschaft (Zeitschrift)
DepotG	Depotgesetz
Der Konzern	Der Konzern (Zeitschrift)
ders.	derselbe
DCGK	Deutscher Corporate Governance Kodex
dgl.	desgleichen; dergleichen
DGWR	Deutsches Gemein- und Wirtschaftsrecht (Zeitschrift)
dh	das heißt
Die Bank	Die Bank (Zeitschrift)
dies.	dieselbe(n)
diff.	differenzierend
Dig.	Digesten
DIHT	Deutscher Industrie- und Handelstag
Diss.	Dissertation
DJ	Deutsche Justiz (Zeitschrift)
DJT	Deutscher Juristentag
DJZ	Deutsche Juristenzeitung
DLK	Der langfristige Kredit (Zeitschrift)
DM	Deutsche Mark
DMBilG	Gesetz über die Eröffnungsbilanz und die Kapitalneufestsetzung
DNotZ	Deutsche Notar-Zeitschrift
Dok.	Dokument
DöD	Der öffentliche Dienst
DÖV	Die öffentliche Verwaltung (Zeitschrift)
DR	Deutsches Recht (Zeitschrift)
Dreier/Fritzsche/Verfürth/*Bearbeiter*	Dreier/Fritzsche/Verfürth, Spruchverfahrensgesetz, Kommentar, 2. Aufl. 2016
DRiZ	Deutsche Richterzeitung
DRS	Deutscher Rechnungslegungsstandard
DRSC	Deutsche Rechnungslegungs Standards Commitee
DSR	Deutscher Standardisierungsrat
DStR	Deutsches Steuerrecht (Zeitschrift)
DStZ	Deutsche Steuer-Zeitung
DSWR	Datenverarbeitung, Steuer, Wirtschaft, Recht (Zeitschrift)
Dt.; dt.	deutsch
DtZ	Deutsch-deutsche Rechts-Zeitschrift
Düringer/Hachenburg/*Bearbeiter*	Düringer/Hachenburg, Das Handelsgesetzbuch vom 10.5.1897, Kommentar, 3. Aufl. 1930–1935
DVBl	Deutsches Verwaltungsblatt (Zeitschrift)
DVO	Durchführungsverordnung
DVWG	Deutsche Verkehrswirtschaftliche Gesellschaft
DVZ	Deutsche Verkehrszeitung
DZWiR	Deutsche Zeitschrift für Wirtschafts- und Insolvenzrecht
E	Entwurf, Entscheidung (in der amtlichen Sammlung)
EBJS/*Bearbeiter*	Ebenroth/Boujong/Joost/Strohn (Hrsg.), Handelsgesetzbuch, Kommentar, 3. Aufl. 2014/2015
EFZG	Gesetz über die Zahlung des Arbeitsentgelts an Feiertagen und im Krankheitsfall (Entgeltfortzahlungsgesetz)
EG	Einführungsgesetz
eG	eingetragene Genossenschaft

EGBGB	Einführungsgesetz zum Bürgerlichen Gesetzbuch
EGHGB	Einführungsgesetz zum Handelsgesetzbuch
EGInsO	Einführungsgesetz zur Insolvenzordnung
Ehrenbergs HdB	Ehrenbergs Handbuch des gesamten Handelsrechts mit Einschluß des Wechsel-, Scheck-, See- und Binnenschifffahrtsrechts, des Versicherungsrechts sowie des Post- und Telegraphenrechts, 1913–1928
Einf.	Einführung
einhM	einhellige Meinung
Einl.	Einleitung
EK	Eigenkapital
Ek Praxisleitfaden	Ek, Praxisleitfaden für die Hauptversammlung, 2. Aufl. 2010
Bearbeiter in Ekkenga/Schröer HdB AG-Finanzierung	Ekkenga/Schröer (Hrsg.), Handbuch der AG-Finanzierung, 2014
Emmerich/Habersack/*Bearbeiter*	Emmerich/Habersack, Aktien- und GmbH-Konzernrecht, Kommentar, 8. Aufl. 2016
entspr.	entsprechend
EPS	Entwurf eines Prüfungsstandards
ERA	Einheitliche Richtlinien und Gebräuche für Dokumenten-Akkreditive
ErfK/*Bearbeiter*	Müller-Glöge/Preis/Ingrid Schmidt (Hrsg.), Erfurter Kommentar zum Arbeitsrecht, 17. Aufl. 2017
Erg.	Ergänzung
Erl.	Erläuterungen; Erlass
Erman/*Bearbeiter*	Erman/Westermann, Handkommentar zum Bürgerlichen Gesetzbuch, 14. Aufl. 2014
EStG	Einkommensteuergesetz
etc	et cetera
EU	Europäische Union
EuBestG	Gesetz zu dem Protokoll vom 27.9.1996 zum Übereinkommen über den Schutz der finanziellen Interessen der Europäischen Gemeinschaften (EU-Bestechungsgesetz)
EuG	Gericht erster Instanz der EU
EuGH	Europäischer Gerichtshof
EuGVÜ	Übereinkommen über die gerichtliche Zuständigkeit und die Vollstreckung gerichtlicher Entscheidungen in Zivil- und Handelssachen
EuR	Europarecht (Zeitschrift)
EurA	Europa-Archiv
EuZW	Europäische Zeitschrift für Wirtschaftsrecht
eV	eingetragener Verein
EvBl.	Evidenzblatt der Rechtsmittelentscheidungen
EWG	Europäische Wirtschaftsgemeinschaft
EWGV	Vertrag zur Gründung der Europäischen Wirtschaftsgemeinschaft vom 25.3.1957
EWiR	Entscheidungen zum Wirtschaftsrecht
EWIV	Europäische Wirtschaftliche Interessenvereinigung
EWS	Europäisches Wirtschafts- und Steuerrecht (Zeitschrift)
EzA	Entscheidungssammlung zum Arbeitsrecht
EZB	Europäische Zentralbank
f., ff.	folgende (Singular, Plural)
FamFG	Gesetz über das Verfahren in Familiensachen und in den Angelegenheiten der freiwilligen Gerichtsbarkeit

FamRZ	Zeitschrift für das gesamte Familienrecht
FAZ	Frankfurter Allgemeine Zeitung
Fezer	Fezer, Markenrecht, Kommentar, 4. Aufl. 2009
FG	Fachgutachten; Festgabe
FGG	Gesetz über die Angelegenheiten der freiwilligen Gerichtsbarkeit, aufgehoben
FGPrax	Praxis der Freiwilligen Gerichtsbarkeit (Zeitschrift)
Fischer	Fischer, Strafgesetzbuch, Kommentar, 64. Aufl. 2017
Fitting	Fitting/Engels/Schmidt/Trebinger/Linsenmaier, Betriebsverfassungsgesetz, Kommentar, 28. Aufl. 2016
Bearbeiter in Fleischer HdB VorstandsR	Fleischer (Hrsg.), Handbuch des Vorstandsrechts, 2006
Fn.	Fußnote
FN	Fachnachrichten des Instituts der Wirtschaftsprüfer in Deutschland e. V.
FNA	Fundstellennachweis A. Beilage zum Bundesgesetzblatt Teil I
FNB	Fundstellennachweis B. Beilage zum Bundesgesetzblatt Teil II
FR	Finanz-Rundschau
FK-WpÜG/*Bearbeiter*	Haarmann/Schüppen (Hrsg.), Frankfurter Kommentar zum WpÜG, 3. Aufl. 2008
FS	Festschrift
G	Gesetz
GAAP	Generally Accepted Accounting Principles
GAAS	Generally Accepted Auditing Standards
GATT	General Agreement on Tariffs and Trade
Gärtner/Rose/Reul/*Bearbeiter*	Gärtner/Rose/Reul, Anfechtungs- und Nichtigkeitsgründe im Aktienrecht, 2013
GBl.	Gesetzblatt
GBO	Grundbuchordnung
GS	Gedächtnisschrift
Bearbeiter in Geigel Haftpflichtprozess	Schlegelmilch (Hrsg.), Der Haftpflichtprozess. Mit Einschluss des materiellen Haftpflichtrechts, 26. Aufl. 2011
GenG	Genossenschaftsgesetz
GesRZ	Der Gesellschafter (österreichische Zeitschrift)
Geßler/*Bearbeiter*	Käpplinger (Hrsg.), Aktiengesetz, Kommentar, Loseblattwerk, Stand 76. EL, 2016
Geßler/Hefermehl/*Bearbeiter*	Geßler/Hefermehl, Aktiengesetz, Kommentar, 1973–1994 (jetzt Münchener Kommentar zum Aktiengesetz, 2. Aufl. 2000 ff.)
GewA	Gewerbe-Archiv
GewO	Gewerbeordnung
GewStG	Gewerbesteuergesetz
GG	Grundgesetz
v. Gierke/Sandrock HandelsR/WirtschaftsR I	v. Gierke/Sandrock, Handels- und Wirtschaftsrecht I, Allgemeine Grundlagen. Der Kaufmann und sein Unternehmen, 9. Aufl. 1975
GK-HGB/*Bearbeiter*	Ensthaler (Hrsg.), Gemeinschaftskommentar zum Handelsgesetzbuch, Loseblatt, 8. Aufl. 2015
GmbH	Gesellschaft mit beschränkter Haftung

GmbH&Co. KG	Gesellschaft mit beschränkter Haftung und Compagnie (Kommanditgesellschaft)
GmbHG	Gesetz betreffend die Gesellschaften mit beschränkter Haftung
GmbHR	GmbH-Rundschau (Zeitschrift)
GmS-OGB	Gemeinsamer Senat der obersten Gerichtshöfe des Bundes
GNotKG	Gerichts- und Notarkostengesetz
GO-BT	Geschäftsordnung des Deutschen Bundestages idF der Bekanntmachung vom 2.7.1980 (BGBl. I S. 1237)
GoA	Geschäftsführung ohne Auftrag; Grundsätze ordnungsgemäßer Abschlussprüfung
GoB	Grundsätze ordnungsmäßiger Buchführung
v. Godin/Wilhelmi ...	v. Godin/Wilhelmi, Aktiengesetz, Kommentar, 4. Aufl. 1971
GoDV	Grundsätze für ordnungsgemäße Datenverarbeitung
GoF	Grundsätze ordnungsmäßiger Unternehmensführung
Bearbeiter in Gottwald InsR-HdB	Gottwald (Hrsg.), Insolvenzrechts-Handbuch, 5. Aufl. 2015
GoU	Grundlagen und Systemstruktur von Führungsgrundsätzen für die Unternehmensleitung
GoÜ	Grundlagen und Systemstruktur von Führungsgrundsätzen für die Überwachung
grds.	grundsätzlich
Grigoleit/*Bearbeiter* ..	Grigoleit, Aktiengesetz, Kommentar, 2013
GroßkommAktG/*Bearbeiter*	Hopt/Wiedemann (Hrsg.), Großkommentar zum Aktiengesetz, 3. Aufl. 1970–1975, 4. Aufl. 1992 ff.
GroßkommHGB/*Bearbeiter*	Handelsgesetzbuch, Großkommentar, begründet von Staub, weitergeführt von Mitgliedern des Reichsgerichts, 3. Aufl. 1967–1982 (4. Aufl. s. Staub)
GroßkommUWG/*Bearbeiter*	Jacobs/Lindacher/Teplitzky (Hrsg.), Großkommentar zum Gesetz gegen den unlauteren Wettbewerb, 1991 ff.
GrSZ	Großer Senat in Zivilsachen
Gruchot	Beiträge zur Erläuterung des Deutschen Rechts, begründet von Gruchot
Grunewald GesR	Grunewald, Gesellschaftsrecht, 9. Aufl. 2014
GrünhutsZ	Zeitschrift für das Privat- und öffentliche Recht der Gegenwart, begründet von Grünhut
GRUR	Gewerblicher Rechtsschutz und Urheberrecht (Zeitschrift)
GRURAusl	Gewerblicher Rechtsschutz und Urheberrecht, Auslands- und internationaler Teil, 1952–1969
GS	Gedenkschrift; Großer Senat
GuV	Gewinn- und Verlustrechnung
GBVBl.	Gesetz- und Verordnungsblatt
GV	Gebührenverzeichnis (Anlage zu § 1 HRegGebV)
GVG	Gerichtsverfassungsgesetz
GVÜ	Übereinkommen über die gerichtliche Zuständigkeit und die Vollstreckung gerichtlicher Entscheidungen in Zivil- und Handelssachen
GWB	Gesetz gegen Wettbewerbsbeschränkungen
GwG	Gesetz über das Aufspüren von Gewinnen aus schweren Straftaten (Geldwäschegesetz)
HMS/*Bearbeiter*	Habersack/Mülbert/Schlitt, Unternehmensfinanzierung am Kapitalmarkt, 3. Aufl. 2013

Hachenburg/*Bearbeiter*	Hachenburg, Gesetz betreffend die Gesellschaften mit beschränkter Haftung (GmbHG), Großkommentar, 8. Aufl. 1991 ff.; soweit in 8. Aufl. noch nicht erschienen, 7. Aufl. 1975–1984
HAG	Heimarbeitsgesetz
Halbbd.	Halbband
Hs.	Halbsatz
Hbg.; hbg.	Hamburg; hamburgisch
HansRGZ	Hanseatische Rechts- und Gerichtszeitschrift
HansRZ	Hanseatische Rechtszeitschrift für Handel, Schifffahrt und Versicherung, Kolonial- und Auslandsbeziehungen
Happ/Groß/*Bearbeiter* AktR	Happ/Groß (Hrsg.), Aktienrecht, 4. Aufl. 2015
Bearbeiter in Hauschka/Moosmayer/Lösler Corporate Compliance	Hauschka/Moosmayer/Lösler (Hrsg.), Corporate Compliance, Handbuch der Haftungsvermeidung im Unternehmen, 3. Aufl. 2016
HdB	Handbuch
HdB AG/*Bearbeiter*	Nirk/Brenzing/Reuter/Bächle, Handbuch der Aktiengesellschaft. Gesellschaftsrecht, Steuerrecht, Arbeitsrecht, Loseblatt 2016
HdB PersG/*Bearbeiter*	Westermann (Hrsg.), Handbuch der Personengesellschaften, Loseblatt, 2016
HFJ/*Bearbeiter*	Henn/Frodermann/Jannott (Hrsg.), Handbuch des Aktienrechts, 9. Aufl. 2017
Hess; hess.	Hessen; hessisch
Heymann/*Bearbeiter*	Heymann, Handelsgesetzbuch (ohne Seerecht), Kommentar, 1988–1990; 2. Aufl. 1995–1999
HEZ	Höchstrichterliche Entscheidungen (Entscheidungssammlung)
HFR	Höchstrichterliche Finanzrechtsprechung
HGB	Handelsgesetzbuch
HGrG	Haushaltsgrundsätzegesetz
HK-AktG/*Bearbeiter*	Bürgers/Körber (Hrsg.), Heidelberger Kommentar zum Aktiengesetz, 4. Aufl. 2017
HK-HGB/*Bearbeiter*	Glanegger/Kirnberger/Kusterer, Heidelberger Kommentar zum Handelsgesetzbuch, 7. Aufl. 2007
HK-InsO/*Bearbeiter*	Kreft (Hrsg.), Heidelberger Kommentar zur Insolvenzordnung, 8. Aufl. 2016
hL	herrschende Lehre
hM	herrschende Meinung
Hoffmann/Preu	Hoffmann/Preu, Der Aufsichtsrat, 5. Aufl. 2002
Hofmann HandelsR	Hofmann, Handelsrecht, 11. Aufl. 2002
Bearbeiter in Hölters HdB Unternehmenskauf	Hölters (Hrsg.), Handbuch des Unternehmens- und Beteiligungskaufs, 8. Aufl. 2015
Hohenstatt/Seibt/*Bearbeiter* Geschlechterquoten	Hohenstatt/Seibt, Geschlechter- und Frauenquoten in der Privatwirtschaft, 2015

Holzapfel/Pöllath	Holzapfel/Pöllath, Unternehmenskauf in Recht und Praxis, 15. Aufl. 2017
Bearbeiter in Hopt FormB	Hopt (Hrsg.), Vertrags- und Formularbuch zum Handels-, Gesellschafts-, Bank- und Transportrecht, 4. Aufl. 2013
Hopt/Hehl GesR	Hopt/Hehl, Gesellschaftsrecht, 4. Aufl. 1996
Hopt/Mössle HaGesR	Hopt/Mössle, Handels- und Gesellschaftsrecht, 2. Aufl. 1999
HPflG	Haftpflichtgesetz
HRegGebV	Verordnung über Gebühren in Handels-, Partnerschafts- und Genossenschaftsregistersachen (Handelsregistergebührenverordnung)
HRR	Höchstrichterliche Rechsprechung
Hrsg.; hrsg.	Herausgeber; herausgegeben
HRV	Verordnung über die Einrichtung und Führung des Handelsregisters (Handelsregisterverordnung)
Hübner HandelsR ..	Hübner, Handelsrecht, 5. Aufl. 2004
Hueck OHG	Alfred Hueck, Das Recht der offenen Handelsgesellschaft, 4. Aufl. 1971
Hueck/Canaris WertpapierR	Hueck/Canaris, Das Recht der Wertpapiere, 12. Aufl. 1986
Hüffer/*Koch*	Koch, Aktiengesetz, Kommentar, 12. Aufl. 2016
HVH	Handelsvertreter-Handbuch, hrsg. von Heinz Voß, 1969
HVR	Handelsvertreterrecht, Entscheidungen und Gutachten, hrsg. vom Forschungsverband für den Handelsvertreter- und Handelsmaklerberuf
HVuHM	Der Handelsvertreter und Handelsmakler (Zeitschrift)
HWiStR	Handwörterbuch des Wirtschafts- und Steuerstrafrechts, 1988
HzA	Handbuch zum Arbeitsrecht, hrsg. von Stahlhacke
IAPS	International Auditing Practice Statements
IAS	International Accounting Standards
IASC	International Accounting Standards Commitee
IASC US GAAP ...	The IASC-U.S. Comparison Project: A Report on the Similarities and Differences between IASC Standards and U.S. GAAP, hrsg. von Bloomer, 1996
ICC	International Chamber of Commerce; Interstate Commerce Commission
idF	in der Fassung
idR	in der Regel
idS	in diesem Sinne
IDW	Institut der Wirtschaftsprüfer in Deutschland e.V.
iE	im Einzelnen
iErg	im Ergebnis
ieS	im engeren Sinne
IGH	Internationaler Gerichtshof
IHK	Industrie- und Handelskammer
IHR	Internationales Handelsrecht
insbes.	insbesondere
InsO	Insolvenzordnung
int.	international
IntBestB	Gesetz zu dem Übereinkommen vom 17.12.1997 über die Bekämpfung der Bestechung ausländischer Amtsträger im internationalen Geschäftsverkehr (Gesetz zur Bekämpfung internationaler Bestechung

IntGesR	Internationales Gesellschaftsrecht
IntHK	Internationale Handelskammer
IntTranspZ	Internationale Transportzeitschrift
InvG	Investmentgesetz
InVo	Insolvenz & Vollstreckung (Zeitschrift)
IPR	Internationales Privatrecht
IPRax	Praxis des Internationalen Privat- und Verfahrensrechts (Zeitschrift)
IPRspr.	Makaro, Gamillscheg, Müller, Dierk, Kropholler, Die deutsche Rechtsprechung auf dem Gebiet des internationalen Privatrechts, 1952 ff.
iSd	im Sinne des/der
IStR	Internationales Steuerrecht (Zeitschrift)
iÜ	im Übrigen
iVm	in Verbindung mit
iwS	im weiteren Sinne
JA	Juristische Arbeitsblätter (Zeitschrift); Jahresabschluss
JArbSchG	Gesetz zum Schutze der arbeitenden Jugend (Jugendarbeitsschutzgesetz)
Jb	Jahrbuch
JbfSozWiss	Jahrbuch für Sozialwissenschaften
JbFAStR	Jahrbuch der Fachanwälte für Steuerrecht
JbIntR	Jahrbuch für internationales Recht = GermYBIntL
JBl.	(österreichische) Juristische Blätter (Zeitschrift)
JbSchiedsgerichtsb ..	Jahrbuch für die Praxis der Schiedsgerichtsbarkeit
JfB	Jahrbuch für Betriebswirte (Zeitschrift)
JFG	Jahrbuch für Entscheidungen in Angelegenheiten der Freiwilligen Gerichtsbarkeit
JherJb	Jherings Jahrbuch für die Dogmatik des bürgerlichen Rechts
JMBl.	Justizministerialblatt
JR	Juristische Rundschau (Zeitschrift)
Jura	Jura (Zeitschrift)
JurA	Juristische Analysen
JurBl.	Juristische Blätter
JurBüro	Das juristische Büro (Zeitschrift)
JuS	Juristische Schulung (Zeitschrift)
JW	Juristische Wochenschrift
JZ	Juristenzeitung
Kap.	Kapitel
Kapital-RL	Richtlinie 2012/30/EU des Europäischen Parlaments und des Rates vom 25.10.2012 zur Koordinierung der Schutzbestimmungen, die in den Mitgliedstaaten den Gesellschaften im Sinne des Artikels 54 Absatz 2 des Vertrages über die Arbeitsweise der Europäischen Union im Interesse der Gesellschafter sowie Dritter für die Gründung der Aktiengesellschaft sowie für die Erhaltung und Änderung ihres Kapitals vorgeschrieben sind, um diese Bestimmungen gleichwertig zu gestalten (ABl. Nr. L 315 S. 74, ber. ABl. 2016 Nr. L 161 S. 41); vgl. zuvor Zweite Richtlinie 77/91/EWG des Rates vom 13.12.1976 zur Koordinierung der Schutzbestimmungen, die in den Mitgliedstaaten den Gesellschaften im Sinne des Artikels 58 Abs. 2 des Vertrages im Interesse der Gesellschafter sowie Dritter für die Gründung der Aktiengesellschaft sowie für die Erhaltung und Änderung ihres Kapitals vorgeschrieben sind, um diese Bestimmungen gleichwertig zu gestalten, (ABl. L 26, 1)

KapMuG	Gesetz über Musterverfahren in kapitalmarktrechtlichen Streitigkeiten (Kapitalanleger-Musterverfahrensgesetz)
KBLW/*Bearbeiter*	Kremer/Bachmann/Lutter/v. Werder, Deutscher Corporate Governance Kodex, Kommentar, 5. Aufl. 2016
Keidel/*Bearbeiter*	Engelhardt/Sternal (Hrsg.), FamFG, Kommentar, 19. Aufl. 2017
KfH	Kammer für Handelssachen
KfW	Kreditanstalt für Wiederaufbau
Kfz	Kraftfahrzeug
KG	Kommanditgesellschaft; Kammergericht
KGaA	Kommanditgesellschaft auf Aktien
KGJ	Jahrbuch für Entscheidungen des Kammergerichts
Kilger/Karsten Schmidt/*Bearbeiter*	Kilger/Karsten Schmidt, Insolvenzgesetze, Kommentar, 17. Aufl. 1997
Kirchhof/Söhn/*Bearbeiter*	Kirchhof/Söhn/Mellinghoff, Einkommensteuergesetz, Kommentar, Loseblatt, Stand 2016
KK-AktG/*Bearbeiter*	Zöllner/Noack (Hrsg.), Kölner Kommentar zum Aktiengesetz, 3. Aufl. 2004 ff.; soweit noch nicht erschienen, 2. Aufl. 1986 ff.
KK-WpÜG/*Bearbeiter*	Hirte/v. Bülow (Hrsg.), Kölner Kommentar zum WpÜG, 2. Aufl. 2010
Klöcker/Frowein	Klöcker/Frowein, Spruchverfahrensgesetz, Kommentar, 2004
KO	Konkursordnung, aufgehoben
Koller/Kindler/Roth/Morck/*Bearbeiter*	Koller/Kindler/Roth/Morck, Handelsgesetzbuch, Kommentar, 8. Aufl. 2015
Komm.	Kommentar
Köhler/Bornkamm/*Bearbeiter*	Köhler/Bornkamm, Gesetz gegen den unlauteren Wettbewerb, Kommentar, 34. Aufl. 2016
Konzern	Der Konzern (Zeitschrift)
Korintenberg/*Bearbeiter*	Korintenberg, Gerichts- und Notarkostengesetz, Kommentar, 19. Aufl. 2015
Krafka/Kühn RegisterR	Krafka/Kühn, Registerrecht, 10. Aufl. 2017
Krieger/Schneider/*Bearbeiter* HdB Managerhaftung	Krieger/Schneider (Hrsg.), Handbuch Managerhaftung, 2. Aufl. 2010
KRG	Kontrollratsgesetz
krit.	kritisch
KritJ	Kritische Justiz
KritZsgesRechtsw	Kritische Zeitschrift für die gesamte Rechtswissenschaft
KrVjschr	Kritische Vierteljahresschrift für Gesetzgebung und Rechtswissenschaft
KSchG	Kündigungsschutzgesetz
KStG	Körperschaftsteuergesetz
KTS	Zeitschrift für Insolvenzrecht (Konkurs, Treuhand, Sanierung)
Kübler/Assmann GesR	Kübler/Assmann, Gesellschaftsrecht, 6. Aufl. 2006

KurzKomm	Kurzkommentar
KV	Kostenverzeichnis (Anlage 1 zum GNotKG)
KWG	Kreditwesengesetz
LAG	Landesarbeitsgericht
LAGE	Entscheidungen der Landesarbeitsgerichte
Lfg.	Lieferung
LG	Landgericht
lit.	litera
li. Sp.	linke Spalte
Lit.	Literatur
LM	Nachschlagewerk des BGH, hrsg. von Lindenmaier, Möhring ua
LMK	Kommentierte BGH-Rechtsprechung, Lindenmayer/Möhring
LöschG	Gesetz über die Auflösung und Löschung von Gesellschaften
Löwe/v. Westphalen/ Trinkner	Löwe/Graf v. Westphalen/Trinkner, Großkommentar zum AGB-Gesetz, 2. Aufl., Band 1 (1985), Band 2 (1983), Band 3 (1985)
LPVG	Landespersonalvertretungsgesetz
Ls.	Leitsatz
LSG	Landessozialgericht
Ltd.	Limited
Lutter/Hommelhoff/ *Bearbeiter*	Lutter/Hommelhoff/Bayer/Kleindiek, GmbH-Gesetz, Kommentar, 19. Aufl. 2016
Lutter/Krieger Rechte und Pflichten	Lutter/Krieger, Rechte und Pflichten des Aufsichtsrats, 6. Aufl. 2014
Lutter/Winter/ *Bearbeiter*	Lutter/Winter (Hrsg.), Umwandlungsgesetz, Kommentar, 4. Aufl. 2009
LZ	Leipziger Zeitschrift für Deutsches Recht
MAH AktR/ *Bearbeiter*	Schüppen/Schaub (Hrsg.), Münchener Anwaltshandbuch Aktienrecht, 2. Aufl. 2010
MAR	Verordnung (EU) Nr. 596/2014 des Europäischen Parlaments und des Rates vom 16. April 2014 über Marktmissbrauch (Marktmissbrauchsverordnung) und zur Aufhebung der Richtlinie 2003/6/EG des Europäischen Parlaments und des Rates und der Richtlinien 2003/124/EG, 2003/125/EG und 2004/72/EG der Kommission (ABl. L 173, 1, ber. 2016 L 287, 320 und 2016 L 348, 83)
MarkenG	Markengesetz
Bearbeiter in Marsch-Barner/Schäfer HdB AG	Marsch-Barner/Schäfer (Hrsg.), Handbuch börsennotierte AG, 3. Aufl. 2014
Martens Leitfaden HV	Martens, Leitfaden für die Leitung der Hauptversammlung einer Aktiengesellschaft, 2. Aufl. 2003
Maunz/Dürig/ *Bearbeiter*	Maunz/Dürig, Grundgesetz, Kommentar, Loseblatt, 2016
MBl.	Ministerialblatt
MDR	Monatsschrift für Deutsches Recht
mE	meines Erachtens
MgVG	Gesetz über die Mitbestimmung der Arbeitnehmer bei einer grenzüberschreitenden Verschmelzung

MHdB AG/ *Bearbeiter*	siehe MHdB GesR IV
Michalski/*Bearbeiter*	Michalski (Hrsg.), GmbHG, Kommentar, 2. Aufl. 2010
Mio.	Million(en)
MitbestErgG	Gesetz zur Ergänzung des Gesetzes über die Mitbestimmung der Arbeitnehmer in den Aufsichtsräten und Vorständen der Unternehmen des Bergbaus und der Eisen und Stahl erzeugenden Industrie
MitbestG 1976	Mitbestimmungsgesetz vom 4.5.1976
Mitt.	Mitteilung(en)
MittBl.	Mitteilungsblatt
MittRhNotK	Mitteilungen der Rheinischen Notarkammer
mN	mit Nachweisen
MoMiG	Gesetz zur Modernisierung des GmbH-Rechts und zur Bekämpfung von Missbräuchen vom 23.10.2008 (BGBl. I S. 2026)
MontanMitbestG	Gesetz über die Mitbestimmung der Arbeitnehmer in den Aufsichtsräten und Vorständen der Unternehmen des Bergbaus und der Eisen und Stahl erzeugenden Industrie
Mot.	Motive zum Entwurf eines BGB
Mugdan	Die gesamten Materialien zum Bürgerlichen Gesetzbuch für das deutsche Reich, hrsg. von Mugdan, Band I–V, 1899
MSH/*Bearbeiter*	Martinek/Semler/Habermeier (Hrsg.), Handbuch des Vertriebsrechts, 4. Aufl. 2016
MHdB ArbR/ *Bearbeiter*	Richardi/Wlotzke/Wißmann/Oetker (Hrsg.), Münchener Handbuch zum Arbeitsrecht, 2 Bände, 3. Aufl. 2009
MHdB GesR I–IV/ *Bearbeiter*	Münchener Handbuch des Gesellschaftsrechts, 5 Bände Band 1: BGB-Gesellschaft, Offene Handelsgesellschaft, Partnerschaftsgesellschaft, Partenreederei, EWIV, hrsg. von Gummert/Weipert, 3. Aufl. 2009 Band 2: Kommanditgesellschaft, GmbH & Co. KG, Publikums-KG, Stille Gesellschaft, hrsg. von Gummert/Weipert, 3. Aufl. 2009 Band 3: Gesellschaft mit beschränkter Haftung, hrsg. von Priester/Mayer/Wicke, 4. Aufl. 2012 Band 4: Aktiengesellschaft, hrsg. von Hoffmann-Becking, 3. Aufl. 2007
MVHdB GesR/ *Bearbeiter*	Münchener Vertragshandbuch Gesellschaftsrecht, hrsg. von Heidenhain/Meister/Waldner, 7. Aufl. 2011
MüKoAktG/ *Bearbeiter*	Goette/Habersack (Hrsg.), Münchener Kommentar zum Aktiengesetz, 3. Aufl. 2007–2010; soweit in 3. Aufl. noch nicht erschienen: 2. Aufl. 2000–2005, hrsg. von Semler/Kropff
MüKoBGB/ *Bearbeiter*	Säcker/Rixecker (Hrsg.), Münchener Kommentar zum Bürgerlichen Gesetzbuch, 7. Aufl. 2015 ff.
MüKoGmbHG/ *Bearbeiter*	Fleischer/Goette (Hrsg.), Münchener Kommentar zum GmbHG, Band 1 2010
MüKoHGB/ *Bearbeiter*	Karsten Schmidt (Hrsg.), Münchener Kommentar zum Handelsgesetzbuch, 3. Aufl. 2012 ff.
MüKoInsO/ *Bearbeiter*	Kirchhof/Lwowski/Stürner (Hrsg.), Münchener Kommentar zur Insolvenzordnung, 2. Aufl. 2007/2008

MüKoUWG/
Bearbeiter .... Heermann/Hirsch (Hrsg.), Münchener Kommentar zum Lauterkeitsrecht, 2006
MüKoZPO/
Bearbeiter .... Rauscher/Wax/Wenzel (Hrsg.), Münchener Kommentar zur Zivilprozessordnung, 3. Aufl. 2007/2008; Band 4: FamFG, 2010, hrsg. von Rauscher
MuSchG .... Mutterschutzgesetz
Musielak/Voit/
Bearbeiter .... Musielak/Voit (Hrsg.), Zivilprozessordnung, Kommentar, 13. Aufl. 2016
mwN .... mit weiteren Nachweisen
mzN .... mit zahlreichen Nachweisen

NachwG .... Gesetz über den Nachweis der für ein Arbeitsverhältnis geltenden wesentlichen Bestimmungen
NB .... Neue Betriebswirtschaft (Zeitschrift)
Nbl. .... Nachrichtenblatt
Nds.; nds. .... Niedersachsen, niedersächsisch
NdsRpfl. .... Niedersächsische Rechtspflege (Zeitschrift)
nF .... neue Fassung; neue Folge
NJ .... Neue Justiz (Zeitschrift)
NJOZ .... Neue Juristische Online-Zeitschrift
NJW .... Neue Juristische Wochenschrift
NJW-RR .... NJW-Rechtsprechungs-Report (Zivilrecht)
NK-AktR/
Bearbeiter .... Heidel (Hrsg.), Aktienrecht, Kommentar, 4. Aufl. 2014
Nr. .... Nummer(n)
NRW .... Nordrhein-Westfalen
NStZ .... Neue Zeitschrift für Strafrecht
nv .... nicht veröffentlicht
NVwZ .... Neue Zeitschrift für Verwaltungsrecht
NVwZ-RR .... Neue Zeitschrift für Verwaltungsrecht – Rechtsprechungs-Report
NWB .... Neue Wirtschaftsbriefe
NZA .... Neue Zeitschrift für Arbeits- und Sozialrecht
NZA-RR .... Neue Zeitschrift für Arbeits- und Sozialrecht – Rechtsprechungs-Report
NZG .... Neue Zeitschrift für Gesellschaftsrecht
NZI .... Neue Zeitschrift für das Recht der Insolvenz und Sanierung
NZS .... Neue Zeitschrift für Sozialrecht
NZV .... Neue Zeitschrift für Verkehrsrecht

oÄ .... oder Ähnliches
ÖBA .... Österreichisches Bankarchiv (Zeitschrift)
ObG .... Obergericht
OECD .... Organization of Economic Cooperation and Development
OEEC .... Organisation für Europäische Wirtschaftliche Zusammenarbeit
Oetker/*Bearbeiter* .... Oetker (Hrsg.), Handelsgesetzbuch, Kommentar, 3. Aufl. 2013
OGH .... Oberster Gerichtshof (Österreich)
OGH-BrZ .... Oberster Gerichtshof für die Britische Zone
OGHZ .... Entscheidungen des Obersten Gerichtshofes für die Britische Zone in Zivilsachen
OHG .... offene Handelsgesellschaft
ÖJZ .... Österreichische Juristenzeitung
OLG .... Oberlandesgericht

OLGE .... Die Rechtsprechung der Oberlandesgerichte auf dem Gebiet des Zivilrechts
OLG-NL .... OLG-Rechtsprechung Neue Länder
OLGR .... OLG-Report
OLGRspr. .... Die Rechtsprechung der Oberlandesgerichte auf dem Gebiete des Zivilrechts, hrsg. von Mugdan und Falkmann (1.1900–46.1928; aufgegangen in HRR)
OLGZ .... Entscheidungen der Oberlandesgerichte in Zivilsachen
ORDO .... ORDO, Jahrbuch für die Ordnung von Wirtschaft und Gesellschaft
oV .... ohne Verfasser
OVG .... Oberverwaltungsgericht
OWiG .... Gesetz über Ordnungswidrigkeiten

Palandt/*Bearbeiter* ... Palandt, Bürgerliches Gesetzbuch, Kommentar, 76. Aufl. 2017
PartGG .... Gesetz über Partnerschaftsgesellschaften
PBefG .... Personenbeförderungsgesetz
PersGes .... Personengesellschaft
Pfeiffer .... Pfeiffer, Handbuch der Handelsgeschäfte, 1999
preuß. .... preußisch
PrABGB .... Preußisches Ausführungsgesetz zum BGB
PrEnteigG .... Preußisches Enteignungsgesetz
PrObTr .... Preußisches Obertribunal
PrObTrE .... Entscheidungen des Preußischen Obertribunals
ProdHaftG .... Gesetz über die Haftung für fehlerhafte Produkte (Produkthaftungsgesetz)
Prölss/Martin/
Bearbeiter .... Prölss/Martin, Versicherungsvertragsgesetz, Kommentar, 29. Aufl. 2015
Prot. .... Protokoll
pVV .... positive Vertragsverletzung

RA .... Rechtsausschuss
RabelsZ .... Rabels Zeitschrift für ausländisches und internationales Privatrecht
RAG .... Reichsarbeitsgericht
RAGE .... Entscheidungen des Reichsarbeitsgerichts
Raiser/Veil KapGesR Raiser/Veil, Recht der Kapitalgesellschaften, 6. Aufl. 2015
Raiser/Veil .... Raiser/Veil, Mitbestimmungsgesetz, 6. Aufl. 2015
RAnz. .... Reichs- und preußischer Staatsanzeiger
RdA .... Recht der Arbeit (Zeitschrift)
RdErl. .... Runderlass
RDG .... Gesetz über außergerichtliche Rechtsdienstleistungen (Rechtsdienstleistungsgesetz)
RdTW .... Recht der Transportwirtschaft (Zeitschrift)
RdW .... Recht der Wirtschaft (Zeitschrift)
RE .... Rechtsentscheid
Recht .... Das Recht (Zeitschrift)
RegE .... Regierungsentwurf
Bearbeiter in Reichert
GmbH & Co. KG .. Reichert, GmbH & Co. KG, 7. Aufl. 2015
RFH .... Reichsfinanzhof
RFHE .... Amtliche Sammlung der Entscheidungen des Reichsfinanzhofs
RG .... Reichsgericht
RGBl. .... Reichsgesetzblatt
RGRK/*Bearbeiter* ... Das Bürgerliche Gesetzbuch mit besonderer Berücksichtigung der Rechtsprechung des Reichsgerichts und des Bundesgerichtshofes (Kommentar)

RGSt	Entscheidungen des Reichsgerichts in Strafsachen
RGZ	Entscheidungen des Reichsgerichts in Zivilsachen
RIW	Recht der internationalen Wirtschaft (Zeitschrift)
RJA-E I	Entwurf eines Handelsgesetzbuchs für das Deutsche Reich. Aufgestellt im Reichs-Justizamt, Berlin 1895
RJA-E II	Entwurf eines Handelsgesetzbuchs mit Ausschluß des Seehandelsrechts. Aufgestellt im Reichs-Justizamt. Amtliche Ausgabe, Berlin 1896
Rn.	Randnummer
ROHG	Reichsoberhandelsgericht, auch Entscheidungssammlung
Rom I-VO	Verordnung (EG) Nr. 593/2008 des Europäischen Parlaments und des Rates vom 17.6.2008 über das auf vertragliche Schuldverhältnisse anzuwendende Recht
Rom II-VO	Verordnung (EG) Nr. 864/2007 des Europäischen Parlaments und des Rates vom 11.7.2007 über das auf außervertragliche Schuldverhältnisse anzuwendende Recht
Roth/Altmeppen/*Bearbeiter*	Roth/Altmeppen, Gesetz betreffend die Gesellschaften mit beschränkter Haftung (GmbHG), Kommentar, 8. Aufl. 2015
Roth/Weller HaGesR	s. unter *Weller/Prütting*
Rowedder/Schmidt-Leithoff/*Bearbeiter*	Schmidt-Leithoff (Hrsg.), GmbH-Gesetz, Kommentar, 5. Aufl. 2013
RPflG	Rechtspflegergesetz
Rpfleger	Der Deutsche Rechtspfleger (Zeitschrift)
RRa	ReiseRecht aktuell (Zeitschrift)
r+s	recht und schaden (Zeitschrift)
Rs.	Rechtssache
Rspr.	Rechtsprechung
re. Sp.	rechte Spalte
RT-Drs.	Reichstags-Drucksache
RT-Vorlage	Entwurf eines Handelsgesetzbuchs von 1897, Reichstags-Drucksache Nr. 632
RVG	Gesetz über die Vergütung der Rechtsanwältinnen und Rechtsanwälte (Rechtsanwaltsvergütungsgesetz)
RvglHWB	Rechtsvergleichendes Handwörterbuch für das Zivil- und Handelsrecht des In- und Auslandes
RVR	Rundschau für Vertreterrecht (Zeitschrift)
RvW/*Bearbeiter*	Röhricht/Graf v. Westphalen (Hrsg.), Handelsgesetzbuch, Kommentar, 4. Aufl. 2014
RWS-Dok.	RWS-Dokumentation
RWS-Skript	Kommunikationsforum Recht, Wirtschaft, Steuern
RWP	Rechts- und Wirtschaftspraxis (Loseblatt-Ausgabe)
S.	Satz; Seite; siehe; section
SaBl.	Sammelblatt für Rechtsvorschriften des Bundes und der Länder
SAE	Sammlung arbeitsrechtlicher Entscheidungen
SCE-VO	Verordnung (EG) Nr. 1435/2003 des Rates vom 22. Juli 2003 über das Statut der Europäischen Genossenschaft (SCE) (ABl. L 207, 1, ber. ABl. 2007 L 49, 35)
SchuldR	Schuldrecht
Bearbeiter in Schaub ArbR-HdB	Schaub/Koch/Linck/Vogelsang, Arbeitsrechts-Handbuch, 16. Aufl. 2015
ScheckG	Scheckgesetz

SchiedsVZ .... Zeitschrift für Schiedsverfahren
Schlegelberger/ *Bearbeiter* .... Schlegelberger, Handelsgesetzbuch, Kommentar, 5. Aufl. 1973–1992
SchlHA .... Schleswig-Holsteinische Anzeigen (NF 1.1837 ff.)
K. Schmidt GesR .... Karsten Schmidt, Gesellschaftsrecht, 4. Aufl. 2002
K. Schmidt HandelsR .... Karsten Schmidt, Handelsrecht, 6. Aufl. 2014
Schmidt/Lutter/ *Bearbeiter* .... Karsten Schmidt/Lutter (Hrsg.), Aktiengesetz, Kommentar, 2 Bände, 3. Aufl. 2015
L. Schmidt/ *Bearbeiter* .... Drenseck (Hrsg.), Einkommensteuergesetz, Kommentar, 35. Aufl. 2016
Scholz/*Bearbeiter* .... Scholz (Hrsg.), GmbH-Gesetz, Kommentar, 10. Aufl. 2010/2015
Schönke/Schröder/ *Bearbeiter* .... Schönke/Schröder, Strafgesetzbuch, Kommentar, 29. Aufl. 2014
Schubert/Schmiedel/ Krampe .... Schubert/Schmiedel/Krampe, Quellen zum Handelsgesetzbuch von 1897, Band I–III, 1986–1988
Schulte-Bunert/ Weinreich/ *Bearbeiter* .... Schulte-Bunert/Weinreich (Hrsg.), FamFG, Kommentar, 5. Aufl. 2016
Schwark/*Bearbeiter* .. Schwark (Hrsg.), Kapitalmarktrechts-Kommentar, 4. Aufl. 2010
SE .... Societas Europaea
SEAG .... Gesetz zur Ausführung der Verordnung (EG) Nr. 2157/2001 des Rates vom 8.10.2001 über das Statut der Europäischen Gesellschaft (SE) (SE-Ausführungsgesetz)
SE-VO .... Verordnung (EG) Nr. 2157/2001 des Rates über das Statut der Europäischen Gesellschaft (SE), ABl. L 294, 1
Semler/Stengel/ *Bearbeiter* .... Semler/Stengel (Hrsg.), Umwandlungsgesetz, Kommentar, 3. Aufl. 2012
Semler/v. Schenck/ *Bearbeiter* .... Semler/v. Schenck (Hrsg.), Der Aufsichtsrat, Kommentar zu den §§ 95–116, 161, 170–172, 394 und 395 AktG, 2015
Bearbeiter in Semler/ v. Schenck AR HdB .... Semler/v. Schenck (Hrsg.), Arbeitshandbuch für Aufsichtsratsmitglieder, 4. Aufl. 2013
Bearbeiter in Semler/ Peltzer/Kubis Vorst HdB .... Semler/Peltzer (Hrsg.), Arbeitshandbuch für Vorstandsmitglieder, 2. Aufl. 2015
Bearbeiter in Semler/ Volhard HV HdB ... Semler/Volhard/Reichert (Hrsg.), Arbeitshandbuch für die Hauptversammlung, 3. Aufl. 2011
SeuffA .... Seufferts Archiv für Entscheidungen der obersten Gerichte in den deutschen Staaten
SG .... Sozialgericht; Schmalenbach – Gesellschaft für Betriebswirtschaft e. V.
Sgb .... Die Sozialgerichtsbarkeit (Zeitschrift)
SGB .... Sozialgesetzbuch
Simon/*Bearbeiter* .... Simon (Hrsg.), Spruchverfahrensgesetz, Kommentar, 2007
SJZ .... Süddeutsche Juristenzeitung

Slg.	Sammlung der Rechtsprechung des Gerichtshofs der Europäischen Gemeinschaft und des Gerichts erster Instanz
sog.	so genannt
Sp.	Spalte
Spindler/Stilz/ *Bearbeiter*	Spindler/Stilz (Hrsg.), Aktiengesetz, Kommentar, 3. Aufl. 2015
stRspr	ständige Rechtsprechung
StAnpG	Steueranpassungsgesetz
Staub/*Bearbeiter*	Staub, Großkommentar zum Handelsgesetzbuch, 4. Aufl. 1983 ff.
Staudinger/ *Bearbeiter*	Staudinger, Kommentar zum Bürgerlichen Gesetzbuch, 13. Bearbeitung 1993 ff.
StB	Der Steuerberater (Zeitschrift)
StBerG	Steuerberatungsgesetz
Stbg	Die Steuerberatung (Zeitschrift)
StbJb	Steuerberater-Jahrbuch
Stein/Jonas/ *Bearbeiter*	Stein/Jonas (Hrsg.), Kommentar zur Zivilprozessordnung, 22. Aufl. 2002 ff.
Steinmeyer/Häger/ *Bearbeiter*	Steinmeyer/Häger, WpÜG, Kommentar, 2. Aufl. 2007
StGB	Strafgesetzbuch
StPO	Strafprozessordnung
str.	strittig
StuB	Steuer- und Bilanzpraxis (Zeitschrift)
StückAG	Stückaktiengesetz
StuW	Steuer und Wirtschaft (Zeitschrift)
StV	Strafverteidiger (Zeitschrift)
Bearbeiter in Sudhoff PersG	Sudhoff, Personengesellschaften, 8. Aufl. 2005
SZ	Entscheidungen des österreichischen Obersten Gerichtshofes in Zivilsachen
SZGerm	Zeitschrift der Savigny-Stiftung für Rechtsgeschichte, Germanische Abteilung
TD	Transportdienst
Thomas/Putzo/ *Bearbeiter*	Reichold/Hüßtege, Zivilprozessordnung, Kommentar, 37. Aufl. 2016
TranspR	Transportrecht (Zeitschrift)
Tz.	Textziffer
ua	unter anderem
uÄ	und Ähnliches
Überbl.	Überblick
überwM	überwiegende Meinung
Uhlenbruck/ *Bearbeiter*	Uhlenbruck (Hrsg.), Insolvenzordnung, Kommentar, 14. Aufl. 2015
Ulmer WertpapierR	Eugen Ulmer, Das Recht der Wertpapiere, 1938
UBH/*Bearbeiter*	Ulmer/Hensen/Andreas Fuchs/Harry Schmidt, AGB-Recht, Kommentar, 12. Aufl. 2016
UHH/*Bearbeiter*	Ulmer/Habersack/Henssler, Mitbestimmungsrecht, Kommentar, 3. Aufl. 2013
UHW/*Bearbeiter*	Ulmer/Habersack/Winter (Hrsg.), GmbHG, Großkommentar, 3 Bände, 2008–2010
UmwG	Umwandlungsgesetz

UmwStG .... Umwandlungssteuergesetz
unstr. .... unstreitig
UAbs. .... Unterabsatz
unzutr. .... unzutreffend
UR .... Umsatzsteuer-Rundschau
Urt. .... Urteil
usw .... und so weiter
uU .... unter Umständen
UWG .... Gesetz gegen den unlauteren Wettbewerb

v .... von; vom
VAG .... Versicherungsaufsichtsgesetz
Verf. .... Verfassung; Verfasser
VglO .... Vergleichsordnung
Verh. .... Verhandlung(en)
Verh. DJT .... Verhandlungen des Deutschen Juristentages
VermBG .... Gesetz zur Förderung der Vermögensbildung der Arbeitnehmer
VersR .... Versicherungsrecht, Juristische Rundschau für die Individualversicherung
VersW .... Versicherungswirtschaft
Verw. .... Verwaltung
VerwA .... Verwaltungsarchiv
VerwG .... Verwaltungsgericht
VerwGH .... Verwaltungsgerichtshof
Vfg. .... Verfügung
VG .... Verwaltungsgericht
VGH .... Verwaltungsgerichtshof
vgl. .... vergleiche
VO .... Verordnung
VOB .... Verdingungsordnung für Bauleistungen
Vol. .... Volume
Vorb. .... Vorbemerkung
VP .... Die Versicherungspraxis
VRG .... Gesetz zur Förderung von Vorruhestandsleistungen (Vorruhestandsgesetz)
vs. .... versus
VVaG .... Versicherungsverein auf Gegenseitigkeit
VVG .... Gesetz über den Versicherungsvertrag
VW .... Versicherungswirtschaft (Zeitschrift)
VwGO .... Verwaltungsgerichtsordnung

Waclawik .... Waclawik, Prozessführung im Gesellschaftsrecht, Corporate Litigation, 2. Aufl. 2013
WarnR .... Rechtsprechung des Reichsgerichts, hrsg. von Warneyer
WBl. .... Wirtschaftsrechtliche Blätter
Bearbeiter in Wabnitz/Janovski .... WirtschaftsStrafR/SteuerStrafR-HdB, Wabnitz/Janovsky, Handbuch des Wirtschafts- und Steuerstrafrechts, 4. Aufl. 2014
Weller/Prütting HaGesR .... Weller/Prütting, Handels- und Gesellschaftsrecht, 9. Aufl. 2016
WG .... Wechselgesetz
WiB .... Wirtschaftsrechtliche Beratung (Zeitschrift)
Wicke .... Wicke, GmbHG, Kommentar, 3. Aufl. 2016
Wicke Einf. ARUG .... *Wicke,* Einführung in das Recht der Hauptversammlung, das Recht der Sacheinlagen und das Freigabeverfahren nach dem ARUG, 2009

Widmann/Mayer/*Bearbeiter* .... Widmann/Mayer, Umwandlungsrecht, Kommentar, Loseblatt, 2016
Wiedemann GesR I/II .... Wiedemann, Gesellschaftsrecht, Band 1, 1980; Band 2, 2004
WHSS/*Bearbeiter* .... Willemsen/Hohenstatt/Schweibert/Seibt, Umstrukturierung und Übertragung von Unternehmen, 5. Aufl. 2016
Wilsing/*Bearbeiter* ... Wilsing (Hrsg.), Deutscher Corporate Governance Kodex: DCGK, Kommentar, 2012
WiR .... Wirtschaftsrat; Wirtschaftsrecht (Zeitschrift)
wistra .... Zeitschrift für Wirtschafts- und Steuerstrafrecht
Wittgens .... Wittgens, Das Spruchverfahrensgesetz, 2006
WKS/*Bearbeiter* ...... Wißmann/Kleinsorge/Schubert, Mitbestimmungsgesetz, Kommentar, 5. Aufl. 2017
WM .... Wertpapier-Mitteilungen, Zeitschrift für Wirtschafts- und Bankrecht (Zeitschrift)
wN .... weitere Nachweise
WO .... Erste Verordnung zur Durchführung des Betriebsverfassungsgesetzes (Wahlordnung)
WPg .... Die Wirtschaftsprüfung (Zeitschrift)
WP-HdB .... Institut der Wirtschaftsprüfer in Deutschland e.V. (Hrsg.), Wirtschaftsprüfer-Handbuch, 14. Aufl. 2012
WpHG .... Wertpapierhandelsgesetz
WPK .... Wirtschaftsprüferkammer
WPK-Mitt .... Wirtschaftsprüferkammer-Mitteilungen (Zeitschrift)
WPO .... Wirtschaftsprüferordnung
WpÜG .... Wertpapiererwerbs- und Übernahmegesetz
WpÜG-AV .... Verordnung über den Inhalt der Angebotsunterlage, die Gegenleistung bei Übernahmeangeboten und Pflichtangeboten und die Befreiung von der Verpflichtung zur Veröffentlichung und zur Abgabe eines Angebots (WpÜG-Angebotsverordnung)
WRP .... Wettbewerb in Recht und Praxis (Zeitschrift)
WuB .... Wirtschafts- und Bankrecht (Entscheidungssammlung)
Württ., württ. .... Württemberg, württembergisch
Würzburger Notar-HdB/*Bearbeiter* .... Limmer/Hertel/Frenz/Mayer (Hrsg.), Würzburger Notarhandbuch, 4. Aufl. 2015
WuSta .... Wirtschaft und Statistik
WuW .... Wirtschaft und Wettbewerb (Zeitschrift)
WuW/E .... Wirtschaft und Wettbewerb – Entscheidungssammlung

ZAkDR .... Zeitschrift der Akademie für Deutsches Recht
ZaöRV .... Zeitschrift für ausländisches öffentliches Recht und Völkerrecht
zB .... zum Beispiel
ZBB .... Zeitschrift für Bankrecht und Bankwirtschaft
ZBlHR .... Zentralblatt für Handelsrecht
ZCG .... Zeitschrift für Corporate Governance
ZdtRudtRWiss ...... Zeitschrift für deutsches Recht und deutsche Rechtswissenschaft
ZEuP .... Zeitschrift für Europäisches Privatrecht
ZfA .... Zeitschrift für Arbeitsrecht
ZfB .... Zeitschrift für Betriebswirtschaft
ZfbF .... Schmalenbachs Zeitschrift für betriebswirtschaftliche Forschung
ZfgG .... Zeitschrift für das gesamte Genossenschaftswesen
ZfRV .... Zeitschrift für Rechtsvergleichung (Österreich)
ZfV .... Zeitschrift für Versicherungswesen

ZgesKredW	Zeitschrift für das gesamte Kreditwesen
ZgesStaatsW	Zeitschrift für die gesamte Staatswissenschaft
ZGS	Zeitschrift für das gesamte Schuldrecht
ZGR	Zeitschrift für Unternehmens- und Gesellschaftsrecht
ZHR	Zeitschrift für das gesamte Handelsrecht und Wirtschaftsrecht
Ziff.	Ziffer(n)
ZInsO	Zeitschrift für das gesamte Insolvenzrecht
ZIP	Zeitschrift für Wirtschaftsrecht und Insolvenzpraxis
zit.	zitiert
ZNotP	Zeitschrift für die NotarPraxis
Zöller/*Bearbeiter*	Zöller, Zivilprozessordnung, Kommentar, 31. Aufl. 2016
Zöllner Wertpa-pierR	Zöllner, Wertpapierrecht, 14. Aufl. 1987
ZPO	Zivilprozessordnung
ZRG	Zeitschrift der Savigny-Stiftung für Rechtsgeschichte (germ Abt. = germanische Abteilung; rom Abt. = romanische Abteilung; kanon Abt. = kanonistische Abteilung)
ZRP	Zeitschrift für Rechtspolitik
ZRvgl	Zeitschrift für Rechtsvergleichung
zT	zum Teil
ZTR	Zeitschrift für Tarifrecht
zust.	zustimmend
zutr.	zutreffend
ZVersWiss	Zeitschrift für die gesamte Versicherungswissenschaft
ZVG	Gesetz über die Zwangsversteigerung und Zwangsverwaltung
ZVglRWiss	Zeitschrift für vergleichende Rechtswissenschaft einschließlich des Rechts der Entwicklungsländer und der ethnologischen Rechtsforschung
ZVR	(österreichische) Zeitschrift für Verkehrsrecht
ZZP	Zeitschrift für Zivilprozess

Aktiengesetz

vom 6. September 1965 (BGBl. I S. 1089),
zuletzt geändert durch Gesetz vom 17. Juli 2017 (BGBl. I S. 2446)

Erstes Buch. Aktiengesellschaft

Erster Teil. Allgemeine Vorschriften

§ 1 Wesen der Aktiengesellschaft

(1) [1]Die Aktiengesellschaft ist eine Gesellschaft mit eigener Rechtspersönlichkeit. [2]Für die Verbindlichkeiten der Gesellschaft haftet den Gläubigern nur das Gesellschaftsvermögen.

(2) Die Aktiengesellschaft hat ein in Aktien zerlegtes Grundkapital.

Übersicht

I. Allgemeines

§ 1 beschreibt das Wesen der Aktiengesellschaft mit den fünf Merkmalen Gesellschaft, Rechtspersönlichkeit, Haftung für Gesellschaftsverbindlichkeiten, Grundkapital und Aktien. § 1 gibt keine Legaldefinition einer Aktiengesellschaft.[1] Die Norm beinhaltet auch nicht alle **Wesensmerkmale** einer Aktiengesellschaft. So fehlen zB Hinweise auf die für die Gesellschaftsform charakteristischen Organe – Vorstand (§§ 76 ff.), Aufsichtsrat (§§ 95 ff.), Hauptversammlung (§§ 118 ff.) –, die Bedeutung der Satzung (§§ 2, 23) und die mit der Mitgliedschaft verbundenen Rechte und Pflichten (§§ 53a ff.) sowie auf die Kaufmannseigenschaft (§ 3). Trotz dieser Unvollständigkeit erlaubt bereits der Wortlaut von § 1 eine **Abgrenzung** der Aktiengesellschaft von anderen Gesellschaftsformen. So unterscheidet die Haftungsbegrenzung auf das Gesellschaftsvermögen die Aktiengesellschaft von der KGaA. Das in Aktien zerlegte Grundkapital ist charakteristisch für die Abgrenzung zur GmbH, zur Genossenschaft und zum Verein iSd §§ 21 ff. BGB. 1

II. Gesellschaft mit eigener Rechtspersönlichkeit

1. Körperschaft. a) Dogmatische Grundlagen. § 1 Abs. 1 S. 1 bezeichnet die Aktiengesellschaft als Gesellschaft. Dementsprechend stellt § 2 Gesellschaftsvertrag und Satzung gleich. Die Aktiengesellschaft ist jedoch keine Gesellschaft iSd §§ 705 ff. BGB, sondern eine Körperschaft in Form einer Kapitalgesellschaft[2] und somit Verein iSd §§ 21 ff. BGB.[3] Die Aktiengesellschaft wird den 2

---

[1] MüKoAktG/*Heider* Rn. 4; Spindler/Stilz/*Fock* Rn. 1.
[2] MüKoAktG/*Heider* Rn. 13; ähnlich HK-AktG/*Westermann* Rn. 3; Grigoleit/*Grigoleit* Rn. 11.
[3] Hüffer/*Koch* Rn. 2.

„Gesellschaften im weiteren Sinne" zugeordnet, da ihr die Merkmale einer „Gesellschaft im engeren Sinne" – Gründung auf Grundlage persönlicher Verbundenheit der Mitglieder, Abhängigkeit des Bestandes von individueller Zugehörigkeit der Mitglieder – fehlen.[4] Die körperschaftlichen Charakteristika der Aktiengesellschaft werden in § 1 nicht erwähnt. Diese ergeben sich aber aus den weiteren Bestimmungen des Gesetzes. Danach besteht die Aktiengesellschaft auch bei Wechsel ihrer Mitglieder fort, wie sich aus §§ 41 Abs. 4, 68 Abs. 1, die die Übertragbarkeit der Mitgliedschaft voraussetzen, ergibt. Kennzeichnend für eine Körperschaft sind ferner das Auftreten der Aktiengesellschaft nach außen unter eigenem Namen (§ 4 iVm § 17 HGB), die Fremdorganschaft (§§ 76 ff.), das Mehrheitsprinzip bei der Willensbildung (§ 133 Abs. 1) und die Satzung als die dem Willen der einzelnen Mitglieder entzogene Verfassung der Gesellschaft (Mehrheitserfordernis für Satzungsänderung gemäß § 179 Abs. 2 S. 1).[5]

3 **b) Rechtliche Bedeutung.** Bei einer **Mehrpersonengründung** müssen neben den Voraussetzungen der §§ 2, 23 und 41 auch diejenigen des § 705 BGB erfüllt sein, damit eine Aktiengesellschaft entstehen kann. Zur Schließung von Gesetzeslücken und bei der Auslegung des AktG kann ansonsten nicht auf das Recht der Personengesellschaften – §§ 705 ff. BGB, §§ 105 ff., 161 ff. HGB – zurückgegriffen werden; vielmehr sind insoweit die Regeln des Vereinsrechts – §§ 21 ff. BGB – heranzuziehen.[6] Bei der Gründung einer **Einmann-AG** ersetzt die einseitige Gründungserklärung den Gesellschaftsvertrag.[7]

4 **2. Juristische Person. a) Rechtsfähigkeit.** Die Aktiengesellschaft hat **eigene Rechtspersönlichkeit** und ist folglich eine juristische Person. Dieses Wesensmerkmal dient der Abgrenzung zu den Personengesellschaften. Als juristische Person ist die Aktiengesellschaft rechtsfähig, dh sie kann Inhaber von Rechten und Pflichten sein. Die Aktiengesellschaft selbst ist Zuordnungssubjekt der Rechtspositionen im Verhältnis zu Dritten,[8] nicht auch ihre Aktionäre, wenn nicht ausnahmsweise die Voraussetzungen für einen Durchgriff erfüllt sind (→ Rn. 9 ff.). Die Aktiengesellschaft kann wie jede juristische Person im Grundsatz alle Rechte erwerben, die auch eine natürliche Person erwerben kann. Der Gegenstand des Unternehmens und der Zweck der Gesellschaft sind für den Umfang der Rechtsfähigkeit der Gesellschaft ohne Bedeutung. Denn das deutsche Recht kennt keine Ultra-Vires-Doktrin,[9] nach der Rechtshandlungen außerhalb des Unternehmenszweckes unwirksam sind.

5 **b) Rechtsbereiche.** Die größte Bedeutung kommt der Befähigung der Aktiengesellschaft zur Übernahme vermögensrechtlicher Rechte und Pflichten zu. Die Aktiengesellschaft kann insbesondere Eigentum und Besitz erwerben – letzteren in seiner konkreten Ausgestaltung (§§ 854, 868 BGB) vermittelt durch den Vorstand kraft dessen Organstellung als eigenen Besitz der Gesellschaft[10] – und Beteiligungen an anderen Gesellschaften eingehen. Sie ist konten- und grundbuchfähig.[11] Die Aktiengesellschaft ist aktiv und passiv parteifähig (§ 50 ZPO). Sie ist darüber hinaus auch prozessfähig (§§ 51 f. ZPO);[12] die dies bestreitende Gegenansicht[13] übersieht, dass sich die Aktiengesellschaft, vertreten durch ihre Organe, vertraglich verpflichten kann (§ 52 ZPO), und vermag deshalb nicht zu überzeugen.[14] Die Aktiengesellschaft ist schließlich insolvenzfähig (§§ 11 Abs. 1 S. 1, 19 Abs. 1 InsO).

6 **c) Erlangung und Verlust der Rechtsfähigkeit.** Die Aktiengesellschaft entsteht als solche mit der Eintragung im Handelsregister (§ 41 Abs. 1). Ab diesem Moment ist sie rechtsfähig. Im Zeitraum zwischen Errichtung der Aktiengesellschaft, dh Feststellung der Satzung (§ 23 Abs. 1) und Übernahme sämtlicher Aktien durch die Gründer (§ 29), und ihrer Eintragung in das Handelsregister besteht bei Gründung durch mehrere Personen eine Vor-AG als Gesellschaft eigener Art mit Gesamthandstruktur, die bereits am Rechtsverkehr teilnehmen kann.[15] Umstritten ist jedoch, wann die Rechtsfähigkeit der Aktiengesellschaft erlischt. In der höchstrichterlichen Rechtsprechung[16] wird

---

[4] Spindler/Stilz/*Fock* Rn. 8; *Raiser/Veil* KapGesR § 8 Rn. 1.

[5] Vgl. Spindler/Stilz/*Fock* Rn. 8; MüKoAktG/*Heider* Rn. 14.

[6] Hüffer/*Koch* Rn. 3; Grigoleit/*Grigoleit* Rn. 11; ähnlich MüKoAktG/*Heider* Rn. 15.

[7] Hüffer/*Koch* Rn. 3; NK-AktR/*H. Fischer* Rn. 9.

[8] BGHZ 156, 310 (314) = NJW 2004, 217.

[9] AllgM, zB *K. Schmidt* AcP 184 (1984), 529; Grigoleit/*Grigoleit* Rn. 10.

[10] Vgl. BGHZ 156, 310 (316) = NJW 2004, 217; BGHZ 57, 166 (167 ff.) = NJW 1972, 43; BGHZ 56, 73 (77) = NJW 1971, 1358; BGH AG 1958, 134 (138).

[11] Hüffer/*Koch* Rn. 5.

[12] Zöller/*Vollkommer* ZPO § 52 Rn. 2; Hüffer/*Koch* Rn. 7; NK-AktR/*H. Fischer* Rn. 19.

[13] Baumbach/Lauterbach/*Hartmann* ZPO § 52 Rn. 2; Stein/Jonas/*Bork* ZPO § 51 Rn. 12.

[14] Hüffer/*Koch* Rn. 7.

[15] BGHZ 117, 326 = NJW 1992, 1824; vgl. MüKoAktG/*Pentz* § 41 Rn. 9.

[16] BGHZ 94, 105 (108) = NJW 1985, 1836; BGHZ 53, 264 (266) = NJW 1970, 1044; offen gelassen von BGH WM 1986, 145.

regelmäßig auf den Eintritt der Vermögenslosigkeit der Aktiengesellschaft abgestellt; der entsprechenden Eintragung in das Handelsregister wird nur deklaratorische Bedeutung eingeräumt. In der obergerichtlichen Rechtsprechung[17] und Literatur[18] weit verbreitet ist die sog. Lehre vom Doppeltatbestand, nach der nur Vermögenslosigkeit und Löschung im Handelsregister als Doppeltatbestand zum Untergang der Gesellschaft führen. Das Gesetz beinhaltet keine Parallelvorschrift zu § 41 Abs. 1 S. 1, die die konstitutive Wirkung der Löschung der Aktiengesellschaft für deren Untergang und damit den Verlust der Rechtsfähigkeit festschreibt. Dennoch kann allein diese maßgeblich sein.[19] Dafür spricht zum einen die Notwendigkeit des actus contrarius zur für das Entstehen der Aktiengesellschaft konstitutiven Eintragung, zum anderen der Umstand, dass aus Gründen der Rechtssicherheit eine Aktiengesellschaft ohne Handelsregistereintragung – unabhängig davon, ob Restvermögen vorhanden ist oder nicht – nicht als existent angesehen werden kann.[20]

III. Keine Haftung der Aktionäre

1. Grundsatz. Für die Verbindlichkeiten der Aktiengesellschaft haftet nach § 1 Abs. 1 S. 2 nur das Gesellschaftsvermögen. Die Inanspruchnahme der Aktionäre durch die Gläubiger der Gesellschaft ist grundsätzlich ausgeschlossen. Die Vorschrift ist damit Ausdruck des **Trennungsprinzips.**[21] Zwischen den Rechten und Pflichten der Aktiengesellschaft und denen der Aktionäre und damit auch zwischen den jeweiligen Vermögen ist strikt zu trennen. Die Haftung der Aktionäre ist somit auf die ihnen obliegende Einlage beschränkt. Diese **Haftungsbeschränkung** ermöglicht es dem Aktionär – ebenso wie dem Gesellschafter einer GmbH –, sein Investitionsrisiko bei seiner Beteiligung an der Kapitalgesellschaft abzuschätzen. Ohne diese Haftungsbeschränkung könnte die Aktiengesellschaft ihre Funktion als Kapitalsammelstelle nicht erfüllen.[22] 7

2. Gesetzlich geregelte Einschränkungen. Der Grundsatz des § 1 Abs. 1 S. 2 gilt nicht uneingeschränkt. So haftet Gläubigern einer eingegliederten Aktiengesellschaft die Hauptgesellschaft als Gesamtschuldnerin (vgl. § 322). Darüber hinaus erlaubt das Gesetz in verschiedenen Fällen Gläubigern, die von der Aktiengesellschaft keine Befriedigung erlangen können, deren Ansprüche gegen Aktionäre oder Organmitglieder geltend zu machen (vgl. §§ 62 Abs. 2, 309 Abs. 4 S. 3, 317 Abs. 4); dabei handelt es sich zwar um keine echten Ausnahmen von § 1 Abs. 1 S. 2, aber doch um Einschränkungen des Trennungsprinzips.[23] 8

3. „Durchgriff". a) Grundlagen. Weitere Ausnahmen vom Trennungsprinzip werden in Rechtsprechung und Literatur – ausgehend von der Rechtsform der GmbH – unter dem Begriff des „Durchgriffs" erörtert. Neben der Frage des „Zurechnungsdurchgriffs", bei dem sich die Aktiengesellschaft und der einzelne Aktionär gegenseitig bestimmte Kenntnisse, Verhaltensweisen oder Eigenschaften entgegenhalten lassen müssen,[24] geht es hier insbesondere um den **Haftungsdurchgriff** und damit um eine im Wege der Rechtsfortbildung entwickelte ungeschriebene Ausnahme vom Grundsatz des § 1 Abs. 2 S. 1. Auch unter Berücksichtigung des Umstandes, dass die Durchgriffsproblematik aufgrund der typischerweise bestehenden Unterschiede zwischen Aktiengesellschaft und GmbH in Bezug auf die Struktur und Ausgestaltung der Gesellschaft und die Einflussmöglichkeiten auf die Leitungsorgane bei ersterer von geringerer praktischer Bedeutung ist,[25] hat die Praxis dennoch die Zulässigkeit eines nicht auf ausdrücklicher gesetzlicher Regelung basierenden Haftungsdurchgriffs in Ausnahmefällen zu berücksichtigen.[26] 9

b) Diskussionsstand. Den verschiedenen, in der Literatur entwickelten dogmatischen Konzepten einer Durchgriffslehre wie der sog. „(subjektiven) **Missbrauchstheorie**",[27] nach der der Durchgriff als Missbrauchsabwehr zulässig ist, wenn die Rechtsform der juristischen Person zur Umgehung 10

[17] BayObLG ZIP 2002, 1845; NZG 1998, 228; OLG Koblenz ZIP 2007, 2166; OLG Düsseldorf NZG 2004, 916 (918); OLG Köln AG 2003, 449.

[18] Spindler/Stilz/*Fock* Rn. 32; KK-AktG/*Dauner-Lieb* Rn. 9; Schmidt/Lutter/*Lutter* Rn. 5; Grigoleit/*Grigoleit* Rn. 16; Baumbach/Hueck/*Haas* GmbHG § 60 Rn. 7.

[19] So auch MüKoAktG/*Heider* Rn. 27; Hüffer/*Koch* Rn. 4.

[20] Hüffer/*Koch* § 262 Rn. 23; MüKoAktG/*Heider* Rn. 28; NK-AktR/*H. Fischer* Rn. 12.

[21] Hierzu MüKoAktG/*Heider* Rn. 46 ff.; KK-AktG/*Dauner-Lieb* Rn. 30 ff.

[22] Spindler/Stilz/*Fock* Rn. 37.

[23] Vgl. Hüffer/*Koch* Rn. 9.

[24] Hierzu MüKoAktG/*Heider* Rn. 52 ff.; Spindler/Stilz/*Fock* Rn. 65 ff.; KK-AktG/*Dauner-Lieb* Rn. 34 ff.; HK-AktG/*Westermann* Rn. 28; Schmidt/Lutter/*Lutter* Rn. 13.

[25] Spindler/Stilz/*Fock* Rn. 42 HK-AktG/*Westermann* Rn. 26; vgl. Hüffer/*Koch* Rn. 18.

[26] Hüffer/*Koch* Rn. 16.

[27] Grdl. *Serick,* Rechtsform und Realität juristischer Personen, 1955 (2. unveränderte Aufl. 1980); vgl. ua *Dempewolf* DB 1961, 969 (972); *Stauder* GmbHR 1968, 72 (74); *Bauschke* BB 1975, 1322 (1324 f.).

des Gesetzes, zur Verletzung vertraglicher Verpflichtungen oder zur Schädigung Dritter missbraucht wird, und der **„Normzwecklehre“**,[28] nach der die jeweilige Interessenlage und der Zweck der maßgeblichen Einzelnorm dogmatischer Ansatzpunkt für die mit einem Durchgriff verbundene Durchbrechung des Trennungsprinzips sind, hat die Rechtsprechung das Erfordernis der Korrektur des Trennungsprinzips nach **Treu und Glauben** im konkreten Einzelfall entgegengestellt.[29] Heute wird dem Versuch einer einheitlichen dogmatischen Begründung einer Durchgriffslehre eine differenzierende Betrachtungsweise unter Berücksichtigung der strukturellen Unterschiede zwischen einer personalistisch strukturierten Aktiengesellschaft und einer börsennotierten Publikumsgesellschaft, der jeweiligen Einzelfallinteressen und des Zwecks der betroffenen Norm vorgezogen.[30] Dabei werden unter dem Stichwort des – ungeschriebenen – „Haftungsdurchgriffs“ häufig vier **Fallgruppen** diskutiert.[31]

11 **aa) Vermögensvermischung.** Der im GmbH-Recht entwickelte Haftungsdurchgriff wegen Vermögensvermischung[32] baut auf den Gedanken auf, die eindeutige Trennung zwischen Gesellschafts- und Privatvermögen sei unabdingbare Voraussetzung für eine auf das Gesellschaftsvermögen beschränkte Haftung. Andernfalls sei es nicht möglich, die Einhaltung der Kapitalerhaltungsvorschriften, die Voraussetzung für die Rechtfertigung einer Haftungsbeschränkung auf das Gesellschaftsvermögen ist, zu überprüfen.[33] Der Haftungsdurchgriff soll danach möglich sein, wenn die Vermögensabgrenzung zwischen Gesellschafts- und Privatvermögen durch eine undurchsichtige Buchführung oder auf andere Weise so verschleiert wird, dass die Beachtung der Kapitalerhaltungsvorschriften unkontrollierbar wird.[34] Der für die Vermögensvermischung verantwortliche Gesellschafter unterliegt dann einer persönlichen **Außenhaftung** analog § 128 HGB.

12 Grundsätzlich erscheint es gerechtfertigt, vorstehende Grundsätze für einen Haftungsdurchgriff wegen Vermögensvermischung auch im Aktienrecht anzuwenden. Das Kapital einer Aktiengesellschaft ist mindestens genauso schutzbedürftig und -würdig wie das einer GmbH. Allerdings sind die tatsächlichen und rechtlichen Besonderheiten des Aktienrechts zu berücksichtigen. Wegen der **Prüfungsvorschriften** für mittelgroße und große Kapitalgesellschaften werden die Voraussetzungen für eine Vermögensvermischung seltener vorliegen.[35] Die im Vergleich zur GmbH weniger häufige personalistische Ausgestaltung einer Aktiengesellschaft und das fehlende Weisungsrecht des Aktionärs gegenüber dem Leitungsorgan werden nur in Ausnahmefällen die Feststellung der für eine Haftung erforderlichen „beherrschenden Stellung“ des Aktionärs erlauben. Darüber hinaus ist zu berücksichtigen, dass das Aktienrecht mit den **§§ 57 und 62** über vorrangige **Schutzvorschriften** verfügt. Jede Privatentnahme über die Verteilung des Bilanzgewinns hinaus und folglich nicht nur der Zugriff auf das zur Erhaltung des Nennbetrags des Grundkapitals erforderliche Vermögen begründet bereits eine Haftung des Aktionärs nach § 62.[36] In aller Regel wird daher im Aktienrecht die Anwendung der Grundsätze für eine Durchgriffshaftung wegen Vermögensvermischung nicht in Betracht kommen.

13 **bb) Unterkapitalisierung.** Unter diesem Stichwort wird erörtert, ob Defizite bei der Kapitalausstattung eine Durchgriffshaftung begründen können. Hier sind zwei Konstellationen zu unterscheiden:

14 **(1) Nominelle Unterkapitalisierung.** Als „nominelle Unterkapitalisierung“ wird dabei ein Sachverhalt bezeichnet, in dem ein Kapitalmangel statt durch die Ausstattung der Gesellschaft mit Eigenkapital durch die Zuführung von Gesellschafterdarlehen ausgeglichen wird. Der nominellen Unterkapitalisierung wurde in der Rechtsprechung nicht mit dem Mittel einer Durchgriffshaftung, sondern bislang durch das Zusammenspiel der §§ 32a und 32b GmbHG aF (sog. „Novellenregelungen 1980“) und der Rechtsprechungsgrundsätze zu den eigenkapitalersetzenden Gesellschafterdarlehen begegnet, die im Ergebnis zu einer Umqualifizierung eigenkapitalersetzender Gesellschafterleistungen in nachrangiges Haftkapital führen.[37] Im Aktienrecht waren diese Grundsätze dann sinngemäß

---

[28] Grdl. *Müller-Freienfels* AcP 1956 (1957), 522; vgl. ua *Schanze,* Einmanngesellschaft und Durchgriffshaftung, 1975, 102 ff.; *Ulmer* FS Duden, 1977, 661 (678 f.); *Stimpel* FS Goerdeler, 1987, 601 (605 ff.); *Coing* NJW 1977, 1793.

[29] BGHZ 22, 226 (230); 54, 222 (224); 68, 312 (315); 78, 318 (333).

[30] Vgl. MüKoAktG/*Heider* Rn. 50; Spindler/Stilz/*Fock* Rn. 51.

[31] Vgl. Hüffer/*Koch* Rn. 19; ähnlich MüKoAktG/*Heider* Rn. 62 ff.; Spindler/Stilz/*Fock* Rn. 52.

[32] Grdl. BGHZ 95, 330 (333 f.) = NJW 1986, 188; BGHZ 125, 366 (368 ff.) = NJW 1994, 1801; vgl. *K. Schmidt* BB 1985, 2074 (2075 f.); *Wiedemann* GesR I § 4 III 1 a.

[33] BGHZ 95, 330 (333 f.) = NJW 1986, 188.

[34] BGHZ 95, 330 (333 f.) = NJW 1986, 188; BGHZ 125, 366 (368) = NJW 1994, 1801.

[35] Spindler/Stilz/*Fock* Rn. 58.

[36] Hüffer/*Koch* Rn. 20; NK-AktR/*H. Fischer* Rn. 32.

[37] Vgl. BGHZ 90, 370 = NJW 1984, 1893.

anzuwenden, wenn der Aktionär und Darlehensgeber mehr als 25% der Aktien hält oder – bei geringerer, aber nicht unbeträchtlicher Beteiligung – aufgrund besonderer Umstände über gesellschaftsrechtlich fundierte Einflussmöglichkeiten auf die Gesellschaft verfügt, die einer Sperrminorität vergleichbar sind.[38] Mit dem Inkrafttreten des Gesetzes zur Modernisierung des GmbH-Rechts und zur Bekämpfung von Missbräuchen **(MoMiG)** vom 23.10.2008 (BGBl. I S. 2026) am 1.11.2008 wurde das bisherige „Eigenkapitalersatzrecht" – bestehend aus der Kombination der §§ 32a und 32b GmbHG und den sog. „Rechtsprechungsregelungen" – durch die Aufhebung der „Novellenregelungen 1980" und die Einführung des § 30 Abs. 1 S. 3 GmbHG beseitigt. Die Begriffe „Eigenkapitalersatz" und „Krise" sind entfallen. Das neu gestaltete Recht der Gesellschafterfinanzierung, charakterisiert durch die gesetzliche Nachrangigkeit von Gesellschafterdarlehen und die Anfechtbarkeit von deren Rückgewähr in der Insolvenz, ist nunmehr „rechtsformneutral" in das Insolvenzrecht integriert (vgl. § 39 Abs. 1 Nr. 5 und Abs. 4 und 5 sowie § 135 Abs. 1 InsO) und somit auch unmittelbar für die Aktiengesellschaft anwendbar.[39] Das führt dazu, dass Aktionäre das „Kleinbeteiligtenprivileg" nun bereits dann nicht mehr in Anspruch nehmen können, wenn sie mehr als 10% der Aktien an einer Aktiengesellschaft halten (vgl. § 39 Abs. 5 InsO). Die diesbezüglich in der Rechtsprechung entwickelten Grundsätze, die auf eine 25%-ige Beteiligung abstellten,[40] hat der Gesetzgeber nicht übernommen, da er keinen Grund für eine Differenzierung zwischen GmbH und Aktiengesellschaft erkennen konnte.[41] Aufgrund der umfassenden und vollständigen gesetzlichen Regelung der unter der Bezeichnung einer „nominellen Unterkapitalisierung" erörterten Sachverhalte ist eine auf ungeschriebenen Grundsätzen basierende „Durchgriffshaftung" nicht zu rechtfertigen.[42]

(2) Materielle Unterkapitalisierung. Unter dem Begriff „materielle Unterkapitalisierung" wird die von vornherein unzulängliche Kapitalausstattung der Gesellschaft mit einem im Hinblick auf das mit dem Unternehmensgegenstand verbundene wirtschaftliche Risiko zu geringem Grundkapital als Rechtfertigung für einen Haftungsdurchgriff diskutiert. Die dies befürwortende Rechtsprechung des BSG[43] steht im Widerspruch zur Auffassung des BGH,[44] der einen allein auf eine materielle Unterkapitalisierung gestützten Haftungsdurchgriff ablehnt. In der Literatur wird ein Haftungsdurchgriff überwiegend nur bei einer „qualifizierten" oder „offensichtlichen" Unterkapitalisierung für möglich gehalten.[45] 15

Eine Durchgriffshaftung wegen materieller Unterkapitalisierung ist zumindest bei einer Aktiengesellschaft **abzulehnen.** Die Bestimmung der Höhe des Grundkapitals und damit des für die Gläubiger zur Verfügung stehenden Haftkapitals einer Aktiengesellschaft ist eine unternehmerische Ermessensentscheidung der Gründer, die grundsätzlich keiner gerichtlichen Kontrolle unterliegt.[46] Die Anerkennung einer Durchgriffshaftung wegen materieller Unterkapitalisierung würde die gesetzgeberische Entscheidung für ein zulässiges Mindesthaftkapital von 50.000 Euro konterkarieren. Über jedem Gründer, der sich für ein Grundkapital in der gesetzlichen Mindesthöhe oder geringfügig darüber entscheidet, hinge das „Damoklesschwert", über den Umweg der Durchgriffshaftung im Ergebnis eine größere Kapitalausstattung seiner Aktiengesellschaft gewährleisten zu müssen. Ferner lässt sich die in Bezug auf den Unternehmensgegenstand „risikoangemessene" Höhe des Haftkapitals regelmäßig im Voraus nicht bestimmen. Die seltenen Ausnahmefälle, in denen seitens der Gründer bewusst und „evident" und damit regelmäßig mit der Absicht der Schädigung potenzieller Gläubiger eine zu geringe Kapitalausstattung der Aktiengesellschaft gewählt wird, sind durch § 826 BGB ausreichend abgedeckt.[47] 16

cc) Konzern (Beherrschungsverhältnisse). Beherrschungsverhältnisse zwischen Gesellschaften bergen aufgrund der besonderen Einflussnahmemöglichkeiten der herrschenden Gesellschaft die Gefahr, dass die Geschäftstätigkeit der beherrschten Gesellschaft nicht in erster Linie an deren Interessen, sondern an den eventuell hierzu gegenläufigen Interessen der herrschenden Gesellschaft ausgerichtet wird.[48] Dennoch kann allein der Umstand der Beherrschung einer juristischen Person als 17

---

[38] Vgl. BGHZ 90, 381 (388 ff.) = NJW 1984, 1893; BGH AG 2005, 617 = NZG 2005, 712.
[39] BR-Drs. 354/07, 130.
[40] Vgl. BGHZ 90, 381 (391) = NJW 1984, 1893.
[41] Vgl. BR-Drs. 354/07, 131.
[42] IErg ebenso Spindler/Stilz/*Fock* Rn. 60; vgl. Grigoleit/*Grigoleit* Rn. 96.
[43] BSG NJW 1984, 2117; GmbHR 1996, 604 (606); NJW-RR 1997, 94 (95).
[44] Vgl. BGHZ 68, 312 (316 ff.); 176, 204 Rn. 24 = NJW 2008, 2437 – Gamma, zur GmbH.
[45] ZB Schmidt/Lutter/*Lutter* Rn. 16; zurückhaltend MüKoAktG/*Heider* Rn. 77; vgl. hingegen Hachenburg/*Ulmer* GmbHG nach § 30 Rn. 55; *Raiser/Veil* KapGesR § 29 Rn. 46.
[46] MüKoAktG/*Heider* Rn. 76; Spindler/Stilz/*Fock* Rn. 61.
[47] Spindler/Stilz/*Fock* Rn. 61; MüKoGmbHG/*Märtens* GmbHG § 5 Rn. 38; vgl. BGHZ 176, 204 Rn. 25 = NJW 2008, 2437 – Gamma, zur GmbH.
[48] MüKoAktG/*Heider* Rn. 65.

solcher nicht zur Rechtfertigung eines Haftungsdurchgriffs auf die herrschende Gesellschaft herangezogen werden, da die Beherrschung die rechtliche Selbständigkeit von herrschender und beherrschter Gesellschaft unberührt lässt.[49] Zumindest im Aktienrecht besteht auch kein Bedarf für einen entsprechenden – ungeschriebenen – Haftungsdurchgriff, da die aufgrund von Konzernverhältnissen und sonstigen Beherrschungsverhältnissen begründeten Risiken durch die Schutzvorschriften der §§ 291 ff. ausreichend kompensiert werden.[50] So ist das herrschende Unternehmen bei Bestehen eines Beherrschungs- oder eines Gewinnabführungsvertrages (**„Vertragskonzern"**) zur Verlustübernahme (vgl. § 302) und bei Beendigung eines solchen Vertrages zur Sicherheitsleistung (vgl. § 303) verpflichtet. Bei Bestehen eines **Abhängigkeitsverhältnisses** iSd § 17 bietet das System des Einzelausgleichs nach §§ 311 ff. ausreichenden Schutz für die Gläubiger der abhängigen Gesellschaft.[51] Bei **Eingliederung** einer Aktiengesellschaft iSd §§ 319 ff. begründet § 322 eine unmittelbare gesetzliche Haftung der Hauptgesellschaft für die Verbindlichkeiten der eingegliederten Gesellschaft.

18 **dd) Existenzvernichtender Eingriff. (1) Entwicklung.** Der BGH hat im Wege der richterlichen Rechtsfortbildung für die GmbH zur Schließung einer durch das Haftungssystem der Kapitalerhaltungsvorschriften (§§ 30, 31 GmbHG) offen gelassenen Schutzlücke eine als **„Existenzvernichtungshaftung"**[52] bezeichnete Missbrauchshaftung der Gesellschafter entwickelt. Haftungsbegründend sind danach missbräuchliche, zur Insolvenz der Gesellschaft führende oder diese vertiefende kompensationslose Eingriffe in das der Zweckbindung zur vorrangigen Befriedigung der Gesellschaftsgläubiger dienende Gesellschaftsvermögen.[53] Diese unter Aufgabe der zuvor in der Rechtsprechung des BGH anerkannten Haftung wegen qualifiziert faktischer Konzernierung[54] entwickelte „Existenzvernichtungshaftung" war zunächst als echte Durchgriffshaftung und damit als akzessorische Außenhaftung des Gesellschafters neben der Haftung der Gesellschaft konzipiert.[55] Dieser Ansatz einer eigenständigen im Wege der Rechtsfortbildung entwickelten und gegenüber den Kapitalerhaltungsvorschriften der §§ 30, 31 GmbHG subsidiären Haftungsfigur wurde in der neueren Rechtsprechung durch eine **deliktische Innenhaftung** des Gesellschafters gegenüber der Gesellschaft ersetzt.[56] Der existenzvernichtende Eingriff wird nunmehr als besondere Fallgruppe der vorsätzlichen sittenwidrigen Schädigung **(§ 826 BGB)** behandelt.[57] Dementsprechende Schadensersatzansprüche sind gegenüber Ansprüchen der Gesellschaft aus den §§ 30, 31 GmbHG nicht länger subsidiär, sondern stehen in Anspruchsgrundlagenkonkurrenz.[58]

19 **(2) Bedeutung im Aktienrecht.** Mit der Verankerung der Haftung für einen existenzvernichtenden Eingriff im Deliktsrecht sind eventuelle Zweifel[59] an der Übertragbarkeit der im GmbH-Recht entwickelten Grundsätze auf die Aktiengesellschaft als entkräftet anzusehen. Denn es sind keine Gründe dafür ersichtlich, warum nur Gesellschafter einer GmbH, nicht aber Aktionäre einer Aktiengesellschaft einer deliktischen Haftung unterliegen können sollen.[60] Daneben tritt bei der Aktiengesellschaft noch die ebenfalls als Innenhaftung konzipierte Haftung nach § 117.[61] Die Haftung auf Schadensersatz wegen eines existenzvernichtenden Eingriffs stellt mangels Außenhaftung der Aktionäre keine echte Ausnahme vom Grundsatz des § 1 Abs. 1 S. 2 dar; die geschädigten Gläubiger haben zunächst keine eigene „Forderungszuständigkeit". Die Gläubiger sind daher auf den „Umweg" verwiesen, erst einen Titel gegen die Gesellschaft zu erstreiten und im Anschluss, nach der Pfändung und Überweisung der Ansprüche der Gesellschaft gegen den Aktionär, gegen diesen vorzugehen.[62]

20 **4. Besondere Verpflichtungsgründe.** Die Haftung eines Aktionärs aus einem besonderen Verpflichtungsgrund wie zB Bürgschaft, Garantie oder Patronatserklärung stellen keinen Durchgriffsfall

[49] Spindler/Stilz/*Fock* Rn. 62.

[50] Im Ergebnis ebenso Hüffer/*Koch* Rn. 21; Spindler/Stilz/*Fock* Rn. 62; Schmidt/Lutter/*Lutter* Rn. 20.

[51] Vgl. Hüffer/*Koch* Rn. 21; MüKoAktG/*Heider* Rn. 67.

[52] Vgl. BGHZ 173, 246 Rn. 16 = NJW 2007, 2689 – Trihotel; BGHZ 151, 181 (186 ff.) = NJW 2002, 3024 – KBV.

[53] Vgl. BGHZ 173, 246 Rn. 16 = NJW 2007, 2689 – Trihotel; BGHZ 151, 181 (186 ff.) = NJW 2002, 3024 – KBV.

[54] Vgl. BGHZ 95, 330 = NJW 1986, 188 – Autokran; BGHZ 122, 123 (130) = NJW 1993, 1200 – TBB.

[55] BGHZ 149, 10 (15 f.) = NJW 2001, 3622 – Bremer Vulkan; BGHZ 150, 61 = NJW 2002, 1803 = ZIP 2002, 848; BGHZ 151, 181 = NJW 2002, 3024 = ZIP 2002, 1578 – KBV.

[56] BGHZ 173, 246 Rn. 23 ff. = NJW 2007, 2689 – Trihotel.

[57] BGHZ 173, 246 Rn. 23 = NJW 2007, 2689 – Trihotel; BGHZ 176, 204 Rn. 10, 13 = NJW 2008, 2437 – Gamma; BGHZ 179, 344 Rn. 15 f. = NJW 2009, 2127 – Sanitary.

[58] BGHZ 173, 246 Rn. 40 = NJW 2007, 2689 – Trihotel.

[59] Vgl. zB *K. Schmidt* GesR § 31 IV 4.

[60] MüKoAktG/*Heider* Rn. 87.

[61] Hüffer/*Koch* Rn. 30; Spindler/Stilz/*Fock* Rn. 64.

[62] Vgl. BGHZ 173, 246 Rn. 36 = NJW 2007, 2689 – Trihotel.

dar. Hier haftet der Aktionär aus wissentlich und willentlich eigener Veranlassung. Eine Ausnahme zu § 1 Abs. 2 S. 1 liegt hierin nicht.

IV. Grundkapital und Aktien

1. Grundkapital. a) Begriff. Die Aktiengesellschaft hat ein in Aktien zerlegtes Grundkapital (§ 1 Abs. 2). Das Grundkapital lautet auf einen Nennbetrag in Euro (§ 6). Es beläuft sich auf mindestens 50.000 Euro (§ 7). Das Grundkapital wird im Handelsregister eingetragen. Es bildet einen notwendigen Satzungsbestandteil (vgl. § 23 Abs. 3 Nr. 3) und ist im Jahresabschluss als Passivposten auszuweisen (§ 266 Abs. 3 A I HGB). 21

b) Bedeutung. Das Grundkapital ist das **Mindesthaftkapital** der Gesellschaft.[63] Die Existenz eines Grundkapitals ist notwendige Voraussetzung, um den Ausschluss der Haftung der Aktionäre für die Verbindlichkeiten der Gesellschaft rechtfertigen zu können.[64] Zugleich erfüllt das Grundkapital eine ordnungspolitische Funktion, da hierdurch kleineren Unternehmen mit einem Eigenkapitalbedarf von weniger als 50.000 Euro der Zugang zur Rechtsform der Aktiengesellschaft verwehrt wird.[65] 22

c) Gläubigerschutz. Das Grundkapital ist streng vom **Gesellschaftsvermögen** zu unterscheiden. Im Gegensatz zum satzungsmäßig fixierten Grundkapital unterliegt das Gesellschaftsvermögen, dh das Reinvermögen der Aktiengesellschaft abzüglich der Verbindlichkeiten, ständigen Veränderungen. Allenfalls bei der Errichtung der Aktiengesellschaft stimmen Grundkapital und Gesellschaftsvermögen überein.[66] Da Gläubigern der Gesellschaft tatsächlich lediglich das Gesellschaftsvermögen zur Befriedigung zur Verfügung steht, reduziert sich die Bedeutung des Grundkapitals als Mindesthaftkapital der Gesellschaft darauf, dass diese einmalig mit einem entsprechenden Kapital ausgestattet worden ist. Verluste der Aktiengesellschaft aus ihrer Geschäftstätigkeit, die das Gesellschaftsvermögen vollständig aufbrauchen oder sogar zu einem negativen Vermögen führen können, sind dadurch nicht ausgeschlossen.[67] Das Gesetz beinhaltet jedoch eine Reihe von Vorschriften, die willentlichen Schmälerungen des durch das satzungsmäßige Grundkapital gewährleisteten Gläubigerschutzes vorbeugen sollen. Diese Regelungen sichern zum einen die vollständige **Aufbringung** des Grundkapitals, zum anderen dessen möglichst ungeschmälerte **Erhaltung.** 23

aa) Kapitalaufbringung. Das (satzungsmäßige) Grundkapital kann nur dann als Mindesthaftkapital zur Verfügung stehen, wenn es auch tatsächlich vollständig aufgebracht worden ist. Der Sicherstellung der Kapitalaufbringung dienen insbesondere die Verpflichtung der Gründer, sämtliche Aktien zu übernehmen (**Verbot** der **Stufengründung,** §§ 2, 29), das Verbot, den Ausgabepreis der Aktien unterhalb des Nennbetrags der Aktien oder – bei Stückaktien – unterhalb des auf die einzelne Aktie entfallenden anteiligen Betrages am Grundkapital festzusetzen (**Verbot** der **Unterpariemission,** § 9 Abs. 1), die Bestimmungen zur **Einlageleistung** und deren Nachweis (§ 36 Abs. 2 iVm § 54 Abs. 3, § 36a, 37), die Regelungen zur Satzungspublizität von Sondervorteilen, Gründungsaufwand, Sacheinlagen und -übernahmen (§§ 26, 27) und zur Bewertung von Sacheinlagen (§§ 27, 32 ff.), das Erfordernis einer Gründungsprüfung (§§ 32 Abs. 2, 33 f.) sowie die Vorschriften über die Haftung für nicht geleistete Einlagen (**Gründerhaftung,** §§ 46 ff.) und über die **Nachgründung** (§ 52).[68] 24

bb) Kapitalerhaltung. Dem Prinzip der möglichst ungeschmälerten Erhaltung des Grundkapitals dienen dic **Verbote** jeglicher **Einlagenrückgewähr** an die Aktionäre (§ 57 Abs. 1) und der Befreiung der Aktionäre von ihren Leistungspflichten (§ 66), das prinzipielle Verbot des Erwerbs eigener Aktien (§§ 71 ff.), das Verbot, vor Auflösung der Aktiengesellschaft mehr Dividende auszuschütten als es dem Bilanzgewinn entspricht (§ 57 Abs. 3), sowie die Bestimmungen zur Begrenzung der an die Aktionäre ausschüttbaren Beträge (§ 150 iVm §§ 266 Abs. 3 A, 272 HGB).[69] Wesentliches Element der Kapitalerhaltung ist ferner die Passivierungspflicht des Grundkapitals mit der Folge, dass ein verteilungsfähiger Bilanzgewinn nur entsteht, solange das Grundkapital gedeckt ist.[70] 25

2. Zerlegung in Aktien. a) Begriff. Gemäß § 1 Abs. 2 ist eine Aktie die Bezeichnung eines Bruchteils des Grundkapitals und gibt damit Auskunft über die **Beteiligungsquote.**[71] Die Beteili- 26

[63] Spindler/Stilz/*Fock* Rn. 83; MüKoAktG/*Heider* Rn. 97.
[64] Hüffer/*Koch* Rn. 10; MüKoAktG/*Heider* Rn. 97.
[65] Spindler/Stilz/*Fock* Rn. 83.
[66] MüKoAktG/*Heider* Rn. 94; HK-AktG/*Westermann* Rn. 15.
[67] MüKoAktG/*Heider* Rn. 94; NK-AktR/*H. Fischer* Rn. 24.
[68] Vgl. MüKoAktG/*Heider* Rn. 97; Hüffer/*Koch* Rn. 11.
[69] Vgl. MüKoAktG/*Heider* Rn. 97; Hüffer/*Koch* Rn. 12.
[70] Spindler/Stilz/*Fock* Rn. 89.
[71] Hüffer/*Koch* Rn. 13; vgl. HK-AktG/*Westermann* Rn. 16; Schmidt/Lutter/*Lutter* Rn. 29.

gungsquote ergibt sich bei Nennbetragsaktien (§ 8 Abs. 2) aus dem Verhältnis zwischen dem Betrag des Grundkapitals und dem Nennbetrag der Aktie (§ 8 Abs. 4), bei Stückaktien (§ 8 Abs. 3) aus deren Gesamtanzahl (§ 8 Abs. 4). Die prinzipiell zulässige Quotenaktie hat das Gesetz nicht zugelassen.[72]

Das Gesetz verwendet den Begriff der Aktie jedoch auch mit anderer Bedeutung: zum einen als Ausdruck der Mitgliedschaft des Aktionärs, dh als Inbegriff sämtlicher Rechte und Pflichten, die einem Aktionär aufgrund seiner Beteiligung an der Gesellschaft zustehen, zum anderen als Bezeichnung des die Mitgliedschaft verbriefenden Wertpapiers (vgl. § 10).[73]

27 **b) Zerlegung. aa) Bedeutung.** § 1 Abs. 2 bringt zum Ausdruck, dass sich die Rechte eines Aktionärs im Verhältnis zu seinen Mitgesellschaftern nach der Höhe seiner Beteiligungsquote richten.[74] Das führt zu einer Verselbständigung der Mitgliedschaftsrechte. Diese sind vom aktuellen Inhaber gelöst und allein mit der Aktie im Sinne der Kapitalbeteiligung verbunden. Daher kann ein Aktionär mehrere Mitgliedschaften bei derselben Aktiengesellschaft haben und eine Aktiengesellschaft eigene Aktien halten.[75]

28 **bb) Einmanngründung.** Der Wortlaut des § 1 Abs. 2 spricht dafür, dass das Grundkapital in zumindest zwei Aktien zerlegt werden muss. Ob dies auch bei einer Einmanngründung erforderlich ist, ist umstritten. Die Befürworter berufen sich auf den Wortsinn, nach dem von einer Zerlegung nur bei Aufteilung in mehrere Anteile gesprochen werden kann.[76] Die Gegenansicht verweist darauf, § 1 Abs. 2 lasse lediglich versehentlich unberücksichtigt, dass seit dem Inkrafttreten des Gesetzes über kleine Aktiengesellschaften und zur Deregulierung des Aktienrechts vom 2.8.1994 (BGBl. I S. 1961) im Jahre 1994 Einmanngründungen möglich seien. Bei der zuvor erforderlichen Mindestanzahl von fünf Gründern habe in jedem Fall eine Zerlegung in eine Vielzahl von Aktien erfolgen müssen. Das entsprechende Bedürfnis sei jedoch mit Zulassung der Einmanngründung entfallen.[77] Letztgenannte Ansicht verdient unter Berücksichtigung des Umstandes, dass der Zerlegung in eine Mehrzahl von Aktien keine Schutzfunktion zukommt[78] und dass die Anzahl der Aktien ohne rechtliche Bedeutung ist,[79] Zustimmung. Für die Praxis ist vorstehende Fragestellung von untergeordneter Bedeutung. Es ist zu beobachten, dass auch bei Einmanngründungen regelmäßig eine Aufteilung des Grundkapitals in eine Vielzahl von Aktien erfolgt. Ist dies nicht der Fall, kann das Grundkapital bei einer Ausweitung des Kreises der Aktionäre ohne besondere Probleme – insbesondere bei der heute verbreiteten Stückaktie – neu gestückelt werden.[80]

§ 2 Gründerzahl

An der Feststellung des Gesellschaftsvertrags (der Satzung) müssen sich eine oder mehrere Personen beteiligen, welche die Aktien gegen Einlagen übernehmen.

Übersicht

[72] Hüffer/*Koch* Rn. 13.
[73] Vgl. MüKoAktG/*Heider* Rn. 99; Spindler/Stilz/*Fock* Rn. 94.
[74] AllgM, zB MüKoAktG/*Heider* Rn. 100.
[75] Spindler/Stilz/*Fock* Rn. 100.
[76] MüKoAktG/*Heider* Rn. 99; NK-AktR/*H. Fischer* Rn. 25.
[77] Spindler/Stilz/*Fock* Rn. 102; KK-AktG/*Dauner-Lieb* Rn. 29.
[78] Vgl. Spindler/Stilz/*Fock* Rn. 102; Schmidt/Lutter/*Lutter* Rn. 31; Grigoleit/*Grigoleit* Rn. 25.
[79] Hüffer/*Koch* Rn. 13.
[80] Vgl. Hüffer/*Koch* Rn. 13.

I. Allgemeines

1. Bedeutung. § 2 beinhaltet Anforderungen an die Gründung einer Aktiengesellschaft. Danach ist für die Gründung einer Aktiengesellschaft die Feststellung eines Gesellschaftsvertrages, der als Satzung bezeichnet wird, erforderlich. Ferner trifft § 2 Aussagen zur notwendigen Anzahl der Gründer und begründet das Erfordernis der „Einheitsgründung" (→ Rn. 10). Die Vorschrift wird durch die in den §§ 23 ff. getroffenen Bestimmungen, insbesondere § 23 und § 29, ergänzt. Bei der Auslegung des § 2 ist die „Einpersonengesellschaftsrichtlinie" (Zwölfte RL 89/667/EWG vom 21.12.1989, ABl. L 395, 40, neu gefasst durch RL 2009/102/EG vom 16.2.2009, ABl. L 258, 20, geändert durch RL 2013/24/EU vom 13.5.2013, ABl. L 158, 365) zu beachten. Diese betrifft zwar unmittelbar nur die GmbH. Sie ist aber nach ihrem Art. 6 auch auf die Aktiengesellschaft anzuwenden, wenn in einem Mitgliedstaat die Gründung einer Einpersonenaktiengesellschaft zulässig ist.[1] 1

2. Anzahl der Gründer. § 2 hat durch das Gesetz für kleine Aktiengesellschaften und zur Deregulierung des Aktienrechts vom 2.8.1994 (BGBl. I S. 1961) in Bezug auf die erforderliche Anzahl von Gründern eine wesentliche Änderung erfahren. Die vormalige gesetzliche Festlegung der Mindestgründerzahl auf fünf Personen wurde aufgehoben. Seitdem ist nicht nur eine Mehrpersonengründung durch Gründer in beliebiger Anzahl zulässig, sondern auch die **Einmanngründung.** Das Gesetz zur Modernisierung des GmbH-Rechts und zur Bekämpfung von Missbräuchen **(MoMiG)** vom 23.10.2008 (BGBl. I S. 2026) hat die in Bezug auf die Kapitalaufbringung zwischen einer Einmanngründung und einer Mehrpersonengründung bestehenden Unterschiede beseitigt (Aufhebung des § 36 Abs. 2 S. 2 aF; → § 36 Rn. 2). 2

II. Feststellung der Satzung

1. Rechtsgeschäftlicher Charakter. Notwendige Bestandteile der Errichtung einer Aktiengesellschaft sind die Teilakte „Satzungsfeststellung" und „Aktienübernahme".[2] Satzungsfeststellung und Übernahme der Aktien sind dabei Teil eines einheitlichen[3] Rechtsgeschäfts. Der Wortlaut des § 2 legt den unzutreffenden Eindruck nahe, auch bei der Einpersonengründung erfolge der Abschluss eines Vertrages im Sinne eines gegenseitigen Rechtsgeschäfts. Richtigerweise ist wie folgt zu differenzieren: 3

a) Mehrpersonengründung. aa) Grundlagen. Wird die Aktiengesellschaft von mehreren Personen errichtet, kann die Satzung nur durch einen **Vertrag** iS übereinstimmender Willenserklärungen festgestellt werden. Mit Abschluss dieses als Gründungsvertrag[4] oder Errichtungsvertrag[5] bezeichneten Rechtsgeschäfts, das den allgemeinen Vorschriften des BGB über die Abgabe von Willenserklärungen und den Abschluss von Verträgen unterliegt,[6] einigen sich die Gründer über den Inhalt der Satzung. Leidet der geschlossene Vertrag unter Gültigkeitsmängeln, entsteht eine fehlerhafte Vor-AG.[7] Nach Eintragung sind diesbezügliche Mängel nur noch nach den §§ 275 ff. beachtlich.[8] Der echte vertragliche Charakter des Gründungsvertrages dokumentiert sich auch in den für dessen Abschluss (vgl. § 23) zu erhebenden Notargebühren. Es fällt eine Gebühr für die notarielle Beurkundung eines Vertrages gemäß KV 21100 GNotKG an. 4

Der Abschluss des Gründungsvertrages erfordert nicht die gleichzeitige persönliche oder durch rechtsgeschäftliche Vertretung (vgl. § 23 Abs. 1 S. 2) gewährleistete Anwesenheit aller Gründer. Die Errichtungserklärungen können in getrennten, aber inhaltlich aufeinander verweisenden Urkunden enthalten sein.[9] 5

bb) Kein Status als Gründer ohne Übernahme von Aktien. Der Wortlaut des § 2 scheint nicht auszuschließen, dass sich am Abschluss des Gründungsvertrages in Bezug auf die Feststellung der Satzung auch Personen beteiligen, die keine Aktien übernehmen und somit für sich keine Einlagepflicht begründen. Ob dies zulässig ist, ist in der Literatur umstritten.[10] Unter Berücksichti- 6

[1] MüKoAktG/*Heider* Rn. 4.
[2] MüKoAktG/*Heider* Rn. 26; Schmidt/Lutter/*Lutter* Rn. 9.
[3] MüKoAktG/*Heider* Rn. 43; Hüffer/*Koch* § 23 Rn. 16; NK-AktR/*H. Fischer* Rn. 19; aA Schmidt/Lutter/*Lutter* Rn. 9; KK-AktG/*Dauner-Lieb* Rn. 18.
[4] So die Rspr., zB BGHZ 45, 338.
[5] So die Lit., zB MüKoAktG/*Heider* Rn. 28.
[6] Spindler/Stilz/*Drescher* Rn. 3.
[7] Hüffer/*Koch* Rn. 3; Spindler/Stilz/*Drescher* Rn. 3.
[8] Spindler/Stilz/*Drescher* Rn. 3; Hüffer/*Koch* Rn. 3.
[9] Hüffer/*Koch* § 23 Rn. 9; Spindler/Stilz/*Drescher* Rn. 3; MüKoAktG/*Heider* Rn. 28.
[10] Bejahend zB Schmidt/Lutter/*Lutter* Rn. 14; Grigoleit/*Vedder* Rn. 10; verneinend zB Hüffer/*Koch* Rn. 13; Spindler/Stilz/*Drescher* Rn. 6; KK-AktG/*Dauner-Lieb* Rn. 21.

gung von Sinn und Zweck des § 2 ist davon auszugehen, dass eine Beteiligung als Gründer am Abschluss des Gründungsvertrages **ohne Übernahme** mindestens einer Aktie **nicht** möglich ist. Die Gründer regeln mit der Feststellung der Satzung ihre gesellschaftsrechtlichen Beziehungen. Die Übernahme der Aktien, mit der die Pflicht zur Erbringung der Einlage begründet wird, führt zur Mitgliedschaft in der Aktiengesellschaft. Wer keine Aktien übernimmt, wird nicht Mitglied. Wer nicht Mitglied wird, hat auch kein Recht, an der Regelung der Rechtsverhältnisse der Mitglieder, die durch die Satzung herbeigeführt wird, mitzuwirken.[11] Hat jedoch bei Übernahme aller Aktien durch andere Gründer ein „Dritter" sich am Abschluss des „Gründungsvertrages" beteiligt, soll nach Ansicht der Literatur im Einzelfall eine Umdeutung in eine schuldrechtliche Förderpflicht in Betracht kommen.[12] Da Umfang und Grenzen dieser – ungeschriebenen – „schuldrechtlichen Förderpflicht" im Gründungsvertrag jedoch nicht geregelt sind, ist nicht erkennbar, welche konkreten Auswirkungen und Folgen ihr zukommen können. Die Bedeutung der Umdeutung wird sich daher in aller Regel auf die „Rettung" des Gründungsvertrages vor dem Vorwurf des Verstoßes gegen die Gründungsvorschriften der Aktiengesellschaft beschränken.

7 **cc) Strohmanngründung.** Soll im Ergebnis eine Einmann-Aktiengesellschaft errichtet werden, kann dies nicht nur durch einseitiges Rechtsgeschäft (→ Rn. 8), sondern auch durch eine Mehrpersonengründung unter Beteiligung einer oder mehrerer weiterer Person erfolgen, die unmittelbar nach Eintragung der Aktiengesellschaft ihre Aktien auf den Alleinaktionär übertragen. Hierbei handelt es sich weder um ein Scheingeschäft (§ 117 BGB) noch ist die Gestaltung als unzulässige Gesetzesumgehung (§ 134 BGB) zu qualifizieren.[13] Durch die Neufassung des § 2 im Jahre 1994 (→ Rn. 2) wurde die Strohmanngründung sogar erleichtert, da nicht länger fünf Personen zur Gründung einer Aktiengesellschaft erforderlich sind. Durch die ersatzlose Aufhebung des § 36 Abs. 2 S. 2 aF durch das MoMiG (→ Rn. 2), wodurch der alleinige Gründer von der Verpflichtung zur Sicherheitsleistung im Fall der nicht vollständigen Erfüllung der Einlageverpflichtung befreit wurde, hat die Strohmanngründung an Bedeutung verloren. Ferner ist die Strohmanngründung mit Risiken für die Strohmänner verbunden, da ihnen die Heranziehung zur Leistung rückständiger Einlagen drohen kann (vgl. §§ 64, 65). Jedoch können die nach wie vor nicht abschließend geklärten Rechtsfragen hinsichtlich des Rechtszustandes bei einer Einpersonengründung bis zur Eintragung der Aktiengesellschaft in das Handelsregister im Einzelfall für eine Strohmanngründung sprechen (→ § 41 Rn. 18 f.).[14]

8 **b) Einpersonengründung.** Wird die Aktiengesellschaft nur durch eine Person errichtet, ist die Feststellung der Satzung trotz des missverständlichen Wortlauts des § 2 als **einseitige, nicht empfangsbedürftige Willenserklärung** des Gründers zu qualifizieren. Diese Erklärung wird mit ihrer formgerechten (§ 23 Abs. 1 S. 1) Abgabe vor dem Notar wirksam. Mangels eines Vertrages fällt nur eine Notargebühr für eine einseitige Erklärung (KV 21200 GNotKG) an.[15]

9 **2. Rechtsnatur der Satzung.** Die Satzung ist eine besondere Form eines Gesellschaftsvertrages bei Gesellschaften mit körperschaftlicher Organisationsstruktur.[16] Der Gründungsvertrag bei der Mehrpersonengesellschaft bzw. die einseitige Errichtungserklärung bei der Einpersonengründung ist der rechtliche Entstehungsgrund für die Satzung. Die Satzung ist die **„Verfassung"** der Aktiengesellschaft.[17] Sie stellt – neben dem Aktiengesetz – ein weiteres Normensystem dar, das für alle aktuellen und zukünftigen Aktionäre gilt. Daher gelten – spätestens ab Eintragung der Aktiengesellschaft – für die Auslegung der Satzung grundsätzlich auch nicht die Regelungen über die Auslegung von Willenserklärungen, da insoweit Gründerwille und Interessen der Gründer nicht (mehr) relevant sind.[18] Die Satzung ist wie sonstiges objektives Recht aus sich selbst heraus anhand objektiver, für den unbeteiligten Dritten nachvollziehbarer Kriterien auszulegen. Umstände, für die sich keine ausreichenden Anhaltspunkte in der Satzung finden, können bei der Auslegung nicht berücksichtigt werden.[19] Enthält die Satzung allerdings ausnahmsweise auch schuldrechtliche Regelungen der Gründer wie die Einräumung von Sonderrechten, Wettbewerbsverbote, Nebenleistungspflichten, Schieds-

---

[11] Vgl. MüKoAktG/*Heider* Rn. 30 ff.; Hüffer/*Koch* Rn. 13; NK-AktR/*H. Fischer* Rn. 20.

[12] So MüKoAktG/*Heider* Rn. 32; Hüffer/*Koch* Rn. 13; Spindler/Stilz/*Drescher* Rn. 6; ähnlich HK-AktG/*Westermann* Rn. 9.

[13] Hüffer/*Koch* Rn. 4; Schmidt/Lutter/*Lutter* Rn. 11; KK-AktG/*Dauner-Lieb* Rn. 5.

[14] Vgl. Hüffer/*Koch* Rn. 4.

[15] HM, vgl. BayObLG WM 1983, 185; OLG Frankfurt WM 1983, 405; MüKoAktG/*Heider* Rn. 33; Spindler/Stilz/*Drescher* Rn. 4; Hüffer/*Koch* Rn. 4a; aA *Willemer* DNotZ 1981, 469 ff.; *Mümmler* JurBüro 1981, 837 ff.

[16] MüKoAktG/*Heider* Rn. 37; Spindler/Stilz/*Drescher* Rn. 5.

[17] Vgl. MüKoAktG/*Heider* Rn. 36; KK-AktG/*Dauner-Lieb* Rn. 16.

[18] Vgl. BGHZ 47, 172 (180) = WM 1967, 606 (609).

[19] BGHZ 123, 347 (350 f.) = NJW 1994, 51 (52) – IBH; stRspr seit RGZ 127, 186 (192); vgl. MüKoAktG/*Heider* Rn. 41.

abreden etc (sog. **„unechte“ Satzungsbestandteile**),[20] sind diese nicht Teil der „Verfassung“. Insoweit sind die allgemeinen Auslegungsgrundsätze für Willenserklärungen heranzuziehen.[21] Im Einzelfall mag die Abgrenzung Schwierigkeiten bereiten. Entscheidend ist, ob die betreffende Regelung nur für den derzeitigen Aktionärskreis gelten soll oder für einen unbestimmten Personenkreis.[22]

III. Übernahme der Aktien gegen Einlage

1. Grundlagen. Die Übernahme der Aktien durch die Gründer ist neben der Feststellung der Satzung notwendiger Bestandteil des auf die Errichtung der Aktiengesellschaft gerichteten einheitlichen Rechtsgeschäfts. Die Gründer müssen **alle** Aktien gegen Einlagen übernehmen (sog. **„Einheitsgründung“**). Erst mit Übernahme aller Aktien ist die Aktiengesellschaft errichtet (vgl. § 29). Eine „Stufengründung“, bei der zunächst nicht alle Aktien übernommen werden und die mangels begründeter Einlageverpflichtungen für die nicht übernommenen Aktien unter dem Aspekt des Anleger- und des Gläubigerschutzes Bedenken begegnen würde,[23] ist daher unzulässig. Die Übernahme der Aktien darf nicht unter einer Bedingung erklärt werden.[24] Seine auf die Feststellung der Satzung und die Übernahme von Aktien gerichteten Erklärungen muss jeder Gründer in einer einzigen Urkunde abgeben (vgl. § 23 Abs. 2). Die Abgabe der Errichtungserklärungen der verschiedenen Gründer in getrennten, inhaltlich aufeinander verweisenden notariellen Urkunden ist dann zulässig, wenn in der Gesamtschau aller Errichtungserklärungen sämtliche Aktien an der neu errichteten Gesellschaft übernommen werden.[25] 10

2. Rechtsfolgen. Mit der Erklärung, Aktien gegen Einlagen zu übernehmen, wird die Rechtsstellung als Gründer erworben (→ Rn. 6).[26] Der Gründer erwirbt **Mitgliedschaftsrechte** an der durch die Errichtung entstehenden Vor-AG, deren Umfang sich nach seiner Kapitalbeteiligung richtet. Diese Mitgliedschaftsrechte sind zunächst – als Anspruch gegen die übrigen Gründer auf Mitwirkung – auf das wirksame Entstehen der Aktiengesellschaft und die Bestellung des ersten Aufsichtsrates und der Abschlussprüfer für das erste Geschäftsjahr (§ 30) gerichtet. Die Mitgliedschaftsrechte setzen sich nach Eintragung an der Aktiengesellschaft fort. Damit korrespondieren entsprechende **Mitwirkungspflichten** des Gründers. Ferner verpflichtet sich jeder Gründer mit der Übernahme der Aktien, den festgesetzten **Ausgabebetrag** für die Aktien einzuzahlen oder, wenn Sacheinlagen vereinbart sind, diese zu leisten (§ 54). 11

IV. Gründerfähigkeit

1. Grundsatz. § 2 formuliert keine besonderen Anforderungen an die „Personen“, die Gründer einer Aktiengesellschaft sein wollen. Daher können alle natürlichen und juristischen Personen sich als Gründer an der Errichtung einer Aktiengesellschaft beteiligen. Bei sonstigen Personenmehrheiten oder -gemeinschaften ist für die Gründerfähigkeit maßgeblich, ob diese nach ihrer Eigenart den besonderen aktienrechtlichen Erfordernissen an einen Gründer genügen.[27] 12

2. Natürliche Personen. Jede natürliche Person kann – unabhängig von ihrer Geschäftsfähigkeit oder ihrer Staatsangehörigkeit – Gründer einer Aktiengesellschaft sein. Kaufleute können unter ihrer Firma gründen.[28] 13

a) Geschäftsunfähige/beschränkt Geschäftsfähige. Für Geschäftsunfähige oder beschränkt Geschäftsfähige handelt der gesetzliche Vertreter.[29] Dabei ist umstritten, ob der gesetzliche Vertreter in diesem Fall stets[30] oder nur dann, wenn die Gesellschaft auf den Betrieb eines Erwerbsgeschäfts gerichtet ist,[31] der **Genehmigung** durch das **Familiengericht** bedarf. Für die letztgenannte Ansicht spricht der eindeutige Wortlaut des § 1822 Nr. 3 BGB, der ausdrücklich das Erfordernis der gerichtlichen Genehmigung auf Gesellschaftsverträge, die in Bezug auf den Betrieb eines Erwerbsgeschäfts 14

---

[20] Vgl. BGHZ 18, 205 (207 f.) = WM 1955, 1447; BGH WM 1962, 1314 (1315).
[21] MüKoAktG/*Heider* Rn. 42; Spindler/Stilz/*Drescher* Rn. 5.
[22] MüKoAktG/*Heider* Rn. 42; Spindler/Stilz/*Drescher* Rn. 5.
[23] Vgl. Hüffer/*Koch* Rn. 12.
[24] Spindler/Stilz/*Drescher* Rn. 6.
[25] MüKoAktG/*Heider* Rn. 28; Spindler/Stilz/*Drescher* Rn. 6; KK-AktG/*Dauner-Lieb* Rn. 20.
[26] MüKoAktG/*Heider* Rn. 45.
[27] MüKoAktG/*Heider* Rn. 9; Hüffer/*Koch* Rn. 5.
[28] Hüffer/*Koch* Rn. 6.
[29] AllgM, zB Hüffer/*Koch* Rn. 6.
[30] So die hL, zB MüKoAktG/*Heider* Rn. 11; Spindler/Stilz/*Drescher* Rn. 8; KK-AktG/*Dauner-Lieb* Rn. 7; *Kurz* NJW 1992, 1798 (1800).
[31] So zB Hüffer/*Koch* Rn. 6; Schmidt/Lutter/*Lutter* Rn. 3; Grigoleit/*Vedder* Rn. 3.

eingegangen werden, beschränkt. Die Begründung der Vertreter der weitergehenden Ansicht, die Haftungsrisiken, insbesondere aufgrund der §§ 41 Abs. 1, 46, erforderten in jedem Fall eine entsprechende familiengerichtliche Genehmigung,[32] findet keine Grundlage im BGB. Anhaltspunkte, die eine entsprechende analoge Anwendung der Vorschriften über das Genehmigungserfordernis rechtfertigen, sind mangels planwidriger Gesetzeslücke nicht erkennbar. Für die **Praxis** ist jedoch zu berücksichtigen, dass die Aktiengesellschaft mit Ausnahme der Fälle, in denen sie als Vorratsgesellschaft errichtet wird, regelmäßig auf den Betrieb eines Erwerbsgeschäfts im vorgenannten Sinne gerichtet sein dürfte. Aufgrund der mangels diesbezüglicher höchstrichterlicher Rechtsprechung ungeklärten Rechtslage ist ferner zu empfehlen, bei Beteiligung geschäftsunfähiger oder beschränkt geschäftsfähiger Gründer **stets** eine familiengerichtliche Genehmigung einzuholen, um jedem Risiko von Gründungsmängeln vorzubeugen.

15 **b) Ausländische Staatsangehörige.** Auch ausländische Staatsangehörige können Gründer einer Aktiengesellschaft sein. Umstritten ist allerdings, ob das Fehlen eines Aufenthaltstitels oder die Untersagung einer selbständigen Erwerbstätigkeit in der Aufenthaltsgestattung bzw. ein Verstoß hiergegen Auswirkungen auf die Wirksamkeit der Gründungserklärung haben kann.[33] Dies wird in der Literatur teilweise unter besonderen Voraussetzungen bejaht („Gesetzesumgehung").[34] Gegen eine entsprechende Beschränkung der Gründerfähigkeit spricht jedoch, dass das Ausländerrecht auch diejenigen Personen, die bei ihrem Aufenthalt Beschränkungen unterliegen, nicht vom rechtsgeschäftlichen Verkehr in Deutschland ausschließen will.[35] Ein Aufenthaltstitel ist nur zur Einreise und für den Aufenthalt im Inland erforderlich. Da sich ein ausländischer Staatsangehöriger mit Wohnsitz im Ausland, der nicht über einen Aufenthaltstitel verfügt, an der Gründung einer Aktiengesellschaft im Inland beteiligen kann, ist nicht ersichtlich, warum dies einem ausländischen Staatsbürger mit Aufenthaltstitel, der allerdings eine selbständige Erwerbstätigkeit nicht gestattet und bzw. oder keine Erlaubnis zur Ausübung einer Beschäftigung beinhaltet, untersagt sein soll.[36] Enthält der Aufenthaltstitel eine der vorbezeichneten Beschränkungen, kann der betreffende ausländische Staatsangehörige sich daher zwar mit Kapital an der Gründung beteiligen, nicht aber für die Aktiengesellschaft als Vorstand oder Angestellter tätig sein.[37]

16 **3. Juristische Personen.** Juristische Personen sind **ohne Einschränkung** gründerfähig. Dies gilt gleichermaßen für juristische Personen des Privatrechts (zB Aktiengesellschaft, GmbH) und des öffentlichen Rechts (zB rechtsfähige Körperschaften und Anstalten) wie auch für ausländische juristische Personen, sofern sie nach ihrem Heimatrecht gründerfähig sind.[38] Auch die Europäische Aktiengesellschaft (SE) ist gründerfähig.[39]

17 **4. Personenhandelsgesellschaften.** Personenhandelsgesellschaften wie OHG und KG, auch in Form der GmbH & Co. KG oder der AG & Co. KG, können sich aufgrund ihrer Teilrechtsfähigkeit (§§ 124, 161 Abs. 2 HGB) an der Gründung einer Aktiengesellschaft beteiligen. Mitgliedschaft und Einlagepflicht liegen bei der Gesellschaft, die Gesellschafter haften ggf. persönlich akzessorisch.[40] Entsprechendes gilt für eine Partnerschaftsgesellschaft und – bei lediglich subsidiärer Haftung der Mitglieder [Art. 24 VO (EWG) Nr. 2137/85 über die Schaffung einer Europäischen wirtschaftlichen Interessenvereinigung (EWIV) vom 25.7.1985, ABl. L 199, 1] – für eine deutsche EWIV, die den Personenhandelsgesellschaften sehr nahe stehen.[41]

18 **5. Sonstige Personengemeinschaften. a) Gesellschaft bürgerlichen Rechts.** Nach der neueren Rechtsprechung des BGH ist die **GbR** rechtsfähig, soweit sie als Außengesellschaft mit Gesamthandsvermögen eigene Rechte und Pflichten begründet.[42] Sie ist damit auch **gründerfähig.**[43] Schuldnerin der Einlagepflicht und Zuordnungssubjekt der durch die Aktien vermittelten Mitgliedschaftsrechte ist die GbR als Gesamthand. Daneben haften die Gesellschafter als Gesamtschuldner

[32] So zB MüKoAktG/*Heider* Rn. 11; Palandt/*Götz* BGB § 1822 Rn. 9.
[33] So hM zur GmbH, zB OLG Celle DB 1977, 993; OLG Stuttgart OLGZ 1984, 143 (145 f.); KG GmbHR 1997, 413 f.; LG Krefeld Rpfleger 1982, 475.
[34] Hüffer/*Koch* Rn. 7; NK-AktR/*H. Fischer* Rn. 7; HK-AktG/*Westermann* Rn. 5; vgl. zur GmbH auch *Bohlscheidt* RNotZ 2005, 505 (513 ff.).
[35] Schmidt/Lutter/*Lutter* Rn. 3.
[36] Vgl. MüKoAktG/*Heider* Rn. 12; Grigoleit/*Vedder* Rn. 3.
[37] Vgl. MüKoAktG/*Heider* Rn. 12; NK-AktR/*H. Fischer* Rn. 7.
[38] Vgl. MüKoAktG/*Heider* Rn. 13; Hüffer/*Koch* Rn. 8; Spindler/Stilz/*Drescher* Rn. 9; Grigoleit/*Vedder* Rn. 4.
[39] Schmidt/Lutter/*Lutter* Rn. 4.
[40] Spindler/Stilz/*Drescher* Rn. 10; vgl. MüKoAktG/*Heider* Rn. 16.
[41] Schmidt/Lutter/*Lutter* Rn. 5; MüKoAktG/*Heider* Rn. 16.
[42] BGHZ 146, 341 (343 ff.) = NJW 2001, 1056.
[43] Heute allgM, zB Hüffer/*Koch* Rn. 10; MüKoAktG/*Heider* Rn. 17.

akzessorisch analog § 128 HGB.[44] Entsprechendes gilt für vergleichbare Gesamthandsgemeinschaften wie den **nicht eingetragenen Verein.**[45]

b) Vor-AG und Vor-GmbH. Die Vor-AG und die Vor-GmbH sind weder GbR noch Verein, sondern Gesamthandsgesellschaft eigener Art.[46] Sie sind ebenfalls gründerfähig.[47] Das muss auch dann gelten, wenn es sich um eine Einpersonen-Vor-AG bzw. Einpersonen-Vor-GmbH handelt. Unabhängig davon, ob man davon ausgeht, dass bei der Errichtung einer Einpersonen-Kapitalgesellschaft lediglich ein Sondervermögen des alleinigen Gründers[48] oder eine rechtlich verselbständigte Organisationsform eigener Art, die teilrechtsfähig ist,[49] entsteht, besteht doch Einigkeit darüber, dass die „Einpersonen-Vorgesellschaft" Rechte und Pflichten erwerben kann. Diese stehen unabhängig davon, ob die Vorgesellschaft zur Gesellschaft im Verhältnis der Identität[50] steht oder eine liquidationslose Gesamtrechtsnachfolge eintritt,[51] mit Eintragung der Kapitalgesellschaft im Handelsregister dieser zu bzw. treffen diese. 19

c) Erbengemeinschaft. Die Gründerfähigkeit einer Erbengemeinschaft ist umstritten. Hiergegen wird vorgebracht, die Erbengemeinschaft sei kein organisierter Personenverband, sondern eine vermögensrechtliche Zweckgemeinschaft mit dem Ziel der Auseinandersetzung.[52] Da jedoch die Fortführung einer vom Erblasser begonnenen Gründung für zulässig gehalten wird,[53] ist keine Rechtfertigung dafür erkennbar, den gemeinschaftlichen Beginn einer Gründung als unzulässig zu qualifizieren. Denn auch die nicht auf Dauer angelegte Erbengemeinschaft ist insoweit hinreichend verselbständigt.[54] Daher ist im Ergebnis von der uneingeschränkten Gründerfähigkeit der Erbengemeinschaft auszugehen.[55] 20

d) Gütergemeinschaft. Die Gründerfähigkeit der ehelichen Gütergemeinschaft ist umstritten. Teilweise wird sie mit der Begründung verneint, die gesamthänderische Verbindung der Vermögen der Eheleute führe nicht zu der für die Gründerfähigkeit erforderlichen eigenständigen Organisationseinheit, sondern lasse lediglich ein Sondervermögen (§ 1416 BGB) entstehen.[56] Die hL[57] betrachtet die Gütergemeinschaft zu Recht als gründerfähig, da insoweit dieselben Maßstäbe anzulegen sind wie bei einer Erbengemeinschaft. Die erforderliche Verselbständigung wird durch § 1419 BGB bewirkt.[58] Die durch die übernommene Aktie verkörperte Mitgliedschaft gehört zum Gesamtgut.[59] Vorstehendes gilt entsprechend für eine Lebenspartnerschaft iSd LPartG, sofern die Lebenspartner für ihre güterrechtlichen Verhältnisse durch Lebenspartnerschaftsvertrag den Güterstand der Gütergemeinschaft vereinbart haben.[60] 21

§ 3 Formkaufmann; Börsennotierung

(1) Die Aktiengesellschaft gilt als Handelsgesellschaft, auch wenn der Gegenstand des Unternehmens nicht im Betrieb eines Handelsgewerbes besteht.

(2) Börsennotiert im Sinne dieses Gesetzes sind Gesellschaften, deren Aktien zu einem Markt zugelassen sind, der von staatlich anerkannten Stellen geregelt und überwacht wird, regelmäßig stattfindet und für das Publikum mittelbar oder unmittelbar zugänglich ist.

---

44 Hüffer/*Koch* Rn. 10; MüKoAktG/*Heider* Rn. 17; vgl. BGHZ 142, 315 = NJW 1999, 3483; BGHZ 146, 341 (358) = NJW 2001, 1056.

45 Hüffer/*Koch* Rn. 10; MüKoAktG/*Heider* Rn. 18; Schmidt/Lutter/*Lutter* Rn. 6; Grigoleit/*Vedder* Rn. 6.

46 StRspr seit BGHZ 21, 242 (246) = NJW 1956, 1435; BGHZ 45, 338 (347) = NJW 1966, 1311; BGHZ 51, 30 (32) = NJW 1969, 509; BGHZ 117, 323 (326 f.) = NJW 1992, 1824; BGHZ 143, 314 (319) = NJW 2000, 1193.

47 Hüffer/*Koch* Rn. 10; MüKoAktG/*Heider* Rn. 18; Spindler/Stilz/*Drescher* Rn. 11; Schmidt/Lutter/*Lutter* Rn. 4.

48 Für AG: *Hüffer,* 10. Aufl. 2012, § 41 Rn. 17c; *Bruski* AG 1997, 17 (20).

49 Für AG: MüKoAktG/*Pentz* § 41 Rn. 79; Spindler/Stilz/*Heidinger* § 41 Rn. 121; Hüffer/*Koch* § 41 Rn. 17c.

50 Für AG: MüKoAktG/*Pentz* § 41 Rn. 108; Grigoleit/*Vedder* § 41 Rn. 4.

51 Für AG: Hüffer/*Koch* § 41 Rn. 17g.

52 Vgl. KK-AktG/*Kraft,* 2. Aufl. 1988, Rn. 28; ähnlich KK-AktG/*Dauner-Lieb* Rn. 11.

53 AllgM, zB Hüffer/*Koch* Rn. 11.

54 Spindler/Stilz/*Drescher* Rn. 12.

55 Hüffer/*Koch* Rn. 11; MüKoAktG/*Heider* Rn. 19; Spindler/Stilz/*Drescher* Rn. 12; Schmidt/Lutter/*Lutter* Rn. 7; Grigoleit/*Vedder* Rn. 6; NK-AktR/*H. Fischer* Rn. 11.

56 MüKoAktG/*Heider* Rn. 21; KK-AktG/*Dauner-Lieb* Rn. 12.

57 Hüffer/*Koch* Rn. 11; Schmidt/Lutter/*Lutter* Rn. 8; Spindler/Stilz/*Drescher* Rn. 13; NK-AktR/*H. Fischer* Rn. 12.

58 Vgl. NK-AktR/*H. Fischer* Rn. 12 Fn. 17.

59 Schmidt/Lutter/*Lutter* Rn. 8.

60 Schmidt/Lutter/*Lutter* Rn. 8.

I. Allgemeines

1 **1. Normzweck.** § 3 Abs. 1 enthält die gesetzliche Fiktion, dass eine Aktiengesellschaft unabhängig von ihrem Unternehmensgegenstand immer Handelsgesellschaft iSd § 6 HGB ist. Die Vorschrift ergänzt damit die §§ 1 ff. HGB. Sie macht im Zusammenhang mit der Anwendung der Vorschriften des HGB eine Prüfung der Voraussetzungen der §§ 1 ff. HGB in Bezug auf eine Aktiengesellschaft entbehrlich. Sie zielt darauf, die Aktiengesellschaft ausnahmslos dem für Kaufleute geltenden Handelsrecht zu unterwerfen, soweit das Aktienrecht keine spezielleren Regelungen enthält.[1] Mittelbare Folge der Vorschrift ist, dass einer Aktiengesellschaft jeder Unternehmensgegenstand offen steht.[2] § 3 Abs. 2 enthält eine Legaldefinition des Begriffs der „börsennotierten Gesellschaft" für das AktG. Unionsrechtliche Vorgaben für die Auslegung des § 3 bestehen nicht.[3]

2 **2. Anwendungsbereich. a) Von § 3 Abs. 1 erfasste Gesellschaften.** § 3 Abs. 1 gilt für die nach Eintragung in das Handelsregister entstandene (§ 41 Abs. 1 S. 1) inländische Aktiengesellschaft. Die Vorschrift findet keine Anwendung auf die Vor-AG, da diese nicht im Handelsregister eingetragen ist;[4] etwas anderes gilt auch nicht allein aufgrund vorzeitiger Aufnahme der Geschäftstätigkeit.[5] Die Vor-AG ist jedoch dann Kaufmann, wenn sie die Voraussetzungen von § 1 HGB erfüllt.[6] Dies gilt nicht nur, wenn die Vor-AG ein im Wege der Sachgründung eingebrachtes Handelsgewerbe fortsetzt,[7] sondern auch dann, wenn sie ein eigenes Handelsgewerbe beginnt.[8] Ausländische Aktiengesellschaften erfasst die Vorschrift nicht.[9] Soweit es auf die Kaufmannseigenschaft im Internationalen Privatrecht ankommt, ist nicht auf das Gesellschaftsstatut, sondern nach Sachverhaltsgestaltung auf das Vertragsstatut, das Wirkungsstatut, das Vollmachtsstatut oder das Deliktsstatut abzustellen.[10] Inländische Zweigniederlassungen ausländischer Gesellschaften als solche sind nicht rechtsfähig, so dass ihnen keine eigenständige Kaufmannseigenschaft zukommen kann.[11]

3 **b) Legaldefinition des § 3 Abs. 2.** Der in § 3 Abs. 2 definierte Begriff der „börsennotierten Gesellschaft" wird im AktG vielfach verwendet (vgl. §§ 67 Abs. 6 S. 2, 110 Abs. 3, 123 Abs. 4 S. 1 und 2 sowie Abs. 5, 125 Abs. 1 S. 3, 130 Abs. 1 S. 3, Abs. 2 S. 2 und Abs. 6, 134 Abs. 1 S. 2, 149 Abs. 1, 161 Abs. 1, 171 Abs. 2 S. 2, 248a S. 1, 328 Abs. 3 und 404 Abs. 1 und Abs. 2 S. 1). Vieles spricht dafür, ihn auch auf die Regelungen des EGAktG anzuwenden.[12]

II. Aktiengesellschaft als Handelsgesellschaft

4 **1. Kaufmann kraft Rechtsform.** Die Aktiengesellschaft ist aufgrund der Fiktion in § 3 Abs. 1 Kaufmann kraft Rechtsform **(„Formkaufmann")**. Auf sie ist uneingeschränkt Handelsrecht anzuwenden. Die gesetzliche Fiktion hat jedoch nur dann sachliche Bedeutung, wenn der Unternehmensgegenstand der Gesellschaft nicht auf den Betrieb eines Handelsgewerbes gerichtet ist. Dies gilt insbesondere für die im **freiberuflichen Bereich** tätigen Aktiengesellschaften wie zB Wirtschaftsprüfungsgesellschaften, Steuerprüfungsgesellschaften und Rechtsanwaltsgesellschaften.[13] Handelsrecht ist aufgrund des Zusammenspiels der Fiktion des § 3 Abs. 1 mit der gesetzlichen Klarstellung in § 6 Abs. 2 HGB (zur Vereinseigenschaft der Aktiengesellschaft → § 1 Rn. 2) auch dann anzuwenden, wenn das von der Aktiengesellschaft betriebene Unternehmen keiner kaufmännischen Betriebsorganisation bedarf.[14]

5 **2. Rechtsfolgen.** Die Fiktion des § 3 Abs. 1 gilt uneingeschränkt für die Regelungen des HGB und alle sonstigen zivilrechtlichen Gesetzesbestimmungen, die auf den Kaufmannsbegriff des HGB Bezug nehmen.[15] Rechtsgeschäfte der Aktiengesellschaft sind immer Handelsgeschäfte iSd §§ 343 ff.

---

[1] MüKoAktG/*Heider* Rn. 11.
[2] AllgM, zB MüKoAktG/*Heider* Rn. 4; Spindler/Stilz/*Drescher* Rn. 1.
[3] MüKoAktG/*Heider* Rn. 1.
[4] MüKoAktG/*Heider* Rn. 7; Spindler/Stilz/*Drescher* Rn. 2; Hüffer/*Koch* Rn. 2; Grigoleit/*Vedder* Rn. 2.
[5] Vgl. BGHZ 169, 270 Rn. 17 = NJW 2007, 589; Spindler/Stilz/*Drescher* Rn. 2.
[6] MüKoAktG/*Heider* Rn. 8; HK-AktG/*Westermann* Rn. 1; einschr. NK-AktR/*Ammon* Rn. 3.
[7] So Spindler/Stilz/*Drescher* Rn. 2.
[8] MüKoAktG/*Heider* Rn. 8; HK-AktG/*Westermann* Rn. 1.
[9] Spindler/Stilz/*Drescher* Rn. 2.
[10] MüKoAktG/*Heider* Rn. 9; Spindler/Stilz/*Drescher* Rn. 2.
[11] Hüffer/*Koch* Rn. 2; Spindler/Stilz/*Drescher* Rn. 2.
[12] MüKoAktG/*Heider* Rn. 5 Fn. 4.
[13] Spindler/Stilz/*Drescher* Rn. 4; vgl. zur Rechtsanwalts-AG BGHZ 161, 376 = NJW 2005, 1568; Überblick bei KK-AktG/*Dauner-Lieb* Rn. 14 ff.
[14] Hüffer/*Koch* Rn. 3.
[15] MüKoAktG/*Heider* Rn. 11.

lung des Gewerbebetriebes als auch eine eventuelle Vermögenslosigkeit oder die Auflösung der Aktiengesellschaft (§ 262) ohne Bedeutung.[8] Während der Abwicklung ist der Firma der Aktiengesellschaft nebst Rechtsformzusatz ein auf die Abwicklung hinweisender Zusatz beizufügen (zB „in Liquidation" oder „i.L."; vgl. § 269 Abs. 6).[9]

II. Rechtsformzusatz

1. Inhalt. a) Zusatz „Aktiengesellschaft". Nach § 4 muss die Firma der Aktiengesellschaft die Bezeichnung „Aktiengesellschaft" oder eine allgemein verständliche Abkürzung dieser Bezeichnung enthalten. Die Pflicht zur Aufnahme eines Rechtsformzusatzes besteht unabhängig davon, ob es sich um die erstmalige Firmenbildung bei Errichtung der Aktiengesellschaft, um die Änderung der Firma einer im Handelsregister eingetragenen Aktiengesellschaft oder um eine Firmenfortführung handelt. Der Zusatz muss in deutscher Sprache abgefasst sein, auch wenn die Firma sonst aus einer fremdsprachlichen Bezeichnung besteht.[10] § 4 enthält keine Vorgaben darüber, an welcher Stelle der Rechtsformzusatz in die Firma eingefügt wird. Es besteht insbesondere keine Verpflichtung, den Rechtsformzusatz am Ende der Firma beizufügen.[11] Dessen Position ist ebenso in das freie Belieben der „Firmengeber" gestellt wie eine eventuelle Verbindung mit anderen Firmenbestandteilen.[12] 3

b) Abkürzung. An Stelle der Bezeichnung „Aktiengesellschaft" kann auch eine allgemein verständliche Abkürzung des Begriffes aufgenommen werden. § 4 enthält zu Art und Inhalt der Abkürzung keine weiteren Vorgaben. Da lediglich die Abkürzung **„AG"** für die Aktiengesellschaft Aufnahme in den allgemeinen Rechts- und Geschäftsverkehr gefunden hat und als verkehrsüblich bezeichnet werden kann, genügen andere Abkürzungen unter Berücksichtigung von dessen Sinn und Zweck (→ Rn. 1) nicht den Anforderungen des § 4.[13] Dies gilt insbesondere für die Verwendung des Wortteils „Aktien" in Wortverbindungen wie zB „Aktienbrauerei", „Aktienverein" oder „Aktienunternehmen".[14] Ebenfalls nicht ausreichend sind fremdsprachliche Kürzel.[15] Vereinzelt werden Mischformen (Rechtsformzusatz ist teils ausgeschrieben, teils abgekürzt, zB „AktG")[16] oder auch die Abkürzungen „Aktienges.".[17] und „Aktges."[18] als noch verständlich und zulässig erachtet. In der Praxis sollte die Verwendungsfähigkeit dieser Abkürzungen im konkreten Einzelfall vorab mit dem zuständigen Registergericht geklärt werden, um Problemen bei der Eintragung der Gesellschaft bzw. der Firmenänderung vorzubeugen. 4

2. Rechtsfolgen des Fehlens des Rechtsformzusatzes. a) Rechtsfolgen für die Gesellschaft. Enthält die Firma der festgestellten Satzung keinen Rechtsformzusatz oder genügt dieser nicht den Anforderungen des § 4, ist die Aktiengesellschaft nicht ordnungsgemäß errichtet. Das Registergericht hat die Eintragung der Gesellschaft abzulehnen (§ 38 Abs. 1 S. 2). Kommt es dennoch zur Eintragung, kann ein Firmenmissbrauchsverfahren (§ 37 Abs. 1 HGB) eingeleitet und die Gesellschaft durch Festsetzung eines Ordnungsgeldes zur Unterlassung des Gebrauchs der Firma ohne Rechtsformzusatz bzw. mit unzureichendem Rechtsformzusatz angehalten werden. Führt dies nicht zu einer Änderung der unzulässigen Firma, hat das Registergericht die Gesellschaft nach § 399 FamFG aufzufordern, den Mangel durch Satzungsänderung zu beheben. Bleibt diese Aufforderung erfolglos, hat das Gericht – mit der Folge der **Auflösung** der Gesellschaft (§ 262 Abs. 1 Nr. 5) – den Mangel festzustellen. 5

b) Rechtsfolgen für die Handelnden. Die Aktiengesellschaft hat beim Auftreten im Rechtsverkehr den Rechtsformzusatz zu verwenden, um den Geschäftspartner auf die Rechtsverhältnisse der Gesellschaft und insbesondere auf die auf das Gesellschaftsvermögen beschränkte Haftung (§ 1 Abs. 2) hinzuweisen (→ Rn. 1).[19] Für Rechtsgeschäfte, die ohne Verwendung des Rechtsformzusatzes abge- 6

---

[8] Vgl. Hüffer/*Koch* Rn. 4; Spindler/Stilz/*Drescher* Rn. 3; MüKoAktG/*Heider* Rn. 12; Schmidt/Lutter/*Langhein* Rn. 4.

[9] MüKoAktG/*Heider* Rn. 11; Spindler/Stilz/*Drescher* Rn. 3.

[10] MüKoAktG/*Heider* Rn. 18; Spindler/Stilz/*Drescher* Rn. 4; HK-AktG/*Westermann* Rn. 7.

[11] MüKoAktG/*Heider* Rn. 18; Spindler/Stilz/*Drescher* Rn. 4; Hüffer/*Koch* Rn. 17; NK-AktR/*Ammon* Rn. 40.

[12] MüKoAktG/*Heider* Rn. 18; Spindler/Stilz/*Drescher* Rn. 4.

[13] HM, vgl. MüKoAktG/*Heider* Rn. 19; Hüffer/*Koch* Rn. 17; HK-AktG/*Westermann* Rn. 7.

[14] MüKoAktG/*Heider* Rn. 19; KK-AktG/*Dauner-Lieb* Rn. 8; MHdB AG/*Wiesner* § 7 Rn. 15.

[15] Vgl. Spindler/Stilz/*Drescher* Rn. 5.

[16] So Hüffer/*Koch* Rn. 17.

[17] So Spindler/Stilz/*Drescher* Rn. 5; Schmidt/Lutter/*Langhein* Rn. 5.

[18] So Schmidt/Lutter/*Langhein* Rn. 5; vgl. KK-AktG/*Dauner-Lieb* Rn. 8.

[19] Vgl. MüKoAktG/*Heider* Rn. 20.

schlossen werden, kommt eine Haftung der für die Gesellschaft handelnden Organe oder der anderen Vertreter nach **Rechtsscheingrundsätzen** in Betracht.[20]

III. Firma der Aktiengesellschaft

7 **1. Begriff und Rechtsnatur.** Die Firma ist der **Name** der Aktiengesellschaft (vgl. § 17 HGB). Anders als bei einer natürlichen Person kann bei einer Aktiengesellschaft nicht zwischen einem bürgerlichen Namen und der Firma unterschieden werden. Die umgangssprachliche Gleichsetzung der Firma mit dem Unternehmen ist in rechtlicher Hinsicht verfehlt.[21] Der Name oder die Bezeichnung des Unternehmens als allgemeine Geschäftsbezeichnung (§ 5 Abs. 2 MarkenG) müssen mit dem Namen der Gesellschaft – der Firma – nicht übereinstimmen.[22] Die Aktiengesellschaft hat an ihrem Namen ein absolutes subjektives Recht, das zugleich Persönlichkeits- und Immaterialgüterrecht ist.[23] Daher gehört die Firma einer Aktiengesellschaft auch zur Insolvenzmasse.[24]

8 **2. Firmenbildung bei Errichtung der Aktiengesellschaft. a) Grundsätze.** Die – neben der Aufnahme des Rechtsformzusatzes (→ Rn. 3 ff.) – weiteren Anforderungen an die Bildung der Firma einer Aktiengesellschaft ergeben sich mangels aktienrechtlicher Sondervorschrift aus **§ 18 HGB.** Danach muss die Firma der Aktiengesellschaft Unterscheidungskraft und Kennzeichnungswirkung haben (§ 18 Abs. 1 HGB). Die Firma darf keine irreführenden Angaben beinhalten (§ 18 Abs. 2 HGB). Darüber hinaus darf die Aktiengesellschaft – wie die anderen Handelsgesellschaften – nur **eine** Firma führen, auch wenn sie mehrere Unternehmen betreibt.

9 **b) Kennzeichnung und Unterscheidbarkeit. aa) Namensfunktion.** Die Firma der Aktiengesellschaft muss zu ihrer Kennzeichnung geeignet sein und Unterscheidungskraft besitzen (§ 18 Abs. 1 HGB). Die Firma muss daher ihrer Funktion als **Namen** der Aktiengesellschaft gerecht werden. Dazu muss sie geeignet sein, die Aktiengesellschaft als Träger eines Unternehmens zu **individualisieren**[25] und dementsprechend zu kennzeichnen. Diese Voraussetzung ist erfüllt, wenn die Bezeichnung wörtlich ist und sich aussprechen lässt.[26] Auch fremdsprachliche Bezeichnungen sind möglich, ebenso Abkürzungen oder bloße Buchstaben-Zahlen-Kombinationen, auch wenn sie kein Wort ergeben, das als solches ausgesprochen werden kann.[27] Denn auch einzelne Buchstaben oder Zahlen können als Laute ausgesprochen werden und so – durch ihre Anordnung – Unterscheidungskraft besitzen.[28] Reine Bildzeichen werden den Anforderungen des § 18 Abs. 1 HGB hingegen nicht gerecht.[29] Im Einzelfall kann die Abgrenzung zwischen – unzulässigem – Bildzeichen und – zulässigem – Wortzeichen Schwierigkeiten aufwerfen. Dabei sind auch Änderungen in der Verkehrsauffassung zu berücksichtigen. So dürfte das „@" inzwischen wie auch „&" oder „+" nicht mehr als bloßes Bildzeichen, sondern aufgrund seiner Gebräuchlichkeit als Wortzeichen zu qualifizieren sein.[30] Unzulässig sind aber die mehrfache bloße Aneinanderreihung eines einzigen Buchstabens („A.A. A. A. A.A.") und endlose Buchstaben- oder Zahlenfolgen.[31] Die Firma soll auch nicht lediglich aus Ziffern und dem Rechtsformzusatz bestehen dürfen,[32] was im Ergebnis nicht überzeugt, da auch eine nicht ausgeschriebene Zahl aussprechbar ist und der ausgeschriebenen Zahl gleichgesetzt werden kann.[33] Branchen- und Gattungsbezeichnungen sind als Firmenbestandteil nur dann hinreichend unterscheidungskräftig, wenn der Unternehmensträger durch individualisierende Zusätze

[20] StRspr, zB BGHZ 62, 216 (222) = NJW 1974, 1191; BGHZ 64, 11 (16 ff.) = NJW 1975, 1166; BGHZ 71, 354 (356 f.) = NJW 1978, 2030; BGH NJW 1990, 2678 (2679).
[21] Hüffer/*Koch* Rn. 2.
[22] Spindler/Stilz/*Drescher* Rn. 7; Hüffer/*Koch* Rn. 2.
[23] AllgM, zB BGHZ 85, 221 (223) = NJW 1983, 755; Hüffer/*Koch* Rn. 3; Grigoleit/*Vedder* Rn. 3.
[24] Hüffer/*Koch* Rn. 3; Grigoleit/*Vedder* Rn. 3.
[25] Hüffer/*Koch* Rn. 12; Spindler/Stilz/*Drescher* Rn. 9.
[26] Hüffer/*Koch* Rn. 12; Spindler/Stilz/*Drescher* Rn. 9.
[27] Vgl. BGH NZG 2009, 192 (192 ff.) = GmbHR 2009, 249; OLG Frankfurt NJW 2002, 2400 = FGPrax 2002, 131 f.; MüKoAktG/*Heider* Rn. 16; Spindler/Stilz/*Drescher* Rn. 9; Hüffer/*Koch* Rn. 12; *Lutter/Welp* ZIP 1999, 1073 (1078); *Schulenburg* NZG 2000, 1156 (1157); offen gelassen von BGH NJW-RR 1998, 253; enger HK-AktG/*Westermann* Rn. 5; aA OLG Celle DB 1999, 40.
[28] Vgl. Spindler/Stilz/*Drescher* Rn. 9.
[29] BGHZ 14, 155 (160) = NJW 1954, 1681; BayObLGZ 2001, 83 (84 f.) = NJW 2001, 2337.
[30] Vgl. NK-AktR/*Ammon* Rn. 17; Spindler/Stilz/*Drescher* Rn. 9; Hüffer/*Koch* Rn. 12; Grigoleit/*Vedder* Rn. 11.
[31] OLG Frankfurt NJW 2002, 2400 = FGPrax 2002, 131 f.; *Schulenburg* NZG 2000, 1156 (1159); NK-AktR/*Ammon* Rn. 15; vgl. OLG Celle DB 1999, 40.
[32] So KG NZG 2013, 1153 (1154) = DB 2013, 1662 zur GmbH; aA Spindler/Stilz/*Drescher* Rn. 9; großzügiger auch NK-AktR/*Ammon* Rn. 16.
[33] So zu Recht Schmidt/Lutter/*Langhein* Rn. 18.

zutreffend gekennzeichnet wird.[34] In Betracht kommen insoweit Ortszusätze, ergänzende Firmenschlagworte oder zur Kennzeichnung geeignete Buchstaben- und/oder Zahlenkombinationen.[35]

bb) Firmenunterscheidbarkeit. Die entsprechend den vorstehenden Grundsätzen kennzeichnungsfähige Firma muss sich darüber hinaus von allen an demselben Ort oder in derselben Gemeinde bereits bestehenden und in das Handels- oder das Genossenschaftsregister eingetragenen Firmen deutlich unterscheiden (§ 30 Abs. 1 HGB). Ob sich zwei Firmen deutlich voneinander unterscheiden, ist nach der Verkehrsauffassung zu beurteilen. Es darf – auch für geschäftsunerfahrene Personen – keine **Verwechslungsgefahr** bestehen. Die erforderliche Unterscheidbarkeit ist nicht gegeben, wenn sich Wortbild und -klang ähnlich sind und die Erkennbarkeit der verschiedenen Unternehmensträger auch nicht durch den Wortsinn gewährleistet ist.[36] Der Rechtsformzusatz genügt als Unterscheidungskriterium nicht aus.[37] 10

c) Firmenwahrheit. Die Firma der Aktiengesellschaft darf keine Angaben enthalten, die geeignet sind, über geschäftliche Verhältnisse, die für die angesprochenen Verkehrskreise wesentlich sind, irrezuführen (§ 18 Abs. 2 S. 1 HGB; **„Irreführungsverbot"**). Eine Irreführung liegt vor, wenn mit der Angabe eine unzutreffende Vorstellung verbunden ist.[38] Das Täuschungsverbot gilt für alle Firmenbestandteile, dh sowohl für den Firmenkern als auch für Zusätze wie den Rechtsformzusatz. Die Eignung zur Irreführung ist grundsätzlich ausreichend.[39] 11

aa) Wesentlichkeit. § 18 Abs. 2 S. 1 HGB beinhaltet jedoch eine **Wesentlichkeitsschwelle.** Angaben von geringer Bedeutung für die angesprochenen Verkehrskreise oder den Wettbewerb sind selbst bei Eignung zur Irreführung unerheblich. Maßgebend ist die objektive Sicht des durchschnittlichen Adressaten, nicht das subjektive Verständnis eines nicht unerheblichen Teils der angesprochenen Verkehrskreise.[40] Die Liberalisierung des Firmenrechts durch § 18 Abs. 1 HGB in der Fassung des Handelsrechtsreformgesetzes (→ Rn. 1) hat zu einer Aufwertung des Irreführungsverbots geführt, da nunmehr Firmenbildungen hieran zu messen sind, die vor Inkrafttreten des Handelsrechtsreformgesetzes bereits aufgrund der strengeren Vorschriften zur Firmenbildung unzulässig waren.[41] 12

bb) Ersichtlichkeit. Im Verfahren vor dem Registergericht wird die Eignung zur Irreführung nur berücksichtigt, wenn sie ersichtlich ist (§ 18 Abs. 2 S. 2 HGB). Die materielle Wesentlichkeitsschwelle wird damit durch eine verfahrensrechtliche **„Ersichtlichkeitsschwelle"** ergänzt: nicht jede wesentliche Irreführung ist im registergerichtlichen Verfahren relevant, sondern nur die ersichtliche Irreführung führt zu Maßnahmen des Registergerichts. Die „Ersichtlichkeitsschwelle" soll die registergerichtlichen Verfahren entlasten und beschleunigen.[42] Der Begriff der „Ersichtlichkeit" ist gesetzlich nicht definiert. Nach Ansicht der Literatur sind insoweit die im kennzeichnungsrechtlichen Eintragungsverfahren verwandten Maßstäbe heranzuziehen.[43] Die Eignung zur Irreführung ist danach ersichtlich, wenn das Registergericht sie aus den Anmeldeakten unter Zuhilfenahme seines Fachwissens sowie des amtlichen Prüfungs- und Recherchenmaterials einschließlich etwaiger Auskünfte der üblichen Informationsquellen erkennen kann.[44] Die „Ersichtlichkeitsschwelle" gilt in allen registergerichtlichen Verfahren mit Bezug zur Firma, also bei der Ersteintragung der Aktiengesellschaft und einer späteren Firmenänderung ebenso wie in einem Firmenmissbrauchsverfahren (§ 37 Abs. 1 HGB) und in einem Amtslöschungsverfahren nach § 395 FamFG.[45] Sie hat aber keine Bedeutung für materiellrechtliche Unterlassungsklagen (§ 37 Abs. 2 HGB; § 8 UWG; § 15 MarkenG; § 12 BGB).[46] 13

d) Firmeneinheit. Die Aktiengesellschaft als Handelsgesellschaft darf auch dann, wenn sie mehrere Unternehmensgegenstände betreibt, nur **eine Firma** führen.[47] Denn anders als beim Einzelkauf- 14

[34] OLG Frankfurt AG 2005, 403 (404); BayObLG NZG 1998, 71; BayObLGZ 1972, 388; OLG Oldenburg DB 1990, 519; MüKoAktG/*Heider* Rn. 16.
[35] MüKoAktG/*Heider* Rn. 16; vgl. KG DNotZ 2008, 392; HK-AktG/*Westermann* Rn. 5.
[36] Vgl. RGZ 100, 45 (46); 133, 318 (325); 171, 321 (324 f.); BGHZ 46, 7 (12 f.) = NJW 1966, 1813; MüKoAktG/*Heider* Rn. 17; Spindler/Stilz/*Drescher* Rn. 10.
[37] AllgM, zB BGHZ 46, 7 (12 f.) = NJW 1966, 1813; Hüffer/*Koch* Rn. 8.
[38] Spindler/Stilz/*Drescher* Rn. 11.
[39] Hüffer/*Koch* Rn. 13.
[40] Begr. RegE, BT-Drs. 13/8444, 53; Spindler/Stilz/*Drescher* Rn. 11; MüKoAktG/*Heider* Rn. 24; Hüffer/*Koch* Rn. 13.
[41] Vgl. Hüffer/*Koch* Rn. 13.
[42] Hüffer/*Koch* Rn. 13.
[43] MüKoAktG/*Heider* Rn. 26.
[44] MüKoAktG/*Heider* Rn. 26; Spindler/Stilz/*Drescher* Rn. 11; vgl. *Bokelmann* GmbHR 1998, 57 (62).
[45] MüKoAktG/*Heider* Rn. 27; Spindler/Stilz/*Drescher* Rn. 11.
[46] MüKoAktG/*Heider* Rn. 27; vgl. Spindler/Stilz/*Drescher* Rn. 11.
[47] AllgM, zB RGZ 85, 397 (399); BGH NJW 1991, 2023 (2024); KK-AktG/*Dauner-Lieb* Rn. 18.

mann, bei dem die Firma nur eine Geschäftsbezeichnung ist und der daher für verschiedene Geschäfte auch verschiedene Firmen führen darf, ist die Firma bei der Aktiengesellschaft die Bezeichnung des Rechtsgebildes.[48] Ausnahmen gelten nur bei Zweigniederlassungen (→ Rn. 22 f.).

15 **e) Einzelfragen.** Im Grundsatz besteht im Rahmen der vorstehend dargestellten Grenzen (→ Rn. 8 ff.) bei der Bildung der Firma der Aktiengesellschaft Wahlfreiheit. Die Praxis unterscheidet dabei Personenfirmen, Sachfirmen und Fantasiefirmen. Zulässig sind aber auch Mischformen.[49]

16 **aa) Personenfirma.** Die Aktiengesellschaft führt eine Personenfirma, wenn sie nach dem **Namen** einer **natürlichen Person,** einer **juristischen Person** oder einer **namensfähigen Personengemeinschaft** benannt ist.[50] Regelmäßig handelt es sich dabei um den Namen eines Gründers oder eines hinter der Gesellschaft stehenden Unternehmensträgers. Es dürfen aber auch die Namen von Personen, die weder Gründer noch an der Aktiengesellschaft beteiligt sind, und fiktive Namen verwendet werden; ein Verstoß gegen das Irreführungsverbot liegt hierin nicht.[51] Für die Aktiengesellschaft ist die Verkehrsfähigkeit der durch die Aktien verkörperten Mitgliedschaft und damit auch der häufige Wechsel im Mitgliederbestand charakteristisch. Dies ist allgemein bekannt. Die Öffentlichkeit darf daher aus der Verwendung eines Namens in der Firma – unabhängig davon, ob es sich um die Firma bei Gründung oder um eine im Wege der Firmenänderung einer bestehenden Aktiengesellschaft begründete Firma handelt – keine Rückschlüsse auf die Beteiligungsverhältnisse an der Gesellschaft ziehen. Eine Täuschungseignung kann nur in seltenen Ausnahmefällen in Betracht kommen, wenn der Name einer nicht beteiligten, überörtlich bekannten Person werbewirksam zur Erlangung unzulässiger Wettbewerbsvorteile verwendet wird.[52]

17 **bb) Sachfirma.** Wird bei der Bildung der Firma auf eine Betätigung, einen **Unternehmensgegenstand** oder ein **Unternehmen** Bezug genommen, handelt es sich um eine Sachfirma. Bei der Verwendung einer Sachfirma wird regelmäßig erwartet, dass diese einen Bezug zum Unternehmensgegenstand hat.[53] Dies gilt auch für Hinweise auf den Umfang des Unternehmens.[54] Sind diese Voraussetzungen nicht erfüllt, kann die Sachfirma irreführend sein.[55] Allgemeinen Branchenbezeichnungen fehlt es regelmäßig an der erforderlichen (→ Rn. 10) Unterscheidbarkeit.[56] Hier sind individualisierende Zusätze erforderlich, zB Ortsangaben, Personennamen oder auch Fantasiezusätze.[57] Bei der Verwendung geographischer Zusätze ist zu beachten, dass diese entweder einen Bezug zum Sitz der Aktiengesellschaft oder zu deren geographischem Tätigkeitsbereich aufweisen.[58] Dies gilt auch nach der Liberalisierung der Vorschriften zum Sitz der Aktiengesellschaft durch das Gesetz zur Modernisierung des GmbH-Rechts und zur Bekämpfung von Missbräuchen **(MoMiG)** vom 23.10.2008 (BGBl. I S. 2026). Eine Rechtsanwalts-AG darf ebenfalls eine Sachfirma führen. Dies dürfte mittlerweile – seit der Streichung der anders lautenden Regelung für die GmbH in § 59k BRAO – unbestritten sein.[59]

18 **cc) Fantasiefirma.** Die Firma kann auch aus einer Fantasiebezeichnung bestehen. Als Fantasiefirma kommt jede Bezeichnung der Aktiengesellschaft in Betracht, die in gleicher Weise wie eine Personen- oder Sachfirma die **namensmäßige Individualisierung** der Gesellschaft ermöglicht.[60] Ein Bezug zum Unternehmensgegenstand ist nicht erforderlich.[61] Auch Abkürzungen und aussprechbare Buchstaben- und/oder Zahlenkombinationen sind zulässig oder ganze Sätze wie Werbeslogans. Die Fantasiefirma darf jedoch nicht gegen die guten Sitten oder die öffentliche Ordnung verstoßen.[62]

---

[48] RGZ 85, 397 (399); 113, 213 (216); BGHZ 67, 166 (168 f.); MüKoAktG/*Heider* Rn. 32.

[49] Hüffer/*Koch* Rn. 11; NK-AktR/*Ammon* Rn. 23.

[50] Hüffer/*Koch* Rn. 14; MüKoAktG/*Heider* Rn. 30; ähnlich Spindler/Stilz/*Drescher* Rn. 14.

[51] Ähnlich Spindler/Stilz/*Drescher* Rn. 14; Hüffer/*Koch* Rn. 14; HK-AktG/*Westermann* Rn. 6; NK-AktR/*Ammon* Rn. 24.

[52] Vgl. LG Wiesbaden NJW-RR 2004, 1106; MüKoAktG/*Heider* Rn. 30; NK-AktR/*Ammon* Rn. 24.

[53] MüKoAktG/*Heider* Rn. 29; vgl. Hüffer/*Koch* Rn. 15; Spindler/Stilz/*Drescher* Rn. 15.

[54] Spindler/Stilz/*Drescher* Rn. 15.

[55] Spindler/Stilz/*Drescher* Rn. 15; ähnlich MüKoAktG/*Heider* Rn. 29; vgl. Hüffer/*Koch* Rn. 15; HK-AktG/*Westermann* Rn. 5.

[56] OLG Hamm NJW 1961, 2018; DNotZ 1978, 112; BayObLG Rpfleger 1978, 112; OLG Oldenburg DB 1990, 519; OLG Stuttgart GmbHR 1990, 351; Spindler/Stilz/*Drescher* Rn. 15; HK-AktG/*Westermann* Rn. 5.

[57] MüKoAktG/*Heider* Rn. 16; Spindler/Stilz/*Drescher* Rn. 15.

[58] Vgl. OLG Frankfurt AG 2005, 403; Spindler/Stilz/*Drescher* Rn. 15.

[59] Hüffer/*Koch* Rn. 15; vgl. ferner BayObLG NJW 2000, 1647 (1648); Spindler/Stilz/*Drescher* Rn. 15; MüKoAktG/*Heider* Rn. 29 zu § 59k BRAO aF; vgl. ferner BGHZ 161, 376 Rn. 39 ff. = NZG 2005, 596.

[60] Hüffer/*Koch* Rn. 16; NK-AktR/*Ammon* Rn. 27.

[61] Hüffer/*Koch* Rn. 16; Spindler/Stilz/*Drescher* Rn. 16.

[62] Spindler/Stilz/*Drescher* Rn. 16; ähnlich MüKoAktG/*Heider* Rn. 31; vgl. *Jung* ZIP 1998, 677 (683); *Lutter/Welp* ZIP 1999, 1073 (1082 f.).

3. Firmenfortführung. Wird durch den Erwerber eines Handelsgeschäfts nach § 22 HGB oder im Zusammenhang mit einem Umwandlungsvorgang eine „fremde“ Firma übernommen, wird diese in der Praxis als „abgeleitete Firma“ bezeichnet.[63] Auch insoweit sind neben den im HGB oder im UmwG begründeten Anforderungen die Maßgaben des § 4 zu beachten. 19

a) Übernahme eines Handelsgeschäfts. Erwirbt eine Aktiengesellschaft nicht lediglich Teile sondern den Kern[64] eines Handelsgeschäfts und willigen der bisherige Inhaber bzw. dessen Erben in die Fortführung der Firma ausdrücklich ein (vgl. § 22 HGB), hat die Aktiengesellschaft ein Wahlrecht:[65] Sie kann entweder ihre bisherige Firma beibehalten oder die zulässige Firma des übernommenen Handelsgeschäfts mit oder ohne einen das Nachfolgeverhältnis andeutenden Zusatz fortführen. Das gleichzeitige Führen beider Firmen ist hingegen unzulässig (Grundsatz der „Firmeneinheit“; → Rn. 14). Entscheidet sich die Aktiengesellschaft für die Fortführung der Firma des erworbenen Handelsgeschäfts, ist eine entsprechende Satzungsänderung erforderlich.[66] Der fortgeführten Firma muss ein den Anforderungen des § 4 entsprechender Rechtsformzusatz beigefügt werden (→ Rn. 3 f.). Ein der fortgeführten Firma vormals beigefügter Rechtsformzusatz, der auf die Aktiengesellschaft nicht zutrifft (zB OHG, KG, GmbH etc), ist zu streichen.[67] Wird hingegen das Handelsgeschäft der Aktiengesellschaft veräußert, hat der Erwerber bei Firmenfortführung – wenn er nicht selbst Aktiengesellschaft ist – den Rechtsformzusatz „Aktiengesellschaft“ oder „AG“ zu streichen.[68] 20

b) Umwandlungsvorgänge. Das Umwandlungsrecht enthält für die Fragen der Firmenfortführung im Zusammenhang mit Umwandlungsvorgängen Sonderregeln.[69] Bei der **Verschmelzung durch Aufnahme** kann die übernehmende Aktiengesellschaft entweder ihre bisherige Firma beibehalten oder die Firma eines der übernommenen Rechtsträger, dessen Handelsgeschäft sie durch die Verschmelzung erwirbt, mit oder ohne einen das Nachfolgeverhältnis andeutenden Zusatz fortführen (§ 18 UmwG). Entscheidet sich die übernehmende Aktiengesellschaft für die Fortführung der Firma des Handelsgeschäfts des übernommenen Rechtsträgers, ist eine entsprechende Satzungsänderung erforderlich. In Bezug auf den Rechtsformzusatz ist die Rechtsform des übernehmenden Rechtsträgers – der Aktiengesellschaft – maßgeblich; es gelten die allgemeinen Regeln (→ Rn. 3 ff.). Im Fall einer **Verschmelzung zur Neugründung** kann entweder die Firma eines der übertragenden Rechtsträger fortgeführt (§§ 36 Abs. 1, 18 UmwG) oder nach den Gründungsvorschriften des neu gegründeten Rechtsträgers – bei der Aktiengesellschaft folglich unter Beachtung des § 4 – dessen Firma bestimmt werden (§ 36 Abs. 2 UmwG). Bei der **Abspaltung** und bei der **Ausgliederung** besteht kein Recht zur Firmenfortführung (vgl. § 125 UmwG), da der übertragende Rechtsträger mit der bisherigen Firma fortbesteht.[70] Etwas anderes soll ausnahmsweise gelten, wenn die Ausgliederung das gesamte Unternehmen eines Einzelkaufmanns erfasst, da in diesem Fall dessen Firma erlischt.[71] Bei der **Aufspaltung,** bei der der übertragende Rechtsträger erlischt, kann der übernehmende oder der neu gegründete Rechtsträger hingegen die Firma fortführen[72] (vgl. § 125 UmwG). Dasselbe gilt bei der **Vermögensübertragung** im Fall der Vollübertragung (§§ 176 Abs. 1, 178 Abs. 1 UmwG), nicht jedoch bei der Teilübertragung.[73] Bei einem **Formwechsel** darf die bisherige Firma beibehalten werden. Der Rechtsformzusatz ist anzupassen (§ 200 UmwG), bei Formwechsel in eine Aktiengesellschaft gemäß den Anforderungen des § 4 (§ 200 Abs. 2 UmwG). 21

IV. Firma der Zweigniederlassung

1. Ursprüngliche Firma der Zweigniederlassung. Die Aktiengesellschaft kann ihre Zweigniederlassung(en) unter ihrer Firma führen.[74] Zulässig ist aber grundsätzlich auch die Führung einer besonderen, von der Firma der Aktiengesellschaft abweichenden **„Zweigniederlassungsfirma“.** Ein besonderer Hinweis auf die Eigenschaft als Zweigniederlassung ist grundsätzlich nicht erforderlich, da es sich bei der Zweigniederlassung lediglich um einen rechtlich unselbständigen Teil des 22

[63] Vgl. Hüffer/*Koch* Rn. 5; MüKoAktG/*Heider* Rn. 33; Spindler/Stilz/*Drescher* Rn. 17;.
[64] Hierzu BGH WM 1977, 891 (892 f.).
[65] Vgl. Spindler/Stilz/*Drescher* Rn. 18; MüKoAktG/*Heider* Rn. 34.
[66] Hüffer/*Koch* Rn. 18; NK-AktR/*Ammon* Rn. 33.
[67] Hüffer/*Koch* Rn. 18; Spindler/Stilz/*Drescher* Rn. 18.
[68] Spindler/Stilz/*Drescher* Rn. 18; vgl. Hüffer/*Koch* Rn. 18.
[69] Vgl. zum Ganzen MüKoAktG/*Heider* Rn. 41 ff.
[70] Spindler/Stilz/*Drescher* Rn. 19; MüKoAktG/*Heider* Rn. 46.
[71] Vgl. LG Hagen GmbHR 1996, 127; MüKoAktG/*Heider* Rn. 46.
[72] MüKoAktG/*Heider* Rn. 46; Spindler/Stilz/*Drescher* Rn. 19.
[73] MüKoAktG/*Heider* Rn. 47.
[74] MüKoAktG/*Heider* Rn. 52; Hüffer/*Koch* Rn. 20; Spindler/Stilz/*Drescher* Rn. 21.

Gesamtunternehmens handelt.[75] Existiert am Ort der Zweigniederlassung bereits eine identische, in das Handelsregister eingetragene Firma, muss der Firma der Zweigniederlassung ein Zusatz beigefügt werden (vgl. § 30 Abs. 3 HGB).[76] Auch wenn die Vertretungsbefugnisse eines Prokuristen auf den Betrieb einer Zweigniederlassung beschränkt werden, ist es erforderlich, dass für diese Zweigniederlassung eine unterscheidbare Firmierung durch Beifügen eines Firmenzusatzes gebildet wird.[77] Bei der Verwendung einer von der Firma der Aktiengesellschaft abweichenden **„Zweigniederlassungsfirma"** muss der Bezug zum eigentlichen Unternehmen noch deutlich zum Ausdruck kommen.[78] Diese Voraussetzung ist nicht nur bei Verwendung des Firmenkerns der Aktiengesellschaft nebst auf die Zweigniederlassungseigenschaft hinweisenden Zusatz, sondern auch bei Verwendung eines abweichenden Firmenkerns erfüllt, wenn diesem die Firma der Aktiengesellschaft als Zusatz beigefügt wird.[79] In jedem Fall ist der Rechtsformzusatz gemäß § 4 erforderlich. Im Grundbuch kann die Aktiengesellschaft unter der Firma ihrer Zweigniederlassung eingetragen werden, wenn das betreffende Grundstück oder Grundstücksrecht zu deren Vermögen gehört.[80] In der Praxis ist zu beachten, dass die Wahl der Firma der Zweigniederlassung eine Anpassung der Satzung der Aktiengesellschaft erforderlich machen kann.[81] Dies ist nicht der Fall, wenn diese entweder mit der Firma der Aktiengesellschaft vollständig identisch ist oder ergänzend hierzu nur einen auf die Eigenschaft als Zweigniederlassung oder deren Ort hinweisenden Zusatz enthält. Alle anderen „Zweigniederlassungsfirmen" müssen – wie die der Aktiengesellschaft – in die Satzung aufgenommen werden.[82] In der Literatur wird insoweit teilweise ein abstrakter Satzungsvorbehalt für ausreichend erachtet („Die Gesellschaft darf Zweigniederlassungen unter gleicher oder anderer Firma errichten");[83] da dies bislang in der Rechtsprechung keine ausdrückliche Bestätigung gefunden hat, kann in der Praxis die Bildung einer von der Firma der Aktiengesellschaft abweichenden „Zweigniederlassungsfirma" auf dieser Grundlage nur nach vorheriger Rücksprache mit dem zuständigen Registergericht empfohlen werden. Ändert sich die Firma der Aktiengesellschaft, bedarf es keiner besonderen Anmeldung der Änderung der Firma der Zweigniederlassung, wenn diese eine mit der Firma der Hauptniederlassung gleichlautende Firma – eventuell mit einem die Zweigniederlassung kennzeichnenden Zusatz – führt. Die Änderung wird von Amts wegen im Handelsregister eingetragen.[84]

23 **2. Abgeleitete Firma der Zweigniederlassung.** Das Betreiben einer Zweigniederlassung unter einer besonderen Zweigniederlassungsfirma hat insbesondere in den Fällen praktische Bedeutung, in denen ein gemäß § 22 HGB erworbenes Handelsgeschäft als Zweigniederlassung unter seiner bisherigen Firma fortgeführt werden soll. Dies ist zulässig, wenn ein auf die Eigenschaft als Zweigniederlassung der Aktiengesellschaft hinweisender Zusatz und der Rechtsformzusatz gemäß § 4 beigefügt werden.[85] Im Ergebnis ist damit unter Aufweichung des Grundsatzes der Firmeneinheit (→ Rn. 14) eine Vereinigung beider Firmen zulässig.[86]

V. Firmenschutz

24 Die Aktiengesellschaft genießt Firmenschutz. Sie kann im eigenen Namen Unterlassungsklagen nach § 37 Abs. 2 HGB erheben.[87] Die Aktiengesellschaft genießt auch materiellen Firmenschutz

---

[75] RGZ 113, 213 (217 f.); BayObLG BB 1990, 1364; MüKoAktG/*Heider* Rn. 53.

[76] Kersten/Bühling/*Wachter,* Formularbuch und Praxis der freiwilligen Gerichtsbarkeit, 25. Aufl. 2016, § 127 Rn. 9.

[77] *Krafka/Kühn* RegisterR Rn. 302; Kersten/Bühling/*Wachter,* Formularbuch und Praxis der freiwilligen Gerichtsbarkeit, 25. Aufl. 2016, § 127 Rn. 14.

[78] HM seit RGZ 113, 213 (218); 114, 318 (320); BayObLG AG 1992, 455; MüKoAktG/*Heider* Rn. 54; Spindler/Stilz/*Drescher* Rn. 21.

[79] MüKoAktG/*Heider* Rn. 54; Spindler/Stilz/*Drescher* Rn. 21.

[80] RGZ 62, 7 (10); MüKoAktG/*Heider* Rn. 58; Hüffer/*Koch* Rn. 20; Spindler/Stilz/*Drescher* Rn. 21.

[81] BayObLG Rpfleger 1992, 395 = NJW-RR 1992, 1062; MüKoAktG/*Heider* Rn. 55; Kersten/Bühling/*Wachter,* Formularbuch und Praxis der freiwilligen Gerichtsbarkeit, 25. Aufl. 2016, § 127 Rn. 9; aA *Dirksen/Volkers* BB 1993, 598 (599); HK-AktG/*Westermann* Rn. 9.

[82] BayObLG Rpfleger 1992, 395 Rn. 12 = NJW-RR 1992, 1062; vgl. MüKoAktG/*Heider* Rn. 55; MHdB AG/*Sailer-Coceani* § 7 Rn. 10.

[83] So ausdrücklich Grigoleit/*Vedder* Rn. 18; ähnlich *Kersten/Bühling/Wachter,* Formularbuch und Praxis der freiwilligen Gerichtsbarkeit, 25. Aufl. 2016, § 127 Rn. 9.

[84] LG Nürnberg Rpfleger 1984, 238.

[85] HM, RGZ 113, 213 (217 f.); KK-AktG/*Dauner-Lieb* Rn. 22; MüKoAktG/*Heider* Rn. 56 f.; Hüffer/*Koch* Rn. 21; HK-AktG/*Westermann* Rn. 5.

[86] So NK-AktR/*Ammon* Rn. 37.

[87] Spindler/Stilz/*Drescher* Rn. 22; Hüffer/*Koch* Rn. 10.

(Namensschutz) nach § 12 BGB.[88] Dies gilt für jede Firma, auch Sach- und Fantasiefirmen.[89] Daneben besteht für die Firma auch Schutz als Unternehmenskennzeichen nach § 5 Abs. 2 S. 1 MarkenG.[90]

§ 5 Sitz

Sitz der Gesellschaft ist der Ort im Inland, den die Satzung bestimmt.

Übersicht

I. Allgemeines

1. Normzweck. § 5 enthält eine Legaldefinition des Begriffs des „Sitz" der Gesellschaft. Die 1
Vorschrift stellt damit eine entlastende Ergänzung des § 23 Abs. 3 S. 1 Nr. 1, der die Bestimmung des Sitzes der Gesellschaft zum zwingenden Inhalt der Satzung erhebt, und einer Vielzahl weiterer Vorschriften innerhalb und außerhalb des Aktiengesetzes dar. „Sitz der Gesellschaft" iSd § 5 ist der in der Satzung bestimmte Sitz (sog. **„Satzungssitz"**). Vom Satzungssitz ist der **Verwaltungssitz** (auch tatsächlicher Sitz genannt)[1] einer Aktiengesellschaft als der Ort zu unterscheiden, an dem die Verwaltung oder Geschäftsleitung der Gesellschaft ansässig ist oder die Aktiengesellschaft in sonstiger Weise in Verfolgung ihres Unternehmensgegenstandes nachhaltig tätig ist. § 5 ist – ebenso wie der gleichlautende § 4a GmbHG – durch das Gesetz zur Modernisierung des GmbH-Rechts und zur Bekämpfung von Missbräuchen **(MoMiG)** vom 23.10.2008 (BGBl. I S. 2026) wesentlich geändert worden. Während § 5 Abs. 2 aF die Satzungsautonomie dahingehend einschränkte, dass Satzungssitz in der Regel der Ort eines Betriebes, der Ort der Geschäftsleitung oder der Ort der Verwaltung sein musste, verlangt die neue Fassung der Vorschrift lediglich, dass der in der Satzung bestimmte Sitz der Aktiengesellschaft ein Ort im **Inland** sein muss. Die Verlegung des Verwaltungssitzes an einen anderen Ort als den Satzungssitz führte nach alter Rechtslage dazu, dass ein Amtslöschungsverfahren gegen die Gesellschaft eingeleitet werden konnte.[2] Der effektive Sitz der Verwaltung, die Orte der Niederlassungen oder der wirtschaftliche Schwerpunkt des Unternehmens der Aktiengesellschaft sind nunmehr für die Wahl des Satzungssitzes ohne Bedeutung. Die Aktiengesellschaft kann ihren Verwaltungssitz im Inland frei und unabhängig vom Satzungssitz auswählen (→ Rn. 9).[3] Die Gesetzesbegründung macht jedoch deutlich, dass die Bedeutung der Neufassung des § 5 – und die des gleichlautenden § 4a GmbHG – weit darüber hinausgeht. Deutschen Kapitalgesellschaften soll dadurch ermöglicht werden, ihre Geschäftstätigkeit ausschließlich im Rahmen einer (Zweig-)Niederlassung, die alle Geschäftsaktivitäten umfasst, im Ausland zu entfalten.[4]

---

[88] RGZ 100, 182 (186 f.); 109 (213 f.).; Hüffer/*Koch* Rn. 10; Spindler/Stilz/*Drescher* Rn. 22.

[89] BGHZ 11, 214 = NJW 1954, 1681; BGHZ 15, 107 (111) = NJW 1955, 137; BGHZ 19, 23 (27) = NJW 1956, 591.

[90] Spindler/Stilz/*Drescher* Rn. 22; Hüffer/*Koch* Rn. 10.

[1] Vgl. Schmidt/Lutter/*Ringe* Rn. 1.

[2] Vgl. BGH NJW 2008, 2914 (2915 f.) zur GmbH; HK-AktR/*Körber* § 45 Rn. 12a; Hüffer/*Koch* Rn. 11; MüKoAktG/*Heider*, 3. Aufl. 2008, Rn. 68.

[3] Vgl. MüKoAktG/*Heider* Rn. 5, 28; KK-AktG/*Dauner-Lieb* Rn. 10 f.; Spindler/Stilz/*Drescher* Rn. 1; einschr. Hüffer/*Koch* Rn. 8; zur GmbH *Leitzen* RNotZ 2011, 536 (537) mwN.

[4] Vgl. BR-Drs. 354/07, 65 f.

2 **2. Exkurs: Bedeutung des Sitzes im Internationalen Gesellschaftsrecht.** Das Internationale Gesellschaftsrecht gibt bei Sachverhalten mit Auslandsberührung Antwort auf die Frage, welche nationale Rechtsordnung der betroffenen Staaten für die Gesellschaft und die Rechtsverhältnisse ihrer Gesellschafter maßgeblich ist (sog. **Gesellschaftsstatut**). Dabei haben sich – auch international[5] – zwei Modelle durchgesetzt: die **Sitztheorie** und die **Gründungstheorie.**[6]

3 **a) Grundlagen. aa) Sitztheorie.** Nach der – von der Rechtsprechung[7] und der überwiegenden Literatur[8] für das deutsche Recht für maßgeblich gehaltenen – Sitztheorie unterliegen die gesellschaftsrechtlichen Verhältnisse der Gesellschaft dem Recht desjenigen Staates, in dem die Gesellschaft ihren **effektiven,** dh ihren tatsächlichen **Verwaltungssitz** hat.[9] Die Sitztheorie bezweckt den Schutz des inländischen Geschäftsverkehrs vor unseriösen Auslandsgründungen sowie den Numerus clausus der Gesellschaftsformen.[10] Nach der Sitztheorie setzt die Anerkennung einer Gesellschaft mit effektivem Verwaltungssitz in Deutschland als Aktiengesellschaft eine wirksame Gründung nach den Vorschriften des Aktiengesetzes voraus.[11] „Zugezogene" Auslands-Aktiengesellschaften mit Verwaltungssitz in Deutschland sind daher mangels wirksamer Gründung nicht als Aktiengesellschaften, sondern als Personengesellschaft zu behandeln;[12] „wegziehende" in Deutschland wirksam gegründete Aktiengesellschaften verloren danach – bis zur Neufassung des § 5 durch das MoMiG – mit Verlegung ihres Verwaltungssitzes ihren Status als deutsche Aktiengesellschaft.[13] Die Sitztheorie als Kollisionsnorm tritt jedoch gemäß Art. 3 Abs. 2 S. 1 EGBGB hinter staatsvertragliche Sonderregelungen zurück, wenn der Staatsvertrag – wie dies bei Art. XXV Abs. 5 S. 2 FrHSchV D-USA[14] der Fall ist[15] – das Gründungsstatut maßgeblich sein lässt.

4 **bb) Gründungstheorie.** Die insbesondere im anglo-amerikanischen Rechtskreis vorherrschende Gründungstheorie erklärt das Recht des Ortes der Gründung der Gesellschaft zum Gesellschaftsstatut.[16] Nach ihr sind Sitzverlegungen ins Ausland unter Mitnahme des Gründungsrechts möglich. Die Gründungstheorie fördert die Mobilität der Gesellschaften und macht das auf die Gesellschaft anzuwendende Recht letztendlich vom Willen der Gründer abhängig.[17] Sie erschwert es der Rechtsordnung des Sitzstaates, den Schutzstandard des nationalen (Gesellschafts-)Rechts gegenüber überwiegend oder ausschließlich im Inland tätigen, aber nach ausländischem Recht gegründeten Gesellschaften durchzusetzen.

5 **b) Niederlassungsfreiheit versus Sitztheorie.** Nach der Rechtsprechung des EuGH[18] ist die strikte Anwendung der Sitztheorie in den Fällen des **Zuzugs** von Auslandsgesellschaften aus EU- und EWR-Staaten im Sinne einer Verlagerung des effektiven Verwaltungssitzes nach Deutschland mit der **Niederlassungsfreiheit** (**Art. 49, 54 AEUV,** ex-Art. 43, 48 EGV) nicht zu vereinbaren. Lediglich einzelne Beschränkungen der Niederlassungsfreiheit sind zulässig, soweit zwingende Gründe des Gemeinwohls – in Betracht kommt zB der Schutz der Interessen der Gläubiger, der Minderheitsgesellschafter, der Arbeitnehmer oder auch des Fiskus – dies unter bestimmten Umständen und Voraussetzungen gebieten.[19] Das Gesellschaftsstatut ist daher insoweit in **Zuzugsfällen**

---

[5] Hüffer/*Koch* § 1 Rn. 34.

[6] Überblick bei MüKoBGB/*Kindler* IntGesR Rn. 359 ff.

[7] StRspr, BGHZ 51, 27 (28); 53, 181 (183); 78, 318 (334) = NJW 1981, 522; BGHZ 97, 269 (271) = NJW 1986, 2194; BGHZ 151, 204 (206).

[8] Staudinger/*Großfeld* IntGesR Rn. 38 ff.; MüKoBGB/*Kindler* IntGesR Rn. 5 ff., 420 ff., 455 ff.

[9] Vgl. BGHZ 78, 318 (334) = NJW 1981, 522; BGHZ 97, 269 (271) = NJW 1986, 2194; BGHZ 153, 353 (355) = NJW 2003, 1607; MüKoBGB/*Kindler* IntGesR Rn. 5, 420 ff., 455 ff.; *Großfeld* Internationales Unternehmensrecht 1986 § 5 II 2; Hüffer/*Koch* § 1 Rn. 37; Spindler/Stilz/*H.F. Müller* IntGesR Rn. 4; MüKoAktG/*Habersack* Einl. Rn. 76.

[10] Hüffer/*Koch* § 1 Rn. 34; vgl. MüKoAktG/*Habersack* Einl. Rn. 77; Spindler/Stilz/*H.F. Müller* IntGesR Rn. 2.

[11] MüKoAktG/*Habersack* Einl. Rn. 77.

[12] Vgl. BGHZ 146, 341 (347 ff.) = NJW 2001, 1056; BGHZ 151, 204; 178, 192 Rn. 20, 23 = NJW 2009, 289; MüKoAktG/*Habersack* Einl. Rn. 77.

[13] MüKoAktG/*Habersack,* 3. Aufl. 2008, Einl. Rn. 95; vgl. Spindler/Stilz/*H.F. Müller* IntGesR Rn. 9; NK-AktR/*H. Fischer* Rn. 17.

[14] Freundschafts-, Handels- und Schiffahrtsvertrag zwischen der Bundesrepublik Deutschland und den Vereinigten Staaten von Amerika vom 29.10.1954 (BGBl. 1956 II S. 487).

[15] Vgl. BGHZ 153, 353 (355) = NJW 2003, 1607; BGH AG 2004, 607 (608); NZG 2005, 44 f.; Palandt/*Thorn* EGBGB Anh. Art. 12 Rn. 1 und 3; Hüffer/*Koch* § 1 Rn. 39.

[16] MüKoAktG/*Habersack* Einl. Rn. 77; Hüffer/*Koch* § 1 Rn. 34; Spindler/Stilz/*H.F. Müller* IntGesR Rn. 2.

[17] MüKoAktG/*Habersack* Einl. Rn. 77; HK-AktG/*Körber* Einl. Rn. 25.

[18] EuGH Slg. 1999, I-1459, 1484 = NJW 1999, 2027 – Centros; Slg. 2002, I-9919, 9943 = NJW 2002, 3614 – Überseering; Slg. 2003, I-10155, 10195 = NJW 2003, 3331 – Inspire Art.

[19] EuGH Slg. 2002, I-9919, 9974 Rn. 92 = NJW 2002, 3614 – Überseering; vgl. jedoch EuGH Slg. 2003, I-10155 = NJW 2003, 3331 – Inspire Art.

nach der Gründungstheorie zu beurteilen.[20] Die im Ausland gegründete Gesellschaft findet nach dem Recht ihres Gründungsstaates im Inland Anerkennung.[21] Die Niederlassungsfreiheit hindert jedoch beim gegenwärtigen Stand des Unionsrechts einen Mitgliedstaat nicht daran, es einer nach seinem nationalen Recht gegründeten Gesellschaft zu verwehren, ihren Sitz unter Beibehaltung ihrer Eigenschaft als Gesellschaft des Rechts dieses Staates in einen anderen Mitgliedstaat zu verlegen[22] **(„rechtsformwahrender Wegzug")**. Ein solcher Wegzug ist jedoch von dem Fall zu unterscheiden, dass eine Gesellschaft ihren (Satzungs-)Sitz aus einem Mitgliedstaat in einen anderen Mitgliedstaat unter Änderung des anwendbaren Rechts verlegt und dabei in eine dem nationalen Recht des „aufnehmenden" Mitgliedstaats unterliegende Gesellschaftsform umgewandelt wird **(„rechtsformwechselnder Wegzug")**. Erlaubt das Recht des „aufnehmenden" Mitgliedstaats eine solche Umwandlung, ist es mit der Niederlassungsfreiheit nicht zu vereinbaren, wenn das Recht des „abgebenden" Mitgliedstaates zuvor die Auflösung und Abwicklung der Gesellschaft verlangt.[23] „Formwechselfreiheit" im vorgenannten Sinn genießt die „umziehende" Gesellschaft allerdings nur dann, wenn die tatsächliche Ausübung einer wirtschaftlichen Tätigkeit mittels einer festen Einrichtung im Aufnahmemitgliedstaat auf unbestimmte Zeit" beabsichtigt ist.[24] Erforderlich ist somit die tatsächliche Ansiedlung der betreffenden Gesellschaft und die Ausübung einer wirklichen witschaftlichen Tätigkeit,[25] mithin – regelmäßig – die Verlagerung des Verwaltungssitzes.[26] Der Vollständigkeit halber sei darauf hingewiesen, dass auch die Regelungen des „aufnehmenden" Mitgliedstaates über den „rechtsformwechselnden Zuzug" in Konflikt mit der **Niederlassungsfreiheit** (**Art. 49, 54 AEUV**, ex-Art. 43, 48 EGV) geraten, wenn der „grenzüberschreitende" Formwechsel strengeren Anforderungen unterworfen wird als der „innerstaatliche" Formwechsel.[27]

c) Folgen für das deutsche Recht. Die Reichweite der Niederlassungsfreiheit und die Folgen der Rechtsprechung des EuGH für das deutsche Recht sind umstritten.[28] Im Mittelpunkt stehen einerseits Fragen der Sicherung des Schutzniveaus des deutschen Rechts durch zulässige Sonderanknüpfungen,[29] andererseits Überlegungen zum vollständigen Übergang zur Gründungstheorie.[30] Der BGH hat jedoch klargestellt, dass im Verhältnis zu Nicht-EU- und EWR-Staaten (sog. „Drittstaaten") – zu diesen zählt auch die Schweiz – weiterhin die Sitztheorie gilt.[31] Daher bedarf es beim Zuzug einer (Kapital-)Gesellschaft aus einem „Drittstaat" nach Deutschland regelmäßig einer Neugründung nach Maßgabe des deutschen Gesellschaftsrechts.[32] Denn ohne Eintragung in ein deutsches Register ist eine Anerkennung als juristische Person nicht möglich; ohne diese bleibt dann nur die Behandlung als OHG oder Gesellschaft bürgerlichen Rechts.[33] 6

3. Schaffung eines „level playing field" für Mobilität deutscher Kapitalgesellschaften. Infolge der vorstehend (→ Rn. 5) dargestellten Rechtsprechung des EuGH ist es in EU- und EWR- 7

[20] BGHZ 154, 185 = NJW 2003, 1461; BGH NJW 2004, 3706; 2005, 1648; Palandt/*Thorn* EGBGB Anh. Art. 12 Rn. 5; MüKoAktG/*Habersack* Einl. Rn. 80; Hüffer/*Koch* § 1 Rn. 43; HK-AktR/*Körber* § 45 Rn. 15; Grigoleit/*Grigoleit* Einl. Rn. 13.

[21] EuGH Slg. 2002, I-9919, 9974 = NJW 2002, 3614 – Überseering; BGHZ 154, 185 (190) = AG 2003, 386; Überblick über Rechtsfolgen bei Hüffer/*Koch* § 1 Rn. 42 ff.

[22] EuGH NJW 2009, 569 Rn. 124 = NZG 2009, 61 – Cartesio; bestätigt durch EuGH EuZW 2011, 951 Rn. 27 = NZG 2012, 114 – National Grid Indus; EuZW 2012, 621 Rn. 29 = NZG 2012, 871 – VALE; vgl. Hüffer/*Koch* Rn. 14; KK-AktG/*Dauner-Lieb* Rn. 24; Spindler/Stilz/*H.F. Müller* IntGesR Rn. 14; Grigoleit/*Wicke* Rn. 11; *Behme* NZG 2012, 936 (937); vgl. ferner BGH NJW 2008, 2914 (2915 f.) zur Rechtslage vor Inkrafttreten des MoMiG.

[23] EuGH NJW 2009, 569 Rn. 111 ff. = NZG 2009, 61 – Cartesio; vgl. Hüffer/*Koch* Rn. 15; KK-AktG/*Dauner-Lieb* Rn. 24; Spindler/Stilz/*H.F. Müller* IntGesR Rn. 14; HK-AktR/*Körber* § 45 Rn. 12a.

[24] EuGH EuZW 2012, 621 Rn. 34 = NZG 2012, 871 – VALE.

[25] EuGH EuZW 2012, 621 Rn. 34 = NZG 2012, 871 – VALE.

[26] Ebenso Hüffer/*Koch* Rn. 15.

[27] Vgl. EuGH EuZW 2012, 621 Rn. 36 ff. = NZG 2012, 871 – VALE; hierzu *Behme* NZG 2012, 936 (937 f.); *Böttcher/Kraft* NJW 2012, 2701; *Drygala* EuZW 2013, 569 ff.

[28] Überblick mwN bei MüKoAktG/*Habersack* Einl. Rn. 81 ff.; Hüffer/*Koch* § 1 Rn. 35 ff.

[29] ZB *Ulmer* NJW 2004, 1201 (1203 ff.).

[30] ZB *Eidenmüller* ZIP 2002, 2233 (2244); *ders.* JZ 2003, 526 (528); *Leible/Hoffmann* ZIP 2003, 925 (935 ff.); *Paefgen* WM 2003, 561 (570); befürwortend HK-AktG/*Körber* Einl. Rn. 25a; hiergegen zB Hüffer/*Koch* § 1 Rn. 36; MüKoBGB/*Kindler* IntGesR Rn. 10, 455 ff.; Palandt/*Thorn* EGBGB Anh. Art. 12 Rn. 10 ff.; *Horn* NJW 2004, 893 (897); *Wachter* GmbHR 2005, 1484 (1485); *Weller* ZGR 2006, 748 (765).

[31] BGHZ 178, 192 Rn. 20, 23 = NJW 2009, 289 – Trabrennbahn; vgl. BGH AG 2010, 79 = GmbHR 2010, 211.

[32] Vgl. BGHZ 97, 269 (270 f.) = NJW 1986, 2194; vgl. Hüffer/*Koch* § 1 Rn. 39 f.; Spindler/Stilz/*H.F. Müller* IntGesR Rn. 10.

[33] Vgl. BGHZ 151, 204 (206 ff.) = NJW 2002, 3539; BGHZ 178, 192 Rn. 23 = NJW 2009, 289; Spindler/Stilz/*H.F. Müller* IntGesR Rn. 10; Grigoleit/*Grigoleit* Einl. Rn. 25.

Staaten gegründeten Auslandsgesellschaften, deren Gründungsstaat eine derartige Verlagerung des Verwaltungssitzes erlaubt, gestattet, ihren effektiven Verwaltungssitz nach Deutschland zu verlegen. Diese Auslandsgesellschaften sind in Deutschland als solche anzuerkennen. Deutschen Kapitalgesellschaften stand diese Möglichkeit vor der Neufassung des § 5 bzw. des § 4a GmbHG durch das MoMiG nicht zur Verfügung. Die Neufassung der vorgenannten Vorschriften, nach der Aktiengesellschaften und GmbHs die Möglichkeit eröffnet wird, sich mit der Hauptverwaltung an einem Ort unabhängig von dem in Satzung oder Gesellschaftsvertrag gewählten Sitz niederzulassen, schafft gleiche Ausgangsbedingungen („level playing field") für nach deutschem Recht gegründete Kapitalgesellschaften gegenüber vergleichbaren Auslandsgesellschaften.[34] Eine deutsche Konzernmutter hat nunmehr nach deutschem Recht die Möglichkeit, ihre ausländischen Tochtergesellschaften in der Rechtsform einer deutschen Kapitalgesellschaft zu gründen. Ausländischen Unternehmen können sich bei der Gründung eines Tochterunternehmens für die Rechtsform der Aktiengesellschaft oder GmbH nach deutschem Recht entscheiden, auch wenn die Geschäftstätigkeit ganz oder überwiegend aus dem Ausland geführt werden soll.[35] Das bisherige „Mobilitätsdefizit" deutscher Kapitalgesellschaften ist durch den in § 5 bzw. § 4a GmbHG vollzogenen Übergang von der Sitztheorie zur Gründungstheorie beseitigt worden.[36] Nach Ansicht des Gesetzgebers ist der Gewinn an Mobilität nicht mit einem verminderten Schutzniveau bei Fragen der Mitbestimmung „bezahlt" worden, da die Verlegung des Verwaltungssitzes nicht für eine „Flucht aus der Mitbestimmung" geeignet sei. Auch bei einem Verwaltungssitz im Ausland unterliegt die Gesellschaft danach immer noch deutschem Recht. Für die Mitbestimmung kommt es allein auf die in Deutschland beschäftigten Arbeitnehmer an. Der Sitz der Geschäftsführung ist ohne Bedeutung.[37] Nützt eine Aktiengesellschaft mit Satzungssitz in Deutschland die durch § 5 angebotene Mobilität und verlegt ihren Verwaltungssitz ins Ausland, bleibt somit aus deutscher Sicht deutsches Recht auf die Gesellschaft anwendbar. Vorbehaltlich vorrangiger bilateraler Abkommen (→ Rn. 3) gilt in Bezug auf das Recht des Staates, in den der Verwaltungssitz („Zuzugsstaat") verlegt wird, Folgendes: Soweit im „Zuzugsstaat" die Gründungstheorie angewendet wird oder es sich um einen EU- oder EWR-Staat handelt, bleibt auch aus Sicht des „Zuzugsstaats" deutsches Recht maßgeblich; soweit im Nicht-EU- oder Nicht-EWR-Zuzugsstaat die Sitztheorie angewendet wird, kommt es aus Sicht dieses Staates zu einem Statutenwechsel[38] und die Gesellschaft läuft Gefahr, dass ihr – ohne Neugründung im „Zuzugsstaat" – die rechtliche Anerkennung als Kapitalgesellschaft versagt wird.[39]

II. Sitz der Gesellschaft

8 **1. Satzungssitz.** Sitz der Gesellschaft ist der in der Satzung bestimmte Sitz. Es muss sich zwingend um einen Ort im **Inland** handeln. Der als Sitz bestimmte Ort muss eine politische Gemeinde sein.[40] Die Bezeichnung muss eine eindeutige Bestimmung des für die Aktiengesellschaft zuständigen Registergerichts ermöglichen.[41] In Großstädten mit mehreren Registergerichten kann daher eine Zusatzangabe erforderlich sein.[42] Die Angabe eines mehrere politische Gemeinden umfassenden Sammelnamens oder eines Landkreises oder einer Region ist unzulässig.[43]

9 **2. Wahl des Satzungssitzes.** Bei der Wahl des Satzungssitzes (→ Rn. 8) besteht uneingeschränkte **Satzungsautonomie.**[44] Insbesondere kann der Satzungssitz unabhängig vom Verwal-

[34] BR-Drs. 354/07, 65; vgl. Hüffer/*Koch* Rn. 1; HK-AktG/*Westermann* Rn. 2.

[35] BR-Drs. 354/07, 65.

[36] Vgl. KK-AktG/*M. Arnold* § 45 Rn. 28 mwN, wonach § 5 als versteckte Kollisionsnorm aufzufassen ist, die Sitztheorie für den Fall der Verlegung des Verwaltungssitzes ins Ausland derogiert; iE ebenso Hüffer/*Koch* Rn. 3 mwN; Spindler/Stilz/*Drescher* Rn. 10; Spindler/Stilz/*H.F. Müller* IntGesR Rn. 9; HK-AktG/*Körber* Einl. Rn. 28a und § 45 Rn. 13a; Grigoleit/*Wicke* Rn. 12; ähnlich HK-AktG/*Westermann* Rn. 6; Palandt/*Thorn* EGBGB Anh. Art. 12 Rn. 2; vgl. *Behme* BB 2010, 1679 (1680) mwN über den Streitstand; aA MüKoBGB/*Kindler* IntGesR Rn. 5 mwN; Grigoleit/*Grigoleit* Einl. Rn. 27; offen gelassen von Schmidt/Lutter/*Ringe* Rn. 4.

[37] BT-Drs. 16/9737, 94.

[38] Spindler/Stilz/*Drescher* Rn. 10; iE ebenso Spindler/Stilz/*H.F. Müller* IntGesR Rn. 9; Grigoleit/*Wicke* Rn. 12; Hüffer/*Koch* Rn. 12; MüKoAktG/*Pentz* § 45 Rn. 23.

[39] MüKoAktG/*Pentz* § 45 Rn. 23; iE ebenso Spindler/Stilz/*H.F. Müller* IntGesR Rn. 9.

[40] MüKoAktG/*Heider* Rn. 23; Spindler/Stilz/*Drescher* Rn. 5; Schmidt/Lutter/*Ringe* Rn. 7.

[41] Hüffer/*Koch* Rn. 6; MüKoAktG/*Heider* Rn. 23; Spindler/Stilz/*Drescher* Rn. 5; Schmidt/Lutter/*Ringe* Rn. 7.

[42] BayObLG GmbHR 1988, 23 (24); Hüffer/*Koch* Rn. 6; MüKoAktG/*Heider* Rn. 23; Spindler/Stilz/*Drescher* Rn. 5; Schmidt/Lutter/*Ringe* Rn. 7.

[43] MüKoAktG/*Heider* Rn. 23; Spindler/Stilz/*Drescher* Rn. 5.

[44] Vgl. MüKoAktG/*Heider* Rn. 5, 28; KK-AktG/*Dauner-Lieb* Rn. 10 f.; Spindler/Stilz/*Drescher* Rn. 1; einschr. Hüffer/*Koch* Rn. 8.

tungssitz gewählt werden. Abgesehen von Sachverhalten mit Auslandsbezug (→ Rn. 1, 7) kommt ein vom Verwaltungssitz abweichender Satzungssitz insbesondere in Betracht, wenn für alle Unternehmen eines Konzerns einheitliche Zuständigkeiten begründet werden sollen oder um sich der Zuständigkeit eines ineffizient arbeitenden Registergerichts zu entziehen,[45] ferner um als Satzungssitz eine bekannte Großstadt statt der in deren Einzugsbereich liegenden, aber kleinen und überregional unbekannten politische Gemeinde, in der die Gesellschaft ihre Geschäftsaktivitäten entfaltet, zu wählen.[46] Die Satzungsautonomie bei der Wahl des Satzungssitzes steht auch nicht unter dem – ungeschriebenen – Vorbehalt, dass hiermit kein **„Rechtsmissbrauch"** betrieben wird.[47] Insbesondere steht es dem Satzungsgeber frei, einen vom Ort der wirtschaftlichen Tätigkeit abweichenden Satzungssitz festzulegen, ohne dass allein in diesem Umstand eine unter dem Gesichtspunkt des Rechtsmissbrauchs zu beanstandende Irreführung des Rechtsverkehrs gesehen werden kann.[48] Ein Vorbehalt des „Rechtsmissbrauchs" ist weder bei der Wahl des Satzungssitzes im Rahmen der Gründung der Gesellschaft anzuerkennen, noch besteht bei einer späteren Sitzverlegung Bedarf für eine entsprechende Einschränkung des Satzungsautonomie.[49] Denn ungeachtet der Zulässigkeit eines (ausschließlich, → Rn. 7) ausländischen Verwaltungssitzes benötigt die Aktiengesellschaft in jedem Fall eine inländische Geschäftsanschrift (§ 37 Abs. 3 Nr. 1), die Anknüpfungspunkt für die öffentliche Zustellung von Schriftstücken ist (§§ 15a, 31 HGB, § 185 Nr. 2 ZPO), um Missbräuchen zu Lasten der Gläubiger der Gesellschaft vorzubeugen.[50] Ferner kann mit einer Sitzverlegung regelmäßig weder eine Registereintragung unter Umgehung der Überprüfung der diesbezüglichen Eintragungsvoraussetzungen erreicht werden[51] noch wird im Regelfall die Zuständigkeit eines (inländischen) Insolvenzgerichts durch eine Sitzverlegung berührt.[52]

III. Bedeutung des Sitzes

1. Individualisierungsfunktion. Der Sitz der Gesellschaft ist – in Verbindung mit ihrer Firma – 10
wesentliches Merkmal zur Individualisierung der Aktiengesellschaft und damit zu deren Unterscheidung von anderen Gesellschaften (vgl. § 30 Abs. 3 HGB). Jede Aktiengesellschaft muss anhand ihrer Firma in Verbindung mit ihrem Sitz eindeutig individualisierbar sein.[53]

2. Verfahrensrechtliche Bedeutung. Der Satzungssitz ist von erheblicher Bedeutung für eine 11
Vielzahl verfahrensrechtlicher Vorschriften. In Verfahren der streitigen Gerichtsbarkeit bestimmt der Satzungssitz den allgemeinen Gerichtsstand einer Aktiengesellschaft gemäß § 17 Abs. 1 S. 1 ZPO.[54] Dies gilt auch dann, wenn Satzungssitz und Verwaltungssitz voneinander abweichen, da § 5 „anderweitige Bestimmung" iSd § 17 Abs. 1 S. 2 ZPO ist.[55] Der Satzungssitz ist darüber hinaus für den ausschließlichen Gerichtsstand bei Anfechtungs-, Nichtigkeits- und Auflösungsklagen maßgeblich (§§ 246 Abs. 3, 249 Abs. 1 S. 1, 251 Abs. 3, 254 Abs. 2 S. 1, 255 Abs. 3, 257 Abs. 2, 275 Abs. 4 und 396 Abs. 1 S. 2). Der Satzungssitz bestimmt auch die ausschließliche örtliche Zuständigkeit des Insolvenzgerichts (§ 3 Abs. 1 S. 1 InsO),[56] soweit nicht der Mittelpunkt einer selbständigen wirtschaftlichen Tätigkeit an einem anderen Ort liegt (vgl. § 3 Abs. 1 S. 2 InsO).[57] Nach dem Satzungssitz bestimmt sich ferner die örtliche Zuständigkeit (vgl. § 14, § 377 Abs. 1 FamFG) in den Registersachen (§ 374 Nr. 1 FamFG) und in den unternehmensrechtlichen Verfahren (§ 375 Nr. 3 FamFG) sowie in den Streitsachen der freiwilligen Gerichtsbarkeit (§§ 98 Abs. 1, 132 Abs. 1, 142 Abs. 2–5, 260 Abs. 1, 293c Abs. 1, 304 Abs. 3 S. 3, 315, 320b Abs. 2 S. 2). Die Hauptversammlung soll am Sitz der Gesellschaft stattfinden, sofern die Satzung nichts anderes bestimmt (§ 121 Abs. 5). Darüber

---

[45] *Hoffmann* ZIP 2007, 1582; *Meckbach* NZG 2014, 526.

[46] *Meckbach* NZG 2014, 526.

[47] MüKoAktG/*Heider* Rn. 28; Spindler/Stilz/*Drescher* Rn. 4; *Meckbach* NZG 2014, 526 (531); grds. ebenso HK-AktG/*Westermann* Rn. 5; aA im Einzelfall Hüffer/*Koch* Rn. 8; grds. aA Baumbach/Hueck/*Fastrich* GmbHG § 4a Rn. 4.

[48] MüKoAktG/*Heider* Rn. 28; Spindler/Stilz/*Drescher* Rn. 4; vgl. Grigoleit/*Wicke* Rn. 5 f.; Schmidt/Lutter/*Ringe* Rn. 10.

[49] Ebenso *Meckbach* NZG 2014, 526 (529 ff.); vgl. HK-AktG/*Westermann* Rn. 5: „außerhalb von Wirtschaftskriminalität kaum denkbar"; aA Grigoleit/*Wicke* Rn. 6; für GmbH KG ZIP 2011, 1566 = RNotZ 2011, 562; *Leitzen* RNotZ 2011, 536 (538).

[50] Vgl. insoweit Grigoleit/*Wicke* Rn. 5.

[51] Vgl. *Meckbach* NZG 2014, 526 (529 f.).

[52] Hierzu ausf. *Meckbach* NZG 2014, 526 (530 f.); ebenso HK-AktG/*Westermann* Rn. 5.

[53] MüKoAktG/*Heider* Rn. 8; vgl. KK-AktG/*Dauner-Lieb* Rn. 13; Hüffer/*Koch* Rn. 4.

[54] AllgM, zB BGH NJW 1998, 1322; Hüffer/*Koch* Rn. 4.

[55] AllgM, zB Hüffer/*Koch* Rn. 4.

[56] BayObLGZ 2003, 192 (194 f.); Hüffer/*Koch* Rn. 4.

[57] Grigoleit/*Wicke* Rn. 2.

hinaus kommt dem Satzungssitz – jedoch lediglich subsidiäre – Bedeutung für die Zuständigkeit der mit der Erhebung der Körperschaftsteuer betrauten Finanzämter zu (§§ 20 Abs. 2, 11 AO), die primär an den Ort der Geschäftsleitung und damit regelmäßig an den Verwaltungssitz geknüpft ist (§§ 20 Abs. 1, 10 AO).[58]

12 **3. Ort der Hauptniederlassung.** Eine Niederlassung der Aktiengesellschaft an ihrem Sitz ist deren Hauptniederlassung. Alle anderen Niederlassungen sind in rechtlicher Hinsicht Zweigniederlassungen, ohne dass es auf ihre tatsächliche Bedeutung im Rahmen des Geschäftsbetriebs ankommt.[59]

IV. Doppelsitz

13 **1. Zulässigkeit eines Doppelsitzes.** Eine Aktiengesellschaft hat einen Doppelsitz, wenn die Satzung zwei Orte als Sitz der Gesellschaft bestimmt. Dementsprechend ist auch eine Vielzahl von Satzungssitzen denkbar.[60] Ein Bedürfnis für einen Doppelsitz entstand in der Nachkriegszeit für Gesellschaften, die ihren (ersten) Sitz in der sowjetischen Besatzungszone, den ehemals deutschen Ostgebieten oder in West-Berlin hatten, und deren Sitzverlegung in den Westen an der mangelnden Mitwirkung der Registergerichte an ihrem Sitz scheiterte.[61] Aktuell wird die Zulässigkeit eines Doppelsitzes in Verschmelzungsfällen diskutiert.[62] Die hM in Rechtsprechung[63] und Literatur[64] geht zu Recht davon aus, dass ein Doppelsitz grundsätzlich **unzulässig** und nur in Ausnahmefällen zulässig ist. Denn auch wenn § 5 kein ausdrückliches Verbot von Doppelsitzen enthält, lässt der Wortlaut der Vorschrift doch erkennen, dass der Gesetzgeber davon ausgeht, jede Aktiengesellschaft habe nur einen Sitz.[65] Darüber hinaus steht ein Doppelsitz mit der daraus resultierenden doppelten Gerichtszuständigkeit im Widerspruch zum Zweck des § 5, für Klarheit im Rechtsverkehr zu sorgen[66] (zB Gefahr divergierender Registereintragungen).[67] Ein einen Doppelsitz rechtfertigender **Ausnahmefall** liegt vor, wenn die Aktiengesellschaft ohne Doppelsitz einen erheblichen wirtschaftlichen Schaden erleiden oder in ihrer Existenz gefährdet würde.[68] Eine Verschmelzung von Rechtsträgern durch Aufnahme oder Neugründung rechtfertigt als solche ohne weitere besondere Umstände nicht die Zulassung eines Doppelsitzes.[69] Soweit nicht durch Gesetz oder Staatsvertrag ausdrücklich zugelassen ist auch von der Unzulässigkeit eines zweiten statuarischen Sitzes im Ausland auszugehen.[70] Dementsprechend geht auch Art. 7 SE-VO davon aus, dass sich der Sitz der Gesellschaft nur in einem Staat befindet.[71]

14 **2. Konsequenzen des Doppelsitzes.** Bei einem ausnahmsweise zulässigen Doppelsitz sind beide Sitze vollwertig und gleichberechtigt.[72] Die Registergerichte beider Sitze sind bei ihrer Prüfungstätigkeit und in ihren Entscheidungen voneinander unabhängig.[73] Das dadurch begründete Risiko widersprechender Entscheidungen oder zeitlich divergierender Eintragungen hat die Aktiengesellschaft zu tragen. Rechtsfolgen aus konstitutiven Eintragungen entstehen daher erst mit Eintragung im letzten der beiden Register.[74] Gutgläubige Dritte können sich auf eine Eintragung und Bekanntmachung

---

58 *Meckbach* NZG 2014, 526 (527); vgl. Spindler/Stilz/*Drescher* Rn. 2; Hüffer/*Koch* Rn. 4.

59 HM, RGZ 107, 44 (46); BayObLG WM 1981, 1396; Hüffer/*Koch* Rn. 5; MüKoAktG/*Heider* Rn. 13; Spindler/Stilz/*Drescher* Rn. 3; Schmidt/Lutter/*Ringe* Rn. 2.

60 AG Bremen DB 1976, 1810; vgl. MüKoAktG/*Heider* Rn. 29.

61 Darstellung bei Schmidt/Lutter/*Ringe* Rn. 13; MüKoAktG/*Heider* Rn. 33.

62 Vgl. BayObLGZ 1985, 111 = NJW-RR 1986, 31; LG Essen AG 2001, 429.

63 BayObLGZ 1962, 107 = NJW 1962, 1014; BayObLGZ 1985, 111 = NJW-RR 1986, 31; LG Essen AG 2001, 429; LG Hamburg DB 1973, 2237; LG Köln NJW 1950, 352.

64 MüKoAktG/*Heider* Rn. 34; Hüffer/*Koch* Rn. 10; Spindler/Stilz/*Drescher* Rn. 7; Schmidt/Lutter/*Ringe* Rn. 15; KK-AktG/*Dauner-Lieb* Rn. 21.

65 MüKoAktG/*Heider* Rn. 34.

66 Spindler/Stilz/*Drescher* Rn. 7.

67 Vgl. Schmidt/Lutter/*Ringe* Rn. 14.

68 MüKoAktG/*Heider* Rn. 34; Spindler/Stilz/*Drescher* Rn. 7; großzügiger Hüffer/*Koch* Rn. 10: zulässig, wenn Vorteile für Unternehmen Nachteile für Allgemeinheit deutlich überwiegen.

69 BayObLGZ 1985, 111 = NJW-RR 1986, 31; AG Essen AG 2001, 434 (435); MüKoAktG/*Heider* Rn. 34; Hüffer/*Koch* Rn. 10; Spindler/Stilz/*Drescher* Rn. 7; aA LG Essen AG 2001, 429; *Pluskat* WM 2004, 601 (603); *Katschinski* ZIP 1997, 620 (621 ff.).

70 Wie hier Schmidt/Lutter/*Ringe* Rn. 16; Grigoleit/*Wicke* Rn. 4; ähnlich HK-AktG/*Westermann* Rn. 7; vgl. MüKoAktG/*Heider* Rn. 35, der dieselben Maßstäbe wie beim inländischen Doppelsitz anlegen möchte; ebenso Spindler/Stilz/*Drescher* Rn. 7.

71 Vgl. Schmidt/Lutter/*Ringe* Rn. 16; Spindler/Stilz/*Drescher* Rn. 7; Grigoleit/*Wicke* Rn. 4.

72 Schmidt/Lutter/*Ringe* Rn. 17; Spindler/Stilz/*Drescher* Rn. 8.

73 MüKoAktG/*Heider* Rn. 37; Schmidt/Lutter/*Ringe* Rn. 17.

74 MüKoAktG/*Heider* Rn. 38; Schmidt/Lutter/*Ringe* Rn. 17.

nach § 15 Abs. 3 HGB bereits mit Eintragung und Bekanntmachung im ersten Register berufen.[75] Die Gesellschaft hat an beiden Sitzen einen allgemeinen Gerichtsstand.[76]

V. Sitzverlegung

1. Sitzverlegung im Inland. Der durch die Satzung bestimmte Sitz der Aktiengesellschaft kann durch Satzungsänderung (§ 179) an jeden beliebigen Ort im Inland verlegt werden. Zum registergerichtlichen Verfahren → § 45 Rn. 1 ff. Seit der Neufassung des § 5 durch das MoMiG besteht auch insoweit uneingeschränkte Satzungsautonomie (→ Rn. 9). Ein Bezug zum Verwaltungssitz ist nicht erforderlich. Ein nachträglicher Wechsel der tatsächlichen Verhältnisse, etwa eine Verlegung der Betriebsstätte oder der Verwaltung, hat keine Auswirkungen auf den Satzungssitz bzw. auf dessen Zulässigkeit.[77] 15

2. Sitzverlegung ins Ausland. § 5 verlangt nach seinem ausdrücklichen Wortlaut, dass Sitz der Gesellschaft ein Ort im **Inland** ist. Das deutsche Recht erlaubt daher auch nach der Neufassung des § 5 durch das MoMiG keine identitätswahrende[78] Verlegung des Satzungssitzes der Gesellschaft in das Ausland. Das gilt auch dann, wenn der gewünschte „Zielstaat" ein EU- oder EWR-Mitgliedstaat ist. Dieses „Wegzugsverbot" verstößt nicht gegen die Niederlassungsfreiheit.[79] Fasst die Hauptversammlung dennoch einen entsprechenden Verlegungsbeschluss, ist dieser nach § 241 Nr. 3 nichtig[80] und kann nicht in das Handelsregister eingetragen werden.[81] Ein Grund, den Beschluss überschießend als Auflösungsbeschluss nach § 262 Abs. 1 Nr. 2 zu qualifizieren,[82] besteht nicht,[83] da die Hauptversammlung mit ihrem Beschluss zum Ausdruck bringt, dass die Gesellschaft als werbende Gesellschaft fortgesetzt werden soll. Ferner verstößt die Behandlung eines Beschlusses über die Verlegung des Sitzes einer Gesellschaft in das Ausland als Auflösungsbeschluss dann gegen die Niederlassungsfreiheit (Art. 49, 54 AEUV), wenn sich die Gesellschaft durch die Sitzverlegung im „aufnehmenden" Mitgliedstaat in einer Rechtsform des dortigen nationalen Rechts neu organisieren möchte und das nationale Recht des „aufnehmenden" Staates dies erlaubt.[84] (→ Rn. 5). Von der Verlegung des Satzungssitzes ist die des Verwaltungssitzes in das Ausland zu unterscheiden. Diese ist seit der Neufassung des § 5 durch das MoMiG aus Sicht des deutschen Rechts zulässig.[85] (Zu den Rechtsfolgen → Rn. 7). 16

VI. Rechtsfolgen unzulässiger Sitzbestimmung

Enthält die Satzung bei der **Gründung** der Aktiengesellschaft keine Bestimmung über den Sitz oder wird ein unzulässiger Sitz bestimmt (zB Sitz im Ausland, nicht hinreichend bestimmter Sitz), hat das Registergericht die Eintragung der Aktiengesellschaft abzulehnen (§ 38 Abs. 1 S. 2).[86] Wird trotz fehlerhafter Sitzbestimmung eingetragen, ist die Aktiengesellschaft wirksam entstanden (§ 41 Abs. 1 S. 1).[87] Das Registergericht hat aber gemäß § 399 Abs. 1 FamFG zu einer Satzungsänderung aufzufordern. Wird der Mangel nicht fristgerecht behoben, stellt das Registergericht den Mangel der Satzung fest (§ 399 Abs. 2 FamFG). Mit Rechtskraft dieser Verfügung ist die Aktiengesellschaft aufgelöst (§ 262 Abs. 1 Nr. 5).[88] Die Aktiengesellschaft kann sich auch bei längerer Eintragung nicht auf Bestandsschutz berufen.[89] Bei unzulässiger **Änderung** des Satzungssitzes ist der entsprechende Beschluss der Hauptversammlung nichtig (§ 241 Nr. 3), das Registergericht hat die Eintragung der 17

---

[75] MüKoAktG/*Heider* Rn. 40; Schmidt/Lutter/*Ringe* Rn. 17; Spindler/Stilz/*Drescher* Rn. 8.
[76] MüKoAktG/*Heider* Rn. 43; Schmidt/Lutter/*Ringe* Rn. 17; Spindler/Stilz/*Drescher* Rn. 8.
[77] MüKoAktG/*Heider* Rn. 50; Spindler/Stilz/*Drescher* Rn. 9; vgl. Hüffer/*Koch* Rn. 11.
[78] Zu unionsrechtlichen Aspekten der nicht „identitätswahrenden Sitzverlegung" → Rn. 5.
[79] OLG München NZG 2007, 915 (916) zur GmbH; MüKoAktG/*Heider* Rn. 53; EuGH Slg. 1988, I-5483 = NJW 1989, 2186 – Daily Mail; vgl. EuGH NJW 2009, 569 Rn. 124 = NZG 2009, 61 – Cartesio, zur Verlegung des Verwaltungssitzes.
[80] MüKoAktG/*Heider* Rn. 54; Spindler/Stilz/*Drescher* Rn. 10; Hüffer/*Koch* Rn. 13; vgl. KK-AktG/*Dauner-Lieb* Rn. 23.
[81] OLG München NZG 2007, 915 (916) zur GmbH; Spindler/Stilz/*Drescher* Rn. 10; Hüffer/*Koch* Rn. 13.
[82] So RGZ 7, 68; 88, 53; 107, 94; ferner OLG Hamm NJW 2001, 2183 zur GmbH.
[83] MüKoAktG/*Heider* Rn. 54; Spindler/Stilz/*Drescher* Rn. 10; Hüffer/*Koch* Rn. 13.
[84] EuGH NJW 2009, 569 Rn. 113 = NZG 2009, 61 – Cartesio; s. hierzu Hüffer/*Koch* Rn. 15; KK-AktG/*Dauner-Lieb* Rn. 24.
[85] Vgl. Hüffer/*Koch* Rn. 3; KK-AktG/*Dauner-Lieb* Rn. 29; HK-AktG/*Körber* Einl. Rn. 28a.
[86] Hüffer/*Koch* Rn. 9; MüKoAktG/*Heider* Rn. 48; Spindler/Stilz/*Drescher* Rn. 11.
[87] Hüffer/*Koch* Rn. 9; MüKoAktG/*Heider* Rn. 49; Spindler/Stilz/*Drescher* Rn. 11.
[88] Hüffer/*Koch* Rn. 9; MüKoAktG/*Heider* Rn. 49; Spindler/Stilz/*Drescher* Rn. 11.
[89] MüKoAktG/*Heider* Rn. 49; Spindler/Stilz/*Drescher* Rn. 11.

Satzungsänderung abzulehnen.[90] Bei dennoch vorgenommener Eintragung der Sitzverlegung ist nach § 398 FamFG zu verfahren.[91] Der ursprüngliche Satzungssitz gilt als fortbestehend.[92]

§ 6 Grundkapital

Das Grundkapital muß auf einen Nennbetrag in Euro lauten.

I. Allgemeines

1 **1. Normzweck.** § 6 verlangt, dass das Grundkapital der Aktiengesellschaft einen Nennbetrag haben muss. Dieser Nennbetrag muss in der Währung „Euro" bestimmt werden. § 6 steht in unmittelbarem Zusammenhang mit § 1 Abs. 2, der die Notwendigkeit eines Grundkapitals als **Mindesthaftkapital** begründet (→ § 1 Rn. 21 ff.), und mit § 7, der die Mindesthöhe des Grundkapitals auf 50.000 Euro festlegt (→ § 7 Rn. 1 ff.). Das Zusammenspiel dieser Vorschriften schafft den notwendigen Ausgleich dafür, dass den Gläubigern der Aktiengesellschaft nur das Vermögen der Gesellschaft haftet, nicht aber dasjenige der Gesellschafter (vgl. § 1 Abs. 1 S. 2; → § 1 Rn. 7 ff., 22).[1] Damit entspricht das deutsche Aktienrecht den unionsrechtlichen Vorgaben der Kapital-RL,[2] die ein gesetzliches Mindestkapital wie auch dessen Aufbringung und Erhaltung vorschreibt.[3] § 6 hat seine heutige Fassung durch das Gesetz zur Einführung des Euro (Euro-Einführungsgesetz – EuroEG) vom 9.6.1998 (BGBl. I S. 1242) erhalten und ist in dieser Fassung am 1.1.1999 in Kraft getreten.

2 **2. Regelungsbereich. a) Nennbetrag.** Das Grundkapital muss mit einem Nennbetrag, dh **beziffert,** ausgedrückt werden. Umschreibungen – zB als „Summe der Einlagen" – sind nicht ausreichend.[4] § 6 enthält jedoch keine weiteren Vorgaben für die Bestimmung des Nennbetrages. Insbesondere verlangt er nicht, dass das Grundkapital nur auf volle Euro lauten darf.[5] Gibt die Gesellschaft Stückaktien aus, ist die Bildung eines Grundkapitals mit einem „krummen", dh nicht auf einen vollen Euro-Betrag lautenden Nennbetrag zulässig; dies gilt unabhängig davon, ob es sich um eine Neugründung oder um eine von DM auf Euro umgestellte „Altgesellschaft" handelt. Gibt die Aktiengesellschaft hingegen Nennbetragsaktien aus, müssen diese auf volle Euro lauten (§ 8 Abs. 2 S. 4); dasselbe gilt dann zwangsläufig für den Nennbetrag des Grundkapitals als Summe der Nennbeträge der ausgegebenen Aktien.[6] Der Nennbetrag ist bei der Errichtung der Aktiengesellschaft in der **Satzung** zu bestimmen (§ 23 Abs. 3 Nr. 3). Er kann nur im Wege der Satzungsänderung im Zusammenhang mit Maßnahmen der Kapitalbeschaffung (§§ 182 ff.) oder der Kapitalherabsetzung (§§ 222 ff.) geändert werden. Der Nennbetrag iS einer Bezifferung schafft klare Verhältnisse für Gläubiger und Aktionäre. Er gibt Auskunft darüber, in welcher Höhe die Aktiengesellschaft – bei ihrer Errichtung oder im Zuge von Kapitalmaßnahmen – mit Kapital ausgestattet worden ist. Der Nennbetrag erlaubt hingegen keine Rückschlüsse auf die tatsächlichen Vermögensverhältnisse der Aktiengesellschaft. Wenn Nennbetragsaktien ausgegeben sind, bildet der Nennbetrag des Grundkapitals die eindeutige Rechnungsgrundlage für die Bestimmung des auf eine Aktie entfallenden Anteils.[7] Der Nennbetrag hat aber weder Aussagekraft für den wahren Wert des einzelnen Anteils an der Aktiengesellschaft noch ist er für die Besteuerung des Unternehmens maßgeblich.[8] In der Bilanz des Unternehmens wird das Grundkapital mit seinem Nennbetrag als gezeichnetes Kapital aufgeführt (§ 152 Abs. 1 S. 1, § 272 Abs. 1 S. 1 HGB).

3 **b) Euro.** Seit dem 1.1.1999 hat das Grundkapital auf einen Nennbetrag in Euro zu lauten. Aktiengesellschaften, die vor dem 1.1.1999 in das Handelsregister eingetragen worden sind, dürfen die Nennbeträge ihres Grundkapitals und ihrer Aktien weiter in DM bezeichnen (§ 1 EGAktG; ausführlich → Rn. 4). Während einer Übergangszeit bis zum Ablauf des 31.12.2001 durften noch

---

[90] Hüffer/*Koch* Rn. 9; MüKoAktG/*Heider* Rn. 52; Spindler/Stilz/*Drescher* Rn. 12.

[91] MüKoAktG/*Heider* Rn. 52; Spindler/Stilz/*Drescher* Rn. 12.

[92] MüKoAktG/*Heider* Rn. 52; Spindler/Stilz/*Drescher* Rn. 12.

[1] Vgl. MüKoAktG/*Heider* Rn. 5.

[2] Zweite RL 77/91/EWG vom 13.12.1976, ABl. L 26, 1, neugefasst als RL 2012/30/EU vom 25.10.2012, ABl. L 315, 74, ber. ABl. 2016 L 161, 41.

[3] MüKoAktG/*Heider* Rn. 2.

[4] Hüffer/*Koch* Rn. 1; Spindler/Stilz/*Drescher* Rn. 1; KK-AktG/*Dauner-Lieb* Rn. 4; Schmidt/Lutter/*Fleischer* Rn. 4.

[5] Vgl. MüKoAktG/*Heider* Rn. 97.

[6] Vgl. hierzu Hüffer/*Koch* Rn. 2.

[7] Spindler/Stilz/*Drescher* Rn. 1; vgl. Hüffer/*Koch* Rn. 1.

[8] Spindler/Stilz/*Drescher* Rn. 2.

Aktiengesellschaften in das Handelsregister eingetragen werden, deren Grundkapital und Aktien auf DM lauteten (§ 1 Abs. 2 S. 2 EGAktG).

II. Umstellung von DM auf Euro

„Altgesellschaften“ iSd § 1 Abs. 2 EGAktG, dh Aktiengesellschaften, die vor dem 1.1.1999 im Handelsregister eingetragen waren, hatten und haben insgesamt vier verschiedene Möglichkeiten, um auf die zu vorgenanntem Datum eingetretene Währungsumstellung zu reagieren:[9] Beibehaltung der DM-Beträge von Grundkapital und Aktien, Umstellung der DM-Beträge mit oder ohne anschließender Nennbetragsglättung auf Euro oder Umstellung auf Stückaktien (vgl. §§ 1–4 EGAktG; Text der Vorschriften nebst weiteren Erläuterungen → § 8 Rn. 32 ff.). Noch bis zum 31.12.2001 durften Aktiengesellschaften mit einem auf DM lautenden Grundkapital neu in das Handelsregister eingetragen werden (§ 2 S. 2 EGAktG; für Gründungen aus der Zeit vom 1.1.1999 bis 31.12.2001 → § 7 Rn. 4). Haben Aktiengesellschaften auch nach dem 1.1.2002 den Nennbetrag des Grundkapitals in DM in der Satzung beibehalten, gilt der Nennbetrag seit diesem Datum kraft unmittelbar geltendem EU-Recht als Euro-Betrag, der nach Maßgabe des gemäß Art. 109l Abs. 4 S. 1 EGV iVm VO (EG) Nr. 2866/98 vom 31.12.1998 (ABl. L 359, 1) unwiderruflich festgelegten Umrechnungskurses von 1,95583 DM für 1 Euro zu berechnen ist.[10] Ein sich dabei ergebender „krummer“ Euro-Nennbetrag des Grundkapitals wird – unabhängig davon, ob die Gesellschaft ihre Aktien als Nennbetrags- oder Stückaktien begründet hat – auf den nächstliegenden Centbetrag auf- oder abgerundet (vgl. Art. 5 VO (EG) Nr. 1103/97 des Rates der EU über die Einführung des Euro vom 17.6.1997 (ABl. L 162, 1; sog. EuroVO I).[11] Eine Berichtigung des – unrichtigen – Wortlauts der Satzung ist nunmehr – nach Ablauf der dreijährigen Übergangsphase vom 1.1.1999 bis zum 31.12.2001 – bloße „Fassungsänderung“; diese kann der Aufsichtsrat aufgrund gesetzlicher Ermächtigung vornehmen (§ 4 Abs. 1 S. 2 EGAktG). Die Änderung der Satzung ist vom Vorstand zum Handelsregister anzumelden (§ 181 Abs. 1 S. 1); die Anmeldung bedarf jedoch nicht der Form des § 12 HGB (vgl. Art. 45 Abs. 1 EGHGB). Zur weiteren Verfahrenserleichterung kann auf die Beifügung des (neuen) vollständigen Wortlauts der Satzung ebenso verzichtet werden wie auf die notarielle Bescheinigung nach § 181 Abs. 1 S. 2 (§ 4 Abs. 1 S. 3 EGAktG).[12] Eine Berichtigung der Satzung und eine entsprechende Eintragung im Handelsregister sind so lange nicht erforderlich, bis die Gesellschaft eine Änderung ihres Grundkapitals beschließt (vgl. § 1 Abs. 2 S. 3 Hs. 2 EGAktG).[13] Wenn die DM-Nennbeträge von Grundkapital und Aktien ohne Glättung oder Anpassung (→ § 8 Rn. 37) – durch Maßnahmen der Kapitalbeschaffung oder -herabsetzung, eventuell in Verbindung mit einer Neustückelung des Kapitals[14] – auf Euro-Beträge umgestellt worden sind, muss dies bei der ersten nachfolgenden Kapitalveränderung nachgeholt werden.[15] Die – nach allgemeinen Regelungen durch Satzungsänderung nach §§ 179 ff. herbeizuführende – Umstellung von Nennbetragsaktien in nennwertlose Stückaktien macht Glättungs- und Anpassungsmaßnahmen sowie die rechnerische Umstellung der Aktiennennbeträge entbehrlich;[16] die lediglich berichtigende rechnerische Umstellung des Nennbetrages des Grundkapitals in der Satzung wird in der Praxis hiermit verbunden, auch wenn ein entsprechendes Erfordernis erst bei der nächsten in das Handelsregister einzutragenden Kapitalmaßnahme besteht (vgl. § 1 Abs. 2 S. 3 Hs. 2 EGAktG).[17] 4

III. Rechtsfolgen eines Verstoßes

1. Verstoß gegen § 6. Treffen die Gründer in der Satzung entgegen § 23 Abs. 3 Nr. 3 keine Bestimmung zum Nennbetrag des Grundkapitals oder verstößt die getroffene Regelung gegen § 6, hat das Registergericht die Eintragung abzulehnen (§ 38 Abs. 1 S. 2).[18] Wird die Aktiengesellschaft trotz eines Verstoßes gegen § 6 eingetragen, ist sie wirksam entstanden (§ 41 Abs. 1 S. 1). In diesem Fall ist zu unterscheiden:[19] Fehlt in der Satzung jede Bestimmung zur Höhe des Grundkapitals, kann 5

[9] Zum Folgenden ausf. MüKoAktG/*Heider* Rn. 45 ff.; *Ihrig/Streit* NZG 1998, 201 ff.; *Seibert* ZGR 1998, 1 ff.
[10] Vgl. MüKoAktG/*Heider* Rn. 47, ferner Rn. 27, 30; Spindler/Stilz/*Drescher* Rn. 5.
[11] Vgl. MüKoAktG/*Heider* Rn. 25, 53.
[12] Vgl. Spindler/Stilz/*Drescher* Rn. 5; MüKoAktG/*Heider* Rn. 52.
[13] Vgl. MüKoAktG/*Heider* Rn. 49.
[14] Hierzu ausf. MüKoAktG/*Heider* Rn. 55 ff.
[15] MüKoAktG/*Heider* Rn. 50; Spindler/Stilz/*Drescher* Rn. 5; Spindler/Stilz/*Vatter* § 8 Rn. 72.
[16] MüKoAktG/*Heider* Rn. 76.
[17] Vgl. Spindler/Stilz/*Vatter* § 8 Rn. 77.
[18] Vgl. MüKoAktG/*Heider* Rn. 17; KK-AktG/*Dauner-Lieb* Rn. 8.
[19] Zum Folgenden vgl. MüKoAktG/*Heider* Rn. 18 ff.; Spindler/Stilz/*Drescher* Rn. 4; Schmidt/Lutter/*Fleischer* Rn. 7 f.; NK-AktR/*H. Fischer* Rn. 7 ff.

Nichtigkeitsklage erhoben werden (§ 275 Abs. 1); ferner kann das Registergericht die Aktiengesellschaft als nichtig löschen lassen (§ 397 FamFG). Ist die Höhe des Grundkapitals nicht beziffert oder lautet es nicht auf Euro, hat das Registergericht gemäß § 399 Abs. 1 FamFG zu einer Satzungsänderung aufzufordern. Wird der Mangel nicht fristgerecht behoben, stellt das Registergericht den Mangel der Satzung fest (§ 399 Abs. 2 FamFG). Mit Rechtskraft dieser Verfügung ist die Aktiengesellschaft aufgelöst (§ 262 Abs. 1 Nr. 5).

6 **2. Widerspruch zwischen Nennbetrag des Grundkapitals und Summe der Nennbeträge der übernommenen Nennbetragsaktien.** Der Nennbetrag des Grundkapitals muss mit der Summe der Nennbeträge der ausgegebenen und übernommenen Nennbetragsaktien übereinstimmen.[20] Übersteigt der in der Satzung bestimmte Nennbetrag des Grundkapitals die Summe der Nennbeträge der übernommenen Nennbetragsaktien, haften die Gründer der Aktiengesellschaft als Gesamtschuldner für die unterbliebenen Aktienübernahmen und schulden die fehlenden Einzahlungen (§ 46 Abs. 1).[21] Davon zu unterscheiden ist – bei Übereinstimmung des Nennbetrags gemäß § 6 mit der Summe der Nennbeträge der übernommenen Nennbetragsaktien – der Fall der dem Nennbetrag des Grundkapitals nicht entsprechenden Satzungsbestimmung zu Zahl und Nennbeträgen der Aktien (§ 23 Abs. 3 Nr. 4); hier ist die Bestimmung in der Satzung gemäß § 23 Abs. 3 Nr. 4 im Wege der Auslegung zu korrigieren.[22]

§ 7 Mindestnennbetrag des Grundkapitals

Der Mindestnennbetrag des Grundkapitals ist fünfzigtausend Euro.

I. Allgemeines

1 § 7 verlangt, dass das Grundkapital einer Aktiengesellschaft mindestens 50.000 Euro beträgt. § 7 steht in unmittelbarem Zusammenhang mit § 1 Abs. 2, der die Notwendigkeit eines Grundkapitals als **Mindesthaftkapital** begründet (→ § 1 Rn. 21 ff.), und mit § 6, der das Erfordernis eines in Euro bezifferten Grundkapitals begründet (→ § 6 Rn. 1 ff.). Das Zusammenspiel dieser Vorschriften schafft den notwendigen Ausgleich dafür, dass den Gläubigern der Aktiengesellschaft nur das Vermögen der Gesellschaft haftet, nicht aber dasjenige der Gesellschafter (vgl. § 1 Abs. 1 S. 2; → § 1 Rn. 7 ff., 22).[1] Damit entspricht das deutsche Aktienrecht den unionsrechtlichen Vorgaben der Kapital-RL (Richtlinie 2012/30/EU vom 25.10.2012, ABl. L 315, 74, ber. ABl. 2016 L 161, 41); → § 6 Rn. 1. Dem Mindesthaftkapital soll ferner eine **Sperrfunktion** zukommen. Unternehmen, für deren Betrieb nicht einmal ein Eigenkapital in Höhe des Mindestnennbetrages erforderlich ist, soll der Zugang zur Rechtsform der Aktiengesellschaft verschlossen bleiben.[2] Für die „Abschreckung" kleinerer und kleinster Unternehmen größere Bedeutung als dem Mindestnennbetrag dürfte insoweit allerdings den strengen Publizitätsvorschriften für die Aktiengesellschaften, dem Prinzip der Satzungsstrenge (§ 23 Abs. 5) und der aufwändigen Organisationsstruktur mit drei obligatorischen Organen zukommen.[3] § 7 hat seine heutige Fassung durch das Gesetz zur Einführung des Euro (Euro-Einführungsgesetz – EuroEG) vom 9.6.1998 (BGBl. I S. 1242) erhalten und ist in dieser Fassung am 1.1.1999 in Kraft getreten.

II. Mindestnennbetrag

2 **1. Höhe.** Das Grundkapital einer Aktiengesellschaft muss mindestens **50.000 Euro** betragen. Vor dem 1.1.1999 betrug der Mindestnennbetrag des Grundkapitals 100.000 DM. In der Praxis dominieren Aktiengesellschaften mit einer deutlich höheren Kapitalausstattung. Eine Obergrenze für die Höhe des Grundkapitals kennt das Aktienrecht nicht. Der Mindestnennbetrag des Grundkapitals darf weder bei der Gründung der Aktiengesellschaft noch durch spätere Kapitalmaßnahmen unterschritten werden. Die einzige Ausnahme hiervon gewährt **§ 228** (ggf. iVm § 229 Abs. 3), wenn bei einer Kapitalherabsetzung der Mindestnennbetrag unterschritten, durch eine gleichzeitig beschlossene Kapitalerhöhung, bei der Sacheinlagen nicht festgesetzt sind, aber wieder erreicht wird. Diese Vorgehensweise kommt in der Praxis nur in Sanierungsfällen zur Anwendung.[4] Aufgrund **spezialgesetzli-**

[20] MüKoAktG/*Heider* § 7 Rn. 33.

[21] MüKoAktG/*Heider* § 7 Rn. 35; Spindler/Stilz/*Drescher* Rn. 3.

[22] MüKoAktG/*Heider* § 7 Rn. 34; Spindler/Stilz/*Drescher* Rn. 3.

[1] Vgl. MüKoAktG/*Heider* Rn. 8; Spindler/Stilz/*Drescher* Rn. 1; Hüffer/*Koch* Rn. 1; krit. KK-AktG/*Dauner-Lieb* Rn. 3; HK-AktG/*Westermann* Rn. 1.

[2] MüKoAktG/*Heider* Rn. 10; Spindler/Stilz/*Drescher* Rn. 1; Hüffer/*Koch* Rn. 1; krit. KK-AktG/*Dauner-Lieb* Rn. 4.

[3] MüKoAktG/*Heider* Rn. 10; Spindler/Stilz/*Drescher* Rn. 1; NK-AktR/*H. Fischer* Rn. 1.

[4] MüKoAktG/*Heider* Rn. 22; Spindler/Stilz/*Drescher* Rn. 2.

cher Vorgaben außerhalb des AktG kann für eine Aktiengesellschaft ein höherer Mindestnennbetrag des Grundkapitals erforderlich werden, insbesondere bei einer Betätigung im Kredit- oder Versicherungswesen [zB für Unternehmensbeteiligungsgesellschaften 1.000.000 Euro gemäß § 2 Abs. 4 UBGG, für Kapitalanlagegesellschaften 300.000 bzw. 125.000 Euro gemäß § 25 Abs. 1 Nr. 1 lit. a bzw. lit. b KAGB.[5]

2. Festsetzung. Die Höhe des Grundkapitals ist bei der Errichtung der Aktiengesellschaft in der **Satzung** zu bestimmen (§ 23 Abs. 3 Nr. 3). Sie kann nur im Wege der Satzungsänderung im Zusammenhang mit Maßnahmen der Kapitalbeschaffung (§§ 182 ff.) oder der Kapitalherabsetzung (§§ 222 ff.) geändert werden. Die Festsetzung der Höhe des Grundkapitals ist bei Beachtung der Vorgaben der §§ 6 ff. in das unternehmerische Ermessen der Gründer bzw. – bei späteren Änderungen der Höhe des Grundkapitals mittels Kapitalmaßnahmen – der Aktionäre gestellt (→ § 1 Rn. 15 f.). In der Praxis empfiehlt es sich, bei der Festlegung der Höhe des Grundkapitals eine in einem vernünftigen Verhältnis zur geplanten Geschäftstätigkeit und den damit verbundenen wirtschaftlichen Risiken entsprechende Ausstattung mit Eigenkapital vorzusehen[6] und § 52 zu beachten, um Nachgründungsproblematiken vorzubeugen.[7] 3

III. Umstellung von DM auf Euro

Für „Altgesellschaften" iSd § 2 S. 1 EGAktG,[8] dh Aktiengesellschaften, die **vor** dem 1.1.1999 im Handelsregister eingetragen oder zur Eintragung angemeldet waren, bleibt der bis dahin gültige Mindestbetrag des Grundkapitals von 100.000 DM so lange maßgeblich, bis die Aktiennennbeträge an die seit diesem Zeitpunkt geltenden Aktiennennbeträge gemäß § 8 angepasst werden (§ 2 S. 1 EGAktG; → § 8 Rn. 33 ff.). Eine entsprechende Anpassung ist notwendig bei allen nach dem 31.12.2001 in das Handelsregister eingetragenen Kapitalmaßnahmen (vgl. § 3 Abs. 5 EGAktG). Die Übergangsregelung hat in Bezug auf die Mindesthöhe des Grundkapitals keine materiellen Auswirkungen, da 50.000 Euro – aufgrund des Umrechnungskurses von 1,95583 DM für 1 Euro (→ § 6 Rn. 4) – 97 791,50 DM entsprechen und somit unter dem vor dem 1.1.1999 geltenden Mindestbetrag von 100.000 DM bleiben.[9] Für Aktiengesellschaften, die **nach** dem 31.12.1998 zur Eintragung angemeldet wurden, gilt der Mindestbetrag von 50.000 Euro (vgl. § 2 S. 2 EGAktG). Dies ist auch dann der Fall, wenn eine Aktiengesellschaft im „Übergangszeitraum" bis zum 31.12.2001 eingetragen wurde und ein in DM beziffertes Grundkapital aufwies. In diesem Fall ergibt sich ein Mindestnennbetrag von 97.791,50 DM. 4

IV. Rechtsfolgen eines Verstoßes

1. Verstoß gegen § 7. a) Bei Gründung der Aktiengesellschaft. Treffen die Gründer in der Satzung entgegen § 23 Abs. 3 Nr. 3 keine Bestimmung zum Nennbetrag des Grundkapitals oder unterschreitet die Höhe des festgesetzten Grundkapitals 50.000 Euro, hat das Registergericht die Eintragung abzulehnen (§ 38 Abs. 1 S. 2).[10] Wird die Aktiengesellschaft trotz eines Verstoßes gegen § 7 eingetragen, ist sie wirksam entstanden (§ 41 Abs. 1 S. 1). In diesem Fall ist zu unterscheiden:[11] Fehlt in der Satzung jede Bestimmung zur Höhe des Grundkapitals, kann Nichtigkeitsklage erhoben werden (§ 275 Abs. 1); ferner kann das Registergericht die Aktiengesellschaft als nichtig löschen lassen (§ 397 FamFG). Unterschreitet das Grundkapital den Mindestnennbetrag, hat das Registergericht gemäß § 399 Abs. 1 FamFG zu einer Satzungsänderung aufzufordern. Wird der Mangel nicht fristgerecht behoben, stellt das Registergericht den Mangel der Satzung fest (§ 399 Abs. 2 FamFG). Mit Rechtskraft dieser Verfügung ist die Aktiengesellschaft aufgelöst (§ 262 Abs. 1 Nr. 5). 5

b) Nachträglicher Verstoß. Ein Beschluss der Hauptversammlung, mit dem das Grundkapital unter den Mindestnennbetrag des § 7 herabgesetzt wird, ohne dass die besonderen Voraussetzungen des § 228 (ggf. iVm § 229 Abs. 3) erfüllt sind, ist gemäß § 241 Nr. 3 nichtig.[12] Das Registergericht hat die Eintragung abzulehnen. Auch nach einer etwaigen Heilung nach § 242 Abs. 2 kann der Hauptversammlungsbeschluss noch nach § 398 FamFG im Handelsregister gelöscht werden (§ 242 Abs. 2 S. 3).[13] 6

[5] Übersicht bei MüKoAktG/*Heider* Rn. 15 ff.
[6] Vgl. MüKoAktG/*Heider* Rn. 13 und § 6 Rn. 15; KK-AktG/*Dauner-Lieb* § 6 Rn. 3.
[7] MüKoAktG/*Heider* Rn. 26; Hüffer/*Koch* Rn. 3.
[8] Abdruck der §§ 1–4 EGAktG in § 8 Rn. 32.
[9] Vgl. MüKoAktG/*Heider* Rn. 11.
[10] Vgl. MüKoAktG/*Heider* Rn. 27; Hüffer/*Koch* Rn. 5; Spindler/Stilz/*Drescher* Rn. 3.
[11] Zum Folgenden vgl. MüKoAktG/*Heider* Rn. 28 ff.; Spindler/Stilz/*Drescher* Rn. 3.
[12] AllgM, zB Hüffer/*Koch* Rn. 5.
[13] MüKoAktG/*Heider* Rn. 32; Spindler/Stilz/*Drescher* Rn. 3.

7 **2. Verstoß gegen spezialgesetzliche Vorgaben außerhalb des AktG.** Da das Erfordernis des höheren Grundkapitals in diesen Fällen (→ Rn. 2) keine gesellschaftsrechtlichen Ursachen hat, sondern aus der besonderen unternehmerischen Betätigung der betreffenden Aktiengesellschaft resultiert, hat eine Unterschreitung des spezialgesetzlich geforderten erhöhten Mindestnennbetrags des Grundkapitals keine aktienrechtliche Relevanz.[14] Diesbezügliche Verstöße sind für die Wirksamkeit der Gründung der Aktiengesellschaft oder von Beschlüssen über eine Kapitalherabsetzung ohne Bedeutung, es drohen jedoch ggf. aufsichtsrechtliche Konsequenzen.[15] Eine Ausnahme stellt insoweit die REIT-Aktiengesellschaft dar, bei der 15 Mio. Euro als Mindestnennbetrag des Grundkapitals gesellschaftsrechtlich vorgeschrieben sind (§ 4 REITG) und bei der die aktienrechtlichen Vorschriften über die Eintragung entsprechend gelten (vgl. § 1 Abs. 3 REITG).

§ 8 Form und Mindestbeträge der Aktien

(1) Die Aktien können entweder als Nennbetragsaktien oder als Stückaktien begründet werden.

(2) [1]Nennbetragsaktien müssen auf mindestens einen Euro lauten. [2]Aktien über einen geringeren Nennbetrag sind nichtig. [3]Für den Schaden aus der Ausgabe sind die Ausgeber den Inhabern als Gesamtschuldner verantwortlich. [4]Höhere Aktiennennbeträge müssen auf volle Euro lauten.

(3) [1]Stückaktien lauten auf keinen Nennbetrag. [2]Die Stückaktien einer Gesellschaft sind am Grundkapital in gleichem Umfang beteiligt. [3]Der auf die einzelne Aktie entfallende anteilige Betrag des Grundkapitals darf einen Euro nicht unterschreiten. [4]Absatz 2 Satz 2 und 3 findet entsprechende Anwendung.

(4) Der Anteil am Grundkapital bestimmt sich bei Nennbetragsaktien nach dem Verhältnis ihres Nennbetrags zum Grundkapital, bei Stückaktien nach der Zahl der Aktien.

(5) Die Aktien sind unteilbar.

(6) Diese Vorschriften gelten auch für Anteilscheine, die den Aktionären vor der Ausgabe der Aktien erteilt werden (Zwischenscheine).

Schrifttum: *Heider,* Einführung der nennwertlosen Aktie in Deutschland anlässlich der Umstellung des Gesellschaftsrechts auf Euro, AG 1998, 1; *Heidinger,* Die Euroumstellung beim Formwechsel von Kapitalgesellschaften, NZG 2000, 532; *ders.,* Neue Probleme der Euro-Umstellung im Gesellschaftsrecht, ZNotP 2002, 179; *Ihrig/Streit,* Aktiengesellschaft und Euro, NZG 1998, 201; *Kopp,* Stückaktie und Euro-Umstellung, BB 1998, 701; *Schroer,* Vorschläge für Hauptversammlungsbeschlüsse zur Umstellung auf Stückaktie und Euro, ZIP 1998, 306; *ders.,* Vorschläge für Hauptversammlungsbeschlüsse zur Euro-Umstellung bei Nennbetragsaktien, ZIP 1998, 529; *Schürmann,* Die Anpassung des Gesellschaftsrechts bei Einführung des Euro, DB 1997, 1381; *Seibert,* Die Umstellung des Gesellschaftsrechts auf den Euro, ZGR 1998, 1; *Zöllner,* Neustückelung des Grundkapitals und Neuverteilung von Einzahlungsquoten bei teileingezahlten Aktien der Versicherungsgesellschaften, AG 1985, 19.

Übersicht

[14] MüKoAktG/*Heider* Rn. 15; Hüffer/*Koch* Rn. 6; Spindler/Stilz/*Drescher* Rn. 2.
[15] Hüffer/*Koch* Rn. 6; HK-AktG/*Westermann* Rn. 2; Grigoleit/*Vedder* Rn. 4.

I. Allgemeines

1. Normzweck. § 8 regelt, wie das Grundkapital der Aktiengesellschaft in Aktien zerlegt wird 1
(vgl. § 1 Abs. 2): die Aktien können entweder als **Nennbetragsaktien** oder als **Stückaktien** ausgegeben werden (§ 8 Abs. 1). Weitere Aktienformen wie zB Quotenaktien[1] sind nicht zulässig. Die Gründer der Aktiengesellschaft müssen sich entscheiden, welche Form der Aktien sie für ihre Gesellschaft wählen. Es dürfen entweder ausschließlich Nennbetragsaktien oder nur Stückaktien ausgegeben werden; eine Kombination ist nicht zulässig.[2] Die entsprechende Entscheidung ist in der Satzung zu treffen (vgl. § 23 Abs. 3 Nr. 4). § 8 legt darüber hinaus den Betrag der **„Mindestbeteiligung"** auf 1 Euro fest, indem für Nennbetragsaktien ein entsprechender Mindestnennbetrag (§ 8 Abs. 2 S. 1) und für Stückaktien ein entsprechend hoher anteiliger Betrag am Grundkapital festlegt werden (§ 8 Abs. 3 S. 3). Ferner bestimmt § 8 mit dem **Teilungsverbot** des Abs. 5, mit dem die rechtsgeschäftliche Teilung von Aktien untersagt wird, dass die Zerlegung des Grundkapitals allein Angelegenheit des Satzungsgebers ist.[3]

2. Entstehungsgeschichte. Die Entwicklung des **Mindestnennbetrages** einer Nennbetragsak- 2
tie von ursprünglich 1000 Mark am Ende des 19. Jahrhunderts über 100 DM nach der Währungsumstellung im Jahre 1948 auf 5 DM durch das Zweite Finanzmarktförderungsgesetz vom 26.7.1994 (BGBl. I S. 1749) und schließlich – seit dem 1.1.1999 mit Inkrafttreten des Euro-Einführungsgesetz (Euro-EG) vom 9.6.1998 (BGBl. I S. 1242) – auf 1 Euro spiegelt den Wandel im Verständnis der Bedeutung des Aktienbesitzes und in den gesetzgeberischen Intentionen wider.[4] Ursprünglich nur als unternehmerische Betätigung für Wohlhabende gedacht sollte mit der stetigen Reduzierung auch Kleinanlegern die Möglichkeit des Aktienerwerbs eröffnet („Volksaktie") und eine Verbesserung der Eigenkapitalstruktur der Gesellschaften erreicht werden. Ferner sollten durch zu hohe Mindestnennbeträge bedingte Wettbewerbsnachteile deutscher Gesellschaften bei Börseneinführungen im Ausland beseitigt und schließlich – mit der Herabsetzung auf 1 Euro – die Harmonisierung im Europäischen Wirtschaftsraum vorangetrieben werden.[5] Die **Stückaktie** als Alternative zur Nennbetragsaktie fand erst am 1.4.1998 mit dem Inkrafttreten des Stückaktiengesetzes (StückAG) vom 25.3.1998 (BGBl. I S. 590) Eingang in das deutsche Aktienrecht. Damit wurde eine lange Diskussion über die Einführung einer nennwertlosen Aktie und deren Ausgestaltung abgeschlossen.[6] Anlass für die Einführung der Stückaktie war das Bestreben des Gesetzgebers, den Aktiengesellschaften einen eleganten und kostengünstigen Weg für die Umstellung auf den Euro (→ Rn. 32 ff.) zu eröffnen.[7] Die Stückaktie macht die bei Nennbetragsaktien oft unvermeidlichen aufwändigen Glättungsmaßnahmen (→ Rn. 37) überflüssig und vereinfacht die Durchführung von Kapitalmaßnahmen. In der Praxis hat sich die Stückaktie gegenüber der Nennbetragsaktie weitgehend durchgesetzt.[8]

II. Wahl zwischen Nennbetragsaktien und Stückaktien (Abs. 1)

1. Wahl bei Gründung der Gesellschaft. Die Gründer einer Aktiengesellschaft haben die freie 3
Wahl, ob das Grundkapital in Nennbetragsaktien oder in Stückaktien zerlegt werden soll. Diese Wahlfreiheit muss ausgeübt werden.[9] Der Wortlaut des § 8 Abs. 1 macht deutlich, dass alle Aktien

---

[1] Vgl. hierzu MüKoAktG/*Heider* Rn. 24; Hüffer/*Koch* Rn. 2.
[2] Vgl. Begr. RegE, BT-Drs. 13/9573, 11; Hüffer/*Koch* Rn. 4; KK-AktG/*Dauner-Lieb* Rn. 2.
[3] Spindler/Stilz/*Vatter* Rn. 1.
[4] Ausf. hierzu MüKoAktG/*Heider* Rn. 1 ff.
[5] MüKoAktG/*Heider* Rn. 9 ff.; Spindler/Stilz/*Vatter* Rn. 2.
[6] Vgl. den Überblick bei MüKoAktG/*Heider* Rn. 14 ff.
[7] Vgl. Begr. RegE, BT-Drs. 13/9573, 10; MüKoAktG/*Heider* Rn. 27; Spindler/Stilz/*Vatter* Rn. 4.
[8] Vgl. *Bayer/Hoffmann* AG-Report 2007, R 3; Spindler/Stilz/*Vatter* Rn. 4.
[9] Ebenso Hüffer/*Koch* Rn. 4; Spindler/Stilz/*Vatter* Rn. 8; vgl. LG München AG 2015, 639 (640).

einer Aktiengesellschaft ausschließlich in einer der beiden zulässigen Formen begründet werden müssen. Ein Nebeneinander beider Formen ist ausgeschlossen. Die Wahl zwischen den beiden Möglichkeiten erfolgt durch Festlegung in der Satzung (§ 23 Abs. 3 Nr. 4). Die Bestimmung über die Zerlegung des Grundkapitals in Nennbetragsaktien oder in Stückaktien ist zwingender Satzungsbestandteil. Ausnahmsweise keine Wahlfreiheit besteht bei der Gründung einer Investmentaktiengesellschaft mit veränderlichem Kapital iSd §§ 108 ff. KAGB, bei der nur Stückaktien ausgegeben werden dürfen (vgl. § 109 Abs. 1 S. 2 und 3 KAGB).[10]

4 **2. Umstellung.** Die Umstellung von einer Aktienform auf die andere erfolgt durch eine **Satzungsänderung** nach den allgemeinen Vorschriften (§§ 179 ff.); der Zustimmung aller Aktionäre bedarf es nicht, da kein mitgliedschaftliches Recht auf Beibehaltung einer bestimmten Aktienform existiert.[11] Verfahrenserleichterungen wie etwa bei der Umstellung auf Euro nach § 4 EGAktG (→ Rn. 38) gibt es nicht.[12]

5 **a) Verfahren.** Die in der Praxis allein bedeutsame Umstellung von **Nennbetragsaktien auf Stückaktien** erfolgt – sofern Nennbetragsaktien mit unterschiedlich hohen Nennbeträgen existieren – in zwei Schritten: zunächst ist das Grundkapital in Aktien mit gleichem Nennbetrag **neu zu stückeln.** Anschließend sind die Aktien gleichen Nennbetrags in nennwertlose Stückaktien **umzuwandeln.**[13] Die Neueinteilung der Nennbetragsaktien in gleiche Nennbeträge und die anschließende Umstellung auf Stückaktien können in einem Beschluss der Hauptversammlung zusammengefasst und in einer Anmeldung zum Handelsregister angemeldet werden.[14] Dabei ist aber darauf zu achten, dass die Reihenfolge der ergriffenen Maßnahmen – zunächst Neustückelung, dann Umstellung – hinreichend deutlich zum Ausdruck kommt.[15] Für die Umstellung von **Stückaktien auf Nennbetragsaktien** gelten die gleichen Grundsätze. Sind die Stückaktien nicht so gestückelt, dass die Nennbeträge nach der Umstellung auf volle Euro lauten (vgl. § 8 Abs. 2 S. 4), bedarf es zuvor entsprechender Kapitalmaßnahmen, um dies zu gewährleisten.[16] Die Umstellung der Aktienform kann **Folgeänderungen** hinsichtlich bereits beschlossener, aber noch nicht vollständig durchgeführter Kapitalmaßnahmen – zB eines genehmigten Kapitals,[17] eines bedingten Kapitals,[18] bei einer Kapitalerhöhung aus Gesellschaftsmitteln[19] – und bei sonstigen an den Nennbetrag der Aktien anknüpfenden Satzungsbestimmungen[20] erforderlich machen.

6 **b) Auswirkungen auf die Verbriefung.** Hat die Gesellschaft **Aktienurkunden** (§ 10) ausgegeben, werden diese mit der Eintragung der Satzungsänderung über die Umstellung unrichtig,[21] aber nicht ungültig.[22] Die Gesellschaft kann ihre Aktionäre auffordern, die unrichtigen Aktienurkunden bei ihr zur Berichtigung oder zum Umtausch einzureichen, oder die Aktienurkunden für kraftlos erklären (§ 73 Abs. 1 S. 1). Die Gesellschaft ist hierzu jedoch wegen des damit verbundenen Aufwandes nicht verpflichtet.[23] Zur Vermeidung von Aufwand und Kosten können die Aktienurkunden auch weiterhin als gültig behandelt werden.[24] Damit darf jedoch keine Irreführung über die in der Aktie verbriefte Beteiligung verbunden sein. Eine solche Irreführung ist zumindest bei der Umstellung von Stückaktien auf Nennbetragsaktien von vorneherein ausgeschlossen; dasselbe gilt bei der Umstellung von Nennbetragsaktien auf Stückaktien, wenn alle ausgegebenen Nennbetragsaktien denselben Nennbetrag aufweisen.[25] Hatte die Gesellschaft hingegen Aktien mit unterschiedlich hohen Nennbeträgen ausgegeben, die erst anlässlich der Umstellung auf Stückaktien neu gestückelt wurden, verbriefen die Aktienurkunden mit den höheren Nennbeträgen nunmehr als Sammelurkunden mehrere Aktien. Dies ist vorbeugend – zur Vermeidung von Irrtümern – im Umstellungsbe-

---

[10] Vgl. Spindler/Stilz/*Vatter* Rn. 8a; Schmidt/Lutter/*Ziemons* Rn. 5.
[11] HM, zB MüKoAktG/*Heider* Rn. 44; Hüffer/*Koch* Rn. 20; Grigoleit/*Vedder* Rn. 6; diff. HK-AktG/*Westermann* Rn. 11, 18.
[12] Vgl. Hüffer/*Koch* Rn. 20.
[13] Hüffer/*Koch* Rn. 20; Spindler/Stilz/*Vatter* Rn. 10; *Heider* AG 1998, 1 (8 f.).
[14] Hüffer/*Koch* Rn. 20; MüKoAktG/*Heider* Rn. 44; *Ihring/Streit* NZG 1998, 201 (206); *Kopp* BB 1998, 701 (703).
[15] Hüffer/*Koch* Rn. 20; Schmidt/Lutter/*Ziemons* Rn. 22.
[16] MüKoAktG/*Heider* Rn. 45; Spindler/Stilz/*Vatter* Rn. 11; Schmidt/Lutter/*Ziemons* Rn. 22.
[17] Hüffer/*Koch* Rn. 21; Spindler/Stilz/*Vatter* Rn. 12; KK-AktG/*Dauner-Lieb* Rn. 39.
[18] Hüffer/*Koch* Rn. 22; Spindler/Stilz/*Vatter* Rn. 12; KK-AktG/*Dauner-Lieb* Rn. 40.
[19] Spindler/Stilz/*Vatter* Rn. 12; KK-AktG/*Dauner-Lieb* Rn. 41.
[20] Hüffer/*Koch* Rn. 23; Spindler/Stilz/*Vatter* Rn. 12.
[21] Hüffer/*Koch* Rn. 24; *Heider* AG 1998, 1 (6); *Kopp* BB 1998, 701 (703 f.); vgl. MüKoAktG/*Heider* Rn. 44.
[22] Spindler/Stilz/*Vatter* Rn. 13; Grigoleit/*Vedder* Rn. 6.
[23] Vgl. KK-AktG/*Lutter* § 73 Rn. 3; Hüffer/*Koch* Rn. 24; *Heider* AG 1998, 1 (6); *Kopp* BB 1998, 701 (704).
[24] Vgl. Hüffer/*Koch* Rn. 24; *Heider* AG 1998, 1 (6).
[25] Vgl. *Kopp* BB 1998, 701 (704).

schluss ausdrücklich klarzustellen.[26] Wenn die Aktienurkunden in der Folgezeit nicht berichtigt werden sollen, sollte in diesem Fall von der Möglichkeit des Ausschlusses der Verbriefung (§ 10 Abs. 5) Gebrauch gemacht werden.[27]

III. Nennbetragsaktien (Abs. 2)

1. Begriff. Eine Nennbetragsaktie weist einen ziffernmäßig bestimmten Anteil am Grundkapital aus. Daher hat die Summe der Nennbeträge aller ausgegebenen Nennbetragsaktien stets mit dem Nennbetrag des Grundkapitals übereinzustimmen.[28] Nennbeträge von Nennbetragsaktien sowie die Zahl der Aktien jedes Nennbetrags werden in der Satzung festgelegt (§ 23 Abs. 3 Nr. 4). Eine Aktiengesellschaft kann Nennbetragsaktien mit unterschiedlichen Nennbeträgen ausgeben. Der Nennbetrag gibt aufgrund des Verbots der Unterpariemission (vgl. § 9 Abs. 1) auch Auskunft über den Mindestbetrag der auf eine Aktie zu leistenden Einlage. 7

2. Höhe des Nennbetrags. a) Mindestnennbetrag und höhere Nennbeträge. Nennbetragsaktien müssen seit dem 1.1.1999 mindestens auf **1 Euro** lauten (**„Mindestnennbetrag“**; § 8 Abs. 2 S. 1). Höhere Nennbeträge müssen auf **volle Euro** lauten (§ 8 Abs. 2 S. 4). Dies gilt sowohl bei der Gründung der Aktiengesellschaft als auch bei im Rahmen einer Kapitalerhöhung ausgegebenen Aktien.[29] Vor dem 1.1.1999 betrug der Mindestnennbetrag fünf Deutsche Mark (§ 8 Abs. 1 S. 1 aF); höhere Nennbeträge mussten auf volle fünf Deutsche Mark lauten (§ 8 Abs. 2 aF). Zum Übergangsrecht im Zuge der Euroumstellung → Rn. 32 ff. Die Stückelung ist abhängig von den mit der Aktienausgabe verfolgten Zielen. Wird eine möglichst breite Streuung der Aktien beabsichtigt, wird das Grundkapital in kleine Nennbeträge gestückelt.[30] Ist eine Beteiligung von Kleinanlegern nicht gewünscht, werden Nennbetragsaktien mit hohen Nennwerten (zB 500 Euro oder größer) ausgegeben (sog. „schwere Stücke“).[31] In der Praxis erfolgen Neuemissionen überwiegend zum Mindestnennbetrag.[32] 8

b) Entscheidung über Höhe des Nennbetrags. Grundsätzlich sind die Gründer und – bei Kapitalerhöhungen – die Hauptversammlung bei Beachtung der Vorgaben des § 8 Abs. 2 in ihrer Entscheidung frei, zu welchen Nennbeträgen die einzelnen Nennbetragsaktien ausgegeben werden.[33] Einschränkungen dieser Entscheidungsfreiheit können sich im Einzelfall aus gesetzlichen Regelungen und aus der mitgliedschaftlichen Treuepflicht gegenüber den Mitaktionären bis hin zum Zwang der Einführung von Nennbetragsaktien zum Mindestnennbetrag ergeben. 9

aa) Gesetzliche Regelungen. Bei der **Kapitalherabsetzung** ist zur Anpassung der Nennbeträge der Aktien an die neue Grundkapitalziffer die Zusammenlegung von Aktien gemäß § 222 Abs. 4 S. 2 wegen der Gefahr der Spitzenbildung und der damit verbundenen Eingriffe in die Aktionärsrechte nur insoweit möglich, als das Grundkapital nicht durch Herabsetzung des Nennbetrags der Aktien gemäß § 222 Abs. 4 S. 1 herabgesetzt werden kann. Eine Aktiengesellschaft ist daher verpflichtet, vor der Zusammenlegung von Aktien deren Nennbetrag soweit als möglich herabzusetzen, dh ggf. bis auf den Mindestnennbetrag.[34] Ferner kann sich beim **Formwechsel** einer GmbH in eine Aktiengesellschaft aus § 241 Abs. 1 UmwG eine Verpflichtung zur Festsetzung des Mindestnennbetrags ergeben, wenn sich bei höheren Nennbeträgen der neuen Aktien, die nicht mit den Nennbeträgen der bisherigen Geschäftsanteile übereinstimmen, Spitzen bilden würden und die betroffenen Gesellschafter dem nicht zustimmen.[35] 10

bb) Treuepflicht. Nach Ansicht der Rechtsprechung[36] kann eine Aktiengesellschaft im Fall einer Kapitalherabsetzung auf Null in Verbindung mit einer Kapitalerhöhung (§ 228) aufgrund der Treuepflicht eines Mehrheitsaktionärs gegenüber seinen Mitaktionären ausnahmsweise verpflichtet sein, zur Vermeidung überflüssiger Spitzen geringere Nennbeträge bis hin zum Mindestnennbetrag zu wählen, wenn hierdurch dem Interesse der Minderheitsaktionäre am Verbleib in der Gesellschaft 11

---

[26] *Heider* AG 1998, 1 (6); *Kopp* BB 1998, 701 (704); vgl. Spindler/Stilz/*Vatter* Rn. 13.
[27] Vgl. Hüffer/*Koch* Rn. 24; vgl. Spindler/Stilz/*Vatter* Rn. 13.
[28] Vgl. MüKoAktG/*Heider* Rn. 46; KK-AktG/*Dauner-Lieb* Rn. 8.
[29] Hüffer/*Koch* Rn. 5; vgl. Spindler/Stilz/*Vatter* Rn. 16.
[30] Vgl. MüKoAktG/*Heider* Rn. 48.
[31] Hüffer/*Koch* Rn. 11.
[32] Vgl. MüKoAktG/*Heider* Rn. 48.
[33] MüKoAktG/*Heider* Rn. 48.
[34] MüKoAktG/*Heider* Rn. 60; Hüffer/*Koch* § 222 Rn. 21b; Spindler/Stilz/*Vatter* Rn. 18; *Vetter* AG 2000, 193 (195).
[35] Spindler/Stilz/*Vatter* Rn. 19; *Vetter* AG 2000, 193 (195).
[36] BGHZ 142, 167 (170 f.) = NJW 1999, 3197.

Rechnung getragen werden kann. Inwieweit diese Grundsätze auf andere Kapitalmaßnahmen übertragen werden können, ist umstritten.[37] Maßgeblich sind immer die Umstände des Einzelfalls. Zustimmung verdient die Ansicht,[38] nach der ein teilweiser Bezugsrechtsausschluss zur Vermeidung ungeeigneter Bezugsrechtsverhältnisse nur insoweit in Betracht kommt, als Spitzenbeträge nicht durch die Ausgabe von Nennbetragsaktien zum Mindestnennbetrag vermieden werden können. Andernfalls ist der im Bezugsrechtsausschluss liegende Eingriff in die Aktionärsrechte sachlich nicht gerechtfertigt und damit nicht verhältnismäßig. Bei einer Kapitalerhöhung aus Gesellschaftsmitteln können infolge der vollständigen quotalen Zuordnung nach § 212 S. 1 keine Spitzen entstehen, dafür aber Teilrechte, die nicht individuell ausgeübt werden können (§ 213).[39] Ob trotz der Möglichkeit der gemeinsamen Ausübung solcher Teilrechte oder des Handels mit diesen zum Zwecke der Zusammenlegung eine Verpflichtung bestehen kann, den Erhöhungsbetrag und den Nennbetrag der Aktien so zu wählen, dass nur ganze Aktien entstehen und Teilrechte so vermieden werden, ist umstritten.[40] Überwiegend wird dies unter Hinweis auf die Existenz des § 213 AktG, die gegen eine solche Verpflichtung spreche, verneint[41] und lediglich in Ausnahmefällen ein Verbot „sachwidriger Festsetzungen", mit denen ein angemessener Bezug neuer Aktien durch die Aktionäre verhindert wird, anerkannt.[42] Zur Vermeidung von Anfechtungsrisiken wird insoweit teilweise als ausreichend angesehen, wenn die neuen Aktien auf den niedrigsten Nennwert der bislang von der Gesellschaft ausgegebenen Aktien lauten.[43] So lange die Möglichkeit, Teilrechte durch die Wahl niedriger Nennbeträge der neuen Aktien vermeiden, nicht ausgeschöpft ist, – die Aktionäre, die die Mehrheit der Aktien oder erhebliche Anteile halten, werden hierdurch nicht belastet – erscheint es als fraglich, ob sich die für andere Aktionäre beim Bestehen von Teilrechten entstehenden Nachteile regelmäßig rechtfertigen lassen.[44]

12 **3. Änderung des Nennbetrags.** Die Änderung des Nennbetrags von Aktien ist nur durch Satzungsänderung möglich. Sie kommt in Betracht im Rahmen von Kapitalmaßnahmen oder als Neustückelung bei unverändertem Grundkapital.[45]

13 **a) Änderung des Nennbetrags im Rahmen einer Kapitalmaßnahme.** Eine Kapitalerhöhung durch Anhebung der Nennbeträge der bereits ausgegebenen Aktien ist grundsätzlich nicht möglich. Erforderlich ist die Ausgabe neuer Aktien (§ 182 Abs. 1 S. 4). Etwas anderes gilt nur bei einer **Kapitalerhöhung aus Gesellschaftsmitteln,** wenn teileingezahlte Aktien vorhanden sind (§ 215 Abs. 2); in diesem Fall erfolgt eine Erhöhung des Nennbetrags (§ 215 Abs. 2 S. 2 ff.). Bei der **Kapitalherabsetzung** erfolgt die erforderliche Anpassung der Nennbetragsaktien in erster Linie durch Herabsetzung des Nennbetrags (§ 222 Abs. 4 S. 1; → Rn. 10).

14 **b) Änderung des Nennbetrags im Rahmen einer Neustückelung.** Eine Änderung des Nennbetrags von Aktien durch Neustückelung kann durch Teilung, Vereinigung oder eine Kombination von Teilung und Vereinigung erfolgen. Die **Teilung** in kleinere Einheiten **(„Aktiensplit")** ist unter Beachtung der Anforderungen des § 8 Abs. 2 S. 1 (→ Rn. 8) und 4 (→ Rn. 8) uneingeschränkt möglich. Insbesondere steht Abs. 5 nicht entgegen.[46] Die **Vereinigung** mehrerer Nennbetragsaktien zu einer Nennbetragsaktie ist mit Zustimmung der davon betroffenen Aktionäre ebenfalls zulässig.[47] Die Neustückelung lässt sich auch durch eine **Kombination** von Teilung und Vereinigung herbeiführen, die bei Vorliegen der jeweiligen Voraussetzungen mit einer einheitlichen Satzungsänderung beschlossen werden kann.[48]

15 **4. Rechtsfolgen eines Verstoßes gegen Abs. 2. a) Unterschreitung des Mindestnennbetrags gemäß Abs. 2 S. 1.** Wird bei der Gründung einer Aktiengesellschaft oder im Rahmen einer

[37] Dafür zB MüKoAktG/*Heider* Rn. 59 ff. mwN; Grigoleit/*Vedder* Rn. 8; Übersicht über Meinungsstand bei Spindler/Stilz/*Vatter* Rn. 20 f.

[38] MüKoAktG/*Heider* Rn. 59.

[39] Spindler/Stilz/*Vatter* Rn. 21.

[40] Dafür MüKoAktG/*Heider* Rn. 61; Grigoleit/*Rieder/Holzmann* § 213 Rn. 1; krit. Spindler/Stilz/*Vatter* Rn. 21; grds. dagegen MüKoAktG/*Arnold* § 207 Rn. 16; HK-AktG/*Stadler* § 213 Rn. 3; Hüffer/*Koch* § 213 Rn. 1; MHdB AG/*Scholz* § 60 Rn. 64.

[41] HK-AktG/*Stadler* § 213 Rn. 3; vgl. Spindler/Stilz/*Vatter* Rn. 21; Hüffer/*Koch* § 213 Rn. 1.

[42] So zB MHdB AG/*Scholz* § 60 Rn. 64; HK-AktG/*Stadler* § 213 Rn. 3.

[43] So Schmidt/Lutter/*Ziemons* Rn. 8.

[44] AA Schmidt/Lutter/*Ziemons* Rn. 8.

[45] MüKoAktG/*Heider* Rn. 49; Spindler/Stilz/*Vatter* Rn. 23.

[46] MüKoAktG/*Heider* Rn. 54; Spindler/Stilz/*Vatter* Rn. 27; KK-AktG/*Dauner-Lieb* Rn. 12.

[47] MüKoAktG/*Heider* Rn. 55; Spindler/Stilz/*Vatter* Rn. 28; nach Schmidt/Lutter/*Ziemons* Rn. 32 ist Zustimmung betroffener Aktionäre nicht erforderlich.

[48] MüKoAktG/*Heider* Rn. 56; Spindler/Stilz/*Vatter* Rn. 29; *Zöllner* AG 1985, 19 (24).

Kapitalerhöhung die Ausgabe von Aktien mit einem geringeren Nennbetrag als 1 Euro vorgesehen, ist zu unterscheiden zwischen den Folgen für die Gesellschaft, die Mitgliedschaft und die ausgegebenen Wertpapiere einerseits, der Schadensersatzpflicht für die Ausgeber der Aktien andererseits und die mit einer Ausgabe verbundene Ordnungswidrigkeit.

aa) Nichtigkeitsfolge gemäß Abs. 2 S. 2. Aktien über einen geringeren Nennbetrag als 1 Euro sind nichtig (§ 8 Abs. 2 S. 2). Der Wortlaut der Vorschrift lässt offen, ob die Nichtigkeitsfolge für die Mitgliedschaft oder für die Urkunde angeordnet wird. Ferner sind die Konsequenzen eines Verstoßes gegen den Mindestnennbetrag für die Gesellschaft nicht ausdrücklich geregelt. Insoweit ist wie folgt zu differenzieren: 16

(1) Folgen für die Gesellschaft. (a) Bei Gründung. Die Satzung und die Übernahmeerklärungen der Gründer sind **nichtig,** wenn die Gründungssatzung Aktien mit einem Nennbetrag unterhalb des Mindestnennbetrags vorsieht.[49] Daher entsteht auch keine Vor-AG.[50] Wird die Gesellschaft dennoch in Vollzug gesetzt oder nimmt sie ihre Geschäfte auf, kommen die Grundsätze über die fehlerhafte (faktische) Gesellschaft (als Vor-AG) zur Anwendung.[51] Das Registergericht hat die Eintragung der Aktiengesellschaft abzulehnen (§ 38 Abs. 1 S. 2). Wird die Gesellschaft dennoch eingetragen, ist sie wirksam entstanden (vgl. § 41 Abs. 1 S. 1). In diesem Fall hat das Registergericht gemäß § 399 Abs. 1 FamFG zu einer Satzungsänderung aufzufordern. Wird der Mangel nicht fristgerecht behoben, stellt das Registergericht den Mangel der Satzung fest (§ 399 Abs. 2 FamFG). Mit Rechtskraft dieser Verfügung ist die Aktiengesellschaft aufgelöst (§ 262 Abs. 1 Nr. 5). Die Erhebung einer Nichtigkeitsklage gemäß § 275 kommt hingegen nicht in Betracht.[52] Verstoßen nur die Übernahmeerklärungen gegen § 8 Abs. 2 S. 1, steht das Verfahren nach § 399 FamFG nicht zur Verfügung.[53] 17

(b) Bei Satzungsänderung. Legt ein satzungsändernder Beschluss Nennbeträge von weniger als 1 Euro fest, ist er nichtig (§ 241 Nr. 3).[54] Das Registergericht hat seine Eintragung abzulehnen. Wird der Beschluss dennoch eingetragen, kann binnen drei Jahren seit Eintragung Nichtigkeitsklage (§ 249) erhoben werden. Ferner kann der Beschluss von Amts wegen nach § 398 FamFG gelöscht werden. Die Amtslöschung ist auch nach Heilung durch Zeitablauf nach Eintragung möglich (§ 242 Abs. 2 S. 3). Das Amtsauflösungsverfahren (§ 399 FamFG, § 262 Abs. 1 Nr. 5) kommt bei fehlerhafter Nennbetragsänderung, nicht aber bei einer fehlerhaften Kapitalerhöhung in Betracht, weil die Nichtigkeit der Erhöhung die ursprünglichen Bestimmungen über das Grundkapital und seine Aufteilung unberührt lässt.[55] 18

(2) Aktien. Weil vor Eintragung der Gesellschaft keine Aktiengesellschaft besteht (§ 41 Abs. 1 S. 1), kann auch keine Mitgliedschaft bestehen. Soweit die Gesellschaft als fehlerhafte Vor-AG besteht, sind auch Mitgliedschaftsrechte entstanden.[56] Vor Eintragung der Gesellschaft ausgegebene Aktien oder Zwischenscheine sind bereits nach allgemeinen Regeln nichtig (vgl. § 41 Abs. 4 S. 2). § 8 Abs. 2 S. 2 erlangt folglich erst mit Eintragung der Gesellschaft Bedeutung. Da die Gesellschaft mit der Eintragung trotz eines Verstoßes gegen § 8 Abs. 2 S. 1 entsteht (→ Rn. 17), entsteht auch die Mitgliedschaft. Die Nichtigkeitsfolge des § 8 Abs. 2 S. 2 betrifft daher die Aktie als Wertpapier.[57] Damit sind alle an eine gültige wertpapierrechtliche Verbriefung anknüpfenden Vorschriften unanwendbar.[58] Das Mitgliedschaftsrecht kann nur nach §§ 413, 398 ff. BGB übertragen werden.[59] Dieselben Grundsätze gelten in Bezug auf eine Kapitalerhöhung (vgl. §§ 191 S. 2; 197 S. 3; 203 Abs. 1).[60] 19

bb) Schadensersatzpflicht nach Abs. 2 S. 3. Die Ausgeber von Aktien, die den Mindestnennbetrag von 1 Euro unterschreiten, haften den Inhabern dieser Aktien für den damit verbundenen Schaden als Gesamtschuldner (§ 8 Abs. 2 S. 3). Ausgeber in diesem Sinne ist, wer die Aktienurkunde 20

---

[49] MüKoAktG/*Heider* Rn. 65; KK-AktG/*Kraft* Rn. 21.
[50] Hüffer/*Koch* Rn. 7; Spindler/Stilz/*Vatter* Rn. 32.
[51] MüKoAktG/*Heider* Rn. 65; Spindler/Stilz/*Vatter* Rn. 32; Hüffer/*Koch* Rn. 7.
[52] MüKoAktG/*Heider* Rn. 66.
[53] MüKoAktG/*Heider* Rn. 66; Hüffer/*Koch* Rn. 9; Spindler/Stilz/*Vatter* Rn. 32.
[54] MüKoAktG/*Heider* Rn. 67; KK-AktG/*Dauner-Lieb* Rn. 21.
[55] Spindler/Stilz/*Vatter* Rn. 33; vgl. Schmidt/Lutter/*Ziemons* Rn. 20; aA MüKoAktG/*Heider* Rn. 67.
[56] Hüffer/*Koch* Rn. 8.
[57] Hüffer/*Koch* Rn. 9; MüKoAktG/*Heider* Rn. 68; Spindler/Stilz/*Vatter* Rn. 37; HK-AktG/*Westermann* Rn. 4.
[58] Hüffer/*Koch* Rn. 9; MüKoAktG/*Heider* Rn. 69.
[59] Hüffer/*Koch* Rn. 9; MüKoAktG/*Heider* Rn. 69; KK-AktG/*Dauner-Lieb* Rn. 23; Spindler/Stilz/*Vatter* Rn. 37.
[60] Vgl. Spindler/Stilz/*Vatter* Rn. 37; HK-AktG/*Westermann* Rn. 5.

erstmals in den Verkehr gebracht hat. Dies werden regelmäßig die Mitglieder des Vorstands der Aktiengesellschaft sein.[61] Die Haftung setzt kein Verschulden voraus.[62]

21 **cc) Ordnungswidrigkeit.** Die Ausgabe von Aktienurkunden unter Verstoß gegen § 8 Abs. 2 S. 1 stellt eine Ordnungswidrigkeit dar, die mit Geldbuße bis zu 25.000 Euro geahndet werden kann (§ 405 Abs. 1 Nr. 3).

22 **b) Verstoß gegen Abs. 2 S. 4.** Wird bei der Gründung einer Aktiengesellschaft gegen das Gebot des § 8 Abs. 2 S. 4, wonach höhere Nennbeträge als der Mindestnennbetrag auf volle Euro lauten müssen, verstoßen, hat das Registergericht die Eintragung abzulehnen (§ 38 Abs. 1 S. 2). Wird dennoch eingetragen, bleibt der Verstoß folgenlos. Amtsauflösung (§ 399 FamFG), Amtslöschung (§ 397 FamFG) oder Nichtigkeitsklage (§ 275) kommen nicht in Betracht. Ausgegebene Aktienurkunden sind wirksam. Schadensersatzansprüche bestehen nicht.[63] Dieselben Grundsätze gelten bei einem Verstoß gegen § 8 Abs. 2 S. 4 im Rahmen eines satzungsändernden Beschlusses. Der Beschluss der Hauptversammlung ist jedoch anfechtbar (§ 243 Abs. 1).[64]

IV. Stückaktien (Abs. 3)

23 **1. Begriff.** Stückaktien sind Anteile am Grundkapital, die durch dessen Zerlegung entstehen (vgl. § 1 Abs. 2), notwendig den gleichen Umfang haben (§ 8 Abs. 3 S. 2) und deshalb auf quantitative Unterscheidungsmerkmale wie eine Betrags- oder Quotenangabe verzichten.[65] Von der Nennbetragsaktie unterscheiden sie sich folglich dadurch, dass ihr Anteil am Grundkapital nicht ausdrücklich auf einen bestimmten (Nenn-)Betrag lautet (vgl. § 8 Abs. 3 S. 1) und dass es – anders als bei Nennbetragsaktien, bei denen unterschiedlich große Nennbeträge möglich sind – keine Stückaktien mit unterschiedlich großen Anteilen am Grundkapital gibt. Der auf die einzelne Stückaktie entfallende Anteil am Grundkapital ergibt sich aus der Division des Betrags des Grundkapitals durch die Anzahl der Stückaktien (sog. **„fiktiver Nennbetrag“**).[66] Der auf die einzelne Stückaktie entfallende Anteil am Grundkapital ändert sich daher immer dann, wenn bei gleichbleibendem Grundkapital eine Neustückelung vorgenommen wird (→ Rn. 25) oder der Betrag des Grundkapitals, nicht aber die Anzahl der Stückaktien geändert wird. Dies kommt insbesondere in Betracht bei einer Kapitalerhöhung aus Gesellschaftsmitteln ohne Ausgabe neuer Aktien (vgl. § 207 Abs. 2 S. 2) oder bei einer Kapitalherabsetzung, die ohne Zusammenlegung von Aktien durchgeführt wird (§ 222 Abs. 4 S. 1).

24 **2. Mindesthöhe des rechnerischen Betrags.** Der auf die einzelne Stückaktie entfallende Anteil am Grundkapital darf 1 Euro nicht unterschreiten (§ 8 Abs. 3 S. 3). Mit dieser Parallelregelung zum Mindestnennbetrag (→ Rn. 8) bei Nennbetragsaktien sollen das Entstehen von sog. **„Penny-Stocks“** und die Möglichkeit eines unbegrenzten „Aktiensplits“ verhindert werden.[67] Für die Folgen von Verstößen gegen § 8 Abs. 3 S. 3 gilt dasselbe wie für Verstöße gegen den Mindestnennbetrag bei Nennbetragsaktien (§§ 8 Abs. 3 S. 4; 405 Abs. 1 Nr. 3; → Rn. 15 ff.). Für oberhalb der Mindesthöhe liegende Beteiligungen fehlen weitergehende Reglementierungen. Feste Betragsstufen sind nicht vorgesehen. Uneingeschränkt zulässig sind folglich im Wege der Division (→ Rn. 23) entstehende „krumme Beträge“. Aus diesem Grund hat sich die Einführung der Stückaktie als sinnvolle Alternative für eine unkomplizierte Euro-Umstellung angeboten (→ Rn. 2, 38).

25 **3. Festsetzung der Zahl der Stückaktien.** Die Zahl der Stückaktien, in die das Grundkapital zerlegt wird, wird in der Satzung bestimmt (§ 23 Abs. 3 Nr. 4). Durch Änderung dieser Zahl im Wege einer Satzungsänderung (§§ 179 ff.) kann bei gleich bleibendem Grundkapital eine **Neustückelung** vorgenommen werden. Die Neustückelung kann durch **Teilung** („Aktiensplit“), durch **Vereinigung** und durch die **Kombination** von Teilung und Vereinigung erfolgen. Wird dabei die Anzahl der Stückaktien durch deren Vereinigung reduziert, ist die Zustimmung aller Aktionäre erforderlich, weil diese Maßnahme die Mobilität der Mitgliedschaft erschwert oder verändert.[68] Bei der Kombination von Teilung und Vereinigung ist insbesondere zu beachten, dass der „Aktiensplit“ – und sei es

[61] Hüffer/*Koch* Rn. 10.
[62] Hüffer/*Koch* Rn. 10; MüKoAktG/*Heider* Rn. 72; HK-AktG/*Westermann* Rn. 8.
[63] Hüffer/*Koch* Rn. 12; MüKoAktG/*Heider* Rn. 78.
[64] Hüffer/*Koch* Rn. 12; MüKoAktG/*Heider* Rn. 79; Spindler/Stilz/*Vatter* Rn. 40.
[65] Vgl. Begr. RegE, BT-Drs. 13/9573, 11 f.; Spindler/Stilz/*Vatter* Rn. 41; Hüffer/*Koch* Rn. 2.
[66] MüKoAktG/*Heider* Rn. 80; Spindler/Stilz/*Vatter* Rn. 41; KK-AktG/*Dauner-Lieb* Rn. 28; Schmidt/Lutter/*Ziemons* Rn. 12.
[67] Begr. RegE, BT-Drs. 13/9573, 11, 14.
[68] MüKoAktG/*Heider* Rn. 95; vgl. Spindler/Stilz/*Vatter* Rn. 45; aA Schmidt/Lutter/*Ziemons* Rn. 32.

auch nur für eine „juristische" Sekunde – nicht zu Aktien mit einem anteiligen Betrag von weniger als 1 Euro führt.[69]

V. Anteil am Grundkapital (Abs. 4)

1. Regelungsbereich. § 8 Abs. 4 fasst in Bezug auf die **kapitalbezogene Beteiligungsquote** die Folgen der Regelungen des § 8 Abs. 2 und 3 zusammen. § 8 Abs. 4 hat insoweit nur klarstellende Bedeutung.[70] Die kapitalbezogene Beteiligungsquote bestimmt sich bei Nennbetragsaktien nach dem Verhältnis des Nennbetrags der betreffenden Aktien zum Betrag des Grundkapitals, bei Stückaktien – aufgrund der zwingend im Umfang identischen Beteiligung der einzelnen Aktie – nach der Zahl der Aktien. 26

2. Bedeutung. Die kapitalbezogene Beteiligungsquote bildet wegen des Verbots der Unterpariemission die untere Grenze des Umfangs der Einlagepflicht. Sie ist Maßstab für Umfang und Ausübung von Mitgliedschaftsrechten, zB für die Verteilung des Gewinns (§ 60 Abs. 1) oder des Liquidationsüberschusses (§ 271 Abs. 2) und für das Bezugsrecht (§ 186 Abs. 1 S. 1), und von Bedeutung für die Berechnung von Quoren zur Ausübung von Minderheitsrechten (zB §§ 103 Abs. 3 S. 3; 120 Abs. 1 S. 2).[71] 27

VI. Unteilbarkeit von Aktien (Abs. 5)

1. Verbot der Realteilung und der Abspaltung. Nach § 8 Abs. 5 sind Aktien unteilbar. Der Unteilbarkeitsgrundsatz verbietet die sog. **Realteilung,** dh die Aufteilung der in den Aktien verkörperten Mitgliedschaft in mehrere jeweils in sich selbständige Mitgliedschaften.[72] § 8 Abs. 5 verbietet darüber hinaus die **Abspaltung** einzelner Mitgliedschaftsrechte oder -pflichten von der Mitgliedschaft.[73] Das gilt gleichermaßen für Verwaltungs-, Schutz- und Teilhaberechte [zB Recht auf Teilnahme an Hauptversammlung (§ 118 Abs. 1); Stimmrecht (§ 134), soweit nicht gesetzlich geregelter Sonderfall der Legitimationszession (§ 129 Abs. 3) vorliegt; Auskunftsrecht (§ 131); Recht auf Gewinnteilhabe (§ 58 Abs. 4)].[74] Gegen § 8 Abs. 5 verstoßende Rechtsgeschäfte sind nichtig (§ 134 BGB).[75] 28

2. Abgrenzung: Zulässige Maßnahmen. § 8 Abs. 5 steht der **Neustückelung** (→ Rn. 14, 25) des Grundkapitals nicht entgegen,[76] da dabei nicht die einzelne Aktie in Abweichung der Festsetzungen in der Satzung real geteilt, sondern das gesamte Grundkapital iSd § 1 Abs. 2 durch Satzungsänderung neu zerlegt wird.[77] Zulässig sind auch **Rechtsgemeinschaften** (§§ 705, 741, 2032 BGB) an ungeteilten Aktien sowie **Treuhandverhältnisse.**[78] Dasselbe gilt – mangels dinglicher Rechtswirkungen – für schuldrechtliche Unterbeteiligungen.[79] Bedenken bestehen im Hinblick auf das Abspaltungsverbot jedoch dann, wenn als Folge solcher Gestaltungen die Ausübung von Mitgliedschaftsrechten faktisch dauerhaft von der Inhaberschaft an der Aktie getrennt wird (zB bei Einräumung einer unwiderruflichen Stimmrechtsvollmacht in Verbindung mit schuldrechtlichem Stimmrechtsverzicht).[80] 29

VII. Zwischenscheine (Abs. 6)

1. Begriff und Bedeutung. Zwischenscheine sind Anteilsscheine, die den Aktionären vor Ausgabe der Aktien erteilt werden (§ 8 Abs. 6). Zwischenscheine sind Wertpapiere, die wie Aktien Mitgliedsrechte verbriefen.[81] Sie unterscheiden sich von Aktien durch ihren **vorläufigen** Charakter. Zwischenscheine können nach Eintragung der Aktiengesellschaft in das Handelsregister und vor voller Leistung des Ausgabebetrages ausgegeben werden. Vor Eintragung der Aktiengesellschaft aus- 30

---

[69] Vgl. MüKoAktG/*Heider* Rn. 95.
[70] Vgl. Hüffer/*Koch* Rn. 25.
[71] Spindler/Stilz/*Vatter* Rn. 6 f.
[72] Hüffer/*Koch* Rn. 26; MüKoAktG/*Heider* Rn. 88.
[73] Vgl. zum Abspaltungsverbot RGZ 132, 149 (158 f.); BGH NJW 1987, 780 f.
[74] Spindler/Stilz/*Vatter* Rn. 50; vgl. Hüffer/*Koch* Rn. 26; krit. HK-AktG/*Westermann* Rn. 13.
[75] Hüffer/*Koch* Rn. 26; KK-AktG/*Kraft* Rn. 55; MüKoAktG/*Heider* Rn. 98.
[76] AllgM, zB MüKoAktG/*Heider* Rn. 95; vgl. Begr. RegE, BT-Drs. 12/6679, 83.
[77] Spindler/Stilz/*Vatter* Rn. 52.
[78] Hüffer/*Koch* Rn. 26; Spindler/Stilz/*Vatter* Rn. 54 ff.; KK-AktG/*Dauner-Lieb* Rn. 47 ff.; Schmidt/Lutter/*Ziemons* Rn. 26; NK-AktR/Wagner Rn. 21 f.
[79] AllgM, zB MüKoAktG/*Heider* Rn. 91.
[80] So Spindler/Stilz/*Vatter* Rn. 59; ähnlich Schmidt/Lutter/*Ziemons* Rn. 30; Grigoleit/*Vedder* Rn. 22.
[81] Hüffer/*Koch* Rn. 28; MüKoAktG/*Heider* Rn. 99 mwN.

gegebene Zwischenscheine sind nichtig (§ 41 Abs. 4 S. 2). Nach voller Leistung des Ausgabebetrages können die Zwischenscheine in Aktien umgetauscht werden. Die Möglichkeit der Ausgabe von Zwischenscheinen ist insbesondere dann von Bedeutung, wenn die Satzung ausschließlich die Ausgabe von Inhaberaktien vorsieht. Denn im Gegensatz zu Namensaktien können Inhaberaktien erst nach voller Leistung des Ausgabebetrages ausgegeben werden (vgl. § 10 Abs. 2 S. 1).

31 **2. Rechtliche Behandlung.** Für Zwischenscheine gelten § 8 Abs. 1–5 entsprechend. Weitere wesentliche Regelungen enthalten §§ 10 Abs. 3 und 4 sowie 41 Abs. 4 S. 2, 67 Abs. 7 und 68 Abs. 4. Die Aktionäre haben nur dann einen Anspruch auf Ausgabe von Zwischenscheinen, wenn die Satzung dies vorsieht. Ansonsten entscheidet der Vorstand nach billigem Ermessen.[82]

VIII. Umstellung von DM auf Euro

32 **1. Übergangsrecht (§§ 1–4 EGAktG).** Zur Umstellung → § 6 Rn. 4; → § 7 Rn. 4. Das EuroEG beinhaltet neben der Anpassung der Regelungen über die Nennbeträge von Grundkapital und Aktien in den §§ 6–8 an die Währungsumstellung in seinem Art. 3 Abs. 2 Bestimmungen für einen möglichst unkomplizierten Übergang auf die neue Währung „Euro" (→ Rn. 2). Dieses in den §§ 1–4 EGAktG niedergelegte Übergangsrecht sollte den Gesellschaften größtmögliche Flexibilität und Wahlmöglichkeiten während der dreijährigen Übergangsphase vom 1.1.1999 bis zum 31.12.2001 einräumen und zugleich einfache und kostengünstige Verfahren für Umstellungsmaßnahmen bereitstellen.[83] Diese Übergangsbestimmungen sind auch heute noch für die Aktiengesellschaften von Bedeutung, die ihre Satzungsbestimmungen über DM-Nennbeträge entsprechend der vom Gesetzgeber zur Verfügung gestellten Wahlmöglichkeit (→ § 6 Rn. 4) noch nicht auf Euro umgestellt haben. Die maßgeblichen Vorschriften lauten heute wie folgt:

§ 1 EGAktG Grundkapital

(1) [1]§ 6 des Aktiengesetzes gilt nicht für Aktiengesellschaften, deren Grundkapital und Aktien beim Inkrafttreten des Aktiengesetzes nicht auf einen Nennbetrag in Deutscher Mark lauten, sowie für Aktiengesellschaften, die nach dem Inkrafttreten des Aktiengesetzes nach Maßgabe des § 2 des D-Markbilanzergänzungsgesetzes vom 28. Dezember 1950 (Bundesgesetzbl. S. 811) ihren Sitz in den Geltungsbereich des Aktiengesetzes verlegen. [2]Die Währung, auf die ihr Grundkapital und ihre Aktien lauten müssen, bestimmt sich nach den für sie geltenden besonderen Vorschriften.

(2) [1]Aktiengesellschaften, die vor dem 1. Januar 1999 in das Handelsregister eingetragen worden sind, dürfen die Nennbeträge ihres Grundkapitals und ihrer Aktien weiter in Deutscher Mark bezeichnen. [2]Bis zum 31. Dezember 2001 dürfen Aktiengesellschaften neu eingetragen werden, deren Grundkapital und Aktien auf Deutsche Mark lauten. [3]Danach dürfen Aktiengesellschaften nur eingetragen werden, wenn die Nennbeträge von Grundkapital und Aktien in Euro bezeichnet sind; das gleiche gilt für Beschlüsse über die Änderung des Grundkapitals.

§ 2 EGAktG Mindestnennbetrag des Grundkapitals

[1]Für Aktiengesellschaften, die vor dem 1. Januar 1999 in das Handelsregister eingetragen oder zur Eintragung in das Handelsregister angemeldet worden sind, bleibt der bis dahin gültige Mindestbetrag des Grundkapitals maßgeblich, bis die Aktiennennbeträge an die seit diesem Zeitpunkt geltenden Beträge des § 8 des Aktiengesetzes angepaßt werden. [2]Für spätere Gründungen gilt der Mindestbetrag des Grundkapitals nach § 7 des Aktiengesetzes in der ab dem 1. Januar 1999 geltenden Fassung, der bei Gründungen in Deutscher Mark zu dem vom Rat der Europäischen Union gemäß Artikel 109l Abs. 4 Satz 1 des EG-Vertrages unwiderruflich festgelegten Umrechnungskurs in Deutsche Mark umzurechnen ist.

§ 3 EGAktG Mindestnennbetrag der Aktien

(1) Aktien dürfen nur noch nach § 8 des Aktiengesetzes ausgegeben werden.

(2) [1]Aktien einer Gesellschaft, die vor dem 1. Januar 1999 in das Handelsregister eingetragen oder zur Eintragung in das Handelsregister angemeldet und bis zum 31. Dezember 2001 eingetragen worden ist, dürfen weiterhin auf einen nach den bis dahin geltenden Vorschriften zulässigen Nennbetrag lauten, Aktien, die auf Grund eines Kapitalerhöhungsbeschlusses ausgegeben werden, jedoch nur, wenn dieser bis zum 31. Dezember 2001 in das Handelsregister eingetragen worden ist. [2]Dies gilt nur einheitlich für sämtliche Aktien einer Gesellschaft. [3]Die Nennbeträge können auch zu dem vom Rat der Europäischen Union gemäß Artikel 109l Abs. 4 Satz 1 des EG-Vertrages unwiderruflich festgelegten Umrechnungskurs in Euro ausgedrückt werden.

---

[82] Hüffer/*Koch* Rn. 28; MüKoAktG/*Heider* Rn. 100; KK-AktG/*Dauner-Lieb* Rn. 55; Schmidt/Lutter/*Ziemons* Rn. 30.

[83] Vgl. MüKoAktG/*Heider* § 6 Rn. 38; *Schürmann* DB 1997, 1381 (1382).

(3) Für Aktiengesellschaften, die auf Grund einer nach dem 31. Dezember 1998 erfolgten Anmeldung zum Handelsregister bis zum 31. Dezember 2001 eingetragen werden und deren Grundkapital und Aktien nach § 1 Abs. 2 Satz 2 auf Deutsche Mark lauten, gelten die zu dem vom Rat der Europäischen Union gemäß Artikel 109l Abs. 4 Satz 1 des EG-Vertrages unwiderruflich festgelegten Umrechnungskurs in Deutsche Mark umzurechnenden Beträge nach § 8 des Aktiengesetzes in der ab dem 1. Januar 1999 geltenden Fassung.

(4) [1]Das Verhältnis der mit den Aktien verbundenen Rechte zueinander und das Verhältnis ihrer Nennbeträge zum Nennkapital wird durch Umrechnung zwischen Deutscher Mark und Euro nicht berührt. [2]Nach Umrechnung gebrochene Aktiennennbeträge können auf mindestens zwei Stellen hinter dem Komma gerundet dargestellt werden; diese Rundung hat keine Rechtswirkung. [3]Auf sie ist in Beschlüssen und Satzung hinzuweisen; der jeweilige Anteil der Aktie am Grundkapital soll erkennbar bleiben.

(5) Beschließt eine Gesellschaft, die die Nennbeträge ihrer Aktien nicht an § 8 des Aktiengesetzes in der ab dem 1. Januar 1999 geltenden Fassung angepaßt hat, die Änderung ihres Grundkapitals, darf dieser Beschluß nach dem 31. Dezember 2001 in das Handelsregister nur eingetragen werden, wenn zugleich eine Satzungsänderung über die Anpassung der Aktiennennbeträge an § 8 des Aktiengesetzes eingetragen wird.

§ 4 EGAktG Verfahren der Umstellung auf den Euro

(1) [1]Über die Umstellung des Grundkapitals und der Aktiennennbeträge sowie weiterer satzungsmäßiger Betragsangaben auf Euro zu dem gemäß Artikel 109l Abs. 4 Satz 1 des EG-Vertrages unwiderruflich festgelegten Umrechnungskurs beschließt die Hauptversammlung abweichend von § 179 Abs. 2 des Aktiengesetzes mit der einfachen Mehrheit des bei der Beschlußfassung vertretenen Grundkapitals. [2]Ab dem 1. Januar 2002 ist der Aufsichtsrat zu den entsprechenden Fassungsänderungen der Satzung ermächtigt. [3]Auf die Anmeldung und Eintragung der Umstellung in das Handelsregister ist § 181 Abs. 1 Satz 2 und 3 *und*[84] des Aktiengesetzes nicht anzuwenden.

(2) [1]Für eine Erhöhung des Grundkapitals aus Gesellschaftsmitteln oder eine Herabsetzung des Kapitals auf den nächsthöheren oder nächstniedrigeren Betrag, mit dem die Nennbeträge der Aktien auf volle Euro gestellt werden können, genügt abweichend von § 207 Abs. 2, § 182 Abs. 1 und § 222 Abs. 1 des Aktiengesetzes die einfache Mehrheit des bei der Beschlußfassung vertretenen Grundkapitals, bei der Herabsetzung jedoch nur, wenn zumindest die Hälfte des Grundkapitals vertreten ist. [2]Diese Mehrheit gilt auch für Beschlüsse über die entsprechende Anpassung eines genehmigten Kapitals oder über die Teilung der auf volle Euro gestellten Aktien sowie für Änderungen der Satzungsfassung, wenn diese Beschlüsse mit der Kapitaländerung verbunden sind. [3]§ 130 Abs. 1 Satz 3 des Aktiengesetzes findet keine Anwendung.

(3) [1]Eine Kapitalerhöhung aus Gesellschaftsmitteln oder eine Kapitalherabsetzung bei Umstellung auf Euro kann durch Erhöhung oder Herabsetzung des Nennbetrags der Aktien oder durch Neueinteilung der Aktiennennbeträge ausgeführt werden. [2]Die Neueinteilung der Nennbeträge bedarf der Zustimmung aller betroffenen Aktionäre, auf die nicht ihrem Anteil entsprechend volle Aktien oder eine geringere Zahl an Aktien als zuvor entfallen; bei teileingezahlten Aktien ist sie ausgeschlossen.

(4) [1]Sofern Aktien aus einem bedingten Kapital nach dem Beschluß über eine Kapitalerhöhung aus Gesellschaftsmitteln oder über eine andere Satzungsänderung zur Umstellung auf Euro, die mit der Zahl der Aktien verbunden ist, ausgegeben worden sind, gelten sie für den Beschluß erst nach dessen Eintragung in das Handelsregister als ausgegeben. [2]Diese aus einem bedingten Kapital ausgegebenen und die noch auszugebenden Aktien nehmen an der Änderung der Nennbeträge teil.

(5) [1]Für eine Kapitalerhöhung aus Gesellschaftsmitteln nach Absatz 2 können abweichend von § 208 Abs. 1 Satz 2 und § 150 Abs. 3 des Aktiengesetzes die Kapitalrücklage und die gesetzliche Rücklage sowie deren Zuführungen, auch soweit sie zusammen den zehnten Teil oder den in der Satzung bestimmten höheren Teil des bisherigen Grundkapitals nicht übersteigen, in Grundkapital umgewandelt werden. [2]Auf eine Kapitalherabsetzung nach Absatz 2, die in vereinfachter Form vorgenommen werden soll, findet § 229 Abs. 2 des Aktiengesetzes keine Anwendung.

(6) [1]§ 73 Abs. 1 Satz 2 des Aktiengesetzes findet keine Anwendung. [2]Im übrigen bleiben die aktienrechtlichen Vorschriften unberührt.

2. Grundsätze des Übergangsrechts. Nach Ablauf der dreijährigen Übergangsphase vom 1.1.1999 bis zum 31.12.2001 sind in Bezug auf den Nennbetrag von Aktien folgende Grundsätze[85] des Übergangsrechts noch von Bedeutung: „Altgesellschaften" iSd § 3 Abs. 2 EGAktG, dh Aktiengesellschaften, die **vor** dem 1.1.1999 im Handelsregister eingetragen waren oder zur Eintragung ange- 33

[84] Wortlaut amtlich.

[85] Umfassender Überblick einschließlich der Rechtslage während der Übergangsphase zB bei MüKoAktG/*Heider* § 6 Rn. 44 ff.

meldet waren und bis zum Ablauf des 31.12.2001 eingetragen wurden, genießen grundsätzlich **Bestandsschutz.** Sie können ihre bisherigen Regelungen beibehalten oder einen der im Übergangsrecht eröffneten Wege zu einer – vereinfachten (→ § 6 Rn. 4) – Euro-Umstellung beschreiten. Auch „Altgesellschaften" sind zu einer Euro-Umstellung gezwungen, wenn Kapitalmaßnahmen im Handelsregister eingetragen werden sollen (**„Registersperre"**, vgl. § 3 Abs. 5 EGAktG). Dasselbe gilt bei Umwandlungsmaßnahmen, wenn sie mit einer Kapitalerhöhung verbunden sind oder wenn eine Neugründung oder ein Formwechsel stattfindet (vgl. § 318 Abs. 2 S. 2 UmwG).[86] Soweit DM-Nennbeträge von Grundkapital (→ § 6 Rn. 4) und Aktien noch zulässig sind, gelten sie materiell seit dem 1.1.2002 kraft unmittelbar geltendem EU-Recht als nach Maßgabe des gemäß Art. 109l Abs. 4 S. 1 EGV iVm VO (EG) Nr. 2866/98 vom 31.12.1998 (ABl. L 359, 1) unwiderruflich festgelegten Umrechnungskurses von 1,95583 DM für 1 Euro errechnete Euro-Beträge.[87] Seit dem 1.1.2002 dürfen Neugründungen und Kapitalmaßnahmen nur noch in das Handelsregister eingetragen werden, wenn die Regelungen in den §§ 6–8 zu den in Euro bezifferten Nennbeträgen von Grundkapital und Aktien beachtet werden.

34 **3. Einzelheiten. a) „Altgesellschaften" iSd § 3 Abs. 2 S. 1.** Aktiengesellschaften, die vor dem 1.1.1999 in das Handelsregister eingetragen oder zur Eintragung in das Handelsregister angemeldet und bis zum 31.12.2001 eingetragen worden sind, hatten und haben immer noch verschiedene Handlungsmöglichkeiten (→ § 6 Rn. 4 betreffend das Grundkapital):

35 **aa) Beibehaltung der DM-Nennbeträge.** Ebenso wie das Grundkapital (→ § 6 Rn. 4) dürfen auch Nennbetragsaktien nach dem 31.1.2001 weiterhin auf DM lauten (**„Bestandsschutz"**, vgl. §§ 1 Abs. 2 S. 1, 2 S. 1, 3 Abs. 2 S. 1 EGAktG). Insoweit gelten § 8 Abs. 1 und 2 aF fort (§ 3 Abs. 2 S. 1 Hs. 1 EGAktG). Das gilt auch für junge Aktien aus einer Kapitalerhöhung, wenn der Beschluss über die Erhöhung des Grundkapitals (§ 184) bis zum Ablauf des 31.12.2001 in das Handelsregister eingetragen worden ist (vgl. § 3 Abs. 2 S. 1 Hs. 2 EGAktG).[88] Altaktien und junge Aktien müssen insoweit aber gleich behandelt werden (vgl. § 3 Abs. 2 S. 2 EGAktG); es ist daher nicht möglich, Altaktien mit DM-Nennbeträgen und junge Aktien mit Euro-Nennbeträgen zu führen.[89] Bestandsschutz genießt auch eine an einer Umwandlung als übernehmender Rechtsträger beteiligte Aktiengesellschaft, wenn in diesem Zusammenhang keine Kapitalerhöhung stattfindet.[90] Beschlüsse über die Änderung des Grundkapitals dürfen allerdings nur noch in das Handelsregister eingetragen werden, wenn die Nennbeträge von Grundkapital und Aktien in Euro bezeichnet sind (§ 1 Abs. 2 S. 3 Hs. 2 EGAktG) und zugleich mit der vorgesehenen Kapitalmaßnahme eine Satzungsänderung über die Anpassung der Nennbeträge der Aktien an die Anforderungen des § 8 (→ Rn. 7 ff.) eingetragen wird (**„Registersperre"**, § 3 Abs. 5 EGAktG). Die Nennbeträge der Aktien müssen in diesem Fall auf volle Euro umgestellt werden. Das erfordert die rechnerische Umstellung (→ Rn. 36) der DM-Beträge in Euro und deren Glättung (→ Rn. 37), was zwangsläufig auch zu einer Änderung des Grundkapitals führt.[91]

36 **bb) Rechnerische Umstellung auf Euro.** Die „Altgesellschaft" kann sich darauf beschränken, die Nennbeträge von Grundkapital (→ § 6 Rn. 4) und Aktien – sowie weitere satzungsmäßige Betragsangaben – in der Satzung entsprechend dem amtlichen Umrechnungskurs von 1,95583 DM zu 1 Euro auf Euro umzustellen (§ 3 Abs. 2 S. 3 EGAktG). Diese Umstellung hat keine konstitutive Wirkung, sondern setzt lediglich die durch EU-Recht (→ Rn. 33) bereits zum 1.1.2002 eingetretene materielle Änderung um. Daher handelt es sich um eine bloße Änderung der **Fassung** der Satzung, die nicht nur von der Hauptversammlung mit einfacher Mehrheit (§ 4 Abs. 1 S. 1 EGAktG), sondern auch vom Aufsichtsrat kraft gesetzlicher Ermächtigung vorgenommen werden kann (§ 4 Abs. 1 S. 2 EGAktG). Die Änderung der Satzung ist vom Vorstand zum Handelsregister anzumelden (§ 181 Abs. 1 S. 1); die Anmeldung bedarf jedoch nicht der Form des § 12 HGB (vgl. Art. 45 Abs. 1 EGHGB). Zur weiteren Verfahrenserleichterung kann auf die Beifügung des (neuen) vollständigen Wortlauts der Satzung ebenso verzichtet werden wie auf die notarielle Bescheinigung nach § 181 Abs. 1 S. 2 (§ 4 Abs. 1 S. 3 EGAktG). Aufgrund des amtlichen Umrechnungskurses von 1,95583 DM zu 1 Euro entstehen bei der rechnerischen Umstellung „krumme" Nennbeträge des Grundkapitals und der Aktien. Während der so umgestellte Nennbetrag des Grundkapitals nach EU-Recht auf

[86] Spindler/Stilz/*Vatter* Rn. 70; Semler/Stengel/*Perlitt* UmwG § 318 Rn. 15 ff.; Lutter/*Lutter* UmwG § 318 Rn. 10, 11 ff.; *Heidinger* NZG 2000, 532.
[87] Spindler/Stilz/*Vatter* Rn. 67, 70; vgl. Hüffer/*Koch* Rn. 13.
[88] MüKoAktG/*Heider* § 6 Rn. 47.
[89] IErg ebenso MüKoAktG/*Heider* § 6 Rn. 47.
[90] Spindler/Stilz/*Vatter* Rn. 69; vgl. Semler/Stengel/*Perlitt* UmwG § 318 Rn. 12.
[91] Spindler/Stilz/*Vatter* Rn. 70; vgl. Hüffer/*Koch* Rn. 13.

den nächstliegenden Cent-Betrag auf- oder abzurunden ist (→ § 6 Rn. 4), können die gebrochenen Nennbeträge der Aktien auf zwei Stellen hinter dem Komma gerundet werden (§ 3 Abs. 4 S. 2 Hs. 1 EGAktG). Diese Rundung, auf die in Beschlüssen und Satzung hinzuweisen ist (§ 3 Abs. 4 S. 3 Hs. 1 EGAktG), hat keinerlei rechtliche Wirkungen (vgl. § 3 Abs. 4 S. 2 Hs. 2 EGAktG). Insbesondere lässt sie die Anteilsverhältnisse unberührt.[92]

cc) Glättung auf volle Euro. Die Altgesellschaft kann nach der rechnerischen Umstellung auf 37 Euro eine „Glättung" der Nennbeträge der Aktien und damit im Ergebnis auch des Grundkapitals als Summe der Nennbeträge[93] der Aktien auf volle Euro durchführen. Damit werden nicht nur Berechnungs- und Rundungsprobleme[94] vermieden,[95] sondern auch die Registersperre nach § 3 Abs. 5 EGAktG beseitigt. Denn mit einer „Glättung" werden die Anforderungen des § 8 Abs. 2 S. 1 und 4 erfüllt. Eine „Glättung" erfordert besondere Kapitalmaßnahmen und erfolgt damit im Wege einer Satzungsänderung. In Betracht kommen eine **Kapitalerhöhung aus Gesellschaftsmitteln** (§§ 207 ff.) oder eine **Kapitalherabsetzung** (§§ 222 ff.). Für diese Kapitalmaßnahmen schafft § 4 EGAktG erleichterte Voraussetzungen. Beide Maßnahmen können sowohl durch Veränderung der Aktiennennbeträge als auch durch deren Neueinteilung ausgeführt werden (§ 4 Abs. 3 S. 1 EGAktG). Letzteres kommt nur für Gesellschaften mit kleinem Aktionärskreis in Betracht,[96] da die Neueinteilung der Nennbeträge der Zustimmung aller Aktionäre bedarf, auf die nicht ihrem Anteil entsprechend volle Aktien oder eine geringere Zahl an Aktien als zuvor entfallen (§ 4 Abs. 3 S. 2 Hs. 1 EGAktG). Die Neueinteilung der Aktiennennbeträge ist ferner bei teileingezahlten Aktien ausgeschlossen (§ 4 Abs. 3 S. 2 Hs. 2 EGAktG). Beschränkt sich die **Kapitalerhöhung** auf die Erreichung des nächsthöheren vollen Euro-Betrags, ist für den erforderlichen Hauptversammlungsbeschluss die einfache Kapitalmehrheit ausreichend (§ 4 Abs. 2 S. 1 EGAktG) und darf verstärkt auf umwandlungsfähige Rücklagen zurückgegriffen werden (§ 4 Abs. 5 S. 1 EGAktG); geht sie darüber hinaus, gelten die allgemeinen Regeln (§ 207 Abs. 2 iVm §§ 182 Abs. 1; 150 Abs. 3; 208 Abs. 1 S. 2).[97] Bei unterschiedlich hohen Nennbeträgen ist der nächsthöhere Betrag erst erreicht, wenn damit die Proportionalität aller Aktien gewahrt ist.[98] Von besonderer Bedeutung für die Praxis ist die Möglichkeit der Kapitalerhöhung aus Gesellschaftsmitteln mit anschließendem **Aktiensplit,** zB in dem Aktien mit einem Nennbetrag von 5 DM durch Kapitalerhöhung auf 3 Euro umgestellt und sodann durch weiteren Beschluss mit einfacher Mehrheit so geteilt werden, dass sich der Mindestnennbetrag von 1 Euro ergibt.[99] Bei der **Kapitalherabsetzung** auf den nächstniedrigeren Betrag, mit dem die Nennbeträge der Aktien auf volle Euro gestellt werden können, gilt ebenfalls das Beschlussprivileg der einfachen Mehrheit, sofern zumindest die Hälfte des Grundkapitals vertreten ist (§ 4 Abs. 2 S. 1 EGAktG); ferner findet im Fall einer vereinfachten Kapitalherabsetzung § 229 Abs. 2 keine Anwendung (§ 4 Abs. 5 S. 2 EGAktG). Sowohl bei einer Kapitalerhöhung als auch bei einer Kapitalherabsetzung ist jedoch wegen der grundsätzlichen Bedeutung von Beschlüssen über Kapitalmaßnahmen auch bei einer nichtbörsennotierten Aktiengesellschaft die Errichtung einer notariellen Niederschrift über den Hauptversammlungsbeschluss erforderlich; die in § 130 Abs. 1 S. 3 vorgesehene Ausnahme von der Verpflichtung zur Errrichtung einer notariellen Niederschrift findet keine Anwendung (§ 4 Abs. 2 S. 3 EGAktG).[100] Die Möglichkeit einer „Glättung" durch Kapitalherabsetzung hat in der Praxis keine wesentliche Bedeutung erlangt.[101] Praxisrelevant ist hingegen, dass für mit den vorgenannten Kapitalmaßnahmen verbundene Beschlüsse über die entsprechende Anpassung eines genehmigten Kapitals und sonstige Änderungen der Satzungsfassung ebenfalls das Beschlussprivileg des § 4 Abs. 2 S. 2 EGAktG gilt, dh die einfache Mehrheit des bei der Beschlussfassung vertretenen Grundkapitals ausreichend ist.[102] Bei der Gestaltung und Durchführung einer Glättung ist – auch zum Erhalt der Privilegien des § 4 EGAktG – darauf zu achten, die einzelnen Maßnahmen in der richtigen Reihenfolge und in der Formulierung der Beschlüsse und der Anmeldungen erkennbar und getrennt zu ergreifen, so dass dem Registergericht deren Prüfung möglich ist.[103]

---

[92] Hüffer/*Koch* Rn. 14; MüKoAktG/*Heider* § 6 Rn. 53.
[93] Vgl. Hüffer/*Koch* Rn. 15.
[94] Hierzu zB *Heidinger* ZNotP 2002, 179 (183 f.).
[95] Spindler/Stilz/*Vatter* Rn. 72.
[96] MüKoAktG/*Heider* § 6 Rn. 64; Spindler/Stilz/*Vatter* Rn. 73.
[97] Vgl. OLG Frankfurt AG 2003, 334 (335) = NZG 2003, 93.
[98] MüKoAktG/*Heider* § 6 Rn. 58; Spindler/Stilz/*Vatter* Rn. 73; *Schroer* ZIP 1998, 529 (530).
[99] Hüffer/*Koch* Rn. 16; MüKoAktG/*Heider* § 6 Rn. 60; *Schroer* ZIP 1998, 529 (531).
[100] Hierzu MüKoAktG/*Heider* § 6 Rn. 58.
[101] Vgl. MüKoAktG/*Heider* § 6 Rn. 62.
[102] MüKoAktG/*Heider* § 6 Rn. 70; Spindler/Stilz/*Vatter* Rn. 73.
[103] Spindler/Stilz/*Vatter* Rn. 74; Hüffer/*Koch* Rn. 15.

38 **dd) Umstellung auf Stückaktien.** Die Einführung des Euro und die damit verbundenen Folgeprobleme waren Anlass für den Gesetzgeber, im deutschen Aktienrecht die Aufteilung des Grundkapitals in Stückaktien als Alternative zur Ausgabe von Nennbetragsaktien einzuführen.[104] Die Umwandlung von Nennbetragsaktien in Stückaktien macht jegliche Glättungsmaßnahmen und auch die rechnerische Umstellung der Aktiennennbeträge entbehrlich.[105] Diese „elegante Alternative"[106] kann der Aktiengesellschaft den mit den entsprechenden Kapitalmaßnahmen verbundenen, oft nicht unerheblichen Aufwand ersparen. Für die Umstellung auf Stückaktien aus Anlass der Euro-Umstellung sieht das EGAktG keine besonderen Erleichterungen vor. Es gelten die allgemeinen Regelungen (→ Rn. 4). Die Umstellung auf Stückaktien lässt das Erfordernis, den Nennbetrag des Grundkapitals (→ § 6 Rn. 4) und sonstige DM-Betragsangaben in der Satzung rechnerisch umzustellen, unberührt.[107] Dabei handelt es sich mangels jeglicher materieller Wirkungen lediglich um eine Änderung der Fassung der Satzung (→ § 6 Rn. 4). Die Umstellung des Nennbetrags des Grundkapitals auf Euro ist dabei unter erleichterten Voraussetzungen möglich (vgl. § 4 Abs. 1 EGAktG; → § 6 Rn. 4). Für sonstige Fassungsänderungen gelten die allgemeinen Regeln. Zuständig ist insoweit die Hauptversammlung (§ 179 Abs. 1 S. 1), der Aufsichtsrat nur bei entsprechender Ermächtigung (§ 179 Abs. 1 S. 2). Werden allerdings entsprechende Fassungsänderungen mit „privilegierten" (→ Rn. 37) Kapitalmaßnahmen aus Anlass der Euro-Umstellung verbunden, ist die einfache Mehrheit des bei der Beschlussfassung vertretenen Grundkapitals ausreichend (§ 4 Abs. 2 S. 2 EGAktG). Bei der rechnerischen Umstellung entstehende „krumme" Beträge des Grundkapitals (→ § 6 Rn. 4) oder des auf die einzelne Stückaktie entfallenden anteiligen Betrags sind unschädlich.[108] Diese „krummen" Beträge und die eventuell damit verbundenen Probleme bei einer späteren Kapitalerhöhung[109] können durch eine geringfügige Kapitalerhöhung aus Gesellschaftsmitteln ohne Ausgabe neuer Aktien (§ 207 Abs. 2 S. 2 Hs. 1) auf einen Nennbetrag des Grundkapitals, der dazu führt, dass der auf die einzelne Stückaktie entfallende Anteil am Grundkapital auf volle Euro oder Cent lautet, beseitigt werden.[110]

39 **ee) Folgen für die Verbriefung.** Die rechnerische Umstellung und eventuelle Glättungsmaßnahmen lassen ausgestellte Aktienurkunden unrichtig, aber nicht nichtig werden.[111] § 73 Abs. 1 S. 2 kommt nicht zur Anwendung (§ 4 Abs. 6 S. 1 EGAktG).

40 **b) Gründungen aus der Zeit zwischen dem 1.1.1999 und dem 31.12.2001.** Aktiengesellschaften, die im Zeitraum zwischen dem 1.1.1999 und dem 31.12.2001 zum Handelsregister angemeldet und eingetragen worden sind, hatten die **Wahl,** ob die Nennbeträge von Grundkapital (→ § 7 Rn. 4) und Aktien auf DM oder auf Euro lauten sollten (§ 1 Abs. 2 S. 2 EGAktG). Soweit die Gesellschaften sich für DM-Nennbeträge entschieden haben, mussten der Betrag des Grundkapitals und die Aktiennennbeträge so gewählt werden, dass sie den Anforderungen an die Euro-Nennbeträge nach §§ 7, 8 Abs. 2 S. 1 und 4 in der heutigen Fassung entsprachen. Die Aktien waren folglich mit einem Nennbetrag auszugeben, der auf 1,95583 DM oder ein Vielfaches davon lautete (§ 3 Abs. 3 EGAktG).[112] Diese DM-Beträge (Grundkapital und Aktiennennbeträge) gelten seit dem 1.1.2002 als volle Euro-Beträge auf Grundlage des amtlichen Umrechnungskurses (→ Rn. 33). Bei einer Umstellung entstehen keine Glättungs- und Rundungsprobleme. Die Umstellung wird vollzogen durch eine bloße Fassungsänderung der Satzung durch Beschluss der Hauptversammlung mit einfacher Mehrheit (§ 4 Abs. 1 S. 1 EGAktG) oder Beschluss des Aufsichtsrates (§ 4 Abs. 1 S. 2 EGAktG).[113]

41 **c) Gründungen und Kapitalmaßnahmen seit dem 1.1.2002.** Seit dem 1.1.2002 können die Gründung einer Aktiengesellschaft und Kapitalmaßnahmen nur noch im Handelsregister eingetragen werden, wenn die Nennbeträge von Grundkapital (→ § 6 Rn. 4) und Aktien auf Euro lauten und die Stückelung der Aktien den Anforderungen des § 8 entspricht (§§ 1 Abs. 2 S. 3, 3 Abs. 1 EGAktG). Bei Kapitalmaßnahmen sind darüber hinaus – soweit noch nicht geschehen – zwingend Nennbeträge von Grundkapital und Aktien – letztere unter Wahrung der Anforderungen des § 8 – auf Euro umzustellen (§§ 1 Abs. 2 S. 3 Hs. 2, 3 Abs. 5 EGAktG).

---

[104] Spindler/Stilz/*Vatter* Rn. 75; *Seibert* ZGR 1998, 1 (14 ff.).
[105] MüKoAktG/*Heider* § 6 Rn. 76; vgl. Spindler/Stilz/*Vatter* Rn. 75.
[106] Spindler/Stilz/*Vatter* Rn. 75.
[107] MüKoAktG/*Heider* § 6 Rn. 76.
[108] Spindler/Stilz/*Vatter* Rn. 77.
[109] Zu diesen MüKoAktG/*Heider* § 6 Rn. 98 f.; solche bestreiten *Schröer* ZIP 1998, 306 (310); *Ihrig/Streit* NZG 1998, 201 (207).
[110] MüKoAktG/*Heider* § 6 Rn. 99; Spindler/Stilz/*Vatter* Rn. 77.
[111] Vgl. Spindler/Stilz/*Vatter* Rn. 80; MüKoAktG/*Heider* § 6 Rn. 74.
[112] Vgl. Spindler/Stilz/*Vatter* Rn. 67; MüKoAktG/*Heider* § 6 Rn. 101 ff.
[113] NK-AktR/*Terbrack* EGAktG § 4 Rn. 12, 17.

§ 9 Ausgabebetrag der Aktien

(1) Für einen geringeren Betrag als den Nennbetrag oder den auf die einzelne Stückaktie entfallenden anteiligen Betrag des Grundkapitals dürfen Aktien nicht ausgegeben werden (geringster Ausgabebetrag).

(2) Für einen höheren Betrag ist die Ausgabe zulässig.

Übersicht

I. Allgemeines

1. Normzweck. § 9 beinhaltet mit dem **Verbot der Unterpariemission** (§ 9 Abs. 1) und der Gestattung der **Überpariemission** (§ 9 Abs. 2) Regelungen zur **Höhe der Einlagepflicht** des Aktionärs. Die Vorschrift ist damit ein wichtiger Baustein für den **Gläubigerschutz** im Aktienrecht, da sie im Verbund mit weiteren Vorschriften (vgl. insbesondere §§ 26 f., 32 ff., 46 ff., 54) die **tatsächliche Aufbringung** (→ § 1 Rn. 24) des Grundkapitals – sowohl bei der Gründung der Aktiengesellschaft als auch bei Kapitalerhöhungen – sichert.[1] Die Regelungen zur Sicherung der Kapitalaufbringung sind gemeinsam mit den Vorschriften zur Sicherung der **Kapitalerhaltung** (→ § 1 Rn. 25) Voraussetzung dafür, dass der Ausschluss der Haftung der Aktionäre (§ 1 Abs. 1 S. 2) für die Verbindlichkeiten der Gesellschaft gerechtfertigt werden kann (→ § 1 Rn. 22). 1

2. Begriffe. a) Ausgabe von Aktien. Aktie iSd § 9 ist die Summe der Mitgliedschaftsrechte an einer Aktiengesellschaft, nicht das diese verbriefende Wertpapier.[2] Demzufolge ist die Ausgabe einer Aktie iSd § 9 die Begründung der Mitgliedschaft in der Aktiengesellschaft.[3] Diese entsteht bei Gründung der Gesellschaft mit deren Eintragung im Handelsregister (§ 41 Abs. 1 S. 1) und bei Maßnahmen zur Kapitalbeschaffung mit der Eintragung der Durchführung der Kapitalerhöhung (§§ 189, 203 Abs. 1) bzw. bei einer bedingten Kapitalerhöhung mit der Ausgabe der Aktienurkunde (§ 200). 2

b) Ausgabebetrag. Der Ausgabebetrag ist der Betrag, den der Aktionär für seine Mitgliedschaft zu leisten verspricht.[4] Bei **Bareinlagen** ist es der Betrag, der als Einlage zu **zahlen** ist (§ 54 Abs. 2).[5] Bei **Sacheinlagen** legt er den **Wert** fest, den die zu leistende Sacheinlage haben muss (vgl. § 36a Abs. 2 S. 3).[6] Der Ausgabebetrag begrenzt die Einlagepflicht der Aktionäre (§ 54 Abs. 1) und muss für jede Aktie einzeln feststellbar sein.[7] Er setzt sich aus dem geringsten Ausgabebetrag iSd § 9 Abs. 1 (→ Rn. 4) und – sofern vorgesehen – aus einem etwaigen Mehrbetrag – dem Aufgeld oder Agio – zusammen.[8] Der Ausgabebetrag ist bei Gründung der Gesellschaft in der Übernahmeerklärung in der Gründungsurkunde (§ 23 Abs. 2 Nr. 2) festzusetzen. Bei Kapitalerhöhungen ist der Ausgabebetrag ggf. im Kapitalerhöhungsbeschluss (vgl. §§ 182 Abs. 3, 193 Abs. 2 Nr. 3), in jedem Fall aber im Zeichnungsschein (§ 185 Abs. 1 S. 3 Nr. 2) und in der Bezugserklärung (§ 198 Abs. 1 S. 3) festzusetzen.[9] 3

---

[1] BGHZ 64, 52 (62) = NJW 1975, 974; BGHZ 68, 191 (195) = NJW 1977, 1196; vgl. Hüffer/*Koch* Rn. 1.
[2] MüKoAktG/*Heider* Rn. 6.
[3] MüKoAktG/*Heider* Rn. 7; Spindler/Stilz/*Vatter* Rn. 4.
[4] MüKoAktG/*Heider* Rn. 8; vgl. Spindler/Stilz/*Vatter* Rn. 2.
[5] Schmidt/Lutter/*Ziemons* Rn. 4; Spindler/Stilz/*Vatter* Rn. 5; Hüffer/*Koch* Rn. 2.
[6] MüKoAktG/*Heider* Rn. 16; Schmidt/Lutter/*Ziemons* Rn. 4; Hüffer/*Koch* Rn. 2.
[7] MüKoAktG/*Heider* Rn. 9.
[8] Spindler/Stilz/*Vatter* Rn. 5.
[9] MüKoAktG/*Heider* Rn. 8; Schmidt/Lutter/*Ziemons* Rn. 4; Spindler/Stilz/*Vatter* Rn. 8.

II. Verbot der Unterpariemission (Abs. 1)

4 **1. Geringster Ausgabebetrag.** § 9 Abs. 1 enthält die Legaldefinition des „geringsten Ausgabebetrages" und das Verbot, diesen bei der Ausgabe von Aktien zu unterschreiten **(„Verbot der Unterpariemission")**. Geringster Ausgabebetrag ist bei Nennbetragsaktien (§ 8 Abs. 2) der Nennbetrag. Geringster Ausgabebetrag ist bei Stückaktien (§ 8 Abs. 3) der auf die einzelne Stückaktie entfallende anteilige Betrag am Grundkapital; dieser ist durch die Division des Nennbetrags des Grundkapitals durch die Anzahl der Stückaktien zu ermitteln.[10] Der geringste Ausgabebetrag darf bei der Ausgabe von Aktien nicht unterschritten werden. Die Unterschreitung des geringsten Ausgabebetrages ist für jede einzelne Aktie verboten.[11] Sie darf auch nicht verdeckt oder verschleiert erfolgen **(„verdeckte Unterpariemission")**, zB durch die Vereinbarung von Skonti, Provisionen oder sonstiger Nachlässe[12] oder die Überbewertung von Sacheinlagen.[13]

5 **2. Anwendungsbereich.** Das Verbot der Unterpariemission gilt für jede Form der Ausgabe von Aktien, bei der der Übernehmer sich zur Leistung von Einlagen verpflichtet. Es gilt somit gleichermaßen bei Bareinlagen wie bei Sacheinlagen. Es ist sowohl bei der Gründung einer Aktiengesellschaft als auch bei Kapitalerhöhungen zu beachten.

6 **a) Geltung für Bar- und Sacheinlagen.** Trotz des Wortlautes, der mit der Verwendung des Begriffes „Betrag" lediglich auf eine Barzahlungsverpflichtung hinzuweisen scheint, gilt das Verbot der Unterpariemission unabhängig von der Form der Einlagen, dh für Bareinlagen und für Sacheinlagen.[14] Für Sacheinlagen wird das Verbot in § 36a Abs. 2 S. 3 (→ § 36a Rn. 9) bekräftigt. In der registergerichtlichen Praxis bereitet die Überwachung des Verbots der Unterpariemission bei Bareinlagen aufgrund der mit der Handelsregisteranmeldung vorzulegenden Unterlagen (vgl. § 37 Abs. 4 Nr. 1) keine besonderen Probleme. Anders stellt sich die Situation bei Sacheinlagen dar. Hier sehen sich die Registergerichte mit der Frage der zutreffenden Bewertung des als Sacheinlage einzubringenden Gegenstandes konfrontiert. Der Gefahr der **Überbewertung** sollen diverse Vorschriften zur Prüfung und zum Nachweis der Werthaltigkeit entgegenwirken (vgl. §§ 27, 32 Abs. 2, 33 Abs. 2 Nr. 4, 34 Abs. 1 Nr. 2, 37 Abs. 4 Nr. 2, 38 Abs. 2 S. 2 und 183 Abs. 3).

7 **b) Geltung bei Gründung und Kapitalerhöhung.** Das Verbot der Unterpariemission gilt gleichermaßen bei der Gründung einer Aktiengesellschaft wie bei jeglichen Kapitalerhöhungen, bei denen Einlageverpflichtungen für die Übernehmer der Aktien begründet werden. Dies ist bei Kapitalerhöhungen gegen Einlagen (§ 185 Abs. 1 S. 3 Nr. 2), bei bedingten Kapitalerhöhungen (§ 198 Abs. 1 S. 3 iVm § 193 Abs. 2 Nr. 3) sowie bei der Ausgabe von Aktien aufgrund genehmigten Kapitals (§ 203 Abs. 1 iVm § 185 Abs. 1 S. 3 Nr. 2) der Fall. Bei Kapitalerhöhungen aus Gesellschaftsmitteln (§§ 207 ff.), bei denen Rücklagen in Grundkapital umgewandelt werden, stellt sich hingegen die Frage der Unterpariemission nicht.[15] Bei sanierungsbedürftigen Aktiengesellschaften, deren Aktien unter dem geringsten Ausgabebetrag notieren, kommt daher eine Kapitalerhöhung erst im unmittelbaren Anschluss an eine vorherige Kapitalherabsetzung (§§ 222 ff.) in Betracht.[16]

8 **3. Rechtsfolgen eines Verstoßes. a) Gründung.** Wird der Ausgabebetrag unter pari festgesetzt, sind die Übernahmeerklärung (§ 23 Abs. 2 Nr. 2) und der gesamte Gründungsvertrag nichtig.[17] Eine Einlageverpflichtung kann nur nach den Grundsätzen über die fehlerhafte Vor-AG entstehen, wenn diese bereits im Rechtsverkehr aufgetreten und Verbindlichkeiten eingegangen ist.[18] Das Registergericht hat die Eintragung der Aktiengesellschaft abzulehnen (§ 38 Abs. 1 S. 2, Abs. 2 S. 2). Wird die Aktiengesellschaft dennoch in das Handelsregister eingetragen, ist sie wirksam entstanden (§ 41 Abs. 1 S. 1). Eine Nichtigkeitsklage (§ 275) oder ein Amtsauflösungsverfahren (§ 399 FamFG) kommen nicht in Betracht.[19] In diesem Fall sind die Gründer unabhängig von ihrer anders lautenden Übernahmeerklärung verpflichtet, Einlagen in Höhe des geringsten Ausgabebetrages der übernommenen

---

[10] MüKoAktG/*Heider* Rn. 5.

[11] Hüffer/*Koch* Rn. 2; MüKoAktG/*Heider* Rn. 9; Spindler/Stilz/*Vatter* Rn. 10; KK-AktG/*Dauner-Lieb* Rn. 12.

[12] Hüffer/*Koch* Rn. 2; MüKoAktG/*Heider* Rn. 11; Spindler/Stilz/*Vatter* Rn. 10; HK-AktG/*Westermann* Rn. 3; Grigoleit/*Vedder* Rn. 1; aA Schmidt/Lutter/*Ziemons* Rn. 7, 10 ff.: verbotenes Hin- und Herzahlen; ebenfalls aA NK-AktR/*Wagner* Rn. 6.

[13] MüKoAktG/*Heider* Rn. 16 ff.; Spindler/Stilz/*Vatter* Rn. 10; KK-AktG/*Dauner-Lieb* Rn. 16; iE ebenso Grigoleit/*Vedder* Rn. 1.

[14] AllgM, zB MüKoAktG/*Heider* Rn. 14.

[15] Vgl. zB MüKoAktG/*Heider* Rn. 10.

[16] MüKoAktG/*Heider* Rn. 20; KK-AktG/*Dauner-Lieb* Rn. 13; Hüffer/*Koch* Rn. 4.

[17] Hüffer/*Koch* Rn. 5; MüKoAktG/*Heider* Rn. 22; Schmidt/Lutter/*Ziemons* Rn. 8.

[18] MüKoAktG/*Heider* Rn. 22; Hüffer/*Koch* Rn. 5; Spindler/Stilz/*Vatter* Rn. 14.

[19] MüKoAktG/*Heider* Rn. 23; Hüffer/*Koch* Rn. 6; Spindler/Stilz/*Vatter* Rn. 15.

Aktien zu erbringen. Begründet wird dieses Ergebnis mit dem Rechtsgedanken des § 66[20] und als unabweisbare Folge des Prinzips der Kapitalaufbringung.[21] Bleiben von einem Gründer geleistete Sacheinlagen wertmäßig hinter dem Ausgabebetrag zurück **(„Überbewertung von Sacheinlagen“)**, hat der Gründer den Differenzbetrag zwischen dem tatsächlichen Wert der Sacheinlage und dem geringsten Ausgabebetrag in Bargeld nachzuentrichten **(„Differenzhaftung“)**. Zur Begründung verweist die ältere Rechtsprechung[22] auf eine im Sacheinlageversprechen enthaltene entsprechende Kapitaldeckungszusage des Gründers, während in der neueren Rechtsprechung[23] und in der Literatur in Analogie zu § 9 Abs. 1 GmbHG von einer gesetzlichen Differenzhaftung ausgegangen wird.[24] Dabei geht die hM[25] zu Recht davon aus, dass nicht nur für die Differenz bis zum geringsten Ausgabebetrag, sondern auch für ein etwaiges Agio iSd § 9 Abs. 2 gehaftet wird. Für die Verjährung des Anspruchs der Gesellschaft aus der Differenzhaftung ist § 9 Abs. 2 GmbHG analog maßgeblich,[26] so dass Verjährung zehn Jahre nach Eintragung der Gesellschaft eintritt (→ § 27 Rn. 12).[27] Anders als im GmbH-Recht (vgl. § 7 Abs. 3 GmbHG) ist eine Sacheinlage bei einer Aktiengesellschaft nicht zwingend vor der Anmeldung der Gesellschaft zur Eintragung im Handelsregister zu leisten (→ § 36a Rn. 5 ff.); daher sprechen gute Gründe dafür, dass die Verjährung abweichend hiervon erst zehn Jahre nach Leistung der Sacheinlage eintritt, wenn diese nach Eintragung der Gesellschaft im Handelsregister bewirkt wird.[28]

b) Kapitalerhöhung. Ein gegen § 9 Abs. 1 verstoßender Kapitalerhöhungsbeschluss ist gemäß 9
§ 241 Nr. 3 Alt. 2 nichtig.[29] Dasselbe gilt für die entsprechenden Zeichnungsscheine (§§ 185, 203 Abs. 1) oder Bezugserklärungen (§ 198).[30] Das Registergericht hat die Eintragung der Kapitalerhöhung abzulehnen. Wird sie dennoch vorgenommen, kann innerhalb von drei Jahren nach Eintragung Nichtigkeitsfeststellungsklage (§§ 249, 242 Abs. 2, 241 Nr. 3 Alt. 2) erhoben werden. Unabhängig davon und auch noch nach Ablauf der Dreijahresfrist besteht die Möglichkeit der Löschung des nichtigen Beschlusses von Amts wegen (§ 242 Abs. 2 S. 3; § 398 FamFG). Nach Ablauf von drei Jahren nach Eintragung werden die übernommenen Aktien als wirksam entstanden fingiert; die Zeichner sind verpflichtet, den geringsten Ausgabebetrag einzuzahlen.[31] Erfolgt dann noch Amtslöschung gemäß § 398 FamFG, wirkt diese auf den Zeitpunkt der Beschlussfassung zurück; die Kapitalerhöhung ist unwirksam, die Aktien sind nicht entstanden.[32] Im Hinblick auf die Einlageverpflichtung findet § 277 Abs. 3 entsprechende Anwendung.[33] Ansonsten führt – zumindest nach Eintragung der Kapitalerhöhung – eine „Überbewertung von Sacheinlagen“ wie bei der Gründung zur „Differenzhaftung“ des Inferenten (→ Rn. 8),[34] die auch insoweit ein etwaiges Agio umfasst (im Einzelnen → § 183 Rn. 48 ff.).[35]

III. Überpariemission

1. Begriff. Nach § 9 Abs. 2 ist die Ausgabe von Aktien für einen höheren Betrag als den gerings- 10
ten Ausgabebetrag (→ Rn. 4) zulässig (sog. **„Überpariemission“**). Dies geschieht bei Bareinlagen durch die Festsetzung eines den geringsten Ausgabebetrag übersteigenden Mehrbetrages (**Aufgeld** oder **Agio**). Bei Sacheinlagen erfolgt die Überpariemission durch eine ausdrücklich den geringsten Ausgabebetrag übersteigende Bewertung in der Satzung (§ 27 Abs. 1).[36] § 9 Abs. 2 hat lediglich

---

[20] Hüffer/*Koch* Rn. 6.

[21] Hüffer/*Koch* Rn. 6; Spindler/Stilz/*Vatter* Rn. 18.

[22] BGHZ 64, 52 (62) = NJW 1975, 974; BGHZ 191, 364 Rn. 16 = NZG 2012, 69 – Babcock.

[23] BGHZ 191, 364 Rn. 17 = NZG 2012, 69 – Babcock; ähnlich BGHZ 118, 83 (101) = NJW 1992, 2222 (2227).

[24] MüKoAktG/*Heider* Rn. 27; Hüffer/*Koch* Rn. 6 und § 27 Rn. 21; Spindler/Stilz/*Vatter* Rn. 18.

[25] BGHZ 191, 364 Rn. 17 = NZG 2012, 69 – Babcock; *Wienecke* NZG 2012, 136 (137); MüKoAktG/*Heider* Rn. 27; Spindler/Stilz/*Vatter* Rn. 19.

[26] BGHZ 118, 83 (101) = NJW 1992, 2222 (2227); ausdrücklich bestätigt durch BGHZ 191, 364 Rn. 41 = NZG 2012, 69 – Babcock.

[27] Spindler/Stilz/*Vatter* Rn. 20; KK-AktG/*Dauner-Lieb* Rn. 22.

[28] So MüKoAktG/*Pentz* § 27 Rn. 44; Spindler/Stilz/*Vatter* Rn. 20.

[29] AllgM, zB MüKoAktG/*Heider* Rn. 29.

[30] MüKoAktG/*Heider* Rn. 29; Spindler/Stilz/*Vatter* Rn. 16.

[31] Schmidt/Lutter/*Ziemons* Rn. 9.

[32] MüKoAktG/*Heider* Rn. 30; Schmidt/Lutter/*Ziemons* Rn. 9.

[33] Hüffer/*Koch* Rn. 7; MüKoAktG/*Heider* Rn. 30; Schmidt/Lutter/*Ziemons* Rn. 9.

[34] Spindler/Stilz/*Vatter* Rn. 17 ff.; Grigoleit/*Vedder* Rn. 6; vgl. Schmidt/Lutter/*Ziemons* Rn. 10 ff.; NK-AktR/*Wagner* Rn. 6a, 12.

[35] BGHZ 191, 364 Rn. 17 = NZG 2012, 69 – Babcock; *Wienecke* NZG 2012, 136 (137 f.).

[36] Hüffer/*Koch* Rn. 8; Grigoleit/*Vedder* Rn. 7.

klarstellende Bedeutung;[37] auch ohne diese Vorschrift beständen keine Zweifel an der Zulässigkeit der ausschließlich im Interesse von Gesellschaft und deren Gläubigern liegenden Überpariemission. Das Agio ist nicht Teil des Grundkapitals, sondern ebenso wie der den geringsten Ausgabebetrag übersteigende Wert einer Sacheinlage in eine **Kapitalrücklage** einzustellen (§ 150 Abs. 2 AktG iVm §§ 272 Abs. 2 Nr. 1, 266 Abs. 3 A II HGB).[38] Überpariemissionen sind zwar auch bei der Gründung möglich; praktische Bedeutung haben sie aber insbesondere bei Kapitalerhöhungen, um einen den geringsten Ausgabebetrag übersteigenden Wert der neuen Aktien auszugleichen.[39]

11 **2. Festsetzung.** Bei der Festsetzung des Ausgabebetrages (→ Rn. 3) muss ein Agio nicht gesondert ausgewiesen werden. Ausreichend ist die Bezeichnung eines einheitlichen Ausgabebetrages als Summe aus geringstem Ausgabebetrag und Agio.[40] Änderungen des festgesetzten Ausgabebetrages sind nur eingeschränkt zulässig. Eine **Herabsetzung** des Ausgabebetrages ist aufgrund des Verbots der Einlagenrückgewähr (§ 57 Abs. 1) nur **vor** Eintragung der Gesellschaft bzw. der Kapitalerhöhung möglich. Auch bei zulässiger Herabsetzung soll eine Haftung des Gründers oder Übernehmers analog § 277 Abs. 3 auf Einzahlung des Herabsetzungsbetrages möglich sein.[41] Die nachträgliche **Heraufsetzung** führt zu einer **Nachschusspflicht;** hierfür ist die Zustimmung des Übernehmers bzw. Zeichners der Aktie erforderlich.[42] Änderungen des Ausgabebetrages im Zusammenhang mit der Gründung einer Aktiengesellschaft erfordern entsprechende notariell beurkundete Vereinbarungen der Gründer. Bei Kapitalerhöhungen sind neue Zeichnungs- oder Bezugsscheine auszustellen.[43]

12 **3. Höhe.** Die Bestimmung der Höhe des Ausgabebetrages steht – sofern dieser den geringsten Ausgabebetrag iSd § 9 Abs. 1 übersteigt – grundsätzlich im Ermessen der Gründer bzw. – bei Kapitalerhöhungen – des zur Festsetzung berufenen Gesellschaftsorgans.[44] Regelmäßig entspricht die Ausgabe der Aktien zum höchstmöglichen Ausgabebetrag dem Interesse der Gesellschaft und der Altaktionäre. Ein Mindestbetrag kann sich bei Kapitalerhöhungen mit Bezugsrechtsausschluss zum Schutz der Altaktionäre vor „Verwässerungen“ aus § 255 Abs. 2 ergeben. Andererseits darf der Ausgabebetrag bei Kapitalerhöhungen aber auch nicht so hoch festgesetzt werden, dass er für Alt- oder Minderheitsaktionäre zu einem faktischen Bezugsrechtsausschluss führt.[45] Der Ausgabebetrag kann für verschiedene Aktiengattungen oder auch für einzelne Aktionäre ungleich festgesetzt werden, soweit damit ausnahmsweise kein Verstoß gegen den Gleichbehandlungsgrundsatz (§ 53a) verbunden ist.[46]

IV. Schuldrechtliche Zuzahlungen

13 Nicht in § 9 geregelt sind eventuelle schuldrechtliche Zuzahlungen oder ähnliche Leistungen an die Aktiengesellschaft. Diese erfolgen auf Grundlage besonderer schuldrechtlicher Vereinbarungen aus Anlass des Beteiligungserwerbs. Solche schuldrechtlichen Zuzahlungen sind kein Agio. Ihre Zulässigkeit ist von der hM anerkannt.[47] Sie sind in die Kapitalrücklagen einzustellen[48] und gemäß § 272 Abs. 2 Nr. 4 HGB zu passivieren.[49]

§ 10 Aktien und Zwischenscheine

(1) [1]Die Aktien lauten auf Namen. [2]Sie können auf den Inhaber lauten, wenn
1. die Gesellschaft börsennotiert ist oder
2. der Anspruch auf Einzelverbriefung ausgeschlossen ist und die Sammelurkunde bei einer der folgenden Stellen hinterlegt wird:
a) einer Wertpapiersammelbank im Sinne des § 1 Absatz 3 Satz 1 des Depotgesetzes,

---

[37] Hüffer/*Koch* Rn. 8; MüKoAktG/*Heider* Rn. 31; KK-AktG/*Dauner-Lieb* Rn. 4.
[38] MüKoAktG/*Heider* Rn. 32; Spindler/Stilz/*Vatter* Rn. 32.
[39] Hüffer/*Koch* Rn. 8; Spindler/Stilz/*Vatter* Rn. 23.
[40] Spindler/Stilz/*Vatter* Rn. 24.
[41] Spindler/Stilz/*Vatter* Rn. 25; Schmidt/Lutter/*Ziemons* Rn. 25; MüKoAktG/*Heider* Rn. 43.
[42] Spindler/Stilz/*Vatter* Rn. 25; MüKoAktG/*Heider* Rn. 45; Schmidt/Lutter/*Ziemons* Rn. 25.
[43] MüKoAktG/*Heider* Rn. 45; Spindler/Stilz/*Vatter* Rn. 25; Schmidt/Lutter/*Ziemons* Rn. 25.
[44] MüKoAktG/*Heider* Rn. 39; Spindler/Stilz/*Vatter* Rn. 26.
[45] Spindler/Stilz/*Vatter* Rn. 27 ff.; KK-AktG/*Dauner-Lieb* Rn. 29; vgl. MüKoAktG/*Heider* Rn. 40.
[46] MüKoAktG/*Heider* Rn. 41; KK-AktG/*Dauner-Lieb* Rn. 34 ff.
[47] ZB Hüffer/*Koch* Rn. 9; Spindler/Stilz/*Vatter* Rn. 35; KK-AktG/*Dauner-Lieb* Rn. 34 ff.; *Becker* NZG 2003, 510 (513 f.); vgl. Spindler/Stilz/*Limmer* § 23 Rn. 26 mwN; vgl. NK-AktR/*Wagner* Rn. 16 ff. unter Hinweis auf BayObLG DB 2002, 940.
[48] Spindler/Stilz/*Vatter* Rn. 41.
[49] Hüffer/*Koch* Rn. 9; NK-AktR/*Wagner* Rn. 21 f.

b) einem zugelassenen Zentralverwahrer oder einem anerkannten Drittland-Zentralverwahrer gemäß der Verordnung (EU) Nr. 909/2014 des Europäischen Parlaments und des Rates vom 23. Juli 2014 zur Verbesserung der Wertpapierlieferungen und -abrechnungen in der Europäischen Union und über Zentralverwahrer sowie zur Änderung der Richtlinien 98/26/EG und 2014/65/EU und der Verordnung (EU) Nr. 236/2012 (Abl. L 257 vom 28.8.2014, S. 1) oder

c) einem sonstigen ausländischen Verwahrer, der die Voraussetzungen des § 5 Absatz 4 Satz 1 des Depotgesetzes erfüllt.

[3]Solange im Fall des Satzes 2 Nummer 2 die Sammelurkunde nicht hinterlegt ist, ist § 67 entsprechend anzuwenden.

(2) [1]Die Aktien müssen auf Namen lauten, wenn sie vor der vollen Leistung des Ausgabebetrags ausgegeben werden. [2]Der Betrag der Teilleistungen ist in der Aktie anzugeben.

(3) Zwischenscheine müssen auf Namen lauten.

(4) [1]Zwischenscheine auf den Inhaber sind nichtig. [2]Für den Schaden aus der Ausgabe sind die Ausgeber den Inhabern als Gesamtschuldner verantwortlich.

(5) In der Satzung kann der Anspruch des Aktionärs auf Verbriefung seines Anteils ausgeschlossen oder eingeschränkt werden.

Schrifttum: *Götze/Nartowska,* Der Regierungsentwurf der Aktienrechtsnovelle 2014 – Anmerkungen aus der Praxis, NZG 2015, 298; *Götze/Arnold/Carl,* Der Regierungsentwurf der Aktienrechtsnovelle 2012 – Anmerkungen aus der Praxis, NZG 2012, 321; *Ihrig/Wandt,* Die Aktienrechtsnovelle 2016, BB 2016, 6; *Mock,* Aktiengesellschaften mit Inhaberaktien nach neuem Recht – Gründung, Umstellung und Kapitalerhöhung, AG 2016, 261; *Wälzholz/Wolffskeel v. Reichenberg,* Die Aktienrechtsnovelle 2016 und weitere aktienrechtliche Gesetzesänderungen, MittBayNot 2016, 197; *Ziemons,* Die aktienbezogenen Regelungen des RegE „Aktienrechtsnovelle 2012", BB 2012, 523.

Übersicht

I. Allgemeines

1. Regelungsgegenstand und Normzweck. § 10 trifft Regelungen zur **wertpapiermäßigen Verbriefung** der Mitgliedschaft des Aktionärs. Die Vorschrift gewährt der Aktiengesellschaft grundsätzlich ein **Wahlrecht,** in welcher Form die Verbriefung erfolgen soll (§ 10 Abs. 1).[1] Dieses Wahl- 1

[1] MüKoAktG/*Heider* Rn. 6; Grigoleit/*Vedder* Rn. 1; *Ulrich* GmbHR 2015, R53.

recht ist in Bezug auf die Ausgabe von Inhaberaktien in doppelter Hinsicht eingeschränkt: zum einen ist die Ausgabe von Inhaberaktien bei nichtbörsennotierten Gesellschaften von besonderen Voraussetzungen abhängig (vgl. § 10 Abs. 1 S. 2 Nr. 2; → Rn. 11, 17 ff.); diese Beschränkung soll der Transparenz der Beteiligungsverhältnisse dienen.[2] Zum anderen bestehen zum Zweck der Sicherung der tatsächlichen Aufbringung des Grundkapitals vor vollständiger Leistung des Ausgabebetrags weitere Beschränkungen (§ 10 Abs. 2 und 3).[3] § 10 beinhaltet darüber hinaus wesentliche Regelungen für die vorläufige Verbriefung der Mitgliedschaft durch Zwischenscheine (§ 10 Abs. 3 und 4). Ferner erlaubt die Vorschrift, den Anspruch des einzelnen Aktionärs auf Verbriefung seiner Mitgliedschaft einzuschränken oder sogar auszuschließen (§ 10 Abs. 5). Bei der Auslegung des § 10 sind keine besonderen unionsrechtlichen Vorgaben zu beachten.[4]

2 **2. Entwicklung der Norm.** § 10 hat durch das Gesetz zur Änderung des Aktiengesetzes (Aktienrechtsnovelle 2016) vom 22.12.2015 (BGBl. I S. 2565) wesentliche Änderungen erfahren. Zwar ist das herkömmliche **Wahlrecht** zwischen Inhaberaktien und Namensaktien auch für **nichtbörsennotierte Gesellschaften** erhalten geblieben. Allerdings wird die Ausgabe von Inhaberaktien in diesem Fall nunmehr an den Ausschluss des Einzelverbriefungsanspruchs geknüpft und die Hinterlegung der Sammelurkunde bei einer Wertpapiersammelbank oder einem vergleichbaren ausländischen Verwahrer zur Pflicht gemacht.[5] Bis zur Hinterlegung sind auch Inhaberaktien im Aktienregister zu verzeichnen. Der Gesetzgeber wollte mit dieser Neuregelung die Transparenz der Beteiligungsverhältnisse bei nichtbörsennotierten Aktiengesellschaften, die Inhaberaktien ausgeben, erhöhen und so den zuständigen Behörden die Ermittlungen bei Geldwäscheverdacht erleichtern (Schaffen einer „brauchbaren Ermittlungsspur").[6] Die nach der Neuregelung als Voraussetzung für die Ausgabe von Inhaberaktien begründete Pflicht zur Girosammelverwahrung der aufgrund des Ausschlusses des Anspruchs auf Einzelverbriefung zu bildenden Sammelurkunde (→ Rn. 27) soll für die zuständigen Ermittlungsbehörden rechtzeitig hinreichende und aktuelle Informationen über die Identität der Aktionäre sicherstellen.[7] Der Gesetzgeber reagierte mit der Neuregelung auf internationale Kritik[8] und will Nachteilen für den Finanzplatz Deutschland vorbeugen.[9] Zur Übergangsvorschrift → Rn. 22. Ob die Neuregelung tatsächlich die Beteiligungstransparenz zum Schutz vor Missbrauch erhöhen kann, bleibt angesichts bestehender Umgehungsmöglichkeiten (Legitimations- oder Treuhandeintragungen im Aktienregister, vollständiger Ausschluss von „Altgesellschaften" aus dem Anwendungsbereich der Neuregelung) fraglich.[10] Der Wortlaut des § 10 Abs. 1 S. 1 lässt die Namensaktie nunmehr als die „Standard-Aktienart" erscheinen.[11]

3 **3. Verbriefung der Mitgliedschaft. a) Bedeutung.** Die Mitgliedschaft in der Aktiengesellschaft entsteht nach vorhergehender Übernahmeerklärung des Gründers bzw. – bei Kapitalerhöhungen – des Zeichners der Aktien mit der Eintragung der Aktiengesellschaft (§ 41 Abs. 1 S. 1) bzw. der Durchführung der Kapitalerhöhung (§§ 189, 203 Abs. 1) im Handelsregister.[12] Die Verbriefung der Mitgliedschaft in einer Aktie hat insoweit nur **deklaratorischen** Charakter.[13] Die Mitgliedschaft entsteht unabhängig davon, ob eine Ausgabe von Aktien tatsächlich erfolgt.[14] Etwas anderes gilt nach zutreffender hM[15] nur für die Ausgabe von Aktien bei einer bedingten Kapitalerhöhung, die konstitutive Wirkung für das Entstehen der Mitgliedschaft hat. Denn da in diesem Fall die Kapitalerhöhung bereits mit der Ausgabe der Bezugsaktien wirksam ist und nicht erst mit der

---

[2] Begr, RegE, BT-Drs. 18/4349, 1, 15.
[3] Vgl. MüKoAktG/*Heider* Rn. 7; MHdB AG/*Sailer-Coceani* § 13 Rn. 2.
[4] MüKoAktG/*Heider* Rn. 4.
[5] Vgl, Begr. RegE, BT-Drs. 18/4349, 2.
[6] Vgl, Begr. RegE, BT-Drs. 18/4349, 16.
[7] Vgl. Begr. RegE, BT-Drs. 18/4349, 16.
[8] Vgl. Begr RegE BT-Drs. 18/4349, 11 unter Hinweis auf entsprechende Rügen im dritten Bericht der „Financial Action Task Force" (FATF) über Deutschland vom 19.2.2010.
[9] Vgl. Begr. RegE, BT-Drs. 18/4349, 16.
[10] Insoweit krit. Hüffer/*Koch* Rn. 6; vgl. ferner *Götze/Nartowska* NZG 2015, 298 (300); *Paschos/Goslar* NJW 2016, 359 (359); *Götze/Arnold/Karl* NZG 2012, 321 (322).
[11] Schmidt/Lutter/*Ziemons* Rn. 44; *Ziemons* BB 2012, 523 (523); vgl. *Ihrig/Wandt* BB 2016, 6 (6); *Weiler* notar 2012, 192 (200).
[12] MüKoAktG/*Heider* Rn. 8.
[13] RGZ 31, 17 (22); 34, 110 (115); 41, 9 (13 f.); 52, 417 (423); MüKoAktG/*Heider* Rn. 8; Schmidt/Lutter/*Ziemons* Rn. 20; Spindler/Stilz/*Vatter* Rn. 27; HK-AktG/*Westermann* Rn. 2.
[14] Hüffer/*Koch* Rn. 2; Spindler/Stilz/*Vatter* Rn. 27; KK-AktG/*Dauner-Lieb* Rn. 20.
[15] Hüffer/*Koch* § 199 Rn. 2; Spindler/Stilz/*Vatter* Rn. 28; KK-AktG/*Lutter* § 199 Rn. 3 f.; Schmidt/Lutter/*Ziemons* Rn. 20.

Eintragung im Handelsregister, ist aus Gründen der Rechtssicherheit eine eindeutige „Dokumentation" der Kapitalerhöhung erforderlich.[16]

b) Zweck. Die Verbriefung der Mitgliedschaft in einer Aktie soll deren Verkehrsfähigkeit steigern, den guten Glauben des Erwerbers schützen und dem Aktionär seine Legitimation gegenüber der Gesellschaft und Dritten erleichtern.[17] Die in der Praxis vorherrschenden Formen der Verbriefung und Verwahrung – wie zB Globalurkunde und Sammelverwahrung – und der damit verbundene stückelose Effektengiroverkehr, in dem die einzelne Aktie weniger als Wertpapier und mehr als Buchungsposten erscheint, haben jedoch die Bedeutung der Aktienurkunde für die Übertragung der Mitgliedschaft und die Legitimation des Aktionärs gemindert.[18] 4

4. Recht auf Verbriefung. Jeder Aktionär hat grundsätzlich einen **Anspruch** auf Verbriefung der Mitgliedschaft.[19] Dies ergibt sich im Umkehrschluss aus § 10 Abs. 5, wonach diesen Anspruch ausschließende oder einschränkende Regelungen in der Satzung zulässig sind. Der Ausschluss des Verbriefungsanspruchs (→ Rn. 27 ff.) ist bei nichtbörsennotierten Aktiengesellschaften Voraussetzung für die Ausgabe von Inhaberaktien (vgl. § 10 Abs. 1 S. 2 Nr. 2; → Rn. 17 ff.). Der Verbriefungsanspruch entsteht mit der Mitgliedschaft, dh mit Eintragung der Aktiengesellschaft bzw. der Kapitalerhöhung im Handelsregister. Der Anspruch ist nicht davon abhängig, dass die Einlagepflicht vollständig erfüllt ist.[20] Die Erfüllung der Einlagepflicht ist nur für die Frage von Bedeutung, in welcher Form der Verbriefungsanspruch erfüllt werden kann (vgl. § 10 Abs. 2; → Rn. 23 f.). 5

II. Inhaber- und Namensaktien (Abs. 1)

1. Begriff und Bedeutung. § 10 Abs. 1 regelt abschließend, dass Aktien entweder als **Inhaberaktien** oder als **Namensaktien** verbrieft werden können.[21] Dies gilt unabhängig davon, ob die Aktien als Nennbetragsaktien oder als Stückaktien begründet werden.[22] Inhaberaktien und Namensaktien sind in Bezug auf den mitgliedschaftlichen Status gleichwertig und begründen folglich keine unterschiedlichen Mitgliedschaftsrechte. Die unterschiedliche Ausgestaltung begründet keinen Gattungsunterschied (§ 11). Inhaberaktien und Namensaktien sind Wertpapiere im Sinne des Wertpapierrechts, da die mitgliedschaftlichen Befugnisse nur durch den ausgeübt werden können, der Inhaber der Urkunde ist, und die Übertragung der Mitgliedschaft durch Übertragung der Urkunde erfolgen kann.[23] 6

a) Inhaberaktien. Inhaberaktien sind **Inhaberpapiere.**[24] Sie verbriefen die Mitgliedschaftsrechte, ohne den Namen des Berechtigten zu nennen. Diese können von jedem Inhaber der Urkunde geltend gemacht werden.[25] §§ 793 ff. BGB sind – vorbehaltlich abweichender aktienrechtlicher Regelungen – analog anzuwenden.[26] 7

b) Namensaktien. Namensaktien sind **„geborene Orderpapiere".**[27] Der Berechtigte wird gegenüber Dritten durch seine namentliche Nennung in der Aktie oder durch Indossamentenkette ausgewiesen.[28] Blankoindossamente sind zulässig (§ 68 Abs. 1 S. 2 iVm Art. 13 Abs. 2 WG). Gegenüber der Gesellschaft beruht die Legitimationswirkung hingegen auf der Eintragung im Aktienregister (§ 67 Abs. 2). 8

c) Bedeutung. In der Praxis war in Deutschland seit jeher die Inhaberaktie die vorherrschende Aktienform.[29] Die Namensaktie war lediglich in Familiengesellschaften, Gesellschaften mit überschaubarer Aktionärszahl und in der Versicherungswirtschaft – wegen der dort verbreiteten Teileinzahlung – von Bedeutung. In den letzten Jahren hat die Namensaktie – auch im Bereich der börsennotierten Gesellschaften – an Bedeutung gewonnen. Verantwortlich dafür sind entsprechende 9

---

16 Vgl. Hüffer/*Koch* § 199 Rn. 2.
17 KK-AktG/*Dauner-Lieb* Rn. 23; MüKoAktG/*Heider* Rn. 10.
18 Spindler/Stilz/*Vatter* Rn. 3; KK-AktG/*Dauner-Lieb* Rn. 24; ähnlich MüKoAktG/*Heider* Rn. 11.
19 RGZ 85, 327 (330 f.); MüKoAktG/*Heider* Rn. 13; Hüffer/*Koch* Rn. 3.
20 HL, MüKoAktG/*Heider* Rn. 15; Hüffer/*Koch* Rn. 3; Spindler/Stilz/*Vatter* Rn. 29; Grigoleit/*Vedder* Rn. 4; aA RGZ 79, 174 (175 f.).
21 Spindler/Stilz/*Vatter* Rn. 6; MüKoAktG/*Heider* Rn. 16.
22 MüKoAktG/*Heider* Rn. 16.
23 Hüffer/*Koch* Rn. 4.
24 AllgM, zB Hüffer/*Koch* Rn. 4; KK-AktG/*Dauner-Lieb* Rn. 29; Schmidt/Lutter/*Ziemons* Rn. 6.
25 MüKoAktG/*Heider* Rn. 37; Spindler/Stilz/*Vatter* Rn. 7.
26 AllgM, zB Hüffer/*Koch* Rn. 4; MüKoAktG/*Heider* Rn. 35; Schmidt/Lutter/*Ziemons* Rn. 6.
27 MüKoAktG/*Heider* Rn. 27; Spindler/Stilz/*Vatter* Rn. 9.
28 MüKoAktG/*Heider* Rn. 27; Spindler/Stilz/*Vatter* Rn. 9; Schmidt/Lutter/*Ziemons* Rn. 10.
29 MüKoAktG/*Heider* Rn. 18; Spindler/Stilz/*Vatter* Rn. 11; vgl. Hüffer/*Koch* Rn. 1.

Erfordernisse bei Börsengängen im Ausland und die Möglichkeit, mit den aus dem Aktienregister namentlich bekannten Aktionären direkten Kontakt aufnehmen zu können (sog. „investor relations“).[30] Aufgrund § 10 Abs. 1 S. 2 Nr. 2, der bei nichtbörsennotierten Aktiengesellschaften die Ausgabe von Inhaberaktien von besonderen Voraussetzungen abhängig macht (→ Rn. 17 ff.), ist davon auszugehen, dass die Namensaktie zukünftig weiter an Bedeutung gewinnen wird. In der Literatur wird insoweit von einem „sanften Zwang zur Namensaktie“ gesprochen[31] bzw. die Namensaktie als „Standardverbriefung“ bezeichnet.[32]

10 **2. Satzungsbestimmung.** Die Wahl der Aktienform muss in der Satzung erfolgen (§ 23 Abs. 3 Nr. 5). Die Satzung kann auch vorsehen, dass beide Formen nebeneinander ausgegeben werden.[33] Die Anzahl der Aktien jeder Art muss dabei nicht festgelegt werden.[34] Eine entsprechende Regelung in der Satzung ist auch dann erforderlich, wenn der Anspruch des Aktionärs auf Verbriefung seines Anteils gemäß § 10 Abs. 5 ausgeschlossen wird. Denn die Festsetzung nach § 23 Abs. 3 Nr. 5 hat über die Festlegung der Form des Wertpapiers hinaus Bedeutung für die mitgliedschaftlichen Rechte und deren Ausübung (vgl. §§ 55, 65, 68 Abs. 2, 101 Abs. 2 S. 2, 123).[35] Enthält die Satzung keine Festsetzung gemäß § 23 Abs. 3 Nr. 5, liegt ein Eintragungshindernis vor (§ 38 Abs. 4 Nr. 1). Wird die Gesellschaft dennoch eingetragen, ist sie wirksam entstanden (vgl. § 41 Abs. 1 S. 1). In diesem Fall hat das Registergericht gemäß § 399 Abs. 1 FamFG zu einer Satzungsänderung aufzufordern. Wird der Mangel nicht fristgerecht behoben, stellt das Registergericht den Mangel der Satzung fest (§ 399 Abs. 2 FamFG). Mit Rechtskraft dieser Verfügung ist die Aktiengesellschaft aufgelöst (§ 262 Abs. 1 Nr. 5).

11 **3. Wahlfreiheit.** Die Entscheidung, welche Aktienform ausgegeben werden soll oder ob beide Aktienformen vorgesehen werden sollen, steht grundsätzlich im freien Ermessen der Gesellschaft. Das Ermessen wird durch § 10 Abs. 1 S. 2 Nr. 2 (→ Rn. 17 ff.) und Abs. 2 (→ Rn. 23 f.) sowie unmittelbar oder mittelbar durch verschiedene andere gesetzliche Regelungen innerhalb (zB §§ 55 Abs. 1 S. 1, 68 Abs. 2, 101 Abs. 2 S. 2) und außerhalb (zB § 50 Abs. 5 StBerG, §§ 28 Abs. 5, 130 Abs. 2 WPO) des Aktienrechts begrenzt.[36]

12 **4. Exkurs: Übertragung von Aktien.** Die rechtsgeschäftliche Übertragung der Mitgliedschaft kann entweder durch Abtretung des Mitgliedschaftsrechts (§§ 413, 398 ff. BGB) oder – soweit das Mitgliedschaftsrecht verbrieft ist – nach sachen- oder wertpapierrechtlichen Grundsätzen erfolgen.

13 **a) Nicht verbriefte Mitgliedschaft.** Sind keine Aktien ausgegeben, kann die Mitgliedschaft nur durch Abtretung (§§ 413, 398 ff. BGB) übertragen werden.[37] Gutgläubiger Erwerb ist folglich ausgeschlossen.[38]

14 **b) Inhaberaktien.** Die Übertragung von (verbrieften) Inhaberaktien kann zum einen nach allgemeinen sachenrechtlichen Grundsätzen gemäß §§ 929 ff. BGB erfolgen.[39] Gutgläubiger Erwerb ist demzufolge nach §§ 932 ff. BGB möglich.[40] Das Recht aus dem Papier, das Mitgliedschaftsrecht, folgt in diesem Fall dem Recht am Papier. Diese Form der Übertragung verdient in der Praxis den Vorzug. Daneben ist nach zutreffender Ansicht auch eine Abtretung des Mitgliedschaftsrechts nach §§ 413, 398 ff. BGB möglich.[41] Für deren Wirksamkeit ist eine Übergabe der Aktienurkunde oder die Vereinbarung eines Übergabesurrogats nicht erforderlich (vgl. § 952 Abs. 2 BGB),[42] aufgrund

---

[30] MüKoAktG/*Heider* Rn. 18; Spindler/Stilz/*Vatter* Rn. 11; *Noack* DB 1999, 1306.

[31] So ausdrücklich *Ziemons* BB 2012, 523 (523); ähnlich *Wälzholz/Wolffskeel* MittBayNot 2016, 197 (199).

[32] So Hüffer/*Koch* Rn. 1; ähnlich Schmidt/Lutter/*Ziemons* Rn. 44.

[33] HK-AktG/*Westermann* Rn. 5; NK-AktR/*Wagner* Rn. 13; iE ebenso Hüffer/*Koch* Rn. 7.

[34] MüKoAktG/*Heider* Rn. 17; Hüffer/*Koch* § 23 Rn. 30; HK-AktG/*Westermann* Rn. 5; krit. Spindler/Stilz/*Vatter* Rn. 12; KK-AktG/*Dauner-Lieb* Rn. 8.

[35] Spindler/Stilz/*Vatter* Rn. 13.

[36] Übersicht bei MüKoAktG/*Heider* Rn. 19 ff.; Spindler/Stilz/*Vatter* Rn. 18 ff.

[37] RGZ 86, 154 (157); BGHZ 122, 180 (195) = NJW 1993, 1983; Spindler/Stilz/*Vatter* Rn. 53; Schmidt/Lutter/*Ziemons* Rn. 27; MHdB AG/*Sailer-Coceani* § 14 Rn. 3; *Eder* NZG 2004, 107 (108).

[38] BGHZ 122, 180 (196) = NJW 1993, 1983; Schmidt/Lutter/*Ziemons* Rn. 27; *Eder* NZG 2004, 107 (108).

[39] MüKoAktG/*Heider* Rn. 39; Schmidt/Lutter/*Ziemons* Rn. 28; Spindler/Stilz/*Vatter* Rn. 55; MHdB AG/*Sailer-Coceani* § 14 Rn. 5; *Menz/Fröhling* NZG 2002, 201 (201 f.); *Eder* NZG 2004, 107 (108).

[40] MüKoAktG/*Heider* Rn. 39; *Menz/Fröhling* NZG 2002, 201 (202); *Eder* NZG 2004, 107 (108); Schmidt/Lutter/*Ziemons* Rn. 32.

[41] Spindler/Stilz/*Vatter* Rn. 53; Schmidt/Lutter/*Ziemons* Rn. 33; MHdB AG/*Sailer-Coceani* § 14 Rn. 5; *Menz/Fröhling* NZG 2002, 201 (202); *Eder* NZG 2004, 107 (108).

[42] Vgl. Spindler/Stilz/*Vatter* Rn. 53; iE ebenso MHdB AG/*Sailer-Coceani* § 14 Rn. 5; aA Schmidt/Lutter/*Ziemons* Rn. 33.

der die Zulässigkeit dieser Übertragungsform bestreitender Stimmen in der älteren Literatur[43] bzw. der Gefahr, das Recht ansonsten aufgrund eines gutgläubigen Erwerbs eines Dritten bei einer Übertragung nach §§ 929, 932 ff. BGB zu verlieren, aber zu empfehlen.[44]

c) Namensaktien. (Verbriefte) Namensaktien können durch Indossament übertragen werden.[45] 15
Für Form und Inhalt sowie die Möglichkeit eines gutgläubigen Erwerbs gelten insoweit wechselrechtliche Vorschriften [§ 68 Abs. 1 S. 2 iVm Art. 12, 13 (und 16) WG];[46] gutgläubiger Erwerb vom Nichtberechtigten ist möglich, wenn dieser durch Indossament legitimiert war.[47] Weiter erforderlich ist die Übereignung der Aktienurkunde gemäß §§ 929 ff. BGB[48] sowie – bei vinkulierten Namensaktien (§ 68 Abs. 2 S. 1; → § 68 Rn. 9 ff.) – die Zustimmung der Gesellschaft.[49] Blankoindossierte Namensaktien können in sinngemäßer Anwendung des Art. 14 Abs. 2 Nr. 3 WG durch bloße Übereignung der Aktienurkunde nach §§ 929 ff. BGB übertragen werden.[50] Die Übertragung der Mitgliedschaft ist bei Namensaktien auch durch Abtretung nach §§ 413, 398 ff. BGB möglich.[51] Die Übergabe bzw. Übereignung der Aktienurkunde gehört insoweit nicht zum Übertragungstatbestand (vgl. § 952 Abs. 2 BGB);[52] diese ist aber aufgrund anderslautender höchstrichterlicher[53] und obergerichtlicher Rechtsprechung[54] aus Gründen der Rechtssicherheit zu empfehlen.[55] Bei vinkulierten Namensaktien ist auch in diesem Fall die Zustimmung der Gesellschaft erforderlich.[56]

d) Übertragung von Aktien unter Berücksichtigung der Art der Verwahrung. Die Über- 16
tragung von in **Sonderverwahrung** (§ 2 DepotG; sog. „Streifbandverwahrung") befindlichen Inhaber- und Namensaktien erfolgt nach den allgemeinen Regeln für die betreffende Aktienform (→ Rn. 14 f.). Die heute übliche und vom Gesetz als Regelfall vorgesehene Art der Verwahrung von Aktien ist die Sammelverwahrung bei einer Wertpapiersammelbank, in Deutschland bei der Clearstream Banking AG (§ 5 Abs. 1 DepotG; sog. **„Girosammelverwahrung"**).[57] Inhaberaktien und blankoindossierte Namensaktien – nur für diese Form der Namensaktie ist Sammelverwahrung möglich – werden innerhalb des Effektengiroverkehrs[58] nach § 929 S. 1 BGB übertragen.[59] Außerhalb des Effektengiroverkehrs kann die Übereignung der Aktien nach §§ 929 ff. BGB erfolgen; alternativ ist die Abtretung der Mitgliedschaft nach §§ 413, 398 ff. BGB möglich.[60] Bei einer **Dauer-Globalaktie** in Girosammelverwahrung, bei der die Einzelverbriefung nach § 10 Abs. 5 ausgeschlossen ist (→ Rn. 27 ff.), sind die Einzelheiten der dogmatischen Begründung der Übertragung sehr umstritten.[61] Im Ergebnis werden in der Bankenpraxis auch in diesem Fall die zur Girosammelverwahrung dargestellten Grundsätze angewandt.[62]

III. Ausgabe von Inhaberaktien (Abs. 1 S. 2 Nr. 1 und Nr. 2)

1. Voraussetzungen. Das Gesetz zur Änderung des Aktiengesetzes (Aktienrechtsnovelle 2016) 17
vom 22.12.2015 (BGBl. I S. 2565) hat die Ausgabe von Inhaberaktien von besonderen Voraussetzungen abhängig gemacht und so die Wahlfreiheit zwischen Namensaktien und Inhaberaktien nachhaltig eingeschränkt. Maßgeblich ist insoweit, ob eine Aktiengesellschaft börsennotiert iSd § 3 Abs. 2 ist oder nicht.

---

43 KK-AktG/*Lutter,* 2. Aufl. Anh. § 68 Rn. 15.

44 Schmidt/Lutter/*Bezzenberger* § 68 Rn. 8; MHdB AG/*Sailer-Coceani* § 14 Rn. 5; *Menz/Fröhling* NZG 2002, 201 (202); *Eder* NZG 2004, 107 (108).

45 MHdB AG/*Sailer-Coceani* § 14 Rn. 6 f.; *Menz/Fröhling* NZG 2002, 201 (202); *Eder* NZG 2004, 107 (108).

46 MHdB AG/*Sailer-Coceani* § 14 Rn. 7 ff.; *Menz/Fröhling* NZG 2002, 201 (202); *Eder* NZG 2004, 107 (108 f.).

47 Schmidt/Lutter/*Bezzenberger* § 68 Rn. 10.

48 Schmidt/Lutter/*Bezzenberger* § 68 Rn. 8; MHdB AG/*Sailer-Coceani* § 14 Rn. 13.

49 Spindler/Stilz/*Vatter* Rn. 58; Schmidt/Lutter/*Bezzenberger* § 68 Rn. 10.

50 Spindler/Stilz/*Vatter* Rn. 57; Hüffer/*Koch* § 68 Rn. 5.

51 Spindler/Stilz/*Vatter* Rn. 53; Schmidt/Lutter/*Bezzenberger* § 68 Rn. 8; *Perwein* AG 2012, 611 (611 f.).

52 Spindler/Stilz/*Vatter* Rn. 53; Schmidt/Lutter/*Bezzenberger* § 68 Rn. 8; Grigoleit/*Rachlitz* § 68 Rn. 3; diff. Hüffer/*Koch* § 68 Rn. 3.

53 RGZ 88, 290 (292) = JW 1932, 2599; vgl. BGH NJW 1958, 302 (303).

54 KG NZG 2003, 226 (227 f.).

55 Spindler/Stilz/*Vatter* Rn. 53; *Menz/Fröhling* NZG 2002, 201 (203).

56 Spindler/Stilz/*Vatter* Rn. 53.

57 MHdB AG/*Sailer-Coceani* § 14 Rn. 64 ff.; *Eder* NZG 2004, 107 (110); *Menz/Fröhling* NZG 2002, 201 (204).

58 Zum Begriff MHdB AG/*Sailer-Coceani* § 14 Rn. 65.

59 Spindler/Stilz/*Vatter* Rn. 59; *Eder* NZG 2004, 107 (111 f.); *Menz/Fröhling* NZG 2002, 201 (206).

60 *Eder* NZG 2004, 107 (111).

61 Einzelheiten mwN bei *Menz/Fröhling* NZG 2002, 201 (208); *Eder* NZG 2004, 107 (112 ff.); Übersicht bei Spindler/Stilz/*Vatter* Rn. 59 f.; NK-AktR/*Wagner* Rn. 21.; Schmidt/Lutter/*Bezzenberger* § 68 Rn. 13 f.

62 Spindler/Stilz/*Vatter* Rn. 60; vgl. MHdB AG/*Sailer-Coceani* § 14 Rn. 65.

18 **a) Börsennotierte Aktiengesellschaft.** Eine Aktiengesellschaft kann Inhaberaktien ausgeben, wenn sie **börsennotiert** ist (§ 10 Abs. 1 S. 2 Nr. 1). Der Gesetzgeber betrachtet in diesem Fall die kapitalmarktrechtliche Beteiligungspublizität gemäß § 21 Abs. 1 S. 1 WpHG aF bzw. § 33 Abs. 1 S. 1 WpHG nF (→ Anh. § 22) und die faktischen Informationsmöglichkeiten für die zuständigen Behörden bei der bei börsengehandelten Inhaberaktien der Regel entsprechenden Sammelverwahrung durch eine Wertpapiersammelbank iSd § 1 Abs. 3 S. 1 DepotG oder einen vergleichbaren ausländischen Verwahrer als ausreichende Sicherungsmittel, um in Bezug auf Geldwäscheverdachtsermittlungen hinreichende Transparenz über Beteiligungsverhältnisse herzustellen.[63]

19 **b) Nichtbörsennotierte Aktiengesellschaft.** Eine nichtbörsennotierte Aktiengesellschaft kann Inhaberaktien nur unter besonderen Voraussetzungen ausgeben (§ 10 Abs. 1 S. 2 Nr. 2). Zunächst muss in der Satzung der Anspruch des Aktionärs auf Einzelverbriefung ausgeschlossen sein.[64] In diesem Fall muss die Aktiengesellschaft die Inhaberaktien in einer Sammelurkunde (§ 9a DepotG) verbriefen (→ Rn. 27). Die Sammelurkunde muss bei einer Wertpapiersammelbank iSd § 1 Abs. 3 S. 1 DepotG oder bei einem ausländischen Verwahrer iSd § 10 Abs. 1 S. 2 Nr. 2 lit. b oder lit. c hinterlegt werden. Geeigneter ausländischer Verwahrer ist danach zum einen ein zugelassener Zentralverwahrer mit Sitz in der Europäischen Union iSd Art. 2 Abs. 1 Nr. 1, Art. 17 und 23 VO (EU) Nr. 909/2014[65] oder ein anerkannter Drittland-Zentralverwahrer iSd Art. 2 Abs. 1 Nr. 2, 25 VO (EU) Nr. 909/2014, zum anderen ein sonstiger ausländischer Verwahrer, der die Voraussetzungen des § 5 Abs. 4 S. 1 DepotG erfüllt.[66] Zentralverwahrer und anerkannte Drittlandzentralverwahrer im vorgenannten Sinn sind juristische Personen, die ein Wertpapierliefer- und -abrechnungssystem betreiben und entweder die erstmalige Verbuchung von Wertpapieren im Effektengiro vornehmen oder Depotkonten auf oberster Ebene bereitstellen und führen.[67] Bis zur Hinterlegung ist § 67 entsprechend anzuwenden, so dass bis zum Zeitpunkt der Hinterlegung auch Inhaberaktien in das – dann zu führende – Aktienregister einzutragen sind.[68] Die Pflicht zur Eintragung in das Aktienregister entsteht auch bei nachträglicher Aufhebung der Sammelverwahrung.[69]

20 **2. Folgen für nichtbörsennotierte Aktiengesellschaften.** § 10 Abs. 1 S. 2 Nr. 2 lässt die Möglichkeit der **Gründung** einer Aktiengesellschaft mit Inhaberaktien unberührt. Dazu muss – neben der entsprechenden Bestimmung in der Gründungssatzung (§ 23 Abs. 3 Nr. 5; hierzu → § 23 Rn. 26) – in dieser der Anspruch des Aktionärs auf Einzelverbriefung ausgeschlossen werden (§ 10 Abs. 5; → Rn. 27 ff.). Da vor der Eintragung der Aktiengesellschaft im Handelsregister keine Aktien ausgegeben werden dürfen (vgl. § 41 Abs. 4 S. 1; hierzu → § 41 Rn. 28), kann die Gesellschaft erst nach ihrer Eintragung eine Sammelurkunde ausstellen und bei einer Wertpapiersammelbank oder einem geeigneten (→ Rn. 19) ausländischen Verwahrer hinterlegen; zwischen Eintragung der Gesellschaft und Hinterlegung der Sammelurkunde sind dann zwingend die Inhaberaktien in das Aktienregister einzutragen.[70] Aufgrund der angeordneten entsprechenden Anwendung des § 67 können die Aktionäre in dieser Phase ihre Aktionärsrechte nur ausüben, wenn sie im Aktienregister eingetragen sind (§ 67 Abs. 2 S. 1).[71] Die Ausgabe von mehr als einer Sammelurkunde erscheint über den Wortlaut des Gesetzes hinaus als zulässig, sofern alle Sammelurkunden gemäß Abs. 1 S. 2 Nr. 2 hinterlegt werden und die ausgegebenen Sammelurkunden sämtliche bestehenden Inhaberaktien erfassen.[72] Die Neuregelung lässt den Zugang zum Freiverkehr mit Inhaberaktion – bei Beachtung der besonderen Voraussetzungen des § 10 Abs. 1 S. 2 Nr. 2[73] – und auch die Möglichkeit eines Börsengangs mit Inhaberaktien unberührt.[74] Verliert eine börsennotierte Aktiengesellschaft,

---

63 Vgl. Begr. RegE, BT-Drs. 18/4349, 16.

64 Vgl. hierzu ausf. *Mock* AG 2016, 261 (262 f.).

65 Verordnung (EU) Nr. 909/2014 des Europäischen Parlaments und des Rates vom 23.7.2014 zur Verbesserung der Wertpapierlieferungen und -abrechnungen in der Europäischen Union und über Zentralverwahrer sowie zur Änderung der Richtlinien 98/26/EG und 2014/65/EU und der Verordnung (EU) Nr. 236/2012 (ABl. L 257, 1).

66 Vgl. Begr. RegE, BT-Drs. 18/4349, 16.

67 Schmidt/Lutter/*Ziemons* Rn. 45.

68 Vgl. Begr. RegE, BT-Drs. 18/4349, 17.

69 Vgl. Begr. RegE, BT-Drs. 18/4349, 18; Schmidt/Lutter/*Ziemons* Rn. 46; vgl. ebenfalls *Ziemons* BB 2012, 523 (523) zum Entwurf der Aktienrechtsnovelle 2012.

70 Vgl. Begr. RegE, BT-Drs. 18/4349, 17; vgl. Hüffer/*Koch* Rn. 7; ausf. *Mock* AG 2016, 261 (262).

71 IErg ebenso Schmidt/Lutter/*Ziemons* Rn. 46; *Mock* AG 2016, 261 (263).

72 Ebenso *Ihrig/Wandt* BB 2016, 6 (7); *Wälzholz/Wolffskeel* MittBayNot 2016, 197 (199); *Götze* NZG 2015, 298 (299); vgl. *Mock* AG 2016, 261 (262); evtl. aA Schmidt/Lutter/*Ziemons* Rn. 45; offenlassend *Götze* NZG 2016, 48 (48) Fn. 4.

73 Vgl. Hüffer/*Koch* Rn. 7.

74 Vgl. Begr. RegE, BT-Drs. 18/4349, 17.

die Inhaberaktien ausgegeben hat, ihre Börsenzulassung (**„Delisting"**) und liegen die Voraussetzungen des § 10 Abs. 1 S. 2 Nr. 2 nicht vor, muss die Gesellschaft Namensaktien ausstellen. Hierzu bedarf es eines satzungsändernden Hauptversammlungsbeschlusses.[75] Unabhängig davon werden die vorher ausgestellten Inhaberaktien ipso jure unrichtig iSd § 73 und müssen berichtigt bzw umgetauscht oder im Verfahren gemäß § 73 (→ § 73 Rn. 6 ff.) für kraftlos erklärt werden.[76] § 10 Abs. 1 S. 2 Nr. 2 findet entsprechend bei der – einen satzungsändernden Hauptversammlungsbeschluss erfordernden – nachträglichen Umstellung von Namens- auf Inhaberaktien Anwendung.[77] Die Neuregelung hat ferner zur Folge, dass Aktionäre nichtbörsennotierter Aktiengesellschaften für ihre Inhaberaktien zwingend ein Depotkonto führen müssen.[78] Ausgehend von der Wertpapiersammelbank der Urkunde lässt sich dann über die Kette der Zwischenverwahrer die Depotbank und damit auch der Depotkunde, im Regelfall der Aktionär, ermitteln. Diese „Ermittlungsspur"[79] ist dauerhaft, da der Ausschluss der Einzelverbriefung (§ 10 Abs. 5) zur Folge hat, dass der Aktionär die Auslieferung der Aktien nicht verlangen kann (§ 9a Abs. 3 S. 2 DepotG).[80] Erhält die Gesellschaft zu einem späteren Zeitpunkt den Status der Börsennotierung, kann sie den Verbriefungsausschluss aufheben und Einzel- oder Sammelurkunden an die Aktionäre ausgeben.[81]

3. Rechtsfolgen von Verstößen gegen Abs. 1 S. 2 Nr. 2. Bestimmt die **Gründungssatzung** 21
einer nichtbörsennotierten Aktiengesellschaft die Austellung von Inhaberaktien, ohne dass in der Satzung der Einzelverbriefungsanspruch (§ 10 Abs. 5) ausgeschlossen ist, fehlt es an einer zwingenden Voraussetzung für die Ausstellung von Inhaberaktien. Die Satzungsbestimmung über die Ausstellung von Inhaberaktien ist nichtig. Das Registergericht wird die Eintragung der Gesellschaft ablehnen (§ 38 Abs. 4 Nr. 1; → § 38 Rn. 13 f.).[82] Wird die Aktiengesellschaft dennoch eingetragen, ist sie als solche wirksam entstanden; möglich ist jedoch ein Zwangsauflösungsverfahren nach § 399 FamFG iVm § 262 Abs. 1 Nr. 5.[83] Ein Beschluss der Hauptversammlung einer nichtbörsennotierten Aktiengesellschaft über eine Satzungsänderung, die bislang ausgestellten Namensaktien in Inhaberaktien umzuwandeln oder das Grundkapital durch Ausgabe junger Inhaberaktien zu erhöhen, ohne dass in der Satzung der Einzelverbriefungsanspruch ausgeschlossen ist, ist nichtig (§ 241 Nr. 3) und kann daher nicht in das Handelsregister eingetragen werden.[84] Die Nichtigkeit kann im Wege der Klage festgestellt oder auf andere Weise geltend gemacht werden (§ 249).[85] Erfüllt die Satzung einer nichtbörsennotierten Aktiengesellschaft alle Voraussetzungen für die Ausstellung von Inhaberaktien, verzögert der Vorstand aber in der Folge die Verbriefung der Inhaberaktien in einer Sammelurkunde und/oder deren Hinterlegung bei einer Wertpapiersammelbank oder einem vergleichbaren geeigneten (→ Rn. 19) ausländischen Verwahrer, besteht dauerhaft die Pflicht zur Führung eines Aktienregisters für Inhaberaktien (§ 10 Abs. 1 S. 3). Denn aus dem Gesetz ergibt sich keine Befristung, so dass die Pflicht zur Eintragung in das Aktienregister zeitlich nicht begrenzt ist, sondern bis zur Hinterlegung der Sammelurkunde fortbesteht.[86]

4. Übergangsregelung. § 26h Abs. 1 EGAktG enthält eine Übergangsvorschrift für die mit 22
der Aktienrechtsnovelle 2016 eingefügte Neuregelung über die Zulässigkeit der Ausgabe von Inhaberaktien. Danach sind Gesellschaften, die Inhaberaktien ausgeben und deren Gründung vor dem Tag des Inkrafttretens der Gesetzesänderung (31.12.2015) vereinbart wurde, von der Neuregelung nicht betroffen;[87] für diese Gesellschaften verbleibt es vielmehr bei der bis zum 30.12.2015 geltenden

---

[75] Vgl. Begr. RegE, BT-Drs. 18/4349, 17.

[76] Vgl. Begr. RegE, BT-Drs. 18/4349, 17; Hüffer/*Koch* Rn. 5; vgl. Grigoleit/*Vedder* Rn. 15; *Götze/Arnold/Karl* NZG 2012, 321 (322) und *Bayer* AG 2012, 141 (145), jeweils zum Entwurf der Aktienrechtsnovelle 2012.

[77] Vgl. *Mock* AG 2016, 261 (266); vgl. ferner *Seibert/Böttcher* ZIP 2012, 12 (14) zum Entwurf der Aktienrechtsnovelle 2012.

[78] Schmidt/Lutter/*Ziemons* Rn. 47; vgl. *Ziemons* BB 2012, 523 (523); *Seibert/Böttcher* ZIP 2012, 12 (13) zum Entwurf der Aktienrechtsnovelle 2012.

[79] Zum diesbezüglichen Erfordernis vgl. Begr. RegE, BT-Drs. 18/4349, 16.

[80] Schmidt/Lutter/*Ziemons* Rn. 47; vgl. *Seibert/Böttcher* ZIP 2012, 12 (13); *Ziemons* BB 2012, 523 (523); *Bayer* AG 2012, 141 (143) zum Entwurf der Aktienrechtsnovelle 2012.

[81] Schmidt/Lutter/*Ziemons* Rn. 49.

[82] Vgl. Begr. RegE, BT-Drs. 18/4349, 18; Hüffer/*Koch* Rn. 7; Schmidt/Lutter/*Ziemons* Rn. 48; ausf. *Mock* AG 2016, 261 (263).

[83] Vgl. Begr. RegE, BT-Drs. 18/4349, 18.

[84] Vgl. Hüffer/*Koch* Rn. 7; Schmidt/Lutter/*Ziemons* Rn. 48; diff. *Mock* AG 2016, 261 (266), der angestrebte Börsennotierung insoweit für relevant hält.

[85] Vgl. Begr. RegE, BT-Drs. 18/4349, 18.

[86] *Seibert/Böttcher* ZIP 2012, 12 (13); *Götze/Arnold/Karl* NZG 2012, 321 (322) zum Entwurf der Aktienrechtsnovelle 2012.

[87] Vgl. Begr. RegE, BT-Drs. 18/4349, 33.

Rechtslage, dh einem uneingeschränkten Wahlrecht zwischen Inhaber- und Namensaktien („Bestandsschutz").[88] Maßgeblich ist der Tag der Feststellung der Satzung durch die notarielle Beurkundung (§ 23 Abs. 1 S. 1; hierzu → § 23 Rn. 9 ff.). Aktiengesellschaften, deren Gründung spätestens am 30.12.2015 erfolgte, dürfen folglich Inhaberaktien auch dann ausgeben bzw ausgestellte Inhaberaktien auch dann behalten, wenn sie weder börsennotiert sind noch die Voraussetzungen des § 10 Abs. 1 S. 2 Nr. 2 erfüllen. Aufgrund des Wortlauts der Übergangsvorschrift („deren Aktien auf den Inhaber lauten") ist für die Inanspruchnahme des Bestandsschutzes die Satzungsregelung zur Verbriefungsart entscheidend; nicht erforderlich ist, dass Aktien bereits tatsächlich wertpapiermäßig als Inhaberaktien verbrieft sind.[89] Der „Bestandsschutz" für vor dem 31.12.2015 gegründete Gesellschaften, deren Aktien auf Inhaber lauten, ist umfassend und gilt auch bei Kapitalerhöhungen[90] oder im Fall eines „Delistings" oder eines „Downlisting" in den Freiverkehr.[91] Hingegen können Gesellschaften, die zwar vor dem 31.12.2015 gegründet wurden, aber erst nach diesem Datum erstmals Inhaberaktien ausgeben (zB durch Kapitalerhöhung oder bei Umstellung von Namens- auf Inhaberaktien), keinen Bestandschutz in Anspruch nehmen.[92]

IV. Notwendigkeit von Namensaktien (Abs. 2)

23 **1. Aktienausgabe nach Teilleistung.** Die Verbriefung der Mitgliedschaft ist nicht davon abhängig, dass ein Aktionär den von ihm zu leistenden Ausgabebetrag (→ § 9 Rn. 3) für seine Aktien bereits vollständig erbracht hat. Der Verbriefungsanspruch ist jedoch vor voller Leistung des Ausgabebetrages auf Namensaktien oder – wenn solche nach der Satzung nicht ausgegeben werden – auf Zwischenscheine (§ 8 Abs. 6 iVm § 10 Abs. 3 und 4; → Rn. 25 f.) beschränkt.[93] § 10 Abs. 2 stellt aufgrund der Eintragung der Namensaktien in das Aktienregister (§ 67 Abs. 1) sicher, dass eine Aktiengesellschaft vor vollständiger Erbringung des Ausgabebetrages ihre Schuldner zuverlässig feststellen kann;[94] bei der Ausgabe von Inhaberaktien wäre dies nicht gewährleistet. Der Betrag der bereits erbrachten Teilleistung ist in die Aktienurkunde aufzunehmen (§ 10 Abs. 2 S. 2). Damit wird im Fall der Weiterveräußerung der Aktie der gute Glaube des Erwerbers an eine Volleinzahlung ausgeschlossen. Dies ist von großer Bedeutung, da ein gutgläubiger Erwerber nicht für rückständige Einlagen haften würde.[95] In der Praxis sind dauerhaft teileingezahlte Namensaktien in der Versicherungswirtschaft von großer Bedeutung. Dort dient die ausstehende Resteinlage als Risikovorsorge.[96] Ob § 10 Abs. 2 auch im Zusammenhang mit vereinbarten Sacheinlagen zur Anwendung kommt, ist aufgrund der Streitfrage, ob und in welchem Umfang eine Sacheinlage vor Anmeldung der Gesellschaft geleistet sein muss (§ 36a Abs. 2 S. 2), umstritten.[97] Hält man zutreffenderweise bei Sacheinlageverpflichtungen, zu deren Erfüllung die dingliche Übertragung eines Gegenstandes erforderlich ist, die Übertragung binnen fünf Jahren für ausreichend (→ § 36a Rn. 5 f.), kommt vor Erfüllung der Einlageverpflichtung Abs. 2 zur Anwendung.[98]

24 **2. Rechtsfolgen eines Verstoßes gegen Abs. 2.** Werden vor vollständiger Leistung des Ausgabebetrages Inhaberaktien ausgegeben oder auf Namensaktien die erbrachten Teilleistungen nicht angegeben, entstehen dennoch wirksame wertpapiermäßige Verbriefungen der Mitgliedschaft.[99] Die Mitgliedschaft kann nach sachen- bzw. wertpapierrechtlichen Regelungen übertragen werden (→ Rn. 13 ff.). Ein Verstoß gegen § 10 Abs. 2 S. 2 lässt die Einlagepflicht des Ersterwerbers der

---

[88] S. hierzu die Kommentierung in der 2. Aufl.

[89] *Götze* NZG 2015, 298 (301).

[90] *Ihrig/Wandt* BB 2016, 6 (7); *Wälzholz/Wolffskeel* MittBayNot 2016, 197 (199); Schmidt/Lutter/*Ziemons* Rn. 51; vgl. ferner *Ziemons* BB 2012, 523 (524); *Götze/Arnold/Karl* NZG 2012, 321 (323) zum Entwurf der Aktienrechtsnovelle 2012; aA *Mock* AG 2016, 261 (268 f.).

[91] *Ihrig/Wandt* BB 2016, 6 (7); *Paschos/Goslar* NJW 2016, 359 (359); Schmidt/Lutter/*Ziemons* Rn. 51; vgl. ferner *Ziemons* BB 2012, 523 (524); *Götze/Arnold/Karl* NZG 2012, 321 (323) zum Entwurf der Aktienrechtsnovelle 2012; grds. gegen Bestandsschutz für Altgesellschaften, bei denen Voraussetzungen für Ausgabe von Inhaberaktien nachträglich wegfallen *Mock* AG 2016, 261 (268).

[92] IErg ebenso *Ihrig/Wandt* BB 2016, 6 (7); vgl. *Götze/Arnold/Karl* NZG 2012, 321 (323) zum Entwurf der Aktienrechtsnovelle 2012.

[93] MüKoAktG/*Heider* Rn. 50; Spindler/Stilz/*Vatter* Rn. 73; Schmidt/Lutter/*Ziemons* Rn. 14.

[94] Vgl. Hüffer/*Koch* Rn. 8; vgl. KK-AktG/*Dauner-Lieb* Rn. 18.

[95] RGZ 144, 138 (145); OLG Köln AG 2002, 92 f.; HK-AktG/*Westermann* Rn. 6; Hüffer/*Koch* Rn. 8; Grigoleit/*Vedder* Rn. 10.

[96] Hüffer/*Koch* Rn. 8; Spindler/Stilz/*Vatter* Rn. 74.

[97] Vgl. MüKoAktG/*Heider* Rn. 52 iVm MüKoAktG/*Pentz* § 36a Rn. 13 ff.; KK-AktG/*Dauner-Lieb* Rn. 41; Spindler/Stilz/*Vatter* Rn. 78.

[98] MüKo AktG/*Heider* Rn. 52; vgl. Spindler/Stilz/*Vatter* Rn. 78.

[99] MüKoAktG/*Heider* Rn. 55; 57; Hüffer/*Koch* Rn. 9.

Aktie, dem sie ausgegeben wird, unberührt.[100] Der gutgläubige Zweiterwerber einer Aktie, auf der die Teilleistung nicht vermerkt ist, erlangt hingegen das Mitgliedschaftsrecht, ohne die ausstehende Teilleistung noch erbringen zu müssen.[101] Verstöße gegen § 10 Abs. 2 führen zu Schadensersatzpflichten von Vorstand und Aufsichtsrat (§§ 93 Abs. 3 Nr. 4, 116) und stellen Ordnungswidrigkeiten dar (§ 405 Abs. 1 Nr. 1).

V. Zwischenscheine (Abs. 3 und 4)

25 **1. Begriff und Bedeutung.** Zwischenscheine sind Anteilsscheine, die den Aktionären vor Ausgabe der Aktien erteilt werden (§ 8 Abs. 6; zum Begriff und zur rechtlichen Behandlung → § 8 Rn. 30 f.). Zwischenscheine dürfen nicht auf den Inhaber, sondern müssen auf den **Namen** lauten (§ 10 Abs. 3). Dennoch handelt es sich nicht um Namens-, sondern um **„geborene Orderpapiere"**, da sie durch Indossament übertragen werden (§ 68 Abs. 4 iVm Abs. 1). Die Ausgabe von Zwischenscheinen kommt insbesondere in Betracht, wenn bei erfolgter Teileinzahlung die Mitgliedschaft verbrieft werden soll und nach der Satzung nur Inhaberaktien ausgegeben werden dürfen. Zwischenscheine sind ins Aktienregister aufzunehmen (§ 67 Abs. 7). Für die Übertragung von Zwischenscheinen gelten dieselben Grundsätze wie für die Übertragung von Namensaktien (→ Rn. 12 f., 15 f.). Die Angabe des geleisteten Teilbetrages auf dem Zwischenschein ist zwar nach dem Wortlaut des Gesetzes nicht erforderlich, aber zweckmäßig.[102] Der Zweiterwerber von Zwischenscheinen muss immer damit rechnen, dass der Ausgabebetrag noch nicht vollständig erbracht wurde; sein guter Glaube an eine vollständige Leistungserbringung führt daher nicht zu einer Befreiung von der Leistungspflicht, auch wenn die erbrachte Teilleistung nicht auf dem Zwischenschein vermerkt ist.[103]

26 **2. Rechtsfolgen eines Verstoßes gegen Abs. 3.** Auf den Inhaber lautende Zwischenscheine sind **nichtig** (§ 10 Abs. 4 S. 1). Das Mitgliedschaftsrecht ist folglich nicht wirksam verbrieft. Eine Übertragung nach sachenrechtlichen Grundsätzen scheidet aus. Gutgläubiger Erwerb ist ausgeschlossen.[104] Möglich bleibt die Übertragung der Mitgliedschaft durch Abtretung (§§ 413, 398 ff. BGB).[105] In der Übergabe eines nichtigen Zwischenscheines ist mangels anderer Anhaltspunkte die formlose Abtretung des unverbrieften Mitgliedschaftsrechts zu sehen.[106] Entsteht aufgrund der Ausgabe nach § 10 Abs. 4 S. 1 nichtiger Zwischenscheine ein Schaden, sind Vorstands- und Aufsichtsratsmitglieder, die an der Ausgabe beteiligt waren, als Gesamtschuldner ersatzpflichtig (§ 10 Abs. 4 S. 2).

VI. Ausschluss oder Einschränkung des Verbriefungsanspruchs (Abs. 5)

27 **1. Ausschluss des Verbriefungsanspruchs.** Der Anspruch des einzelnen Aktionärs auf Verbriefung seines Anteils (→ Rn. 5) kann in der Satzung ausgeschlossen oder eingeschränkt werden (§ 10 Abs. 5). Die Vorschrift soll der Gesellschaft die Möglichkeit geben, sich vor mit der Herstellung und ggf. Änderung von Aktienurkunden verbundenen Kosten zu schützen.[107] Schließt die Satzung die Verbriefung aus, gilt dies sowohl für die Verbriefung in Form von Aktienurkunden als auch für Zwischenscheine.[108] Der Aktionär hat keinen Anspruch auf Ausgabe von Einzelurkunden oder von einer Urkunde, in der alle seine Anteile verbrieft sind (sog. „Mehrfachurkunde"). Trotz des insoweit nicht eindeutigen Wortlauts bleibt nach hM[109] von einem solchen Ausschluss der Anspruch auf Verbriefung sämtlicher Anteile derselben Art und Güte in einer **Globalurkunde** unberührt. Denn ansonsten würde die Aktie zum reinen „Wertrecht", was vom Gesetzgeber nicht beabsichtigt war.[110]

28 **2. Einschränkung des Verbriefungsanspruchs.** Der Verbriefungsanspruch kann durch Satzungsregelung auch lediglich eingeschränkt werden, zB durch Reduzierung auf einen Anspruch auf Sammelverbriefung aller Anteile eines Aktionärs in einer „Mehrfachurkunde" anstelle einer

[100] Spindler/Stilz/*Vatter* Rn. 76.
[101] MüKoAktG/*Heider* Rn. 57.
[102] Hüffer/*Koch* Rn. 10; Spindler/Stilz/*Vatter* Rn. 88.
[103] MüKoAktG/*Heider* Rn. 46; Spindler/Stilz/*Vatter* Rn. 88; KK-AktG/*Dauner-Lieb* Rn. 43; Schmidt/Lutter/*Ziemons* Rn. 18; HK-AktG/*Westermann* Rn. 7.
[104] MüKoAktG/*Heider* Rn. 47; Spindler/Stilz/*Vatter* Rn. 86.
[105] KK-AktG/*Dauner-Lieb* Rn. 42.
[106] MüKoAktG/*Heider* Rn. 47; Hüffer/*Koch* Rn. 11.
[107] Hüffer/*Koch* Rn. 12.
[108] Spindler/Stilz/*Vatter* Rn. 79.
[109] Hüffer/*Koch* Rn. 12; MüKoAktG/*Heider* Rn. 60; *Bayer* AG 2012, 141 (143); NK-AktR/*Wagner* Rn. 18; HK-AktG/*Westermann* Rn. 3; iE auch Spindler/Stilz/*Vatter* Rn. 83; aA Schmidt/Lutter/*Ziemons* Rn. 39.
[110] Ausschussbericht, BT-Drs. 13/10038, 25; MüKoAktG/*Heider* Rn. 60; Hüffer/*Koch* Rn. 12; KK-AktG/*Dauner-Lieb* Rn. 12.

Einzelverbriefung[111] oder Ausschluss der Verbriefung von Aktien mit geringem Nennwert.[112] Auch die Belastung des Aktionärs, der Verbriefung verlangt, mit den Kosten der Herstellung und Ausgabe der Aktien ist als zulässige Einschränkung des Verbriefungsanspruchs zu qualifizieren.[113]

29 **3. Ausschluss oder Einschränkung durch Satzungsänderung.** Der Verbriefungsanspruch der Aktionäre kann nicht nur bei Gründung, sondern auch nachträglich durch Satzungsänderung (§§ 179 ff.) ausgeschlossen oder eingeschränkt werden. Der damit verbundene Eingriff in die Mitgliedschaftsrechte der Aktionäre ist aufgrund besonderer gesetzlicher Regelung zulässig.[114] Dabei ist jedoch das Gleichbehandlungsgebot (§ 53a) zu beachten.[115]

§ 11 Aktien besonderer Gattung

[1]Die Aktien können verschiedene Rechte gewähren, namentlich bei der Verteilung des Gewinns und des Gesellschaftsvermögens. [2]Aktien mit gleichen Rechten bilden eine Gattung.

Übersicht

I. Allgemeines

1 **1. Normzweck.** § 11 S. 1 trifft Regelungen für die Aktie im Sinne der **Mitgliedschaft** des Aktionärs, dh als Inbegriff der Rechte und Pflichten, die einem Aktionär aufgrund seiner Beteiligung an der Gesellschaft zustehen (→ § 1 Rn. 26). Die Regelung stellt klar, dass Mitgliedschaften mit unterschiedlichen Rechten gebildet werden können. Die namentliche Nennung des Rechts auf Verteilung des Gewinns und des Gesellschaftsvermögens im Halbsatz 2 hat nur beispielhaften, nicht jedoch abschließenden Charakter.[1] Die inhaltliche Ausgestaltung der Mitgliedschaft erfolgt in der Satzung (vgl. § 23 Abs. 3 Nr. 4). § 11 S. 2 enthält die Legaldefinition einer **Gattung** von Aktien als Summe der Aktien mit gleichen Rechten. Die Definition ist unvollständig, da auch gleiche Pflichten gattungsbegründend sein können.[2] Bei der Auslegung des § 11 sind keine besonderen unionsrechtlichen Vorgaben zu beachten.[3]

2 **2. Verhältnis zum Grundsatz der Gleichbehandlung (§ 53a).** Das Gleichbehandlungsgebot (§ 53a) verlangt nicht die uneingeschränkte Gleichbehandlung der Aktionäre, sondern verbietet lediglich willkürliche Ungleichbehandlungen (→ § 53a Rn. 6). Es begründet damit das Erfordernis einer sachlichen Rechtfertigung von Ungleichbehandlungen durch die Organe der Gesellschaft einschließlich der (Mehrheit der) Hauptversammlung.[4] Der Gleichbehandlungsgrundsatz schließt nicht aus, dass Aktien unterschiedliche Rechte und Pflichten begründen, soweit dafür eine Grundlage in der Satzung besteht. Das wird durch § 11 S. 1 iVm § 23 Abs. 3 Nr. 4 klargestellt.[5] Wird die Ungleichbehandlung nachträglich durch Satzungsänderung herbeigeführt, wird den Anforderungen des Gleich-

[111] Hüffer/*Koch* Rn. 13; Spindler/Stilz/*Vatter* Rn. 84.
[112] MüKoAktG/*Heider* Rn. 62; Hüffer/*Koch* Rn. 14; Spindler/Stilz/*Vatter* Rn. 84.
[113] Begr. RegE, BT-Drs. 12/6721, 7; MüKoAktG/*Heider* Rn. 62; HK-AktG/*Westermann* Rn. 3; Hüffer/*Koch* Rn. 13; Spindler/Stilz/*Vatter* Rn. 84.
[114] MüKoAktG/*Heider* Rn. 61; Hüffer/*Koch* Rn. 14; *Seibert* DB 1999, 267 (268); *Kölling* NZG 2000, 631 (634); zweifelnd KK-AktG/*Dauner-Lieb* Rn. 13; NK-AktR/*Wagner* Rn. 18.
[115] Hüffer/*Koch* Rn. 14; Spindler/Stilz/*Vatter* Rn. 80.
[1] MüKoAktG/*Heider* Rn. 3.
[2] AllgM, zB RGZ 80, 95 (97 f.); KK-AktG/*Dauner-Lieb* Rn. 5, 19; Hüffer/*Koch* Rn. 7.
[3] MüKoAktG/*Heider* Rn. 2.
[4] Hüffer/*Koch* Rn. 2.
[5] Hüffer/*Koch* Rn. 2; MüKoAktG/*Heider* Rn. 49; vgl. HK-AktG/*Westermann* Rn. 3.

behandlungsgebots grundsätzlich durch besondere Zustimmungserfordernisse der nachteilig betroffenen Aktionäre genügt.[6]

II. Aktien mit unterschiedlichen Rechten (S. 1)

1. Begriff. a) Mitgliedschaftsrechte. Gemäß § 11 S. 1 können die Aktien verschiedene Rechte gewähren. Rechte iSd § 11 S. 1 sind nur sog. Mitgliedschaftsrechte der Aktionäre.[7] Solche Mitgliedschaftsrechte sind dadurch gekennzeichnet, dass sie in Entstehung und Bestand von der Mitgliedschaft abhängig sind und von dieser nicht abgespalten, hingegen von der Gesellschaft und ihren Organen in bestimmten Grenzen abgeändert und so dem Aktionär auch – teilweise – entzogen werden können.[8] Die Mitgliedschaftsrechte lassen sich in Verwaltungsrechte (auch als Herrschaftsrechte bezeichnet) und Vermögensrechte unterscheiden.[9] 3

aa) Verwaltungsrechte. Zu den Verwaltungsrechten gehören insbesondere das Recht auf Teilnahme an der Hauptversammlung (§ 118 Abs. 1), das Auskunftsrecht (§ 131), das Stimmrecht (§§ 12, 133 ff.), das Recht zur Anfechtung von Beschlüssen der Hauptversammlung (§ 245 Nr. 1–3) sowie diverse Minderheitsrechte (zB §§ 93 Abs. 4 S. 3, 116 iVm §§ 93 Abs. 4 S. 3, 122 Abs. 1 S. 1 und Abs. 2, 148 Abs. 1).[10] 4

bb) Vermögensrechte. Vermögensrechte der Aktionäre sind insbesondere das Gewinnbezugsrecht (auch Dividendenrecht genannt;[11] § 58 Abs. 4), das Recht auf den Bezug junger Aktien (§ 186) und das Recht auf den Liquidationserlös (§ 271)[12] sowie Abfindungs- und Ausgleichsansprüche (§§ 304 f.; 327a und 327b).[13] 5

b) Gläubigerrechte. Von den Mitgliedschaftsrechten zu unterscheiden sind die sog. Gläubigerrechte. Diese gewähren den Aktionären eine Rechtsstellung, die der eines außenstehenden Dritten gleicht.[14] Gläubigerrechte können den Aktionären aufgrund von besonderen Schuldverhältnissen zustehen, die neben der Mitgliedschaft bestehen (sog. „Drittgläubigerrechte"; zB aus Darlehensvertrag).[15] Sie können ferner in Mitgliedschaftsrechten angelegt sein und aufgrund bestimmter Ereignisse von diesen losgelöst werden (sog. „erstarkte Mitgliedschaftsrechte"; zB Dividendenzahlungsanspruch nach Beschluss der Hauptversammlung über die Gewinnverwendung, § 174).[16] Gläubigerrechte sind spätestens ab dem Moment ihrer Entstehung von der Mitgliedschaft losgelöst, abtretbar und gegen den Willen des Berechtigten weder abänderbar noch entziehbar.[17] Gläubigerrechte sind von § 11 nicht betroffen. 6

c) Sonderrechte. Der Begriff des „Sonderrechts" ist im Aktienrecht – anders als im BGB (§ 35) – nicht definiert. Für seine Verwendung besteht im Aktienrecht grundsätzlich kein Bedürfnis.[18] Dies gilt unabhängig davon, ob damit unentziehbar ausgestaltete Mitgliedschaftsrechte[19] oder solche besonderen Mitgliedschaftsrechte, die über die allgemeinen Mitgliedschaftsrechte hinaus nur einzelnen Aktionären oder Aktionärsgruppen eingeräumt sind,[20] bezeichnet werden sollen. Für die Frage des „ob" und des „wie" der Entziehbarkeit eines Mitgliedschaftsrechts ist nicht dessen Bezeichnung als „Sonderrecht" von Bedeutung; maßgeblich ist allein die Ausgestaltung des betreffenden Rechts durch Gesetz und Satzung.[21] Die Einräumung besonderer Mitgliedschaftsrechte ist nach § 11 S. 2 „gattungsbegründend" (→ Rn. 14) und damit mit dem vorhandenen Instrumentarium des Aktienrechts hinreichend erfasst. 7

---

[6] MüKoAktG/*Heider* Rn. 46, 49; Spindler/Stilz/*Vatter* Rn. 6; vgl. NK-AktR/*Wagner* Rn. 4.
[7] Hüffer/*Koch* Rn. 3; MüKoAktG/*Heider* Rn. 5; KK-AktG/*Dauner-Lieb* Rn. 7.
[8] MüKoAktG/*Heider* Rn. 6 ff.; vgl. Schmidt/Lutter/*Ziemons* Rn. 12 f.
[9] Hüffer/*Koch* Rn. 3 f.; KK-AktG/*Dauner-Lieb* Rn. 9; MüKoAktG/*Heider* Rn. 11.
[10] MüKoAktG/*Heider* Rn. 13; Hüffer/*Koch* Rn. 3.
[11] Hüffer/*Koch* Rn. 4; KK-AktG/*Dauner-Lieb* Rn. 10.
[12] MüKoAktG/*Heider* Rn. 12.
[13] MHdB AG/*Rieckers* § 17 Rn. 4.
[14] MüKoAktG/*Heider* Rn. 5, 19; KK-AktG/*Dauner-Lieb* Rn. 7.
[15] Hüffer/*Koch* Rn. 5; MüKoAktG/*Heider* Rn. 27.
[16] Hüffer/*Koch* Rn. 5; MüKoAktG/*Heider* Rn. 24; Schmidt/Lutter/*Ziemons* Rn. 15.
[17] MüKoAktG/*Heider* Rn. 19 ff.; Hüffer/*Koch* Rn. 5; KK-AktG/*Dauner-Lieb* Rn. 22 f.
[18] Vgl. MüKoAktG/*Heider* Rn. 14: „unbrauchbar"; Spindler/Stilz/*Vatter* Rn. 4; NK-AktR/*Wagner* Rn. 9; Hüffer/*Koch* Rn. 6; aA HK-AktG/*Westermann* Rn. 5.
[19] Vgl. GroßkommAktG/*Brändel* Rn. 7.
[20] Spindler/Stilz/*Vatter* Rn. 4.
[21] MüKoAktG/*Heider* Rn. 15; vgl. Hüffer/*Koch* Rn. 6; MHdB AG/*Rieckers* § 17 Rn. 7; vgl. hierzu ausf. *Beuthien* ZGR 2014, 24 ff.

8 **2. Begründung unterschiedlicher Rechte und Pflichten. a) Grundlagen.** Die Begründung unterschiedlicher **Rechte** für einzelne Aktien bedarf entsprechender **Satzungsregelungen** (vgl. § 23 Abs. 3 Nr. 4). Dasselbe gilt, wenn einzelnen Aktien besondere **Pflichten** (zB Nebenverpflichtungen nach § 55) auferlegt werden sollen. Aktien mit unterschiedlichen Rechten und Pflichten können sowohl bei der Gründung der Gesellschaft als auch nachträglich durch Kapitalerhöhung oder sonstige Satzungsänderung geschaffen werden. Dabei sind immer die Grenzen des § 23 Abs. 5 (sog. „Satzungsstrenge") zu beachten. Daher ist die Satzungsautonomie wegen des zwingenden gesetzlichen Charakters der diesbezüglichen Vorschriften bei Satzungsregelungen über Verwaltungsrechte (→ Rn. 4) sehr eingeschränkt.[22] Möglich ist jedoch aufgrund ausdrücklicher gesetzlicher Regelung die Schaffung von Aktien ohne Stimmrecht (§ 12 Abs. 1 S. 2; → § 12 Rn. 9 f.) und von Mitgliedschaften mit dem Recht, Mitglieder in den Aufsichtsrat zu entsenden (§ 101 Abs. 2). Mehr Spielräume bestehen bei der Ausgestaltung der Vermögensrechte (→ Rn. 5). In Bezug auf die Gewinnbeteiligung (§§ 58 Abs. 4, 60 Abs. 1) und die Verteilung des Liquidationsüberschusses (§ 271) sind unterschiedliche Rechte aufgrund entsprechender Satzungsbestimmung (§§ 60 Abs. 3, 271 Abs. 2) zulässig, zB die Schaffung stimmrechtsloser Vorzugsaktien (§§ 12 Abs. 1 S. 2, 139 ff.) oder sog. „Spartenaktien" („Tracking Stocks"), bei denen die Beteiligung an Gewinn und Liquidationserlös auf Ergebnis und Vermögen rechtlich unselbständiger Sparten oder rechtlich selbständiger Tochtergesellschaften beschränkt wird.[23] Das Recht zum Bezug junger Aktien (§ 186) ist hingegen satzungsfest und kann nur im Kapitalerhöhungsbeschluss bei Vorliegen weiterer Voraussetzungen (§ 186 Abs. 3) ausgeschlossen werden.

9 **b) Bei Gründung.** Erfolgt die Schaffung von Aktien mit unterschiedlichen Rechten und Pflichten bei der Gründung, sind damit – über die Grenzen des § 23 Abs. 5 hinaus (→ Rn. 8) – keine besonderen rechtlichen Probleme verbunden. Denn alle Gründer wirken am Errichtungsvertrag mit und stimmen diesem zu.[24]

10 **c) Bei bestehender Gesellschaft.** Bei einer bestehenden Gesellschaft können Aktien mit unterschiedlichen Rechten und Pflichten bei Beachtung der dargestellten Grundsätze (→ Rn. 8) dadurch begründet werden, dass entweder bei einer Kapitalerhöhung Aktien mit gegenüber den bislang vorhandenen Aktien abweichenden Rechten und Pflichten ausgegeben werden oder durch Satzungsänderung die Rechte und Pflichten bereits ausgegebener Aktien nachträglich geändert werden.

11 **aa) Kapitalerhöhung.** Neben dem bei jeder Satzungsänderung erforderlichen Hauptversammlungsbeschluss (§§ 182 Abs. 1, 193 ff., 202 Abs. 2) und eventuellen Sonderbeschlüssen der bereits bestehenden Gruppen von Aktien mit unterschiedlichen Rechten und Pflichten (§§ 182 Abs. 2, 193 Abs. 1 S. 3, 202 Abs. 2 S. 4) ist grundsätzlich die Zustimmung aller Altaktionäre erforderlich, wenn die jungen Aktien mit Rechten versehen werden sollen, die den alten Aktien nicht zustehen.[25] Letztere ist für den in der Praxis wichtigen Fall einer gegenüber der der alten Aktien abweichenden Gewinnberechtigung der jungen Aktien nicht erforderlich. Denn der Schutz der Altaktionäre vor einem nachteiligen Eingriff in ihr Dividendenrecht ist durch ihr Bezugsrecht (§ 186) bzw. die eingeschränkten Voraussetzungen, unter denen ein Bezugsrechtsausschluss zulässig ist (§ 186 Abs. 3), gewährleistet.[26]

12 **bb) Sonstige Satzungsänderung.** Dasselbe (→ Rn. 11) gilt entsprechend, wenn nachträglich durch Satzungsänderung bereits ausgegebene Aktien mit besonderen Rechten und Pflichten ausgestattet werden. Auch hier ist die Zustimmung aller Aktionäre erforderlich, die einen Nachteil erleiden.[27] Für den Fall der Auferlegung von Nebenpflichten und der Vinkulierung (§ 180) ist das Zustimmungserfordernis ausdrücklich gesetzlich angeordnet.[28] Wird hingegen durch die Satzungsänderung lediglich das Verhältnis bereits bestehender Aktiengattungen (→ Rn. 14) zueinander verändert, ist neben dem satzungsändernden Hauptversammlungsbeschluss lediglich ein Sonderbeschluss der benachteiligten Aktionäre erforderlich (§§ 179 Abs. 3; 141); der Einzelzustimmung bedarf es nicht.[29] Unentziehbare Mitgliedschaftsrechte dürfen jedoch nicht beeinträchtigt werden.[30]

---

[22] Hüffer/*Koch* Rn. 3; Spindler/Stilz/*Vatter* Rn. 12; Grigoleit/*Vedder* Rn. 3.
[23] Spindler/Stilz/*Vatter* Rn. 9; Schmidt/Lutter/*Ziemons* Rn. 9; Hüffer/*Koch* Rn. 4; Grigoleit/*Vedder* Rn. 4.
[24] MüKoAktG/*Heider* Rn. 39; Spindler/Stilz/*Vatter* Rn. 22; KK-AktG/*Dauner-Lieb* Rn. 27.
[25] MüKoAktG/*Heider* Rn. 43; KK-AktG/*Dauner-Lieb* Rn. 31; Spindler/Stilz/*Vatter* Rn. 26 ff.
[26] MüKoAktG/*Bayer* § 60 Rn. 23 f.; Spindler/Stilz/*Vatter* Rn. 28; Schmidt/Lutter/*Ziemons* Rn. 23.
[27] MüKoAktG/*Heider* Rn. 45; Spindler/Stilz/*Vatter* Rn. 26; vgl. KK-AktG/*Dauner-Lieb* Rn. 38.
[28] MüKoAktG/*Heider* Rn. 57.
[29] MüKoAktG/*Heider* Rn. 46.; Hüffer/*Koch* § 179 Rn. 41; Spindler/Stilz/*Vatter* Rn. 32; KK-AktG/*Dauner-Lieb* Rn. 33.
[30] MüKoAktG/*Heider* Rn. 50 mwN; KK-AktG/*Dauner-Lieb* Rn. 35.

cc) Folgen von Verstößen. Verstößt ein besondere Rechte und Pflichten für einzelne Aktien oder einzelne Gattungen herbeiführender Hauptversammlungsbeschluss gegen Gesetz oder Satzung, ist er nach Maßgabe der §§ 241, 243 nichtig oder anfechtbar. Fehlen Sonderbeschlüsse oder Einzelzustimmungen, führt dies zur schwebenden Unwirksamkeit; wird ein Sonderbeschluss abgelehnt oder Zustimmung verweigert, ist der Hauptversammlungsbeschluss unwirksam.[31] 13

III. Aktiengattung (S. 2)

1. Begriff. § 11 S. 2 definiert den Begriff der **Gattung** von Aktien. Alle Aktien mit gleichen Rechten und – über den Wortlaut der Vorschrift hinaus – mit gleichen Pflichten (→ Rn. 1) bilden eine Gattung. Dabei ist ohne Bedeutung, ob die Gattungsverschiedenheit bereits bei Gründung der Gesellschaft vorlag oder erst nachträglich durch Satzungsänderung eingetreten ist.[32] Für eine Gattung ist ausreichend, dass eine einzige Aktie mit anderen Rechten und Pflichten ausgestattet ist als die anderen Aktien.[33] Auf die Legaldefinition in § 11 S. 2 wird in einer Reihe von Vorschriften aufgebaut (zB §§ 23 Abs. 2 Nr. 2, Abs. 3 Nr. 4; 179 Abs. 3; 182 Abs. 2; 222 Abs. 2). 14

2. Gattungsbegründende Merkmale. Alle mitgliedschaftlichen Rechte (→ Rn. 3 ff.) und alle mitgliedschaftlichen Pflichten (→ Rn. 8), die nicht allen Aktien, sondern nur einem Teil der Aktien – mindestens einer – auferlegt sind, begründen eine Gattung iSd § 11 S. 2. Nicht gattungsbegründend sind hingegen Gläubigerrechte (→ Rn. 6). Ebenfalls nicht gattungsbegründend sind die Verbriefung einzelner Mitgliedschaften – unabhängig davon, ob sie in Inhaber- oder Namensaktien erfolgt – und die Festsetzung unterschiedlicher Nenn- und Ausgabebeträge oder unterschiedlicher Einlagearten (Bar- oder Sacheinlage) sowie die Vinkulierung eines Teils der Aktien.[34] Auch Höchststimmrechte bei nicht börsennotierten Aktiengesellschaften (§ 134 Abs. 1 S. 2) und Minderheitenrechte als solche (zB §§ 122 Abs. 1 S. 1, 138 S. 3, 142 Abs. 2, 148 Abs. 1) sind nicht gattungsbegründend, da insoweit nicht besondere Rechte oder Beschränkungen an die einzelne Mitgliedschaft geknüpft werden, sondern an eine bestimmte Zahl von Aktien gekoppelt sind.[35] Das Entsenderecht nach § 101 Abs. 2 S. 1 ist aufgrund ausdrücklicher gesetzlicher Regelung nicht gattungsbegründend (§ 101 Abs. 2 S. 3). 15

3. Verbriefung. Bei Verbriefung der Mitgliedschaftsrechte muss sich der Aktienurkunde die Gattung, der die Mitgliedschaft zugehörig ist, entnehmen lassen. Bei Ausschluss des Anspruchs auf Einzelverbriefung (§ 10 Abs. 5; → § 10 Rn. 27 ff.) ist für jede Gattung eine eigene Globalaktie auszustellen, um die Sammelverwahrungsfähigkeit herzustellen.[36] 16

§ 12 Stimmrecht. Keine Mehrstimmrechte

(1) [1]Jede Aktie gewährt das Stimmrecht. [2]Vorzugsaktien können nach den Vorschriften dieses Gesetzes als Aktien ohne Stimmrecht ausgegeben werden.

(2) Mehrstimmrechte sind unzulässig.

Übersicht

[31] MüKoAktG/*Heider* Rn. 59 f.; Spindler/Stilz/*Vatter* Rn. 36.
[32] Hüffer/*Koch* Rn. 7.
[33] MüKoAktG/*Heider* Rn. 29; Spindler/Stilz/*Vatter* Rn. 3.
[34] MüKoAktG/*Heider* Rn. 30 f.; Spindler/Stilz/*Vatter* Rn. 18 f.; Hüffer/*Koch* Rn. 7; vgl. KK-AktG/*Dauner-Lieb* Rn. 20 ff.; Schmidt/Lutter/*Ziemons* Rn. 11.
[35] Vgl. MüKoAktG/*Heider* Rn. 33; Spindler/Stilz/*Vatter* Rn. 13; Schmidt/Lutter/*Ziemons* Rn. 11; Hüffer/*Koch* Rn. 7.
[36] Spindler/Stilz/*Vatter* Rn. 37; KK-AktG/*Dauner-Lieb* Rn. 40.

I. Normzweck

1 § 12 regelt die Verknüpfung zwischen der Aktie im Sinne der Mitgliedschaft und dem Stimmrecht des Aktionärs.[1] Die Vorschrift enthält in ihrem Abs. 1 S. 1 den Grundsatz **„keine Aktie ohne Stimmrecht"** und in Abs. 1 S. 2 mit dem Hinweis auf die Zulässigkeit der Ausgabe stimmrechtsloser Vorzugsaktien die wichtigste Ausnahme zu vorgenanntem Grundsatz. Im Umkehrschluss ergibt sich hieraus der weitere ungeschriebene Grundsatz **„kein Stimmrecht ohne Aktie"**.[2] Mit dem Verbot der Mehrstimmrechte in § 12 Abs. 2 wird sichergestellt, dass jeder Aktionär grundsätzlich auf Hauptversammlungsbeschlüsse nur im Umfang seiner Kapitalbeteiligung Einfluss nehmen kann. Dies führt zum Gleichlauf von Kapitalrisiko und Stimmrechtseinfluss.[3] Unionsrechtliche Vorgaben, die bei der Auslegung des § 12 zu beachten wären, bestehen nicht.[4]

II. Aktie und Stimmrecht (Abs. 1 S. 1)

2 **1. Stimmrecht.** Das Stimmrecht ist das Recht des Aktionärs, durch Stimmabgabe an den Beschlüssen der Hauptversammlung gestaltend mitzuwirken.[5] Es gehört zu den durch die Mitgliedschaft vermittelten Verwaltungsrechten (→ § 11 Rn. 4) des Aktionärs. Das Stimmrecht besteht unabhängig davon, ob die Mitgliedschaft verbrieft ist oder nicht.[6] Es kann dem Aktionär nicht gegen seinen Willen entzogen werden.[7]

3 **2. Verknüpfung von Stimmrecht und Aktie. a) „Keine Aktie ohne Stimmrecht".** Gemäß § 12 Abs. 1 S. 1 gewährt **jede** Aktie das Stimmrecht. Ausnahmen von diesem Grundsatz gelten nur, soweit das Gesetz Stimmrechtsbeschränkungen oder -ausübungsverbote ausdrücklich anordnet oder zulässt.[8] Das Stimmrecht des Aktionärs ist daher wesentlicher Bestandteil **(„Hauptrecht")**[9] und auch charakteristisches Merkmal seiner Mitgliedschaft in der Aktiengesellschaft.

4 **b) „Kein Stimmrecht ohne Aktie".** Das Stimmrecht ist akzessorischer Bestandteil der Mitgliedschaft; es kann daher von dieser nicht abgespalten und nicht auf einen Dritten übertragen werden **(„Abspaltungsverbot")**.[10] Daher ist ein Stimmrecht ohne eine dieses vermittelnde Aktie ausgeschlossen.[11] Insbesondere verschaffen bloße Gläubigerrechte wie Genussscheine (§ 221 Abs. 3), Anleihen (Wandel- oder Gewinnschuldverschreibungen, § 221 Abs. 1) oder ein Pfandrecht an einer Aktie kein Stimmrecht.[12] Dasselbe gilt nach umstrittener, aber zutreffender Ansicht auch für den Gläubiger eines Nießbrauchs an einer Aktie, da dessen Bestellung nicht zum Übergang der Mitgliedschaft auf den Nießbrauchsrechtsinhaber führt.[13] In der Literatur[14] wird jedoch verbreitet die Möglichkeit eines „mitgliedschaftsspaltenden Nießbrauchs" anerkannt, mit dem – bei entsprechender Ausgestaltung des Nießbrauchsrechts – im Wege der Aufspaltung des Mitgliedschaftsrechts das Stimmrecht für Beschlüsse in laufenden Angelegenheiten auf den Nießbraucher übertragen wird; soweit dies grundsätzlich für zulässig gehalten wird, werden die Grenzen für eine Stimmrechtsübertragung dort gezogen, wo in die Substanz des Mitgliedschaftsrechts, dh bei Satzungsänderungen oder Beschlüssen, die den Kernbereich der Mitgliedschaft betreffen, eingegriffen wird.[15] Hingegen besteht

[1] MüKoAktG/*Heider* Rn. 5.
[2] Hüffer/*Koch* Rn. 1; Spindler/Stilz/*Vatter* Rn. 1.
[3] KK-AktG/*Dauner-Lieb* Rn. 3 f.; vgl. Hüffer/*Koch* Rn. 1.
[4] MüKoAktG/*Heider* Rn. 4.
[5] MüKoAktG/*Heider* Rn. 6; Hüffer/*Koch* Rn. 2; Spindler/Stilz/*Vatter* Rn. 3; KK-AktG/*Dauner-Lieb* Rn. 5.
[6] Spindler/Stilz/*Vatter* Rn. 4.
[7] Hüffer/*Koch* Rn. 2.
[8] Spindler/Stilz/*Vatter* Rn. 3.
[9] MüKoAktG/*Heider* Rn. 6.
[10] RGZ 132, 149 (159); Hüffer/*Koch* Rn. 3; Spindler/Stilz/*Vatter* Rn. 5.
[11] AllgM, zB Hüffer/*Koch* Rn. 3.
[12] AllgM, zB MüKoAktG/*Heider* Rn. 7.
[13] OLG Koblenz NJW 1992, 2163 (2164); MüKoAktG/*Heider* Rn. 7; Schmidt/Lutter/*Ziemons* Rn. 6; MHdB AG/*Hoffmann-Becking* § 39 Rn. 3; Palandt/*Bassenge* BGB § 1068 Rn. 3; aA KK-AktG/*Zöllner* § 134 Rn. 15.
[14] MüKoAktG/*Bayer* § 16 Rn. 28; Hüffer/*Koch* § 16 Rn. 7; Spindler/Stilz/*Schall* § 16 Rn. 31; Grigoleit/*Grigoleit* § 16 Rn. 10; offenlassend Schmidt/Lutter/*Vetter* § 16 Rn. 9; NK-AktR/*Peres*/*Walden* § 16 Rn. 8.
[15] MüKoAktG/*Bayer* § 16 Rn. 28; Hüffer/*Koch* § 16 Rn. 7; Spindler/Stilz/*Schall* § 16 Rn. 31; Grigoleit/*Grigoleit* § 16 Rn. 10.

Einigkeit darüber, dass der Treuhänder – beim fiduzarischen Treuhandverhältnis[16] – und der Sicherungsnehmer – bei einer Sicherungsübereignung von Aktien[17] – ein Stimmrecht besitzen, da schuldrechtliche Abreden im Innenverhältnis zum Treugeber oder Sicherungsgeber nicht verhindern können, dass Treuhänder und Sicherungsnehmer im Außenverhältnis die Rechtsstellung des Aktionärs mit allen Mitgliedschaftsrechten erwerben.[18]

3. Stimmrechtsausübung. a) Grundlagen. Das Stimmrecht wird in der Hauptversammlung ausgeübt (§ 118 Abs. 1). Der Aktionär muss das Stimmrecht nicht höchstpersönlich ausüben. Zulässig sind sowohl die Ausübung des Stimmrechts durch einen gesetzlichen Vertreter oder durch einen rechtsgeschäftlichen Vertreter (**„Stimmrechtsvollmacht“;** §§ 134 Abs. 3; 135) als auch die Ermächtigung eines Dritten, das (fremde) Stimmrecht im eigenen Namen auszuüben (sog. **„Legitimationsaktionär“;** vgl. § 129 Abs. 3). Das Stimmrecht kann ferner durch einen Amtswalter (Testamentsvollstrecker, Insolvenzverwalter etc) für die Aktien, die sich in der verwalteten Masse befinden, ausgeübt werden.[19] Mehrere Stimmen eines Aktionärs aus verschiedenen Aktien können uneinheitlich abgegeben werden („gesplittete Stimmenabgabe“).[20] Die Zulässigkeit der gesplitteten Stimmenabgabe ist in der Praxis insbesondere für den Treuhänder relevant, der Aktien für verschiedene Treugeber hält, die ihm hinsichtlich der Ausübung des Stimmrechts unterschiedliche Weisungen erteilt haben. 5

b) Beschränkungen. Grundsätzlich kann der Aktionär sich bei der Ausübung seines Stimmrechts nach seinen Interessen richten. Einschränkungen können sich im Einzelfall aus Stimmrechtsbindungsverträgen (Konsortialverträge, Stimmrechtspools uÄ)[21] oder aus gesellschaftsrechtlichen Treuepflichten[22] ergeben. 6

c) Ausübungsverbote. Die Ausübung des Stimmrechts ist nach einer Reihe von Vorschriften im Einzelfall aus Gründen ausgeschlossen, die nicht aus der Eigenart der Aktie resultieren, sondern in der Person des Aktionärs begründet sind.[23] So können die Stimmrechte aus eigenen Aktien der Gesellschaft nicht ausgeübt werden (§§ 71b, 71d S. 4). Stimmverbote bestehen darüber hinaus in bestimmten gesetzlich geregelten Fällen von Interessenkollision (§§ 136 Abs. 1, 142 Abs. 1 S. 2 und 3, § 5 Abs. 1 S. 2 EGAktG) sowie bei Überschreitung von satzungsmäßigen Höchstgrenzen für Fremdbesitz und bei Verletzung von Offenlegungs- und Auskunftspflichten über Fremdbesitz (§ 67 Abs. 2 S. 2 und 3).[24] Ausübungssperren ergeben sich ferner aus der Verletzung von Mitteilungspflichten (§§ 20 Abs. 7, 21 Abs. 4; § 28 WpHG aF bzw. § 44 WpHG nF)[25] und bei wechselseitig beteiligten Unternehmen (§ 328). Für die weiteren Einzelheiten wird auf die dortigen Kommentierungen verwiesen. 7

d) Höchststimmrechte. Bei nichtbörsennotierten Aktiengesellschaften kann in der Satzung das Stimmrecht durch die Festsetzung eines Höchstbetrages oder von Abstufungen beschränkt werden (§ 134 Abs. 1 S. 2; sog. **„Höchststimmrecht“**). Hält ein Aktionär Aktien in einer Zahl, die über die in der Satzung festgesetzte Höchstgrenze hinausgeht, vermitteln ihm die die Höchstgrenze übersteigenden Aktien kein Stimmrecht. Der Ausschluss des Stimmrechts ist in diesem Fall nicht in der Aktie selbst veranlagt, sondern Folge des Umfangs der Beteiligung des betreffenden Aktionärs. Werden die die Höchstgrenze übersteigenden Aktien an einen Dritten veräußert, begründen sie für diesen das Stimmrecht, so lange sein Aktienbesitz die Höchstgrenze nicht übersteigt. In der Sache sind Höchststimmrechte daher als Ausübungsbeschränkung zu qualifizieren.[26] Sinn und Zweck eines Höchststimmrechtes ist die Beschränkung des Einflusses von Großaktionären.[27] Sie können aber nur generell und nicht lediglich zu Lasten einzelner Aktionäre vorgesehen werden.[28] Höchststimmrechte sind nur für die Berechnung von Stimmenmehrheiten, nicht für Kapitalmehrheiten von Bedeutung 8

[16] AllgM, zB BGHZ 104, 66 (74 f.) = NJW 1988, 1844 zur GmbH; MüKoAktG/*Heider* Rn. 7; KK-AktG/*Zöllner* § 134 Rn. 9 f.; Hüffer/*Koch* § 16 Rn. 7.

[17] AllgM, zB BGHZ 105, 168 (175).

[18] MüKoAktG/*Heider* Rn. 7.

[19] MüKoAktG/*Heider* Rn. 19; Spindler/Stilz/*Vatter* Rn. 5; KK-AktG/*Dauner-Lieb* Rn. 6.

[20] MüKoAktG/*Heider* Rn. 20; Schmidt/Lutter/*Ziemons* Rn. 9; Hüffer/*Koch* § 133 Rn. 21; einschr. KK-AktG/*Dauner-Lieb* Rn. 13.

[21] Hierzu MHdB AG/*Hoffmann-Becking* § 39 Rn. 42 ff.; MüKoAktG/*Heider* Rn. 22; KK-AktG/*Dauner-Lieb* Rn. 11; Spindler/Stilz/*Vatter* Rn. 8; Schmidt/Lutter/*Ziemons* Rn. 22.

[22] MüKoAktG/*Heider* Rn. 23; Spindler/Stilz/*Vatter* Rn. 8, Schmidt/Lutter/*Ziemons* Rn. 24.

[23] Spindler/Stilz/*Vatter* Rn. 14.

[24] Vgl. Spindler/Stilz/*Vatter* Rn. 14.

[25] Vgl. hierzu BGHZ 167, 204 Rn. 14 ff. = NZG 2006, 505; *Schneider/Schneider* ZIP 2006, 493.

[26] Hüffer/*Koch* Rn. 6; Spindler/Stilz/*Vatter* Rn. 11; vgl. KK-AktG/*Dauner-Lieb* Rn. 9.

[27] Hüffer/*Koch* Rn. 6.

[28] Hüffer/*Koch* Rn. 6.

(§ 134 Abs. 1 S. 6). Trotz der Stimmrechtsbeschränkung bleibt die Bedeutung der Kapitalbeteiligung daher erhalten, soweit es um die Verhinderung solcher Beschlüsse (zB §§ 179 Abs. 2, 182 Abs. 1) geht.[29]

III. Aktien ohne Stimmrecht (Abs. 1 S. 2)

9 **1. Begriff.** § 12 Abs. 1 S. 2 gestattet als Ausnahme zum Grundsatz des § 12 Abs. 1 S. 1 die Ausgabe von sog. **Vorzugsaktien** als Aktien ohne Stimmrecht gemäß den Bestimmungen der §§ 139–141. Der Verlust des Stimmrechts wird dabei durch einen – ggf. nachzuzahlenden – Dividendenvorzug in Form eines auf die Aktie vorweg entfallenden Gewinnanteils (Vorabdividende) oder einen erhöhten Gewinnanteil (Mehrdividende) ausgeglichen (§ 139 Abs. 1). Vorzugsaktien dürfen nur bis zur Hälfte des Grundkapitals ausgegeben werden (§ 139 Abs. 2). Mit Ausnahme des Stimmrechts gewähren Vorzugsaktien dem Aktionär alle Mitgliedschaftsrechte (§ 140 Abs. 1). Werden Vorzugsbeträge nicht oder nicht vollständig erbracht, können auch Vorzugsaktien Stimmrechte vermitteln (vgl. § 140 Abs. 2). Beschlüsse, durch die die Rechtsstellung der Vorzugsaktionäre beeinträchtigt wird, bedürfen ihrer Zustimmung durch mit qualifizierter Mehrheit zu fassenden Sonderbeschluss (vgl. § 141).[30] Stimmrechtslose Vorzugsaktien stellen eine eigene Gattung iSd § 11 S. 2 (→ § 11 Rn. 14 ff.) dar.[31] Die nachträgliche Umwandlung von Stammaktien in stimmrechtslose Vorzugsaktien kann nur mit Zustimmung der betroffenen Aktionäre erfolgen.[32]

10 **2. Bedeutung.** Stimmrechtslose Vorzugsaktien können für Gesellschaft und Aktionäre gleichermaßen von Interesse sein: der Gesellschaft ermöglichen sie die Beschaffung von Eigenkapital ohne Veränderungen der Stimmrechtsverhältnisse,[33] was insbesondere für Familiengesellschaften oder sonstige Gesellschaften mit vormals begrenztem Aktionärskreis relevant sein kann;[34] den Aktionären eröffnen sie die Möglichkeit auf größere Teilhabe am Bilanzgewinn gegen Aufgabe einer – bei Kleinbeteiligungen faktisch nicht vorhandenen – Einflussnahmemöglichkeit auf die Geschicke der Gesellschaft.

IV. Verbot der Mehrstimmrechte (Abs. 2)

11 **1. Mehrstimmrechte. a) Begriff.** Im Aktienrecht gilt das Prinzip des **„proportionalen Stimmrechts“.**[35] Das Stimmrecht richtet sich nach den Aktiennennbeträgen, bei Stückaktien nach deren Zahl (§ 134 Abs. 1 S. 1). Das bedeutet: Jede Aktie gewährt im Grundsatz das gleiche Stimmrecht. Die Stimmkraft entspricht der Kapitalbeteiligung und damit auch dem Kapitalrisiko.[36] Das Prinzip des proportionalen Stimmrechts wird gesichert durch das **Verbot der Mehrstimmrechte.** Unter Mehrstimmrechten sind Satzungsgestaltungen zu verstehen, nach denen eine Aktie ihrem Inhaber mehr Stimmen gewährt als ihrer auf das Grundkapital bezogenen Beteiligungsquote entspricht („überproportionales Stimmrecht“).[37] Solche Gestaltungen sind nach § 12 Abs. 2 heute unzulässig (→ Rn. 13).

12 **b) Bedeutung.** Mehrstimmrechte sind in zweifacher Hinsicht von Bedeutung:[38] Bei Beschlüssen, für die lediglich die Stimmenmehrheit erforderlich ist (§ 133 Abs. 1), hilft die überproportionale Stimmkraft bei der Durchsetzung der Vorstellungen der Mehrstimmrechtsinhaber; das gilt zB bei Wahlen zum Aufsichtsrat (§ 101 Abs. 1) und der Abschlussprüfer sowie bei Entlastungsbeschlüssen (§ 120) und bei Gewinnverwendungsbeschlüssen (§ 174). Bei Beschlüssen, bei denen neben der Kapitalmehrheit auch eine Stimmenmehrheit erforderlich ist (zB Satzungsänderung § 179 Abs. 2, Kapitalerhöhung § 182 Abs. 1), können sie eine Sperrminorität verschaffen.

13 **2. Verbot.** Gemäß § 12 Abs. 2 sind Mehrstimmrechte unzulässig. Mehrstimmrechte dürfen daher weder bei der Gründung der Aktiengesellschaft in der Satzung vorgesehen werden noch durch Satzungsänderung eingeführt werden. Verstöße gegen § 12 Abs. 2 führen zur Nichtigkeit der Satzung bzw. des Beschlusses über die Satzungsänderung.[39] Das Verbot gilt ausnahmslos, dh sowohl für

---

[29] MüKoAktG/*Heider* Rn. 37; MHdB AG/*Hoffmann-Becking* § 39 Rn. 14.
[30] Hüffer/*Koch* Rn. 5.
[31] MüKoAktG/*Heider* Rn. 30; Spindler/Stilz/*Vatter* Rn. 10.
[32] Hüffer/*Koch* Rn. 2, 5; Spindler/Stilz/*Vatter* Rn. 10.
[33] MüKoAktG/*Heider* Rn. 31.
[34] KK-AktG/*Dauner-Lieb* Rn. 8.
[35] MüKoAktG/*Heider* Rn. 8.
[36] Vgl. MüKoAktG/*Heider* Rn. 8; Spindler/Stilz/*Vatter* Rn. 6.
[37] Hüffer/*Koch* Rn. 8; MüKoAktG/*Heider* Rn. 38.
[38] Vgl. MüKoAktG/*Heider* Rn. 38; Spindler/Stilz/*Vatter* Rn. 17.
[39] Hüffer/*Koch* Rn. 10; Spindler/Stilz/*Vatter* Rn. 18.

börsennotierte als auch für nichtbörsennotierte Gesellschaften. Die Ausnahmevorschrift des § 216 Abs. 1 S. 2 ist durch das Gesetz zur Modernisierung des GmbH-Rechts und zur Bekämpfung von Missbräuchen **(MoMiG)** vom 23.10.2008 (BGBl. I S. 2026) aufgehoben worden.

3. Übergangsrecht. Das Verbot der Mehrstimmrechte wurde in seiner aktuellen Form mit dem am 1.5.1998 in Kraft getretenen Gesetz zur Kontrolle und Transparenz im Unternehmensbereich (KonTraG) vom 27.4.1998 (BGBl. I S. 786) eingeführt. Zuvor war die Begründung von Mehrstimmrechten unter bestimmten Voraussetzungen mit ministerieller Genehmigung möglich.[40] Für am 1.1.1998 bestehende Mehrstimmrechte wurden in § 5 Abs. 1–6 EGAktG Übergangsregelungen geschaffen. Danach gilt Folgendes: 14

a) Erlöschen. Grundsätzlich sind bestehende Mehrstimmrechte am 1.6.2003 kraft Gesetzes erloschen (§ 5 Abs. 1 S. 1 Hs. 1 EGAktG). Die betroffenen Aktien sind als solche mit einer ihrer Kapitalbeteiligung entsprechenden Stimmkraft bestehen geblieben. Das Erlöschen der Mehrstimmrechte konnte jedoch durch einen vor Ablauf der Übergangsfrist mit dreiviertel Kapitalmehrheit gefassten Fortgeltungsbeschluss der Hauptversammlung verhindert werden (§ 5 Abs. 1 S. 1 Hs. 2 EGAktG), bei dem die Inhaber der Mehrstimmrechte kein Stimmrecht hatten (§ 5 Abs. 1 S. 2 EGAktG). 15

b) Beseitigung. Die Hauptversammlung konnte bereits vor dem 1.6.2003 und kann auch heute noch die Beseitigung bestehender Mehrstimmrechte beschließen (§ 5 Abs. 2 S. 1 EGAktG). Der Beschluss bedarf lediglich der einfachen Kapitalmehrheit, so dass die erhöhte Stimmkraft der Mehrstimmrechtsaktien ohne Bedeutung ist. Ein Sonderbeschluss der Aktionäre mit Mehrstimmrechten ist – entgegen § 179 Abs. 3 – nicht erforderlich (§ 5 Abs. 2 S. 3 EGAktG). Jeder Aktionär kann verlangen, dass die Beseitigung der Mehrstimmrechte auf die Tagesordnung der Hauptversammlung gesetzt wird (§ 5 Abs. 2 S. 4 EGAktG). Der Beseitigungsbeschluss ist auf eine Satzungsänderung gerichtet und muss folglich im Handelsregister eingetragen werden.[41] 16

c) Ausgleich. Das Erlöschen von Mehrstimmrechten (→ Rn. 15) oder deren Beseitigung (→ Rn. 16) begründet eine Ausgleichspflicht der Gesellschaft gegenüber dem einzelnen betroffenen Aktionär (§ 5 Abs. 3 S. 1 EGAktG). Der Ausgleich muss den besonderen Wert der Mehrstimmrechte angemessen berücksichtigen. Die Ausgleichspflicht setzt folglich voraus, dass ein besonderer Wert der Mehrstimmrechte feststellbar ist.[42] Der Ausgleich muss nicht notwendig in einer einmaligen Zahlung in Geld erfolgen, sondern kann auch in gestreckten Zahlungen, in Form von Kapitalerhöhungen unter Bezugsrechtsausschluss der Stammaktionäre oder mit Einbringung des Ausgleichsanspruchs als Sacheinlage oder durch Mischformen gewährt werden.[43] Als gesetzlich geregelter Sonderfall steht die Ausgleichsgewährung nicht im Widerspruch zum Verbot der Einlagenrückgewähr (§ 57 Abs. 1).[44] 17

d) Rechtsschutz. Streitigkeiten in Bezug auf den Ausgleichsanspruch sind im Spruchverfahren geltend zu machen (§ 5 Abs. 4 S. 2, Abs. 5 EGAktG). Die Anfechtung eines Beseitigungsbeschlusses (→ Rn. 16) ist weitgehend ausgeschlossen; sie kann insbesondere nicht darauf gestützt werden, dass die Beseitigung der Mehrstimmrechte oder der im Beseitigungsbeschluss festgesetzte Ausgleich unangemessen sind (§ 5 Abs. 4 S. 1 EGAktG). 18

§ 13 Unterzeichnung der Aktien

[1]Zur Unterzeichnung von Aktien und Zwischenscheinen genügt eine vervielfältigte Unterschrift. [2]Die Gültigkeit der Unterzeichnung kann von der Beachtung einer besonderen Form abhängig gemacht werden. [3]Die Formvorschrift muß in der Urkunde enthalten sein.

I. Allgemeines

1. Normzweck. Die Anforderungen an Inhalt und Form der urkundlichen Verbriefung der Mitgliedschaft sind im AktG in verschiedenen Bestimmungen und insgesamt nur unvollständig geregelt. Solche ergeben sich ansonsten aus allgemeinen wertpapierrechtlichen Grundsätzen. Im AktG enthält neben den §§ 8, 10 und 55 Abs. 1 S. 3 auch § 13 solche Bestimmungen. § 13 enthält Regelungen zum **Formerfordernis der Unterzeichnung** der Urkunden. Die Entstehung eines Wertpapiers 1

[40] Zu Historie und Entwicklung MüKoAktG/*Heider* Rn. 2 f.
[41] Hüffer/*Koch* Rn. 12.
[42] BayObLGZ 2002, 250 (255).
[43] Hüffer/*Koch* Rn. 14; Spindler/Stilz/*Vatter* Rn. 31.
[44] Hüffer/*Koch* Rn. 13; MüKoAktG/*Heider* Rn. 44.

setzt unter anderem dessen Unterzeichnung durch eigenhändige Namensunterschrift des Ausstellers voraus (vgl. §§ 126 f. BGB).[1] Dieses Formerfordernis wäre bei Massenemissionen nicht zu erfüllen.[2] § 13, der inhaltlich mit § 793 Abs. 2 BGB übereinstimmt, ermöglicht zum einen die technische Vereinfachung des Vorgangs der Unterzeichnung,[3] in dem er in S. 1 vervielfältigte Unterschriften (sog. **„Faksimile"**) für ausreichend erklärt; zum anderen erlaubt § 13 S. 2 die Einführung besonderer Formerfordernisse für die Unterzeichnung. Die Rationalisierung des Effektenwesens durch die Verbriefung der Mitgliedschaften in Form von Global- oder Sammelurkunden (§ 9a DepG) mindert die praktische Bedeutung der Vorschrift,[4] bei deren Auslegung besondere unionsrechtliche Vorgaben nicht zu beachten sind.[5]

2 **2. Anwendungsbereich.** Für die Entstehung der Mitgliedschaft in einer Aktiengesellschaft ist deren Verbriefung nicht erforderlich (zu den diesbezüglichen Voraussetzungen → § 10 Rn. 3). Die Verbriefung hat folglich lediglich deklaratorischen Charakter (→ § 10 Rn. 3). Die Verbriefung der Mitgliedschaft soll deren Verkehrsfähigkeit steigern, den guten Glauben des Erwerbers schützen und dem Aktionär seine Legitimation gegenüber der Gesellschaft erleichtern (→ § 10 Rn. 4). § 13 gilt nur für Urkunden, in denen eine Mitgliedschaft in einer Aktiengesellschaft verbrieft ist. Dies kann entweder in Form von **Aktienurkunden** oder von **Zwischenscheinen** geschehen. Zu Begriff, Bedeutung und rechtlicher Behandlung von Zwischenscheinen → § 8 Rn. 30 f.; → § 10 Rn. 25 f. § 13 gilt für Nennbetrags- oder Stückaktien jeder Art (Inhaber- und Namensaktien, § 10 Abs. 1; → § 10 Rn. 6 ff.) und Gattung (§ 11), auch für Globalaktien.[6] § 13 ist hingegen nicht auf Gewinnanteilsscheine („Dividendenscheine"), Wandel- und Gewinnschuldverschreibungen (§ 221 Abs. 1) oder Genussrechte (§ 221 Abs. 3) anwendbar, da solche Urkunden nicht die Mitgliedschaft, sondern lediglich schuldrechtliche Forderungen verbriefen;[7] für diese Urkunden führt § 793 Abs. 2 BGB zu denselben technischen Erleichterungen.[8]

II. Anforderungen an die urkundliche Verbriefung der Mitgliedschaft

3 **1. Anforderungen an Inhalt.** Aktienurkunden und Zwischenscheine müssen als Wertpapiere im Sinne des Wertpapierrechts diesbezüglichen Mindestanforderungen an den Inhalt entsprechen. So müssen sowohl die Aktiengesellschaft als Aussteller als auch der Umstand, dass in diesem Wertpapier eine Mitgliedschaft an einer Aktiengesellschaft verbrieft wird, erkennbar sein.[9] Letzteres geschieht regelmäßig, wenn auch nicht notwendig,[10] durch die Bezeichnung als Aktie oder Zwischenschein. Ferner muss besonderen aktienrechtlichen Erfordernissen entsprochen werden, indem die Urkunde die wesentlichen Merkmale der durch sie verkörperten Mitgliedschaft erkennen lässt.[11] Dies geschieht durch Angaben zum Umfang der Mitgliedschaft (Aktiennennbeträge bei Nennbetragsaktien bzw. Anzahl bei Stückaktien; § 8), zur Art der Verbriefung (Inhaber- oder Namensaktie; § 10 Abs. 1), zur Gattung (§ 11) sowie zu eventuellen Nebenleistungsverpflichtungen (§ 55 Abs. 1) und – bei Namensaktien – zum Umfang der Erfüllung der Einlagepflicht bei Ausgabe vor vollständiger Leistung (§ 10 Abs. 2 S. 2). Schließlich muss die Urkunde ein individualisierendes Serienzeichen aufweisen.[12] Das wird vom Gesetz zwar nicht ausdrücklich gefordert, aber im Ergebnis vorausgesetzt. Ansonsten wären die Vorschriften über die Kraftloserklärung (§§ 72 f.) in der Praxis nicht anwendbar. Von den Serienzeichen zu unterscheiden sind die Aktiennummern, die das einzelne Mitgliedschaftsrecht kennzeichnen und bei der Verbriefung ebenfalls aufzunehmen sind.[13] Mehrfach- und Globalurkunden müssen als solche bezeichnet sein.[14] Die Angabe eines Ausstellungsdatums oder die Abfassung in deutscher Sprache sind hingegen nicht erforderlich.[15]

---

[1] AllgM, zB MüKoAktG/*Heider* Rn. 3; Spindler/Stilz/*Vatter* Rn. 2.

[2] Hüffer/*Koch* Rn. 1; MüKoAktG/*Heider* Rn. 3; Spindler/Stilz/*Vatter* Rn. 2.

[3] Hüffer/*Koch* Rn. 1.

[4] Vgl. Hüffer/*Koch* Rn. 1.

[5] MüKoAktG/*Heider* Rn. 1.

[6] Hüffer/*Koch* Rn. 2; MüKoAktG/*Heider* Rn. 6; Spindler/Stilz/*Vatter* Rn. 6.

[7] Hüffer/*Koch* Rn. 2; MüKoAktG/*Heider* Rn. 5; Spindler/Stilz/*Vatter* Rn. 7; KK-AktG/*Dauner-Lieb* Rn. 8.

[8] Hüffer/*Koch* Rn. 2.

[9] Hüffer/*Koch* Rn. 4; MüKoAktG/*Heider* Rn. 10 f.; Spindler/Stilz/*Vatter* Rn. 14 ff.; NK-AktR/*Wagner* Rn. 4; vgl. MHdB AG/*Sailer-Coceani* § 12 Rn. 8 ff.

[10] Hüffer/*Koch* Rn. 4; MüKoAktG/*Heider* Rn. 11; MHdB AG/*Sailer-Coceani* § 12 Rn. 10.

[11] Spindler/Stilz/*Vatter* Rn. 17; vgl. MüKoAktG/*Heider* Rn. 12 f.; KK-AktG/*Dauner-Lieb* Rn. 9 ff.

[12] Hüffer/*Koch* Rn. 4; MüKoAktG/*Heider* Rn. 14; Spindler/Stilz/*Vatter* Rn. 23; MHdB AG/*Sailer-Coceani* § 12 Rn. 10; KK-AktG/*Dauner-Lieb* Rn. 20.

[13] Vgl. Schmidt/Lutter/*Ziemons* Rn. 7.

[14] Spindler/Stilz/*Vatter* Rn. 25.

[15] Hüffer/*Koch* Rn. 4; MüKoAktG/*Heider* Rn. 14; Spindler/Stilz/*Vatter* Rn. 24; KK-AktG/*Dauner-Lieb* Rn. 14; MHdBAG/*Sailer-Coceani* § 12 Rn. 10; HK-AktG/*Westermann* Rn. 3; für Anspruch des Aktionärs auf

2. Anforderungen an die Form. a) Grundsatz. Als Wertpapier muss die Verbriefung über die Mitgliedschaft in der Aktiengesellschaft als schriftliche Urkunde hergestellt werden, die vom Aussteller zu unterzeichnen ist. Grundsätzlich bestehen für die Technik der Herstellung keine besonderen Vorgaben. Möglich sind daher handschriftliche, maschinengeschriebene, gedruckte, fotokopierte oder in sonstiger Weise vervielfältigte Urkunden.[16] Etwas anderes gilt nur für Einzelaktienurkunden, die zum Börsenhandel zugelassen werden sollen. Diese müssen aus Gründen der Fälschungssicherheit sowohl den Anforderungen der Richtlinien der deutschen Börsen über den Druck von Wertpapieren als auch der Börsen-Zulassungsverordnung genügen.[17] 4

b) Anforderungen an die Unterzeichnung. aa) Person des Unterzeichnenden. Die Urkunde über die Verbriefung der Mitgliedschaft muss vom Aussteller unterschrieben sein. Für die Aktiengesellschaft unterzeichnen grundsätzlich Vorstandsmitglieder in vertretungsberechtigter Anzahl (§ 78). Die Unterzeichnung durch Bevollmächtigte ist zulässig.[18] Prokura und Handlungsvollmacht reichen nicht aus, da die Verbriefung der Mitgliedschaft kein Handelsgeschäft ist (§§ 49, 54 HGB).[19] 5

bb) Unterzeichnung durch vervielfältigte Unterschrift (S. 1). Die Urkunde muss unterschrieben, dh mit einem individuellen Namenszug, der den Unterzeichner erkennen lässt, unterzeichnet sein.[20] Eine eigenhändige Unterschrift (§ 126 Abs. 1 BGB) ist stets ausreichend, aber nach § 13 S. 1 nicht erforderlich. Denn § 13 S. 1 erklärt eine **vervielfältigte Unterschrift** für ausreichend. Es muss sich aber um eine bildliche Wiedergabe der Unterschrift **(„Faksimile")** handeln. Daher ist die bloße Angabe des Namens des Vertretungsberechtigten in Druckbuchstaben ebenso wenig ausreichend wie ein nachgeahmter, nicht originalgetreuer Schriftzug.[21] Die faksimilierte Unterschrift muss mit Zustimmung des Namensträgers auf die Urkunde gelangen, da ansonsten keine wirksame wertpapiermäßige Verbriefung möglich ist.[22] 6

cc) Besondere Formerfordernisse (S. 2 und 3). Das Formerfordernis des § 13 S. 1 kann nicht abbedungen oder weiter erleichtert, hingegen aber freiwillig verschärft werden.[23] Nach § 13 S. 2 kann die Gültigkeit der Unterzeichnung von der **Beachtung besonderer Formerfordernisse** abhängig gemacht werden. In der Praxis kommt insoweit insbesondere das Erfordernis der weiteren Unterschrift eines Aufsichtsratsmitglieds oder eines sog. Kontrollbeamten in Betracht.[24] Besondere Formerfordernisse iSd § 13 S. 2 müssen in der Satzung vorgesehen sein oder von der Hauptversammlung beschlossen werden. Aufsichtsrat oder Vorstand haben insoweit keine Entscheidungskompetenz.[25] Nach § 13 S. 3 müssen solche besonderen Formerfordernisse in den Text der Urkunde aufgenommen werden. 7

III. Verstöße gegen die Anforderungen an die urkundliche Verbriefung der Mitgliedschaft

Verstöße gegen die Anforderungen an Inhalt und Form bei der urkundlichen Verbriefung der Mitgliedschaft haben aufgrund des lediglich deklaratorischen Charakters der Urkunden keine Auswirkungen auf die Mitgliedschaft als solche. Es liegt jedoch **keine wirksame wertpapiermäßige Verbriefung** der Mitgliedschaft vor.[26] Die Mitgliedschaft kann nur nach allgemeinen, nicht nach wertpapierrechtlichen Grundsätzen (→ § 10 Rn. 12 ff.) übertragen werden,[27] so dass ein gutgläubi- 8

Ausstellung in deutscher Sprache oder in „gebräuchlicher" Fremdsprache, wenn die Aktie in „ungebräuchlicher" Fremdsprache erstellt wurde, Schmidt/Lutter/*Ziemons* Rn. 14; HK-AktG/*Westermann* Rn. 3.

16 Hüffer/*Koch* Rn. 5; MüKoAktG/*Heider* Rn. 23; Spindler/Stilz/*Vatter* Rn. 12; MHdB AG/*Sailer-Coceani* § 12 Rn. 12.

17 MüKoAktG/*Heider* Rn. 23; Spindler/Stilz/*Vatter* Rn. 13; MHdB AG/*Sailer-Coceani* § 12 Rn. 13, jeweils mwN.

18 Hüffer/*Koch* Rn. 6; Schmidt/Lutter/*Ziemons* Rn. 12; NK-AktR/*Wagner* Rn. 11; HK-AktG/*Westermann* Rn. 1.

19 AllgM, zB Hüffer/*Koch* Rn. 6; MüKoAktG/*Heider* Rn. 25.

20 Spindler/Stilz/*Vatter* Rn. 9.

21 MüKoAktG/*Heider* Rn. 26; NK-AktR/*Wagner* Rn. 11; vgl. Hüffer/*Koch* Rn. 6; HK-AktG/*Westermann* Rn. 1.

22 RGZ 14, 94 (97); KK-AktG/*Dauner-Lieb* Rn. 16; MüKoAktG/*Heider* Rn. 26.

23 MüKoAktG/*Heider* Rn. 27; Spindler/Stilz/*Vatter* Rn. 10.

24 Hüffer/*Koch* Rn. 7.

25 Hüffer/*Koch* Rn. 7; KK-AktG/*Dauner-Lieb* Rn. 17; MüKoAktG/*Heider* Rn. 27; Spindler/Stilz/*Vatter* Rn. 10; Schmidt/Lutter/*Ziemons* Rn. 13.

26 Spindler/Stilz/*Vatter* Rn. 11, 27; MüKoAktG/*Heider* Rn. 16 ff., 29 f.; KK-AktG/*Dauner-Lieb* Rn. 21; vgl. Hüffer/*Koch* Rn. 8.

27 Vgl. MüKoAktG/*Heider* Rn. 29; Spindler/Stilz/*Vatter* Rn. 11, 27; MHdB AG/*Sailer-Coceani* § 12 Rn. 14.

ger Erwerb ausgeschlossen ist.[28] Wird entgegen § 10 Abs. 2 S. 2 der Betrag von Teilleistungen in der Namensaktie nicht angegeben oder fehlen in der Urkunde Hinweise auf bestehende Nebenverpflichtungen oder auf besondere Formerfordernisse nach § 13 S. 2, ist die Mitgliedschaft dennoch wirksam verbrieft; ein gutgläubiger lastenfreier Erwerb der Mitgliedschaft ist möglich.[29] Durch die Ausgabe einer den Anforderungen des § 13 nicht genügenden Urkunde wird der Verbriefungsanspruch des Aktionärs nicht erfüllt. Er kann die Ausgabe einer formgerechten Urkunde gegen Rückgabe der unwirksamen Urkunde verlangen.[30]

§ 14 Zuständigkeit

Gericht im Sinne dieses Gesetzes ist, wenn nichts anderes bestimmt ist, das Gericht des Sitzes der Gesellschaft.

I. Allgemeines

1 **1. Normzweck.** § 14 enthält eine Regelung zur **örtlichen Zuständigkeit** von Gerichten in Verfahren der freiwilligen Gerichtsbarkeit, in denen aktienrechtliche Angelegenheiten behandelt werden. Zuständig ist danach das Gericht des Sitzes der Gesellschaft (§ 5). § 14 soll wiederholende Zuständigkeitsregelungen vermeiden.[1] Die Norm hat den Charakter einer Auffangregelung. Sie kommt zur Anwendung, soweit durch Gesetz für das entsprechende Verfahren keine abweichende Zuständigkeitsregelung getroffen ist. Nach überwiegender Ansicht in der Literatur hat § 14 heute aufgrund umfassender spezialgesetzlicher Regelungen keine eigenständige Bedeutung mehr; insbesondere wird auch der – inhaltlich zu demselben Ergebnis führende – § 377 Abs. 1 FamFG, der seinerseits unter dem Vorbehalt spezialgesetzlicher Regelung steht, als vorrangige spezialgesetzliche Regelungbetrachtet.[2] § 14 enthält **keine** Regelung zur **sachlichen Zuständigkeit.** Sie liegt in den Fällen, in denen § 14 zur Anwendung kommt (→ Rn. 2), bei den Amtsgerichten (§ 23a Abs. 1 Nr. 2, Abs. 2 Nr. 3 und Nr. 4 GVG). Unionsrechtliche Vorgaben sind bei der Auslegung des § 14 nicht zu beachten.[3]

2 **2. Anwendungsbereich.** § 14 gilt nur für Verfahren der freiwilligen Gerichtsbarkeit in aktienrechtlichen Angelegenheiten, für die keine besonderen Zuständigkeitsregelungen bestehen.[4] Für die registergerichtliche Zuständigkeit bei einer Sitzverlegung (§ 45) und bei der Errichtung von Zweigniederlassungen (§ 13 HGB) bestehen besondere gesetzliche Regelungen. § 14 kommt wegen spezialgesetzlicher Regelung der sachlichen und örtlichen Zuständigkeit (zB § 2 SpruchG, §§ 98 Abs. 1, 132 Abs. 1, 142 Abs. 5, 260 Abs. 1, 315 S. 3) auch bei streitigen Verfahren der freiwilligen Gerichtsbarkeit nicht zur Anwendung. Die örtliche Zuständigkeit in Verfahren der streitigen Gerichtsbarkeit richtet sich nach §§ 12 ff. ZPO und hier insbesondere nach § 17 ZPO, soweit nicht das AktG – wie zB für Anfechtungs- (§ 246 Abs. 3 S. 1), Nichtigkeits- (§ 249 Abs. 1 S. 1) oder Auflösungsklagen (§ 396 Abs. 1 S. 2) – Sondervorschriften für die örtliche und sachliche Zuständigkeit enthält. Maßgeblich ist § 14 somit für die Tätigkeit der Registergerichte in **Handelsregistersachen** iSd § 374 Nr. 1 FamFG (Anmeldungen zum und Eintragungen in das Handelsregister, zB §§ 36, 38 und 81, sowie Löschungs- und Auflösungsverfahren iSd §§ 397 ff. FamFG; sog. **„Registersachen im engeren Sinne"**)[5] und in **unternehmensrechtlichen Verfahren** nach § 375 Nr. 3 FamFG (sog. „Registersachen im weiteren Sinne"),[6] soweit man nicht mit der überwiegenden Literatur § 377 FamFG insoweit als vorrangige spezialgesetzliche Regelung betrachtet.[7]

II. Einzelheiten

3 **1. Sitz der Gesellschaft.** Der Sitz der Gesellschaft begründet die örtliche Zuständigkeit. Sitz in diesem Sinne ist der **Satzungssitz** (§ 5). Dies gilt auch dann, wenn das Registergericht bereits vor

[28] Vgl. MüKoAktG/*Heider* Rn. 29; Spindler/Stilz/*Vatter* Rn. 11; Schmidt/Lutter/*Ziemons* Rn. 9.
[29] Vgl. MüKoAktG/*Heider* Rn. 19 f., 30; KK-AktG/*Dauner-Lieb* Rn. 22.
[30] MüKoAktG/*Heider* Rn. 31; Hüffer/*Koch* Rn. 8.
[1] Hüffer/*Koch* Rn. 1.
[2] So Spindler/Stilz/*Drescher* Rn. 2; Hüffer/*Koch* Rn. 1; MüKoAktG/*Heider* Rn. 9; NK-AktR/*Wagner* Rn. 4; aA hier 2. Aufl.: § 14 hat als aktienrechtliche Vorschrift Vorrang vor § 377 FamFG.
[3] MüKoAktG/*Heider* Rn. 2.
[4] AllgM, vgl. zB Hüffer/*Koch* Rn. 2; MüKoAktG/*Heider* Rn. 8.
[5] Vgl. Spindler/Stilz/*Drescher* Rn. 2.
[6] Vgl. Spindler/Stilz/*Drescher* Rn. 2.
[7] So Spindler/Stilz/*Drescher* Rn. 2; Hüffer/*Koch* Rn. 1; MüKoAktG/*Heider* Rn. 9; NK-AktR/*Wagner* Rn. 4; Grigoleit/*Vedder* Rn. 1.

der Eintragung tätig wird (vgl. §§ 33 Abs. 3, 35–38).[8] Gericht des Sitzes der Gesellschaft ist das Amtsgericht am bzw. für den Sitz des Landgerichts, in dessen Bezirk sich der Sitz der Gesellschaft befindet (vgl. § 376 Abs. 1 FamFG). Wurde von der Ermächtigung des § 376 Abs. 2 FamFG Gebrauch gemacht, Handelsregistersachen iSd § 374 Nr. 1 FamFG und unternehmensrechtliche Verfahren nach § 375 Nr. 3 FamFG anderen oder zusätzlichen Amtsgerichten zu übertragen, ist das so bestimmte Gericht zuständig.[9]

2. Sonderfälle. a) Doppelsitz. Bei Gesellschaften mit Doppelsitz (→ § 5 Rn. 13 f.) sind grundsätzlich die Gerichte beider Gesellschaftssitze zuständig[10] und entscheiden unabhängig voneinander (→ § 5 Rn. 14). Ist jedoch in einem unternehmensrechtlichen Verfahren nach § 375 Nr. 3 FamFG ein Sitzgericht tätig geworden, verliert das andere – in entsprechender Anwendung des § 2 Abs. 1 FamFG – seine Zuständigkeit.[11] Denn die entsprechenden Entscheidungen können – anders als bei Entscheidungen über Eintragungen – nur einmal getroffen werden. § 377 Abs. 4 FamFG soll insoweit ohne Bedeutung sein, da die Begründung des Regierungsentwurfs zum FGG-Reformgesetz, mit dem § 377 FamFG eingeführt wurde, keinerlei Anhaltspunkte dafür bietet, dass der Ausnahmefall eines unternehmensrechtlichen Verfahrens bei einer Gesellschaft mit Doppelsitz in die Überlegungen betreffend die Aufnahme des § 377 Abs. 4 FamFG mit einbezogen wurde.[12] 4

b) Sonstiges. § 14 gilt nur für Gesellschaften, die ihren Sitz in Deutschland haben. Aktiengesellschaften, die im Ausland residieren, unterfallen nicht der Zuständigkeit deutscher Registergerichte.[13] Bei Spaltgesellschaften ohne Sitz als Folge ausländischer Enteignungsmaßnahmen ist die Bestimmung des zuständigen Registergerichts in entsprechender Anwendung des § 5 Abs. 1 Nr. 1 FamFG vorzunehmen.[14] Nach Aufhebung der Sonderregelungen in §§ 14, 15 ZustErgG ist entsprechend bei Aktiengesellschaften, die am 8.5.1945 ihren Sitz in Gebieten hatten, in denen heute keine deutsche Gerichtsbarkeit mehr ausgeübt wird („ehemalige Ostgebiete"), zu verfahren.[15] 5

§ 15 Verbundene Unternehmen

Verbundene Unternehmen sind rechtlich selbständige Unternehmen, die im Verhältnis zueinander in Mehrheitsbesitz stehende Unternehmen und mit Mehrheit beteiligte Unternehmen (§ 16), abhängige und herrschende Unternehmen (§ 17), Konzernunternehmen (§ 18), wechselseitig beteiligte Unternehmen (§ 19) oder Vertragsteile eines Unternehmensvertrags (§§ 291, 292) sind.

Schrifttum: *Dettling,* Die Entstehungsgeschichte des Konzernrechts im Aktiengesetz von 1965, 1997; *Bayer,* Der an der Tochter beteiligte Mehrheitsgesellschafter der Mutter: herrschendes Unternehmen?, ZGR 2002, 933; *Cahn,* Die Holding als abhängiges Unternehmen, AG 2002, 30; *Hübner,* Der Versicherungsverein auf Gegenseitigkeit als Konzernspitze bei internen Strukturmaßnahmen, FS Wiedemann, 2002, 1033; *Ihrig/Wand,* Die Stiftung im Konzernverbund, FS Hüffer, 2010, 387; *Kropff,* Das Konzernrecht des AktG, BB 1965, 1281; *Leuering/Rubner,* Das Konzernrecht der abhängigen Personengesellschaft, NJW-Spezial 2012, 143; *Mülbert,* Unternehmensbegriff und Konzernorganisationsrecht, ZHR 163 (1999), 1; *K. Schmidt,* Abhängigkeit und faktischer Konzern als Aufgaben der Rechtspolitik, JZ 1992, 856; *ders.,* „Unternehmen" und „Abhängigkeit": Begriffseinheit und Begriffsvielfalt im Kartell- und Konzernrecht, ZGR 1980, 277; *Wiedemann,* Entwicklungen im Kapitalgesellschaftsrecht, DB 1993, 141; *Zöllner,* Zum Unternehmensbegriff der §§ 15 ff. AktG, ZGR 1976, 1.

I. Allgemeines

§ 15 enthält die **Definition** des Begriffs der **verbundenen Unternehmen.**[1] Die Vorschrift bestimmt abschließend, wann und in welchen Formen von verbundenen Unternehmen gesprochen werden kann. Rechtstechnisch handelt es sich um die Festlegung des Oberbegriffs „verbundenes Unternehmen", auf den andere Vorschriften verweisen (zB §§ 311 ff., 328). Die Vorschrift gilt nicht 1

[8] AllgM, zB Hüffer/*Koch* Rn. 3; KK-AktG/*Dauner-Lieb* Rn. 2.
[9] Vgl. Spindler/Stilz/*Drescher* Rn. 3; KK-AktG/*Dauner-Lieb* Rn. 5.
[10] Hüffer/*Koch* Rn. 4; Spindler/Stilz/*Drescher* Rn. 5.
[11] Vgl. KG Rpfleger 1991, 510; Hüffer/*Koch* Rn. 4; MüKoAktG/*Heider* § 5 Rn. 45; Spindler/Stilz/*Drescher* Rn. 5; vgl. NK-AktR/*Wagner* Rn. 5.
[12] Vgl. Begr. RegE, BT-Drs. 16/6308, 285; Hüffer/*Koch* Rn. 4.
[13] Vgl. MüKoAktG/*Heider* Rn. 10; Spindler/Stilz/*Drescher* Rn. 4.
[14] Vgl. BGHZ 19, 102 (105 ff.) = NJW 1956, 183; BGH AG 2007, 166 Rn. 4; MüKoAktG/*Heider* Rn. 13; Hüffer/*Koch* Rn. 4; KK-AktG/*Dauner-Lieb* Rn. 7.
[15] Vgl. OLG Karlsruhe NZG 2014, 667 (668); Hüffer/*Koch* Rn. 4.
[1] Zur Entstehungsgeschichte der §§ 15 ff. vgl. Begr. RegE *Kropff* Textausgabe, 1965, 27 und *Dettling,* Die Entstehungsgeschichte des Konzernrechts im Aktiengesetz von 1965, 1997.

nur für das Aktienrecht, sondern für alle Arten von Unternehmensverbindungen, da die §§ 15–19 im Gegensatz zu den §§ 291 ff. nicht voraussetzen, dass Aktiengesellschaften oder Kommanditgesellschaften auf Aktien beteiligt sind, sondern nur die Beteiligung von Unternehmen erfordern. Der Unternehmensbegriff der §§ 15 ff. erfasst daher **sämtliche rechtlich selbständigen Unternehmen gleich welcher Rechtsform,** gilt also auch für die GmbH, Personengesellschaften,[2] Einzelkaufleute, Vereine, Stiftungen oder ausländische Unternehmen.[3] Man kann daher insofern vom „allgemeinen“ Konzernrecht im Gegensatz zum Aktienkonzernrecht nach §§ 291 f., 311 ff. sprechen. Auch Vorschriften außerhalb des Aktiengesetzes verweisen teilweise sowohl direkt als auch indirekt durch Verwendung des Begriffs „verbundene Unternehmen“ auf die §§ 15 ff.[4] Es ist jedoch in jedem Einzelfall zu prüfen, ob die Definition der §§ 15 ff. gemeint ist, da andere Gesetze teilweise auch eigene Definitionen des Begriffs „verbundenes Unternehmen“ enthalten, zB gilt für das Bilanzrecht (§§ 238 ff. HGB) die Definition des § 271 Abs. 2 HGB.[5]

2 Für das Aktienrecht sind die in den §§ 15–19 getroffenen Festlegungen zum Begriff des „verbundenen Unternehmens“ für folgende Regelungen relevant: Unternehmensverträge (§§ 291, 292 Abs. 1, 302, 305 Abs. 2); faktischer Konzern (§§ 311 ff.); wechselseitige Beteiligung von Unternehmen (§ 328); Mitteilungspflichten (§ 20); Berichts- und Informationspflichten (§ 90 Abs. 1 und 3, § 131 Abs. 1 und 3, § 145 Abs. 3 und 5, § 160); Kapitalsicherung (§ 56 Abs. 2, 3, §§ 71a, 71d, 71e); Aktienoptionen (§ 192 Abs. 2); eigene Aktien (§§ 71 Abs. 1, 71a Abs. 1); Stimmrechtsausschluss (§ 136 Abs. 2) und die Kreditvergabe (§ 89 Abs. 2, 4, § 115). Außerhalb des Aktienrechts ist der Begriff der verbundenen Unternehmen vor allem im Zusammenhang mit der Mitbestimmung und der Frage der Zurechnung von Arbeitnehmern relevant (vgl. § 2 DrittelbG, § 5 MitbestG 1976).

II. Regelungszweck des Konzernrechts

3 Durch die Verbindung von Unternehmen entsteht zumeist ein Über-/Unterordnungsverhältnis. Allein daraus folgt für die Gesellschafter und Gläubiger der untergeordneten (abhängigen) Gesellschaft die abstrakte Gefahr, dass ihre Interessen wegen der Durchsetzung gesellschaftsfremder Interessen der übergeordneten (herrschenden) Gesellschaft zurückgedrängt werden.[6] Durch Gewinnabschöpfung der Gesellschafter der übergeordneten Gesellschaft kann das Vermögen und damit auch der Gewinn der Gesellschafter der untergeordneten Gesellschaft ausgehöhlt werden. Hauptziel der Vorschriften des Konzernrechts ist daher die Abwehr dieser Gefahr (sog. **Konzerngefahrenlage**) und damit auch der Minderheitenschutz.[7] Entscheidend für die Anwendbarkeit des Konzernrechts ist daher die **Gefahr der Verfolgung eigener wirtschaftlicher Interessen** aus der Beteiligung heraus **zum Nachteil der Gesellschaft.**[8]

III. Unternehmen

4 Die §§ 15 ff. setzen die Beteiligung von selbständigen Unternehmen voraus. Die Unternehmen dürfen daher nicht demselben Rechtssubjekt zugeordnet sein, sondern müssen **rechtlich voneinander unabhängig** sein. Zweigniederlassungen, Betriebsstätten oder unselbständige Eigenbetriebe einer Gebietskörperschaft erfüllen diese Voraussetzung nicht.[9] Der Begriff „Unternehmen“ iSd § 15 wird nur als Rechtsträger und nicht als Inbegriff der sachlichen, immateriellen und personellen Mittel zur Verwirklichung des Unternehmenszwecks verstanden.[10] Darüber hinaus definiert das Gesetz den Unternehmensbegriff nicht, da der Gesetzgeber von einer genaueren Umschreibung angesichts der großen praktischen Schwierigkeiten bewusst abgesehen hat.[11] Zur Abgrenzung des Anwendungsbereichs des Konzernrechts haben sich verschiedene Interpretationen des Unternehmensbegriffs gebildet. Nach heute hM gilt der sog. **zweckbezogene (teleologische) Unternehmensbegriff.**[12] Danach wird der Anwendungsbereich der §§ 15 ff. von dem Zweck des Konzern-

[2] Dazu *Leuering/Rubner* NJW-Spezial 2012, 143 ff.

[3] Vgl. hierzu BGHZ 107, 7 (15) = NJW 1989, 1800 zur GmbH; BGHZ 89, 162 (167) = NJW 1984, 1351 zu Personengesellschaften; BGHZ 80, 69 (72) = NJW 1981, 1512; BGH NJW 1980, 231; Emmerich/Habersack/*Emmerich* Rn. 5.

[4] Hüffer/*Koch* Rn. 2.

[5] MüKoAktG/*Bayer* Rn. 5.

[6] *Kropff* AktG 1965, 373 f.; Hüffer/*Koch* Rn. 3.

[7] BGHZ 95, 330 = NJW 1986, 188; BGHZ 65, 15 = NJW 1976, 191; *K. Schmidt* JZ 1992, 856.

[8] Emmerich/Habersack/*Emmerich* Rn. 6.

[9] MüKoAktG/*Bayer* Rn. 49; KK-AktG/*Koppensteiner* Rn. 94.

[10] NK-AktR/*Peres/Walden* Rn. 8; MüKoAktG/*Bayer* Rn. 9; KK-AktG/*Koppensteiner* Rn. 16.

[11] Begr. RegE *Kropff* Textausgabe, 1965, 27.

[12] BGHZ 69, 334 (335 ff.) = AG 1978, 50 (51); Emmerich/Habersack/*Emmerich* Rn. 9 ff.; MüKoAktG/*Bayer* Rn. 10; K. Schmidt ZGR 1980, 277 (280).

rechts, dem Schutz der Gesellschafter der untergeordneten Gesellschaft vor den Gefahren einer Beherrschung durch die übergeordnete Gesellschaft, bestimmt. Für die Anwendung der §§ 15 ff. muss daher zwischen dem herrschenden und dem abhängigen Unternehmen differenziert werden. Unbeachtlich sind die früher vertretene funktionale oder institutionelle Interpretation des Unternehmensbegriffs.[13]

IV. Herrschendes Unternehmen

1. Allgemeine Ausführungen. Nach der zweckbezogenen Auslegung des Unternehmensbegriffs kommt es für die Feststellung der Unternehmenseigenschaft nicht allein auf die Höhe der Beteiligung an der abhängigen Gesellschaft an, sondern darauf, dass der Minderheitenschutz gefährdet ist. **Herrschendes Unternehmen im Sinne des Konzernrechts** ist jeder Gesellschafter, der neben seiner Beteiligung an der Gesellschaft eine **wirtschaftliche Interessenbindung außerhalb der Gesellschaft** hat, die stark genug ist, um die ernste Besorgnis zu begründen, der Gesellschafter könnte um ihretwillen seinen Einfluss zum Nachteil der Gesellschaft geltend machen.[14] Entscheidend ist daher ein sog. unternehmerisches Fremdinteresse des Gesellschafters. Dieses kann auf ein vom Gesellschafter unmittelbar betriebenes Unternehmen bezogen sein, wenn dieser ein eigenes Handelsgeschäft betreibt oder Einzelkaufmann ist. Es kann unter Umständen aber auch in einer anderen wirtschaftlichen Interessenverflechtung liegen. Der Interessenkonflikt muss zumindest derart ausgestaltet sein, dass er nicht mit den innerhalb der Gesellschaften vorhandenen Schutzmechanismen bewältigt werden kann.[15] Auf die Rechtsform dessen, der als Träger eines solchen Fremdinteresses auf die Gesellschaft Einfluss nehmen kann, kommt es nicht an.[16] Außer Kapitalgesellschaften können auch Einzelkaufleute, Personengesellschaften, Vereine,[17] nach außen auftretende BGB-Gesellschaften,[18] Stiftungen,[19] Versicherungsvereine a.G.[20] und Genossenschaften Unternehmen im Sinne des Konzernrechts sein. Dies gilt auch für **einzelne Aktionäre,** sofern sie sich außerhalb ihrer Beteiligung an der Gesellschaft noch anderweitig unternehmerisch betätigen, zB einen **eigenen Gewerbebetrieb** unterhalten, als **Freiberufler oder Land- oder Forstwirt** tätig sind[21] oder eine **maßgebliche Beteiligung** an mindestens einer weiteren Gesellschaft halten.[22] Diese Beteiligung muss an einer anderen Gesellschaft bestehen, nicht ausreichend ist eine Mehrheitsbeteiligung an der Gesellschaft selbst oder die anderweitige Ausübung beherrschenden Einflusses auf die Gesellschaft (zB durch Beherrschungsvertrag), wenn der Gesellschafter neben dieser Beteiligung keine weitere hält (privilegierter Mehrheitsgesellschafter). Die Beteiligung ist maßgeblich, wenn sie die Möglichkeit begründet, auf die Leitung der anderen Gesellschaft Einfluss zu nehmen.[23] Dies kann durch Kapital- oder Stimmenmehrheit, Stimmbindungsverträge, Übernahme der persönlichen Haftung in einer Personengesellschaft oder sonstige Möglichkeit der Einflussnahme (Minderheitsbeteiligung bei ansonsten verlässlich schwacher Hauptversammlungspräsenz, Einfluss auf Gewinnverwendung) geschehen, wenn die für die Anwendung des Konzernrechts erforderliche Gefahrenlage vorliegt.[24] Sofern der Gesellschafter Mehrheitsgesellschafter einer Muttergesellschaft und als weitere Beteiligung nur an der Tochtergesellschaft (nicht mehrheitlich) beteiligt ist, ist er kein herrschendes Unternehmen, da eine Zurechnung nach § 16 Abs. 4 nicht erfolgen kann, denn diese setzt bereits die Unternehmenseigenschaft voraus.[25] Dies gilt auch, wenn er Leitungsorgan eines Gleichordnungskonzerns iSd § 18 Abs. 2 ist.[26] 5

---

[13] EinhM, vgl. nur MüKoAktG/*Bayer* Rn. 10 mwN; *Zöllner* ZGR 1976, 1 (9); *Kropff* BB 1965, 1281; *Bayer* ZGR 2002, 933 (937).

[14] BGHZ 135, 197 = ZIP 1997, 887; BGHZ 95, 330 (337) = AG 1986, 15; BGHZ 80, 69 (72) = AG 1981, 225; BGHZ 74, 359 (365) = NJW 1979, 2401; BGHZ 69, 334 (337) = AG 1978, 50 (51); ausf. *Mülbert* ZHR 163, 32 ff.

[15] BGHZ 148, 123 (128).

[16] Begr. RegE *Kropff* Textausgabe, 1965, 27.

[17] BGHZ 85, 84 (90 f.).

[18] Also keine reinen Innengesellschaften, KG AG 1980, 78.

[19] LG Heidelberg ZIP 1997, 1787 (1788); LG Dortmund AG 1981, 236; *Ihrig/Wand* FS Hüffer, 2010, 387.

[20] *Hübner* FS Wiedemann, 2002, 1033 ff.

[21] BGH NJW 1995, 1544 (1545); 1994, 3288 (3290); OLG Bamberg NJW-RR 1997, 1190; KK-AktG/*Koppensteiner* Rn. 30 ff.

[22] BGHZ 148, 123 (125 ff.) = AG 2001, 2973; BGHZ 122, 123 (127 f.) = NJW 1993, 1200; BGHZ 115, 187 (189 ff.) = NJW 1991, 3142; BGHZ 95, 330 (337) = NJW 1986, 188; Emmerich/Habersack/*Emmerich* Rn. 11a.

[23] BGHZ 148, 123 (125 ff.) = NJW 2001, 2973; BGHZ 135, 107 (113); Emmerich/Habersack/*Emmerich* Rn. 14; Hüffer/*Koch* Rn. 9; *Cahn* AG 2002, 30 (32); *Wiedemann* DB 1993, 141 (153).

[24] BGHZ 148, 123 (125) = NJW 2001, 2973; MHdB AG/*Krieger* § 68 Rn. 8; GroßkommAktG/*Windbichler* Rn. 36–42.

[25] BGHZ 148, 123.

[26] KK-AktG/*Koppensteiner* Rn. 68.

6 **2. Einzelfälle.** Bei **Holdinggesellschaften,** dh Gesellschaften, durch die ein oder mehrere Gesellschafter ihren Anteilsbesitz an anderen Gesellschaften verwalten,[27] ist sowohl die Unternehmenseigenschaft der Gesellschaft als auch die der Gesellschafter zu prüfen. Die Gesellschaft selbst ist Unternehmen iSd §§ 15 ff., wenn sie an mehreren Gesellschaften maßgeblich beteiligt ist und ihren Beteiligungsbesitz selbst verwaltet oder neben der Verwaltung noch anderweitig unternehmerisch tätig ist.[28] Verwaltet sie dagegen nur eine einzige Beteiligung, ist sie kein Unternehmen iSd § 15.[29] Handelt es sich bei dieser Beteiligung jedoch um eine Zwischenholding (Gesellschaft, die selbst wiederum mehrere Beteiligungen verwaltet), die von der Holdinggesellschaft beherrscht wird, ist die Unternehmenseigenschaft der Holding wiederum zu bejahen, da ansonsten eine Umgehung des Konzernrechts erfolgen könnte.[30] Für die Beurteilung der **Unternehmenseigenschaft der Gesellschafter** ist deren rechtliche oder tatsächliche Stellung in der Holding entscheidend. Verwaltet der Gesellschafter seine eingebrachten Anteile tatsächlich oder rechtlich (zB durch Stimmrechtsvollmacht) selbst und hat sie nur in der Gesellschaft „geparkt" oder übt er die Leitungsmacht in der Holding aus, ist er Unternehmen.[31] Die Konzerngefahrenlage besteht auch dann, wenn sich der Gesellschafter auf die Verwaltung seiner Beteiligung an der Holding beschränkt, aber noch anderweitige Interessen verfolgt. Die Unternehmenseigenschaft des Gesellschafters ist auch in diesem Fall zu bejahen.[32]

7 Werden die Beteiligungen in einer **BGB-Gesellschaft** oder die Stimmrechte durch ein **Stimmrechtskonsortium** gebündelt, ist im Einzelfall zu prüfen, ob diese Unternehmenseigenschaft iSd § 15 besitzen. Maßgeblich ist hierbei zunächst, ob es sich um bloße Innengesellschaften oder um Außengesellschaften handelt. Handelt es sich um eine Außengesellschaft, ist diese Gesellschaft Unternehmen im Sinne des Konzernrechts, wenn sie mehrere maßgebliche Beteiligungen besitzt bzw. verwaltet.[33] Handelt es sich dagegen um eine bloße Innengesellschaft (zB Stimmrechtskonsortium zum Stimmverhalten in einer Gesellschaft), ist die Unternehmenseigenschaft in der Regel zu verneinen.[34] Sofern die Innengesellschaft jedoch noch anderweitige Interessen verfolgt (Gesellschaft wird von einem oder mehreren Gesellschaftern beherrscht, der noch anderweitig unternehmerisch tätig ist), ist vom Vorliegen der Unternehmenseigenschaft auszugehen.[35] Hat ein **BGB-Gesellschafter** noch anderweitige wirtschaftliche Interessenbindungen und kann gleichzeitig auf die BGB-Gesellschaft beherrschenden Einfluss ausüben, ist auch er als Unternehmen anzusehen.[36]

8 Verwaltet ein **Verein oder eine Stiftung** eine oder mehrere Beteiligungen an verschiedenen Gesellschaften, besteht die gleiche Problematik wie bei den Holdinggesellschaften. Um die Umgehung des Konzernrechts durch Einschaltung von Zwischenholdings zu verhindern, ist für die Beurteilung der Unternehmenseigenschaft auf die tatsächlichen Machtverhältnisse abzustellen.[37] Sofern **Gewerkschaften** Beteiligungen halten, können auch diese herrschenden Unternehmen im Sinne des Konzernrechts sein.[38] Die bloße Eigenschaft als **Formkaufmann** nach § 6 Abs. 2 HGB hat dagegen keine Bedeutung für die Begründung der Unternehmenseigenschaft im Sinne des Konzernrechts. Für die Begründung der Unternehmenseigenschaft müssen die konzernrechtlichen Voraussetzungen vorliegen. Auch bei den Formkaufleuten ist im Einzelfall das Vorliegen der Unternehmensvoraussetzungen zu prüfen.[39] Die **Komplementär-GmbH** einer GmbH & Co. KG ist nicht als Unternehmen anzusehen, wenn sie sich auf die Leitung der KG beschränkt. Leitet sie jedoch noch andere Gesellschaften oder verfolgen ihre geschäftsführenden Gesellschafter noch anderweitige Interessen, ist sie hingegen als Unternehmen iSd § 15 anzusehen.

9 **3. Öffentliche Hand, Gebietskörperschaften.** Die Anwendung des Konzernrechts auf die öffentliche Hand (Bund, Länder, Gemeinden, Körperschaften und Anstalten des öffentlichen Rechts) ist unstreitig, wenn diese an einer privatrechtlichen Gesellschaft beteiligt ist.[40] Die öffentliche Hand

---

[27] *Lutter* Holding-HdB 10 ff.
[28] BGH NJW 1994, 446; Emmerich/Habersack/*Emmerich* Rn. 16; *Cahn* AG 2002, 30.
[29] BGHZ 114, 203 (210 f.) = NJW 1991, 2765; BGH AG 1980, 324; OLG Saarbrücken AG 1980, 26 (28).
[30] LG Stuttgart AG 1990, 445 (446); Emmerich/Habersack/*Emmerich* Rn. 16.
[31] MüKoAktG/*Bayer* Rn. 31.
[32] So auch MüKoAktG/*Bayer* Rn. 33; Emmerich/Habersack/*Emmerich* Rn. 17.
[33] BGHZ 114, 203 (210) = NJW 1991, 2765; Emmerich/Habersack/*Emmerich* Rn. 20; Hüffer/*Koch* Rn. 10.
[34] OLG Köln AG 2002, 89 (90); OLG Hamburg AG 2001, 479 (481); OLG Hamm AG 2001, 146 (147).
[35] MüKoAktG/*Bayer* Rn. 29; Emmerich/Habersack/*Emmerich* Rn. 20b.
[36] MüKoAktG/*Bayer* Rn. 35.
[37] KK-AktG/*Koppensteiner* Rn. 36 ff.
[38] AllgM, vgl. Hüffer/*Koch* Rn. 13; Emmerich/Habersack/*Emmerich* Rn. 23.
[39] Hüffer/*Koch* § 15 Rn. 11; Emmerich/Habersack/*Emmerich* Rn. 22.
[40] BGHZ 135, 107 (113) = NJW 1997, 1855; BGHZ 105, 168 (176 f.) = NJW 1988, 3143; BGHZ 69, 334 (338 ff.) = NJW 1978, 104; BAG NZA 2011, 524.

kann herrschendes Unternehmen im Sinne des Konzernrechts sein. Eine anderweitige **wirtschaftliche Interessenbindung** ist hierfür **nicht erforderlich.** Ausreichend ist vielmehr die bloße Gefahr, dass öffentliche Interessen zu Lasten der Beteiligungsgesellschaft gefördert werden.[41] Dies ist bereits in der Beteiligung der öffentlichen Hand an einer Gesellschaft angelegt.[42] Man spricht in diesem Fall vom sog. gemischt öffentlich-privatrechtlichen Konzern, in dem auch trotz der öffentlich-rechtlichen Organisation des herrschenden Unternehmens für die privatrechtlich organisierten abhängigen Unternehmen ein Konzernbetriebsrat errichtet werden kann.[43]

V. Abhängiges Unternehmen

Das Konzernrecht kann nur Anwendung finden, wenn mindestens zwei Rechtsträger beteiligt 10
sind. Neben dem herrschenden Unternehmen muss es zwangsläufig ein beherrschtes, abhängiges Unternehmen geben. Im Gegensatz zum Begriff des herrschenden Unternehmens ist der des abhängigen Unternehmens weiter zu fassen. Nach allgemeiner Ansicht kommt **jede rechtlich besonders organisierte Vermögenseinheit** ohne Rücksicht auf deren Rechtsform oder darauf, ob ein Geschäft betrieben wird, als abhängiges Unternehmen in Betracht.[44] Erforderlich ist lediglich, dass die Vermögenseinheiten **selbständig** sind, dh **verschiedenen Rechtsträgern** zuzuordnen sind. Dies ist zB nicht der Fall, wenn es sich um Zweigniederlassungen einer Gesellschaft oder rechtlich unselbständige Eigenbetriebe derselben Gebietskörperschaft handelt.[45] Abhängiges Unternehmen können daher Personen- und Kapitalgesellschaften, Einzelkaufleute (bei atypisch stiller Gesellschaft), Hypothekenbanken, Bausparkassen, Arbeitsgemeinschaften, Vereine, aber auch Unternehmen in öffentlich-rechtlicher Form, wie etwa Landesbanken, sein.[46]

§ 16 In Mehrheitsbesitz stehende Unternehmen und mit Mehrheit beteiligte Unternehmen

(1) Gehört die Mehrheit der Anteile eines rechtlich selbständigen Unternehmens einem anderen Unternehmen oder steht einem anderen Unternehmen die Mehrheit der Stimmrechte zu (Mehrheitsbeteiligung), so ist das Unternehmen ein in Mehrheitsbesitz stehendes Unternehmen, das andere Unternehmen ein an ihm mit Mehrheit beteiligtes Unternehmen.

(2) [1]Welcher Teil der Anteile einem Unternehmen gehört, bestimmt sich bei Kapitalgesellschaften nach dem Verhältnis des Gesamtnennbetrags der ihm gehörenden Anteile zum Nennkapital, bei Gesellschaften mit Stückaktien nach der Zahl der Aktien. [2]Eigene Anteile sind bei Kapitalgesellschaften vom Nennkapital, bei Gesellschaften mit Stückaktien von der Zahl der Aktien abzusetzen. [3]Eigenen Anteilen des Unternehmens stehen Anteile gleich, die einem anderen für Rechnung des Unternehmens gehören.

(3) [1]Welcher Teil der Stimmrechte einem Unternehmen zusteht, bestimmt sich nach dem Verhältnis der Zahl der Stimmrechte, die es aus den ihm gehörenden Anteilen ausüben kann, zur Gesamtzahl aller Stimmrechte. [2]Von der Gesamtzahl aller Stimmrechte sind die Stimmrechte aus eigenen Anteilen sowie aus Anteilen, die nach Absatz 2 Satz 3 eigenen Anteilen gleichstehen, abzusetzen.

(4) Als Anteile, die einem Unternehmen gehören, gelten auch die Anteile, die einem von ihm abhängigen Unternehmen oder einem anderen für Rechnung des Unternehmens oder eines von diesem abhängigen Unternehmens gehören und, wenn der Inhaber des Unternehmens ein Einzelkaufmann ist, auch die Anteile, die sonstiges Vermögen des Inhabers sind.

Schrifttum: *Bork,* Zurechnung im Konzern, ZGR 1994, 237; *Mertens,* Zur Berücksichtigung von Treuhandverhältnissen und Stimmbindungsverträgen bei der Feststellung von Mehrheitsbeteiligungen und Abhängigkeit, FS Beusch, 1993, 583; *H.-P. Müller,* Die Zurechnung von Anteilen gemäß § 16 Abs. 4 AktG, AG 1968, 277; *Rehbinder,* Gesellschaftsrechtliche Probleme mehrstufiger Unternehmensverbindungen, ZGR 1977, 581; *Teichmann,* Der Nießbrauch an Gesellschaftsanteilen – Gesellschaftsrechtlicher Teil, ZGR 1972, 1; *Vedder,* Zum Begriff „für Rechnung" im AktG und im WpHG: Eine Untersuchung der anteilsbezogenen Regelungen, 1999.

[41] BGHZ 135, 107 (113 f.) = NJW 1997, 1855; OLG Celle AG 2001, 474 (476); MüKoAktG/*Bayer* Rn. 39 ff.
[42] Emmerich/Habersack/*Emmerich* Rn. 34.
[43] BAG NZA 2011, 524.
[44] MüKoAktG/*Bayer* Rn. 24; Hüffer/*Koch* Rn. 14.
[45] KK-AktG/*Koppensteiner* Rn. 94.
[46] Emmerich/Habersack/*Emmerich* Rn. 25.

Übersicht

I. Allgemeines

1 **1. Begriff, Anwendungsbereich.** § 16 definiert in Abs. 1 den Begriff der Mehrheitsbeteiligung. Die Art und Weise der Berechnung der Beteiligungsmehrheiten finden sich in Abs. 2 und 3. § 16 Abs. 4 enthält eine Zurechnungsnorm für fremde Beteiligungen. Der Anwendungsbereich des § 16 entspricht dem des § 15. Die Regelung gilt nicht nur für die AG oder die KGaA, sondern für Unternehmen jeder Rechtsform, sofern bei diesen eine Mehrheitsbeteiligung denkbar ist.[1] Erforderlich ist lediglich, dass die **Unternehmen rechtlich selbständig** sind, das Vermögen also nicht demselben Rechtsträger zugeordnet ist. Die als Folge der Mehrheitsbeteiligung anwendbaren Vorschriften können jedoch bezüglich der Rechtsform weitere Vorgaben enthalten, zB § 71d (Mehrheitsbeteiligte muss AG sein).

2 **2. Anteils- und Stimmenmehrheit.** Die Mehrheitsbeteiligung gemäß § 16 Abs. 1 kann in einer **Anteils- oder Stimmenmehrheit** bestehen. Beide fallen grundsätzlich zusammen, Ausnahmen sind jedoch bei der Ausgabe von stimmrechtslosen Vorzugsaktien (§§ 12 Abs. 1 S. 2, 139 ff.), bei Mehrstimmrechten (§ 12), soweit diese noch bestehen, oder bei der Begrenzung von Stimmrechten durch die Satzung, soweit zulässig (zB Festsetzung von Höchststimmrechten gemäß § 134), möglich. Dies gilt auch für Ausübungsverbote gemäß §§ 20 Abs. 7, 21 Abs. 4, 328 Abs. 1 und § 28 Abs. 1 WpHG aF bzw. § 44 WpHG nF. Für die Bejahung einer Mehrheitsbeteiligung gemäß § 16 Abs. 1 genügt das Vorliegen der Anteils- **oder** Stimmenmehrheit, es müssen **nicht beide gleichzeitig** vorliegen. Sofern ein beteiligtes Unternehmen die Anteilsmehrheit, ein anderes jedoch die Stimmenmehrheit besitzt, sind beide Unternehmen mit Mehrheit beteiligt.[2]

3 Denkbar sind diese Fälle wegen der weitgehenden Satzungsautonomie insbesondere bei der **GmbH,** wobei eine Mehrheitsbeteiligung nur dann anzunehmen ist, wenn sich die Stimmenmehrheit auf wesentliche Beschlussgegenstände wie die Geschäftsführerbestellung, die Weisungserteilung oder die Ergebnisverwendung bezieht.[3] Bei **Personengesellschaften** entsteht eine Anteilsmehrheit, wenn der Gesellschaftsvertrag feste Kapitalanteile vorsieht oder im Falle variabler Kapitalanteile eine Ermittlung der Beteiligungsverhältnisse zum Bilanzstichtag erfolgt.[4] Wegen des im Recht der Personengesellschaften vorgesehenen Einstimmigkeitsprinzips (§ 119 Abs. 2 HGB) ist eine Stimmenmehrheit bei einer Personengesellschaft nur denkbar, wenn der Gesellschaftsvertrag eine Abstimmung nach Kapitalanteilen ausdrücklich vorsieht.[5] Bei **Genossenschaften** oder **Vereinen** sind dagegen Anteils- oder Stimmenmehrheit nur ausnahmsweise denkbar (§ 43 Abs. 3 GenG, § 40 BGB). Ausgeschlossen sind Mehrheitsbeteiligungen bei **Stiftungen** oder **Einzelkaufleuten** (Ausnahme: atypische stille Gesellschaft).

II. Anteilsmehrheit

4 Eine Anteilsmehrheit liegt vor, wenn einem Unternehmen die **Mehrheit der Kapitalanteile** an einem anderen Unternehmen gehört. Die Berechnung der Anteilsmehrheit erfolgt aufgrund von § 16 Abs. 2 und der Zurechnungsnorm des § 16 Abs. 4.

5 Bei Kapitalgesellschaften bestimmt sich der **Anteilsbesitz** gemäß § 16 Abs. 2 S. 1 nach dem Verhältnis des Gesamtnennbetrages der dem beteiligten Unternehmen gehörenden Anteile zum Nennkapital der Gesellschaft. Hat die AG **Stückaktien** ausgegeben, bestimmt sich der Anteilsbesitz nach dem Verhältnis der Zahl der dem Aktionär gehörenden Aktien zur Gesamtzahl der Aktien. Unerheblich ist, ob das Grund- oder Stammkapital voll oder nur teilweise eingezahlt ist. Sofern es sich jedoch um **genehmigtes oder bedingtes Kapital** handelt, wird dieses erst nach Vollzug der

[1] MüKoAktG/*Bayer* Rn. 7; Hüffer/*Koch* Rn. 3.
[2] AllgM, s. nur Hüffer/*Koch* Rn. 2; Emmerich/Habersack/*Emmerich* Rn. 3.
[3] MHdB AG/*Krieger* § 68 Rn. 29.
[4] Emmerich/Habersack/*Emmerich* Rn. 6.
[5] GroßkommAktG/*Windbichler* Rn. 45, 48.

Kapitalerhöhung durch Eintragung ins Handelsregister wirksam und kann erst dann Berücksichtigung finden.[6] Rücklagen bleiben für die Berechnung des Kapitals außer Betracht.[7]

Eigene Anteile der Gesellschaft, an der die Mehrheitsbeteiligung besteht, sind bei der Berechnung des Grund- bzw. Stammkapitals abzuziehen (§ 16 Abs. 2 S. 2), dh der Nennbetrag ermäßigt sich entsprechend, bei Stückaktien ist die Aktienanzahl entsprechend zu reduzieren. Ebenso sind der Gesellschaft zurechenbare, von Dritten **für Rechnung der Gesellschaft** gehaltene Anteile gemäß § 16 Abs. 2 S. 3 vom Grund- bzw. Stammkapital abzuziehen. „Für Rechnung" bedeutet, dass das wirtschaftliche Risiko aus dem Anteilsbesitz auf die Gesellschaft verlagert wird, dh dass diese die Erwerbskosten und Risiken des Kursverlustes tragen muss.[8] Bloße Kauf- oder Verkaufsoptionen genügen hierfür nicht.[9] 6

§ 16 Abs. 2 stellt für die **Zuordnung der Mehrheit der Anteile** darauf ab, wem die Anteile „gehören". Dies ist grundsätzlich derjenige, dem das zivilrechtliche **Eigentum** an den Anteilen zusteht. **Dingliche Belastungen** stehen dieser Zuordnung grundsätzlich nicht entgegen.[10] Bei Bestellung eines Pfandrechts oder bei Pfändung ist nur der Inhaber des Vollrechts stimmberechtigter Anteilsinhaber und nicht der Pfandgläubiger.[11] Dies gilt nach überwiegender Meinung auch für den Nießbrauch. Der Besteller bleibt als Eigentümer Anteilsinhaber. Nach hM steht ihm auch weiterhin das Stimmrecht zu.[12] Im Falle eines **Treuhandverhältnisses** „gehören" die Anteile nach ihrer Übertragung auf den Treuhänder sowohl diesem, da er zivilrechtlich Eigentümer wird,[13] als auch im Sinne des Konzernrechts dem Treugeber über die Zurechnungsnorm des § 16 Abs. 4. 7

III. Stimmenmehrheit

Die Stimmenmehrheit ist die **Mehrheit der aus den Anteilen folgenden Stimmrechte,** die bei der Willensbildung in der Hauptversammlung oder Gesellschafterversammlung ausgeübt werden können. Die Berechnung der Stimmenmehrheit erfolgt anhand der Bestimmungen des § 16 Abs. 3. 8

Gemäß § 16 Abs. 3 S. 1 bestimmt sich der Anteil der Stimmrechte eines Unternehmens nach dem Verhältnis der Anzahl der Stimmrechte aus den ihm gehörenden Anteilen zur Gesamtzahl der Stimmrechte der Beteiligungsgesellschaft. Von der Gesamtzahl der Stimmrechte sind die Stimmrechte, die der Beteiligungsgesellschaft aus eigenen Anteilen zustehen oder die von Dritten für Rechnung der Beteiligungsgesellschaft gehalten werden, abzuziehen (§ 16 Abs. 3 S. 2). Anteile ohne Stimmrecht (Vorzugsaktien) bleiben unberücksichtigt. Nicht abzuziehen sind Stimmrechte aus Anteilen, die einem von der Beteiligungsgesellschaft abhängigen Unternehmen gehören oder im Einzelfall Stimmrechtsbeschränkungen (§§ 20 Abs. 7, 134 Abs. 1 S. 2) unterliegen können.[14] 9

Ein Gesellschafter hat die **Stimmenmehrheit,** wenn ihm wenigstens eine Stimme mehr als die Hälfte der Gesamtzahl der Stimmen zusteht.[15] Diese Stimmrechte muss der Gesellschafter ausüben können. Auf Seiten des Gesellschafters sind daher nach überwiegender Meinung **Stimmrechtsbeschränkungen oder -ausschlüsse** nach §§ 20 Abs. 7, 21 Abs. 4 sowie § 28 WpHG aF bzw. § 44 WpHG nF zu berücksichtigen, da der Gesellschafter sein Stimmrecht in diesen Fällen nicht ausüben kann.[16] Darüber hinaus müssen auch die Stimmen, über die ein Gesellschafter aufgrund eines **Stimmbindungsvertrags** verfügen kann, in entsprechender Anwendung des § 16 Abs. 4 berücksichtigt werden.[17] 10

IV. Zurechnung von Anteilen gemäß § 16 Abs. 4

Gemäß § 16 Abs. 4 muss sich ein Unternehmen Anteile Dritter oder aus dem Privatvermögen seines Inhabers mit der Folge zurechnen lassen, dass sie eine Mehrheitsbeteiligung nach § 16 Abs. 1 begründen können. Hierdurch soll eine Umgehung des Konzernrechts durch Aufspaltung des Anteilsbesitzes ausgeschlossen werden.[18] § 16 Abs. 4 unterscheidet hierbei drei Fallgruppen: 11

---

[6] MüKoAktG/*Bayer* Rn. 30; Hüffer/*Koch* Rn. 8.

[7] KK-AktG/*Koppensteiner* Rn. 22.

[8] MHdB AG/*Krieger* § 68 Rn. 26; *Vedder,* Zum Begriff „für Rechnung", 1999, 127, 150 ff.

[9] *Vedder,* Zum Begriff „für Rechnung", 1999, 157 ff.

[10] MHdB AG/*Krieger* § 68 Rn. 25.

[11] Unstr., Hüffer/*Koch* Rn. 7.

[12] *Teichmann* ZGR 1972, 1 (10 f.); GroßkommAktG/*Windbichler* Rn. 42; aA MüKoAktG/*Bayer* Rn. 28; Hüffer/*Koch* Rn. 7.

[13] BGHZ 104, 66 (74) = NJW 1988, 1844.

[14] Hüffer/*Koch* Rn. 11; Emmerich/Habersack/*Emmerich* Rn. 22.

[15] GroßkommAktG/*Windbichler* Rn. 44.

[16] Hüffer/*Koch* Rn. 11; GroßkommAktG/*Windbichler* Rn. 35; KK-AktG/*Koppensteiner* Rn. 46; aA Emmerich/Habersack/*Emmerich* Rn. 24; MüKoAktG/*Bayer* Rn. 40.

[17] So auch Emmerich/Habersack/*Emmerich* Rn. 25.

[18] Begr. RegE *Kropff* Textausgabe, 1965, 30.

12 Nach **Abs. 4 Alt. 1** werden die **Anteile, die ein abhängiges Unternehmen hält,** dem herrschenden Unternehmen zugerechnet. Unerheblich ist, ob es sich hierbei um ein inländisches oder ausländisches Unternehmen handelt.[19] Nicht erforderlich ist, dass das herrschende Unternehmen unmittelbar beteiligt ist. Die Mehrheitsbeteiligung kann sich allein durch Zurechnung ergeben.[20] Durch die Zurechnung bleibt die direkte Beteiligung der abhängigen Gesellschaft an der Gesellschaft unberührt (keine Absorption). Dies gilt auch für den Fall einer Mehrheitsbeteiligung der abhängigen Gesellschaft.[21] Sofern es sich bei dem abhängigen Unternehmen um eine Personengesellschaft (zB GmbH & Co. KG) handelt, erfolgt eine Zurechnung der Anteile, wenn das herrschende Unternehmen an der Personengesellschaft einen Kapitalanteil von mehr als 50% hält, die Gesellschafterbeschlüsse entgegen des Einstimmigkeitsprinzips grundsätzlich mit einfacher Mehrheit gefasst werden, das herrschende Unternehmen einziger Komplementär ist und zudem die alleinige Geschäftsführungsbefugnis hat.[22]

13 Nach **Abs. 4 Alt. 2** erfolgt eine Zurechnung der Anteile, die einem Dritten **für Rechnung** des Unternehmens oder für Rechnung eines von diesem abhängigen Unternehmens gehören. Bei dem Dritten kann es sich um jede beliebige Person handeln, diese muss nicht selbst Unternehmen im Sinne des Konzernrechts sein.[23] Der Begriff „für Rechnung" ist hier auch wie in § 16 Abs. 2 S. 3 zu verstehen, dh maßgeblich ist, ob der Dritte die mit dem Anteilsbesitz verbundenen wirtschaftlichen Risiken trägt.[24] Wichtigste Anwendungsfälle sind **Geschäftsbesorgungs- und Treuhandverträge.** Kaufoptionen genügen diesen Anforderungen nicht (§ 20 Abs. 2 Nr. 1), ebenso wie Stimmbindungsverträge.[25]

14 Nach **Abs. 4 Alt. 3** erfolgt eine **Zurechnung des Privatvermögens** zum Geschäftsvermögen, wenn der Inhaber des Unternehmens **Einzelkaufmann** ist, so dass keine Vermögensverschiebung zum Zweck der Umgehung des Konzernrechts erfolgen kann.[26] Die Regelung gilt entsprechend für Freiberufler und sonstige Gewerbetreibende.[27] Die Zurechnung erfolgt auch, wenn die Anteile für Rechnung des Einzelkaufmanns gehalten werden.[28] Die Zuordnungsnorm des § 16 Abs. 4 gilt auch für die **öffentliche Hand,** so dass Anteile aus dem Finanzvermögen der öffentlichen Hand mit Anteilen ihrer Regieunternehmen oder von ihr abhängigen Unternehmen zusammenzurechnen sind.[29] Die Regelung findet auf **Personengesellschaften** keine Anwendung, da die Anteile, die die Gesellschaft hält, und die Anteile, die der Gesellschafter hält, verschiedenen Rechtsträgern zugeordnet sind (§ 124 Abs. 2 HGB).

V. Rechtsfolgen

15 Wichtigste Rechtsfolge der Mehrheitsbeteiligung iSd § 16 ist die **Abhängigkeitsvermutung gemäß § 17 Abs. 2** und damit einhergehend die Konzernvermutung gemäß § 18 Abs. 1 S. 3. Darüber hinaus ergeben sich aufgrund der Mehrheitsbeteiligung Mitteilungspflichten gemäß §§ 20 Abs. 4 und 5, 21 Abs. 2 und 3 und Nachweispflichten gemäß § 22. Weitere Rechtsfolgen ergeben sich aus § 56 Abs. 2 S. 1 und § 71d S. 2.

§ 17 Abhängige und herrschende Unternehmen

(1) Abhängige Unternehmen sind rechtlich selbständige Unternehmen, auf die ein anderes Unternehmen (herrschendes Unternehmen) unmittelbar oder mittelbar einen beherrschenden Einfluß ausüben kann.

(2) Von einem in Mehrheitsbesitz stehenden Unternehmen wird vermutet, daß es von dem an ihm mit Mehrheit beteiligten Unternehmen abhängig ist.

Schrifttum: *Bauer,* Zur Abhängigkeit einer AG von einem Konsortium – Kommentar zu OLG Hamm und LG Mosbach NZG 2001, 763, NZG 2001, 742; *Beuthien,* Konzernbildung und Konzernleitung kraft Satzung,

[19] HM, vgl. MüKoAktG/*Bayer* Rn. 44; Hüffer/*Koch* § 16 Rn. 12.
[20] AllgM, vgl. OLG Hamm AG 1998, 588; Hüffer/*Koch* Rn. 13.
[21] LG Berlin AG 1998, 195 (196); Emmerich/Habersack/*Emmerich* Rn. 16a.
[22] LG München I BeckRS 2009, 13644.
[23] Emmerich/Habersack/*Emmerich* Rn. 18; *Bork* ZGR 1994, 237 (246).
[24] Schmidt/Lutter/*Vetter* Rn. 26; *Mertens* FS Beusch, 1993, 583.
[25] HM, MHdB AG/*Krieger* § 68 Rn. 27; Spindler/Stilz/*Schall* Rn. 23.
[26] KK-AktG/*Koppensteiner* Rn. 34; *H.-P. Müller* AG 1968, 277.
[27] MüKoAktG/*Bayer* Rn. 50; KK-AktG/*Koppensteiner* Rn. 31.
[28] Emmerich/Habersack/*Emmerich* Rn. 19; *Rehbinder* ZGR 1977, 581 (587); GroßkommAktG/*Windbichler* Rn. 28.
[29] KK-AktG/*Koppensteiner* Rn. 23; Hüffer/*Koch* Rn. 13.

ZIP 1993, 1589; *Köhler,* Der Schutz des abhängigen Unternehmens im Schnittpunkt von Kartell- und Konzernrecht, NJW 1978, 2473; *Larisch/Bunz,* Der Entherrschungsvertrag als Mittel der Konzernvermeidung bei faktischen Hauptversammlungsmehrheiten NZG 2013, 1247; *Müller-Eising/Stoll,* Beherrschung von Unternehmen aufgrund faktischer Hauptversammlungsmehrheiten GWR 2012, 315; *Rittner,* Die Beteiligung als Grund der Abhängigkeit einer Aktiengesellschaft, DB 1976, 1465, 1513; *Soudry/Löb,* Der Begriff des abhängigen Unternehmens im Sinne des § 17 AktG – Zur Einbeziehung rein wirtschaftlich vermittelter Abhängigkeiten in den Anwendungsbereich des Konzernrechts, GWR 2011, 127; *Ulmer,* Aktienrechtliche Beherrschung durch Leistungsaustauschbeziehungen?, ZGR 1978, 457.

Übersicht

I. Allgemeines

1 § 17 Abs. 1 definiert den Begriff der **Abhängigkeit** und begründet in Abs. 2 einen **widerlegbaren Vermutungstatbestand.** Das AktG bezieht sich an zahlreichen Stellen (zB §§ 311 ff., 16 Abs. 4, 18 Abs. 1 S. 3, 56 Abs. 2, 71d S. 2, 89 Abs. 2) auf den Tatbestand der Abhängigkeit, so dass dieser als **Zentralbegriff des Konzernrechts im weitesten Sinne** anzusehen ist.[1] Wie aus § 18 Abs. 1 S. 3 folgt, wird bei einem abhängigen Unternehmen die Konzernbildung vermutet. Nach hM ist grundsätzlich von einem einheitlichen Abhängigkeitsbegriff auszugehen, da der Gesetzgeber den Begriff in Abs. 1 eindeutig definiert hat.[2] Soweit andere Gesetze auf die Abhängigkeit verweisen (zB § 36 Abs. 2 GWB), ist ebenfalls die Definition des § 17 Abs. 1 zugrunde zu legen.[3]

II. Abhängiges Unternehmen

2 Abhängigkeit liegt gemäß § 17 Abs. 1 vor, wenn ein rechtlich selbständiges Unternehmen unmittelbar oder mittelbar beherrschenden Einfluss auf ein anderes rechtlich selbständiges Unternehmen ausüben kann. Voraussetzung für die Anwendung des § 17 ist daher wie bei § 16 die Existenz zweier Unternehmen iSd § 15. Aus § 17 Abs. 1 folgt, dass **entscheidendes Merkmal** für das Vorliegen von Abhängigkeit die **Ausübung eines beherrschenden Einflusses** ist.

III. Beherrschender Einfluss

3 **1. Begriff, Voraussetzungen.** Wie sich aus §§ 16, 17 Abs. 2 und 18 Abs. 1 S. 3 ergibt, ist für die konzernrechtliche Abhängigkeit hauptsächlich auf die **Möglichkeiten** eines Mehrheitsaktionärs zur **Einwirkung auf Entscheidungen** der Beteiligungsgesellschaft abzustellen. Die Anforderungen an den beherrschenden Einfluss ergeben sich daher aus § 17 Abs. 2. Der Einfluss eines Unternehmens ist dann **beherrschend,** wenn er seiner Art nach der Einflussnahmemöglichkeit eines Mehrheitsgesellschafters entspricht.[4] Entscheidend für einen beherrschenden Einfluss ist nach der Rechtsprechung, dass das Unternehmen **maßgeblichen Einfluss** auf die personelle Besetzung der Verwaltungsorgane der Beteiligungsgesellschaft hat und hierdurch über rechtlich gesicherte Möglichkeiten verfügt, Konsequenzen für den Fall des Widersetzens gegen seine Vorgaben anzudrohen (wie zB keine erneute Wiederbestellung zum Vorstand, keine Wiederwahl zum Aufsichtsrat) und diese das einflusskonforme Verhalten wahrscheinlich machen.[5] Die tatsächliche Ausübung des Einflusses ist

[1] Hüffer/*Koch* Rn. 1.
[2] GroßkommAktG/*Windbichler* Rn. 17; Hüffer/*Koch* Rn. 3; KK-AktG/*Koppensteiner* Rn. 11 f.; *Rittner* DB 1976, 1465; *Köhler* NJW 1978, 2473 (2476).
[3] So auch Emmerich/Habersack/*Emmerich* Rn. 4.
[4] Emmerich/Habersack/*Emmerich* Rn. 6 ff.; MüKoAktG/*Bayer* Rn. 25.
[5] BGHZ 121, 137 (146) = NJW 1993, 2114; BFH NZG 2011, 911; OLG Düsseldorf AG 2003, 688 (689); 1994, 36.

nicht erforderlich, ausreichend ist bereits die bloße Möglichkeit der Einflussnahme.[6] Diese muss jedoch **beständig** sein.[7] Dies ist der Fall, wenn die Möglichkeit der Einflussnahme (Stimmenmehrheit in der Haupt- oder Gesellschafterversammlung oder im Aufsichtsrat) durch eigene Befugnisse oder durch die Beteiligung Dritter (Stimmbindungsverträge, Stimmrechtskonsortien, Treuhandverträge, Familienabstimmung) sichergestellt ist.[8] Keine Beherrschung liegt vor, wenn sich die Stimmenmehrheit lediglich zufällig ergibt[9] oder lediglich eine familiäre Verbundenheit von Gesellschaftern besteht, die zwar gemeinsam über die Stimmenmehrheit verfügen, jedoch keine Stimmabsprache getroffen haben.[10] Die Möglichkeit der Einflussnahme muss **umfassend** sein, sich also auf den gesamten Tätigkeitsbereich der Beteiligungsgesellschaft beziehen. Sofern sich die Einflussnahme auf einen einzelnen Unternehmensbereich (zB Einkauf, Verkauf, Finanzierung) beschränkt, genügt dies nicht.[11]

4 Die Einflussnahmemöglichkeit muss nicht dauerhaft sein, auch eine vorübergehende Einflussnahme reicht aus, wenn sie beständig ist.[12] Eine einmalige Präsenzmehrheit (zu den Einzelheiten → Rn. 7) in der Hauptversammlung kann somit bereits ausreichend sein, wenn sie mit hinreichender Sicherheit aufgrund vorangegangener Hauptversammlungspräsenzen vorhersehbar war.[13] Nicht erforderlich ist, dass die Präsenzmehrheit über mehrere Hauptversammlungen bestanden hat.[14] Die Einflussnahmemöglichkeit **endet** mit dem tatsächlichen Verlust der Mehrheitsbeteiligung oder, für den Fall, dass die Einflussnahme durch Mitwirkung Dritter erfolgt, mit Kündigung oder Ablauf des Stimmbindungs- oder Treuhandvertrages.[15]

5 **2. Gesellschaftsrechtlicher Einfluss.** Die Möglichkeit der Einflussnahme gemäß § 17 muss gesellschaftsrechtlich vermittelt werden. Neben der **unmittelbaren und mittelbaren Beteiligung** an der Gesellschaft kann diese Vermittlung auch durch **Unternehmensverträge nach §§ 291 ff.** erfolgen. Kein gesellschaftsrechtlicher Einfluss wird durch „tatsächliche" externe Abhängigkeitsverhältnisse wie beispielsweise Kredit- oder Lieferbeziehungen vermittelt, grundsätzlich auch dann nicht, wenn sie neben einer Beteiligung bestehen.[16] Konflikte aus der Abhängigkeit von Lieferbeziehungen werden interessengerechter durch das GWB und das allgemeine Vertragsrecht gelöst.[17] Für den Fall der sog. Just-in-time-Verträge, die es hauptsächlich in der Automobilindustrie gibt, wird die Anwendung des Konzernrechts in der Literatur heftig diskutiert,[18] da die Zulieferer aufgrund der teilweise vollständigen Ausrichtung ihrer Produktion auf die Bedürfnisse der Hersteller in wirtschaftliche Abhängigkeit von diesen geraten. Den Herstellerunternehmen ist es aufgrund dieser Situation möglich, entscheidenden Einfluss auf die Zuliefererunternehmen auszuüben. Die Anwendung des Konzernrechts auf diese Verträge ist dennoch abzulehnen.[19] Es würde zu weit führen und wäre auch nicht interessengerecht, wenn in Fällen reiner wirtschaftlicher Abhängigkeit die konzernrechtlichen Regelungen (speziell auch die Regelungen zur Rechnungslegung) Anwendung finden würden.

6 **3. Beteiligung, Stimmrechte.** Wie dargestellt, ist für die Einflussnahmemöglichkeit gemäß § 17 eine unmittelbare oder mittelbare (über Zurechnung der Beteiligung eines anderen abhängigen Unternehmens – mehrfache Abhängigkeit) Beteiligung erforderlich. Durch die über die Anteile vermittelten Stimmrechte wird der Einfluss ausgeübt. Von einer zur Abhängigkeit führenden Einflussnahmemöglichkeit ist, wie sich aus der Vermutung des § 17 Abs. 2 ergibt, auszugehen, wenn es sich um eine **Mehrheitsbeteiligung iSd § 16** handelt, bei der das beteiligte Unternehmen die **absolute Stimmenmehrheit** in der Haupt- oder Gesellschafterversammlung hat.

---

[6] Emmerich/Habersack/*Emmerich* Rn. 8.

[7] Begr. RegE *Kropff* Textausgabe, 1965, 31; BGHZ 135, 107 (114) = NJW 1997, 1855 (1856); OLG Schleswig BeckRS 2010, 29118; OLG Frankfurt AG 2004, 567 f.; MüKoAktG/*Bayer* Rn. 50.

[8] Hüffer/*Koch* Rn. 6.

[9] BGHZ 125, 366 (369) = NJW 1994, 1801; BGHZ 80, 69 (73) = NJW 1981, 1512.

[10] BGHZ 80, 69 (73).

[11] HM, Hüffer/*Koch* Rn. 7; MHdB AG/*Krieger* § 68 Rn. 38; aA Emmerich/Habersack/*Emmerich* Rn. 9; KK-AktG/*Koppensteiner* Rn. 26.

[12] Hüffer/*Koch* Rn. 7.

[13] Im Einzelnen str.; s. *Larisch/Bunz* NZG 2013, 1247 f. mwN zum Meinungsstand.

[14] *Müller-Eising/Stoll* GWR 2012, 315.

[15] Emmerich/Habersack/*Emmerich* Rn. 11, 13.

[16] BGHZ 135, 107 (114); 121, 137 (145); 90, 381 (395 f.) = NJW 1984, 1893; OLG Frankfurt AG 2004, 567 (568).

[17] OLG Karlsruhe AG 2004, 147 (148); MüKoAktG/*Bayer* Rn. 29 f.; *Ulmer* ZGR 1978, 457.

[18] Umfassend zu diesem Thema *Soudry/Löb* GWR 2011, 127.

[19] So ganz hM, vgl. BGH NJW 1984, 1893; OLG Schleswig BeckRS 2010, 29118; OLG Düsseldorf AG 2009, 873 (874); KK-AktG/*Koppensteiner* Rn. 59; MüKoAktG/*Bayer* Rn. 21 mwN.

7 Die **Stimmenmehrheit** kann sowohl durch eigene Anteile als auch im Falle einer **Minderheitsbeteiligung** durch Dritte vermittelt werden.[20] Erforderlich ist hierfür, dass über die Stimmen der Dritten sicher (beständig) verfügt werden kann, zB durch **Stimmbindungsverträge** und Stimmrechtskonsortien.[21] Darüber hinaus kann eine Minderheitsbeteiligung im Einzelfall auch dann einen beherrschenden Einfluss begründen, wenn sie iVm **verlässlichen Umständen rechtlicher oder tatsächlicher Art** den erforderlichen Einfluss auf die Personalpolitik der Beteiligungsgesellschaft sichert und damit wie eine tatsächliche Mehrheit wirkt.[22] Entscheidend sind hierbei die Zusammensetzung des Aktionärskreises und die durchschnittliche Präsenz in der Hauptversammlung. Besteht der Aktionärskreis neben einem Großaktionär nur noch aus Kleinaktionären und ist der Großaktionär entsprechend im Aufsichtsrat vertreten, kann dieser einen erheblichen Einfluss auf den Vorstand und die Geschäftspolitik der Gesellschaft ausüben.[23] Besteht der Aktionärskreis unter anderem aus verschiedenen Familienmitgliedern, die zwar jeder für sich keine Mehrheitsbeteiligung haben, wohl aber gemeinsam, und die in Haupt- oder Gesellschafterversammlungen immer als einheitliche Gruppe abstimmen, können diese einen beherrschenden Einfluss ausüben. Dies gilt nicht, wenn sich das Abstimmungsverhalten lediglich zufällig ergibt.[24] Bewegt sich die Präsenz in der Hauptversammlung in einer Höhe, nach der die Minderheitsbeteiligung allein eine sichere Stimmenmehrheit ergibt, begründet auch die Minderheitsbeteiligung eine Abhängigkeit. Bejaht wurde diese für folgende Mehrheitsverhältnisse: Beteiligung in Höhe von 43,75% bei durchschnittlicher Hauptversammlungspräsenz von 80%;[25] Beteiligung in Höhe von 20% bei durchschnittlicher Hauptversammlungspräsenz von unter 40%[26] und Beteiligung in Höhe von 34% bei durchschnittlicher Hauptversammlungspräsenz von 83%, bei der 24% auf einen weiteren Gesellschafter entfallen, an dem der Hauptgesellschafter paritätisch beteiligt ist.[27]

8 Darüber hinaus können Minderheitsbeteiligungen im Einzelfall iVm **personellen Verflechtungen** (Identität der Leitungspersonen) oder einem Recht zur Entsendung von Aufsichtsratsmitgliedern (§ 101 Abs. 2) zur Abhängigkeit führen.[28] Denkbar ist ebenfalls, dass **besondere Satzungsbestimmungen** die Stellung des Minderheitsgesellschafters so stärken, dass er beherrschenden Einfluss ausüben kann,[29] dies gilt aufgrund der Satzungsautonomie vor allem für die GmbH (zB durch besondere Mehrheitserfordernisse, Entsendungsrechte in Gremien, Vetorechte etc).

9 Kein Abhängigkeitsverhältnis kann allein aufgrund der **Sperrminorität** (Beteiligung in Höhe von mehr als 25%) begründet werden, da durch diese lediglich Grundsatzentscheidungen blockiert, nicht jedoch Personal- oder Unternehmensentscheidungen getroffen werden können. Kommen jedoch weitere Umstände hinzu, kann ein Abhängigkeitsverhältnis begründet werden.[30] Auch das Vollmachtsstimmrecht oder das Depotstimmrecht der Banken gemäß § 135 begründet kein Abhängigkeitsverhältnis, da der Bevollmächtigte in der Regel Weisungen des Vollmachtgebers unterworfen und die Vollmacht darüber hinaus jederzeit widerruflich ist.[31]

10 Ob eine Minderheitsbeteiligung ein Abhängigkeitsverhältnis begründet, ergibt sich daher immer erst nach einer umfassenden Würdigung der gesamten rechtlichen und tatsächlichen Beziehungen der beteiligten Unternehmen.

11 **4. Unternehmensvertrag.** Bestehen Unternehmensverträge nach § 291 (Beherrschungsvertrag oder Gewinnabführungsvertrag) zwischen dem beteiligten Unternehmen und der Beteiligungsgesellschaft, wird hierdurch ein Konzern begründet und damit auch eine gesellschaftsrechtliche Abhängigkeit vermittelt. Dies gilt in gleicher Weise für die Eingliederung (§§ 18 Abs. 1 S. 2, 319, 320, 323 Abs. 1). Auf die **rechtliche Wirksamkeit** der Unternehmensverträge kommt es nicht an. Entscheidend für die Begründung der Abhängigkeit ist allein, dass der Vertrag von den Beteiligten

---

[20] Emmerich/Habersack/*Emmerich* Rn. 17.

[21] *Bauer* NZG 2001, 742.

[22] BGHZ 135, 107 (114 f.) = NJW 1997, 1855 (1856 f.); BGHZ 125, 366 (369); BGHZ 69, 334 (347) = NJW 1978, 104.

[23] BGHZ 135, 107 (114 f.); OLG Düsseldorf AG 2000, 365 (366).

[24] BGHZ 80, 69 (73) = NJW 1981, 1512; BayObLGZ 2002, 46 (54) = AG 2002, 511 (513); Emmerich/Habersack/*Emmerich* Rn. 19.

[25] BGHZ 69, 334 (347) = NJW 1978, 104.

[26] BGHZ 135, 107 (115) = NJW 1997, 1855.

[27] LG Berlin AG 1996, 230 (231 f.).

[28] BGHZ 135, 107 (114 f.) = NJW 1997, 1855 (1857); OLG München AG 1995, 383; MüKoAktG/*Bayer* Rn. 33; MHdB AG/*Krieger* § 68 Rn. 42.

[29] Emmerich/Habersack/*Emmerich* Rn. 20; *Beuthien* ZIP 1993, 1589.

[30] AllgM, vgl. Hüffer/*Koch* Rn. 10; GroßkommAktG/*Windbichler* Rn. 20.

[31] AllgM, s. nur Emmerich/Habersack/*Emmerich* Rn. 24; MHdB AG/*Krieger* § 68 Rn. 43; MüKoAktG/*Bayer* Rn. 45 ff.

tatsächlich praktiziert wird.[32] Ob auch **Unternehmensverträge nach § 292** einen beherrschenden Einfluss vermitteln, ist umstritten, da es sich bei den dort aufgeführten Verträgen um normale Austauschverträge zwischen voneinander unabhängigen Unternehmen handelt.[33] Dies gilt zumindest für die Gewinngemeinschaft gemäß § 292 Abs. 1 Nr. 1 oder sonstige Interessenwahrungsverträge. **Betriebspachtverträge** hingegen werden in der Praxis nahezu ausschließlich innerhalb von Konzernen abgeschlossen, so dass der Abschluss eines solchen Vertrages als Indiz für eine Abhängigkeit gemäß § 17 gewertet werden kann.[34] Nach hM können auch die anderen Unternehmensverträge nach § 292 unter Umständen zur Begründung von Abhängigkeitsverhältnissen eingesetzt werden.[35]

IV. Unmittelbare und mittelbare Abhängigkeit

12 § 17 umfasst sowohl die unmittelbare als auch die mittelbare Abhängigkeit. **Unmittelbare Abhängigkeit** besteht, wenn das beteiligte Unternehmen allein in der Lage ist, beherrschenden Einfluss auf das Beteiligungsunternehmen auszuüben. Bei der **mittelbaren Abhängigkeit** muss sich das beteiligte Unternehmen der Unterstützung Dritter bedienen, zB der Mitwirkung von Tochtergesellschaften, Treuhändern oder anderen Gesellschaftern, über deren Stimmen das beteiligte Unternehmen durch Stimmbindungsverträge oder Stimmrechtskonsortien verfügen kann.[36] Bei der mittelbaren Abhängigkeit unterscheidet man **zwei Fallgruppen:** Kann das beteiligte (herrschende) Unternehmen nur gemeinsam mit dem Dritten, der nicht Unternehmen zu sein braucht, einen beherrschenden Einfluss ausüben (zB Treuhandverhältnisse führen über § 16 Abs. 4 zur mittelbaren Abhängigkeit vom Treugeber), spricht man von **mehrfacher einstufiger Abhängigkeit.** Von **mehrstufiger Abhängigkeit** spricht man, wenn das dritte Unternehmen, über welches das beteiligte (herrschende) Unternehmen seinen Einfluss auf die Beteiligungsgesellschaft ausübt, ebenfalls von diesem abhängig ist (zB Mehrheitsbeteiligung einer Muttergesellschaft an ihrer Tochtergesellschaft, die ihrerseits mehrheitlich an einer dritten Gesellschaft, der Enkelgesellschaft, beteiligt ist – die Enkelgesellschaft ist dann nicht nur von der Tochtergesellschaft, sondern auch von der Muttergesellschaft abhängig).

V. Mehrfache Abhängigkeit, Gemeinschaftsunternehmen

13 Wie bereits in → Rn. 12 dargestellt, kann es zu einer mehrfachen Abhängigkeit im Falle der mittelbaren Beteiligung kommen. Ein weiterer Fall der mehrfachen Abhängigkeit liegt vor, wenn es sich bei dem abhängigen Unternehmen um ein Gemeinschaftsunternehmen handelt. An einem **Gemeinschaftsunternehmen** sind mehrere andere Unternehmen (Mutterunternehmen) zum gemeinsamen Nutzen und zur gemeinsamen Beherrschung durch Gründung oder Anteilserwerb an einer Gesellschaft (Tochtergesellschaft) beteiligt.[37] Voraussetzung hierfür ist, dass die gemeinsame Beherrschung durch die Mutterunternehmen auf Dauer gesichert ist.[38] Dies kann durch Gründung einer Gesellschaft der Mütter (meist BGB-Gesellschaft), durch Konsortial- oder Stimmbindungsverträge oder durch Zusammenfassung der Mütter in einem Gleichordnungskonzern erfolgen.[39] Sofern auf Dauer eine gemeinsame Interessenverfolgung der Mütter gewährleistet ist, können auch tatsächliche Verhältnisse hierfür ausreichen, zB personelle Verflechtung der Mütter (Personenidentität der Vorstände)[40] oder paritätisch beteiligte Familien.[41] Der bloße Einigungszwang genügt nach überwiegender Meinung nicht, solange nicht durch weitere Umstände (insbes. Absprachen) das gemeinsame Vorgehen sichergestellt ist.[42] Diese können sich sowohl aus vertraglichen oder organisatorischen Bindungen, als auch aus rechtlichen und tatsächlichen Umständen sonstiger Art ergeben,[43] zB wenn sich die herrschenden Unternehmen zu einer gemeinsamen Willensausübung zusammengefunden haben. Dies ist typischerweise dann anzunehmen, wenn gleichgerichtete Interessen eine gemeinsame

---

[32] MüKoAktG/*Bayer* Rn. 63; Emmerich/Habersack/*Emmerich* Rn. 22.
[33] Vgl. MüKoAktG/*Bayer* Rn. 66–71; Hüffer/*Koch* Rn. 12.
[34] Emmerich/Habersack/*Emmerich* Rn. 23.
[35] Hüffer/*Koch* Rn. 12; KK-AktG/*Koppensteiner* Rn. 53 ff.
[36] MHdB AG/*Krieger* § 68 Rn. 48 f.; KK-AktG/*Koppensteiner* Rn. 27 ff.
[37] Hüffer/*Koch* Rn. 13.
[38] MüKoAktG/*Bayer* Rn. 76 ff.; MHdB AG/*Krieger* § 68 Rn. 50 ff.
[39] Emmerich/Habersack/*Emmerich* Rn. 30; Hüffer/*Koch* Rn. 15.
[40] BAGE 80, 322 (327) = NJW 1996, 801 (804).
[41] BGH NJW 1994, 3288; BGHZ 122, 123 (125 f.) = NJW 1993, 1200 (1202); BGHZ 95, 330 (349) = NJW 1986, 188; BGHZ 80, 69 (73) = NJW 1981, 1512; BGHZ 62, 193 (199 f.).
[42] OLG Hamm AG 1998, 588; GroßkommAktG/*Windbichler* Rn. 65; KK-AktG/*Koppensteiner* Rn. 92.
[43] BAG NJW 2005, 649; BGH NJW 1994, 3288.

Unternehmenspolitik gewährleisten.[44] Ein Indiz für die mehrfache Abhängigkeit ist die Austragung von Interessenkonflikten in besonderen Gremien der Mütter.[45]

14 **Rechtsfolge** der mehrfachen Abhängigkeit ist die **Abhängigkeit des Gemeinschaftsunternehmens von jeder Muttergesellschaft** (und nicht von der eventuell zwischen den Muttergesellschaften bestehenden Gesellschaft).[46] In einem faktischen Konzern muss das Gemeinschaftsunternehmen daher Abhängigkeitsberichte über seine Beziehungen zu jeder Mutter erstellen (§ 312), im Vertragskonzern sind vertragliche Beziehungen des Gemeinschaftsunternehmens zu jeder der Mütter anzunehmen.[47] Die Zustimmung der Hauptversammlung jeder Mutter ist für den Abschluss eines Unternehmensvertrags mit dem Gemeinschaftsunternehmen gemäß § 293 Abs. 2 erforderlich.[48]

VI. Abhängigkeitsvermutung

15 **1. Regelungsinhalt, Voraussetzungen.** Nach § 17 Abs. 2 wird von einem in Mehrheitsbesitz stehenden Unternehmen vermutet, dass es von dem mit Mehrheit beteiligten Unternehmen abhängig ist. Die Vorschrift begründet damit eine **widerlegbare Abhängigkeitsvermutung,** die ihrerseits wiederum Grundlage für die Konzernvermutung gemäß § 18 Abs. 1 S. 3 ist. Die Mehrheitsbeteiligung führt im Zweifel zur Abhängigkeit und damit zum Vorliegen eines Konzerns. Bei dem „Mehrheitsbesitz" iSd § 17 Abs. 2 handelt es sich um die Mehrheitsbeteiligung gemäß § 16 Abs. 1,[49] dh die Abhängigkeitsvermutung gilt sowohl bei Kapital- als auch bei Stimmenmehrheit.[50] Bedeutung hat die Vermutung vor allem im Falle eines Rechtsstreits, da hierdurch eine **Umkehr der Darlegungs- und Beweislast** erfolgt. Diese trifft denjenigen, der sich darauf beruft, dass die im Mehrheitsbesitz stehende Gesellschaft tatsächlich unabhängig ist. Dies ist in der Regel das mehrheitlich beteiligte Unternehmen, kann jedoch auch die in Mehrheitsbesitz stehende Gesellschaft sein, falls sie keinen Abhängigkeitsbericht gemäß § 312 aufstellen will.[51] Abweichend vom Grundsatz der Widerlegbarkeit der Vermutung ist die Widerlegbarkeit im Falle einer wechselseitigen Beteiligung gemäß § 19 Abs. 2 und 3 ausgeschlossen, da in diesem Fall die Mehrheitsbeteiligung zwingend die Abhängigkeit nach sich zieht.

16 **2. Widerlegung der Vermutung. a) Voraussetzungen.** Die Vermutung des § 17 Abs. 2 ist widerlegt, wenn Tatsachen behauptet und bewiesen werden, aus denen folgt, dass trotz der Mehrheitsbeteiligung **aus Rechtsgründen kein beherrschender Einfluss ausgeübt werden kann.** Untauglich ist die Berufung darauf, dass der beherrschende Einfluss tatsächlich nicht ausgeübt wird, da für die Beherrschung bereits die Möglichkeit der Einflussnahme ausreicht (→ Rn. 3). Da der beherrschende Einfluss und damit die Abhängigkeit gemäß Abs. 1 angenommen wird, wenn das beteiligte Unternehmen die Personal- und Geschäftspolitik des Beteiligungsunternehmens maßgeblich beeinflussen kann, ist die Vermutung nur widerlegt, wenn nachgewiesen wurde, dass dem mit Mehrheit beteiligten Unternehmen aufgrund besonderer Umstände genau diese Fähigkeit fehlt. Nach überwiegender Meinung ist die Abhängigkeitsvermutung erst widerlegt, wenn neben dem Nachweis, dass das mit Mehrheit beteiligte Unternehmen **nicht die Stimmenmehrheit** in der Hauptversammlung besitzt, auch das **Vorhandensein anderer Einflussmöglichkeiten ausgeschlossen** ist, wie sie denkbar sind, wenn lediglich eine Anteilsmehrheit vorliegt.[52] Für die Widerlegung der Abhängigkeitsvermutung ist daher **zwischen Anteils- und Stimmrechtsmehrheit zu unterscheiden.**

17 **b) Widerlegung bei Anteilsmehrheit.** Bei Vorliegen einer bloßen Anteilsmehrheit genügt es für die Widerlegung der Abhängigkeitsvermutung nicht, wenn lediglich behauptet und bewiesen wird, dass das beteiligte Unternehmen keine Stimmenmehrheit in der Haupt- oder Gesellschafterversammlung hat. Vielmehr muss bewiesen werden, dass auch **keine sonstigen Beherrschungsmittel** bestehen und die aus der Anteilsmehrheit folgenden Rechte nicht ausgeübt werden können.[53] Insbe-

[44] BGH NJW 1979, 2401; BAG 2005, 647; LAG München BeckRS 2009, 63546; BAG BeckRS 2015, 69307 Rn. 27.
[45] Emmerich/Habersack/*Emmerich* Rn. 31.
[46] BGH NJW 1974, 855; OLG Hamm AG 2001, 146 (147); GroßkommAktG/*Windbichler* Rn. 66 f.
[47] Emmerich/Habersack/*Emmerich* Rn. 32.
[48] MHdB AG/*Krieger* § 68 Rn. 75.
[49] AllgM, vgl. Hüffer/*Koch* Rn. 17.
[50] Begr. RegE *Kropff* Textausgabe, 1965, 31.
[51] MüKoAktG/*Bayer* Rn. 90.
[52] BVerfGE 98, 145 (162) = NZG 1998, 942 (944); BayObLGZ 1998, 85 (89); MüKoAktG/*Bayer* Rn. 95; aA KK-AktG/*Koppensteiner* Rn. 82; GroßkommAktG/*Windbichler* Rn. 71.
[53] MüKoAktG/*Bayer* Rn. 95.

sondere darf **keine Einflussmöglichkeit auf die Personal- und Geschäftspolitik** der Beteiligungsgesellschaft bestehen.[54]

18 **c) Widerlegung bei Stimmrechtsmehrheit.** Bei Vorliegen einer Stimmrechtsmehrheit wird die Abhängigkeitsvermutung dann widerlegt, wenn der **Einfluss** des mit Mehrheit beteiligten Unternehmens **rechtlich ausgeschlossen** ist. Dies kann entweder durch entsprechende Satzungsregelungen oder Vertrag erfolgen.[55] Als zur Widerlegung geeignete **Satzungsregelungen** kommen **Stimmrechtsbeschränkungen** (§ 12 Abs. 1) oder besondere Beschlussmehrheiten in Betracht, nach denen die Stimmenmehrheit des Mehrheitsgesellschafters in der Haupt- oder Gesellschafterversammlung zur Beschlussfassung nicht ausreicht, auch nicht unter Zurechnung eventuell mittelbarer Beteiligungen gemäß § 16 Abs. 4.[56] Das abweichende Mehrheitserfordernis muss sich dabei zumindest auf die Aufsichtsratswahl und auf grundlegende Angelegenheiten der Geschäftsführung beziehen.[57] Taugliche Mittel zur Widerlegung der Abhängigkeit stellen auch Stimmbindungs- oder Entherrschungsverträge dar. Kann aufgrund eines **Stimmbindungsvertrages** die Stimmenmehrheit auf Dauer und unter Berücksichtigung der üblichen Hauptversammlungspräsenz nicht ausgeübt werden, ist die Abhängigkeitsvermutung widerlegt, wenn sich die Stimmbindung auf die Personal- und Geschäftspolitik der Beteiligungsgesellschaft bezieht.[58] Weitere Möglichkeit der Widerlegung der Abhängigkeit ist der Abschluss eines **Entherrschungsvertrages,** bei dem das mit Mehrheit beteiligte Unternehmen auf die Ausübung eines solchen Teils seiner Stimmrechte verzichtet, der den Verlust des beherrschenden Einflusses sicherstellt. Der Vertrag kann sowohl mit einem Dritten (anderen Gesellschafter) als auch mit dem Beteiligungsunternehmen geschlossen werden.[59] Der Vertrag bedarf der **Schriftform** und muss mindestens für die **Dauer von fünf Jahren** abgeschlossen werden, um eine Beeinflussung der Aufsichtsratswahlen und damit auch der Geschäftspolitik auszuschließen, und darf inhaltlich nicht hinter einer entsprechenden Satzungsregelung zurückbleiben.[60] Um die Ernstlichkeit des Vertrages zu gewährleisten, darf dieser nur aus wichtigem Grund vor Ablauf des Fünfjahreszeitraumes kündbar sein.[61] Zu seiner Wirksamkeit bedarf der Abschluss des Entherrschungsvertrages entweder einer entsprechenden Satzungsregelung oder eines zustimmenden Beschlusses der Haupt- oder Gesellschafterversammlung gemäß § 293 Abs. 1.[62] **Einseitige Erklärungen** (zB Verzicht auf die Ausübung der Stimmrechte) der mit Mehrheit beteiligten Gesellschaft genügen zur Widerlegung der Abhängigkeitsvermutung ebenso wenig wie die Behauptung der Nichtausübung des beherrschenden Einflusses.[63]

19 **d) Widerlegung bei mehrstufiger Abhängigkeit.** Mehrstufige Abhängigkeit liegt vor, wenn das herrschende Unternehmen gemeinsam mit einem von ihm abhängigen Drittunternehmen (Tochtergesellschaft) über Anteilszurechnung gemäß § 16 Abs. 4 beherrschenden Einfluss auf das Beteiligungsunternehmen (Enkelgesellschaft) ausüben kann. Zur Widerlegung der Abhängigkeit ist zunächst auf das Verhältnis zwischen der Enkel- und der Tochtergesellschaft abzustellen.[64] Ist die Abhängigkeit in diesem Verhältnis widerlegt, muss dasselbe im Verhältnis zwischen der Enkel- und der Muttergesellschaft erfolgen, wenn diese auch alleine beherrschenden Einfluss auf die Enkelgesellschaft auszuüben vermag.[65] Die Widerlegung durch Beherrschungsvertrag gelingt nur im Verhältnis zur Tochtergesellschaft, wenn Mutter- und Enkelgesellschaft diesen abgeschlossen haben. Der Abschluss eines Beherrschungsvertrages zwischen Tochter- und Enkelgesellschaft schließt die Vermutung der Abhängigkeit der Enkel- von der Muttergesellschaft hingegen nicht aus.[66]

20 **e) Rechtsfolgen.** Wichtigste Rechtsfolge der Abhängigkeit ist die **Konzernvermutung** gemäß § 18 Abs. 1 S. 3 und damit die Eröffnung des Anwendungsbereichs der **§§ 311 ff.** Darüber hinaus

---

54 Emmerich/Habersack/*Emmerich* Rn. 39.

55 OLG München AG 2004, 455 f.; Hüffer/*Koch* Rn. 21.

56 Hüffer/*Koch* Rn. 21.

57 BGHZ 83, 122 = NJW 1982, 1703; Hüffer/*Koch* Rn. 21; Emmerich/Habersack/*Emmerich* Rn. 41; aA KK-AktG/*Koppensteiner* Rn. 104.

58 BGHZ 48, 163 (169 ff.) = NJW 1967, 1963; OLG Köln WM 1988, 974 (976 ff.); aA MüKoAktG/*Bayer* Rn. 102.

59 OLG Köln AG 1993, 86 (87); LG Mainz AG 1991, 30 (32); Emmerich/Habersack/*Emmerich* Rn. 42; MüKoAktG/*Bayer* Rn. 113.

60 OLG Köln AG 1993, 86 (87); Hüffer/*Koch* Rn. 22.

61 Emmerich/Habersack/*Emmerich* Rn. 43.

62 MüKoAktG/*Bayer* Rn. 109 ff.; MHdB AG/*Krieger* § 68 Rn. 59.

63 Hüffer/*Koch* Rn. 22; Emmerich/Habersack/*Emmerich* Rn. 41a.

64 GroßkommAktG/*Windbichler* Rn. 85; MüKoAktG/*Bayer* Rn. 114.

65 Emmerich/Habersack/*Emmerich* Rn. 40.

66 Hüffer/*Koch* Rn. 23; KK-AktG/*Koppensteiner* Rn. 126.

gelten die Verbote der §§ 56 Abs. 2 und 71d S. 2 (keine Zeichnung und kein Erwerb von Aktien des herrschenden Unternehmens). Dem abhängigen Unternehmen stehen gemäß §§ 71d S. 4, 71b keine Rechte zu. Auf die Abhängigkeit beziehen sich auch folgenden Regelungen: §§ 16 Abs. 4, 100 Abs. 2 S. 1 Nr. 2, 115 Abs. 1 S. 2, 134 Abs. 1 S. 4, 136 Abs. 2 S. 1, 145 Abs. 3 und § 160 Abs. 1 Nr. 1 und 2.

§ 18 Konzern und Konzernunternehmen

(1) [1]Sind ein herrschendes und ein oder mehrere abhängige Unternehmen unter der einheitlichen Leitung des herrschenden Unternehmens zusammengefaßt, so bilden sie einen Konzern; die einzelnen Unternehmen sind Konzernunternehmen. [2]Unternehmen, zwischen denen ein Beherrschungsvertrag (§ 291) besteht oder von denen das eine in das andere eingegliedert ist (§ 319), sind als unter einheitlicher Leitung zusammengefaßt anzusehen. [3]Von einem abhängigen Unternehmen wird vermutet, daß es mit dem herrschenden Unternehmen einen Konzern bildet.

(2) Sind rechtlich selbständige Unternehmen, ohne daß das eine Unternehmen von dem anderen abhängig ist, unter einheitlicher Leitung zusammengefaßt, so bilden sie auch einen Konzern; die einzelnen Unternehmen sind Konzernunternehmen.

Schrifttum: *Dette,* Verdeckte und atypische Beherrschungsverträge im Aktienrecht, 2012; *Ellerich/Küting,* Zur Widerlegung der aktienrechtlichen Konzernvermutung, DB 1980, 1973; *Gromann,* Die Gleichordnungskonzerne im Konzern- und Wettbewerbsrecht, 1979; *Hüffer,* Der herrschende Aktionär – Adressat eines ungeschriebenen Wettbewerbsverbots?, FS Röhricht, 2005, 251; *Kienzle,* Verdeckte Beherrschungsverträge im Aktienrecht, 2010; *Möhring,* Vertraglicher Ausschluss von Abhängigkeit und Konzernvermutung, FS Westermann, 1974, 427; *Müller,* Rechtsnatur und Wirkung so genannter „atypischer Beherrschungsverträge, 2012; *Lutter/Drygala,* Grenzen der Personalverflechtung und Haftung im Gleichordnungskonzern, ZGR 1995, 557.

Übersicht

I. Allgemeines

§ 18 ist wie die §§ 15–17 Definitionsnorm und legt die Voraussetzungen fest, nach denen das Vorliegen eines Konzerns zu messen ist.[1] Das Gesetz unterscheidet **zwei Arten** von Konzernen, zum einen den **Unterordnungskonzern gemäß § 18 Abs. 1** (Hauptanwendungsfall) und zum anderen den **Gleichordnungskonzern gemäß § 18 Abs. 2.** Gemeinsames und damit wichtigstes Konzernmerkmal ist für beide die Zusammenfassung mehrerer rechtlich selbständiger Unternehmen unter **einheitlicher Leitung.** Unterscheidungsmerkmal beider Konzernarten ist lediglich das Erfordernis der Abhängigkeit iSd § 17 beim Unterordnungskonzern. 1

Weiterer Regelungsgegenstand der Norm ist die Begründung einer unwiderlegbaren (§ 18 Abs. 1 S. 2) und einer widerlegbaren Vermutung (§ 18 Abs. 1 S. 3) für das Vorliegen eines Unterordnungskonzerns. 2

Die Bildung von Konzernen ist vom Gesetz ausdrücklich erlaubt. Dies ergibt sich aus den Regelungen in §§ 291–310 und §§ 319–327, die die Bildung von Vertrags- und Eingliederungskonzernen regeln (s. die dortige Kommentierung). Nach allgemeiner Ansicht wird auch die Zulässigkeit einer 3

[1] Begr. RegE *Kropff* Textausgabe, 1965, 32.

faktischen Konzernbildung bejaht, da das Gesetz diese in §§ 311 ff. zumindest nicht verbietet und sie somit hingenommen wird[2] (näher → § 311 Rn. 1 ff.).

4 Die praktische Bedeutung der Konzerndefinition des § 18 für das AktG ist gering, da das AktG für die Begründung von Konzernen überwiegend bereits auf die Abhängigkeit nach § 17 abstellt. § 18 hat für die Anwendung aktienrechtlicher Konzernvorschriften lediglich bei §§ 97 Abs. 1 S. 1, 100 Abs. 2 Bedeutung. Größere Bedeutung hat die Konzerndefinition außerhalb des AktG, insbesondere für § 290 Abs. 1 HGB (Konzernrechnungslegung), § 5 MitbestG, § 2 DrittelbG (Mitbestimmungsrechte), § 36 Abs. 2 S. 1 GWB (Fusionskontrolle).

II. Konzernbegriff

5 § 18 geht von einem einheitlichen Konzernbegriff aus. Ein Konzern ist danach die Zusammenfassung mehrerer rechtlich selbständiger Unternehmen unter einheitlicher Leitung. Das Gesetz unterscheidet weiter zwischen Unterordnungs- und Gleichordnungskonzern (§ 18 Abs. 1 bzw. Abs. 2). Ein **Unterordnungskonzern** liegt gemäß § 18 Abs. 1 S. 1 vor, wenn ein oder mehrere abhängige Unternehmen unter der einheitlichen Leitung des herrschenden Unternehmens zusammengefasst werden. Entscheidendes Kriterium für das Vorliegen eines Unterordnungskonzerns ist daher die **Abhängigkeit iSd § 17.** Unterordnungskonzerne sind in **drei verschiedenen Formen** denkbar, je nach Art ihrer Entstehung. Basiert der Konzern auf einem Beherrschungsvertrag spricht man von einem Vertragskonzern, entsteht er durch Eingliederung gemäß § 319, spricht man vom Eingliederungskonzern. Entsteht ein Konzern allein aufgrund tatsächlicher Verhältnisse oder anderer Unternehmensverträge gemäß §§ 291, 292, liegt ein faktischer Konzern vor. **Vertragskonzerne** entstehen allein durch Abschluss eines Beherrschungsvertrages gemäß § 291 Abs. 1 S. 1 Alt. 1. Nur dann besteht gemäß § 308 die gesetzlich anerkannte Leitungsmacht des herrschenden Unternehmens. Der Abschluss von Gewinnabführungsverträgen (§ 291 Abs. 1 S. 1 Alt. 2) oder anderer Unternehmensverträge iSd § 292 begründet dagegen keinen Vertragskonzern.[3] **Eingliederungskonzerne** entstehen durch Eingliederung der rechtlich selbständigen abhängigen Gesellschaft in die die Leitung ausübende herrschende Gesellschaft gemäß §§ 319, 323. Die Aktien der abhängigen Gesellschaft werden dabei alle von der herrschenden Gesellschaft gehalten. Die gesetzlich anerkannte Leitungsmacht beruht auf § 323. Besteht weder ein Vertrags- noch ein Eingliederungskonzern, liegt ein **faktischer Konzern** vor. Beim faktischen Konzern handelt es sich daher um einen Sammelbegriff ohne gesetzliche Basis.[4] Die §§ 311–318 sind anwendbar. Die Zulässigkeit des faktischen Konzerns ergibt sich daraus, dass dieser in §§ 311 ff. nicht verboten ist und hingenommen wird.[5] Ein faktischer Konzern liegt vor, wenn die Leitungsmacht des herrschenden Unternehmens auf einem Unternehmensvertrag nach §§ 291, 292, der kein Beherrschungsvertrag ist, oder auf tatsächlichen Verhältnissen (zB Mehrheitsbeteiligung gemäß §§ 17 Abs. 2, 18 Abs. 1 S. 3) beruht. Innerhalb der faktischen Konzerne werden je nach dem Ausmaß der einheitlichen Leitung einfache und qualifiziert faktische Konzerne unterschieden.

6 Von einem **Gleichordnungskonzern** spricht man, wenn mehrere rechtlich selbständige, voneinander nicht abhängige Unternehmen unter einheitlicher Leitung zusammengefasst werden.

7 Gleichordnungskonzerne können ebenfalls durch vertragliche Grundlage (nicht identisch mit dem Beherrschungs- oder Eingliederungsvertrag des Unterordnungskonzerns) oder aufgrund tatsächlicher Verhältnisse (personelle Verflechtungen) entstehen.

III. Unterordnungskonzern

8 Aus § 18 Abs. 1 iVm § 17 Abs. 1 folgt, dass der Unterordnungskonzern die Zusammenfassung mehrerer rechtlich selbständiger Unternehmen voraussetzt, von denen eines herrschend und mindestens eines abhängig ist. Das Vorliegen eines Unterordnungskonzerns ist an drei Voraussetzungen geknüpft:

9 **1. Rechtlich selbständige, voneinander abhängige Unternehmen.** Zunächst muss es sich bei den beteiligten Unternehmen um rechtlich selbständige Unternehmen handeln, von denen **eines herrschend und mindestens ein weiteres abhängig** ist. Der Unternehmensbegriff in § 18 ist mit dem in § 15 identisch. Als herrschendes Unternehmen kommt jeder Gesellschafter in Frage, der neben seiner Beteiligung an der Gesellschaft anderweitige wirtschaftliche Interessen verfolgt (→ § 15

[2] BGHZ 119, 1 (7) = NJW 1992, 2760; KK-AktG/*Koppensteiner* Vor § 311 Rn. 9 ff.; *Hüffer* FS Röhricht, 2005, 251 (257 ff.).
[3] Hüffer/*Koch* Rn. 4.
[4] Hüffer/*Koch* Rn. 3.
[5] BGHZ 119, 1 (7) = NJW 1992, 2760; KK-AktG/*Koppensteiner* Vor § 311 Rn. 9 ff.

Rn. 5). Die Beurteilung der Abhängigkeit richtet sich nach § 17 Abs. 1, dh sie muss gesellschaftsrechtlich vermittelt sein (→ § 17 Rn. 5). Die rechtliche Selbständigkeit der Unternehmen ist wie in § 15 zu verstehen (→ § 15 Rn. 4), die Unternehmen müssen verschiedenen Rechtsträgern zugeordnet werden. Verschiedene Zweigstellen einer Gesellschaft bilden daher keinen Konzern.[6]

2. Zusammenfassung der Unternehmen. Weiteres Merkmal eines Unterordnungskonzerns ist die Zusammenfassung von Unternehmen. Die Bedeutung dieses Merkmals ist im Hinblick auf das weitere, noch erforderliche Merkmal der einheitlichen Leitung umstritten, da es einheitliche Leitung ohne Zusammenfassung nicht geben kann.[7] Die überwiegende Ansicht hält das Merkmal daher für entbehrlich.[8] Der hM ist beizupflichten, da das Merkmal der einheitlichen Leitung auch für die Abgrenzung von Konzernen zu Kartellen herangezogen werden kann. 10

3. Einheitliche Leitung. Dritte Voraussetzung für das Vorliegen eines Unterordnungskonzerns ist die einheitliche Leitung des Unternehmensverbundes durch das herrschende Unternehmen. Einheitliche Leistung ist das **zentrale konzernspezifische Merkmal** des § 18 Abs. 1. Auf eine gesetzliche Definition des Begriffes wurde jedoch aufgrund der Vielzahl der unterschiedlichen Konzerngestaltungsmöglichkeiten verzichtet.[9] Eine richterliche Festlegung des Begriffes ist bisher nicht erfolgt. Im Schrifttum haben sich zur Auslegung des Begriffes im Wesentlichen zwei Auffassungen gebildet: 11

Der **enge Konzernbegriff** versteht den Konzern als wirtschaftliche Einheit und bejaht sein Vorliegen nur, wenn das herrschende Unternehmen für (fast) alle zentralen unternehmerischen Bereiche eine einheitliche Planung aufstellt und bei den Konzernmitgliedern ohne Rücksicht auf deren Selbständigkeit durchsetzt (insbesondere zentrales Cash-Management). Begründet wird dies damit, dass nur bei einem solchen Konzernverständnis die einheitliche Rechnungslegung gemäß § 290 HGB sinnvoll sei.[10] 12

Vertreter des **weiten Konzernbegriffs** nehmen über das Verständnis der zentralen Finanzplanung hinaus einen Konzern auch dann an, wenn eine einheitliche Planung in einem der anderen zentralen Unternehmensbereiche (Einkauf, Organisation, Personalwesen, Verkauf) erfolgt und diese ohne Rücksicht auf die Selbständigkeit der abhängigen Unternehmen durchgesetzt wird.[11] 13

Eine eindeutige Festlegung der **Rechtsprechung** auf einen Konzernbegriff ist bisher nicht erfolgt. Fest steht lediglich, dass ein Konzern im Falle einer einheitlichen Finanzplanung anzunehmen ist.[12] Als Indiz hierfür wird es angesehen, wenn Kredite für den gesamten Konzern aufgenommen werden und durch das Vermögen aller Konzernmitglieder gesichert wird[13] oder eine Bank im finanziellen Bereich die Leitung eines anderen Unternehmens vollständig an sich zieht.[14] Die Bildung eines Konzerns ist auch zwischen **branchenfremden Unternehmen** möglich, wenn eine konzernspezifische Gefährdungslage denkbar ist.[15] Werden die Geschäftspolitik und sonstige grundsätzliche Fragen der Geschäftsführung aufeinander abgestimmt, wird die Konzernbildung ebenfalls bejaht.[16] Zur Bejahung des weiten Konzernbegriffs im Rahmen der Mitbestimmung vgl. die aufgeführten Entscheidungen.[17] 14

Im Ergebnis ist dem weiten Konzernbegriff zuzustimmen, dem auch die Rechtsprechung zuneigt. Anderenfalls könnten nicht alle Gestaltungen konzernspezifischer Gefährdungslagen erfasst werden. 15

4. Leitungsmittel. Ausgehend von dem weiten Konzernbegriff kommen als Mittel der einheitlichen Leitung **alle Formen der Einflussnahme** in Betracht. Ein Weisungsrecht gemäß § 308 oder § 323 ist ebenso wenig erforderlich wie tatsächliche (mit oder ohne entsprechende Befugnis) erteilte Weisungen.[18] Es genügt jede Form der Einflussnahme, zB Doppelmandate, andere personelle Verflechtungen (zB einheitliche Leitung des Finanzbereichs), gemeinsame Beratungen, Empfehlungen oder Zielvorgaben, gesellschaftsvertraglich abgesicherte Einflussnahme auf die Geschäftspolitik, zB 16

---

[6] KK-AktG/*Koppensteiner* Rn. 5; MüKoAktG/*Bayer* Rn. 26.

[7] Vgl. Emmerich/Habersack/*Emmerich* Rn. 15 ff.; Hüffer/*Koch* Rn. 7.

[8] MüKoAktG/*Bayer* Rn. 27; KK-AktG/*Koppensteiner* Rn. 4; Hüffer/*Koch* Rn. 7; aA Emmerich/Habersack/*Emmerich* Rn. 15a, 16 mit dem Hinweis auf das Kartellrecht und die Abgrenzung von Konzernen und Kartellen durch das Merkmal des beständigen und dauerhaften Zusammenschlusses der Konzerne.

[9] Begr. RegE *Kropff* Textausgabe, 1965, 33.

[10] GroßkommAktG/*Windbichler* Rn. 19 ff.; Hüffer/*Koch* Rn. 10; KK-AktG/*Koppensteiner* Rn. 19.

[11] MüKoAktG/*Bayer* Rn. 33; MHdB AG/*Krieger* § 68 Rn. 70 ff.

[12] BGHZ 115, 187 (191) = NJW 1991, 3142; BGHZ 107, 7 (20) = NJW 1989, 1800.

[13] LG Oldenburg ZIP 1992, 1632 (1636).

[14] OLG Stuttgart AG 1990, 168 (169).

[15] BGHZ 115, 187 (191) = NJW 1991, 3142.

[16] LG Mainz AG 1991, 30 (31).

[17] BayObLGZ 1998, 85 (90 f.); 2002, 46 (50); OLG Stuttgart AG 1990, 168 (169).

[18] KK-AktG/*Koppensteiner* Rn. 35; Hüffer/*Koch* Rn. 12.

Genehmigungsvorbehalte zugunsten des herrschenden Unternehmens), sofern diese einer einheitlichen Planung dienen.[19] Als **Indizien** für das Vorliegen einheitlicher Leitung dienen auch der einheitliche Marktauftritt der Unternehmen (einheitliches Logo) oder die Tatsache, dass die verbundenen Unternehmen selbst vom Vorliegen eines Konzerns ausgehen. Insbesondere die Erstellung eines Konzernabschlusses und Konzernlageberichts gemäß § 290 HGB oder die Errichtung eines Konzernbetriebsrats gemäß § 54 BetrVG[20] können Indizien für einen Konzern sein. Gleiches gilt für die körperschaftsteuerliche Organschaft, das Bestehen von Gewinnabführungs- oder Betriebspacht- und Betriebsführungsverträgen.[21]

17 **5. Mehrstufiger Konzern.** § 18 geht davon aus, dass mehrere abhängige Unternehmen unter der einheitlichen Leitung eines herrschenden Unternehmens stehen. Von einem mehrstufigen Konzern spricht man, wenn die beteiligten Unternehmen (Mutter-, Tochter-, Enkelgesellschaft) derart einheitlich geleitet werden, dass sich die Zielkonzeption, Durchführung und **Kontrolle der Muttergesellschaft unmittelbar auf die Tochtergesellschaft und zugleich mittelbar auf die Enkelgesellschaft** beziehen, so dass die Enkelgesellschaft ebenfalls Konzernunternehmen ist.[22] Dies ist unstreitig zulässig.

18 **6. Mehrfacher Konzern.** Anders sieht es im Fall der mehrfachen Konzernbindung aus, die unter dem Stichwort **Konzern im Konzern** diskutiert wird. Bei der mehrfachen Konzernbindung stellt sich die Frage, ob die Enkelgesellschaft nicht nur gegenüber der Mutter-, sondern auch gegenüber der Tochtergesellschaft konzerngebunden ist. Die **Zulässigkeit** der mehrfachen Konzernbindung wird überwiegend und zutreffend **verneint.**[23] Die gemäß § 18 Abs. 1 umfassend angelegte Leitungsmacht der Muttergesellschaft lässt für eine Leitung durch die Tochtergesellschaft keinen Raum. Nur im Sonderfall des **Gemeinschaftsunternehmens** ist die mehrfache Konzernzugehörigkeit zulässig, sofern die Muttergesellschaften gegenüber der gemeinsamen Tochtergesellschaft koordiniert auftreten.[24] Die im Mitbestimmungsrecht geltenden Besonderheiten (§ 5 Abs. 3 MitbestG) zur Bildung von Teilkonzernen für den Fall einer mitbestimmungsfreien Konzernspitze sind nicht auf das Aktienrecht übertragbar, da es dort um die Sicherstellung der Mitbestimmung und den Ausschluss ihrer Umgehung geht.[25] Bildet das herrschende Unternehmen des Unterordnungskonzerns mit einem anderen Unternehmen einen **Gleichordnungskonzern,** ist dies keine mehrfache Konzernzugehörigkeit, sondern die Bildung eines Gleichordnungskonzerns unter Einbeziehung aller Konzerntöchter, da sie von den Partnern des Gleichordnungskonzerns einheitlich geleitet werden. Das Unterordnungskonzernverhältnis der herrschenden Gesellschaft zu den abhängigen Gesellschaften wird durch die Integration in den Gleichordnungskonzern überlagert, § 100 Abs. 2 S. 2 gilt analog.[26]

IV. Konzernvermutung

19 **1. Unwiderlegbare Konzernvermutung gemäß § 18 Abs. 1 S. 2.** § 18 Abs. 1 beinhaltet zwei Konzernvermutungen. Gemäß § 18 Abs. 1 S. 2 bilden Unternehmen, zwischen denen ein **Beherrschungsvertrag** nach § 291 besteht oder von denen das eine in das andere Unternehmen nach § 319 **eingegliedert** ist, einen Konzern. Die Regelung stellt eine **gesetzliche Konzernvermutung** dar und ist daher **unwiderlegbar.**[27] Die Vermutung gilt auch bei Gemeinschaftsunternehmen, wenn die Muttergesellschaften mit dem Beteiligungsunternehmen einen Beherrschungsvertrag geschlossen haben.[28] Die Vermutung gemäß § 18 Abs. 1 S. 2 ist auf alle Gesellschaftsformen anwendbar und nicht nur auf die AG beschränkt.[29] Besondere **Bedeutung** hat die Konzernvermutung insbesondere im Rahmen des Mitbestimmungsrechts.[30]

---

[19] BGHZ 115, 187 (191) = NJW 1991, 3142; BGHZ 107, 7 (20) = NJW 1989, 1800; OLG Stuttgart AG 1990, 168 (169); LG Oldenburg ZIP 1992, 1632 (1636).

[20] Emmerich/Habersack/*Emmerich* Rn. 14a.

[21] Emmerich/Habersack/*Emmerich* Rn. 14b.

[22] Hüffer/*Koch* Rn. 13.

[23] MüKoAktG/*Bayer* Rn. 42; KK-AktG/*Koppensteiner* Rn. 31 ff.; Hüffer/*Koch* Rn. 14; GroßkommAktG/*Windbichler* Rn. 83.

[24] MüKoAktG/*Bayer* Rn. 43; KK-AktG/*Koppensteiner* Rn. 34; Hüffer/*Koch* Rn. 16.

[25] OLG Düsseldorf AG 2007, 170 (172 f.); OLG Stuttgart NJW-RR 1995, 1067; *Ulmer/Habersack/Henssler* MitbestG § 5 Rn. 35, 65 ff.

[26] Emmerich/Habersack/*Emmerich* Rn. 7; MüKoAktG/*Bayer* Rn. 43.

[27] Hüffer/*Koch* Rn. 17; MüKoAktG/*Bayer* Rn. 44; KK-AktG/*Koppensteiner* Rn. 39.

[28] Hüffer/*Koch* Rn. 17; MüKoAktG/*Bayer* Rn. 45.

[29] Emmerich/Habersack/*Emmerich* Rn. 21.

[30] BayObLGZ 2002, 46 (50 ff.) = AG 2002, 511; BAGE 110, 100 (118 ff.) = ZIP 2004, 1468 (1474 f.).

2. Widerlegbare Konzernvermutung gemäß § 18 Abs. 1 S. 3. Nach § 18 Abs. 1 S. 3 wird von einem **abhängigen Unternehmen** vermutet, dass es mit dem herrschenden Unternehmen einen Konzern bildet. Die Vermutung basiert darauf, dass das vorhandene Einflusspotential auch tatsächlich ausgeübt wird.[31] **Zweck** der Regelung ist hauptsächlich, den Abschlussprüfern den Nachweis der einheitlichen Leitung zu erleichtern.[32] **Entscheidendes Merkmal** der Vermutung ist das Vorliegen der **Abhängigkeit gemäß § 17.** Im Gegensatz zu § 18 Abs. 1 S. 2 ist die Vermutung widerlegbar. Die Vermutungsregelung hat wie die des § 18 Abs. 1 S. 2 Bedeutung im Rahmen der Mitbestimmung. Anders als § 76 BetrVG 1952 gilt die Vermutungsregelung nun auch für dessen Nachfolgeregelung, § 2 DrittelbG.[33] Ob die Vermutungsregelung des S. 3 auch für Gemeinschaftsunternehmen gilt, ist strittig, aber im Ergebnis zu bejahen.[34] 20

3. Widerlegung der Konzernvermutung. Die Konzernvermutung des § 18 Abs. 1 S. 3 greift nur, wenn ein Abhängigkeitsverhältnis besteht. Die Vermutung kann daher dadurch widerlegt werden, dass die Abhängigkeit gemäß § 17, insbes. § 17 Abs. 2 widerlegt wird (→ § 17 Rn. 16). Besteht **keine Abhängigkeit,** besteht auch **keine Konzernvermutung** gemäß § 18 Abs. 1 S. 3. Gelingt der Nachweis der fehlenden Abhängigkeit nicht, ist zur Widerlegung der Konzernvermutung der Nachweis erforderlich, dass trotz der Abhängigkeit tatsächlich **keine einheitliche Leitung** des herrschenden Unternehmens ausgeübt wird, dh trotz Abhängigkeit kein Konzernverhältnis besteht. Hierzu müssen Tatsachen vorgetragen und bewiesen werden, die deutlich machen, dass von den Einflussmöglichkeiten kein oder nur ein verschwindend geringer Gebrauch gemacht wird.[35] Welche Tatsachen bewiesen werden müssen, hängt davon ab, welcher Konzernbegriff vertreten wird. Ausgehend von dem weiten Konzernbegriff hat die Widerlegung bei den einzelnen Indizien anzusetzen, die auf das Vorliegen einer einheitlichen Leitung hindeuten (→ Rn. 11 ff.).[36] Die Widerlegung gelingt, wenn keines der Indizien vorliegt.[37] Entscheidend für die Beweisführung ist die finanzpolitische Selbständigkeit der abhängigen Gesellschaft.[38] Die Selbständigkeit der abhängigen Gesellschaft ist nachgewiesen, wenn feststeht, dass **keine finanzielle Koordination** in wesentlichen Bereichen erfolgt.[39] 21

V. Gleichordnungskonzern

Das Gesetz definiert in § 18 Abs. 2 den Gleichordnungskonzern als **Zusammenfassung mehrerer selbständiger Unternehmen** unter einheitlicher Leitung und **ohne Abhängigkeit** des einen Unternehmens von dem anderen. Es werden **zwei Arten** von Gleichordnungskonzernen unterschieden. Beruht der Zusammenschluss der beteiligten Unternehmen auf einem Vertrag, spricht man von einem **vertraglichen Gleichordnungskonzern,** in allen anderen Fällen spricht man von einem **faktischen Gleichordnungskonzern.**[40] In der Praxis findet man Gleichordnungskonzerne häufig im Rahmen von grenzüberschreitenden Unternehmenskooperationen, in der Versicherungswirtschaft oder bei Familienunternehmen.[41] Für das Entstehen eines Gleichordnungskonzerns müssen drei Voraussetzungen vorliegen: 22

1. Zusammenfassung rechtlich selbständiger Unternehmen. Wie beim Unterordnungskonzern wird beim Gleichordnungskonzern auf den Unternehmensbegriff des § 15 abgestellt. Selbständig bedeutet auch hier, dass die beteiligten Unternehmen verschiedenen Rechtsträgern zugeordnet sein müssen, es sich also nicht um Zweigstellen oder Betriebsstätten eines Unternehmens handelt (→ Rn. 9). 23

2. Einheitliche Leitung, Gleichordnungsvertrag. Konzernrechtlich entscheidendes Merkmal ist auch hier die einheitliche Leitung der zusammengefassten Unternehmen. Der Begriff der einheitlichen Leitung ist grundsätzlich wie in § 18 Abs. 1 auszulegen. Die einheitliche Leitung muss die 24

[31] Begr. RegE *Kropff* Textausgabe, 1965, 33.
[32] Emmerich/Habersack/*Emmerich* Rn. 20; Hüffer/*Koch* Rn. 18.
[33] *Ulmer/Habersack/Henssler* DrittelbG § 2 Rn. 4, 8.
[34] Ebenso Emmerich/Habersack/*Emmerich* Rn. 21; KK-AktG/*Koppensteiner* Rn. 44; MHdB AG/*Krieger* § 68 Rn. 75; aA *Ulmer/Habersack/Henssler* MitbestG § 5 Rn. 27.
[35] BAG NZA 2012, 633; ZIP 2004, 1468 (1474 f.); BayObLGZ 2002, 46 (50); 1998, 523 (524); BAGE 53, 287 (303 f.); 80, 322 (327).
[36] ArbG Düsseldorf BeckRS 2011, 72434; *Ellerich/Küting* DB 1980, 1973; *Möhring* FS Westermann, 1974, 427.
[37] BayObLGZ 2002, 46 (51 ff.).
[38] Emmerich/Habersack/*Emmerich* Rn. 24; MüKoAktG/*Bayer* Rn. 48; MHdB AG/*Krieger* § 68 Rn. 74.
[39] BayObLGZ 2002, 46 (51 ff.): Holding ohne feststellbare Leitungsfunktion.
[40] *Lutter/Drygala* ZGR 1995, 557 f.
[41] BAGE 110, 100 = ZIP 2004, 1468; Emmerich/Habersack/*Emmerich* Rn. 26.

verbundenen Unternehmen daher in ihrer gesamten Geschäftspolitik (weiter Konzernbegriff) erfassen (→ Rn. 11 ff.). Nicht ausreichend ist es, wenn sich die Leitung nur auf einzelne Aspekte der Geschäftspolitik oder auf einzelne beteiligte Unternehmen bezieht.[42] Wichtig ist die Grenzziehung insbesondere zur Abgrenzung der Gleichordnungskonzerne von Kartellen.[43]

25 **3. Kein Abhängigkeitsverhältnis.** Um den Gleichordnungskonzern vom Unterordnungskonzern gemäß § 18 Abs. 1 abzugrenzen, darf zwischen den zusammengefassten Unternehmen kein Abhängigkeitsverhältnis iSd § 17 bestehen. Für die Beurteilung kommt es daher darauf an, dass die unter einheitlicher Leitung stehenden Gesellschaften (Schwestergesellschaften) **untereinander gleichberechtigt** sind, dass also keine der Schwestergesellschaften der anderen ihren Willen aufdrängen kann. Dies bedeutet insbesondere, dass jede Schwestergesellschaft im gemeinsamen Leitungsorgan überstimmt werden können muss, ohne dass für einen solchen Fall ein außerordentliches Kündigungsrecht besteht.[44]

26 **4. Vertraglicher Gleichordnungskonzern.** Überwiegend liegt der einheitlichen Leitung im Gleichordnungskonzern ein sog. **Gleichordnungsvertrag** zugrunde, der Art und Umfang der Leitung regelt. Aus § 291 Abs. 2 folgt, dass es sich hierbei nicht um einen Beherrschungsvertrag handelt. Die §§ 293 ff. sind daher grundsätzlich nicht anwendbar, es sei denn, im Vertrag wird zugleich eine Gewinngemeinschaft (§ 292 Abs. 1 Nr. 1) oder Betriebsüberlassung (§ 292 Abs. 1 Nr. 3) begründet. Zwischen den Unternehmen des Gleichordnungskonzerns wird mit Abschluss des Gleichordnungsvertrages in der Regel eine **BGB-Gesellschaft** gegründet mit der Folge der gesellschafterlichen Treuepflicht, auf der das umfassende Schädigungsverbot (§§ 241 Abs. 2, 242, 705 BGB) im Gleichordnungskonzern beruht.[45] Sofern für den Konzern eine besondere Leitungsgesellschaft geschaffen wird, begründet diese keine Abhängigkeit, wenn alle Unternehmen an der einheitlichen Leitung gleichberechtigt beteiligt sind.[46]

27 **5. Faktischer Gleichordnungskonzern.** Kommt der Gleichordnungskonzern ohne Vertragsgrundlage, sondern dadurch, dass sich ein unabhängiges Unternehmen **tatsächlich und auf Dauer** zusammen mit einem anderen Unternehmen der gemeinsamen Leitung eines der Unternehmen unterstellt (zB personelle Verflechtung der Leitungsorgane, wechselseitige Beteiligungen), zustande, spricht man von einem faktischen Gleichordnungskonzern,[47] sofern hierdurch keine Abhängigkeit begründet wird.[48] Nicht ausreichend ist die bloße Koordination der Herrschaftsmacht mehrerer Unternehmen über beherrschte Gesellschaften.[49] Im Gegensatz zum Unterordnungskonzern nach § 18 Abs. 1 wird der Gleichordnungskonzern **mitbestimmungsrechtlich nicht anerkannt,** da sich § 5 MitbestG und § 2 DrittelbG nur auf § 18 Abs. 1 beziehen. Eine Zurechnung der Arbeitnehmer im Gleichordnungskonzern findet nicht statt.[50]

VI. Rechtsfolgen

28 Für Unterordnungs- und Gleichordnungskonzerne gelten die §§ 97 Abs. 1, 134 Abs. 1 S. 4, 145 Abs. 3. § 100 Abs. 2 S. 2 findet zumindest analoge Anwendung. Nur auf die Unterordnungskonzerne finden die Konzernrechnungslegungsvorschriften der §§ 290 ff. HGB Anwendung.[51] Bei den Gleichordnungskonzernen ist das Kartellverbot des Art. 101 AEUV (ex-Art. 81 EGV) bzw. § 1 GWB zu beachten.[52]

§ 19 Wechselseitig beteiligte Unternehmen

(1) [1]Wechselseitig beteiligte Unternehmen sind Unternehmen mit Sitz im Inland in der Rechtsform einer Kapitalgesellschaft, die dadurch verbunden sind, daß jedem Unternehmen mehr als der vierte Teil der Anteile des anderen Unternehmens gehört. [2]Für die

[42] GroßkommAktG/*Windbichler* Rn. 50; MüKoAktG/*Bayer* Rn. 50 f.; Emmerich/Habersack/*Emmerich* Rn. 15.
[43] BKartA Tätigkeitsbericht, 1973, 98 f.
[44] MHdB AG/*Krieger* § 68 Rn. 80–82; Emmerich/Habersack/*Emmerich* Rn. 32.
[45] Emmerich/Habersack/*Emmerich* Rn. 29.
[46] *Gromann,* Die Gleichordnungskonzerne, 1979, 47 ff.; Hüffer/*Koch* Rn. 20.
[47] BGHZ 121, 137 (146 f.) = NJW 1993, 2114; BGH AG 1999, 181 (182).
[48] KG AG 1992, 159 (160 f.).
[49] MüKoAktG/*Bayer* Rn. 51.
[50] *Ulmer/Habersack/Henssler* MitbestG § 5 Rn. 75.
[51] KK-AktG/*Koppensteiner* Rn. 13.
[52] Immenga/Mestmäcker/*Immenga* GWB § 1 Rn. 23; *Gromann,* Die Gleichordnungskonzerne, 1979, 96 ff.

Feststellung, ob einem Unternehmen mehr als der vierte Teil der Anteile des anderen Unternehmens gehört, gilt § 16 Abs. 2 Satz 1, Abs. 4.

(2) Gehört einem wechselseitig beteiligten Unternehmen an dem anderen Unternehmen eine Mehrheitsbeteiligung oder kann das eine auf das andere Unternehmen unmittelbar oder mittelbar einen beherrschenden Einfluß ausüben, so ist das eine als herrschendes, das andere als abhängiges Unternehmen anzusehen.

(3) Gehört jedem der wechselseitig beteiligten Unternehmen an dem anderen Unternehmen eine Mehrheitsbeteiligung oder kann jedes auf das andere unmittelbar oder mittelbar einen beherrschenden Einfluß ausüben, so gelten beide Unternehmen als herrschend und als abhängig.

(4) § 328 ist auf Unternehmen, die nach Absatz 2 oder 3 herrschende oder abhängige Unternehmen sind, nicht anzuwenden.

Schrifttum: *Emmerich,* Wechselseitige Beteiligungen bei AG und GmbH, NZG 1998, 622; *Gromann,* Die Gleichordnungskonzerne, 1979, 96; *Kropff,* Die wechselseitige Beteiligung nach dem Entwurf eines AktG, DB 1959, 15; *Wastl/Wagner,* Wechselseitige Beteiligungen im Aktienrecht, AG 1997, 241.

Übersicht

I. Allgemeines

1 Die im AktG enthaltenen Regelungen wechselseitiger Beteiligung dienen dem Schutz der Gesellschaftsgläubiger und Aktionäre. Der Gesetzgeber des AktG 1965 hat zwei typischerweise mit wechselseitigen Beteiligungen verbundene Gefahren identifiziert:[1] Zum einen wird die **effektive Kapitalaufbringung unterlaufen,** wenn Anteile wechselseitig gezeichnet werden, da die entsprechenden Einlagen wirtschaftlich nur einmal geleistet werden. Bei einem späteren wechselseitigen Erwerb von Aktien kommt die Zahlung des Kaufpreises an den bisherigen Aktionär wirtschaftlich einer mittelbaren Einlagenrückgewähr gleich.[2] Daneben kontrollieren sich die Verwaltungen der wechselseitig beteiligten Unternehmen mit den jeweils gehaltenen Stimmrechten gegenseitig und verringern somit tendenziell den Einfluss der „eigentlichen" Aktionäre gegenüber den Verwaltungen.[3] Dieser **Verwaltungsherrschaft**[4] sucht der Gesetzgeber durch Begrenzung der Stimmrechtsausübung entgegenzuwirken. § 19 ist dabei nur der Anknüpfungspunkt der gesellschaftsrechtlichen Regelungen und liefert die geeigneten Definitionen, die an anderer Stelle aufgegriffen und mit Rechtsfolgen verknüpft werden (→ Rn. 10 ff.).

II. Einfache wechselseitige Beteiligung (Abs. 1)

2 Als Unternehmen iSd § 19 Abs. 1 kommen entsprechend der Definition in § 3 Abs. 1 Nr. 2 UmwG nur **Kapitalgesellschaften** (Aktiengesellschaften, Gesellschaften mbH und Kommanditgesellschaften auf Aktien), die ihren **Verwaltungssitz im Inland** haben, in Betracht.[5]

3 Eine wechselseitige Beteiligung iSd § 19 Abs. 1 liegt vor, wenn jede der beteiligten Gesellschaften **mehr als 25% der Anteile** der jeweils anderen Gesellschaft hält, **ohne dass Abhängigkeit (§ 17) oder eine Mehrheitsbeteiligung gegeben ist.** Die Berechnung der Beteiligungshöhe richtet sich

[1] Begr. RegE *Kropff* Textausgabe, 1965, 34 f.

[2] Ausf. MüKoAktG/*Bayer* Rn. 2–5 mwN; *Kropff* DB 1959, 15 ff.

[3] *Emmerich* NZG 1998, 622 (623).

[4] S. etwa MüKoAktG/*Bayer* Rn. 6; KK-AktG/*Koppensteiner* Rn. 3; Hüffer/*Koch* Rn. 1; GroßkommAktG/*Windbichler* Rn. 2; *Wastl/Wagner* AG 1997, 241 (243 f.).

[5] Zur – iErg abzulehnenden – Frage einer erweiternden Auslegung und Anwendung auf Personengesellschaften und grenzüberschreitende Beteiligungen MüKoAktG/*Bayer* Rn. 23 ff. und 26 ff.

gemäß § 19 Abs. 1 S. 2 nach § 16 Abs. 2 S. 1, Abs. 4. Maßgeblich ist somit mangels Verweisung auf § 19 Abs. 1 und 3 ausschließlich die Beteiligung am Kapital, nicht die Stimmrechtshöhe. Da ebenfalls nicht auf § 16 Abs. 2 S. 2 und 3 verwiesen wird, sind eigene Anteile der Gesellschaft nicht von der Gesamtzahl der Anteile abzuziehen.[6]

III. Einseitig qualifizierte wechselseitige Beteiligung (Abs. 2)

4 Eine wechselseitige Beteiligung (Abs. 1) wird zu einer einseitig qualifizierten wechselseitigen Beteiligung (Abs. 2), wenn das eine Unternehmen an dem anderen eine **Mehrheitsbeteiligung** besitzt oder sonst einen **beherrschenden Einfluss** auf das andere Unternehmen ausüben kann. Das andere Unternehmen hingegen hält seinerseits nur eine Minderheitsbeteiligung von mehr als 25% an dem herrschenden Unternehmen. Anders als im Rahmen des Abs. 1 ist für die Frage, ob eine Mehrheitsbeteiligung vorliegt, § 16 insgesamt heranzuziehen. Abzustellen ist also auch auf § 16 Abs. 1 und 3, so dass eine Stimmrechtsmehrheit für die Annahme einer Mehrheitsbeteiligung ausreicht.[7] Eine bestehende Mehrheitsbeteiligung führt gemäß § 16 Abs. 4 zur Zurechnung von Anteilen, die das beherrschte Unternehmen hält, zum herrschenden Unternehmen.

IV. Beidseitig qualifizierte wechselseitige Beteiligung (Abs. 3)

5 Halten beide beteiligten Unternehmen eine Mehrheitsbeteiligung an dem jeweils anderen Unternehmen oder können einen beherrschenden Einfluss auf das andere Unternehmen ausüben, liegt eine beidseitig qualifizierte wechselseitige Beteiligung iSd § 19 Abs. 3 vor. Für jedes beteiligte Unternehmen gilt gemäß § 19 Abs. 3 eine **unwiderlegbare Vermutung,** dass es **zugleich beherrschendes und abhängiges Unternehmen** ist.

V. Dreiecks- und Ringbeteiligungen

6 Minderheitsbeteiligungen im **Dreiecksverhältnis** oder – bei mehr als drei Beteiligten – **ringförmige Beteiligungen** bleiben im Rahmen des § 19 Abs. 1 außer Betracht, da es zu keiner Zurechnung gemäß § 16 Abs. 4 kommt.

7 Beispiel: A hält an B eine Beteiligung von 26%, B an C eine Beteiligung von ebenfalls 26%. C wiederum hält eine Beteiligung von 26% an A. A gilt nicht als an C beteiligt und umgekehrt; eine wechselseitige Beteiligung liegt nicht vor.

8 Anders sieht dies aus, wenn A an B eine Mehrheitsbeteiligung hält oder aus anderen Gründen einen beherrschenden Einfluss auf B ausüben kann. Dann werden die von B gehaltenen C-Anteile A gemäß § 16 Abs. 4 zugerechnet mit der Folge, dass zwischen A und C eine einfache wechselseitige Beteiligung iSd § 19 Abs. 1 besteht.[8]

9 Liegt in jedem der oben genannten Beteiligungsverhältnisse von A bis C ein Abhängigkeitstatbestand vor, so besteht zwischen allen beteiligten Gesellschaften eine beidseitig qualifizierte wechselseitige Beteiligung.[9]

VI. Rechtsfolgen

10 **1. Alle wechselseitigen Beteiligungen.** Wechselseitig beteiligte Unternehmen gelten gemäß § 15 als verbundene Unternehmen, so dass auf sie alle Vorschriften über verbundene Unternehmen anwendbar sind. Darüber hinaus sind gemäß § 160 Abs. 1 Nr. 7 im Anhang des Jahresabschlusses Angaben über das Bestehen der wechselseitigen Beteiligung zu machen.

11 **2. Einfache wechselseitige Beteiligungen: Geltung des § 328.** Bei einfachen wechselseitigen Beteiligungen – und nur bei diesen, s. § 19 Abs. 4 – ist zusätzlich § 328 zu beachten. Die Ausübung von Rechten in dem jeweils anderen Unternehmen ist gemäß § 328 Abs. 1 S. 1 grundsätzlich auf eine Beteiligungshöhe von 25% beschränkt (s. aber § 328 Abs. 1 S. 2 und Abs. 2). Ferner ist das Stimmrecht bei Aufsichtsratswahlen ausgeschlossen (§ 328 Abs. 3), und es ist die Mitteilungspflicht gemäß § 328 Abs. 4 zu beachten.

12 **3. Einseitig qualifizierte wechselseitige Beteiligungen.** Wichtigste Folge der Annahme einer einseitig qualifizierten wechselseitigen Beteiligung ist die Annahme einer – im Gegensatz zu § 17

[6] MüKoAktG/*Bayer* Rn. 30; Hüffer/*Koch* Rn. 3; KK-AktG/*Koppensteiner* Rn. 19.
[7] MüKoAktG/*Bayer* Rn. 34; Hüffer/*Koch* Rn. 4; KK-AktG/*Koppensteiner* Rn. 24.
[8] Vgl. Hüffer/*Koch* Rn. 5 und MüKoAktG/*Bayer* Rn. 37.
[9] Einzelheiten sind umstr., s. etwa MüKoAktG/*Bayer* Rn. 39; Hüffer/*Koch* Rn. 8; KK-AktG/*Koppensteiner* Rn. 23; MHdB AG/*Krieger* § 68 Rn. 98.

Abs. 2 – **unwiderlegbaren Abhängigkeitsvermutung.**[10] Alle Regelungen, die ein abhängiges Unternehmen voraussetzen (→ § 17 Rn. 20), sind also zwingend anzuwenden.

Es besteht heute Einigkeit, dass ferner die **§§ 71 ff.** auf qualifizierte wechselseitige Beteiligungen anzuwenden sind.[11] Eine einseitig qualifizierte wechselseitige Beteiligung iSd § 19 Abs. 2 kann es eigentlich nur geben, wenn das abhängige Unternehmen mehr als 25% der Anteile des herrschenden Unternehmens erwerben kann. Ein Erwerb von Aktien des herrschenden Unternehmens wird aber durch § 71d S. 2 den Restriktionen des § 71 Abs. 1 (mit Ausnahme der Nr. 6) und Abs. 2 unterworfen. Dennoch erworbene Aktien (jedenfalls der 10% des Grundkapitals übersteigende Teil) sind gemäß §§ 71d S. 4, 71c Abs. 1 zu veräußern. Rechte aus den dem abhängigen Unternehmen gehörenden Aktien können gemäß § 71b nicht ausgeübt werden. 13

§ 328 findet dagegen kraft ausdrücklicher Anordnung in § 19 Abs. 4 **keine Anwendung auf qualifizierte wechselseitige Beteiligungen.** Dies ist folgerichtig, da die herrschende Gesellschaft gemäß § 71d S. 4 iVm § 71b ohnehin keine Rechte in der abhängigen Gesellschaft ausüben darf. 14

4. Beidseitig qualifizierte wechselseitige Beteiligungen. Im Falle beidseitig qualifizierter wechselseitiger Beteiligungen ergibt sich gegenüber den einseitig qualifizierten wechselseitigen Beteiligungen die folgende Besonderheit: Da gemäß § 71d S. 5 beide Unternehmen verpflichtet sind, dem jeweils anderen Unternehmen auf Verlangen die an diesem gehaltenen Anteile zu übertragen, wird teilweise angenommen, dass diese Verpflichtung wegen Perplexität nicht bestehe und demnach auch die Beteiligung nicht gemäß § 71d S. 4 iVm § 71c abgebaut werden müsse.[12] Es bleibe somit bei der Ausübungssperre gemäß § 71b. Dies überzeugt nicht: Die Verpflichtung zum Abbau der Beteiligung auf die zulässige Obergrenze von 10% (§ 71d S. 4 iVm § 71c Abs. 2) besteht unabhängig von der auf Verlangen zu erfüllenden Verpflichtung zur Übertragung der Beteiligung an das herrschende Unternehmen (§ 71d S. 5). Warum erstere im Falle beidseitig qualifizierter wechselseitiger Beteiligungen nicht gelten sollte, ist nicht ersichtlich.[13] 15

§ 20 Mitteilungspflichten

(1) [1]Sobald einem Unternehmen mehr als der vierte Teil der Aktien einer Aktiengesellschaft mit Sitz im Inland gehört, hat es dies der Gesellschaft unverzüglich schriftlich mitzuteilen. [2]Für die Feststellung, ob dem Unternehmen mehr als der vierte Teil der Aktien gehört, gilt § 16 Abs. 2 Satz 1, Abs. 4.

(2) Für die Mitteilungspflicht nach Absatz 1 rechnen zu den Aktien, die dem Unternehmen gehören, auch Aktien,

1. **deren Übereignung das Unternehmen, ein von ihm abhängiges Unternehmen oder ein anderer für Rechnung des Unternehmens oder eines von diesem abhängigen Unternehmens verlangen kann;**
2. **zu deren Abnahme das Unternehmen, ein von ihm abhängiges Unternehmen oder ein anderer für Rechnung des Unternehmens oder eines von diesem abhängigen Unternehmens verpflichtet ist.**

(3) Ist das Unternehmen eine Kapitalgesellschaft, so hat es, sobald ihm ohne Hinzurechnung der Aktien nach Absatz 2 mehr als der vierte Teil der Aktien gehört, auch dies der Gesellschaft unverzüglich schriftlich mitzuteilen.

(4) Sobald dem Unternehmen eine Mehrheitsbeteiligung (§ 16 Abs. 1) gehört, hat es auch dies der Gesellschaft unverzüglich schriftlich mitzuteilen.

(5) Besteht die Beteiligung in der nach Absatz 1, 3 oder 4 mitteilungspflichtigen Höhe nicht mehr, so ist dies der Gesellschaft unverzüglich schriftlich mitzuteilen.

(6) [1]Die Gesellschaft hat das Bestehen einer Beteiligung, die ihr nach Absatz 1 oder 4 mitgeteilt worden ist, unverzüglich in den Gesellschaftsblättern bekanntzumachen; dabei ist das Unternehmen anzugeben, dem die Beteiligung gehört. [2]Wird der Gesellschaft mitgeteilt, daß die Beteiligung in der nach Absatz 1 oder 4 mitteilungspflichtigen Höhe nicht mehr besteht, so ist auch dies unverzüglich in den Gesellschaftsblättern bekanntzumachen.

---

[10] MüKoAktG/*Bayer* Rn. 47; Emmerich/Habersack/*Emmerich/Emmerich* Rn. 14; Hüffer/*Koch* Rn. 4; KK-AktG/*Koppensteiner* Rn. 25.

[11] MüKoAktG/*Bayer* Rn. 49; Hüffer/*Koch* Rn. 6; MüKoAktG/*Oechsler* § 71d Rn. 31; KK-AktG/*Koppensteiner* Rn. 10; KK-AktG/*Lutter/Drygala* § 71d Rn. 46 ff.

[12] Hüffer/*Koch* Rn. 8; KK-AktG/*Lutter/Drygala* § 71d Rn. 40.

[13] MüKoAktG/*Bayer* Rn. 51; Spindler/Stilz/*Schall* Rn. 6; Emmerich/Habersack/*Emmerich* Rn. 19.

(7) [1]Rechte aus Aktien, die einem nach Absatz 1 oder 4 mitteilungspflichtigen Unternehmen gehören, bestehen für die Zeit, für die das Unternehmen die Mitteilungspflicht nicht erfüllt, weder für das Unternehmen noch für ein von ihm abhängiges Unternehmen oder für einen anderen, der für Rechnung des Unternehmens oder eines von diesem abhängigen Unternehmens handelt. [2]Dies gilt nicht für Ansprüche nach § 58 Abs. 4 und § 271, wenn die Mitteilung nicht vorsätzlich unterlassen wurde und nachgeholt worden ist.

(8) Die Absätze 1 bis 7 gelten nicht für Aktien eines Emittenten im Sinne des § 21 Abs. 2 [ab 3.1.2018: § 33 Absatz 4] des Wertpapierhandelsgesetzes.

Schrifttum: *Burgard,* Die Offenlegung von Beteiligungen, 1990; *ders.,* Inzidente Mitteilungen gemäß § 20 AktG?, WM 2012, 1937; *Geßler,* Verlust oder nur Ruhen der Aktionärsrechte nach § 20 Abs. 7 AktG?, BB 1980, 217; *Hüffer,* Verlust oder Ruhen von Aktionärsrechten bei Verletzung aktienrechtlicher Mitteilungspflichten, FS Boujong, 1996, 277; *Irriger/Longrée,* Aktienrechtliche Mitteilungspflichten gem. § 20 AktG nach Formwechsel in eine AG, NZG 2013, 1289; *Kropff,* Zur Anwendung des Rechts der verbundenen Unternehmen auf den Bund, ZHR 144 (1980), 74; *Leitzen,* Mitteilungspflichten nach § 21 AktG und die notarielle Praxis im Gesellschaftsrecht, MittBayNot 2012, 183; *Paudtke,* Zum zeitweiligen Verlust der Rechte eines Aktionärs gem. § 20 VII AktG, NZG 2009, 939; *Priester,* Die Beteiligungspublizität gemäß §§ 20, 160 Abs. 3 Nr. 11 AktG bei Gründung der Gesellschaft, AG 1974, 212; *Seibt,* Der (Stimm)-rechtsverlust als Sanktion für die Nichterfüllung kapitalmarktrechtlicher Mitteilungspflichten im Lichte des Vorschlags der Europäischen Kommission zur Reform der Transparenzrichtlinie, ZIP 2012, 797; *Siegle-Hartwig,* Mitteilungspflichten über die Veränderung von Kapital- und Stimmrechtsanteilen nach dem Aktien- und Wertpapierhandelsgesetz, 2011; *Starke,* Beteiligungstransparenz im Gesellschafts- und Kapitalmarktrecht, Rechtsprobleme der §§ 21 ff. WpHG und des § 20 AktG, 2002; *Söhner,* Die Umsetzung der Transparenzrichtlinie III, ZIP 2015, 2451; *Widder,* Mitteilungspflichten gemäß §§ 21 ff. WpHG und Anteilserwerb nach UmwG, NZG 2010, 455; *Wolframm,* Mitteilungspflichten familiär verbundener Aktionäre nach § 20 AktG, 1998.

Übersicht

I. Allgemeines

1 In § 20 sind Mitteilungspflichten geregelt, die bei einer wesentlichen Beteiligung eines Unternehmens an einer inländischen AG zu erfüllen sind. Adressat der Mitteilungen ist die AG. Sinn und Zweck der §§ 20, 21 ist die Offenlegung unternehmerischer Verflechtungen.[1] Durch die in Abs. 6 geregelte Bekanntmachungspflicht ist sichergestellt, dass die Beteiligung auch von interessierten Dritten (Aktionären, Gläubigern, Geschäftspartnern und auch Mitarbeitern) der AG zur Kenntnis genommen werden kann.

2 § 20 steht in Konkurrenz zu § 21, in dem Mitteilungspflichten der AG, die wesentliche Beteiligungen an anderen Unternehmen erwirbt, geregelt sind. Als die strengere Norm geht § 20 der Anwendung des § 21 vor. Bei wechselseitigem Beteiligungsbesitz gilt § 328 Abs. 4. Die Konkurrenz zu den Mitteilungspflichten der §§ 21 ff. WpHG aF bzw. §§ 33 ff. WpHG nF ist in § 20 Abs. 8 geregelt: Soweit eine AG als Emittent iSd § 21 Abs. 2 WpHG aF bzw. § 33 Abs. 4 WpHG nF anzusehen ist, gilt § 20 Abs. 1–7 nicht. Der Bereich der börsennotierten Aktiengesellschaften wird also von § 20

[1] Begr. RegE *Kropff* Textausgabe, 1965, 38.

ausgeklammert und ganz den §§ 21 ff. WpHG aF bzw. §§ 33 ff. WpHG nF zugeschrieben. Die Information der AG, an welcher die Beteiligung besteht, ist gleichwohl sichergestellt, da gemäß § 21 Abs. 1 S. 1 WpHG der Emittent (also die AG) **und gleichzeitig** die BaFin zu informieren sind. Dies wird in der Praxis häufig falsch gemacht, oft wird entweder die eine oder die andere Mitteilung „vergessen".

II. Mitteilungsverpflichteter: Unternehmen

Adressat der Mitteilungspflichten sind **Unternehmen,** gleich welcher Rechtsform und unabhängig davon, ob sich der Sitz im In- oder im Ausland befindet.[2] Lediglich Abs. 3 enthält eine zusätzliche Regelung für den Fall, dass der Beteiligungsinhaber eine Kapitalgesellschaft ist. Die bloße Umfirmierung eines mitteilungsverpflichteten Unternehmens löst keine Mitteilungspflicht aus, weil sich hierdurch an der Zuordnung der Aktien nichts ändert.[3] 3

III. Mitteilungsempfänger: Aktiengesellschaft mit Sitz im Inland

Empfänger der Mitteilungen ist eine Aktiengesellschaft mit Sitz im Inland, an welcher der Mitteilungspflichtige eine Beteiligung hält. Gemäß § 278 Abs. 3 stehen Kommanditgesellschaften auf Aktien den Aktiengesellschaften gleich. Zu beachten ist, dass auch die Beteiligung an einer **Vor-AG** nach hM[4] meldepflichtig ist. Wenn ein Unternehmen im Rahmen einer AG-Gründung mehr als 25% der Aktien der neuen AG zeichnet, ist dies dem Vorstand der Vor-AG somit unverzüglich schriftlich mitzuteilen[5] – auch wenn dies wegen der meist vorhandenen Kenntnis des Vorstands über die Umstände der Gründung (s. auch § 33 Abs. 1) als reine Förmelei erscheint. 4

IV. Mitteilungspflichten: Beteiligung von mehr als 25% (Abs. 1)

1. Unmittelbare Beteiligung. Mitzuteilen ist gemäß Abs. 1 S. 1 der Erwerb einer Beteiligung von mehr als 25% (also 25% plus eine Aktie). Die Norm stellt auf die **dingliche Inhaberschaft** der Aktien („gehört") ab, dh jeder Wechsel der Inhaberschaft stellt einen Erwerbsvorgang dar. Somit lösen auch umwandlungsrechtliche Vorgänge auf Seiten des Aktionärs, die zu einer Gesamtrechtsnachfolge führen (nicht also ein bloßer Formwechsel[6]), eine Mitteilungspflicht aus. Daneben soll auch die Umwandlung der Gesellschaft, an der die Beteiligung besteht, in eine AG zu einer Mitteilungspflicht führen.[7] Die Berechnung der Beteiligungshöhe richtet sich gemäß Abs. 1 S. 2 nach § 16 Abs. 2 S. 1 (→ § 16 Rn. 5) und Abs. 4 (→ § 16 Rn. 11 ff.). Einzubeziehen sind also auch Aktien, die ein vom meldepflichtigen Unternehmen abhängiges Unternehmen hält oder die ein Dritter auf Rechnung des meldepflichtigen Unternehmens oder eines von ihm abhängigen Unternehmens hält. Nach hM befreit die Zurechnung nicht von einer eigenen Meldepflicht, dh wenn das abhängige Unternehmen selbst mehr als 25% erwirbt, muss es eine eigene Mitteilung machen.[8] 5

2. Zurechnung fremder Aktien (Abs. 2). Gemäß Abs. 2 sind in die Berechnung der Beteiligungshöhe unter Umständen auch Aktien einzubeziehen, die dem meldepflichtigen Unternehmen (noch) nicht gehören. Dies gilt in den Fällen, in denen das Unternehmen einen schuldrechtlichen **Übereignungsanspruch** gegen einen Dritten in Bezug auf Aktien hat (Nr. 1) oder umgekehrt einem Dritten gegenüber schuldrechtlich **zur Abnahme von Aktien verpflichtet** ist (Nr. 2). In beiden Fällen sind abhängige Unternehmen des meldepflichtigen Unternehmens oder Dritte, die auf Rechnung des meldepflichtigen Unternehmens handeln, diesem wiederum gleichgestellt. Für die Praxis von großer Bedeutung ist, ob bereits durch Optionen (Call-Option: Nr. 1, Put-Option: Nr. 2) und einseitige unwiderrufliche Veräußerungs- (Nr. 1) oder Erwerbsangebote (Nr. 2) eine Meldepflicht ausgelöst wird. Dagegen spricht zunächst, dass der schuldrechtliche Anspruch in beiden Fällen noch nicht entstanden ist, sondern erst durch Ausübung der Option oder die Annahme des Angebots auflebt. Im Ergebnis ist die Frage in beiden Fällen jedoch zu bejahen, da anderenfalls Umgehungen einfach möglich wären. Die Meldepflicht kann wie bei Abs. 1 auch allein durch zugerechnete Aktien ausgelöst werden; wiederum trifft die Meldepflicht im Zweifel sowohl den formalen Aktieninhaber als auch den Inhaber kraft Zurechnung. 6

---

[2] AllgM, s. bereits Begr. RegE *Kropff* Textausgabe, 1965, 39; KG ZIP 2010, 1849; zum Unternehmensbegriff → § 15 Rn. 4.
[3] OLG Köln NZG 2009, 830.
[4] BGH NJW-RR 2006, 1110; *Priester* AG 1974, 212 (213 f.).
[5] BGHZ 167, 204 (208) = NZG 2006, 505; BGHZ 114, 203 = NJW 1991, 2765; Hüffer/*Koch* Rn. 2 mwN.
[6] OLG Köln EWiR § 20 1/09; OLG Düsseldorf NZG 2009, 260; *Widder* NZG 2010, 455.
[7] *Irriger/Longrée* NZG 2013, 1289 (1291 f.) unter Verweis auf LG Düsseldorf BeckRS 2010, 13983.
[8] BGH NJW 2000, 3647.

V. Besondere Mitteilungspflichten

7 **1. Beteiligtes Unternehmen ist Kapitalgesellschaft (Abs. 3).** In Abs. 3 ist eine zusätzliche Meldepflicht geregelt, die an die Rechtsform des die Beteiligung haltenden Unternehmens anknüpft. Handelt es sich dabei um eine Kapitalgesellschaft, ist zusätzlich mitzuteilen, wenn dem Unternehmen **ohne Zurechnung gemäß Abs. 2** mehr als 25% der Aktien gehören. Umstritten ist, ob es sich um eine *inländische* Kapitalgesellschaft handeln muss.[9] Da Sinn und Zweck des § 20 Abs. 3 ist, wechselseitige Beteiligungen iSd § 19 Abs. 1 offenzulegen, besteht kein Anlass, die Norm auf Kapitalgesellschaften mit Sitz im Ausland anzuwenden. Im Übrigen gelten die Ausführungen zu Abs. 2 entsprechend, dh die Berechnung der Beteiligungshöhe richtet sich nach § 16 Abs. 2 S. 1, Abs. 4.

8 **2. Mehrheitsbeteiligung (Abs. 4).** Eine weitere Mitteilungspflicht wird gemäß Abs. 4 ausgelöst, sobald eine Mehrheitsbeteiligung an der AG besteht. Für die Berechnung der Mehrheit ist § 16 insgesamt heranzuziehen, obwohl eigentlich nur auf dessen Abs. 1 verwiesen wird. Grund ist, dass sich § 16 Abs. 2–4 jeweils auf Abs. 1 beziehen und dessen Regelung näher ausgestalten.[10] Eine Mitteilungspflicht kann somit sowohl durch eine **Kapital- als auch durch eine Stimmenmehrheit** ausgelöst werden. Fallen diese – etwa wegen stimmrechtsloser Vorzugsaktien – auseinander, kann die Meldepflicht mehrfach bestehen.

9 **3. Wegfall der mitteilungspflichtigen Beteiligung (Abs. 5).** Sofern eine nach den Abs. 1, 3 (und 4) meldepflichtige Beteiligung wieder entfällt, löst dies gemäß Abs. 5 spiegelbildlich ebenfalls eine **Meldepflicht** des Unternehmens aus, das die Beteiligung gemeldet hat.

VI. Durchführung und Bekanntmachung der Mitteilung

10 **1. Mitteilung an die Gesellschaft.** Die Mitteilung hat **schriftlich** zu erfolgen und ist an die Gesellschaft zu richten, an der die Beteiligung besteht. Die Schriftform ist gewahrt, wenn die Mitteilung eigenhändig unterschrieben und dann per Telefax übermittelt wird. Zum **Inhalt** der Mitteilung finden sich im Gesetz keine Vorgaben. Der **Absender als Inhaber der meldepflichtigen Beteiligung** muss unzweifelhaft erkennbar sein. Die **Mitteilung eines Dritten** im Auftrag des Beteiligungsinhabers reicht nur aus, wenn aus der Mitteilung eindeutig hervorgeht, dass der Dritte für den Beteiligungsinhaber handelt.[11] Ferner muss sich aus der Mitteilung ergeben, welcher mitteilungspflichtige Tatbestand erfüllt ist, und ob die Beteiligung direkt oder kraft eines ebenfalls darzulegenden Zurechnungstatbestandes gehalten wird. Die einschlägigen Normen müssen dabei nicht zitiert werden, so kann zB auch das Übertragungsverlangen gemäß § 327a die Anforderungen an die Mitteilung gemäß § 20 erfüllen.[12] Zum **Zeitpunkt der Mitteilung** sagt das Gesetz nichts weiter, als dass die Mitteilung **unverzüglich,** dh ohne schuldhaftes Zögern (§ 121 Abs. 1 S. 1 BGB) erfolgen muss. Im Bereich des § 20 wird dabei ein etwas großzügigerer Maßstab anzulegen sein als im Bereich der börsennotierten Gesellschaften (§ 21 Abs. 1 S. 1 WpHG aF bzw. § 33 Abs. 1 S. 1 WpHG nF: maximal vier Handelstage).

11 **2. Bekanntmachung durch die Gesellschaft (Abs. 6).** In den Fällen der Abs. 1 (ggf. in Form eines Zurechnungstatbestandes gemäß Abs. 2), 4 und 5 ist die Gesellschaft, an der die Beteiligung besteht, gemäß Abs. 6 verpflichtet, die Beteiligung oder ihren Entfall in den Gesellschaftsblättern (also mindestens im elektronischen Bundesanzeiger, s. § 25 S. 1) bekannt zu machen. Dies hat wiederum „unverzüglich" zu geschehen (→ Rn. 10), wobei nicht bis zum Erhalt eines Nachweises gemäß § 22 abgewartet werden darf.[13] Nicht eigens bekannt zu machen sind Mitteilungen nach Abs. 3, jedoch kann in einer Mitteilung nach Abs. 3 eine solche nach Abs. 1 enthalten sein, die bekannt zu machen ist.[14] In der Bekanntmachung muss das beteiligte Unternehmen benannt werden. § 20 Abs. 6 ist Schutzgesetz iSd § 823 Abs. 2 BGB zugunsten der anderen Aktionäre; ein Verstoß führt aber nicht zu einem Rechtsverlust gemäß Abs. 7.[15]

VII. Folgen der Missachtung der Mitteilungspflicht (Abs. 7)

12 **1. Zeitweiliger Rechtsverlust (Abs. 7 S. 1).** Gemäß § 20 Abs. 7 S. 1 bestehen die Rechte aus Aktien, die einem nach Abs. 1 oder Abs. 4 mitteilungspflichtigen Unternehmen gehören, während

[9] So Hüffer/*Koch* Rn. 5; MüKoAktG/*Bayer* Rn. 22, jeweils mwN; aA KK-AktG/*Koppensteiner* Rn. 34.
[10] MüKoAktG/*Bayer* Rn. 22; Hüffer/*Koch* Rn. 6; KK-AktG/*Koppensteiner* Rn. 20, jeweils mwN.
[11] BGHZ 114, 203 (215) = NJW 1991, 2765; BGH NJW 2000, 3647 (3648).
[12] OLG München AG 2012, 45.
[13] MüKoAktG/*Bayer* Rn. 37.
[14] MüKoAktG/*Bayer* Rn. 39 mwN.
[15] LG Mannheim AG 1988, 248 (252).

der Dauer des Verstoßes gegen die Mitteilungspflicht nicht. Eine Ausnahme gilt gemäß S. 2 für Ansprüche gemäß § 58 Abs. 4 und § 271 unter den dort geregelten Voraussetzungen (→ Rn. 16). § 20 Abs. 7 wurde im Rahmen des Dritten Finanzmarktförderungsgesetzes vom 24.3.1998 (BGBl. I S. 529) neu gefasst und mit § 28 WpHG aF (§ 44 WpHG nF) vereinheitlicht. Der zuvor bestehende Meinungsstreit, ob der Verstoß ein Ruhen oder einen zeitweiligen Verlust der Rechte zur Folge hat, wurde mit der Neufassung zu Gunsten der zweiten, herrschenden Auffassung entschieden.[16] Der Rechtsverlust schließt alle mitgliedschaftlichen Rechte, also alle Verwaltungs- und Vermögensrechte, ein. Die Mitgliedschaft selbst bleibt jedoch erhalten.

Betroffen sind somit als **Verwaltungsrechte** das **Teilnahmerecht** an der Hauptversammlung, das **Stimmrecht** (§ 12) und das **Auskunftsrecht** (§ 131). Sie können wiederhergestellt werden, indem die unterlassene Meldung bis zur fraglichen Hauptversammlung nachgeholt wird.[17] Gleiches gilt für die **Anfechtungsbefugnis** (§ 245 Nr. 1–3), wobei im Falle des § 245 Nr. 3 für die Nachholung auf das Ende der Anfechtungsfrist abzustellen ist.[18] 13

Bei den **Vermögensrechten** ist zuvorderst der **Dividendenanspruch** betroffen. Dieser entsteht erst mit Fassung des Gewinnverwendungsbeschlusses (§§ 58 Abs. 4, 174 Abs. 2 Nr. 2). Somit kann die Mitteilung bis zu diesem Zeitpunkt nachgeholt werden, ohne dass dem Aktionär Nachteile entstehen. Nach Feststellung des Gewinnverwendungsbeschlusses kann die Mitteilung nur noch im Fall des S. 2 – also bei nicht vorsätzlicher Unterlassung – heilend nachgeholt werden (→ Rn. 16). Ansonsten entsteht für das betroffene Geschäftsjahr endgültig kein Dividendenanspruch. Bilanziell ist der auf die betroffenen Aktien entfallende Gewinnanteil bei der Gesellschaft als Ertrag zu behandeln.[19] 14

Zu den betroffenen Vermögensrechten zählt auch das **Bezugsrecht** bei Kapitalerhöhungen (§ 186) sowie bei Ausgabe von Wandelschuldverschreibungen, Gewinnschuldverschreibungen und Genussrechten (§ 221 Abs. 4). Erfasst ist zunächst das Bezugsrecht bei **Ausgabe neuer Aktien gegen Einlagen.**[20] Ob auch das Bezugsrecht bei **Kapitalerhöhungen aus Gesellschaftsmitteln** erfasst wird, ist dagegen umstritten. Nach hM ist § 20 Abs. 7 auf diesen Fall nicht anwendbar, da die Sanktion sich nur auf die Ausübung von Aktionärsrechten beziehen, nicht aber in die Beteiligung selbst eingegriffen werden soll.[21] Gegen die hM sprechen jedoch beachtliche Gegenargumente, insbesondere die Tatsache, dass das Recht auf den Liquidationserlös, das ebenfalls die Substanz der Beteiligung repräsentiert, grundsätzlich nicht von dem Rechtsverlust ausgenommen ist. Auch werden die neuen Aktien aus Gesellschaftsmitteln geschaffen, die anderenfalls als Dividenden ausgeschüttet werden könnten, so dass sich die wirtschaftliche Bewertung nicht anders darstellt als bei dem Gewinnbezugsrecht.[22] Im Ergebnis ist – entgegen der hM – daher auch bei Kapitalerhöhungen aus Gesellschaftsmitteln von einem Verlust des Bezugsrechts auszugehen. 15

2. Ruhen von Rechten (Abs. 7 S. 2). Anstelle eines Rechtsverlusts ist in § 20 Abs. 7 S. 2 nur ein Ruhen des Gewinnbezugsrechts (§ 58 Abs. 4) und des Rechts auf den Liquidationserlös (§ 271) vorgesehen. Voraussetzung für diese Abmilderung der Sanktion ist, dass der **Verstoß gegen die Mitteilungspflicht nicht vorsätzlich** erfolgte. Der praktische Unterschied für den Aktionär besteht darin, dass im Falle des Ruhens eine **Heilung** noch mit **Rückwirkung möglich** ist. Die Mitteilung kann also zB noch nach Fassung des Gewinnverwendungsbeschlusses nachgeholt werden, so dass der Gewinnanspruch auflebt. Bei nicht vorsätzlichem Unterlassen der Mitteilung hat die Gesellschaft daher eine Rückstellung für den betroffenen Gewinnanteil zu bilden.[23] Gleiches gilt, wenn der Verschuldensmaßstab unklar ist. Die Beweislast dafür, dass die Mitteilung nicht vorsätzlich unterlassen wurde, trägt der Aktionär. 16

3. Verschulden erforderlich? Lediglich in § 20 Abs. 7 S. 2 findet sich ein klares Verschuldenserfordernis: Für einen endgültigen Verlust des Dividendenrechts und des Rechts auf den Liquidationserlös muss die Mitteilung vorsätzlich unterlassen worden sein. Ob § 20 Abs. 7 dagegen insgesamt Verschulden, also mindestens einen Fahrlässigkeitsvorwurf (§ 276 Abs. 2 BGB) voraussetzt, ist nicht geregelt und somit umstritten.[24] Angesichts der – früher umstrittenen (→ Rn. 12) – Tatsache, dass § 20 Abs. 7 S. 1 einen ggf. endgültigen Rechtsverlust bewirkt, wäre es jedoch unverhältnismäßig, 17

---

[16] Zum damaligen Meinungsstand *Hüffer* FS Boujong, 1996, 277 ff.
[17] BGH NZG 2009, 813; KG AG 1990, 500 f.; LG Hannover AG 1993, 187 (188 f.).
[18] Näher Hüffer/*Koch* Rn. 14 mwN.
[19] Hüffer/*Koch* Rn. 15a mwN.
[20] BGHZ 114, 203 (208); MüKoAktG/*Bayer* Rn. 61 mwN.
[21] Ausf. Hüffer/*Koch* FS Boujong, 1996, 277 (285).
[22] MüKoAktG/*Bayer* Rn. 66.
[23] Näher Hüffer/*Koch* Rn. 15a.
[24] Zum Meinungsstand Hüffer/*Koch* Rn. 11.

auf eine Verschuldenskomponente ganz zu verzichten. Aus diesem Grund ist zumindest Raum für eine Exkulpation bei Vorliegen eines entschuldbaren Rechtsirrtums zu lassen.[25]

18 **4. Betroffene Aktien.** Von Verlust oder Ruhen der Rechte sind alle Aktien betroffen, die dem mit der Mitteilung säumigen Unternehmen gehören. Darunter fallen auch Aktien, die dem Unternehmen nur gemäß §§ 20 Abs. 1 S. 2, 16 Abs. 4 zugerechnet werden. Umstritten ist dagegen, ob auch nach § 20 Abs. 2 zugerechnete Aktien erfasst werden. Im Ergebnis ist dies abzulehnen, da das Unternehmen, dem die Aktien gehören, nicht unter der Kontrolle des meldepflichtigen Unternehmens steht.[26] Einigkeit besteht, dass **alle Aktien** des mitteilungspflichtigen Unternehmens betroffen sind, nicht lediglich die die Mitteilungspflicht auslösenden, hinzuerworbenen Aktien.[27]

19 **5. Unzulässige Rechtsausübung.** Werden von einem Rechtsverlust oder einem Ruhen betroffene Stimmrechte bei einem Hauptversammlungsbeschluss berücksichtigt, führt dies zur **Anfechtbarkeit** des Beschlusses gemäß § 243 Abs. 1.[28] Zu Unrecht empfangene Dividenden sind gemäß § 62 Abs. 1 zurück zu zahlen,[29] der Vermögenswert zu Unrecht ausgeübter Bezugsrechte (nicht aber: die jungen Aktien selbst) ist ebenfalls gemäß § 62 Abs. 1 zurück zu gewähren.[30] Im Gegenzug ist das gezielte Ausnutzen der Rechtsfolge des § 20 Abs. 7 durch kurzfristiges Abhalten einer Hauptversammlung durch die übrigen Aktionäre rechtsmissbräuchlich,[31] Beschlüsse einer solchen Hauptversammlung sind wegen Verstoßes gegen die gesellschaftsrechtliche Treuepflicht nichtig.

20 Die Ausübung der suspendierten Stimmrechte durch den Aktionär stellt keinen Bußgeldtatbestand dar, wohl aber die Überlassung an einen Dritten zur Ausübung als auch die Ausübung durch den Dritten (§ 405 Abs. 3 Nr. 5).

VIII. Keine Geltung für Beteiligungen an börsennotierten Gesellschaften (Abs. 8)

21 § 20 Abs. 8 regelt die Abgrenzung der Anwendungsbereiche von § 20 einerseits und §§ 21 ff. WpHG aF bzw. §§ 33 ff. WpHG nF andererseits. Für Emittenten iSd § 21 Abs. 2 WpHG aF bzw. § 33 Abs. 4 WpHG nF sind ausschließlich die §§ 21 ff. WpHG aF bzw. §§ 33 ff. WpHG nF anwendbar. Darunter fallen Inlandsemittenten sowie Emittenten, für die die Bundesrepublik Deutschland Herkunftsstaat ist, wenn ihre Aktien zum Handel an einem organisierten Markt zugelassen sind. Dies deckt sich im Ergebnis mit der Definition der börsennotierten Gesellschaft in § 3 Abs. 2. Voraussetzung ist jeweils die Notierung der Aktien im Regulierten Markt (§§ 32 ff. BörsG). Dieser umfasst alle öffentlich-rechtlich beaufsichtigten Marktsegmente, während die bis zum Inkrafttreten des Finanzmarkt-RL-UG vom 16.7.2007 (BGBl. I S. 1330) gültige Unterscheidung zwischen amtlichem Handel (§ 30 BörsG aF) und geregeltem Markt (§§ 49 ff. BörsG aF) hinfällig ist. Gesellschaften, deren Aktien im Freiverkehr (§ 48 BörsG nF, auch „Open Market") als einem rein privatrechtlich organisierten und überwachten Markt gehandelt werden, sind somit nicht börsennotiert iSd § 3 Abs. 2 und sind keine Emittenten iSd § 21 Abs. 2 WpHG aF bzw. § 33 Abs. 4 WpHG nF. Dies gilt insbesondere für das von der Frankfurter Wertpapierbörse geschaffene Marktsegment Entry Standard.

§ 21 Mitteilungspflichten der Gesellschaft

(1) [1]Sobald der Gesellschaft mehr als der vierte Teil der Anteile einer anderen Kapitalgesellschaft mit Sitz im Inland gehört, hat sie dies dem Unternehmen, an dem die Beteiligung besteht, unverzüglich schriftlich mitzuteilen. [2]Für die Feststellung, ob der Gesellschaft mehr als der vierte Teil der Anteile gehört, gilt § 16 Abs. 2 Satz 1, Abs. 4 sinngemäß.

(2) Sobald der Gesellschaft eine Mehrheitsbeteiligung (§ 16 Abs. 1) an einem anderen Unternehmen gehört, hat sie dies dem Unternehmen, an dem die Mehrheitsbeteiligung besteht, unverzüglich schriftlich mitzuteilen.

(3) Besteht die Beteiligung in der nach Absatz 1 oder 2 mitteilungspflichtigen Höhe nicht mehr, hat die Gesellschaft dies dem anderen Unternehmen unverzüglich schriftlich mitzuteilen.

---

[25] KG AG 1990, 500 (501); *Kropff* ZHR 144 (1980), 74 (87 f.); *Geßler* BB 1980, 217 (220); zust. MüKoAktG/*Bayer* Rn. 49; weitergehend Hüffer/*Koch* Rn. 11; offen gelassen von LG Berlin AG 1998, 195 (196).

[26] MüKoAktG/*Bayer* Rn. 46; iErg aA *Burgard,* Die Offenlegung von Beteiligungen, 1990, 56 f.

[27] MüKoAktG/*Bayer* Rn. 47 mwN.

[28] BGHZ 167, 204; LG Hannover AG 1993, 187 (188 f.).

[29] Eingehend mit Darstellung des Meinungsstandes MüKoAktG/*Bayer* Rn. 70 ff.

[30] MüKoAktG/*Bayer* Rn. 65 f. mwN.

[31] BGH NZG 2009, 813; *Paudtke* NZG 2009, 939.

(4) [1]Rechte aus Anteilen, die einer nach Absatz 1 oder 2 mitteilungspflichtigen Gesellschaft gehören, bestehen nicht für die Zeit, für die sie die Mitteilungspflicht nicht erfüllt. [2]§ 20 Abs. 7 Satz 2 gilt entsprechend.

(5) Die Absätze 1 bis 4 gelten nicht für Aktien eines Emittenten im Sinne des § 21 Abs. 2 [ab 3.1.2018: § 33 Absatz 4] des Wertpapierhandelsgesetzes.

Schrifttum: *Leitzen,* Mitteilungspflichten nach § 21 AktG und die notarielle Praxis im Gesellschaftsrecht, MittBayNot 2012, 183.

I. Allgemeines

§ 21 ergänzt die mit § 20 bezweckte Offenlegung von Beteiligungsverhältnissen durch Regelung von Mitteilungspflichten der Gesellschaft (AG, KGaA oder SE mit deutschem Verwaltungssitz), die Beteiligungen an anderen Unternehmen erwirbt. Eine Mitteilungspflicht bei wechselseitiger Beteiligung besteht ferner gemäß § 328 Abs. 4. Die Norm wurde im Rahmen des Dritten Finanzmarktförderungsgesetzes vom 24.3.1998 (BGBl. I S. 529) geändert (Abs. 4) und um Abs. 5 ergänzt. Zuletzt erfolgte eine Änderung des Abs. 5 (Bezugnahme auf Begriff des Emittenten) durch das Transparenzrichtlinie-Umsetzungsgesetz (TUG) vom 5.1.2007 (BGBl. I S. 10). 1

II. Mitteilungsverpflichteter: Gesellschaft

Mitteilungspflichtig ist in allen Fällen des § 21 die „Gesellschaft", also in der Diktion des AktG eine inländische Aktiengesellschaft oder Kommanditgesellschaft auf Aktien (§ 278 Abs. 3) sowie eine SE mit Verwaltungssitz in Deutschland (Art. 9 Abs. 1 lit. c SE-VO). 2

III. Mitteilungspflichten (Abs. 1–3)

1. Beteiligung von mehr als 25% an inländischer Kapitalgesellschaft (Abs. 1). Eine Mitteilungspflicht besteht gemäß Abs. 1 S. 1, wenn die Gesellschaft mehr als 25% der Anteile an einer **anderen Kapitalgesellschaft** mit Sitz im Inland hält. Mitteilungsadressaten sind also nur Aktiengesellschaften, Kommanditgesellschaften auf Aktien und Gesellschaften mbH mit Verwaltungssitz im Inland. Beteiligungen an Unternehmen anderer Rechtsformen lösen keine Mitteilungspflicht gemäß § 21 Abs. 1 aus. Die Höhe der Beteiligung wird wie bei § 20 Abs. 1 gemäß § 16 Abs. 2 S. 1 und Abs. 4 berechnet (→ § 20 Rn. 8). Die Anforderungen an Form, Frist („unverzüglich") und Inhalt der Mitteilung entsprechen den in § 20 enthaltenen Regelungen (→ § 20 Rn. 10). 3

2. Mehrheitsbeteiligung an inländischem Unternehmen (Abs. 2). Mitzuteilen ist gemäß Abs. 2 weiter das Bestehen einer Mehrheitsbeteiligung der Gesellschaft iSd § 16 Abs. 1 an einem **anderen Unternehmen.** Im Gegensatz zu Abs. 1 ist Abs. 2 hinsichtlich des Unternehmens, an dem die Beteiligung besteht, rechtsformneutral formuliert. Adressat der Mitteilung kann also ein **Unternehmen beliebiger Rechtsform** sein,[1] wobei jedoch weitgehend Einigkeit besteht, dass es sich um ein Unternehmen mit **Verwaltungssitz im Inland** handeln muss.[2] Bei der Berechnung der Mehrheit ist § 16 Abs. 2, 3 und 4 heranzuziehen. Eine Mitteilungspflicht wird also sowohl von einer Kapital- als auch von einer Stimmenmehrheit ausgelöst und kann ferner durch Zurechnung von Beteiligungen abhängiger Unternehmen entstehen. In der Praxis wird die Mitteilung gerade in den häufigen Fällen mittelbarer Beteiligungen einer AG an einer GmbH oft vergessen, gerade wenn dem Notar die Beteiligungsverhältnisse an der erwerbenden Gesellschaft nicht bekannt sind.[3] 4

3. Wegfall der mitteilungspflichtigen Höhe der Beteiligung (Abs. 3). Wie bei § 20 Abs. 5 ist schließlich gemäß § 21 Abs. 3 über den Wegfall der gemäß Abs. 1 oder 2 mitteilungspflichtigen Beteiligung zu **informieren.** Das Unterlassen dieser Mitteilung führt indes anders als die unterlassene Mitteilung gemäß Abs. 1 oder 2 **nicht zu einem Rechtsverlust** (Abs. 4, → Rn. 6). 5

IV. Folgen des Verstoßes gegen die Mitteilungspflicht (Abs. 4)

Die mit einem Verstoß gegen die **Mitteilungspflichten nach Abs. 1 und 2** – nicht auch Abs. 3 – verbundenen Folgen richten sich nach § 21 Abs. 4. Dieser entspricht in seinem Wortlaut § 20 Abs. 7 bzw. verweist auf diesen (S. 2). Somit führt ein **Verstoß gegen die Mitteilungspflicht** zu einem **Rechtsverlust,** der indes durch Nachholung vor der entsprechenden Gesellschafter- oder Hauptver- 6

[1] Begr. RegE *Kropff* Textausgabe, 1965, 39; *Leitzen* MittBayNot 2012, 183.
[2] MüKoAktG/*Bayer* Rn. 3 mwN; aA KK-AktG/*Koppensteiner* Rn. 3.
[3] Hierauf weist *Leitzen* MittBayNot 2012, 183 (187) zu Recht hin.

sammlung **geheilt** werden kann. Hinsichtlich des Dividendenanspruchs (§ 58 Abs. 4) und des Anspruchs auf den Liquidationserlös kann auch eine rückwirkende Heilung durch Nachholung der Meldung eintreten, sofern die Mitteilung nicht vorsätzlich unterlassen wurde (→ § 20 Rn. 16). Im Übrigen ist auch § 21 Abs. 4 **Schutzgesetz iSd § 823 Abs. 2 BGB;** ferner ist § 405 Abs. 3 Nr. 5 zu beachten (→ § 20 Rn. 20).

V. Keine Geltung für börsennotierte Gesellschaften (Abs. 5)

7 § 21 Abs. 5 vollzieht die Abgrenzung zu §§ 21 ff. WpHG in gleicher Weise wie § 20 Abs. 8 (→ § 20 Rn. 21). Die Norm ist somit nur bei Beteiligungen an nicht börsennotierten Gesellschaften anwendbar.

§ 22 Nachweis mitgeteilter Beteiligungen

Ein Unternehmen, dem eine Mitteilung nach § 20 Abs. 1, 3 oder 4, § 21 Abs. 1 oder 2 gemacht worden ist, kann jederzeit verlangen, daß ihm das Bestehen der Beteiligung nachgewiesen wird.

I. Allgemeines

1 Mit der in § 22 geregelten Nachweispflicht werden die §§ 20, 21 ergänzt, um dem Adressaten der Mitteilungen eine Überprüfung der mitgeteilten Beteiligung zu ermöglichen.

II. Nachweis der Beteiligung

2 Auf eine entsprechende Aufforderung des Mitteilungsadressaten hat der Inhaber einer mitteilungspflichtigen Beteiligung deren Bestehen dem Mitteilungsadressaten nachzuweisen. Ein Nachweis kann nur hinsichtlich der **Richtigkeit der Mitteilung,** nicht aber hinsichtlich der genauen Beteiligungshöhe oder der Herkunft der Beteiligung verlangt werden. Der Nachweis kann **in jeder geeigneten Form** erfolgen, in der Regel durch Vorlage entsprechender Urkunden. Die Nachweispflicht besteht **nur bei vorheriger Mitteilung** einer Beteiligung. Wird diese pflichtwidrig unterlassen und erlangt das Unternehmen, an dem die Beteiligung besteht, **anderweitig Kenntnis,** kann es **keinen Nachweis gemäß § 22** fordern. Allerdings kann nach hM der Nachweis gefordert werden, dass eine Beteiligung, deren mutmaßlicher Wegfall nicht mitgeteilt wurde, noch besteht.[1] Da § 22 weder auf § 20 Abs. 5 noch auf § 21 Abs. 3 verweist, kann ein Nachweis für den Wegfall der Beteiligung nicht verlangt werden.

§ 22 Anhang. Mitteilungspflichten nach WpHG

Gesetz über den Wertpapierhandel (Wertpapierhandelsgesetz – WpHG)

idF ab 3.1.2018

Abschnitt 6. Mitteilung, Veröffentlichung und Übermittlung von Veränderungen des Stimmrechtsanteils an das Unternehmensregister

§ 33 WpHG Mitteilungspflichten des Meldepflichtigen; Verordnungsermächtigung

(1) [1]Wer durch Erwerb, Veräußerung oder auf sonstige Weise 3 Prozent, 5 Prozent, 10 Prozent, 15 Prozent, 20 Prozent, 25 Prozent, 30 Prozent, 50 Prozent oder 75 Prozent der Stimmrechte aus ihm gehörenden Aktien an einem Emittenten, für den die Bundesrepublik Deutschland der Herkunftsstaat ist, erreicht, überschreitet oder unterschreitet (Meldepflichtiger), hat dies unverzüglich dem Emittenten und gleichzeitig der Bundesanstalt, spätestens innerhalb von vier Handelstagen unter Beachtung von § 34 Absatz 1 und 2 mitzuteilen. [2]Bei Hinterlegungsscheinen, die Aktien vertreten, trifft die Mitteilungspflicht ausschließlich den Inhaber der Hinterlegungsscheine. [3]Die Frist des Satzes 1 beginnt mit dem Zeitpunkt, zu dem der Meldepflichtige Kenntnis davon hat oder nach den Umständen haben mußte, daß sein Stimmrechtsanteil die genannten Schwellen erreicht, überschreitet oder unterschreitet. [4]Hinsichtlich des Fristbeginns wird unwiderleglich vermutet, dass der Meldepflichtige spätestens zwei Handelstage nach dem Erreichen, Überschreiten oder

[1] Hüffer/*Koch* Rn. 1; MüKoAktG/*Bayer* Rn. 2; Begr. RegE *Kropff* Textausgabe, 1965, 43.

Unterschreiten der genannten Schwellen Kenntnis hat. [5]Kommt es infolge von Ereignissen, die die Gesamtzahl der Stimmrechte verändern, zu einer Schwellenberührung, so beginnt die Frist abweichend von Satz 3, sobald der Meldepflichtige von der Schwellenberührung Kenntnis erlangt, spätestens jedoch mit der Veröffentlichung des Emittenten nach § 41 Absatz 1.

(2) [1]Wem im Zeitpunkt der erstmaligen Zulassung der Aktien zum Handel an einem organisierten Markt 3 Prozent oder mehr der Stimmrechte an einem Emittenten zustehen, für den die Bundesrepublik Deutschland der Herkunftsstaat ist, hat diesem Emittenten sowie der Bundesanstalt eine Mitteilung entsprechend Absatz 1 Satz 1 zu machen. [2]Absatz 1 Satz 2 gilt entsprechend.

(3) Als Gehören im Sinne dieses Abschnitts gilt bereits das Bestehen eines auf die Übertragung von Aktien gerichteten unbedingten und ohne zeitliche Verzögerung zu erfüllenden Anspruchs oder einer entsprechenden Verpflichtung.

(4) Inlandsemittenten und Emittenten, für die die Bundesrepublik Deutschland der Herkunftsstaat ist, sind im Sinne dieses Abschnitts nur solche, deren Aktien zum Handel an einem organisierten Markt zugelassen sind.

(5) [1]Das Bundesministerium der Finanzen kann durch Rechtsverordnung, die nicht der Zustimmung des Bundesrates bedarf, nähere Bestimmungen erlassen über den Inhalt, die Art, die Sprache, den Umfang und die Form der Mitteilung nach Absatz 1 Satz 1 und Absatz 2. [2]Das Bundesministerium der Finanzen kann die Ermächtigung durch Rechtsverordnung auf die Bundesanstalt übertragen, soweit die Art und die Form der Mitteilung nach Absatz 1 oder Absatz 2, insbesondere die Nutzung eines elektronischen Verfahrens, betroffen sind.

§ 34 WpHG Zurechnung von Stimmrechten

(1) [1]Für die Mitteilungspflichten nach § 33 Absatz 1 und 2 stehen den Stimmrechten des Meldepflichtigen Stimmrechte aus Aktien des Emittenten, für den die Bundesrepublik Deutschland der Herkunftsstaat ist, gleich,

1. die einem Tochterunternehmen des Meldepflichtigen gehören,
2. die einem Dritten gehören und von ihm für Rechnung des Meldepflichtigen gehalten werden,
3. die der Meldepflichtige einem Dritten als Sicherheit übertragen hat, es sei denn, der Dritte ist zur Ausübung der Stimmrechte aus diesen Aktien befugt und bekundet die Absicht, die Stimmrechte unabhängig von den Weisungen des Meldepflichtigen auszuüben,
4. an denen zugunsten des Meldepflichtigen ein Nießbrauch bestellt ist,
5. die der Meldepflichtige durch eine Willenserklärung erwerben kann,
6. die dem Meldepflichtigen anvertraut sind oder aus denen er die Stimmrechte als Bevollmächtigter ausüben kann, sofern er die Stimmrechte aus diesen Aktien nach eigenem Ermessen ausüben kann, wenn keine besonderen Weisungen des Aktionärs vorliegen,
7. aus denen der Meldepflichtige die Stimmrechte ausüben kann auf Grund einer Vereinbarung, die eine zeitweilige Übertragung der Stimmrechte ohne die damit verbundenen Aktien gegen Gegenleistung vorsieht,
8. die bei dem Meldepflichtigen als Sicherheit verwahrt werden, sofern der Meldepflichtige die Stimmrechte hält und die Absicht bekundet, diese Stimmrechte auszuüben.

[2]Für die Zurechnung nach Satz 1 Nummer 2 bis 8 stehen dem Meldepflichtigen Tochterunternehmen des Meldepflichtigen gleich. [3]Stimmrechte des Tochterunternehmens werden dem Meldepflichtigen in voller Höhe zugerechnet.

(2) [1]Dem Meldepflichtigen werden auch Stimmrechte eines Dritten aus Aktien des Emittenten, für den die Bundesrepublik Deutschland der Herkunftsstaat ist, in voller Höhe zugerechnet, mit dem der Meldepflichtige oder sein Tochterunternehmen sein Verhalten in Bezug auf diesen Emittenten auf Grund einer Vereinbarung oder in sonstiger Weise abstimmt; ausgenommen sind Vereinbarungen in Einzelfällen. [2]Ein abgestimmtes Verhalten setzt voraus, dass der Meldepflichtige oder sein Tochterunternehmen und der Dritte sich über die Ausübung von Stimmrechten verständigen oder mit dem Ziel einer dauerhaften und erheblichen Änderung der unternehmerischen Ausrichtung des Emittenten in sonstiger Weise zusammenwirken. [3]Für die Berechnung des Stimmrechtsanteils des Dritten gilt Absatz 1 entsprechend.

(3) [1]Wird eine Vollmacht im Falle des Absatzes 1 Satz 1 Nummer 6 nur zur Ausübung der Stimmrechte für eine Hauptversammlung erteilt, ist es für die Erfüllung der Mitteilungspflicht nach § 33 Absatz 1 und 2 in Verbindung mit Absatz 1 Satz 1 Nr. 6 ausreichend, wenn die Mitteilung lediglich bei Erteilung der Vollmacht abgegeben wird. [2]Die Mitteilung muss die Angabe enthalten, wann die Hauptversammlung stattfindet und wie hoch nach Erlöschen der Vollmacht oder des Ausübungsermessens der Stimmrechtsanteil sein wird, der dem Bevollmächtigten zugerechnet wird.

§ 35 WpHG Tochterunternehmenseigenschaft; Verordnungsermächtigung

(1) Vorbehaltlich der Absätze 2 bis 4 sind Tochterunternehmen im Sinne dieses Abschnitts Unternehmen,
1. die als Tochterunternehmen im Sinne des § 290 des Handelsgesetzbuchs gelten oder
2. auf die ein beherrschender Einfluss ausgeübt werden kann, ohne dass es auf die Rechtsform oder den Sitz ankommt.

(2) Nicht als Tochterunternehmen im Sinne dieses Abschnitts gilt ein Wertpapierdienstleistungsunternehmen hinsichtlich der Beteiligungen, die von ihm im Rahmen einer Wertpapierdienstleistung nach § 2 Absatz 3 Satz 1 Nummer 7 verwaltet werden, wenn
1. das Wertpapierdienstleistungsunternehmen die Stimmrechte, die mit den betreffenden Aktien verbunden sind, unabhängig vom Mutterunternehmen ausübt,
2. das Wertpapierdienstleistungsunternehmen
   a) die Stimmrechte nur auf Grund von in schriftlicher Form oder über elektronische Hilfsmittel erteilten Weisungen ausüben darf oder
   b) durch geeignete Vorkehrungen sicherstellt, dass die Finanzportfolioverwaltung unabhängig von anderen Dienstleistungen und unter Bedingungen erfolgt, die gleichwertig sind denen der Richtlinie 2009/65/EG des Europäischen Parlaments und des Rates vom 13. Juli 2009 zur Koordinierung der Rechts- und Verwaltungsvorschriften betreffend bestimmte Organismen für gemeinsame Anlagen in Wertpapieren (OGAW) (ABl. L 302 vom 17.11.2009, S. 32) in der jeweils geltenden Fassung,
3. das Mutterunternehmen der Bundesanstalt den Namen des Wertpapierdienstleistungsunternehmens und die für dessen Überwachung zuständige Behörde oder das Fehlen einer solchen Behörde mitteilt und
4. das Mutterunternehmen gegenüber der Bundesanstalt erklärt, dass die Voraussetzungen der Nummer 1 erfüllt sind.

(3) Nicht als Tochterunternehmen im Sinne dieses Abschnitts gelten Kapitalverwaltungsgesellschaften im Sinne des § 17 Absatz 1 des Kapitalanlagegesetzbuchs und EU-Verwaltungsgesellschaften im Sinne des § 1 Absatz 17 des Kapitalanlagegesetzbuchs hinsichtlich der Beteiligungen, die zu den von ihnen verwalteten Investmentvermögen gehören, wenn
1. die Verwaltungsgesellschaft die Stimmrechte, die mit den betreffenden Aktien verbunden sind, unabhängig vom Mutterunternehmen ausübt,
2. die Verwaltungsgesellschaft die zu dem Investmentvermögen gehörenden Beteiligungen im Sinne der §§ 33 und 34 nach Maßgabe der Richtlinie 2009/65/EG verwaltet,
3. das Mutterunternehmen der Bundesanstalt den Namen der Verwaltungsgesellschaft und die für deren Überwachung zuständige Behörde oder das Fehlen einer solchen Behörde mitteilt und
4. das Mutterunternehmen gegenüber der Bundesanstalt erklärt, dass die Voraussetzungen der Nummer 1 erfüllt sind.

(4) Ein Unternehmen mit Sitz in einem Drittstaat, das nach § 32 Absatz 1 Satz 1 in Verbindung mit § 1 Absatz 1a Satz 2 Nummer 3 des Kreditwesengesetzes einer Zulassung für die Finanzportfolioverwaltung oder einer Erlaubnis nach § 20 oder § 113 des Kapitalanlagegesetzbuchs bedürfte, wenn es seinen Sitz oder seine Hauptverwaltung im Inland hätte, gilt nicht als Tochterunternehmen im Sinne dieses Abschnitts, wenn
1. das Unternehmen bezüglich seiner Unabhängigkeit Anforderungen genügt, die denen nach Absatz 2 oder Absatz 3, auch in Verbindung mit einer Rechtsverordnung nach Absatz 6, jeweils gleichwertig sind,
2. das Mutterunternehmen der Bundesanstalt den Namen dieses Unternehmens und die für dessen Überwachung zuständige Behörde oder das Fehlen einer solchen Behörde mitteilt und

3. das Mutterunternehmen gegenüber der Bundesanstalt erklärt, dass die Voraussetzungen der Nummer 1 erfüllt sind.

(5) Abweichend von den Absätzen 2 bis 4 gelten Wertpapierdienstleistungsunternehmen und Verwaltungsgesellschaften jedoch dann als Tochterunternehmen im Sinne dieses Abschnitts, wenn

1. das Mutterunternehmen oder ein anderes Tochterunternehmen des Mutterunternehmens seinerseits Anteile an der von dem Unternehmen verwalteten Beteiligung hält und
2. das Unternehmen die Stimmrechte, die mit diesen Beteiligungen verbunden sind, nicht nach freiem Ermessen, sondern nur auf Grund unmittelbarer oder mittelbarer Weisungen ausüben kann, die ihm vom Mutterunternehmen oder von einem anderen Tochterunternehmen des Mutterunternehmens erteilt werden.

(6) Das Bundesministerium der Finanzen wird ermächtigt, durch Rechtsverordnung, die nicht der Zustimmung des Bundesrates bedarf, nähere Bestimmungen zu erlassen über die Umstände, unter denen in den Fällen der Absätze 2 bis 5 eine Unabhängigkeit vom Mutterunternehmen gegeben ist.

§ 36 WpHG Nichtberücksichtigung von Stimmrechten

(1) Stimmrechte aus Aktien eines Emittenten, für den die Bundesrepublik Deutschland der Herkunftsstaat ist, bleiben bei der Berechnung des Stimmrechtsanteils unberücksichtigt, wenn ihr Inhaber

1. ein Kreditinstitut oder ein Wertpapierdienstleistungsunternehmen mit Sitz in einem Mitgliedstaat der Europäischen Union oder in einem anderen Vertragsstaat des Abkommens über den Europäischen Wirtschaftsraum ist,
2. die betreffenden Aktien im Handelsbuch hält und dieser Anteil nicht mehr als 5 Prozent der Stimmrechte beträgt und
3. sicherstellt, dass die Stimmrechte aus den betreffenden Aktien nicht ausgeübt und nicht anderweitig genutzt werden, um auf die Geschäftsführung des Emittenten Einfluss zu nehmen.

(2) Unberücksichtigt bei der Berechnung des Stimmrechtsanteils bleiben Stimmrechte aus Aktien, die gemäß der Verordnung (EG) Nr. 2273/2003 zu Stabilisierungszwecken erworben wurden, wenn der Aktieninhaber sicherstellt, dass die Stimmrechte aus den betreffenden Aktien nicht ausgeübt und nicht anderweitig genutzt werden, um auf die Geschäftsführung des Emittenten Einfluss zu nehmen.

(3) Stimmrechte aus Aktien eines Emittenten, für den die Bundesrepublik Deutschland der Herkunftsstaat ist, bleiben bei der Berechnung des Stimmrechtsanteils unberücksichtigt, sofern

1. die betreffenden Aktien ausschließlich für den Zweck der Abrechnung und Abwicklung von Geschäften für höchstens drei Handelstage gehalten werden, selbst wenn die Aktien auch außerhalb eines organisierten Marktes gehandelt werden, oder
2. eine mit der Verwahrung von Aktien betraute Stelle die Stimmrechte aus den verwahrten Aktien nur aufgrund von Weisungen, die schriftlich oder über elektronische Hilfsmittel erteilt wurden, ausüben darf.

(4) [1]Stimmrechte aus Aktien, die die Mitglieder des Europäischen Systems der Zentralbanken bei der Wahrnehmung ihrer Aufgaben als Währungsbehörden zur Verfügung gestellt bekommen oder die sie bereitstellen, bleiben bei der Berechnung des Stimmrechtsanteils am Emittenten, für den die Bundesrepublik Deutschland der Herkunftsstaat ist, unberücksichtigt, soweit es sich bei den Transaktionen um kurzfristige Geschäfte handelt und die Stimmrechte aus den betreffenden Aktien nicht ausgeübt werden. [2]Satz 1 gilt insbesondere für Stimmrechte aus Aktien, die einem oder von einem Mitglied im Sinne des Satzes 1 zur Sicherheit übertragen werden, und für Stimmrechte aus Aktien, die dem Mitglied als Pfand oder im Rahmen eines Pensionsgeschäfts oder einer ähnlichen Vereinbarung gegen Liquidität für geldpolitische Zwecke oder innerhalb eines Zahlungssystems zur Verfügung gestellt oder von diesem bereitgestellt werden.

(5) [1]Für die Meldeschwellen von 3 Prozent und 5 Prozent bleiben Stimmrechte aus solchen Aktien eines Emittenten, für den die Bundesrepublik Deutschland der Herkunftsstaat ist, unberücksichtigt, die von einer Person erworben oder veräußert werden, die an einem

Markt dauerhaft anbietet, Finanzinstrumente im Wege des Eigenhandels zu selbst gestellten Preisen zu kaufen oder zu verkaufen, wenn
1. diese Person dabei in ihrer Eigenschaft als Market Maker handelt,
2. sie eine Zulassung nach der Richtlinie 2004/39/EG hat,
3. sie nicht in die Geschäftsführung des Emittenten eingreift und keinen Einfluss auf ihn dahingehend ausübt, die betreffenden Aktien zu kaufen oder den Preis der Aktien zu stützen und
4. sie der Bundesanstalt unverzüglich, spätestens innerhalb von vier Handelstagen mitteilt, dass sie hinsichtlich der betreffenden Aktien als Market Maker tätig ist; für den Beginn der Frist gilt § 33 Absatz 1 Satz 3 und 4 entsprechend.

[2]Die Person kann die Mitteilung auch schon zu dem Zeitpunkt abgeben, an dem sie beabsichtigt, hinsichtlich der betreffenden Aktien als Market Maker tätig zu werden.

(6) Stimmrechte aus Aktien, die nach den Absätzen 1 bis 5 bei der Berechnung des Stimmrechtsanteils unberücksichtigt bleiben, können mit Ausnahme von Absatz 3 Nummer 2 nicht ausgeübt werden.

(7) Das Bundesministerium der Finanzen kann durch Rechtsverordnung, die nicht der Zustimmung des Bundesrates bedarf,
1. eine geringere Höchstdauer für das Halten der Aktien nach Absatz 3 Nummer 1 festlegen,
2. nähere Bestimmungen erlassen über die Nichtberücksichtigung der Stimmrechte eines Market Maker nach Absatz 5 und
3. nähere Bestimmungen erlassen über elektronische Hilfsmittel, mit denen Weisungen nach Absatz 3 Nummer 2 erteilt werden können.

(8) Die Berechnung der Stimmrechte, die nach den Absätzen 1 und 5 nicht zu berücksichtigen sind, bestimmt sich nach den in Artikel 9 Absatz 6b und Artikel 13 Absatz 4 der Richtlinie 2004/109/EG des Europäischen Parlaments und des Rates vom 15. Dezember 2004 zur Harmonisierung der Transparenzanforderungen in Bezug auf Informationen über Emittenten, deren Wertpapiere zum Handel auf einem geregelten Markt zugelassen sind, und zur Änderung der Richtlinie 2001/34/EG (ABl. L 390 vom 31.12.2004, S. 38) benannten technischen Regulierungsstandards.

§ 37 WpHG Mitteilung durch Mutterunternehmen; Verordnungsermächtigung

(1) Ein Meldepflichtiger ist von den Meldepflichten nach § 33 Absatz 1 und 2, § 38 Absatz 1 und § 39 Absatz 1 befreit, wenn die Mitteilung von seinem Mutterunternehmen erfolgt oder, falls das Mutterunternehmen selbst ein Tochterunternehmen ist, durch dessen Mutterunternehmen erfolgt.

(2) Das Bundesministerium der Finanzen kann durch Rechtsverordnung, die nicht der Zustimmung des Bundesrates bedarf, nähere Bestimmungen erlassen über den Inhalt, die Art, die Sprache, den Umfang und die Form der Mitteilung nach Absatz 1.

§ 38 WpHG Mitteilungspflichten beim Halten von Instrumenten; Verordnungsermächtigung

(1) [1]Die Mitteilungspflicht nach § 33 Absatz 1 und 2 gilt bei Erreichen, Überschreiten oder Unterschreiten der in § 33 Absatz 1 Satz 1 genannten Schwellen mit Ausnahme der Schwelle von 3 Prozent entsprechend für unmittelbare oder mittelbare Inhaber von Instrumenten, die
1. dem Inhaber entweder
   a) bei Fälligkeit ein unbedingtes Recht auf Erwerb mit Stimmrechten verbundener und bereits ausgegebener Aktien eines Emittenten, für den die Bundesrepublik Deutschland der Herkunftsstaat ist, oder
   b) ein Ermessen in Bezug auf sein Recht auf Erwerb dieser Aktien

   verleihen, oder
2. sich auf Aktien im Sinne der Nummer 1 beziehen und eine vergleichbare wirtschaftliche Wirkung haben wie die in Nummer 1 genannten Instrumente, unabhängig davon, ob sie einen Anspruch auf physische Lieferung einräumen oder nicht.

[2]Die §§ 36 und 37 gelten entsprechend.

(2) Instrumente im Sinne des Absatzes 1 können insbesondere sein:
1. übertragbare Wertpapiere,

2. Optionen,
3. Terminkontrakte,
4. Swaps,
5. Zinsausgleichsvereinbarungen und
6. Differenzgeschäfte.

(3) [1]Die Anzahl der für die Mitteilungspflicht nach Absatz 1 maßgeblichen Stimmrechte ist anhand der vollen nominalen Anzahl der dem Instrument zugrunde liegenden Aktien zu berechnen. [2]Sieht das Instrument ausschließlich einen Barausgleich vor, ist die Anzahl der Stimmrechte abweichend von Satz 1 auf einer Delta-angepassten Basis zu berechnen, wobei die nominale Anzahl der zugrunde liegenden Aktien mit dem Delta des Instruments zu multiplizieren ist. [3]Die Einzelheiten der Berechnung bestimmen sich nach den in Artikel 13 Absatz 1a der Richtlinie 2004/109/EG des Europäischen Parlaments und des Rates vom 15. Dezember 2004 zur Harmonisierung der Transparenzanforderungen in Bezug auf Informationen über Emittenten, deren Wertpapiere zum Handel auf einem geregelten Markt zugelassen sind, und zur Änderung der Richtlinie 2001/34/EG (ABl. L 390 vom 31.12.2004, S. 38) benannten technischen Regulierungsstandards. [4]Bei Instrumenten, die sich auf einen Aktienkorb oder einen Index beziehen, bestimmt sich die Berechnung ebenfalls nach den technischen Regulierungsstandards gemäß Satz 2.

(4) [1]Beziehen sich verschiedene der in Absatz 1 genannten Instrumente auf Aktien desselben Emittenten, sind die Stimmrechte aus diesen Aktien zusammenzurechnen. [2]Erwerbspositionen dürfen nicht mit Veräußerungspositionen verrechnet werden.

(5) [1]Das Bundesministerium der Finanzen kann durch Rechtsverordnung, die nicht der Zustimmung des Bundesrates bedarf, nähere Bestimmungen erlassen über den Inhalt, die Art, die Sprache, den Umfang und die Form der Mitteilung nach Absatz 1. [2]Das Bundesministerium der Finanzen kann die Ermächtigung durch Rechtsverordnung auf die Bundesanstalt übertragen, soweit die Art und die Form der Mitteilung nach Absatz 1, insbesondere die Nutzung eines elektronischen Verfahrens, betroffen sind.

§ 39 WpHG Mitteilungspflichten bei Zusammenrechnung; Verordnungsermächtigung

(1) Die Mitteilungspflicht nach § 33 Absatz 1 und 2 gilt entsprechend für Inhaber von Stimmrechten im Sinne des § 33 und Instrumenten im Sinne des § 38, wenn die Summe der nach § 33 Absatz 1 Satz 1 oder Absatz 2 und § 25 Absatz 1 Satz 1 zu berücksichtigenden Stimmrechte an demselben Emittenten die in § 33 Absatz 1 Satz 1 genannten Schwellen mit Ausnahme der Schwelle von 3 Prozent erreicht, überschreitet oder unterschreitet.

(2) [1]Das Bundesministerium der Finanzen kann durch Rechtsverordnung, die nicht der Zustimmung des Bundesrates bedarf, nähere Bestimmungen erlassen über den Inhalt, die Art, die Sprache, den Umfang und die Form der Mitteilung nach Absatz 1. [2]Das Bundesministerium der Finanzen kann die Ermächtigung durch Rechtsverordnung auf die Bundesanstalt übertragen, soweit die Art und die Form der Mitteilung nach Absatz 1, insbesondere die Nutzung eines elektronischen Verfahrens, betroffen sind.

§ 40 WpHG Veröffentlichungspflichten des Emittenten und Übermittlung an das Unternehmensregister

(1) [1]Ein Inlandsemittent hat Informationen nach § 33 Absatz 1 Satz 1, Absatz 2 und § 38 Absatz 1 Satz 1 sowie § 39 Absatz 1 Satz 1 oder nach entsprechenden Vorschriften anderer Mitgliedstaaten der Europäischen Union oder anderer Vertragsstaaten des Abkommens über den Europäischen Wirtschaftsraum unverzüglich, spätestens drei Handelstage nach Zugang der Mitteilung zu veröffentlichen; er übermittelt sie außerdem unverzüglich, jedoch nicht vor ihrer Veröffentlichung dem Unternehmensregister im Sinne des § 8b des Handelsgesetzbuchs zur Speicherung. [2]Erreicht, überschreitet oder unterschreitet ein Inlandsemittent in Bezug auf eigene Aktien entweder selbst, über ein Tochterunternehmen oder über eine in eigenem Namen, aber für Rechnung dieses Emittenten handelnde Person die Schwellen von 5 Prozent oder 10 Prozent durch Erwerb, Veräußerung oder auf sonstige Weise, gilt Satz 1 entsprechend mit der Maßgabe, dass abweichend von Satz 1 eine Erklärung zu veröffentlichen ist, deren Inhalt sich nach § 33 Absatz 1 Satz 1, auch in Verbindung mit einer Rechtsverordnung nach § 33 Absatz 5 bestimmt, und die Veröffentlichung spätestens vier Handelstage nach Erreichen, Über-

schreiten oder Unterschreiten der genannten Schwellen zu erfolgen hat; wenn für den Emittenten die Bundesrepublik Deutschland der Herkunftsstaat ist, ist außerdem die Schwelle von 3 Prozent maßgeblich.

(2) Der Inlandsemittent hat gleichzeitig mit der Veröffentlichung nach Absatz 1 Satz 1 und 2 diese der Bundesanstalt mitzuteilen.

(3) Das Bundesministerium der Finanzen kann durch Rechtsverordnung, die nicht der Zustimmung des Bundesrates bedarf, nähere Bestimmungen erlassen über
1. den Inhalt, die Art, die Sprache, den Umfang und die Form sowie die elektronische Verarbeitung der Angaben der Veröffentlichung nach Absatz 1 Satz 1 einschließlich enthaltener personenbezogener Daten und
2. den Inhalt, die Art, die Sprache, den Umfang, die Form sowie die elektronische Verarbeitung der Angaben der Mitteilung nach Absatz 2 einschließlich enthaltener personenbezogener Daten.

§ 41 WpHG Veröffentlichung der Gesamtzahl der Stimmrechte und Übermittlung an das Unternehmensregister

(1) [1]Ist es bei einem Inlandsemittenten zu einer Zu- oder Abnahme von Stimmrechten gekommen, so ist er verpflichtet, die Gesamtzahl der Stimmrechte und das Datum der Wirksamkeit der Zu- oder Abnahme in der in § 40 Absatz 1 Satz 1, auch in Verbindung mit einer Rechtsverordnung nach Absatz 3 Nummer 1, vorgesehenen Weise unverzüglich, spätestens innerhalb von zwei Handelstagen zu veröffentlichen. [2]Er hat die Veröffentlichung gleichzeitig der Bundesanstalt entsprechend § 26 Absatz 2, auch in Verbindung mit einer Rechtsverordnung nach Absatz 3 Nummer 2, mitzuteilen. [3]Er übermittelt die Informationen außerdem unverzüglich, jedoch nicht vor ihrer Veröffentlichung, dem Unternehmensregister nach § 8b des Handelsgesetzbuchs zur Speicherung.

(2) [1]Bei der Ausgabe von Bezugsaktien ist die Gesamtzahl der Stimmrechte abweichend von Absatz 1 Satz 1 nur im Zusammenhang mit einer ohnehin erforderlichen Veröffentlichung nach Absatz 1, spätestens jedoch am Ende des Kalendermonats, in dem es zu einer Zu- oder Abnahme von Stimmrechten gekommen ist, zu veröffentlichen. [2]Der Veröffentlichung des Datums der Wirksamkeit der Zu- oder Abnahme bedarf es nicht.

§ 42 WpHG Nachweis mitgeteilter Beteiligungen

Wer eine Mitteilung nach § 33 Absatz 1 oder 2, § 38 Absatz 1 oder § 39 Absatz 1 abgegeben hat, muß auf Verlangen der Bundesanstalt oder des Emittenten, für den die Bundesrepublik Deutschland der Herkunftsstaat ist, das Bestehen der mitgeteilten Beteiligung nachweisen.

§ 43 WpHG Mitteilungspflichten für Inhaber wesentlicher Beteiligungen

(1) [1]Ein Meldepflichtiger im Sinne der §§ 33 und 34, der die Schwelle von 10 Prozent der Stimmrechte aus Aktien oder eine höhere Schwelle erreicht oder überschreitet, muss dem Emittenten, für den die Bundesrepublik Deutschland Herkunftsstaat ist, die mit dem Erwerb der Stimmrechte verfolgten Ziele und die Herkunft der für den Erwerb verwendeten Mittel innerhalb von 20 Handelstagen nach Erreichen oder Überschreiten dieser Schwellen mitteilen. [2]Eine Änderung der Ziele im Sinne des Satzes 1 ist innerhalb von 20 Handelstagen mitzuteilen. [3]Hinsichtlich der mit dem Erwerb der Stimmrechte verfolgten Ziele hat der Meldepflichtige anzugeben, ob
1. die Investition der Umsetzung strategischer Ziele oder der Erzielung von Handelsgewinnen dient,
2. er innerhalb der nächsten zwölf Monate weitere Stimmrechte durch Erwerb oder auf sonstige Weise zu erlangen beabsichtigt,
3. er eine Einflussnahme auf die Besetzung von Verwaltungs-, Leitungs- und Aufsichtsorganen des Emittenten anstrebt und
4. er eine wesentliche Änderung der Kapitalstruktur der Gesellschaft, insbesondere im Hinblick auf das Verhältnis von Eigen- und Fremdfinanzierung und die Dividendenpolitik anstrebt.

[4]Hinsichtlich der Herkunft der verwendeten Mittel hat der Meldepflichtige anzugeben, ob es sich um Eigen- oder Fremdmittel handelt, die der Meldepflichtige zur Finanzierung des Erwerbs der Stimmrechte aufgenommen hat. [5]Eine Mitteilungspflicht nach Satz 1 besteht nicht, wenn der Schwellenwert auf Grund eines Angebots im Sinne des § 2 Absatz 1 des Wertpapiererwerbs- und Übernahmegesetzes erreicht oder überschritten wurde. [6]Die Mitteilungspflicht besteht ferner nicht für Kapitalverwaltungsgesellschaften sowie ausländische Verwaltungsgesellschaften und Investmentgesellschaften im Sinne der Richtlinie 2009/65/EG, die einem Artikel 56 Absatz 1 Satz 1 der Richtlinie 2009/65/EG entsprechenden Verbot unterliegen, sofern eine Anlagegrenze von 10 Prozent oder weniger festgelegt worden ist; eine Mitteilungspflicht besteht auch dann nicht, wenn eine Artikel 57 Absatz 1 Satz 1 und Absatz 2 der Richtlinie 2009/65/EG entsprechende zulässige Ausnahme bei der Überschreitung von Anlagegrenzen vorliegt.

(2) Der Emittent hat die erhaltene Information oder die Tatsache, dass die Mitteilungspflicht nach Absatz 1 nicht erfüllt wurde, entsprechend § 40 Absatz 1 Satz 1 in Verbindung mit der Rechtsverordnung nach § 40 Absatz 3 Nummer 1 zu veröffentlichen; er übermittelt diese Informationen außerdem unverzüglich, jedoch nicht vor ihrer Veröffentlichung dem Unternehmensregister nach § 8b des Handelsgesetzbuchs zur Speicherung.

(3) [1]Die Satzung eines Emittenten mit Sitz im Inland kann vorsehen, dass Absatz 1 keine Anwendung findet. [2]Absatz 1 findet auch keine Anwendung auf Emittenten mit Sitz im Ausland, deren Satzung oder sonstige Bestimmungen eine Nichtanwendung vorsehen.

(4) Das Bundesministerium der Finanzen kann durch Rechtsverordnung, die nicht der Zustimmung des Bundesrates bedarf, nähere Bestimmungen über den Inhalt, die Art, die Sprache, den Umfang und die Form der Mitteilungen nach Absatz 1 erlassen.

§ 44 WpHG Rechtsverlust

(1) [1]Rechte aus Aktien, die einem Meldepflichtigen gehören oder aus denen ihm Stimmrechte gemäß § 34 zugerechnet werden, bestehen nicht für die Zeit, für welche die Mitteilungspflichten nach § 33 Absatz 1 oder 2 nicht erfüllt werden. [2]Dies gilt nicht für Ansprüche nach § 58 Abs. 4 des Aktiengesetzes und § 271 des Aktiengesetzes, wenn die Mitteilung nicht vorsätzlich unterlassen wurde und nachgeholt worden ist. [3]Sofern die Höhe des Stimmrechtsanteils betroffen ist, verlängert sich die Frist nach Satz 1 bei vorsätzlicher oder grob fahrlässiger Verletzung der Mitteilungspflichten um sechs Monate. [4]Satz 3 gilt nicht, wenn die Abweichung bei der Höhe der in der vorangegangenen unrichtigen Mitteilung angegebenen Stimmrechte weniger als 10 Prozent des tatsächlichen Stimmrechtsanteils beträgt und keine Mitteilung über das Erreichen, Überschreiten oder Unterschreiten einer der in § 33 genannten Schwellen unterlassen wird.

(2) Kommt der Meldepflichtige seinen Mitteilungspflichten nach § 38 Absatz 1 oder § 39 Absatz 1 nicht nach, so ist Absatz 1 auf Aktien desselben Emittenten anzuwenden, die dem Meldepflichtigen gehören.

§ 45 WpHG Richtlinien der Bundesanstalt

[1]Die Bundesanstalt kann Richtlinien aufstellen, nach denen sie für den Regelfall beurteilt, ob die Voraussetzungen für einen mitteilungspflichtigen Vorgang oder eine Befreiung von den Mitteilungspflichten nach § 33 Absatz 1 gegeben sind. [2]Die Richtlinien sind im Bundesanzeiger zu veröffentlichen.

§ 46 WpHG Befreiungen; Verordnungsermächtigung

(1) [1]Die Bundesanstalt kann Inlandsemittenten mit Sitz in einem Drittstaat von den Pflichten nach § 40 Absatz 1 und § 41 freistellen, soweit diese Emittenten gleichwertigen Regeln eines Drittstaates unterliegen oder sich solchen Regeln unterwerfen. [2]Die Bundesanstalt unterrichtet die Europäische Wertpapier- und Marktaufsichtsbehörde über die erteilte Freistellung. [3]Satz 1 gilt nicht für Pflichten dieser Emittenten nach § 40 Absatz 1 und § 41 auf Grund von Mitteilungen nach § 39.

(2) [1]Emittenten, denen die Bundesanstalt eine Befreiung nach Absatz 1 erteilt hat, müssen Informationen über Umstände, die denen des § 33 Absatz 1 Satz 1 und Absatz 2, § 38 Absatz 1 Satz 1, § 40 Absatz 1 Satz 1 und 2 sowie § 41 entsprechen und die nach den

gleichwertigen Regeln eines Drittstaates der Öffentlichkeit zur Verfügung zu stellen sind, in der in § 40 Absatz 1 Satz 1, auch in Verbindung mit einer Rechtsverordnung nach Absatz 3, geregelten Weise veröffentlichen und gleichzeitig der Bundesanstalt mitteilen. [2]Die Informationen sind außerdem unverzüglich, jedoch nicht vor ihrer Veröffentlichung dem Unternehmensregister im Sinne des § 8b des Handelsgesetzbuchs zur Speicherung zu übermitteln.

(3) Das Bundesministerium der Finanzen wird ermächtigt, durch Rechtsverordnung, die nicht der Zustimmung des Bundesrates bedarf, nähere Bestimmungen über die Gleichwertigkeit von Regeln eines Drittstaates und die Freistellung von Emittenten nach Absatz 1 zu erlassen.

§ 47 WpHG Handelstage

(1) Für die Berechnung der Mitteilungs- und Veröffentlichungsfristen nach diesem Abschnitt gelten als Handelstage alle Kalendertage, die nicht Sonnabende, Sonntage oder zumindest in einem Land landeseinheitliche gesetzlich anerkannte Feiertage sind.

(2) Die Bundesanstalt stellt im Internet unter ihrer Adresse einen Kalender der Handelstage zur Verfügung.

Schrifttum: *Bödeker,* Anlegerschutz und „Grauer Kapitalmarkt" – Ein Überblick über die jüngsten Aktivitäten des Gesetzgebers, GWR 2011, 278; *v. Bülow/Stephanblome,* Acting in Concert und neue Offenlegungspflichten nach dem Risikobegrenzungsgesetz, ZIP 2008, 1797; *Cascante/Bingel,* Verbesserte Beteiligungstransparenz (nicht nur) vor Übernahmen?, NZG 2011, 1086; *Drinkuth,* Gegen den Gleichlauf des Acting in concert nach § 22 WpHG und § 30 WpÜG, ZIP 2008, 676; *Fleischer,* Mitteilungspflichten für Inhaber wesentlicher Beteiligungen (§ 27a WpHG), AG 2008, 873; *Fleischer/Schmolke,* Das Anschleichen an eine börsennotierte Aktiengesellschaft – Überlegungen zur Beteiligungstransparenz de lege lata und de lege ferenda –, NZG 2009, 401; *Giedinghagen/Leuering,* Ausweitung der kapitalmarktrechtlichen Mitteilungspflichten, NJW-Spezial 2011, 271; *Heppe,* Zu den Mitteilungspflichten nach § 21 WpHG im Rahmen der Umwandlung von Gesellschaften, WM 2001, 64; *Hutter/Kaulamo,* Das Transparenzrichtlinie-Umsetzungsgesetz: Änderungen der anlassabhängigen Publizität, NJW 2007, 471; *Klein/Theusinger,* Beteiligungstransparenz ohne Beteiligungsrelevanz? Mitteilungspflichten bei Umfirmierungen und Umwandlungsmaßnahmen, NZG 2009, 250; *Korff,* Das Risikobegrenzungsgesetz und seine Auswirkungen auf das WpHG, AG 2008, 692; *Merkner/Sustmann,* Erste „Guidance" der BaFin zu den neuen Meldepflichten nach §§ 25, 25a WpHG, NZG 2012, 241; *Möllers/Holzner,* Die Offenlegungspflichten des Risikobegrenzungsgesetzes (§ 27 II WpHG-E) – Defizitäre Rechtsvergleichung und mangelnde Allokationseffizienz, NZG 2008, 166; *Möllers/Wenninger,* Das Anlegerschutz- und Funktionsverbesserungsgesetz, NJW 2011, 1697; *Richter,* Unterliegt der im Aktienregister eingetragene Legitimationsaktionär den Mitteilungspflichten aus den §§ 21 ff. WpHG? – Eine Untersuchung anlässlich des Urteils des LG Köln, WM 2013, 2030 – Teil I: WM 2013, 2296, Teil II: WM 2013, 2337; *Schnabel/Korff,* Mitteilungs- und Veröffentlichungspflichten gemäß §§ 21 ff. WpHG und ihre Änderung durch das Transparenzrichtlinie-Umsetzungsgesetz – Ausgewählte Praxisfragen, ZBB 2007, 179; *Weidmann,* „Hidden Ownership" und §§ 21 ff. WpHG – status quo?, NZG 2016, 605; *Widder,* Mitteilungspflichten gemäß §§ 21 ff. WpHG und Anteilserwerb nach UmwG, NZG 2010, 455.

Übersicht

I. Allgemeines

1 Das WpHG trat am 1.1.1995 als Teil des Zweiten Finanzmarktförderungsgesetzes vom 26.7.1994 (BGBl. I S. 1749) in Kraft. Es diente der Umsetzung der (ersten) Transparenz-RL.[1] Sinn und Zweck der Regelungen ist letztlich eine Verbesserung der Effizienz der Kapitalmärkte durch Herstellung von Transparenz und eines möglichst gleichen Informationsstandes aller Marktteilnehmer. Daneben spielen auch Gesichtspunkte des Anlegerschutzes eine gewichtige Rolle.

2 Das WpHG war seit seinem Inkrafttreten zahlreichen Änderungen und Ergänzungen ausgesetzt, die größtenteils eine europarechtliche Grundlage haben, oftmals aber durch Alleingänge bzw. „überschießende Regelungen“ des deutschen Gesetzgebers ergänzt wurden. Darunter leiden Verlässlichkeit und Beständigkeit in der Rechtsanwendung (s. das Beispiel des § 25 Abs. 1 S. 3).

3 Aus jüngerer Zeit[2] sind das Transparenzrichtlinie-Umsetzungsgesetz (TUG) vom 5.1.2007 (BGBl. I S. 10) und das Gesetz zur Begrenzung der mit Finanzinvestitionen verbundenen Risiken (Risikobegrenzungsgesetz) vom 12.8.2008 (BGBl. I S. 1666) zu nennen. Das TUG diente der Umsetzung der überarbeiteten Transparenz-RL,[3] während das Risikobegrenzungsgesetz Ausfluss der seinerzeit teils polemisch geführten politischen Diskussion über unerwünschte Finanzinvestoren und deren Methoden („Heuschreckendebatte“) ist.[4] Seit dem Gesetz zur Umsetzung der Transparenzrichtlinie-Änderungsrichtlinie vom 20.11.2015 (BGBl. I S. 2029) gibt es im Wesentlichen drei „Säulen“[5] der Mitteilungspflichten: Die Meldepflicht für Beteiligungen bei Berührung der Stimmrechtsschwellen zwischen 3 und 75% (§ 33 WpHG), die Meldepflicht für Erwerbsrechte und Instrumente (§ 38 WpHG) und die Berichtspflichten der Inhaber wesentlicher Beteiligungen (§ 43 WpHG). Eine für die Praxis nicht unwesentliche Neuerung findet sich in § 17 Abs. 1 WpAIV. Nunmehr ist die Verwendung des der WpAIV als Anlage beigefügten Formulars für Meldungen nach §§ 33, 38 und 39 WpHG zwingend – dies hat zumindest in der Anfangszeit in der Interaktion mit der BaFin gelegentlich zu Unsicherheiten und Auslegungsschwierigkeiten geführt. Zuletzt wurde das WpHG durch das Zweite Finanzmarktnovellierungsgesetz vom 23.6.2017 (BGBl. I S. 1693) geändert.

II. Mitteilungspflichten gemäß § 33 Abs. 1 WpHG

4 **1. Mitteilungspflichtiger: jedermann.** Anders als für die Mitteilungspflichten der §§ 20 ff. AktG wird in § 33 Abs. 1 WpHG keine Unternehmenseigenschaft oder gar eine bestimmte Rechtsform des Mitteilungspflichtigen vorausgesetzt. Mitteilungspflichtig ist **jedermann,** der durch Erwerb, Veräußerung oder auf sonstige Weise eine der in § 33 Abs. 1 S. 1 genannten Beteiligungsschwellen an einem Emittenten (→ Rn. 5) erreicht, über- oder unterschreitet. Ob es sich bei dem Meldepflichtigen um eine **natürliche oder juristische Person,** um einen **privatrechtlich** (zB BGB-Gesellschaft, OHG, KG, GmbH, AG, KGaA, eV, VVaG, eG) oder einen **öffentlich-rechtlich** (Anstalten und Körperschaften des öffentlichen Rechts einschließlich der Gebietskörperschaften) verfassten Verband handelt, ist ohne Belang.[6] **Gesellschaften bürgerlichen Rechts** können mitteilungspflichtig sein, wenn die Aktien **Gesamthandsvermögen** sind. Für den Fall eines bloßen Stimmrechtspools enthält § 22 Abs. 2 eine Zurechnungsregelung (abgestimmtes Verhalten, → Rn. 10). Diese führt ggf. dazu, dass jedem Mitglied des Pools alle Aktien der an dem Pool Beteiligten zugerechnet werden. Der Pool selbst ist mangels Gesamthandsvermögen dagegen nicht mitteilungspflichtig. In der **Insolvenz** des Mitteilungspflichtigen gehen die Mitteilungspflichten nicht etwa auf den Insolvenzverwalter

---

[1] Richtlinie 88/627/EWG des Rates vom 12.12.1988 über die bei Erwerb und Veräußerung einer bedeutenden Beteiligung an einer börsennotierten Gesellschaft zu veröffentlichenden Informationen, ABl. L 348, 62.

[2] Kompakte Überblicke über die Normgeschichte bei MüKoAktG/*Bayer* Anh. § 22: Überblick über die §§ 21 ff. WpHG; Spindler/Stilz/*Petersen* Anh. § 22 Rn. 1–7.

[3] Richtlinie 2004/109/EG des Europäischen Parlaments und des Rates vom 15.12.2004 zur Harmonisierung der Transparenzanforderungen in Bezug auf Informationen über Emittenten, deren Wertpapiere zum Handel auf einem geregelten Markt zugelassen sind, und zur Änderung der Richtlinie 2001/34/EG, ABl. L 390, 38.

[4] Umfassend hierzu *Fleischer/Schmolke* NZG 2009, 401.

[5] Nach Emmerich/Habersack/*Schürnbrand* WpHG Vor § 21 Rn. 6.

[6] Vgl. Begr. RegE 2. Finanzmarktförderungsgesetz, BT-Drs. 12/6679, 52.

über, dieser hat den Mitteilungspflichtigen (= Schuldner) gemäß § 11 WpHG lediglich bei der Erfüllung der Pflichten zu unterstützen.[7]

5 **2. Beteiligung an einem Emittenten.** Gemäß § 33 Abs. 1 S. 1 iVm Abs. 2 WpHG in der Fassung des TUG ist für die Meldepflichten nach dem WpHG das Herkunftsstaatprinzip verwirklicht. Maßgeblich sind Beteiligungen an **Emittenten, für die die Bundesrepublik Deutschland Herkunftsstaat ist.** Bestimmte Regelungen (die Veröffentlichungspflichten gemäß §§ 40, 41 WpHG) gelten dagegen nur für sog. **Inlandsemittenten,** die von den Emittenten, für die Deutschland der Herkunftsstaat ist, zu unterscheiden sind. In beiden Fällen ist die Zulassung der Aktien zum Handel an einem organisierten Markt erforderlich (vgl. § 2 Abs. 5 WpHG). Erfasst werden nur die im **„regulierten Markt"** (vgl. §§ 32 ff. BörsG) gehandelten Aktien, so dass ein weitgehender Gleichlauf mit der Definition der „börsennotierten Gesellschaft" in § 3 Abs. 2 erreicht wird. Emittenten, deren Aktien im Freiverkehr (unter anderem im Segment „Entry Standard") gehandelt werden, sind von der Anwendung der §§ 33 ff. WpHG nicht betroffen.

6 **Definitionen** der Begriffe „Emittenten, für die die Bundesrepublik Deutschland Herkunftsstaat ist" und „Inlandsemittenten" finden sich in § 2 Abs. 6 und Abs. 7 WpHG. Erstere sind Emittenten, (i) die ihren **Sitz im Inland** haben und deren Aktien entweder im Inland oder in einem anderen EU- oder EWR-Mitgliedstaat zum Handel zugelassen sind **oder** (ii) die ihren **Sitz in einem Drittstaat** (weder EU noch EWR) haben und deren Aktien in einem EU- oder EWR-Mitgliedstaat zugelassen sind, wenn das jährliche Dokument iSd § 10 WpHG bei der BaFin zu hinterlegen ist. Mit dem Begriff der Inlandsemittenten werden, verkürzt gesagt, für Zwecke der §§ 40, 41 WpHG aus der Gruppe der „Emittenten, für die die Bundesrepublik Deutschland Herkunftsstaat ist", nur diejenigen angesprochen, die nicht bereits in einem anderen EU- oder EWR-Staat entsprechenden Veröffentlichungspflichten unterliegen (§ 2 Abs. 7 Nr. 1 WpHG). Zugleich wird die Gruppe um Emittenten mit einem anderen EU- oder EWR-Herkunftsstaat als Deutschland erweitert, deren Aktien aber im Inland zum amtlichen Handel zugelassen sind.[8]

7 **3. Mitteilungspflichtige Vorgänge.** Zu einer Meldepflicht führt jedes Erreichen, Überschreiten und Unterschreiten einer Beteiligungsschwelle von **drei, fünf, zehn, 15, 20, 25, 30, 50 oder 75% der Stimmrechte** an einem Emittenten. Mit der Eingangsschwelle von 3% ist der deutsche Gesetzgeber in zulässiger Weise über die Vorgaben der Transparenz-RL hinausgegangen. Bei der Feststellung eines meldepflichtigen Tatbestands wird **allein auf die Stimmrechte abgestellt,** die Höhe der Kapitalbeteiligung ist ohne Belang. Stimmrechtslose Vorzugsaktien bleiben daher unberücksichtigt, wenn und solange das Stimmrecht nicht besteht. Ebenfalls unberücksichtigt bleiben Aktien, die dem Meldepflichtigen nicht „gehören". Das einschränkende Merkmal des „Gehörens" wurde mit dem Kleinanlegerschutzgesetz vom 3.7.2015 (BGBl. I S. 1114) aufgenommen, um insbesondere klarzustellen, dass eine Mitteilungspflicht nicht allein infolge der Eintragung eines sog. Legitimationsaktionärs in das Aktienregister eines Emittenten von Namensaktien (§ 129 Abs. 3 AktG) entsteht.[9]

8 **Auf welche Weise** der Schwellenwert erreicht, über- oder unterschritten wird, ist ohne Belang. In Betracht kommen alle denkbaren rechtsgeschäftlichen Erwerbs- und Veräußerungsvorgänge ebenso wie jeder Erwerb kraft Einzel- oder Gesamtrechtsnachfolge.[10] Der Tatbestand war bisher grundsätzlich erst mit dem **Eintritt der dinglichen Rechtsänderung** erfüllt.[11] Wann die Rechtsänderung eintritt, bestimmt sich nach den für den Emittenten jeweils anwendbaren gesellschaftsrechtlichen Regeln; bei vinkulierten Namensaktien etwa (§ 68 Abs. 2) geht das Eigentum erst mit Zustimmung der Gesellschaft über. Nach dem nunmehr eingefügten Abs. 3 wird der Zeitpunkt des „Gehörens" im Sinne einer Fiktion („gilt") in den meisten Fällen erheblich vorverlegt. Sofern der dinglichen Rechtsänderung ein schuldrechtliches Grundgeschäft vorausgeht, löst bereits das Bestehen eines **unbedingten und ohne zeitliche Verzögerung zu erfüllenden Anspruchs** oder einer entsprechenden Verpflichtung die Meldepflicht aus. Zu beachten sind auch die in **§ 34 WpHG** enthaltenen **Zurechnungstatbestände** (→ Rn. 9 ff.), nach denen bestimmte Schuldverhältnisse zu einer Zurechnung von Aktien führen, ohne dass überhaupt eine dingliche Rechtsänderung eintreten muss. Auch der Erwerb eigener Aktien löst eine Meldepflicht aus.[12] Umfirmierungen oder Formwechsel nach UmwG lösen nach hM keine Mitteilungspflicht aus.[13]

---

[7] Fuchs/*Zimmermann* WpHG § 21 Rn. 15.

[8] Zum Ganzen instruktiv *Hutter/Kaulamo* NJW 2007, 471 ff.

[9] Begr. RegE Kleinanlegerschutzgesetz, BT-Drs. 18/2994, 53.

[10] Zur Anwendung der §§ 21 ff. WpHG im Zusammenhang mit Anteilserwerb nach UmwG vgl. *Heppe* WM 2002, 64; *Widder* NZG 2010, 455.

[11] Statt vieler Assmann/Schneider/*Schneider* WpHG § 21 Rn. 41 ff.

[12] Str., s. Assmann/Schneider/*Schneider* WpHG § 21 Rn. 34; aA Spindler/Stilz/*Petersen* Anh. § 22 Rn. 30.

[13] *Klein/Theusinger* NZG 2009, 250 mwN.

4. Beteiligung bei erstmaliger Zulassung (Abs. 2). § 33 Abs. 2 WpHG wurde mit dem Dritten Finanzmarktförderungsgesetz eingeführt und bejahte die – vorher umstrittene – Frage, ob auch bei erstmaliger Zulassung der Aktien zum Handel ohne Änderung der Beteiligungsverhältnisse eine Meldepflicht iSd Abs. 1 S. 1 besteht. Die Mitteilungspflicht betrifft **jeden, dem zum Zeitpunkt der erstmaligen Zulassung (Zulassungsentscheidung) 3% oder mehr der Stimmrechte** zustehen. §§ 34 und 37 WpHG finden im Rahmen des § 33 Abs. 2 WpHG ebenfalls Anwendung, nicht jedoch die Ausnahmen gemäß § 36 WpHG, die eine bestehende Börsenzulassung voraussetzen. 9

5. Zurechnungstatbestände gemäß § 34 Abs. 1 WpHG. Bei der Berechnung der Stimmrechtsbeteiligung sind die in § 34 WpHG geregelten Zurechnungstatbestände zu berücksichtigen, mit denen primär eine Umgehung der Mitteilungspflichten verhindert werden soll. Gemäß **§ 34 Abs. 1 S. 1 Nr. 1 WpHG** sind zunächst die von einem **Tochterunternehmen** (§ 35 WpHG) des Meldepflichtigen gehaltenen Stimmrechte dem Meldepflichtigen zuzurechnen. Dieser Zurechnungstatbestand kann gemäß § 34 Abs. 1 S. 2 WpHG mit den Zurechnungstatbeständen des § 34 Abs. 1 Nr. 2–8 WpHG kombiniert auftreten (sog. **Kettenzurechnung**). Zu einer Zurechnung führen ferner das Halten von Aktien **für Rechnung des Meldepflichtigen** (Nr. 2) zB im Rahmen eines Treuhandverhältnisses[14] und die **sicherungsweise Übertragung von Aktien** (Nr. 3), es sei denn der Sicherungsnehmer ist befugt und entschlossen, die Stimmrechte nach eigenem Ermessen auszuüben. Darlehenshalber überlassene Aktien werden vom Darlehensnehmer nur dann für Rechnung des Darlehensgebers gehalten, wenn dieser vertraglich weiterhin Einfluss auf die Stimmrechtsausübung nehmen kann.[15] Ferner lösen die Bestellung eines **Nießbrauchs** zugunsten des Meldepflichtigen (Nr. 4) und die **Erwerbsmöglichkeit durch einseitige Willenserklärung** (Nr. 5, nicht jedoch rein schuldrechtliche Optionen, diese fallen ggf. unter § 38 WpHG, → Rn. 19) eine Zurechnung ebenso aus wie die in Nr. 6 geregelten Tatbestände der Rechtewahrnehmung („Anvertrautsein" der Aktien und Vollmacht) durch den Mitteilungspflichtigen. Der Tatbestand der Nr. 6 wurde im Rahmen des Transparenzrichtlinie-Umsetzungsgesetzes neu gefasst und erweitert. Stimmrechte aus Aktien, zu deren Ausübung ein Dritter **bevollmächtigt** ist, ohne an besondere Weisungen des Aktionärs gebunden zu sein, werden nunmehr dem Bevollmächtigten zugerechnet.[16] Nicht hierunter fällt das Depotstimmrecht der Kreditinstitute.[17] Ferner ist in § 34 Abs. 3 WpHG eine Erleichterung für Vollmachten vorgesehen, die nur für eine Hauptversammlung erteilt werden: Nur die Erteilung der Vollmacht muss nach Maßgabe des Abs. 3 gemeldet werden. 10

Im Rahmen der Umsetzung der Transparenz-RL wurden Abs. 1 Nr. 7 und Nr. 8 neu eingefügt. Da der Legitimationsaktionär nicht unter Nr. 7 fällt, gibt es aufgrund des Abspaltungsverbots für diesen Zurechnungstatbestand bei deutschen Gesellschaften keinen rechten Anwendungsbereich.[18] Der neue Nr. 8 (Sicherheiten) stellt einen Auffangtatbestand zu dem spezielleren Tatbestand der sicherungsweisen Übertragung (Nr. 3) dar und lehnt sich sprachlich eng an Art. 10 lit. c Transparenz-RL an. Ob Nr. 8 neben Nr. 3 eigenständige Bedeutung zukommt, bleibt abzuwarten.[19] 11

6. Zurechnung wegen abgestimmten Verhaltens (§ 34 Abs. 2 WpHG). § 34 Abs. 2 WpHG enthält eine Zurechnungsregelung für Fälle des abgestimmten Verhaltens (sog. ***acting in concert***). Die Grundidee ist, in Fällen koordinierten Vorgehens von Aktionären jedem Aktionär den gesamten Stimmrechtsanteil aller an dem koordinierten Vorgehen beteiligten Aktionäre zuzurechnen. Ein solcher Zurechnungstatbestand war bereits in § 21 Abs. 1 Nr. 3 WpHG aF enthalten. Er wurde aber als zu eng und umgehungsanfällig empfunden.[20] Mit Einführung des WpÜG, das in § 30 WpÜG ebenfalls eine Regelung des *acting in concert* enthält, wurde § 34 insgesamt an den Wortlaut des § 30 WpÜG angepasst[21] und die Regelung des *acting in concert* in § 34 Abs. 2 verschoben und neu gefasst. Obwohl der Tatbestand offener formuliert war, musste sich die Vereinbarung des abgestimmten Verhaltens nach BGHZ 169, 98 (zu § 30 Abs. 2 WpÜG) weiterhin „auf die Ausübung von Stimmrechten aus Aktien der Zielgesellschaft, dh nur die Stimmrechtsausübung in der Hauptversammlung, beziehen". Andere Fälle koordinierten Vorgehens außerhalb der Hauptversammlung, etwa die abgestimmte Ansprache von Vorstand und Aufsichtsrat, das Einlegen von Anfechtungsklagen etc wurden damit nicht erfasst. Aus diesem Grund wurde § 34 Abs. 2 WpHG im Rahmen des Risikobegrenzungsgesetzes ebenso wie § 30 Abs. 2 WpÜG erneut geändert (S. 1) und um den heutigen S. 2 12

---

[14] OLG München ZIP 2009, 2095.

[15] BGH NZG 2009, 585.

[16] Dazu *Hutter/Kaulamo* NJW 2007, 471 (474).

[17] BaFin Emittentenleitfaden, 4. Aufl. 2013, Ziff. VIII.2.5.6.1.

[18] Begr. RegE, BT-Drs. 18/5010, 45.

[19] Krit. daher DAV-Handelsrechtsausschuss NZG 2015, 1069 Rn. 10.

[20] S. etwa KK-WpHG/*v. Bülow* WpHG § 22 Rn. 144.

[21] Krit. zum beabsichtigten Gleichlauf *Drinkuth* ZIP 2008, 676 ff.

ergänzt. Abgestimmtes Verhalten kann nunmehr in **zwei Varianten** vorliegen, nämlich wie bisher als **Abstimmung in Bezug auf die Stimmrechtsausübung** und als **Zusammenwirken mit dem „Ziel einer dauerhaften und erheblichen Änderung der unternehmerischen Ausrichtung des Emittenten in sonstiger Weise".** Um das „und" zwischen „dauerhaften" und „erheblichen" ist im Gesetzgebungsverfahren gerungen worden. Eine lediglich dauerhafte, aber unerhebliche Einwirkung auf die unternehmerische Ausrichtung hätte schon aus verfassungsrechtlichen Gründen kaum ausgereicht, um die Rechtsfolge der gegenseitigen Zurechnung auszulösen.[22]

13 Festgehalten wurde indes an der in § 34 Abs. 2 S. 1 Hs. 2 WpHG enthaltenen **Einzelfallausnahme,** dh ein abgestimmtes Vorgehen lediglich in einer Hauptversammlung führt nicht zur gegenseitigen Zurechnung der Stimmrechte aller an dem abgestimmten Vorgehen Beteiligten.

III. Definition der Tochterunternehmenseigenschaft; Verordnungsermächtigung (§ 35 WpHG)

14 § 35 WpHG wurde durch das Gesetz zur Umsetzung der Transparenzrichtlinie-Änderungsrichtlinie im November 2015 eingeführt. Die vorher im WpHG und im KAGB an verschiedenen Stellen enthaltenen, die Tochterunternehmenseigenschaft betreffenden Definitionen und Ausnahmen, wurden in einer Norm zusammengefasst.[23] Die Regelung ist für die §§ 34 Abs. 1 S. 1 Nr. 1 und S. 2 und 3, Abs. 2, 37 Abs. 1, 40 Abs. 1 S. 2 WpHG relevant, die jeweils den Begriff des Tochterunternehmens verwenden und voraussetzen. Nach der Definition in Abs. 1 ist Tochterunternehmen zunächst jedes Tochterunternehmen iSv § 290 HGB oder jedes Unternehmen, auf das ein beherrschender Einfluss ausgeübt werden kann. Auf Rechtsform und Sitz der beteiligten Unternehmen kommt es dabei nicht an. In Abs. 2–4 sind Ausnahmen enthalten, deren Eingreifen die Qualifikation als Tochterunternehmen entfallen lässt. Unter den Voraussetzungen von Abs. 2 Nr. 1–4 gilt zunächst ein **Wertpapierdienstleistungsunternehmen** im Hinblick auf die Beteiligungen, die von ihnen im Rahmen der Finanzportfolioverwaltung iSv § 2 Abs. 3 S. 1 Nr. 7 WpHG verwaltet werden, nicht als Tochterunternehmen. Eine entsprechende Regelung für **Kapitalverwaltungsunternehmen** ist in Abs. 3 enthalten. Abs. 4 schließlich enthält eine **Drittstaatenregelung** für Unternehmen mit Sitz im Ausland, die im Inland einer Zulassung für die Finanzportfolioverwaltung oder nach § 20 oder § 113 KAGB bedürften. Eine Rückausnahme zu den Abs. 2–4 ist in **Abs. 5** geregelt. Abs. 6 enthält die Ermächtigung zum Erlass einer Rechtsverordnung durch das Bundesfinanzministerium über Kriterien, wann die Tochterunternehmenseigenschaft nach Abs. 2–5 verneint werden kann.

IV. Nichtberücksichtigung von Stimmrechten (§ 36 WpHG)

15 In § 23 WpHG aF (vor Inkrafttreten des TUG, → Rn. 3) waren Befreiungstatbestände für Stimmrechte aus Aktien geregelt, die sich im „Handelsbestand" oder im „Spekulationsbestand" bestimmter Unternehmen befanden. Die Befreiung wurde auf Antrag des an sich mitteilungspflichtigen Unternehmens von der BaFin gewährt. Dieses umständliche Verfahren wurde im Rahmen des TUG aufgegeben, so dass die Befreiung jetzt bei Erfüllung des Befreiungstatbestandes automatisch eintritt. Im Rahmen des TUG wurde § 23 WpHG aF überdies insgesamt neu gefasst.[24] Zum einen entfiel die Befreiungsmöglichkeit für Spekulationsbestände, im Gegenzug wurden neben dem **Ausnahmetatbestand für Handelsbestände** zahlreiche neue Ausnahmetatbestände geschaffen für Stimmrechte aus Aktien, die sich kurzfristig im **Abrechnungs- und Abwicklungsbestand** (§ 36 Abs. 3 Nr. 1 WpHG), im **Verwahrbestand** (§ 36 Abs. 3 Nr. 2 WpHG), im **Bestand eines Mitglieds des Europäischen Systems der Zentralbanken** (§ 36 Abs. 4 WpHG) oder im Bestand eines **Market Makers** (§ 36 Abs. 5 WpHG – nur für die Meldeschwellen 3% und 5%) befinden.[25] Im Rahmen der Umsetzung der Transparenzrichtlinie-Änderungsrichtlinie wurde neben sprachlichen Anpassungen eine Ausnahme für Aktien, die von einem Kreditinstitut zu **Stabilisierungszwecken** erworben wurden, eingefügt (§ 36 Abs. 2 WpHG). Zu beachten ist, dass Stimmrechte, die gemäß § 36 WpHG unberücksichtigt bleiben, gemäß § 36 Abs. 6 WpHG nicht ausgeübt werden dürfen.

V. Mitteilung durch Mutterunternehmen (§ 37 WpHG)

16 In § 37 WpHG ist vorgesehen, dass die Mitteilungspflichten nach § 33 Abs. 1 und Abs. 2 WpHG durch die Konzernobergesellschaft (Mutterunternehmen) eines konzernzugehörigen Mitteilungspflichtigen (Tochter- oder Enkelunternehmen) erfüllt werden können. Hintergrund ist, dass es auf-

[22] Zur Auslegung der Begriffe instruktiv *Korff* AG 2008, 692 (693 ff.).
[23] Begr. RegE, BT-Drs. 18/5010, 45.
[24] Dazu *Hutter/Kaulamo* NJW 2007, 471 (475).
[25] Zum Ganzen MüKoAktG/*Bayer* WpHG § 23 Rn. 1 ff.; KK-WpHG/*Hirte* WpHG § 23 Rn. 1 ff.

grund der Zurechnungsregelungen in § 34 WpHG im Konzern zu mehrfachen Mitteilungspflichten kommen kann. Dies bedeutet nicht nur mehrfachen Verwaltungsaufwand, sondern führt tendenziell auch zu einer Irreführung der Öffentlichkeit. Daher kann das Mutterunternehmen eine befreiende Meldung auch für seine Tochterunternehmen vornehmen, wobei jedoch detaillierte Angeben zu dem auf jeder Konzernebene bestehenden oder zugerechneten Stimmrechtsbestand erforderlich sind.[26] Die Norm gilt auch für mehrstufige Konzerne.[27]

VI. Erfüllung der Mitteilungspflicht

Form und Inhalt der Mitteilung sind in §§ 17, 18 WpAIV (Wertpapierhandelsanzeige- und Insiderverzeichnisverordnung) geregelt, die aufgrund der unter anderem in § 33 Abs. 5 WpHG enthaltenen Verordnungsermächtigung erlassen wurde. Die Meldung ist **schriftlich oder per Telefax** an den Emittenten **und** die BaFin zu übersenden. Sie kann in deutscher oder englischer Sprache abgefasst sein. 17

Die Meldung hat gemäß § 33 Abs. 1 S. 1 WpHG **unverzüglich,** also ohne schuldhaftes Zögern (§ 121 Abs. 1 S. 1 BGB) zu erfolgen, nachdem der Mitteilungspflichtige von dem meldepflichtigen Tatbestand Kenntnis hatte oder haben musste. Die **absolute Grenze der Frist** wurde im Rahmen des TUG **von sieben auf vier Handelstage** reduziert, so dass es in der Praxis auf die Frage eines schuldhaften Zögerns zumeist nicht ankommt. Der Begriff der Handelstage ist in § 47 Abs. 1 WpHG definiert, zudem stellt die BaFin gemäß § 47 Abs. 2 WpHG im Internet einen entsprechenden Kalender bereit. Gemäß § 33 Abs. 1 S. 4 WpHG in der Fassung des Gesetzes zur Umsetzung der Transparenzrichtlinie-Änderungsrichtlinie wird zur Bestimmung des Fristbeginns – nunmehr **unwiderleglich – vermutet,** dass der Meldepflichtige **spätestens zwei Handelstage** nach der Schwellenberührung davon auch Kenntnis hat. Lediglich für Fälle, in denen es ohne Zutun des Meldepflichtigen zur Schwellenberührung gekommen ist (insbesondere Kapitalmaßnahmen), ist nach dem neu eingefügten Satz 5 die tatsächliche Kenntniserlangung für den Fristbeginn maßgeblich, spätestens aber der Zeitpunkt der Veröffentlichung des Emittenten nach § 41. 18

VII. Mitteilungspflicht und Zurechnung von Instrumenten (§ 38)

§ 38 Abs. 1 WpHG enthält eine ebenfalls im Rahmen des TUG neu eingeführte Mitteilungspflicht hinsichtlich bestimmter Finanzinstrumente, die das Recht zum Erwerb von stimmberechtigten, an einem organisierten Markt zugelassenen Aktien gewähren.[28] Die Mitteilungspflicht **entsteht, wenn der Erwerb (nur noch) vom Ermessen des Inhabers des Finanzinstruments,** nicht von anderen (äußeren) Umständen wie dem Erreichen eines bestimmten Kurses abhängig ist.[29] **Mit Ausnahme der Eingangsschwelle von 3%** gelten dabei dieselben Meldeschwellen wie nach § 33 Abs. 1 WpHG für die Meldung von Stimmrechten. Anlässlich der Umsetzung der Transparenzrichtlinie-Änderungsrichtlinie wurde der Tatbestand insgesamt neu gefasst. In Abs. 2 sind in Anlehnung an den Katalog des Art. 13 Abs. 1b Transparenz-RL (in der Fassung der Änderungsrichtlinie) bestimmte Instrumente aufgeführt, die zu einer Meldepflicht führen können, wenn die Voraussetzungen des Abs. 1 S. 1 Nr. 1 oder Nr. 2 erfüllt sind. 19

Meldepflichtig sind gemäß Abs. 1 S. 1 Nr. 1 lit. a zunächst Instrumente, die dem Inhaber bei Fälligkeit ein **unbedingtes Recht auf den Erwerb von Aktien** geben. Ihnen gleichgestellt sind nach Abs. 1 S. 1 Nr. 1 lit. b Instrumente, bei denen der Inhaber ein Ermessen in Bezug auf sein Recht auf den Erwerb von Aktien hat. Als Auffangtatbestand sind nach Abs. 1 S. 1 Nr. 2 Instrumente erfasst, die eine **vergleichbare wirtschaftliche Wirkung** haben. Sinn und Zweck der Regelung ist es, den verdeckten Aufbau einer Beteiligungsposition (sog. „Anschleichen" des Aktionärs) durch derivative Vertragsgestaltungen zu verhindern.[30] Prominente Beispiele hierfür sind vor allem der Übernahmeversuch von Porsche an VW sowie die Übernahme von Continental durch Schaeffler. 20

Gemäß § 38 Abs. 4 S. 1 WpHG sind Stimmrechte aus Aktien verschiedener Finanzinstrumente, die sich auf dieselbe Aktie beziehen, zusammenzurechnen. Erwerbspositionen dürfen jedoch nicht mit Veräußerungspositionen verrechnet werden (Abs. 4 S. 2). Die Berechnung des zu meldenden Stimmrechtsanteils richtet sich im Übrigen nach Abs. 3: Die Anzahl der Stimmrechte ist grundsätzlich anhand der vollen nominalen Anzahl der dem Instrument zugrunde liegenden Aktien zu berech- 21

[26] MüKoAktG/*Bayer* WpHG § 24 Rn. 1, 6 f.
[27] *Assmann/Schneider*/U. H. Schneider § 24 Rn. 8 mwN.
[28] Insbesondere Festgeschäfte oder Optionsgeschäfte, s. iE MüKoAktG/*Bayer* WpHG § 25 Rn. 2 ff.; *Hutter/Kaulamo* NJW 2007, 471 (475).
[29] *Hutter/Kaulamo* NJW 2007, 471 (475).
[30] Instruktiv zu den möglichen Gestaltungen *Weidmann* NZG 2016, 605 (608 ff.).

nen. Sofern das Instrument ausschließlich einen Barausgleich vorsieht, ist die Anzahl der Stimmrechte auf einer Delta-angepassten Basis zu berechnen, wobei die nominale Anzahl der zugrunde liegenden Aktien mit dem Delta des Instruments zu multiplizieren ist. Für die näheren Einzelheiten verweist Abs. 3 S. 3 auf die Transparenz-RL.

22 Gemäß § 38 Abs. 1 S. 3 WpHG in der Fassung des TUG war hinaus eine Zusammenrechnung von Stimmrechten aus Aktien, auf die sich ein Finanzinstrument bezog, mit Beteiligungen iSd §§ 33, 34 WpHG ausdrücklich nicht vorgesehen.[31] Dies hatte jedoch nicht lange Bestand: Im Rahmen des Risikobegrenzungsgesetzes wurde § 38 Abs. 1 S. 3 WpHG dahingehend geändert, dass in jedem Fall eine Zusammenrechnung erfolgt. Nunmehr enthält der neu eingefügte § 39 Abs. 1 WpHG eine entsprechende Regelung: Wenn durch Zusammenrechnung der Stimmrechte aus Aktien, auf die sich Instrumente beziehen, und Stimmrechten aus von dem Inhaber der Instrumente gehaltenen Aktien eine Schwellenberührung – mit Ausnahme der 3%-Schwelle – ergibt, folgt hieraus eine Meldepflicht. Somit kann eine Meldepflicht entstehen, wenn weder in der einen noch in der anderen Kategorie für sich genommen eine Meldepflicht bestünde (Beispiel: 2% Stimmrechte aus Aktien + 4% Stimmrechte aus Aktien, auf die sich Instrumente beziehen).

VIII. Veröffentlichungspflichten des Emittenten gemäß §§ 40, 41 WpHG

23 **1. Veröffentlichungspflicht gemäß § 40 Abs. 1 WpHG.** Der Emittent als Empfänger einer Mitteilung iSd §§ 33, 38 WpHG hat diese gemäß § 40 Abs. 1 WpHG zu veröffentlichen und an das Unternehmensregister (§ 8b HGB) zu melden. Nach der Neufassung der Norm im Rahmen des TUG gilt die Veröffentlichungspflicht grundsätzlich nur noch für Inlandsemittenten. Emittenten mit Sitz in einem anderen EU- oder einem EWR-Staat, deren Aktien sowohl im Sitzstaat als auch in Deutschland zum Handel an einem organisierten Markt zugelassen sind, haben nur noch die Veröffentlichungspflichten ihres Sitzstaats zu erfüllen. Hinzuweisen ist auf die Befreiungsmöglichkeiten für Inlandsemittenten mit Sitz in einem Drittstaat gemäß §§ 40 Abs. 1, 41 WpHG; s. auch § 46 WpHG.

24 Die **Frist** zur Veröffentlichung beträgt **drei Handelstage.** Näheres zu Form und Inhalt der Veröffentlichung ergibt sich aus § 20 WpAIV iVm §§ 3a, 3b WpAIV. Die Veröffentlichung ist gemäß § 40 Abs. 2 WpHG auch der BaFin zuzuleiten.

25 **2. Veröffentlichung der Gesamtzahl der Stimmrechte gemäß § 41 WpHG.** § 41 WpHG wurde ebenfalls im Rahmen des Gesetzes zur Umsetzung der Transparenzrichtlinie-Änderungsrichtlinie neu gefasst. Der Inlandsemittent (zum Begriff → Rn. 6) ist gemäß § 41 Abs. 1 S. 1 WpHG bei jeder Veränderung der Zahl der Stimmrechte verpflichtet, die **Gesamtzahl der an ihm bestehenden Stimmrechte** und das Datum der Wirksamkeit der Zu- oder Abnahme unverzüglich, spätestens innerhalb von zwei Handelstagen zu veröffentlichen **und** diese Veröffentlichung der **BaFin mitzuteilen und** (Abs. 1 S. 2) unverzüglich dem **Unternehmensregister zu übermitteln.** Eine Veränderung kann etwa durch Kapitalmaßnahmen oder die Umwandlung von Stammaktien in stimmrechtslose Vorzugsaktien erfolgt sein. Die Meldepflicht dient vor allem dazu, die Berechnung von Meldeschwellen (§§ 33 Abs. 1, 33 Abs. 2, 38 WpHG) zu erleichtern und eine verlässliche Bezugsgröße zur Verfügung zu stellen.[32] Bislang musste die Veröffentlichung immer nur zum Monatsende erfolgen.[33] Durch die Verpflichtung, jede Änderung unverzüglich zu melden, wurde die Verlässlichkeit der Meldungen erheblich verbessert.

IX. Nachweispflicht gemäß § 42 WpHG

26 Auf Verlangen der BaFin oder des Emittenten ist eine nach **§§ 42 Abs. 1, Abs. 2, 38 Abs. 1 oder 39 Abs. 1 WpHG** mitgeteilte Beteiligung nachzuweisen. Sinn und Zweck ist der Schutz des Emittenten vor falschen Mitteilungen **(Rechtssicherheit).** Auch soll die BaFin in die Lage versetzt werden, die Richtigkeit von Meldungen nachprüfen zu können und somit eine **effektive Kapitalmarktaufsicht** auszuüben.[34] Die Norm ähnelt § 22, und wie im Falle des § 20 Abs. 6 ist der Emittent nicht berechtigt, eine Veröffentlichung gemäß § 26 WpHG zurück zu halten, bis der Nachweis der Beteiligung erbracht ist.

27 Voraussetzung der Nachweispflicht ist das Vorliegen einer entsprechenden Mitteilung nach §§ 33 Abs. 1, Abs. 2 oder 38 Abs. 1 WpHG; **anderweitige Kenntniserlangung** genügt nicht. Der Nachweisanspruch besteht, solange die meldepflichtige Beteiligung besteht. Er kann von der BaFin im Wege der Verwaltungsvollstreckung und vom Emittenten gemäß § 888 ZPO durchgesetzt werden.

---

[31] Krit. etwa MüKoAktG/*Bayer* WpHG § 23 Rn. 7.

[32] Begr. RegE TUG, BT-Drs. 16/2498, 38.

[33] Krit. dazu *Schnabel/Korff* ZBB 2007, 179 (184 f.).

[34] *Assmann/Schneider* WpHG § 27 Rn. 1 mwN.

X. Mitteilungspflichten der Inhaber wesentlicher Beteiligungen (§ 43 WpHG)

1. Allgemeines, Inhaber einer wesentlichen Beteiligung. Im Rahmen des Risikobegrenzungsgesetzes 2009 neu eingeführt wurde § 43 WpHG. Mit § 43 WpHG wurde eine **zusätzliche Informationspflicht des Meldepflichtigen gegenüber dem Emittenten** geschaffen, die erstmals bei Überschreiten der zehnprozentigen Beteiligungsschwelle (wesentliche Beteiligung) greift. Der Gesetzgeber nimmt dabei in Anspruch, internationale Regelungsvorbilder aus den USA (sec. 13(d) (1) Securities Exchange Act) und Frankreich aufzugreifen.[35] Sinn und Zweck der Regelung ist die Herstellung erhöhter Transparenz im Kapitalmarkt. Auslöser waren Fälle wie der der Deutsche Börse AG, bei der die Verwaltung durch den Hedgefonds TCI unter Druck gesetzt wurde.[36] Nach § 43 WpHG muss der Meldepflichtige dem Emittenten, kurz gesagt, **über die mit seiner Beteiligung verbundenen Ziele sowie die Herkunft der zum Erwerb aufgewendeten Mittel Auskunft geben.** Anders als noch im Referentenentwurf und im Regierungsentwurf des Risikobegrenzungsgesetzes vorgesehen, entsteht die Informationspflicht nicht erst auf Verlangen des Emittenten, sondern **automatisch** bei Überschreiten einer Beteiligungsschwelle iSd § 33 Abs. 1 S. 1 WpHG, **erstmals bei Überschreiten der Zehn-Prozent-Schwelle.** Die Information hat gemäß § 43 Abs. 1 S. 1 WpHG **innerhalb von 20 Handelstagen** nach Erreichen oder Überschreiten der Meldeschwelle zu erfolgen. Damit wurde im Gesetzgebungsverfahren ein Kritikpunkt aufgegriffen, da die Aufforderungslösung Bedenken sowohl im Hinblick auf den aktienrechtlichen Gleichbehandlungsgrundsatz als auch im Hinblick auf ein mögliches Auseinanderfallen der Interessen des Leitungsorgans und der (übrigen) Aktionäre begegnete.[37] Eine Informationspflicht bestehender Beteiligungsinhaber bei erstmaliger Notiz an einem organisierten Markt wie in § 33 Abs. 2 gibt es indes nicht.[38] Bei der Berechnung der Beteiligungsschwelle sind die §§ 35, 36 und 37 WpHG anwendbar; eine Informationspflicht kann also ggf. kraft Zurechnung fremder Stimmrechte bestehen. 28

2. Gegenstand der Informationspflicht. Der Inhaber der wesentlichen Beteiligung muss gemäß **§ 43 Abs. 1 S. 3 Nr. 1–4 WpHG** über die mit seiner Beteiligung verfolgten **Ziele** sowie gemäß **§ 43 Abs. 1 S. 4 WpHG** über die Herkunft der zur Erlangung der Beteiligung aufgewendeten **Mittel** informieren. 29

Hinsichtlich der **Ziele** ist offenzulegen, ob die Beteiligung **strategischen Zielen oder der Erzielung von Handelsgewinnen** dient (Nr. 1), ob der Investor innerhalb der nächsten zwölf Monate **weitere Stimmrechte** durch Erwerb oder auf sonstige Weise zu erlangen beabsichtigt (Nr. 2), ob eine **Einflussnahme auf die Besetzung von Verwaltungs-, Leitungs- und Aufsichtsorganen** angestrebt wird (Nr. 3), und ob eine **wesentliche Änderung der Kapitalstruktur** (Verhältnis Eigenkapital/Fremdkapital) und der **Dividendenpolitik** angestrebt wird (Nr. 4). Aufgegeben wurde die noch im Regierungsentwurf des Risikobegrenzungsgesetzes enthaltene Informationspflicht über die Absicht, ob die Erlangung von Kontrolle iSd § 45 Abs. 2 WpÜG angestrebt wird. Allen Einzelpunkten gemeinsam ist, dass bloße Absichten als subjektive Tatbestände schwer justitiabel sind, zumal diese sich nicht auf eine unmittelbar bevorstehende, konkrete Einzelmaßnahme beziehen müssen.[39] Erfahrungen aus den USA legten nahe, dass die Informationspflicht in der Praxis durch schwammige Formulierungen oder die weitschweifige Darstellung von Handlungsmöglichkeiten entwertet wird.[40] Dies hat sich in der deutschen Praxis weitgehend bestätigt; die Meldungen nach § 43 WpHG beschränken sich zumeist auf inhaltsleere Formeln. Soweit der Investor selbst nur diffuse Vorstellungen seines weiteren Vorgehens hat und nicht über einen festgefügten Handlungsplan verfügt, liegt eine gewisse Schwammigkeit geradezu in der Natur der Sache.[41] Insgesamt sollte die Bedeutung der Informationspflicht über die von dem Investor verfolgten Absichten daher nicht überschätzt werden. Abgesehen von dem zusätzlichen Verwaltungsaufwand halten sich die praktischen Auswirkungen – im Positiven wie im Negativen – in Grenzen. 30

Zu beachten ist, dass gemäß § 43 Abs. 1 S. 2 WpHG auch **Änderungen der Ziele** offenzulegen sind. Die Information des Emittenten hat wiederum **innerhalb einer Frist von 20 Handelstagen,** beginnend mit der Änderung der Ziele, zu erfolgen. Dass der Fristbeginn häufig zweifelhaft und umstritten sein dürfte, liegt auf der Hand. 31

Hinsichtlich der Herkunft der **für den Erwerb aufgewendeten Mittel** ist gemäß § 43 Abs. 1 S. 4 WpHG anzugeben, ob es sich um Eigen- oder Fremdmittel handelt, die zur Erwerbsfinanzierung 32

---

[35] Begr. RegE Risikobegrenzungsgesetz, BT-Drs. 16/7438, 15; krit. *Möllers/Holzner* NZG 2008, 166 (167 ff.).
[36] Dazu *Fleischer* AG 2008, 873; *Möllers/Holzner* NZG 2008, 166.
[37] *Möllers/Holzner* NZG 2008, 166 (169).
[38] *v. Bülow/Stephanblome* ZIP 2008, 1797 (1801); *Fleischer* AG 2008, 873 (876).
[39] Anders als etwa die Anzeigepflicht nach § 2c KWG oder § 104 VAG, *Fleischer* AG 2008, 873 (877).
[40] Nachweise bei *Fleischer* NZG 2008, 873 (877).
[41] Vgl. DAV-Handelsrechtsausschuss NZG 2008, 60 (61).

aufgenommen wurden. Bei international aufgestellten und zentral finanzierten Unternehmensgruppen wird sich dies nicht immer ohne weiteres feststellen lassen. Wurde die Akquisition aus freier Liquidität finanziert, ohne eigens ein Darlehen mit dem Verwendungszweck des Beteiligungserwerbs aufzunehmen, ist im Zweifel die sich aus der üblichen Mischfinanzierung ergebende Eigen-/Fremdkapitalquote anzugeben, die auch aus dem Konzernabschluss ersichtlich wäre. Die Aussagekraft dieser Information ist indes gering. Auch wenn eine spezielle Akquisitionsfinanzierung besteht, sind die Details zu Konditionen und Kreditgebern nicht zu nennen. Der deutsche Gesetzgeber hat hierauf dankenswerterweise verzichtet, um die Beteiligten keinen Wettbewerbsnachteilen auszusetzen.[42]

33 Zu **Form und Inhalt** der Information ist in § 43 Abs. 4 WpHG eine **Verordnungsermächtigung** enthalten, die bislang noch nicht genutzt wurde.

34 **3. Ausnahmen.** Ausnahmen von der Informationspflicht gemäß § 43 Abs. 1 WpHG bestehen zum einen als **gesetzliche Ausnahmen nach § 43 Abs. 1 S. 5 und 6 WpHG,** zum anderen ist die Informationspflicht gemäß **§ 43 Abs. 3 WpHG** zur Disposition des Satzungsgebers des Emittenten gestellt.

35 **§ 43 Abs. 1 S. 5 WpHG** erfasst zunächst Fälle, in denen die **Beteiligungsschwelle von 10% der Stimmrechte aufgrund eines öffentlichen Übernahmeangebots** iSd § 2 Abs. 1 WpÜG erreicht oder überschritten wird. Das ist sinnvoll, da der Investor in diesen Fällen bereits im Rahmen der Angebotsunterlage seine Ziele und auch die Finanzierung offengelegt hat. Ferner sind die in § 43 Abs. 1 S. 6 genannten typischerweise „passiven" Investoren von der Informationspflicht ausgenommen.[43]

36 Gemäß **§ 43 Abs. 3 WpHG** sind ferner **Satzungsregelungen** zulässig, mit denen der Emittent die **Anwendung des § 43 Abs. 1 WpHG ausschließen kann.** Um den betroffenen Gesellschaften Gelegenheit zu einer entsprechenden Satzungsänderung zu geben, wurde das Inkrafttreten des § 43 WpHG seinerzeit auf den 1.5.2009 verschoben.[44] Rechtspolitisch begegnet die satzungsmäßige Abdingbarkeit indes Bedenken, da die kapitalmarktrechtlichen Offenlegungsvorschriften nicht nur dem Schutz des Emittenten und seiner Aktionäre, sondern auch dem Schutz des Anlegerpublikums insgesamt dienen. Aus Sicht der Beratungspraxis ist eine solche Satzungsregelung nur in Ausnahmefällen zu empfehlen, insbesondere in Fällen eines Interessengleichlaufs mit dem Großaktionär.

37 **4. Veröffentlichung durch den Emittenten.** In **§ 43 Abs. 2 WpHG** ist vorgeschrieben, dass der Emittent die erhaltene Information oder die Tatsache, dass gegen die Mitteilungspflicht verstoßen wurde, entsprechend § 40 Abs. 1 S. 1 WpHG iVm § 40 Abs. 3 Nr. 1 WpHG und den Regelungen der WpAIV veröffentlichen muss. Dass die Veröffentlichung der mitgeteilten Information im Sinne der Transparenz der Kapitalmärkte folgerichtig ist, ist einsichtig. Problematisch ist dagegen die Veröffentlichung des Verstoßes und die damit verbundene Prangerwirkung („shaming"). Dies gilt umso mehr, als ausweislich der Begründung zum Regierungsentwurf[45] nicht nur das vollständige Unterlassen der Information, sondern auch die Tatsache einer unvollständigen oder unrichtigen Information veröffentlicht werden soll. Zuzugeben ist, dass anderenfalls die Sanktion durch inhaltsleere, nur formale Erfüllung der Informationspflicht allzu leicht umgangen werden könnte. Andererseits dürfte die Feststellung, ob eine Information ordnungsgemäß war, im Einzelfall schwierig, streitanfällig und von dem Emittenten keinesfalls rechtssicher zu treffen sein. Der Emittent setzt sich möglicherweise sogar Schadensersatzansprüchen des Investors aus, wenn er diesen zu Unrecht öffentlich einer unrichtigen oder unvollständigen Information bezichtigt. Angesichts der Abgrenzungsschwierigkeiten ist für die Praxis zu raten, mitgeteilte Informationen ebenso wie das völlige Ausbleiben der geschuldeten Information zu veröffentlichen. Bewertungen der Qualität oder Vollständigkeit mitgeteilter Information sollten dagegen nur sehr zurückhaltend erfolgen.

38 **5. Rechtsfolgen bei Verstoß.** Der Gesetzgeber hat bewusst davon abgesehen, einen Verstoß gegen § 43 Abs. 1 WpHG über die Veröffentlichung hinaus mit weiteren Sanktionen zu belegen.[46] Daher drohen weder ein Rechtsverlust gemäß § 44 WpHG noch die Verwirkung eines Bußgeldtatbestandes. Diese Entscheidung sollte zwar nach dem Sammeln erster Erfahrungen nach Ablauf von zwei Jahren überprüft werden,[47] bislang wurde aber keine Änderung vorgenommen.

---

[42] Begr. RegE Risikobegrenzungsgesetz, BT-Drs. 16/7438, 12.

[43] Der Tatbestand ist jedoch enger als die Ausnahmen nach der „passive investor rule" des US-Rechts, dazu *Fleischer* NZG 2008, 873 (876).

[44] Ausschussbericht BT-Drs. 16/9821, 25; *König* BB 2008, 1910 (1914).

[45] BT-Drs. 16/7438, 16.

[46] Begr. RegE Risikobegrenzungsgesetz, BT-Drs. 16/7438, 16.

[47] Zu der weitergehenden Diskussion, ob eine Haftung gemäß §§ 826, 823 Abs. 2 BGB drohen oder das Verbot der Marktmanipulation gemäß § 20a Abs. 1 WpHG erfüllt sein kann, s. *Fleischer* NZG 2008, 873 (881 ff.) mwN.

XI. Rechtsverlust bei Verstoß gegen Mitteilungspflichten (§ 44 WpHG)

§ 44 WpHG sah ursprünglich als Sanktion gegen Mitteilungspflichten nur einen zeitweiligen Verlust des Stimmrechts vor. Im Zuge des Dritten Finanzmarktförderungsgesetzes wurde § 44 WpHG dann zunächst mit dem ebenfalls neu gefassten § 20 Abs. 7 vereinheitlicht, so dass ein Verlust aller Aktionärsrechte droht. Wie bei § 20 Abs. 7 ist der Verlust hinsichtlich des Dividendenanspruchs (§ 58 Abs. 4) und des Anspruchs auf den Liquidationserlös (§ 271) nicht endgültig, wenn die Meldung nicht vorsätzlich unterlassen und nachgeholt wurde. Die Regelung erlaubte es somit, unter Inkaufnahme einer Geldbuße (§ 39 Abs. 2 Nr. 2 lit. a WpHG) zwischen zwei Hauptversammlungen eine meldepflichtige Position aufzubauen und die unterlassene Meldung vor der entscheidenden Hauptversammlung nachzuholen.[48] Im Regierungsentwurf des Risikobegrenzungsgesetzes[49] war daher zunächst vorgesehen, den **Rechtsverlust sechs Monate nachwirken** zu lassen, wenn der Verstoß gegen die Meldepflicht die Stimmrechtshöhe betraf und **vorsätzlich oder grob fahrlässig**[50] begangen wurde. Im Gesetzgebungsverfahren[51] wurde die Regelung noch um die in Abs. 1 S. 4 enthaltene **Bagatellgrenze** ergänzt. Diese ist etwas missverständlich geraten.[52] Richtigerweise ist die Regelung so zu verstehen, dass die Abweichung zwischen (falsch) gemeldeter Stimmrechtshöhe und tatsächlich bestehender Stimmrechtshöhe weniger als 10% des tatsächlichen Stimmrechtsanteils betragen haben muss. Mit der „vorangegangenen unrichtigen Mitteilung" ist also die der heilenden, nachholenden Meldung vorausgehende unrichtige Meldung gemeint. Wurde eine Meldung ganz unterlassen, kann die Bagatellklausel somit nicht eingreifen. Dies wird auch durch die Wendung „und keine Mitteilung über das Erreichen, Überschreiten oder Unterschreiten der in § 33 genannten Schwellen unterlassen wird" klargestellt. 39

Der Rechtsverlust gemäß § 44 Abs. 1 WpHG gilt **nur als Sanktion für Verstöße gegen Meldepflichten gemäß § 33 Abs. 1 und Abs. 2 WpHG.** Die Meldepflicht gemäß § 38 WpHG war bisher also nicht mit einem Rechtsverlust bewehrt. Dies war für die bisherige Fassung des § 44 WpHG konsequent, da der Inhaber eines Finanzinstruments (noch) über keine aktienrechtlichen Vermögens- und Verwaltungsrechte verfügt. Innerhalb der sechsmonatigen Nachwirkfrist kann sich dies aber – etwa infolge der Ausübung einer Erwerbsoption – durchaus ändern, so dass man darüber nachdenken könnte, die Sanktion des § 44 WpHG auch auf Meldepflichten gemäß § 38 WpHG zu erstrecken. Der Gesetzgeber hat sich nun im Rahmen des Umsetzungsgesetzes zur Transparenzrichtlinie-Änderungsrichtlinie für einen etwas anderen Weg entschieden: Nach dem neu eingefügten § 44 Abs. 2 WpHG erfasst der Rechtsverlust auch Aktien desselben Emittenten, die dem Meldepflichtigen gehören. Dies können zum einen bei einem andauernden Rechtsverlust die aufgrund eines Instruments (später) erworbenen Aktien sein. Zum anderen sind aber auch die unabhängig von dem Instrument „sonst" gehaltenen Aktien des Meldepflichtigen betroffen. Die praktische Wirksamkeit der Sanktion wurde somit erheblich gesteigert. 40

Von der Sanktion gemäß § 44 WpHG erfasst werden auch Stimmrechte, die dem Meldepflichtigen gemäß **§ 34 Abs. 1 S. 1 Nr. 1 WpHG** zugerechnet werden, weil sie einem Tochterunternehmen des Meldepflichtigen gehören. 41

Zweiter Teil. Gründung der Gesellschaft

§ 23 Feststellung der Satzung

(1) [1]Die Satzung muß durch notarielle Beurkundung festgestellt werden. [2]Bevollmächtigte bedürfen einer notariell beglaubigten Vollmacht.

(2) In der Urkunde sind anzugeben

1. **die Gründer;**
2. **bei Nennbetragsaktien der Nennbetrag, bei Stückaktien die Zahl, der Ausgabebetrag und, wenn mehrere Gattungen bestehen, die Gattung der Aktien, die jeder Gründer übernimmt;**
3. **der eingezahlte Betrag des Grundkapitals.**

(3) Die Satzung muß bestimmen

1. **die Firma und den Sitz der Gesellschaft;**

---

[48] Begr. RegE Risikobegrenzungsgesetz, BT-Drs. 16/7438, 16.
[49] BT-Drs. 16/7438.
[50] Instruktiv *Korff* AG 2008, 692 (697 f.).
[51] Beschlussempfehlung des Finanzausschusses, BT-Drs. 16/9778, 3, 12.
[52] Dazu *Korff* AG 2008, 692 (697).

2. den Gegenstand des Unternehmens; namentlich ist bei Industrie- und Handelsunternehmen die Art der Erzeugnisse und Waren, die hergestellt und gehandelt werden sollen, näher anzugeben;
3. die Höhe des Grundkapitals;
4. die Zerlegung des Grundkapitals entweder in Nennbetragsaktien oder in Stückaktien, bei Nennbetragsaktien deren Nennbeträge und die Zahl der Aktien jeden Nennbetrags, bei Stückaktien deren Zahl, außerdem, wenn mehrere Gattungen bestehen, die Gattung der Aktien und die Zahl der Aktien jeder Gattung;
5. ob die Aktien auf den Inhaber oder auf den Namen ausgestellt werden;
6. die Zahl der Mitglieder des Vorstands oder die Regeln, nach denen diese Zahl festgelegt wird.

(4) Die Satzung muß ferner Bestimmungen über die Form der Bekanntmachungen der Gesellschaft enthalten.

(5) [1]Die Satzung kann von den Vorschriften dieses Gesetzes nur abweichen, wenn es ausdrücklich zugelassen ist. [2]Ergänzende Bestimmungen der Satzung sind zulässig, es sei denn, daß dieses Gesetz eine abschließende Regelung enthält.

Schrifttum (zu §§ 23 ff.): wN bei § 27 und § 52; *Apfelbaum,* Die wirtschaftliche Neugründung bei der GmbH, notar 2011, 279; *Auer,* Die antizipierte Anmeldung bei der GmbH, DNotZ 2000, 498; *Bachmann,* Die Einmann-AG, NZG 2001, 961; *ders.* Abschied von der „wirtschaftlichen Neugründung"?, NZG 2011, 441; *ders.,* Die Offenlegung der wirtschaftlichen Neugründung und die Folgen ihrer Versäumung, NZG 2012, 579; *Böttcher,* Die kapitalschutzrechtlichen Aspekte der Aktionärsrechterichtlinie (ARUG), NZG 2008, 481; *Bosse,* Grünes Licht für das ARUG: Das Aktienrecht geht online, NZG 2009, 807; *Bruski,* Die Gründungsphase der Aktiengesellschaft bei der Spaltung zur Neugründung, AG 1997, 17; *Fezer,* Die Einmanngründung der GmbH, JZ 1981, 608; *Gerber,* Das Gründungsrecht der Vorrats-AG, Rpfleger 2004, 469; *Goette,* Auslandsbeurkundungen im Kapitalgesellschaftsrecht, FS Boujong, 1996, 131; *ders.,* Auslandsbeurkundungen im Kapitalgesellschaftsrecht, MittRhNotK 1997, 1; *Grage,* Notarrelevante Regelungen des Transparenz- und Publizitätsgesetzes im Überblick, RNotZ 2002, 326; *Grooterhorst,* Praktische Probleme beim Erwerb einer Vorrats-AG, NZG 2001, 145; *Groß,* Hauptversammlungen 2003: Bekanntmachung der Einberufung nur im elektronischen Bundesanzeiger?, DB 2003, 867; *Habersack,* Wider das Dogma von der unbeschränkten Gesellschafterhaftung bei wirtschaftlicher Neugründung einer AG oder GmbH, AG 2010, 845; *Heckschen,* Gründungsprüfung durch den Notar, NotBZ 2002, 429; *ders.,* Die „kleine AG" und Deregulierung des Aktienrechts – Eine kritische Bestandsaufnahme, DNotZ 1995, 275; *Heider,* Einführung der nennwertlosen Aktie in Deutschland anlässlich der Umstellung des Gesellschaftsrechts, AG 1998, 1; *Heidinger,* Neues zur Verwendung von Vorratsgesellschaften und zum Mantelkauf, ZNotP 2003, 82; *Heinze,* Wirtschaftliche Neugründung und Aktiengesellschaft: Zur „entsprechenden Anwendung der Gründungsvorschriften", BB 2012, 67; *Hermanns,* Erleichterungen bei der Gründung von Aktiengesellschaften durch das Transparenz- und Publizitätsgesetz, ZIP 2002, 1785; *ders.,* Gestaltungsmöglichkeiten bei der Kapitalerhöhung mit Agio, ZIP 2003, 788; *Hüffer,* Die Haftung bei wirtschaftlicher Neugründung unter Verstoß gegen die Offenlegungspflicht, NJW 2011, 1772; *Ihrig,* Die endgültig freie Verfügung über die Einlage von Kapitalgesellschaftern, 1991; *Jeep,* Leere Hülse, beschränktes Risiko: Die Gesellschafteshaftung bei nicht offen gelegter wirtschaftlicher Neugründung oder: Wie weit reicht das Konzept der Unterbilanzhaftung von GmbH-Gesellschaftern?, NZG 2012, 1209; *Kindler,* Die Aktiengesellschaft für den Mittelstand, NJW 1994, 3041; *Klasen,* Recht der Sacheinlage: Rechtliche Rahmenbedingungen – Neuerungen durch MoMiG und ARUG, BB 2008, 2694; *Kraft,* Probleme im Zusammenhang mit der Leistung von Einlagen bei der Gründung einer Aktiengesellschaft, GS D. Schultz, 1987, 193; *Krebs/Wagner,* Der Leistungszeitpunkt von Sacheinlagen nach § 36a Abs. 2 AktG, AG 1998, 467; *D. Mayer,* Der Leistungszeitpunkt bei Sacheinlageleistungen im Aktienrecht, ZHR 154 (1990), 535; *Leitzen,* Öffentlich-rechtliche Genehmigungen in GmbH-Registerverfahren nach dem MoMiG, GmbHR 2009, 480; *Merkner/Decker,* Vereinfachte Sachkapitalerhöhung nach dem ARUG – Wertvolle Deregulierung oder Regelung auf dem Papier?, NZG 2009, 887; *W. Müller,* Die Leistung der Bareinlage bei der Aktiengesellschaft „zur freien Verfügung des Vorstands", FS Beusch, 1993, 631; *Nolting,* Registerrechtliche Gründungsprüfung beim Erwerb von Mantel- und Vorratsgesellschaften, ZIP 2003, 651; *Noack,* Die Umstellung von Inhaber- auf Namensaktien, FS Bezzenberger, 2000, 291; *ders.,* Der elektronische Bundesanzeiger im Aktienrecht, BB 2002, 2025; *Papmehl,* Aktienrechtliche Gründungsprüfung durch Notare, MittBayNot 2003, 187; *Paschos/Goslar,* Der Referentenentwurf des Gesetzes zur Umsetzung der Aktionärsrechterichtlinie (ARUG) aus der Sicht der Praxis, AG 2008, 605; *Priester,* Strukturänderungen – Beschlussvorbereitung und Beschlussfassung, ZGR 1990, 420; *Schaub,* Vorratsgesellschaften vor dem Aus?, NJW 2003, 2125; *Schervier,* Beurkundung GmbH-rechtlicher Vorgänge im Ausland, NJW 1992, 593; *Schiller,* Die Prüfung von Sacheinlagen im Rahmen der aktienrechtlichen Gründungsprüfung, AG 1992, 20; *Schürmann,* Die Rechtsnatur der Gründerhaftung im Aktienrecht, 1968; *Seibert/Florstedt,* Der Regierungsentwurf des ARUG – Inhalt und wesentliche Änderungen gegenüber dem Referentenentwurf, ZIP 2008, 2145; *Spindler/Kramski,* Der elektronische Bundesanzeiger als zwingendes Gesellschaftsblatt für Pflichtbekanntmachungen der GmbH, NZG 2005, 746; *Theusinger/Andrä,* Die Aktivierung unternehmensloser Gesellschaften – Praktische Hinweise zur Verwendung von Vorrats- und Mantelgesellschaften, ZIP 2014, 1916; *Weiler,* Auswirkungen des ARUG auf die notarielle Praxis, notar 2009, 313; *Weimar,* Abschied von der Gesellschafter- und Handelndenhaftung im GmbH-Recht?, GmbHR 1988, 289; *Werner,* Aktiengesellschaften von der Stange?, NZG 2001, 397; *Wiedemann,* Zur Haftungsverfassung der Vor-AG: Der Gleichlauf von Gründerhaftung und Handelnden-Regress, ZIP 1997, 2029; *Winnen,* Die wirtschaftliche

Neugründung von Kapitalgesellschaften, RNotZ 2013, 389; *Zetsche,* Die nächste „kleine" Aktienrechtsreform: Der Referentenentwurf eines Gesetzes zur Umsetzung der Aktionärsrechterichtlinie, Der Konzern 2008, 321.

Übersicht

I. Allgemeines

1. Regelungsgegenstand. Mit § 23 beginnen unter der Überschrift „Feststellung der Satzung" die Vorschriften über die Gründung der Gesellschaft. Im Mittelpunkt steht die Satzung, dh der Gesellschaftsvertrag der Aktiengesellschaft (vgl. § 2; → § 2 Rn. 1 f.). Abs. 1 bestimmt die formellen Voraussetzungen für die Satzungsfeststellung, Abs. 2 regelt das Erfordernis der Aktienübernahme durch die Gründer als zweites wesentliches Merkmal der Gründung einer Aktiengesellschaft (→ § 2 Rn. 3, 10),[1] Abs. 3 und 4 legen den notwendigen Inhalt der Satzung fest und Abs. 5 enthält den „Grundsatz der Satzungsstrenge", der als Grundlage für die Verkehrsfähigkeit der Aktie angesehen wird.[2] Die Bestimmungen über den Satzungsinhalt haben nicht nur für die Gründung, sondern auch für spätere Satzungsänderungen Bedeutung.[3] 1

---

[1] Spindler/Stilz/*Limmer* Rn. 1.
[2] MüKoAktG/*Pentz* Rn. 6; Hüffer/*Koch* Rn. 1.
[3] Vgl. MüKoAktG/*Pentz* Rn. 6; Hüffer/*Koch* Rn. 1.

2 **2. Systematik und Auslegung.** § 23 regelt die Frage nach dem Satzungsinhalt nicht abschließend. Weitere Regelungen über den Inhalt der Satzung enthalten zB § 25 für Bekanntmachungen, § 26 hinsichtlich eventueller Sondervorteile und des Gründungsaufwandes und § 27 bei Sacheinlagen und Sachübernahmen sowie – soweit die Vorschrift noch Wirkungen entfaltet (→ § 24 Rn. 1 f.) – § 24 für die Umwandlung von Aktien. Bei der Auslegung des § 23 ist zu berücksichtigen, dass die Norm teilweise auf die Publizitäts-RL[4] und die Kapital-RL zurückgeht.[5]

II. Feststellung der Satzung (Abs. 1)

3 **1. Satzung. a) Rechtsnatur und Begriff.** Nach der Legaldefinition des § 2 ist die Satzung der Gesellschaftsvertrag der Aktiengesellschaft (zum Begriff → § 2 Rn. 9). Die Rechtsnatur der Satzung ist umstritten. Zutreffend wird sie heute überwiegend als Schuld- und Organisationsvertrag bezeichnet und damit als **Vertrag sui generis** qualifiziert, der sowohl subjektive Rechte und Pflichten der Gründer regelt als auch objektive Normen aufstellt.[6] Vorherrschend ist ein „formaler"[7] Satzungsbegriff. Die so verstandene Satzung umfasst danach nicht nur die notwendigen Angaben nach § 23 Abs. 3 und 4 sowie vom Gesetz abweichende und dieses ergänzende Bestimmungen nach § 23 Abs. 5, sondern den gesamten Inhalt der entsprechenden Satzungsurkunde einschließlich der Aktienübernahmeerklärungen nach § 23 Abs. 2 sowie weitere besondere Abreden zwischen den Gründern.[8] Dabei können in einer Satzung zwei Arten von Satzungsbestimmungen unterschieden werden.

4 **b) Arten der Satzungsbestimmungen. aa) „Echte" Satzungsbestimmungen.** Im Vordergrund stehen die „echten" Satzungsbestimmungen, auch „materielle", „korporative", „körperschaftliche" oder „normative" Satzungsbestimmungen genannt. Das sind die Regelungen, die die Gesellschaft und ihre Beziehungen zu den Gründern und später hinzukommenden Aktionären betreffen.[9] Charakteristisch für „echte" Satzungsbestimmungen ist somit, dass sie nicht nur für die bei Errichtung der Gesellschaft vorhandenen Gesellschafter oder einzelne von ihnen gelten, sondern für einen unbestimmten Personenkreis, zu dem sowohl die gegenwärtigen als auch die künftigen Gesellschafter und bzw. oder die Gläubiger der Gesellschaft gehören.[10] Lässt die Regelung nicht klar erkennen, ob sie auch für zukünftige Aktionäre gelten soll, soll für die Einordnung als „echte" Satzungsbestimmung maßgeblich sein, ob die Regelung die korporative Gestaltung der Gesellschaft mitbestimmen oder ob durch sie nur ein konkreter individueller Einzelfall geregelt werden soll.[11] Die Summe der „echten" Satzungsbestimmungen bildet die „Verfassung" der Gesellschaft (→ § 2 Rn. 9).[12] Sie können nur in der Satzungsurkunde getroffen werden.[13] Zu den „echten" Satzungsbestimmungen[14] gehören neben den Angaben zur Ausgestaltung der mitgliedschaftlichen Einlageverpflichtung (Bar- oder Sacheinlage) gemäß §§ 23 Abs. 2, 36a Abs. 1 und 2[15] insbesondere die nach § 23 Abs. 3 und 4 notwendigen Regelungen (letztere auch „Satzung im engeren Sinn" genannt)[16] und Abweichungen iSd § 23 Abs. 5 S. 1 sowie in der Regel auch Ergänzungen nach § 23 Abs. 5 S. 2.

5 **bb) „Unechte" Satzungsbestimmungen.** Von den „echten" Satzungsbestimmungen zu unterscheiden sind die „unechten" Satzungsbestimmungen, auch „formelle", „nicht-korporative", „individuelle" oder „zufällige" Satzungsbestandteile genannt. Dabei handelt es sich um Regelungen, die zwar in die Satzungsurkunde aufgenommen wurden, aber nicht die Grundlagen der Gesellschaft

---

[4] Erste Richtlinie 68/151/EWG des Rates der Europäischen Gemeinschaften zur Koordinierung des Gesellschaftsrechts vom 9.3.1968 (ABl. L 65, 8), aufgehoben bzw. neugefasst durch Richtlinie 2009/101/EG des Europäischen Parlaments und des Rates vom 16.9.2009 (ABl. L 258, 11).

[5] MüKoAktG/*Pentz* Rn. 8; KK-AktG/*A. Arnold* Rn. 7.

[6] MüKoAktG/*Pentz* Rn. 38; Hüffer/*Koch* Rn. 7; HK-AktG/*Körber* Rn. 4; Schmidt/Lutter/*Seibt* Rn. 3; KK-AktG/*A. Arnold* Rn. 9; vgl. BGHZ 47, 172 (179 f.) = NJW 1967, 1268.

[7] Vgl. Spindler/Stilz/*Limmer* Rn. 4; Hüffer/*Koch* Rn. 2.

[8] Hüffer/*Koch* Rn. 2; vgl. MüKoAktG/*Pentz* 37; Spindler/Stilz/*Limmer* Rn. 4.

[9] Hüffer/*Koch* Rn. 3; MüKoAktG/*Pentz* Rn. 40; KK-AktG/*Zöllner* § 179 Rn. 23; Schmidt/Lutter/*Seibt* Rn. 5.

[10] BGHZ 123, 347 (350).

[11] NK-AktR/*Braunfels* Rn. 8; Spindler/Stilz/*Limmer* Rn. 4; KK-AktG/*Arnold* Rn. 13.

[12] Spindler/Stilz/*Limmer* Rn. 3; MüKoAktG/*Pentz* Rn. 37.

[13] MüKoAktG/*Pentz* Rn. 40; Schmidt/Lutter/*Seibt* Rn. 5.

[14] Vgl. ausführlichen Überblick bei Hüffer/*Koch* Rn. 3; MüKoAktG/*Pentz* Rn. 40; Schmidt/Lutter/*Seibt* Rn. 5; KK-AktG/*A. Arnold* Rn. 14 f., jeweils mwN.

[15] MüKoAktG/*Pentz* Rn. 40; Hüffer/*Koch* Rn. 3, jeweils unter Hinweis auf BGHZ 45, 338 (342) = NJW 1966, 311 zur GmbH.

[16] Vgl. MüKoAktG/*Pentz* Rn. 64; Schmidt/Lutter/*Seibt* Rn. 30; Spindler/Stilz/*Limmer* Rn. 4.

und ihre Beziehungen zu den Gründern oder künftigen Gesellschaftern betreffen. „Unechte“ Satzungsbestimmungen können daher regelmäßig – aber nicht in jedem Fall (zB § 26 Abs. 1 und 2) – auch außerhalb der Satzung wirksam vereinbart werden.[17] Häufig handelt es sich um Vereinbarungen schuldrechtlicher Art wie zB bei der Begründung über § 55 Abs. 1 hinausgehender Nebenpflichten. Zu den „unechten“ Satzungsbestimmungen wird aber auch die Bestellung der ersten Aufsichtsratsmitglieder gezählt.[18]

cc) „Indifferente“ Satzungsbestimmungen. Neben den ihrem Inhalt oder der Natur der Sache nach **notwendig** „echten“ und „unechten“ Satzungsbestandteilen kann der Satzungstext auch solche Bestandteile enthalten, die nicht zwangsläufig der einen oder anderen Kategorie zuzuordnen sind (sog. „indifferente“ Satzungsbestimmungen).[19] In Bezug auf deren Ausgestaltung als „echter“ oder „unechter“ Satzungsbestandteil besteht ein Gestaltungswahlrecht der Gründer.[20] Haben die Gründer im konkreten Einzelfall keine eindeutige Zuordnung vorgenommen, ist der Charakter der betreffenden Bestimmung im Einzelfall durch Auslegung zu ermitteln.[21] Im Zweifel spricht die Aufnahme in die Satzung für einen „echten“ Satzungsbestandteil.[22] 6

c) Auslegung der Satzung. Der Charakter einer Satzungsbestimmung als „echte“ oder „unechte“ Satzungsbestimmung ist insbesondere für ihre Auslegung von Bedeutung. Zur Auslegung von Satzungsbestimmungen → § 2 Rn. 9. „Echte“ Satzungsbestimmungen sind – ab Eintragung der Gesellschaft – aufgrund ihres verbandsrechtlichen Charakters wie ein Gesetz **objektiv** unter Berücksichtigung von Wortlaut, Zweck und systematischer Stellung auszulegen.[23] Darüber hinaus können zur Auslegung nur allgemein zugängliche Unterlagen – wie zB die zum Handelsregister eingereichten Unterlagen – herangezogen werden.[24] Für Dritte nicht erkennbare Absichten und Erwägungen der Gründer bleiben unberücksichtigt.[25] Die Auslegung ist in der Revisionsinstanz uneingeschränkt nachprüfbar.[26] Für „unechte“ Satzungsbestimmungen gelten hingegen die allgemeinen Auslegungsgrundsätze für Willenserklärungen **(§§ 133, 157 BGB).**[27] Sie sind mit Rücksicht auf den beschränkten Adressatenkreis wie schuldrechtliche Verträge auszulegen, so dass auch Absichten und Motive der Gründer von Bedeutung sein können.[28] Die Auslegung „unechter“ Satzungsbestimmungen nach §§ 133, 157 BGB ist in der Revisionsinstanz nach allgemeinen Grundsätzen nur dahingehend nachprüfbar, ob gesetzliche Auslegungsregeln, anerkannte Auslegungsgrundsätze, Denkgesetze, Erfahrungssätze oder Verfahrensvorschriften verletzt worden sind.[29] Die vorstehenden Grundsätze für die Auslegung „unechter“ Satzungsbestimmungen gelten nach umstrittener, aber zutreffender Ansicht **vor** Eintragung der Gesellschaft auch für „echte“ Satzungsbestimmungen;[30] denn im Gründungsstadium fehlt es an den schützenswerten Interessen Dritter, die es erforderlich machen, bei Abweichungen des Gründerwillens vom objektiven Inhalt der Satzung letzterem uneingeschränkten Vorrang einzuräumen.[31] 7

2. Begriff und Rechtsnatur der Satzungsfeststellung. Die **Feststellung** der Satzung ist notwendiger Teilakt der Errichtung einer Aktiengesellschaft (→ § 2 Rn. 3). Bei einer **Mehrpersonen-** 8

---

[17] MüKoAktG/*Pentz* Rn. 41; Schmidt/Lutter/*Seibt* Rn. 6; Spindler/Stilz/*Limmer* Rn. 4; KK-AktG/*A. Arnold* Rn. 15.

[18] Ausführlicher Überblick über „unechte Satzungsbestandteile“ bei Hüffer/*Koch* Rn. 4; MüKoAktG/*Pentz* Rn. 42; Schmidt/Lutter/*Seibt* Rn. 7; KK-AktG/*A. Arnold* Rn. 16 f., jeweils mwN.

[19] Hüffer/*Koch* Rn. 5; Schmidt/Lutter/*Seibt* Rn. 8.

[20] Vgl. BGHZ 38, 155 (161) = NJW 1963, 203; Hüffer/*Koch* Rn. 5; Schmidt/Lutter/*Seibt* Rn. 8; KK-AktG/*A. Arnold* Rn. 12.

[21] Hüffer/*Koch* Rn. 5; Schmidt/Lutter/*Seibt* Rn. 8.

[22] Hüffer/*Koch* Rn. 5; MüKoAktG/*Pentz* Rn. 45; Schmidt/Lutter/*Seibt* Rn. 8.

[23] BGHZ 96, 245 (250) = NJW 1986; BGHZ 123, 347 (350 f.); Hüffer/*Koch* Rn. 39; MüKoAktG/*Pentz* Rn. 49; Schmidt/Lutter/*Seibt* Rn. 9; KK-AktG/*A. Arnold* Rn. 20 ff.

[24] BGHZ 116, 359 (366) = NJW 1992, 892; MüKoAktG/*Pentz* Rn. 52; Hüffer/*Koch* Rn. 39.

[25] Hüffer/*Koch* Rn. 39; MüKoAktG/*Pentz* Rn. 52; Schmidt/Lutter/*Seibt* Rn. 9.

[26] StRspr, zB RGZ 86, 283 (284); BGHZ 9, 279 (281) = NJW 1953, 1021; BGHZ 123, 347 (350) = NJW 1994, 51; MHdB AG/*Sailer-Coceani* § 6 Rn. 4; MüKoAktG/*Pentz* Rn. 53; KK-AktG/*A. Arnold* Rn. 26; Hüffer/*Koch* Rn. 39.

[27] MüKoAktG/*Pentz* Rn. 51; Hüffer/*Koch* Rn. 40; Schmidt/Lutter/*Seibt* Rn. 10; KK-AktG/*A. Arnold* Rn. 19.

[28] Hüffer/*Koch* Rn. 40; Schmidt/Lutter/*Seibt* Rn. 10.

[29] BGH WM 1955, 65 (66); WM 1991, 495 (496); Hüffer/*Koch* Rn. 40; MüKoAktG/*Pentz* Rn. 53; KK-AktG/*A. Arnold* Rn. 26; Schmidt/Lutter/*Seibt* Rn. 10; MHdB AG/*Sailer-Coceani* § 6 Rn. 4a.

[30] MüKoAktG/*Pentz* Rn. 48; Grigoleit/*Vedder* Rn. 45; NK-AktR/*Braunfels* Rn. 11; aA Schmidt/Lutter/*Seibt* Rn. 10; Hüffer/*Koch* Rn. 40; KK-AktG/*A. Arnold* Rn. 25; HK-AktG/*Körber* Rn. 23.

[31] Vgl. MüKoAktG/*Pentz* Rn. 48.

gründung geschieht die Feststellung der Satzung durch den Abschluss eines Gründungsvertrages[32] – auch als Errichtungsvertrag[33] bezeichnet – zwischen den Gründern (→ § 2 Rn. 4 ff.). Gegenstand dieses Vertrages ist die Einigung darüber, dass die festgestellte Satzung das Verhältnis der Gründer untereinander bestimmen und „Verfassung" für die gegründete Gesellschaft sein soll.[34] Bei einer **Einpersonengründung** erfolgt die Feststellung der Satzung durch ein einseitiges Rechtsgeschäft (sog. Errichtungserklärung)[35] des alleinigen Gründers, das mit seiner formgerechten Abgabe vor dem beurkundenden Notar wirksam wird.[36]

9 **3. Form der Satzungsfeststellung. a) Notarielle Beurkundung.** Die Feststellung der Satzung bedarf der notariellen Beurkundung (§ 23 Abs. 1 S. 1). Sachlich zuständig ist ausschließlich der Notar (§ 20 BNotO).[37] Maßgeblich für das Beurkundungsverfahren sind die §§ 6 ff. BeurkG. Das Beurkundungserfordernis umfasst neben dem notwendigen Inhalt der Satzung gemäß § 23 Abs. 3 und 4 auch die Übernahmeerklärungen der Gründer nach § 23 Abs. 2. Da bei der Errichtung einer Aktiengesellschaft weitere Maßnahmen zu treffen sind, die der notariellen Beurkundung bedürfen, beschränkt sich das notarielle **Gründungsprotokoll** in der Praxis regelmäßig nicht auf die nach § 23 notwendigen Regelungen und Erklärungen, sondern hat folgenden Inhalt: Angabe der Gründer (§ 23 Abs. 2 Nr. 1), der Aktienart und der Aktiengattung (§ 23 Abs. 2 Nr. 2), des Einzahlungsbetrages und des Grundkapitals (§ 23 Abs. 2 Nr. 3), die Feststellung der Satzung mit den Mindestangaben nach § 23 Abs. 3 und 4 sowie den Abweichungen und Ergänzungen nach § 23 Abs. 5 sowie die Bestellung des ersten Aufsichtsrates und des Abschlussprüfers (§ 30 Abs. 1 S. 1).[38] Aus dem Wortlaut des § 23 Abs. 1 und 2 leitet die Literatur ab, dass Satzungsfeststellung und Übernahmeerklärung nach Abs. 2 notwendig in einer einzigen Urkunde enthalten sein müssen **(„Einheitlichkeit der Beurkundung").**[39] Die Satzungsfeststellung einerseits und die Übernahmeerklärungen andererseits dürfen daher nicht Gegenstand getrennter Urkunden sein („Unzulässigkeit der Stufengründung"). In der **Praxis** besteht das notarielle Gründungsprotokoll regelmäßig aus zwei Schriftstücken: einer Niederschrift über die Gründung der Aktiengesellschaft, die die Erklärung über die Feststellung der Satzung (§ 23 Abs. 1), die Angaben nach § 23 Abs. 2 sowie die Bestellung des ersten Aufsichtsrats und des Abschlussprüfers (§ 30 Abs. 1) enthält, und einer dieser Niederschrift als Anlage beigefügten „Satzungsurkunde" mit den erforderlichen Regelungen nach § 23 Abs. 3 und 4 sowie eventuellen Abweichungen und Ergänzungen nach § 23 Abs. 5 und den ggf. nach § 26 Abs. 1 und 2 erforderlichen Festsetzungen. Diese Anlage ist dann aufgrund beurkundungsrechtlicher Fiktion Bestandteil der notariellen Urkunde (vgl. § 9 Abs. 1 S. 2 BeurkG). Dieses Verfahren ermöglicht es, Regelungen, die dauerhaft von öffentlichem Interesse sind (Inhalt der „Satzungsurkunde"), von solchen Regelungen „körperlich" zu trennen, die nur im Gründungs- oder Anfangsstadium der Gesellschaft dieselbe Bedeutung haben (Inhalt der Niederschrift). § 23 Abs. 1 schreibt die gleichzeitige Anwesenheit der Gründer beim Notar nicht vor. Anstelle der gleichzeitigen Abgabe der Erklärungen durch die Gründer können deren Erklärungen daher auch sukzessive beurkundet werden; der Notar errichtet hierüber jedoch ein einheitliches Gründungsprotokoll.[40] Die zeitlich getrennte Abgabe der Erklärungen muss allerdings in der Niederschrift zum Ausdruck gebracht werden, da andernfalls der unzutreffende Anschein erweckt wird, alle Erklärungen wären in Anwesenheit aller Beteiligten abgegeben worden;[41] fehlt eine entsprechende Klarstellung, ist dies für die Wirksamkeit der Beurkundung jedoch ohne Bedeutung.[42] Die Erklärungen der verschiedenen Gründer können auch in getrennten, inhaltlich aufeinander verweisenden notariellen Urkunden abgegeben werden.[43] Die Satzung ist dann erst mit der Beurkundung der Erklärungen des letzten Gründers festgestellt (§ 152 S. 1 BGB); der Zugang der Erklärungen ist nicht erforderlich. Dabei kann auch gemäß § 13a BeurkG auf eine andere notarielle Niederschrift verwiesen werden – und bei entsprechendem Verzicht des Beteiligten – von der Verlesung der anderen Niederschrift oder deren Beifügung zur Urkunde abgesehen

---

[32] Vgl. BGHZ 45, 338; KK-AktG/*A. Arnold* Rn. 27.

[33] Vgl. MüKoAktG/*Heider* § 2 Rn. 28.

[34] Vgl. MüKoAktG/*Pentz* Rn. 10, Schmidt/Lutter/*Seibt* Rn. 11.

[35] MüKoAktG/*Pentz* Rn. 11.

[36] Hüffer/*Koch* Rn. 6 und § 2 Rn. 4a; MüKoAktG/*Pentz* Rn. 11; Schmidt/Lutter/*Seibt* Rn. 11; KK-AktG/*A. Arnold* Rn. 27.

[37] MüKoAktG/*Pentz* Rn. 27; Schmidt/Lutter/*Seibt* Rn. 14.

[38] Vgl. auch Spindler/Stilz/*Limmer* Rn. 5.

[39] Vgl. MüKoAktG/*Pentz* Rn. 28; Schmidt/Lutter/*Seibt* Rn. 15; KK-AktG/*A. Arnold* Rn. 30.

[40] MüKoAktG/*Pentz* Rn. 29; Spindler/Stilz/*Limmer* Rn. 6; Hüffer/*Koch* Rn. 9.

[41] Eylmann/Vaasen/*Limmer* BeurkG § 8 Rn. 12.

[42] Vgl. OLG Hamburg DNotZ 1994, 306; Eylmann/Vaasen/*Limmer* BeurkG § 8 Rn. 12.

[43] MüKoAktG/*Pentz* Rn. 29; HK-AktG/*Körber* Rn. 6; NK-AktR/*Braunfels* Rn. 6; Hüffer/*Koch* Rn. 9; vgl. KK-AktG/*A. Arnold* Rn. 31.

werden.[44] § 16 BeurkG regelt das anzuwendende Verfahren, wenn einer der Beteiligten der Urkundssprache nicht hinreichend kundig ist. Urkundssprache ist regelmäßig die deutsche Sprache; die Errichtung der Urkunde ist auf Verlangen der Beteiligten auch in einer anderen Sprache möglich, wenn der Notar diese beherrscht (vgl. § 5 Abs. 2 BeurkG). Auch eine doppelsprachige Urkunde ist danach möglich.[45]

b) Zweck des Beurkundungserfordernisses. Das Beurkundungserfordernis des § 23 Abs. 1 dient sowohl privaten wie auch öffentlichen Interessen. Im Vordergrund soll die mit der Beurkundung verbundene **Rechtssicherheit** stehen.[46] Denn die notarielle Urkunde als öffentliche Urkunde iSd §§ 415, 418 ZPO begründet vollen **Beweis** des durch den Notar beurkundeten Vorgangs bzw. der in ihr bezeugten Tatsachen (§§ 415 Abs. 1, 418 Abs. 1 ZPO). Dies ist im Hinblick auf den korporationsrechtlichen Charakter der Satzung und ihre Funktion als „Verfassung" der Gesellschaft von besonderer Bedeutung. Die notarielle Beurkundung versieht die Grundlagen der Aktiengesellschaft mit der notwendigen Publizität und ermöglicht es den Gründern, die **Beratung** des Notars in Anspruch zu nehmen.[47] Darüber hinaus soll die Unabhängigkeit des Notars und dessen Zuverlässigkeit die größtmögliche Richtigkeitsgewähr bei der Satzungserrichtung sicherstellen.[48] Schließlich hat die notarielle Beurkundung eine **Warnfunktion,** da sie die Beteiligten vor der vorschnellen unüberlegten Gründung der Gesellschaft schützt. Denn der Notar macht den Gründern die Bedeutung ihrer Erklärungen deutlich und bewahrt sie so davor, die mit der Gründung einer Aktiengesellschaft verbundenen erheblichen Pflichten und Risiken voreilig einzugehen.[49] Darüber hinaus haben notarielle Urkunden gerade im Gesellschaftsrecht und in besonderem Maße im komplexen Aktienrecht in verschiedener Hinsicht **gerichtsentlastende Funktion.**[50] Die Legalitätskontrolle durch den Notar (§ 14 Abs. 2 BNotO, § 4 BeurkG) im Vorfeld der Registereintragung und seine damit verbundene Verpflichtung, der Rechtsordnung entsprechende wirksame und inhaltlich ausgewogene Urkunden zu erstellen, reduzieren den Prüfungsaufwand der Registergerichte vor der Eintragung (§ 38 Abs. 1 S. 1), da diese von unwirksamen oder der Rechtsordnung widersprechenden Urkunden entlastet werden. Die Pflicht des Notars zur Belehrung (§ 17 BeurkG) und zur ausgewogenen Vertragsgestaltung schützt vor Rechtsstreitigkeiten zwischen den Beteiligten, was die Gerichte ebenso entlastet wie die Beweiskraft notarieller Urkunden in gerichtlichen Verfahren.[51] 10

c) Satzungsfeststellung im Ausland. aa) Maßgebliche Formvorschrift. Soll die Satzung einer Aktiengesellschaft mit Sitz im Inland (→ § 5 Rn. 8 f.) im Ausland festgestellt werden, stellt sich zunächst die Frage nach der maßgeblichen Formvorschrift. Maßgeblich sind insoweit die Kollisionsnormen des EGBGB. Denn Art. 1 Abs. 2 lit. f Rom I-VO klammert Fragen der Existenz, Gründung, Auflösung und Verfassung von Gesellschaften aus deren Anwendungsbereich aus.[52] Teilweise wird insoweit unter Berufung auf Art. 11 Abs. 1 Alt. 2 EGBGB die Einhaltung der am Ort der Satzungsfeststellung geltenden Formvorschriften **(„Ortsform")** als ausreichend angesehen, sofern das örtliche Recht das Rechtsgeschäft der Gründung einer Aktiengesellschaft oder einer dieser verwandten Kapitalgesellschaft kennt.[53] Auch wenn der Wortlaut des Art. 11 Abs. 1 Alt. 2 EGBGB nahe legt, die Wahrung der Ortsform auch bei der Feststellung der Satzung einer Aktiengesellschaft als ausreichend zu erachten, ist mit der inzwischen hM[54] davon auszugehen, dass das **Gesellschafts-** 11

---

[44] MüKoAktG/*Pentz* Rn. 29; Spindler/Stilz/*Limmer* Rn. 6; NK-AktR/*Braunfels* Rn. 6.

[45] Spindler/Stilz/*Limmer* Rn. 6 unter Hinweis auf *Hertel* FS Wolfsteiner, 2007, 51 ff.; Armbrüster/Preuß/*Renner*/*Preuß* BeurkG § 5 Rn. 89.

[46] Vgl. MüKoAktG/*Pentz* Rn. 26; Hüffer/*Koch* Rn. 1; Schmidt/Lutter/*Seibt* Rn. 12; vgl. KK-AktG/*A. Arnold* Rn. 29.

[47] Vgl. RGZ 66, 116 (121); MüKoAktG/*Pentz* Rn. 26; Schmidt/Lutter/*Seibt* Rn. 12; KK-AktG/*A. Arnold* Rn. 29.

[48] Vgl. BGHZ 105, 324 (338); MüKoAktG/*Pentz* Rn. 26; Schmidt/Lutter/*Seibt* Rn. 12.

[49] RGZ 54, 418 (419); 66, 116 (121); 149, 385 (395); MüKoAktG/*Pentz* Rn. 26; Schmidt/Lutter/*Seibt* Rn. 12; KK-AktG/*A. Arnold* Rn. 29.

[50] Hierzu ausf. Spindler/Stilz/*Limmer* Rn. 8.

[51] Spindler/Stilz/*Limmer* Rn. 8.

[52] Vgl. BGHZ 203, 68 Rn. 16 = NJW 2015, 336; BGH DNotI-Report 2016, 93 (94).

[53] Vgl. OLG Düsseldorf NJW 1989, 2200; MHdB AG/*Hoffmann-Becking* § 3 Rn. 11; Palandt/*Thorn* EGBGB Art. 11 Rn. 13.

[54] Vgl. OLG Hamm OLGZ 1974, 149 (152 ff.) = NJW 1974, 1057; OLG Karlsruhe RIW 1979, 567 (568); LG Augsburg ZIP 1996, 1872 (1873); AG Charlottenburg GmbHR 2016, 223 (223) = RNotZ 2016, 119; MüKoAktG/*Pentz* Rn. 30; Hüffer/*Koch* Rn. 10; Spindler/Stilz/*Limmer* Rn. 10; Schmidt/Lutter/*Seibt* Rn. 17; KK-AktG/*A. Arnold* Rn. 34; NK-AktR/*Braunfels* Rn. 4; HK-AktG/*Körber* Rn. 7; *Goette* MittRhNotK 1997, 1 (2 ff.); *Goette* FS Boujong, 1996, 131 (133 ff.); *Schervier* NJW 1992, 593 (594); DNotI-Report 2016, 93 (94).

statut das Geschäftsrecht für alle Rechtsgeschäfte ist, die sich – wie die Satzungsfeststellung – als Bestandteil der Gründung der Gesellschaft – auf die Verfassung der Gesellschaft beziehen und damit als Strukturmaßnahmen zu qualifizieren sind. Für eine Gesellschaft mit Sitz im Inland führt dies zur Anwendbarkeit deutschen Rechts und folglich für die Frage der Satzungsfeststellung zur Maßgeblichkeit des § 23. Dafür spricht zum einen, dass Art. 11 EGBGB in der Fassung, die er durch das Gesetz zur Neuregelung des Internationalen Privatrechts vom 25.7.1986 (BGBl. I S. 1142) erhalten hat, sich ausdrücklich nicht auf Fragen der Verfassung juristischer Personen bezieht.[55] Zum anderen ist zu berücksichtigen, dass die Formvorschriften des Gesellschaftsstatuts in besonderem Maße mit der Rechtssicherheit, dem Verkehrsschutz und der Richtigkeitsgewähr auch öffentliche Interessen schützen (→ Rn. 10).

12 **bb) Beurkundung durch einen ausländischen Notar.** Die Feststellung der Satzung durch einen deutschen Notar im Ausland ist unwirksam. Denn nach dem völkerrechtlichen Territorialitätsgrundsatz beschränken sich die Hoheitsbefugnisse des deutschen Notars als öffentlichem Amtsträger auf das deutsche Staatsgebiet.[56] Zulässig ist demgegenüber eine Beurkundung im Ausland durch einen deutschen Konsularbeamten (§ 10 Abs. 1 Nr. 1 KonsularG); dessen Urkunden stehen denen eines deutschen Notars gleich (§ 10 Abs. 2 KonsularG). Ob der Konsularbeamte die Beurkundung vornimmt, steht in seinem Ermessen (§ 1 KonsularG). Sehr umstritten ist hingegen, ob auch ein **ausländischer Notar** die Feststellung der Satzung beurkunden kann. Voraussetzung dafür ist die **Gleichwertigkeit** der Auslandsbeurkundung. Mit der Beurkundung im Ausland müssen die von der deutschen Formvorschrift verfolgten Zwecke in gleicher Weise erreicht werden, als wenn ein deutscher Notar tätig würde.[57] Dafür muss die ausländische Urkundsperson nach Vorbildung und Stellung im Rechtsleben eine der Tätigkeit des deutschen Notars entsprechende Funktion ausüben und für die Errichtung der Urkunde ein Verfahren zu beachten haben, das den tragenden Grundsätzen des deutschen Beurkundungsrechts entspricht.[58] In der Literatur wird teilweise die Möglichkeit einer Satzungsfeststellung vor einem ausländischen Notar bei Beachtung dieser Maßstäbe grundsätzlich für möglich gehalten,[59] so zB vor einem österreichischen, niederländischen, englischen und – hier allerdings abhängig von kantonalen Unterschieden – vor einem schweizerischen Notar.[60] Zustimmung verdient jedoch die in Rechtsprechung[61] und Literatur[62] im Vordringen befindliche Ansicht, bei einer Satzungsfeststellung als ein die Verfassung der Gesellschaft betreffendes Rechtsgeschäft („Grundlagengeschäft") könne die ausländische Beurkundung der inländischen nicht gleichwertig sein. Denn im Rahmen der Gleichwertigkeitsprüfung hat der spezifische Schutzzweck (→ Rn. 10) der inländischen Formvorschrift besondere Bedeutung. Die Gleichwertigkeit der ausländischen Beurkundung ist daher bei der Feststellung der Satzung bereits deshalb zu verneinen, weil der ausländische Notar die mit der Anordnung des Beurkundungserfordernisses bezweckte materielle Richtigkeitsgewähr mangels hinreichender Kenntnisse des deutschen Rechts nicht leisten kann.[63] Da notarielle Amtspflichten wie die Pflicht zur Belehrung (§ 17 Abs. 1 BeurkG) nicht der Disposition der Urkundsbeteiligten unterliegen,[64] kann im Gang zu einem ausländischen Notar auch nicht der – folglich unzulässige – Verzicht der Beteiligten auf die notarielle Belehrung (§ 17 BeurkG) gesehen werden;[65] der Gesetzgeber hat mit dem Beurkundungserfordernis in § 23 Abs. 1 deutlich gemacht, dass er die notarielle Beratung und Belehrung im Zusammenhang mit der Errichtung einer Aktiengesellschaft für unverzichtbar hält. Gegen eine „Gleichwertigkeit" spricht ferner die fehlende Einbindung des ausländischen Notars in das deutsche Registerverfahren, als dessen Teil der deutsche Notar wichtige Funktionen wahrnimmt

[55] Begr. RegE, BT-Drs. 10/504, 49.

[56] Vgl. BGHZ 138, 359 = NJW 1998, 2830; Eylmann/Vaasen/*Limmer* BeurkG § 2 Rn. 8.

[57] *Goette* MittRhNotK 1997, 1 (4).

[58] So BGHZ 80, 76 (78) = NJW 1981, 1160.

[59] MüKoAktG/*Pentz* Rn. 33; KK-AktG/*A. Arnold* Rn. 41; Palandt/*Thorn* EGBGB Art. 11 Rn. 10; HK-AktG/*Körber* Rn. 8; vgl. auch BGHZ 80, 76 (78); zweifelnd Hüffer/*Koch* Rn. 11.

[60] Vgl. die umfangreichen Nachweise bei MüKoAktG/*Pentz* Rn. 35 und Schmidt/Lutter/*Seibt* Rn. 19.

[61] Vgl. LG Augsburg ZIP 1996, 1872 (1873); LG Köln DB 1989, 2214 f.; LG Nürnberg-Fürth DB 1991, 2029; AG Charlottenburg GmbHR 2016, 223 (224 f.) = RNotZ 2016, 119; AG Kiel MittBayNot 1997, 116; vgl. auch die ältere obergerichtliche Rspr., zB OLG Hamm NJW 1974, 1057 (1058 f.); OLG Karlsruhe RIW 1979, 578 (579).

[62] Spindler/Stilz/*Limmer* Rn. 11; *Goette* MittRhNotK 1997, 1 (4 f.); *Goette* FS Boujong, 1996, 131 (141 f.); *Heckschen* DB 1990, 161 (163 ff.); *Priester* ZGR 1990, 420 (446); *Schervier* NJW 1992, 593 (595); *Langhein* Rpfleger 1996, 45 ff.; vgl. auch *Wösthoff* GmbHR 2016, 227 f.

[63] Vgl. AG Charlottenburg GmbHR 2016, 223 (226) = RNotZ 2016, 119; *Goette* MittRhNotK 1997, 1 (5).

[64] Eylmann/Vaasen/*Frenz* BeurkG § 17 Rn. 16 mwN; NK-AktR/*Braunfels* Rn. 5.

[65] So auch AG Charlottenburg GmbHR 2016, 223 (225) = RNotZ 2016, 119 zur Gründung einer GmbH.

(→ Rn. 10). Nicht von rechtlicher, aber für die Beteiligten von praktischer Bedeutung ist dabei der Umstand, dass alle Anmeldungen zum Handelsregister auf elektronischem Wege erfolgen müssen und ausländische Notare nicht über die für die Einreichung und den elektronischen Rechtsverkehr mit den deutschen Registergerichten erforderlichen technischen Einrichtungen verfügen. Darüber hinaus hat der Gesetzgeber dem Notar verschiedene steuerrechtliche und sonstige Mitteilungspflichten auferlegt, deren Erfüllung allein im öffentlichen Interesse erfolgt und die zwingend mit der Beurkundung verknüpft sind. Diese Pflichten werden von einem ausländischen Notar aber mangels entsprechender Anzeigeverpflichtung nicht beachtet, was ebenfalls gegen eine „Gleichwertigkeit" spricht.[66]

4. Vertretung. a) Rechtsgeschäftliche Vertretung. Ein Gründer kann sich bei der Feststel- 13
lung der Satzung und der Erklärung der Übernahme der Aktien von einem Bevollmächtigten (§§ 164 ff. BGB) vertreten lassen. Bei Bevollmächtigung eines anderen Gründers ist eine Befreiung von den Beschränkungen des § 181 BGB erforderlich; diese sollte ausdrücklich erfolgen, um jegliche Fragen nach einer eventuellen konkludenten Befreiung[67] überflüssig zu machen. Der **Inhalt** der Vollmacht muss die Berechtigung zur Vornahme der Gründung erkennen lassen. Selbstverständlich möglich, aber nicht erforderlich sind Vorgaben zum Inhalt der Satzung oder zur Höhe der zu übernehmenden Einlage.[68] Eine Generalvollmacht reicht aus,[69] eine Handlungsvollmacht (§ 54 HGB) hingegen nicht.[70] Die rechtsgeschäftliche Vollmacht bedarf zu ihrer **Wirksamkeit** der **notariellen Beglaubigung** (§ 23 Abs. 1 S. 2).[71] Dadurch sollen Zweifel und Streitigkeiten über die Legitimation des Bevollmächtigten von vornherein ausgeschlossen und dem Registergericht die Entscheidung über die Eintragung der Gesellschaft in das Handelsregister erleichtert werden.[72] Weist die Vollmacht nicht die erforderliche Form auf (vgl. § 129 BGB iVm § 40 BeurkG), ist sie gemäß § 125 BGB **nichtig.** In diesem Fall bedürfen die vom dann vollmachtlos handelnden Vertreter abgegebenen Willenserklärungen der Genehmigung des vertretenen Gründers; für die Genehmigungserklärung ist ebenfalls die notarielle Beglaubigung erforderlich.[73] **Vollmachtlose Vertretung** ist nur bei einer **Mehrpersonen**gründung möglich; bei einer **Einpersonen**gründung führt vollmachtlose Vertretung zur Nichtigkeit der abgegebenen Erklärungen (§ 180 BGB); die Genehmigung durch den vertretenen einzigen Gründer führt nicht zur Wirksamkeit.[74] Die Erteilung einer Vollmacht durch eine öffentliche **Behörde** in Form einer öffentlichen Urkunde, dh insbesondere unter Beifügung des Dienstsiegels, soll dem Formerfordernis des § 23 Abs. 1 S. 2 genügen.[75] Auch wenn die pauschale Gleichsetzung der öffentlichen Urkunde mit der öffentlich-beglaubigten Urkunde iSd § 129 BGB iVm § 40 BeurkG ohne besondere gesetzliche Grundlage rechtfertigungsbedürftig erscheint,[76] hat sie sich in der Praxis durchgesetzt. Keiner Vollmacht bedarf – trotz des rechtsgeschäftlichen Charakters seiner Vertretungsmacht – der **Prokurist.**[77] Insoweit ist die Vorlage eines amtlichen Registerausdrucks (§ 9 Abs. 4 HGB) bei Gericht ausreichend, der nicht älter als vierzehn Tage ist (vgl. § 15 Abs. 2 HGB). Dieser amtliche Ausdruck kann ersetzt werden durch eine Notarbescheinigung nach § 21 Abs. 1 S. 1 Nr. 1 BNotO, der die gleiche Beweiskraft zukommt wie einem Zeugnis des Registergerichts (§ 21 Abs. 1 S. 2 BNotO).[78] Denn sowohl die Vorlage eines amtlichen Ausdrucks aus dem Handelsregister als auch die Vorlage einer notariellen Bescheinigung nach § 21 Abs. 1 S. 1 Nr. 1 BNotO sind geeignet, Zweifel über die Legitimation des Prokuristen auszuschließen.

---

[66] Vgl. Spindler/Stilz/*Limmer* Rn. 11; so auch AG Charlottenburg GmbHR 2016, 223 (226) = RNotZ 2016, 119 zur Gründung einer GmbH.

[67] Hierzu MüKoAktG/*Pentz* Rn. 14; KK-AktG/*A. Arnold* Rn. 44; NK-AktR/*Braunfels* Rn. 7.

[68] Hüffer/*Koch* Rn. 12; MüKoAktG/*Pentz* Rn. 21.

[69] MüKoAktG/*Pentz* Rn. 21; aA HK-AktG/*Körber* Rn. 12.

[70] Hüffer/*Koch* Rn. 12.

[71] MüKoAktG/*Pentz* Rn. 15; Hüffer/*Koch* Rn. 12; Schmidt/Lutter/*Seibt* Rn. 20; KK-AktG/*A. Arnold* Rn. 45, 48; Spindler/Stilz/*Limmer* Rn. 13.

[72] MüKoAktG/*Pentz* Rn. 15; Spindler/Stilz/*Limmer* Rn. 13.

[73] AllgM, zB MüKoAktG/*Pentz* Rn. 16; Hüffer/*Koch* Rn. 12; NK-AktR/*Braunfels* Rn. 7.

[74] Spindler/Stilz/*Limmer* Rn. 13; HK-AktG/*Körber* Rn. 10; NK-AktR/*Braunfels* Rn. 7; vgl. LG Berlin GmbHR 1996, 123 zur GmbH.

[75] Vgl. OLG Düsseldorf MittRhNotK 1997, 436 (437) zur Parallelvorschrift des § 2 Abs. 2 GmbHG; NK-AktR/*Braunfels* Rn. 7.

[76] Gegen Gleichwertigkeit Eylmann/Vaasen/*Limmer* BeurkG § 41 Rn. 28.

[77] Hüffer/*Koch* Rn. 12; Spindler/Stilz/*Limmer* Rn. 13a; KK-AktG/*A. Arnold* Rn. 46; aA MüKoAktG/*Pentz* Rn. 18; HK-AktG/*Körber* Rn. 11: Erteilung einer Spezialvollmacht sinnvoll; ähnlich Schmidt/Lutter/*Seibt* Rn. 20.

[78] Spindler/Stilz/*Limmer* Rn. 13a.

14 **b) Gesetzliche oder organschaftliche Vertretung.** Keine Anwendung findet § 23 Abs. 1 S. 2 ferner auf gesetzliche und organschaftliche Vertreter.[79] Deren Vertretungsbefugnis richtet sich nach den allgemeinen gesetzlichen Regelungen. Den erforderlichen Nachweis ihrer Vertretungsmacht erbringen sie durch die Vorlage entsprechender Bestallungsurkunden oder – bei der Vertretung Minderjähriger durch ihre Eltern gemäß §§ 1626 ff. BGB – durch Vorlage der Geburtsurkunde bzw. der Sorgeerklärung, ferner durch amtliche Ausdrucke aus dem Handels-, Partnerschafts- oder Genossenschaftsregister oder durch Notarbescheinigungen nach § 21 Abs. 1 S. 1 Nr. 1 BNotO. Bei der Beteiligung einer Gesellschaft bürgerlichen Rechts ist der Nachweis der organschaftlichen Vertretungsmacht des handelnden Geschäftsführers durch Vorlage des Gesellschaftsvertrages zu erbringen.[80] In der Literatur wird jedoch aus Gründen der Praktikabilität die Vorlage einer notariell beglaubigten Vollmacht der nicht persönlich an der Gründung beteiligten Gesellschafter der Gesellschaft bürgerlichen Rechts empfohlen.[81] Hat der gesetzliche Vertreter einer öffentlich-rechtlichen Körperschaft umfassende Vertretungsmacht, ist eine besondere Legitimationsurkunde nicht erforderlich. Andernfalls ist diese nach den für diese Körperschaft maßgeblichen Vorschriften auszustellen. Da diese Legitimationsurkunde nicht der Erteilung neuer Vertretungsmacht, sondern nur dem Nachweis bestehender Vertretungsmacht dient, kommt § 23 Abs. 1 S. 2 nicht zur Anwendung.[82]

III. Übernahme der Aktien (Abs. 2)

15 **1. Grundlagen.** Die Übernahme **aller** Aktien durch die Gründer der Gesellschaft ist neben der Feststellung der Satzung (→ Rn. 3 ff.) weiterer notwendiger Teilakt bei der Errichtung einer Aktiengesellschaft (sog. **„Einheitsgründung"**). Erst mit der Übernahme aller Aktien ist die Gesellschaft errichtet (§ 29). Mit der Erklärung, eine bestimmte Anzahl von Aktien zu übernehmen, ist die Verpflichtung verbunden, in entsprechendem Umfang Einlagen zu leisten (§ 54).[83] Eine „Stufengründung", bei der zunächst nicht alle Aktien übernommen werden und die mangels begründeter Einlageverpflichtungen für die nicht übernommenen Aktien unter dem Aspekt des Anleger- und Gläubigerschutzes Bedenken begegnen würde (→ § 2 Rn. 10 mwN), ist daher heute[84] unzulässig. Die Feststellung der Satzung und die Aktienübernahmeerklärungen sind Teile eines **einheitlichen Rechtsgeschäfts.**[85] Denn die mit der Aktienübernahmeerklärung verbundene Einlageverpflichtung ist notwendiger materieller Satzungsbestandteil und damit zugleich Gegenstand der Feststellung der Satzung.[86] Die Ausgliederung der Aktienübernahmeerklärung iSd § 23 Abs. 2 aus der Satzung iSd § 23 Abs. 3, 4 und 5 beruht lediglich auf formalen Erwägungen und entlastet die „Satzungsurkunde" von den Erklärungen, die nur im Gründungsstadium von öffentlichem Interesse sind.[87] Eine unter einer auflösenden oder aufschiebenden Bedingung erklärte Aktienübernahme ist ebenso nichtig wie eine befristete Übernahmeerklärung.[88] Der Eintritt der Bedingung oder Befristung vor Eintragung in das Handelsregister führt nicht zur Heilung; die nichtige Erklärung muss wiederholt werden (§ 141 BGB).[89] Die Möglichkeit einer Heilung wäre mit den Bedürfnissen des Rechtsverkehrs hinsichtlich der erforderlichen Rechtssicherheit und -klarheit nicht zu vereinbaren. Die weiteren Anforderungen an den notwendigen Inhalt der Aktienübernahmeerklärung sind in § 23 Abs. 2 geregelt.

16 **2. Inhalt. a) Gründer (Abs. 2 Nr. 1).** Gründer der Gesellschaft sind die Aktionäre, die die Satzung feststellen (§ 28). Gründer kann nur sein, wer Aktien übernimmt (str., → § 2 Rn. 6). Die Angaben über die Gründer müssen deren Individualisierung ermöglichen. Bei natürlichen Personen sind zumindest Vor- und Nachname sowie die Anschrift – und wenn möglich, auch

---

79 AllgM, zB Hüffer/*Koch* Rn. 13; MüKoAktG/*Pentz* Rn. 22.

80 Vgl. MüKoAktG/*Pentz* Rn. 24; KK-AktG/*A. Arnold* Rn. 49; HK-AktG/*Körber* Rn. 13.

81 So MüKoAktG/*Pentz* Rn. 24; HK-AktG/*Körber* Rn. 13.

82 MüKoAktG/*Pentz* Rn. 25; KK-AktG/*A. Arnold* Rn. 50; HK-AktG/*Körber* Rn. 13.

83 Hüffer/*Koch* Rn. 16; Spindler/Stilz/*Limmer* Rn. 24.

84 Zur abweichenden Rechtslage bis zum Inkrafttreten des AktG 1965 vgl. MüKoAktG/*Heider* § 2 Rn. 2.

85 MüKoAktG/*Pentz* Rn. 12, 55; vgl. KK-AktG/*A. Arnold* Rn. 58; NK-AktR/*Braunfels* Rn. 13; aA *v. Godin/Wilhelmi* Anm. 18.

86 Hüffer/*Koch* Rn. 16; MüKoAktG/*Pentz* Rn. 55; Spindler/Stilz/*Limmer* Rn. 24; HK-AktG/*Körber* Rn. 5.

87 *Hüffer* NJW 1979, 1065 (1066); MüKoAktG/*Pentz* Rn. 12; Schmidt/Lutter/*Seibt* Rn. 24; Spindler/Stilz/*Limmer* Rn. 24.

88 MüKoAktG/*Pentz* Rn. 56; KK-AktG/*A. Arnold* Rn. 59; grds. ebenso Schmidt/Lutter/*Seibt* Rn. 24; Grigoleit/*Vedder* Rn. 18.

89 MüKoAktG/*Pentz* Rn. 56; NK-AktR/*Braunfels* Rn. 14; aA Spindler/Stilz/*Limmer* Rn. 24; Schmidt/Lutter/*Seibt* Rn. 24 und Grigoleit/*Vedder* Rn. 18 für den Fall, dass Bedingung oder Befristung eingetreten und dies dem Registergericht offenkundig oder in öffentlich beglaubigter Form nachgewiesen ist.

das Geburtsdatum – anzugeben, bei juristischen Personen Firma und Sitz[90] und – wenn möglich – die Handelsregisternummer. Beteiligt sich eine Gesellschaft bürgerlichen Rechts, sind diese und ihre Gesellschafter so zu bezeichnen, dass sie identifiziert werden können;[91] als Richtschnur kann § 162 Abs. 1 S. 2 HGB dienen. Weitere Anforderungen ergeben sich aus §§ 10, 12 BeurkG.

b) Aktienart/Aktiengattung (Abs. 2 Nr. 2). Nach § 23 Abs. 2 Nr. 2 sind in der Übernahmeerklärung bei **Nennbetragsaktien** der Nennbetrag (zum Begriff → § 8 Rn. 7 ff.), ferner der Ausgabebetrag (zum Begriff → § 9 Rn. 3) und, wenn mehrere Gattungen (zum Begriff → § 11 Rn. 14 ff.) bestehen, die Gattung der Aktien, die jeder Gründer übernimmt, anzugeben. Nach dem Wortlaut der Vorschrift wäre es ausreichend, die Summe der Nennbeträge und die Summe der Ausgabebeträge der Aktien, die jeder Gründer übernimmt, anzugeben. Da mit der Aktienübernahmeerklärung die Rechte und Pflichten der Gründer untereinander und gegenüber der Gesellschaft eindeutig festgelegt werden sollen, verlangen Sinn und Zweck des § 23 Abs. 2 Nr. 2, bei der Ausgabe von Nennbetragsaktien mit unterschiedlichen Nennbeträgen im Einzelnen anzugeben, wie viele Aktien mit welchem Nennbetrag jeder einzelne Gründer übernimmt.[92] Dasselbe gilt bei der – zulässigen – Festsetzung unterschiedlich hoher Ausgabebeträge.[93] Werden Aktien verschiedener Gattungen ausgegeben, ist es aus demselben Grund nicht ausreichend, die Summe der Nenn- und Ausgabebeträge der von jedem Gründer übernommenen Aktien nach Gattungen aufzuschlüsseln; darüber hinaus ist es erforderlich, die Anzahl der auf jede Gattung entfallenden Aktien mit unterschiedlichen Nenn- und bzw. oder Ausgabebeträgen anzugeben.[94] Bei **Stückaktien** sind die Zahl der Aktien und der Ausgabebetrag anzugeben. Der auf die einzelne Stückaktie entfallende Anteil am Grundkapital muss nicht bezeichnet werden;[95] dies wird jedoch empfohlen, um die Einhaltung des Verbots der Unterpariemission (§ 9 Abs. 1; → § 9 Rn. 4 ff.) und die Beachtung der Grenze des § 8 Abs. 3 S. 3 (→ § 8 Rn. 24) sicherzustellen.[96] Werden Stückaktien mit unterschiedlichen Ausgabebeträgen ausgegeben oder bestehen bei Zeichnung unterschiedliche Gattungen, ist entsprechend den Ausführungen zu den Nennbetragsaktien zu verfahren. Die Angabe des Ausgabebetrages ist sowohl bei Nennbetrags- als auch bei Stückaktien auch dann erforderlich, wenn kein Aufgeld (Agio, zum Begriff → § 9 Rn. 10) vereinbart ist.[97] Werden Namens- und Inhaberaktien ausgegeben, muss deutlich werden, welcher Gründer welche Anzahl welcher Aktien übernimmt.[98] 17

c) Eingezahlter Betrag des Grundkapitals (Abs. 2 Nr. 3). Nach der auf die Kapital-RL zurückgehenden Vorschrift ist der im Zeitpunkt der Feststellung der Satzung und der Aktienübernahmeerklärung auf das Grundkapital eingezahlte Betrag anzugeben.[99] Der eindeutige Wortlaut der Vorschrift und der unionsrechtliche Hintergrund verbieten die ansonsten nahe liegende Auslegung, anzugeben sei der vor der Eintragung der Gesellschaft einzuzahlende Betrag. Ausreichend ist die Angabe des Gesamtbetrages. Eine Aufschlüsselung auf die Beiträge der einzelnen Gründer ist nicht erforderlich.[100] § 23 Abs. 3 Nr. 3 hat in der Praxis geringe Bedeutung. Denn vor der Errichtung der Gründungsurkunde existiert weder eine Einlageschuld, auf die schuldbefreiend geleistet werden könnte, noch ein Vorstand, zu dessen endgültig freier Verfügung Einlagezahlungen erbracht werden können (vgl. § 54 Abs. 3). In der Praxis empfehlen sich jedoch Angaben im Gründungsprotokoll, wann und in welchem Umfang nach dessen Errichtung und vor der Anmeldung der Gesellschaft die übernommenen Einlagen zu zahlen sind; in diesem Fall bedarf es keiner gesonderten Einforderung der Einlagen mehr.[101] 18

---

[90] AllgM, zB BT-Drs. 8/1678, 11; Hüffer/*Koch* Rn. 17.

[91] MüKoAktG/*Pentz* Rn. 58; Hüffer/*Koch* Rn. 17; KK-AktG/*A. Arnold* Rn. 60; NK-AktR/*Braunfels* Rn. 15; vgl. Spindler/Stilz/*Limmer* Rn. 25; aA HK-AktG/Körber Rn. 15; Schmidt/Lutter/*Seibt* Rn. 25: Benennung der GbR als solcher ausreichend.

[92] Hüffer/*Koch* Rn. 18; MüKoAktG/*Pentz* Rn. 59; Schmidt/Lutter/*Seibt* Rn. 26; KK-AktG/*A. Arnold* Rn. 61.

[93] Hüffer/*Koch* Rn. 18; MüKoAktG/*Pentz* Rn. 60; Schmidt/Lutter/*Seibt* Rn. 26.

[94] Vgl. Hüffer/*Koch* Rn. 18; MüKoAktG/*Pentz* Rn. 61; Schmidt/Lutter/*Seibt* Rn. 26.

[95] Begr. RegE, BT-Drs. 13/9573, 15; Hüffer/*Koch* Rn. 18.

[96] So NK-AktR/*Braunfels* Rn. 16.

[97] Hüffer/*Koch* Rn. 18; MüKoAktG/*Pentz* Rn. 60; Schmidt/Lutter/*Seibt* Rn. 28; HK-AktG/*Körber* Rn. 16.

[98] Hüffer/*Koch* Rn. 18; MüKoAktG/*Pentz* Rn. 61; Schmidt/Lutter/*Seibt* Rn. 28; KK-AktG/*A. Arnold* Rn. 64.

[99] Vgl. MüKoAktG/*Pentz* Rn. 62; Hüffer/*Koch* Rn. 19; Spindler/Stilz/*Limmer* Rn. 27.

[100] MüKoAktG/*Pentz* Rn. 63; Spindler/Stilz/*Limmer* Rn. 27; vgl. Schmidt/Lutter/*Seibt* Rn. 29; Hüffer/*Koch* Rn. 19.

[101] KK-AktG/*A. Arnold* Rn. 65; NK-AktR/*Braunfels* Rn. 17; MHdB AG/*Hoffmann-Becking* § 3 Rn. 14.

IV. Notwendiger Inhalt der Satzung (Abs. 3, 4)

19 **1. Grundlagen.** § 23 Abs. 3 und 4 bestimmen den gesetzlich notwendigen **Mindestinhalt** der Satzung einer Aktiengesellschaft. Die „Satzung im engeren Sinne" (→ Rn. 4) muss daher entsprechende Bestimmungen enthalten. Fehlen solche oder sind sie wegen des Verstoßes gegen ein gesetzliches Verbot nichtig, darf die Gesellschaft nicht in das Handelsregister eingetragen werden. Mit der Regelung wird die für den Rechtsverkehr erforderliche Publizität geschaffen, da sie die Information der Öffentlichkeit über wesentliche Aspekte der Gesellschaft gewährleistet.[102] Darüber hinaus begründen § 23 Abs. 3 und 4 für Änderungen der entsprechenden Bestimmungen zwingend die ausschließliche Kompetenz der Hauptversammlung.[103] In Ausnahmefällen kann sich aus anderen Gesetzen weiterer notwendiger Mindestinhalt einer Satzung ergeben, zB für Verwertungsgesellschaften aus dem Verwertungsgesellschaftengesetz (VGG) und für Immobilien-Aktiengesellschaften aus dem REITG.[104]

20 **2. Inhalt. a) Firma und Sitz (Abs. 3 Nr. 1).** Die Satzung muss die **Firma** und den **Sitz** der Gesellschaft bestimmen. Die Firma ist nebst Rechtsformzusatz „Aktiengesellschaft" oder der Abkürzung „AG" (→ § 4 Rn. 4) aufzunehmen. Eine von der Firma der Hauptniederlassung abweichende Zweigniederlassungsfirma ist in der Satzung anzugeben.[105] Als Sitz der Gesellschaft ist der Name einer deutschen politischen Gemeinde in der Satzung zu benennen. Die Angabe des Sitzortes muss eine eindeutige Bestimmung des für die Aktiengesellschaft zuständigen Registergerichts ermöglichen (→ § 5 Rn. 8). Existieren mehrere gleichnamige Gemeinden, ist daher ein individualisierender Zusatz erforderlich.[106] Bei Doppelsitz (→ § 5 Rn. 13 f.) sind die Namen beider Sitzorte anzugeben.[107]

21 **b) Gegenstand des Unternehmens (Abs. 3 Nr. 2). aa) Begriff.** Die Satzung muss gemäß § 23 Abs. 3 Nr. 2 ferner den Gegenstand des Unternehmens bestimmen; namentlich bei Industrie- und Handelsunternehmen ist die Art der Erzeugnisse und Waren, die hergestellt und gehandelt werden sollen, näher anzugeben. Gegenstand des Unternehmens ist die **Art der Tätigkeit,** die die Gesellschaft zu betreiben beabsichtigt.[108] Eine Aktiengesellschaft muss nicht notwendig gewerblich oder wirtschaftlich tätig sein. Zulässig ist jede nicht gegen gesetzliche Verbote oder die guten Sitten verstoßende Tätigkeit.[109] Weitere Beschränkungen können sich bei freien Berufen aus berufs- oder standesrechtlichen Regelungen ergeben, so zB für Apotheker und Ärzte.[110] Eine wirtschaftsprüfende (§ 27 Abs. 1 WPO) oder steuerberatende (§ 49 Abs. 1 StBerG) Tätigkeit kann Unternehmensgegenstand sein. Eine Aktiengesellschaft kann auch als Rechtsanwaltsgesellschaft tätig sein.[111] Hingegen ist die höchstpersönliche Amtsausübung durch den Notar ebenso wie dessen nicht ausschließbare unbegrenzte Haftung nach Amtshaftungsgrundsätzen mit den Strukturmerkmalen einer Aktiengesellschaft nicht zu vereinbaren; dies gilt selbstverständlich gleichermaßen für den hauptberuflichen Notar wie für den Anwaltsnotar, zumindest soweit dessen notarielle Amtsausübung betroffen ist.[112] Soll die Gesellschaft mehrere Unternehmensgegenstände betreiben, sind alle in der Satzung anzugeben.[113] Der **Unternehmensgegenstand** ist vom **Zweck der Gesellschaft** zu unterscheiden.[114] Gesellschaftszweck als allgemeine Zielsetzung der Gesellschaft kann jeder mit dem Gesetz in Einklang stehende Zweck sein. Unterschieden werden im Wesentlichen erwerbswirtschaftliche, sonstige wirtschaftliche oder ideelle Zwecke.[115] Das Verhältnis von Unternehmensgegenstand und Zweck der Gesellschaft ist umstritten.[116] Nach der im Aktienrecht hM[117] stehen Gesellschaftszweck und Unternehmensgegenstand in einer **Mittel-Zweck-Rela-**

[102] Vgl. MüKoAktG/*Pentz* Rn. 64; Spindler/Stilz/*Limmer* Rn. 14.
[103] Vgl. MüKoAktG/*Pentz* Rn. 64; Spindler/Stilz/*Limmer* Rn. 14.
[104] Vgl. Hüffer/*Koch* Rn. 33; MüKoAktG/*Pentz* Rn. 154.
[105] BayObLGZ 1992, 59 (63); vgl. MüKoAktG/*Pentz* Rn. 65; Hüffer/*Koch* Rn. 20; KK-AktG/*A. Arnold* Rn. 69, Spindler/Stilz/*Limmer* Rn. 15.
[106] MüKoAktG/*Pentz* Rn. 66.
[107] Hüffer/*Koch* Rn. 20; MüKoAktG/*Pentz* Rn. 66.
[108] Vgl. BGHZ 102, 209 (213) = NJW 1988, 1087; MüKoAktG/*Pentz* Rn. 69; KK-AktG/*A. Arnold* Rn. 74.
[109] Vgl. RGZ 62, 96 (97); MüKoAktG/*Pentz* Rn. 69; KK-AktG/*A. Arnold* Rn. 80.
[110] Überblick bei MüKoAktG/*Pentz* Rn. 84; Hüffer/*Koch* Rn. 23.
[111] Vgl. BGHZ 161, 376 (381 ff.) = NJW 2005, 1568; Hüffer/*Koch* Rn. 23.
[112] Vgl. BeckNotar-HdB/*Starke*, 6. Aufl. 2015, L I Rn. 42 mwN.
[113] MüKoAktG/*Pentz* Rn. 69; Hüffer/*Koch* Rn. 24a; Schmidt/Lutter/*Seibt* Rn. 33.
[114] KG NZG 2005, 88 (89).
[115] Spindler/Stilz/*Limmer* Rn. 18.
[116] Übersicht über den Meinungsstand bei MüKoAktG/*Pentz* Rn. 70 ff.
[117] OLG Hamburg BB 1968, 276; Hüffer/*Koch* Rn. 22; Schmidt/Lutter/*Seibt* Rn. 34; KK-AktG/*A. Arnold* Rn. 74 ff.; NK-AktR/*Braunfels* Rn. 21; vgl. MHdB AG/*Sailer-Coceani* § 9 Rn. 10 f.; *Kort* NZG 2011, 929 (931 f.).

tion. Der Unternehmensgegenstand ist danach das Mittel zur Erreichung des Gesellschaftszwecks (bei gewerblich tätiger Aktiengesellschaft in der Regel Gewinnerzielung). Die Bestimmung des Zwecks der Gesellschaft wird dadurch erschwert, dass dieser nicht zwingender Inhalt der Satzung ist und deshalb regelmäßig im Gesellschaftsvertrag nicht angegeben wird.[118] Die Unterscheidung ist aber in Bezug auf eine mögliche Änderung von wesentlicher Bedeutung: während eine Änderung des Unternehmensgegenstandes als Satzungsänderung mit Mehrheitsentscheidung gemäß § 179 Abs. 2 S. 1 oder 2 möglich ist, bedarf die Änderung des Gesellschaftszwecks – entsprechend § 33 Abs. 1 S. 2 BGB – der Zustimmung aller Aktionäre.[119] Im Einzelfall kann die Abgrenzung zwischen (bloßer) Änderung des Unternehmensgegenstandes und Änderung des Gesellschaftszwecks Schwierigkeiten bereiten. Die bloße Ausweitung des bisherigen Unternehmensgegenstandes ist keine Zweckänderung.[120] Hingegen ist der gänzliche oder teilweise Übergang von erwerbswirtschaftlicher zu gemeinnütziger Tätigkeit Zweckänderung.[121]

bb) Bedeutung. Die Angabe des Unternehmensgegenstandes in der Satzung ist in vielfacher 22
Hinsicht von Bedeutung: Zum einen wird damit die Information außen stehender Dritter, die in (rechtsgeschäftlichen) Kontakt mit der Gesellschaft treten, über den Tätigkeitsbereich der Gesellschaft bezweckt. Zum anderen ermöglicht die Angabe des Unternehmensgegenstandes dem Registergericht die Prüfung, ob die Aktiengesellschaft mit ihrer Tätigkeit gegen gesetzliche Verbote (§ 134 BGB) oder die guten Sitten (§ 138 Abs. 1 BGB) verstößt. Darüber hinaus begrenzt die Festlegung des Unternehmensgegenstandes in der Satzung die Geschäftsführungsbefugnis des Vorstandes, da der Vorstand nur im durch die Satzung gesteckten Rahmen für die Gesellschaft Geschäfte abschließen darf (vgl. § 82 Abs. 2);[122] teilweise wird dem Unternehmensgegenstand auch eine aktive Komponente beigemessen, indem ein Verpflichtung des Vorstands erkannt wird, im Rahmen seiner Geschäftsführung den Unternehmensgegenstand aktiv zu verwirklichen („Unterschreitungsverbot“).[123] Schließlich stellt § 23 Abs. 3 Nr. 2 sicher, dass die Entscheidung über den Tätigkeitsbereich der Gesellschaft – als grundlegende Strukturentscheidung – in der Hand der Gesellschafter bleibt.[124] Auch ist die Frage nach dem Bestehen öffentlich-rechtlicher Genehmigungserfordernisse für die Betätigungen der Aktiengesellschaft anhand des Unternehmensgegenstandes zu beantworten.[125]

cc) Individualisierung. Die mit der Aufnahme des Unternehmensgegenstandes in die Satzung 23
verfolgten Zwecke (→ Rn. 22) sind nur dann zu erreichen, wenn die entsprechenden Angaben hinreichend **konkret** und **individualisiert** sind. Dazu muss der **Schwerpunkt** der **Geschäftstätigkeit** aus der Angabe des Unternehmensgegenstandes ersichtlich sein.[126] Aktivitäten in Randbereichen wie etwa Hilfsgeschäfte werden dadurch nicht ausgeschlossen.[127] Im Hinblick auf § 52 Abs. 9 (→ § 52 Rn. 26 ff.) kann es sich jedoch empfehlen, diese ausdrücklich in der Satzung zu benennen.[128] Leerformeln wie „Betrieb eines kaufmännischen Geschäfts“ genügen den Anforderungen nicht.[129] Weitreichende Formulierungen wie „Handel mit Waren aller Art“ sind zu vermeiden und nur in Ausnahmefällen – wenn keine weitere Konkretisierung möglich ist – zulässig.[130] Keinen Bedenken begegnen jedoch allgemein gehaltene Zusätze wie zB „und verwandte Geschäfte“ zu einem hinreichend individualisierten Hauptgegenstand.[131] Den besonderen gesetzlichen Vorgaben in § 23 Abs. 3 Nr. 2 Hs. 2 für die erforderliche Konkretisierung des Unternehmensgegenstandes bei Industrie- und Handelsunternehmen ist genügt, wenn der Unternehmensgegenstand Angaben dazu enthält, ob Produkte erzeugt, bearbeitet oder gehandelt werden und um welche Art von Produkten

[118] Spindler/Stilz/*Limmer* Rn. 18.

[119] KG NZG 2005, 88 (89); Hüffer/*Koch* Rn. 22; Schmidt/Lutter/*Seibt* Rn. 34; Spindler/Stilz/*Limmer* Rn. 18; MHdB AG/*Sailer-Coceani* § 9 Rn. 10; *Kort* NZG 2011, 929 (931); vgl. auch MüKoAktG/*Pentz* Rn. 77.

[120] KG NZG 2005, 88 (89).

[121] Hüffer/*Koch* Rn. 22; *Kort* NZG 2011, 929 (931).

[122] Vgl. zum Ganzen BGH WM 1981, 163 (164); BGHZ 159, 30 (36 f.) = NJW 2004, 1860; BayObLG NJW-RR 1996, 413; Hüffer/*Koch* Rn. 21; MüKoAktG/*Pentz* Rn. 78; Schmidt/Lutter/*Seibt* Rn. 32; KK-AktG/*A. Arnold* Rn. 72 f.

[123] Spindler/Stilz/*Limmer* Rn. 16 mwN; Spindler/Stilz/*Fleischer* § 82 Rn. 31.

[124] Spindler/Stilz/*Limmer* Rn. 16.

[125] Vgl. Spindler/Stilz/*Limmer* Rn. 17.

[126] Hüffer/*Koch* Rn. 24; Spindler/Stilz/*Limmer* Rn. 17; ausf. mit Beispielen KK-AktG/*A. Arnold* Rn. 83 ff.

[127] Hüffer/*Koch* Rn. 24; Schmidt/Lutter/*Seibt* Rn. 35.

[128] Hüffer/*Koch* Rn. 24a; Schmidt/Lutter/*Seibt* Rn. 35.

[129] MüKoAktG/*Pentz* Rn. 81; Schmidt/Lutter/*Seibt* Rn. 35.

[130] Vgl. BayObLGZ 1994, 224 (226 f.); BayObLG NZG 2003, 482; Hüffer/*Koch* Rn. 24; MüKoAktG/*Pentz* Rn. 81.

[131] AllgM, zB OLG Frankfurt OLGZ 1987, 40; Hüffer/*Koch* Rn. 24.

es sich handelt; Gattungsangaben sind insoweit ausreichend.[132] Bei Dienstleistungsunternehmen ist dem Konkretisierungserfordernis mit der Angabe der Art und Weise der Tätigkeit („Wie“ der Tätigkeit) genügt.[133] Soweit zutreffend kann daher Unternehmensgegenstand – zB bei „offener Vorratsgründung“ (→ Rn. 45) – „die Verwaltung eigenen Vermögens“ oder – wenn die Aktiengesellschaft Komplementär einer KG sein soll – „die Beteiligung als persönlich haftende Gesellschafterin und die Übernahme der Geschäftsführung bei der X-KG“ sein; weitere Angaben zum Gegenstand der KG sind idF nicht erforderlich.[134] Nicht abschließend geklärt ist, in welchem Umfang in den Unternehmensgegenstand die Tatsache aufgenommen werden muss, dass die Geschäfte auch durch abhängige Tochtergesellschaften durchgeführt werden (sog. **„Konzernklausel“**).[135] Soweit dies für geboten gehalten wird, wird empfohlen klarzustellen, ob nur unternehmerische oder auch rein kapitalistische Beteiligungen gestattet sein sollen.[136] Soll die Gesellschaft **Holdingfunktionen** wahrnehmen, genügt zur Individualisierung des Unternehmensgegenstands jedenfalls die Angabe der Gruppenleitung als eigentlicher Unternehmensgegenstand unter Hinzufügung einer zusammenfassenden Beschreibung der Geschäftstätigkeit der Gruppengesellschaften oder einer entsprechenden Auflistung („Spiegelstrichlösung“).[137]

24 **c) Höhe des Grundkapitals (Abs. 3 Nr. 3).** Nach § 23 Abs. 3 Nr. 3 muss die Satzung Bestimmungen zur Höhe des Grundkapitals enthalten. Dabei sind die Maßgaben der § 6 (Angabe in Euro; → § 6 Rn. 2 ff.) und § 7 (Mindestnennbetrag: 50.000 Euro; → § 7 Rn. 2 ff.) zu beachten. Es ist ein konkreter Betrag in Euro anzugeben. Zur Beibehaltung eines Grundkapitals in DM → § 6 Rn. 4. Die Berechenbarkeit der Höhe des Grundkapitals aus der Zahl der Aktien und ihrer Ausgabebeträge ist nicht ausreichend.[138] Ein bei Gründung in die Satzung aufgenommenes genehmigtes Kapital (vgl. § 202 Abs. 1) gehört nicht zum Grundkapital iSd § 23 Abs. 3 Nr. 3.[139]

25 **d) Zerlegung des Grundkapitals (Abs. 3 Nr. 4).** § 23 Abs. 3 Nr. 4 bezweckt, Klarheit hinsichtlich der Zerlegung des Grundkapitals gemäß § 1 Abs. 2 (→ § 1 Rn. 26 ff.), dh dessen Aufteilung in Nennbetragsaktien (§ 8 Abs. 2; → § 8 Rn. 7 ff.) oder in Stückaktien (§ 8 Abs. 3; → § 8 Rn. 23 ff.), zu schaffen.[140] Notwendig sind dazu Angaben in der Satzung über die **Aktienform** (Aufteilung in Nennbetragsaktien oder in Stückaktien), über die **Einteilung des Grundkapitals** (Nennbeträge, → § 8 Rn. 7 ff., und Zahl der Aktien jeden Nennbetrags bei Nennbetragsaktien; Aktienanzahl bei Stückaktien) sowie – sofern mehrere Gattungen bestehen – über die jeweilige **Aktiengattung** (→ § 11 Rn. 14 ff.) und die Anzahl der Aktien jeder Gattung.[141] Das Grundkapital kann entweder nur in Nennbetragsaktien oder nur in Stückaktien aufgeteilt werden; eine Kombination der Aktienformen ist nicht möglich (→ § 8 Rn. 3). Werden Aktien verschiedener Gattungen ausgegeben, sind die einzelnen Gattungen durch die gattungsbegründenden Merkmale (→ § 11 Rn. 15), dh die unterschiedlichen Rechte und Pflichten, zu beschreiben.[142] Werden Aktiengattungen zu unterschiedlichen Nennbeträgen ausgegeben, gebietet der Normzweck, die jeweilige Anzahl der Aktien pro Gattung und Nennbetrag anzugeben, da ansonsten die Zusammensetzung des Grundkapitals im einzelnen nicht nachvollzogen werden könnte.[143]

26 **e) Inhaber- oder Namensaktien (Abs. 3 Nr. 5).** Nach § 23 Abs. 3 Nr. 5 muss in der Satzung bestimmt sein, ob die Aktien auf den Inhaber oder auf den Namen ausgestellt werden (→ § 10 Rn. 6 ff.). Die Satzung kann auch vorsehen, dass beide Arten von Aktien nebeneinander ausgegeben werden. Die Anzahl der Aktien jeder Art muss dabei nicht angegeben werden. Die – grundsätzlich auch bei nichtbörsennotierten Aktiengesellschaften (zu den insoweit bestehenden besonderen Anforderungen des § 10 Abs. 1 S. 2 → § 10 Rn. 17 ff.) – im freien Ermessen der Gründer liegende Wahl der Aktienart ist damit zwingender Satzungsbestandteil. Sollen jedoch Aktien vor der vollen Leistung des Ausgabebetrages ausgegeben werden, müssen sie auf den Namen lauten (vgl. § 10 Abs. 2); in die Satzung ist aufgrund des eindeutigen Wortlauts der Norm auch dann eine entsprechende Bestimmung

[132] Vgl. Hüffer/*Koch* Rn. 24; MüKoAktG/*Pentz* Rn. 80; Schmidt/Lutter/*Seibt* Rn. 36.
[133] AllgM, zB Hüffer/*Koch* Rn. 24.
[134] MüKoAktG/*Pentz* Rn. 80; KK-AktG/*A. Arnold* Rn. 88; NK-AktR/*Braunfels* Rn. 23.
[135] Hierzu Spindler/Stilz/*Limmer* Rn. 16a mwN; Hüffer/*Koch* Rn. 24a.
[136] So ausdrücklich Hüffer/*Koch* Rn. 24a.
[137] Schmidt/Lutter/*Seibt* Rn. 36; Hüffer/*Koch* Rn. 24a; HK-AktG/*Körber* Rn. 31.
[138] AllgM, zB Hüffer/*Koch* Rn. 28.
[139] Hüffer/*Koch* Rn. 28; vgl. MüKoAktG/*Pentz* Rn. 121.
[140] AllgM, zB Hüffer/*Koch* Rn. 29; MüKoAktG/*Pentz* Rn. 116.
[141] Hüffer/*Koch* Rn. 29; Spindler/Stilz/*Limmer* Rn. 20; Schmidt/Lutter/*Seibt* Rn. 47 f.
[142] Hüffer/*Koch* Rn. 29; MüKoAktG/*Pentz* Rn. 132; Schmidt/Lutter/*Seibt* Rn. 48; KK-AktG/*A. Arnold* Rn. 116.
[143] Hüffer/*Koch* Rn. 29; MüKoAktG/*Pentz* Rn. 132; Schmidt/Lutter/*Seibt* Rn. 48.

aufzunehmen, wenn nach Volleinzahlung Inhaberaktien ausgegeben werden sollen. Hierzu ist dann eine Satzungsänderung erforderlich.[144] Angaben zur Art der Aktien sind auch dann erforderlich, wenn der Verbriefungsanspruch des Aktionärs gemäß § 10 Abs. 5 ausgeschlossen ist (zum Ganzen → § 10 Rn. 10).

f) Zahl der Vorstandsmitglieder (Abs. 3 Nr. 6). § 23 Abs. 3 Nr. 6 verlangt, die Zahl der Mitglieder des Vorstands oder die Regeln, nach denen diese Zahl festgelegt wird, in die Satzung aufzunehmen. Den Anforderungen der Vorschrift genügt sowohl die Angabe einer **konkreten** Zahl als auch die Festsetzung einer **Mindest- und Höchstzahl.**[145] Dabei sind die Vorgaben des § 76 Abs. 2 zu beachten. „Stellvertretende Vorstandsmitglieder" iSd § 94 sind bei der Ermittlung der Anzahl iSd § 23 Abs. 3 Nr. 6 als echte Vorstandsmitglieder zu berücksichtigen; besondere Regelungen über deren Anzahl sind daher nicht erforderlich.[146] Bei Unterschreitungen der durch die Satzung festgelegten (Mindest-)Anzahl ist eine Satzungsänderung nur dann erforderlich, wenn Neubesetzung auf Dauer nicht vorgenommen werden soll.[147] Als „Regel" iSd § 23 Abs. 3 Nr. 6 ausreichend sind Bestimmungen, nach denen die Zahl der Vorstandsmitglieder durch die Hauptversammlung[148] – oder in der Praxis weit verbreitet – durch den **Aufsichtsrat**[149] bestimmt wird. 27

g) Form der Bekanntmachungen (Abs. 4). Nach § 23 Abs. 4 muss die Satzung ferner Bestimmungen über die Form der Bekanntmachungen der Gesellschaft enthalten. Der Anwendungsbereich der Vorschrift ist durch § 25 eingeschränkt. § 25 bestimmt abschließend als Publikationsorgan für die sog. „Pflichtbekanntmachungen" der Gesellschaft, dh die Bekanntmachungen, die nach Gesetz oder Satzung in den Gesellschaftsblättern vorgenommen werden müssen (→ § 25 Rn. 1 ff.), den Bundesanzeiger. Die Satzungsregelungen iSd § 23 Abs. 4 betreffen daher nur die sog. **„freiwilligen Bekanntmachungen"** der Gesellschaft, die nach Gesetz oder Satzung nicht in den Gesellschaftsblättern erfolgen müssen (zB Vierteljahresbericht). Insoweit besteht Wahlfreiheit. Neben dem Bundesanzeiger, Tageszeitungen und eingeschriebenem Brief sind auch nicht papiergebundene Bekanntmachungen zulässig, zB in elektronischen Medien (Internetseite der Gesellschaft).[150] 28

V. Grundsatz der Satzungsstrenge (Abs. 5)

1. Grundlagen. Nach § 23 Abs. 5 kann die Satzung von den Vorschriften des AktG nur abweichen, wenn es ausdrücklich zugelassen ist. Ergänzende Bestimmungen der Satzung sind zulässig, es sei denn, dass das AktG eine abschließende Regelung enthält. § 23 Abs. 5 liegt der Gedanke zugrunde, dass die Regelungen des AktG grundsätzlich zwingendes Recht sind. Der in § 23 Abs. 5 verankerte sog. „Grundsatz der Satzungsstrenge", gegen den in der Literatur vereinzelt europarechtliche Bedenken geltend gemacht werden,[151] schränkt zum Schutz von Gläubigern und künftigen Aktionären und zur Sicherstellung der Verkehrsfähigkeit der Aktien die Satzungsautonomie ein. Er gewährleistet, dass außen stehende Dritte ungewöhnliche und eventuell mit Nachteilen für sie verbundene Satzungsregelungen nicht befürchten müssen.[152] § 23 Abs. 5 gilt nur für Abweichungen und Ergänzungen in Bezug auf das AktG. Auf Aktiengesellschaften bezogene Regelungen in anderen Gesetzen (zB im MitbestG) werden weder unmittelbar noch im Wege der Analogie von der Vorschrift erfasst.[153] So ergibt sich der zwingende Charakter der §§ 27–29, 31 und 32 MitbestG aus diesen Bestimmungen selbst; ein Rückgriff auf § 23 Abs. 5 S. 1 ist weder erforderlich noch zulässig.[154] 29

2. Abweichungen (Abs. 5 S. 1). Eine Abweichung iSd § 23 Abs. 5 S. 1 liegt vor, wenn eine gesetzliche Regelung durch eine andere Regelung ersetzt wird. Die Satzung bestimmt etwas anderes als das Gesetz. Die **Abweichungsbefugnis** muss sich eindeutig aus dem Gesetz, dh aus dessen Wortlaut oder durch Auslegung, ergeben. Bloßes Schweigen des Gesetzes kann eine 30

---

[144] Hüffer/*Koch* Rn. 30; MüKoAktG/*Pentz* Rn. 129; Schmidt/Lutter/*Seibt* Rn. 49; KK-AktG/*A. Arnold* Rn. 119; NK-AktR/*Braunfels* Rn. 36; vgl. auch Spindler/Stilz/*Limmer* Rn. 21.

[145] Begr. RegE, BT-Drs. 8/1678, 12; Hüffer/*Koch* Rn. 31; MüKoAktG/*Pentz* Rn. 144; KK-AktG/*A. Arnold* Rn. 124.

[146] MüKoAktG/*Pentz* Rn. 143.

[147] MüKoAktG/*Pentz* Rn. 145; Hüffer/*Koch* Rn. 31; HK-AktG/*Körber* Rn. 37.

[148] MüKoAktG/*Pentz* Rn. 146.

[149] BGH NZG 2002, 817 (818); LG Köln DB 1998, 1855; MüKoAktG/*Pentz* Rn. 146; KK-AktG/*A. Arnold* Rn. 124; NK-AktR/*Braunfels* Rn. 37.

[150] Hüffer/*Koch* Rn. 32; MüKoAktG/*Pentz* Rn. 151.

[151] Vgl. Hüffer/*Koch* Rn. 34 mwN; ausf. zur Kritik KK-AktG/*A. Arnold* Rn. 130 ff.; grds. krit. Schmidt/Lutter/*Seibt* Rn. 53.

[152] Vgl. MüKoAktG/*Pentz* Rn. 158; Spindler/Stilz/*Limmer* Rn. 28; NK-AktR/*Braunfels* Rn. 40.

[153] HK-AktG/*Körber* Rn. 40a; Spindler/Stilz/*Limmer* Rn. 28a; NK-AktR/*Braunfels* Rn. 41.

[154] Spindler/Stilz/*Limmer* Rn. 28a.

Abweichungsbefugnis nicht begründen.[155] Dabei ist nicht nur die Frage nach dem „ob" der Abweichung, sondern auch die nach deren Reichweite zu stellen.[156] Maßgeblich dafür ist der **Zweck** der von der Abweichung betroffenen Norm des Gesetzes, anhand dessen zu klären ist, ob jede Art von Abweichungen oder nur bestimmte Abweichungen zulässig sind (zB Frage der Zulässigkeit einer von § 121 Abs. 5 S. 1 abweichenden Satzungsregelung, wonach Hauptversammlung auch im Ausland abgehalten werden kann).[157] Gesetzliche Regelungen, von denen Abweichungen zugelassen sind, sind häufig durch Formulierungen wie „wenn die Satzung nichts anderes bestimmt" oder „die Satzung kann bestimmen" gekennzeichnet.[158] In der Sache handelt es sich vorwiegend, aber nicht ausschließlich um „andere Mehrheiten" oder „weitere Erfordernisse" bei Hauptversammlungsbeschlüssen.[159] Abweichende Regelungen sind ausgeschlossen bei den Normen, die den Zuständigkeitsbereich der Organe, ihre Zusammensetzung und innere Organisation regeln,[160] bei den Bestimmungen über die Minderheitenrechte (mit Ausnahme des § 122 Abs. 1 S. 2)[161] und den Regelungen über die Verschwiegenheit (§§ 93 Abs. 1 S. 3, 116) und die Sorgfaltspflichten der Verwaltungsmitglieder (§§ 93, 116).[162] Auch in Bezug auf das Zustimmungserfordernis der Vorzugsaktionäre (§ 141 Abs. 1) kommt eine abweichende Satzungsregelung nach zutreffender Ansicht nicht in Betracht.[163]

31 **3. Ergänzungen (Abs. 5 S. 2).** Eine Ergänzung iSd § 23 Abs. 5 S. 2 liegt vor, wenn das Gesetz über die in der Satzung geregelte Frage nichts bestimmt[164] oder aber die vorhandene gesetzliche Regelung ihrem Gedanken nach weitergeführt wird, im Grundsatz jedoch unberührt bleibt.[165] Ergänzungen in diesem Sinne sind zulässig, sofern das Gesetz keine abschließende Regelung enthält.[166] Eine Ergänzung schließt damit eine Regelungslücke. Aus dem Wortlaut des § 23 Abs. 5 S. 2 ergibt sich, dass eine abschließende, eine Ergänzung ausschließende Regelung den Ausnahmefall bildet. Ob eine gesetzliche Regelung abschließend ist, ist durch Auslegung zu ermitteln, soweit Ergänzungen im Gesetz nicht ausdrücklich zugelassen sind. Sind Ergänzungen danach zulässig, haben sie die durch die allgemeinen Gesetze und die zwingenden Vorschriften des Aktienrechts gesetzten Grenzen zu beachten.[167] Freiräume für entsprechende Ergänzungen basieren insbesondere auf Gestattungen, in der Satzung zusätzliche, vom Gesetz nicht vorgesehene Gestaltungen zu treffen, zB Schaffung verschiedener Aktiengattungen (§ 11) oder Begründung von Nebenverpflichtungen (§ 55 Abs. 1), oder im Gesetz enthaltene Regelungen inhaltlich zu ergänzen (zB nähere Bestimmungen über die Wahl des Aufsichtsratsvorsitzenden und seiner Stellvertreters gemäß § 107 Abs. 1).[168] In der Praxis von großer Bedeutung sind die Möglichkeiten, besondere persönliche Voraussetzungen für die Vorstandsmitglieder (vgl. § 76 Abs. 3) und Mitglieder des Aufsichtsrates (vgl. § 100) aufzustellen und dem Aufsichtsrat generell die Befugnis zur Fassungsänderung der Satzung (§ 179 Abs. 1 S. 2) einzuräumen.[169]

32 **4. Rechtsfolgen von Verstößen.** Eine gegen § 23 Abs. 5 S. 1 oder 2 verstoßende Satzungsbestimmung ist nach zutreffender Ansicht unter den Voraussetzungen des analog anzuwendenden § 241 Nr. 3 nichtig.[170] Voraussetzung für die Nichtigkeit ist danach, dass die mit § 23 Abs. 5 nicht zu vereinbarende Regelung der Satzung nach ihrem konkreten Inhalt gegen eine Vorschrift des AktG

---

155 MüKoAktG/*Pentz* Rn. 161; Hüffer/*Koch* Rn. 35; Spindler/Stilz/*Limmer* Rn. 29; NK-AktR/*Braunfels* Rn. 41.

156 MüKoAktG/*Pentz* Rn. 162; Spindler/Stilz/*Limmer* Rn. 29.

157 Unter bestimmten Voraussetzungen bejahend BGHZ 203, 68 Rn. 12 ff. = NZG 2015, 18; aA OLG Hamburg AG 1993, 384; MüKoAktG/*Pentz* Rn. 162.

158 Vgl. MüKoAktG/*Pentz* Rn. 163.

159 Vgl. die Übersichten bei MüKoAktG/*Pentz* Rn. 163; Hüffer/*Koch* Rn. 35; KK-AktG/*A. Arnold* Rn. 139 ff.; Spindler/Stilz/*Limmer* Rn. 29; Schmidt/Lutter/*Seibt* Rn. 55.

160 MüKoAktG/*Pentz* Rn. 164; Hüffer/*Koch* Rn. 36; vgl. MHdB AG/*Sailer-Coceani* § 6 Rn. 10.

161 MüKoAktG/*Pentz* Rn. 164; KK-AktG/*A. Arnold* Rn. 148.

162 Vgl. BGHZ 64, 325 (326 f.) = NJW 1975, 1412.

163 MüKoAktG/*Pentz* Rn. 164; Hüffer/*Koch* Rn. 36; aA KK-AktG/*Zöllner* § 141 Rn. 36.

164 MüKoAktG/*Pentz* Rn. 165; Hüffer/*Koch* Rn. 37; KK-AktG/*A. Arnold* Rn. 149; KK-AktG/*Zöllner* § 179 Rn. 70; aA KK-AktG/*Mertens* Vor § 76 Rn. 12.

165 MüKoAktG/*Pentz* Rn. 165; KK-AktG/*A. Arnold* Rn. 149; Hüffer/*Koch* Rn. 37.

166 Hüffer/*Koch* Rn. 37; Spindler/Stilz/*Limmer* Rn. 30; HK-AktG/*Körber* Rn. 42; MHdB AG/*Sailer-Coceani* § 6 Rn. 11.

167 Vgl. HK-AktG/*Körber* Rn. 42; MüKoAktG/*Pentz* Rn. 167.

168 Vgl. Spindler/Stilz/*Limmer* Rn. 30.

169 Vgl. ferner die Übersichten über mögliche Ergänzungen bei Hüffer/*Koch* Rn. 38 und MüKoAktG/*Pentz* Rn. 169.

170 Schmidt/Lutter/*Seibt* Rn. 62; NK-AktR/*Braunfels* Rn. 50.

verstößt, die zum aktienrechtlichen Regelungskern gehört und die ausschließlich oder überwiegend Gläubigerschutzfunktion hat oder dem öffentlichen Interesse dient. Ist dies nicht der Fall, führt der Verstoß gegen § 23 Abs. 5 lediglich zur Anfechtbarkeit der Satzungsregelung.[171] Soweit in der Literatur[172] unter Hinweis auf den Wortlaut des § 241 Nr. 3 der Verstoß gegen § 23 Abs. 5 als solcher als ausreichender alleiniger Nichtigkeitsgrund betrachtet wird, lässt dies die Vielgestaltigkeit der möglichen Verstöße gegen § 23 Abs. 5 und das damit verbundene unterschiedliche Gewicht von Verstößen außer Betracht. Ferner wäre es nicht zu rechtfertigen, an eine durch Satzungsänderung eingefügte, mit § 23 Abs. 5 nicht zu vereinbarende Satzungsbestimmung hinsichtlich ihrer Wirksamkeit andere Maßstäbe anzulegen als an eine gleichlautende, in der Gründungssatzung enthaltene Bestimmung.[173]

VI. Gründungsmängel

1. Grundlagen. Der Gründungsvorgang, dh die Feststellung der Satzung (§ 23 Abs. 1; → Rn. 3 ff.) und die Übernahmeerklärung der Gründer (§ 23 Abs. 2; → Rn. 15 ff.), kann an Mängeln leiden, die ihn in seiner Gesamtheit betreffen (zB Willensmängel, Mitwirkung nicht ordnungsgemäß vertretener Personen, Verstöße gegen § 23 Abs. 1 wegen fehlender oder unvollständiger notarieller Beurkundung), oder an spezifisch aktienrechtlichen Mängeln (zB Fehlen oder Nichtigkeit einer nach § 23 Abs. 3 zwingend erforderlichen Regelung, Verstoß gegen § 23 Abs. 5). Beide Arten von Mängeln stellen **Eintragungshindernisse** dar (vgl. § 38 Abs. 1 S. 2, in Bezug auf Mängel der Satzung iVm Abs. 4, → § 38 Rn. 13 f.), so dass das Registergericht die Eintragung abzulehnen hat. Hinsichtlich der Möglichkeit, sich auf die entsprechenden Gründungsmängel zu berufen oder diese geltend zu machen, ist zwischen drei Phasen zu unterscheiden: 33

2. Vor Eintragung und vor Invollzugsetzung. Vor Invollzugsetzung der Vor-AG kommen mit Ausnahme des § 139 BGB[174] die allgemeinen Vorschriften des BGB über Willensmängel und sonstige Fehler von Rechtsgeschäften zur Anwendung.[175] Beschränkt sich der Mangel auf einzelne Bestandteile der Satzung (zB Verstoß gegen § 23 Abs. 3–5), haben die einzelnen Gründer im Rahmen ihrer gesellschafterlichen Treuepflicht an der Beseitigung des Satzungsmangels im Rahmen des Zumutbaren durch Beteiligung an einer entsprechenden Satzungsänderung mitzuwirken.[176] 34

3. Vor Eintragung und nach Invollzugsetzung. Nach Invollzugsetzung der Vor-AG, dh in jedem Fall nach Beginn einer nach außen gerichteten Tätigkeit der Gesellschaft[177] oder nach der Bildung von Gesellschaftsvermögen,[178] findet das Sonderrecht der „fehlerhaften Gesellschaft“ Anwendung. Danach ist der fehlerhaft zustande gekommene Gesellschaftsvertrag nach seiner Invollzugsetzung grundsätzlich – Ausnahmen können bei entgegenstehenden gewichtigen Interessen der Allgemeinheit oder bestimmter besonders schutzwürdiger Personen gelten[179] – nach außen und innen als wirksam zu behandeln und der Gesellschafter, der sich auf den Mangel beruft, auf den Weg der Auflösung (ex nunc) und Abwicklung der Vor-AG zu verweisen.[180] Hinsichtlich sich auf einzelne Satzungsbestandteile beschränkender Mängel gilt das in → Rn. 34 Gesagte. 35

4. Nach Eintragung. Trägt das Registergericht die Aktiengesellschaft trotz Gründungsmängeln ein, ist die Aktiengesellschaft als solche wirksam entstanden (§ 41 Abs. 1 S. 1). Gründungsmängel entfalten ab dem Zeitpunkt der Eintragung der Gesellschaft im Grundsatz keine Wirkung mehr. Dies gilt gleichermaßen für Mängel, die den gesamten Gründungsvorgang erfassen, wie für einzelne inhaltliche Mängel der Satzung. Ohne Bedeutung ist dabei, ob sich ein Gründer bereits vor 36

---

[171] Vgl. KK-AktG/*A. Arnold* Rn. 154.

[172] MüKoAktG/*Pentz* Rn. 170 f.; vgl. Hüffer/*Koch* Rn. 43; MHdB AG/*Sailer-Coceani* § 6 Rn. 12.

[173] Vgl. BGHZ 144, 365 (368) = NJW 2000, 2819 zur entsprechenden Problematik bei § 242 Abs. 2.

[174] Vgl. RGZ 114, 77 (80 f.); MüKoAktG/*Pentz* Rn. 175; Hüffer/*Koch* Rn. 41; Schmidt/Lutter/*Seibt* Rn. 59; diff. KK-AktG/*A. Arnold* Rn. 159.

[175] RGZ 127, 186 (191); MüKoAktG/*Pentz* Rn. 175; KK-AktG/*A. Arnold* Rn. 158; Spindler/Stilz/*Limmer* Rn. 36; Schmidt/Lutter/*Seibt* Rn. 59; diff. NK-AktR/*Braunfels* Rn. 46.

[176] Vgl. MüKoAktG/*Pentz* Rn. 180; Schmidt/Lutter/*Seibt* Rn. 61; NK-AktR/*Braunfels* Rn. 46.

[177] Vgl. RGZ 165, 192 (205); BGHZ 3, 285 (288) = NJW 1952, 97; BGHZ 13, 320 (321) = NJW 1954, 1562; Hüffer/*Koch* Rn. 41; Schmidt/Lutter/*Seibt* Rn. 59; Spindler/Stilz/*Limmer* Rn. 37; nach MüKoAktG/*Pentz* Rn. 177 ist maßgebliche Zäsur die Bestellung des ersten Aufsichtsrats.

[178] Vgl. RGZ 166, 51 (58); BGHZ 13, 320 (321) = NJW 1954, 1562; Hüffer/*Koch* Rn. 41; Schmidt/Lutter/*Seibt* Rn. 59.

[179] StRspr, vgl. zB BGHZ 3, 285 (288) = NJW 1952, 97; BGHZ 13, 320 (322 f.) = NJW 1954, 1562; aA KK-AktG/*A. Arnold* Rn. 163; MüKoAktG/*Pentz* Rn. 178.

[180] Vgl. BGHZ 3, 285 (287 f.) = NJW 1952, 97; BGHZ 13, 320 (324) = NJW 1954, 1562; Spindler/Stilz/*Limmer* Rn. 37; KK-AktG/*A. Arnold* Rn. 160.

Eintragung auf den Mangel berufen hat oder nicht.[181] Ausnahmen von diesem Grundsatz der Unbeachtlichkeit der Mängel ergeben sich ausschließlich aus § 275 sowie den §§ 397, 398 und 399 FamFG.

37 **a) Mängel der Erklärungen einzelner Gründer.** Sämtliche die Abgabe der Erklärungen einzelner Gründer in der Gründungsurkunde betreffende Mängel werden unmittelbar durch die Eintragung der Gesellschaft geheilt. Das gilt insbesondere für Willensmängel (§§ 119 ff., 123 BGB) und unzulässige Befristungen und Bedingungen bei der Beitritts- und Übernahmeerklärung.[182] Auch Mängel, die zu einer Nichtzurechenbarkeit der Erklärung führen, stellen das Entstehen der Gesellschaft infolge der Eintragung nicht in Frage. Bei vollmachtloser Vertretung, die vom Vertretenen nicht genehmigt wird, bei Handeln unter fremden Namen oder Unterschriftsfälschung wird der handelnde Dritte Aktionär, kann aber zur Übertragung der übernommenen Aktien auf die Gründer verpflichtet sein.[183] Ein geschäftsunfähiger Gründer und ein nicht ordnungsgemäß vertretener minderjähriger Gründer werden nach der Rechtsprechung[184] nicht Aktionär der Gesellschaft. In diesem Fall ist die Neufassung der Satzung unter gleichzeitiger Übernahme der auf den ausgefallenen Gründer entfallenden Aktien durch andere Gründer oder einen Dritten (§ 23 Abs. 1, 2 Nr. 1 und 2) erforderlich. Ist dies nicht möglich und scheidet auch eine Anpassung des Grundkapitals durch Kapitalherabsetzung aus, ist die Gesellschaft aufzulösen.[185]

38 **b) Mängel einzelner Satzungsbestandteile.** Die Ausnahmen zu dem Grundsatz, dass Mängel einzelner Satzungsbestandteile nach Eintragung der Gesellschaft deren Bestand unberührt lassen, sind abschließend in § 275 und in den §§ 397, 398 und 399 FamFG geregelt. Die Aktionäre und jedes Mitglied der Verwaltung können nur dann Nichtigkeitsklage erheben, wenn die Satzung keine Bestimmungen über die Höhe des Grundkapitals (vgl. § 23 Abs. 3 Nr. 3; → Rn. 24) oder über den Gegenstand des Unternehmens (vgl. § 23 Abs. 3 Nr. 2; → Rn. 21) enthält oder die Bestimmungen der Satzung über den Gegenstand des Unternehmens nichtig sind (§ 275 Abs. 1 S. 1). Dabei kann ein den Unternehmensgegenstand betreffender Mangel durch Satzungsänderung geheilt werden (§ 276). Ferner kann das Registergericht in den vorgenannten Fällen die Gesellschaft von Amts wegen löschen (vgl. § 397 FamFG). Fehlende oder nichtige Bestimmungen nach § 23 Abs. 3 Nr. 1 (→ Rn. 20), Nr. 4 (→ Rn. 25), Nr. 5 (→ Rn. 26) und Nr. 6 (→ Rn. 27) sowie eine nichtige Bestimmung nach § 23 Abs. 3 Nr. 3 können darüber hinaus zur Auflösung der Gesellschaft nach § 399 FamFG iVm § 262 Abs. 1 Nr. 5 führen, wenn der Mangel trotz Aufforderung durch das Registergericht nicht beseitigt wird. Sind die Voraussetzungen eines der in der Praxis seltenen vorstehend genannten Ausnahmefälle nicht gegeben, können die Aktionäre oder Organmitglieder lediglich gemäß § 256 ZPO Klage auf Feststellung der Nichtigkeit der betreffenden Satzungsregelung erheben.[186] Nach Ablauf von drei Jahren nach Eintragung sind Mängel von Satzungsbestandteilen geheilt (§ 242 Abs. 2 analog).[187] Trotz dieser Heilung kann das Registergericht von Amts wegen die gesetzeswidrige, gleichwohl zwischenzeitlich wirksam gewordene Satzungsbestimmung löschen (§ 242 Abs. 2 S. 3 iVm § 398 FamFG).[188]

VII. Schuldrechtliche Nebenabreden

39 **1. Begriff und Inhalt.** Schuldrechtliche oder „satzungsergänzende" Nebenabreden werden Vereinbarungen genannt, die Aktionäre vor, bei oder nach der Gründung einer Aktiengesellschaft außerhalb der Satzungsurkunde treffen und in denen sie ihre Rechtsverhältnisse untereinander oder zur Gesellschaft regeln.[189] Gegenstand solcher Nebenabreden sind in der Praxis insbesondere die Besetzung und Besoldung der Gesellschaftsorgane, die Beschränkung und Öffnung des Kreises der Aktionäre durch Vorkaufs- und Vorerwerbsrechte, die Regelung von Finanzierungsbeiträgen über die Einlagepflicht hinaus und Stimmbindungen.[190] Gegenstand schuldrechtlicher Nebenabreden können

[181] Vgl. RGZ 82, 375 (378 f.); BGHZ 21, 378 (382 f.) = NJW 1957, 19; Hüffer/*Koch* Rn. 42; MüKoAktG/*Pentz* Rn. 182; Schmidt/Lutter/*Seibt* Rn. 60.

[182] Vgl. MüKoAktG/*Pentz* Rn. 183.

[183] Vgl. MüKoAktG/*Pentz* Rn. 184; KK-AktG/*A. Arnold* Rn. 168; NK-AktR/*Braunfels* Rn. 53.

[184] Vgl. BGH WM 1980, 866 f. zur GmbH; aA MüKoAktG/*Pentz* Rn. 188; KK-AktG/*A. Arnold* Rn. 167; NK-AktR/*Braunfels* Rn. 53.

[185] Vgl. MüKoAktG/*Pentz* Rn. 188; NK-AktR/*Braunfels* Rn. 53.

[186] Hüffer/*Koch* § 275 Rn. 18.

[187] BGHZ 144, 365 (368) = NJW 2000, 2819.

[188] Vgl. BGHZ 144, 365 (368) = NJW 2000, 2819.

[189] MüKoAktG/*Pentz* Rn. 195; Hüffer/*Koch* Rn. 45; KK-AktG/*A. Arnold* Rn. 172; MHdB AG/*Sailer-Coceani* § 6 Rn. 13.

[190] MHdB AG/*Sailer-Coceani* § 6 Rn. 13; Hüffer/*Koch* Rn. 45; MüKoAktG/*Pentz* Rn. 196, jeweils mwN.

auch Regelungen sein, die als Satzungsbestandteil unzulässig wären;[191] unzulässig sind jedoch Nebenabreden, deren Gegenstand notwendiger Satzungsinhalt ist.[192]

2. Bedeutung und Rechtsnatur. Schuldrechtliche Nebenabreden sind insbesondere bei personalistisch strukturierten Gesellschaften und bei „Joint Ventures" von Bedeutung, weil sie neben den durch die Satzung gewährten Möglichkeiten weitere Einflussnahmemöglichkeiten auf die Gesellschaft gewähren. Darüber hinaus unterliegt ihr Gegenstand nicht der Publizität des Handelsregisters. Da für sie nicht die Formvorschriften des Aktienrechts und insbesondere nicht §§ 23 Abs. 1, 179 ff. gelten, können sie mit Zustimmung aller Beteiligten flexibel geändert werden. Schuldrechtliche Nebenabreden sind zwei- oder mehrseitige schuldrechtliche Verträge, die in der Regel – wegen der gemeinsamen Zweckverfolgung – zu einer (Innen-)Gesellschaft bürgerlichen Rechts führen.[193] Für ihre Auslegung gelten die §§ 133, 157 BGB; die Folgen einer Vertragsverletzung richten sich nach den allgemeinen Regelungen über Leistungsstörungen. Ob die Gesellschaft aus der Nebenabrede eigene Rechte erwerben soll, richtet sich ausschließlich nach § 328 BGB.[194] Schuldrechtliche Nebenabreden gehen bei der Veräußerung von Aktien nicht automatisch auf den eintretenden Aktionär über; insoweit ist eine Vertragsübernahme erforderlich.[195] 40

3. Verhältnis zur Satzung. Schuldrechtliche Nebenabreden sind von der Satzung unabhängige Rechtsgeschäfte. Dies gilt auch dann, wenn alle Aktionäre einer Gesellschaft an ihnen beteiligt sind. Schuldrechtliche Nebenabreden haben keine Bedeutung für die Auslegung der Satzung. Sie können Inhalt und Umfang der gesellschafterlichen Treuepflicht nicht beeinflussen.[196] Entgegen der älteren BGH-Rechtsprechung zur GmbH[197] kann ein Hauptversammlungsbeschluss auch dann nicht wegen entgegenstehender schuldrechtlicher Nebenabreden angefochten werden, wenn alle Aktionäre an deren Abschluss beteiligt waren.[198] Denn die Verletzung schuldrechtlicher Vereinbarungen kann nur schuldrechtliche Rechtsfolgen haben. 41

VIII. Sonstiges

1. Kosten. Die Notargebühren für die Beurkundung der Feststellung der Satzung und der Übernahmeerklärung bestimmen sich nach KV 21100 GNotKG oder KV 21200 GNotKG. Bei einer Mehrpersonengründung fällt eine 2,0 Gebühr nach KV 21100 GNotGK, bei einer Einpersonengründung eine 1,0 Gebühr nach KV 21200 GNotKG an. Der Geschäftswert richtet sich nach § 97 Abs. 1 GNotKG. Maßgeblich ist grundsätzlich die Höhe des Grundkapitals; übersteigt der Ausgabebetrag der Aktien den Nennbetrag des Grundkapitals, ist der Ausgabebetrag maßgeblich.[199] Ein in der Satzung vorgesehenes genehmigtes Kapital wird hinzugerechnet.[200] Der Geschäftswert der Feststellung der Satzung beträgt jedoch höchstens 10.000.000 Euro (§ 107 Abs. 1 S. 1 GNotKG). Die Übernahme der Aktien durch die Gründer ist Bestandteil der Satzung und daher nicht gesondert zu bewerten. Bei Mitbeurkundung der Beschlüsse über die Bestellung des ersten Aufsichtsrates und des ersten Abschlussprüfers im Gründungsprotokoll gilt Folgendes: Diese Beschlüsse haben einen anderen Beurkundungsgegenstand als die Feststellung der Satzung (vgl. § 110 Nr. 1 GNotKG), werden jedoch untereinander kostenrechtlich wie ein Beschluss behandelt, wenn und soweit – zB zum Aufsichtsrat – keine Einzelwahlen stattfinden (§ 109 Abs. 2 S. 1 Nr. 4 GNotKG).[201] Der Geschäftswert beläuft sich auf 1% des Grundkapitals (ohne genehmigtes Kapital), mindestens 30.000 Euro (§§ 108 Abs. 1 S. 1, 105 Abs. 4 Nr. 1 GNotKG), höchstens aber 5.000.000 Euro (108 Abs. 5 GNotKG). Bei einer Mehr- 42

[191] MüKoAktG/*Pentz* Rn. 196; NK-AktR/*Braunfels* Rn. 57.

[192] HK-AktG/*Körber* Rn. 53; vgl. Spindler/Stilz/*Limmer* Rn. 41, 41b.

[193] Vgl. MüKoAktG/*Pentz* Rn. 198; Hüffer/*Koch* Rn. 46; NK-AktR/*Braunfels* Rn. 56; HK-AktG/*Körber* Rn. 50; MHdB AG/*Sailer-Coceani* § 6 Rn. 13.

[194] Vgl. HK-AktG/*Körber* Rn. 52.

[195] Hüffer/*Koch* Rn. 46; KK-AktG/*A. Arnold* Rn. 177; NK-AktR/*Braunfels* Rn. 56; HK-AktG/*Körber* Rn. 51.

[196] MüKoAktG/*Pentz* Rn. 201; Hüffer/*Koch* Rn. 46; KK-AktG/*A. Arnold* Rn. 175; Spindler/Stilz/*Limmer* Rn. 41b.

[197] Vgl. BGH NJW 1983, 1910 (1911); 1987, 1890 (1891).

[198] Hüffer/*Koch* Rn. 46; NK-AktR/*Braunfels* Rn. 57; MHdB AG/*Sailer-Coceani* § 6 Rn. 13 und MüKoAktG/*Pentz* Rn. 202, jeweils unter Hinweis auf BGHZ 123, 15 (20) = NJW 1993, 2246; vgl. OLG Stuttgart NZG 2001, 416 = BB 2001, 794.

[199] *Fackelmann,* Notarkosten nach dem neuen GNotKG, 2013, Rn. 856; Korintenberg/*Bengel* GNotKG § 97 Rn. 85; vgl. LK-GNotKG/*Heinze,* 2. Aufl. 2016, GNotKG § 107 Rn. 10a.

[200] *Fackelmann,* Notarkosten nach dem neuen GNotKG, Rn. 856; Korintenberg/*Bengel* GNotKG § 97 Rn. 79, 85; vgl. LK-GNotKG/*Heinze* GNotKG § 107 Rn. 10a.

[201] Vgl. OLG München RNotZ 2006, 69 = MittBayNot 2006, 444; OLG Zweibrücken RNotZ 2002, 463 = MittBayNot 2002, 312 zu § 47 KostO aF.

personengründung werden die nach vorstehenden Maßgaben ermittelten Geschäftswerte der Feststellung der Satzung und der Beschlüsse über die Bestellung des ersten Aufsichtsrats und des ersten Abschlussprüfers addiert (§ 35 Abs. 1 GNotKG) und aus der Summe der Beträge eine 2,0 Gebühr gemäß KV 21100 GNotKG erhoben. Bei einer Einpersonengründung fällt neben der 1,0 Gebühr gemäß KV 21200 GNotKG für die Feststellung der Satzung eine 2,0 Gebühr gemäß KV 21100 GNotKG für die Beschlüsse über die Bestellung des ersten Aufsichtsrats und des ersten Abschlussprüfers an, insgesamt jedoch höchstens ein Betrag, der einer 2,0 Gebühr aus der Summe der Geschäftswerte für Feststellung der Satzung und den vorgenannten Beschlüssen entspricht (vgl. § 94 Abs. 1 GNotKG). Für die Beurkundung einer Gründungsvollmacht und für die Beglaubigung der Unterschriften unter einer vom Notar entworfenen Gründungsvollmacht fällt eine 1,0 Gebühr an (KV 21200 GNotKG bzw. KV 24101 iVm § 92 Abs. 2 GNotKG). Für die Beglaubigung der Unterschriften unter einer nicht vom Notar entworfenen Gründungsvollmacht wird eine 0,2 Gebühr erhoben, mindestens 20 Euro, höchstens 70 Euro (KV 25100 GNotKG). Der Geschäftswert richtet sich sowohl bei der Beurkundung einer Gründungsvollmacht als auch bei der Beglaubigung der Unterschriften unter einer Gründungsvollmacht nach der Hälfte des Werts der Einlage, die der vertretene Gründer erbringt (§ 98 Abs. 1 und 2 GNotKG); der Geschäftswert ist jedoch höchstens mit 1.000.000 Euro anzunehmen (§ 98 Abs. 4 GNotKG). Kostenschuldner des Notars sind die Gründer als Gesamtschuldner (§§ 29, 30 Abs. 1, 32 Abs. 1 GNotKG). Im Innenverhältnis zwischen der Gesellschaft und den Gründern können die Notarkosten als Teil der Gründungskosten von der Gesellschaft getragen werden (§ 26 Abs. 2). Zu den Kosten der Eintragung und Bekanntmachung der Aktiengesellschaft → § 38 Rn. 17.

43 **2. Mitteilungspflichten.** Übernimmt ein Gründer mehr als ein Viertel der Aktien oder eine Mehrheitsbeteiligung, löst dies die Mitteilungspflicht nach § 20 Abs. 1, 4 gegenüber der (Vor-Gesellschaft) aus, wenn es sich bei dem betreffenden Gründer um ein Unternehmen iSd Rechts der verbundenen Unternehmen handelt.[202] Auch nur mittelbar beteiligte Unternehmen sind mitteilungspflichtig.[203]

IX. Exkurs: Vorratsgesellschaften und Mantelgesellschaften

44 **1. Einführung.** Seit der flächendeckenden Einführung des elektronischen Rechtsverkehrs mit dem Handelsregister zum 1.1.2007 (vgl. § 12 HGB) durch das Gesetz über elektronische Handelsregister und Genossenschaftsregister sowie das Unternehmensregister (EHUG) vom 10.11.2006 (BGBl. I S. 2553) haben sich die Bearbeitungszeiten bei den Registergerichten und damit auch die Eintragungszeiten für neu gegründete Kapitalgesellschaften verkürzt. Dennoch kann nach wie vor in der Praxis das Bedürfnis nach einer unmittelbar, dh ohne Gründungsformalitäten verfügbaren Kapitalgesellschaft, die bereits im Handelsregister eingetragen ist, bestehen, wenn eine sofortige Geschäftsaufnahme erforderlich ist und die in der Gründungsphase bestehenden Haftungsgefahren vermieden werden sollen.[204] In diesem Zusammenhang wurden lange Zeit die Frage der Zulässigkeit der Gründung von Gesellschaften für solche Fälle „auf Vorrat" sowie die Anforderungen an die Verwendung solcher „Vorratsgesellschaften" und an die „Wiederverwendung" ehemals tätiger, nun aber unternehmensloser Gesellschaften („Mantelgesellschaften") diskutiert,[205] bis der BGH im Anschluss an seine Entscheidung vom 16.3.1992[206] mit zwei Beschlüssen vom 9.12.2002[207] und vom 7.7.2003[208] in wesentlichen Punkten für Klarheit gesorgt hat. Auch wenn lediglich die Entscheidung vom 16.3.1992 zu einer Vorrats-AG erging und die Entscheidungen vom 9.12.2002 sowie vom 7.7.2003 die Vorrats-GmbH und die Verwendung eines GmbH-„Mantels" betrafen, gelten die Grundsätze der neuen Rechtsprechung des BGH – unter Berücksichtigung der jeweiligen rechtsformspezifischen Besonderheiten – gleichermaßen für Aktiengesellschaften wie auch für Gesellschaften mit beschränkter Haftung.[209]

---

202 BGH NZG 2006, 505 Rn. 13; MüKoAktG/*Pentz* Rn. 194; Hüffer/*Koch* § 20 Rn. 2.

203 MüKoAktG/*Pentz* Rn. 194; Hüffer/*Koch* § 20 Rn. 3; MHdB AG/*Krieger* § 69 Rn. 120; vgl. BGHZ 114, 203 (217) = NJW 1991, 2765.

204 Vgl. *Werner* NZG 2001, 397 (398); *Schaub* NJW 2003, 2125.

205 Vgl. die Darstellung über die Entwicklung der Diskussion und den aktuellen Meinungsstand bei MüKoAktG/*Pentz* Rn. 88 f.

206 BGHZ 117, 323 = NJW 1992, 1824.

207 BGHZ 153, 158 = NJW 2003, 892.

208 BGHZ 155, 318 = NJW 2003, 3198.

209 Spindler/Stilz/*Limmer* Rn. 46; MüKoAktG/*Pentz* Rn. 95; *Gerber* Rpfleger 2004, 469 (469); vgl. BGHZ 153, 158 (161).

2. Begriffe und Problemstellung. Unter einer **Vorratsgesellschaft** wird eine Gesellschaft verstanden, die nach ihrer Errichtung vorerst – mit Ausnahme der Verwaltung des eigenen Vermögens – kein Unternehmen betreiben soll.[210] Eine solche Vorratsgründung – auch „Mantelgründung" genannt[211] – ist nach ganz hM zulässig, wenn sie **„offen"** betrieben und als Unternehmensgegenstand ausschließlich die Verwaltung eigenen Vermögens in die Satzung aufgenommen wird.[212] Wird die Vorratsgründung hingegen **„verdeckt"**, dh unter Angabe eines fiktiven oder ernstlich nicht gewollten Unternehmensgegenstandes vorgenommen, führt dies zur Nichtigkeit der Satzung und damit zur Nichtigkeit der Gründung insgesamt.[213] Eine „verdeckte" Vorratsgründung soll auch dann vorliegen, wenn die Absicht der Gründer nicht darauf gerichtet ist, einen entsprechenden Geschäftsbetrieb innerhalb eines absehbaren Zeitraums unter Berücksichtigung der üblichen Anlaufzeiten aufzunehmen.[214] Von der Vorratsgründung zu unterscheiden ist die spätere Verwendung der Vorratsgesellschaft – im Folgenden: **Verwendung einer Vorratsgesellschaft** – im Rechtsleben. Diese wird ebenso als „Mantelverwendung" bezeichnet[215] wie die „Wiederbelebung" einer ursprünglich unternehmerisch tätigen, nunmehr aber unternehmenslosen Gesellschaft (sog. „Mantelgesellschaft"[216] oder „alter Mantel"[217]) – im Folgenden: **Verwendung einer „Mantelgesellschaft"** –. In beiden – rechtlich gleich zu behandelnden[218] – Fällen liegt bei einer „Aktivierung" der betreffenden Gesellschaft formal keine Gesellschaftsgründung vor. Obwohl die Gesellschaft – vergleichbar einer neu gegründeten Gesellschaft – erstmals (wieder) im Rechtsverkehr gegenüber Dritten (Vertragspartnern und Gläubigern) auftritt, ist die reale Aufbringung der gesetzlich vorgeschriebenen Mindestkapitalausstattung der Gesellschaft als Ausgleich für die Beschränkung ihrer Haftung auf das Gesellschaftsvermögen zu diesem Zeitpunkt ohne weiteres nicht gewährleistet. Diese Schutzlücke ist nach der nun gefestigten Rechtsprechung und der überwiegenden Literatur sowohl bei der Verwendung einer Vorratsgesellschaft als auch bei der einer Mantelgesellschaft durch eine **entsprechende Anwendung der die Kapitalausstattung betreffenden Gründungsvorschriften** und eine entsprechende **registergerichtliche Kontrolle** zu schließen, sofern die Voraussetzungen einer sog. **„wirtschaftlichen Neugründung"** erfüllt sind.[219] Zwischenzeitlich wird als weitere Fallgestaltung, bei der eine „wirtschaftliche Neugründung" in Betracht kommt, die „Mutation zur Vorratsgesellschaft" – bei deren anschließender Verwendung – erörtert, die dadurch gekennzeichnet ist, dass bei Gründung der Gesellschaft die Absicht zur zeitnahen Verwirklichung des Unternehmensgegenstandes besteht, dann aber zwischen Eintragung und tatsächlicher Aufnahme der Geschäfte ein (zu) langer Zeitraum vergeht.[220] 45

3. Abgrenzung einer „wirtschaftlichen Neugründung" von einer Umorganisation oder Sanierung. Für die Abgrenzung einer „wirtschaftlichen Neugründung" von einer bloßen Umorganisation oder Sanierung einer bereits bestehenden Gesellschaft ist entscheidend, ob die Gesellschaft bereits ein aktives Unternehmen betrieben hat und noch betreibt, an das die Fortführung des Geschäftsbetriebes – sei es auch unter wesentlicher Umgestaltung, Einschränkung oder Erweiterung des Tätigkeitsgebietes – in irgendeiner wirtschaftlich noch gewichtbaren Weise anknüpft, oder ob es sich tatsächlich um eine von Anfang an (bei Vorratsgesellschaft) bzw. inzwischen (bei Mantelgesellschaft) unternehmenslose Gesellschaft ohne Geschäftsbetrieb („inhaltslose Hülle") handelt, die ihren – neuen oder alten – Gesellschaftern nur dazu dient, unter Vermeidung der rechtlichen Neugründung und unter Verwendung einer die beschränkte Haftung gewährleistenden Kapitalgesellschaft 46

---

[210] Vgl. Spindler/Stilz/*Limmer* Rn. 42; MüKoAktG/*Pentz* Rn. 87; Hüffer/*Koch* Rn. 25.

[211] MüKoAktG/*Pentz* Rn. 87; Hüffer/*Koch* Rn. 25.

[212] BGHZ 117, 323 (335 f.) = NJW 1992, 1824; Hüffer/*Koch* Rn. 25; MüKoAktG/*Pentz* Rn. 91; KK-AktG/*A. Arnold* Rn. 93; Spindler/Stilz/*Limmer* Rn. 42; NK-AktR/*Braunfels* Rn. 27.

[213] BGHZ 117, 323 (333 f.) = NJW 1992, 1824; Hüffer/*Koch* Rn. 25; MüKoAktG/*Pentz* Rn. 91; KK-AktG/*A. Arnold* Rn. 93; Schmidt/Lutter/*Seibt* Rn. 40; NK-AktR/*Braunfels* Rn. 27; *Winnen* RNotZ 2013, 389 (392).

[214] BGHZ 117, 323 (334 f.) = NJW 1992, 1824; aA wohl OLG Stuttgart ZIP 1992, 250 (252); vgl. ferner *Melchior* AG 2013, R223 (R223 ff.), der hinsichtlich der Offenlegung zwischenVerwendung einer Vorratsgesellschaft und Verwendung einer Mantelgesellschaft differenziert.

[215] Vgl. BGHZ 153, 158 (160) = NJW 2003, 892; MüKoAktG/*Pentz* Rn. 88.

[216] *Gerber* Rpfleger 2004, 469 (469); vgl. auch *Nolting* ZIP 2003, 651; *Heidinger* ZNotP 2003, 82 (83); *Schaub* NJW 2003, 2125 (2126).

[217] Vgl. BGHZ 155, 318 (322) = NJW 2003, 3198.

[218] BGHZ 192, 341 Rn. 9 = NZG 2012, 359; Hüffer/*Koch* Rn. 25; MüKoAktG/*Pentz* Rn. 98.

[219] BGHZ 153, 158 (161) = NJW 2003, 892; BGHZ 155, 318 (321 f.) = NJW 2003, 3198; vgl. auch OLG Jena NZG 2004, 1114; ZIP 2007, 124; OLG Köln ZIP 2008, 973; OLG Schleswig NZG 2007, 75; MüKoAktG/*Pentz* Rn. 96 ff.; Spindler/Stilz/*Limmer* Rn. 43 ff.; Schmidt/Lutter/*Seibt* Rn. 39 ff., jeweils mwN.

[220] *Goette* DStR 2010, 764 (765); DNotI-Report 2011, 1 (2 ff.); *Apfelbaum* notar 2011, 279 (280); *Winnen* RNotZ 2013, 389 (396 f.); diff. Spindler/Stilz/*Limmer* Rn. 45; abl. *Bachmann* NZG 2011, 441 (447).

eine gänzlich neue Geschäftstätigkeit – ggf. wieder – aufzunehmen.[221] Nur im zweiten Fall liegt eine „wirtschaftliche Neugründung" vor. Lediglich **Indizien** für eine wirtschaftliche Neugründung sind die mit dieser regelmäßig einhergehenden eintragungspflichtigen Änderungen des Unternehmensgegenstandes und der Firma sowie die Verlegung des Gesellschaftssitzes und die Neubestellung von Organmitgliedern.[222] **Kennzeichnend** für eine „wirtschaftliche Neugründung" ist allein – unabhängig vom Vorliegen einzelner oder aller der vorgenannten Indizien – die bisherige oder aktuelle **„Unternehmenslosigkeit"** der Gesellschaft bzw. das **Fehlen eines Geschäftsbetriebs.**[223] An einer solchen „Unternehmenslosigkeit" fehlt es jedoch bereits dann, wenn die Gesellschaft nach Registereintragung konkrete Aktivitäten zur Planung und Vorbereitung der Aufnahme ihrer nach außen gerichteten Geschäftstätigkeit im Rahmen des statuarischen Unternehmensgegenstandes entfaltet.[224] Denn die Anwendung der aus Gründen des Gläubigerschutzes entwickelten Regeln der „wirtschaftlichen Neugründung", mit denen der Gefahr der Umgehung der Gründungsvorschriften begegnet werden soll, ist nicht geboten, wenn die Gesellschaft mit Vorbereitungshandlungen im Hinblick auf zukünftig in Aussicht genommene Geschäfte befasst ist.[225] Die Grundsätze der „wirtschaftlichen Neugründung" finden auch in der **Liquidation** einer Gesellschaft Anwendung.[226] Jedoch ist allein die mit einer Fortführung beabsichtigte Zweckänderung von einer Abwicklungs- hin zu einer werbenden Gesellschaft als solche (noch) keine „wirtschaftliche Neugründung", weil die aufgelöste Gesellschaft nicht per se ein unternehmensleerer Mantel ist.[227] Die eine „leere Hülle" ausschließende andauernde aktive unternehmerische Tätigkeit ist nicht stets mit dem dem Unternehmensgegenstand entsprechenden operativen Geschäft gleichzusetzen. In der Abwicklungsphase ist vielmehr darauf abzustellen, ob noch nennenswerte Liquidationsaufgaben wahrgenommen werden, die auf den Schluss der Liquidation zusteuern, oder ob die Abwicklung über längere Zeit nicht mehr betrieben wurde und deshalb vom Vorliegen eines leeren Geschäftsmantels ohne Geschäftsbetrieb auszugehen ist.[228] Bei der Verwendung einer Vorratsgesellschaft im Sinne der Aufnahme eines über die Verwaltung eigenen Vermögens hinausgehenden Geschäftsbetriebs liegen die Voraussetzungen für eine wirtschaftliche Neugründung immer vor.[229] Bei „Alt-Gesellschaften" kann die Abgrenzung zwischen einer „wirtschaftlichen Neugründung" und einer bloßen Umorganisation im Einzelfall in der Praxis mit Problemen verbunden sein.[230]

47 **4. Einzelfragen.** Für das bei Vorliegen einer „wirtschaftlichen Neugründung" heranzuziehende „Gründungsrecht für die Verwendung von Vorrats- und Mantelgesellschaften" ist im Grundsatz von der entsprechenden Anwendung der Bestimmungen über das Gründungsverfahren auszugehen. Dabei treten die **„Verwender"** der Gesellschaft, dh die Aktionäre zum Zeitpunkt der „wirtschaftlichen Neugründung", an die Stelle der Gründer und die Offenlegung der „wirtschaftlichen Neugründung" an die Stelle der Anmeldung der neu gegründeten Gesellschaft (§ 37); die Prüfung des Registergerichts erfolgt entsprechend den Maßstäben bei der Eintragung einer neu errichteten Gesellschaft (§ 38). Im Einzelnen gilt ferner Folgendes:

48 **a) Kapitalaufbringung.** Die erforderliche Kapitalausstattung bei der Verwendung von „Vorrats"- oder „Mantelgesellschaften" richtet sich nach §§ 7, 36, 36a. Sie ist nicht auf das gesetzliche Mindestkapital beschränkt,[231] sondern bemisst sich nach dem **satzungsmäßigen Grundkapital.**[232] Ausrei-

[221] StRspr seit BGHZ 155, 318 (324) = NJW 2003, 3198; bestätigt zB in BGH NJW 2010, 1459 Rn. 6 ff. = NZG 2010, 427; BGHZ 192, 341 Rn. 11 = NZG 2012, 359.

[222] Vgl. BGHZ 153, 158 (163) = NJW 2003, 892; BGHZ 155, 318 (325) = NJW 2003, 3198; HK-AktG/*Körber* § 179 Rn. 24; Spindler/Stilz/*Limmer* Rn. 45; MüKoAktG/*Pentz* Rn. 101.

[223] MüKoAktG/*Pentz* Rn. 100; Hüffer/*Koch* Rn. 27d; Spindler/Stilz/*Limmer* Rn. 45; vgl. KK-AktG/*A. Arnold* Rn. 99; aA NK-AktR/*Braunfels* Rn. 30; vgl. *Jeep* NZG 2012, 1209 (1214 f.), der mit beachtlichen Gründen als weitere Voraussetzung für „wirtschaftliche Neugründung" den Erwerb von Anteilen an unternehmensloser Gesellschaft verlangt.

[224] BGH NJW 2010, 1459 Rn. 2 = NZG 2010, 427; KG DStR 2012, 1817 = NJW-Spezial 2012, 561; *Hüffer* NJW 2011, 1772 (1774); Hüffer/*Koch* Rn. 27d; DNotI-Report 2011, 1 (2 f.); vgl. BGHZ 117, 323 (334 f.) = NJW 1992, 1824.

[225] BGH NZG 2014, 264 Rn. 14 = GmbHR 2014, 317; NJW 2010, 1459 Rn. 6 ff. = NZG 2010, 427.

[226] BGH NZG 2014, 264 Rn. 10 = GmbHR 2014, 317.

[227] BGH NZG 2014, 264 Rn. 13 = GmbHR 2014, 317.

[228] BGH NZG 2014, 264 Rn. 15 = GmbHR 2014, 317; iErg ebenso bereits KG DStR 2012, 1817 = NZG 2012, 1224; iErg zust. MüKoAktG/*Pentz* Rn. 101; NK-AktR/*Braunfels* Rn. 29.

[229] BGHZ 153, 158 (160 f.) = NJW 2003, 892; MüKoAktG/*Pentz* Rn. 101; KK-AktG/*A. Arnold* Rn. 99.

[230] Vgl. *Winnen* RNotZ 2013, 389 (394 ff.) mwN.

[231] So aber OLG Schleswig NZG 2003, 35 (36) zur GmbH.

[232] BGHZ 155, 318 (326) = NJW 2003, 3198; BGHZ 192, 341 Rn. 28 = NZG 2012, 539; MüKoAktG/*Pentz* Rn. 106; KK-AktG/*A. Arnold* Rn. 102; Spindler/Stilz/*Limmer* Rn. 47; Hüffer/*Koch* Rn. 27; *Winnen* RNotZ 2013, 389 (401); *Gerber* Rpfleger 2004, 469 (470).

chend aber auch erforderlich ist, wenn das satzungsmäßige Grundkapital – abzüglich eventuell mit der Satzung übernommener Gründungskosten – wertmäßig in Form von Bar- und bzw. oder Sachvermögen vorhanden ist.[233] Soweit bei der Gesellschaft noch Restvermögen vorhanden ist, ist es auf die Einlageverpflichtungen anzurechnen; eine Überschuldung der Gesellschaft erhöht die Einlageverpflichtungen.[234] Ungeklärt ist insoweit die Bedeutung eines in der Satzung vorgesehenen, bei der Ausgabe der Aktien zu leistenden Aufgeldes (Agio).[235] Maßgeblicher Zeitpunkt für das Vorliegen der erforderlichen Kapitalausstattung ist die – mit der Versicherung nach § 37 Abs. 1 zu verbindende – Offenlegung (→ Rn. 50) der „wirtschaftlichen Neugründung" gegenüber dem Handelsregister.[236] **Bareinlagen** sind jeweils zu mindestens einem Viertel zu leisten (§§ 36 Abs. 2, 36a).[237] Sollen **Sacheinlagen** eingelegt werden, sind die Bestimmungen in §§ 27, 32 Abs. 2, 33 Abs. 2 Nr. 4, 34, 36a Abs. 2 und 38 Abs. 2 zu beachten.[238] Die Kosten der wirtschaftlichen Neugründung können (nur dann) als „Gründungsaufwand" (→ § 26 Rn. 8 ff.) von der Gesellschaft getragen werden, wenn bei der rechtlichen Gründung der Gesellschaft der „Gründungsaufwand" von den Gründern getragen worden ist.[239] Die Zuführung von Sachwerten binnen zwei Jahren nach Offenlegung der wirtschaftlichen Neugründung (→ Rn. 50) bzw. – bei Fehlen der Offenlegung – nach dem Zeitpunkt, zu dem die Aufnahme der wirtschaftlichen Tätigkeit erstmals nach außen in Erscheinung tritt,[240] kann eine **Nachgründung** darstellen (§ 52; → § 52 Rn. 21);[241] als Gründer iSd § 52 Abs. 1 S. 1 sind dann die „Verwender" der Gesellschaft anzusehen.[242]

b) Gründungsbericht und Gründungsprüfung. Über die Verwendung der „Vorrats-" oder „Mantelgesellschaft" haben die „Verwender" einen schriftlichen **Gründungsbericht** (§ 32 Abs. 1) zu erstatten.[243] Die Mitglieder des Vorstands und des Aufsichtsrates sind zur **Gründungsprüfung** (§§ 33 f.) verpflichtet.[244] Der Umfang der Gründungsprüfung (§ 34) ist bei der Verwendung einer Vorratsgesellschaft auf die ordnungsgemäße Kapitalaufbringung zu reduzieren, soweit nicht ausnahmsweise – bei Sacheinlagen – eine erweiterte Prüfung erforderlich ist (entsprechend § 34 Abs. 1 Nr. 1 und 2, Abs. 2).[245] Auch eine externe Gründungsprüfung kann unter den Voraussetzungen des § 33 Abs. 2 in Betracht kommen.[246] 49

c) Offenlegung gegenüber dem Handelsregister. Die „wirtschaftliche Neugründung" ist gegenüber dem Registergericht **offen zu legen.**[247] Die Offenlegung ist in einer Handelsregisteranmeldung – mit der in der Praxis auch die regelmäßig anlässlich der Verwendung einer „Vorrats-" oder „Mantelgesellschaft" vorgenommenen Änderungen der Satzung zum Handelsregister angemeldet werden[248] – mit der **Versicherung** über die ordnungsgemäße Kapitalaufbringung (§ 37 Abs. 1) zu verbinden.[249] Die weiteren diesbezüglichen Einzelheiten sind – teilweise auch mangels 50

---

233 *Winnen* RNotZ 2013, 389 (404) mwN; vgl. BGHZ 155, 318 (321 ff.); OLG Nürnberg MittBayNot 2011, 417 Rn. 48 = GmbHR 2011, 582; Spindler/Stilz/*Limmer* Rn. 47.

234 MüKoAktG/*Pentz* Rn. 108; Hüffer/*Koch* Rn. 27; vgl. BGHZ 192, 341 Rn. 28 = NZG 2012, 539.

235 MüKoAktG/*Pentz* Rn. 107 f.: von Unterbilanzhaftung erfasst und sofort fällig; aA Schmidt/Lutter/*Seibt* Rn. 43.

236 BGHZ 192, 341 Rn. 28 = NZG 2012, 539; *Gerber* Rpfleger 2004, 469 (470); Spindler/Stilz/*Limmer* Rn. 47.

237 MüKoAktG/*Pentz* Rn. 108; KK-AktG/*A. Arnold* Rn. 103; vgl. *Winnen* RNotZ 2013, 389 (401); vgl. BGHZ 192, 341 Rn. 28 = NZG 2012, 539; aA Spindler/Stilz/*Limmer* Rn. 47: Grundkapital muss voll eingezahlt sein.

238 Vgl. BGHZ 192, 341 Rn. 28 = NZG 2012, 539; MüKoAktG/*Pentz* Rn. 108.

239 OLG Stuttgart NZG 2013, 259 (260); Hüffer/*Koch* Rn. 27.

240 AA HK-AktG/*Körber* § 179 Rn. 25d: innerhalb von zwei Jahren nach Eintragung des für die Mantelverwendung erforderlichen Beschlusses.

241 *Gerber* Rpfleger 2004, 469 (471); KK-AktG/*A. Arnold* Rn. 106; *Winnen* RNotZ 2013, 389 (407); Hüffer/*Koch* Rn. 27a; *Theusinger/Andrä* ZIP 2014, 1916 (1921 f.); vgl. MüKoAktG/*Pentz* Rn. 114.

242 MüKoAktG/*Pentz* Rn. 114; HK-AktG/*Körber* § 179 Rn. 25; Grigoleit/*Vedder* Rn. 19.

243 MüKoAktG/*Pentz* Rn. 103; Hüffer/*Koch* Rn. 27; KK-AktG/*A. Arnold* Rn. 105; NK-AktR/*Braunfels* Rn. 31; *Winnen* RNotZ 2013, 389 (406); *Gerber* Rpfleger 2004, 469 (470); *Theusinger/Andrä* ZIP 2014, 1916 (1921); vgl. *Melchior* AG 2013, R223 (R226): nur bei Verwendung einer Mantelgesellschaft; aA Spindler/Stilz/*Limmer* Rn. 47; *Grooterhorst* NZG 2001, 145 (148); *Werner* NZG 2001, 397 (398); *Heinze* BB 2012, 67 (68 f.).

244 MüKoAktG/*Pentz* Rn. 103; NK-AktR/*Braunfels* Rn. 31; *Winnen* RNotZ 2013, 389 (406); vgl. *Melchior* AG 2013, R223 (R226): nur bei Verwendung einer Mantelgesellschaft; aA *Heinze* BB 2012, 67 (68 ff.).

245 Hüffer/*Koch* Rn. 27; *Winnen* RNotZ 2013, 389 (406); *Theusinger/Andrä* ZIP 2014, 1916 (1921); *Gerber* Rpfleger 2004, 469 (470).

246 Vgl. MüKoAktG/*Pentz* Rn. 103; *Gerber* Rpfleger 2004, 469 (470 f.).

247 Vgl. BGHZ 155, 318 (323) = NJW 2003, 3198; BGHZ 192, 341 Rn. 13 = NZG 2012, 539.

248 Vgl. BGHZ 155, 318 (326 f.) = NJW 2003, 3198.

249 Vgl. BGHZ 153, 158 (162) = NJW 2003, 892; BGHZ 155, 318 (321) = NJW 2003, 3198; BGHZ 192, 341 Rn. 13 = NZG 2012, 539.

entsprechender höchstrichterlicher Vorgaben – noch nicht abschließend geklärt. Dies gilt zunächst für den Inhalt der abzugebenden Versicherung, da die Vorgaben des § 37 der Situation der „wirtschaftlichen Neugründung" nicht in vollem Umfang gerecht werden. Gefordert wird zu versichern, dass auf jede Aktie der eingeforderte Betrag ordnungsgemäß eingezahlt wurde und endgültig weiterhin bzw. jedenfalls wieder zur freien Verfügung des Vorstands steht.[250] Richtiger und der Situation angemessener erscheint es, die Versicherung darauf zu richten, dass das Grundkapital der Aktiengesellschaft wertmäßig noch durch das Vermögen der Gesellschaft gedeckt ist und in Höhe der Mindesteinzahlung von einem Viertel zur freien Verfügung des Vorstands steht.[251] Eine Anmeldung allein durch die Vorstandsmitglieder in vertretungsberechtigter Anzahl soll nicht ausreichend sein;[252] vielmehr ist die „wirtschaftliche Neugründung" nach hM von allen „Verwendern" (Aktionären) sowie allen Mitgliedern des Vorstands und des Aufsichtsrates anzumelden (§ 36 Abs. 1); alle Vorgenannten haben die Versicherung gemäß § 37 Abs. 1 abzugeben.[253] Dies kann bei der Verwendung einer Mantelgesellschaft in der Praxis zu erheblichen Problemen führen, wenn die Aktionäre, zB weil die Gesellschaft Inhaberaktien ausgegeben hat, namentlich nicht bekannt sind. Daher wird auch häufig vertreten, Offenlegung und Versicherung nach § 37 Abs. 1 seien nur von allen Mitgliedern des Vorstands und des Aufsichtsrats abzugeben.[254] Der Handelsregisteranmeldung sollen die in § 37 genannten Anlagen und Nachweise beizufügen sein.[255] Das kann jedoch nur insoweit gelten, als diese Unterlagen mit der „wirtschaftlichen Neugründung" in Zusammenhang stehen.

51 **d) Registergerichtliche Prüfung.** Die Offenlegung der „wirtschaftlichen Neugründung" ermöglicht dem **Registergericht** deren Prüfung entsprechend § 38. In materieller Hinsicht erstreckt sich die Prüfung insbesondere auf die Aufbringung des Grundkapitals,[256] bei entsprechenden Anhaltspunkten auch auf das Vorhandensein einer Unterbilanz.[257] Nach umstrittener, aber zutreffender Ansicht[258] führt die Offenlegung der wirtschaftlichen Neugründung als solche nicht zu einer Eintragung im Handelsregister, da nur Tatsachen und Rechtsverhältnisse, deren Eintragung gesetzlich angeordnet ist, eintragungsfähig sind und ein gesetzlicher Eintragungstatbestand „wirtschaftliche Neugründung" derzeit nicht existiert. Ob – wie in der registergerichtlichen Praxis verbreitet – die Eintragung eventuell beantragter Satzungsänderungen und bzw. oder die Eintragung neuer Vorstandsmitglieder auch nach der Entscheidung des BGH vom 6.3.2012[259] weiterhin zum einen von der Offenlegung, zum anderen von der Abgabe der Versicherung nach § 37 abhängig gemacht werden darf, wird allerdings in Frage gestellt.[260] Hiervon ist jedoch auszugehen,[261] da der BGH in diesem Urteil lediglich die haftungsrechtliche Reichweite der „wirtschaftlichen Neugründung" (→ Rn. 52), nicht aber deren registerverfahrensrechtliche Dimension begrenzt hat.[262]

52 **e) Haftung.** Die registergerichtliche Präventivkontrolle der ordnungsgemäßen Kapitalausstattung wird auf materieller Ebene ergänzt durch eine entsprechende Anwendung des Haftungsmodells der

---

[250] StRspr, BGHZ 192, 341 Rn. 17 = NZG 2012, 539; BGHZ 153, 158 (162) = NJW 2003, 892; BGHZ 155, 318 (323 f.) = NJW 2003, 3198; MüKoAktG/*Pentz* Rn. 104; *Winnen* RNotZ 2013, 389 (401) mwN; vgl. Spindler/Stilz/*Limmer* Rn. 47; *Theusinger/Andrä* ZIP 2014, 1916 (1920).

[251] Vgl. Grigoleit/*Vedder* Rn. 14; Schmidt/Lutter/*Seibt* Rn. 43; vgl. ferner HK-AktG/*Körber* § 179 Rn. 25; vgl. ferner *Melchior* AG 2013, R223 (R224), der hinsichtlich Inhalt der Versicherung zwischenVerwendung einer Vorratsgesellschaft und Verwendung einer Mantelgesellschaft differenziert.

[252] AA Schmidt/Lutter/*Seibt* Rn. 43 und Hüffer/*Koch* Rn. 27a; vgl. *Melchior* AG 2013, R223 (R224) bei Verwendung einer Vorratsgesellschaft: Vorstand in vertretungsberechtigter Anzahl und Vorsitzender des Aufsichtsrats.

[253] MüKoAktG/*Pentz* Rn. 104; NK-AktR/*Braunfels* Rn. 31; *Winnen* RNotZ 2013, 389 (402); *Gerber* Rpfleger 2004, 469 (471); vgl. *Melchior* AG 2013, R223 (R224) bei Verwendung einer Mantelgesellschaft.

[254] *Heinze* BB 2012, 67 (68); DNotI-Report 2012, 93 (96); Grigoleit/*Vedder* Rn. 14; Spindler/Stilz/*Limmer* Rn. 47; vgl. Schmidt/Lutter/*Seibt* Rn. 43 und Hüffer/*Koch* Rn. 27a: Offenlegung fällt in Geschäftsbereich des Vorstands.

[255] MüKoAktG/*Pentz* Rn. 104.

[256] *Gerber* Rpfleger 2004, 469 (472).

[257] BGHZ 155, 318 (326 f.) = NJW 2003, 3198.

[258] *Winnen* RNotZ 2013, 389 (403) mzN über den Meinungsstand; *Melchior* AG 2013, R223 (R223); vgl. BGHZ 192, 341 Rn. 26 = NZG 2012, 539; aA MüKoAktG/*Pentz* Rn. 104.

[259] BGHZ 192, 341 = NZG 2012, 539.

[260] Bejahend Grigoleit/*Vedder* Rn. 14; dagegen mit beachtlichen Argumenten *Heinze* BB 2012, 67 (68); iErg ebenso Spindler/Stilz/*Limmer* Rn. 47; vgl. *Bachmann* NZG 2012, 579 (580); zum Ganzen ausf. DNotI-Report 2012, 93 (95); vgl. ferner *Melchior* AG 2013, R223 (R224).

[261] Vgl. OLG Nürnberg MittBayNot 2011, 417 Rn. 58.

[262] So ausdrücklich DNotI-Report 2012, 93 (94); vgl. BGHZ 192, 341 Rn. 9 ff., 18, 26 = NZG 2012, 539; aA *Winnen* RNotZ 2013, 389 (403).

Unterbilanzhaftung.[263] Die Aktionäre haften den Gläubigern der Gesellschaft gegenüber auf den Betrag, den das Gesellschaftsvermögen hinter dem Nennbetrag des Grundkapitals zurückbleibt. Voraussetzung für die Unterbilanzhaftung ist, dass die Aktionäre der (Neu-)Aufnahme der Geschäfte zugestimmt haben.[264] Entscheidender Stichtag soll insoweit der **Tag der Offenlegung** der „wirtschaftlichen Neugründung" gegenüber dem Registergericht sein.[265] Lange Zeit wurde von der hM[266] hieraus die Schlussfolgerung gezogen, dass eine zeitlich unbegrenzte und daher mit fast unübersehbaren Risiken verbundene Unterbilanzhaftung drohe, wenn die Offenlegung nicht in unmittelbarem zeitlichen Zusammenhang mit der tatsächlichen „wirtschaftlichen Neugründung", sondern erst Jahre später erfolge; dies sollte selbst dann gelten, wenn im Zeitpunkt der „wirtschaftlichen Neugründung" das Grundkapital noch unversehrt vorhanden war.[267] Nunmehr hat der BGH – in einer Entscheidung zum GmbH-Recht, deren Aussagen aber gleichermaßen für Aktiengesellschaften Geltung beanspruchen – klargestellt, dass auch bei unterlassener Offenlegung eine solche zeitlich unbegrenzte Unterbilanzhaftung nicht eingreift, sondern die Unterbilanzhaftung vielmehr höhenmäßig fixiert ist.[268] Die Haftung der Gesellschafter ist bei **unterlassener Offenlegung** auf den Umfang der Unterbilanz begrenzt, die in dem Zeitpunkt besteht, zu dem die „wirtschaftliche Neugründung" entweder durch Anmeldung der Satzungsänderungen oder durch die Aufnahme der wirtschaftlichen Tätigkeit **erstmals nach außen in Erscheinung tritt.**[269] Ausschlaggebend für die zeitliche und damit auch betragsmäßige Limitierung der Unterbilanzhaftung bei der „wirtschaftlichen Neugründung" ist aus Sicht des BGH, dass trotz der weiterhin befürworteten analogen Anwendung der Gründungsvorschriften die „wirtschaftliche Neugründung" nicht mit der die rechtliche Existenz der Gesellschaft begründenden (echten oder rechtlichen) Neugründung gleichgesetzt werden darf;[270] Sinn und Zweck der entsprechenden Anwendung der Gründungsvorschriften soll lediglich sein, die Kapitaldeckung der Gesellschaft zum Zeitpunkt der „wirtschaftlichen Neugründung" sicherzustellen.[271] Bei unterlassener Offenlegung der „wirtschaftlichen Neugründung" kommt es im Zusammenhang mit der Geltendmachung von Unterbilanzhaftungsansprüchen jedoch zu einer **Beweislastumkehr.**[272] Danach tragen in diesem Fall die unter dem Gesichtspunkt der Unterbilanzhaftung in Anspruch genommenen Aktionäre die Darlegungs- und Beweislast dafür, dass in dem Zeitpunkt, zu dem die „wirtschaftliche Neugründung" in vorgenannter Weise nach außen in Erscheinung getreten ist, keine Differenz zwischen dem statuarischen Grundkapital und dem Wert des Gesellschaftsvermögens bestanden hat.[273] Vor diesem Hintergrund wird die Erstellung einer auf den maßgeblichen Stichtag bezogenen Bilanz empfohlen.[274] Richtig erscheint es, dass die Beweislastumkehr entfällt, soweit die Offenlegung nachgeholt und eine registergerichtliche Kontrolle auf dieser Grundlage durchgeführt werden kann.[275] Voraussetzung hierfür ist aber, dass sich der dann erbrachte Deckungsnachweis ebenfalls auf den Zeitpunkt des erstmaligen Auftretens nach außen bezieht; ansonsten hätten die Aktionäre die Möglichkeit, auf eine günstige Geschäftsentwicklung zu spekulieren.[276] Ein Unterbilanzhaftungsanspruch erlischt nicht dadurch, dass die Aktiengesellschaft nach dem maßgeblichen Stichtag aus anderen Gründen („anderweitige Auffüllung des Haftungsfonds") über ein das Grundkapital deckendes Vermögen verfügt.[277] Zwischenzeitliche Einzahlungen der haftenden Gesellschafter reduzieren jedoch dann den Umfang der Unterbilanzhaftung, wenn sie – was im Wege

---

[263] BGHZ 155, 318 (326 f.) = NJW 2003, 3198; BGHZ 192, 341 Rn. 19 = NZG 2012, 539; BGH NZG 2008, 147 Rn. 4 = ZIP 2008, 217; Hüffer/*Koch* Rn. 27b; grdl. zur Unterbilanzhaftung BGHZ 80, 129 (140) = NJW 1981, 1373; BGHZ 105, 300 (303) = NJW 1989, 710; BGHZ 134, 133 = NJW 1997, 1507.

[264] BGHZ 155, 318 (326 f.) = NJW 2003, 3198; BGHZ 192, 341 Rn. 36 = NZG 2012, 539; Hüffer/*Koch* Rn. 27b; Grigoleit/*Vedder* Rn. 16; aA MüKoAktG/*Pentz* Rn. 105.

[265] BGHZ 155, 318 (326 f.) = NJW 2003, 3198; BGHZ 192, 341 Rn. 19 = NZG 2012, 539.

[266] OLG Jena ZIP 2007, 124 (125); NZG 2004, 1114 (1115); OLG Köln ZIP 2008, 973; *Bachmann* NZG 2011, 441 (443 ff.); *Hüffer* NJW 2011, 1772 (1773); *Hüffer*, 10. Aufl. 2012, Rn. 27a; *Apfelbaum* notar 2011, 279 (283).

[267] *Hüffer*, 10. Aufl. 2012, Rn. 27a; offen gelassen von OLG München NZG 2010, 544 (546); aA KG NZG 2010, 387 (388); *Habersack* AG 2010, 845 (849); *Hermanns* ZNotP 2010, 242 (244 f.).

[268] BGHZ 192, 341 Rn. 7 ff. = NZG 2012, 539.

[269] BGHZ 192, 341 Rn. 14, 20 = NZG 2012, 539 unter ausdrücklicher Aufgabe von BGH NZG 2008, 147 Rn. 4 = NJW-RR 2008, 483.

[270] AA *Bachmann* NZG 2011, 441 (445); *Hüffer* NJW 2011, 1772 (1773, 1777).

[271] BGHZ 192, 341 Rn. 23 = NZG 2012, 539.

[272] BGHZ 192, 341 Rn. 42 = NZG 2012, 539; hierzu *Bachmann* NZG 2012, 579 (580).

[273] BGHZ 192, 341 Rn. 42 = NZG 2012, 539.

[274] *Bachmann* NZG 2012, 579 (581); *Thiergart* jurisPR-HaGesR 9/2012 Anm. 1 S. 4.

[275] vgl. *Jeep* NZG 2012, 1209 (1216 f.); aA *Horn* DB 2012, 1255 (1256 f.).

[276] So auch Hüffer/*Koch* Rn. 27b mwN; MüKoAktG/*Pentz* Rn. 113.

[277] BGHZ 192, 341 Rn. 45 = NZG 2012, 539; hierzu sehr krit. *Jeep* NZG 2012, 1209 (1216).

der Auslegung zu ermitteln ist – mit entsprechender Tilgungszweckbestimmung vorgenommen wurden[278] oder sich zumindest dem Unterbilanzhaftungsanspruch eindeutig objektiv zuordnen lassen.[279] Neben der Unterbilanzhaftung droht ferner eine **Handelndenhaftung** (§ 41 Abs. 1 S. 2 analog), wenn vor Offenlegung der „wirtschaftlichen Neugründung" die Geschäfte der Gesellschaft aufgenommen werden, ohne dass dem alle Aktionäre zugestimmt haben.[280]

§ 24 *(aufgehoben)*

I. Allgemeines

1 § 24 aF ist durch das Gesetz zur Änderung des Aktiengesetzes (Aktienrechtsnovelle 2016) vom 22.12.2015 (BGBl. I S. 2565) aufgehoben worden. § 24 aF ließ Satzungsregelungen zu, wonach auf Verlangen eines Aktionärs seine Inhaberaktie in eine Namensaktie oder seine Namensaktie in eine Inhaberaktie umzuwandeln ist. Für die Aufhebung der Vorschrift waren drei Gesichtspunkte maßgeblich: Zum einen wäre bei **nichtbörsennotierten Aktiengesellschaften** das Verlangen eines Aktionärs, seine Namensaktie in eine Inhaberaktie umzutauschen, aufgrund der ebenfalls mit der Aktienrechtsnovelle 2016 eingeführten Neuregelung der besonderen Zulässigkeitsvoraussetzungen für Inhaberaktien (vgl. § 10 Abs. 1 S. 2 Nr. 2 und S. 3; → § 10 Rn. 17 ff.) nicht mehr ohne Weiteres erfüllbar. Zum anderen wäre bei **börsennotierten Aktiengesellschaften** die Umwandlung der Aktien einzelner Aktionäre auf deren Verlangen mit einem unverhältnismäßigen Verwaltungsaufwand verbunden. Schließlich hat die Praxis von den durch § 24 aF gewährten Möglichkeiten in der Vergangenheit kaum Gebrauch gemacht hat.[1]

II. Übergangsregelung

2 Da die mit der Aktienrechtsnovelle 2016 eingeführte Neuregelung der besonderen Zulässigkeitsvoraussetzungen für Inhaberaktien bei nichtbörsennotierten Aktiengesellschaften (vgl. § 10 Abs. 1 S. 2 Nr. 2 und S. 3; → § 10 Rn. 17 ff.) nicht für solche Aktiengesellschaften gilt, deren Satzung vor dem 31.12.2015 durch notarielle Beurkundung festgestellt wurde und deren Aktien auf den Inhaber lauten (vgl. § 26h Abs. 1 EGAktG; → § 10 Rn. 22), sah sich der Gesetzgeber veranlasst, für „Altgesellschaften" mit **§ 26h Abs. 2 EGAktG** eine **Übergangsregelung** einzuführen. Sofern die Satzung einer Aktiengesellschaft einen Umwandlungsanspruch nach § 24 aF zum Zeitpunkt des Inkrafttretens der Aktienrechtsnovelle 2016 vorsah, bleibt diese Satzungsbestimmung wirksam. Daraus resultierende Umwandlungsansprüche können unbefristet beibehalten werden; eine Satzungsanpassung ist nicht erforderlich.[2] Für diese „Altfälle" s. die Kommentierung in der 2. Aufl.

§ 25 Bekanntmachungen der Gesellschaft

Bestimmt das Gesetz oder die Satzung, daß eine Bekanntmachung der Gesellschaft durch die Gesellschaftsblätter erfolgen soll, so ist sie in den Bundesanzeiger einzurücken.

I. Allgemeines

1 **1. Regelungsgegenstand.** Das AktG bestimmt in einer Vielzahl von Vorschriften, dass Bekanntmachungen der Aktiengesellschaft in den „Gesellschaftsblättern" zu erfolgen haben (zB §§ 20 Abs. 6, 64 Abs. 2 und 3, 97 Abs. 1, 121 Abs. 4, 124 Abs. 1, 226 Abs. 2). Daneben kann in der Satzung in weiteren Fällen die Bekanntmachung in den „Gesellschaftsblättern" vorgesehen werden. Bekanntmachungen, die nach dem Gesetz oder der Satzung in den „Gesellschaftsblättern" zu erfolgen haben, werden als **„Pflichtbekanntmachungen"** bezeichnet.[1] § 25 bestimmt, welches Medium „Gesellschaftsblatt" für „Pflichtbekanntmachungen" ist. Für die sog. „freiwilligen Bekanntmachungen" der

[278] BGHZ 192, 341 Rn. 47 = NZG 2012, 539.
[279] BGHZ 192, 341 Rn. 48 = NZG 2012, 539.
[280] BGHZ 155, 318 (327) = NJW 2003, 3198; BGH NZG 2011, 1066 Rn. 8, 11 ff. = GmbHR 2011, 1032; *Hüffer* NZG 2011, 1257 (1259); *Gerber* Rpfleger 2004, 469 (472); Schmidt/Lutter/*Seibt* Rn. 45; HK-AktG/*Körber* § 179 Rn. 25c; NK-AktR/*Braunfels* Rn. 31; Grigoleit/*Vedder* Rn. 18; str., zum Meinungsstand Hüffer/*Koch* Rn. 27c und MüKoAktG/*Pentz* Rn. 105, jeweils mwN; krit. *Winnen* RNotZ 2013, 389 (409); abl. KK-AktG/*A. Arnold* Rn. 112; Hüffer/*Koch* Rn. 27c; MüKoAktG/*Pentz* Rn. 112; *Habersack* AG 2010, 845 (850).
[1] Zum Ganzen Begr. RegE, BT-Drs. 18/4349, 18; Hüffer/*Koch* Rn. 1; vgl. Spindler/Stilz/*Limmer* Rn. 7.
[2] Zum Ganzen Begr. RegE, BT-Drs. 18/4349, 33; Hüffer/*Koch* Rn. 1.
[1] Vgl. MüKoAktG/*Pentz* Rn. 3; Hüffer/*Koch* Rn. 1; Spindler/Stilz/*Limmer* Rn. 2; NK-AktR/*Braunfels* Rn. 1; HK-AktG/*Lohse* Rn. 2.

Aktiengesellschaft, die nach Gesetz oder Satzung nicht in den „Gesellschaftsblättern" erfolgen müssen (zB Vierteljahresbericht; Aufforderung nach § 63 Abs. 1 S. 2), ist § 25 ohne Bedeutung.[2] Wie diese zu erfolgen haben ist gemäß § 23 Abs. 4 in der Satzung zu regeln (→ § 23 Rn. 28). Schließlich ist für die Bekanntmachungen des Registergerichts § 10 HGB maßgeblich.

2. Normzweck. § 25 bestimmt als **Pflichtgesellschaftsblatt** den Bundesanzeiger und gewährleistet damit, dass die „Pflichtbekanntmachungen" der Aktiengesellschaft in einer allgemein zugänglichen Quelle veröffentlicht werden und vor nachträglichen Manipulationen geschützt sind.[3] 2

3. Entstehungsgeschichte. § 25 hat seine heutige Fassung durch das Gesetz zur Änderung des Aktiengesetzes (Aktienrechtsnovelle 2016) vom 22.12.2015 (BGBl. I S. 2565) mit Wirkung zum 31.12.2015 erhalten, mit dem der bisherige Satz 2, auf dessen Grundlage weitere Medien zu „Gesellschaftsblättern" bestimmt werden konnten, aufgehoben wurde. Zuvor wurde zum 30.3.2012 das Nebeneinander von gedrucktem und elektronischem Bundesanzeiger mit der Einstellung der Druckausgabe des Bundesanzeigers beendet und der elektronische Bundesanzeiger in „Bundesanzeiger" umbenannt. Dem entsprechend wurde mit Wirkung zum 1.4.2012 § 25 S. 1 aF durch das Gesetz zur Änderung von Vorschriften über Verkündung und Bekanntmachungen sowie der Zivilprozessordnung, des Gesetzes betreffend die Einführung der Zivilprozessordnung und der Abgabenordnung vom 22.12.2011 (BGBl. I S. 3044) redaktionell geändert. Der Übergang von der früheren Druckausgabe des Bundesanzeigers zum elektronischen Medium als Pflichtgesellschaftsblatt war bereits mit Wirkung zum 1.1.2003 durch das Gesetz zur weiteren Reform des Aktien- und Bilanzrechts, zu Transparenz und Publizität – Transparenz- und Publizitätsgesetz (TransPuG) vom 19.7.2002 (BGBl. I S. 2681) vollzogen worden. 3

II. Der „Bundesanzeiger" als Pflichtgesellschaftsblatt

1. Bekanntmachung im Bundesanzeiger. § 25 bestimmt den Bundesanzeiger zum Pflichtgesellschaftsblatt: eine Pflichtbekanntmachung (→ Rn. 1) **muss** in den Bundesanzeiger „eingerückt" werden. Die alleinige Publikation in anderen Medien ist nicht ausreichend.[4] Der Bundesanzeiger wird von der Bundesanzeiger Verlag GmbH, Köln, betrieben und vom Bundesministerium der Justiz herausgegeben. Die zur elektronischen Veröffentlichung vorgesehenen Texte können nach einer einmaligen elektronischen Registrierung auf elektronischem Wege über die Website „www.bundesanzeiger.de" übermittelt werden. Im Regelfall müssen die Daten bis spätestens um 14:00 Uhr des Übermittlungstages beim Betreiber eingegangen sein, damit sie spätestens am übernächsten Publikationstag veröffentlicht werden. **Eingerückt** iSd § 25 ist die Bekanntmachung, wenn sie auf der Website des Bundesanzeigers eingestellt ist.[5] Soweit ein Beleg für die Veröffentlichung erforderlich ist (zB § 130 Abs. 3), ist die Angabe der Internet-Fundstelle ausreichend,[6] in der Praxis wird häufig ein Ausdruck beigefügt. Die Veröffentlichung der Pflichtbekanntmachung im Bundesanzeiger muss in deutscher Sprache erfolgen.[7] Für den Betreiber besteht Kontrahierungszwang zugunsten der Aktiengesellschaft; Veröffentlichungsanträge einer Aktiengesellschaft dürfen daher nicht abgelehnt werden.[8] 4

2. Abweichende alte Satzungsbestimmungen. Sofern in einer vor dem 1.1.2003 errichteten Satzung entsprechend § 25 S. 1 aF auf den „Bundesanzeiger" – und damit auf die damalige Druckausgabe – als Pflichtgesellschaftsblatt verwiesen wird, war damit seit dem 1.1.2003 der Bundesanzeiger in seiner elektronischen Version gemeint. Zu diesem Datum ist der damalige „elektronische Bundesanzeiger" anstelle der Druckausgabe zum „alleinigen nationalen Veröffentlichungsinstitut" geworden.[9] Verweist eine vor dem 1.4.2012 errichtete Satzung auf den „elektronischen Bundesanzeiger" als Pflichtblatt, ist damit seit dem 1.4.2012 der – nun umbenannte, ausschließlich in elektronischer Form publizierte – Bundesanzeiger gemeint.[10] Der objektiven Bedeutung einer Satzungsbestimmung, die sich ohne eigenen Regelungswillen auf die Wiedergabe des seinerzeitigen Gesetzeswortlauts beschränkt, wird nur eine Auslegung gerecht, die den Begriff „elektronischer Bundesanzeiger" 5

---

[2] Vgl. MüKoAktG/*Pentz* Rn. 3; Hüffer/*Koch* Rn. 1; Spindler/Stilz/*Limmer* Rn. 2.
[3] Vgl. MükoAktG/Pentz Rn. 4.
[4] Hüffer/*Koch* Rn. 2; *Spindler/Kramski* NZG 2005, 746 (747).
[5] Spindler/Stilz/*Limmer* Rn. 3; Hüffer/*Koch* Rn. 2.
[6] Spindler/Stilz/*Limmer* Rn. 4; KK-AktG/*A. Arnold* Rn. 5; *Noack* BB 2002, 2025 (2027).
[7] MüKoAktG/*Pentz* Rn. 6; KK-AktG/*A. Arnold* Rn. 5; Hüffer/*Koch* Rn. 3.
[8] Hüffer/*Koch* Rn. 2; HK-AktG/*Lohse* Rn. 2.
[9] Spindler/Stilz/*Limmer* Rn. 5.
[10] HK-AktG/*Lohse* Rn. 1 unter Hinweis auf Begr. RegE, BT-Drs. 17/6610, 16, 17, 18, 24.

durch „Bundesanzeiger" ersetzt.[11] Eine Anpassung der Satzung ist nicht erforderlich,[12] kann sich aber empfehlen, um die Satzung mit dem Wortlaut des Gesetzes in Einklang zu bringen.[13] Eine solche Satzungsanpassung ist als bloße „Fassungsänderung" zu qualifizieren, die bei entsprechender Ermächtigung (§ 179 Abs. 1 S. 2 AktG) auch vom Aufsichtsrat beschlossen werden kann.[14]

III. Ausschluss der Bestimmung weiterer Gesellschaftsblätter

6 **1. Grundlagen.** Nach § 25 S. 2 aF in der bis zum Ablauf des 30.12.2015 geltenden Fassung **konnten** in der Satzung „andere Blätter" oder „elektronische Informationsmedien" als weitere „Gesellschaftsblätter" bestimmt werden. Diese Möglichkeit wurde durch das Gesetz zur Änderung des Aktiengesetzes (Aktienrechtsnovelle 2016) vom 22.12.2015 (BGBl. I S. 2565) mit Wirkung zum 31.12.2015 aufgehoben. Damit wollte der Gesetzgeber Zweifeln bei der Fristenberechnung beim Nebeneinander mehrerer Gesellschaftsblätter vorbeugen und entgegenwirken.[15] Nach der **Übergangsregelung** des § 26h Abs. 3 EGAktG bleiben jedoch bei Inkrafttreten der Gesetzesänderung bestehende Satzungsregelungen iSd § 25 S. 2 aF wirksam. Eine Anpassung der Satzung an die neue Rechtslage ist nicht erforderlich. Eine Aktiengesellschaft mit einer entsprechenden Satzungsregelung muss Pflichtbekanntmachungen also auch künftig in den in der Satzung vorgesehenen Medien veröffentlichen. An diese weitere Veröffentlichung werden allerdings zukünftig **keine Rechtsfolgen** mehr geknüpft.[16] S. ansonsten zu § 25 S. 2 aF die Kommentierung in der 2. Aufl.

7 **2. Veröffentlichungen in weiteren Publikationsorganen.** Auch soweit der Anwendungsbereich der Übergangsvorschrift des § 26h Abs. 3 EGAktG nicht eröffnet ist (→ Rn. 6), bleibt es der Aktiengesellschaft unbenommen, Informationen zu den Bekanntmachungen neben dem Bundesanzeiger in weiteren Publikationsorganen zu veröffentlichen.[17] Dies können entweder die nach § 23 Abs. 4 zu bestimmenden, nur für freiwillige Bekanntmachungen Geltung beanspruchenden Publikationsorgane (→ § 23 Rn. 28) oder auch andere oder zusätzliche papiergebundene wie elektronische Medien sein.[18] Hierzu kann der Vorstand in der Satzung berechtigt oder verpflichtet werden.[19] Rechtswirkungen sind mit der Veröffentlichung in solchen Organen aber nicht verbunden.[20]

IV. Rechtsfolgen der Veröffentlichung in den Gesellschaftsblättern

8 **1. Fristenlauf.** Das Gesetz knüpft in vielen Fällen an die Bekanntmachung in den Gesellschaftsblättern Rechtsfolgen (zB Wahrung der Ladungsfrist zur Hauptversammlung, § 123 Abs. 1; Kaduzierung oder Kraftloserklärung von Aktien, §§ 64 Abs. 3, 73 Abs. 2 S. 3). Wird durch die Bekanntmachung eine **Frist** in Lauf gesetzt, beginnt die Frist mit dem „Einrücken" in den Bundesanzeiger zu laufen (§ 187 Abs. 1 BGB).[21]

9 **2. Fehlerhafte Bekanntmachung.** Eine fehlerhafte Bekanntmachung, dh die unrichtige Wiedergabe der bekannt zu machenden Angaben im Gesellschaftsblatt,[22] ist nicht rechtswirksam. Rechtsfolgen, die das Gesetz an eine ordnungsgemäße Bekanntmachung knüpft (zB Lauf der Frist, Kaduzierung), treten nicht ein.[23]

§ 26 Sondervorteile. Gründungsaufwand

(1) Jeder einem einzelnen Aktionär oder einem Dritten eingeräumte besondere Vorteil muß in der Satzung unter Bezeichnung des Berechtigten festgesetzt werden.

---

[11] IErg ebenso Hüffer/*Koch* Rn. 3, vgl. die hM zu § 25 aF idF des TransPuG, zB OLG Köln BB 2003, 2311; Spindler/Stilz/*Limmer* Rn. 5; MüKoAktG/*Pentz* Rn. 8, jeweils mwN; *Noack* BB 2002, 2025 (2026); *Groß* DB 2003, 867 (868 f.); *Grage* RNotZ 2002, 326 (331).

[12] *Born/Winstel* AG 2012 R 9; Hüffer/*Koch* Rn. 3.

[13] *Born/Winstel* AG 2012, R 92.

[14] *Born/Winstel* AG 2012, R 92.

[15] Vgl. Begr. RegE, BT-Drs. 18/4349, 18 f.; Hüffer/*Koch* Rn. 1.

[16] Zum Ganzen Begr. RegE, BT-Drs. 18/4349, 33.

[17] Begr. RegE, BT-Drs. 18/4349, 19.

[18] Begr. RegE, BT-Drs. 18/4349, 19.

[19] So MüKoAktG/*Pentz* Rn. 15.

[20] Begr. RegE, BT-Drs. 18/4349, 19.

[21] MüKoAktG/*Pentz* Rn. 13; Hüffer/*Koch* Rn. 4; Spindler/Stilz/*Limmer* Rn. 8.

[22] MüKoAktG/*Pentz* Rn. 14.

[23] Vgl. MüKoAktG/*Pentz* Rn. 14; Spindler/Stilz/*Limmer* Rn. 8; KK-AktG/*A. Arnold* Rn. 15; Hüffer/*Koch* Rn. 4.

(2) Der Gesamtaufwand, der zu Lasten der Gesellschaft an Aktionäre oder an andere Personen als Entschädigung oder als Belohnung für die Gründung oder ihre Vorbereitung gewährt wird, ist in der Satzung gesondert festzusetzen.

(3) [1]Ohne diese Festsetzung sind die Verträge und die Rechtshandlungen zu ihrer Ausführung der Gesellschaft gegenüber unwirksam. [2]Nach der Eintragung der Gesellschaft in das Handelsregister kann die Unwirksamkeit nicht durch Satzungsänderung geheilt werden.

(4) Die Festsetzungen können erst geändert werden, wenn die Gesellschaft fünf Jahre im Handelsregister eingetragen ist.

(5) Die Satzungsbestimmungen über die Festsetzungen können durch Satzungsänderung erst beseitigt werden, wenn die Gesellschaft dreißig Jahre im Handelsregister eingetragen ist und wenn die Rechtsverhältnisse, die den Festsetzungen zugrunde liegen, seit mindestens fünf Jahren abgewickelt sind.

Übersicht

I. Allgemeines

1. Regelungsgegenstand. § 26 regelt zwei Sachverhalte einer sog. **„qualifizierten Gründung“:**[1] Zum einen werden Regelungen hinsichtlich der Vereinbarung von **Sondervorteilen** zugunsten von Aktionären oder Dritten getroffen (Abs. 1), zum anderen über die Übernahme von **Gründungsaufwand** durch die Gesellschaft (Abs. 2). In § 26 Abs. 3 werden die Rechtsfolgen von Verstößen gegen die Anforderungen der Abs. 1 und 2 geregelt. § 26 Abs. 4 und 5 bestimmen Fristen, vor deren Ablauf Festsetzungen in der Satzung gemäß Abs. 1 und 2 nicht geändert oder aufgehoben werden können. 1

2. Normzweck. § 26 dient dem **Schutz** der **Gläubiger** der Gesellschaft sowie der gegenwärtigen und der künftigen **Aktionäre** vor unerkennbaren Vorbelastungen des Stammkapitals.[2] Das Erfordernis der **Satzungspublizität** für Vereinbarungen über Sondervorteile und Gründungsaufwand schützt vor verborgenen Risiken für die Kapitalgrundlage der Gesellschaft aus entsprechenden Absprachen anlässlich der Gründung der Gesellschaft. Ferner stellt § 26 Abs. 2 klar, dass für Gründungskosten nach außen zwar Gesellschaft und Aktionäre gesamtschuldnerisch haften, im Innenverhältnis aber die Gründer die Verbindlichkeiten zu tragen haben, soweit nicht in der Satzung eine abweichende Regelung getroffen ist.[3] § 26 Abs. 1 und 2 finden im Recht der GmbH entsprechende Anwendung.[4] 2

II. Sondervorteile (Abs. 1)

1. Begriff. Gemäß § 26 Abs. 1 muss jeder einem einzelnen Aktionär oder Dritten eingeräumte besondere Vorteil in der Satzung unter Bezeichnung des Berechtigten festgesetzt werden. Sondervor- 3

[1] Vgl. Hüffer/*Koch* Rn. 1; MüKoAktG/*Pentz* Rn. 3; Schmidt/Lutter/*Seibt* Rn. 1.

[2] Vgl. Hüffer/*Koch* Rn. 1; MüKoAktG/*Pentz* Rn. 4; Schmidt/Lutter/*Seibt* Rn. 2; Spindler/Stilz/*Limmer* Rn. 1; KK-AktG/*A. Arnold* Rn. 3; NK-AktR/*Braunfels* Rn. 1.

[3] MüKoAktG/*Pentz* Rn. 5; Schmidt/Lutter/*Seibt* Rn. 2; NK-AktR/*Braunfels* Rn. 2.

[4] Vgl. BGHZ 107, 1 (6 f.) = NJW 1989, 1610; UHW/*Ulmer* GmbHG § 5 Rn. 186, 218.

teile in diesem Sinne sind Vorteile, die einzelnen oder allen Aktionären oder einem oder mehreren Dritten gegenüber der Gesellschaft aus Anlass der Gründung der Gesellschaft persönlich eingeräumt werden.[5] Sondervorteile iSd Abs. 1 sind im Unterschied zu mitgliedschaftlichen Sonderrechten iSd § 11 S. 1 und iSd § 35 BGB **Gläubigerrechte,** die dem Berechtigten persönlich und unabhängig von der Mitgliedschaft zustehen.[6] Soweit Sonderrechte ihrem Inhalt nach verkehrsfähig sind (§§ 399, 413 BGB), sind sie auch ohne die Aktie übertragbar. Teilweise wird vertreten, für die Charakterisierung als Sondervorteil sei es ohne Bedeutung, ob der Vorteil von der Gesellschaft oder von anderen Aktionären zu erbringen ist.[7] Da nach Sinn und Zweck der Norm vor unerkennbaren Belastungen der Gesellschaft geschützt werden soll (→ Rn. 2), sind als Sondervorteile iSd Abs. 1 nur solche Vorteile zu qualifizieren, die **zumindest auch** durch die **Gesellschaft** und nicht allein durch die Aktionäre zu erbringen sind.[8] Aus § 26 Abs. 3 folgt, dass Abs. 1 nur solche Vorteile erfasst, die aus **Anlass der Gründung** gewährt werden.[9] Diese Voraussetzung ist erfüllt, wenn die Vorteile mit der Gründung in einem sachlichen Zusammenhang stehen.[10] Aktionären oder Dritten nach Eintragung der Gesellschaft gewährte und nicht im Zusammenhang mit der Gründung stehende besondere Vorteile bedürfen zu ihrer Wirksamkeit daher nicht der Festsetzung in der Satzung.[11] Sondervorteile müssen dem Begünstigten gegenleistungsfrei zufließen.[12] Daher können Ansprüche aus gegenseitigen Verträgen nur dann als Sondervorteile iSd Abs. 1 qualifiziert werden, wenn sie den Vertragspartner der Gesellschaft unangemessen bevorzugen oder ein auffälliges Missverhältnis zwischen Leistung und Gegenleistung besteht.[13] Auch die Begründung einer Verpflichtung der Gesellschaft zum Abschluss gegenseitiger Verträge mit dem Berechtigten kann einen Sondervorteil darstellen, insbesondere beim Abschluss von Verträgen mit Exklusivcharakter.[14]

4 **2. Arten von Sondervorteilen.** Sondervorteile iSd Abs. 1 können Vorteile jeder Art sein, dh sowohl vermögensrechtliche Vorteile als auch solche nicht vermögensrechtlicher Art. Als **vermögensrechtliche Vorteile** kommen zB Warenbezugsrechte, Umsatzprovisionen, Vor- oder Wiederkaufsrechte, Vorrechte am Gewinn oder Abwicklungserlös, aber auch überhöhte Vergütungen iSd § 26 Abs. 2 (→ Rn. 9 f.) und Ansprüche auf den Abschluss von Exklusivverträgen über die Lieferung von Waren oder Dienstleistungen in Betracht.[15] Als **nicht vermögensrechtliche** Sondervorteile können zB besondere über § 131 hinausgehende Informationsrechte vereinbart werden. Ob auch ein Entsenderecht in den Aufsichtsrat gemäß § 101 Abs. 2 als – höchstpersönlicher, dh nicht übertragbarer – Sondervorteil zu qualifizieren ist[16] oder nicht,[17] ist in der Praxis ohne Bedeutung, da in § 101 Abs. 2 und § 26 Abs. 1 identische Voraussetzungen für dessen wirksame Vereinbarung begründet werden.[18] Von den Sondervorteilen iSd Abs. 1 sind die Sondervorteile iSd § 243 Abs. 2 zu unterscheiden, die durch eine sachwidrige Bevorzugung des Begünstigten gekennzeichnet sind.

5 **3. Grenzen bei der Festsetzung von Sondervorteilen.** § 26 Abs. 1 begründet lediglich formelle Voraussetzungen für die wirksame Vereinbarung von Sondervorteilen und ist demzufolge als **Formvorschrift** zu qualifizieren.[19] Bei der Festsetzung von Sondervorteilen sind darüber hinaus – als materiell-rechtliche Grenzen – die zwingenden Vorschriften des Aktienrechts zu beachten. So ist bei der Vereinbarung vermögensrechtlicher Sondervorteile der Vorrang des **§ 57 Abs. 1** (Verbot der Einlagenrückgewähr; → § 57 Rn. 5 ff.)[20] und des **§ 57 Abs. 2** (Verbot der Verzinsung von Einlagen; → § 57 Rn. 26) uneingeschränkt zu beachten. Nicht vermögensrechtliche Sondervorteile dürfen zB nicht mit den aktienrechtlichen Kompetenzvorschriften in Konflikt geraten. So ist weder die

[5] Schmidt/Lutter/*Seibt* Rn. 4; MüKoAktG/*Pentz* Rn. 8.
[6] AllgM, zB Hüffer/*Koch* Rn. 2; MüKoAktG/*Pentz* Rn. 8; Schmidt/Lutter/*Seibt* Rn. 4.
[7] Spindler/Stilz/*Limmer* Rn. 2.
[8] MüKoAktG/*Pentz* Rn. 9; KK-AktG/*A. Arnold* Rn. 6; Schmidt/Lutter/*Seibt* Rn. 4; NK-AktR/*Braunfels* Rn. 3; HK-AktG/*Lohse* Rn. 2; Hüffer/*Koch* Rn. 2.
[9] Spindler/Stilz/*Limmer* Rn. 2.
[10] AllgM, zB Hüffer/*Koch* Rn. 2; MüKoAktG/*Pentz* Rn. 8.
[11] Spindler/Stilz/*Limmer* Rn. 2; MüKoAktG/*Pentz* Rn. 19; Schmidt/Lutter/*Seibt* Rn. 11.
[12] KK-AktG/*A. Arnold* Rn. 5; Schmidt/Lutter/*Seibt* Rn. 5.
[13] Schmidt/Lutter/*Seibt* Rn. 5; Spindler/Stilz/*Limmer* Rn. 2; KK-AktG/*A. Arnold* Rn. 5; vgl. BGH WM 1969, 882 (884).
[14] Schmidt/Lutter/*Seibt* Rn. 5; vgl. KK-AktG/*A. Arnold* Rn. 8.
[15] Vgl. die Übersichten mwN bei Hüffer/*Koch* Rn. 3; MüKoAktG/*Pentz* Rn. 11; NK-AktR/*Braunfels* Rn. 4; HK-AktG/*Lohse* Rn. 4.
[16] So Hüffer/*Koch* Rn. 3; MüKoAktG/*Pentz* Rn. 12; NK-AktR/*Braunfels* Rn. 5; vgl. HK-AktG/*Lohse* Rn. 5.
[17] MHdB AG/*Hoffmann-Becking* § 3 Rn. 10.
[18] Spindler/Stilz/*Limmer* Rn. 3; KK-AktG/*A. Arnold* Rn. 11.
[19] Vgl. Schmidt/Lutter/*Seibt* Rn. 1; Spindler/Stilz/*Limmer* Rn. 5.
[20] Vgl. NK-AktR/*Braunfels* Rn. 6.

Zusicherung eines Amtes als Mitglied des Vorstands (Eingriff in Aufgabenbereich des Aufsichtsrats, § 84 Abs. 1) noch die Einräumung eines Rechts auf die Bestellung von leitenden Angestellten (Eingriff in Geschäftsführungsaufgabe des Vorstands, §§ 76, 77) zulässig.[21]

4. Festsetzung in der Satzung. Jeder Sondervorteil muss in der Satzung unter Bezeichnung des Berechtigten festgesetzt werden. Erforderlich ist die **genaue Bezeichnung** des Vorteils und der Person, der er gewährt wird. Summarische Angaben sind ebenso unzulässig wie Ermächtigungen an Organe der Gesellschaft oder Dritte zur Gewährung solcher Vorteile.[22] Die wirksame Festsetzung eines Sondervorteils iSd Abs. 1 setzt somit die Zustimmung aller Gründer voraus.[23] Von den Sondervorteilen zu unterscheiden sind jedoch die zu deren Realisierung eventuell abzuschließenden Verträge. Diese sind zwar – soweit sie zumindest in Schriftform existieren – der Anmeldung der Gründung der Gesellschaft zum Handelsregister beizufügen (§ 37 Abs. 4 Nr. 2; → § 37 Rn. 21), müssen jedoch als solche nicht in die Satzung aufgenommen werden. Für den Abschluss solcher Verträge gelten die nach deren jeweiligem Inhalt zu beachtenden allgemeinen Formvorschriften. 6

5. Übertragung und Erlöschen des Sondervorteils. Als Gläubigerrechte gehen Sondervorteile nicht automatisch mit der Aktie auf deren Erwerber über. Ob diese Gläubigerrechte vom Berechtigten – mit oder ohne Aktie – nach Maßgabe der §§ 398, 413 BGB übertragen werden können, hängt von ihrer konkreten Ausgestaltung im Einzelfall ab. Die **Satzung** kann eine unbeschränkte Übertragbarkeit vorsehen oder die Übertragung einschränken oder gänzlich ausschließen. Die Übertragung kann aber auch aufgrund des höchstpersönlichen Charakters des Sondervorteils oder nach § 399 Alt. 1 BGB ausgeschlossen sein. Nach diesen Grundsätzen wird die Übertragung von Sondervorteilen, die auf Geldleistungen gerichtet sind, im Regelfall zulässig, die von Herrschafts- oder Kontrollrechten in der Regel ausgeschlossen sein.[24] Das Erlöschen eines Sondervorteils bestimmt sich nach den §§ 362 ff., 397 BGB bzw. nach eventuell vorrangigen Satzungsbestimmungen.[25] 7

III. Gründungsaufwand (Abs. 2)

1. Begriff. Gemäß § 26 Abs. 2 ist der Gesamtaufwand, der zu Lasten der Gesellschaft an Aktionäre oder an andere Personen als Entschädigung oder als Belohnung für die Gründung oder ihre Vorbereitung gewährt wird (sog. **„Gründungsaufwand"**), in der Satzung gesondert festzusetzen. Die Übernahme von Gründungsaufwand durch die Gesellschaft begründet für den Begünstigten einen schuldrechtlichen Anspruch gegen die Gesellschaft; es handelt sich um ein Gläubigerrecht, das auch bei Aktionären nicht mit der Mitgliedschaft verknüpft ist.[26] Die Ausführungen → Rn. 3 gelten entsprechend. Vom Sondervorteil unterscheidet sich der Gründungsaufwand dadurch, dass er nicht lediglich im Zusammenhang mit der Gründung eingeräumt, sondern von der Gesellschaft im Hinblick auf vorausgegangene Aufwendungen oder Tätigkeiten erbracht wird.[27] Das Gesetz unterscheidet hinsichtlich des Gründungsaufwands zwischen der **Gründungsentschädigung** und dem **Gründungslohn.** 8

2. Gründungsentschädigung. Gründungsentschädigung ist der **Ersatz von Aufwendungen** und die **Erstattung von Auslagen,** die von Aktionären oder Dritten bei der Gründung der Gesellschaft im Interesse der Gesellschaft getätigt worden oder diesen entstanden sind. Hierzu gehören insbesondere die Gerichts- und Notarkosten, sonstige Beratungskosten, Aufwendungen für die Gründungsprüfer, Kosten für die erforderlichen Bekanntmachungen oder den Druck von Aktienurkunden sowie etwaige im Zusammenhang mit der Gründung anfallende Steuern (Gründungskosten iSd § 248 Abs. 1 HGB).[28] Nicht hierzu zählen Aufwendungen für den Aufbau der Betriebs-, Verwaltungs- und Vertriebsorganisation oder Kosten, die beim Betrieb eines bereits vor der Eintragung der Gesellschaft eingebrachten Unternehmens entstanden sind.[29] Auch die Zahlung einer Vergütung an den ersten Vorstand für seine Tätigkeit vor Eintragung der Gesellschaft ist kein Gründungsaufwand,[30] dh ohne Festsetzung in der Satzung gemäß § 26 Abs. 2 zulässig. 9

---

21 Schmidt/Lutter/*Seibt* Rn. 9; KK-AktG/*A. Arnold* Rn. 11.
22 AllgM, zB Hüffer/*Koch* Rn. 4; MüKoAktG/*Pentz* Rn. 17; NK-AktR/*Braunfels* Rn. 7.
23 Hüffer/*Koch* Rn. 4; MüKoAktG/*Pentz* Rn. 17.
24 Vgl. MüKoAktG/*Pentz* Rn. 21 f.; KK-AktG/*A. Arnold* Rn. 15.
25 MüKoAktG/*Pentz* Rn. 20; Spindler/Stilz/*Limmer* Rn. 6.
26 MüKoAktG/*Pentz* Rn. 28; Schmidt/Lutter/*Seibt* Rn. 13; KK-AktG/*A. Arnold* Rn. 18.
27 MüKoAktG/*Pentz* Rn. 26.
28 Hüffer/*Koch* Rn. 5; MüKoAktG/*Pentz* Rn. 30; Schmidt/Lutter/*Seibt* Rn. 14; Spindler/Stilz/*Limmer* Rn. 8.
29 Hüffer/*Koch* Rn. 5; MüKoAktG/*Pentz* Rn. 31; Schmidt/Lutter/*Seibt* Rn. 14; Spindler/Stilz/*Limmer* Rn. 8.
30 BGH NJW 2004, 2519 (2520); Hüffer/*Koch* Rn. 5; Schmidt/Lutter/*Seibt* Rn. 14; KK-AktG/*A. Arnold* Rn. 23; diff. MüKoAktG/*Pentz* § 30 Rn. 41.

10 **3. Gründerlohn.** Gründerlohn ist jegliche **Tätigkeitsvergütung** für die Mitwirkung bei der Gründung und ihrer Vorbereitungen einschließlich der Honorare für Gutachten, Beratung, Vermittlung etc.[31] Dabei ist gleichgültig, ob die Vergütung einem Gründer oder einem Dritten gewährt wird; die Vergütung kann in der Zahlung von Geld oder in der Leistung geldwerter Gegenstände bestehen, wobei sowohl einmalige als auch fortlaufende Leistungen möglich sind.[32]

11 **4. Grenzen bei der Festsetzung von Gründungsaufwand.** § 26 Abs. 2 begründet lediglich formelle Voraussetzungen für die Übernahme von Gründungsaufwand durch die Gesellschaft und ist demzufolge als **Formvorschrift** zu qualifizieren.[33] Bei den entsprechenden Festsetzungen sind darüber hinaus – als materiell-rechtliche Grenzen – die zwingenden Vorschriften des Aktienrechts zu beachten.[34] Eine wertmäßige Obergrenze wird im Gesetz nicht festgelegt. In Bezug auf den Gründerlohn gilt jedoch das Prinzip der Angemessenheit.[35] Unangemessen hoher Gründerlohn kann eventuell als Sondervorteil iSd § 26 Abs. 1 festgesetzt werden, ist aber auch in diesem Fall an den Kapitalerhaltungsvorschriften zu messen.[36] Gründungsaufwand wird in der Praxis von den Registergerichten bis in Höhe eines Betrages von 10% des Stammkapitals ohne Einzelnachweis akzeptiert.[37] Wurde bei der Vorratsgründung (→ § 23 Rn. 45) einer Aktiengesellschaft der Gründungsaufwand ausschließlich von den Gründern und damit nicht von der Gesellschaft getragen, so kann im Rahmen der „wirtschaftlichen Neugründung" (→ § 23 Rn. 45 ff.) ein Gründungsaufwand von der Gesellschaft (erstmals) übernommen werden und die entsprechende Satzungsänderung in das Handelsregister eingetragen werden.[38]

12 **5. Festsetzung in der Satzung. a) Anforderungen.** Der Gesamtbetrag des von der Gesellschaft übernommenen Gründungsaufwands ist als **Endsumme** in der Satzung festzusetzen.[39] Einzelangaben sind weder ausreichend noch erforderlich. Soweit die Höhe noch nicht feststeht, sind die Einzelbeträge zu schätzen.[40]

13 **b) Rechtsfolgen der Festsetzung.** Die ordnungsgemäße Festsetzung in der Satzung begründet zum einen die entsprechenden Ansprüche gegen die Gesellschaft auf Übernahme des Gründungsaufwandes und verhindert zum anderen, dass eine sich hieraus ergebende Unterbilanz ein Eintragungshindernis für die Gesellschaft begründet und eine Unterbilanzhaftung der Gründer ausgelöst wird.[41]

IV. Rechtsfolgen fehlender Satzungspublizität

14 **1. Registerrechtliche Folgen.** Werden die Vereinbarungen über Sondervorteile oder Gründungsaufwand nicht oder nicht zutreffend in der Satzung festgesetzt, ist die Gesellschaft nicht ordnungsgemäß errichtet. Die Eintragung der Gesellschaft ist abzulehnen (§ 38 Abs. 1), wenn der Mangel nicht aufgrund Zwischenverfügung durch entsprechende Änderung der Satzung, die notariell beurkundet werden und einstimmig erfolgen muss sowie der Zustimmung aller Gründer bedarf, behoben wird.[42] Bleibt der Fehler unentdeckt und wird die Gesellschaft trotz des Mangels und ohne dessen Beseitigung eingetragen, entsteht sie dennoch wirksam (§ 41 Abs. 1).[43]

15 **2. Zivilrechtliche Folgen (Abs. 3).** Werden Sondervorteile und Gründungsaufwand nicht entsprechend den Anforderungen des § 26 Abs. 1 bzw. Abs. 2 in der Satzung festgesetzt, sind Verträge und Rechtshandlungen zu ihrer Ausführung gegenüber der Gesellschaft **unwirksam** (§ 26 Abs. 3). Aufgrund des Wortlauts der Norm geht die hM[44] davon aus, dass nicht nur schuldrechtliche

[31] Hüffer/*Koch* Rn. 5; Schmidt/Lutter/*Seibt* Rn. 15.
[32] MüKoAktG/*Pentz* Rn. 32; Schmidt/Lutter/*Seibt* Rn. 15.
[33] Vgl. Schmidt/Lutter/*Seibt* Rn. 1; Spindler/Stilz/*Limmer* Rn. 5.
[34] MüKoAktG/*Pentz* Rn. 33; Schmidt/Lutter/*Seibt* Rn. 15; Spindler/Stilz/*Limmer* Rn. 9.
[35] MüKoAktG/*Pentz* Rn. 33; Spindler/Stilz/*Limmer* Rn. 9; KK-AktG/*A. Arnold* Rn. 22.
[36] MüKoAktG/*Pentz* Rn. 33; Hüffer/*Koch* Rn. 6; vgl. NK-AktR/*Braunfels* Rn. 9, der Grenze erst bei krassem Missverhältnis überschritten sieht; aA HK-AktG/*Lohse* Rn. 4, 8.
[37] Spindler/Stilz/*Limmer* Rn. 9; HK-AktG/*Lohse* Rn. 9; vgl. *Jürgenmaier/Maier* BB 1996, 2135 (2139).
[38] OLG Stuttgart NZG 2013, 259 (260); hierzu *Oppenländer* GmbHR 2012, 1301 ff.; Hüffer/*Koch* Rn. 6.
[39] BayObLGZ 1988, 293 (296 ff.); OLG Düsseldorf GmbHR 1987, 59; Hüffer/*Koch* Rn. 6; MüKoAktG/*Pentz* Rn. 34; KK-AktG/*A. Arnold* Rn. 24.
[40] BGHZ 107, 1 (6) = NJW 1989, 1610; MüKoAktG/*Pentz* Rn. 34; Spindler/Stilz/*Limmer* Rn. 9; NK-AktR/*Braunfels* Rn. 11.
[41] KG NZG 2004, 826 (827); Hüffer/*Koch* Rn. 6; MüKoAktG/*Pentz* Rn. 36; Schmidt/Lutter/*Seibt* Rn. 17; Spindler/Stilz/*Limmer* Rn. 10; KK-AktG/*A. Arnold* Rn. 25.
[42] AllgM, zB Hüffer/*Koch* Rn. 7; MüKoAktG/*Pentz* Rn. 41; HK-AktG/*Lohse* Rn. 11.
[43] AllgM, MüKoAktG/*Pentz* Rn. 45.
[44] ZB Hüffer/*Koch* Rn. 7; MüKoAktG/*Pentz* Rn. 47; Schmidt/Lutter/*Seibt* Rn. 19; aA Spindler/Stilz/*Limmer* Rn. 12 unter Hinweis auf Abstraktionsprinzip.

Verpflichtungsgeschäfte, sondern auch die dinglichen Erfüllungsgeschäfte unwirksam sind. Die Gesellschaft muss die Erfüllung verweigern. Leistet sie dennoch, verschafft sie dem Erwerber keine dingliche Berechtigung. Erfolgt der dingliche Rechtserwerb nach anderen Vorschriften (zB §§ 946 ff. BGB), ist er nach bereicherungsrechtlichen Grundsätzen rückabzuwickeln.[45] Entsteht der Gesellschaft aufgrund der unterlassenen bzw. unrichtigen Festsetzung ein Schaden, sind die Gründer und die neben ihnen haftenden Vergütungsempfänger gemäß §§ 46, 47 Nr. 1 als Gesamtschuldner der Gesellschaft zum Schadensersatz verpflichtet.[46] **Bis zur Eintragung** der Gesellschaft in das Handelsregister können unterlassene oder unrichtige Festsetzungen über Sondervorteile und Gründungsaufwand nachgeholt (→ Rn. 14) und die unwirksamen Verträge und Rechtshandlungen dadurch geheilt werden.[47] **Nach Eintragung** der Gesellschaft ist dies **nicht** mehr möglich (§ 26 Abs. 3 S. 2).

3. Sonstige Folgen. Die strafrechtliche Verantwortlichkeit von Gründern und Organmitgliedern 16
für den Fall falscher Angaben über Sondervorteile und Gründungsaufwand richtet sich nach § 399 Abs. 1 Nr. 1. Ferner kann ein tatsächlich erfolgter Kostenersatz an einen Gründer steuerrechtlich eine verdeckte Gewinnausschüttung darstellen, wenn der Gründungsaufwand nicht ordnungsgemäß in der Satzung festgesetzt worden ist.[48]

V. Änderung und Beseitigung von Festsetzungen (Abs. 4, 5)

1. Änderung. Gemäß § 26 Abs. 4 können Festsetzungen über Sondervorteile (Abs. 1) und die 17
Übernahme von Gründungsaufwand (Abs. 2) erst geändert werden, wenn die Gesellschaft **fünf Jahre** im Handelsregister **eingetragen** ist. Die **Sperrfrist** entspricht der Verjährungsfrist gemäß § 51 und soll verhindern, dass die Durchsetzung von Ersatzansprüchen der Gesellschaft gemäß §§ 46, 47 Nr. 1 vereitelt oder erschwert wird.[49] **Vor Ablauf** der Sperrfrist ist jegliche Änderung der entsprechenden Festsetzungen – auch zu Gunsten der Gesellschaft – ausgeschlossen. **Nach Ablauf** der Sperrfrist sind Änderungen nur **zu Gunsten** der Gesellschaft möglich; erforderlich ist die Zustimmung des davon nachteilig betroffenen Gläubigers.[50] Änderungen zu Lasten der Gesellschaft sind auch nach Ablauf der Sperrfrist – über den Wortlaut der Vorschrift hinaus – ausgeschlossen. Dies ergibt sich aus Sinn und Zweck des § 26 Abs. 3 S. 2.[51] Denn eine nachträgliche Erweiterung der aus Sondervorteilen und der Übernahme von Gründungsaufwand resultierenden Belastung des Grundkapitals, vor der Gläubiger und Aktionäre geschützt werden sollen, kann gleichermaßen aus der nachträglichen Heilung zunächst unwirksamer Vereinbarungen wie aus der nachträglichen Erweiterung anfänglich wirksamer Vereinbarungen resultieren. Ein Beschluss, mit dem die Satzung unter Verstoß gegen § 26 Abs. 4 geändert werden soll, ist gemäß § 241 Nr. 3 nichtig.[52]

2. Beseitigung. Gemäß § 26 Abs. 5 können die Satzungsbestimmungen über die Festsetzungen 18
durch Satzungsänderung erst beseitigt werden, wenn die Gesellschaft mindestens **dreißig Jahre** im Handelsregister **eingetragen** ist und wenn die Rechtsverhältnisse, die den Festsetzungen zugrunde liegen, seit mindestens **fünf Jahren abgewickelt** sind. Für die Beseitigung, dh – in Abgrenzung zur Änderung – die ersatzlose Streichung der Satzungsbestimmungen gelten folglich zwei Voraussetzungen: die Sperrfrist von dreißig Jahren seit Eintragung der Gesellschaft **und** die Sperrfrist von fünf Jahren seit Eintritt der Gegenstandslosigkeit der Festsetzung. Gegenstandslos sind die Satzungsbestimmungen, wenn die entsprechenden Gläubigerrechte durch Erfüllung erloschen sind (§ 362 Abs. 1 BGB).[53] Das Erlöschen infolge eines Erlassvertrages wird nach hL[54] hingegen als nachträgliche Änderung iSd § 26 Abs. 4 betrachtet, so dass die diese Belastungen betreffenden Festsetzungen schon nach fünf Jahren beseitigt werden können. Vor Ablauf der Sperrfristen müssen auch bei einer vollständigen Neufassung der Satzung die Bestimmungen über Sondervorteile und

45 Hüffer/*Koch* Rn. 7; MüKoAktG/*Pentz* Rn. 47; Schmidt/Lutter/*Seibt* Rn. 19.

46 MüKoAktG/*Pentz* Rn. 48; Schmidt/Lutter/*Seibt* Rn. 18; vgl. Hüffer/*Koch* Rn. 7.

47 Hüffer/*Koch* Rn. 8; MüKoAktG/*Pentz* Rn. 43; Schmidt/Lutter/*Seibt* Rn. 20.

48 Schmidt/Lutter/*Seibt* Rn. 21 mwN aus der Rspr. des BFH.

49 Hüffer/*Koch* Rn. 9; MüKoAktG/*Pentz* Rn. 55; Schmidt/Lutter/*Seibt* Rn. 22; Spindler/Stilz/*Limmer* Rn. 14.

50 Hüffer/*Koch* Rn. 9; MüKoAktG/*Pentz* Rn. 56; Schmidt/Lutter/*Seibt* Rn. 22; Spindler/Stilz/*Limmer* Rn. 14; KK-AktG/*A. Arnold* Rn. 36.

51 AllgM, zB Hüffer/*Koch* Rn. 9; MüKoAktG/*Pentz* Rn. 56; KK-AktG/*A. Arnold* Rn. 36.

52 MüKoAktG/*Pentz* Rn. 60; HK-AktG/*Lohse* Rn. 14.

53 Hüffer/*Koch* Rn. 10; MüKoAktG/*Pentz* Rn. 64; Schmidt/Lutter/*Seibt* Rn. 23.

54 Hüffer/*Koch* Rn. 10; MüKoAktG/*Pentz* Rn. 62; Schmidt/Lutter/*Seibt* Rn. 23; Spindler/Stilz/*Limmer* Rn. 16; KK-AktG/*A. Arnold* Rn. 40; NK-AktR/*Braunfels* Rn. 19; HK-AktG/*Lohse* Rn. 15.

Gründungsaufwand „übernommen“ werden.[55] Ein Beschluss, mit dem eine Satzungsbestimmung unter Verstoß gegen § 26 Abs. 5 beseitigt werden soll, ist gemäß § 241 Nr. 3 nichtig.[56]

§ 27 Sacheinlagen. Sachübernahmen; Rückzahlung von Einlagen

(1) [1]Sollen Aktionäre Einlagen machen, die nicht durch Einzahlung des Ausgabebetrags der Aktien zu leisten sind (Sacheinlagen), oder soll die Gesellschaft vorhandene oder herzustellende Anlagen oder andere Vermögensgegenstände übernehmen (Sachübernahmen), so müssen in der Satzung festgesetzt werden der Gegenstand der Sacheinlage oder der Sachübernahme, die Person, von der die Gesellschaft den Gegenstand erwirbt, und der Nennbetrag, bei Stückaktien die Zahl der bei der Sacheinlage zu gewährenden Aktien oder die bei der Sachübernahme zu gewährende Vergütung. [2]Soll die Gesellschaft einen Vermögensgegenstand übernehmen, für den eine Vergütung gewährt wird, die auf die Einlage eines Aktionärs angerechnet werden soll, so gilt dies als Sacheinlage.

(2) Sacheinlagen oder Sachübernahmen können nur Vermögensgegenstände sein, deren wirtschaftlicher Wert feststellbar ist; Verpflichtungen zu Dienstleistungen können nicht Sacheinlagen oder Sachübernahmen sein.

(3) [1]Ist eine Geldeinlage eines Aktionärs bei wirtschaftlicher Betrachtung und auf Grund einer im Zusammenhang mit der Übernahme der Geldeinlage getroffenen Abrede vollständig oder teilweise als Sacheinlage zu bewerten (verdeckte Sacheinlage), so befreit dies den Aktionär nicht von seiner Einlageverpflichtung. [2]Jedoch sind die Verträge über die Sacheinlage und die Rechtshandlungen zu ihrer Ausführung nicht unwirksam. [3]Auf die fortbestehende Geldeinlagepflicht des Aktionärs wird der Wert des Vermögensgegenstandes im Zeitpunkt der Anmeldung der Gesellschaft zur Eintragung in das Handelsregister oder im Zeitpunkt seiner Überlassung an die Gesellschaft, falls diese später erfolgt, angerechnet. [4]Die Anrechnung erfolgt nicht vor Eintragung der Gesellschaft in das Handelsregister. [5]Die Beweislast für die Werthaltigkeit des Vermögensgegenstandes trägt der Aktionär.

(4) [1]Ist vor der Einlage eine Leistung an den Aktionär vereinbart worden, die wirtschaftlich einer Rückzahlung der Einlage entspricht und die nicht als verdeckte Sacheinlage im Sinne von Absatz 3 zu beurteilen ist, so befreit dies den Aktionär von seiner Einlageverpflichtung nur dann, wenn die Leistung durch einen vollwertigen Rückgewähranspruch gedeckt ist, der jederzeit fällig ist oder durch fristlose Kündigung durch die Gesellschaft fällig werden kann. [2]Eine solche Leistung oder die Vereinbarung einer solchen Leistung ist in der Anmeldung nach § 37 anzugeben.

(5) Für die Änderung rechtswirksam getroffener Festsetzungen gilt § 26 Abs. 4, für die Beseitigung der Satzungsbestimmungen § 26 Abs. 5.

Schrifttum: *Andrianesis,* Die Neuregelung der verdeckten Sacheinlagen bei der AG durch das ARUG, WM 2011, 968; *Altmeppen,* Cash Pooling und Kapitalaufbringung, NZG 2010, 441; *Bayer/Lieder,* Moderne Kapitalaufbringung nach ARUG, GWR 2010, 3; *dies.,* Einbringung von Dienstleistungen in die AG, NZG 2010, 86; *Benz,* Verdeckte Sacheinlage und Einlagenrückzahlung im reformierten GmbH-Recht (MoMiG), 2010; *Bormann/Urlichs,* Kapitalerhöhungen im Cash-Pooling – welche Erleichterungen bringt das MoMiG tatsächlich?, DStR 2009, 641; *Dauner-Lieb,* Die Auswirkungen des MoMiG auf die Behandlung verdeckter Sacheinlagen im Aktienrecht, AG 2009, 217; *Ekkenga,* Vom Umgang mit überwertigen Sacheinlagen im Allgemeinen und mit gemischten (verdeckten) Sacheinlagen im Besonderen, ZIP 2013, 541; *Habersack,* Verdeckte Sacheinlagen und Hin- und Herzahlen nach dem ARUG – gemeinschaftsrechtlich betrachtet, AG 2009, 557; *ders.,* Dienst- und Werkleistungen des Gesellschafters und das Verbot der verdeckten Sacheinlage und des Hin- und Herzahlens, FS Priester, 2007, 157; *ders.,* Neues zur verdeckten Sacheinlage und zum Hin- und Herzahlen – das „Qivive“-Urteil des BGH, GWR 2009, 129; *Heckschen/Heidinger,* Die GmbH in der Gestaltungs- und Beratungspraxis, 3. Aufl. 2014; *Henze,* Zur Problematik der „verdeckten“ (verschleierten) Sacheinlage im Aktien- und GmbH-Recht, ZHR 154 (1990), 105; *Herrler,* Aktuelles zur Kapitalerhöhung bei der GmbH, DNotZ 2008, 903; *ders.,* Erfüllung der Einlageschuld und entgeltliche Dienstleistungen durch Aktionäre, NZG 2010, 407; *ders.,* Heilung einer nicht erfüllungstauglichen Einlagenrückzahlung, GmbHR 2010, 785; *Herrler/Reymann,* Die Neuerungen im Aktienrecht durch das ARUG – Unter besonderer Berücksichtigung der Neuregelungen zur Hauptversammlung und zur Kapitalaufbringung bei der AG – (Teil 2), DNotZ 2009, 914; *Hofmeister,* Entgeltliche Dienstvereinbarungen und Kapitalaufbringung bei Gründung der AG, AG 2010, 261; *Illhardt,* Die Einlagenrückzahlung nach § 27 Abs. 4 AktG, 2013; *Komo,* Kapitalaufbringung im Cash Pool – aktuelle Entwicklungen in Rechtsprechung und Literatur, BB 2011, 2307; *Lieder,* Kapitalaufbringung im Cash-Pool nach neuem Recht Zugleich Besprechung der Entscheidung des BGH v 20.7.2009 – II ZR 273/07 – „Cash-Pool II“,

[55] MüKoAktG/*Pentz* Rn. 65.

[56] MüKoAktG/*Pentz* Rn. 66; KK-AktG/*A. Arnold* Rn. 39; Schmidt/Lutter/*Seibt* Rn. 23; HK-AktG/*Lohse* Rn. 14.

GmbHR 2009, 1177; *ders.*, Rechtsfragen der aktienrechtlichen Nachgründung nach ARUG, ZIP 2010, 964; *Lutter,* Verdeckte Leistungen und Kapitalschutz, FS Stiefel, 1987, 505; *Müller,* Rechtsfolgen verdeckter Sacheinlagen, NZG 2011, 761; *Pentz,* Die Bedeutung der Sacheinlagefähigkeit für die verdeckte Sacheinlage und den Kapitalersatz sowie erste höchstrichterliche Aussagen zum Hin- und Herzahlen nach dem MoMiG – Das Qivive-Urteil des BGH v 16.2.2009 – II ZR 120/07, GmbHR 2009, 505; *ders.*, Verdeckte Sacheinlagen nach dem MoMiG und prozessuale Folgen des Übergangsrechts, GmbHR 2009, 126; *Sernetz,* Anrechnung und Bereicherung bei der verdeckten Sacheinlage, ZIP 2010, 2173; *Theusinger/Liese,* Keine verdeckte Sacheinlage bei der „Einlage" von Dienstleistungen, NZG 2009, 641; *Wachter,* Dienstleistungen und Kapitalaufbringung, NJW 2010, 1715; *ders.*, Leitlinien der Kapitalaufbringung in der neueren Rechtsprechung des Bundesgerichtshofs, DStR 2010, 1240; *Weiler,* Auswirkungen des ARUG auf die notarielle Praxis, notar 2009, 313; *Wicke,* Einführung in das Recht der Hauptversammlung, das Recht der Sacheinlagen und das Freigabeverfahren nach dem ARUG, 2009, 47.

Übersicht

I. Allgemeines

1. Regelungsgegenstand. § 27 trifft Regelungen zur sog. „Sachgründung" als Unterfall der qualifizierten Gründung einer Aktiengesellschaft.[1] Das Gesetz kennt zwei Formen der Sachgrün- 1

[1] Vgl. MüKoAktG/*Pentz* Rn. 4.

dung: die Erbringung von Sacheinlagen oder die Vereinbarung von Sachübernahmen. Abs. 1 S. 1 enthält Legaldefinitionen der Begriffe der Sacheinlage und der Sachübernahme und begründet Publizitätspflichten für die Sachgründung. Abs. 1 S. 2 qualifiziert eine Sachübernahme mit Anrechnungsvereinbarung auf eine Bareinlage als Sacheinlage (sog. „fingierte Sacheinlage").[2] Abs. 2 begründet Mindestanforderungen für die Sacheinlagefähigkeit von Vermögensgegenständen und schließt Dienstleistungen als Gegenstand einer Sachgründung aus. Abs. 3 beinhaltet die Legaldefinition einer verdeckten Sacheinlage und regelt deren Rechtsfolgen. Abs. 4 enthält Regelungen für die Fallgruppe des „Hin- und Herzahlens" im Zusammenhang mit der Erbringung von Bareinlagen. Abs. 5 verweist für die Änderung und Beseitigung der Satzungsbestimmungen über Sacheinlagen und Sachübernahmen auf die Regelungen des § 26 Abs. 4 und 5.

2 **2. Entwicklung der Norm.** Die über Jahrzehnte in ihrem Regelungsgehalt praktisch unveränderte Norm hat durch das Gesetz zur Umsetzung der Aktionärsrechte-RL (ARUG) vom 30.7.2009 (BGBl. I S. 2479) und die damit verbundene vollständige Neufassung der Abs. 3 und 4 wesentliche Änderungen erfahren. Erst kurz vor Abschluss des Gesetzgebungsverfahrens wurden auf Empfehlung des BT-Rechtsausschusses die durch das Gesetz zur Modernisierung des GmbH-Rechts und zur Bekämpfung von Missbräuchen (MoMiG) vom 23.10.2008 (BGBl. I S. 2026) in das GmbHG eingefügten Regelungen zur Behandlung verdeckter Sacheinlagen (vgl. § 19 Abs. 4 GmbHG) und des „Hin- und Herzahlens" von Bareinlageleistungen (§ 19 Abs. 5 GmbHG) im Wesentlichen unverändert als § 27 Abs. 3 und 4 in das AktG übernommen.[3] Damit sollte eine „einheitliche Rechtslage" im Recht der Aktiengesellschaft und dem der Gesellschaft mit beschränkter Haftung[4] und damit ein Gleichklang im Kapitalaufbringungssystem der Kapitalgesellschaften hergestellt werden. Das Gelingen dieses Unterfangens wird in der Literatur[5] unter Hinweis auf die bestehenden Unterschiede (zB europarechtlicher Rahmen für die Regelung der Kapitalaufbringung bei der Aktiengesellschaft durch die – zwischenzeitlich neu gefasste – Kapital-RL,[6] Nachgründungsvorschriften §§ 52 f. etc) in Frage gestellt.

3 **3. Normzweck.** § 27 verfolgt zunächst einen **gesetzestechnischen** Zweck.[7] Die in § 27 legaldefinierten Begriffe der Sacheinlage und der Sachübernahme werden in einer Vielzahl von Vorschriften des Aktienrechts verwendet (zB §§ 32 Abs. 2, 33 Abs. 2 Nr. 4, 33a Abs. 1, 34 Abs. 1 Nr. 2, 36a Abs. 2, 37a Abs. 1, 38 Abs. 2 S. 2, 54 Abs. 2, 183). Die Vorschrift ist ferner ein wichtiger Baustein für den **Gläubigerschutz** im Aktienrecht und den **Aktionärsschutz,** da sie im Verbund mit weiteren Vorschriften (vgl. insbesondere §§ 26, 32 ff., 46 ff., 54) die **tatsächliche Aufbringung** (→ § 1 Rn. 24) des Grundkapitals – sowohl bei der Gründung der Aktiengesellschaft als auch bei Kapitalerhöhungen – sichert. Sie ist damit Ausdruck des „Grundsatzes der realen Kapitalaufbringung".[8] Eine Sachgründung birgt insoweit Risiken, da die Gefahr der Überbewertung des Einlage- oder Übernahmegegenstandes durch die beteiligten Gründer besteht. Hiervor soll § 27 schützen, in dem er die **Satzungspublizität** der Sachgründung anordnet und damit neben der Information aller Gläubiger und Aktionäre auch eine **präventive Werthaltigkeitskontrolle** durch das Registergericht ermöglicht.[9] Die Regelungen zur Sicherung der Kapitalaufbringung sind gemeinsam mit den Vorschriften zur Sicherung der **Kapitalerhaltung** (→ § 1 Rn. 25) Voraussetzung dafür, dass der Ausschluss der Haftung der Aktionäre (§ 1 Abs. 1 S. 2) für die Verbindlichkeiten der Gesellschaft gerechtfertigt werden kann (→ § 1 Rn. 22). Die Neuregelung des § 27 Abs. 3 soll den Inferenten vor für ihn „katastrophalen"[10] und auch aus Sicht des „Grundsatzes der realen Kapitalaufbringung" wirtschaftlich nicht erforderlichen Folgen einer verdeckten Sacheinlage schützen.[11] Die Einfügung

[2] Spindler/Stilz/*Benz* Rn. 6.
[3] Vgl. BT-Rechtsausschuss, BT-Drs. 16/13098, 36 ff.
[4] Vgl. BT-Rechtsausschuss, BT-Drs. 16/13098, 37.
[5] Vgl. zB *Dauner-Lieb* AG 2009, 217 (225 ff.); *Habersack* AG 2009, 557 (558 ff.); Spindler/Stilz/*Benz* Rn. 1.
[6] Zweite Richtlinie 77/91/EWG des Rates vom 13.12.1976 (ABl. L 26, 1), geändert durch Richtlinie 2006/68/EG des Europäischen Parlaments und des Rates zur Änderung der Richtlinie 77/91/EWG des Rates vom 6.9.2006 (ABl. L 264, 32), neu gefasst durch Richtlinie 2012/30/EU des Europäischen Parlaments und des Rates vom 25.10.2012 (ABl. L 315, 74), geändert durch Art. 123 Richtlinie 2014/59/EU des Europäischen Parlaments und des Rates vom 15.5.2014 (ABl. L 173, 190).
[7] Hüffer/*Koch* Rn. 1.
[8] Vgl. MüKoAktG/*Pentz* Rn. 4 ff.; Spindler/Stilz/*Benz* Rn. 2 f.; KK-AktG/*A. Arnold* Rn. 4; NK-AktR/*Polley* Rn. 1.
[9] Spindler/Stilz/*Benz* Rn. 3; Hüffer/*Koch* Rn. 1; MüKoAktG/*Pentz* Rn. 6.
[10] So *Lutter* FS Stiefel, 1987, 505 (517); KK-AktG/*Lutter* § 66 Rn. 31; vgl. *Theusinger/Liese* NZG 2009, 641 (642).
[11] Vgl. BT-Rechtsausschuss, BT-Drs. 16/13098, 36.

des Abs. 4 in § 27 soll vorrangig das Führen eines Cash-Pool-Systems in Konzerngesellschaften ermöglichen.[12]

4. Systematik und Auslegung. § 27 ergänzt wie §§ 24 bis 26 die Regelungen des § 23 über den notwendigen Inhalt der Satzung. Durch entsprechende Verweise finden die für die Gründung der Gesellschaft geltenden Regelungen des § 27 Abs. 3 und 4 auch bei der ordentlichen Sachkapitalerhöhung (vgl. § 183 Abs. 2), einem bedingten Kapital gegen Sacheinlage (vgl. § 194 Abs. 2) sowie bei einer Sachkapitalerhöhung aus genehmigtem Kapital (vgl. § 205 Abs. 3) Anwendung. Bei der Auslegung des § 27 ist zu beachten, dass die Norm teilweise auf die Kapitalrichtlinie (→ Rn. 2) zurückgeht. Sie ist deshalb insoweit nach den für die Auslegung angeglichenen Rechts anzuwendenden Grundsätzen und im Übrigen richtlinienkonform auszulegen.[13] 4

5. Verhältnis von Bar- und Sacheinlage. § 27 setzt die Zulässigkeit einer Sachgründung voraus, stellt sie jedoch nicht gleichrangig neben eine Bargründung.[14] Denn der Aktionär ist nach der Konzeption des Gesetzes zur Erfüllung seiner Einlagepflicht in erster Linie zur Erbringung von Zahlungen in Geld verpflichtet; Sacheinlagen oder -übernahmen sind nur – ausnahmsweise – bei Erfüllung der besonderen Voraussetzungen des § 27 Abs. 1 und 2 gestattet und ausreichend. Dies ergibt sich auch aus der Anrechnungsbestimmung des § 27 Abs. 3 S. 3. 5

II. Sacheinlage (Abs. 1 und 2)

1. Begriff (Abs. 1). Der Begriff der Sacheinlage ist in § 27 Abs. 1 S. 1 Alt. 1 negativ in Abgrenzung zur Bareinlage definiert. Danach sind Sacheinlagen Einlagen der Aktionäre, die **nicht** durch die **Einzahlung des Ausgabebetrags** der Aktien zu leisten sind. Einlagen sind Leistungen auf Aktien (vgl. § 2), dh an die Gesellschaft geleistete Beiträge, die die Haftungsmasse mehren.[15] Nebenleistungen (§ 55) sind also auch dann keine Sacheinlagen, wenn sie ihnen äußerlich ähneln.[16] 6

2. Sacheinlagefähigkeit (Abs. 2). a) Grundlagen. Nach der Legaldefinition des Abs. 1 S. 1 Alt. 1 ist für die Sacheinlage lediglich der Umstand der fehlenden Einzahlung charakteristisch. Als Gegenstand einer Sacheinlage kommen somit nicht nur Sachen (§ 90 BGB), sondern alle **vermögenswerten Gegenstände** in Betracht, deren **wirtschaftlicher Wert** feststellbar ist (vgl. Abs. 2 Hs. 1). Weitere Maßstäbe für die Beurteilung der Einlagefähigkeit ergeben sich aus der sog. „funktionalen Äquivalenz" von Bar- und Sacheinlage: die Sacheinlage muss bewertungsfähig sein, dh einen feststellbaren, in Geld bezifferbaren Vermögenswert aufweisen, und es muss möglich sein, sie zu einem bestimmten Stichtag „zur freien Verfügung" des Vorstands in das Vermögen der Gesellschaft zu überführen.[17] Das setzt nicht notwendig voraus, dass der Vermögensgegenstand bilanzrechtlich aktiviert werden kann; ausreichend ist, dass er selbständig bewertet werden kann.[18] Ferner muss der Vermögensgegenstand **übertragbar** sein. Dies erfordert jedoch nicht, dass der Vermögensgegenstand einzeln übertragbar und damit im Rahmen der Zwangsvollstreckung verwertbar sein muss, da auch ein nicht isoliert veräußerbarer Gegenstand im Rahmen des Gesamtvermögens der Aktiengesellschaft Gläubigerinteressen dienen kann.[19] Zustimmung verdient ferner die im Vordringen befindliche Ansicht in der Literatur, die – noch weiter gehend – auch das Erfordernis der Verwertbarkeit des Vermögensgegenstandes zusammen mit dem Gesamtunternehmen im Insolvenzfall verneint.[20] Denn auch bei Bareinlagen garantieren weder der Kapitalaufbringungs- noch der Kapitalerhaltungsgrundsatz, dass die Aktiengesellschaft bis zur Insolvenz mit den Barmitteln (ausschließlich) verwertungsfähige Vermögensgegenstände erworben hat.[21] Dem vorgenannten Erfordernis der Übertragbarkeit ist 7

[12] Vgl. BT-Rechtsausschuss, BT-Drs. 16/13098, 37.

[13] MüKoAktG/*Pentz* Rn. 10; Spindler/Stilz/*Benz* Rn. 5; NK-AktR/*Polley* Rn. 2; vgl. KK-AktG/*A. Arnold* Rn. 8.

[14] HM, zB Hüffer/*Koch* Rn. 2; Spindler/Stilz/*Benz* Rn. 4; KK-AktG/*A. Arnold* Rn. 4; NK-AktR/*Polley* Rn. 5; aA MüKoAktG/*Pentz* Rn. 13; Schmidt/Lutter/*Bayer* Rn. 4: Gleichrangigkeit.

[15] HM, zB Spindler/Stilz/*Benz* Rn. 7; MüKoAktG/*Pentz* Rn. 11.

[16] Hüffer/*Koch* Rn. 3; NK-AktR/*Polley* Rn. 6.

[17] MüKoAktG/*Pentz* Rn. 12; vgl. KK-AktG/*A. Arnold* Rn. 42; Spindler/Stilz/*Benz* Rn. 10; Schmidt/Lutter/*Bayer* Rn. 10, 12; NK-AktR/*Polley* Rn. 7, 12; HK-AktG/*Lohse* Rn. 2, 11.

[18] HM, zB MüKoAktG/*Pentz* Rn. 18 f.; Schmidt/Lutter/*Bayer* Rn. 11; Hüffer/*Koch* Rn. 14; KK-AktG/*A. Arnold* Rn. 44; MHdB AG/*Hoffmann-Becking* § 4 Rn. 3.

[19] MüKoAktG/*Pentz* Rn. 21; Spindler/Stilz/*Benz* Rn. 12; Schmidt/Lutter/*Bayer* Rn. 11; Hüffer/*Koch* Rn. 15.

[20] Vgl. MüKoAktG/*Pentz* Rn. 21; Spindler/Stilz/*Benz* Rn. 13; Schmidt/Lutter/*Bayer* Rn. 12; Hüffer/*Koch* Rn. 15; aA MHdB AG/*Hoffmann-Becking* § 4 Rn. 3.

[21] Spindler/Stilz/*Benz* Rn. 12; Hüffer/*Koch* Rn. 15; NK-AktR/*Polley* Rn. 12.

daher bereits dann genügt, wenn der Einlagegenstand so beschaffen ist, dass er endgültig zur freien Verfügung des Vorstands in das Gesellschaftsvermögen geleistet werden kann.[22]

8 **b) Einzelfälle. aa) Einlagefähige Vermögensgegenstände.** Ohne weiteres **einlagefähig** sind danach das **Eigentum** an **beweglichen** und **unbeweglichen Sachen, grundstücksgleiche Rechte** (zB Erbbaurecht), **beschränkt dingliche Rechte** an Sachen (Dienstbarkeiten, Nießbrauch), **sonstige Rechte** (Aktien, GmbH-Geschäftsanteile, übertragbare Anteile an Personengesellschaften), **Immaterialgüterrechte** (Urheber-, Patent-, Verlags-, Marken-, Gebrauchs- und Designrechte bzw. Lizenzen an solchen Rechten), **Sachgesamtheiten,** soweit sie eine abgrenzbare Vermögensmasse darstellen (zB Nachlass, Warenlager, Fuhrpark etc), insbesondere **Unternehmen** (Handelsgeschäft) sowie **Forderungen gegen Dritte,** wenn sie abtretbar sind und ihnen ein Vermögenswert zukommt.[23] Einlagefähig sind ferner **Forderungen gegen die Gesellschaft** selbst bzw. die Vor-AG (zB Erstattung verauslagter Gründungskosten, § 26),[24] wobei die Einbringung durch Abtretung (§ 398 BGB) mit der Folge des Erlöschens der Forderung durch Konfusion oder durch Erlassvertrag (§ 397 BGB) erfolgt. **Obligatorische Nutzungsrechte** sind dann einlagefähig, wenn sie eine feste Laufzeit haben oder eine konkret bestimmte Mindestdauer vereinbart ist und das Nutzungsrecht folglich der Gesellschaft nicht vor einer festgelegten und der Bewertung zugrunde gelegten Dauer durch Kündigung entzogen werden kann.[25] Ferner muss die Gesellschaft Besitz am Gegenstand erlangen; dazu ist dieser aus dem Vermögen des Verpflichteten auszusondern.[26] Unerheblich für die Einlagefähigkeit ist, ob das Nutzungsrecht gegenüber Dritten oder ob es an einer Sache des Inferenten besteht.[27]

9 **bb) Nicht einlagefähige Vermögensgegenstände.** Wie in § 27 Abs. 2 Hs. 2 ausdrücklich geregelt können Verpflichtungen zu **Dienstleistungen** nicht Gegenstand einer Sacheinlage (oder Sachübernahme) sein.[28] Das gilt nach dem Wortlaut der Vorschrift unabhängig davon, ob sich der Anspruch auf Dienstleistung gegen einen Dritten oder gegen den Inferenten richtet. Dienstleistungen der Gründer können nicht Gegenstand einer Sacheinlage sein, da sie sich mangels Aussonderung aus dem Gründervermögen nicht zur realen Kapitalaufbringung eignen.[29] Gegen eine teleologische Reduktion des § 27 Abs. 2 Hs. 2, die Ansprüche gegen Dritte auf Erbringung von Dienstleistungen als Sacheinlage nicht ausschließt, werden von der hM[30] die mit einer Dienstleistung in besonderen Maße verbundenen, nicht abschätzbaren Risiken, die aus der Person des Dienstleistungsverpflichteten resultieren, entgegengesetzt. Kein tauglicher Sacheinlagegegenstand sind ferner **Forderungen** jedweder Art **gegen den Inferenten** selbst.[31] Denn deren Einbringung würde nur zu einem Forderungstausch ohne reale Kapitalaufbringung führen (geschützte Einlageforderung gegen nicht geschützte sonstige Forderung). Gegen die Einlagefähigkeit von Forderungen gegen **andere Gründer** spricht, dass es den Gründern ansonsten offen stünde, gegeneinander gerichtete Forderungen als Sacheinlagen einzubringen, was für die Gesellschaft im Ergebnis ebenfalls den Effekt eines unzulässigen Forderungstauschs hätte.[32] Etwas anderes gilt nur dann, wenn die Forderung gegen den Gründer oder den Mitgründer durch ein dingliches Recht (Pfandrecht, Grundpfandrecht etc) gesichert oder wie beim obligatorischen Nutzungsrecht mit der Besitzverschaffung verbunden ist; denn in diesen

[22] MüKoAktG/*Pentz* Rn. 21; Spindler/Stilz/*Benz* Rn. 13; vgl. Schmidt/Lutter/*Bayer* Rn. 12; NK-AktR/*Polley* Rn. 12.

[23] Vgl. zum Ganzen die ausführlichen Übersichten bei MüKoAktG/*Pentz* Rn. 22 ff.; Spindler/Stilz/*Benz* Rn. 15 ff.; KK-AktG/*A. Arnold* Rn. 48 ff.; Schmidt/Lutter/*Bayer* Rn. 13 ff.; NK-AktR/*Polley* Rn. 13 ff.

[24] MüKoAktG/*Pentz* Rn. 29; Hüffer/*Koch* Rn. 17; Spindler/Stilz/*Benz* Rn. 24; Schmidt/Lutter/*Bayer* Rn. 16; NK-AktR/*Polley* Rn. 16; aA KK-AktG/*A. Arnold* Rn. 54.

[25] HM, zB BGHZ 144, 290 (294) = NJW 2000, 2356; BGH AG 2004, 548 f.; OLG Nürnberg AG 1999, 381 (382); Hüffer/*Koch* Rn. 18.

[26] Hüffer/*Koch* Rn. 18; MüKoAktG/*Pentz* Rn. 31; Spindler/Stilz/*Benz* Rn. 33; NK-AktR/*Polley* Rn. 18.

[27] MüKoAktG/*Pentz* Rn. 31; Spindler/Stilz/*Benz* Rn. 33; Schmidt/Lutter/*Bayer* Rn. 17; vgl. BGH GmbHR 2004, 1219.

[28] Vgl. auch BGHZ 184, 158 Rn. 16 = NZG 2010, 343 – Eurobike; BGHZ 180, 38 Rn. 9 = NJW 2009, 2375 – Qivive, zur GmbH; vgl. *Hofmeister* AG 2010, 261 (270 ff.); *Bayer/Lieder* NZG 2010, 86 (87).

[29] AllgM, zB Hüffer/*Koch* Rn. 22; MüKoAktG/*Pentz* Rn. 33; KK-AktG/*A. Arnold* Rn. 66.

[30] MüKoAktG/*Pentz* Rn. 33; KK-AktG/*A. Arnold* Rn. 66; NK-AktR/*Polley* Rn. 19; Hüffer/*Koch* Rn. 22; *Habersack* FS Priester, 2007, 157 (162); *Bayer/Lieder* NZG 2010, 86 (87); Schmidt/Lutter/*Bayer* Rn. 18; aA Spindler/Stilz/*Benz* Rn. 31.

[31] MüKoAktG/*Pentz* Rn. 26; Hüffer/*Koch* Rn. 16; Spindler/Stilz/*Benz* Rn. 26; Schmidt/Lutter/*Bayer* Rn. 15; NK-AktR/*Polley* Rn. 15.

[32] MüKoAktG/*Pentz* Rn. 27; KK-AktG/*A. Arnold* Rn. 61; Schmidt/Lutter/*Bayer* Rn. 15; vgl. Spindler/Stilz/*Benz* Rn. 28; NK-AktR/*Polley* Rn. 15; für Einlagefähigkeit unter Hinweis auf die Aussonderbarkeit der Forderung GroßkommAktG/*Röhricht* Rn. 73.

Fällen wird ein bewertbarer Vermögensgegenstand aus dem Vermögen des betreffenden Gründers ausgesondert und in das Vermögen der Gesellschaft überführt.[33] Eigene Aktien der Aktiengesellschaft können – im Rahmen einer Kapitalerhöhung – nicht als Sacheinlage eingebracht werden, weil der Gesellschaft mit der Überlassung der alten Aktien als Teil des Grundkapitals real kein neues Kapital zugeführt wird.[34] Aufschiebend bedingte Forderungen sind, solange die Bedingung nicht eingetreten ist und der Bedingungseintritt auch nicht überwiegend wahrscheinlich ist, keine tauglichen Sacheinlagegegenstände, weil ihre Entstehung ungewiss ist und dem Anspruch kein wirtschaftlicher Wert zukommt.[35]

3. Regelungsbedarf im Zusammenhang mit Sacheinlage. Im Zusammenhang mit einer Sacheinlage sind regelmäßig drei Regelungsbereiche zu unterscheiden: Die **Festsetzung** der Sacheinlage als solche hat in der Satzung zu erfolgen (vgl. § 27 Abs. 1 S. 1; → Rn. 20). Daneben besteht die **Sacheinlagevereinbarung** zwischen den Gründern, in der die schuldrechtliche Verpflichtung begründet wird, die Sacheinlage in die Gesellschaft einzubringen. Nach zutreffender hM[36] ist die ebenfalls in die Satzung aufzunehmende Sacheinlagevereinbarung ein unselbständiger materieller Bestandteil des Gesellschaftsvertrages, der gesellschaftsrechtliche Pflichten des Gründers erzeugt. Soweit die Verpflichtung aufgrund materieller Vorschriften der Beurkundung bedarf (vgl. § 311b BGB, § 15 GmbHG), wird die Form durch die Beurkundung der Satzung gewahrt.[37] Schließlich bedarf es noch eines – in der Praxis häufig als „Einbringungsvertrag" bezeichneten[38] – **Vollzugsgeschäfts** zur dinglichen Übertragung des Sacheinlagegegenstandes auf die Gesellschaft. Dafür sind die allgemeinen Vorschriften für den betreffenden Einlagegegenstand maßgebend (zB §§ 873, 925 BGB bei Immobilien, §§ 398, 413 BGB bei Forderungen usw).[39] Das Vollzugsgeschäft kann bereits in der Satzung enthalten sein; idF wird die Vor-AG durch die Gründer vertreten.[40] Ansonsten wird es durch entsprechende Vereinbarung außerhalb der Satzung mit der durch den Vorstand vertretenen Vor-AG bzw. – nach deren Eintragung – mit der Gesellschaft abgeschlossen.[41] Zum Zeitpunkt der Erfüllung von Sacheinlageverpflichtungen → § 36a Rn. 5 ff. 10

4. Bewertung. a) Grundlagen. Das Verbot der Unterpariemission (vgl. § 9 Abs. 1) gilt auch für Sacheinlagen (vgl. § 36a Abs. 2 S. 3; → § 36a Rn. 9). Der Wert der Sacheinlage muss dem geringsten Ausgabebetrag zuzüglich eines eventuell vereinbarten Agios entsprechen. Maßgeblicher **Zeitpunkt** für die Wertbemessung ist der Tag der **Anmeldung** der Gesellschaft zum Handelsregister.[42] Bei wiederbeschaffbaren Gegenständen des **Anlagevermögens** ist auf den Wiederbeschaffungswert abzustellen, während einmalige Gegenstände des Anlagevermögens (wie zB Patente, Urheberrechte etc.) nach ihrem im Wege der Schätzung zu ermittelnden Ertragswert zu bewerten sind; für Gegenstände des **Umlaufvermögens** ist der Einzelveräußerungspreis relevant.[43] **Forderungen** auf Geldzahlungen sind grundsätzlich mit ihrem Nennbetrag zu bewerten; Bewertungsabschläge sind bei fehlender Fälligkeit und bei einredebehafteten oder bestrittenen Forderungen vorzunehmen.[44] **Obligatorische Nutzungsrechte** sind anhand ortsüblicher Vergleichsmieten zu bewerten, wobei von der Gesellschaft eventuell zu erbringende Gegenleistungen wertmindernd zu berücksichtigen sind.[45] Wird ein Unternehmen oder ein Unternehmensteil eingebracht, gestattet die Praxis die Einbringung zu den Buchwerten der letzten Jahresbilanz mit der Bestimmung, dass das Unternehmen in der Zwischenzeit als für Rechnung der Vorgesellschaft geführt gelten soll.[46] Auch bei dieser Vorgehensweise darf der Buchwert aber am Tag der Anmeldung der Gesellschaft nicht den Ausgabebetrag der 11

---

[33] MüKoAktG/*Pentz* Rn. 27 f.; Spindler/Stilz/*Benz* Rn. 27; NK-AktR/*Polley* Rn. 15; offenlassend Schmidt/Lutter/*Bayer* Rn. 15.

[34] BGH NZG 2011, 1271 Rn. 14 = AG 2011, 876.

[35] BGH NZG 2011, 667 Rn. 14 = GmbHR 2011, 705; Schmidt/Lutter/*Bayer* Rn. 15; Hüffer/*Koch* Rn. 16.

[36] BGHZ 45, 338 (345) = NJW 1966, 1311 zur GmbH; Hüffer/*Koch* Rn. 4; MüKoAktG/*Pentz* Rn. 16; Schmidt/Lutter/*Bayer* Rn. 8; NK-AktR/*Polley* Rn. 8; aA *Schönle* NJW 1965, 2133 (2135); krit. gegenüber der hM auch *Wienecke* AG 2013, 437 (439).

[37] MüKoAktG/*Pentz* Rn. 16.

[38] MHdB AG/*Hoffmann-Becking* § 4 Rn. 7.

[39] AllgM, zB Hüffer/*Koch* Rn. 4.

[40] AllgM, zB MüKoAktG/*Pentz* Rn. 17.

[41] Spindler/Stilz/*Benz* Rn. 9; MüKoAktG/*Pentz* Rn. 17.

[42] MüKoAktG/*Pentz* Rn. 38; Hüffer/*Koch* Rn. 20.

[43] MüKoAktG/*Pentz* Rn. 37; Hüffer/*Koch* Rn. 20; Spindler/Stilz/*Benz* Rn. 35 f.; KK-AktG/*A. Arnold* Rn. 69; Schmidt/Lutter/*Bayer* Rn. 20; NK-AktR/*Polley* Rn. 21; HK-AktG/*Lohse* Rn. 14.

[44] Spindler/Stilz/*Benz* Rn. 37; GroßkommAktG/*Röhricht* Rn. 72; aA Schmidt/Lutter/*Bayer* Rn. 20: realisierbarer Erlös.

[45] Vgl. Hüffer/*Koch* Rn. 20; Spindler/Stilz/*Benz* Rn. 39; ähnlich NK-AktR/*Polley* Rn. 21.

[46] MüKoAktG/*Pentz* Rn. 38; NK-AktR/*Polley* Rn. 21; vgl. Hüffer/*Koch* Rn. 20.

Aktien unterschreiten; ansonsten ist eine bare Zuzahlung des Inferenten erforderlich (→ Rn. 12). Soll eine zu einer „Überpariemission" (→ § 9 Rn. 10 ff.) führende Unterbewertung des Unternehmens vermieden werden, kann in der Satzung festgesetzt werden, dass der betreffende Gründer für einen eventuell überschießenden Wert des Unternehmens neben den Aktien noch eine Vergütung erhält;[47] idF handelt es sich um eine sog. „gemischte Sacheinlage" (→ Rn. 19) des Gründers.[48] Nach hM[49] ist die – willentliche, nicht offengelegte – **Unterbewertung** von Einlagegegenständen unzulässig; dafür spricht, dass nach §§ 272 Abs. 2 Nr. 1 HGB iVm § 150 AktG die Kapitalrücklage zutreffend anzugeben ist.[50]

12 **b) Rechtsfolgen einer „Überbewertung".** Die Überbewertung einer Sacheinlage ist ein Errichtungsmangel, der zur Ablehnung der Eintragung der Gesellschaft führt (vgl. § 38 Abs. 2 S. 2). Erfolgt jedoch eine bare Zuzahlung der Wertdifferenz, kann die Gesellschaft trotz der Fehlerhaftigkeit der Satzung eingetragen werden.[51] Wird die Gesellschaft trotz der Überbewertung der Sacheinlage und ohne vorherige Zahlung der Wertdifferenz eingetragen, entsteht sie wirksam. Es besteht weder die Möglichkeit der Nichtigkeitsklage (§ 275) noch der Amtslöschung (§ 397 FamFG) oder der Auflösung (§ 399 FamFG). Die Gesellschaft hat jedoch gegen den Inferenten einen unverzichtbaren Anspruch auf Ausgleich der Wertdifferenz durch Geldleistung (sog. **„Differenzhaftung"**, → § 9 Rn. 8),[52] über dessen dogmatische Grundlage keine Einigkeit besteht[53] (→ § 9 Rn. 8). Der Anspruch aus Differenzhaftung verjährt in zehn Jahren (§ 9 Abs. 2 GmbHG analog).[54] Er kann über den Ausgabebetrag hinausgehen, wenn ein Vermögensgegenstand mit negativem Wert (zB überschuldetes Unternehmen, kontaminiertes Grundstück) eingebracht wird.[55] Die diesbezügliche Wertdeckungspflicht des Gründers erstreckt sich auch auf ein eventuell vereinbartes Aufgeld, wie sich aus § 36a Abs. 2 S. 3 ergibt.[56] Der Differenzhaftungsanspruch unterliegt dem Befreiungs- und Aufrechnungsverbot des § 66 Abs. 1, kann aber bei tatsächlicher oder rechtlicher Ungewissheit über seinen Bestand oder Umfang Gegenstand eines Vergleichs sein, der nicht der Zustimmung der Hauptversammlung bedarf.[57]

13 **5. Willensmängel und Leistungsstörungen bei der Sacheinlagevereinbarung.** Die Rechtsfolgen von Willensmängeln oder Leistungsstörungen im Zusammenhang mit dem Abschluss von Sacheinlagevereinbarungen sind gesetzlich nicht geregelt. Dabei ist grundsätzlich davon auszugehen, dass denkbare zivilrechtliche Folgen durch den Grundsatz der realen Kapitalaufbringung überlagert werden.[58] Eine Anfechtung der Sacheinlagevereinbarung ist daher zumindest nach der Eintragung der Gesellschaft ausgeschlossen.[59] Ansonsten sind die allgemeinen Leistungsstörungsregeln auf Sacheinlagevereinbarungen nur mit der Maßgabe anwendbar, dass die Entstehung der Gesellschaft mit dem eingetragenen Grundkapital sichergestellt ist und sich der Einlageanspruch gegen den Sacheinleger nach Geltendmachung von Leistungsstörungsrechten nicht in eine ungesicherte Forderung verwandelt.[60] Daher führen Leistungsstörungen in der Regel entsprechend dem Regel-Ausnahme-Verhältnis zwischen Bar- und Sacheinlage (→ Rn. 5) zur Verpflichtung, die Einlage in Geld zu leisten, zB bei Unmöglichkeit der Leistung aus der Sacheinlageverpflichtung.[61]

---

[47] Ausf. zu den damit verbundenen Problemen Spindler/Stilz/*Benz* Rn. 40 f.

[48] MüKoAktG/*Pentz* Rn. 67; Spindler/Stilz/*Benz* Rn. 40; NK-AktR/*Polley* Rn. 24; Schmidt/Lutter/*Bayer* Rn. 31 f.

[49] KK-AktG/*A. Arnold* Rn. 68; Hüffer/*Koch* Rn. 20; MüKoAktG/*Pentz* Rn. 38; NK-AktR/*Polley* Rn. 20; offenlassend Schmidt/Lutter/*Bayer* Rn. 22; aA Spindler/Stilz/*Benz* Rn. 43; *Ekkenga* ZIP 2013, 541 (542).

[50] KK-AktG/*A. Arnold* Rn. 68; MüKoAktG/*Pentz* Rn. 39.

[51] Hüffer/*Koch* Rn. 21; MüKoAktG/*Pentz* Rn. 42; Schmidt/Lutter/*Bayer* Rn. 24; NK-AktR/*Polley* Rn. 22; Spindler/Stilz/*Benz* Rn. 45.

[52] AllgM, zB Hüffer/*Koch* Rn. 21; Spindler/Stilz/*Benz* Rn. 47; KK-AktG/*A. Arnold* Rn. 73 ff.; vgl. BGHZ 64, 52 (62) = NJW 1975, 974; BGHZ 68, 191 (195) = NJW 1977, 1196.

[53] Zum Meinungsstand MüKoAktG/*Pentz* Rn. 44.

[54] Spindler/Stilz/*Benz* Rn. 47; MüKoAktG/*Pentz* Rn. 44.

[55] MüKoAktG/*Pentz* Rn. 44; Spindler/Stilz/*Benz* Rn. 47; Schmidt/Lutter/*Bayer* Rn. 26.

[56] MüKoAktG/*Pentz* Rn. 44; Spindler/Stilz/*Benz* Rn. 48; KK-AktG/*A. Arnold* Rn. 74; Schmidt/Lutter/*Bayer* Rn. 26; MHdB AG/*Hoffmann-Becking* § 4 Rn. 48; vgl. BGHZ 191, 364 Rn. 17 = NZG 2012, 69 – Babcock, zur Sachkapitalerhöhung.

[57] So BGHZ 191, 364 Rn. 20 ff. = NZG 2012, 69 – Babcock, zur Sachkapitalerhöhung; Spindler/Stilz/*Benz* Rn. 47; Grigoleit/*Vedder* Rn. 26.

[58] Hüffer/*Koch* Rn. 11; vgl. Spindler/Stilz/*Benz* Rn. 88.

[59] KK-AktG/*A. Arnold* Rn. 18; Spindler/Stilz/*Benz* Rn. 87; MüKoAktG/*Pentz* Rn. 47; vgl. Hüffer/*Koch* Rn. 11.

[60] Ausf. Überblick bei MüKoAktG/*Pentz* Rn. 47 ff.; Spindler/Stilz/*Benz* Rn. 82 ff.

[61] Hüffer/*Koch* Rn. 11; Spindler/Stilz/*Benz* Rn. 87 ff.; KK-AktG/*A. Arnold* Rn. 19 ff.

III. Sachübernahme (Abs. 1 und 2)

1. Begriff (Abs. 1). Nach der Legaldefinition des § 27 Abs. 1 S. 1 Alt. 2 liegt eine Sachübernahme vor, wenn die Gesellschaft vorhandene oder herzustellende Anlagen oder andere **Vermögensgegenstände** übernimmt. In Abgrenzung zur Sacheinlage erfolgt die Übernahme gegen **Vergütung,** nicht gegen Begründung von Mitgliedschaftsrechten. Da eine Sachübernahme keinen Bezug zur Einlagepflicht aufweist, kann auch ein Dritter, der sich nicht als Gründer an der Errichtung der Gesellschaft beteiligt, Partei der Sachübernahmevereinbarung sein.[62] Die Sachübernahme muss unter den Gründern oder von ihnen mit dem Dritten spätestens zum Zeitpunkt der Feststellung der Satzung (§ 23 Abs. 1 S. 1) vereinbart werden.[63] Geschäfte des Vorstands im Namen der Vor-AG mit Dritten fallen nach dessen Wortlaut nicht in den Anwendungsbereich des § 27 Abs. 1 S. 1.[64] Eine Erstreckung der Sachübernahmevorschriften auch auf solche Fallgestaltungen erscheint darüber hinaus aufgrund der Verantwortlichkeit der Gründer für Verluste der Vor-AG (→ § 41 Rn. 14 ff.) nicht als erforderlich.[65] Eine Übernahme von Vermögensgegenständen ohne Gegenleistung oder Vergütung ist für die Kapitalaufbringung ohne Bedeutung, so dass Abs. 1 S. 1 insoweit nicht zu beachten ist.[66] **Gegenstand** einer Sachübernahme können alle Vermögensgegenstände sein, die als Sacheinlage einlagefähig sind (vgl. Abs. 2; → Rn. 7 ff.). Als **Gegenleistung** bzw. Vergütung kommen Geld oder jede beliebige geldwerte Leistung in Betracht, auch die Übernahme von Verbindlichkeiten.[67] Die Regelungen über die Sachübernahme ermöglichen es den Gründern, schon im Vorgründungsstadium, dh vor Feststellung der Satzung, rechtsverbindliche Verträge mit Wirkung für die spätere Gesellschaft zu schließen.[68] Andererseits ist die erforderliche Satzungspublizität die angemessene Antwort auf das Risiko erhöhter Vergütungen bei entsprechenden Geschäften.[69] 14

2. Fingierte Sacheinlage (Abs. 1 S. 2). Soll die von der Gesellschaft für die Übernahme eines Vermögensgegenstandes gewährte Vergütung auf die Bareinlage eines Aktionärs angerechnet werden, **gilt** dies als Sacheinlage (vgl. Abs. 1 S. 2). Diese gesetzliche Fiktion regelt den typischen Umgehungsfall einer offenen Sacheinlagevereinbarung und eröffnet damit für diese Konstellation den Anwendungsbereich des § 36a Abs. 2.[70] Daher sind bei der Festsetzung des Zeitpunkts der Leistungspflicht bei einer Sachübernahme die Anforderungen des § 36a Abs. 2 (→ § 36a Rn. 4 ff.) zu beachten, wenn eine Verrechnungsabrede besteht.[71] 15

3. Regelungsbedarf im Zusammenhang mit Sachübernahme. Neben der Festsetzung in der Satzung (vgl. Abs. 1 S. 1; → Rn. 20 ff.) und einer eventuellen Verrechnungsabrede (→ Rn. 15) sind bei einer Sachübernahme deren Vereinbarung als das **pflichtenbegründende schuldrechtliche Rechtsgeschäft** und ein dingliches **Vollzugsgeschäft** erforderlich. Eine Verrechnungsabrede ist wegen ihres direkten Bezugs zur Einlagepflicht (→ Rn. 15) – wie eine Sacheinlageverpflichtung (→ Rn. 10) – materieller Bestandteil des Gesellschaftsvertrags.[72] Bei der **Sachübernahmevereinbarung** als gewöhnlichem schuldrechtlichen Austauschvertrag wird es sich regelmäßig um einen Kaufvertrag oder – bei noch herzustellenden Sachen – um einen Werkvertrag handeln.[73] Sind Gegenstand der Sachübernahme Erfindungen oder Patente, kann ein Lizenzvertrag vorliegen.[74] Die Vereinbarung muss bei bzw. anlässlich der Gründung der Gesellschaft von den Gründern untereinander oder von ihnen für die Gesellschaft mit dem veräußernden Dritten geschlossen worden sein.[75] Soweit im Anschluss an die reichsgerichtliche Rechtsprechung[76] davon ausgegangen wird, auch ohne rechtsverbindliche Sachübernahmevereinbarung seien bereits entsprechende Festsetzungen in die Satzung aufzunehmen, wenn die Vereinbarung so feste Gestalt angenommen habe, dass mit ihrer 16

[62] Hüffer/*Koch* Rn. 5; MüKoAktG/*Pentz* Rn. 61; KK-AktG/*A. Arnold* Rn. 25; MHdB AG/*Hoffmann-Becking* § 4 Rn. 1.
[63] MüKoAktG/*Pentz* Rn. 61.
[64] Hüffer/*Koch* Rn. 5a; HK-AktG/*Lohse* Rn. 6; NK-AktR/*Polley* Rn. 27; vgl. MüKoAktG/*Pentz* Rn. 61; diff. Spindler/Stilz/*Benz* Rn. 53.
[65] MüKoAktG/*Pentz* Rn. 61.
[66] MüKoAktG/*Pentz* Rn. 61; Spindler/Stilz/*Benz* Rn. 60.
[67] Spindler/Stilz/*Benz* Rn. 60.
[68] Spindler/Stilz/*Benz* Rn. 50.
[69] Hüffer/*Koch* Rn. 5.
[70] Spindler/Stilz/*Benz* Rn. 51; MüKoAktG/*Pentz* Rn. 66.
[71] So iE Hüffer/*Koch* Rn. 7; vgl. BGHZ 110, 47 (52 ff.) = NJW 1990, 982.
[72] Hüffer/*Koch* Rn. 6.
[73] MüKoAktG/*Pentz* Rn. 65; Spindler/Stilz/*Benz* Rn. 57; vgl. KK-AktG/*A. Arnold* Rn. 30.
[74] MüKoAktG/*Pentz* Rn. 65.
[75] Spindler/Stilz/*Benz* Rn. 57.
[76] RGZ 121, 99 (102); RGZ 157, 213 (224); RGZ 167, 99 (108).

Verwirklichung bestimmt gerechnet werden könne,[77] begegnet dies Bedenken.[78] Abreden zwischen Gründern über den nach Feststellung der Satzung erfolgenden Abschluss einer Sachübernahmevereinbarung werden regelmäßig als verdeckte Sacheinlagen (→ Rn. 26 ff.) zu qualifizieren sein.[79] Bei entsprechenden Abreden mit Dritten handelt es sich um bloße, nach § 36 Abs. 2 S. 1 zulässige Verwendungsabreden (→ § 36 Rn. 16). Ob die spätere, dh nach Feststellung der Satzung geschlossene Sachübernahmevereinbarung wirksam vereinbart wird, richtet sich nach der Vertretungsmacht des Vorstands der Vor-AG;[80] bei Abschluss der Sachübernahmevereinbarung nach Eintragung der Gesellschaft ist bei Geschäften mit einem Gründer § 52 zu beachten.[81] Daher erscheint zum Schutz der Kapitalaufbringung und -erhaltung eine Ausdehnung des Anwendungsbereichs auf beabsichtigte, aber (noch) nicht verbindliche Sachübernahmevereinbarungen nicht als erforderlich; in der Praxis sollte sie derzeit dennoch vorsorglich beachtet werden.[82] Hinsichtlich der **Vollzugsgeschäfte** kann auf die Ausführungen zur Sacheinlage (→ Rn. 10) verwiesen werden.

17 **4. Bewertung.** Hinsichtlich der Fragen der Bewertung des Sachübernahmegegenstandes und ihrer Rechtsfolgen kann auf die Ausführungen zur Sacheinlage verwiesen werden (→ Rn. 11 f.). Maßgeblicher Zeitpunkt für die Bewertung ist jedoch nicht die Anmeldung der Gesellschaft zum Handelsregister, sondern der Moment des wirtschaftlichen Übergangs des Sachübernahmegegenstandes auf die Gesellschaft.[83]

18 **5. Willensmängel und Leistungsstörungen bei der Sachübernahmevereinbarung.** Willensmängel oder Leistungsstörungen bei Sachübernahmevereinbarungen führen grundsätzlich zur Anwendung der allgemeinen zivilrechtlichen Vorschriften, da die Vereinbarung nicht körperschaftsrechtlicher, sondern lediglich schuldrechtlicher Natur (→ Rn. 16) ist und ihr Fortbestand weder die Aufbringung des Grundkapitals noch die Wirksamkeit der Gesellschaftsgründung tangiert.[84] Etwas anderes kann nur dann gelten, soweit eine Sachübernahme mit Verrechnungsabrede vorliegt (→ Rn. 15). Insoweit kann in Bezug auf die Folgen von Willensmängeln auf die Ausführungen zur Sacheinlage verwiesen werden (→ Rn. 13). Bei Leistungsstörungen verbleibt es aber auch in diesem Fall bei der Geltung der allgemeinen zivilrechtlichen Regelungen.[85]

IV. Gemischte Sacheinlage

19 Als **gemischte Sacheinlage** wird die Übertragung eines Vermögensgegenstandes in das Vermögen der Gesellschaft bezeichnet, dessen Wert den Betrag der übernommenen Einlage übersteigt und für den der Gründer deshalb zum Teil Aktien der Gesellschaft, zum Teil ein anderes Entgelt (Barzahlung, Darlehensforderung gegen Gesellschaft etc) erhält.[86] Die gemischte Sacheinlage stellt sich daher als **Kombination** von Sacheinlage und Sachübernahme dar.[87] Die gemischte Sacheinlage hat in der Praxis insbesondere Bedeutung für die Einbringung von Unternehmen, da der für die Einbringung relevante Unternehmenswert bei der Satzungsfeststellung als dem für die Festsetzung von Einlage und Ausgabebetrag maßgeblichen Zeitpunkt regelmäßig nicht bekannt ist.[88] Gemischte Sacheinlagen sind zumindest dann einheitlich nach den Regeln der Sacheinlage zu behandeln, wenn die Sachleistung unteilbar ist, wozu entsprechende Parteivereinbarung ausreicht.[89] Nach zutreffender hM gilt dasselbe auch bei teilbarer Leistung.[90] Von der gemischten Sacheinlage ist die **gemischte Einlage**

[77] So MüKoAktG/*Pentz* Rn. 62; wohl ebenso Spindler/Stilz/*Benz* Rn. 53.

[78] Vgl. Hüffer/*Koch* Rn. 6; diff. zwischen Sachübernahmen von Gründern und Dritten KK-AktG/*A. Arnold* Rn. 30.

[79] Diff. Spindler/Stilz/*Benz* Rn. 55.

[80] Für Anwendung des § 27 Abs. 1 in diesen Fällen, wenn Übernahme vor Satzungsfeststellung vereinbart, Spindler/Stilz/*Benz* Rn. 53 f.

[81] Spindler/Stilz/*Benz* Rn. 54; NK-AktR/*Polley* Rn. 27.

[82] So auch Hüffer/*Koch* Rn. 6.

[83] Spindler/Stilz/*Benz* Rn. 61; KK-AktG/*A. Arnold* Rn. 76.

[84] Spindler/Stilz/*Benz* Rn. 98; vgl. MüKoAktG/*Pentz* Rn. 65; Hüffer/*Koch* Rn. 11.

[85] Spindler/Stilz/*Benz* Rn. 100; KK-AktG/*A. Arnold* Rn. 34.

[86] BGHZ 170, 47 Rn. 17 = NJW 2007, 765; MüKoAktG/*Pentz* Rn. 67; Spindler/Stilz/*Benz* Rn. 64; NK-AktR/*Polley* Rn. 24; ähnlich Hüffer/*Koch* Rn. 8; vgl. grds. zur gemischten Sacheinlage *Ekkenga* ZIP 2013, 541 (544).

[87] BGHZ 170, 47 Rn. 17 = NJW 2007, 765 – Warenlager; Spindler/Stilz/*Benz* Rn. 64; HK-AktG/*Lohse* Rn. 10.

[88] Spindler/Stilz/*Benz* Rn. 64.

[89] BGHZ 170, 47 Rn. 17 = NJW 2007, 765 – Warenlager; Hüffer/*Koch* Rn. 8a.

[90] RGZ 159, 321 (326); MüKoAktG/*Pentz* Rn. 68; Spindler/Stilz/*Benz* Rn. 65; vgl. auch mit deutlicher Tendenz zur vorgenannten hM BGHZ 191, 364 Rn. 49 = NZG 2012, 69 – Babcock; aA Hüffer/*Koch* Rn. 8a; *Stiller/Redeker* ZIP 2010, 865 (869, 871).

(auch **Mischeinlage** genannt) zu unterscheiden, bei der der Gründer auf die übernommenen Aktien Bar- und Sacheinlagen zu erbringen hat (→ § 36 Rn. 19).

V. Festsetzung in der Satzung (Abs. 1 S. 1)

1. Grundlagen. § 27 Abs. 1 S. 1 begründet sowohl für Sacheinlagen als auch für Sachübernahmen das Erfordernis der **Satzungspublizität.** Abs. 1 S. 1 Hs. 2 verlangt insoweit die Festsetzung des Gegenstandes der Sacheinlage bzw. Sachübernahme, der Person, von der die Gesellschaft den Gegenstand erwirbt, und – bei einer Sacheinlage – des Nennbetrags bzw. bei Stückaktien die Zahl der bei der Sacheinlage zu gewährenden Aktien oder – bei einer Sachübernahme – die zu gewährende Vergütung. Folglich ist es nicht zwingend erforderlich, die gesamte Sacheinlage- bzw. Sachübernahmevereinbarung (→ Rn. 10) in die Satzung aufzunehmen. Hingegen soll es notwendig sein, die vorgenannten erforderlichen Festsetzungen in den Satzungstext selbst aufzunehmen; die Aufnahme in eine gemäß § 9 Abs. 1 S. 2 BeurkG mitbeurkundete Anlage soll nicht ausreichen.[91] Zur äußeren Gestaltung des Gründungsprotokolls → § 23 Rn. 9. Auch wenn diese Anforderung an die Gestaltung der notariellen Urkunde über die Errichtung der Gesellschaft aus Sicht des Beurkundungsrechts kaum zu rechtfertigen ist, sollte sie in der Praxis zur Vermeidung von Problemen bei der Eintragung der Gesellschaft beachtet werden. Die Angaben müssen so genau sein, dass dem Registerrichter eine Prüfung der Werthaltigkeit der einzulegenden bzw. zu übernehmenden Vermögensgegenstände ermöglicht wird und Gläubiger und Aktionäre in die Lage versetzt werden, sich einen zutreffenden Eindruck von den Kapitalverhältnissen und den Bindungen zu Lasten der in Gründung befindlichen Gesellschaft zu verschaffen.[92] Daher sind auch Nebenabsprachen zwar nicht zwingend in vollem Umfang, zumindest aber insoweit aufzunehmen, als sie für den Wert der einzubringenden Gegenstände, ihre Identität oder ihren Umfang Bedeutung haben.[93] Für die Praxis ist zu empfehlen, bei der Aufnahme von Nebenabsprachen großzügig zu verfahren und diese im Zweifel vollumfänglich aufzunehmen. 20

2. Einzelheiten. a) Gegenstand. Der Gegenstand der Sacheinlage bzw. Sachübernahme muss so eindeutig in der Satzung festgesetzt werden, dass er bestimmbar ist und etwaige Belastungen erkennbar sind. Unvertretbare Sachen müssen sich individualisieren lassen, zB Forderungen durch die Angabe von Schuldner, Gegenstand und Schuldgrund.[94] Vertretbare Sachen sind nach Art und Menge zu bestimmen (vgl. § 91 BGB).[95] Bei Grundstücken kann auf das Grundbuch Bezug genommen werden.[96] Unternehmen können als Sachgesamtheit bezeichnet werden („das unter Firma X betriebene Handelsgeschäft mit allen Aktiva und Passiva").[97] Dabei muss die Übernahme von Verbindlichkeiten ausdrücklich erwähnt werden.[98] Eine gemischte Sacheinlage (→ Rn. 19) ist insgesamt unter Hinweis auf ihren besonderen Charakter als Sacheinlage zu bezeichnen und zusätzlich die von der Aktiengesellschaft zu leistende Vergütung (Form, Umfang) offen zu legen.[99] 21

b) Person des Veräußerers. Der Veräußerer muss so bezeichnet werden, dass er identifizierbar ist. Bei natürlichen Personen sind mindestens Namen, Vornamen und Anschrift, bei juristischen Personen und Personengesellschaften zumindest Firma und Sitz festzusetzen. 22

c) Gegenleistung der Gesellschaft. Nach dem Wortlaut des Abs. 1 S. 1 Hs. 2 sind bei einer **Sacheinlage** der Nennbetrag der Aktien bzw. bei Stückaktien die Zahl der zu gewährenden Aktien festzusetzen. Auch bei Nennbetragsaktien ist die Angabe der Zahl der zu gewährenden Aktien und des Nennbetrags der einzelnen zu gewährenden Aktien ausreichend.[100] Sofern der auf die einzelne Stückaktie entfallende anteilige Betrag des Grundkapitals den Mindestbetrag von 1 Euro übersteigt, wird – über den Wortlaut des Abs. 1 S. 1 Hs. 2 hinaus – empfohlen, diesen anzugeben.[101] Darüber hinaus ist die Festsetzung des Ausgabebetrages der Aktien erforderlich (vgl. § 23 Abs. 2 Nr. 2).[102] Der 23

---

[91] AllgM, zB MüKoAktG/*Pentz* Rn. 69; Spindler/Stilz/*Benz* Rn. 67.

[92] Spindler/Stilz/*Benz* Rn. 68.

[93] RGZ 114, 77 (81 f.); MüKoAktG/*Pentz* Rn. 69; KK-AktG/*A. Arnold* Rn. 39; GroßkommAktG/*Röhricht* Rn. 135; HK-AktG/*Lohse* Rn. 15.

[94] MüKoAktG/*Pentz* Rn. 70; Spindler/Stilz/*Benz* Rn. 69.

[95] Hüffer/*Koch* Rn. 10.

[96] MüKoAktG/*Pentz* Rn. 70; Spindler/Stilz/*Benz* Rn. 69.

[97] Hüffer/*Koch* Rn. 10; Spindler/Stilz/*Benz* Rn. 69; HK-AktG/*Lohse* Rn. 16.

[98] Spindler/Stilz/*Benz* Rn. 70; KK-AktG/*A. Arnold* Rn. 38.

[99] Spindler/Stilz/*Benz* Rn. 72.

[100] Hüffer/*Koch* Rn. 9; KK-AktG/*A. Arnold* Rn. 37; vgl. NK-AktR/*Polley* Rn. 29.

[101] So Hüffer/*Koch* Rn. 9; strenger HK-AktG/*Lohse* Rn. 17, der entsprechende Verpflichtung sieht; ebenso NK-AktR/*Polley* Rn. 29.

[102] Vgl. MüKoAktG/*Pentz* Rn. 72; Spindler/Stilz/*Benz* Rn. 71.

Wert der Sacheinlage muss in der Satzung nicht bezeichnet werden.[103] Bei einer **Sachübernahme** ist die Aufnahme des Betrags der zu gewährenden Vergütung geboten.[104] Bei einer **gemischten Sacheinlage** muss der Satzung zu entnehmen sein, dass der Inferent nicht nur Aktien, sondern auch eine sonstige Gegenleistung erhält, die sich aus der Satzung ergibt.[105] Steht letztere – wie häufig bei der Einbringung eines Unternehmens – bei Feststellung der Satzung noch nicht fest, muss sich aus der Satzung ergeben, wie sie zu berechnen ist.[106]

VI. Rechtsfolgen fehlerhafter Festsetzung

24 **1. Rechtslage vor dem 1.9.2009.** Seit dem Inkrafttreten des ARUG (→ Rn. 2) am 1.9.2009 sind die Rechtsfolgen des Fehlens der Festsetzungen nach Abs. 1 S. 1 oder von Fehlern bei deren Festsetzung nicht mehr vollständig ausdrücklich gesetzlich geregelt. § 27 Abs. 3 S. 1 aF bestimmte, dass ohne Festsetzung nach Abs. 1 sowohl die Verträge über Sacheinlagen und Sachübernahmen als auch die Rechtshandlungen zu ihrer Ausführung der Gesellschaft gegenüber unwirksam waren. Dabei wurde dem vollständigen Fehlen der Festsetzung eine von der Vereinbarung mit den Gründern abweichende Festsetzung oder eine zu unbestimmte Festsetzung gleichgestellt.[107] Aufgrund der fehlerhaften Festsetzung konnten weder Gesellschaft noch Gründer bzw. Dritte aus der Sacheinlagevereinbarung bzw. der Sachübernahmevereinbarung oder aus dem jeweiligen Vollzugsgeschäft Rechte ableiten.[108] Die Beitrittserklärung des Inferenten wurde trotz der Mangelhaftigkeit der Festsetzung überwiegend als wirksam angesehen.[109] Die fehlende bzw. fehlerhafte Festsetzung stellte ein Eintragungshindernis dar (§ 38 Abs. 1 S. 2).[110] Wurde die Gesellschaft dennoch eingetragen, entstand sie wirksam und die Gültigkeit der Satzung wurde von der fortbestehenden Unwirksamkeit der Sacheinlage- bzw. Sachübernahmevereinbarung und deren Vollzugsgeschäften nicht mehr berührt (vgl. § 27 Abs. 3 S. 2 aF).[111] Anstelle der nicht wirksam festgesetzten Sacheinlage schuldete der Inferent – unabhängig von seinem eventuell entgegenstehenden Willen – die Einzahlung des Ausgabebetrags in bar (vgl. § 27 Abs. 3 S. 3 aF).[112] Der Zahlungsanspruch der Gesellschaft verjährte in zehn Jahren (analog § 62 Abs. 3 sowie § 9 Abs. 2 GmbHG).[113] Eine bereits vollzogene Sachübernahme war rückabzuwickeln.[114] Eine eventuell nach § 27 Abs. 1 S. 2 vorgenommene Anrechnung der Vergütung auf die Einlageverpflichtung des Gründers war unwirksam.[115]

25 **2. Aktuelle Rechtslage.** § 27 Abs. 3 regelt nunmehr lediglich die Rechtsfolgen von Verstößen gegen die Pflicht zur Festsetzung nach Abs. 1 S. 1, die zu einer verdeckten Sacheinlage (→ Rn. 26 ff.) führen. Die Unwirksamkeitsfolge von jeglichen Verstößen gegen das Festsetzungserfordernis nach Abs. 1 wurde im Zusammenhang mit der Einführung der Anrechnungslösung bei einer verdeckten Sacheinlage (→ Rn. 26 ff.) ersatzlos gestrichen. Der hinter der Neuregelung für verdeckte Sacheinlagen stehende Rechtsgedanke ist auch auf die Fälle sonstiger Verstöße gegen das Festsetzungserfordernis („fehlerhafte offene Sacheinlagen/Sachübernahmen")[116] und auf „verdeckte Sachübernahmen",[117] die ebenfalls in Abs. 3 nicht geregelt werden, zu übertragen. Verstöße gegen Abs. 1 begründen nach wie vor ein Eintragungshindernis,[118] haben aber keine Auswirkungen auf die Beitrittserklärung des Gründers.[119] Wird die Aktiengesellschaft dennoch eingetragen, entsteht sie wirksam mit gültiger Satzung.[120] Aufgrund des Verstoßes gegen Abs. 1 S. 1 hat der Gründer seine Einlage-

[103] MüKoAktG/*Pentz* Rn. 72.
[104] MüKoAktG/*Pentz* Rn. 72; Spindler/Stilz/*Benz* Rn. 71.
[105] MüKoAktG/*Pentz* Rn. 72; Hüffer/*Koch* Rn. 9.
[106] MüKoAktG/*Pentz* Rn. 72; Hüffer/*Koch* Rn. 9.
[107] Vgl. MüKoAktG/*Pentz,* 3. Aufl. 2008, Rn. 74; Spindler/Stilz/*Benz* Rn. 74.
[108] Spindler/Stilz/*Benz* Rn. 74.
[109] Vgl. MüKoAktG/*Pentz,* 3. Aufl. 2008, Rn. 79; Spindler/Stilz/*Benz* Rn. 76; vgl. RGZ 118, 113 (117); BGHZ 45, 338 (343) = NJW 1966, 1311 zur GmbH; aA GroßkommAktG/*Röhricht* Rn. 145: vor Eintragung unwirksam.
[110] AllgM, zB MüKoAktG/*Pentz,* 3. Aufl. 2008, Rn. 78, 80.
[111] Vgl. Spindler/Stilz/*Benz* Rn. 77.
[112] MüKoAktG/*Pentz,* 3. Aufl. 2008, Rn. 79; Spindler/Stilz/*Benz* Rn. 77.
[113] Spindler/Stilz/*Benz* Rn. 77.
[114] MüKoAktG/*Pentz,* 3. Aufl. 2008, Rn. 80.
[115] MüKoAktG/*Pentz,* 3. Aufl. 2008, Rn. 80.
[116] Ebenso ausdrücklich MüKoAktG/*Pentz* Rn. 190 zur fehlerhaften offenen Sacheinlage.
[117] Ebenso ausdrücklich MüKoAktG/*Pentz* Rn. 88.
[118] Schmidt/Lutter/*Bayer* Rn. 40; Spindler/Stilz/*Benz* Rn. 78.
[119] Schmidt/Lutter/*Bayer* Rn. 38; Spindler/Stilz/*Benz* Rn. 76.
[120] AllgM, zB Spindler/Stilz/*Benz* Rn. 77; HK-AktG/*Lohse* Rn. 18; NK-AktR/*Polley* Rn. 30.

pflicht durch Bareinlage zu leisten (→ Rn. 5).[121] Sacheinlage- bzw. Sachübernahmevereinbarung und Vollzugsgeschäft sind jedoch **rechtswirksam;**[122] der Wert eingebrachter Vermögensgegenstände ist bei einer Sacheinlage – wegen Abs. 3 S. 3 a maiore ad minus – auf den bestehenden Zahlungsanspruch der Gesellschaft **anzurechnen.**[123] Eine Rückabwicklung kommt folglich auch insoweit nicht mehr in Betracht.[124] Vor Eintragung der Gesellschaft in das Handelsregister können die Gründer darüber hinaus fehlerhafte Festsetzungen in der Satzung korrigieren und unterlassene Festsetzungen erstmals aufnehmen,[125] zB aufgrund einer Zwischenverfügung des Registergerichts. Die Satzungsänderung muss in der Form des § 23 (→ § 23 Rn. 9 ff.) vorgenommen werden und bedarf der Zustimmung aller Gründer.[126] Das Unterbleiben notwendiger Festsetzungen nach Abs. 1 kann darüber hinaus zu einer **Sonderprüfung** des Gründungsvorgangs nach § 142[127] sowie zu **Schadensersatzpflichten** nach §§ 46 ff., 47 Nr. 2 und zur **Strafbarkeit** nach § 399 Abs. 1 Nr. 1 führen.[128]

VII. Verdeckte Sacheinlage (Abs. 3)

26 **1. Grundlagen. a) Begriff.** Bei verdeckten Sacheinlagen handelt es sich um Gestaltungen zur Umgehung der Sacheinlagevorschriften, wobei der Gesellschaft nicht effektiv oder bleibend Barkapital und Liquidität zugeführt werden, obwohl eine Bareinlage vereinbart, gezeichnet und angemeldet worden ist.[129] Charakteristisch für eine verdeckte Sacheinlage ist nach der ständigen Rechtsprechung des BGH, dass die gesetzlichen Regeln für eine Sacheinlage dadurch unterlaufen werden, dass zwar eine Bareinlage vereinbart wird, die Gesellschaft aber bei wirtschaftlicher Betrachtung von dem Einleger auf Grund einer im Zusammenhang mit der Übernahme der Einlage getroffenen Absprache einen Sachwert erhalten soll.[130] Entsprechendes gilt bei verdeckter Einbringung sonstiger Gegenstände, welche als Sacheinlage eingebracht werden könnten, wie zB eine vor Begründung der Einlageschuld entstandene Altforderung des Inferenten.[131] Die Lehre der verdeckten Sacheinlage dient der Sicherung der **Kapitalaufbringung.**[132] Da die insoweit maßgeblichen Grundsätze im Recht der GmbH und dem der Aktiengesellschaft weitgehend identisch geregelt sind, sind die vorrangig zur GmbH entwickelten Grundsätze zur verdeckten Sacheinlage zu Recht auch auf die AG übertragen worden.[133] Aus Sicht der Gesellschaft besteht das Bedürfnis nach Kapitalaufbringungsschutz nicht nur bei der Gründung, sondern auch bei Kapitalerhöhungen; daher sind die Grundsätze zur verdeckten Sacheinlage auch bei letzteren zu beachten.[134] Eine verdeckte Sacheinlage kann auch in Form einer **verdeckten gemischten Sacheinlage** (→ Rn. 19) oder einer **verdeckten Mischeinlage** (→ Rn. 19) gegeben sein.[135]

27 **b) Rechtsfolgen der verdeckten Sacheinlage vor Inkrafttreten des ARUG.** Die Rechtsfolgen verdeckter Sacheinlagen bemaßen sich bis zum Inkrafttreten des ARUG (→ Rn. 24) nach § 27 Abs. 3 aF und wurden für den Inferenten als „katastrophal" bezeichnet.[136] Denn nach § 27 Abs. 3 S. 1 aF waren sowohl das schuldrechtliche als auch das dingliche Rechtsgeschäft unwirksam.[137] Die Bareinlageverpflichtung des Inferenten bestand in voller Höhe fort (§ 27 Abs. 3 S. 3 aF).[138] Der aus

[121] Vgl. Schmidt/Lutter/*Bayer* Rn. 38; HK-AktG/*Lohse* Rn. 20.

[122] KK-AktG/*A. Arnold* Rn. 40; Hüffer/*Koch* Rn. 12a; HK-AktG/*Lohse* Rn. 20; NK-AktR/*Polley* Rn. 30; aA Schmidt/Lutter/*Bayer* Rn. 37, 39: nur Vollzugsgeschäfte wirksam.

[123] KK-AktG/*A. Arnold* Rn. 41; Hüffer/*Koch* Rn. 12a; Schmidt/Lutter/*Bayer* Rn. 39; HK-AktG/*Lohse* Rn. 20; iE ebenso Spindler/Stilz*Benz* Rn. 77.

[124] Vgl. Schmidt/Lutter/*Bayer* Rn. 39.

[125] Schmidt/Lutter/*Bayer* Rn. 42; HK-AktG/*Lohse* Rn. 19; vgl. NK-AktR/*Polley* Rn. 31.

[126] HK-AktG/*Lohse* Rn. 19.

[127] Spindler/Stilz/*Benz* Rn. 81.

[128] Spindler/Stilz//*Benz* Rn. 81; HK-AktG/*Lohse* Rn. 21.

[129] Vgl. Spindler/Stilz/*Benz* Rn. 103; Würzburger Notar-HdB/*Reul* Teil 5 Kap. 4 Rn. 82.

[130] StRspr, zB BGHZ 180, 38 Rn. 8 = NJW 2009, 2375 – Qivive; BGHZ 166, 8 Rn. 11 = NJW 2006, 1736 – Cash-Pool I; BGHZ 170, 47 Rn. 11 = NJW 2007, 765; BGHZ 155, 329 (334) = NJW 2003, 3127; KK-AktG/*A. Arnold* Rn. 78; *Herrler/Reymann* DNotZ 2009, 914 (914).

[131] BGHZ 166, 8 Rn. 12 = NJW 2006, 1736 – Cash-Pool I; BGHZ 113, 335 (341) = NJW 1991, 1754.

[132] Spindler/Stilz/*Benz* Rn. 103; vgl. MüKoAktG/*Pentz* Rn. 78.

[133] Spindler/Stilz*Benz* Rn. 103; zust. MüKoAktG/*Pentz* Rn. 77.

[134] Spindler/Stilz/*Benz* Rn. 103; Würzburger Notar-HdB/*Reul* Teil 5 Kap. 4 Rn. 82.

[135] BGHZ 170, 47 Rn. 16 f. = NJW 2007, 765 – Warenlager; BGHZ 173, 145 Rn. 15 = NJW 2007, 3425 – Lurgi I; BGHZ 175, 265 Rn. 14 = NZG 2008, 425 – Rheinmöwe; hierzu ausf. MüKoAktG/*Pentz* Rn. 96, 130 ff.

[136] So *Lutter* FS Stiefel, 1987, 505 (517); KK-AktG/*Lutter* § 66 Rn. 31; vgl. *Theusinger/Liese* NZG 2009, 641 (642).

[137] MüKoAktG/*Pentz* Rn. 80; KK-AktG/*A. Arnold* Rn. 78; vgl. Spindler/Stilz/*Benz* Rn. 105.

[138] Vgl. MüKoAktG/*Pentz* Rn. 80; Spindler/Stilz/*Benz* Rn. 105.

der verdeckten Sacheinlage resultierende Errichtungsmangel verhinderte – sofern vom Registergericht erkannt – die Eintragung (vgl. § 38 Abs. 1 S. 2).[139] Wurde die Gesellschaft dennoch eingetragen, entstand sie wirksam.[140] Das Austauschgeschäft blieb jedoch schuldrechtlich und dinglich unwirksam.[141] Das unwirksame Verkehrsgeschäft war – soweit nicht dingliche Ansprüche des Inferenten bestanden[142] – nach Bereicherungsrecht – gegebenenfalls unter Saldierung gleichartiger Leistungen – zurück abzuwickeln.[143] Für den Inferenten bestand damit das Risiko, im Fall der Insolvenz der Gesellschaft seine Einlage – wirtschaftlich betrachtet – ein zweites Mal erbringen zu müssen.[144]

28 **2. Verdeckte Sacheinlage nach ARUG. a) Neufassung des § 27 Abs. 3.** Mit der aufgrund der Beschlussempfehlung des Rechtsausschusses des Bundestages zum ARUG[145] in den Gesetzestext aufgenommenen Neuregelung des § 27 Abs. 3 wurde die durch das MoMiG (→ Rn. 2) für die GmbH eingeführte Regelung der Rechtsfolgen einer verdeckten Sacheinlage (§ 19 Abs. 4 GmbHG) weitgehend unverändert in das Aktienrecht übernommen. Das Gesetz enthält nun erstmalig eine **Legaldefinition** der verdeckten Sacheinlage (Abs. 3 S. 1). Im Unterschied zur früheren Rechtslage sind die – verdeckt getroffenen – schuldrechtlichen Sacheinlagevereinbarungen und die diesbezüglichen korrespondierenden Verfügungsgeschäfte **nicht** mehr **unwirksam** (Abs. 3 S. 2). Der Wert des eingebrachten Vermögensgegenstandes wird auf die fortbestehende Einlagepflicht des Inferenten **angerechnet** (Abs. 3 S. 3), sofern und sobald die Gesellschaft im Handelsregister eingetragen wird (Abs. 3 S. 4). Die Beweislast für die Werthaltigkeit des Vermögensgegenstandes trägt dabei der Inferent (Abs. 3 S. 5).

29 **b) Unzulässigkeit der verdeckten Sacheinlage und Sanktionen.** Auch nach der Neufassung des § 27 Abs. 3 stellt eine verdeckte Sacheinlage einen **Verstoß** gegen die Gründungs- oder Kapitalerhöhungsvorschriften des Aktienrechts dar.[146] Die gesetzlichen Vorschriften über die Offenlegung von Sacheinlagen sind nach wie vor zwingend ausgestaltet; der Gesellschaft bzw. den Gründern steht kein Wahlrecht zu, ob sie den Weg einer offenen oder einer verdeckten Sacheinlage beschreiten wollen.[147] Die Erbringung der als verdeckte Sacheinlage zu bewertenden Bareinlage befreit den Inferenten auch jetzt nicht von seiner Bareinlagepflicht (Abs. 3 S. 1 Hs. 2). In der Anmeldung der Gesellschaft zum Handelsregister darf nicht erklärt werden, dass die Bareinlage ordnungsgemäß erbracht worden ist und endgültig zur freien Verfügung des Vorstands steht (vgl. § 37 Abs. 1 S. 1 und 2), da die Anrechnung des Werts des eingebrachten Vermögensgegenstandes nicht vor Eintragung der Gesellschaft im Handelsregister erfolgt und der Inferent bis zu diesem Zeitpunkt nicht von seiner Einlagepflicht befreit wird. Erkennt das Registergericht die verdeckte Sacheinlage, hat es die Eintragung der Gesellschaft abzulehnen (§ 38 Abs. 1 S. 2); dies gilt unabhängig vom Wert des eingebrachten Vermögensgegenstandes. Eine unzutreffende Versicherung in der Handelsregisteranmeldung hat strafrechtliche Konsequenzen für den Anmeldenden (§ 399 Abs. 1 Nr. 1). Ferner kommt eine Stimmrechtsbeschränkung (vgl. § 134 Abs. 2 S. 2) in Betracht.[148] Der externe Berater der Gesellschaft, der die Erbringung einer verdeckten Sacheinlage empfiehlt, haftet für daraus entstehende Schäden zivilrechtlich[149] und setzt sich strafrechtlich dem Vorwurf zur Anstiftung oder Beihilfe zum Delikt des Anmeldenden nach § 399 Abs. 1 Nr. 1 aus.[150] Vor diesem Hintergrund darf der mit der Errichtung der für die Gründung bzw. Kapitalerhöhung erforderlichen notariellen Urkunden beauftragte Notar an einer von ihm als solchen erkannten verdeckten Sacheinlage nicht mitwirken (§ 14 Abs. 2 BNotO; § 4 BeurkG).[151] Liegen Anhaltspunkte dafür vor, dass die Beteiligten statt einer Bareinlage tatsächlich die Einlage eines sonstigen Vermögensgegenstandes geplant haben, muss sich der Notar über die Einzelheiten des geplanten Vorhabens vergewissern und die Beteiligten über die Rechtslage belehren.[152] Der Gesetzgeber geht davon aus, dass aufgrund der vorgenannten Unter-

[139] Vgl. Spindler/Stilz/*Heidinger* 1. Aufl. Rn. 151.
[140] Spindler/Stilz/*Heidinger* 1. Aufl. Rn. 151.
[141] Vgl. KK-AktG/*A. Arnold* Rn. 78.
[142] Vgl. BGHZ 173, 145 Rn. 21 = NJW 2007, 3425 – Lurgi I.
[143] BGHZ 173, 145 Rn. 20 = NJW 2007, 3425 – Lurgi I; MüKoAktG/*Pentz* Rn. 80; KK-AktG/*A. Arnold* Rn. 78.
[144] BT-Drs. 16/13098, 36; *Wicke* Einf. ARUG 48; KK-AktG/*A. Arnold* Rn. 79.
[145] BT-Drs. 16/13098, 36 f.
[146] BGH GmbHR 2009, 926 Rn. 19 = DNotZ 2009, 941 – Cash-Pool II; *Priester* DNotZ 2009, 946 (947).
[147] *Wicke* Einf. ARUG 49.
[148] Vgl. MüKoAktG/*Pentz* Rn. 159.
[149] BGH NZG 2009, 865 Rn. 11 ff. = ZIP 2009, 1427.
[150] *Herrler/Reymann* DNotZ 2009, 914 (918).
[151] Vgl. MüKoAktG/*Pentz* Rn. 156.
[152] Vgl. BGH DNotZ 2008, 841 (841 f.); zur notariellen Belehrung *Weiler* notar 2009, 313, 314; ferner MüKoAktG/*Pentz* Rn. 156.

schiede der verdeckten zur offenen Sacheinlage ein ausreichendes **Sanktionsgefälle** besteht, das die Einhaltung der Sachgründungsvorschriften im Einzelfall gewährleistet.[153]

c) Legaldefinition und Tatbestand. Nach der Legaldefinition des § 27 Abs. 3 S. 1 Hs. 1 liegt eine verdeckte Sacheinlage vor, wenn eine Geldeinlage eines Aktionärs bei wirtschaftlicher Betrachtung und auf Grund einer im Zusammenhang mit der Übernahme der Geldeinlage getroffenen Abrede vollständig oder teilweise als Sacheinlage zu bewerten ist. Mit dieser Legaldefinition sollte – trotz des geringfügig abweichenden Wortlauts (→ Rn. 26) – der in der Rechtsprechung entwickelte Begriff der verdeckten Sacheinlage kodifiziert werden.[154] „Bei einer verdeckten Sacheinlage werden die Regeln über die Kapitalaufbringung durch eine Sacheinlage dadurch umgangen, dass eine Bareinlage vereinbart wird, die Gesellschaft aber bei wirtschaftlicher Betrachtung vom Einleger auf Grund einer im Zusammenhang mit der Übernahme der Einlage getroffenen Absprache einen Sachwert erhalten soll."[155] Da die Neufassung des § 27 Abs. 3 S. 1 mit der Legaldefinition einer verdeckten Sacheinlage nicht zu einer Änderung des Tatbestandes geführt hat,[156] sind insoweit nach wie vor die bisher in Rechtsprechung und Literatur verwandten Kriterien maßgeblich. Danach erfordert der Tatbestand einer verdeckten Sacheinlage grundsätzlich[157] 30

- die Begründung einer **Bareinlagepflicht** im Rahmen der Gründung oder einer Kapitalerhöhung;
- ein **Verkehrsgeschäft** zwischen der Gesellschaft und dem Inferenten oder einem Dritten; dieses Verkehrsgeschäft zerfällt regelmäßig in ein schuldrechtliches Verpflichtungsgeschäft und ein dingliches Vollzugsgeschäft; sowie
- eine **Umgehungsabrede** zwischen den übrigen Gesellschaftern und dem Inferenten bzw. zwischen diesem und der Gesellschaft.

In der Praxis stehen dabei das **Verrechnen** oder das bloße **Hin- und Herzahlen** der Bareinlageleistung im Zusammenhang mit einem gründungsnahen Verkehrsgeschäft zwischen der Gesellschaft und einem Gründer[158] und die **verdeckte Einbringung von Forderungen** durch Verrechnung der Einlageforderung der Gesellschaft mit einem Anspruch des Inferenten auf Tilgung einer bereits bestehenden (Alt-)Forderung[159] oder mit einer zukünftig entstehenden (Neu-)Forderung[160] (zB Darlehensforderungen, Gewinn- oder Dividendenansprüche, Miet- und Pachtzinsansprüche)[161] oder durch diesbezügliches Hin- und Herzahlen im Vordergrund.

aa) Bareinlagepflicht. Voraussetzung für das Vorliegen einer verdeckten Sacheinlage ist die Schaffung einer Bareinlageverpflichtung bei der Gründung der Gesellschaft oder im Rahmen einer Kapitalerhöhung, auf die – in den Fällen des Hin- und Herzahlens – eine **bare Zahlung (Geldeinlage)** an die Gesellschaft vorgenommen worden sein muss.[162] Die Reihenfolge der Zahlungen („hin-her" oder „her-hin") ist ohne Bedeutung.[163] Ob es sich dabei um eine Einzahlung auf die gesetzliche **Mindesteinlage** oder eine erst später fällig werdende **Resteinlage** oder ein **Aufgeld (Agio)** iSd § 36a Abs. 1 handelt, ist insoweit unerheblich.[164] 31

bb) Verkehrsgeschäft. Charakteristisch für die verdeckte Sacheinlage ist zunächst die Verknüpfung der Bareinlagepflicht mit einem Verkehrsgeschäft, das zu einer gegenläufigen Zahlung der Aktiengesellschaft führt bzw. eine entsprechende Zahlungsverpflichtung der Aktiengesellschaft begründet; damit wird wirtschaftlich ein Erfolg erzielt, der im Ergebnis einer Sacheinlage entspricht. 32

---

[153] BT-Drs. 16/13098, 36; ähnlich *Wicke* Einf. ARUG 51; zweifelnd mit guten Gründen *Herrler/Reymann* DNotZ 2009, 914 (916 ff.); vgl. *Herrler* DB 2008, 2347 (2350 f.) zur GmbH.

[154] BT-Drs. 16/13098, 36.

[155] So ausdrücklich BGHZ 184, 158 Rn. 15 = NZG 2010, 343 – Eurobike; ebenso BGHZ 180, 38 Rn. 8 = NJW 2009, 2375 – Qivive.

[156] So ausdrücklich BGHZ 180, 38 Rn. 8 = NJW 2009, 2375 – Qivive; vgl. BGHZ 184, 158 Rn. 15 = NZG 2010, 343 – Eurobike.

[157] Übersicht in Anlehnung an Würzburger Notar-HdB/*Reul* Teil 5 Kap. 4 Rn. 83; vgl. *Bayer/Lieder* GWR 2010, 3 (4).

[158] Vgl. BGHZ 125, 141 (143 f.) = NJW 1994, 1477; BGHZ 132, 141 (143 ff.) = NJW 1996, 1473; BGH NZG 2006, 716 (717 f.); Hüffer/*Koch* Rn. 26 f.; KK-AktG/*A. Arnold* Rn. 90; vgl. Spindler/Stilz/*Benz* Rn. 108.

[159] Hüffer/*Koch* Rn. 27, 30; NK-AktR/*Polley* Rn. 44.

[160] BGHZ 132, 141 (144 ff.) = NJW 1996, 1473; BGHZ 152, 37 (43 ff.) = NJW 2002, 3774; vgl. BGHZ 182, 103 Rn. 10 = NZG 2009, 944 – Cash Pool II; HK-AktG/*Lohse* Rn. 31; vgl. Spindler/Stilz/*Benz* Rn. 151; Hüffer/*Koch* Rn. 30; KK-AktG/*A. Arnold* Rn. 100.

[161] Vgl. Lutter/Hommelhoff/*Bayer* GmbHG § 19 Rn. 66 mwN aus der Rspr.

[162] Spindler/Stilz/*Benz* Rn. 141.

[163] Vgl. Spindler/Stilz/*Benz* Rn. 140; NK-AktR/*Polley* Rn. 43; Würzburger Notar-HdB/*Reul* Teil 5 Kap. 4 Rn. 84; vgl. auch BGH GmbHR 2016, 479 (481 f.) zur Kapitalerhöhung.

[164] Spindler/Stilz/*Benz* Rn. 141, 145.

Dies wird in der Literatur als „Neutralisierung der Geldeinlagepflicht“ bezeichnet.[165] Nach umstrittener, aber zutreffender Ansicht ist eine bilanzielle Betrachtungsweise geboten: für eine verdeckte Sacheinlage ist ausreichend, dass eine die Geldeinlage bilanziell neutralisierende Geldforderung gegen die Aktiengesellschaft begründet wird; nicht erforderlich ist der tatsächliche Mittelrückfluss an den Inferenten.[166] Der Schutzzweck der Regelungen über die verdeckte Sacheinlage (→ Rn. 26) gebietet es grundsätzlich, **jedes Rechtsgeschäft** zwischen der Gesellschaft und dem Inferenten, bei dem es wirtschaftlich zum **Austausch** der baren Einlageleistung mit einem sonstigen Vermögensgegenstand kommt, zu erfassen,[167] zB Kauf oder Lieferung von Waren oder anderen Vermögensgegenständen.

33 **(1) Umsatzgeschäfte.** Soweit in Rechtsprechung[168] und Literatur[169] teilweise der Anwendungsbereich der verdeckten Sacheinlage dadurch eingeschränkt wird, dass „normale“ Umsatzgeschäfte zwischen der Gesellschaft und dem Einlageschuldner, die zu eben solchen Bedingungen von der Gesellschaft auch mit Dritten abgeschlossen würden, grundsätzlich ausgeklammert werden, erscheint dies in dieser Allgemeinheit nicht als gerechtfertigt. Dem ist der BGH sowohl für den Fall der Gründung einer Aktiengesellschaft[170] als auch der einer GmbH[171] ausdrücklich entgegengetreten. Die für die Bereichsausnahme angegebene Rechtfertigung, der Zweck der Bestimmungen über die Kapitalaufbringung erfordere die Einbeziehung solcher Umsatzgeschäfte in den Anwendungsbereich der verdeckten Sacheinlage nicht, da der Wert der von ihnen betroffenen Gegenstände leicht und zuverlässig zu ermitteln sei,[172] erscheint in dieser Allgemeinheit nicht als zutreffend.[173] Der BGH hat ferner zu Recht darauf hingewiesen, dass der Zulässigkeit einer generellen Bereichsausnahme die Vorschriften über die Sachgründung (zB §§ 27 Abs. 1, 34) entgegenstehen, die unabhängig von der Bestimmbarkeit des Wertes des jeweiligen Gegenstandes die Gründer ausnahmslos dazu verpflichten, ihre im Voraus abgesprochenen Geschäfte bei einer Sachgründung in der Satzung offen zu legen und einer präventiven Werthaltigkeitskontrolle zu unterziehen.[174] Darüber hinaus ist für das Eingreifen der Regeln über die verdeckte Sacheinlage nicht die Werthaltigkeit des Gegenstandes, sondern allein die Umgehung der Sacheinlagevorschriften maßgebend.[175] Schließlich verschlechtert jeder Rückfluss der baren Einlageleistung an einen Gründer die Vermögensstruktur der gegründeten Gesellschaft gegenüber der offen ausgewiesenen und vom Registergericht überprüften Bareinlage zulasten der Gläubiger und ist deshalb grundsätzlich geeignet, die reale Kapitalaufbringung zu gefährden.[176] Dem in der Praxis nachvollziehbaren Bedürfnis, Gesellschaftern in zeitlicher Nähe zur Gründung oder zu einer Kapitalerhöhung „normale alltägliche Umsatzgeschäfte des laufenden Geschäftsverkehrs“[177] unter bestimmten Voraussetzungen zu gestatten, ist im Zusammenhang mit dem Tatbestandsmerkmal der Umgehungsabrede (→ Rn. 37) zu entsprechen.[178]

34 **(2) Sacheinlagefähigkeit.** Die vorgenannten Argumente scheinen dafür zu sprechen, den Aspekt der Sacheinlagefähigkeit (→ Rn. 7 f.) des eingebrachten Vermögensgegenstandes im Zusammenhang mit einer verdeckten Sacheinlage für bedeutungslos zu halten. Dem entsprechend wird in der Literatur teilweise – insbesondere im Zusammenhang mit der Erbringung von **Dienstleistungen** – im Wege eines argumentum a maiore ad minus vertreten, wenn schon die verdeckte Einlage sacheinlagefähiger, bewertbarer Vermögensgegenstände als verdeckte Sacheinlage sanktioniert werde, müsse dies erst recht für nicht einlagefähige und in der Bewertung unsichere Wirtschaftsgüter gelten.[179] Der BGH hat jedoch ausdrücklich ausgeschlossen, dass die entgeltliche

---

[165] Spindler/Stilz/*Benz* Rn. 132 ff.

[166] Spindler/Stilz/*Benz* Rn. 136; Grigoleit/*Vedder* Rn. 44; *Benz,* Verdeckte Sacheinlage und Einlagenrückzahlung im reformierten GmbH-Recht (MoMiG), 2010, 22 ff.; aA *Habersack* FS Priester, 2007, 157 (172 f.).

[167] Spindler/Stilz/*Benz* Rn. 160.

[168] Vgl. OLG Hamm NZG 2005, 184 = ZIP 2005, 1138.

[169] *Henze* ZHR 154 (1990), 105 (112 f.).

[170] BGHZ 170, 47 Rn. 22 f. = NJW 2007, 765 – Warenlager.

[171] BGH ZIP 2008, 643 Rn. 13 = GmbHR 2008, 483.

[172] Vgl. *Henze* ZHR 154 (1990), 105 (112 f.).

[173] Vgl. MüKoAktG/*Pentz* Rn. 105; KK-AktG/*A. Arnold* Rn. 97.

[174] BGHZ 170, 47 Rn. 23 = NJW 2007, 765 – Warenlager.

[175] BGHZ 170, 47 Rn. 23 = NJW 2007, 765 – Warenlager; MüKoAktG/*Pentz* Rn. 105; *Wachter* DStR 2010, 1240 (1243).

[176] Spindler/Stilz/*Benz* Rn. 160.

[177] So BGHZ 170, 47 Rn. 24 = NJW 2007, 765 – Warenlager.

[178] Vgl. BGHZ 170, 47 Rn. 24 = NJW 2007, 765 – Warenlager; MüKoAktG/*Pentz* Rn. 105; s. auch Spindler/Stilz/*Benz* Rn. 160; Hüffer/*Koch* Rn. 32; Grigoleit/*Vedder* Rn. 52.

[179] MüKoAktG/*Pentz* 3. Aufl. Rn. 92; Spindler/Stilz/*Heidinger/Benz* 2. Aufl. Rn. 146; aA zB KK-AktG/*A. Arnold* Rn. 92.

Erbringung von Dienstleistungen durch einen Inferenten eine verdeckte Sacheinlage darstellen kann (zur Anwendbarkeit des Abs. 4 → Rn. 46) und insoweit maßgeblich auf die fehlende Sacheinlagefähigkeit abgestellt.[180] Gegenstand einer verdeckten Sacheinlage sollen danach nur sacheinlagefähige Vermögensgegenstände sein können.[181] Denn der der – vormals entwickelten, nunmehr durch die Regelungen des Abs. 3 abgelösten – Lehre der verdeckten Sacheinlage zu Grunde liegende Vorwurf der Umgehung der im Interesse des Gläubigerschutzes bestehenden Vorschriften über die Sacheinlagen setzt voraus, dass die Gesellschafter den im Ergebnis angestrebten Erfolg einer Sacheinlage rechtmäßig unter Beachtung der dafür geltenden Vorschriften hätten erreichen können.[182] Diese Voraussetzung ist bei nicht sacheinlagefähigen Gegenständen nicht erfüllt. Die Rechtsordnung kann die für den Bareinlageschuldner nachteiligen Folgen der verdeckten Sacheinlage nicht an die Nichteinhaltung eines Verfahrens knüpfen, das sie selbst für den betreffenden Vorgang nicht bereitstellt.[183] Daher kann vor Bedingungseintritt eine aufschiebend bedingte Forderung – zumindest sofern der Bedingungseintritt nicht überwiegend wahrscheinlich ist (→ Rn. 9) – auch nicht Gegenstand einer verdeckten Sacheinlage sein.[184]

(3) Drittbeteiligung. Die Anwendung der Grundsätze der verdeckten Sacheinlage kann nicht durch die Einschaltung Dritter vermieden werden.[185] Den Tatbestand einer verdeckten Sacheinlage können daher über Verkehrsgeschäfte zwischen Gesellschaft und Inferenten hinaus auch **Geschäfte** zwischen der Gesellschaft und **Dritten** begründen, wenn sich der Inferent die Leistung an den Dritten **zurechnen** lassen muss, weil er dadurch in gleicher Weise wie bei einer Leistung an ihn selbst begünstigt wird.[186] Dies kann der Fall sein, wenn die eingesetzten Barmittel zugunsten einer dem Einlageschuldner nahe stehenden Person (**„besonderes Näheverhältnis"**) verwendet werden, zB an ein Unternehmen geleistet werden, an dem der Inferent maßgeblich beteiligt ist[187] oder an einen Dritten, der als Treuhänder für den Inferenten handelt.[188] Ausreichend ist auch, dass die durch die beiden Aktionäre einer Aktiengesellschaft zur Erfüllung ihrer Einlageschuld erbrachten Leistungen an eine OHG, deren einzige Gesellschafter die beiden Inferenten sind, weitergeleitet werden.[189] Im Grundsatz gilt daher, dass **konzernrechtliche Verbindungen** zwischen einem Aktionär und einem Dritten dazu führen können, dass ein Rechtsgeschäft zwischen der Gesellschaft und dem Dritten als verdeckte Sacheinlage zu qualifizieren ist.[190] Nach der Rechtsprechung ist bei einem Rückfluss der Einlageleistung an Dritte das Vorliegen eines beherrschungsvertraglichen Verhältnisses keine notwendige Voraussetzung; ausreichend ist der Rückfluss an ein vom Inferenten **beherrschtes Unternehmen.**[191] Eine verdeckte Sacheinlage soll jedoch nicht vorliegen, wenn die von einer Konzerngesellschaft auf das erhöhte Kapital ihrer Tochtergesellschaft geleistete Bareinlage absprachegemäß zum Erwerb des Unternehmens einer Schwestergesellschaft verwendet wird, an der die Inferentin weder unmittelbar noch mittelbar beteiligt ist, da es bei dieser Konstellation am Rückfluss der Einlageleistung an den Inferenten fehlt.[192] Ebenso liegt keine verdeckte Sacheinlage vor, wenn mit der Bareinlage ein Darlehen abgelöst wird, für dessen Rückzahlung sich der Inferent verbürgt hat.[193] Jedoch liegt in der Tilgung eines vom Ehegatten des Inferenten gewährten Darlehens mit der Bareinlage eine verdeckte Sacheinlage durch Einbringung eines (Gesellschafter-)Darlehens, wenn dieses Darlehen wirtschaftlich vom Inferenten gewährt wurde oder die Einlage mit Mitteln bewirkt wird, die dem Inferenten vom Ehegatten 35

---

[180] BGHZ 184, 158 Rn. 15 = NZG 2010, 343 – Eurobike; BGHZ 180, 38 Rn. 7 ff. = NJW 2009, 2375 – Qivive; zust. *Wachter* NJW 2010, 1715 (1716); teilweise krit. *Bayer/Lieder* NZG 2010, 86 (87 ff.); aA *Pentz* GmbHR 2009, 505 (508 ff.).

[181] BGHZ 184, 158 Rn. 15 = NZG 2010, 343 – Eurobike; BGHZ 180, 38 Rn. 11 = NJW 2009, 2375 – Qivive; dem nun folgend MüKoAktG/*Pentz* Rn. 94 f.; vgl. die Übersicht bei Spindler/Stilz/*Benz* Rn. 151 ff.

[182] BGHZ 180, 38 Rn. 11 = NJW 2009, 2375 – Qivive.

[183] BGHZ 184, 158 Rn. 17 = NZG 2010, 343 – Eurobike; BGHZ 180, 38 Rn. 11 = NJW 2009, 2375 – Qivive.

[184] Vgl. BGH NZG 2011, 667 Rn. 14.

[185] Hüffer/*Koch* Rn. 31; Spindler/Stilz/*Benz* Rn. 162; MüKoAktG/*Pentz* Rn. 197; NK-AktR/*Polley* Rn. 44.

[186] BGHZ 125, 141 (144) = NJW 1994, 1477; KK-AktG/*A. Arnold* Rn. 101; MüKoAktG/*Pentz* Rn. 197.

[187] BGH ZNotP 2007, 182 Rn. 12; BGHZ 153, 107 (111) = NJW 2003, 825; BGHZ 81, 311 (315).

[188] Vgl. Spindler/Stilz/*Benz* Rn. 163; NK-AktR/*Polley* Rn. 44; MüKoAktG/*Pentz* Rn. 199.

[189] BGHZ 153, 107 (111) = GmbHR 2003, 237.

[190] Spindler/Stilz/*Benz* Rn. 163; MüKoAktG/*Pentz* Rn. 203; Hüffer/*Koch* Rn. 31; Würzburger Notar-HdB/*Reul* Teil 5 Kap. 4 Rn. 85.

[191] BGHZ 170, 47 Rn. 13; BGHZ 153, 107 (111) = NJW 2003, 825; BGHZ 184, 158 Rn. 13 = NZG 2010, 343 – Eurobike.

[192] BGH NZG 2007, 300 (301); vgl. hierzu MüKoAktG/*Pentz* Rn. 202.

[193] BGH NZG 2011, 667 Rn. 14 = GmbHR 2011, 705; hierzu *Gruschinske* GmbHR 2011, 551 (552 ff.).

zur Verfügung gestellt worden sind;[194] ein Näheverhältnis des Inferenten zum Darlehensgeber allein genügt hingegen insoweit nicht.[195]

36 **(4) Forderungseinbringung und Darlehensgewährung.** Bei der verdeckten Forderungseinbringung erlangt die Aktiengesellschaft wirtschaftlich anstelle der geschuldeten Geldleistung die Befreiung von einer Verbindlichkeit.[196] Steht das Hin- und Herzahlen im Zusammenhang mit einer **Darlehensgewährung,** ist zu unterscheiden: Soll letztendlich durch das Hin- und Herzahlen eine Darlehensverbindlichkeit der Gesellschaft **beglichen** werden, liegt eine verdeckte Sacheinlage vor. Dasselbe gilt für die Begleichung eines Bereicherungsanspruchs des Inferenten.[197] Auch insoweit ist die Reihenfolge der Zahlungen („hin-her" oder „her-hin") ohne Bedeutung, da in beiden Fällen lediglich die offene Verrechnung der Forderungen vermieden werden soll.[198] Soll durch das Hin- und Herzahlen der baren Einlageleistung hingegen ein Darlehensanspruch der Gesellschaft gegen den Inferenten **begründet** werden, fehlt es an einem Sacheinlagegegenstand, der verdeckt eingelegt wird. Bei dieser Konstellation mangelt es grundsätzlich an der schuldtilgenden Einlageleistung zur freien Verfügung des Vorstands,[199] wenn nicht ausnahmsweise die Voraussetzungen des Abs. 4 (→ Rn. 43 ff.) erfüllt sind.

36a **(5) Sonstiges.** Auch nach der Neuregelung des § 27 Abs. 4 (→ Rn. 43 ff.) kann ein **Cash-Pool-System** (→ Rn. 53) zu verdeckten Sacheinlagen führen (→ Rn. 53). Hingegen ist für die Frage einer verdeckten Sacheinlage die **gegenständliche Identität** der von dem Inferenten ein- und der an ihn zurückgezahlten Geldmittel ohne Bedeutung; denn bei der verdeckten Sacheinlage geht es um die zutreffende Erfassung des wirtschaftlichen Vorgangs, für den diese Identität ohne Relevanz ist.[200] Errichtet eine neu gegründete Aktiengesellschaft mit der erhaltenen Geldeinlage unmittelbar eine Tochtergesellschaft, die wiederum eine Enkelgesellschaft gründet (sog **„Kaskadengründung"** oder **„Pyramidengründung"**), mag dies unter dem Gesichtspunkt der realen Kapitalaufbringung Bedenken begegnen, da mit der gesetzlichen Mindesteinlage im Wege der Bargründung ein Vielfaches an Grundkapital generiert wird;[201] eine verdeckte Sacheinlage liegt jedoch nicht vor, da die Geldeinlage des Inferenten nicht durch eine gegenläufige Forderung der Aktiengesellschaft oder eine gegenläufige Zahlung an ihn neutralisiert wird.[202]

37 **cc) Umgehungsabrede.** Die verdeckte Sacheinlage setzt weder Umgehungsabsicht noch Täuschungswillen voraus.[203] Rechtsprechung und hL verlangen jedoch seit jeher als weiteres Tatbestandsmerkmal einer verdeckten Sacheinlage eine sog. „Umgehungsabrede", aus der sich ergibt, dass die Bareinlage des Inferenten bei wirtschaftlicher Betrachtung durch eine andere Leistung als in Geld erbracht werden kann oder soll.[204] Dementsprechend wurde das Erfordernis der Abrede auch ausdrücklich als Tatbestandsmerkmal der verdeckten Sacheinlage in den Wortlaut des § 27 Abs. 3 S. 1 aufgenommen. Diese Abrede – ausreichend ist auch eine bloße stillschweigende Billigung[205] – muss im Kreis der Gründer bzw. Aktionäre **im Zeitpunkt der Übernahme der Einlageverpflichtung** getroffen worden sein, dh bei Gründung der Gesellschaft zum Zeitpunkt der Feststellung der Satzung.[206] Sie soll aber auch zwischen dem Inferenten und dem Vorstand getroffen werden können.[207] Die einseitige Absicht oder schlichte Erwartung eines einzelnen von mehreren Gründern ist nicht

---

194 BGH NZG 2011, 667 Rn. 15 = GmbHR 2011, 705; vgl. BGHZ 113, 335 (345 f.) = NJW 1991, 1754; BGHZ 110, 47 (67).

195 BGH NZG 2011, 667 Rn. 15 = GmbHR 2011, 705; *Gruschinske* GmbHR 2011, 551 (554 f.); vgl. Hüffer/*Koch* Rn. 31.

196 Spindler/Stilz/*Benz* Rn. 110; vgl. hierzu Hüffer/*Koch* Rn. 30; MüKoAktG/*Pentz* Rn. 194.

197 Hierzu BGH NZG 2012, 1067 Rn. 15 ff. = NJW 2012, 3035.

198 Vgl. Spindler/Stilz/*Benz* Rn. 140; Würzburger Notar-HdB/*Reul* Teil 5 Kap. 4 Rn. 84.

199 BGHZ 165, 113 = NJW 2006, 509; BGHZ 165, 352 = NJW 2006, 906.

200 BGH NJW 2009, 2886 Rn. 11 = NZG 2009, 747 – Lurgi II; BGHZ 175, 265 Rn. 13 = NZG 2008, 425 – Rheinmöwe; ebenso Spindler/Stilz/*Benz* Rn. 137; NK-AktR/*Polley* Rn. 42; Hüffer/*Koch* Rn. 28.

201 Vgl. Spindler/Stilz/*Benz* Rn. 161.

202 Spindler/Stilz/*Benz* Rn. 161; iErg ebenso DNotI-Report 2015, 73 (75 f.).

203 MüKoAktG/*Pentz* Rn. 99; Schmidt/Lutter/*Bayer* Rn. 63; NK-AktR/*Polley* Rn. 45.

204 BGHZ 132, 133 (139 f.) = NJW 1996, 1286; BGHZ 118, 83 (95) = NJW 1992, 2222; MüKoAktG/*Pentz* Rn. 98; *Wachter* DStR 2010, 1240 (1243).

205 BGHZ 166, 8 Rn. 13 = NZG 2006, 344 – Cash Pool I; KK-AktG/*A. Arnold* Rn. 93; Schmidt/Lutter/*Bayer* Rn. 63; NK-AktR/*Polley* Rn. 45.

206 Spindler/Stilz/*Benz* Rn. 169; MüKoAktG/*Pentz* Rn. 100; HK-AktG/*Lohse* Rn. 34; aA KK-AktG/*A. Arnold* Rn. 95; NK-AktR/*Polley* Rn. 45: Abrede kann bis zur Erbringung der Bareinlage erfolgen; ähnlich iErg Schmidt/Lutter/*Bayer* Rn. 64: dann § 27 Abs. 3 analog.

207 Vgl. BGHZ 132, 133 (139) = NJW 1996, 1286.

ausreichend.[208] Nur bei der **Einmann**-Gründung wird die Umgehungsabrede durch ein entsprechendes „Vorhaben" des alleinigen Gründers bzw. Aktionärs ersetzt.[209] Bei einer Kapitalerhöhung muss die Umgehungsabrede im Kreis der Aktionäre oder mit dem Vorstand getroffen worden sein.[210] Folglich sind die Aufrechnung durch die Gesellschaft bzw. die einvernehmliche Verrechnung der Einlageforderung der Gesellschaft gegen die bzw. mit der Aktionärsforderung Teil einer verdeckten Sacheinlage, wenn der Abschluss des Geschäfts, aus dem die Forderung des Aktionärs resultiert oder die Verrechnung einer bestehenden Aktionärsforderung mit der Einlageschuld zum Zeitpunkt der Entstehung der Einlageverpflichtung abgesprochen war.[211] Erfolgt eine Verrechnung oder ein schädliches Verkehrsgeschäft **zeitnah** mit der Bargründung oder Barkapitalerhöhung, wird eine entsprechende Umgehungsabrede widerleglich **vermutet („sachlicher und zeitlicher Zusammenhang").**[212] Als Indiz für das Vorliegen eines sachlichen Zusammenhangs wird insbesondere betrachtet, wenn es sich bei dem betreffenden Gegenstand um keine vertretbare Sache handelt, die zum Zeitpunkt der Begründung der Einlageverpflichtung bereits Bestandteil des Vermögens des Einlageschuldners war, oder zwischen der Einlageschuld und dem Wert des Gegenstandes annähernd Wertgleichheit besteht.[213] Maßgeblich für die Frage der Dauer sind insoweit der Zeitpunkt der Begründung der Bareinlageverpflichtung und – bei einem schädlichen Verkehrsgeschäft – der Zeitpunkt der entsprechenden schuldrechtlichen Vereinbarung.[214] Ungeklärt ist noch die genaue zeitliche Dauer, innerhalb derer der erforderliche Zusammenhang gesehen werden kann. Überwiegend werden sechs Monate genannt.[215] Nach Ansicht des BGH sind acht Monate zu lang, als dass daraus eine Vermutung für die Umgehungsabrede abgeleitet werden könnte.[216] Besteht der erforderliche zeitliche Zusammenhang, führt die Vermutung zu einer **Beweislastumkehr.** Der Inferent muss das Fehlen der Umgehungsabrede beweisen, um den Vorwurf der verdeckten Sacheinlage zu widerlegen. Auf den zeitlichen Zusammenhang kommt es jedoch nicht an, wenn die **Existenz** einer Umgehungsabrede positiv **bewiesen** werden kann.[217] Die normalen **alltäglichen Umsatzgeschäfte des „laufenden Geschäftsverkehrs"** können nicht generell vom Tatbestand einer verdeckten Sacheinlage ausgeschlossen werden (→ Rn. 33). Da diese Geschäfte jedoch nach den an sie angelegten Maßstäben mit entsprechendem Inhalt ebenfalls mit jedem Dritten geschlossen werden können, kann bei ihnen auch bei einem sachlichen und zeitlichen Zusammenhang keine Abrede vermutet werden.[218] Liegt jedoch tatsächlich eine Umgehungsabrede vor und gelingt deren Nachweis, sind auch solche Geschäfte nach den Regeln der verdeckten Sacheinlage zu behandeln.[219] **Reine Verwendungsabreden,** dh Abreden über die Mittelverwendung, die nicht zur Rückführung von Bareinlagen führen, begründen keine verdeckte Sacheinlage.[220]

3. Rechtsfolgen einer verdeckten Sacheinlage. a) Grundsatz. Eine verdeckte Sacheinlage bleibt auch nach der Neufassung des § 27 Abs. 3 durch das ARUG (→ Rn. 2) **unzulässig** und stellt einen **Verstoß** gegen die Gründungs- oder Kapitalerhöhungsvorschriften des Aktienrechts dar.[221] Zu den diesbezüglichen **Sanktionen** → Rn. 29. 38

b) Anrechnungslösung. Bei den sonstigen Rechtsfolgen hat sich die Rechtslage durch das ARUG grundlegend geändert. Zwar kommt der Bareinlageleistung wie bisher keine Erfüllungswir- 38a

[208] KK-AktG/*A. Arnold* Rn. 93; Spindler/Stilz/*Benz* Rn. 167; MüKoAktG/*Pentz* Rn. 99; NK-AktR/*Polley* Rn. 45.

[209] Vgl. BGH ZIP 2008, 643 Rn. 12 = GmbHR 2008, 483; KK-AktG/*A. Arnold* Rn. 93; Spindler/Stilz/*Benz* Rn. 167; Schmidt/Lutter/*Bayer* Rn. 65; MüKoAktG/*Pentz* Rn. 99; NK-AktR/*Polley* Rn. 45.

[210] Für letzteres Spindler/Stilz/*Benz* Rn. 168; Schmidt/Lutter/*Bayer* Rn. 63.

[211] Spindler/Stilz/*Benz* Rn. 123.

[212] BGHZ 125, 141 (143 f.) = NJW 1994, 1477; BGHZ 132, 133 (139) = NJW 1996, 1286; BGHZ 153, 107 (109) = NJW 2003, 825; Hüffer/*Koch* Rn. 32; KK-AktG/*A. Arnold* Rn. 96; MüKoAktG/*Pentz* Rn. 104; Spindler/Stilz/*Benz* Rn. 170; HK-AktG/*Lohse* Rn. 34.

[213] MüKoAktG/*Pentz* Rn. 104; HK-AktG/*Lohse* Rn. 34.

[214] Spindler/Stilz/*Benz* Rn. 170.

[215] So zB KK-AktG/*A. Arnold* Rn. 96; Spindler/Stilz/*Benz* Rn. 171; NK-AktR/*Polley* Rn. 46; diff. MüKo-AktG/*Pentz* Rn. 104.

[216] BGHZ 152, 37 (45) = NJW 2002, 3774.

[217] BGH NJW 2007, 765 Rn. 13 = NZG 2007, 144; BGHZ 132, 141 (148); Spindler/Stilz/*Benz* Rn. 172; NK-AktR/*Polley* Rn. 46.

[218] Spindler/Stilz/*Benz* Rn. 173; MüKoAktG/*Pentz* Rn. 105; obiter dictum BGHZ 170, 47 Rn. 24 = NJW 2007, 765 – Warenlager; krit. und einschr. NK-AktR/*Polley* Rn. 47.

[219] Spindler/Stilz/*Benz* Rn. 173.

[220] Vgl. BGHZ 185, 44 Rn. 14 = NZG 2010, 702 – ADCOCOM; BGH NJW 1991, 226 (227); HK-AktG/*Lohse* Rn. 36.

[221] BGH GmbHR 2009, 926 Rn. 19 = DNotZ 2009, 941 – Cash-Pool II; *Priester* DNotZ 2009, 946 (947); vgl. KK-AktG/*A. Arnold* Rn. 103.

kung zu (vgl. Abs. 3 S. 1 Hs. 2), so dass der Inferent (zunächst) zur erneuten Leistung der Bareinlage verpflichtet ist. Jedoch sind sämtliche schuldrechtlichen und dinglichen Verträge im Zusammenhang mit der verdeckten Sacheinlage wirksam (vgl. Abs. 3 S. 2). Auf die Einlageverpflichtung wird der Wert des eingebrachten Vermögensgegenstandes **angerechnet** (vgl. Abs. 3 S. 3). Voraussetzung für die Anrechnung ist, dass die Sacheinbringung in schuldrechtlicher und in dinglicher Hinsicht nicht an (sonstigen) Wirksamkeitsmängeln (→ Rn. 40) leidet.[222] Die Anrechnung erfolgt automatisch **kraft Gesetzes** – dh unabhängig vom Willen der Beteiligten[223] – mit Wirkung zum Zeitpunkt der Eintragung der Gesellschaft im Handelsregister. Wird der Gegenstand der Gesellschaft erst nach der Eintragung im Handelsregister überlassen, erfolgt die Anrechnung zum Zeitpunkt der Überlassung (Abs. 3 S. 3 und 4). Vom Zeitpunkt der Anrechnung ist der Zeitpunkt der Bewertung des Gegenstandes der verdeckten Sacheinlage zu unterscheiden. Insoweit ist der **Wert** zum Zeitpunkt der Anmeldung der Gesellschaft maßgeblich (vgl. Abs. 3 S. 3). Dabei ist der Vermögensgegenstand nach Maßgabe der für die offene Sacheinlage und die Differenzhaftung geltenden Grundsätze (→ Rn. 11 f.) zu bewerten.[224] Eine spätere Wertsteigerung bzw. ein Mehrerlös im Falle der Veräußerung durch die Gesellschaft wirken sich nicht zugunsten des Inferenten aus.[225] Die **Beweislast** für den Wert trägt der Inferent (Abs. 3 S. 5). Eine eventuelle Unaufklärbarkeit geht folglich zu seinen Lasten.[226] Der Beweiswert eines zunächst unter Verschluss gehaltenen „Schubladengutachtens" erscheint als zweifelhaft.[227] Fällt die eventuelle verdeckte Sacheinlage schon vor der Inanspruchnahme durch den Insolvenzverwalter auf, kommt eine Feststellungsklage in Betracht, dass entweder die Einlageleistung regulär durch bare Einlage erfüllt wurde oder dass die Einlageverpflichtung durch Anrechnung des Wertes des verdeckt eingelegten Vermögensgegenstandes getilgt ist; aus Kostengründen dürfte oft auch ein bloßes Beweissicherungsverfahren zielführend sein.[228] Im Ergebnis führt die Neufassung des § 27 Abs. 3 zu einer **Beschränkung** der **Haftung** des betreffenden Aktionärs auf den **Differenzbetrag,** um welchen der Wert des eingebrachten Vermögensgegenstandes den Nennbetrag der übernommenen Aktien bzw. den auf die übernommenen Stückaktien entfallenden anteiligen Betrag des Grundkapitals – zuzüglich eines eventuellen Agios (→ Rn. 12) – unterschreitet.[229] Die Rechtsnatur der Anrechnung lässt sich dem Gesetz nicht entnehmen und ist in der Literatur umstritten.[230] Nach dem Willen des Gesetzgebers soll die Anrechnung in einer Differenzhaftung ohne Erfüllungswirkung im Übrigen münden, so dass es vorzugswürdig erscheint, die Anrechnung analog der Differenzhaftung bei der offenen Sachübernahme zu behandeln.[231] Danach führt die Anrechnung grundsätzlich zu einer Verrechnung von barer Einlageleistung und verdecktem Sachgeschäft zum jeweiligen Nominalwert. Verbleibt wegen des Minderwerts des Gegenstandes eine Differenz, ist diese nachträglich auszugleichen. Eine Kondiktion wegen Zweckverfehlung (Scheitern der Anrechnung) durch den Inferenten kommt nur in Betracht, wenn es nicht (mehr) zu einer Anrechnung kommen kann, zB weil die Gründung nicht im Register eingetragen wird.[232] Die Regelungen des § 27 Abs. 3 kommen selbst bei einer vorsätzlichen Umgehung der Sachgründungsvorschriften zur Anwendung.[233]

38b **c) Sonderfälle.** Modifizierungen der gesetzlichen Konzeption werden in Sonderkonstellationen wie zB der verdeckten gemischten Sacheinlage oder der verdeckten Mischeinlage wie auch bei nur teilweise fälligen Einlageforderungen erforderlich. Bei der **verdeckten Mischeinlage** (zur Mischein-

[222] Spindler/Stilz/*Benz* Rn. 185; HK-AktG/*Lohse* Rn. 43.

[223] *Wicke* Einf. ARUG 50; Schmidt/Lutter/*Bayer* Rn. 74; Würzburger Notar-HdB/*Reul* Teil 5 Kap. 4 Rn. 89.

[224] *Wicke* Einf. ARUG 50.

[225] Spindler/Stilz/*Benz* Rn. 186; MüKoAktG/*Pentz* Rn. 121; *Benz,* Verdeckte Sacheinlage und Einlagenrückzahlung im reformierten GmbH-Recht (MoMiG), 2010, 146; Schmidt/Lutter/*Bayer* Rn. 75.

[226] Schmidt/Lutter/*Bayer* Rn. 76.

[227] KK-AktG/*A. Arnold* Rn. 112; *Wicke* Einf. ARUG 51; Schmidt/Lutter/*Bayer* Rn. 76; diff. Spindler/Stilz/*Benz* Rn. 190; Wertgutachten grds. tauglich nach Würzburger Notar-HdB/*Reul* Teil 5 Kap. 4 Rn. 89.

[228] Spindler/Stilz/*Benz* Rn. 192.

[229] Vgl. *Wicke* Einf. ARUG 48, 50; MüKoAktG/*Pentz* Rn. 119; krit. hierzu Hüffer/*Koch* Rn. 38.

[230] Überblick über den Meinungsstand bei *Wicke* Einf. ARUG 50; MüKoAktG/*Pentz* Rn. 122 ff.; KK-AktG/*A. Arnold* Rn. 105 ff.; NK-AktR/*Polley* Rn. 55 ff.; HK-AktG/*Lohse* Rn. 38; *Herrler/Reymann* DNotZ 2009, 914 (915 Fn. 10); vgl. ferner Hüffer/*Koch* Rn. 39.

[231] So *Herrler/Reymann* DNotZ 2009, 914 (915 Fn. 10); Schmidt/Lutter/*Bayer* Rn. 80; alle jeweils unter Hinweis auf *Benz,* Verdeckte Sacheinlage und Einlagenrückzahlung im reformierten GmbH-Recht (MoMiG), 2010, 119 ff.; ausf. Spindler/Stilz/*Benz* Rn. 180; ebenso iE Grigoleit/*Vedder* Rn. 58; ähnlich *Dauner-Lieb* AG 2009, 217 (223); aA MüKoAktG/*Pentz* Rn. 124 ff.: Erfüllungssurrogat; Hüffer/*Koch* Rn. 39: Vorteilsausgleichung ähnlich § 326 Abs. 2 S. 2 BGB.

[232] Vgl. Spindler/Stilz/*Benz* Rn. 184.

[233] *Herrler/Reymann* DNotZ 2009, 914 (915 f.) unter Hinweis auf BT-Drs. 16/6140, 40; Würzburger Notar-HdB/*Reul* Teil 5 Kap. 4 Rn. 89.

lage § 36 Rn. 19), bei der das Volumen des – verdeckten – Sachgeschäfts hinter der Bareinlageleistung zurückbleibt und somit nur ein Teil der Bareinlage durch Rückfluss an den Inferenten neutralisiert wird, erstreckt sich die Rechtsfolge des Abs. 3 S. 3 nicht auf die gesamte Einlageleistung, sondern nur auf den Anteil, der tatsächlich an den Inferenten zurückgeflossen ist; in Bezug auf den Restbetrag der Bareinlage, der bei der Aktiengesellschaft verbleibt, erlischt die Bareinlageverpflichtung durch Erfüllung.[234] § 27 Abs. 3 S. 1 Hs. 2 ist bei der verdeckten Mischeinlage daher um das Wort „insoweit" zu ergänzen.[235] Bleibt der Wert des verdeckt eingebrachten Vermögensgegenstandes hinter der Höhe der von der Gesellschaft hierfür erbrachten Gegenleistung zurück, erfolgt eine Anrechnung lediglich in Höhe des objektiven Werts des verdeckt eingelegten Vermögensgegenstandes.[236] Bei einer **verdeckten gemischten Sacheinlage** (→ Rn. 19) – für diese ist charakteristisch, dass im Zusammenhang mit der verdeckten Sacheinlage über das eingelegte Geld hinaus Barmittel von der Gesellschaft an den Inferenten fließen[237] – findet die Anrechnung nach Abs. 3 S. 3 insoweit nicht statt, als der Wert des verdeckt eingelegten Vermögensgegenstandes hinter der Gesamtleistung zurückbleibt, die sich der Aktionär von der Aktiengesellschaft zusagen ließ.[238] Es besteht eine **Anrechnungssperre** in Höhe der Differenz zwischen der Vergütung durch die Gesellschaft und dem Wert des verdeckt eingebrachten Vermögensgegenstandes.[239] Übersteigt die Differenz sogar den geschuldeten Einlagebetrag, besteht nach hL eine entsprechende Barleistungspflicht des Inferenten nach den Grundsätzen der Differenzhaftung;[240] der BGH geht bei der GmbH hingegen insoweit von der Anwendung der Kapitalerhaltungsvorschriften §§ 30, 31 GmbHG aus;[241] dem entspricht bei der Aktiengesellschaft die Anwendung des § 57.[242] Die Buchung eines Darlehens zugunsten des Aktionärs steht im vorstehenden Zusammenhang der Auszahlung einer Barvergütung an ihn gleich.[243] Hat der Inferent – gemäß § 36a Abs. 1 – nur eine **Teileinzahlung** auf seine Bareinlageverpflichtung erbracht, kann der Wert des verdeckt eingebrachten Vermögensgegenstandes maximal in Höhe des eingezahlten Betrages auf die „fortbestehende" Einlageverpflichtung angerechnet werden, nicht jedoch auf die „ursprüngliche" Resteinlageverpflichtung.[244] Übersteigt die Vergütung, die die Aktiengesellschaft für die Sachleistung des Inferenten gewährt, den Wert der Sachleistung, ist auch bei einer Teileinzahlung von einer Anrechnungssperre in Höhe der Differenz zwischen dem Wert des Gegenstandes und der Gegenleistung der Aktiengesellschaft auszugehen; übersteigt diese Differenz die erbrachte Teileinzahlung, trifft den Inferenten entsprechend den Grundsätzen der Differenzhaftung neben der Pflicht zur „nochmaligen" Leistung der Teileinlage eine zusätzliche Zahlungspflicht in Höhe der darüber hinausgehenden Wertdifferenz.[245] Wird im Rahmen einer verdeckten Sacheinlage die Bareinlageverpflichtung des Inferenten durch **Verrechnung** oder durch eine von der Aktiengesellschaft erklärte Aufrechnung neutralisiert, ist die Verrechnung bzw. Aufrechnung wirksam, führt aber zunächst nicht zum Erlöschen der Einlageschuld; vielmehr wird mit dem Erwerb der verdeckt eingebrachten Forderung durch die Aktiengesellschaft, dh mit Befreiung von der betreffenden Verbindlichkeit der objektive Wert der Forderung auf die Einlageverpflichtung des Inferenten angerechnet.[246] Die Anrechnung erfolgt jedoch frühestens mit Eintragung der Aktiengesellschaft bzw. der Kapitalerhöhung im Handelsregister (Abs. 3 S. 4).

4. Übergangsregelung zur verdeckten Sacheinlage. Nach der Übergangsregelung des § 20 Abs. 7 S. 1 EGAktG findet die Neufassung des § 27 Abs. 3 grundsätzlich auch auf Einlageleistun- 39

[234] Spindler/Stilz/*Benz* Rn. 193; Schmidt/Lutter/*Bayer* Rn. 88; MüKoAktG/*Pentz* Rn. 140; aA HK-AktG/*Lohse* Rn. 40; *Sernetz* ZIP 2010, 2173 (2179 f.).

[235] Spindler/Stilz/*Benz* Rn. 193; Schmidt/Lutter/*Bayer* Rn. 88; MüKoAktG/*Pentz* Rn. 140 iVm Rn. 137; Grigoleit/*Vedder* Rn. 57; *Müller* NZG 2011, 761 (764).

[236] MüKoAktG/*Pentz* Rn. 141.

[237] Vgl. Spindler/Stilz/*Benz* Rn. 194; Hüffer/*Koch* Rn. 41.

[238] BGHZ 185, 44 Rn. 57 = NZG 2010, 702 – ADCOCOM; Hüffer/*Koch* Rn. 41; vgl. *Müller* NZG 2011, 761 (763); ausf. Spindler/Stilz/*Benz* Rn. 194 ff.; Schmidt/Lutter/*Bayer* Rn. 87.

[239] Spindler/Stilz/*Benz* Rn. 195; KK-AktG/*A. Arnold* Rn. 116; *Müller* NZG 2011, 761 (763); NK-AktR/*Polley* Rn. 63; HK-AktG/*Lohse* Rn. 41; iE ebenso *Stiller/Redeker* ZIP 2010, 865 (868).

[240] ZB KK-AktG/*A. Arnold* Rn. 116; Spindler/Stilz/*Benz* Rn. 196; Hüffer/*Koch* Rn. 41; *Müller* NZG 2011, 761 (763 f.); NK-AktR/*Polley* Rn. 63; HK-AktG/*Lohse* Rn. 41; *Stiller/Redeker* ZIP 2010, 865 (868).

[241] BGHZ 185, 44 Rn. 59 ff. = NZG 2010, 702 – ADCOCOM.

[242] Dies befürwortend MüKoAktG/*Pentz* Rn. 136; iErg ebenso Ekkenga ZIP 2013, 541 (549 f.).

[243] Spindler/Stilz/*Benz* Rn. 195.

[244] Spindler/Stilz/*Benz* Rn. 197; KK-AktG/*A. Arnold* Rn. 113; MüKoAktG/*Pentz* Rn. 145; Schmidt/Lutter/*Bayer* Rn. 85; NK-AktR/*Polley* Rn. 64; HK-AktG/*Lohse* Rn. 42; *Müller* NZG 2011, 761 (764).

[245] KK-AktG/*A. Arnold* Rn. 114; Spindler/Stilz/*Benz* Rn. 198; Schmidt/Lutter/*Bayer* Rn. 85; NK-AktR/*Polley* Rn. 64; HK-AktG/*Lohse* Rn. 42; *Müller* NZG 2011, 761 (764 f.).

[246] Spindler/Stilz/*Benz* Rn. 199; vgl. Schmidt/Lutter/*Bayer* Rn. 81: Verrechnung unwirksam, aber Anrechnung nach Abs. 3 S. 3.

gen, die vor dem 1.9.2009 bewirkt worden sind, Anwendung, soweit sie nach alter Rechtslage keine Erfüllung der Einlageverpflichtung bewirkt haben. Das gilt nur dann nicht, soweit über die aus der Unwirksamkeit folgenden Ansprüche zwischen der Gesellschaft und dem Gesellschafter bereits vor dem 1.9.2009 ein rechtskräftiges Urteil ergangen oder eine wirksame Vereinbarung getroffen worden ist; in solchen Fällen beurteilt sich die Rechtslage nach altem Recht (vgl. § 20 Abs. 7 S. 2 EGAktG). Soweit § 27 Abs. 3 damit Rückwirkung zukommt, ist die Verpflichtung zur Leistung der Bareinlage ex tunc[247] durch Anrechnung erloschen, soweit die verdeckte Sacheinlage werthaltig war.[248] Bewertungsstichtag für die Anrechnung sind auch in Altfällen die in § 27 Abs. 3 S. 3 bestimmten Zeitpunkte.[249] In der Praxis wird bei diesen Altfällen aufgrund der Beweislast des Inferenten die Anrechnung häufig daran scheitern, dass die Werthaltigkeit des eingelegten Vermögensgegenstandes nicht nachgewiesen werden kann. § 20 Abs. 7 S. 1 bewirkt, dass aufgrund ausdrücklicher gesetzlicher Regelung abgeschlossene Sachverhalte, nämlich nach § 27 Abs. 3 S. 1 aF unwirksame schuldrechtliche und dingliche Rechtsgeschäfte, nunmehr wirksam werden sollen. Die Verfassungsmäßigkeit der Übergangsregelung wird daher mit guten Gründen bezweifelt.[250] Denn diese führt dazu, dass einerseits Gesellschaften und ihren Insolvenzverwaltern nicht erfüllte Bareinlageansprüche und andererseits den Gesellschaftern und – damit wirtschaftlich auch ihren Gläubigern – Eigentumsrechte der Gesellschafter an den verdeckt eingebrachten Gegenständen genommen werden.[251] Dennoch hat der BGH zur Parallelregelung im GmbH-Recht (§ 3 Abs. 4 EGGmbHG) eine „echte Rückwirkung" verneint und verfassungsrechtliche Bedenken ausgeschlossen.[252]

40 **5. Vereinbarkeit mit der Kapital-RL.** Die Neufassung des § 27 Abs. 3 verstößt nicht gegen Art. 13 Kapital-RL (früher: Art. 11 RL 77/91/EWG; → Rn. 2).[253] Art. 13 Kapital-RL (früher: Art. 11 RL 77/91/EWG), der wie auch § 52 Vorgaben für eine Nachgründung enthält, normiert lediglich **Mindeststandards;** den Mitgliedstaaten steht es frei, ob bzw. inwieweit sie die Kapitalaufbringung in der Aktiengesellschaft darüber hinaus absichern.[254] Die Liberalisierung der verdeckten Sacheinlage durch § 27 Abs. 3 ist insofern unbedenklich.[255] Die Anrechnungslösung nach Abs. 3 begegnet darüber hinaus auch in Bezug auf das Gebot der praktischen Wirksamkeit nach Art. 3 lit. h, 10 Kapital-RL keinen Bedenken. Die Neufassung des § 27 Abs. 3 verringert zwar gegenüber der Altfassung den über die Richtlinienvorgaben hinausgehenden optionalen Schutz im nationalen Recht,[256] gibt aber nicht die Unterscheidung zwischen Bar- und Sacheinlage auf. Auch nach der Neufassung besteht ein ausreichendes Sanktionsgefälle im Verhältnis zur offenen Scheinlage, so dass eine hinreichend effektive Umsetzung der europäischen Vorgaben gewährleistet ist.[257]

41 **6. Verhältnis zu § 52.** Vorgänge, die als verdeckte Sacheinlage iSd § 27 Abs. 3 zu qualifizieren sind, können gleichfalls dem nationalen Nachgründungsrecht (§ 52) unterliegen. Dies entspricht dem Willen des Gesetzgebers, der – ebenso wie die hM[258] – von einem Nebeneinander der Vorschriften

---

[247] *Herrler/Reymann* DNotZ 2009, 914 (919); *Wicke* Einf. ARUG 53; HK-AktG/*Lohse* Rn. 29; Spindler/Stilz/*Benz* Rn. 212; ebenso BGHZ 185, 44 Rn. 29 = NZG 2010, 702 – ADCOCOM, zu § 3 Abs. 4 EGGmbHG.

[248] *Herrler/Reymann* DNotZ 2009, 914 (919); *Wicke* Einf. ARUG 53.

[249] *Wicke* Einf. ARUG 53 f.; *Fuchs* BB 2009, 170 (173) zur GmbH; aA *Heinze* GmbHR 2008, 1065 (1073).

[250] ZB *Wicke* Einf. ARUG 53; aA BT-Rechtsausschuss, BT-Drs. 16/13098, 42: „theoretisches Problem"; für Verfassungswidrigkeit der Parallelregelung des § 3 Abs. 4 EGGmbHG zB *Pentz* GmbHR 2009, 126 (129 f.); vgl. auch KK-AktG/*A. Arnold* Rn. 85.

[251] *Habersack* AG 2009, 557 (558).

[252] BGHZ 185, 44 Rn. 20 ff., insbesondere Rn. 33 ff. = NZG 2010, 702 – ADCOCOM; zust. NK-AktR/*Polley* Rn. 67; ferner hierzu *Haas/Vogel* NZG 2010, 1081 (1083 ff.); vgl. auch BGHZ 182, 103 Rn. 38 = GmbHR 2009, 926 – Cash-Pool II; BGHZ 180, 38 Rn. 6 = NJW 2009, 2375 – Qivive; Hüffer/*Koch* Rn. 23; diff. MüKoAktG/*Pentz* Rn. 172; für teleologische Reduktion *Andrianesis* WM 2011, 968 (972).

[253] *Herrler/Reymann* DNotZ 2009, 914 (919); *Habersack* AG 2009, 557 (560); KK-AktG/*A. Arnold* Rn. 87 f.; Spindler/Stilz/*Benz* Rn. 106; vgl. BT-Rechtsausschuss, BT-Drs. 16/13098, 37.

[254] Vgl. BGHZ 110, 47 (68 ff.); MüKoAktG/*Pentz* Rn. 86; Grigoleit/*Vedder* Rn. 40; *Habersack* AG 2009, 557 (559); *Herrler/Reymann* DNotZ 2009, 914 (919).

[255] Spindler/Stilz/*Benz* Rn. 106; iErg ebenso Schmidt/Lutter/*Bayer* Rn. 58; aA MüKoAktG/*Pentz* Rn. 87.

[256] Hierzu BGHZ 110, 47 (68 ff.); Schmidt/Lutter/*Bayer* Rn. 58.

[257] KK-AktG/*A. Arnold* Rn. 88; *Wicke* Einf. ARUG 48; iE ebenso NK-AktR/*Polley* Rn. 40; HK-AktG/*Lohse* Rn. 28; Grigoleit/*Vedder* Rn. 40; Hüffer/*Koch* Rn. 24; sehr krit. *Andrianesis* WM 2011, 968 (973).

[258] ZB BGHZ 173, 145 Rn. 14 = NZG 2007, 754 – Lurgi; BGHZ 175, 265 Rn. 11 = NZG 2008, 425 – Rheinmöwe; MüKoAktG/*Pentz* Rn. 82; KK-AktG/*A. Arnold* Rn. 84; Würzburger Notar-HdB/*Reul* Teil 5 Kap. 4 Rn. 92; NK-AktR/*Polley* Rn. 39; Spindler/Stilz/*Heidinger* § 52 Rn. 55; NK-AktR/*Lohr* § 52 Rn. 1; HK-AktG/*Körber* § 52 Rn. 26a; Schmidt/Lutter/*Bayer* § 52 Rn. 52; *Wachter* DStR 2010, 1240 (1243); *Lieder* ZIP 2010, 964 (968); krit. hierzu Spindler/Stilz/*Benz* Rn. 116 f.; Verhältnis ungeklärt für *Bayer/Lieder* GWR 2010, 3 (5); *Wicke* Einf. ARUG 49.

ausgeht.[259] Sind jedoch die Voraussetzungen des § 52 für die Wirksamkeit eines Verkehrsgeschäfts, das in dessen Anwendungsbereich fällt, nicht gewahrt, sind sowohl das schuldrechtliche als auch das dingliche Rechtsgeschäft nach § 52 Abs. 1 S. 1 und 2 schwebend unwirksam. In diesem Fall kommt auch keine Anrechnung nach § 27 Abs. 3 S. 3 in Betracht, da diese Regelung nach ihrem Sinn und Zweck voraussetzt, dass der verdeckt eingebrachte Vermögensgegenstand wirksam in das Vermögen der Gesellschaft überführt wurde und letzteres auch nicht mangels wirksamen Kausalverhältnisses mit einem Kondiktionsanspruch belastet ist.[260] Zum Anwendungsbereich und zu den Wirksamkeitsvoraussetzungen des § 52 ist auf die dortige Kommentierung zu verweisen (→ § 52 Rn. 4 ff.). Für die Anwendung des § 52, nicht jedoch die des § 27 Abs. 3, ist die **zeitliche Abfolge** zwischen Eintragung der Gesellschaft im Handelsregister und dem verdeckten Einlagegeschäft maßgeblich. § 52 kann nur solche schuldrechtlichen Einlagegeschäfte erfassen, die **nach** der Eintragung der Gesellschaft geschlossen werden;[261] auf den Zeitpunkt des Vollzugsgeschäfts kommt es hingegen nicht an.[262] Erbringt der Inferent seine Bareinlage und kommt es zur Rückzahlung aufgrund einer **vor** Eintragung der Gesellschaft abgeschlossenen schuldrechtlichen Vereinbarung, kommt § 52 nicht zur Anwendung. Schuldrechtliches und dingliches Rechtsgeschäft sind idF nach § 27 Abs. 3 S. 2 wirksam; eine Anrechnung nach § 27 Abs. 3 S. 4 findet statt.[263] Wird das verdeckte Einlagegeschäft **innerhalb von zwei Jahren nach** Eintragung der Gesellschaft im Handelsregister geschlossen und sind die weiteren Tatbestandsvoraussetzungen für die Anwendung der Nachgründungsvorschrift des § 52 erfüllt, müssen die Voraussetzungen für einen wirksamen Nachgründungsvorgang nach § 52 gewahrt sein, damit im Ergebnis die Rechtsfolgen des § 27 Abs. 3 eintreten.[264] Damit kann die Zufälligkeit des Eintragungszeitpunktes darüber entscheiden, ob das verdeckte Einlagegeschäft wirksam ist und eine Anrechnung erfolgt.[265] Dies könnte Anlass zu Überlegungen geben, dieses Ergebnis durch eine teleologische Reduktion oder durch eine Ausdehnung des Anwendungsbereichs des § 52 zu korrigieren. Eine teleologische Reduktion scheidet jedoch einerseits aus, da dem Gesetzgeber das Nebeneinander der Normen bewusst war[266] und somit keine planwidrige Regelungslücke vorliegt. Andererseits würde jede Reduktion des § 52 dem europarechtlichen Anwendungsvorrang widersprechen, da § 52 weitgehend deckungsgleiche Umsetzungsvorschrift zu Art. 13 Kapital-RL (früher: Art. 11 RL 77/91/EWG) ist.[267] Einer Ausdehnung des § 52 auf Vorgänge im Stadium der Gründung steht der eindeutige Wortlaut der Vorschrift entgegen. Ferner ist § 52 als Ausnahmevorschrift einer analogen Anwendung nicht zugänglich.[268]

7. Heilung. Vor dem 1.9.2009 war im Aktienrecht die nachträgliche Heilung einer verdeckten Sacheinlage – anders als bei der GmbH – aufgrund § 27 Abs. 4 aF (bzw. § 183 Abs. 2 aF bei der Kapitalerhöhung) weitgehend ausgeschlossen. Nach dieser Vorschrift konnte die Unwirksamkeit von Verpflichtungs- und Verfügungsgeschäften, bei deren Abschluss nicht den Anforderungen des § 27 aF entsprochen worden war, nach Eintragung der Gesellschaft im Handelsregister bzw. nach Eintragung der Kapitalerhöhung nicht mehr geheilt werden. Zum Zwecke der Korrektur dieses Ergebnisses wurde in der Literatur bei der Sachgründung als Ausweg insbesondere eine Heilung analog den Regeln der Nachgründung gemäß § 52[269] oder eine Heilung in Form einer „qualifizierten Satzungsänderung eigener Art"[270] diskutiert. § 27 Abs. 4 aF ist mit Inkrafttreten des ARUG (→ Rn. 2) ersatzlos entfallen. Damit soll es nach Auffassung des Gesetzgebers nunmehr möglich sein, – wie bislang bereits aus dem GmbH-Recht bekannt – eine **verdeckte Sacheinlage** zu **heilen** und in eine offene Sacheinlage umzuwandeln,[271] indem durch satzungsändernden Beschluss die ursprünglich 42

[259] Vgl. BT-Rechtsausschuss, BT-Drs. 16/13098, 36.

[260] *Herrler/Reymann* DNotZ 2009, 914 (920); iErg ebenso Spindler/Stilz/*Benz* Rn. 115; Schmidt/Lutter/*Bayer* § 52 Rn. 53; HK-AktG/*Körber* § 52 Rn. 26a.

[261] Schmidt/Lutter/*Bayer* § 52 Rn. 24; Spindler/Stilz/*Heidinger* § 52 Rn. 34 f.; Hüffer/*Koch* § 52 Rn. 2; MüKoAktG/*Pentz* § 52 Rn. 20; *Lieder* ZIP 2010, 964 (969).

[262] Spindler/Stilz/*Heidinger* § 52 Rn. 36; MüKoAktG/*Pentz* § 52 Rn 20.

[263] *Herrler/Reymann* DNotZ 2009, 914 (921).

[264] Vgl. Spindler/Stilz/*Benz* Rn. 115; Spindler/Stilz/*Heidinger* § 52 Rn. 60; NK-AktR/*Lohr* § 52 Rn. 1; Schmidt/Lutter/*Bayer* § 52 Rn. 53; *Lieder* ZIP 2010, 964 (969 f.).

[265] Würzburger Notar-HdB/*Reul* Teil 5 Kap. 4 Rn. 92; vgl. *Wicke* Einf. ARUG 49; krit. Spindler/Stilz/*Benz* Rn. 116.

[266] Vgl. BT-Rechtsausschuss, BT-Drs. 16/13098, 36.

[267] *Herrler/Reymann* DNotZ 2009, 914 (921); Spindler/Stilz/*Benz* Rn. 117; ähnlich *Lieder* ZIP 2010, 964 (969 f.).

[268] *Herrler/Reymann* DNotZ 2009, 914 (922).

[269] ZB KK-AktG/*Lutter* § 183 Rn. 92; vgl. BGHZ 175, 265 Rn. 11 = NZG 2008, 425 – Rheinmöwe.

[270] ZB Spindler/Stilz/*Heidinger*, 1. Aufl. 2007, Rn. 166 ff. mwN.

[271] Vgl. BT-Rechtsausschuss, BT-Drs. 16/13098, 36; zust. MüKoAktG/*Pentz* Rn. 160; Grigoleit/*Vedder* Rn. 22; *Lieder* ZIP 2010, 964 (971); Würzburger Notar-HdB/*Reul* Teil 5 Kap. 4 Rn. 90; krit. Spindler/Stilz/*Benz* Rn. 204 ff.; Spindler/Stilz/*Heidinger* § 52 Rn. 58 ff.

unterbliebenen Festsetzungen für eine Sacheinlage nachträglich in die Satzung aufgenommen und eine Werthaltigkeitsprüfung nachgeholt werden.[272] Da die verdeckten Sacheinlagegeschäfte wirksam sind (vgl. Abs. 3 S. 2), erfolgt im Rahmen der Heilung keine Einbringung eines Vermögensgegenstandes, sondern lediglich eine Umqualifizierung der Einlagenart und die Nachholung der weiteren Sachgründungs- bzw. -erhöhungsvoraussetzungen.[273] In den Beschluss sind der betreffende Inferent und der konkrete Inhalt des verdeckten Sacheinlagegeschäfts aufzunehmen;[274] ferner ist die Anrechnung gem Abs. 3 S. 3 festzustellen bzw. ausdrücklich zu billigen.[275] Im Fall der Gründung haben die Gründer entsprechend § 32 einen Bericht über die nachträgliche Zulassung der Sacheinlage zu erstatten; nach Maßgabe der §§ 32 ff. sind Prüfberichte zu erstellen.[276] In der Handelsregisteranmeldung ist die Werthaltigkeit des verdeckt eingebrachten Vermögensgegenstandes[277] und – seitens des Vorstands – dessen freie Verfügbarkeit zu versichern.[278] Für die Überprüfung der Werthaltigkeit des Vermögensgegenstandes ist nicht auf den Zeitpunkt der Anmeldung des Heilungsaktes zum Handelsregister, sondern in Anlehnung an § 27 Abs. 3 S. 4 auf den Zeitpunkt der Anmeldung der ursprünglichen Bargründung bzw. auf denjenigen der Überlassung des Gegenstandes an die Gesellschaft, falls dieser später erfolgte, abzustellen.[279] Angesichts der Rechtsfolgen des § 27 Abs. 3 S. 2 und 3 beschränkt sich die Bedeutung der Umwandlung der Bar- in eine (offene) Sacheinlage auf die Beweislastverteilung in einem späteren Streit über die Werthaltigkeit des zugeführten Vermögensgegenstandes.[280]

VIII. Hin- und Herzahlen (Abs. 4)

43 **1. Grundlagen; frühere Rechtslage.** Die Fallgestaltungen des sog. **Hin- und Herzahlens** sind dadurch gekennzeichnet, dass es an einer Bareinlageleistung zu freier Verfügung des Vorstands fehlt, weil der Einlagebetrag absprachegemäß umgehend wieder an den Einleger oder einem diesen zurechenbaren Dritten als Darlehen oder aufgrund einer Treuhandabrede zurückfließen soll.[281] In der Sache soll damit die prinzipiell unverzichtbare Einlageforderung durch eine schwächere schuldrechtliche Forderung (zB aus Darlehen) ersetzt werden.[282] Nach früherer Rechtsprechung des BGH wurden beide Zahlungsvorgänge als „nullum" behandelt und die schuldrechtliche (Darlehens-)Abrede mit der Folge als unwirksam angesehen, dass die Einlageschuld in vollem Umfang fortbestand.[283] Allerdings sollen als „Darlehensrückzahlung" oder „Erfüllung des Treuhandverhältnisses" bezeichnete spätere Zahlungen zur Tilgung der Einlageschuld führen. Dem steht die abweichende, wegen der Unwirksamkeit der Darlehens- oder Treuhandabrede gegenstandslose Tilgungsbestimmung nicht entgegen, wenn sich die spätere Leistung objektiv der Einlageverpflichtung zuordnen lässt.[284] Beim im vorgenannten Sinne verstandenen Hin- und Herzahlen handelt es sich im Ergebnis um Fälle einer verdeckten Finanzierung der Einlagemittel durch die Gesellschaft.[285] Dieselben Grundsätze gelten im umgekehrten Fall, dass die Gesellschaft dem Aktionär ein Darlehen gewährt und dieser dieses Geld zur Tilgung seiner Einlageschuld an die Gesellschaft zahlt (sog. **Her- und Hinzahlen**).[286] Denn auch bei dieser Konstellation wird der Gesellschaft letztlich kein Kapital zugeführt. Fälle des Hin- und Herzahlens können insbesondere auch innerhalb sog. Cash-Pool-Systeme (→ Rn. 53) auftreten, wenn die erbrachte Einlage infolge Weiterleitung auf das in den Cash-Pool einbezogene

---

[272] *Herrler/Reymann* DNotZ 2009, 914 (922); Hüffer/*Koch* Rn. 45 f.; MüKoAktG/*Pentz* Rn. 161; KK-AktG/*A. Arnold* Rn. 124 f.; *Lieder* ZIP 2010, 964 (971); vgl. Würzburger Notar-HdB/*Reul* Teil 5 Kap. 4 Rn. 90; HK-AktG/Lohse Rn. 23, 44.

[273] *Herrler/Reymann* DNotZ 2009, 914 (922 Fn. 41); ähnlich *Lieder* ZIP 2010, 964 (971).

[274] Vgl. Würzburger Notar-HdB/*Reul* Teil 5 Kap. 4 Rn. 90; Spindler/Stilz/*Benz* Rn. 208; *Lieder* ZIP 2010, 964 (971).

[275] KK-AktG/*A. Arnold* Rn. 124; Spindler/Stilz/*Benz* Rn. 208; ähnlich HK-AktG/Lohse Rn. 23, 44.

[276] KK-AktG/*A. Arnold* Rn. 125; Spindler/Stilz/*Benz* Rn. 209; *Lieder* ZIP 2010, 964 (971).

[277] KK-AktG/*A. Arnold* Rn. 125; NK-AktR/*Polley* Rn. 70; Spindler/Stilz/*Benz* Rn. 209.

[278] Spindler/Stilz/*Benz* Rn. 209.

[279] *Wicke* Einf. ARUG 52; Hüffer/*Koch* Rn. 46; *Lieder* ZIP 2010, 964 (971); NK-AktR/*Polley* Rn. 71.

[280] *Herrler/Reymann* DNotZ 2009, 914 (922); NK-AktR/*Polley* Rn. 71; Spindler/Stilz/*Benz* Rn. 204.

[281] StRspr, zB BGHZ 174, 370 Rn. 7 = NZG 2008, 143; BGHZ 180, 38 Rn. 15 = NJW 2009, 2375 Rn. 15 – Qivive; *Herrler/Reymann* DNotZ 2009, 914 (923); MüKoAktG/*Pentz* Rn. 207; Hüffer/*Koch* Rn. 49.

[282] BGHZ 180, 38 Rn. 15 = NJW 2009, 2375 – Qivive.

[283] StRspr, zB BGHZ 165, 113 (116).

[284] Vgl. BGH NZG 2006, 716 (717); BGHZ 165, 113 (117) = NZG 2006, 24; vgl. MüKoAktG/*Pentz* Rn. 207.

[285] BGHZ 180, 38 Rn. 15 = NJW 2009, 2375 – Qivive.

[286] Vgl. BGH DStR 2006, 1709.

Zentralkonto wieder an den Inferenten zurückfließt.[287] Ein Sonderrecht für Vorgänge im Rahmen eines Cash-Pools im Zusammenhang mit der Kapitalaufbringung bestand bis zum 1.9.2009 nicht.[288]

2. Neuregelung des § 27 Abs. 4. Mit dem ARUG (→ Rn. 2) hat der Gesetzgeber die durch das MoMiG (→ Rn. 2) in § 19 Abs. 5 GmbHG aufgenommene Regelung für ein ordnungsgemäßes Hin- und Herzahlen als neuen § 27 Abs. 4 in das AktG übernommen. Danach steht ein Hin- und Herzahlen aufgrund vorheriger Vereinbarung der Erfüllung der Einlageschuld dann nicht mehr entgegen, wenn der Vorgang **nicht** als **verdeckte Sacheinlage** iSd Abs. 3 zu bewerten ist und der Gesellschaft ein **vollwertiger Rückgewähranspruch** zusteht, der jederzeit **fällig** ist oder durch fristlose Kündigung der Gesellschaft fällig werden kann (Abs. 4 S. 1) und der Vorgang des Hin- und Herzahlens in der Anmeldung nach § 37 **offen gelegt** wird (Abs. 4 S. 2). Mit der Neuregelung soll einerseits eine Harmonisierung des aktienrechtlichen Kapitalaufbringungs- mit dem Kapitalerhaltungsrecht (vgl. § 57 Abs. 1 S. 3) erreicht werden; andererseits sollen die Kapitalschutzsysteme von Aktiengesellschaft und GmbH in Einklang gebracht werden.[289] Bei beiden Gesellschaftsformen ist nunmehr durchgängig eine bilanzielle Betrachtungsweise vorgesehen.[290] 44

a) Tatbestand. aa) Subsidiarität (S. 1). Abs. 4 kommt nur dann zur Anwendung, wenn der gesamte Vorgang nicht als verdeckte Sacheinlage iSd Abs. 3 zu qualifizieren ist. Der Abgrenzung kommt insbesondere im Cash-Pool (→ Rn. 53) und bei einer Kapitalerhöhung Bedeutung zu, bei der das Hin- und Herzahlen von der Rückzahlung auf eine bereits bestehende Darlehensforderung zu unterscheiden ist, die als Sacheinlage eingebracht werden kann.[291] 45

bb) Leistung an Aktionär (S. 1). Nach seinem Wortlaut erfasst Abs. 4 nicht lediglich die Fälle des **Hin- und Herzahlens,** sondern alle Leistungen, die **wirtschaftlich einer Rückzahlung der Einlage** entsprechen. Auf die Identität der hin- und herfließenden Zahlungen kommt es ebenso wenig an wie auf die betragsmäßige Übereinstimmung der vereinbarten gegenseitigen Zahlungen.[292] Einlage idS sind die Mindesteinlage iSd § 36a Abs. 1, die Resteinlage und ein Aufgeld („Agio") iSd § 36a Abs. 1.[293] Im Mittelpunkt stehen Gestaltungen, in denen die Bareinlage im Rahmen eines Darlehensvertrages wieder an den Inferenten ausgereicht wird und somit bei wirtschaftlicher Betrachtungsweise der „starke" mitgliedschaftliche Einlageanspruch durch einen „schwächeren", weil nicht gesellschaftsrechtlich (§§ 65 f.) abgesicherten[294] Rückgewähranspruch ersetzt wird.[295] Damit wird zwar angesichts der Auszahlung der Darlehensvaluta wirtschaftlich ein anderer Gegenstand (Zins- und Darlehensrückzahlungsanspruch) als der geschuldete (Bareinlage) erbracht.[296] Schuldrechtliche Ansprüche gegen den Aktionär sind jedoch nicht sacheinlagefähig,[297] so dass die Subsidiarität des Abs. 4 gegenüber Abs. 3 nicht entgegensteht. Auch die umgekehrten Fälle des **Her- und Hinzahlens** (→ Rn. 43) werden vom Anwendungsbereich des Abs. 4 erfasst.[298] Wirtschaftlich der Rückzahlung iSd Abs. 4 soll darüber hinaus auch die Gewährung einer Sicherheit aus dem Vermögen der Gesellschaft zugunsten des Inferenten für einen Bankkredit in Höhe der Einlageleistung entsprechen.[299] Kein Fall eines Hin- und Herzahlens soll hingegen vorliegen, wenn die Bareinlage nach ihrer Leistung zur Vergütung vom Inferenten erbrachter **Dienstleistungen** (zB Geschäftsführer- 46

---

[287] Vgl. BGHZ 182, 103 Rn. 9 = NZG 2009, 944 – Cash-Pool II.

[288] Vgl. BGHZ 166, 8 Rn. 21 = NJW 2006, 1736 – Cash Pool I, zur GmbH; vgl. BT-Rechtsausschuss, BT-Drs. 16/13098, 37.

[289] BT-Rechtsausschuss, BT-Drs. 16/13098, 37; *Weiler* notar 2009, 313 (314); krit. zur Neuregelung Hüffer/*Koch* Rn. 47; KK-AktG/*A. Arnold* Rn. 132; Schmidt/Lutter/*Bayer* Rn. 98; MüKoAktG/*Pentz* Rn. 214.

[290] BT-Rechtsausschuss, BT-Drs. 16/13098, 37; vgl. Hüffer/*Koch* Rn. 47; Spindler/Stilz/*Herrler* Rn. 215; MüKoAktG/*Pentz* Rn. 208.

[291] *Wicke* Einf. ARUG 59; iErg ebenso MüKoAktG/*Pentz* Rn. 149, 151 f.; vgl. BGH NZG 2012, 1067 Rn. 15 ff. = NJW 2012, 3035.

[292] Spindler/Stilz/*Herrler* Rn. 226; MüKoAktG/*Pentz* Rn. 216; iErg ebenso *Illhardt,* Die Einlagenrückzahlung nach § 27 Abs. 4 AktG, 2013, 82 ff.

[293] Spindler/Stilz/*Herrler* Rn. 226.

[294] AA *Wicke* Einf. ARUG 60.

[295] BGHZ 180, 38 Rn. 15 = NJW 2009, 2375 – Qivive; *Herrler/Reymann* DNotZ 2009, 914 (923); Würzburger Notar-HdB/*Reul* Teil 5 Kap. 4 Rn. 99; Spindler/Stilz/*Herrler* Rn. 220; MüKoAktG/*Pentz* Rn. 216 f.

[296] Würzburger Notar-HdB/*Reul* Teil 5 Kap. 4 Rn. 99.

[297] AllgM, zB BGHZ 180, 38 Rn. 10 = NJW 2009, 2375 – Qivive; MüKoAktG/*Pentz* Rn. 26.

[298] *Herrler/Reymann* DNotZ 2009, 914 (923 Fn. 47); Spindler/Stilz/*Herrler* Rn. 229; MüKoAktG/*Pentz* Rn. 219; Hüffer/*Koch* Rn. 49; Würzburger Notar-HdB/*Reul* Teil 5 Kap. 4 Rn. 99; *Wachter* DStR 2010, 1240 (1242); *Illhardt,* Die Einlagenrückzahlung nach § 27 Abs. 4 AktG, 2013, 97 ff.; vgl. Schmidt/Lutter/*Bayer* Rn. 117 und NK-AktR/*Polley* Rn. 79: Abs. 4 analog; wohl aA Baumbach/Hueck/*Fastrich* GmbHG § 19 Rn. 75.

[299] Würzburger Notar-HdB/*Reul* Teil 5 Kap. 4 Rn. 100; vgl. MüKoAktG/*Pentz* Rn. 216; offenlassend *Wicke* Einf. ARUG 59.

oder Vorstandsvergütung, Beratungshonorare) verwendet wird, vorausgesetzt, die Bareinlage wird in den Geldkreislauf der Gesellschaft eingespeist und nicht absprachegemäß für die Zahlung der Dienstleistung „reserviert“;[300] die Vergütung solcher Dienstleistungen stellt auch kein Her- und Hinzahlen dar, wenn eine tatsächlich erbrachte Leistung entgolten wird, die Vergütung einem Drittvergleich standhält und die objektiv werthaltige Leistung nicht aus Sicht der Gesellschaft unbrauchbar und damit wertlos ist.[301] Werden diese Kriterien beachtet, steht der Abschluss von Dienstleistungsverträgen der erfolgreichen Kapitalaufbringung nicht entgegen.[302] Ansonsten handelt es sich um eine der Erfüllung der Einlageschuld entgegenstehende Einlagenrückzahlung iSd Abs. 4;[303] die Einlage wurde dann nicht zur freien Verfügung des Vorstands erbracht.[304] Dabei ist unerheblich, ob es sich um gewöhnliche Geschäfte der laufenden Geschäftstätigkeit handelt oder nicht.[305] Auch Leistungen an **Dritte** können ein Hin- und Herzahlen darstellen, wenn der Inferent durch die Zahlung an den Dritten in gleicher Weise begünstigt wird wie durch eine Zahlung an ihn selbst;[306] hinsichtlich der diesbezüglichen Voraussetzungen kann auf die Ausführungen zur verdeckten Sacheinlage verwiesen werden (→ Rn. 35).

47 **cc) Vorherige Absprache (S. 1).** Die Leistung an den Aktionär muss aufgrund vorausgehender Absprache (**„vereinbart“**) erfolgt sein. Der gegenüber Abs. 3 S. 1 abweichende Wortlaut (dort Erfordernis einer „Abrede“, → Rn. 37) begründet keine besonderen Anforderungen an die Rechtsverbindlichkeit der „Vereinbarung“; ausreichend ist die bloße tatsächliche Übereinkunft der Beteiligten.[307] Im Gründungsstadium wird die Übereinkunft grds. zwischen dem Inferenten und seinen Mitgesellschaftern getroffen; ausreichend soll – ebenso wie bei einer Kapitalerhöhung – auch die Absprache des Inferenten mit dem Vorstand sein.[308] Bei der Einmann-Gründung wird die Absprache durch das entsprechende „Vorhaben“ des alleinigen Gründers ersetzt.[309] Ob die Absprache notwendig **vor der Einlagenleistung** getroffen werden muss und bei nachfolgenden Absprachen lediglich die Kapitalerhaltungsvorschriften zu beachten sind, ist bei der Parallelvorschrift des § 19 Abs. 5 GmbHG umstritten.[310] Aufgrund des Wortlauts des Abs. 4 und der Parallele bei der verdeckten Sacheinlage (Erfordernis vorheriger Umgehungsabrede; → Rn. 37) ist der Anwendungsbereich des Abs. 4 bei einer der Einlagenleistung nachfolgenden (Darlehens-)Abrede nicht eröffnet.[311] Bei einem engen sachlichen und zeitlichen Zusammenhang zwischen Einlageleistung und Rückgewähr ist die vorherige Absprache – ebenso wie bei der verdeckten Sacheinlage – widerleglich zu vermuten.[312] Sollte hingegen feststehen, dass die Abrede erst nach Erbringung der Einlage erfolgt ist, beurteilt sich die Zulässigkeit des Hin- und Herzahlens nach den Grundsätzen der Kapitalerhaltung gemäß § 57 Abs. 1.[313]

48 **dd) Vollwertiger, fälliger Rückgewähranspruch (S. 1).** Weitere Voraussetzung für den Eintritt der Rechtsfolgen des Abs. 4 ist, dass der Rückgewähranspruch der Gesellschaft **vollwertig** und

[300] Vgl. BGHZ 184, 158 Rn. 23 = NZG 2010, 343 – Eurobike; BGHZ 180, 38 Rn. 17 = NJW 2009, 2375 – Qivive; hierzu *Pentz* GmbHR 2009, 505 (511); *Theusinger/Liese* NZG 2009, 641 (644 f.); *Hofmeister* AG 2010, 261 (270 ff.); Hüffer/*Koch* Rn. 49; Spindler/Stilz/*Herrler* Rn. 235 ff.; vgl. MüKoAktG/*Pentz* Rn. 216; großzügiger Schmidt/Lutter/*Bayer* Rn. 105.

[301] BGHZ 184, 158 Rn. 24 = NZG 2010, 343 – Eurobike; vgl. hierzu *Wachter* NJW 2010, 1715 ff.; *Herrler* NZG 2010, 407 ff.; *Hofmeister* AG 2010, 261 (270); *Bayer/Lieder* NZG 2010, 86 (88 ff.); krit. zu hieraus resultierenden Folgen bei nur teilweiser objektiver Werthaltigkeit Spindler/Stilz/*Herrler* Rn. 238 f.

[302] Vgl. Spindler/Stilz/*Herrler* Rn. 235; iE ebenso *Illhardt,* Die Einlagenrückzahlung nach § 27 Abs. 4 AktG, 2013, 64 f.

[303] Vgl. Spindler/Stilz/*Herrler* Rn. 238; Würzburger Notar-HdB/*Reul* Teil 5 Kap. 4 Rn. 100.

[304] Vgl. HK-AktG/*Lohse* Rn. 52a; iErg ebenso *Illhardt,* Die Einlagenrückzahlung nach § 27 Abs. 4 AktG, 2013, 64 f.; ähnlich Schmidt/Lutter/*Bayer* Rn. 61 f.

[305] Spindler/Stilz/*Herrler* Rn. 235.

[306] Spindler/Stilz/*Herrler* Rn. 233; HK-AktG/*Lohse* Rn. 50; MüKoAktG/*Pentz* Rn. 216; *Wachter* DStR 2010, 1240 (1242).

[307] Spindler/Stilz/*Herrler* Rn. 221; MüKoAktG/*Pentz* Rn. 220; Hüffer/*Koch* Rn. 49; Grigoleit/*Vedder* Rn. 68; *Illhardt,* Die Einlagenrückzahlung nach § 27 Abs. 4 AktG, 2013, 71 ff.; iErg ebenso HK-AktG/*Lohse* Rn. 50.

[308] Spindler/Stilz/*Herrler* Rn. 222; MüKoAktG/*Pentz* Rn. 220; vgl. Schmidt/Lutter/*Bayer* Rn. 104.

[309] Spindler/Stilz/*Herrler* Rn. 223; MüKoAktG/*Pentz* Rn. 220; Hüffer/*Koch* Rn. 49; Grigoleit/*Vedder* Rn. 68.

[310] *Herrler/Reymann* DNotZ 2009, 914 (923 f.); Lutter/Hommelhoff/*Bayer* GmbHG § 19 Rn. 110 mwN auch zur Gegenansicht.

[311] *Herrler/Reymann* DNotZ 2009, 914 (924); Spindler/Stilz/*Herrler* Rn. 224; MüKoAktG/*Pentz* Rn. 221; Hüffer/*Koch* Rn. 49; Grigoleit/*Vedder* Rn. 68; aA KK-AktG/*A. Arnold* Rn. 138; NK-AktR/*Polley* Rn. 81.

[312] *Herrler/Reymann* DNotZ 2009, 914 (924); KK-AktG/*A. Arnold* Rn. 137; Spindler/Stilz/*Herrler* Rn. 225; HK-AktG/*Lohse* Rn. 50; Schmidt/Lutter/*Bayer* Rn. 106; MüKoAktG/*Pentz* Rn. 220; Hüffer/*Koch* Rn. 49; Grigoleit/*Vedder* Rn. 68; vgl. Baumbach/Hueck/*Fastrich* GmbHG § 19 Rn. 73; zurückhaltend NK-AktR/*Polley* Rn. 80; *Wicke* Einf. ARUG 58.

[313] Vgl. *Wicke* Einf. ARUG 58; MüKoAktG/*Pentz* Rn. 221; Hüffer/*Koch* Rn. 49; Grigoleit/*Vedder* Rn. 68.

jederzeit **fällig** ist oder durch fristlose Kündigung der Gesellschaft fällig werden kann. Mit dem Tatbestandsmerkmal der Vollwertigkeit wird – entsprechend § 57 Abs. 1 S. 3 – die bilanzielle Betrachtungsweise eingeführt, so dass für die Bejahung der Vollwertigkeit eine zu 100% aktivierungsfähige Forderung zu verlangen ist.[314] Die Vollwertigkeit muss zumindest bei **Begründung des Rückgewähranspruchs** der Gesellschaft gegeben sein;[315] erfolgt die Rückzahlung hingegen bereits vor der Anmeldung der Aktiengesellschaft, ist die Vollwertigkeit der Forderung im Zeitpunkt des Eingangs der Handelsregisteranmeldung beim Gericht maßgeblich.[316] Zum vorgenannten Zeitpunkt muss der Inferent zur Erfüllung aller seiner Verbindlichkeiten in der Lage sein; es darf nicht damit zu rechnen sein, dass der Inferent zum späteren Zeitpunkt der Geltendmachung der Forderung nicht mehr zur – vollständigen – Rückzahlung des Darlehens in der Lage ist.[317] Spätere Verschlechterungen der Bonität des Inferenten können lediglich den Vorstand verpflichten, den Rückgewähranspruch pflichtgemäß geltend zu machen;[318] eine Verletzung der Pflicht kann eine Haftung nach § 93 Abs. 2 begründen.[319] Die Vollwertigkeit setzt eine angemessene Verzinsung der Forderung voraus.[320] Die Bestellung einer Sicherheit erscheint demgegenüber nicht zwingend als erforderlich,[321] kann aber die bei fraglicher Kreditwürdigkeit des Inferenten zweifelhafte Vollwertigkeit gewährleisten.[322] Der Rückgewähranspruch muss darüber hinaus **jederzeit fällig** sein oder durch **fristlose Kündigung** fällig gestellt werden können. Dies muss durch eine entsprechende Vereinbarung im zugrunde liegenden schuldrechtlichen Rechtsverhältnis, dh regelmäßig dem Darlehensvertrag, sichergestellt werden. Über den Wortlaut des Abs. 4 S. 1 hinaus wird in der Literatur zu Recht ferner verlangt, dass der Rückgewähranspruch **liquide** im Sinne von frei von Einwendungen und Einreden ist.[323]

ee) Offenlegung (S. 2). Der Tatbestand des Hin- und Herzahlens ist gemäß Abs. 4 S. 2 in der Anmeldung der Gründung bzw. der Kapitalerhöhung offen zu legen, um dem Registergericht die Prüfung zu ermöglichen, ob die Voraussetzungen des Abs. 4 erfüllt sind. Wortlaut und Systematik des Abs. 4 scheinen nahe zu legen, dass die erfolgte Offenlegung nicht Voraussetzung für den Eintritt der Erfüllungswirkung nach Abs. 4 S. 1 ist (→ Rn. 51), sondern lediglich der Vermeidung einer Strafbarkeit nach § 399 Abs. 1 Nr. 1, 4 dient.[324] Der BGH betrachtet zur Parallelregelung des § 19 Abs. 5 GmbHG in gefestigter Rechtsprechung die Offenlegung nach Abs. 4 S. 2 hingegen als echte **Tatbestandsvoraussetzung** für den Eintritt der **Erfüllungswirkung** nach Abs. 4 S. 1.[325] Dies ist auf § 27 Abs. 4 S. 2 zu übertragen.[326] In obergerichtlicher Rspr. und Literatur wird überwiegend davon ausgegangen, dass der Anmeldung, die die Offenlegung des Hin- und Herzahlens enthält, zum 49

[314] Spindler/Stilz/*Herrler* Rn. 243; MüKoAktG/*Pentz* Rn. 224; Hüffer/*Koch* Rn. 50; Grigoleit/*Vedder* Rn. 76; Würzburger Notar-HdB/*Reul* Teil 5 Kap. 4 Rn. 101; KK-AktG/*A. Arnold* Rn. 142; HK-AktG/*Lohse* Rn. 54; *Illhardt,* Die Einlagenrückzahlung nach § 27 Abs. 4 AktG, 2013, 102 f.; vgl. *Wicke* Einf. ARUG 57 unter Bezugnahme auf BGHZ 179, 71 Rn. 13 = NJW 2009, 850 – MPS; aA Baumbach/Hueck/*Fastrich* GmbHG § 19 Rn. 76: tatsächlicher Verkehrswert.

[315] *Herrler* GmbHR 2010, 785 (787); *Herrler/Reymann* DNotZ 2009, 914 (925 Fn. 56); *Wicke* Einf. ARUG 58; Spindler/Stilz/*Herrler* Rn. 248; Baumbach/Hueck/*Fastrich* GmbHG § 19 Rn. 79; ähnlich KK-AktG/*A. Arnold* Rn. 142: „Zeitpunkt der Rückgewähr"; aA HK-AktG/*Lohse* Rn. 54; MüKoAktG/*Pentz* Rn. 225: maßgeblich ist (zumindest auch) Zeitpunkt der Anmeldung.

[316] Spindler/Stilz/*Herrler* Rn. 248; MüKoAktG/*Pentz* Rn. 225; *Herrler* GmbHR 2010, 785 (787).

[317] KK-AktG/*A. Arnold* Rn. 142; MüKoAktG/*Pentz* Rn. 224; ähnlich BGHZ 179, 71 Rn. 13 = NJW 2009, 850 – MPS; *Wicke* Einf. ARUG 57.

[318] *Wicke* Einf. ARUG 58; KK-AktG/*A. Arnold* Rn. 149; MüKoAktG/*Pentz* Rn. 226; vgl. HK-AktG/*Lohse* Rn. 55; Baumbach/Hueck/*Fastrich* GmbHG § 19 Rn. 79; vgl. ferner BGHZ 179, 71 Rn. 14 = NJW 2009, 850 – MPS.

[319] Würzburger Notar-HdB/*Reul* Teil 5 Kap. 4 Rn. 101.

[320] *Wicke* Einf. ARUG 57 mwN; KK-AktG/*A. Arnold* Rn. 143; NK-AktR/*Polley* Rn. 85; Hüffer/*Koch* Rn. 50; Schmidt/Lutter/*Bayer* Rn. 109; grds. zust. Spindler/Stilz/*Herrler* Rn. 246; aA MüKoAktG/*Pentz* Rn. 227.

[321] *Wicke* Einf. ARUG 57; KK-AktG/*A. Arnold* Rn. 143; Spindler/Stilz/*Herrler* Rn. 244; MüKoAktG/*Pentz* Rn. 227; NK-AktR/*Polley* Rn. 86; *Bayer/Lieder* GWR 2010, 3 (5); vgl. BGHZ 179, 71 Rn. 13 = NJW 2009, 850 – MPS; Baumbach/Hueck/*Fastrich* GmbHG § 19 Rn. 77.

[322] *Wicke* Einf. ARUG 58; Spindler/Stilz/*Herrler* Rn. 244; NK-AktR/*Polley* Rn. 86; Baumbach/Hueck/*Fastrich* GmbHG § 19 Rn. 77; ähnlich MüKoAktG/*Pentz* Rn. 227.

[323] Vgl. Hüffer/*Koch* Rn. 50; KK-AktG/*A. Arnold* Rn. 145; Spindler/Stilz/*Herrler* Rn. 251; NK-AktR/*Polley* Rn. 83; MüKoAktG/*Pentz* Rn. 229; HK-AktG/*Lohse* Rn. 54; Schmidt/Lutter/*Bayer* Rn. 110.

[324] Vgl. *Herrler* GmbHR 2010, 785 (786 f.); *Herrler* DNotZ 2008, 903 (905 Fn. 11); *Illhardt,* Die Einlagenrückzahlung nach § 27 Abs. 4 AktG, 2013, 144.

[325] BGHZ 180, 38 Rn. 16 = NJW 2009, 2375 – Qivive; BGHZ 182, 103 Rn. 25 = NZG 2009, 944 – Cash-Pool II; KK-AktG/*A. Arnold* Rn. 147; vgl. *Tebben* RNotZ 2008, 441 (461).

[326] OLG Stuttgart GmbHR 2012, 215 (215) = BB 2011, 2897; Schmidt/Lutter/*Bayer* Rn. 114; MüKoAktG/*Pentz* Rn. 230; vgl. Würzburger Notar-HdB/*Reul* Teil 5 Kap. 4 Rn. 98; Hüffer/*Koch* Rn. 50: zumindest für „Neufälle"; aA Spindler/Stilz/*Herrler* Rn. 256.

Zwecke der Prüfung der Vollwertigkeit und Fälligkeit des Rückgewähranspruchs die maßgebliche schuldrechtliche Vereinbarung (Darlehensvertrag) und ein Werthaltigkeits- oder Liquiditätsnachweis beizufügen sind.[327] Dabei soll als Bonitätsnachweis auch eine positive Bewertung durch eine international anerkannte Rating-Agentur in Betracht kommen.[328] Fraglich ist, ob die (zunächst) unterlassene Offenlegung **nachgeholt** werden kann. Dies wird in obergerichtlicher Rspr. und Literatur mit guten Gründen **vor Eintragung** der Aktiengesellschaft bzw. der Kapitalerhöhung im Handelsregister für möglich gehalten.[329] Soweit eine „heilende" Offenlegung unter bestimmten Voraussetzungen auch **nach** der entsprechenden Eintragung im Handelsregister für möglich gehalten wird,[330] erscheint in der Praxis größte Zurückhaltung geboten, da der bisher zu Altfällen vorliegenden höchstrichterlichen Rspr. keine diesbezüglichen Anhaltspunkte entnommen werden können.

50 **ff) Beweislast.** Die Beweislast für das Vorliegen eines Hin- und Herzahlens iSd Abs. 4 S. 1 trägt die Gesellschaft, wobei nach der hier vertretenen Ansicht eine entsprechende Verabredung bei einem engen zeitlichen und sachlichen Zusammenhang vermutet (→ Rn. 47) wird.[331] Der Inferent hat hingegen die Vollwertigkeit des Rückgewähranspruchs und die sonstigen Voraussetzungen (→ Rn. 48 f.) für die Erfüllungswirkung des Hin- und Herzahlens zu beweisen.[332]

51 **b) Rechtsfolgen.** Sind die Voraussetzungen des Abs. 4 S. 1 und 2 in vollem Umfang erfüllt, bewirkt das Hin- und Herzahlen die vollständige **Erfüllung** der Einlageverpflichtung.[333] Fehlt es hingegen an der Vollwertigkeit des Rückgewähranspruchs oder ist eine der anderen Voraussetzungen des Abs. 4 S. 1 und 2 nicht erfüllt, liegt keine wirksame Erfüllung der Einlageschuld vor; es gelten vielmehr die althergebrachten Grundsätze zum Hin- und Herzahlen (→ Rn. 43).[334] Zudem droht eine Strafbarkeit nach § 399 Abs. 1 Nr. 1 oder 4.[335] Zur Situation des Beraters und des Notars kann auf die Ausführungen zur verdeckten Sacheinlage verwiesen werden (→ Rn. 29). Da damit im Ergebnis für das Hin- und Herzahlen nicht das Werthaltigkeits- sondern das **„Alles-oder-Nichts-Prinzip"** gilt, scheidet eine (teilweise) Tilgung der Einlageverbindlichkeit aus, wenn der Rückgewähranspruch gegen den Inferenten im Zeitpunkt seiner Begründung nur teilweise vollwertig und liquide ist; selbst eine geringfügige Wertdiskrepanz führt dazu, dass alle Zahlungsvorgänge als „nullum" zu behandeln sind.[336]

52 **3. Übergangsregelung zum Hin- und Herzahlen.** Nach der Übergangsregelung des § 20 Abs. 7 S. 1 EGAktG findet die Neufassung des § 27 Abs. 4 grundsätzlich auch auf Einlageleistungen, die vor dem 1.9.2009 bewirkt worden sind, Anwendung, soweit sie nach alter Rechtslage keine Erfüllung der Einlagenverpflichtung bewirkt haben. Das gilt nur dann nicht, soweit über die aus der Unwirksamkeit folgenden Ansprüche zwischen der Gesellschaft und dem Gesellschafter bereits vor dem 1.9.2009 ein rechtskräftiges Urteil ergangen oder eine wirksame Vereinbarung getroffen worden ist; in solchen Fällen beurteilt sich die Rechtslage nach altem Recht (vgl. § 20 Abs. 7 S. 2 EGAktG). In der Praxis wird der dadurch angeordneten rückwirkenden Anwendung des Abs. 4 keine Bedeutung zukommen. Unbeschadet eventueller verfassungsrechtlicher Bedenken (→ Rn. 39) und der Beweisnot des Inferenten für die Vollwertigkeit und Liquidität des Rückgewähranspruchs zum Zeit-

---

[327] OLG München RNotZ 2011, 312 (313) = GmbHR 2011, 422; *Herrler/Reymann* DNotZ 2009, 914 (925); *Wicke* Einf. ARUG 60; ausf. Spindler/Stilz/*Herrler* Rn. 259 ff.; HK-AktG/*Lohse* Rn. 56; Schmidt/Lutter/*Bayer* Rn. 107; *Komo* BB 2011, 2307 (2314); *Illhardt,* Die Einlagenrückzahlung nach § 27 Abs. 4 AktG, 2013, 136 ff.; vgl. Hüffer/*Koch* Rn. 50: Vollwertigkeit ist Registergericht nachzuweisen; NK-AktR/*Polley* Rn. 88: nicht zwingend, aber in der Praxis tunlich; MüKoAktG/*Pentz* Rn. 230: empfiehlt sich.

[328] OLG München RNotZ 2011, 312 (313 f.) = GmbHR 2011, 422; Spindler/Stilz/*Herrler* Rn. 261.

[329] OLG Stuttgart GmbHR 2012, 215 (215 f.) = BB 2011, 2897; Spindler/Stilz/*Herrler* Rn. 267; *Herrler* GmbHR 2010, 785 (788 f.); Würzburger Notar-HdB/*Reul* Teil 5 Kap. 4 Rn. 98; NK-AktR/*Polley* Rn. 81; HK-AktG/*Lohse* Rn. 57.

[330] Spindler/Stilz/*Herrler* Rn. 271 ff.; *Herrler* GmbHR 2010, 785 (790 ff.).

[331] MüKoAktG/*Pentz* Rn. 234; *Wicke* Einf. ARUG 60; *Illhardt,* Die Einlagenrückzahlung nach § 27 Abs. 4 AktG, 2013, 80 f.

[332] MüKoAktG/*Pentz* Rn. 234; *Wicke* Einf. ARUG 60; *Herrler/Reymann* DNotZ 2009, 914 (925); KK-AktG/*A. Arnold* Rn. 146; Spindler/Stilz/*Herrler* Rn. 252; HK-AktG/*Lohse* Rn. 54; Schmidt/Lutter/*Bayer* Rn. 111.

[333] *Herrler/Reymann* DNotZ 2009, 914 (926); Würzburger Notar-HdB/*Reul* Teil 5 Kap. 4 Rn. 101; KK-AktG/*A. Arnold* Rn. 148; Spindler/Stilz/*Herrler* Rn. 263; MüKoAktG/*Pentz* Rn. 233; *Wicke* Einf. ARUG 60; *Illhardt,* Die Einlagenrückzahlung nach § 27 Abs. 4 AktG, 2013, 160 f.; krit. hierzu Hüffer/*Koch* Rn. 47, 52.

[334] Spindler/Stilz/*Herrler* Rn. 263; MüKoAktG/*Pentz* Rn. 231; *Wicke* Einf. ARUG 60; *Herrler/Reymann* DNotZ 2009, 914 (926).

[335] MüKoAktG/*Pentz* Rn. 232.

[336] *Herrler/Reymann* DNotZ 2009, 914 (926); Spindler/Stilz/*Herrler* Rn. 264 f.; Würzburger Notar-HdB/*Reul* Teil 5 Kap. 4 Rn. 101; KK-AktG/*A. Arnold* Rn. 150; HK-AktG/*Lohse* Rn. 53; *Illhardt,* Die Einlagenrückzahlung nach § 27 Abs. 4 AktG, 2013, 167 f.

punkt seiner Begründung wird die Erfüllungsvoraussetzung „Offenlegung des Hin- und Herzahlens" in Altfällen nicht gewahrt sein. Erwägungen in der Literatur,[337] insoweit vom Erfordernis der Offenlegung abzusehen, um die Übergangsvorschrift nicht ins Leere laufen zu lassen, ist der BGH in der Cash-Pool II-Entscheidung zur Parallelregelung im GmbH-Recht ausdrücklich entgegengetreten.[338]

4. Insbesondere: Cash-Pool. Cash-Pools sind als konzerninterne Cash-Management-Systeme zum Zwecke der Optimierung von Liquidität und Zinserträgen weit verbreitet. Dabei werden im sog. „physischen Cash-Pool" („Zero-Balancing") aufgrund eines Cash-Management-Vertrages zwischen den beteiligten Konzerngesellschaften und den kontoführenden Instituten die Salden auf den Konten der Tochtergesellschaften (Quellkonten) bankarbeitstäglich auf das regelmäßig bei der Konzernmutter (Cash-Manager) geführte Zentralkonto übertragen. Beim „manuellen Cash-Pooling" erfolgt der Ausgleich durch willkürliche Einzelüberweisungen. Nach hM stellt sich ein Cash-Pool als System wechselseitiger Darlehensverträge iSd §§ 488 ff. BGB dar.[339] Da nach der Rechtsprechung für Cash-Pool-Systeme im Rahmen der Kapitalaufbringung vor dem Inkrafttreten des ARUG (→ Rn. 2) keine Sonderregelungen galten[340] und Cash-Pools Probleme sowohl in Bezug auf die Kapitalaufbringung wie auch auf die Kapitalerhaltung aufwerfen, war vorrangiges gesetzgeberisches Motiv zur Aufnahme von Sonderregelungen über das Hin- und Herzahlen in § 19 Abs. 5 GmbHG und in § 27 Abs. 4, das „ökonomisch sinnvolle" Cash-Pooling zu ermöglichen.[341] Die Neuregelung hat aber keineswegs zu einer uneingeschränkten Zulässigkeit des Hin- und Herzahlens im Rahmen eines Cash-Pools geführt.[342] Dies ist zum einen in der Subsidiarität des § 27 Abs. 4 gegenüber § 27 Abs. 3 begründet. Danach ist bei Einlageleistungen des Inhabers des Zentralkontos bei der (Tochter-)Gesellschaft wie folgt zu differenzieren:[343] Soweit im Zeitpunkt der **Weiterleitung des Einlagebetrages** auf das Zentralkonto der Saldo auf dem Zentralkonto zu Lasten der Gesellschaft negativ ist, liegt eine **verdeckte Sacheinlage** vor (zu den Rechtsfolgen → Rn. 29, 38 ff.). Denn der Gesellschaft ist dann mit der Bareinlage im wirtschaftlichen Ergebnis infolge der Weiterleitung auf das Zentralkonto nicht der vereinbarte Barbetrag, sondern die Befreiung von der Verbindlichkeit aus der Cash-Pool-Verbindung und damit ein Sachwert zugeflossen.[344] Soweit die Einlage auf ein Zentralkonto des Inferenten weitergeleitet wird, dessen Saldo im Zeitpunkt der Weiterleitung ausgeglichen oder zugunsten der Gesellschaft positiv ist, liegt ein **Hin- und Herzahlen** iSd Abs. 4 vor.[345] Übersteigt die Einlageleistung den negativen Saldo zu Lasten der Gesellschaft im Zentralkonto, ist der Vorgang **teilweise** als **verdeckte Sacheinlage, teilweise** als **Hin- und Herzahlen** zu qualifizieren.[346] Zur Lösung der Problematik wird in der Literatur[347] vorgeschlagen, den Weg über die ordnungsgemäße und offen gelegte Einlagenrückzahlung iSd Abs. 4 dadurch sicherzustellen, dass im Zeitpunkt der Weiterleitung der Einlagemittel der Saldo des Zentralkontos zugunsten der Gesellschaft im Haben oder zumindest ausgeglichen ist,[348] oder – bei negativem Saldo – den Rückforderungsanspruch des poolführenden Inferenten gegen die Gesellschaft von vornherein im Wege der offenen Sacheinlage einzubringen.[349] Auch soweit danach im Rahmen eines Cash-Pools ein Hin- und Herzahlen iSd Abs. 4 vorliegt, erscheinen die weiteren Voraussetzungen (→ Rn. 48 f.) für eine Erfüllungswirkung vordergründig zwar als erfüllbar, werfen aber in der Praxis wegen der täglich wechselnden Salden und den damit verbundenen unterschiedlichen Anforderungen an eine den 53

---

[337] ZB *Wicke* Einf. ARUG 61; KK-AktG/*A. Arnold* Rn. 152; s. auch MüKoAktG/*Pentz* Rn. 236; Schmidt/Lutter/*Bayer* Rn. 116; vgl. Nachweise bei Spindler/Stilz/*Herrler* Rn. 302.

[338] BGHZ 182, 103 Rn. 24 f. = NZG 2009, 944 – Cash-Pool II.

[339] ZB BGHZ 166, 8 Rn. 12 = NZG 2006, 344 – Cash Pool I; Spindler/Stilz/*Herrler* Rn. 303; *Komo* BB 2011, 2307 (2313); *Kupjetz/Peter* GmbHR 2012, 498 (499); vgl. NK-AktR/*Polley* Rn. 44.

[340] Vgl. BGHZ 166, 8 Rn. 21 = NJW 2006, 1736 – Cash Pool I, zur GmbH; vgl. BT-Rechtsausschuss, BT-Drs. 16/13098, 37.

[341] Vgl. Begr. RegE, MoMiG BT-Drs. 16/6140, 34, 40; BT-Rechtsausschuss, BT-Drs. 16/13098, 37; vgl. BGHZ 180, 38 Rn. 16 = NJW 2009, 2375 – Qivive; sehr krit. hierzu *Altmeppen* NZG 2010, 441 (442).

[342] So auch Schmidt/Lutter/*Bayer* Rn. 122; vgl. auch Spindler/Stilz/*Herrler* Rn. 316.

[343] Zum Folgenden BGHZ 182, 103 Rn. 10 ff. = NZG 2009, 944 = DNotZ 2009, 941 mAnm *Priester* – Cash-Pool II; vgl. auch *Bormann/Urlichs* DStR 2009, 641 (642 ff.); Spindler/Stilz/*Herrler* Rn. 309 ff.; Schmidt/Lutter/*Bayer* Rn. 119 ff.; ausf. und diff. *Illhardt,* Die Einlagenrückzahlung nach § 27 Abs. 4 AktG, 2013, 46 ff.

[344] BGHZ 182, 103 Rn. 10 = NZG 2009, 944 – Cash-Pool II; vgl. MüKoAktG/*Pentz* Rn. 151; Spindler/Stilz/*Herrler* Rn. 309.

[345] BGHZ 182, 103 Rn. 11 = NZG 2009, 944 – Cash-Pool II; vgl. MüKoAktG/*Pentz* Rn. 150; Spindler/Stilz/*Herrler* Rn. 310.

[346] BGHZ 182, 103 Rn. 15 = NZG 2009, 944 – Cash-Pool II; vgl. MüKoAktG/*Pentz* Rn. 152; Spindler/Stilz/*Herrler* Rn. 311.

[347] Überblick bei Spindler/Stilz/*Herrler* Rn. 312 ff.

[348] *Lieder* GmbHR 2009, 1177 (1181).

[349] Spindler/Stilz/*Herrler* Rn. 314.

Voraussetzungen des § 27 Abs. 3 und 4 genügende Weiterleitung der Einlageleistung kaum überwindbare Probleme auf. Dies gilt zB auch in Bezug auf das Erfordernis der Fälligkeit des Rückzahlungsanspruchs iSd Abs. 4 S. 1, da die Möglichkeit, im Rahmen des Cash-Pools über den abgeflossenen Betrag zu verfügen, insoweit nicht ausreichend ist; notwendig ist vielmehr die Möglichkeit zur jederzeitigen fristlosen Kündigung des dem Cash-Pool zugrunde liegenden Vertrags ohne besonderen Grund.[350] Gegen den weiteren Vorschlag, die Einlage auf ein nicht in den Cash-Pool einbezogenes Bankkonto bei einer anderen Bank zu leisten, um aufgrund der Separierung einen Rückfluss der Einlage auszuschließen,[351] werden Bedenken geltend gemacht, da die Einlagemittel und die an den Inferenten zurückfließenden Mittel nicht identisch sein müssen, um eine verdeckte Sacheinlage oder ein Hin- und Herzahlen darzustellen.[352] In diesem Zusammenhang ist auch zu beachten, dass soweit die Weiterleitung der Einlageleistung auf das Zentralkonto als „verbotenes Hin- und Herzahlen" zu qualifizieren ist, spätere Leistungen aus dem Cash-Pool an die Gesellschaft nicht geeignet sind, die offene Einlageschuld zu tilgen (→ Rn. 51). Denn die Zahlungen im Rahmen des „Zero-Balancing" lassen sich nicht zweifelsfrei der noch offenen Einlage zuordnen.[353]

54 **5. Verhältnis zu § 71a Abs. 1. a) Vorrang des § 71a Abs. 1 und dessen Folgen.** Die Neufassung des § 27 Abs. 4 hat das in § 71a Abs. 1 S. 1 begründete Verbot der finanziellen Unterstützung **(„financial assistance")**, das auf **Art. 25 Kapital-RL** (früher: Art. 23 RL 77/91/EWG; → Rn. 2) beruht, unberührt gelassen.[354] § 71a Abs. 1 verbietet der Gesellschaft unter anderem eine Darlehensgewährung zum Zweck des Erwerbs von Aktien der Gesellschaft (→ § 71a Rn. 3 ff.). Im Verhältnis zu § 27 Abs. 4 erscheint § 71a Abs. 1 als **vorrangig.**[355] Denn § 27 Abs. 4 ordnet bei Vorliegen weiterer Voraussetzungen nur dann Erfüllungswirkung für ein Hin- und Herzahlen an, wenn ein wirksamer Rückgewähranspruch vorliegt.[356] § 27 Abs. 4 setzt daher die Wirksamkeit des Rückgewähranspruchs voraus, begründet sie aber nicht.[357] Für das Verhältnis zu § 71a Abs. 1 folgt hieraus, dass die Erfüllungswirkung nach Abs. 4 S. 1 nicht eintritt, wenn das Hin- und Herzahlen zugleich eine nach § 71a Abs. 1 verbotene finanzielle Unterstützung darstellt und deswegen kein wirksamer Rückgewähranspruch entsteht.[358] Da das Hin- und Herzahlen trotz des Erfordernisses der jederzeitigen Fälligkeit bzw. der sofortigen Kündbarkeit als „Darlehensgewährung" iSd § 71a Abs. 1 zu qualifizieren ist,[359] hängt die **praktische Bedeutung** des § 27 Abs. 4 im Ergebnis vom Anwendungsbereich des § 71a und dabei insbesondere davon ab, ob § 71a Abs. 1 nur für den **derivativen (abgeleiteten) Erwerb** von Aktien oder auch – und wenn ja, in welchem Umfang – für den **originären Erwerb** von Aktien bei der Gründung oder im Rahmen einer Kapitalerhöhung Geltung beansprucht.

54a **b) Anwendungsbereich des § 71a Abs. 1.** Der **Wortlaut** des § 71a Abs. 1 („Erwerb" statt „Zeichnung" wie in § 56) und die **systematische Stellung** der Norm im Umfeld der Vorschriften, die die Zulässigkeit und die Rechtsfolgen des derivativen Erwerbs eigener Aktien regeln, sprechen gegen eine Erstreckung des Anwendungsbereichs des § 71a Abs. 1 auf den originären Aktienerwerb.[360] Bei der Auslegung des § 71a Abs. 1 ist jedoch zu berücksichtigen, dass dieser auf **Art. 25 Kapital-RL** (früher: Art. 23 RL 77/91/EWG; → Rn. 2) beruht. Seit der Neufassung des damaligen Art. 23 Kapital-RL im Zuge der Änderungsrichtlinie vom 6.9.2006[361] besteht die Möglichkeit,

---

[350] BGHZ 182, 103 Rn. 26 ff. = NZG 2009, 944 – Cash-Pool II; Hüffer/*Koch* Rn. 50; *Komo* BB 2011, 2307 (2314); vgl. Spindler/Stilz/*Herrler* Rn. 242.

[351] *Goette* DStR 2006, 764 (767); *Theusinger* NZG 2009, 1017 (1018 f.); *Komo* BB 2011, 2307 (2313).

[352] Spindler/Stilz/*Herrler* Rn. 315; *Bormann/Ulrichs* DStR 2009, 641 (644); vgl. BGHZ 175, 265 Rn. 13 = NZG 2008, 425 – Rheinmöwe.

[353] BGHZ 182, 103 Rn. 22 = NZG 2009, 944 – Cash-Pool II; vgl. KK-AktG/*A. Arnold* Rn. 151; NK-AktR/*Polley* Rn. 91; Spindler/Stilz/*Herrler* Rn. 316.

[354] Vgl. BT-Rechtsausschuss, BT-Drs. 16/13098, 38.

[355] So ausdrücklich auch Hüffer/*Koch* Rn. 53; MüKoAktG/*Pentz* Rn. 212; HK-AktG/*Lohse* Rn. 47.

[356] BT-Rechtsausschuss, BT-Drs. 16/13098, 38; vgl. Spindler/Stilz/*Herrler* Rn. 293.

[357] BT-Rechtsausschuss, BT-Drs. 16/13098, 38.

[358] BT-Rechtsausschuss, BT-Drs. 16/13098, 38; *Habersack* AG 2009, 557 (562); Schmidt/Lutter/*Bayer* Rn. 100; Spindler/Stilz/*Herrler* Rn. 293; Hüffer/*Koch* Rn. 53.

[359] *Herrler/Reymann* DNotZ 2009, 914 (928); *Habersack* AG 2009, 557 (563); Grigoleit/*Vedder* Rn. 75; Spindler/Stilz/*Herrler* Rn. 294; HK-AktG/*Lohse* Rn. 47; vgl. Hüffer/*Koch* Rn. 53; zweifelnd BT-Rechtsausschuss, BT-Drs. 16/13098, 38; *Wicke* Einf. ARUG 56; aA *Altmeppen* NZG 2010, 441 (445).

[360] *Herrler/Reymann* DNotZ 2009, 914 (929); Spindler/Stilz/*Herrler* Rn. 295; vgl. MüKoAktG/*Oechsler* § 71a Rn. 15.

[361] RL 2006/86/EG des Europäischen Parlaments und des Rates vom 6.9.2006 zur Änderung der RL 77/91/EWG des Rates in Bezug auf die Gründung von Aktiengesellschaften und die Erhaltung und Änderung ihres Kapitals (ABl. L 264, 32).

dass Aktiengesellschaften unter bestimmten Voraussetzungen finanzielle Unterstützung im Hinblick auf den Erwerb eigner Aktien durch Dritte leisten.[362] Das deutsche Recht macht bislang von den diesbezüglichen, durch Art. 25 Kapital-RL (früher: Art. 23 RL 77/91/EWG) eingeräumten Möglichkeiten keinen Gebrauch.[363] Sämtliche Fälle, in denen nach Art. 25 Kapital-RL (früher: Art. 23 RL 77/91/EWG) finanzielle Unterstützung erlaubt werden könnte, bleiben nach nationalem Recht nach § 71a Abs. 1 verboten.[364] Die Begründung des BT-Rechtsausschusses lässt hinsichtlich der Frage einer Ausdehnung des Anwendungsbereichs des § 71a auf den originären Anteilserwerb unter Berücksichtigung der Vorgaben des Art. 25 Kapital-RL (früher: Art. 23 RL 77/91/EWG) eine deutliche Präferenz für eine eher restriktive Auslegung der Norm erkennen.[365] Eine **richtlinienkonforme Auslegung** schließt zwar eine vollständige Herausnahme des originären Anteilserwerbs aus dem Anwendungsbereich des § 71a Abs. 1 aus;[366] sie führt jedoch nicht zu dem Ergebnis, dass § 71a Abs. 1 auf jeden Fall eines originären Aktienerwerbs – dh sowohl im Rahmen der Gründung als auch bei jeder Kapitalerhöhung – anzuwenden ist.[367] Art. 25 Abs. 5 Kapital-RL (früher: Art. 23 Abs. 1 UAbs. 5 RL 77/91/EWG) erfasst nach seinem Wortlaut nur im Rahmen einer Kapitalerhöhung gezeichnete, nicht aber bei der Gründung übernommene Aktien. Im Umkehrschluss ergeben sich daher wichtige Anhaltspunkte dafür, dass ein originärer Aktienerwerb im Rahmen der Gründung nicht in den Anwendungsbereich des Art. 25 Kapital-RL (früher: Art. 23 RL 77/91/EWG) fällt.[368] Auch weist der Umstand, dass nach dem Wortlaut des Art. 25 Kapital-RL (früher: Art. 23 RL 77/91/EWG) der Erwerb von Aktien durch einen „Dritten" geregelt werden soll, darauf hin, dass sich die Richtlinienregelung bei einer Kapitalerhöhung nicht an jeden Inferenten richtet, sondern lediglich an Personen, die bislang keine Aktien halten.[369] Unter Zugrundelegung dieses „Dritten"-Begriffs wäre lediglich für Kapitalerhöhungen, die infolge der Nichtausübung von Bezugsrechten zu Verschiebungen der Beteiligungsquoten führen, der Anwendungsbereich des § 71a Abs. 1 eröffnet.[370] Auch wenn diese Fragestellungen noch der weiteren Erörterung in Rechtsprechung und Literatur bedürfen,[371] sprechen gute Gründe dafür, dass der originäre Aktienerwerb bei der Gründung sowie der originäre Aktienerwerb im Rahmen einer Kapitalerhöhung unter Ausnutzung des Bezugsrechts ohne Veränderung der Beteiligungsquoten nicht vom Anwendungsbereich des Art. 25 Kapital-RL (früher: Art. 23 RL 77/91/EWG) und somit auch nicht vom Verbot des § 71a Abs. 1 erfasst sind,[372] so dass insoweit ein Anwendungsbereich für § 27 Abs. 4 verbleibt.[373]

c) Konzernverhältnisse. Unabhängig von den in → Rn. 54a erörterten Fragestellungen ist in Bezug auf die praktische Bedeutung des § 27 Abs. 4 die Ausnahmeregelung des § 71a Abs. 1 S. 3 zu beachten, wonach das Verbot der finanziellen Unterstützung gemäß § 71a Abs. 1 S. 1 nicht für Rechtsgeschäfte bei Bestehen eines **Beherrschungs- oder Gewinnabführungsvertrags** (§ 291) gilt (→ § 71a Rn. 9). Für die sich hieraus ergebenden Konsequenzen in Bezug auf die Möglichkeiten der Anwendung des § 27 Abs. 4 ist von Relevanz, dass nach dem Wortlaut des § 71a Abs. 1 S. 3 die Nichtanwendung des Verbots nach § 71a Abs. 1 S. 1 nicht auf Finanzierungsgeschäfte zwischen den Vertragsteilen eines Beherrschungs- oder Gewinnabführungsvertrags beschränkt ist, sondern auch Finanzierungsgeschäfte mit Dritten auf Veranlassung des herrschenden Unternehmens, zB mit anderen Konzernunternehmen oder Unternehmen, die mit dem herrschenden Unternehmen oder anderen Konzernunternehmen in Geschäftsverbindung stehen, zugelassen sind. Dies ist gerade für Cash- 54b

[362] *Wicke* Einf. ARUG 55.

[363] BT-Rechtsausschuss, BT-Drs. 16/13098, 38; *Habersack* AG 2009, 557 (562).

[364] BT-Rechtsausschuss, BT-Drs. 16/13098, 38.

[365] Vgl. BT-Rechtsausschuss, BT-Drs. 16/13098, 38; vgl. auch NK-AktR/*Polley* Rn. 76: originärer Aktienerwerb nicht erfasst, somit keine Kollision des § 27 Abs. 4 mit § 71a Abs. 1 S. 1.

[366] So iErg Spindler/Stilz/*Herrler* Rn. 296; Hüffer/*Koch* Rn. 53; *Herrler/Reymann* DNotZ 2009, 914 Fn. 82; vgl. MüKoAktG/*Pentz* Rn. 212.

[367] So iErg Spindler/Stilz/*Herrler* Rn. 297 f.; aA *Habersack* AG 2009, 557 (562 f.); Spindler/Stilz/*Cahn/von Spannenberg* § 56 Rn. 12 f.; Spindler/Stilz/*Cahn* § 71a Rn. 16.

[368] BT-Rechtsausschuss, BT-Drs. 16/13098, 38; idS auch *Wicke* Einf. ARUG 56.

[369] *Herrler/Reymann* DNotZ 2009, 914 (929); Spindler/Stilz/*Herrler* Rn. 297; aA *Habersack* AG 2009, 557 (563).

[370] Vgl. *Herrler/Reymann* DNotZ 2009, 914 (929 f.); Spindler/Stilz/*Herrler* Rn. 298.

[371] So ausdrücklich BT-Rechtsausschuss, BT-Drs. 16/13098, 38.

[372] *Herrler/Reymann* DNotZ 2009, 914 (930); Spindler/Stilz/*Herrler* Rn. 298; iE ähnlich *Illhardt,* Die Einlagenrückzahlung nach § 27 Abs. 4 AktG, 2013, 282 f.; ebenso KK-AktG/*A. Arnold* Rn. 136, NK-AktR/*Polley* Rn. 76 und *Wicke* Einf. ARUG 56 für den Erwerb bei Gründung; aA *Habersack* AG 2009, 557 (563); KK-AktG/*Lutter/Drygala* § 71a Rn. 21.

[373] Wegen insoweit bestehender Unsicherheit die Praxis zur Zurückhaltung mahnend Hüffer/*Koch* Rn. 53; Schmidt/Lutter/*Bayer* Rn. 100; iErg ähnlich MüKoAktG/*Pentz* Rn. 212; Grigoleit/*Vedder* Rn. 75.

Pool-Konstellationen relevant.[374] Im **faktischen Konzern** verbleibt es hingegen beim Verbot des § 71a Abs. 1 S. 1.[375]

55 **6. Verhältnis zu § 36a Abs. 1 und zu Art. 9 Abs. 1 Kapital-RL.** Derzeit als ungeklärt ist das Verhältnis zwischen dem Hin- und Herzahlen und dem Mindesteinzahlungserfordernis nach **§ 36a Abs. 1** bzw. **Art. 9 Abs. 1 Kapital-RL** (→ Rn. 2) zu bezeichnen. Nach § 36a Abs. 1 muss zur Sicherung einer (effektiven) Kapitalaufbringung (→ § 36a Rn. 1) mindestens ein Viertel des geringsten Ausgabebetrages zuzüglich eines eventuellen Agios an die Gesellschaft geleistet werden. Art. 9 Abs. 1 Kapital-RL verlangt, dass die Einlagen im Zeitpunkt der Gründung in Höhe von mindestens 25% des Nennbetrages oder des rechnerischen Wertes geleistet werden müssen. In der Gesetzesbegründung finden sich keine Erörterungen zu der Frage, ob die Anforderungen des § 36a Abs. 1 bzw. des Art. 9 Abs. 1 Kapital-RL auch dann gewahrt sind, wenn die Bareinlage aufgrund vorheriger Absprache wieder an den Inferenten ausgereicht wird. Hiergegen wird in der Literatur geltend gemacht, die genannten Vorschriften verlangten die effektive Leistung von mindestens 25% des Nennbetrags bzw. rechnerischen Werts; diesem Erfordernis werde ein lediglich schuldrechtlicher Rückzahlungsanspruch nicht gerecht.[376] Ob § 27 Abs. 4 tatsächlich gegen das Mindesteinzahlungserfordernis verstößt,[377] ist maßgeblich von der noch nicht geklärten Frage abhängig, ob auch die zugrunde liegende Richtlinienbestimmung (Art. 9 Abs. 1 Kapital-RL) oder nur die deutsche Umsetzungsnorm (§ 36a Abs. 1) eine bare Mindesteinlage verlangt.[378] § 36a Abs. 1 wird als älteres Gesetz insoweit von der jüngeren Regelung des § 27 Abs. 4 verdrängt, so dass die Rückzahlung eines eventuellen Agios im Wege des Hin- und Herzahlens unbedenklich erscheint.[379] Nach dem derzeitigen Erkenntnisstand sprechen in der Praxis jedoch gute Gründe dafür, § 36a im Rahmen einer richtlinienkonformen Auslegung im Hinblick auf Art. 9 Abs. 1 Kapital-RL insoweit zu berücksichtigen, dass das Hin- und Herzahlen auf 75% der Bareinlage (zuzüglich eines eventuellen Agios) beschränkt und ein Viertel des geringsten Ausgabebetrages nicht an den Inferenten ausgereicht wird.[380] Diese Empfehlung gilt auch für Cash-Pool-Konstellationen.[381]

55a **7. Verhältnis zu Art. 10 Kapital-RL.** Art. 10 Kapital-RL (→ Rn. 2) verlangt für alle Einlagen, die nicht Bareinlagen iSd Kapital-RL sind, die Beachtung der Sonderregeln für Sacheinlagen [zB Werthaltigkeitsprüfung, Offenlegung, vgl. Art 10 Abs. 1–3 Kapital-RL]. Da die Bestimmungen für das Hin- und Herzahlen in § 27 Abs. 4 diese Sonderregeln nicht berücksichtigen, wird dessen Richtlinienkonformität insoweit in Frage gestellt.[382] In diesem Zusammenhang erscheint es nicht als ausgeschlossen, dass die Einlagenrückzahlung, bei der es sich wirtschaftlich um eine – nach deutschem Recht nicht sacheinlagefähige – (Darlehens-)Forderungseinbringung durch den Inferenten handelt –, europarechtlich als Sacheinlage qualifiziert wird.[383] Auch wenn letzteres der Fall sein sollte, erscheint es jedoch als gerechtfertigt, im Ergebnis keinen Verstoß gegen Art. 10 Kapital-RL zu konstatieren. Insoweit wird in der Literatur auf die besonderen Erfordernisse nach § 27 Abs. 4 (Vollwertigkeit des Rückgewähranspruchs der Aktiengesellschaft gegen den Inferenten, Fälligkeit und Liquidität) sowie das „Alles-oder-Nichts-Prinzip" auf der Rechtsfolgenseite hingewiesen und festgestellt, dass keine Gefährdung von Gläubiger- oder Mitaktionärsinteressen droht, so dass der Schutzzweck des Art. 10 Kapital-RL als nicht betroffen angesehen wird.[384]

55b **8. Verhältnis zu § 52.** Da nach hM auch Austauschgeschäfte über nicht sacheinlagefähige Vermögensgegenstände den Nachgründungsvorschriften unterfallen (→ § 52 Rn. 7), wird in der Literatur teilweise von der grundsätzlichen Anwendbarkeit des § 52 auf Fälle des Hin- und Herzahlens als „Form

[374] Ebenso Hüffer/*Koch* Rn. 54; Spindler/Stilz/*Herrler* Rn. 300.

[375] Hüffer/*Koch* Rn. 54 und § 71a Rn. 6a; KK-AktG/*Lutter/Drygala* § 71a Rn. 48; Spindler/Stilz/*Herrler* Rn. 300; aA GroßkommAktG/*Merkt* Rn. 22.

[376] *Habersack* AG 2009, 557 (561); zweifelnd Schmidt/Lutter/*Bayer* Rn. 101.

[377] So wohl Hüffer/*Koch* Rn. 52; MüKoAktG/*Pentz* Rn. 210.

[378] *Herrler/Reymann* DNotZ 2009, 914 (927); Schmidt/Lutter/*Bayer* Rn. 101; Spindler/Stilz/*Herrler* Rn. 289.

[379] *Herrler/Reymann* DNotZ 2009, 914 (927); Schmidt/Lutter/*Bayer* Rn. 101; Spindler/Stilz/*Herrler* Rn. 289; NK-AktR/*Polley* Rn. 75.

[380] *Habersack* AG 2009, 557 (561); KK-AktG/*A. Arnold* Rn. 133; *Wicke* Einf. ARUG 56; *Bayer/Lieder* GWR 2010, 3 (6); Schmidt/Lutter/*Bayer* Rn. 101; offen lassend *Herrler/Reymann* DNotZ 2009, 914 (927); vgl. auch *Herrler* NZG 2010, 407 (410); HK-AktG/*Lohse* Rn. 48; aA aufgrund bilanzieller Betrachtungsweise grdsl. Spindler/Stilz/*Herrler* Rn. 290; NK-AktR/*Polley* Rn. 75; ebenfalls aA *Illhardt,* Die Einlagenrückzahlung nach § 27 Abs. 4 AktG, 2013, 214.

[381] Schmidt/Lutter/*Bayer* Rn. 101.

[382] ZB MüKoAktG/*Pentz* Rn. 211; vgl. auch Schmidt/Lutter/*Bayer* Rn. 102; HK-AktG/*Lohse* Rn. 48.

[383] Spindler/Stilz/*Herrler* Rn. 291.

[384] Spindler/Stilz/*Herrler* Rn. 291; vgl. auch Schmidt/Lutter/*Bayer* Rn. 102.

des Forderungskaufs" ausgegangen.[385] Diese Anwendbarkeit unterstellt ist dann zu differenzieren: der nach Eintragung der Aktiengesellschaft geschlossene Darlehensvertrag kann gemäß § 52 Abs. 1 S. 2 unwirksam sein; wurde der Darlehensvertrag hingegen vor der Eintragung geschlossen, ist § 52 nicht anwendbar.[386] Zustimmung verdienen jedoch dann gegen die Anwendung des § 52 geltend gemachte systematische Bedenken. Denn die mit § 52 intendierte registergerichtliche Kontrolle ist wegen der nach § 27 Abs. 4 notwendigen Offenlegung des Hin- und Herzahlens bereits im Rahmen der Anmeldung der Gesellschaft nach § 37 gewährleistet.[387] Auch dient § 52 dazu, die Umgehung der Sachgründungsvorschriften zu verhindern,[388] während es sich beim Hin- und Herzahlen i.S.d. § 27 Abs. 4 und der wirtschaftlich damit verbundenen (Darlehens-)Forderungseinbringung durch den Inferenten gerade nicht um eine Sacheinlage iSd AktG handelt. Dennoch wird vereinzelt empfohlen, bis zur endgültigen Klärung der Frage des Verhältnisses zwischen § 27 Abs. 4 und § 52 in Fällen der Umsetzung der dem Hin- und Herzahlen zugrunde liegenden Abrede innerhalb der ersten zwei Jahre nach Eintragung der Gesellschaft im Handelsregister den Anforderungen des § 52 ebenfalls zu entsprechen.[389]

IX. Änderung und Beseitigung von Satzungsfestsetzungen (Abs. 5)

§ 27 Abs. 5 verweist für die Änderung rechtswirksam getroffener Festsetzungen und für die Beseitigung gegenstandslos gewordener Bestimmungen auf die diesbezüglichen Regelungen für Sondervorteile und Gründungsaufwand (§ 26 Abs. 4; → § 26 Rn. 17; und § 26 Abs. 5; → § 26 Rn. 18). Wegen der Einzelheiten kann auf die dortige Kommentierung verwiesen werden. Sowohl die Änderung als auch die Beseitigung erfolgt durch Satzungsänderung nach §§ 179 ff.; eine Änderung der Einlageverpflichtung bedarf zusätzlich der Zustimmung des Inferenten.[390] Eine **Änderung** darf nur zugunsten der Gesellschaft erfolgen und erst nach Ablauf von fünf Jahren seit der Eintragung der Gesellschaft.[391] In Betracht kommt insbesondere eine Erhöhung der Leistungspflicht des Gründers.[392] Abs. 5 entfaltet erst nach Eintragung der Gesellschaft in das Handelsregister Wirkungen. Vorher ist eine (Satzungs-)Änderung in der Form des § 23 und mit Zustimmung aller Gründer uneingeschränkt zulässig.[393] Die Festsetzungen der Satzung über Sacheinlagen und -übernahmen dürfen erst **beseitigt** werden, wenn seit Eintragung der Gesellschaft dreißig Jahre und seit Abwicklung der Rechtsverhältnisse, die den Festsetzungen zugrunde liegen, fünf Jahre vergangen sind. 56

§ 28 Gründer

Die Aktionäre, die die Satzung festgestellt haben, sind die Gründer der Gesellschaft.

I. Allgemeines

§ 28 enthält eine **Legaldefinition** des im AktG in einer Vielzahl von Vorschriften (vgl. zB §§ 23 Abs. 2 Nr. 1 und 2, 30 Abs. 1, 31 Abs. 1, 32 Abs. 1, 33 Abs. 2 Nr. 1, 35 Abs. 1 und 2, 36 Abs. 1, 46, 50, 160 Abs. 1 Nr. 1, 399 Abs. 1 Nr. 1 und 2) verwendeten Begriffs des Gründers. Diese Legaldefinition ist insbesondere für die **zivil-** und die **strafrechtliche Gründerhaftung** von Bedeutung.[1] Sondervorschriften gelten im Umwandlungsrecht für die Verschmelzung durch Neugründung oder den Formwechsel (vgl. §§ 36 Abs. 2 S. 2, 245 UmwG); insoweit ist § 28 nicht anwendbar. 1

II. Begriff des Gründers

Das Gesetz definiert als Gründer die Aktionäre, die die **Satzung festgestellt** haben. Zur Gründerfähigkeit → § 2 Rn. 12 ff. Aufgrund der notariell beurkundeten Satzungsfeststellung (→ § 23 Rn. 9 ff.) ist gewährleistet, dass durch eine öffentliche Urkunde nachgewiesen ist, wer zu den Gründern gehört.[2] 2

---

[385] So ausdrücklich Spindler/Stilz/*Herrler* Rn. 292; offenlassend HK-AktG/*Lohse* Rn. 48; ausdrücklich gegen Anwendbarkeit des § 52 *Illhardt,* Die Einlagenrückzahlung nach § 27 Abs. 4 AktG, 2013, 68; *Lieder* ZIP 2010, 964 (968).

[386] Vgl. MüKoAktG/*Pentz* Rn. 213.

[387] MüKoAktG/*Pentz* Rn. 213.

[388] Spindler/Stilz/*Herrler* Rn. 292.

[389] So MüKoAktG/*Pentz* Rn. 213.

[390] MüKoAktG/*Pentz* Rn. 239; KK-AktG/*A. Arnold* Rn. 155; Spindler/Stilz/*Herrler* Rn. 318.

[391] MüKoAktG/*Pentz* Rn. 240; KK-AktG/*A. Arnold* Rn. 155; HK-AktG/*Lohse* Rn. 24.

[392] Spindler/Stilz/*Herrler* Rn. 317; KK-AktG/*A. Arnold* Rn. 157; HK-AktG/*Lohse* Rn. 24; MüKoAktG/*Pentz* Rn. 238.

[393] AllgM, zB Spindler/Stilz/*Herrler* Rn. 320; KK-AktG/*A. Arnold* Rn. 154; vgl. MüKoAktG/*Pentz* Rn. 242.

[1] AllgM, zB Hüffer/*Koch* Rn. 1; MüKoAktG/*Pentz* Rn. 2.

[2] Spindler/Stilz/*Limmer* Rn. 2.

Neben der **rechtswirksamen Mitwirkung** an der Feststellung der Satzung (→ § 23 Rn. 3 ff.) ist nach der hier vertretenen Auffassung weitere Voraussetzung für den Status eines Gründers die **Zeichnung** mindestens einer **Aktie** (→ § 2 Rn. 6; → § 23 Rn. 16).[3] Maßgeblich für die Gründerstellung ist die **gesellschaftsrechtliche Bindung** zur Gesellschaft. Bei einer treuhänderischen Aktienübernahme ist daher der Treuhänder oder Strohmann, nicht der Treugeber Gründer, bei Stellvertretung der Vertretene und nicht der Vertreter. Wer lediglich eine Sachübernahme iSd § 27 (→ § 27 Rn. 14 ff.) zusagt, ist nicht Gründer, da nur eine schuldrechtliche Beziehung vorliegt.[4]

III. Einzelfragen

3 **1. Mängel bei der Gründung.** Eine bei Satzungsfeststellung **geschäftsunfähige** Person wird nicht Gründer (→ § 23 Rn. 37).[5] Tritt die Geschäftsunfähigkeit erst nach der Satzungsfeststellung ein, berührt dies die Gründereigenschaft nicht.[6] Bei **Anfechtung** der auf die Satzungsfeststellung gerichteten Willenserklärungen (§§ 119, 123 BGB) ist nach dem Zeitpunkt der Anfechtungserklärung zu unterscheiden (zur Bedeutung von Gründungsmängeln → § 23 Rn. 33 ff.): Ist die Gesellschaft bei Anfechtung als Vor-AG noch nicht in Vollzug gesetzt, entfällt die Gründerstellung des Anfechtenden rückwirkend (§ 142 BGB); möglich bleibt jedoch eine Haftung nach Rechtsscheingesichtspunkten.[7] Ist die Gesellschaft hingegen als Vor-AG bereits in Vollzug gesetzt, finden bei Anfechtung vor Eintragung der Gesellschaft die Regeln über die fehlerhafte Gesellschaft Anwendung und der Anfechtende bleibt Gründer.[8] Nach Eintragung der Gesellschaft im Handelsregister, dh nach deren wirksamen Entstehen (vgl. § 41 Abs. 1) ist die Anfechtung ausgeschlossen.[9]

4 **2. Tod eines Gründers.** Bei Tod eines Gründers treten seine Erben in seine Rechtsstellung ein (§ 1922 BGB). Die Gesellschaft wird hiervon nicht berührt. Strafrechtlich sind die Erben für das Handeln des verstorbenen Gründers nicht verantwortlich. Zivilrechtlich übernehmen die Erben die Haftung des Gründers nach allgemeinen erbrechtlichen Grundsätzen (§§ 1967 ff. BGB einschließlich des Rechts zur Haftungsbeschränkung). Für eigene, eventuell nach dem Erbfall noch erforderliche Mitwirkungshandlungen sind die Erben sowohl zivilrechtlich als auch strafrechtlich verantwortlich.[10]

§ 29 Errichtung der Gesellschaft

Mit der Übernahme aller Aktien durch die Gründer ist die Gesellschaft errichtet.

I. Allgemeines

1 § 29 definiert den Zeitpunkt, in dem die Gesellschaft errichtet ist. § 29 hat nur klarstellende Bedeutung; besondere Rechtsfolgen sind mit der Vorschrift nicht verbunden.[1]

II. Errichtung der Gesellschaft

2 Nach der Legaldefinition des § 29 ist die Gesellschaft errichtet, wenn alle **Aktien** durch die **Gründer übernommen** sind. Da in der notariellen Urkunde über die Feststellung der Satzung die Gründer und die von diesen übernommenen Aktien anzugeben sind (vgl. § 23 Abs. 2 Nr. 1 und 2; → § 23 Rn. 15 ff.) und alle Aktien bei der Satzungsfeststellung von den Gründern übernommen werden müssen, so dass nach der Satzungsfeststellung eine Aktienübernahme nicht mehr möglich ist („Einheitsgründung"; → § 23 Rn. 15), ist die Gesellschaft mit dem Abschluss des Beurkundungsvorgangs über die Feststellung der Satzung errichtet.[2] Die Errichtung der Gesellschaft führt zum Entstehen der Vor-AG (→ § 41 Rn. 6 ff.). Die Aktiengesellschaft als juristische Person, Kapitalgesellschaft und Formkaufmann entsteht erst mit ihrer Eintragung im Handelsregister (vgl. § 41 Abs. 1 S. 1).

---

[3] Ebenso hL, zB Hüffer/*Koch* Rn. 2; MüKoAktG/*Pentz* Rn. 6; Spindler/Stilz/*Limmer* Rn. 2; HK-AktG/*Lohse* Rn. 2; NK-AktR/*Braunfels* Rn. 2.

[4] Hüffer/*Koch* Rn. 2; MüKoAktG/*Pentz* Rn. 7; Spindler/Stilz/*Limmer* Rn. 2; KK-AktG/*A. Arnold* Rn. 3.

[5] Hüffer/*Koch* Rn. 3; Spindler/Stilz/*Limmer* Rn. 3; NK-AktR/*Braunfels* Rn. 2; aA MüKoAktG/*Pentz* Rn. 12.

[6] Hüffer/*Koch* Rn. 3; Spindler/Stilz/*Limmer* Rn. 3; NK-AktR/*Braunfels* Rn. 3.

[7] Hüffer/*Koch* Rn. 3; MüKoAktG/*Pentz* Rn. 14; HK-AktG/*Lohse* Rn. 3.

[8] Hüffer/*Koch* Rn. 3; MüKoAktG/*Pentz* Rn. 14; Spindler/Stilz/*Limmer* Rn. 3; NK-AktR/*Braunfels* Rn. 3.

[9] MüKoAktG/*Pentz* Rn. 14; Spindler/Stilz/*Limmer* Rn. 3.

[10] Vgl. Hüffer/*Koch* Rn. 4; MüKoAktG/*Pentz* Rn. 15; Spindler/Stilz/*Limmer* Rn. 4; KK-AktG/*A. Arnold* Rn. 7.

[1] AllgM, zB Hüffer/*Koch* Rn. 1; MüKoAktG/*Pentz* Rn. 2.

[2] AllgM, zB Hüffer/*Koch* Rn. 2; MüKoAktG/*Pentz* Rn. 3; Spindler/Stilz/*Limmer* Rn. 3.

§ 30 Bestellung des Aufsichtsrats, des Vorstands und des Abschlußprüfers

(1) [1]Die Gründer haben den ersten Aufsichtsrat der Gesellschaft und den Abschlußprüfer für das erste Voll- oder Rumpfgeschäftsjahr zu bestellen. [2]Die Bestellung bedarf notarieller Beurkundung.

(2) Auf die Zusammensetzung und die Bestellung des ersten Aufsichtsrats sind die Vorschriften über die Bestellung von Aufsichtsratsmitgliedern der Arbeitnehmer nicht anzuwenden.

(3) [1]Die Mitglieder des ersten Aufsichtsrats können nicht für längere Zeit als bis zur Beendigung der Hauptversammlung bestellt werden, die über die Entlastung für das erste Voll- oder Rumpfgeschäftsjahr beschließt. [2]Der Vorstand hat rechtzeitig vor Ablauf der Amtszeit des ersten Aufsichtsrats bekanntzumachen, nach welchen gesetzlichen Vorschriften der nächste Aufsichtsrat nach seiner Ansicht zusammenzusetzen ist; §§ 96 bis 99 sind anzuwenden.

(4) Der Aufsichtsrat bestellt den ersten Vorstand.

Übersicht

I. Allgemeines

1. Regelungsgegenstand. § 30 regelt die Bestellung (Abs. 1, 2), die Zusammensetzung (Abs. 2) und die Amtsdauer (Abs. 3 S. 1) des ersten **Aufsichtsrats** sowie die Bestellung des **Abschlussprüfers** für das erste Voll- oder Rumpfgeschäftsjahr (Abs. 1) und die Bestellung des ersten **Vorstands** (Abs. 4). Für die Bestellung des ersten Aufsichtsrats enthält § 31 Sonderregelungen für den Fall, dass in der Satzung als Gegenstand einer Sacheinlage oder Sachübernahme die Einbringung oder Übernahme eines Unternehmens oder eines Teils eines Unternehmens festgesetzt worden ist (vgl. § 31 Abs. 1; → § 31 Rn. 2 ff.). 1

2. Normzweck. Mit der Bestellung des Aufsichtsrats und des Vorstands wird die **Handlungsfähigkeit** der Vor-AG sichergestellt.[1] Die Mitwirkung dieser Organe ist unabdingbare Voraussetzung für das Entstehen der Gesellschaft (Gründungsprüfung gemäß § 33 Abs. 1; → § 33 Rn. 4 f.; Anmeldung der Gesellschaft zum Handelsregister gemäß § 36 Abs. 1; → § 36 Rn. 4 ff.). Die Bestellung des Abschlussprüfers durch die Gründer soll die Einberufung und Durchführung einer Hauptversammlung allein zu diesem Zweck überflüssig machen und die Gesellschaft vor den damit verbundenen Kosten schützen.[2] Das Erfordernis der notariellen Beurkundung für die Bestellung des Aufsichtsrats und des Abschlussprüfers soll **Rechtssicherheit** schaffen.[3] Ferner wird klargestellt, dass für den ersten Aufsichtsrat grundsätzlich kein Mitbestimmungsrecht gilt (vgl. § 30 Abs. 2; Ausnahme: § 31). Um dennoch eine möglichst frühzeitige Beteiligung der Arbeitnehmer zu gewährleisten, wird – gewissermaßen als Kompensation – die Amtsdauer des ersten Aufsichtsrats soweit als möglich reduziert (vgl. Abs. 3 S. 1). 2

II. Der erste Aufsichtsrat

1. Bestellung. a) Grundlagen. Gemäß § 30 Abs. 1 S. 1 wird der erste Aufsichtsrat von den **Gründern** (vgl. § 28; → § 28 Rn. 2) bestellt. Eine gerichtliche Ersatzbestellung ist nicht vorgesehen. 3

[1] AllgM, zB Hüffer/*Koch* Rn. 1; MüKoAktG/*Pentz* Rn. 6.
[2] Begr. RegE *Kropff* Textausgabe, 1965, 51 f.
[3] MüKoAktG/*Pentz* Rn. 6; Schmidt/Lutter/*Bayer* Rn. 1.

Kommen die Gründer ihrer Obliegenheit zur Bestellung des ersten Aufsichtsrats nicht nach, kann die Gesellschaft nicht im Handelsregister eingetragen werden. Weitergehende Sanktionen sieht das Gesetz nicht vor.[4] Die Gründer sind zur Bestellung des ersten Aufsichtsrats an Stelle der Hauptversammlung berufen. Folgerichtig finden ansonsten die allgemeinen Bestimmungen zur Bestellung des Aufsichtsrats Anwendung.[5] Dies gilt insbesondere in Bezug auf die persönlichen Voraussetzungen für die Aufsichtsratsmitglieder (vgl. §§ 100, 105).[6] Auch Gründer können zu Mitgliedern des Aufsichtsrats bestellt werden.[7] Sieht die Satzung ein **Entsendungsrecht** vor (§ 101 Abs. 2), gilt dies auch für die Bestellung des ersten Aufsichtsrats.[8] Insoweit tritt die Bestellungskompetenz der Gründer zurück; sie lebt erst dann wieder auf, wenn auf die Ausübung des Entsendungsrechts vom Entsendungsberechtigten endgültig verzichtet wird.[9] Bis zur Eintragung der Gesellschaft im Handelsregister richtet sich die Bestellung des Aufsichtsrats allein nach § 30; § 101 kommt erst nach der Eintragung der Gesellschaft zur Anwendung.[10] Scheidet ein Gründer nach der Feststellung der Satzung, aber vor Bestellung des ersten Aufsichtsrats der Gesellschaft aus, tritt an seine Stelle sein (Gesamt- oder Einzel-)Rechtsnachfolger. Das Ausscheiden eines Gründers nach erfolgter Bestellung hat keine Rechtsfolgen.[11]

4 **b) Verfahren.** Die Bestellung des ersten Aufsichtsrats erfolgt durch **Beschluss** der Gründer. Vorbehaltlich einer abweichenden Regelung in der Satzung ist die einfache Mehrheit der abgegebenen Stimmen ausreichend (§ 133).[12] Die Mehrheit berechnet sich nach den Aktiennennbeträgen bzw. der Stückzahl der Aktien der anwesenden und vertretenen Gründer.[13] In der **Praxis** erfolgt die Bestellung des ersten Aufsichtsrats regelmäßig im **notariellen Gründungsprotokoll** (→ § 23 Rn. 9) der Gesellschaft, in dem auch die Satzung festgestellt wird, und damit unter Beteiligung aller Gründer (zu den kostenrechtlichen Folgen → § 23 Rn. 42). Die Mitwirkung aller Gründer bei der Bestellung des ersten Aufsichtsrats ist jedoch nicht zwingend erforderlich, wenn alle Gründer – zB aufgrund übereinstimmender Terminbestimmung oder rechtzeitiger Ladung – die Möglichkeit gehabt haben, an der Bestellung mitzuwirken.[14] Auch ist keine Versammlung der Gründer erforderlich.[15] Die Gründer können sich bei der Beschlussfassung **vertreten** lassen, da die Stimmabgabe kein höchstpersönliches Rechtsgeschäft ist. Die Vollmacht bedarf vorbehaltlich abweichender Regelung in der Satzung der Textform (§ 134 Abs. 3 S. 3 analog).[16] Ein Gründer, der zum Aufsichtsratsmitglied bestellt werden soll, ist stimmberechtigt.[17] Der Gewählte muss die Wahl annehmen. Dies kann auch konkludent geschehen, zB durch Aufnahme der Tätigkeit als Aufsichtsrat (Mitwirkung bei der Gründungsprüfung und – in der Funktion als Aufsichtsrat – bei der Anmeldung der Gesellschaft zum Handelsregister).[18] Die Annahme ist dem Handelsregister nachzuweisen; ein Nachweis ist aber entbehrlich, wenn der Gewählte in seiner Funktion als Aufsichtsrat an der Anmeldung der Gesellschaft zum Handelsregister mitwirkt.[19]

5 **c) Notarielle Beurkundung.** Gemäß § 30 Abs. 1 S. 2 bedarf der Beschluss über die Bestellung des ersten Aufsichtsrats aus Gründen der Rechtssicherheit der notariellen Beurkundung. Erfolgt die Bestellung ausnahmsweise nicht im notariellen Gründungsprotokoll, sind in die notarielle Urkunde die Namen der anwesenden bzw. vertretenen Gründer, die auf diese entfallenden Aktiennennbeträge bzw. die von diesen gehaltene Anzahl an Stückaktien sowie die Namen der Gewählten und die auf diese entfallende Anzahl der Stimmen aufzunehmen.[20] Findet die Abstimmung nicht in einer

---

[4] MüKoAktG/*Pentz* Rn. 9; Schmidt/Lutter/*Bayer* Rn. 3.
[5] AllgM, zB MüKoAktG/*Pentz* Rn. 20; Hüffer/*Koch* Rn. 2.
[6] AllgM, zB MüKoAktG/*Pentz* Rn. 20; Hüffer/*Koch* Rn. 2.
[7] Hüffer/*Koch* Rn. 2; Schmidt/Lutter/*Bayer* Rn. 4.
[8] AllgM, zB MüKoAktG/*Pentz* Rn. 15; Hüffer/*Koch* Rn. 2.
[9] MüKoAktG/*Pentz* Rn. 15; Schmidt/Lutter/*Bayer* Rn. 7; Spindler/Stilz/*Gerber* Rn. 6.
[10] Spindler/Stilz/*Gerber* Rn. 5.
[11] Spindler/Stilz/*Gerber* Rn. 5; KK-AktG/*A. Arnold* Rn. 5.
[12] AllgM, zB NK-AktR/*Polley* Rn. 3 mit Begr.; Spindler/Stilz/*Gerber* Rn. 8.
[13] Hüffer/*Koch* Rn. 2; Spindler/Stilz/*Gerber* Rn. 8.
[14] AllgM, zB MüKoAktG/*Pentz* Rn. 11; Hüffer/*Koch* Rn. 2.
[15] MüKoAktG/*Pentz* Rn. 11; Spindler/Stilz/*Gerber* Rn. 7.
[16] Ebenso Spindler/Stilz/*Gerber* Rn. 6; Hüffer/*Koch* Rn. 2; Schmidt/Lutter/*Bayer* Rn. 5; HK-AktG/*Lohse* Rn. 2; MüKoAktG/*Pentz* Rn. 12; vgl. NK-AktR/*Polley* Rn. 3, der unter Verweis auf § 134 Abs. 3 Schriftform für erforderlich hält.
[17] Hüffer/*Koch* Rn. 2; KK-AktG/*A. Arnold* Rn. 7; Spindler/Stilz/*Gerber* Rn. 8; Schmidt/Lutter/*Bayer* Rn. 5.
[18] Hüffer/*Koch* Rn. 2; KK-AktG/*A. Arnold* Rn. 9; MüKoAktG/*Pentz* Rn. 14.
[19] MüKoAktG/*Pentz* Rn. 14.
[20] MüKoAktG/*Pentz* Rn. 13; Spindler/Stilz/*Gerber* Rn. 7; KK-AktG/*A. Arnold* Rn. 8; NK-AktR/*Polley* Rn. 3; vgl. Schmidt/Lutter/*Bayer* Rn. 6; Hüffer/*Koch* Rn. 3; HK-AktG/*Lohse* Rn. 2.

Versammlung der Gründer statt, müssen die einzelnen Abstimmungserklärungen der Gründer beurkundet werden.[21] Das Beurkundungserfordernis gilt entsprechend für die Bestellungserklärung eines Entsendungsberechtigten.[22]

2. Zusammensetzung. Die Gründer haben die in der Satzung vorgesehene (vgl. § 95 S. 2), mangels Satzungsregelung die gesetzlich vorgeschriebene Zahl von drei Aufsichtsratsmitgliedern zu bestellen (vgl. § 95 S. 1). Der erste Aufsichtsrat setzt sich ausschließlich aus **Vertretern der Anteilseigner** zusammen. Die Vorschriften über die Wahl von Arbeitnehmervertretern (MitBestG, DrittelbG, MontanMitbestG bzw. MontanMitbestErgG) finden bei der Besetzung des ersten Aufsichtsrats keine Anwendung (§ 30 Abs. 2). Das gilt auch beim Erwerb eines mitbestimmten Unternehmens durch eine der Gründung nachfolgende Verschmelzung auf die neu gegründete Aktiengesellschaft.[23] Etwas anderes gilt nur dann, wenn in der Satzung als Gegenstand einer Sacheinlage oder einer Sachübernahme die Einbringung oder die Übernahme eines Unternehmens oder eines Teils eines Unternehmens festgesetzt worden ist und dem Unternehmen bzw. Unternehmensteil Arbeitnehmer zugeordnet sind (vgl. § 31). Ist bei Gründung der Gesellschaft bereits absehbar, dass es bei der Neuwahl des Aufsichtsrats zu einer Arbeitnehmerbeteiligung kommen wird, kann es sich empfehlen, in der Satzung eine niedrigere Anzahl an Mitgliedern für den ersten Aufsichtsrat als für die folgenden Aufsichtsräte festzusetzen; so kann verhindert werden, dass bei der Neuwahl ein Teil der von den Gründern bestellten Aufsichtsräte ausscheiden muss.[24] 6

3. Aufgaben. Der erste Aufsichtsrat bestellt den ersten Vorstand der Gesellschaft (vgl. § 30 Abs. 4), prüft die Gründung (vgl. § 33 Abs. 1) und wirkt bei der Anmeldung der Gesellschaft zum Handelsregister mit (vgl. § 36 Abs. 1; → § 36 Rn. 4 ff.). Neben diesen besonderen Aufgaben im Rahmen der Gründung der Gesellschaft nimmt der erste Aufsichtsrat wie jeder spätere Aufsichtsrat die ihm gesetzlich zugewiesenen Ausgaben (zB Überwachung der Geschäftsführung gemäß § 111, Vertretung der Gesellschaft gegenüber den Vorstandsmitgliedern gemäß 112) wahr.[25] 7

4. Amtszeit. § 30 Abs. 3 S. 1 beinhaltet für die Amtszeit des ersten Aufsichtsrats eine **Höchstfrist.**[26] Danach können die Mitglieder des ersten Aufsichtsrats nicht für eine längere Zeit als bis zur Beendigung der Hauptversammlung bestellt werden, die über die Entlastung für das erste Voll- oder Rumpfgeschäftsjahr beschließt. Die Gründer können jedoch in der Satzung oder im Bestellungsbeschluss auch eine kürzere Amtszeit festlegen, die jedoch zumindest über den Zeitpunkt der Eintragung hinausreichen muss.[27] Die Amtsdauer des ersten Aufsichtsrats kann damit längstens 20 Monate betragen (Achtmonatsfrist des § 120 Abs. 1 nach Ablauf des ersten Rumpf- oder Vollgeschäftsjahres).[28] Mangels ausdrücklicher Bestimmung über die Amtszeit ist davon auszugehen, dass die Bestellung für die höchst zulässige Zeit erfolgen sollte.[29] Wird bei der Bestellung des ersten Aufsichtsrats die Höchstfrist missachtet, ist der Aufsichtsrat dennoch wirksam bestellt; in diesem Fall endet seine Amtszeit zu dem in § 30 Abs. 3 S. 1 genannten Zeitpunkt.[30] Die Amtszeit des ersten Aufsichtsrats verlängert sich auch nicht dadurch, dass innerhalb der Frist kein Beschluss der Hauptversammlung über die Entlastung herbeigeführt wird (zB bei Vertagung der Entlastungsentscheidung).[31] Entsprechend dem Charakter einer Höchstfrist **endet** das Amt der ersten Aufsichtsräte in diesem Fall spätestens zu dem Zeitpunkt, in dem die Hauptversammlung über die Entlastung hätte beschließen müssen. Die Beschlussfähigkeit des Aufsichtsrats ist dann über die gerichtliche Bestellung von Auf- 8

---

[21] MüKoAktG/*Pentz* Rn. 13; Spindler/Stilz/*Gerber* Rn. 7; Schmidt/Lutter/*Bayer* Rn. 6.

[22] Hüffer/*Koch* Rn. 3; MüKoAktG/*Pentz* Rn. 15; Spindler/Stilz/*Gerber* Rn. 6.

[23] *Kuhlmann* NZG 2010, 46 (49 ff.); KK-AktG/*A. Arnold* Rn. 12; Hüffer/*Koch* Rn. 5; MüKoAktG/*Pentz* Rn. 26; Spindler/Stilz/*Gerber* Rn. 13; HK-AktG/*Lohse* Rn. 2; NK-AktR/*Polley* Rn. 6; Grigoleit/*Vedder* Rn. 6; aA *Heither* DB 2008, 109 (110 ff.); offen lassend Schmidt/Lutter/*Bayer* Rn. 11.

[24] Hüffer/*Koch* Rn. 5; MüKoAktG/*Pentz* Rn. 20; Spindler/Stilz/*Gerber* Rn. 15; Schmidt/Lutter/*Bayer* Rn. 8.

[25] AllgM, zB Hüffer/*Koch* Rn. 6; MüKoAktG/*Pentz* Rn. 31.

[26] Vgl. BGH AG 2002, 676 (677) = NZG 2002, 916 zur nahezu gleichlautenden Formulierung in § 102; DNotI-Report 2008, 137 (138).

[27] Hüffer/*Koch* Rn. 7; MüKoAktG/*Pentz* Rn. 26; Spindler/Stilz/*Gerber* Rn. 14; Schmidt/Lutter/*Bayer* Rn. 11; MHdB AG/*Hoffmann-Becking* § 3 Rn. 19; aA Grigoleit/*Vedder* Rn. 9.

[28] MüKoAktG/*Pentz* Rn. 25; Spindler/Stilz/*Gerber* Rn. 14; Schmidt/Lutter/*Bayer* Rn. 10; KK-AktG/*A. Arnold* Rn. 15; *Kuhlmann* NZG 2010, 46 (46).

[29] MüKoAktG/*Pentz* Rn. 23; Schmidt/Lutter/*Bayer* Rn. 10; HK-AktG/*Lohse* Rn. 4.

[30] Hüffer/*Koch* Rn. 7; MüKoAktG/*Pentz* Rn. 23; Spindler/Stilz/*Gerber* Rn. 14; Schmidt/Lutter/*Bayer* Rn. 11; HK-AktG/*Lohse* Rn. 4.

[31] KK-AktG/*A. Arnold* Rn. 16; Spindler/Stilz/*Gerber* Rn. 14; Schmidt/Lutter/*Bayer* Rn. 10; HK-AktG/*Lohse* Rn. 4; Hüffer/*Koch* Rn. 7.

sichtsratsmitgliedern (§ 104) zu gewährleisten.[32] Die Höchstfrist des § 30 Abs. 3 S. 1 bezweckt eine möglichst rasche Beteiligung der Arbeitnehmervertreter im Aufsichtsrat.[33] Folgerichtig kommt sie nicht zur Anwendung, wenn gemäß der Sonderregelung des § 31 Abs. 3 der Aufsichtsrat schon um Arbeitnehmervertreter erweitert wurde (vgl. § 31 Abs. 5; → § 31 Rn. 17).

9 **5. Vorzeitiges Ausscheiden.** Scheidet ein Aufsichtsratsmitglied vorzeitig durch Tod, Amtsniederlegung oder Abberufung (§ 103) aus, ist zu unterscheiden: ist die Gesellschaft noch nicht im Handelsregister eingetragen, bestellen die Gründer nach den dargestellten Grundsätzen (→ Rn. 3 ff.) ein neues Mitglied; nach Eintragung erfolgt die Bestellung durch die Hauptversammlung nach allgemeinen Grundsätzen (vgl. § 101) oder durch das Gericht (vgl. § 104).[34] Durch den Wechsel der Mitglieder wird der Charakter als erster Aufsichtsrat nicht berührt.[35] Eine **Abberufung** erfolgt auch vor Eintragung der Gesellschaft nach allgemeinen Grundsätzen (vgl. § 103). Erforderlich ist – vorbehaltlich einer abweichenden Satzungsregelung – eine Dreiviertelmehrheit der abgegebenen Stimmen;[36] der Abberufungsbeschluss der Gründer ist als actus contrarius zur Bestellung und aus Gründen der Rechtssicherheit notariell zu beurkunden.[37] Die **Amtsniederlegung** ist vorbehaltlich abweichender Regelung in der Satzung gegenüber dem Vorstand zu erklären. Ist der Vorstand noch nicht bestellt, sind die Gründer richtiger Adressat der Niederlegungserklärung.[38]

10 **6. Vergütung.** Die Mitglieder des ersten Aufsichtsrats haben keinen gesetzlichen Vergütungsanspruch. Über das „ob" und die Höhe einer Vergütung entscheidet die Hauptversammlung, die über die Entlastung des ersten Aufsichtsrats beschließt (§ 113 Abs. 2). Ob die Tätigkeit des ersten Aufsichtsrats von der Gesellschaft vergütetet wird, entscheidet sich somit erst am Ende der Amtszeit.[39] Zusagen der Gründer auf Zahlung einer Vergütung sind nichtig.[40] Wie sich aus §§ 32 Abs. 3, 33 Abs. 2 Nr. 3 ergibt kann jedoch eine Vergütung in Form eines Gründerlohns (→ § 26 Rn. 10) oder eines Sondervorteils (→ § 26 Rn. 3 ff.) vereinbart werden. Dies erfordert aber entsprechende Festsetzungen in der Satzung. Diese Regelungen sollen ein verdecktes Zusammenwirken zwischen Gründern und Mitgliedern des ersten Aufsichtsrats zum Nachteil der Gesellschaft verhindern.[41]

III. Bekanntmachung über die Zusammensetzung des zweiten Aufsichtsrats (Abs. 3 S. 2)

11 **1. Bekanntmachung durch den Vorstand.** Zur Vorbereitung einer eventuellen Arbeitnehmerbeteiligung hat der Vorstand rechtzeitig vor Ablauf der Amtszeit des ersten Aufsichtsrats bekanntzumachen, nach welchen gesetzlichen Vorschriften der nächste Aufsichtsrat nach seiner Auffassung zusammenzusetzen ist (§ 30 Abs. 3 S. 2 Hs. 1). Auf die Bekanntmachung sind die §§ 96 bis 99 entsprechend anzuwenden (§ 30 Abs. 3 S. 2 Hs. 2). Die Bekanntmachung muss die nach Ansicht des Vorstands für die Zusammensetzung maßgebliche gesetzliche Grundlage enthalten. Abweichend von § 97 Abs. 1 S. 1 gilt dies auch dann, wenn sich der zweite Aufsichtsrat wie der erste Aufsichtsrat zusammensetzt.[42] Die Bekanntmachung muss ferner einen Hinweis auf die Möglichkeit zur **Anrufung des Gerichts** und die hierfür geltende **Monatsfrist** – diese beginnt mit der Bekanntmachung im Bundesanzeiger (vgl. § 97 Abs. 2 S. 1) – enthalten.[43] Die Bekanntmachung erfolgt durch Veröffentlichung in den Gesellschaftsblättern (→ § 25 Rn. 4 ff.); ferner ist sie in sämtlichen Betrieben der Gesellschaft und den Konzernunternehmen auszuhängen.[44] Die Bekanntmachung ist unter Berücksichtigung der Monatsfrist nach § 97 Abs. 2 S. 1, der Möglichkeit eines gerichtlichen Verfahrens und

---

[32] MüKoAktG/*Pentz* Rn. 24; Schmidt/Lutter/*Bayer* Rn. 10; DNotI-Report 2008, 137 (138); vgl. BGH AG 2002, 676 (677) = NZG 2002, 916 zur nahezu gleichlautenden Formulierung in § 102.

[33] Begr. RegE *Kropff* Textausgabe, 1965, 49; Schmidt/Lutter/*Bayer* Rn. 9.

[34] Hüffer/*Koch* Rn. 4; MüKoAktG/*Pentz* Rn. 30; Spindler/Stilz/*Gerber* Rn. 11; Schmidt/Lutter/*Bayer* Rn. 14.

[35] Hüffer/*Koch* Rn. 4; Schmidt/Lutter/*Bayer* Rn. 14; KK-AktG/*A. Arnold* Rn. 20; NK-AktR/*Polley* Rn. 7.

[36] Schmidt/Lutter/*Bayer* Rn. 13; HK-AktG/*Lohse* Rn. 3.

[37] MüKoAktG/*Pentz* Rn. 29; Spindler/Stilz/*Gerber* Rn. 10; KK-AktG/*A. Arnold* Rn. 18; HK-AktG/*Lohse* Rn. 3; NK-AktR/*Polley* Rn. 7; Hüffer/*Koch* Rn. 4; Schmidt/Lutter/*Bayer* Rn. 13.

[38] Spindler/Stilz/*Gerber* Rn. 10; KK-AktG/*A. Arnold* Rn. 19.

[39] Spindler/Stilz/*Gerber* Rn. 17; vgl. KK-AktG/*A. Arnold* Rn. 22; NK-AktR/*Polley* Rn. 9.

[40] Hüffer/*Koch* Rn. 8; Spindler/Stilz/*Gerber* Rn. 17; Schmidt/Lutter/*Bayer* Rn. 16; HK-AktG/*Lohse* Rn. 5.

[41] Vgl. MüKoAktG/*Pentz* Rn. 32; Schmidt/Lutter/*Bayer* Rn. 16.

[42] Hüffer/*Koch* Rn. 9; MüKoAktG/*Pentz* Rn. 34; Spindler/Stilz/*Gerber* Rn. 18; Schmidt/Lutter/*Bayer* Rn. 18; HK-AktG/*Lohse* Rn. 7.

[43] Spindler/Stilz/*Gerber* Rn. 18.

[44] Hüffer/*Koch* Rn. 9; MüKoAktG/*Pentz* Rn. 34; Spindler/Stilz/*Gerber* Rn. 18; Schmidt/Lutter/*Bayer* Rn. 18.

der gegebenenfalls nach den Mitbestimmungsvorschriften durchzuführenden Wahlen **rechtzeitig** iSd § 30 Abs. 3 S. 2 Hs. 1, wenn sie vier bis fünf Monate vor der Hauptversammlung erfolgt.[45] Erfolgt die Bekanntmachung so spät, dass Wahlvorschläge für die Arbeitnehmervertreter nicht zur Hauptversammlung vorliegen, und wird deshalb eine außerordentliche Hauptversammlung notwendig, kommt eine Haftung des Vorstands für die damit verbundenen Mehrkosten in Betracht (§ 93).[46] Endet die Amtszeit des ersten Aufsichtsrats noch vor Abschluss eines gerichtlichen Verfahrens nach §§ 98, 99, setzt sich der – durch eine außerordentliche Hauptversammlung oder gemäß § 104 durch das Gericht zu bestellende[47] – **Interims-Aufsichtsrat** ebenso zusammen wie der erste Aufsichtsrat.[48] In diesem Fall hat nach Abschluss des gerichtlichen Verfahrens eine außerordentliche Hauptversammlung nach Maßgabe der gerichtlichen Entscheidung den Aufsichtsrat neu zu wählen.[49]

2. Rechtsfolgen. Wird die Möglichkeit eines Antrags auf gerichtliche Entscheidung über die 12
Zusammensetzung des Aufsichtsrats (§ 98) nicht bzw. nicht fristgerecht wahrgenommen, ist der nächste Aufsichtsrat nach den vom Vorstand bekannt gemachten Vorschriften zusammenzusetzen. Kommt es zu einer gerichtlichen Entscheidung, ist diese für die Zusammensetzung maßgeblich.[50] Ein Beschluss über die Bestellung von Aufsichtsratsmitgliedern ist **nichtig,** wenn dieser der – nicht gerichtlich angegriffenen – Bekanntmachung des Vorstands oder einer ergangenen gerichtlichen Entscheidung über die Zusammensetzung des Aufsichtsrats widerspricht.[51] Kommt der Vorstand seiner Bekanntmachungspflicht nach § 30 Abs. 3 S. 2 nicht nach, hat das für die Neuwahl der Aufsichtsratsmitglieder keine unmittelbaren rechtlichen Folgen; den Antragsberechtigten steht in diesem Fall der Antrag auf gerichtliche Entscheidung über die Zusammensetzung des Aufsichtsrats offen.[52]

IV. Der erste Abschlussprüfer

1. Bestellung. Nach § 30 Abs. 1 haben die Gründer einen Abschlussprüfer für das erste Voll- 13
oder Rumpfgeschäftsjahr zu bestellen. Die Bestellung muss notariell beurkundet werden (→ Rn. 5). Für das Verfahren gelten die Ausführungen zur Bestellung des ersten Aufsichtsrats entsprechend (→ Rn. 4). Die Bestellung erfolgt in der Praxis regelmäßig im **notariellen Gründungsprotokoll** (→ § 23 Rn. 9) der Gesellschaft. Die Bestellung eines Abschlussprüfers ist keine Voraussetzung für die Eintragung der Gesellschaft im Handelsregister.[53] Die Gesellschaft ist auch ohne Bestellung des Abschlussprüfers ordnungsgemäß errichtet. Die Bestellung eines Abschlussprüfers kann unterbleiben, wenn die Gründer mit Sicherheit davon ausgehen können, dass die Gesellschaft im ersten Voll- oder Rumpfgeschäftsjahr als kleine Kapitalgesellschaft iSd § 267 HGB nicht prüfungspflichtig gemäß § 316 HGB ist.[54] Soweit in der Literatur[55] die Bestellung eines Abschlussprüfers auch in diesem Fall unter Hinweis auf die Unvorhersehbarkeit der Verhältnisse am Bilanzstichtag verlangt wird, ist dies als bloße Förmelei abzulehnen.[56] Der Abschlussprüfer hat bei der Gründung der Gesellschaft keinerlei Funktion und wirkt auch bei der Anmeldung zum Handelsregister nicht mit.[57] Entwickeln sich die Verhältnisse anders als bei der Gründung erwartet, ist nach Eintragung der Gesellschaft jederzeit eine gerichtliche Ersatzbestellung gemäß § 318 Abs. 4 HGB möglich.[58] Von der statusbegründenden Bestellung des Abschlussprüfers ist der (konkrete) **Prüfauftrag** zu unterscheiden, dessen Annahme für den Abschlussprüfer erst die Prüfpflicht begründet. Zuständig für die Erteilung des Prüfauftrages ist der Aufsichtsrat (vgl. § 111 Abs. 2 S. 3).[59]

---

[45] AllgM, zB Hüffer/*Koch* Rn. 9; MüKoAktG/*Pentz* Rn. 33.
[46] Hüffer/*Koch* Rn. 9; MüKoAktG/*Pentz* Rn. 36; Schmidt/Lutter/*Bayer* Rn. 17.
[47] NK-AktR/*Polley* Rn. 10; vgl. KK-AktG/*A. Arnold* Rn. 26: ao HV ist einzuberufen; vgl. ferner Schmidt/Lutter/*Bayer* Rn. 21.
[48] Hüffer/*Koch* Rn. 9; KK-AktG/*A. Arnold* Rn. 26; Schmidt/Lutter/*Bayer* Rn. 21; NK-AktR/*Polley* Rn. 10.
[49] Hüffer/*Koch* Rn. 9; Schmidt/Lutter/*Bayer* Rn. 21; vgl. KK-AktG/*A. Arnold* Rn. 26.
[50] MüKoAktG/*Pentz* Rn. 35; vgl. Schmidt/Lutter/*Bayer* Rn. 19.
[51] MüKoAktG/*Pentz* Rn. 36; Schmidt/Lutter/*Bayer* Rn. 20.
[52] MüKoAktG/*Pentz* Rn. 36.
[53] Hüffer/*Koch* Rn. 10; MüKoAktG/*Pentz* Rn. 47; Spindler/Stilz/*Gerber* Rn. 20; Schmidt/Lutter/*Bayer* Rn. 26; KK-AktG/*A. Arnold* Rn. 29.
[54] Spindler/Stilz/*Gerber* Rn. 20; DNotI-Report 2008, 3.
[55] Hüffer/*Koch* Rn. 10; Grigoleit/*Vedder* Rn. 25; MHdB AG/*Hoffmann-Becking* § 3 Rn. 23; KK-AktG/*A. Arnold* Rn. 27.
[56] So auch Spindler/Stilz/*Gerber* Rn. 20.
[57] Schmidt/Lutter/*Bayer* Rn. 26.
[58] So auch Hüffer/*Koch* Rn. 10; Schmidt/Lutter/*Bayer* Rn. 26; HK-AktG/*Lohse* Rn. 8.
[59] HM, zB Hüffer/*Koch* Rn. 10; KK-AktG/*A. Arnold* Rn. 28; HK-AktG/*Lohse* Rn. 8; aA NK-AktR/*Polley* Rn. 11: Gründer erteilen Prüfungsauftrag.

14 **2. Abberufung.** Ein bestellter Abschlussprüfer kann nur nach Maßgabe des § 318 Abs. 3 HGB durch das Gericht abberufen werden. Dies gilt auch schon vor Eintragung der Gesellschaft.[60] Eine Abberufung durch Beschluss der Gründer ist auch vor Eintragung der Gesellschaft ausgeschlossen, da der Prüfer zur Stärkung seiner Rechtsstellung und Unabhängigkeit vom Bestellungsorgan unabhängig sein soll.[61]

V. Der erste Vorstand

15 **1. Bestellung.** Gemäß § 30 Abs. 4 bestellt der Aufsichtsrat den ersten Vorstand. Hinsichtlich der Anzahl der Vorstandsmitglieder (vgl. § 76 Abs. 2) und der Amtsdauer der Bestellung (vgl. § 84 Abs. 1) sowie der persönlichen Voraussetzungen und etwaiger Bestellungshindernisse (vgl. § 76 Abs. 3) sind dabei die für die eingetragene Gesellschaft geltenden gesetzlichen Vorschriften und die Regelungen der Satzung zu beachten.[62] Ein Arbeitsdirektor ist nicht zu bestellen.[63] Die Bestellung erfolgt in der Praxis unmittelbar im Anschluss an die Gründung der Gesellschaft in der ersten konstituierenden Sitzung des Aufsichtsrats.[64] Die Bestellung erfolgt durch Beschluss mit **einfacher Mehrheit;** eine qualifizierte Mehrheit kann in der Satzung nicht festgelegt werden.[65] Besondere Formvorschriften existieren nicht. Allerdings ist die Niederschrift über die Sitzung des Aufsichtsrats (vgl. § 107 Abs. 2) notwendige Anlage zur Anmeldung der Gesellschaft zum Handelsregister (vgl. § 37 Abs. 4 Nr. 3; → § 37 Rn. 22). Die Bestellung wird erst wirksam mit ihrer Annahme; diese kann auch konkludent geschehen, zB durch Aufnahme der Tätigkeit. Bestellt der Aufsichtsrat keinen Vorstand, besteht ein Eintragungshindernis. Eine gerichtliche Ersatzbestellung ist ausgeschlossen. Die Gründer sind gezwungen, den Aufsichtsrat abzuberufen (→ Rn. 9) und einen neuen Aufsichtsrat zu bestellen, der dann seinerseits den Vorstand bestellt.[66]

16 **2. Anstellung, Vergütung.** Von der Bestellung als körperschaftlichem Akt ist der Anstellungsvertrag zu unterscheiden, der zwischen der durch den Aufsichtsrat vertretenen Vor-AG und dem Vorstand abgeschlossen wird und nach Eintragung der Gesellschaft gegenüber dieser wirkt. Die daraus resultierenden Vergütungsansprüche des Vorstands während der Gründungsphase sind kein Gründungsaufwand (→ § 26 Rn. 8 ff.), so dass insoweit zur wirksamen Verpflichtung der Gesellschaft keine Satzungspublizität gemäß § 26 Abs. 2 erforderlich ist.[67]

17 **3. Aufgaben.** Der erste Vorstand hat besondere Aufgaben im Rahmen der Gründung der Gesellschaft (vgl. § 30 Abs. 3 S. 2; → Rn. 11 f.; §§ 31 Abs. 3, 33 Abs. 1, 36 Abs. 1). Die Gründungsprüfung und die Mitwirkung bei der Anmeldung der Gesellschaft zum Handelsregister sind dabei Voraussetzungen für die Eintragung der Gesellschaft im Handelsregister. Ferner ist der Vorstand bereits im Stadium der Vor-AG Leitungsorgan (vgl. § 76).

§ 31 Bestellung des Aufsichtsrats bei Sachgründung

(1) [1]Ist in der Satzung als Gegenstand einer Sacheinlage oder Sachübernahme die Einbringung oder Übernahme eines Unternehmens oder eines Teils eines Unternehmens festgesetzt worden, so haben die Gründer nur so viele Aufsichtsratsmitglieder zu bestellen, wie nach den gesetzlichen Vorschriften, die nach ihrer Ansicht nach der Einbringung oder Übernahme für die Zusammensetzung des Aufsichtsrats maßgebend sind, von der Hauptversammlung ohne Bindung an Wahlvorschläge zu wählen sind. [2]Sie haben jedoch, wenn dies nur zwei Aufsichtsratsmitglieder sind, drei Aufsichtsratsmitglieder zu bestellen.

(2) Der nach Absatz 1 Satz 1 bestellte Aufsichtsrat ist, soweit die Satzung nichts anderes bestimmt, beschlußfähig, wenn die Hälfte, mindestens jedoch drei seiner Mitglieder an der Beschlußfassung teilnehmen.

(3) [1]Unverzüglich nach der Einbringung oder Übernahme des Unternehmens oder des Unternehmensteils hat der Vorstand bekanntzumachen, nach welchen gesetzlichen Vor-

---

[60] Hüffer/*Koch* Rn. 11; MüKoAktG/*Pentz* Rn. 50; Schmidt/Lutter/*Bayer* Rn. 29; HK-AktG/*Lohse* Rn. 8.

[61] MüKoAktG/*Pentz* Rn. 50; KK-AktG/*A. Arnold* Rn. 30; NK-AktR/*Polley* Rn. 12.

[62] MüKoAktG/*Pentz* Rn. 38.

[63] AG Bremen AG 1979, 207; Begr. RegE *Kropff* Textausgabe, 1965, 51; Hüffer/*Koch* Rn. 12; MüKoAktG/*Pentz* Rn. 39; Schmidt/Lutter/*Bayer* Rn. 23; KK-AktG/*A. Arnold* Rn. 34.

[64] Spindler/Stilz/*Gerber* Rn. 21.

[65] Hüffer/*Koch* Rn. 12; Spindler/Stilz/*Gerber* Rn. 22.

[66] Hüffer/*Koch* Rn. 12; MüKoAktG/*Pentz* Rn. 37; Schmidt/Lutter/*Bayer* Rn. 22.

[67] BGH NJW 2004, 2519 (2520); Hüffer/*Koch* Rn. 12; Schmidt/Lutter/*Bayer* Rn. 24; KK-AktG/*A. Arnold* Rn. 37; HK-AktG/*Lohse* Rn. 7; NK-AktR/*Polley* Rn. 13; Grigoleit/*Vedder* Rn. 21; diff. MüKoAktG/*Pentz* Rn. 47.

schriften nach seiner Ansicht der Aufsichtsrat zusammengesetzt sein muß. [2]§§ 97 bis 99 gelten sinngemäß. [3]Das Amt der bisherigen Aufsichtsratsmitglieder erlischt nur, wenn der Aufsichtsrat nach anderen als den von den Gründern für maßgebend gehaltenen Vorschriften zusammenzusetzen ist oder wenn die Gründer drei Aufsichtsratsmitglieder bestellt haben, der Aufsichtsrat aber auch aus Aufsichtsratsmitgliedern der Arbeitnehmer zu bestehen hat.

(4) Absatz 3 gilt nicht, wenn das Unternehmen oder der Unternehmensteil erst nach der Bekanntmachung des Vorstands nach § 30 Abs. 3 Satz 2 eingebracht oder übernommen wird.

(5) § 30 Abs. 3 Satz 1 gilt nicht für die nach Absatz 3 bestellten Aufsichtsratsmitglieder der Arbeitnehmer.

Übersicht

I. Allgemeines

1 **1. Regelungsgegenstand.** § 31 ergänzt § 30 und enthält Regelungen für die Bestellung des ersten Aufsichtsrats bei einer Sachgründung, bei der Gegenstand einer Sacheinlage oder einer Sachübernahme ein Unternehmen oder ein Unternehmensteil ist. Die Vorschrift beschränkt für diesen Fall die Anzahl der von den Gründern zu bestellenden Mitglieder des Aufsichtsrats im Hinblick auf die Mitbestimmungsvorschriften und die danach zu wählenden Arbeitnehmervertreter und – bei Maßgeblichkeit des MontanMitbestG oder des MontanMitbestErgG – das zu bestellende weitere Mitglied (Abs. 1), regelt die Beschlussfähigkeit des „unvollständigen" Aufsichtsrats (Abs. 2), und bestimmt das Verfahren zur Ergänzung des ersten Aufsichtsrats um Arbeitnehmervertreter und gegebenenfalls um das weitere Mitglied bzw. zur Neuwahl des ersten Aufsichtsrats bei fehlerhafter Zusammensetzung (Abs. 3). Vervollständigt wird die Vorschrift durch Regelungen zur Bedeutung der Bekanntmachung nach § 30 Abs. 3 S. 2 vor Einbringung bzw. Übernahme des Unternehmens oder Unternehmensteils (Abs. 4) und zur Amtsdauer der Arbeitnehmervertreter (Abs. 5). Soweit § 31 keine speziellen Regelungen enthält, verbleibt es bei den allgemeinen Grundsätzen des § 30.[1]

2 **2. Normzweck.** § 31 soll eine möglichst zeitnahe Beteiligung der Arbeitnehmer des übernommenen Unternehmens bzw. Unternehmensteils am Aufsichtsrat der Gesellschaft gewährleisten. Dies erscheint als gerechtfertigt, da bei der Unternehmensübernahme eine Belegschaft vorhanden ist, was die umgehende Berücksichtigung der Mitbestimmungsvorschriften nahe legt.[2]

3 **3. Anwendungsbereich.** § 30 gilt grundsätzlich auch bei der Sachgründung einer Aktiengesellschaft.[3] Danach ist der erste Aufsichtsrat auch bei einer Sachgründung grundsätzlich ohne Arbeitnehmervertreter zu bestellen (→ § 30 Rn. 6). § 31 kommt **nur** zur Anwendung, wenn in der Satzung formell als Sacheinlage oder Sachübernahme die Einbringung oder Übernahme eines Unternehmens oder Unternehmensteils festgesetzt worden ist (§ 31 Abs. 1 S. 1). Der Begriff des **Unternehmens** ist dabei nicht wie in §§ 15 ff. als Rechtsträger zu verstehen, sondern als betriebsfähige Wirtschaftseinheit, dh als Gesamtheit von Sachen und Rechten, die ihrem Rechtsträger das Auftreten am Markt

---

[1] Hüffer/*Koch* Rn. 1; MüKoAktG/*Pentz* Rn. 5.
[2] Begr. RegE *Kropff* Textausgabe, 1965, 49.
[3] Spindler/Stilz/*Gerber* Rn. 3.

zur Verfolgung eines wirtschaftlichen Zwecks ermöglicht.[4] **Unternehmensteil** iSd § 31 ist ein aussonderungsfähiger Teil eines Unternehmens.[5] Aus Sinn und Zweck der Vorschrift – Sicherung der Mitbestimmungsrechte der Arbeitnehmer – ergibt sich, dass weitere ungeschriebene Voraussetzung für die Anwendung des § 31 das Vorhandensein einer für die Anwendung der Mitbestimmungsvorschriften hinreichenden **Anzahl von Arbeitnehmern** ist, die dem Unternehmen bzw. Unternehmensteil zugeordnet sind und auf die Gesellschaft übergehen.[6] Unerheblich für die Anwendung des § 31 ist hingegen, ob das eingebrachte Unternehmen bzw. der Unternehmensteil fortgeführt oder eingestellt werden soll, ob die Arbeitnehmer schon beim bisherigen Rechtsträger mitbestimmungsrechtlich zu beteiligen waren, ob die Voraussetzungen eines Mitbestimmungsgesetzes tatsächlich vorliegen und ob die Einbringung oder Übernahme des Unternehmens bzw. Unternehmensteils vor oder nach Eintragung der Gesellschaft im Handelsregister vorgesehen ist.[7]

II. Bestellung des Aufsichtsrats durch die Gründer (Abs. 1)

4 **1. Grundsatz.** Gemäß § 31 Abs. 1 bestellen die Gründer (vgl. § 28) eine unter Berücksichtigung der Mitbestimmungsvorschriften bestimmte Anzahl von Mitgliedern des Aufsichtsrats. Auch dieser gegebenenfalls unvollständige Aufsichtsrat ist „erster Aufsichtsrat" iSd § 30 und funktionsfähig.[8] Für dessen Bestellung, Aufgaben und Vergütung gelten die allgemeinen Regeln (→ § 30 Rn. 3 ff.).

5 **2. Anzahl der von den Gründern zu bestellenden Mitglieder. a) Regelfall.** Die Gründer bestellen so viele Aufsichtsratsmitglieder, wie gemäß den gesetzlichen Vorschriften, die nach ihrer Ansicht nach Einbringung oder Übernahme des Unternehmens bzw. Unternehmensteils für die Zusammensetzung des Aufsichtsrats maßgeblich sind, von der Hauptversammlung ohne Bindung an Wahlvorschläge zu wählen sind (§ 31 Abs. 1 S. 1). Entscheidend ist demnach, ob sich der Aufsichtsrat nach den entsprechenden Mitbestimmungsgesetzen – §§ 4, 9 MontanMitbestG, § 5 MontanMitBestErgG, §§ 1, 7 MitBestG, §§ 1, 4 DrittelbG – auch aus Vertretern der Arbeitnehmer und gegebenenfalls einem weiteren Mitglied zusammensetzt oder ob der Aufsichtsrat mitbestimmungsfrei ist.[9] Sofern nicht der Sonderfall des § 31 Abs. 1 S. 2 (→ Rn. 6) vorliegt haben die Gründer nur im letztgenannten Fall sämtliche Aufsichtsratsmitglieder zu bestellen (vgl. § 101 Abs. 1). Ansonsten ist der erste Aufsichtsrat zunächst **unvollständig** zu besetzen. Bei der Entscheidung über die Anzahl der zu bestellenden Mitglieder des Aufsichtsrats wenden die Gründer das aus ihrer **subjektiven Sicht** maßgebliche Recht an. Bei Meinungsverschiedenheiten über die Zusammensetzung entscheiden die Gründer mit Beschluss mit einfacher Mehrheit. Die Beurteilung der Gründer **bindet** auch das Registergericht. Fehleinschätzungen begründen kein Eintragungshindernis, sondern sind im Rahmen des Verfahrens nach § 31 Abs. 3 (→ Rn. 9 ff.) zu korrigieren.[10]

6 **b) Ausnahme: § 31 Abs. 1 S. 2.** Eine Ausnahme von dem Grundsatz, dass die Gründer im Anwendungsbereich des Mitbestimmungsrechts nur einen Teil des ersten Aufsichtsrats besetzen, beinhaltet § 31 Abs. 1 S. 2. Sind nach Gesetz oder Satzung insgesamt nur drei Aufsichtsräte zu bestellen und halten die Gründer das DrittelbG für anwendbar, sind von den Gründern zunächst alle drei Aufsichtsräte zu bestellen und nicht lediglich – wie bei Anwendung des DrittelbG – zwei Mitglieder des Aufsichtsrats.[11] Zweck der Vorschrift ist es, die Beschlussfähigkeit und damit die Handlungsfähigkeit des Aufsichtsrats sicherzustellen.[12]

III. Beschlussfähigkeit des Aufsichtsrats (Abs. 2)

7 **1. Gesetzliche Regelung.** Gemäß § 31 Abs. 2 ist der von den Gründern entsprechend Abs. 1 bestellte Aufsichtsrat – vorbehaltlich einer abweichenden Regelung in der Satzung – beschlussfähig, wenn die Hälfte, mindestens jedoch drei seiner Mitglieder an der Beschlussfassung teilnehmen. Die

[4] Vgl. Hüffer/*Koch* Rn. 2; MüKoAktG/*Pentz* Rn. 7; Spindler/Stilz/*Gerber* Rn. 3; KK-AktG/*A. Arnold* Rn. 4.

[5] Hüffer/*Koch* Rn. 2; MüKoAktG/*Pentz* Rn. 7; Spindler/Stilz/*Gerber* Rn. 3; Schmidt/Lutter/*Bayer* Rn. 3.

[6] AllgM, zB Hüffer/*Koch* Rn. 2; MüKoAktG/*Pentz* Rn. 8; vgl. Begr. RegE *Kropff* Textausgabe, 1965, 49.

[7] Vgl. Hüffer/*Koch* Rn. 2; MüKoAktG/*Pentz* Rn. 9 ff.; Spindler/Stilz/*Gerber* Rn. 6; Schmidt/Lutter/*Bayer* Rn. 5; NK-AktR/*Polley* Rn. 2.

[8] Hüffer/*Koch* Rn. 3; MüKoAktG/*Pentz* Rn. 17; KK-AktG/*A. Arnold* Rn. 9; Spindler/Stilz/*Gerber* Rn. 7.

[9] Vgl. Hüffer/*Koch* Rn. 4; MüKoAktG/*Pentz* Rn. 12 ff.; Spindler/Stilz/*Gerber* Rn. 8.

[10] Im Ergebnis ebenso Hüffer/*Koch* Rn. 4; MüKoAktG/*Pentz* Rn. 16; KK-AktG/*A. Arnold* Rn. 6; Spindler/Stilz/*Gerber* Rn. 10; Schmidt/Lutter/*Bayer* Rn. 10; NK-AktR/*Polley* Rn. 3.

[11] Vgl. Spindler/Stilz/*Gerber* Rn. 9; KK-AktG/*A. Arnold* Rn. 8; Schmidt/Lutter/*Bayer* Rn. 9; HK-AktG/*Lohse* Rn. 3.

[12] Vgl. Begr. RegE *Kropff* Textausgabe, 1965, 50; vgl. Hüffer/*Koch* Rn. 4; MüKoAktG/*Pentz* Rn. 15; Spindler/Stilz/*Gerber* Rn. 9; Schmidt/Lutter/*Bayer* Rn. 9.

Norm ist für den von den Gründern teilbestellten Aufsichtsrat lex specialis gegenüber § 108 Abs. 2 und den §§ 28 MitbestG, 10 MontanMitbestG und § 11 MontanMitBestErgG[13] und geht diesen Vorschriften so lange vor, bis der erste Aufsichtsrat gemäß § 31 Abs. 3 (→ Rn. 9 ff.) ergänzt oder neu gewählt worden ist.[14] Zweck der Vorschrift ist es, die Beschlussfähigkeit des noch unvollständigen Aufsichtsrats zu gewährleisten.[15] Der Wortlaut der Norm lässt offen, ob für die Berechnung der Hälfte auf die tatsächlich vorhandene Anzahl oder auf die nach Gesetz oder Satzung zu bestellende Anzahl der Aufsichtsräte abzustellen ist. Die bewusste Anlehnung des § 31 Abs. 2 an die Regelung in § 108 Abs. 2 S. 2 und 3 macht es erforderlich, insoweit auf die nach Gesetz oder Satzung **zu bestellende Anzahl** der Aufsichtsräte abzustellen, so dass die Amtsniederlegung oder das Versterben eines Aufsichtsrats zur Beschlussunfähigkeit führen können.[16] Sind von den Gründern gemäß § 31 Abs. 1 S. 2 alle drei Aufsichtsratsmitglieder zu bestellen, ist der Aufsichtsrat nur beschlussfähig, wenn alle drei Mitglieder an der Beschlussfassung teilnehmen.[17]

2. Abweichende Satzungsbestimmung. Regelungen in der Satzung über die Beschlussfähigkeit des ersten Aufsichtsrats gehen § 31 Abs. 2 vor. Dabei ist durch Auslegung zu klären, ob eine lediglich allgemein von § 108 Abs. 2 S. 2 und 3 abweichende, die Beschlussfähigkeit des Aufsichtsrats regelnde Satzungsbestimmung auch für den ersten – unvollständigen – Aufsichtsrat gelten soll. Dies ist in der Regel der Fall.[18] Bei der Auslegung sind dann aber die besonderen Verhältnisse des nach § 31 Abs. 1 unvollständig bestellten Aufsichtsrats zu berücksichtigen. Sofern in der Satzung – ohne Differenzierung zwischen dem ersten Aufsichtsrat und den nachfolgenden Aufsichtsräten – für die Beschlussfähigkeit des Aufsichtsrats ein Quorum vorgesehen ist, das wegen der zunächst unvollständigen Besetzung des Aufsichtsrats nicht erreicht werden kann, ist das vorgesehene Quorum entsprechend den tatsächlichen Verhältnissen herabzusetzen.[19] 8

IV. Berücksichtigung der Arbeitnehmervertreter (Abs. 3, 4)

1. Grundlagen. § 31 Abs. 3 regelt das Verfahren, nach dem der gemäß Abs. 1 von den Gründern teilbestellte Aufsichtsrat um Vertreter der Arbeitnehmer und gegebenenfalls ein weiteres Mitglied zu ergänzen bzw. gegebenenfalls neu zu wählen ist. Dieses Verfahren kommt jedoch nur zur Anwendung, wenn das Unternehmen bzw. der Unternehmensteil **vor** der Bekanntmachung des Vorstands nach § 30 Abs. 3 S. 2 über die Zusammensetzung des zweiten Aufsichtsrats (→ § 30 Rn. 11) eingebracht oder übernommen wird (§ 31 Abs. 4). Auch der nach § 31 Abs. 3 ergänzte bzw. neugewählte Aufsichtsrat ist erster Aufsichtsrat iSd § 30. Neben § 31 Abs. 3 kommt § 104 Abs. 2 (Bestellung durch das Gericht) zur Anwendung.[20] 9

2. Bekanntmachung durch den Vorstand. Der **Vorstand** ist verpflichtet, unverzüglich (§ 121 BGB) nach Einbringung oder Übernahme des Unternehmens bzw. Unternehmensteils **bekanntzumachen,** nach welchen gesetzlichen Vorschriften nach seiner Ansicht der Aufsichtsrat zusammengesetzt sein muss (§ 31 Abs. 3 S. 1). Auf die Bekanntmachung sind die §§ 97 bis 99 entsprechend anzuwenden (§ 31 Abs. 3 S. 2). Die Bekanntmachung muss die nach **Ansicht des Vorstands** für die Zusammensetzung maßgebliche gesetzliche Grundlage enthalten. Die Bekanntmachung muss ferner einen Hinweis auf die Möglichkeit zur **Anrufung des Gerichts** und die hierfür geltende **Monatsfrist** enthalten.[21] Die Bekanntmachung erfolgt durch Veröffentlichung in den Gesellschaftsblättern (→ § 25 Rn. 4 ff.); für den Beginn der Monatsfrist ist jedoch allein die Bekanntmachung im Bundesanzeiger maßgeblich (vgl. § 97 Abs. 2 S. 1). Ferner ist die Bekanntmachung in sämtlichen Betrieben der Gesellschaft auszuhängen.[22] Die Einbringung bzw. die Übernahme ist abgeschlossen, wenn die Vor-AG oder die Gesellschaft die tatsächliche Verfügungsmacht über die wesentlichen Betriebsmittel erlangt hat und diese somit nutzen kann. Der Vollzug oder die Wirksamkeit des Verfügungsgeschäfts ist insoweit ohne Bedeutung.[23] Unerheblich ist, ob Einbringung bzw. Über- 10

[13] MüKoAktG/*Pentz* Rn. 19; KK-AktG/*A. Arnold* Rn. 9.
[14] Hüffer/*Koch* Rn. 5.
[15] Spindler/Stilz/*Gerber* Rn. 11; Hüffer/*Koch* Rn. 5; Schmidt/Lutter/*Bayer* Rn. 13.
[16] HM, zB Hüffer/*Koch* Rn. 5; MüKoAktG/*Pentz* Rn. 21; Spindler/Stilz/*Gerber* Rn. 11; KK-AktG/*A. Arnold* Rn. 9; Schmidt/Lutter/*Bayer* Rn. 13.
[17] Spindler/Stilz/*Gerber* Rn. 11.
[18] Hüffer/*Koch* Rn. 6; KK-AktG/*A. Arnold* Rn. 10; NK-AktR/*Polley* Rn. 5.
[19] Hüffer/*Koch* Rn. 6; MüKoAktG/*Pentz* Rn. 22; Spindler/Stilz/*Gerber* Rn. 12; KK-AktG/*A. Arnold* Rn. 10; Schmidt/Lutter/*Bayer* Rn. 16; NK-AktR/*Polley* Rn. 5; HK-AktG/*Lohse* Rn. 4.
[20] Hüffer/*Koch* Rn. 7.
[21] So im Ergebnis auch MüKoAktG/*Pentz* Rn. 26.
[22] MüKoAktG/*Pentz* Rn. 26; Spindler/Stilz/*Gerber* Rn. 17.
[23] AllgM, zB Hüffer/*Koch* Rn. 8; Spindler/Stilz/*Gerber* Rn. 15; KK-AktG/*A. Arnold* Rn. 14.

nahme vor oder nach Eintragung der Gesellschaft im Handelsregister erfolgen.[24] Die Bekanntmachungspflicht besteht in Abweichung von § 97 Abs. 1 auch dann, wenn der Vorstand die Ansicht der Gründer über die Zusammensetzung des Aufsichtsrats teilt.[25] Der Vorstand kann bei eigenen Zweifeln über die Zusammensetzung des Aufsichtsrats von der Bekanntmachung absehen und selbst eine gerichtliche Entscheidung gemäß § 98 herbeiführen.[26]

11 **3. Rechtsfolgen der Bekanntmachung.** Die Rechtsfolgen der Bekanntmachung richten sich nach den §§ 97 bis 99. Insoweit ist zu unterscheiden: Wird die Möglichkeit eines Antrags auf gerichtliche Entscheidung über die Zusammensetzung des Aufsichtsrats (§ 98) nicht bzw. nicht fristgerecht wahrgenommen, ist der Aufsichtsrat nach den vom Vorstand bekannt gemachten Vorschriften zu ergänzen bzw. neu zu wählen; die Ansicht des Vorstands wird verbindlich. Kommt es zu einer gerichtlichen Entscheidung, ist diese für die Zusammensetzung maßgeblich.[27]

12 **4. Ergänzung/Neuwahl (Abs. 3 S. 3).** Das weitere Verfahren im Zusammenhang mit der Besetzung des Aufsichtsrats ist davon abhängig, ob die Bekanntmachung des Vorstands gemäß § 31 Abs. 3 S. 1 und 2 bzw. die gerichtliche Entscheidung gemäß § 31 Abs. 3 S. 2 iVm § 98 Abs. 1 die Auffassung der Gründer über die Zusammensetzung des Aufsichtsrats bestätigt und wie viele Aufsichtsratsmitglieder die Gründer bestellt haben.[28]

13 **a) Ergänzung des Aufsichtsrats.** Sind nach der unangefochtenen Bekanntmachung des Vorstands oder nach der gerichtlichen Entscheidung für die Zusammensetzung des Aufsichtsrats die gesetzlichen Vorschriften maßgeblich, die bereits von den Gründern zugrunde gelegt worden sind, ist der Aufsichtsrat durch Arbeitnehmervertreter und – bei Maßgeblichkeit des MontanMitbestG oder des MontanMitbestErgG – durch ein weiteres Mitglied zu **vervollständigen.**[29] Die von den Gründern bestellten Mitglieder des Aufsichtsrats bleiben – sofern nicht der Ausnahmefall des § 31 Abs. 3 S. 3 Alt. 2 vorliegt (→ Rn. 15) – im Amt (Umkehrschluss aus § 31 Abs. 3 S. 3 Alt. 1).[30] Unterbleibt die Wahl der Arbeitnehmervertreter oder ist für das Wahlverfahren mit einer längeren Verfahrensdauer zu rechnen, kommt eine gerichtliche Ersatzbestellung (§ 104) in Betracht.[31]

14 **b) Neuwahl des Aufsichtsrats. aa) Neuwahl wegen fehlerhafter Zusammensetzung.** Sind nach der unangefochtenen Bekanntmachung des Vorstands oder nach der gerichtlichen Entscheidung für die Zusammensetzung des Aufsichtsrats **andere** gesetzliche Vorschriften maßgeblich, als von den Gründern zugrunde gelegt worden sind, **erlischt** das Amt der bisherigen Aufsichtsratsmitglieder (vgl. § 31 Abs. 3 S. 3 Alt. 1). Es ist eine **Neubestellung** des gesamten Aufsichtsrats erforderlich.[32] Das gilt für jeden Fall der fehlerhaften Zusammensetzung. Die vereinzelt vertretene[33] teleologische Reduktion der Norm auf Fälle der „Überbesetzung", dh die Bestellung einer zu großen Anzahl an Vertretern der Anteilseigner, ist nicht gerechtfertigt, da nicht ausgeschlossen werden kann, dass die Gründer bei richtiger Einschätzung der Rechtslage andere Personen bestellt hätten.[34] Ist die Gesellschaft zum Zeitpunkt der Neuwahl noch nicht im Handelsregister eingetragen, sind die Gründer statt der Hauptversammlung zur Entscheidung berufen.[35] Hinsichtlich des **Zeitpunkts des Erlöschens** ist zu unterscheiden: Ist Grundlage der abweichenden Zusammensetzung die unangefochtene Bekanntmachung des Vorstands, tritt das Erlöschen mit Beendigung der ersten Hauptversammlung, die nach Ablauf der Frist, die nach Bekanntmachung des Vorstands zur Anrufung des Gerichts zur Verfügung steht, einberufen wird, spätestens jedoch sechs Monate nach Ablauf dieser Frist ein (§ 97 Abs. 2 S. 3). Ist hingegen die gerichtliche Entscheidung nach § 98 für die abweichende Zusammensetzung des Aufsichtsrats maßgeblich, endet das Amt der bisherigen Aufsichtsratsmitglieder mit der Beendigung der ersten Hauptversammlung, die nach dem Eintritt der Rechtskraft der Entscheidung

---

[24] Begr. RegE *Kropff* Textausgabe, 1965, 50; Schmidt/Lutter/*Bayer* Rn. 17; vgl. Hüffer/*Koch* Rn. 8; NK-AktR/*Polley* Rn. 6.
[25] Hüffer/*Koch* Rn. 8; MüKoAktG/*Pentz* Rn. 24; Spindler/Stilz/*Gerber* Rn. 16; HK-AktG/*Lohse* Rn. 6.
[26] Hüffer/*Koch* Rn. 8; MüKoAktG/*Pentz* Rn. 26; Schmidt/Lutter/*Bayer* Rn. 20.
[27] Hüffer/*Koch* Rn. 9; KK-AktG/*A. Arnold* Rn. 17 f.
[28] MüKoAktG/*Pentz* Rn. 28; Spindler/Stilz/*Gerber* Rn. 14.
[29] Begr. RegE *Kropff* Textausgabe, 1965, 51.
[30] Hüffer/*Koch* Rn. 10; MüKoAktG/*Pentz* Rn. 29; Spindler/Stilz/*Gerber* Rn. 19.
[31] Hüffer/*Koch* Rn. 10; MüKoAktG/*Pentz* Rn. 30; Spindler/Stilz/*Gerber* Rn. 20; HK-AktG/*Lohse* Rn. 7.
[32] Hüffer/*Koch* Rn. 10; MüKoAktG/*Pentz* Rn. 31; Spindler/Stilz/*Gerber* Rn. 21.
[33] Vgl. KK-AktG/*A. Arnold* Rn. 25; *Brauksiepe* BB 1967, 484.
[34] Hüffer/*Koch* Rn. 10; MüKoAktG/*Pentz* Rn. 35; Schmidt/Lutter/*Bayer* Rn. 22; NK-AktR/*Polley* Rn. 6; HK-AktG/*Lohse* Rn. 8; *Brox* AG 1966, 347 (349 f.).
[35] *Brox* AG 1966, 347 (348); Hüffer/*Koch* Rn. 12; MüKoAktG/*Pentz* Rn. 34.

einberufen wird, spätestens jedoch sechs Monate nach dem Eintritt der Rechtskraft (§ 98 Abs. 4 S. 2).[36]

15 **bb) Neuwahl des dreiköpfigen Aufsichtsrats (Abs. 3 S. 3 Alt. 2).** Ausnahmsweise ist auch bei Bestätigung der Rechtsansicht der Gründer durch die unangefochtene Bekanntmachung des Vorstands bzw. die gerichtliche Entscheidung eine vollständige Neuwahl des Aufsichtsrats erforderlich. Dies ist der Fall, wenn der Aufsichtsrat aus **drei Mitgliedern** besteht, die entsprechend § 31 Abs. 1 S. 2 allein von den Gründern bestellt wurden, der Aufsichtsrat jedoch auch aus einem Arbeitnehmervertreter zu bestehen hat (§ 31 Abs. 3 S. 3 Alt. 2). Dann erlischt das Amt **aller** von den Gründern bestellten Aufsichtsratsmitglieder, um jegliche Zweifel zu vermeiden, wer sein Amt verliert.[37] Hinsichtlich des Zeitpunkts des Erlöschens gelten die Ausführungen in → Rn. 14 entsprechend. § 31 Abs. 3 S. 3 Alt. 2 bedarf jedoch in zwei Fällen der teleologischen Reduktion mit der Folge, dass nur eine Ergänzung des Aufsichtsrats erforderlich wird: Zum einen, wenn die Gründer bereits bei der Bestellung des Aufsichtsrats bestimmt haben, welches Aufsichtsratsmitglied für den später zu wählenden Arbeitnehmervertreter auszuscheiden hat, und der Betreffende sein Amt in Kenntnis dieses Umstandes angetreten hat; zum anderen, wenn nach den maßgeblichen Vorschriften mindestens drei Aktionärsvertreter zu bestellen sind.[38]

16 **5. Ausnahme: Unternehmenserwerb nach Bekanntmachung nach § 30 Abs. 3 S. 2.** § 31 Abs. 3 kommt hingegen nicht zur Anwendung, wenn das Unternehmen bzw. der Unternehmensteil erst eingebracht bzw. übernommen wird, nachdem der Vorstand die Zusammensetzung des nächsten Aufsichtsrats gemäß § 30 Abs. 3 S. 2 bekannt gemacht hat (vgl. § 31 Abs. 4). Die Bekanntmachung nach § 30 Abs. 3 S. 2 ist mit Erscheinen des sie beinhaltenden Bundesanzeigers erfolgt. Dies gilt auch dann, wenn die Satzung der Aktiengesellschaft gemäß § 25 S. 2 a.F. weitere Gesellschaftsblätter bestimmt (→ § 25 Rn. 5 f.), da für den Eintritt von Rechtsfolgen auch in diesem Fall allein die Veröffentlichung im Bundesanzeiger maßgeblich ist (vgl. § 26h Abs. 3 EGAktG). Bei Einbringung bzw. Übernahme des Unternehmens(teils) erst nach Bekanntmachung besteht weder eine Bekanntmachungsverpflichtung für den Vorstand gemäß § 31 Abs. 3 S. 1 noch kommt eine Ergänzung bzw. Neuwahl des ersten Aufsichtsrats entsprechend den Ausführungen in → Rn. 12 ff. in Betracht. Die Zusammensetzung des neuen Aufsichtsrats richtet sich dann nach den in der Bekanntmachung nach § 30 Abs. 3 S. 2 bestimmten gesetzlichen Vorschriften (→ § 30 Rn. 11 f.). Führt die Einbringung bzw. die Übernahme dazu, dass diese Vorschriften den tatsächlichen Gegebenheiten nicht mehr entsprechen, sind die §§ 97 ff. unmittelbar anzuwenden.[39]

V. Amtszeit der Aufsichtsratsmitglieder (Abs. 5)

17 Gemäß § 31 Abs. 5 gilt die Beschränkung der Amtszeit der Mitglieder des ersten Aufsichtsrats gemäß § 30 Abs. 3 S. 1 (→ § 30 Rn. 8) **nicht** für die im Verfahren nach § 31 Abs. 3 bestellten **Aufsichtsratsmitglieder der Arbeitnehmer.** Daraus ergibt sich die Möglichkeit **unterschiedlicher Amtszeiten** für die Vertreter der Anteilseigner und das gegebenenfalls zu bestellende weitere Mitglied einerseits und die Vertreter der Arbeitnehmer andererseits: Für die gemäß §§ 30, 31 von den **Gründern zu bestellenden Mitglieder des Aufsichtsrates** verbleibt es bei der Beschränkung der Amtszeit gemäß § 30 Abs. 3 S. 1 (→ § 30 Rn. 8). Ihr Amt endet also mit der Beendigung der Hauptversammlung, die über die Entlastung für das erste Voll- oder Rumpfgeschäftsjahr zu beschließen hat. Das gilt auch dann, wenn der erste Aufsichtsrat im Verfahren nach § 31 Abs. 3 vollständig neu gewählt wurde.[40] Dieselbe Beschränkung gilt auch für das – bei Maßgeblichkeit des MontanMitbestG oder des MontanMitbestErgG – gegebenenfalls zu wählende **weitere Mitglied.** Für im Verfahren nach § 31 Abs. 3 bestellte, dh im Wege der Ergänzung des unvollständigen oder bei einer Neuwahl des fehlerhaft bestellten ersten Aufsichtsrats gewählte **Vertreter der Arbeitnehmer** gibt es hingegen keine Beschränkung der Amtszeit. Sie können also für die Höchstdauer des § 102 Abs. 1 bestellt werden. Wurde der Aufsichtsrat hinsichtlich der Arbeitnehmervertreter nach § 104 ergänzt, endet die Amtszeit dieser Arbeitnehmervertreter entweder mit der Wahl der Arbeitnehmervertreter (vgl. § 104 Abs. 5) oder nach Ablauf der Höchstdauer des § 102 Abs. 1.[41]

---

[36] Hüffer/*Koch* Rn. 12; MüKoAktG/*Pentz* Rn. 33 f.; Spindler/Stilz/*Gerber* Rn. 22 f.; KK-AktG/*A. Arnold* Rn. 27.

[37] *Brox* AG 1966, 347 (349); KK-AktG/*A. Arnold* Rn. 20; Schmidt/Lutter/*Bayer* Rn. 23.

[38] Hüffer/*Koch* Rn. 11; MüKoAktG/*Pentz* Rn. 38 ff.; Schmidt/Lutter/*Bayer* Rn. 23; HK-AktG/*Lohse* Rn. 7; im Ergebnis ebenso KK-AktG/*A. Arnold* Rn. 21 f.

[39] Begr. RegE *Kropff* Textausgabe, 1965, 51; Hüffer/*Koch* Rn. 13; MüKoAktG/*Pentz* Rn. 46; Schmidt/Lutter/*Bayer* Rn. 24.

[40] Schmidt/Lutter/*Bayer* Rn. 25; Hüffer/*Koch* Rn. 14.

[41] MüKoAktG/*Pentz* Rn. 48; Spindler/Stilz/*Gerber* Rn. 27.

§ 32 Gründungsbericht

(1) Die Gründer haben einen schriftlichen Bericht über den Hergang der Gründung zu erstatten (Gründungsbericht).

(2) [1]Im Gründungsbericht sind die wesentlichen Umstände darzulegen, von denen die Angemessenheit der Leistungen für Sacheinlagen oder Sachübernahmen abhängt. [2]Dabei sind anzugeben
1. die vorausgegangenen Rechtsgeschäfte, die auf den Erwerb durch die Gesellschaft hingezielt haben;
2. die Anschaffungs- und Herstellungskosten aus den letzten beiden Jahren;
3. beim Übergang eines Unternehmens auf die Gesellschaft die Betriebserträge aus den letzten beiden Geschäftsjahren.

(3) Im Gründungsbericht ist ferner anzugeben, ob und in welchem Umfang bei der Gründung für Rechnung eines Mitglieds des Vorstands oder des Aufsichtsrats Aktien übernommen worden sind und ob und in welcher Weise ein Mitglied des Vorstands oder des Aufsichtsrats sich einen besonderen Vorteil oder für die Gründung oder ihre Vorbereitung eine Entschädigung oder Belohnung ausbedungen hat.

Übersicht

I. Allgemeines

1 **1. Regelungsgegenstand.** § 32 verpflichtet die Gründer, unabhängig von der Art der Gründung (Bar- oder Sachgründung) über deren Hergang einen Gründungsbericht zu erstatten (Abs. 1). Für Sachgründungen (Abs. 2), Strohmanngeschäfte zugunsten von Verwaltungsmitgliedern (Abs. 3 Alt. 1) und für Gründungen, bei denen Verwaltungsmitgliedern Sondervorteile eingeräumt oder Gründungsentschädigung bzw. Gründerlohn gewährt wird (Abs. 3 Alt. 2), werden besondere inhaltliche Anforderungen an den Gründungsbericht begründet.

2 **2. Normzweck.** § 32 bezweckt in erster Linie den Schutz vor unzulänglichen und betrügerischen Gründungen. Darüber hinaus ist der Gründungsbericht Basis für die Gründungsprüfung nach §§ 33 ff. Er erleichtert die registergerichtliche Prüfung (§ 38) und dient – als notwendige Anlage der Handelsregisteranmeldung, die nach Eintragung der Gesellschaft von jedermann eingesehen werden kann (vgl. § 9 HGB) – der Information der Öffentlichkeit.[1]

II. Der Gründungsbericht

3 Die Gründer haben einen schriftlichen Gründungsbericht zu erstatten (§ 32 Abs. 1). Diese Obliegenheit kann von den Gründern nur **persönlich** erfüllt werden. Rechtsgeschäftliche Stellvertretung ist ausgeschlossen.[2] Hilfspersonen dürfen – ohne Auswirkungen auf die persönliche Verantwortung

[1] Vgl. MüKoAktG/*Pentz* Rn. 3 f.; Hüffer/*Koch* Rn. 1; Spindler/Stilz/*Gerber* Rn. 1; Schmidt/Lutter/*Bayer* Rn. 1; HK-AktG/*Lohse* Rn. 1.

[2] MüKoAktG/*Pentz* Rn. 6; Hüffer/*Koch* Rn. 2; KK-AktG/*A. Arnold* Rn. 3; Spindler/Stilz/*Gerber* Rn. 3; Schmidt/Lutter/*Bayer* Rn. 2.

der Gründer – in Anspruch genommen werden.[3] Hinsichtlich der gesetzlichen Vertretung von Gründern, zB bei juristischen Personen, gelten die allgemeinen Regeln. Das Schriftformerfordernis macht die Unterzeichnung mit eigenhändiger Namensunterschrift durch die Gründer erforderlich (§ 126 Abs. 1 BGB). Das Gesetz geht von einem gemeinsamen Bericht aller Gründer aus. Zusätze einzelner Gründer zu dem von allen Gründern erstatteten Gründungsbericht sind jedoch ebenso zulässig wie äußerlich getrennte Berichte.[4] Der Gründungsbericht kann erst erstellt werden, nachdem die im Rahmen der Gründung zu leistenden Bareinlagen erbracht sind und der erste Vorstand bestellt ist; er ist vor der Gründungsprüfung (§§ 33 ff.) zu erstatten.

III. Inhalt des Gründungsberichts

1. Allgemeine Angaben. Die Gründer haben über den Hergang der Gründung Bericht zu erstatten (vgl. § 32 Abs. 1). Hierzu gehören alle für die Entstehung der Gesellschaft wesentlichen Entscheidungen und Umstände unabhängig davon, ob sie sich bereits aus der Satzung ergeben oder nicht.[5] Unabhängig davon, ob es sich um eine Bar- oder Sachgründung handelt, sind daher anzugeben: der Tag der Feststellung der Satzung sowie die Urkunde hierüber (Name des Notars, Urkundennummer), das Grundkapital und dessen Zerlegung in Nennbetrags- oder Stückaktien, der Ausgabebetrag der Aktien, die Anzahl der von jedem Gründer übernommenen Aktien, – soweit zu erbringen – die Höhe der geleisteten Bareinlagen, der Tag der Bestellung der ersten Organe gemäß §§ 30, 31, die Mitglieder des ersten Aufsichtsrats, die Person des Abschlussprüfers für das erste Voll- oder Rumpfgeschäftsjahr, die Mitglieder des ersten Vorstands und dessen bzw. deren Vertretungsbefugnis und eine eventuelle Identität von Gründern und Organmitgliedern. Gehören zu den Gründern juristische Personen, ist anzugeben, wenn vertretungsberechtigte Organmitglieder der Gründer gleichzeitig Mitglieder des Vorstands oder des Aufsichtsrats der neu gegründeten Gesellschaft sind. Schließlich sind Angaben zum Gründungsaufwand und zu gegebenenfalls aus Einlagen bereits beglichenen Gründungskosten üblich.[6] Über den Regelungsbereich des § 32 Abs. 3 hinaus (→ Rn. 9 ff.) sind ferner Angaben zu Sondervorteilen oder die Gewährung von Gründungsentschädigungen nicht nur für Verwaltungsmitglieder, sondern auch für Gründer oder Dritte geboten.[7] 4

2. Besondere Angaben bei Sachgründung (Abs. 2). a) Überblick. Bei einer Sachgründung sind über die allgemeinen Angaben hinaus die wesentlichen Umstände darzulegen, von denen die Angemessenheit der Leistungen für Sacheinlagen oder Sachübernahmen abhängt (§ 32 Abs. 2 S. 1; zum Umfang des Gründungsberichts bei „vereinfachter Sachgründung" → § 34 Rn. 8). Die Leistungen sind angemessen, wenn der Wert des Gegenstandes der Sacheinlage dem Ausgabebetrag der hierfür zu gewährenden Aktien bzw. der Wert des Gegenstandes der Sachübernahme dem Wert der dafür zu gewährenden Vergütung entspricht **(„Gleichwertigkeit").**[8] In diesem Zusammenhang ist von den Gründern umfassend zur Werthaltigkeit der Sacheinlagen und Sachübernahmen Stellung zu nehmen. Neben der Bezifferung des Ausgabebetrages der zu gewährenden Aktien sind Angaben zu den wertbildenden Faktoren des Gegenstandes der Sachgründung zu machen, zB die Beschaffenheit der eingebrachten oder übernommenen Gegenstände wie Größe und Lage eines Grundstücks, dessen Mieterträge,[9] Kapazität einer eingebrachten Maschine[10] etc. Auf eventuell im Rahmen der Vorbereitung der Gründung zur Werthaltigkeit vorgesehener Sacheinlagen erstellte Bewertungsgutachten darf Bezug genommen und diese können als Anlage dem Gründungsbericht beigefügt werden.[11] Besondere Bedeutung erlangen die Angaben zur Angemessenheit und zur Werthaltigkeit dadurch, dass die Gesellschaft nicht im Handelsregister eingetragen wird, wenn das Gericht der Auffassung ist, der Wert der Sacheinlagen bzw. der Sachübernahmen bleibe nicht unwesentlich hinter dem geringsten Ausgabebetrag der dafür zu gewährenden Aktien bzw. dem Wert der dafür zu gewährenden Leistungen zurück (vgl. § 38 Abs. 2 S. 2). § 32 Abs. 2 S. 1 wird durch den Katalog des § 32 Abs. 2 S. 2 Nr. 1 bis 3 konkretisiert; Angaben hierzu sind stets **zwingend** und daher gegebenen- 5

---

[3] HK-AktG/*Lohse* Rn. 2; KK-AktG/*A. Arnold* Rn. 3; MüKoAktG/*Pentz* Rn. 6.
[4] AllgM, zB MüKoAktG/*Pentz* Rn. 9; Hüffer/*Koch* Rn. 2; NK-AktR/*Polley* Rn. 2.
[5] MüKoAktG/*Pentz* Rn. 12; Hüffer/*Koch* Rn. 3; Spindler/Stilz/*Gerber* Rn. 6; Schmidt/Lutter/*Bayer* Rn. 4.
[6] Spindler/Stilz/*Gerber* Rn. 6; ähnlich MüKoAktG/*Pentz* Rn. 13; Hüffer/*Koch* Rn. 3; Schmidt/Lutter/*Bayer* Rn. 4; NK-AktR/*Polley* Rn. 3.
[7] Vgl. MüKoAktG/*Pentz* Rn. 13; Hüffer/*Koch* Rn. 3; Schmidt/Lutter/*Bayer* Rn. 4.
[8] Vgl. Hüffer/*Koch* Rn. 4; KK-AktG/*A. Arnold* Rn. 9; NK-AktR/*Polley* Rn. 4; HK-AktG/*Lohse* Rn. 4.
[9] Vgl. RGZ 18, 56 (68).
[10] MüKoAktG/*Pentz* Rn. 16.
[11] Vgl. Spindler/Stilz/*Gerber* Rn. 10.

falls durch eine ausdrückliche Fehlanzeige zu erbringen.[12] Gründer sind untereinander zur Erteilung der erforderlichen Informationen verpflichtet. Dritten gegenüber besteht kein Auskunftsanspruch.[13]

6 **b) Vorausgegangene Rechtsgeschäfte des Einbringenden (Abs. 2 S. 2 Nr. 1).** Im Gründungsbericht sind zunächst nach § 32 Abs. 2 S. 2 Nr. 1 vorausgegangene Rechtsgeschäfte des Einbringenden anzugeben, die auf den Erwerb durch die Gesellschaft hingezielt haben (sog. **„Zwischengeschäfte"**).[14] Dabei sind weder die Art des Zwischengeschäfts (Kauf, Tausch, Schenkung usw) noch sein Zeitpunkt von Bedeutung.[15] Maßgeblich ist allein, ob ein Gegenstand von einem Dritten erworben wurde, um ihn der Gesellschaft im Rahmen der Gründung als Sacheinlage oder Sachübernahme zu überlassen.[16] Zwischengeschäfte müssen im Gründungsbericht angegeben werden, um etwaige Zwischengewinne des Einbringenden offen zu legen.[17] Ein Gewinn des Einbringenden ist dann nicht zu beanstanden, wenn er sich im Rahmen des Üblichen bewegt, dh der Wert der Gegenleistung also auch jedem anderen Dritten gewährt worden wäre.[18]

7 **c) Anschaffungs- und Herstellungskosten aus den letzten beiden Jahren (Abs. 2 S. 2 Nr. 2).** § 32 Abs. 2 S. 2 Nr. 2 verlangt ferner die Angabe der Anschaffungs- und Herstellungskosten iSd § 255 HGB, die dem Einbringenden in den letzten beiden Jahren für die im Wege der Sacheinlage oder Sachübernahme einzubringenden Gegenstände entstanden sind. Ähnlich wie § 32 Abs. 2 S. 2 Nr. 1 soll diese Regelung sicherstellen, dass die Differenz zwischen den Aufwendungen des Einlegers und der Gegenleistung der Gesellschaft und somit ein etwaiger **Gewinn** des Einlegers offen gelegt wird.[19] Aus welchem Grund und zu welchem Zweck der Einleger den Gegenstand erworben hat, ist – anders als im Fall des Abs. 2 S. 2 Nr. 1 – ohne Bedeutung. Für die Berechnung der Zwei-Jahres-Frist ist zum einen auf den Tag der **Feststellung der Satzung** (§ 23) abzustellen, da zu diesem Zeitpunkt die Gegenleistung der Gesellschaft festgesetzt wird.[20] Zum anderen sind bei Anschaffung des Gegenstandes der Tag des Abschlusses des schuldrechtlichen Rechtsgeschäfts, das dem Erwerb zugrunde liegt, bei Fremdherstellung des Gegenstandes der Tag der Abnahme und bei dessen Eigenherstellung der Tag der Inbetriebnahmemöglichkeit maßgeblich.[21]

8 **d) Betriebserträge aus den letzten beiden Geschäftsjahren (Abs. 2 S. 2 Nr. 3).** Darüber hinaus sind nach § 32 Abs. 2 S. 2 Nr. 3 beim Übergang eines **Unternehmens** auf die Gesellschaft die Betriebserträge der letzten beiden Geschäftsjahre anzugeben (zum Unternehmensbegriff → § 31 Rn. 3). Die Vorschrift dient dem Schutz der Gesellschaft vor unzureichender Vermögenszufuhr[22] und damit vor Defiziten bei der Aufbringung des Grundkapitals.[23] Dieser Zweck soll dadurch gewährleistet werden, dass die Möglichkeit eröffnet wird, anhand einer Kennzahl für die Rentabilität des Unternehmens und damit für dessen Wert die Angemessenheit der Gegenleistung zu beurteilen. Teile eines Unternehmens werden – anders als bei § 31 – zwar vom Wortlaut der Vorschrift nicht erfasst.[24] Da sich die Frage der Rentabilität als Parameter für den Wert bei der Beurteilung der Angemessenheit der Gegenleistung bei einem in die Gesellschaft eingebrachten **Unternehmensteil** (→ § 31 Rn. 3) in gleicher Weise wie bei einem eingebrachten Unternehmen stellt, ist § 32 Abs. 2 S. 2 Nr. 3 auch bei der Einbringung eines Unternehmensteils anzuwenden.[25] Maßgeblich sind grundsätzlich die Erträge der letzten beiden vor der Feststellung der Satzung (§ 23) abgeschlossenen **vollen Geschäftsjahre.**[26] Die Angabe des im laufenden Geschäftsjahr entstandenen Betriebsertrags ist nicht erforderlich, kann aber zweckmäßig sein.[27] Bei kürzerer Unternehmensdauer des einge-

---

[12] AllgM, zB Hüffer/*Koch* Rn. 5; NK-AktR/*Polley* Rn. 5.
[13] Vgl. MüKoAktG/*Pentz* Rn. 19; Hüffer/*Koch* Rn. 5; Schmidt/Lutter/*Bayer* Rn. 7, 10.
[14] Spindler/Stilz/*Gerber* Rn. 11.
[15] MüKoAktG/*Pentz* Rn. 18; vgl. NK-AktR/*Polley* Rn. 5.
[16] MüKoAktG/*Pentz* Rn. 18; KK-AktG/*A. Arnold* Rn. 10; Schmidt/Lutter/*Bayer* Rn. 7; Spindler/Stilz/*Gerber* Rn. 11.
[17] Spindler/Stilz/*Gerber* Rn. 11; KK-AktG/*A. Arnold* Rn. 10.
[18] MüKoAktG/*Pentz* Rn. 18.
[19] AllgM, zB Hüffer/*Koch* Rn. 5; MüKoAktG/*Pentz* Rn. 20.
[20] Hüffer/*Koch* Rn. 5; MüKoAktG/*Pentz* Rn. 23; Schmidt/Lutter/*Bayer* Rn. 11; Spindler/Stilz/*Gerber* Rn. 12.
[21] Spindler/Stilz/*Gerber* Rn. 12; vgl. KK-AktG/*A. Arnold* Rn. 12.
[22] Schmidt/Lutter/*Bayer* Rn. 12.
[23] MüKoAktG/*Pentz* Rn. 24.
[24] So zu Recht Spindler/Stilz/*Gerber* Rn. 13.
[25] Im Ergebnis ebenso ohne Begr. MüKoAktG/*Pentz* Rn. 24; Schmidt/Lutter/*Bayer* Rn. 12; KK-AktG/*A. Arnold* Rn. 15; HK-AktG/*Lohse* Rn. 5; aA wohl Spindler/Stilz/*Gerber* Rn. 13.
[26] Vgl. MüKoAktG/*Pentz* Rn. 26; Spindler/Stilz/*Gerber* Rn. 13.
[27] MüKoAktG/*Pentz* Rn. 26.

brachten oder übernommenen Unternehmens sind sämtliche Erträge anzugeben.[28] Die Erträge sind getrennt für jedes Geschäftsjahr anzuführen.[29] Unter „Betriebserträgen" im vorgenannten Sinne sind bei Kapitalgesellschaften der Jahresüberschuss oder Jahresfehlbetrag nach HGB (§ 275 Abs. 2 Nr. 17 bzw. Abs. 3 Nr. 16 HGB) und für andere Rechtsformen der entsprechende Betrag nach den für diese geltenden Gewinnermittlungsvorschriften zu verstehen.[30] Bei Einbringung eines Unternehmensteils ist der maßgebliche Ertrag in Anlehnung an diese Grundsätze zu ermitteln.[31] Nach zutreffender Ansicht sind außerordentliche Erträge gesondert anzugeben, da der Gründungsbericht ansonsten Sinn und Zweck der Vorschrift – Offenlegung der Rentabilität des Unternehmens als Maßstab für die Angemessenheit der Gegenleistung – nicht gerecht würde.[32]

3. Besondere Angaben zum Vorstand und zum Aufsichtsrat (Abs. 3). a) Überblick. 9
Gemäß § 32 Abs. 3 ist unabhängig davon, ob es sich um eine Bar- oder Sachgründung handelt, im Gründungsbericht ferner anzugeben, ob und in welchem Umfang von einem Gründer Aktien für Rechnung eines Mitglieds des Vorstands oder des Aufsichtsrats übernommen worden sind **(„Strohmanngründung")** sowie ob und in welcher Weise ein Mitglied des Vorstands oder des Aufsichtsrats sich bei der Gründung einen besonderen **Vorteil** oder für die Gründung oder ihre Vorbereitung eine **Entschädigung** oder **Belohnung** ausbedungen hat. Zweck der Vorschrift ist es, Interessenkollisionen im Rahmen der Gründungsprüfung aufzudecken und erkennbar zu machen, ob und inwieweit die Gesellschaft von Organmitgliedern beherrscht wird.[33] Darüber hinaus ist somit dem Gründungsbericht zu entnehmen, ob eine Prüfung durch Gründungsprüfer gemäß § 33 Abs. 2 erforderlich ist (vgl. § 33 Abs. 2 Nr. 2 und 3). Alle geforderten Angaben sind für jedes Verwaltungsmitglied gesondert zu machen.[34] Sind die Voraussetzungen des § 32 Abs. 3 Alt. 1 und bzw. oder 2 nicht erfüllt, ist jeweils eine Fehlanzeige in den Gründungsbericht aufzunehmen.[35]

b) Aktienübernahme für Rechnung eines Mitglieds des Vorstands oder des Aufsichtsrats 10
(Abs. 3 Alt. 1). Jegliche „Strohmanngeschäfte" für Rechnung eines Mitglieds des Vorstands oder des Aufsichtsrats sind unter Angabe des Namens des beteiligten Gründers und des betreffenden Verwaltungsmitglieds sowie des Umfangs der jeweiligen Aktienübernahme in den Gründungsbericht aufzunehmen; dies gilt auch, wenn ein Mitglied der Verwaltung als „Strohmann" für ein anderes Mitglied des Vorstands oder des Aufsichtsrates handelt.[36] Die Übernahme von Aktien durch ein Verwaltungsmitglied für eigene Rechnung ist hingegen nicht anzugeben, da insoweit uneingeschränkte Transparenz besteht. Der „Strohmann" ist aufgrund seines durch die Beteiligung an der Gründung der Gesellschaft begründeten gesellschaftsrechtlichen Treueverhältnisses zur Offenlegung verpflichtet.[37] Ein „Strohmannverhältnis" zugunsten eines Mitglieds der Verwaltung macht eine Prüfung durch einen besonderen Gründungsprüfer erforderlich (§ 33 Abs. 2 Nr. 2).

c) Besondere Vorteile, Entschädigung oder Belohnung für Mitglieder des Vorstands 11
oder des Aufsichtsrats (Abs. 3 Alt. 2). In den Gründungsbericht sind ferner Angaben darüber aufzunehmen, ob sich ein Mitglied des Vorstands oder des Aufsichtsrats einen besonderen Vorteil (**Sondervorteil** iSd § 26 Abs. 1; § 26 Rn. 3 ff.) oder für die Gründung oder ihre Vorbereitung eine Entschädigung (**Gründungsentschädigung** iSd § 26 Abs. 2; → § 26 Rn. 9) oder Belohnung (**Gründerlohn** iSd § 26 Abs. 2; → § 26 Rn. 10) ausbedungen hat. Nicht nur die von der Gesellschaft, sondern auch die von Dritten eingeräumten Vorteile, Entschädigungen und Belohnungen sind anzugeben.[38] Neben dem Namen des Empfängers sind Angaben zu Art und Umfang der gewährten Vergünstigung einschließlich einer eventuellen Gegenleistung des Mitglieds der Verwaltung erforderlich.[39] Keinen Sondervorteil im vorgenannten Sinne stellen die dienstvertraglichen Bezüge des Vorstands dar.[40] In den Fällen des § 32 Abs. 3 Alt. 2 ist eine Prüfung durch einen besonderen Gründungsprüfer notwendig (§ 33 Abs. 2 Nr. 3).

---

[28] Hüffer/*Koch* Rn. 5.
[29] AllgM, zB Hüffer/*Koch* Rn. 5; MüKoAktG/*Pentz* Rn. 26.
[30] Vgl. Hüffer/*Koch* Rn. 5; Spindler/Stilz/*Gerber* Rn. 13; MHdB AG/*Hoffmann-Becking* § 4 Rn. 34.
[31] MüKoAktG/*Pentz* Rn. 25.
[32] Vgl. Hüffer/*Koch* Rn. 5; KK-AktG/*A. Arnold* Rn. 16; Schmidt/Lutter/*Bayer* Rn. 12; MüKoAktG/*Pentz* Rn. 25; NK-AktR/*Polley* Rn. 7.
[33] Hüffer/*Koch* Rn. 6; Spindler/Stilz/*Gerber* Rn. 8; ähnlich NK-AktR/*Polley* Rn. 8.
[34] Spindler/Stilz/*Gerber* Rn. 8; Hüffer/*Koch* Rn. 6.
[35] Hüffer/*Koch* Rn. 6; KK-AktG/*A. Arnold* Rn. 17; HK-AktG/*Lohse* Rn. 6.
[36] MüKoAktG/*Pentz* Rn. 28; KK-AktG/*A. Arnold* Rn. 18; Schmidt/Lutter/*Bayer* Rn. 14.
[37] Hüffer/*Koch* Rn. 6; MüKoAktG/*Pentz* Rn. 29; Schmidt/Lutter/*Bayer* Rn. 15.
[38] AllgM, zB Hüffer/*Koch* Rn. 6; MüKoAktG/*Pentz* Rn. 32; HK-AktG/*Lohse* Rn. 7.
[39] MüKoAktG/*Pentz* Rn. 33; Schmidt/Lutter/*Bayer* Rn. 16; ähnlich Hüffer/*Koch* Rn. 6.
[40] Schmidt/Lutter/*Bayer* Rn. 16; vgl. MüKoAktG/*Pentz* Rn. 35; KK-AktG/*A. Arnold* Rn. 21, die empfehlen, dennoch hierüber zu berichten.

IV. Nachtrag zum Gründungsbericht

12 Ändert sich nach der Erstattung des Gründungsberichts ein wesentlicher Umstand, ist ein Nachtragsbericht zu erstatten.[41] Dieser Nachtragsbericht ist ebenfalls Gründungsbericht iSd § 32, der alle Anforderungen dieser Vorschrift erfüllen muss.[42] Die Nachtragspflicht besteht für alle bis zum Zeitpunkt der Eintragung der Gesellschaft im Handelsregister eintretenden Änderungen wesentlicher Umstände.[43]

V. Fehlen oder Mängel des Gründungsberichts

13 **1. Registerverfahren.** Das Registergericht kann die Vorlage eines Gründungsberichts nicht erzwingen.[44] Fehlt ein Gründungsbericht, besteht ein Eintragungshindernis für die Aktiengesellschaft (vgl. § 37 Abs. 4 Nr. 4 iVm § 38 Abs. 1 S. 2). Auch wenn der Gründungsbericht unvollständig oder unrichtig ist oder sonst nicht den gesetzlichen Vorschriften entspricht, kann das Registergericht die Eintragung der Gesellschaft ablehnen (§ 38 Abs. 2 S. 1). Dasselbe gilt, wenn der Bericht hinsichtlich für die Eintragung relevanter Umstände widersprüchliche Angaben enthält, die auch nach Aufforderung durch das Gericht nicht beseitigt werden (können), zB bei Erstattung in getrennten Urkunden oder bei Zusätzen einzelner Gründer zum Gesamtbericht.[45] Wird die Gesellschaft trotz Fehlen oder Mängeln des Gründungsberichts versehentlich eingetragen, entsteht sie wirksam.

14 **2. Verantwortlichkeit der Gründer.** Die Gründer sind untereinander zivilrechtlich zur **Mitwirkung** an der Erstattung eines ordnungsgemäßen Gründungsberichts **verpflichtet.** Diese Pflicht ergibt sich als Nebenpflicht aus der Beteiligung an der Errichtung der Gesellschaft und kann klageweise durchgesetzt werden.[46] Die Gründer sind darüber hinaus in **zivil-** und **strafrechtlicher** Hinsicht für den Inhalt des Gründungsberichts verantwortlich. Die Gründer haften der Gesellschaft gegenüber als Gesamtschuldner für die Richtigkeit und Vollständigkeit der Angaben im Gründungsbericht (vgl. § 46 Abs. 1 S. 1). Dritten, auch anderen Aktionären gegenüber, kann sich eine Haftung aus § 823 Abs. 2 BGB iVm § 399 Abs. 1 Nr. 2 und aus § 826 BGB ergeben.[47] Die strafrechtliche Verantwortlichkeit der Gründer für die Richtigkeit der Angaben im Gründungsbericht ergibt sich aus § 399 Abs. 1 Nr. 2.

§ 33 Gründungsprüfung. Allgemeines

(1) Die Mitglieder des Vorstands und des Aufsichtsrats haben den Hergang der Gründung zu prüfen.

(2) Außerdem hat eine Prüfung durch einen oder mehrere Prüfer (Gründungsprüfer) stattzufinden, wenn
1. ein Mitglied des Vorstands oder des Aufsichtsrats zu den Gründern gehört oder
2. bei der Gründung für Rechnung eines Mitglieds des Vorstands oder des Aufsichtsrats Aktien übernommen worden sind oder
3. ein Mitglied des Vorstands oder des Aufsichtsrats sich einen besonderen Vorteil oder für die Gründung oder ihre Vorbereitung eine Entschädigung oder Belohnung ausbedungen hat oder
4. eine Gründung mit Sacheinlagen oder Sachübernahmen vorliegt.

(3) [1]In den Fällen des Absatzes 2 Nr. 1 und 2 kann der beurkundende Notar (§ 23 Abs. 1 Satz 1) anstelle eines Gründungsprüfers die Prüfung im Auftrag der Gründer vornehmen; die Bestimmungen über die Gründungsprüfung finden sinngemäße Anwendung. [2]Nimmt nicht der Notar die Prüfung vor, so bestellt das Gericht die Gründungsprüfer. [3]Gegen die Entscheidung ist die Beschwerde zulässig.

(4) Als Gründungsprüfer sollen, wenn die Prüfung keine anderen Kenntnisse fordert, nur bestellt werden
1. Personen, die in der Buchführung ausreichend vorgebildet und erfahren sind;

---

[41] KG OLGR 43, 299 (301); MüKoAktG/*Pentz* Rn. 37; KK-AktG/*A. Arnold* Rn. 22; HK-AktG/*Lohse* Rn. 3.
[42] MüKoAktG/*Pentz* Rn. 37; Schmidt/Lutter/*Bayer* Rn. 17.
[43] Vgl. Spindler/Stilz/*Gerber* Rn. 7.
[44] Schmidt/Lutter/*Bayer* Rn. 2.
[45] Vgl. MüKoAktG/*Pentz* Rn. 9.
[46] Hüffer/*Koch* Rn. 2; MüKoAktG/*Pentz* Rn. 8; KK-AktG/*A. Arnold* Rn. 3; Spindler/Stilz/*Gerber* Rn. 4; Schmidt/Lutter/*Bayer* Rn. 2.
[47] Hüffer/*Koch* Rn. 2; MüKoAktG/*Pentz* Rn. 10; Spindler/Stilz/*Gerber* Rn. 5; Schmidt/Lutter/*Bayer* Rn. 3; NK-AktR/*Polley* Rn. 10.

2. Prüfungsgesellschaften, von deren gesetzlichen Vertretern mindestens einer in der Buchführung ausreichend vorgebildet und erfahren ist.

(5) [1]Als Gründungsprüfer darf nicht bestellt werden, wer nach § 143 Abs. 2 nicht Sonderprüfer sein kann. [2]Gleiches gilt für Personen und Prüfungsgesellschaften, auf deren Geschäftsführung die Gründer oder Personen, für deren Rechnung die Gründer Aktien übernommen haben, maßgebenden Einfluß haben.

Übersicht

I. Allgemeines

1. Regelungsgegenstand. § 33 trifft Regelungen zur Prüfung des Hergangs der Gründung einer Aktiengesellschaft. Danach ist jede Gründung durch die Mitglieder des Vorstands und des Aufsichtsrats zu prüfen (Abs. 1). Ferner ist in den in Abs. 2 genannten Fällen eine Gründungsprüfung durch besondere „externe" gerichtlich bestellte Gründungsprüfer erforderlich; die Gründungsprüfung kann – in den Fällen des Abs. 2 Nr. 1 und 2 – auch durch den die Gründung beurkundenden Notar vorgenommen werden (Abs. 3). In den Abs. 4 und 5 werden Anforderungen an die sachliche und persönliche Eignung der Gründungsprüfer und Ausschlussgründe für deren Bestellung begründet. 1

2. Normzweck. § 33 bezweckt, die ordnungsgemäße Gründung der Aktiengesellschaft sicherzustellen und die registergerichtliche Prüfung nach § 38 zu erleichtern.[1] Zudem soll der Öffentlichkeit ein Überblick über die Gründungsverhältnisse gegeben werden (vgl. § 34 Abs. 3 S. 2).[2] Durch die Möglichkeit, die Gründungsprüfung in bestimmten Fällen durch den Notar durchführen zu lassen, soll die Gründung erleichtert und vereinfacht werden.[3] 2

3. Systematische Stellung. Basis der Gründungsprüfung ist der Gründungsbericht der Gründer (→ § 32 Rn. 3 ff.). Das Erfordernis einer externen Gründungsprüfung gemäß § 33 Abs. 2 Nr. 4 wird durch § 33a (→ § 33a Rn. 3 ff.) eingeschränkt. Der Umfang der Gründungsprüfung und die hierbei einzuhaltenden Formalien ergeben sich aus § 34 (→ § 34 Rn. 2 ff.). 3

II. Gründungsprüfung durch Vorstand und Aufsichtsrat (Abs. 1)

1. Grundlagen. Bei jeder Gründung einer Aktiengesellschaft haben die Mitglieder des Vorstands und des Aufsichtsrats den Hergang der Gründung zu prüfen (vgl. § 33 Abs. 1). Diese Prüfungspflicht trifft **jedes Vorstandsmitglied** einschließlich der stellvertretenden Vorstandsmitglieder (§ 94) und **jedes Aufsichtsratsmitglied.**[4] Sie ist höchstpersönlicher Natur, so dass Stellvertretung ausgeschlossen ist.[5] Die Gründungsprüfung muss von denjenigen Mitgliedern des Vorstands und des Aufsichtsrats vorgenommen werden, die auch die Handelsregisteranmeldung über die Gründung der Gesellschaft 4

---

[1] Begr. RegE *Kropff* Textausgabe, 1965, 53.
[2] Spindler/Stilz/*Gerber* Rn. 1.
[3] MüKoAktG/*Pentz* Rn. 4.
[4] AllgM, zB MüKoAktG/*Pentz* Rn. 6; Hüffer/*Koch* Rn. 2.
[5] AllgM, zB MüKoAktG/*Pentz* Rn. 8; Hüffer/*Koch* Rn. 2.

unterzeichnen. Scheidet vor Vornahme der Handelsregisteranmeldung ein Vorstands- oder Aufsichtsratsmitglied aus und wird dieses ersetzt, muss dessen Nachfolger die Prüfung wiederholen.[6] Zum Inhalt der Prüfung enthält § 33 keine Vorgaben. Die Prüfung muss sich nach Sinn und Zweck der Vorschrift auf alle Umstände erstrecken, die für die späteren Aktionäre und Gläubiger der Gesellschaft von Bedeutung sein können.[7]

5 **2. Pflicht zur Mitwirkung und Haftung.** Die Pflicht zur Mitwirkung bei der Gründungsprüfung ergibt sich für alle Verwaltungsmitglieder aus ihrer Organstellung.[8] Für die Mitglieder des Vorstands ist sie ferner Nebenpflicht aus ihrem Anstellungsverhältnis.[9] Die Mitwirkungspflicht kann gerichtlich geltend gemacht werden. Eine zwangsweise Durchsetzung ist jedoch ausgeschlossen (vgl. § 888 Abs. 2 ZPO).[10] Verletzt ein Vorstands- oder Aufsichtsratsmitglied bei der Prüfung seine Sorgfaltspflichten schuldhaft, ist es der Gesellschaft zum Schadensersatz verpflichtet (§ 48). Eine strafrechtliche Verantwortlichkeit kann sich aus § 399 Abs. 1 Nr. 2 ergeben.

III. Externe Gründungsprüfung

6 **1. Erforderlichkeit.** In den in Abs. 2 Nr. 1 bis 4 genannten Fällen hat neben der Gründungsprüfung durch die Verwaltungsmitglieder gemäß Abs. 1 (→ Rn. 4 f.) eine weitere Gründungsprüfung durch einen oder mehrere besondere „externe“ Gründungsprüfer stattzufinden. Die Aufzählung in Abs. 2 ist abschließend; eine Ausdehnung auf andere, nicht genannte Konstellationen scheidet grundsätzlich aus.[11] § 33 Abs. 2 Nr. 4 wird jedoch durch den durch das Gesetz zur Umsetzung der Aktionärsrechterichtlinie (ARUG) vom 30.7.2009 (BGBl. I S. 2479) eingefügten § 33a (→ § 33a Rn. 3 ff.) eingeschränkt. Ob nach § 33 Abs. 2 eine besondere Gründungsprüfung erforderlich ist, lässt sich regelmäßig dem Gründungsbericht (§ 32) entnehmen.[12]

7 **a) Mitglied der Verwaltung als Gründer (Abs. 2 Nr. 1).** Eine besondere Gründungsprüfung ist erforderlich, wenn ein Mitglied des Vorstands oder des Aufsichtsrats zu den Gründern gehört. Maßgeblich ist insoweit der **Zeitpunkt der Registereintragung.**[13] Die besondere Gründungsprüfung soll in diesem Fall Vorsorge dagegen treffen, dass ein Verwaltungsmitglied, das selbst Gründer ist, die Gründungsprüfung nach Abs. 1 nicht mit der gebotenen **Unvoreingenommenheit** und **Objektivität** vornimmt.[14] Die Voraussetzungen des Abs. 2 Nr. 1 sind auch erfüllt, wenn ein stellvertretendes Vorstandsmitglied zu den Gründern gehört, da stellvertretende Vorstandsmitglieder nach § 94 echte Vorstandsmitglieder sind.[15] Die Bestellung eines Gründers zum Ersatzmitglied für den Aufsichtsrat genügt hingegen nicht, um eine besondere Gründungsprüfung erforderlich zu machen, da ein Ersatzmitglied erst mit Wegfall des Aufsichtsratsmitglieds, für das es bestellt ist, selbst Mitglied des Aufsichtsrats wird und bis zu diesem Zeitpunkt die in Abs. 2 Nr. 1 vorausgesetzte Konfliktlage nicht besteht.[16] Bei Beteiligung einer Personenmehrheit oder bei Vertretungsverhältnissen kann eine besondere Gründungsprüfung in entsprechender Anwendung des Abs. 2 Nr. 1 erforderlich werden. Dies gilt zunächst, wenn eine juristische Person wie zB eine Kapitalgesellschaft zu den Gründern zählt und eines ihrer vertretungsberechtigten Organmitglieder[17] oder ein diese beherrschender Gesellschafter[18] Verwaltungsmitglied der neu gegründeten Gesellschaft werden soll. Eine besondere Gründungsprüfung ist auch erforderlich, wenn eine Gesamthandsgesellschaft (OHG, KG, GbR, PartG) zu den Gründern gehört und ein geschäftsführender Gesellschafter oder ein Mitglied des Vertretungsorgans Mitglied des Vorstands oder des Aufsichtsrats werden soll.[19] Ist Gründer eine Erben- oder Gütergemeinschaft, ist eine besondere Gründungsprüfung immer dann erforderlich, wenn ein Miterbe oder Ehegatte Mitglied der Verwaltung wird.[20] Abs. 2 Nr. 1 ist ferner anwendbar,

[6] MüKoAktG/*Pentz* Rn. 6; Spindler/Stilz/*Gerber* Rn. 5; HK-AktG/*Lohse* Rn. 2; strenger NK-AktR/*Braunfels* Rn. 3: Zeitpunkt der Eintragung der Gesellschaft maßgeblich.
[7] MüKoAktG/*Pentz* Rn. 9; KK-AktG/*A. Arnold* Rn. 8.
[8] MüKoAktG/*Pentz* Rn. 11; Spindler/Stilz/*Gerber* Rn. 6; Hüffer/*Koch* Rn. 2.
[9] MüKoAktG/*Pentz* Rn. 11; Spindler/Stilz/*Gerber* Rn. 6; Hüffer/*Koch* Rn. 2; KK-AktG/*A. Arnold* Rn. 7.
[10] MüKoAktG/*Pentz* Rn. 11; Spindler/Stilz/*Gerber* Rn. 6; Hüffer/*Koch* Rn. 2; KK-AktG/*A. Arnold* Rn. 7.
[11] MüKoAktG/*Pentz* Rn. 13; Spindler/Stilz/*Gerber* Rn. 7.
[12] Hüffer/*Koch* Rn. 4.
[13] Hüffer/*Koch* Rn. 4; Spindler/Stilz/*Gerber* Rn. 8; HK-AktG/*Lohse* Rn. 3.
[14] MüKoAktG/*Pentz* Rn. 16; KK-AktG/*A. Arnold* Rn. 12.
[15] MüKoAktG/*Pentz* Rn. 16; KK-AktG/*A. Arnold* Rn. 12.
[16] MüKoAktG/*Pentz* Rn. 16; KK-AktG/*A. Arnold* Rn. 12.
[17] AllgM, zB Hüffer/*Koch* Rn. 4; Spindler/Stilz/*Gerber* Rn. 8.
[18] MüKoAktG/*Pentz* Rn. 17; Schmidt/Lutter/*Bayer* Rn. 5; KK-AktG/*A. Arnold* Rn. 13; vgl. Spindler/Stilz/*Gerber* Rn. 8, der eine Stellung als „faktisches Organ“ verlangt.
[19] MüKoAktG/*Pentz* Rn. 19; Hüffer/*Koch* Rn. 4; KK-AktG/*A. Arnold* Rn. 13; Spindler/Stilz/*Gerber* Rn. 8.
[20] AllgM, zB MüKoAktG/*Pentz* Rn. 20.

wenn ein gesetzlicher Vertreter eines Gründers Mitglied von Vorstand oder Aufsichtsrat wird.[21] Umstritten ist, ob dasselbe auch für einen rechtsgeschäftlichen Vertreter gilt;[22] entgegen einer in der Literatur verbreiteten Ansicht[23] ist dies nach Sinn und Zweck des Abs. 2 Nr. 1 zu bejahen, da insoweit dieselbe Gefahrenlage wie in den Fällen gesetzlicher Vertretung besteht.[24]

b) Übernahme von Aktien für ein Verwaltungsmitglied (Abs. 2 Nr. 2). Eine besondere Gründungsprüfung ist darüber hinaus erforderlich, wenn bei der Gründung für Rechnung eines Mitglieds des Vorstands oder des Aufsichtsrats Aktien übernommen worden sind **(Strohmanngründung).** Die Gefahrenlage entspricht bei dieser Konstellation aufgrund der eigenen wirtschaftlichen Betroffenheit dieses Mitglieds der Verwaltung der des Abs. 2 Nr. 1. Der Umfang der übernommenen Aktien ist ohne Bedeutung; eine Aktie ist ausreichend.[25] 8

c) Sondervorteil, Gründerlohn oder Gründungsentschädigung für ein Verwaltungsmitglied (Abs. 2 Nr. 3). Eine besondere Gründungsprüfung ist ferner erforderlich, wenn sich ein Mitglied des Vorstands oder ein Mitglied des Aufsichtsrats einen besonderen Vorteil (vgl. § 26 Abs. 1; → § 26 Rn. 3 ff.) oder für die Gründung oder ihre Vorbereitung eine Entschädigung oder Belohnung (vgl. § 26 Abs. 2; → § 26 Rn. 8 ff.) ausbedungen hat. Die besondere Gründungsprüfung soll in diesem Fall verhindern, dass die Verwaltungsmitglieder aufgrund der ihnen gemachten besonderen Zusagen zu Zugeständnissen gegenüber den Gründern bereit sind.[26] Von wem dem Verwaltungsmitglied die jeweilige Zusage gemacht wurde, ist ohne Bedeutung. Die besondere Gründungsprüfung ist auch dann notwendig, wenn die Zusage von einem Dritten stammt.[27] 9

d) Gründung mit Sacheinlagen oder Sachübernahmen (Abs. 2 Nr. 4). Eine besondere Gründungsprüfung ist schließlich erforderlich, wenn eine Gründung mit Sacheinlagen (→ § 27 Rn. 6 ff.) oder Sachübernahmen (→ § 27 Rn. 14 ff.) vorliegt. Das Bedürfnis nach einer besonderen Werthaltigkeitsprüfung bei einer Sachgründung ist in diesem Fall der Grund für die besondere Gründungsprüfung.[28] Der Anwendungsbereich des Abs. 2 Nr. 4 wird jedoch seit dem Inkrafttreten des ARUG (→ Rn. 6) am 1.9.2009 durch § 33a erheblich eingeschränkt (→ § 33a Rn. 3 ff.). 10

2. Notarielle Gründungsprüfung (Abs. 3 S. 1). a) Grundlagen. Die externe Gründungsprüfung nach § 33 Abs. 2 muss nicht in jedem Fall durch einen besonderen vom Gericht bestellten (→ Rn. 13) Gründungsprüfer durchgeführt werden. Handelt es sich um eine **Bargründung,** die – ausschließlich – nach **Abs. 2 Nr. 1** und bzw. oder **Nr. 2** prüfungspflichtig ist, kann stattdessen der **Notar,** der die **Gründung** der Gesellschaft **beurkundet** hat, die erforderliche Prüfung übernehmen. Diese durch das Gesetz zur weiteren Reform des Aktien- und Bilanzrechts, zu Transparenz und Publizität (Transparenz- und Publizitätsgesetz – TransPuG) vom 19.7.2002 (BGBl. I S. 10) in das AktG aufgenommene Möglichkeit soll die Gründung erleichtern.[29] Ergibt sich eine Prüfungspflicht aus Abs. 2 Nr. 1 und bzw. oder Nr. 2 sowie aus Abs. 2 Nr. 3 und bzw. oder Nr. 4, kommt eine notarielle Gründungsprüfung nicht in Betracht. Einer Bestellung durch das Gericht bedarf die Einsetzung des Notars als Gründungsprüfer nicht; die Beauftragung durch die Gründer – nicht durch den Vorstand der Vor-AG – ist ausreichend.[30] Der Notar ist jedoch nicht verpflichtet, einen entsprechenden Prüfungsauftrag zu übernehmen. Lehnt er ab, ist ein besonderer Gründungsprüfer durch das Gericht zu bestellen. Der Notar wird als Prüfer im Rahmen der sonstigen Betreuung auf dem Gebiet der vorsorgenden Rechtspflege (§ 24 BNotO) in einem öffentlich-rechtlichen Auftragsverhältnis tätig.[31] Das Auftragsverhältnis kann von den Gründern gekündigt werden.[32] Übernimmt der Notar den Prüfungsauftrag, finden auf seine Prüfungstätigkeit die Bestimmungen über die Prüfung durch besondere Gründungsprüfer (§§ 34, 35) entsprechende Anwendung. Der Notar haftet für die Richtigkeit und Vollständigkeit seines Prüfungsberichts nach § 19 BNotO. Das Privileg der subsidiären 11

[21] AllgM, zB Hüffer/*Koch* Rn. 4.
[22] Offen gelassen in RGZ 154, 276 (283).
[23] KK-AktG/*A. Arnold* Rn. 13; Spindler/Stilz/*Gerber* Rn. 8; NK-AktR/*Braunfels* Rn. 8.
[24] Wie hier MüKoAktG/*Pentz* Rn. 21; HK-AktG/*Lohse* Rn. 3; Hüffer/*Koch* Rn. 4.
[25] Hüffer/*Koch* Rn. 4a; Spindler/Stilz/*Gerber* Rn. 9; MüKoAktG/*Pentz* Rn. 22.
[26] Vgl. MüKoAktG/*Pentz* Rn. 23; KK-AktG/*A. Arnold* Rn. 15.
[27] AllgM, zB MüKoAktG/*Pentz* Rn. 24; Spindler/Stilz/*Gerber* Rn. 10.
[28] MüKoAktG/*Pentz* Rn. 25; KK-AktG/*A. Arnold* Rn. 16.
[29] Begr. RegE, BT-Drs. 14/8769, 12; *Hermanns* ZIP 2002, 1785; *Ihrig/Wagner* BB 2002, 789 (792).
[30] AllgM, zB MüKoAktG/*Pentz* Rn. 27b; Spindler/Stilz/*Gerber* Rn. 12.
[31] MüKoAktG/*Pentz* Rn. 27b; *Papmehl* MittBayNot 2003, 187 (190); Schmidt/Lutter/*Bayer* Rn. 9; vgl. NK-AktR/*Braunfels* Rn. 22.
[32] Schmidt/Lutter/*Bayer* Rn. 9; MüKoAktG/*Pentz* Rn. 27b; Hüffer/*Koch* Rn. 5a; NK-AktR/*Braunfels* Rn. 22.

Haftung nach § 19 Abs. 1 S. 2 BNotO kommt ihm dabei nicht zugute.[33] Mit der Gründungsprüfung nach § 33 Abs. 2 kann nur ein **inländischer Notar** beauftragt werden.[34] Dies gilt auch nach Ansicht der Stimmen in der Literatur, die entgegen der hier vertretenen Meinung (→ § 23 Rn. 12) die Beurkundung der Gründung durch einen ausländischen Notar unter bestimmten Voraussetzungen für zulässig erachten.[35]

12 **b) Kosten.** Kostenschuldner für die durch die notarielle Gründungsprüfung entstehenden Notarkosten sind die **Gründer** als Auftraggeber (§ 29 Nr. 1 GNotKG), nicht die Vor-AG. Die Kosten der notariellen Prüfung können nach den Maßstäben des § 26 Abs. 2 als Gründungsentschädigung (→ § 26 Rn. 9) von der Gesellschaft übernommen werden.[36] Letzteres ist – wegen § 33 Abs. 2 Nr. 3 – nur möglich, sofern die Gründer keine Organmitglieder sind.[37] Die Höhe der notariellen Gebühr bemisst sich nach Nr. 25206 KV GNotKG (1,0 Gebühr); sie beträgt jedoch mindestens 1 000 Euro.[38] Der Geschäftswert ist nach § 123 S. 1 GNotKG unter Berücksichtigung der Summe aller Einlagen der Aktionäre zuzüglich Aufgelder (Agio) zu bestimmen. Ein etwaiges in der Satzung vorhandenes genehmigtes Kapital ist jedoch nicht zu berücksichtigen.[39] Hinsichtlich des Geschäftswerts ist die Betragsgrenze des § 123 S. 2 GNotKG (10 000 000 Euro) zu berücksichtigen.[40]

13 **3. Gründungsprüfung durch gerichtlich bestellte Prüfer. a) Grundlagen, Verfahren.** Sofern der die Gründung beurkundende Notar in den Fällen des Abs. 3 Nr. 1 und 2 die Gründungsprüfung nicht durchführt oder wenn sich die Notwendigkeit einer Gründungsprüfung aus Abs. 3 Nr. 3 und 4 ergibt, werden die Gründungsprüfer vom Gericht bestellt. Zuständig ist das Amtsgericht (§ 23a Abs. 1 Nr. 2, Abs. 2 Nr. 4 GVG, § 375 Nr. 3 FamFG) des Gesellschaftssitzes (§§ 376 Abs. 1, 377 Abs. 1 FamFG). Die Bestellung erfolgt auf Antrag. Antragsbefugt sind sowohl sämtliche Gründer gemeinsam[41] als auch der Vorstand.[42] Mit dem Antrag kann dem Gericht ein Vorschlag hinsichtlich der Person des Gründungsprüfers unterbreitet werden. Die früher bestehende Pflicht des Gerichts, die zuständige IHK im Bestellungsverfahren anzuhören, ist mit Inkrafttreten des TransPuG (→ Rn. 11) entfallen. Das Gericht bestimmt die Person und die Anzahl der Gründungsprüfer nach pflichtgemäßem Ermessen.[43] Dabei hat es die gesetzlichen Anforderungen an die Eignung als Gründungsprüfer gemäß Abs. 4 (→ Rn. 14) und die Ausschlussgründe nach Abs. 5 (→ Rn. 15) zu beachten. Entgegen dem Wortlaut des Abs. 3 S. 2 ist die Bestellung eines Gründungsprüfers ausreichend. Die Bestellung erfolgt durch Beschluss, gegen den das Rechtsmittel der Beschwerde gegeben ist (§ 33 Abs. 3 S. 3). Kostenschuldnerin für das Bestellungsverfahren ist die Vor-AG.[44] Der Gründungsprüfer kann jederzeit vom bestellenden Gericht abberufen werde; die Vor-AG kann seine Tätigkeit hingegen nicht – zB durch Kündigung – beenden.[45]

14 **b) Sachliche Eignung der Gründungsprüfer (Abs. 4).** Als Gründungsprüfer sollen – sofern die Prüfung keine anderen Kenntnisse erfordert – nur Personen bestellt werden, die in der Buchführung ausreichend vorgebildet und erfahren sind (Abs. 4 Nr. 1); bei Bestellung einer Prüfungsgesellschaft soll von deren gesetzlichen Vertretern mindestens einer diese Kenntnisse und Erfahrung aufweisen (Abs. 4 Nr. 2). Der Gründungsprüfer muss hingegen nicht die weitergehenden Anforderungen des § 319 Abs. 1 HGB erfüllen. Wirtschaftsprüfer oder Wirtschaftsprüfungsgesellschaften und vereidigte Buchprüfer oder Buchprüfungsgesellschaften sind regelmäßig ausreichend qualifiziert (vgl. §§ 2, 129 WPO).[46] Daneben kommen vor allem Steuerberater und Steuerberatungsgesellschaften als Grün-

[33] *Heckschen* NotBZ 2002, 429 (431); *Papmehl* MittBayNot 2003, 187 (191); NK-AktR/*Braunfels* Rn. 23.
[34] Ebenso NK-AktR/*Braunfels* Rn. 13.
[35] Vgl. MüKoAktG/*Pentz* Rn. 27a; Hüffer/*Koch* Rn. 5.
[36] Hüffer/*Koch* Rn. 6; MüKoAktG/*Pentz* Rn. 27c; KK-AktG/*A. Arnold* Rn. 19.
[37] So auch Hüffer/*Koch* Rn. 6; Grigoleit/*Vedder* Rn. 9.
[38] Bayerische Notarkasse Streifzug durch das GNotKG 11. Aufl. 2015 Rn. 1230, 1411; *Fackelmann* Notarkosten nach dem neuen GNotKG Rn. 856.
[39] *Fackelmann* Notarkosten nach dem neuen GNotKG Rn. 856.
[40] Bayerische Notarkasse Streifzug durch das GNotKG 11. Aufl. 2015 Rn. 1231, 1411; *Fackelmann* Notarkosten nach dem GNotKG Rn. 856.
[41] BayObLG AG 1974, 22 (24); Hüffer/*Koch* Rn. 7; KK-AktG/*A. Arnold* Rn. 22; Schmidt/Lutter/*Bayer* Rn. 10; HK-AktG/*Lohse* Rn. 5; NK-AktR/*Braunfels* Rn. 16; weitergehend MüKoAktG/*Pentz* Rn. 30: auch jeder Gründer einzeln.
[42] Hüffer/*Koch* Rn. 7; KK-AktG/*A. Arnold* Rn. 22; MüKoAktG/*Pentz* Rn. 30; Schmidt/Lutter/*Bayer* Rn. 10; HK-AktG/*Lohse* Rn. 5; NK-AktR/*Braunfels* Rn. 16.
[43] Hüffer/*Koch* Rn. 7; MüKoAktG/*Pentz* Rn. 32.
[44] BayObLGZ 1973, 235 (240); Hüffer/*Koch* Rn. 7.
[45] Schmidt/Lutter/*Bayer* Rn. 10; MüKoAktG/*Pentz* Rn. 61 f.; vgl. HK-AktG/*Lohse* Rn. 6.
[46] Hüffer/*Koch* Rn. 8.

dungsprüfer in Betracht.[47] Erfordert die Durchführung einer sachgerechten Gründungsprüfung besondere Spezialkenntnisse, die eine in Buchführung ausreichend vorgebildete und erfahrene Person nicht besitzt, kann das Gericht statt dessen bzw. zusätzlich Angehörige anderer Berufe zu Gründungsprüfern bestellen.[48]

c) Ausschlussgründe (Abs. 5). Abs. 5 enthält zwingende **Bestellungsverbote,** um eine unparteiische Prüfung sicherzustellen.[49] So darf gemäß Abs. 5 S. 1 nicht als Gründungsprüfer bestellt werden, wer nach § 143 Abs. 2 nicht Sonderprüfer sein kann. Damit ist als Gründungsprüfer ausgeschlossen, wer von der Prüfung des Jahresabschlusses ausgeschlossen wäre. Insoweit wird auf die Kommentierung zu § 143 Abs. 2 verwiesen. Ferner sind nach Abs. 5 S. 2 auch solche Personen oder Prüfungsgesellschaften ausgeschlossen, auf deren Geschäftsführung die Gründer oder Personen, für deren Rechnung die Gründer Aktien übernommen haben, maßgebenden Einfluss haben. Ausschlaggebend ist allein die Möglichkeit der Einflussnahme; auf die tatsächliche Ausübung kommt es nicht an.[50] Ausreichend ist nach dem Wortlaut des Gesetzes ein „maßgebender" Einfluss und damit ein gewisses Gewicht der Einflussnahmemöglichkeit;[51] herrschender Einfluss ist nicht erforderlich. Bereits die Gefahr, dass aufgrund eines besonderen Verhältnisses des Gründers oder des Hintermanns zu der als Gründungsprüfer in Frage kommenden Person im Rahmen der Prüfung den Erwägungen und Wünschen des Gründers oder Hintermanns Vorrang vor prüfungsrelevanten Sachverhalten eingeräumt wird, begründet den Ausschlussgrund.[52] Worauf die Einflussnahmemöglichkeit beruht ist unerheblich; in Betracht kommen rechtliche, wirtschaftliche oder persönliche Beziehungen.[53] Zum Zwecke der Prüfung der Ausschlussgründe des Abs. 5 kann das Gericht die Erklärung des vorgeschlagenen oder vorgesehenen Prüfers verlangen, dass in seiner Person die Voraussetzungen des § 33 Abs. 5 nicht erfüllt sind. In der Praxis empfiehlt es sich daher, zur Verfahrensbeschleunigung die entsprechende Erklärung bereits vorab einzuholen und zusammen mit dem Antrag auf Bestellung des Gründungsprüfers dem Gericht vorzulegen.[54] 15

IV. Rechtsfolgen von Verstößen

1. Fehlende oder nicht formgerechte Gründungsprüfung. Wurde die Gründungsprüfung durch die Mitglieder der Verwaltung nach Abs. 1 gar nicht oder nicht formgerecht (vgl. § 34 Abs. 2; → § 34 Rn. 6 ff.) durchgeführt, liegt ein Eintragungshindernis vor (§ 38 Abs. 1 S. 2 iVm § 37 Abs. 4 Nr. 4);[55] dasselbe gilt in Bezug auf die besondere Gründungsprüfung nach Abs. 2.[56] Erfolgt die Eintragung trotzdem, ist die Gesellschaft wirksam entstanden.[57] Eine Nichtigkeitsklage (§ 275) oder eine Amtslöschung (§ 397 FamFG) kommen nicht in Betracht.[58] 16

2. Verstöße gegen § 33 Abs. 4 oder 5. Verstöße gegen § 33 Abs. 4 lassen die Wirksamkeit der Bestellung des besonderen Gründungsprüfers unberührt.[59] Hingegen führt ein Verstoß gegen § 33 Abs. 5 zur Unwirksamkeit der Bestellung des Gründungsprüfers mit der Folge, dass eine gleichwohl von der bestellten Person vorgenommene Gründungsprüfung nicht den Anforderungen des AktG genügt und das Registergericht die Eintragung der Gesellschaft ablehnen muss (§ 38 Abs. 1 S. 2 iVm § 37 Abs. 4 Nr. 4), sofern der Verstoß rechtzeitig festgestellt wird.[60] Diese Rechtsfolge ist aufgrund des Schutzzwecks des § 33 Abs. 5 und des hohen öffentlichen Interesses an einer ordnungsgemäßen Gründungsprüfung geboten.[61] Wird die Gesellschaft trotzdem in das Handelsregister eingetragen, ist 17

---

[47] Spindler/Stilz/*Gerber* Rn. 18.

[48] MüKoAktG/*Pentz* Rn. 39; vgl. ferner zu den Prüfungspflichten des Gründungsprüfers und den daraus an diesen zu stellenden Anforderungen *Heutz/Parameswaran* ZIP 2011, 1650 ff.

[49] Hüffer/*Koch* Rn. 9; Spindler/Stilz/*Gerber* Rn. 20; vgl. MüKoAktG/*Pentz* Rn. 41: Gewährleistung unabhängiger Prüfung.

[50] AllgM, zB Hüffer/*Koch* Rn. 9.

[51] Spindler/Stilz/*Gerber* Rn. 21; KK-AktG/*A. Arnold* Rn. 31; Schmidt/Lutter/*Bayer* Rn. 13; ähnlich MüKo-AktG/*Pentz* Rn. 57.

[52] Vgl. MüKoAktG/*Pentz* Rn. 57.

[53] Hüffer/*Koch* Rn. 9; Spindler/Stilz/*Gerber* Rn. 22; vgl. NK-AktR/*Braunfels* Rn. 20.

[54] Vgl. Spindler/Stilz/*Gerber* Rn. 23.

[55] Hüffer/*Koch* Rn. 2; MüKoAktG/*Pentz* Rn. 65.

[56] Hüffer/*Koch* Rn. 10; MüKoAktG/*Pentz* Rn. 65.

[57] AllgM, zB Hüffer/*Koch* Rn. 10; MüKoAktG/*Pentz* Rn. 73; KK-AktG/*A. Arnold* Rn. 38.

[58] Hüffer/*Koch* Rn. 2; MüKoAktG/*Pentz* Rn. 73.

[59] AllgM, zB Hüffer/*Koch* Rn. 10; MüKoAktG/*Pentz* Rn. 66.

[60] MüKoAktG/*Pentz* Rn. 66 ff.; Schmidt/Lutter/*Bayer* Rn. 14; Spindler/Stilz/*Gerber* Rn. 24; Hüffer/*Koch* Rn. 10; KK-AktG/*A. Arnold* Rn. 37; NK-AktR/*Braunfels* Rn. 25.

[61] Vgl. MüKoAktG/*Pentz* Rn. 68; Spindler/Stilz/*Gerber* Rn. 24.

sie auch in diesem Fall wirksam entstanden. Eine Nichtigkeitsklage (§ 275) oder eine Amtslöschung (§ 397 FamFG) kommen nicht in Betracht.[62]

§ 33a Sachgründung ohne externe Gründungsprüfung

(1) Von einer Prüfung durch Gründungsprüfer kann bei einer Gründung mit Sacheinlagen oder Sachübernahmen (§ 33 Abs. 2 Nr. 4) abgesehen werden, soweit eingebracht werden sollen:

1. übertragbare Wertpapiere oder Geldmarktinstrumente im Sinne des § 2 Abs. 1 und 1a [ab 3.1.2018: § 2 Absatz 1 und 2] des Wertpapierhandelsgesetzes, wenn sie mit dem gewichteten Durchschnittspreis bewertet werden, zu dem sie während der letzten drei Monate vor dem Tag ihrer tatsächlichen Einbringung auf einem oder mehreren organisierten Märkten im Sinne von § 2 Abs. 5 [ab 3.1.2018: § 2 Absatz 11] des Wertpapierhandelsgesetzes gehandelt worden sind,

2. andere als die in Nummer 1 genannten Vermögensgegenstände, wenn eine Bewertung zu Grunde gelegt wird, die ein unabhängiger, ausreichend vorgebildeter und erfahrener Sachverständiger nach den allgemein anerkannten Bewertungsgrundsätzen mit dem beizulegenden Zeitwert ermittelt hat und wenn der Bewertungsstichtag nicht mehr als sechs Monate vor dem Tag der tatsächlichen Einbringung liegt.

(2) Absatz 1 ist nicht anzuwenden, wenn der gewichtete Durchschnittspreis der Wertpapiere oder Geldmarktinstrumente (Absatz 1 Nr. 1) durch außergewöhnliche Umstände erheblich beeinflusst worden ist oder wenn anzunehmen ist, dass der beizulegende Zeitwert der anderen Vermögensgegenstände (Absatz 1 Nr. 2) am Tag ihrer tatsächlichen Einbringung auf Grund neuer oder neu bekannt gewordener Umstände erheblich niedriger ist als der von dem Sachverständigen angenommene Wert.

I. Allgemeines

1 **1. Regelungsgegenstand.** § 33a sieht **Ausnahmen** zu der nach § 33 Abs. 2 Nr. 4 bei Sacheinlagen oder Sachübernahmen obligatorischen **Werthaltigkeitsprüfung** durch externe Gründungsprüfer vor. Abs. 1 eröffnet die Möglichkeit, bei der Einlage von Vermögensgegenständen, für deren Bewertung eindeutige Anhaltspunkte bestehen,[1] von einer externen Gründungsprüfung iSd § 33 Abs. 3 S. 2 (→ § 33 Rn. 6 ff.) abzusehen. Abs. 2 schließt im Wege einer „Gegenausnahme" die Möglichkeit des Verzichts auf die externe Gründungsprüfung aus, wenn aufgrund besonderer Umstände eine sichere Bewertung der Einlagegegenstände im Einzelfall nicht möglich ist.[2]

2 **2. Normzweck und Gesetzessystematik.** Der durch das Gesetz zur Umsetzung der Aktionärsrechterichtlinie (ARUG) vom 30.7.2009 (BGBl. I S. 2479) neu in das AktG eingefügte § 33a soll die **Sachgründung vereinfachen,** indem zeitaufwändige und kostspielige Doppelbewertungen bei Sachgründungen vermieden und Marktmechanismen genutzt werden,[3] und auf diese Weise den Verwaltungsaufwand bei den Gesellschaften verringern. § 33a nutzt dabei Deregulierungsoptionen, die mit der Richtlinie 2006/68/EG des Europäischen Parlaments und des Rates zur Änderung der Richtlinie 77/91/EWG des Rates in Bezug auf die Gründung von Aktiengesellschaften und die Erhaltung und Änderung ihres Kapitals vom 6.9.2006 (ABl. L 264 S. 32) durch die Einfügung der Art. 10a aF (heute: Art. 11) und 10b aF (heute: Art. 12) in die vorgenannte Kapitalrichtlinie[4] geschaffen worden sind.[5] § 33a wird ergänzt durch weitere durch das ARUG in das AktG eingefügte Regelungen über die „erleichterte Sachgründung": zum einen durch den neuen § 37a, der Regelungen zur Handelsregisteranmeldung der Gesellschaft im Fall der „erleichterten Sachgründung" enthält, zum anderen durch § 34 Abs. 2 S. 3 (→ § 34 Rn. 8), der die Berichtspflicht für Vorstand und Aufsichtsrat einschränkt, und schließlich durch § 38 Abs. 3 (→ § 38 Rn. 10 ff.), der den Umfang der gerichtlichen Prüfung reduziert. § 33a gilt aufgrund entsprechender Verweise auch für Nachgrün-

---

[62] MüKoAktG/*Pentz* Rn. 73; Spindler/Stilz/*Gerber* Rn. 24; Hüffer/*Koch* Rn. 10; KK-AktG/*A. Arnold* Rn. 38; HK-AktG/*Lohse* Rn. 7.

[1] Vgl. *Böttcher* NZG 2008, 481 (482); *Paschos/Goslar* AG 2008, 605 (612).

[2] Begr. RegE, BT-Drs. 16/11642, 30.

[3] Vgl. *Klasen* BB 2008, 2694 (2697).

[4] Inzwischen neu gefasst durch Richtlinie 2012/30/EU des Europäischen Parlaments und des Rates vom 25.10.2012 (ABl. L 315, 74), geändert durch Art. 123 RL 2014/59/EU des Europäischen Parlaments und des Rates vom 15.5.2014 (ABl. L 173, 190).

[5] Vgl. zum Ganzen *Merkner/Decker* NZG 2009, 887 (888).

dungsfälle (vgl. § 52 Abs. 4 S. 3) und bei einer Kapitalerhöhung gegen Sacheinlage (vgl. §§ 183a Abs. 1 S. 1, 194 Abs. 5 und 205 Abs. 5 S. 2).

II. Entbehrlichkeit einer externen Gründungsprüfung (Abs. 1)

1. Grundlagen. § 33a Abs. 1 schafft die Möglichkeit, bei einer Gründung mit Sacheinlagen oder Sachübernahmen auf eine **externe Gründungsprüfung** zu **verzichten,** wenn entweder jeweils zum gewichteten Drei-Monats-Handelspreis eingebrachte Wertpapiere iSd § 2 Abs. 1 WpHG oder Geldmarktinstrumente iSd § 2 Abs. 1a WpHG (Nr. 1) oder andere Vermögensgegenstände, für die ein innerhalb der letzten sechs Monate vor dem Tag der Einbringung errichtetes Wertgutachten vorliegt (Nr. 2), Einlagegegenstand sind und die Voraussetzungen des Abs. 2 (→ Rn. 8f) nicht vorliegen. Dabei besteht ein **Wahlrecht** (→ Rn. 6). Es kann auch das Verfahren der externen Gründungsprüfung gewählt werden, wenn es günstiger erscheint. Abs. 1 ist als abschließende Regelung zu verstehen. Sollen nicht ausschließlich Vermögensgegenstände iSd Abs. 1 eingebracht werden, kommt die Verfahrenserleichterung nur für die in der Vorschrift ausdrücklich bezeichneten Vermögensgegenstände in Betracht; für die weiteren eingebrachten Gegenstände gelten dann die allgemeinen Vorschriften.[6] 3

2. Voraussetzungen. a) Wertpapiere und Geldmarktinstrumente (Abs. 1 Nr. 1). Nach Abs. 1 S. 1 kann auf die externe Gründungsprüfung verzichtet werden, wenn übertragbare Wertpapiere oder Geldmarktinstrumente iSd § 2 Abs. 1 und Abs. 1a WpHG eingebracht und dabei mit dem gewichteten Durchschnittspreis bewertet werden, zu dem sie während der letzten drei Monate vor dem Tag ihrer Einbringung auf einem oder mehreren organisierten Märkten iSd § 2 Abs. 5 WpHG gehandelt worden sind. **Wertpapier** iSd § 2 Abs. 1 WpHG sind alle Gattungen von übertragbaren Wertpapieren mit Ausnahme von Zahlungsinstrumenten, die ihrer Art nach auf den Finanzmärkten handelbar sind, insbesondere Aktien (vgl. § 2 Abs. 1 Nr. 1 WpHG), andere Anteile an in- und ausländischen juristischen Personen, Personenhandelsgesellschaften und sonstigen Unternehmen, soweit sie Aktien vergleichbar sind, sowie Zertifikate, die Aktien vertreten (vgl. § 2 Abs. 1 Nr. 2 WpHG), und schließlich Schuldtitel wie Genussscheine, Inhaberschuldverschreibungen und Orderschuldverschreibungen sowie Schuldtitel vertretende Zertifikate (vgl. § 2 Abs. 1 Nr. 3a WpHG) und sonstige Wertpapiere, die zum Erwerb oder zur Veräußerung von Wertpapieren nach § 2 Abs. 1 Nr. 1 und 2 WpHG berechtigen oder zu einer Barzahlung führen, die in Abhängigkeit von Wertpapieren, von Währungen, Zinssätzen oder anderen Erträgen, von Waren, Indices oder Messgrößen bestimmt wird (vgl. § 2 Abs. 1 Nr. 3b WpHG). Die Wertpapiereigenschaft ist dabei nicht davon abhängig, dass eine entsprechende Urkunde ausgestellt ist.[7] **Geldmarktinstrumente** iSd § 2 Abs. 1a WpHG sind alle Gattungen von Forderungen, die nicht unter § 2 Abs. 1 WpHG fallen und üblicherweise auf dem Geldmarkt gehandelt werden, mit Ausnahme von Zahlungsinstrumenten. **Organisierter Markt** iSd § 2 Abs. 5 WpHG [ab 3.1.2018: § 2 Abs. 11 WpHG] ist ein im Inland oder einem EU- oder EWR-Mitgliedstaat betriebenes oder verwaltetes, durch staatliche Stellen genehmigtes, geregeltes und überwachtes multilaterales System, das die Interessen einer Vielzahl von Personen am Kauf und Verkauf von dort zum Handel zugelassenen Finanzinstrumenten mit dem Ziel eines Vertrags über den Kauf dieser Finanzinstrumente zusammenbringt oder das Zusammenbringen fördert. Für diese Handelssysteme ist charakteristisch, dass die – amtliche – Preisfeststellung eine hohe Gewähr für Richtigkeit bietet.[8] Vereinfacht gesprochen muss daher Börsenhandel im Inland (auf einem regulierten Markt iSd §§ 32 ff. BörsG, nicht aber im Freiverkehr iSd § 48 BörsG)[9] oder EU- oder EWR-Ausland bestehen.[10] Der **Bewertungsmaßstab** des gewichteten Durchschnittspreises ist nicht gesetzlich definiert. Insbesondere ist nicht geregelt, von wem und in welchem Verfahren er zu ermitteln ist.[11] Für die an deutschen organisierten Märkten gehandelten Wertpapiere wird der gewichtete Durchschnittspreis laufend von der Bundesanstalt für Finanzdienstleistungsaufsicht ermittelt. Dadurch wird jedoch die Verwendung von Preisen anderer Anbieter nicht ausgeschlossen.[12] Als maßgeblich wird vor diesem Hintergrund der nach Umsätzen gewichtete Durchschnittskurs erachtet.[13] Die in § 33a Abs. 1 Nr. 1 für den gewichteten Durchschnittspreis maßgebliche Zeitspanne 4

[6] Begr. RegE, BT-Drs. 16/11642, 30; Spindler/Stilz/*Gerber* Rn. 3.

[7] So auch MüKoAktG/*Pentz* Rn. 17; NK-AktR/*Polley* Rn. 2; Spindler/Stilz/*Servatius* § 183a Rn. 8; iE für § 33a aA *Leuering* NZG 2016, 208 (209).

[8] *Merkner/Decker* NZG 2009, 887 (890 Fn. 19).

[9] Schmidt/Lutter/*Bayer* Rn. 6.

[10] NK-AktR/*Polley* Rn. 3.

[11] Begr. RegE, BT-Drs. 16/11642, 30; vgl. KK-AktG/*A. Arnold* Rn. 9.

[12] Begr. RegE, BT-Drs. 16/11642, 30; vgl. Spindler/Stilz/*Gerber* Rn. 5.

[13] MüKoAktG/*Pentz* Rn. 20 mit Berechnungsbeispiel; Hüffer/*Koch* Rn. 3.

wurde in Anlehnung an § 5 WpÜG-AV unter Hinweis auf die Rechtsprechung des BVerfG[14] und des BGH[15] auf **drei Monate** festgelegt.[16] Die Zeitspanne von drei Monaten ist rückwärts von dem Zeitpunkt aus zu berechnen, in dem vereinbarungsgemäß Nutzen und Risiko auf die Gesellschaft übergehen; denn für die „tatsächliche Einbringung" soll der Zeitpunkt der Wirksamkeit des betreffenden Verfügungsgeschäfts nicht maßgeblich sein.[17] Da die Bewertung der Wertpapiere und Geldmarktinstrumente iSd Abs. 1 Nr. 1 nach dem eindeutigen Wortlaut der Vorschrift aufgrund eines Durchschnittspreises erfolgen muss, der aus einem vor der tatsächlichen Einbringung abgeschlossenen Zeitraum berechnet werden muss, kommt eine Anwendung der Vorschrift in den Fällen, in denen die Sacheinlage innerhalb eines Zeitraums von fünf Jahren nach Eintragung der Gesellschaft erbracht werden muss (vgl. § 36a Abs. 2 S. 2; → § 36a Rn. 5) und dann auch erst nach der Anmeldung der Gesellschaft erbracht wird, nicht in Betracht.[18]

5 **b) Bewertete Vermögensgegenstände (Abs. 1 Nr. 2).** Abs. 1 Nr. 2 erfasst als Auffangtatbestand alle einer Bewertung zugänglichen (vgl. § 27 Abs. 2) Vermögensgegenstände, die nicht in den Anwendungsbereich des Abs. 1 Nr. 1 fallen.[19] Auf eine externe Gründungsprüfung kann danach verzichtet werden, wenn der **Zeitwert** der einzubringenden Vermögensgegenstände von einem ausreichend vorgebildeten und erfahrenen Sachverständigen nach den allgemeinen Bewertungsgrundsätzen bewertet worden ist **(fair value)** und der Bewertungsstichtag am Tag der tatsächlichen Einbringung der Einlage nicht länger als **sechs Monate** zurückliegt. Hinsichtlich der Qualifikationen und Kenntnisse des Sachverständigen dürften dieselben Anforderungen wie bei der regulären Gründungsprüfung (vgl. § 33 Abs. 4; → § 33 Rn. 14) gelten.[20] Ferner wird in der Literatur zu Recht verlangt, dass in Bezug auf die Person des Sachverständigen kein Ausschlussgrund iSd §§ 33 Abs. 5 gegeben sein darf.[21] Ob die Sechs-Monats-Frist gewahrt ist, kann das Registergericht anhand der mit der Anmeldung einzureichenden Unterlagen (→ § 37a Rn. 5) feststellen. Der Sechs-Monats-Zeitraum wird als angemessener Ausgleich zwischen dem Interesse der Gesellschafter und Gläubiger an der Werthaltigkeit der Sacheinlage im Einlagezeitpunkt und dem Interesse der Gesellschaft und des Inferenten an einer zügigen und einfachen Einlageleistung angesehen.[22] Auch Abs. 1 Nr. 2 (→ Rn. 4 zu Abs. 1 Nr. 1) ist im Fall einer nachträglichen Einbringung iSd § 36a Abs. 2 S. 2 praktisch nicht anwendbar, da das Registergericht im Rahmen des Eintragungsverfahrens prüft, ob die Voraussetzungen des § 33a vorliegen, und insbesondere die Wahrung der Sechs-Monats-Frist erst nach der „tatsächlichen Einbringung" festgestellt werden kann.[23]

6 **3. Rechtsfolgen.** Liegen die Voraussetzungen des Abs. 1 Nr. 1 oder 2 vor, ohne dass der Tatbestand einer Gegenausnahme nach Abs. 2 (→ Rn. 8 f.) gegeben ist, besteht ein **Wahlrecht:**[24] Die Sachgründung kann ohne externe Gründungsprüfung nach § 33 Abs. 3 S. 2 durchgeführt werden. Entgegen dem Referentenentwurf zum ARUG[25] besteht aber keine diesbezügliche Verpflichtung. Ebenso kann das übliche Verfahren mit der externen Gründungsprüfung durchgeführt werden, wenn dieses günstiger erscheint. Das Wahlrecht steht den **Gründern** zu, die hierüber einstimmig zu befinden haben.[26] Wird das Verfahren der erleichterten Sachgründung nach § 33a Abs. 1 gewählt, geht die Verantwortung für die Bewertung samt dem zugehörigen Reporting aus dem gemeinsamen Verantwortungsbereich von

---

[14] BVerfG NJW 2007, 828 = ZIP 2007, 175.

[15] BGHZ 147, 108 = NJW 2001, 2080.

[16] Vgl. Begr. RegE, BT-Drs. 16/11642, 31; hierzu *Böttcher* NZG 2008, 481 (482); Schmidt/Lutter/*Bayer* Rn. 6; MüKoAktG/*Pentz* Rn. 23.

[17] So NK-AktR/*Polley* Rn. 5; KK-AktG/*A. Arnold* Rn. 10 unter Hinweis auf *Schäfer* Der Konzern 2007, 407 (409); aA wohl MüKoAktG/*Pentz* Rn. 24: „Erfüllung der Sacheinlageverpflichtung".

[18] Vgl. KK-AktG/*A. Arnold* Rn. 11; NK-AktR/*Polley* Rn. 6; HK-AktG/*Lohse* Rn. 5; MüKoAktG/*Pentz* Rn. 24; *Merkner/Decker* NZG 2009, 887 (889 Fn. 15); *Zetzsche* Der Konzern 2008, 321 (329 Fn. 85).

[19] Vgl. *Leuering* NZG 2016, 208 (210), der bei Aktien, die tatsächlich nicht gehandelt werden und daher keinen durchschnittlichen Börsenkurs aufweisen, Einbringung nach Abs. 1 Nr. 2 auf Basis aktueller sachkundiger Bewertung für möglich erachtet.

[20] Vgl. Schmidt/Lutter/*Bayer* Rn. 12; NK-AktR/*Polley* Rn. 8; KK-AktG/*A. Arnold* Rn. 13; MüKoAktG/*Pentz* Rn. 27.

[21] Schmidt/Lutter/*Bayer* Rn. 12; vgl. HK-AktG/*Lohse* Rn. 8.

[22] Vgl. *Böttcher* NZG 2008, 481 (482); Schmidt/Lutter/*Bayer* Rn. 13.

[23] Im Ergebnis ebenso KK-AktG/*A. Arnold* Rn. 16; NK-AktR/*Polley* Rn. 9; MüKoAktG/*Pentz* Rn. 31.

[24] *Bosse* NZG 2009, 807 (808); MüKoAktG/*Pentz* Rn. 33; KK-AktG/*A. Arnold* Rn. 2; Hüffer/*Koch* Rn. 7; NK-AktR/*Polley* Rn. 1, 10; Schmidt/Lutter/*Bayer* Rn. 4; Spindler/Stilz/*Gerber* Rn. 1; HK-AktG/*Lohse* Rn. 1.

[25] Hierzu zB *Böttcher* NZG 2008, 481 (481 f.).

[26] HK-AktG/*Lohse* Rn. 4; NK-AktR/*Polley* Rn. 10; KK-AktG/*A. Arnold* Rn. 4; vgl. *Seibert/Florstedt* ZIP 2008, 2145 (2150); vgl. ferner Hüffer/*Koch* Rn. 7: „Gründer und andere Beteiligte"; Schmidt/Lutter/*Bayer* Rn. 4: „Gesellschaft"; MüKoAktG/*Pentz* Rn. 34: „Einverständnis aller Gründungsbeteiligten, also aller Gründer und Verwaltungsmitglieder".

Verwaltung und Gründungsprüfer (vgl. §§ 34 f.) in die alleinige Zuständigkeit von Vorstand und Aufsichtsrat über.[27] Bei der Anmeldung der Gesellschaft sind die besonderen Publizitätspflichten nach § 37a (→ § 37a Rn. 3 ff.) zu beachten.[28] Die Vereinfachung der Sachgründung hat auch Auswirkungen auf den Umfang der Prüfungspflicht des Registergerichts. Dieses hat hinsichtlich der Werthaltigkeit der Sacheinlagen bzw. Sachübernahmen nur zu prüfen, ob die Voraussetzungen des § 37a erfüllt sind. Das Gericht kann – wenn dies der Fall ist – die Eintragung nur bei einer offenkundigen und erheblichen Überbewertung ablehnen (vgl. § 38 Abs. 3; → § 38 Rn. 10 ff.).[29]

III. Gegenausnahmen (Abs. 2)

1. Grundlagen. Auch wenn die Voraussetzungen des Abs. 1 Nr. 1 oder 2 erfüllt sind, kann auf 7
die externe Gründungsprüfung **nicht verzichtet** werden, wenn der gewichtete Durchschnittspreis der Wertpapiere oder Geldmarktinstrumente iSd Abs. 1 Nr. 1 durch außergewöhnliche Umstände erheblich beeinflusst worden ist (Abs. 2 Alt. 1) oder wenn anzunehmen ist, dass der beizulegende Zeitwert der anderen Vermögensgegenstände iSd Abs. 1 Nr. 2 am Tag ihrer tatsächlichen Einbringung auf Grund neuer oder neu bekannt gewordener Umstände erheblich niedriger ist als der von dem Sachverständigen angenommene Wert (Abs. 2 Alt. 2).

2. Außergewöhnliche Umstände (Abs. 2 Alt. 1). Abs. 2 Alt. 1 trägt dem Umstand Rechnung, 8
dass die Preisbildung an organisierten Märkten in Ausnahmefällen versagen kann.[30] Nach der Begründung zum Regierungsentwurf des ARUG ist eine Neubewertung von Wertpapieren und Geldmarktinstrumenten veranlasst, wenn deren gewichteter Durchschnittspreis durch außergewöhnliche Umstände beeinflusst war, die eine erhebliche Änderung des Wertes des Vermögensgegenstandes zum Zeitpunkt seiner tatsächlichen Einbringung bewirken würden; dies gilt auch für den Fall, dass der Markt für diese Wertpapiere oder Geldmarktinstrumente illiquide geworden ist.[31] Außergewöhnliche Umstände können etwa vorliegen, wenn der Handel mit den betreffenden Papieren über einen längeren Zeitraum völlig zum Erliegen gekommen ist oder ausgesetzt war.[32] Außergewöhnliche Umstände sind auch dann gegeben, wenn der Markt durch Missbrauch oder verbotene Kursmanipulationen künstlich beeinflusst worden ist (vgl. § 20a Abs. 1 WpHG), sofern dadurch eine erhebliche Änderung des Börsenwerts bewirkt worden ist.[33] Die Voraussetzungen des Abs. 2 Alt. 1 sind hingegen bei marktüblichem Verhalten iSd § 20a Abs. 2 WpHG iVm §§ 7 ff. MaKonV (BGBl. 2005 I S. 515) sowie bei erlaubten Rückkaufprogrammen eigener Aktien und Maßnahmen zur Kursstabilisierung, die sich im Rahmen der Verordnung (EG) 2273/2003 vom 22.12.2003 (ABl. Nr. L 336 S. 33) halten (sog. „safe harbour", vgl. § 20a Abs. 3 WpHG), nicht erfüllt.[34] Wann die Beeinflussung des gewichteten Durchschnittspreises erheblich ist, lässt sich weder dem Gesetz noch seiner Begründung entnehmen. Erforderlich erscheint eine deutliche Verfehlung der üblichen Bandbreite bei sachverständiger Ermittlung des objektivierten Wertes.[35] In der Literatur ist umstritten, ob in Anlehnung an § 5 Abs. 4 WpÜG-AngV eine Abweichung von (mindestens) 5% insoweit ausreichend[36] oder eine größere Abweichung erforderlich ist.[37] Letzteres dürfte zur Wahrung des Erfordernisses der „deutlichen Verfehlung" zutreffend sein.

3. Änderung des Zeitwerts zwischen Bewertung und Einbringung (Abs. 2 Alt. 2). Eine 9
bereits vorliegende Bewertung eines anderen Vermögensgegenstandes iSd Abs. 1 Nr. 2 lässt dann keinen Verzicht auf eine externe Gründungsprüfung zu, wenn sich der Wert des Gegenstandes in der Zeit nach der Begutachtung durch den Sachverständigen iSd Abs. 1 Nr. 2 geändert hat oder wenn nachträglich Umstände bekannt geworden sind, bei deren Kenntnis der Sachverständige zu anderen Ergebnissen gelangt wäre.[38] Relevant sind nur Veränderungen, die zu einem **erheblich niedrigeren** Wert führen. Ausreichend ist insoweit aber, dass die Umstände auf eine erheblich zu

---

[27] *Seibert/Florstedt* ZIP 2008, 2145 (2150); *Zetzsche* Der Konzern 2008, 321 (330).
[28] *Merkner/Decker* NZG 2009, 887 (889).
[29] *Merkner/Decker* NZG 2009, 887 (889).
[30] Begr. RegE, BT-Drs. 16/11642, 31; *Böttcher* NZG 2008, 481 (482); KK-AktG/*A. Arnold* Rn. 18.
[31] Begr. RegE, BT-Drs. 16/11642, 31; vgl. MüKoAktG/*Pentz* Rn. 41.
[32] Begr. RegE, BT-Drs. 16/11642, 31 unter Hinweis auf BVerfGE 100, 289 Rn. 66 f.; BGHZ 147, 108 = NJW 2001, 2080; vgl. MüKoAktG/*Pentz* Rn. 41.
[33] Begr. RegE, BT-Drs. 16/11642, 31; vgl. zB auch NK-AktR/*Polley* Rn. 11.
[34] Begr. RegE, BT-Drs. 16/11642, 31; vgl. zB auch NK-AktR/*Polley* Rn. 11.
[35] Hüffer/*Koch* Rn. 8; vgl. KK-AktG/*A. Arnold* Rn. 22.
[36] So *Zetzsche* Der Konzern 2008, 321 (330); vgl. hierzu *Merkner/Decker* NZG 2009, 887 (890 f.).
[37] So Hüffer/*Koch* Rn. 8; NK-AktR/*Polley* Rn. 12; HK-AktG/*Lohse* Rn. 7; anders als in dessen Vorauflage jetzt auch Schmidt/Lutter/*Bayer* Rn. 9.
[38] Begr. RegE, BT-Drs. 16/11642, 32.

hoch ausgefallene Bewertung hindeuten.[39] Die „Erheblichkeitsschwelle" dürfte nur überschritten sein, wenn die bisherige Wertannahme die Bandbreite vertretbarer Bewertungen eindeutig unterschreitet.[40] Ob tatsächlich die reale Kapitalaufbringung gefährdet ist, ist ohne Belang.[41] Liegen Umstände vor, die auf eine Unrichtigkeit der sachverständigen Expertise schließen lassen, kann der Verzicht auf die externe Gründungsprüfung nicht mehr gerechtfertigt werden.[42] Für die Frage, ob eine nach Abs. 2 Alt. 2 relevante Veränderung eingetreten ist, ist auf die Entwicklung im **Zeitraum** zwischen **Erstellung** des vorliegenden Gutachtens und der **tatsächlichen Einbringung** des Vermögensgegenstandes abzustellen. Danach eintretende Veränderungen bzw. auftretende Erkenntnisse stehen der Anwendbarkeit des Abs. 1 nicht im Wege.[43] Werden allerdings vor Abgabe der Handelsregisteranmeldung entsprechende Umstände bekannt, die schon vor der Einbringung eingetreten waren, scheidet im Ergebnis die „erleichterte Sachgründung" iSd § 33a Abs. 1 aus, da die erforderliche Versicherung nach § 37a Abs. 2 nicht mehr abgegeben werden kann.[44]

§ 34 Umfang der Gründungsprüfung

(1) Die Prüfung durch die Mitglieder des Vorstands und des Aufsichtsrats sowie die Prüfung durch die Gründungsprüfer haben sich namentlich darauf zu erstrecken,

1. **ob die Angaben der Gründer über die Übernahme der Aktien, über die Einlagen auf das Grundkapital und über die Festsetzungen nach §§ 26 und 27 richtig und vollständig sind;**
2. **ob der Wert der Sacheinlagen oder Sachübernahmen den geringsten Ausgabebetrag der dafür zu gewährenden Aktien oder den Wert der dafür zu gewährenden Leistungen erreicht.**

(2) [1]Über jede Prüfung ist unter Darlegung dieser Umstände schriftlich zu berichten. [2]In dem Bericht ist der Gegenstand jeder Sacheinlage oder Sachübernahme zu beschreiben sowie anzugeben, welche Bewertungsmethoden bei der Ermittlung des Wertes angewandt worden sind. [3]In dem Prüfungsbericht der Mitglieder des Vorstands und des Aufsichtsrats kann davon sowie von Ausführungen zu Absatz 1 Nr. 2 abgesehen werden, soweit nach § 33a von einer externen Gründungsprüfung abgesehen wird.

(3) [1]Je ein Stück des Berichts der Gründungsprüfer ist dem Gericht und dem Vorstand einzureichen. [2]Jedermann kann den Bericht bei dem Gericht einsehen.

I. Allgemeines

1 § 34 enthält Regelungen zum Umfang der Gründungsprüfung (Abs. 1), zu Form und Inhalt der Prüfungsberichte der Verwaltungsmitglieder und der Gründungsprüfer (Abs. 2) sowie zur Einreichung des Berichts der Gründungsprüfer und zur Einsicht in diesen Bericht (Abs. 3). Der Umfang der Berichtspflicht ist durch das Gesetz zur Umsetzung der Aktionärsrechterichtlinie (ARUG) vom 30.7.2009 (BGBl. I S. 2479) durch Einfügen des Abs. 2 S. 3 eingeschränkt worden.

II. Prüfungsumfang (Abs. 1)

2 **1. Grundlagen.** § 34 Abs. 1 trifft keine abschließenden Regelungen zum Umfang der Prüfung durch die Mitglieder des Vorstands und des Aufsichtsrats nach § 33 Abs. 1 und durch die Gründungsprüfer nach § 33 Abs. 2. Der Wortlaut der Vorschrift („namentlich") macht deutlich, dass dort lediglich besonders wesentliche Gegenstände der Prüfung bezeichnet werden. Die Bestimmung des erforderlichen Umfangs der jeweiligen Prüfung muss sich an Sinn und Zweck der Gründungsprüfung orientieren.[1] § 33 bezweckt mit dem Erfordernis der Gründungsprüfung, die ordnungsgemäße Gründung der Aktiengesellschaft sicherzustellen und die registergerichtliche Prüfung nach § 38 zu erleichtern.[2] Zudem soll der Öffentlichkeit ein Überblick über die Gründungsverhältnisse

---

[39] Begr. RegE, BT-Drs. 16/11642, 32; KK-AktG/*A. Arnold* Rn. 21; Hüffer/*Koch* Rn. 9; Schmidt/Lutter/*Bayer* Rn. 15.

[40] Hüffer/*Koch* Rn. 9; KK-AktG/*A. Arnold* Rn. 23; HK-AktG/*Lohse* Rn. 10; MüKoAktG/*Pentz* Rn. 45; ähnlich Schmidt/Lutter/*Bayer* Rn. 15.

[41] Vgl. *Seibert/Florstedt* ZIP 2008, 2145 (2150); Schmidt/Lutter/*Bayer* Rn. 15.

[42] Begr. RegE, BT-Drs. 16/11642, 32.

[43] Schmidt/Lutter/*Bayer* Rn. 16; MüKoAktG/*Pentz* Rn. 46.

[44] Begr. RegE, BT-Drs. 16/11642, 32; vgl. NK-AktR/*Polley* Rn. 14.

[1] GroßkommAktG/*Röhricht* Rn. 3; Hüffer/*Koch* Rn. 2; Spindler/Stilz/*Gerber* Rn. 3.

[2] Begr. RegE *Kropff* Textausgabe, 1965, 53.

gegeben werden.[3] Das macht es erforderlich, alle **tatsächlichen** und **rechtlichen Vorgänge,** die mit der Gründung zusammenhängen, sowie alle Umstände, auf die sich die Prüfung durch das Registergericht erstreckt, zum Gegenstand der Prüfung zu machen.[4] Das sind neben den in Abs. 1 Nr. 1 (→ Rn. 4) und Nr. 2 (→ Rn. 5) ausdrücklich genannten Prüfungsgegenständen insbesondere Feststellung und Inhalt der Satzung, Bestellung der Mitglieder von Vorstand und Aufsichtsrat sowie des Abschlussprüfers, der Gründungsbericht der Gründer (→ § 32 Rn. 4 ff.) sowie die Einhaltung von Formvorschriften und das Vorliegen von Vollmachten und Genehmigungen.[5] Die Prüfung hat sich hingegen nicht damit zu befassen, ob die Gründung wirtschaftlich sinnvoll, die Wahl der Rechtsform angemessen oder die Ausstattung der Gesellschaft mit Kapital im Hinblick auf die beabsichtigte unternehmerische Tätigkeit ausreichend ist.[6] In offensichtlichen Einzelfällen kann sich jedoch die Verpflichtung ergeben, im Rahmen der Gründungsprüfung auf besondere Gefahren hinzuweisen.[7] Umfang und Gegenstand der Gründungsprüfung durch die Verwaltungsmitglieder nach § 33 Abs. 1 und der Gründungsprüfung durch externe Gründungsprüfer nach § 33 Abs. 2 stimmen grundsätzlich überein.[8] Die Gründungsprüfer haben in ihre Prüfung auch noch den Bericht der Mitglieder des Vorstands und des Aufsichtsrats über ihre Gründungsprüfung mit einzubeziehen (vgl. § 38 Abs. 2). Ausgangspunkt jeder Gründungsprüfung ist der Gründungsbericht der Gründer (§ 32). Darüber hinaus sind der Prüfung aber auch alle sonst relevanten Urkunden, Unterlagen und Nachweise zugrunde zu legen (zB Gründungsurkunde, Bankbestätigung gemäß § 37 Abs. 1 S. 3 etc). Die Gründer sind zur Vorlage der Unterlagen und zur Erteilung prüfungsrelevanter Informationen verpflichtet (vgl. § 35 Abs. 1; → § 35 Rn. 3 f.). Die Gründungsprüfer sind auch zu eigenen Ermittlungen berechtigt.[9]

2. Ausdrücklich benannte Prüfungsgegenstände. Die in § 34 Abs. 1 ausdrücklich hervorgehobenen Prüfungsgegenstände betreffen die Kapitalgrundlage der Gesellschaft und typische Gefahrenlagen bei der Sachgründung.[10] 3

a) Angaben der Gründer (Abs. 1 Nr. 1). Sowohl bei einer Bargründung als auch bei einer Sachgründung ist danach insbesondere zu prüfen, ob die Angaben der Gründer über die Übernahme der Aktien (→ § 23 Rn. 15 ff.), über die Einlagen auf das Grundkapital und über die Festsetzungen nach § 26 (→ § 26 Rn. 3 ff.), § 27 (→ § 27 Rn. 20 ff.) richtig und vollständig sind. Hinsichtlich der **Einlagen** ist zu differenzieren: Sind diese zum Zeitpunkt der Prüfung bereits erbracht, ist die Prüfung auf die Richtigkeit der Angabe über die Einlageerbringung und die Ordnungsmäßigkeit der Einlagenleistung zu erstrecken; sind die Einlagen – wie häufig zu diesem Zeitpunkt – noch nicht erbracht, beschränkt sich die Prüfung auf die Frage der wirksamen Begründung der Einlageverpflichtung.[11] Ferner ist neben der Richtigkeit und Vollständigkeit der Festsetzungen nach §§ 26, 27 auch die Angemessenheit der festgesetzten Sondervorteile iSd § 26 Abs. 1 (→ § 26 Rn. 3 ff.) und des gewährten Gründerlohns iSd § 26 Abs. 2 (→ § 26 Rn. 10) zu prüfen.[12] Für die Beurteilung der Angemessenheit kommt es auf den Zeitpunkt der Prüfung an.[13] 4

b) Werthaltigkeit bei Sacheinlagen und Sachübernahmen (Abs. 1 Nr. 2). Bei einer **Sachgründung** ist gemäß Abs. 1 Nr. 2 ferner zu prüfen, ob der Wert der Sacheinlagen oder Sachübernahmen den geringsten Ausgabebetrag (→ § 9 Rn. 4) der dafür zu gewährenden Aktien oder den Wert der dafür zu gewährenden Leistungen erreicht. Hierdurch soll die reale Aufbringung des Gesellschaftskapitals gesichert werden.[14] Die Prüfung dient der Einhaltung des Verbots der „Unterpariemission" (→ § 9 Rn. 4 ff.). Auch wenn sich die Prüfung nach dem Wortlaut der Norm nicht auf die Frage erstreckt, ob es sich um eine – zulässige – „Überpariemission" (vgl. § 9 Abs. 2; → § 9 Rn. 10 ff.) handelt, hat sie sich nach zutreffender hM bei satzungsmäßiger Festsetzung eines Agios 5

---

[3] Spindler/Stilz/*Gerber* Rn. 1 iVm § 33 Rn. 1; vgl. NK-AktR/*Polley* Rn. 1.

[4] AllgM, zB MüKoAktG/*Pentz* Rn. 9; Spindler/Stilz/*Gerber* Rn. 3; Hüffer/*Koch* Rn. 2; NK-AktR/*Polley* Rn. 2.

[5] MüKoAktG/*Pentz* Rn. 10; Spindler/Stilz/*Gerber* Rn. 3; vgl. Schmidt/Lutter/*Bayer* Rn. 2; HK-AktG/*Lohse* Rn. 2.

[6] MüKoAktG/*Pentz* Rn. 9; Hüffer/*Koch* Rn. 2.

[7] Vgl. MüKoAktG/*Pentz* Rn. 9; Hüffer/*Koch* Rn. 2; KK-AktG/*A. Arnold* Rn. 5.

[8] MüKoAktG/*Pentz* Rn. 7; MHdB AG/*Hoffmann-Becking* § 3 Rn. 26.

[9] GroßkommAktG/*Röhricht* Rn. 9; MüKoAktG/*Pentz* Rn. 8.

[10] Hüffer/*Koch* Rn. 3.

[11] MüKoAktG/*Pentz* Rn. 12; Hüffer/*Koch* Rn. 3; Spindler/Stilz/*Gerber* Rn. 6; Schmidt/Lutter/*Bayer* Rn. 4; NK-AktR/*Polley* Rn. 4.

[12] MüKoAktG/*Pentz* Rn. 13; KK-AktG/*A. Arnold* Rn. 7; Hüffer/*Koch* Rn. 3; NK-AktR/*Polley* Rn. 4.

[13] MüKoAktG/*Pentz* Rn. 14; Schmidt/Lutter/*Bayer* Rn. 9.

[14] MüKoAktG/*Pentz* Rn. 15.

auch darauf zu erstrecken, ob der Wert der Sacheinlage auch das Agio umfasst.[15] Die diesbezügliche Auslegung und Erstreckung der Prüfung ist schon wegen Art. 10 Kapital-RL[16] geboten.[17] Die in der 1. Aufl. vertretene gegenteilige Auffassung wird aufgegeben. Eine abschließende Stellungnahme zum Wert der Sacheinlage oder Sachübernahme ist hingegen nicht erforderlich.[18] Grenzen werden insoweit lediglich durch das Verbot der Bildung willkürlicher stiller Reserven (→ § 27 Rn. 11) gezogen;[19] auf entsprechende willkürliche stille Reserven ist im Prüfungsbericht hinzuweisen.[20] Für die Prüfer können sich hier in der Praxis schwierige Abgrenzungsprobleme ergeben. Maßgebender Zeitpunkt für die Beurteilung der Werthaltigkeit ist nach zutreffender hM[21] der **Tag der Vornahme der Prüfung,** nicht der Tag der Anmeldung der Gesellschaft oder der Tag der Eintragung.[22] Denn die Werthaltigkeit der Sacheinlage bzw. -übernahme kann nicht im Voraus für einen ungewissen in der Zukunft liegenden Zeitpunkt bestimmt werden. Allerdings ist im Gründungsbericht darauf hinzuweisen, wenn Anhaltspunkte für eine in naher Zukunft eintretende Wertminderung bestehen.[23]

III. Prüfungsbericht (Abs. 2)

6 **1. Form.** Über **jede** Prüfung ist **schriftlich** zu berichten (Abs. 2 S. 1). Dabei können die Mitglieder des Vorstands und des Aufsichtsrats einen gemeinsamen Prüfungsbericht bestellen.[24] Dies ist in der Praxis üblich. Bei Meinungsverschiedenheiten zwischen Vorstand und Aufsichtsrat sind getrennte Berichte zu erstellen oder dem gemeinsamen Bericht entsprechende Zusätze beizufügen.[25] Der Prüfungsbericht der Gründungsprüfer hingegen muss **gesondert** erfolgen.[26] Ein gemeinsamer Gründungsprüfungsbericht der Mitglieder der Verwaltung und der besonderen Gründungsprüfer scheidet bereits deshalb aus, weil die Gründungsprüfer den Gründungsprüfungsbericht der Mitglieder der Verwaltung auch zum Gegenstand ihrer Prüfung machen müssen (→ Rn. 2). Bei der Erstellung der Prüfungsberichte sind die Anforderungen des § 126 BGB sind zu wahren. Alle Vorstands- und Aufsichtsratsmitglieder bzw. alle Gründungsprüfer müssen den jeweiligen Prüfungsbericht eigenhändig unterschreiben.[27] Stellvertretung ist ausgeschlossen.[28] Damit wird dokumentiert, dass jedes Mitglied der Verwaltung bzw. jeder Gründungsprüfer für den Bericht die Verantwortung übernimmt.[29]

7 **2. Inhalt. a) Grundlagen.** Der jeweilige Prüfungsbericht hat „unter Darlegung" der in § 34 Abs. 1 genannten Umstände zu erfolgen (vgl. Abs. 2 S. 1). Der Prüfungsbericht darf sich jedoch nicht lediglich auf die in Abs. 1 ausdrücklich genannten Gegenstände beschränken. Vielmehr muss über die **gesamte Prüfung** und damit über alle Umstände, die Gegenstand der Prüfung waren, berichtet werden.[30] Hinweise auf eventuelle Beanstandungen sind nicht ausreichend.[31] Nur bei einer entsprechend umfangreichen Berichterstattung kann das Registergericht prüfen, ob die Gesellschaft

---

[15] Hüffer/*Koch* Rn. 3; Schmidt/Lutter/*Bayer* Rn. 7; KK-AktG/*A. Arnold* Rn. 8; Grigoleit/*Vedder* Rn. 4; MHdB AG/*Hoffmann-Becking* § 4 Rn. 38; aA Spindler/Stilz/*Gerber* Rn. 8; vgl. MüKoAktG/*Pentz* Rn. 17; NK-AktR/*Polley* Rn. 5.

[16] Zweite Richtlinie 77/91/EWG des Rates zur Koordinierung der Schutzbestimmungen, die in den Mitgliedstaaten den Gesellschaften im Sinne des Artikels 58 Abs. 2 des Vertrages im Interesse der Gesellschafter sowie Dritter für die Gründung der Aktiengesellschaft sowie für die Erhaltung und Änderung ihres Kapitals vorgeschrieben sind, um diese Bestimmungen gleichwertig zu gestalten vom 13.12.1976 (ABl. L 26, 1); inzwischen neu gefasst durch Richtlinie 2012/30/EU des Europäischen Parlaments und des Rates vom 25.10.2012 (ABl. L 315, 74), geändert durch Art. 123 RL 2014/59/EU des Europäischen Parlaments und des Rates vom 15.5.2014 (ABl. L 173, 190).

[17] Schmidt/Lutter/*Bayer* Rn. 7; KK-AktG/*A. Arnold* Rn. 8; Hüffer/*Koch* Rn. 3.

[18] Spindler/Stilz/*Gerber* Rn. 8.

[19] MüKoAktG/*Pentz* Rn. 17; Hüffer/*Koch* Rn. 3; aA KK-AktG/*A. Arnold* Rn. 9: auf Unterbewertungen ist stets hinzuweisen.

[20] Schmidt/Lutter/*Bayer* Rn. 8; NK-AktR/*Polley* Rn. 5; MüKoAktG/*Pentz* Rn. 17.

[21] Hüffer/*Koch* Rn. 3; MüKoAktG/*Pentz* Rn. 16; Spindler/Stilz/*Gerber* Rn. 9; KK-AktG/*A. Arnold* Rn. 8; NK-AktR/*Polley* Rn. 5.

[22] So aber *Mohr* WpG 1960, 576; *Schiller* AG 1992, 20 (22).

[23] MüKoAktG/*Pentz* Rn. 16; Spindler/Stilz/*Gerber* Rn. 9; KK-AktG/*A. Arnold* Rn. 8.

[24] KK-AktG/*A. Arnold* Rn. 10; Hüffer/*Koch* Rn. 4; MüKoAktG/*Pentz* Rn. 19; Schmidt/Lutter/*Bayer* Rn. 10; NK-AktR/*Polley* Rn. 6.

[25] MüKoAktG/*Pentz* Rn. 18; KK-AktG/*A. Arnold* Rn. 10.

[26] MüKoAktG/*Pentz* Rn. 19; GroßkommAktG/*Röhricht* Rn. 10; Spindler/Stilz/*Gerber* Rn. 11.

[27] MüKoAktG/*Pentz* Rn. 18; Spindler/Stilz/*Gerber* Rn. 12; Schmidt/Lutter/*Bayer* Rn. 11.

[28] AllgM, zB GroßkommAktG/*Röhricht* Rn. 11; KK-AktG/*A. Arnold* Rn. 10; MHdB AG/*Hoffmann-Becking* § 3 Rn. 25.

[29] MüKoAktG/*Pentz* Rn. 18.

[30] AllgM, zB Hüffer/*Koch* Rn. 5; NK-AktR/*Polley* Rn. 7.

[31] MüKoAktG/*Pentz* Rn. 20; Spindler/Stilz/*Gerber* Rn. 13.

eingetragen werden kann oder ob der Antrag auf Eintragung nach § 38 zurückgewiesen werden muss. Betriebs- und Geschäftsgeheimnisse dürfen wegen der Verschwiegenheitspflicht der Verwaltungsmitglieder (vgl. § 48 S. 2 iVm § 93 Abs. 1 S. 3 bzw. § 116) und der besonderen Gründungsprüfer (vgl. § 49 iVm § 323 Abs. 1 S. 2) sowie der Publizität des jeweiligen Prüfungsberichts (→ Rn. 10) jedoch nicht offenbart werden.[32] Meinungsverschiedenheiten der Prüfer sind offen zu legen und in Zusätzen oder in gesonderter Urkunde zu vermerken.[33]

b) Besonderheiten bei Sacheinlagen und Sachübernahmen. Bei Sacheinlagen und Sachübernahmen ist im Prüfungsbericht darüber hinaus der Gegenstand der Sacheinlage bzw. Sachübernahme unter Angabe der wertbestimmenden Faktoren[34] zu beschreiben und anzugeben, welche Bewertungsmethoden bei der Ermittlung des Wertes angewandt worden sind (Abs. 2 S. 2). Die Angabe der Bewertungsmethoden soll dem Registergericht die Wertermittlung transparent machen und dadurch die Beurteilung erleichtern, ob die Wertangaben zutreffend sind.[35] Dieser Grundsatz und damit auch der Umfang der Berichtspflicht ist durch das ARUG (→ Rn. 1) für die Praxis nicht unerheblich eingeschränkt worden. Denn nach dem neu eingefügten Abs. 2 S. 3 kann in dem Gründungsprüfungsbericht der Mitglieder der Verwaltung von Angaben nach Abs. 2 S. 2 sowie von Ausführungen zu Abs. 1 Nr. 2 abgesehen werden, soweit nach § 33a von einer externen Gründungsprüfung abgesehen wird (→ § 33a Rn. 3 ff.). Die dementsprechende Einschränkung der Berichtspflicht entbindet die Mitglieder des Vorstands und des Aufsichtsrats im Ergebnis jedoch nicht davon, gegenüber dem Registergericht entsprechende Angaben zu machen. Die Neuregelung des Abs. 2 S. 3 steht insoweit im systematischen Zusammenhang mit dem ebenfalls durch das ARUG neu in das AktG eingefügten § 37a. Danach ist der Gegenstand jeder Sacheinlage oder Sachübernahme in der Anmeldung der Gesellschaft zum Handelsregister zu beschreiben (vgl. § 37a Abs. 1; → § 37a Rn. 3). Ferner sind Erklärungen bzw. Versicherungen zum Wert der betreffenden Vermögensgegenstände abzugeben (vgl. § 37a Abs. 2; → § 37a Rn. 4) und der Anmeldung Unterlagen zur Wertermittlung beizufügen (vgl. § 37a Abs. 3). Im Übrigen ist der Anwendungsbereich des Abs. 2 S. 3 nach seinem Wortlaut und dem ausdrücklichen Willen des Gesetzgebers ausschließlich auf den Prüfungsbericht der Verwaltung beschränkt; Erforderlichkeit und Umfang des Gründungsberichts der Gründer gemäß § 32 (→ § 32 Rn. 4 ff.) bleiben unberührt.[36] Jedoch wird in der Literatur mit guten Gründen vertreten, dass sich die Gründer im Fall einer Sachgründung, bei der gemäß § 33a auf eine externe Gründungsprüfung verzichtet werden kann, bei den Ausführungen zur Angemessenheit der Leistungen für Sacheinlagen und Sachübernahmen – neben den Angaben nach § 32 Abs. 2 S. 2 – auf die in § 33a genannten Kriterien beschränken können.[37] 8

IV. Einreichung des Prüfungsberichts der Gründungsprüfer (Abs. 3 S. 1)

Vom Gründungsprüfungsbericht der besonderen Gründungsprüfer ist sowohl dem Gericht als auch dem Vorstand jeweils ein Exemplar einzureichen (vgl. Abs. 3 S. 1). Verantwortlich hierfür sind die Gründungsprüfer. Ihrer Einreichungspflicht gegenüber dem Registergericht können die Gründungsprüfer nach ihrer Wahl auch dadurch gerecht werden, dass sie dem Vorstand ein Exemplar ihres Berichts zur Vorlage an das Registergericht als Anlage zur Handelsregisteranmeldung der Gesellschaft (vgl. § 37 Abs. 4 Nr. 4) übergeben.[38] Legen die Gründungsprüfer ihren Prüfungsbericht dem Registergericht selbst vor, entfällt die Pflicht, diesen der Handelsregisteranmeldung der Gesellschaft beizufügen.[39] Regelungen über die Einreichung des Prüfungsberichts der Mitglieder der Verwaltung enthält Abs. 3 nicht; dieser ist als Anlage der Handelsregisteranmeldung der Gesellschaft beizufügen (vgl. § 37 Abs. 4 Nr. 4). 9

V. Einsicht in den Prüfungsbericht der Gründungsprüfer (Abs. 3 S. 2)

Die Einsicht in den Prüfungsbericht der Gründungsprüfer bei Gericht ist jedermann gestattet (Abs. 3 S. 2). Besondere Voraussetzungen bestehen nicht. Insbesondere bedarf es keines Nachweises 10

[32] AllgM, zB Hüffer/*Koch* Rn. 5; KK-AktG/*A. Arnold* Rn. 12; HK-AktG/*Lohse* Rn. 3.
[33] MüKoAktG/*Pentz* Rn. 20; KK-AktG/*A. Arnold* Rn. 11; NK-AktR/*Polley* Rn. 7.
[34] Zur Bedeutung entsprechender Angaben MüKoAktG/*Pentz* Rn. 21; KK-AktG/*A. Arnold* Rn. 13.
[35] Schmidt/Lutter/*Bayer* Rn. 13; vgl. Hüffer/*Koch* Rn. 5.
[36] Schmidt/Lutter/*Bayer* Rn. 14; Spindler/Stilz/*Gerber* Rn. 15; HK-AktG/*Lohse* § 32 Rn. 4; vgl. Begr. RegE, BT-Drs. 16/11642, 23; aA *Drinhausen/Keinath* BB 2008, 2078 (2080); KK-AktG/*A. Arnold* Rn. 16; NK-AktR/*Polley* Rn. 7.
[37] So ausdrücklich KK-AktG/*A. Arnold* Rn. 15; vgl. NK-AktR/*Polley* Rn. 7; vgl. ferner *Drinhausen/Keinath* BB 2008, 2078 (2080).
[38] AllgM, zB MüKoAktG/*Pentz* Rn. 24; Hüffer/*Koch* Rn. 7.
[39] MüKoAktG/*Pentz* Rn. 24; Hüffer/*Koch* Rn. 7; KK-AktG/*A. Arnold* Rn. 17.

eines besonderen Interesses.[40] Dasselbe gilt hinsichtlich der Einsicht in den Prüfungsbericht der Mitglieder des Vorstands und des Aufsichtsrats (vgl. § 9 Abs. 1 HGB).

§ 35 Meinungsverschiedenheiten zwischen Gründern und Gründungsprüfern. Vergütung und Auslagen der Gründungsprüfer

(1) Die Gründungsprüfer können von den Gründern alle Aufklärungen und Nachweise verlangen, die für eine sorgfältige Prüfung notwendig sind.

(2) [1]Bei Meinungsverschiedenheiten zwischen den Gründern und den Gründungsprüfern über den Umfang der Aufklärungen und Nachweise, die von den Gründern zu gewähren sind, entscheidet das Gericht. [2]Die Entscheidung ist unanfechtbar. [3]Solange sich die Gründer weigern, der Entscheidung nachzukommen, wird der Prüfungsbericht nicht erstattet.

(3) [1]Die Gründungsprüfer haben Anspruch auf Ersatz angemessener barer Auslagen und auf Vergütung für ihre Tätigkeit. [2]Die Auslagen und die Vergütung setzt das Gericht fest. [3]Gegen die Entscheidung ist die Beschwerde zulässig; die Rechtsbeschwerde ist ausgeschlossen. [4]Aus der rechtskräftigen Entscheidung findet die Zwangsvollstreckung nach der Zivilprozeßordnung statt.

I. Allgemeines

1 **1. Regelungsgegenstand.** § 35 ergänzt die Regelungen der §§ 33 und 34 über die Gründungsprüfung. Die Norm begründet Auskunfts- und Nachweisobliegenheiten für die Gründer gegenüber den Gründungsprüfern (Abs. 1), regelt das Verfahren zur Beilegung von Meinungsverschiedenheiten zwischen Gründern und Gründungsprüfern über den Umfang der Informationspflicht (Abs. 2) und trifft Bestimmungen zur Höhe und zur Festsetzung der Auslagen und der Vergütung der Gründungsprüfer (Abs. 3).

2 **2. Normzweck.** Mit der Begründung der Informationspflicht nach Abs. 1 soll sichergestellt werden, dass die Gründungsprüfer die ihnen vom Gesetz zugewiesenen Aufgaben ordnungsgemäß erfüllen können.[1] Die Bestimmungen des Abs. 2 sollen es den Beteiligten ermöglichen, unter Einschaltung des Gerichts ihre Meinungsverschiedenheiten auszuräumen und dadurch auch die spätere Entscheidung des Gerichts über die Eintragung der Gesellschaft erleichtern.[2] Die gerichtliche Festsetzung der Vergütung und der Auslagen der Gründungsprüfer gemäß Abs. 3 soll deren Unabhängigkeit gegenüber den Gründern gewährleisten.[3]

II. Auskunftspflicht der Gründer (Abs. 1)

3 **1. Grundlagen.** Die Gründungsprüfer können von den Gründern alle Aufklärungen und Nachweise verlangen, die für eine sorgfältige Prüfung notwendig sind (§ 35 Abs. 1). Die Norm begründet jedoch keinen zwangsweise durchsetzbaren Rechtsanspruch der Gründungsprüfer, sondern lediglich eine **Aufklärungsobliegenheit** der Gründer.[4] Diese besteht nach dem eindeutigen Wortlaut der Vorschrift nur gegenüber den Gründungsprüfern und – aufgrund der Verweisung in § 33 Abs. 3 S. 1 Hs. 2 – gegenüber dem Notar, wenn dieser die Gründungsprüfung vornimmt (vgl. § 33 Abs. 3; → § 33 Rn. 11 f.). Mitglieder der Verwaltung können im Rahmen der von ihnen vorzunehmenden Gründungsprüfung mit § 35 Abs. 1 kein Auskunftsbegehren begründen. Die Aufklärungsobliegenheit besteht für jeden einzelnen Gründer. Das Auskunftsverlangen kann daher nicht nur gegen die Gesamtheit der Gründer, sondern auch gegen einzelne von ihnen geltend gemacht werden.[5] Bei einer Mehrzahl von Gründungsprüfern ist jeder einzelne berechtigt, Auskünfte und Nachweise zu verlangen.[6] Das Auskunftsbegehren bedarf keiner besonderen Form und kann daher auch mündlich geltend gemacht werden.[7] In der Praxis wird regelmäßig zumindest die Textform eingehalten werden, um gegebenenfalls im gerichtlichen Verfahren nach Abs. 2 den Umfang bestehender Meinungsver-

[40] MüKoAktG/*Pentz* Rn. 26; Hüffer/*Koch* Rn. 7.
[1] Hüffer/*Koch* Rn. 1; MüKoAktG/*Pentz* Rn. 3; Spindler/Stilz/*Gerber* Rn. 1.
[2] MüKoAktG/*Pentz* Rn. 3.
[3] MüKoAktG/*Pentz* Rn. 3.
[4] AllgM, zB Hüffer/*Koch* Rn. 2; MüKoAktG/*Pentz* Rn. 7; Schmidt/Lutter/*Bayer* Rn. 3; HK-AktG/*Lohse* Rn. 2.
[5] AllgM, zB Hüffer/*Koch* Rn. 2; MüKoAktG/*Pentz* Rn. 6; NK-AktR/*Polley* Rn. 2.
[6] AllgM, zB Hüffer/*Koch* Rn. 2; MüKoAktG/*Pentz* Rn. 6.
[7] Spindler/Stilz/*Gerber* Rn. 4; HK-AktG/*Lohse* Rn. 2.

schiedenheiten nachvollziehbar darlegen zu können. Die Aufklärungsobliegenheit der Gründer hat auf das Recht der Gründungsprüfer, eigene Ermittlungen anzustellen oder die Mitglieder der Verwaltung um Auskünfte zu bitten, keine Auswirkungen.[8] Die Gründungsprüfer sind jedoch nicht dazu verpflichtet, entsprechende eigene Ermittlungen anzustellen.[9] Unberührt hiervon bleibt die Sorgfaltspflicht der Gründungsprüfer, die die Überprüfung der erteilten Auskünfte und vorgelegten Nachweise – auch durch ergänzende eigene Untersuchungen oder Befragung der Mitglieder der Verwaltung – erforderlich machen kann.[10]

2. Inhalt und Umfang des Informationsrechts. Das aus der Aufklärungsobliegenheit resultierende Informationsrecht der Gründungsprüfer umfasst alle Umstände, auf die sich die Gründungsprüfung erstreckt (zum Umfang der Gründungsprüfung → § 34 Rn. 2 ff.). Das gilt sowohl für Umstände, die den korrekten Ablauf der Gründung belegen, als auch für solche, die zu Beanstandungen führen können.[11] Die Aufklärungsobliegenheit der Gründer betrifft auch Geschäfts- und Betriebsgeheimnisse; diesbezügliche Informationen dürfen jedoch nicht in den Gründungsprüfungsbericht aufgenommen werden (→ § 34 Rn. 7). Auskünfte sind mündlich oder schriftlich zu erteilen. Vorhandene Belege sind vorzulegen. Falsche Angaben der Gründer oder das Verschweigen erheblicher Umstände begründen eine Strafbarkeit nach § 400 Abs. 2. 4

III. Meinungsverschiedenheiten zwischen Gründern und Gründungsprüfern (Abs. 2)

1. Grundlagen. § 35 Abs. 2 regelt abschließend das Verfahren bei **Meinungsverschiedenheiten** zwischen den Gründern und den Gründungsprüfern über den **Umfang** der Aufklärungen und Nachweise, die von den Gründern zu gewähren sind. Zuständig ist das Amtsgericht (§ 23a Abs. 1 Nr. 2, Abs. 2 Nr. 4 GVG iVm § 375 Nr. 3 FamFG), in dessen Bezirk die Gesellschaft ihren Sitz hat (→ § 14 Rn. 3). Das Gericht entscheidet in einem Verfahren der freiwilligen Gerichtsbarkeit (vgl. § 23a Abs. 1 Nr. 2 GVG iVm Abs. 2 Nr. 4 GVG) auf Antrag durch **unanfechtbaren Beschluss** (vgl. § 35 Abs. 2 S. 2) nach vorheriger Anhörung des Antragsgegners (vgl. § 34 Abs. 1 Nr. 1 FamFG). Antragsberechtigt ist sowohl jeder Gründer, der sich einem Auskunftsbegehren widersetzen möchte, als auch jeder Gründungsprüfer, wenn ein Gründer einem Auskunftsbegehren widerspricht.[12] Eine Antragspflicht besteht nicht. Wird trotz bestehender Meinungsverschiedenheiten von niemandem Antrag auf gerichtliche Entscheidung gestellt, haben die Gründungsprüfer ihren Gründungsprüfungsbericht auf der Grundlage der ihnen zur Verfügung stehenden Informationen zu erstellen und im Prüfungsbericht auf die ihrer Ansicht nach fehlenden Informationen hinzuweisen.[13] Für sonstige, nicht den Umfang der Aufklärungen und Nachweise betreffende Meinungsverschiedenheiten zwischen Gründungsprüfern und Gründern oder zwischen Gründungsprüfern und den Mitgliedern der Verwaltung steht das besondere Verfahren nach § 35 Abs. 2 nicht zur Verfügung.[14] 5

2. Bedeutung der Entscheidung des Gerichts. a) Zu Gunsten der Gründungsprüfer. Entscheidet das Gericht die Meinungsverschiedenheit über weitergehende Informationen zugunsten der Gründungsprüfer und kommen die Gründer ihrer Auskunftsobliegenheit nach, können die Gründungsprüfer die Prüfung fortsetzen und ihren Prüfungsbericht erstellen. Kommen die Gründer ihrer gerichtlich bestätigten Auskunftsobliegenheit hingegen nicht nach, kann diese **nicht zwangsweise** gegen die Gründer durchgesetzt werden.[15] In diesem Fall können die Gründungsprüfer die Fortsetzung der Prüfung und die Erstellung des Gründungsprüfungsberichts verweigern (vgl. § 35 Abs. 2 S. 3); dann besteht ein Eintragungshindernis iSd § 38 Abs. 1 S. 2. Fertigen die Gründungsprüfer dennoch ihren Prüfungsbericht, weil sie ihre Bedenken aufgeben, ist dieser vom Gericht im Eintragungsverfahren seiner Prüfung nach § 38 Abs. 1 zugrunde zu legen. In diesem Fall hat das Gericht mit besonderer Sorgfalt zu prüfen, ob die Gesellschaft tatsächlich ordnungsgemäß errichtet worden oder ob die Eintragung abzulehnen ist.[16] 6

---

[8] AllgM, zB KK-AktG/*A. Arnold* Rn. 8; Schmidt/Lutter/*Bayer* Rn. 5.
[9] MüKoAktG/*Pentz* Rn. 12; KK-AktG/*A. Arnold* Rn. 8; Hüffer/*Koch* Rn. 3; NK-AktR/*Polley* Rn. 4.
[10] MüKoAktG/*Pentz* Rn. 12; Hüffer/*Koch* Rn. 3; KK-AktG/*A. Arnold* Rn. 8; Schmidt/Lutter/*Bayer* Rn. 5.
[11] Spindler/Stilz/*Gerber* Rn. 5.
[12] Hüffer/*Koch* Rn. 4; MüKoAktG/*Pentz* Rn. 14; Schmidt/Lutter/*Bayer* Rn. 6.
[13] MüKoAktG/*Pentz* Rn. 15; Spindler/Stilz/*Gerber* Rn. 7; KK-AktG/*A. Arnold* Rn. 7; HK-AktG/*Lohse* Rn. 3.
[14] Vgl. MüKoAktG/*Pentz* Rn. 13; Hüffer/*Koch* Rn. 4; Spindler/Stilz/*Gerber* Rn. 6.
[15] AllgM, zB Hüffer/*Koch* Rn. 5; MüKoAktG/*Pentz* Rn. 18; NK-AktR/*Polley* Rn. 7.
[16] Hüffer/*Koch* Rn. 5; MüKoAktG/*Pentz* Rn. 19; Spindler/Stilz/*Gerber* Rn. 8; NK-AktR/*Polley* Rn. 8.

7 **b) Zu Ungunsten der Gründungsprüfer.** Lehnt das Gericht das Begehren nach weitergehenden Informationen ab, sind die Gründungsprüfer verpflichtet, die Gründungsprüfung ohne die weiteren Aufklärungen und Nachweise abzuschließen.[17] Stattdessen können die Gründungsprüfer um ihre Abberufung bitten;[18] in diesem Fall verlieren sie ihren Vergütungsanspruch (→ Rn. 8 f.). Die bloße Weigerung, die Gründungsprüfung ohne weitere Informationen fortzusetzen, kann zu Schadensersatzansprüchen gegen die Gründungsprüfer führen (vgl. § 49 iVm § 323 HGB).

IV. Auslagenersatz und Vergütung der Gründungsprüfer (Abs. 3)

8 **1. Grundlagen.** Die Gründungsprüfer haben **Anspruch** auf Ersatz angemessener barer **Auslagen** und auf **Vergütung** für ihre Tätigkeit (§ 35 Abs. 3 S. 1). Die Höhe der Vergütung und die angemessenen Auslagen werden von dem Amtsgericht festgesetzt, in dessen Bezirk die Gesellschaft ihren Sitz hat; die Zuständigkeit entspricht der im Verfahren nach § 35 Abs. 2 (→ Rn. 5). Das Gericht wird nur auf Antrag tätig. Dieser kann in der Höhe beziffert sein; erforderlich ist dies nicht.[19] Ein bezifferter Antrag bindet das Gericht nicht. Antragsberechtigt sind die Gründungsprüfer und die Gesellschaft bzw. – bei Antragstellung vor Eintragung – die Vor-AG.[20] Die Entscheidung ergeht im Verfahren der freiwilligen Gerichtsbarkeit (§ 23a Abs. 1 Nr. 2, Abs. 2 Nr. 4 GVG, § 375 Nr. 3 FamFG) nach vorheriger Anhörung des Antragsgegners (§ 34 Abs. 1 Nr. 1 FamFG) durch Beschluss. Gegen diesen ist die Beschwerde zulässig; die weitere Rechtsbeschwerde ist ausgeschlossen (§ 35 Abs. 3 S. 3). Die rechtskräftige Entscheidung ist Vollstreckungstitel (vgl. § 35 Abs. 3 S. 4). Die Vergütung und die erstattungsfähigen Auslagen der Gründungsprüfer sind Gründungsaufwand iSd § 26 Abs. 2 (→ § 26 Rn. 8 ff.). Der Anspruch auf Vergütung und Ersatz angemessener Auslagen besteht auch dann, wenn die Erstellung des Gründungsprüfungsberichts unterbleibt, weil die Gründer notwendige Auskünfte oder Nachweise trotz gerichtlich bestätigter Auskunftsobliegenheit nicht erteilen (vgl. § 35 Abs. 2 S. 3).[21] Werden die Gründungsprüfer hingegen – gegebenenfalls auf eigenen Wunsch – vor Abschluss der Gründungsprüfung abberufen, entfällt der Vergütungsanspruch; ein Anspruch auf Ersatz der Auslagen besteht in diesem Fall nur insoweit, als die Auslagen für den neuen Gründungsprüfer von Nutzen sind.[22] Um die Unabhängigkeit der Gründungsprüfer zu gewährleisten sind vertragliche Vereinbarungen der Gründungsprüfer mit der Gesellschaft oder mit Dritten über die Höhe der Vergütung und Auslagen unwirksam.[23] § 35 Abs. 3 ist als abschließende Regelung hinsichtlich der Fragen der Vergütung der Gründungsprüfer anzusehen.[24]

9 **2. Höhe der Vergütung.** Die Höhe der Vergütung der Gründungsprüfer ist gesetzlich nicht geregelt. Das Gericht setzt daher die Höhe der Vergütung und die erstattungsfähigen angemessenen Auslagen nach pflichtgemäßem Ermessen unter Berücksichtigung von Umfang und Schwierigkeitsgrad der Prüfung fest.[25] Zur Orientierung dienen insoweit die Grundsätze der Gebührenordnungen für Wirtschaftsprüfer und vereidigte Buchprüfer.[26] Schuldner der entsprechenden Ansprüche der Gründungsprüfer ist die Gesellschaft bzw. – vor deren Eintragung – die Vor-AG.[27] Zur Vergütung notarieller Gründungsprüfer → § 33 Rn. 12.

§ 36 Anmeldung der Gesellschaft

(1) Die Gesellschaft ist bei dem Gericht von allen Gründern und Mitgliedern des Vorstands und des Aufsichtsrats zur Eintragung in das Handelsregister anzumelden.

(2) Die Anmeldung darf erst erfolgen, wenn auf jede Aktie, soweit nicht Sacheinlagen vereinbart sind, der eingeforderte Betrag ordnungsgemäß eingezahlt worden ist (§ 54 Abs. 3) und, soweit er nicht bereits zur Bezahlung der bei der Gründung angefallenen Steuern und Gebühren verwandt wurde, endgültig zur freien Verfügung des Vorstands steht.

---

[17] Hüffer/*Koch* Rn. 5; MüKoAktG/*Pentz* Rn. 20; Spindler/Stilz/*Gerber* Rn. 9; NK-AktR/*Polley* Rn. 9.
[18] AllgM, zB Hüffer/*Koch* Rn. 5; Spindler/Stilz/*Gerber* Rn. 9.
[19] MüKoAktG/*Pentz* Rn. 27; KK-AktG/*A. Arnold* Rn. 21.
[20] Vgl. Hüffer/*Koch* Rn. 6; MüKoAktG/*Pentz* Rn. 27; HK-AktG/*Lohse* Rn. 4.
[21] AllgM, zB Hüffer/*Koch* Rn. 6; MüKoAktG/*Pentz* Rn. 22.
[22] Hüffer/*Koch* Rn. 6; MüKoAktG/*Pentz* Rn. 22; NK-AktR/*Polley* Rn. 9; HK-AktG/*Lohse* Rn. 4.
[23] AllgM, zB Hüffer/*Koch* Rn. 6; MüKoAktG/*Pentz* Rn. 26; KK-AktG/*A. Arnold* Rn. 19.
[24] MüKoAktG/*Pentz* Rn. 26.
[25] MüKoAktG/*Pentz* Rn. 23; Spindler/Stilz/*Gerber* Rn. 12.
[26] MüKoAktG/*Pentz* Rn. 23; Spindler/Stilz/*Gerber* Rn. 12; ähnlich KK-AktG/*A. Arnold* Rn. 15; Hüffer/*Koch* Rn. 6; NK-AktR/*Polley* Rn. 11.
[27] Hüffer/*Koch* Rn. 6; Spindler/Stilz/*Gerber* Rn. 12; NK-AktR/*Polley* Rn. 12; vgl. MüKoAktG/*Pentz* Rn. 24; HK-AktG/*Lohse* Rn. 4.

Übersicht

I. Allgemeines

1 **1. Regelungsgegenstand.** § 36 trifft Regelungen zur Anmeldung der Gesellschaft zum Handelsregister. Die Norm bestimmt den **Kreis der Personen,** die die Anmeldung zum Handelsregister vornehmen müssen (Abs. 1); damit wird weiterhin klargestellt, dass die Gesellschaft nur auf Anmeldung und nicht von Amts wegen in das Handelsregister eingetragen wird.[1] Ferner wird für Bargründungen und Gründungen mit gemischten Einlagen im Hinblick auf den Umfang und die Art der Erfüllung der Bareinlagepflicht der **frühest mögliche Anmeldungszeitpunkt** bestimmt (Abs. 2).[2]

2 **2. Normzweck.** Mit der Bestimmung des Kreises der anmeldepflichtigen Personen begründet Abs. 1 deren zivil- und strafrechtlich sanktionierte Verantwortlichkeit für die ordnungsgemäße Gründung (vgl. §§ 46, 48, 399 Abs. 1 Nr. 1).[3] Abs. 2 dient der Sicherstellung der effektiven Kapitalaufbringung.[4] Die Sonderregel des § 36 Abs. 2 S. 2 aF für den Fall der Einpersonengründung, wonach für nicht eingeforderte Teile der Bareinlage eine Sicherung zu bestellen war, ist mit dem Inkrafttreten des Gesetzes zur Modernisierung des GmbH-Rechts und zur Bekämpfung von Missbräuchen (MoMiG) vom 23.10.2008 (BGBl. I S. 2026) am 1.11.2008 ersatzlos entfallen.

3 **3. Systematische Stellung.** § 36 Abs. 1 steht als Verfahrensvorschrift in engem Zusammenhang mit den §§ 37, 37a, die den erforderlichen Inhalt der Anmeldung regeln. § 36 Abs. 2 wird ergänzt durch § 36a Abs. 1, der Regelungen über die Mindesthöhe der Bareinlage enthält, und § 54 Abs. 3, der Anforderungen an die Art und Weise der Einzahlung aufstellt. Regelungen über Sacheinlagen und den Zeitpunkt von deren Erbringung trifft § 36a Abs. 2.

II. Anmeldung (Abs. 1)

4 **1. Grundlagen.** Anmeldung iSd § 36 Abs. 1 ist der an das Registergericht gerichtete Eintragungsantrag aller Gründer und Verwaltungsmitglieder.[5] Die Anmeldung setzt das zur Eintragung der Gesellschaft führende Verfahren in Gang. Sie ist gleichermaßen eine empfangsbedürftige Verfahrenshandlung und ein Organisationsakt, jedoch kein Rechtsgeschäft. Einzelne Vorschriften über Rechtsgeschäfte können gleichwohl zur Anwendung kommen, zB § 130 Abs. 2 BGB für den Fall des Todes oder des Eintritts der Geschäftsunfähigkeit nach Anmeldung.[6] Die Anmeldung ist an das Amtsgericht (§ 23a Abs. 1 Nr. 2, Abs. 2 Nr. 3 GVG iVm § 374 Nr. 1 FamFG) zu richten, in dessen Bezirk die Gesellschaft ihren Sitz hat (→ § 14 Rn. 3).

---

[1] AllgM, zB MüKoAktG/*Pentz* Rn. 4; Hüffer/*Koch* Rn. 1.

[2] Vgl. Spindler/Stilz/*Döbereiner* Rn. 1.

[3] MüKoAktG/*Pentz* Rn. 4; KK-AktG/*A. Arnold* Rn. 3.

[4] Vgl. Spindler/Stilz/*Döbereiner* Rn. 1; Hüffer/*Koch* Rn. 1: Vermeidung unseriöser Gründungen.

[5] MüKoAktG/*Pentz* Rn. 6; KK-AktG/*A. Arnold* Rn. 4.

[6] KK-AktG/*A. Arnold* Rn. 4; Hüffer/*Koch* Rn. 2; HK-AktG/*Lohse* Rn. 2; vgl. Schmidt/Lutter/*Kleindiek* Rn. 11.

5 **2. Form der Anmeldung.** Die Anmeldung ist elektronisch in öffentlich beglaubigter Form einzureichen (§ 12 Abs. 1 S. 1 HGB). Hierzu ist zunächst die notarielle Beglaubigung der Unterschriften der anmeldepflichtigen Personen unter der in Papierform errichteten Handelsregisteranmeldung vorzunehmen und sodann für die elektronische Übermittlung von dieser Urkunde eine elektronische beglaubigte Abschrift gemäß § 39a BeurkG zu fertigen. Die notarielle Beurkundung der Anmeldung, zB bei deren Aufnahme in die Gründungsurkunde, ersetzt als strengere Form die öffentliche Beglaubigung (vgl. § 129 Abs. 2 BGB). Die Beglaubigung der Unterschriften unter der Handelsregisteranmeldung kann auch von einem Konsularbeamten (vgl. § 10 Abs. 1 Nr. 2 KonsularG) oder von einem ausländischen Notar vorgenommen werden; im letzteren Fall kann gegebenenfalls eine Legalisation oder die Erteilung einer Apostille erforderlich werden. Mit der Anmeldung vorzulegende Dokumente sind elektronisch einzureichen (§ 12 Abs. 2 S. 1 HGB). Welchen Formanforderungen dabei genügt werden muss, hängt von der für die Vorlage erforderlichen Form ab. Ist eine notarielle Urkunde oder eine öffentlich beglaubigte Abschrift einzureichen, ist dem Registergericht eine elektronisch beglaubigte Abschrift zu übermitteln (§ 12 Abs. 2 S. 2 Hs. 2 HGB iVm § 39a BeurkG); ansonsten ist die Übermittlung einer elektronischen Aufzeichnung ausreichend (§ 12 Abs. 2 S. 2 Hs. 1 HGB). Die Anmeldepflichtigen müssen die Anmeldung nicht gleichzeitig unterzeichnen. Die Anmeldung muss auch nicht durch alle Anmeldepflichtigen in einem einzigen Schriftstück erfolgen; die Verwendung und Unterzeichnung getrennter, inhaltlich übereinstimmender Urkunden ist zulässig.[7]

6 **3. Anmeldepflichtige Personen.** Die Gesellschaft ist beim Gericht von **allen Gründern** und **allen Mitgliedern des Vorstands und des Aufsichtsrats** zur Eintragung in das Handelsregister anzumelden (vgl. Abs. 1). Damit werden sowohl alle Gründer als auch alle Mitglieder der Verwaltung in die zivil- und strafrechtliche Verantwortung für die ordnungsgemäße Gründung der Gesellschaft einbezogen (vgl. §§ 46, 48, 399 Abs. 1 Nr. 1). Die Anmeldenden handeln nicht im eigenen Namen, sondern **namens der Vor-AG.** Diese ist im Verfahren, das auf die eigene Eintragung gerichtet ist, beteiligtenfähig.[8]

7 **a) Gründer.** Alle Gründer iSd § 28 (ausführlich → § 28 Rn. 2 ff.) müssen an der Anmeldung mitwirken. Ergeben sich vor der Eintragung der Gesellschaft Änderungen im Kreis der Gründer, ist zu unterscheiden: die Mitwirkung ausscheidender Gründer ist nicht erforderlich; eintretende Personen müssen mitwirken. Stirbt ein Gründer nach Errichtung der Gründungsurkunde, aber vor Handelsregisteranmeldung, müssen die Erben an der Anmeldung mitwirken. Tod oder Geschäftsunfähigkeit eines Gründers nach Absendung der Handelsregisteranmeldung an das Registergericht haben keine negativen Auswirkungen auf die Wirksamkeit der Anmeldung (§ 130 Abs. 2 BGB analog).[9]

8 **b) Mitglieder des Vorstands und des Aufsichtsrats.** Alle Mitglieder des Vorstands und des Aufsichtsrats müssen an der Anmeldung mitwirken. Dies gilt auch für stellvertretende Vorstandsmitglieder (vgl. § 94), nicht jedoch für noch nicht nachgerückte Ersatzmitglieder des Aufsichtsrats (vgl. § 101 Abs. 3), da diese (noch) keine Organmitglieder sind.[10] Die Mitglieder der Verwaltung müssen in ihrer „Soll-Zahl" mitwirken, wie sie sich aus Gesetz und Satzung ergibt (vgl. § 23 Abs. 3 Nr. 6, 76 Abs. 2, 95).[11] Bleibt die jeweilige Anzahl der Mitglieder von Vorstand oder Aufsichtsrat hinter der „Soll-Zahl" zurück, ist es nicht ausreichend, wenn alle vorhandenen Verwaltungsmitglieder die Anmeldung unterzeichnen. In diesem Fall sind ergänzende Bestellungen vorzunehmen. Nur im Rahmen des § 31 (Sachgründung durch Einbringung eines Unternehmens oder Unternehmensteils; § 31 Rn. 3 ff.) gilt etwas anderes; hier ist grundsätzlich die Mitwirkung der von den Gründern zu bestellenden Mitglieder des Aufsichtsrats ausreichend, wenn nicht die Voraussetzungen des § 31 Abs. 3 (→ § 31 Rn. 9 ff.) für eine Ergänzung oder Neuwahl des Aufsichtsrats bereits eingetreten sind.[12] Verwaltungsmitglieder, die bereits vor der Handelsregisteranmeldung aus ihrem Amt ausgeschieden sind, sind nicht anmeldepflichtig.[13] Wurde das ausgeschiedene Verwaltungsmitglied vor der Anmeldung durch ein neues Verwaltungsmitglied ersetzt, hat dieses an der Anmeldung mitzuwirken. Hinsichtlich der Verwaltungsmitglieder, die nach Eingang der Anmeldung beim Registergericht, aber vor Eintragung der Gesellschaft bestellt werden, ist zu unterscheiden: ist erst mit ihrer Bestellung

[7] AllgM, zB Hüffer/*Koch* Rn. 2; Spindler/Stilz/*Döbereiner* Rn. 5; Schmidt/Lutter/*Kleindiek* Rn. 4.

[8] BGHZ 117, 323 (327) = NJW 1992, 1824; BayObLG NJW-RR 1996, 413; OLG Stuttgart ZIP 1992, 250 (251); Hüffer/*Koch* Rn. 3; MüKoAktG/*Pentz* Rn. 29; KK-AktG/*A. Arnold* Rn. 5; vgl. Schmidt/Lutter/*Kleindiek* Rn. 7.

[9] MüKoAktG/*Pentz* Rn. 34; Spindler/Stilz/*Döbereiner* Rn. 10.

[10] KK-AktG/*A. Arnold* Rn. 7; MüKoAktG/*Pentz* Rn. 9.

[11] AllgM, zB MüKoAktG/*Pentz* Rn. 9; Hüffer/*Koch* Rn. 3a.

[12] MüKoAktG/*Pentz* Rn. 9; Hüffer/*Koch* Rn. 3a.

[13] Spindler/Stilz/*Döbereiner* Rn. 11 f.; KK-AktG/*A. Arnold* Rn. 7.

die „Soll-Zahl" an Mitgliedern von Vorstand und Aufsichtsrat nach Gesetz und Satzung erreicht, müssen sie (nachträglich) mitwirken; ist auch ohne sie die „Soll-Zahl" vorhanden, ist ihre Mitwirkung nicht erforderlich.[14]

4. Vertretung bei der Anmeldung. Eine **rechtsgeschäftliche Vertretung** der Gründer oder der Mitglieder der Verwaltung ist – trotz des die Zulässigkeit einer rechtsgeschäftlichen Vertretung voraussetzenden § 12 Abs. 1 S. 2 HGB – wegen der zivil- und strafrechtlichen Verantwortlichkeit aller Beteiligten (§§ 46, 48, 399 Abs. 1 Nr. 1) ausgeschlossen. Sämtliche Anmeldenden müssen daher die Anmeldung **persönlich** unterzeichnen.[15] Hingegen erfolgt die gesetzliche oder organschaftliche Vertretung der Gründer, wenn zu diesen Gesellschaften oder andere Personenmehrheiten oder beschränkt geschäftsfähige oder geschäftsunfähige natürliche Personen gehören, nach den allgemeinen Grundsätzen; insoweit haben die **gesetzlichen** oder **organschaftlichen Vertreter** in vertretungsberechtigter Zahl für den betreffenden Gründer die Anmeldung zu unterzeichnen. 9

5. Pflicht zur Anmeldung. Eine **öffentlich-rechtliche Pflicht** zur Anmeldung einer errichteten Aktiengesellschaft besteht trotz des Wortlauts des § 36 Abs. 1 („ist ... anzumelden") nicht. Die Anmeldung ist nicht erzwingbar (vgl. § 407 Abs. 2). Die Gründer können ihre durch die Errichtung der Gründungsurkunde dokumentierte Absicht, eine Aktiengesellschaft zur Entstehung gelangen zu lassen, jederzeit aufgeben und die Vor-AG abwickeln oder in anderer Form, zB als Gesellschaft bürgerlichen Rechts, fortführen. Hingegen besteht für die Gründer aus dem Gesellschaftsvertrag und für die Mitglieder der Verwaltung aufgrund ihrer Organstellung und dem dieser zugrunde liegenden Rechtsverhältnisse eine **privat-rechtliche Pflicht** zur Mitwirkung an der Anmeldung. Diese Verpflichtung, die sowohl gegenüber den (anderen) Gründern als auch gegenüber der Gesellschaft besteht, ist klageweise durchsetzbar.[16] Bei der Einpersonengründung besteht jedoch für den Gründer gegenüber der Gesellschaft keine entsprechende Verpflichtung. 10

6. Wirksamwerden, Änderung und Rücknahme der Anmeldung. a) Wirksamwerden. Bei der Anmeldung der Gesellschaft ist – wie bei rechtsgeschäftlichen Willenserklärungen – zwischen der Abgabe und dem Zugang zu unterscheiden.[17] Die Anmeldung wird mit ihrer Unterzeichnung vor dem die Unterschriften der Anmeldenden beglaubigenden Notar abgegeben. Wirksam wird sie jedoch erst mit Zugang, dh mit ihrem **Eingang** beim Registergericht. Erst zu diesem Zeitpunkt gelangt sie in den Rechtsverkehr. Daher bestehen gegen die verbreitete Praxis, die Anmeldung bereits unmittelbar nach Errichtung des Gründungsprotokolls im selben Notartermin zu unterzeichnen, obwohl zu diesem Zeitpunkt die Einlagen entgegen der Versicherungen in der Anmeldung noch nicht erbracht sind, keine Bedenken. Die vorzeitige Unterzeichnung ist als konkludente Anweisung an den Notar zu verstehen, die Anmeldung erst nach Erbringung und Nachweis der notwendigen Einlagen beim zuständigen Gericht einzureichen.[18] 11

b) Änderung. Eine Abänderung der Anmeldung ist vor Eintragung mit Zustimmung aller Anmeldenden jederzeit möglich. In der Praxis geschieht dies durch eine neue, die ursprüngliche Anmeldung korrigierende Anmeldung. Offensichtliche Unrichtigkeiten und Schreibfehler kann der beglaubigende Notar selber korrigieren (Rechtsgedanken des § 44a Abs. 2 S. 1 BeurkG).[19] Darüber hinaus ist der Notar im Rahmen des § 378 FamFG zur selbständigen Anmeldung von Änderungen – zB in Bezug auf eine nicht oder unrichtig angegebene Vertretungsbefugnis des Vorstands – berechtigt, soweit nicht die in die Anmeldung aufzunehmenden höchstpersönlichen Versicherungen betroffen sind.[20] Möglich und zulässig ist auch die Erteilung einer zusätzlichen, über § 378 FamFG hinausgehenden Vollzugs- und Änderungsvollmacht an den Notar in der Anmeldung.[21] 12

c) Rücknahme. Bis zur Eintragung kann eine Anmeldung von jedem Anmeldenden einzeln jederzeit **formlos** und **ohne Angabe von Gründen** durch Erklärung gegenüber dem Registerge- 13

---

[14] Vgl. Spindler/Stilz/*Döbereiner* Rn. 11 f.

[15] Ganz hM, zB BayObLGZ 1986, 203 (205) = NJW 1987, 136; BayObLGZ 1986, 454 (457); Hüffer/*Koch* Rn. 4; KK-AktG/*A. Arnold* Rn. 11; MüKoAktG/*Pentz* Rn. 26; NK-AktR/*Terbrack* Rn. 18.

[16] Hüffer/*Koch* Rn. 5; KK-AktG/*A. Arnold* Rn. 9 f.; HK-AktG/*Lohse* Rn. 3; NK-AktR/*Terbrack* Rn. 10 f.; Schmidt/Lutter/*Kleindiek* Rn. 9.

[17] Vgl. ausf. hierzu *Auer* DNotZ 2000, 498.

[18] Spindler/Stilz/*Döbereiner* Rn. 28.

[19] Ebenso Spindler/Stilz/*Döbereiner* Rn. 30.

[20] So auch Spindler/Stilz/*Döbereiner* Rn. 30; wohl aA Schmidt/Lutter/*Kleindiek* Rn. 10; Hüffer/*Koch* Rn. 4; MüKoAktG/*Pentz* Rn. 26, die Vollmachtsvermutung gemäß § 378 Abs. 2 FamFG ablehnen.

[21] Spindler/Stilz/*Döbereiner* Rn. 30.

richt zurückgenommen werden.[22] Diese verfahrensrechtliche Befugnis wird durch die privat-rechtliche Pflicht zur Anmeldung (→ Rn. 10) nicht eingeschränkt.[23] Der pflichtwidrigen Rücknahme muss mit entsprechenden prozessualen Maßnahmen zur Durchsetzung der Pflicht begegnet werden; ferner kann sich der Rücknehmende schadensersatzpflichtig machen. Wird die Anmeldung nicht von allen, sondern nur von einzelnen Anmeldern zurückgenommen, bleiben zwar die in der Anmeldung liegenden Verfahrenshandlungen der anderen Anmelder wirksam; da die Voraussetzungen des § 36 Abs. 1 dann jedoch nicht erfüllt sind, fehlt es an einer ordnungsgemäßen Anmeldung.[24]

III. Bareinlagen (Abs. 2)

14 **1. Grundlagen.** § 36 Abs. 2 bestimmt – soweit Bareinlagen zu leisten sind – den frühest möglichen Zeitpunkt der Anmeldung zum Handelsregister. Danach ist Voraussetzung, dass auf **jede Aktie** der **eingeforderte Betrag** ordnungsgemäß eingezahlt worden ist und, soweit er nicht bereits für die Bezahlung der bei Gründung angefallenen Steuern und Gebühren verwandt wurde, endgültig **zur freien Verfügung des Vorstands** steht. **Zuständig** für die Einforderung der Einlage ist der **Vorstand** (vgl. § 63 Abs. 1 S. 1). Die Höhe des einzufordernden Betrages ergibt sich in erster Linie aus der Satzung; ansonsten kann der Vorstand diese – gegebenenfalls mit Zustimmung des Aufsichtsrats (§ 111 Abs. 4 S. 2) – bestimmen.[25] Die **Mindesthöhe** des einzufordernden Betrages ergibt sich aus § 36a Abs. 1 (→ § 36a Rn. 3). Danach sind mindestens ein Viertel des geringsten Ausgabebetrages und das gesamte Agio einzuzahlen. Der eingeforderte Betrag muss für jede Aktie erbracht sein; nicht ausreichend ist, dass bei einer Gesamtbetrachtung aller Einlageleistungen der eingeforderte Gesamtbetrag erbracht wurde.[26] Der eingeforderte Betrag ist nur dann ordnungsgemäß erbracht, wenn den Anforderungen des § 54 Abs. 3 (→ § 54 Rn. 9 ff.) entsprochen worden, dh die Einzahlung in gesetzlichen Zahlungsmitteln oder durch Gutschrift auf einem Konto der Gesellschaft oder des Vorstands erfolgt ist. Dabei muss die Leistung auf die Einlageschuld erfolgen, dh mit hinreichender Sicherheit der Einlageverbindlichkeit zuzuordnen sein (vgl. § 362 Abs. 1 BGB). Eine entsprechende ausdrückliche Leistungsbestimmung ist nicht erforderlich,[27] in der Praxis aber dringend zu empfehlen. Drittleistungen sind zulässig (§ 267 Abs. 1 BGB).

15 **2. Insbesondere: endgültig zur freien Verfügung des Vorstands. a) Begriff.** Voraussetzung für die Anmeldung zum Handelsregister ist weiterhin, dass die eingeforderten Beträge endgültig zur freien Verfügung des Vorstands stehen. Denn nur in diesem Fall haben die Einlageleistungen Erfüllungswirkung, so dass die Einlageschuld erlischt. **Freie Verfügbarkeit** in diesem Sinne liegt vor, wenn die Einlage aus dem Herrschaftsbereich des Einlegers ausgesondert und dem Vorstand so übergeben wurde, dass er nach eigenem Ermessen unter Berücksichtigung seiner Verantwortung für die Gesellschaft (§§ 76, 93 Abs. 1) über die Einlage verfügen kann.[28] In Bezug auf eine Bareinlage sind diese Voraussetzungen erfüllt, wenn der Vorstand über den Einlagebetrag ohne Einschränkung disponieren kann und weder rechtlich noch tatsächlich an einer Verwendung gehindert ist.[29]

16 **b) Einzelfälle.** Endgültig freie Verfügbarkeit ist daher **nicht** gegeben, wenn die Einzahlung nur zum Schein erfolgt,[30] wenn bezüglich des Guthabens auf dem Einzahlungskonto Gegenforderungen bestehen[31] oder wenn auf ein gesperrtes oder bereits gepfändetes Konto gezahlt wird.[32] Bei Zahlung auf ein debitorisches Konto fehlt es an der freien Verfügbarkeit, wenn die Kreditlinie überschritten und der Kontokorrentkredit fällig ist, da die kontoführende Bank dann die Einlageforderung mit dem Schuldsaldo verrechnen kann;[33] freie Verfügbarkeit ist jedoch gegeben, wenn der Vorstand im

---

[22] KG OLGR 43, 204 (205); Hüffer/*Koch* Rn. 5; MüKoAktG/*Pentz* Rn. 21; KK-AktG/*A. Arnold* Rn. 8, 17; HK-AktG/*Lohse* Rn. 3; Schmidt/Lutter/*Kleindiek* Rn. 29.

[23] Ebenso Hüffer/*Koch* Rn. 5; aA Spindler/Stilz/*Döbereiner* Rn. 29.

[24] AllgM, zB Hüffer/*Koch* Rn. 5; MüKoAktG/*Pentz* Rn. 21.

[25] Vgl. MüKoAktG/*Pentz* Rn. 43.

[26] Hüffer/*Koch* Rn. 6; MüKoAktG/*Pentz* Rn. 44.

[27] MüKoAktG/*Pentz* Rn. 45; KK-AktG/*A. Arnold* Rn. 28.

[28] OLG Frankfurt AG 1991, 402 (403); OLG Koblenz AG 1987, 88 f.; OLG München WM 2007, 123 (125); Hüffer/*Koch* Rn. 7; MüKoAktG/*Pentz* Rn. 48; HK-AktG/*Lohse* Rn. 5; Schmidt/Lutter/*Kleindiek* Rn. 20.

[29] RGZ 144, 358 (355); Hüffer/*Koch* Rn. 7; MüKoAktG/*Pentz* Rn. 48; Spindler/Stilz/*Döbereiner* Rn. 19.

[30] RGZ 157, 213 (225); RG JW 1911, 514; JW 1912, 950; BGHZ 122, 180 (184 f.) = NJW 1993, 1983; BGH NZG 2004, 618; OLG Frankfurt AG 1991, 402 (403 f.).

[31] BGH NJW 1991, 226 f.; OLG Stuttgart AG 1995, 516 (517).

[32] BGH WM 1962, 644; OLG Hamburg AG 1980, 275 (277); Hüffer/*Koch* Rn. 8.

[33] BGHZ 119, 177 = NJW 1992, 3300; MüKoAktG/*Pentz* Rn. 68; Hüffer/*Koch* Rn. 8; KK-AktG/*A. Arnold* Rn. 44.

Rahmen einer gewährten Kreditlinie über den Einlagebetrag verfügen kann.[34] Auch in den Fällen verdeckter Sacheinlagen (→ § 27 Rn. 26 ff.) fehlt die freie Verfügbarkeit.[35] Hieran hat die Neufassung des § 27 durch das Gesetz zur Umsetzung der Aktionärsrechterichtlinie (ARUG) vom 30.7.2009 (BGBl. I S. 2479) nichts geändert, da nach § 27 Abs. 3 verdeckte Sacheinlagen nach wie vor keine Erfüllungswirkung haben, sondern lediglich ihr Wert auf die fortbestehende Bareinlageverpflichtung angerechnet wird (→ § 27 Rn. 38 f.). An der freien Verfügbarkeit fehlt es regelmäßig auch dann, wenn die Rückzahlung des zunächst einbezahlten Einlagebetrages – gleichgültig, ob an den Einleger, einen diesem nahe stehenden oder fremden Dritten oder in welcher Form (zB als Darlehen) – vereinbart wurde.[36] Etwas anderes kann nur dann gelten, wenn das Hin- und Herzahlen allen Anforderungen des ebenfalls durch das ARUG neugefassten § 27 Abs. 4 (→ § 27 Rn. 44 ff.) genügt und damit zu einer Tilgung der Einlageschuld führt.[37] Dieselben Grundsätze gelten auch für die Einzahlung von Einlagebeträgen auf ein in einen „Cash-Pool" einbezogenes Konto (→ § 27 Rn. 53), sofern es sich hierbei nicht um eine verdeckte Sacheinlage handelt.[38] Einzahlungen auf ein Notaranderkonto erfüllen dann das Erfordernis der freien Verfügbarkeit, wenn nach dem Inhalt des erteilten Treuhandauftrages zum Zeitpunkt der Einreichung der Anmeldung zum Handelsregister der Vorstand gegenüber dem Notar allein und einseitig Auszahlungsanweisungen treffen kann.[39] Insoweit bietet der Auszahlungsanspruch gegen den Notar aufgrund dessen uneingeschränkter Pflicht zur Beachtung des ihm erteilten Treuhandauftrages keine geringere Sicherheit als der gegen ein Kreditinstitut, bei dem das Konto der Gesellschaft geführt wird. Schuldrechtliche Verwendungsbindungen, nach denen Einlagen für bestimmte Zwecke verwendet werden sollen, können je nach ihrer konkreten Ausgestaltung im Einzelfall die endgültig freie Verfügbarkeit ausschließen.[40] Dies ist jedenfalls dann der Fall, wenn sie im Ergebnis zu verdeckten Sacheinlagen führen (zB Abrede über den Erwerb von Vermögensgegenständen vom betreffenden Aktionär). Unverbindliche, vom Vorstand frei änderbare Planungsabsichten begegnen jedoch keinen Bedenken.[41]

3. Steuern und Gebühren. Die geleisteten eingeforderten Beträge müssen nicht in vollem Umfang endgültig zur freien Verfügung des Vorstands zu stehen. Ausgenommen vom Erfordernis freier Verfügbarkeit sind die Beträge, die zum Zeitpunkt der Anmeldung bereits zur Bezahlung der bei der Gründung angefallenen Steuern und Gebühren verwandt worden sind. Vom Ausnahmetatbestand erfasst werden aber nur solche Steuern und Gebühren einschließlich Auslagen nach Nr. 32000 ff. KV GNotKG, die für die Gründung erforderlich und von der Gesellschaft kraft Gesetzes oder als Gründungsaufwand gemäß entsprechender Satzungsbestimmung (vgl. § 26 Abs. 2; → § 26 Rn. 8 ff.) zu tragen sind. Hierzu können gehören die Gebühren von Notar und Handelsregister, Bekanntmachungskosten, die Vergütung der Gründungsprüfer und gegebenenfalls die Grunderwerbsteuer bei der Einbringung von Grundbesitz.[42] Nicht erfasst werden hingegen Kosten, die im Zusammenhang mit dem Betrieb eines übernommenen Unternehmens anfallen, und Kosten für den Druck von Aktienurkunden oder andere privatrechtliche Verbindlichkeiten wie zB Kosten für sonstige Rechtsberatung.[43] 17

4. Dispositionsbefugnis des Vorstands vor der Anmeldung. Der Wortlaut des § 36 Abs. 1 scheint darauf hinzuweisen, dass die ordnungsgemäß eingezahlten Einlagen zum Zeitpunkt der Anmeldung mit Ausnahme der für Steuern und Gebühren verwandten Beträge noch unversehrt vorhanden sein müssen und damit zu thesaurieren sind. Eine solche Thesaurierungspflicht wurde 18

---

[34] BGH NJW 1991, 226 (227); DStR 1996, 1416 (1417); DStR 2002, 1538 (1539); MüKoAktG/*Pentz* Rn. 68; Schmidt/Lutter/*Kleindiek* Rn. 22.

[35] Vgl. MüKoAktG/*Pentz* Rn. 54; Spindler/Stilz/*Döbereiner* Rn. 20; KK-AktG/*A. Arnold* Rn. 41 f.

[36] Vgl. BGHZ 122, 180 (184 f.) = NJW 1993, 1983; BGH NJW 2004, 2006 (509); NJW 2006, 906; MüKoAktG/*Pentz* Rn. 49, 58 ff.; vgl. KK-AktG/*A. Arnold* Rn. 35, 38 ff.

[37] Vgl. KK-AktG/*A. Arnold* Rn. 37.

[38] Vgl. KK-AktG/*A. Arnold* Rn. 36; zur Abgrenzung BGHZ 182, 103 Rn. 9 ff. = NZG 2009, 944 – Cash-Pool II.

[39] Vgl. Hüffer/*Koch* Rn. 7; Spindler/Stilz/*Döbereiner* Rn. 21; KK-AktG/*Lutter* § 54 Rn. 46; HK-AktG/*Lohse* Rn. 5; NK-AktR/*Terbrack* Rn. 27 f.; vgl. Schmidt/Lutter/*Kleindiek* Rn. 22, der auch Verfügbarkeit erst zum Zeitpunkt der Eintragung für ausreichend hält; aA MüKoAktG/*Pentz* Rn. 50.

[40] Vgl. BGHZ 185, 44 Rn. 14 = NZG 2010, 702 – AdCoCom; vgl. ferner hierzu den Überblick bei MüKoAktG/*Pentz* Rn. 52 ff.; grds. krit. zur Zulässigkeit von Verwendungsabreden Hüffer/*Koch* Rn. 9; HK-AktG/*Lohse* Rn. 6 b; allein auf Mittelzufluss abstellend Schmidt/Lutter/*Kleindiek* Rn. 26.

[41] Spindler/Stilz/*Döbereiner* Rn. 21; im Ergebnis ähnlich KK-AktG/*A. Arnold* Rn. 46; NK-AktR/*Terbrack* Rn. 29.

[42] Vgl. Hüffer/*Koch* Rn. 10; MüKoAktG/*Pentz* Rn. 76 f.; KK-AktG/*A. Arnold* Rn. 52.

[43] Hüffer/*Koch* Rn. 10; MüKoAktG/*Pentz* Rn. 78; Spindler/Stilz/*Döbereiner* Rn. 24.

lange Zeit unter Hinweis auf die nach § 37 Abs. 1 S. 1 erforderliche Erklärung angenommen.[44] Zwischenzeitlich hat sich jedoch zu Recht die Auffassung[45] durchgesetzt, dass der Vorstand die eingezahlten Einlagen bereits vor der Anmeldung zum Handelsregister verwenden darf, wenn der Gesellschaft dafür ein entsprechender (Gegen-)Wert zufließt und dieser Wert im Zeitpunkt der **Anmeldung** noch vorhanden ist (sog. **Erfordernis der wertgleichen Deckung**). Ein darüber hinausgehendes Thesaurierungsgebot ist mit der Handlungsfähigkeit der durch den Vorstand vertretenen Vor-AG und gleichzeitiger Unterbilanzhaftung (→ § 41 Rn. 15) nicht zu vereinbaren.[46]

19 **5. Sonderfall: Gemischte Einlage.** Hat der Gründer für eine von ihm übernommene Aktie eine Geldzahlung **und** eine Sacheinlage zu erbringen, spricht man von einer gemischten Einlage (auch Mischeinlage genannt). Geldeinlage (§§ 36, 36a Abs. 1) und Sacheinlage (§ 36a Abs. 2) sind jeweils nach den für sie geltenden Vorschriften zu erbringen. Der Wert der Sacheinlage ist zu ermitteln. Wird die Aktie zum geringsten Ausgabebetrag ausgegeben, ist entsprechend § 36a Abs. 1 mindestens ein Viertel der Differenz zwischen Ausgabebetrag und Wert der Sacheinlage einzufordern und einzuzahlen.[47] Ist ein Agio festgesetzt, ist es zusätzlich in voller Höhe zu bedienen.[48] Von der gemischten Einlage zu unterscheiden sind Festsetzungen in der Satzung, nach denen für bestimmte Aktien eines Gründers ausschließlich Bareinlagen und für andere Aktien desselben Gründers ausschließlich Sacheinlagen zu erbringen sind. In diesen Fällen ist jede Einlage nach den für sie geltenden Regeln zu behandeln.[49]

IV. Rechtsfolgen bei Verstoß gegen § 36

20 Wird die Gesellschaft nicht von allen anmeldepflichtigen Personen angemeldet – hierzu gehört auch der Fall, dass die Organe der Gesellschaft nicht vollständig besetzt sind (→ Rn. 8) – liegt keine ordnungsgemäße Anmeldung iSd § 38 Abs. 1 S. 1 vor. Sofern der Mangel nicht behebbar ist bzw. auch nach Zwischenverfügung nicht behoben wurde, ist der Eintragungsantrag zurückzuweisen. Wird die Gesellschaft trotz des Mangels eingetragen, ist sie wirksam entstanden. Eine Nichtigkeitsklage oder eine Amtslöschung nach § 397 FamFG sind ausgeschlossen.

V. Kosten der Anmeldung

21 Dem Notar steht bei bloßer Beglaubigung eines ihm vorgelegten vollständigen Entwurfes der Anmeldung eine 0,2 Gebühr, höchstens jedoch ein Betrag von 70 Euro zu (KV 25100 GNotKG). Für die Fertigung des Entwurfs und die Beglaubigung der Unterschriften unter der Anmeldung erhält er eine 0,5 Gebühr (KV 24102 iVm KV 21201 GNotKG). Der Geschäftswert ergibt sich aus dem Grundkapital gemäß Satzung zuzüglich eines eventuellen genehmigten Kapitals (§ 119 Abs. 1 iVm § 105 Abs. 1 S. 1 Nr. 1 GNotKG); für die Anmeldung gilt dabei ein Höchstwert von 1 000 000 Euro (§ 106 GNotKG). Für die Erzeugung der sog. XML-Strukturdatei zwecks elektronischer Einreichtung der Anmeldung enhält der Notar eine 0,3 Gebühr nach dem Geschäftswert der Anmeldung, höchstens 250 Euro (KV 22114 GNotKG); diese Gebühr erhöht sich auf eine 0,6 Gebühr, höchstens 250 Euro, wenn der Notar die Handelsregisteranmeldung nicht selbst entworfen hat (KV 22125 GNotKG). Daneben fallen Auslagen nach KV 32000 ff. GNotKG an.[50]

---

[44] Vgl. zur GmbH BayObLG NJW 1988, 1599; OLG Köln ZIP 1989, 238 (240).

[45] Grundlegend BGHZ 119, 177 (187 f.) = NJW 1992, 3300; vgl. BGHZ 105, 300 (303) = NJW 1989, 710; BGH DStR 1996, 1416 (1417); dem folgend MüKoAktG/*Pentz* Rn. 79; Hüffer/*Koch* Rn. 11; Spindler/Stilz/*Döbereiner* Rn. 23; NK-AktR/*Terbrack* Rn. 33; *W. Müller* FS Beusch, 1993, 631 (639 f.); *Ihrig,* Die endgültig freie Verfügung über die Einlage von Kapitalgesellschaften, 1991, 90 ff.; ausf. KK-AktG/*A. Arnold* Rn. 47 ff.; vgl. Schmidt/Lutter/*Kleindiek* Rn. 34, der insoweit (lediglich) Mittelzufluss und Ausgleich evtl. eingetretener Unterbilanz verlangt.

[46] Hüffer/*Koch* Rn. 11.

[47] Hüffer/*Koch* Rn. 12; NK-AktR/*Terbrack* Rn. 37; Grigoleit/*Vedder* Rn. 15; MüKoAktG/*Pentz* Rn. 84; HK-AktG/*Lohse* Rn. 8; vgl. auch OLG Celle NZG 2016, 300 (300) und *Sammet* NZG 2016, 344 (345) zur Mischeinlage bei der GmbH; aA *Cavin* NZG 2016, 734 (736 ff.): Mindesteinzahlung auf den Geldteil ist nicht erforderlich, soweit mindestens ein Viertel des Nennbetrags (= geringster Ausgabebetrag) durch Wert der Sacheinlage gedeckt ist.

[48] Zum Ganzen MüKoAktG/*Pentz* Rn. 83 f.; Hüffer/*Koch* Rn. 12; vgl. auch KK-AktG/*A. Arnold* Rn. 21; HK-AktG/*Lohse* Rn. 8, NK-AktR/*Terbrack* Rn. 37; Grigoleit/*Vedder* Rn. 15.

[49] Ebenso Hüffer/*Koch* Rn. 12; aA MüKoAktG/*Pentz* Rn. 83.

[50] Vgl. zum Ganzen Notarkasse Streifzug durch das GNotKG 11. Aufl. 2015 Rn. 921 ff.; *Fackelmann* Notarkosten nach dem neuen GNotKG Rn. 856.

§ 36a Leistung der Einlagen

(1) Bei Bareinlagen muß der eingeforderte Betrag (§ 36 Abs. 2) mindestens ein Viertel des geringsten Ausgabebetrags und bei Ausgabe der Aktien für einen höheren als diesen auch den Mehrbetrag umfassen.

(2) [1]Sacheinlagen sind vollständig zu leisten. [2]Besteht die Sacheinlage in der Verpflichtung, einen Vermögensgegenstand auf die Gesellschaft zu übertragen, so muß diese Leistung innerhalb von fünf Jahren nach der Eintragung der Gesellschaft in das Handelsregister zu bewirken sein. [3]Der Wert muß dem geringsten Ausgabebetrag und bei Ausgabe der Aktien für einen höheren als diesen auch dem Mehrbetrag entsprechen.

I. Allgemeines

1. Regelungsgegenstand und Normzweck. § 36a trifft Regelungen hinsichtlich der Leistung 1 der Einlagen im Gründungsstadium. Für Bareinlagen wird der Mindestbetrag bestimmt, der vor der Anmeldung der Gesellschaft geleistet sein muss (Abs. 1). Ferner werden Umfang, Art und Weise sowie der Zeitpunkt der Leistung bei Sacheinlagen geregelt (Abs. 2). § 36a dient damit der Sicherstellung der effektiven Kapitalaufbringung.[1]

2. Systematische Stellung. § 36a Abs. 1 ergänzt § 36 Abs. 2 und § 54 Abs. 3 hinsichtlich des 2 Mindestumfangs der vor Anmeldung der Gesellschaft auf Anforderung zu erbringenden Bareinlagen. § 36a Abs. 2 S. 3 wiederholt für Sacheinlagen das Verbot der Unterpariemission (§ 9 Abs. 1; → § 9 Rn. 4 ff.) und steht damit im sachlichen Zusammenhang mit §§ 34 Abs. 1 Nr. 2, 37 Abs. 1 S. 1, 37a Abs. 1 und 38 Abs. 2 S. 2.

II. Mindestbetrag der eingeforderten Bareinlagen (Abs. 1)

Gemäß § 36a Abs. 1 muss bei Bareinlagen der vor Anmeldung der Gesellschaft eingeforderte 3 Betrag **mindestens** ein **Viertel** des **geringsten Ausgabebetrages** iSd § 9 Abs. 1 (→ § 9 Rn. 4 ff.) und – bei Ausgabe der Aktien für einen höheren Betrag als den geringsten Ausgabebetrag – auch den entsprechenden **Mehrbetrag** umfassen. **Zuständig** für die Einforderung der Einlagen ist der **Vorstand** (vgl. § 63 Abs. 1 S. 1). Die Höhe des **einzufordernden** Betrages ergibt sich in erster Linie aus der Satzung; ansonsten kann der Vorstand diese – gegebenenfalls mit Zustimmung des Aufsichtsrats (§ 111 Abs. 4 S. 2) – bestimmen.[2] Liegt der einzufordernde Betrag danach über dem Mindestbetrag nach Abs. 1, ist der Vorstand zur Einforderung des höheren Betrages verpflichtet. Fordert er dennoch nur den – geringeren – Betrag des Abs. 1 an, handelt er pflichtwidrig; wird der tatsächlich eingeforderte – zu geringe – Betrag geleistet, steht die Pflichtwidrigkeit des Vorstands der Anmeldung und Eintragung der Gesellschaft nicht entgegen, da sowohl die Voraussetzungen des § 36 Abs. 2 als auch die des § 36a Abs. 1 erfüllt sind.[3] Der maßgebliche Betrag muss für **jede** Aktie eingefordert und erbracht worden sein; nicht ausreichend ist, dass bei einer Gesamtbetrachtung aller Einlageleistungen der eingeforderte Gesamtbetrag erbracht wurde, weil Minderleistungen einzelner Aktionäre durch Mehrleistungen anderer Aktionäre ausgeglichen werden.[4] Falls der Ausgabebetrag über dem geringsten Ausgabebetrag iSd § 9 Abs. 1 liegt (sog. **„Überpariemission"**), muss der eingeforderte Betrag zudem das **gesamte Aufgeld** (sog. Agio) iSd § 9 Abs. 2 (→ § 9 Rn. 10 ff.) umfassen. Agio in diesem Sinne ist nur das „echte", in der Satzung vereinbarte „korporative" Aufgeld. Haben die Gründer – ferner oder stattdessen – zulässigerweise weitere **schuldrechtliche Zahlungsverpflichtungen** vereinbart (→ § 9 Rn. 13),[5] die in der Praxis häufig als schuldrechtliches Agio bezeichnet werden, sind diese im Zusammenhang mit § 36a Abs. 1 nicht von Bedeutung.[6] Die Fälligkeit solcher Zahlungsverpflichtungen kann daher an besondere Voraussetzungen geknüpft werden, ohne dass dies für die Frage der Anmeldung der Gesellschaft von Bedeutung ist.

III. Leistung von Sacheinlagen (Abs. 2)

1. Zeitpunkt der Leistung. a) Grundlagen. Das AktG trifft keine ausdrückliche Regelung 4 zur **Fälligkeit** von Sacheinlagen. Insbesondere gilt § 63 – vorbehaltlich zulässiger abweichender

---

[1] MüKoAktG/*Pentz* Rn. 3; Hüffer/*Koch* Rn. 1; KK-AktG/*A. Arnold* Rn. 2; HK-AktG/*Lohse* Rn. 1; NK-AktR/*Terbrack* Rn. 1.

[2] Vgl. MüKoAktG/*Pentz* Rn. 6 f.; Hüffer/*Koch* Rn. 2.

[3] Vgl. Hüffer/*Koch* Rn. 2; Spindler/Stilz/*Döbereiner* Rn. 3; NK-AktR/*Terbrack* Rn. 4.

[4] MüKoAktG/*Pentz* Rn. 6; Spindler/Stilz/*Döbereiner* Rn. 5; KK-AktG/*A. Arnold* Rn. 3; Schmidt/Lutter/*Kleindiek* Rn. 2.

[5] Grundlegend *Hermanns* ZIP 2003, 788 ff.; *Priester* FS Röhricht, 2005, 467 ff.

[6] Spindler/Stilz/*Döbereiner* Rn. 6; MüKoAktG/*Pentz* Rn. 6; Hüffer/*Koch* Rn. 2a.

Regelungen in der Satzung[7] – nicht für Sacheinlagen.[8] Die Fälligkeit von Sacheinlagen kann in der Satzung oder in dem – nicht zwingend erforderlichen, in der Praxis aber üblichen – Einbringungsvertrag festgelegt werden. Treffen weder Satzung noch Einbringungsvertrag Regelungen zur Fälligkeit der Sacheinlage, ist diese sofort fällig (vgl. § 271 Abs. 1 BGB). Die **Erfüllung** einer Sacheinlageverpflichtung bedarf regelmäßig eines **dinglichen Vollzugsgeschäfts.** Dieses Vollzugsgeschäft kann in die Satzung selbst aufgenommen werden oder Gegenstand einer Anlage zur Satzung, eines Einbringungsvertrages oder einer sonstigen Urkunde sein. Die dingliche Erfüllung der Sacheinlageverpflichtung setzt voraus, dass der Gegenstand der Sacheinlage durch Übereignung (§§ 873 ff., 929 ff. BGB) oder Abtretung (§§ 398 ff. BGB) auf die Vor-AG bzw. die Gesellschaft übergeht und „zur freien Verfügung" des Vorstands steht.[9] Bei Grundbesitz ist insoweit die Umschreibung des Eigentums im Grundbuch erforderlich.[10] Ein dingliches Vollzugsgeschäft ist nicht erforderlich, wenn Gegenstand der Sacheinlageverpflichtung eine Gebrauchs- oder Nutzungsüberlassung ist. In diesen Fällen ist die Verpflichtung durch tatsächliches Überlassen zum Gebrauch bzw. zur Nutzung zu erfüllen.[11] Regelmäßig wird hierzu die Besitzeinräumung erforderlich sein.[12]

5 **b) Bedeutung des § 36a Abs. 2. aa) Meinungsstand.** Gemäß § 36a Abs. 2 S. 1 sind Sacheinlagen **vollständig** zu leisten. Besteht eine Sacheinlage in der Verpflichtung, einen Vermögensgegenstand auf die Gesellschaft zu übertragen, muss diese Leistung **innerhalb von fünf Jahren** nach der **Eintragung** der Gesellschaft in das Handelsregister zu bewirken sein (§ 36a Abs. 2 S. 2). § 36a Abs. 2 S. 1 und 2 sind redaktionell misslungen und aus sich heraus unverständlich.[13] Welche Bedeutung den vorgenannten Regelungen im Zusammenhang mit dem Zeitpunkt der Leistung einer Sacheinlage und dem frühestmöglichen Zeitpunkt der Anmeldung der Gesellschaft bei Vereinbarung einer Sacheinlage zukommt, ist umstritten. Teilweise[14] wird vertreten, aus S. 1 ergebe sich in Verbindung mit § 37 Abs. 1 S. 1, dass bei Sacheinlagen der **dingliche Vollzug** immer **vor** der Anmeldung der Gesellschaft bewirkt werden muss; ist ein Grundstück Gegenstand der Sacheinlageverpflichtung, soll es jedoch wegen des zeitaufwendigen Eintragungsverfahrens beim Grundbuchamt ausreichen, wenn nach Erklärung der Auflassung der Umschreibungsantrag gestellt oder eine Vormerkung zugunsten der Gesellschaft eingetragen ist. § 36a Abs. 2 S. 2 betrifft danach nur solche Fälle, in denen der Gesellschaft als Sacheinlage ein Anspruch gegen einen Dritten übertragen wird, der auf Übertragung eines Vermögensgegenstandes durch den Dritten gerichtet ist. Diese Auffassung stützt sich zur Begründung auf das Regel-Ausnahme-Verhältnis zwischen S. 1 und S. 2 sowie das Risiko der Wertminderung des Einlagegegenstandes, wenn der dingliche Vollzug erst nach Anmeldung und Eintragung der Gesellschaft erfolgt. Zustimmung verdient jedoch die hM,[15] die in der Praxis zu einer Umkehrung des Regel-Ausnahme-Verhältnisses zwischen S. 1 und S. 2 führt. Danach muss ein dingliches Vollzugsgeschäft – soweit im Zusammenhang mit der Sacheinlage erforderlich – **nicht** bereits **vor** Anmeldung der Gesellschaft zum Handelsregister **vollzogen** sein. Dem Gründer kann entweder in der Satzung oder im Einbringungsvertrag für das dingliche Vollzugsgeschäft und damit für die Erfüllung seiner Einlageverpflichtung eine Frist von bis zu fünf Jahren nach Eintragung der Gesellschaft eingeräumt werden. Für die Anmeldung ist die **wirksame Begründung der Einlageverpflichtung** ausreichend. Der Grundsatz des S. 1 – vollständige Leistung vor Anmeldung – ist danach nur für die in der Praxis seltenen vorgenannten (→ Rn. 4) Fälle der Gebrauchs- oder Nutzungsüberlassung von Bedeutung, da insoweit der Tatbestand der Ausnahmevorschrift des S. 2 nicht erfüllt ist. Für die Auslegung der hM sprechen zum einen der Wortlaut des § 36a Abs. 2 S. 2, der für die Einschränkung seines Anwendungsbereiches auf gegen Dritte gerichtete Ansprüche auf Verschaffung eines Gegenstandes keine Anhaltspunkte bietet. Ferner bauen nach der amtlichen Begründung zur Regelung des § 36a die Regelungen des Abs. 2 gerade darauf auf, dass als Sacheinlage im deutschen Recht die Begründung eines schuldrechtlichen Anspruchs (auf Verschaffung eines

[7] MüKoAktG/*Bayer* § 63 Rn. 8; Hüffer/*Koch* § 63 Rn. 2.

[8] HM, vgl. RGZ 68, 271 (273); MüKoAktG/*Bayer* § 63 Rn. 7; Hüffer/*Koch* § 63 Rn. 2.

[9] Zum Ganzen ausf. Spindler/Stilz/*Döbereiner* Rn. 8 f.

[10] Spindler/Stilz/*Döbereiner* Rn. 9; vgl. Hüffer/*Koch* Rn. 5; Schmidt/Lutter/*Kleindiek* Rn. 8.

[11] Spindler/Stilz/*Döbereiner* Rn. 9.

[12] Vgl. MüKoAktG/*Pentz* Rn. 21; GroßkommAktG/*Röhricht* Rn. 11.

[13] Hüffer/*Koch* Rn. 4; MüKoAktG/*Pentz* Rn. 9.

[14] *Kraft* GS D. Schultz, 1986, 199 ff.; *D. Mayer* ZHR 154 (1990), 535 (538 ff.); Spindler/Stilz/*Döbereiner* Rn. 10; KK-AktG/*Lutter* § 188 Rn. 27 f.

[15] ZB Hüffer/*Koch* Rn. 4; *Hüffer* NJW 1979, 1065 (1067); MüKoAktG/*Pentz* Rn. 13 ff.; KK-AktG/*A. Arnold* Rn. 11 ff.; Schmidt/Lutter/*Kleindiek* Rn. 5; HK-AktG/*Lohse* Rn. 4; NK-AktR/*Terbrack* Rn. 7; *Krebs/Wagner* AG 1998, 467 (468 ff.); MHdB AG/*Hoffmann-Becking* § 4 Rn. 44.

Vermögensgegenstandes) ausreicht und durch die Höchstfrist des S. 2 sichergestellt wird, dass das dingliche Erfüllungsgeschäft nicht auf unabsehbare Zeit hinausgeschoben wird, während der das Risiko der Kapitalaufbringung bestehen bleibt.[16]

bb) Konsequenzen. Daraus ergibt sich für die Frage des **Zeitpunktes** der Leistung einer Sacheinlage unter Berücksichtigung der oben (→ Rn. 4) dargestellten Grundsätze Folgendes: Ist im Zusammenhang mit einer Sacheinlage ein dingliches Vollzugsgeschäft vorzunehmen, muss dieses – entsprechend § 36a Abs. 2 S. 2 – in jedem Fall innerhalb von fünf Jahren seit Eintragung der Gesellschaft getätigt werden. Die Vornahme vor Eintragung der Gesellschaft ist zulässig, aber nach aktienrechtlichen Grundsätzen nicht erforderlich. Soll die Sacheinlageverpflichtung erst nach Anmeldung der Gesellschaft erfüllt werden müssen, muss deren Fälligkeit in der Sacheinlagevereinbarung in der Satzung oder im Einbringungsvertrag entsprechend geregelt werden. Bedarf es zur Bewirkung der Sacheinlageverpflichtung keiner dinglichen Übertragung eines Vermögensgegenstandes (Beispiele Rn. 4), muss die Sacheinlageverpflichtung schon vor der Anmeldung erfüllt sein.[17] Ist eine vor der Anmeldung zu bewirkende Sacheinlage nicht geleistet, besteht ein Eintragungshindernis (vgl. § 38 Abs. 2 S. 1). Das Registergericht kann die Einhaltung der Frist des § 36a Abs. 2 S. 2 nicht überwachen. Bei Nichteinhaltung der Frist besteht keine registergerichtliche Handhabe. Die Gesellschaft kann nach ergebnislosem Fristablauf auf Leistung klagen.[18] 6

2. Art und Weise der Leistung. a) Teilleistungen. Gemäß § 36a Abs. 2 S. 1 sind Sacheinlagen **vollständig** zu leisten. Die Rechtslage bei Sacheinlagen entspricht somit allgemeinen zivilrechtlichen Grundsätzen (vgl. § 266 BGB). Anders als bei Bareinlagen sieht das Gesetz insoweit nicht die Möglichkeit von **Teilleistungen** vor. Aufgrund entsprechender Satzungsregelung können Teilleistungen jedoch – wenn diese nach dem Gegenstand der Sacheinlage tatsächlich überhaupt möglich sind – vereinbart werden;[19] innerhalb der **Fünfjahresfrist** des § 36a Abs. 2 S. 2 muss dann jedoch die Sacheinlage vollständig geleistet sein. 7

b) Verfügungsbefugnis. Wie Sacheinlagen zu erbringen sind richtet sich zunächst nach der entsprechenden Sacheinlageverpflichtung und damit nach dem konkreten Einlagegegenstand.[20] Ansonsten muss die Sacheinlage – entsprechend der Rechtslage bei der Bareinlage – zur **freien Verfügung des Vorstands** der Gesellschaft stehen, damit der Einlageleistung Erfüllungswirkung zukommt.[21] Der Vorstand muss im Rahmen seiner Organstellung über den Einlagegegenstand ohne Einschränkungen verfügen können. Dies setzt im Regelfall der Verpflichtung zur Übertragung eines Vermögensgegenstandes die dingliche Vollrechtsübertragung auf die Gesellschaft voraus.[22] Zu den Ausnahmen der bloßen Gebrauchs- oder Nutzungsüberlassung → Rn. 4. 8

3. Verbot der Unterpariemission (Abs. 2 S. 3). Gemäß § 36a Abs. 2 S. 3 muss der Wert der Sacheinlage dem geringsten Ausgabebetrag zuzüglich eines eventuell vereinbarten Agios entsprechen. Damit wird lediglich das Verbot der Unterpariemission gemäß § 9 Abs. 1 (→ § 9 Rn. 4 ff.) wiederholt[23] und somit klargestellt, dass dieses Verbot auch für Sacheinlagen uneingeschränkte Gültigkeit besitzt. Zu den Folgen eines Verstoßes gegen das Verbot der Unterpariemission im Zusammenhang mit der Gründung → § 9 Rn. 8. 9

§ 37 Inhalt der Anmeldung

(1) [1]In der Anmeldung ist zu erklären, daß die Voraussetzungen des § 36 Abs. 2 und des § 36a erfüllt sind; dabei sind der Betrag, zu dem die Aktien ausgegeben werden, und der darauf eingezahlte Betrag anzugeben. [2]Es ist nachzuweisen, daß der eingezahlte Betrag endgültig zur freien Verfügung des Vorstands steht. [3]Ist der Betrag gemäß § 54 Abs. 3 durch Gutschrift auf ein Konto eingezahlt worden, so ist der Nachweis durch eine Bestätigung des kontoführenden Instituts zu führen. [4]Für die Richtigkeit der Bestätigung ist das Institut

---

[16] Vgl. Begr. RegE, BT-Drs. 8/1678, 12 f.

[17] Vgl. MüKoAktG/*Pentz* Rn. 21; KK-AktG/*A. Arnold* Rn. 20; Schmidt/Lutter/*Kleindiek* Rn. 6.

[18] Hüffer/*Koch* Rn. 4.

[19] MüKoAktG/*Pentz* Rn. 20; Hüffer/*Koch* Rn. 5; KK-AktG/*A. Arnold* Rn. 19; Schmidt/Lutter/*Kleindiek* Rn. 8.

[20] MüKoAktG/*Pentz* Rn. 22.

[21] MüKoAktG/*Pentz* Rn. 22; Hüffer/*Koch* Rn. 5; GroßkommAktG/*Röhricht* Rn. 15; KK-AktG/*A. Arnold* Rn. 19.

[22] Vgl. MüKoAktG/*Pentz* Rn. 22; Hüffer/*Koch* Rn. 5; KK-AktG/*A. Arnold* Rn. 19.

[23] NK-AktR/*Terbrack* Rn. 10; aA HK-AktG/*Lohse* Rn. 5, der entgegen hM davon ausgeht, dass Mehrbeträge am Schutz des Verbots der Unterpariemission nicht teilnehmen.

der Gesellschaft verantwortlich. [5]Sind von dem eingezahlten Betrag Steuern und Gebühren bezahlt worden, so ist dies nach Art und Höhe der Beträge nachzuweisen.

(2) [1]In der Anmeldung haben die Vorstandsmitglieder zu versichern, daß keine Umstände vorliegen, die ihrer Bestellung nach § 76 Abs. 3 Satz 2 Nr. 2 und 3 sowie Satz 3 entgegenstehen, und daß sie über ihre unbeschränkte Auskunftspflicht gegenüber dem Gericht belehrt worden sind. [2]Die Belehrung nach § 53 Abs. 2 des Bundeszentralregistergesetzes kann schriftlich vorgenommen werden; sie kann auch durch einen Notar oder einen im Ausland bestellten Notar, durch einen Vertreter eines vergleichbaren rechtsberatenden Berufs oder einen Konsularbeamten erfolgen.

(3) In der Anmeldung sind ferner anzugeben:
1. eine inländische Geschäftsanschrift,
2. Art und Umfang der Vertretungsbefugnis der Vorstandsmitglieder.

(4) Der Anmeldung sind beizufügen
1. die Satzung und die Urkunden, in denen die Satzung festgestellt worden ist und die Aktien von den Gründern übernommen worden sind;
2. im Fall der §§ 26 und 27 die Verträge, die den Festsetzungen zugrunde liegen oder zu ihrer Ausführung geschlossen worden sind, und eine Berechnung des der Gesellschaft zur Last fallenden Gründungsaufwands; in der Berechnung sind die Vergütungen nach Art und Höhe und die Empfänger einzeln anzuführen;
3. die Urkunden über die Bestellung des Vorstands und des Aufsichtsrats;
3a. eine Liste der Mitglieder des Aufsichtsrats, aus welcher Name, Vorname, ausgeübter Beruf und Wohnort der Mitglieder ersichtlich ist;
4. der Gründungsbericht und die Prüfungsberichte der Mitglieder des Vorstands und des Aufsichtsrats sowie der Gründungsprüfer nebst ihren urkundlichen Unterlagen.

(5) Für die Einreichung von Unterlagen nach diesem Gesetz gilt § 12 Abs. 2 des Handelsgesetzbuchs entsprechend.

Übersicht

I. Allgemeines

1 **1. Regelungsgegenstand und Normzweck.** § 37 regelt den Inhalt der Anmeldung der Gesellschaft zum Handelsregister. Er bestimmt, welche Erklärungen abzugeben, welche Nachweise zu führen und welche Unterlagen vorzulegen sind. Ferner begründet die Norm eine Bankenhaftung für den Fall unzutreffender Bankbestätigung. § 37 dient dazu, unseriöse Gründungen zu vermeiden

und dem Registergericht die Prüfung gemäß § 38 zu ermöglichen.[1] Die Bankenhaftung schützt die Kapitalaufbringung.[2]

2. Systematische Stellung. Die Anmeldung der Gesellschaft ist der an das zuständige Registergericht gerichtete Antrag auf Eintragung der Gesellschaft in das Handelsregister (zur Rechtsnatur der Anmeldung → § 36 Rn. 4).[3] § 37 wird ergänzt durch § 37a, der für den Fall der Sachgründung ohne externe Gründungsprüfung (§ 33a) weitere inhaltliche Anforderungen an die Anmeldung begründet. Der Kreis der anmeldepflichtigen Personen ist in § 36 Abs. 1 (→ § 36 Rn. 6 ff.) bestimmt. Die Mindestvoraussetzungen, die für die Anmeldung erfüllt sein müssen, ergeben sich aus § 36 Abs. 2 (→ § 36 Rn. 14 ff.), § 36a (→ § 36a Rn. 3 ff.). Die nach § 37 Abs. 1 S. 3 vorzulegende Bankbestätigung und die hiermit zusammenhängende Haftung nach Abs. 1 S. 4 stehen in Zusammenhang mit der Zulassung unbarer Zahlungen in § 54 Abs. 3.[4] 2

3. Normentwicklung. In der jüngeren Vergangenheit ist § 37 mehrfach in wesentlicher Hinsicht geändert worden. Durch das **Gesetz über elektronische Handelsregister und Genossenschaftsregister sowie das Unternehmensregister (EHUG)** vom 10.11.2006 (BGBl. I S. 2553) wurde die Norm an die Erfordernisse des elektronischen Rechtsverkehrs mit dem Handelsregister angepasst (vgl. § 37 Abs. 5; → Rn. 26). Unter anderem entfiel dabei das Erfordernis der Namenszeichnung durch die Vorstandsmitglieder (§ 37 Abs. 5 aF). Das EHUG ist zum 1.1.2007 in Kraft getreten. Mit dem **Gesetz zur Modernisierung des GmbH-Rechts und zur Bekämpfung von Missbräuchen (MoMiG)** vom 23.10.2008 (BGBl. I S. 2026) wurden unter anderem Abs. 2 S. 1 an die Erweiterung der persönlichen Bestellungshindernisse in § 76 Abs. 3 angepasst, die Möglichkeiten der Belehrung eines Mitglieds des Vorstands über seine Auskunftspflicht gegenüber dem Registergericht erweitert (Abs. 2 S. 2; → Rn. 11 f.) und eine Pflicht zur förmlichen Anmeldung einer inländischen Geschäftsanschrift begründet (Abs. 3 Nr. 1; → Rn. 13 ff.). Ferner wurde zur Erleichterung und Beschleunigung der Gründungsvorgänge das Erfordernis, bei Unternehmensgegenständen, die der staatlichen Genehmigung bedürfen, die Genehmigung vorzulegen (vgl. § 37 Abs. 4 Nr. 5 aF), ersatzlos aufgegeben. Das MoMiG ist zum 1.11.2008 in Kraft getreten. 3

II. Leistung der Einlagen: Erklärungen und Nachweise (Abs. 1)

1. Notwendigkeit. Nach § 37 Abs. 1 S. 1 Hs. 1 haben alle Anmeldenden zu erklären, dass die Voraussetzungen des § 36 Abs. 2 (→ § 36 Rn. 14 ff.) und des § 36a (→ § 36a Rn. 3 ff.) erfüllt sind. Diese Erklärung ist immer erforderlich; das gilt auch dann, wenn sich die entsprechenden Tatsachen aus anderen dem Registergericht zugänglichen Unterlagen, zB der Bankbestätigung gemäß Abs. 1 S. 3, ergeben.[5] **Maßgeblicher Zeitpunkt** für die Richtigkeit der Erklärung der Anmeldenden, insbesondere auch in Bezug auf ihre zivil- (§§ 46, 48) und strafrechtliche (§ 399 Abs. 1 Nr. 1) Verantwortung, ist der **Eingang** der **Anmeldung beim Registergericht.**[6] Die Erklärung ist wegen des ihr innewohnenden zeitlichen Moments zu wiederholen, wenn die ursprüngliche Anmeldung unvollständig oder aufgrund einer Zwischenverfügung des Gerichts (§ 382 Abs. 4 FamFG) zu ändern war und deshalb – mit zeitlicher Verzögerung – zu ergänzen oder erneut vorzunehmen ist.[7] Hat sich jedoch bei einer Zwischenverfügung des Gerichts wegen Unvollständigkeit der eingereichten Unterlagen bis zum Zeitpunkt der Behebung der gerichtlichen Beanstandung die Sachlage nicht geändert, ist eine Wiederholung der Erklärung nicht erforderlich.[8] 4

2. Bareinlagen. a) Erklärung. Sind Bareinlagen vereinbart, haben die Anmeldenden zu erklären, dass der **eingeforderte** Betrag (→ § 36 Rn. 14) auf jede Aktie **ordnungsgemäß eingezahlt** (→ § 36 Rn. 14) ist und **endgültig zur freien Verfügung des Vorstands** steht (→ § 36 Rn. 15 f.). Die bloße Wiederholung des Wortlauts des Gesetzes ist insoweit nicht ausreichend. Vielmehr sind für **jeden** Gründer getrennt der Ausgabebetrag der Aktien (§ 23 Abs. 2 Nr. 2; → § 9 Rn. 3) sowie 5

---

[1] Hüffer/*Koch* Rn. 1; vgl. MüKoAktG/*Pentz* Rn. 2; KK-AktG/*A. Arnold* Rn. 7.
[2] Hüffer/*Koch* Rn. 5.
[3] MüKoAktG/*Pentz* Rn. 12.
[4] MüKoAktG/*Pentz* Rn. 10.
[5] AllgM, zB KK-AktG/*A. Arnold* Rn. 10; Hüffer/*Koch* Rn. 2.
[6] *Roth* DNotZ 1989, 3 (4); MüKoAktG/*Pentz* Rn. 14; Spindler/Stilz/*Döbereiner* Rn. 3; Schmidt/Lutter/*Kleindiek* Rn. 5; NK-AktR/*Terbrack* Rn. 6; HK-AktG/*Lohse* Rn. 2.
[7] KG OLGZ 1972, 151 (152) = NJW 1972, 951; Hüffer/*Koch* Rn. 2; vgl. KK-AktG/*A. Arnold* Rn. 10.
[8] Hüffer/*Koch* Rn. 2; Schmidt/Lutter/*Kleindiek* Rn. 5; NK-AktR/*Terbrack* Rn. 6; Grigoleit/*Vedder* Rn. 2; vgl. HK-AktG/*Lohse* Rn. 2; aA MüKoAktG/*Pentz* Rn. 14: unabhängig von Veränderung der Sachlage Wiederholung der Erklärung.

der hierauf eingeforderte und der eingezahlte Betrag anzugeben (vgl. Abs. 1 S. 1 Hs. 2).[9] Sind die Geldeinlagen nicht mehr in der ursprünglichen Form vorhanden, sondern hat der Vorstand bereits vor der Anmeldung unter Beachtung des **„Erfordernis der wertgleichen Deckung"** (→ § 36 Rn. 18) über die eingezahlten Beträge verfügt, sind die getätigten Geschäfte im einzelnen anzugeben und zusätzlich zu erklären, dass die angeschafften Gegenstände zur freien Verfügung des Vorstands stehen und ihr Wert den ausgegebenen Beträgen entspricht.[10]

6 **b) Nachweis.** Gemäß § 37 Abs. 1 S. 2 ist nachzuweisen, dass der eingezahlte Betrag endgültig zur freien Verfügung des Vorstands steht. Ist der Betrag durch Gutschrift auf ein Konto eingezahlt worden (vgl. § 54 Abs. 3), ist der Nachweis durch eine Bestätigung des kontoführenden Instituts zu führen (§ 37 Abs. 1 S. 3). Für die Richtigkeit der Bestätigung ist das kontoführende Institut verantwortlich (§ 37 Abs. 1 S. 4).

7 **aa) Bankbestätigung. (1) Form und Inhalt.** Das Gesetz formuliert **keine** besonderen **formalen** Anforderungen an die Bankbestätigung. Insbesondere ist keine Schriftform (§ 126 BGB) erforderlich. Ausreichend ist vielmehr jede Form, die zum Nachweis gegenüber dem Gericht geeignet ist. Dies kann neben einer Bestätigung per Telefax und der elektronischen Übermittlung (E-Mail, SMS) auch eine mündliche oder telefonische Bestätigung gegenüber dem Gericht sein, die dieses zu den Akten vermerkt.[11] Der erforderliche **Inhalt** der Bankbestätigung ist ebenfalls im Gesetz nicht ausdrücklich geregelt und in Rechtsprechung und Literatur umstritten.[12] Er ist aufgrund der an die unrichtige Bestätigung anschließenden Bankenhaftung (§ 37 Abs. 1 S. 4; → Rn. 8) in der Praxis aber von erheblicher Bedeutung. Der Wortlaut und die Gesetzessystematik scheinen darauf hinzuweisen, dass die Bestätigung der Bank – formal und materiell – denselben Inhalt haben muss wie die Bestätigung der Anmeldenden.[13] Damit würde das Kreditinstitut in vollem Umfang für die endgültig freie Verfügbarkeit der Einlagen iSd § 36 Abs. 2 (→ § 36 Rn. 14 ff.), zB das Nichtvorliegen einer verdeckten Sacheinlage, haften. Nach Sinn und Zweck der Vorschrift kann einer Bestätigung eines Kreditinstituts über die „freie Verfügung" des Vorstands nur für den Bereich Bedeutung beigemessen werden, auf den es Einfluss nehmen oder von dem es Kenntnis haben kann. Das Kreditinstitut hat zu erklären, dass die betreffenden Beträge auf ein Konto der Gesellschaft eingezahlt wurden und – **aus seiner Sicht und nach seiner Kenntnis** – zur freien Verfügung des Vorstands stehen.[14] Diese Erklärung ist dann zutreffend, wenn insbesondere keine Gegenrechte des Kreditinstituts an den eingezahlten Beträgen bestehen und dem Kreditinstitut auch keine Rechte Dritter, zB aus Pfändung, bekannt sind.[15] Dagegen kann der Bestätigung der Bank nicht die Bedeutung beigemessen werden, dass damit zum Ausdruck gebracht wird, es seien keine die freie Verfügbarkeit iSd § 36 Abs. 2 beeinträchtigenden Verwendungsabreden oder Rückzahlungsvereinbarungen getroffen worden.[16] Sind dem Kreditinstitut jedoch – ausnahmsweise – die Binnenbeziehungen der Gesellschaft bzw. der Gründer betreffende Umstände bekannt, die die „freie Verfügbarkeit" beeinträchtigen oder ausschließen, darf es die Bestätigung nicht ausstellen. Dies gilt zB bei Kenntnis von entsprechenden Abreden oder Vorbehalten der Gründer oder bei Kenntnis davon, dass die Einzahlung nicht auf die Einlageschuld erfolgt ist.[17] Über den Wortlaut des § 37 Abs. 1 S. 3 hinaus ist die Bestätigung des Kreditinstituts dann anzupassen, wenn vom Vorstand bereits über eingezahlte Einlagen verfügt wurde. In diesem Fall sind die betreffenden Beträge und die Empfänger aufzuführen.[18]

8 **(2) Haftung des Kreditinstituts.** Das Kreditinstitut ist für die Richtigkeit seiner Bestätigung nach Abs. 1 S. 3 gegenüber der Gesellschaft verantwortlich (§ 37 Abs. 1 S. 4). Maßgeblicher Zeitpunkt für die Beurteilung der Richtigkeit ist der Moment der **Abgabe** der Bestätigung.[19] Das Kreditinstitut ist nicht verpflichtet, nachträgliche Veränderungen gegenüber dem Zeitpunkt der

---

[9] AllgM, zB Hüffer/*Koch* Rn. 3; Schmidt/Lutter/*Kleindiek* Rn. 6.

[10] Hüffer/*Koch* Rn. 3; Spindler/Stilz/*Döbereiner* Rn. 3; MüKoAktG/*Pentz* Rn. 20; KK-AktG/*A. Arnold* Rn. 12; HK-AktG/*Lohse* Rn. 2; vgl. Schmidt/Lutter/*Kleindiek* Rn. 11 f., der stattdessen verlangt, dass Versicherung auf Nichtentstehen bzw. Ausgleich einer entstandenen Unterbilanz gerichtet wird.

[11] Hüffer/*Koch* Rn. 3; MüKoAktG/*Pentz* Rn. 27; Spindler/Stilz/*Döbereiner* Rn. 5.

[12] Zum Meinungsstand vgl. den Überblick bei MüKoAktG/*Pentz* Rn. 29.

[13] Vgl. BGHZ 113, 335 (350) = NJW 1991, 1754 zur GmbH; BGHZ 119, 177 (180 f.) = NJW 1992, 3300.

[14] Vgl. Hüffer/*Koch* Rn. 3a; Spindler/Stilz/*Döbereiner* Rn. 5; KK-AktG/*A. Arnold* Rn. 22; NK-AktR/*Terbrack* Rn. 27; ähnlich MüKoAktG/*Pentz* Rn. 31; Schmidt/Lutter/*Kleindiek* Rn. 13.

[15] Hüffer/*Koch* Rn. 3a; Spindler/Stilz/*Döbereiner* Rn. 5; KK-AktG/*A. Arnold* Rn. 22; NK-AktR/*Terbrack* Rn. 27.

[16] Spindler/Stilz/*Döbereiner* Rn. 5.

[17] Vgl. MüKoAktG/*Pentz* Rn. 32; Schmidt/Lutter/*Kleindiek* Rn. 14.

[18] Spindler/Stilz/*Döbereiner* Rn. 5; vgl. MüKoAktG/*Pentz* Rn. 34; aA KK-AktG/*A. Arnold* Rn. 22.

[19] Hüffer/*Koch* Rn. 5; Spindler/Stilz/*Döbereiner* Rn. 5; KK-AktG/*A. Arnold* Rn. 23.

Bankbestätigung dem Registergericht mitzuteilen.[20] Verzögert sich die Anmeldung oder ist diese nach einer Zwischenverfügung zu ergänzen, kann das Registergericht jedoch gegebenenfalls eine aktuelle Bestätigung verlangen.[21] § 37 Abs. 1 S. 4 begründet eine **Gewährleistungshaftung** für die Richtigkeit der erteilten Bestätigung gegenüber der Gesellschaft.[22] Außenstehende Dritte sind in den Schutzbereich der Haftung nicht mit einbezogen.[23] Die Gesellschaft ist so zu stellen, wie sie stehen würde, wenn die Bestätigung richtig gewesen wäre; die bestätigte, aber nicht geleistete bzw. vorhandene Einlage ist daher vom Kreditinstitut zu leisten.[24] Die Haftung ist **verschuldensunabhängig.**[25] Wegen der Gläubiger schützenden Funktion der Haftung kann sich das Kreditinstitut nicht auf ein Mitverschulden der Gesellschaft berufen; dies gilt auch dann, wenn den Gründern oder den Mitgliedern der Verwaltung der Gesellschaft die Unrichtigkeit der Bestätigung bekannt war.[26] Ansprüche aus der Gewährleistungshaftung verjähren entsprechend § 51 in fünf Jahren;[27] die Verjährungsfrist beginnt mit Eintragung der Gesellschaft im Handelsregister.[28]

bb) Nachweise in sonstigen Fällen. Wird die Bareinlage nicht durch Kontogutschrift, sondern 9
durch gesetzliche Zahlungsmittel (§ 54 Abs. 3 Alt. 1) erbracht, hängt es von den Umständen des Einzelfalls ab, wie dem Gericht der Nachweis gemäß § 37 Abs. 1 S. 2 zu erbringen ist. Wird die Einlage in die Barkasse der Gesellschaft eingezahlt, kann der Nachweis durch eine diesbezügliche Bestätigung eines außen stehenden Dritten, der den Kassenbestand geprüft hat, geführt werden.[29] In der Literatur wird insoweit teilweise auch eine entsprechende Versicherung der Anmeldenden als ausreichend angesehen.[30] Nicht ausreichend ist hingegen ein Beleg über die Einreichung von Schecks, da diese kein gesetzliches Zahlungsmittel darstellen; insoweit ist vielmehr nach Einlösung des Schecks und Gutschrift auf dem Gesellschaftskonto eine Bestätigung nach Abs. 1 S. 3 erforderlich. Wird die Einlage auf einem Notaranderkonto hinterlegt und sind im Einzelfall die Voraussetzungen für eine freie Verfügbarkeit des Vorstands erfüllt (→ § 36 Rn. 16), kommt als Nachweis eine entsprechende Erklärung des Notars in Betracht.[31] Hat der Vorstand bereits vor Abgabe der Anmeldung zum Handelsregister über Einlageleistungen verfügt, sind zum Nachweis der „wertgleichen Deckung" Verträge, Rechnungen, Quittungen oder sonstige Belege vorzulegen.[32] Gegebenenfalls ist ergänzend ein Sachverständigengutachten erforderlich.[33] Ist der eingezahlte Betrag bereits teilweise zur Zahlung von Gebühren und Steuern verwendet worden, müssen zum Nachweis der Verwendung die zugrunde liegenden Zahlungsbescheide und die Zahlungsbelege der Anmeldung beigefügt werden (vgl. § 37 Abs. 1 S. 5).[34]

3. Sacheinlagen. Ist eine Sacheinlage vereinbart, müssen alle Anmeldenden Erklärungen zur 10
Werthaltigkeit der Sacheinlage und zur **Leistungserbringung** abgegeben. Zum einen muss erklärt werden, dass der Wert der Sacheinlage dem geringsten Ausgabebetrag und bei Ausgabe der Aktien für einen höheren als diesen auch dem Mehrbetrag entspricht (vgl. § 37 Abs. 1 S. 1 iVm § 36a Abs. 2 S. 3). Die bloße Wiederholung des Gesetzeswortlauts ist ausreichend.[35] Eine Begründung für die Werthaltigkeit ist nicht erforderlich.[36] Zum anderen müssen Erklärungen zur Erbringung der Leistung abgegeben werden (→ § 36a Rn. 4 ff.). Ist die Einlageleistung bereits erbracht, ist dies und

---

[20] BGH NZG 2005, 976 (979); MüKoAktG/*Pentz* Rn. 33; Spindler/Stilz/*Döbereiner* Rn. 5.
[21] MüKoAktG/*Pentz* Rn. 35; KK-AktG/*A. Arnold* Rn. 23.
[22] BGHZ 113, 335 (355) = NJW 1991, 1754; BGHZ 119, 177 (180 f.) = NJW 1992, 3300; MüKoAktG/*Pentz* Rn. 36; Hüffer/*Koch* Rn. 5a.
[23] Vgl. OLG München NZG 2004, 230 (232 f.); Spindler/Stilz/*Döbereiner* Rn. 5.
[24] BGHZ 113, 335 (355); Schmidt/Lutter/*Kleindiek* Rn. 15; Hüffer/*Koch* Rn. 5a; KK-AktG/*A. Arnold* Rn. 26; HK-AktG/*Lohse* Rn. 3.
[25] BGHZ 113, 335 (355) = NJW 1991, 1754; BGHZ 119, 177 (181) = NJW 1992, 3300; MüKoAktG/*Pentz* Rn. 37; Hüffer/*Koch* Rn. 5a.
[26] BGHZ 113, 335 (355) = NJW 1991, 1754; BGHZ 119, 177 (181) = NJW 1992, 3300; MüKoAktG/*Pentz* Rn. 37; Schmidt/Lutter/*Kleindiek* Rn. 15; GroßkommAktG/*Röhricht* Rn. 31; vgl. HK-AktG/*Lohse* Rn. 3.
[27] OLG Hamburg AG 2007, 500 (504); MüKoAktG/*Pentz* Rn. 38; Hüffer/*Koch* Rn. 5a; Schmidt/Lutter/*Kleindiek* Rn. 15.
[28] MüKoAktG/*Pentz* Rn. 38.
[29] Spindler/Stilz/*Döbereiner* Rn. 4.
[30] MüKoAktG/*Pentz* Rn. 23.
[31] Spindler/Stilz/*Döbereiner* Rn. 4.
[32] MüKoAktG/*Pentz* Rn. 26; Spindler/Stilz/*Döbereiner* Rn. 4.
[33] MüKoAktG/*Pentz* Rn. 26.
[34] MüKoAktG/*Pentz* Rn. 25; Hüffer/*Koch* Rn. 3; Spindler/Stilz/*Döbereiner* Rn. 6; Schmidt/Lutter/*Kleindiek* Rn. 16.
[35] MüKoAktG/*Pentz* Rn. 40.
[36] Hüffer/*Koch* Rn. 4; KK-AktG/*A. Arnold* Rn. 13; NK-AktR/*Terbrack* Rn. 10.

ferner zu erklären, dass sie endgültig zur freien Verfügung des Vorstands steht.[37] Sofern es sich um eine Gebrauchs- oder Nutzungsüberlassung handelt, ist weiter zu erklären, dass der Gegenstand von der Gesellschaft genutzt werden kann.[38] Steht das erforderliche dingliche Vollzugsgeschäft noch aus, ist zu erklären, wann es vollzogen wird; ist das Vollzugsdatum nicht bekannt oder noch nicht festgelegt, ist zu erklären, dass die Leistung innerhalb von fünf Jahren nach Eintragung der Gesellschaft in das Handelsregister erbracht wird.[39]

10a **4. Offenlegung eines Hin- und Herzahlens (§ 27 Abs. 4 S. 2).** Zum Hin- und Herzahlen ausführlich → § 27 Rn. 43 ff. Nach § 27 Abs. 4 S. 2 ist Voraussetzung für die Erfüllungswirkung eines Hin- und Herzahlens, dass es in der Handelsregisteranmeldung nach § 37 „angegeben", dh offen gelegt wird (→ § 27 Rn. 49). Welche Angaben im Einzelnen erforderlich sind, ist nicht ausdrücklich geregelt. Das Gesetz verlangt insbesondere keine Versicherung, dass das Hin- und Herzahlen „ordnungsgemäß" erfolgt ist.[40] Nach dem Wortlaut der Vorschrift ist es ausreichend, den Vorgang des Hin- und Herzahlens als solchen mitzuteilen. Nach Sinn und Zweck der Offenlegung – das Registergericht soll in die Lage versetzt werden zu prüfen, ob die Voraussetzungen des § 27 Abs. 4 S. 1 erfüllt sind und somit trotz des Hin- und Herzahlens die Einlageverpflichtung erloschen ist – ist es jedoch erforderlich, in der Anmeldung nähere Angaben dazu zu machen, in welcher Form und zwischen welchen Beteiligten das Hin- und Herzahlen stattfindet bzw. stattgefunden hat.[41] Da das Gericht ohnehin in der Regel weitere Nachweise, zB hinsichtlich der Vollwertigkeit des Gegenanspruchs, anfordern kann und wird, empfiehlt es sich, bereits in der Anmeldung zu den in § 27 Abs. 4 S. 1 aufgeführten Voraussetzungen für ein wirksames Hin- und Herzahlen Stellung zu nehmen.[42]

III. Versicherungen der Vorstandsmitglieder (Abs. 2)

11 **1. Bestellungshindernisse.** In der Anmeldung sind alle Mitglieder des Vorstands einschließlich der Stellvertreter (vgl. § 94) mit Familienname, Vorname, Geburtsdatum und Wohnort zu benennen (vgl. §§ 24 Abs. 1, 43 Nr. 4 HRV). **Alle Mitglieder** des Vorstands einschließlich der **Stellvertreter** müssen in der Anmeldung **versichern,** dass keine Bestellungshindernisse gemäß § 76 Abs. 3 S. 2 Nr. 2 und 3 und S. 3 bestehen (§ 37 Abs. 2 S. 1). Zu den Bestellungshindernissen wird auf die Kommentierung zu § 76 Abs. 3 verwiesen. Dabei gibt jedes Vorstandsmitglied bzw. jeder Stellvertreter die entsprechende Versicherung für seine Person ab. Der Katalog der Ausschlussgründe ist durch das MoMiG (→ Rn. 3) erheblich, insbesondere auch um strafrechtliche Verurteilungen wegen allgemeiner Vermögensdelikte, erweitert worden. In der Praxis ist die bloße Wiederholung des Wortlauts des § 37 Abs. 2 S. 1 nicht ausreichend. Erforderlich ist vielmehr eine an den Wortlaut des § 76 Abs. 3 S. 2 Nr. 2 und 3 und S. 3 angelehnte Erklärung.[43] In der obergerichtlichen Rechtsprechung wird verlangt, dass sämtliche Bestellungshindernisse in der Versicherung einzeln aufgezählt und verneint werden müssen.[44] Ferner soll sich aus der Versicherung ergeben müssen, dass der Versichernde alle Bestellungshindernisse gekannt und nach sorgfältiger Prüfung verneint hat.[45] Der BGH hat jedoch klargestellt, dass in Bezug auf das Bestellungshindernis einer strafrechtlichen Verurteilung die Versicherung ausreichend ist, das Mitglied des Vorstands sei „noch nie, weder im Inland noch im Ausland, wegen einer Straftat verurteilt worden".[46] Wenn eine Untersagung nach § 76 Abs. 3 S. 2 Nr. 2 („Gewerbeverbot") vorliegt, ist der Gegenstand des Verbots konkret anzugeben, damit das Registergericht überprüfen kann, ob das Verbot der Bestellung entgegensteht.[47] Soweit ein Bestellungshindernis aus der Verurteilung wegen einer Straftat resultieren kann (vgl. § 76 Abs. 3 S. 2 Nr. 3), ist für den maßgeblichen Fünf-Jahres-Zeitraum der Ausschlussfrist nach § 76 Abs. 3 S. 2 Nr. 3 Hs. 2 auf

[37] Hüffer/*Koch* Rn. 4; MüKoAktG/*Pentz* Rn. 41; Spindler/Stilz/*Döbereiner* Rn. 8; HK-AktG/*Lohse* Rn. 2; aA KK-AktG/*A. Arnold* Rn. 13 und NK-AktR/*Terbrack* Rn. 11 in Bezug auf Erklärung zur „freien Verfügbarkeit".

[38] MüKoAktG/*Pentz* Rn. 41; Spindler/Stilz/*Döbereiner* Rn. 8.

[39] MüKoAktG/*Pentz* Rn. 41; Spindler/Stilz/*Döbereiner* Rn. 8; KK-AktG/*A. Arnold* Rn. 13; NK-AktR/*Terbrack* Rn. 12.

[40] Spindler/Stilz/*Döbereiner* Rn. 10.

[41] Vgl. Spindler/Stilz/*Döbereiner* Rn. 10.

[42] Spindler/Stilz/*Döbereiner* Rn. 10.

[43] Vgl. Hüffer/*Koch* Rn. 6; Spindler/Stilz/*Döbereiner* Rn. 14; aA MüKoAktG/*Pentz* Rn. 47, HK-AktG/*Lohse* Rn. 4.

[44] Vgl. OLG München ZIP 2009, 1321 zur Parallelvorschrift des § 8 Abs. 3 GmbHG.

[45] Vgl. OLG München NZG 2009, 717 (718) = GmbHR 2009, 831 zur Parallelvorschrift des § 8 Abs. 3 GmbHG.

[46] BGH NZG 2010, 829 Rn. 8 ff. = DB 2010, 1521 zu § 8 Abs. 3 GmbHG; aA OLG München NZG 2009, 717 (717 f.) = GmbHR 2009, 831.

[47] BayObLGZ 1981, 396 (398 f.) = DNotZ 1982, 177; Hüffer/*Koch* Rn. 6; MüKoAktG/*Pentz* Rn. 47; HK-AktG/*Lohse* Rn. 4.

den Zeitpunkt des Eintritts der Rechtskraft der Verurteilung und nicht auf den Zeitpunkt der Verurteilung abzustellen.[48] Die Versicherung ist **höchstpersönlicher Natur;** Stellvertretung scheidet daher aus.[49] Die unzutreffende Versicherung ist strafbewehrt (vgl. § 399 Abs. 1 Nr. 6). Eine Bestellung zum Vorstandsmitglied trotz Bestehens eines Bestellungshindernisses ist nichtig.[50] Die Pflicht zur Versicherung hinsichtlich des Nichtvorliegens eines Bestellungshindernisses soll es dem Registergericht ersparen, im Eintragungsverfahren entsprechende Anfragen an das Bundeszentralregister zu richten.[51]

2. Belehrung über Auskunftspflicht. Alle Vorstandsmitglieder und ihre Stellvertreter haben ferner in der Anmeldung zu **versichern,** über ihre **unbeschränkte Auskunftspflicht** gegenüber dem Registergericht gemäß § 53 Abs. 2 BZRG belehrt worden zu sein. Die Belehrung hat den Zweck, den Versichernden die Möglichkeit zu nehmen, sich auf eine lediglich beschränkte Offenbarungspflicht nach § 53 Abs. 1 Nr. 1 BZRG zu berufen.[52] Die **Belehrung** kann durch das Registergericht erfolgen. In der Praxis wird die Belehrung regelmäßig durch den **beglaubigenden Notar** vorgenommen. Seit dem Inkrafttreten des MoMiG ist auch die Belehrung durch einen im Ausland bestellten Notar, durch einen Vertreter eines vergleichbaren rechtsberatenden Berufs oder einen Konsularbeamten möglich (vgl. § 37 Abs. 2 S. 2 Hs. 2). Die Belehrung wird in der Praxis regelmäßig mündlich erfolgen; sie kann auch schriftlich und in ausländischer Sprache vorgenommen werden.[53] Bei einer Belehrung fremdsprachiger Vorstandsmitglieder durch einen ausländischen Notar ist die Verwendung zweisprachiger Schriftstücke zu empfehlen, da die Durchführung der Belehrung gegenüber dem Registergericht nachgewiesen werden muss. Die **Versicherung** betreffend die Belehrung über die unbeschränkte Auskunftspflicht bedarf wie der übrige Inhalt der Anmeldung der öffentlichen Beglaubigung; dies gilt auch dann, wenn sie in gesonderter Erklärung nachgereicht wird.[54] 12

IV. Inländische Geschäftsanschrift (Abs. 3 Nr. 1)

1. Erfordernis der Anmeldung. Gemäß § 37 Abs. 3 Nr. 1 ist in der Anmeldung eine inländische Geschäftsanschrift der Gesellschaft anzugeben. Dieses durch das MoMiG (→ Rn. 3) neu in das Aktienrecht eingefügte Anmeldeerfordernis ist notwendige Ergänzung zum ebenfalls durch das MoMiG erweiterten Umfang der Eintragung der Gesellschaft im Handelsregister, wonach die inländische Geschäftsanschrift im Handelsregister anzugeben ist (vgl. § 39 Abs. 1 S. 1; → § 39 Rn. 6). Jede inländische Geschäftsanschrift – sowohl bei Gründung als auch bei späteren Änderungen – ist nunmehr durch **förmliche Handelsregisteranmeldung** (vgl. §§ 12, 31 HGB) dem Gericht zur Eintragung in das Handelsregister mitzuteilen. Die Neuregelung geht damit über die Pflicht zur formlosen Mitteilung der Lage der Geschäftsräume nach § 24 Abs. 2 HRV aF hinaus, die nicht zu einer entsprechenden Eintragung im Handelsregister führte. Die Neuregelungen beseitigen in der Praxis Vollzugsdefizite aus der Vergangenheit, da vielfach Änderungen der Lage der Geschäftsräume dem Registergericht nicht mitgeteilt wurden. Unter der inländischen Geschäftsanschrift können Zustellungen an die Gesellschaft erfolgen. Die Eintragung der inländischen Geschäftsanschrift im Handelsregister dient damit auch als Anknüpfungspunkt für die öffentliche Zustellung von Schriftstücken an die Gesellschaft (vgl. § 15a HGB, § 185 Nr. 2 ZPO; → § 39 Rn. 6). 13

2. Begriff. Der Begriff der inländischen Geschäftsanschrift wird im Gesetz nicht definiert. Die Eintragung der inländischen Geschäftsanschrift im Handelsregister entspricht der Eintragung natürlicher Personen beim Einwohnermeldeamt. Die Angabe muss Straße und Hausnummer sowie Ort und Postleitzahl beinhalten.[55] Die Anmeldung einer c/o-Anschrift soll ausreichend sein.[56] Die Geschäftsanschrift wird in der Regel mit dem Sitz der Hauptverwaltung oder des maßgeblichen Betriebs oder der Anschrift des Geschäftslokals übereinstimmen. Sofern eine Gesellschaft solche Einrichtungen nicht besitzt, muss eine andere Geschäftsanschrift angegeben werden. Dies kommt insbesondere in Betracht, wenn die Gesellschaft im Einklang mit § 5 ihren Verwaltungssitz im Ausland 14

---

[48] BGH NZG 2011, 871 Rn. 11 ff. = WM 2011, 1333; Hüffer/*Koch* Rn. 6.
[49] MüKoAktG/*Pentz* Rn. 45; HK-AktG/*Lohse* Rn. 4; vgl. NK-AktR/*Terbrack* Rn. 3.
[50] Hüffer/*Koch* Rn. 6; MüKoAktG/*Pentz* Rn. 44; KK-AktG/*A. Arnold* Rn. 29.
[51] MüKoAktG/*Pentz* Rn. 44; Hüffer/*Koch* Rn. 6.
[52] Hüffer/*Koch* Rn. 6a; MüKoAktG/*Pentz* Rn. 49; Schmidt/Lutter/*Kleindiek* Rn. 19; NK-AktR/*Terbrack* Rn. 17.
[53] Spindler/Stilz/*Döbereiner* Rn. 15.
[54] OLG München NZG 2010, 1036 (1037) zur Parallelvorschrift § 8 Abs. 3 GmbHG; ebenso Hüffer/*Koch* Rn. 6a.
[55] Schmidt/Lutter/*Kleindiek* Rn. 23.
[56] Vgl. OLG Naumburg NotBZ 2009, 284; OLG Hamm NZG 2015, 833 (833); OLG Hamm NZG 2011, 994 (994); Hüffer/*Koch* Rn. 7.

hat (→ § 5 Rn. 2 ff.). Die inländische Geschäftsanschrift muss im Inland liegen, kann ansonsten aber frei gewählt werden.

15 **3. Altgesellschaften.** Für die am 1.11.2008 (Tag des Inkrafttretens des MoMiG) bereits im Handelsregister eingetragenen Gesellschaften regelt die Übergangsvorschrift des § 18 EGAktG, ob und gegebenenfalls in welcher Weise diese der Pflicht zur Anmeldung einer inländischen Geschäftsanschrift nach § 37 Abs. 3 Nr. 1 nachzukommen haben. Grundsätzlich sind Altgesellschaften danach zur Anmeldung einer inländischen Geschäftsanschrift verpflichtet. § 18 S. 1 EGAktG erstreckt die Anmeldepflicht dabei nicht ausnahmslos auf alle Altgesellschaften, sondern macht hiervon in Hs. 2 eine gewichtige Ausnahme: Die Verpflichtung zur Anmeldung einer inländischen Geschäftsanschrift besteht danach nicht, wenn die Gesellschaft ihre Anschrift bereits entsprechend § 24 Abs. 2 S. 1 HRV aF mitgeteilt und sich diese Anschrift seitdem auch nicht verändert hat.[57] Dabei soll die Lage der Geschäftsräume iSd § 24 Abs. 2 HRV der inländischen Geschäftsanschrift iSd § 37 Abs. 3 Nr. 1 entsprechen.[58] Sind die Voraussetzungen der Ausnahme nicht erfüllt, hatte die Gesellschaft mit der ersten aus anderen Gründen nach dem 1.11.2008 vorgenommenen Handelsregisteranmeldung die inländische Geschäftsanschrift anzumelden. War auf diese Art und Weise bis zum 31.10.2009 keine inländische Geschäftsanschrift zur Eintragung in das Handelsregister angemeldet worden, hat das Gericht von Amts wegen und ohne weitere Überprüfung die ihm nach § 24 Abs. 2 HRV bekannte inländische Anschrift als Geschäftsanschrift in das Handelsregister eingetragen; in diesem Fall gilt die mitgeteilte Anschrift zudem unabhängig von dem Zeitpunkt ihrer tatsächlichen Eintragung seit dem 31.10.2009 als eingetragene inländische Geschäftsanschrift der Gesellschaft, wenn sie im Handelsregister nach § 9 Abs. 1 HGB abrufbar ist (vgl. § 18 S. 3 EGAktG). Das Gericht wird mit vorgenannten Rechtswirkungen auch dann von Amts wegen tätig, wenn es in anderer Weise als durch Mitteilung nach § 24 Abs. 2 HRV von einer inländischen Geschäftsanschrift Kenntnis erlangt hat (vgl. § 18 S. 4 und 5 EGAktG).

V. Vertretungsbefugnis (Abs. 3 Nr. 2)

16 **1. Grundlagen.** Gemäß § 37 Abs. 3 Nr. 2 sind in der Anmeldung der Gesellschaft ferner Art und Umfang der Vertretungsbefugnis der Mitglieder des Vorstands anzugeben. Auch diese Vorschrift wurde durch das MoMiG neu gefasst; die damit verbundene Änderung ist jedoch lediglich redaktioneller Art. Die Angaben über die Vertretungsbefugnisse der Mitglieder des Vorstands dienen der Vorbereitung der entsprechenden Eintragungen im Handelsregister (vgl. § 39 Abs. 1 S. 3). Entsprechende Angaben sind immer und damit unabhängig davon erforderlich, ob mehrere Vorstandsmitglieder vorhanden sind oder nur ein Vorstandsmitglied bestellt ist.[59] Hinsichtlich der erforderlichen Angaben ist wie folgt zu unterscheiden:

17 **2. Abstrakte Vertretungsbefugnis.** In jedem Fall erforderlich ist die Angabe der sog. „abstrakten Vertretungsbefugnis" der Vorstandsmitglieder. Das ist die Vertretungsbefugnis, die sich für **jedes** Vorstandsmitglied unabhängig von der konkreten Person aus dem **Gesetz** (vgl. § 78 Abs. 1 und Abs. 2 S. 1) oder aufgrund der **Satzung** (§ 78 Abs. 2 S. 1, Abs. 3) ergibt (zB Gesamtvertretungsbefugnis, Einzelvertretungsbefugnis, unechte Gesamtvertretung). Die anzumeldende Vertretungsregelung muss ausdrücklich, vollständig und **generell** formuliert sein.[60] Die bloße Ermächtigung des Aufsichtsrats in der Satzung, die Vertretungsbefugnisse einzelner Vorstandsmitglieder abweichend zu regeln (zB Erteilung von Einzelvertretungsbefugnis oder Befreiung vom Verbot der Mehrfachvertretung gemäß § 181 Alt. 2 BGB), muss nicht in die Anmeldung aufgenommen werden,[61] da entsprechende Ermächtigungen regelmäßig im Handelsregister nicht eingetragen werden. Denn das Handelsregister hat grundsätzlich nur über bereits bestehende Tatsachen Auskunft zu geben, nicht über bloße derzeit nicht genutzte Regelungsmöglichkeiten.[62] In der Praxis werden auch keine Angaben zu einer nach § 78 Abs. 2 S. 2 bei Gesamtvertretung geltenden passiven Einzelvertretungsbefugnis aufgenommen.[63]

57 OLG München ZIP 2009, 619 Rn. 7; Hüffer/*Koch* Rn. 7.

58 Vgl. OLG München ZIP 2009, 619 Rn. 6.

59 MüKoAktG/*Pentz* Rn. 53; vgl. Hüffer/*Koch* Rn. 8; KK-AktG/*A. Arnold* Rn. 35.

60 Vgl. *Krafka/Willer/Kühn* Rn. 1315 iVm 949.

61 Ebenso Spindler/Stilz/*Döbereiner* Rn. 12; Grigoleit/Vedder Rn. 14; entgegen Vorauflage hierzu nunmehr ebenfalls tendierend Schmidt/Lutter/*Kleindiek* Rn. 25; aA Hüffer/*Koch* Rn. 8; MüKoAktG/*Pentz* Rn. 56; NK-AktR/*Terbrack* Rn. 21; HK-AktG/*Lohse* Rn. 5.

62 Vgl. OLG Hamm MittRhNotK 1996, 426; BayObLG BB 1982, 577; OLG Frankfurt BB 1984, 238; OLG Karlsruhe BB 1984, 238; *Krafka/Willer/Kühn* Rn. 1315 iVm 951 f.

63 So auch Hüffer/*Koch* Rn. 8; Spindler/Stilz/*Döbereiner* Rn. 12; aA MüKoAktG/*Pentz* Rn. 55; Schmidt/Lutter/*Kleindiek* Rn. 25; NK-AktR/*Terbrack* Rn. 22; HK-AktG/*Lohse* Rn. 5.

3. Konkrete Vertretungsbefugnis. Angaben zu den Vertretungsbefugnissen **einzelner namentlich benannter Vorstandsmitglieder** sind immer dann, aber auch nur dann erforderlich, wenn diese aufgrund besonderer Bestimmung des Aufsichtsrats auf Grundlage einer entsprechenden diesbezüglichen Ermächtigung in der Satzung von der „abstrakten Vertretungsbefugnis“ abweichen (zB Erteilung einer Einzelvertretungsbefugnis für einzelnes Vorstandsmitglied bei sonst geltender Gesamtvertretung; Befreiung eines Vorstandsmitglieds vom Verbot der Mehrfachvertretung, § 181 Alt. 2 BGB). Ermächtigungen nach § 78 Abs. 4 sind nicht anzumelden.[64] 18

VI. Weitere Angaben

Möchte die Aktiengesellschaft von der Möglichkeit, einen **inländischen Empfangsberechtigten** für Willenserklärungen und Zustellungen zu bestimmen, wahrnehmen (ausführlich → § 39 Rn. 11), ist dieser mit Vor- und Familienname – bzw. bei einer juristischen Person oder einer sonstigen rechtsfähigen Vereinigung mit Firma und Rechtsform – sowie inländischer Anschrift in die Anmeldung aufzunehmen. In der Praxis werden in der Anmeldung ferner üblicherweise die Mitglieder des **ersten Aufsichtsrats** unter Angabe der Funktionen des Vorsitzenden und des stellvertretenden Vorsitzenden des Aufsichtsrats benannt; erforderlich ist dies nicht. Darüber hinaus empfiehlt sich der – ebenfalls nicht erforderliche – Hinweis auf ein eventuell in der Satzung enthaltenes **genehmigtes Kapital,** um zu vermeiden, dass das Registergericht dieses übersieht und die entsprechende Eintragung nach § 39 Abs. 2 versehentlich unterbleibt.[65] 19

VII. Anlagen zur Anmeldung (Abs. 4)

1. Satzung und Aktienübernahme (Abs. 4 Nr. 1). Nach § 37 Abs. 4 Nr. 1 sind der Anmeldung die Satzung (→ § 23 Rn. 3) und die Urkunden, in denen die Satzung festgestellt worden ist (→ § 23 Rn. 3 ff.) und die Aktien von den Gründern übernommen worden sind (→ § 23 Rn. 15 ff.), beizufügen. In der Praxis wird es sich hierbei regelmäßig um eine Urkunde, das sog. notarielle Gründungsprotokoll (→ § 23 Rn. 9), handeln. Wurde von der Möglichkeit der getrennten Beurkundung Gebrauch gemacht (→ § 23 Rn. 9), sind sämtliche Urkunden vorzulegen.[66] 20

2. Qualifizierte Gründung (Abs. 4 Nr. 2). Sind in der Satzung Sondervorteile (§ 26 Abs. 1; → § 26 Rn. 3 ff.), Gründungsaufwand (§ 26 Abs. 2; → § 26 Rn. 8 ff.), Sacheinlagen (§ 27 Abs. 1 S. 1 Alt. 1; → § 27 Rn. 6 ff.) oder Sachübernahmen (§ 27 Abs. 1 S. 1 Alt. 2; → § 27 Rn. 14 ff.) festgesetzt, sind der Anmeldung alle Verträge, die den Festsetzungen zugrunde liegen oder zu ihrer Ausführung geschlossen wurden, und die Berechnung des der Gesellschaft zur Last fallenden Gründungsaufwands beizufügen.[67] In der Berechnung sind die Vergütungen nach Art und Höhe und die Empfänger einzeln anzuführen (vgl. Abs. 4 Nr. 2 Hs. 2). Dabei können gleichartige Positionen (zB Porto- und Telefonkosten) zusammengefasst werden.[68] Soweit Gründungsaufwand zwar in der Satzung festgesetzt, aber noch nicht angefallen ist, ist er zu schätzen.[69] Abs. 4 Nr. 2 setzt das Vorliegen schriftlicher Verträge zur Ausführung der Verpflichtungen betreffend Sacheinlagen oder Sachübernahmen voraus, begründet aber für diese Rechtsgeschäfte keinen Formzwang.[70] Liegen keine entsprechenden schriftlichen Verträge vor, ist dies in der Anmeldung anzugeben.[71] 21

3. Bestellung des Vorstands und des Aufsichtsrats (Abs. 4 Nr. 3). Ferner sind der Anmeldung die Urkunden über die Bestellung der zum Zeitpunkt der Anmeldung amtierenden Mitglieder des Aufsichtsrats und des Vorstands beizufügen. Zur Bedeutung des Wechsels von Verwaltungsmitgliedern während der Gründungsphase → § 36 Rn. 8. In der Praxis wird der erste Aufsichtsrat regelmäßig im notariellen Gründungsprotokoll bestellt. Zum Nachweis der Bestellung des Vorstands ist der entsprechende Beschluss des Aufsichtsrats vorzulegen. Die erforderliche Annahme des jeweiligen Amtes wird spätestens konkludent mit der Mitwirkung an der Anmeldung erklärt, so dass insoweit ausdrückliche Erklärungen nicht erforderlich sind.[72] 22

---

[64] Spindler/Stilz/*Döbereiner* Rn. 13; Hüffer/*Koch* Rn. 8; KK-AktG/*A. Arnold* Rn. 37; Schmidt/Lutter/*Kleindiek* Rn. 25.

[65] Ebenso Spindler/Stilz/*Döbereiner* Rn. 20.

[66] Hüffer/*Koch* Rn. 9.

[67] MüKoAktG/*Pentz* Rn. 63; Schmidt/Lutter/*Kleindiek* Rn. 29.

[68] AllgM, zB Hüffer/*Koch* Rn. 10.

[69] AllgM, zB MüKoAktG/*Pentz* Rn. 65.

[70] Hüffer/*Koch* Rn. 10; MüKoAktG/*Pentz* Rn. 64; KK-AktG/*A. Arnold* Rn. 40.

[71] AllgM, zB Hüffer/*Koch* Rn. 10; Schmidt/Lutter/*Kleindiek* Rn. 29.

[72] Hüffer/*Koch* Rn. 11; MüKoAktG/*Pentz* Rn. 66; Spindler/Stilz/*Döbereiner* Rn. 24; Schmidt/Lutter/*Kleindiek* Rn. 30.

23 **4. Liste der Mitglieder des Aufsichtsrats (Abs. 4 Nr. 3a).** Der Anmeldung ist weiterhin eine Liste der Mitglieder des Aufsichtsrats beizufügen, aus der Name, Vorname, derzeit ausgeübter Beruf und der Wohnort der einzelnen Mitglieder ersichtlich sind. Hinsichtlich des Wohnortes ist die Angabe der politischen Gemeinde ausreichend; die postalische Adresse muss nicht benannt werden.[73] § 37 Abs. 4 Nr. 3a wurde durch das EHUG in das AktG eingefügt und trägt Vorgaben der europäischen Publizitäts-RL[74] Rechnung.[75]

24 **5. Gründungsbericht und Prüfungsberichte (Abs. 4 Nr. 4).** Der Anmeldung sind schließlich der Gründungsbericht der Gründer (§ 32; → § 32 Rn. 3 ff.) sowie der Prüfungsbericht der Mitglieder der Verwaltung (§ 33 Abs. 1, § 34; → § 34 Rn. 6 ff.) und – soweit eine entsprechende Prüfung erforderlich ist (→ § 33 Rn. 3, 6 ff.; → § 33a Rn. 3 ff.) – der Prüfungsbericht der externen Gründungsprüfer (§ 33 Abs. 2, § 34; → § 34 Rn. 6 ff.) beizufügen. Die Prüfungsberichte sind mit ihren urkundlichen Unterlagen, auf denen sie aufbauen oder auf die sie Bezug nehmen, vorzulegen. Haben die externen Gründungsprüfer ihren Bericht unmittelbar beim Registergericht vorgelegt, bedarf es keiner weiteren Einreichung im Zusammenhang mit der Anmeldung (→ § 34 Rn. 9).

25 **6. Nicht mehr: staatliche Genehmigungsurkunde.** Mit Inkrafttreten des MoMiG ist die Pflicht, der Anmeldung für den Fall, dass der Gegenstand des Unternehmens oder eine andere Satzungsbestimmung der staatlichen Genehmigung bedarf, die Genehmigungsurkunde beizufügen (§ 37 Abs. 4 Nr. 5 aF), **ersatzlos entfallen.** Damit soll die Handelsregistereintragung erleichtert und beschleunigt werden.[76] Das Vorliegen staatlicher Genehmigungen ist folglich grundsätzlich im Registerverfahren **nicht** mehr zu prüfen. Etwas anderes gilt aber ausnahmsweise dann, wenn eine **rechtsformunabhängige Norm** des **Registerverfahrensrechts** ausdrücklich anordnet, dass eine Registereintragung nur vorgenommen werden darf, wenn die entsprechende Genehmigung dem Handelsregister vorgelegt worden ist.[77] Relevant sind insoweit vor allem § 43 Abs. 1 KWG (bei nach § 32 KWG genehmigungspflichtigen Tätigkeiten) und § 3 Abs. 5 KAGB.[78]

VIII. Form der Einreichung (Abs. 5)

26 Hinsichtlich der Form der Einreichung der Unterlagen verweist § 37 Abs. 5 auf § 12 Abs. 2 HGB. Hierzu sowie zur Form der Anmeldung → § 36 Rn. 5.

IX. Rechtsfolgen von Verstößen

27 Entsprechen die Anmeldung und bzw. oder die dieser beigefügten Unterlagen nicht den Anforderungen des § 37, besteht ein Eintragungshindernis iSd § 38 Abs. 1 S. 1. Sofern der Mangel nicht behebbar ist bzw. auch auf eine Zwischenverfügung nicht behoben wurde, ist der Eintragungsantrag zurückzuweisen. Wird die Gesellschaft trotz des Mangels eingetragen, ist sie wirksam entstanden. Eine Nichtigkeitsklage oder eine Amtslöschung nach § 397 FamFG sind ausgeschlossen.[79] Unrichtige oder unvollständige Angaben können eine zivilrechtliche Haftung nach §§ 46, 48 und eine Strafbarkeit nach § 399 Abs. 1 Nr. 1, 6 begründen.

§ 37a Anmeldung bei Sachgründung ohne externe Gründungsprüfung

(1) [1]Wird nach § 33a von einer externen Gründungsprüfung abgesehen, ist dies in der Anmeldung zu erklären. [2]Der Gegenstand jeder Sacheinlage oder Sachübernahme ist zu beschreiben. [3]Die Anmeldung muss die Erklärung enthalten, dass der Wert der Sacheinlagen oder Sachübernahmen den geringsten Ausgabebetrag der dafür zu gewährenden Aktien oder den Wert der dafür zu gewährenden Leistungen erreicht. [4]Der Wert, die Quelle der Bewertung sowie die angewandte Bewertungsmethode sind anzugeben.

---

[73] Hüffer/*Koch* Rn. 12; MüKoAktG/*Pentz* Rn. 67.

[74] Richtlinie 2003/58/EG des Europäischen Parlamentes und Rates zur Änderung der Richtlinie 68/151/EWG des Rates in Bezug auf die Offenlegungspflichten von Gesellschaften bestimmter Rechtsformen vom 15.7.2003, ABl. L 221, 13, aufgehoben bzw. neugefasst durch RL 2009/101/EG des Europäischen Parlaments und des Rates vom 16.9.2009 (ABl. L 258, 11), diese letztmals geändert durch RL 2013/24/EU des Rates vom 13.05.2013 (ABl. L 158, 365).

[75] Vgl. Begr. RegE, BT-Drs. 16/960, 65.

[76] Vgl. Begr. RegE, BT-Drs. 16/6140, 34.

[77] *Leitzen* GmbHR 2009, 480 (481); vgl. NK-AktR/*Terbrack* Rn. 36; HK-AktG/*Lohse* Rn. 6.

[78] Ausf. *Leitzen* GmbHR 2009, 480 (481 f.); ferner Hüffer/*Koch* Rn. 14.

[79] Vgl. Hüffer/*Koch* Rn. 18; MüKoAktG/*Pentz* Rn. 76; KK-AktG/*A. Arnold* Rn. 46; Schmidt/Lutter/*Kleindiek* Rn. 39.

(2) In der Anmeldung haben die Anmeldenden außerdem zu versichern, dass ihnen außergewöhnliche Umstände, die den gewichteten Durchschnittspreis der einzubringenden Wertpapiere oder Geldmarktinstrumente im Sinne von § 33a Abs. 1 Nr. 1 während der letzten drei Monate vor dem Tag ihrer tatsächlichen Einbringung erheblich beeinflusst haben könnten, oder Umstände, die darauf hindeuten, dass der beizulegende Zeitwert der Vermögensgegenstände im Sinne von § 33a Abs. 1 Nr. 2 am Tag ihrer tatsächlichen Einbringung auf Grund neuer oder neu bekannt gewordener Umstände erheblich niedriger ist als der von dem Sachverständigen angenommene Wert, nicht bekannt geworden sind.

(3) Der Anmeldung sind beizufügen:

1. **Unterlagen über die Ermittlung des gewichteten Durchschnittspreises, zu dem die einzubringenden Wertpapiere oder Geldmarktinstrumente während der letzten drei Monate vor dem Tag ihrer tatsächlichen Einbringung auf einem organisierten Markt gehandelt worden sind,**
2. **jedes Sachverständigengutachten, auf das sich die Bewertung in den Fällen des § 33a Abs. 1 Nr. 2 stützt.**

I. Allgemeines

1. Regelungsgegenstand. § 37a ergänzt für den Fall der „erleichterten Sachgründung" iSd § 33a (→ § 33a Rn. 3 ff.) die Regelungen des § 37 über den Inhalt der Anmeldung der Gesellschaft zum Handelsregister (→ § 37 Rn. 4 ff.) und die der Anmeldung beizufügenden Unterlagen (→ § 37 Rn. 20 ff.). Soweit nach § 33a von einer externen Gründungsprüfung abgesehen wird, sind bei der Anmeldung der Gesellschaft zum Handelsregister die Anforderungen des § 37a **zusätzlich** zu denen des § 37 zu beachten.[1] Abs. 1 und 2 bestimmen dabei, welche besonderen Erklärungen bei einer „erleichterten Sachgründung" in der Handelsregisteranmeldung abzugeben und welche zusätzlichen Angaben zu machen sind. Abs. 3 ergänzt die Liste der mit der Anmeldung vorzulegenden Unterlagen. 1

2. Normzweck und Gesetzessystematik. § 37a dient der Umsetzung des Art. 10b Abs. 1 und 3 a.F. (heute: Art. 12) der geänderten (und zwischenzeitlich neu gefassten) Kapitalrichtlinie,[2] indem er die Einhaltung der im Hinblick auf die „erleichterte Sachgründung" iSd § 33a zu beachtenden besonderen Publizitätspflichten sicherstellt.[3] § 37a ist – als Ergänzung zu § 37 (→ Rn. 1) – Bestandteil des Normenkomplexes, der die „erleichterte Sachgründung" in das Aktienrecht einführt; hierzu zählen neben der „Basisnorm" des § 33a ferner § 34 Abs. 2 S. 3 (→ § 34 Rn. 8), der die Berichtspflicht für Vorstand und Aufsichtsrat einschränkt, und § 38 Abs. 3 (→ § 38 Rn. 10 ff.), der den Umfang der gerichtlichen Prüfung reduziert. § 37a gilt auch für Nachgründungsfälle (vgl. § 52 Abs. 6 S. 3). Darüber hinaus verweisen die Vorschriften über die Kapitalerhöhung gegen Sacheinlage – soweit bei einer solchen nach § 33a verfahren wird – ebenfalls auf § 37a (vgl. §§ 183a Abs. 2 S. 1, 184 Abs. 1 S. 3, Abs. 2, 194 Abs. 5, 195 Abs. 2 Nr. 1, 205 Abs. 5 und 6, 206 S. 2). 2

II. Erklärungen nach Abs. 1

Wird von der Möglichkeit einer **„erleichterten Sachgründung"** Gebrauch gemacht, muss die Anmeldung der Gesellschaft zum Handelsregister die **ausdrückliche Erklärung** enthalten, dass von einer externen Gründungsprüfung abgesehen wird (§ 37a Abs. 1 S. 1). Dabei muss nicht dargelegt werden, dass die Voraussetzungen des § 33a erfüllt sind.[4] Des Weiteren muss die Anmeldung auch diejenigen Angaben enthalten, die ansonsten Gegenstand des Prüfungsberichts der externen Gründungsprüfer wären (vgl. § 37a Abs. 1 S. 2 ff.).[5] So muss in der Anmeldung der Gegenstand jeder Sacheinlage **beschrieben** werden (vgl. § 37a Abs. 1 S. 2). Die Anmeldung muss damit über die 3

[1] Begr. RegE, BT-Drs. 16/11642, 32.

[2] Zweite Richtlinie 77/91/EWG des Rates zur Koordinierung der Schutzbestimmungen, die in den Mitgliedstaaten den Gesellschaften im Sinne des Artikels 58 Absatz 2 des Vertrages im Interesse der Gesellschafter sowie Dritter für die Gründung der Aktiengesellschaft sowie für die Erhaltung und Änderung ihres Kapitals vorgeschrieben sind, um diese Bestimmungen gleichwertig zu gestalten vom 13.12.1976 (ABl. 1977 L 26, 1), geändert durch Richtlinie 2006/68/EG des Europäischen Parlaments und des Rates zur Änderung der Richtlinie 77/91/EWG des Rates in Bezug auf die Gründung von Aktiengesellschaften und die Erhaltung und Änderung ihres Kapitals vom 6.9.2006 (ABl. L 264, 32), inzwischen neu gefasst durch Richtlinie 2012/30/EU des Europäischen Parlaments und des Rates vom 25.10.2012 (ABl. L 315, 74), geändert durch Art. 123 RL 2014/59/EU des Europäischen Parlaments und des Rates vom 15.05.2014 (ABl. L 173, 190).

[3] *Merkner/Decker* NZG 2009, 887 (889); Hüffer/*Koch* Rn. 1.

[4] Begr. RegE, BT-Drs. 16/11642, 33; Hüffer/*Koch* Rn. 2; Schmidt/Lutter/*Kleindiek* Rn. 2; MüKoAktG/*Pentz* Rn. 4; vgl. HK-AktG/*Lohse* Rn. 4.

[5] Begr. RegE, BT-Drs. 16/11642, 32.

notwendigen Festsetzungen in der Satzung (vgl. § 27 Abs. 1 S. 1) hinausgehen. Denn während die Festsetzung der Sacheinlage in der Satzung vor allem der Konkretisierung des Einlagegegenstandes dient, soll die Beschreibung der Sacheinlage – zusammen mit den nach Abs. 3 ebenfalls offen zu legenden Bewertungsgrundlagen (→ Rn. 5) – auch gewährleisten, dass Außenstehende die Werthaltigkeit des Einlagegegenstandes selbst einschätzen können.[6] Die Beschreibung hat deshalb nicht nur konkretisierende oder individualisierende, sondern insbesondere auch wertbildende Faktoren zu berücksichtigen.[7] Darüber hinaus muss die Anmeldung die Erklärung enthalten, dass der Wert der Sacheinlagen oder Sachübernahmen den geringsten Ausgabebetrag der dafür zu gewährenden Aktien oder den Wert der dafür zu gewährenden Leistungen erreicht (vgl. § 37a Abs. 1 S. 3). Dabei sind der Wert der Sacheinlage zu beziffern sowie die Quelle der Bewertung und die angewandte Bewertungsmethode anzugeben (vgl. § 37a Abs. 1 S. 4). Hiervon unberührt bleibt die sich nach den allgemeinen Regeln ergebende Verpflichtung, bei Ausgabe der Aktien für einen höheren als den geringsten Ausgabebetrag in der Anmeldung eine Erklärung abzugeben, dass der Wert der Sacheinlage auch dem Mehrbetrag (Agio) entspricht (§ 37 Abs. 1 S. 1 iVm § 36a Abs. 2 S. 3; → § 37 Rn. 10; § 36a Rn. 9).[8] Die Erklärungen der Anmeldenden nach Abs. 1 S. 3 und 4 treten an die Stelle der bei der „erleichterten Sachgründung" verzichtbaren (vgl. § 34 Abs. 2 S. 3) dementsprechenden Ausführungen im Prüfungsbericht der Mitglieder von Vorstand und Aufsichtsrat (→ § 34 Rn. 8). Die Erklärung nach § 37a Abs. 1 S. 3 bezieht sich – ebenso wie die Erklärung nach § 37 Abs. 1 S. 1 iVm §§ 36 Abs. 2, 36a auf den Zeitpunkt der Anmeldung.[9]

III. Versicherungen nach Abs. 2

4 § 37a Abs. 2 regelt, welche Erklärung die Anmeldenden in Bezug auf die Richtigkeit der von ihnen in Anspruch genommenen Bewertungsgrundlagen abzugeben haben.[10] § 37a Abs. 2 tritt dabei **ergänzend neben** § 37 Abs. 1 und 2.[11] Nach § 37a Abs. 2 haben die Anmeldenden in der Anmeldung zu **versichern,** dass ihnen außergewöhnliche Umstände iSd § 33a Abs. 2 Alt. 1 (→ § 33a Rn. 8), die den gewichteten Durchschnittspreis der einzubringenden Wertpapiere oder Geldmarktinstrumente iSd § 33a Abs. 1 Nr. 1 während der letzten drei Monate vor dem Tag ihrer tatsächlichen Einbringung erheblich beeinflusst haben könnten, oder Umstände iSd § 33a Abs. 2 Alt. 2 (→ § 33a Rn. 9), die darauf hindeuten, dass der beizulegende Zeitwert der Vermögensgegenstände iSd § 33a Abs. 1 Nr. 2 am Tag ihrer tatsächlichen Einbringung erheblich niedriger ist als angenommen, **nicht bekannt** geworden sind. Mit Abgabe der Versicherung übernehmen die Anmeldenden (vgl. § 36 Abs. 1; → § 36 Rn. 6 ff.) die zivilrechtliche Haftung (vgl. §§ 46, 48) und die strafrechtliche Verantwortlichkeit (vgl. § 399 Abs. 1 Nr. 1 und 4) für die Ordnungsmäßigkeit des Vorgangs sowie für die im Rahmen der „erleichterten Sachgründung" erforderliche Absicherung der effektiven, realen Kapitalaufbringung.[12] Die Versicherung ersetzt damit – zusammen[13] mit den beizufügenden Anlagen nach Abs. 3 (→ Rn. 5) – die externe Prüfung und die Prüfungsberichte.[14] Die Versicherung ist entsprechend dem im Gesetz vorgegebenen Wortlaut abzugeben.[15] Die Bezeichnung der diesbezüglichen Erklärung als „Versicherung" hat für die Anmeldenden Warnfunktion: sie soll darauf aufmerksam machen, dass mit dieser Erklärung ein gegenüber dem Regelfall der Sacheinlage deutlich erhöhtes Haftungsrisiko übernommen wird.[16] In der Literatur wird zu Recht davon ausgegangen, dass die Anmeldenden im Zusammenhang mit der Abgabe der Versicherung nicht verpflichtet sind, den gewichteten Durchschnittspreis iSd § 33a Abs. 1 Nr. 1 bzw. die sachverständige Bewertung iSd § 33a Abs. 1 Nr. 2 einem kontrollierenden Prüfungsverfahren zu unterziehen; ein Überbewertungsrisiko muss danach im Rahmen der nach § 33a erleichterten Bewertung feststellbar sein, um der Abgabe der

---

[6] MüKoAktG/*Pentz* Rn. 5.

[7] Begr. RegE, BT-Drs. 16/11642, 33; Spindler/Stilz/*Döbereiner* Rn. 3; Schmidt/Lutter/*Kleindiek* Rn. 3; MüKoAktG/*Pentz* Rn. 5.

[8] MüKoAktG/*Pentz* Rn. 8; Hüffer/*Koch* Rn. 3; Schmidt/Lutter/*Kleindiek* Rn. 4; im Ergebnis ebenso KK-AktG/*A. Arnold* Rn. 7; HK-AktG/*Lohse* Rn. 3; aA Spindler/Stilz/*Döbereiner* Rn. 4; *Paschos/Goslar* AG 2008, 605 (613).

[9] KK-AktG/*A. Arnold* Rn. 8; HK-AktG/*Lohse* Rn. 4; MüKoAktG/*Pentz* Rn. 8.

[10] Begr. RegE, BT-Drs. 16/11642, 33.

[11] Begr. RegE, BT-Drs. 16/11642, 33; Hüffer/*Koch* Rn. 4.

[12] Begr. RegE, BT-Drs. 16/11642, 33; vgl. Hüffer/*Koch* Rn. 5; MüKoAktG/*Pentz* Rn. 11; Spindler/Stilz/*Döbereiner* Rn. 5.

[13] Vgl. *Seibert/Florstedt* ZIP 2008, 2145 (2150).

[14] Begr. RegE, BT-Drs. 16/11642, 32.

[15] Begr. RegE, BT-Drs. 16/11642, 32; Hüffer/*Koch* Rn. 5; Schmidt/Lutter/*Kleindiek* Rn. 6; MüKoAktG/*Pentz* Rn. 11.

[16] Vgl. Begr. RegE, BT-Drs. 16/11642, 33; vgl. KK-AktG/*A. Arnold* Rn. 11; Schmidt/Lutter/*Kleindiek* Rn. 6.

Versicherung entgegenzustehen.[17] Maßgeblich ist insoweit die positive Kenntnis der Versichernden; fahrlässige Unkenntnis schadet nicht.[18]

IV. Anlagen zur Anmeldung (Abs. 3)

§ 37a bestimmt, welche besonderen Anlagen der Anmeldung der Gesellschaft – neben den bereits nach § 37 erforderlichen Anlagen (→ § 37 Rn. 20 ff.), die mit Ausnahme des gerade entbehrlichen Berichts der externen Gründungsprüfer (§ 37 Abs. 4 Nr. 4) ebenfalls vollständig vorzulegen sind – beizufügen sind. Danach sind bei der Einbringung übertragbarer Wertpapiere oder Geldmarktinstrumente iSd § 33a Abs. 1 Nr. 1 **Unterlagen über die Ermittlung des gewichteten Durchschnittspreises,** zu dem die einzubringenden Wertpapiere oder Geldmarktinstrumente während der letzten drei Monate vor dem Tag ihrer tatsächlichen Einbringung auf einem organisierten Markt gehandelt worden sind, der Anmeldung beizufügen. Wird die erleichterte Sachgründung mit sonstigen Vermögensgegenständen iSd § 33a Abs. 1 Nr. 2 durchgeführt, ist jedes **Sachverständigengutachten** mit der Anmeldung vorzulegen, auf das sich die Bewertung stützt. Die daraus resultierende Pflicht zur Veröffentlichung der Bewertungsgrundlagen geht über den Pflichtenkatalog, der in der Kapitalrichtlinie (→ Rn. 2) festgeschrieben ist, hinaus.[19] Der Gesetzgeber verfolgt damit das Ziel, für erhöhte Transparenz zu sorgen und den gesamten Vorgang nachprüfbar zu machen.[20] Ferner ist die Beifügung der vorgenannten Unterlagen Voraussetzung dafür, dass das Gericht seiner – eingeschränkten – Prüfungspflicht nach § 38 Abs. 3 (→ § 38 Rn. 10 ff.) nachkommen kann.[21] 5

§ 38 Prüfung durch das Gericht

(1) [1]Das Gericht hat zu prüfen, ob die Gesellschaft ordnungsgemäß errichtet und angemeldet ist. [2]Ist dies nicht der Fall, so hat es die Eintragung abzulehnen.

(2) [1]Das Gericht kann die Eintragung auch ablehnen, wenn die Gründungsprüfer erklären oder es offensichtlich ist, daß der Gründungsbericht oder der Prüfungsbericht der Mitglieder des Vorstands und des Aufsichtsrats unrichtig oder unvollständig ist oder den gesetzlichen Vorschriften nicht entspricht. [2]Gleiches gilt, wenn die Gründungsprüfer erklären oder das Gericht der Auffassung ist, daß der Wert der Sacheinlagen oder Sachübernahmen nicht unwesentlich hinter dem geringsten Ausgabebetrag der dafür zu gewährenden Aktien oder dem Wert der dafür zu gewährenden Leistungen zurückbleibt.

(3) [1]Enthält die Anmeldung die Erklärung nach § 37a Abs. 1 Satz 1, hat das Gericht hinsichtlich der Werthaltigkeit der Sacheinlagen oder Sachübernahmen ausschließlich zu prüfen, ob die Voraussetzungen des § 37a erfüllt sind. [2]Lediglich bei einer offenkundigen und erheblichen Überbewertung kann das Gericht die Eintragung ablehnen.

(4) Wegen einer mangelhaften, fehlenden oder nichtigen Bestimmung der Satzung darf das Gericht die Eintragung nach Absatz 1 nur ablehnen, soweit diese Bestimmung, ihr Fehlen oder ihre Nichtigkeit
1. **Tatsachen oder Rechtsverhältnisse betrifft, die nach § 23 Abs. 3 oder auf Grund anderer zwingender gesetzlicher Vorschriften in der Satzung bestimmt sein müssen oder die in das Handelsregister einzutragen oder von dem Gericht bekanntzumachen sind,**
2. **Vorschriften verletzt, die ausschließlich oder überwiegend zum Schutze der Gläubiger der Gesellschaft oder sonst im öffentlichen Interesse gegeben sind, oder**
3. **die Nichtigkeit der Satzung zur Folge hat.**

Übersicht

---

[17] Vgl. *Drinhausen/Keinath* BB 2008, 2078 (2079); Hüffer/*Koch* Rn. 5; Schmidt/Lutter/*Kleindiek* Rn. 8; KK-AktG/*A. Arnold* Rn. 9; MüKoAktG/*Pentz* Rn. 11; aA HK-AktG/*Lohse* Rn. 6.

[18] Schmidt/Lutter/*Kleindiek* Rn. 8; MüKoAktG/*Pentz* Rn. 11; vgl. HK-AktG/*Lohse* Rn. 6.

[19] Vgl. *Böttcher* NZG 2008, 481 (483); KK-AktG/*A. Arnold* Rn. 15; Hüffer/*Koch* Rn. 6; MüKoAktG/*Pentz* Rn. 12.

[20] Vgl. Begr. RegE, BT-Drs. 16/11642, 33.

[21] Vgl. *Weiler* notar 2009, 313, 315.

I. Allgemeines

1 **1. Regelungsgegenstand und Normzweck.** § 38 regelt die Prüfung der Anmeldung der Gesellschaft durch das Registergericht und bestimmt die Maßstäbe für die Entscheidung über die Eintragung der Gesellschaft.[1] Abs. 1 begründet die Pflicht des Gerichts, die Anmeldung und die Errichtung der Gesellschaft zu prüfen und eine Entscheidung über die Eintragung der Gesellschaft zu treffen. Abs. 2 hebt mit Unzulänglichkeiten des Gründungsberichts und des Prüfungsberichts der Mitglieder der Verwaltung sowie der Werthaltigkeit von Sacheinlagen und -übernahmen einzelne Ablehnungsgründe besonders hervor. Der erst durch das Gesetz zur Umsetzung der Aktionärsrechterichtlinie (ARUG) vom 30.7.2009 (BGBl. I S. 2479) in § 37 eingefügte Abs. 3 beschränkt den Prüfungsumfang bei „erleichterten" Sachgründungen iSd § 33a. Abs. 4 setzt der Prüfungskompetenz des Gerichts in Bezug auf Satzungsmängel Grenzen. § 38 bezweckt den Schutz des Rechtsverkehrs vor unseriösen Gründungen.[2] Die Regelungen der Abs. 2, 3 und 4 dienen im Interesse der Gesellschaft der Beschleunigung des Eintragungsverfahrens.

2 **2. Systematische Stellung.** § 38 schließt materiell an die Vorschriften über die Errichtung der Gesellschaft (§§ 23 ff.) und verfahrensrechtlich an die Vorschriften über die Anmeldung der Gesellschaft (§§ 36 ff.) an. Die Vorschrift regelt den Abschluss des Gründungsverfahrens, da die Gesellschaft mit ihrer Eintragung im Handelsregister als Aktiengesellschaft entsteht (vgl. § 41 Abs. 1 S. 1).

II. Allgemeine Grundsätze der registergerichtlichen Gründungsprüfung

3 § 38 begründet für das Registergericht gleichermaßen eine **Prüfungspflicht** wie ein **Prüfungsrecht.**[3] Sind die Voraussetzungen für die Eintragung der Gesellschaft nicht erfüllt, hat das Gericht diese abzulehnen (Abs. 1 S. 2). Sind die Voraussetzungen für die Eintragung hingegen erfüllt, besteht – auch ohne ausdrückliche gesetzliche Regelung – ein **Anspruch auf Eintragung.**[4] Die durch das Gericht vorzunehmende Prüfung beschränkt sich auf eine **Rechtsprüfung.**[5] Wirtschaftlichkeits- oder Zweckmäßigkeitsgesichtspunkte spielen keine Rolle.[6] Die Prüfung erfolgt anhand der zum **Zeitpunkt des Eingangs der Anmeldung** vorliegenden Unterlagen.[7] Die Eintragungsvoraussetzungen müssen jedoch unabhängig davon zum Zeitpunkt der Eintragung noch vorliegen.[8] Ohne besondere Anhaltspunkte – wie zB größerer Zeitraum zwischen Unterzeichnung und Einreichung der Handelsregisteranmeldung – wird das Gericht in der Regel jedoch keinen Anlass haben, entsprechende Nachweise zu verlangen. Die Anmeldenden sind auch nicht verpflichtet, ungefragt dem Gericht nachträgliche Veränderungen mitzuteilen;[9] etwas anderes gilt nur für Veränderungen, die auch nach Eintragung der Gesellschaft anzumelden sind (zB Änderungen bei der Zusammenset-

---

[1] Vgl. MüKoAktG/*Pentz* Rn. 4.

[2] MüKoAktG/*Pentz* Rn. 6; Hüffer/*Koch* Rn. 1.

[3] NK-AktR/*Terbrack* Rn. 2; MüKoAktG/*Pentz* Rn. 8.

[4] MüKoAktG/*Pentz* Rn. 8; Hüffer/*Koch* Rn. 16; Spindler/Stilz/*Döbereiner* Rn. 1; KK-AktG/*A. Arnold* Rn. 5; NK-AktR/*Terbrack* Rn. 2.

[5] Hüffer/*Koch* Rn. 3; Spindler/Stilz/*Döbereiner* Rn. 6; Schmidt/Lutter/*Kleindiek* Rn. 5.

[6] Spindler/Stilz/*Döbereiner* Rn. 6; Schmidt/Lutter/*Kleindiek* Rn. 5; KK-AktG/*A. Arnold* Rn. 14; HK-AktG/*Lohse* Rn. 2; s. ferner BayObLGZ 1982, 368 (373) zur GmbH; OLG Braunschweig OLGR 43, 294 (295).

[7] AllgM, zB MüKoAktG/*Pentz* Rn. 20; Hüffer/*Koch* Rn. 4; NK-AktR/*Terbrack* Rn. 5.

[8] Hüffer/*Koch* Rn. 4; Spindler/Stilz/*Döbereiner* Rn. 3.

[9] MüKoAktG/*Pentz* Rn. 27; Hüffer/*Koch* Rn. 5; Spindler/Stilz/*Döbereiner* Rn. 3; KK-AktG/*A. Arnold* Rn. 10.

zung des Vorstands oder den Vertretungsbefugnissen der Vorstandsmitglieder, § 81 Abs. 1; Satzungsänderungen, § 181 Abs. 1).[10] Zum Zeitpunkt der Einreichung der Handelsregisteranmeldung müssen **Bareinlagen** gegenständlich oder – bei Geschäftsaufnahme vor der Anmeldung – zumindest wertmäßig noch vorhanden sein (zum Erfordernis der wertgleichen Deckung → § 36 Rn. 18). Nach Anmeldung entstehende Vorbelastungen stellen grundsätzlich kein Eintragungshindernis dar, da die Kapitalaufbringung insoweit durch die **Unterbilanzhaftung** der Gründer gewährleistet wird; etwas anderes gilt ausnahmsweise nur dann, wenn die Realisierung entsprechender Ansprüche mangels Leistungsfähigkeit der Gründer ernsthaft gefährdet ist.[11] Für die Beurteilung der Werthaltigkeit von **Sacheinlagen** ist nach zutreffender inzwischen hM[12] auf den Zeitpunkt der Prüfung des Gerichts abzustellen,[13] das jedoch sich bereits abzeichnende bis zur Eintragung auftretende Wertminderungen berücksichtigen kann.[14]

III. Prüfung der Errichtung und Anmeldung (Abs. 1)

1. Grundlagen. Gemäß § 38 Abs. 1 S. 2 hat das Gericht zu prüfen, ob die Gesellschaft ordnungsgemäß errichtet und angemeldet worden ist. Die Prüfung des Registergerichts hat sich auf alle **formellen** und **materiellen Eintragungsvoraussetzungen** zu erstrecken.[15] Die Prüfung des Gerichts erfolgt zunächst auf Grundlage der ihm eingereichten Unterlagen; im Rahmen der Amtsermittlung (§ 26 FamFG) kann das Gericht eigene Ermittlungen anstellen und weitere Nachweise von den Beteiligten verlangen, zB die Vorlage von Gutachten der IHK (§ 23 S. 2 HRV). 4

2. Anmeldung. Das Gericht prüft, ob die Anmeldung und die mit dieser vorzulegenden Unterlagen den Anforderungen des AktG genügen. In diesem Zusammenhang sind insbesondere zu prüfen[16] 5
- die örtliche und sachliche Zuständigkeit des Gerichts (→ Rn. 15; § 36 Rn. 4),
- die Form der Anmeldung (→ § 36 Rn. 5),
- die Mitwirkung aller anmeldepflichtigen Personen (→ § 36 Rn. 6 ff.),
- die ordnungsgemäße Leistung der Einlagen sowie eines etwaigen Aufgeldes und die freie Verfügung des Vorstands hierüber (→ § 36 Rn. 14 ff.; § 36a Rn. 3 ff.),
- das Vorliegen der Erklärungen nach § 37 Abs. 1 S. 1 (→ § 37 Rn. 4 ff.), Abs. 3 (→ § 37 Rn. 16 ff.) und § 37a Abs. 1 (→ § 37a Rn. 3) und der Nachweise nach § 37 Abs. 1 S. 2 (→ § 37 Rn. 6), 3 (→ § 37 Rn. 7 f.) und 5 (→ § 37 Rn. 9) sowie deren Richtigkeit,
- das Vorliegen der Versicherungen nach § 37 Abs. 2 (→ § 37 Rn. 11 f.) und § 37a Abs. 2 (→ § 37a Rn. 4) sowie deren Richtigkeit,
- das Vorliegen der erforderlichen Anlagen gemäß § 37 Abs. 4 (→ § 37 Rn. 20 ff.) und § 37a Abs. 3 (→ § 37a Rn. 5).

3. Errichtung. Das Gericht prüft die **Gesetzmäßigkeit** der Errichtung der Gesellschaft, wobei der Prüfungsbefugnis des Gerichtes durch Abs. 3 (→ Rn. 10 ff.) und Abs. 4 (→ Rn. 13 f.) Schranken gesetzt werden. Das Gericht prüft insbesondere[17] 6
- die Wirksamkeit des notariellen „Gründungsprotokolls" (→ § 23 Rn. 9): Form (→ § 23 Rn. 9), Gründerfähigkeit der Gründer (→ § 2 Rn. 12 ff.), Unterzeichnung durch sämtliche Gründer, ordnungsgemäße Vertretung (→ § 23 Rn. 13 ff.),
- ob das Gründungsprotokoll die erforderlichen Angaben nach § 23 Abs. 2 (→ § 23 Rn. 15 ff.) aufweist,
- ob die Satzung den notwendigen Mindestinhalt aufweist (§ 23 Abs. 3 und 4; → § 23 Rn. 19 ff.),
- ob sämtliche Aktien übernommen worden sind (→ § 23 Rn. 15 ff.; → § 29 Rn. 1 f.),

---

[10] Hüffer/*Koch* Rn. 5; HK-AktG/*Lohse* Rn. 2; KK-AktG/*A. Arnold* Rn. 10; NK-AktR/*Terbrack* Rn. 8; Grigoleit/*Vedder* Rn. 3.

[11] Hüffer/*Koch* Rn. 10; MüKoAktG/*Pentz* Rn. 21 f.; Spindler/Stilz/*Döbereiner* Rn. 4; Schmidt/Lutter/*Kleindiek* Rn. 7.

[12] BGHZ 80, 129 (136 f.) = NJW 1981, 1373; Hüffer/*Koch* Rn. 9; Spindler/Stilz/*Döbereiner* Rn. 5; KK-AktG/*A. Arnold* Rn. 9.

[13] AA MüKoAktG/*Pentz* Rn. 25: Zeitpunkt der Eintragung; NK-AktR/*Terbrack* Rn. 7; Schmidt/Lutter/*Kleindiek* Rn. 7: Zeitpunkt der Anmeldung.

[14] Spindler/Stilz/*Döbereiner* Rn. 5; KK-AktG/*A. Arnold* Rn. 9; aA Schmidt/Lutter/*Kleindiek* Rn. 8, wonach nachträgliche Wertänderungen nur im Rahmen der Unterbilanzhaftung relevant sind.

[15] BGHZ 113, 335 (351) = NJW 1991, 1754; MüKoAktG/*Pentz* Rn. 17; Spindler/Stilz/*Döbereiner* Rn. 6; Hüffer/*Koch* Rn. 2.

[16] Vgl. die Übersichten bei MüKoAktG/*Pentz* Rn. 30 ff.; Spindler/Stilz/*Döbereiner* Rn. 7; Hüffer/*Koch* Rn. 6.

[17] Vgl. die Übersichten bei MüKoAktG/*Pentz* Rn. 43; Spindler/Stilz/*Döbereiner* Rn. 8; Hüffer/*Koch* Rn. 7.

– die ordnungsgemäße Festsetzung von Sacheinlagen und Sachübernahmen (→ § 27 Rn. 20 ff.) sowie von Sondervorteilen (→ § 26 Rn. 3 ff.) und von Gründungsaufwand (§ 26 Abs. 2; → § 26 Rn. 8 ff.),
– das Vorliegen der Voraussetzungen für ein ordnungsgemäßes Hin- und Herzahlen nach § 27 Abs. 4 (→ § 27 Rn. 43 ff.),
– die Ordnungsmäßigkeit der Organbestellung: Aufsichtsrat (→ § 30 Rn. 3 ff.; § 31 Rn. 4 ff.), Vorstand (→ § 30 Rn. 15 ff.).

IV. Prüfung des Gründungsberichts und des Prüfungsberichts (Abs. 2 S. 1)

7 Gemäß § 38 Abs. 2 S. 1 kann das Gericht die Eintragung ablehnen, wenn die Gründungsprüfer erklären oder es offensichtlich ist, dass der Gründungsbericht oder der Prüfungsbericht der Mitglieder der Verwaltung unrichtig oder unvollständig ist oder den gesetzlichen Vorschriften nicht entspricht. Die Alt. 1 des Abs. 2 S. 1 (Erklärung der Gründungsprüfer) bezweckt, dem Registergericht die Entscheidung über die Eintragung zu erleichtern, da es im Regelfall nicht über die gleiche Sachkunde wie die Gründungsprüfer verfügen wird.[18] Aus der Alt. 2 des Abs. 2 S. 1 („offensichtliche" Fehlerhaftigkeit) folgt zunächst, dass das Gericht den Gründungsbericht der Gründer (§ 32 Abs. 1; → § 32 Rn. 3 ff.) und den Gründungsprüfungsbericht der Verwaltungsmitglieder (vgl. § 34 Abs. 2; → § 34 Rn. 6 ff.) auf den erforderlichen Inhalt und Schlüssigkeit zu überprüfen hat.[19] Nur bei eigener Prüfung kann das Gericht entscheiden, ob der Gründungsbericht oder der Prüfungsbericht „offensichtlich" einen Mangel der vorgenannten Art aufweisen. Ein solcher Mangel ist „offensichtlich", wenn er – gegebenenfalls auch erst nach eigenen Ermittlungen des Gerichts (→ Rn. 4) – nach Überzeugung des Gerichts **zweifelsfrei feststeht.**[20] Erklären die Gründungsprüfer zur Überzeugung des Gerichts, dass ein Bericht im vorgenannten Sinn fehlerhaft ist, oder steht dies für das Gericht zweifelsfrei fest, **hat** das Gericht die Eintragung abzulehnen.[21] Die Erklärung der Gründungsprüfer ist für das Gericht zwar nicht bindend.[22] Das Gericht kann sich jedoch über die negative Beurteilung der Gründungsprüfer nur dann hinwegsetzen, wenn es die Einwände der Gründungsprüfer für nicht stichhaltig hält. In der **Praxis** wird dies nur in seltenen Ausnahmefällen in Betracht kommen.[23]

V. Besonderheiten bei der Sachgründung (Abs. 2 S. 2, Abs. 3)

8 Besonderheiten hinsichtlich der Voraussetzungen für eine Ablehnung der Eintragung und des Umfangs der Prüfung durch das Gericht gelten bei Sachgründungen. Dabei ist zwischen den Fällen der „regulären" Sachgründung und der „erleichterten" Sachgründung iSd § 33a zu unterscheiden.

9 **1. Mangelnde Werthaltigkeit oder überhöhte Gegenleistung bei regulärer Sachgründung (Abs. 2 S. 2).** Sind gemäß § 27 Sacheinlagen oder Sachübernahmen vereinbart, kann das Gericht die Eintragung (bereits dann) ablehnen, wenn die Gründungsprüfer erklären oder das Gericht der Auffassung ist, dass der Wert dieser Gegenstände nicht unwesentlich hinter dem geringsten Ausgabebetrag der dafür zu gewährenden Aktien oder dem Wert der dafür zu gewährenden Leistungen zurückbleibt (vgl. § 37 Abs. 2 S. 2). Der **Zweck** der Regelung liegt zum einen in der **Sicherung der realen Kapitalaufbringung,** die sowohl durch nicht werthaltige Sacheinlagen als auch durch die Gewährung überhöhter Gegenleistungen seitens der Gesellschaft gefährdet wird.[24] Zum anderen soll – mit der 1. Alternative: Erklärung der Gründungsprüfer – dem Registergericht die Entscheidung über die Eintragung einfacher gemacht werden, indem es angesichts der regelmäßig besseren Sachkunde der Gründungsprüfer von einer eigenen vertieften Prüfung entlastet wird.[25] Die gesetzliche Regelung lässt offen, wann die Wertdifferenz **„nicht unwesentlich"** ist. Einigkeit besteht darüber, dass eine geringfügige Differenz, die auf übliche Bewertungsschwierigkeiten zurückzuführen ist, nicht ausreichend ist.[26] Erforderlich ist vielmehr, dass die **übliche Bandbreite** der **Bewertungsdif-**

---

[18] MüKoAktG/*Pentz* Rn. 54; KK-AktG/*A. Arnold* Rn. 15.

[19] Vgl. Hüffer/*Koch* Rn. 8; weitergehend Spindler/Stilz/*Döbereiner* Rn. 8, der Prüfungspflicht auf Bericht der externen Gründungsprüfer ausdehnt.

[20] Hüffer/*Koch* Rn. 8; MüKoAktG/*Pentz* Rn. 57; KK-AktG/*A. Arnold* Rn. 16.

[21] Vgl. Hüffer/*Koch* Rn. 16; Spindler/Stilz/*Döbereiner* Rn. 8; HK-AktG/*Lohse* Rn. 3; aA NK-AktR/*Terbrack* Rn. 14: Ermessensentscheidung; vgl. auch MüKoAktG/*Pentz* Rn. 55.

[22] Hüffer/*Koch* Rn. 8; MüKoAktG/*Pentz* Rn. 54 f.

[23] Spindler/Stilz/*Döbereiner* Rn. 8; vgl. NK-AktR/*Terbrack* Rn. 14; ferner MüKoAktG/*Pentz* Rn. 55, der Entscheidungsfreiheit des Gerichts betont.

[24] MüKoAktG/*Pentz* Rn. 59.

[25] MüKoAktG/*Pentz* Rn. 62.

[26] MüKoAktG/*Pentz* Rn. 60; vgl. Hüffer/*Koch* Rn. 9; Schmidt/Lutter/*Kleindiek* Rn. 13.

ferenzen überschritten wird.[27] Hat das Gericht Zweifel über den Wert, wird in der Regel die Einholung eines Sachverständigengutachtens in Betracht kommen, insbesondere bei der Einbringung von gewerblichen Schutzrechten, Urheberrechten, Lizenzen, Beteiligungen an nicht börsennotierten Gesellschaften oder Grundstücken.[28] Werden Aktien überpari ausgegeben, erstreckt sich die Prüfung nach dem Wortlaut des § 38 Abs. 2 S. 2 nicht auf das Agio. Dennoch ist das Gericht berechtigt, auch die Erbringung des Aufgelds zu prüfen und bei dessen Nichtdeckung die Eintragung der Gesellschaft abzulehnen (§ 37 Abs. 1 S. 1 iVm § 36a Abs. 2 S. 3).[29] Erklären die Gründungsprüfer zur Überzeugung des Gerichts, dass eine „nicht unwesentliche" Wertdifferenz vorliegt, oder steht dies für das Gericht zweifelsfrei fest, hat das Gericht die Eintragung abzulehnen. Die Erklärung der Gründungsprüfer ist für das Gericht zwar nicht bindend.[30] Das Gericht kann sich über die Beurteilung der Gründungsprüfer aber nur dann hinwegsetzen, wenn es – ausnahmsweise – nach eigener Prüfung zu einem anderen Ergebnis hinsichtlich der Wertverhältnisse kommt. Eine Eintragung ist jedoch möglich, wenn zuvor der **Differenzbetrag** vom Inferenten eingezahlt wird und der Vorstand eine Versicherung entsprechend § 37 Abs. 1 S. 1 abgibt.[31]

2. Eingeschränkter Prüfungsumfang bei „erleichterter" Sachgründung (Abs. 3). 10
a) Überblick. Während Abs. 2 S. 2 dem Gericht die Ablehnung eines Antrags auf Eintragung einer Aktiengesellschaft erleichtert, **schränkt** der durch das ARUG (→ Rn. 1) neu eingefügte Abs. 3 die **Prüfungskompetenz** des Gerichts im Fall einer „erleichterten" Sachgründung iSd § 33a deutlich **ein.** Enthält die Anmeldung die Erklärung, von einer externen Gründungsprüfung werde abgesehen (vgl. § 37a Abs. 1 S. 1 iVm § 33a; → § 37a Rn. 3), hat danach das Gericht hinsichtlich der Werthaltigkeit der Sacheinlagen oder Sachübernahmen ausschließlich zu prüfen, ob die Voraussetzungen des § 37a erfüllt sind. Lediglich bei einer offenkundigen und erheblichen Überbewertung kann das Gericht in diesem Fall die Eintragung ablehnen (vgl. § 38 Abs. 3 S. 1 und 2).

b) Eingeschränkte Prüfungskompetenz (Abs. 3 S. 1). Nach dem Willen des Gesetzgebers 11
soll § 37 Abs. 3 in den Fällen der „erleichterten" Sachgründung iSd § 33a das Eintragungsverfahren beschleunigen und kostengünstiger gestalten, in dem auf eine Überprüfung der Werthaltigkeit der Sacheinlage oder Sachübernahme – gegebenenfalls durch Einholung eines Sachverständigengutachten – verzichtet wird.[32] Von einer entsprechenden registergerichtlichen Prüfung ist daher dann abzusehen, wenn gemäß § 33a keine externe Gründungsprüfung stattfindet (→ § 33a Rn. 3 ff.). Hinsichtlich der Werthaltigkeit der Sacheinlagen und Sachübernahmen ist nur zu prüfen, ob die Anmeldung die nach § 37a Abs. 1 vorgeschriebenen Erklärungen (→ § 37a Rn. 3) beinhaltet und die nach § 37a Abs. 2 erforderlichen Versicherungen (→ § 37a Rn. 4) abgegeben sind.[33] § 38 Abs. 3 S. 1 reduziert die Prüfungskompetenz des Gerichts somit auf eine rein **formale Prüfung.** Das Gericht darf weder Ermittlungen zur Werthaltigkeit anstellen noch Erklärungen zur Werthaltigkeit auf ihre Richtigkeit überprüfen. Das gilt auch, soweit Gründungsbericht und Prüfungsberichte Angaben zur Werthaltigkeit der Sacheinlagen und Sachübernahmen enthalten. Insoweit schränkt Abs. 3 S. 1 die Prüfungskompetenz des Gerichts nach Abs. 2 ein.[34] Das Gericht darf auch nicht prüfen, ob die Voraussetzungen des § 33a Abs. 1 – oder die einer Gegenausnahme des § 33a Abs. 2 – vorliegen.[35] Es ist insbesondere auch nicht dazu berechtigt, das vom Sachverständigen im Fall des § 33a Abs. 1 Nr. 2 angewendete Bewertungsverfahren inhaltlich zu überprüfen.[36]

c) Ausnahme: „offenkundige und erhebliche Überbewertung" (Abs. 3 S. 2). Die Ein- 12
schränkung der Prüfungskompetenz des Gerichts wird nur für einen eng begrenzten Ausnahmefall

[27] MüKoAktG/*Pentz* Rn. 60; KK-AktG/*A. Arnold* Rn. 18; Schmidt/Lutter/*Kleindiek* Rn. 13; NK-AktR/*Terbrack* Rn. 17; vgl. Hüffer/*Koch* Rn. 9, der zusätzlich Gefährdung der Kapitalaufbringung verlangt; ähnlich HK-AktG/*Lohse* Rn. 6a.

[28] Hüffer/*Koch* Rn. 9.

[29] Spindler/Stilz/*Döbereiner* Rn. 9; KK-AktG/*A. Arnold* Rn. 18; ebenso iE HK-AktG/*Lohse* Rn. 6; strenger Hüffer/*Koch* Rn. 9: hat Eintragung abzulehnen.

[30] Vgl. MüKoAktG/*Pentz* Rn. 63; vgl. Schmidt/Lutter/*Kleindiek* Rn. 13.

[31] MüKoAktG/*Pentz* Rn. 59, 65; ähnlich Hüffer/*Koch* Rn. 16; KK-AktG/*A. Arnold* Rn. 17.

[32] Vgl. Begr. RegE, BT-Drs. 16/11642, 34.

[33] Vgl. *Weiler* notar 2009, 313 (315); *Böttcher* NZG 2008, 481 (483); *Seibert* ZIP 2008, 906 (907); *Zetsche* Der Konzern 2008, 321 (330); *Seibert/Florstedt* ZIP 2008, 2145 (2150); MüKoAktG/*Pentz* Rn. 65 b; KK-AktG/*A. Arnold* Rn. 20; Spindler/Stilz/*Döbereiner* Rn. 9; Schmidt/Lutter/*Kleindiek* Rn. 15; vgl. Hüffer/*Koch* Rn. 10a.

[34] Zum Ganzen Begr. RegE, BT-Drs. 16/11642, 34.

[35] Vgl. Begr. RegE, BT-Drs. 16/11642, 34; MüKoAktG/*Pentz* Rn. 65 b; Hüffer/*Koch* Rn. 10a; Spindler/Stilz/*Döbereiner* Rn. 9; einschr. KK-AktG/*A. Arnold* Rn. 22; HK-AktG/*Lohse* Rn. 6c; ähnlich Schmidt/Lutter/*Kleindiek* Rn. 17.

[36] KG NZG 2016, 620 Rn. 6 ff. = AG 2016, 180.

wieder zurückgenommen. § 38 Abs. 3 S. 2 soll vermeiden, dass das Gericht auch dann die Eintragung vorzunehmen hat, wenn im Einzelfall offenkundig ist, dass die Sacheinlage oder Sachübernahme erheblich überbewertet ist. Dadurch soll dem Gericht aber kein Raum für eigene Ermittlungen eröffnet werden.[37] Der Begriff der „Offenkundigkeit" soll iSd § 291 ZPO Tatsachen umfassen, die der Allgemeinheit und auch dem zuständigen Registerrichter, etwa aus früheren Verfahren, bekannt sind.[38] Das Gericht kann demzufolge die Eintragung unter Hinweis auf Abs. 3 S. 2 nur zurückweisen, wenn ihm ohne weitere Ermittlungen oder Tatsachenaufklärung aus eigener Sachkenntnis bekannt ist, dass eine erhebliche Überbewertung des Einlagegegenstandes vorliegt. Den Gründern bleibt es unbenommen, in diesem Fall mit demselben Einlagegegenstand den Weg einer regulären Sachgründung zu beschreiten.[39]

VI. Prüfung der Satzung (Abs. 4)

13 **1. Grundlagen.** § 38 Abs. 4 **beschränkt** die Prüfungsbefugnis des Registergerichts hinsichtlich der Satzung der Gesellschaft. Die Vorschrift dient der Beschleunigung des Eintragungsverfahrens, indem sie das Prüfungsprogramm auf die Satzungsbestandteile beschränkt, die für die Eintragung maßgeblich sind.[40] Abs. 4 hat jedoch nur Bedeutung für die inhaltliche Überprüfung der Bestimmungen der Satzung iSd § 23 Abs. 3 bis 5 (→ § 23 Rn. 19 ff.). Eine solche Überprüfung ist lediglich dann notwendig, wenn die Satzung ordnungsgemäß nach § 23 Abs. 1 festgestellt worden ist. Hinsichtlich der Anforderungen des § 23 Abs. 1 (→ § 23 Rn. 3 ff.) und 2 (→ § 23 Rn. 15 ff.) ist der Prüfungsumfang des Registergerichts daher nicht eingeschränkt.[41] § 38 Abs. 4 stellt eine **abschließende Regelung** dar. Die Eintragung darf daher, soweit es um Einzelregelungen der Satzung geht, nur in den in Abs. 4 geregelten Fällen abgelehnt werden.[42]

14 **2. Eintragungshindernisse.** Nach dem Wortlaut der Norm unterscheidet Abs. 4 zwischen Mängeln hinsichtlich zwingender Satzungsbestandteile, Mängeln hinsichtlich fakultativer Satzungsbestandteile und – übergreifend – zur Nichtigkeit der Satzung führende Mängel. Gemäß Abs. 4 Nr. 1 hat das Registergericht danach zu prüfen, ob die Satzung alle nach §§ 23 Abs. 3 und 4, 26, 27 **obligatorischen** Bestimmungen sowie alle in das Handelsregister **einzutragenden** (→ § 39 Rn. 3 ff.) oder vom Gericht bekannt zu machenden Festsetzungen enthält. **Fakultative** Satzungsbestandteile sind nach Abs. 4 Nr. 2 grundsätzlich der Prüfungskompetenz des Gerichts entzogen, sofern nicht im Einzelfall Vorschriften verletzt werden, die ausschließlich oder überwiegend dem **Schutze der Gläubiger** der Gesellschaft oder sonst dem **öffentlichen Interesse** dienen. Verstöße, die die **Gesamtnichtigkeit** der Satzung zur Folge haben, stehen der Eintragung jedoch **immer** entgegen (Abs. 4 Nr. 3). Nach zutreffender Ansicht steht das Vorliegen eines der vorgenannten Eintragungshindernisse der Eintragung der Aktiengesellschaft entgegen;[43] soweit in der Literatur[44] für die Zurückweisung der Anmeldung verlangt wird, dass in bestimmten Konstellationen kumulativ die Voraussetzungen der Eintragungshindernisse nach Abs. 4 Nr. 1 und 2 vorliegen müssen, steht dies im Widerspruch zum insoweit eindeutigen Wortlaut der Norm.

VII. Verfahren und Entscheidung, Rechtsmittel

15 **1. Verfahren und Entscheidung.** Zuständig ist das Amtsgericht (§ 23a Abs. 1 Nr. 2, Abs. 2 Nr. 3 GVG iVm § 374 Nr. 1 FamFG), in dessen Bezirk die Gesellschaft ihren Sitz hat (→ § 14 Rn. 3). Hat die Gesellschaft einen Doppelsitz (→ § 5 Rn. 13 f.), der zu unterschiedlichen gerichtlichen Zuständigkeiten führt, entscheiden beide Gerichte unabhängig voneinander. Funktional zuständig ist der Richter (§§ 3 Nr. 2 lit. d, 17 Nr. 1 lit. a RPflG). Über den Antrag auf Eintragung hat das Gericht unverzüglich nach Eingang der Anmeldung zu entscheiden (§ 25 Abs. 1 S. 2 HRV). Ist eine Anmeldung unvollständig oder steht der Eintragung ein behebbares Hindernis entgegen, so hat der Richter unverzüglich (§ 25 Abs. 1 S. 3 HRV) eine Zwischenverfügung zu erlassen und eine Frist zur

[37] Vgl. *Seibert/Florstedt* ZIP 2008, 2145 (2150); KK-AktG/*A. Arnold* Rn. 23; Schmidt/Lutter/*Kleindiek* Rn. 16; Hüffer/*Koch* Rn. 10 b.

[38] Begr. RegE, BT-Drs. 16/11642, 34; vgl. Hüffer/*Koch* Rn. 10b; KK-AktG/*A. Arnold* Rn. 23; Schmidt/Lutter/*Kleindiek* Rn. 16.

[39] Begr. RegE, BT-Drs. 16/11642, 34.

[40] MüKoAktG/*Pentz* Rn. 67; NK-AktR/*Terbrack* Rn. 20; vgl. Spindler/Stilz/*Döbereiner* Rn. 10.

[41] Vgl. Hüffer/*Koch* Rn. 13; MüKoAktG/*Pentz* Rn. 71; ähnlich Schmidt/Lutter/*Kleindiek* Rn. 18.

[42] Begr. RegE, BT-Drs. 13/8444, 77; Hüffer/*Koch* Rn. 11; NK-AktR/*Terbrack* Rn. 21; ähnlich KK-AktG/*A. Arnold* Rn. 25.

[43] So zB KK-AktG/*A. Arnold* Rn. 26; Hüffer/*Koch* Rn. 14; MüKoAktG/*Pentz* Rn. 69; vgl. HK-AktG/*Lohse* Rn. 7.

[44] So Spindler/Stilz/*Döbereiner* Rn. 10.

Behebung der Beanstandung zu setzen (§ 382 Abs. 4 FamFG). Sind Errichtung der Gesellschaft und deren Anmeldung ordnungsgemäß erfolgt, verfügt der Richter die Eintragung (vgl. § 382 Abs. 1 FamFG). Besteht ein nicht behebbares Eintragungshindernis oder wird einem behebbaren Hindernis auch nach Zwischenverfügung nicht abgeholfen, wird der Antrag auf Eintragung durch Beschluss zurückgewiesen (§ 382 Abs. 3 FamFG). Die Einführung des elektronischen Rechtsverkehrs mit dem Registergericht durch das Gesetz über elektronische Handelsregister und Genossenschaftsregister sowie das Unternehmensregister (EHUG) vom 10.11.2006 (BGBl. I S. 2553) hat überwiegend zu einer deutlichen Beschleunigung der Eintragungsverfahren geführt.

2. Rechtsmittel. Die Eintragung ist nicht rechtsmittelfähig (vgl. § 383 Abs. 3 FamFG). Gegen 16 ablehnende Entscheidungen des Gerichts und gegen Zwischenverfügungen (vgl. § 382 Abs. 4 S. 2 FamFG) kann **Beschwerde** (§ 58 Abs. 1 FamFG) erhoben werden. Die Beschwerdefrist beträgt einen Monat (vgl. § 63 Abs. 1 FamFG). Beschwerdebefugt sind die Vor-AG, vertreten durch den Vorstand, sowie die Gründer. Die Gründer sind jedoch nicht einzeln, sondern nur gemeinschaftlich beschwerdebefugt, da sie auch die Anmeldung nur gemeinsam betreiben können.[45] Ein deutscher Notar, der die Handelsregisteranmeldung beglaubigt hat, ist aufgrund § 378 FamFG, der eine widerlegbare Vermutung für eine rechtsgeschäftliche Bevollmächtigung enthält, berechtigt, ohne Vollmachtsnachweis Beschwerde für die Anmeldenden einzulegen, wenn er die Anmeldung beim Handelsregister eingereicht hat und dabei nicht nur als Bote aufgetreten ist.[46] Wird der Beschwerde nicht abgeholfen, entscheidet das örtlich zuständige Oberlandesgericht bzw. das KG (vgl. § 119 Abs. 1 Nr. 1 lit. b GVG). Die Rechtsbeschwerde zum BGH ist nur nach Maßgabe des § 70 FamFG statthaft.

VIII. Kosten

Die Kosten für die **Eintragung** in das Handelsregister bemessen sich nach § 58 Abs. 1 GNotKG 17 iVm § 1 HRegGebV. Für die Ersteintragung einer Aktiengesellschaft fällt danach eine Gebühr von 300 Euro (GV 2102 HRegGebV) bzw. – bei Leistung mindestens einer Sacheinlage – von 360 Euro (GV 2103 HRegGebV) an. Entsteht die Aktiengesellschaft durch Umwandlung, beläuft sich die Gebühr auf 660 Euro (GV 2105 HRegGebV). Neben der Gebühr für die Ersteintragung werden weitere Gebühren nur für gleichzeitig angemeldete Zweigniederlassungen (jeweils in Höhe von 120 Euro gemäß GV 2200 HRegGebV) und Prokuren (in Höhe von 40 Euro gemäß GV 4000 HRegGebV für die erste Prokura und in Höhe von 30 Euro gemäß GV 4001 HRegGebV für die zweite und jede weitere Prokura) erhoben (vgl. § 2 Abs. 1 HRegGebV). Wird eine Anmeldung zurückgewiesen, sind 170% der für die Eintragung bestimmten Gebühren zu erheben (§ 4 HRegGebV), bei Rücknahme der Anmeldung vor der Entscheidung des Gerichts 120% der für die Eintragung bestimmten Gebühren (§ 3 Abs. 1 HRegGebV); in beiden vorgenannten Fällen bleiben die Gebühren für eine gleichzeitig angemeldete Eintragung einer Zweigniederlassung und für die Eintragung einer Prokura unberücksichtigt (vgl. § 3 Abs. 1 und § 4 HRegGebV). Erfolgt die Rücknahme, bevor das Gericht eine Zwischenverfügung (vgl. § 382 Abs. 4 FamFG) erlassen hat, beträgt die Gebühr 75% der für die Eintragung bestimmten Gebühr, höchstens 250 Euro (vgl. § 3 Abs. 2 HRegGebV). **Kostenschuldner** sind gemäß § 22 Abs. 1 GNotKG die Gründer – als Gesamtschuldner – und die Gesellschaft.[47] Eintragungsgebühren werden in der Praxis regelmäßig als Gründungsaufwand iSd § 26 Abs. 2 von der Gesellschaft übernommen und dieser dann vom Gericht in Rechnung gestellt.[48]

§ 39 Inhalt der Eintragung

(1) [1]Bei der Eintragung der Gesellschaft sind die Firma und der Sitz der Gesellschaft, eine inländische Geschäftsanschrift, der Gegenstand des Unternehmens, die Höhe des Grundkapitals, der Tag der Feststellung der Satzung und die Vorstandsmitglieder anzugeben. [2]Wenn eine Person, die für Willenserklärungen und Zustellungen an die Gesellschaft empfangsberechtigt ist, mit einer inländischen Anschrift zur Eintragung in das Handelsregister angemeldet wird, sind auch diese Angaben einzutragen; Dritten gegenüber gilt

45 BayObLGZ 1983, 250 (252); KG OLGR 41, 208; Hüffer/*Koch* Rn. 17; für Beschwerdebefugnis auch des einzelnen Gründers KK-AktG/*A. Arnold* Rn. 34; MüKoAktG/*Pentz* Rn. 14; Spindler/Stilz/*Döbereiner* Rn. 15; Schmidt/Lutter/*Kleindiek* Rn. 23; HK-AktG/*Lohse* Rn. 3; NK-AktR/*Terbrack* Rn. 30.

46 Spindler/Stilz/*Döbereiner* Rn. 15; NK-AktR/*Terbrack* Rn. 31; aA KK-AktG/*A. Arnold* Rn. 34.

47 Vgl. Hüffer/*Koch* Rn. 18; Spindler/Stilz/*Döbereiner* Rn. 18; KK-AktG/*A. Arnold* Rn. 37 zu § 2 Abs. 1 KostO aF.

48 Spindler/Stilz/*Döbereiner* Rn. 18; vgl. Hüffer/*Koch* Rn. 18; KK-AktG/*A. Arnold* Rn. 37.

die Empfangsberechtigung als fortbestehend, bis sie im Handelsregister gelöscht und die Löschung bekannt gemacht worden ist, es sei denn, dass die fehlende Empfangsberechtigung dem Dritten bekannt war. [3]Ferner ist einzutragen, welche Vertretungsbefugnis die Vorstandsmitglieder haben.

(2) Enthält die Satzung Bestimmungen über die Dauer der Gesellschaft oder über das genehmigte Kapital, so sind auch diese Bestimmungen einzutragen.

Übersicht

I. Allgemeines

1 **1. Regelungsgegenstand und Normzweck.** § 39 regelt abschließend den **Inhalt** der erstmaligen Eintragung der Gesellschaft im Handelsregister. Ergänzt wird die Vorschrift durch § 43 HRV. Eintragungserfordernisse nach allgemeinen Vorschriften (zB hinsichtlich Prokuren, Zweigniederlassungen) bleiben unberührt. Die Vorschrift dient der **Publizität** der wesentlichen Gesellschaftsverhältnisse.[1] § 39 und damit der Inhalt der Eintragung ist durch das Gesetz zur Modernisierung des GmbH-Rechts und zur Bekämpfung von Missbräuchen (MoMiG) vom 23.10.2008 (BGBl. I S. 2026) mit Wirkung zum 1.11.2008 um die Angabe einer inländischen Geschäftsanschrift und die Möglichkeit zur Eintragung eines Empfangsberechtigten erweitert worden.

2 **2. Eintragung.** Mit der Eintragung entsteht die Aktiengesellschaft als solche (vgl. § 41 Abs. 1 S. 1). Die Eintragung soll den Tag, an dem sie vollzogen wurde, angeben (§ 382 Abs. 2 Hs. 1 FamFG). Denn dieses Datum ist nicht nur für das Entstehen der Gesellschaft, sondern auch für die Verjährung von Ersatzansprüchen der Gesellschaft im Zusammenhang mit der Gründung (§ 51), die Höhe eventueller Ansprüche der Gesellschaft gegen die Gründer aus Unterbilanzhaftung (→ § 41 Rn. 15), das Ende der Handelndenhaftung (§ 41 Abs. 1 S. 2; → § 41 Rn. 20 ff.), den Beginn der Fünf-Jahres-Frist zur Bewirkung der Sacheinlagen (§ 36a Abs. 2 S. 2; → § 36a Rn. 5 f.) sowie die Höchstdauer für das genehmigte Kapital (§ 202 Abs. 1) von Bedeutung.[2] Die Eintragung erfolgt in Abteilung B des Handelsregisters (§ 3 Abs. 3 HRV). Die Eintragung ist gegenüber den Beteiligten bekannt zu geben (§ 383 Abs. 1 Hs. 1 FamFG); auf die Bekanntgabe kann verzichtet werden (§ 383 Abs. 1 Hs. 2 FamFG). In der Praxis erfolgt die Bekanntgabe an die Gesellschaft und regelmäßig an den beglaubigenden Notar, nicht jedoch an die sonstigen Anmeldenden.[3] Ferner ist die Eintragung der Gesellschaft der zuständigen Industrie- und Handelskammer (vgl. § 37 Abs. 1 Nr. 1 HRV) und gegebenenfalls der Handwerkskammer (§ 37 Abs. 1 Nr. 2 HRV) bzw. der Landwirtschaftskammer (§ 37 Abs. 1 Nr. 3 HRV) mitzuteilen.

II. Inhalt der Eintragung

3 Gemäß § 39 Abs. 1 und 2 sind im Einzelnen in das Handelsregister einzutragen:

4 **1. Firma (Abs. 1 S. 1).** Vgl. § 43 Nr. 2 lit. a HRV (→ § 4 Rn. 7 ff.; → § 23 Rn. 20).

5 **2. Sitz (Abs. 1 S. 1).** Vgl. § 43 Nr. 2 lit. b HRV (→ § 5 Rn. 8 f.; → § 23 Rn. 20). Eingetragen wird die politische Gemeinde. Hat die Gesellschaft mehrere Sitze, sind im Handelsregister eines jeden Sitzes alle Sitze anzugeben.

---

[1] AllgM, zB Hüffer/*Koch* Rn. 1.
[2] MüKoAktG/*Pentz* Rn. 19.
[3] Vgl. Spindler/Stilz/*Döbereiner* Rn. 22.

3. Inländische Geschäftsanschrift (Abs. 1 S. 1). Vgl. § 43 Nr. 2 lit. b HRV. Zum Begriff und zum Übergangsrecht ausführlich → § 37 Rn. 13 ff. Unter der Geschäftsanschrift kann an den oder die Vertreter der Gesellschaft wirksam **zugestellt** werden. Scheitert die Zustellung unter der inländischen Geschäftsanschrift und ist kein (weiterer) Empfangsberechtigter (→ Rn. 11) im Handelsregister eingetragen, kann die Zustellung nach den für die öffentliche Zustellung geltenden Vorschriften der Zivilprozessordnung erfolgen (vgl. § 15a HGB iVm § 185 Nr. 2 ZPO). 6

4. Gegenstand des Unternehmens (Abs. 1 S. 1). Vgl. § 23 Abs. 3 Nr. 2 (→ § 23 Rn. 21 ff.); vgl. § 43 Nr. 2 lit. c HRV. Der Gegenstand des Unternehmens wird wörtlich aus der Satzung in das Handelsregister übernommen. Nicht aufgenommen werden die in der Praxis üblichen allgemeinen Zusätze (zB betreffend die Zulässigkeit der Errichtung von Zweigniederlassungen), die keinerlei Aussage hinsichtlich des konkreten Unternehmensgegenstandes enthalten.[4] 7

5. Höhe des Grundkapitals (Abs. 1 S. 1). Vgl. § 6 (→ § 6 Rn. 2 f.), § 23 Abs. 3 Nr. 3 (→ § 23 Rn. 24); vgl. § 43 Nr. 3 HRV. Die Höhe des Grundkapitals ist entsprechend seiner Bezifferung in der Satzung einzutragen. 8

6. Tag der Feststellung der Satzung (Abs. 1 S. 1). Vgl. § 23 (→ § 23 Rn. 3 ff.); § 43 Nr. 6 lit. a HRV. Maßgeblich ist der Tag der Errichtung des notariellen Gründungsprotokolls (→ § 23 Rn. 9). Erfolgt die Feststellung der Satzung in verschiedenen aufeinander verweisenden Urkunden, sind die Daten aller Beurkundungstage einzutragen.[5] Wurde die Satzung vor der Eintragung geändert, ist auch das Datum der Errichtung der Änderungsurkunde in das Handelsregister aufzunehmen.[6] 9

7. Vorstandsmitglieder (Abs. 1 S. 1). Vgl. § 30 Abs. 4 (→ § 30 Rn. 15 ff.); § 43 Nr. 4 lit. b HRV. Die Mitglieder des ersten Vorstandes – einschließlich der stellvertretenden Mitglieder (§ 94) ohne deren Bezeichnung als solche[7] – sind mit Vor- und Familienname, Geburtsdatum und Wohnort einzutragen. Der Beruf und die postalische Anschrift der Vorstandsmitglieder werden nicht eingetragen. Verfügt die Gesellschaft über einen Vorstandsvorsitzenden, ist dieser als solcher zu bezeichnen. 10

8. Empfangsberechtigter (Abs. 1 S. 2). Vgl. § 43 Nr. 2 lit. b HRV. Seit Inkrafttreten des MoMiG (→ Rn. 1) hat jede Gesellschaft die Möglichkeit, eine Person in das Handelsregister eintragen zu lassen, die neben der Gesellschaft – unter der zwingend einzutragenden inländischen Geschäftsanschrift – als weiterer **Zustellungsempfänger** dient. Der Gesellschaft kann die Eintragung eines solchen Empfangsberechtigten Schutz gegen eine öffentliche Zustellung bieten, die erst dann zulässig ist, wenn eine Zustellung auch unter der Anschrift des zusätzlichen Empfangsvertreters scheitert (vgl. § 15a HGB, § 185 Nr. 2 ZPO). Ob die Gesellschaft diese Möglichkeit in Anspruch nimmt, ist in ihr Belieben gestellt. Dies wird insbesondere dann in Betracht kommen, wenn Zweifel bestehen, ob die eingetragene inländische Geschäftsanschrift tatsächlich für Zustellungen geeignet ist.[8] Als Empfangsberechtigter kann jede beliebige natürliche oder juristische Person eingetragen werden. Die Empfangsberechtigung bezieht sich nach dem Wortlaut des Gesetzes sowohl auf Zustellungen als auch auf Willenserklärungen. Ist ein Zustellungsempfänger eingetragen, kann eine Zustellung an diesen auch ohne vorherigen Zustellungsversuch an die Gesellschaft unter ihrer inländischen Geschäftsanschrift erfolgen.[9] Der Zustellungsempfänger wird im Handelsregister mit Vor- und Familienname oder Firma und Rechtsform und jeweils mit inländischer Anschrift eingetragen. Die Empfangsberechtigung gilt als fortbestehend, bis sie im Handelsregister gelöscht und die Löschung bekannt gemacht ist; etwas anderes gilt nur dann, wenn dem Zustellenden der Wegfall der Empfangsberechtigung bekannt war (vgl. § 39 Abs. 1 S. 2 Hs. 2). 11

9. Vertretungsbefugnis der Vorstandsmitglieder (Abs. 1 S. 3). Vgl. § 43 Nr. 4 lit. a und Nr. 4 lit. b HRV. Zu den Unterschieden zwischen abstrakter Vertretungsbefugnis und konkreter Vertretungsbefugnis → § 37 Rn. 16 ff. Die abstrakte Vertretungsbefugnis ist als „Allgemeine Vertretungsregelung“ in Spalte 4 unter lit. a im Handelsregister einzutragen (vgl. § 43 Nr. 4a HRV). Ermächtigungen in der Satzung, die Vertretungsbefugnis für einzelne Vorstandsmitglieder abwei- 12

---

[4] Vgl. Spindler/Stilz/*Döbereiner* Rn. 5; KK-AktG/*A. Arnold* Rn. 9.

[5] AllgM, zB Hüffer/*Koch* Rn. 2.

[6] AllgM, zB KK-AktG/*A. Arnold* Rn. 11; MüKoAktG/*Pentz* Rn. 12.

[7] BGH NJW 1998, 1071 (1072); BayObLGZ 1971, 163; Spindler/Stilz/*Döbereiner* Rn. 9; KK-AktG/*A. Arnold* Rn. 12.

[8] Vgl. Begr. RegE, BT-Drs. 16/6140 zur Parallelregelung des § 10 GmbHG.

[9] *Steffek* BB 2007, 2077 (2080).

chend zu gestalten (zB Einzelvertretungsbefugnis, Befreiung vom Verbot des § 181 Alt. 2 BGB), werden in der Praxis nicht in das Register eingetragen. Ist die Vertretungsbefugnis bei einzelnen oder allen Vorstandsmitgliedern abweichend von der abstrakten Vertretungsbefugnis bestimmt worden, ist bei dem betreffenden Vorstandsmitglied diese konkrete Vertretungsbefugnis als „besondere Vertretungsbefugnis" in Spalte 4 unter lit. b im Handelsregister einzutragen (vgl. § 43 Nr. 4 lit. b HRV).

13 **10. Dauer der Gesellschaft (Abs. 2).** Vgl. § 262 Abs. 1 Nr. 1; § 43 Nr. 6 lit. b aa HRV. Enthält die Satzung eine Bestimmung über die Dauer der Gesellschaft, ist diese einzutragen.

14 **11. Genehmigtes Kapital (Abs. 2).** Vgl. § 202; vgl. § 43 Nr. 6 lit. b hh HRV. Ein in der Gründungssatzung enthaltenes genehmigtes Kapital ist mit seinem Betrag und der Dauer der Ermächtigung in das Handelsregister einzutragen.

III. Mängel der Eintragung

15 Grundsätzlich werden etwaige Gründungsmängel, Verfahrensmängel oder Mängel bei der Errichtung der Gesellschaft durch die Eintragung der Gesellschaft **geheilt;** diese ist wirksam entstanden. Ist die Eintragung jedoch ohne Handelsregisteranmeldung erfolgt, kommt eine Amtslöschung nach § 395 Abs. 1 FamFG in Betracht.[10] Liegt eine Anmeldung vor, weist diese jedoch wesentliche Mängel auf (zB Anmeldung nicht von allen Anmeldepflichtigen unterzeichnet; Unterschriften unter der Anmeldung nicht beglaubigt), ist nach dennoch vorgenommener Eintragung eine Amtslöschung ausgeschlossen.[11] Die Gesellschaft ist auch dann wirksam entstanden, wenn die Eintragung unwirksam oder unvollständig ist. Eine Amtslöschung (§ 395 Abs. 1 FamFG) kommt nur in dem kaum vorstellbaren Ausnahmefall in Betracht, dass die Identität der Gesellschaft aufgrund des Fehlers nicht festgestellt werden kann.[12] Ansonsten können Schreibfehler und offensichtliche Unrichtigkeiten von Amts wegen berichtigt und Auslassungen ergänzt werden (vgl. § 17 HRV). Auch das Fehlen materieller Eintragungsvoraussetzungen (zB Grundkapital nicht eingezahlt, inhaltliche Mängel der Satzung) hindert die Entstehung der Gesellschaft nicht. Nur unter den Voraussetzungen der §§ 275, 276 kann auf Nichtigkeitsklage bzw. von Amts wegen (§ 397 FamFG) eine Löschung in Betracht kommen.[13] Bei gravierenden Satzungsmängeln und deren Nichtbeseitigung trotz Aufforderung kann die Gesellschaft aufgelöst werden (§ 399 FamFG).[14]

§ 40 *(aufgehoben)*

§ 41 Handeln im Namen der Gesellschaft vor der Eintragung. Verbotene Aktienausgabe

(1) [1]Vor der Eintragung in das Handelsregister besteht die Aktiengesellschaft als solche nicht. [2]Wer vor der Eintragung der Gesellschaft in ihrem Namen handelt, haftet persönlich; handeln mehrere, so haften sie als Gesamtschuldner.

(2) Übernimmt die Gesellschaft eine vor ihrer Eintragung in ihrem Namen eingegangene Verpflichtung durch Vertrag mit dem Schuldner in der Weise, daß sie an die Stelle des bisherigen Schuldners tritt, so bedarf es zur Wirksamkeit der Schuldübernahme der Zustimmung des Gläubigers nicht, wenn die Schuldübernahme binnen drei Monaten nach der Eintragung der Gesellschaft vereinbart und dem Gläubiger von der Gesellschaft oder dem Schuldner mitgeteilt wird.

(3) Verpflichtungen aus nicht in der Satzung festgesetzten Verträgen über Sondervorteile, Gründungsaufwand, Sacheinlagen oder Sachübernahmen kann die Gesellschaft nicht übernehmen.

(4) [1]Vor der Eintragung der Gesellschaft können Anteilsrechte nicht übertragen, Aktien oder Zwischenscheine nicht ausgegeben werden. [2]Die vorher ausgegebenen Aktien oder Zwischenscheine sind nichtig. [3]Für den Schaden aus der Ausgabe sind die Ausgeber den Inhabern als Gesamtschuldner verantwortlich.

---

[10] Vgl. MüKoAktG/*Pentz* Rn. 26; KK-AktG/*A. Arnold* Rn. 19; Schmidt/Lutter/*Kleindiek* Rn. 8; NK-AktR/*Terbrack* Rn. 9; HK-AktG/*Lohse* Rn. 3.

[11] Spindler/Stilz/*Döbereiner* Rn. 17; aA Hüffer/*Koch* Rn. 5; KK-AktG/*A. Arnold* Rn. 19; NK-AktR/*Terbrack* Rn. 9; wohl auch HK-AktG/*Lohse* Rn. 3.

[12] MüKoAktG/*Pentz* Rn. 23; HK-AktG/*Lohse* Rn. 3.

[13] Spindler/Stilz/*Döbereiner* Rn. 18.

[14] Spindler/Stilz/*Döbereiner* Rn. 18.

Übersicht

I. Allgemeines

1. Regelungsgegenstand. § 41 regelt Rechtsfragen hinsichtlich der Rechtsverhältnisse der Gesellschaft und ihrer Gesellschafter vor der Eintragung in das Handelsregister. Abs. 1 stellt klar, dass die Gesellschaft vor der Eintragung nicht als Aktiengesellschaft besteht, und begründet eine Handelndenhaftung. Abs. 2 und 3 treffen Regelungen über die Übernahme von Verpflichtungen, die vor der Eintragung übernommen worden sind, und die dadurch bewirkte Enthaftung der Handelnden. Abs. 4 verbietet die Übertragung von Anteilsrechten und die Ausgabe von Aktien und Zwischenscheinen vor der Eintragung der Gesellschaft. 1

2. Normzweck. Die Regelungen in den einzelnen Absätzen dienen nach heutigem Verständnis[1] unterschiedlichen Zwecken. Abs. 1 S. 1, der ursprünglich ein Auftreten der noch nicht genehmigten bzw. noch nicht eingetragenen Aktiengesellschaft im Rechtsverkehr verhindern sollte,[2] bringt heute lediglich noch zum Ausdruck, dass die Aktiengesellschaft zu ihrem Entstehen als juristische Person der Eintragung im Handelsregister bedarf.[3] Abs. 1 S. 2 verschafft dem Dritten, dem gegenüber für die Gesellschaft vor Eintragung gehandelt wurde, einen Anspruchsgegner, ohne ihn auf die Geltendmachung von Ansprüchen gegen die Gesellschaft zu verweisen („Sicherungsfunktion").[4] Abs. 2 soll die Enthaftung des Handelnden (Abs. 1 S. 2) erleichtern.[5] Abs. 3 dient dazu, eine Umgehung der Vorschriften über Sondervorteile (→ § 26 Rn. 3 ff.), Gründungsaufwand (→ § 26 Rn. 8 ff.), Sacheinlagen oder Sachübernahmen (→ § 27 Rn. 6 ff.) und die Nachgründung (§ 52) zu verhindern. Abs. 4 dient schließlich der Rechtssicherheit, indem vor Eintragung der Gesellschaft eine Änderung des Gesellschafterkreises nur durch Satzungsänderung in der Form des § 23 ermöglicht wird und dadurch die nach § 46 haftungsrechtlich verantwortlichen Gründer jederzeit feststellbar 2

---

[1] Vgl. hinsichtlich des Wandels der Bedeutung des § 41 die Übersichten bei MüKoAktG/*Pentz* Rn. 3 ff.; Spindler/Stilz/*Heidinger* Rn. 8 ff.

[2] Vgl. Spindler/Stilz/*Heidinger* Rn. 9.

[3] AllgM, zB MüKoAktG/*Pentz* Rn. 4.

[4] Spindler/Stilz/*Heidinger* Rn. 95; restriktiver BGH NJW 2004, 2519 = NZG 2004, 773 (774): Schutz für den Fall, dass keine wirksame Vertretung der Gesellschaft vorliegt.

[5] Spindler/Stilz/*Heidinger* Rn. 11.

sind.[6] Hinsichtlich § 41 Abs. 1 S. 2 ist zu beachten, dass diese Regelung der Umsetzung von Art. 8 (früher: Art. 7) der Publizitätsrichtlinie[7] dient.[8]

II. Exkurs: Die Vorgründungsgesellschaft

3 **1. Phasen der Entstehung der Aktiengesellschaft.** Im Zusammenhang mit der Entstehung einer Aktiengesellschaft sind drei Phasen zu unterscheiden:

- das sog. **„Vorgründungsstadium"**, das unter bestimmten Voraussetzungen zum Entstehen einer **„Vorgründungsgesellschaft"** führt;
- das **Gründungsstadium** zwischen Errichtung der Gesellschaft und deren Eintragung, in dem die Gesellschaft als sog. **„Vorgesellschaft"** (im Folgenden „Vor-AG") existiert;
- der mit der **Eintragung** beginnende Zeitraum, in dem die Gesellschaft als **Aktiengesellschaft** und somit als juristische Person besteht.[9]

4 **2. Vorgründungsstadium. a) Grundlagen.** Wollen es die Gründer im Vorgründungsstadium nicht bei unverbindlichen Abreden über die Errichtung der Aktiengesellschaft belassen, können sie einen **Vorvertrag** schließen, in dem sie sich gegenseitig zur Gründung der Aktiengesellschaft nach näher bestimmten Maßgaben **verpflichten.** Dieser Vorvertrag bedarf in entsprechender Anwendung des § 23 Abs. 1 zu seiner Wirksamkeit der **notariellen Beurkundung.**[10] Vollmachten zu seinem Abschluss bedürfen der notariellen Beglaubigung (§ 23 Abs. 1 S. 2 analog).[11] Die Vereinbarungen in dem Vorvertrag müssen so bestimmt sein, dass damit der wesentliche Inhalt des abzuschließenden Gesellschaftsvertrages der Aktiengesellschaft festgelegt bzw. im Wege der Auslegung zu ermitteln ist. Denn nur dann ist die Verurteilung zur Abgabe einer entsprechenden, auf die Errichtung der Gesellschaft gerichteten Willenserklärung und deren Vollstreckung nach § 894 ZPO möglich.[12] Daher müssen neben den weiteren Bestimmungen iSd § 23 Abs. 2, 3 und 4 insbesondere die Höhe des Grundkapitals und die Höhe der jeweiligen Beteiligung der Gründer festgelegt werden.[13] Da ein Vorvertrag regelmäßig nicht nur der Begründung von Verpflichtungen, sondern auch der Verfolgung des gemeinsamen Zweckes der Gründung einer Aktiengesellschaft dient, entsteht durch seinen formwirksamen Abschluss eine **Vorgründungsgesellschaft.**[14] Eine Vorgründungsgesellschaft kann jedoch auch ohne Vorvertrag aufgrund gemeinsamer Vorbereitungshandlungen entstehen; aus einem solchen – formlosen – Gesellschaftsverhältnis ergibt sich wegen der Formbedürftigkeit der Verpflichtung zur Gründung einer Aktiengesellschaft kein Anspruch auf Mitwirkung an der vorgesehenen Gründung der Gesellschaft.[15]

5 **b) Rechtsverhältnisse der Vorgründungsgesellschaft.** Die Vorgründungsgesellschaft ist regelmäßig eine (Innen-)Gesellschaft bürgerlichen Rechts mit dem Zweck, eine Aktiengesellschaft zu gründen.[16] Beginnen die Gründer bereits mit den Geschäften der zukünftigen AG, zB durch Weiterführung eines bei einer Sachgründung einzubringenden Unternehmens, entsteht eine Außen-GbR oder eine nicht im Handelsregister eingetragene OHG (vgl. § 105 Abs. 1 HGB iVm § 1 Abs. 2 HGB).[17] Nach dieser Qualifikation richten sich die auf die Vorgründungsgesellschaft anzuwendenden Normen, insbesondere auch über die Vertretung und die Haftung. Aktienrechtliche Vorschriften sind

---

[6] Vgl. MüKoAktG/*Pentz* Rn. 7; Spindler/Stilz/*Heidinger* Rn. 13; vgl. Hüffer/*Koch* Rn. 19.

[7] Richtlinie 2003/58/EG des Europäischen Parlamentes und Rates zur Änderung der Richtlinie 68/151/EWG des Rates in Bezug auf die Offenlegungspflichten von Gesellschaften bestimmter Rechtsformen vom 15.7.2003, (ABl. L 221, 13), aufgehoben bzw. neugefasst durch Richtlinie 2009/101/EG des Europäischen Parlaments und des Rates vom 16.9.2009 (ABl. L 258, 11), diese letztmals geändert durch Richtlinie 2013/24/EU des Rates vom 13.05.2013 (ABl. L 158, 365).

[8] MüKoAktG/*Pentz* Rn. 126 f.; Spindler/Stilz/*Heidinger* Rn. 95.

[9] AllgM, zB MüKoAktG/*Pentz* Rn. 8.

[10] RGZ 156, 129 (138); BGH WM 1988, 163 (164); KG AG 2004, 321; Hüffer/*Koch* § 23 Rn. 14; MüKoAktG/*Pentz* Rn. 14; Schmidt/Lutter/*Seibt* § 23 Rn. 21; NK-AktR/*Höhfeld* Rn. 3; HK-AktG/*Körber* Rn. 3; MHdB AG/*Hoffmann-Becking* § 3 Rn. 36.

[11] Hüffer/*Koch* § 23 Rn. 14; Spindler/Stilz/*Heidinger* Rn. 18; Schmidt/Lutter/*Seibt* § 23 Rn. 21; wohl aA NK-AktR/*Höhfeld* Rn. 3; strenger HK-AktG/*Körber* Rn. 3: notarielle Beurkundung erforderlich.

[12] Vgl. MüKoAktG/*Pentz* Rn. 13; Spindler/Stilz/*Heidinger* Rn. 18.

[13] Vgl. Hüffer/*Koch* § 23 Rn. 14; MüKoAktG/*Pentz* Rn. 13; vgl. auch Schmidt/Lutter/*Seibt* § 23 Rn. 22.

[14] Hüffer/*Koch* § 23 Rn. 15; MüKoAktG/*Pentz* Rn. 10; Schmidt/Lutter/*Seibt* § 23 Rn. 22; HK-AktG/*Körber* Rn. 4; diff. Spindler/Stilz/*Heidinger* Rn. 18 ff.

[15] MüKoAktG/*Pentz* Rn. 16; ähnlich Spindler/Stilz/*Heidinger* Rn. 19 f.

[16] Vgl. BGHZ 91, 148 (151) = NJW 1984, 2164; BGH NJW 1983, 2822; MüKoAktG/*Pentz* Rn. 17; KK-AktG/*M. Arnold* Rn. 8; NK-AktR/*Höhfeld* Rn. 4.

[17] Vgl. MüKoAktG/*Pentz* Rn. 18 ff.; Hüffer/*Koch* § 23 Rn. 15; Spindler/Stilz/*Heidinger* Rn. 21; Schmidt/Lutter/*Seibt* § 23 Rn. 22; Schmidt/Lutter/*Drygala* Rn. 2; KK-AktG/*M. Arnold* Rn. 8.

auf die Vorgründungsgesellschaft **nicht** anwendbar.[18] Die Gesellschafter der Vorgründungsgesellschaft haften neben der Gesellschaft entsprechend den für die jeweilige Gesellschaftsform allgemein geltenden Regelungen (§§ 128 ff. HGB unmittelbar oder analog) unbeschränkt, persönlich, selbstschuldnerisch und gesamtschuldnerisch für alle Verbindlichkeiten der Vorgründungsgesellschaft.[19] Die Vorgründungsgesellschaft endet durch Zweckerreichung (§ 726 BGB), sobald die Aktiengesellschaft mit Feststellung ihrer Satzung (→ § 23 Rn. 3 ff.) und Übernahme aller Aktien (→ § 29 Rn. 2) errichtet ist.[20] Die Zweckerreichung führt regelmäßig zur Voll-Beendigung der Vorgründungsgesellschaft und deren Liquidation (§§ 730 ff. BGB).[21] Die durch die Errichtung der Aktiengesellschaft entstehende Vor-AG ist weder mit der Vorgründungsgesellschaft identisch noch deren Gesamtrechtsnachfolgerin.[22] Wurde ein Gesamthandsvermögen gebildet, geht dies nicht automatisch auf die Vor-AG über. Das Vermögen muss gesondert durch Einzelrechtsübertragung aller Aktiva und Passiva auf die Vor-AG **übertragen** werden.[23] In der Literatur wird als Alternative die Übertragung aller Geschäftsanteile an der Vorgründungsgesellschaft auf die Vor-AG empfohlen, deren Folge die Vereinigung aller Mitgliedschaften und damit die Anwachsung des gesamten Vermögens der Vorgründungsgesellschaft bei der Vor-AG ist.[24]

III. Die Vor-AG (Abs. 1 S. 1)

1. Rechtsnatur. Die Vor-AG ist notwendiges Durchgangsstadium auf dem Weg zur Aktiengesell- 6
schaft.[25] Die Vor-AG entsteht – unabhängig davon, ob zuvor eine Vorgründungsgesellschaft bestanden hat – mit der Feststellung der Satzung und der Übernahme aller Aktien durch die Gründer (→ Rn. 5). Das Recht der Vor-AG ist in § 41 Abs. 1, 4 nur bruchstückhaft geregelt. Die Entwicklung des Rechts der Vorgesellschaft hat in Rechtsprechung und Literatur überwiegend im Bereich des GmbH-Rechts stattgefunden. Die dort gefundenen Ergebnisse sind wegen der Wesensgleichheit der Kapitalgesellschaften im Wesentlichen auf die Aktiengesellschaft übertragbar.[26] Die Vor-AG ist danach eine **Gesamthandsgesellschaft** eigener Art **(„Organisationsform sui generis"),** für die das Aktienrecht und die Regelungen der Satzung für die Aktiengesellschaft Geltung haben, sofern diese nicht die Eintragung der Gesellschaft voraussetzen.[27] Die Vor-AG ist Inhaberin eines eventuell schon existierenden Gesellschaftsvermögens. Hierzu gehören auch die Ansprüche auf Leistung der Einlagen auf die übernommenen Aktien.[28] Die Vor-AG haftet mit ihrem Vermögen für ihre Verbindlichkeiten.

2. Die Innenbeziehungen der Vor-AG. a) Grundlagen. Neben den Vorschriften des AktG, 7
die das Verfahren von der Errichtung bis zur Eintragung der Gesellschaft betreffen (§§ 30 ff.), sind für die internen Rechtsverhältnisse der Vor-AG bereits die Satzung der Gesellschaft und die weiteren gesetzlichen Vorschriften des AktG maßgeblich, soweit diese nicht ihrem Sinn nach die Eintragung der Gesellschaft voraussetzen. Dabei sind die Vorschriften der Satzung vor der Eintragung nach allgemeinen Grundsätzen (§§ 133, 157 BGB) auszulegen (→ § 23 Rn. 7). **Zweck** der Vor-AG ist die Vollendung des Gründungsvorgangs und in diesem Zusammenhang die Herbeiführung der Eintragung der Gesellschaft.[29] Durch einstimmigen Beschluss ist es den Gründern jedoch möglich, den Zweck der Vor-AG um die Vornahme weiterer Geschäfte zu erweitern.[30]

---

[18] AllgM, zB MüKoAktG/*Pentz* Rn. 18; Hüffer/*Koch* § 23 Rn. 15.

[19] Spindler/Stilz/*Heidinger* Rn. 76.

[20] AllgM, zB MüKoAktG/*Pentz* Rn. 21; Hüffer/*Koch* § 23 Rn. 15.

[21] MüKoAktG/*Pentz* Rn. 21; Spindler/Stilz/*Heidinger* Rn. 23.

[22] MüKoAktG/*Pentz* Rn. 17; KK-AktG/*M. Arnold* Rn. 9; HK-AktG/*Körber* Rn. 4; vgl. MHdB AG/*Hoffmann-Becking* § 3 Rn. 36.

[23] MüKoAktG/*Pentz* Rn. 21; Spindler/Stilz/*Heidinger* Rn. 23; vgl. Schmidt/Lutter/*Seibt* § 23 Rn. 22; HK-AktG/*Körber* Rn. 4.

[24] Vgl. Spindler/Stilz/*Heidinger* Rn. 23; MüKoAktG/*Pentz* Rn. 21.

[25] Hüffer/*Koch* Rn. 3; Spindler/Stilz/*Heidinger* Rn. 26; KK-AktG/*M. Arnold* Rn. 16; NK-AktR/*Höhfeld* Rn. 5; MHdB AG/*Hoffmann-Becking* § 3 Rn. 36.

[26] AllgM, zB Hüffer/*Koch* Rn. 2; MüKoAktG/*Pentz* Rn. 23; Schmidt/Lutter/*Drygala* Rn. 3.

[27] Vgl. BGHZ 22, 242 (246) = NJW 1956, 1435; BGHZ 45, 338 (347) = NJW 1966, 1311; BGHZ 117, 323 (326 f.) = NJW 1992, 1824; BGHZ 143, 314 (319) = NJW 2000, 1193; BGHZ 169, 270 Rn. 10 = NJW 2007, 589; MüKoAktG/*Pentz* Rn. 24; KK-AktG/*M. Arnold* Rn. 17; NK-AktR/*Höhfeld* Rn. 6; aA Schmidt/Lutter/*Drygala* Rn. 5: juristische Person; vgl. ferner Hüffer/*Koch* Rn. 4: körperschaftlich strukturierte Gesellschaft sui generis; HK-AktG/*Körber* Rn. 5: Gesellschaft sui generis.

[28] BGHZ 45, 338 (347) = NJW 1966, 1311; Spindler/Stilz/*Heidinger* Rn. 30.

[29] BGHZ 80, 129 (139) = NJW 1981, 1373; BGHZ 120, 103 (105 f.) = NJW 1993, 459; KK-AktG/*M. Arnold* Rn. 25; aA MüKoAktG/*Pentz* Rn. 29; HK-AktG/*Körber* Rn. 6: derselbe Zweck wie AG.

[30] MüKoAktG/*Pentz* Rn. 30; Spindler/Stilz/*Heidinger* Rn. 47; KK-AktG/*A. Arnold* Rn. 25.

8 **b) Gesellschaftsorgane.** Die Vor-AG verfügt mit Vorstand, Aufsichtsrat und der Hauptversammlung – auch als Gründerversammlung bezeichnet[31] – bereits über dieselben Organe wie die spätere Aktiengesellschaft. Der **Vorstand** hat neben der Erfüllung seiner gründungsbezogenen Pflichten (vgl. §§ 33 Abs. 1, 34, 36, 36a, 37 und 37a) alle sonstigen zur Herbeiführung der Eintragung der Gesellschaft erforderlichen Geschäfte durchzuführen und Maßnahmen zu ergreifen. Seine Geschäftsführungsbefugnis ist grundsätzlich entsprechend beschränkt.[32] Der Vorstand ist noch an Weisungen der Gründer gebunden; § 76 Abs. 1 gilt noch nicht.[33] Aus der Satzung, aufgrund einer von allen Gründern formlos erteilten Zustimmung oder aufgrund des Umstandes, dass ein im Wege der Sacheinlage eingebrachtes Unternehmen fortgeführt werden muss, können sich Erweiterungen der Geschäftsführungsbefugnis ergeben.[34] Der Vorstand haftet gegenüber der Vor-AG bereits nach den Maßstäben des § 93.[35] Dem **Aufsichtsrat** obliegt neben der Erfüllung seiner gründungsbezogenen Verpflichtungen (vgl. §§ 33, 34, 36, 37, 37a) bereits die Überwachung der Tätigkeit des Vorstands (vgl. § 111 Abs. 1). Die Willensbildung der Gesellschafter erfolgt auch in der Vor-AG im Rahmen der **Hauptversammlung** nach Maßgabe der §§ 118 ff. Für die Einberufung der Hauptversammlung gelten die §§ 121 ff. entsprechend.[36] In der Praxis werden Hauptversammlungen der Vor-AG wegen des in der Regel überschaubaren Kreises der Gründer häufig als Vollversammlungen (§ 121 Abs. 6) abgehalten; ansonsten kommt eine Ladung durch eingeschriebenen Brief in Betracht (vgl. § 121 Abs. 4).[37] Beschlüsse werden grundsätzlich mit einfacher Stimmenmehrheit gefasst (§ 133 Abs. 1).[38] Eine Änderung der Satzung vor Eintragung erfolgt nicht durch Beschluss nach Maßgabe der §§ 179 ff., sondern bedarf der Form des § 23 Abs. 1 unter Mitwirkung aller Gründer.[39] Unverzichtbar ist eine Niederschrift über die gefassten Beschlüsse (vgl. § 130), wobei – je nach Inhalt des Beschlusses – ein privatschriftliches, vom Vorsitzenden des Aufsichtsrats unterzeichnetes Protokoll ausreichend sein kann (vgl. § 130 Abs. 1 S. 3).[40] Da das Bedürfnis nach Rechtssicherheit hinsichtlich der Wirksamkeit von Beschlüssen bei der Vor-AG sich nicht anders darstellt als bei der eingetragenen Gesellschaft, gelten für die Geltendmachung von Beschlussmängeln bereits die §§ 241 ff. Die Dreijahresfrist gemäß § 242 Abs. 2 beginnt jedoch erst mit der Eintragung der Gesellschaft zu laufen.[41]

9 **3. Die Außenbeziehungen der Vor-AG. a) Grundlagen.** Die Vor-AG ist (teil-)rechtsfähig. Sie kann als solche am Rechtsverkehr teilnehmen und Rechte und Verbindlichkeiten begründen. Sie ist aktiv[42] und passiv[43] parteifähig und insolvenzfähig.[44] Die Vor-AG ist gründerfähig (→ § 2 Rn. 19), kontofähig,[45] komplementärfähig,[46] wechselfähig[47] und im Verfahren der eigenen Eintragung beteiligtenfähig und beschwerdebefugt (→ § 38 Rn. 16). Die Vor-AG ist namensfähig und kann bereits die Firma der zukünftigen Aktiengesellschaft mit einem auf das Gründungsstadium hinweisenden Zusatz (zB „i. G.") führen.[48] Sie ist auch grundbuchfähig und kann als Eigentümerin oder als Berechtigte eines beschränkten dinglichen Rechts im Grundbuch eingetragen werden.[49]

---

31 Vgl. Spindler/Stilz/*Heidinger* Rn. 59; KK-AktG/*M. Arnold* Rn. 28, 35 ff.

32 MüKoAktG/*Pentz* Rn. 34 f.; Hüffer/*Koch* Rn. 6; Spindler/Stilz/*Heidinger* Rn. 53; NK-AktR/*Höhfeld* Rn. 9.

33 Spindler/Stilz/*Heidinger* Rn. 53; KK-AktG/*M. Arnold* Rn. 31; HK-AktG/*Körber* Rn. 8.

34 MüKoAktG/*Pentz* Rn. 35; Spindler/Stilz/*Heidinger* Rn. 53; Schmidt/Lutter/*Drygala* Rn. 20; NK-AktR/*Höhfeld* Rn. 9; HK-AktG/*Körber* Rn. 8; vgl. Hüffer/*Koch* Rn. 6, der zu Erfordernis der Satzungsform tendiert.

35 MüKoAktG/*Pentz* Rn. 36; Spindler/Stilz/*Heidinger* Rn. 52; KK-AktG/*M. Arnold* Rn. 33.

36 Spindler/Stilz/*Heidinger* Rn. 61; MüKoAktG/*Pentz* Rn. 38; NK-AktR/*Höhfeld* Rn. 11; Hüffer/*Koch* Rn. 7.

37 Vgl. Spindler/Stilz/*Heidinger* Rn. 61; MüKoAktG/*Pentz* Rn. 38; NK-AktR/*Höhfeld* Rn. 11.

38 Spindler/Stilz/*Heidinger* Rn. 61; Hüffer/*Koch* Rn. 7; vgl. MüKoAktG/*Pentz* Rn. 39; HK-AktG/*Körber* Rn. 10.

39 Spindler/Stilz/*Heidinger* Rn. 46; MüKoAktG/*Pentz* Rn. 39; Grigoleit/*Vedder* Rn. 14; Schmidt/Lutter/*Drygala* Rn. 22; vgl. Hüffer/*Koch* Rn. 7; KK-AktG/*M. Arnold* Rn. 36; NK-AktR/*Höhfeld* Rn. 12; HK-AktG/*Körber* Rn. 10: einstimmiger Beschluss mit Zustimmung aller Gründer.

40 Spindler/Stilz/*Heidinger* Rn. 61; MüKoAktG/*Pentz* Rn. 39; Hüffer/*Koch* Rn. 7; NK-AktR/*Höhfeld* Rn. 11; HK-AktG/*Körber* Rn. 10.

41 Spindler/Stilz/*Heidinger* Rn. 63; MüKoAktG/*Pentz* Rn. 40.

42 BGH NJW 1998, 1079 (1080); BGHZ 169, 270 Rn. 7 = NJW 2007, 589; MüKoAktG/*Pentz* Rn. 52; Hüffer/*Koch* Rn. 10.

43 BGHZ 169, 270 Rn. 7 = NJW 2007, 589; MüKoAktG/*Pentz* Rn. 52; Hüffer/*Koch* Rn. 10.

44 BGH NZG 2003, 1167; MüKoAktG/*Pentz* Rn. 52; Hüffer/*Koch* Rn. 10; MHdB AG/*Hoffmann-Becking* § 3 Rn. 38a.

45 BGHZ 45, 338 (347) = NJW 1966, 1311; MüKoAktG/*Pentz* Rn. 52; Hüffer/*Koch* Rn. 10.

46 MüKoAktG/*Pentz* Rn. 52; Hüffer/*Koch* Rn. 10.

47 MüKoAktG/*Pentz* Rn. 52; Hüffer/*Koch* Rn. 10.

48 Spindler/Stilz/*Heidinger* Rn. 32; NK-AktR/*Höhfeld* Rn. 16.

49 BGHZ 45, 338 (348) = NJW 1966, 1311; BayObLG BB 1986, 549; MüKoAktG/*Pentz* Rn. 52; Hüffer/*Koch* Rn. 10.

Unerlaubte Handlungen oder andere eine Schadensersatzpflicht begründende Verhaltensweisen ihrer Organe oder Organmitglieder muss sich die Vor-AG zurechnen lassen (§ 31 BGB analog), so dass sie ohne Möglichkeit der Exkulpation ersatzpflichtig ist.[50]

b) Vertretungsmacht des Vorstands vor Eintragung. Die Vor-AG wird im Rechtsverkehr durch den Vorstand vertreten. Der Vorstand handelt dabei als **Organ** der Vor-AG[51] und nicht – wie früher angenommen[52] – als rechtsgeschäftlich Bevollmächtigter der Gründer. Letzteres scheidet bereits deswegen aus, weil die Vor-AG ein von den Gründern zu unterscheidendes Zuordnungssubjekt ist.[53] Das nach früherer Rechtsprechung[54] bestehende „Vorbelastungsverbot" war mit einem gesetzlichen Ausschluss der Vertretungsmacht verbunden, soweit es um die Begründung von Verbindlichkeiten mit Ausnahme der für die Gründung rechtlich und wirtschaftlich notwendigen Rechtsgeschäfte ging.[55] Obwohl das Vorbelastungsverbot von der Rechtsprechung bereits im Jahr 1981[56] aufgegeben wurde, ist der Umfang der organschaftlichen Vertretungsmacht des Vorstands heute noch umstritten. Teilweise[57] wird vertreten, der Vorstand der Vor-AG verfüge bereits über die uneingeschränkte (vgl. § 82 Abs. 1) volle Vertretungsmacht. Zustimmung verdient jedoch die hM,[58] nach der die Vertretungsmacht des Vorstands entsprechend seiner Geschäftsführungsbefugnis grundsätzlich auf die im Rahmen der Gründung erforderlichen Maßnahmen beschränkt ist. Denn auch in Bezug auf die Frage der Vertretungsmacht des Vorstands ist der grundsätzlich eingeschränkte Zweck (→ Rn. 7) der Vor-AG zu berücksichtigen. Da dieser die Geschäftsführungsbefugnis des Vorstands einschränkt, erscheint es konsequent, im Gleichlauf hierzu auch die Vertretungsmacht zu beschränken. Dabei dürfen die Auswirkungen dieses Streits in der Praxis nicht überschätzt werden. Zu Recht geht die hM[59] zwar bei Bargründungen davon aus, dass die Vorstandsmitglieder im Namen der Vor-AG nur solche Rechtsgeschäfte vornehmen dürfen und können, die zur Herbeiführung der Eintragung in das Handelsregister erforderlich sind. Eine Erweiterung der Vertretungsmacht über gründungsnotwendige Geschäfte hinaus kann sich jedoch aus der Satzung ergeben. Dabei soll die bloß formlose Zustimmung der Gründer – zB zum vorzeitigen Geschäftsbeginn – zur Erweiterung der Vertretungsmacht führen.[60] Um jeglichen Zweifeln im Geschäftsverkehr am Umfang der Vertretungsmacht vorzubeugen, sollte die Zustimmung jedoch Satzungsform aufweisen.[61] Bei einer Sachgründung durch Einbringung eines Unternehmens wird übereinstimmend von einer – zumindest konkludent erteilten – umfassenden Vertretungsmacht des Vorstands ausgegangen, die diesem nicht nur die Übertragung des Unternehmens in das Vermögen der Gesellschaft, sondern auch alle zur Fortführung des Unternehmens erforderlichen Maßnahmen ermöglicht.[62] 10

c) Insbesondere: Eintragung der Vor-AG als Eigentümerin im Grundbuch. Zur Eintragung einer Vor-AG als Eigentümerin im Grundbuch, die in der Praxis insbesondere im Zusammenhang mit der Leistung einer Sacheinlage in Betracht kommt, sind regelmäßig gemeinsam mit der die Auflassung und die Eintragungsbewilligung enthaltenden notariellen Urkunde zum Nachweis der Existenz der Vor-AG eine beglaubigte Abschrift des notariellen Gründungsprotokolls sowie ein Nachweis über die Bestellung des Vorstands in der Form des § 29 GBO und eine beglaubigte Abschrift der Handelsregisteranmeldung der Gesellschaft vorzulegen. Letztere dient dem Nachweis, dass die Eintragung auch tatsächlich betrieben wird; sie kann auch durch eine entsprechende Bescheinigung des Registergerichts oder eine den Vorgang der Anmeldung bestätigende Eigenurkunde des die Handelsregisteranmeldung betreibenden Notars ersetzt werden. Zusätzlich wird in der Praxis der Nachweis verlangt, dass der Vorstand der Vor-AG durch sämtliche Gründer zum Abschluss des 11

---

[50] Hüffer/*Koch* Rn. 13; KK-AktG/*M. Arnold* Rn. 43; MüKoAktG/*Pentz* Rn. 54.

[51] MüKoAktG/*Pentz* Rn. 53; Hüffer/*Koch* Rn. 11; Spindler/Stilz/*Heidinger* Rn. 54; KK-AktG/*M. Arnold* Rn. 41; NK-AktR/*Höhfeld* Rn. 9; HK-AktG/*Körber* Rn. 14; vgl. BGHZ 80, 129 (139) = NJW 1981, 1373.

[52] Vgl. BGH AG 1961, 355.

[53] MüKoAktG/*Pentz* Rn. 53; Hüffer/*Koch* Rn. 11; HK-AktG/*Körber* Rn. 14.

[54] Vgl. BGHZ 45, 338 (342 f.) = NJW 1966, 1311; BGHZ 65, 378 (383) = NJW 1976, 419.

[55] Vgl. Hüffer/*Koch* Rn. 12.

[56] BGHZ 80, 129 (133 ff.) = NJW 1981, 1373.

[57] MüKoAktG/*Pentz* Rn. 35, 53; KK-AktG/*M. Arnold* Rn. 32; HK-AktG/*Körber* Rn. 14; Grigoleit/*Vedder* Rn. 18.

[58] BGHZ 80, 129 (139) = NJW 1981, 1373; Hüffer/*Koch* Rn. 11 iVm Rn. 6; NK-AktR/*Höhfeld* Rn. 9, 17; MHdB AG/*Hoffmann-Becking* § 3 Rn. 40, 42; vgl. auch Schmidt/Lutter/*Drygala* Rn. 6 f.

[59] Vgl. MHdB AG/*Hoffmann-Becking* § 3 Rn. 40; Hüffer/*Koch* Rn. 11 iVm Rn. 6.

[60] Vgl. BGHZ 80, 129 (139) = NJW 1981, 1373; vgl. ferner Schmidt/Lutter/*Drygala* Rn. 6 f.

[61] Ähnlich Spindler/Stilz/*Heidinger* Rn. 57; Hüffer/*Koch* Rn. 11 iVm Rn. 6.

[62] Vgl. BGHZ 80, 129 (139) = NJW 1981, 1373; Hüffer/*Koch* Rn. 11 iVm Rn. 6; Spindler/Stilz/*Heidinger* Rn. 57; HK-AktG/*Körber* Rn. 14.

konkreten Rechtsgeschäfts oder generell für alle bzw. entsprechende Rechtsgeschäfte auch bereits vor Registereintragung ermächtigt ist.[63]

12 **4. Beendigung der Vor-AG. a) Eintragung im Handelsregister.** Wenn mit der Eintragung im Handelsregister die Aktiengesellschaft als juristische Person entsteht (vgl. § 41 Abs. 1 S. 1), endet die Vor-AG. Eine Liquidation findet nicht statt. Die Rechte und Pflichten der Vor-AG gehen nach der Zustimmung verdienenden hM[64] im Wege der **Gesamtrechtsnachfolge** ipso jure auf die Aktiengesellschaft über. Soweit teilweise vertreten wird, Vor-AG und AG seien ein und derselbe Rechtsträger („Identitätstheorie") und die Eintragung führe lediglich zu einer Änderung von dessen Organisationsform,[65] wird dies der vom Gesetz vorgesehenen konstitutiven Wirkung der Eintragung nicht gerecht. Unabhängig von der dogmatischen Erklärung des Rechtsübergangs besteht Einigkeit darüber, dass alle Rechte, Pflichten und Vertragsverhältnisse der Vor-AG unverändert bei der AG fortbestehen („Kontinuität").[66] Die eingetragene Gesellschaft haftet daher insbesondere wie die Vor-AG für alle kraft Gesetz, Vertrag oder Satzung gegen letztere begründeten Ansprüche; ebenso wird sie die Berechtigte aller der Vor-AG zustehenden Ansprüche und sonstigen Rechte.[67]

13 **b) Auflösung bei endgültiger Nichteintragung.** Erfolgt keine Eintragung der Gesellschaft, kommt es grundsätzlich zur **Auflösung** der Vor-AG (§ 726 BGB analog). Das Scheitern kann bedingt sein durch die rechtskräftige Ablehnung des Eintragungsantrags[68] durch das Registergericht oder durch die Rücknahme des Antrags infolge Aufgabe der Eintragungsabsicht.[69] Die Auflösung der Vor-AG kann von den Gründern ferner jederzeit mit der nach § 262 Abs. 1 Nr. 2 erforderlichen Mehrheit beschlossen werden.[70] Der Auflösungsbeschluss bedarf der notariellen Beurkundung (vgl. § 262 Abs. 1 Nr. 2 iVm § 130 Abs. 1 S. 3). Bei der Vor-AG kommt auch die insolvenzbedingte Auflösung gemäß § 262 Abs. 1 Nr. 3 und 4 in Betracht.[71] Die Vor-AG kann schließlich durch die Kündigung eines Gründers aus wichtigem Grund aufgelöst werden (§ 723 Abs. 1 S. 2 und S. 3 Nr. 1 BGB).[72] Als wichtiger Grund kommt insbesondere das Unvermögen eines Gründers in Betracht, seine Einlage zu erbringen.[73] Die aufgelöste Vor-AG ist nach den §§ 262 ff. **abzuwickeln,** soweit dort nicht die Eintragung vorausgesetzt ist. Liquidatoren sind grundsätzlich die Vorstandsmitglieder (§ 265 Abs. 1).[74] Wird die Vor-AG trotz des Scheiterns der Eintragung nicht abgewickelt, sondern fortgeführt, entsteht – abhängig von deren Betätigungsfeld – eine Gesellschaft bürgerlichen Rechts oder eine OHG, auf die die jeweiligen gesetzlichen Bestimmungen (§§ 705 ff. BGB; §§ 105 ff. HGB) zur Anwendung gelangen.[75]

14 **5. Die Haftung der Gründer. a) Grundlagen.** Seitdem die Rechtsprechung das früher von ihr propagierte **„Vorbelastungsverbot" aufgegeben** hat (→ Rn. 10), ist allgemein anerkannt, dass die Vor-AG mit ihrem gesamten, insbesondere aus schon geleisteten Einlagen und den Ansprüchen auf die noch ausstehenden Einlageleistungen bestehenden Gesellschaftsvermögen für ihre Verbindlichkeiten haftet.[76] Diese Haftung endet mit der Eintragung der Gesellschaft im Handelsregister, da mit dieser alle Verbindlichkeiten der Vor-AG auf die AG übergehen. Ohne ausdrückliche gesetzliche Grundlage wurde im Wege der Rechtsfortbildung ein System der **persönlichen Gründerhaftung** entwickelt, das dem Schutz des Prinzips der Kapitalaufbringung dient und aus Gläubigerschutzgesichtspunkten unverzichtbare Voraussetzung für die Aufgabe der „Vorbelastungsverbots" ist.[77] Die diesbezüglichen im GmbH-Recht entwickelten Grundsätze sind wegen der vergleichbaren Interes-

---

[63] DNotI-Report 2007, 140 (141).

[64] Grundlegend BGHZ 80, 129 (137) = NJW 1981, 1373; ebenso NK-AktR/*Höhfeld* Rn. 20.

[65] So iE zB Schmidt/Lutter/*Drygala* Rn. 18; MüKoAktG/*Pentz* Rn. 29, 107 f.; HK-AktG/*Körber* Rn. 25; Hüffer/*Koch* Rn. 16.

[66] Spindler/Stilz/*Heidinger* Rn. 34; HK-AktG/*Körber* Rn. 26.

[67] Vgl. MüKoAktG/*Pentz* Rn. 125.

[68] MüKoAktG/*Pentz* Rn. 46; Spindler/Stilz/*Heidinger* Rn. 41.

[69] Spindler/Stilz/*Heidinger* Rn. 41.

[70] MüKoAktG/*Pentz* Rn. 45; Schmidt/Lutter/*Drygala* Rn. 22; Spindler/Stilz/*Heidinger* Rn. 40.

[71] MüKoAktG/*Pentz* Rn. 48; Spindler/Stilz/*Heidinger* Rn. 40.

[72] BGHZ 169, 270 Rn. 15 = NJW 2007, 598; Hüffer/*Koch* Rn. 3; MüKoAktG/*Pentz* Rn. 47; Schmidt/Lutter/*Drygala* Rn. 22.

[73] BGHZ 169, 270 Rn. 19 = NJW 2007, 598; Hüffer/*Koch* Rn. 3; MüKoAktG/*Pentz* Rn. 47.

[74] BGHZ 169, 270 Rn. 27 = NJW 2007, 598; MüKoAktG/*Pentz* Rn. 49.

[75] MüKoAktG/*Pentz* Rn. 50; KK-AktG/*M. Arnold* Rn. 62.

[76] AllgM, zB Spindler/Stilz/*Heidinger* Rn. 70.

[77] Grundlegend BGHZ 80, 129 = NJW 1981, 1373; BGHZ 134, 333 = NJW 1997, 1507; ausführlicher Überblick über die Entwicklung und den Meinungsstand bei MüKoAktG/*Pentz* Rn. 55 ff.

senlage auf das Aktienrecht zu übertragen.[78] Die Rechtsprechung geht dabei von einer **unbeschränkten, persönlichen, auf das Verhältnis der Kapitalanteile bezogenen und folglich nicht gesamtschuldnerischen, auf die wertmäßige Erbringung des Grundkapitals** gerichtete **Innenhaftung** der Gründer aus (sog. **„Unterbilanzhaftung"**, → Rn. 15).[79] Entgegen der in der instanzgerichtlichen Rechtsprechung[80] vorherrschenden Ansicht ist eine Ausfallhaftung der übrigen Gründer nach dem Vorbild des § 24 GmbHG anzuerkennen, wenn der Haftungsbetrag von einem Gründer nicht erlangt werden kann.[81] Die Gründerhaftung greift zum einen bei der durch die Eintragung abgeschlossene Gründung einer Aktiengesellschaft. Sie soll zum anderen nach inzwischen gefestigter höchstrichterlicher Rechtsprechung auch bei der Verwendung (→ § 23 Rn. 44 ff.) von Vorratsgesellschaften und Mantelgesellschaften zur Anwendung gelangen.[82] Die Gründerhaftung mit vorgenannten Charakteristika besteht aber auch dann, wenn es nicht zur Eintragung der Gesellschaft kommt (sog. **„Verlustdeckungshaftung"**).[83]

b) Unterbilanzhaftung. Die Unterbilanzhaftung greift ein, wenn es zur Eintragung der Gesell- 15
schaft im Handelsregister kommt. Die Unterbilanzhaftung umfasst die **Differenz** zwischen dem (statuarischen) **Grundkapital** – abzüglich des in der Satzung festgelegten **Gründungsaufwands** – und dem **Wert des Gesellschaftsvermögens** zum **Zeitpunkt der Eintragung.**[84] Das Risiko einer solchen Unterbilanz besteht insbesondere bei einem vorzeitigen Geschäftsbeginn vor Eintragung im Handelsregister. Daher trifft nach Ansicht der Rechtsprechung[85] die Unterbilanzhaftung nur die Gründer, die dem vorzeitigen Geschäftsbeginn ausdrücklich oder konkludent zugestimmt haben. Die Gründer haften für die „Unterbilanz", dh grundsätzlich auf den Betrag, den das tatsächliche Gesellschaftsvermögen im Zeitpunkt der Eintragung hinter dem Nennbetrag des Grundkapitals zurückbleibt. Ist die Gesellschaft (bereits) überschuldet, kann die Haftung den Nennbetrag des Grundkapitals übersteigen.[86] Denn die Unterbilanzhaftung soll sicherstellen, dass der Gesellschaft tatsächlich zum Zeitpunkt der Eintragung das satzungsmäßige Grundkapital als Mindesthaftkapital im Gläubigerschutzinteresse zur Verfügung steht. Ein eventuelles Aufgeld (Agio) erhöht die Haftung entsprechend, da es bei der Aktiengesellschaft Einlagencharakter hat.[87] Ansprüche aus der Unterbilanzhaftung stehen der Gesellschaft zu, nicht deren Gläubigern **(„Innenhaftung").**[88] Die Ansprüche der Gesellschaft entstehen mit der Eintragung der Gesellschaft, sind sofort fällig und vom Vorstand umgehend geltend zumachen.[89] Die Ansprüche verjähren binnen zehn Jahren (§ 54 Abs. 4 analog).[90] Um die Höhe der Ansprüche festzustellen, ist eine Vermögensbilanz (Vorbelastungsbilanz) auf den Tag der Eintragung zu erstellen.[91] Dabei kann der Geschäfts- und Firmenwert des bereits in Gang gesetzten Unternehmens berücksichtigt werden.[92] Ansprüche aus Unterbilanzhaftung erlöschen grundsätzlich nicht dadurch, dass die Gesellschaft durch später erzielte Gewinne die Unterbilanz

[78] Hüffer/*Koch* Rn. 8; Spindler/Stilz/*Heidinger* Rn. 72; HK-AktG/*Körber* Rn. 32; MHdB AG/*Hoffmann-Becking* § 3 Rn. 41; *Wiedemann* ZIP 1997, 2029; *Weimar* AG 1992, 69 (71 f.); vgl. auch BAG ZIP 2005, 350; LG Heidelberg ZIP 1997, 2045 (2047); OLG Karlsruhe AG 1999, 131 (132).

[79] BGHZ 80, 129 (141) = NJW 1981, 1373; BGHZ 134, 333 = NJW 1997, 1507; vgl. die Übersicht bei Spindler/Stilz/*Heidinger* Rn. 71 ff.; ferner zB HK-AktG/*Körber* Rn. 33.

[80] Vgl. OLG Karlsruhe AG 1999, 131 (132); LG Heidelberg ZIP 1997, 2045 (2047); ebenso KK-AktG/*M. Arnold* Rn. 50.

[81] Hüffer/*Koch* Rn. 9b; MüKoAktG/*Pentz* Rn. 116; Spindler/Stilz/*Heidinger* Rn. 94; HK-AktG/*Körber* Rn. 34.

[82] BGHZ 155, 318 (326 f.) = NJW 2003, 3198; BGH NZG 2008, 147 Rn. 4 = ZIP 2008, 217; BGH NZG 2012, 539 Rn. 19 = NJW 2012, 1875; Hüffer/*Koch* § 23 Rn. 27b; abl. GroßkommAktG/*K. Schmidt* Rn. 118; vgl. Spindler/Stilz/*Heidinger* Rn. 86a.

[83] Vgl. BGHZ 134, 333 = NJW 1997, 1507.

[84] BGHZ 80, 129 (140 ff.) = NJW 1981, 1373; BGHZ 105, 300 (303) = NJW 1989, 710; BGH NZG 1998, 102 = NJW 1998, 233; vgl. BGHZ 134, 333 (335) = NJW 1997, 1507; BGHZ 165, 391 Rn. 10 ff. = NZG 2006, 390; BGH NZG 2004, 773 (774) = NJW 2004, 2519; Hüffer/*Koch* Rn. 8.

[85] OLG Hamm AG 2003, 278; vgl. BGHZ 134, 333 (335) = NJW 1997, 1507; Hüffer/*Koch* Rn. 8; im Ergebnis wohl ebenso Spindler/Stilz/*Heidinger* Rn. 79; MHdB AG/*Hoffmann-Becking* § 3 Rn. 41; aA MüKoAktG/*Pentz* Rn. 116; KK-AktG/*M. Arnold* Rn. 51; HK-AktG/*Körber* Rn. 34.

[86] Hüffer/*Koch* Rn. 9; Schmidt/Lutter/*Drygala* Rn. 11.

[87] Spindler/Stilz/*Heidinger* Rn. 82; MüKoAktG/*Pentz* Rn. 118; Hüffer/*Koch* Rn. 9; vgl. KK-AktG/*M. Arnold* Rn. 53.

[88] BGHZ 80, 129 (141) = NJW 1981, 1373; ebenso Hüffer/*Koch* Rn. 8; Spindler/Stilz/*Heidinger* Rn. 78.

[89] MüKoAktG/*Pentz* Rn. 117; KK-AktG/*M. Arnold* Rn. 51; HK-AktG/*Körber* Rn. 36.

[90] Spindler/Stilz/*Heidinger* Rn. 81 mwN; iE ebenso Schmidt/Lutter/*Drygala* Rn. 12; MüKoAktG/*Pentz* Rn. 117.

[91] Hüffer/*Koch* Rn. 9; MüKoAktG/*Pentz* Rn. 118; Spindler/Stilz/*Heidinger* Rn. 83; KK-AktG/*M. Arnold* Rn. 53.

[92] Hüffer/*Koch* Rn. 9; Spindler/Stilz/*Heidinger* Rn. 83.

ausgleicht.[93] Während zum Zeitpunkt der Anmeldung der Gesellschaft die (Bar-)Einlagen gegenständlich oder – bei Geschäftsaufnahme vor Anmeldung – zumindest noch wertmäßig im Gesellschaftsvermögen der Vor-AG vorhanden sein müssen – ansonsten besteht ein Eintragungshindernis (→ § 38 Rn. 3) –, stellt eine **nach Anmeldung** auftretende Unterbilanz in konsequenter Anwendung des hinter der Unterbilanzhaftung stehenden Gedankens **kein Eintragungshindernis** dar. Etwas anderes gilt ausnahmsweise nur dann, wenn die Realisierung entsprechender Ansprüche aufgrund Unterbilanzhaftung mangels Leistungsfähigkeit der Gründer ernsthaft gefährdet ist (→ § 38 Rn. 3).[94]

16 **c) Verlustdeckungshaftung.** Kommt es nicht zur Eintragung der Gesellschaft, scheidet eine Unterbilanzhaftung aus, da für diese die Eintragung konstitutiv ist. Zur Vermeidung einer Haftungslücke haften die Gründer in diesem Fall für eine Deckung der während der Existenz der Vor-AG aufgetretenen Verluste („Verlustdeckungspflicht").[95] Wie die Unterbilanzhaftung ist auch die Verlustdeckungshaftung der Gründer persönlich, unbeschränkt und auf das Verhältnis der Kapitalanteile bezogen und folglich nicht gesamtschuldnerisch.[96] In der Höhe beschränkt sich die Verlustdeckungshaftung auf den Ausgleich der entstandenen Verluste; eine Wiederherstellung des Grundkapitals kann nicht verlangt werden.[97] Die Verlustdeckungshaftung greift erst ein, wenn die Eintragung der Gesellschaft endgültig scheitert oder die Gründer die Eintragungsabsicht aufgeben.[98] Sie ist von der Rechtsprechung ebenso wie die Unterbilanzhaftung als Innenhaftung konzipiert.[99] Ausnahmsweise kann es zu einer unmittelbaren Außenhaftung der Gründer kommen, so zB bei Vermögenslosigkeit der Vor-AG,[100] bei der Einpersonen-Gründung[101] oder in dem Fall, dass ein Insolvenzverfahren über das Vermögen der Vor-AG mangels Masse abgelehnt wird.[102] Soweit es bei der Innenhaftung gegenüber der Vor-AG bleibt, können deren Gläubiger die Ansprüche der Gesellschaft gegen die Gründer pfänden und sich zur Einziehung überweisen lassen.[103]

17 **d) Sonderfall „unechte Vor-AG".** Haben die Gesellschafter der Vor-AG von vorneherein nicht beabsichtigt, die Gesellschaft im Handelsregister eintragen zu lassen, oder haben sie nach Aufgabe der Eintragungsabsicht die Vor-AG nicht abgewickelt, sondern werbend fortgeführt, entsteht eine sog. „unechte Vor-AG".[104] Diese Gesellschaftsform ist dadurch charakterisiert, dass fälschlicherweise der Rechtsschein erzeugt wird, es werde (weiterhin) das Entstehen einer Kapitalgesellschaft mit beschränkter Haftung betrieben. Eine „unechte Vor-AG" stellt je nach ihrem Betätigungsfeld eine Gesellschaft bürgerlichen Rechts oder eine OHG dar.[105] Die an ihr beteiligten Gesellschafter haften gegenüber den Gläubigern der Gesellschaft daher nach § 128 HGB unmittelbar oder analog. Entsteht die „unechte Vor-AG" durch Fortsetzung des Geschäftsbetriebs nach Aufgabe der Eintragungsabsicht, umfasst die persönliche akzessorische Außen-Haftung der Gesellschafter auch die Verbindlichkeiten, die vor Aufgabe der Eintragungsabsicht begründet worden sind.[106]

18 **6. Besonderheiten bei der Einpersonengründung. a) „Einpersonen-Vor-AG".** Seit Inkrafttreten des Gesetzes für kleine Aktiengesellschaften und zur Deregulierung des Aktienrechts vom 2.8.1994 (BGBl. I S. 1961) und der damit verbundenen Neufassung des § 2 ist bei der Aktiengesellschaft eine Einpersonengründung zulässig (→ § 2 Rn. 2, 8). Dies wirft die Frage nach der

---

[93] Vgl. BGHZ 165, 391 Rn. 21 ff. = NZG 2006, 390; BGH NZG 2012, 539 Rn. 46 = NJW 2012, 1875; MüKoAktG/*Pentz* Rn. 114; Spindler/Stilz/*Heidinger* Rn. 81b; KK-AktG/*M. Arnold* Rn. 52; HK-AktG/*Körber* Rn. 36; Hüffer/*Koch* Rn. 9; aA Schmidt/Lutter/*Drygala* Rn. 12.

[94] Vgl. Hüffer/*Koch* Rn. 9; MüKoAktG/*Pentz* § 38 Rn. 21 f.; Spindler/Stilz/*Döbereiner* § 38 Rn. 4; aA Spindler/Stilz/*Heidinger* Rn. 85.

[95] Vgl. BGHZ 134, 333 = NJW 1997, 1507.

[96] Vgl. BGHZ 134, 333 = NJW 1997, 1507; BGH NJW 1996, 1210 = ZIP 1996, 590.

[97] Hüffer/*Koch* Rn. 9a; Spindler/Stilz/*Heidinger* Rn. 87.

[98] BGHZ 134, 333 (341) = NJW 1997, 1507; vgl. Hüffer/*Koch* Rn. 9a; HK-AktG/*Körber* Rn. 37; aA Schmidt/Lutter/*Drygala* Rn. 14.

[99] BGH NJW 1996, 1210 (1211 ff.); BGHZ 134, 333 = NJW 1997, 1507; zust. zB Hüffer/*Koch* Rn. 9a; Spindler/Stilz/*Heidinger* Rn. 88; MHdB AG/*Hoffmann-Becking* § 3 Rn. 44; aA MüKoAktG/*Pentz* Rn. 55 ff.: unmittelbare akzessorische Außenhaftung der Gründer entsprechend §§ 128 ff. HGB.

[100] BGHZ 134, 333 (338 ff.) = NJW 1997, 1507; Spindler/Stilz/*Heidinger* Rn. 90; vgl. KK-AktG/*M. Arnold* Rn. 51; NK-AktR/*Höhfeld* Rn. 19; HK-AktG/*Körber* Rn. 38; diff. Schmidt/Lutter/*Drygala* Rn. 17.

[101] BGHZ 134, 333 (338 ff.) = NJW 1997, 1507; vgl. KK-AktG/*M. Arnold* Rn. 51; HK-AktG/*Körber* Rn. 38.

[102] BAGE 93, 151 = NJW 2000, 2915, vgl. HK-AktG/*Körber* Rn. 38.

[103] Spindler/Stilz/*Heidinger* Rn. 88; vgl. Schmidt/Lutter/*Drygala* Rn. 15; HK-AktG/*Körber* Rn. 37.

[104] Vgl. BGHZ 152, 290 (294 f.) = NJW 2003, 429; vgl. den Überblick bei Spindler/Stilz/*Heidinger* Rn. 92 ff.; MüKoAktG/*Pentz* Rn. 83 ff.; Schmidt/Lutter/*Drygala* Rn. 16.

[105] AllgM, zB MüKoAktG/*Pentz* Rn. 83.

[106] BGHZ 152, 290 (294 f.) = NJW 2003, 429; Spindler/Stilz/*Heidinger* Rn. 93; vgl. HK-AktG/*Körber* Rn. 39.

Rechtsnatur der Vor-AG bei einer Einpersonengründung auf, da diese bei nur einer beteiligten Person nicht als Gesamthandsgesellschaft qualifiziert werden kann. Teilweise wird das Entstehen einer Vor-AG verneint und lediglich die Existenz eines **Sondervermögens** des alleinigen Gründers anerkannt, dem die geleisteten Einlagen und die Einlagenansprüche zuzuordnen sind.[107] Zustimmung verdient jedoch die neuere im Vordringen befindliche Ansicht, wonach auch bei einer Einpersonengründung eine **rechtlich verselbständigte „Organisationsform sui generis"** entsteht.[108] Die (Teil-)Rechtsfähigkeit der Vor-AG bei einer Mehrpersonengründung ist zwischenzeitlich allgemein anerkannt. Der Gesetzgeber hat in § 2 zum Ausdruck gebracht, dass keine strukturellen Unterschiede zwischen einer Ein- und einer Mehrpersonengründung bestehen sollen. Diese Zielsetzung hat er durch die Änderung des § 36 Abs. 2 durch das Gesetz zur Modernisierung des GmbH-Rechts und zur Bekämpfung von Missbräuchen (MoMiG) vom 23.10.2008 (BGBl. I S. 2026) und den damit verbundenen ersatzlosen Verzicht auf die früher erforderliche Sicherheitsleistung für nicht geleistete Einlagen im Fall der Einpersonengründung (→ § 36 Rn. 2) bestätigt. Zwischen Ein- und Mehrpersonengründung und -gesellschaft soll daher grundsätzlich nicht differenziert werden, soweit dies das Gesetz nicht ausdrücklich – wie zB in § 42 – anordnet. Der vom Gesetzgeber gewünschte Gleichlauf gebietet die Anerkennung einer teilrechtsfähigen Vorgesellschaft auch bei der Einpersonengründung. Bei der Mehrpersonengründung sind Vor-AG und eingetragene Gesellschaft dadurch charakterisiert, dass ihr Vermögen und das ihrer Gesellschafter voneinander getrennt sind. Auch bei der Einpersonengründung ist eine entsprechende Vermögenstrennung bereits im Gründungsstadium aus Gläubigerschutz- und Verkehrsschutzaspekten erforderlich;[109] sie vermeidet auch Probleme bei der Kapitalaufbringung.[110]

b) Bedeutung. Die Grundsätze der Vor-AG (→ Rn. 6 ff.) gelten daher auch für die Einperso- 19
nengründung. Die Einpersonen-Vor-AG entsteht mit der Feststellung der Satzung und der Übernahme aller Aktien durch den alleinigen Gründer (→ Rn. 5). Sie ist Trägerin des Gesellschaftsvermögens. Eine Vollstreckung in das Gesellschaftsvermögens ist nur auf Grundlage eines gegen die Vor-AG gerichteten Titels möglich.[111] Die Vor-AG endet mit der Eintragung. Alle Rechte und Pflichten gehen auf die AG über. Scheitert die Eintragung oder wird die Gesellschaft aus anderen Gründen aufgelöst, findet eine Liquidation nach den allgemeinen Vorschriften statt.[112] Auch in Bezug auf die Haftung gelten die allgemeinen Grundsätze (→ Rn. 14 ff.). Allerdings besteht die Verlustdeckungshaftung (→ Rn. 16) als unmittelbare Außenhaftung des alleinigen Gründers.[113]

IV. Die Handelndenhaftung (Abs. 1 S. 2)

1. Haftungsvoraussetzungen. Gemäß § 41 Abs. 1 S. 2 haftet derjenige persönlich, der vor der 20
Eintragung der Gesellschaft in ihrem Namen handelt; handeln mehrere, haften sie als Gesamtschuldner (sog. **„Handelndenhaftung"**). Eine Handelndenhaftung kommt nur in Betracht, **wenn** und **solange** eine Vor-AG existiert. Die Rechtsprechung geht von der entsprechenden Anwendung der Handelndenhaftung auf die Fälle der „wirtschaftlichen Neugründung" (→ § 23 Rn. 44 ff.) aus, wenn die Geschäfte vor deren Offenlegung aufgenommen werden, ohne dass dem alle Gesellschafter zugestimmt haben (→ § 23 Rn. 52).[114]

a) Handelnder. Handelnder kann grundsätzlich nur ein Mitglied des vertretungsberechtigten 21
Organs der Vor-AG sein, dh ein Mitglied des Vorstands.[115] Wer sich als Vorstandsmitglied geriert, ohne solches zu sein, kann ebenfalls haften.[116] Die Wirksamkeit der Bestellung zum Vorstand ist

[107] *Bruski* AG 1997, 17 (20); zur GmbH UHW/*Ulmer* GmbHG § 11 Rn. 24; *Fezer* JZ 1981, 608 (615 ff.); *Fleck* GmbHR 1983, 5 (16 f.).

[108] MüKoAktG/*Pentz* Rn. 79; Spindler/Stilz/*Heidinger* Rn. 121; KK-AktG/*M. Arnold* Rn. 96; NK-AktR/*Höhfeld* Rn. 23; HK-AktG/*Körber* Rn. 41; jetzt auch Hüffer/*Koch* Rn. 17c; vgl. OLG Dresden GmbHR 1997, 215 (217); BFHE 197, 304 (307) = GmbHR 2002, 223; vgl. ferner Schmidt/Lutter/*Drygala* Rn. 5: juristische Person.

[109] Vgl. Spindler/Stilz/*Heidinger* Rn. 121 f.

[110] Vgl. Überblick bei MüKoAktG/*Pentz* Rn. 77 ff.

[111] Spindler/Stilz/*Heidinger* Rn. 124.

[112] MüKoAktG/*Pentz* Rn. 81; HK-AktG/*Körber* Rn. 44.

[113] BGHZ 134, 333 (338 ff.) = NJW 1997, 1507.

[114] Vgl. BGHZ 155, 318 (327) = NJW 2003, 3198; BGH NZG 2011, 1066, Rn. 8, 11 ff. = GmbHR 2011, 1032; KK-AktG/*M. Arnold* Rn. 66; *Hüffer* NZG 2011, 1257 (1259); HK-AktG/*Körber* Rn. 17; aA Hüffer/*Koch* § 23 Rn. 27c.

[115] AllgM, zB MüKoAktG/*Pentz* Rn. 132; KK-AktG/*M. Arnold* Rn. 70.

[116] BGHZ 51, 30 (35) = NJW 1969, 509; BGHZ 65, 378 (380 f.) = NJW 1976, 419; Spindler/Stilz/*Heidinger* Rn. 101; HK-AktG/*Körber* Rn. 18.

daher keine Haftungsvoraussetzung. Vorstandsmitglieder haften auch dann, wenn sie andere Personen vorgeschoben oder bevollmächtigt haben.[117] Keine Haftung besteht dagegen für Prokuristen.[118] Auch Aufsichtsratsmitglieder haften nicht, sofern sie die Gesellschaft nur im Innenverhältnis, zB bei Geschäften mit Mitgliedern des Vorstands, vertreten.[119] Gründer haften als solche auch dann nicht nach § 41 Abs. 1 S. 2, wenn sie der Aufnahme der Geschäfte zugestimmt haben;[120] für eine entsprechende erweiternde Auslegung des § 41 Abs. 1 S. 2 besteht angesichts des von der Rechtsprechung entwickelten Systems der Gründerhaftung (→ Rn. 14 ff.) kein Bedarf.

22 **b) Handeln.** Haftungsbegründend ist lediglich ein **rechtsgeschäftliches** Handeln im **Namen der Gesellschaft** vor ihrer Eintragung gegenüber gesellschaftsfremden Dritten. Für Verbindlichkeiten aus gesetzlichen Schuldverhältnissen (zB Unternehmensübergang, § 25 HGB; unerlaubte Handlung eines Vorstandsmitglieds, § 31 BGB; Sozialversicherungsbeiträge) wird daher keine Haftung begründet.[121] Die Haftung soll allerdings Ersatzansprüche aufgrund vertraglicher Vereinbarungen sowie Ansprüche aus Geschäftsführung ohne Auftrag oder ungerechtfertigter Bereicherung umfassen.[122] Nach der Rechtsprechung muss im Namen der zukünftigen Aktiengesellschaft oder zugleich im Namen der künftigen Gesellschaft und der Vor-AG gehandelt werden, was sich auch erst im Wege der Auslegung (§§ 133, 157 BGB) ergeben kann.[123] Die großzügigere Literatur[124] lässt ein Handeln im Namen der Vor-AG immer ausreichen, was zur Vermeidung von Zufallsergebnissen vorzugswürdig erscheint.[125] Schließlich muss **vor Eintragung** der AG, aber **nach Errichtung** der Vor-AG gehandelt worden sein.[126] Ein Handeln im Vorgründungsstadium (→ Rn. 3 ff.) kann nicht haftungsbegründend sein.[127] Schließlich besteht die Haftung nur für ein Handeln gegenüber gesellschaftsfremden und nicht mit deren Verhältnissen vertrauten Dritten, nicht gegenüber den Gründern.[128]

23 **2. Haftung: Inhalt-Umfang-Regress.** Der Handelnde haftet **persönlich** und **akzessorisch** neben der Gesellschaft für deren Verbindlichkeiten.[129] Mehrere Handelnde haften als Gesamtschuldner. Die Haftung ist **nicht summenmäßig beschränkt.** Der Gläubiger ist nicht gezwungen, sich wegen seiner Ansprüche zunächst an die Gesellschaft zu wenden. Der in Anspruch genommene Handelnde kann alle Einwendungen und Einreden geltend machen, die auch der Gesellschaft zustehen.[130] Die Handelndenhaftung ist durch eine vertragliche Abrede zwischen dem Handelnden und dem Gläubiger oder dem Gläubiger und der Gesellschaft **abdingbar.**[131] Die Haftung **erlischt** mit der **Eintragung** der Gesellschaft im Handelsregister.[132] Denn ihr Zweck (→ Rn. 2) hat sich mit der Entstehung der AG erledigt. Dies gilt auch für die Verpflichtungen aus Teilleistungen bei Dauerschuldverhältnissen, für die der Geschäftspartner seine Leistung schon vor der Eintragung erbracht hat.[133] Der in Anspruch genommene Handelnde kann – sofern er im Einklang mit seinen Organpflichten gehandelt hat – von der Gesellschaft **Freistellung** von der Verbindlichkeit verlangen oder

---

[117] BGHZ 53, 206 (208) = NJW 1970, 1043; Hüffer/*Koch* Rn. 20; NK-AktR/*Höhfeld* Rn. 29; HK-AktG/*Körber* Rn. 19.

[118] Hüffer/*Koch* Rn. 20; Spindler/Stilz/*Heidinger* Rn. 102; Schmidt/Lutter/*Drygala* Rn. 24; NK-AktR/*Höhfeld* Rn. 29.

[119] Vgl. BGH NJW 2004, 2519 (2520) = NZG 2004, 773; Hüffer/*Koch* Rn. 20; KK-AktG/*M. Arnold* Rn. 70; vgl. MüKoAktG/*Pentz* Rn. 141.

[120] BGHZ 47, 25 (28 f.) = NJW 1967, 828; Hüffer/*Koch* Rn. 20; MüKoAktG/*Pentz* Rn. 132.

[121] HM, zB KK-AktG/*M. Arnold* Rn. 74; Schmidt/Lutter/*Drygala* Rn. 27; aA Schwab NZG 2012, 481 (483 ff.).

[122] Hüffer/*Koch* Rn. 21; vgl. Spindler/Stilz/*Heidinger* Rn. 106.

[123] BGH NJW 1974, 1284; BGHZ 72, 45 (47) = NJW 1978, 1978; vgl. BGHZ 91, 148 (149) = NJW 1984, 2164.

[124] MüKoAktG/*Pentz* Rn. 136; KK-AktG/*M. Arnold* Rn. 72; NK-AktR/*Höhfeld* Rn. 31; HK-AktG/*Körber* Rn. 20.

[125] Hüffer/*Koch* Rn. 22.

[126] BGHZ 91, 148 (150) = NJW 1984, 2164; BAG NZG 2006, 751; MüKoAktG/*Pentz* Rn. 129; Hüffer/*Koch* Rn. 23; NK-AktR/*Höhfeld* Rn. 32.

[127] Heute allgM, zB MüKoAktG/*Pentz* Rn. 130.

[128] BGHZ 76, 320 (325) = NJW 1980, 1630; BGH NJW 2004, 2519 (2520) = NZG 2004, 773; MüKoAktG/*Pentz* Rn. 141; Spindler/Stilz/*Heidinger* Rn. 108; KK-AktG/*M. Arnold* Rn. 76; Schmidt/Lutter/*Drygala* Rn. 26.

[129] Spindler/Stilz/*Heidinger* Rn. 109; Hüffer/*Koch* Rn. 24; KK-AktG/*M. Arnold* Rn. 77; NK-AktR/*Höhfeld* Rn. 33; HK-AktG/*Körber* Rn. 21; vgl. Schmidt/Lutter/*Drygala* Rn. 27.

[130] MüKoAktG/*Pentz* Rn. 143.

[131] AllgM, zB BGHZ 53, 210 (213) = NJW 1970, 806; Hüffer/*Koch* Rn. 24.

[132] AllgM, zB Hüffer/*Koch* Rn. 25; MüKoAktG/*Pentz* Rn. 129, 143; Schmidt/Lutter/*Drygala* Rn. 27.

[133] Spindler/Stilz/*Heidinger* Rn. 111; MüKoAktG/*Pentz* Rn. 143; vgl. Hüffer/*Koch* Rn. 25; KK-AktG/*M. Arnold* Rn. 77.

Regress nehmen (§ 670 BGB bzw. §§ 670, 683 BGB).[134] Zwischen mehreren haftenden Handelnden können Ansprüche aus Gesamtschuldnerausgleich bestehen (§ 426 BGB). Ein Regress gegen die Gründer scheidet unter Berücksichtigung des von der Rechtsprechung entwickelten Systems der Gründerhaftung (→ Rn. 14 ff.) aus.[135]

3. Gerichtliche Zuständigkeit. Hinsichtlich der örtlichen und sachlichen Zuständigkeit der Gerichte gelten bei der klageweisen Geltendmachung von Ansprüchen aus § 41 Abs. 1 S. 2 die allgemeinen Regeln. War das Rechtsgeschäft der Gesellschaft, aufgrund dessen der Handelnde in Anspruch genommen wird, ein Handelsgeschäft, weil die Vor-AG ein kaufmännisches Gewerbe iSd § 1 Abs. 2 HGB betreibt und auch der Vertragspartner Kaufmann ist, ist die Kammer für Handelssachen auch für Klagen gegen den Handelnden zuständig (vgl. § 95 Abs. 1 GVG).[136] 24

V. Schuldübernahme (Abs. 2)

§ 41 Abs. 2 erlaubt eine befreiende Schuldübernahme **ohne Zustimmung** des Gläubigers. Die Vorschrift bezweckt eine erleichterte Enthaftung des Handelnden (→ § 41 Rn. 20 ff.).[137] Die Schuldübernahme setzt voraus, dass innerhalb von drei Monaten nach Eintragung der Gesellschaft zwischen der Gesellschaft und dem haftenden Handelnden iSd § 41 Abs. 1 S. 2 eine entsprechende Schuldübernahmevereinbarung getroffen und diese dem Gläubiger mitgeteilt wird. Dabei sind die § 181 BGB und § 112 zu beachten.[138] § 41 Abs. 2 hat unter Berücksichtigung seines Normzwecks und des heutigen Standes der Rechtsfortbildung im Recht der Vor-AG (Aufgabe des „Vorbelastungsverbots", → Rn. 10, 14; Übergang der Verbindlichkeiten der Vor-AG auf die AG mit Eintragung, → Rn. 12; Erlöschen der Handelndenhaftung mit Eintragung, → Rn. 23) nur noch geringe Bedeutung.[139] Ein Anwendungsbereich verbleibt lediglich für solche Geschäfte, bei deren Vornahme der Handelnde seine Vertretungsmacht überschritten hat und die deswegen nicht zu einer Verpflichtung der Vor-AG bzw. – nach Eintragung – der AG geführt haben.[140] Nicht anwendbar ist die Vorschrift auf in der Vorgründungsphase eingegangene Verpflichtungen.[141] 25

VI. Übernahmeverbote (Abs. 3)

Gemäß § 41 Abs. 3 kann die eingetragene Gesellschaft – unabhängig von einer eventuellen Zustimmung des Gläubigers – keine Verpflichtungen aus in der Satzung **nicht festgesetzten** Verträgen über Sondervorteile, Gründungsaufwand, Sacheinlagen oder Sachübernahmen übernehmen. Die Vorschrift soll eine Umgehung der §§ 26, 27 und 52 verhindern (→ Rn. 2). Die Regelung ist in Bezug auf die angeordnete Rechtsfolge weitestgehend überflüssig und hat lediglich klarstellenden Charakter, da eine entsprechende Schuldübernahme durch die Gesellschaft – zumindest soweit sie sich nicht auf Verpflichtungen im Zusammenhang mit einer „verdeckten Sacheinlage" (→ § 27 Rn. 26 ff.) bezieht – wegen Verstoßes gegen die vorgenannten Vorschriften unwirksam wäre.[142] Bei wirksamer Festsetzung in der Satzung bedarf es hingegen keiner Schuldübernahme, da dann die AG originär verpflichtet wird.[143] Seit dem Inkrafttreten des Gesetzes zur Umsetzung der Aktionärsrechterichtlinie (ARUG) vom 30.7.2009 (BGBl. I S. 2479) und der damit verbundenen vollständigen Neufassung des § 27 Abs. 3 (→ § 27 Rn. 28) scheint § 41 Abs. 3 aber nunmehr im Widerspruch zu § 27 Abs. 3 S. 2 zu stehen, nach dem – anders als nach früherer Rechtslage – Verträge über eine verdeckte Sacheinlage und die Rechtshandlungen zu ihrer Ausführung nicht (mehr) unwirksam sind.[144] 26

VII. Übertragungs- und Ausgabeverbot (Abs. 4)

1. Unübertragbarkeit der Mitgliedschaft (Abs. 4 S. 1 Hs. 1). Gemäß § 41 Abs. 4 S. 1 Hs. 1 können vor der Eintragung der Gesellschaft Anteilsrechte nicht übertragen werden. Die Norm 27

---

[134] Spindler/Stilz/*Heidinger* Rn. 114; Hüffer/*Koch* Rn. 26; KK-AktG/*M. Arnold* Rn. 79; HK-AktG/*Körber* Rn. 22; iE ebenso NK-AktR/*Höhfeld* Rn. 36.

[135] IE ebenso Hüffer/*Koch* Rn. 26; ähnlich HK-AktG/*Körber* Rn. 22; insoweit überholt BGHZ 86, 122 (126) = NJW 1983, 876; diff. MüKoAktG/*Pentz* Rn. 149; NK-AktR/*Höhfeld* Rn. 36.

[136] MüKoAktG/*Pentz* Rn. 152; Hüffer/*Koch* Rn. 24.

[137] Hüffer/*Koch* Rn. 28; Spindler/Stilz/*Heidinger* Rn. 11; NK-AktR/*Höhfeld* Rn. 37.

[138] Spindler/Stilz/*Heidinger* Rn. 131; vgl. KK-AktG/*M. Arnold* Rn. 84.

[139] MüKoAktG/*Pentz* Rn. 155; Spindler/Stilz/*Heidinger* Rn. 129.

[140] Hüffer/*Koch* Rn. 28; Spindler/Stilz/*Heidinger* Rn. 129; HK-AktG/*Körber* Rn. 28; NK-AktR/*Höhfeld* Rn. 38.

[141] Spindler/Stilz/*Heidinger* Rn. 130.

[142] Vgl. KK-AktG/*M. Arnold* Rn. 87; NK-AktR/*Höhfeld* Rn. 39; HK-AktG/*Körber* Rn. 29.

[143] Hüffer/*Koch* Rn. 29; Spindler/Stilz/*Heidinger* Rn. 133.

[144] Vgl. Spindler/Stilz/*Heidinger* Rn. 133 f.; HK-AktG/*Körber* Rn. 29.

schließt die Übertragung der Mitgliedschaft in der Vor-AG nach §§ 398 ff. BGB aus. Möglich bleibt jedoch eine Änderung des Mitgliederbestandes der Vor-AG durch formgerechte Änderung der Gründungssatzung (§ 23) unter Beteiligung aller Gründer.[145] Ein gegen § 41 Abs. 4 S. 1 Hs. 1 verstoßendes Verfügungsgeschäft ist nichtig. Eine auf die Eintragung der Gesellschaft aufschiebend bedingte Abtretung der zukünftigen Mitgliedschaft an der AG erscheint als möglich, da dem weder der Wortlaut der Norm noch deren Zweck (→ Rn. 2) entgegenstehen.[146] Der Abschluss des bloßen Verpflichtungsgeschäfts über Mitgliedschaftsrechte begegnet auch vor Eintragung der Gesellschaft keinen Bedenken.[147]

28 **2. Verbot der Ausgabe von Aktien und Zwischenscheinen vor Eintragung (Abs. 4 S. 1 Hs. 2).** § 41 Abs. 4 S. 1 Hs. 2 verbietet im Interesse der Verkehrssicherheit die Ausgabe von Aktien (→ § 10 Rn. 2 ff.) oder Zwischenscheinen (→ § 8 Rn. 30; → § 10 Rn. 18 f.) vor Eintragung der Gesellschaft. Ausgabe in diesem Sinne ist die Überlassung an den Gründer.[148] Werden entgegen dem Verbot vor Eintragung Aktien oder Zwischenscheine ausgegeben, sind diese nichtig (§ 41 Abs. 4 S. 2; → § 8 Rn. 17); die Mitgliedschaft ist dann nicht wirksam verbrieft, so dass auch kein gutgläubiger Erwerb (→ § 10 Rn. 13 f.) in Betracht kommt.[149] Für einen eventuell entstehenden Schaden haften die Ausgeber, dh in der Regel die Mitglieder des Vorstands, den Inhabern verschuldensunabhängig als Gesamtschuldner (§ 41 Abs. 4 S. 3). Die Ausgabe vor Eintragung stellt darüber hinaus eine Ordnungswidrigkeit dar (§ 405 Abs. 1 Nr. 2).

§ 42 Einpersonen-Gesellschaft

Gehören alle Aktien allein oder neben der Gesellschaft einem Aktionär, ist unverzüglich eine entsprechende Mitteilung unter Angabe von Name, Vorname, Geburtsdatum und Wohnort des alleinigen Aktionärs zum Handelsregister einzureichen.

I. Allgemeines

1 **1. Regelungsgegenstand und Normzweck.** § 42 begründet für Aktiengesellschaften mit nur einem Aktionär die Verpflichtung, diesen Umstand dem Handelsregister mitzuteilen. Zweck der Vorschrift ist die Information des Rechtsverkehrs darüber, dass es sich bei der betreffenden Aktiengesellschaft um eine Einpersonengesellschaft handelt. Durch die dadurch bewirkte Publizität sollen gegenwärtige und zukünftige Gesellschaftsgläubiger geschützt werden.[1] Dieser Normzweck rechtfertigt es, trotz der systematischen Einordnung der Vorschrift im Gründungsrecht der Aktiengesellschaft diese **sowohl** bei der **Einpersonengründung** als auch für die Fälle der **nachträglichen Vereinigung** aller Aktien in der Hand eines Aktionärs anzuwenden.[2]

2 **2. Normhistorie.** § 42 hat seinen heutigen Regelungsgehalt durch das Gesetz für kleine Aktiengesellschaften und zur Deregulierung des Aktienrechts vom 2.8.1994 (BGBl. I S. 1961) und seine aktuelle Fassung durch das Handelsrechtsreformgesetz vom 22.6.1998 (BGBl. I S. 1474) erhalten. Durch die Norm wurde Art. 3 iVm Art. 6 Einpersonengesellschafts-RL[3] umgesetzt.

II. Mitteilungspflicht

3 **1. Voraussetzungen.** Nach § 42 besteht eine Mitteilungspflicht, wenn alle Aktien einem Aktionär oder neben der Gesellschaft einem Aktionär gehören. Die Mitteilungspflicht besteht gleichermaßen bei der Einpersonengründung wie in Fällen der nachträglichen Anteilsvereinigung (→ Rn. 1). Aktien gehören demjenigen, der formal Inhaber der Mitgliedschaft ist;[4] wem die wirtschaftliche

---

[145] Vgl. BGHZ 169, 270 Rn. 14 = NJW 2007, 589; KK-AktG/*M. Arnold* Rn. 88; HK-AktG/*Körber* Rn. 11.

[146] GroßkommAktG/*K. Schmidt* Rn. 67; MüKoAktG/*Pentz* Rn. 164; KK-AktG/*M. Arnold* Rn. 88, 90; Spindler/Stilz/*Heidinger* Rn. 66; HK-AktG/*Körber* Rn. 12; NK-AktR/*Höhfeld* Rn. 41; jetzt ebenso Hüffer/*Koch* Rn. 30.

[147] Hüffer/*Koch* Rn. 30; Spindler/Stilz/*Heidinger* Rn. 66; HK-AktG/*Körber* Rn. 11.

[148] MüKoAktG/*Pentz* Rn. 166.

[149] MüKoAktG/*Pentz* Rn. 168; KK-AktG/*M. Arnold* Rn. 91; Hüffer/*Koch* Rn. 31; HK-AktG/*Körber* Rn. 13.

[1] MüKoAktG/*Pentz* Rn. 7; Spindler/Stilz/*Gerber* Rn. 1.

[2] AllgM, zB MüKoAktG/*Pentz* Rn. 18; Hüffer/*Koch* Rn. 3.

[3] Zwölfte Richtlinie 89/667/EWG des Rates auf dem Gebiete des Gesellschaftsrechts betreffend Gesellschaften mit beschränkter Haftung mit einem einzigen Gesellschafter vom 21.12.1989 (ABl. L 395, 40), aufgehoben bzw. neugefasst durch Richtlinie 102/2009/EG vom 16.2.2009 (ABl. L 258, 20).

[4] Hüffer/*Koch* Rn. 4; Spindler/Stilz/*Gerber* Rn. 3; KK-AktG/*M. Arnold* Rn. 9; Schmidt/Lutter/*Kleindiek* Rn. 4; HK-AktG/*Körber* Rn. 7.

Berechtigung aus der Mitgliedschaft zusteht, ist unerheblich. Eigentümer iSd § 42 sind danach auch der Sicherungseigentümer, der Treuhänder[5] und der Darlehensnehmer eines Wertpapierdarlehens. Folglich sind kein Eigentümer im vorgenannten Sinne der Darlehensgeber eines Wertpapierdarlehens und der Inhaber eines lediglich beschränkt dinglichen Rechts an der Aktie (zB Pfandrecht, Nießbrauch).[6] Nach zutreffender Ansicht[7] findet § 16 Abs. 4 (→ § 16 Rn. 11 ff.) im Rahmen des § 42 keine Anwendung, so dass mittelbare Beteiligungen von Tochtergesellschaften insoweit der Muttergesellschaft nicht zuzurechnen sind. Gegen eine Anwendung sprechen der Wortlaut und die Systematik des Gesetzes, da § 42 – im Gegensatz zu §§ 20 Abs. 1 S. 2, 21 Abs. 1 S. 2, 328 Abs. 1 S. 3 – nicht ausdrücklich auf § 16 Abs. 4 verweist.[8] Keine Anwendung findet § 42 aufgrund seines eindeutigen Wortlauts ferner dann, wenn eine Einpersonengesellschaft (wieder) zur Mehrpersonengesellschaft wird.[9] Mangels Schutzbedürfnis des Rechtsverkehrs besteht hierfür nach Sinn und Zweck der Vorschrift auch kein Bedarf.

2. Inhalt der Mitteilung. Mitzuteilen ist der Umstand, dass alle Aktien einem Aktionär oder 4
dass alle Aktien neben der Gesellschaft einem Aktionär gehören. Die Mitteilung muss erkennen lassen, welche der Alternativen des § 42 vorliegt.[10] Dabei sind Name, Vorname, Geburtsdatum und Wohnort des alleinigen Aktionärs in die Mitteilung aufzunehmen. Handelt es sich bei dem Aktionär um eine juristische Person oder um eine Personenhandelsgesellschaft, sind die Firma und der Sitz mitzuteilen;[11] ist der alleinige Aktionär in einem öffentlichen Register verzeichnet, sollte zusätzlich die entsprechende Registernummer angegeben werden.[12] Ist eine Gesellschaft bürgerlichen Rechts alleiniger Aktionär, sind – soweit geführt – die Bezeichnung, unter der sie im Rechtsverkehr auftritt, und ihr Sitz sowie ihre Gesellschafter – diese nach vorstehenden Maßgaben – mitzuteilen.[13]

3. Verfahren. Die Mitteilung ist unverzüglich (§ 121 Abs. 1 S. 1 BGB) beim Handelsregister 5
einzureichen.[14] Die Mitteilung bedarf keiner besonderen Form. Insbesondere handelt es sich nicht um eine Anmeldung iSd § 12 Abs. 1 HGB, so dass sie nicht in öffentlich beglaubigter Form erfolgen muss. Die Mitteilung kann jedoch bei der Einpersonengründung in die Anmeldung der Gesellschaft aufgenommen werden. Die Mitteilung ist dem Handelsregister elektronisch zu übermitteln (vgl. § 12 Abs. 2 HGB).[15] An der Mitteilung haben Vorstandsmitglieder in vertretungsberechtigter Zahl mitzuwirken.[16] Sie kann auch durch Bevollmächtigte erfolgen.[17] Die Mitteilung soll auch vom Alleinaktionär selbst eingereicht werden können.[18] Die Mitteilung ist an das Registergericht des Gesellschaftssitzes (→ § 14 Rn. 3 ff.) zu richten. Das Registergericht nimmt sie in die Handelsregisterakten auf, so dass sie für jedermann einsehbar ist (vgl. § 9 Abs. 1 S. 1 HGB). Zur Durchsetzung der Einreichungspflicht kann ein Zwangsgeld festgesetzt werden (§ 14 HGB).

III. Exkurs: Zulässigkeit und Charakteristika der Einpersonengesellschaft

§ 42 setzt die Zulässigkeit der Einpersonenaktiengesellschaft voraus. Deren Zulässigkeit ergibt sich 6
unmittelbar aus § 2, der die Einmanngründung gestattet (→ § 2 Rn. 8; → § 41 Rn. 18 f.). Die Einpersonenaktiengesellschaft ist juristische Person wie die Mehrpersonengesellschaft. Es gilt das Trennungsprinzip (→ § 1 Rn. 7 ff.). Die Einpersonengesellschaft hat dieselben Organe wie eine

---

[5] Ebenso MüKoAktG/*Pentz* Rn. 10; aA HK-AktG/*Körber* Rn. 7.

[6] Vgl. Spindler/Stilz/*Gerber* Rn. 3; Hüffer/*Koch* Rn. 4; MüKoAktG/*Pentz* Rn. 21.

[7] Hüffer/*Koch* Rn. 4; Spindler/Stilz/*Gerber* Rn. 4; vgl. MüKoAktG/*Pentz* Rn. 21; KK-AktG/*M. Arnold* Rn. 10; Schmidt/Lutter/*Kleindiek* Rn. 4; NK-AktR/*Höhfeld* Rn. 4; MHdB AG/*Hoffmann-Becking* § 3 Rn. 30; *Bachmann* NZG 2001, 961 (964); *Blanke* BB 1994, 1505 (1506); aA *Kindler* NJW 1994, 3041 (3043); *Lutter* AG 1994, 429 (434); HK-AktG/*Körber* Rn. 8.

[8] Hüffer/*Koch* Rn. 4; Spindler/Stilz/*Gerber* Rn. 4; Schmidt/Lutter/*Kleindiek* Rn. 4; NK-AktR/*Höhfeld* Rn. 4.

[9] Spindler/Stilz/*Gerber* Rn. 5; KK-AktG/*M. Arnold* Rn. 12; Grigoleit/*Vedder* Rn. 6; aA Hüffer/*Koch* Rn. 5; Schmidt/Lutter/*Kleindiek* Rn. 5; vgl. MüKoAktG/*Pentz* Rn. 20: keine Mitteilungspflicht, aber zur Vermeidung falschen Eindrucks freiwillige Mitteilung; HK-AktG/*Körber* Rn. 10: nicht erforderlich, aber sinnvoll.

[10] Hüffer/*Koch* Rn. 5; MüKoAktG/*Pentz* Rn. 24; vgl. KK-AktG/*M. Arnold* Rn. 16.

[11] Spindler/Stilz/*Gerber* Rn. 8; Hüffer/*Koch* Rn. 5; NK-AktR/*Höhfeld* Rn. 5.

[12] Spindler/Stilz/*Gerber* Rn. 8; *Bachmann* NZG 2001, 961 (964).

[13] Vgl. MüKoAktG/*Pentz* Rn. 24; NK-AktR/*Höhfeld* Rn. 5; HK-AktG/*Körber* Rn. 10.

[14] Hüffer/*Koch* Rn. 5; MüKoAktG/*Pentz* Rn. 25.

[15] Ebenso Schmidt/Lutter/*Kleindiek* Rn. 6.

[16] Hüffer/*Koch* Rn. 5; MüKoAktG/*Pentz* Rn. 22; Spindler/Stilz/*Gerber* Rn. 9; KK-AktG/*M. Arnold* Rn. 14; HK-AktG/*Körber* Rn. 11.

[17] Hüffer/*Koch* Rn. 5; MüKoAktG/*Pentz* Rn. 22; Spindler/Stilz/*Gerber* Rn. 9; KK-AktG/*M. Arnold* Rn. 14; HK-AktG/*Körber* Rn. 11.

[18] Spindler/Stilz/*Gerber* Rn. 9; *Heckschen* DNotZ 1995, 275 (279); *Bachmann* NZG 2001, 961 (964); HK-AktG/*Körber* Rn. 11; aA KK-AktG/*M. Arnold* Rn. 14; Hüffer/*Koch* Rn. 5.

Mehrpersonen-AG (Vorstand, Aufsichtsrat, Hauptversammlung). Der alleinige Aktionär kann Organmitglied, insbesondere auch alleiniger Vorstand sein. Auch der alleinige Aktionär ist an die vom Gesetz für die Organe vorgegebene Kompetenzverteilung gebunden (→ § 23 Rn. 29 ff.). Die Hauptversammlung ist notwendig eine Vollversammlung, für die § 121 Abs. 6 gilt.

§§ 43, 44 *(aufgehoben)*

§ 45 Sitzverlegung

(1) Wird der Sitz der Gesellschaft im Inland verlegt, so ist die Verlegung beim Gericht des bisherigen Sitzes anzumelden.

(2) [1]Wird der Sitz aus dem Bezirk des Gerichts des bisherigen Sitzes verlegt, so hat dieses unverzüglich von Amts wegen die Verlegung dem Gericht des neuen Sitzes mitzuteilen. [2]Der Mitteilung sind die Eintragungen für den bisherigen Sitz sowie die bei dem bisher zuständigen Gericht aufbewahrten Urkunden beizufügen; bei elektronischer Registerführung sind die Eintragungen und die Dokumente elektronisch zu übermitteln. [3]Das Gericht des neuen Sitzes hat zu prüfen, ob die Verlegung ordnungsgemäß beschlossen und § 30 des Handelsgesetzbuchs beachtet ist. [4]Ist dies der Fall, so hat es die Sitzverlegung einzutragen und hierbei die ihm mitgeteilten Eintragungen ohne weitere Nachprüfung in sein Handelsregister zu übernehmen. [5]Mit der Eintragung wird die Sitzverlegung wirksam. [6]Die Eintragung ist dem Gericht des bisherigen Sitzes mitzuteilen. [7]Dieses hat die erforderlichen Löschungen von Amts wegen vorzunehmen.

(3) [1]Wird der Sitz an einen anderen Ort innerhalb des Bezirks des Gerichts des bisherigen Sitzes verlegt, so hat das Gericht zu prüfen, ob die Sitzverlegung ordnungsgemäß beschlossen und § 30 des Handelsgesetzbuchs beachtet ist. [2]Ist dies der Fall, so hat es die Sitzverlegung einzutragen. [3]Mit der Eintragung wird die Sitzverlegung wirksam.

I. Allgemeines

1 **1. Regelungsgegenstand und Normzweck.** § 45 regelt das registergerichtliche Verfahren bei der Verlegung des Sitzes der Gesellschaft im Inland. Die Norm unterscheidet dabei zwischen der Verlegung des Sitzes in einen anderen Gerichtsbezirk (Abs. 2) und der Sitzverlegung innerhalb des Bezirks des bisher zuständigen Registergerichts (Abs. 3). Der für beide Fälle Geltung beanspruchende Abs. 1 bestimmt, bei welchem Gericht die Anmeldung einzureichen ist. Abs. 2 regelt den Ablauf des registergerichtlichen Verfahrens bei den beiden beteiligten Gerichten und die Verteilung der Prüfungskompetenzen zwischen diesen. Abs. 3 trifft Bestimmungen zum registergerichtlichen Verfahren bei der Sitzverlegung innerhalb des bisherigen Gerichtsbezirks. § 45 Abs. 1 und 2 haben den Zweck, durch die Regelung des zu beachtenden Verfahrens die Zusammenarbeit der beteiligten Gerichte aufeinander abzustimmen und Kompetenzstreitigkeiten zu vermeiden.[1] Abs. 3 hat lediglich klarstellende Funktion.[2] Durch das Gesetz über elektronische Handelsregister und Genossenschaftsregister sowie das Unternehmensregister **(EHUG)** vom 10.11.2006 (BGBl. I S. 2553) wurde § 45 an die Erfordernisse des elektronischen Rechtsverkehrs mit dem Handelsregister angepasst (vgl. § 45 Abs. 2 S. 2). Das EHUG ist zum 1.1.2007 in Kraft getreten.

2 **2. Gesetzessystematik.** § 45 baut auf den Begriff des Sitzes der Gesellschaft iSd § 5 auf, der regelt, welcher Ort als Sitz der Gesellschaft gewählt werden kann (→ § 5 Rn. 8 f.). Eine Regelung über den Sitz der Gesellschaft ist notwendiger Satzungsbestandteil (vgl. § 23 Abs. 3 Nr. 1; → § 23 Rn. 20). Die Sitzverlegung iSd § 45 ist stets Satzungsänderung, für die grundsätzlich – soweit § 45 keine speziellen Regelungen trifft – die allgemeinen Vorschriften (§§ 179, 181) gelten.

II. Anmeldung der Sitzverlegung (Abs. 1)

3 **1. Grundlagen.** Der **Satzungssitz** einer Aktiengesellschaft muss sich zwingend im **Inland** befinden (zum Verwaltungssitz → § 5 Rn. 1 ff.). Dies ergibt sich aus § 5 (→ § 5 Rn. 8). Sitzverlegung iSd § 45 ist folglich die Verlegung des Satzungssitzes im Inland.[3] Eine Verlegung des Satzungssitzes einer deutschen Aktiengesellschaft in das Ausland ist nicht möglich (zu den Folgen eines entsprechenden Sitzverlegungsbeschlusses → § 5 Rn. 16). Dies ist mit höherrangigem Europarecht zu vereinba-

[1] Vgl. MüKoAktG/*Pentz* Rn. 3.
[2] MüKoAktG/*Pentz* Rn. 3.
[3] Spindler/Stilz/*Gerber* Rn. 3; vgl. Schmidt/Lutter/*Ringe* Rn. 18.

ren.[4] Bei der Wahl des (inländischen) Satzungssitzes besteht seit der Neufassung des § 5 durch das Gesetz zur Modernisierung des GmbH-Rechts und zur Bekämpfung von Missbräuchen **(MoMiG)** vom 23.10.2008 (BGBl. I S. 2026) uneingeschränkte Satzungsautonomie (→ § 5 Rn. 1, 8, 15). Insbesondere kann der Satzungssitz nunmehr unabhängig vom **„Verwaltungssitz"** (→ § 5 Rn. 1) gewählt werden.

2. Anmeldung. Jede Sitzverlegung ist in der Form des § 12 Abs. 1 HGB durch den Vorstand in vertretungsberechtigter Zahl unter Vorlage des entsprechenden satzungsändernden Beschlusses der Hauptversammlung und des vollständigen Wortlauts der geänderten Satzung mit notarieller Bescheinigung (vgl. § 181 Abs. 1 S. 2 Hs. 2) beim Gericht des bisherigen Sitzes anzumelden. Das ist das Amtsgericht (§ 23a Abs. 1 Nr. 2, Abs. 2 Nr. 3 GVG iVm § 374 Nr. 1 FamFG), in dessen Bezirk die Gesellschaft (bisher) ihren Sitz hat (→ § 14 Rn. 3). Soweit die Satzung unechte Gesamtvertretung gestattet, kann die Anmeldung auch durch ein Vorstandsmitglied und einen Prokuristen vorgenommen werden. Darüber hinaus ist auch die Anmeldung durch einen in der Form des § 12 Abs. 1 S. 2 HGB bevollmächtigten Dritten möglich. 4

III. Gerichtliches Verfahren bei Sitzverlegung in anderen Gerichtsbezirk (Abs. 2)

Das registergerichtliche Verfahren bei der Verlegung des Sitzes in den Bezirk eines anderen Gerichts ist dadurch gekennzeichnet, dass dem **Gericht des bisherigen Sitzes** lediglich **formelle Prüfungsbefugnisse** zustehen;[5] die **materielle Prüfung** der Sitzverlegung obliegt dem **Gericht des neuen Sitzes.**[6] 5

1. Gericht des bisherigen Sitzes. Das Gericht des bisherigen Sitzes nimmt die Anmeldung entgegen und prüft sie auf ihre formelle Ordnungsmäßigkeit (zB Wahrung der Form des § 12 Abs. 1 HGB und der Anforderungen an die wirksame Vertretung; Vorlage aller notwendigen Unterlagen). Führt die Prüfung zu keinen Beanstandungen, hat das Gericht des bisherigen Sitzes dem Gericht des neuen Sitzes die Sitzverlegung unverzüglich unter Übersendung der bisher geführten Unterlagen (Eintragungen und vollständige Registerakten) mitzuteilen; soweit die Registerführung elektronisch erfolgt, sind die Eintragungen und die Unterlagen elektronisch zu übermitteln (Abs. 2 S. 1 und 2). Die Löschung der bisherigen Eintragungen erfolgt erst, wenn die Gesellschaft im Handelsregister des neuen Gerichts eingetragen ist. Die Eintragung ist dem Gericht des bisherigen Sitzes mitzuteilen (Abs. 2 S. 6). Dieses hat dann die bisherigen Eintragungen von Amts wegen zu löschen (Abs. 2 S. 7; vgl. § 20 HRV). Es erfolgt keine Eintragung des Beschlusses über die Sitzverlegung im Handelsregister des bisherigen Sitzgerichts; § 181 Abs. 3 wird insoweit durch die speziellere Regelung des § 45 Abs. 2 S. 5 verdrängt.[7] Sind gemeinsam mit der Sitzverlegung andere eintragungspflichtige Tatsachen in einer Handelsregisteranmeldung anzumelden, steht es grundsätzlich im Ermessen des bisherigen Gerichts, ob es diese Anmeldungen vor Abgabe erledigt oder nicht.[8] Zur Vermeidung abgabebedingter Verzögerungen hinsichtlich solcher Eintragungen empfiehlt es sich in der Praxis, die Anmeldung zunächst nur teilweise – hinsichtlich der anderen Gegenstände (zB Änderung des Vorstands) – zur Eintragung zu beantragen und den Antrag auf Vollzug der Anmeldung der Sitzverlegung erst nach Erledigung der anderen Gegenstände zu stellen. 6

2. Gericht des neuen Sitzes. Dem Gericht des neuen Sitzes obliegt die materielle Prüfung der Sitzverlegung. Es prüft zum einen, ob die Verlegung des Sitzes ordnungsgemäß beschlossen worden ist (Abs. 2 S. 3 Alt. 1). Der satzungsändernde Beschluss ist umfassend sowohl in formeller wie in materieller Hinsicht auf seine Wirksamkeit zu überprüfen. Das Gericht des neuen Sitzes prüft zum anderen, ob die Anforderungen des § 30 HGB erfüllt sind (Abs. 2 S. 3 Alt. 2). Danach muss sich die Firma der Aktiengesellschaft von allen an demselben Ort oder in derselben Gemeinde bereits bestehenden und in das Handelsregister oder das Genossenschaftsregister eingetragenen Firmen deutlich unterscheiden. Der Rechtsformzusatz ist als alleiniges Unterscheidungsmerkmal nicht ausreichend. Sind die formellen und materiellen Eintragungsvoraussetzungen erfüllt, hat das Gericht des neuen Sitzes die Gesellschaft mit ihrem neuen Sitz im Handelsregister einzutragen. Es übernimmt dabei die ihm mitgeteilten Eintragungen ohne weitere Nachprüfung (Abs. 2 S. 4). Mit der **Eintra-** 7

[4] Vgl. EuGH NJW 2009, 569 Rn. 124 – Cartesio; ausf. Spindler/Stilz/*Gerber* Rn. 5; vgl. ferner Schmidt/Lutter/*Ringe* Rn. 36 ff.

[5] OLG Frankfurt FGPrax 2002, 184 (185); OLG Köln Rpfleger 1975, 251 f.

[6] AllgM, zB LG Düsseldorf BB 1966, 1036; Hüffer/*Koch* Rn. 3 ff.; MüKoAktG/*Pentz* Rn. 8 ff.; KK-AktG/*M. Arnold* Rn. 9; Schmidt/Lutter/*Ringe* Rn. 5 ff.

[7] MüKoAktG/*Pentz* Rn. 10; Hüffer/*Koch* Rn. 4; Spindler/Stilz/*Gerber* Rn. 10; Schmidt/Lutter/*Ringe* Rn. 7; HK-AktG/*Körber* Rn. 5.

[8] Hüffer/*Koch* Rn. 3; Spindler/Stilz/*Gerber* Rn. 9; Schmidt/Lutter/*Ringe* Rn. 8; HK-AktG/*Körber* Rn. 5.

gung im Handelsregister des Gerichts des neuen Sitzes wird die Sitzverlegung **wirksam** (Abs. 2 S. 5). Das Gericht des neuen Sitzes teilt die Eintragung dem Gericht des bisherigen Sitzes mit (Abs. 2 S. 6; → Rn. 6). Die Eintragung der Sitzverlegung ist bekanntzumachen (§ 10 HGB). Stellt das Gericht des neuen Sitzes bei seiner Prüfung Verstöße formeller oder materieller Art fest, ist zu unterscheiden: Bei einem Verstoß gegen § 30 HGB ist der Gesellschaft durch Zwischenverfügung (§ 382 Abs. 4 FamFG) Gelegenheit zur Änderung der Firma zu geben.[9] Nimmt die Gesellschaft diese Möglichkeit nicht wahr oder liegen sonstige nicht behebbare Verstöße vor, hat das Gericht des neuen Sitzes den Antrag auf Sitzverlegung zurückzuweisen.[10] Eine Rückgabe der Anmeldung an das Gericht des bisherigen Sitzes[11] ist weder verfahrensrechtlich geboten noch in der Sache gerechtfertigt, da dem Gericht des neuen Sitzes die umfassende Prüfungskompetenz in der Sache zugewiesen ist.

IV. Gerichtliches Verfahren bei Sitzverlegung innerhalb desselben Gerichtsbezirks (Abs. 3)

8 Das Gericht des Sitzes nimmt die Anmeldung nach Abs. 1 entgegen und prüft diese und – umfassend in formeller und materieller Hinsicht – die Wirksamkeit des Sitzverlegungsbeschlusses sowie die Beachtung der Anforderungen des § 30 HGB. Mit Eintragung wird die Sitzverlegung wirksam (Abs. 3 S. 1). Die Eintragung ist bekanntzumachen (§ 10 HGB).

§ 46 Verantwortlichkeit der Gründer

(1) [1]Die Gründer sind der Gesellschaft als Gesamtschuldner verantwortlich für die Richtigkeit und Vollständigkeit der Angaben, die zum Zwecke der Gründung der Gesellschaft über Übernahme der Aktien, Einzahlung auf die Aktien, Verwendung eingezahlter Beträge, Sondervorteile, Gründungsaufwand, Sacheinlagen und Sachübernahmen gemacht worden sind. [2]Sie sind ferner dafür verantwortlich, daß eine zur Annahme von Einzahlungen auf das Grundkapital bestimmte Stelle (§ 54 Abs. 3) hierzu geeignet ist und daß die eingezahlten Beträge zur freien Verfügung des Vorstands stehen. [3]Sie haben, unbeschadet der Verpflichtung zum Ersatz des sonst entstehenden Schadens, fehlende Einzahlungen zu leisten und eine Vergütung, die nicht unter den Gründungsaufwand aufgenommen ist, zu ersetzen.

(2) Wird die Gesellschaft von Gründern durch Einlagen, Sachübernahmen oder Gründungsaufwand vorsätzlich oder aus grober Fahrlässigkeit geschädigt, so sind ihr alle Gründer als Gesamtschuldner zum Ersatz verpflichtet.

(3) Von diesen Verpflichtungen ist ein Gründer befreit, wenn er die die Ersatzpflicht begründenden Tatsachen weder kannte noch bei Anwendung der Sorgfalt eines ordentlichen Geschäftsmannes kennen mußte.

(4) Entsteht der Gesellschaft ein Ausfall, weil ein Aktionär zahlungsunfähig oder unfähig ist, eine Sacheinlage zu leisten, so sind ihr zum Ersatz als Gesamtschuldner die Gründer verpflichtet, welche die Beteiligung des Aktionärs in Kenntnis seiner Zahlungsunfähigkeit oder Leistungsunfähigkeit angenommen haben.

(5) [1]Neben den Gründern sind in gleicher Weise Personen verantwortlich, für deren Rechnung die Gründer Aktien übernommen haben. [2]Sie können sich auf ihre eigene Unkenntnis nicht wegen solcher Umstände berufen, die ein für ihre Rechnung handelnder Gründer kannte oder kennen mußte.

Übersicht

[9] MüKoAktG/*Pentz* Rn. 11, 16; Hüffer/*Koch* Rn. 5; KK-AktG/*M. Arnold* Rn. 13, Schmidt/Lutter/*Ringe* Rn. 14.

[10] Vgl. LG Leipzig NZG 2004, 629 (630); MüKoAktG/*Pentz* Rn. 16; Spindler/Stilz/*Gerber* Rn. 11; Hüffer/*Koch* Rn. 5; Schmidt/Lutter/*Ringe* Rn. 15; HK-AktG/*Körber* Rn. 8; aA NK-AktR/*Höhfeld* Rn. 3: Zurückweisung durch Gericht des bisherigen Sitzes.

[11] So NK-AktR/*Höhfeld* Rn. 3.

I. Allgemeines

1. Regelungsgegenstand. § 46 regelt die **zivilrechtliche Verantwortlichkeit** der Gründer und ihrer Hintermänner gegenüber der Gesellschaft für die Ordnungsmäßigkeit des Gründungsvorgangs.[1] Abs. 1 begründet insoweit eine Haftung der Gründer für unzutreffende oder unvollständige Angaben, die Eignung der Zahlstelle und die freie Verfügung des Vorstands über Einlagen, Abs. 2 eine Haftung für durch Einlagen, Sachübernahmen oder Gründungsaufwand entstandene Schäden. Abs. 3 beinhaltet eine Entlastungsmöglichkeit für das gesetzlich vermutete Verschulden bei Vorliegen der Tatbestände der Abs. 1 und 2. Abs. 4 begründet eine Ausfallhaftung bei Leistungsunfähigkeit anderer Gründer. Abs. 5 erweitert die Haftung auf die Hintermänner. 1

2. Normzweck. § 46 soll die Ordnungsmäßigkeit des Gründungsvorgangs im Hinblick auf die Aufbringung eines dem satzungsmäßigen Grundkapital entsprechenden Mindestvermögens sichern.[2] Zweck der Vorschrift sind damit gleichermaßen der Gläubigerschutz und der Schutz der später hinzukommenden Aktionäre. 2

3. Gläubiger und Schuldner. Gläubiger der Ansprüche aus § 46 ist die **Gesellschaft.** Die Ansprüche können daher erst nach ihrer Eintragung im Handelsregister (vgl. § 41 Abs. 1 S. 1) geltend gemacht werden. Die Vor-AG kann nicht Inhaber der Ansprüche sein. Das ergibt sich zum einen aus der Verjährungsregelung des § 51 S. 2 (→ § 51 Rn. 3), zum anderen aus Sinn und Zweck des § 46 (→ Rn. 2), die Aufbringung des Grundkapitals zu sichern.[3] Schuldner der Ansprüche sind die **Gründer** (→ § 28 Rn. 2) und deren **Hintermänner.** Mehrere Schuldner haften **gesamtschuldnerisch.** 3

4. Rechtsnatur und Gerichtsstand. Die Haftung nach § 46 hat einen **spezifisch gesellschaftsrechtlichen Charakter.**[4] Die teilweise vorgenommene[5] Einordnung als deliktische bzw. deliktsähnliche Haftung ist nicht mit dem Umstand zu vereinbaren, dass die Haftung die Verletzung korporationsrechtlicher Pflichten rechtsgeschäftlichen Ursprungs sanktioniert.[6] Die Rechtsnatur der Haftung hat Bedeutung für den Gerichtsstand. Da die Verantwortlichkeit der Gründer auf der Beteiligung an der Gesellschaft basiert, können Ansprüche nach § 46 am allgemeinen Gerichtsstand des Verantwortlichen (§ 12 ZPO) oder am Sitz der Gesellschaft (§ 22 ZPO) geltend gemacht werden.[7] 4

5. Systematische Stellung. Die Haftung nach § 46 wird ergänzt durch die Vorschriften über die Haftung der Gründergenossen und Emittenten (§ 47), des Vorstands und des Aufsichtsrats (§ 48), der Gründungsprüfer (§ 49) und bei der Nachgründung (§ 53). Die Voraussetzungen für einen Verzicht oder einen Vergleich über Ansprüche aus § 46 sind in § 50 geregelt, die Verjährung der Ersatzansprüche in § 51. Regelungen hinsichtlich der Geltendmachung der Ansprüche aus § 46 beinhalten 5

---

[1] Vgl. Hüffer/*Koch* Rn. 1; Spindler/Stilz/*Gerber* Rn. 1; Schmidt/Lutter/*Bayer* Rn. 1.
[2] Vgl. Spindler/Stilz/*Gerber* Rn. 1.
[3] MüKoAktG/*Pentz* Rn. 8; Hüffer/*Koch* Rn. 5; Schmidt/Lutter/*Bayer* Rn. 4; KK-AktG/*M. Arnold* Rn. 6.
[4] MüKoAktG/*Pentz* Rn. 13; Hüffer/*Koch* Rn. 2; Schmidt/Lutter/*Bayer* Rn. 2; HK-AktG/*Körber* Rn. 6; NK-AktR/*Höhfeld* Rn. 2; ähnlich *Schürmann,* Die Rechtsnatur der Gründerhaftung im Aktienrecht, 99 ff.
[5] Vgl. GroßkommAktG/*Ehricke* Rn. 8 f.
[6] Vgl. Hüffer/*Koch* Rn. 2.
[7] MüKoAktG/*Pentz* Rn. 77; Hüffer/*Koch* Rn. 2.

darüber hinaus die §§ 147 und 148. Eine strafrechtliche Verantwortlichkeit der Gründer kann sich aus § 399 Abs. 1 Nr. 1 ergeben.

6 **6. Konkurrenzen.** § 46 ist eine eigenständige Anspruchsgrundlage, die die Haftung der Gründer gegenüber der Gesellschaft jedoch nicht abschließend regelt und daher die allgemeinen Haftungsvorschriften nicht verdrängt. Weitere Ansprüche der Gesellschaft können sich aus Vertrag, insbesondere im Zusammenhang mit Sacheinlagen, und aus unerlaubter Handlung (insbesondere § 826 BGB, § 823 Abs. 2 BGB iVm § 263 StGB) ergeben.[8] § 46 ist kein Schutzgesetz iSd § 823 Abs. 2 BGB.[9] Aus den vorgenannten allgemeinen Vorschriften können auch Ansprüche Dritter, insbesondere von Aktionären oder Gläubigern der Gesellschaft, erwachsen.[10]

II. Haftung für die Richtigkeit der Angaben, die Eignung der Zahlstelle und die Kapitalaufbringung zur freien Verfügung (Abs. 1)

7 **1. Haftungstatbestände.** § 46 Abs. 1 begründet die zivilrechtliche Verantwortlichkeit für die Richtigkeit und Vollständigkeit der in S. 1 aufgeführten, zum Zwecke der Gründung gemachten Angaben, ferner für die Eignung der Einzahlstelle iSd § 54 Abs. 3 (→ § 54 Rn. 9 ff.) sowie dafür, dass die Einzahlungen endgültig zur freien Verfügung des Vorstands stehen.[11]

8 **a) Richtigkeit und Vollständigkeit der Gründungsangaben.** Die Gründer sind dafür verantwortlich, dass die Angaben, die zum Zwecke der Gründung der Gesellschaft über die Übernahme der Aktien (→ § 23 Rn. 15 ff.), die Einzahlung auf die Aktien (→ § 36 Rn. 14 ff.; → § 36a Rn. 3; → § 37 Rn. 4 ff.), die Verwendung eingezahlter Beträge (→ § 36 Rn. 17 f.; → § 37 Rn. 5 ff.), Sondervorteile (→ § 26 Rn. 3 ff.), Gründungsaufwand (→ § 26 Rn. 8 ff.) sowie Sacheinlagen (→ § 27 Rn. 6 ff.) und Sachübernahmen (→ § 27 Rn. 14 ff.) gemacht worden sind, richtig und vollständig sind (Abs. 1 S. 1). Die Aufzählung in S. 1 ist abschließend.[12] Die Angaben sind zum Zweck der Gründung gemacht worden, wenn sie im Rahmen des Gründungsverfahrens, zB gegenüber dem Registergericht, den Gründungsprüfern oder Bewertungssachverständigen, erfolgt sind.[13] Die Gründer haften nicht nur für eigene Angaben, sondern – sofern keine Entlastung nach Abs. 3 (→ Rn. 16) gelingt – auch für von Dritten gemachte Angaben.[14] Haftungsbegründend ist die **objektive** Unrichtigkeit oder Unvollständigkeit der Angaben. Irrtümer entlasten die Gründer nicht.[15] Unrichtig sind Angaben, die mit der Tatsachenlage nicht übereinstimmen; unvollständig sind Angaben, wenn gründungsrelevante Informationen fehlen.[16] Maßgeblich ist jeweils der Moment des Zugangs der Angabe beim Erklärungsempfänger, zB der Zugang der Handelsregisteranmeldung beim Registergericht. Die Gründer können die Angaben mit haftungsbefreiender Wirkung bis zur Eintragung der Gesellschaft im Handelsregister korrigieren.[17]

9 **b) Auswahl geeigneter Zahlstelle.** Die Gründer sind auch dafür verantwortlich, dass die Zahlstelle iSd § 54 Abs. 3 geeignet ist, Einzahlungen auf das Grundkapital anzunehmen (Abs. 1 S. 2 Alt. 1). Ungeeignet sind Institute, deren Zahlungsfähigkeit nicht gewährleistet ist.[18] Die Auswahl des Kreditinstituts ist regelmäßig Aufgabe des Vorstands. Die Gründer haben den Vorstand bei seiner Auswahlentscheidung zu überwachen.[19]

10 **c) Freie Verfügung des Vorstands über Einlageleistungen.** Die Gründer sind darüber hinaus dafür verantwortlich, dass die eingezahlten Beträge iSd § 36 Abs. 2 (→ § 36 Rn. 15 f.) endgültig zur freien Verfügung des Vorstands stehen (Abs. 1 S. 2 Alt. 2). Über den Wortlaut des § 46 Abs. 1 S. 2 Alt. 2 hinaus erstreckt sich die Verantwortlichkeit der Gründer auch auf die „Endgültigkeit".[20]

---

[8] Spindler/Stilz/*Gerber* Rn. 22; MüKoAktG/*Pentz* Rn. 15; Hüffer/*Koch* Rn. 3.

[9] Hüffer/*Koch* Rn. 3; MüKoAktG/*Pentz* Rn. 14; KK-AktG/*M. Arnold* Rn. 4, 8.

[10] Hüffer/*Koch* Rn. 4; MüKoAktG/*Pentz* Rn. 78; Spindler/Stilz/*Gerber* Rn. 23.

[11] Vgl. Spindler/Stilz/*Gerber* Rn. 3.

[12] AllgM, zB Hüffer/*Koch* Rn. 6; Schmidt/Lutter/*Bayer* Rn. 7.

[13] Hüffer/*Koch* Rn. 6; Spindler/Stilz/*Gerber* Rn. 4; vgl. KK-AktG/*M. Arnold* Rn. 18; Schmidt/Lutter/*Bayer* Rn. 7.

[14] MüKoAktG/*Pentz* Rn. 26; Hüffer/*Koch* Rn. 6; Spindler/Stilz/*Gerber* Rn. 4; HK-AktG/*Körber* Rn. 7.

[15] MüKoAktG/*Pentz* Rn. 24; Hüffer/*Koch* Rn. 7; Spindler/Stilz/*Gerber* Rn. 5; Schmidt/Lutter/*Bayer* Rn. 9.

[16] MüKoAktG/*Pentz* Rn. 24; Hüffer/*Koch* Rn. 7; Spindler/Stilz/*Gerber* Rn. 5; NK-AktR/*Höhfeld* Rn. 4.

[17] Hüffer/*Koch* Rn. 7; Spindler/Stilz/*Gerber* Rn. 5; Schmidt/Lutter/*Bayer* Rn. 10; NK-AktR/*Höhfeld* Rn. 4; einschr. HK-AktG/*Körber* Rn. 8.

[18] AllgM, zB MüKoAktG/*Pentz* Rn. 33; Schmidt/Lutter/*Bayer* Rn. 11.

[19] Hüffer/*Koch* Rn. 8; Spindler/Stilz/*Gerber* Rn. 7; Schmidt/Lutter/*Bayer* Rn. 11; NK-AktR/*Höhfeld* Rn. 5; insoweit kritisch MüKoAktG/*Pentz* Rn. 34.

[20] MüKoAktG/*Pentz* Rn. 38; Hüffer/*Koch* Rn. 9; Spindler/Stilz/*Gerber* Rn. 8; KK-AktG/*M. Arnold* Rn. 33.

Ausgenommen hiervon ist lediglich der in der Satzung festgelegte Gründungsaufwand (→ § 36 Rn. 17; → § 26 Rn. 8 ff.).

11 **2. Verschulden.** Die Haftung aus § 46 Abs. 1 setzt Fahrlässigkeit oder Vorsatz des Gründers voraus; das Verschulden wird jedoch vermutet (§ 46 Abs. 3; → Rn. 16).

12 **3. Haftungsumfang.** Bei Verwirklichung eines Haftungstatbestandes sind die Gründer der Gesellschaft zum **Schadensersatz** (§§ 249 ff. BGB) verpflichtet (vgl. Abs. 1 S. 3). Eine Kürzung des Schadensersatzanspruches wegen eines Mitverschuldens der Gesellschaft oder ihrer Organe ist ausgeschlossen.[21] Unabhängig vom Eintritt eines Schadens sind die Gründer verpflichtet, fehlende Einzahlungen zu leisten und eine Vergütung, die entgegen § 26 Abs. 2 nicht unter den Gründungsaufwand aufgenommen ist, zu ersetzen.

III. Haftung für Schäden durch Einlagen, Sachübernahmen oder Gründungsaufwand (Abs. 2)

13 § 46 Abs. 2 begründet eine Haftung der Gründer für Schäden, die der Gesellschaft durch Einlagen, Sachübernahmen oder Gründungsaufwand entstehen. Die Haftung nach Abs. 2 tritt neben die Haftung nach Abs. 1.[22]

14 **1. Haftungsvoraussetzungen.** Der Gesellschaft muss **objektiv** ein **Schaden** entstanden sein. Eine Schädigung durch Einlagen kann insbesondere Folge von Scheineinzahlungen, verdeckten Sacheinlagen oder der Überbewertung eines Sacheinlagegegenstandes sein.[23] Durch Gründungsaufwand wird die Gesellschaft geschädigt, wenn der in der Satzung festgesetzte Gründungsaufwand zu hoch ist[24] oder die Gesellschaft über den satzungsmäßig festgesetzten Gründungsaufwand hinaus mit weiterem Gründungsaufwand belastet wird.[25] **Subjektiv** muss mindestens einem Gründer zumindest grobe Fahrlässigkeit zur Last fallen; ist dies der Fall, haften alle Gründer wegen vermuteten eigenen Verschuldens, sofern ihnen nicht der Entlastungsbeweis gelingt (vgl. § 46 Abs. 3; → Rn. 16).

15 **2. Haftungsumfang.** Die Gründer haften auf **Schadensersatz** (§§ 249 ff. BGB), wobei die Gesellschaft so zu stellen ist, wie sie bei ordnungsgemäßem Verhalten der Gründer stehen würde.[26] Bei einer Überbewertung von Sacheinlagen ist der Gesellschaft die Differenz zwischen dem wirklichen und dem festgesetzten Wert – einschließlich eines etwaigen Agios[27] – zu ersetzen.[28] Bei einer überbewerteten Sachübernahme kann anstelle der Wertdifferenz auch die Rücknahme des Gegenstandes und die Zahlung des vollen Wertansatzes in bar verlangt werden.[29] Im Falle eines überhöhten Gründungsaufwandes ist der Gesellschaft die Differenz zwischen dem angemessenen und dem überhöhten Gründungsaufwand zu ersetzen.[30] Eine Kürzung des Schadensersatzanspruches wegen eines Mitverschuldens der Gesellschaft oder ihrer Organe ist ausgeschlossen.[31]

IV. Entlastung (Abs. 3)

16 Die Haftung nach Abs. 1 und Abs. 2 ist Haftung für **gesetzlich vermutetes Verschulden.** Hinsichtlich des Verschuldens gilt damit eine Umkehr der Beweislast. Jeder in Anspruch genommene Gründer kann sich durch den Nachweis exkulpieren, dass er die die Ersatzpflicht begründenden Tatsachen weder kannte noch bei Anwendung der Sorgfalt eines ordentlichen Geschäftsmannes, der sich auch an Gründungen von Aktiengesellschaften zu beteiligen pflegt,[32] kennen musste. Besondere

[21] MüKoAktG/*Pentz* Rn. 32, 37, 41; Hüffer/*Koch* Rn. 10; Spindler/Stilz/*Gerber* Rn. 9; KK-AktG/*M. Arnold* Rn. 27, 32, 36.
[22] MüKoAktG/*Pentz* Rn. 42; Hüffer/*Koch* Rn. 11; Spindler/Stilz/*Gerber* Rn. 10; HK-AktG/*Körber* Rn. 13; aA Schmidt/Lutter/*Bayer* Rn. 13: subsidiär gegenüber Abs. 1.
[23] AllgM, zB MüKoAktG/*Pentz* Rn. 42.
[24] MüKoAktG/*Pentz* Rn. 42; Hüffer/*Koch* Rn. 11; KK-AktG/*M. Arnold* Rn. 40.
[25] Spindler/Stilz/*Gerber* Rn. 12.
[26] MüKoAktG/*Pentz* Rn. 45; KK-AktG/*M. Arnold* Rn. 43; HK-AktG/*Körber* Rn. 15.
[27] Spindler/Stilz/*Gerber* Rn. 14.
[28] MüKoAktG/*Pentz* Rn. 47; Hüffer/*Koch* Rn. 13; Spindler/Stilz/*Gerber* Rn. 14.
[29] MüKoAktG/*Pentz* Rn. 48; Hüffer/*Koch* Rn. 13; KK-AktG/*M. Arnold* Rn. 44; Spindler/Stilz/*Gerber* Rn. 14; NK-AktR/*Höhfeld* Rn. 8.
[30] MüKoAktG/*Pentz* Rn. 49; Spindler/Stilz/*Gerber* Rn. 15; HK-AktG/*Körber* Rn. 15; NK-AktR/*Höhfeld* Rn. 8.
[31] MüKoAktG/*Pentz* Rn. 50; KK-AktG/*M. Arnold* Rn. 45.
[32] BGH NJW 1988, 909; RGZ 95, 16 (17 f.).

Kenntnisse oder Fähigkeiten des Gründers sind haftungsverschärfend zu seinen Lasten zu berücksichtigen.[33]

V. Ausfallhaftung bei fehlender Leistungsfähigkeit (Abs. 4)

17 Bei Zahlungs- oder Leistungsunfähigkeit eines Gründungsaktionärs sind die anderen Gründer, die die Beteiligung des Erstgenannten in Kenntnis der Zahlungs- oder Leistungsunfähigkeit angenommen haben, der Gesellschaft zum Ersatz des Ausfalls verpflichtet (Abs. 4).

18 **1. Haftungsvoraussetzungen.** Der Gesellschaft muss in **objektiver Hinsicht** ein Ausfall entstanden sein, der – bei einer Bareinlage – auf Zahlungsunfähigkeit bzw. – bei einer Sacheinlage – auf Leistungsunfähigkeit eines Gründers beruht. Die Gesellschaft fällt mit ihrem Zahlungsanspruch aus, wenn feststeht, dass die Zahlung aktuell nicht zu erlangen ist. Die Durchführung eines Klageverfahrens oder ein fruchtloser Zwangsvollstreckungsversuch[34] sind insoweit ebenso wenig Haftungsvoraussetzung wie der Abschluss eines Kaduzierungsverfahrens.[35] Hinsichtlich einer Sacheinlage liegt Leistungsunfähigkeit vor, wenn der betreffende Gründer nicht in der Lage ist, die Einlage zu erbringen.[36] Die Zahlungs- oder Leistungsunfähigkeit muss bei „Annahme der Beteiligung", dh bei Errichtung des notariellen Gründungsprotokolls mit Feststellung der Satzung und Übernahme der Aktien (→ § 23 Rn. 9 ff.), vorgelegen haben.[37] In **subjektiver Hinsicht** ist positive Kenntnis des haftenden Gründers von der Zahlungs- oder Leistungsunfähigkeit des Gründungsaktionärs erforderlich. Kenntnis des Bevollmächtigten ist ausreichend (vgl. § 166 Abs. 1 BGB); der Vertretene kann sich jedoch bei eigener Kenntnis nicht auf eine etwaige Unkenntnis des Vertreters berufen.[38] Die Verschuldensvermutung des Abs. 3 gilt nicht.

19 **2. Haftungsumfang.** Die haftenden Gründer schulden als **Schadensersatz** den Ausfall der Gesellschaft in seiner konkreten Gestalt und Höhe. Kann eine Sacheinlage nicht eingebracht werden, ist ihr Wert in Geld zu ersetzen.[39] Eine Kürzung des Schadensersatzanspruches wegen eines Mitverschuldens der Gesellschaft oder ihrer Organe ist ausgeschlossen.[40]

VI. Haftung der Hintermänner (Abs. 5)

20 Der Gesellschaft gegenüber haften neben den Gründern – gleichrangig, nicht subsidiär[41] – auch diejenigen Personen, für deren Rechnung die Gründer Aktien übernommen haben (sog. **„Hintermänner"**; Abs. 5 S. 1). Den Hintermann trifft damit eine **eigene gesellschaftsrechtliche Haftung.**[42] Er haftet nach den Abs. 1 bis 4, als ob er sich selbst an der Gründung beteiligt hätte.[43] Wenn in seiner Person die für die Haftung erforderlichen subjektiven Voraussetzungen nicht erfüllt sind, haftet der Hintermann auch dann, wenn diese in der Person des für seine Rechnung handelnden Gründers vorlagen.[44] Denn der Hintermann kann sich auf eigene Unkenntnis nicht berufen, wenn der für seine Rechnung handelnde Gründer die entsprechenden Umstände kannte oder hätte kennen müssen (vgl. Abs. 5 S. 2).

VII. Abdingbarkeit

21 Aus dem Normzweck (→ Rn. 2) folgt, dass die Haftung nach § 46 zwingend ist und daher nicht abbedungen werden kann.[45]

---

33 MüKoAktG/*Pentz* Rn. 66; Spindler/Stilz/*Gerber* Rn. 16; HK-AktG/*Körber* Rn. 11.

34 MüKoAktG/*Pentz* Rn. 56; KK-AktG/*M. Arnold* Rn. 50; Schmidt/Lutter/*Bayer* Rn. 16; HK-AktG/*Körber* Rn. 17.

35 MüKoAktG/*Pentz* Rn. 56; Hüffer/*Koch* Rn. 15; Spindler/Stilz/*Gerber* Rn. 18; KK-AktG/*M. Arnold* Rn. 50; Schmidt/Lutter/*Bayer* Rn. 16; HK-AktG/*Körber* Rn. 17.

36 MüKoAktG/*Pentz* Rn. 53; Hüffer/*Koch* Rn. 15; Spindler/Stilz/*Gerber* Rn. 18.

37 Vgl. MüKoAktG/*Pentz* Rn. 52 f.; Schmidt/Lutter/*Bayer* Rn. 17; HK-AktG/*Körber* Rn. 16; NK-AktR/*Höhfeld* Rn. 10.

38 MüKoAktG/*Pentz* Rn. 57; Hüffer/*Koch* Rn. 16; KK-AktG/*M. Arnold* Rn. 52.

39 Hüffer/*Koch* Rn. 17; Spindler/Stilz/*Gerber* Rn. 20.

40 MüKoAktG/*Pentz* Rn. 59; KK-AktG/*M. Arnold* Rn. 53.

41 MüKoAktG/*Pentz* Rn. 60; KK-AktG/*M. Arnold* Rn. 55; HK-AktG/*Körber* Rn. 3.

42 Hüffer/*Koch* Rn. 18.

43 Hüffer/*Koch* Rn. 18; Schmidt/Lutter/*Bayer* Rn. 22.

44 MüKoAktG/*Pentz* Rn. 61; Spindler/Stilz/*Gerber* Rn. 21.

45 Spindler/Stilz/*Gerber* Rn. 1.

VIII. Darlegungs- und Beweislast

Die Gesellschaft trägt hinsichtlich der objektiven Haftungsvoraussetzungen für alle Ansprüche nach § 46 die Beweislast. Hinsichtlich der Ansprüche nach Abs. 1 (→ Rn. 7 ff.) wird das erforderliche Verschulden des in Anspruch genommenen Gründers vermutet; dieser trägt die Beweislast für den Entlastungsbeweis (vgl. Abs. 3; → Rn. 16). Dasselbe gilt in Bezug auf das Verschulden der nach Abs. 2 (→ Rn. 13 ff.) in Anspruch genommenen Gründer; für das Vorliegen von Vorsatz oder grober Fahrlässigkeit hinsichtlich der Schädigung durch Einlagen, Sachübernahmen oder Gründungsaufwand bei dem unmittelbar handelnden Gründer trägt hingegen die Gesellschaft die Beweislast. In Bezug auf Ansprüche nach Abs. 4 hat die Gesellschaft neben den objektiven Haftungsvoraussetzungen auch die positive Kenntnis des in Anspruch genommenen Gründers von der Zahlungs- oder Leistungsunfähigkeit zu beweisen. Bei der Geltendmachung von Ansprüchen nach Abs. 5 trägt die Gesellschaft die Beweislast für eine Haftung der Gründer nach Abs. 1, 2 oder 4 gemäß vorstehenden Ausführungen und zusätzlich für die Hintermann-Eigenschaft des in Anspruch Genommenen. Kommt es auf Umstände an, die die haftenden Gründer gekannt haben oder hätten kennen müssen, kann sich der Hintermann nicht mit dem Hinweis auf die eigene Unkenntnis exkulpieren.[46] 22

§ 47 Verantwortlichkeit anderer Personen neben den Gründern

Neben den Gründern und den Personen, für deren Rechnung die Gründer Aktien übernommen haben, ist als Gesamtschuldner der Gesellschaft zum Schadenersatz verpflichtet,

1. **wer bei Empfang einer Vergütung, die entgegen den Vorschriften nicht in den Gründungsaufwand aufgenommen ist, wußte oder nach den Umständen annehmen mußte, daß die Verheimlichung beabsichtigt oder erfolgt war, oder wer zur Verheimlichung wissentlich mitgewirkt hat;**
2. **wer im Fall einer vorsätzlichen oder grobfahrlässigen Schädigung der Gesellschaft durch Einlagen oder Sachübernahmen an der Schädigung wissentlich mitgewirkt hat;**
3. **wer vor Eintragung der Gesellschaft in das Handelsregister oder in den ersten zwei Jahren nach der Eintragung die Aktien öffentlich ankündigt, um sie in den Verkehr einzuführen, wenn er die Unrichtigkeit oder Unvollständigkeit der Angaben, die zum Zwecke der Gründung der Gesellschaft gemacht worden sind (§ 46 Abs. 1), oder die Schädigung der Gesellschaft durch Einlagen oder Sachübernahmen kannte oder bei Anwendung der Sorgfalt eines ordentlichen Geschäftsmannes kennen mußte.**

Übersicht

I. Allgemeines

1 **1. Regelungsgegenstand und Normzweck.** § 47 erweitert für Tatbestände, die eine Haftung der Gründer und Hintermänner nach § 46 auslösen können (→ § 46 Rn. 7 ff.), den Kreis der haftenden Personen auf die sog. **„Gründergenossen“** (§ 47 Nr. 1 und 2) und auf **Emittenten** (§ 47 Nr. 3). § 47 Nr. 1 begründet eine Haftung für den Empfang einer nicht gemäß § 26 Abs. 2 in den Gründungsaufwand aufgenommenen Vergütung oder die Mitwirkung an der Zahlung einer solchen Vergütung. § 47 Nr. 2 sieht eine Haftung derjenigen Personen vor, die an einer Schädigung der Gesellschaft iSd § 46 Abs. 2 (→ § 46 Rn. 13 ff.) mitgewirkt haben. § 47 Nr. 3 regelt die Haftung von Personen, die Aktien in Kenntnis oder in vorwerfbarer Unkenntnis von Tatbeständen nach § 46 Abs. 1 oder 2 in den Verkehr bringen. § 47 dient wie § 46 (→ § 46 Rn. 2) der **Sicherung der**

[46] Zum Ganzen ausf. MüKoAktG/*Pentz* Rn. 76.

Kapitalaufbringung und damit dem Schutz von Gläubigern und zukünftigen Aktionären der Gesellschaft.[1]

2 **2. Gläubiger und Schuldner.** Gläubiger der Ansprüche aus § 47 ist allein die **Gesellschaft.**[2] Insoweit kann auf die Ausführungen zu § 46 verwiesen werden (→ § 46 Rn. 3). Anspruchsgegner sind die sog. **„Gründergenossen"** (§ 47 Nr. 1 und 2) und die **Emittenten** (§ 47 Nr. 3). § 47 begründet eine **gesamtschuldnerische Haftung** mehrerer nach dieser Norm haftender Personen untereinander und neben nach § 46 haftenden Gründern (→ § 46 Rn. 7 ff.) und Hintermännern (→ § 46 Rn. 20).

3 **3. Rechtsnatur und Gerichtsstand.** Wie die Haftung nach § 46 hat auch die **verschuldensabhängige** Haftung nach § 47 keinen deliktsähnlichen,[3] sondern einen **spezifisch gesellschaftsrechtlichen Charakter.**[4] Denn die Verantwortung des Haftenden beruht auf seiner besonderen Beziehung zur Gesellschaft.[5] Die Rechtsnatur der Haftung hat Bedeutung für den Gerichtsstand. Da die Verantwortlichkeit dadurch begründet wird, dass sich der in Anspruch Genommene – ohne Mitglied der Gesellschaft zu sein – zu deren Schaden in deren Angelegenheiten einmischt oder betätigt, ist es folgerichtig, dass Ansprüche nach § 47 am allgemeinen Gerichtsstand des Verantwortlichen (§ 12 ZPO) oder am Sitz der Gesellschaft (§ 22 ZPO analog) geltend gemacht werden können.[6]

4 **4. Systematische Stellung.** Insoweit kann auf die Ausführungen zu § 46 verwiesen werden (→ § 46 Rn. 5). Eine strafrechtliche Verantwortlichkeit der Emittenten kann sich aus § 399 Abs. 1 Nr. 3 ergeben.

5 **5. Konkurrenzen.** § 47 ist eine **eigenständige Anspruchsgrundlage.** Die Ausführungen zu § 46 gelten insoweit entsprechend (→ § 46 Rn. 6). Über die dortigen Erläuterungen hinaus kommen – im Anwendungsbereich der Nr. 3 – Ansprüche aus **Prospekthaftung** (kapitalmarktrechtliche Prospekthaftung, zB §§ 21 f. WpPG, oder allgemeine zivilrechtliche Prospekthaftung) in Betracht.[7] § 47 Nr. 1 stellt eine abschließende Regelung dar, so dass konkurrierende Ansprüche aus den §§ 812 ff. BGB ausgeschlossen sind.[8] § 47 ist kein Schutzgesetz iSd § 823 Abs. 2 BGB.[9]

II. Haftung für verheimlichten Gründungsaufwand (§ 47 Nr. 1)

6 **1. Überblick.** § 47 Nr. 1 enthält zwei Haftungstatbestände. Zum einen ist derjenige der Gesellschaft zum Schadensersatz verpflichtet, der beim Empfang einer nicht in den Gründungsaufwand aufgenommenen Vergütung wusste oder annehmen musste, dass die Verheimlichung beabsichtigt oder erfolgt war (§ 47 Nr. 1 Alt. 1). Zum anderen haftet auch derjenige, der an der Verheimlichung wissentlich mitgewirkt hat (§ 47 Nr. 1 Alt. 2).

7 **2. Haftungsvoraussetzungen.** In **objektiver** Hinsicht setzt jede Haftung nach § 47 Nr. 1 einen Verstoß gegen § 26 Abs. 2 (→ § 26 Rn. 8 ff.) voraus. Vergütungen iSd § 47 Nr. 1 sind folglich Entschädigungen (→ § 26 Rn. 9) oder Gründerlohn (→ § 26 Rn. 10) iSd § 26 Abs. 2. Die Vergütung muss ohne entsprechende Festsetzung in der Satzung an Dritte, die weder Gründer noch Hintermann iSd § 46 Abs. 5 S. 1 (→ § 46 Rn. 20) sind,[10] gezahlt worden sein. Nach § 47 Nr. 1 Alt. 1 haftet der Empfänger der Vergütung, nach Alt. 2 derjenige, der an der Verheimlichung mitgewirkt hat. Die Vergütung ist verheimlicht worden, wenn der entsprechende Gründungsaufwand nicht in die Satzung aufgenommen worden ist.[11] Die erforderliche Mitwirkung liegt in jeder Förderung oder Begünstigung des gesetzwidrigen Verhaltens.[12] In **subjektiver** Hinsicht ist zwischen den beiden Alternativen des § 47 Nr. 1 zu unterscheiden: Für eine Haftung nach Nr. 1 Alt. 1 ist Fahrlässig-

[1] Vgl. MüKoAktG/*Pentz* Rn. 4; Hüffer/*Koch* Rn. 1; Spindler/Stilz/*Gerber* Rn. 1; KK-AktG/*M. Arnold* Rn. 1 f.; Schmidt/Lutter/*Bayer* Rn. 1.

[2] MüKoAktG/*Pentz* Rn. 7; Hüffer/*Koch* Rn. 4; Spindler/Stilz/*Gerber* Rn. 13; Schmidt/Lutter/*Bayer* Rn. 3; HK-AktG/*Körber* Rn. 3; NK-AktR/*Höhfeld* Rn. 2.

[3] So aber GroßkommAktG/*Ehricke* Rn. 4.

[4] MüKoAktG/*Pentz* Rn. 10; Hüffer/*Koch* Rn. 2; KK-AktG/*M. Arnold* Rn. 4; Schmidt/Lutter/*Bayer* Rn. 2; NK-AktR/*Höhfeld* Rn. 2.

[5] MüKoAktG/*Pentz* Rn. 10.

[6] MüKoAktG/*Pentz* Rn. 10; Hüffer/*Koch* Rn. 2; KK-AktG/*M. Arnold* Rn. 4.

[7] MüKoAktG/*Pentz* Rn. 36; Spindler/Stilz/*Gerber* Rn. 12; vgl. Hüffer/*Koch* Rn. 11.

[8] Hüffer/*Koch* Rn. 6; KK-AktG/*M. Arnold* Rn. 16; Spindler/Stilz/*Gerber* Rn. 12; HK-AktG/*Körber* Rn. 3; aA MüKoAktG/*Pentz* Rn. 12, 15; Grigoleit/*Vedder* Rn. 6.

[9] MüKoAktG/*Pentz* Rn. 11; Hüffer/*Koch* Rn. 3.

[10] MüKoAktG/*Pentz* Rn. 16; Hüffer/*Koch* Rn. 5; NK-AktR/*Höhfeld* Rn. 4.

[11] KK-AktG/*M. Arnold* Rn. 10; Spindler/Stilz/*Gerber* Rn. 4.

[12] KK-AktG/*M. Arnold* Rn. 10; Spindler/Stilz/*Gerber* Rn. 4; HK-AktG/*Körber* Rn. 7.

keit des Empfängers der Vergütung ausreichend. Der Fahrlässigkeitsvorwurf kann nur erhoben werden, wenn im Einzelfall Anlass zu Nachforschungen bestand und diese unterblieben sind.[13] Ein solcher Anlass ist bei Vergütungen atypischer Art und Höhe zu bejahen, sonst zu verneinen.[14] Für eine Haftung nach Nr. 1 Alt. 2 ist hingegen mindestens bedingter Vorsatz erforderlich.[15]

3. Haftungsumfang. Die Haftung nach § 47 Nr. 1 richtet sich auf **Schadensersatz** (§§ 249 ff. 8 BGB). Der Mindestbetrag des Schadens liegt in der geleisteten Vergütung, da deren Leistung der Gesellschaft gegenüber unwirksam ist (§ 26 Abs. 3; → § 26 Rn. 15). Eine Kürzung des Schadensersatzanspruches wegen eines Mitverschuldens der Gesellschaft oder ihrer Organe ist ausgeschlossen.[16]

III. Haftung für Mitwirkung bei der Schädigung der Gesellschaft (§ 47 Nr. 2)

§ 47 Nr. 2 begründet eine Haftung der Gründergenossen für die wissentliche Mitwirkung an 9 einer vorsätzlichen oder grobfahrlässigen Schädigung der Gesellschaft durch Einlagen oder Sachübernahmen. Haftungsvoraussetzung ist damit, dass ein Gründer oder Hintermann den Haftungstatbestand nach § 46 Abs. 2 (→ § 46 Rn. 13 ff.) bzw. 5 (→ § 46 Rn. 20) in objektiver und subjektiver Hinsicht erfüllt.[17] Hinzukommen muss die wissentliche Mitwirkung an der Schädigung, dh die zumindest bedingt vorsätzliche[18] Förderung in irgendeiner Weise[19] durch den Gründergenossen. Inhaltlich entspricht die Haftung der nach § 46 Abs. 2 (→ § 46 Rn. 15).

IV. Haftung des Emittenten (§ 47 Nr. 3)

1. Überblick. § 47 Nr. 3 regelt die Haftung desjenigen, der Aktien öffentlich ankündigt **(„Emittent“)**, um sie in den Verkehr zu bringen, und dabei in Kenntnis oder in vorwerfbarer Unkenntnis 10 von Tatbeständen nach § 46 Abs. 1 oder 2 handelt. Über den Wortlaut der Norm hinaus kann auch ein Gründer haftender Emittent sein.[20] In der Praxis hat die Vorschrift vor allem für die Fälle Bedeutung, in denen ein Gründer oder ein Dritter, der seinerseits Aktien von den Gründern übernommen hat (zB Kreditinstitut), die Aktien der Öffentlichkeit zum Erwerb anbietet.[21]

2. Haftungsvoraussetzungen. Die Schadensersatzpflicht des Emittenten ist in **objektiver Hinsicht** an drei Voraussetzungen geknüpft. 11 Zunächst müssen die Aktien in beliebiger Form öffentlich angekündigt werden. Ankündigung in diesem Sinne ist die Aufforderung an einen nicht enger begrenzten Personenkreis, die von den Gründern übernommenen Aktien zu erwerben.[22] Die Ankündigung muss dabei vor Eintragung der Gesellschaft oder innerhalb der ersten zwei Jahre nach Eintragung im Handelsregister erfolgen. Ferner muss die Ankündigung zum Zweck der Einführung der Aktien in den Verkehr, dh mit dem Ziel der Veräußerung an Dritte vorgenommen werden. Schließlich müssen die objektiven Haftungsvoraussetzungen der Tatbestände des § 46 Abs. 1 (→ § 46 Rn. 7 ff.) oder 2 (→ § 46 Rn. 14) vorliegen. Auf ein Verschulden der Gründer oder ihrer Hintermänner kommt es insoweit nicht an.[23] In **subjektiver Hinsicht** muss der Emittent in Bezug auf den objektiven Tatbestand des § 46 Abs. 1 oder 2 vorsätzlich oder fahrlässig handeln. Der Fahrlässigkeitsvorwurf ist begründet, wenn der Emittent bei Anwendung der Sorgfalt eines mit öffentlichen Emissionen vertrauten Geschäftsmannes Kenntnis vom objektiven Tatbestand des § 46 Abs. 1 oder 2 gehabt hätte.[24] Sonderkenntnisse wirken haftungsverschärfend.[25] Dadurch wird im Ergebnis eine Prüfungspflicht des Emittenten hinsichtlich der Angaben der Gründer nach § 46 Abs. 1 und der Einlagen, Sachübernahmen und des Gründungsaufwandes (§ 46 Abs. 2) begründet.[26]

---

13 MüKoAktG/*Pentz* Rn. 16; Hüffer/*Koch* Rn. 5; Spindler/Stilz/*Gerber* Rn. 3; KK-AktG/*M. Arnold* Rn. 11.
14 Hüffer/*Koch* Rn. 5; vgl. MüKoAktG/*Pentz* Rn. 16; Schmidt/Lutter/*Bayer* Rn. 4.
15 MüKoAktG/*Pentz* Rn. 18; Hüffer/*Koch* Rn. 7; Spindler/Stilz/*Gerber* Rn. 4; KK-AktG/*M. Arnold* Rn. 12.
16 MüKoAktG/*Pentz* Rn. 17; Spindler/Stilz/*Gerber* Rn. 3; NK-AktR/*Höhfeld* Rn. 5.
17 Vgl. Spindler/Stilz/*Gerber* Rn. 5.
18 Vgl. Hüffer/*Koch* Rn. 8; Spindler/Stilz/*Gerber* Rn. 5; Schmidt/Lutter/*Bayer* Rn. 7.
19 Spindler/Stilz/*Gerber* Rn. 5; KK-AktG/*M. Arnold* Rn. 17; HK-AktG/*Körber* Rn. 8.
20 MüKoAktG/*Pentz* Rn. 22; NK-AktR/*Höhfeld* Rn. 7; vgl. Hüffer/*Koch* Rn. 9.
21 Spindler/Stilz/*Gerber* Rn. 6.
22 MüKoAktG/*Pentz* Rn. 25; Spindler/Stilz/*Gerber* Rn. 6; Schmidt/Lutter/*Bayer* Rn. 9.
23 Hüffer/*Koch* Rn. 10; Spindler/Stilz/*Gerber* Rn. 9; MüKoAktG/*Pentz* Rn. 28; KK-AktG/*M. Arnold* Rn. 23; Schmidt/Lutter/*Bayer* Rn. 11; HK-AktG/*Körber* Rn. 10.
24 AllgM, zB Hüffer/*Koch* Rn. 10; Schmidt/Lutter/*Bayer* Rn. 12.
25 Spindler/Stilz/*Gerber* Rn. 10; MüKoAktG/*Pentz* Rn. 29; Hüffer/*Koch* Rn. 10.
26 MüKoAktG/*Pentz* Rn. 29; Hüffer/*Koch* Rn. 10; Spindler/Stilz/*Gerber* Rn. 10; HK-AktG/*Körber* Rn. 10; NK-AktR/*Höhfeld* Rn. 7.

12 **3. Haftungsumfang.** Die Haftung der Emittenten gegenüber der Gesellschaft entspricht in ihrem Umfang der Haftung der Gründer und Hintermänner nach § 46 Abs. 1 (→ § 46 Rn. 12) und 2 (→ § 46 Rn. 15) bzw. 5 (→ § 46 Rn. 20).

13 **4. Analogie.** § 47 Nr. 3 findet entsprechende Anwendung auf junge Aktien aus einer **Kapitalerhöhung.**[27] Hinsichtlich der Zweijahresfrist ist auf die Eintragung der Kapitalerhöhung im Handelsregister abzustellen.[28] Eine entsprechende Anwendung des § 47 Nr. 3 auf die Ankündigung von Wandelschuldverschreibungen ist hingegen abzulehnen, da die Risikolage für die Gesellschaft insoweit nicht der bei der Gründung oder einer Kapitalerhöhung entspricht.[29]

§ 48 Verantwortlichkeit des Vorstands und des Aufsichtsrats

[1]Mitglieder des Vorstands und des Aufsichtsrats, die bei der Gründung ihre Pflichten verletzen, sind der Gesellschaft zum Ersatz des daraus entstehenden Schadens als Gesamtschuldner verpflichtet; sie sind namentlich dafür verantwortlich, daß eine zur Annahme von Einzahlungen auf die Aktien bestimmte Stelle (§ 54 Abs. 3) hierzu geeignet ist, und daß die eingezahlten Beträge zur freien Verfügung des Vorstands stehen. [2]Für die Sorgfaltspflicht und Verantwortlichkeit der Mitglieder des Vorstands und des Aufsichtsrats bei der Gründung gelten im übrigen §§ 93 und 116 mit Ausnahme von § 93 Abs. 4 Satz 3 und 4 und Abs. 6.

Übersicht

I. Allgemeines

1 **1. Regelungsgegenstand und Normzweck.** § 48 begründet die Haftung der Mitglieder von Vorstand und Aufsichtsrat für die Verletzung von Pflichten im Zusammenhang mit der Gründung der Gesellschaft. § 48 dient wie §§ 46 (→ § 46 Rn. 2), 47 (→ § 47 Rn. 1) der **Sicherung der Kapitalaufbringung** und damit dem Schutz von Gläubigern und Aktionären der Gesellschaft.[1]

2 **2. Gläubiger und Schuldner.** Gläubiger der Ansprüche aus § 48 ist allein die **Gesellschaft.**[2] Insoweit kann auf die Ausführungen zu § 46 verwiesen werden (→ § 46 Rn. 3). Anspruchsgegner sind diejenigen Mitglieder von Vorstand und Aufsichtsrat, die den Haftungstatbestand verwirklichen. § 48 begründet eine **gesamtschuldnerische Haftung** mehrerer nach dieser Norm haftender Personen untereinander und neben nach §§ 46 und 47 haftenden Personen.[3]

3 **3. Rechtsnatur und Gerichtsstand.** Die **verschuldensabhängige** Haftung nach § 48 ist nicht Ausfluss eines vertraglichen Anstellungsverhältnisses oder unmittelbare Folge eines gesetzlichen Haftungstatbestandes, sondern beruht auf der Organstellung der Mitglieder der Verwaltung.[4] Es handelt sich somit nicht um eine vertragliche oder deliktische bzw. deliktsähnliche[5] Haftung, sondern um

[27] MüKoAktG/*Pentz* Rn. 34; Hüffer/*Koch* Rn. 12; Spindler/Stilz/*Gerber* Rn. 11; KK-AktG/*M. Arnold* Rn. 29; Schmidt/Lutter/*Bayer* Rn. 14; HK-AktG/*Körber* Rn. 12; NK-AktR/*Höhfeld* Rn. 8.
[28] MüKoAktG/*Pentz* Rn. 34; Hüffer/*Koch* Rn. 12; Spindler/Stilz/*Gerber* Rn. 11; KK-AktG/*M. Arnold* Rn. 29; Schmidt/Lutter/*Bayer* Rn. 14; HK-AktG/*Körber* Rn. 12; NK-AktR/*Höhfeld* Rn. 8.
[29] MüKoAktG/*Pentz* Rn. 35; Hüffer/*Koch* Rn. 12; Spindler/Stilz/*Gerber* Rn. 11; KK-AktG/*M. Arnold* Rn. 29; Schmidt/Lutter/*Bayer* Rn. 15; HK-AktG/*Körber* Rn. 12; NK-AktR/*Höhfeld* Rn. 8.
[1] Vgl. MüKoAktG/*Pentz* Rn. 3; Hüffer/*Koch* Rn. 1; Spindler/Stilz/*Gerber* Rn. 1; KK-AktG/*M. Arnold* Rn. 1.
[2] MüKoAktG/*Pentz* Rn. 6; Hüffer/*Koch* Rn. 4; Spindler/Stilz/*Gerber* Rn. 1; KK-AktG/*M. Arnold* Rn. 3; Schmidt/Lutter/*Bayer* Rn. 2; HK-AktG/*Körber* Rn. 3; NK-AktR/*Höhfeld* Rn. 2.
[3] MüKoAktG/*Pentz* Rn. 29 f.
[4] MüKoAktG/*Pentz* Rn. 9.
[5] So GroßkommAktG/*Ehricke* Rn. 5.

eine **spezifisch gesellschaftsrechtliche Organhaftung.**[6] Der Gerichtsstand für die Verfolgung von Ansprüchen aus § 48 bestimmt sich deshalb nach § 12 ZPO (Allgemeiner Gerichtsstand).[7] Ferner wird der Gerichtsstand nach § 29 ZPO (Gerichtsstand des Erfüllungsortes) für eröffnet gehalten,[8] darüber hinaus überwiegend auch der Gerichtsstand nach § 22 ZPO (analog) (Besonderer Gerichtsstand der Mitgliedschaft).[9] Der Gerichtsstand nach § 32 ZPO (Gerichtsstand der unerlaubten Handlung) ist nicht gegeben.[10]

4. Systematische Stellung. Insoweit kann auf die Ausführungen zu § 46 verwiesen werden 4 (→ § 46 Rn. 5). Eine strafrechtliche Verantwortlichkeit der Mitglieder der Verwaltung kann sich aus § 399 Abs. 1 Nr. 1 und 2 ergeben.

5. Konkurrenzen. § 48 ist eine **eigenständige Anspruchsgrundlage,** die die Haftung der 5 Mitglieder der Verwaltung gegenüber der Gesellschaft jedoch nicht abschließend regelt und daher die allgemeinen Haftungsvorschriften nicht verdrängt. Weitere Ansprüche der Gesellschaft können sich insbesondere aus unerlaubter Handlung (zB § 826 BGB, § 823 Abs. 2 BGB iVm § 263 StGB oder § 266 StGB) ergeben.[11] § 48 ist **kein** Schutzgesetz iSd § 823 Abs. 2 BGB.[12] Aus den vorgenannten allgemeinen Vorschriften können auch Ansprüche Dritter, insbesondere von Aktionären oder Gläubigern der Gesellschaft, erwachsen.[13]

II. Haftung der Mitglieder von Vorstand und Aufsichtsrat

1. Haftungsvoraussetzungen. Nach § 48 sind Mitglieder des Vorstands und des Aufsichtsrats, 6 die bei der Gründung der Gesellschaft ihre Pflichten verletzen, der Gesellschaft zum Ersatz des daraus entstehenden Schadens verpflichtet (vgl. S. 1 Hs. 1). § 48 stellt mit dieser Generalklausel klar, dass die den Verwaltungsmitgliedern nach allgemeinen Regeln obliegenden Sorgfaltspflichten auch während des Gründungsvorgangs einzuhalten sind.[14]

a) Objektive Haftungsvoraussetzungen. Verantwortlich sind die Mitglieder von Vorstand – 7 einschließlich der stellvertretenden Mitglieder (vgl. § 94) – und Aufsichtsrat. Die Haftung erfasst auch faktische Organmitglieder.[15] Die Verantwortlichkeit beginnt mit der Begründung der entsprechenden Organstellung (→ § 30 Rn. 3 ff.; → § 30 Rn. 15 ff.).[16] Jede Pflichtverletzung im Zusammenhang mit der Gründung ist haftungsbegründend. Das Gesetz hebt dabei die Pflicht zur Prüfung der zur Annahme der Einzahlungen auf Aktien bestimmten Stelle auf ihre diesbezügliche Eignung (→ § 46 Rn. 9) und die Verantwortung dafür, dass die eingezahlten Beträge zur freien Verfügung des Vorstands stehen (→ § 46 Rn. 10), besonders hervor (vgl. S. 1 Hs. 2). Weitere Pflichten ergeben sich vor allem aus §§ 33 Abs. 1, 34 (Prüfungspflicht, → § 33 Rn. 4 f.; → § 34 Rn. 2 ff.) und § 36 Abs. 1 (Anmeldung der Gesellschaft, § 36 Rn. 4 ff.). Ferner sind die Mitglieder des Vorstands bereits in der Gründungsphase zu einer ordnungsgemäßen Geschäftsführung verpflichtet, wenn vor Eintragung der Gesellschaft im Handelsregister der Geschäftsbetrieb aufgenommen wird, zB bei Einbringung eines Unternehmens durch Sacheinlage.[17] Dem Aufsichtsrat obliegt auch vor der Eintragung der Gesellschaft die Überwachung der Tätigkeit des Vorstands (§ 111 Abs. 1).[18] Eine Haftung gegenüber der Gesellschaft ist jedoch ausgeschlossen, wenn die entsprechende Handlung auf einem gesetzmäßigen Beschluss der Hauptversammlung beruht (vgl. S. 2 iVm § 93 Abs. 4 S. 1). Zur Hauptversammlung im Stadium der Vor-AG → § 41 Rn. 8.

b) Subjektive Haftungsvoraussetzungen. Die Haftung nach § 48 ist **verschuldensabhängig** 8 (→ Rn. 3). Die Mitglieder von Vorstand und Aufsichtsrat haben bei ihrer Tätigkeit die Sorgfalt eines ordentlichen und gewissenhaften Geschäftsleiters bzw. Aufsichtsrats anzuwenden (§ 48 S. 2 iVm

---

[6] MüKoAktG/*Pentz* Rn. 9; Hüffer/*Koch* Rn. 1; Spindler/Stilz/*Gerber* Rn. 1; KK-AktG/*M. Arnold* Rn. 7; Schmidt/Lutter/*Bayer* Rn. 3; HK-AktG/*Körber* Rn. 4; NK-AktR/*Höhfeld* Rn. 2.

[7] MüKoAktG/*Pentz* Rn. 9; NK-AktR/*Höhfeld* Rn. 2; Grigoleit/*Vedder* Rn. 8.

[8] So MüKoAktG/*Pentz* Rn. 9; Hüffer/*Koch* Rn. 1; KK-AktG/*M. Arnold* Rn. 8; Grigoleit/*Vedder* Rn. 8.

[9] So zB Hüffer/*Koch* Rn. 1; HK-AktG/*Körber* Rn. 4; Grigoleit/*Vedder* Rn. 8; aA MüKoAktG/*Pentz* Rn. 9.

[10] MüKoAktG/*Pentz* Rn. 9; Hüffer/*Koch* Rn. 1.

[11] Spindler/Stilz/*Gerber* Rn. 10; MüKoAktG/*Pentz* Rn. 11; Hüffer/*Koch* Rn. 2.

[12] Hüffer/*Koch* Rn. 2; MüKoAktG/*Pentz* Rn. 10; Spindler/Stilz/*Gerber* Rn. 10.

[13] Hüffer/*Koch* Rn. 2; MüKoAktG/*Pentz* Rn. 31; Spindler/Stilz/*Gerber* Rn. 11.

[14] MüKoAktG/*Pentz* Rn. 12.

[15] MüKoAktG/*Pentz* Rn. 12; Spindler/Stilz/*Gerber* Rn. 3; KK-AktG/*M. Arnold* Rn. 6; Schmidt/Lutter/*Bayer* Rn. 2.

[16] Spindler/Stilz/*Gerber* Rn. 3.

[17] MüKoAktG/*Pentz* Rn. 19, 21; Spindler/Stilz/*Gerber* Rn. 4.

[18] MüKoAktG/*Pentz* Rn. 18; vgl. RGZ 144, 348 (351 ff.).

§ 93 Abs. 1 S. 1 bzw. § 116 S. 1); genügen sie diesen Ansprüchen nicht, handeln sie schuldhaft. Das Haftungsprivileg des § 93 Abs. 1 S. 2 (→ § 93 Rn. 29 ff.) können die Vorstandsmitglieder nur in Anspruch nehmen, wenn der Vorstand – soweit zulässig (→ § 41 Rn. 8) – bereits vor Eintragung der Gesellschaft die Geschäfte aufnimmt und somit für die Vor-AG unternehmerisch tätig wird und das entsprechende Handeln des Vorstands damit im Zusammenhang steht.[19]

9 **2. Haftungsumfang.** Gegenüber der Gesellschaft haften nur diejenigen Verwaltungsmitglieder auf Schadensersatz, die einen Haftungstatbestand verwirklicht haben; eine Mithaftung der Mitglieder der Verwaltung, denen keine Pflichtverletzung vorgeworfen werden kann, besteht nicht.[20] Zu ersetzen sind insbesondere nicht geleistete Einlagen und Schäden, die Folge unzureichender Gründungsprüfung sind.[21] Eine Kürzung des Schadensersatzanspruches wegen eines Mitverschuldens der Gesellschaft ist ausgeschlossen.[22]

10 **3. Sonstiges. a) Verzicht, Vergleich, Verjährung.** Für Verzicht, Vergleich und Verjährung gelten §§ 50, 51 (→ § 50 Rn. 3 ff.; → § 51 Rn. 3) und nicht die allgemeinen Bestimmungen nach § 93 Abs. 4 S. 3 und 4, Abs. 6 (vgl. § 48 S. 2 aE).

11 **b) Geltendmachung durch Gläubiger der Gesellschaft.** Unter den in § 93 Abs. 5 (→ § 93 Rn. 322 ff.) genannten Voraussetzungen können die Ansprüche der Gesellschaft auch von ihren Gläubigern geltend gemacht werden (vgl. § 48 S. 2).

III. Darlegungs- und Beweislast

12 Die **Gesellschaft** hat darzulegen und zu beweisen, dass das Verhalten eines Mitglieds der Verwaltung zu einem Schaden geführt hat. Das betreffende **Mitglied der Verwaltung** muss dann darlegen und beweisen, dass es seinen Sorgfaltspflichten nachgekommen ist oder ihn kein Verschulden trifft bzw. der Schaden auch bei pflichtgemäßem Alternativverhalten eingetreten wäre. Es trägt damit nicht nur die Beweislast für ein fehlendes Verschulden, sondern auch für eine fehlende Pflichtwidrigkeit seines Verhaltens.[23]

§ 49 Verantwortlichkeit der Gründungsprüfer

§ 323 Abs. 1 bis 4 des Handelsgesetzbuchs über die Verantwortlichkeit des Abschlußprüfers gilt sinngemäß.

Übersicht

I. Allgemeines

1 **1. Regelungsgegenstand und Normzweck.** § 49 regelt die Haftung der (externen) Gründungsprüfer (§ 33 Abs. 2 bis 5; → § 33 Rn. 6 ff.) gegenüber der Gesellschaft und mit ihr verbundenen Unternehmen durch einen Verweis auf die für Abschlussprüfer geltenden Vorschriften (§ 323 Abs. 1 bis 4 HGB). § 49 dient im Ergebnis wie §§ 46, 47 und 48 der **Sicherung der Kapitalaufbringung** (→ § 46 Rn. 2; → § 47 Rn. 1; → § 48 Rn. 1).[1]

2 **2. Gläubiger und Schuldner.** Gläubiger der Ansprüche aus § 49 ist die **Gesellschaft.**[2] Insoweit kann auf die Ausführungen zu § 46 verwiesen werden (→ § 46 Rn. 3). Ein mit der Gesellschaft

[19] Spindler/Stilz/*Gerber* Rn. 5; ähnlich MüKoAktG/*Pentz* Rn. 23.
[20] Hüffer/*Koch* Rn. 5; Spindler/Stilz/*Gerber* Rn. 6; HK-AktG/*Körber* Rn. 8.
[21] Vgl. MüKoAktG/*Pentz* Rn. 24; Hüffer/*Koch* Rn. 5; Spindler/Stilz/*Gerber* Rn. 6.
[22] MüKoAktG/*Pentz* Rn. 24; Spindler/Stilz/*Gerber* Rn. 6; KK-AktG/*M. Arnold* Rn. 14.
[23] MüKoAktG/*Pentz* Rn. 25; vgl. BGHZ 152, 280 (284) = NJW 2003, 358.
[1] Spindler/Stilz/*Gerber* Rn. 1; KK-AktG/*M. Arnold* Rn. 1.
[2] MüKoAktG/*Pentz* Rn. 10; Hüffer/*Koch* Rn. 1; Spindler/Stilz/*Gerber* Rn. 6; Schmidt/Lutter/*Bayer* Rn. 4.

verbundenes Unternehmen ist – sofern es geschädigt wurde – ebenfalls ersatzberechtigt (vgl. § 323 Abs. 1 S. 3 HGB). **Anspruchsgegner** sind die Gründungsprüfer, deren Gehilfen und – sofern es sich um eine Prüfungsgesellschaft handelt – deren bei der Prüfung mitwirkenden gesetzlichen Vertreter. Gehilfen sind alle durch die Gründungsprüfer zugezogenen Personen, unabhängig davon, ob es sich um Angestellte oder freiberuflich Tätige handelt.[3] § 49 begründet eine **gesamtschuldnerische Haftung** mehrerer nach dieser Norm haftender Personen untereinander und neben nach §§ 46, 47 und 48 haftenden Personen.[4]

3. Rechtsnatur und Gerichtsstand. Die **verschuldensabhängige** Haftung nach § 49 ist Ausfluss eines **vertragsähnlichen gesetzlichen Schuldverhältnisses.**[5] Der Gerichtsstand für die Verfolgung von Ansprüchen aus § 48 bestimmt sich deshalb nach § 12 ZPO (Allgemeiner Gerichtsstand) und nach § 29 ZPO (Gerichtsstand des Erfüllungsortes).[6] Der Gerichtsstand nach § 32 ZPO (Gerichtsstand der unerlaubten Handlung) ist nicht gegeben.[7] 3

4. Systematische Stellung. Die Haftung nach § 49 ergänzt das System zur Sicherung der Kapitalaufbringung durch die Vorschriften über die Haftung der Gründer (§ 46), der Gründergenossen und Emittenten (§ 47), des Vorstands und des Aufsichtsrats (§ 48) und bei der Nachgründung (§ 53). Die Beschränkungen des § 50 für Verzichts- und Vergleichsregelungen gelten aufgrund des eindeutigen Wortlauts dieser Vorschrift nicht für Ansprüche aus § 49. Die Verjährung von Ansprüchen aus § 49 richtet sich nicht nach § 51, sondern nach den §§ 195, 199 BGB.[8] Eine strafrechtliche Verantwortlichkeit der Gründungsprüfer und ihrer Gehilfen kann sich aus §§ 403, 404 ergeben. 4

5. Konkurrenzen. § 49 ist eine **eigenständige Anspruchsgrundlage,** die die Haftung der Gründungsprüfer und der ihnen gleichgestellten Personen gegenüber der Gesellschaft jedoch nicht abschließend regelt und daher die allgemeinen Haftungsvorschriften nicht verdrängt. Weitere Ansprüche der Gesellschaft können sich insbesondere aus unerlaubter Handlung (zB § 826 BGB, §§ 840, 823 Abs. 2 BGB iVm §§ 403, 404) ergeben.[9] § 49 iVm § 323 HGB ist **kein** Schutzgesetz iSd § 823 Abs. 2 BGB.[10] Aus den vorgenannten allgemeinen Vorschriften können auch Ansprüche Dritter, insbesondere von Aktionären oder Gläubigern der Gesellschaft, erwachsen.[11] 5

II. Verantwortlichkeit der Gründungsprüfer

Der für die Haftung der Gründungsprüfer sinngemäß anzuwendende § 323 Abs. 1 bis 4 HGB lautet wie folgt: 6

§ 323 HGB Verantwortlichkeit des Abschlußprüfers

(1) [1]Der Abschlußprüfer, seine Gehilfen und die bei der Prüfung mitwirkenden gesetzlichen Vertreter einer Prüfungsgesellschaft sind zur gewissenhaften und unparteiischen Prüfung und zur Verschwiegenheit verpflichtet; § 57b der Wirtschaftsprüferordnung bleibt unberührt. [2]Sie dürfen nicht unbefugt Geschäfts- und Betriebsgeheimnisse verwerten, die sie bei ihrer Tätigkeit erfahren haben. [3]Wer vorsätzlich oder fahrlässig seine Pflichten verletzt, ist der Kapitalgesellschaft und, wenn ein verbundenes Unternehmen geschädigt worden ist, auch diesem zum Ersatz des daraus entstehenden Schadens verpflichtet. [4]Mehrere Personen haften als Gesamtschuldner.

(2) [1]Die Ersatzpflicht von Personen, die fahrlässig gehandelt haben, beschränkt sich auf eine Million Euro für eine Prüfung. [2]Bei Prüfung einer Aktiengesellschaft, deren Aktien zum Handel im regulierten Markt zugelassen sind, beschränkt sich die Ersatzpflicht von Personen, die fahrlässig gehandelt haben, abweichend von Satz 1 auf vier Millionen Euro für eine Prüfung. [3]Dies gilt auch, wenn an der Prüfung mehrere Personen beteiligt gewesen oder mehrere zum Ersatz verpflichtende Handlungen begangen worden sind, und ohne Rücksicht darauf, ob andere Beteiligte vorsätzlich gehandelt haben.

(3) Die Verpflichtung zur Verschwiegenheit besteht, wenn eine Prüfungsgesellschaft Abschlußprüfer ist, auch gegenüber dem Aufsichtsrat und den Mitgliedern des Aufsichtsrats der Prüfungsgesellschaft.

(4) Die Ersatzpflicht nach diesen Vorschriften kann durch Vertrag weder ausgeschlossen noch beschränkt werden.

---

3 KK-AktG/*M. Arnold* Rn. 4; MüKoAktG/*Pentz* Rn. 12; Spindler/Stilz/*Gerber* Rn. 7.
4 MüKoAktG/*Pentz* Rn. 44 f.; KK-AktG/*M. Arnold* Rn. 28.
5 MüKoAktG/*Pentz* Rn. 15; KK-AktG/*M. Arnold* Rn. 8; Hüffer/*Koch* Rn. 1.
6 MüKoAktG/*Pentz* Rn. 16; KK-AktG/*M. Arnold* Rn. 8; Hüffer/*Koch* Rn. 1.
7 MüKoAktG/*Pentz* Rn. 16; KK-AktG/*M. Arnold* Rn. 8; Hüffer/*Koch* Rn. 1.
8 Hüffer/*Koch* Rn. 4; MüKoAktG/*Pentz* Rn. 19; Schmidt/Lutter/*Bayer* Rn. 2.
9 Spindler/Stilz/*Gerber* Rn. 12; MüKoAktG/*Pentz* Rn. 18.
10 MüKoAktG/*Pentz* Rn. 18; Spindler/Stilz/*Gerber* Rn. 12; KK-AktG/*M. Arnold* Rn. 7.
11 MüKoAktG/*Pentz* Rn. 46; Spindler/Stilz/*Gerber* Rn. 13; vgl. KK-AktG/*M. Arnold* Rn. 7.

7 **1. Pflichten der Gründungsprüfer.** Die Gründungsprüfer und die ihnen gleichgestellten Personen haben die Pflicht zur gewissenhaften und unparteiischen Prüfung und sind – zeitlich unbegrenzt[12] – zur Verschwiegenheit verpflichtet (vgl. § 323 Abs. 1 S. 1 Hs. 1 HGB). Den Gründungsprüfern ist es darüber hinaus untersagt, unbefugt Geschäfts- oder Betriebsgeheimnisse zu verwerten (vgl. § 323 Abs. 1 S. 2 HGB). Weitere Pflichten ergeben sich aus § 34 (→ § 34 Rn. 2 ff.) und hier insbesondere im Hinblick auf die Bewertung von Sacheinlagen oder -übernahmen. Die Prüfung ist nach bestem Wissen und Gewissen so durchzuführen, wie es der mit ihr verfolgte Zweck im konkreten Einzelfall erfordert.[13] Besonders gewissenhaft ist dabei zu untersuchen, ob der Wert der eingebrachten Sacheinlagen den geringsten Ausgabebetrag der zu gewährenden Aktien einschließlich – sofern in der Satzung festgesetzt – des Agios erreicht (vgl. § 34 Abs. 1 Nr. 2; → § 34 Rn. 5). Die von den Fachausschüssen des Instituts der Wirtschaftsprüfer verabschiedeten Prüfungsstandards, Stellungnahmen und Hinweise können neben vorstehenden Grundsätzen lediglich als Auslegungshilfe herangezogen werden.[14]

8 **2. Haftung der Gründungsprüfer. a) Objektive Haftungsvoraussetzungen.** Bei schuldhafter Verletzung ihrer Pflichten haften die Gründungsprüfer und die ihnen gleichgestellten Personen der Gesellschaft und – sofern auch dieses geschädigt ist – einem mit der Gesellschaft verbundenen Unternehmen auf Schadensersatz (vgl. § 323 Abs. 1 S. 3 HGB). Die Gesetzessystematik spricht dafür, dass für den Begriff des verbundenen Unternehmens die Legaldefinition des § 15 und nicht die Maßstäbe des § 271 Abs. 2 HGB maßgeblich sind.[15]

9 **b) Subjektive Haftungsvoraussetzungen.** Die Gründungsprüfer oder die ihnen gleichgestellten Personen müssen schuldhaft handeln; sie haften für jede Form von Fahrlässigkeit oder Vorsatz (vgl. § 323 Abs. 1 S. 3). Geschuldet wird die Sorgfalt, die ein qualifizierter Gründungsprüfer bei derartigen Prüfungen einzuhalten hat.[16]

10 **c) Haftungsumfang.** Die schuldhafte Pflichtverletzung begründet einen gesetzlichen Schadensersatzanspruch.[17] Der Umfang der Haftung ist verschuldensabhängig. Vorsätzliche Pflichtverletzungen führen zu einer uneingeschränkten Haftung für den entstandenen Schaden. Bei lediglich fahrlässiger (auch grob fahrlässiger) Pflichtverletzung ist die Haftung auf eine Million Euro begrenzt (vgl. § 323 Abs. 2 S. 1). Die Erhöhung der Haftsumme bei fahrlässiger Pflichtverletzung auf vier Millionen Euro gemäß § 323 Abs. 2 S. 2 ist für Gründungsprüfer wegen des Ausgabeverbots des § 41 Abs. 4 S. 1 (→ § 41 Rn. 28) ohne Bedeutung.[18] Mehrere Verantwortliche haften jeweils nach ihrem persönlichen Verschulden (vgl. § 323 Abs. 2 S. 3 HGB). Eine Kürzung des Schadensersatzanspruches wegen eines Mitverschuldens der Gesellschaft oder ihrer Organe ist ausgeschlossen.[19] Die Haftung kann durch Vertrag weder ausgeschlossen noch beschränkt werden (vgl. § 323 Abs. 4 HGB).

III. Darlegungs- und Beweislast

11 Die Darlegungs- und Beweislast hinsichtlich eines pflichtwidrigen Verhaltens und eines daraus resultierenden Schadens liegt beim Anspruchsteller. Hinsichtlich des Verschuldens ist zu differenzieren: Soweit es um den Vorwurf fahrlässigen Handelns geht, gilt § 280 Abs. 1 S. 2 BGB; der in Anspruch Genommene muss sich folglich exkulpieren. Für das Vorliegen von Vorsatz trägt der Anspruchsteller die Darlegungs- und Beweislast.[20]

§ 50 Verzicht und Vergleich

[1]Die Gesellschaft kann auf Ersatzansprüche gegen die Gründer, die neben diesen haftenden Personen und gegen die Mitglieder des Vorstands und des Aufsichtsrats (§§ 46 bis 48) erst drei Jahre nach der Eintragung der Gesellschaft in das Handelsregister und nur dann

---

[12] KK-AktG/*A. Arnold* Rn. 14.

[13] MüKoAktG/*Pentz* Rn. 23.

[14] MüKoAktG/*Pentz* Rn. 23; Spindler/Stilz/*Gerber* Rn. 4; vgl. hingegen mit anderer Tendenz NK-AktR/*Höhfeld* Rn. 3.

[15] Hüffer/*Koch* Rn. 1; Grigoleit/*Vedder* Rn. 5; Spindler/Stilz/*Gerber* Rn. 6; HK-AktG/*Körber* Rn. 4; NK-AktR/*Höhfeld* Rn. 4; aA KK-AktG/*M. Arnold* Rn. 6; MüKoAktG/*Pentz* Rn. 10.

[16] MüKoAktG/*Pentz* Rn. 35; Spindler/Stilz/*Gerber* Rn. 8; KK-AktG/*A. Arnold* Rn. 20.

[17] Hüffer/*Koch* Rn. 4.

[18] Spindler/Stilz/*Gerber* Rn. 9; Hüffer/*Koch* Rn. 4; KK-AktG/*M. Arnold* Rn. 26.

[19] MüKoAktG/*Pentz* Rn. 37; Spindler/Stilz/*Gerber* Rn. 8; Hüffer/*Koch* Rn. 4; aA KK-AktG/*M. Arnold* Rn. 22.

[20] MüKoAktG/*Pentz* Rn. 39; Spindler/Stilz/*Gerber* Rn. 10; Schmidt/Lutter/*Bayer* Rn. 6.

III. Abdingbarkeit

§ 51 ist **zwingendes** Recht. Abweichende Vereinbarungen, die die Verjährungsfrist verkürzen, sind nichtig (§ 134 BGB).[5] 4

§ 52 Nachgründung

(1) [1]Verträge der Gesellschaft mit Gründern oder mit mehr als 10 vom Hundert des Grundkapitals an der Gesellschaft beteiligten Aktionären, nach denen sie vorhandene oder herzustellende Anlagen oder andere Vermögensgegenstände für eine den zehnten Teil des Grundkapitals übersteigende Vergütung erwerben soll, und die in den ersten zwei Jahren seit der Eintragung der Gesellschaft in das Handelsregister geschlossen werden, werden nur mit Zustimmung der Hauptversammlung und durch Eintragung in das Handelsregister wirksam. [2]Ohne die Zustimmung der Hauptversammlung oder die Eintragung im Handelsregister sind auch die Rechtshandlungen zu ihrer Ausführung unwirksam.

(2) [1]Ein Vertrag nach Absatz 1 bedarf der schriftlichen Form, soweit nicht eine andere Form vorgeschrieben ist. [2]Er ist von der Einberufung der Hauptversammlung an, die über die Zustimmung beschließen soll, in dem Geschäftsraum der Gesellschaft zur Einsicht der Aktionäre auszulegen. [3]Auf Verlangen ist jedem Aktionär unverzüglich eine Abschrift zu erteilen. [4]Die Verpflichtungen nach den Sätzen 2 und 3 entfallen, wenn der Vertrag für denselben Zeitraum über die Internetseite der Gesellschaft zugänglich ist. [5]In der Hauptversammlung ist der Vertrag zugänglich zu machen. [6]Der Vorstand hat ihn zu Beginn der Verhandlung zu erläutern. [7]Der Niederschrift ist er als Anlage beizufügen.

(3) [1]Vor der Beschlußfassung der Hauptversammlung hat der Aufsichtsrat den Vertrag zu prüfen und einen schriftlichen Bericht zu erstatten (Nachgründungsbericht). [2]Für den Nachgründungsbericht gilt sinngemäß § 32 Abs. 2 und 3 über den Gründungsbericht.

(4) [1]Außerdem hat vor der Beschlußfassung eine Prüfung durch einen oder mehrere Gründungsprüfer stattzufinden. [2]§ 33 Abs. 3 bis 5, §§ 34, 35 über die Gründungsprüfung gelten sinngemäß. [3]Unter den Voraussetzungen des § 33a kann von einer Prüfung durch Gründungsprüfer abgesehen werden.

(5) [1]Der Beschluß der Hauptversammlung bedarf einer Mehrheit, die mindestens drei Viertel des bei der Beschlußfassung vertretenen Grundkapitals umfaßt. [2]Wird der Vertrag im ersten Jahre nach der Eintragung der Gesellschaft in das Handelsregister geschlossen, so müssen außerdem die Anteile der zustimmenden Mehrheit mindestens ein Viertel des gesamten Grundkapitals erreichen. [3]Die Satzung kann an Stelle dieser Mehrheiten größere Kapitalmehrheiten und weitere Erfordernisse bestimmen.

(6) [1]Nach Zustimmung der Hauptversammlung hat der Vorstand den Vertrag zur Eintragung in das Handelsregister anzumelden. [2]Der Anmeldung ist der Vertrag mit dem Nachgründungsbericht und dem Bericht der Gründungsprüfer mit den urkundlichen Unterlagen beizufügen. [3]Wird nach Absatz 4 Satz 3 von einer externen Gründungsprüfung abgesehen, gilt § 37a entsprechend.

(7) [1]Bestehen gegen die Eintragung Bedenken, weil die Gründungsprüfer erklären oder weil es offensichtlich ist, daß der Nachgründungsbericht unrichtig oder unvollständig ist oder den gesetzlichen Vorschriften nicht entspricht oder daß die für die zu erwerbenden Vermögensgegenstände gewährte Vergütung unangemessen hoch ist, so kann das Gericht die Eintragung ablehnen. [2]Enthält die Anmeldung die Erklärung nach § 37a Abs. 1 Satz 1, gilt § 38 Abs. 3 entsprechend.

(8) Einzutragen sind der Tag des Vertragsschlusses und der Zustimmung der Hauptversammlung sowie der oder die Vertragspartner der Gesellschaft.

(9) Vorstehende Vorschriften gelten nicht, wenn der Erwerb der Vermögensgegenstände im Rahmen der laufenden Geschäfte der Gesellschaft, in der Zwangsvollstreckung oder an der Börse erfolgt.

Schrifttum: *Bork/Stangier,* Nachgründende Kapitalerhöhung mit Sacheinlagen?, AG 1984, 320; *Bröcker,* Die aktienrechtliche Nachgründung: Wieviel Kontrolle benötigt die junge Aktiengesellschaft?, ZIP 1999, 1029; *Dormann/Fromholzer,* Offene Fragen der Nachgründung nach dem NaStraG, AG 2001, 242; *Drygala,* Die aktienrechtliche Nachgründung zwischen Kapitalaufbringung und Kapitalerhaltung, FS Huber, 2006, 691; *Hartmann/Barcaba,*

[5] MüKoAktG/Pentz Rn. 16; Spindler/Stilz/*Gerber* Rn. 4.

Die Anforderungen an den Bericht des Aufsichtsrats im Nachgründungsverfahren, AG 2001, 437; *Holzapfel/Roschmann,* Nachgründung gemäß § 52, FS Bezzenberger, 2000, 163; *Koch,* Die Nachgründung, 2002; *Krieger,* Zur Reichweite des § 52 AktG, FS Claussen, 1997, 223; *Kubis,* § 52 AktG – eine unsichere Sicherung der Kapitalaufbringung, AG 1993, 118; *Lieder,* Rechtsfragen der aktienrechtlichen Nachgründung nach ARUG, ZIP 2010, 964; *Martens,* Nachgründungskontrolle beim Formwechsel einer GmbH in eine AG, ZGR 1999, 548; *Priester,* Neue Regelung zur Nachgründung, DB 2001, 467; *Schwab,* Die Nachgründung im Aktienrecht, 2003; *Weißhaupt,* Die Heilung „vergessener" Nachgründungsgeschäfte, ZGR 2005, 726; *Werner,* Zum Anwendungsbereich von § 52 nach der Neufassung durch das NaStraG, ZIP 2001, 1403.

Übersicht

I. Allgemeines

1 **1. Regelungsgegenstand.** § 52 trifft Regelungen zur sog. **Nachgründung.** Hierunter versteht das Gesetz die Vornahme bestimmter Geschäfte junger Aktiengesellschaften mit Gründern oder wesentlich beteiligten Aktionären.[1] Für solche Geschäfte werden in § 52 besondere Wirksamkeitsvoraussetzungen begründet. In Abs. 1 werden der Tatbestand einer Nachgründung und die Voraussetzungen für deren Wirksamkeit geregelt. Die Abs. 2 bis 5 enthalten Form-, Publizitäts-, Prüfungs- und qualifizierte Beschlusserfordernisse für die Nachgründung und das Nachgründungsverfahren. Abs. 6 bis 8 regeln das Registerverfahren bei einer Nachgründung. Abs. 9 nimmt bestimmte Geschäfte vom Anwendungsbereich der Abs. 1 bis 8 aus.

2 **2. Normzweck.** § 52 dient dem Schutz von Aktionären und Gesellschaftsgläubigern.[2] Die Vorschriften über die Nachgründung sollen verhindern, dass die bei einer Sachgründung geltenden Sicherungen der **realen Kapitalaufbringung** dadurch umgangen werden, dass die Gesellschaft im Wege der Bargründung errichtet wird und eine von vornherein geplante Übernahme von Gegenständen erst nach der Eintragung der Gesellschaft vereinbart wird.[3] Denn gründungsnahe Erwerbspflichten enthalten bezüglich der mangelnden Substanz der betreffenden Gegenstände und hinsichtlich von Bewertungsfehlern ein ähnliches Risikopotenzial wie eine Sachgründung.[4] Außerdem bezweckt § 52 den Schutz des Vorstands einer jungen Gesellschaft vor unzulässigen Übergriffen der Gründer.[5]

[1] Vgl. Schmidt/Lutter/*Bayer* Rn. 1.

[2] Vgl. Schmidt/Lutter/*Bayer* Rn. 2; MüKoAktG/*Pentz* Rn. 5; *Schwab,* Die Nachgründung im Aktienrecht, 2003, 81 f.

[3] AllgM, zB Hüffer/*Koch* Rn. 1; MüKoAktG/*Pentz* Rn. 5; *Drygala* FS Huber, 2006, 691 (691 f.); s. auch BGHZ 173, 145 Rn. 18 = NJW 2007, 3425 – Lurgi; BGHZ 175, 265 Rn. 11 = NZG 2008, 425 – Rheinmöwe.

[4] Spindler/Stilz/*Heidinger* Rn. 5; Hüffer/*Koch* Rn. 1.

[5] Vgl. Schmidt/Lutter/*Bayer* Rn. 2; MüKoAktG/*Pentz* Rn. 5; *Krieger* FS Claussen, 1997, 223 (224 f.); *Koch,* Die Nachgründung, 15 ff.

3. Systematik und Normentwicklung. § 52 gilt trotz seiner Einordnung im Gründungsrecht nicht während des Gründungsstadiums, sondern setzt die **Eintragung** der Gesellschaft voraus.[6] Die in ihren Grundzügen seit 1884 bestehende Norm hat ihren heutigen Anwendungsbereich – mit Rückwirkung zum 1.1.2000[7] – durch das Gesetz zur Namensaktie und zur Erleichterung der Stimmausübung – Namensaktiengesetz – (NaStraG) vom 18.1.2001 (BGBl. I S. 123) erhalten. Spätere Änderungen sind Folgen der Einführung des elektronischen Rechtsverkehrs durch das Gesetz über elektronische Handelsregister und Genossenschaftsregister sowie das Unternehmensregister (EHUG) vom 10.11.2006 (BGBl. I S. 2553) und der Erleichterung der Sachgründung und der Kodifizierung der Rechtsfolgen einer verdeckten Sacheinlage durch das Gesetz zur Umsetzung der Aktionärsrechterichtlinie (ARUG) vom 30.7.2009 (BGBl. I S. 2479).[8] § 52 steht im Einklang mit der Kapital-RL;[9] im Einzelfall ist es geboten, die Vorschrift richtlinienkonform auszulegen.[10] Die gesetzliche Regelung der Nachgründung lässt das Verbot der verdeckten Sacheinlage (→ § 27 Rn. 28 ff.) unberührt, das sowohl im Rahmen der Gründung der Gesellschaft als auch für Kapitalerhöhungen – und zwar unabhängig vom Zweijahreszeitraum des § 52 Abs. 1 – gilt. 3

II. Tatbestand der Nachgründung (Abs. 1)

1. Begriff und Rechtsnatur. Eine Nachgründung iSd des § 52 liegt vor, wenn die Gesellschaft in den ersten zwei Jahren seit ihrer Eintragung mit Gründern oder mit mehr als 10% des Grundkapitals an der Gesellschaft beteiligten Aktionären einen Vertrag über den Erwerb von Vermögensgegenständen für eine 10% des Grundkapitals übersteigende Vergütung abschließt, sofern der Erwerb nicht im Rahmen der laufenden Geschäfte der Gesellschaft, in der Zwangsvollstreckung oder an der Börse stattfindet. Entgegen dem Wortlaut und der Systematik der Vorschrift (→ Rn. 3) handelt es sich bei einer Nachgründung nicht um einen Gründungsvorgang, sondern um den Abschluss eines **schuldrechtlichen Vertrages,** der wegen seiner Gefährdungslage ähnlich wie eine Gründung behandelt wird.[11] 4

2. Tatbestandsmerkmale der Nachgründung. a) Nachgründungsvertrag. Der Geschäftstyp des Nachgründungsvertrages ist ohne Bedeutung. In der Praxis dominieren Kauf-, Werk- und Gebrauchsüberlassungsverträge. Unternehmensverträge iSd §§ 291, 292 sind nicht an § 52 zu messen.[12] Bei solchen handelt es sich tatbestandsmäßig nicht um Nachgründungsgeschäfte. Ferner werden die Schutzzwecke des § 52 (→ Rn. 2) durch konzernrechtliche Sondervorschriften gewahrt.[13] 5

b) Vertragsparteien. Vertragsparteien des Nachgründungsvertrags sind die durch Eintragung entstandene, beim Vertragsabschluss durch ihren Vorstand vertretene **Gesellschaft** einerseits und **Gründer** (vgl. § 28) oder mit **mehr als 10%** am Grundkapital beteiligte **Aktionäre** andererseits. Seit Inkrafttreten des NaStraG (→ Rn. 3) werden Geschäfte mit Dritten oder mit weniger als 10% am Grundkapital beteiligten Aktionären nicht mehr vom Anwendungsbereich des § 52 erfasst. Zu den Gründern der Gesellschaft iSd § 28 sind auch diejenigen zu zählen, die der Gesellschaft nachträglich, aber vor deren Eintragung in das Handelsregister beigetreten sind.[14] § 52 findet ferner Anwendung auf Gründer, die zum Zeitpunkt des Abschlusses des Nachgründungsvertrages nicht mehr an 6

---

[6] MüKoAktG/*Pentz* Rn. 6; Schmidt/Lutter/*Bayer* Rn. 7.

[7] Zu den mit der Rückwirkung und der Übergangsvorschrift des § 11 EGAktG verbundenen Fragestellungen vgl. MüKoAktG/*Pentz* Rn. 3.

[8] Zu den Änderungen durch das ARUG und deren Folgen *Lieder* ZIP 2010, 964 ff.

[9] Zweite Richtlinie 77/91/EWG des Rates zur Koordinierung der Schutzbestimmungen, die in den Mitgliedstaaten den Gesellschaften im Sinne des Artikels 58 Abs. 2 des Vertrages im Interesse der Gesellschafter sowie Dritter für die Gründung der Aktiengesellschaft sowie für die Erhaltung und Änderung ihres Kapitals vorgeschrieben sind, um diese Bestimmungen gleichwertig zu gestalten vom 13.12.1976 (ABl. L 26, 1), geändert durch Richtlinie 2006/68/EG des Europäischen Parlaments und des Rates zur Änderung der Richtlinie 77/91/EWG des Rates in Bezug auf die Gründung von Aktiengesellschaften und die Erhaltung und Änderung ihres Kapitals vom 6.9.2006 (ABl. L 264, 32), inzwischen neu gefasst durch Richtlinie 2012/30/EU des Europäischen Parlaments und des Rates vom 25.10.2012 (ABl. L 315, 74), geändert durch Art. 123 RL 2014/59/EU des Europäischen Parlaments und des Rates vom 15.5.2014 (ABl. L 173, 190); diff. Schmidt/Lutter/*Bayer* Rn. 5; MüKoAktG/*Pentz* Rn. 5.

[10] Schmidt/Lutter/*Bayer* Rn. 6; vgl. Spindler/Stilz/*Heidinger* Rn. 3.

[11] Vgl. Hüffer/*Koch* Rn. 2.

[12] Vgl. Schmidt/Lutter/*Bayer* Rn. 13; MüKoAktG/*Pentz* Rn. 13; Spindler/Stilz/*Heidinger* Rn. 14; Würzburger Notar-HdB/*Reul* Teil 5 Kap. 4 Rn. 129.

[13] Schmidt/Lutter/*Bayer* Rn. 13; vgl. MüKoAktG/*Pentz* Rn. 13; *Schwab,* Die Nachgründung im Aktienrecht, 2003, 115.

[14] Spindler/Stilz/*Heidinger* Rn. 26; Hüffer/*Koch* Rn. 3; MüKoAktG/*Pentz* Rn. 13; KK-AktG/*M. Arnold* Rn. 15; NK-AktR/*Lohr* Rn. 5; HK-AktG/*Körber* Rn. 3; *Werner* ZIP 2001, 1403 (1403 f.).

der Gesellschaft beteiligt sind, sofern sie bei Eintragung der Gesellschaft noch beteiligt waren.[15] Hinsichtlich der maßgeblichen **Beteiligungsquote** der Aktionäre ist auf den Zeitpunkt des Abschlusses des Nachgründungsvertrages abzustellen.[16] Zur Vermeidung von Umgehungsgeschäften kommt bei der Bestimmung des Umfangs der Beteiligung eine Zurechnung nach den zur verdeckten Sacheinlage (→ § 27 Rn. 35) bzw. zu § 32a Abs. 3 S. 2 GmbHG aF entwickelten Grundsätzen in Betracht.[17] Zuzurechnen sind dem Aktionär die einem abhängigen Unternehmen gehörenden Anteile sowie die Anteile eines Treuhänders.[18] Eine Zurechnung im Sinne einer Gesamtbetrachtung erfolgt ferner bei einem „acting in concert" mehrerer Aktionäre, deren Anteile sich zusammen auf mehr als 10% des Grundkapitals summieren, wenn diese Aktionäre gemeinsam als Vertragspartner auftreten oder deren Einzelgeschäfte bei wirtschaftlicher Betrachtung eine Einheit bilden.[19]

7 **c) Vertragsgegenstand.** § 52 Abs. 1 nennt exemplarisch für mögliche Vertragsgegenstände einer Nachgründung vorhandene oder herzustellende Anlagen. Taugliche Vertragsgegenstände einer Nachgründung sind aber auch andere **Vermögensgegenstände jeder Art.** Die Sacheinlagefähigkeit der Vermögensgegenstände ist ohne Belang.[20] Denn die Schutzzwecke des § 52 (→ Rn. 2) erfordern es a maiore ad minus, dass den Regularien der Nachgründung auch solche Leistungen unterfallen, die nicht einlagefähig sind, weil deren Übernahme für Aktionäre und Gläubiger ein besonderes Risikopotenzial aufweist.[21] Daher können auch **Dienstleistungen** Vertragsgegenstand sein.[22]

8 **d) Zweijahresfrist.** § 52 erfasst nur solche Verträge, die in den ersten zwei Jahren nach der Eintragung der Gesellschaft in das Handelsregister geschlossen werden. Entscheidend ist der **Zeitpunkt** des **Abschlusses** des **schuldrechtlichen Vertrages** (Zugang von Angebot und Annahme). Das gilt auch dann, wenn aufgrund einer Befristung oder einer aufschiebenden Bedingung die Wirksamkeit des Vertrages erst nach Ablauf der Zweijahresfrist eintritt.[23] Darüber hinaus ist der Zeitpunkt des Leistungsaustauschs ohne Bedeutung.[24]

9 **e) Vergütung.** Eine Nachgründung liegt nur dann vor, wenn die für die erworbenen Vermögensgegenstände von der Gesellschaft zu leistende Vergütung einen Betrag in Höhe von **mehr als 10% des Grundkapitals** erreicht. Da Art. 13 Abs. 1 Kapital-RL (→ Rn. 3) eine Schwelle von „mindestens 1/10 des gezeichneten Kapitals" festschreibt, wird in der Literatur zu Recht davon ausgegangen, § 52 sei insoweit richtlinienkonform dahingehend auszulegen ist, dass eine Gegenleistung von 10 % des Grundkapitals ausreichend ist.[25] Maßgeblich ist insoweit der Betrag des zum **Zeitpunkt** des **Vertragsschlusses** im Handelsregister eingetragenen Grundkapitals. Eine Kapitalerhöhung ist erst mit der Eintragung ihrer Durchführung zu berücksichtigen (vgl. § 189; → Rn. 19 zur Sachkapitalerhöhung).[26] Ausgegebene Bezugsaktien sind dem Grundkapital hinzuzurechnen (vgl. § 200).[27] Grundsätzlich ist jeder Erwerbsvertrag gesondert zu betrachten. Nach Sinn und Zweck der Vorschrift sind künstlich aufgespaltene Erwerbsvorgänge, bei denen jeder für sich betrachtet die 10%-Schwelle nicht überschreitet, die wirtschaftlich jedoch eine Einheit bilden, als einheitliches Geschäft zu bewerten, so dass die einzelnen Vergütungen zusammenzurechnen sind.[28] Bei befristeten Dauer-

[15] Vgl. Schmidt/Lutter/*Bayer* Rn. 15; Spindler/Stilz/*Heidinger* Rn. 26; MüKoAktG/*Pentz* Rn. 14; KK-AktG/*M. Arnold* Rn. 15; NK-AktR/*Lohr* Rn. 5; *Dormann/Fromholzer* AG 2001, 242 (243).

[16] Schmidt/Lutter/*Bayer* Rn. 16; KK-AktG/*M. Arnold* Rn. 15; Spindler/Stilz/*Heidinger* Rn. 28.

[17] Vgl. MüKoAktG/*Pentz* Rn. 14; Schmidt/Lutter/*Bayer* Rn. 18; HK-AktG/*Körber* Rn. 3; Hüffer/*Koch* Rn. 3; aA MHdB AG/*Hoffmann-Becking* § 4 Rn. 45.

[18] Vgl. MüKoAktG/*Pentz* Rn. 14; Schmidt/Lutter/*Bayer* Rn. 18; KK-AktG/*M. Arnold* Rn. 16 f.; vgl. HK-AktG/*Körber* Rn. 3.

[19] Schmidt/Lutter/*Bayer* Rn. 18; MüKoAktG/*Pentz* Rn. 14; Spindler/Stilz/*Heidinger* Rn. 30; *Priester* DB 2001, 467 (468 f.); aA *Werner* ZIP 2001, 1403 (1405); *Dormann/Fromholzer* AG 2001, 242 (244).

[20] MüKoAktG/*Pentz* Rn. 16 f.; Schmidt/Lutter/*Bayer* Rn. 20.

[21] Schmidt/Lutter/*Bayer* Rn. 21; iE ebenso Hüffer/*Koch* Rn. 4; Spindler/Stilz/*Heidinger* Rn. 32.

[22] Hüffer/*Koch* Rn. 4; MüKoAktG/*Pentz* Rn. 17; Schmidt/Lutter/*Bayer* Rn. 21; Würzburger Notar-HdB/*Reul* Teil 5 Kap. 4 Rn. 128; KK-AktG/*M. Arnold* Rn. 18; NK-AktR/*Lohr* Rn. 4; HK-AktG/*Körber* Rn. 5; Grigoleit/*Vedder* Rn. 11; ebenso Spindler/Stilz/*Heidinger* Rn. 32, der darüber hinausgehend auch „entgeltliche Verpflichtungen zu Dienstleistungen" einbeziehen möchte; aA *Kohl* BB 1995, 139 (140).

[23] Spindler/Stilz/*Heidinger* Rn. 36; MüKoAktG/*Pentz* Rn. 20; KK-AktG/*M. Arnold* Rn. 19; Schmidt/Lutter/*Bayer* Rn. 24; NK-AktR/*Lohr* Rn. 3; HK-AktG/*Körber* Rn. 6.

[24] MüKoAktG/*Pentz* Rn. 23; Spindler/Stilz/*Heidinger* Rn. 36; HK-AktG/*Körber* Rn. 6.

[25] MüKoAktG/*Pentz* Rn. 21; HK-AktG/*Körber* Rn. 7; Grigoleit/*Vedder* Rn. 13; Schmidt/Lutter/*Bayer* Rn. 25; wohl auch Spindler/Stilz/*Heidinger* Fußnote 100.

[26] Hüffer/*Koch* Rn. 5; MüKoAktG/*Pentz* Rn. 21; KK-AktG/*M. Arnold* Rn. 20; Schmidt/Lutter/*Bayer* Rn. 25; HK-AktG/*Körber* Rn. 7; vgl. NK-AktR/*Lohr* Rn. 5.

[27] Hüffer/*Koch* Rn. 5; Schmidt/Lutter/*Bayer* Rn. 25; NK-AktR/*Lohr* Rn. 6.

[28] MüKoAktG/*Pentz* Rn. 24; *Schwab,* Die Nachgründung im Aktienrecht, 2003, 173 ff.; Würzburger Notar-HdB/*Reul* Teil 5 Kap. 4 Rn. 131; HK-AktG/*Körber* Rn. 7.

schuldverhältnissen ist die Summe der für die gesamte Laufzeit des Vertrages geschuldeten Vergütung – auch soweit diese erst nach der Zweijahresfrist fällig wird – maßgeblich; bei unbefristeten Dauerschuldverhältnissen kommt es darauf an, welche Vergütung die Gesellschaft bis zum ersten möglichen ordentlichen Kündigungstermin zu zahlen hat.[29] Nach umstrittener, aber zutreffender Ansicht handelt es sich bei der 10%-Grenze um einen starren Schwellenwert, der unabhängig davon relevant ist, ob die Vergütung aus gebundenem Gesellschaftsvermögen (Grundkapital und gesetzliche Rücklage) zu leisten ist oder nicht.[30] Eine Nachgründung liegt daher auch dann vor, wenn die Vergütung aus Gewinnen oder aus einem schuldrechtlichen Agio geleistet werden soll.[31] Nur diese strenge Auslegung wird sowohl dem Wortlaut als auch Sinn und Zweck der Vorschrift (→ Rn. 2) gerecht, die nicht nur das Kapital der Gesellschaft im Interesse von Gläubigern und Aktionären, sondern auch die Gesellschaft vor unzulässigen Eingriffen der Gründer schützen soll.[32]

III. Wirksamkeitsvoraussetzungen

Ein Nachgründungsvertrag iSd § 52 Abs. 1 ist nur dann wirksam, wenn ihm die Hauptversammlung mit qualifizierter Mehrheit **zugestimmt** hat und der Vertrag im Handelsregister **eingetragen** ist (vgl. Abs. 1 S. 1 aE); weiter bedarf der Vertrag – vorbehaltlich strengerer Formerfordernisse aufgrund der übernommenen Verpflichtungen (vgl. § 311b Abs. 1 BGB, § 15 Abs. 4 S. 1 GmbHG) – der **Schriftform** (vgl. Abs. 2 S. 1). 10

1. Schriftformerfordernis. Ein ohne die Beachtung des Schriftformerfordernisses abgeschlossener Nachgründungsvertrag ist nichtig (vgl. § 125 S. 1 BGB). Ein trotz des Formmangels gefasster Zustimmungsbeschluss der Hauptversammlung ist anfechtbar.[33] Der Formmangel führt ferner zur Zurückweisung des Eintragungsantrags.[34] Er wird auch nicht durch die Eintragung des formnichtigen Vertrags in das Handelsregister geheilt.[35] Der Formmangel hat nach allgemeinen Abstraktionsgrundsätzen auf die Wirksamkeit des (dennoch vorgenommenen) dinglichen Vollzugsgeschäfts keine Auswirkungen.[36] 11

2. Zustimmung der Hauptversammlung. Der Nachgründungsvertrag bedarf zu seiner Wirksamkeit der Zustimmung der Hauptversammlung. Der notariell zu beurkundende (vgl. § 130 Abs. 1 S. 3) **Hauptversammlungsbeschluss** bedarf neben der Mehrheit der Stimmen (vgl. § 133 Abs. 1) einer Dreiviertelmehrheit des bei der Beschlussfassung vertretenen Grundkapitals; im ersten Jahr nach der Eintragung der Gesellschaft im Handelsregister ist zusätzlich erforderlich, dass die zustimmende Mehrheit mindestens 25% des gesamten Grundkapitals repräsentiert (vgl. Abs. 5 S. 1 und 2). Die Satzung kann größere Mehrheiten und weitere Erfordernisse vorsehen (vgl. Abs. 5 S. 3). Erleichterungen sind ausgeschlossen (vgl. § 23 Abs. 5).[37] Die Zustimmung muss ausdrücklich in Bezug auf den Nachgründungsvertrag erteilt werden. Ein Entlastungsbeschluss für den Vorstand ist auch dann nicht ausreichend, wenn der Nachgründungsvertrag im Geschäftsbericht veröffentlicht ist.[38] Nach umstrittener, aber zutreffender Ansicht kann Gegenstand des Zustimmungsbeschlusses auch ein schriftlich abgefasster Entwurf des Nachgründungsvertrages sein, sofern der Vertrag nachfolgend auch tatsächlich in der Fassung des Entwurfs abgeschlossen wird.[39] Denn für die Bedeutung des Zustimmungsbeschlusses im Rahmen der Nachgründung – als Wirksamkeitsvoraussetzung für den Nachgründungsvertrag – ist es ohne Bedeutung, ob zum Zeitpunkt der Beschlussfassung der Vertrag schon abgeschlossen vorliegt oder nicht. Der mit der Prüfung, ob der später abgeschlossene Vertrag 12

[29] Spindler/Stilz/*Heidinger* Rn. 40; Würzburger Notar-HdB/*Reul* Teil 5 Kap. 4 Rn. 132; *Holzapfel/Roschmann* FS Bezzenberger, 2000, 163 (168); KK-AktG/*M. Arnold* Rn. 20; vgl. Schmidt/Lutter/*Bayer* Rn. 25.

[30] Vgl. MüKoAktG/*Pentz* Rn. 23; Schmidt/Lutter/*Bayer* Rn. 26; KK-AktG/*M. Arnold* Rn. 20; Grigoleit/*Vedder* Rn. 13; *Hartmann/Barcaba* AG 2001, 437 (439); *Kubis* AG 1993, 118 (121 f.); *C. Schmidt/Seipp* ZIP 2000, 2089 (2091 f.); NK-AktR/*Lohr* Rn. 6; HK-AktG/*Körber* Rn. 8; aA MHdB AG/*Hoffmann-Becking* § 4 Rn. 58; Hüffer/*Koch* Rn. 5a; *Drygala* FS Huber, 2006, 691 (693 und 696 f.); *Volhard* in Semler/Volhard/Reichert HdB HV § 38 Rn. 10.

[31] Vgl. MüKoAktG/*Pentz* Rn. 23.

[32] Vgl. Schmidt/Lutter/*Bayer* Rn. 26; MüKoAktG/*Pentz* Rn. 23.

[33] Hüffer/*Koch* Rn. 7; Schmidt/Lutter/*Bayer* Rn. 28; KK-AktG/*M. Arnold* Rn. 24; HK-AktG/*Körber* Rn. 19.

[34] Hüffer/*Koch* Rn. 7; MüKoAktG/*Pentz* Rn. 63.

[35] MüKoAktG/*Pentz* Rn. 63; Schmidt/Lutter/*Bayer* Rn. 28.

[36] Vgl. Schmidt/Lutter/*Bayer* Rn. 28; MüKoAktG/*Pentz* Rn. 64; KK-AktG/*M. Arnold* Rn. 24.

[37] Schmidt/Lutter/*Bayer* Rn. 35; Hüffer/*Koch* Rn. 15.

[38] Vgl. Hüffer/*Koch* Rn. 15; MüKoAktG/*Pentz* Rn. 33; Schmidt/Lutter/*Bayer* Rn. 34; NK-AktR/*Lohr* Rn. 14; HK-AktG/*Körber* Rn. 15.

[39] MüKoAktG/*Pentz* Rn. 33; Spindler/Stilz/*Heidinger* Rn. 70; MHdB AG/*Hoffmann-Becking* § 4 Rn. 62; Würzburger Notar-HdB/*Reul* Teil 5 Kap. 4 Rn. 138; Schmidt/Lutter/*Bayer* Rn. 34; aA KK-AktG/*M. Arnold* Rn. 23; *Schwab*, Die Nachgründung im Aktienrecht, 2003, 204.

tatsächlich dem Entwurf entspricht, zu dem Beschluss gefasst wurde, verbundene Aufwand eignet sich nicht als Argument gegen die Zulässigkeit einer Beschlussfassung im Vorfeld des Vertragsschlusses.[40] Bei Insolvenz der Gesellschaft geht die Zustimmungskompetenz auf den Insolvenzverwalter über.[41]

13 **3. Eintragung.** Weitere Wirksamkeitsvoraussetzung für den Nachgründungsvertrag ist dessen Eintragung in das Handelsregister. Einzutragen sind jeweils der Tag des Vertragsschlusses und der Zustimmung der Hauptversammlung sowie der bzw. die Vertragspartner der Gesellschaft (vgl. Abs. 8).

IV. Rechtslage vor und nach Zustimmung und Eintragung

14 **1. Vor Zustimmung und Eintragung. a) Nachgründungsvertrag.** Solange nicht sowohl der zustimmende Beschluss der Hauptversammlung (→ Rn. 12) vorliegt als auch die Eintragung des Nachgründungsvertrages (→ Rn. 13) erfolgt ist, ist der Nachgründungsvertrag **schwebend unwirksam** (vgl. Abs. 1 S. 1). Dem Vertragspartner steht kein Widerrufsrecht analog § 178 BGB zu, da kein Handeln eines Vertreters ohne Vertretungsmacht vorliegt.[42] Nach Treu und Glauben ist die Gesellschaft jedoch gehalten, die Voraussetzungen für die Wirksamkeit (Zustimmung; Eintragung) binnen angemessener Zeit herbeizuführen. Insoweit soll der Vertragspartner nach Fristsetzung und ergebnislosem Ablauf der Frist berechtigt sein, sich unter Berufung auf § 242 BGB vom Vertrag zu lösen.[43] Ein solcher Widerruf ist entbehrlich, soweit der Nachgründungsvertrag dadurch **endgültig unwirksam** wird, dass die Hauptversammlung ihre Zustimmung oder das Registergericht endgültig die Eintragung des Vertrages verweigert.[44] Läuft die Zweijahresfrist ab, ohne dass die Wirksamkeitsvoraussetzungen eingetreten sind, wird der Nachgründungsvertrag nicht von selbst wirksam.[45] In Betracht kommt aber dessen Neuvornahme oder Bestätigung durch beide Vertragsparteien (vgl. § 141 BGB).[46] Hierdurch wird der Vertrag ex nunc wirksam, ohne dass es eines Beschlusses der Hauptversammlung oder einer Eintragung im Handelsregister bedarf.[47] Nach umstrittener, aber zutreffender Ansicht ist für die Wirksamkeit des Nachgründungsvertrages jedoch bereits die bloße Genehmigung durch den Vorstand ausreichend.[48] Denn die Nachgründungsvorschriften sollen die Gesellschaft, nicht aber den Vertragspartner schützen, so dass diesem keine Lösungsmöglichkeit vom Vertrag zuzugestehen ist.[49] Mit Genehmigung des Vorstands wird der Vertrag rückwirkend auf den Zeitpunkt seines Abschlusses wirksam (vgl. §§ 182 Abs. 1, 184 Abs. 1 BGB).[50] Die einseitige Genehmigung durch den Vorstand kommt aber nicht mehr in Betracht, wenn der Vertrag – aufgrund ablehnenden Beschlusses der Hauptversammlung oder endgültiger Verweigerung der Eintragung durch das Registergericht – endgültig unwirksam ist. Zum Verhältnis zwischen Nachgründung und **verdeckter Sacheinlage** → § 27 Rn. 41.

15 **b) Ausführungsgeschäfte.** Unter Durchbrechung des Abstraktionsprinzips sind auch die zur Durchführung des Nachgründungsvertrags getätigten **Vollzugsgeschäfte** bis zur Zustimmung der Hauptversammlung und der Eintragung im Handelsregister schwebend unwirksam (vgl. Abs. 1 S. 2).[51]

16 **c) Rückabwicklung nach endgültiger Unwirksamkeit.** Im Fall der endgültigen Unwirksamkeit (→ Rn. 14) des Nachgründungsvertrags sind bereits ausgetauschte Leistungen nach §§ 985 ff., 812 ff. BGB rückabzuwickeln; § 62 ist nicht anwendbar.[52]

---

[40] Vgl. MüKoAktG/*Pentz* Rn. 33.

[41] Hüffer/*Koch* Rn. 15; Schmidt/Lutter/*Bayer* Rn. 36; Spindler/Stilz/*Heidinger* Rn. 71; KK-AktG/*M. Arnold* Rn. 28; HK-AktG/*Körber* Rn. 15.

[42] Spindler/Stilz/*Heidinger* Rn. 82; Hüffer/*Koch* Rn. 8; MüKoAktG/*Pentz* Rn. 44; KK-AktG/*M. Arnold* Rn. 41; HK-AktG/*Körber* Rn. 20; aA Würzburger Notar-HdB/*Reul* Teil 5 Kap. 4 Rn. 144: § 178 BGB analog.

[43] Vgl. MüKoAktG/*Pentz* Rn. 46; Spindler/Stilz/*Heidinger* Rn. 82; Schmidt/Lutter/*Bayer* Rn. 41; KK-AktG/*M. Arnold* Rn. 42; NK-AktR/*Lohr* Rn. 17; vgl. Hüffer/*Koch* Rn. 8.

[44] Schmidt/Lutter/*Bayer* Rn. 41; vgl. Hüffer/*Koch* Rn. 8; Spindler/Stilz/*Heidinger* Rn. 81; NK-AktR/*Lohr* Rn. 17; HK-AktG/*Körber* Rn. 21; Würzburger Notar-HdB/*Reul* Teil 5 Kap. 4 Rn. 144.

[45] AllgM, zB Schmidt/Lutter/*Bayer* Rn. 43; Würzburger Notar-HdB/*Reul* Teil 5 Kap. 4 Rn. 145.

[46] AllgM, zB Hüffer/*Koch* Rn. 7; HK-AktG/*Körber* Rn. 21.

[47] Schmidt/Lutter/*Bayer* Rn. 43; HK-AktG/*Körber* Rn. 21; *Krieger* FS Claussen, 1997, 223 (226).

[48] Hüffer/*Koch* Rn. 7; Schmidt/Lutter/*Bayer* Rn. 43; Würzburger Notar-HdB/*Reul* Teil 5 Kap. 4 Rn. 145; HK-AktG/*Körber* Rn. 21; aA MüKoAktG/*Pentz* Rn. 61; NK-AktR/*Lohr* Rn. 17.

[49] Vgl. Hüffer/*Koch* Rn. 7; Schmidt/Lutter/*Bayer* Rn. 43; *Bröcker* ZIP 1999, 1029 (1031).

[50] Schmidt/Lutter/*Bayer* Rn. 43.

[51] Vgl. Hüffer/*Koch* Rn. 9; Spindler/Stilz/*Heidinger* Rn. 84; NK-AktR/*Lohr* Rn. 18.

[52] BGHZ 173, 145 Rn. 18 = NJW 2007, 3425 – Lurgi; BGHZ 175, 265 Rn. 15 = NZG 2008, 425 – Rheinmöwe; Schmidt/Lutter/*Bayer* Rn. 44; diff. Spindler/Stilz/*Heidinger* Rn. 86; aA Hüffer/*Koch* Rn. 9; HK-AktG/*Körber* Rn. 22; *Drygala* FS Huber, 2006, 691 (698 ff.); KK-AktG/*M. Arnold* Rn. 45.

2. Nach Zustimmung und Eintragung. Der formgerechte (→ Rn. 11) **Nachgründungsvertrag** wird mit Zustimmung der Hauptversammlung und Eintragung in das Handelsregister **wirksam.** Die Eintragung heilt aber weder einen eventuellen Formmangel des Nachgründungsvertrags noch die fehlende Zustimmung der Hauptversammlung.[53] Mit Eintritt der Wirksamkeitsvoraussetzungen für den Nachgründungsvertrag werden die **Vollzugsgeschäfte** wirksam, wobei die **Wirksamkeit ex nunc** eintritt.[54] Dies gilt auch bei der Übertragung von Grundstücken. Eine erneute Auflassung ist nicht erforderlich, da es sich bei den Wirksamkeitsvoraussetzungen des § 52 um zusätzliche Elemente des gesetzlichen Erwerbstatbestandes, nicht aber um Bedingungen iSd § 925 Abs. 2 BGB handelt.[55] 17

V. Besondere Anwendungsfälle des § 52

1. Umwandlungsvorgänge. Eine Nachgründung iSd § 52 liegt auch dann vor, wenn die Gesellschaft durch **Formwechsel** entstanden ist und innerhalb der folgenden zwei Jahre die Einbringung von Vermögensgegenständen für eine Gegenleistung von mehr als 10% des Grundkapitals vereinbart wird (vgl. § 197 S. 1 UmwG).[56] Das gilt auch bei Formwechsel einer GmbH in eine Aktiengesellschaft.[57] Die Zweijahresfrist errechnet sich in diesem Fall ab Eintragung des Formwechsels in das Handelsregister (vgl. § 220 Abs. 3 S. 2 UmwG). § 52 ist jedoch nicht anzuwenden, wenn die GmbH vor dem Wirksamwerden des Formwechsels bereits länger als zwei Jahre in das Register eingetragen war (vgl. § 245 Abs. 1 S. 3 UmwG). § 52 ist ferner nicht anzuwenden bei einem Formwechsel einer Aktiengesellschaft in eine KGaA und umgekehrt (vgl. § 245 Abs. 2 S. 3 und Abs. 3 S. 3 UmwG). Die Nachgründungsvorschriften finden hingegen entsprechende Anwendung bei der **Verschmelzung** durch Aufnahme (vgl. § 67 UmwG) und in eingeschränktem Umfang (vgl. § 141 UmwG) bei der **Spaltung** (vgl. § 125 S. 1 UmwG).[58] 18

2. Sachkapitalerhöhung. Die Nachgründungsvorschriften sind nach hM darüber hinaus **analog** bei Sachkapitalerhöhungen anzuwenden.[59] Denn die Pflichtprüfung nach § 183 Abs. 3 wird überwiegend zu Recht nicht als ausreichender Schutzmechanismus betrachtet, der einen Verzicht auf die weitergehenden Erfordernisse des § 52 (zB zwingende qualifizierte Hauptversammlungsmehrheit, besondere Prüfungs- und Berichtspflichten des Aufsichtsrats, besondere Informationsrechte des Aktionärs) möglich machen würde.[60] Diese Überlegungen gelten auch bei der Ausübung von genehmigtem Kapital durch Sacheinlagen.[61] Hinsichtlich der Zweijahresfrist ist der Abschluss des Zeichnungsvertrages maßgeblich.[62] Ob in Bezug auf die Höhe der „Vergütung", dh die gegen die Sacheinlage übernommenen Aktien, die Zehnprozentgrenze des Abs. 1 überschritten ist, bemisst sich nicht nach dem ursprünglichen, sondern nach dem nach Eintragung der Sachkapitalerhöhung erhöhten Grundkapital.[63] Hinsichtlich der Aktien ist auf deren Nennwert bzw. auf den auf sie entfallenden anteiligen Betrag am Grundkapital abzustellen; ein Agio oder der tatsächliche Sachwert der eingebrachten Vermögensgegenstände ist ohne Bedeutung.[64] Die für den subjektiven Anwendungsbereich 19

---

[53] Schmidt/Lutter/*Bayer* Rn. 45; Spindler/Stilz/*Heidinger* Rn. 88; MüKoAktG/*Pentz* Rn. 50; HK-AktG/*Körber* Rn. 21.

[54] Spindler/Stilz/*Heidinger* Rn. 85; Schmidt/Lutter/*Bayer* Rn. 42; MüKoAktG/*Pentz* Rn. 49; HK-AktG/*Körber* Rn. 22; aA *Weißhaupt* ZGR 2005, 726 (734 f.).

[55] Vgl. Hüffer/*Koch* Rn. 9; Spindler/Stilz/*Heidinger* Rn. 85; Schmidt/Lutter/*Bayer* Rn. 42; KK-AktG/*M. Arnold* Rn. 44.

[56] MHdB AG/*Hoffmann-Becking* § 4 Rn. 56; HK-AktG/*Körber* Rn. 9; vgl. Hüffer/*Koch* Rn. 10; Spindler/Stilz/*Heidinger* Rn. 46; KK-AktG/*M. Arnold* Rn. 8; Schmidt/Lutter/*Bayer* Rn. 8.

[57] Hüffer/*Koch* Rn. 10; MHdB AG/*Hoffmann-Becking* § 4 Rn. 56; aA *Martens* ZGR 1999, 548 (565).

[58] Schmidt/Lutter/*Bayer* Rn. 8; KK-AktG/*M. Arnold* Rn. 8; HK-AktG/*Körber* Rn. 9.

[59] OLG Oldenburg AG 2002, 620; MüKoAktG/*Pentz* Rn. 69; Hüffer/*Koch* Rn. 11; Spindler/Stilz/*Heidinger* Rn. 48; Schmidt/Lutter/*Bayer* Rn. 9; KK-AktG/*M. Arnold* Rn. 9; HK-AktG/*Körber* Rn. 10; offen lassend BGHZ 175, 265 Rn. 11 = NZG 2008, 425 – Rheinmöwe; aA *Habersack* ZGR 2008, 48 (58); *Reichert* ZGR 2001, 554 (579 ff.); *Kley* RNotZ 2003, 17 (21 ff.); aA für Einpersonen-Aktiengesellschaft OLG Hamm AG 2008, 713 (715) = ZIP 2008, 1475; hiergegen ausdrücklich Spindler/Stilz/*Heidinger* Rn. 48; krit. Hüffer/*Koch* Rn. 11.

[60] HM, vgl. zB Hüffer/*Koch* Rn. 11; Schmidt/Lutter/*Bayer* Rn. 9; HK-AktG/*Körber* Rn. 10; vgl. Grigoleit/*Vedder* Rn. 17; aA *Bork/Stangier* AG 1984, 320 (322 f.); *Mülbert* AG 2003, 136 (139 ff.).

[61] Schmidt/Lutter/*Bayer* Rn. 10; Spindler/Stilz/*Heidinger* Rn. 48a; MüKoAktG/*Pentz* Rn. 68.

[62] Spindler/Stilz/*Heidinger* Rn. 37; KK-AktG/*M. Arnold* Rn. 9; ebenso MüKoAktG/*Pentz* Rn. 70, wenn – wie üblich – Bezugsrecht der Aktionäre ausgeschlossen ist.

[63] MüKoAktG/*Pentz* Rn. 70; KK-AktG/*M. Arnold* Rn. 12; MHdB AG/*Hoffmann-Becking* § 4 Rn. 57; Würzburger Notar-HdB/*Reul* Teil 5 Kap. 4 Rn. 141; vgl. Spindler/Stilz/*Heidinger* Rn. 43; Schmidt/Lutter/*Bayer* Rn. 25.

[64] Würzburger Notar-HdB/*Reul* Teil 5 Kap. 4 Rn. 141; KK-AktG/*M. Arnold* Rn. 12; vgl. *Kubis* AG 1993, 118 (123).

des § 52 maßgebliche Zehnprozentgrenze für die Beteiligung des Aktionärs bemisst sich danach, ob er **vor Durchführung** der Kapitalerhöhung den Schwellenwert überschreitet.[65] Der insoweit eindeutige Wortlaut spricht gegen Überlegungen, aufgrund der Möglichkeit von „Vorwirkungen" des Einflusses des künftigen Großaktionärs auf den Vorstand § 52 auch dann anzuwenden, wenn die Schwelle erst unter Berücksichtigung der Kapitalerhöhung überschritten wird.[66] Hinsichtlich des Verfahrens ist zu beachten, dass der Beschluss über die Sachkapitalerhöhung und der Zustimmungsbeschluss zum Nachgründungsvertrag zwar in derselben Hauptversammlung gefasst werden können; notwendig sind jedoch zwei getrennte Beschlüsse.[67] Der nach § 183 Abs. 3 bestellte Prüfer kann auch die externe Nachgründungsprüfung mit übernehmen.[68]

20 **3. Konzernbildung.** Der Anwendungsbereich des § 52 kann bei der Konzernbildung durch die Gesellschaft eröffnet sein. Dies gilt zunächst uneingeschränkt für den Fall des **Beteiligungserwerbs** an einer bestehenden Gesellschaft.[69] Die Gründung einer **100%-Tochtergesellschaft** oder die Beteiligung an einer – verhältniswahrenden – Kapitalmaßnahme bei einer solchen Gesellschaft führt nicht zur Anwendung des § 52, da an diesen Vorgängen weder ein Gründer noch ein maßgeblich am Kapital der Gesellschaft beteiligter Aktionär teilnimmt und es darüber hinaus an der von § 52 vorausgesetzten Gefahrenlage fehlt.[70] Beteiligen sich bei der Errichtung einer Tochtergesellschaft hingegen neben der Gesellschaft deren Gründer oder maßgeblich beteiligte Aktionäre als Mitgründer, kommt § 52 zur Anwendung.[71] Zwar fehlt bei einer Gründung das nach dem Wortlaut des § 52 erforderliche Austauschgeschäft mit der gegenleistungspflichtigen Gesellschaft.[72] Dennoch ist bei dieser Konstellation die analoge Anwendung des § 52 geboten, um die berechtigten Schutzinteressen der Aktionäre und Gesellschaftsgläubiger zu sichern.[73] Dasselbe gilt für die Beteiligung an Kapitalmaßnahmen an Tochtergesellschaften, zu deren Aktionären sowohl die Gesellschaft als auch Gründer bzw. maßgeblich beteiligte Aktionäre zählen.[74] Keine Anwendung findet § 52 hingegen auf den Abschluss von Unternehmensverträgen iSd §§ 291, 292.[75] Auch Erwerbsgeschäfte einer Tochtergesellschaft führen grundsätzlich nicht zur Anwendung des § 52; etwas anderes kann nur in Umgehungsfällen gelten.[76]

21 **4. Vorrats- und Mantelgesellschaften.** Bei der erstmaligen Verwendung von Vorratsgesellschaften und der Reaktivierung unternehmensloser Mantelgesellschaften (Fälle der sog. **„wirtschaftlichen Neugründung";** → § 23 Rn. 44 ff.) kommen nach inzwischen gefestigter Rechtsprechung und der überwiegenden Literatur die die **Kapitalausstattung betreffenden Gründungsvorschriften** – neben einer entsprechenden registergerichtlichen Kontrolle – zur Anwendung (→ § 23 Rn. 45 ff.). Das spricht dafür, auch den Anwendungsbereich des § 52 als eröffnet zu betrachten. Unter Berücksichtigung des Schutzzwecks (→ Rn. 2) der Norm erscheint es dann als konsequent, nicht nur die Gründer der Vorrats- oder Mantelgesellschaft, sondern auch die „wirtschaftlichen Neugründer" als Gründer iSd § 52 zu behandeln,[77] so dass es bei Austauschgeschäften zwischen diesen und der Gesellschaft nicht auf die Beteiligungsquote des betreffenden Aktionärs ankommt. Für den Beginn der Zweijahresfrist ist der Zeitpunkt der „wirtschaftlichen Neugründung" maßgeblich, wobei auf die Eintragung entsprechender Satzungsänderungen in das Handelsregister abzustellen sein soll.[78] Vorzugswürdig erscheint es, unabhängig davon, ob Satzungsänderungen vorgenommen

---

[65] MüKoAktG/*Pentz* Rn. 70; NK-AktR/*Lohr* Rn. 5; Grigoleit/*Vedder* Rn. 17; *Werner* ZIP 2001, 1403 (1404); *Dormann/Fromholzer* AG 2001, 245 (245); *Hartmann/Barcaba* AG 2001, 437 (440).

[66] So aber Schmidt/Lutter/*Bayer* Rn. 17; *Schwab,* Die Nachgründung im Aktienrecht, 2003, 159 f.; ähnlich KK-AktG/*M. Arnold* Rn. 10.

[67] Vgl. NK-AktR/*Lohr* Rn. 5; Würzburger Notar-HdB/*Reul* 3. Aufl. Teil 5 Kap. 4 Rn. 126.

[68] Spindler/Stilz/*Heidinger* Rn. 66; *Klasen* BB 2008, 2694 (2697).

[69] AllgM, zB Schmidt/Lutter/*Bayer* Rn. 22; Würzburger Notar-HdB/*Reul* Teil 5 Kap. 4 Rn. 129.

[70] Hüffer/*Koch* Rn. 12; Schmidt/Lutter/*Bayer* Rn. 22 f.; HK-AktG/*Körber* Rn. 5, 11; s. hierzu auch OLG Hamm AG 2008, 713 (715).

[71] MüKoAktG/*Pentz* Rn. 18; Schmidt/Lutter/*Bayer* Rn. 22; MHdB AG/*Hoffmann-Becking* § 4 Rn. 59; Würzburger Notar-HdB/*Reul* Teil 5 Kap. 4 Rn. 129; aA Hüffer/*Koch* Rn. 12 f.

[72] Dies hält Hüffer/*Koch* Rn. 12a für ausschlaggebend.

[73] Schmidt/Lutter/*Bayer* Rn. 22; vgl. MüKoAktG/*Pentz* Rn. 18; ausf. Spindler/Stilz/*Heidinger* Rn. 51 f.

[74] Vgl. Schmidt/Lutter/*Bayer* Rn. 23; MüKoAktG/*Pentz* Rn. 18; Würzburger Notar-HdB/*Reul* Teil 5 Kap. 4 Rn. 129.

[75] Schmidt/Lutter/*Bayer* Rn. 13; MüKoAktG/*Pentz* Rn. 13; Spindler/Stilz/*Heidinger* Rn. 14; NK-AktR/*Lohr* Rn. 4; Würzburger Notar-HdB/*Reul* Teil 5 Kap. 4 Rn. 129.

[76] AllgM, zB Hüffer/*Koch* Rn. 12a; Schmidt/Lutter/*Bayer* Rn. 23.

[77] So auch Spindler/Stilz/*Heidinger* Rn. 27; MüKoAktG/*Pentz* Rn. 14; Grigoleit/*Vedder* Vor § 23 Rn. 19; Würzburger Notar-HdB/*Reul* Teil 5 Kap. 4 Rn. 124; vgl. Schmidt/Lutter/*Bayer* Rn. 19; aA *Dormann/Fromholzer* AG 2001, 242 (242 f.); *Werner* ZIP 2001, 1403 (1404).

[78] Vgl. Spindler/Stilz/*Heidinger* Rn. 38; HK-AktG/*Körber* § 179 Rn. 25d.

werden oder nicht, für den Beginn des Fristlaufs immer auf den Zeitpunkt der Offenlegung der „wirtschaftlichen Neugründung" gegenüber dem Registergericht[79] – bzw. bei Fehlen der Offenlegung – auf den Zeitpunkt, zu dem die Aufnahme der wirtschaftlichen Tätigkeit erstmals nach außen in Erscheinung tritt,[80] abzustellen.

VI. Nachgründungsverfahren bei der Gesellschaft (Abs. 2 bis 4)

1. Vertragspublizität. Der Nachgründungsvertrag – bzw. dessen schriftlicher Entwurf, wenn dieser Gegenstand der Beschlussfassung sein soll (→ Rn. 12) – muss den Aktionären zur Vorbereitung ihrer Entscheidung publik gemacht werden. Dem Publizitätserfordernis kann die Gesellschaft durch Auslage in den Geschäftsräumen (vgl. Abs. 2 S. 2) und Erteilung von Abschriften an die Aktionäre (vgl. Abs. 2 S. 3) oder dadurch entsprechen, dass der Nachgründungsvertrag auf der Internetseite der Gesellschaft zugänglich gemacht wird. Das Publizitätserfordernis besteht ab der Einberufung der Hauptversammlung, die über die Zustimmung zum Vertrag entscheiden soll. Der Nachgründungsvertrag ist auch während der Hauptversammlung zugänglich zu machen (Abs. 2 S. 5). Der Vorstand hat ihn zu Beginn der Verhandlung zu erläutern (vgl. Abs. 2 S. 6). Wird diesen Anforderungen nicht in vollem Umfang entsprochen, kommt eine **Anfechtung** des Beschlusses der Hauptversammlung in Betracht (vgl. § 243 Abs. 1, Abs. 4 S. 1).[81] 22

2. Prüfung und Berichterstattung. Vor der Beschlussfassung durch die Hauptversammlung hat der **Aufsichtsrat** den Vertrag zu prüfen und einen schriftlichen Nachgründungsbericht zu erstatten (vgl. Abs. 3 S. 1).[82] Für den Nachgründungsbericht gelten § 32 Abs. 2 und 3 (→ § 32 Rn. 5 ff.) entsprechend (vgl. Abs. 3 S. 2). Berichtspflichtig ist der Aufsichtsrat als Organ; der Nachgründungsbericht muss daher auch nur vom Vorsitzenden des Aufsichtsrats unterzeichnet werden.[83] Da die Prüfung des Aufsichtsrats die Grundlage für seine Beschlussempfehlung an die Hauptversammlung ist (vgl. § 124 Abs. 3 S. 1), müssen Prüfungsvorgang und Berichterstattung grundsätzlich zum Zeitpunkt der Einberufung der Hauptversammlung abgeschlossen sein.[84] Entsprechend den Vorschriften über die Gründungsprüfung (vgl. § 33 Abs. 3 bis 5, §§ 34, 35) hat außerdem eine Prüfung durch einen oder mehrere **externe Nachgründungsprüfer** zu erfolgen (vgl. Abs. 4). Insoweit kann auf die Kommentierung zu den §§ 33 bis 35 verwiesen werden. Liegen die Voraussetzungen einer erleichterten Sachgründung vor (→ § 33a Rn. 4 ff.), kann auf eine besondere Nachgründungsprüfung durch externe Gründungsprüfer verzichtet werden (vgl. Abs. 4 S. 3).[85] Hierbei handelt es sich um eine bloße Gestaltungsoption; der Aktiengesellschaft steht es frei, die Möglichkeit des vereinfachten Verfahrens in Anspruch zu nehmen oder ein „reguläres" Nachgründungsverfahren durchzuführen, wenn ihr letzteres – zB im Hinblick auf die Publizitätsanforderungen bei der Anmeldung des Nachgründungsgeschäfts (→ Rn. 25) – als vorzugswürdig erscheint.[86] Das Fehlen einer oder beider Prüfungen bzw. der entsprechenden Prüfungsberichte stellt ein **Eintragungshindernis** dar. Ein gleichwohl gefasster Hauptversammlungsbeschluss ist wirksam, aber **anfechtbar.** Da es sich um einen Verfahrens-, nicht aber um einen Inhaltsfehler handelt, ist der Hauptversammlungsbeschluss nicht nichtig.[87] Auf die zeitliche Reihenfolge zwischen Hauptversammlung und Erstellung bzw. Vorlage der Prüfungsberichte sollen die Aktionäre hingegen verzichten können, da diese nur ihrem eigenen Schutz dienen.[88] Bei entsprechendem Verzicht soll es daher ausnahmsweise ausreichen, wenn die Prüfungsberichte bei Handelsregisteranmeldung vorliegen.[89] Aus Gründen des Gläubigerschutzes kann hingegen keinesfalls gänzlich auf die Prüfungen durch Aufsichtsrat und Nachgründungsprüfer sowie die Erstellung der Berichte verzichtet werden.[90] 23

---

[79] So auch NK-AktR/*Lohr* Rn. 3; KK-AktG/*A. Arnold* § 23 Rn. 106; *Winnen* RNotZ 2013, 389 (407).

[80] So auch Hüffer/*Koch* § 23 Rn. 27a; Grigoleit/*Vedder* Vor § 23 Rn. 19; Spindler/Stilz/*Heidinger* Rn. 38; *Winnen* RNotZ 2013, 389 (407); ähnlich MüKoAktG/*Pentz* § 23 Rn. 114.

[81] Schmidt/Lutter/*Bayer* Rn. 30; Hüffer/*Koch* Rn. 13; NK-AktR/*Lohr* Rn. 12.

[82] Vgl. hierzu *Lieder* ZIP 2010, 964 (965 f.).

[83] Spindler/Stilz/*Heidinger* Rn. 62; KK-AktG/*M. Arnold* Rn. 25; MHdB AG/*Hoffmann-Becking* § 4 Rn. 63.

[84] OLG München ZIP 2002, 1353 (1354) = AG 2003, 163; Schmidt/Lutter/*Bayer* Rn. 31; HK-AktG/*Körber* Rn. 13; vgl. Hüffer/*Koch* Rn. 14: zumindest die Prüfung.

[85] Hierzu ausf. *Lieder* ZIP 2010, 964 (964 ff.).

[86] *Lieder* ZIP 2010, 964 (965).

[87] Schmidt/Lutter/*Bayer* Rn. 33; Hüffer/*Koch* Rn. 14; MüKoAktG/*Pentz* Rn. 65 f.; KK-AktG/*M. Arnold* Rn. 27; HK-AktG/*Körber* Rn. 13 f.

[88] So Spindler/Stilz/*Heidinger* Rn. 65; Würzburger Notar-HdB/*Reul* Teil 5 Kap. 4 Rn. 137.

[89] So Spindler/Stilz/*Heidinger* Rn. 65; Würzburger Notar-HdB/*Reul* Teil 5 Kap. 4 Rn. 137.

[90] Spindler/Stilz/*Heidinger* Rn. 65; Würzburger Notar-HdB/*Reul* Teil 5 Kap. 4 Rn. 137.

24 **3. Hauptversammlung.** Zur Beschlussfassung und dem Beschluss als Wirksamkeitsvoraussetzung → Rn. 12. In der Einberufung der Hauptversammlung ist der wesentliche Inhalt des Vertrages bekannt zu machen (vgl. § 124 Abs. 2 S. 3). Über den Wortlaut des Abs. 2 S. 2 ff. hinaus sollten neben dem Nachgründungsvertrag (→ Rn. 22) auch die Berichte über die Prüfung von Aufsichtsrat und Nachgründungsprüfer vor der Hauptversammlung zugänglich gemacht werden.[91] Der notariellen Niederschrift über die Hauptversammlung ist der Vertrag als Anlage beizufügen (vgl. Abs. 2 S. 7).

VII. Registerverfahren (Abs. 6 bis 8)

25 Der Vorstand hat in vertretungsberechtigter Anzahl den Nachgründungsvertrag – nicht den zustimmenden Hauptversammlungsbeschluss[92] – zum Handelsregister **anzumelden.**[93] Einer Mitwirkung des Aufsichtsrates bedarf es nicht.[94] Der Anmeldung sind der Nachgründungsvertrag und die Berichte von Aufsichtsrat und Nachgründungsprüfer (vgl. Abs. 6 S. 2) sowie eine öffentlich beglaubigte Abschrift des Hauptversammlungsprotokolls (vgl. § 130 Abs. 5) beizufügen. Sind die Voraussetzungen einer erleichterten Sachgründung (vgl. § 33a) erfüllt und wurde auf eine externe Nachgründungsprüfung verzichtet (vgl. Abs. 4 S. 3; → Rn. 23), gilt § 37a entsprechend (vgl. Abs. 6 S. 3).[95] Insoweit kann auf die Kommentierung zu § 37a verwiesen werden. Zur Form der Anmeldung und der diesen beizufügenden Unterlagen sowie zur elektronischen Übermittlung an das Registergericht gelten die Ausführungen in → § 36 Rn. 5 entsprechend. Die **Prüfung durch das Registergericht** bezieht sich grundsätzlich auf alle formellen und materiellen Aspekte der Anmeldung. Insbesondere hat das Gericht zu prüfen, ob der Nachgründungsbericht des Aufsichtsrats den gesetzlichen Vorschriften entspricht und ob die für die zu erwerbenden Vermögensgegenstände vereinbarte Vergütung in ihrer Höhe angemessen ist (vgl. Abs. 7 S. 1). Ist dies nicht der Fall, **muss** das Gericht die Eintragung ablehnen.[96] Enthält die Anmeldung die Erklärung nach § 37a Abs. 1 S. 1 (→ § 37a Rn. 3), ist der Umfang der Prüfung des Gerichts entsprechend § 38 Abs. 3 (→ § 38 Rn. 10 ff.) beschränkt (vgl. Abs. 7 S. 2).[97] Zum Inhalt der **Eintragung** → Rn. 13.

VIII. Ausnahmen (Abs. 9)

26 **1. Laufende Geschäfte.** Die Nachgründungsvorschriften des § 52 Abs. 1 bis 8 finden keine Anwendung auf Erwerbsgeschäfte, die zu den „laufenden Geschäften" des Unternehmens zu zählen sind (vgl. Abs. 9 Var. 1). Gemeint sind die **alltäglichen Geschäfte,** bei denen hinsichtlich der Kapitalausstattung der Gesellschaft keine besonderen Risiken für Gläubiger und Aktionäre zu befürchten sind.[98] Hierzu zählen insbesondere die sog. „Hilfsgeschäfte", ohne die der Unternehmensgegenstand nicht sinnvoll verfolgt werden kann,[99] wie zB die Beschaffung von Betriebsmitteln durch eine Produktionsgesellschaft[100] und der Gütererwerb in einem Handelsunternehmen.[101] Ebenfalls als „laufende Geschäfte" sind die sonstigen Geschäfte des Umlaufvermögens[102] sowie Geschäfte mit Transportunternehmen, Mitarbeitern, dem Abschlussprüfer sowie mit beratenden Rechtsanwälten zu qualifizieren.[103] Zu den laufenden Geschäften gehört – aufgrund des spezifischen Bezugs zum Unternehmensgegenstand[104] – auch der Erwerb von Grundbesitz durch eine Immobiliengesellschaft.[105] Hingegen fällt der

---

[91] Würzburger Notar-HdB/*Reul* Teil 5 Kap. 4 Rn. 139; *Volhard* in Semler/Volhard/Reichert HdB HV § 38 Rn. 13; HK-AktG/*Körber* Rn. 13 f.

[92] Schmidt/Lutter/*Bayer* Rn. 37; Hüffer/*Koch* Rn. 16.

[93] Hüffer/*Koch* Rn. 16; MüKoAktG/*Pentz* Rn. 37; NK-AktR/*Lohr* Rn. 15; HK-AktG/*Körber* Rn. 16; Schmidt/Lutter/*Bayer* Rn. 37.

[94] Spindler/Stilz/*Heidinger* Rn. 75; MüKoAktG/*Pentz* Rn. 37; HK-AktG/*Körber* Rn. 16; Schmidt/Lutter/*Bayer* Rn. 37.

[95] Hierzu *Lieder* ZIP 2010, 964 (966 f.).

[96] AllgM, zB Hüffer/*Koch* Rn. 17; MüKoAktG/*Pentz* Rn. 40; Schmidt/Lutter/*Bayer* Rn. 38.

[97] Hierzu *Lieder* ZIP 2010, 964 (967).

[98] Schmidt/Lutter/*Bayer* Rn. 46; vgl. Hüffer/*Koch* Rn. 18.

[99] Würzburger Notar-HdB/*Reul* Teil 5 Kap. 4 Rn. 134; Hüffer/*Koch* Rn. 18b; Spindler/Stilz/*Heidinger* Rn. 20; HK-AktG/*Körber* Rn. 23; MüKoAktG/*Pentz* Rn. 55.

[100] Schmidt/Lutter/*Bayer* Rn. 49.

[101] Hüffer/*Koch* Rn. 18a; Schmidt/Lutter/*Bayer* Rn. 49.

[102] Vgl. Spindler/Stilz/*Heidinger* Rn. 20.

[103] Würzburger Notar-HdB/*Reul* Teil 5 Kap. 4 Rn. 134; vgl. Schmidt/Lutter/*Bayer* Rn. 49.

[104] Vgl. Schmidt/Lutter/*Bayer* Rn. 48.

[105] Hüffer/*Koch* Rn. 18a; NK-AktR/*Lohr* Rn. 8; Schmidt/Lutter/*Bayer* Rn. 48; diff. HK-AktG/*Körber* Rn. 23.

Erwerb von Anlagevermögen ebenso wenig unter den Begriff der „laufenden Geschäfte"[106] wie der Aufbau einer unternehmenseigenen Infrastruktur.[107]

2. Erwerb in der Zwangsvollstreckung. Erwerbsvorgänge in der Zwangsvollstreckung sind nachgründungsfrei (vgl. Abs. 9 Var. 2), da es mangels Möglichkeit der Vorabsprache an der nachgründungstypischen Gefahrenlage fehlt. Dies gilt unabhängig davon, ob die Gesellschaft die Zwangsvollstreckung aufgrund eines eigenen Titels betreibt oder lediglich Mitbieterin ist.[108] Auch ein Erwerb nach §§ 165 f., 173 InsO[109] und nach § 1233 Abs. 2 BGB[110] soll unter den Ausnahmetatbestand fallen. Demgegenüber ist eine Zwangsversteigerung nach § 753 BGB, §§ 180 ff. ZVG nur dann nachgründungsfrei, soweit sie aufgrund eines vollstreckbaren Titels erfolgt.[111] 27

3. Erwerb an der Börse. Mangels nachgründungstypischer Gefahrenlage ist auch der Erwerb an der Börse nachgründungsfrei (vgl. Abs. 9 Var. 3). Dies gilt für den Erwerb an jeder Börse iSd BörsG, auch an Warenbörsen.[112] Wegen der Bindung an den Börsenpreis wird eine entsprechende Anwendung der Vorschrift auf eine Gegenleistung nach § 31 WpÜG befürwortet.[113] 28

IX. Abdingbarkeit

Da sich der Normzweck des § 52 (→ Rn. 2) nur verwirklichen lässt, wenn Ausnahmen von § 52 generell ausgeschlossen sind, ist die Vorschrift zwingend (vgl. § 23 Abs. 5).[114] Sie ist ferner umgehungsfest auszulegen.[115] Auch ein einstimmig gefasster Beschluss der Hauptversammlung kann die Geltung des § 52 nicht beeinträchtigen und von der Vorschrift Dispens erteilen.[116] 29

§ 53 Ersatzansprüche bei der Nachgründung

[1]Für die Nachgründung gelten die §§ 46, 47, 49 bis 51 über die Ersatzansprüche der Gesellschaft sinngemäß. [2]An die Stelle der Gründer treten die Mitglieder des Vorstands und des Aufsichtsrats. [3]Sie haben die Sorgfalt eines ordentlichen und gewissenhaften Geschäftsleiters anzuwenden. [4]Soweit Fristen mit der Eintragung der Gesellschaft in das Handelsregister beginnen, tritt an deren Stelle die Eintragung des Vertrags über die Nachgründung.

I. Allgemeines

§ 53 regelt die Verantwortlichkeit gegenüber der Gesellschaft bei der Nachgründung iSd § 52 Abs. 1. Auf Vereinbarungen außerhalb des Anwendungsbereichs des § 52 Abs. 1 findet § 53 keine Anwendung.[1] **Zweck** der Norm ist es, die Haftung bei der Nachgründung nach denselben Grundsätzen zu regeln wie bei der Gründung und dabei die Besonderheiten der Nachgründung zu berücksichtigen.[2] 1

II. Haftungsgrundsätze

Die §§ 46 und 47 sowie die §§ 49 bis 51 gelten sinngemäß auch für die Nachgründung iSd § 52 Abs. 1. Hinsichtlich der Haftungsvoraussetzungen und der Beweislast kann daher auf die dortigen Kommentierungen verwiesen werden. Das schädigende Ereignis muss dabei im Zusammenhang 2

---

[106] MüKoAktG/*Pentz* Rn. 56; Schmidt/Lutter/*Bayer* Rn. 47; HK-AktG/*Körber* Rn. 23.
[107] Schmidt/Lutter/*Bayer* Rn. 47; Hüffer/*Koch* Rn. 18c; diff. NK-AktR/*Lohr* Rn. 8.
[108] MüKoAktG/*Pentz* Rn. 58; Schmidt/Lutter/*Bayer* Rn. 50; KK-AktG/*M. Arnold* Rn. 48; HK-AktG/*Körber* Rn. 24; Hüffer/*Koch* Rn. 19; NK-AktR/*Lohr* Rn. 9.
[109] So Hüffer/*Koch* Rn. 19; MüKoAktG/*Pentz* Rn. 58; Schmidt/Lutter/*Bayer* Rn. 50; Spindler/Stilz/*Heidinger* Rn. 22; NK-AktR/*Lohr* Rn. 9.
[110] So MüKoAktG/*Pentz* Rn. 58; Schmidt/Lutter/*Bayer* Rn. 50; Spindler/Stilz/*Heidinger* Rn. 22; NK-AktR/*Lohr* Rn. 9.
[111] Spindler/Stilz/*Heidinger* Rn. 22; Schmidt/Lutter/*Bayer* Rn. 50; MüKoAktG/*Pentz* Rn. 58.
[112] Hüffer/*Koch* Rn. 20; Schmidt/Lutter/*Bayer* Rn. 51; Spindler/Stilz/*Heidinger* Rn. 23; HK-AktG/*Körber* Rn. 25; MüKoAktG/*Pentz* Rn. 59.
[113] Schmidt/Lutter/*Bayer* Rn. 51; MüKoAktG/*Pentz* Rn. 59; Hüffer/*Koch* Rn. 20; aA *Schwab,* Die Nachgründung im Aktienrecht, 2003, 134.
[114] Vgl. MüKoAktG/*Pentz* Rn. 5.
[115] Schmidt/Lutter/*Bayer* Rn. 3.
[116] Vgl. Schmidt/Lutter/*Bayer* Rn. 3.
[1] Spindler/Stilz/*Gerber* Rn. 3; vgl. HK-AktG/*Körber* Rn. 1.
[2] Hüffer/*Koch* Rn. 1; KK-AktG/*M. Arnold* Rn. 1.

mit der Nachgründung erfolgen.[3] Auf eine Pflichtverletzung der Nachgründungsprüfer findet § 49 Anwendung.[4]

III. Besonderheiten für die Nachgründungshaftung

3 Im Unterschied zur Gründung wird bei der Nachgründung die Gesellschaft als juristische Person tätig. **Verantwortlich** sind daher nicht mehr die Gründer, sondern die Mitglieder von **Vorstand und Aufsichtsrat** (§ 53 S. 2). Sie haben die **Sorgfalt** eines ordentlichen und gewissenhaften **Geschäftsleiters** anzuwenden (§ 53 S. 3) und damit einem strengeren Sorgfaltsmaßstab zu entsprechen als die Gründer gemäß § 46 Abs. 3 (→ § 46 Rn. 16).[5] Abweichend von § 46 Abs. 2 soll daher einfache Fahrlässigkeit ausreichen.[6] Wer auch bei Anwendung der erforderlichen Sorgfalt die haftungsbegründenden Tatsachen nicht kennen muss, haftet nicht (§ 46 Abs. 3 analog).[7] Von § 53 unberührt bleibt eine Verantwortlichkeit nach §§ 93, 116.[8] Für den Beginn der Fristen nach § 47 Nr. 3, 50 S. 1 und 51 tritt an die Stelle des Zeitpunkts der Eintragung der Gesellschaft der Zeitpunkt der Eintragung des Nachgründungsvertrags (§ 53 S. 4).[9]

Dritter Teil. Rechtsverhältnisse der Gesellschaft und der Gesellschafter

§ 53a Gleichbehandlung der Aktionäre

Aktionäre sind unter gleichen Voraussetzungen gleich zu behandeln.

Übersicht

I. Allgemeines

1 **1. Regelungsgegenstand und Bedeutung.** Nach § 53a sind Aktionäre unter gleichen Voraussetzungen gleich zu behandeln. Die auf Art. 42 RL 77/91/EWG (Kapital-RL) beruhende Vorschrift wurde durch Art. 1 Gesetz zur Durchführung der Zweiten Richtlinie zur Koordinierung des Gesellschaftsrechts vom 13.12.1978 (BGBl. I S. 1959) mit Wirkung zum 1.7.1979 in das Aktienrecht eingefügt. Sie normiert den **Gleichbehandlungsgrundsatz,** hat jedoch lediglich eine klarstellende Bedeutung,[1] da das Gleichbehandlungsgebot als allgemeiner Grundsatz des Gesellschaftsrechts schon vor seiner Kodifikation allgemein anerkannt war.[2]

---

[3] Spindler/Stilz/*Gerber* Rn. 3.
[4] Spindler/Stilz/*Gerber* Rn. 3; HK-AktG/*Körber* Rn. 2.
[5] Vgl. NK-AktR/*Lohr* Rn. 3; HK-AktG/*Körber* Rn. 4; KK-AktG/*M. Arnold* Rn. 5; Schmidt/Lutter/*Bayer* Rn. 6.
[6] Schmidt/Lutter/*Bayer* Rn. 6; HK-AktG/*Körber* Rn. 4.
[7] Hüffer/*Koch* Rn. 3; Spindler/Stilz/*Gerber* Rn. 4; vgl. Schmidt/Lutter/*Bayer* Rn. 6; KK-AktG/*M. Arnold* Rn. 4.
[8] Hüffer/*Koch* Rn. 3; MüKoAktG/*Pentz* Rn. 13.
[9] Hüffer/*Koch* Rn. 3; KK-AktG/*M. Arnold* Rn. 13; HK-AktG/*Körber* Rn. 5; NK-AktR/*Lohr* Rn. 3.
[1] MüKoAktG/*Bungeroth* Rn. 1; Hüffer/*Koch* Rn. 1.
[2] Vgl. BGHZ 44, 245 (256); 120, 141 (150f.) = AG 1993, 134 – Bremer Bankverein; Hüffer/*Koch* Rn. 1; MüKoAktG/*Bungeroth* Rn. 1.

2. Normzweck und Systematik. Das Gleichbehandlungsgebot schützt die Aktionäre vor willkürlicher Benachteiligung durch die Organe der Gesellschaft. Es dient also in erster Linie dem Schutz der Minderheiten vor Eingriffen durch die Mehrheit, gilt aber ebenso für Maßnahmen von Organen gegenüber einem Mehrheitsaktionär.[3] § 53a hat in seiner generalklauselartigen Weite keinen Vorläufer. Punktuelle Einzelausprägungen des Gleichbehandlungsgebots finden sich in §§ 12 Abs. 1 S. 1, 60 Abs. 1, 131 Abs. 4 S. 1, 134 Abs. 1 S. 1, 186 Abs. 1 S. 1, 212 S. 1, 216 Abs. 1, 243 Abs. 2 und § 271.[4] 2

3. Verhältnis zur mitgliedschaftlichen Treuepflicht. Der aktienrechtliche Gleichbehandlungsgrundsatz ist mit einer Reihe von Schwächen behaftet, die seine Reichweite beschränken (zB Normadressat nur Vorstand, Aufsichtsrat und Hauptversammlung, nicht der Mehrheitsaktionär; es wird nur die willkürliche Ungleichbehandlungen sanktioniert etc).[5] Daher bedarf insbesondere in der praktischen Anwendung das Gleichbehandlungsgebot einer konzeptionellen Ergänzung durch die ihm funktional vergleichbare **mitgliedschaftliche Treuepflicht.**[6] Auch ohne ausdrückliche Normierung ist ihr Bestehen heute für das Aktienrecht allgemein anerkannt.[7] Unabhängig von verschiedenen dogmatischen Begründungsversuchen, die sich unter anderem um eine Abgrenzung zum Gleichbehandlungsgebot bemühen, ist die mitgliedschaftliche Treuepflicht als eine auf Richterrecht beruhende Generalklausel zu berücksichtigen.[8] Dabei wird zunehmend das Gleichbehandlungsgebot als Ausfluss der umfassenderen Treuepflicht betrachtet.[9] 3

II. Gleichbehandlungsgebot

1. Grundlagen. a) Geltungsgrund und Rechtsnatur. Das Gleichbehandlungsgebot wird überwiegend als eine Pflicht mit rechtsgeschäftlichem Ursprung verstanden. Grundlage ist der Organisationsvertrag der Gründer.[10] Es begründet kein subjektives Recht des Aktionärs, das neben dessen Verwaltungs- und Vermögensrechte tritt.[11] Auch resultiert aus ihm kein Sonderrecht iSd § 35 BGB;[12] vielmehr ist der Anspruch auf Gleichbehandlung integraler Bestandteil der Mitgliedschaft.[13] 4

b) Inhalt und Geltungsbereich. aa) Normadressaten und Begünstigte. Mit der Verpflichtung, Aktionäre unter gleichen Voraussetzungen gleich zu behandeln, richtet sich § 53a an die **Gesellschaft** und ihre **Organe.**[14] In der Praxis begrenzt die Norm im Wesentlichen die Beschlussfreiheit der Hauptversammlung und den Handlungsspielraum des Vorstands.[15] Das Gleichbehandlungsgebot entfaltet hingegen im Verhältnis der Aktionäre untereinander keine Wirkung.[16] § 53a schützt allein die **Aktionäre;** Dritte können sich nicht auf das Gleichbehandlungsgebot berufen – das gilt auch für die Inhaber von Wandel- und Optionsanleihen oder von Genussrechten.[17] Aktionäre sind aber nicht in jeder Hinsicht, sondern nur in Bezug auf ihre **Mitgliedschaft** und damit auf ihre gesellschaftsrechtlichen Beziehungen zur Gesellschaft geschützt. § 53a kann eine Ungleichbehandlung von Aktionären im Rahmen schuldrechtlicher Beziehungen zur Gesellschaft regelmäßig nicht verbieten. Etwas anderes gilt nur dann, wenn im Rahmen der schuldrechtlichen Individualvereinbarungen zwischen der Gesellschaft und einem Aktionär dessen Aktionärseigenschaft relevant wird, zB wenn ein Aktionär beim Abschluss eines schuldrechtlichen Vertrages wegen seiner Stellung in der Gesellschaft (Mehrheitsaktionär) gegenüber anderen bevorzugt wird.[18] § 53a schützt den einzelnen Aktionär 5

---

[3] Spindler/Stilz/*Cahn/v. Spannenberg* Rn. 1; vgl. GroßkommAktG/*Henze/Notz* Rn. 26.

[4] MüKoAktG/*Bungeroth* Rn. 1; MHdB AG/*Rieckers* § 17 Rn. 11.

[5] Vgl. Schmidt/Lutter/*Fleischer* Rn. 1, 12; zum Normadressaten → Rn. 5; Spindler/Stilz/Cahn/v. Spannenberg Rn. 4; MüKoAktG/Bungeroth Rn. 5.

[6] Vgl. Hüffer/*Koch* Rn. 2, 13 ff.; Schmidt/Lutter/*Fleischer* Rn. 5, 12.

[7] Vgl. BGHZ 142, 167 (169) = AG 1999, 517 – Hilgers; BGHZ 129, 136 (142) = WM 1995, 882 – Girmes; BGHZ 103, 184 (194 f.) = AG 1988, 135 – Linotype; Hüffer/*Koch* Rn. 2; MHdB AG/*Rieckers* § 17 Rn. 19.

[8] MHdB AG/*Rieckers* § 17 Rn. 19; vgl. Hüffer/*Koch* Rn. 2.

[9] Vgl. OLG Stuttgart AG 2000, 229 (230); MüKoAktG/*Bungeroth* Rn. 4; Hüffer/*Koch* Rn. 2; GroßkommAktG/*Henze/Notz* Rn. 7; zurückhaltend Schmidt/Lutter/*Fleischer* Rn. 12.

[10] Vgl. GroßkommAktG/*Henze/Notz* Rn. 17; Hüffer/*Koch* Rn. 3; Überblick über andere Begründungsansätze bei Schmidt/Lutter/*Fleischer* Rn. 13; vgl. Spindler/Stilz/*Cahn/v. Spannenberg* Rn. 3: Ausfluss des Gesellschaftsverhältnisses.

[11] AllgM, zB MüKoAktG/*Bungeroth* Rn. 4; Schmidt/Lutter/*Fleischer* Rn. 14.

[12] AllgM, zB MüKoAktG/*Bungeroth* Rn. 4; Schmidt/Lutter/*Fleischer* Rn. 14 jeweils mwN.

[13] Vgl. Schmidt/Lutter/*Fleischer* Rn. 14; GroßkommAktG/*Henze/Notz* Rn. 21.

[14] Hüffer/*Koch* Rn. 4; Spindler/Stilz/*Cahn/v. Spannenberg* Rn. 4; MüKoAktG/*Bungeroth* Rn. 5.

[15] Schmidt/Lutter/*Fleischer* Rn. 2.

[16] Hüffer/*Koch* Rn. 4; MüKoAktG/*Bungeroth* Rn. 5; MHdB AG/*Rieckers* § 17 Rn. 11.

[17] Schmidt/Lutter/*Fleischer* Rn. 17.

[18] Spindler/Stilz/*Cahn/v. Spannenberg* Rn. 6; Schmidt/Lutter/*Fleischer* Rn. 18.

darüber hinaus auch nicht davor, dass sämtliche Aktionäre zulasten eines gesellschaftsfremden Dritten zurückgesetzt werden;[19] hier kann der Anwendungsbereich des Gleichbehandlungsgebots jedoch ausnahmsweise eröffnet sein, wenn der Vorteil zugunsten des Dritten mittelbar einem Aktionär zugute kommt.[20] **Zeitlich** ist der Schutz durch das Gleichbehandlungsgebot auf die **Dauer der Mitgliedschaft** des Aktionärs beschränkt.[21] § 53a entfaltet bereits im Stadium der Vor-AG Geltung und ist auch während der Abwicklung der Gesellschaft zu beachten.[22]

6 **bb) „Gleichbehandlung unter gleichen Voraussetzungen".** In § 53a wird die gleiche Behandlung der Aktionäre unter gleichen Voraussetzungen vorgeschrieben. Dadurch wird nicht die absolute Gleichstellung der Aktionäre gefordert, sondern nur deren relative Gleichbehandlung.[23] Obschon § 53a den Gleichbehandlungsgrundsatz als positive Handlungsmaxime formuliert, steht die negative Komponente des Gleichbehandlungsgebots im Vordergrund: Das Verbot, einzelne Aktionäre bei gleichen Voraussetzungen ohne sachlichen Grund ungleich zu behandeln **(„Verbot willkürlicher Ungleichbehandlung").**[24] Vor diesem Hintergrund können insbesondere folgende Maßnahmen gleichbehandlungswidrig sein: **Hauptversammlungsbeschlüsse** über Kapitalerhöhungen, die eine Begünstigung einzelner Aktionäre vorsehen,[25] oder über freiwillige Nachschüsse, die mit Sondervorteilen kombiniert werden, um Druck auf die Aktionäre auszuüben;[26] **Ermächtigungsbeschlüsse** zum Erwerb oder zur Veräußerung eigener Aktien, die nicht den Anforderungen des § 71 Abs. 1 Nr. 8 S. 3 iVm § 53a entsprechen;[27] **Hauptversammlungsbeschlüsse** über die Einführung von Höchststimmrechten[28] oder über die Umwandlung von Vorzugs- in Stammaktien;[29] **Verwaltungsmaßnahmen,** wenn sie zu verdeckten Gewinnausschüttungen an einzelne Aktionäre führen,[30] wenn Einlagen ungleich eingefordert werden (vgl. § 63 Abs. 1 S. 1)[31] oder wenn bei der Erteilung der Zustimmung zur Übertragung vinkulierter Aktien (vgl. § 68 Abs. 2 S. 2)[32] und bei Maßnahmen zum Rückerwerb eigener Aktien (vgl. § 71)[33] unterschiedlich entschieden wird. Der Vorstand, der einer Einladung eines Aktionärs zu einem persönlichen Gespräch folgt, verstößt hingegen insbesondere dann nicht gegen § 53a, wenn andere Aktionäre nicht zu einem solchen Gespräch bitten. Es liegt bereits kein vergleichbarer Sachverhalt vor. Darüber hinaus kann auch die Ausnahme nur einer von mehreren Einladungen zum persönlichen Gespräch sachlich gerechtfertigt sein (→ Rn. 11).[34]

7 **cc) Gleichbehandlungsgebot und Satzung.** Die Satzung kann den Gleichbehandlungsgrundsatz als solchen nicht abschaffen oder für unbeachtlich erklären; § 53a ist zwingender Natur (vgl. § 23 Abs. 5).[35] Hiervon zu unterscheiden sind Satzungsregelungen, mit denen die Aktien mit unterschiedlichen Rechten und Pflichten ausgestattet werden. Die Zulässigkeit derartiger Satzungsvorschriften ergibt sich unmittelbar aus § 11 und § 12.[36] Ebenso kann die Satzung Nebenverpflichten (§ 55) und die Möglichkeit der Zwangseinziehung (§ 237 Abs. 1) nur für bestimmte Aktien vorsehen.[37] Wird von diesen Möglichkeiten Gebrauch gemacht, herrschen nur innerhalb der jeweiligen Aktiengattung (vgl. § 11 Abs. 1 S. 2) „gleiche Voraussetzungen" iSd § 53a.[38] Daher können nur die Inhaber gleichartiger Aktien beanspruchen, durchweg gleich behandelt zu werden. Soweit Aktionäre dagegen Inhaber von Aktien mit unterschiedlichen Rechten und Pflichten sind, bestehen im Hinblick auf diejenigen Merkmale, die die Verschiedenheit begründen, keine gleichen Voraussetzungen.[39]

---

[19] MüKoAktG/*Bungeroth* Rn. 6; Spindler/Stilz/*Cahn/v. Spannenberg* Rn. 5; Schmidt/Lutter/*Fleischer* Rn. 18.
[20] MüKoAktG/*Bungeroth* Rn. 6; Schmidt/Lutter/*Fleischer* Rn. 19.
[21] Schmidt/Lutter/*Fleischer* Rn. 23; GroßkommAktG/*Henze/Notz* Rn. 44.
[22] Spindler/Stilz/*Cahn/v. Spannenberg* Rn. 7; Schmidt/Lutter/*Fleischer* Rn. 23; GroßkommAktG/*Henze/Notz* Rn. 44.
[23] Vgl. Schmidt/Lutter/*Fleischer* Rn. 3.
[24] AllgM, zB Hüffer/*Koch* Rn. 4; Schmidt/Lutter/*Fleischer* Rn. 4; vgl. Spindler/Stilz/*Cahn/v. Spannenberg* Rn. 8.
[25] Vgl. RGZ 112, 14 (18); OLG Köln ZIP 2014, 263; Schmidt/Lutter/*Fleischer* Rn. 21.
[26] Vgl. RGZ 41, 97 (99); RGZ 52, 287 (293); Schmidt/Lutter/*Fleischer* Rn. 21.
[27] GroßkommAktG/*Henze/Notz* Rn. 32 ff.; Schmidt/Lutter/*Fleischer* Rn. 21.
[28] Vgl. Schmidt/Lutter/*Fleischer* Rn. 21.
[29] Vgl. OLG Köln ZIP 2001, 2049 (2051 f.); GroßkommAktG/*Henze/Notz* Rn. 37.
[30] Vgl. GroßkommAktG/*Henze/Notz* Rn. 36; Schmidt/Lutter/*Fleischer* Rn. 22.
[31] Vgl. Schmidt/Lutter/*Fleischer* Rn. 22.
[32] Vgl. GroßkommAktG/*Henze/Notz* Rn. 36; Schmidt/Lutter/*Fleischer* Rn. 22.
[33] Vgl. GroßkommAktG/*Henze/Notz* Rn. 36; Schmidt/Lutter/*Fleischer* Rn. 22.
[34] *Schockenhoff/Culmann* ZIP 2015, 297 (299 f.).
[35] AllgM, zB MüKoAktG/*Bungeroth* Rn. 17; MHdB AG/*Rieckers* § 17 Rn. 12.
[36] Vgl. Hüffer/*Koch* Rn. 5; Schmidt/Lutter/*Fleischer* Rn. 32.
[37] Vgl. Spindler/Stilz/*Cahn/v. Spannenberg* Rn. 21; Schmidt/Lutter/*Fleischer* Rn. 32.
[38] Vgl. Spindler/Stilz/*Cahn/v. Spannenberg* Rn. 21 f.; Schmidt/Lutter/*Fleischer* Rn. 32.
[39] Vgl. Spindler/Stilz/*Cahn/v. Spannenberg* Rn. 21.

Darüber hinaus kann die Satzung auch ohne Schaffung unterschiedlicher Aktiengattungen für die Gewinnverteilung (vgl. § 60 Abs. 3) und das Stimmrecht (vgl. § 134 Abs. 1 und 2) Abweichungen von den allgemein geltenden Gleichbehandlungsmaßstäben vorsehen.[40] Durch Satzungsänderungen können Ungleichheiten grundsätzlich nur dann begründet werden, wenn dabei das Gleichbehandlungsgebot gegenüber den bereits vorhandenen Aktionären gewahrt wird (zB Ausgabe von neuen Aktien mit besonderen Vorrechten durch Kapitalerhöhung unbedenklich bei verhältniswahrendem Bezugsrecht für bisherige Aktionäre).[41]

dd) Verzicht auf Gleichbehandlung. Das Gleichbehandlungsgebot als solches steht nicht zur Disposition des einzelnen Aktionärs.[42] Er kann weder generell noch für einen bestimmten Teilbereich (zB Aktienzuteilung bei allen künftigen Kapitalerhöhungen) auf dessen Einhaltung ihm gegenüber verzichten.[43] Ein Aktionär kann sich hingegen im **Einzelfall** damit einverstanden erklären, dass ihm gegenüber das Gleichbehandlungsgebot nicht beachtet wird.[44] In der Praxis geschieht dies durch **Zustimmung** zu der betreffenden Maßnahme oder Handlung, zB durch Stimmabgabe für einen entsprechenden Beschlussvorschlag in der Hauptversammlung.[45] 8

2. Gleichbehandlungsmaßstäbe. Dem Charakter der Aktiengesellschaft als Kapitalgesellschaft entspricht es, dass das Gesetz zum Maßstab für die Gleichbehandlung – dh für die Beantwortung der Frage, ob „gleiche Voraussetzungen" iSd § 53a vorliegen – in erster Linie auf den **Umfang der Kapitalbeteiligung** abstellt.[46] Das Ausmaß der Rechte und Pflichten eines Aktionärs entspricht daher in der Regel – nach einem für alle Aktionäre gleichen Maßstab – proportional dem Umfang seiner Kapitalbeteiligung.[47] Dies gilt für die sog. **Hauptrechte** (zB Stimmrecht, Anspruch auf Gewinnbeteiligung, Bezugsrecht, Anspruch auf Liquidationsüberschuss), aber auch für die Inanspruchnahme aus der Einlagepflicht.[48] Aufgrund entsprechender Sonderregelungen wird bezüglich des Stimmrechts, des Anspruchs auf Gewinnbeteiligung und des Anspruchs auf Abwicklungsüberschuss nicht auf die Kapitalbeteiligung, sondern auf die effektiv erbrachten Leistungen zum Gesellschaftsvermögen abgestellt, wenn die Aktionäre ihre Leistungen nicht im selben Umfang erbracht haben (vgl. zB §§ 60 Abs. 2, 134 Abs. 2, 271 Abs. 3).[49] Für die sog. **Hilfsrechte** gilt im Grundsatz das Gebot der **Gleichbehandlung nach Köpfen.**[50] Jedem Aktionär stehen danach die betreffenden Rechte aufgrund seiner Mitgliedschaft und unabhängig vom Umfang seiner Kapitalbeteiligung zu.[51] Hierzu zählen zB das Recht auf Teilnahme an der Hauptversammlung, das Rede- und Auskunftsrecht und die Befugnis zur Anfechtung von Beschlüssen der Hauptversammlung.[52] Allerdings soll der Umfang der Kapitalbeteiligung beim Rederecht im Einzelfall angemessene Differenzierungen hinsichtlich der Redezeit rechtfertigen.[53] 9

3. Ungleichbehandlung. In Bezug auf die Feststellung einer möglichen Ungleichbehandlung als unverzichtbare, aber nicht einzige Voraussetzung für einen Verstoß gegen § 53a wird zwischen der formalen und der materiellen Ungleichbehandlung unterschieden. Eine **formale Ungleichbehandlung** liegt vor, wenn die Aktionäre äußerlich ungleich behandelt werden (zB Bezugsrechtsausschluss nur für Teil der Aktionäre).[54] Eine **materielle Ungleichbehandlung** ist gegeben, wenn eine Maßnahme sich formal gleichermaßen an alle Aktionäre wendet, die einzelnen Aktionäre aber 10

---

[40] MüKoAktG/*Bungeroth* Rn. 21; vgl. MHdB AG/*Rieckers* § 17 Rn. 12f.; die grds. geltende Durchbrechung des § 53a bei disquotaler Gewinnverteilung rechtfertigt der Gesetzgeber durch das Erfordernis einer entsprechenden Satzungsregelung; schuldrechtliche Zusatzvereinbarungen, die eine solche Verteilung zugunsten eines Aktionärs vorsehen, sind daher unzulässig (§ 60 Abs. 3), LG Frankfurt a.M. NZG 2015, 482 (484); dazu auch *Priester* ZIP 2015, 2156 (2158).

[41] MüKoAktG/*Bungeroth* Rn. 23; Spindler/Stilz/*Cahn/v. Spannenberg* Rn. 23.

[42] AllgM, zB Spindler/Stilz/*Cahn/v. Spannenberg* Rn. 22, 28.

[43] Vgl. MüKoAktG/*Bungeroth* Rn. 19; Schmidt/Lutter/*Fleischer* Rn. 38.

[44] AllgM, zB MüKoAktG/*Bungeroth* Rn. 19f.

[45] Vgl. MüKoAktG/*Bungeroth* Rn. 20; Hüffer/*Koch* Rn. 5.

[46] Vgl. MüKoAktG/*Bungeroth* Rn. 11.

[47] Vgl. BGHZ 70, 117 (121) = NJW 1978, 540 – Mannesmann; MüKoAktG/*Bungeroth* Rn. 11.

[48] Hüffer/*Koch* Rn. 6; Schmidt/Lutter/*Fleischer* Rn. 25; MHdB AG/*Rieckers* § 17 Rn. 13.

[49] Vgl. Hüffer/*Koch* Rn. 6; MüKoAktG/*Bungeroth* Rn. 12; Schmidt/Lutter/*Fleischer* Rn. 24.

[50] Vgl. MüKoAktG/*Bungeroth* Rn. 13; Hüffer/*Koch* Rn. 7.

[51] Vgl. Hüffer/*Koch* Rn. 7.

[52] Vgl. MüKoAktG/*Bungeroth* Rn. 13; Hüffer/*Koch* Rn. 7; MHdB AG/*Rieckers* § 17 Rn. 13; dementsprechend ist bei Überschreiten der Redezeit durch einen Aktionär auf der HV der Entzug des Rederechts durch § 53a gerechtfertigt, OLG Frankfurt NZG 2015, 1357 (1360).

[53] Vgl. MüKoAktG/*Bungeroth* Rn. 13; Hüffer/*Koch* Rn. 7; Schmidt/Lutter/*Fleischer* Rn. 26; aA Spindler/Stilz/*Cahn/v. Spannenberg* Rn. 17.

[54] AllgM, zB Hüffer/*Koch* Rn. 9.

in ihren mitgliedschaftlichen Rechten mit unterschiedlicher Intensität trifft (zB Kapitalherabsetzung im Verhältnis 10 : 1, bei der Aktionäre mit weniger als zehn Aktien die Mitgliedschaft verlieren).[55] Als materielle Ungleichbehandlung wird überwiegend auch die nachträgliche Einführung eines Höchststimmrechts qualifiziert, wenn einzelne Aktionäre zum Zeitpunkt der Einführung die Höchstgrenze mit ihrem Aktienbestand bereits überschritten haben.[56]

11 **4. Sachwidrige Differenzierung.** Nicht jede Ungleichbehandlung begründet einen Verstoß gegen § 53a. Das Gleichbehandlungsgebot ist vielmehr nur dann **verletzt,** wenn die Ungleichbehandlung weder von der **Satzung gedeckt** (→ Rn. 7) noch aufgrund eines wirksamen **Gleichbehandlungsverzichts** des benachteiligten Aktionärs unbeachtlich ist (→ Rn. 8) und **nicht sachlich gerechtfertigt** ist. Das Gleichbehandlungsgebot verbietet insoweit nur eine **willkürliche,** sachlich nicht gerechtfertigte **Ungleichbehandlung** bei sonst gleichen Voraussetzungen.[57] Zur sachlichen Rechtfertigung kommen lediglich **Interessen der Gesellschaft** in Betracht, die im konkreten Einzelfall das Interesse des betroffenen Aktionärs an Gleichbehandlung überwiegen.[58] Soweit die entsprechende Abwägung nicht bereits im Gesetz vorgenommen worden ist (zB Stimmverbot nach § 136 Abs. 1 bei Kollision der Sonderinteressen von Aktionären mit Gesellschaftsinteressen), muss anhand der konkreten Umstände des Einzelfalls beurteilt werden, ob die Ungleichbehandlung ein **geeignetes** und **erforderliches** Mittel zur Wahrung der Gesellschaftsinteressen darstellt und die betroffenen Aktionäre **nicht unverhältnismäßig** beeinträchtigt.[59]

11a So hat die Rechtsprechung eine sachliche Rechtfertigung zB anerkannt[60]

- bei der nachträglichen Einführung von Höchststimmrechten zum Schutz vor einer Überfremdung,[61]
- bei einem Bezugsrechtsausschluss zu Lasten einzelner Aktionäre, die die Gesellschaft vernichten wollen,[62]
- bei einem Ausschluss von Kleinaktionären bei der Ausgabe von Genussrechten an einer ertragsschwachen Gesellschaft, wenn diese als Kapitalanlage uninteressant sind,[63]
- bei der Umwandlung von Vorzugs- in Stammaktien gegen Zahlung einer angemessenen Prämie, wenn für die Umwandlung naheliegende Gründe vorliegen,[64]
- bei der Verweigerung der Zustimmung durch den Vorstand zu einer Übertragung vinkulierter Namensaktien entgegen der bisherigen Praxis, wenn andernfalls eine Sperrminorität entstünde.[65]

12 **5. Rechtsfolgen von Verstößen gegen das Gleichbehandlungsgebot. Hauptversammlungsbeschlüsse,** deren Inhalt gegen das Gleichbehandlungsgebot verstößt, sind in aller Regel **anfechtbar** (vgl. § 243 Abs. 1).[66] Nichtigkeit kommt hingegen nur ausnahmsweise in Betracht, zB wenn durch Beschluss das Gleichbehandlungsgebot allgemein außer Kraft gesetzt werden soll.[67] Bei gegen das Gleichbehandlungsgebot verstoßenden **Verwaltungsmaßnahmen** kommen – je nach Inhalt und Charakter der Maßnahme – **Verweigerungsrechte** (zB bei ungleicher Einforderung von Einlagen), **Ansprüche auf aktive Gleichbehandlung** (zB bei willkürlicher Verweigerung der Zustimmung zur Übertragung vinkulierter Namensaktien) oder **Beseitigungsrechte** (zB bei verdeckten Gewinnausschüttungen) in Betracht.[68] Deliktische Ansprüche (§ 823 Abs. 1 BGB, § 823 Abs. 2 BGB iVm § 53a) stehen benachteiligten Aktionären regelmäßig nicht zu.[69] Nur in besonders gelagerten Ausnahmefällen sind Ansprüche aus § 826 BGB oder aus § 117 Abs. 1 denkbar.[70]

---

[55] Vgl. Hüffer/*Koch* Rn. 9; Schmidt/Lutter/*Fleischer* Rn. 29; Spindler/Stilz/*Cahn/v. Spannenberg* Rn. 25.

[56] Vgl. Hüffer/*Koch* Rn. 9; Schmidt/Lutter/*Fleischer* Rn. 29; Spindler/Stilz/*Cahn/v. Spannenberg* Rn. 26; MüKoAktG/*Bungeroth* Rn. 24; aA wohl BGHZ 70, 117 (121 f.) = NJW 1978, 540 – Mannesmann.

[57] Vgl. BGHZ 33, 175 (186); MüKoAktG/*Bungeroth* Rn. 14; Spindler/Stilz/*Cahn/v. Spannenberg* Rn. 18; Hüffer/*Koch* Rn. 10; MHdB AG/*Rieckers* § 17 Rn. 15.

[58] Spindler/Stilz/*Cahn/v. Spannenberg* Rn. 19; MüKoAktG/*Bungeroth* Rn. 15.

[59] Vgl. Spindler/Stilz/*Cahn/v. Spannenberg* Rn. 19; MüKoAktG/*Bungeroth* Rn. 15; Hüffer/*Koch* Rn. 10.

[60] Übersicht nach Schmidt/Lutter/*Fleischer* Rn. 36.

[61] Vgl. BGHZ 70, 117 (121 f.) = NJW 1978, 540 – Mannesmann.

[62] Vgl. BGHZ 33, 175 (186 f.).

[63] Vgl. BGHZ 120, 141 (151 f.) = NJW 1993, 400 – Bremer Bankverein.

[64] Vgl. OLG Köln ZIP 2001, 2049 (2051 f.).

[65] Vgl. LG Aachen AG 1992, 410 (412).

[66] Ganz hM, vgl. zB RGZ 118, 67 (72 f.); MüKoAktG/*Bungeroth* Rn. 29; Hüffer/*Koch* Rn. 12; MHdB AG/*Rieckers* § 17 Rn. 18.

[67] Spindler/Stilz/*Cahn/v. Spannenberg* Rn. 32; Schmidt/Lutter/*Fleischer* Rn. 39; MüKoAktG/*Bungeroth* Rn. 30.

[68] Vgl. Hüffer/*Koch* Rn. 12; Schmidt/Lutter/*Fleischer* Rn. 40.

[69] Vgl. Hüffer/*Koch* Rn. 12; Schmidt/Lutter/*Fleischer* Rn. 41; diff. MüKoAktG/*Bungeroth* Rn. 37 ff.

[70] Vgl. Schmidt/Lutter/*Fleischer* Rn. 41; MüKoAktG/*Bungeroth* Rn. 39.

6. Darlegungs- und Beweislast. Die Darlegungs- und Beweislast für eine Ungleichbehandlung obliegt dem Aktionär.[71] Die Darlegungs- und Beweislast für deren sachliche Rechtfertigung obliegt der Gesellschaft.[72] 13

III. Mitgliedschaftliche Treuepflicht

1. Grundlagen. a) Geltungsgrund und Rechtsnatur. Die nach gefestigter Rechtsprechung[73] im Aktienrecht auch ohne ausdrückliche gesetzliche Grundlage anerkannte mitgliedschaftliche Treuepflicht dient vornehmlich als Instrument des Minderheitenschutzes. Als Entstehungsgrund für die mitgliedschaftliche Treuepflicht wird überwiegend die aus dem von den Gründern geschlossenen Organisationsvertrag hervorgegangene Satzung angesehen.[74] Unabhängig von den verschiedenen dogmatischen Begründungsversuchen sollte die Treuepflicht als eine auf **Richterrecht beruhende Generalklausel** akzeptiert werden.[75] 14

b) Geltungsbereich. aa) Adressaten und Begünstigte. Die mitgliedschaftliche Treuepflicht existiert nur für **Aktionäre.** Sie besteht einerseits **gegenüber der Gesellschaft,** andererseits **gegenüber den Mitaktionären.**[76] Letzteres gilt sowohl für den Mehrheitsaktionär gegenüber dem Minderheitsaktionär[77] als auch für den Minderheitsaktionär gegenüber dem Mehrheitsaktionär und gegenüber anderen Minderheits- oder Kleinaktionären.[78] In Rechtsprechung und Literatur werden mitgliedschaftliche Treuepflichten auch für mittelbare Gesellschafter (zB Treugeber, stille Gesellschafter, ggf. auch bei Konzernsachverhalten) befürwortet.[79] Für den alleinigen Aktionär, der alle Aktien der Gesellschaft hält, besteht keine Treuepflicht.[80] Da außenstehende Dritte an dem treuepflichtbegründenden Rechtsverhältnis nicht beteiligt sind, können sie auch nicht verpflichtet sein; dies gilt selbst dann, wenn sie als Stimmrechtsvertreter auftreten.[81] Letztlich geht die Rechtsprechung davon aus, dass **auch der Gesellschaft** – spiegelbildlich zur mitgliedschaftlichen Treuepflicht – gegenüber dem Aktionär weiter gehende Treuepflichten obliegen als das üblicherweise zwischen Vertragspartnern der Fall ist.[82] 15

bb) Sachlicher und zeitlicher Geltungsbereich. Die mitgliedschaftliche Treuepflicht besteht grundsätzlich nur in dem von der Satzung erfassten, durch den Gesellschaftszweck umschriebenen **mitgliedschaftlichen Bereich.**[83] Für Schäden, die außerhalb des gesellschaftlichen Bereichs eines Aktionärs entstehen, ist die mitgliedschaftliche Treuepflicht ohne Bedeutung.[84] Die mitgliedschaftliche Treuepflicht **beginnt** mit der **Übernahme der Aktien** im Rahmen der Gründung – dh im Stadium der Vorgesellschaft – und entfaltet grundsätzlich auch noch ihre Wirkung im Stadium der **Liquidation.**[85] Die Anwendbarkeit der mitgliedschaftlichen Treuepflicht nach Eröffnung des Insolvenzverfahrens über das Vermögen der Gesellschaft ist umstritten. Nach der herrschenden Ansicht kann die mitgliedschaftliche Treuepflicht im Insolvenzverfahren nicht mehr ihren Zweck, namentlich die Förderung des Gemeinschaftsinteresses, erreichen und wird daher von insolvenzrechtlichen Verfahrensregeln verdrängt.[86] 16

---

[71] Schmidt/Lutter/*Fleischer* Rn. 34.
[72] Schmidt/Lutter/*Fleischer* Rn. 34.
[73] Vgl. BGHZ 142, 167 (169) = AG 1999, 517 – Hilgers; BGHZ 129, 136 (142) = WM 1995, 882 – Girmes; BGHZ 103, 184 (194 f.) = AG 1988, 135 – Linotype.
[74] Vgl. Hüffer/*Koch* Rn. 15; MHdB AG/*Rieckers* § 17 Rn. 19; vgl. GroßkommAktG/*Henze/Notz* Anh. § 53a Rn. 20, 22; Überblick über andere Begründungsansätze bei Schmidt/Lutter/*Fleischer* Rn. 45; vgl. Spindler/Stilz/*Cahn/v. Spannenberg* Rn. 39: Ausfluss des Gesellschaftsverhältnisses.
[75] MHdB AG/*Rieckers* § 17 Rn. 19; MüKoAktG/*Bungeroth* Vor § 53a Rn. 20.
[76] Vgl. BGHZ 129, 136 (142 f.) = WM 1995, 882 – Girmes; Schmidt/Lutter/*Fleischer* Rn. 48 ff.
[77] Grdl. BGHZ 103, 184 (194 ff.) = AG 1988, 135 – Linotype.
[78] Grdl. BGHZ 129, 136 (142 ff.) = WM 1995, 882 – Girmes.
[79] Ausdrücklich zum Treugeber BGH NZG 2015, 1353 (1355); BGHZ 196, 131 = NZG 2013; BGHZ 196, 379 (381) = NJW 2013, 3293; vgl. Spindler/Stilz/*Cahn/v. Spannenberg* Rn. 47; Schmidt/Lutter/*Fleischer* Rn. 51; GroßkommAktG/*Henze/Notz* Anh. § 53a Rn. 32 ff.
[80] MüKoAktG/*Bungeroth* Vor § 53a Rn. 24; GroßkommAktG/*Henze/Notz* Anh. § 53a Rn. 42; MHdB AG/*Rieckers* § 17 Rn. 20.
[81] Vgl. BGHZ 129, 136 (148 f.) = WM 1995, 882 – Girmes, wonach aber Haftung analog § 179 Abs. 1 BGB für den Stimmrechtsvertreter in Betracht kommt, wenn er den Namen des Aktionärs, der ihn bevollmächtigt hat, nicht nennt.
[82] Vgl. BGHZ 127, 107 (111 ff.) = NJW 1994, 3094; Spindler/Stilz/*Cahn/v. Spannenberg* Rn. 37; Schmidt/Lutter/*Fleischer* Rn. 48.
[83] MHdB AG/*Rieckers* § 17 Rn. 20; Schmidt/Lutter/*Fleischer* Rn. 52.
[84] Schmidt/Lutter/*Fleischer* Rn. 52.
[85] MHdB AG/*Rieckers* § 17 Rn. 20; Schmidt/Lutter/*Fleischer* Rn. 53.
[86] OLG Frankfurt ZInsO 2013, 2112 (2113 ff.); Spindler/Stilz/*Cahn/v. Spannenberg* Rn. 38; MHdB AG/*Rieckers* § 17 Rn. 20; Schmidt/Lutter/*Fleischer* Rn. 53; aA LG Frankfurt a.M. NZG 2013, 1315 (1316 ff.).

17 **2. Inhalt der Treuepflicht.** Im Grundsatz gebietet die mitgliedschaftliche Treuepflicht, auf die Interessen der Gesellschaft und die gesellschaftsbezogenen Belange der Mitaktionäre **Rücksicht** zu nehmen.[87] Ausfluss der mitgliedschaftlichen Treuepflicht kann unter bestimmten Voraussetzungen die Nichtausübung von Mitgliedschaftsrechten (zB Stimmrecht) sein (zB keine Stimmrechtsausübung, die eine Beschlussfassung, auf die Gesellschaft und Mitaktionäre dringend angewiesen sind, verhindert).[88] In Ausnahmefällen kann die mitgliedschaftliche Treuepflicht auch positive Handlungspflichten begründen (zB Zustimmung zur Beschlussfassung, auf die Gesellschaft und Mitaktionäre dringend angewiesen sind).[89] Überwiegend wird davon ausgegangen, dass ihre Intensität von der Realstruktur der Gesellschaft abhängt und daher bei personalistischen Gesellschaften stärker ist als bei Publikumsgesellschaften.[90] Das **Maß** der gebotenen Rücksichtnahme und die konkret erforderliche Verhaltensweise sind des Weiteren in erster Linie davon abhängig, ob das Recht, um dessen Ausübung es geht, dem Aktionär im eigenen Interesse (sog. **eigennütziges** Mitgliedschaftsrecht) oder im Interesse der Gesellschaft (sog. **uneigennütziges** Mitgliedschaftsrecht) zusteht.[91] Soweit es um die Ausübung eigennütziger Mitgliedschaftsrechte geht (zB Vermögensrechte, Auskunftsrecht, Befugnis zur Anfechtung von Hauptversammlungsbeschlüssen, Teilnahme- und Rederecht bei Hauptversammlung),[92] hat die mitgliedschaftliche Treuepflicht vorrangig beschränkende Funktion: Der Aktionär hat lediglich das Verbot willkürlicher oder unverhältnismäßiger Rechtsausübung zum Nachteil der Gesellschaft und der anderen Aktionäre zu beachten.[93] Bei der Ausübung uneigennütziger Mitgliedschaftsrechte, zu denen vor allem das Stimmrecht gezählt wird,[94] ist ein höheres Maß an Rücksichtnahme geboten: Der Aktionär ist dabei verpflichtet, diejenigen Handlungen vorzunehmen, die der Förderung des Gesellschaftszwecks dienen, und Handlungen zu unterlassen, die dem Gesellschaftszweck zuwiderlaufen.[95] In diesem Fall kann die mitgliedschaftliche Treuepflicht folglich Handlungs- und Unterlassungspflichten, in Bezug auf das Stimmrecht damit positive und negative Stimmpflichten zur Folge haben.[96] Die Treupflicht der Gesellschaft gegenüber den Aktionären manifestiert sich in der Verpflichtung, dass diese dem einzelnen Aktionär eine ungehinderte und sachgemäße Wahrnehmung seiner Mitgliedschaftsrechte ermöglichen muss und alles zu unterlassen hat, was diese Rechte beeinträchtigen könnte.[97]

18 **3. Grenzen und Verzicht.** Das Bestehen der Treuepflicht im Verhältnis zu der Gesellschaft und zu den anderen Aktionären ändert nichts daran, dass die Ausübung mitgliedschaftlicher Rechte grundsätzlich im (unternehmerischen) Ermessen der Aktionäre steht.[98] Die Treuepflicht unterstellt die Ausübung von Mitgliedschaftsrechten nicht einer durchgängigen Richtigkeits- und Rechtskontrolle. Die Treuepflicht greift nur dann ein, wenn das Verhalten eines Aktionärs mitgliedschaftliche Interessen anderer Aktionäre oder das Gesellschaftsinteresse in erheblichem Maß zu beeinträchtigen droht, ohne dass schützenswerte Interessen des durch die Treuepflicht gebundenen Aktionärs berührt sind.[99] Nur in solchen Ausnahmefällen reduziert die mitgliedschaftliche Treuepflicht das unternehmerische Ermessen des Aktionärs auf Null.[100] Ferner können unter Berufung auf die Treuepflicht abschließende Regelungen des Gesetzgebers nicht korrigiert werden.[101] Ein Aktionär kann im Einzelfall auf eine der Treuepflicht entsprechende Behandlung verzichten; ein genereller Verzicht, der sich nicht auf einzelne klar umrissene Rechtspositionen beschränkt, ist ebenso unwirksam wie ein in der Satzung festgeschriebener Dispens von der mitgliedschaftlichen Treuepflicht.[102]

---

[87] Vgl. BGHZ 103, 184 (195) = AG 1988, 135 – Linotype; BGHZ 129, 136 (143 f.) = WM 1995, 882 – Girmes; BGHZ 142, 167 (170) = AG 1999, 517 – Hilgers; MüKoAktG/*Bungeroth* Vor § 53a Rn. 25.

[88] Vgl. Spindler/Stilz/*Cahn/v. Spannenberg* Rn. 38.

[89] BGHZ 129, 136 (142 ff.) = WM 1995, 882 – Girmes; Spindler/Stilz/*Cahn/v. Spannenberg* Rn. 38.

[90] So ausdrücklich Schmidt/Lutter/*Fleischer* Rn. 54; vgl. BGHZ 103, 184 (195) = AG 1988, 135 – Linotype; BGHZ 129, 136 (144) = WM 1995, 882 – Girmes; aA Spindler/Stilz/*Cahn/v. Spannenberg* Rn. 45.

[91] Spindler/Stilz/*Cahn/v. Spannenberg* Rn. 51 f.; vgl. MHdB AG/*Rieckers* § 17 Rn. 22.

[92] Vgl. Nachweise bei Spindler/Stilz/*Cahn/v. Spannenberg* Rn. 52.

[93] Vgl. Hüffer/*Koch* Rn. 16; Spindler/Stilz/*Cahn/v. Spannenberg* Rn. 51; MHdB AG/*Rieckers* § 17 Rn. 22.

[94] Vgl. Hüffer/*Koch* Rn. 17; nach dem Gegenstand der Beschlussfassung diff. MHdB AG/*Rieckers* § 17 Rn. 6; Spindler/Stilz/*Cahn/v. Spannenberg* Rn. 52.

[95] Vgl. Hüffer/*Koch* Rn. 17; Spindler/Stilz/*Cahn/v. Spannenberg* Rn. 51; MHdB AG/*Rieckers* § 17 Rn. 22.

[96] MHdB AG/*Rieckers* § 17 Rn. 22.

[97] Vgl. BGHZ 127, 107 (111) = AG 1994, 559; Schmidt/Lutter/*Fleischer* Rn. 55; MüKoAktG/*Bungeroth* Vor § 53a Rn. 30.

[98] Vgl. Spindler/Stilz/*Cahn/v. Spannenberg* Rn. 53; MHdB AG/*Rieckers* § 17 Rn. 24 insbes. zum Ermessenspielraum bei einer durch die Treuepflicht tangierten Stimmabgabe.

[99] Vgl. Spindler/Stilz/*Cahn/v. Spannenberg* Rn. 53.

[100] Vgl. MHdB AG/*Rieckers* § 17 Rn. 24.

[101] MüKoAktG/*Bungeroth* Vor § 53a Rn. 33; Spindler/Stilz/*Cahn/v. Spannenberg* Rn. 54.

[102] Schmidt/Lutter/*Fleischer* Rn. 60; Hüffer/*Koch* Rn. 26.

4. Einzelfälle. Im Mittelpunkt der richterlichen Rechtsfortbildung einer mitgliedschaftlichen Treuepflicht steht die Stimmrechtsausübung des **Mehrheitsaktionärs.** Gegen die mitgliedschaftliche Treuepflicht verstößt danach ein Mehrheitsaktionär, der für die Auflösung der Gesellschaft stimmt, nachdem er im Vorfeld der Beschlussfassung mit dem Vorstand Absprachen über die Übernahme wesentlicher Teile des Gesellschaftsvermögens getroffen hat.[103] Ebenfalls „treuepflichtwidrig" sein, kann der Austausch eines Abschlussprüfers gegen den Willen der Minderheit, wenn hierfür kein sachlicher Grund besteht,[104] oder die Wahl eines Abschlussprüfers, gegen den erkennbar die Besorgnis der Befangenheit besteht,[105] oder die Erteilung der Entlastung für Vorstand und Aufsichtsrat, obwohl offensichtlich maßgebliche Verstöße gegen die Satzung vorliegen.[106] Die mitgliedschaftliche Treuepflicht kann einem Mehrheitsaktionär ferner gebieten, eine Herabsetzung des Grundkapitals auf Null mit anschließender Kapitalerhöhung so zu gestalten, dass möglichst vielen Minderheitsaktionären der Verbleib in der Gesellschaft ermöglicht wird.[107] Für den **Minderheitsaktionär** erlangt die beschränkende Funktion der mitgliedschaftlichen Treuepflicht insbesondere dann Bedeutung, wenn er mit einer ihm zustehenden Sperrminorität Blockadepolitik betreiben kann.[108] Er darf daher eine sinnvolle und mehrheitlich angestrebte Sanierung der Gesellschaft nicht aus eigennützigen Gründen verhindern.[109] Die Pflicht zur positiven Stimmabgabe erlangt in Sanierungssituationen zunehmend an Bedeutung. Jedoch setzt die Rechtsprechung hierfür strenge Voraussetzungen: Vorliegen eines nachhaltigen Sanierungskonzeptes, unvermeidlicher Zusammenbruch der Gesellschaft bei Scheitern und die Sanierung wird von einer Mehrheit der Aktionäre angestrebt.[110] Er unterliegt ferner bei der Ausübung seines Teilnahme-, Auskunfts- und Rederechts auf der Hauptversammlung den Grenzen der Treuepflicht.[111] 19

5. Rechtsfolgen von Verstößen gegen die mitgliedschaftliche Treuepflicht. Verstöße gegen die mitgliedschaftliche Treuepflicht können eine Schadensersatzpflicht des Aktionärs begründen (§ 280 Abs. 1 S. 1 BGB).[112] Ist der Schaden ausschließlich im Gesellschaftsvermögen entstanden, ist er der Gesellschaft zu ersetzen; eigene Ansprüche der Aktionäre wegen ihres „Reflexschadens" scheiden aus.[113] Nach Streichung des Stimmrechtsprivilegs in § 117 Abs. 7 Nr. 1 AktG durch das Gesetz zur Unternehmensintegrität und Modernisierung des Anfechtungsrechts (UMAG) ist es unerheblich für Schadensersatzansprüche wegen treuwidriger Stimmabgabe, ob der Schaden durch Erhebung einer Anfechtungsklage hätte abgewendet werden können.[114] Bei treuwidrigem Stimmverhalten sind lediglich vorsätzliche Pflichtverstöße haftungsbegründend;[115] bei sonstigen Treuepflichtverstößen soll grobe Fahrlässigkeit ausreichend, aber auch erforderlich sein.[116] Die von einem Aktionär unter Verstoß gegen eine mitgliedschaftliche Treuepflicht abgegebene Stimme ist nichtig und daher bei der Feststellung des Beschlussergebnisses in der Hauptversammlung unbeachtlich.[117] In der Praxis wird der Leiter der Hauptversammlung die Stimmen jedoch nur in den seltenen Fällen eines offensichtlichen Pflichtenverstoßes nicht berücksichtigen.[118] Werden treupflichtwidrige Stimmen bei der Feststellung des Beschlussergebnisses berücksichtigt, ist der Hauptversammlungsbeschluss anfechtbar.[119] Entspricht lediglich ein 20

---

[103] Vgl. BGHZ 103, 184 (193) = AG 1988, 135 – Linotype.
[104] Vgl. BGH AG 1992, 58 (59).
[105] Vgl. BGHZ 153, 32 (43 f.) – Hypovereinsbank.
[106] Vgl. BGHZ 153, 47 (51) = AG 2003, 273 – Macrotron.
[107] Vgl. BGHZ 142, 167 (169 f.) = AG 1999, 517 – Hilgers.
[108] Schmidt/Lutter/*Fleischer* Rn. 57.
[109] Vgl. BGHZ 129, 136 (152 f.) = WM 1995, 882 – Girmes.
[110] So bereits in BGHZ 129, 136 (152) = WM 1995, 882 – Girmes; konkretisiert durch OLG München AG 2014, 546 (547 f.); MHdB AG/*Rieckers* § 17 Rn. 29; einer restriktiven Handhabung zust. Hüffer/*Koch* Rn. 20; gegen die letztgenannte Voraussetzung *Seibt* ZIP 2014, 1909 (1914).
[111] Vgl. BGHZ 129, 136 (144) = WM 1995, 882 – Girmes.
[112] Hüffer/*Koch* Rn. 28.
[113] Vgl. BGHZ 129, 136 (158) = WM 1995, 882 – Girmes; Spindler/Stilz/*Cahn/v. Spannenberg* Rn. 57; Schmidt/Lutter/*Fleischer* Rn. 70.
[114] Vgl. BGHZ 129, 136 (160) = WM 1995, 882 – Girmes; Spindler/Stilz/*Cahn/v. Spannenberg* Rn. 58; MüKoAktG/*Bungeroth* Vor § 53a Rn. 45.
[115] Vgl. BGHZ 129, 136 (158) = WM 1995, 882 – Girmes; MüKoAktG/*Bungeroth* Vor § 53a Rn. 45; Schmidt/Lutter/*Fleischer* Rn. 70; Hüffer/*Koch* Rn. 28.
[116] Vgl. Hüffer/*Koch* Rn. 28; aA MüKoAktG/*Bungeroth* Vor § 53a Rn. 46 f.: diff. zwischen Treuepflichtverstößen eines Aktionärs und der AG; offenlassend BGHZ 129, 136 (162) = WM 1995, 882 – Girmes; Schmidt/Lutter/*Fleischer* Rn. 70.
[117] Hüffer/*Koch* Rn. 30; MüKoAktG/*Bungeroth* Vor § 53a Rn. 44; Spindler/Stilz/*Cahn/v. Spannenberg* Rn. 56.
[118] MüKoAktG/*Bungeroth* Vor § 53a Rn. 44; Spindler/Stilz/*Cahn/v. Spannenberg* Rn. 56.
[119] AllgM, zB BGHZ 103, 184 (193) = AG 1988, 135 – Linotype; BGHZ 142, 167 (169 f.) = AG 1999, 517 – Hilgers; MüKoAktG/*Bungeroth* Vor § 53a Rn. 44.

bestimmtes Abstimmungsverhalten der Treuepflicht, kann die Anfechtungsklage mit einer positiven Beschlussfeststellungsklage verbunden werden.[120]

§ 54 Hauptverpflichtung der Aktionäre

(1) Die Verpflichtung der Aktionäre zur Leistung der Einlagen wird durch den Ausgabebetrag der Aktien begrenzt.

(2) Soweit nicht in der Satzung Sacheinlagen festgesetzt sind, haben die Aktionäre den Ausgabebetrag der Aktien einzuzahlen.

(3) [1]Der vor der Anmeldung der Gesellschaft eingeforderte Betrag kann nur in gesetzlichen Zahlungsmitteln oder durch Gutschrift auf ein Konto bei einem Kreditinstitut oder einem nach § 53 Abs. 1 Satz 1 oder § 53b Abs. 1 Satz 1 oder Abs. 7 des Gesetzes über das Kreditwesen tätigen Unternehmen der Gesellschaft oder des Vorstands zu seiner freien Verfügung eingezahlt werden. [2]Forderungen des Vorstands aus diesen Einzahlungen gelten als Forderungen der Gesellschaft.

(4) [1]Der Anspruch der Gesellschaft auf Leistung der Einlagen verjährt in zehn Jahren von seiner Entstehung an. [2]Wird das Insolvenzverfahren über das Vermögen der Gesellschaft eröffnet, so tritt die Verjährung nicht vor Ablauf von sechs Monaten ab dem Zeitpunkt der Eröffnung ein.

Übersicht

I. Allgemeines

1 **1. Regelungsgegenstand.** § 54 trifft Regelungen zur „Hauptverpflichtung" der Aktionäre – der Einlagepflicht. Abs. 1 bestimmt den Ausgabebetrag zur Obergrenze für die Höhe der Einlageverpflichtung. Abs. 2 schreibt den Vorrang der Bareinlage gegenüber der Sacheinlage fest. Abs. 3 beinhaltet Anforderungen an die Art und Weise der Einzahlung der Bareinlagen. Abs. 4 trifft Regelungen über die Verjährung der Einlageansprüche der Gesellschaft. Der Anwendungsbereich des § 54 ist auf die körperschaftsrechtliche Einlagepflicht beschränkt; er beansprucht keine Geltung für weitere, auf schuldrechtlicher Grundlage basierende Verpflichtungen der Aktionäre gegenüber der Gesellschaft.[1]

2 **2. Regelungszweck.** § 54 dient der Umsetzung des Grundsatzes der **realen Kapitalaufbringung.**[2] Die einzelnen Absätze der Vorschrift verfolgen dabei unterschiedliche Regelungszwecke. Abs. 1 dient der **internen Risikobegrenzung** für den einzelnen Aktionär.[3] Abs. 2 bestätigt den sich bereits aus § 27 Abs. 1 ergebenden Vorrang (→ § 27 Rn. 5) der Bareinlage gegenüber der Sacheinlage. Abs. 3 stellt sich als notwendige Ergänzung der §§ 36 Abs. 2, 36a Abs. 1 dar[4] und sichert durch die Einschränkung der Erfüllung bewirkenden Zahlungsarten die reale Kapitalaufbringung.[5]

[120] Spindler/Stilz/*Cahn/v. Spannenberg* Rn. 56; Schmidt/Lutter/*Fleischer* Rn. 64.
[1] Vgl. Hüffer/*Koch* Rn. 7; Schmidt/Lutter/*Fleischer* Rn. 17.
[2] Vgl. Spindler/Stilz/*Cahn/v. Spannenberg* Rn. 1; Schmidt/Lutter/*Fleischer* Rn. 1.
[3] Spindler/Stilz/*Cahn/v. Spannenberg* Rn. 2; Hüffer/*Koch* Rn. 1.
[4] Hüffer/*Koch* Rn. 1.
[5] Schmidt/Lutter/*Fleischer* Rn. 25; vgl. MüKoAktG/*Bungeroth* Rn. 44.

Die aktienrechtliche Sonderverjährung des Abs. 4 ist die notwendige Korrektur der sonst geltenden dreijährigen Regelverjährung (vgl. § 195 BGB) mit subjektiven Verjährungsvoraussetzungen (vgl. § 199 Abs. 1 BGB), die unter Beachtung des Grundsatzes der realen Kapitalaufbringung nicht der Bedeutung entsprechen würde, die den Einlageansprüchen der Gesellschaft zwecks Sicherung der Gläubigerinteressen zukommt.[6]

II. Begrenzung der Einlageverpflichtung (Abs. 1)

1. Einlagepflicht. a) Entstehung und Rechtsnatur. Die Einlagepflicht entsteht mit der Übernahme von Aktien bei der Gründung der Gesellschaft (vgl. § 29) oder bei der Zeichnung neuer Aktien im Rahmen einer Kapitalerhöhung (vgl. § 185). Die Einlagepflicht ist die **mitgliedschaftliche Pflicht** des Aktionärs, bis zur Höhe des Ausgabebetrages zur Kapitalaufbringung der Gesellschaft beizutragen.[7] Im gesetzlichen Regelfall geschieht dies durch Leistung eines Geldbetrages, bei anderweitiger Festsetzung in der Satzung durch eine Sacheinlage.[8] Die Einlagepflicht ist integraler Bestandteil der Mitgliedschaft; eine von der Mitgliedschaft isolierte Einlagepflicht ist ausgeschlossen.[9] Daher besteht zwischen der Einlagepflicht und den Rechten aus der Mitgliedschaft kein Gegenseitigkeitsverhältnis iSd §§ 320 ff. BGB.[10] Aufgrund besonderer gesetzlicher Vorschriften können sich jedoch bei (teilweiser) Nichterfüllung der Einlageverpflichtung Einschränkungen bei der Ausübung oder Geltendmachung von Mitgliedschaftsrechten (vgl. zB §§ 60 Abs. 2, 134 Abs. 2, 271 Abs. 3) bis hin zum Verlust der Mitgliedschaft ergeben (vgl. § 64). 3

b) Gläubiger und Schuldner. Vor Eintragung der Gesellschaft ist die Vor-AG (→ § 41 Rn. 6 ff.), nach Eintragung die Gesellschaft als juristische Person, **Gläubigerin** der Einlageforderung.[11] Die Einlagepflicht entsteht demnach bei Gründung der Gesellschaft unabhängig von der Eintragung der Gesellschaft im Handelsregister.[12] **Schuldner** der Einlageverpflichtung ist der jeweilige Aktionär. Dies gilt im Grundsatz unabhängig davon, ob er die Aktie selbst als Gründer übernommen, bei einer Kapitalerhöhung gezeichnet oder – derivativ und dabei unabhängig vom Erwerbsgrund – erworben hat. Bei einem derivativen Erwerb geht die Einlagepflicht mit der Mitgliedschaft auf den Erwerber über. Der bisherige Aktionär wird von seiner Einlagepflicht befreit; hiervon unberührt bleibt seine eventuelle Haftung als Vormann nach § 65 (→ § 65 Rn. 3 ff.). Zu den Folgen der Gutgläubigkeit des Erwerbers, wenn Inhaberaktien entgegen § 10 Abs. 2 S. 1 oder Namensaktien unter Verstoß gegen § 10 Abs. 2 S. 2 ausgegeben werden, → § 63 Rn. 4; → § 10 Rn. 24. Geschützt ist aber nur der gutgläubige rechtsgeschäftliche Zweiterwerber;[13] dabei wird derjenige, der die Aktien in Ausübung eines mittelbaren Bezugsrechts (vgl. § 186 Abs. 5) erwirbt, dem Zeichner gleichgestellt und kann sich daher nicht auf seinen guten Glauben berufen.[14] Der gute Glaube an die inhaltliche Richtigkeit von Zwischenscheinen (vgl. § 10 Abs. 3) wird nicht geschützt.[15] Bei Namensaktien ist darüber hinaus § 67 Abs. 2 zu beachten, wonach nur der im Aktienregister Eingetragene – auch wenn er nicht der wirkliche Aktionär ist – für die Einlageverpflichtung haftet.[16] Eine Ausnahme vom vorstehenden Grundsatz des Übergangs der Einlageverpflichtung auf den Aktienerwerber gilt bei einer **Sacheinlageverpflichtung.** Insoweit ist nur derjenige, der die Sacheinlageverpflichtung eingegangen ist, oder dessen Gesamtrechtsnachfolger Schuldner.[17] Auf einen späteren Erwerber geht die Sacheinlageverpflichtung nicht über; diesen trifft jedoch die von der Sacheinlagepflicht verdrängte Bareinlagepflicht, wenn die Sacheinlage nicht geleistet wird.[18] Für den Schutz des gutgläubigen Erwerbers vor dieser ersatzweisen Zahlungspflicht gelten dieselben Regelungen wie bei Bareinlagen.[19] 4

2. Betragsmäßige Begrenzung. a) Grundlagen. Nach § 54 Abs. 1 begrenzt den **Ausgabebetrag** der Aktien (→ § 9 Rn. 3) die Verpflichtung der Aktionäre zur Leistung der Einlagen. § 54 Abs. 1 5

[6] Vgl. Hüffer/*Koch* Rn. 21.
[7] Hüffer/*Koch* Rn. 2.
[8] MüKoAktG/*Bungeroth* Rn. 7; Hüffer/*Koch* Rn. 2.
[9] Schmidt/Lutter/*Fleischer* Rn. 5; Hüffer/*Koch* Rn. 2.
[10] MüKoAktG/*Bungeroth* Rn. 6; Schmidt/Lutter/*Fleischer* Rn. 5.
[11] MüKoAktG/*Bungeroth* Rn. 12; Hüffer/*Koch* Rn. 3.
[12] Vgl. BGHZ 169, 270 (272) Rn. 8 = NZG 2007, 20; Hüffer/*Koch* Rn. 3.
[13] Schmidt/Lutter/*Fleischer* Rn. 11.
[14] Vgl. BGHZ 122, 180 (198 ff.); MüKoAktG/*Bungeroth* Rn. 15.
[15] MHdB AG/*Rieckers* § 16 Rn. 4; Schmidt/Lutter/*Fleischer* Rn. 12.
[16] MüKoAktG/*Bungeroth* Rn. 13; Schmidt/Lutter/*Fleischer* Rn. 10.
[17] MüKoAktG/*Bungeroth* Rn. 14; Hüffer/*Koch* Rn. 4.
[18] MüKoAktG/*Bungeroth* Rn. 14; Schmidt/Lutter/*Fleischer* Rn. 13.
[19] Hüffer/*Koch* Rn. 4; Schmidt/Lutter/*Fleischer* Rn. 13.

ist zwingendes Recht iSd § 23 Abs. 5, so dass insbesondere die Begründung einer Nachschusspflicht ausgeschlossen ist.[20] Eine teilweise Ausnahme vom Grundsatz des Abs. 1 ergibt sich bei **unterbewerteten Sacheinlagen,** bei denen der wahre Sachwert über dem Ausgabebetrag liegt. Der Aktionär leistet dann mit der Sacheinlage mehr als den Ausgabebetrag, ohne eine höhere Aktienzuteilung verlangen zu können.[21] Die durch Abs. 1 bezweckte interne Risikobeschränkung für den Aktionär (→ Rn. 2) bleibt jedoch hinsichtlich der durch die Sacheinlageverpflichtung verdeckten Geldeinlagepflicht erhalten; scheitert die Sacheinlage, schuldet der Aktionär nur den Ausgabebetrag in Geld, nicht den höheren Wert der Sacheinlage.[22] Das „Gegenstück" zur Obergrenze des Abs. 1 bildet das „Verbot der Unterpariemission" (§ 9 Abs. 1; → § 9 Rn. 4 ff.). Seite zu den Rechtsfolgen von ohne Einforderung geleisteten Zahlungen für die Einlageverpflichtung → § 63 Rn. 9.

6 **b) Ausnahmen.** Eine echte Ausnahme vom Grundsatz des Abs. 1 stellen lediglich die in der Praxis kaum verbreiteten mitgliedschaftlichen **Nebenverpflichtungen iSd § 55** (→ § 55 Rn. 3 ff.) dar. Darüber hinausgehende mitgliedschaftliche Leistungspflichten können nicht begründet werden. Hingegen wird die satzungsmäßige Begründung sog. **unselbständiger Nebenpflichten,** die der Sicherung der Erbringung ausstehender Einlagen dienen, als zulässig betrachtet.[23] Neben der im Gesetz vorgesehenen Vertragsstrafe nach § 63 Abs. 3 (→ § 63 Rn. 12 ff.) kommen insoweit zB Verpflichtungen zur Hingabe einer Einlagesicherung in Form eines Pfandrechts, einer Hypothek oder eines Wechselakzepts oder zur Anzeige eines Wohnungswechsels in Betracht.[24] Diese Nebenverpflichtungen dürfen – mit Ausnahme einer Vertragsstrafe nach § 63 Abs. 3 – weder einen eigenständigen vermögensrechtlichen Inhalt haben noch darf ihre Verletzung besonders geahndet werden.[25] Alle diesbezüglichen Nebenverpflichtungen enden mit der Erfüllung der Einlageverpflichtung.[26]

7 **c) Schuldrechtliche Vereinbarungen und freiwillige Leistungen.** Da die Obergrenze des Abs. 1 nur Bedeutung für die mitgliedschaftlichen Einlageverpflichtungen hat (→ Rn. 1), können sich Aktionäre in **schuldrechtlichen Vereinbarungen** mit der Gesellschaft oder in untereinander abgeschlossenen Verträgen, aus denen auch der Gesellschaft eigene Ansprüche erwachsen können (§ 328 BGB), **zu beliebigen Leistungen** verpflichten.[27] Gegenstand entsprechender Vereinbarungen können daher einmalige oder wiederkehrende, entgeltliche oder unentgeltliche Leistungen jeder Art sein, auch Darlehensverpflichtungen[28] oder Zuzahlungsverpflichtungen, die häufig als „schuldrechtliches Agio" bezeichnet werden.[29] Solche schuldrechtlichen Vereinbarungen sind – vorbehaltlich ihrer Formbedürftigkeit nach allgemeinen Vorschriften aufgrund des Inhalts der übernommenen Verpflichtung – **formfrei** möglich.[30] Werden solche Vereinbarungen – was zulässig, aber nicht zu empfehlen ist – in den Satzungstext aufgenommen, sollten sie zur Abgrenzung vom materiellen Inhalt der Satzung mit der ausdrücklichen Klarstellung verbunden werden, dass es sich lediglich um schuldrechtliche Vereinbarungen handelt.[31] Für solche Vereinbarungen gelten ausschließlich die jeweils maßgeblichen Regelungen des BGB, nicht die besonderen Vorschriften und Grundsätze des Aktienrechts.[32] Ihre Auslegung richtet sich nach §§ 133, 157 BGB. Insbesondere gehen auf diese Weise begründete Leistungspflichten nicht automatisch bei Übertragung der Mitgliedschaft mit dieser auf den Erwerber über; insoweit ist eine Schuldübernahme (§§ 414 f. BGB) erforderlich.[33] **Freiwillige Zusatz-** oder **Mehrleistungen** von Aktionären, die weder auf die mitgliedschaftliche Einlageverpflichtung erbracht werden noch auf gesonderter schuldrechtlicher Vereinbarung beruhen, sind grundsätzlich zulässig.[34] Sie dürfen jedoch nicht durch Sanktionen erzwungen werden.[35] Auch ein sog. wirtschaftlicher Zwang, solche Leistungen zur Vermeidung wirtschaftlicher Nachteile erbringen zu müssen, ist unzulässig.[36] Hingegen wird die Gewährung von Vorteilen für die zur freiwilligen

[20] Vgl. RGZ 113, 152 (155 ff.); BGHZ 160, 253 (256 ff.) = NJW 2004, 3561; Hüffer/*Koch* Rn. 5.
[21] Schmidt/Lutter/*Fleischer* Rn. 7; Hüffer/*Koch* Rn. 5.
[22] MüKoAktG/*Bungeroth* Rn. 9; Hüffer/*Koch* Rn. 5.
[23] AllgM, zB MüKoAktG/*Bungeroth* Rn. 26 f.; Spindler/Stilz/*Cahn/v. Spannenberg* Rn. 27.
[24] Vgl. Hüffer/*Koch* Rn. 6; Schmidt/Lutter/*Fleischer* Rn. 16.
[25] Schmidt/Lutter/*Fleischer* Rn. 16; MüKoAktG/*Bungeroth* Rn. 28.
[26] Hüffer/*Koch* Rn. 6; Spindler/Stilz/*Cahn/v. Spannenberg* Rn. 27.
[27] Vgl. RGZ 84, 328 (330); RGZ 83, 216 (218 f.); Hüffer/*Koch* Rn. 7.
[28] Vgl. Spindler/Stilz/*Cahn/v. Spannenberg* Rn. 31.
[29] Schmidt/Lutter/*Fleischer* Rn. 19 f.
[30] Schmidt/Lutter/*Fleischer* Rn. 18; Hüffer/*Koch* Rn. 7.
[31] MüKoAktG/*Bungeroth* Rn. 36; Schmidt/Lutter/*Fleischer* Rn. 18.
[32] Hüffer/*Koch* Rn. 8; Schmidt/Lutter/*Fleischer* Rn. 21.
[33] Hüffer/*Koch* Rn. 8; Schmidt/Lutter/*Fleischer* Rn. 21.
[34] MüKoAktG/*Bungeroth* Rn. 29; Hüffer/*Koch* Rn. 9.
[35] Vgl. Spindler/Stilz/*Cahn/v. Spannenberg* Rn. 34; Hüffer/*Koch* Rn. 9.
[36] Schmidt/Lutter/*Fleischer* Rn. 23; Spindler/Stilz/*Cahn/v. Spannenberg* Rn. 34.

Mehrleistung bereiten Aktionäre trotz der damit verbundenen Benachteiligung der übrigen Aktionäre als zulässig angesehen, wenn die eingeräumten Vorteile den Wert der freiwilligen Mehrleistung nicht überschreiten und die Möglichkeit, durch freiwillige Zusatzleistungen Vorteile zu erlangen, allen Aktionären im gleichen Maße eingeräumt werden (vgl. § 53a).[37]

III. Vorrang der Bareinlage (Abs. 2)

Nach § 54 Abs. 2 haben die Aktionäre den Ausgabebetrag der Aktien einzuzahlen, soweit nicht 8
in der Satzung Sacheinlagen festgesetzt sind. Abs. 2 stellt damit klar, dass die Zahlung von Geld der Regelfall für die Erfüllung der Einlagepflicht ist (→ § 27 Rn. 5). Eine vereinbarte Sacheinlageverpflichtung verdrängt die Geldzahlungspflicht nicht, sondern überlagert sie lediglich. Treten bei der Erfüllung der Sacheinlageverpflichtung Leistungsstörungen auf oder erweist sich die Sacheinlageverpflichtung als unwirksam, ist die Einlage in Geld zu leisten (→ § 27 Rn. 13).[38] Abs. 2 gilt ohne Unterschied für Einlagepflichten aus der Gründung und im Rahmen einer Kapitalerhöhung.[39]

IV. Erfüllung der Bareinlageverpflichtung (Abs. 3)

1. Anwendungsbereich. § 54 Abs. 3 trifft Regelungen zur Art und Weise der **Leistungserbrin-** 9
gung von **Bareinlagen** im Vorfeld der Eintragung der Gesellschaft. Abs. 3 knüpft an die §§ 36 Abs. 2, 36a Abs. 1 an und bestimmt, gegenüber wem und in welcher Form die Einlagepflicht im Gründungsstadium der Gesellschaft zu erfüllen ist (→ § 36 Rn. 14; → § 36a Rn. 3).[40] Abs. 3 hat nur Bedeutung für Zahlungen auf eingeforderte Bareinlagen. Für die Erfüllung von Sacheinlageverpflichtungen sind insoweit die für die entsprechenden Vermögenswerte maßgeblichen bürgerlichrechtlichen Vorschriften zu beachten;[41] aktienrechtliche Vorgaben ergeben sich lediglich aus § 36a Abs. 2 (→ § 36a Rn. 4 ff.). Über seinen Wortlaut hinaus ist Abs. 3 nicht nur für vor der Anmeldung der Gesellschaft zum Handelsregister eingeforderte Bareinlagen, sondern für alle Bareinzahlungen, die **vor Eintragung** der Gesellschaft im Handelsregister **getätigt** werden, zu beachten.[42] Hingegen werden nach der Eintragung der Gesellschaft geleistete Zahlungen nicht von Abs. 3 erfasst; deren Erfüllungswirkung bemisst sich nach §§ 362 ff. BGB. Dies gilt auch dann, wenn diese Zahlungen bereits vor der Anmeldung eingefordert wurden.[43]

2. Leistungsformen. a) Grundlagen. Abs. 3 beschränkt die erfüllungstauglichen Leistungsfor- 10
men auf Barzahlung und Kontogutschrift. Andere Zahlungsformen haben daher keine Erfüllungswirkung.[44] Das gilt insbesondere für eine Leistung an Erfüllung statt (§ 364 Abs. 1 BGB),[45] eine Aufrechnung (§§ 387 ff. BGB)[46] und – in Abweichung von § 362 Abs. 2 BGB – für eine Direktzahlung an einen Gläubiger der Gesellschaft, selbst wenn letztere mit Zustimmung des Vorstands vorgenommen wurde.[47]

b) Barzahlung. Die Erfüllung der Bareinlageverpflichtung kann in **gesetzlichen Zahlungsmit-** 11
teln, dh als Barzahlung erfolgen (Abs. 3 S. 1 Alt. 1). Das sind auf Euro lautende Banknoten (vgl. § 14 Abs. 1 S. 2 BBankG) und Münzen. Ausländische Zahlungsmittel genügen nicht.[48] Erforderlich ist die Übereignung der Banknoten und Münzen an die Vor-AG nach §§ 929 ff. BGB.[49] Eine Scheckzahlung steht der Barzahlung nicht gleich.[50]

c) Kontogutschrift. aa) Grundlagen. Die Erfüllung der Bareinlageverpflichtung kann ferner – 12
wie in der Praxis üblich – durch Kontogutschrift erfolgen. Als kontoführende Stellen kommen zunächst Kreditinstitute iSd § 1 Abs. 1 S. 1 KWG in Betracht. Dazu gehören alle **inländischen**

---

[37] MüKoAktG/*Bungeroth* Rn. 30; GroßkommAktG/*Henze* Rn. 80.
[38] Vgl. Schmidt/Lutter/*Fleischer* Rn. 24.
[39] MüKoAktG/*Bungeroth* Rn. 46.
[40] Spindler/Stilz/*Cahn/v. Spannenberg* Rn. 40.
[41] Schmidt/Lutter/*Fleischer* Rn. 25; Spindler/Stilz/*Cahn/v. Spannenberg* Rn. 41.
[42] Hüffer/*Koch* Rn. 11; Schmidt/Lutter/*Fleischer* Rn. 26.
[43] Vgl. MüKoAktG/*Bungeroth* Rn. 47; Schmidt/Lutter/*Fleischer* Rn. 26; aA Spindler/Stilz/*Cahn/v. Spannenberg* Rn. 44.
[44] Vgl. Hüffer/*Koch* Rn. 12; Schmidt/Lutter/*Fleischer* Rn. 27.
[45] MüKoAktG/*Bungeroth* Rn. 52; Spindler/Stilz/*Cahn/v. Spannenberg* Rn. 52.
[46] Schmidt/Lutter/*Fleischer* Rn. 27; Spindler/Stilz/*Cahn/v. Spannenberg* Rn. 52.
[47] BGHZ 119, 177 (189) = NJW 1992, 3300; Hüffer/*Koch* Rn. 12; MüKoAktG/*Bungeroth* Rn. 52; Schmidt/Lutter/*Fleischer* Rn. 27; MHdB AG/*Rieckers* § 16 Rn. 5.
[48] Spindler/Stilz/*Cahn/v. Spannenberg* Rn. 53; Hüffer/*Koch* Rn. 13.
[49] Spindler/Stilz/*Cahn/v. Spannenberg* Rn. 54; Hüffer/*Koch* Rn. 13.
[50] Hüffer/*Koch* Rn. 13; Schmidt/Lutter/*Fleischer* Rn. 28.

Banken (einschließlich der Genossenschaftsbanken und der Postbank) und **Sparkassen,** nicht aber die Deutsche Bundesbank (vgl. § 2 Abs. 1 Nr. 1 KWG).[51] Zur Vermeidung der Diskriminierung ausländischer Unternehmen[52] kommen solche als kontoführende Stellen in Betracht, wenn sie nach § 53 Abs. 1 S. 1 KWG oder nach § 53b Abs. 1, 7 KWG tätig sind. Danach kann die Leistung auf ein Konto einer Bankgeschäfte betreibenden **inländischen Zweigstelle** eines Unternehmens mit Sitz im Ausland erfolgen.[53] Ferner ist eine Gutschrift auf einem Konto eines Unternehmens mit Sitz in einem Mitgliedstaat des EWR, das in seinem Herkunftsland zugelassen ist und im Geltungsbereich des Kreditwesengesetzes Bankgeschäfte über eine Zweigniederlassung oder im Wege des grenzüberschreitenden Dienstleistungsverkehrs betreibt, möglich;[54] schließlich kommen nach Maßgabe des § 53b Abs. 7 KWG auch im EWR ansässige Tochter- und Enkelunternehmen als kontoführende Stelle iSd Abs. 3 in Betracht.[55] In beiden letztgenannten Fällen ist damit eine schuldbefreiende Zahlung auf ein im Ausland geführtes Konto möglich.[56] Ausländische Unternehmen mit Sitz in einem Drittstaat iSd § 1 Abs. 5a KWG scheiden hingegen als kontoführende Stelle aus.[57]

13 **bb) Währungsfragen.** Die Kontogutschrift bei einem inländischen Kreditinstitut und bei einer inländischen Zweigstelle eines ausländischen Unternehmens in Euro hat Erfüllungswirkung.[58] Soweit eine Kontogutschrift auf einem im Ausland geführten Konto schuldbefreiend wirkt (→ Rn. 12), muss diese in der dort geltenden Währung zulässig sein.[59] Zur Vermeidung einer umgekehrten Diskriminierung kann dann für Gutschriften in statthafter Auslandswährung auf einem im Inland geführten Konto nichts anderes gelten.[60]

14 **cc) Insbesondere: Kontoführer als Einlageschuldner.** Die Beteiligung eines nach Abs. 3 zur Kontoführung zugelassenen Kreditinstituts oder Unternehmens an der Gründung oder der Kapitalerhöhung stellt dessen Eignung zur Kontoführung iSd Abs. 3 nicht in Frage. Das Kreditinstitut kann daher in einer Doppelrolle tätig werden und auf dem bei ihm geführten Konto schuldbefreiende Gutschriften für die anderen Einlageschuldner leisten.[61] Nach zutreffender, aber umstrittener Ansicht kann sich der Kontoführer auch hinsichtlich seiner eigenen Einlageverpflichtung durch Gutschrift auf das bei ihm geführte Konto befreien. Dem hiergegen erhobenen Einwand der fehlenden, aber erforderlichen endgültigen Aussonderung der Einlage aus dem Vermögen des Kontoführers[62] steht der Wortlaut der Vorschrift entgegen, die eine Gutschrift auf jedem Konto bei „einem Kreditinstitut" iSd Abs. 3 erlaubt. Die Erfüllungswirkung tritt ein, wenn im Zusammenhang mit der Kontoführung durch Vereinbarungen zwischen der Vor-AG bzw. Gesellschaft und dem Kontoführer sichergestellt ist, dass letzterer nach Gutschrift nicht mehr auf den von ihm geleisteten gutgeschriebenen Betrag zugreifen kann.[63] Ist diese Voraussetzung erfüllt, können Risiken im Hinblick auf die reale Kapitalaufbringung allein aus der mangelnden Bonität des Kontoführers resultieren. Wollte man diesen Aspekt jedoch als relevant erachten, würde dies – entgegen der gesetzlichen Regelung des Abs. 3 – generell die schuldbefreiende Wirkung von Kontogutschriften in Frage stellen.[64]

15 **3. Empfangszuständigkeit.** Nach § 54 Abs. 3 S. 1 muss die Gutschrift auf einem Konto der Gesellschaft oder des Vorstands erfolgen. Forderungen des Vorstands aus diesen Einzahlungen gelten nach Abs. 3 S. 2 als solche der Gesellschaft. Die Gesellschaft besteht als solche vor ihrer Eintragung im Handelsregister nicht (vgl. § 41 Abs. 1 S. 1). Unter Gesellschaft iSd Abs. 3 ist im Zusammenhang

---

[51] AllgM, zB Hüffer/*Koch* Rn. 15.
[52] Vgl. Begr. RegE, BT-Drs. 13/7143, 32.
[53] Hüffer/*Koch* Rn. 15; Schmidt/Lutter/*Fleischer* Rn. 30.
[54] Vgl. MüKoAktG/*Bungeroth* Rn. 63; Spindler/Stilz/*Cahn/v. Spannenberg* Rn. 62; Schmidt/Lutter/*Fleischer* Rn. 30.
[55] Vgl. MüKoAktG/*Bungeroth* Rn. 63; Spindler/Stilz/*Cahn/v. Spannenberg* Rn. 62; Schmidt/Lutter/*Fleischer* Rn. 30.
[56] Hüffer/*Koch* Rn. 15; Spindler/Stilz/*Cahn/v. Spannenberg* Rn. 62.
[57] Hüffer/*Koch* Rn. 15; MüKoAktG/*Bungeroth* Rn. 63.
[58] AllgM, zB Hüffer/*Koch* Rn. 16.
[59] MüKoAktG/*Bungeroth* Rn. 67; Hüffer/*Koch* Rn. 16; Spindler/Stilz/*Cahn/v. Spannenberg* Rn. 56; Schmidt/Lutter/*Fleischer* Rn. 31.
[60] Hüffer/*Koch* Rn. 16; Spindler/Stilz/*Cahn/v. Spannenberg* Rn. 56; Schmidt/Lutter/*Fleischer* Rn. 31; aA MüKoAktG/*Bungeroth* Rn. 67.
[61] AllgM, zB Hüffer/*Koch* Rn. 17.
[62] So zB MüKoAktG/*Pentz* § 36 Rn. 69; abl. auch MüKoAktG/*Bungeroth* Rn. 66.
[63] Spindler/Stilz/*Cahn/v. Spannenberg* Rn. 72; Schmidt/Lutter/*Fleischer* Rn. 32; MHdB AG/*Rieckers* § 16 Rn. 5 f.
[64] Vgl. Hüffer/*Koch* Rn. 17.

mit der Erfüllung von Einlageverpflichtungen aus der Gründung die mit der Feststellung der Satzung entstehende (→ § 41 Rn. 6) Vor-AG zu verstehen.[65] Die Vor-AG ist (teil-)rechtsfähig und dabei insbesondere **kontofähig** (→ § 41 Rn. 9). Mit der Eintragung der Gesellschaft im Handelsregister gehen die Forderungen der Vor-AG gegen das kontoführende Kreditinstitut als Bestandteil des Gesellschaftsvermögens im Wege der Gesamtrechtsnachfolge ipso jure auf die Gesellschaft über (→ § 41 Rn. 12). Soweit das Gesetz von einer Gutschrift auf einem Konto des Vorstands spricht, ist damit nicht der Vorstand als – nicht kontofähiges – Organ oder als natürliche Person gemeint, sondern die Vor-AG als Inhaberin des Kontos.[66] Die Fiktion des Abs. 3 S. 2 erscheint vor diesem Hintergrund als unschädlich, aber überflüssig. Zahlungen auf ein Konto eines Gründers bzw. Aktionärs sind nicht ausreichend; dies gilt auch dann, wenn neben dem Kontoinhaber der Vorstand über das Konto verfügen darf.[67] Auch Gutschriften infolge von Einzahlungen auf Privatkonten von Vorstandsmitgliedern kommt keine Erfüllungswirkung zu.[68] Dies ist insbesondere bei Einpersonengründungen von Bedeutung, sofern der alleinige Gründer einziges Mitglied des Vorstands der Gesellschaft wird. Denn wenn der Vorstand als Kontoinhaber gleichzeitig Schuldner der Einlageleistung ist, kann nicht unterschieden werden, ob der Kontoinhaber bei Kontoabhebungen etc in seiner Eigenschaft als Vorstand der Gesellschaft über deren Guthaben oder als Privatperson nur über sein persönliches Guthaben verfügt.[69]

4. Zur endgültig freien Verfügung des Vorstands. Schließlich müssen Bargeld oder Buchgeld dem Vorstand zur endgültig freien Verfügung stehen. § 54 Abs. 3 S. 1 greift damit das bereits aus § 36 Abs. 2 bekannte Erfordernis auf. Diesem ist grundsätzlich genüge getan, wenn die Einlageleistung aus dem Vermögen des Einlageschuldners „ausgesondert“ und dem Vorstand so übergeben wurde, dass er nach eigenem Ermessen unter Berücksichtigung seiner Verantwortung für die Gesellschaft (§§ 76, 93 Abs. 1) darüber verfügen kann.[70] Zu den diesbezüglichen Anforderungen → § 36 Rn. 15 f. 16

V. Beweislast; Rechtsfolgen von Verstößen

Die **Beweislast** für die Erfüllung der Einlageverpflichtung trägt der Einlageschuldner, der sich auf die Erfüllung beruft.[71] **Verstöße** gegen **Abs. 1** führen zur **Nichtigkeit** der betreffenden Satzungsbestimmung bzw. des entsprechenden Beschlusses der Hauptversammlung und stellen ein Eintragungshindernis dar (vgl. § 38 Abs. 1 S. 2).[72] Erfolgt die Eintragung dennoch, wird der Mangel nicht geheilt. Das zu viel Gezahlte kann der Einlageschuldner nach §§ 812 ff. BGB zurückfordern.[73] **Verstöße** gegen **Abs. 3** führen dazu, dass der Leistung keine Erfüllungswirkung zukommt.[74] Die Einlageforderung der Gesellschaft besteht fort; dem Leistenden stehen Bereicherungsansprüche zu, mit denen jedoch nicht gegen den Einlageanspruch aufgerechnet werden kann (vgl. § 66 Abs. 1 S. 2).[75] 17

VI. Verjährung (Abs. 4)

Nach dem durch das Gesetz zur Anpassung von Verjährungsvorschriften an das Gesetz zur Modernisierung des Schuldrechts vom 9.12.2004 (BGBl. I S. 3214) angefügten **Abs. 4 S. 1** verjährt der Anspruch der Gesellschaft auf Leistung der Einlage in **zehn Jahren** von seiner Entstehung an. Diese Verjährungsregelung verdrängt die Regelverjährung von drei Jahren gemäß § 195 BGB mit subjektivem Beginn (vgl. § 199 Abs. 1) und folgt dem Vorbild des § 199 Abs. 4 BGB. Die Zehnjahresfrist berücksichtigt die Informations- und Einflussdefizite der Gläubiger der Gesellschaft.[76] Für bei Inkrafttreten der Regelung am 15.12.2004 noch nicht verjährte Ansprüche ist die Rückwirkungsregelung in Art. 229 § 12 Abs. 2 S. 2 EGBGB zu beachten.[77] Für den Beginn der Verjährung ist die **Entstehung** der Einlageforderung maßgeblich. Dies ist der Zeitpunkt, ab dem der Einlageanspruch 18

[65] MüKoAktG/*Bungeroth* Rn. 55; Hüffer/*Koch* Rn. 19.
[66] Vgl. Schmidt/Lutter/*Fleischer* Rn. 33; Hüffer/*Koch* Rn. 19.
[67] Vgl. BGH NJW 2001, 1647 (1648) zur GmbH; Hüffer/*Koch* Rn. 19; Spindler/Stilz/*Cahn/v. Spannenberg* Rn. 69; Schmidt/Lutter/*Fleischer* Rn. 33.
[68] Spindler/Stilz/*Cahn/v. Spannenberg* Rn. 69; Schmidt/Lutter/*Fleischer* Rn. 33.
[69] Vgl. DNotI-Report 2006, 53 (54).
[70] Vgl. Hüffer/*Koch* Rn. 18.
[71] Hüffer/*Koch* Rn. 20.
[72] Hüffer/*Koch* Rn. 20; Schmidt/Lutter/*Fleischer* Rn. 14.
[73] Schmidt/Lutter/*Fleischer* Rn. 35; Hüffer/*Koch* Rn. 20.
[74] Vgl. Schmidt/Lutter/*Fleischer* Rn. 27, 35; Hüffer/*Koch* Rn. 20.
[75] Vgl. Schmidt/Lutter/*Fleischer* Rn. 27, 35.
[76] Schmidt/Lutter/*Fleischer* Rn. 36.
[77] Schmidt/Lutter/*Fleischer* Rn. 36; vgl. Spindler/Stilz/*Cahn/v. Spannenberg* Rn. 85.

gerichtlich durch Leistungs- oder Feststellungsklage geltend gemacht werden kann, also fällig ist.[78] Der Einlageanspruch ist mit der Aufforderung der Aktionäre zur Leistung durch den Vorstand fällig (vgl. § 63 Abs. 1 S. 1; → § 63 Rn. 2).[79] **Abs. 4 S. 2** begründet für den Fall der Insolvenz der Gesellschaft im Interesse der Insolvenzgläubiger eine **gesetzliche Ablaufhemmung.**[80] Danach tritt die Verjährung nicht vor Ablauf von sechs Monaten ab dem Zeitpunkt der Eröffnung des Insolvenzverfahrens ein. Dadurch erhält der Insolvenzverwalter die Möglichkeit, Ansprüche gegen Aktionäre zu prüfen und Klage zu erheben oder andere verjährungshemmende Maßnahmen zu ergreifen.[81]

§ 55 Nebenverpflichtungen der Aktionäre

(1) [1]Ist die Übertragung der Aktien an die Zustimmung der Gesellschaft gebunden, so kann die Satzung Aktionären die Verpflichtung auferlegen, neben den Einlagen auf das Grundkapital wiederkehrende, nicht in Geld bestehende Leistungen zu erbringen. [2]Dabei hat sie zu bestimmen, ob die Leistungen entgeltlich oder unentgeltlich zu erbringen sind. [3]Die Verpflichtung und der Umfang der Leistungen sind in den Aktien und Zwischenscheinen anzugeben.

(2) Die Satzung kann Vertragsstrafen für den Fall festsetzen, daß die Verpflichtung nicht oder nicht gehörig erfüllt wird.

I. Allgemeines

1 **1. Regelungsgegenstand.** Nach § 55 können Aktionären in der Satzung mitgliedschaftliche Nebenleistungspflichten auferlegt werden. Abs. 1 regelt die Zulässigkeitsvoraussetzungen der Begründung solcher Nebenleistungspflichten und die Anforderungen an deren inhaltliche Ausgestaltung. Abs. 2 erlaubt die statutarische Festsetzung von Vertragsstrafen zur Durchsetzung der Nebenleistungspflichten.

2 **2. Normzweck.** § 55 begründet die einzige Ausnahme zu § 54 Abs. 1, der die mitgliedschaftliche Leistungspflicht grundsätzlich auf die Erbringung der versprochenen Einlage beschränkt.[1] Anlass der Einführung der Vorgängervorschrift in § 212 HGB 1897 waren die wirtschaftlichen Bedürfnisse der Rübenzuckerindustrie für eine Nebenleistungs-Aktiengesellschaft als typischer Fall einer **Aktiengesellschaft mit Genossenschaftszwecken**[2] (Begründung einer Lieferpflicht für Rübenanbauer ohne das bei einer Genossenschaft bestehende Austrittsrecht).[3]

II. Begründung von Nebenleistungsverpflichtungen (Abs. 1)

3 **1. Grundlagen.** Nebenleistungsverpflichtungen iSd § 55 sind zusätzliche Verpflichtungen zu der Erfüllung der Einlagepflicht als Hauptpflicht. Sie sind **gesellschaftsrechtlicher** und nicht schuldrechtlicher Natur.[4] Sie beruhen auf der Mitgliedschaft und treffen damit den Aktionär als solchen.[5] Eine selbständige Anfechtung einer Nebenleistungspflicht ist ausgeschlossen, da sie eine einseitige Veränderung des ansonsten fortbestehenden Mitgliedschaftsrechts bewirken würde.[6] Eine Nebenleistungspflicht iSd § 55 kann nur **neben,** nicht an Stelle der Einlagepflicht nach § 54 Abs. 1 begründet werden,[7] denn Leistungen aufgrund von Nebenverpflichtungen iSd § 55 werden nicht auf das Grundkapital erbracht und unterliegen folglich nicht den aktienrechtlichen Kapitalaufbringungs- und -erhaltungsregelungen.[8] Eine Nebenleistungspflicht iSd § 55 muss nicht allen Aktionären auferlegt

---

[78] Vgl. Spindler/Stilz/*Cahn/v. Spannenberg* Rn. 83; Hüffer/*Koch* Rn. 21.

[79] MüKoAktG/*Bungeroth* Rn. 88; Schmidt/Lutter/*Fleischer* Rn. 36; ähnlich Hüffer/*Koch* § 36a Rn. 2; vgl. Spindler/Stilz/*Cahn/v. Spannenberg* Rn. 83, die eine Aufforderung durch den Vorstand nicht für erforderlich halten, wenn die Gründer bei Gründung in der Satzung die sofortige Fälligkeit vorgesehen haben.

[80] Hüffer/*Koch* Rn. 21; Schmidt/Lutter/*Fleischer* Rn. 37; Spindler/Stilz/*Cahn/v. Spannenberg* Rn. 89.

[81] Vgl. Hüffer/*Koch* Rn. 21; Schmidt/Lutter/*Fleischer* Rn. 37; Spindler/Stilz/*Cahn/v. Spannenberg* Rn. 89.

[1] Hüffer/*Koch* Rn. 1; Spindler/Stilz/*Cahn/v. Spannenberg* Rn. 1.

[2] Schmidt/Lutter/*Fleischer* Rn. 2 f.; vgl. *Bayer/Hoffmann* AG 2009, R 395.

[3] Hüffer/*Koch* Rn. 1.

[4] Vgl. Schmidt/Lutter/*Fleischer* Rn. 23 f.; Hüffer/*Koch* Rn. 3.

[5] RGZ 136, 313 (315); MüKoAktG/*Bungeroth* Rn. 20; KK-AktG/*Drygala* Rn. 24; vgl. MHdB AG/*Rieckers* § 16 Rn. 55.

[6] MüKoAktG/*Bungeroth* Rn. 47; Hüffer/*Koch* Rn. 3; aA KK-AktG/*Drygala* Rn. 31: Anfechtung mit Wirkung ex nunc möglich.

[7] Schmidt/Lutter/*Fleischer* Rn. 10; KK-AktG/*Drygala* Rn. 7.

[8] Schmidt/Lutter/*Fleischer* Rn. 10; KK-AktG/*Drygala* Rn. 7.

werden.[9] Gestaltet die Gesellschaft nur einen Teil der Aktien als solche mit Nebenleistungspflichten, bilden diese eine besondere Gattung iSd § 11.[10]

2. Charakteristika. Gegenstand einer Nebenleistungsverpflichtung iSd § 55 können nur wiederkehrende Leistungen sein, die nicht in Geld bestehen. Der Begriff der **Leistung** ist iSd § 241 BGB zu verstehen und umfasst grundsätzlich Handlungen und Unterlassungen beliebiger Art, ohne dass ein besonderer Vermögenswert erforderlich ist.[11] **Wiederkehrend** sind Leistungen, die weder lediglich einmalig (zB Einbringung eines bestimmten Grundstücks in die Gesellschaft) noch dauerhaft (zB Wettbewerbsverbot) sind.[12] Die Nebenleistung darf weder unmittelbar noch mittelbar in **Geld** bestehen.[13] Dieses **Verbot** dient dem Schutz vor Umgehung der Einlagevorschriften.[14] Unzulässig sind demnach auch Leistungen in Form anderer Zahlungsmittel als Geld (zB Wechsel, Scheck) oder die Verpflichtung zur Übernahme von Bürgschaften, Garantien oder sonstigen Sicherheiten.[15] Auch die Pflicht zur entgeltlichen Warenabnahme darf dem Aktionär nicht nach § 55 Abs. 1 auferlegt werden; etwas anderes gilt nur dann, wenn diese Pflicht als untergeordnete Nebenpflicht zu qualifizieren ist.[16] Nebenleistungen iSd § 55 können **entgeltlich** oder **unentgeltlich** sein; auch Mischformen sind zulässig.[17] Mit einer entgeltlichen Nebenleistungspflicht korrespondiert auch ohne ausdrückliche Satzungsbestimmung ein Nebenleistungsrecht (Abnahmerecht) des verpflichteten Aktionärs.[18] 4

3. Voraussetzungen. Voraussetzung für die wirksame Begründung einer Nebenleistungspflicht iSd § 55 ist, dass die betreffende Aktie nur mit Zustimmung der Gesellschaft übertragen werden kann (vgl. Abs. 1 S. 1 Hs. 1). Folglich können nur **vinkulierte Namensaktien** (vgl. § 68 Abs. 2 S. 1) mit Nebenleistungspflichten iSd § 55 versehen werden.[19] Die Einschränkung dient dazu, der Gesellschaft die Möglichkeit der Einflussnahme auf die Person ihres Schuldners zu verschaffen.[20] Weiterhin ist erforderlich, dass die Nebenleistung in der **Satzung** festgelegt wird (vgl. Abs. 1 S. 1 Hs. 2),[21] womit der mitgliedschaftliche Charakter der Nebenleistungspflicht zum Ausdruck kommt.[22] Nicht erforderlich ist, dass die Satzung die Nebenverpflichtung in allen Einzelheiten regelt. Vielmehr ist es ausreichend, wenn sie einen nach **Art, Inhalt und Umfang** vorgezeichneten Rahmen vorgibt, der dann nach billigem Ermessen durch Vorstand, Aufsichtsrat oder auch durch außen stehende Dritte ausgefüllt wird.[23] In der Satzung muss ferner festgelegt werden, ob die Nebenleistung **entgeltlich** oder **unentgeltlich** zu erbringen ist (Abs. 1 S. 2). Dies dient dem Schutz künftiger Aktionäre.[24] Auch die Höhe der Vergütung kann, muss aber nicht in der Satzung bestimmt werden.[25] Die Zahlung des Entgelts ist ohne Rücksicht auf den Bilanzgewinn zulässig (vgl. § 61).[26] Zu Einzelheiten im Zusammenhang mit der Zahlung des Entgelts → § 61 Rn. 4 ff. Nachträglich können Nebenleistungspflichten iSd § 55 nur durch Satzungsänderung eingeführt oder verschärft werden; sämtliche diesbezüglichen Regelungen bedürfen der Zustimmung der hiervon betroffenen Aktionäre (vgl. § 180 Abs. 1).[27] 5

III. Angaben in Aktien und Zwischenscheinen (Abs. 1 S. 3)

Die Nebenverpflichtung und der Umfang der Leistungen sind in den Aktien und Zwischenscheinen (vgl. § 8 Abs. 6) anzugeben. Die Pflicht zur Kundgabe umfasst jedoch weder die Entgeltlichkeit noch die Unentgeltlichkeit der Nebenleistung. Die Aufnahme der nach Abs. 1 S. 3 erforderlichen Angaben auf die Aktien und Zwischenscheine ist **nicht** Voraussetzung für die Wirksamkeit der 6

[9] MüKoAktG/*Bungeroth* Rn. 13; Schmidt/Lutter/*Fleischer* Rn. 15.
[10] MüKoAktG/*Bungeroth* Rn. 13; Schmidt/Lutter/*Fleischer* Rn. 15; MHdB AG/*Rieckers* § 16 Rn. 53.
[11] Heute allgM, zB MüKoAktG/*Bungeroth* Rn. 14, 17; Hüffer/*Koch* Rn. 3; aA wohl noch RGZ 49, 77 (78).
[12] Spindler/Stilz/*Cahn*/*v. Spannenberg* Rn. 6; Schmidt/Lutter/*Fleischer* Rn. 13.
[13] Hüffer/*Koch* Rn. 4; MHdB AG/*Rieckers* § 16 Rn. 54.
[14] Hüffer/*Koch* Rn. 4; Schmidt/Lutter/*Fleischer* Rn. 14.
[15] MüKoAktG/*Bungeroth* Rn. 15.
[16] Hüffer/*Koch* Rn. 4; MüKoAktG/*Bungeroth* Rn. 15; Spindler/Stilz/*Cahn*/*v. Spannenberg* Rn. 9.
[17] Hüffer/*Koch* Rn. 5; Schmidt/Lutter/*Fleischer* Rn. 18.
[18] Hüffer/*Koch* Rn. 8; Schmidt/Lutter/*Fleischer* Rn. 16; KK-AktG/*Drygala* Rn. 65; aA MüKoAktG/*Bungeroth* Rn. 23.
[19] Hüffer/*Koch* Rn. 2; *Bayer*/*Hoffmann* AG 2009, R 395, R 396.
[20] Hüffer/*Koch* Rn. 2; Schmidt/Lutter/*Fleischer* Rn. 7.
[21] RGZ 83, 216 (218); Hüffer/*Koch* Rn. 2.
[22] Hüffer/*Koch* Rn. 2.
[23] MüKoAktG/*Bungeroth* Rn. 5; Schmidt/Lutter/*Fleischer* Rn. 8; Spindler/Stilz/*Cahn*/*v. Spannenberg* Rn. 18 f.
[24] Begr. RegE *Kropff* Textausgabe, 1965, 72.
[25] MüKoAktG/*Bungeroth* Rn. 7; Schmidt/Lutter/*Fleischer* Rn. 18.
[26] Hüffer/*Koch* Rn. 5.
[27] Schmidt/Lutter/*Fleischer* Rn. 9.

Urkunden und die Begründung der Nebenleistungspflichten.[28] Sie besteht ferner nur dann, wenn die Mitgliedschaften tatsächlich verbrieft sind.[29]

IV. Leistungsstörungen und Sicherstellung der Nebenleistungspflicht

7 Bei Nichterfüllung sowie verspäteter oder mangelhafter Erfüllung gilt trotz des mitgliedschaftlichen Charakters der Nebenleistungspflichten das Leistungsstörungsrecht des BGB (zB §§ 275 ff., 323 ff. BGB, ggf. §§ 437 ff. BGB).[30] Die Rechtsfolgen beschränken sich aber grundsätzlich auf die betreffende **Einzelleistung** und treffen **nicht** die **Stammverpflichtung** aus der Aktie.[31] Wie ausdrücklich in § 55 Abs. 2 geregelt kann die ordnungsgemäße Erfüllung von Nebenleistungspflichten durch **Vertragsstrafe** gesichert werden. Anders als die Nebenleistung selbst darf sie in Geld bestehen.[32] Voraussetzung und Höhe der Vertragsstrafe müssen in der Satzung geregelt werden.[33] Die Verletzung einer Nebenleistungspflicht führt nicht zur Kaduzierung der Mitgliedschaft (§ 64), da diese eine Verletzung der Einlagepflicht voraussetzt (→ § 64 Rn. 3 ff.). Möglich bleibt aber die satzungsmäßige Anordnung der Zwangseinziehung nach § 237 für den Fall der unterbliebenen oder nicht gehörigen Erfüllung der Nebenleistungspflichten.[34] Die Gesellschaft kann darüber hinaus ihre bei einer Anteilsveräußerung erforderliche Zustimmung (vgl. § 68 Abs. 2 S. 1) davon abhängig machen, dass der Veräußerer Sicherheiten für die Erfüllung der Nebenleistungsverpflichtung durch den Erwerber erbringt oder dass der Erwerber rückständige Leistungen des Veräußerers übernimmt.[35]

V. Übergang der Nebenleistungspflicht

8 Eine Nebenleistungspflicht iSd § 55 geht als Bestandteil der **Mitgliedschaft** ohne weiteres mit deren **Übertragung** auf den Erwerber der Aktie über.[36] Der Veräußernde wird von seiner Leistungspflicht frei, soweit die Nebenleistung bei Übergang der Mitgliedschaft nicht bereits fällig war.[37] Da Mitgliedschaft und Nebenleistung untrennbar miteinander verbunden sind, kann der Übergang der Nebenleistungspflicht nicht einmal mit Zustimmung der Gesellschaft ausgeschlossen werden.[38] Die Gesellschaft kann dementsprechend ihre Rechte aus der Nebenleistungsverpflichtung als solcher (sog. „Stammrecht") nicht abtreten (§ 399 BGB);[39] eine Abtretung ist auch mit Zustimmung des Aktionärs nicht wirksam.[40] Ist die Nebenverpflichtung entgegen § 55 Abs. 1 S. 3 gar nicht, unvollständig oder unzutreffend auf der Aktie oder dem Zwischenschein angegeben, geht die Nebenleistungspflicht bei der Übertragung der Mitgliedschaft auf einen gutgläubigen Erwerber nicht bzw. nur in dem Umfang über, in dem sie sich aus der Urkunde ergibt (sog. **gutgläubig lastenfreier Erwerb**).[41]

VI. Beendigung der Nebenleistungspflicht

9 Die Nebenleistungspflicht endet für den bisherigen Inhaber der Mitgliedschaft mit deren **Übertragung.**[42] Ist eine Nebenleistungspflicht befristet oder auflösend bedingt, endet sie zudem mit Fristablauf oder Eintritt der Bedingung.[43] Nebenleistungspflichten iSd § 55 können zudem durch **Satzungsänderung** aufgehoben werden;[44] ggf. sind § 180 Abs. 1 (bei Bestehen eines mit der Verpflichtung korrespondierenden Nebenleistungsrechts; → Rn. 4) und bzw. oder § 179 Abs. 3 (bei

---

28 MHdB AG/*Rieckers* § 16 Rn. 53; Spindler/Stilz/*Cahn/v. Spannenberg* Rn. 53.
29 Spindler/Stilz/*Cahn/v. Spannenberg* Rn. 23.
30 MüKoAktG/*Bungeroth* Rn. 24 ff.; Spindler/Stilz/*Cahn/v. Spannenberg* Rn. 37 ff.; Schmidt/Lutter/*Fleischer* Rn. 20.
31 Hüffer/*Koch* Rn. 6; Schmidt/Lutter/*Fleischer* Rn. 20.
32 Hüffer/*Koch* Rn. 6; MüKoAktG/*Bungeroth* Rn. 27.
33 MüKoAktG/*Bungeroth* Rn. 28; Schmidt/Lutter/*Fleischer* Rn. 21; Spindler/Stilz/*Cahn/v. Spannenberg* Rn. 40.
34 MüKoAktG/*Bungeroth* Rn. 29; Spindler/Stilz/*Cahn/v. Spannenberg* Rn. 40; Schmidt/Lutter/*Fleischer* Rn. 22.
35 MüKoAktG/*Bungeroth* Rn. 30; Schmidt/Lutter/*Fleischer* Rn. 22.
36 AllgM, zB Hüffer/*Koch* Rn. 7.
37 MüKoAktG/*Bungeroth* Rn. 21; Hüffer/*Koch* Rn. 7.
38 MüKoAktG/*Bungeroth* Rn. 20; Schmidt/Lutter/*Fleischer* Rn. 25.
39 AllgM, zB Hüffer/*Koch* Rn. 7; RGZ 136, 313 (315).
40 MüKoAktG/*Bungeroth* Rn. 20; aA Hüffer/*Koch* Rn. 7; KK-AktG/*Drygala* Rn. 56.
41 MüKoAktG/*Bungeroth* Rn. 42; Hüffer/*Koch* Rn. 10; Schmidt/Lutter/*Fleischer* Rn. 26; MHdB AG/*Rieckers* § 16 Rn. 55.
42 AllgM, zB Hüffer/*Koch* Rn. 7.
43 Spindler/Stilz/*Cahn/v. Spannenberg* Rn. 41; Schmidt/Lutter/*Fleischer* Rn. 27.
44 MüKoAktG/*Bungeroth* Rn. 33; Schmidt/Lutter/*Fleischer* Rn. 28.

mehreren Aktiengattungen) zu beachten.[45] Wird durch Satzungsänderung die Vinkulierung aufgehoben, entfällt damit automatisch die Nebenleistungsverpflichtung.[46] Eine ordentliche Kündigung der Nebenleistungspflicht kommt nur in Betracht, wenn sie in der Satzung vorgesehen ist; eine Kündigung aus wichtigem Grund ist unabhängig davon möglich.[47] Die **Auflösung** der Gesellschaft (§ 262) lässt eine Nebenleistungspflicht grundsätzlich entfallen; etwas anderes gilt nur dann, wenn sie sich ausnahmsweise auch im Abwicklungsstadium als erforderlich erweist (vgl. § 268 Abs. 1 S. 2).[48] Dasselbe gilt bei einer **Insolvenz** der Gesellschaft.[49] Dagegen lässt eine **Umwandlung** der Gesellschaft durch Formwechsel, Verschmelzung, Spaltung oder Vermögensübertragung vorbehaltlich anders lautender Satzungsregel die Nebenverpflichtung unberührt; die Gläubigerstellung geht auf den neuen Rechtsträger über.[50]

VII. Rechtsfolgen von Verstößen

Nebenverpflichtungen, die den Anforderungen des § 55 Abs. 1 S. 1 und 2 nicht entsprechen, sind 10 **unwirksam.** Das gilt sowohl, wenn der Mangel in einer fehlenden oder unzureichenden Festsetzung in der Satzung besteht, als auch, wenn die Voraussetzungen für die erfolgte Festsetzung nicht gegeben sind.[51] Dagegen haben Verstöße gegen die Kundgabepflicht nach Abs. 1 S. 3 grundsätzlich keinen Einfluss auf die Nebenleistungspflicht (→ Rn. 6). Der erste Aktieninhaber ist zur Leistungserbringung verpflichtet; ein gutgläubiger Zweiterwerber kann hingegen gutgläubig lastenfrei erwerben (→ Rn. 8).

§ 56 Keine Zeichnung eigener Aktien; Aktienübernahme für Rechnung der Gesellschaft oder durch ein abhängiges oder in Mehrheitsbesitz stehendes Unternehmen

(1) Die Gesellschaft darf keine eigenen Aktien zeichnen.

(2) [1]Ein abhängiges Unternehmen darf keine Aktien der herrschenden Gesellschaft, ein in Mehrheitsbesitz stehendes Unternehmen keine Aktien der an ihm mit Mehrheit beteiligten Gesellschaft als Gründer oder Zeichner oder in Ausübung eines bei einer bedingten Kapitalerhöhung eingeräumten Umtausch- oder Bezugsrechts übernehmen. [2]Ein Verstoß gegen diese Vorschrift macht die Übernahme nicht unwirksam.

(3) [1]Wer als Gründer oder Zeichner oder in Ausübung eines bei einer bedingten Kapitalerhöhung eingeräumten Umtausch- oder Bezugsrechts eine Aktie für Rechnung der Gesellschaft oder eines abhängigen oder in Mehrheitsbesitz stehenden Unternehmens übernommen hat, kann sich nicht darauf berufen, daß er die Aktie nicht für eigene Rechnung übernommen hat. [2]Er haftet ohne Rücksicht auf Vereinbarungen mit der Gesellschaft oder dem abhängigen oder in Mehrheitsbesitz stehenden Unternehmen auf die volle Einlage. [3]Bevor er die Aktie für eigene Rechnung übernommen hat, stehen ihm keine Rechte aus der Aktie zu.

(4) [1]Werden bei einer Kapitalerhöhung Aktien unter Verletzung der Absätze 1 oder 2 gezeichnet, so haftet auch jedes Vorstandsmitglied der Gesellschaft auf die volle Einlage. [2]Dies gilt nicht, wenn das Vorstandsmitglied beweist, daß es kein Verschulden trifft.

Übersicht

[45] Vgl. Schmidt/Lutter/*Fleischer* Rn. 28; vgl. Hüffer/*Koch* Rn. 8.
[46] MüKoAktG/*Bungeroth* Rn. 35; Schmidt/Lutter/*Fleischer* Rn. 29.
[47] Hüffer/*Koch* Rn. 9; Schmidt/Lutter/*Fleischer* Rn. 32 f.
[48] Vgl. Schmidt/Lutter/*Fleischer* Rn. 34; Hüffer/*Koch* Rn. 8.
[49] MüKoAktG/*Bungeroth* Rn. 38; Hüffer/*Koch* Rn. 8.
[50] Hüffer/*Koch* Rn. 9; Schmidt/Lutter/*Fleischer* Rn. 34.
[51] Hüffer/*Koch* Rn. 10; MüKoAktG/*Bungeroth* Rn. 11; Schmidt/Lutter/*Fleischer* Rn. 37.

I. Allgemeines

1 **1. Regelungsgegenstand.** § 56 verbietet die Zeichnung eigener Aktien durch die Gesellschaft und sichert dieses Verbot gegen nahe liegende Umgehungsgeschäfte ab.[1] Abs. 1 enthält ein ausdrückliches Verbot für die Gesellschaft zur Zeichnung eigener Aktien. Abs. 2 dehnt dieses Verbot auf die Übernahme von Aktien durch ein abhängiges oder ein in Mehrheitsbesitz stehendes Unternehmen aus. Abs. 3 regelt die Rechtsfolgen einer Aktienübernahme für Rechnung der Gesellschaft oder eines abhängigen bzw. eines in Mehrheitsbesitz stehenden Unternehmens. Abs. 4 flankiert die Verbotstatbestände der Abs. 1 und 2 durch eine verschuldensabhängige Haftung der Mitglieder des Vorstands.

2 **2. Normzweck.** Das Verbot der Zeichnung eigener Aktien dient der Sicherung der **realen Kapitalaufbringung.**[2] Darüber hinaus richtet es sich gegen sog. **„Vorrats- oder Verwertungsaktien“,** die nach dem Ersten Weltkrieg entstanden und in der Folgezeit zu Stimmrechtsmanipulationen missbraucht wurden.[3]

3 **3. Systematik und Unionsrecht.** § 56 betrifft ausschließlich den **originären** (ursprünglichen) Erwerb eigener Aktien durch die Gesellschaft.[4] Statthaftigkeit und Grenzen des derivativen (abgeleiteten) Erwerbs regeln die §§ 71 ff. § 56 beruht in erheblichem Umfang auf europäischem Unionsrecht und setzt die Vorgaben des Art. 18 RL 77/91/EWG (Kapital-RL) in deutsches Recht um.

II. Verbot der Zeichnung eigener Aktien (Abs. 1)

4 **1. Verbotstatbestand.** § 56 Abs. 1 untersagt der Gesellschaft die Zeichnung eigener Aktien. Der Begriff der Zeichnung ist **weit** zu verstehen.[5] Erfasst wird jede **rechtsgeschäftliche Erklärung,** die auf den **originären Erwerb** von Aktien gerichtet ist. Hierzu zählt zum einen die Zeichnung eigener Aktien im Rahmen der Gründung. Insoweit hat das Verbot jedoch nur theoretische Bedeutung, weil die Gesellschaft zum Zeitpunkt der Gründung noch nicht existiert und daher weder eine Gründungs- noch eine Übernahmeerklärung abgeben kann.[6] Von Bedeutung ist das Verbot daher allein für den Erwerb von eigenen Aktien im Rahmen einer **Kapitalerhöhung.** Es erfasst sowohl die Zeichnung neuer Aktien bei einer Kapitalerhöhung gegen Einlagen (vgl. § 185) und bei der Ausübung eines genehmigten Kapitals (vgl. § 203 Abs. 1 S. 1 iVm § 185) als auch die Bezugserklärung im Rahmen einer bedingten Kapitalerhöhung (vgl. § 198 Abs. 1 S. 1).[7] Nicht verboten ist dagegen der Erwerb eigener Aktien bei einer Kapitalerhöhung aus Gesellschaftsmitteln (vgl. § 215 Abs. 1); denn diese stellt keine Kapitalbeschaffungsmaßnahme dar, so dass die reale Kapitalaufbringung nicht gefährdet wird.[8]

5 **2. Rechtsfolgen eines Verstoßes.** Ein Verstoß gegen § 56 Abs. 1 macht die Zeichnungs- oder Bezugserklärung nach § 134 BGB **nichtig.**[9] Die Durchführung der Kapitalerhöhung darf daher nicht zum Handelsregister angemeldet werden; eine gleichwohl angemeldete Durchführung darf vom Registergericht nicht eingetragen werden.[10] Vorstehendes gilt auch für die lediglich deklaratorische Eintragung von Bezugsaktien (vgl. § 201).[11] Wird die Kapitalerhöhung dennoch eingetragen, führt

---

[1] Vgl. Hüffer/*Koch* Rn. 1.
[2] AllgM, zB Hüffer/*Koch* Rn. 1; MHdB AG/*Rieckers* § 15 Rn. 1.
[3] Schmidt/Lutter/*Fleischer* Rn. 1; MüKoAktG/*Bungeroth* Rn. 3.
[4] Spindler/Stilz/*Cahn/v. Spannenberg* Rn. 6; Schmidt/Lutter/*Fleischer* Rn. 3.
[5] AllgM, zB Hüffer/*Koch* Rn. 3; Schmidt/Lutter/*Fleischer* Rn. 3, 8; MHdB AG/*Rieckers* § 15 Rn. 2.
[6] Vgl. Schmidt/Lutter/*Fleischer* Rn. 8; MüKoAktG/*Bungeroth* Rn. 8.
[7] AllgM, zB Hüffer/*Koch* Rn. 3; Spindler/Stilz/*Cahn/v. Spannenberg* Rn. 11.
[8] MüKoAktG/*Bungeroth* Rn. 10; Schmidt/Lutter/*Fleischer* Rn. 8; KK-AktG/*Drygala* Rn. 7.
[9] Hüffer/*Koch* Rn. 4; Schmidt/Lutter/*Fleischer* Rn. 9; MHdB AG/*Rieckers* § 15 Rn. 3.
[10] MüKoAktG/*Bungeroth* Rn. 11; Hüffer/*Koch* Rn. 4.
[11] Hüffer/*Koch* Rn. 4; Schmidt/Lutter/*Fleischer* Rn. 9; vgl. MüKoAktG/*Bungeroth* Rn. 11.

dies zur **Heilung** der nichtigen Zeichnungs- bzw. Bezugserklärungen.[12] Auch wenn die §§ 185 ff. eine Heilung nicht vorsehen, wird für die Begründung der Heilung auf § 56 Abs. 4 S. 1 verwiesen, der in seiner ersten Alternative (Bezugnahme auf Abs. 1) mit der Anordnung der Haftung der Vorstandsmitglieder auf die volle Einlage unausgesprochen eine Heilung der Zeichnungs- und Bezugserklärung voraussetzt.[13] Eine Heilung führt dazu, dass die Aktien rechtsgültig entstehen und der Gesellschaft als eigene Aktien zustehen. Eine ausdrückliche gesetzliche Regelung über den Umgang mit diesen Aktien fehlt. Aufgrund der vergleichbaren Interessenlage wie beim derivativen Erwerb eigener Aktien wird zutreffend überwiegend davon ausgegangen, dass die § 71b (→ § 71b Rn. 2), § 71c (→ § 71c Rn. 2) entsprechend anzuwenden sind.[14] Aus diesen verbotswidrig erworbenen Aktien stehen der Gesellschaft daher keine Mitgliedschaftsrechte zu; sie sind binnen Jahresfrist zu veräußern.[15] Gelingt letzteres nicht, sind die Aktien nach § 237 einzuziehen.[16]

III. Übernahmeverbot für abhängige oder in Mehrheitsbesitz stehende Unternehmen (Abs. 2)

1. Verbotstatbestand. § 56 Abs. 2 S. 1 verbietet zum Schutz vor einer Umgehung des Verbots des Abs. 1 bestimmte Formen der „mittelbaren Selbstzeichnung".[17] 6

a) Verbotsadressaten. Das Verbot des § 56 Abs. 2 S. 1 richtet sich an abhängige und an in Mehrheitsbesitz stehende Unternehmen. Der Unternehmensbegriff ist in Übereinstimmung mit den konzernrechtlichen Regelungen rechtsformneutral auszulegen.[18] Das Tatbestandsmerkmal des Mehrheitsbesitzes bemisst sich nach § 16, das der Abhängigkeit nach § 17.[19] Ein Abhängigkeitsverhältnis kann auch auf einem Beherrschungs- und Gewinnabführungsvertrag iSd § 291 beruhen.[20] Sofern die herrschende Gesellschaft nicht an der vertragsabhängigen Gesellschaft beteiligt ist, ist das Verbot des § 56 Abs. 2 S. 1 zwar nicht unter dem Gesichtspunkt der realen Kapitalaufbringung, aber zur Vermeidung von Stimmrechtsmanipulationen gerechtfertigt.[21] Soweit Unternehmensbeteiligungen nicht die Voraussetzungen der §§ 16, 17 erfüllen, findet § 56 Abs. 2 S. 1 nach seinem eindeutigen Wortlaut keine Anwendung. Damit verbundene Risiken für den Grundsatz der realen Kapitalaufbringung sind als bewusste gesetzgeberische Entscheidung hinzunehmen.[22] Einen gewissen Mindestschutz können in solchen Fällen die §§ 19 ff., 328 verschaffen, sofern wechselseitig der Schwellenwert von 25% überstiegen wird.[23] § 56 Abs. 2 S. 1 kommt ferner weder bei der Aktienübernahme unter Beteiligung gleichgeordneter Konzernunternehmen[24] noch in dem Fall zur Anwendung, dass das herrschende oder mit Mehrheit beteiligte Unternehmen Aktien seiner Tochter-Gesellschaft übernimmt.[25] 7

b) Verbotene Erwerbsarten. § 56 Abs. 2 S. 1 verbietet dem Verbotsadressaten (→ Rn. 7) die Übernahme von Aktien „als Gründer oder Zeichner oder in Ausübung eines bei einer bedingten Kapitalerhöhung eingeräumten Umtausch- oder Bezugsrechts". Da ein Unternehmen im Grundsatz – als Ausnahmen werden der Formwechsel einer herrschenden Personengesellschaft in eine Aktiengesellschaft[26] oder die Einbringung einer mehrheitlichen Unternehmensbeteiligung als Sacheinlage in die zu gründende Aktiengesellschaft[27] genannt – von einer noch nicht existierenden Gesellschaft weder abhängig noch in deren Mehrheitsbesitz stehen kann, scheidet der Gründungsfall regelmäßig aus.[28] Der Anwendungsbereich des § 56 Abs. 2 S. 1 beschränkt sich daher in der Praxis 8

[12] MüKoAktG/*Bungeroth* Rn. 14 ff.; Hüffer/*Koch* Rn. 5; MHdB AG/*Rieckers* § 15 Rn. 3.

[13] Vgl. MüKoAktG/*Bungeroth* Rn. 20 ff.; Schmidt/Lutter/*Fleischer* Rn. 10; zweifelnd Hüffer/*Koch* Rn. 5.

[14] Hüffer/*Koch* Rn. 6; Schmidt/Lutter/*Fleischer* Rn. 11; vgl. Spindler/Stilz/*Cahn/v. Spannenberg* Rn. 17 f.; MüKoAktG/*Bungeroth* Rn. 17 f.; MHdB AG/*Rieckers* § 15 Rn. 3: § 71b unmittelbar, § 71c analog anwendbar.

[15] Hüffer/*Koch* Rn. 6; Spindler/Stilz/*Cahn/v. Spannenberg* Rn. 17 f.

[16] MüKoAktG/*Bungeroth* Rn. 17 f.; MHdB AG/*Rieckers* § 15 Rn. 3; Spindler/Stilz/*Cahn/v. Spannenberg* Rn. 18.

[17] Schmidt/Lutter/*Fleischer* Rn. 12.

[18] Schmidt/Lutter/*Fleischer* Rn. 13; Hüffer/*Koch* Rn. 7.

[19] Schmidt/Lutter/*Fleischer* Rn. 13; Hüffer/*Koch* Rn. 7.

[20] MüKoAktG/*Bungeroth* Rn. 29; GroßkommAktG/*Henze* Rn. 25; zweifelnd KK-AktG/*Drygala* Rn. 18; Spindler/Stilz/*Cahn/v. Spannenberg* Rn. 27.

[21] MüKoAktG/*Bungeroth* Rn. 28; Schmidt/Lutter/*Fleischer* Rn. 13.

[22] Schmidt/Lutter/*Fleischer* Rn. 14; Hüffer/*Koch* Rn. 7.

[23] Vgl. MüKoAktG/*Bungeroth* Rn. 31.

[24] Schmidt/Lutter/*Fleischer* Rn. 15; MüKoAktG/*Bungeroth* Rn. 30.

[25] Hüffer/*Koch* Rn. 8; Schmidt/Lutter/*Fleischer* Rn. 15; MüKoAktG/*Bungeroth* Rn. 30.

[26] Vgl. GroßkommAktG/*Henze* Rn. 32; KK-AktG/*Drygala* Rn. 25.

[27] MüKoAktG/*Bungeroth* Rn. 33; Spindler/Stilz/*Cahn/v. Spannenberg* Rn. 29.

[28] Schmidt/Lutter/*Fleischer* Rn. 16; Hüffer/*Koch* Rn. 9.

auf jeglichen **originären** Aktienerwerb im Rahmen von **Kapitalerhöhungen** – sei es gegen Einlage, aus genehmigtem Kapital oder als Bezugsaktien.[29] Nicht erfasst wird hingegen die Teilnahme an einer Kapitalerhöhung aus Gesellschaftsmitteln.[30]

9 **2. Rechtsfolgen verbotswidriger Übernahme. a) Wirksamkeit der Übernahme.** Verstöße gegen § 56 Abs. 2 S. 1 führen nicht zur Unwirksamkeit der Übernahme der Aktien. Die Übernahme ist **wirksam** (vgl. Abs. 2 S. 2). Das abhängige oder in Mehrheitsbesitz stehende Unternehmen wird Aktionär der herrschenden Gesellschaft.[31] Die Einlagepflichten entstehen.[32] Auf diese Weise wird eine weitere Gefährdung der Kapitalaufbringung vermieden.[33] Das Registergericht muss die verbotswidrige Aktienübernahme beanstanden und die Eintragung verweigern;[34] etwas anderes gilt nur bei der bedingten Kapitalerhöhung, da die Eintragung der – wegen Abs. 2 S. 2 iVm § 200 wirksam erfolgten – Aktienausgabe nur deklaratorische Wirkung hat.[35] Ein eventuell vom Tochterunternehmen geschlossener schuldrechtlicher Übernahmevertrag zu einer künftigen, gegen Abs. 2 S. 1 verstoßenden Aktienübernahme fällt nicht in den Anwendungsbereich des Abs. 2 S. 2 und ist wegen eines Verstoßes gegen § 134 BGB nichtig.[36]

10 **b) Pflichten und Rechte des Übernehmers.** Aus den verbotswidrig, aber wirksam übernommenen Aktien ist der Verbotsadressat (→ Rn. 7) zur Leistung der Einlagen (§ 54) und ggf. der Nebenleistungspflichten (§ 55) verpflichtet. Dagegen stehen dem betreffenden Unternehmen aus solchen Aktien **keine Mitgliedschaftsrechte** zu (§ 71b iVm § 71d S. 2 und 4; → § 71d Rn. 14).[37] Lediglich an einer Kapitalerhöhung aus Gesellschaftsmitteln nimmt das Tochterunternehmen mit den verbotswidrig erworbenen Aktien teil.[38] Ferner besteht eine Pflicht zur Veräußerung der Aktien binnen Jahresfrist (§ 71c Abs. 1 iVm § 71d S. 2 und 4 analog), die jedoch nicht das Tochterunternehmen, sondern die herrschende bzw. mehrheitlich beteiligte Gesellschaft trifft (→ § 71d Rn. 15).[39] Schließlich muss die herrschende bzw. mehrheitlich beteiligte Gesellschaft nach § 160 Abs. 1 Nr. 1 im Anhang über Bestand, Zugang, Verwertung und Erlösverwendung hinsichtlich der von seinem Tochterunternehmen übernommenen Aktien berichten.[40]

IV. Übernahme für Rechnung der Gesellschaft oder ihrer Tochterunternehmen (Abs. 3)

11 **1. Tatbestand. a) Grundlagen.** § 56 Abs. 3 trifft Regelungen im Zusammenhang mit der Übernahme von Aktien im Wege der **mittelbaren Stellvertretung.** Dabei handelt der Übernehmer der Aktien nach außen im **eigenen Namen,** im Innenverhältnis aber **für Rechnung** der Gesellschaft oder eines von ihr abhängigen oder in ihrem Mehrheitsbesitz stehenden Unternehmens. Hinsichtlich der relevanten – **originären** – Erwerbsformen kann auf die Ausführungen zu den Abs. 1 (→ Rn. 4) und Abs. 2 (→ Rn. 8) verwiesen werden, in Bezug auf Abhängigkeit und Mehrheitsbesitz auf Rn. 7. Ein tatbestandsmäßiges Handeln für fremde Rechnung liegt vor, wenn die Gesellschaft im Innenverhältnis zum Erwerber das mit der Übernahme der Aktien verbundene **wirtschaftliche Risiko** ganz oder teilweise trägt.[41] Diese Voraussetzung ist erfüllt, wenn die Gesellschaft bzw. das abhängige oder in Mehrheitsbesitz stehende Unternehmen die Aktien vom Übernehmer erwerben soll.[42] Ein Handeln für fremde Rechnung liegt ferner vor, wenn bei einer beabsichtigten Weiterveräußerung an Dritte zwischen der Gesellschaft bzw. dem abhängigen oder in Mehrheitsbesitz stehenden Unternehmen einerseits und dem Übernehmer andererseits ein Auftragsverhältnis (§§ 662 ff. BGB), ein Geschäftsbesorgungsvertrag (§ 675 BGB), ein Kommissionsvertrag (§§ 383 ff. HGB) oder ein ähnli-

---

29 Schmidt/Lutter/*Fleischer* Rn. 16; Hüffer/*Koch* Rn. 9.
30 AllgM, zB MüKoAktG/*Bungeroth* Rn. 36.
31 Schmidt/Lutter/*Fleischer* Rn. 17.
32 Hüffer/*Koch* Rn. 10.
33 Hüffer/*Koch* Rn. 10; Schmidt/Lutter/*Fleischer* Rn. 17.
34 Hüffer/*Koch* Rn. 10; Schmidt/Lutter/*Fleischer* Rn. 17; MHdB AG/*Rieckers* § 15 Rn. 4.
35 MüKoAktG/*Bungeroth* Rn. 40; Hüffer/*Koch* Rn. 10; MHdB AG/*Rieckers* § 15 Rn. 4; vgl. KK-AktG/*Drygala* Rn. 29.
36 MüKoAktG/*Bungeroth* Rn. 37.
37 Vgl. ferner MüKoAktG/*Bungeroth* Rn. 41; MHdB AG/*Rieckers* § 15 Rn. 5; für analoge Anwendung Hüffer/*Koch* Rn. 11; Schmidt/Lutter/*Fleischer* Rn. 18.
38 MüKoAktG/*Bungeroth* Rn. 42; Hüffer/*Koch* Rn. 11.
39 MüKoAktG/*Bungeroth* Rn. 50 f.; aA Schmidt/Lutter/*Fleischer* Rn. 18; MHdB AG/*Rieckers* § 15 Rn. 5: Veräußerungspflicht für Tochterunternehmen.
40 Hüffer/*Koch* Rn. 11; Schmidt/Lutter/*Fleischer* Rn. 18.
41 AllgM, zB MüKoAktG/*Bungeroth* Rn. 57; Hüffer/*Koch* Rn. 12.
42 Hüffer/*Koch* Rn. 12; Schmidt/Lutter/*Fleischer* Rn. 22.

ches Verhältnis (§ 406 HGB) besteht.[43] Die Übernahme des wirtschaftlichen Risikos durch die Gesellschaft ergibt sich in diesen Fällen aus deren Verpflichtung zum Aufwendungsersatz (vgl. § 670 BGB, § 396 Abs. 2 HGB); etwas anderes gilt nur dann, wenn jeglicher Anspruch auf Aufwendungsersatz vertraglich ausgeschlossen ist.[44] Den Tatbestand des § 56 Abs. 3 erfüllt auch die Übernahme einer Kursgarantie durch die Gesellschaft zugunsten des Übernehmers oder eine ähnlichen Übernahme des Zeichnungsrisikos.[45] Ob die Gesellschaft bzw. das abhängige oder in Mehrheitsbesitz stehende Unternehmen weisungsbefugt ist (vgl. § 665 BGB), ist für den Anwendungsbereich des § 56 Abs. 3 ohne Bedeutung.[46]

b) Insbesondere: Kapitalerhöhung unter Einschaltung einer Emissionsbank oder eines 12 **Emissionskonsortiums.** Auch bei der Emission neuer Aktien unter Einschaltung einer Emissionsbank oder eines Emissionskonsortiums kann der Anwendungsbereich des § 56 Abs. 3 eröffnet sein. Maßgeblich ist insoweit die Ausgestaltung des **Verwertungsvertrages** zwischen Gesellschaft und Bank bzw. Konsortium. Zur Vermeidung der Rechtsfolgen des § 56 Abs. 3 darf der Verwertungsvertrag nicht vorsehen, dass die Gesellschaft nicht platzierte Aktien zurücknehmen oder Mindererlöse vergüten muss.[47] Zulässig ist es jedoch, wenn die Übernahme des vollen wirtschaftlichen Risikos durch die Emissionsbank bzw. das Konsortium durch eine Provision abgegolten wird, sofern diese aus dem Mehrerlös gezahlt wird, der bei der Emission gegenüber dem Ausgabebetrag erzielt wird.[48] Werden Aktienbanken bei der Emission eigener junger Aktien oder der von Tochterunternehmen als Konsortialmitglieder tätig, ist wegen der damit verbundenen eigenen Risikoquote stets der Anwendungsbereich des § 56 Abs. 3 eröffnet.[49]

2. Rechtsfolgen. Eine in den Anwendungsbereich des § 56 Abs. 3 fallende **Übernahme** von 13 Aktien ist **wirksam.**[50] Das Registergericht ist daher nicht berechtigt, bei Kenntnis vom Sachverhalt die Eintragung im Handelsregister zu verweigern.[51] Abs. 3 beinhaltet damit **kein Verbot** für eine Aktienübernahme, bringt aber durch die angeordneten Rechtsfolgen zum Ausdruck, dass die Aktienübernahme im eigenen Namen, aber für Rechnung der Gesellschaft oder eines abhängigen bzw. in Mehrheitsbesitz stehenden Unternehmens **„unerwünscht"**[52] ist. Denn Abs. 3 S. 2 belastet den Übernehmer mit der vollen Verantwortung für die Aktienübernahme, während ihm Abs. 3 S. 3 alle Rechte aus diesen Aktien vorenthält.[53] Im Einzelnen gilt Folgendes: Wer als Gründer oder Zeichner oder in Ausübung eines bei einer bedingten Kapitalerhöhung eingeräumten Umtauschs- oder Bezugsrechts Aktien für Rechnung der Gesellschaft oder eines abhängigen oder in Mehrheitsbesitz stehenden Unternehmens übernommen hat, kann sich nicht darauf berufen, die Aktien nicht für eigene Rechnung übernommen zu haben (vgl. Abs. 3 S. 1); er **haftet** auf die **volle Einlage** (vgl. Abs. 3 S. 2). Auf eventuell abweichende Vereinbarungen im Innenverhältnis mit der Gesellschaft bzw. dem abhängigen oder in Mehrheitsbesitz stehenden Unternehmen kann er sich nicht berufen (vgl. Abs. 3 S. 2). Es ist Sache des Vorstands, von dem Aktienübernehmer die volle Einlage einzufordern; unterlässt er dies, kann er sich schadensersatzpflichtig machen (vgl. § 93 Abs. 2).[54] Das dem Innenverhältnis von Aktienübernehmer und Gesellschaft bzw. abhängigen oder in Mehrheitsbesitz stehenden Unternehmen zugrunde liegende **Vertragsverhältnis** ist ebenfalls **wirksam.**[55] Der Aktienübernehmer kann hieraus jedoch keine Rechte gegen die Gesellschaft herleiten, insbesondere nicht Aufwendungsersatz (vgl. § 670 BGB) und damit weder Erstattung der gezahlten Einlagen noch Zahlung einer Provision fordern; dieses Ergebnis ist aus Abs. 3 S. 1 abzuleiten.[56] Aufgrund der Wirksamkeit des Vertragsverhältnisses stehen der Gesellschaft alle Ansprüche aus dem Innenverhältnis zu; insbesondere kann sie die Abführung des Erlöses aus einer Veräußerung der Aktien an Dritte

[43] Hüffer/*Koch* Rn. 12; Schmidt/Lutter/*Fleischer* Rn. 22; vgl. Spindler/Stilz/*Cahn/v. Spannenberg* Rn. 44.
[44] MüKoAktG/*Bungeroth* Rn. 57; Hüffer/*Koch* Rn. 12.
[45] Hüffer/*Koch* Rn. 12; Schmidt/Lutter/*Fleischer* Rn. 22; MHdB AG/*Rieckers* § 15 Rn. 6.
[46] MüKoAktG/*Bungeroth* Rn. 58; Hüffer/*Koch* Rn. 12.
[47] MüKoAktG/*Bungeroth* Rn. 59 ff.; Hüffer/*Koch* Rn. 13; Schmidt/Lutter/*Fleischer* Rn. 23.
[48] Hüffer/*Koch* Rn. 13; Schmidt/Lutter/*Fleischer* Rn. 23.
[49] MüKoAktG/*Bungeroth* Rn. 62; Hüffer/*Koch* Rn. 13; aA Spindler/Stilz/*Cahn/v. Spannenberg* Rn. 47: Anwendung des § 56 Abs. 1.
[50] AllgM, zB MüKoAktG/*Bungeroth* Rn. 65; Hüffer/*Koch* Rn. 14.
[51] MüKoAktG/*Bungeroth* Rn. 65; MHdB AG/*Rieckers* § 15 Rn. 7.
[52] So MüKoAktG/*Bungeroth* Rn. 65.
[53] Schmidt/Lutter/*Fleischer* Rn. 24.
[54] Hüffer/*Koch* Rn. 14; Schmidt/Lutter/*Fleischer* Rn. 25.
[55] MüKoAktG/*Bungeroth* Rn. 66; Hüffer/*Koch* Rn. 14; Schmidt/Lutter/*Fleischer* Rn. 27; MHdB AG/*Rieckers* § 15 Rn. 7; aA Spindler/Stilz/*Cahn/v. Spannenberg* Rn. 54 ff.
[56] MüKoAktG/*Bungeroth* Rn. 72; Hüffer/*Koch* Rn. 14; Schmidt/Lutter/*Fleischer* Rn. 27; MHdB AG/*Rieckers* § 15 Rn. 7.

verlangen (vgl. § 667 BGB, § 384 Abs. 2 Hs. 2 Alt. 2 HGB).[57] Solange die Aktie vom Gründer oder Zeichner nicht für eigene Rechnung übernommen wurde, schneidet ihm Abs. 3 S. 3 alle Rechte aus der Aktie ab. Der Ausschluss betrifft alle Vermögens- und Verwaltungsrechte und erfasst auch das Recht auf den Liquidationsüberschuss.[58] Unberührt bleibt das Recht zu einer Teilnahme an einer Kapitalerhöhung aus Gesellschaftsmitteln.[59]

14 **3. Nachträgliche Übernahme für eigene Rechnung.** Der Übernehmer der Aktien erlangt die ihm zunächst abgeschnittenen Mitgliedsrechte, wenn er die Aktien nachträglich für eigene Rechnung übernimmt (vgl. Abs. 3 S. 3). Hierzu ist zunächst die Leistung der Einlage erforderlich.[60] Da der Übernehmer schon Inhaber der Aktien ist, bedarf es keines gesonderten Erwerbsvorgangs.[61] Stattdessen muss das bestehende Innen(-vertrags-)verhältnis zwischen Übernehmer und Gesellschaft bzw. abhängigen oder in Mehrheitsbesitz stehenden Unternehmen beendet werden.[62] Regelmäßig ist insoweit ein **Auflösungsvertrag** erforderlich.[63] Nur in Ausnahmefällen wird eine Kündigung aus wichtigem Grund möglich sein.[64]

V. Haftung der Vorstandsmitglieder (Abs. 4)

15 § 56 Abs. 4 begründet eine **verschuldensabhängige Haftung** für jedes Mitglied des Vorstands, wenn bei einer Kapitalerhöhung Aktien unter Verletzung der Abs. 1 und 2 gezeichnet werden. Gehaftet wird auf die volle Einlage (Abs. 4 S. 1). Nach dem eindeutigen Wortlaut besteht die Haftung nicht bei der Übernahme von Aktien iSd Abs. 1 und 2 im Rahmen einer Gründung, die jedoch regelmäßig nicht in Betracht kommt (→ Rn. 4, 8). In den Fällen des Abs. 2 tritt die Einlagenhaftung der Vorstandsmitglieder ergänzend[65] neben die des abhängigen bzw. in Mehrheitsbesitz stehenden Unternehmens.[66] Mehrere Vorstandsmitglieder haften **gesamtschuldnerisch.**[67] Jedes Vorstandsmitglied kann sich von seiner Haftung befreien, wenn es sein **fehlendes Verschulden beweist.**[68] Leisten die Mitglieder des Vorstands im Rahmen ihrer Schadensersatzpflicht die Einlagen, haben sie einen Anspruch auf Herausgabe der eingezahlten Aktien oder eines eventuellen Veräußerungserlöses, begrenzt auf die Höhe der geleisteten Einlage.[69] Dieser Anspruch richtet sich im Fall des Abs. 1 gegen die Gesellschaft,[70] im Fall des Abs. 2 gegen das Tochterunternehmen.[71] Im letzteren Fall können die Mitglieder des Vorstands vom Tochterunternehmen alternativ auch Erstattung ihrer Aufwendungen verlangen.[72] Eine Haftung der Vorstandsmitglieder nach § 93 Abs. 2, Abs. 3 Nr. 3 bleibt von Abs. 4 unberührt.[73]

§ 57 Keine Rückgewähr, keine Verzinsung der Einlagen

(1) [1]Den Aktionären dürfen die Einlagen nicht zurückgewährt werden. [2]Als Rückgewähr gilt nicht die Zahlung des Erwerbspreises beim zulässigen Erwerb eigener Aktien. [3]Satz 1 gilt nicht bei Leistungen, die bei Bestehen eines Beherrschungs- oder Gewinnabführungsvertrags (§ 291) erfolgen oder durch einen vollwertigen Gegenleistungs- oder Rückgewähranspruch gegen den Aktionär gedeckt sind. [4]Satz 1 ist zudem nicht anzuwenden auf die Rückgewähr eines Aktionärsdarlehens und Leistungen auf Forderungen aus Rechtshandlungen, die einem Aktionärsdarlehen wirtschaftlich entsprechen.

(2) Den Aktionären dürfen Zinsen weder zugesagt noch ausgezahlt werden.

---

[57] MüKoAktG/*Bungeroth* Rn. 72; Hüffer/*Koch* Rn. 14; Schmidt/Lutter/*Fleischer* Rn. 27; MHdB AG/*Rieckers* § 15 Rn. 7.
[58] MüKoAktG/*Bungeroth* Rn. 70; Hüffer/*Koch* Rn. 15; Schmidt/Lutter/*Fleischer* Rn. 26.
[59] MüKoAktG/*Bungeroth* Rn. 71.
[60] Vgl. Schmidt/Lutter/*Fleischer* Rn. 26.
[61] Schmidt/Lutter/*Fleischer* Rn. 28.
[62] MüKoAktG/*Bungeroth* Rn. 78; Hüffer/*Koch* Rn. 16; Schmidt/Lutter/*Fleischer* Rn. 28.
[63] MüKoAktG/*Bungeroth* Rn. 80; Hüffer/*Koch* Rn. 16; Schmidt/Lutter/*Fleischer* Rn. 28.
[64] MüKoAktG/*Bungeroth* Rn. 81; Hüffer/*Koch* Rn. 16; Schmidt/Lutter/*Fleischer* Rn. 28.
[65] MüKoAktG/*Bungeroth* Rn. 45.
[66] MüKoAktG/*Bungeroth* Rn. 45; Hüffer/*Koch* Rn. 17.
[67] Hüffer/*Koch* Rn. 17; Schmidt/Lutter/*Fleischer* Rn. 30.
[68] Schmidt/Lutter/*Fleischer* Rn. 30.
[69] MüKoAktG/*Bungeroth* Rn. 20, 46; vgl. Hüffer/*Koch* Rn. 17; Schmidt/Lutter/*Fleischer* Rn. 30.
[70] MüKoAktG/*Bungeroth* Rn. 20.
[71] MüKoAktG/*Bungeroth* Rn. 46.
[72] MüKoAktG/*Bungeroth* Rn. 46.
[73] Schmidt/Lutter/*Fleischer* Rn. 31.

(3) Vor Auflösung der Gesellschaft darf unter die Aktionäre nur der Bilanzgewinn verteilt werden.

Schrifttum: *Ballerstedt,* Kapital, Gewinn und Ausschüttung bei Kapitalgesellschaften, 1949; *Bezzenberger,* Das Kapital der Aktiengesellschaft, 2005; *Bitter,* Rechtsperson und Kapitalerhaltung, ZHR 168 (2004), 302; *Blaschke/König,* Upstream-Darlehen vor dem Hintergrund des neuen § 30 Abs. 1 GmbHG, GmbHR 2009, 897; *Brocker/Rockstroh,* Upstream-Darlehen und Cash-Pooling in der GmbH nach der Rückkehr zur bilanziellen Betrachtungsweise, BB 2009, 730; *Buschmann,* Finanzplankredit und MoMiG, NZG 2009, 91; *Dahl/Schmitz,* Eigenkapitalersatz nach dem MoMiG aus insolvenzrechtlicher Sicht, NZG 2009, 325; *Drygala/Kremer,* Alles neu macht der Mai – Zur Neuregelung der Kapitalerhaltungsvorschriften im Regierungsentwurf zum MoMiG, ZIP 2007, 1289; *Gehrlein,* Der aktuelle Stand des neuen GmbH-Rechts, Der Konzern 2007, 771; *Habersack,* Aufsteigende Kredite im Lichte des MoMiG und des „Dezember"-Urteils des BGH, ZGR 2009, 349; *Heckschen/Heidinger,* Die GmbH in der Gestaltungs- und Beratungspraxis, 3. Aufl. 2013; *Henze,* Vermögensbindungsprinzip und Anlegerschutz, NZG 2005, 115; *Hirte/Knof/Mock,* Ein Abschied auf Raten? – Zum zeitlichen Anwendungsbereich des alten und neuen Rechts der Gesellschafterdarlehen, NZG 2009, 48; *Holzer,* Insolvenzrechtliche Überleitungsvorschriften des MoMiG in der Praxis, ZIP 2009, 206; *Kiefner/Theusinger,* Aufsteigende Darlehen und Sicherheitenbegebung im Aktienrecht nach dem MoMiG, NZG 2008, 801; *Mertens,* Aufteilung von Kosten genischter Aktienplatzierungen zwischen Gesellschaften und Aktionären, AG 2015, 881; *Mülbert/Leuschner,* Aufsteigende Darlehen im Kapitalerhaltungs- und Konzernrecht – Gesetzgeber und BGH haben gesprochen, NZG 2009, 281; *Orlikowski-Wolf,* Auswirkungen der Abschaffung des Eigenkapitalersatzrechts, Übergangsregelungen und Abgrenzung zu Finanzplankrediten, GmbHR 2009, 902; *Reul,* Aktuelle Änderungen des Aktienrechts aus notarieller Sicht – Teil 1, ZNotP 2010, 12; *Schickerling/Blunk,* Die Haftung im Zusammenhang mit Upstream Loans – quo vadis?, GmbHR 2009, 1295; *Schmidt,* Reform der Kapitalsicherung und Haftung in der Krise nach dem Regierungsentwurf des MoMiG, GmbHR 2007, 1072; *Schön,* Vermögensbindung und Kapitalschutz in der AG – Versuch einer Differenzierung, FS Röhricht, 2005, 559; *Tillmann,* Upstream-Sicherheiten der GmbH im Lichte der Kapitalerhaltung – Ausblick auf das MoMiG, NZG 2008, 401; *Wälzholz,* Die insolvenzrechtliche Behandlung haftungsbeschränkter Gesellschaften nach der Reform durch das MoMiG, DStR 2007, 1914; *Wand/Tillmann/Heckenthaler,* Aufsteigende Darlehen und Sicherheiten bei Aktiengesellschaften nach dem MoMiG und der MPS-Entscheidung des BGH, AG 2009, 148.

Übersicht

I. Allgemeines

1 **1. Regelungsgegenstand.** § 57 enthält die zentralen Vorschriften über die **aktienrechtliche Vermögensbindung.**[1] Der sprachlich zu eng gefasste Abs. 1 beinhaltet zunächst das Verbot der Rückgewähr von Einlagen an Aktionäre (S. 1) und schränkt den Anwendungsbereich des Verbots für bestimmte Ausnahmefälle (S. 2–4) ein. Abs. 2 untersagt der Gesellschaft, den Aktionären Zinsen zuzusagen oder auszuzahlen. Abs. 3 verbietet es der Gesellschaft, vor ihrer Auflösung etwas anderes als den Bilanzgewinn unter den Aktionären zu verteilen.

2 **2. Normzweck.** Die aktienrechtliche Vermögensbindung dient in erster Linie der **Kapitalerhaltung** und damit dem **Gläubigerschutz.** Die Kapitalerhaltung erscheint dabei als unverzichtbare Ergänzung zum Grundsatz der realen Kapitalaufbringung.[2] Beide Prinzipien zusammen bilden das notwendige Gegenstück zu der in § 1 Abs. 1 S. 2 (→ § 1 Rn. 7 ff.) enthaltenen Regelung, nach der den Gläubigern nur das Gesellschaftsvermögen haftet.[3] Soweit als weitere Regelungsziele des § 57 die Gleichbehandlung der Aktionäre, mit der Vermögenszuwendungen an einzelne Aktionäre nicht zu vereinbaren wären,[4] die Erhaltung der gesetzlichen Kompetenzordnung, die durch Zuwendungen des Vorstands außerhalb der gesetzlich geregelten Gewinnverteilung unterlaufen würde,[5] sowie die Gewährleistung eines zutreffenden Gewinnausweises, die nicht durch außerbilanzielle Wertverschiebungen unterlaufen werden darf,[6] genannt werden, spricht mehr dafür, hierin nicht eigenständige Schutzziele des § 57, sondern vielmehr willkommene Folgen des dem Gläubigerschutz dienenden Grundsatzes der Kapitalerhaltung zu sehen.[7]

3 **3. Systematik und Konkurrenzen.** § 57 findet sein Gegenstück in § 30 GmbHG. In dessen Anwendungsbereich ist jedoch nur das Stammkapital dem Zugriff der Gesellschafter entzogen, während im Aktienrecht das gesamte Gesellschaftsvermögen der strengen Bindung unterliegt.[8] § 57 wird durch die §§ 62, 66 Abs. 2 ergänzt, welche die **Rechtsfolgen** von Verstößen gegen § 57 regeln. §§ 59, 71 ff. enthalten ebenso weitere, über Abs. 1 S. 2–4 hinausgehende Ausnahmen vom Ausschüttungsverbot,[9] wie zB §§ 222 Abs. 3 und 237 Abs. 2.[10] Im **faktischen Aktienkonzern** wird § 57 durch **§ 311 verdrängt.**[11] Der Grundsatz der aktienrechtlichen Vermögensbindung kollidiert mit der kapitalmarktrechtlichen Informationshaftung, wenn irregeführte Anleger Schadensersatzansprüche gegen die Gesellschaft geltend machen (zB aus §§ 37b, 37c WpHG aF bzw. §§ 97, 98 WpHG nF, § 826 BGB, § 823 Abs. 2 BGB iVm § 400).[12] Mit der inzwischen hM[13] ist insoweit von einem umfassenden **Vorrang der Kapitalmarktinformationshaftung,** die folglich § 57 Abs. 1 S. 1 verdrängt, auszugehen. Früher vorherrschende Ansichten, die den Anlegerschutz hinter den Gläubigerschutz zurücktreten lassen wollen[14] oder die in Bezug auf den Anlegerschutz nach der Art des Erwerbs der Aktien differenzieren (Ansprüche nur bei derivativem, nicht bei originärem Erwerb),[15]

---

[1] Vgl. Spindler/Stilz/*Cahn/v. Spannenberg* Rn. 1; MüKoAktG/*Bayer* Rn. 1.
[2] Vgl. Hüffer/*Koch* Rn. 1; MüKoAktG/*Bayer* Rn. 1.
[3] Vgl. Schmidt/Lutter/*Fleischer* Rn. 1; MüKoAktG/*Bayer* Rn. 1.
[4] Vgl. MüKoAktG/*Bayer* Rn. 2; Hüffer/*Koch* Rn. 1.
[5] Vgl. MüKoAktG/*Bayer* Rn. 2; Hüffer/*Koch* Rn. 1; *Schön* FS Röhricht, 2005, 559 (560 ff.).
[6] *Ballerstedt,* Kapital, Gewinn und Ausschüttung bei Kapitalgesellschaften, 1949, 133.
[7] Vgl. Spindler/Stilz/*Cahn/v. Spannenberg* Rn. 5 f.; Schmidt/Lutter/*Fleischer* Rn. 3.
[8] Vgl. Schmidt/Lutter/*Fleischer* Rn. 6; Spindler/Stilz/*Cahn/v. Spannenberg* Rn. 1.
[9] Vgl. Spindler/Stilz/*Cahn/v. Spannenberg* Rn. 1; MüKoAktG/*Bayer* Rn. 1.
[10] Vgl. Hüffer/*Koch* Rn. 4.
[11] So ausdrücklich BGHZ 179, 71 Rn. 11 = NJW 2009, 850 – MPS; so zuvor bereits OLG München NZG 2005, 181 (183); Hüffer/*Koch* Rn. 7; MüKoAktG/*Bayer* Rn. 7.
[12] Vgl. Schmidt/Lutter/*Fleischer* Rn. 66.
[13] Vgl. BGH NJW 2005, 2450 (2451 f.) = ZIP 2005, 1270 (1272 f.) – EM.TV; OLG München ZIP 901, 903 f. – Comroad; Hüffer/*Koch* Rn. 5; MüKoAktG/*Bayer* Rn. 19 ff.; Schmidt/Lutter/*Fleischer* Rn. 66 f.; MHdB AG/*Rieckers* § 16 Rn. 86; Spindler/Stilz/*Cahn/v. Spannenberg* Rn. 47 ff.
[14] Vgl. RGZ 54, 128; RGZ 62, 29 (31); vgl. auch *Horn* FS Ulmer, 2003, 817 (827 f.).
[15] Vgl. zB RGZ 71, 97 (99); RGZ 88, 271 (272); OLG Frankfurt ZIP 1999, 1005 (1007 f.); GroßkommAktG/*Henze* Rn. 19 ff.; *Henze* NZG 2005, 115 (117).

werden weder dem Willen des Gesetzgebers[16] noch dem Stellenwert des Anlegerschutzes gerecht. Wortlaut sowie Sinn und Zweck des § 57 Abs. 1 gebieten es nicht, zum Zwecke des Schutzes der Gläubiger der Gesellschaft der Kapitalerhaltung bei kapitalmarktbezogenen sittenwidrigen Beeinträchtigungen der Willensfreiheit der Anleger oder einer sonstigen betrügerischen Anwerbung vor daraus resultierenden Schadensersatzansprüchen den Vorrang einzuräumen.[17] Dabei besteht ferner kein Anlass, die Haftung der Gesellschaft auf den das Grundkapital und die gesetzliche Rücklage übersteigenden Betrag (sog. freies Vermögen) zu beschränken.[18]

4. Unionsrechtliche Grundlage und Normentwicklung. Die aktienrechtliche Vermögensbindung findet ihre unionsrechtliche Grundlage in Art. 15 Abs. 1 RL 77/91/EWG (Kapital-RL), die insoweit einen Mindeststandard vorschreibt. Zum einen darf danach keine Ausschüttung an Aktionäre erfolgen, wenn dadurch das Nettoaktivvermögen, wie es der Jahresabschluss ausweist, den Betrag des gezeichneten Kapitals zuzüglich gesperrter Rücklagen unterschreiten würde (vgl. Abs. 1 lit. a); zum anderen darf der Betrag einer Ausschüttung nicht den Bilanzgewinn überschreiten (vgl. Abs. 1 lit. c).[19] Im deutschen Recht finden sich Vorläufer des § 57 bereits im ADHGB (vgl. Art. 216, 217 ADHGB). Wesentliche Änderungen hat die Vorschrift durch das Gesetz zur Modernisierung des GmbH-Rechts und zur Bekämpfung von Missbräuchen **(MoMiG)** vom 23.10.2008 (BGBl. I S. 2026) erfahren, mit dem Abs. 1 die S. 3 und 4 angefügt wurden. Mit der Aufnahme des S. 3 sollte in erster Linie die ungewisse Rechtslage im Bereich der Vergabe von Gesellschafterdarlehen im Allgemeinen und im Bereich des Cash-Pooling im Besonderen, die infolge des „November"-Urteils des BGH[20] entstanden war, beseitigt werden.[21] S. 4 ist Bestandteil der einheitlichen Neuregelung der Rechtsfolgen von (kapitalersetzenden) Gesellschafterdarlehen im Kapitalgesellschaftsrecht.[22] 4

II. Verbot der Einlagenrückgewähr (Abs. 1 S. 1)

1. Grundsätze. Nach § 57 Abs. 1 S. 1 dürfen Aktionären die Einlagen nicht zurückgewährt werden. Der Regelungsgehalt der Vorschrift spiegelt sich im Wortlaut der Vorschrift nur unzureichend wider. § 57 Abs. 1 S. 1 verbietet jede Zuwendung der Gesellschaft an einen Aktionär, sofern diese außerhalb der Verteilung des Bilanzgewinns erfolgt und nicht durch eine besondere gesetzliche Ausnahme gedeckt ist.[23] So verstanden beinhaltet § 57 Abs. 1 S. 1 den Grundsatz der **aktienrechtlichen Vermögensbindung** (→ Rn. 1). Maßgeblich ist eine **wertmäßige,** keine gegenständliche **Betrachtung.**[24] Der Verbotstatbestand ist mit jeder wertmäßigen Beeinträchtigung des Gesellschaftsvermögens durch Leistung an einen Aktionär erfüllt.[25] Daher ist es ohne Bedeutung, ob das Zugewendete Einlage iSd § 54 Abs. 1 ist, ob der Aktionär seine Einlagepflicht bereits erfüllt hat und ob er selbst Schuldner der Einlagepflicht war oder ob diese bereits von seinem Rechtsvorgänger erfüllt worden ist.[26] Ohne Bedeutung ist auch, ob die Zuwendung offen oder verdeckt, als Geld-, Sach- oder sonstige Leistung, durch positives Tun oder Unterlassen, zB Geltendmachung eines Anspruchs der Gesellschaft, erfolgt.[27] Neben der Übereignung von Gegenständen oder deren Überlassung zur Nutzung kommen als Zuwendung auch sonstige Leistungen aller Art in Betracht.[28] Dabei ist es unerheblich, ob der Gegenstand der Zuwendung bilanzierungsfähig ist.[29] 5

2. Offene Leistung. Die offene Einlagenrückgewähr kommt in der Praxis selten vor. Hierunter fallen zB Vorauszahlungen auf Dividenden, soweit nicht von § 59 gedeckt,[30] Dividendenzahlungen ohne oder aufgrund nichtigen Jahresabschlusses (§§ 172 f.)[31] oder ohne wirksamen Gewinnverwen- 6

---

[16] Vgl. Begr. RegE 3. Finanzmarktförderungsgesetz, BT-Drs. 13/8933, 78; Schmidt/Lutter/*Fleischer* Rn. 67.

[17] Vgl. Hüffer/*Koch* Rn. 5; Schmidt/Lutter/*Fleischer* Rn. 67; MHdB AG/*Rieckers* § 16 Rn. 86.

[18] Vgl. BGH NJW 2005, 2450 (2452) = ZIP 2005, 1270 (1273) – EM.TV; MüKoAktG/*Bayer* Rn. 21 ff.

[19] Vgl. Schmidt/Lutter/*Fleischer* Rn. 7 mwN.

[20] BGHZ 157, 72 = NJW 2004, 1111.

[21] Vgl. Begr. RegE, BT-Drs. 16/6140, 41; *Kiefner/Theusinger* NZG 2008, 801 (803).

[22] Vgl. Begr. RegE, BT-Drs. 16/6140, 41; Würzburger Notar-HdB/*Reul* Teil 5 Kap. 4 Rn. 265.

[23] IErg allgM, vgl. zB RGZ 107, 161 (168); RGZ 149, 385 (400); Hüffer/*Koch* Rn. 2; MüKoAktG/*Bayer* Rn. 4; Schmidt/Lutter/*Fleischer* Rn. 9; MHdB AG/*Rieckers* § 16 Rn. 57.

[24] Vgl. RGZ 146, 84 (87) bzw. 94; OLG Frankfurt AG 1992, 194 (196); Hüffer/*Koch* Rn. 2; GroßkommAktG/*Henze* Rn. 5.

[25] MHdB AG/*Rieckers* § 16 Rn. 58.

[26] Schmidt/Lutter/*Fleischer* Rn. 9; Spindler/Stilz/*Cahn/v. Spannenberg* Rn. 14.

[27] Spindler/Stilz/*Cahn/v. Spannenberg* Rn. 14.

[28] Vgl. GroßkommAktG/*Henze* Rn. 11; Spindler/Stilz/*Cahn/v. Spannenberg* Rn. 14; MHdB AG/*Rieckers* § 16 Rn. 58 ff.

[29] Spindler/Stilz/*Cahn/v. Spannenberg* Rn. 14; GroßkommAktG/*Henze* Rn. 11, 57.

[30] Vgl. RGZ 107, 161 (168).

[31] Vgl. Spindler/Stilz/*Cahn/v. Spannenberg* Rn. 30; MHdB AG/*Rieckers* § 16 Rn. 60 f.

dungsbeschluss (§ 174),[32] Kapitalrückzahlungen ohne wirksamen Kapitalherabsetzungsbeschluss (§ 222) sowie verfrühte Kapitalrückzahlungen (vgl. § 225 Abs. 2),[33] der – ausnahmsweise – offen gelegte Abkauf von Anfechtungsklagen.[34]

7 **3. Verdeckte Leistungen, insbesondere Austauschgeschäfte. a) Grundlagen.** § 57 Abs. 1 S. 1 verbietet ferner die verdeckte Einlagenrückgewähr, bei der die „Rückgewähr" iSd Vermögensminderung der Gesellschaft aufgrund eines damit im Zusammenhang stehenden Rechtsgeschäfts nicht ohne weiteres erkennbar ist. Entsprechende Vorgänge bezeichnet man auch als **verdeckte Gewinnausschüttung.**[35] Hiervon zu unterscheiden sind Austauschgeschäfte zwischen der Gesellschaft und dem Aktionär zu angemessenen – marktüblichen – Bedingungen; solche begegnen im Hinblick auf § 57 Abs. 1 S. 1 keinen Bedenken.[36] Denn § 57 Abs. 1 S. 1 hat nicht zum Ziel, jeglichen Leistungsaustausch zwischen Gesellschaft und Aktionär zu unterbinden. Es sind aber grundsätzlich nur solche Zuwendungen zulässig, die keinen Bezug zur Aktionärsstellung des Empfängers haben (sog. **„neutrales Drittgeschäft"**).[37] Um diesen Voraussetzungen zu genügen, müsste ein gewissenhaft nach kaufmännischen Grundsätzen handelnder Geschäftsleiter das Rechtsgeschäft unter sonst gleichen Umständen zu sonst gleichen Bedingungen auch mit einem Nichtaktionär abgeschlossen haben.[38] Besteht hingegen ein **objektives Missverhältnis** zwischen Leistung und Gegenleistung, liegt kein neutrales Drittgeschäft, sondern mit der daraus resultierenden verdeckten Gewinnausschüttung ein Verstoß gegen § 57 Abs. 1 S. 1 vor.[39] In diesem Fall ist die Leistung der Gesellschaft **nicht** durch einen vollwertigen Gegenleistungsanspruch iSd Abs. 1 S. 3 Alt. 2 (→ Rn. 16 ff.) **gedeckt.** Aufgrund des maßgeblichen objektiv-normativen Maßstabs ist ein allgemeiner Beurteilungsspielraum ausgeschlossen.[40] Die Rechtsprechung billigt den Beteiligten lediglich einen „gewissen unternehmerischen Handlungsspielraum"[41] zu.

8 **b) Angemessenheit der Gegenleistung.** Bestehen **Marktpreise,** sind diese grundsätzlich sowohl als Erwerbs- als auch als Veräußerungspreise maßgeblich.[42] Höhere Bezugspreise müssen durch anderweitige Vorteile für die Gesellschaft kompensiert werden; niedrigere Veräußerungspreise müssen durch betriebliche Gründe gerechtfertigt sein,[43] zB Veräußerung größeren Warenbestandes gegen Preisnachlass zur Behebung eines Liquiditätsengpasses. **Fehlen Marktpreise,** wird ein „hypothetischer Marktvergleich" – ggf. anhand von der Gesellschaft getätigter Drittgeschäfte[44] – für erforderlich gehalten.[45] Soweit möglich hat die Preisfindung – zB bei der Veräußerung von Unternehmen und Unternehmensteilen – unter Anwendung anerkannter Bewertungsmethoden zu erfolgen,[46] die regelmäßig zu einer Preisspanne führen. Erst wenn diese im Rahmen des Austauschgeschäfts überschritten wird, ist von einem objektiven Missverhältnis auszugehen. Bei der Veräußerung von Gegenständen des Anlagevermögens soll auf den Wiederbeschaffungswert abzustellen sein.[47] Bei der Veräußerung von Aktien aus dem Vermögen der Gesellschaft ist der Börsenkurs die Preisuntergrenze; in der Regel soll ein Paketzuschlag erforderlich werden.[48] Besteht kein Börsenkurs, so muss sich der Preis an zeitnahen Anschaffungs- oder Abgabepreisen orientieren.[49] Austauschgeschäfte mit Aktionären zum **Selbstkostenpreis** verstoßen dann gegen § 57 Abs. 1 S. 1, wenn die Gesellschaft am Markt einen höheren Preis hätte erzielen können.[50] Bei der Bemessung der Gegenleistung des Aktionärs ist zu beachten, dass auch **bilanziell neutrale** Geschäfte eine verdeckte Gewinnausschüttung darstellen können, wenn die Gegenleistung hinter dem **Verkehrswert** der Leistung der Gesellschaft zurück-

---

[32] Vgl. Schmidt/Lutter/*Fleischer* Rn. 10; MHdB AG/*Rieckers* § 16 Rn. 60 f.
[33] Vgl. Schmidt/Lutter/*Fleischer* Rn. 10; GroßkommAktG/*Henze* Rn. 37.
[34] Vgl. Hüffer/*Koch* Rn. 7; MHdB AG/*Rieckers* § 16 Rn. 68.
[35] Vgl. Schmidt/Lutter/*Fleischer* Rn. 11 mwN.
[36] AllgM, zB MüKoAktG/*Bayer* Rn. 49 ff.; Hüffer/*Koch* Rn. 8.
[37] Zum Begriff MüKoAktG/*Bayer* Rn. 49.
[38] Definition in Anlehnung an BGH NJW 1996, 589 (590); OLG Hamburg ZIP 2005, 1968 (1969) zur GmbH; vgl. MüKoAktG/*Bayer* Rn. 49.
[39] Vgl. Hüffer/*Koch* Rn. 8; MHdB AG/*Rieckers* § 16 Rn. 59; *Wand/Tillmann/Heckenthaler* AG 2009, 148 (150).
[40] Vgl. Hüffer/*Koch* Rn. 10; Schmidt/Lutter/*Fleischer* Rn. 12.
[41] Vgl. BGH NJW 1987, 1194 (1195); NJW 1966, 589 (590).
[42] Vgl. Hüffer/*Koch* Rn. 10; Spindler/Stilz/*Cahn/v. Spannenberg* Rn. 21.
[43] Vgl. BGH NJW 1987, 1194 (1195); Spindler/Stilz/*Cahn/v. Spannenberg* Rn. 21.
[44] Vgl. MüKoAktG/*Bayer* Rn. 58.
[45] Vgl. Schmidt/Lutter/*Fleischer* Rn. 13; ähnlich Spindler/Stilz/*Cahn/v. Spannenberg* Rn. 22.
[46] Vgl. Schmidt/Lutter/*Fleischer* Rn. 13; Hüffer/*Koch* Rn. 9; MüKoAktG/*Bayer* Rn. 40.
[47] Vgl. Hüffer/*Koch* Rn. 10.
[48] MüKoAktG/*Bayer* Rn. 59.
[49] MüKoAktG/*Bayer* Rn. 41; Hüffer/*Koch* Rn. 9.
[50] Schmidt/Lutter/*Fleischer* Rn. 14; vgl. *Bezzenberger,* Das Kapital der Aktiengesellschaft, 2005, 229 f.

bleibt.[51] Denn unter dem Gesichtspunkt der wertmäßigen Vermögensbindung ist allein der „Verlust" des vorher im Gesellschaftsvermögen vorhandenen Gegenstandes relevant, nicht aber, ob und mit welcher Höhe er in der Bilanz ausgewiesen war.[52] Daher verstößt die Veräußerung eines Grundstücks aus dem Gesellschaftsvermögen an den Aktionär zum unter dem Verkehrswert liegenden Buchwert[53] ebenso gegen § 57 Abs. 1 S. 1 wie die Überlassung nicht aktivierungsfähiger immaterieller Vermögensgegenstände des Anlagevermögens (zB gewerbliches Schutzrecht) an den Hauptaktionär ohne angemessene Gegenleistung.[54]

c) Subjektive Tatbestandselemente? Teilweise[55] wird im Rahmen von Austauschgeschäften zwischen Gesellschaft und Aktionär für einen Verstoß gegen § 57 Abs. 1 S. 1 neben dem objektiven Missverhältnis von Leistung und Gegenleistung für erforderlich gehalten, dass der im Missverhältnis liegende Vermögensvorteil dem Aktionär von der Gesellschaft gerade in dem Bewusstsein zugewendet wird, dass der Empfänger Aktionär ist (sog. „causa societatis"). Die zutreffende hM[56] hält ein solches subjektives Element zur Begründung eines Verstoßes gegen § 57 Abs. 1 S. 1 **nicht für erforderlich.** Dafür spricht der Schutzzweck der Norm (→ Rn. 2). Für die Schutzbedürftigkeit der Gläubiger der Gesellschaft und ihr Interesse an der Kapitalerhaltung sind subjektive Elemente im Zusammenhang mit der Leistung der Gesellschaft ohne Bedeutung. 9

d) Einzelfälle. In der Rechtsprechung wurden als verdeckte Einlagenrückgewähr iSd § 57 Abs. 1 10
S. 1 zB beurteilt[57] die Übernahme von Bauleistungen zu ersichtlich nicht kostendeckenden Preisen,[58] die Überlassung eines Warenzeichens an einen ausscheidenden Aktionär ohne angemessene Gegenleistung,[59] die Veräußerung von Beteiligungen unter Marktpreis[60] und die vorzeitige Rückzahlung eines noch nicht fälligen Darlehens durch die Gesellschaft, wodurch der bürgende Aktionär vorzeitig von seiner Bürgenhaftung befreit wird.[61] Darüber hinaus kommt ein Verstoß gegen § 57 Abs. 1 S. 1 in Betracht, wenn zwar der Tatbestand der Ausnahmevorschriften des Abs. 1 S. 2–4 eröffnet, deren besonderen Voraussetzungen jedoch nicht erfüllt sind, zB bei einer Darlehensgewährung an den Aktionär kein vollwertiger Rückzahlungsanspruch iSd Abs. 1 S. 3 besteht. Dasselbe gilt, wenn beim nach §§ 71 ff. zulässigen Erwerb eigener Aktien ein überhöhter Kaufpreis gezahlt wird.[62] Darüber hinaus soll – sofern nicht ein Ausnahmefall gemäß Abs. 1 S. 3 Alt. 2 vorliegt – bereits die **Bestellung** einer schuldrechtlichen oder dinglichen **Sicherheit** durch die Gesellschaft zugunsten des Aktionärs und nicht erst die spätere Sicherheitenverwertung den Tatbestand der Einlagenrückgewähr verwirklichen.[63] Das gilt auch bei Zahlung der üblichen Avalprovision, da diese das sog. „Klumpenrisiko", das sich nur von Kreditinstituten über eine große Anzahl von Geschäften ausgleichen lässt, nicht beseitigt.[64] Ausnahmsweise kann die Sicherheitenbestellung zulässig sein, wenn mit ihr im Gegenzug Vorteile verknüpft sind, die auch aus Sicht eines Dritten das mit der Sicherheitenbestellung verbundene Risiko als vertretbar erscheinen lassen.[65] Der verdeckte **Abkauf einer Anfechtungsklage** verstößt ebenso wie der offene Abkauf (→ Rn. 6) gegen § 57 Abs. 1 S. 1;[66] dabei ist unerheblich, in welcher Form die Leistungen an die Anfechtungskläger erbracht werden (zB als Übernahme der

---

[51] Vgl. Spindler/Stilz/*Cahn/v. Spannenberg* Rn. 16; GroßkommAktG/*Henze* Rn. 11.

[52] Vgl. Schmidt/Lutter/*Fleischer* Rn. 17.

[53] Vgl. hierzu Spindler/Stilz/*Cahn/v. Spannenberg* Rn. 16; *Bezzenberger,* Das Kapital der Aktiengesellschaft, 2005, 220 ff.

[54] Vgl. OLG Frankfurt AG 1996, 324 (326); Schmidt/Lutter/*Fleischer* Rn. 17; *Habersack* ZGR 2009, 349 (353).

[55] Vgl. *Ballerstedt,* Kapital, Gewinn und Ausschüttung bei Kapitalgesellschaften, 1949, 118 f.; *Bezzenberger,* Das Kapital der Aktiengesellschaft, 2005, 232 ff.; ähnlich Spindler/Stilz/*Cahn/v. Spannenberg* Rn. 26; vgl. auch *Geßler,* FS Fischer, 1979, 131 (135 f.).

[56] Hüffer/*Koch* Rn. 11; MüKoAktG/*Bayer* Rn. 63 f.; MHdB AG/*Rieckers* § 16 Rn. 59; einschr. Schmidt/Lutter/*Fleischer* Rn. 20: Möglichkeit des Entlastungsbeweises für Aktionär; für allein objektiv-normativen Maßstab bei der GmbH BGH NJW 1987, 1194 (1195); 1966, 589 (590).

[57] Vgl. die Übersichten bei Hüffer/*Koch* Rn. 12; Schmidt/Lutter/*Fleischer* Rn. 21.

[58] Vgl. BGH NJW 1987, 1194 (1195).

[59] Vgl. OLG Frankfurt AG 1996, 324 (325 f.).

[60] Vgl. OLG Karlsruhe WM 1984, 656 (658 f.).

[61] Vgl. KG NZG 1999, 161 (161 f.).

[62] MHdB AG/*Rieckers* § 16 Rn. 62; MüKoAktG/*Bayer* Rn. 72 f.

[63] Vgl. OLG Hamburg AG 1980, 275 (278 f.); OLG Düsseldorf AG 1980, 273 (274); OLG München AG 1980, 272 (273); OLG Koblenz AG 1977, 231 (232); Spindler/Stilz/*Cahn/v. Spannenberg* Rn. 38; MüKoAktG/*Bayer* Rn. 182; aA *Tillmann* NZG 2008, 401 (404) zu § 30 GmbHG.

[64] OLG Koblenz AG 1977, 231 (232); MüKoAktG/*Bayer* Rn. 183; *Wand/Tilmann/Heckenthaler* AG 2009, 148 (151).

[65] Vgl. *Kiefner/Theusinger* NZG 2008, 801 (803).

[66] Vgl. BGH NJW 1992, 2821 (2822); Schmidt/Lutter/*Fleischer* Rn. 23; MüKoAktG/*Bayer* Rn. 78.

Verfahrenskosten, Beraterhonorare etc).[67] Bei nicht eindeutiger Rechtslage soll jedoch ein Vergleich möglich sein, wenn er auf Vorschlag und unter Mitwirkung des Prozessgerichts abgeschlossen wird.[68] Ferner sind mit § 57 Abs. 1 S. 1 **Kursgarantien** nicht zu vereinbaren, mit denen sich die Gesellschaft gegenüber dem Aktionär zum Ausgleich von Kursverlusten verpflichtet.[69] Dasselbe gilt für eine Wiederkaufsverpflichtung der Gesellschaft zu einem bestimmten garantierten Preis.[70] Stellt die Gesellschaft bei der **Platzierung neuer Aktien** die Emissionsbank nicht nur wegen von der Gesellschaft zu vertretender Unrichtigkeiten des Prospekts von ihrer Prospekthaftung (vgl. §§ 21, 22 WpPG) frei – was im Hinblick auf § 57 Abs. 1 S. 1 zulässig sein soll –, sondern soll die Freistellung auch von der Emissionsbank zu verantwortende Fehlinformationen umfassen, liegt ein Verstoß gegen § 57 Abs. 1 S. 1 vor.[71] Übernimmt das Emissionsunternehmen – gilt wohl nicht für Emissionsbanken – das dem **Altaktionär** zur Last fallende Prospekthaftungsrisiko ohne Freistellungsvereinbarung oder andere konkrete bilanziell wirksame Vorteile, liegt eine nach § 57 Abs. 1 S. 1 unzulässige Rückgewähr der Einlagen an den Altaktionär vor.[72]

11 **4. Leistungen an oder durch Dritte.** § 57 Abs. 1 S. 1 erfasst nach seinem Wortlaut nur Leistungen der Gesellschaft an ihren Aktionär. Sinn und Zweck der Norm (→ Rn. 2) lassen es jedoch erforderlich erscheinen, den Anwendungsbereich unter bestimmten Voraussetzungen auf Leistungen an oder durch Dritte auszudehnen. Vermögensverlagerungen unter Beteiligung Dritter erfüllen daher den Tatbestand des Abs. 1 S. 1, wenn sie bei wirtschaftlicher Betrachtung der „Einlagenrückgewähr" in diesem Sinne entsprechen.[73] Dabei können in Ausnahmefällen gleichzeitig sowohl als Leistender als auch als Empfänger der Leistung jeweils verschiedene Dritte auftreten.[74]

12 **a) Leistungen durch Dritte.** Der Tatbestand des Abs. 1 S. 1 ist erfüllt, wenn ein Dritter Leistungen **auf Rechnung der Gesellschaft** an einen Aktionär erbringt.[75] Ansonsten wäre der Zugriff auf das Gesellschaftsvermögen im Wege mittelbarer Stellvertretung möglich.[76] In diesem Fall hat der Verstoß gegen das Verbot der Einlagenrückgewähr für das Rechtsverhältnis zwischen dem Dritten und dem Aktionär keine Folgen; dem Dritten steht jedoch analog § 56 Abs. 3 S. 1 (→ § 56 Rn. 13) gegen die Gesellschaft kein Aufwendungsersatzanspruch zu.[77] Dasselbe gilt für Zuwendungen eines Dritten auf eigene Rechnung, wenn es sich bei dem Dritten um ein von der Gesellschaft **abhängiges** oder in ihrem **Mehrheitsbesitz stehendes** Unternehmen handelt;[78] insoweit wird zur Rechtfertigung der Rechtsgedanken aus § 56 Abs. 2 (→ § 56 Rn. 6 ff.), § 71d (→ § 71d Rn. 8 ff.) angeführt.[79]

13 **b) Leistungen an Dritte.** Leistungen an einen **früheren Aktionär** sind „Einlagenrückgewähr" iSd Abs. 1 S. 1, wenn dieser im Zeitpunkt der Leistungszusage noch Aktionär war.[80] Auch ohne Leistungszusage kann eine Leistung an einen früheren Aktionär eine verbotene Vermögenszuwendung darstellen, wenn sie mit Rücksicht auf die Aktionärseigenschaft und in einem engen zeitlichen und sachlichen Zusammenhang mit dieser gewährt worden ist.[81] Maßgeblich sind dabei die Umstände des Einzelfalls; insbesondere lässt sich keine feste zeitliche Grenze ziehen.[82] Entsprechendes kann auch bei Leistungen an **künftige Aktionäre** gelten.[83] Darüber hinaus fallen Leistungen an einen **faktischen Aktionär,** der wirtschaftlich die Aktionärsposition bekleidet, in den Anwendungs-

---

[67] MHdB AG/*Rieckers* § 16 Rn. 68.

[68] MHdB AG/*Rieckers* § 16 Rn. 68; offenlassend Schmidt/Lutter/*Fleischer* Rn. 23; aA GroßkommAktG/*Henze* Rn. 71.

[69] MüKoAktG/*Bayer* Rn. 76; Spindler/Stilz/*Cahn/v. Spannenberg* Rn. 44; Schmidt/Lutter/*Fleischer* Rn. 22.

[70] MüKoAktG/*Bayer* Rn. 76; Schmidt/Lutter/*Fleischer* Rn. 22.

[71] Vgl. Schmidt/Lutter/*Fleischer* Rn. 24; Spindler/Stilz/*Cahn/v. Spannenberg* Rn. 40; in diese Richtung auch MüKoAktG/*Bayer* Rn. 80.

[72] Vgl. BGH NZG 2011, 829 Rn. 24 ff.; Hüffer/*Koch* Rn. 15 mwN; MüKoAktG/*Bayer* Rn. 81; Schmidt/Lutter/*Fleischer* Rn. 25; Spindler/Stilz/*Cahn/v. Spannenberg* Rn. 40; ausf. zu sog. „gemischten Platzierungen", dh solchen, bei denen neue und bestehende Aktien platziert werden, *Mertens* AG 2015, 881 (882 ff.), der eine Verteilung der Kosten für eine gemischte Platzierung pro rata ablehnt.

[73] Vgl. Schmidt/Lutter/*Fleischer* Rn. 29; Spindler/Stilz/*Cahn/v. Spannenberg* Rn. 56 ff.

[74] Vgl. Schmidt/Lutter/*Fleischer* Rn. 32.

[75] AllgM, zB Schmidt/Lutter/*Fleischer* Rn. 30; MHdB AG/*Rieckers* § 16 Rn. 70.

[76] Hüffer/*Koch* Rn. 17.

[77] MüKoAktG/*Bayer* Rn. 102; Hüffer/*Koch* Rn. 17.

[78] AllgM, zB Hüffer/*Koch* Rn. 17; MüKoAktG/*Bayer* Rn. 103.

[79] Vgl. Hüffer/*Koch* Rn. 17; MüKoAktG/*Bayer* Rn. 103.

[80] Vgl. OLG Frankfurt AG 1996, 324 (325); OLG Hamburg AG 1980, 275 (278); MHdB AG/*Rieckers* § 16 Rn. 71; MüKoAktG/*Bayer* Rn. 112.

[81] Vgl. Hüffer/*Koch* Rn. 18; MHdB AG/*Rieckers* § 16 Rn. 71; Schmidt/Lutter/*Fleischer* Rn. 31.

[82] Vgl. MüKoAktG/*Bayer* Rn. 111 f.; Hüffer/*Koch* Rn. 18; Schmidt/Lutter/*Fleischer* Rn. 33.

[83] Vgl. BGH AG 2008, 120 (121) = WM 2008, 161; Hüffer/*Koch* Rn. 18; MHdB AG/*Rieckers* § 16 Rn. 71.

bereich des Abs. 1 S. 1. Insoweit werden als relevant betrachtet Leistungen an den Treugeber des Aktionärs,[84] den beherrschenden Gesellschafter einer Gesellschaft, die ihrerseits an der leistenden Gesellschaft beteiligt ist,[85] den gesetzlichen oder rechtsgeschäftlichen Vertreter des Aktionärs,[86] den Nießbraucher[87] sowie den atypischen, dh mit aktionärsähnlichen Befugnissen ausgestatteten Pfandgläubiger[88] bzw. stillen Gesellschafter.[89] Schließlich sind Leistungen an Dritte „Einlagenrückgewähr" iSd Abs. 1 S. 1, wenn sie dem Aktionär **zuzurechnen** sind. Hierzu gehören Leistungen an Dritte für Rechnung[90] oder auf Veranlassung[91] des Aktionärs. Leistungen an nahe Angehörige des Aktionärs[92] oder mit diesem verbundene Unternehmen[93] waren bislang als Fallgruppe anerkannt. Der BGH hat jedoch in einer neueren Entscheidung ein bestehendes Näheverhältnis alleine als Anknüpfung für eine Zurechnung in Frage gestellt. Danach stellt die Rückzahlung einer Bareinlage zur Tilgung eines vom Ehegatten eines Inferenten gewährten Darlehens keine verdeckte Sacheinlage dar, wenn nicht anzunehmen ist, dass das Darlehen wirtschaftlich vom Inferenten gewährt wurde. Das Eheverhältnis zum Inferenten alleine genüge für eine solche Annahme nicht aus.[94] Nach dieser Entscheidung wird eine Leistung der AG an nahe Familienangehörige nicht mehr generell zugerechnet werden können.[95] Vielmehr kann der Aktionär einwenden, die Rückzahlung an die ihm nahestehende Person sei nicht auf seine Veranlassung erfolgt.[96]

III. Ausnahmen vom Verbot der Einlagenrückgewähr (Abs. 1 S. 2–4)

1. Zulässiger Erwerb eigener Aktien (Abs. 1 S. 2). Nach § 57 Abs. 1 S. 2 gilt die Zahlung des Erwerbspreises beim zulässigen Erwerb eigener Aktien (vgl. §§ 71 ff.) nicht als Einlagenrückgewähr iSd Abs. 1 S. 1. Abs. 1 S. 2 begründet damit eine gesetzliche Ausnahme, da der Rückerwerb eigener Aktien als solcher die Voraussetzungen einer Einlagenrückgewähr iSd Abs. 1 S. 1 erfüllt.[97] Der Ausnahmetatbestand gilt daher nur dann, wenn die Voraussetzungen der **§§ 71 ff.** für einen **zulässigen Rückerwerb** eigener Aktien erfüllt sind; ist dies nicht der Fall, führt der Erwerb eigener Aktien als Verstoß gegen das Verbot der Einlagenrückgewähr zur Anwendung des § 62.[98] Darüber hinaus bezieht sich der Erlaubnistatbestand nur auf den **Erwerbsanlass, nicht** auf die **Preisgestaltung.**[99] Ein Rückerwerb zu überhöhten Kursen verstößt als verdeckte Gewinnausschüttung gegen Abs. 1 S. 1 und bleibt unzulässig.[100] 14

2. Bestehen eines Beherrschungs- oder Gewinnabführungsvertrags (Abs. 1 S. 3 Alt. 1). Nach § 57 Abs. 1 S. 3 Alt. 1 gilt das Verbot der Einlagenrückgewähr nach Abs. 1 S. 1 nicht bei Leistungen, die bei **Bestehen** eines Beherrschungs- oder Gewinnabführungsvertrags iSd § 291 erfolgen. Diese Regelung wurde durch das MoMiG (→ Rn. 4) neu eingefügt. Parallel dazu wurde § 291 Abs. 3 angepasst. Vorgenannte Vorschrift stellt nun Leistungen der Gesellschaft bei Bestehen eines Beherrschungs- oder Gewinnabführungsvertrags von den §§ 57, 58 und 60 frei, während zuvor nur Leistungen **aufgrund** eines Beherrschungs- oder Gewinnabführungsvertrags entsprechend privilegiert waren. Nach der bisherigen Fassung des § 291 Abs. 3 war eine Kausalität des Beherrschungs- oder Gewinnabführungsvertrags für die Leistung der Gesellschaft erforderlich, um den Vorwurf des Verstoßes gegen § 57 Abs. 1 S. 1 zu verhindern. Daher wurde beim isolierten Gewinnabführungsvertrag nur die Gewinnabführung als solche entsprechend privilegiert.[101] Nunmehr genügt es, dass bei 15

[84] Vgl. BGH AG 2008, 120 (121) = WM 2008, 161; Hüffer/*Koch* Rn. 19.
[85] Vgl. Schmidt/Lutter/*Fleischer* Rn. 31; MüKoAktG/*Bayer* Rn. 112.
[86] Vgl. Schmidt/Lutter/*Fleischer* Rn. 31; GroßkommAktG/*Henze* Rn. 83.
[87] Vgl. MüKoAktG/*Bayer* Rn. 114.
[88] Vgl. BGHZ 119, 191 (195) = NJW 1992, 3035; MüKoAktG/*Bayer* Rn. 115.
[89] Vgl. BGHZ 106, 7 (9 f.) = NJW 1989, 982; MüKoAktG/*Bayer* Rn. 116.
[90] AllgM, zB OLG Hamburg AG 1980, 275 (278); Hüffer/*Koch* Rn. 19.
[91] Vgl. Schmidt/Lutter/*Fleischer* Rn. 31; Hüffer/*Koch* Rn. 19.
[92] Vgl. zB BGHZ 81, 365 (369) = NJW 1982, 386; MüKoAktG/*Bayer* Rn. 123.
[93] Vgl. BGHZ 81, 365 (369) = NJW 1982, 386; MüKoAktG/*Bayer* Rn. 124; Schmidt/Lutter/*Fleischer* Rn. 31.
[94] Vgl. BGH NZG 2011, 667 (668 f.).
[95] MüKoAktG/*Bayer* Rn. 123; Hüffer/*Koch* Rn. 19; aA ohne Berücksichtigung der zuvor genannten BGH-Entscheidung Schmidt/Lutter/*Fleischer* Rn. 31; für bloße Vermutung Spindler/Stilz/*Cahn/v. Spannenberg* Rn. 76.
[96] Ebenfalls für eine „sekundäre Behauptungslast" des Aktionärs MüKoAktG/*Bayer* Rn. 123; für eine widerlegbare Vermutung Spindler/Stilz/*Cahn/v. Spannenberg* Rn. 76.
[97] Hüffer/*Koch* Rn. 20; vgl. Schmidt/Lutter/*Fleischer* Rn. 34.
[98] Hüffer/*Koch* Rn. 20.
[99] Hüffer/*Koch* Rn. 20; MüKoAktG/*Bayer* Rn. 128; Schmidt/Lutter/*Fleischer* Rn. 34; MHdB AG/*Rieckers* § 16 Rn. 74.
[100] Vgl. Hüffer/*Koch* Rn. 20; Schmidt/Lutter/*Fleischer* Rn. 34; MHdB AG/*Rieckers* § 16 Rn. 74.
[101] Vgl. Hüffer/*Koch* § 291 Rn. 36.

Leistungen der Gesellschaft ein Beherrschungs- oder Gewinnabführungsvertrag besteht.[102] Es kommt nicht mehr darauf an, dass es sich bei der betreffenden Leistung um eine Zahlung aufgrund einer rechtmäßigen Weisung des beherrschenden Unternehmens bzw. um die Gewinnabführung handelt.[103] Dadurch, dass das „Bestehen" eines Beherrschungs- oder Gewinnabführungsvertrags maßgeblich ist, sind nicht nur Leistungen zwischen den Vertragsteilen eines Beherrschungs- oder Gewinnabführungsvertrags aus dem Anwendungsbereich des § 57 Abs. 1 S. 1 herausgenommen. Nach dem Willen des Gesetzgebers sollen auch Leistungen an Dritte auf Veranlassung des herrschenden Unternehmens, zB an andere Konzernunternehmen oder an Unternehmen, die mit dem herrschenden Unternehmen oder anderen Konzernunternehmen in Geschäftsverbindungen stehen, vom Verbot der Einlagenrückgewähr freigestellt werden.[104] Damit spielt das Verbot der Einlagenrückgewähr beim **Cash-Pool** im Vertragskonzern bei aufsteigenden Darlehen keine Rolle mehr.[105]

16 **3. Deckung durch vollwertigen Gegenleistungs- oder Rückgewähranspruch (Abs. 1 S. 3 Alt. 2).** Nach § 57 Abs. 1 S. 3 Alt. 2 gilt das Verbot der Einlagenrückgewähr darüber hinaus nicht bei Leistungen, die durch einen vollwertigen Gegenleistungs- oder Rückgewähranspruch gegen den Aktionär gedeckt sind.

17 **a) Grundsätze.** Auch der Ausnahmetatbestand der Deckung durch einen vollwertigen Gegenleistungs- oder Rückgewähranspruch ist durch das MoMiG (→ Rn. 4) in § 57 Abs. 1 – und gleichlautend – in die Parallelregelung des § 30 Abs. 1 GmbHG eingefügt worden. Der Gesetzgeber wollte damit in der Praxis in Folge des „November"-Urteils des BGH[106] entstandene Unsicherheiten über die Zulässigkeit von Darlehen und anderen Leistungen mit Kreditcharakter durch die Gesellschaft an Aktionäre (sog. „upstream-loans") im Allgemeinen und der in Konzernen sehr verbreiteten Praxis des Cash-Pooling im Besonderen beseitigen.[107] Mit der Ergänzung des § 57 Abs. 1 durch S. 3 Alt. 2 ordnet der Gesetzgeber im Zusammenhang mit der aktienrechtlichen Vermögensbindung die **bilanzielle Betrachtungsweise** ausdrücklich an.[108] Maßgeblich sollen die allgemeinen Bilanzierungsgrundsätze sein.[109] Bei einer Leistung, die durch einen vollwertigen Gegenleistungs- oder Rückerstattungsanspruch gedeckt wird, wird danach lediglich ein **Aktivtausch** vorgenommen.[110] Die Durchsetzbarkeit der Forderung wird als Teil der Definition des Begriffs der Vollwertigkeit betrachtet und soll daher keiner besonderen Erwähnung bedürfen.[111] Spätere, nicht vorhersehbare negative Entwicklungen der Forderung gegen den Gesellschafter und bilanzielle Abwertungen sollen nach dem Willen des Gesetzgebers nicht nachträglich zu einer verbotenen Auszahlung führen.[112] Allerdings kann das zur Führung der Geschäfte berufene Organ gegen seine Sorgfaltspflicht verstoßen, wenn es solche Forderungen stehen lässt, obwohl es sie hätte einfordern können.[113] Der Gesetzgeber betrachtet Abs. 1 S. 3 Alt. 2 nicht als konstitutive Neuregelung, sondern als lediglich klarstellende „Rückkehr zur bilanziellen Betrachtungsweise", die bis zum „November"-Urteil des BGH „problemlos anerkannt" gewesen sei.[114] Der BGH[115] hat in Anbetracht dieser „Klarstellung" seine im „November"-Urteil[116] zum Ausdruck gebrachte abweichende Sichtweise, wonach auch die Vollwertigkeit des Darlehensrückzahlungsanspruchs einen Verstoß gegen § 30 Abs. 1 GmbHG – und damit auch gegen § 57 Abs. 1 S. 1 – nicht verhindern könne, weil der Austausch liquider Haftungsmasse gegen eine zeitlich herausgeschobene schuldrechtliche Forderung die Vermögenslage der Gesellschaft und die Befriedigungsaussichten der Gläubiger verschlechtere[117] – auch für Altfälle aus der Zeit vor

---

[102] Vgl. Hüffer/*Koch* Rn. 21; aA *Wand/Tillmann/Heckenthaler* AG 2009, 148 (154): weiter erforderlich, dass für Gläubiger und außen stehende Aktionäre vollwertiger Verlustausgleichsanspruch besteht.

[103] *Reul* ZNotP 2010, 12 (17); Hüffer/*Koch* Rn. 21; vgl. *Möller* Der Konzern 2008, 1 (3 f.); *Kiefner/Theusinger* NZG 2008, 801 (803).

[104] Beschlussempfehlung BT-Rechtsausschuss, BT-Drs. 16/9737, 56 und 57; Hüffer/*Koch* Rn. 21; *Kiefner/Theusinger* NZG 2008, 801 (803); vgl. ferner *Heckschen/Heidinger* § 16 Rn. 208.

[105] Würzburger Notar-HdB/*Reul* Teil 5 Kap. 4 Rn. 265 und Kap. 5 Rn. 47.

[106] BGHZ 157, 72 = NJW 2004, 1111.

[107] Begr. RegE, BT-Drs. 16/6140, 41, 52.

[108] Begr. RegE, BT-Drs. 16/6140, 41, 52; vgl. Hüffer/*Koch* Rn. 22.

[109] Begr. RegE, BT-Drs. 16/6140, 41, 52.

[110] Begr. RegE, BT-Drs. 16/6140, 41, 52; vgl. Hüffer/*Koch* Rn. 22.

[111] Begr. RegE, BT-Drs. 16/6140, 41, 52.

[112] Begr. RegE, BT-Drs. 16/6140, 41, 52.

[113] Begr. RegE, BT-Drs. 16/6140, 41, 52.

[114] Vgl. Begr. RegE, BT-Drs. 16/6140, 41, 52.

[115] BGHZ 179, 71 Rn. 12 = NJW 2009, 850 – MPS; zust. Hüffer/*Koch* Rn. 22.

[116] BGHZ 157, 72 = NJW 2004, 1111 zu § 30 GmbHG.

[117] Vgl. BGHZ 157, 72 (75 ff.) = NJW 2004, 1111 zu § 30 GmbHG; dem BGH zust. für das Aktienrecht MüKoAktG/*Bayer* Rn. 153 ff. mwN; vgl. hierzu Spindler/Stilz/*Cahn/v. Spannenberg* Rn. 138 ff.

dem Inkrafttreten des § 57 Abs. 1 S. 3 ausdrücklich aufgegeben. Auch wenn die Bestellung von **Sicherheiten** in den Gesetzesmaterialien nicht erwähnt ist, gilt Abs. 1 S. 3 Alt. 2 auch für diese, da es sich hierbei ebenfalls um eine Leistung der Gesellschaft handelt, die dem Aktionär zugutekommt.[118] Dasselbe gilt für die Kreditierung durch Stundung der Gegenleistung des Aktionärs in Austauschverträgen mit der Gesellschaft.[119]

b) Tatbestandsmerkmale. aa) Vollwertigkeit. Das Kriterium der Vollwertigkeit beurteilt sich gemäß der in der Begründung des Regierungsentwurfs zum MoMiG (→ Rn. 17) betonten bilanziellen Betrachtungsweise nach bilanziellen Maßstäben. Vollwertigkeit ist danach gegeben, wenn dem Gegenleistungs- oder Rückgewähranspruch unter Berücksichtigung der Bonität des Schuldners kein über das allgemeine Kreditrisiko hinausgehendes Risiko anhaftet oder hinreichende Sicherheiten bestehen.[120] Danach ist die Vollwertigkeit regelmäßig zu verneinen, wenn die Durchsetzung des Gegenleistungs- oder Rückgewähranspruchs „absehbar in Frage gestellt ist".[121] Im Gegenschluss bedeutet dies, dass dem Vollwertigkeitsgebot dann Genüge getan ist, wenn die Durchsetzbarkeit absehbar nicht gefährdet erscheint, also **bilanziell kein Abwertungsbedarf** besteht.[122] Eine an Sicherheit grenzende Wahrscheinlichkeit der Darlehensrückzahlung ist nicht erforderlich.[123] Maßgeblich ist der Zeitpunkt der Begründung des Gegenleistungs- oder Rückgewähranspruchs, bei Darlehen damit der Zeitpunkt der Valutierung.[124] Die nachträgliche Verschlechterung der Erfüllungsaussichten des Gegenleistungs- oder Rückgewähranspruchs als solche begründet keine (neue) Leistung iSd § 57 Abs. 1 S. 1.[125] Aufgrund der „angeordneten" bilanziellen Betrachtungsweise dürfen an das Tatbestandsmerkmal der Vollwertigkeit keine höheren Anforderungen gestellt werden, als sich aus dem Bilanzrecht ergeben. Erlaubt es das Bilanzrecht, den Gegenleistungs- oder Rückgewähranspruch auch ohne Stellung von Sicherheiten zum Nennwert zu aktivieren, ist auch für den Ausnahmetatbestand des § 57 Abs. 1 S. 3 Alt. 2 die Besicherung des Anspruchs nicht geboten.[126] Allerdings kann eine Besicherung zum Ausschluss eines an sich bestehenden Abwertungsbedarfs führen, da bestehende und verwertbare Sicherheiten in die Beurteilung des Ausfallrisikos einfließen; folglich kann eine Besicherung, die das Ausfallrisiko eliminiert, einem Rückgewähranspruch zur – ansonsten nicht gegebenen – Vollwertigkeit verhelfen.[127] Fehlt hingegen die Vollwertigkeit nur in einem geringen Maße, liegt in vollem Umfang eine nach Abs. 1 S. 1 verbotene Leistung der Gesellschaft vor.[128] 18

bb) Deckungsgebot. Das in Abs. 1 S. 3 Alt. 2 nun ausdrücklich normierte Deckungsgebot wurde vor Inkrafttreten des MoMiG (→ Rn. 4) in der Praxis bei der Prüfung von Austauschgeschäften auf eine verdeckte Gewinnausschüttung bereits als „ungeschriebenes Tatbestandsmerkmal" des Abs. 1 S. 1 behandelt.[129] Nach dem in der Literatur als „bare Selbstverständlichkeit"[130] bezeichneten Deckungsgebot liegt ein neutraler, das Eigenkapital der Gesellschaft nicht schmälernder Gesamtvorgang nur dann vor, wenn Leistung und Gegenleistung bzw. Rückgewähranspruch sich wertmäßig in der Höhe entsprechen.[131] Eine eigenständige Bedeutung kommt dem Deckungsgebot hinsichtlich der realen Kapitalerhaltung dann zu, wenn bei Austauschgeschäften der bilanzielle Buchwert der Leistung – zB aufgrund von Abschreibungen oder stillen Reserven – hinter dem Marktwert zurückbleibt und deshalb zur Herbeiführung der Deckung auf den Marktwert abzustellen ist.[132] Das 19

---

[118] Vgl. *Kiefner/Theusinger* NZG 2008, 801 (804); *Habersack* ZGR 2009, 347 (353); Hüffer/*Koch* Rn. 25 f.

[119] Vgl. *Habersack* ZGR 2009, 347 (353).

[120] *Müller/Leuschner* NZG 2009, 281 (282); vgl. Hüffer/*Koch* Rn. 25.

[121] Vgl. Begr. RegE, BT-Drs. 16/6140, 41, 52.

[122] *Kiefner/Theusinger* NZG 2008, 801 (804); vgl. *Schickerling/Blunk* GmbHR 2009, 1295 (1296); Lutter/Hommelhoff/*Hommelhoff* GmbHG § 30 Rn. 28; Baumbach/Hueck/*Fastrich* GmbHG § 30 Rn. 42.

[123] Begr. RegE, BT-Drs. 16/6140, 41, 52; vgl. *Schickerling/Blunk* GmbHR 2009, 1295 (1296); strenger Hüffer/*Koch* Rn. 25.

[124] Vgl. *Müller/Leuschner* NZG 2009, 281 (282); *Schickerling/Blunk* GmbHR 2009, 1295 (1296); vgl. Hüffer/*Koch* Rn. 25; Lutter/Hommelhoff/*Hommelhoff* GmbHG § 30 Rn. 26; Baumbach/Hueck/*Fastrich* GmbHG § 30 Rn. 43.

[125] *Müller/Leuschner* NZG 2009, 281 (282); *Schickerling/Blunk* GmbHR 2009, 1295 (1297).

[126] Vgl. *Habersack* ZGR 2009, 347 (354); *Schickerling/Blunk* GmbHR 2009, 1295 (1296); *Blaschke/König* GmbHR 2009, 897 (900); Baumbach/Hueck/*Fastrich* GmbHG § 30 Rn. 42.

[127] Vgl. *Schickerling/Blunk* GmbHR 2009, 1295 (1296 f.); *Blaschke/König* GmbHR 2009, 897 (900); Baumbach/Hueck/*Fastrich* GmbHG § 30 Rn. 42.

[128] Vgl. *Heckschen/Heidinger* § 16 Rn. 179 ff.

[129] Vgl. *Habersack* ZGR 2009, 347 (353).

[130] *Kiefner/Theusinger* NZG 2008, 801 (804).

[131] *Kiefner/Theusinger* NZG 2008, 801 (804).

[132] Vgl. Begr. RegE, BT-Drs. 16/6140, 41, 52; *Kiefner/Theusinger* NZG 2008, 801 (804); *Wand/Tillmann/Heckenthaler* AG 2009, 148 (152).

Deckungsverbot stellt damit sicher, dass der Veränderung des Gesellschaftsvermögens auch wertmäßig nach Marktwerten ein Äquivalent gegenübersteht.[133]

20 **c) Aufsteigende Darlehen. aa) Rechtslage vor Inkrafttreten des MoMiG.** Vor Inkrafttreten des MoMiG (→ Rn. 4) entsprach es der hM[134] im Aktienrecht, dass die Gewährung eines Darlehens durch die Gesellschaft an einen Aktionär („upstream-loans") ohne Verstoß gegen § 57 Abs. 1 S. 1 nur dann gewährt werden konnte, wenn das Darlehensgeschäft dem Drittvergleich (→ Rn. 7) standhielt, dh in dieser Form und zu gleichen Bedingungen auch einem Dritten gewährt worden wäre. Dies setzte voraus, dass die Lage der Gesellschaft einen entsprechenden Liquiditätsabfluss zuließ und das Darlehen sowohl angemessen verzinst als auch angemessen besichert war. Die Werthaltigkeit des Rückzahlungsanspruchs allein wurde nicht als ausreichend erachtet.[135] Gewisse Einschränkungen ergaben sich für den Vertragskonzern (vgl. § 291 Abs. 3 aF), die Eingliederung (vgl. § 323 Abs. 2) und den faktischen Konzern (vgl. § 311). Ein Sonderrecht für die konzerninterne Fremdfinanzierung („Cash-Pooling") hatte der BGH jedoch abgelehnt.[136] Das zum GmbH-Recht ergangene „November"-Urteil stellte somit für das Aktienrecht nicht zuvor zulässige Kreditgewährungen in Frage, sondern bestätigte im Ergebnis die Positionen der hM.[137] Vor diesem Hintergrund erscheint es daher als zweifelhaft, wenn der Neuregelung in Abs. 1 S. 3 mit der vom Gesetzgeber beabsichtigten „Rückkehr zur bilanziellen Betrachtungsweise", die insbesondere Unsicherheiten über die Zulässigkeit von aufsteigenden Darlehen beseitigen soll, ein – lediglich – deklaratorischer Charakter bescheinigt wird.[138]

21 **bb) Vollwertigkeit und Deckung.** Abs. 1 S. 3 Alt. 2 erlaubt ein aufsteigendes Darlehen, wenn die Darlehensgewährung durch einen vollwertigen Rückgewähranspruch gegen den Aktionär gedeckt ist. Bei der Beurteilung des Darlehensrückzahlungsanspruchs der Gesellschaft gelten die **allgemeinen handelsrechtlichen Bilanzierungsgrundsätze** für Forderungen.[139] Eine Forderung ist danach vollwertig, wenn sie in der Bilanz zu ihrem **Nennwert** angesetzt werden kann, also kein Abschreibungsbedarf besteht.[140] Eine Forderung muss abgeschrieben werden, wenn ihre Einbringlichkeit zweifelhaft ist; damit ist die Realisierbarkeit des Rückzahlungsanspruchs für dessen Vollwertigkeit von ausschlaggebender Bedeutung.[141] Insoweit sind die konkreten Umstände des Einzelfalls zum Zeitpunkt der Auskehr des Darlehens maßgeblich. Eine **Besicherung** des Rückzahlungsanspruchs erscheint daher im Hinblick auf das Vollwertigkeitsgebot nicht generell als erforderlich,[142] da sie sich nicht unmittelbar auf die Bilanzierung auswirkt.[143] Der Wortlaut des Abs. 1 S. 3 Alt. 2 weist auf eine abschließende Regelung hin, so dass für das Vorliegen des Ausnahmetatbestandes nicht von Bedeutung ist, ob die Darlehensgewährung im Hinblick auf die Verzinsung dem Drittvergleich standhält.[144] Eine **angemessene Verzinsung** des Darlehensrückzahlungsanspruchs ist daher nur insoweit relevant, als die Bilanzierungsregeln ansonsten eine Abzinsung der Forderung verlangen.[145] Das ist der Fall, wenn die Laufzeit des Darlehens mehr als ein Jahr beträgt. Ist ein solches Darlehen nicht angemessen verzinst, ist der Rückzahlungsanspruch nicht vollwertig.[146] Kurzfristige Darlehen mit einer Laufzeit von weniger als einem Jahr können danach auch un- oder niedrigverzinslich

---

[133] *Kiefner/Theusinger* NZG 2008, 801 (804); vgl. Baumbach/Hueck/*Fastrich* GmbHG § 30 Rn. 37.

[134] Vgl. zB OLG Hamm ZIP 1995, 1263 (1270); OLG Jena ZIP 2007, 1314 (1315); MüKoAktG/*Bayer* Rn. 153 f.; Hüffer/*Koch* Rn. 22 f.; *Seidel* DStR 2004, 1130 (1131); *Wessels* ZIP 2004, 793 (796); diff. Spindler/Stilz/*Cahn/v. Spannenberg* Rn. 138 ff.

[135] Vgl. zB MüKoAktG/*Bayer* Rn. 153; Hüffer/*Koch* Rn. 22 f.

[136] Vgl. BGHZ 166, 8 Rn. 21 = NJW 2006, 1736 zur Kapitalaufbringung; *Wand/Tillmann/Heckenthaler* AG 2009, 148 (150).

[137] Vgl. *Kiefner/Theusinger* NZG 2008, 801 (802).

[138] Vgl. BGHZ 179, 71 Rn. 12 = NJW 2009, 850 – MPS unter Berufung auf Begr. RegE, BT-Drs. 16/6140, 41, 52.

[139] *Wand/Tillmann/Heckenthaler* AG 2009, 148 (151); vgl. *Schickerling/Blunk* GmbHR 2009, 1295 (1296).

[140] *Wand/Tillmann/Heckenthaler* AG 2009, 148 (151).

[141] Vgl. *Kiefner/Theusinger* NZG 2008, 801 (804); *Wand/Tillmann/Heckenthaler* AG 2009, 148 (151 f.).

[142] Ausdrücklich offen gelassen von BGHZ 179, 71 Rn. 11 = NJW 2009, 850 – MPS; vgl. Hüffer/*Koch* Rn. 27.

[143] *Kiefner/Theusinger* NZG 2008, 801 (804); *Borrmann* jurisPR-HaGesR 1/2009 Anm. 1; Baumbach/Hueck/*Fastrich* GmbHG § 30 Rn. 56.

[144] Vgl. *Wand/Tillmann/Heckenthaler* AG 2009, 148 (152); *Kiefner/Theusinger* NZG 2008, 801 (806); *Brocker/Rockstroh* BB 2009, 730 (732); *Schickerling/Blunk* GmbHR 2009, 1295 (1296); aA *Müller/Leuschner* NZG 2009, 281 (282); Lutter/Hommelhoff/*Hommelhoff* GmbHG § 30 Rn. 29 f.

[145] Vgl. *Wand/Tillmann/Heckenthaler* AG 2009, 148 (152).

[146] Vgl. *Möller* Der Konzern 2008, 1 (5); *Kiefner/Theusinger* NZG 2008, 801 (804 f.); *Wand/Tillmann/Heckenthaler* AG 2009, 148 (152); *Reul* ZNotP 2010, 12 (16); *Habersack* ZGR 2009, 343 (360); *Borrmann* jurisPR-HaGesR 1/2009 Anm. 1; aA *Schickerling/Blunk* GmbHR 2009, 1295 (1297): ausreichend ist Zinssatz, der Inflation ausgleicht.

vollwertig sein;[147] dies gilt zumindest dann, wenn sie ordentlich kündbar sind bzw. zeitnah abgezogen werden können.[148] Im Übrigen gilt auch im Zusammenhang mit aufsteigenden Darlehen das **„Alles-oder-Nichts-Prinzip“:** Geringe Defizite bei Vollwertigkeit und Deckung führen zu einem Verstoß gegen § 57 Abs. 1 S. 1; ist trotzdem ausgekehrt worden, besteht ein sofortiger Rückgewähranspruch nach § 62.[149] Hinsichtlich einer möglichen **zivilrechtlichen Verantwortlichkeit** von Vorstand und Aufsichtsrat[150] (§§ 93, 116) erscheint es unabdingbar, laufend etwaige Änderungen des Kreditrisikos zu prüfen und auf eine sich nach der Darlehensausreichung andeutende Bonitätsverschlechterung mit einer Kreditkündigung oder der Anforderung von Sicherheiten zu reagieren.[151] Vor diesem Hintergrund ist somit die Einrichtung eines Informations- oder „Frühwarnsystems“, das eine laufende Risikoanalyse ermöglicht, notwendig.[152]

d) Cash-Pool. Zum Cash-Pool allgemein → § 27 Rn. 53. Das Cash-Pooling schließt mit der 22 Abführung der positiven Salden auf den Konten der beteiligten Gesellschaft an den „Cash-Manager“ die damit verbundene Kreditgewährung der Tochtergesellschaft an die Muttergesellschaft ein. Dabei gelten die allgemeinen Grundsätze (→ Rn. 20 f.). Es besteht allerdings ein Vorrang des Konzernrechts (→ Rn. 15). Im faktischen Konzern verdrängt § 311 als lex specialis § 57 Abs. 1 auch im Zusammenhang mit dem Cash-Pooling.[153] Soweit danach Cash-Pooling an § 57 Abs. 1 S. 1 zu messen ist, ist zu berücksichtigen, dass es sich bei den im Rahmen eines Cash-Pools ausgereichten Darlehen in aller Regel um kurzfristige Kreditgewährungen im Tagesgeschäft handelt. Mangels bilanzieller Abzinsung für unverzinste Darlehen mit einer Laufzeit bis zu einem Jahr wird daher regelmäßig von einer Verzinsung abgesehen werden können.[154]

e) Aufsteigende Sicherheiten. Sicherheiten der Gesellschaft für Verbindlichkeiten des Aktionärs 23 können als Einlagenrückgewähr iSd § 57 Abs. 1 S. 1 zu qualifizieren sein (→ Rn. 10). Der Ausnahmetatbestand des Abs. 1 S. 3 Alt. 2 kann auch für die Bestellung aufsteigender Sicherheiten zur Anwendung gelangen (→ Rn. 17). Insoweit ist ebenfalls auf eine bilanzielle Betrachtungsweise abzustellen.[155] Das aus der Bestellung aufsteigender Sicherheiten resultierende Haftungsverhältnis ist solange nicht zu passivieren und damit bilanzneutral, wie mit einer Inanspruchnahme nicht ernsthaft zu rechnen ist (vgl. §§ 251, 268 Abs. 7 HGB).[156] Das Haftungsverhältnis wird in diesem Fall rechnungslegungstechnisch unter der Bilanz („unter dem Strich“) angegeben, um auf eventuelle Risiken in Form zukünftiger Vermögensbelastungen hinzuweisen.[157] Ist hingegen mit einer Inanspruchnahme zu rechnen, ist diese in der Bilanz auf der Passivseite durch Bildung einer entsprechenden Rückstellung abzubilden.[158] Damit die Bestellung einer Sicherheit gemäß Abs. 1 S. 3 Alt. 2 vom Anwendungsbereich des Abs. 1 S. 1 verschont bleibt, muss sie dann durch einen vollwertigen Rückgriffsanspruch, der der Gesellschaft im Fall der Inanspruchnahme der Sicherheit gegen den Aktionär zusteht, gedeckt sein.[159] Maßgeblich ist insoweit die Vollwertigkeit im **Zeitpunkt** der **Bestellung** der Sicherheit.[160] Für die Beurteilung der Vollwertigkeit gelten die allgemeinen Bilanzierungsgrund-

---

147 *Wand/Tillmann/Heckenthaler* AG 2009, 148 (152); aA *Blaschke/König* GmbHR 2009, 897 (899).

148 *Kiefner/Theusinger* NZG 2008, 801 (804); *Reul* ZNotP 2010, 12 (16).

149 *Reul* ZNotP 2010, 12 (17); Würzburger Notar-HdB/*Reul* Teil 5 Kap. 4 Rn. 265; Baumbach/Hueck/*Fastrich* GmbHG § 30 Rn. 55; diff. *Kiefner/Theusinger* NZG 2008, 801 (804) bei lediglich unzureichender Verzinsung; vgl. auch *Habersack* ZGR 2009, 343 (359 f.).

150 Vgl. hierzu BGHZ 179, 71 Rn. 21 ff. = NJW 2009, 850 – MPS; Baumbach/Hueck/*Fastrich* GmbHG § 30 Rn. 43 zum GmbH-Geschäftsführer.

151 Vgl. BGHZ 179, 71 Rn. 14 = NJW 2009, 850 – MPS; *Wand/Tillmann/Heckenthaler* AG 2009, 148 (153); *Habersack* ZGR 2009, 343 (362 ff.).

152 Vgl. BGHZ 179, 71 Rn. 14 = NJW 2009, 850 – MPS; Würzburger Notar-HdB/*Reul* Teil 5 Kap. 4 Rn. 265; MüKoAktG/*Bayer* Rn. 165; vgl. Lutter/Hommelhoff/*Hommelhoff* GmbHG § 30 Rn. 31, 40 ff., wonach dies im Einzelfall Voraussetzung für die Vollwertigkeit sein soll.

153 BGHZ 179, 71 Rn. 11 = NJW 2009, 850 – MPS; Würzburger Notar-HdB/*Reul* Teil 5 Kap. 5 Rn. 46; *Habersack* ZGR 2009, 343 (355); vgl. *Kiefner/Theusinger* NZG 2008, 801 (802); zur früheren Rechtslage bereits Spindler/Stilz/*Cahn/v. Spannenberg* Rn. 36; aA MüKoAktG/*Bayer* Rn. 173.

154 Vgl. *Brocker/Rockstroh* BB 2009, 730 (731 ff.); aA *Schickerling/Blunk* GmbHR 2009, 1295 (1297): inflationsausgleichende Verzinsung erforderlich.

155 Vgl. Lutter/Hommelhoff/*Hommelhoff* GmbHG § 30 Rn. 34.

156 Vgl. *Wand/Tillmann/Heckenthaler* AG 2009, 148 (152) mwN; Baumbach/Hueck/*Fastrich* GmbHG § 30 Rn. 62.

157 Vgl. *Wand/Tillmann/Heckenthaler* AG 2009, 148 (152); *Kiefner/Theusinger* NZG 2008, 801 (805).

158 Vgl. *Kiefner/Theusinger* NZG 2008, 801 (805).

159 Vgl. *Wand/Tillmann/Heckenthaler* AG 2009, 148 (152); *Kiefner/Theusinger* NZG 2008, 801 (805).

160 Vgl. *Wand/Tillmann/Heckenthaler* AG 2009, 148 (152); *Kiefner/Theusinger* NZG 2008, 801 (805); *Gehrlein* Der Konzern 2007, 771 (785).

sätze für Forderungen.[161] Die Vollwertigkeit des Rückgriffsanspruchs wird bei aufsteigenden Sicherheiten regelmäßig zu verneinen sein, da die Sicherheit als Absicherung gegen das Insolvenzrisiko des Sicherungsnehmers dienen soll.[162] Noch ungeklärt ist, ob auf die Prüfung der Vollwertigkeit verzichtet werden kann, wenn der Vorgang der Sicherheitenbestellung bilanzneutral ist, weil zum Zeitpunkt der Bestellung der Sicherheit nicht mit einer Inanspruchnahme zu rechnen ist.[163] Dafür spricht der Wille des Gesetzgebers, der mit der Einführung des Abs. 1 S. 3 Alt. 2 die bilanzielle Betrachtungsweise in den Vordergrund stellen wollte.[164] Andererseits wurde in der Begründung zum Regierungsentwurf die Problematik der aufsteigenden Sicherheiten nicht ausdrücklich erörtert.[165] Dem dem Deckungsgebot (→ Rn. 19) zugrunde liegenden Rechtsgedanken lässt sich ferner entnehmen, dass im Rahmen des § 57 Abs. 1 auch nicht bilanzierungsfähige Vermögensminderungen relevant sein können. Das spricht unter Berücksichtigung von Sinn und Zweck des § 57 (→ Rn. 2) dafür, bei der Beantwortung der Frage, ob die Bestellung einer Sicherheit durch die Gesellschaft eine „Einlagenrückgewähr" iSd Abs. 1 S. 1 darstellt, keine rein bilanzielle, sondern eine wirtschaftliche Sicht zugrunde zu legen, wonach die Übernahme von Risiken ohne entsprechende Gegenleistung als „Einlagenrückgewähr" zu qualifizieren ist.[166] Vor diesem Hintergrund erscheint es gerechtfertigt, die Vollwertigkeit des Rückgriffsanspruchs auch dann für erforderlich zu halten, wenn zum Zeitpunkt der Bestellung der Sicherheit nicht mit einer Inanspruchnahme aus ihr zu rechnen ist.[167]

24 **4. Darlehensrückgewähr und vergleichbare Leistungen (Abs. 1 S. 4).** Nach § 57 Abs. 1 S. 4 ist Abs. 1 S. 1 auf die Rückgewähr eines Aktionärsdarlehens und auf Leistungen auf Forderungen aus Rechtshandlungen, die einem Aktionärsdarlehen wirtschaftlich entsprechen, nicht anzuwenden. Mit der Einfügung des Abs. 1 S. 4 durch das MoMiG (→ Rn. 4) wird die Fortgeltung der sog. Rechtsprechungsregeln[168] zu den eigenkapitalersetzenden Gesellschafterdarlehen (analoge Anwendung der §§ 57, 62 bzw. der §§ 30, 31 GmbHG)[169] beendet, indem angeordnet wird, dass Gesellschafterdarlehen und gleichgestellte Leistungen nicht wie haftendes Eigenkapital zu behandeln sind.[170] Die Rechtsfigur des eigenkapitalersetzenden Gesellschafterdarlehens wird damit ebenso aufgegeben[171] wie der Begriff der „Krise". Es gibt somit keinen Unterschied mehr zwischen eigenkapitalersetzenden und sonstigen Gesellschafterdarlehen. **Tilgungsleistungen** auf Forderungen aus Gesellschafterdarlehen und vergleichbaren Rechtsverhältnissen können folglich **keine** nach Abs. 1 S. 1 verbotene **Einlagenrückgewähr** sein.[172] Abs. 1 S. 4 ist Bestandteil eines Regelungsgeflechts, mit dem Aktionärsdarlehen und Gesellschafterdarlehen bei der Aktiengesellschaft einem rechtsformübergreifenden insolvenz- und anfechtungsrechtlichen Regime unterworfen werden.[173] Die Rechtsfolgen für Aktionärsdarlehen richten sich nunmehr ausschließlich nach Insolvenzrecht bzw. dem Recht der Gläubigeranfechtung (→ Rn. 30 ff.).

25 **5. Weitere Ausnahmen.** Weitere Ausnahmen vom Verbot der Einlagenrückgewähr bestehen beim Erwerb wechselseitiger Beteiligungen[174] (§ 71d S. 2; → § 71d Rn. 8 ff.), bei Rückzahlungen im Rahmen einer Kapitalherabsetzung (vgl. § 222 Abs. 3) sowie bei der Zahlung des Einziehungsentgelts (vgl. § 237 Abs. 2).[175] Auch zulässige Vergütungen von Nebenleistungen (vgl. § 55 Abs. 1 S. 2) können als eine solche Ausnahme betrachtet werden.[176] Darüber hinaus findet § 57 auf Leistungen einer eingegliederten Gesellschaft an die Hauptgesellschaft keine Anwendung (vgl. § 323 Abs. 2).[177]

[161] Vgl. *Wand/Tillmann/Heckenthaler* AG 2009, 148 (152).
[162] Vgl. *Wand/Tillmann/Heckenthaler* AG 2009, 148 (152).
[163] So *Kiefner/Theusinger* NZG 2008, 801 (805); vgl. *Drygala/Kremer* ZIP 2007, 1289 (1295); wohl aA *Wand/Tillmann/Heckenthaler* AG 2009, 148 (152).
[164] Vgl. Begr. RegE, BT-Drs. 16/6140, 41, 52.
[165] Vgl. Begr. RegE, BT-Drs. 16/6140, 41, 52.
[166] Vgl. Baumbach/Hueck/*Fastrich* GmbHG § 30 Rn. 62.
[167] IErg ebenso Baumbach/Hueck/*Fastrich* GmbHG § 30 Rn. 62; vgl. *Wand/Tillmann/Heckenthaler* AG 2009, 148 (152); *Schmidt* GmbHR 2007, 1072 (1076); *Gehrlein* Der Konzern 2007, 771 (785).
[168] Vgl. BGHZ 90, 381 (385 ff.) = AG 1984, 181; grdl. BGHZ 31, 258 (268 ff.).
[169] Zur früheren Rechtslage zB MüKoAktG/*Bayer* Rn. 148 f.; Schmidt/Lutter/*Fleischer* Rn. 62; MHdB AG/*Rieckers* § 16 Rn. 87.
[170] Vgl. Begr. RegE, BT-Drs. 16/6140, 42, 52.
[171] Vgl. Begr. RegE, BT-Drs. 16/6140, 42, 52.
[172] Vgl. Begr. RegE, BT-Drs. 16/6140, 41, 52; *Reul* ZNotP 2010, 12 (17).
[173] Vgl. Schmidt/Lutter/*Fleischer* Rn. 63; Würzburger Notar-HdB/*Reul* Teil 5 Kap. 4 Rn. 265.
[174] Hierzu MüKoAktG/*Bayer* § 19 Rn. 29 ff.
[175] Vgl. Schmidt/Lutter/*Fleischer* Rn. 65.
[176] So Schmidt/Lutter/*Fleischer* Rn. 65.
[177] MHdB AG/*Rieckers* § 16 Rn. 77.

IV. Zinsverbot (Abs. 2)

Nach § 57 Abs. 2 dürfen Aktionären Zinsen weder zugesagt noch ausgezahlt werden. Zinsen in diesem Sinne sind alle wiederkehrenden, in ihrer Höhe bestimmten oder bestimmbaren Zahlungen, die ohne Rücksicht auf den Bilanzgewinn geleistet werden sollen.[178] So verstanden hat Abs. 2 keinen eigenständigen Regelungsgehalt, sondern neben Abs. 1 S. 1 lediglich klarstellende Funktion.[179] Das Zinsverbot umfasst insbesondere feste Dividendengarantien.[180] Verboten ist nicht erst die **Zahlung** der Zinsen, sondern bereits deren **Zusage.**[181] Nicht in den Anwendungsbereich des Abs. 2 fallen jedoch Abschläge auf den Bilanzgewinn (§ 59), Vorabdividenden (§ 60 Abs. 2), zinsähnliche Zahlungen auf satzungsmäßiger Grundlage (§ 60 Abs. 3) sowie Vorzugsdividenden; das gilt unabhängig davon, ob solche Leistungen fälschlich als Zinsen bezeichnet werden.[182] Abs. 2 gilt darüber hinaus nicht für Garantiezusagen Dritter, soweit diese auf eigene Rechnung des Dritten erteilt werden (zB Dividendengarantie durch das herrschende Unternehmen).[183] 26

V. Verbot sonstiger Vermögensverteilung (Abs. 3)

Nach § 57 Abs. 3 darf an die Aktionäre vor der Auflösung der Gesellschaft nur der Bilanzgewinn verteilt werden. Abs. 3 stellt sich als anders gefasste Wiederholung des Verbots der Einlagenrückgewähr nach Abs. 1 dar.[184] Über den Wortlaut hinaus gilt das Verbot nicht nur für die werbende Gesellschaft, sondern auch im Stadium der Abwicklung bis zum Ablauf des Sperrjahrs (vgl. § 272 Abs. 1).[185] 27

VI. Rechtsfolgen von Verstößen gegen § 57

1. Rückgewähr. Einigkeit besteht darüber, dass die Gesellschaft ein gegen § 57 verstoßendes Rechtsgeschäft nicht erfüllen muss **(Leistungsverweigerungsrecht)** und nicht erfüllen darf **(Leistungsverbot).**[186] Entgegen der früheren herrschenden Auffassungen[187] führt ein Verstoß gegen das Verbot der Einlagenrückgewähr **nicht zur Nichtigkeit von Verpflichtungsgeschäft und Vollzugsgeschäft** bzw. lediglich zur Nichtigkeit des Verpflichtungsgeschäfts. Ansprüche aus §§ 985, 987 ff. BGB auf Rückabwicklung eines nichtigen Vollzugsgeschäfts bestehen daher nicht aufgrund eines Verstoßes gegen § 57. Vorzug verdient die nunmehr auch vom BGH vertretene Bewertung des **§ 62 als abschließende Spezialregelung,** die eine Nichtigkeitsfolge für Verpflichtungs- und Vollzugsgeschäft bei einem Verstoß gegen § 57 entbehrlich macht.[188] Denn § 57 verbietet nicht den Leistungsaustausch als solchen, sondern nur die Schmälerung des Gesellschaftsvermögens.[189] Nichtigkeitsfolgen bei einem Verstoß gegen § 57 stehen daher im Widerspruch zum nicht gegenstandsbezogenen sondern wertmäßigen Verständnis der aktienrechtlichen Vermögensbindung. Auch die parallele Bedeutung von § 30 GmbHG und § 57 spricht gegen Nichtigkeitsfolgen,[190] nachdem es im GmbH-Recht im Anschluss an das Urteil des BGH vom 23.6.1997[191] heute ganz hM ist, dass Verstöße gegen § 30 GmbHG allein nach Maßgabe des § 31 GmbHG, nicht jedoch nach §§ 985, 812 ff. BGB zu ahnden sind.[192] Für eine Nichtigkeit können auch keine weiteren Gesichtspunkte des Gläubigerschutzes, insbesondere die Insolvenzfestigkeit nach § 47 InsO ins Feld geführt werden; denn es ist nicht zu erkennen, warum die Gesellschaft bei einer Insolvenz des Aktionärs besser stehen 28

---

[178] MüKoAktG/*Bayer* Rn. 194; Hüffer/*Koch* Rn. 30; Schmidt/Lutter/*Fleischer* Rn. 70; krit. Spindler/Stilz/*Cahn/v. Spannenberg* Rn. 83.

[179] MüKoAktG/*Bayer* Rn. 195; Hüffer/*Koch* Rn. 30; Schmidt/Lutter/*Fleischer* Rn. 70; Spindler/Stilz/*Cahn/v. Spannenberg* Rn. 83; MHdB AG/*Rieckers* § 16 Rn. 95.

[180] AllgM, zB MüKoAktG/*Bayer* Rn. 197; Hüffer/*Koch* Rn. 30.

[181] MüKoAktG/*Bayer* Rn. 196; Hüffer/*Koch* Rn. 30.

[182] Vgl. MüKoAktG/*Bayer* Rn. 198; Hüffer/*Koch* Rn. 30; Schmidt/Lutter/*Fleischer* Rn. 71.

[183] Hüffer/*Koch* Rn. 30; MHdB AG/*Rieckers* § 16 Rn. 95.

[184] AllgM, zB Hüffer/*Koch* Rn. 31.

[185] MüKoAktG/*Bayer* Rn. 214; Hüffer/*Koch* Rn. 31; Schmidt/Lutter/*Fleischer* Rn. 72.

[186] AllgM, zB MüKoAktG/*Bayer* Rn. 219; Schmidt/Lutter/*Fleischer* Rn. 75.

[187] Vgl. zB OLG Hamburg AG 1980, 275 (279); OLG Düsseldorf AG 1980, 273 (274); OLG München AG 1980, 272 (273); zur Darstellung der früheren hM MüKoAktG/*Bayer* Rn. 222 ff.

[188] BGHZ 196, 312 = NJW 2013, 1742 (1743) bestätigt den Vorrang der spezialgesetzlichen Regelung des § 62; OLG Brandenburg AG 2015, 752 (755 f.); so zB MüKoAktG/*Bayer* Rn. 226 ff.; Schmidt/Lutter/*Fleischer* Rn. 73; Spindler/Stilz/*Cahn/v. Spannenberg* Rn. 86 ff.; vgl. auch *Bitter* ZHR 168 (2004), 302 (342 ff.).

[189] Vgl. BGHZ 196, 312 = NJW 2013, 1742 (1743 f.); Schmidt/Lutter/*Fleischer* Rn. 74; *Bitter* ZHR 168 (2004), 302 (343).

[190] Vgl. MüKoAktG/*Bayer* Rn. 228; Schmidt/Lutter/*Fleischer* Rn. 74.

[191] BGHZ 136, 125 = WM 1997, 1621.

[192] Vgl. zB Baumbach/Hueck/*Fastrich* GmbHG § 30 Rn. 67 mwN.

soll als dessen sonstige Gläubiger.[193] Erfolgt eine nach § 57 Abs. 1 S. 1 verbotene Leistung durch einen Dritten auf Rechnung der Gesellschaft (→ Rn. 12), steht dem Dritten kein Aufwendungsersatzanspruch zu.[194]

29 **2. Schadensersatzansprüche.** Vorstands- und Aufsichtsratsmitglieder haften für schuldhaft unter Verstoß gegen Abs. 1 S. 1 getätigte Zuwendungen an Aktionäre nach § 93 Abs. 3 Nr. 1, 2 und 5 bzw. § 116 S. 1 iVm § 93 Abs. 3 Nr. 1, 2 und 5. Die Organmitglieder haften in voller Höhe der unzulässig an den Aktionär erbrachten Vermögenszuwendung.[195] Nach ihrer Inanspruchnahme durch die Gesellschaft können die Organmitglieder im Innenverhältnis beim Zuwendungsempfänger Regress nehmen.[196] Unter den Voraussetzungen des § 117 kommen auch Schadensersatzansprüche gegen Aktionäre in Betracht, die unter Ausnutzung ihres Einflusses auf den Vorstand die verbotene Einlagenrückgewähr veranlasst haben.[197]

VII. Abdingbarkeit

30 Die Regelungen des § 57 sind zwingendes Recht (vgl. § 23 Abs. 5).[198] Sie können in der Satzung weder abbedungen noch abgeschwächt werden. Ebenso unzulässig sind statuarische Erweiterungen. Wird der Bilanzgewinn unter Missachtung einer Vorgabe der Satzung nach § 58 Abs. 1 verteilt, ohne dass der Beschluss der Hauptversammlung wegen Verletzung der Satzung nach § 243 Abs. 1 angefochten wird, ist die Ausschüttung wirksam; die Voraussetzungen des § 57 sind nicht erfüllt.[199]

VIII. Überblick: Aktionärsdarlehen und Nutzungsüberlassung in der Insolvenz

31 **1. Grundsätze.** Mit dem MoMiG (→ Rn. 4) hat der Gesetzgeber das frühere, sehr komplexe Eigenkapitalersatzrecht[200] dereguliert und, soweit es nicht schon bereits dort geregelt war, in die Insolvenzordnung verlagert. Das vormalige Eigenkapitalersatzrecht war dadurch gekennzeichnet, dass Aktionäre, die nach Eintritt einer „Krise" die Gesellschaft durch Darlehen oder wirtschaftlich vergleichbare Leistungen finanzieren, die Behandlung dieser Leistungen als Eigenkapital hinnehmen mussten.[201] Ein eigenständiges Eigenkapitalersatzrecht für Aktiengesellschaft und GmbH gibt es nicht mehr; an dessen Stelle sind rechtsformübergreifend für alle Gesellschaftsformen, die weder eine natürliche Person noch eine Gesellschaft als persönlich haftenden Gesellschafter haben, bei der ein persönlich haftender Gesellschafter eine natürliche Person ist (vgl. § 39 Abs. 4 S. 1 InsO), Regelungen zur Behandlung von Darlehen und vergleichbaren Leistungen sowie von Nutzungsüberlassungen der Gesellschafter an die Gesellschaft getreten.[202] Deren Schicksal in der Insolvenz wird nun auch ausschließlich in der Insolvenzordnung geregelt.[203]

32 **a) Nachrang von Darlehensforderungen und vergleichbaren Forderungen.** Seit Inkrafttreten des MoMiG unterliegen alle Aktionärsdarlehen dem insolvenzrechtlichen Regime bzw. dem Recht der Gläubigeranfechtung. **§ 39 Abs. 1 Nr. 5 InsO** begründet für Forderungen auf Rückgewähr eines Aktionärsdarlehens oder aus Rechtshandlungen, die einem solchen Darlehen wirtschaftlich entsprechen, einen **insolvenzrechtlichen Nachrang.** Sie sind danach erst dann zu befriedigen, wenn alle anderen Insolvenzforderungen erfüllt worden sind. Weiter nachrangig und zuletzt zu befriedigen sind Gesellschafterdarlehen, für die entsprechend § 19 Abs. 2 S. 2 InsO ein Rangrücktritt vereinbart wurde.[204] Als Rechtshandlungen, die einem Aktionärsdarlehen wirtschaftlich entsprechen und diesem somit gleichgestellt werden, sind Kapitalzuführungen anderer Art zu qualifizieren, die nicht auf einem Darlehensvertrag beruhen, jedoch gleichfalls das Ausfallrisiko der Gläubiger in der Insolvenz erhöhen.[205] Hierzu werden zB die nachträgliche Stundung

[193] Vgl. Schmidt/Lutter/*Fleischer* Rn. 74.
[194] AllgM, zB MüKoAktG/*Bayer* Rn. 224; Hüffer/*Koch* Rn. 33; MHdB AG/*Rieckers* § 16 Rn. 96.
[195] MüKoAktG/*Bayer* Rn. 234; vgl. Spindler/Stilz/*Cahn/v. Spannenberg* Rn. 100.
[196] Vgl. MüKoAktG/*Bayer* Rn. 234; Schmidt/Lutter/*Fleischer* Rn. 76; Spindler/Stilz/*Cahn/v. Spannenberg* Rn. 100.
[197] Schmidt/Lutter/*Fleischer* Rn. 76; Spindler/Stilz/*Cahn/v. Spannenberg* Rn. 100; MHdB AG/*Rieckers* § 16 Rn. 98.
[198] MüKoAktG/*Bayer* Rn. 4; Schmidt/Lutter/*Fleischer* Rn. 4; MHdB AG/*Rieckers* § 16 Rn. 57.
[199] MüKoAktG/*Bayer* Rn. 4; Schmidt/Lutter/*Fleischer* Rn. 4.
[200] Darstellung der früheren Rechtslage zB bei MüKoAktG/*Bayer* Rn. 242 ff.; MHdB AG/*Rieckers* § 16 Rn. 87.
[201] Vgl. Hüffer/*Koch* Rn. 28.
[202] Vgl. *Heckschen/Heidinger* § 19 Rn. 127.
[203] Vgl. *Heckschen/Heidinger* § 19 Rn. 127.
[204] Vgl. *Heckschen/Heidinger* § 19 Rn. 127.
[205] MüKoAktG/*Bayer* Rn. 297.

einer Forderung oder die Einräumung eines untypisch langen Zahlungsziels[206] sowie das „Stehenlassen" iSd bloßen Nichtgeltendmachung fälliger Forderungen[207] gezählt. Im Grundsatz ist **jede** – in der Insolvenz offene – Darlehensforderung eines Aktionärs und jede Forderung aus wirtschaftlich vergleichbaren Handlungen iSd § 39 Abs. 1 Nr. 5 InsO nachrangig; für die Nachrangigkeit ist es insbesondere ohne Bedeutung, ob das Darlehen oder die wirtschaftlich vergleichbare Gesellschafterhilfe im Stadium der Insolvenzreife oder der Kreditunwürdigkeit gewährt wurde. Zwei aus dem früheren Eigenkapitalersatzrecht bekannte Ausnahmen (vgl. § 32b Abs. 3 S. 2 und 3 GmbHG aF) sind jedoch in der Sache erhalten geblieben: Zum einen ist ein Aktionär dann nicht nachrangiger Insolvenzgläubiger, wenn er „nicht geschäftsführender Gesellschafter" und mit 10% oder weniger am Grundkapital der Gesellschaft beteiligt ist (sog. **„Kleinbeteiligtenprivileg"**; vgl. § 39 Abs. 5 InsO). Nach alter Rechtslage war für das Aktienrecht in Rechtsprechung[208] und Literatur[209] das „Kleinbeteiligtenprivileg" bis zu einer Beteiligungsquote von 25% am Grundkapital anerkannt worden. Bei der weiteren Ausnahme handelt es sich um das sog. **„Sanierungsprivileg"**: Erwirbt ein Aktionär bei drohender oder eingetretener Zahlungsunfähigkeit der Gesellschaft oder bei deren Überschuldung Aktien zum Zwecke der Sanierung, führt dies bis zur nachhaltigen Sanierung nicht zur Nachrangigkeit seiner Forderungen aus bestehenden oder neu gewährten Darlehen oder aus wirtschaftlich vergleichbaren Rechtshandlungen (vgl. § 39 Abs. 4 S. 2 InsO). Der Anteilserwerb erfolgt zum **Zwecke der Sanierung,** wenn ein Sanierungswille vorliegt, der regelmäßig vermutet wird, die Gesellschaft objektiv sanierungsfähig ist und die zur Sanierung ergriffenen Maßnahmen zusammen objektiv geeignet sind, die Gesellschaft in überschaubarer Zeit durchgreifend zu sanieren.[210] Da für das „Sanierungsprivileg" auf die „drohende oder eingetretene Zahlungsunfähigkeit" abgestellt wird, können auch Anteilseigner, die nach Eintritt der Zahlungsunfähigkeit innerhalb der Dreiwochenfrist des § 15a Abs. 1 InsO Sanierungsmaßnahmen vornehmen, das „Sanierungsprivileg" für sich in Anspruch nehmen.[211] Weil nach dem Wortlaut des § 39 Abs. 4 S. 2 InsO statt auf eine „Beseitigung der drohenden Zahlungsunfähigkeit" auf die „nachhaltige Sanierung" abzustellen ist, entfällt das „Sanierungsprivileg" nicht bereits mit der kurzfristigen Beseitigung der drohenden Zahlungsunfähigkeit, sondern erst dann, wenn die Gesellschaft durchgreifend saniert ist.[212] Das „Sanierungsprivileg" gilt – da insoweit nach dem Wortlaut allein auf die Gläubigerstellung abgestellt wird – auch für Personen, die vor ihrem Anteilserwerb nicht vom Anwendungsbereich des § 39 Abs. 1 Nr. 5 erfasst wurden, weil sie weder Gesellschafter noch gleichgestellte Kreditgeber waren oder vor dem Hinzuerwerb weiterer Aktien dem „Kleinbeteiligtenprivileg" unterfielen.[213]

b) Durch Gesellschafter besicherte Darlehen. § 44a InsO beinhaltet Regelungen, die **durch Gesellschafter besicherte** Darlehen für die Gesellschaft betreffen. Ein Gläubiger der Gesellschaft kann danach im Insolvenzverfahren der Gesellschaft für Forderungen aus Darlehen, für die ein Gesellschafter Sicherheit geleistet oder sich verbürgt hat, nur anteilige und – aufgrund des Verweises auf § 39 Abs. 1 Nr. 5 InsO – nur nachrangige Befriedigung aus der Insolvenzmasse verlangen, soweit er bei seiner Befriedigung gegenüber dem Gesellschafter ausgefallen ist.[214] 33

2. Anfechtung in der Insolvenz. § 135 Abs. 1 und 2 InsO enthalten nunmehr rechtsformneutrale (→ Rn. 31) Regelungen der Anfechtbarkeit von Tilgungen und Sicherheitenbestellungen bezüglich Gesellschafterdarlehen und vergleichbaren Rechtshandlungen in der Insolvenz.[215] Daneben bleiben sonstige Anfechtungsmöglichkeiten nach der InsO (zB Vorsatzanfechtung nach § 133 InsO) unberührt.[216] 34

---

[206] Vgl. Lutter/Hommelhoff/*Kleindiek* GmbHG Anh. § 64 Rn. 135; Baumbach/Hueck/*Hueck/Fastrich* GmbHG Anh. § 30 Rn. 51 f.

[207] Vgl. Baumbach/Hueck/*Hueck/Fastrich* GmbHG Anh. § 30 Rn. 53.

[208] Vgl. BGHZ 90, 381 (390 f.) = NJW 1984, 1893.

[209] Vgl. zB Hüffer/*Koch* Rn. 29; MHdB AG/*Rieckers* § 16 Rn. 87; Spindler/Stilz/*Cahn/v. Spannenberg* Rn. 120.

[210] Vgl. BGH GmbHR 2006, 311 (312 f.) = ZIP 2006, 279; Baumbach/Hueck/*Hueck/Fastrich* GmbHG Anh. § 30 Rn. 76.

[211] MüKoAktG/*Bayer* Rn. 311.

[212] Vgl. Begr. RegE, BT-Drs. 16/6140, 57; MüKoAktG/*Bayer* Rn. 311.

[213] Vgl. Begr. RegE, BT-Drs. 16/6140, 57; MüKoAktG/*Bayer* Rn. 311; Baumbach/Hueck/*Hueck/Fastrich* GmbHG Anh. § 30 Rn. 74.

[214] Vgl. *Heckschen/Heidinger,* Die GmbH in der Gestaltungs- und Beratungspraxis, 3. Aufl. 2014, § 19 Rn. 152 ff.

[215] Vgl. *Heckschen/Heidinger,* Die GmbH in der Gestaltungs- und Beratungspraxis, 3. Aufl. 2014, § 19 Rn. 158.

[216] Ganz hM, zB Lutter/Hommelhoff/*Kleindiek* GmbHG Anh. § 64 Rn. 128; *Dahl/Schmitz* NZG 2009, 325 (327); *Gehrlein* BB 2008, 846 (853).

35 **a) Rückgewähr von Darlehensforderungen und vergleichbaren Forderungen.** Die Voraussetzungen für die insolvenzrechtliche Anfechtung einer Darlehensrückgewähr durch die Gesellschaft oder einer Leistung der Gesellschaft auf eine dieser gleichgestellten Forderung sind in § 135 Abs. 1 Nr. 2 InsO geregelt. Danach ist **erforderlich,** aber auch **ausreichend,** dass der Aktionär der Gesellschaft ein Darlehen oder eine einem Darlehen wirtschaftlich entsprechende Leistung gewährt und er auf seine hieraus resultierende Forderung **innerhalb des letzten Jahres vor** der Insolvenzantragstellung oder **nach** Insolvenzantragstellung eine Befriedigung erhalten hat. Für die Anfechtbarkeit ist es damit insbesondere ohne Bedeutung, ob das Darlehen oder die wirtschaftlich vergleichbare Gesellschafterhilfe im Stadium der Insolvenzreife oder der Kreditunwürdigkeit gewährt oder stehen gelassen wurde.[217] Allerdings unterfällt nicht jedes Darlehen diesem strengen Regime. Nach § 135 Abs. 4 InsO iVm § 39 Abs. 4 und 5 InsO gelten auch insoweit das „Sanierungsprivileg" (→ Rn. 32) und das „Kleinbeteiligtenprivileg" (→ Rn. 32), so dass eine Anfechtung ausgeschlossen ist, wenn die Voraussetzungen eines oder beider dieser Privilegien erfüllt sind. Wird angefochten, muss der Aktionär die ihm gewährte Leistung zur Insolvenzmasse zurückgewähren (vgl. § 143 Abs. 1 InsO).

36 **b) Stellen einer Sicherheit durch die Gesellschaft.** Anfechtbar ist auch eine Rechtshandlung, mit der die Gesellschaft für die Forderung eines Gesellschafters auf Rückgewähr eines Darlehens iSd § 39 Abs. 1 Nr. 5 InsO oder für eine gleichgestellte Forderung eine **Sicherheit** bestellt hat, wenn die Handlung in den letzten **zehn Jahren vor** der Insolvenzantragstellung oder **nach** Insolvenzantragstellung vorgenommen worden ist (vgl. § 135 Abs. 1 Nr. 1 InsO). Auch insoweit kommen das „Sanierungsprivileg" (→ Rn. 32) und das „Kleinbeteiligtenprivileg" (→ Rn. 32) zur Anwendung (vgl. § 135 Abs. 4 InsO).

37 **c) Befriedigung eines durch Gesellschafter besicherten Darlehens.** Hat die Gesellschaft einem Dritten ein durch einen Gesellschafter besichertes Darlehen (vgl. § 44a InsO) innerhalb des letzten Jahres vor Insolvenzantragstellung zurückerstattet, kann dies vom Insolvenzverwalter angefochten werden. Dasselbe gilt sinngemäß für Leistungen auf Forderungen, die einem Darlehen wirtschaftlich entsprechen (vgl. § 135 Abs. 2 InsO).[218] Die Erstattungspflichten des Gesellschafters richten sich in diesem Fall nach § 143 Abs. 3 InsO.

38 **3. Anfechtung außerhalb der Insolvenz.** Durch das MoMiG (→ Rn. 4) wurde auch die Anfechtung außerhalb der Insolvenz gestärkt.[219] Grundsätzlich bestehen dort Anfechtungsrechte, die in der Sache den Anfechtungsrechten nach § 135 Abs. 1 und 2 InsO entsprechen (vgl. §§ 6, 6a AnfG). Die Anfechtungsfrist nach § 6 Abs. 1 S. 1 Nr. 2 AnfG wurde an die Regelung in § 135 Abs. 1 Nr. 2 InsO angepasst. Anfechtbar sind nunmehr alle Rechtshandlungen, die für Darlehens- oder ihnen gleichgestellte Forderungen **innerhalb eines Jahres vor** Erlangung des vollstreckbaren Titels Befriedigung gewährt haben. Wird ein Antrag auf Eröffnung eines Insolvenzverfahrens mangels Masse vor Erlangung eines vollstreckbaren Titels abgewiesen (vgl. § 26 Abs. 1 InsO), gilt ebenfalls die Jahresfrist; diese wird in diesem Fall mit dem Antrag auf Eröffnung des Insolvenzverfahrens in Gang gesetzt (vgl. § 6 Abs. 1 S. 2 AnfG).

39 **4. Nutzungsüberlassung. a) Grundsätze.** Nach früherem Recht konnte auch eine Nutzungsüberlassung eine eigenkapitalersetzende Gesellschafterleistung iSd § 32a Abs. 3 S. 1 GmbHG aF[220] sein.[221] Der erst auf Veranlassung des BT-Rechtsausschusses[222] in das MoMiG (→ Rn. 4) aufgenommene § 135 Abs. 3 InsO stellt klar, dass eine („eigenkapitalersetzende") Nutzungsüberlassung nun nicht mehr den Gesellschafterdarlehen und diesen wirtschaftlich entsprechenden Rechtshandlungen gleichgestellt ist.[223] Denn auf Nutzungsüberlassungen finden die Rechtsfolgen der Gesellschafterdarlehen – Nachrangigkeit und Anfechtbarkeit – keine Anwendung.[224]

40 **b) Kein Aussonderungsanspruch.** Wurde der Gesellschaft von einem Aktionär ein Gegenstand zum Gebrauch oder zur Ausübung überlassen, kann der Aktionär den ihm in Insolvenzverfahren als Eigentümer der Sache grundsätzlich zustehenden **Aussonderungsanspruch** während der Dauer

[217] Vgl. Lutter/Hommelhoff/*Kleindiek* GmbHG Anh. § 64 Rn. 126; MüKoAktG/*Bayer* Rn. 296 f.
[218] MüKoAktG/*Bayer* Rn. 297.
[219] MüKoAktG/*Bayer* Rn. 333.
[220] § 32a GmbHG wurde aufgehoben durch das Gesetz zur Modernisierung des GmbH-Rechts und zur Bekämpfung von Missbräuchen (MoMiG) vom 23.10.2008 (BGBl. I S. 2026), in Kraft getreten am 1.11.2008.
[221] Vgl. BGH NZG 2005, 346 (346) = ZIP 2005, 484.
[222] Vgl. Beschlussempfehlung BT-Rechtsausschuss, BT-Drs. 16/9737, 59.
[223] Vgl. *Reul* ZNotP 2010, 12 (17); MüKoAktG/*Bayer* Rn. 297; 321 ff.; Würzburger Notar-HdB/*Reul* Teil 5 Kap. 4 Rn. 265.
[224] Vgl. *Reul* ZNotP 2010, 12 (17); *Heckschen/Heidinger* § 19 Rn. 176; *K. Schmidt* DB 2008, 1727 (1732).

des Insolvenzverfahrens, höchstens aber für einen Zeitraum von einem Jahr ab dessen Eröffnung **nicht** geltend machen, wenn der Gegenstand für die Fortführung des Unternehmens der Gesellschaft von erheblicher Bedeutung ist (vgl. § 135 Abs. 3 S. 1 InsO). Letzteres setzt voraus, dass der Betriebsablauf ohne die Nutzung des Gegenstandes nicht nur geringfügig gestört würde.[225] Für den Gesetzgeber ist diese Regelung Ausfluss der gesellschaftsrechtlichen Treuepflicht, wonach der Aktionär – auch wenn er keinen wesentlichen Beitrag zur Sanierung der Gesellschaft leisten möchte – alles zu unterlassen hat, was die Interessen der Gesellschaft nachhaltig schädigt.[226] § 135 Abs. 3 S. 1 schützt die Gesellschaft daher davor, dass dem Unternehmen mit Eröffnung des Insolvenzverfahrens die für eine Betriebsfortführung notwendigen Gegenstände (bewegliche und unbewegliche Sachen, Rechte) nicht mehr zur Verfügung stehen.[227] Auch in Bezug auf § 135 Abs. 3 InsO kommen jedoch das „Sanierungsprivileg" (→ Rn. 32) und das „Kleinbeteiligtenprivileg" (→ Rn. 32) zur Anwendung (vgl. § 135 Abs. 4 InsO); ist eines dieser Privilegien erfüllt, kann der Aktionär sein Aussonderungsrecht geltend machen.[228]

c) Vergütung. Ist für die Überlassung des Gegenstandes ein Entgelt geschuldet, so stellt dieses **nach** der Eröffnung des Insolvenzverfahrens eine Masseverbindlichkeit dar. Hingegen sind noch offene Entgeltforderungen aus der Zeit **vor** der Eröffnung des Insolvenzverfahrens einfache Insolvenzforderungen (vgl. § 108 Abs. 3 InsO). Nach § 135 Abs. 3 S. 2 InsO ist für die Höhe der dem Aktionär für die fortgesetzte Nutzungsüberlassung nach Abs. 3 S. 1 gebührenden **Vergütung** nicht die Höhe der (vormals) vertraglich vereinbarten Vergütung, sondern die Höhe der ihm vor Eröffnung des Insolvenzverfahrens tatsächlich **zugeflossenen** Vergütung maßgeblich. Relevant ist insoweit der Durchschnitt der im letzten Jahr vor der Eröffnung des Insolvenzverfahrens geleisteten Vergütung; bei kürzerer Dauer der Überlassung ist auf den Durchschnitt der während dieses Zeitraums geleisteten Vergütung abzustellen (vgl. § 135 Abs. 3 S. 2 Hs. 2 InsO).[229] 41

d) Bedeutung des § 135 Abs. 3 InsO. Die Regelung des § 135 Abs. 3 InsO ergänzt die Vorschriften über entgeltliche Nutzungsverhältnisse in der Insolvenz.[230] Diese bestehen nach Eröffnung des Insolvenzverfahrens grundsätzlich fort (vgl. §§ 103, 108 InsO). § 135 Abs. 3 ist dann von Bedeutung, wenn der Insolvenzverwalter an einem bestehenden **Nutzungsvertrag nicht** mehr festhalten, den betreffenden Gegenstand aber **weiterhin nutzen** möchte. Der Insolvenzverwalter kann – bei einer unbeweglichen Sache – den Nutzungsvertrag kündigen (vgl. § 109 Abs. 1 S. 1 InsO) bzw. – bei beweglichen Sachen – dessen Erfüllung ablehnen (vgl. § 103 Abs. 2 InsO). Macht der Insolvenzverwalter von dieser Möglichkeit Gebrauch, entfällt sein vertragliches Recht zum Besitz. § 135 Abs. 3 begründet dann ein **befristetes gesetzliches Nutzungsverhältnis,**[231] das für den Insolvenzverwalter ein Recht zum Besitz und für den überlassenden Aktionär einen Vergütungsanspruch als Masseverbindlichkeit[232] beinhaltet. Da häufig wegen der schlechten wirtschaftlichen Lage der Gesellschaft das vertraglich vereinbarte Nutzungsentgelt im letzten Jahr vor der Eröffnung des Insolvenzverfahrens nicht mehr in voller Höhe gezahlt worden sein wird, ergibt sich aufgrund der gesetzlichen Vergütungsregelung (→ Rn. 41) für den Insolvenzverwalter eine preiswerte Möglichkeit, den überlassenen Gegenstand zu nutzen.[233] § 135 Abs. 3 InsO wird darüber hinaus dann eingreifen, wenn es an einer vertraglichen Grundlage für die Nutzungsüberlassung gänzlich fehlt[234] (zB unerkannt unwirksamer Vertrag). 42

5. Persönlicher Anwendungsbereich. a) Gesellschafter. Die vorstehend erläuterten Bestimmungen setzen Darlehen und diesen gleichgestellte Rechtshandlungen voraus, die der Gesellschaft von einem Gesellschafter (zu gesellschaftergleichen Dritten → Rn. 44) gewährt werden. Entgegen dem früheren Recht, das insoweit auf den Moment der „Krisenfinanzierung" abstellte, kommt es im zeitraumbezogenen Konzept des neuen Rechts darauf an, ob der Gläubiger der Darlehensforderung innerhalb der kritischen Fristen des § 135 InsO bzw. § 6 AnfG ein Gesellschafter war.[235] In 43

---

[225] Vgl. Lutter/Hommelhoff/*Kleindiek* GmbHG Anh. § 64 Rn. 164 f.; *Heckschen/Heidinger* § 19 Rn. 187.
[226] Vgl. Beschlussempfehlung BT-Rechtsausschuss, BT-Drs. 16/9737, 59.
[227] Vgl. Beschlussempfehlung BT-Rechtsausschuss, BT-Drs. 16/9737, 59.
[228] Vgl. Lutter/Hommelhoff/*Kleindiek* GmbHG Anh. § 64 Rn. 165.
[229] Vgl. Beschlussempfehlung BT-Rechtsausschuss, BT-Drs. 16/9737, 59.
[230] Vgl. Lutter/Hommelhoff/*Kleindiek* GmbHG Anh. § 64 Rn. 163.
[231] Vgl. Baumbach/Hueck/*Hueck/Fastrich* GmbHG Anh. § 30 Rn. 88.
[232] Vgl. Baumbach/Hueck/*Hueck/Fastrich* GmbHG Anh. § 30 Rn. 89; Lutter/Hommelhoff/*Kleindiek* GmbHG Anh. § 64 Rn. 163 f.
[233] Vgl. *Heckschen/Heidinger* § 19 Rn. 184.
[234] Vgl. Lutter/Hommelhoff/*Kleindiek* GmbHG Anh. § 64 Rn. 163.
[235] Vgl. Lutter/Hommelhoff/*Kleindiek* GmbHG Anh. § 64 Rn. 142; Baumbach/Hueck/*Hueck/Fastrich* GmbHG Anh. § 30 Rn. 29.

der Praxis ist daher zu empfehlen, im Zusammenhang mit der Veräußerung einer Beteiligung auf die Geltendmachung des Darlehensanspruchs gegen die Gesellschaft zu verzichten und stattdessen mit der Beteiligung an der Gesellschaft die Darlehensforderung aus dem Gesellschafterdarlehen abzutreten.[236]

44 **b) Gesellschaftergleicher Dritter.** Anders als die früheren Regelungen des Eigenkapitalersatzrechtes (vgl. § 32a GmbHG aF) erwähnen die §§ 39 Abs. 1 Nr. 5, 135 InsO Leistungen Dritter nicht mehr. Unter Berufung auf die Gesetzesbegründung, nach der mit der Formulierung „Forderungen aus Rechtshandlungen, die einem solchen Darlehen entsprechen" der bisherige personelle und sachliche Anwendungsbereich übernommen werden soll,[237] wird überwiegend davon ausgegangen, dass die vorgenannten insolvenzrechtlichen Regelungen auch bei Darlehensgewährungen, Nutzungsüberlassungen und wirtschaftlich entsprechende Rechtshandlungen zur Anwendung gelangen, wenn ein mittelbares wirtschaftliches Eigeninteresse des Dritten besteht.[238] In diesem Sinne sollen Gesellschaftern je nach Sachlage gleichgestellt werden können Familienangehörige, Treugeber, bei entsprechendem wirtschaftlichen Einfluss unter Umständen auch Nießbraucher, Unterbeteiligte oder stille Gesellschafter, ferner verbundene Unternehmen sowie dritte Personen, die mit ihnen überlassenen Mitteln eines Gesellschafters der GmbH Kredit gewährt haben.[239] Die Einzelheiten sind umstritten.[240]

45 **6. Finanzplankredit.** Finanzplankredite sind korporationsrechtliche Kredite eines Gesellschafters, die er der Gesellschaft versprochen hat und die auf die Finanzierung von Liquiditätsengpässen angelegt sind.[241] Kennzeichnend für einen Finanzplankredit ist sein einlageähnlicher Charakter.[242] Die Einzelheiten richten sich nach der insoweit innerhalb oder außerhalb der Satzung getroffenen Vereinbarung, die eine entsprechende Verpflichtung des Gesellschafters begründet.[243] Entscheidende Bedeutung hat dabei die Abrede, das Kündigungsrecht aus wichtigem Grund (vgl. § 490 Abs. 1 BGB), dh wegen Verschlechterung der Vermögenslage der Gesellschaft oder der gestellten Sicherheiten, abzubedingen.[244] Der Finanzplankredit bleibt auch nach Inkrafttreten des MoMiG ungeregelt. Da die neuen Regelungen zur Behandlung von Gesellschafterdarlehen in der Insolvenz, die zum Nachrang offener Darlehensforderungen bzw. zur Anfechtbarkeit von Tilgungs- und Sicherheitsbestellungen führen, für jedes Darlehen eines Gesellschafters Geltung beanspruchen, sind auch Finanzplankredite hiervon erfasst.[245] Umstritten bleibt insoweit, ob und unter welchen Voraussetzungen die rechtsgeschäftliche Aufhebung einer bestehenden Finanzplanbindung in der „Krise" bzw. außerhalb der Fristen des § 135 InsO möglich ist.[246]

46 **7. Übergangsbestimmungen.** Nach Art. 103d S. 1 EGInsO sind die bislang, dh vor dem Inkrafttreten des MoMiG (→ Rn. 4) am 1.11.2008 geltenden gesetzlichen Vorschriften in vor dem 1.11.2008 eröffneten Insolvenzverfahren weiter anzuwenden. In später eröffneten Insolvenzverfahren sind in Bezug auf vor dem 1.11.2008 vollzogene Rechtshandlungen die bis dahin geltenden Vorschriften der Insolvenzordnung über die Anfechtung von Rechtshandlungen anzuwenden, soweit die Rechtshandlungen nach dem bisherigen Recht der Anfechtung entzogen oder in einem geringeren Umfang unterworfen sind (vgl. Art. 103d S. 2 EGInsO). Gesetzliche Vorschriften iSd Art. 103d S. 1 EGInsO sind neben den Vorschriften des Insolvenzrechts auch die §§ 32a, 32b GmbHG aF.[247] Nach Ansicht des BGH zählen hierzu auch die sog. „Rechtsprechungsregeln" (§§ 30, 31 GmbHG aF

---

[236] Vgl. Baumbach/Hueck/*Hueck/Fastrich* GmbHG Anh. § 30 Rn. 29; *Wicke* GmbHG Anh. § 30 Rn. 6.

[237] Vgl. Begr. RegE, BT-Drs. 16/6140, 56.

[238] *Heckschen/Heidinger* § 19 Rn. 134; Lutter/Hommelhoff/*Kleindiek* GmbHG Anh. § 64 Rn. 144; *Wicke* GmbHG Anh. § 30 Rn. 8; aA *Wälzholz* DStR 2007, 1914 (1918).

[239] Vgl. *Wicke* GmbHG Anh. § 30 Rn. 8; Lutter/Hommelhoff/*Kleindiek* GmbHG Anh. § 64 Rn. 145 ff.; einschr. Baumbach/Hueck/*Hueck/Fastrich* GmbHG Anh. § 30 Rn. 36 ff.; *Heckschen/Heidinger* § 19 Rn. 134 f.

[240] Vgl. zum Meinungsstand zB Lutter/Hommelhoff/*Kleindiek* GmbHG Anh. § 64 Rn. 145 ff.; einschr. Baumbach/Hueck/*Hueck/Fastrich* GmbHG Anh. § 30 Rn. 36 ff.

[241] *Buschmann* NZG 2009, 91 (91); vgl. Baumbach/Hueck/*Hueck/Fastrich* GmbHG Anh. § 30 Rn. 20.

[242] Vgl. BGHZ 142, 116 (120 f.); *Heckschen/Heidinger* § 19 Rn. 194.

[243] Vgl. Lutter/Hommelhoff/*Kleindiek* GmbHG Anh. § 64 Rn. 170; Baumbach/Hueck/*Hueck/Fastrich* GmbHG Anh. § 30 Rn. 20.

[244] *Buschmann* NZG 2009, 91 (91).

[245] Vgl. Lutter/Hommelhoff/*Kleindiek* GmbHG Anh. § 64 Rn. 170; Baumbach/Hueck/*Hueck/Fastrich* GmbHG Anh. § 30 Rn. 20; MüKoAktG/*Bayer* Rn. 341.

[246] Bejahend zB MüKoAktG/*Bayer* Rn. 343; Baumbach/Hueck/*Hueck/Fastrich* GmbHG Anh. § 30 Rn. 22; Lutter/Hommelhoff/*Kleindiek* GmbHG Anh. § 64 Rn. 170; aA *Heckschen/Heidinger* § 17 Rn. 73; vgl. *Gehrlein* BB 2008, 846 (854).

[247] Vgl. BGHZ 179, 249 Rn. 15 ff. = NJW 2009, 1277 – Gut Buschow; Lutter/Hommelhoff/*Kleindiek* GmbHG Anh. § 64 Rn. 172; Baumbach/Hueck/*Hueck/Fastrich* GmbHG Anh. § 30 Rn. 108.

analog).[248] Darüber hinaus wird überwiegend angenommen, dass die sog. „Rechtsprechungsregeln" (§§ 30, 31 GmbHG aF analog) auch dann zur Anwendung gelangen, wenn die maßgebliche Rechtshandlung (zB Darlehensrückzahlung) vor dem 1.11.2008 vorgenommen, das Insolvenzverfahren aber erst nach dem 1.11.2008 eröffnet wurde.[249] Mangels ausdrücklicher Überleitungsvorschrift zu § 57 Abs. 1 S. 4 bzw. § 30 Abs. 1 S. 3 GmbHG wird dieses Ergebnis aus allgemeinen Grundsätzen des intertemporalen Rechts abgeleitet.[250]

§ 58 Verwendung des Jahresüberschusses

(1) [1]Die Satzung kann nur für den Fall, daß die Hauptversammlung den Jahresabschluß feststellt, bestimmen, daß Beträge aus dem Jahresüberschuß in andere Gewinnrücklagen einzustellen sind. [2]Auf Grund einer solchen Satzungsbestimmung kann höchstens die Hälfte des Jahresüberschusses in andere Gewinnrücklagen eingestellt werden. [3]Dabei sind Beträge, die in die gesetzliche Rücklage einzustellen sind, und ein Verlustvortrag vorab vom Jahresüberschuß abzuziehen.

(2) [1]Stellen Vorstand und Aufsichtsrat den Jahresabschluß fest, so können sie einen Teil des Jahresüberschusses, höchstens jedoch die Hälfte, in andere Gewinnrücklagen einstellen. [2]Die Satzung kann Vorstand und Aufsichtsrat zur Einstellung eines größeren oder kleineren Teils des Jahresüberschusses ermächtigen. [3]Auf Grund einer solchen Satzungsbestimmung dürfen Vorstand und Aufsichtsrat keine Beträge in andere Gewinnrücklagen einstellen, wenn die anderen Gewinnrücklagen die Hälfte des Grundkapitals übersteigen oder soweit sie nach der Einstellung die Hälfte übersteigen würden. [4]Absatz 1 Satz 3 gilt sinngemäß.

(2a) [1]Unbeschadet der Absätze 1 und 2 können Vorstand und Aufsichtsrat den Eigenkapitalanteil von Wertaufholungen bei Vermögensgegenständen des Anlage- und Umlaufvermögens in andere Gewinnrücklagen einstellen. [2]Der Betrag dieser Rücklagen ist entweder in der Bilanz gesondert auszuweisen; er kann auch im Anhang angegeben werden.

(3) [1]Die Hauptversammlung kann im Beschluß über die Verwendung des Bilanzgewinns weitere Beträge in Gewinnrücklagen einstellen oder als Gewinn vortragen. [2]Sie kann ferner, wenn die Satzung sie hierzu ermächtigt, auch eine andere Verwendung als nach Satz 1 oder als die Verteilung unter die Aktionäre beschließen.

(4) [1]Die Aktionäre haben Anspruch auf den Bilanzgewinn, soweit er nicht nach Gesetz oder Satzung, durch Hauptversammlungsbeschluß nach Absatz 3 oder als zusätzlicher Aufwand auf Grund des Gewinnverwendungsbeschlusses von der Verteilung unter die Aktionäre ausgeschlossen ist. [2]Der Anspruch ist am dritten auf den Hauptversammlungsbeschluss folgenden Geschäftstag fällig. [3]In dem Hauptversammlungsbeschluss oder in der Satzung kann eine spätere Fälligkeit festgelegt werden.

(5) Sofern die Satzung dies vorsieht, kann die Hauptversammlung auch eine Sachausschüttung beschließen.

Schrifttum: Allgemeines: *Baums,* Rücklagenbildung und Gewinnausschüttung im Aktienrecht, FS K. Schmidt, 2009, 57; *Gössel/Hehl,* Die Rechtsprechung zum Aktiengesetz 1965, ZHR 142 (1978), 19; *Hüffer,* Harmonisierung des aktienrechtlichen Kapitalschutzes, NJW 1979, 1065; *Jährig,* Die Rücklagenkompetenz des Vorstandes, des Aufsichtsrates und der Hauptversammlung, DB 1968, 1589; *Joost,* Grundlagen und Rechtsfolgen der Kapitalerhaltungsregeln im Aktienrecht, ZHR 149 (1985), 419; *Krekeler/Lichtenberger,* Satzungsänderungen nach § 58 Abs. 2 AktG – eine Rechtstatsachenuntersuchung, ZHR 135 (1971), 362; *Marsch,* Die rechtliche Problematik der Verwendung von Jahresüberschüssen deutscher Aktiengesellschaften unter besonderer Berücksichtigung der Kleinaktionärsinteressen, Diss Göttingen 1974; *Meyer,* Gesetz zur Modernisierung des Bilanzrechts (Bilanzrechtsmodernisierungsgesetz – BilMoG) – die wesentlichen Änderungen, DStR 2009, 762; *Schnorbus/Plassmann,* Die Sonderdividende, ZGR 2015, 446; *Wagner,* Substanzerhaltung und Gewinnverwendung bei Publi-

[248] BGHZ 179, 249 Rn. 15, 17 ff. = NJW 2009, 1277 – Gut Buschow; zust. *Orlikowski-Wolf* GmbHR 2009, 902 (904); vgl. Lutter/Hommelhoff/*Kleindiek* GmbHG Anh. § 64 Rn. 173, wonach sich dasselbe Ergebnis aus den allgemeinen Grundsätzen intertemporalen Rechts ergibt; aA zB *Hirte/Knof/Holzer* NZG 2009, 48 (49); *Hirte* WM 2008, 1429 (1435); *Holzer* ZIP 2009, 206 (207).

[249] So OLG Jena GmbHR 2009, 431 (432 f.); Lutter/Hommelhoff/*Kleindiek* GmbHG Anh. § 64 Rn. 174; Baumbach/Hueck/*Hueck/Fastrich* GmbHG Anh. § 30 Rn. 111; *Bormann* jurisPR-HaGesR 7/2009 Anm. 3; aA zB *Hirte/Knof/Holzer* NZG 2009, 48 (49).

[250] Lutter/Hommelhoff/*Kleindiek* GmbHG Anh. § 64 Rn. 174; vgl. Baumbach/Hueck/*Hueck/Fastrich* GmbHG Anh. § 30 Rn. 111.

kumsaktiengesellschaften, WPg 1976, 487; *ders.*, Allokative und distributive Wirkungen der Ausschüttungskompetenzen von Hauptversammlung und Verwaltung einer Aktiengesellschaft, ZGR 1988, 210.

Konzerngesellschaften und Rücklagenbildung: *Beusch*, Rücklagenbildung im Konzern, FS Goerdeler, 1987, 25; *Geßler*, Rücklagenbildung im Konzern, AG 1985, 257; *Goerdeler*, Rücklagenbildung nach § 58 Abs. 2 AktG 1965 im Konzern, WPg 1986, 229; *Götz*, Die Sicherung der Rechte der Aktionäre der Konzernobergesellschaft bei Konzernbildung und bei Konzernleitung, AG 1984, 85; *Lutter*, Zur Binnenstruktur des Konzerns, FS Westermann, 1974, 347; *ders.*, Rücklagenbildung im Konzern, FS Goerdeler, 1987, 327; *Theisen*, Rücklagenbildung im Konzern, ZHR 156 (1992), 174; *Thomas*, Rücklagenbildung im Konzern, ZGR 1985, 365; *Timm*, Grundfälle zum Konzernrecht, JuS 1999, 966; *Werner*, Gewinnverwendung im Konzern, FS Stimpel, 1985, 935; *H. P. Westermann*, Grundfragen der Rechtsfortbildung im Aktienkonzernrecht, FS Pleyer, 1986, 421.

Wertaufholungen: *Cattelaens*, Steuerentlastungsgesetz 1999/2000/2002: Teilwertabschreibung und Wertaufholung, DB 1999, 1185; *Dieterlen/Haun*, Gewinnmindernde Rücklagen nach den Übergangsregelungen des Steuerentlastungsgesetzes 1999/2000/2002, BB 1999, 2020; *Harms/Küting/Weber*, Die Wertaufholungskonzeption des neuen Bilanzrechts – Eine handels- und steuerrechtliche Analyse, DB 1986, 653; *Herzig/Rieck*, Bilanzsteuerliche Aspekte des Wertaufholungsgebotes im Steuerentlastungsgesetz, WPg 1999, 305; *Nickol*, Die Maßgeblichkeit der Handels- und Steuerbilanzen füreinander nach neuem Bilanzrecht, BB 1987, 1772; *Niehus*, Wertaufholung und umgekehrte Maßgeblichkeit, BB 1987, 1353; *Schmitz*, Steuerentlastungsgesetz 1999/2000/2002 und (umgekehrte) Maßgeblichkeit, DB 1999, 1974.

Sachausschüttung: *Hasselbach/Wicke*, Sachausschüttungen im Aktienrecht, NZG 2001, 599; *Knigge*, Änderungen des Aktienrechts durch das Transparenz- und Publizitätsgesetz, WM 2002, 1729; *Leinekugel*, Die Sachdividende im deutschen und europäischen Aktienrecht, 2001; *Lutter/Leinekugel/Rödder*, Die Sachdividende – Gesellschaftsrecht und Steuerrecht, ZGR 2002, 204; *W. Müller*, Die Änderungen im HGB und die Neuregelung der Sachdividende durch das Transparenz- und Publizitätsgesetz, NZG 2002, 752; *Orth*, Sachdividenden – Zu deren Kodifizierung und den offen gebliebenen aktienrechtlichen, bilanzrechtlichen und steuerrechtlichen Fragen, WPg 2004, 777 und 841; *Waclawik*, Die neue Sachdividende: Was ist sie wert?, WM 2003, 2266; *ders.*, Die neue Sachdividende und die Kapitalertragsteuer: Realteilung mit dem Finanzamt?, BB 2003, 1408.

Übersicht

I. Allgemeines

1 **1. Zweck und Vorgeschichte der Regelung.** § 58 behandelt die Verwendung des Jahresüberschusses. Grundsätzlich kommen zwei Formen der Verwendung in Betracht: Einerseits die **Thesaurierung** durch die Einstellung in Gewinnrücklagen oder durch den Gewinnvortrag sowie andererseits die Verteilung unter die Aktionäre durch **Dividendenausschüttung.** Da nach § 57 Abs. 3 vor der Auflösung der Gesellschaft nur der Bilanzgewinn verteilt werden darf, setzt Letzteres die Überleitung des Jahresüberschusses in die Größe Bilanzgewinn voraus. Ausnahmsweise ist auch eine andere Verwendung des Jahresüberschusses denkbar (Abs. 3 S. 2). Die Parallelvorschrift im GmbH-Recht ist § 29 GmbHG. § 58 ist eine **Kompromisslösung.** Er gleicht typisierend das Selbstfinanzierungsinteresse der Gesellschaft einerseits und das Interesse der Aktionäre am Erhalt einer Dividende anderer-

seits aus. Ihr Kern ist der „Halbteilungsgrundsatz" des Abs. 2 S. 1. Nach ihm dürfen Vorstand und Aufsichtsrat bei der Feststellung des Jahresüberschusses bis zur Hälfte des Jahresüberschusses in andere Gewinnrücklagen einstellen. Damit wird ein ggf. erheblicher Teil des Gewinns bis zu einer etwaigen späteren Ausschüttung oder bis zur Auflösung (§ 57 Abs. 3) dem Zugriff der Aktionäre entzogen. Über den verbleibenden Betrag entscheidet die Hauptversammlung (Abs. 3).

§ 58 blickt auf eine **wechselhafte Entwicklung** zurück.[1] Das Handelsgesetzbuch des Jahres 1897 2
überantwortete die „Genehmigung der Jahresbilanz und die Gewinnverteilung" allein der seinerzeit noch als „Generalversammlung" bezeichneten Hauptversammlung (§ 260 Abs. 1 HGB 1897). Die Aufgabe des Vorstandes war es lediglich, dafür Sorge zu tragen, dass die erforderlichen Bücher der Gesellschaft geführt wurden (§ 239 HGB 1897). Das Aktiengesetz aus dem Jahr 1937 überließ zwar weiterhin die Entscheidung über die Gewinnverteilung der Hauptversammlung (§ 126 Abs. 1 AktG 1937). Es erklärte aber Vorstand und Aufsichtsrat im Regelfall für die Feststellung des Jahresabschlusses zuständig (§ 125 AktG 1937). Sie war für die Hauptversammlung bindend (§ 126 Abs. 3 S. 1 AktG 1937). Ferner eröffnete der Gesetzgeber Vorstand und Aufsichtsrat bei der Entscheidung über die Bildung von offenen und von stillen Rücklagen weitreichende Spielräume (§§ 131 Abs. 1 B II 2, 133 AktG 1937). Im Ergebnis war daher die Entscheidung über die Gewinnverwendung weithin Vorstand und Aufsichtsrat überlassen.

Der Gesetzgeber der Aktienrechtsreform 1965 hat diese rechtspolitische Wendung zum Teil wie- 3
der rückgängig gemacht. Vor allem aus Abs. 2 S. 1 wird jedoch erkennbar, dass er sich nicht zu einer vollständigen Rückkehr zum älteren Recht entschlossen hat. Die wechselvolle geschichtliche Entwicklung macht deutlich, dass § 58 keine bloße Ordnungsvorschrift ist. Die Vorschrift enthält eine wertende Entscheidung des Gesetzgebers über die Verteilung der Gewinnverwendungszuständigkeit auf die Organe der Gesellschaft. Ihr **Wertungsgehalt** ist jedoch **nicht eindeutig.** Gegenüber dem AktG des Jahres 1937 handelt sich bei § 58 um eine Schutzvorschrift zu Gunsten der Aktionäre, die verhindern soll, dass diese allein durch eine etwaige Wertsteigerung ihrer Aktien am Unternehmenserfolg teilhaben. Misst man sie hingegen am älteren Recht, so ist sie eine die Rechtsstellung der Aktionäre beschränkende Norm, welche die Gesellschaft vor deren „Dividendenhunger" schützen soll. Ob der Interessenausgleich gelungen ist, wird in der Literatur unterschiedlich beurteilt.[2] Für die Regel des Abs. 2 S. 1 dürfte dies zu bejahen sein.[3] Rechtspolitisch zweifelhaft erscheint jedoch die durch Abs. 2 S. 2 geschaffene Möglichkeit, durch eine Ermächtigung in der Satzung der Verwaltung eine über S. 1 hinausgehende Entscheidungsbefugnis zur Einstellung in andere Gewinnrücklagen einzuräumen.[4]

2. Standort der Vorschrift im AktG. Wegen ihrer grundlegenden Bedeutung für das Verhältnis 4
der Gesellschaft zu ihren Aktionären hat der Gesetzgeber § 58 in den Dritten Teil des Ersten Buches des AktG über die Rechtsverhältnisse der Gesellschaft und der Gesellschafter eingefügt. Die Vorschrift ist darüber hinaus jedoch eng mit den §§ 170 ff. über die Aufstellung, die Feststellung des Jahresabschlusses und die Gewinnverwendung verbunden. Der Standort der Vorschrift im Gesetz ist daher zwar verständlich, dem Gesetzesverständnis aber wenig zuträglich.[5]

3. Überblick. Abs. 1 behandelt den in der Praxis seltenen Fall der Feststellung des Jahresabschlus- 5
ses durch die Hauptversammlung. Er trifft einzelne Bestimmungen über dessen Verwendung. Erst im Anschluss daran regelt Abs. 2 für den wichtigeren Fall der Feststellung des Jahresabschlusses durch Vorstand und Aufsichtsrat deren Gewinnverwendungskompetenz. Abs. 2 S. 2 über besondere Satzungsermächtigungen zu Gunsten dieser Organe wurde in jüngerer Vergangenheit gleich durch drei Gesetze (GklAktG, KonTraG und TransPuG) geändert. Durch das GklAktG wurde die Vorschrift mit Blick auf nicht börsennotierte AGs liberalisiert. Bis dahin ermöglichte sie nur eine Erweiterung der Einstellungsbefugnis von Vorstand und Aufsichtsrat über die Hälfte des Jahresüberschusses hinaus. Seit dem GklAktG konnte bei diesen AGs durch die Satzung die Befugnis von Vorstand und Aufsichtsrat zur Einstellung in andere Gewinnrücklagen auch beschränkt werden. Das TransPuG hat schließlich, nach lediglich redaktionellen Änderungen durch das KonTraG, die Beschränkung auf die nicht börsennotierte AG fallen gelassen. Abs. 2a, der durch das BiRiLiG eingefügt wurde, räumt daneben Vorstand und Aufsichtsrat in Sonderfällen eine weitere Befugnis zur Einstellung in andere Gewinnrücklagen bei Wertaufholungen ein. Abs. 3 behandelt die Befugnisse der Hauptversammlung bei der Fassung des Gewinnverwendungsbeschlusses. Abs. 4 räumt schließlich den Aktionären den

---

[1] Vgl. MüKoAktG/*Bayer* Rn. 15 ff.; KK-AktG/*Drygala* Rn. 1 ff.

[2] Näher MüKoAktG/*Bayer* Rn. 18 ff.

[3] So auch *ADS* Rn. 8.

[4] Ebenfalls abl. *Gössel/Hehl* ZHR 142 (1978), 19 (21); MüKoAktG/*Bayer* Rn. 20; Hüffer/*Koch* Rn. 2; neutral KK-AktG/*Drygala* Rn. 46.

[5] Krit. auch Hüffer/*Koch* Rn. 5.

Anspruch auf den nach der Anwendung der vorstehenden Absätze verbleibenden Bilanzgewinn ein. Der frühere Abs. 5 des § 58 wurde durch das GklAktG aufgehoben und dem § 57 als Abs. 3 angefügt. Das TransPuG hat § 58 wieder um einen Abs. 5 erweitert. Er befasst sich mit Sachausschüttungen.

II. Feststellung des Jahresabschlusses durch die Hauptversammlung (Abs. 1)

6 Die Hauptversammlung stellt den Jahresabschluss nur dann fest, wenn Vorstand und Aufsichtsrat beschlossen haben, ihr die Feststellung zu überlassen oder wenn der Aufsichtsrat den vom Vorstand aufgestellten Jahresabschluss nicht gebilligt hat (§ 173 Abs. 1). Das Verständnis des § 58 Abs. 1 setzt weiterhin die Kenntnis von § 173 Abs. 2 S. 2 voraus. Danach darf die Hauptversammlung bei der Feststellung des Jahresabschlusses nur diejenigen Beträge in Gewinnrücklagen einstellen, die nach Gewinn oder Satzung einzustellen sind. Abs. 1 S. 1 ergänzt dies für den Fall der Satzungsbestimmung dadurch, dass die Einstellung in „andere Gewinnrücklagen" (§ 266 Abs. 3 A III 4 HGB) zu erfolgen hat. Ferner wird durch Abs. 1 S. 1 die Satzungsautonomie insofern beschränkt, als eine solche Satzungsbestimmung für den Regelfall der Feststellung des Jahresabschlusses durch den Vorstand und den Aufsichtsrat unzulässig ist („nur"). Zweck der Vorschrift ist es, in der Satzung eine **Vorkehrung zur Rücklagendotierung** für den Fall zu ermöglichen, dass der Vorstand und der Aufsichtsrat den Jahresabschluss selbst nicht feststellen (wollen) und daher ihre Befugnis aus Abs. 2 nicht wahrnehmen können. Der verbreitete Erklärungsansatz „Schutz der Minderheit vor Aushungerung durch die Mehrheit"[6] überzeugt hingegen nicht, da die Satzung keine entsprechende Regelung vorsehen muss. Zudem kann auch bei Vorhandensein einer solchen Satzungsbestimmung die Hauptversammlung nach Abs. 3 mit grds. einfacher Mehrheit über die Verwendung des nach der Einstellung verbleibenden Bilanzgewinns entscheiden.

7 Abs. 1 S. 1 ist seinem Wesen nach eine § 173 Abs. 2 S. 1 ergänzende Vorschrift für die Aufstellung des Jahresabschlusses. Die Satzungsbestimmung selbst muss daher eine **abschließende Regelung** über die Einstellung in andere Gewinnrücklagen enthalten. Ob dabei die Höhe der Einstellung durch einen absoluten Betrag oder durch einen auf den Jahresüberschuss bezogenen Prozentsatz bestimmt wird, ist gleichgültig.[7] Nicht ausreichend ist hingegen, dass die Satzung die Hauptversammlung zur Einstellung von nicht näher bestimmten Teilen des Jahresüberschusses in andere Gewinnrücklagen ermächtigt.[8] Ein neben dem Beschluss über die Feststellung des Jahresabschlusses ergehender „Rücklageneinstellungsbeschluss" der Hauptversammlung ist nach Abs. 1 S. 1 weder erforderlich noch ist für einen solchen Beschluss überhaupt Raum. Die Bindung der Hauptversammlung an eine feststehende Regelung in der Satzung führt zu einer schematischen Einstellung in andere Gewinnrücklagen, die betriebswirtschaftlich sinnlos sein kann. Von der Aufnahme einer solchen Bestimmung in die Satzung ist daher abzuraten.

8 Die Einstellung in andere Gewinnrücklagen durch die Satzung steht unter dem Vorbehalt von Abs. 1 S. 2 und 3. Auf Grund einer solchen Satzungsermächtigung darf nach S. 2 **höchstens die Hälfte des Jahresüberschusses** in andere Gewinnrücklagen eingestellt werden. S. 2 hat vor allem dann Bedeutung, wenn die Satzung die Einstellung eines absoluten Betrags in andere Gewinnrücklagen vorsieht und der Jahresüberschuss, vermindert nach S. 3 um die Einstellung in die gesetzliche Rücklage (§ 150 Abs. 1 und 2; Sonderfälle regelt § 300) und um einen etwaigen Verlustvortrag, nicht mindestens doppelt so hoch ist. Bei der Aufstellung und der Feststellung des Jahresabschlusses hat die Hauptversammlung in solchen Fällen den höchstzulässigen Betrag in andere Gewinnrücklagen einzustellen. Eine weitergehende Rechtsfolge ist nicht vorgesehen. Insbesondere bewirkt das Überschreiten des gesetzlichen Grenzwerts durch die Satzung keine Nichtigkeit der Satzungsvorschrift.[9] Auch die Bindung der Hauptversammlung an die Satzung bleibt bestehen. Das Wort „kann" in S. 2 hat nicht die Bedeutung, dass die Hauptversammlung von der Einstellung überhaupt absehen darf. Die Einstellung in andere Gewinnrücklagen ist hingegen nicht davon abhängig, welche Höhe diese im Verhältnis zum Grundkapital bereits erreicht haben; eine dem Abs. 2 S. 3 vergleichbare Beschränkung gibt es hier nicht.

9 Die Aufzählung der vom Jahresüberschuss vorab abzuziehenden Beträge in S. 3 ist **nicht abschließend.** Vom Jahresüberschuss sind neben den dort genannten Beträgen der Aufwand für die Sonderrücklage nach § 218 S. 2 sowie die Einstellung in die Kapitalrücklage nach § 232 abzuziehen.[10] Eine Einstellung in die nach § 272 Abs. 4 HGB zu bildende Rücklage für Anteile an einem herrschenden oder mit Mehrheit beteiligten Unternehmen ist ebenfalls abzuziehen, wenn für ihre Bildung Teile

[6] So MüKoAktG/*Bayer* Rn. 24; Hüffer/*Koch* Rn. 6.
[7] Vgl. Hüffer/*Koch* Rn. 6; KK-AktG/*Drygala* Rn. 31.
[8] Vgl. *ADS* Rn. 35; Hüffer/*Koch* Rn. 6.
[9] Vgl. MüKoAktG/*Bayer* Rn. 34.
[10] Vgl. Hüffer/*Koch* Rn. 8; KK-AktG/*Drygala* Rn. 35.

des Jahresüberschusses verwandt werden und sie nicht, wie dies § 272 Abs. 4 S. 3 HGB gestattet, aus bereits vorhandenen, frei verfügbaren Rücklagen gebildet wird.[11] Abs. 1 enthält schließlich keine abschließende Regelung. Die Befugnis der Hauptversammlung nach Abs. 3, im Gewinnverwendungsbeschluss Beträge in Gewinnrücklagen einzustellen, gilt auch hier.[12]

III. Feststellung des Jahresabschlusses durch den Vorstand und den Aufsichtsrat (Abs. 2)

1. Grundsätzliches. Abs. 2 behandelt den im Vergleich mit Abs. 1 wichtigeren Fall, dass der Jahresabschluss durch den Vorstand und den Aufsichtsrat festgestellt wird. Das geschieht nach § 172 AktG dadurch, dass der Aufsichtsrat den durch den Vorstand aufgestellten und ihm vorgelegten (§ 170) Jahresabschluss billigt. Abs. 2 basiert auf dem Grundgedanken einer **paritätischen Gewinnverwendungszuständigkeit** von Verwaltung und Anteilseignern. Wegen der Verweisung in S. 4 auf Abs. 1 S. 3 sind auch hier vorweg die oben (→ Rn. 8 f.) genannten Beträge abzuziehen. Daneben gibt es einige Sonderfälle: Sind nach § 204 Abs. 3 S. 1 die Einlagen auf Belegschaftsaktien aus dem Teil des Jahresüberschusses gedeckt worden, der nach Abs. 2 den Vorstand und den Aufsichtsrat zur Einstellung in andere Gewinnrücklagen zur Verfügung steht, so ist die Dotierungsbefugnis der Verwaltung um diesen Betrag gemindert.[13] Ist nach § 59 ein Abschlag an die Aktionäre gezahlt worden, so darf nur ein die Abschlagszahlung übersteigender Teil des Jahresüberschusses in die anderen Gewinnrücklagen eingestellt werden.[14] 10

2. Der gesetzliche Regelfall. Vorstand und Aufsichtsrat können einen Teil des Jahresüberschusses, **höchstens die Hälfte,** in andere Gewinnrücklagen einstellen (Abs. 2 S. 1). Wie sich aus der Verweisung in Abs. 2 S. 4 auf Abs. 1 S. 3 ergibt, sind dabei die Beträge, die in die gesetzliche Rücklage einzustellen sind, und ein Verlustvortrag vorab vom Jahresüberschuss abzuziehen. Die Verweisung ist missverständlich, da sich Abs. 1 S. 3 in seinem unmittelbaren Anwendungsbereich auf den vorhergehenden S. 2 bezieht („dabei"), was jedoch bei der entsprechenden Anwendung in Abs. 2 keinen Sinn macht. Die Entscheidung über die Einstellung in andere Gewinnrücklagen erfolgt mit der Feststellung des Jahresabschlusses. Das setzt voraus, dass sie im aufgestellten Jahresabschluss bereits berücksichtigt ist. Eine Mitwirkung der Hauptversammlung an der Entscheidung der Verwaltung sieht das Gesetz nicht vor. Ob der Vorstand und der Aufsichtsrat von der ihnen übertragenen Befugnis Gebrauch machen, steht in ihrem **pflichtgemäßen Ermessen.** Eine Verpflichtung zur Einstellung in andere Gewinnrücklagen besteht nicht.[15] Andererseits kann die Verwaltung von der Ermächtigung auch dann in vollem Umfang Gebrauch machen, wenn die anderen Gewinnrücklagen das Grundkapital überschreiten. Die Beschränkung, die Abs. 2 S. 3 für den Fall einer weitergehenden Satzungsermächtigung (Abs. 2 S. 2) vorsieht, gilt nicht für die Befugnis nach S. 1.[16] 11

Bei der wichtigen Entscheidung über die Gewinnverwendung sind Vorstand und Aufsichtsrat dennoch nicht völlig frei. Sie haben die Sorgfalt eines ordentlichen und gewissenhaften Geschäftsleiters bzw. Aufsichtsratsmitglieds anzuwenden (§ 93 Abs. 1 S. 1 bzw. § 116 S. 1). Aus dem Umstand, dass das Gesetz selbst in Abs. 2 S. 3 für den Fall einer über die Befugnis nach S. 1 hinausgehenden Satzungsermächtigung eine Obergrenze für die Einstellung vorsieht, folgt im Umkehrschluss, dass der Vorstand und der Aufsichtsrat in den Fällen des S. 1 auch bei voller Ausschöpfung ihrer Ermächtigung in der Regel nicht pflichtwidrig handeln.[17] Hingegen kann es pflichtwidrig sein, die Einstellung in andere Gewinnrücklagen zu unterlassen, obwohl die Eigenkapitalquote der Gesellschaft gering ist (s. auch § 92 Abs. 2 S. 3).[18] Da es aber keine klaren betriebswirtschaftlichen Grundsätze gibt, wie hoch das „richtige" Eigenkapital einer Gesellschaft zu sein hat, sind hier die Haftungsrisiken für die Mitglieder des Vorstandes und des Aufsichtsrates jedoch eher gering. 12

3. Spielräume. Abs. 2 S. 2 räumt den Gesellschaften einen **Satzungsspielraum** ein: Dort kann bestimmt sein, dass der Vorstand und der Aufsichtsrat nur einen kleineren oder einen größeren Teil in die anderen Gewinnrücklagen einstellen dürfen. Ob die Satzungsfreiheit, die Gewinnverwendungskompetenz des Vorstands und des Aufsichtsrats zu Lasten der Hauptversammlung weiter zu stärken, aus rechtspolitischer Sicht sinnvoll ist, erscheint zweifelhaft. Hierbei ist zu berücksichtigen, 13

---

[11] Gegen die Abziehbarkeit Hüffer/*Koch* Rn. 8; KK-AktG/*Drygala* Rn. 37; unklar *ADS* Rn. 19.
[12] Vgl. KK-AktG/*Drygala* Rn. 40.
[13] Vgl. *ADS* Rn. 60.
[14] Vgl. *ADS* Rn. 59; Hüffer/*Koch* Rn. 10.
[15] Vgl. Hüffer/*Koch* Rn. 9; KK-AktG/*Drygala* Rn. 53 ff.
[16] Vgl. Hüffer/*Koch* Rn. 13.
[17] Ähnlich *ADS* Rn. 61.
[18] Vgl. KK-AktG/*Drygala* Rn. 54 f.

dass der Verwaltung häufig noch weitere Befugnisse zur Einstellung von Beträgen in andere Gewinnrücklagen zustehen (→ Rn. 17 ff.).

14 Der Spielraum für die Gestaltung von Satzungsbestimmungen iSd Abs. 2 S. 2 ist weit. Grundsätzlich bestehen für eine Abweichung vom Halbteilungsgrundsatz des Abs. 2 S. 1 weder nach oben noch nach unten Grenzen. Diese **sehr liberale Haltung des Gesetzes** ist noch nicht sehr alt. Bis zum GklAktG war nur eine satzungsmäßige Ausdehnung der Thesaurierungsbefugnis von Vorstand und Aufsichtsrat möglich. Seit dem TransPuG ist hingegen allen AGs gestattet, die Befugnis der Verwaltung durch die Satzung auch zu beschneiden. Es ist heute generell zulässig, durch die Satzung den Vorstand und den Aufsichtsrat zu ermächtigen, den gesamten Jahresüberschuss in andere Gewinnrücklagen einzustellen.[19] Ebenso ist es möglich, der Verwaltung die Befugnis zur Einstellung in Gewinnrücklagen nach Abs. 2 S. 1 in vollem Umfang zu nehmen.[20] Damit kann die Verantwortung für die Rücklagen- und Ausschüttungspolitik ganz der Hauptversammlung übertragen werden. Die Beschneidung der Befugnisse von Vorstand und Aufsichtsrat ist dabei in ihren Folgen nachhaltiger als ihre Ausdehnung. Während die Obergrenze des Abs. 2 S. 3 (Hälfte des Grundkapitals als Obergrenze) bald erreicht sein kann, kennt § 58 kein Aufleben einer durch die Satzung ausgeschlossenen oder beschränkten Verwaltungszuständigkeit bei einer „Auszehrung" der Gewinnrücklagen.

15 Den Aktionären ist damit in einer zentralen Strukturfrage eine **grundlegende Weichenstellung** möglich: Zur Wahl steht einerseits die AG herkömmlicher Prägung mit ausgeprägter und sogar ausdehnungsfähiger Gewinnverwendungsbefugnis der Verwaltung. Den Gegenpol bildet die AG, in der die Gewinnverwendung allein durch die Hauptversammlung bestimmt wird. Der letztgenannte Typus dürfte in der Praxis zwar nur vereinzelt anzutreffen sein. Es gibt aber durchaus Gesichtspunkte, die für ihn sprechen. So korrespondiert eine weitgehende Gewinnverwendungskompetenz der Aktionäre mit deren Kapitalaufbringung. Zudem stärkt die Entscheidungsbefugnis der Hauptversammlung den unternehmensinternen Wettbewerb um das Kapital der Aktionäre. Diese werden umso eher die Jahresüberschüsse in der Gesellschaft belassen, je rentabler der Vorstand wirtschaftet. Interessant ist der durch das Gesetz eröffnete Gestaltungsspielraum aber auch deshalb, weil nicht nur die Extrempositionen zulässig, sondern auch Zwischenlösungen möglich sind, die den konkreten Verhältnissen der jeweiligen Gesellschaft angepasst werden können.

16 Soll eine Satzungsermächtigung iSd Abs. 2 S. 2 geschaffen werden, so genügt es nicht, den Wortlaut des Gesetzes zu wiederholen. Es ist vielmehr **genau zu bestimmen, in welchem Umfang** die Verwaltung für die Entscheidung über die Einstellung des Jahresüberschusses in andere Gewinnrücklagen zuständig sein soll.[21] Das kann entweder durch die Angabe eines Prozentsatzes („bis zu x% des Jahresüberschusses") oder durch eine sonstige eindeutige Beschreibung („den ganzen Jahresüberschuss") erfolgen. Zulässig sind auch differenzierte Satzungsbestimmungen, durch die beispielsweise der Umfang der Befugnisse der Verwaltung von der Höhe des Jahresüberschusses abhängig gemacht wird („bis zu x Mio. Euro Jahresüberschuss bis zu 100%, hinsichtlich eines diesen Betrag übersteigenden Jahresüberschusses bis zu 25%"). In jedem Fall muss die Satzungsbestimmung aber so klar und eindeutig gefasst sein, dass die Aktionäre der Gesellschaft wissen, worauf sie sich mit ihrer Beteiligung an der Gesellschaft einlassen.[22]

IV. Wertaufholungen (Abs. 2a)

17 Die Befugnis von Vorstand und Aufsichtsrat, Teile des Jahresüberschusses in andere Gewinnrücklagen einzustellen, wird durch Abs. 2 nicht abschließend geregelt. Abs. 2a gestattet diesen Organen darüber hinaus, den Eigenkapitalanteil von Wertaufholungen bei Vermögensgegenständen des Anlage- und des Umlaufvermögens. Die Vorschrift verpflichtet nicht zur Rücklagenbildung, sondern räumt dem Vorstand und dem Aufsichtsrat ein **Wahlrecht** ein. Über dessen Ausübung ist nach pflichtgemäßem Ermessen zu entscheiden. Die Entscheidung erfolgt ebenso wie die nach Abs. 2 im Rahmen der Feststellung des Jahresabschlusses. Abs. 2a soll verhindern, dass Wertaufholungen gegen den Willen der Verwaltung zu einem Anstieg des Jahresüberschusses führen und sich damit auch der Bilanzgewinn, also das Ausschüttungspotenzial, erhöht, obwohl der Gesellschaft durch die Wertaufholung keine finanziellen Mittel zugeflossen sind.[23] Wird von dem Wahlrecht Gebrauch gemacht, so führt das zu einer Umwandlung von stillen Reserven in offene Rücklagen.

---

[19] Vgl. *ADS* Rn. 52; Hüffer/*Koch* Rn. 12.
[20] Vgl. *ADS* Rn. 56.
[21] Str., wie hier MüKoAktG/*Bayer* Rn. 46; GroßkommAktG/*Barz* Rn. 16; Hüffer/*Koch* Rn. 11; aA *ADS* Rn. 53; KK-AktG/*Drygala* Rn. 48.
[22] Vgl. Hüffer/*Koch* Rn. 11.
[23] Vgl. *ADS* Rn. 97.

Abs. 2a hat neben der **Liquiditätssicherung** der Gesellschaft zur Folge, dass sich die nach Abs. 2 grundsätzlich paritätische Gewinnverwendungszuständigkeit von Verwaltung und Hauptversammlung zugunsten der Verwaltung verschiebt: Wäre die Abschreibung, die durch die Wertaufholung rückgängig gemacht wird, nicht vorgenommen worden, so hätten Vorstand und Aufsichtsrat im Ausgangsjahr nach Abs. 2 nur über die Einstellung der Hälfte des erhöhten Jahresüberschusses in andere Gewinnrücklagen entscheiden können. Liegt hingegen ein Fall des Abs. 2a vor, so können zwar in diesem Jahr in Höhe der Abschreibung keine Beträge in andere Gewinnrücklagen eingestellt werden. In dem Jahr, in dem die Verpflichtung zur Wertaufholung entsteht, ist aber allein die Verwaltung für die Entscheidung über die Einstellung des gesamten Betrages der Wertaufholung zuständig. Wie erheblich diese **Kompetenzverlagerung** ist, hängt davon ab, in welchem Umfang Wertaufholungen vorzunehmen sind. 18

Wertaufholungen bei Vermögensgegenständen des Anlage- und des Umlaufvermögens sind die in § 253 Abs. 5 S. 1 HGB aufgeführten Abschreibungen auf Grund des § 253 Abs. 3 S. 5, 6 oder Abs. 4 HGB.[24] § 253 Abs. 5 S. 1 HGB ist seit dem BilMoG die im Prinzip inhaltsgleiche Nachfolgeregelung des § 280 Abs. 1 HGB. Stets geht es um die Rückgängigmachung außerplanmäßiger Abschreibungen. Die Wertaufholung ist in dem Umfang geboten, in dem die Gründe für die außerplanmäßige Abschreibung nicht mehr bestehen. Nach früherer Rechtslage war das Wertaufholungsgebot des § 280 Abs. 1 HGB von eher geringer Bedeutung. Nach § 280 Abs. 2 HGB konnte nämlich von der Wertaufholung abgesehen werden, wenn der niedrigere Wertansatz bei der steuerrechtlichen Gewinnermittlung beibehalten werden durfte und Voraussetzung für die Beibehaltung des Wertansatzes ein entsprechendes Vorgehen in der Handelsbilanz war.[25] Weitreichende steuerliche Beibehaltungswahlrechte folgten aus § 6 Abs. 1 Nr. 1 S. 4 und Nr. 2 S. 3 EStG; die Verpflichtung zum korrespondierenden Handelsbilanzansatz ergab sich aus § 5 Abs. 1 S. 2 EStG (sog. **„umgekehrte Maßgeblichkeit"**). Die Rechtslage änderte sich mit Wirkung vom 1.1.1999 durch die Beseitigung der Beibehaltungswahlrechte in § 6 EStG (§ 6 Abs. 1 Nr. 1 S. 4, Nr. 2 S. 3 EStG nF) durch das StEntlG 1999/2000/2002. Das zuvor dominierende Beibehaltungswahlrecht nach § 280 Abs. 2 HGB verlor seine Bedeutung weitgehend. Im Gegenzug hat das **Wertaufholungsgebot** nach § 280 Abs. 1 HGB, seit dem BilMoG verankert in § 253 Abs. 5 S. 1 HGB, an Bedeutung gewonnen.[26] 19

Die umgekehrte Maßgeblichkeit ist durch das BilMoG, zur Entkoppelung von Handels- und Steuerbilanz **(Abkehr von der „Einheitsbilanz")**, beseitigt worden.[27] Gleiches gilt für § 280 Abs. 2 HGB, der zusammen mit den §§ 279–283 HGB gestrichen wurde. Damit hat das Wertaufholungsgebot, das nunmehr nicht mehr nur für Kapitalgesellschaften gilt, weiter an Bedeutung gewonnen. Für die AG bedeutet das, dass Abs. 2a, der früher eher ein Schattendasein führte, zu einem Instrument der Gewinnverwendungspolitik von Vorstand und Aufsichtsrat geworden ist. Das Instrument steht der Gesellschaft allerdings nur dann zur Verfügung, wenn der Jahresabschluss nach § 172 durch die Verwaltung festgestellt wird. Erfolgt die Feststellung durch die Hauptversammlung, so können nach § 173 Abs. 2 S. 2 und § 58 Abs. 1 nur diejenigen Beträge in andere Gewinnrücklagen eingestellt werden, die nach dem Gesetz oder der Satzung einzustellen sind. Abs. 2a findet keine entsprechende Anwendung.[28] Soll auch in den Fällen der Feststellung des Jahresabschlusses durch die Hauptversammlung eine Einstellung von Wertaufholungen in andere Gewinnrücklagen erfolgen, so muss die Satzung eine entsprechende Ermächtigung enthalten. 20

Nur der **Eigenkapitalanteil der Wertaufholung** kann nach Abs. 2a in andere Gewinnrücklagen eingestellt werden. Der Anteil errechnet sich durch die Subtraktion der steuerlichen Mehrbelastung an Körperschaftsteuer, Gewerbesteuer und Solidaritätszuschlag von dem Betrag der Wertaufholung.[29] Entsteht wegen eines steuerlichen Verlustes keine zusätzliche Steuerbelastung, so kann der gesamte Wertaufholungsbetrag in andere Gewinnrücklagen eingestellt werden.[30] Abs. 2a lässt darüber hinaus Einstellungen in andere Gewinnrücklagen zu, sofern bei der steuerrechtlichen Gewinnermittlung Passivposten gebildet werden, die nicht in dem Sonderposten mit Rücklageanteil ausgewiesen werden dürfen. Der Ausweis in der Position **„Sonderposten mit Rücklageanteil"** richtete sich bis zum BilMoG nach den §§ 247 Abs. 3, 273 HGB. Die Gesellschaft durfte den Sonderposten nur dann bilden, wenn die Anerkennung des Wertansatzes bei der steuerrechtlichen Gewinnermittlung davon abhängig war, dass der Sonderposten auch in der Handelsbilanz gebildet wurde. Das war nach § 5 Abs. 1 S. 2 EStG (umgekehrte Maßgeblichkeit) stets der Fall, sofern nicht eine steuerliche Vorschrift 21

[24] Vgl. *ADS* Rn. 99; *Harms/Küting/Weber* DB 1986, 653 (654 ff.).
[25] Vgl. *Harms/Küting/Weber* DB 1986, 653 (657 f.).
[26] Näher *Schmitz* DB 1999, 1974.
[27] Vgl. *Meyer* DStR 2009, 762 (762 f.).
[28] Vgl. *ADS* Rn. 102 f.
[29] Näher *ADS* Rn. 90 ff.
[30] Vgl. *ADS* Rn. 91.

ausdrücklich das Gegenteil anordnete, was praktisch nicht vorkam. Das **BilMoG** hat diese recht komplexe Schnittstelle zwischen Handels- und Steuerbilanzrecht beseitigt. Es hat den Sonderposten mit Rücklageanteil abgeschafft und die §§ 247 Abs. 3, 273 HGB **aufgehoben.** Auch das Prinzip der umgekehrten Maßgeblichkeit wurde aufgegeben. Übergangsvorschriften für nach dem alten Recht gebildete Sonderposten mit Rücklageanteil, namentlich ein Beibehaltungswahlrecht, enthält Art. 67 Abs. 3 EGHGB. Als Folgeänderung dieser Entwicklung wurde Abs. 2a S. 1 durch das **BilRUG** geändert und die Bezugnahme auf die bei der steuerrechtlichen Gewinnermittlung gebildeten Passivposten gestrichen.

22 Der Umfang der Einstellung in andere Gewinnrücklagen ist durch den nicht bereits anderweitig zu verwendenden (§ 150 Abs. 2) **Jahresüberschuss** begrenzt. Erwirtschaftet die Gesellschaft keinen Jahresüberschuss, kommt eine Einstellung nach Abs. 2a nicht in Betracht. In diesem Fall mindert die Wertaufholung den Jahresfehlbetrag. Nach dem Zweck der Vorschrift erscheint es jedoch gerechtfertigt, die Rücklageneinstellung in späteren Gewinnjahren nachzuholen.[31] Der Betrag der nach Abs. 2a gebildeten, anderen Gewinnrücklagen ist nach Abs. 2a S. 2 entweder in der Bilanz gesondert auszuweisen oder im Anhang anzugeben. Im Fall einer beabsichtigten **„Nachdotierung"** der anderen Gewinnrücklagen bei aktuell fehlendem Jahresüberschuss ist die betragsmäßige Angabe des Nachholungsbetrags im Anhang geboten.[32] Die Verpflichtung zum gesonderten Ausweis gilt nicht nur für das Jahr der Bildung, sondern auch für die Folgejahre.[33] Sie entfällt erst dann, wenn die anderen Gewinnrücklagen vollständig aufgelöst werden. Ein gesonderter Ausweis in der nach § 158 Abs. 1 S. 1 ergänzten GuV (dort bei Nr. 4 lit. d) im Jahr der Einstellung muss nicht erfolgen.[34] Er ist aber zulässig.

V. Gewinnverwendung durch die Hauptversammlung (Abs. 3)

23 Abs. 3 behandelt den Beschluss der Hauptversammlung über die Verwendung des Bilanzgewinns. Er eröffnet der Hauptversammlung verschiedene Möglichkeiten. Wie bereits die vorhergehenden Absätze ist die Vorschrift keine in sich abgeschlossene Regelung, sondern setzt die Kenntnis von im Gesetz erst an späterer Stelle erwähnten Vorschriften, vor allem die des § 174, voraus. Nach § 174 Abs. 1 S. 1 ist es das unentziehbare Recht der Hauptversammlung, den **Gewinnverwendungsbeschluss** zu fassen. Sie ist bei der Beschlussfassung an den festgestellten Jahresabschluss gebunden (§ 174 Abs. 1 S. 2). Der Beschluss führt unabhängig von seinem Inhalt zu keiner Änderung des festgestellten Jahresabschlusses (§ 174 Abs. 3). Grundsätzlich hat die Hauptversammlung drei Möglichkeiten, den Bilanzgewinn zu verwenden. Von diesen erwähnt Abs. 3 S. 1 zwei: Die **Einstellung** weiterer Beträge **in Gewinnrücklagen** und den **Gewinnvortrag.** Die nächstliegende Alternative, die **Dividendenausschüttung,** wird von Abs. 3 S. 1 hingegen nicht erwähnt, sondern als selbstverständlich vorausgesetzt. Der Gesetzgeber erwartet an dieser Stelle von dem Leser die Kenntnis des § 174 Abs. 2 über den Inhalt des Gewinnverwendungsbeschlusses. In etwas umständlicher Gesetzgebungsformulierung wird die Ausschüttung in Abs. 3 S. 2 dann doch erwähnt. Die drei „Regelverwendungsmöglichkeiten" des Bilanzgewinns stehen der Hauptversammlung zu, ohne dass es dazu einer Ermächtigung in der Satzung bedarf.[35] Anderes gilt hingegen für die vierte, von Abs. 3 S. 2 erwähnte Möglichkeit der Gewinnverwendung: Die Aktionäre können auch eine andere Verwendung des Bilanzgewinns beschließen, aber nur, wenn die Satzung sie hierzu ermächtigt. Unter **„anderer Verwendung"** kommt allein die Zuwendung eines Teils des (oder des gesamten) Bilanzgewinns an Dritte in Betracht, da es im Verhältnis von Gesellschaft und Aktionären eine dritte Alternative zu Ausschüttung und Thesaurierung nicht gibt.[36] Gedacht ist hier vor allem an die Verwendung für gemeinnützige Zwecke.[37] In der Praxis sind derartige Satzungsermächtigungen selten, da die Vergabe von Spenden, das „Sponsoring" und ähnliche Maßnahmen in der Regel Sache des Vorstands ist. Von der „anderen Verwendung" des Bilanzgewinns in diesem Sinn sind Verbindlichkeiten der Gesellschaft, die von der Höhe des Jahresüberschusses abhängig sind, zu unterscheiden. Ein Beispiel hierfür sind die Verbindlichkeiten aus einem Gewinnabführungsvertrag (§ 291 Abs. 1 S. 1 Alt. 2). Diese sind bereits bei der Feststellung des Jahresabschlusses zu berücksichtigen.[38]

---

[31] Vgl. *ADS* Rn. 95 ff.; Hüffer/*Koch* Rn. 18.
[32] Vgl. *ADS* Rn. 98.
[33] Vgl. *Grigoleit/Zellner* Rn. 24; Hüffer/*Koch* Rn. 21.
[34] AA Hüffer/*Koch* Rn. 21.
[35] Vgl. MüKoAktG/*Bayer* Rn. 82; Hüffer/*Koch* Rn. 22.
[36] Vgl. MüKoAktG/*Bayer* Rn. 91.
[37] Vgl. MüKoAktG/*Bayer* Rn. 91; Hüffer/*Koch* Rn. 25.
[38] Vgl. Hüffer/*Koch* Rn. 25.

Die Hauptversammlung fasst den Beschluss über die Verwendung des Bilanzgewinns mit **einfacher Mehrheit** (§ 133 Abs. 1). Der Vorstand und der Aufsichtsrat haben ihr nach § 124 Abs. 3 S. 1 einen Vorschlag zur Beschlussfassung zu unterbreiten. Der Vorschlag bindet die Hauptversammlung aber nicht. Der Inhalt des Vorschlags wird durch § 170 Abs. 2 geregelt. Bei der Einstellung in Gewinnrücklagen ist die Hauptversammlung nach der Wortwahl des Abs. 3 nicht auf bestimmte Teile der Gewinnrücklagen beschränkt. Denn anders als die vorhergehenden Absätze spricht Abs. 3 nicht von „anderen Gewinnrücklagen", sondern allgemein von „Gewinnrücklagen". Neben der Einstellung in die anderen Gewinnrücklagen kommt jedoch allein die Einstellung in die gesetzliche Rücklage (§ 150 Abs. 1 und 2) in Betracht. Die Bildung der Rücklage für Anteile an einem herrschenden oder mit Mehrheit beteiligten Unternehmen nach § 272 Abs. 4 HGB ist zwingend vorgeschrieben. Sie ist zudem bereits bei der Aufstellung der Bilanz vorzunehmen. Satzungsmäßige Rücklagen scheiden ebenfalls aus, da der Umfang der Einstellung in diesem Teil der Gewinnrücklagen bereits durch die Satzung zu regeln ist.[39] Folgerichtig spricht Abs. 3 von der Einstellung „in Gewinnrücklagen" und nicht „von der Einstellung in *die* Gewinnrücklagen". 24

Bei der Entscheidung über die Einstellung ist die Hauptversammlung insofern beschränkt, als sie höchstens den gesamten Bilanzgewinn, zuzüglich eines etwaigen Gewinnvortrages aus dem Vorjahr, in Gewinnrücklagen einstellen kann. Es gibt jedoch **keine Beschränkung auf die Hälfte des Bilanzgewinns,** wie das Abs. 1 S. 2 sowie Abs. 2 S. 1, jeweils bezogen auf den Jahresüberschuss, vorsehen. Ebenfalls keine Rolle spielt, welche absolute oder (bezogen auf das Grundkapital) relative Höhe die gesetzliche bzw. die anderen Gewinnrücklagen bereits erreicht haben.[40] Eine mittelbare Einschränkung für die Beschlussfassung durch die Hauptversammlung ergibt sich jedoch dadurch, dass nach § 254 der Beschluss über die Verwendung des Bilanzgewinns anfechtbar ist, wenn an sich ausschüttungsfähige Beträge in Gewinnrücklagen eingestellt oder als Gewinn vorgetragen werden, die bei vernünftiger kaufmännischer Beurteilung nicht erforderlich sind, die Lebens- und Widerstandsfähigkeit der Gesellschaft für einen hinsichtlich der wirtschaftlichen und finanziellen Notwendigkeiten übersehbaren Zeitraum zu sichern und die Aktionäre aus diesem Grund eine Dividende in Höhe von weniger als 4% des eingeforderten Grundkapitals erhalten. Die damit aufgestellten Hürden für eine erfolgreiche Anfechtung sind aber sehr hoch. § 254 hat daher kaum praktische Bedeutung. 25

Das Gesetz lässt damit die **Selbstfinanzierung** der AG aus Gewinnen in sehr weitgehendem Umfang zu. Wird davon in erheblichem Umfang Gebrauch gemacht, so hat diese Stärkung der Eigenkapitalbasis der Gesellschaft Einfluss auf die finanzielle Unabhängigkeit der Verwaltung gegenüber den Anteilseignern. Die Befugnis der Hauptversammlung zur Einstellung in Gewinnrücklagen ist jedoch nicht zwingend. Das Gesetz erlaubt Satzungsbestimmungen, welche die Befugnis der Hauptversammlung, Teile des Bilanzgewinns in Gewinnrücklagen einzustellen, beschränken oder sogar ganz ausschließen.[41] Das lässt sich aus Abs. 4 ableiten, wonach die Aktionäre nur insoweit Anspruch auf den Bilanzgewinn haben, soweit er nicht nach der Satzung von der Verteilung unter die Aktionäre ausgeschlossen ist. 26

Die Hauptversammlung kann den Bilanzgewinn, neben der Einstellung in Gewinnrücklagen, auch dadurch in der Gesellschaft belassen, dass sie ihn auf neue Rechnung vorträgt (Abs. 3 S. 1 Alt. 2). Der Unterschied zur Einstellung in Gewinnrücklagen besteht darin, dass der **Gewinnvortrag** im nächsten Geschäftsjahr wieder dem Jahresüberschuss hinzuzurechnen ist und damit in den Bilanzgewinn einfließt, ohne dass es dazu eines Beschlusses der Hauptversammlung bedarf (§ 158 Abs. 1 S. 1 Nr. 1). Ein Gewinnvortrag ist bei Spitzenbeträgen üblich, die weder in Gewinnrücklagen eingestellt noch an die Aktionäre ausgeschüttet werden sollen. Das Gesetz enthält jedoch keine Beschränkung auf Bagatellbeträge. Daher ist auch der Vortrag des gesamten Bilanzgewinns möglich.[42] Darüber hinaus ist es zulässig, den Bilanzgewinn über mehrere Geschäftsjahre vorzutragen und damit Bilanzgewinne aus mehreren Jahren in der Position Gewinnvortrag anzusammeln. Diese Vorgehensweise kann dann sinnvoll sein, wenn die Ausschüttung eines geringen Bilanzgewinns nicht lohnend oder die Ausschüttung bspw aus steuerlichen Gründen im nächsten oder in einem der nächsten Geschäftsjahre günstiger ist. 27

Der Gewinnverwendungsbeschluss nach Abs. 3 knüpft stets an den **Bilanzgewinn,** nicht an den Jahresüberschuss an. Damit unterscheidet sich Abs. 3 von den vorhergehenden Absätzen, welche die Verwendung (von Teilen) des Jahresüberschusses behandeln. Abs. 3 knüpft an § 57 Abs. 3 an, wonach zur Sicherung der Kapitalerhaltung der Gesellschaft vor ihrer Auflösung nur der Bilanzgewinn unter 28

[39] Vgl. Hüffer/*Koch* Rn. 23; KK-AktG/*Drygala* Rn. 105.
[40] Vgl. *ADS* Rn. 118; KK-AktG/*Drygala* Rn. 99.
[41] Vgl. Schmidt/Lutter/*Fleischer* Rn. 42.
[42] Vgl. *ADS* Rn. 119.

die Aktionäre verteilt werden darf. Die Größe „Bilanzgewinn" errechnet sich gemäß § 158 Abs. 1 S. 1 durch eine Überleitungsrechnung aus der Größe „Jahresüberschuss/Jahresfehlbetrag". Danach ist ein Gewinnvortrag und sind Entnahmen aus der Kapitalrücklage oder Gewinnrücklagen hinzuzurechnen. Ein Verlustvortrag und Einstellungen in Gewinnrücklagen sind abzuziehen. Der Bilanzgewinn kann sich damit zwar vollständig aus dem Jahresüberschuss ergeben oder zumindest Teile des Jahresüberschusses enthalten. Notwendig ist das aber nicht. Die Überschrift des § 58, die nur von „Verwendung des Jahresüberschusses" spricht, gibt daher den materiellen Gehalt der Vorschrift nur teilweise wieder. Die verschiedenen Möglichkeiten der Verwendung des Bilanzgewinns schließen sich nicht gegenseitig aus. In einem Gewinnverwendungsbeschluss können **mehrere Verwendungsarten** miteinander verbunden werden. So kann ein Teil des Bilanzgewinns in andere oder in gesetzliche Gewinnrücklagen eingestellt, ein weiterer Teil unter die Aktionäre verteilt und ein verbleibender Restbetrag auf neue Rechnung vorgetragen werden. Das geschieht häufig.

VI. Der Anspruch auf den Bilanzgewinn (Abs. 4)

29 Nach Abs. 4 haben die Aktionäre Anspruch auf den Bilanzgewinn, soweit er nicht nach Gesetz oder Satzung, durch Hauptversammlungsbeschluss nach Abs. 3 oder als zusätzlicher Aufwand auf Grund des Gewinnverwendungsbeschlusses von der Verteilung unter die Aktionäre ausgeschlossen ist. Der Anspruch der Aktionäre richtet sich somit nicht auf den gesamten Bilanzgewinn, sondern auf den nach Abzug der genannten Positionen verbleibenden Restgewinn. Nach wohl allgemeiner Meinung behandelt Abs. 4 den **„mitgliedschaftlichen Gewinnanspruch"** des Aktionärs. Von ihm ist der **„konkrete Zahlungsanspruch"** als bloßes Gläubigerrecht zu unterscheiden.[43] Dem liegt die Vorstellung zugrunde, der Aktionär habe im Hinblick auf den Bilanzgewinn gegen die Gesellschaft zwei verschiedene Ansprüche. Diese Sichtweise ist in doppelter Hinsicht zweifelhaft. Zum einen erscheint fraglich, ob Abs. 4 tatsächlich den mitgliedschaftlichen Gewinnanspruch regelt. Die Vorschrift gewährt dem Aktionär nur einen Anspruch auf den Betrag, der nach dem Gewinnverwendungsbeschluss der Hauptversammlung zur Verteilung bestimmt ist. Da die Hauptversammlung den gesamten Bilanzgewinn in Gewinnrücklagen einstellen oder als Gewinn vortragen kann, ist vor der Beschlussfassung ungewiss, ob ein solcher Anspruch überhaupt entstehen wird. Für die Annahme eines latenten mitgliedschaftlichen Gewinnanspruchs ist daher kein Raum. Ist der Gewinnverwendungsbeschluss aber gefasst, so ist der Anspruch, vorbehaltlich einer abweichenden Satzungsbestimmung oder einer entsprechenden Regelung im Gewinnverwendungsbeschluss, nach der allgemeinen Regel des § 271 Abs. 1 BGB sofort fällig.[44] Abs. 4 behandelt aus diesen Gründen richtigerweise nicht den mitgliedschaftlichen Gewinnanspruch, sondern den **Zahlungsanspruch des Aktionärs.** Dies wird auch dadurch augenfällig, dass seit der Aktienrechtsnovelle 2016 – mit Wirkung ab dem 1.1.2017 – in Abs. 4 S. 2 und 3 die **Fälligkeit des Zahlungsanspruchs** geregelt wird. Danach ist der Anspruch an dem dritten auf den Hauptversammlungsbeschluss folgenden Geschäftstag fällig. Die gesetzliche Fälligkeitsregelung ist teilweise disponibel. Abs. 4 S. 3 lässt es zu, dass der Hauptversammlungsbeschluss oder die Satzung eine spätere Fälligkeit bestimmen. Die vorgenannten Regelungen dienen der Klarstellung und der Anlehnung an internationale Standards.[45]

30 Zum anderen erscheint fraglich, ob es einen echten „mitgliedschaftlichen Gewinnanspruch" der Aktionäre überhaupt gibt. Bedenken ergeben sich aus dem Umstand, dass die Hauptversammlung den Beschluss über die Verwendung des Bilanzgewinns nach § 133 Abs. 1 mit einfacher Mehrheit fasst. Der einzelne Aktionär hat keinen Anspruch auf einen Beschluss bestimmten Inhalts. Er kann daher selbst durch einen Gewinnverwendungsbeschluss, der den gesamten Bilanzgewinn in Gewinnrücklagen einstellt oder als Gewinn vorträgt, nicht in seinen Rechten verletzt werden. Nur für den Fall, dass in seiner Person die Voraussetzungen des § 254 vorliegen, erwirbt er ein Recht zur Anfechtung dieses Beschlusses. Dazu muss der Aktionär aber nach § 254 Abs. 2 S. 3 in ganz erheblichem Umfang an der Gesellschaft beteiligt sein (5% des Grundkapitals oder anteiliger Betrag von 500.000 Euro). Die Anfechtungsbefugnis ist überdies kein (Zahlungs-)Anspruch, sondern ein Gestaltungsrecht. Im Übrigen kann der Aktionär nur verlangen, dass das Verfahren, welches Voraussetzung für den Zahlungsanspruch nach Abs. 4 ist, dem Gesetz entsprechend durchgeführt wird. Er kann verlangen, dass die ordentliche Hauptversammlung rechtzeitig (§ 175 Abs. 1 S. 2) einberufen und durchgeführt wird. Im Hinblick auf die Durchführung der Hauptversammlung kann er insbesondere fordern, dass der von § 174 Abs. 1 S. 1 vorgeschriebene Beschluss über die Verwendung des Bilanzgewinns gefasst wird. Diese Ansprüche ergeben sich unmittelbar aus seiner Mitgliedschaft und dienen ihrer Verwirklichung. Die selbständige Übertragung dieser Rechte ist daher ebenso ausgeschlossen

[43] Vgl. MüKoAktG/*Bayer* Rn. 96; Hüffer/*Koch* Rn. 26; Schmidt/Lutter/*Fleischer* Rn. 43.
[44] Vgl. MüKoAktG/*Bayer* Rn. 106.
[45] Vgl. Hüffer/*Koch* § 58 Rn. 28.

wie deren (Ver-)Pfändung.[46] Diese Rechtsstellung der Aktionäre mag man zusammenfassend als „mitgliedschaftlichen Gewinnanspruch" bezeichnen. Dabei sollte man sich jedoch bewusst sein, dass es sich um **keinen echten Gewinnanspruch** handelt, sondern nur um Rechte zur Verwirklichung der Voraussetzungen für einen nach der Fassung des Gewinnverwendungsbeschlusses möglicherweise entstehenden Zahlungsanspruch.

Der Anspruch des Aktionärs nach Abs. 4 ist grundsätzlich auf die **Zahlung eines Geldbetrags** 31
gerichtet. Vom Gesetz wird das zwar an keiner Stelle ausdrücklich ausgesprochen, aber als selbstverständlich vorausgesetzt und wird durch einen Gegenschluss aus Abs. 5 belegt. Das deuten ferner einige Vorschriften an, die von einer beliebigen Teilbarkeit der Ausschüttung ausgehen (zB §§ 60 Abs. 2, 233 Abs. 2 S. 1, 254 Abs. 1).[47] Eine **Sachausschüttung** an Stelle einer Barausschüttung ist allerdings nicht ausgeschlossen, bedarf aber nach Abs. 5 einer satzungsmäßigen Grundlage und eines entsprechenden Gewinnverwendungsbeschlusses (→ Rn. 33 ff.). Durch einen wirksamen Gewinnverwendungsbeschluss entstehen die individuellen Zahlungsansprüche der Aktionäre. Sie können durch einseitige Handlungen der Organe der Gesellschaft nicht mehr beeinträchtigt werden. Auch ein später gefasster Gegenbeschluss der Hauptversammlung kann daher die Zahlungsansprüche der Aktionäre nicht mehr beseitigen.[48] Demgegenüber kann der Zahlungsanspruch nach § 364 Abs. 1 BGB durch Leistung an Erfüllung statt erlöschen. Als Erfüllungssurrogate kommen vor allem Produkte der Gesellschaft sowie von Dritten erworbene, eigene Aktien in Betracht.[49] Der Gleichbehandlungsgrundsatz (§ 53a) und das Verbot der Einlagenrückgewähr (§ 57 Abs. 1 S. 1) sind zu beachten.

Der Zahlungsanspruch nach Abs. 4 und der den Aktionären tatsächlich zufließende Geldbetrag 32
sind in der Regel nicht deckungsgleich. Ursache dafür ist die Abzugsbesteuerung der Dividenden durch die **Kapitalertragsteuer** (§§ 43 ff. EStG). Sie beträgt 25% der Dividende (§ 43a Abs. 1 Nr. 1 EStG). Erfolgt die Zahlung der Dividende an den Aktionär auf ein bei einem inländischen Kreditinstitut geführtes Girokonto und hat er diesem einen ausreichenden Freistellungsauftrag (§ 44a Abs. 2 S. 1 Nr. 1 EStG) erteilt oder ist anzunehmen, dass für ihn eine Veranlagung zur Einkommensteuer nicht in Betracht kommt (nachzuweisen durch eine Nichtveranlagungs-Bescheinigung nach § 44a Abs. 2 S. 1 Nr. 2 EStG), so erfolgt kein Steuerabzug. Fraglich ist, ob die Erhebung der Kapitalertragsteuer den Anspruch aus Abs. 4 unberührt lässt. Hierzu könnte man den Standpunkt vertreten, die von der Gesellschaft einbehaltene und abgeführte Kapitalertragsteuer sei Teil der Dividende, der lediglich auf Grund besonderer gesetzlicher Vorschrift nicht an die Aktionäre, sondern unmittelbar an den Staat ausgezahlt werde. Diese Sichtweise erscheint nicht zutreffend. Mehr als die um die Kapitalertragsteuer gekürzte Dividende kann der Aktionär von der Gesellschaft nicht verlangen. Ein weitergehender zivilrechtlicher Anspruch steht ihm nicht zu. Dazu steht auch nicht in Widerspruch, dass der Aktionär nach den §§ 44 Abs. 1 S. 1, 43 Abs. 1 S. 1 Nr. 1 EStG der Schuldner der Kapitalertragsteuer ist. Die Steuerschuldnerschaft des Aktionärs ist nur für den Fall von Bedeutung, dass die Gesellschaft die nach den steuerrechtlichen Vorschriften einzubehaltende und abzuführende Kapitalertragsteuer vorschriftswidrig an den Aktionär ausbezahlt. Für diesen Fall ermöglicht sie einen direkten Zugriff des Fiskus auf den Aktionär. In der Buchführung der AG kommt die Steuerschuldnerschaft des Aktionärs dadurch zum Ausdruck, dass die Kapitalertragsteuer kein eigener Steueraufwand der Gesellschaft ist.

VII. Sachausschüttungen (Abs. 5)

1. Allgemeines. Abs. 5 ist dem § 58 erst im Jahr 2002 durch das TransPuG angefügt worden. 33
Die Vorschrift gestattet **Sachausschüttungen (= Sachdividenden),** wenn die Satzung hierfür eine Ermächtigung enthält. Sie stellt damit die vor dem TransPuG ungewisse, grundsätzliche Zulässigkeit von Sachdividenden klar.[50] Die praktische Bedeutung von Sachdividenden hat sich durch die Vorschrift allerdings nicht wesentlich erhöht. Die Gründe hierfür sind die generelle Barausschüttungspräferenz von Aktionären, die Bewertung der Sachausschüttung nach hM mit dem Verkehrswert (Folgen: keine Erhöhung des realen Ausschüttungsvolumens, kein stiller Transfer stiller Reserven auf die Gesellschafterebene) sowie kapitalertragsteuerliche Hindernisse.[51]

Die Ermächtigung kann von vornherein in der Satzung enthalten sein. Sie kann aber auch 34
erst nachträglich durch Satzungsänderung (§§ 179 ff.) geschaffen werden. Es ist keine besondere Beschlussmehrheit erforderlich. Lässt die Satzung nach § 179 Abs. 2 S. 2 für Satzungsänderungen

[46] Vgl. auch MüKoAktG/*Bayer* Rn. 100; KK-AktG/*Drygala* Rn. 130.
[47] Vgl. MüKoAktG/*Bayer* Rn. 125; KK-AktG/*Drygala* Rn. 132.
[48] Vgl. BGHZ 23, 150 (157) = WM 1957, 282; Hüffer/*Koch* Rn. 28.
[49] Vgl. MüKoAktG/*Bayer* Rn. 127; KK-AktG/*Drygala* Rn. 163 f.
[50] Vgl. *Hasselbach/Wicke* NZG 2001, 599 (599 f.).
[51] Vgl. *Waclawik* BB 2003, 1408.

im Allgemeinen die einfache Kapitalmehrheit genügen, so gilt diese Mehrheit auch für die Einfügung einer Sachausschüttungsermächtigung. Abs. 5 sieht **keinen bestimmten Wortlaut** für die Ermächtigung vor. Es ist nicht erforderlich, dass die Ermächtigung von vornherein auf bestimmte Sachausschüttungsobjekte (beispielsweise Aktien an Tochtergesellschaften, Waren der Gesellschaft) beschränkt wird. Nach Abs. 5 genügt der Satz, dass die Hauptversammlung auch Sachausschüttungen beschließen kann. Eine einschränkend gefasste Ermächtigung kann aber deshalb sinnvoll sein, um die Vorhersehbarkeit von Sachausschüttungen zu erhöhen und den Aktionären die Einschätzung zu ermöglichen, ob eine Beteiligung an der Gesellschaft mit Blick auf mögliche Sachdividenden interessant ist.

35 Es wird vertreten, dass als Gegenstand der Sachdividende nur fungible Vermögensgegenstände – namentlich börsennotierte Aktien – in Betracht kommen.[52] Der Wortlaut des Abs. 5 bietet für diese Beschränkung allerdings keinen Anhaltspunkt. Auch die Ausschüttung nicht fungibler Vermögensgegenstände ist daher prinzipiell möglich. Allerdings ist dabei nach der Aktionärsstruktur zu unterscheiden: Gibt es nur einen oder wenige Aktionäre, ist die Aufnahme einer weit gefassten Satzungsermächtigung unbedenklich, die auch die Ausschüttung nicht fungibler Vermögensgegenstände gestattet. Bei Publikumsaktiengesellschaften hingegen dürfte eine weite Satzungsermächtigung gegen das materielle Gleichbehandlungsgebot (§ 53a) verstoßen.[53] Dort liegt die **Ausschüttung nicht fungibler Vermögensgegenstände** meist nur im Interesse eines einzelnen oder weniger Aktionäre, nicht aber im allgemeinen Aktionärsinteresse. Zwar präjudiziert die Ermächtigung noch nicht die konkrete Sachausschüttung. Sie formt jedoch das mitgliedschaftliche Gewinnrecht der Aktionäre und unterliegt daher einer Inhaltskontrolle, deren Dichte je nach dem Realtyp der AG unterschiedlich ist.[54] Eine auf § 243 Abs. 2 gestützte Anfechtung des Ermächtigungsbeschlusses, der erkennbar nur im Interesse einzelner Aktionäre liegt, ist daher denkbar.[55]

36 Auch ohne eine Satzungsermächtigung iSd Abs. 5 sind Sachausschüttungen möglich. Eine Variante ist die Annahme der Sachausschüttung nach § 364 Abs. 1 BGB an Erfüllung statt. Zulässig ist ebenfalls, den Aktionären im Gewinnverwendungsbeschluss die Bar- und die Sachausschüttung zur Wahl zu stellen. Schließlich kann auch eine Vollversammlung aller Aktionäre (§ 121 Abs. 6) eine Sachausschüttung ohne Satzungsgrundlage beschließen. Praktisch handhabbar sind solche Lösungen allerdings nur bei der konzernabhängigen AG oder bei der nicht börsennotierten (Familien-)AG mit überschaubarem Aktionärskreis.

37 **2. Ausschüttungsbeschluss.** Die von Abs. 5 geforderte Satzungsermächtigung führt nicht dazu, dass sich die Hauptversammlung ihrer Entscheidungshoheit über die Sachausschüttung entäußert. Sie muss im Einzelfall über die konkrete Sachausschüttung beschließen. Die Entscheidung über die Sachausschüttung fordert **keinen Sonderbeschluss** außerhalb der Gewinnverwendung. Sie ist vielmehr, wie § 174 Abs. 2 Nr. 2 zeigt, Teil des Gewinnverwendungsbeschlusses. In der Regel genügt daher nach § 133 Abs. 1 die einfache Stimmenmehrheit. Ebenso wie im Hinblick auf den Ermächtigungsbeschluss enthält das AktG keine näheren Vorgaben zum Inhalt des Ausschüttungsbeschlusses. Er muss so konkret gefasst sein, dass die Sachausschüttung allein anhand der Vorgaben des Gewinnverwendungsbeschlusses praktiziert werden kann. Erforderlich ist daher die genaue Beschreibung der Art der Sachausschüttung. Das allein ist jedoch nicht ausreichend. Der Gewinnverwendungsbeschluss verteilt, wie die Aufgliederung in § 174 Abs. 2 zeigt, den Bilanzgewinn als zahlenmäßig bestimmte Größe auf die einzelnen Verwendungsarten. Der auszuschüttende Sachwert muss daher nicht nur individualisiert, sondern auch bewertet werden. Nur unter dieser Voraussetzung geht das Verwendungsschema in § 174 Abs. 2 auf. Die Frage, nach welchen Bewertungsmaßstäben dies zu geschehen hat, hat der Gesetzgeber offen gelassen.[56]

38 **3. Bewertung der Sachausschüttung.** Die (ausdrückliche) Zulassung der Sachdividende im Aktienrecht hat ein neues Bewertungsproblem geschaffen, das im bisherigen System der praktisch reinen Bardividende nicht aufgetreten ist: Bei Sachwerten ist zunächst der Wert, zu dem ausgeschüttet wird, zu bestimmen, da die zur Ausschüttung vorgesehenen Sachwerte zu dem zur Ausschüttung zur Verfügung stehenden Bilanzgewinn wertmäßig in Beziehung zu setzen sind. Es kommen im Wesentlichen zwei Bewertungsmaßstäbe in Betracht: Der **Buchwert** der zur Ausschüttung bestimmten Sachwerte und ihr **Verkehrswert.** Die Frage hat erhebliche praktische Bedeutung, da der Verkehrswert über dem Buchwert liegen kann und eine Sachausschüttung attraktiv erscheinen lassen könnte. Unklar ist daher, ob der Gesetzgeber nach dem TransPuG die stille Ausschüttung stiller

52 Vgl. *Häger/Forst* EStB 2002, 335 (335); *Lutter/Leinekugel/Rödder* ZGR 2002, 204 (210 ff.).
53 Zur Unterscheidung zwischen formaler und materieller Ungleichbehandlung Hüffer/*Koch* § 53a Rn. 9.
54 Vgl. *Knigge* WM 2002, 1729 (1736); aA Hüffer/*Koch* Rn. 31.
55 Vgl. *Müller* NZG 2002, 752 (757); *Schnorbus* ZIP 2003, 509 (514).
56 Vgl. Begr. RegE TransPuG, BT-Drs. 14/8769, 12 f.

Reserven durch Sachausschüttungen zu Buchwerten unter einem höheren Verkehrs- oder Teilwert zulassen will.[57] Die Unzulässigkeit der Sachausschüttung zum Buchwert hätte zur erstaunlichen Folge, dass die Gewinnverteilung selbst zu einem ergebniswirksamen Vorgang werden könnte. Auch der Blick auf das Umwandlungsrecht legt die Zulässigkeit der Buchwertausschüttung nahe. Dort ist die Abspaltung, die der Sachdividende in der Wirkung ähnelt, zum Buchwert möglich (§§ 125 S. 1, 24 UmwG).

Der Schaffung des Abs. 5 dürfte – neben seiner Klarstellungsfunktion – die Absicht des Gesetzgebers zu Grunde liegen, die praktische Bedeutung der Sachdividende zu erhöhen.[58] Aus dieser Absicht und dem Umstand, dass der Gesetzgeber keine – auch keine beschränkenden – Vorschriften über die Bewertung der Sachdividende erlassen hat, könnte man folgern, dass jede Bewertung der Sachdividende zulässig ist, die einem schlüssigen Bewertungskonzept folgt. Ein solches Bewertungskonzept ist auch die Bewertung der Sachausschüttung mit dem Buchwert. Die Zulassung des Buchwertansatzes wäre ein Anreiz zu Gunsten der Sachdividende, da auf der Ebene der ausschüttenden Aktiengesellschaft das Bewertungsproblem im Regelfall entfallen würde. Ferner könnte im Vergleich mit der Bardividende das Ausschüttungsvolumen wertmäßig erhöht werden. Ein weiterer Hinweis folgt aus § 174 Abs. 2, der den Inhalt des Gewinnverwendungsbeschlusses regelt. Die Vorschrift wurde durch das TransPuG in Nr. 2 geändert. Man muss daher meinen, dass der Gesetzgeber den Abs. 2 insgesamt überdacht hat. Das ist jedoch fraglich: § 174 Abs. 2 Nr. 5 sieht vor, dass der Gewinnverwendungsbeschluss einen zusätzlichen Aufwand auf Grund des Beschlusses anzugeben hat. Von einem **zusätzlichen Ertrag** ist demgegenüber nicht die Rede. Kommt es zu einem zusätzlichen, ausschüttungsbedingten Aufwand, führt dies nicht zu einer Änderung des festgestellten Jahresabschlusses (§ 174 Abs. 3). Der Aufwand geht in den Jahresabschluss des Folgejahres ein.[59] Die Vorschrift stammt aus der Zeit des durch das StSenkG des Jahres 2000 abgeschafften körperschaftssteuerlichen Anrechnungsverfahrens. Danach konnte es auf Grund von Thesaurierungsbeschlüssen nach Abs. 3 zu einer Erhöhung der Körperschaftsteuer der AG kommen. Denkbar sind weiter variable Verpflichtungen der AG, deren Höhe von der Dividende bestimmt wird, etwa eine ausschüttungsabhängige Tantieme des Vorstands.[60] 39

Daraus folgt, dass bereits vor dem TransPuG die Gewinnverwendung handelsrechtlich **nicht notwendig ergebnisneutral** sein musste. Zum anderen geht § 174 Abs. 2 Nr. 5 aber davon aus, dass der Gewinnverwendungsbeschluss nur einen zusätzlichen Aufwand, nicht aber einen zusätzlichen Ertrag verursachen kann. Nimmt man die Vorschrift wörtlich, muss die Bewertung der Sachdividende in der Regel zum Buchwert erfolgen; ein Verkehrswertansatz ist nur dann zulässig, wenn dieser den Buchwert unterschreitet. Eine Bewertung mit dem höheren Verkehrswert wäre hingegen nicht möglich, da in diesen Fällen der Gewinnverwendungsbeschluss zu einem zusätzlichen Ertrag führen würde. Allerdings hängt das Gewicht des Gegenschlusses davon ab, dass der Gesetzgeber die Folgen der Einführung der Sachdividende für den Gewinnverwendungsbeschluss tatsächlich im Ganzen neu durchdacht hat. Zweifel sind angebracht. 40

Es bleibt die Frage, ob die Bewertung der Sachdividende zum Buchwert mit dem aktienrechtlichen System der **Vermögensbindung** vereinbar ist. § 57 Abs. 3 bestimmt, dass vor der Auflösung der Gesellschaft nur der Bilanzgewinn verteilt werden darf. Hierzu wird vertreten, dass die Ausschüttung zum Buchwert Gläubigerinteressen nicht beeinträchtige, da die in niedrigen Buchwerten verborgenen stillen Reserven den Gläubigern (auch) vor der Ausschüttung nicht ersichtlich gewesen seien. Somit bestehe kein Bedürfnis für einen Gläubigerschutz.[61] Das ist aber kein zwingendes Argument gegen eine wortlautgetreue Anwendung des § 57 Abs. 3, da es bei der Vermögensbindung der AG nicht allein um den Schutz ihrer Gläubiger geht, sondern um die gesetzgeberische Wertung, wie die Vermögenssphäre der AG von der ihrer Gesellschafter abzugrenzen ist.[62] Hierbei ist zu bedenken: Der zur Verteilung unter die Aktionäre zur Verfügung stehende Bilanzgewinn ist eine ziffernmäßig und damit nominell bestimmte Größe. Die Aktionäre sollen nach der gesetzgeberischen Wertung, solange die Aktiengesellschaft fortbesteht, nur an dem laufenden Gewinn (= Jahresüberschuss) des jeweiligen Geschäftsjahres beteiligt werden. Einschränkungen dieses Prinzips bestehen nur mit Blick auf Gewinn- und Verlustvorträge sowie auf Rücklagenbewegungen (§ 158 Abs. 1 S. 1). Als Gewinn hat die AG aber nur den im Bilanzgewinn ausgewiesenen Nominalbetrag erwirtschaftet. Mit diesem 41

---

[57] Befürwortend *Lutter/Leinekugel/Rödder* ZGR 2002, 204 (215 ff.); *Menner/Broer* DB 2003, 1075 (1078); *Schüppen* ZIP 2002, 1269 (1277); aA *Ihrig/Wagner* BB 2002, 789 (796); *Knigge* WM 2002, 1729 (1736 Fn. 76); *Müller* NZG 2002, 752 (758); *Schnorbus* ZIP 2003, 509 (515).

[58] Unklar allerdings RegE TransPuG, BT-Drs. 14/8769, (insbes.) 12 f.

[59] Vgl. Hüffer/*Koch* § 174 Rn. 8.

[60] Vgl. Schmidt/Lutter/*Drygala* § 174 Rn. 10.

[61] Vgl. *Lutter/Leinekugel/Rödder* ZGR 2002, 204 (220 f.); dem folgend MüKoAktG/*Bayer* Rn. 130.

[62] Ähnlich *Schnorbus* ZIP 2003, 509 (515).

Konzept der Nominalwertbegrenzung der Ausschüttung lässt sich die Zulässigkeit der Bewertung der Sachdividende zum Buchwert, der ggf. nur einen Bruchteil des Verkehrs- bzw. Teilwerts beträgt, nicht vereinbaren.[63] Die Sachausschüttung zum Buchwert würde bei geringen Buchwerten der auszuschüttenden Vermögensgegenstände die Möglichkeit eröffnen, „Supersachdividenden" zu zahlen, die außer Verhältnis zur Ertragslage der AG stünden. Es bestünde die Gefahr der Irreleitung des Kapitalmarkts. Das zu verhindern, ist ein wesentliches Ziel des § 57 Abs. 3.[64]

42 Zur richtigen **Periodisierung** und zum Ausweis eines daher auf Grund eines Sachdividendenbeschlusses ggf. entstehenden Ertrags ist auf § 174 Abs. 3 hinzuweisen. Danach führt der Gewinnverwendungsbeschluss nicht zu einer Änderung des festgestellten Jahresabschlusses. Der Ertrag durch die Sachausschüttung fließt daher nicht in den Jahresabschluss des Geschäftsjahres ein, für das ausgeschüttet wird. Er ist in dem Jahr auszuweisen, in dem der Gewinnverwendungsbeschluss gefasst wird. Diese zeitliche Zuordnung ist auch deshalb geboten, da die Beschlussfassung das die Gewinnrealisierung auslösende Moment ist und kein in den Lauf des Geschäftsjahres fallender Geschäftsvorfall, für das ausgeschüttet wird.[65] In der Gewinn- und Verlustrechnung ist der Ertrag den „sonstigen betrieblichen Erträgen" zuzurechnen (§ 275 Abs. 2 Nr. 4 bzw. Abs. 3 Nr. 6 HGB).

43 **4. Aktien- oder Wahldividenden.** Während echte Sachdividenden in den Jahren seit ihrer Einführung eher selten geblieben sind, wird von deutschen Aktiengesellschaften seit einigen Jahren eine Sonderform der Dividendenzahlung praktiziert, die als Aktiendividende, Wahldividende oder „scrip dividend" bezeichnet wird.[66] Es handelt sich hierbei um eine Bardividende mit Aktienerwerbsoption. Die Hauptversammlung fasst hierzu einen Beschluss über die Ausschüttung einer Bardividende. Den Aktionären wird aber zugleich die näher definierte Möglichkeit eingeräumt, den Dividendenanspruch oder Teile davon als Sacheinlage gegen Gewährung neuer Aktien zu verwenden. Die wahlweise erworbenen Aktien stammen entweder aus einer Kapitalerhöhung oder aus einem Bestand eigener Aktien. Diese Dividendenform eignet sich vor allem für Aktiengesellschaften, die bei Dividendenzahlungen ihre Liquidität schonen wollen. Der Umfang des Verschonungseffekts ist allerdings ex ante nicht sicher und hängt wesentlich von den „Umtauschbedingungen" und dem allgemeinen Interesse der Aktionäre an der Aufstockung ihrer Beteiligung ab. Aus der Sicht der Aktionäre erweitert die Wahldividende den Handlungsspielraum, was ebenfalls positiv zu werten ist.

VIII. Rücklagenbildung in verbundenen Unternehmen

44 Die hiermit zusammenhängenden Fragen werden häufig unter der engeren Überschrift **„Rücklagenbildung im Konzern"** erörtert.[67] Das ist insofern berechtigt, als die miteinander verbundenen Unternehmen in der Praxis häufig einen Unterordnungskonzern iSd § 18 Abs. 1 bilden. Bei diesem Konzerntyp sind die Möglichkeiten zur Einflussnahme auf die Gewinnverwendungspolitik der nachgeordneten Gesellschaften bereits definitionsgemäß durch die Tatbestandsmerkmale der Abhängigkeit sowie der einheitlichen Leitung durch das herrschende Unternehmen gegeben. Die gleichen Probleme stellen sich jedoch im Grundsatz auch bei Unternehmensverbindungen ohne Konzernqualität. Zwei Problemkreise sind zu unterscheiden. Zum einen geht es um den Einfluss von Unternehmensverträgen auf die Rücklagenbildung (→ Rn. 44 ff.). Zum anderen stellt sich die Frage, ob die Einstellung in Gewinnrücklagen bei Gesellschaften zu berücksichtigen ist, die an der thesaurierenden Gesellschaft unmittelbar oder mittelbar beteiligt sind (→ Rn. 47 ff.). Auch insoweit kommt es nicht auf die Bildung eines Konzerns an. Streng genommen geht diese Frage über das Gebiet der Unternehmensverbindungen iSd § 15 hinaus, da sie auch bei Beteiligungsstrukturen auftritt, die keine Unternehmensverbindung begründen. Mit der Beteiligungsquote nimmt aber die praktische Relevanz der Frage ab.

45 **1. Einfluss von Unternehmensverträgen auf die Rücklagenbildung.** Die Anwendung des § 58 ist unproblematisch, solange die Gesellschaft keinen Gewinnabführungsvertrag (§ 291 Abs. 1 S. 1 Alt. 2) geschlossen hat: Die Vorschrift findet **uneingeschränkt Anwendung.** Das Bestehen einer Mehrheitsbeteiligung (§ 16), die Abhängigkeit (§ 17) oder das Vorliegen eines Unterordnungskonzerns (§ 18 Abs. 1) ändern als solche nichts an der durch die Vorschrift angeordneten Verteilung

---

[63] So auch NK-AktR/*Drinhausen* Rn. 58; *Ihrig/Wagner* BB 2002, 789 (796); *Knigge* WM 2002, 1729 (1736 Fn. 76); *Müller* NZG 2002, 752 (758).

[64] Vgl. GroßkommAktG/*Henze* § 57 Rn. 7; iErg auch *Prinz/Schürner* DStR 2003, 181 (183) und *Schnorbus* ZIP 2003, 509 (515), die ergänzend auf § 57 Abs. 1 S. 1 hinweisen.

[65] IErg auch *Prinz/Schürner* DStR 2003, 181 (183) unter Betonung des Vorsichtsprinzips (§ 252 Abs. 1 Nr. 4 HGB).

[66] Vgl. Hüffer/*Koch* § 58 Rn. 33a.

[67] Vgl. zB *ADS* Rn. 74 ff.; Hüffer/*Koch* Rn. 14 ff.

der Zuständigkeiten über die Verwendung des Jahresüberschusses bzw. des Bilanzgewinns. Gleiches gilt für das Bestehen einer Gewinngemeinschaft (§ 292 Abs. 1 Nr. 1), eines Teilgewinnabführungsvertrags (§ 292 Abs. 1 Nr. 2) oder eines Beherrschungsvertrags (§ 291 Abs. 1 S. 1 Alt. 1).[68]

Weniger eindeutig ist die Lage hingegen dann, wenn die AG durch einen **Gewinnabführungsvertrag** verpflichtet ist, ihren ganzen Gewinn an ein anderes Unternehmen abzuführen. Die Anwendung des § 58 setzt zunächst voraus, dass auch während der Geltungsdauer eines solchen Vertrages Einstellungen in Gewinnrücklagen möglich sind. Das erscheint angesichts des Wortlauts von § 291 Abs. 1 S. 1 Alt. 2 zweifelhaft, wonach die AG ihren „ganzen Gewinn" abzuführen hat. Dass die Einstellung in andere Gewinnrücklagen auch nach dem Abschluss eines Gewinnabführungsvertrages möglich ist, ergibt sich jedoch aus § 301 S. 2. Die Vorschrift setzt die Möglichkeit zur Bildung anderer Gewinnrücklagen voraus. Im Hinblick auf die gesetzliche Rücklage geht ferner § 300 Nr. 1 nicht nur von der weiteren Zulässigkeit der Bildung dieser Rücklagen aus, sondern fordert unter Umständen sogar eine erhöhte Einstellung. Die Einstellung in die Rücklage für Anteile an einem herrschenden oder mit Mehrheit beteiligten Unternehmen sowie in die satzungsmäßigen Rücklagen werden hingegen in den §§ 300 ff. nicht angesprochen. Daraus folgt jedoch nicht, dass Einstellungen in diese Teile der Gewinnrücklagen bei Bestehen eines Gewinnabführungsvertrages ausgeschlossen wären. Die Einstellung in die Rücklage für Anteile an einem herrschenden oder mit Mehrheit beteiligten Unternehmen richtet sich nach § 272 Abs. 4 HGB. Die Einstellung in satzungsmäßige Rücklagen ist, auch während der Dauer eines Gewinnabführungsvertrages, nach den Bestimmungen der Satzung vorzunehmen. Aus § 300 Nr. 1 ergibt sich, dass der Inhalt des Gewinnabführungsvertrages nicht der Satzung vorgeht. Danach ist es zulässig, durch die Satzung den Höchstbetrag für die gesetzliche Rücklage auf mehr als 10% des Grundkapitals zu bestimmen. Damit lässt sich eine Überlagerung der Satzung durch den Gewinnabführungsvertrag nicht vereinbaren. Einstellungen in die einzelnen Teile der Gewinnrücklagen der verpflichteten Gesellschaft sind somit auch nach dem Abschluss eines Gewinnabführungsvertrages grundsätzlich möglich. Davon gehen zudem die Vorschriften über die körperschaftssteuerliche Organschaft aus (§ 14 Abs. 1 Nr. 4 KStG). 46

Auch wenn der Gewinnabführungsvertrag bei der verpflichteten Gesellschaft die Einstellung in Gewinnrücklagen nicht ausschließt, beeinflusst er dennoch die **Rücklagenbildung.** Sie kann nur in dem Umfang erfolgen, wie dies durch den Gewinnabführungsvertrag selbst oder durch das andere Unternehmen zugelassen wird. Die Einstellung in Gewinnrücklagen ist einerseits dann möglich, wenn und soweit der Gewinnabführungsvertrag darüber Bestimmungen trifft.[69] Es genügt aber auch, dass sich das andere Unternehmen entscheidet, von seinem Gewinnabführungsrecht nur zum Teil Gebrauch zu machen. Das ist zulässig, da der Gewinnabführungsvertrag dem anderen Unternehmen im Zweifel nur ein Gewinnbezugsrecht einräumt und keine Verpflichtung begründet, die volle Gewinnabführung zu verlangen.[70] Wird danach nicht der gesamte Gewinn abgeführt, so ergibt sich ein Jahresüberschuss, dessen Verwendung sich auf den ersten Blick nach § 58 bestimmt. Im gesetzlichen Regelfall des Abs. 2 S. 1 könnte die Verwaltung somit nur über die Verwendung der Hälfte des Jahresüberschusses entscheiden, während im Übrigen die Hauptversammlung zuständig wäre. Die Aufspaltung der Zuständigkeit für die Verwendung des Jahresüberschusses ist während der Dauer eines Gewinnabführungsvertrages aber nicht sinnvoll. Wird der verpflichteten AG ein Teil des Gewinns mit dem Ziel belassen, ihn in Gewinnrücklagen einzustellen, so ist die Gesellschaft verpflichtet, den Gewinn bestimmungsgemäß zu verwenden. Für die Anwendung von § 58 Abs. 1 und Abs. 2 ist daher kein Raum.[71] Das Wahlrecht nach Abs. 2a bleibt hingegen dem Vorstand und dem Aufsichtsrat erhalten, da der Abschluss des Gewinnabführungsvertrages nichts an den Vorschriften über die Aufstellung des Jahresabschlusses ändert. Das AktG geht allerdings davon aus, dass im Gewinnabführungsvertrag Vereinbarungen über die Berechnung des abzuführenden Gewinns getroffen werden können (§ 301 S. 1). Damit sind auch Abreden über die Ausübung von Wahlrechten zulässig. Der Gewinnabführungsvertrag lässt darüber hinaus die Anwendbarkeit der Abs. 3 und 4 unberührt. Deren Bedeutung ist allerdings eher gering, da während der Dauer eines Gewinnabführungsvertrages ein Bilanzgewinn nur durch die Entnahme aus – vor allem vorvertraglichen (§ 301 S. 2) – Gewinnrücklagen gebildet werden kann. Die Einstellung des der Gesellschaft belassenen Teils des (fiktiven) Jahresüberschusses in Gewinnrücklagen ist durch den Vorstand bei der Aufstellung des Jahresabschlusses vorzunehmen.[72] 47

---

[68] Vgl. MüKoAktG/*Bayer* Rn. 52.

[69] Vgl. *ADS* Rn. 75.

[70] AA wohl *ADS* Rn. 75: Zulässigkeit der Rücklagenbildung müsse sich aus dem Gewinnabführungsvertrag ergeben.

[71] Vgl. auch Hüffer/*Koch* Rn. 15; iErg ebenso, aber mit Berufung auf eine Analogie zu § 291 Abs. 3 oder eine teleologischen Reduktion des § 58 MüKoAktG/*Bayer* Rn. 55 f.

[72] Zum Sonderfall der Beteiligung außenstehender Aktionäre, deren Ausgleichszahlung nach § 304 Abs. 2 S. 2 von der Dividende der Muttergesellschaft abhängt, vgl. *ADS* Rn. 78; MüKoAktG/*Bayer* Rn. 57.

48 **2. Berücksichtigung der Einstellung in Gewinnrücklagen bei Obergesellschaften?** Erwirbt die AG Beteiligungen an anderen Kapitalgesellschaften oder gliedert sie Unternehmensteile auf Kapitalgesellschaften aus, so kommen Einstellungen in Gewinnrücklagen bei beiden Gesellschaften in Betracht. Je nach der Zahl der Beteiligungen, der Höhe der Beteiligungsquote und der Tiefe der Beteiligungsstruktur kann bei der Obergesellschaft kein oder nur ein geringer Jahresüberschuss entstehen, obwohl der Unternehmensverbund insgesamt profitabel ist. Der Vorstand der Gesellschaft, der von Ausnahmen abgesehen (vor allem § 111 Abs. 4 S. 2, § 179a sowie bei der Ausgliederung §§ 125 S. 1, 13 Abs. 1 UmwG) die **Beteiligungspolitik** bestimmt, kann daher durch den Erwerb von Beteiligungen und durch die Einflussnahme auf die dortigen Gewinnverwendungsentscheidungen auf die Höhe des Jahresergebnisses der Gesellschaft Einfluss nehmen. Auf diesem Weg kann die durch § 58 geschaffene Balance zwischen der Gewinnverwendungszuständigkeit der Hauptversammlung und der Verwaltung zu deren Gunsten verschoben werden.

49 Die Praxis nimmt das hin. In der älteren gesellschaftsrechtlichen Literatur sind Bedenken geäußert und Versuche unternommen worden, auf der Grundlage des geltenden Rechts Einstellungen in Gewinnrücklagen von Tochtergesellschaften bei der Muttergesellschaft zu berücksichtigen.[73] Eine einheitliche Linie lässt sich dabei nicht ausmachen. Dies ist auch nicht verwunderlich. Es stellt sich eine Vielzahl von Fragen, deren Antwort zweifelhaft ist. So sind namentlich Entscheidungen darüber zu treffen, welche Qualität das Beteiligungsverhältnis haben muss, damit eine Zurechnung in Betracht kommt, wie die Zurechnung konkret ausgestaltet ist und welche Folgen deren Nichtbeachtung durch die Verwaltung nach sich zieht. Darauf soll jedoch nicht weiter eingegangen werden. Nach geltendem Recht kommt bereits aus grundsätzlichen Erwägungen eine wie auch immer geartete Zurechnung nicht in Betracht: Eine Rechtsfortbildung praeter legem wäre nur dann statthaft, wenn das Aktiengesetz eine (planwidrige) Regelungslücke aufweisen würde. Das ist jedoch nicht der Fall. § 58 behandelt nach seinem eindeutigen Wortlaut nur die Verwendung des Jahresüberschusses bzw. des Bilanzgewinns der Gesellschaft selbst. Die thematische Beschränkung des § 58 entspricht zudem der systematischen Stellung der Vorschrift im Teil des AktG über die Rechtsverhältnisse der Gesellschaft und der Gesellschafter. In den §§ 53a ff. wird die Binnenverfassung der Aktiengesellschaft behandelt und nicht die Rechtsverhältnisse der Gesellschaft zu anderen Gesellschaften. Ferner spricht gegen eine Zurechnung von Einstellungen in Gewinnrücklagen auf die Obergesellschaft, dass es sich bei der Problematik um eine Grundsatzfrage handelt, die nur durch den Gesetzgeber gelöst werden sollte. Denn mit der Entscheidung für eine Zurechnung würde in einer zentralen Frage des Aktienrechts, der Zuständigkeit für die Verwendung des Jahresergebnisses, die aus der eigenen Rechtspersönlichkeit der AG (§ 1 Abs. 1 S. 1) folgende gesonderte Ermittlung des von der Gesellschaft selbst erwirtschafteten Ergebnisses zu Gunsten einer **„konzerndimensionalen Gewinnermittlung“** aufgegeben.[74] Ferner handelt es sich nur um einen Ausschnitt aus einem größeren Themenkreis, nämlich dem Umfang der Befugnis der Verwaltung der AG zur Bilanzpolitik. Bereits die §§ 242 ff., 264 ff. HGB räumen der Verwaltung weitreichende Wahlrechte ein, deren Ausübung die Höhe des Jahresüberschusses beeinflusst. Wird das Ziel des Ausweises eines möglichst niedrigen Jahresüberschusses verfolgt, so ist der Vorstand und der Aufsichtsrat daher in der Regel nicht darauf angewiesen, dieses Ziel über den Umweg einer Beeinflussung der Gewinnverwendungsentscheidungen von Tochtergesellschaften zu erreichen. Isolierte Lösungen eines tatsächlichen oder vermeintlichen Zurechnungsproblems machen auch aus diesem Grund wenig Sinn.

IX. Rechtsfolgen von Verstößen

50 Der Bedeutung von § 58 entspricht es, dass an die Nichtbeachtung seiner Vorschriften zum Teil scharfe Sanktionen geknüpft sind. Zu unterscheiden sind dabei Verstöße gegen die Abs. 1–2a, die Maßnahmen bei der Aufstellung des Jahresabschlusses betreffen (→ Rn. 50 f.), von Verstößen gegen Abs. 3, also bei der Beschlussfassung der Hauptversammlung über die Gewinnverwendung (→ Rn. 52 ff.). Weiterhin stellt sich die Frage, welche Rechtsfolgen an „Verstöße“ gegen den Zahlungsanspruch des einzelnen Aktionärs aus Abs. 4 geknüpft sind (→ Rn. 55). Schließlich ist fraglich, ob und unter welchen Voraussetzungen sich Mitglieder des Vorstands, des Aufsichtsrats oder Aktionäre schadensersatzpflichtig machen, die im Rahmen des § 58 gesetzwidrige Entscheidungen treffen bzw. an solchen Beschlüssen mitzuwirken (→ Rn. 56).

51 **1. Maßnahmen bei der Aufstellung des Jahresabschlusses.** Wird in den Fällen des Abs. 1 S. 1 satzungswidrig die Einstellung in andere Gewinnrücklagen unterlassen bzw. zu niedrig oder zu

[73] Näher *ADS* Rn. 79 ff.; Hüffer/*Koch* Rn. 16 f.; KK-AktG/*Drygala* Rn. 66 ff.
[74] Vgl. Hüffer/*Koch* Rn. 17.

hoch vorgenommen, so ist der festgestellte Jahresabschluss nach § 256 Abs. 1 Nr. 4 nichtig.[75] Ebenfalls zur **Nichtigkeit des Jahresabschlusses** nach § 256 Abs. 1 Nr. 4 führt es, wenn die Beschränkungen des Abs. 1 S. 2 und 3 nicht beachtet werden. Die Vorschrift unterscheidet nicht danach, ob Vorschriften des Gesetzes oder der Satzung verletzt werden. Auch dann, wenn der Jahresabschluss nach Abs. 2 durch Vorstand und Aufsichtsrat festgestellt wird, führen Verstöße gegen Abs. 2 S. 1, 3 oder 4 bzw. gegen Satzungsbestimmungen nach Abs. 2 S. 2 zur Nichtigkeit des Jahresabschlusses nach § 256 Abs. 1 Nr. 4. Anders als in den Fällen des Abs. 1 kommt jedoch die Nichtigkeit des Jahresabschlusses nur bei einer überhöhten Einstellung in andere Gewinnrücklagen in Betracht. Gleiches gilt für die Einstellung von Wertaufholungen in andere Gewinnrücklagen nach Abs. 2a S. 1. Ein Verstoß gegen Abs. 2a S. 2 führt hingegen nicht zur Nichtigkeit des Jahresabschlusses. Bei der Verpflichtung zum gesonderten Bilanzausweis des Betrages dieser anderen Gewinnrücklagen bzw. zu seiner Angabe im Anhang handelt es sich weder um eine Bestimmung über die Einstellung von Beträgen in Gewinnrücklagen iSd § 256 Abs. 1 Nr. 4, noch um eine Gliederungsvorschrift iSd § 256 Abs. 4 oder eine Gläubigerschutzvorschrift iSd § 256 Abs. 1 Nr. 1.

Die Nichtigkeit beschränkt sich nicht auf den festgestellten Jahresabschluss. Nach § 253 Abs. 1 **52** S. 1 führt die Nichtigkeit des Jahresabschlusses auch zur Nichtigkeit des Gewinnverwendungsbeschlusses. Die Nichtigkeit des Jahresabschlusses kann allerdings nach § 256 Abs. 6 S. 1 nicht mehr geltend gemacht werden, wenn seit der Bekanntmachung des Jahresabschlusses im elektronischen Bundesanzeiger sechs Monate verstrichen sind. Die Frist verlängert sich bei Rechtshängigkeit einer Klage auf Feststellung des Jahresabschlusses bis zur rechtskräftigen Entscheidung oder der anderweitigen endgültigen Erledigung der Klage (§ 256 Abs. 6 S. 2). Das Gesetz spricht nur davon, dass die Nichtigkeit nach Ablauf der Frist nicht mehr „geltend gemacht werden" könne. Bei eng am Wortlaut orientierter Auslegung würde das bedeuten, dass sie über den Fristablauf hinaus andauert. Der Sache nach ist die Nichtigkeit dennoch zeitlich beschränkt. Die Präklusion des Nichtigkeitseinwands erstreckt sich über § 253 Abs. 1 S. 2 auch auf die Nichtigkeit des Gewinnverwendungsbeschlusses.

2. Fehler bei der Beschlussfassung über die Gewinnverwendung. Der Gewinnverwen- **53** dungsbeschluss ist, neben der aus der Nichtigkeit des Jahresabschlusses folgenden derivativen Nichtigkeit auch dann nichtig, wenn die durch § 174 Abs. 1 S. 2 angeordnete Bindung an den festgestellten Jahresabschluss nicht beachtet wird. Die Nichtigkeit folgt hier aus § 241 Nr. 3. Von den dort aufgeführten Alternativen ist auf die Unvereinbarkeit mit dem Wesen der Aktiengesellschaft abzustellen (Alt. 1). Das Prinzip der Bindung der Hauptversammlung bei der Gewinnverwendung hat grundlegenden Charakter.[76] Eine Heilung der Nichtigkeit nach § 242 Abs. 2 findet nicht statt. Zwar wird eine Niederschrift des Beschlusses zum Handelsregister eingereicht (§ 130 Abs. 5). Er wird aber nicht in das Handelsregister eingetragen. Sonderfälle der Nichtigkeit des Gewinnverwendungsbeschlusses regeln § 173 Abs. 3 (Abänderungen eines geprüften Jahresabschlusses durch die Hauptversammlung) und § 217 Abs. 2 (Beginn der Gewinnbeteiligung bei der Kapitalerhöhung aus Gesellschaftsmitteln).

Nicht nach § 241 Nr. 3 nichtig, aber nach § 243 Abs. 1 **anfechtbar** ist ein Gewinnverwendungs- **54** beschluss der Hauptversammlung, der entgegen § 58 Abs. 3 S. 2 ohne Satzungsermächtigung eine andere Verwendung als die Einstellung in Gewinnrücklagen, den Gewinnvortrag oder die Verteilung unter die Aktionäre vorsieht. Gleiches gilt, wenn die Satzung eine zwingende Bestimmung über eine andere Verwendung des Bilanzgewinns enthält, über die sich die Mehrheit der Hauptversammlung im Gewinnverwendungsbeschluss hinwegsetzt.[77] Ist durch die Satzung die Zuwendung des Bilanzgewinns an Dritte vorgesehen, so sind diese auch bei einem satzungswidrigen Beschluss über die Verwendung des Bilanzgewinns nicht zu dessen Anfechtung berechtigt, da sie nicht zu den in § 245 aufgeführten anfechtungsbefugten Personen gehören.[78]

Einen weiteren Anfechtungstatbestand enthält § 254. Danach ist der Gewinnverwendungsbeschluss **55** dann anfechtbar, wenn die Hauptversammlung aus dem Bilanzgewinn Beträge in Gewinnrücklagen einstellt oder als Gewinn vorträgt, die nicht nach Gesetz oder Satzung von der Verteilung unter die Aktionäre ausgeschlossen sind, obwohl die Thesaurierung bei vernünftiger kaufmännischer Beurteilung nicht erforderlich ist, um die Lebens- und Widerstandsfähigkeit der Gesellschaft für einen hinsichtlich der wirtschaftlichen und finanziellen Notwendigkeiten übersehbaren Zeitraum zu sichern **(„Übermaßthesaurierung")**. Weitere Voraussetzung der Anfechtbarkeit ist, dass durch die Einstellung in Gewinnrücklagen kein Gewinn in Höhe von mindestens 4% des Grundkapitals, abzüglich noch nicht eingeforderter Einlagen, ausgeschüttet werden kann (§ 254 Abs. 1). Der

---

[75] Vgl. MüKoAktG/*Bayer* Rn. 134; Hüffer/*Koch* Rn. 34.

[76] Vgl. auch *ADS* Rn. 151, wo zudem § 241 Nr. 3 Alt. 2 herangezogen wird; für § 241 Nr. 3 Alt. 3 hingegen Hüffer/*Koch* Rn. 36.

[77] Vgl. KK-AktG/*Drygala* Rn. 111.

[78] Vgl. KK-AktG/*Drygala* Rn. 111, der aber einen Anspruch aus § 826 BGB für möglich hält.

unscharf formulierte Tatbestand der Vorschrift hat zur Folge, dass eine auf § 254 gestützte Anfechtung praktisch kaum vorkommt.

56 **3. Verletzung des Zahlungsanspruchs der Aktionäre.** Eine Verletzung des Zahlungsanspruchs in engerem Sinne liegt dann vor, wenn die AG den mit dem Gewinnverwendungsbeschluss entstandenen Dividendenanspruch der Aktionäre schuldhaft nicht erfüllt. Die Rechtsstellung des Aktionärs gegenüber der AG ist hier die gleiche wie gegenüber einem anderen säumigen Schuldner. Insbesondere finden die Verzugsregeln (§§ 286 ff. BGB) Anwendung. Eine Verletzung des Zahlungsanspruchs im weiteren Sinne liegt daneben dann vor, wenn er deshalb nicht entsteht, weil die Hauptversammlung durch den Vorstand nicht oder nicht rechtzeitig (§ 175 Abs. 1 S. 2) einberufen wurde oder auf ihr kein Gewinnverwendungsbeschluss gefasst wird. In solchen Fällen steht jedem Aktionär ein klagbarer Anspruch auf Einberufung der Hauptversammlung und auf Beschlussfassung zu. Diese Ansprüche folgen nicht aus Abs. 4, sondern aus den §§ 175 Abs. 1, 174 Abs. 1 S. 1.

57 **4. Verpflichtung zum Schadensersatz.** Weder § 58 noch eine andere Vorschrift verpflichten Vorstand, Aufsichtsrat oder Aktionäre bei Verstößen gegen zwingende Gebote des § 58 ausdrücklich zum Schadensersatz. Das bedeutet aber nicht, dass **Schadensersatzansprüche** von vornherein ausgeschlossen wären. Es gelten vielmehr die allgemeinen Vorschriften. Für die Mitglieder des Vorstands gehört es zur Anwendung der Sorgfalt eines ordentlichen und gewissenhaften Geschäftsleiters, dass diese die an sie gerichteten Vorschriften des § 58 beachten. Pflichtverletzungen führen nach § 93 Abs. 2 zur Schadensersatzhaftung. Für die Mitglieder des Aufsichtsrates gelten diese Grundsätze nach § 116 S. 1 entsprechend. Demgegenüber gibt es keine Vorschrift, die eine Schadensersatzpflicht der Aktionäre vorsieht. Die Mitwirkung an einer gesetz- oder satzungswidrigen Feststellung des Jahresabschlusses (Abs. 1) sowie die Mitwirkung an einem gesetz- oder satzungswidrigen Gewinnverwendungsbeschluss (Abs. 3) bleiben daher für die Aktionäre schadensersatzrechtlich folgenlos.[79] Hat ihr rechtswidriges Stimmverhalten dazu geführt, dass zu Unrecht eine Dividende gezahlt wurde, so sind sie aber unter den Voraussetzungen des § 62 zur Rückzahlung verpflichtet.

§ 59 Abschlagszahlung auf den Bilanzgewinn

(1) Die Satzung kann den Vorstand ermächtigen, nach Ablauf des Geschäftsjahrs auf den voraussichtlichen Bilanzgewinn einen Abschlag an die Aktionäre zu zahlen.

(2) [1]Der Vorstand darf einen Abschlag nur zahlen, wenn ein vorläufiger Abschluß für das vergangene Geschäftsjahr einen Jahresüberschuß ergibt. [2]Als Abschlag darf höchstens die Hälfte des Betrags gezahlt werden, der von dem Jahresüberschuß nach Abzug der Beträge verbleibt, die nach Gesetz oder Satzung in Gewinnrücklagen einzustellen sind. [3]Außerdem darf der Abschlag nicht die Hälfte des vorjährigen Bilanzgewinns übersteigen.

(3) Die Zahlung eines Abschlags bedarf der Zustimmung des Aufsichtsrats.

Übersicht

I. Zweck und praktische Bedeutung der Vorschrift

1 Zweck des § 59 ist es, den AG mit dem Abschlag auf den voraussichtlichen Bilanzgewinn ein Instrument an die Hand zu geben, mit dem sie die Jährlichkeit der Dividendenausschüttung (§§ 57 Abs. 3, 175 Abs. 1) und die daraus folgende lange dividendenlose Zeit durchbrechen können. Der Gesetzgeber des AktG 1965 erhoffte sich von der Vorschrift eine Steigerung der Attraktivität der Aktie als Anlageform für Privatanleger. Zwar dürften die wenigsten Privatanleger zur Bestreitung ihres Lebensunterhalts auf Dividendenerträge angewiesen sein. Das Abrücken von der Jahresdividende hin zu einer **„Halbjahresdividende"** ist jedoch wegen des Zins- und Liquiditätseffekts für die Aktionäre durchaus interessant.

2 Dennoch hat die Vorschrift kaum praktische Bedeutung. Die Tatbestandsvoraussetzungen des § 59 und das Verfahren sind zu restriktiv gefasst, um eine interessante und praktikable Ergänzung zur

[79] Vgl. auch *ADS* Rn. 157.

Jahresdividende zu eröffnen. § 59 ermöglicht allenfalls zwei Zahlungen jährlich, die nur dann in einem Abstand von sechs Monaten stattfinden können, wenn die ordentliche Hauptversammlung – ein auf den 31. Dezember endendes Geschäftsjahr unterstellt – erst im Juli oder im August (§ 175 Abs. 1 S. 2) des folgenden Jahres stattfindet. Zu dieser Zeit hat in der Praxis jedoch die Mehrzahl der ordentlichen Hauptversammlungen bereits stattgefunden. Die Ausschüttung von **Quartalsdividenden,** eine vor allem bei US-Gesellschaften verbreitete Praxis, ist hingegen mit § 59 nicht darstellbar. Für die Praxis wenig attraktiv ist zudem, dass Abschläge auf den Bilanzgewinn nach Abs. 1 erst nach dem Ablauf des Geschäftsjahres geleistet werden dürfen. Abschläge auf den laufenden Gewinn des Geschäftsjahres sind damit nicht zulässig. Diese Zurückhaltung mag bei Schaffung des § 59 berechtigt gewesen sein, in der die Erstellung auch eines vorläufigen Abschlusses nur mit erheblichem Aufwand möglich war. In einer Zeit der IT-gestützten Finanzbuchführung ist jedoch die kurzfristige Erstellung von Zwischenabschlüssen möglich. De lege ferenda wäre daher eine Liberalisierung der Vorschrift zu erwägen.

II. Tatbestandsvoraussetzungen

§ 59 knüpft die Zahlung eines Abschlages an vier Voraussetzungen: Die Satzung muss erstens den Vorstand hierzu ermächtigen (→ Rn. 4 f.), zweitens das Geschäftsjahr abgelaufen sein, drittens ein vorläufiger Abschluss für das vergangene Geschäftsjahr einen Jahresüberschuss ergeben (Abs. 2 S. 1; → Rn. 6) sowie viertens der Aufsichtsrat der Abschlagszahlung zustimmen (Abs. 3; → Rn. 7 f.). Die Höhe des Abschlages ist darüber hinaus zweifach beschränkt: Der Abschlag darf einerseits die Hälfte des zur Ausschüttung verfügbaren Jahresüberschusses sowie andererseits die Hälfte des vorjährigen Bilanzgewinns nicht übersteigen (Abs. 2 S. 2 und 3; → Rn. 9 f.). 3

1. Ermächtigung in der Satzung. Die Zahlung von Abschlägen beschränkt das Recht der Hauptversammlung nach § 58 Abs. 3, über die Verwendung des Bilanzgewinns zu entscheiden. Das gebietet es, die Zahlung von Abschlägen entweder von vornherein ohne Wahlmöglichkeit in der Satzung zu regeln oder aber an die Mitwirkung der Hauptversammlung zu binden. Der Gesetzgeber hat dem im letzteren Sinne dadurch Rechnung getragen, dass er eine Ermächtigung in der Satzung verlangt. Sie kann bereits in der ursprünglichen Satzung enthalten sein oder durch nachträgliche Satzungsänderung (§§ 179 ff.) eingeführt werden. Im zweiten Fall ist nach § 179 Abs. 2 S. 1 für die Einführung einer Satzungsermächtigung eine Mehrheit von mindestens drei Vierteln des bei der Beschlussfassung vertretenen Grundkapitals erforderlich. Das hohe Quorum ist nicht selbstverständlich, da die Hauptversammlung nach den §§ 58 Abs. 3, 133 Abs. 1 mit einfacher Mehrheit über die Verwendung des Bilanzgewinns entscheidet. Rechtspolitisch vertretbar wäre daher auch, für die Einführung oder die Abschaffung einer entsprechenden Regelung die einfache Mehrheit ausreichen zu lassen. De lege lata genügt aber nicht, dass die Hauptversammlung den Vorstand, sei es allgemein oder für ein einzelnes Geschäftsjahr, durch einfachen Beschluss zur Zahlung eines Abschlages ermächtigt.[1] 4

§ 59 spricht die Frage nicht an, ob die Satzung einen **„Sachabschlag"** vorsehen darf. Das ist zu bejahen. Da es sich bei § 59 um eine Annexregelung zu § 58 handelt und dessen Abs. 5 eine Satzungsermächtigung zur Sachausschüttung zulässt, dürfte auch eine Ermächtigung zur Leistung eines Naturalabschlags zulässig sein. Die Ermächtigung nach Abs. 1 muss dessen Zulässigkeit aber ausdrücklich aussprechen. 5

2. Positiver vorläufiger Abschluss. Ein Abschlag soll nur dann an die Aktionäre gezahlt werden dürfen, wenn im abgelaufenen Geschäftsjahr ein Jahresüberschuss erwirtschaftet wurde (Abs. 2 S. 2). Anders als dies die amtliche Überschrift und Abs. 1 andeuten, kommt es damit für die Möglichkeit zur Zahlung eines Abschlages nicht entscheidend auf den voraussichtlichen Bilanzgewinn, sondern auf den **voraussichtlichen Jahresüberschuss** an. Die § 59 einleitende Sprachwahl ist nur mit Blick auf § 57 Abs. 3 verständlich. Dort wird angeordnet, dass vor der Auflösung der Gesellschaft nur der Bilanzgewinn unter die Aktionäre verteilt werden darf. Eine Abschlagszahlung ist damit dann ausgeschlossen, wenn sich ein Jahresfehlbetrag ergibt. Das gilt auch für den Fall, dass die Gesellschaft eine Politik der Dividendenkontinuität verfolgt und über einen Gewinnvortrag bzw. über Gewinnrücklagen verfügt, durch deren (teilweise) Auflösung trotz des Jahresfehlbetrags ein Bilanzgewinn ausgewiesen werden soll.[2] Ob ein Jahresüberschuss oder ein Jahresfehlbetrag vorliegt, soll nicht durch bloße überschlägige Rechnung oder Schätzung ermittelt werden, sondern durch die Erstellung eines vorläufigen Abschlusses für das vergangene Geschäftsjahr. Der „vorläufige Abschluss" ist nichts anderes als der 6

[1] Vgl. Hüffer/*Koch* Rn. 2.
[2] Vgl. KK-AktG/*Drygala* Rn. 13.

Jahresabschluss (Bilanz und GuV, § 242 Abs. 3 HGB) nach den §§ 242 ff., 264 ff. HGB.[3] Es sind daher bei seiner Aufstellung sämtliche für diesen geltende Vorschriften zu beachten. Der Jahresabschluss ist nur deshalb von § 59 als „vorläufig" bezeichnet, weil seine ggf. erforderliche Prüfung durch einen Abschlussprüfer nicht erfolgt sein muss und auch die Feststellung nach den §§ 172 f. entbehrlich ist.[4] Demgegenüber muss der Lagebericht noch nicht aufgestellt sein. Auch der Anhang ist entbehrlich, obwohl letzterer bei Kapitalgesellschaften Teil des Jahresabschlusses ist (§ 264 Abs. 1 S. 1 HGB).[5]

7 **3. Zustimmung des Aufsichtsrats.** Die Zahlung eines Abschlags an die Aktionäre durch den Vorstand ist eine ungewöhnliche Maßnahme. Sie überschreitet die ihm nach § 76 Abs. 1 zugewiesene Befugnis zur eigenverantwortlichen Geschäftsführung. Die Zahlung des Abschlages ist daher nach Abs. 3 an die Zustimmung des Aufsichtsrates gebunden. Die Initiative bleibt damit bei dem Vorstand. Der Aufsichtsrat hat „lediglich" ein Vetorecht. Damit bleibt die Rechtsstellung des Aufsichtsrats etwas hinter derjenigen bei der Entscheidung nach § 58 Abs. 2 S. 1 über die Einstellung in andere Gewinnrücklagen zurück. Diese wird als gemeinsame unternehmerische Entscheidung von Vorstand und Aufsichtsrat angesehen. („sie"). Einen praktischen Unterschied würde das jedoch nur dann machen, wenn mit der Wahl des Instrumentes der Zustimmungsbedürftigkeit an den Sprachgebrauch des BGB angeknüpft würde, wonach die Zustimmung sowohl im Voraus als Einwilligung (§ 183 S. 1 BGB) als auch nachträglich als Genehmigung (§ 184 Abs. 1 BGB) erteilt werden kann. Der zweite Fall kann bei der Mitwirkung des Aufsichtsrats an der Entscheidung nach § 58 Abs. 2 auf Grund der Vorschriften über die Feststellung des Jahresabschlusses (§§ 172 f.) nicht vorkommen. Wie der Wortlaut von Abs. 3 („Die Zahlung") andeutet, geht das Gesetz von der **Zustimmung in Form der Einwilligung** aus. Die enge Auslegung des Abs. 3 entspricht zudem der dem Aufsichtsrat zugewiesenen Kontrollaufgabe.[6] Andererseits wird man jedoch kaum für richtig halten können, dass die Verpflichtung der Aktionäre zur Rückgewähr von ohne Einwilligung des Aufsichtsrates gezahlten Abschlägen aus § 62 Abs. 1 S. 2 trotz der Genehmigung des Aufsichtsrats fortbesteht. Vom Gesetzgeber gewollt ist damit zwar die Einwilligung des Aufsichtsrats vor Zahlung des Abschlags. Auch seine Genehmigung ist jedoch wirksam.

8 Die Zustimmung des Aufsichtsrats kann nur durch einen **Beschluss des gesamten Gremiums** erfolgen. § 107 Abs. 3 S. 2 verbietet die Überweisung an einen Ausschuss des Aufsichtsrats zur Beschlussfassung. Davon unberührt bleibt hingegen die Möglichkeit, die Vorbereitung des Beschlusses einem Ausschuss zu überlassen (§ 107 Abs. 3 S. 1).

9 **4. Beschränkungen der Höhe des Abschlags.** Die Höhe des Abschlags ist nach Abs. 2 S. 2 und 3 durch zwei Obergrenzen beschränkt, von denen die niedrigere maßgeblich ist. Zum einen darf der Abschlag höchstens die Hälfte des Jahresüberschusses nach Abzug der Beträge betragen, die nach dem Gesetz oder der Satzung in Gewinnrücklagen einzustellen sind. Hinter dieser **Halbteilungsregel,** die an § 58 Abs. 2 S. 1 erinnert, stehen mehrere Erwägungen. Zum einen ist sie Ausdruck des Vorsichtsgedankens. Sie soll verhindern, dass der Abschlag den nach Feststellung des Jahresabschlusses zur Verteilung unter die Aktionäre zur Verfügung stehenden Bilanzgewinn überschreitet. Da an der Genauigkeit des vorläufigen Abschlusses jedoch keine Abstriche gemacht werden dürfen, bedarf es zur Erreichung dieses Ziels keiner derart weitgehenden Beschränkung. Der wichtigere Grund für diese Beschränkung ist, dass in die Befugnis der Hauptversammlung zur Entscheidung über die Gewinnverwendung nicht zu stark eingegriffen werden soll. Drittens liegt Abs. 2 S. 2 die Idee zu Grunde, die AG bei voller Ausschöpfung der Grenzen des § 59 in die Lage zu versetzen, zur Zahlung von **„Halbjahresdividenden"** überzugehen.

10 Weniger verständlich ist die zweite Obergrenze. Der Abschlag darf nach ihr nicht die Hälfte des vorjährigen Bilanzgewinns übersteigen (Abs. 2 S. 3). Sie lässt sich nicht auf den erwähnten Vorsichtsgedanken zurückführen, da die Höhe des Bilanzgewinns des vorangegangenen Geschäftsjahres nur sehr bedingt etwas über die Ertragslage aussagt.[7] Noch weniger hat sie mit der Ertragslage des darauf folgenden Geschäftsjahres zu tun, für das der Abschlag gezahlt werden soll. Auch mit der Sicherung der Kompetenzverteilung bei der Frage der Gewinnverwendung zwischen der Verwaltung einerseits und der Hauptversammlung andererseits lässt sie sich nicht rechtfertigen. Dieses Ziel wird allenfalls zufällig erreicht: War der vorletzte Bilanzgewinn – und sei es nur auf Grund eines Gewinnvortrags oder auf Grund von Entnahmen aus Gewinnrücklagen – doppelt so hoch wie der verteilungsfähige Jahresüberschuss des vergangenen Geschäftsjahres, so läuft diese Schranke leer. War hinge-

[3] Vgl. Hüffer/*Koch* Rn. 3; KK-AktG/*Drygala* Rn. 13.
[4] Vgl. Hüffer/*Koch* Rn. 3; Schmidt/Lutter/*Fleischer* Rn. 7.
[5] Vgl. Hüffer/*Koch* Rn. 3; KK-AktG/*Drygala* Rn. 13.
[6] Vgl. MüKoAktG/*Bayer* Rn. 10; Hüffer/*Koch* Rn. 2; KK-AktG/*Drygala* Rn. 11.
[7] AA KK-AktG/*Drygala* Rn. 16, der eine Sicherung gegen leichtsinnige oder zu optimistische Abschlagszahlungen annimmt.

gen der Bilanzgewinn gering oder entfiel er ganz, sei es wegen einer schlechten Ertragslage oder wegen umfangreicher Einstellungen in (andere) Gewinnrücklagen durch Vorstand und Aufsichtsrat, so entfällt die Möglichkeit zur Zahlung eines Abschlages weitgehend oder gar vollständig. Das mag man als Sicherung der Kompetenzverteilung begreifen, doch stellt man mit dieser Interpretation den Sinn des § 59 schlechthin in Frage. Abs. 2 S. 3 macht daher **keinen Sinn.** De lege ferenda ist die Streichung dieses Satzes zu erwägen.

III. Rechtsfolgen

Liegen die Voraussetzungen des § 59 vor, so ist der **Vorstand** ermächtigt, den Abschlag an die Aktionäre zu zahlen. Ob und in welchem Umfang der Vorstand von dieser Ermächtigung Gebrauch macht, liegt in seinem pflichtgemäßen Ermessen. Die Satzung darf über die Ermächtigung hinaus keine Verpflichtung des Vorstands enthalten (§ 23 Abs. 5).[8] Die im Voraus erteilte **Zustimmung des Aufsichtsrates** nach Abs. 3 bindet den Vorstand ebenfalls nicht. Nach dem Wortlaut von Abs. 1 und Abs. 3 steht ihm das Recht zur endgültigen Entscheidung zu. Der Vorstand kann daher auch nach der Zustimmung des Aufsichtsrats von der Zahlung des Abschlages Abstand nehmen. Besteht der Vorstand aus mehreren Mitgliedern, so ist für die Entscheidung über die Zahlung des Abschlages der gesamte Vorstand zuständig (§ 77 Abs. 1 S. 1).[9] Eine abweichende Bestimmung der internen Zuständigkeit durch die Satzung oder durch die Geschäftsordnung des Vorstands nach § 77 Abs. 1 S. 2 kommt nicht in Betracht. Diese Einschränkung folgt aus § 107 Abs. 3 S. 2, der dem Aufsichtsrat eine Abweichung von der Gesamtzuständigkeit verbietet. Die Vorschrift bringt zum Ausdruck, dass es sich bei der Entscheidung über die Zahlung eines Abschlages um eine wichtige Angelegenheit handelt. Hierbei kann dem Vorstand nicht gestattet sein, was dem Aufsichtsrat verboten ist. **11**

Da die Entscheidung des Vorstands über die Abschlagszahlung maßgeblich ist, entsteht der Zahlungsanspruch der Aktionäre nicht bereits mit dem zustimmenden Beschluss des Aufsichtsrats. Das gilt auch dann, wenn er dem Beschluss des Vorstands nachfolgt.[10] Er entsteht erst mit der **Mitteilung des Vorstands an die Aktionäre,** aus der der Wille des Vorstands zur Zahlung des Abschlages nach außen hervortritt. Im Übrigen gilt für den Anspruch der Aktionäre auf den Abschlag das Gleiche wie für ihren in § 58 Abs. 4 geregelten Dividendenanspruch. **12**

Die Zahlung des Abschlags hat auf den **Jahresabschluss** für das vorangegangene Geschäftsjahr grundsätzlich keine Auswirkung. Die Ansprüche der Aktionäre werden erst nach dem Bilanzstichtag begründet. Sie ist jedoch bei der Bildung von anderen Gewinnrücklagen nach § 58 Abs. 2 sowie im Beschluss der Hauptversammlung über die Verwendung des Bilanzgewinns nach § 58 Abs. 3 zu berücksichtigen. Teile des Jahresüberschusses, die der Vorstand als Abschlag an die Aktionäre zahlen will, kann er nicht zusammen mit dem Aufsichtsrat in andere Gewinnrücklagen einstellen. Das muss er bereits vor der Zahlung des Abschlags bei der Aufstellung des (vorläufigen) Jahresabschlusses berücksichtigen. Auch die Befugnis der Hauptversammlung nach § 58 Abs. 3 ist durch die Zahlung des Abschlages geschmälert. Mangels eines Hinweises im Gesetz ist die Hälfte des disponiblen Jahresüberschusses, die der Vorstand mit Zustimmung des Aufsichtsrats nach § 59 als Abschlag an die Aktionäre ausschütten kann, nicht „deren" Hälfte nach § 58 Abs. 2 S. 1, sondern die **Hälfte des gesamten disponiblen Jahresüberschusses.** Er schließt auch den Teil ein, über dessen Verwendung die Hauptversammlung im Rahmen des Beschlusses nach § 58 Abs. 3 entscheidet. Im Beschluss über die Verwendung des Bilanzgewinns (§ 174 Abs. 2) ist die Zahlung des Abschlags anzugeben. Die Angabe erfolgt zweckmäßigerweise vor der dortigen Position 2. unter der Bezeichnung „an die Aktionäre als Abschlag ausgeschütteter Betrag". Keinen Einfluss hat die Zahlung des Abschlags hingegen auf die Einstellung in andere Gewinnrücklagen nach § 58 Abs. 1. Der Grund hierfür ist, dass der Abschlag die Höhe des Jahresüberschusses nicht beeinflusst. Ferner stehen die nach Abs. 2 S. 2 Alt. 2 die nach Gesetz oder Satzung in Gewinnrücklagen einzustellenden Beträge nicht zur Abschlagszahlung zur Verfügung. **13**

IV. Auswirkungen von Verstößen

Ergibt sich nach der Zahlung des Abschlags an die Aktionäre, dass der gezahlte Abschlag den Bilanzgewinn übersteigt, so hat in Höhe des Saldos keine Gewinnausschüttung, sondern eine Kapitalrückzahlung stattgefunden. Sind andere Gewinnrücklagen in ausreichender Höhe vorhanden, so kann das dadurch bereinigt werden, dass die anderen Gewinnrücklagen vor der Feststellung des Jahresabschlusses in ausreichender Höhe aufgelöst werden. Auch durch die entsprechende Ausübung **14**

---

[8] Vgl. auch KK-AktG/*Drygala* Rn. 9.
[9] Vgl. Schmidt/Lutter/*Fleischer* Rn. 8.
[10] So aber Hüffer/*Koch* Rn. 4; KK-AktG/*Drygala* Rn. 17.

von Bilanzierungs- und Bewertungswahlrechten kann der Bilanzgewinn erhöht werden. Ist beides nicht möglich, so sind die Aktionäre nach § 62 Abs. 1 S. 1 grundsätzlich zur **anteiligen Rückgewähr der Zahlung** verpflichtet. Da jedoch auch Abschläge auf den Bilanzgewinn Gewinnanteile iSd § 62 Abs. 1 S. 2 sind, besteht ein Rückzahlungsanspruch nur dann, wenn die Aktionäre wussten oder in Folge von Fahrlässigkeit nicht wussten, dass sie zum Bezug des Abschlages nicht berechtigt waren.[11] Diese Ausnahmen dürften nur selten vorliegen. Ebenfalls ein Fall des § 62 Abs. 1 S. 2 liegt dann vor, wenn bei der Zahlung des Abschlags die Tatbestandsvoraussetzungen des § 59 nicht beachtet wurden. Ein mögliches Beispiel hierfür ist die Zahlung des Abschlags durch den Vorstand ohne die Zustimmung des Aufsichtsrats.[12]

15 Es gehört zu den Amtspflichten der Mitglieder des Vorstands nach § 93 Abs. 1 S. 1 und des Aufsichtsrates nach den §§ 93 Abs. 1 S. 1, 116 S. 1, dass sie bei der Zahlung eines Abschlages an die Aktionäre die Vorgaben des § 59 beachten. Führen Pflichtverletzungen zur Zahlung eines zu hohen Abschlages an die Aktionäre, so sind die pflichtwidrig handelnden Mitglieder des Vorstands bzw. des Aufsichtsrates der Gesellschaft zum **Schadensersatz** verpflichtet. Ein Schaden kann der AG daraus entstehen, dass der überhöhte Teil des Abschlags von den Aktionären nicht mehr wiedererlangt werden kann (§ 62 Abs. 1 S. 2).[13] Eine Schadensersatzpflicht entsteht allerdings dann nicht bzw. entfällt, wenn der im Jahresabschluss ausgewiesene Bilanzgewinn durch die Ausübung von Wahlrechten oder durch die Entnahme aus anderen Gewinnrücklagen an die Höhe des Abschlags angepasst werden kann. Gleiches gilt dann, wenn die Hauptversammlung im Gewinnverwendungsbeschluss nach § 58 Abs. 3 den überhöhten Abschlag, der die Grenzen von Abs. 2 S. 2 und 3, nicht aber den Bilanzgewinn überschreitet, nachträglich legitimiert. Hierzu muss sie eine Dividende mindestens in Höhe des Abschlags beschließen und den Abschlag auf die Dividende anrechnen.

§ 60 Gewinnverteilung

(1) Die Anteile der Aktionäre am Gewinn bestimmen sich nach ihren Anteilen am Grundkapital.

(2) [1]Sind die Einlagen auf das Grundkapital nicht auf alle Aktien in demselben Verhältnis geleistet, so erhalten die Aktionäre aus dem verteilbaren Gewinn vorweg einen Betrag von vier vom Hundert der geleisteten Einlagen. [2]Reicht der Gewinn dazu nicht aus, so bestimmt sich der Betrag nach einem entsprechend niedrigeren Satz. [3]Einlagen, die im Laufe des Geschäftsjahrs geleistet wurden, werden nach dem Verhältnis der Zeit berücksichtigt, die seit der Leistung verstrichen ist.

(3) Die Satzung kann eine andere Art der Gewinnverteilung bestimmen.

Schrifttum: *Horbach,* Der Gewinnverzicht des Großaktionärs, AG 2001, 78; *Klühs,* Präsenzbonus für die Teilnahme an der Hauptversammlung, ZIP 2006, 106; *König,* Der Dividendenverzicht des Mehrheitsaktionärs – Dogmatische Einordnung und praktische Durchführung, AG 2001, 399; *Mertens,* Zulässigkeit einer Ermächtigung des Vorstands, Aktien für das abgelaufene Geschäftsjahr auszugeben?, FS Wiedemann, 2002, 1113; *Priester,* Schuldrechtliche Vereinbarungen zur Gewinnverteilung bei der AG, ZIP 2015, 2156; *Simon,* Rückwirkende Dividendengewährung beim genehmigten Kapital?, AG 1960, 148; *Wündisch,* Können junge Aktien mit Dividendenberechtigung für ein bereits abgelaufenes Geschäftsjahr ausgestattet werden?, AG 1960, 320.

Übersicht

[11] Vgl. Hüffer/*Koch* Rn. 4; KK-AktG/*Drygala* Rn. 19.
[12] Vgl. KK-AktG/*Drygala* Rn. 20.
[13] Vgl. Schmidt/Lutter/*Fleischer* Rn. 17.

I. Allgemeines

§ 60 bestimmt die Gewinnverteilung in der Gesellschaft.[1] Gewinn iSd § 60 ist der Teil des Bilanzgewinns (vgl. § 57 Abs. 3), der aufgrund des Gewinnverwendungsbeschlusses als Ausschüttungsbetrag zur Verfügung steht (vgl. § 174 Abs. 2 Nr. 2).[2] Ziel der § 60 Abs. 1 und Abs. 2 ist es, dem für die Verteilung zuständigen Vorstand[3] eine am **Gleichbehandlungsgrundsatz** (§ 53a) orientierte Regel vorzugeben.[4] Dem Grundsatz der Privatautonomie folgend ordnet Abs. 3 an, dass die gesetzliche Regelung zurücktritt, wenn die Satzung eine andere Gewinnverteilung bestimmt. Dies entspricht in der Praxis dem Regelfall. Der praktische Anwendungsbereich von § 60 Abs. 1 und Abs. 2 ist daher gering.[5] 1

II. Der gesetzliche Gewinnverteilungsschlüssel

1. Der Regelfall des Abs. 1. Die Anteile der Aktionäre am Gewinn bestimmen sich nach § 60 Abs. 1 entsprechend ihren Anteilen am Grundkapital. Dabei spielt es keine Rolle, ob es sich hierbei um Stückaktien oder Nennbetragsaktien handelt.[6] Der Wortlaut des Abs. 1 knüpft an § 8 Abs. 4 an.[7] Danach bestimmt sich der Anteil am Grundkapital bei Nennbetragsaktien nach dem Verhältnis ihres Nennbetrags zum Grundkapital (§ 8 Abs. 2), bei Stückaktien nach der Zahl der gehaltenen Aktien (§ 8 Abs. 3; → § 8 Rn. 7 ff., 21 ff.). In beiden Varianten erhalten die Aktionäre vom ausgeschütteten Bilanzgewinn einen Anteil entsprechend ihrer **quotalen Beteiligung am Grundkapital.**[8] Voraussetzung für die Anwendung des Verteilungsschlüssels nach § 60 Abs. 1 ist zum einen das **Fehlen** einer vorrangigen **Satzungsregelung** nach Abs. 3 und zum anderen, dass alle Aktionäre ihre **Einlageleistungen nach Höhe und Zeitpunkt gleichmäßig** erbracht haben. Ansonsten muss der Verteilungsschlüssel des § 60 Abs. 2 angewendet werden.[9] Dagegen hängt die Anwendung des Abs. 1 nicht davon ab – auch wenn dies in der Praxis dem Regelfall entspricht –, dass die Einlageleistungen vollständig erbracht wurden. § 60 Abs. 1 erfasst vielmehr auch den Fall, in dem alle Aktionäre zum selben Stichtag lediglich 50% oder 25% der geschuldeten Einlage geleistet haben.[10] Die Voraussetzung einer gleichmäßigen Einlageleistung gilt sowohl für Bareinlagen als auch für Sacheinlagen.[11] Es kommt für die **Beurteilung der gleichmäßigen Einlageleistung** und damit für eine Abgrenzung zwischen Abs. 1 und Abs. 2 allein auf die Erfüllung der Einlageverpflichtungen an. Ein vereinbartes Aufgeld (Agio) bleibt dabei außer Betracht, da es nicht als „Einlage" (also als Leistung auf das Grundkapital), sondern nur als Kapitalrücklage (§§ 272 Abs. 2 Nr. 1, 266 Abs. 3 A II HGB) aufgefasst werden kann.[12] Somit hat es auf den Gewinnanteil keinerlei Auswirkungen, unabhängig davon, ob das Aufgeld gezahlt oder trotz Fälligkeit nicht bezahlt wurde.[13] 2

2. Der Ausnahmefall des Abs. 2. Der Verteilungsschlüssel des § 60 Abs. 1 wird durch § 60 Abs. 2 S. 1 und 2 für den Fall modifiziert, dass Einlagen nicht auf alle Aktien in demselben Verhältnis geleistet wurden. Unter Einlagen versteht man auch in diesem Fall nach ganz hM nur **Leistungen auf das Grundkapital** und **nicht ein Agio.**[14] Umfasst sind sowohl Bareinlagen als auch Sacheinlagen.[15] Bei unterschiedlicher Höhe von Einlageleistungen ordnet § 60 Abs. 2 S. 1 an, dass jedem Aktionär aus dem verteilbaren Gewinn eine **Vorabdividende von 4% der geleisteten Einlagen** ausgezahlt werden muss. Als Berechnungsbasis für die jeweilige Dividende dienen die von jedem Aktionär geleisteten fälligen Einlagen, nicht aber die Aktiennennbeträge.[16] Ist der Ausschüttungsbetrag nach der Auszahlung nicht erschöpft, erfolgt die restliche Verteilung nach dem Schlüssel des § 60 Abs. 1. Reicht der Ausschüttungsbetrag nicht für eine Vorabdividende von 4% der geleisteten Einlagen, so ordnet § 60 Abs. 2 S. 2 an, dass der Betrag nach einem entsprechend niedrigeren Satz 3

---

[1] Spindler/Stilz/*Cahn* Rn. 1.
[2] Vgl. Hüffer/*Koch* Rn. 1; MüKoAktG/*Bayer* Rn. 1.
[3] BGHZ 84, 303 (311) = NJW 1983, 282.
[4] Hüffer/*Koch* Rn. 1.
[5] MüKoAktG/*Bayer* Rn. 4.
[6] Hüffer/*Koch* Rn. 2.
[7] Spindler/Stilz/*Cahn* Rn. 4.
[8] MüKoAktG/*Bayer* Rn. 6; KK-AktG/*Drygala* Rn. 5.
[9] Hüffer/*Koch* Rn. 2; KK-AktG/*Drygala* Rn. 6.
[10] Hüffer/*Koch* Rn. 2.
[11] KK-AktG/*Drygala* Rn. 9; MüKoAktG/*Bayer* Rn. 8.
[12] KK-AktG/*Drygala* Rn. 10; MüKoAktG/*Bayer* Rn. 8.
[13] Spindler/Stilz/*Cahn* Rn. 7.
[14] HM, zB MüKoAktG/*Bayer* Rn. 10; KK-AktG/*Drygala* Rn. 14; Hüffer/*Koch* Rn. 3.
[15] MüKoAktG/*Bayer* Rn. 10.
[16] MüKoAktG/*Bayer* Rn. 10; Hüffer/*Koch* Rn. 4.

zu bestimmen ist. Neben Einlageleistungen in unterschiedlicher Höhe, regelt § 60 Abs. 2 in S. 3 die Einlagenleistung zu **unterschiedlichen Zeitpunkten des Geschäftsjahrs.** Hier erfolgt eine zeitanteilige Berücksichtigung der Einlagen, wobei der Zeitpunkt der tatsächlich erbrachten Leistung, nicht der Fälligkeit den Ausschlag gibt.[17] Der Gewinnanteil richtet sich damit nach der Zeitdauer, in der die geleistete Einlage während des Geschäftsjahrs, auf das sich die Gewinnverteilung bezieht, der Aktiengesellschaft zur Verfügung stand.[18] Die **Gewinnverteilung** erfolgt zunächst **entsprechend § 60 Abs. 2 S. 1.** Wurde zB die Einlage für eine Aktie erst zur Mitte des Geschäftsjahrs geleistet, steht dem Aktionär nur die Hälfte der Vorabdividende zu.[19] Bleibt nach zeitanteiliger Vorabdividende ein Restbetrag bestehen, erfolgt die Auszahlung gemäß § 60 Abs. 1. Reicht dagegen der auszuschüttende Gewinn nicht für eine Dividende von 4%, so wird eine entsprechende Kürzung iSd § 60 Abs. 2 S. 2 vorgenommen.[20] Nach hM[21] gilt § 60 Abs. 2 S. 3 auch bei **jungen Aktien,** die aus einer im Laufe des Geschäftsjahrs durchgeführten Kapitalerhöhung stammen. Vorbehaltlich anderweitiger Bestimmung im Erhöhungsbeschluss ist daher eine an Zeitdauer und Höhe der Einlageleistung orientierte Vorabdividende von 4% auszuschütten.[22] **Alte Aktien** sind bei unterschiedlicher Leistung der Einlagen grundsätzlich nach § 60 Abs. 2 S. 1, sonst nach den Regeln des § 60 Abs. 1 zu bedienen.[23] In der Praxis wird das Gewinnbezugsrecht für neue Aktien jedoch regelmäßig im Kapitalerhöhungsbeschluss und damit gemäß § 60 Abs. 3 vorrangig durch eine Satzungsregelung festgelegt (→ Rn. 6 ff.).

III. Abweichende Satzungsbestimmungen

4 **1. Grundsatz.** Nach § 60 Abs. 3 kann die Satzung einen von den gesetzlich angeordneten Verteilungsschlüsseln der Abs. 1 und 2 **abweichende Gewinnverteilung** bestimmen. Eine schuldrechtliche Zusatzvereinbarung zwischen der Gesellschaft und einem Aktionär über eine den Ersteren begünstigende disquotale Gewinnverteilung soll die Gesellschaft nach einem Urteil des LG Frankfurt aM nicht binden.[24] Dies gilt aber nur, sofern der Verteilungsschlüssel **explizit** in der **Satzung** angeordnet wird.[25] Eine Ermächtigungsklausel, bei der die genaue Entscheidung über die Gewinnverteilung der Hauptversammlung oder einem anderen Organ überlassen wird, ist dagegen nicht ausreichend.[26] Ein gleichwohl gefasster Hauptversammlungsbeschluss ist wegen Kompetenzverletzung gemäß § 241 Nr. 3 Alt. 3 nichtig.[27]

5 **2. Gestaltungsmöglichkeiten.** In der Satzung kann die Gewinnverteilung ohne Berücksichtigung der gesetzlichen Regelungen der §§ 139 ff. oder der §§ 55, 61 **völlig frei** gestaltet werden.[28] So kann zum einen ein **anderer Verteilungsmaßstab** eingeführt werden.[29] Zum anderen kann bestimmt werden, dass alle Aktien oder auch nur einzelne Aktien ganz, teilweise oder bedingungsabhängig vom Gewinnbezug ausgeschlossen werden.[30] Darüber hinaus kann die Satzung sog. **Vorzugsaktien** anordnen, dh dass ein Teil der Aktionäre bei der Gewinnausschüttung Priorität genießt und/oder anderweitig begünstigt wird, etwa durch Gewährung eines Mehrbetrags auf die Stammdividende.[31]

6 **3. Satzungsänderung, insbesondere Kapitalerhöhung. a) Grundsatz.** Eine in der Satzung vorgesehene Art der Gewinnverteilung beziehungsweise der gesetzlich angeordnete Verteilungsschlüssel können **nachträglich** durch eine **Satzungsänderung** geändert werden. Nach hM reicht hierfür die satzungsändernde Mehrheit nach § 179 Abs. 2 nicht aus, da in das Dividendenstammrecht der Aktionäre eingegriffen wird, zu deren Lasten sich die Änderung auswirkt.[32] Zusätzlich ist daher die **Zustimmung der betroffenen Aktionäre** erforderlich.[33]

---

[17] Hüffer/*Koch* Rn. 5.
[18] MüKoAktG/*Bayer* Rn. 12.
[19] Vgl. MüKoAktG/*Bayer* Rn. 12.
[20] MüKoAktG/*Bayer* Rn. 12; KK-AktG/*Drygala* Rn. 20.
[21] Vgl. Hüffer/*Koch* Rn. 5; aA nur *v. Godin/Wilhelmi* Anm. 5.
[22] Spindler/Stilz/*Cahn* Rn. 15.
[23] MüKoAktG/*Bayer* Rn. 13; Hüffer/*Koch* Rn. 5; Spindler/Stilz/*Cahn* Rn. 14.
[24] LG Frankfurt a.M. NZG 2015, 484 f.; aA *Priester* ZIP 2015, 2156 ff.
[25] BGHZ 84, 303 (311) = NJW 1893, 282.
[26] MüKoAktG/*Bayer* Rn. 16.
[27] Hüffer/*Koch* Rn. 6, nach aA: wirkungslos.
[28] Vgl. MüKoAktG/*Bayer* Rn. 18; Hüffer/*Koch* Rn. 6.
[29] RGZ 104, 349 (350 f.); Hüffer/*Koch* Rn. 7.
[30] MüKoAktG/*Bayer* Rn. 18.
[31] RGZ 104, 349 (350 f.); BGHZ 7, 263 (264); Hüffer/*Koch* Rn. 7.
[32] KK-AktG/*Drygala* Rn. 28; *Klühs* ZIP 2006, 107 (111); aA Spindler/Stilz/*Cahn* Rn. 21 ff.; *Cahn* ZHR 164 (2000), 113 (118 ff.) bzgl. der vergleichbaren Figur des „allgemeinen Bezugsrechts“.
[33] Hüffer/*Koch* Rn. 8; MüKoAktG/*Bayer* Rn. 19.

b) Kapitalerhöhung. Eine vom gesetzlichen Verteilungsschlüssel abweichende Gewinnverteilung ist in der Praxis oftmals Folge einer Kapitalerhöhung. Denn jede Kapitalerhöhung ist eine Satzungsänderung und in diesem Zusammenhang getroffene Regelungen über die Gewinnverteilung genießen gegenüber dem gesetzlichen Gewinnverteilungsschlüssel Vorrang.[34] Sofern die alten Aktien zugunsten der jungen Aktien im Hinblick auf die Gewinnverteilung benachteiligt werden, ist nach hM **keine Zustimmung** aller nachteilig betroffenen (Alt-)Aktionäre **erforderlich.**[35] Insoweit ist es ausreichend, wenn die gesetzlichen (und ggf. satzungsmäßigen) Voraussetzungen einer Kapitalerhöhung eingehalten werden, da der **Schutz der Altaktionäre** vor nachteiligen Eingriffen in ihre bisherigen (gesetzlichen oder satzungsmäßigen) Gewinnquoten in ausreichender Weise durch ihr **Recht zum Bezug der neuen Aktien** sichergestellt ist.[36] An diesem Schutz fehlt es jedoch, wenn das Bezugsrecht der Aktionäre gemäß § 186 Abs. 3 ausgeschlossen wird. Vereinzelt wird in einem solchen Fall gefordert, dass alle benachteiligten Altaktionäre zustimmen müssten.[37] Dem wird zu Recht mit dem Argument entgegengetreten, dass die Altaktionäre die Ungleichbehandlung hinzunehmen haben, wenn die Kapitalerhöhung mit Bezugsrechtsausschluss im Interesse der Aktiengesellschaft geboten und im Hinblick auf die Interessen der benachteiligten Altaktionäre auch nicht unangemessen ist.[38] Ferner entspricht es in der Praxis nicht der Regel, im Rahmen einer regulären Kapitalerhöhung mit Bezugsrechtsausschluss zugleich die Gewinnverteilung zum Nachteil der Altaktionäre zu verändern.[39] Ist dies der Fall, wird diese Veränderung bei der Prüfung der Zulässigkeit der gesamten Kapitalmaßnahme anhand der vom BGH in der „Kali&Salz"-Entscheidung entwickelten Kriterien[40] berücksichtigt.[41] Rechtssicherheit kann in diesem Zusammenhang eine Regelung in der (Gründungs-)Satzung schaffen, die abweichende Gewinnverteilungsregelungen für junge Aktien ausdrücklich gestattet,[42] wie zB „Junge Aktien aus einer künftigen Kapitalerhöhung können mit Vorzügen bei der Gewinnverteilung versehen werden.".[43] 7

c) Genehmigtes Kapital. Etwas anderes gilt nach hM dagegen bei Ausgabe neuer Aktien aufgrund der Ausnutzung eines genehmigten Kapitals (§§ 202 ff.) bei gleichzeitigem Bezugsrechtsausschluss.[44] Dies folgt aus dem **wenig effektiven Rechtsschutz** für die Altaktionäre. Denn zum einen kann der Ermächtigungsbeschluss der Hauptversammlung nach der „Siemens-Nold"-Entscheidung des BGH[45] nicht erfolgreich durch eine Anfechtungsklage angegriffen werden.[46] Zum anderen läuft die durch den BGH ausdrücklich anerkannte Möglichkeit der Unterlassungsklage[47] in der Praxis regelmäßig dadurch leer, dass die Kapitalmaßnahme durchgeführt ist, bevor die Aktionäre hiervon Kenntnis erhalten und gerichtliche Schritte einleiten können.[48] Die Zulässigkeitsprüfung der gesamten Kapitalmaßnahme ist daher gerade nicht gewährleistet.[49] Es ist somit nur das eine oder das andere möglich. 8

d) Einzelfälle. Die Gestaltungsmöglichkeiten bei einer Kapitalerhöhung sind vielfältig. So können junge Aktien rückwirkend am Gewinn des gesamten Geschäftsjahrs beziehungsweise einer Teilperiode beteiligt werden.[50] Darüber hinaus geht die hM auch von der Möglichkeit einer Beteiligung am **Gewinn** eines schon **abgelaufenen Geschäftsjahrs** aus, wenn die Hauptversammlung darüber noch nicht gemäß § 174 beschlossen hat und die Eintragung der Kapitalerhöhung im Handelsregister vor dem Beschluss iSd § 174 wirksam wird.[51] 9

---

[34] MüKoAktG/*Bayer* Rn. 22.
[35] KK-AktG/*Drygala* Rn. 33; Hüffer/*Koch* Rn. 9.
[36] KK-AktG/*Drygala* Rn. 33 Hüffer/*Koch* Rn. 9.
[37] MüKoAktG/*Bayer* Rn. 24 mit Verweis auf Geßler/Hefermehl/Eckardt/Kropff/*Hefermehl/Bungeroth,* 1. Aufl. 1973, Rn. 25.
[38] KK-AktG/*Drygala* Rn. 35.
[39] MüKoAktG/*Bayer* Rn. 24.
[40] BGHZ 71, 40 (44 ff.).
[41] MüKoAktG/*Bayer* Rn. 24.
[42] Hüffer/*Koch* Rn. 9.
[43] So der Vorschlag von KK-AktG/*Drygala* Rn. 34.
[44] HM, zB *Mertens* FS Wiedemann, 2002, 1113 (1123 ff.); Hüffer/*Koch* Rn. 9; MüKoAktG/*Bayer* Rn. 25 ff.; aA GroßkommAktG/*Henze* Rn. 25 ff.
[45] BGHZ 136, 133 (139 ff.) = NJW 1997, 2815.
[46] *Bayer* ZHR 168 (2004), 132 (148 ff.).
[47] BGHZ 136, 133 (140 f.) = NJW 1997, 2815.
[48] Vgl. BGH AG 2006, 38 (40); MüKoAktG/*Bayer* Rn. 26.
[49] Vgl. *Mertens* FS Wiedemann, 2002, 1113 (1123 ff.); Hüffer/*Koch* Rn. 9.
[50] Hüffer/*Koch* Rn. 10.
[51] HM, zB GroßkommAktG/*Henze* Rn. 38; KK-AktG/*Drygala* Rn. 22; *Simon* AG 1960, 148; *Wündisch* AG 1960, 320; aA *Mertens* FS Wiedemann, 2002, 1113 ff.; mit Einschränkungen auch MüKoAktG/*Bayer* Rn. 30 f.

IV. Besondere Konstellationen

10 **1. Verzicht auf den Gewinnanteil.** Den Aktionären steht es frei auf ihre Gewinnanteile zu verzichten. In der Praxis machen hiervon meist Großaktionäre in wirtschaftlich mageren Gewinnjahren Gebrauch, um den Kleinaktionären einen Gewinn zu belassen.[52] **Dogmatisch** ist der Verzicht **analog § 397 BGB** als **Erlassvertrag** zwischen der Aktiengesellschaft und dem verzichtenden Aktionär über seinen künftigen **schuldrechtlichen Dividendenanspruch** zu qualifizieren.[53] **Rechtsfolge** des Erlassvertrages ist, dass der dem verzichtenden Aktionär zustehende Gewinnanteil von vornherein nicht zur Entstehung gelangt und die betroffenen Aktien im Rahmen der Gewinnverteilung nicht berücksichtigt werden dürfen.[54] Dadurch erhöhen sich die Dividenden der Mitaktionäre nach Maßgabe des § 60. Sofern die betroffenen Aktien trotzdem bei der Gewinnverteilung berücksichtigt werden, verstößt dieses Vorgehen gegen § 57 Abs. 1 S. 1, mit der Folge, dass die zu Unrecht empfangenen Dividenden gemäß § 62 Abs. 1 der Aktiengesellschaft zu erstatten sind.[55] Eine alternativ oder zusätzlich zum Erlassvertrag erfolgte **Beschlussfassung der Hauptversammlung,** die den Bilanzgewinn mit Zustimmung des verzichtenden Aktionärs ausschließlich auf die Mitaktionäre verteilt, unterliegt dem Anfechtungsrisiko und ist daher nicht empfehlenswert.[56]

11 **2. Ausschluss des Gewinnbezugsrechts.** Sind die Voraussetzungen eines der gesetzlichen Ausschlusstatbestände der §§ 20 Abs. 7 S. 1, 21 Abs. 4 S. 1, 56 Abs. 3 S. 3, 71b, 71d S. 4, 328 AktG, § 28 Abs. 1 S. 1 WpHG aF bzw. § 44 Abs. 1 S. 1 WpHG nF und § 59 S. 1 WpÜG erfüllt, kann der Aktionär das mitgliedschaftliche Gewinnbezugsrecht in den dort geregelten Sachverhalten nicht geltend machen. Nach verbreiteter Auffassung wird in diesen Fällen der auf den ausgeschlossenen Aktionär entfallende Gewinnanteil nach Maßgabe des § 60 **anteilig auf die Mitaktionäre ausgeschüttet.**[57] Dies kann jedoch nur dann in Betracht kommen, wenn der Rechtsverlust endgültig feststeht (§§ 56 Abs. 3 S. 3, 71b, 71d S. 4, 328).[58] Etwas anderes gilt bei **Unterlassung vorgeschriebener Mitteilungen** gemäß §§ 20 Abs. 7 S. 1, 21 Abs. 4 S. 1 AktG, § 28 Abs. 1 S. 1 WpHG aF bzw. § 44 Abs. 1 S. 1 WpHG nF und § 59 S. 1 WpÜG. In einem solchen Fall würde bei Verteilung des Gewinns auf die Mitaktionäre die Aktiengesellschaft das Risiko einer nachzuzahlenden Dividende tragen, wenn sich nachträglich herausstellt, dass die Mitteilung nicht vorsätzlich unterlassen wurde. Denn das zeitweilig suspendierte (ruhende) Recht auf Ausschüttung der anteiligen Dividende lebt wieder auf, sobald die Mitteilung nachgeholt wird.[59] Daher ist die auf den ausgeschlossenen Aktionär entfallende Dividende als Ertrag bei der Gesellschaft zu verbuchen.[60]

§ 61 Vergütung von Nebenleistungen

Für wiederkehrende Leistungen, zu denen Aktionäre nach der Satzung neben den Einlagen auf das Grundkapital verpflichtet sind, darf eine den Wert der Leistungen nicht übersteigende Vergütung ohne Rücksicht darauf gezahlt werden, ob ein Bilanzgewinn ausgewiesen wird.

I. Allgemeines

1 Regelungsgegenstand des § 61 ist die **Vergütung,** die von der Aktiengesellschaft an Aktionäre für **wiederkehrende Nebenleistungen** iSd § 55 Abs. 1 gezahlt werden darf.[1] Zugleich erfolgt eine Abgrenzung dieser Vergütungszahlung gegenüber dem **Verbot des § 57.** Danach dürfen Zuwendungen aus Gesellschaftsvermögen an die Aktionäre nur aus dem Bilanzgewinn oder in Form von sog. „Drittgeschäften“, dh ohne Bezug zur Mitgliedschaft erbracht werden.[2]

II. Vergütungsanspruch

2 **1. Voraussetzungen.** Nach § 61 dürfen dem Aktionär von der Aktiengesellschaft nur Nebenleistungen iSd § 55 Abs. 1 S. 1 vergütet werden.[3] Dabei ist von einem deckungsgleichen Anwendungs-

[52] *König* AG 2001, 399 ff.; KK-AktG/*Drygala* Rn. 48.
[53] MüKoAktG/*Bayer* Rn. 38; Hüffer/*Koch* Rn. 11; *Horbach* AG 2001, 78 (82); *König* AG 2001, 399 (400).
[54] Hüffer/*Koch* Rn. 11.
[55] Spindler/Stilz/*Cahn* Rn. 29.
[56] *Horbach* AG 2001, 78 (81); Hüffer/*Koch* Rn. 12.
[57] Vgl. KK-AktG/*Drygala* Rn. 61.
[58] MüKoAktG/*Bayer* Rn. 36.
[59] Spindler/Stilz/*Cahn* Rn. 30; MüKoAktG/*Bayer* Rn. 37.
[60] BGH GWR 2014, 367 (367) mAnm *Möller*; MüKoAktG/*Bayer* Rn. 37.
[1] MüKoAktG/*Bayer* Rn. 1; Hüffer/*Koch* Rn. 1.
[2] MüKoAktG/*Bayer* Rn. 1.
[3] MüKoAktG/*Bayer* Rn. 3.

bereich der § 55 und § 61 auszugehen. Dadurch sind Nebenleistungen gemäß § 55 Abs. 1 S. 2 nur dann zu vergüten, wenn dies in der **Satzung** bestimmt ist. Ohne eine satzungsmäßige Grundlage darf grundsätzlich keine Zahlung vorgenommen werden.[4] Eine Ausnahme gilt nur für Aktiengesellschaften, die bereits vor dem 1.1.1966 Nebenleistungspflichten begründet hatten und die ihren Unternehmensgegenstand sowie ihre Satzungsbestimmungen über Nebenverpflichtungen seitdem nicht geändert haben (vgl. § 10 EGAktG). Werden Nebenleistungen aufgrund einer unwirksamen Satzungsregelung erbracht, sind sie entweder nach §§ 812 ff. BGB rückabzuwickeln oder aufgrund einer an § 57 zu messenden nachträglich getroffenen schuldrechtlichen Vereinbarung zu vergüten.[5] Keine Nebenleistung und damit nicht von der Begrenzung des § 61 erfasst sind **schuldrechtliche Nebenleistungspflichten** des Aktionärs oder Schadensersatzansprüche des Aktionärs gegen die Aktiengesellschaft.[6]

2. Rechtsnatur. Der Vergütungsanspruch ist – wie das Dividendenrecht – untrennbar mit der Mitgliedschaft verbunden[7] und somit **mitgliedschaftlicher Natur.**[8] Solange die Nebenleistung noch nicht erbracht wurde, sind Verfügungen über den Vergütungsanspruch in Form der Abtretung, Pfändung und Verpfändung ausgeschlossen.[9] Denn frühestens mit der Erbringung der Nebenleistung, spätestens mit der Festlegung der Vergütung wandelt sich der allgemeine mitgliedschaftliche Vergütungsanspruch in einen konkreten **schuldrechtlichen Anspruch** gegen die Aktiengesellschaft, der voll verkehrsfähig ist und über den verfügt werden kann.[10] 3

3. Höhe der Vergütung. a) Höchstgrenze. Aus § 61 folgt, dass die Höhe der Vergütung den **Wert der Nebenleistung** nicht übersteigen darf. Als maßgeblicher Wert gilt grundsätzlich der **Marktpreis** zum Leistungszeitpunkt.[11] Ist die Ermittlung eines Marktpreises nicht möglich, ist ersatzweise auf den günstigsten Preis abzustellen, für den die Aktiengesellschaft die Leistung bei einem Dritten hätte einkaufen können.[12] 4

b) Bestimmung der Vergütungshöhe. In welcher Höhe dem Aktionär seine Nebenleistung zu vergüten ist, wird unter Beachtung der durch § 61 gezogenen Obergrenze grundsätzlich in der **Satzung** bestimmt. Umstritten ist, ob in der Satzung ein Mindestpreis festgeschrieben werden kann. Eine solche Satzungsregel birgt die latente Gefahr, in Widerspruch zu § 61 zu geraten, sobald der Marktpreis für die entsprechende Nebenleistung unter die festgesetzte Mindestvergütung sinkt. Einzelne Vertreter gehen dennoch davon aus, dass die Festsetzung einer Mindestvergütung möglich ist. Sollte die durch den Marktpreis gezogene Obergrenze der Vergütung infolge veränderter Marktbedingungen unter die satzungsmäßig festgelegte Mindestvergütung sinken, ist die entsprechende Satzungsregelung nicht anzuwenden.[13] Zustimmung verdient hingegen die hM, die wegen der Unvorhersehbarkeit der Entwicklung der Marktpreise die Festsetzung eines Mindestpreises in der Satzung grundsätzlich für unzulässig hält.[14] Sieht die Satzung überhaupt keine Regelung zur Höhe der Vergütung vor, entscheidet der **Vorstand.**[15] Dies gilt auch ohne ausdrückliche Ermächtigung in der Satzung.[16] Möglich ist auch eine Regelung, nach welcher der Vorstand nur mit der Zustimmung des Aufsichtsrats entscheiden kann.[17] Durch ausdrückliche Satzungsregelung kann die Bestimmung der Vergütungshöhe auch allein dem **Aufsichtsrat,** der **Hauptversammlung,** einem **Gesellschafter** oder einem **Dritten** übertragen werden.[18] 5

c) Sonderfälle. Zwar darf die Aktiengesellschaft gemäß § 61 keine über den Wert der Nebenleistung hinausgehende Vergütung zahlen. Jedoch kann sie nach § 60 Abs. 3 in ihrer Satzung eine Regelung treffen, wonach die erbrachten Nebenleistungen des Aktionärs bei der **Gewinnverteilung** 6

[4] Spindler/Stilz/*Cahn* Rn. 6; Hüffer/*Koch* Rn. 1.
[5] KK-AktG/*Drygala* Rn. 13; MüKoAktG/*Bayer* Rn. 4.
[6] KK-AktG/*Drygala* Rn. 4.
[7] AllgM, zB Hüffer/*Koch* Rn. 3.
[8] MüKoAktG/*Bayer* Rn. 10; KK-AktG/*Drygala* Rn. 16.
[9] HM, zB GroßkommAktG/*Henze* Rn. 8; KK-AktG/*Drygala* Rn. 16; Hüffer/*Koch* Rn. 3; aA Spindler/Stilz/*Cahn* Rn. 4.
[10] Hüffer/*Koch* Rn. 3.
[11] Hüffer/*Koch* Rn. 2.
[12] KK-AktG/*Drygala* Rn. 6; Spindler/Stilz/*Cahn* Rn. 7.
[13] Spindler/Stilz/*Cahn* Rn. 9; *v. Godin/Wilhelmi* Anm. 2; MüKoAktG/*Bayer* Rn. 6.
[14] HM, zB RGZ 48, 102 (105); Hüffer/*Koch* Rn. 2; aA KK-AktG/*Drygala* Rn. 8: Anwendung in den Grenzen des § 61.
[15] KK-AktG/*Drygala* Rn. 7; Hüffer/*Koch* Rn. 2.
[16] MüKoAktG/*Bayer* Rn. 7.
[17] GroßkommAktG/*Henze* Rn. 10.
[18] Spindler/Stilz/*Cahn* Rn. 10; KK-AktG/*Drygala* Rn. 7.

zu berücksichtigen sind.[19] Auf diese Weise kann die gesetzlich angeordnete Höchstgrenze überschritten werden, da die überschießende Vergütung aus dem Bilanzgewinn gezahlt wird. Das ist weder nach § 57 noch nach § 61 unzulässig.[20] Andererseits kann die Satzung aber auch bestimmen, dass im Falle unzureichender Gewinne die reguläre Vergütung **herabgesetzt** wird oder sogar ganz entfällt.[21]

7 **4. Durchsetzung.** Ein entstandener Vergütungsanspruch kann im Zuge einer Leistungsklage geltend gemacht werden.[22] Alternativ kann die Satzung gemäß § 1066 ZPO die Durchführung eines Schiedsverfahrens vorschreiben.[23]

III. Rechtsfolgen bei Verstößen

8 **Übersteigt** die von der Aktiengesellschaft erbrachte Vergütung den nach § 61 angeordneten Höchstbetrag, so liegt in der Höhe der Überzahlung eine **verbotene Einlagenrückgewähr** iSd § 57 vor.[24] Der Aktionär muss in einem solchen Fall den überschießenden Teilbetrag nach § 62 Abs. 1 S. 1 zurückgewähren.[25] Daneben haften der Vorstand und ggf. der Aufsichtsrat gemäß §§ 93 Abs. 3 Nr. 1 und 5, 116 S. 1 für schuldhaft durchgeführte, veranlasste oder zugelassene Vergütungszahlungen der Aktiengesellschaft auf Schadensersatz.[26]

§ 62 Haftung der Aktionäre beim Empfang verbotener Leistungen

(1) [1]Die Aktionäre haben der Gesellschaft Leistungen, die sie entgegen den Vorschriften dieses Gesetzes von ihr empfangen haben, zurückzugewähren. [2]Haben sie Beträge als Gewinnanteile bezogen, so besteht die Verpflichtung nur, wenn sie wußten oder infolge von Fahrlässigkeit nicht wußten, daß sie zum Bezuge nicht berechtigt waren.

(2) [1]Der Anspruch der Gesellschaft kann auch von den Gläubigern der Gesellschaft geltend gemacht werden, soweit sie von dieser keine Befriedigung erlangen können. [2]Ist über das Vermögen der Gesellschaft das Insolvenzverfahren eröffnet, so übt während dessen Dauer der Insolvenzverwalter oder der Sachwalter das Recht der Gesellschaftsgläubiger gegen die Aktionäre aus.

(3) [1]Die Ansprüche nach diesen Vorschriften verjähren in zehn Jahren seit dem Empfang der Leistung. [2]§ 54 Abs. 4 Satz 2 findet entsprechende Anwendung.

Schrifttum: *Altmeppen,* „Dritte" als Adressaten der Kapitalerhaltungs- und Kapitalersatzregeln in der GmbH, FS Kropff, 1997, 641; *Bitter,* Rechtsperson und Kapitalerhaltung, ZHR 168 (2004), 302; *Bommert,* Verdeckte Vermögensverlagerungen im Aktienrecht, 1989; *Canaris* Die Rückgewähr von Gesellschaftereinlagen durch Zuwendungen an Dritte, FS R. Fischer, 1979, 31; *Fleck,* Der Grundsatz der Kapitalerhaltung – seine Ausweitung und seine Grenzen, FS 100 Jahre GmbHG, 1992, 391; *Joost,* Grundlagen und Rechtsfolgen der Kapitalerhaltungsregeln im Aktienrecht, ZHR 149 (1985), 419; *Riedel,* Unzulässige Vermögenszuwendungen und ihre Rechtsfolgen im Recht der Aktiengesellschaft, 2004; *Ulmer,* Zur Treuhand an GmbH-Anteilen: Haftung des Treugebers für Einlageansprüche der GmbH?, ZHR 156 (1992), 377; *Wiesner,* Übergang des Rückgewährungsanspruchs nach § 62 Abs. 1 AktG auf den Aktienerwerber, FS Raiser, 2005, 471.

Übersicht

[19] RGZ 104, 349 (350 f.); MüKoAktG/*Bayer* Rn. 8; KK-AktG/*Drygala* Rn. 11.
[20] GroßkommAktG/*Henze* Rn. 16; Spindler/Stilz/*Cahn* Rn. 11.
[21] MüKoAktG/*Bayer* Rn. 9.
[22] Spindler/Stilz/*Cahn* Rn. 5; MüKoAktG/*Bayer* Rn. 12.
[23] RGZ 153, 267 (270); GroßkommAktG/*Henze* Rn. 9.
[24] KK-AktG/*Drygala* Rn. 14; MüKoAktG/*Bayer* Rn. 14.
[25] Spindler/Stilz/*Cahn* Rn. 12.
[26] GroßkommAktG/*Henze* Rn. 18.

I. Allgemeines

1. Regelungsgegenstand. § 62 regelt die Haftung der Aktionäre für entgegen den gesetzlichen Vorschriften von der Gesellschaft bezogene Leistungen. Abs. 1 begründet einen Rückgewähranspruch der Gesellschaft und ein Privileg des Aktionärs für den Bezug von Gewinnanteilen. Abs. 2 bestimmt Voraussetzungen und Modalitäten, unter denen Gläubiger der Gesellschaft diese Ansprüche verfolgen können. Abs. 3 trifft Bestimmungen zur Verjährung. 1

2. Regelungszweck. Die Vorschrift des § 62 ergänzt das Verbot der Einlagenrückgewähr (§ 57), indem es grundsätzlich eine **Pflicht zur Rückgewähr** anordnet, wenn die Aktiengesellschaft unzulässige Vermögenszuwendungen an ihre Aktionäre beziehungsweise an aktionärsgleiche Dritte vorgenommen hat.[1] Eine Ausnahme macht das Gesetz in § 62 Abs. 1 S. 2 nur zugunsten des gutgläubigen Dividendenempfängers sowie gemäß § 62 Abs. 3 nach Eintritt der Verjährung.[2] Im Übrigen kann sich der Empfänger weder auf ein fehlendes Verschulden noch auf die Privilegierungen der Entreicherungsvorschriften nach §§ 814, 817 S. 2, 818 Abs. 3 BGB berufen. Dadurch wird sichergestellt, dass die verbotswidrig erbrachte Zuwendung in das Vermögen der Gesellschaft zurückfließt und allen Gläubigern unabhängig von ihrer Kenntnislage zugutekommen kann.[3] 2

II. Rückgewähranspruch der Gesellschaft (Abs. 1 S. 1)

1. Rechtsnatur des Anspruchs. § 62 Abs. 1 S. 1 begründet einen eigenständigen **aktienrechtlichen Rückgewähranspruch,** der in Tatbestand und Rechtsfolge von den sonst in erster Linie anwendbaren §§ 812 ff. BGB unabhängig ist.[4] Abgesehen vom Ausnahmefall des Abs. 1 S. 2 ist der Anspruch verschuldensunabhängig.[5] 3

2. Anspruchsvoraussetzungen. a) Gläubiger. Gläubiger des Anspruchs ist nach § 62 Abs. 1 S. 1 allein die **Gesellschaft.**[6] Auch aus Abs. 2 S. 1 ergibt sich nichts anderes, da der Gesellschaftsgläubiger lediglich Leistung an die Gesellschaft verlangen kann.[7] Die diesbezügliche Klagebefugnis des Gläubigers stellt den Fall einer gesetzlichen Prozessstandschaft dar.[8] 4

b) Schuldner. aa) Grundlagen. Der Anspruch wird von denjenigen **Aktionären** geschuldet, die **verbotswidrige Leistungen empfangen** haben.[9] Maßgeblich für die Einstufung als Schuldner ist die Aktionärseigenschaft im Zeitpunkt der Empfangnahme der verbotswidrigen Leistung.[10] Unerheblich ist dagegen, ob der Empfänger bei der Geltendmachung des Rückgewähranspruchs noch Aktionär ist.[11] Dritte haften der Gesellschaft grundsätzlich nicht auf Rückgewähr nach Abs. 1 S. 1.[12] Das folgt einerseits aus dem Wortlaut des Gesetzes und andererseits aus der aktienrechtlichen Natur des Anspruchs.[13] Bei verbotswidrig an Dritte erbrachten Leistungen beschränken sich die Rechtsfol- 5

[1] Spindler/Stilz/*Cahn* Rn. 3; MüKoAktG/*Bayer* Rn. 1.
[2] Hüffer/*Koch* Rn. 1.
[3] MüKoAktG/*Bayer* Rn. 1; Spindler/Stilz/*Cahn* Rn. 3.
[4] HM, zB *Wiesner* FS Raiser, 2005, 471 f.; MüKoAktG/*Bayer* Rn. 8; aA *Bommert,* Verdeckte Vermögensverlagerungen im Aktienrecht, 1989, 100 ff., der von einer Synthese von Aktien- und Bereicherungsrecht ausgeht.
[5] Vgl. LG Heidelberg AG 2016, 257 (258); Hüffer/*Koch* Rn. 2.
[6] Spindler/Stilz/*Cahn* Rn. 7; GroßkommAktG/*Henz* Rn. 19.
[7] HM, zB KK-AktG/*Drygala* Rn. 18; MüKoAktG/*Bayer* Rn. 9.
[8] Hüffer/*Koch* Rn. 3.
[9] Hüffer/*Koch* Rn. 4.
[10] HL, zB KK-AktG/*Drygala* Rn. 21; MüKoAktG/*Bayer* Rn. 13; aA OLG Hamburg AG 1980, 275 (278); OLG Frankfurt WiB 1996, 163 (164), die auf den Zeitpunkt der Leistungszusage abstellen.
[11] *Wiesner* FS Raiser, 2005, 471 (474); KK-AktG/*Drygala* Rn. 21, 34; MüKoAktG/*Bayer* Rn. 13.
[12] BGH AG 1981, 227; OLG Düsseldorf AG 1980, 273 (274); MüKoAktG/*Bayer* Rn. 12.
[13] Hüffer/*Koch* Rn. 4; MüKoAktG/*Bayer* Rn. 12; GroßkommAktG/*Henze* Rn. 20.

gen und Ansprüche gegen diese grundsätzlich (zu den Ausnahmen → Rn. 8) auf die §§ 812 ff. BGB sowie die §§ 985 ff. BGB. Dies gilt jedoch nur, wenn die jeweiligen Tatbestandsvoraussetzungen erfüllt sind.[14]

6 **bb) Zurechenbarer Drittempfang.** In Ausnahmefällen kann eine Vermögenszuwendung an einen Dritten eine Rückgewährpflicht eines Aktionärs nach § 62 Abs. 1 S. 1 auslösen. Dies ist namentlich der Fall, wenn die Leistung dem Aktionär wie ein eigener Empfang zugerechnet werden kann.[15] Ein zurechenbarer Drittempfang liegt vor, wenn die Zuwendung der Gesellschaft an den Dritten auf Veranlassung des Aktionärs erfolgt, wenn der Dritte die Leistung in Vertretung oder auf Rechnung des Aktionärs in Empfang genommen hat oder wenn der Dritte ein naher Angehöriger (zB Ehegatte oder minderjähriges Kind) oder eine dem Aktionär sonst nahestehende Person ist.[16] Unerheblich ist hierbei, ob der Aktionär selbst wirtschaftlich in Höhe der Vermögenszuwendung bereichert ist.[17]

7 **cc) Empfang durch den Treuhänder-Aktionär.** Ein Aktionär, der die verbotswidrige Leistung für einen Hintermann (zB Treugeber) in Empfang nimmt, ist in der Regel uneingeschränkt rückgewährpflichtig.[18] Eine Befreiung tritt auch dann nicht ein, wenn der Aktionär die Zuwendung an den Hintermann weitergegeben hat.[19] Sofern auch den Hintermann eine Rückgewährpflicht trifft (→ Rn. 8), haften beide als Gesamtschuldner.[20]

8 **dd) Dritte als Schuldner.** In Ausnahmefällen kann auch ein gesellschaftsfremder Dritter, dh ein Nichtaktionär, Schuldner eines Rückgewähranspruchs der Gesellschaft sein. Wurde etwa die Vermögenszuwendung an einen Dritten nach der Aufgabe **(früherer Aktionär)** oder vor dem Erwerb **(künftiger Aktionär)** der Aktionärseigenschaft erbracht, so ist § 62 Abs. 1 S. 1 anwendbar, sofern zwischen der Vornahme der verbotswidrigen Leistung und der Aufgabe beziehungsweise dem Erwerb der Aktionärsstellung ein enger sachlicher und zeitlicher Zusammenhang besteht.[21] Eine Haftung des Dritten ist zudem immer dann gegeben, wenn der **Dritte** einem **Aktionär gleichzustellen** ist.[22] So haftet zB ein **Treugeber** des Aktionärs (Hintermann), der die Aktien treuhänderisch oder nur als Strohmann besitzt, trotz fehlender formaler Aktionärsstellung bei einer Leistung an den Aktionär.[23] Die Gleichstellung des Dritten mit dem Aktionär ergibt sich dabei aus dem Rechtsgedanken des § 46 Abs. 5.[24] Ob der Treuhänder (Aktionär) die Leistung an den Treugeber auch tatsächlich weitergeleitet hat, ist insoweit ohne Bedeutung. Der Treugeber haftet in diesem Fall für die verbotswidrige Empfangnahme durch den Treuhänder bzw. Strohmann.[25] Entsprechend den Rechtsgedanken der §§ 89 Abs. 3 S. 1, 115 Abs. 2 sind auch **Ehegatten, Lebenspartner** und **minderjährige Kinder** des Aktionärs nach § 62 Abs. 1 S. 1 verpflichtet, verbotswidrig empfangene Leistungen zurück zu gewähren.[26] Rückgewährpflichtig gemäß § 62 Abs. 1 S. 1 ist auch ein **Vertreter** des Aktionärs, der eine Leistung für sich begehrt und das Mitgliedschaftsrecht zum eigenen Interesse einsetzt.[27] Schließlich hat auch der **Nießbraucher** und ggf. der **atypische Pfandgläubiger** eine aktionärsgleiche Stellung inne.[28] In Fällen der Rechtsnachfolge ist zu differenzieren: Bei **Gesamtrechtsnachfolge** tritt der Dritte in die Rechts- und Pflichtenstellung seines Vorgängers ein, so dass

[14] Hüffer/*Koch* Rn. 5.

[15] KK-AktG/*Drygala* Rn. 23.

[16] Vgl. MüKoAktG/*Bayer* Rn. 15.

[17] *Altmeppen* FS Kropff, 1997, 641 (645) für die GmbH; GroßkommAktG/*Henze* Rn. 22.

[18] *Canaris* FS R. Fischer, 1979, 31 (41); MüKoAktG/*Bayer* Rn. 16; aA Spindler/Stilz/*Cahn* Rn. 11, der eine Haftung des Aktionärs nur bis zur Höhe seines eigenen wirtschaftlichen Vorteils annimmt.

[19] KK-AktG/*Drygala* Rn. 22.

[20] MüKoAktG/*Bayer* Rn. 16.

[21] OLG Frankfurt AG 1996, 324 (325); OLG Hamburg AG 1980, 275 (278); OLG Koblenz AG 1977, 231; *Canaris* FS R. Fischer, 1979, 31 (32 f.).

[22] Spindler/Stilz/*Cahn* Rn. 14; MüKoAktG/*Bayer* Rn. 18.

[23] OLG Hamburg AG 1980, 275 (278); Hüffer/*Koch* Rn. 5.

[24] *Canaris* FS R. Fischer, 1979, 31 (40 f.); MüKoAktG/*Bayer* Rn. 19.

[25] HL, zB *Canaris* FS R. Fischer, 1979, 31 (40 f.); *Altmeppen* FS Kropff, 1997, 641 (644); MüKoAktG/*Bayer* Rn. 19; aA *Fleck* FS 100 Jahre GmbHG, 1992, 391 (411); *Ulmer* ZHR 156 (1992), 377 (385), die eine Haftung des Treugebers nur im Falle einer besonderen Zurechnung annehmen; ähnlich Spindler/Stilz/*Cahn* Rn. 15.

[26] HL, zB Hüffer/*Koch* Rn. 5; MüKoAktG/*Bayer* Rn. 21; Spindler/Stilz/*Cahn* Rn. 17; zu § 31 GmbHG BGHZ 81, 365 (368) = NJW 1982, 386; aA *Canaris* FS R. Fischer, 1979, 31 (36 ff.), der von einem rein bürgerlich-rechtlichen Rückgewähranspruch ausgeht; *Altmeppen* FS Kropff, 1997, 641 (649), der eine Rückgewährpflicht nur nach den Grundsätzen über den Missbrauch der Vertretungsmacht annimmt.

[27] Hüffer/*Koch* Rn. 5; aA BGH NJW 1992, 2821.

[28] MüKoAktG/*Bayer* Rn. 20.

eine Haftung gegenüber der Aktiengesellschaft nach § 62 Abs. 1 S. 1 besteht.[29] Leitet der Dritte seine Rechtsstellung dagegen aus einer **Einzelrechtsnachfolge** ab, insbesondere einer Abtretung des Dividendenanspruchs gemäß §§ 398 ff. BGB, so kann die Aktiengesellschaft gegen den Dritten lediglich einen Bereicherungsanspruch nach §§ 812 ff. BGB geltend machen.[30]

c) Leistung der Gesellschaft. Als Leistung der Gesellschaft iSd § 62 Abs. 1 S. 1 kommt jede vermögenswerte Zuwendung in Betracht, die Gegenstand einer Einlagenrückgewähr gemäß § 57 sein kann.[31] Erfasst sind demnach nicht nur Geldzahlungen, sondern auch Sachleistungen und Dienstleistungen (zB die Bereitstellung von Personal oder Beratungs- und sonstige Serviceleistungen, soweit sie üblicherweise gegen eine Vergütung erfolgen und nicht oder zu niedrig bezahlt worden sind), die Zuwendung von immateriellen Gütern sowie die Inanspruchnahme von Gesellschaftsgegenständen oder Gesellschaftseinrichtungen (zB Datenverarbeitungsanlage).[32] Dagegen stellt eine unter Verstoß gegen § 57 gegenüber dem Aktionär eingegangene **Verpflichtung** der Gesellschaft **auf Erbringung einer (späteren) Leistung** keine Leistung iSd § 62 Abs. 1 S. 1 dar. Dies ist nicht notwendig, da die Aktiengesellschaft bereits ausreichend durch ihr Leistungsverweigerungsrecht geschützt ist. Etwas anderes gilt jedoch dann, wenn die Gesellschaft gegenüber einem Dritten, der nicht Adressat des Verbots nach § 57 ist, eine Verpflichtung übernimmt.[33] Dies ist zB dann der Fall, wenn die Gesellschaft in verbotswidriger Weise einen Aktionärskredit durch Rechtsgeschäft mit einem Dritten besichert hat, da die Sicherheitenbestellung als Leistung an den Aktionär zu qualifizieren ist.[34] 9

d) Entgegen den Vorschriften des AktG. Eine Rückerstattungspflicht des Aktionärs nach § 62 Abs. 1 S. 1 kommt nur in Betracht, wenn es sich bei der empfangenen Leistung um eine **aktienrechtlich verbotene Leistung** handelt, dh mit der Leistung gegen Vorschriften des Aktiengesetzes verstoßen wird.[35] Erfasst werden alle Arten der **unzulässigen Einlagenrückgewähr.**[36] Umfasst sind die Zahlung von Zinsen, insbesondere die verdeckte Rückgewähr[37] einschließlich der Zahlungen bei einer abgekauften Anfechtungsklage[38] und die Zahlung des Kaufpreises bei einem unzulässigen Erwerb eigener Aktien.[39] Der Anspruch besteht auch bei Abschlagszahlungen auf Dividenden, die **keine Satzungsgrundlage** haben oder die **überhöht** sind.[40] Ein Gesetzesverstoß besteht zudem bei einer unzulässigen Vergütung von Nebenleistungen iSd § 55,[41] Dividendenzahlungen, denen **kein gültiger Gewinnverwendungsbeschluss** gemäß § 174 zugrunde liegt[42] oder die unter **Missachtung** der in § 60 vorgesehenen **Gewinnverteilungsregeln** ausgegeben werden.[43] Zudem führt eine Überzahlung, die auf der Ausschüttung von Dividenden an einen Aktionär beruht, dessen Rechte gemäß §§ 20 Abs. 7 S. 1, 21 Abs. 4 S. 1, 56 Abs. 3 S. 3, 71b, 71d S. 4, 328 AktG, § 28 Abs. 1 S. 1 WpHG aF bzw. § 44 Abs. 1 S. 1 WpHG nF, § 59 S. 1 WpÜG **nicht bestehen** oder gemäß §§ 20 Abs. 7 S. 2, 21 Abs. 4 S. 2 AktG, § 28 Abs. 1 S. 2 WpHG aF bzw. § 44 Abs. 1 S. 2 WpHG nF, § 59 S. 2 WpÜG **zeitweilig ruhen,** zu einem Verstoß gegen ein aktienrechtliches Verbot.[44] **Sonstige Gesetzesverstöße** oder andere **schuldrechtliche Unwirksamkeitsgründe** begründen dagegen keine Rückerstattungspflicht.[45] 10

e) Inhalt des Rückgewähranspruchs. Der Anspruch aus § 62 Abs. 1 S. 1 richtet sich auf die Rückgewähr von verbotswidrig empfangenen Leistungen. Nach traditioneller Auffassung müsse das Gesellschaftsvermögen wieder so hergestellt werden, wie es ohne die verbotene Leistung bestanden hätte. Folglich sei eine **gegenständliche Rückgewähr** vorzunehmen.[46] Diese Auffassung wird 11

---

[29] MüKoAktG/*Bayer* Rn. 25.
[30] *Canaris* FS R. Fischer, 1979, 31 (54); Hüffer/*Koch* Rn. 4; MüKoAktG/*Bayer* Rn. 26.
[31] Spindler/Stilz/*Cahn* Rn. 5.
[32] OLG Frankfurt AG 1996, 324 (325); Hüffer/*Koch* Rn. 6; KK-AktG/Drygala Rn. 44; MüKoAktG/*Bayer* Rn. 32.
[33] MüKoAktG/*Bayer* Rn. 34.
[34] MüKoAktG/*Bayer* Rn. 34.
[35] Hüffer/*Koch* Rn. 7; KK-AktG/*Drygala* Rn. 45.
[36] Spindler/Stilz/*Cahn* Rn. 6; Hüffer/*Koch* Rn. 7.
[37] Hüffer/*Koch* Rn. 7.
[38] BGH NJW 1992, 2821; OLG Köln DStR 1991, 885 f.
[39] Spindler/Stilz/*Cahn* Rn. 6.
[40] Hüffer/*Koch* Rn. 7.
[41] MüKoAktG/*Bayer* Rn. 39.
[42] KK-AktG/*Drygala* Rn. 47; Hüffer/*Koch* Rn. 7.
[43] MüKoAktG/*Bayer* Rn. 42; KK-AktG/*Drygala* Rn. 50.
[44] MüKoAktG/*Bayer* Rn. 43 f.; Hüffer/*Koch* Rn. 8.
[45] MüKoAktG/*Bayer* Rn. 35.
[46] So noch KK-AktG/*Lutter*, 2. Aufl. 1986 § 57 Rn. 63; zur traditionellen Auffassung MüKoAktG/*Bayer* Rn. 46 ff.; diff. Hüffer/*Koch* Rn. 9; der traditionellen Auffassung hatte sich auch der BGH NZG 2008, 467 Rn. 9 zur GmbH angeschlossen.

damit begründet, dass bei einem Rechtsgeschäft, das zwischen der Gesellschaft und dem Aktionär geschlossen wird und das gegen § 57 und damit gegen ein Verbotsgesetz verstößt, gemäß § 134 BGB sowohl das schuldrechtliche Kausalgeschäft (Verpflichtungsgeschäft)[47] als auch das dingliche Vollzugsgeschäft (Erfüllungsgeschäft)[48] nichtig seien. Hingegen geht die heute hM in Übereinstimmung mit der neueren Rechtsprechung des BGH[49] nicht mehr von einer Nichtigkeit von Verpflichtungs- und Erfüllungsgeschäft bei einem Verstoß gegen § 57 aus → § 57 Rn. 28. § 62 macht als abschließende Spezialregelung die Nichtigkeitsfolge für Verpflichtungs- und Erfüllungsgeschäft entbehrlich. Die traditionelle Auffassung wird daher mehrheitlich nur noch in modifizierter Form vertreten.[50] Dem Schutzzweck des § 57, Schutz des Vermögens der AG (→ § 57 Rn. 2), ist genüge getan, wenn entgegen einem aktienrechtlichen Verbot vorgenommen Leistungen an Aktionäre wieder in das Gesellschaftsvermögen zurückgeführt werden.[51] Das Gesellschaftsvermögen ist jedoch nur in seinem Wert und nicht in seinem gegenständlichen Bestand geschützt. Eine gegenständliche Rückgewähr ist daher weder nach § 57 erforderlich noch lässt sich diese aus § 62 Abs. 1 S. 1 herleiten.[52] Ein **Wertersatz** ist daher naheliegender, wird jedoch nicht zwingend in §§ 57, 62 normiert. Vielmehr ist dafür Sorge zu tragen, dass die Vermögenszuwendung an den Aktionär marktüblichen Konditionen entspricht.[53] Hält das der Vermögenszuwendung zugrundeliegende Rechtsgeschäft einem Drittvergleich stand, ist dem Vermögensschutz des § 57 hinreichend Rechnung getragen. Richtig ist daher, der Gesellschaft und dem Rückgewährpflichtigem zunächst die Möglichkeit zu lassen, durch **Anpassung des verbotswidrigen Rechtsgeschäfts an marktüblichen Konditionen** eine Beeinträchtigung des Gesellschaftsvermögens zu beseitigen.[54] Kann der Vermögensschutz der AG nicht über eine Anpassung des verbotswidrigen Rechtsgeschäfts sichergestellt werden, scheitert demnach eine Einigung auf marktübliche Konditionen, steht der Gesellschaft das Recht zu, den Inhalt des Anspruchs aus § 62 nach billigem Ermessen zu bestimmen (§§ 316, 315 Abs. 3 BGB).[55] Der Inhalt eines Anspruchs aus § 62 Abs. 1 S. 1 lässt sich daher nur im Einzelfall bestimmen.[56] Da § 62 ein gesetzliches Schuldverhältnis begründet, gelten bei einer Unmöglichkeit die §§ 275–285 BGB.[57] Bei Leistungen, die ihrer Natur nach nicht zurückgewährt werden können, muss § 346 Abs. 2 Nr. 1 BGB analog angewendet werden, so dass dem Wert nach zu vergüten ist (verschuldensunabhängige Wertersatzhaftung).[58]

12 **f) Einschränkungen der Erfüllbarkeit.** Gemäß § 66 Abs. 2 Alt. 1 gelten für den Rückgewähranspruch dieselben Einschränkungen im Hinblick auf seine Erfüllbarkeit wie nach § 66 Abs. 1 für eine Einlageforderung. Demnach kann der Schuldner weder von seiner Verpflichtung befreit werden noch selber aufrechnen.[59] Unzulässig sind darüber hinaus eine Stundungsabrede oder die Geltendmachung eines Zurückbehaltungsrechts durch den Schuldner.

III. Schutz des gutgläubigen Dividendenempfängers (Abs. 1 S. 2)

13 **1. Bezug von Gewinnanteilen.** Hat ein Aktionär verbotswidrig Leistungen der Gesellschaft als Gewinnanteile bezogen, besteht der Anspruch nach Abs. 1 S. 1 nur dann, wenn der Aktionär wusste oder infolge von Fahrlässigkeit nicht wusste, dass er zum Bezuge nicht berechtigt war (§ 62 Abs. 1 S. 2). Die **Privilegierung** des § 62 Abs. 1 S. 2 schützt lediglich den guten Glauben von Aktionären, die verbotene Leistungen als **Gewinnanteile** bezogen haben.[60] Gewinnanteile in diesem Sinne sind nur **Dividenden,** die dem Aktionär aufgrund eines Gewinnverwendungsbeschlusses nach § 174

[47] RGZ 149, 385 (400); 121, 99 (106); 107, 161 (166); 77, 71 (72); OLG Frankfurt OLGR 2004, 169 (173); OLG München AG 1980, 272 (273); OLG Koblenz AG 1977, 231 (232); GroßkommAktG/*Henze* § 57 Rn. 201.

[48] RGZ 107, 161 (166); RGZ 121, 99 (106); OLG München AG 1980, 272 (273); OLG Koblenz AG 1977, 231 (232); GroßkommAktG/*Henze* § 57 Rn. 203.

[49] BGHZ 196, 312 = NJW 2013, 1742 (1743).

[50] Hüffer/*Koch* Rn. 9 ff.; MüKoAktG/*Bayer* Rn. 46 ff.; Schmidt/Lutter/*Fleischer* Rn. 18 f.; Spindler/Stilz/*Cahn* Rn. 22 f.

[51] MüKoAktG/*Bayer* Rn. 51; Spindler/Stilz/*Cahn* Rn. 22; Schmidt/Lutter/*Fleischer* Rn. 18.

[52] Schmidt/Lutter/*Fleischer* Rn. 18; MüKoAktG/*Bayer* Rn. 51.

[53] Hüffer/*Koch* § 57 Rn. 8.

[54] So MüKoAktG/*Bayer* Rn. 54.

[55] Spindler/Stilz/*Cahn* Rn. 22; MüKoAktG/*Bayer* Rn. 55; Schmidt/Lutter/*Fleischer* Rn. 18; aA Hüffer/*Koch* Rn. 10, der bei verdeckten Leistungen im Rahmen eines Austauschgeschäftes eine Ersetzungsbefugnis bejaht.

[56] Spindler/Stilz/*Cahn* Rn. 22.

[57] Hüffer/*Koch* Rn. 8.

[58] KK-AktG/*Drygala* Rn. 57; *Riedel,* Unzulässige Vermögenszuwendungen, 2004, 106; MüKoAktG/*Bayer* Rn. 57.

[59] Spindler/Stilz/*Cahn* Rn. 24.

[60] Spindler/Stilz/*Cahn* Rn. 26; MüKoAktG/*Bayer* Rn. 65.

ausgeschüttet werden, sowie **Dividendenabschläge** nach § 59.[61] Unerheblich ist in diesem Zusammenhang die von den Parteien für die Leistung verwendete Bezeichnung (falsa demonstratio non nocet)[62] und die Einstufung der Leistung als Gewinnzahlung durch die Aktiengesellschaft oder den Aktionär.[63] Hingegen ist der Aktionär nicht privilegiert, wenn er der Gesellschaft im Rahmen der §§ 71 ff. eigene Aktien zum überhöhten Preis verkauft, im Rahmen einer Kapitalherabsetzung unzulässige Rückzahlungen erhält oder wenn es sich um verdeckte Vermögenszuwendungen handelt.[64] Besondere Bedeutung hat § 62 Abs. 1 S. 2 in der Praxis bei nichtigen oder erfolgreich angefochtenen Gewinnverwendungsbeschlüssen.[65]

2. Guter Glaube. Der Empfänger muss im Zeitpunkt des Leistungsempfangs hinsichtlich der Berechtigung des Leistungsbezugs gutgläubig sein.[66] Hieran fehlt es bei Kenntnis oder fahrlässiger Unkenntnis des Aktionärs (vgl. § 276 Abs. 2 BGB). Es ist die allgemein anerkannte Differenzierung nach den jeweiligen Verkehrskreisen (Lebens- und Berufskreise) zu berücksichtigen.[67] Damit fehlt es zB am guten Glauben, wenn der Aktionär begründeten Anlass hat, an der ordnungsgemäßen Aufstellung des Jahresabschlusses oder der Wirksamkeit des Gewinnverteilungsbeschlusses oder der Ausschüttung zu zweifeln.[68] Dabei ist es unerheblich, ob der Aktionär einem Tatsachenirrtum oder einem Rechtsirrtum unterliegt. In beiden Fällen kann der Aktionär entschuldigt sein.[69] 14

3. Beweislast. Es gelten die allgemeinen Beweislastregeln. Der Aktionär trägt die Beweislast dafür, dass er die an sich ausgezahlte Leistung als Gewinnausschüttung empfangen hat. Die Gesellschaft muss beweisen, dass der Empfänger Kenntnis beziehungsweise fahrlässige Unkenntnis von seiner mangelnden Berechtigung zur Empfangnahme hatte.[70] 15

4. Drittempfänger der Leistung. Haftet ein Dritter aufgrund einer **aktionärsgleichen Rechtsstellung** (→ Rn. 8), so ist die Anwendung des § 62 Abs. 1 S. 2 auch zugunsten des Dritten geboten. Ansonsten würde dieser strenger haften als der Aktionär.[71] Bei **Abtretung** des Anspruchs auf Gewinnbezug ist eine differenzierte Betrachtung erforderlich. Sind sowohl der Aktionär (Zedent) als auch der Zessionar (vermeintlicher Neugläubiger) gutgläubig, kann sich der Dritte gegenüber den Ansprüchen der Gesellschaft nach §§ 812 ff. BGB (→ Rn. 8) ebenfalls analog § 62 Abs. 1 S. 2 darauf berufen, dass er die Leistung gutgläubig und unverschuldet empfangen hat.[72] Das Gleiche gilt im Ergebnis auch dann, wenn der Zessionar beim Empfang der Dividendenausschüttung bösgläubig, der Zedent aber gutgläubig ist.[73] Andernfalls könnte der Zessionar beim Aktionär Rückgriff nehmen (vgl. §§ 453, 437 BGB), so dass dieser entgegen der Wertung des § 62 Abs. 1 S. 2 trotz Gutgläubigkeit im Ergebnis zur Rückgewähr der Dividende verpflichtet wäre.[74] War der Zessionar hingegen bereits bei Abschluss des Forderungskaufs bösgläubig, sind Gewährleistungsansprüche gegen den Zedenten ausgeschlossen (vgl. § 442 S. 1 BGB).[75] Ist hingegen der Zessionar gutgläubig und der zedierende Aktionär bösgläubig, so haftet der Aktionär gemäß § 62 Abs. 1 S. 1, da ihm die Leistung an den Dritten zuzurechnen ist;[76] der gutgläubige Zessionar ist gegenüber Bereicherungsansprüchen entsprechend § 62 Abs. 1 S. 2 privilegiert, da die Gesellschaft in diesem Fall nicht schlechter steht als sie ohne die Zession stehen würde.[77] 16

IV. Geltendmachung des Rückgewähranspruchs durch einen Gläubiger der Gesellschaft (Abs. 2 S. 1)

1. Grundsatz. Inhaber des Rückgewähranspruchs gemäß § 62 Abs. 1 S. 1 ist die Gesellschaft und damit ist die Rechtsverfolgung Angelegenheit des Vorstands.[78] Nach § 62 Abs. 2 S. 1 ist auch ein 17

[61] KK-AktG/*Drygala* Rn. 79; Hüffer/*Koch* Rn. 13.
[62] KK-AktG/*Drygala* Rn. 79.
[63] MüKoAktG/*Bayer* Rn. 66.
[64] Spindler/Stilz/*Cahn* Rn. 26; MüKoAktG/*Bayer* Rn. 65.
[65] Spindler/Stilz/*Cahn* Rn. 26; Hüffer/*Koch* Rn. 13.
[66] HM, zB Hüffer/*Koch* Rn. 13; MüKoAktG/*Bayer* Rn. 75; KK-AktG/*Drygala* Rn. 85.
[67] Hüffer/*Koch* Rn. 13; MüKoAktG/*Bayer* Rn. 74.
[68] KK-AktG/*Drygala* Rn. 84.
[69] RGZ 77, 88 (92); KK-AktG/*Drygala* Rn. 84; Hüffer/*Koch* Rn. 13.
[70] Hüffer/*Koch* Rn. 14; Spindler/Stilz/*Cahn* Rn. 28.
[71] MüKoAktG/*Bayer* Rn. 80.
[72] Spindler/Stilz/*Cahn* Rn. 29.
[73] MüKoAktG/*Bayer* Rn. 78.
[74] Spindler/Stilz/*Cahn* Rn. 29.
[75] Vgl. Spindler/Stilz/*Cahn* Rn. 29.
[76] Spindler/Stilz/*Cahn* Rn. 29.
[77] MüKoAktG/*Bayer* Rn. 79.
[78] Hüffer/*Koch* Rn. 15.

Gesellschaftsgläubiger berechtigt, den der Gesellschaft nach § 62 Abs. 1 S. 1 zustehenden Rückgewähranspruch im eigenen Namen geltend zu machen, soweit er von der Gesellschaft keine Befriedigung erlangen kann. Dem Gläubiger steht damit das Recht zu, einen fremden Anspruch im eigenen Namen geltend zu machen. Im Falle der gerichtlichen Geltendmachung liegt somit eine **gesetzliche Prozessstandschaft** vor. Dabei kann der Gläubiger nach zutreffender Ansicht[79] nur **Leistung an die Gesellschaft** und nicht an sich selbst verlangen. Eine Leistung an den Gläubiger würde den Zweck der Kapitalerhaltung verfehlen und ließe zudem die Gläubigerstellung der Gesellschaft außer Acht.[80]

18 **2. Voraussetzungen. a) Gläubigerstellung.** Nur ein Gläubiger, dem ein **uneingeschränkter durchsetzbarer Anspruch** gegen die Gesellschaft zusteht, ist berechtigt, gemäß § 62 Abs. 2 S. 1 Rückgewähransprüche der Gesellschaft geltend zu machen.[81] Entscheidend ist die Gläubigerposition im Zeitpunkt der letzten mündlichen Verhandlung.[82] Ohne Bedeutung sind dabei die Art des Anspruchs, der Rechtsgrund, der Zeitpunkt der Forderungsbegründung[83] sowie die Höhe der Forderung des Gläubigers. Diese muss somit den Wert des Rückgewähranspruches nicht erreichen.[84] Dagegen stehen der Prozessführungsbefugnis des Gläubigers die fehlende Fälligkeit seines Anspruchs, etwaige Einwendungen oder erhobene Einreden der Gesellschaft entgegen.[85]

19 **b) Keine Befriedigung.** Nach dem Wortlaut des § 62 Abs. 2 S. 1 ist weitere Voraussetzung für die Geltendmachung des Anspruchs, dass der Gläubiger von der Gesellschaft keine Befriedigung erlangen kann. Nicht ausreichend ist hierfür, dass die liquide Aktiengesellschaft sich weigert, die Gläubigerforderung zu erfüllen.[86] Vielmehr muss die Durchsetzung des Anspruchs an der Leistungsunfähigkeit der Gesellschaft gescheitert sein oder an dieser scheitern.[87] Den erforderlichen Nachweis kann der Gläubiger zum einen durch vergebliche Vollstreckungsversuche, zum anderen aber auch durch eine entsprechende Versicherung des Vorstands oder durch Hinweis auf vergebliche Beitreibungsbemühungen anderer Gläubiger führen.[88] Ist – wie häufig in diesen Fällen – die Gesellschaft zahlungsunfähig (vgl. § 17 InsO), ist der Vorstand verpflichtet, die Eröffnung eines Insolvenzverfahrens zu beantragen.[89] Wird das Verfahren daraufhin eröffnet, so begründet § 62 Abs. 2 S. 2 (→ Rn. 22) die Alleinzuständigkeit des Insolvenzverwalters bzw. Sachwalters. In der **Praxis** bedeutet dies, dass eine Prozessstandschaft des Gläubigers immer nur dann in Betracht kommt, wenn wegen Masselosigkeit **kein Insolvenzverfahren** eröffnet wird.[90]

20 **c) Beweislast.** Die Beweislast für sämtliche Tatbestandsvoraussetzungen des § 62 Abs. 2 S. 1 trifft den Gläubiger.[91] Er muss sowohl seine Gläubigerposition als auch die Tatsache nachweisen, dass er von der Aktiengesellschaft keine Befriedigung erlangen kann.

21 **3. Einwendungen.** Da der Gläubiger nach § 62 Abs. 2 S. 1 keinen eigenen Anspruch, sondern einen Anspruch der Gesellschaft gegen den Aktionär im Wege der gesetzlichen Prozessstandschaft verfolgt, muss bei der Frage, welche Einwendungen der beklagte Aktionär geltend machen kann, nach dem der Einwendung zugrundeliegenden Verhältnis differenziert werden. Dem **Aktionär** stehen daher alle Einwendungen aus **seinem Verhältnis zur Gesellschaft** zu.[92] Er kann zunächst das Vorliegen einer verbotswidrigen Leistung als solcher bestreiten.[93] Ferner kann er zB Erfüllung (§ 362 BGB) des Rückgewähranspruchs oder dessen Verjährung gemäß § 62 Abs. 3 (→ Rn. 24) einwenden.[94] Dagegen kann dem Gläubiger nicht eine nach § 66 unwirksame Schuldbefreiung oder

[79] HL, zB Spindler/Stilz/*Cahn* Rn. 30; MüKoAktG/*Bayer* Rn. 84 f.; aA ohne nähere Begr. BGHZ 69, 274 (284).
[80] Hüffer/*Koch* Rn. 16.
[81] KK-AktG/*Drygala* Rn. 104; Hüffer/*Koch* Rn. 16.
[82] MüKoAktG/*Bayer* Rn. 94; Spindler/Stilz/*Cahn* Rn. 36.
[83] GroßkommAktG/*Henze* Rn. 120 f.; Hüffer/*Koch* Rn. 16.
[84] MüKoAktG/*Bayer* Rn. 92.
[85] MüKoAktG/*Bayer* Rn. 92.
[86] GroßkommAktG/*Henze* Rn. 126; Hüffer/*Koch* Rn. 16.
[87] Spindler/Stilz/*Cahn* Rn. 37; MüKoAktG/*Bayer* Rn. 95.
[88] Hüffer/*Koch* Rn. 16; MüKoAktG/*Bayer* Rn. 95 ff.; KK-AktG/*Drygala* Rn. 106; Spindler/Stilz/*Cahn* Rn. 37.
[89] BGHZ 75, 96 = NJW 1979, 1823; MüKoAktG/*Bayer* Rn. 96.
[90] MüKoAktG/*Bayer* Rn. 96.
[91] KK-AktG/*Drygala* Rn. 105; MüKoAktG/*Bayer* Rn. 97.
[92] Spindler/Stilz/*Cahn* Rn. 38; Hüffer/*Koch* Rn. 17.
[93] MüKoAktG/*Bayer* Rn. 99.
[94] MüKoAktG/*Bayer* Rn. 99.

Aufrechnung entgegengehalten werden.[95] Der Aktionär kann darüber hinaus die Einwendungen geltend machen, die der **Gesellschaft gegenüber** dem **Gläubiger** zustehen. Er kann also vortragen, dass die tatbestandlichen Voraussetzungen der Prozessstandschaft nicht vorliegen, was zur Unzulässigkeit der Klage führen würde. Des Weiteren kann der Aktionär zB einwenden, dass der Anspruch des Gläubigers gegen die Gesellschaft erfüllt ist.[96] Zudem kann der Aktionär alle Einreden der Gesellschaft geltend machen, insbesondere die Einrede der Nichterfüllung des Vertrages gemäß § 320 BGB, eines Zurückbehaltungsrechts, der Stundung, der mangelnden Fälligkeit oder der Verjährung.[97] Schließlich kann der Aktionär entsprechend den § 770 BGB, § 129 Abs. 2 und 3 HGB darauf verweisen, dass die Gesellschaft hinsichtlich ihrer Verpflichtung zur Anfechtung, zur Aufrechnung oder zum Rücktritt berechtigt ist.[98] Dagegen kann sich der **Aktionär** auf Einwendungen aus seinem **Verhältnis** zum klagenden **Gläubiger** grundsätzlich nicht berufen, da er keinen eigenen Anspruch, sondern einen Gesellschaftsanspruch geltend macht.[99] Nur bei widersprüchlicher und deshalb missbräuchlicher Rechtsausübung (§ 242 BGB) gilt etwas anderes, zB bei einer vertraglichen Vereinbarung zwischen Aktionär und Gläubiger, in der letzterer sich verpflichtet hat, den Anspruch der Gesellschaft nicht gegen den Aktionär geltend zu machen.[100]

V. Geltendmachung des Rückgewähranspruchs in der Insolvenz der Gesellschaft (Abs. 2 S. 2)

1. Grundsatz. Der allgemeine Grundsatz, dass nach der Eröffnung des Insolvenzverfahrens (§ 27 InsO) der **Insolvenzverwalter** zur Durchsetzung aller Ansprüche des Gemeinschuldners ausschließlich zuständig ist, erstreckt sich nach § 62 Abs. 2 S. 2 ausdrücklich auch auf die Verfolgung von Ansprüchen der Gesellschaft gemäß § 62 Abs. 1 S. 1.[101] Nach Insolvenzeröffnung ist die Rechtsverfolgung auch hier allein Sache des Insolvenzverwalters oder – bei Eigenverwaltung (vgl. §§ 270 ff. InsO) – des Sachwalters. Eine gesetzliche Prozessstandschaft der Gläubiger der Gesellschaft nach Abs. 2 S. 1 ist ausgeschlossen. Bei einer Eigenverwaltung ergänzt § 62 Abs. 2 S. 2 die Vorschrift des § 280 InsO insofern, als die Rechtsverfolgung durch die Aktiengesellschaft auch dann ausgeschlossen ist, wenn sie nach §§ 270 ff. InsO noch möglich wäre.[102] 22

2. Prozessuale Wirkung. Mit der Insolvenzeröffnung wird ein bereits anhängiger Rechtsstreit zwischen einem Gläubiger und dem Aktionär über einen Rückgewähranspruch nach § 62 Abs. 1 S. 1 unterbrochen (vgl. § 240 ZPO).[103] Der Insolvenzverwalter kann den Rechtsstreit aufnehmen, ist hierzu aber nicht verpflichtet. Die Klagebefugnis des Gläubigers ruht auch dann bis zum Ende des Insolvenzverfahrens, wenn der Insolvenzverwalter den Rechtsstreit nicht aufnimmt.[104] Endet allerdings die Zuständigkeit des Insolvenzverwalters durch Bekanntmachung des Aufhebungs- bzw. Einstellungsbeschlusses (§§ 34 Abs. 3, 200 Abs. 2, 215 Abs. 1, 258 Abs. 3 InsO), so kann der im Insolvenzverfahren nicht befriedigte Gläubiger einen unterbrochenen und vom Insolvenzverwalter nicht aufgenommenen Rechtsstreit gegen den Aktionär wieder aufnehmen.[105] Vorstehende Ausführungen gelten entsprechend für den Sachwalter bei einer Eigenverwaltung. 23

VI. Verjährung (Abs. 3)

Rückgewähransprüche nach § 62 Abs. 1 S. 1 unterliegen der **aktienrechtlichen Sonderverjährung** nach § 62 Abs. 3. Nach § 62 Abs. 3 S. 1 beträgt die **Verjährungsfrist zehn Jahre.** Damit werden die Verjährungsfristen für Ansprüche auf Einlagenerbringung (§ 54 Abs. 4 S. 1; → § 54 Rn. 18) und Rückgewähr nach § 62 Abs. 1 S. 1 in Einklang gebracht. Dies erscheint sachgerecht, da der Kapitalerhaltung derselbe Stellenwert zukommt wie der Kapitalaufbringung und der Leistungsempfänger durch eine Zehnjahresfrist ausreichend geschützt ist.[106] Der Lauf der Verjährungsfrist beginnt mit dem Empfang der Leistung.[107] Bei Zuwendungen an Dritte, die dem Aktionär zugerech- 24

---

[95] Vgl. Spindler/Stilz/*Cahn* Rn. 38.
[96] MüKoAktG/*Bayer* Rn. 99.
[97] KK-AktG/*Drygala* Rn. 111 f.
[98] Spindler/Stilz/*Cahn* Rn. 40; MüKoAktG/*Bayer* Rn. 101.
[99] Hüffer/*Koch* Rn. 17; Spindler/Stilz/*Cahn* Rn. 39.
[100] Vgl. Spindler/Stilz/*Cahn* Rn. 39; Hüffer/*Koch* Rn. 17; KK-AktG/*Drygala* Rn. 114.
[101] MüKoAktG/*Bayer* Rn. 107.
[102] Begr. RegE, BT-Drs. 12/3803, 84; Hüffer/*Koch* Rn. 18.
[103] Spindler/Stilz/*Cahn* Rn. 42; Hüffer/*Koch* Rn. 18.
[104] RGZ 74, 428 (429 f.); Hüffer/*Koch* Rn. 18.
[105] BGH NJW 1990, 1239 zum Konkurs; MüKoAktG/*Bayer* Rn. 111.
[106] Begr. RegE, BT-Drs. 15/3653, 22.
[107] Spindler/Stilz/*Cahn* Rn. 45; Hüffer/*Koch* Rn. 19.

net werden müssen (→ Rn. 6), ist der Empfang der Leistung durch den Dritten maßgeblich.[108] Für die Berechnung von Beginn und Ende der Frist gelten §§ 187 Abs. 1, 188 BGB.[109] Beachtet werden müssen zudem die §§ 203 ff. BGB betreffs Hemmung und Neubeginn der Verjährung.[110] Die durch § 62 Abs. 3 S. 2 angeordnete entsprechende Anwendung des § 54 Abs. 4 S. 2 (→ § 54 Rn. 18) begründet eine gesetzliche Ablaufhemmung von sechs Monaten zugunsten des Insolvenzverwalters, der damit Gelegenheit zur Prüfung und Verfolgung von Rückgewähransprüchen erhält.[111]

§ 63 Folgen nicht rechtzeitiger Einzahlung

(1) [1]Die Aktionäre haben die Einlagen nach Aufforderung durch den Vorstand einzuzahlen. [2]Die Aufforderung ist, wenn die Satzung nichts anderes bestimmt, in den Gesellschaftsblättern bekanntzumachen.

(2) [1]Aktionäre, die den eingeforderten Betrag nicht rechtzeitig einzahlen, haben ihn vom Eintritt der Fälligkeit an mit fünf vom Hundert für das Jahr zu verzinsen. [2]Die Geltendmachung eines weiteren Schadens ist nicht ausgeschlossen.

(3) Für den Fall nicht rechtzeitiger Einzahlung kann die Satzung Vertragsstrafen festsetzen.

Übersicht

I. Allgemeines

1 **1. Regelungsgegenstand und Regelungszweck.** § 63 regelt in Abs. 1 das Verfahren der **Fälligstellung** der Einlageverpflichtung und in Abs. 2 und 3 die Rechtsfolgen bei **nicht rechtzeitiger Einzahlung** trotz Fälligkeit. Ergänzt durch die §§ 64 (Kaduzierung), 65 (Zahlungspflicht der Vormänner) und 66 (keine Befreiungsmöglichkeit) bezweckt die Vorschrift die Sicherung der realen Kapitalaufbringung.[1]

2 **2. Zeitlicher Anwendungsbereich.** § 63 begründet nach seinem Wortlaut Pflichten für den Aktionär. Die Vorschrift setzt insoweit die Eintragung der Gesellschaft in das Handelsregister und deren Entstehen als juristische Person (vgl. § 41 Abs. 1 S. 1) bzw. die Eintragung der Durchführung der Kapitalerhöhung (vgl. § 189) voraus.[2] Vom Anwendungsbereich erfasst sind damit zunächst die Einlageleistungen für den Zeitraum nach Eintragung der Gesellschaft bzw. nach Eintragung der Durchführung der Kapitalerhöhung. Die Zuständigkeitsnorm des § 63 Abs. 1 S. 1 findet allerdings bereits für das Einfordern des Teils der Einlagen entsprechende Anwendung, der nach § 36 Abs. 2 (→ § 36 Rn. 14 ff.), § 36a Abs. 1 (→ § 36a Rn. 3 ff.), § 188 Abs. 2 (→ § 188 Rn. 7 ff.) vor der Anmeldung der Gesellschaft bzw. der Durchführung einer Kapitalerhöhung zur Eintragung in das Handelsregister eingezahlt werden muss.[3] Die nach § 63 Abs. 1 S. 2 erforderliche Bekanntmachung der Aufforderung in den Gesellschaftsblättern ist auf die Verhältnisse im Gründungsstadium nicht zugeschnitten und auf die erstmalige Einforderung der Einlage vor Anmeldung daher nicht anzuwen-

[108] Spindler/Stilz/*Cahn* Rn. 45.
[109] MüKoAktG/*Bayer* Rn. 108; Spindler/Stilz/*Cahn* Rn. 45.
[110] Spindler/Stilz/*Cahn* Rn. 45; MüKoAktG/*Bayer* Rn. 115.
[111] Hüffer/*Koch* Rn. 19.
[1] Spindler/Stilz/*Cahn* Rn. 2; Hüffer/*Koch* Rn. 1.
[2] Vgl. MüKoAktG/*Bayer* Rn. 6; Spindler/Stilz/*Cahn* Rn. 3.
[3] BGHZ 122, 180 (201) = NJW 1993, 1983; MüKoAktG/*Pentz* § 36 Rn. 42; Spindler/Stilz/*Cahn* Rn. 3.

den.[4] Erfolgt die Eintragung der Gesellschaft bzw. der Kapitalerhöhung, ohne dass die Mindestbeträge nach den vorgenannten Vorschriften gezahlt worden sind, findet § 63 uneingeschränkt Anwendung; die fehlerhafte Eintragung ändert dabei nichts an der Fälligkeit der Einlage.[5]

II. Aufforderung zur Leistung der Einlagen (Abs. 1)

1. Einlagen. Gemäß § 63 Abs. 1 S. 1 haben die Aktionäre die Einlagen nach Aufforderung durch den Vorstand einzuzahlen. Abs. 1 S. 1 gilt nur für **Geldeinlagen** einschließlich eines **Agios,**[6] nicht jedoch für Sacheinlagen.[7] Dies ergibt sich aus dem Wortlaut der Vorschrift („Einzahlung" statt „Leistung")[8] sowie der Systematik des Gesetzes. Denn in § 36a Abs. 2 (→ § 36a Rn. 4 ff.) ist die Fälligkeit der Sacheinlage bereits vorrangig geregelt.[9] Allerdings kann die Satzung eine analoge Anwendung des § 63 auf Sacheinlageverpflichtungen vorsehen.[10] Soweit sich wegen Leistungsstörungen bei der Erbringung von Sacheinlagen die subsidiäre Barleistungspflicht aktualisiert, kommen Abs. 1 und 2 uneingeschränkt zur Anwendung.[11] Vom Anwendungsbereich des § 63 erfasst werden nur Einlagen iSd § 54, nicht dagegen Nebenleistungspflichten (§ 55) und Nebenforderungen aus der Einlageschuld gemäß § 63 Abs. 2 (Zinsen oder Schadensersatzansprüche; → Rn. 10 f.) oder § 63 Abs. 3 (Vertragsstrafen; → Rn. 12). Die Vorschrift wird ebenfalls nicht auf Rückgewähransprüche gemäß § 62 angewandt (→ § 62 Rn. 3 ff.). 3

2. Adressaten. § 63 Abs. 1 S. 1 richtet sich an die Aktionäre und meint damit den jeweiligen **Inhaber der Mitgliedschaft.**[12] Ist die Ausgabe von **Namensaktien** vorgesehen, gilt derjenige als Inhaber der Mitgliedschaft, der im Aktienregister der Gesellschaft als Aktionär eingetragen ist (vgl. § 67 Abs. 2 S. 1; → § 67 Rn. 12). Veräußert dieser seine Mitgliedschaft nach Eintritt der Voraussetzungen des § 63 Abs. 1, geht die fällige Einlageverpflichtung auf den Erwerber über, sobald dieser im Aktienregister eingetragen wird.[13] Wird der Erwerber nicht eingetragen, kann die Gesellschaft lediglich nach §§ 64, 65 vorgehen.[14] Eine Ausgabe von Namensaktien kann bereits vor vollständiger Leistung des Ausgabebetrages erfolgen (vgl. § 10 Abs. 2; → § 10 Rn. 23 ff.). Wird in der Namensaktie eine höhere als die tatsächlich erbrachte Teilleistung angegeben, haftet der gutgläubige Erwerber lediglich für die vermeintliche Resteinlage (→ § 10 Rn. 24), während der Veräußerer auf die tatsächliche Resteinlage in Anspruch genommen werden kann (vgl. § 65; zur Haftung des Vormanns → § 65 Rn. 3 ff.).[15] Für Ansprüche auf Zinsen, Schadensersatz und Vertragsstrafen haftet im Veräußerungsfall einer Aktie derjenige, in dessen Person der jeweilige Anspruch entstanden ist.[16] Die Ausgabe von **Inhaberaktien** kommt vor vollständiger Leistung des Ausgabebetrages nicht in Betracht; ist in der Satzung die Ausgabe von Inhaberaktien vorgesehen, können vor vollständiger Leistung lediglich Zwischenscheine ausgegeben werden (vgl. § 8 Abs. 6; → § 8 Rn. 28 f.; § 10 Abs. 3; → § 10 Rn. 25 f.). Werden verbotswidrig nicht voll eingezahlte Inhaberaktien ausgegeben, schuldet der Inhaber der Mitgliedschaft die Resteinlage.[17] Bei einer Veräußerung der Aktie haftet primär der Erwerber[18] und subsidiär der Veräußerer entsprechend § 65.[19] Etwas anderes gilt für den gutgläubigen Erwerber von Inhaberaktien. Diesen trifft keine Einlagepflicht;[20] vielmehr haftet der Veräußerer analog § 65.[21] 4

3. Aufforderung. a) Zuständigkeit. Der **Vorstand** in vertretungsberechtigter Anzahl ist ausschließlich und unabdingbar für die Aufforderung zur Zahlung der Einlage zuständig.[22] Aufgrund 5

---

[4] MüKoAktG/*Pentz* § 36 Rn. 42.
[5] RGZ 144, 138 (147 f.); KK-AktG/*Drygala* Rn. 4.
[6] Hüffer/*Koch* Rn. 2; MüKoAktG/*Bayer* Rn. 5; KK-AktG/*Drygala* Rn. 4.
[7] Hüffer/*Koch* Rn. 2; MüKoAktG/*Bayer* Rn. 7; KK-AktG/*Drygala* Rn. 6.
[8] Hüffer/*Koch* Rn. 2.
[9] *Cahn* ZHR 166 (2002), 278 (293 ff.); MüKoAktG/*Bayer* Rn. 7.
[10] MüKoAktG/*Bayer* Rn. 8.
[11] Hüffer/*Koch* Rn. 2; KK-AktG/*Drygala* Rn. 8; Spindler/Stilz/*Cahn* Rn. 4.
[12] Hüffer/*Koch* Rn. 3.
[13] Spindler/Stilz/*Cahn* Rn. 7; MüKoAktG/*Bayer* Rn. 18; Hüffer/*Koch* Rn. 3.
[14] Spindler/Stilz/*Cahn* Rn. 7.
[15] RGZ 144, 138 (145); MüKoAktG/*Bayer* Rn. 13; Spindler/Stilz/*Cahn* Rn. 7.
[16] Vgl. BGHZ 122, 180 (202 f.); KK-AktG/*Drygala* Rn. 10.
[17] Spindler/Stilz/*Cahn* Rn. 9; MüKoAktG/*Bayer* Rn. 11.
[18] KK-AktG/*Drygala* Rn. 11.
[19] MüKoAktG/*Bayer* Rn. 11.
[20] BGH NJW 1993, 1983 (1987); RGZ 144, 138 (145); OLG Köln NZG 2001, 615; KK-AktG/*Drygala* Rn. 11; Spindler/Stilz/*Cahn* Rn. 9.
[21] BGH NJW 1993, 1583 (1587); RGZ 144, 138 (145); OLG Köln NZG 2001, 615; OLG Düsseldorf ZIP 1991, 161 (168); Hüffer/*Koch* Rn. 4.
[22] MüKoAktG/*Bayer* Rn. 25; Spindler/Stilz/*Cahn* Rn. 10.

des zwingenden Charakters des § 63 Abs. 1 kann diese Kompetenz weder in der Satzung noch durch Beschluss der Hauptversammlung auf ein anderes Organ der Gesellschaft übertragen werden. Nach Eröffnung des Insolvenzverfahrens ist alleine der Insolvenzverwalter für die Aufforderung nach Abs. 1 S. 1 zuständig.[23]

6 **b) Ermessen. Wann** und **in welcher Höhe** die ausstehende Einlage eingefordert wird, steht alleine im Ermessen des Vorstands.[24] Es kann weder durch die Satzung noch durch einen Beschluss der Hauptversammlung eingeschränkt werden.[25] Die Satzung kann jedoch ein Zustimmungserfordernis des Aufsichtsrates gemäß § 111 Abs. 4 S. 2 vorsehen.[26] Aufforderungen nach § 63 Abs. 1 müssen am Gleichbehandlungsgrundsatz (§ 53a) orientiert sein. Die Aktionäre dürfen durch die Zahlungsforderung weder hinsichtlich des Zeitpunkts noch in Bezug auf die Höhe der eingeforderten Zahlungen in willkürlicher Weise unterschiedlich belastet werden.[27] Differenzierungen bedürfen daher immer einer sachlichen Rechtfertigung.[28] Eine unter Verstoß gegen § 53a ausgesprochene Zahlungsaufforderung ist allerdings nicht unwirksam.[29] Der benachteiligte Aktionär darf vielmehr die im Vergleich zu den anderen Aktionären gleichheitswidrig zu erbringende Mehrleistung wegen unzulässiger Rechtsausübung (§ 242 BGB) verweigern.[30] Soweit sich der Aktionär auf das Leistungsverweigerungsrecht berufen kann, trifft ihn auch keine Verpflichtung nach § 63 Abs. 2 und Abs. 3.[31]

7 **c) Inhalt.** Die Aufforderung des Vorstands muss eindeutig und bestimmt erfolgen.[32] Für den Schuldner muss klar erkennbar sein, ob er die gesamte offene (Rest-)Einlage oder nur einen Teil einzahlen soll.[33] Die Aufforderung muss zudem sowohl den exakten Zahlungstermin als auch die genauen Zahlungsmodalitäten enthalten.[34] Darüber hinaus müssen der Sitz und die Firma der Gesellschaft benannt werden und der Vorstand als Urheber der Aufforderung erkennbar sein.[35]

8 **d) Bekanntmachung.** Die Aufforderung ist nach § 63 Abs. 1 S. 2 – vorbehaltlich abweichender Regelung in der Satzung – in den **Gesellschaftsblättern** (→ § 25 Rn. 4 ff.) bekannt zu machen. Grundsätzlich hat die Bekanntmachung danach im elektronischen Bundesanzeiger (§ 25 S. 1; → § 25 Rn. 4 ff.) und ggf. in weiteren in der Satzung bestimmten Gesellschaftsblättern (§ 25 S. 2; → § 25 Rn. 6 f.) zu erfolgen.[36] Durch Satzungsregelung kann eine andere Form der Bekanntgabe der Aufforderung, zB per Brief oder E-Mail, vorgeschrieben werden. Bei einer postalischen Bekanntgabe muss die Zahlungsaufforderung tatsächlich zugegangen sein, damit sie wirksam wird.[37]

9 **e) Rechtswirkungen der Aufforderung.** Die Aufforderung zur Zahlung führt sowohl zur **Fälligkeit** als auch zur **Erfüllbarkeit** der Einlageschuld.[38] Die Einlagepflicht kann abweichend von § 271 BGB erst erfüllt werden, wenn die Zahlungsaufforderung erfolgt ist.[39] Dies beruht darauf, dass das Gewinnbezugsrecht (vgl. § 60 Abs. 2; → § 60 Rn. 3) und das Stimmrecht (vgl. § 134 Abs. 2; → § 134 Rn. 23 ff.) des Aktionärs an die Einlageleistung geknüpft sind und sich kein Aktionär insoweit eigenmächtig einen Vorteil gegenüber anderen verschaffen soll. Auch sollen der Gesellschaft keine Leistungen aufgedrängt werden, die diese nicht angefordert hat.[40] Die Zahlungsaufforderung des Vorstands ist Fälligkeitsvoraussetzung bei Abtretung oder Verpfändung der Einlageforderung.[41] Jedoch kann hier die Gesellschaft durch das zugrunde liegende Rechtsverhältnis verpflichtet sein, zur Zahlung aufzufordern.[42] Auch bei Pfändung der Einlageforderung gemäß § 829 ZPO gelten

---

[23] Hüffer/*Koch* Rn. 5; Spindler/Stilz/*Cahn* Rn. 10.
[24] MüKoAktG/*Bayer* Rn. 28.
[25] KK-AktG/*Drygala* Rn. 15; MüKoAktG/*Bayer* Rn. 28.
[26] Spindler/Stilz/*Cahn* Rn. 11.
[27] Hüffer/*Koch* Rn. 6; KK-AktG/*Drygala* Rn. 17.
[28] RGZ 85, 366 (368); MüKoAktG/*Bayer* Rn. 30.
[29] RGZ 85, 366 (368); KK-AktG/*Drygala* Rn. 18; Hüffer/*Koch* Rn. 6.
[30] MüKoAktG/*Bayer* Rn. 31; KK-AktG/Drygala Rn. 18.
[31] Spindler/Stilz/*Cahn* Rn. 12; Hüffer/*Koch* Rn. 6.
[32] MüKoAktG/*Bayer* Rn. 32.
[33] Hüffer/*Koch* Rn. 6; Spindler/Stilz/*Cahn* Rn. 13.
[34] MüKoAktG/*Bayer* Rn. 32.
[35] Spindler/Stilz/*Cahn* Rn. 13; KK-AktG/*Drygala* Rn. 19.
[36] KK-AktG/*Drygala* Rn. 20; Hüffer/*Koch* Rn. 6.
[37] BGHZ 110, 47 (76 f.) = NJW 1990, 982; MüKoAktG/*Bayer* Rn. 36.
[38] MüKoAktG/*Bayer* Rn. 37 f.; Spindler/Stilz/*Cahn* Rn. 17 f.
[39] Spindler/Stilz/*Cahn* Rn. 17.
[40] Spindler/Stilz/*Cahn* Rn. 17; MüKoAktG/*Bayer* Rn. 37.
[41] KK-AktG/*Drygala* Rn. 24.
[42] MüKoAktG/*Bayer* Rn. 44.

vorstehende Grundsätze.[43] Erst mit erfolgter Überweisung zur Einziehung beziehungsweise an Zahlung statt (§ 835 ZPO) geht die Befugnis, zur Zahlung der offenen Einlage aufzufordern, im Sinne eines Hilfsrechts auf den Gesellschaftsgläubiger über.[44] In diesem Fall soll das Befriedigungsinteresse des Gläubigers, das durch die Vorschriften der Kapitalaufbringung gesichert werden soll, Vorrang vor den Aktionärsinteressen haben.[45]

III. Rechtsfolgen bei nicht rechtzeitiger Leistung (Abs. 2)

1. Verzinsung. Gemäß § 63 Abs. 2 S. 1 muss ein Aktionär, der bis zum Zahlungstermin die Einlageverpflichtungen nicht geleistet hat, 5% Jahreszinsen auf den rückständigen Betrag zahlen. Die Gesellschaft besitzt somit einen gesetzlichen Anspruch auf **Fälligkeitszinsen.**[46] Die Verzinsung setzt dabei weder eine vorherige Mahnung noch ein Verschulden des Aktionärs voraus.[47] Sie kann auch nicht durch die Satzung ermäßigt, erhöht oder ganz abgeschafft werden.[48] 10

2. Schadensersatz. § 63 Abs. 2 S. 2 stellt ausdrücklich klar, dass die Gesellschaft neben dem Anspruch auf Fälligkeitszinsen einen weiteren Schaden geltend machen kann. Abs. 2 beinhaltet selbst keine Anspruchsgrundlage. Die Voraussetzungen für den Schadensersatz ergeben sich vielmehr aus den Vorschriften des allgemeinen Schuldrechts (§§ 286 ff. BGB). Nach hM ist neben der Bekanntmachung auch der tatsächliche Zugang der Aufforderung beim Aktionär Voraussetzung für einen Schadensersatzanspruch.[49] Als Schaden kann die Gesellschaft die den Fälligkeitszins **übersteigenden Kreditkosten** geltend machen.[50] Ferner schuldet der Aktionär ab dem Zeitpunkt des Verzugseintritts nach § 288 BGB **Verzugszinsen** in Höhe von 5 Prozentpunkten über dem Basiszinssatz (§ 247 BGB).[51] 11

IV. Vertragsstrafen (Abs. 3)

1. Anwendungsbereich. Nach § 63 Abs. 3 kann die Satzung für den Fall der **nicht rechtzeitigen** Einlagezahlung Vertragsstrafen vorsehen. In diesem Fall gelten die §§ 339 ff. BGB, § 348 HGB.[52] Der Anspruch auf Zahlung der Vertragsstrafe tritt neben den Anspruch auf Erfüllung der Einlageverpflichtung. Ebenso können Vertragsstrafe und Fälligkeitszinsen nach § 63 Abs. 2 S. 1 verlangt werden.[53] Hingegen ist die Vertragsstrafe mit geschuldetem Schadensersatz (§ 63 Abs. 2 S. 2) zu verrechnen (vgl. §§ 340 Abs. 2, 341 BGB).[54] 12

2. Voraussetzungen. Die Satzung muss für den Fall der nicht rechtzeitigen Zahlung der Einlage eine Vertragsstrafe **ausdrücklich festschreiben.** Zudem muss der Aktionär mit der Zahlung im Verzug sein (vgl. § 339 S. 1 BGB).[55] Der Anspruch auf Zahlung eine Vertragsstrafe verfällt, wenn sich die Gesellschaft den Anspruch bei Annahme der verspäteten Zahlung nicht vorbehalten hat (vgl. § 341 Abs. 3 BGB).[56] 13

3. Rechtsfolgen. Die Vertragsstrafe kann in der Satzung sowohl als Zahlung einer Geldsumme (vgl. § 339 BGB) oder als jede andere Leistung (vgl. § 342 BGB) festgesetzt werden.[57] Aufgrund des Vorrangs des § 64 können der Entzug der Mitgliedschaft oder deren Verfall nicht Gegenstand einer Vertragsstrafe sein.[58] Ein Eingriff in das Stimmrecht der Aktionäre ist ebenfalls nicht möglich.[59] Hingegen kann die Satzung als Vertragsstrafe vorsehen, dass der säumige Aktionär von seinem Gewinnbezugsrecht ausgeschlossen wird.[60] Eine unverhältnismäßig hohe Vertragsstrafe kann nach 14

[43] MüKoAktG/*Bayer* Rn. 45.
[44] MüKoAktG/*Bayer* Rn. 45.
[45] Vgl. KK-AktG/*Drygala* Rn. 25.
[46] BGHZ 122, 180 (201) = NJW 1993, 1983; Hüffer/*Koch* Rn. 8.
[47] KK-AktG/*Drygala* Rn. 27; MüKoAktG/*Bayer* Rn. 48.
[48] Hüffer/*Koch* Rn. 8; Spindler/Stilz/*Cahn* Rn. 20.
[49] HM, zB BGHZ 110, 47 (77) = NJW 1990, 982; KK-AktG/*Drygala* Rn. 30; MüKoAktG/*Bayer* Rn. 42; aA Hüffer/*Koch* Rn. 8, der die Bekanntmachung als ausreichend ansieht.
[50] KK-AktG/Drygala Rn. 30.
[51] MüKoAktG/*Bayer* Rn. 51; Spindler/Stilz/*Cahn* Rn. 21.
[52] Hüffer/*Koch* Rn. 9; KK-AktG/*Drygala* Rn. 32.
[53] BGH NJW 1963, 1197; MüKoAktG/*Bayer* Rn. 58.
[54] RGZ 9, 36 (44); Hüffer/*Koch* Rn. 9.
[55] Spindler/Stilz/*Cahn* Rn. 23.
[56] KK-AktG/*Drygala* Rn. 35; Spindler/Stilz/*Cahn* Rn. 23.
[57] KK-AktG/*Drygala* Rn. 34.
[58] RGZ 49, 77; Hüffer/*Koch* Rn. 9.
[59] MüKoAktG/*Bayer* Rn. 56; KK-AktG/*Drygala* Rn. 34.
[60] Vgl. Hüffer/*Koch* Rn. 9; Spindler/Stilz/*Cahn* Rn. 24.

§ 343 Abs. 1 BGB herabgesetzt werden.[61] Dies gilt jedoch nicht, wenn der Einlageschuldner Kaufmann ist und er die Aktien „im Betrieb seines Handelsgewerbes" gezeichnet beziehungsweise erworben hat.[62] Maßgeblich ist hierbei der Zeitpunkt der Zeichnung beziehungsweise des Erwerbs der Aktien und nicht der Zeitpunkt der Verwirkung der Vertragsstrafe.[63]

§ 64 Ausschluß säumiger Aktionäre

(1) Aktionären, die den eingeforderten Betrag nicht rechtzeitig einzahlen, kann eine Nachfrist mit der Androhung gesetzt werden, daß sie nach Fristablauf ihrer Aktien und der geleisteten Einzahlungen für verlustig erklärt werden.

(2) [1]Die Nachfrist muß dreimal in den Gesellschaftsblättern bekanntgemacht werden. [2]Die erste Bekanntmachung muß mindestens drei Monate, die letzte mindestens einen Monat vor Fristablauf ergehen. [3]Zwischen den einzelnen Bekanntmachungen muß ein Zeitraum von mindestens drei Wochen liegen. [4]Ist die Übertragung der Aktien an die Zustimmung der Gesellschaft gebunden, so genügt an Stelle der öffentlichen Bekanntmachungen die einmalige Einzelaufforderung an die säumigen Aktionäre; dabei muß eine Nachfrist gewährt werden, die mindestens einen Monat seit dem Empfang der Aufforderung beträgt.

(3) [1]Aktionäre, die den eingeforderten Betrag trotzdem nicht zahlen, werden durch Bekanntmachung in den Gesellschaftsblättern ihrer Aktien und der geleisteten Einzahlungen zugunsten der Gesellschaft für verlustig erklärt. [2]In der Bekanntmachung sind die für verlustig erklärten Aktien mit ihren Unterscheidungsmerkmalen anzugeben.

(4) [1]An Stelle der alten Urkunden werden neue ausgegeben; diese haben außer den geleisteten Teilzahlungen den rückständigen Betrag anzugeben. [2]Für den Ausfall der Gesellschaft an diesem Betrag oder an den später eingeforderten Beträgen haftet ihr der ausgeschlossene Aktionär.

Übersicht

I. Allgemeines

1 **1. Regelungsgegenstand und Normzweck.** § 64 regelt den Ausschluss von Aktionären, die ihrer Pflicht zur Zahlung von Einlagen gemäß § 54 trotz ergangener Aufforderung durch den Vorstand iSd § 63 (→ § 63 Rn. 5 ff.) nicht rechtzeitig nachgekommen sind – sog. **Kaduzierung.** Während Abs. 1, 2 das dabei zu beachtende Verfahren regeln, bestimmen Abs. 3 und 4 die Rechtsfolgen. § 64 dient im Zusammenspiel mit §§ 63 und 65 der **Sicherstellung der Kapitalaufbringung.**[1] Erreicht wird dieses Ziel durch den mit der Kaduzierung einhergehenden wirtschaftlichen Druck auf den säumigen Aktionär, der sich aus dem möglichen entschädigungslosen Verlust der Mitglied-

[61] MüKoAktG/*Bayer* Rn. 57; Spindler/Stilz/*Cahn* Rn. 25.
[62] Spindler/Stilz/*Cahn* Rn. 25; MüKoAktG/*Bayer* Rn. 57.
[63] MüKoAktG/*Bayer* Rn. 57; Spindler/Stilz/*Cahn* Rn. 25.
[1] Hüffer/*Koch* Rn. 1; Spindler/Stilz/*Cahn* Rn. 2.

schaft bei fortbestehender Ausfallhaftung und den Sanktionen nach § 63 Abs. 2 und Abs. 3 ergibt,[2] sowie durch die Zahlungspflicht der Vormänner (vgl. § 65 Abs. 1; → § 65 Rn. 3 ff.). Die Regelungen zur Kaduzierung haben einen generalpräventiven Charakter und führen dazu, dass die Verfahrensregelungen in der Praxis nur selten zur Anwendung kommen.[3]

2. Systematik. § 64 ergänzt die Sanktionen nach § 63 Abs. 2 und 3. Der Gesellschaft wird die Möglichkeit eingeräumt, nach Fälligkeit der Einlageschuld auf das Mitgliedschaftsrecht des säumigen Aktionärs zuzugreifen.[4] Das in § 64 vorgesehene Kaduzierungsverfahren wird erst durch § 65 vervollständigt.[5] So regelt § 64 in Abs. 1–3 den 1. Abschnitt des Verfahrens (Ausschluss des Aktionärs) und in Abs. 4 S. 2 dessen 3. Abschnitt (Ausfallhaftung des ausgeschlossenen Aktionärs).[6] Der 2. Abschnitt (Verfahren zur Verwertung der Mitgliedschaft) wird dagegen, ergänzt durch die in § 64 Abs. 4 S. 1 angeordnete Ausgabe neuer Aktien, überwiegend durch § 65 (→ § 65 Rn. 8 ff.) geregelt.[7] Zusammenfassend ergibt sich damit folgender Ablauf des Kaduzierungsverfahrens: 2

1. Aufforderung zur Zahlung der offenen Einlageschuld (§ 63 Abs. 1);
2. fruchtloser Ablauf der Zahlungsfrist (§ 63 Abs. 1);
3. Nachfristsetzung und Androhung der Kaduzierung (§ 64 Abs. 1 und 2);
4. Ausschlusserklärung durch die Gesellschaft (§ 64 Abs. 3);
5. ggf. Ausgabe neuer Aktienurkunden (§ 64 Abs. 4 S. 1);
6. Verwertung der kaduzierten Aktien durch
   a) Inanspruchnahme der Vormänner (§ 65 Abs. 1 und Abs. 2) oder
   b) Verkauf der kaduzierten Aktien (§ 65 Abs. 3);
7. ggf. Ausfallhaftung des kaduzierten Aktionärs (§ 64 Abs. 4 S. 2).

II. Voraussetzungen der Kaduzierung (Abs. 1)

1. Adressat. Nach § 64 Abs. 1 kann **Aktionären,** die den nach § 63 Abs. 1 (→ § 63 Rn. 3 ff.) eingeforderten Betrag nicht rechtzeitig einzahlen, eine Nachfrist mit der Androhung gesetzt werden, dass sie nach fruchtlosem Ablauf der Frist ihrer Aktien und der geleisteten Einlagen für verlustig erklärt werden. Von der Ausschließung sind danach alle Aktionäre bedroht, die den geforderten Einlagebetrag nicht rechtzeitig eingezahlt haben. Ein Kaduzierungsverfahren kann nur gegen Aktionäre und nicht gegen Zeichner oder Übernehmer von Aktien betrieben werden. Sprich es wird die Eintragung der Aktiengesellschaft beziehungsweise der Kapitalerhöhung in das Handelsregister vorausgesetzt.[8] Wegen § 10 Abs. 2 S. 1 (→ § 10 Rn. 23) betrifft eine Kaduzierung in der Regel nur Namensaktien; das Verfahren steht jedoch auch dann zur Verfügung, wenn unter Verstoß gegen diese Vorschrift nicht voll eingezahlte Inhaberaktien ausgegeben werden.[9] Dasselbe gilt, wenn Namensaktien mit überhöht quittierter Einlageleistung ausgegeben werden (vgl. § 10 Abs. 2 S. 2; → § 10 Rn. 23 f.), hinsichtlich des noch ausstehenden Betrages, sofern kein gutgläubiger Erwerb (→ § 63 Rn. 4) stattgefunden hat.[10] 3

2. Nichtzahlung einer fälligen Geldeinlage. Eine Kaduzierung setzt voraus, dass eine fällige, entsprechend § 63 Abs. 1 (→ § 63 Rn. 3 ff.) vom Vorstand eingeforderte **Geldeinlageverpflichtung** nicht rechtzeitig beglichen wird. Zum Begriff der Geldeinlageverpflichtung in diesem Sinne ausführlich → § 63 Rn. 3. Hierbei spielt es keine Rolle, ob die Forderung im Zusammenhang mit der Gründung oder mit einer Kapitalerhöhung entstanden ist und ob sie bereits vor Eintragung der Gesellschaft beziehungsweise der Kapitalerhöhung in das Handelsregister fällig war oder die Fälligkeit erst durch eine Aufforderung in der Form des § 63 Abs. 1 eingetreten ist.[11] Die Satzung kann den Anwendungsbereich des § 64 – anders als den des § 63 (→ § 63 Rn. 3) – nicht auf Sacheinlagen ausdehnen.[12] Schuldet der Aktionär eine gemischte Geld- und Sachleistung, kommt eine Kaduzierung nur im Fall einer verzögerten Zahlung der Bareinlageschuld in Betracht, nicht aber wegen Säumnis der Sacheinlage.[13] Erfolgt der Ausschluss aufgrund der fälligen Bareinlage, so verliert der 4

---

[2] MüKoAktG/*Bayer* Rn. 3; Hüffer/*Koch* Rn. 1.
[3] MüKoAktG/*Bayer* Rn. 3.
[4] KK-AktG/*Drygala* Rn. 2.
[5] GroßkommAktG/*Gehrlein* Rn. 3.
[6] Spindler/Stilz/*Cahn* Rn. 3.
[7] MüKoAktG/*Bayer* Rn. 4.
[8] KK-AktG/*Drygala* Rn. 16; MüKoAktG/*Bayer* Rn. 14; Spindler/Stilz/*Cahn* Rn. 14.
[9] HM, zB Hüffer/*Koch* Rn. 3; Spindler/Stilz/*Cahn* Rn. 15; GroßkommAktG/*Gehrlein* Rn. 15.
[10] Spindler/Stilz/*Cahn* Rn. 15.
[11] KK-AktG/*Drygala* Rn. 14.
[12] Hüffer/*Koch* Rn. 3; MüKoAktG/*Bayer* Rn. 12.
[13] Spindler/Stilz/*Cahn* Rn. 8.

Aktionär auch eine bereits erbrachte Sacheinlage (vgl. § 64 Abs. 3; → Rn. 12).[14] Weitere Voraussetzung für die Kaduzierung ist, dass der Aktionär die durch den Vorstand gesetzte **Zahlungsfrist** (vgl. § 63 Abs. 1; → § 63 Rn. 7) verstreichen lässt. Weder Verschulden noch Verzug des Aktionärs sind notwendig.[15]

5 **3. Abwendung des Ausschlusses durch verspätete Zahlung der Einlage.** Eine Kaduzierung ist nur zulässig, wenn deren Voraussetzungen nicht nur bei Beginn des Verfahrens, sondern auch zum Zeitpunkt der Bekanntmachung der Ausschließung gemäß § 64 Abs. 3 (→ Rn. 12) vorliegen.[16] Der Aktionär kann somit den drohenden Ausschluss noch nach Ablauf der Nachfrist des § 64 Abs. 1 mittels verspäteter Zahlung der (Rest-)Einlageschuld abwenden.[17] Auch Dritten können die Zahlung leisten (vgl. § 267 BGB).[18] Lediglich die fällige **Einlageforderung** muss vollumfänglich erbracht werden, nicht dagegen eine ggf. fällige Nebenforderung (zB Zinsen, Schadensersatz, Vertragsstrafe).[19] Besteht ein Zinsanspruch der Gesellschaft, ist jedoch zu beachten, dass gegen den Willen der Gesellschaft eine Zahlung auf die Einlageschuld ohne vorherige Anrechnung auf offene Zinsen nicht möglich ist (vgl. § 367 BGB). Bei Nichtzahlung der Zinsen kann daher trotz Teilleistung in Höhe der Einlageschuld Kaduzierung drohen.[20] Ansonsten kann der Aktionär durch Tilgungsbestimmung (vgl. § 366 Abs. 1 BGB) anordnen, dass ein zur Begleichung aller Einlageforderungen nicht ausreichender Betrag so verrechnet wird, dass ein Teil der Aktien voll eingezahlt ist und auf andere Aktien auch keine Teilleistung erfolgt, und somit den Verlust aller Aktien verhindern.[21] Die der Gesellschaft im Zuge des Kaduzierungsverfahrens entstehenden Kosten sind durch den Aktionär nur zu ersetzen, wenn dieser nach allgemeinen Vorschriften Schadensersatz schuldet (§ 63 Abs. 2 iVm §§ 286 ff. BGB; → § 63 Rn. 11).

III. Kaduzierungsverfahren (Abs. 1–3)

6 **1. Zuständigkeit.** Der Vorstand ist für die Durchführung des Kaduzierungsverfahrens zuständig. Dabei kann nach § 111 Abs. 4 S. 2 die Entscheidung über die Verfahrenseinleitung von der Zustimmung des Aufsichtsrats abhängig gemacht werden.[22] Abweichende Zuständigkeiten, wie zB das Erfordernis der Zustimmung durch die Hauptversammlung, können nach zutreffender hM[23] durch die Satzung nicht begründet werden. Denn bei der Kaduzierung handelt es sich um eine innerkorporative Maßnahme der Geschäftsleitung, die daher dem Vorstand zufällt.

7 **2. Einleitung des Verfahrens.** Die Entscheidung über die Einleitung des Kaduzierungsverfahrens liegt ebenso wie die Ergreifung von Maßnahmen nach § 63 Abs. 1 im **pflichtgemäßen Ermessen** des Vorstands.[24] Begrenzt wird das Ermessen allein durch das Gleichbehandlungsgebot (§ 53a).[25] Ein Verstoß gegen das Gleichbehandlungsgebot kann zur Unwirksamkeit des Ausschlusses führen.[26] Es besteht keine Verpflichtung des Vorstands, fällige Einlageforderungen mittels eines Kaduzierungsverfahrens zu verfolgen.[27] Alternativ kann die Einlageforderung auch gerichtlich geltend gemacht werden.[28] Ausschlaggebend dafür, wie eine offene Einlageforderung geltend gemacht werden soll, ist allein die Zweckmäßigkeit der Maßnahme im konkreten Fall.[29] Vom Ermessenspielraum umfasst ist auch die Freiheit des Vorstands, ein begonnenes Kaduzierungsverfahren abzubrechen.[30] Ein nicht beendetes Verfahren kann zu einem späteren Zeitpunkt jederzeit wieder eingeleitet werden, wobei allerdings alle Verfahrenshandlungen neu vorgenommen werden müssen.[31]

[14] MüKoAktG/*Bayer* Rn. 13; Spindler/Stilz/*Cahn* Rn. 8.
[15] Hüffer/*Koch* Rn. 3; Spindler/Stilz/*Cahn* Rn. 11.
[16] Spindler/Stilz/*Cahn* Rn. 12.
[17] MüKoAktG/*Bayer* Rn. 19; KK-AktG/*Drygala* Rn. 20.
[18] GroßkommAktG/*Gehrlein* Rn. 18; vgl. BGH NJW 1992, 2698; ZIP 1994, 1855 f.
[19] KK-AktG/*Drygala* Rn. 14.
[20] Spindler/Stilz/*Cahn* Rn. 13.
[21] Spindler/Stilz/*Cahn* Rn. 13.
[22] KK-AktG/*Drygala* Rn. 10; Spindler/Stilz/*Cahn* Rn. 18.
[23] HM, zB Spindler/Stilz/*Cahn* Rn. 18; KK-AktG/*Drygala* Rn. 11; aA MüKoAktG/*Bayer* Rn. 28 f.
[24] Hüffer/*Koch* Rn. 2; KK-AktG/*Drygala* Rn. 5.
[25] Spindler/Stilz/*Cahn* Rn. 21.
[26] Vgl. KK-AktG/*Drygala* Rn. 9, 58.
[27] Vgl. MüKoAktG/*Bayer* Rn. 31; Hüffer/*Koch* Rn. 2.
[28] Spindler/Stilz/*Cahn* Rn. 20; MüKoAktG/*Bayer* Rn. 31.
[29] Spindler/Stilz/*Cahn* Rn. 20; MüKoAktG/*Bayer* Rn. 31.
[30] GroßkommAktG/*Gehrlein* Rn. 22.
[31] MüKoAktG/*Bayer* Rn. 33.

3. Nachfrist mit Ausschlussandrohung (Abs. 1 und 2). a) Zeitpunkt. Die Nachfrist gemäß § 64 Abs. 1 kann erst gesetzt werden, wenn die gemäß § 63 Abs. 1 festgesetzte Zahlungsfrist (→ § 63 Rn. 7) abgelaufen ist. Die Aufforderung zur Zahlung und die Nachfristsetzung können nach dem eindeutigen Wortlaut der Vorschrift nicht miteinander verbunden werden.[32] Eine vorzeitige Nachfristsetzung ist wirkungslos.[33] 8

b) Inhalt. Die durch den Vorstand abzugebende Erklärung muss sowohl eine **Nachfristsetzung** als auch die **Androhung** der Kaduzierung enthalten. Dabei kann die Nachfrist dem Aktionär durch die Angabe eines festen Endtermins oder durch die Nennung eines Zahlungszeitraums, bei dem sowohl der Anfangstermin und die Fristdauer bestimmt sind, gesetzt werden.[34] Ausreichend ist aber auch in Anlehnung an den Wortlaut des Gesetzes, die Aufforderung, „innerhalb von drei Monaten seit dem Tag der Bekanntmachung" zu zahlen.[35] Daneben muss die Erklärung eine Androhung enthalten, die dem betroffenen Aktionär vor Augen führt, dass nach fruchtlosem Ablauf der Nachfrist ein Ausschluss erfolgt und die Aktien und auch die bereits geleisteten (Teil-)Einzahlungen für verlustig erklärt werden.[36] Die Erklärung muss die betroffenen Aktionäre hinreichend **individualisieren.**[37] Handelt es sich – wie im Regelfall – um Namensaktien, so erfolgt eine Individualisierung regelmäßig durch Angabe des aus dem Aktienregister ersichtlichen Namens sowie durch die Nennung von Serie und Nummer der Aktien mit dem jeweiligen Zahlungsrückstand.[38] Eine Erklärung, die sich – undifferenziert – an alle Aktionäre richtet, die mit der Zahlung in Rückstand sind, ist dagegen nicht ausreichend.[39] 9

c) Form und Frist. Die Nachfrist muss grundsätzlich **drei Mal** in den **Gesellschaftsblättern** (vgl. § 25; → § 25 Rn. 4 ff.) bekannt gemacht werden (§ 64 Abs. 2 S. 1). Dabei muss die erste Bekanntmachung mindestens drei Monate, die letzte mindestens einen Monat vor Fristablauf ergehen (§ 64 Abs. 2 S. 2). Zwischen den einzelnen Bekanntmachungen muss ein Zeitraum von mindestens drei Wochen liegen (§ 64 Abs. 2 S. 3). Für die Berechnung der Fristen gelten die §§ 187, 188 BGB entsprechend.[40] Handelt es sich bei dem säumigen Aktionär um den Inhaber von vinkulierten Namensaktien, so genügt an Stelle der öffentlichen Bekanntmachungen die **einmalige Einzelaufforderung** an den säumigen Aktionär (§ 64 Abs. 2 S. 4 Hs. 1). Dabei muss eine Nachfrist gewährt werden, die mindestens einen Monat ab Zugang der Aufforderung beträgt (§ 64 Abs. 2 S. 4 Hs. 2). 10

4. Ausschlusserklärung (Abs. 3). Der Vorstand kann bei fruchtlosem Ablauf der Nachfrist die säumigen Aktionäre ihrer Aktien und geleisteten Einzahlungen für verlustig erklären (vgl. § 64 Abs. 3 S. 1). Wie bei der Einleitung des Kaduzierungsverfahrens entscheidet der Vorstand nach pflichtgemäßem Ermessen über die Ausschließung.[41] Grenze des Ermessens ist der Gleichbehandlungsgrundsatz.[42] Allerdings macht sich der Vorstand gegenüber der Gesellschaft schadensersatzpflichtig, wenn er sorgfaltspflichtwidrig von dem Ausschlussverfahren Abstand nimmt und dadurch den Rückgriff auf solvente Vormänner (vgl. § 65) versperrt. Die Ausschlusserklärung kann erst **nach fruchtlosem Ablauf** der Nachfrist abgegeben werden. Der Ausschluss ist auch dann möglich, wenn die geschuldete Einlage teilweise geleistet worden ist.[43] Die Erklärung der Ausschließung hat klar und eindeutig zu erfolgen.[44] Hierzu müssen die betroffenen Aktien unter Nennung der Serie, der Aktiennummer und der Stückelung angegeben werden.[45] Wirksam wird die Ausschlusserklärung erst durch die **einmalige Bekanntmachung** in den **Gesellschaftsblättern.**[46] Eine andere Form der Veröffentlichung, insbesondere die bloße Erklärung gegenüber dem betroffenen Aktionär, ist nicht ausreichend. Die Kaduzierung kann noch nach Fristablauf durch eine **vollständige Zahlung** der Einlage bis zum Zeitpunkt der Bekanntmachung in den Gesellschaftsblättern abgewendet werden (→ Rn. 6).[47] 11

---

[32] Hüffer/*Koch* Rn. 4; KK-AktG/*Drygala* Rn. 22.
[33] Spindler/Stilz/*Cahn* Rn. 22.
[34] MüKoAktG/*Bayer* Rn. 40.
[35] Spindler/Stilz/*Cahn* Rn. 24; Hüffer/*Koch* Rn. 5.
[36] KK-AktG/*Drygala* Rn. 25; MüKoAktG/*Bayer* Rn. 41.
[37] Spindler/Stilz/*Cahn* Rn. 23.
[38] Hüffer/*Koch* Rn. 5; KK-AktG/*Drygala* Rn. 27.
[39] Hüffer/*Koch* Rn. 5; MüKoAktG/*Bayer* Rn. 42.
[40] Spindler/Stilz/*Cahn* Rn. 27.
[41] Hüffer/*Koch* Rn. 6; MüKoAktG/*Bayer* Rn. 49.
[42] Spindler/Stilz/*Cahn* Rn. 29; KK-AktG/*Drygala* Rn. 31.
[43] Spindler/Stilz/*Cahn* Rn. 30.
[44] MüKoAktG/*Bayer* Rn. 52.
[45] Hüffer/*Koch* Rn. 6; Spindler/Stilz/*Cahn* Rn. 32.
[46] MüKoAktG/*Bayer* Rn. 53.
[47] Vgl. KK-AktG/*Drygala* Rn. 33; GroßkommAktG/*Gehrlein* Rn. 37.

IV. Rechtsfolgen

12 **1. Wirkung der Ausschließung (Abs. 3 und 4). a) Ausgeschlossener Aktionär. aa) Rechte.** Mit Wirksamkeit der Kaduzierung **verliert** der betroffene Aktionär seine **Mitgliedschaft.** Seine bereits geleisteten Einzahlungen kann er nicht von der Gesellschaft herausverlangen. Mit dem Verlust der Mitgliedschaft enden sämtliche Aktionärsrechte, wie etwa die **Verwaltungsrechte** (zB Teilnahmerecht an der Hauptversammlung, Stimmrecht oder Anfechtungsbefugnis) sowie alle **Vermögensrechte** (zB Gewinnbezugsrecht, Bezugsrecht bei einer Kapitalerhöhung oder Anspruch auf Anteil am Liquidationserlös) ex nunc.[48] Bereits begründete Ansprüche des Aktionärs gegen die Gesellschaft (zB fälliger Dividendenanspruch aufgrund bereits gefassten Gewinnverteilungsbeschlusses) bleiben dagegen bestehen.[49] Gegebenenfalls kann die Gesellschaft mit Ansprüchen aus der subsidiären Ausfallhaftung (vgl. Abs. 4 S. 2; → Rn. 18) hiergegen aufrechnen.[50]

13 **bb) Pflichten.** Durch die Kaduzierung **erlöschen** auch die **mitgliedschaftlichen Pflichten** des Aktionärs.[51] Dies gilt in erster Linie für die Einlagepflicht, die durch die subsidiäre Ausfallhaftung (Abs. 4 S. 2; → Rn. 19) ersetzt wird.[52] Ferner erlöschen alle Nebenleistungspflichten iSd § 55.[53] Bereits entstandene Zins-, Schadensersatz- (vgl. § 63 Abs. 2; → § 63 Rn. 10 f.) oder Vertragsstrafenansprüche (vgl. § 63 Abs. 3; → § 63 Rn. 12 ff.) bleiben jedoch bestehen. Neue Ansprüche dieser Art können nicht mehr entstehen.[54]

14 **cc) Unumkehrbarkeit.** Die Rechtsfolgen einer wirksam gewordenen Kaduzierung können weder durch einen Widerruf noch durch eine Vereinbarung zwischen der Gesellschaft und dem säumigen Aktionär rückgängig gemacht werden.[55]

15 **b) Rechte Dritter.** Neben den Rechten des Aktionärs erlöschen auch alle Rechte seiner Gläubiger an den Aktien. So gehen sämtliche dinglichen Rechte an den betroffenen Aktien, wie etwa Pfandrechte oder Nießbrauchrechte, ersatzlos unter.[56] Zudem müssen auf die Aktien bezogene schuldrechtliche Verpflichtungen nicht mehr erfüllt werden;[57] der ausgeschlossene Aktionär macht sich insoweit schadensersatzpflichtig.[58]

16 **c) Zuordnung der Mitgliedschaft.** Die Kaduzierung bewirkt nicht den Untergang der Mitgliedschaft als solche.[59] Die Gesellschaft wird selbst Inhaberin der Mitgliedschaft.[60] Sie ist verpflichtet, diese nach § 65 (→ § 65 Rn. 8 ff.) zu verwerten.[61]

17 **d) Aktienurkunden.** Mit dem Wirksamwerden der Ausschließung werden die alten Aktienurkunden kraftlos.[62] Einer besonderen Kraftloserklärung bedarf es hierzu nicht.[63] Da das scheinbar verbriefte Recht nicht mehr existiert, verliert die Aktie ihre Wertpapiereigenschaft.[64] Ein gutgläubiger Erwerb der Aktie durch einen Dritten ist ausgeschlossen.[65] Dies gilt auch, wenn entgegen § 10 Abs. 2 S. 1 nicht voll eingezahlte Inhaberaktien ausgegeben wurden.[66] Nach zutreffender Ansicht[67] ist die Gesellschaft verpflichtet, die kraftlos gewordenen Aktien aus dem Verkehr zu ziehen. Nur damit kann der Missbrauchsgefahr, die bei Einzelverbriefung mit der Aktie verbunden ist, vorgebeugt werden. Zur Vorbereitung der Verwertung nach § 65 ordnet § 64 Abs. 4 S. 1 Hs. 1 die **Ausgabe**

---

[48] MüKoAktG/*Bayer* Rn. 61; Hüffer/*Koch* Rn. 7; Spindler/Stilz/*Cahn* Rn. 36.
[49] GroßkommAktG/*Gehrlein* Rn. 42.
[50] GroßkommAktG/*Gehrlein* Rn. 46.
[51] Spindler/Stilz/*Cahn* Rn. 38.
[52] Hüffer/*Koch* Rn. 7; KK-AktG/*Drygala* Rn. 40.
[53] MüKoAktG/*Bayer* Rn. 63.
[54] Spindler/Stilz/*Cahn* Rn. 38; MüKoAktG/*Bayer* Rn. 63.
[55] MüKoAktG/*Bayer* Rn. 60; KK-AktG/*Drygala* Rn. 44.
[56] KK-AktG/*Drygala* Rn. 39.
[57] MüKoAktG/*Bayer* Rn. 65; KK-AktG/*Drygala* Rn. 39.
[58] Spindler/Stilz/*Cahn* Rn. 41.
[59] KK-AktG/*Drygala* Rn. 42; MüKoAktG/*Bayer* Rn. 68.
[60] Heute hM, zB Hüffer/*Koch* Rn. 8; MüKoAktG/*Bayer* Rn. 68 ff.; Spindler/Stilz/*Cahn* Rn. 42; KK-AktG/*Drygala* Rn. 42; aA BGHZ 42, 89 (92) = NJW 1964, 1954, wonach von einem herrenlosen Recht auszugehen ist.
[61] KK-AktG/*Drygala* Rn. 43; Spindler/Stilz/*Cahn* Rn. 43.
[62] Hüffer/*Koch* Rn. 9; KK-AktG/*Drygala* Rn. 45.
[63] Spindler/Stilz/*Cahn* Rn. 45; KK-AktG/*Drygala* Rn. 45.
[64] MüKoAktG/*Bayer* Rn. 72; Spindler/Stilz/*Cahn* Rn. 45.
[65] Spindler/Stilz/*Cahn* Rn. 44.
[66] Hüffer/*Koch* Rn. 7; MüKoAktG/*Bayer* Rn. 73.
[67] Spindler/Stilz/*Cahn* Rn. 45; MüKoAktG/*Bayer* Rn. 74; aA KK-AktG/*Drygala* Rn. 46.

neuer Aktien an, sofern die Mitgliedschaft bereits verbrieft war. In der neuen Urkunde sind sowohl die geleisteten Teilzahlungen als auch der rückständige Betrag anzugeben (vgl. Abs. 4 S. 1 Hs. 2).

e) Ausfallhaftung des ausgeschlossenen Aktionärs (Abs. 4 S. 2). Der kaduzierte Aktionär bleibt nach § 64 Abs. 4 S. 2 Ausfallschuldner. Es handelt sich um eine **subsidiäre Ausfallhaftung.** Eine Geltendmachung ist erst nach erfolgloser Inanspruchnahme der Vormänner (§ 65 Abs. 1; → § 65 Rn. 3 ff.) sowie erfolgloser Verwertung (§ 65 Abs. 3; → § 65 Rn. 8 ff.) möglich.[68] Die Haftung erstreckt sich auf den gesamten rückständigen Betrag.[69] Darüber hinaus können auch solche Beträge geltend gemacht werden, die der Vorstand gemäß § 63 Abs. 1 erst nach der Kaduzierung einfordert.[70] Dagegen umfasst die Ausfallhaftung nicht Nebenforderungen nach § 63 Abs. 2 und Abs. 3 (Zinsen, Schadensersatz, Vertragsstrafe), da der kaduzierte Aktionär für diese Ansprüche – soweit vor Wirksamkeit der Kaduzierung entstanden – unmittelbar haftet.[71] Die Haftung des Aktionärs entfällt, wenn der Gesellschaft aufgrund der Verwertung der kaduzierten Aktien kein Ausfall entsteht oder wenn die Gesellschaft die zwingenden Regelungen des § 65 nicht beachtet hat.[72] Mit der Zahlung des Ausfallbetrags erfüllt der ausgeschlossene Aktionär nur seine Verpflichtungen aus der Ausfallhaftung nach § 64 Abs. 4 S. 2. Er erwirbt weder sein vormaliges Mitgliedschaftsrecht zurück noch irgendwelche Ausgleichsansprüche gegen die Gesellschaft oder seine Vormänner.[73] 18

2. Fehlerhafte Ausschließung. Die Ausschließung ist nur wirksam, wenn sämtliche formellen und materiellen Voraussetzungen der Kaduzierung beachtet wurden und das Kaduzierungsverfahren ordnungsgemäß durchgeführt worden ist. Andernfalls ist die Kaduzierung fehlerhaft und nichtig und somit ohne rechtliche Wirkungen.[74] Ein zu Unrecht ausgeschlossener Aktionär bleibt Mitglied der Gesellschaft mit allen Rechten und Pflichten.[75] Auch sind alle Verfügungen des Aktionärs über die Mitgliedschaft wirksam.[76] Der Aktionär kann gegen die Gesellschaft auf Feststellung des Fortbestehens seiner Mitgliedschaft klagen (§ 256 ZPO).[77] Zudem kann der Aktionär verlangen, dass die Unwirksamkeit seines Ausschlusses in der Weise bekannt gemacht wird wie der fehlerhafte Ausschluss.[78] Da die Gesellschaft bei Unwirksamkeit des Ausschlusses weder Inhaberin der Mitgliedschaft geworden noch aus sonstigem Grund verfügungsbefugt ist, sind alle Verfügungen, die sie über die Aktie vornimmt, ohne rechtliche Wirkung.[79] Ein gutgläubiger Erwerb der neuen Aktien durch einen Dritten kommt nicht in Betracht.[80] Vielmehr sind die neu ausgegebenen Aktienurkunden wertlos und keine Wertpapiere.[81] 19

V. Abdingbarkeit

§ 64 beinhaltet zwingendes Recht (vgl. § 23 Abs. 5 S. 1).[82] In der Satzung können daher keine abweichenden Regelungen getroffen werden – weder zu Gunsten noch zu Ungunsten des Aktionärs.[83] Zudem kann das Ausschlussverfahren nach § 64 mittels Satzung nicht auf andere Sachverhalte, wie zB Sacheinlagen, Nebenleistungspflichten iSd § 55, Ansprüche der Gesellschaft iSd § 62 Abs. 2 und 3 oder die Nichtbestellung von Sicherheiten für ausstehende Einlagen, erstreckt werden.[84] 20

§ 65 Zahlungspflicht der Vormänner

(1) [1]Jeder im Aktienregister verzeichnete Vormann des ausgeschlossenen Aktionärs ist der Gesellschaft zur Zahlung des rückständigen Betrags verpflichtet, soweit dieser von seinen Nachmännern nicht zu erlangen ist. [2]Von der Zahlungsaufforderung an einen

---

[68] Spindler/Stilz/*Cahn* Rn. 49; KK-AktG/*Drygala* Rn. 52.
[69] Hüffer/*Koch* Rn. 9; MüKoAktG/*Bayer* Rn. 82.
[70] Spindler/Stilz/*Cahn* Rn. 50; Hüffer/*Koch* Rn. 9.
[71] MüKoAktG/*Bayer* Rn. 83; Spindler/Stilz/*Cahn* Rn. 50.
[72] KK-AktG/*Drygala* Rn. 52; für die GmbH RGZ 85, 237 (241).
[73] Spindler/Stilz/*Cahn* Rn. 52.
[74] MüKoAktG/*Bayer* Rn. 90; Spindler/Stilz/*Cahn* Rn. 53.
[75] MüKoAktG/*Bayer* Rn. 90.
[76] Spindler/Stilz/*Cahn* Rn. 55.
[77] GroßkommAktG/*Gehrlein* Rn. 62.
[78] Spindler/Stilz/*Cahn* Rn. 56; KK-AktG/*Drygala* Rn. 59.
[79] MüKoAktG/*Bayer* Rn. 92.
[80] Spindler/Stilz/*Cahn* Rn. 54; MüKoAktG/*Bayer* Rn. 92.
[81] Vgl. KK-AktG/*Drygala* Rn. 60.
[82] Hüffer/*Koch* Rn. 1; Spindler/Stilz/*Cahn* Rn. 5.
[83] BGH WM 2002, 555; RGZ 49, 77 (80); Hüffer/*Koch* Rn. 1; KK-AktG/*Drygala* Rn. 56.
[84] GroßkommAktG/*Gehrlein* Rn. 5; KK-AktG/*Drygala* Rn. 56.

früheren Aktionär hat die Gesellschaft seinen unmittelbaren Vormann zu benachrichtigen. [3]Daß die Zahlung nicht zu erlangen ist, wird vermutet, wenn sie nicht innerhalb eines Monats seit der Zahlungsaufforderung und der Benachrichtigung des Vormanns eingegangen ist. [4]Gegen Zahlung des rückständigen Betrags wird die neue Urkunde ausgehändigt.

(2) [1]Jeder Vormann ist nur zur Zahlung der Beträge verpflichtet, die binnen zwei Jahren eingefordert werden. [2]Die Frist beginnt mit dem Tage, an dem die Übertragung der Aktie zum Aktienregister der Gesellschaft angemeldet wird.

(3) [1]Ist die Zahlung des rückständigen Betrags von Vormännern nicht zu erlangen, so hat die Gesellschaft die Aktie unverzüglich zum Börsenpreis und beim Fehlen eines Börsenpreises durch öffentliche Versteigerung zu verkaufen. [2]Ist von der Versteigerung am Sitz der Gesellschaft kein angemessener Erfolg zu erwarten, so ist die Aktie an einem geeigneten Ort zu verkaufen. [3]Zeit, Ort und Gegenstand der Versteigerung sind öffentlich bekanntzumachen. [4]Der ausgeschlossene Aktionär und seine Vormänner sind besonders zu benachrichtigen; die Benachrichtigung kann unterbleiben, wenn sie untunlich ist. [5]Bekanntmachung und Benachrichtigung müssen mindestens zwei Wochen vor der Versteigerung ergehen.

Übersicht

I. Allgemeines

1 **1. Regelungsgegenstand.** § 65 begründet für jeden Vormann eines kaduzierten Aktionärs die Zahlungsverpflichtung rückständiger Einlagebeträge (Abs. 1 und 2) und regelt das Verfahren zur Verwertung kaduzierter Aktien für den Fall, dass rückständige Beträge auch von den Vormännern nicht zu erlangen sind (Abs. 3).

2 **2. Normzweck und Systematik.** Die §§ 64 und 65 sind jeweils Teile einer „Gesamtnorm"[1] über die Kaduzierung und ihre Rechtsfolgen (Überblick über den Ablauf des Kaduzierungsverfahrens → § 64 Rn. 2). Sinn und Zweck des § 65 ist wie bei § 64 die Gewährleistung der **realen Kapitalaufbringung** in der Gesellschaft.[2] § 65 regelt die Rechtsfolgen der in § 64 festgelegten Kaduzierung.[3] Voraussetzung für ein Eingreifen des § 65 ist daher der wirksame Ausschluss des säumigen Aktionärs gemäß § 64 Abs. 1–3.[4] Im Vordergrund des Verwertungsverfahrens steht die Inanspruchnahme der Vormänner des ausgeschlossenen Aktionärs (vgl. § 65 Abs. 1 und 2).[5] Verspricht diese Art der Verwertung keinen Erfolg, so ordnet § 65 Abs. 3 hilfsweise die Veräußerung der Aktien an einen Dritten an.[6] Deckt der Verkauf der kaduzierten Aktie die offene Einlageschuld nicht, so greift die subsidiäre Ausfallhaftung des Aktionärs gemäß § 64 Abs. 4 S. 2.[7]

---

[1] KK-AktG/*Drygala* Rn. 2; MüKoAktG/*Bayer* Rn. 1.
[2] Hüffer/*Koch* Rn. 1; KK-AktG/*Drygala* Rn. 2; für die GmbH BGHZ 63, 116 (117) = NJW 1975, 118; OLG Köln GmbHR 1987, 478.
[3] Hüffer/*Koch* Rn. 1.
[4] MüKoAktG/*Bayer* Rn. 2; Hüffer/*Koch* Rn. 1.
[5] Spindler/Stilz/*Cahn* Rn. 3; MüKoAktG/*Bayer* Rn. 3.
[6] Spindler/Stilz/*Cahn* Rn. 3; MüKoAktG/*Bayer* Rn. 3.
[7] Spindler/Stilz/*Cahn* Rn. 3; MüKoAktG/*Bayer* Rn. 3.

II. Pflicht der Vormänner zur Zahlung rückständiger Beträge (Abs. 1)

1. Allgemeine Voraussetzungen (Abs. 1 S. 1). § 65 Abs. 1 ordnet die Haftung der Vormänner an und regelt die Voraussetzungen für deren Inanspruchnahme.[8] Nach erfolgter Kaduzierung ist die Gesellschaft zur Verwertung der Aktien nach Maßgabe des § 65 verpflichtet. Es besteht also – anders als hinsichtlich des „ob" der Kaduzierung iSd § 64 Abs. 1–3 (→ § 64 Rn. 7) – kein Ermessensspielraum.[9] Nach dem Wortlaut ist **Haftungsschuldner** jeder im Aktienregister (§ 67) verzeichnete Vormann des ausgeschlossenen Aktionärs (vgl. Abs. 1 S. 1). Im Aktienregister einzutragen sind nur Namensaktien und Zwischenscheine (vgl. § 67 Abs. 1, → § 67 Rn. 6 ff.; § 67 Abs. 7, → § 67 Rn. 34). Unter Berücksichtigung des Normzwecks des § 65 (→ Rn. 2) ist es jedoch nicht zu rechtfertigen, den Kreis der Haftenden entsprechend eng zu ziehen. Auch ohne Eintragung im Aktienregister haften daher die Vormänner, wenn überhaupt keine Aktienurkunden ausgegeben wurden,[10] wenn entgegen den gesetzlichen Verpflichtungen kein Aktienregister angelegt oder ausgegebene Namenspapiere dort nicht verzeichnet[11] oder entgegen § 10 Abs. 2 S. 1 nicht voll eingezahlte Inhaberaktien ausgegeben wurden.[12] Die Haftung eines Vormanns setzt nach dem Wortlaut der Vorschrift und der Gesetzessystematik der §§ 64 und 65 voraus, dass eine wirksame Kaduzierung gemäß § 64 Abs. 1–3 vorliegt und die Nachmänner des in Anspruch Genommenen zahlungsunfähig sind.[13] Aufgrund des Wortlauts des Abs. 1 S. 1 Hs. 2 („soweit dieser von seinen Nachmännern nicht zu erlangen ist") ist in Bezug auf die Zahlungsunfähigkeit zwischen der Haftung des unmittelbaren Vormanns des ausgeschlossenen Aktionärs und der Haftung dessen mittelbarer Vormänner zu differenzieren. Der **unmittelbare Vormann** des ausgeschlossenen Aktionärs – dh derjenige, von dem der ausgeschlossene Aktionär die Aktien erworben hat – haftet stets und ohne weiteres bereits aufgrund der Kaduzierung.[14] Dagegen haften die **weiteren Vormänner** nur im **Stufen- oder Staffelregress:**[15] Der jeweilige Vormann haftet nur dann und insoweit, als der rückständige Einlagebetrag von seinem Nachmann nicht zu erlangen ist. Daraus resultiert ein Haftungsvorrang des jeweils späteren gegenüber dem jeweils früheren Aktienerwerber.[16] Ein Sprungregress, nach dem von der Gesellschaft auf den Zahlungsfähigsten in der Kette der Vormänner direkt zugegriffen werden könnte, ist ausgeschlossen.[17] Somit muss sich die Gesellschaft an die umgekehrte Reihenfolge der Vormänner halten und kann auf den jeweils Vorhergehenden nur dann zugreifen, wenn sein Nachfolger zahlungsunfähig ist.[18] Wenn die Gesellschaft selbst Vormann ist, dh gemäß § 71 Abs. 1 Nr. 3, 5 oder 6 erworbene, nicht voll eingezahlte Aktien abgegeben hat, ist eine Haftung der ihr vorgehenden Vormänner nicht ausgeschlossen. Ein Erlöschen der Ansprüche der Gesellschaft durch Konfusion widerspricht dem Gedanken der möglichst effektiven Kapitalaufbringung.[19] Die Gesellschaft ist verpflichtet, von einer Zahlungsaufforderung an einen früheren Aktionär dessen unmittelbaren Vormann zu **benachrichtigen** (vgl. Abs. 1 S. 2). Wenn die Zahlung nicht innerhalb eines Monats seit der Zahlungsaufforderung und der Benachrichtigung des Vormanns eingegangen ist, wird **vermutet,** dass sie nicht zu erlangen ist (vgl. Abs. 1 S. 3). Die Benachrichtigung des jeweiligen Vormanns nach Abs. 1 S. 2 ist jedoch keine Voraussetzung für dessen Haftung.[20] Die Benachrichtigung soll den Vormann lediglich in die Lage versetzen, auf die Zahlung durch seinen Rechtsnachfolger hinzuwirken.[21] 3

2. Rechtsnatur der Regressschuld. Die Haftung des Vormanns gemäß § 65 resultiert nicht aus der vertraglich übernommenen Einlagepflicht nach § 54, sondern beruht auf einem **gesetzlichen Schuldverhältnis** aufgrund seiner früheren Aktionärseigenschaft.[22] Die Regressschuld ist subsidiär gegenüber der Haftung der jeweiligen Nachmänner und unterliegt, wie die Einlagepflicht, dem 4

---

[8] Hüffer/*Koch* Rn. 2.
[9] Spindler/Stilz/*Cahn* Rn. 7.
[10] MüKoAktG/*Bayer* Rn. 23; GroßkommAktG/*Gehrlein* Rn. 16; Hüffer/*Koch* Rn. 2.
[11] Vgl. MüKoAktG/*Bayer* Rn. 24; Hüffer/*Koch* Rn. 2; Spindler/Stilz/*Cahn* Rn. 10.
[12] MüKoAktG/*Bayer* Rn. 24; Hüffer/*Koch* Rn. 2; Spindler/Stilz/*Cahn* Rn. 11.
[13] Spindler/Stilz/*Cahn* Rn. 5; Hüffer/*Koch* Rn. 2.
[14] KK-AktG/*Drygala* Rn. 16; MüKoAktG/*Bayer* Rn. 27; ebenso für die GmbH RGZ 85, 237 (241).
[15] Hüffer/*Koch* Rn. 4; GroßkommAktG/*Gehrlein* Rn. 21.
[16] Spindler/Stilz/*Cahn* Rn. 18.
[17] Hüffer/*Koch* Rn. 4; Spindler/Stilz/*Cahn* Rn. 19.
[18] MüKoAktG/*Bayer* Rn. 25; KK-AktG/*Drygala* Rn. 16.
[19] MüKoAktG/*Bayer* Rn. 20; KK-AktG/*Drygala* Rn. 17; Spindler/Stilz/*Cahn* Rn. 14; Hüffer/*Koch* Rn. 4; für die GmbH bereits RGZ 98, 276 (278).
[20] MüKoAktG/*Bayer* Rn. 33; Spindler/Stilz/*Cahn* Rn. 24.
[21] Hüffer/*Koch* Rn. 3; MüKoAktG/*Bayer* Rn. 33; KK-AktG/*Drygala* Rn. 22.
[22] Hüffer/*Koch* Rn. 5; Spindler/Stilz/*Cahn* Rn. 15.

Befreiungs- und Aufrechnungsverbot des § 66 Abs. 1.[23] Da die Haftung eine Nachwirkung der früheren Mitgliedschaft ist, kann die Gesellschaft die Regressforderung nicht nur am allgemeinen Gerichtsstand des Vormanns (vgl. §§ 12, 17 ZPO), sondern auch an ihrem Sitz einklagen (§ 22 ZPO).[24]

5 **3. Haftungsumfang.** Jeder Vormann ist zur Zahlung „des rückständigen Betrags" verpflichtet. Der von den Vormännern eingeforderte Betrag kann somit nicht größer sein als die nicht gezahlte **Einlageschuld.**[25] Dem in Anspruch genommenen Vormann werden dabei sämtliche vorangegangenen Teilzahlungen des ausgeschlossenen Aktionärs oder vorrangig haftender Vormänner angerechnet.[26] Nicht umfasst von der Haftung der Vormänner sind die Nebenforderungen (Fälligkeitszinsen und Schadensersatz iSd § 63 Abs. 2 (→ § 63 Rn. 10 f.) oder Vertragsstrafen iSd § 63 Abs. 3 (→ § 63 Rn. 12) oder die durch das Kaduzierungs- oder Verwertungsverfahren entstandenen Kosten.[27] Bei **mehrfacher Kaduzierung** kann die Gesellschaft bei der späteren Kaduzierung auch gegen den Erstkaduzierten und alle dessen Vormänner Regress nehmen, da die **Regresskette** im Hinblick auf den zum Zeitpunkt der Erstkaduzierung noch nicht fälligen Teil der Einlageschuld durch das erste Verwertungsverfahren nicht abgerissen ist.[28] Der Erstkaduzierte und dessen Vormänner bleiben Rechtsvorgänger des Zweitkaduzierten. Im Interesse der effektiven Sicherung der realen Kapitalaufbringung ist der Begriff des „Vormanns" entsprechend weit auszulegen.[29]

6 **4. Erwerb der Mitgliedschaft und Zurückbehaltungsrecht (Abs. 1 S. 4).** Dem zur Zahlung der rückständigen Einlage verpflichteten Vormann steht das Recht zu, die Mitgliedschaft gegen Zahlung der Einlage zu erwerben. Der Verwertungspflicht der Aktiengesellschaft entspricht somit ein **Verwertungsanspruch** des Vormanns.[30] Dieser ist insbesondere dann von wirtschaftlicher Bedeutung, wenn bereits erhebliche Teilbeträge der Einlageschuld getilgt sind.[31] Dem Vormann ist gegen Zahlung des rückständigen Betrags die gemäß § 64 Abs. 4 (→ § 64 Rn. 17) neu ausgestellte Aktienurkunde auszuhändigen (vgl. Abs. 1 S. 4). Der in Anspruch genommene Vormann besitzt daher ein entsprechendes Zurückbehaltungsrecht, es sei denn, die Mitgliedschaft des kaduzierten Aktionärs war bislang noch nicht verbrieft.[32] Neben der neuen Aktienurkunde erwirbt der zahlende Regressschuldner zudem auch die Nebenpapiere (Dividendenscheine, Talons).[33] Der **Erwerb** der Mitgliedschaft vollzieht sich **kraft Gesetz** durch die Zahlung des Regressanspruchs.[34] Hat die Gesellschaft bereits anderweitig[35] über die Mitgliedschaft verfügt, scheitert somit die Regressnahme des Vormanns.[36] Das Recht, die Mitgliedschaft gegen Zahlung zu erwerben, steht dem direkten Vormann des ausgeschlossenen Aktionärs zu. Die entfernteren Vormänner sind erst dann zu berücksichtigen, wenn ihre Nachmänner zahlungsunfähig sind oder die Zahlungsunfähigkeit nach § 65 Abs. 1 S. 3 vermutet wird.[37]

III. Dauer der Haftung (Abs. 2)

7 Nach § 64 Abs. 2 S. 1 ist jeder Vormann nur zur Zahlung der Beträge verpflichtet, die binnen **zwei Jahren** gemäß § 63 Abs. 1 (→ § 63 Rn. 3 ff.) **eingefordert** werden. Über den Wortlaut hinaus müssen die Beträge auch während der Zweijahresfrist **fällig** werden; dies setzt voraus, dass die in der Aufforderung nach § 63 Abs. 1 zu bestimmende Zahlungsfrist ebenfalls innerhalb der Frist abläuft.[38] Die haftungsbegrenzende Regelung des Abs. 2 gilt jedoch nur für Beträge, die **nach dem Ausscheiden** des in Anspruch Genommenen aus der Gesellschaft gemäß § 63 Abs. 1 eingefordert und fällig werden. Für alle Beträge, die bei seinem Ausscheiden schon fällig waren, haftet er hingegen

[23] Hüffer/*Koch* Rn. 5; Spindler/Stilz/*Cahn* Rn. 15.
[24] KK-AktG/*Drygala* Rn. 9; Hüffer/*Koch* Rn. 5.
[25] Hüffer/*Koch* Rn. 6; Spindler/Stilz/*Cahn* Rn. 16.
[26] KK-AktG/*Drygala* Rn. 11; MüKoAktG/*Bayer* Rn. 41.
[27] Hüffer/*Koch* Rn. 6; KK-AktG/*Drygala* Rn. 12; Spindler/Stilz/*Cahn* Rn. 16.
[28] KK-AktG/*Drygala* Rn. 12; MüKoAktG/*Bayer* Rn. 40; Hüffer/*Koch* Rn. 6; BGHZ 42, 89 (92) = NJW 1964, 1954 verneint dies im Rahmen einer Verwertung nach § 23 GmbHG.
[29] KK-AktG/*Drygala* Rn. 13 f.
[30] MüKoAktG/*Bayer* Rn. 8; Spindler/Stilz/*Cahn* Rn. 26.
[31] MüKoAktG/*Bayer* Rn. 8.
[32] Hüffer/*Koch* Rn. 6.
[33] KK-AktG/*Drygala* Rn. 27; Hüffer/*Koch* Rn. 6.
[34] Hüffer/*Koch* Rn. 6.
[35] Zu den Ausnahmefällen, in denen solche Verfügung wirksam ist, → Rn. 15 f.
[36] Spindler/Stilz/*Cahn* Rn. 35; Hüffer/*Koch* Rn. 6.
[37] MüKoAktG/*Bayer* Rn. 8; Spindler/Stilz/*Cahn* Rn. 26.
[38] MüKoAktG/*Bayer* Rn. 48; KK-AktG/*Drygala* Rn. 35; Spindler/Stilz/*Cahn* Rn. 47.

ohne die zeitliche Grenze des Abs. 2.[39] Die Zweijahresfrist beginnt nach Abs. 2 S. 2 mit dem Tage, an dem die Übertragung der Aktie zum Aktienregister der Gesellschaft angemeldet wird. Steht ein Aktienregister nicht zur Verfügung (zu den Fallgruppen → Rn. 3), läuft die Frist ab Veräußerung; denn in diesem Fall ist es der Gesellschaft zuzurechnen, dass sie die Schutzwirkung des Aktienregisters nicht in Anspruch nehmen kann.[40] Die Berechnung der Frist erfolgt nach §§ 187 Abs. 1, 188 Abs. 2 BGB.[41] Vom Haftungszeitraum des Abs. 2 ist die **Verjährung** der Regressforderung zu unterscheiden. Da der Regressanspruch aus einem gesetzlichen Schuldverhältnis entsteht, greift die dreijährige Regelverjährung gemäß §§ 195, 199 Abs. 1 BGB ein.[42]

IV. Verkauf der Aktie (Abs. 3)

1. Verkaufspflicht der Gesellschaft. Gemäß § 65 Abs. 3 S. 1 hat die Aktiengesellschaft die Aktie unverzüglich zu verkaufen, wenn die Zahlung des rückständigen Betrags von den Vormännern im Wege der Regresshaftung nicht zu erlangen ist. Die Verkaufspflicht besteht somit, wenn nach wirksamer Kaduzierung ein ordnungsgemäßes Regressverfahren nach § 65 Abs. 1 erfolglos verlaufen ist oder wenn der kaduzierte Aktionär der erste Inhaber der Aktien war und daher kein Vormann existiert oder wenn kein Vormann im Aktienregister eingetragen ist.[43] Sind die Voraussetzungen für die Verkaufspflicht erfüllt, hat der Vorstand der Gesellschaft den Verkauf der Aktien unverzüglich (vgl. § 121 Abs. 1 S. 1 BGB) vorzunehmen.[44] Der Vorstand darf jedoch im Rahmen seines unternehmerischen Ermessens bei außerordentlich schwachen Aktienkursen bessere Kurse abwarten.[45] Dies gilt jedoch nur, wenn die Gesellschaft nicht auf sofortige Kapitalzufuhr angewiesen ist.[46] 8

2. Durchführung des Verkaufs. § 65 Abs. 3 S. 1 Alt. 1 ordnet den Verkauf von **börsennotierten Aktien** zum Börsenpreis an. Eine abweichende Veräußerung ist unzulässig.[47] Die Ermittlung des Börsenpreises erfolgt nach § 24 BörsG.[48] Bei **nicht notierten Aktien** hat der Verkauf nach Abs. 3 S. 1 Alt. 2 durch öffentliche Versteigerung zu erfolgen. Diese soll grundsätzlich am Sitz der Aktiengesellschaft durchgeführt werden. Ist hierbei jedoch kein angemessener Erfolg zu erwarten, so ist die Aktie an einem anderen geeigneten Ort zu verkaufen (Abs. 3 S. 2). Die hiermit einhergehende Pflicht zur öffentlichen Bekanntgabe von Zeit, Ort und Gegenstand der Versteigerung folgt bereits aus § 383 Abs. 3 S. 2 BGB, so dass Abs. 3 S. 3 lediglich klarstellende Funktion hat.[49] Darüber hinaus sind nach Abs. 3 S. 4 der ausgeschlossene Aktionär und seine Vormänner besonders zu benachrichtigen. Eine bestimmte Form ist für die Benachrichtigung nicht vorgeschrieben. Empfehlenswert ist die Benachrichtigung durch Einschreiben oder – bei unbekanntem Aufenthaltsort des zu Benachrichtigenden – durch öffentliche Zustellung.[50] Nach Abs. 3 S. 4 Hs. 2 kann die Benachrichtigung unterbleiben, wenn sie untunlich ist. Gegenüber dem ausgeschlossenen Aktionär wird dies jedoch kaum einmal der Fall sein, da er aufgrund seiner Ausfallhaftung (§ 64 Abs. 4 S. 2) und den möglicherweise bereits erbrachten Teilleistungen regelmäßig ein Interesse am Ausgang des Verwertungsverfahrens haben wird.[51] Sowohl die Bekanntmachung als auch die Benachrichtigung müssen nach Abs. 3 S. 5 mindestens zwei Wochen vor der Versteigerung ergehen. Eine **andere Art** der Verwertung der Aktien als nach den Alternativen des Abs. 3 S. 1 ist **nicht zulässig.**[52] Als **Erwerber** der Aktien kommt jedermann in Betracht. Neben Dritten können daher auch der ausgeschlossene Aktionär oder seine Vormänner die Aktien erwerben.[53] 9

3. Rechtsfolgen. a) Vormänner. Mit dem Abschluss des Kaufvertrages erlischt die Regressschuld der Vormänner des ausgeschlossenen Aktionärs.[54] Dies gilt auch für den Fall, dass die Höhe 10

[39] Hüffer/*Koch* Rn. 7; Spindler/Stilz/*Cahn* Rn. 43; MHdB AG/*Rieckers* § 16 Rn. 23.
[40] Ähnlich MüKoAktG/*Bayer* Rn. 46; Spindler/Stilz/*Cahn* Rn. 45; KK-AktG/*Drygala* Rn. 37; Hüffer/*Koch* Rn. 7.
[41] Spindler/Stilz/*Cahn* Rn. 44; Hüffer/*Koch* Rn. 7.
[42] *Thiessen* ZHR 168 (2004), 503 (522 f.); Hüffer/*Koch* Rn. 7.
[43] Vgl. MüKoAktG/*Bayer* Rn. 74; Spindler/Stilz/*Cahn* 49.
[44] Hüffer/*Koch* Rn. 8; Spindler/Stilz/*Cahn* Rn. 50.
[45] MüKoAktG/*Bayer* Rn. 78 f.; KK-AktG/*Drygala* Rn. 44.
[46] Spindler/Stilz/*Cahn* Rn. 50; Hüffer/*Koch* Rn. 8.
[47] KK-AktG/*Drygala* Rn. 49; GroßkommAktG/*Gehrlein* Rn. 60.
[48] Spindler/Stilz/*Cahn* Rn. 53.
[49] Hüffer/*Koch* Rn. 9.
[50] MüKoAktG/*Bayer* Rn. 86.
[51] KK-AktG/*Drygala* Rn. 52; GroßkommAktG/*Gehrlein* Rn. 65.
[52] Spindler/Stilz/*Cahn* Rn. 54; MüKoAktG/*Bayer* Rn. 80.
[53] AllgM, zB MüKoAktG/*Bayer* Rn. 81.
[54] Hüffer/*Koch* Rn. 10; Spindler/Stilz/*Cahn* Rn. 59.

des erzielten Kaufpreises niedriger ist als die geschuldete Einlagenschuld.[55] Dagegen sind die Vormänner im Rahmen einer wiederholten Kaduzierung wegen noch nicht fälliger offener Einlageschulden einer Regresshaftung ausgesetzt.[56]

11 **b) Ausgeschlossener Aktionär.** Der ausgeschlossene Aktionär haftet für die eventuell verbleibende Differenz zwischen dem erzielten Veräußerungserlös und dem zu zahlenden Einlagebetrag.[57] Wird durch den zu zahlenden Kaufpreis dagegen die Einlageschuld einschließlich der angefallenen Kosten für das Verwertungsverfahren vollständig gedeckt, endet die Haftung des Aktionärs.[58] Ein bei der Verwertung etwa erzielter Mehrerlös steht ausschließlich der Gesellschaft zu.[59] Er ist nicht auf noch nicht fällige Einlageforderungen anzurechnen. Eine solche Anrechnung würde gegen die gesetzliche Konzeption der §§ 64, 65 verstoßen, die jedoch keine Durchbrechungen gestattet.[60] Eine Reduzierung der subsidiären Ausfallhaftung des ausgeschlossenen Aktionärs in einem späteren zweiten Kaduzierungsverfahren um den bei der Veräußerung im Verwertungsverfahren nach der ersten Kaduzierung erzielten Mehrerlös kommt somit nicht in Betracht.

12 **c) Aktienerwerber.** Der Käufer erwirbt mit der Zahlung des Kaufpreises die kaduzierte Aktie mit allen Rechten und Pflichten.[61] Für eine rückständige Einlageschuld haftet der Erwerber nicht.[62] Dagegen muss er als Aktionär künftig fällig werdende Beträge bezahlen.[63] Im Sinne des effektiven Kapitalschutzes ist von einer **Doppelnatur** des Verwertungserlöses auszugehen.[64] Einerseits ist er Kaufpreis der Aktie, dh Gegenleistung des nach § 65 Abs. 3 zustande gekommenen Kaufvertrages, andererseits tritt er an die Stelle der ursprünglichen Einlageschuld und dient wie diese der Kapitalaufbringung.[65] Die Gesellschaft kann daher gegenüber dem neuen Erwerber das Befreiungs- und Aufrechnungsgebot des § 66 Abs. 1 geltend machen sowie das Druckmittel der erneuten Kaduzierung verwenden.[66]

13 **4. Unverkäuflichkeit der Aktie.** Eine Aktie gilt in der Regel als unverkäuflich, wenn von vorneherein die Aussichtslosigkeit des Verkaufs feststeht (zB bei Überschuldung oder Insolvenz der Gesellschaft) oder wenn nach mehreren Verkaufsversuchen kein Käufer gefunden wurde.[67] In einem solchen Fall verfestigt sich das mit der Kaduzierung eingetretene vorläufige Eigentum der Gesellschaft an der Aktie, so dass die Aktie endgültig in ihr Eigentum gelangt.[68]

V. Verfahrensfehler

14 **1. Unwirksamkeit der Kaduzierung.** Bei einer fehlerhaften Kaduzierung (→ § 64 Rn. 19) bleibt der vermeintlich Ausgeschlossene weiterhin Aktionär der Gesellschaft.[69] Die kaduzierte Aktie verkörpert somit durchgehend seine Mitgliedschaft.[70] Die neu ausgegebene Urkunde ist dagegen ungültig („wertloses Papier“).[71] Weder der Vormann im Regressverfahren nach Abs. 1 (→ Rn. 6) noch ein Dritter im Verwertungsverfahren nach Abs. 3 (→ Rn. 8 ff.) können die Mitgliedschaft erwerben.[72] Auch ein gutgläubiger Erwerb ist ausgeschlossen.[73] Ein Vormann, der in Anspruch genommen wurde, kann seine Leistung von der Gesellschaft nach § 812 Abs. 1 S. 1 BGB kondizieren.[74] Ein Dritter kann von der Gesellschaft gemäß § 311a Abs. 2 BGB wahlweise Schadensersatz statt der Leistung oder Aufwendungsersatz verlangen.[75] Die Ausfallhaftung nach § 64 Abs. 4 S. 2

---

[55] KK-AktG/*Drygala* Rn. 42.
[56] Spindler/Stilz/*Cahn* Rn. 59; MüKoAktG/*Bayer* Rn. 90.
[57] Hüffer/*Koch* Rn. 10.
[58] MüKoAktG/*Bayer* Rn. 91.
[59] Hüffer/*Koch* Rn. 10; MüKoAktG/*Bayer* Rn. 92.
[60] HM, zB KK-AktG/*Drygala* Rn. 58; Spindler/Stilz/*Cahn* Rn. 62; MüKoAktG/*Bayer* Rn. 93.
[61] GroßkommAktG/*Gehrlein* Rn. 70.
[62] Spindler/Stilz/*Cahn* Rn. 59; Hüffer/*Koch* Rn. 10.
[63] MüKoAktG/*Bayer* Rn. 94; Hüffer/*Koch* Rn. 10.
[64] HM, zB Hüffer/*Koch* Rn. 10; KK-AktG/*Drygala* Rn. 56; MüKoAktG/*Bayer* Rn. 96; ebenso die hM zur GmbH, BGHZ 42, 89 (93) = NJW 1964, 1954.
[65] MüKoAktG/*Bayer* Rn. 96; Hüffer/*Koch* Rn. 10.
[66] Spindler/Stilz/*Cahn* Rn. 64.
[67] Spindler/Stilz/*Cahn* Rn. 65; ebenso für die GmbH RGZ 98, 276 (278).
[68] AllgM, zB Hüffer/*Koch* Rn. 10; Spindler/Stilz/*Cahn* Rn. 65.
[69] GroßkommAktG/*Gehrlein* Rn. 75.
[70] MüKoAktG/*Bayer* Rn. 99; Spindler/Stilz/*Cahn* Rn. 67.
[71] KK-AktG/*Drygala* Rn. 60.
[72] Spindler/Stilz/*Cahn* Rn. 67.
[73] KG OLGE 1, 435 (436); MüKoAktG/*Bayer* Rn. 99.
[74] Spindler/Stilz/*Cahn* Rn. 68.
[75] MüKoAktG/*Bayer* Rn. 100; Spindler/Stilz/*Cahn* Rn. 68.

besteht fort. Zudem kommen bei Ausgabe unwirksamer neuer Aktienurkunden Schadensersatzansprüche gegen den Vorstand der Gesellschaft in Betracht.[76]

2. Fehlerhafter Regress. Die Gesellschaft hat die Anforderungen an das Regressverfahren gemäß Abs. 1 (zB Regressreihenfolge) streng zu beachten. Ein Verstoß gegen das Regressverfahren hat grundsätzlich zur Folge, dass eine Zahlung nicht zum Erwerb der kaduzierten Mitgliedschaft führt.[77] Der zahlende Vormann kann in einem solchen Fall lediglich seine Leistung gemäß § 812 Abs. 1 S. 1 BGB kondizieren.[78] Andererseits ist er dazu verpflichtet, die erhaltene Aktienurkunde herauszugeben, damit das Verwertungsverfahren ordnungsgemäß fortgesetzt werden kann.[79] Im Fall der Veräußerung der Aktie im Verwertungsverfahren nach Abs. 3 trotz zahlungsfähigem Vormanns ist zu unterscheiden: Ein gutgläubiger Dritter erwirbt die kaduzierte Aktie in entsprechender Anwendung der § 366 HGB, §§ 932, 1244 BGB, Art. 16 WG.[80] War der Erwerber dagegen bösgläubig, so ist die Regressforderung gegen den zahlungsfähigen Vormann nicht untergegangen, sondern kann von der Gesellschaft weiterhin geltend gemacht werden.[81] Der bösgläubige Erwerber hat, Zug-um-Zug gegen Rückzahlung des Kaufpreises, die Aktienurkunde herauszugeben.[82] 15

3. Fehlerhafter Verkauf. Da das Verfahren nach § 65 Abs. 3 der Pfandverwertung nachgebildet ist, ergeben sich die Rechtsfolgen eines fehlerhaften Verkaufs aus der analogen Anwendung der §§ 1243 ff. BGB.[83] Es ist daher zwischen formellen Mängeln und Veräußerungsmängeln zu differenzieren. Formelle Mängel, wie etwa ein Unterlassen der öffentlichen Bekanntmachung der Versteigerung, stehen der Wirksamkeit der Veräußerung nicht entgegen (vgl. § 1243 Abs. 2 BGB).[84] Dagegen führen Veräußerungsmängel, wie zB ein freihändiger Verkauf außerhalb der Börse trotz eines Börsenpreises, grundsätzlich zur Unwirksamkeit des Erwerbs, weil sich die Gesellschaft über die Beschränkung ihrer Verfügungsbefugnis hinweggesetzt hat.[85] Wirksam ist der Erwerb nur bei Gutgläubigkeit des Erwerbers (vgl. § 1244 BGB).[86] 16

VI. Abdingbarkeit

Die Regelungen des § 65 sind iSd § 23 Abs. 5 im vollen Umfang erschöpfend und zwingend.[87] In der **Satzung** kann daher **keine abweichenden Regelungen** getroffen werden.[88] Dies gilt insbesondere unter der Berücksichtigung des § 66 Abs. 1 für die Leistungspflicht der Vormänner nach § 65 Abs. 1 S. 1.[89] 17

§ 66 Keine Befreiung der Aktionäre von ihren Leistungspflichten

(1) [1]Die Aktionäre und ihre Vormänner können von ihren Leistungspflichten nach den §§ 54 und 65 nicht befreit werden. [2]Gegen eine Forderung der Gesellschaft nach den §§ 54 und 65 ist die Aufrechnung nicht zulässig.

(2) Absatz 1 gilt entsprechend für die Verpflichtung zur Rückgewähr von Leistungen, die entgegen den Vorschriften dieses Gesetzes empfangen sind, für die Ausfallhaftung des ausgeschlossenen Aktionärs sowie für die Schadenersatzpflicht des Aktionärs wegen nicht gehöriger Leistung einer Sacheinlage.

(3) Durch eine ordentliche Kapitalherabsetzung oder durch eine Kapitalherabsetzung durch Einziehung von Aktien können die Aktionäre von der Verpflichtung zur Leistung von Einlagen befreit werden, durch eine ordentliche Kapitalherabsetzung jedoch höchstens in Höhe des Betrags, um den das Grundkapital herabgesetzt worden ist.

---

[76] MüKoAktG/*Bayer* Rn. 103.
[77] Spindler/Stilz/*Cahn* Rn. 69.
[78] MüKoAktG/*Bayer* Rn. 104.
[79] GroßkommAktG/*Gehrlein* Rn. 75.
[80] Spindler/Stilz/*Cahn* Rn. 70.
[81] KK-AktG/*Drygala* Rn. 61; GroßkommAktG/*Gehrlein* Rn. 76.
[82] MüKoAktG/*Bayer* Rn. 105.
[83] HL, zB Spindler/Stilz/*Cahn* Rn. 71; MüKoAktG/*Bayer* Rn. 106.
[84] KK-AktG/*Drygala* Rn. 62.
[85] MüKoAktG/*Bayer* Rn. 107.
[86] Spindler/Stilz/*Cahn* Rn. 71.
[87] Hüffer/*Koch* Rn. 1; Spindler/Stilz/*Cahn* Rn. 4.
[88] BGH WM 2002, 555; Hüffer/*Koch* Rn. 1; KK-AktG/*Drygala* Rn. 64.
[89] MüKoAktG/*Bayer* Rn. 6.

Übersicht

I. Allgemeines

1 **1. Regelungsgegenstand.** § 66 Abs. 1 begründet für Forderungen der Gesellschaft gegen den Aktionär aus den §§ 54 und 65 ein Befreiungs- und ein Aufrechnungsverbot. Abs. 2 erweitert den Anwendungsbereich der Verbote auf ähnliche dort im Einzelnen dargelegte Sachverhalte. Abs. 3 enthält eine Ausnahme vom Befreiungs- und vom Aufrechnungsverbot in bestimmten Fällen der Kapitalherabsetzung.

2 **2. Normzweck.** Normzweck des § 66 sind die **Sicherung** der **realen Kapitalaufbringung**[1] und die Sicherung der **Kapitalerhaltung.**[2]

II. Befreiungs- und Aufrechnungsverbot (Abs. 1)

3 **1. Befreiungsverbot (Abs. 1 S. 1). a) Erfasste Leistungspflichten.** Nach § 66 Abs. 1 S. 1 können Aktionäre und ihre Vorgänger von ihren Leistungspflichten nach den §§ 54 und 65 nicht befreit werden. Nach dem Wortlaut der Norm umfasst das Befreiungsverbot die Leistungspflichten aufgrund der §§ 54 und 65. Betroffen sind demnach **sämtliche Einlagepflichten** der Aktionäre nach § 54 ohne Rücksicht darauf, ob es sich um Geld- oder Sacheinlagen handelt.[3] Ebenso ist es bedeutungslos, ob die Einlagepflicht bei der Gründung oder im Rahmen einer Kapitalerhöhung übernommen wurde sowie ob die Leistung vor der Anmeldung (§ 36 Abs. 2, → § 36 Rn. 14 ff.; § 36a, → § 36a Rn. 3; § 188 Abs. 2, → § 188 Rn. 7 ff.; § 203 Abs. 1, → § 203 Rn. 4) oder später nach Aufforderung (§ 63 Abs. 1; → § 63 Rn. 3 ff.) zu erbringen ist.[4] Darüber hinaus gilt das Befreiungsverbot auch für die **Regresshaftung** der **Vormänner** des ausgeschlossenen Aktionärs (vgl. § 65; → § 65 Rn. 3 ff.).[5] Das Befreiungsverbot gilt jedoch nicht für die Nebenleistungspflichten des Aktionärs gemäß § 55 (→ § 55 Rn. 3 ff.) sowie die Nebenforderungen iSd § 63 Abs. 2 (→ § 63 Rn. 10 f.; Fälligkeitszinsen und Schadensersatz) und § 63 Abs. 3 (→ § 63 Rn. 12; Vertragsstrafen).[6]

4 **b) Grundsätze der Befreiung.** Der Begriff der „Befreiung" ist **weit auszulegen.**[7] Erfasst sind alle Rechtsgeschäfte, die im Falle ihrer Wirksamkeit die geschützten Ansprüche der Gesellschaft nach Grund, Höhe, Inhalt oder Leistungszeitpunkt aufheben oder beeinträchtigen würden.[8] Nicht erfasst sind dagegen Forderungen, die kraft Gesetz untergehen oder beeinträchtigt werden. Dies gilt insbesondere bei einem Verstreichen lassen der Verjährungsfrist.[9]

5 **c) Einzelfragen der Befreiung.** Verboten ist jeder **Erlassvertrag** iSd § 397 Abs. 1 BGB unabhängig davon, ob die Forderung ganz oder teilweise erlassen wird, sowie jedes andere Rechtsgeschäft, das

[1] Hüffer/*Koch* Rn. 1; KK-AktG/*Drygala* Rn. 2.
[2] Hüffer/*Koch* Rn. 1.
[3] Hüffer/*Koch* Rn. 2; Spindler/Stilz/*Cahn* Rn. 3.
[4] Hüffer/*Koch* Rn. 2; Spindler/Stilz/*Cahn* Rn. 3.
[5] KK-AktG/*Drygala* Rn. 5.
[6] MüKoAktG/*Bayer* Rn. 9; KK-AktG/*Drygala* Rn. 53.
[7] AllgM, zB KK-AktG/*Drygala* Rn. 7.
[8] Hüffer/*Koch* Rn. 3; MüKoAktG/*Bayer* Rn. 12 f.
[9] RGZ 134, 262 (270); MüKoAktG/*Bayer* Rn. 36.

mit formal anderen Mitteln ein wirtschaftlich vergleichbares Ergebnis erzielt.[10] Zu vergleichbaren Ergebnissen führen und folglich ebenfalls vom Befreiungsverbot umfasst, sind ein negatives Schuldanerkenntnis (§ 397 Abs. 2 BGB),[11] eine befreiende Schuldübernahme durch einen Dritten (§§ 414, 415 BGB),[12] die Annahme einer Leistung an Erfüllung statt (§ 364 Abs. 1 BGB),[13] eine Stundungsabrede,[14] die Mitwirkung der Gesellschaft an einer Novation,[15] die Finanzierung der Einlageleistung durch einen Kredit der Gesellschaft oder eines Dritten, wenn die Gesellschaft den Kredit besichert,[16] die Annahme von Sach- statt Geldleistungen oder umgekehrt sowie die Annahme mangelhafter Sachleistungen.[17] Ob der Abschluss eines **Vergleichs** (§ 779 BGB) gegen das Befreiungsverbot verstößt, hängt von dem Umständen des Einzelfalls ab. Besteht im Hinblick auf eine in den Anwendungsbereich des § 66 fallende Forderung eine so beachtliche tatsächliche oder rechtliche Unsicherheit, dass unter Berücksichtigung der Erfolgsaussichten einer Klage und des Prozesskostenrisikos die vergleichsweise Einigung gegenüber der Durchsetzung der Forderung im streitigen Verfahren vorzugswürdig erscheint, kommt ein Vergleich in Betracht.[18] Eine Vereinbarung, die lediglich die Form eines Vergleichs aufweist, in der Sache aber als (teilweiser) Verzicht über eine materielle unbestreitbare Forderung zu qualifizieren ist, ist hingegen unzulässig.[19] Der Abschluss eines Vergleichs im Hinblick auf die mögliche Zahlungsunfähigkeit des Aktionärs ist ebenso unzulässig[20] wie die Teilnahme der Gesellschaft an einem Vergleich zur Abwendung der Insolvenz des Schuldners (Insolvenzplan).[21] Denn die §§ 64, 65 haben im Falle der (teilweisen) Zahlungsunfähigkeit des Aktionärs generell Vorrang vor einer (teilweisen) Schuldbefreiung im Rahmen eines Insolvenzplans.[22] Eine vergleichsweise Regelung kommt in diesem Zusammenhang lediglich für Ansprüche aus Ausfallhaftung nach § 64 Abs. 4 S. 2 in Betracht.[23] Vom **Befreiungsverbot nicht umfasst** sind die Annahme einer Leistung erfüllungshalber (§ 364 Abs. 2 BGB)[24] und der Schuldbeitritt eines Dritten (kumulative Schuldübernahme).[25] Schuldbefreiend wirkt zudem die Hinterlegung durch den Aktionär unter Verzicht auf die Rücknahme (§§ 372 ff., 378 BGB).[26]

2. Aufrechnungsverbot (Abs. 1 S. 2). a) Grundsätze. Gemäß § 66 Abs. 1 S. 2 ist eine Auf- 6
rechnung gegen eine Forderung der Gesellschaft nach den §§ 54 und 65 nicht zulässig. Der sachliche Anwendungsbereich des Aufrechnungsverbotes entspricht dabei dem Anwendungsbereich des Befreiungsverbotes gemäß § 66 Abs. 1 S. 1 (→ Rn. 3).

b) Aufrechnung durch den Aktionär oder die Vormänner. Unmittelbare Verbotsadressaten 7
sind die Aktionäre und ihre Vormänner.[27] Das Aufrechnungsverbot gilt strikt und ausnahmslos.[28] Es kommt also weder auf den Charakter der Gegenforderung noch auf den Zeitpunkt der Entstehung an.[29] Eine Aufrechnung ist auch nicht mit einer abgetretenen Forderung möglich.[30] Wegen Umgehung des § 66 Abs. 1 S. 2 ist es dem Aktionär zudem untersagt, die gegen ihn bestehende Einlageforderung zu pfänden.[31]

c) Aufrechnung durch die Gesellschaft. Nach dem Wortlaut des § 66 Abs. 1 S. 2 erfasst das 8
Aufrechnungsverbot nicht die Aufrechnung der Gesellschaft gegenüber dem Aktionär oder dessen

---

[10] KK-AktG/*Drygala* Rn. 8; Spindler/Stilz/*Cahn* Rn. 8.
[11] MüKoAktG/*Bayer* Rn. 13; Spindler/Stilz/*Cahn* Rn. 8.
[12] Spindler/Stilz/*Cahn* Rn. 8; GroßkommAktG/*Gehrlein* Rn. 11.
[13] Hüffer/*Koch* Rn. 4; KK-AktG/*Drygala* Rn. 10.
[14] KK-AktG/*Drygala* Rn. 12; MüKoAktG/*Bayer* Rn. 27.
[15] Hüffer/*Koch* Rn. 4; Spindler/Stilz/*Cahn* Rn. 10.
[16] Spindler/Stilz/*Cahn* Rn. 12; ebenso bei der GmbH BGHZ 28, 77 (78) = NJW 1958, 1351; OLG Köln WM 1984, 740.
[17] Hüffer/*Koch* Rn. 4; GroßkommAktG/*Gehrlein* Rn. 12.
[18] BGHZ 191, 364 = NZG 2012, 69 (72); MüKoAktG/*Bayer* Rn. 29; KK-AktG/*Drygala* Rn. 14; MHdB AG/*Rieckers* § 16 Rn. 27; dazu auch *Fleischer* AG 2015, 133 (144).
[19] RGZ 79, 271 (274); MüKoAktG/*Bayer* Rn. 29.
[20] MüKoAktG/*Bayer* Rn. 30.
[21] HM, zB MüKoAktG/*Bayer* Rn. 32 ff.; Hüffer/*Koch* Rn. 4; aA GroßkommAktG/*Barz*, 3. Aufl. 1972, Rn. 8; *v. Godin/Wilhelmi* Anm. 4.
[22] MüKoAktG/*Bayer* Rn. 34; Hüffer/*Koch* Rn. 4.
[23] MüKoAktG/*Bayer* Rn. 34; Hüffer/*Koch* Rn. 4.
[24] Spindler/Stilz/*Cahn* Rn. 11; Hüffer/*Koch* Rn. 4.
[25] MüKoAktG/*Bayer* Rn. 13.
[26] KK-AktG/*Drygala* Rn. 13; Hüffer/*Koch* Rn. 4.
[27] Hüffer/*Koch* Rn. 5; KK-AktG/*Drygala* Rn. 20.
[28] AllgM, zB KK-AktG/*Drygala* Rn. 21.
[29] MüKoAktG/*Bayer* Rn. 44; KK-AktG/*Drygala* Rn. 21.
[30] Vgl. OLG Hamburg AG 2007, 500 (501); MüKoAktG/*Bayer* Rn. 44.
[31] MüKoAktG/*Bayer* Rn. 46.

Vormann. Insoweit ist zu unterscheiden: Eine Aufrechnung durch die Gesellschaft mit Forderungen auf Zahlungen, die vor der Anmeldung geleistet sein müssen (vgl. § 36 Abs. 2, → § 36 Rn. 14 ff.; § 36a, → § 36a Rn. 3; § 188 Abs. 2, → § 188 Rn. 7 ff.; § 203 Abs. 1, → § 203 Rn. 4), ist mit § 54 Abs. 3 nicht zu vereinbaren und bereits deswegen unzulässig.[32] Ansonsten ist unter Berücksichtigung von Sinn und Zweck des § 66 (→ Rn. 2) und den Wirkungen der Aufrechnung – einerseits Befreiung von einer Verbindlichkeit, andererseits Verlust von Liquidität – eine Aufrechnung durch die Gesellschaft nur dann zulässig, wenn die Forderung des Aktionärs oder Vormanns, gegen die aufgerechnet werden soll, im Zeitpunkt der Aufrechnungserklärung **vollwertig, fällig und liquide** ist.[33] Liegen diese Voraussetzung vor, unterbleibt durch die Aufrechnung ein unmittelbares Hin- und Herzahlen desselben Geldbetrags, mit dem für die Kapitalaufbringung der Gesellschaft keine Vorteile verbunden sind.[34] Die Gegenforderung ist vollwertig, wenn die Gesellschaft in der Lage ist, alle fälligen Forderungen ihrer Gläubiger zu erfüllen.[35] Es fehlt somit an einer Vollwertigkeit, wenn die Aktiengesellschaft zahlungsunfähig oder überschuldet ist.[36] In Abweichung von § 387 BGB muss die Gegenforderung fällig sein. Ansonsten bewirkt die Aufrechnung einen Liquiditätsverlust, der im Ergebnis einer unzulässigen Stundung der Einlageforderung entspricht.[37] Die Liquidität der Gegenforderung des Aktionärs ist gegeben, wenn sie dem Grund und der Höhe nach außer Zweifel steht und ihr keine Einwendungen oder Einreden der Gesellschaft entgegenstehen.[38] Die Darlegungs- und Beweislast für alle Aufrechnungsvoraussetzungen liegt beim Aktionär und kann nicht auf die Gesellschaft abgewälzt werden.[39] Eine **Ausnahme** von den strengen Zulässigkeitsanforderungen einer Aufrechnung durch die Gesellschaft erscheint nur dann möglich, wenn die Einlageforderung der Gesellschaft wegen der wirtschaftlichen Verhältnisse ihres Schuldners gefährdet ist, zB in der Insolvenz des Aktionärs. In diesem Fall würde ein Verbot der Aufrechnung das Gegenteil des beabsichtigten Erfolgs bewirken.[40] Die praktische Bedeutung der Ausnahme ist allerdings gering,[41] da sie nur dann greift, wenn der Gesellschaft die Durchsetzung der offenen Einlageschuld nicht auf eine andere Weise effektiv möglich ist, zB im Zuge eines Kaduzierungsverfahrens nach §§ 64, 65.[42]

9 **d) Aufrechnungsvertrag.** Ein Aufrechnungsvertrag (iS einer vertraglichen Verrechnung von Forderungen der Gesellschaft und des Aktionärs) ist zulässig, wenn die Gesellschaft einseitig (→ Rn. 8) die Aufrechnung erklären dürfte.[43] Der Aktionär ist für alle Aufrechnungsvoraussetzungen darlegungs- und beweispflichtig.[44] Dies ist auch sachgerecht, da sich der Aktionär nicht auf eine solche Vereinbarung einlassen muss. Tut er es doch, so ist es ihm zuzumuten, sich entweder über die wirtschaftliche Situation der Gesellschaft zu informieren oder aber das Risiko der Unwirksamkeit der Aufrechnungsabrede zu tragen.[45] In der Praxis kann ein Aufrechnungsvertrag in Betracht kommen, wenn die einseitige Aufrechnung durch die Gesellschaft aufgrund § 393 BGB oder wegen fehlender Fälligkeit der Einlageforderung nicht möglich ist.[46]

10 **e) Kontokorrentvereinbarung.** Mit dem Aufrechnungsverbot des Abs. 1 S. 2 ist es nicht zu vereinbaren, Einlageforderungen in ein Kontokorrent einzustellen.[47] Eine Einstellung und jede nachfolgende Verrechnung sind daher unwirksam.[48]

---

32 Hüffer/*Koch* Rn. 6; MüKoAktG/*Bayer* Rn. 42.

33 RGZ 94, 61 (63); RGZ 134, 262 (268); Hüffer/*Koch* Rn. 6; KK-AktG/*Drygala* Rn. 22 ff.; MüKoAktG/*Bayer* Rn. 51 ff.; vgl. zur GmbH BGHZ 15, 52 (57) = NJW 1954, 1842; BGHZ 42, 89 (93) = NJW 1964, 1954; BGHZ 90, 370 (372) = NJW 1984, 1891; aA *Frey,* Einlagen in Kapitalgesellschaften: Gläubigerschutz und Gestaltungsfreiheit, 1990, 51 ff.; Spindler/Stilz/*Cahn* Rn. 30 ff.

34 Vgl. MüKoAktG/*Bayer* Rn. 47.

35 Hüffer/*Koch* Rn. 7; Spindler/Stilz/*Cahn* Rn. 25.

36 RGZ 72, 265 (268); RGZ 94, 61 (63); RGZ 134, 262 (268); vgl. BGHZ 90, 370 (373) = NJW 1984, 1891; Hüffer/*Koch* Rn. 7.

37 MüKoAktG/*Bayer* Rn. 57; KK-AktG/Drygala Rn. 27; Hüffer/*Koch* Rn. 7.

38 RGZ 85, 351 (354); MüKoAktG/*Bayer* Rn. 58; Hüffer/*Koch* Rn. 7.

39 MüKoAktG/*Bayer* Rn. 63; RG JW 1928, 1400; vgl. OLG Hamburg ZIP 2006, 1677; aA KK-AktG/*Drygala* Rn. 36; Spindler/Stilz/*Cahn* Rn. 29.

40 MüKoAktG/*Bayer* Rn. 65; Hüffer/*Koch* Rn. 6; für die GmbH BGHZ 15, 52 (57 f.) = NJW 1954, 1842; BGH NJW 1979, 216; RGZ 141, 204 (212); OLG Zweibrücken NJW 1966, 840 (841).

41 Hüffer/*Koch* Rn. 6.

42 MüKoAktG/*Bayer* Rn. 65.

43 Spindler/Stilz/*Cahn* Rn. 33; MüKoAktG/*Bayer* Rn. 66.

44 MüKoAktG/*Bayer* Rn. 67; für die GmbH BGH NJW 1992, 2229 (2231).

45 MüKoAktG/*Bayer* Rn. 67.

46 MüKoAktG/*Bayer* Rn. 66.

47 AllgM, zB Spindler/Stilz/*Cahn* Rn. 35.

48 MüKoAktG/*Bayer* Rn. 69; Spindler/Stilz/*Cahn* Rn. 35; aA *Brodmann* AktR, 1928, § 221 Anm. 2; KK-AktG/*Drygala* Rn. 38.

f) Zurückbehaltungsrecht. Der Einlagen- oder Regressschuldner kann grundsätzlich kein Zurückbehaltungsrecht geltend machen, da damit die Wirkung einer Aufrechnung erzielt würde.[49] Dieses Verbot gilt auch für das kaufmännische Zurückbehaltungsrecht gemäß §§ 369, 370 HGB.[50] Eine gesetzlich begründete Ausnahme besteht für das Zurückbehaltungsrecht des Vormanns des ausgeschlossenen Aktionärs gemäß § 65 Abs. 1 S. 4 (→ § 65 Rn. 6). Eine weitere Ausnahme gilt – unter Berücksichtigung des dem § 19 Abs. 2 S. 3 GmbHG zugrunde liegenden Rechtsgedankens – für Gegenforderungen, die sich unmittelbar auf den Gegenstand der geschuldeten Sacheinlage beziehen.[51] 11

III. Entsprechende Anwendung (Abs. 2)

1. Rückgewährpflichten. Nach § 66 Abs. 2 Alt. 1 gelten das Befreiungs- und das Aufrechnungsverbot des Abs. 1 entsprechend für die Verpflichtung zur Rückgewähr von Leistungen nach § 62 Abs. 1 (→ § 62 Rn. 3 ff.). Soweit Aktionäre und – ausnahmsweise auch Nicht-Aktionäre (→ § 62 Rn. 7 f.) – nach § 62 auf Rückgewähr haften, gelten die Verbote des § 66 Abs. 1 (→ Rn. 3 ff.). Der Anwendungsbereich des § 66 erstreckt sich dagegen nicht auf Dritte, die zwar Leistungen empfangen haben, die gegen § 57 Abs. 1 S. 1 verstoßen, jedoch der Gesellschaft nur nach Bereicherungsrecht (§§ 812 ff. BGB) haften.[52] 12

2. Ausfallhaftung des kaduzierten Aktionärs. Gemäß § 66 Abs. 2 Alt. 2 gelten die Verbote des Absatz 1 zudem für die Ausfallhaftung des ausgeschlossenen Aktionärs. Die diesbezügliche Erweiterung des Anwendungsbereichs des Abs. 1 ist notwendig, da die Mitgliedschaft mit Kaduzierung endet, so dass die Haftung nach § 64 Abs. 4 S. 2 nicht mehr als Einlagepflicht iSd § 54 qualifiziert werden kann.[53] 13

3. Schadensersatzpflicht wegen nicht gehöriger Leistung einer Sacheinlage. Schließlich finden das Befreiungs- und das Aufrechnungsverbot des § 66 Abs. 1 Anwendung auf die Schadensersatzpflicht des Aktionärs wegen nicht gehöriger Leistung einer Sacheinlage (Abs. 2 Alt. 3). Die Reglung ist jedoch insoweit unglücklich, als sich die Sacheinlageverpflichtung im Falle „nicht gehöriger Leistung“ in eine Bareinlageverpflichtung umwandelt. Dies gilt sowohl für die subsidiäre Bareinlageverpflichtung[54] als auch für Ersatzansprüche wegen einer über die Einlageschuld hinausgehenden Schadenshöhe.[55] Erfasst werden alle Schadensersatzansprüche der Gesellschaft aufgrund von Unmöglichkeit, Verzug oder Sachmängelhaftung.[56] 14

IV. Befreiung durch Kapitalherabsetzung (Abs. 3)

1. Grundsätze. Nach § 66 Abs. 3 können die Aktionäre in Abweichung von Abs. 1 S. 1 durch eine ordentliche Kapitalherabsetzung (§§ 222 ff.) oder durch eine Kapitalherabsetzung durch Einziehung von Aktien (§§ 237 ff.) von ihrer Verpflichtung zur Leistung von Einlagen befreit werden. Da in Abs. 3 nicht aufgeführt, besteht diese Möglichkeit bei einer vereinfachten Kapitalherabsetzung (§§ 229 ff.) nicht (vgl. § 230 S. 1; → § 230 Rn. 5 ff.). Über den Wortlaut der Vorschrift hinaus werden von § 66 Abs. 3 nicht nur **Einlagepflichten** iSd § 54, sondern auch **Regressschulden** nach § 65 Abs. 1 erfasst.[57] 15

2. Ordentliche Kapitalherabsetzung. Bei der ordentlichen Kapitalherabsetzung ist für die Befreiung der Aktionäre ein Erlassvertrag (§ 397 Abs. 1 BGB) zwischen diesen und der Gesellschaft erforderlich.[58] Dabei müssen die den Gläubiger schützende Regeln (vgl. § 225 Abs. 2 S. 2) beachtet werden.[59] Nach Abs. 3 Hs. 2 kommt bei der ordentlichen Kapitalherabsetzung eine Befreiung der Aktionäre höchstens in Höhe des Betrags in Betracht, um den das Grundkapital herabgesetzt worden ist. Dabei ist die Befreiung von den Einlageschulden grundsätzlich auf alle Aktionäre gleichmäßig zu 16

---

[49] RGZ 83, 266 (268); RG JW 1929, 1745 f.; 1914, 150 (151); OLG Braunschweig DJZ 1907, 246 (247); GroßkommAktG/*Gehrlein* Rn. 49 f.; KK-AktG/*Drygala* Rn. 39.

[50] MüKoAktG/*Bayer* Rn. 70.

[51] MüKoAktG/*Bayer* Rn. 71; KK-AktG/*Drygala* Rn. 39.

[52] Hüffer/*Koch* Rn. 8; MüKoAktG/*Bayer* Rn. 72.

[53] Hüffer/*Koch* Rn. 9.

[54] AllgM, zB MüKoAktG/*Bayer* Rn. 76, Hüffer/*Koch* Rn. 10.

[55] HM, zB GroßkommAktG/*Gehrlein* Rn. 4; Hüffer/*Koch*, Rn. 10; aA MüKoAktG/*Bayer* Rn. 76.

[56] GroßkommAktG/*Gehrlein* Rn. 4.

[57] MüKoAktG/*Bayer* Rn. 37.

[58] KK-AktG/*Drygala* Rn. 66; Hüffer/*Koch* Rn. 11.

[59] GroßkommAktG/*Gehrlein* Rn. 30; Hüffer/*Koch* Rn. 11.

verteilen.[60] Eine abweichende Verteilung kann nur mit Zustimmung aller Aktionäre vorgenommen werden.[61]

17 **3. Kapitalherabsetzung durch Einziehung.** Für die Kapitalherabsetzung durch Einziehung gilt die Beschränkung des Abs. 3 Hs. 2 nicht. Da die Mitgliedschaft der betroffenen Aktionäre untergeht, erlöschen auch alle offenen Einlagepflichten aus den eingezogenen Aktien.[62] Der Gläubigerschutz wird durch § 237 Abs. 2 S. 3 iVm § 225 Abs. 2 gewährleistet.[63]

V. Rechtsfolgen von Verstößen

18 Jedes Rechtsgeschäft, das gegen das Befreiungs- oder gegen das Aufrechnungsverbot des § 66 Abs. 1 verstößt, ist gemäß § 134 BGB nichtig.[64] Hierbei ist es gleichgültig, ob es sich um ein Verpflichtungs- oder Verfügungsgeschäft handelt.[65] Die Aktionäre bleiben weiterhin Einlagenschuldner.[66] Soweit tatsächliche Leistungen erbracht wurden, zB bei Leistungen an Erfüllung statt, sind diese gemäß §§ 812 ff. BGB rückabzuwickeln.[67] Entsprechende Ansprüche aus §§ 812 ff. BGB können die Aktionäre aber weder zur Aufrechnung noch zur Zurückbehaltung (§ 273 BGB) verwenden.[68]

VI. Abdingbarkeit

19 Die Verbote des § 66 Abs. 1 sind iSd § 23 Abs. 5 im vollen Umfang zwingend.[69] Weder durch die Satzung noch durch einen Beschluss der Hauptversammlung können abweichende Regelungen getroffen werden.[70]

§ 67 Eintragung im Aktienregister

(1) [1]Namensaktien sind unabhängig von einer Verbriefung unter Angabe des Namens, Geburtsdatums und der Adresse des Aktionärs sowie der Stückzahl oder der Aktiennummer und bei Nennbetragsaktien des Betrags in das Aktienregister der Gesellschaft einzutragen. [2]Der Aktionär ist verpflichtet, der Gesellschaft die Angaben nach Satz 1 mitzuteilen. [3]Die Satzung kann Näheres dazu bestimmen, unter welchen Voraussetzungen Eintragungen im eigenen Namen für Aktien, die einem anderen gehören, zulässig sind. [4]Aktien, die zu einem inländischen, EU- oder ausländischen Investmentvermögen nach dem Kapitalanlagegesetzbuch gehören, dessen Anteile oder Aktien nicht ausschließlich von professionellen und semiprofessionellen Anlegern gehalten werden, gelten als Aktien des inländischen, EU- oder ausländischen Investmentvermögens, auch wenn sie im Miteigentum der Anleger stehen; verfügt das Investmentvermögen über keine eigene Rechtspersönlichkeit, gelten sie als Aktien der Verwaltungsgesellschaft des Investmentvermögens.

(2) [1]Im Verhältnis zur Gesellschaft gilt als Aktionär nur, wer als solcher im Aktienregister eingetragen ist. [2]Jedoch bestehen Stimmrechte aus Eintragungen nicht, die eine nach Absatz 1 Satz 3 bestimmte satzungsmäßige Höchstgrenze überschreiten oder hinsichtlich derer eine satzungsmäßige Pflicht zur Offenlegung, dass die Aktien einem anderen gehören, nicht erfüllt wird. [3]Ferner bestehen Stimmrechte aus Aktien nicht, solange ein Auskunftsverlangen gemäß Absatz 4 Satz 2 oder Satz 3 nach Fristablauf nicht erfüllt ist.

(3) Geht die Namensaktie auf einen anderen über, so erfolgen Löschung und Neueintragung im Aktienregister auf Mitteilung und Nachweis.

(4) [1]Die bei Übertragung oder Verwahrung von Namensaktien mitwirkenden Kreditinstitute sind verpflichtet, der Gesellschaft die für die Führung des Aktienregisters erforderlichen Angaben gegen Erstattung der notwendigen Kosten zu übermitteln. [2]Der Eingetragene hat der Gesellschaft auf ihr Verlangen innerhalb einer angemessenen Frist

[60] KK-AktG/*Drygala* Rn. 67; MüKoAktG/*Bayer* Rn. 39.
[61] MüKoAktG/*Bayer* Rn. 39.
[62] Hüffer/*Koch* Rn. 11; KK-AktG/*Drygala* Rn. 67.
[63] Spindler/Stilz/*Cahn* Rn. 48; MüKoAktG/*Bayer* Rn. 40.
[64] MüKoAktG/*Bayer* Rn. 102; Spindler/Stilz/*Cahn* Rn. 50; KK-AktG/*Drygala* Rn. 62.
[65] RGZ 124, 380 (383); RGZ 133, 81 (83); Hüffer/*Koch* Rn. 14.
[66] Hüffer/*Koch* Rn. 14; GroßkommAktG/*Gehrlein* Rn. 82.
[67] GroßkommAktG/*Gehrlein* Rn. 82; KK-AktG/*Drygala* Rn. 62.
[68] Hüffer/*Koch* Rn. 14; MüKoAktG/*Bayer* Rn. 103; KK-AktG/*Drygala* Rn. 62.
[69] MüKoAktG/*Bayer* Rn. 6.
[70] Hüffer/*Koch* Rn. 1; KK-AktG/*Drygala* Rn. 61.

mitzuteilen, inwieweit ihm die Aktien, als deren Inhaber er im Aktienregister eingetragen ist, auch gehören; soweit dies nicht der Fall ist, hat er die in Absatz 1 Satz 1 genannten Angaben zu demjenigen zu übermitteln, für den er die Aktien hält. [3]Dies gilt entsprechend für denjenigen, dessen Daten nach Satz 2 oder diesem Satz übermittelt werden. [4]Absatz 1 Satz 4 gilt entsprechend; für die Kostentragung gilt Satz 1. [5]Wird der Inhaber von Namensaktien nicht in das Aktienregister eingetragen, so ist das depotführende Institut auf Verlangen der Gesellschaft verpflichtet, sich gegen Erstattung der notwendigen Kosten durch die Gesellschaft an dessen Stelle gesondert in das Aktienregister eintragen zu lassen. [6]§ 125 Abs. 5 gilt entsprechend. [7]Wird ein Kreditinstitut im Rahmen eines Übertragungsvorgangs von Namensaktien nur vorübergehend gesondert in das Aktienregister eingetragen, so löst diese Eintragung keine Pflichten infolge des Absatzes 2 und nach § 128 aus und führt nicht zur Anwendung von satzungsmäßigen Beschränkungen nach Absatz 1 Satz 3.

(5) [1]Ist jemand nach Ansicht der Gesellschaft zu Unrecht als Aktionär in das Aktienregister eingetragen worden, so kann die Gesellschaft die Eintragung nur löschen, wenn sie vorher die Beteiligten von der beabsichtigten Löschung benachrichtigt und ihnen eine angemessene Frist zur Geltendmachung eines Widerspruchs gesetzt hat. [2]Widerspricht ein Beteiligter innerhalb der Frist, so hat die Löschung zu unterbleiben.

(6) [1]Der Aktionär kann von der Gesellschaft Auskunft über die zu seiner Person in das Aktienregister eingetragenen Daten verlangen. [2]Bei nichtbörsennotierten Gesellschaften kann die Satzung Weiteres bestimmen. [3]Die Gesellschaft darf die Registerdaten sowie die nach Absatz 4 Satz 2 und 3 mitgeteilten Daten für ihre Aufgaben im Verhältnis zu den Aktionären verwenden. [4]Zur Werbung für das Unternehmen darf sie die Daten nur verwenden, soweit der Aktionär nicht widerspricht. [5]Die Aktionäre sind in angemessener Weise über ihr Widerspruchsrecht zu informieren.

(7) Diese Vorschriften gelten sinngemäß für Zwischenscheine.

Schrifttum: *Daghles,* Die Aktienrechtsnovelle 2016, GWR 2016, 45; *DAV-Handelsrechtsausschuss,* Stellungnahme zum RefE eines Gesetzes zur Namensaktie und zur Erleichterung der Stimmrechtsausübung – Namensaktiengesetz (NaStraG), NZG 2000, 443; *Diekmann,* Namensaktien bei Publikumsgesellschaften, BB 1999, 1985; *Götz/Holzborn,* Die Aktienrechtsreform durch das Gesetz für Unternehmensintegrität und Modernisierung des Anfechtungsrechts – UMAG, WM 2006, 157; *Götze,* Aktienrechtsnovelle – und ein (vorläufiges) Ende!, NZG 2016, 48; *ders./Nartowska,* Der Regierungsentwurf der Aktienrechtsnovelle 2014 – Anmerkung aus der Praxis, NZG 2015, 298; *Happ,* Vom Aktienbuch zum elektronischen Aktionärsregister, FS Bezzenberger, 2000, 111; *Huep,* Die Renaissance der Namensaktie, WM 2000, 1623; *Ihrig/Wandt,* Die Aktienrechtsnovelle 2016, BB 2016, 6; *Kort,* Die Errichtung eines Aktienregisters nach § 67 AktG – Leitungsaufgabe, einfache Geschäftsführungsaufgabe oder Vertretungsaufgabe?, NZG 2005, 963; *Leuering,* Das Aktienbuch, ZIP 1999, 1745; *Lieder,* Der Namensaktionär im gesellschaftsrechtlichen Spruchverfahren, NZG 2005, 159; *Mock,* Aktiengesellschaften mit Inhaberaktien nach neuem Recht – Gründung, Umstellung und Kapitalerhöhung, AG 2016, 261; *Mutter/Pernfuß,* Satzungsänderungen zur Umsetzung des Risikobegrenzungsgesetzes, AG 2008, R 447; *Noack,* Die Namensaktie – Dornröschen erwacht, DB 1999, 1306; *ders.,* Namensaktie und Aktienregister: Einsatz für Investor Relations und Produktmarketing, DB 2001, 27; *ders.,* Neues Recht für Namensaktionäre-Zur Änderung des § 67 AktG durch das Risikobegrenzungsgesetz, NZG 2008, 721; *Paschos/Goslar,* Die Aktienrechtsnovelle 2016 – Ein Überblick, NJW 2016, 359; *Schneider/Müller-v Pilchau,* Der nicht registrierte Namensaktionär – zum Problem der freien Meldebestände, AG 2007, 181; *Seibert,* Die gesetzliche Neuregelung, in v. Rosen/Seifert, Die Namensaktie, 2000, 11; *Söhner,* Die Aktienrechtsnovelle 2016, ZIP 2016, 151; *Spindler,* Internet und Corporate Governance – ein neuer virtueller (T)Raum?, ZGR 2000, 420; *Stöber,* Die Aktienrechtsnovelle 2016, DStR 2016, 611; *Wälzholz/Graf Wolffskeel v. Reichenberg,* Die Aktienrechtsnovelle 2016 und weitere aktienrechtliche Gesetzesänderungen – Überblick und praktische Handreichung, MittBayNot 2016, 197; *Wiedemann,* Die Übertragung und Vererbung von Mitgliedschaftsrechten bei Handelsgesellschaften, 1965; *Wilsing/Goslar,* Der Regierungsentwurf des Risikobegrenzungsgesetzes – ein Überblick, DB 2007, 2467; *Zetzsche,* Die Aktionärslegitimation durch Berechtigungsnachweis – von der Verkörperungs- zur Registertheorie, Konzern 2007, 180 und Konzern 2007, 251; *Zutt,* Rechtsfragen der Anmeldung gemäß § 16 GmbHG, FS Oppenhoff, 1985, 555.

Übersicht

I. Allgemeines

1 **1. Regelungsgegenstand.** § 67 trifft Regelungen zur Eintragung von Namensaktien und Zwischenscheinen in das Aktienregister der Gesellschaft. Die durch das Gesetz zur Namensaktie und zur Erleichterung der Stimmrechtsausübung – Namensaktiengesetz (NaStraG) vom 18.1.2001 (BGBl. I S. 123) grundlegend geänderte Norm hat seitdem wiederholt und insbesondere durch das Gesetz zur Begrenzung der mit Finanzinvestitionen verbundenen Risiken (Risikobegrenzungsgesetz) vom 12.8.2008 (BGBl. I S. 1666) wesentliche Änderungen und Ergänzungen erfahren. Zuletzt wurde § 67 durch die Aktienrechtsnovelle 2016 vom 22.12.2015 (BGBl. I S. 2565) geändert. Mit der Änderungen in § 67 Abs. 1 zielt der Gesetzgeber darauf ab, die Ausgabe von Inhaberaktien zu beschränken und damit eine erhöhte **Transparenz der Beteiligungsverhältnisse** einer Aktiengesellschaft zu schaffen.[1] Nach § 10 Abs. 1 S. 2 AktG können Inhaberaktien nur ausgegeben werden, wenn die Gesellschaft börsennotiert ist (Nr. 1) oder wenn der Anspruch auf Einzelverbriefung ausgeschlossen ist und die Sammelurkunde bei einer der genannten Stellen hinterlegt ist (Nr. 2). Nicht verbriefte und hinterlegte Inhaberaktien werden nunmehr als Namensaktien behandelt (vgl. § 23 Abs. 1 S. 3 iVm § 67 AktG).[2] Mit vorgenannten Änderungen hat die Namensaktie die Inhaberaktie nicht nur rechtstatsächlich, sondern auch nach gesetzlicher Grundkonzeption als Standardverbriefung abgelöst.[3] Die Aktienrechtsnovelle soll durch § 67 Abs. 1 nF und § 10 Abs. 1 S. 3 die Transparenz der Beteiligungsverhältnisse erhöhen, in dem es klarstellt, dass ein Aktienregister **unabhängig von der Verbriefung** der Namensaktie geführt werden muss und in dem es § 67 im Falle fehlender Hinterlegung der Sammelurkunde (§ 10 Abs. 1 S. 2 Nr. 2) für entsprechend anwendbar erklärt.[4] Abs. 1 begründet für den Namensaktionär eine **Eintragungspflicht** in das Aktienregister, die unabhängig von einer Verbriefung der Namensaktie besteht, und erlaubt der

[1] Begr. RegE, BT-Drs. 18/4349, 20 f.; *Stöber* DStR 2016, 611 ff.; *Mock* AG 2016, 261; zum Hintergrund *Götze/Nartowska* NZG 2015, 298 (299 f.).

[2] So *Götze* NZG 2016, 48.

[3] Hüffer/*Koch* Rn. 2 f.; *Daghles* GWR 2016, 45; *Ihrig/Wandt* BB 2016, 6 f.; vgl. auch *Söhner* ZIP 2016, 151 (151), der bis dato die Inhaberaktie rechtstatsächlich als Standardverbriefung nennt und erst durch die Aktienrechtsnovelle 2016 einen Wandel in der Praxis erwartet.

[4] *Stöber* DStR 2016, 611 (612); *Wälzholz/Graf Wolffskeel v. Reichenberg* MittBayNot 2016, 197 (199); mit kritischer Bewertung *Paschos/Goslar* NJW 2016, 359 f.; ebenso krit. hinsichtlich der Wirksamkeit der Beschränkungen *Mock* AG 2016, 261 (262).

Gesellschaft ausdrücklich, in der Satzung Regelungen über die Eintragung von Nicht-Aktionären in das Aktienregister zu treffen. Abs. 2 regelt die Wirkungen der Eintragung in das Aktienregister und ordnet für bestimmte Fälle einen Stimmrechtsverlust an. Abs. 3 bestimmt die Voraussetzungen für die Aufnahme von Veränderungen in das Aktienregister im Zusammenhang mit dem Übergang einer Namensaktie. Abs. 4 statuiert Mitteilungs- und Mitwirkungspflichten der an der Übertragung oder Verwahrung beteiligten Kreditinstitute und der Eingetragenen gegenüber der Gesellschaft. Abs. 5 regelt die Voraussetzungen für eine Löschung bei unrichtiger Eintragung. Abs. 6 beinhaltet ein Auskunftsrecht des Aktionärs über die zu seiner Person eingetragenen Daten und Regelungen und deren Verwendung durch die Gesellschaft. Abs. 7 erweitert den Anwendungsbereich des § 67 auf Zwischenscheine.

2. Normzweck. Die Eintragung der Inhaber von Namensaktien und Zwischenscheinen in das Aktienregister soll der Gesellschaft Gewissheit über die Personen verschaffen, die ihr gegenüber als Mitglied berechtigt und verpflichtet sind.[5] Darüber hinaus dient die Vorschrift der Durchsetzung der realen Kapitalaufbringung.[6] Denn bei Beachtung der Vorgaben des § 10 Abs. 2 und 3 kann dem Aktienregister entnommen werden, wer Schuldner ausstehender Einlagen ist bzw. wer sich als solcher behandeln lassen muss oder wer als Vormann eines ausgeschlossenen Aktionärs nach § 65 haftet.[7] Mangels entsprechender Auskunftsansprüche und Einsichtsrechte der Aktionäre dient das Aktienregister hingegen heute im Regelfall nicht mehr als Informationsquelle über den Kreis der Mitaktionäre.[8] 2

II. Aktienregister

1. Rechtsnatur und Form. Das Aktienregister ist kein Handelsbuch iSd § 238 HGB und § 91, sondern als „sonst erforderliche Aufzeichnung" iSd § 239 HGB zu qualifizieren[9] und kann somit in jeder der in § 239 Abs. 4 HGB zugelassenen Formen geführt werden.[10] In Betracht kommen zB eine Kartei, eine geordnete Belegablage oder die elektronische Führung des Aktienregisters mittels Datenträger.[11] Es kommt darauf an, dass die Grundsätze ordnungsmäßiger Buchführung eingehalten werden (§ 239 Abs. 4 S. 1 HGB). Des Weiteren müssen die Aufzeichnungen vollständig, richtig, zeitgerecht und geordnet vorgenommen werden (vgl. § 239 Abs. 2 HGB). Zudem muss bei elektronischer Führung sichergestellt sein, dass die Daten während der Dauer der Aufbewahrungsfrist verfügbar sind und jederzeit innerhalb angemessener Frist lesbar gemacht werden können (§ 239 Abs. 4 S. 2 HGB). 3

2. Pflicht zur Führung des Aktienregisters. Nach bislang hM entstand zu dem Zeitpunkt, an dem an die Aktionäre Namensaktien oder Zwischenscheine ausgegeben wurden bzw. hierüber eine Globalurkunde erstellt wurde, für diese Aktiengesellschaft die Verpflichtung zur Führung eines Aktienregisters.[12] Die Aktienrechtsnovelle 2016 hat hingegen klargestellt, dass die Eintragungspflicht unabhängig von einer Verbriefung eintritt.[13] Physische Aktienurkunden werden auch nicht durch den Begriff „Aktienregister" vorausgesetzt.[14] Voraussetzung ist weiterhin, dass die Gesellschaft in das Handelsregister eingetragen ist; denn vorher ausgegebene Aktien oder Zwischenscheine sind nichtig (vgl. § 41 Abs. 4 S. 2; → § 41 Rn. 28). Jeder Aktionär kann die Führung eines Aktienregisters aufgrund seines allgemeinen Mitgliedschaftsrechts einklagen.[15] Dies gilt auch dann, wenn seine eigene Mitgliedschaft unverkörpert oder mittels Inhaberaktie verbrieft ist.[16] 4

3. Zuständigkeit. Zuständig für die Führung des Aktienregisters ist der Vorstand.[17] Dabei kann er die technische Durchführung Angestellten oder Hilfspersonal (auch Drittunternehmen) überlassen, solange sichergestellt ist, dass dem Vorstand die Letztentscheidungsbefugnis und jederzeitige Zugriffs- 5

[5] MüKoAktG/*Bayer* Rn. 1; Spindler/Stilz/*Cahn* Rn. 1; MHdB AG/*Sailer-Coceani* § 14 Rn. 36.

[6] Spindler/Stilz/*Cahn* Rn. 2; Hüffer/*Koch* Rn. 1.

[7] MüKoAktG/*Bayer* Rn. 1; Hüffer/*Koch* Rn. 1.

[8] MüKoAktG/*Bayer* Rn. 1; Spindler/Stilz/*Cahn* Rn. 3.

[9] *Leuering* ZIP 1999, 1745; KK-AktG/*Lutter/Drygala* Rn. 11; MüKoAktG/*Bayer* Rn. 14.

[10] Hüffer/*Koch* Rn. 4; Spindler/Stilz/*Cahn* Rn. 9.

[11] MüKoAktG/*Bayer* Rn. 14.

[12] HM, zB OLG München NZG 2005, 756; aA *Happ* FS Bezzenberger, 2009, 111 (119).

[13] Hüffer/*Koch* Rn. 6; *Wälzholz/Graf Wolffskeel v. Reichenberg* MittBayNot 2016, 197 (198) zur Rechtslage vor der Aktienrechtsnovelle und damit zur alten hM vgl. Spindler/Stilz/*Cahn* Rn. 10; MüKoAktG/*Bayer* Rn. 16 f.

[14] Begr. RegE, BT-Drs. 18/4349, 20 f.

[15] HM, zB KK-AktG/*Lutter/Drygala* Rn. 7; MüKoAktG/*Bayer* Rn. 16 f.; Hüffer/*Koch* Rn. 5; aA Spindler/Stilz/*Cahn* Rn. 10.

[16] Hüffer/*Koch* Rn. 5; MüKoAktG/*Bayer* Rn. 16.

[17] OLG München AG 2005, 756 (757); Hüffer/*Koch* Rn. 5; KK-AktG/*Lutter/Drygala* Rn. 9.

möglichkeit verbleibt.[18] In der Praxis wird die Führung des Aktienregisters daher oftmals auf externe Dienstleistungsunternehmen übertragen.[19]

III. Eintragungen im Aktienregister (Abs. 1)

6 **1. Grundsätze. a) Inhaber-, Namensaktien und Zwischenscheine.** Seit Inkrafttreten des Risikobegrenzungsgesetzes am 19.8.2008 begründet § 67 Abs. 1 eine **Pflicht zur Eintragung** von Namensaktien und Zwischenscheinen in das Aktienregister.[20] Die Inhaber der Namensaktien und Zwischenscheine sind **verpflichtet,** der Gesellschaft die in das Aktienregister aufzunehmenden Angaben **mitzuteilen** (vgl. § 67 Abs. 1 S. 2; → Rn. 7 f.). Selbst wenn die Satzung den Anspruch des Aktionärs auf Verbriefung ausgeschlossen hat (vgl. § 10 Abs. 5) und sich die Verbriefung daher auf die Ausstellung der unverzichtbaren Globalurkunde beschränkt, sind Namensaktien und Zwischenscheine in das Aktienregister einzutragen.[21] Inhaberaktien und unverkörperte Mitgliedschaften werden grundsätzlich nicht eingetragen.[22] Dennoch angefertigte Aufzeichnungen über Inhaberaktien iSd § 10 Abs. 1 S. 1 stellen kein Aktienregister iSd § 67 dar. Inhaberaktien, die von einer nicht börsennotierten AG ohne Hinterlegung einer Sammelurkunde ausgegeben werden, müssen hingegen in das Aktienregister eingetragen werden, § 10 Abs. 1 S. 3. Dies gilt auch, wenn die Sammelverwahrung nachträglich aufgehoben wird.[23] Bei der Umstellung von Inhaber- auf Namensaktien sind die neuen Aktien im Aktienregister einzutragen, sobald die Satzungsänderung durch Eintragung im Handelsregister wirksam wird.[24]

7 **b) Inhalt der Eintragung. aa) Aktionär.** Gemäß § 67 Abs. 1 S. 1 sind Namensaktien unter Angabe des Namens, Geburtsdatums und der Adresse des Aktionärs sowie der Stückzahl oder der Aktiennummer und bei Nennbetragsaktien des Betrags in das Aktienregister der Gesellschaft einzutragen. In das Aktienregister ist daher stets der erste Inhaber des verbrieften Rechts einzutragen.[25] Bei der Ersteintragung wird der Vorstand von sich aus tätig.[26] Ein Eintragungsantrag oder eine Mitteilung des Aktionärs ist entbehrlich.[27] Andererseits ist auch ein etwaiger Widerspruch des Aktionärs unbeachtlich.[28] Dagegen setzt eine spätere Eintragung grundsätzlich eine Mitteilung des Aktionärs und einen Nachweis voraus (vgl. Abs. 3; → Rn. 18 ff.). Einzutragen sind der **Name,** das **Geburtsdatum** und die **Adresse** des Aktionärs. Nach dem Wortlaut ist die Aufnahme des Vornamens nicht zwingend erforderlich,[29] aber in der Praxis zur hinreichenden Individualisierung des Aktionärs zu empfehlen. Als Adresse können die postalische Anschrift, die Büroanschrift, ein Zustellungsbevollmächtigter oder die E-Mail-Anschrift angegeben werden.[30] Wenn **juristische Personen** oder **Personenhandelsgesellschaften** Aktionäre sind, ist die Angabe ihrer Firma und des Sitzes mit der Adresse erforderlich und genügend.[31] Für andere Personenvereinigungen, wie zB eine **Gesellschaft bürgerlichen Rechts,** sind – sofern vorhanden – der Name und der Sitz sowie die Gesellschafter mit ihrem Namen einzutragen.[32] Die Adressen der Gesellschafter und deren Geburtsdatum können zusätzlich aufgenommen werden; zwingend erforderlich ist das nicht.[33] § 67 Abs. 1 S. 4 trifft eine Sonderregelung für Aktien, die zu einem in-, EU- oder ausländischen Investmentvermögen nach dem Investmentgesetz gehören, dessen Anteile nicht ausschließlich von Anlegern, die nicht natürliche

---

[18] OLG München AG 2005, 584 (585); *Kort* NZG 2005, 963 (964 f.); *Diekmann* BB 1999, 1985; *Leuering* ZIP 1999, 1745 (1746); *Noack* DB 1999, 1306 (1307); *Huep* WM 2000, 1623 (1626); Hüffer/*Koch* Rn. 5.

[19] *Diekmann* BB 1999, 1985; *Kindler* NJW 2001, 1678 (1679); *Leuering* ZIP 1999, 1745 (1746); Spindler/Stilz/*Cahn* Rn. 11; *v. Rottenburg,* Inhaberaktien und Namensaktien im deutschen und amerikanischen Recht, 1967, 37 f.

[20] *Noack* NZG 2008, 721 (721); *Mutter/Pernfuß* AG 2008, R 447; KK-AktG/*Lutter/Drygala* Rn. 13.

[21] *Diekmann* BB 1999, 1985 (1986); *Happ* FS Bezzenberger, 2000, 111 (120).

[22] MükoAktG/*Bayer* Rn. 18; KK-AktG/*Lutter/Drygala* Rn. 40.

[23] Begr. RegE, BT-Drs. 18/4349, 18; *Stöber* DStR 2016, 611 (612).

[24] MükoAktG/*Bayer* Rn. 18; Spindler/Stilz/*Cahn* Rn. 12.

[25] Spindler/Stilz/*Cahn* Rn. 14; Hüffer/*Koch* Rn. 6.

[26] Hüffer/*Koch* Rn. 6.

[27] Hüffer/*Koch* Rn. 6.

[28] OLG Jena AG 2004, 268 (270); *Drygala* NZG 2004, 893 (896); Hüffer/*Koch* Rn. 6.

[29] Vgl. MüKoAktG/*Bayer* Rn. 26.

[30] Begr. RegE, BT-Drs. 14/4051, 10 f.; Hüffer/*Koch* Rn. 7; Spindler/Stilz/*Cahn* Rn. 14; vgl. KK-AktG/*Lutter/Drygala* Rn. 30, wonach E-Mail-Adresse nicht ausreichen soll.

[31] Begr. RegE, BT-Drs. 14/4051, 10 f.; *Kölling* NZG 2000, 631 (635); Hüffer/*Koch* Rn. 7.

[32] Spindler/Stilz/*Cahn* Rn. 18; MüKoAktG/*Bayer* Rn. 28; KK-AktG/*Lutter/Drygala* Rn. 30.

[33] MüKoAktG/*Bayer* Rn. 28; aA Spindler/Stilz/*Cahn* Rn. 18, der von einer Eintragungspflicht für diese Angaben ausgeht.

Personen sind, gehalten werden. Danach werden entsprechende Namensaktien grundsätzlich dem Fonds zugeordnet.[34]

8 **bb) Angaben zum Aktienbesitz.** Des Weiteren sind die **Stückzahl** der Namensaktien oder die **Aktiennummer** und bei Nennbetragsaktien der **Betrag** anzugeben. Hingegen sind **dingliche Belastungen** der Namensaktie (zB Nießbrauch, Pfandrecht) nicht eintragungspflichtig, jedoch **eintragungsfähig** und können auf diese Weise in die Rechtswirkungen des § 67 Abs. 2 einbezogen werden.[35] Eintragungsfähig soll aus Gründen der Rechtssicherheit auch die Anordnung einer Testamentsvollstreckung sein.[36]

9 **c) Änderungen.** Änderungen, die sich auf die Aktie im Sinne der Mitgliedschaft beziehen, muss der Vorstand von sich aus eintragen, um die Richtigkeit des Aktienregisters zu gewährleisten.[37] Dies gilt zB bei einer Änderung des Nennbetrags von Nennbetragsaktien, einer Umwandlung von Nennbetragsaktien in Stückaktien oder umgekehrt, der Änderung der Aktiengattung, der Umwandlung von Namensaktien in Inhaberaktien (vgl. § 24), einer Kaduzierung (§ 64), einer Kraftloserklärung (§§ 72 f.), einer Zusammenlegung (§ 222 Abs. 4 S. 2) und einer Einziehung (§ 237).[38] Dagegen wird der Vorstand bei einem Übergang der Mitgliedschaft nur auf Mitteilung eines Beteiligten tätig (vgl. Abs. 3; → Rn. 18 ff.).

10 **2. Satzungsbestimmungen über Eintragung von Nicht-Aktionären.** Grundsätzlich ist die Gesellschaft nicht berechtigt, eine Person im eigenen Namen für Aktien, die einem anderen gehören, in das Aktienregister einzutragen. Von diesem Grundsatz waren bereits vor Inkrafttreten des Risikobegrenzungsgesetz (→ Rn. 1) zwei Ausnahmen anerkannt: die Eintragung eines Dritten als **„Legitimationsaktionär"**[39] (vgl. § 129 Abs. 3 S. 2; → § 129 Rn. 25 ff.) und die **„Platzhaltereintragung"** iSd § 67 Abs. 4 S. 5 (→ Rn. 23). Nach dem durch das Risikobegrenzungsgesetz angefügten § 67 Abs. 1 S. 3 kann die Satzung Näheres dazu bestimmen, unter welchen Voraussetzungen Eintragungen im eigenen Namen für Aktien, die einem anderen gehören, zulässig sind. Der Gesellschaft wird die Möglichkeit eingeräumt, die „grundsätzlich zulässige Eintragung von Legitimationsaktionären" über entsprechende Regelungen in der Satzung einzuschränken oder sogar ganz auszuschließen.[40] Da das Gesetz die Eintragung Dritter damit zwar grundsätzlich zulässt, diese jedoch keinen Anspruch darauf haben, führt die Regelung im Wesentlichen zur **Beschränkung des Vorstandsermessens.**[41] Gesellschaften soll insbesondere erlaubt werden, **Schwellenwerte** (zB 1% des Grundkapitals) festzulegen, ab denen Eintragungen als Legitimationsaktionär nicht mehr zulässig sind.[42] Zudem kann geregelt werden, dass mit dem Eintragungsverlangen gegenüber der Gesellschaft **offen zu legen** ist, ob die Eintragung im Aktienregister auf Grund einer Ermächtigung erfolgt.[43] Entsprechende Satzungsregeln können der Transparenz der Gesellschafterstruktur dienen und damit sowohl bei der Abwehr feindlicher Übernahmeversuche als auch im Tagesgeschäft für eine erfolgreiche „Investor Relations-Arbeit" von Bedeutung sein.[44] Bei der statuarischen Festlegung von Schwellenwerten hängt es von der Ausgestaltung der jeweiligen Satzungsregelung ab, ob das Unterschreiten des Schwellenwertes die Eintragung als Legitimationsaktionär lediglich ermöglicht oder ob ein Anspruch auf Eintragung begründet wird.[45] Die Einführung eines Schwellenwertes und die Begründung einer Pflicht zur Offenlegung des Fremdbesitzes durch Satzungsregelung kann Auswirkungen auf das Stimmrecht haben (vgl. § 67 Abs. 2 S. 2; → Rn. 15 f.). Nach dem Wortlaut des § 67 Abs. 1 S. 3 scheint ferner möglich zu sein, dass durch Satzungsregelung – über den Legitimationsaktionär hinaus – die Eintragung weiterer Dritter in das Aktienregister gestattet wird, die im eigenen Namen für Fremdbesitz eingetragen werden möchten, ohne dass zugleich eine Ermächtigung zur Ausübung des Stimmrechts vorliegt (zB Vermögensverwalter, Rechtsanwälte, Steuerberater).[46]

---

[34] Vgl. *Noack* NZG 2008, 721 (721); Hüffer/*Koch* Rn. 8c; KK-AktG/*Lutter/Drygala* Rn. 28 f.

[35] HM, zB *Happ* FS Bezzenberger, 2000, 111 (120); KK-AktG/*Lutter/Drygala* Rn. 33 ff.; Hüffer/*Koch* Rn. 9; *Wiedemann,* Übertragung und Vererbung von Mitgliedschaftsrechten, 1965, 399 (424); aA GroßkommAktG/*Barz,* 3. Aufl. 1972, Rn. 26.

[36] Hüffer/*Koch* Rn. 9.

[37] Spindler/Stilz/*Cahn* Rn. 20; Hüffer/*Koch* Rn. 9.

[38] Hüffer/*Koch* Rn. 9.

[39] MüKoAktG/*Bayer* Rn. 22; *Happ* FS Rowedder, 1994, 119 (122); KK-AktG/*Lutter/Drygala* Rn. 17 ff.; *Noack* NZG 2008, 721 (721 f.).

[40] Begr. RegE, BT-Drs. 16/7438, 13; hierzu ausf. KK-AktG/*Lutter/Drygala* Rn. 17 ff.

[41] *Noack* NZG 2008, 721 (722).

[42] Begr. RegE, BT-Drs. 16/7438, 13.

[43] Begr. RegE, BT-Drs. 16/7438, 14.

[44] *Mutter/Bernfuß* AG 2008, R 447.

[45] *Noack* NZG 2008, 721 (722).

[46] *Noack* NZG 2008, 721 (722); abl. Hüffer/*Koch* Rn. 8b.

IV. Wirkungen der Eintragung im Aktienregister (Abs. 2)

11 **1. Kein Einfluss auf materielle Rechtslage.** Die Eintragung im Aktienregister ist ohne Bedeutung für die Inhaberschaft an der Mitgliedschaft. Der Erwerb der Aktie setzt die Eintragung nicht voraus.[47] Etwaige Übertragungsmängel werden durch die Eintragung nicht geheilt.[48] Ebenso wenig ist ein gutgläubiger Erwerb im Vertrauen auf eine solche Eintragung möglich.[49]

12 **2. Unwiderlegbare Vermutung der Mitgliedschaft.** Nach § 67 Abs. 2 S. 1 gilt im Verhältnis zur Gesellschaft als Aktionär nur, wer als solcher im Aktienregister eingetragen ist. Mit der Eintragung ist über den Wortlaut der Norm hinaus eine unwiderlegbare Vermutung der Aktionärsstellung des Eingetragenen verbunden.[50] Die Eintragung hat nur Auswirkungen auf das Rechtsverhältnis zwischen der Gesellschaft und dem Aktionär, nicht aber gegenüber Dritten.[51] Im Verhältnis zur Gesellschaft wirkt sie sowohl zugunsten als auch zulasten des Eingetragenen, unabhängig von der materiellen Rechtslage.[52] Erfasst werden alle **mitgliedschaftlichen Rechte** und **Pflichten.**[53] Die Gesellschaft kann den als Aktionär Eingetragenen daher auf Erfüllung seiner mitgliedschaftlichen Pflichten in Anspruch nehmen, insbesondere zur Leistung noch offener Einlagen (§ 63 Abs. 1) und dazugehöriger Nebenforderungen (§ 63 Abs. 2 und 3) sowie zur Erbringung satzungsmäßiger Nebenverpflichtungen (§ 55).[54] Dies gilt selbst dann, wenn die Gesellschaft positive Kenntnis von der materiellen Nichtberechtigung des Eingetragenen hat.[55] Andererseits kann der Eingetragene sämtliche mitgliedschaftlichen Vermögens-, Herrschafts- und Kontrollrechte geltend machen.[56] Der Eingetragene kann insbesondere die Zahlung der Dividenden fordern, sofern der darauf gerichtete Anspruch nicht gesondert verbrieft ist.[57] Ferner hat nur er das Recht, ein Abfindungsangebot der Gesellschaft anzunehmen.[58] Darüber hinaus kann nur der Eingetragene die Minderheitenrechte ausüben (vgl. § 122 Abs. 2,[59] § 142 Abs. 2).[60] Zudem ist er allein zur Anfechtung von Beschlüssen der Hauptversammlung (§ 245) berechtigt.[61] Der Eingetragene kann auch dann die mitgliedschaftlichen Rechte geltend machen, wenn der Gesellschaft der Mangel seiner materiellen Berechtigung bekannt ist.[62]

13 **3. Voraussetzungen.** Obschon § 67 Abs. 2 S. 1 lediglich auf die Eintragung als solche abstellt, ist über dessen Wortlaut hinaus weitere Voraussetzung für die Rechtswirkungen, dass die Eintragung auch ordnungsgemäß, dh zu Recht vorgenommen wurde.[63] Eine ordnungsgemäße Eintragung liegt vor, wenn die Eintragung in das Aktienregister durch den hierfür **zuständigen Vorstand** oder einen von ihm beauftragten Dritten auf Grund einer **zurechenbaren Mitteilung** eines hierzu formal Befugten vorgenommen wurde.[64] Hat der Vorstand die Änderung von sich aus einzutragen (→ Rn. 9), entfällt das Erfordernis der Mitteilung. Fehlt eine der Voraussetzungen, so treten die Rechtswirkungen des Abs. 2 nicht ein.[65] Dies gilt auch bei irrtümlicher Eintragung eines falschen Aktionärs entgegen der vorliegenden Mitteilung.[66]

---

[47] *Noack* FS Wiedemann, 2002, 1141 (1153); Hüffer/*Koch* Rn. 11; MüKoAktG/*Bayer* Rn. 43.
[48] RGZ 79, 162 (163); 86, 154 (157); 86, 160 (161); 123, 279 (282); Hüffer/*Koch* Rn. 11.
[49] MüKoAktG/*Bayer* Rn. 43; Spindler/Stilz/*Cahn* Rn. 30; KK-AktG/*Lutter/Drygala* Rn. 42.
[50] OLG Hamburg AG 2003, 694; OLG Jena AG 2004, 268 (269); OLG Zweibrücken AG 1997, 140; *Lieder* NZG 2005, 159 (160); *Spindler* ZGR 2000, 420 (423); *Zetzsche* Konzern 2007, 180 (187, 189); Spindler/Stilz/*Cahn* Rn. 30; KK-AktG/*Lutter/Drygala* Rn. 46; aA RGZ 79, 162 (164); RGZ 86, 154 (157); RGZ 86, 160 (161); GroßkommAktG/*Barz,* 3. Aufl. 1972, Rn. 13 spricht von einer Legitimationswirkung.
[51] MüKoAktG/*Bayer* Rn. 44 ff.
[52] OLG Jena AG 2004, 268 (269); OLG Celle AG 1984, 266 (268) = WM 1984, 494 (496); LG Köln AG 1981, 81; *Huep* WM 2000, 1623 (1625).
[53] Spindler/Stilz/*Cahn* Rn. 31; MüKoAktG/*Bayer* Rn. 49.
[54] MüKoAktG/*Bayer* Rn. 49; Spindler/Stilz/*Cahn* Rn. 31.
[55] *Noack* DB 1999, 1306 (1307); *Diekmann* BB 1999, 1985 (1986); Spindler/Stilz/*Cahn* Rn. 31; MüKoAktG/*Bayer* Rn. 51.
[56] HM, zB OLG Jena AG 2004, 268 (269); OLG Celle AG 1984, 266 (268); LG Köln AG 1981, 81; *Leuering* ZIP 1999, 1745 (1748); MüKoAktG/*Bayer* Rn. 49; aA RGZ 86, 154 (160); RGZ 123, 279 (286).
[57] *Diekmann* BB 1999, 1985 (1987); MüKoAktG/*Bayer* Rn. 49.
[58] OLG Jena AG 2004, 268 (269).
[59] OLG Zweibrücken AG 1997, 140 f.
[60] OLG München DB 2006, 494.
[61] OLG Hamburg AG 2003, 694; *Lieder* NZG 2005, 159 (162 ff.); aA *Dißars* BB 2004, 1293 ff.
[62] *Leuering* ZIP 1999, 1745 (1748); vgl. KK-AktG/*Lutter/Drygala* Rn. 45.
[63] AllgM, zB Hüffer/*Koch* Rn. 12; Spindler/Stilz/*Cahn* Rn. 30.
[64] Hüffer/*Koch* Rn. 12; KK-AktG/*Lutter/Drygala* Rn. 50.
[65] RGZ 123, 279 (285); RGZ 86, 154 (159); KK-AktG/*Lutter/Drygala* Rn. 50; Hüffer/*Koch* Rn. 12.
[66] MüKoAktG/*Bayer* Rn. 83.

4. Stimmrechtsverlust. a) Überblick. Abs. 2 wurde durch das Risikobegrenzungsgesetz um die S. 2 und 3 ergänzt, die trotz Eintragung einen Verlust des Stimmrechts vorsehen, wenn der „Fremdbesitz" in der Satzung bestimmte Schwellenwerte übersteigt (S. 2 Alt. 1), satzungsmäßige Offenlegungspflichten nicht erfüllt werden (S. 2 Alt. 2) oder Auskunftsverlangen iSd Abs. 4 S. 2 f. (→ Rn. 25) nicht fristgerecht erfüllt werden (S. 3). Die Verstöße gegen die Pflichten nach Abs. 2 S. 2 und 3 lassen jedoch die sonstigen Aktionärsrechte (zB Dividendenrecht, Teilnahmerecht an der Hauptversammlung, Rede- und Fragerecht sowie Widerspruchs- und Anfechtungsrecht) unberührt.[67] 14

b) Höchstgrenze. Nach Abs. 2 S. 2 Alt. 1 besteht kein Stimmrecht aus einer Eintragung, die eine satzungsmäßige Höchstgrenze (→ Rn. 10) überschreitet. Hiermit wird der Fall geregelt, dass der statutarische Schwellenwert für Fremdbesitz von Anfang an aufgrund eines technischen Irrtums, wegen einer mangelnden Aufklärung über den Sachverhalt der Ermächtigung oder weil der Vorstand dennoch die Eintragung vorgenommen hat, nicht gewahrt wurde.[68] Zu beachten ist, dass Eintragungen oberhalb der Höchstgrenze, die bei Einführung einer entsprechenden Satzungsbestimmung bereits bestanden, nicht von dem Stimmrechtsverlust betroffen sind.[69] Denn die Mehrheit kann nicht nachträglich durch Satzungsänderung in ein bestehendes Stimmrecht eingreifen.[70] 15

c) Offenlegung. Begründet die Satzung eine Pflicht zur Offenlegung, wenn bzw. dass die Aktien einem anderen gehören (→ Rn. 10), und wird dieser Pflicht nicht nachgekommen, bestehen gemäß Abs. 2 S. 2 Alt. 2 keine Stimmrechte aus den diesbezüglichen Aktien. Nach dem Wortlaut der Norm führt lediglich der Verstoß gegen eine entsprechende Satzungsbestimmung, nicht aber der Umstand, dass mit einer nicht wahrheitsgetreuen Mitteilung auch ohne Satzungsregel gegen das Gesetz verstoßen wurde, zum Verlust des Stimmrechts. Der Wortlaut der Norm scheint darauf hinzuweisen, dass ein einmaliger Verstoß auch bei nachträglicher Offenlegung zum dauerhaften Verlust des Stimmrechts führt. Denn anders als in S. 3 („solange") wird der Stimmrechtsverlust nicht zeitlich beschränkt. Unter Berücksichtigung von Sinn und Zweck der Offenlegungspflicht (→ Rn. 10) spricht jedoch mehr dafür, die Sanktion mit Nachholung der geschuldeten Offenlegung entfallen zu lassen.[71] 16

d) Auskunft. Schließlich folgt aus Abs. 2 S. 3, dass Stimmrechte aus Aktien nicht bestehen, solange ein Auskunftsverlangen nach Abs. 4 S. 2 oder S. 3 (→ Rn. 22) nach Fristablauf nicht erfüllt ist. Unter Nichterfüllung in diesem Sinne sind die Verweigerung jedweder Auskunft oder eine Falschaussage zu verstehen.[72] 17

V. Löschung und Neueintragung bei Übertragung der Namensaktie (Abs. 3)

1. Mitteilung und Nachweis der Rechtsänderung. a) Überblick. Geht die Namensaktie auf einen anderen über, so erfolgt die Löschung und Neueintragung im Aktienregister nach § 67 Abs. 3 nur auf Mitteilung und Nachweis. Der Vorstand darf somit keine eigenmächtigen Löschungen oder Neueintragungen vornehmen, selbst wenn er auf andere Weise von der Aktienübertragung Kenntnis erlangt hat.[73] Jeder Inhaber der Aktie ist verpflichtet, der Gesellschaft die für seine Eintragung erforderlichen Angaben mitzuteilen (vgl. Abs. 1 S. 2). Aus der Systematik des Gesetzes ergibt sich, dass die entsprechende Verpflichtung auch die erforderliche Mitteilung nach Abs. 3 und das Erbringen des Nachweises in geeigneter Form umfasst.[74] 18

b) Mitteilung. Mitteilungsempfänger ist der Vorstand der Gesellschaft oder eine vom ihm mit der Führung des Aktienregisters beauftragte Hilfsperson.[75] Aus der Differenzierung in § 67 Abs. 3 zwischen der Löschung des Veräußerers und der Neueintragung des Erwerbers folgt, dass die Löschung des Veräußerers nicht notwendigerweise mit einer Neueintragung des Erwerbers verbunden werden muss.[76] Die Mitteilung durch den Veräußerer berechtigt daher nur zu seiner Löschung im Aktienregister.[77] Zur Neueintragung bedarf es zudem der Mitteilung des Erwerbers.[78] Liegt 19

[67] *Noack* NZG 2008, 721 (725); vgl. KK-AktG/*Lutter/Drygala* Rn. 74.
[68] *Noack* NZG 2008, 721 (724).
[69] *Wilsing/Goslar* DB 2007, 2467 (2471); Hüffer/*Koch* Rn. 15a.
[70] *Noack* NZG 2008, 721 (724).
[71] Ähnlich *Noack* NZG 2008, 721 (724); ebenso KK-AktG/*Lutter/Drygala* Rn. 80.
[72] *Noack* NZG 2008, 721 (724); Hüffer/*Koch* Rn. 15b.
[73] *Noack* ZIP 1999, 1993 (1996); MüKoAktG/*Bayer* Rn. 91; KK-AktG/*Lutter/Drygala* Rn. 89.
[74] *Noack* NZG 2008, 721 (721).
[75] Spindler/Stilz/*Cahn* Rn. 62.
[76] MüKoAktG/*Bayer* Rn. 99; KK-AktG/*Lutter/Drygala* Rn. 90.
[77] *Drygala* NZG 2004, 893; *Noack* ZIP 1999, 1993 (1996); MüKoAktG/*Bayer* Rn. 99.
[78] MüKoAktG/*Bayer* Rn. 99; Spindler/Stilz/*Cahn* Rn. 64.

lediglich die Mitteilung des Erwerbers vor, berechtigt diese auch zur Löschung des Veräußerers. Denn jede Veräußerung beinhaltet zumindest konkludent die Zustimmung zur Löschung.[79] Solange keine Mitteilung des Erwerbers vorliegt, ist der neue Rechtsinhaber nicht einzutragen. Im Aktienregister wird vielmehr ein sog. Leerposten (sog. freier Meldebestand) vermerkt.[80] Ein etwaiges **Formerfordernis** für die Mitteilung besteht nicht.[81] Daher kann die Mitteilung auch elektronisch erfolgen.[82]

20 **c) Nachweis.** Weitere Voraussetzung für die Eintragung des Erwerbers ist ein Nachweis über den Rechtsübergang, der mit allen vorhandenen Beweismitteln durchgeführt werden kann.[83] Insbesondere kommen die Vorlage von Lieferbestätigungen oder die Umbuchungsbestätigung durch die Clearstream Banking AG in Betracht.[84] Die genauen Anforderungen an den zu erbringenden Nachweis hängen von der Art der Mitteilung und dem Erwerbstatbestand ab.[85] Erfolgt der Nachweis durch elektronische Mitteilungen der Clearstream Banking AG, soll nach der Gesetzesbegründung eine „automatisierte Plausibilitätskontrolle" der Mitteilung ausreichen.[86] Bei einer Übertragung ohne die Beteiligung der Depotbank, zB im Zuge einer Gesamtnachrechtsfolge oder einer Abtretung, ist die Vorlage entsprechender Unterlagen (zB schriftliche Abtretungserklärung, Erbschein) erforderlich.[87]

21 **2. Löschung und Neueintragung.** Nach ordnungsgemäßem Zugang der Mitteilung und des Nachweises über den Rechtsübergang ist der Vorstand bzw. der mit der Registerführung beauftragte Dritte dazu verpflichtet, die Löschung des bisherigen Aktionärs und die Neueintragung des Erwerbers zu veranlassen.[88] Die Mitteilung und der Nachweis begründen einen klagbaren Anspruch des Veräußerers und des Erwerbers auf Löschung und Neueintragung im Aktienregister.[89] Die Eintragungen müssen grundsätzlich unverzüglich erfolgen.[90] Schuldhafte Verzögerungen oder die nicht gerechtfertigte Verweigerung einer Eintragung können zu Schadensersatzansprüchen gegen die Gesellschaft und die verantwortlichen Vorstandsmitglieder führen.[91] Allerdings ist es zulässig, Löschungen und Neueintragungen im Aktienregister für einen gewissen Zeitraum vor Durchführung der Hauptversammlung auszusetzen, damit die Teilnahmeberechtigung rechtzeitig feststeht.[92] Hinsichtlich der zulässigen Dauer der Aussetzung erscheint eine Orientierung an der Anmeldefrist des § 123 Abs. 2 S. 2 geboten.[93] Danach müssen Eintragungen bis mindestens sechs Tage vor der Hauptversammlung vorgenommen werden. Die Satzung kann nähere Einzelheiten bestimmen, jedoch nicht die Aussetzungsfrist verlängern.[94]

VI. Mitteilungs- und Mitwirkungspflichten (Abs. 4)

22 **1. Pflichten der Kreditinstitute. a) Auskunftspflicht.** Nach § 67 Abs. 4 S. 1 sind die am Aktienhandel beteiligten Kreditinstitute einschließlich der nach § 125 Abs. 5 gleichgestellten Institute **verpflichtet,** der Gesellschaft die für die Führung des Aktienregisters **erforderlichen Angaben** zu übermitteln. Hierzu zählen die nach Abs. 1 notwendigen Angaben (→ Rn. 6 ff.) im Zusammenhang mit der Veräußerung und dem Erwerb – auch durch Gesamtrechtsnachfolge – sowie alle sonstigen Namens- und Adressänderungen während der Inhaberschaft der Namensak-

---

[79] MüKoAktG/*Bayer* Rn. 100; Spindler/Stilz/*Cahn* Rn. 64; *Schneider/Müller-v Pilchau* AG 2007, 181 (187).

[80] Begr. RegE, BT-Drs. 14/4618, 13; *Noack* ZIP 1999, 1993 (1996); Hüffer/*Koch* Rn. 19.

[81] Hüffer/*Koch* Rn. 17; Spindler/Stilz/*Cahn* Rn. 70.

[82] Begr. RegE, BT-Drs. 14/4051, 11; Hüffer/*Koch* Rn. 17.

[83] MüKoAktG/*Bayer* Rn. 108; Spindler/Stilz/*Cahn* Rn. 77.

[84] *Noack* ZIP 1999, 1993 (1996); *Diekmann* BB 1999, 1985 (1987).

[85] Hüffer/*Koch* Rn. 18.

[86] Begr. RegE, BT-Drs. 14/4051, 11; MüKoAktG/*Bayer* Rn. 109.

[87] Spindler/Stilz/*Cahn* Rn. 77; Hüffer/*Koch* Rn. 18.

[88] Spindler/Stilz/*Cahn* Rn. 78; MüKoAktG/*Bayer* Rn. 108.

[89] *Noack* ZIP 1999, 1993 (1997); KK-AktG/*Lutter/Drygala* Rn. 103.

[90] Begr. RegE, BT-Drs. 14/4051, 11; Spindler/Stilz/*Cahn* Rn. 80.

[91] *Noack* ZIP 1999, 1993 (1997); MüKoAktG/*Bayer* Rn. 110 f.; vgl. hierzu ausf. KK-AktG/*Lutter/Drygala* Rn. 105 ff.

[92] Begr. RegE, BT-Drs. 14/4051, 11; BGH NZG 2009, 1270 Rn. 9 = AG 2009, 824; MüKoAktG/*Bayer* Rn. 112; Hüffer/*Koch* Rn. 20; noch aA *Diekmann* BB 1999, 1985 (1989).

[93] Vgl. BGH NZG 2009, 1270 Rn. 9 = AG 2009, 824; MüKoAktG/*Bayer* Rn. 93; Hüffer/*Koch* Rn. 20; Spindler/Stilz/*Cahn* Rn. 81, jeweils zu § 123 Abs. 2 S. 3.

[94] Begr. RegE, BT-Drs. 14/4051, 11; MüKoAktG/*Bayer* Rn. 112; KK-AktG/*Lutter/Drygala* Rn. 104; aA *Diekmann* BB 1999, 1985 (1989).

tie.[95] Damit soll das Leitbild des aktuellen und vollständigen Aktienregisters verwirklicht werden.[96] Aufgrund der Auskunftspflicht des Aktieninhabers (vgl. Abs. 1 S. 2; → Rn. 6) besteht die Mitteilungspflicht des Kreditinstituts unabhängig davon, ob der Inhaber der Weitergabe der Informationen zustimmt oder ihr widerspricht. Das Kreditinstitut ist verpflichtet, seine Mitteilungspflicht unverzüglich zu erfüllen.[97] Bei einer Verzögerung oder Unterlassung haftet das Kreditinstitut für eintretende Schäden.[98] Die anfallenden Kosten der Datenübermittlung trägt indes nicht das beteiligte Kreditinstitut, sondern die Gesellschaft.[99] Nicht erstattungsfähig sind die Kosten der Datenerfassung und Depoteinbuchung.[100]

b) Eintragung als „Platzhalter". Bei Unvollständigkeit des Aktienregisters infolge der Nichteintragung von Aktionären ist das depotführende Kreditinstitut oder ein anderes depotführendes Finanzinstitut verpflichtet, sich als **Platzhalter** im Aktienregister eintragen zu lassen, wenn die Gesellschaft dies verlangt und die notwendigen Kosten erstattet (§ 67 Abs. 4 S. 5 und 6).[101] Mit der Einführung der Platzhalterregelung durch das Gesetz zur Unternehmensintegrität und Modernisierung des Anfechtungsrechts (UMAG) vom 22.9.2005 (BGBl. I S. 2802) sollte dem Phänomen begegnet werden, dass teilweise bis zu 25% der Aktionäre nicht im Aktienregister eingetragen sind.[102] Die Eintragung eines Platzhalters erfolgt auf Verlangen der Gesellschaft. Einwilligung oder Widerspruch des Aktionärs sind unerheblich.[103] Aus der Platzhalterfunktion erwachsen dem Kreditinstitut keinerlei Rechte oder Pflichten.[104] Insbesondere wird kein Stimmrecht für den Platzhalter begründet, da dieses eine besondere Ermächtigung erfordert (vgl. § 135 Abs. 6; → § 135 Rn. 34). Wird ein Kreditinstitut im Rahmen eines Übertragungsvorgangs nur **vorübergehend** als Platzhalter eingetragen, löst diese Eintragung keine Pflichten infolge des Abs. 2 (→ Rn. 11 ff.) oder nach § 128 aus und führt nicht zur Anwendung von satzungsmäßigen Beschränkungen nach Abs. 1 S. 3 (vgl. § 67 Abs. 4 S. 7). Für den Platzhalter bestehen keine Meldepflichten nach dem WpHG[105] und den §§ 20, 21.[106] 23

2. Pflichten des Eingetragenen und der „Hintermänner". a) Überblick. Das Risikobegrenzungsgesetz (→ Rn. 1) hat für die Gesellschaft einen **Auskunftsanspruch** gegen den im Aktienregister als Inhaber Eingetragenen und dessen ggf. vorhandenen Hintermänner begründet. Der Eingetragene hat der Gesellschaft auf Verlangen innerhalb einer angemessenen Frist mitzuteilen, inwieweit ihm die Aktien, als deren Inhaber er im Aktienregister eingetragen ist, auch tatsächlich gehören. Wenn dem Eingetragenen die Aktien nicht gehören, hat er die Angaben nach Abs. 1 S. 1 (→ Rn. 7 f.) demjenigen zu übermitteln, für den er die Aktien hält. Diesen Hintermann treffen die gleichen Auskunftspflichten wie den Eingetragenen (vgl. § 67 Abs. 4 S. 2–4). 24

b) Auskunftspflicht. § 67 Abs. 4 S. 2 begründet ein gesetzliches Auskunftsrecht der Gesellschaft gegen den als Inhaber der Aktien Eingetragenen. Die Auskunft muss binnen einer angemessenen Frist, die nicht ausdrücklich im Gesetz bestimmt ist, nach dem Willen des Gesetzgebers jedoch vierzehn Tage nicht unterschreiten soll,[107] erteilt werden. Notwendige Kosten, die mit der Erteilung der Auskünfte verbunden sind, hat die Gesellschaft zu erstatten (vgl. Abs. 4 S. 4 Hs. 2). Weder für das Auskunftsverlangen noch für die Mitteilung des Eingetragenen ist eine besondere Form vorgeschrieben. Im Hinblick auf die Rechtsfolgen (→ Rn. 26) ist wenigstens Textform anzuraten und jeweils der Zugang zu dokumentieren.[108] Bei der Geltendmachung des Auskunftsverlangens hat der für die Gesellschaft handelnde Vorstand das Gleichbehandlungsgebot (§ 53a) zu beachten. Gehören die Aktien dem als Inhaber Eingetragenen nicht, hat er Auskunft über denjenigen zu erteilen, für den er die Aktien hält. Unter „Halten der Aktien" ist nicht das „Für-Rechnung-Halten" zu 25

---

[95] MüKoAktG/*Bayer* Rn. 114; Spindler/Stilz/*Cahn* Rn. 82.
[96] Begr. RegE, BT-Drs. 14/4051, 11; MüKoAktG/*Bayer* Rn. 114; *Seibert,* Namensaktie, 2000, 11, 21.
[97] MüKoAktG/*Bayer* Rn. 117.
[98] MüKoAktG/*Bayer* Rn. 117.
[99] Rechtsausschuss, BT-Drs. 14/4618, 13; Hüffer/*Koch* Rn. 22.
[100] MüKoAktG/*Bayer* Rn. 118.
[101] Spindler/Stilz/*Cahn* Rn. 84; MüKoAktG/*Bayer* Rn. 125.
[102] Rechtsausschuss, BT-Drs. 15/5693, 16; *Schneider/Müller-v Pilchau* AG 2007, 181 ff.; *Götz/Holzborn* WM 2006, 157 (162).
[103] Rechtsausschuss, BT-Drs. 15/5693, 16; Spindler/Stilz/*Cahn* Rn. 84.
[104] MüKoAktG/*Bayer* Rn. 125; Hüffer/*Koch* Rn. 21c.
[105] BT-Drs. 15/5693, 16.
[106] MüKoAktG/*Bayer* Rn. 125; Spindler/Stilz/*Cahn* Rn. 84; KK-AktG/*Lutter/Drygala* Rn. 116.
[107] Begr. RegE, BT-Drs. 16/7438, 14.
[108] *Noack* NZG 2008, 721 (724); Hüffer/*Koch* Rn. 21b.

verstehen, sondern der Umstand, dass der Eingetragene im Interesse eines Dritten registriert ist.[109] Eine auf diesem Wege bekannt gewordene Person ist ihrerseits nach § 67 Abs. 4 S. 3 verpflichtet, entsprechende Auskünfte auf Verlangen der Gesellschaft zu geben. Mit der Erstreckung der Auskunftspflicht auf den oder die Hintermänner soll sichergestellt werden, dass auch Ketten von Ermächtigungen kein Mittel sind, den wahren Aktieninhaber zu verbergen.[110]

26 **c) Rechtsfolge.** Wird ein Auskunftsverlangen der Gesellschaft nach Abs. 4 S. 2 und 3 nicht innerhalb der gesetzten Frist erfüllt, führt dies zum Verlust des Stimmrechts aus den betreffenden Aktien (→ Rn. 17). Nach dem Wortlaut des Gesetzes („solange“) ist davon auszugehen, dass das Stimmrecht wieder entsteht, sobald die verlangte Auskunft nachträglich erteilt wird.

VII. Löschung zu Unrecht erfolgter Eintragungen (Abs. 5)

27 **1. Löschungsvoraussetzungen.** § 67 Abs. 5 regelt die Voraussetzungen für die Einleitung eines Verfahrens zur Löschung eines nach Ansicht der Gesellschaft zu Unrecht als Aktionär Eingetragenen. Die Voraussetzungen für die Einleitung des Verfahrens sind erfüllt, wenn sich nachträglich herausstellt, dass die Eintragung nicht der materiellen Rechtslage im Zeitpunkt der Eintragung entsprach.[111] Darüber hinaus kann ein Löschungsverfahren eingeleitet werden, wenn die materiell zutreffende Eintragung nicht ordnungsgemäß vorgenommen wurde (zB nicht durch den Zuständigen veranlasst) oder es an einer zurechenbaren Mitteilung nach Abs. 3 fehlt.[112] Dagegen sind spätere Veränderungen der materiellen Rechtslage allein im Verfahren nach § 67 Abs. 3 (→ Rn. 18 ff.) zu behandeln. Die Berichtigung einfacher Schreibfehler oder anderer offenbarer Unrichtigkeiten (zB falsche Namensschreibweise, falsche Adresse und falsche Aktienkennziffer) ist hingegen keine Löschung iSd Abs. 5.[113] Solche Mängel im Aktienregister kann der Vorstand bzw. der mit der Führung des Aktienregisters beauftragte Dritte eigenverantwortlich und formlos richtig stellen.[114]

28 **2. Widerspruchsverfahren und Durchführung der Löschung.** Nach Abs. 5 S. 1 kann die Löschung nur dann erfolgen, wenn die Gesellschaft vorher die Beteiligten von der beabsichtigten Löschung benachrichtigt und ihnen eine angemessene Frist zur Geltendmachung eines Widerspruchs setzt. **Beteiligte** sind der eingetragene Aktionär sowie seine unmittelbaren und mittelbaren Vormänner, es sei denn, dass die Zweijahresfrist des § 65 Abs. 2 (→ § 65 Rn. 7) abgelaufen ist und deren Inanspruchnahme nicht mehr in Frage kommt.[115] Weitere Beteiligte sind Nießbraucher und Pfandgläubiger,[116] sofern im Aktienregister eingetragen (→ Rn. 8). Eine besondere Form der Benachrichtigung ist im Gesetz nicht vorgeschrieben.[117] Zur Dokumentation des Fristlaufs sollte die Benachrichtigung schriftlich in Form eines Einschreibens gegen Rückschein erfolgen.[118] Bei einer elektronischen Übermittlung sollte mit vergleichbaren Sicherungen benachrichtigt werden.[119] Die **Frist** für die Geltendmachung des Widerspruchs ist grundsätzlich von angemessener Länge, wenn sie den Beteiligten zur Prüfung, Willensbildung (auch unter Beratung) und Äußerung unter Berücksichtigung der Postlaufzeiten, insbesondere bei Aktionären mit ausländischem Wohnort, genügend Zeit zu Verfügung stellt. Eine Frist von einem Monat ist stets ausreichend.[120] Die Monatsfrist stellt jedoch kein Minimum dar, das nur in Ausnahmenfällen unterschritten werden kann,[121] weil der Widerspruch nicht begründungsbedürftig ist[122] und keine Kostenfolgen für den Führer des Widerspruchs enthält.[123] **Widerspricht** ein Beteiligter innerhalb der Frist, so hat nach Abs. 5 S. 2 die Löschung zu unterbleiben. Das gilt auch im Fall, dass der Widerspruch offensichtlich nicht begründet ist.[124] Ein geltend gemachter Widerspruch kann jedoch durch eine **Klage** auf Rücknahme des

---

[109] *Noack* NZG 2008, 721 (723).
[110] *Timmann/Birkholz* BB 2007, 2749 (2750); vgl. KK-AktG/*Lutter/Drygala* Rn. 122; Hüffer/*Koch* Rn. 21a.
[111] Spindler/Stilz/*Cahn* Rn. 89; vgl. KK-AktG/*Lutter/Drygala* Rn. 127 ff.
[112] Hüffer/*Koch* Rn. 23; MüKoAktG/*Bayer* Rn. 132.
[113] KK-AktG/*Lutter/Drygala* Rn. 131; Hüffer/*Koch* Rn. 23.
[114] MüKoAktG/*Bayer* Rn. 129 f.; KK-AktG/*Lutter/Drygala* Rn. 131.
[115] HM, zB Hüffer/*Koch* Rn. 24; KK-AktG/*Lutter/Drygala* Rn. 134 ff.; MüKoAktG/*Bayer* Rn. 135; aA bezüglich der mittelbaren Vormänner GroßkommAktG/*Barz*, 3. Aufl. 1972, Rn. 8 ff.
[116] MüKoAktG/*Bayer* Rn. 136; Spindler/Stilz/*Cahn* Rn. 94; diff. KK-AktG/*Lutter/Drygala* Rn. 137.
[117] MüKoAktG/*Bayer* Rn. 137.
[118] Spindler/Stilz/*Cahn* Rn. 97; Hüffer/*Koch* Rn. 24.
[119] Hüffer/*Koch* Rn. 24.
[120] Spindler/Stilz/*Cahn* Rn. 97.
[121] So aber Hüffer/*Koch* Rn. 24.
[122] MüKoAktG/*Bayer* Rn. 138.
[123] Spindler/Stilz/*Cahn* Rn. 97.
[124] MüKoAktG/*Bayer* Rn. 140; Spindler/Stilz/*Cahn* Rn. 99.

Widerspruchs überwunden werden.[125] Klagebefugt ist, wer ein eigenes rechtlich geschütztes Interesse an der Löschung geltend macht. In Betracht kommen sowohl die Gesellschaft und – wegen ihres Erwerbsrechts aus § 65 Abs. 1 S. 4 (→ § 65 Rn. 6) – die Vormänner.[126] Das Gesetz regelt keine Einzelheiten, wie die **Löschung** vorzunehmen ist. Maßgeblich sind allein § 239 Abs. 2 und Abs. 3 HGB.[127] Folglich ist ein datierter Löschungsvermerk einzutragen. Dies hat bei konventioneller Führung des Aktienregisters mit Unterschrift zu erfolgen.[128]

3. Löschungswirkungen. Mit der Löschung wird die Vermutungswirkung des § 67 Abs. 2 (→ Rn. 12) ex nunc beseitigt.[129] Der unmittelbare Vormann des Gelöschten tritt in die mitgliedschaftliche Stellung ein.[130] Er darf die Rechte des Gelöschten im Verhältnis zur Gesellschaft geltend machen, schuldet aber auch die Erfüllung der entsprechenden Pflichten.[131] Da die Vermutungswirkung erst für die Zukunft beseitigt wird, bleibt es für die Vergangenheit bei den Rechten und Pflichten des Gelöschten als Rechtsinhaber.[132] 29

4. Fehlerhafte Löschung. Das Gesetz macht keine Angaben über die Wirkung einer fehlerhaften, unter Verstoß gegen Abs. 5 vorgenommenen Löschung. Die fehlerhafte Löschung ist **wirkungslos** und ihrerseits durch Löschung ohne Beachtung der Verfahrensvorschriften des § 67 Abs. 5 zu beseitigen.[133] 30

5. Klagbare Verpflichtung der Gesellschaft. Die Einleitung des Löschungsverfahrens steht nicht im Belieben der Gesellschaft.[134] Vielmehr ist diese zur Einleitung verpflichtet, wenn die Eintragung zu Unrecht erfolgt ist.[135] Sowohl den Aktionären als auch allen haftbaren Vormännern steht ein klagbarer **Anspruch auf Verfahrenseinleitung** zu.[136] 31

VIII. Auskunftsrecht des Aktionärs und Verwendung der Registerdaten durch die Gesellschaft (Abs. 6)

1. Auskunftsrecht des Aktionärs. Gemäß § 67 Abs. 6 S. 1 kann jeder Aktionär von der Gesellschaft Auskunft über sämtliche zu seiner Person im Aktienregister eingetragenen Daten verlangen.[137] Dies gilt auch für unzulässig aufgenommene Daten.[138] Das Auskunftsrecht entsteht mit der Eintragung im Aktienregister.[139] Über die Modalitäten der Auskunftserteilung enthält Abs. 6 keine Regelungen. Ein elektronischer Zugriff auf ein elektronisch geführtes Aktienregister erscheint dann zulässig, wenn die sichere Identifikation des Berechtigten gelingt und der Zugriff auf seine Daten beschränkt werden kann.[140] Hierfür ist es erforderlich, dass das Aktienregister nach Aktionären aufgebaut ist.[141] Wird kein direkter elektronischer Zugriff gewährt oder ist ein solcher Zugriff dem nachfragenden Aktionär nicht möglich, so ist die Gesellschaft grundsätzlich zur Erteilung einer schriftlichen Auskunft verpflichtet.[142] Bei **nichtbörsennotierten Gesellschaften** (§ 3 Abs. 2) kann die Satzung das Auskunftsrecht auch auf die Daten der anderen Aktionäre erstrecken.[143] 32

2. Verwendung der Daten durch die Gesellschaft. § 67 Abs. 6 S. 3–5 trägt dem Umstand Rechnung, dass Namen, Alter und Adressen der Namensaktionäre sowie der Umfang ihres Aktienbesitzes für Werbemaßnahmen von hohem Interesse sein können, seitdem es möglich ist, einen breiten 33

[125] Spindler/Stilz/*Cahn* Rn. 99; MüKoAktG/*Bayer* Rn. 141 f.
[126] MüKoAktG/*Bayer* Rn. 142; Hüffer/*Koch* Rn. 25.
[127] Spindler/Stilz/*Cahn* Rn. 100; Hüffer/*Koch* Rn. 25.
[128] Hüffer/*Koch* Rn. 25; Spindler/Stilz/*Cahn* Rn. 100.
[129] MüKoAktG/*Bayer* Rn. 146; vgl. KK-AktG/*Lutter/Drygala* Rn. 143.
[130] Spindler/Stilz/*Cahn* Rn. 101.
[131] Hüffer/*Koch* Rn. 26; Spindler/Stilz/*Cahn* Rn. 101.
[132] MüKoAktG/*Bayer* Rn. 146; Hüffer/*Koch* Rn. 26.
[133] HM, zB KK-AktG/*Lutter/Drygala* Rn. 148; MüKoAktG/*Bayer* Rn. 148 ff.; Spindler/Stilz/*Cahn* Rn. 102 ff.
[134] Hüffer/*Koch* Rn. 27; Spindler/Stilz/*Cahn* Rn. 107.
[135] OLG Jena AG 2004, 268 (270); MüKoAktG/*Bayer* Rn. 135.
[136] MüKoAktG/*Bayer* Rn. 143 f.; KK-AktG/*Lutter/Drygala* Rn. 145.
[137] Hüffer/*Koch* Rn. 29.
[138] Hüffer/*Koch* Rn. 29; Spindler/Stilz/*Cahn* Rn. 109.
[139] Hüffer/*Koch* Rn. 29; MüKoAktG/*Bayer* Rn. 158.
[140] MüKoAktG/*Bayer* Rn. 159.
[141] Hüffer/*Koch* Rn. 29; Spindler/Stilz/*Cahn* Rn. 110.
[142] Rechtsausschuss, BT-Drs. 14/4618, 13; *Noack* ZIP 1999, 1993 (1999); *Spindler* ZGR 2000, 420 (424 f.).
[143] DAV-Handelsrechtsausschuss NZG 2000, 443 (445); Spindler/Stilz/*Cahn* Rn. 110; KK-AktG/*Lutter/Drygala* Rn. 157.

Personenkreis zu erfassen und anzusprechen.[144] Abs. 6 S. 3 stellt klar, dass die Gesellschaft die Registerdaten sowie die nach Abs. 4 S. 2 und 3 mitgeteilten Daten für ihre Aufgaben im Verhältnis zu den Aktionären verwenden darf. Hierunter sind die spezifisch gesellschaftsrechtlichen Aufgaben der Gesellschaft zu verstehen.[145] Darüber hinaus darf die Gesellschaft die Daten für „Investor Relations-Maßnahmen" verwenden.[146] Weitergehend stellt Abs. 6 S. 4 klar, dass die Gesellschaft diese Daten zur Werbung einschließlich der Produktwerbung für das Unternehmen nur einsetzen darf, soweit die Aktionäre nicht widersprechen.[147] Dabei müssen die Aktionäre in angemessener Weise über ihr Widerspruchsrecht informiert werden (vgl. Abs. 6 S. 5). Nicht von Abs. 6 S. 4 gedeckt ist dagegen die Weitergabe von Daten für Werbemaßnahmen Dritter einschließlich konzernzugehöriger Gesellschaften.[148]

IX. Anwendung auf Zwischenscheine (Abs. 7)

34 Nach § 67 Abs. 7 gelten die Regelungen der Abs. 1–6 sinngemäß auch für Zwischenscheine (vgl. § 8 Abs. 6; → § 8 Rn. 28 f.). Dies ist sachgemäß, da Zwischenscheine notwendigerweise auf den Namen lauten (§ 10 Abs. 3) und damit Namensaktien vergleichbar sind.[149]

§ 68 Übertragung von Namensaktien. Vinkulierung

(1) [1]Namensaktien können auch durch Indossament übertragen werden. [2]Für die Form des Indossaments, den Rechtsausweis des Inhabers und seine Verpflichtung zur Herausgabe gelten sinngemäß Artikel 12, 13 und 16 des Wechselgesetzes.

(2) [1]Die Satzung kann die Übertragung an die Zustimmung der Gesellschaft binden. [2]Die Zustimmung erteilt der Vorstand. [3]Die Satzung kann jedoch bestimmen, daß der Aufsichtsrat oder die Hauptversammlung über die Erteilung der Zustimmung beschließt. [4]Die Satzung kann die Gründe bestimmen, aus denen die Zustimmung verweigert werden darf.

(3) Bei Übertragung durch Indossament ist die Gesellschaft verpflichtet, die Ordnungsmäßigkeit der Reihe der Indossamente, nicht aber die Unterschriften zu prüfen.

(4) Diese Vorschriften gelten sinngemäß für Zwischenscheine.

Schrifttum: *Beckmann,* Die AG & Co. KG – eine attraktive Unternehmensform?, DStR 1995, 296; *v. Berenberg-Gossler,* Die Übertragung gebundener Namensaktien, BB 1954, 427; *Berger,* Die Klage auf Zustimmung zur Übertragung vinkulierter Namensaktien, ZHR 157 (1993), 31; *Bermel/Müller,* Vinkulierte Namensaktien und Verschmelzung, NZG 1998, 331; *Bork,* Vinkulierte Namensaktien in Zwangsvollstreckung und Insolvenz des Aktionärs, FS Henckel, 1995, 23; *Degner,* Nochmals: Vinkulierte Namensaktien im Börsenhandel, AG 1963, 121; *Huber,* Einwendungen des Bezogenen gegen den Wechsel, FS Flume II, 1978, 83; *Immenga,* Vertragliche Vinkulierung von Aktien?, AG 1992, 79; *Knur,* Die Eignung der Kommanditgesellschaft auf Aktien für Familienunternehmen, FS Flume II, 1978, 173; *Kossmann,* Der Anspruch auf Genehmigung zur Übertragung vinkulierter Namensaktien, BB 1985, 1367; *Lutter,* Die Rechte und Pflichten des Vorstands bei der Übertragung vinkulierter Namensaktien, AG 1992, 369; *Lutter/Grunewald,* Zur Umgehung von Vinkulierungsklauseln in Satzungen von Aktiengesellschaften und Gesellschaften mbH, AG 1989, 109, 114; *Lutter/Schneider,* Die Beteiligung von Ausländern an inländischen Aktiengesellschaften, ZGR 1975, 182; *Liebscher,* Umgehungsresistenz von Vinkulierungsklauseln, ZIP 2003, 825; *Mentz/Frühling,* Die Formen der rechtsgeschäftlichen Übertragung von Aktien, NZG 2002, 201; *Nußbaum,* Eintragung vinkulierter Namensaktien auf Grund einer Blankoabtretung, JW 1932, 3179; *Schinzler,* Die teileingezahlte Namensaktie als Finanzierungsinstrument der Versicherungswirtschaft, 1999; *K. Schmidt,* Aktionärs- und Gesellschafterzuständigkeiten bei der Freigabe vinkulierter Aktien und Geschäftsanteile, FS Beusch, 1993, 759; *Schrötter,* Vinkulierte Namensaktien als Bremse der Unternehmenskonzentration, DB 1977, 2265; *Serick,* Die Anwendung von Regeln zu vinkulierten Geschäftsanteilen (RGZ 159, 272) auf vinkulierte Namensaktien, FS Hefermehl, 1976, 427; *Sieveking/Technau,* Das Problem sogenannter „disponibler Stimmrechte" zur Umgehung der Vinkulierung von Namensaktien, AG 1989, 17; *Ulmer,* Die vinkulierte Namensaktie, FS Schmidt-Rimpler, 1957, 261; *Westermann,* Vinkulierung von GmbH-Geschäftsanteilen und Aktien – Ermessensfreiheit der Zustimmungsentscheidung, FS U. Huber, 2006, 997; *Wirth,* Vinkulierte Namensaktien: Ermessen des Vorstands bei der Zustimmung zur Übertragung, DB 1992, 618; *Zöllner,* Die Zurückdrängung des Verkörperungselements bei den Wertpapieren, FS Raiser, 1974, 249.

[144] Spindler/Stilz/*Cahn* Rn. 111; Hüffer/*Koch* Rn. 31.
[145] Spindler/Stilz/*Cahn* Rn. 112; vgl. MüKoAktG/*Bayer* Rn. 162.
[146] Begr. RegE, BT-Drs. 14/4051, 12; *Noack* DB 2001, 27 (28); Spindler/Stilz/*Cahn* Rn. 112; Hüffer/*Koch* Rn. 31.
[147] Hüffer/*Koch* Rn. 31; Spindler/Stilz/*Cahn* Rn. 113.
[148] Spindler/Stilz/*Cahn* Rn. 113.
[149] MüKoAktG/*Bayer* Rn. 169; Hüffer/*Koch* Rn. 32.

Übersicht

I. Allgemeines

§ 68 regelt die Übertragung von Namensaktien und Zwischenscheinen durch **Indossament** sowie die **Vinkulierung.** Abs. 1 begründet die Möglichkeit der Übertragung durch Indossament. Abs. 2 erlaubt die sog. Vinkulierung und regelt deren Modalitäten. Abs. 3 enthält Bestimmungen zur Prüfung des Übertragungsvorgangs durch die Gesellschaft. Abs. 4 erstreckt den Anwendungsbereich der Norm auf Zwischenscheine. 1

II. Übertragung von Namensaktien durch Indossament (Abs. 1)

1. Namensaktien als Orderpapiere. Gemäß § 68 Abs. 1 S. 1 können Namensaktien auch durch **Indossament** übertragen werden. Abs. 1 S. 1 stellt damit zum einen klar, dass es sich bei Namensaktien um **geborene Orderpapiere** und nicht um Rektapapiere (Namenspapiere) handelt.[1] Denn der Berechtigte wird durch seine namentliche Nennung oder durch eine Indossamentenkette ausgewiesen, ohne dass eine besondere Orderklausel für die Übertragung vorgeschrieben ist.[2] Dies gilt auch im Falle der Vinkulierung.[3] Da § 68 Abs. 1 S. 2 keinen Verweis auf § 11 Abs. 2 WG enthält, kann die Übertragbarkeit durch Indossament auch nicht durch eine negative Orderklausel ausgeschlossen werden.[4] Ebenso wäre die Rektaklausel eines Indossanten wirkungslos.[5] Der Wortlaut des Abs. 1 S. 1 („auch") macht ferner deutlich, dass die **wertpapierrechtliche Übertragung** der Namensaktie durch Indossament nicht die einzige Möglichkeit der Rechtsübertragung darstellt. Daneben ist die Übertragung der Mitgliedschaft durch **Abtretung** möglich (→ § 10 Rn. 12, 15 f.). Ferner besteht die Möglichkeit des Rechtserwerbs gemäß § 18 Abs. 3 DepotG und gemäß § 24 Abs. 2 DepotG.[6] 2

2. Indossament und Übereignung der Urkunde. Entgegen dem insoweit missverständlichen Wortlaut des § 68 Abs. 1 S. 1 bewirkt das Indossament allein noch keinen Rechtsübergang. Erforderlich ist neben der **schriftlichen Übertragungserklärung** auf der Urkunde (Indossament) deren Übereignung nach Maßgabe der §§ 929 ff. BGB. Hierzu sind die formlose (auch konkludente) Einigung über den Eigentumsübergang und die Übergabe nach § 929 S. 1 BGB oder ein Übergabesurro- 3

[1] AllgM, zB KK-AktG/*Lutter/Drygala* Rn. 7; MüKoAktG/*Bayer* Rn. 2.
[2] Vgl. MüKoAktG/*Bayer* Rn. 2; Hüffer/*Koch* Rn. 2; Spindler/Stilz/*Cahn* Rn. 3.
[3] Spindler/Stilz/*Cahn* Rn. 3.
[4] KK-AktG/*Lutter/Drygala* Rn. 8; Spindler/Stilz/*Cahn* Rn. 3.
[5] Hüffer/*Koch* Rn. 2; MüKoAktG/*Bayer* Rn. 2.
[6] Hierzu MüKoAktG/*Bayer* Rn. 33.

gat iSd §§ 929 S. 2, 930 oder 931 BGB notwendig.[7] Dagegen ist die Eintragung im Aktienregister für den Übergang der Mitgliedschaft nicht erforderlich (→ § 67 Rn. 11).

4 **3. Sinngemäße Geltung des Wechselrechts.** Nach dem Wortlaut des § 68 Abs. 1 S. 2 gelten Art. 12, 13 und 16 WG sinngemäß für indossierte Namensaktien. Die Aufzählung ist nicht als abschließend zu verstehen.[8] Vielmehr sollen auch die Art. 14, 18 und 19 WG angewendet werden.[9] Die übrigen wechselrechtlichen Vorschriften über das Indossament sind dagegen nicht heranzuziehen.[10] Die ausdrücklich für anwendbar erklärten Vorschriften des Wechselrechts lauten:

Art. 12 WG [Bedingungsfeindlichkeit; Teilindossament; Indossament an den Inhaber]

(1) [1]Das Indossament muß unbedingt sein. [2]Bedingungen, von denen es abhängig gemacht wird, gelten als nicht geschrieben.

(2) Ein Teilindossament ist nichtig.

(3) Ein Indossament an den Inhaber gilt als Blankoindossament.

Art. 13 WG [Form; Blankoindossament]

(1) [1]Das Indossament muß auf den Wechsel oder auf ein mit dem Wechsel verbundenes Blatt (Anhang) gesetzt werden. [2]Es muß von dem Indossanten unterschrieben werden.

(2) [1]Das Indossament braucht den Indossatar nicht zu bezeichnen und kann selbst in der bloßen Unterschrift des Indossanten bestehen (Blankoindossament). [2]In diesem letzteren Falle muß das Indossament, um gültig zu sein, auf die Rückseite des Wechsels oder auf den Anhang gesetzt werden.

Art. 16 WG [Wechselvermutung]

(1) [1]Wer den Wechsel in Händen hat, gilt als rechtmäßiger Inhaber, sofern er sein Recht durch eine ununterbrochene Reihe von Indossamenten nachweist, und zwar auch dann, wenn das letzte ein Blankoindossament ist. [2]Ausgestrichene Indossamente gelten hierbei als nicht geschrieben. [3]Folgt auf ein Blankoindossament ein weiteres Indossament, so wird angenommen, daß der Aussteller dieses Indossaments den Wechsel durch das Blankoindossament erworben hat.

(2) Ist der Wechsel einem früheren Inhaber irgendwie abhanden gekommen, so ist der neue Inhaber, der sein Recht nach den Vorschriften des vorstehenden Absatzes nachweist, zur Herausgabe des Wechsels nur verpflichtet, wenn er ihn in bösem Glauben erworben hat oder ihm beim Erwerb eine grobe Fahrlässigkeit zur Last fällt.

5 **4. Form.** Bezüglich der Ausgestaltung des Indossaments ist zwischen **Voll- und Blankoindossament** zu unterscheiden.[11] Während das Vollindossament den Indossatar namentlich bezeichnet, fehlt diese Angabe beim Blankoindossament.[12] Ausreichend ist die bloße Unterschrift des Veräußerers (Indossanten) auf der Rückseite der Namensaktie oder des Anhangs. Blankoindossierte Namensaktien sind zulässig (vgl. Abs. 1 S. 2 iVm Art. 13 Abs. 2 WG). Nur Namensaktien mit Blankoindossament sind depot- und börsenfähig.[13]

6 **5. Funktionen des Indossaments. a) Legitimationsfunktion.** Nach Abs. 1 S. 2 iVm Art. 16 Abs. 1 WG gilt der unmittelbare oder – im Fall der Girosammelverwahrung – mittelbare Besitzer, der sein Recht durch ununterbrochene Indossamentenkette nachweist, als Eigentümer der Urkunde und Aktionär. Die Inhaberschaft wird widerlegbar vermutet (Beweislastumkehr).[14] Eine ununterbrochene Kette von Indossamenten liegt vor, wenn der in der Urkunde genannte Aktionär der erste Indossant und jedes weitere Indossament immer mit dem Namen dessen unterzeichnet ist, auf den das vorhergehende Indossament lautet.[15] Blankoindossamente in der Kette sind unschädlich (vgl. Abs. 1 S. 2 iVm Art. 16 Abs. 1 S. 3 WG). Auch das letzte Indossament darf ein Blankoindossament sein.[16] Etwaige Lücken in der Indossamentenkette können durch vollen Beweis des Rechtserwerbs, wie etwa durch Vorlage eines Erbscheins geschlossen werden.[17]

---

[7] BGH WM 1975, 947; NJW 1958, 302; *Mentz/Fröhling* NZG 2003, 201 (202); Spindler/Stilz/*Cahn* Rn. 4; MüKoAktG/*Bayer* Rn. 3; KK-AktG/*Lutter/Drygala* Rn. 13; aA *Huber* FS Flume, Bd. II, 1978, 83 (89); *Zöllner* FS Raiser, 1974, 249 (277 ff.).

[8] AllgM, zB Spindler/Stilz/*Cahn* Rn. 7; MüKoAktG/*Bayer* Rn. 9.

[9] MüKoAktG/*Bayer* Rn. 9; Hüffer/*Koch* Rn. 6; KK-AktG/*Lutter/Drygala* Rn. 9.

[10] KK-AktG/*Lutter/Drygala* Rn. 10; Spindler/Stilz/*Cahn* Rn. 7.

[11] Spindler/Stilz/*Cahn* Rn. 10; Hüffer/*Koch* Rn. 5.

[12] Hüffer/*Koch* Rn. 5; Spindler/Stilz/*Cahn* Rn. 10.

[13] Hüffer/*Koch* Rn. 5; MüKoAktG/*Bayer* Rn. 12.

[14] Spindler/Stilz/*Cahn* Rn. 12; Hüffer/*Koch* Rn. 8; MüKoAktG/*Bayer* Rn. 14.

[15] Baumbach/Hefermehl/*Casper* WG Art. 16 Rn. 3; Spindler/Stilz/*Cahn* Rn. 12.

[16] Hüffer/*Koch* Rn. 8; Spindler/Stilz/*Cahn* Rn. 12.

[17] MüKoAktG/*Bayer* Rn. 14; KK-AktG/*Lutter/Drygala* Rn. 17.

b) Transportfunktion. Nach Abs. 1 S. 2 iVm Art. 14 Abs. 1 WG wird durch die Übereignung der indossierten Urkunde die Mitgliedschaft übertragen, so dass der Indossatar Aktionär wird.[18] Eine Besonderheit liegt in dem **erweiterten Gutglaubensschutz** nach Art. 16 Abs. 2 WG. Danach überträgt das Indossament bei vollständiger Indossamentenkette auch dann die Mitgliedschaft auf den gutgläubigen Erwerber, wenn die Aktie dem Berechtigten „irgendwie" abhanden gekommen ist.[19] Der Schutz des gutgläubigen Erwerbers tritt nicht nur bei einem unfreiwilligen Verlust des unmittelbaren Besitzes durch den Berechtigten ein, sondern auch bei Verfügungen Dritter ohne entsprechende Befugnis oder Vertretungsmacht.[20] Nach früher weit verbreiteter Ansicht[21] zum Wechselrecht gilt dies sogar bei einem Erwerb vom Geschäftsunfähigen oder beschränkt Geschäftsfähigen.[22] Dagegen werden etwaige Willensmängel oder fehlende Geschäftsfähigkeit auf Seiten des Erwerbers nicht vom Anwendungsbereich des Art. 16 Abs. 2 WG erfasst.[23] Ein gutgläubiger Zweiterwerb der Namensaktie im Falle der Weiterveräußerung ist nach Art. 16 Abs. 2 WG auch dann möglich, wenn der gutgläubige Ersterwerb gescheitert ist.[24] **Voraussetzung** für einen gutgläubigen Erwerb sind in objektiver Hinsicht, dass alle Erfordernisse des **Art. 16 Abs. 1 WG** erfüllt sind und der Indossatar **gutgläubig** ist, dh er weder positive Kenntnis hat noch ihm grob fahrlässige Unkenntnis zur Last fällt.[25] Bei blankoindossierten Namensaktien ist die Verschärfung des Gutglaubenserwerbs nach § 367 Abs. 1 S. 2 iVm S. 1 HGB zu beachten. 7

6. Geltungsbereich für vinkulierte Namensaktien. Die → Rn. 6 und 7 dargestellten Grundsätze gelten gleichermaßen auch für vinkulierte Namensaktien.[26] Die fehlende Zustimmung der Gesellschaft (→ Rn. 9) kann jedoch nicht durch die Gutglaubensregeln überwunden werden.[27] 8

III. Vinkulierte Namensaktien (Abs. 2)

1. Allgemeines. Generell gilt der Grundsatz der freien Übertragbarkeit der Mitgliedschaft.[28] Die Satzung kann die Übertragung von Namensaktien an die Zustimmung der Gesellschaft binden (§ 68 Abs. 2 S. 1) und damit sog. **vinkulierte Namensaktien** schaffen. Eine derartige Einschränkung der Übertragbarkeit kommt für Inhaberaktien nicht in Betracht.[29] 9

2. Zwecke der Vinkulierung. Mit der Vinkulierung können verschiedene Zwecke verfolgt werden. Die Vinkulierung kann zB der Prüfung und Sicherung der Zahlungsfähigkeit von Aktionären beim Erwerb nicht voll eingezahlter Aktien, namentlich in der Versicherungswirtschaft,[30] dem Schutz vor Überfremdung der Gesellschaft, insbesondere bei Familiengesellschaften,[31] der Aufrechterhaltung der bisherigen Beteiligungsverhältnisse, insbesondere zur Verhinderung der Mehrheitsposition eines Mitaktionärs[32] oder der fortdauernden Gewährleistung der Identität der Gesellschafter bei einer AG & Co. KG[33] dienen. In Einzelfällen ist die Vinkulierung gesetzlich vorgeschrieben(zB bei der statutarischen Auferlegung von Nebenleistungspflichten gemäß § 55 Abs. 1 S. 1[34] und bei Gesellschaften mit freiberuflicher Tätigkeit oder besonderen Zwecksetzung (vgl. zB §§ 28 Abs. 5 S. 2, 130 Abs. 2 WPO; § 50 Abs. 5 S. 2 StBerG).[35] 10

3. Wirkung und Reichweite der Vinkulierung. a) Beschränkung der Verfügungsmacht. Nach § 68 Abs. 2 S. 1 beschränkt die Vinkulierung die Übertragung von Namensaktien. Sie erfasst nur das **dingliche Verfügungsgeschäft,** nicht hingegen das schuldrechtliche Verpflichtungsge- 11

---

[18] Spindler/Stilz/*Cahn* Rn. 11; Hüffer/*Koch* Rn. 9.

[19] KK-AktG/*Lutter/Drygala* Rn. 20 ff.; MüKoAktG/*Bayer* Rn. 26.

[20] BGHZ 26, 268 (272) = NJW 1958, 462; BGH WM 1968, 4; Hüffer/*Koch* Rn. 9.

[21] Vgl. zB BGH WM 1968, 4; Baumbach/Hefermehl/*Casper* WG Art. 16 Rn. 16.

[22] Hüffer/*Koch* Rn. 9; Spindler/Stilz/*Cahn* Rn. 15; aA MüKoAktG/*Bayer* Rn. 17 f.

[23] MüKoAktG/*Bayer* Rn. 21; ebenso zum Wechselrecht Baumbach/Hefermehl/*Casper* WG Art. 16 Rn. 10.

[24] MüKoAktG/*Bayer* Rn. 22.

[25] Spindler/Stilz/*Cahn* Rn. 19 und 21; MüKoAktG/*Bayer* Rn. 23 und 25.

[26] KK-AktG/*Lutter/Drygala* Rn. 27 f.; Hüffer/*Koch* Rn. 9; MüKoAktG/*Bayer* Rn. 27.

[27] MüKoAktG/*Bayer* Rn. 27; KK-AktG/*Lutter/Drygala* Rn. 28.

[28] BGH ZIP 2004, 2093 (2094) mAnm *Bayer/Lieder* LMK 2004, 224; WM 1987, 174 (175); BayObLGZ 1988, 371 (377) = ZIP 1989, 638 (640); Spindler/Stilz/*Cahn* Rn. 28.

[29] Spindler/Stilz/*Cahn* Rn. 28; MüKoAktG/*Bayer* Rn. 34.

[30] *Schinzler,* Die teileingezahlte Namensaktie als Finanzierungsinstrument der Versicherungswirtschaft, 1999, 159 ff.; Hüffer/*Koch* Rn. 10.

[31] BGH NJW 1987, 1019 f.; RGZ 132, 149; *Lutter/Schneider* ZGR 1975, 182 ff.; *Schrötter* DB 1977, 2265.

[32] *Lutter/Grunewald* AG 1989, 109.

[33] *Beckmann* DStR 1995, 296 (299 ff.).

[34] Spindler/Stilz/*Cahn* Rn. 29.

[35] Hüffer/*Koch* Rn. 10; KK-AktG/*Lutter/Drygala* Rn. 59.

schäft.[36] Eine Satzungsregelung, die bereits den Abschluss des Verpflichtungsgeschäfts an die Zustimmung der Gesellschaft bindet, ist nach § 23 Abs. 5 nichtig.[37]

12 **b) Rechtsgeschäftliche Übertragungen.** Die Vinkulierung beschränkt ausschließlich die rechtsgeschäftliche Übertragung. Unerheblich ist dabei der jeweilige Grund der Übertragung (Kauf, Tausch, Schenkung, Treuhand).[38] Die Vinkulierung erfasst deshalb ebenso die Erfüllung von Vermächtnisschulden oder von Verbindlichkeiten aus Auseinandersetzungsvereinbarungen[39] wie die Legitimationsübertragung[40] und die Treuhandübertragung.[41] Dagegen unterliegen alle Fälle der **gesetzlichen** Gesamt- oder Einzelrechtsnachfolge **nicht** der Vinkulierung.[42] Der Übertragung gleichgestellt werden die Verpfändung und die Bestellung eines Nießbrauchs.[43] Dagegen wird die Pfändung nach § 808 ZPO durch Vinkulierung nicht gehindert, da sie für sich genommen noch nicht zu einer Übertragung der Mitgliedschaft führt, sondern lediglich zur Verstrickung und zur Entstehung eines Pfandrechts.[44] Für die nachfolgende Verwertung ist jedoch die Zustimmung der Gesellschaft erforderlich, da ein Dritter an die Stelle des bisherigen Aktionärs tritt.[45]

13 **c) Umgehung der Vinkulierungsklausel.** Soweit Rechtsgeschäfte keinen verfügenden Charakter haben, aber zwecks Umgehung der Vinkulierungsklausel einen ähnlichen Geschäftserfolg anstreben (zB Vollmacht, Stimmbindung), werden sie ebenfalls von der Vinkulierung erfasst.[46]

14 **4. Rechtsnatur vinkulierter Namensaktien.** Da die Übertragung von Orderpapieren von der Zustimmung Dritter abhängig sein kann,[47] hat eine Vinkulierung keine Bedeutung für die Qualifikation der Namensaktie als Orderpapier.[48] Es wird durch die Vinkulierung keine besondere Aktiengattung iSd § 11 gebildet.[49]

15 **5. Bestimmung durch die Satzung. a) Grundsatz.** Die Vinkulierung von Namensaktien muss durch die Satzung erfolgen (vgl. Abs. 2 S. 1). Die Bestimmung kann in der **ursprünglichen Satzung** enthalten sein[50] oder aber auch nachträglich durch **Satzungsänderung** eingeführt oder verschärft werden.[51] Die nachträgliche Einführung oder Verschärfung durch eine Satzungsänderung kann nur mit Zustimmung aller Aktionäre erfolgen (vgl. § 180 Abs. 2; → § 180 Rn. 5). Wird dagegen eine Vinkulierung durch Satzungsänderung aufgehoben oder erleichtert, ist die für die Satzungsänderung erforderliche Mehrheit (vgl. § 179 Abs. 2; → § 179 Rn. 8 ff.) ausreichend.[52] Die Aktienurkunde muss keinen Hinweis auf die Vinkulierung enthalten.[53]

16 **b) Kapitalerhöhung.** Sieht die Satzung die Vinkulierung für alle Aktien vor, sind auch die jungen Aktien aus einer Kapitalerhöhung vinkuliert, ohne dass der Erhöhungsbeschluss das Erfordernis wiederholen müsste und ohne dass eine Zustimmung iSd § 180 Abs. 2 notwendig wäre.[54] War dagegen die Vinkulierung nur für einen Teil der Aktien vorgesehen, so muss im Kapitalerhöhungsbe-

---

[36] RGZ 132, 149 (157); RGZ 123, 279 (283); KK-AktG/*Lutter/Drygala* Rn. 74; Spindler/Stilz/*Cahn* Rn. 31.
[37] MüKoAktG/*Bayer* Rn. 38.
[38] KK-AktG/*Lutter* Rn. 27; MüKoAktG/*Bayer* Rn. 52.
[39] Hüffer/*Koch* Rn. 11; KK-AktG/*Lutter/Drygala* Rn. 106; ebenso für die GmbH OLG Düsseldorf ZIP 1987, 227.
[40] *Lutter/Grunewald* AG 1989, 109; *Serick* FS Hefermehl, 1976, 427 (433 ff.); MüKoAktG/*Bayer* Rn. 54; Hüffer/*Koch* Rn. 11.
[41] *Serick* FS Hefermehl, 1976, 427 (440 ff.); MüKoAktG/*Bayer* Rn. 52; Hüffer/*Koch* Rn. 11.
[42] AllgM, zB *Ulmer* FS Schmidt-Rimpler, 1957, 261 (264); Hüffer/*Koch* Rn. 11.
[43] KK-AktG/*Lutter/Drygala* Rn. 54; MüKoAktG/*Bayer* Rn. 56.
[44] *Bork* FS Henckel, 1995, 23 (28); Hüffer/*Koch* Rn. 11.
[45] *Bork* FS Henckel, 1995, 23 (33 ff.); Spindler/Stilz/*Cahn* Rn. 35; KK-AktG/*Lutter/Drygala* Rn. 55; MüKoAktG/*Bayer* Rn. 112 f.; aA *Knur* FS Flume, Bd. II, 1978, 173 (183); *Kossmann* BB 1985, 1364.
[46] Hüffer/*Koch* Rn. 12; *Liebscher* ZIP 2003, 825 (827 ff.); *Lutter/Grunewald* AG 1989, 109 (111 ff.); *Sieveking/Technau* AG 1989, 17 (18 f.).
[47] HM, zB MüKoAktG/*Bayer* Rn. 43; Spindler/Stilz/*Cahn* Rn. 38.
[48] Spindler/Stilz/*Cahn* Rn. 38; MüKoAktG/*Bayer* Rn. 43; aA *Nußbaum* JW 1932, 3179; *v. Berenberg-Gossler* BB 1954, 427; *Degner* AG 1963, 121.
[49] Spindler/Stilz/*Cahn* Rn. 38; MüKoAktG/*Bayer* Rn. 44; Hüffer/*Koch* Rn. 10; *Bermel/Müller* NZG 1998, 331 (332).
[50] Hüffer/*Koch* Rn. 13; Spindler/Stilz/*Cahn* Rn. 40.
[51] BGH ZIP 2004, 2093 (2094) mAnm *Bayer/Lieder* LMK 2004, 224; Spindler/Stilz/*Cahn* Rn. 40; MüKoAktG/*Bayer* Rn. 46.
[52] AllgM, zB KK-AktG/*Lutter/Drygala* Rn. 64; MüKoAktG/*Bayer* Rn. 51.
[53] OLG Hamburg AG 1970, 230; Hüffer/*Koch* Rn. 13.
[54] HL, zB LG Bonn AG 1970, 18 (19); KK-AktG/*Lutter/Drygala* Rn. 60; MüKoAktG/*Bayer* Rn. 47; aA zB Spindler/Stilz/*Cahn* Rn. 43.

schluss festgelegt werden, ob und in welchem Umfang junge Namensaktien vinkuliert sein sollen.[55] Dabei ist die Zustimmung der Aktionäre erforderlich, die nicht vinkulierte Aktien besitzen und denen vinkulierte junge Aktien zum Bezug angeboten werden.[56]

c) Ausgestaltung der Vinkulierung. Die Satzung kann in den Grenzen des § 68 Abs. 2 S. 1 auch über den Umfang der Vinkulierung bestimmen. **Ausgeschlossen** sind Gestaltungen, die dazu führen, dass überhaupt nicht mehr übertragen werden kann,[57] die die Erteilung der Zustimmung durch die Gesellschaft verbieten,[58] die das Zustimmungserfordernis auf das Verpflichtungsgeschäft erstrecken[59] oder für Aktien eine Übertragungspflicht begründen.[60] **Möglich** sind dagegen Beschränkungen der Vinkulierung in dem Sinne, dass zB die Übertragung an die Aktionäre oder an die Mitglieder eines bestimmten Familienstamms keine Zustimmung erfordert.[61] 17

6. Zustimmung zur Aktienübertragung. a) Zuständigkeit. Nach § 68 Abs. 2 S. 2 entscheidet der **Vorstand** über die Erteilung der Zustimmung zur Aktienübertragung. Die Entscheidung hat das Gesamtorgan zu treffen, eine Delegation auf einen Ausschuss ist nicht möglich.[62] In der Satzung kann jedoch die Verlagerung der Entscheidungskompetenz auf den **Aufsichtsrat** oder die **Hauptversammlung** vorgesehen werden (vgl. Abs. 2 S. 3). Hingegen kann die Zustimmung aufgrund des Grundsatzes der Satzungsstrenge (vgl. § 23 Abs. 5; → § 23 Rn. 29 ff.) nicht einzelnen Aktionären oder Dritten übertragen werden.[63] Unzulässig wäre auch eine Satzungsregelung, nach der zwei der vorgenannten Organe oder alle Organe zuständig wären. Eine kumulative Zuständigkeit würde die Übertragung der Namensaktien in gesetzeswidriger Weise erschweren, da sie über den Anwendungsbereich des § 68 Abs. 2 hinausgehen würde.[64] Es können jedoch differenzierte Verfügungen für unterschiedliche Entscheidungskompetenzen geregelt werden.[65] Ferner kann die Satzung vorsehen, dass bei Versagung der Zustimmung durch das an sich zuständige Organ die Anrufung eines anderen Organs möglich ist.[66] Liegt die Zuständigkeit beim Aufsichtsrat, so ist er befugt einem Ausschuss die Entscheidung zu übergeben.[67] Ist die Hauptversammlung durch die Satzung zur Entscheidung über die Zustimmung berufen, entscheidet sie mit einfacher Mehrheit, wenn die Satzung keine qualifizierte Mehrheit vorsieht;[68] bei Einführung qualifizierter Mehrheitserfordernisse muss das Verbot, die Übertragung vollständig auszuschließen, beachtet werden.[69] Dem Veräußerer steht bei der Abstimmung ein Stimmrecht zu.[70] 18

b) Kriterien für die Entscheidung. aa) Satzungsregelung. Nach Abs. 2 S. 4 kann die Satzung die Gründe bestimmen, aus denen die Zustimmung verweigert werden darf (zB Branchennähe, Familienfremdheit).[71] Der Satzungsgeber ist hierbei nicht auf wichtige Gründe beschränkt, sondern kann im Rahmen der allgemeinen Rechtsgrundsätze und der guten Sitten eigenständige Grenzen ziehen.[72] Die Satzung kann jedoch nicht bestimmen, dass in bestimmten Fällen die Zustimmung verweigert werden **muss.**[73] Dies folgt bereits aus dem eindeutigen Wortlaut des Abs. 2 S. 4 („darf") sowie aus dem Umstand, dass das in Abs. 2 S. 3 vorausgesetzte Beschlusserfordernis leerliefe, wenn die Verweigerung der Zustimmung bereits in der Satzung festgelegt werden könnte.[74] Hingegen 19

---

[55] Hüffer/*Koch* Rn. 13; MüKoAktG/*Bayer* Rn. 49; vgl. KK-AktG/*Lutter/Drygala* Rn. 61 f.

[56] *Lutter/Schneider* ZGR 1975, 185 (186); MüKoAktG/*Bayer* Rn. 49; Hüffer/*Koch* Rn. 13.

[57] Hüffer/*Koch* Rn. 14.

[58] *Wirth* DB 1992, 617 (618); *Westermann* FS Huber, 2006, 999 f.; *Knur* FS Flume, Bd. II, 1978, 173 (182); MüKoAktG/*Bayer* Rn. 62; Hüffer/*Koch* Rn. 14; aA *Schrötter* DB 1977, 2265 (2268); KK-AktG/*Lutter/Drygala* Rn. 70.

[59] Hüffer/*Koch* Rn. 14.

[60] BayObLGZ 1988, 371 (374 ff.).

[61] Hüffer/*Koch* Rn. 14.

[62] MüKoAktG/*Bayer* Rn. 63; *Lutter* AG 1992, 369 (370).

[63] MüKoAktG/*Bayer* Rn. 65; KK-AktG/*Lutter/Drygala* Rn. 67.

[64] MHdB AG/*Sailer-Coceani* § 14 Rn. 25; KK-AktG/*Lutter/Drygala* Rn. 67.

[65] Spindler/Stilz/*Cahn* Rn. 47.

[66] Spindler/Stilz/*Cahn* Rn. 47; MHdB AG/*Sailer-Coceani* § 14 Rn. 25.

[67] *Lutter* AG 1992, 369 (370); MüKoAktG/*Bayer* Rn. 67; Spindler/Stilz/*Cahn* Rn. 48.

[68] Spindler/Stilz/*Cahn* Rn. 49.

[69] MüKoAktG/*Bayer* Rn. 69; Spindler/Stilz/*Cahn* Rn. 49.

[70] *K. Schmidt* FS Beusch, 1993, 759 (771 f.); *Hüffer* FS Heinsius, 1991, 337 (345); ebenso zur GmbH BGHZ 48, 163 (167).

[71] Hüffer/*Koch* Rn. 14.

[72] Begr. RegE *Kropff* Textausgabe, 1965, 88; Spindler/Stilz/*Cahn* Rn. 52.

[73] *Westermann* FS Huber, 2006, 997 (999 f.); *Knur* FS Flume, Bd. II, 1978, 173 (182); *Wirth* DB 1992, 617 (618); MüKoAktG/*Bayer* Rn. 62; aA *Lutter/Schneider* ZGR 1975, 182 (185); *Schrötter* DB 1977, 2265 (2268).

[74] Vgl. Spindler/Stilz/*Cahn* Rn. 53; MüKoAktG/*Bayer* Rn. 62.

kann in der Satzung für bestimmte Konstellationen eine **Zustimmungspflicht** begründet werden. Denn eine solche Pflicht entspricht in ihrer Wirkung der – zulässigen (→ Rn. 17) – Beschränkung des Zustimmungserfordernisses auf bestimmte Sachverhalte. Sind in der Satzung die Gründe für eine mögliche Verweigerung der Zustimmung abschließend bestimmt und liegt keiner dieser Gründe vor, so hat der Veräußerer einen klagbaren Anspruch auf Erteilung der Zustimmung.[75]

20 **bb) Fehlen einer Satzungsregelung.** Sofern die Satzung keine Verweigerungsgründe bestimmt, haben die zuständigen Organe nach **pflichtgemäßem Ermessen** über die Zustimmung oder deren Verweigerung zu entscheiden.[76] Maßgeblich sind in erster Linie das Interesse und das Wohl der Gesellschaft.[77] Nachrangig ist das Interesse des Inhabers der vinkulierten Aktien an der Veräußerung in die Abwägung einzustellen.[78] Das Ermessen der Gesellschaft kann aufgrund besonderer Umstände eingeschränkt sein,[79] zB wenn dem Aktionär die Veräußerung seiner Aktien faktisch unmöglich gemacht wird, indem die Gesellschaft mehrfach die Zustimmung zur Übertragung bei verschiedenen Erwerbsinteressen verweigert hat.[80] Aufgrund des Gleichbehandlungsgrundsatzes kann das Ermessen zudem auf Null reduziert sein, wenn die Gesellschaft ihre Zustimmung anderen Aktionären in vergleichbarer Lage erteilt hat[81] und im konkreten Fall keine Umstände vorliegen, die eine abweichende Entscheidung rechtfertigen würden.[82]

21 **cc) Börsennotierte Aktien.** Vorstehende Grundsätze gelten grundsätzlich auch für börsennotierte Aktien. Damit die börsennotierte Aktie ihren Zweck erfüllen kann, wird unter Berücksichtigung des Gleichbehandlungsgebots eine Zustimmungsverweigerung nur unter außergewöhnlichen Umständen ermessensfehlerfrei sein.[83]

22 **c) Entscheidungszeitpunkt.** Die Entscheidung über die Zustimmung zur Übertragung kann sowohl vor als auch nach der Vornahme des dinglichen Rechtsgeschäfts getroffen werden. Die Entscheidung entfaltet bis zur Erklärung (→ Rn. 23) gegenüber dem Veräußerer oder dem Erwerber keine Außenwirkungen, so dass sie bis zu diesem Zeitpunkt jederzeit aufgehoben bzw. abgeändert werden kann[84] und zwar auch durch das Hinzufügen einer Bedingung beziehungsweise Befristung.[85]

23 **7. Erklärung von Zustimmung und Verweigerung. a) Allgemeines.** Die Erklärung der Zustimmung oder der Verweigerung sind **empfangsbedürftige Willenserklärungen.**[86] Die Erklärung kann sowohl gegenüber dem Veräußerer als auch gegenüber dem Erwerber abgegeben werden (§ 182 BGB).[87] Zustimmung und Verweigerung können vor der Verfügung als Einwilligung (vgl. § 183 BGB) oder nachträglich als Genehmigung (vgl. § 184 BGB) erklärt werden.[88] Dies kann formlos und auch konkludent geschehen, zB durch Eintragung des Erwerbers in das Aktienregister (vgl. § 67 Abs. 3) oder seine Zulassung zur Abstimmung in der Hauptversammlung.[89] Die Satzung kann eine Erklärungsfrist für die Zustimmung oder Verweigerung festlegen.[90] Äußert sich die Gesellschaft innerhalb dieser Frist nicht, gilt die Zustimmung als verweigert.[91] Legt die Satzung keine Frist fest, ist die Zustimmung bzw. deren Verweigerung innerhalb einer angemessenen Frist zu erklären.[92] Zuständig für die Erklärung ist stets der **Vorstand;** dies gilt auch bei der Willensbildung durch ein

---

[75] KK-AktG/*Lutter/Drygala* Rn. 91; Spindler/Stilz/*Cahn* Rn. 58.

[76] OLG Düsseldorf EWiR 1997, 145 mAnm *Kort;* LG Aachen ZIP 1992, 924 (928 f.); OLG Koblenz ZIP 1989, 301 (305); *Bork* FS Henckel, 1995, 23 (26); *Lutter* AG 1992, 369 (370 f.); *Immenga* AG 1992, 79 (82); *Wirth* DB 1992, 617 ff.

[77] *Lutter* AG 1992, 369 (373); MüKoAktG/*Bayer* Rn. 72.

[78] BGH NJW 1987, 1019 (1020); LG Aachen AG 1992, 410 (412 ff.); *Lutter* AG 1992, 369 (373 f.); *Wirth* DB 1992, 617 (618 f.); aA *Kossmann* BB 1985, 1364 (1366 f.).

[79] MüKoAktG/*Bayer* Rn. 81; Spindler/Stilz/*Cahn* Rn. 55.

[80] BGH NJW 1987, 1019 (1020); MüKoAktG/*Bayer* Rn. 81.

[81] LG Aachen AG 1992, 410 (412 ff.).

[82] Vgl. *Wirth* DB 1992, 617 (619); MüKoAktG/*Bayer* Rn. 73.

[83] *Lutter* AG 1992, 369 (372); Spindler/Stilz/*Cahn* Rn. 56; großzügiger KK-AktG/*Lutter/Drygala* Rn. 80.

[84] Spindler/Stilz/*Cahn* Rn. 57; MüKoAktG/*Bayer* Rn. 82.

[85] MüKoAktG/*Bayer* Rn. 82; Spindler/Stilz/*Cahn* Rn. 57.

[86] MüKoAktG/*Bayer* Rn. 84; KK-AktG/*Lutter/Drygala* Rn. 83.

[87] RG JW 1931, 2097; LG Düsseldorf AG 1989, 332; Spindler/Stilz/*Cahn* Rn. 59.

[88] BGH AG 1987, 155 = NJW 1987, 1019; RGZ 72, 292 (293); 132, 149 (155); KK-AktG/*Lutter/Drygala* Rn. 84.

[89] RGZ 72, 290 (293); 104, 413 (415); 132, 149 (155); 160, 230 (232); RG JW 1931, 2097; OLG Schleswig ZIP 2014, 1937; Spindler/Stilz/*Cahn* Rn. 60.

[90] MüKoAktG/*Bayer* Rn. 89; Spindler/Stilz/*Cahn* Rn. 61.

[91] Spindler/Stilz/*Cahn* Rn. 61; MüKoAktG/*Bayer* Rn. 89.

[92] KK-AktG/*Lutter/Drygala* Rn. 88; Spindler/Stilz/*Cahn* Rn. 61.

anderes Organ.[93] Erforderlich ist, dass die Vorstandsmitglieder in vertretungsberechtigter Zahl handeln (§ 78 Abs. 2 und 3).[94]

b) Pflicht zur Begründung der Verweigerung. Wurden in der Satzung Gründe für die Verweigerung festgelegt, bedarf die Verweigerung der Zustimmung einer Begründung, um dem Aktionär die Überprüfung der Entscheidung zu ermöglichen.[95] Dagegen besteht für die Verweigerung der Zustimmung kein Begründungszwang, wenn die Vinkulierungsklausel keinerlei Beschränkungen enthält und demzufolge das zuständige Organ nach pflichtgemäßem Ermessen zu entscheiden hat[96] oder wenn die Satzung ausdrücklich vorsieht, dass die Verweigerung nicht begründet werden muss.[97] Eine (nachträgliche) Begründung ist jedoch immer dann erforderlich, wenn die verweigerte Zustimmung eingeklagt wird.[98] 24

c) Reichweite der Zustimmung. Die Zustimmung kann sich sowohl auf eine konkrete Verfügung als auch auf einen näher bestimmten Kreis von Rechtsgeschäften beziehen.[99] Eine Globalzustimmung ist dagegen nicht möglich.[100] 25

8. Rechtsfolgen. a) Verfügungsgeschäft. Die Zustimmung zur Übertragung ist Wirksamkeitsvoraussetzung für das Verfügungsgeschäft. Solange die Entscheidung über die Zustimmung zur Übertragung noch nicht erklärt wurde, ist das Verfügungsgeschäft schwebend unwirksam. Erst mit der Zustimmung wird die Übertragung der Aktien wirksam, mit ihrer Versagung endgültig unwirksam.[101] Wurde die Zustimmung einmal versagt, kann die Übertragung nur noch durch eine Neuaufnahme der Verfügung und eine neue Zustimmung erreicht werden.[102] Dies gilt auch bei rechtswidriger Verweigerung der Zustimmung[103] und unabhängig davon, ob die zunächst verweigerte Genehmigung nachträglich doch noch erteilt wird. Etwas anderes gilt jedoch, wenn die rechtsmissbräuchlich versagte Genehmigung durch rechtskräftiges Urteil gemäß § 894 ZPO ersetzt wird.[104] 26

b) Verpflichtungsgeschäft. Für die Wirksamkeit des Verpflichtungsgeschäfts zwischen dem Aktionär und dem Erwerber ist die Zustimmung ohne Bedeutung, wenn dieses nicht – ausnahmsweise – unter der Bedingung der Zustimmung abgeschlossen wurde.[105] Wird die Zustimmung endgültig verweigert, liegt ein Rechtsmangel vor.[106] Der Käufer kann Schadensersatz statt der Leistung verlangen oder vom Vertrag zurücktreten (vgl. §§ 453, 433 Abs. 1 S. 2, 435, 437).[107] Hatte der Käufer indes Kenntnis von der Vinkulierung, so entfällt die Haftung des veräußernden Aktionärs (vgl. § 442 Abs. 1 BGB).[108] 27

9. Rechtsschutz im Falle der Zustimmungsverweigerung. Bei Verweigerung der Zustimmung kann der **Veräußerer** gegen die Gesellschaft Klage auf Erteilung der Zustimmung oder auf Schadensersatz erheben.[109] Der Erwerber hat diese Möglichkeit aus eigenem Recht nicht. Er kann jedoch in gewillkürter Prozessstandschaft vorgehen.[110] Die hierzu erforderliche Ermächtigung kann vom Veräußerer auch konkludent erteilt werden; dies gilt insbesondere bei der Veräußerung von börsennotierten Namensaktien.[111] 28

---

[93] Hüffer/*Koch* Rn. 15; KK-AktG/*Lutter/Drygala* Rn. 83.
[94] Spindler/Stilz/*Cahn* Rn. 63; Hüffer/*Koch* Rn. 15.
[95] LG Aachen AG 1992, 410 (411); KK-AktG/*Lutter/Drygala* Rn. 88; MHdB AG/*Sailer-Coceani* § 14 Rn. 27.
[96] Spindler/Stilz/*Cahn* Rn. 65; KK-AktG/*Lutter* Rn. 36.
[97] LG Aachen WM 1992, 1485 (1492 f.); MüKoAktG/*Bayer* Rn. 92.
[98] MüKoAktG/*Bayer* Rn. 92.
[99] RGZ 132, 149 (155); Spindler/Stilz/*Cahn* Rn. 66.
[100] RGZ 132, 149 (155); KK-AktG/*Lutter/Drygala* Rn. 86.
[101] RGZ 132, 149 (157); MüKoAktG/*Bayer* Rn. 96 f.; KK-AktG/*Lutter/Drygala* Rn. 93; für die KG BGHZ 13, 179 (187) = NJW 1954, 1155.
[102] Spindler/Stilz/*Cahn* Rn. 72; MüKoAktG/*Bayer* Rn. 98.
[103] HM, zB KK-AktG/*Lutter* Rn. 93; Spindler/Stilz/*Cahn* Rn. 72; für die KG BGHZ 13, 187.
[104] Hüffer/*Koch* Rn. 16a; MüKoAktG/*Bayer* Rn. 99; KK-AktG/*Lutter/Drygala* Rn. 91; aA Spindler/Stilz/*Cahn* Rn. 72.
[105] Spindler/Stilz/*Cahn* Rn. 70; KK-AktG/*Lutter/Drygala* Rn. 96.
[106] Hüffer/*Koch* Rn. 16; MHdB AG/*Sailer-Coceani* § 14 Rn. 29.
[107] MHdB AG/*Sailer-Coceani* § 14 Rn. 29 ff.
[108] MüKoAktG/*Bayer* Rn. 103; MHdB AG/*Sailer-Coceani* § 14 Rn. 31.
[109] AllgM, zB Spindler/Stilz/*Cahn* Rn. 74; MüKoAktG/*Bayer* Rn. 106.
[110] LG Aachen AG 1992, 410 (411); *Berger* ZHR 157 (1993), 31 (41 ff.); *Immenga* AG 1992, 105 (107); Spindler/Stilz/*Cahn* Rn. 75; KK-AktG/*Lutter/Drygala* Rn. 91.
[111] LG Aachen AG 1992, 410 (411); *Berger* ZHR 157 (1993), 31 (41 ff.); *Immenga* AG 1992, 105 (108); MüKoAktG/*Bayer* Rn. 110; Spindler/Stilz/*Cahn* Rn. 75.

IV. Prüfungspflicht der Gesellschaft (Abs. 3)

29 Gemäß Abs. 3 ist die Gesellschaft bei der Übertragung durch Indossament verpflichtet, die Ordnungsmäßigkeit der Reihe der Indossamente, nicht aber die Unterschriften zu prüfen. Die im Zusammenhang mit der Eintragung in das Aktienregister (vgl. § 67 Abs. 3; → § 67 Rn. 18 ff.) vorzunehmende Prüfung obliegt dem **Vorstand.**[112] Ausreichend ist grundsätzlich eine **Formalprüfung,** die sich auf den äußerlichen Nachweis der Übertragungsvorgänge beschränkt.[113] Allerdings ist der Vorstand jederzeit zu einer weitergehenden Prüfung berechtigt[114] und bei Anhaltspunkten für eine Unterschriftsfälschung oder für einen anderen Übertragungsmangel sogar verpflichtet.[115]

V. Entsprechende Geltung für Zwischenscheine (Abs. 4)

30 Nach Abs. 4 gelten Abs. 1–3 für Zwischenscheine entsprechend. Die Zwischenscheine sind demnach durch Indossament übertragbar (Abs. 1), es besteht die Möglichkeit der Vinkulierung (Abs. 2) sowie die Pflicht zur Prüfung der Übertragungsvermerke (Abs. 3).

§ 69 Rechtsgemeinschaft an einer Aktie

(1) Steht eine Aktie mehreren Berechtigten zu, so können sie die Rechte aus der Aktie nur durch einen gemeinschaftlichen Vertreter ausüben.

(2) Für die Leistungen auf die Aktie haften sie als Gesamtschuldner.

(3) [1]Hat die Gesellschaft eine Willenserklärung dem Aktionär gegenüber abzugeben, so genügt, wenn die Berechtigten der Gesellschaft keinen gemeinschaftlichen Vertreter benannt haben, die Abgabe der Erklärung gegenüber einem Berechtigten. [2]Bei mehreren Erben eines Aktionärs gilt dies nur für Willenserklärungen, die nach Ablauf eines Monats seit dem Anfall der Erbschaft abgegeben werden.

Schrifttum: *Blasche,* Zulässigkeit und Rechtswirkung der Eintragung eines gemeinschaftlichen Vertreters im Aktienregister, AG 2015, 342.

Übersicht

I. Allgemeines

1 § 69 regelt die Rechtsfolgen einer **gemeinschaftlichen Berechtigung** an einer Aktie im Verhältnis zwischen Gesellschaft und Aktionären. Abs. 1 begründet das Erfordernis eines gemeinschaftlichen Vertreters für die Ausübung der Mitgliedschaftsrechte. Abs. 2 sichert die Erfüllung der mit der Mitgliedschaft verbundenen Pflichten. Abs. 3 regelt die Abgabe von Willenserklärungen gegenüber der Gemeinschaft der Berechtigten. § 69 stellt damit klar, dass trotz der realen Unteilbarkeit der Aktie (vgl. § 8 Abs. 5; → § 8 Rn. 26 f.) eine gemeinschaftliche Mitberechtigung an der ungeteilten Aktie zulässig ist.[1] Zudem bezweckt die Regelung den Schutz der Gesellschaft vor Nachteilen, die sich aus der Existenz mehrerer berechtigter Personen ergeben können.[2] § 69 hat insbesondere für Namensaktien praktische Bedeutung; die Norm gilt jedoch ebenfalls für Inhaber-

[112] MüKoAktG/*Bayer* Rn. 28; Hüffer/*Koch* Rn. 17.
[113] Hüffer/*Koch* Rn. 17; KK-AktG/*Lutter/Drygala* Rn. 121.
[114] KK-AktG/*Lutter/Drygala* Rn. 121; MüKoAktG/*Bayer* Rn. 28.
[115] MüKoAktG/*Bayer* Rn. 28; Hüffer/*Koch* Rn. 17.
[1] KK-AktG/*Lutter/Drygala* Rn. 2; Hüffer/*Koch* Rn. 1.
[2] Hüffer/*Koch* Rn. 1; Spindler/Stilz/*Cahn* Rn. 1; *Blasche* AG 2015, 342 (343).

aktien und auch bei unverkörperten Mitgliedschaften.[3] Mit Rücksicht auf den Schutzzweck ist § 69 zwingend und kann nicht durch die Satzung abgedungen werden.[4]

II. Mitberechtigung mehrerer an einer Aktie

2 § 69 setzt eine gemeinschaftliche Berechtigung an der Aktie iSd Mitgliedschaft voraus. Die Norm erfasst **Bruchteils-** und **Gesamthandsgemeinschaften** ohne Rücksicht auf ihren Entstehungsgrund.[5] Entscheidend ist die dingliche Zuordnung der Aktie, wobei bei Namensaktien nicht die materielle Berechtigung, sondern die Eintragung im Aktienregister (vgl. § 67 Abs. 2 S. 1; → § 67 Rn. 11 ff.) ausschlaggebend ist.[6] Die Norm findet damit insbesondere Anwendung auf Bruchteilsgemeinschaften (§§ 741 ff. BGB), die eheliche Gütergemeinschaft (§§ 1415 ff. BGB) und – wie sich aus Abs. 3 S. 2 ergibt – die Erbengemeinschaft (§§ 2032 ff. BGB). § 69 gilt hingegen weder für juristische Personen (zB AG, GmbH) noch für Personenhandelsgesellschaften (OHG, KG), deren Rechtsträgerschaft der Aktie durch die §§ 124, 161 Abs. 2 HGB zwischenzeitlich allgemein anerkannt ist.[7] Aufgrund der zwischenzeitlich anerkannten weitgehenden Rechtsfähigkeit der Gesellschaft bürgerlichen Rechts findet § 69 auf diese unmittelbar keine Anwendung. Da es – anders als bei den Personenhandelsgesellschaften (vgl. § 106 Abs. 2 Nr. 1 und 4 HGB) – an einer Publizität des Gesellschafterbestandes und der Vertretungsverhältnisse fehlt, nimmt die bisher hM die analoge Anwendung der Abs. 1 und 3 auf die Gesellschaft bürgerlichen Rechts an.[8] Eine in jüngere Zeit zunehmend vertretene Ansicht tritt dem jedoch entgegen. Die fehlende Registerpublizität stehe der Anerkennung der Gesellschaft bürgerlichen Rechts als einheitlicher Rechtsträger nicht entgegen.[9] Es obliege vielmehr der Gesellschaft auftretende Zweifel an der Vertretungsmacht ihrer geschäftsführenden Gesellschafter durch ordnungsgemäßen Nachweis auszuräumen.[10] Eine analoge Anwendung der Abs. 1 und 3 scheide daher aus. In der Tat scheint eine Ungleichbehandlung der Gesellschaft bürgerlichen Rechts im Vergleich zu Vor-Kapitalgesellschaften und einigen ausländischen Gesellschaften, bei denen es ebenfalls an Registerpublizität mangelt, die einheitliche Rechtsinhaberschaft an Aktien jedoch anerkannt ist, nicht gerechtfertigt.[11] Dasselbe gilt für den nicht rechtsfähigen Verein.[12] Da bei Girosammelverwahrung (§§ 5 ff. DepotG) trotz Bruchteilsgemeinschaft am Sammelbestand oder an der Globalurkunde bei wirtschaftlicher Betrachtung individuelle Mitgliedschaften bestehen, wird in der Praxis allgemein davon ausgegangen, dass jeder Mitberechtigte als Alleinaktionär zu behandeln ist und § 69 insoweit nicht zur Anwendung gelangt.[13]

III. Der gemeinschaftliche Vertreter (Abs. 1)

3 **1. Person des Vertreters.** Gemäß Abs. 1 können mehrere gemeinschaftlich Berechtigte (→ Rn. 2) die Rechte aus der Aktie nur durch einen gemeinschaftlichen Vertreter ausüben. Abs. 1 stellt damit die einheitliche Ausübung der Mitgliedschaftsrechte sicher.[14] Gemeinschaftlicher Vertreter iSd Abs. 1 kann jede **natürliche** oder **juristische Person** sein.[15] In Betracht kommen auch ein Mitglied der Rechtsgemeinschaft oder ein Mitglied des Vorstands oder des Aufsichtsrats.[16] Die Rechtsgemeinschaft ist grundsätzlich in der Auswahl des gemeinschaftlichen Vertreters frei.[17] Die Satzung kann den Kreis der möglichen Vertreter nicht beschränken.[18] Testamentsvollstrecker und vergleichbare Sachwalter sind kraft ihres Amtes gemeinsame Vertreter iSd § 69 Abs. 1, so dass

---

[3] MüKoAktG/*Bayer* Rn. 4; KK-AktG/*Lutter/Drygala* Rn. 4.
[4] Hüffer/*Koch* Rn. 1; MüKoAktG/*Bayer* Rn. 3.
[5] MüKoAktG/*Bayer* Rn. 5; Spindler/Stilz/*Cahn* Rn. 5.
[6] AllgM, zB Hüffer/*Koch* Rn. 2.
[7] AllgM, zB MüKoAktG/*Bayer* Rn. 7.
[8] So iErg Spindler/Stilz/*Cahn* Rn. 8; KK-AktG/*Lutter/Drygala* Rn. 9; kurzer Überblick über die vertretenen Ansichten bei *Blasche* AG 2015, 342 (343).
[9] Hüffer/*Koch* Rn. 3 mwN.
[10] So MüKoAktG/*Bayer* Rn. 8 unter ausdrücklicher Aufgabe der in der 3. Aufl. 2008 vertretenen Auffassung und mit Verweis auf BGHZ 189, 276 Rn. 16 ff.
[11] So auch Schmidt/Lutter/*Bezzenberger* Rn. 5.
[12] Spindler/Stilz/*Cahn* Rn. 8; MüKoAktG/*Bayer* Rn. 9; aA Hüffer/*Koch* Rn. 3.
[13] MüKoAktG/*Bayer* Rn. 11; Hüffer/*Koch* Rn. 2; Spindler/Stilz/*Cahn* Rn. 9; KK-AktG/*Lutter/Drygala* Rn. 16.
[14] Vgl. Spindler/Stilz/*Cahn* Rn. 10.
[15] MüKoAktG/*Bayer* Rn. 15; Spindler/Stilz/*Cahn* Rn. 11.
[16] KK-AktG/*Lutter/Drygala* Rn. 21; MüKoAktG/*Bayer* Rn. 15.
[17] MüKoAktG/*Bayer* Rn. 16.
[18] Spindler/Stilz/*Cahn* Rn. 11.

insoweit die Bestellung eines anderen Vertreters ausscheidet.[19] Die Bestellung mehrerer Personen ist möglich, jedoch nach bislang hM nur unter Anordnung von Gesamtvertretungsmacht.[20] Nach aktueller hM ist auch mehrfache Einzelvertretung zulässig. Die Interessen der AG an einer einheitlichen Berechtigung und den Schutz vor den Nachteilen, die sich durch die Existenz mehrerer berechtigter Personen ergeben können (→ Rn. 1), seien durch das Zurückweisungsrecht aus § 134 Abs. 3 S. 2 gewahrt.[21]

4 **2. Bestellung des Vertreters.** Die Bestellung des gemeinschaftlichen Vertreters ist eine reine Obliegenheit der Rechtsgemeinschaft; es besteht keine diesbezügliche Pflicht.[22] Wird kein Vertreter bestellt, können die Berechtigten die aus der Aktie resultierenden Mitgliedschaftsrechte nicht ausüben und müssen in Kauf nehmen, dass die Gesellschaft Willenserklärungen ihnen gegenüber nach Maßgabe des Abs. 3 abgibt.[23] Der gemeinschaftliche Vertreter wird durch Erteilung einer **Vollmacht** (§§ 167 ff. BGB) von den Mitgliedern der Rechtsgemeinschaft bestellt.[24] Die Erteilung der Vollmacht bedarf grundsätzlich keiner besonderen Form (vgl. § 167 Abs. 2 BGB).[25] Da § 69 Abs. 1 aber besondere Formerfordernisse des Aktienrechts oder der Satzung unberührt lässt,[26] ist Schriftform anzuraten, zumindest aber regelmäßig – jedenfalls bei nicht börsennotierten Gesellschaften – Textform (§ 126b BGB) für die Ausübung des Stimmrechts (vgl. § 134 Abs. 3 S. 3) erforderlich. Ferner soll die Gesellschaft – über den Wortlaut hinaus – bei bestehenden Zweifeln über die Bevollmächtigung die Vorlage einer schriftlichen Vollmacht verlangen können.[27] Die Vollmacht kann zeitlich begrenzt und jederzeit frei widerrufen werden.[28] Zum Schutze der Gesellschaft gelten die §§ 170–173 BGB.[29] Aufgrund des Wortlauts der Norm, wonach „die Rechte" iS aller Mitgliedschaftsrechte (→ Rn. 5) durch den Vertreter ausgeübt werden können, sind sowohl inhaltliche (zB Erfordernis der Rücksprache mit den Inhabern)[30] als auch gegenständliche Beschränkungen der Vollmacht (zB nur Ausübung des Stimmrechts) unzulässig.[31] Eine beschränkte Vollmacht kann von der Gesellschaft zurückgewiesen werden.[32]

5 **3. Tätigkeit des Vertreters.** Nach Abs. 1 übt der gemeinschaftliche Vertreter für die Mitinhaber die Rechte aus der Aktie aus. „Die Rechte" im vorgenannten Sinn sind sämtliche **Mitgliedschaftsrechte** gegenüber der Gesellschaft.[33] Der Vertreter nimmt daher an der Hauptversammlung teil und übt das Rede-, Antrags- und Stimmrecht sowie die Anfechtungsbefugnis des § 245 aus.[34] Darüber hinaus macht er die Dividendenansprüche und Bezugsrechte geltend und stellt die Anträge nach §§ 122, 145, 304 und 305.[35] Nicht von der Vollmacht umfasst sind dagegen **Verfügungen** über die Mitgliedschaft (zB Übertragung, Verpfändung, Bestellung eines Nießbrauchs), da es hierbei um die Aktie selbst und nicht um die aus ihr folgenden Mitgliedschaftsrechte geht.[36]

6 **4. Ausübung der Mitgliedschaftsrechte.** Nach dem Wortlaut des § 69 Abs. 1 ist nur der gemeinschaftliche Vertreter zur Ausübung der Rechte aus der Aktie befugt. Von diesem Grundsatz kann durch das Innenrecht der Rechtsgemeinschaft nicht in der Weise abgewichen werden, dass dieses – ohne entsprechende Bevollmächtigung nach §§ 167 ff. BGB – eine Mehrheit der Mitberechtigten oder einzelne Mitberechtigte zur Rechtsausübung für alle Mitberechtigten ermächtigt.[37] Haben die Berechtigten noch keinen gemeinsamen Vertreter ernannt, steht es jedoch im Belieben der Gesellschaft, eine Rechtsausübung durch alle Mitberechtigten gemeinsam zu gestatten, da § 69

---

[19] Hüffer/*Koch* Rn. 3; MüKoAktG/*Bayer* Rn. 10; KK-AktG/*Lutter/Drygala* Rn. 17.

[20] HM, zB MüKoAktG/*Bayer* Rn. 17; KK-AktG/*Lutter/Drygala* Rn. 23; aA *v. Godin/Wilhelmi* Anm. 3; Hüffer/*Koch* Rn. 4.

[21] Hüffer/*Koch* Rn. 4; MüKoAktG/*Bayer* Rn. 17; Spindler/Stilz/*Cahn* Rn. 12.

[22] AllgM, MüKoAktG/*Bayer* Rn. 19.

[23] MüKoAktG/*Bayer* Rn. 19; Spindler/Stilz/*Cahn* Rn. 10.

[24] Spindler/Stilz/*Cahn* Rn. 13; MüKoAktG/*Bayer* Rn. 20.

[25] Spindler/Stilz/*Cahn* Rn. 14.

[26] MüKoAktG/*Bayer* Rn. 20.

[27] MüKoAktG/*Bayer* Rn. 20; KK-AktG/*Lutter/Drygala* Rn. 18; aA Spindler/Stilz/*Cahn* Rn. 14.

[28] MüKoAktG/*Bayer* Rn. 20; Spindler/Stilz/*Cahn* Rn. 14.

[29] KK-AktG/*Lutter/Drygala* Rn. 20.

[30] Hüffer/*Koch* Rn. 4.

[31] HM, zB MüKoAktG/*Bayer* Rn. 21; Hüffer/*Koch* Rn. 4; *Baumbach/Hueck* § 18 GmbHG, Rn. 4 f.; aA KK-AktG/*Lutter/Drygala* Rn. 22; Spindler/Stilz/*Cahn* Rn. 15.

[32] MüKoAktG/*Bayer* Rn. 21.

[33] Hüffer/*Koch* Rn. 5; MüKoAktG/*Bayer* Rn. 24.

[34] Spindler/Stilz/*Cahn* Rn. 16.

[35] Hüffer/*Koch* Rn. 5; Spindler/Stilz/*Cahn* Rn. 16; KK-AktG/*Lutter/Drygala* Rn. 27.

[36] Hüffer/*Koch* Rn. 5; Spindler/Stilz/*Cahn* Rn. 17; KK-AktG/*Lutter/Drygala* Rn. 28.

[37] HM, zB Spindler/Stilz/*Cahn* Rn. 18; MüKoAktG/*Bayer* Rn. 25.

allein den Schutz der Gesellschaft (→ Rn. 1) bezweckt.[38] Daher sind Beschlüsse, an denen die Rechtsgemeinschaft durch einheitliche Stimmabgabe mitgewirkt hat, nicht wegen Verstoßes gegen § 69 Abs. 1 anfechtbar.[39] Die Gesellschaft kann auch dann, wenn ein gemeinschaftlicher Vertreter bestellt wurde, die Berechtigten zur gemeinsamen Rechtsausübung zulassen, dh den Vertreter übergehen.[40] So ist es der Gesellschaft gestattet, im Einverständnis mit allen Rechtsinhabern die Dividende an alle Berechtigten gemeinsam oder im Falle der Bruchteilsgemeinschaft auch anteilig an jeden Mitberechtigten auszuschütten.[41] Handelt es sich hingegen beim gemeinschaftlichen Vertreter um den gesetzlichen Vertreter der Rechtsgemeinschaft (zB Testamentsvollstrecker), ist dieser allein handlungsbefugt und kann nicht übergangen werden.[42]

IV. Gesamtschuldnerische Haftung (Abs. 2)

1. Leistung auf Aktien. Nach § 69 Abs. 2 haften die Mitinhaber für Leistungen auf die Aktie gesamtschuldnerisch (vgl. §§ 421 ff. BGB). Abs. 2 schafft damit keinen selbständigen Schuldgrund, sondern setzt eine bestehende Leistungspflicht auf die Aktie auf Grund einer anderen gesetzlichen Regelung voraus.[43] In Betracht kommen zB Einlagepflichten iSd § 54 sowie Ansprüche der Gesellschaft nach §§ 55, 62, 63 und 65.[44] Da die Gesellschaft bürgerlichen Rechts aufgrund ihrer (Teil-)Rechtsfähigkeit selbst Schuldnerin der Leistungen auf die von ihr gehaltenen Aktien ist, führt ihre Einbeziehung in den Anwendungsbereich des § 69 (→ Rn. 2) zu einer unbeschränkten gesamtschuldnerischen Mithaftung ihrer Gesellschafter.[45] 7

2. Zeitlicher Anwendungsbereich. Grundsätzlich beginnt die Haftung zum Zeitpunkt des Erwerbs der dinglichen Mitberechtigung und endet mit der Aufgabe der Beteiligung an der Rechtsgemeinschaft.[46] Bei Namensaktien ist für die Haftung der Zeitraum der Eintragung im Aktienregister maßgeblich (vgl. § 67 Abs. 2; → § 67 Rn. 11 ff.). Die gesamtschuldnerische Haftung der Mitglieder der Rechtsgemeinschaft für Ansprüche der Gesellschaft aus § 65 Abs. 1 (Vormann; → § 65 Rn. 3 ff.) und § 64 Abs. 4 S. 2 (Ausfallhaftung des Aktionärs; → § 64 Rn. 18) besteht auch nach dem Ende der gemeinschaftlichen Inhaberschaft fort bzw. setzt dieses voraus.[47] 8

3. Besondere Haftungsbeschränkungen. Hinsichtlich der Möglichkeit für Mitglieder einer Erbengemeinschaft, sich auf Beschränkungen der Erbenhaftung (§§ 1975 ff., 2059 Abs. 1 S. 1 BGB) berufen zu können, ist zu unterscheiden: § 69 Abs. 2 enthält keinen selbständigen Verpflichtungsgrund und verdrängt demzufolge die erbrechtlichen Haftungsregelungen einschließlich ihrer Beschränkungsmöglichkeiten grundsätzlich nicht. Etwas anderes gilt jedoch für in das Aktienregister eingetragene Namensaktien. Mit der Eintragung werden die Mitglieder der Erbengemeinschaft Adressaten eigener aktienrechtlicher Verpflichtungen (vgl. § 67 Abs. 2; → § 67 Rn. 11 ff.), auf die erbrechtliche Haftungsbeschränkungen keine Anwendung finden.[48] 9

V. Willenserklärungen der Gesellschaft (Abs. 3)

1. Anwendungsbereich. § 69 Abs. 3 regelt die Abgabe von Willenserklärungen der Gesellschaft gegenüber **einzelnen** Aktionären, nicht gegenüber der Gesamtheit der Aktionäre.[49] Erfasst sind somit insbesondere die Aufforderungen und Benachrichtigungen nach §§ 64 Abs. 2 S. 4, 65, 55 und 237 sowie nach § 63, sofern die Satzung Einzelaufforderung vorsieht.[50] Dagegen betrifft Abs. 3 weder öffentlich abzugebende Erklärungen und Bekanntmachungen noch Erklärungen, die speziell nur einen Mitinhaber der Aktie betreffen.[51] 10

---

[38] KK-AktG/*Lutter/Drygala* Rn. 29; MüKoAktG/*Bayer* Rn. 26; Hüffer/*Koch* Rn. 6.
[39] Hüffer/*Koch* Rn. 6; Spindler/Stilz/*Cahn* Rn. 18; KK-AktG/*Lutter/Drygala* Rn. 29.
[40] KK-AktG/*Lutter/Drygala* Rn. 30; Hüffer/*Koch* Rn. 6; MüKoAktG/*Bayer* Rn. 27.
[41] MüKoAktG/*Bayer* Rn. 26; Hüffer/*Koch* Rn. 6.
[42] Hüffer/*Koch* Rn. 6; KK-AktG/*Lutter/Drygala* Rn. 30; MüKoAktG/*Bayer* Rn. 27.
[43] KK-AktG/*Lutter/Drygala* Rn. 32; Spindler/Stilz/*Cahn* Rn. 19.
[44] Vgl. Hüffer/*Koch* Rn. 7; MüKoAktG/*Bayer* Rn. 30.
[45] MüKoAktG/*Bayer* Rn. 29; Hüffer/*Koch* Rn. 7; ebenso zur GmbH BGHZ 78, 311 (316).
[46] Spindler/Stilz/*Cahn* Rn. 20; MüKoAktG/*Bayer* Rn. 31.
[47] Vgl. Spindler/Stilz/*Cahn* Rn. 20.
[48] HL, zB KK-AktG/*Lutter/Drygala* Rn. 37; Spindler/Stilz/*Cahn* Rn. 21; Hüffer/*Koch* Rn. 7; aA MüKoAktG/*Bayer* Rn. 32.
[49] MüKoAktG/*Bayer* Rn. 34; Spindler/Stilz/*Cahn* Rn. 22.
[50] Hüffer/*Koch* Rn. 8; Spindler/Stilz/*Cahn* Rn. 22.
[51] KK-AktG/*Lutter/Drygala* Rn. 38; MüKoAktG/*Bayer* Rn. 34.

11 **2. Erklärungsempfänger.** Aus § 69 Abs. 3 S. 1 ergibt sich, dass Willenserklärungen von der Gesellschaft grundsätzlich gegenüber dem gemeinsamen Vertreter der Mitinhaber abzugeben sind. Da auch Abs. 3 den Schutz der Gesellschaft bezweckt, kann diese die Erklärung im Einzelfall auch gegenüber allen Berechtigten gemeinsam abgeben, es sei denn, dass es sich bei dem Vertreter um einen nach dem Gesetz allein zuständigen Amtswalter handelt (zB Testamentsvollstrecker).[52] Haben die Berechtigten hingegen **keinen** gemeinsamen Vertreter bestellt bzw. zwar eine Vollmacht erteilt, den Vertreter aber nicht gegenüber der Gesellschaft benannt, so genügt nach Abs. 3 S. 1 die Abgabe der Erklärung gegenüber **einem** Mitinhaber.[53] Mitglieder von **Erbengemeinschaften** sind privilegiert (vgl. Abs. 3 S. 2). Ihnen gegenüber kann die Gesellschaft die Erleichterung des Abs. 3 S. 1 erst nach Ablauf eines Monats seit dem Anfall der Erbschaft in Anspruch nehmen. Vor Ablauf dieser Frist müssen Erklärungen grundsätzlich gegenüber allen Miterben abgegeben werden, es sei denn, dass die Erbengemeinschaft bereits einen gemeinsamen Vertreter bestellt hat.[54] Für den Fristlauf kommt es dabei nicht auf die Kenntnis der Beteiligten an,[55] was insbesondere im Fall der Ausschlagung für den nächstberufenen Erben zu Härten führen kann (vgl. § 1953 Abs. 2 BGB). Dagegen ist der Nacherbfall – auch wenn nur ein Mitglied der Erbengemeinschaft ausgetauscht wird – ein neuer Erbfall und setzt die Frist des Abs. 3 S. 2 wieder in Gang.[56]

§ 70 Berechnung der Aktienbesitzzeit

[1]Ist die Ausübung von Rechten aus der Aktie davon abhängig, daß der Aktionär während eines bestimmten Zeitraums Inhaber der Aktie gewesen ist, so steht dem Eigentum ein Anspruch auf Übereignung gegen ein Kreditinstitut, Finanzdienstleistungsinstitut oder ein nach § 53 Abs. 1 Satz 1 oder § 53b Abs. 1 Satz 1 oder Abs. 7 des Gesetzes über das Kreditwesen tätiges Unternehmen gleich. [2]Die Eigentumszeit eines Rechtsvorgängers wird dem Aktionär zugerechnet, wenn er die Aktie unentgeltlich, von seinem Treuhänder, als Gesamtrechtsnachfolger, bei Auseinandersetzung einer Gemeinschaft oder bei einer Bestandsübertragung nach § 13 des Versicherungsaufsichtsgesetzes oder § 14 des Gesetzes über Bausparkassen erworben hat.

Übersicht

I. Allgemeines

1 § 70 regelt die Zurechnung der sog. **Vorbesitzzeiten.**[1] Dabei stellen S. 1 den Anspruch auf Übereignung gegenüber bestimmten Intermediären und S. 2 den Vorbesitz bestimmter Rechtsvorgänger der eigenen Rechtsinhaberschaft des Aktionärs gleich, soweit es um die Besitzzeit geht.[2] Die Norm ergänzt damit die Vorschriften, die die Ausübung von (Minderheiten-)Rechten von einer Karenzzeit abhängig machen (zB § 142 Abs. 2 S. 2, → § 142 Rn. 38 ff.; § 258 Abs. 2 S. 4, → § 258 Rn. 22; § 265 Abs. 3 S. 2, → § 265 Rn. 13, 20; § 315 S. 2, → § 315 Rn. 18).[3] Trotz der missverständlichen Überschrift kommt die Zurechnungsvorschrift nicht dem Besitzer oder dem wirtschaftlichen Eigentümer der Aktie, sondern ausschließlich dem Aktionär als Inhaber der Mitgliedschaft – bei Namensaktien demjenigen, der als solcher im Aktienregister eingetragen ist (vgl. § 67 Abs. 2

[52] MüKoAktG/*Bayer* Rn. 34; Hüffer/*Koch* Rn. 8.
[53] Hüffer/*Koch* Rn. 8; Spindler/Stilz/*Cahn* Rn. 23.
[54] Spindler/Stilz/*Cahn* Rn. 24; MüKoAktG/*Bayer* Rn. 38.
[55] KK-AktG/*Lutter*/*Drygala* Rn. 39; Spindler/Stilz/*Cahn* Rn. 22.
[56] MüKoAktG/*Bayer* Rn. 39; Spindler/Stilz/*Cahn* Rn. 24.
[1] Hüffer/*Koch* Rn. 1; MüKoAktG/*Bayer* Rn. 1.
[2] Vgl. Spindler/Stilz/*Cahn* Rn. 1.
[3] Begr. RegE *Kropff* Textausgabe, 1965, 89; ausf. MüKoAktG/*Bayer* Rn. 3.

S. 1; → § 67 Rn. 12) – zugute. § 70 gilt gleichermaßen für Inhaber- und Namensaktien sowie für unverkörperte Mitgliedschaftsrechte.[4]

II. Anspruch auf Übereignung (§ 70 S. 1)

1. Anspruchsgegner. § 70 S. 1 stellt hinsichtlich der Mindestbesitzzeiten für die Ausübung von Aktionärsrechten den Zeitraum, in dem ein Anspruch auf Verschaffung der Mitgliedschaft gegen ein in dieser Norm abschließend aufgeführtes Unternehmen besteht, dem Zeitraum der Mitgliedschaft gleich. Die Vorbesitzzeit wird danach hinzugerechnet, wenn sich der Anspruch auf Übereignung gegen ein Kreditinstitut (vgl. §§ 1 Abs. 1, 2 Abs. 1 KWG), ein Finanzdienstleistungsinstitut (vgl. §§ 1 Abs. 1a, 2 Abs. 6 KWG) oder ein nach § 53 Abs. 1 S. 1 KWG oder nach § 53b Abs. 1 S. 1 oder Abs. 7 KWG tätiges Unternehmen richtet. Kreditinstitute in diesem Sinne sind neben den Privatbanken insbesondere auch Genossenschaftsbanken sowie öffentlich-rechtliche Banken und Sparkassen.[5] Finanzdienstleistungsinstitute sind insbesondere im Wertpapiergeschäft tätig (vgl. § 1 Abs. 1a, 11 KWG). Zur dritten Fallgruppe gehören ausländische Unternehmen, die Bankgeschäfte betreiben oder Finanzdienstleistungen erbringen und über Zweigstellen im Inland verfügen, soweit nicht § 53b KWG gilt, ferner ausländische Einlagenkreditinstitute iSd § 1 Abs. 3d S. 1 KWG oder Wertpapierhandelsunternehmen iSd § 1 Abs. 3d S. 2 KWG mit Sitz in einem anderen Staat des EWR (vgl. § 1 Abs. 5a KWG) und Zweigstelle im Inland sowie auch ausländische Tochterunternehmen eines im selben Mitgliedstaat als Einlagenkreditinstitut zugelassenen Mutterunternehmens, das selbst kein Einlagenkreditinstitut ist (vgl. § 53b Abs. 7 KWG). 2

2. Anspruchsinhalt. Der Wortlaut des § 70 S. 1 ist auslegungsbedürftig. Da die Norm gleichermaßen für verkörperte wie für unverkörperte Mitgliedschaften zur Anwendung gelangt (→ Rn. 1), ist das Tatbestandsmerkmal „Anspruch auf Übereignung" so auszulegen, dass § 70 S. 1 für die Anrechnung der Vorbesitzzeit einen schuldrechtlichen Anspruch auf **Verschaffung der Mitgliedschaft,** also auf die Rechtsstellung als Aktionär, voraussetzt.[6] Der Berechtigte darf daher noch nicht in die Rechtsstellung des Aktionärs eingerückt sein.[7] Praktische Anwendungsfälle der Vorschrift sind insbesondere Ansprüche bei Einkaufskommission nach §§ 383 ff. HGB, §§ 18 ff. DepotG. Da das Miteigentum an einem Girosammelbestand dem Berechtigten bereits die Aktionärsstellung verschafft (→ § 69 Rn. 2), kommt eine Zurechnung nach S. 1 insoweit nicht in Betracht.[8] Der Auslieferungsanspruch nach §§ 5 ff. DepotG ist daher kein Anspruch auf Übereignung iSd § 70 S. 1.[9] Besonders deutlich wird dies bei der heute üblichen Verbriefung der Mitgliedschaft in einer Globalurkunde (vgl. § 9a DepotG) unter Ausschluss des Anspruchs auf Einzelverbriefung (vgl. § 10 Abs. 5; → § 10 Rn. 27 ff.), bei der ansonsten die Begründung einer Aktionärsstellung ausgeschlossen wäre.[10] § 70 S. 1 ist jedoch unter Berücksichtigung von Sinn und Zweck der Norm (→ Rn. 1) – gerade auch im Fall der Girosammelverwahrung – analog beim Erwerb von Namensaktien für die Zeitspanne zwischen der Eintragung des Miteigentumsanteils im Bestandsverzeichnis des Verwahrers und der Eintragung des Aktionärs im Aktienregister (§ 67 Abs. 2) anzuwenden.[11] 3

3. Fälligkeit. Der Anspruch muss fällig sein, da sonst der Verschaffungsanspruch und die Innehabung des Rechts nicht als gleichwertig angesehen werden können.[12] Im Fall der Einkaufskommission beginnt daher die „Vorbesitzzeit" erst mit der Ausführung des Auftrags und nicht bereits ab dessen Annahme.[13] 4

III. Zurechnungsfälle (§ 70 S. 2)

1. Grundsatz. § 70 S. 2 benennt abschließend fünf Fallgruppen, in denen ebenfalls eine Anrechnung von Vorbesitzzeiten „eines Rechtsvorgängers" erfolgt.[14] Rechtsvorgänger iSd Vorschrift ist nur 5

---

4 MüKoAktG/*Bayer* Rn. 4; KK-AktG/*Lutter/Drygala* Rn. 7.
5 Spindler/Stilz/*Cahn* Rn. 4; Hüffer/*Koch* Rn. 2.
6 Hüffer/*Koch* Rn. 2; MüKoAktG/*Bayer* Rn. 7.
7 MüKoAktG/*Bayer* Rn. 8.
8 Spindler/Stilz/*Cahn* Rn. 6.
9 AA Hüffer/*Koch* Rn. 3; diff. KK-AktG/*Lutter/Drygala* Rn. 14.
10 MüKoAktG/*Bayer* Rn. 9.
11 Spindler/Stilz/*Cahn* Rn. 7; MüKoAktG/*Bayer* Rn. 10.
12 Hüffer/*Koch* Rn. 3; MüKoAktG/*Bayer* Rn. 11.
13 HM, zB KK-AktG/*Lutter/Drygala* Rn. 15; Hüffer/*Koch* Rn. 3; MüKoAktG/*Bayer* Rn. 11; aA GroßkommAktG/*Barz,* 3. Aufl. 1972, Rn. 5.
14 Hüffer/*Koch* Rn. 4; MüKoAktG/*Bayer* Rn. 13.

der **unmittelbare** Rechtsvorgänger, von dem der in Satz 2 bezeichnete Erwerb erfolgt ist, nicht ein weiterer mittelbarer Rechtsvorgänger.[15]

6 **2. Anwendungsfälle. a) Unentgeltlicher Erwerb.** Ein unentgeltlicher Erwerb iSd S. 2 liegt vor, wenn der Erwerber für den Erwerb der Aktie keine Gegenleistung zu erbringen hat,[16] wie zB bei einer Schenkung unter Lebenden (§§ 516 ff. BGB) oder von Todes wegen (§ 2301 BGB), bei einem Vermächtnis (§§ 2147 ff. BGB) und den sog. „unbenannten Zuwendungen" unter Ehegatten. Auch auf den Erwerb von Aktien als Sachleistung zum Zwecke der Erfüllung von Pflichtteilsansprüchen ist S. 2 anzuwenden, da bei wirtschaftlicher Betrachtung zwischen der Übertragung von Aktien aufgrund eines Vermächtnisses und zum Zwecke der Erfüllung von Pflichtteilsansprüchen kein wesentlicher Unterschied besteht.[17] Dagegen steht der rechtsgrundlose Erwerb dem unentgeltlichen Erwerb nicht gleich.[18]

7 **b) Treuhand.** Dem Treugeber werden Zeiten zugerechnet, in denen der Treuhänder für ihn die Mitgliedschaft gehalten hat. Das gilt für jede Form des Treuhandverhältnisses, dh sowohl für die echte Treuhand (Treugeber überträgt Aktie auf Treuhänder) als auch für die unechte Treuhand (Treuhänder erwirbt Aktie für Rechnung des Treugebers) sowie die eigennützige (Sicherungs-)Treuhand wie die uneigennützige (Verwaltungs-)Treuhand.[19] Die sog. Legitimationszession ist kein Treuhandfall, da die Rechtsstellung des Aktionärs materiell nicht verändert wird, so dass eine Zurechnung nach § 70 S. 2 weder möglich noch erforderlich ist.[20]

8 **c) Gesamtrechtsnachfolge.** Die wichtigsten Fälle der Gesamtrechtsnachfolge sind der Erbfall (§§ 1922 ff. BGB), die Verschmelzung (§ 20 Abs. 1 Nr. 1, 73 UmwG), die Spaltung (§ 131 Abs. 1 Nr. 1 UmwG) und die Vermögensübertragung nach §§ 174 ff. UmwG.[21] Beim Formwechsel ändert sich die Identität des Rechtsträgers nicht (vgl. § 202 Abs. 1 Nr. 1 UmwG); S. 2 ist daher nicht anwendbar.[22] Eine Einzelrechtsnachfolge in die Aktionärsstellung eröffnet auch dann nicht den Anwendungsbereich des S. 2, wenn sie kraft Gesetzes erfolgt (zB bei der Eingliederung nach § 320a).[23]

9 **d) Auseinandersetzung.** Ferner wird einem Aktionär, der eine Aktie „bei der Auseinandersetzung einer Gemeinschaft" erwirbt, die Dauer der Zugehörigkeit zu dieser Gemeinschaft als „Vorbesitzzeit" angerechnet.[24] Gemeinschaft iSd S. 2 sind alle Bruchteils- und Gesamthandsgemeinschaften.[25] Erfasst werden insbesondere die Auseinandersetzung einer Erbengemeinschaft (§§ 2032 ff. BGB), einer ehelichen Gütergemeinschaft sowie die Abwicklung von Personengesellschaften.[26]

10 **e) Bestandsübertragung.** Unter Bestandsübertragung iSd § 70 S. 2 ist die rechtsgeschäftliche, behördlich geprüfte und genehmigte Übertragung einer Sondervermögensmasse nach § 13 VAG oder § 14 BausparkG zu verstehen.[27]

IV. Verbindung von verschiedenen Anrechnungsfällen

11 Einem Aktionär können sowohl Kombinationen von Zurechnungsfällen nach S. 1 und S. 2 als auch verschiedene Zurechnungsfälle des § 70 S. 2 zugute kommen.[28] Voraussetzung für eine Kumulierung ist jedoch, dass die anrechenbaren aufeinander folgenden Zeiträume nicht unterbrochen werden; andernfalls verkürzt sich die Anrechnungszeit bis zur letzten Unterbrechung.[29]

---

[15] Spindler/Stilz/*Cahn* Rn. 9.
[16] RGZ 163, 348 (355 f.); MüKoAktG/*Bayer* Rn. 14.
[17] Vgl. KK-AktG/*Lutter/Drygala* Rn. 19; Spindler/Stilz/*Cahn* Rn. 10; MüKoAktG/*Bayer* Rn. 15; aA Hüffer/*Koch* Rn. 4.
[18] Spindler/Stilz/*Cahn* Rn. 10; Hüffer/*Koch* Rn. 4.
[19] Spindler/Stilz/*Cahn* Rn. 11; Hüffer/*Koch* Rn. 4; KK-AktG/*Lutter/Drygala* Rn. 20.
[20] KK-AktG/*Lutter/Drygala* Rn. 20; MüKoAktG/*Bayer* Rn. 17; Hüffer/*Koch* Rn. 4; aA Spindler/Stilz/*Cahn* Rn. 11.
[21] Spindler/Stilz/*Cahn* Rn. 12; Hüffer/*Koch* Rn. 4; KK-AktG/*Lutter/Drygala* Rn. 21.
[22] MüKoAktG/*Bayer* Rn. 18; Spindler/Stilz/*Cahn* Rn. 12; Hüffer/*Koch* Rn. 4.
[23] Hüffer/*Koch* Rn. 4; MüKoAktG/*Bayer* Rn. 19.
[24] MüKoAktG/*Bayer* Rn. 20; Spindler/Stilz/*Cahn* Rn. 13.
[25] Hüffer/*Koch* Rn. 4.
[26] Hüffer/*Koch* Rn. 4; MüKoAktG/*Bayer* Rn. 21.
[27] Spindler/Stilz/*Cahn* Rn. 14.
[28] Spindler/Stilz/*Cahn* Rn. 15.
[29] MüKoAktG/*Bayer* Rn. 25.

V. Abdingbarkeit

§ 70 ist zwingend und folglich in der Satzung nicht abdingbar. § 70 findet auch dann zwingend Anwendung, wenn die Satzung über die gesetzlich geregelten Fälle hinaus Mindestbesitzzeiten vorsieht.[30] 12

§ 71 Erwerb eigener Aktien

(1) Die Gesellschaft darf eigene Aktien nur erwerben,

1. wenn der Erwerb notwendig ist, um einen schweren, unmittelbar bevorstehenden Schaden von der Gesellschaft abzuwenden,
2. wenn die Aktien Personen, die im Arbeitsverhältnis zu der Gesellschaft oder einem mit ihr verbundenen Unternehmen stehen oder standen, zum Erwerb angeboten werden sollen,
3. wenn der Erwerb geschieht, um Aktionäre nach § 305 Abs. 2, § 320b oder nach § 29 Abs. 1, § 125 Satz 1 in Verbindung mit § 29 Abs. 1, § 207 Abs. 1 Satz 1 des Umwandlungsgesetzes abzufinden,
4. wenn der Erwerb unentgeltlich geschieht oder ein Kreditinstitut mit dem Erwerb eine Einkaufskommission ausführt,
5. durch Gesamtrechtsnachfolge,
6. auf Grund eines Beschlusses der Hauptversammlung zur Einziehung nach den Vorschriften über die Herabsetzung des Grundkapitals,
7. wenn sie ein Kreditinstitut, Finanzdienstleistungsinstitut oder Finanzunternehmen ist, aufgrund eines Beschlusses der Hauptversammlung zum Zwecke des Wertpapierhandels. Der Beschluß muß bestimmen, daß der Handelsbestand der zu diesem Zweck zu erwerbenden Aktien fünf vom Hundert des Grundkapitals am Ende jeden Tages nicht übersteigen darf; er muß den niedrigsten und höchsten Gegenwert festlegen. Die Ermächtigung darf höchstens fünf Jahre gelten; oder
8. aufgrund einer höchstens fünf Jahre geltenden Ermächtigung der Hauptversammlung, die den niedrigsten und höchsten Gegenwert sowie den Anteil am Grundkapital, der zehn vom Hundert nicht übersteigen darf, festlegt. Als Zweck ist der Handel in eigenen Aktien ausgeschlossen. § 53a ist auf Erwerb und Veräußerung anzuwenden. Erwerb und Veräußerung über die Börse genügen dem. Eine andere Veräußerung kann die Hauptversammlung beschließen; § 186 Abs. 3, 4 und § 193 Abs. 2 Nr. 4 sind in diesem Fall entsprechend anzuwenden. Die Hauptversammlung kann den Vorstand ermächtigen, die eigenen Aktien ohne weiteren Haupversammlungsbeschluß einzuziehen.

(2) [1]Auf die zu den Zwecken nach Absatz 1 Nr. 1 bis 3, 7 und 8 erworbenen Aktien dürfen zusammen mit anderen Aktien der Gesellschaft, welche die Gesellschaft bereits erworben hat und noch besitzt, nicht mehr als zehn vom Hundert des Grundkapitals entfallen. [2]Dieser Erwerb ist ferner nur zulässig, wenn die Gesellschaft im Zeitpunkt des Erwerbs eine Rücklage in Höhe der Aufwendungen für den Erwerb bilden könnte, ohne das Grundkapital oder eine nach Gesetz oder Satzung zu bildende Rücklage zu mindern, die nicht zur Zahlung an die Aktionäre verwandt werden darf. [3]In den Fällen des Absatzes 1 Nr. 1, 2, 4, 7 und 8 ist der Erwerb nur zulässig, wenn auf die Aktien der Ausgabebetrag voll geleistet ist.

(3) [1]In den Fällen des Absatzes 1 Nr. 1 und 8 hat der Vorstand die nächste Hauptversammlung über die Gründe und den Zweck des Erwerbs, über die Zahl der erworbenen Aktien und den auf sie entfallenden Betrag des Grundkapitals, über deren Anteil am Grundkapital sowie über den Gegenwert der Aktien zu unterrichten. [2]Im Falle des Absatzes 1 Nr. 2 sind die Aktien innerhalb eines Jahres nach ihrem Erwerb an die Arbeitnehmer auszugeben.

(4) [1]Ein Verstoß gegen die Absätze 1 oder 2 macht den Erwerb eigener Aktien nicht unwirksam. [2]Ein schuldrechtliches Geschäft über den Erwerb eigener Aktien ist jedoch nichtig, soweit der Erwerb gegen die Absätze 1 oder 2 verstößt.

Schrifttum: *Berrar/Schnorbus,* Rückerwerb eigener Aktien und Übernahmerecht, ZGR 2003, 59; *Bezzenberger,* Eigene Aktien und ihr Preis – auch beim Erwerb mit Hilfe von Kaufoptionen, ZHR 180 (2016), 8; *Butzke,* Gesetzliche Neuregelungen beim Erwerb eigener Aktien, WM 1995, 1389; *Fleischer/Körber,* Der Rückerwerb

[30] MüKoAktG/*Bayer* Rn. 4; KK-AktG/*Lutter/Drygala* Rn. 8.

eigener Aktien und das Wertpapiererwerbs- und Übernahmegesetz, BB 2001, 2589; *Friedrichsen,* Aktienoptionsprogramme für Führungskräfte, Diss Hamburg 2000; *Gamerdinger/Saupe,* Kontrolle ausländischer Direktinvestitionen in der Bundesrepublik, AG 1976, 29; *Grunewald,* Austrittsrechte als Folge von Mischverschmelzungen und Verfügungsbeschränkungen, FS Boujong, 1996, 175; *Hopt,* Grundsatz- und Praxisprobleme nach dem Wertpapiererwerbs- und Übernahmegesetz, ZHR 166 (2002), 383; *Huber,* Rückkauf eigener Aktien, FS Kropff, 1997, 101; *Hüffer,* Aktienbezugsrechte als Bestandteil der Vergütung von Vorstandsmitgliedern und Mitarbeitern – gesellschaftsrechtliche Analyse, ZHR 161 (1997), 214; *Kuhn,* Arbitragegeschäfte der Aktienbanken in eigenen Aktien, NJW 1973, 833; *Martens,* Die Vergleichs- und Abfindungsbefugnis des Vorstandes gegenüber opponierenden Aktionären, AG 1988, 118; *ders.,* Erwerb und Veräußerung eigener Aktien im Börsenhandel, AG 1996, 337; *ders.,* Eigene Aktien und Stock-Options in der Reform, AG August-Sonderheft 1997, 83; *ders.,* Der Erwerb eigener Aktien zum Umtausch im Verschmelzungsverfahren, FS Boujoung, 1996, 335; *ders.,* Stand und Entwicklung im Recht der Stock-Options, FS Ulmer, 2003, 399; *Meyer/Ludwig,* Aktienoptionen für Aufsichtsräte ade?, ZIP 2004, 940; *Paefgen,* Die Gleichbehandlung beim Aktienrückerwerb im Schnittfeld von Gesellschafts- und Übernahmerecht, ZIP 2002, 1509; *Reichert/Harbarth,* Veräußerung und Einbeziehung eigener Aktien, ZIP 2001, 1441; *Richard/Weinheimer,* Der Weg zurück: Going Private, BB 1999, 1613; *Schmid/Mühlhäuser,* Rechtsfragen des Einsatzes von Aktienderivaten beim Aktienrückkauf, AG 2001, 493; *Schneider,* Aktienoptionen als Bestandteil der Vergütung von Vorstandsmitgliedern, ZIP 1996, 1769; *Singhof/Weber,* Neue kapitalmarktrechtliche Rahmenbedingungen für den Erwerb eigener Aktien, AG 2005, 549; *Vetter,* Die Gegenleistung für den Erwerb eigener Aktien bei Ausübung einer Call Option, AG 2003, 478; *Weiß,* Aktienoptionsprogramme nach dem KonTraG, WM 1999, 353; *Wiese,* Die steuerliche Behandlung des Aktienrückkaufs im Lichte des BMF-Schreibens vom 2.12.1998, DStR 1999, 187.

Übersicht

I. Allgemeines

1 § 71 normiert **Ausnahmen** zum grundsätzlichen **Verbot des (Rück-)Erwerbs eigener Aktien** durch die Gesellschaft.[1] Abs. 1 setzt nach seinem eindeutigen Wortlaut das diesbezügliche Verbot voraus („darf eigene Aktien nur erwerben") und regelt abschließend die entsprechenden Ausnahmetatbestände. Abs. 2 begründet für einzelne Ausnahmetatbestände des Abs. 1 besondere Zulässigkeitsvoraussetzungen. Abs. 3 beinhaltet für die Fälle des Abs. 1 Nr. 1 und 8 Informationspflichten des

[1] Hüffer/*Koch* Rn. 1; vgl. KK-AktG/*Lutter/Drygala* Rn. 31.

Vorstands gegenüber der Hauptversammlung sowie eine Befristung für die Ausgabe der gemäß Abs. 1 Nr. 2 erworbenen Aktien an die Arbeitnehmer. Abs. 4 regelt die Rechtsfolgen eines gegen die Anforderungen der Abs. 1 und 2 verstoßenden Erwerbs. Normzweck des § 71 ist in Ergänzung mit §§ 71a–71e zum einen der **Kapitalschutz.**[2] Da § 71 nur in Ausnahmefällen den Erwerb eigener Aktien gestattet, trägt er als Bestandteil der aktienrechtlichen Regelungen über die Kapitalerhaltung mit dazu bei, dass nicht unkontrolliert Zahlungen der Gesellschaft an die Aktionäre als Gegenleistung für den Aktienerwerb fließen. Zum anderen dienen die §§ 71–71e auch der **Kompetenzabgrenzung** zwischen Verwaltung und Hauptversammlung. Denn ohne die „Neutralisierung" der Rechte aus eigenen Aktien (vgl. § 71b), insbesondere der Stimmrechte, würden diese vom Vorstand ausgeübt, wodurch die Balance zwischen Verwaltung und Hauptversammlung verloren ginge.[3] **Systematisch** ist § 71 als Verbotsausnahme von § 57 Abs. 1 S. 1 zu qualifizieren. Die Zahlung des Erwerbspreises an die veräußernden Aktionäre stellt keine Verteilung des Bilanzgewinns iSd § 57 Abs. 3 dar und wäre daher grundsätzlich als verbotene Einlagenrückgewähr iSd § 57 Abs. 1 S. 1 (→ § 57 Rn. 5 ff.) zu behandeln.[4] Bei Vorliegen der Voraussetzungen eines der Tatbestände des § 71 Abs. 1 ist der Erwerb eigener Aktien iSd § 57 Abs. 1 S. 2 jedoch zulässig. Folglich stellt die Zahlung des Erwerbspreises keine verbotene Einlagenrückgewähr dar.[5]

II. Verbot des Erwerbs eigener Aktien

1. Grundsatz. Der Erwerb eigener Aktien ist der Gesellschaft grundsätzlich verboten. Zum 2
einen verbietet § 56 grundsätzlich[6] den **originären** unmittelbaren oder mittelbaren Erwerb neu ausgegebener Aktien durch die Gesellschaft bei der Gründung oder im Rahmen einer Kapitalerhöhung (→ § 56 Rn. 4 f.). Zum anderen folgt aus § 57 Abs. 1 S. 1 und im Umkehrschluss aus § 71 Abs. 1 S. 1 („darf eigene Aktien nur erwerben") das Verbot des (entgeltlichen) Rückerwerbs eigener Aktien, dh des derivativen Erwerbs bereits vorhandener Aktien (→ Rn. 1). Mit dem Begriff der Aktie ist nicht das Wertpapier, sondern die **Mitgliedschaft** ohne Rücksicht auf die Verbriefung und deren nähere Ausgestaltung gemeint.[7] Unter Erwerb in diesem Sinne ist jedes Rechtsgeschäft zu verstehen, das die Gesellschaft auf Dauer oder vorübergehend zum Inhaber oder Mitinhaber der Aktie macht oder einen schuldrechtlichen Anspruch auf Verschaffung der Mitgliedschaft begründet.[8] Damit werden vom Begriff des Erwerbs sowohl die dingliche Übertragung als auch das zugrunde liegende schuldrechtliche Geschäft erfasst.[9] Das Verbot betrifft mithin alle Verfügungen, als deren Folge die Gesellschaft die Rechtsinhaberschaft erwirbt (zB Übereignung der Aktie nach §§ 929 ff. BGB oder Abtretung der Mitgliedschaft nach §§ 398 ff., 413 BGB).[10] Unerheblich ist zudem, wie das zugrundeliegende obligatorische Rechtsgeschäft zu typisieren ist, dh ob es sich um Kauf, Tausch, Schenkung, Sicherungstreuhandabrede, unregelmäßige Verwahrung, Kommission oder den Zuschlag in der Zwangsversteigerung handelt.[11]

2. Nicht betroffene Gestaltungen. Vom Verbot und – damit auch vom Ausnahmetatbestand 3
des § 71 – nicht erfasst sind Gestaltungen, in denen entweder kein Erwerb von Aktien vorliegt oder der Erwerb nicht eigene Aktien an der Gesellschaft betrifft. So stellen weder eine Verwaltungstreuhand noch eine Legitimationsübertragung einen verbotenen Erwerb dar, da die Gesellschaft weder Inhaber noch Mitinhaber der Aktie wird, sondern lediglich Verfügungsbefugnis erlangt.[12] Nicht vom Verbot erfasst ist ferner der bloße Erwerb einer Call-Option.[13] Auch eine Tauschverwahrung nach §§ 10, 11 DepotG ist zumindest dann nicht als Erwerb durch die Gesellschaft zu qualifizieren, wenn sich – wie im Regelfall – Erwerb und Verlust der von der Gesellschaft selbst eingesetzten eigenen Aktien die Waage halten; etwas anderes kann nur dann gelten, wenn Aktien eines Dritten, über die die Gesellschaft Verfügungsmacht besitzt, so getauscht werden, dass nicht der Dritte, sondern die

---

[2] Hüffer/*Koch* Rn. 1.
[3] Hüffer/*Koch* Rn. 1.
[4] MüKoAktG/*Oechsler* Rn. 66; Hüffer/*Koch* Rn. 1.
[5] Vgl. MüKoAktG/*Oechsler* Rn. 66; Hüffer/*Koch* Rn. 1.
[6] Zur Ausnahme bei der Kapitalerhöhung aus Gesellschaftsmitteln → § 215 Rn. 2.
[7] Hüffer/*Koch* Rn. 4; Spindler/Stilz/*Cahn* Rn. 42.
[8] Vgl. MHdB AG/*Rieckers* § 15 Rn. 9; MüKoAktG/*Oechsler* Rn. 73.
[9] HL, zB Spindler/Stilz/*Cahn* Rn. 35; Hüffer/*Koch* Rn. 4; aA *Mick* DB 1999, 1201 (1202); *Schmid/Mühlhäuser* AG 2001, 493 (494); *Kniehase,* Derivate auf eigene Aktien, Diss. Mainz 2005, 219 ff.
[10] Hüffer/*Koch* Rn. 4; MüKoAktG/*Oechsler* Rn. 74.
[11] Spindler/Stilz/*Cahn* Rn. 41; Hüffer/*Koch* Rn. 4.
[12] MüKoAktG/*Oechsler* Rn. 86 f.; KK-AktG/*Lutter/Drygala* Rn. 42.
[13] *Vetter* AG 2003, 478 (479); MüKoAktG/*Oechsler* Rn. 82.

Gesellschaft Rechtsinhaberin wird.[14] Im Rahmen eines Kaduzierungsverfahrens wird § 71 grundsätzlich durch die spezielleren §§ 64, 65 verdrängt; erwirbt die Gesellschaft die Aktien hingegen im Rahmen eines Verkaufs nach § 65 Abs. 3, kommt § 71 zur Anwendung.[15] Ferner ist der Erwerb von eigenen Schuldverschreibungen, Optionsscheinen, Genussscheinen, Dividendenscheinen oder Bezugsrechten auf Aktien durch die Gesellschaft zulässig.[16] Grundsätzlich nicht in den Anwendungsbereich des § 71 fällt der Erwerb von Beteiligungen an anderen Gesellschaften, die wiederum Aktien der erwerbenden Gesellschaft halten, da insoweit Erwerbsgegenstand die Beteiligung und nicht der Aktienbestand ist.[17] Um aber eine Umgehung des Erwerbsverbots und damit auch des § 71 zu vermeiden, soll die Norm unter Durchgriffsgesichtspunkten dann anwendbar sein, wenn das Vermögen der Gesellschaft, an der die Beteiligung erworben wird, ausschließlich oder so gut wie ausschließlich aus Aktien der Erwerberin besteht.[18]

III. Ausnahmen vom Erwerbsverbot (Abs. 1)

4 § 71 Abs. 1 enthält insgesamt acht verschiedene Erwerbstatbestände, die jeweils eine Ausnahme vom Verbot des Erwerbs eigener Aktien darstellen.

5 **1. Notwendigkeit zur Schadensabwehr (Abs. 1 Nr. 1). a) Voraussetzungen.** Nach § 71 Abs. 1 Nr. 1 darf die Gesellschaft eigene Aktien erwerben, wenn der Erwerb notwendig ist, um einen schweren, unmittelbar bevorstehenden Schaden von der Gesellschaft abzuwenden. Der Begriff des **Schadens** ist iSd §§ 249 ff. BGB zu verstehen.[19] Umfasst ist jede Vermögenseinbuße, die ohne den Erwerb eigener Aktien eintreten würde, insbesondere auch entgangener Gewinn.[20] Für die **Schwere** des Schadens ist die jeweilige Größe und Finanzkraft der Gesellschaft maßgeblich.[21] Der Schaden braucht zwar nicht existenzgefährdend, muss zumindest aber beachtlich sein.[22] Ohne Bedeutung ist insoweit die Relation zwischen Schaden und dem mit dem Aktienerwerb für die Gesellschaft verbundenen Risiko.[23] Des Weiteren muss der Schaden **unmittelbar bevorstehen;** diese Voraussetzung ist erfüllt, wenn der konkret erwartbare Schaden in überschaubarer Zukunft eintritt.[24] Über den Wortlaut hinaus soll Abs. 1 Nr. 1 auch die Beseitigung bereits eingetretener Schäden erlauben.[25] Schließlich muss der Erwerb eigener Aktien zur Schadensabwehr **notwendig** sein; die bloße Geeignetheit ist nicht ausreichend.[26] Der Erwerb muss zwar nicht das einzige taugliche Mittel der Gesellschaft für die Schadensabwehr darstellen,[27] jedoch darf ihr keine vernünftige Alternative zur Verfügung stehen.[28] Maßgeblich für die Beurteilung der Notwendigkeit sind allein objektive Kriterien, auf die subjektive Einschätzung des Vorstands kommt es nicht an.[29]

6 **b) Einzelfälle.** Der Erwerb eigener Aktien ist nach § 71 Abs. 1 Nr. 1 zur Sicherung oder Befriedigung eigener Ansprüche **zulässig,** wenn ein Schuldner der Gesellschaft nicht über andere Vermögenswerte verfügt und die Aktiengesellschaft andernfalls mit der Forderung ganz auszufallen droht.[30] Ein nach Abs. 1 Nr. 1 zulässiger Aktienerwerb kommt zudem in Betracht, wenn gegen die Gesellschaft ein gezielter Baisseangriff geführt wird, der eine Kreditgefährdung zur Folge hätte.[31] Dies gilt auch, wenn der Baisseangriff in der Verschmelzungsphase gegen die aufnehmende Gesellschaft

---

[14] Vgl. Hüffer/*Koch* Rn. 6; MüKoAktG/*Oechsler* Rn. 77; Spindler/Stilz/*Cahn* Rn. 41; KK-AktG/*Lutter/Drygala* Rn. 41.
[15] MüKoAktG/*Oechsler* Rn. 91; Hüffer/*Koch* Rn. 6; KK-AktG/*Lutter/Drygala* Rn. 40.
[16] Hüffer/*Koch* Rn. 5; KK-AktG/*Lutter/Drygala* Rn. 25.
[17] Hüffer/*Koch* Rn. 5.
[18] *Korte* WiB 1997, 953 (960); MüKoAktG/*Oechsler* Rn. 95; MHdB AG/*Rieckers* § 15 Rn. 9; KK-AktG/*Lutter/Drygala* Rn. 44.
[19] Spindler/Stilz/*Cahn* Rn. 49; Hüffer/*Koch* Rn. 7.
[20] BFHE 122, 52 (54) = NJW 1977, 1216.
[21] Hüffer/*Koch* Rn. 7; Spindler/Stilz/*Cahn* Rn. 50.
[22] MüKoAktG/*Oechsler* Rn. 98; KK-AktG/*Lutter/Drygala* Rn. 61.
[23] So die heute hL, zB MüKoAktG/*Oechsler* Rn. 98; Hüffer/*Koch* Rn. 7; Spindler/Stilz/*Cahn* Rn. 50; aA *Kuhn* NJW 1973, 833 (835); *Werner* AG 1990, 1 (14).
[24] Begr. RegE, BT-Drs. 8/1678, 14 f.; Hüffer/*Koch* Rn. 7; KK-AktG/*Lutter/Drygala* Rn. 62.
[25] MüKoAktG/*Oechsler* Rn. 110; Spindler/Stilz/*Cahn* Rn. 51.
[26] HM, zB Hüffer/*Koch* Rn. 8; Spindler/Stilz/*Cahn* Rn. 52.
[27] Spindler/Stilz/*Cahn* Rn. 52; Hüffer/*Koch* Rn. 8.
[28] MüKoAktG/*Oechsler* Rn. 111.
[29] Hüffer/*Koch* Rn. 8; MüKoAktG/*Oechsler* Rn. 112; KK-AktG/*Lutter/Drygala* Rn. 8.
[30] *Kuhn* NJW 1973, 833 (834); MüKoAktG/*Oechsler* Rn. 114; Hüffer/*Koch* Rn. 9.
[31] MüKoAktG/*Oechsler* Rn. 127; Hüffer/*Koch* Rn. 9; KK-AktG/*Lutter/Drygala* Rn. 50; aA unter Hinweis auf § 20a WpHG MHdB AG/*Rieckers* § 15 Rn. 11; § 20a WpHG wurde mWv 2.7.2016 durch die Marktmissbrauchsverordung – VO (EU) Nr. 596/2014 – abgelöst; nun in Art. 12, 15 MAR geregelt.

gerichtet ist und daraus ein schlechteres Umtauschverhältnis resultiert.[32] Vorrang vor einer Vorstandskompetenz nach Abs. 1 Nr. 1 verdient in diesem Zusammenhang aber regelmäßig die Erwerbsermächtigung durch die Hauptversammlung nach Abs. 1 Nr. 8, wenn diese sich rechtzeitig herbeiführen lässt.[33] Wird diese Ermächtigung von der Hauptversammlung versagt, ist der Vorstand nicht dazu befugt, diese finanzpolitische Entscheidung der Hauptversammlung über Abs. 1 Nr. 1 zu korrigieren.[34] **Unzulässig** und nicht aufgrund Abs. 1 Nr. 1 erlaubt, ist dagegen der Erwerb eigener Aktien zur Ausnutzung von Kursgewinnen,[35] zur bloßen Kurspflege von Nichtbanken,[36] als reine Finanzanlage[37] oder zwecks Einflussnahme auf Auseinandersetzungen zwischen Aktionären.[38] Mangels schweren Schadens ebenfalls grundsätzlich unzulässig ist der Erwerb eigener Aktien, um eine Anfechtungsklage zu verhindern oder eine Klagerücknahme zu erreichen.[39] Teilweise wird dies ausnahmsweise für zulässig gehalten, wenn ein Aktionär sein Anfechtungsrecht missbraucht, indem er durch die Anfechtungsklage eine Kapitalmaßnahme oder eine Strukturentscheidung blockiert, um die Gesellschaft zu einer weit überhöhten Geldzahlung zu bewegen.[40] Nach Einführung des Freigabeverfahrens nach § 246a durch das Gesetz zur Unternehmensintegrität und Modernisierung des Anfechtungsrechts (UMAG) vom 22.9.2005 (BGBl. I S. 2802) dürfte indessen auch in solchen Fällen kaum noch Raum für einen auf Abs. 1 Nr. 1 gestützten Abkauf von Anfechtungsklagen bestehen, da mit dem Freigabeverfahren ein Instrument zur Verfügung steht, um einen Schaden für die Gesellschaft durch Eintragungsblockaden zu verhindern. Der Vorstand wird daher in erster Linie von diesem Verfahren Gebrauch machen müssen und regelmäßig nicht auf einen „Rauskauf" des Klägers ausweichen dürfen.[41] Sehr umstritten ist dagegen die Frage, ob im Falle einer **feindlichen Übernahme („Überfremdung")** der Gesellschaft ein Erwerb eigener Aktien auf Abs. 1 Nr. 1 gestützt werden kann.[42] Überwiegend wird eine Überfremdung oder eine Übernahme der Kontrollmehrheit in der Hauptversammlung gegen den Willen des Vorstands nicht als „schwerer Schaden" iSd Abs. 1 Nr. 1 angesehen.[43] Gegen die generelle Zulässigkeit eines Rückerwerbs eigener Aktien zum Schutze der Gesellschaft[44] spricht darüber hinaus, dass die Verwaltung im Hinblick auf ihre Neutralitätspflicht nicht auf die Beteiligungsstruktur Einfluss nehmen darf[45] und es ihr untersagt ist, Gesellschaftsvermögen zur Sicherung eigener Positionen einzusetzen.[46] Diese Grundsätze haben im Wesentlichen auch durch die Einführung des § 33 WpÜG ihre Bestätigung gefunden.[47] Nach alledem kann ein Schaden iSd Abs. 1 Nr. 1 ausnahmsweise nur dann vorliegen, wenn ein konkreter Anlass zu der Befürchtung besteht, dass es dem Bieter allein darum geht, die Gesellschaft durch die Übernahme zu schädigen oder zu zerstören.[48] Der Vorstand genügt idF seiner Beweislast (→ Rn. 42) durch den Nachweis von Tatsachen, aus denen sich objektiv die ernsthafte Besorgnis einer Schädigungsabsicht ergibt.[49]

2. Belegschaftsaktien (Abs. 1 Nr. 2). Nach § 71 Abs. 1 Nr. 2 ist der Erwerb eigener Aktien 7
durch die Gesellschaft zulässig, wenn diese Personen angeboten werden sollen, die im Arbeitsverhältnis zu der Gesellschaft oder einem mit ihr verbundenen Unternehmen (vgl. § 15) stehen oder standen. Abs. 1 Nr. 2 steht damit in einer Reihe mit anderen Normen, die den Erwerb von Belegschaftsaktien

---

[32] Hüffer/*Koch* Rn. 9; MüKoAktG/*Oechsler* Rn. 127; aA unter Hinweis auf § 20a WpHG MHdB AG/*Rieckers* § 15 Rn. 11.

[33] Spindler/Stilz/*Cahn* Rn. 55; vgl. MüKoAktG/*Oechsler* Rn. 127.

[34] MüKoAktG/*Oechsler* Rn. 127.

[35] Begr. RegE *Kropff* Textausgabe, 1965, 91.

[36] Begr. RegE *Kropff* Textausgabe, 1965, 91; MHdB AG/*Rieckers* § 15 Rn. 11.

[37] Hüffer/*Koch* Rn. 10.

[38] Hüffer/*Koch* Rn. 10; KK-AktG/*Lutter/Drygala* Rn. 58.

[39] HM, zB Spindler/Stilz/*Cahn* Rn. 56; MüKoAktG/*Oechsler* Rn. 130; Hüffer/*Koch* Rn. 10; KK-AktG/*Lutter/Drygala* Rn. 59.

[40] Vgl. *Martens* AG 1988, 118 (120 f.); *Schlaus* AG 1988, 113 (116); MüKoAktG/*Oechsler* Rn. 130; zur Bestimmung des Gegenwertes beim Auskauf einzelner Aktionäre vgl. *Bezzenberger* ZHR 180, 8 (26 ff.).

[41] Spindler/Stilz/*Cahn* Rn. 56; vgl. Hüffer/*Koch* Rn. 10; diff. MüKoAktG/*Oechsler* Rn. 130 f.

[42] Ausführlicher Überblick zum Meinungsstand bei MüKoAktG/*Oechsler* Rn. 115 ff.

[43] Vgl. Hauschka/*Roth* AG 1988, 181 (187); *Hopt* ZGR 1993, 534; *Klein* NJW 1997, 2085; *Michalski* AG 1997, 152 (155 f.); *Krause* BB 2002, 1053 (1059); MüKoAktG/*Oechsler* Rn. 117; KK-AktG/*Lutter/Drygala* Rn. 54 ff.

[44] So *Kuhn* NJW 1973, 833 (835).

[45] MüKoAktG/*Oechsler* Rn. 117.

[46] Spindler/Stilz/*Cahn* Rn. 57.

[47] Spindler/Stilz/*Cahn* Rn. 57; MüKoAktG/*Oechsler* Rn. 123.

[48] Spindler/Stilz/*Cahn* Rn. 57; Hüffer/*Koch* Rn. 9; KK-AktG/*Lutter/Drygala* Rn. 56; *Gamerdinger/Saupe* AG 1976, 29 (34); *Werner* AG 1972, 96; *Bandte* Jura 1987, 465 (468); *Aha* AG 1992, 218 (220); *Kessler* AG 1995, 120 (122); vgl. vor der Einführung des WpÜG BGHZ 33, 175 (186); BGHZ 21, 354 (357); aA MüKoAktG/*Oechsler* Rn. 124: Abwehr feindlicher Übernahmen nur nach Abs. 1 Nr. 8.

[49] Hüffer/*Koch* Rn. 9.

erleichtern sollen (vgl. §§ 71a Abs. 1 S. 2, 192 Abs. 2 Nr. 3, 194 Abs. 3, 202 Abs. 4, 203 Abs. 4, 204 Abs. 3, 205 Abs. 4). **Arbeitnehmer** iSd Abs. 1 Nr. 2 sind Personen, die in einem Arbeitsverhältnis zur Gesellschaft oder zu einem mit ihr verbundenen Unternehmen stehen, ohne Organmitglied (Vorstands- oder Aufsichtsratsmitglied) zu sein.[50] Umfasst sind daher auch leitende Angestellte beziehungsweise Angestellte mit arbeitgeberähnlicher Funktion.[51] Ausreichend ist nach dem eindeutigen Wortlaut der Norm auch ein früheres, zwischenzeitlich beendetes Arbeitsverhältnis, so dass auch Betriebsrentner, Ruheständler oder Mitarbeiter im Vorruhestand Begünstigte sein können.[52] Gemäß Abs. 1 Nr. 2 ist weitere Voraussetzung, dass die Aktien den Belegschaftsangehörigen **zum Erwerb angeboten** werden sollen. Der Vorstand muss demnach im Zeitpunkt des Aktienerwerbes in der ernstlichen **Absicht** gehandelt haben, die Aktien den Arbeitnehmern innerhalb der Jahresfrist des Abs. 3 S. 2 anzubieten.[53] Erforderlich ist regelmäßig ein entsprechender Vorstandsbeschluss, in dem auch hinreichend konkrete und realistische Ausgabebedingungen festgelegt sind.[54] Bei der Festlegung der Ausgabebedingungen ist nach hL[55] eine Beteiligung des Betriebsrates nicht notwendig (vgl. § 87 Abs. 1 BetrVG). Liegt beim Erwerb die ernstliche Absicht zur Weitergabe an die Arbeitnehmer vor, wird der Erwerb nicht nachträglich unzulässig, wenn die Jahresfrist des § 71 Abs. 3 S. 2 ohne Ausgabe verstreicht oder die Ausgabeabsicht nachträglich aufgegeben wird.[56] Abs. 1 Nr. 2 setzt voraus, dass Aktien unter dem Börsenkurs an Arbeitnehmer abgegeben werden können, da andernfalls kein Anreiz zum Erwerb bestehen würde.[57] Die aktienrechtliche Zulässigkeit verbilligter Belegschaftsaktien ist ebenso wie die anderer Sozialleistungen der Gesellschaft für ihre Arbeitnehmer zu bejahen, wenn und solange sich der Aufwand im Rahmen des Üblichen und Angemessenen hält.[58]

8 **3. Abfindung von Aktionären (Abs. 1 Nr. 3).** Nach § 71 Abs. 1 Nr. 3 ist ein Rückerwerb zulässig, um Aktionäre nach § 305 Abs. 2, § 320b oder nach § 29 Abs. 1 UmwG, § 125 S. 1 UmwG iVm § 29 Abs. 1 UmwG, § 207 Abs. 1 S. 1 UmwG abzufinden. Abs. 1 Nr. 3 betrifft damit ebenso wie Abs. 1 Nr. 2 einen Durchgangserwerb der Gesellschaft.[59]

9 **a) Tatbestände. aa) Konzernrechtliche Abfindungsfälle.** Gemäß **§ 305 Abs. 2 Nr. 1** ist eine nicht abhängige oder in Mehrheitsbesitz stehende Aktiengesellschaft, die begünstigter Teil eines Beherrschungs- oder Gewinnabführungsvertrags mit einer anderen Aktiengesellschaft ist, verpflichtet, den außenstehenden Aktionären im Vertrag eigene Aktien anzubieten. Nach **§ 305 Abs. 2 Nr. 2** hat eine Aktiengesellschaft, wenn sie als „anderer Vertragsteil" in Mehrheitsbesitz (§ 16) oder Abhängigkeit (§ 17) von einer anderen Aktiengesellschaft oder KGaA steht, im Beherrschungs- und Gewinnabführungsvertrag Aktien des herrschenden Unternehmens oder eine Barabfindung anzubieten. Ein Erwerb solcher Aktien durch den seinerseits abhängigen oder in Mehrheitsbesitz stehenden „anderen Vertragsteil" stellt für diesen keinen Erwerb eigener Aktien iSd § 71 dar,[60] ist aber nach § 71d S. 2 (→ § 71d Rn. 8 ff.) nur zulässig, wenn die Obergesellschaft selbst dieselben Aktien erwerben dürfte.[61] Der ausdrückliche Verweis des Abs. 1 Nr. 3 auf § 305 Abs. 2 Nr. 2 führt dazu, dass die Obergesellschaft iSd § 305 Abs. 2 Nr. 2 selbst berechtigt ist, ihre eigenen Aktien zu erwerben, um sie der abhängigen Gesellschaft zu Abfindungszwecken zur Verfügung zu stellen.[62] Damit wird gleichzeitig die in § 71d S. 2 aufgestellte Voraussetzung für den Erwerb der Aktien der herrschenden Gesellschaft durch die beherrschte Gesellschaft erfüllt.[63] Nach **§ 320b Abs. 1** können bei einer Mehrheitseingliederung die ausgeschiedenen Aktionäre der eingegliederten Gesellschaft als Abfindung Aktien der Hauptgesellschaft beanspruchen.[64]

10 **bb) Umwandlungsrechtliche Erwerbsfälle.** In Fällen der **Verschmelzung** von Gesellschaften unterschiedlicher Rechtsform oder bei der Verschmelzung einer börsennotierten Aktiengesellschaft

---

[50] *Schneider* ZIP 1996, 1769 (1772); *Peltzer* AG 1996, 307 (309); MüKoAktG/*Oechsler* Rn. 139.
[51] *Hüffer* ZHR 161 (1997), 214 (220 f.); Spindler/Stilz/*Cahn* Rn. 60; MüKoAktG/*Oechsler* Rn. 139.
[52] Begr. RegE, BT-Drs. 12/6679, 83; Spindler/Stilz/*Cahn* Rn. 60.
[53] Hüffer/*Koch* Rn. 13.
[54] Hüffer/*Koch* Rn. 13; MHdB AG/*Rieckers* § 15 Rn. 13; ähnlich MüKoAktG/*Oechsler* Rn. 142; aA Spindler/Stilz/*Cahn* Rn. 61.
[55] MüKoAktG/*Oechsler* Rn. 142; Hüffer/*Koch* Rn. 13; KK-AktG/*Lutter/Drygala* Rn. 70; aA Spindler/Stilz/*Cahn* Rn. 63 mwN aus der mitbestimmungsrechtlichen Lit.
[56] Hüffer/*Koch* Rn. 13; Spindler/Stilz/*Cahn* Rn. 61; MüKoAktG/*Oechsler* Rn. 143.
[57] MüKoAktG/*Oechsler* Rn. 146.
[58] Hüffer/*Koch* Rn. 12; MüKoAktG/*Oechsler* Rn. 146.
[59] Spindler/Stilz/*Cahn* Rn. 66.
[60] Spindler/Stilz/*Cahn* Rn. 68; MüKoAktG/*Oechsler* Rn. 152.
[61] Spindler/Stilz/*Cahn* Rn. 68.
[62] Spindler/Stilz/*Cahn* Rn. 68; vgl. MüKoAktG/*Oechsler* Rn. 152.
[63] MüKoAktG/*Oechsler* Rn. 152.
[64] Hüffer/*Koch* Rn. 14; Spindler/Stilz/*Cahn* Rn. 69.

auf eine nicht börsennotierte Aktiengesellschaft muss der übernehmende Rechtsträger anbieten, die Anteile der widersprechenden Gesellschafter des übertragenden Rechtsträgers gegen angemessene Barabfindung zu erwerben (§ 29 Abs. 1 S. 1 UmwG). Dasselbe gilt bei der Verschmelzung von Rechtsträgern derselben Rechtsform, soweit die Anteile des übernehmenden Rechtsträgers Verfügungsbeschränkungen unterworfen sind (§ 29 Abs. 1 S. 2 UmwG). Da der entsprechende Abfindungsanspruch des austretenden Gesellschafters erst mit der Wirksamkeit der Verschmelzung durch Eintragung im Handelsregister (vgl. § 20 Abs. 1 Nr. 3 UmwG) entsteht und die abzufindenden Gesellschafter zu diesem Zeitpunkt kraft Gesetzes bereits Aktionäre der aufnehmenden Gesellschaft geworden sind, erlaubt § 71 Abs. 1 Nr. 3 in diesen Fällen den Erwerb der eigenen Aktien.[65] Weil der Umfang des Rückerwerbsvolumens im Zeitpunkt des Verschmelzungsbeschlusses nicht vorhersehbar ist, können sich Probleme im Hinblick auf die nach dem eindeutigen Wortlaut auch in diesen Fällen anwendbare Grenze des Erwerbs eigener Aktien nach Abs. 2 (Zehnprozentgrenze des Abs. 2 S. 1 (→ Rn. 33) und die Kapitalgrenze des Abs. 2 S. 2 (→ Rn. 34) ergeben.[66] Ein Verstoß gegen die Grenzen des Abs. 2 lässt jedoch nicht nur die Wirksamkeit des Aktienerwerbs als solchen (vgl. § 71 Abs. 4 S. 1), sondern in diesem Fall[67] auch die des zugrunde liegenden schuldrechtlichen Geschäfts unberührt (§ 29 Abs. 1 S. 1 Hs. 2 UmwG). Das gilt unabhängig davon, ob die Überschreitung der Grenzen nach Abs. 2 bereits bei der Beschlussfassung über die Verschmelzung als wahrscheinlich erscheint oder nicht. Der Verschmelzungsbeschluss ist daher auch dann wirksam, wenn ein Verstoß gegen § 71 Abs. 2 als Folge entsprechender Abfindungsverlangen bereits bei Beschlussfassung absehbar ist.[68] Vorstehendes gilt entsprechend bei der **Auf- oder Abspaltung** (vgl. § 125 S. 1 UmwG iVm § 29 Abs. 1 UmwG) und beim **Formwechsel** (vgl. § 207 Abs. 1 S. 1 UmwG), nicht jedoch bei der Ausgliederung.[69] Trotz anders lautender Begründungsansätze im Gesetzgebungsverfahren[70] ist die analoge Anwendung des § 71 Abs. 1 Nr. 3 im Sonderfall der Verschmelzung nach § 62 UmwG zu befürworten.[71]

b) Konkretisierung der Verwendungsabsicht. Nach Abs. 1 Nr. 3 muss der Erwerb zum Zweck der Weitergabe an abfindungsberechtigte Aktionäre erfolgen. Dieser Zweck muss durch einen entsprechenden Vorstandsbeschluss dokumentiert sein.[72] Ferner soll die Ernstlichkeit der diesbezüglichen Verwendungsabsicht bei Unternehmensverträgen und in Eingliederungsfällen voraussetzen, dass die notwendigen (Zustimmungs-)Beschlüsse der Hauptversammlungen gefasst sind, sofern nicht aufgrund der Mehrheitsverhältnisse das Beschlussergebnis bereits feststeht.[73] 11

4. Unentgeltlicher Erwerb und Einkaufskommission (Abs. 1 Nr. 4). Nach § 71 Abs. 1 Nr. 4 ist der Erwerb eigener Aktien zulässig, wenn der Erwerb unentgeltlich erfolgt oder ein Kreditinstitut mit dem Erwerb eine Einkaufskommission ausführt. 12

a) Unentgeltlicher Erwerb. Unentgeltlichkeit ist iSd § 516 BGB zu verstehen, dh die Gesellschaft darf nicht zu einer Gegenleistung verpflichtet sein.[74] Die Vorschrift findet demnach keine Anwendung auf eine gemischte Schenkung oder ein Vermächtnis unter Auflagen.[75] Dagegen stellt die Verpflichtung, Schenkung- oder Erbschaftsteuer zahlen zu müssen, keine Gegenleistung dar.[76] In der Praxis ist § 71 Abs. 1 Nr. 4 Alt. 1 nahezu bedeutungslos.[77] 13

b) Einkaufskommission. Zulässig ist der Erwerb eigener Aktien durch ein Kreditinstitut iSd §§ 1 Abs. 1, 2 Abs. 1 KWG in Ausführung einer Einkaufskommission iSd § 383 Abs. 1 Alt. 1 HGB.[78] 14

---

[65] *Butzke* WM 1995, 1389 (1390); *Grunewald* FS Boujong, 1996, 175 (191); *Martens* FS Boujong, 1996, 335 (341).

[66] *Martens* FS Boujong, 1996, 335 (341); Spindler/Stilz/*Cahn* Rn. 70.

[67] Zum Regelfall Rn. 39.

[68] Spindler/Stilz/*Cahn* Rn. 70; aA *Grunewald* FS Boujong, 1996, 175 (191); MüKoAktG/*Oechsler* Rn. 154: nichtig nach § 241 Nr. 3.

[69] Hüffer/*Koch* Rn. 15; MüKoAktG/*Oechsler* Rn. 155.

[70] Vgl. BT-Drs. 12/6699, 177.

[71] *Martens* FS Boujong, 1996, 335 (339 ff.); Hüffer/*Koch* Rn. 15; MüKoAktG/*Oechsler* Rn. 157; Spindler/Stilz/*Cahn* Rn. 72.

[72] Hüffer/*Koch* Rn. 14; Spindler/Stilz/*Cahn* Rn. 74; vgl. MHdB AG/*Rieckers* § 15 Rn. 15; MüKoAktG/*Oechsler* Rn. 163.

[73] Hüffer/*Koch* Rn. 14; MHdB AG/*Rieckers* § 15 Rn. 15; KK-AktG/*Lutter*/*Drygala* Rn. 105; diff. Spindler/Stilz/*Cahn* Rn. 74; großzügiger MüKoAktG/*Oechsler* Rn. 163; GroßkommAktG/*Merkt* Rn. 214.

[74] Spindler/Stilz/*Cahn* Rn. 76; MüKoAktG/*Oechsler* Rn. 166.

[75] Spindler/Stilz/*Cahn* Rn. 76.

[76] Hüffer/*Koch* Rn. 16.

[77] Hüffer/*Koch* Rn. 16.

[78] Vgl. Hüffer/*Koch* Rn. 17; MüKoAktG/*Oechsler* Rn. 169; Spindler/Stilz/*Cahn* Rn. 78.

Die Aktiengesellschaft muss die Aktien in dem Willen erwerben, diese zur Erfüllung ihrer Verpflichtungen aus der Einkaufskommission einzusetzen.[79] Das Kreditinstitut darf seine Pflicht gegenüber dem Kommittenten auch durch Selbsteintritt nach § 400 HGB erfüllen und sich anschließend wieder in entsprechender Anzahl mit eigenen Aktien eindecken.[80] Die Verweigerung der Abnahme durch den Kommittenten führt nicht zur nachträglichen Unzulässigkeit des Erwerbs;[81] eine mögliche Pflicht zur Veräußerung soll sich in diesem Fall nach den Maßstäben des § 71c Abs. 2 bestimmen.[82] Auf eine **Verkaufskommission** (vgl. § 383 Abs. 1 Alt. 2 HGB) findet Abs. 1 Nr. 4 keine Anwendung, da die Bank nur die Verfügungsbefugnis über die Aktien erlangt und somit kein Erwerb eigener Aktien vorliegt.[83] Abs. 1 Nr. 4 gestattet insoweit auch keinen Selbsteintritt des Kreditinstituts nach § 400 HGB; ein solcher ist nach Wortlaut und Entstehungsgeschichte der Norm ausgeschlossen.[84] Auch § 71 Abs. 1 Nr. 4 Alt. 2 erscheint in der Praxis – insbesondere neben Abs. 1 Nr. 7 – von geringer Bedeutung.[85]

15 **5. Gesamtrechtsnachfolge (Abs. 1 Nr. 5).** Nach § 71 Abs. 1 Nr. 5 darf die Gesellschaft eigene Aktien durch Gesamtrechtsnachfolge erwerben. Die Vorschrift soll sicherstellen, dass eine Gesamtrechtsfolge nicht am Verbot des Rückerwerbs eigener Aktien scheitert.[86] Gesamtrechtsnachfolge in diesem Sinne sind der Erwerb eigener Aktien im Zuge einer Erbschaft (§ 1922 BGB), einer Verschmelzung (§§ 20 Abs. 1 Nr. 1, 73 UmwG) sowie durch Vermögensübergang auf den letzten verbleibenden Gesellschafter in einer Personengesellschaft (vgl. § 738 Abs. 1 S. 1 BGB iVm § 105 Abs. 3 HGB).[87]

16 **6. Erwerb zur Einziehung von Aktien (Abs. 1 Nr. 6).** Gemäß § 71 Abs. 1 Nr. 6 ist ein Rückerwerb von eigenen Aktien auf Grund eines Beschlusses der Hauptversammlung zur Einziehung nach den Vorschriften über die Herabsetzung des Grundkapitals möglich (vgl. § 237 Abs. 1 S. 1 Alt. 2). **Vor** dem Erwerb nach Abs. 1 Nr. 6 muss der Beschluss über die Kapitalherabsetzung gefasst worden sein;[88] hierdurch unterscheidet sich dieser Ausnahmetatbestand von der Einziehungsermächtigung nach § 71 Abs. 1 Nr. 8 S. 6. Der Vorstand hat beim Erwerb eigener Aktien zur Einziehung das Gleichbehandlungsgebot zu beachten.[89] Der Erwerb der Aktien an der Börse erscheint insoweit unproblematisch. Der unmittelbare Rückerwerb von einzelnen Aktionären erscheint nur bei einem hinreichenden sachlichen Grund als zulässig.[90]

17 **7. Erwerb zum Zwecke des Wertpapierhandels (Abs. 1 Nr. 7).** Nach § 71 Abs. 1 Nr. 7 darf ein Kreditinstitut (vgl. §§ 1 Abs. 1, 2 Abs. 1 KWG), ein Finanzdienstleistungsinstitut (vgl. §§ 1 Abs. 1a, 2 Abs. 6 KWG) oder ein Finanzunternehmen (vgl. § 1 Abs. 3 KWG), das in Gestalt einer Aktiengesellschaft betrieben wird, aufgrund eines Beschlusses der Hauptversammlung eigene Aktien zum Zwecke des Wertpapierhandels erwerben. Der Begriff des Wertpapierhandels ist in einem weiten Sinne zu verstehen, so dass auch der Kauf zur Erfüllung von Kauf- und Darlehensverträgen (sog. Wertpapierleihe) und das Hedging mit eigenen Aktien erfasst werden.[91] Der mit einfacher Stimmenmehrheit (vgl. § 133 Abs. 1) zu fassende Hauptversammlungsbeschluss muss eindeutig zum Handel in eigenen Aktien ermächtigen. Die Wiederholung des Gesetzeswortlauts („zum Zwecke des Wertpapierhandels") ist ausreichend.[92] Ferner muss der Beschluss der Hauptversammlung bestimmen, dass der Handelsbestand der nach Abs. 1 Nr. 7 zu erwerbenden Aktien 5% des Grundkapitals am Ende eines jeden Tages nicht übersteigen darf (vgl. Abs. 1 Nr. 7 S. 2 Hs. 1) sowie den niedrigsten und den höchsten Gegenwert (vgl. Abs. 1 Nr. 7 S. 2 Hs. 2) und die Laufzeit der Ermächtigung festlegen. Über den Wortlaut der Norm hinaus muss im Beschluss das maximale Volumen des zulässigen Erwerbs bestimmt werden.[93] Das maximale Erwerbsvolumen kann in einem auf das Grundkapital

---

[79] MüKoAktG/*Oechsler* Rn. 169.
[80] MüKoAktG/*Oechsler* Rn. 169.
[81] Spindler/Stilz/*Cahn* Rn. 78; Hüffer/*Koch* Rn. 17.
[82] Spindler/Stilz/*Cahn* Rn. 78; aA MüKoAktG/*Oechsler* Rn. 169: § 71c Abs. 1 analog.
[83] Vgl. Spindler/Stilz/*Cahn* Rn. 78; Hüffer/*Koch* Rn. 17.
[84] MüKoAktG/*Oechsler* Rn. 170; Spindler/Stilz/*Cahn* Rn. 78; KK-AktG/*Lutter/Drygala* Rn. 226; Hüffer/*Koch* Rn. 17; Begr. RegE *Kropff* Textausgabe, 1965, 93.
[85] MüKoAktG/*Oechsler* Rn. 167.
[86] Begr. RegE *Kropff* Textausgabe, 1965, 91.
[87] Hüffer/*Koch* Rn. 18; vgl. KK-AktG/*Lutter/Drygala* Rn. 230.
[88] Spindler/Stilz/*Cahn* Rn. 83; MüKoAktG/*Oechsler* Rn. 178.
[89] HM, zB MüKoAktG/*Oechsler* Rn. 179; Spindler/Stilz/*Cahn* Rn. 83.
[90] *Martens* AG 1996, 337 (344); MüKoAktG/*Oechsler* Rn. 179; Spindler/Stilz/*Cahn* Rn. 83.
[91] Begr. RegE, BT-Drs. 12/6679, 83 f.; vgl. Spindler/Stilz/*Cahn* Rn. 86; MüKoAktG/*Oechsler* Rn. 183.
[92] MüKoAktG/*Oechsler* Rn. 184; Hüffer/*Koch* Rn. 19b.
[93] So ausdrücklich Spindler/Stilz/*Cahn* Rn. 88.

bezogenen Prozentsatz oder in einer absoluten Zahl von Aktien – jeweils unter Beachtung der Fünfprozentgrenze – festgelegt werden.[94] Die Fünfprozentgrenze nach Abs. 1 Nr. 7 bezieht sich nach dem eindeutigen Wortlaut lediglich auf das Ende des Kalendertages, dh 24 Uhr deutscher Zeit. Während des Kalendertages darf die Fünfprozentgrenze – bei Beachtung der Zehnprozentgrenze des Abs. 2 S. 1 – überschritten werden.[95] Bezugsgröße ist der jeweils aktuelle Betrag des Grundkapitals, so dass in Folge von Kapitalmaßnahmen nach dem Datum der Beschlussfassung eintretende Veränderungen zu berücksichtigen sind.[96] Der Beschluss muss weiterhin den Preisrahmen bestimmen, innerhalb dessen sich die Gegenleistung der Gesellschaft für den Erwerb bewegen muss (Mindest- und Höchstpreis; zum Preisrahmen ausführlich → Rn. 20).[97] Durch das Gesetz zur Umsetzung der Aktionärsrechte-RL (ARUG) vom 30.7.2009 (BGBl. I S. 2479) wurde die Höchstdauer der Ermächtigung von 18 Monaten auf fünf Jahre verlängert. Für die Praxis bedeutet dies, dass das schwerfällige und oft unnötige Erfordernis der alljährlichen Erneuerung der Vorratsermächtigung entfällt.[98] Zudem wird ein Gleichlauf mit der in § 202 Abs. 1 enthaltenen Höchstdauer für die Schaffung genehmigten Kapitals erreicht.[99]

8. Ermächtigungsbeschluss ohne positive gesetzliche Zweckvorgabe (Abs. 1 Nr. 8). 18
a) Grundlagen. Gemäß § 71 Abs. 1 Nr. 8 darf die Gesellschaft aufgrund einer höchstens fünf Jahre geltenden Ermächtigung der Hauptversammlung, die den niedrigsten und höchsten Gegenwert sowie den Anteil am Grundkapital, der zehn Prozent nicht übersteigen darf, festlegt, eigene Aktien erwerben. Dieser durch das Gesetz zur Kontrolle und Transparenz im Unternehmensbereich (KonTraG) vom 27.4.1998 (BGBl. I S. 786) eingefügte Ausnahmetatbestand hat das grundsätzliche Verbot des Rückerwerbs eigener Aktien erheblich relativiert. Er unterscheidet sich von den anderen Ausnahmetatbeständen des § 71 Abs. 1 dadurch, dass er weder branchenbezogen ist noch einen bestimmten Erwerbszweck vorgibt.[100] Das Gesetz schöpft damit den durch Art. 19 Abs. 1 RL 77/91/EWG (Kapital-RL, heute Art. 21 RL 2012/30/EU) eröffneten Spielraum aus.[101] Zweck des Abs. 1 Nr. 8 ist die Verbesserung der Flexibilität der Eigenkapitalfinanzierung.[102] Wie Abs. 1 Nr. 8 S. 6 zeigt kann der Rückerwerb auch als Vorbereitung zur endgültigen Einziehung dienen. Schließlich bestätigt Abs. 1 Nr. 8 S. 4 Hs. 2 mit dem Verweis auf § 193 Abs. 2 Nr. 4, dass auch die Bedienung von Aktienoptionen möglich ist und der Ausnahmetatbestand damit eine Alternative zum bedingten Kapital darstellt.[103]

b) Ermächtigungsbeschluss (Abs. 1 Nr. 8 S. 1). Nach Abs. 1 Nr. 8 S. 1 bedarf es zum Rückerwerb eines Ermächtigungsbeschlusses der Hauptversammlung, der dem Erwerb vorangehen muss.[104] Für den Beschluss genügt eine einfache Stimmenmehrheit gemäß § 133 Abs. 1.[105] 19

aa) Notwendiger Inhalt. Die inhaltlichen Anforderungen an den Ermächtigungsbeschluss gehen auf Art. 19 Abs. 1 RL 77/91/EWG (→ Rn. 18) zurück. Der Beschluss muss zunächst die Dauer der Ermächtigung festlegen. **höchstzulässige Geltungsdauer** der Ermächtigung ist in Ausnutzung der durch die Änderungs-RL 2006/68/EG vom 6.9.2006 (ABl. L 264, 32) eingeräumte Option durch das ARUG (→ Rn. 17) von 18 Monaten auf **fünf Jahre** verlängert worden (zu den Beweggründen → Rn. 17 aE). Die Geltungsdauer muss im Beschluss durch Angabe eines bestimmten Datums oder einer Laufzeit (zB „vom Tag der Beschlussfassung an für fünf Jahre") konkret festgelegt werden.[106] Fehlt eine Fristsetzung, kann nicht durch Auslegung die gesetzliche Höchstfrist herangezogen werden.[107] Die auf Basis dieser Vorgaben bestimmte Laufzeit stellt eine reine Ermächtigungsschranke für den Erwerb eigener Aktien dar.[108] Daher können fristgerecht erworbene Aktien auch noch nach Ablauf der Geltungsdauer durch die Gesellschaft gehalten und 20

---

[94] MüKoAktG/*Oechsler* Rn. 186; Spindler/Stilz/*Cahn* Rn. 88.
[95] Spindler/Stilz/*Cahn* Rn. 87; MHdB AG/*Rieckers* § 15 Rn. 19; MüKoAktG/*Oechsler* Rn. 186.
[96] Spindler/Stilz/*Cahn* Rn. 89; MüKoAktG/*Oechsler* Rn. 186.
[97] Spindler/Stilz/*Cahn* Rn. 90; Hüffer/*Koch* Rn. 19b.
[98] Begr. RegE, BT-Drs. 16/11642; vgl. Hüffer/*Koch* Rn. 19b.
[99] Begr. RegE, BT-Drs. 16/11642.
[100] MHdB AG/*Rieckers* § 15 Rn. 20; Hüffer/*Koch* Rn. 19c.
[101] Spindler/Stilz/*Cahn* Rn. 92.
[102] Begr. RegE, BT-Drs. 13/9712, 13.
[103] Hüffer/*Koch* Rn. 19c; Spindler/Stilz/*Cahn* Rn. 97.
[104] MüKoAktG/*Oechsler* Rn. 194; Hüffer/*Koch* Rn. 19d.
[105] *Van Aerssen* WM 2000, 391 (394); MüKoAktG/*Oechsler* Rn. 193; Hüffer/*Koch* Rn. 19d; KK-AktG/*Lutter/Drygala* Rn. 124; diff. GroßkommAktG/*Merkt* Rn. 298.
[106] BGH AG 2015, 669 (671 f.); Hüffer/*Koch* Rn. 19e; MüKoAktG/*Oechsler* Rn. 197.
[107] MüKoAktG/*Oechsler* Rn. 197; Hüffer/*Koch* Rn. 19e.
[108] *Martens* AG 1997, August-Sonderheft 83 (85); MüKoAktG/*Oechsler* Rn. 198.

verwertet werden.[109] Des Weiteren muss der Ermächtigungsbeschluss den niedrigsten und den höchsten **Gegenwert** und damit den Preisrahmen für den Rückerwerb der eigenen Aktien festsetzen.[110] Da die Gesellschaft sich durch den Erwerb eigener Aktien zum Teil selbst gehört, kann die für den Rückerwerb zu leistende Gegenleistung die Kapitalerhaltung zum Nachteil der Aktionäre und der Gläubiger der Gesellschaft beeinträchtigen. Indem der Preisrahmen im Ermächtigungsbeschluss publik gemacht wird, ist sowohl für Aktionäre als auch für Gläubiger der Gesellschaft ersichtlich, inwieweit der Kapitalerhaltung durch die Ermächtigung zum Erwerb eigener Aktien Gefahr droht.[111] Dies bedeutet indes nicht, dass der Gegenwert bereits zum Zeitpunkt des Beschlusses feststehen muss. Die erforderliche Bestimmung eines Preisrahmens kann durch Angabe von bezifferten Beträgen oder in Form einer prozentualen oder betragsmäßigen Abweichung von einem Referenzwert (zB Börsenkurs zur Zeit des Erwerbs) erfolgen.[112] Zulässig ist auch eine Kombination beider Methoden (zB bestimmter Betrag für den niedrigsten Gegenwert, Bezug auf Referenzwert für höchsten Gegenwert).[113] Darüber hinaus muss im Beschluss ausdrücklich der Anteil des Grundkapitals beziffert werden, der erworben werden darf. Die insoweit im Beschluss aufzuzeigende **Erwerbsschranke,** die auf maximal 10% des Grundkapitals festgesetzt werden darf, bezieht sich – anders als § 71 Abs. 2 S. 1 – nicht auf den jeweiligen Bestand der eigenen Aktien, sondern auf die insgesamt aufgrund der Ermächtigung zu erwerbenden Aktien, dh auf das Erwerbsvolumen.[114] Liegen mehrere parallel gefasste Ermächtigungsbeschlüsse vor, darf die Grenze von zehn Prozent insgesamt nicht überschritten werden.[115] Über die genannten gesetzlichen Vorgaben hinaus sind im Ermächtigungsbeschluss keine weiteren Bestimmungen erforderlich. Insbesondere ist die Angabe eines **Zwecks** für den Erwerb zwar möglich, aber **nicht notwendig.**[116] Hat die Hauptversammlung aber einen bestimmten Erwerbszweck festgelegt oder die Ermächtigung sonst näher ausgestaltet, ist der Vorstand hieran gebunden. Legt die Hauptversammlung keinen Erwerbszweck fest oder stellt sie mehrere Zwecke zur Auswahl, ist die Zweckbestimmung eine Aufgabe der Geschäftsführung.[117] Als zulässige Erwerbszwecke kommen insbesondere in Betracht:[118] Die Ausschüttung freier Rücklagen an die Aktionäre, die Vorbereitung der Einziehung gemäß § 237 Abs. 1 S. 1 Alt. 2, die Abschaffung oder Rückführung einer Aktiengattung, der Aufbau einer Akquisitionsreserve und die Bedienung von Aktienoptionen, soweit diese nicht Mitgliedern des Aufsichtsrates zu Gute kommen.[119] Der Ermächtigungsbeschluss kann auch vorsehen, dass der Vorstand bei der Ausübung der Ermächtigung im Innenverhältnis der Zustimmung des Aufsichtsrats bedarf;[120] die eventuell fehlende Zustimmung hat dann aber keine Auswirkungen auf die Wirksamkeit des dennoch erfolgten Erwerbs.[121]

21 **bb) Inhaltlich fehlerhafter Beschluss.** Genügt der Ermächtigungsbeschluss inhaltlich nicht den Anforderungen des § 71 Abs. 1 Nr. 8, ist er gemäß § 241 Nr. 3 nichtig.[122] Findet dennoch ein Erwerb eigener Aktien statt, kommen § 71 Abs. 4 und § 71c Abs. 1 und 3 zur Anwendung.

22 **c) Ausschluss des Handels in eigenen Aktien (Abs. 1 Nr. 8 S. 2).** Gemäß Abs. 1 Nr. 8 S. 2 ist ein Erwerb zum Zweck des Handels in eigenen Aktien ausgeschlossen. Bedeutung und Reichweite dieses Verbotes, den Handel in eigenen Aktien als Zweck der Ermächtigung zu bestimmen, sind nicht abschließend geklärt.[123] Nach der Gesetzesbegründung soll die Regelung eine kontinuierliche Kurspflege durch den Erwerb eigener Aktien sowie einen fortgesetzten Kauf und Verkauf eigener

[109] Spindler/Stilz/*Cahn* Rn. 108; Hüffer/*Koch* Rn. 19e; MüKoAktG/*Oechsler* Rn. 198.
[110] *Vetter* AG 2003, 478 (480 ff.); Spindler/Stilz/*Cahn* Rn. 109.
[111] Vgl. zum Ganzen DNotI-Report 2006, 127 (128).
[112] Spindler/Stilz/*Cahn* Rn. 109; vgl. Begr. RegE, BT-Drs. 13/9712, 13; Hüffer/*Koch* Rn. 19e; MHdB AG/*Rieckers* § 15 Rn. 20.
[113] Spindler/Stilz/*Cahn* Rn. 109.
[114] Begr. RegE, BT-Drs. 13/9712, 13; *Kraft/Altvater* NZG 1998, 448 (450); *Richard/Weinheimer* BB 1999, 1613 (1614); Spindler/Stilz/*Cahn* Rn. 100; MüKoAktG/*Oechsler* Rn. 205; KK-AktG/*Lutter/Drygala* Rn. 135.
[115] Spindler/Stilz/*Cahn* Rn. 101; MüKoAktG/*Oechsler* Rn. 205.
[116] MHdB AG/*Rieckers* § 15 Rn. 21; vgl. MüKoAktG/*Oechsler* Rn. 206 f.
[117] Hüffer/*Koch* Rn. 19 f.
[118] Spindler/Stilz/*Cahn* Rn. 97; Hüffer/*Koch* Rn. 19g.
[119] BGHZ 158, 122 (125 ff.) = NJW 2004, 1109; *Meyer/Ludwig* ZIP 2004, 940 (944); Spindler/Stilz/*Cahn* Rn. 97; krit. Hüffer/*Koch* Rn. 19h.
[120] MüKoAktG/*Oechsler* Rn. 207; Hüffer/*Koch* Rn. 19f; MHdB AG/*Rieckers* § 15 Rn. 21; aA Spindler/Stilz/*Cahn* Rn. 98.
[121] MüKoAktG/*Oechsler* Rn. 207; Hüffer/*Koch* Rn. 19 f.
[122] BGH AG 2015, 669 (671 f.); MüKoAktG/*Oechsler* Rn. 193, 195; Hüffer/*Koch* Rn. 19e.
[123] Vgl. Spindler/Stilz/*Cahn* Rn. 111.

Aktien und den Versuch, Trading-Gewinne zu machen, als Zweck ausschließen.[124] Danach scheint das Verbot des Abs. 1 Nr. 8 S. 2 zum einen die Gesellschaft, ihre Gläubiger und die Aktionäre vor den Gefahren von Spekulationen des Vorstands mit eigenen Aktien und zum anderen den Kapitalmarkt vor manipulativen Eingriffen schützen zu sollen.[125] Folglich liegt im Ergebnis ein „Handel" iSd Abs. 1 Nr. 8 S. 2 vor, wenn die Gesellschaft eigene Aktien ausschließlich in der Absicht erwirbt, durch das Ausnutzen von Preisunterschieden Gewinne zu erzielen.[126] Ein – auch wiederholter – Erwerb zur Kurspflege ist durch diese Norm grundsätzlich nicht untersagt, sofern er nicht dazu führt, dass sich der Aktienkurs als Ergebnis manipulativer Eingriffe des Vorstands darstellt oder der Erwerb in spekulativer Absicht erfolgt.[127] Nur bei einem Erwerb über die Börse besteht aufgrund der Anonymität des Erwerbers die Gefahr, dass durch den Erwerb seitens der Gesellschaft gegenüber Dritten eine echte Marktnachfrage vorgetäuscht wird.[128] Den diesbezüglich notwendigen Schutz gewährleisten bereits spezielle kapitalmarktrechtliche Bestimmungen (zB Art. 12, 15 MAR),[129] neben denen Abs. 1 Nr. 8 S. 2 keine eigenständige Bedeutung zukommt.[130]

d) Erwerb und Veräußerung (Abs. 1 Nr. 8 S. 3–5). § 71 Abs. 1 Nr. 8 S. 3–5 trifft Bestimmungen, die bei der Durchführung des Erwerbs eigener Aktien und deren anschließender Veräußerung zu beachten sind. S. 3 macht dabei deutlich, dass der Gleichbehandlungsgrundsatz (§ 53a) auch beim Erwerb und der Veräußerung eigener Aktien zu beachten ist. Der Erwerb und die Veräußerung über die Börse genügen dem (S. 4). Die Hauptversammlung kann eine andere Art der Veräußerung beschließen, wobei dann § 186 Abs. 3 und 4 sowie § 193 Abs. 2 Nr. 4 entsprechend anzuwenden sind (S. 5). 23

aa) Erwerb. (1) Erwerb über die Börse. Der Erwerb eigener Aktien über die **Börse** genügt nach Ansicht des Gesetzgebers immer dem Gleichbehandlungsgrundsatz (vgl. S. 4).[131] Ausreichend ist der Erwerb in einem beliebigen Marktsegment im In- und Ausland, indem ein Börsenpreis zustande kommt.[132] Daher genügt auch der Erwerb während der Börsenzeit an einer Wertpapierbörse im Freiverkehr (§ 48 BörsG), wenn die Voraussetzungen des § 24 Abs. 2 BörsG erfüllt sind.[133] Ein reines Platzgeschäft ist dagegen nicht ausreichend.[134] 24

(2) Andere Erwerbsformen. Auch bei einer Börsennotierung kann die Gesellschaft **öffentliche Erwerbsangebote** abgeben,[135] zB in Form eines Festpreisangebots (sog. „fixed price tender offer")[136] oder eines Preisspannenangebots (sog. „Dutch Auctions").[137] Mi dem Gleichbehandlungsverbot vereinbar ist zudem der Erwerb eigener Aktien infolge der Ausübung übertragbarer Verkaufsoptionen (sog. „transferable put rights").[138] Werden die Aktien der Gesellschaft nicht an der Börse gehandelt, so sind der Erwerb der eigenen Aktien und der spätere Wiedererwerb allen Aktionären anzubieten. Sofern das Angebot das von der Gesellschaft geplante Erwerbsvolumen übersteigt, sind alle Aktionäre quotal nach der Höhe ihrer Beteiligung zu berücksichtigen.[139] Sofern Preisschwellen vorgegeben werden, sind nur diejenigen Aktionäre quotal zu berücksichtigen, deren Gebot die Preisschwelle erreicht.[140] Bei einem Erwerbsangebot außerhalb des Börsenhandels besteht für die Aktionäre, die die Angebotsbedingungen erfüllen, als Konsequenz des Gleichbehandlungsgebots ein **Andienungsrecht** („umgekehrtes Bezugsrecht").[141] Andienungsrechte können nach §§ 398, 413 25

[124] Vgl. Begr. RegE, BT-Drs. 13/9712, 13.

[125] Vgl. Spindler/Stilz/*Cahn* Rn. 115.

[126] *Saria* NZG 2000, 458 (462); Hüffer/*Koch* Rn. 19i; KK-AktG/*Lutter/Drygala* Rn. 154; *Bednarz,* Der Ermächtigungsbeschluss, 2006, 240 f.

[127] Vgl. Spindler/Stilz/*Cahn* Rn. 111, 115.

[128] MüKoAktG/*Oechsler* Rn. 218.

[129] Vgl. die Übersichten bei MüKoAktG/*Oechsler* Rn. 218; Spindler/Stilz/*Cahn* Rn. 115.

[130] MüKoAktG/*Oechsler* Rn. 218; Spindler/Stilz/*Cahn* Rn. 115.

[131] So auch *Bezzenberger* ZHR 180, 8 (14).

[132] Begr. RegE, BT-Drs. 13/9712, 13; *Reichert/Harbarth* ZIP 2001, 1441; Spindler/Stilz/*Cahn* Rn. 119.

[133] Spindler/Stilz/*Cahn* Rn. 119.

[134] Begr. RegE, BT-Drs. 13/9712, 13.

[135] Hüffer/*Koch* Rn. 19k; ausf. zum Gegenwert *Bezzenberger* ZHR 180, 8 (20 ff.).

[136] Begr. RegE, BT-Drs. 13/9712, 13 f.; hierzu ausf. Spindler/Stilz/*Cahn* Rn. 123.

[137] Begr. RegE, BT-Drs. 13/9712, 13; *Berrar/Schnorbus* ZGR 2003, 59 (66 ff.); hierzu ausf. Spindler/Stilz/*Cahn* Rn. 124.

[138] *Leuering* AG 2007, 435 (436 ff.); *Budde* FS Offerhaus, 1999, 659 (668 f.); Spindler/Stilz/*Cahn* Rn. 125; *Möller,* Rückerwerb eigener Aktien, 2005, Rn. 226 ff.

[139] OLG Hamburg ZIP 2005, 1074 (1079); MHdB AG/*Rieckers* § 15 Rn. 22; vgl. Begr. RegE, BT-Drs. 13/9712, 14.

[140] Hüffer/*Koch* Rn. 19k.

[141] Hüffer/*Koch* Rn. 19k; KK-AktG/*Lutter/Drygala* Rn. 173 ff.; *Paefgen* AG 1999, 67 (68); MüKoAktG/*Oechsler* Rn. 223; aA Spindler/Stilz/*Cahn* Rn. 121 mwN.

BGB übertragen werden.[142] Eine Ungleichbehandlung der Aktionäre und damit ein Ausschluss des Andienungsrechts ist dann statthaft, wenn hierfür ein sachlicher Grund gegeben ist oder die übrigen Aktionäre zustimmen.[143] Als sachliche Rechtfertigung kommt insbesondere in Betracht, dass einzelne Aktionäre bereit sind, der Gesellschaft ihre Aktien zu besonders günstigen Bedingungen anzubieten,[144] dass der Rückerwerb eigener Aktien im Zusammenhang mit einem Mitarbeiterbeteiligungsprogramm steht[145] oder dass die Aktien aus einer Kapitalerhöhung stammen und gerade von dem Aktionär zurück erworben werden sollen, der die Aktien aus der Kapitalerhöhung gezeichnet hat.[146] Ein sog. „Paketerwerb" („negotiated repurchase"), der notwendigerweise auf einem individuellen Erwerbsangebot basiert, wird regelmäßig – entweder wegen der Möglichkeit des Verkaufs als solcher oder wegen des Preises, wenn die Gesellschaft einen besonderen „Paketzuschlag" zusätzlich zu dem sonst erzielbaren Preis zu leisten bereit ist – am Erfordernis der Gleichbehandlung scheitern.[147] Existieren bei der Gesellschaft mehrere Aktiengattungen, kann der Rückerwerb auf eine Gattung beschränkt werden, wenn sich die Ermächtigung durch die Hauptversammlung nur auf diese Gattung beschränkt oder eine Gattung durch den Rückerwerb beseitigt werden soll.[148]

26 **(3) Sonstiges.** Beim Erwerb über die Börse sind kapitalmarktrechtliche Vorschriften zu beachten (etwa Art. 7 ff. MAR).[149] In der umstrittenen Frage der Anwendbarkeit der Vorschriften des WpÜG auf den Erwerb eigener Aktien[150] hat die BaFin – im Zuge der Umsetzung des am 14.7.2006 in Kraft getretenen Übernahmerichtlinie-Umsetzungsgesetzes (BGBl. I S. 1426) – unter Aufgabe ihrer vormaligen Rechtsauffassung am 9.8.2006 verlautbaren lassen, nunmehr von der Unanwendbarkeit des WpÜG bei einem öffentlichen Angebot auf Rückkauf eigener Aktien auszugehen.[151] Dies verdient im Ergebnis Zustimmung. Der direkten Anwendung des WpÜG steht bereits die Ausrichtung des Gesetzes auf Dreipersonenverhältnisse entgegen.[152] Ferner gilt das WpÜG nur für börsennotierte Gesellschaften und dort nur für öffentliche Erwerbsangebote; das Schutzbedürfnis der Aktionäre beim Rückerwerb eigener Aktien ist jedoch weder von der Börsennotierung der Gesellschaft noch von den Kundgabemodalitäten oder der Größe des Adressatenkreises abhängig.[153] Der Schutz der veräußernden Aktionäre ist durch den Gleichbehandlungsgrundsatz und die Treubindungen der Gesellschaft gegenüber den Aktionären hinreichend und unabhängig von einer Börsennotierung für alle Angebotsarten einheitlich gewährleistet.[154]

27 **bb) Veräußerung. (1) Grundlagen.** Auch bei der (Wieder-)Veräußerung der rückerworbenen eigenen Aktien ist der Gleichbehandlungsgrundsatz (§ 53a) zu beachten (Abs. 1 Nr. 8 S. 3). Das daraus resultierende Verbot, einzelne Aktionäre gegenüber anderen zu bevorzugen, schützt vor der Verwässerung des Beteiligungswertes einzelner Aktionäre durch die selektive Abgabe von Aktien unter Wert an andere und vor der gezielten Verschiebung der Beteiligungsquoten.[155] Der Pflicht des Vorstands zur Gleichbehandlung entspricht – zumindest für die Fälle der Veräußerung außerhalb der Börse – ein subjektives Erwerbsrecht auf Seiten des Aktionärs.[156] Nach Abs. 1 Nr. 8 S. 4 ist dem Gleichbehandlungsgrundsatz bei einer Veräußerung an der **Börse** (→ Rn. 24) genüge getan. Eine andere Art der Veräußerung bedarf eines entsprechenden Beschlusses der Hauptversammlung (vgl. Abs. 1 Nr. 8 S. 5 Hs. 1). Dieser Beschluss der Hauptversammlung hat unter Beachtung der Bestimmungen des **§ 186 Abs. 3 und 4** und des **§ 193 Abs. 2 Nr. 4** zu erfolgen (vgl. Abs. 1 Nr. 8 S. 5 Hs. 2).

---

[142] Hüffer/*Koch* Rn. 19k; MüKoAktG/*Oechsler* Rn. 223.
[143] DNotI-Report 2006, 127 (128).
[144] *Paefgen* AG 1999, 67 (73).
[145] DNotI-Report 2006, 127 (128).
[146] *Richter* AG 2004, 277; *Tollkühn* NZG 2004, 594.
[147] Hüffer/*Koch* Rn. 19k; diff. Spindler/Stilz/*Cahn* Rn. 127; aA KK-AktG/*Lutter/Drygala* Rn. 173 ff.
[148] Hüffer/*Koch* Rn. 19k; Spindler/Stilz/*Cahn* Rn. 128.
[149] Ausf. hierzu Spindler/Stilz/*Cahn* Rn. 160 ff.; ferner MHdB AG/*Rieckers* § 15 Rn. 23.
[150] Generell abl. zB *Büscher* ZBB 2006, 107 f.; *Berrar/Schnorbus* ZGR 2003, 59 ff.; *Koch* NZG 2003, 61 ff.; Hüffer/*Koch* Rn. 19k und l; *Koch* Diss. Münster 2006, 170; *Pluskat* NZG 2006, 731; für analoge Anwendung einzelner Vorschriften: *Baums/Stöcker* FS Wiedemann, 2002, 703 (716 ff.); für Anwendung bei teleologischer Reduktion im Einzelfall: zB *Paefgen* ZIP 2002, 1509 (1513 f.); *Hopt* ZHR 166 (2002), 383 (393); *Fleischer/Körber* BB 2001, 2589.
[151] Schreiben der BaFin vom 9.8.2006, abrufbar unter http:/www.bafin.de unter „Veröffentlichungen".
[152] Hüffer/*Koch* Rn. 19l; *Koch* NZG 2003, 61 (64 ff.); *Berrar/Schnorbus* ZGR 2003, 59 (72 ff.); *Süßmann* AG 2002, 425 ff.
[153] Spindler/Stilz/*Cahn* Rn. 159; *Baum* ZHR 167 (2003), 580 (609).
[154] Spindler/Stilz/*Cahn* Rn. 159; *Baum* ZHR 167 (2003), 580 (609).
[155] Spindler/Stilz/*Cahn* Rn. 129.
[156] Vgl. Hüffer/*Koch* Rn. 19m; MüKoAktG/*Oechsler* Rn. 247.

S. 2 schließt damit an die Änderungen des § 272 HGB durch das BilMoG an. Vor dem Inkrafttreten des BilMoG mussten eigene Aktien mit ihren realen Anschaffungskosten, also einschließlich eines Agios, aktiviert werden; die erforderliche bilanzielle Neutralisierung wurde durch eine nach Abs. 2 S. 2 aF iVm § 272 Abs. 4 HGB aF zu bildende Rücklage erreicht. Nach der neuen Regelung des § 272 Abs. 1a HGB werden eigene Aktien nicht mehr aktiviert. Dafür wird ihr Nennbetrag bzw. bei Stückaktien ihr rechnerischer Wert auf der Passivseite vom Posten „gezeichnetes Kapital" offen abgesetzt. Gleichzeitig ist der Unterschiedsbetrag zwischen Nennbetrag bzw. rechnerischem Wert und den Anschaffungskosten der eigenen Aktien mit den frei verfügbaren Rücklagen zu verrechnen. Im Ergebnis verbleibt es damit auch nach der Neuregelung bei der bilanziellen Neutralisierung. Für einen Erwerb nach Abs. 1 Nr. 4–6 ist die Kapitalgrenze ohne Bedeutung.

3. Vollständige Leistung des Ausgabebetrags (Abs. 2 S. 3). Nach § 71 Abs. 2 S. 3 ist ein Erwerb eigener Aktien aufgrund der Ausnahmetatbestände des Abs. 1 Nr. 1, 2, 4, 7 und 8 nur zulässig, wenn auf die Aktien der Ausgabebetrag voll geleistet wird. Auch ein eventuelles Agio muss eingezahlt sein.[185] 35

V. Pflichten nach dem Erwerb (Abs. 3)

1. Unterrichtung der Hauptversammlung (Abs. 3 S. 1). Gemäß Abs. 3 S. 1 ist der Vorstand bei einem Erwerb eigener Aktien nach Maßgabe des Abs. 1 Nr. 1 und 8 verpflichtet, die nächste Hauptversammlung über die Gründe und den Zweck des Erwerbs, über die Zahl der erworbenen Aktien und den auf sie entfallenden Betrag des Grundkapitals, über deren Anteil am Grundkapital sowie über den Gegenwert der Aktien zu unterrichten. Die Unterrichtung muss substantiiert sein, ein bloßer Hinweis auf die gesetzlichen Vorschriften genügt keinesfalls.[186] Die Aktionäre müssen durch die Erläuterungen des Vorstands im Einzelnen in die Lage versetzt werden, nachprüfen und selbständig beurteilen zu können, ob der Erwerb eigener Aktien die Voraussetzungen nach § 71 Abs. 1 erfüllt und damit als zulässig angesehen werden kann.[187] Die Angaben über eigene Aktien sind grundsätzlich auch Pflichtangaben des Anhangs iSd § 160 Abs. 1 Nr. 2. Eine besondere Unterrichtung nach § 71 Abs. 3 S. 1 kann daher unterbleiben, wenn die nächste Hauptversammlung auch diejenige ist, die den Anhang entgegennimmt.[188] In einem solchen Fall müssen die Angaben des Anhangs aber so genau sein, dass sie der Berichtspflicht des § 71 Abs. 3 S. 1 entsprechen.[189] Werden Angaben im Anhang zusammengefasst, steht den Aktionären ein Fragerecht zu.[190] 36

2. Pflicht zur Ausgabe von Belegschaftsaktien (Abs. 3 S. 2). Nach § 71 Abs. 3 S. 2 sind im Falle eines Erwerbs nach Abs. 1 Nr. 2 die Aktien innerhalb eines Jahres nach dem Erwerb an die Arbeitnehmer auszugeben. Hierdurch soll verhindert werden, dass der Vorstand unter dem Vorwand des Abs. 1 Nr. 2 unzulässige Kurspflege betreibt.[191] Da die Ausgabe an die Arbeitnehmer jedoch deren Abnahmebereitschaft voraussetzt, ist der Vorstand nur verpflichtet, sich ernsthaft um die Ausgabe zu bemühen.[192] Verstreicht die Jahresfrist ohne eine Ausgabe, so wird der Erwerb nicht nachträglich unzulässig, da es insoweit ausschließlich auf die Verwendungsabsicht im Zeitpunkt des Erwerbs ankommt (→ Rn. 7). Um ein Leerlaufen des Abs. 3 S. 2 zu verhindern, ist bei einem endgültigen Scheitern der Bemühungen des Vorstands von einer Pflicht zur Veräußerung analog § 71c Abs. 1 auszugehen.[193] 37

VI. Rechtsfolgen eines Verstoßes gegen Abs. 1 oder 2 (Abs. 4)

1. Wirksamkeit des Erwerbsgeschäfts (Abs. 4 S. 1). Nach § 71 Abs. 4 S. 1 macht ein Verstoß gegen Abs. 1 oder 2 den Erwerb eigener Aktien nicht unwirksam. Die Gesellschaft wird somit trotz des gesetzlichen Verbots Inhaberin der Mitgliedschaft.[194] Jedoch ist sie zur Veräußerung innerhalb eines Jahres nach ihrem Erwerb verpflichtet (vgl. § 71c Abs. 1). 38

---

[185] Hüffer/*Koch* Rn. 20.
[186] BGHZ 101, 1 (17) = NJW 1987, 3186; MüKoAktG/*Oechsler* Rn. 331; Spindler/Stilz/*Cahn* Rn. 228.
[187] BGHZ 101, 1 (17) = NJW 1987, 3186.
[188] Begr. RegE, BT-Drs. 8/1678, 15; *Hüffer* NJW 1979, 1065 (1068 f.); Hüffer/*Koch* Rn. 22; KK-AktG/*Lutter/Drygala* Rn. 65.
[189] Begr. RegE, BT-Drs. 8/1678, 15; *Hüffer* NJW 1979, 1065 (1068 f.).
[190] MüKoAktG/*Oechsler* Rn. 332; Hüffer/*Koch* Rn. 22.
[191] Begr. RegE, BT-Drs. 8/1678, 15.
[192] Hüffer/*Koch* Rn. 23; Spindler/Stilz/*Cahn* Rn. 229.
[193] MüKoAktG/*Oechsler* Rn. 335; Hüffer/*Koch* Rn. 23; KK-AktG/*Lutter/Drygala* Rn. 85.
[194] Hüffer/*Koch* Rn. 24; Spindler/Stilz/*Cahn* Rn. 231.

39 **2. Nichtigkeit des schuldrechtlichen Rechtsgeschäfts (Abs. 4 S. 2).** Nach Abs. 4 S. 2 ist das schuldrechtliche Geschäft über den Erwerb eigener Aktien **nichtig,** soweit der Erwerb gegen die Abs. 1 oder 2 verstößt. Wurden im Zuge des nichtigen Kausalgeschäfts bereits Leistungen erbracht, so sind diese rückabzuwickeln. Hat die Gesellschaft den Erwerbspreis bereits bezahlt, so liegt eine **verbotene Einlagenrückgewähr** vor, die nach § 62 auszugleichen ist.[195] Hat dagegen der Aktionär geleistet, so erfolgt die Rückgewähr der Aktien nur nach §§ 812 ff. BGB.[196] Eine Verknüpfung beider Rückgewährrechtsverhältnisse durch ein Zurückbehaltungsrecht findet nicht statt.[197]

40 **3. Verantwortlichkeit.** Nach §§ 93, 116 können die Verwaltungsmitglieder schadensersatzpflichtig sein. Darüber hinaus stellt ein Verstoß gegen Abs. 1 Nr. 1–4 oder Abs. 2 eine Ordnungswidrigkeit dar (§ 405 Abs. 1 Nr. 4a).

VII. Abdingbarkeit

41 § 71 ist in vollem Umfang zwingendes Recht und folglich nicht durch die Satzung abdingbar oder abänderbar (vgl. § 23 Abs. 5).

VIII. Darlegungs- und Beweislast

42 Die Beweislast für die Zulässigkeit des Erwerbs nach § 71 Nr. 1–8 trägt derjenige, der sich auf den entsprechenden Ausnahmetatbestand beruft.[198]

§ 71a Umgehungsgeschäfte

(1) [1]Ein Rechtsgeschäft, das die Gewährung eines Vorschusses oder eines Darlehens oder die Leistung einer Sicherheit durch die Gesellschaft an einen anderen zum Zweck des Erwerbs von Aktien dieser Gesellschaft zum Gegenstand hat, ist nichtig. [2]Dies gilt nicht für Rechtsgeschäfte im Rahmen der laufenden Geschäfte von Kreditinstituten oder Finanzdienstleistungsinstituten sowie für die Gewährung eines Vorschusses oder eines Darlehens oder für die Leistung einer Sicherheit zum Zweck des Erwerbs von Aktien durch Arbeitnehmer der Gesellschaft oder eines mit ihr verbundenen Unternehmens; auch in diesen Fällen ist das Rechtsgeschäft jedoch nichtig, wenn die Gesellschaft im Zeitpunkt des Erwerbs eine Rücklage in Höhe der Aufwendungen für den Erwerb nicht bilden könnte, ohne das Grundkapital oder eine nach Gesetz oder Satzung zu bildende Rücklage zu mindern, die nicht zur Zahlung an die Aktionäre verwandt werden darf. [3]Satz 1 gilt zudem nicht für Rechtsgeschäfte bei Bestehen eines Beherrschungs- oder Gewinnabführungsvertrags (§ 291).

(2) Nichtig ist ferner ein Rechtsgeschäft zwischen der Gesellschaft und einem anderen, nach dem dieser berechtigt oder verpflichtet sein soll, Aktien der Gesellschaft für Rechnung der Gesellschaft oder eines abhängigen oder eines in ihrem Mehrheitsbesitz stehenden Unternehmens zu erwerben, soweit der Erwerb durch die Gesellschaft gegen § 71 Abs. 1 oder 2 verstoßen würde.

Schrifttum: *Fleischer,* Finanzielle Unterstützung des Aktienerwerbs und Leveraged Buyout, AG 1996, 494; *Freitag,* Financial Assistance durch die Aktiengesellschaft nach der Reform der Kapitalrichtlinie, AG 2007, 157; *Habersack,* Die finanzielle Unterstützung des Aktienerwerbs – Überlegungen zu Zweck und Anwendungsbereich des § 71a Abs. 1 Satz 1 AktG, FS Röhricht, 2005, 155; *ders.,* Verdeckte Sacheinlage und Hin- und Herzahlen nach dem ARUG – gemeinschaftsrechtlich betrachtet, AG 2009, 557; *Herrler/Reymann,* Die Neuerungen im Aktienrecht nach dem ARUG, (Teil 2), DNotZ 2009, 914; *Joost,* Grundlagen und Rechtsfolgen der Kapitalerhaltungsregeln im Aktienrecht ZHR 149 (1985), 419; *Kerber,* Die aktienrechtlichen Grenzen der finanziellen Unterstützung des Aktienerwerbs im Buy-out-Verfahren, DB 2004, 1027; *Lutter/Wahlers,* Der Buyout: Amerikanische Fälle und die Regeln des deutschen Rechts, AG 1989, 1; *Oechsler,* Die Änderung der Kapitalrichtlinie und Rückerwerb eigener Aktien, ZHR 170 (2006), 72; *ders.,* Das Finanzierungsverbot des § 71a Abs. 1 Satz 1 AktG bei Erwerb eigener Aktien – Schutzzweck und praktische Anwendung, ZIP 2006, 1661; *Otto,* Fremdfinanzierte Übernahmen – Gesellschafts- und steuerrechtliche Kriterien des Leveraged Buy-Out, DB 1989, 1393; *Schroeder,* Finanzielle Unterstützung des Aktienerwerbs, 1995; *Singhof,* Zur finanziellen Unterstützung des Erwerbs eigener Aktien durch Kreditinstitute, NZG 2002, 745; *Wicke,* Einführung in das Recht der Hauptversammlung, das Recht der Sacheinlagen und das Freigabeverfahren nach dem ARUG, 2009.

[195] Spindler/Stilz/*Cahn* Rn. 233; MüKoAktG/*Oechsler* Rn. 342.
[196] Hüffer/*Koch* Rn. 24; MüKoAktG/*Oechsler* Rn. 342.
[197] Hüffer/*Koch* Rn. 24; KK-AktG/*Lutter/Drygala* Rn. 252.
[198] MüKoAktG/*Oechsler* Rn. 101.

Übersicht

I. Allgemeines

1 **1. Regelungsgegenstand und Normzweck.** § 71a trifft nach seiner amtlichen Überschrift Vorkehrungen zum Schutz vor „Umgehungsgeschäften" im Hinblick auf das grundsätzliche Erwerbsverbot eigener Aktien. Der Regelungsbereich der Norm geht jedoch darüber hinaus. Abs. 1 begründet ein Verbot für Finanzierungs- und Hilfsgeschäfte, mit denen die Gesellschaft einem Dritten ermöglicht, ihre Aktien zu erwerben, und regelt Ausnahmetatbestände von diesem Verbot.[1] Abs. 2 verbietet Rechtsgeschäfte zwischen der Gesellschaft bzw. einem abhängigen oder in Mehrheitsbesitz stehenden Unternehmen und Dritten, nach denen der Dritte Aktien an der Gesellschaft für Rechnung der Gesellschaft bzw. des abhängigen oder in Mehrheitsbesitz stehenden Unternehmens erwerben soll, sofern die Gesellschaft die Aktien nicht ausnahmsweise selbst erwerben dürfte. Der **Normzweck** des § 71a beschränkt sich damit nicht auf den **Umgehungsschutz,** der insbesondere bei Abs. 2 im Vordergrund steht. Der Schutzbereich des Abs. 1 mit seinem Verbot, das unabhängig davon besteht, ob der Gesellschaft der Erwerb der Aktien, zu dem sie Hilfestellung leistet, selbst gestattet wäre, reicht darüber hinaus und hat zusätzlich die Funktion einer eigenständigen **Kapitalschutzregelung.**[2] Deren Zweck besteht darin, das Gesellschaftsvermögen vor der Heranziehung zur Erwerbsfinanzierung außerhalb der legalen Gewinnausschüttung zu schützen.[3] Als Kapitalschutzvorschrift ergänzt § 71a das Verbot der Einlagenrückgewähr iSd § 57. § 71a erweitert den Kreis der verbotenen Vermögensverlagerungen um von § 57 nicht erfasste bilanziell neutrale Finanzierungsgeschäfte. § 71a enthält im Gegensatz zu § 57 auch keine Einschränkung bezüglich des Empfängers der Leistung, da das Verbot des Abs. 1 Aktionäre und Dritte gleichermaßen trifft. Auch in den Rechtsfolgen unterscheiden sich § 71a und § 57.[4]

2 **2. Anwendungsbereich des Abs. 1 S. 1.** Strittig ist, ob § 71a Abs. 1 S. 1 nur Finanzierungsgeschäfte bei einem **derivativen** (abgeleiteten) Erwerb eigener Aktien untersagt[5] oder ob das Verbot des Abs. 1 S. 1 auch bei einem **originären** Erwerb bei der Gründung oder im Rahmen einer Kapitalerhöhung zu beachten ist.[6] Der **Wortlaut** des § 71a Abs. 1 („Erwerb" statt „Zeichnung") und die **systematische Stellung** der Norm im Umfeld der Vorschriften, die die Zulässigkeit und die Rechtsfolgen des derivativen Erwerbs eigener Aktien regeln, sprechen gegen eine Erstreckung des Anwendungsbereichs des § 71a Abs. 1 auf den originären Aktienerwerb.[7] Bei der Auslegung des § 71a Abs. 1 ist jedoch zu berücksichtigen, dass dieser auf Art. 23 RL 77/91/EWG (**Kapital-RL,** heute Art. 25 RL 2012/30/EU) beruht. Art. 23 RL 77/91/EWG wurde im Zuge der Änderungs-RL 2006/68/EG vom 6.9.2006 (ABl. L 264, 32) neu gefasst und eröffnet nunmehr die Möglichkeit,

---

[1] Vgl. Hüffer/*Koch* Rn. 1.

[2] Überblick zum Meinungsstand bei KK-AktG/*Lutter/Drygala* Rn. 6 ff.; Spindler/Stilz/*Cahn* Rn. 6 ff.

[3] *Singhof* NZG 2002, 745 (750); *Fleischer* AG 1996, 494 (506); *Schroeder,* Finanzielle Unterstützung des Aktienerwerbs, 1995, 107 ff.; Spindler/Stilz/*Cahn* Rn. 9; Hüffer/*Koch* Rn. 1; MüKoAktG/*Oechsler* Rn. 4; Schmidt/Lutter/*Bezzenberger* Rn. 1.

[4] Zum Ganzen ausf. Spindler/Stilz/*Cahn* Rn. 11; KK-AktG/*Lutter/Drygala* Rn. 21 ff., 50 ff.; vgl. MüKoAktG/*Oechsler* Rn. 10; Schmidt/Lutter/*Bezzenberger* Rn. 7 ff.

[5] So zB MüKoAktG/*Oechsler* Rn. 15; GroßkommAktG/*Merkt* Rn. 43.

[6] So Spindler/Stilz/*Cahn* Rn. 16; aA KK-AktG/*Lutter/Drygala* Rn. 21.

[7] *Herrler/Reymann* DNotZ 2009, 914 (929); vgl. MüKoAktG/*Oechsler* Rn. 15.

dass Aktiengesellschaften unter bestimmten Voraussetzungen finanzielle Unterstützung im Hinblick auf den Erwerb eigener Aktien durch Dritte leisten (sog. „financial assistance"). [8] Das deutsche Recht macht bislang von den durch die Neufassung des Art. 25 RL 2012/30/EU (früher Art. 23 RL 77/91/EWG) eingeräumten Möglichkeiten keinen Gebrauch. [9] Sämtliche Fälle, in denen nach Art. 25 Abs. 5 RL 2012/30/EU finanzielle Unterstützung erlaubt werden könnte, bleiben nach nationalem Recht gemäß § 71a Abs. 1 verboten. [10] Die Begründung des BT-Rechtsausschusses lässt hinsichtlich der Frage einer Ausdehnung des Anwendungsbereichs des § 71a auf den originären Anteilserwerb unter Berücksichtigung der Vorgaben des Art. 23 RL 77/91/EWG eine deutliche Präferenz für eine eher restriktive Auslegung der Norm erkennen. [11] Eine richtlinienkonforme Auslegung schließt zwar eine vollständige Herausnahme des originären Aktienerwerbs aus dem Anwendungsbereich des § 71a Abs. 1 aus; [12] sie führt jedoch nicht zu dem Ergebnis, dass § 71a auf jeden Fall eines originären Aktienerwerbs – dh sowohl im Rahmen der Gründung als auch bei jeder Kapitalerhöhung – anzuwenden ist. [13] Art. 25 Abs. 5 RL 2012/30/EU (früher Art. 23 Abs. 1 UAbs. 5 RL 77/91/EWG) erfasst nach seinem Wortlaut nur im Rahmen einer Kapitalerhöhung gezeichnete, nicht aber bei der Gründung übernommene Aktien. Im Umkehrschluss ergeben sich daher gewichtige Anhaltspunkte dafür, dass ein originärer Aktienerwerb im Rahmen der Gründung nicht in den Anwendungsbereich des Art. 25 RL 2012/30/EU fällt. [14] Auch weist der Umstand, dass nach dem Wortlaut des Art. 25 RL 2012/30/EU der Erwerb von Aktien durch einen „Dritten" geregelt werden soll, darauf hin, dass sich die Richtlinienregelung bei einer Kapitalerhöhung nicht an jeden Inferenten richtet, sondern lediglich an Personen, die bislang keine Aktien halten. [15] Unter Zugrundelegung dieses „Dritten"-Begriffs wäre lediglich für Kapitalerhöhungen, die infolge der Nichtausübung von Bezugsrechten zu Verschiebungen der Beteiligungsquoten führen, der Anwendungsbereich des § 71a Abs. 1 eröffnet. [16] Auch wenn diese Fragestellungen noch der weiteren Erörterung in Rechtsprechung und Literatur bedürfen, [17] sprechen gute Gründe dafür, dass der originäre Aktienerwerb bei der Gründung sowie der originäre Aktienerwerb im Rahmen einer Kapitalerhöhung unter Ausnutzung des Bezugsrechts ohne Veränderung der Beteiligungsquoten nicht vom Anwendungsbereich des Art. 25 RL 2012/30/EU und somit auch nicht vom Verbot des § 71a Abs. 1 S. 1 erfasst sind. [18]

II. Verbot der finanziellen Unterstützung des Erwerbs eigener Aktien (Abs. 1 S. 1)

3 **1. Tatbestandsvoraussetzungen des Abs. 1 S. 1. a) Verbotene Geschäfte.** Nach Abs. 1 S. 1 ist ein Rechtsgeschäft, das die Gewährung eines Vorschusses oder eines Darlehens oder die Leistung einer Sicherheit durch die Gesellschaft an einen anderen zum Zweck des Erwerbs von Aktien an dieser Gesellschaft zum Gegenstand hat, nichtig. **Vorschuss** in diesem Sinne ist eine Leistung der Gesellschaft auf eine anderweitige noch nicht fällige Verbindlichkeit, zB aus einem Kaufvertrag. [19] Die Gewährung eines **Darlehens** umfasst die Fälle der §§ 488, 607 BGB sowie alle vergleichbaren Formen der Kreditgewährung. [20] Die Leistung einer **Sicherheit** liegt stets vor, wenn die Gesellschaft gegenüber dem Aktienerwerber die Kreditrisiken übernimmt. [21] Umfasst sind davon alle gängigen Real- und Personalsicherheiten wie Hypothek, Grundschuld, Pfandrecht, Sicherungseigentum, Bürgschaft sowie die Hingabe eines Wechselakzepts. [22] Über den Wortlaut der Vorschrift hinaus wird davon ausgegangen, dass Abs. 1 S. 1 keine abschließende Aufzählung enthält, sondern einen offenen Tatbestand mit Regelbeispielen darstellt. [23] In den Anwendungsbereich des Abs. 1 S. 1 sind daher

[8] *Wicke* Einf. ARUG 55.
[9] Rechtsausschuss, BT-Drs. 16/13098, 38; *Habersack* AG 2009, 557 (562).
[10] Rechtsausschuss, BT-Drs. 16/13098, 38.
[11] Vgl. Rechtsausschuss, BT-Drs. 16/13098, 38.
[12] Vgl. *Herrler/Reymann* DNotZ 2009, 914 Fn. 82.
[13] AA *Habersack* AG 2009, 557 (562 f.).
[14] Rechtsausschuss, BT-Drs. 16/13098, 38; idS auch *Wicke* Einf. ARUG 56.
[15] *Herrler/Reymann* DNotZ 2009, 914 (929); aA *Habersack* AG 2009, 557 (563).
[16] Vgl. *Herrler/Reymann* DNotZ 2009, 914 (929 f.).
[17] So ausdrücklich Rechtsausschuss, BT-Drs. 16/13098, 38.
[18] *Herrler/Reymann* DNotZ 2009, 914 (930); ebenso für Erwerb bei Gründung *Wicke* Einf. ARUG 56; aA *Habersack* AG 2009, 557 (562 f.); KK-AktG/*Lutter/Drygala* Rn. 21.
[19] Spindler/Stilz/*Cahn* Rn. 24; Hüffer/*Koch* Rn. 2.
[20] MüKoAktG/*Oechsler* Rn. 17; Schmidt/Lutter/*Bezzenberger* Rn. 11.
[21] Spindler/Stilz/*Cahn* Rn. 26; Hüffer/*Koch* Rn. 2.
[22] Hüffer/*Koch* Rn. 2; KK-AktG/*Lutter/Drygala* Rn. 33.
[23] *Singhof* NZG 2002, 745 (746); MüKoAktG/*Oechsler* Rn. 19; Hüffer/*Koch* Rn. 2; *Schroeder,* Finanzielle Unterstützung des Aktienerwerbs, 1995, 174 (178 f.); für wortlautübersteigende Anwendung durch Analogie *Ludwig* FG Happ, 2006, 131 (133 ff.); LG Düsseldorf ZIP 2006, 516 (518 ff.); aA *Habersack* FS Röhricht, 2005, 155 (169 ff.) wegen angeblichen Vorrangs des § 57.

auch sonstige, nicht ausdrücklich genannte Finanzierungshilfen mit einzubeziehen. von denen eine den genannten Geschäftstypen vergleichbare Gefahr für das Gesellschaftsvermögen ausgeht, wenn damit Aktienerwerb durch Einsatz oder Verwendung des Gesellschaftsvermögens ermöglicht wird.[24] So fallen jegliche unentgeltlichen Zuwendungen ohne Rückzahlungsanspruch (zB Schenkung, verlorene Zuschüsse, Schuldübernahme, Forderungsverzicht, Erlass oder unentgeltliche Stundung) in den Anwendungsbereich des Abs. 1 S. 1.[25] Ausreichend ist aber bereits eine abstrakte Gefahr für das Gesellschaftsvermögen.[26] Abs. 1 S. 1 untersagt der Gesellschaft hingegen nicht, Unterstützungshandlungen ohne Finanzierungscharakter vorzunehmen.[27] Auf Kursgarantien ist die Norm ebenfalls grundsätzlich nicht anwendbar.[28] Etwas anderes kann ausnahmsweise nur dann gelten, wenn die Kursgarantie nicht – wie regelmäßig – vorrangig aus Spekulationsgründen abgegeben wird, sondern die Garantiebedingungen von vornherein so festgesetzt werden, dass der Garantiefall im Rahmen der zu erwartenden Marktentwicklung mit an Sicherheit grenzender Wahrscheinlichkeit eintreten muss; dann war im Zweifel von Anfang an ein Finanzierungs- und kein Spekulationsgeschäft beabsichtigt.[29]

b) Erwerb von Aktien der Gesellschaft. Das Finanzierungsgeschäft muss dem Erwerb von Aktien iSd der Mitgliedschaft (→ § 71 Rn. 2) an der Gesellschaft dienen. Der Begriff des Erwerbs umfasst wie bei § 71 Abs. 1 (→ § 71 Rn. 2) sowohl das obligatorische Rechtsgeschäft als auch die Verfügung.[30] Der Erwerb von unmittelbaren Bezugsrechten, Genussscheinen und Schuldverschreibungen unterfällt dagegen nicht dem Abs. 1 S. 1.[31] 4

c) Zum Zwecke des Erwerbs. Darüber hinaus muss das Finanzierungsgeschäft zum Zwecke des Erwerbs der Aktien an der Gesellschaft abgeschlossen worden sein. Dazu ist ein **Funktionsbezug** zwischen Finanzierungsgeschäft und Aktienerwerb erforderlich.[32] Diese Voraussetzung ist regelmäßig erfüllt, wenn die Gesellschaft und ihr Geschäftspartner sich **vor dem Erwerb** ausdrücklich oder konkludent darüber geeinigt haben, dass die zur Verfügung gestellten Mittel zum Aktienerwerb eingesetzt werden sollen.[33] Problematisch erscheinen aufgrund des Wortlauts des Abs. 1 S. 1 dagegen **nach dem Erwerb** der Aktien getätigte Finanzierungsgeschäfte. Nach Sinn und Zweck der Norm ist davon auszugehen, dass § 71a Abs. 1 S. 1 zumindest auch solche Finanzierungsgeschäfte erfasst, bei denen vor dem Erwerb nur eine Anschubfinanzierung gewährt wird und die Hauptfinanzierung zu Lasten des Gesellschaftsvermögens erst nach dem Erwerb erfolgt.[34] Aber Sinn und Zweck des Abs. 1 S. 1 verlangen – auch unter Berücksichtigung des weiter gefassten Wortlauts („im Hinblick auf den Erwerb") des Art. 23 Abs. 1 RL 77/91/EWG (→ Rn. 2) – darüber hinaus die Erfassung nachträglicher Finanzierungen in sonstigen Übernahmekonstellationen, da ansonsten die Vorschrift durch lediglich kurzfristige Zwischenfinanzierungen umgangen werden könnte.[35] Die Finanzierungsformen des **„Leveraged Buyout"** (fremdfinanzierte Übernahme unter Verwendung des Vermögens der Zielgesellschaft)[36] und des **„Management Buyout"** (Erwerb der Kontrollmehrheit durch die Geschäftsführung unter Einsatz des Vermögens der Gesellschaft zur Finanzierung),[37] die auf einer nachträglichen Inanspruchnahme des Gesellschaftsvermögens aufbauen, fallen daher in den Anwendungsbereich des Abs. 1 S. 1.[38] Hingegen stellt der sog. **„Merger Buyout"**, bei dem die Zielgesellschaft nach vollzogenem Erwerb auf die mit für den Erwerb der Aktien aufgenommene Bankdarlehen belastete Erwerbsgesellschaft oder umgekehrt die Erwerbsgesellschaft auf die Zielgesellschaft verschmolzen wird, keinen Fall des § 71a Abs. 1 S. 1 dar;[39] insoweit ist dem umwandlungsrecht- 5

[24] Vgl. MüKoAktG/*Oechsler* Rn. 19; Spindler/Stilz/*Cahn* Rn. 27 ff.; Schmidt/Lutter/*Bezzenberger* Rn. 12.
[25] Spindler/Stilz/*Cahn* Rn. 38.
[26] MüKoAktG/*Oechsler* Rn. 19; Spindler/Stilz/*Cahn* Rn. 29.
[27] Spindler/Stilz/*Cahn* Rn. 28.
[28] MüKoAktG/*Oechsler* Rn. 25; Spindler/Stilz/*Cahn* Rn. 40; vgl. Schmidt/Lutter/*Bezzenberger* Rn. 13.
[29] MüKoAktG/*Oechsler* Rn. 25.
[30] MüKoAktG/*Oechsler* Rn. 14; aA *Schroeder,* Finanzielle Unterstützung des Aktienerwerbs, 1995, 151.
[31] Spindler/Stilz/*Cahn* Rn. 32.
[32] Spindler/Stilz/*Cahn* Rn. 35; MüKoAktG/*Oechsler* Rn. 35; Schmidt/Lutter/*Bezzenberger* Rn. 14.
[33] MüKoAktG/*Oechsler* Rn. 35; Hüffer/*Koch* Rn. 3; KK-AktG/*Lutter/Drygala* Rn. 39.
[34] Hüffer/*Koch* Rn. 3; *Fleischer* AG 1996, 494 (500 ff.); *Lutter/Wahlers* AG 1989, 1 (9); MüKoAktG/*Oechsler* Rn. 36; Schmidt/Lutter/*Bezzenberger* Rn. 14; *Schroeder,* Finanzielle Unterstützung des Aktienerwerbs, 1995, 194 ff.; aA *Otto* DB 1989, 1389 (1395).
[35] MüKoAktG/*Oechsler* Rn. 36; Spindler/Stilz/*Cahn* Rn. 37; iErg ebenso KK-AktG/*Lutter/Drygala* Rn. 40.
[36] Hierzu MüKoAktG/*Oechsler* Rn. 2; Spindler/Stilz/*Cahn* Rn. 3.
[37] Hierzu MüKoAktG/*Oechsler* Rn. 2; Spindler/Stilz/*Cahn* Rn. 3.
[38] Spindler/Stilz/*Cahn* Rn. 37; MHdB AG/*Rieckers* § 15 Rn. 43; Schmidt/Lutter/*Bezzenberger* Rn. 2.
[39] MüKoAktG/*Oechsler* Rn. 26; MHdB AG/*Rieckers* § 15 Rn. 43; Spindler/Stilz/*Cahn* Rn. 44 f.

lichen Kapitalschutz der Vorrang vor § 71a einzuräumen.[40] Das Verbot des Abs. 1 S. 1 ist nicht auf Finanzierungshilfen für gegenwärtige oder künftige Aktionäre beschränkt, sondern erfasst auch Rechtsgeschäfte mit Dritten, mit denen die Finanzierung eines Erwerbs von Aktien an der Gesellschaft bezweckt wird; letzteres wird bei einem engen zeitlichen und sachlichem Zusammenhang mit dem Erwerb vermutet.[41]

6 **2. Rechtsfolgen.** Aus § 71a Abs. 1 S. 1 folgt das Verbot, das Vermögen der Gesellschaft zur Finanzierung des Erwerbs von Aktien der Gesellschaft einzusetzen.[42] § 71d S. 4 erstreckt das Verbot auf mit der Gesellschaft verbundene Unternehmen und vergleichbare Fälle. Ein Verstoß gegen das Verbot führt zur **Nichtigkeit** des Finanzierungsgeschäfts. Die Nichtigkeit erfasst nur das Kausalgeschäft, nicht auch das Erfüllungsgeschäft.[43] Das Finanzierungsgeschäft begründet keine Erfüllungsansprüche; dennoch erfolgte Leistungen sind nach §§ 812 ff. BGB zurückzufordern.[44] Soweit die finanzielle Unterstützungshandlung zugleich eine verbotene Einlagenrückgewähr darstellt, sind neben den Bereicherungsansprüchen auch die §§ 57, 62 anwendbar.[45]

III. Ausnahmen vom Verbot der finanziellen Unterstützung (Abs. 1 S. 2 und S. 3)

7 **1. Ausnahmen nach Abs. 1 S. 2. a) Kredit- und Finanzdienstleistungsinstitute sowie Belegschaftsaktien.** Nach **Abs. 1 S. 2 Hs. 1 Alt. 1** gilt das Verbot des Abs. 1 nicht für Rechtsgeschäfte im Rahmen der laufenden Geschäfte von **Kreditinstituten** (vgl. §§ 1 Abs. 1, 2 Abs. 1 KWG) oder von **Finanzdienstleistungsinstituten** (vgl. §§ 1 Abs. 1a, 2 Abs. 6 KWG). Zweck der Vorschrift ist es, für die im Wertpapierhandel tätigen Aktiengesellschaften Wettbewerbsnachteile im Rahmen des Eigenhandels zu vermeiden.[46] Laufende Geschäfte in diesem Sinne sind alle regulären Wertpapiergeschäfte der betreffenden Gesellschaft.[47] Von einem außergewöhnlichen Geschäft ist dagegen bei einem ungewöhnlich großen Geschäftsvolumen oder bei ungewöhnlichen Kreditbedingungen (zB eine zu niedrige Gegenleistung für die gewährte Finanzierung, eine ungewöhnliche Laufzeit oder eine fehlende Prüfung der Kreditwürdigkeit) auszugehen.[48] Daneben privilegiert **Abs. 1 S. 2 Hs. 1 Alt. 2** Finanzierungsgeschäfte zum Zwecke des Erwerbs von Aktien durch Arbeitnehmer der Gesellschaft oder eines mit ihr verbundenen Unternehmens. Die Vorschrift dient der Ergänzung der Ausnahmevorschrift des § 71 Abs. 1 Nr. 2 (→ § 71 Rn. 7). Der Begriff des Arbeitnehmers entspricht dem des § 71 Abs. 1 Nr. 2 (→ § 71 Rn. 7). Daher erfasst der Ausnahmetatbestand des Abs. 1 S. 2 Hs. 1 Alt. 2 nicht Finanzierungsgeschäfte zum Zweck des Aktienerwerbs von Organmitgliedern, so dass die Norm ein Management Buy-Out (→ Rn. 5) nicht ermöglicht.[49]

8 **b) Kapitalgrenze.** Die nach Abs. 1 S. 2 Hs. 1 zulässigen Finanzierungsgeschäfte stehen jedoch unter dem Vorbehalt der Wahrung der Kapitalgrenze des § 71a Abs. 1 S. 2 Hs. 2. Danach sind die Rechtsgeschäfte iSd Abs. 1 S. 2 Hs. 1 Alt. 1 und 2 auch dann nichtig, wenn die Gesellschaft im Zeitpunkt des Erwerbs eine Rücklage in Höhe der Aufwendungen für den Erwerb nicht bilden könnte, ohne das Grundkapital oder eine nach Gesetz oder Satzung zu bildende Rücklage zu mindern, die nicht zur Zahlung an die Aktionäre verwandt werden darf. Hinsichtlich der Kapitalgrenze kann auf die entsprechenden Ausführungen zu § 71 Abs. 2 S. 2 verwiesen werden (→ § 71 Rn. 34). Die nach Abs. 1 S. 2 Hs. 1 privilegierten Finanzierungsgeschäfte sind zulässig, wenn die Gesellschaft bei eigenem Erwerb der betreffenden Aktien den gesamten Erwerbspreis – und nicht lediglich den eventuell dahinter zurückbleibenden Betrag, auf den sich das Finanzierungsgeschäft bezieht – unter Wahrung der Kapitalgrenze aufbringen könnte.[50]

9 **2. Ausnahme nach Abs. 1 S. 3.** Durch Art. 5 Nr. 6a des Gesetzes zur Modernisierung des GmbH-Rechts und zur Bekämpfung von Missbräuchen (MoMiG) vom 23.10.2008 (BGBl. I

---

[40] Spindler/Stilz/*Cahn* Rn. 45.

[41] Spindler/Stilz/*Cahn* Rn. 34, 36.

[42] *Oechsler* ZHR 170 (2006), 72 (81 ff.); *ders.* ZIP 2006, 1661 (1663 f.); Hüffer/*Koch* Rn. 3a.

[43] Hüffer/*Koch* Rn. 4; MüKoAktG/*Oechsler* Rn. 40; Schmidt/Lutter/*Bezzenberger* Rn. 15; KK-AktG/*Lutter/Drygala* Rn. 50; GroßkommAktG/*Merkt* Rn. 48; *Joost* ZHR 149 (1985), 419 (430); aA Spindler/Stilz/*Cahn* Rn. 50.

[44] BGH ZIP 2006, 2119 f.; Hüffer/*Koch* Rn. 4; vgl. KK-AktG/*Lutter/Drygala* Rn. 55.

[45] Spindler/Stilz/*Cahn* Rn. 52; vgl. KK-AktG/*Lutter/Drygala* Rn. 53 f.

[46] Hüffer/*Koch* Rn. 5; *Schroeder,* Finanzielle Unterstützung des Aktienerwerbs, 1995, 216.

[47] HM, zB BGH ZIP 2006, 2119; Spindler/Stilz/*Cahn* Rn. 57; MüKoAktG/*Oechsler* Rn. 46; Schmidt/Lutter/*Bezzenberger* Rn. 21.

[48] BGH ZIP 2006, 2119; *Singhof* NZG 2002, 745 (747); *Schroeder,* Finanzielle Unterstützung des Aktienerwerbs, 1995, 218.

[49] Spindler/Stilz/*Cahn* Rn. 58; MüKoAktG/*Oechsler* Rn. 47.

[50] Vgl. Hüffer/*Koch* Rn. 6; aA Spindler/Stilz/*Cahn* Rn. 60.

S. 2026) wurde in § 71a Abs. 1 ein neuer dritter Satz angefügt. Danach gilt Abs. 1 S. 1 nicht für Rechtsgeschäfte bei Bestehen eines Beherrschungs- oder Gewinnabführungsvertrags (§ 291). Damit wurde die Streitfrage[51] über die Anwendung des § 71a im Vertragskonzern durch ausdrückliche gesetzliche Regelung entschieden. Nach dem Wortlaut des S. 3 wird die Nichtanwendung des § 71a Abs. 1 S. 1 nicht auf Finanzierungsgeschäfte zwischen den Vertragsteilen eines Beherrschungs- oder Gewinnabführungsvertrages beschränkt. Vielmehr werden auch Finanzierungsgeschäfte mit Dritten auf Veranlassung des herrschenden Unternehmens, zB mit anderen Konzernunternehmen oder Unternehmen, die mit dem herrschenden Unternehmen oder anderen Konzernunternehmen in Geschäftsverbindung stehen, zugelassen.[52] Im faktischen Konzern bleibt es hingegen beim Verbot des Abs. 1 S. 1.[53]

IV. Verbot des Aktienerwerbs durch Dritte für Rechnung der Gesellschaft (Abs. 2)

1. Grundlagen. Nach § 71a Abs. 2 ist ein Rechtsgeschäft zwischen der Gesellschaft und einem anderen, nach dem dieser berechtigt oder verpflichtet sein soll, Aktien der Gesellschaft für Rechnung der Gesellschaft oder eines abhängigen oder eines in ihrem Mehrheitsbesitz stehenden Unternehmens zu erwerben, nichtig, soweit der Erwerb durch die Gesellschaft gegen § 71 Abs. 1 oder 2 verstoßen würde. Abs. 2 soll damit – entsprechend der amtlichen Überschrift des § 71a – die Umgehung des Verbots des Erwerbs eigener Aktien durch die Einschaltung eines Mittelsmanns (Strohmann) verhindern. Im Umkehrschluss ermöglicht die Norm mittelbare Stellvertretung in den Grenzen des § 71 Abs. 1 und 2, so dass Zahlungen an den Erwerber (mittelbarer Stellvertreter) zum Ersatz seiner Aufwendungen als Kommission oder als Vorschuss in diesen Grenzen vom Verbot der Einlagenrückgewähr (§ 57 Abs. 1 S. 1) ausgenommen sind.[54] Dabei überschneidet sich der Anwendungsbereich des § 71 Abs. 2 mit dem des § 71d S. 1. Zutreffend wird dabei überwiegend der engere Tatbestand des § 71d S. 1 in den Fällen des Rückerwerbs eigener Aktien zur Einziehung iSd § 71 Abs. 1 Nr. 6 gegenüber § 71a Abs. 2 als abschließende lex specialis betrachtet, so dass eine mittelbare Stellvertretung insoweit trotz des auch diesen Fall einschließenden Wortlauts des § 71a Abs. 2 ausgeschlossen ist (zum Verhältnis der Regelungen des § 71a und des § 71d bei Fällen der mittelbaren Stellvertretung → § 71d Rn. 2).[55] 10

2. Tatbestandsvoraussetzungen. Rechtsgeschäfte iSd § 71a Abs. 2 sind sowohl der **Auftrag** (§ 662 BGB), die **Geschäftsbesorgung** (§ 675 Abs. 1 BGB), die **Effektenkommission** (§§ 383, 406 HGB) und die **Einkaufskommission** nach §§ 18 ff. DepotG, soweit diese Geschäfte darauf gerichtet sind, dass der Geschäftspartner Aktien der Gesellschaft im eigenen Namen für deren Rechnung, also als ihr **mittelbarer Stellvertreter** erwerben darf oder soll.[56] Dem Normzweck entsprechend ist § 71a Abs. 2 auf die **Geschäftsführung ohne Auftrag** (§§ 677 ff. BGB) entsprechend anzuwenden.[57] Unerheblich ist, ob das Rechtsgeschäft bereits vor oder erst nach dem Erwerb abgeschlossen wird.[58] Ebenso wenig kommt es darauf an, ob der Erwerber die Aktien an die Gesellschaft weiterveräußert oder ob dies geplant war.[59] Maßgeblich ist – in Abgrenzung zu den Finanzierungsgeschäften nach Abs. 1 –, dass der Erwerber bei Erwerb und späterer Verwaltung der Aktien die Interessen der Gesellschaft in den Mittelpunkt seiner Überlegungen stellt **(„Interessenwahrung")** und die Gesellschaft den wesentlichen Teil des wirtschaftlichen Risikos aus dem Erwerb übernimmt.[60] Nach dem missverständlichen Wortlaut des Abs. 2 gilt das Verbot auch für Rechtsgeschäfte zwischen einem beherrschten Unternehmen und einem Dritten, in dem dieser zum Erwerb von Aktien der herrschenden Gesellschaft für Rechnung des beherrschten Unternehmens berechtigt bzw. hierzu verpflichtet wird.[61] Weitere Tatbestandsvoraussetzung ist, dass die Gesellschaft sich bei einem **eigenen unmittelbaren** Erwerb nicht auf einen Ausnahmetatbestand des § 71 Abs. 1 berufen könnte und mit dem Erwerb eigener Aktien folglich gegen das **Verbot** des **Erwerbs eigener Aktien** verstoßen würde. 11

---

[51] Überblick über den Meinungsstand bei Spindler/Stilz/*Cahn* Rn. 17 ff.
[52] Vgl. BT-Drs. 16/9737, 57 iVm BT-Drs. 16/9737, 56.
[53] Hüffer/*Koch* Rn. 6a; KK-AktG/*Lutter/Drygala* Rn. 48; aA GroßkommAktG/*Merkt* Rn. 22.
[54] Spindler/Stilz/*Cahn* Rn. 62; vgl. Hüffer/*Koch* Rn. 8; MüKoAktG/*Oechsler* Rn. 51.
[55] HM, zB Spindler/Stilz/*Cahn* Rn. 63, § 71d Rn. 8; MüKoAktG/*Oechsler* Rn. 51, § 71d Rn. 5.
[56] MüKoAktG/*Oechsler* Rn. 52 f.; Hüffer/*Koch* Rn. 7.
[57] Hüffer/*Koch* Rn. 8; KK-AktG/*Lutter/Drygala* Rn. 71; GroßkommAktG/*Merkt* Rn. 74; aA MüKoAktG/*Oechsler* Rn. 59; Spindler/Stilz/*Cahn* Rn. 70: nur auf die Genehmigung nach § 684 S. 2 BGB anwendbar.
[58] Spindler/Stilz/*Cahn* Rn. 64.
[59] MüKoAktG/*Oechsler* Rn. 54.
[60] MüKoAktG/*Oechsler* Rn. 54; vgl. Schmidt/Lutter/*Bezzenberger* Rn. 25.
[61] Spindler/Stilz/*Cahn* Rn. 65; Hüffer/*Koch* Rn. 7; MüKoAktG/*Oechsler* Rn. 62.

12 **3. Rechtsfolgen.** Ein Verstoß gegen das Verbot des Abs. 2 führt zur Nichtigkeit des im **Innenverhältnis** zwischen der Gesellschaft und dem mittelbaren Stellvertreter abgeschlossenen Rechtsgeschäfts.[62] Daher sind Ansprüche des mittelbaren Stellvertreters auf Aufwendungsersatz (zB § 670 BGB) oder auf Vergütung (zB § 675 BGB) ausgeschlossen.[63] Dennoch geleistete Aufwendungen der Gesellschaft sind sowohl nach § 62 als auch gemäß §§ 812 ff. BGB zurück zu gewähren.[64] Das **Außenverhältnis,** dh der Erwerb der Aktien durch den mittelbaren Stellvertreter, bleibt hiervon unberührt.[65] Der mittelbare Stellvertreter hat die Aktien wirksam erworben und bleibt Aktionär, weil die Gesellschaft weder die Herausgabe der Aktien gemäß § 667 BGB fordern kann noch zur Abnahme verpflichtet ist.[66] Werden die Aktien trotz der Nichtigkeitsfolge auf die AG übertragen, kommt § 71 zur Anwendung.[67]

§ 71b Rechte aus eigenen Aktien

Aus eigenen Aktien stehen der Gesellschaft keine Rechte zu.

I. Allgemeines

1 § 71b schließt aus, dass die Gesellschaft die aus den Aktien resultierenden Mitgliedschaftsrechte geltend macht. Es werden somit die Folgen des Haltens eigener Aktien durch die Gesellschaft für die durch diese Aktien verkörperten Mitgliedschaftsrechte geregelt. **Zweck** ist die **Neutralisierung** dieser Mitgliedschaftsrechte.[1] Die Vorschrift soll verhindern, dass der Vorstand auf die Beschlüsse der eigenen Hauptversammlung Einfluss nimmt und einen auf die eigenen Aktien entfallenden Gewinn entgegen den Verteilungsgrundsätzen des § 58 einbehält.[2] Systematisch wird der Anwendungsbereich der Norm durch § 71d S. 4 (→ § 71d Rn. 2, 6, 11 ff., 19) erheblich erweitert.

II. Tatbestand

2 **1. Eigene Aktien.** § 71b setzt lediglich voraus, dass die Gesellschaft eigene Aktien erworben hat und noch hält.[3] Erfasst werden eigene Aktien aller Gattungen und Arten unabhängig davon, ob die Mitgliedschaft verbrieft ist oder nicht.[4] Unerheblich ist auch, ob die Gesellschaft die Aktien in Folge eines unzulässigen Erwerbs oder eines ausnahmsweise zulässigen Erwerbs hält.[5] Nach seinem Wortlaut und entsprechend seinem Zweck findet § 71b auch auf originär erworbene Aktien Anwendung.[6] Hingegen ist die Legitimationsübertragung eigener Aktien von einem Aktionär auf die Gesellschaft zur Ausübung des Stimmrechts kein Fall des § 71b.[7] Die Vorschrift findet auch keine Anwendung auf Aktien, die die Gesellschaft als Pfand genommen hat.[8]

3 **2. Keine Mitgliedschaftsrechte.** § 71b entzieht der Gesellschaft weder die Mitgliedschaft als solche noch die Verfügungsbefugnis über diese.[9] Vielmehr stehen der Gesellschaft aus eigenen Aktien lediglich keine Mitgliedschaftsrechte zu. Demnach fallen während der Zeit der Inhaberschaft **alle Verwaltungs- und Vermögensrechte** aus.[10] Die Gesellschaft kann daher weder Stimm- noch Anfechtungsrechte geltend machen.[11] Sie kann das Stimmrecht auch nicht durch einen Bevollmächtigten ausüben lassen oder einen Dritten zur Stimmrechtsausübung ermächtigen.[12] Ebenso wenig hat sie einen Anspruch auf Dividende oder auf einen Anteil am Liquidationsüberschuss oder –

[62] Hüffer/*Koch* Rn. 9; Spindler/Stilz/*Cahn* Rn. 73; Schmidt/Lutter/*Bezzenberger* Rn. 26.
[63] MüKoAktG/*Oechsler* Rn. 64; Hüffer/*Koch* Rn. 9.
[64] Spindler/Stilz/*Cahn* Rn. 75.
[65] MüKoAktG/*Oechsler* Rn. 65; Spindler/Stilz/*Cahn* Rn. 73; Schmidt/Lutter/*Bezzenberger* Rn. 26; Hüffer/*Koch* Rn. 9.
[66] Hüffer/*Koch* Rn. 9.
[67] Spindler/Stilz/*Cahn* Rn. 75; MüKoAktG/*Oechsler* Rn. 64.
[1] Hüffer/*Koch* Rn. 1.
[2] Hüffer/*Koch* Rn. 1; MüKoAktG/*Oechsler* Rn. 2.
[3] Hüffer/*Koch* Rn. 2; Spindler/Stilz/*Cahn* Rn. 3.
[4] Spindler/Stilz/*Cahn* Rn. 3.
[5] Spindler/Stilz/*Cahn* Rn. 3; MüKoAktG/*Oechsler* Rn. 4; KK-AktG/*Lutter/Drygala* Rn. 3.
[6] MüKoAktG/*Oechsler* Rn. 4; KK-AktG/*Lutter/Drygala* Rn. 5; GroßkommAktG/*Merkt* Rn. 11.
[7] HM, zB Hüffer/*Koch* Rn. 5; KK-AktG/*Lutter/Drygala* Rn. 12.
[8] Spindler/Stilz/*Cahn* Rn. 4.
[9] MüKoAktG/*Oechsler* Rn. 8; Hüffer/*Koch* Rn. 3.
[10] Hüffer/*Koch* Rn. 4; MüKoAktG/*Oechsler* Rn. 9.
[11] MüKoAktG/*Oechsler* Rn. 10.
[12] MüKoAktG/*Oechsler* Rn. 10; Spindler/Stilz/*Cahn* Rn. 8; KK-AktG/*Lutter/Drygala* Rn. 11; GroßkommAktG/*Merkt* Rn. 18.

außer bei einer Kapitalerhöhung aus Gesellschaftsmitteln – Bezugsrechte.[13] Eine Abspaltung von Einzelbefugnissen aus der Mitgliedschaft und deren Übertragung an Dritte (Dividendenschein, Veräußerung des Bezugsrechts) ist ebenfalls nicht möglich.[14] Mit der Veräußerung der Aktien an einen Dritten leben die Mitgliedschaftsrechte – ex nunc – wieder auf.[15]

3. Mitgliedschaftspflichten. Der Wortlaut des § 71b schweigt zu den Mitgliedschaftspflichten aus eigenen Aktien. Bereits bei Erwerb fällige oder während der Inhaberschaft der Aktien fällig werdende Mitgliedschaftspflichten erlöschen durch Konfusion; sie leben daher bei der Veräußerung der Aktien an einen Dritten nicht mehr auf.[16] Dagegen können während der Dauer der Inhaberschaft noch nicht fällige Pflichten nach einer Veräußerung gegen den Erwerber der Aktie durchgesetzt werden, sobald die Fälligkeit eintritt.[17] 4

§ 71c Veräußerung und Einziehung eigener Aktien

(1) Hat die Gesellschaft eigene Aktien unter Verstoß gegen § 71 Abs. 1 oder 2 erworben, so müssen sie innerhalb eines Jahres nach ihrem Erwerb veräußert werden.

(2) Entfallen auf die Aktien, welche die Gesellschaft nach § 71 Abs. 1 in zulässiger Weise erworben hat und noch besitzt, mehr als zehn vom Hundert des Grundkapitals, so muß der Teil der Aktien, der diesen Satz übersteigt, innerhalb von drei Jahren nach dem Erwerb der Aktien veräußert werden.

(3) Sind eigene Aktien innerhalb der in den Absätzen 1 und 2 vorgesehenen Fristen nicht veräußert worden, so sind sie nach § 237 einzuziehen.

I. Allgemeines

§ 71c begründet für die Gesellschaft in den Abs. 1 und 2 Veräußerungspflichten für eigene Aktien und in Abs. 3 eine Pflicht zur Einziehung, wenn den vorgenannten Veräußerungspflichten nicht entsprochen wird. Abs. 1 sieht als Sanktion für den Erwerb eigener Aktien unter Verstoß gegen § 71 Abs. 1 und 2 eine Pflicht zu deren Veräußerung binnen Jahresfrist vor. Abs. 2 verpflichtet die Gesellschaft zur Veräußerung von eigenen Aktien, wenn der Gesamtbestand an eigenen Aktien in Inhaberschaft der Gesellschaft oder der ihr nach § 71d S. 1 oder 2 gleichgestellten Aktieninhaber die Grenze von zehn Prozent des Grundkapitals übersteigt,[1] und setzt dafür eine Dreijahresfrist. Aus Abs. 3 folgt die Pflicht zur Einziehung von eigenen Aktien, wenn die Gesellschaft die Veräußerungspflichten nach Abs. 1 und 2 nicht erfüllt. Zweck des Abs. 1 ist die Beseitigung der Folgen eines verbotswidrigen Erwerbs eigener Aktien.[2] Dagegen stellt Abs. 2 sicher, dass der an sich zulässige Bestand an eigenen Aktien dauerhaft auf maximal 10% des Grundkapitals begrenzt bleibt.[3] 1

II. Veräußerungspflichten (Abs. 1 und 2)

1. Verbotswidrig erworbene Aktien (Abs. 1). Gemäß § 71c Abs. 1 ist die Gesellschaft verpflichtet, eigene Aktien, die unter Verstoß gegen § 71 Abs. 1 und 2 erworben wurden, innerhalb eines Jahres nach ihrem Erwerb zu veräußern. Nach dem Wortlaut der Norm besteht die Veräußerungspflicht nicht nur, wenn beim Erwerb kein Ausnahmetatbestand nach § 71 Abs. 1 Nr. 1–8 (→ § 71 Rn. 4 ff.) gegeben ist, sondern auch dann, wenn bei Vorliegen eines Ausnahmetatbestandes die Voraussetzungen des § 71 Abs. 2 (→ § 71 Rn. 32 ff.) nicht erfüllt sind. Abs. 1 ist entsprechend bei einem – unzulässigen – originären Erwerb eigener Aktien[4] sowie dann anzuwenden, wenn Belegschaftsaktien iSd § 71 Abs. 1 Nr. 2 zwar zulässig erworben, aber dann nicht innerhalb der Frist des § 71 Abs. 3 S. 2 ausgegeben wurden.[5] 2

---

[13] Hüffer/*Koch* Rn. 4; Spindler/Stilz/*Cahn* Rn. 10; ebenso bei der GmbH RGZ 103, 64 (66); BGH NJW 1995, 1027 (1028).
[14] HM, zB Hüffer/*Koch* Rn. 5; MüKoAktG/*Oechsler* Rn. 9; KK-AktG/*Lutter/Drygala* Rn. 13.
[15] Hüffer/*Koch* Rn. 3.
[16] MüKoAktG/*Oechsler* Rn. 15; Hüffer/*Koch* Rn. 6; aA Spindler/Stilz/*Cahn* Rn. 11: Einlageanspruch ruht lediglich.
[17] Hüffer/*Koch* Rn. 6; MüKoAktG/*Oechsler* Rn. 17; Spindler/Stilz/*Cahn* Rn. 11.
[1] Vgl. Spindler/Stilz/*Cahn* Rn. 1.
[2] Hüffer/*Koch* Rn. 1; MüKoAktG/*Oechsler* Rn. 2.
[3] MüKoAktG/*Oechsler* Rn. 2; Hüffer/*Koch* Rn. 1.
[4] Spindler/Stilz/*Cahn* Rn. 3; vgl. KK-AktG/*Lutter/Drygala* Rn. 7.
[5] Spindler/Stilz/*Cahn* Rn. 3; Hüffer/*Koch* Rn. 3; MüKoAktG/*Oechsler* Rn. 7.

3 **2. Rechtmäßig erworbene Aktien (Abs. 2).** § 71c Abs. 2 begründet für die Gesellschaft eine Pflicht zur Veräußerung eigener Aktien, wenn diese zwar unter Wahrung der Anforderungen des § 71 erworben wurden, der Gesamtbestand an eigenen Aktien jedoch über 10% des Grundkapitals hinausgeht. Die Pflicht zur Veräußerung beschränkt sich auf den die Zehnprozentgrenze übersteigenden Teil der eigenen Aktien.[6] Die alleinige Bezugnahme auf § 71 Abs. 1 stellt ein Redaktionsversehen des Gesetzgebers dar; § 71c Abs. 2 kommt nur für solche eigenen Aktien zur Anwendung, die unter Beachtung sowohl des § 71 Abs. 1 als auch des § 71 Abs. 2 erworben worden sind.[7] Denn ein Verstoß gegen § 71 Abs. 2 führt bereits zur Anwendung des § 71c Abs. 1 (→ Rn. 2). Da ein Erwerb eigener Aktien in den Fällen des § 71 Abs. 1 Nr. 1–3, 7 und 8 nur bei Wahrung der Zehnprozentgrenze des § 71 Abs. 2 S. 1 zulässig ist, ist der Anwendungsbereich des § 71c Abs. 2 nur für die Fälle des § 71 Abs. 1 Nr. 4–6 eröffnet.[8] Darüber hinaus gilt Abs. 2 entsprechend für Aktien, die im Zusammenhang mit einem umwandlungsrechtlichen Pflichtangebot (vgl. § 29 Abs. 1 UmwG, auch iVm §§ 125 Abs. 1, 207 Abs. 1 UmwG) erworben worden sind.[9] Dagegen sind Aktien, die die Gesellschaft nach § 64 durch Kaduzierung erlangt hat, nicht auf den Aktienbesitz nach Abs. 2 anzurechnen.[10] Zulässigerweise erworbene Aktien in Inhaberschaft der in § 71d S. 1 und 2 genannten Personen sind dem Gesamtbestand der Gesellschaft ebenso zuzurechnen wie Aktien, die die Gesellschaft oder ein ihr nach § 71d S. 1 und 2 gleichgestellter Dritter als Pfand genommen hat.[11] Im Hinblick auf die Zehnprozentgrenze sind für den Gesamtbestand hingegen eigene Aktien, die unter Verstoß gegen § 71 Abs. 1 oder 2 erworben wurden, auch dann ohne Bedeutung, wenn sie noch nicht entsprechend der Pflicht nach Abs. 1 veräußert wurden.[12]

4 **3. Modalitäten der Veräußerung. a) Fristen.** § 71c Abs. 1 ordnet für die Veräußerung eine Frist von einem Jahr an. Die Frist beginnt mit dem Erwerb der Aktie unter Verstoß gegen § 71 Abs. 1 oder 2.[13] In § 71c Abs. 2 ist dagegen eine dreijährige Frist zur Veräußerung festgelegt. Maßgebliches Ereignis für den Fristbeginn ist nach § 71c Abs. 2 der Zeitpunkt des letzten Erwerbsvorgangs, durch den der Bestand der rechtmäßig erworbenen eigenen Aktien die Zehnprozentgrenze überschreitet.[14] Wird diese Grenze mehrfach überschritten, so ist die Dreijahresfrist für die jeweilige Überschreitung neu zu berechnen.[15] Fristbeginn und Fristablauf sind nach §§ 187 Abs. 1, 188 Abs. 2 BGB zu berechnen. Hinsichtlich des Fristlaufs ist sowohl nach Abs. 1 als auch nach Abs. 2 auf den „Erwerb" als den Zeitpunkt des Übergangs der Inhaberschaft abzustellen.[16]

5 **b) Verfahren.** Weder Abs. 1 noch Abs. 2 kann entnommen werden, wie und an wen die Veräußerung zu erfolgen hat. Nach Abs. 1 müssen alle zu Unrecht erworbenen Aktien veräußert werden. Dabei bezieht sich die Veräußerungspflicht grundsätzlich auf die Stücke, die unter Verstoß gegen § 71 Abs. 1 oder 2 erworben wurden.[17] Lassen sich die Stücke nicht identifizieren, muss der Unrechtstatbestand durch Veräußerung eines Aktienwertes in entsprechender Höhe beseitigen werden.[18] Die Veräußerungspflicht nach Abs. 2 zielt allein auf die Beseitigung des „verbotenen Zustands" und die Reduzierung des Bestands eigener Aktien auf höchstens zehn Prozent des Grundkapitals. Welche Aktien dabei veräußert werden, liegt grundsätzlich im Ermessen des Vorstands. Die Zehnprozentgrenze kann auch auf andere Weise wieder hergestellt werden, zB durch eine Kapitalerhöhung. Bei der **Auswahl des Erwerbers** kann der Vorstand rechtlichen Bindungen unterliegen. So resultiert für den Fall des rechtswidrigen Erwerbs unter Verstoß gegen § 71 Abs. 1 oder 2 aus der in § 71 Abs. 4 S. 2 angeordneten Nichtigkeit des Kausalgeschäfts ein bereicherungsrechtlicher Anspruch des Veräußerers gegen die Gesellschaft auf Rückübertragung der Aktie.[19] Um eine verschärfte Haftung der Gesellschaft nach §§ 819 Abs. 1, 818 Abs. 4, 989, 992 BGB zu vermeiden, müssen somit die Aktien im Falle des Abs. 1 vorrangig an den Veräußerer zurück veräußert werden.[20] Im Falle des

[6] Hüffer/*Koch* Rn. 4.
[7] Spindler/Stilz/*Cahn* Rn. 4; MüKoAktG/*Oechsler* Rn. 9; Hüffer/*Koch* Rn. 4.
[8] Hüffer/*Koch* Rn. 4; MüKoAktG/*Oechsler* Rn. 9; KK-AktG/*Lutter/Drygala* Rn. 10.
[9] Spindler/Stilz/*Cahn* Rn. 4; Hüffer/*Koch* Rn. 4.
[10] Spindler/Stilz/*Cahn* Rn. 4; Hüffer/*Koch* § 64 Rn. 8.
[11] Spindler/Stilz/*Cahn* Rn. 5; MüKoAktG/*Oechsler* Rn. 10; KK-AktG/*Lutter/Drygala* Rn. 14.
[12] Vgl. Spindler/Stilz/*Cahn* Rn. 5.
[13] Hüffer/*Koch* Rn. 5; Spindler/Stilz/*Cahn* Rn. 6.
[14] Spindler/Stilz/*Cahn* Rn. 10.
[15] Hüffer/*Koch* Rn. 5; KK-AktG/*Lutter/Drygala* Rn. 16; GroßkommAktG/*Merkt* Rn. 22.
[16] Spindler/Stilz/*Cahn* Rn. 6; aA MüKoAktG/*Oechsler* Rn. 11: Zeitpunkt des obligatorischen Geschäfts.
[17] MüKoAktG/*Oechsler* Rn. 13; KK-AktG/*Lutter/Drygala* Rn. 25 f.; Hüffer/*Koch* Rn. 6.
[18] MüKoAktG/*Oechsler* Rn. 13.
[19] MüKoAktG/*Oechsler* Rn. 16.
[20] *Hüffer* NJW 1979, 1065 (1069); Spindler/Stilz/*Cahn* Rn. 8; KK-AktG/*Lutter/Drygala* Rn. 31; GroßkommAktG/*Merkt* Rn. 28.

rechtmäßigen Erwerbs und einer Pflicht zur Veräußerung nach Abs. 2 bestehen solche Bindungen grundsätzlich nicht; der Vorstand hat bei seiner Entscheidung aber ggf. vorhandene Verwendungsbindungen (vgl. § 71 Abs. 1 Nr. 2, 3, 4, 6 und 8) zu beachten, zB Pflicht zur Ausgabe an Arbeitnehmer oder zur Abfindung von Aktionären.[21] Soweit durch eine entsprechende Verwendung der Gesamtbestand unter die Zehnprozentgrenze zurückgeführt wird, entfällt die Pflicht zur (weiteren) Veräußerung. Im Übrigen liegt die Veräußerung im pflichtgemäßen Ermessen des Vorstands.[22] Der Vorstand muss bei der Veräußerung aber dem Gleichbehandlungsgebot und den Interessen der Aktionäre an der Erhaltung des Werts ihrer Beteiligung entsprechen.[23] Insoweit wird eine Orientierung an den Maßstäben des § 71 Abs. 1 Nr. 8 S. 3–5 und eine Pflicht zur Einhaltung der dortigen Vorgaben befürwortet.[24] Bei börsennotierten Aktien genügt die Veräußerung über die Börse.[25]

III. Pflicht zur Einziehung (Abs. 3)

Gemäß § 71c Abs. 3 sind eigene Aktien nach § 237 einzuziehen, wenn sie nicht innerhalb der Fristen der Abs. 1 und 2 veräußert werden. Die Einziehung erfolgt entweder im Verfahren der ordentlichen Kapitalherabsetzung gemäß § 237 Abs. 2 S. 1 iVm §§ 222 ff. oder, wenn die besonderen Voraussetzung des § 237 Abs. 3 vorliegen, im Verfahren der vereinfachten Kapitalherabsetzung.[26] Der Vorstand muss unverzüglich (§ 121 Abs. 1 S. 1 BGB) tätig werden und der nächsten ordentlichen Hauptversammlung einen Vorschlag für einen Einziehungsbeschluss vorlegen.[27] Jedoch bleibt der Vorstand auch nach Ablauf der Fristen nach § 71c Abs. 1 und 2 vor der Beschlussfassung der Hauptversammlung berechtigt, die Einziehung durch Veräußerung der betreffenden Aktien zu vermeiden.[28] Kommt mangels ausreichender Mehrheit in der Hauptversammlung kein Einziehungsbeschluss zustande, so muss der Vorstand die Aktien unverzüglich veräußern.[29] 6

IV. Verantwortlichkeit

Wenn der Vorstand nach Abs. 1 oder Abs. 2 veräußerungspflichtige Aktien nicht rechtzeitig anbietet, handelt er nach § 405 Abs. 1 Nr. 4b ordnungswidrig. Nach § 405 Abs. 1 Nr. 4c handelt der Vorstand auch ordnungswidrig, wenn er die Einziehung nach Abs. 3 nicht rechtzeitig einleitet. Im Übrigen haften Vorstand und Aufsichtsrat der Gesellschaft nach §§ 93, 116 für etwaige Schäden aus der Verletzung der Pflichten bei der Veräußerung oder Einziehung.[30] 7

§ 71d Erwerb eigener Aktien durch Dritte

[1]Ein im eigenen Namen, jedoch für Rechnung der Gesellschaft handelnder Dritter darf Aktien der Gesellschaft nur erwerben oder besitzen, soweit dies der Gesellschaft nach § 71 Abs. 1 Nr. 1 bis 5, 7 und 8 und Abs. 2 gestattet wäre. [2]Gleiches gilt für den Erwerb oder den Besitz von Aktien der Gesellschaft durch ein abhängiges oder ein im Mehrheitsbesitz der Gesellschaft stehendes Unternehmen sowie für den Erwerb oder den Besitz durch einen Dritten, der im eigenen Namen, jedoch für Rechnung eines abhängigen oder eines im Mehrheitsbesitz der Gesellschaft stehenden Unternehmens handelt. [3]Bei der Berechnung des Anteils am Grundkapital nach § 71 Abs. 2 Satz 1 und § 71c Abs. 2 gelten diese Aktien als Aktien der Gesellschaft. [4]Im übrigen gelten § 71 Abs. 3 und 4, §§ 71a bis 71c sinngemäß. [5]Der Dritte oder das Unternehmen hat der Gesellschaft auf ihr Verlangen das Eigentum an den Aktien zu verschaffen. [6]Die Gesellschaft hat den Gegenwert der Aktien zu erstatten.

Schrifttum: *Büdenbender,* Eigene Aktien und Aktien an der Muttergesellschaft, DZWiR 1998, 1; *Cahn/Farrenkopf,* Abschied von der qualifizierten wechselseitigen Beteiligung?, AG 1984, 178; *Zilias/Lanfermann,* Die Neuregelung des Erwerbs und Haltens eigener Aktien, WPg 1980, 61.

---

[21] Spindler/Stilz/*Cahn* Rn. 11; MüKoAktG/*Oechsler* Rn. 19; Hüffer/*Koch* Rn. 7.
[22] Hüffer/*Koch* Rn. 7; zu Ausnahmen KK-AktG/*Lutter/Drygala* Rn. 34 ff.
[23] MüKoAktG/*Oechsler* Rn. 20.
[24] MüKoAktG/*Oechsler* Rn. 20; Spindler/Stilz/*Cahn* Rn. 13.
[25] Spindler/Stilz/*Cahn* Rn. 13; vgl. KK-AktG/*Lutter/Drygala* Rn. 38.
[26] Spindler/Stilz/*Cahn* Rn. 14; Hüffer/*Koch* Rn. 8.
[27] Hüffer/*Koch* Rn. 8; MüKoAktG/*Oechsler* Rn. 22; Spindler/Stilz/*Cahn* Rn. 14.
[28] MüKoAktG/*Oechsler* Rn. 22; Hüffer/*Koch* Rn. 8; KK-AktG/*Lutter/Drygala* Rn. 51 f.
[29] Hüffer/*Koch* Rn. 8; KK-AktG/*Lutter/Drygala* Rn. 47; GroßkommAktG/*Merkt* Rn. 48.
[30] Spindler/Stilz/*Cahn* Rn. 16.

Übersicht

I. Allgemeines

1 **1. Regelungsgegenstand und Normzweck.** § 71d trifft Regelungen für Sachverhaltskonstellationen, in denen die Gesellschaft den Erwerb eigener Aktien einem im eigenen Namen, jedoch für Rechnung der Gesellschaft handelnden Dritten (mittelbarer Stellvertreter) oder einem von ihr abhängigen (§ 17) oder einem in ihrem Mehrheitsbesitz stehenden (§ 16) Unternehmen oder einem von einem abhängigen oder in Mehrheitsbesitz stehenden Unternehmen eingeschalteten mittelbaren Stellvertreter überlässt. S. 1 und S. 2 regeln dabei, unter welchen Voraussetzungen ein mittelbarer Stellvertreter oder ein abhängiges bzw. ein in Mehrheitsbesitz stehendes Unternehmen Aktien der Gesellschaft erwerben und besitzen darf. S. 3–6 regeln die Rechtsfolgen eines solchen Erwerbs und Besitzes. Zweck des § 71d ist die Durchsetzung der Beschränkungen, die für den Erwerb und das Halten eigener Aktien bestehen, in den dargestellten „Umgehungssachverhalten".[1]

2 **2. Gesetzessystematik und Anwendungsbereich.** Neben § 71d S. 1 und S. 2 Alt. 2 beinhaltet auch § 71a Abs. 2 (→ § 71a Rn. 9 ff.) Regelungen über den Erwerb eigener Aktien unter Einschaltung eines mittelbaren Stellvertreters. Nach § 71a Abs. 2 ist ein Rechtsgeschäft zwischen der Gesellschaft und einem Dritten, nach dem dieser berechtigt oder verpflichtet sein soll, Aktien der Gesellschaft für deren Rechnung oder für Rechnung eines von ihr abhängigen oder in ihrem Mehrheitsbesitz stehenden Unternehmens zu erwerben, nichtig, soweit der Erwerb durch die Gesellschaft selbst gegen § 71 Abs. 1 oder 2 verstoßen würde (→ § 71a Rn. 11). Die Konzeption des § 71d S. 1 wird allgemein als misslungen betrachtet, da die Vorschrift weder hinsichtlich der Tatbestandsvoraussetzungen noch in Bezug auf die Rechtsfolgen mit § 71a abgestimmt ist.[2] Während nach § 71d S. 1 ein mittelbarer Stellvertreter beim Erwerb eigener Aktien zum Zweck der Einziehung (§ 71 Abs. 1 Nr. 6) nicht eingeschaltet werden darf, lässt dies der Wortlaut des § 71a Abs. 2 zu. Zur Auflösung des Widerspruchs wird überwiegend der engere Tatbestand des § 71d S. 1 in den Fällen des Rückerwerbs eigener Aktien zur Einziehung iSd § 71 Abs. 1 Nr. 6 gegenüber § 71a Abs. 2 als abschließende lex specialis betrachtet, so dass eine mittelbare Stellvertretung insoweit trotz des auch diesen Fall einschließenden Wortlauts des § 71a Abs. 2 ausgeschlossen ist.[3] Das zentrale Problem der mangelnden systematischen Abstimmung des § 71d mit § 71a Abs. 2 ist die Frage der **Anwendbarkeit der § 71d S. 3–6.**[4] Während zB S. 3 gerade voraussetzt, dass die von dem mittelbaren Stellvertreter erworbenen Aktien der Gesellschaft zuzurechnen sind, erklärt § 71a Abs. 2 das Auftrags- bzw. Geschäftsbesorgungsverhältnis für nichtig und entzieht somit einer solchen Zurechnung die Grundlage.[5] Ein Erwerbsrecht der Gesellschaft nach S. 5 ist nicht zu rechtfertigen, wenn die Nichtigkeitsfolge nach § 71a Abs. 2 vertragliche Verschaffungsansprüche (zB aus § 667 BGB) ausschließt. Mithin sind die Regelungskonzepte des § 71a Abs. 2 und des § 71d nur alternativ und nicht kumulativ anwendbar. Dabei soll nach hL[6] wegen der für sich betrachtet eindeutigeren und gegenüber § 71d S. 3–6 in den Rechtsfolgen weiterreichenden Regelung § 71a Abs. 2 Vorrang gebühren. Dies hat zur Folge, dass § 71d S. 3–6 grundsätzlich unanwendbar sind, wenn das

---

[1] Vgl. Hüffer/*Koch* Rn. 1.

[2] HL, zB MüKoAktG/*Oechsler* Rn. 3 f.

[3] HM, zB Spindler/Stilz/*Cahn* Rn. 8, § 71a Rn. 63; MüKoAktG/*Oechsler* Rn. 5, § 71 Rn. 51; KK-AktG/*Lutter/Drygala* Rn. 90.

[4] Vgl. MüKoAktG/*Oechsler* Rn. 3; Spindler/Stilz/*Cahn* Rn. 4.

[5] Hüffer/*Koch* Rn. 9.

[6] MüKoAktG/*Oechsler* Rn. 4; Hüffer/*Koch* Rn. 9; aA *Zilias/Lanfermann* WPg 1980, 61 (66, 68), diff. auch Spindler/Stilz/*Cahn* Rn. 4.

der mittelbaren Stellvertretung zugrunde liegende Rechtsverhältnis nach § 71a Abs. 2 nichtig ist.[7] Lediglich § 71b soll über die Verweisung in § 71d S. 4 zur Anwendung gelangen. Der dadurch bedingte – zeitweilige – Verlust der Mitgliedschaftsrechte wird mit historischen Erwägungen begründet und als über die Nichtigkeit des Innengeschäftes zwischen Gesellschaft und mittelbaren Vertreter hinausgehende Sanktion gerechtfertigt.[8]

II. Erwerb oder Besitz durch einen mittelbaren Stellvertreter (S. 1)

1. Voraussetzungen. Nach § 71d S. 1 darf ein im eigenen Namen, jedoch für Rechnung der Gesellschaft handelnder Dritter Aktien der Gesellschaft nur erwerben oder besitzen, soweit dies der Gesellschaft nach § 71 Abs. 1 Nr. 1–5, 7 und 8 und Abs. 2 selbst gestattet wäre. Der Erwerbsbegriff stimmt mit dem weiten Erwerbsbegriff des § 71 (→ § 71 Rn. 2) überein und umfasst sowohl den dinglichen Aktienerwerb als auch das zugrunde liegende obligatorische Rechtsgeschäft.[9] Charakteristisch für den Erwerb im eigenen Namen für fremde Rechnung ist, dass – infolge der Ausgestaltung des Innenverhältnisses zwischen Gesellschaft und Dritten (→ § 71a Rn. 10) – bei dem Erwerb durch den Dritten die Gesellschaft den wesentlichen Teil des wirtschaftlichen Risikos des Erwerbs trägt (→ § 71a Rn. 10). § 71d S. 1 setzt voraus, dass ein **Erwerbsanlass** iSd **§ 71 Abs. 1 Nr. 1–5, 7 oder 8** (→ § 71 Rn. 4 ff., 17 ff.) vorliegt und die Voraussetzungen des **§ 71 Abs. 2** (→ § 71 Rn. 32 ff.) erfüllt sind. Maßgeblich für die Beurteilung des Erwerbsanlasses iSd § 71 Abs. 1 ist dabei grundsätzlich die Situation der **Gesellschaft,** zB muss im Falle des § 71 Abs. 1 Nr. 1 der Gesellschaft ein Schaden drohen, im Fall des § 71 Abs. 1 Nr. 2 der Erwerb der Aktien erfolgen, um sie Arbeitnehmern der Gesellschaft oder eines mit ihr verbundenen Unternehmens als Belegschaftsaktien anzubieten etc.[10] Nur wenn die Zulässigkeit des Erwerbs von dessen besonderen Eigenarten abhängt (vgl. § 71 Abs. 1 Nr. 4 – mittelbarer Vertreter darf keine Gegenleistung erbringen und Nr. 5 – mittelbarer Vertreter muss Gesamtrechtsnachfolger sein), kommt es darauf an, ob der mittelbare Vertreter die entsprechenden Voraussetzungen gewahrt hat.[11] Der Erwerb durch einen mittelbaren Stellvertreter zum Zwecke der Einziehung iSd § 71 Abs. 1 Nr. 6 ist nicht möglich (→ Rn. 2). Ein Erwerb nach § 71 Abs. Nr. 1–3, 7 und 8 ist darüber hinaus nur zulässig, wenn die von der Gesellschaft, der mit ihr iSd S. 2 verbundenen Unternehmen und von deren mittelbaren Stellvertretern bereits gehaltenen Aktien an der Gesellschaft zusammengerechnet die **Zehnprozentgrenze** des § 71 Abs. 2 S. 1 (→ § 71 Rn. 33) nicht übersteigen[12] und von der Gesellschaft die **Kapitalgrenze** iSd § 71 Abs. 2 S. 2 (→ § 71 Rn. 34) beachtet wird; die Gesellschaft müsste also in der Lage sein, eine Rücklage für eigene Aktien aus freien Mitteln zu bilden.[13] Darüber hinaus darf auch der mittelbare Vertreter in den Erwerbsfällen des § 71 Abs. 1 Nr. 1, 2, 4, 7 und 8 nur voll eingezahlte Aktien erwerben.[14] 3

2. Rechtsfolgen. Wie bereits dargestellt (→ Rn. 2) sind die § 71d S. 3–6 grundsätzlich nur anwendbar, wenn das Rechtsverhältnis über die mittelbare Stellvertretung nicht nach § 71a Abs. 2 nichtig ist. Daher gilt: Hätte die Gesellschaft die Aktien nach § 71 Abs. 1 und 2 selbst nicht erwerben dürfen, hat dies gemäß § 71a Abs. 2 die Nichtigkeit des Auftrags- oder Geschäftsbesorgungsverhältnisses mit dem mittelbaren Stellvertreter zur Folge; die Bestimmungen der S. 3–6 sind – mit Ausnahme des S. 4 iVm § 71b (→ Rn. 2 aE) – nicht anwendbar. Hätte die Gesellschaft hingegen die eigenen Aktien nach § 71 Abs. 1 und Abs. 2 selbst erwerben dürfen, so gelten für die vom mittelbaren Stellvertreter gehaltenen Aktien die in § 71d S. 3–6 enthaltenen Regeln. 4

a) § 71d S. 3. Nach S. 3 sind vom mittelbaren Stellvertreter gehaltene Aktien der Gesellschaft bei der Berechnung des Anteils am Grundkapital iSd § 71 Abs. 2 S. 1 und § 71c Abs. 2 als eigene Aktien zuzurechnen. Dies erscheint als sachgerecht, da der mittelbare Vertreter im Innenverhältnis an die Weisungen der Gesellschaft gebunden ist.[15] Nach hL müssen auch solche Aktien hinzugerechnet werden, die der mittelbare Stellvertreter vor Begründung des Rechtsverhältnisses mit der Gesellschaft erworben hat, nach dessen Vereinbarung aber nunmehr für die Gesellschaft gehalten werden.[16] 5

[7] MüKoAktG/*Oechsler* Rn. 4; Hüffer/*Koch* Rn. 9; KK-AktG/*Lutter/Drygala* Rn. 103.
[8] MüKoAktG/*Oechsler* Rn. 15; Hüffer/*Koch* Rn. 10.
[9] Spindler/Stilz/*Cahn* Rn. 7.
[10] Spindler/Stilz/*Cahn* Rn. 8; für die weiteren Varianten Hüffer/*Koch* Rn. 3.
[11] Vgl. Hüffer/*Koch* Rn. 3.
[12] Hüffer/*Koch* Rn. 4; Spindler/Stilz/*Cahn* Rn. 9.
[13] Spindler/Stilz/*Cahn* Rn. 9; Hüffer/*Koch* Rn. 4.
[14] MüKoAktG/*Oechsler* Rn. 6; Spindler/Stilz/*Cahn* Rn. 9.
[15] Hüffer/*Koch* Rn. 11.
[16] Spindler/Stilz/*Cahn* Rn. 11; vgl. MüKoAktG/*Oechsler* Rn. 7.

6 **b) § 71d S. 4.** Nach § 71d S. 4 sind § 71 Abs. 3 und 4 sowie §§ 71a–71c sinngemäß anzuwenden. Aufgrund des Verweises auf **§ 71 Abs. 3** hat der Vorstand der Gesellschaft seine hieraus resultierenden Pflichten (→ § 71 Rn. 36 f.) in der Weise zu erfüllen, als habe die Gesellschaft selbst anstelle des mittelbaren Stellvertreters die Aktien erworben.[17] **§ 71 Abs. 4** kann nicht zur Anwendung kommen, da gerade kein Verstoß gegen § 71 Abs. 1 und Abs. 2 vorliegt.[18] Der Verweis auf **§ 71a Abs. 1** erfasst den Fall, dass nicht die Gesellschaft selbst, sondern deren mittelbarer Vertreter den Aktienerwerb eines Dritten kreditiert beziehungsweise finanziell unterstützt.[19] (→ § 71a Rn. 5 zu den Rechtsfolgen eines Verstoßes gegen § 71a Abs. 1). Der Vertrag des mittelbaren Vertreters mit dem Erwerber der Aktien (zB § 488 BGB) bleibt bestehen; die Nichtigkeitsfolge des § 71a betrifft das Rechtsverhältnis zwischen der Gesellschaft und ihrem mittelbaren Vertreter.[20] Nach **§ 71b** iVm § 71d S. 4 darf der mittelbare Vertreter die Mitgliedschaftsrechte solange nicht wahrnehmen, wie er die Aktien der Gesellschaft in eigenem Namen hält;[21] dies gilt – ausnahmsweise – auch dann, wenn das der mittelbaren Stellvertretung zugrunde liegende Rechtsverhältnis wegen eines Verstoßes gegen § 71a Abs. 2 nichtig ist (→ Rn. 2, 4). Durch den Verweis auf **§ 71c** wird die Gesellschaft verpflichtet, bei der Berechnung des Gesamtbestandes nach § 71c Abs. 2 die vom mittelbaren Stellvertreter gehaltenen Aktien zu berücksichtigen.[22] Die Veräußerungspflicht nach § 71c Abs. 2 und die Einziehungspflicht nach § 71c Abs. 3 treffen die Gesellschaft.[23] § 71c Abs. 1 ist dagegen nicht anwendbar, da er einen Verstoß gegen § 71 Abs. 1 oder 2 voraussetzt.[24]

7 **c) § 71d S. 5 und 6.** Nach § 71d S. 5 und 6 hat der mittelbare Vertreter der Gesellschaft die Inhaberschaft an den von ihm gehaltenen Aktien gegen Erstattung des Gegenwerts zu verschaffen. Diese gesetzlichen Ansprüche stehen neben den inhaltlich gleichlautenden, aus dem Vertragsverhältnis zwischen Gesellschaft und mittelbarem Vertreter resultierenden Ansprüchen (zB §§ 667, 670 BGB).

III. Erwerb oder Besitz durch ein Tochterunternehmen oder dessen mittelbaren Stellvertreter (S. 2)

8 **1. Grundsatz.** Nach § 71d S. 2 gelten die Regelungen des S. 1 auch für den Erwerb oder Besitz von Aktien der Gesellschaft durch ein abhängiges (§ 17) oder ein im Mehrheitsbesitz der Gesellschaft stehendes (§ 16) Unternehmen sowie für den Erwerb oder den Besitz durch einen Dritten, der im eigenen Namen, jedoch für Rechnung eines abhängigen oder eines im Mehrheitsbesitz der Gesellschaft stehenden Unternehmens handelt. S. 2 enthält somit zwei verschiedene Tatbestandsalternativen.

9 **2. Erwerb oder Besitz eines abhängigen oder in Mehrheitsbesitz stehenden Unternehmens (S. 2 Alt. 1). a) Tatbestandsvoraussetzungen.** Die Tatbestandsmerkmale des Mehrheitsbesitzes (vgl. § 16) und der Abhängigkeit (vgl. § 17) richten sich nach den allgemeinen Vorschriften. Erwerb und Besitz von Aktien der Gesellschaft werden nach den Grundsätzen des S. 1 behandelt, weil das Tochterunternehmen wie ein mittelbarer Stellvertreter der herrschenden Gesellschaft anzusehen ist.[25] Entscheidend ist daher, ob die herrschende oder mehrheitlich beteiligte Gesellschaft die Aktien nach § 71 Abs. 1 Nr. 1–5, 7 und 8 und Abs. 2 erwerben durfte. S. 2 bezieht sich dabei allein auf den Erwerb von Aktien des herrschenden Unternehmens durch das beherrschte Unternehmen[26] und nicht auf den Fall, dass die Gesellschaft von dem beherrschten Unternehmen eigene Aktien erwirbt.[27] Für die Anwendbarkeit des S. 2 ist es ohne Bedeutung, ob das Tochterunternehmen bei seinem Erwerb auf Weisung des herrschenden Unternehmens handelt.[28] Da nach dem Wortlaut für die Anwendung des S. 2 der Besitz von Aktien an der Gesellschaft genügen soll, werden auch bereits vor Begründung der Abhängigkeit oder der Mehrheitsbeteiligung erworbene Aktien von der Norm

[17] S. iE MüKoAktG/*Oechsler* Rn. 9 ff.; Hüffer/*Koch* Rn. 12.
[18] MüKoAktG/*Oechsler* Rn. 12; Hüffer/*Koch* Rn. 12.
[19] Hüffer/*Koch* Rn. 12; Spindler/Stilz/*Cahn* Rn. 12.
[20] Hüffer/*Koch* Rn. 12; KK-AktG/*Lutter/Drygala* Rn. 123.
[21] Spindler/Stilz/*Cahn* Rn. 14; MüKoAktG/*Oechsler* Rn. 15.
[22] Spindler/Stilz/*Cahn* Rn. 15.
[23] Spindler/Stilz/*Cahn* Rn. 15; MüKoAktG/*Oechsler* Rn. 17 f.
[24] Spindler/Stilz/*Cahn* Rn. 15.
[25] Hüffer/*Koch* Rn. 5.
[26] MüKoAktG/*Oechsler* Rn. 26.
[27] MüKoAktG/*Oechsler* Rn. 26; Spindler/Stilz/*Cahn* Rn. 39.
[28] Spindler/Stilz/*Cahn* Rn. 39.

erfasst.[29] Denn unabhängig vom Zeitpunkt ihres Erwerbs können alle in Inhaberschaft des beherrschten Unternehmens befindlichen Aktien vom Vorstand in der Hauptversammlung der herrschenden Gesellschaft eingesetzt werden und so eine unerwünschte Einflussnahme ermöglichen.[30] Maßgeblich für die Beurteilung des Erwerbsanlasses iSd § 71 Abs. 1 ist bei allen unternehmensbezogenen Erwerbsgründen (vgl. § 71 Abs. 1 Nr. 1, 2, 7, 8) die Situation der **Gesellschaft.**[31] Nur wenn die Zulässigkeit des Erwerbs von dessen besonderen Eigenarten abhängt (vgl. § 71 Abs. 1 Nr. 4 und 5), kommt es darauf an, ob das Tochterunternehmen die entsprechenden Voraussetzungen gewahrt hat.[32] Zum Sonderfall des § 71 Abs. 1 Nr. 3 → § 71 Rn. 9. In den Fällen des § 71 Abs. 1 Nr. 7 und 8 sind die dort geforderten Beschlüsse von der Hauptversammlung der herrschenden oder mehrheitlich beteiligten Gesellschaft zu fassen; eine zusätzliche Beschlussfassung durch die Hauptversammlung oder die Gesellschafterversammlung des Tochterunternehmens ist nicht erforderlich.[33] Hinsichtlich der Anforderungen des § 71 Abs. 2 gelten die Ausführungen zu S. 1 entsprechend (→ Rn. 3 aE). Bezugsgröße bei der Anwendung des § 71 Abs. 2 S. 1 ist daher das Grundkapital der Gesellschaft.[34]

b) Rechtsfolgen. aa) Zurechnung von Aktien. Nach **S. 3** gelten die Aktien, die das abhängige oder in Mehrheitsbesitz stehende Unternehmen iSd S. 2 erworben hat, im Rahmen der §§ 71 Abs. 2 S. 1 und 71c Abs. 2 als Aktien der Gesellschaft. Dabei zählen auch solche Aktien mit, die das Tochterunternehmen bereits vor Begründung der Unternehmensverbindung mit der Gesellschaft erworben hat.[35] Dafür sprechen der Wortlaut der Norm, der ohne Differenzierung nach Zeitpunkt oder Anlass des Erwerbs auf den „Besitz von Aktien" abstellt, und deren Sinn und Zweck, da der Vorstand der herrschenden Gesellschaft auf Grund seines umfassenden organisationsrechtlich begründeten Status auf alle vom Tochterunternehmen gehaltenen Aktien Einfluss nehmen und diese in der Hauptversammlung der Gesellschaft in seinem Sinne einsetzen kann.[36] **10**

bb) Vorstandspflichten. Aus **S. 4** iVm **§ 71 Abs. 3 S. 1** ergibt sich die Verpflichtung des Vorstands der herrschenden Gesellschaft, die nächste Hauptversammlung über den Erwerb eigener Aktien durch das beherrschte Unternehmen zu unterrichten, wenn dieser Erwerb nach § 71 Abs. 1 Nr. 1 oder 8 erfolgt ist.[37] Den Vorstand der Gesellschaft trifft zudem beim Erwerb von Aktien nach § 71 Abs. 1 Nr. 2 ab dem Zeitpunkt des Erwerbs der Aktien durch das Tochterunternehmen die Pflicht zur Ausgabe der Belegschaftsaktien an die Arbeitnehmer innerhalb der Jahresfrist nach **§ 71 Abs. 3 S. 2.**[38] Die Pflicht trifft nach zutreffender Ansicht immer die herrschende Gesellschaft und nicht das beherrschte Unternehmen. Nach abzulehnender anderer Ansicht ist danach zu differenzieren ob das Tochterunternehmen auf Veranlassung der herrschenden Gesellschaft oder von sich aus tätig geworden ist. Nur im ersten Fall trifft die Pflicht zur Ausgabe der Belegschaftsaktien die herrschende Gesellschaft;[39] im zweiten Fall ist die herrschende Gesellschaft zunächst auf ihren Erwerbsanspruch nach S. 5 zu beschränken (→ Rn. 16).[40] Damit würde der Gesellschaft jedoch durch Einschaltung des Tochterunternehmens die Möglichkeit eröffnet, die Frist nach § 71 Abs. 3 S. 2 nach Belieben zu verlängern, indem der Anspruch aus S. 5 zögerlich geltend gemacht wird.[41] **11**

cc) Unzulässiger Erwerb. Nach **S. 4** iVm **§ 71 Abs. 4** folgt, dass bei einem Aktienerwerb durch das Tochterunternehmen unter Verstoß gegen § 71 Abs. 1 oder Abs. 2 das dingliche Rechtsgeschäft wirksam und das Kausalgeschäft nichtig ist.[42] Zu der Frage, inwieweit dabei auf die Gesellschaft oder das Tochterunternehmen abzustellen ist, → Rn. 9. Demzufolge haben weder das Tochterunternehmen noch der Veräußerer Erfüllungsansprüche.[43] Wurde bereits erfüllt, so kann der Veräußerer die Aktien nach §§ 812 ff. BGB kondizieren.[44] Das Tochterunternehmen kann den gezahlten Kaufpreis **12**

---

[29] MüKoAktG/*Oechsler* Rn. 27; *Büdenbender* DZWiR 1998, 1 (3 f.); aA *Cahn/Farrenkopf* AG 1984, 178 (180 f.); Spindler/Stilz/*Cahn* Rn. 40.
[30] MüKoAktG/*Oechsler* Rn. 27.
[31] MüKoAktG/*Oechsler* Rn. 35.
[32] MüKoAktG/*Oechsler* Rn. 35.
[33] Hüffer/*Koch* Rn. 5; Spindler/Stilz/*Cahn* Rn. 41.
[34] MüKoAktG/*Oechsler* Rn. 46; Spindler/Stilz/*Cahn* Rn. 42.
[35] Hüffer/*Koch* Rn. 13; MüKoAktG/*Oechsler* Rn. 50; aA Spindler/Stilz/*Cahn* Rn. 40, 48.
[36] Vgl. MüKoAktG/*Oechsler* Rn. 50.
[37] Spindler/Stilz/*Cahn* Rn. 49; Hüffer/*Koch* Rn. 14.
[38] HM, *Zilias/Lanfermann* WPg 1980, 61 (66); MüKoAktG/*Oechsler* Rn. 53; diff. Hüffer/*Koch* Rn. 15; Spindler/Stilz/*Cahn* Rn. 50.
[39] MüKoAktG/*Oechsler* Rn. 53; aA Hüffer/*Koch* Rn. 15; Spindler/Stilz/*Cahn* Rn. 47.
[40] So KK-AktG/*Lutter/Drygala* Rn. 28.
[41] Vgl. MüKoAktG/*Oechsler* Rn. 53.
[42] Spindler/Stilz/*Cahn* Rn. 52; Hüffer/*Koch* Rn. 16.
[43] LG Göttingen WM 1992, 1373 (1374).
[44] MüKoAktG/*Oechsler* Rn. 55; Spindler/Stilz/*Cahn* Rn. 52.

nach Bereicherungsrecht – oder falls selbst AG – nach § 62 analog zurückfordern.[45] Dagegen stehen der herrschenden Gesellschaft selbst keine Ansprüche gegen den Veräußerer zu, weil sie an diesen nichts geleistet hat.[46]

13 **dd) Umgehungsgeschäfte.** Nach **S. 4** iVm **§ 71a Abs. 1** sind Finanzierungsgeschäfte des Tochterunternehmens, mit denen es anstelle der Gesellschaft einem Dritten den Aktienerwerb ermöglichen will, grundsätzlich nichtig, wenn nicht eine Ausnahme nach § 71a Abs. 1 S. 2 (→ § 71a Rn. 7 f.) vorliegt.[47] Im Ausnahmefall muss es sich bei dem nachgeordneten Unternehmen um ein Kreditinstitut bzw. ein Finanzdienstleistungsinstitut handeln.[48] Ob der Verweis auf § 71a Abs. 2 in dieser Konstellation von Bedeutung ist, ist strittig.[49] Einen eigenständigen Regelungsgehalt hat die Verweisung nur dann, wenn sie die Anwendung des § 71a Abs. 2 auf Rechtsgeschäfte zwischen dem nachgeordneten Unternehmen und der Gesellschaft eröffnet, die den Dritten berechtigen oder verpflichten sollen, Aktien der Gesellschaft für Rechnung des nachgeordneten Unternehmens zu erwerben.[50]

14 **ee) Mitgliedsrechte.** Aufgrund des Verweises in **S. 4** auf **§ 71b** stehen dem Tochterunternehmen aus den von ihm erworbenen Aktien der herrschenden Gesellschaft keine Verwaltungsrechte zu.[51] Darüber schließt der eindeutige Wortlaut der Vorschrift auch die Geltendmachung der Vermögensrechte, insbesondere den Anspruch auf Dividenden, aus.[52] Die in § 71b bezweckte Neutralisierung eigener Aktien wird also vollständig auf den der Gesellschaft zugerechneten Drittbesitz erstreckt.[53] Bei einem unzulässigen (§ 56 Abs. 2 S. 1), aber gültigen (§ 56 Abs. 2 S. 2) **originären Erwerb** von Aktien durch das Tochterunternehmen ist ebenfalls der vollständige Ausschluss der Mitgliedschaftsrechte iSd § 71b anzunehmen.[54]

15 **ff) Veräußerungs- und Einziehungspflicht.** Die nach **§ 71c Abs. 1**–3 begründeten Veräußerungs- und Einziehungspflichten werden durch § 71d S. 4 auch auf die Aktien erstreckt, die vom Tochterunternehmen gehalten werden. Schuldner der Pflichten aus § 71c ist nicht die Tochtergesellschaft, sondern die herrschende Gesellschaft, weil diese über die maßgeblichen Steuerungsmöglichkeiten verfügt und es um den Schutz ihrer Kapitalausstattung geht.[55] Vor einer Veräußerung oder Einziehung muss sich die Gesellschaft die Aktien ggf. zunächst nach § 71d S. 5 verschaffen (→ Rn. 16).

16 **gg) Verschaffungspflicht.** Nach § 71d S. 5 muss das Tochterunternehmen der Gesellschaft auf Verlangen das Eigentum an den Aktien verschaffen. Die Gesellschaft kann die Übertragung der Mitgliedschaft in der jeweils erforderlichen Rechtsform verlangen.[56] Zweck des S. 5 ist es, die Gesellschaft in die Lage zu versetzen, ihrer in § 71c angeordneten Veräußerungs- oder Einziehungspflicht nachkommen zu können.[57] Der Anspruch gegen das Tochterunternehmen besteht jedoch über den Wortlaut hinaus unabhängig von den Voraussetzungen des § 71c, insbesondere auch dann, wenn der Erwerb zulässig war.[58] Nach dem eindeutigen Wortlaut entsteht der Anspruch aber nicht bereits mit dem Erwerb der eigenen Aktien, sondern erst, wenn die Gesellschaft die Übertragung vom Tochterunternehmen **verlangt.** Daraus folgt, dass das Tochterunternehmen einerseits der herrschenden Gesellschaft die Aktien nicht aufdrängen kann, andererseits in seinen Dispositionen aber frei ist, bis die Übertragung verlangt wird.[59] Ist das Rechtsgeschäft des Tochterunternehmens mit dem Veräußerer der Aktien nach § 71 Abs. 4 iVm § 71d S. 4 nichtig, so kollidiert der Übertragungsanspruch der herrschenden Gesellschaft aus § 71d S. 5 mit dem Rückgewähranspruch des Verkäufers aus § 812 Abs. 1 S. 1 BGB. In

---

[45] Hüffer/*Koch* Rn. 16; KK-AktG/*Lutter/Drygala* Rn. 46.
[46] MüKoAktG/*Oechsler* Rn. 55; KK-AktG/*Lutter/Drygala* Rn. 46.
[47] MüKoAktG/*Oechsler* Rn. 56; Spindler/Stilz/*Cahn* Rn. 53.
[48] Hüffer/*Koch* Rn. 17.
[49] Vgl. die unterschiedlichen Positionen von Hüffer/*Koch* Rn. 17; MüKoAktG/*Oechsler* Rn. 57.
[50] So Spindler/Stilz/*Cahn* Rn. 53.
[51] AllgM, zB Hüffer/*Koch* Rn. 18.
[52] HL, *Büdenbender* DZWiR 1998, 1 (3 f.); Hüffer/*Koch* Rn. 18; aA Spindler/Stilz/*Cahn* Rn. 54; MüKoAktG/*Oechsler* Rn. 58.
[53] Hüffer/*Koch* Rn. 18.
[54] HM, zB MüKoAktG/*Oechsler* Rn. 59; Hüffer/*Koch* Rn. 18; ausf. KK-AktG/*Lutter/Drygala* Rn. 57 ff.; ebenso GroßkommAktG/*Merkt* Rn. 72; aA *Cahn/Farrenkopf* AG 1984, 178.
[55] Begr. RegE, BT-Drs. 8/1678, 17; Hüffer/*Koch* Rn. 19; MüKoAktG/*Oechsler* Rn. 60 ff.; KK-AktG/*Lutter/Drygala* Rn. 63.
[56] Hüffer/*Koch* Rn. 20; MüKoAktG/*Oechsler* Rn. 65.
[57] Begr. RegE, BT-Drs. 8/1678, 17; *Preusche* BB 1982, 1640.
[58] AllgM, zB Hüffer/*Koch* Rn. 20; KK-AktG/*Lutter/Drygala* Rn. 81.
[59] Hüffer/*Koch* Rn. 21; MüKoAktG/*Oechsler* Rn. 64; KK-AktG/*Lutter/Drygala* Rn. 83.

diesem Fall geht der Anspruch des Verkäufers vor.[60] Der Anspruch nach S. 5 erlischt durch Erfüllung, wenn die Gesellschaft die Inhaberschaft an den Aktien erlangt hat. Der Anspruch erledigt sich, wenn das Tochterunternehmen die Aktien zuvor wieder an Dritte veräußert hat.[61]

hh) Erstattungsanspruch. § 71d S. 6 begründet für das Tochterunternehmen einen Anspruch auf den Gegenwert der Aktien. Nach zutreffender hM entspricht der zu zahlende Gegenwert dem Verkehrswert im Zeitpunkt der Übertragung.[62] Wollte man hingegen auf den Wert der Aktien im Zeitpunkt des Erwerbs durch das beherrschte Unternehmen abstellen,[63] würde der Gegenwert bei gestiegenen Kursen zu niedrig bemessen und bei fallenden Kursen Spekulation zu Lasten der herrschenden Gesellschaft erlauben.[64] 17

3. Mittelbarer Stellvertreter des Tochterunternehmens (S. 2 Alt. 2). a) Tatbestandsvoraussetzungen. § 71d S. 2 Alt. 2 erweitert den Anwendungsbereich der Vorschrift auf den mittelbaren Stellvertreter des Tochterunternehmens. Die Voraussetzungen für die mittelbare Stellvertretung entsprechen dabei denen des S. 1 (→ Rn. 3). 18

b) Rechtsfolgen. Wird ein mittelbarer Stellvertreter für das Tochterunternehmen iSd S. 2 Alt. 2 tätig und ist das zugrundeliegende Auftrags- oder Geschäftsbesorgungsverhältnis nach § 71a Abs. 2 nichtig, finden die § 71d S. 3–6 keine Anwendung (→ Rn. 2). Lediglich der Verweis des S. 4 auf § 71b ist zu beachten (→ Rn. 2 und 6). Ist der Erwerb durch den mittelbaren Stellvertreter des Tochterunternehmens hingegen nach § 71 Abs. 1 und Abs. 2 zulässig und damit deren Auftrags- oder Geschäftsbesorgungsverhältnis wirksam, so gelten für die vom mittelbaren Stellvertreter erworbenen und gehaltenen Aktien die in § 71d S. 3–6 enthaltenen Regeln (→ Rn. 4 ff.). Dies führt ggf. zu einer Kollision des Ablieferungsanspruchs des Tochterunternehmens gegen seinen mittelbaren Stellvertreter nach § 667 BGB mit dem Verschaffungsanspruch der herrschenden Gesellschaft nach § 71d S. 5 (→ Rn. 16). Nach hL muss der mittelbare Vertreter vorrangig den Anspruch der Gesellschaft erfüllen, damit diese ihren Veräußerungspflichten nach § 71c Abs. 1 und 2 entsprechen kann.[65] Hinsichtlich des nach § 71d S. 6 zu erstattenden Gegenwerts kann auf die Ausführungen → Rn. 17 verwiesen werden. 19

§ 71e Inpfandnahme eigener Aktien

(1) [1]Dem Erwerb eigener Aktien nach § 71 Abs. 1 und 2, § 71d steht es gleich, wenn eigene Aktien als Pfand genommen werden. [2]Jedoch darf ein Kreditinstitut oder Finanzdienstleistungsinstitut im Rahmen der laufenden Geschäfte eigene Aktien bis zu dem in § 71 Abs. 2 Satz 1 bestimmten Anteil am Grundkapital als Pfand nehmen. [3]§ 71a gilt sinngemäß.

(2) [1]Ein Verstoß gegen Absatz 1 macht die Inpfandnahme eigener Aktien unwirksam, wenn auf sie der Ausgabebetrag noch nicht voll geleistet ist. [2]Ein schuldrechtliches Geschäft über die Inpfandnahme eigener Aktien ist nichtig, soweit der Erwerb gegen Absatz 1 verstößt.

Übersicht

[60] HM, zB *Zilias/Lanfermann* WPg 1980, 61 (67); Spindler/Stilz/*Cahn* Rn. 59; MüKoAktG/*Oechsler* Rn. 66; KK-AktG/*Lutter/Drygala* Rn. 84.
[61] MüKoAktG/*Oechsler* Rn. 67.
[62] HM, zB *W. Müller* WPg 1978, 565 (572); MüKoAktG/*Oechsler* Rn. 69; Hüffer/*Koch* Rn. 22.
[63] So *Zilias/Lanfermann* WPg 1980, 61 (67).
[64] Hüffer/*Koch* Rn. 22; MüKoAktG/*Oechsler* Rn. 69.
[65] HL, zB Hüffer/*Koch* Rn. 24; KK-AktG/*Lutter/Drygala* Rn. 129.

I. Allgemeines

1 § 71e trifft Regelungen über die Inpfandnahme eigener Aktien und stellt diese im Grundsatz dem Erwerb eigener Aktien gleich. Abs. 1 bestimmt die Voraussetzungen, unter denen die Inpfandnahme – ausnahmsweise – zulässig ist. Abs. 2 regelt die Rechtsfolgen einer unzulässigen Inpfandnahme. **Zweck** des § 71e ist es, einerseits Gefährdungen der realen Kapitalerhaltung vorzubeugen, die sich bei der Pfandverwertung aus gesunkenen Kursen ergeben können, und andererseits der Umgehung des Erwerbsverbots für eigene Aktien vorzubeugen.[1]

II. Verbot der Inpfandnahme eigener Aktien (Abs. 1 S. 1)

2 **1. Rechtsgeschäftlicher Erwerb.** § 71e Abs. 1 findet Anwendung, wenn eigene Aktien als Pfand genommen werden. Inpfandnahme in diesem Sinne ist nach dem Wortlaut der Norm („genommen") der rechtsgeschäftliche Pfandrechtserwerb. Hierzu zählt zunächst der Ersterwerb von Pfandrechten durch **Bestellung** nach §§ 1205, 1206 BGB iVm §§ 1292, 1293 BGB; § 398 BGB iVm § 1274 BGB,[2] einschließlich der AGB-Pfandrechte.[3] Ebenfalls von Abs. 1 umfasst ist der **Zweiterwerb** eines bereits begründeten Pfandrechts, obwohl der Erwerb kraft Gesetzes mit dem Übergang der zugrundeliegenden Forderung nach §§ 401, 1250 Abs. 1 S. 1 BGB stattfindet.[4] Gesetzliche Pfandrechte fallen hingegen nicht in den Anwendungsbereich des Abs. 1. Ebenfalls nicht umfasst sind Pfändungspfandrechte. Dasselbe gilt für Zurückbehaltungsrechte nach § 273 BGB, da diese kein Verwertungsrecht begründen.[5] Auf das kaufmännische Zurückbehaltungsrecht (vgl. § 369 HGB) ist Abs. 1 hingegen wegen des pfandähnlichen Befriedigungsrechts nach § 371 HGB entsprechend anwendbar.[6]

3 **2. Gegenstand des Pfandrechts.** Die Vorschrift ist nur anwendbar auf ein Pfandrecht an eigenen Aktien. Sie gilt nicht für Pfandrechte an Wandelschuldverschreibungen oder anderen Schuldtiteln.[7]

4 **3. Verbot der Inpfandnahme und Ausnahmen (Abs. 1 S. 1). a) Überblick.** Abs. 1 begründet nach der Systematik des Gesetzes – auch ohne ausdrückliche diesbezügliche Anordnung – ein grundsätzliches Verbot für die Inpfandnahme eigener Aktien. Abs. 1 S. 1 stellt die Inpfandnahme eigener Aktien im Hinblick auf die Erlaubnistatbestände des § 71 Abs. 1 und die Fälle des § 71d dem Erwerb gleich. Daraus folgt, dass auch die Inpfandnahme eigener Aktien zulässig ist, wenn die Voraussetzungen des § 71 Abs. 1 und 2 erfüllt sind.[8]

5 **b) § 71 Abs. 1.** Eine Inpfandnahme iSd § 71e Abs. 1 S. 1 setzt zunächst voraus, dass ein Erlaubnistatbestand nach § 71 Abs. 1 erfüllt ist. In Betracht kommt eine Inpfandnahme insbesondere zur Abwehr schwerer Schäden iSd § 71 Abs. 1 Nr. 1, zB wenn eine früher begründete Forderung gesichert werden muss und keine anderen Sicherungsmittel zur Verfügung stehen.[9] Ferner wird mit Einschränkungen eine sinngemäße Anwendung des § 71 Abs. 1 Nr. 4 (unentgeltlicher Erwerb) auf die Inpfandnahme für möglich gehalten.[10] Eine unentgeltliche Inpfandnahme kann vorliegen, wenn das Pfandrecht für eine bereits bestehende Forderung ohne jede Gegenleistung der Gesellschaft (zB Stundung, Zinsverbilligung, Erweiterung des Kreditrahmens) nachträglich bestellt wird.[11] Soweit dies nicht den Vorgaben des Ermächtigungsbeschlusses widerspricht, kommt eine Inpfandnahme eigener Aktien auch nach § 71 Abs. 1 Nr. 8 in Betracht.[12]

6 **c) § 71 Abs. 2.** Im Rahmen des § 71 Abs. 2 S. 1 wird eine in Pfand genommene Aktie einer erworbenen Aktie gleichgestellt.[13] Zur Berechnung der **Zehnprozentgrenze** (→ § 71 Rn. 33) in den in § 71 Abs. 2 S. 1 genannten Erwerbsfällen sind die eigenen Aktien und Pfandaktien zusammen zu zählen.[14] Weiterhin muss in den vorgenannten Erwerbsfällen die **Kapitalgrenze** (→ § 71 Rn. 34)

---

[1] Begr. RegE *Kropff* Textausgabe, 1965, 91 f.; Spindler/Stilz/*Cahn* Rn. 2.
[2] Hüffer/*Koch* Rn. 2; Spindler/Stilz/*Cahn* Rn. 3.
[3] Spindler/Stilz/*Cahn* Rn. 3; Hüffer/*Koch* Rn. 2; KK-AktG/*Lutter/Drygala* Rn. 3.
[4] MüKoAktG/*Oechsler* Rn. 5; *Beeser* AcP 159 (1960), 56 (64 ff.).
[5] HM, zB Hüffer/*Koch* Rn. 2; MüKoAktG/*Oechsler* Rn. 6; zu den Ausnahmen KK-AktG/*Lutter/Drygala* Rn. 9.
[6] MüKoAktG/*Oechsler* Rn. 8; Spindler/Stilz/*Cahn* Rn. 3.
[7] MüKoAktG/*Oechsler* Rn. 12; Spindler/Stilz/*Cahn* Rn. 4.
[8] Spindler/Stilz/*Cahn* Rn. 5; Hüffer/*Koch* Rn. 3.
[9] Hüffer/*Koch* Rn. 3; MüKoAktG/*Oechsler* Rn. 13; KK-AktG/*Lutter/Drygala* Rn. 13; GroßkommAktG/*Merkt* Rn. 13; einschr. Spindler/Stilz/*Cahn* Rn. 7.
[10] Spindler/Stilz/*Cahn* Rn. 8; Hüffer/*Koch* Rn. 3; KK-AktG/*Lutter/Drygala* Rn. 14.
[11] Hüffer/*Koch* Rn. 3; *Beeser* AcP 159 (1960), 56 (67); MüKoAktG/*Oechsler* Rn. 14.
[12] Spindler/Stilz/*Cahn* Rn. 10; MüKoAktG/*Oechsler* Rn. 17; KK-AktG/*Lutter/Drygala* Rn. 16.
[13] MüKoAktG/*Oechsler* Rn. 18; MHdB AG/*Rieckers* § 15 Rn. 38.
[14] Hüffer/*Koch* Rn. 4.

nach § 71 Abs. 2 S. 2 beachtet werden. Obwohl bei einer Inpfandnahme eigener Aktien offene Einlageforderungen nicht durch Konfusion erlöschen, dürfen – außer im Fall des Pfandrechtserwerbs durch Gesamtrechtsnachfolge iSd § 71 Abs. 1 Nr. 5 – nur voll eingezahlte Aktien als Pfand genommen werden (§ 71e Abs. 1 S. 1 iVm § 71 Abs. 2 S. 3).[15]

d) § 71d. Mittelbare Stellvertreter und Tochterunternehmen dürfen nach Abs. 1 S. 1 iVm § 71d Aktien der Gesellschaft nur in Pfand nehmen, wenn dies der Gesellschaft selbst gestattet wäre.[16] 7

III. Verbotsausnahme für Kreditinstitute und Finanzdienstleistungsinstitute (Abs. 1 S. 2)

Unabhängig von den Voraussetzungen des Abs. 1 S. 1 darf ein Kreditinstitut (vgl. §§ 1 Abs. 1, 2 Abs. 1 KWG) oder ein Finanzdienstleistungsinstitut (vgl. §§ 1 Abs. 1a, 2 Abs. 6 KWG) nach Abs. 1 S. 2 im Rahmen der laufenden Geschäfte (→ § 71a Rn. 6) eigene Aktien bis zu dem in § 71 Abs. 2 S. 1 bestimmten Anteil am Grundkapital als Pfand nehmen. Abs. 1 S. 2 begründet damit eine Ausnahme vom Verbot der Inpfandnahme eigener Aktien. Nach dem Wortlaut ist die Zehnprozentgrenze des § 71 Abs. 2 S. 1 zu beachten; insoweit sind sowohl erworbene als auch in Pfand genommene Aktien zu berücksichtigen. Die Voraussetzungen des § 71 Abs. 2 S. 2 und 3 müssen dagegen nicht eingehalten werden.[17] Die Ausnahmevorschrift des Abs. 1 S. 2 soll der üblichen Praxis der Kreditinstitute dienen, Wertpapierdepots der Kunden zur Sicherung von Krediten zu verpfänden.[18] Die Einbeziehung eigener Aktien in das Pfandrecht nach Nr. 14 AGB-Banken wäre danach zulässig; in der Praxis werden eigene Aktien jedoch von der Pfandrechtsbestellung ausgenommen (vgl. Nr. 14 Abs. 3 S. 2 AGB-Banken). 8

IV. Verbot von Umgehungsgeschäften (Abs. 1 S. 3)

Nach Abs. 1 S. 3 gilt § 71a sinngemäß. Aufgrund der Akzessorietät eines Pfandrechts (vgl. § 1250 Abs. 1 S. 2 BGB) ist der Erwerb des Pfandrechts ohne gleichzeitigen Erwerb der gesicherten Forderung nicht möglich. Überwiegend wird der Verweis in Abs. 1 S. 3 auf **§ 71a Abs. 1** daher so verstanden, dass dadurch der Gesellschaft untersagt wird, einen Dritten durch Finanzierungsgeschäfte iSd § 71a Abs. 1 (→ § 71a Rn. 2) beim Erwerb von Ansprüchen, die durch ein Pfandrecht an eigenen Aktien gesichert sind, zu unterstützen.[19] Dieses Verbot mit der sich anschließenden Nichtigkeitsfolge bei einem Verstoß gilt jedoch nicht für Finanzierungsgeschäfte iSd § 71a Abs. 1 S. 1, die von Kredit- und Finanzdienstleistungsinstituten im Rahmen ihrer laufenden Geschäfte getätigt werden, sofern die Kapitalgrenze (→ § 71a Rn. 7) beachtet wird (vgl. **§ 71a Abs. 1 S. 2**). Nach Abs. 1 S. 3 iVm **§ 71a Abs. 2** sind auch Auftrags- und Geschäftsbesorgungsverhältnisse nichtig, aufgrund derer ein Dritter berechtigt oder verpflichtet sein soll, ein Pfandrecht an Aktien der Gesellschaft für deren Rechnung oder für Rechnung eines abhängigen oder in Mehrheitsbesitz stehenden Unternehmens zu erwerben, soweit die Inpfandnahme der eigenen Aktien durch die Gesellschaft selbst gegen § 71 Abs. 1 oder 2 verstoßen würde.[20] 9

V. Rechtsfolgen

1. Unzulässige Inpfandnahme (Abs. 2). a) Dinglicher Erwerb (Abs. 2 S. 1). Nach Abs. 2 S. 1 führt ein Verstoß gegen Abs. 1 zur Unwirksamkeit der Inpfandnahme, wenn auf die betreffenden Aktien der Ausgabebetrag (§ 9) noch nicht voll – dh einschließlich eines eventuellen Agios[21] – geleistet ist. In diesem Fall hat der Verstoß gegen Abs. 1 dingliche Wirkung; das Pfandrecht entsteht nicht. Im Umkehrschluss ergibt sich aus Abs. 2 S. 1, dass ein Pfandrecht an voll eingezahlten Aktien auch bei Verstoß gegen Abs. 1 wirksam entsteht.[22] 10

b) Schuldrechtliches Rechtsgeschäft (Abs. 2 S. 2). Ein schuldrechtliches Geschäft über die Inpfandnahme eigener Aktien ist nach Abs. 2 S. 2 nichtig, soweit der Erwerb gegen Abs. 1 verstößt. 11

---

[15] Spindler/Stilz/*Cahn* Rn. 13; MüKoAktG/*Oechsler* Rn. 20.
[16] Spindler/Stilz/*Cahn* Rn. 14.
[17] Spindler/Stilz/*Cahn* Rn. 20.
[18] Begr. RegE *Kropff* Textausgabe, 1965, 92.
[19] Spindler/Stilz/*Cahn* Rn. 21; Hüffer/*Koch* Rn. 6; KK-AktG/*Lutter/Drygala* Rn. 38; GroßkommAktG/*Merkt* Rn. 26.
[20] Spindler/Stilz/*Cahn* Rn. 21; Hüffer/*Koch* Rn. 6.
[21] Hüffer/*Koch* Rn. 7.
[22] HM, zB Hüffer/*Koch* Rn. 7; MüKoAktG/*Oechsler* Rn. 29; KK-AktG/*Lutter/Drygala* Rn. 32; GroßkommAktG/*Merkt* Rn. 28; aA *Ziebe* AG 1982, 175 (180).

Schuldrechtliches Geschäft in diesem Sinne ist nicht der Vertrag über die Begründung der gesicherten Forderung, sondern die Sicherungsabrede, aus der die Verpflichtung zur Pfandrechtsbestellung folgt.[23] In Folge der Nichtigkeit der Sicherungsabrede besteht kein Anspruch auf Bestellung des Pfandrechts. Ist es gleichwohl bestellt worden, so kann der Aktionär nach § 812 Abs. 1 S. 1 BGB die Aufhebung des Pfandrechts fordern.[24]

12 **2. Zulässige Inpfandnahme. § 71b** ist auf in Pfand genommene Aktien nicht anwendbar, da die Mitgliedschaftsrechte dem Aktionär und nicht der Gesellschaft als Pfandgläubigerin zustehen.[25] Ebenso wenig gilt **§ 71c Abs. 1,** weil die Gesellschaft nicht in die Mitgliedschaft der Aktionäre eingreifen soll und darf.[26] Überwiegend wird zu Recht vertreten, **§ 71c Abs. 2** sei aufgrund der in § 71e Abs. 1 S. 1 angeordneten Gleichstellung der Inpfandnahme eigener Aktien mit deren Erwerb anzuwenden, so dass bei einer Überschreitung der so ermittelten Zehnprozentgrenze die Gesellschaft eigene Aktien und nicht die Pfandaktien veräußern muss.[27]

§ 72 Kraftloserklärung von Aktien im Aufgebotsverfahren

(1) [1]Ist eine Aktie oder ein Zwischenschein abhanden gekommen oder vernichtet, so kann die Urkunde im Aufgebotsverfahren nach dem Gesetz über das Verfahren in Familiensachen und in den Angelegenheiten der freiwilligen Gerichtsbarkeit für kraftlos erklärt werden. [2]§ 799 Abs. 2 und § 800 des Bürgerlichen Gesetzbuchs gelten sinngemäß.

(2) Sind Gewinnanteilscheine auf den Inhaber ausgegeben, so erlischt mit der Kraftloserklärung der Aktie oder des Zwischenscheins auch der Anspruch aus den noch nicht fälligen Gewinnanteilscheinen.

(3) Die Kraftloserklärung einer Aktie nach §§ 73 oder 226 steht der Kraftloserklärung der Urkunde nach Absatz 1 nicht entgegen.

I. Allgemeines

1 § 72 regelt die Kraftloserklärung von Aktien im Wege des Aufgebotsverfahrens (Abs. 1), die Folgen der Kraftloserklärung für Ansprüche aus noch nicht fälligen Gewinnanteilscheinen (Abs. 2) und das Verhältnis der Kraftloserklärung im Aufgebotsverfahren zur Kraftloserklärung durch die Gesellschaft (Abs. 3). Zweck der Vorschrift ist der **Schutz des Aktionärs** vor Nachteilen, die ihm aus dem Verlust oder der Vernichtung der Aktienurkunde erwachsen können, und vor Schwierigkeiten bei der Rechtsausübung.[1] Im Gegensatz zur Kaduzierung (§ 64) und zur Kraftloserklärung nach § 226 betrifft § 72 nicht das Mitgliedschaftsrecht als solches, sondern lediglich dessen Verbriefung in der Aktienurkunde.[2] Die praktische Bedeutung der Vorschrift hat mit der Zunahme der Girosammelverwahrung und der Ersetzung von Einzelurkunden durch Globalurkunden unter Ausschluss des Anspruchs auf Einzelverbriefung abgenommen.[3]

II. Kraftloserklärung von Aktien und Zwischenscheinen (Abs. 1)

2 **1. Voraussetzungen.** Abs. 1 ermöglicht die Kraftloserklärung von abhanden gekommenen oder vernichteten **Aktien** jeder Art und Gattung und von **Zwischenscheinen** (§ 8 Abs. 6; → § 8 Rn. 28 f.) im **Aufgebotsverfahren** nach dem FamFG. Für Gewinnanteilscheine (Dividendenscheine, Coupons) steht weder das Verfahren nach Abs. 2 noch das nach § 799 BGB zur Verfügung (vgl. § 799 Abs. 1 S. 2 BGB).[4] Der Gläubiger kann sich sein Recht jedoch durch eine Verlustanzeige (§ 804 BGB) erhalten; ferner erstreckt Abs. 2 die Wirkungen der Kraftloserklärung einer Aktie auf die zugehörigen Gewinnanteilscheine. Auch Erneuerungsscheine (Talons) sind nicht aufgebotsfähig.[5] **Abhanden gekommen** ist die Urkunde immer dann, wenn der Aktionär den Besitz derart verloren

[23] MüKoAktG/*Oechsler* Rn. 30; Hüffer/*Koch* Rn. 7.
[24] Hüffer/*Koch* Rn. 7; MüKoAktG/*Oechsler* Rn. 30.
[25] Begr. RegE, BT-Drs. 8/1678, 17.
[26] Begr. RegE, BT-Drs. 8/1678, 17.
[27] Hüffer/*Koch* Rn. 8; Spindler/Stilz/*Cahn* Rn. 17; KK-AktG/*Lutter/Drygala* Rn. 43; wohl aA MüKoAktG/*Oechsler* Rn. 23.
[1] AllgM, zB Hüffer/*Koch* Rn. 1.
[2] MüKoAktG/*Oechsler* Rn. 1; MHdB AG/*Sailer-Coceani* § 12 Rn. 32.
[3] Spindler/Stilz/*Cahn* Rn. 1.
[4] MHdB AG/*Sailer-Coceani* § 12 Rn. 29.
[5] AllgM, zB Hüffer/*Koch* Rn. 2.

hat, dass er aus tatsächlichen Gründen nicht mehr auf sie zugreifen kann.[6] Nicht erforderlich ist ein unfreiwilliger Besitzverlust.[7] Die Aktie bzw. der Zwischenschein ist **vernichtet,** wenn die Urkunde völlig zerstört oder so beschädigt ist, dass sich ihr wesentlicher Inhalt oder die wesentlichen Unterscheidungsmerkmale nicht mehr zuverlässig erkennen lassen und daher das Verfahren nach § 74 ausgeschlossen ist.[8]

2. Verfahren. Zuständig für die Durchführung des Aufgebotsverfahren ist das Amtsgericht (vgl. 3
§ 23a Abs. 1 Nr. 2, Abs. 2 Nr. 7 GVG) am Sitz der Gesellschaft (§ 466 Abs. 1 FamFG iVm § 17 Abs. 1 ZPO), sofern keine abweichende Zuständigkeit begründet worden ist (vgl. § 23d GVG, § 466 Abs. 3 FamFG). Maßgeblich für die Durchführung des Verfahrens sind die §§ 433 ff., 466 ff. FamFG. Das Verfahren wird nur auf Antrag eingeleitet (§ 434 Abs. 1 FamFG). Hinsichtlich der **Antragsberechtigung** ist zu unterscheiden: Bei Inhaberaktien und blanko indossierten Namensaktien und Zwischenscheinen ist antragsberechtigt, wer zum Zeitpunkt des Abhandenkommens bzw. der Vernichtung unmittelbarer Besitzer der Urkunde war (§ 467 Abs. 1 FamFG); dabei muss es sich nicht um den wirklichen Inhaber der Mitgliedschaft, dh den Aktionär, handeln. Bei Namensaktien und Zwischenscheinen ohne Blankoindossament ist antragsberechtigt, wer sich durch Bezeichnung als Berechtigter in der Urkunde, durch Indossamente oder durch Abtretungen legitimieren kann (vgl. § 467 Abs. 2 FamFG).[9] Die Eintragung des Namensaktionärs im Aktienregister ist insoweit ohne Bedeutung, weil es im gerichtlichen Aufgebotsverfahren nicht um das Verhältnis des Aktionärs zur Gesellschaft (vgl. § 67 Abs. 2; → § 67 Rn. 11 ff.) geht.[10] Der Antrag ist zu begründen (vgl. § 468 FamFG). Dabei ist zur „vollständigen Erkennbarkeit“ iSd § 468 Nr. 1 die Aktiennummer anzugeben.[11] Der Verlust der Urkunde und die Antragsberechtigung sind glaubhaft zu machen (vgl. § 468 Nr. 2 FamFG) und eine entsprechende eidesstattliche Versicherung anzubieten (vgl. § 468 Nr. 3 FamFG). Bei Statthaftigkeit des Antrags erlässt das Gericht das **Aufgebot,** in dem die Kraftloserklärung der Urkunde anzudrohen ist (§§ 434 Abs. 2 Nr. 3, 469 FamFG). Das Aufgebot wird **öffentlich bekannt gemacht** (§§ 435, 470 FamFG). Die **Aufgebotsfrist** muss mindestens sechs Wochen (§ 437 FamFG) und soll höchstens ein Jahr (§ 476 FamFG) betragen. Wenn die Urkunde nicht während der Aufgebotsfrist vorgelegt wird, erklärt das Gericht diese im **Ausschließungsbeschluss** für kraftlos (vgl. § 478 Abs. 1 FamFG). Der Ausschließungsbeschluss wird öffentlich zugestellt (§ 441 FamFG) und seinem wesentlichen Inhalt nach zumindest im elektronischen Bundesanzeiger bekannt gemacht (vgl. §§ 478 Abs. 2, 470 FamFG). Sowohl gegen den Ausschließungsbeschluss als auch gegen die Zurückweisung des Antrags ist die Beschwerde statthaft (§ 58 Abs. 1 FamFG). Der Ausschließungsbeschluss wird mit seiner Rechtskraft (vgl. § 45 FamFG) wirksam (§ 439 Abs. 2 FamFG). Die Beschwerdefrist beginnt einen Monat nach Aushang des Ausschließungsbeschlusses (vgl. § 441 FamFG iVm § 188 S. 1 ZPO), so dass dessen Rechtskraft regelmäßig zwei Monate nach seinem Aushang eintritt.

3. Wirkungen. Der rechtskräftige Ausschließungsbeschluss hat zur Folge, dass die Urkunde ihre 4
Legitimationswirkung verliert[12] und derjenige, der den Beschluss erwirkt hat, die vormals in der Urkunde verbrieften Recht geltend machen kann (vgl. § 479 Abs. 1 FamFG). Die Vorlage der Urkunde wird durch die Vorlage des Ausschließungsbeschlusses (mit Rechtskraftzeugnis, vgl. § 46 FamFG) ersetzt.[13] Ferner hat der erfolgreiche Antragsteller einen Anspruch gegen die Gesellschaft auf **Erteilung** einer **neuen Urkunde** (§ 72 Abs. 1 S. 2 iVm § 800 BGB). Das Mitgliedsrecht bleibt hiervon unberührt. Der Ausschließungsbeschluss stellt weder einen eigenständigen Erwerbstatbestand dar noch ersetzt es bei Namensaktien die Eintragung in das Aktienregister.[14] Solange die neue Urkunde nicht ausgestellt ist, ist die Mitgliedschaft nicht wirksam verbrieft. Die unverkörperte Mitgliedschaft kann nur durch Abtretung nach §§ 398 ff., 413 BGB übertragen werden.[15]

III. Gewinnanteilscheine (Abs. 2) und Erneuerungsscheine

1. Gewinnanteilscheine. Gewinnanteilscheine (Coupons) können nicht im Wege eines Aufge- 5
botsverfahrens für kraftlos erklärt werden (vgl. Abs. 1 und § 799 Abs. 1 S. 2 BGB; → Rn. 2). Abs. 2 regelt die Folgen eines wirksamen Ausschließungsbeschlusses hinsichtlich einer Aktie für die zu dieser

[6] Hüffer/*Koch* Rn. 3; KK-AktG/*Lutter/Drygala* Rn. 8; vgl. OLG Stuttgart NJW 1995, 1154 (1155).
[7] MüKoAktG/*Oechsler* Rn. 4; Spindler/Stilz/*Cahn* Rn. 4.
[8] Spindler/Stilz/*Cahn* Rn. 5; MüKoAktG/*Oechsler* Rn. 5; KK-AktG/*Lutter/Drygala* Rn. 7.
[9] Hüffer/*Koch* Rn. 4; KK-AktG/*Lutter/Drygala* Rn. 9.
[10] MüKoAktG/*Oechsler* Rn. 8.
[11] BGH AG 1990, 78 (80); Hüffer/*Koch* Rn. 4.
[12] MüKoAktG/*Oechsler* Rn. 13; Spindler/Stilz/*Cahn* Rn. 12; MHdB AG/*Sailer-Coceani* § 12 Rn. 34.
[13] Hüffer/*Koch* Rn. 5.
[14] Spindler/Stilz/*Cahn* Rn. 12.
[15] MüKoAktG/*Oechsler* Rn. 15; Hüffer/*Koch* Rn. 5.

gehörenden Gewinnanteilscheine („Coupons"). Die Norm gilt nur für auf den Inhaber ausgegebene Gewinnanteilscheine. In der Praxis lauten Gewinnanteilscheine auch bei Namensaktien regelmäßig auf den Inhaber.[16] Abs. 2 unterscheidet zwischen bereits fälligen und noch nicht fälligen Gewinnanteilscheinen. Für bereits **fällige** Gewinnanteilscheine ist die Kraftloserklärung der Aktie ohne Bedeutung. **Nicht fällige** Gewinnanteilscheine verlieren dagegen mit der Kraftloserklärung der Aktie bzw. des Zwischenscheins ihre Funktion als Legitimationsgrundlage für die in ihnen verbrieften Ansprüche, die erlöschen. Davon unberührt bleibt der mitgliedschaftliche Zahlungsanspruch, der dem wahren Rechtsinhaber zusteht.[17] Derjenige, der den Ausschließungsbeschluss (§ 478 Abs. 1 FamFG) erwirkt hat (→ Rn. 3), kann nicht nur die Ausstellung einer neuen Aktie (→ Rn. 4), sondern auch neue Gewinnanteilscheine verlangen.[18]

6 **2. Erneuerungsscheine.** Auch Erneuerungsscheine (Talons) können nicht im Wege eines Aufgebotsverfahrens für kraftlos erklärt werden (→ Rn. 2). Sie werden in Abs. 2 nicht erwähnt. Mit der Kraftloserklärung der Aktie bzw. des Zwischenscheins verliert auch der Erneuerungsschein jede Wirkung.[19] Derjenige, der den Ausschließungsbeschluss (§ 478 Abs. 1 FamFG) erwirkt hat (→ Rn. 3), kann nicht nur die Ausstellung einer neuen Aktie (→ Rn. 4) nebst Gewinnanteilscheinen, sondern auch einen neuen Erneuerungsschein verlangen.[20]

IV. Kraftloserklärung durch die Gesellschaft (Abs. 3)

7 Abs. 3 stellt klar, dass – aus Gründen des Aktionärsschutzes[21] – die Kraftloserklärung einer Aktie durch die Gesellschaft nach § 73 oder nach § 226 zur Durchführung einer Kapitalherabsetzung einem Aufgebotsverfahren nach Abs. 1 nicht entgegensteht. Denn der Aktionär kann ein Interesse daran haben, sich gegenüber der Gesellschaft als berechtigt zum Empfang der neuen Urkunden nach § 73 Abs. 3 S. 1 (→ § 73 Rn. 11) auszuweisen oder sich zur Empfangnahme eines Versteigerungserlöses nach § 226 Abs. 3 S. 6 (→ § 226 Rn. 17) notfalls durch Ausschließungsbeschluss (§ 478 Abs. 1 FamFG; → Rn. 3 f.) zu legitimieren.[22]

V. Abdingbarkeit

8 § 72 enthält **zwingendes Recht,** das nicht durch abweichende Satzungsregelung abbedungen werden kann (vgl. § 23 Abs. 5 S. 1; → § 23 Rn. 29 ff.).[23] Die Kraftloserklärung kann daher weder in der Satzung noch in der Aktienurkunde erschwert oder erleichtert oder mit anderen Rechtswirkungen versehen werden.[24] Die Satzung kann auch keine abweichenden gerichtlichen Zuständigkeiten für das Aufgebotsverfahren bestimmen[25] oder vorsehen, dass fällige Gewinnanteilscheine – aufgrund eines Aufdrucks gemäß § 803 Abs. 1 BGB – bei Kraftloserklärung der Aktie erlöschen.[26]

§ 73 Kraftloserklärung von Aktien durch die Gesellschaft

(1) [1]Ist der Inhalt von Aktienurkunden durch eine Veränderung der rechtlichen Verhältnisse unrichtig geworden, so kann die Gesellschaft die Aktien, die trotz Aufforderung nicht zur Berichtigung oder zum Umtausch bei ihr eingereicht sind, mit Genehmigung des Gerichts für kraftlos erklären. [2]Beruht die Unrichtigkeit auf einer Änderung des Nennbetrags der Aktien, so können sie nur dann für kraftlos erklärt werden, wenn der Nennbetrag zur Herabsetzung des Grundkapitals herabgesetzt ist. [3]Namensaktien können nicht deshalb für kraftlos erklärt werden, weil die Bezeichnung des Aktionärs unrichtig geworden ist. [4]Gegen die Entscheidung des Gerichts ist die Beschwerde zulässig; eine Anfechtung der Entscheidung, durch die die Genehmigung erteilt wird, ist ausgeschlossen.

[16] MHdB AG/*Sailer-Coceani* § 12 Rn. 27.
[17] MüKoAktG/*Oechsler* Rn. 17; Hüffer/*Koch* Rn. 6; MHdB AG/*Sailer-Coceani* § 12 Rn. 29; aA KK-AktG/*Lutter/Drygala* Rn. 22, wonach Dividendenanspruch erst nach Ausstellung einer neuen Gewinnanteilscheins wieder geltend gemacht werden kann.
[18] Spindler/Stilz/*Cahn* Rn. 14; KK-AktG/*Lutter/Drygala* Rn. 22.
[19] MüKoAktG/*Oechsler* Rn. 20; MHdB AG/*Sailer-Coceani* § 12 Rn. 31.
[20] MüKoAktG/*Oechsler* Rn. 20.
[21] Begr. RegE *Kropff* Textausgabe, 1965, 93.
[22] Spindler/Stilz/*Cahn* Rn. 15.
[23] AllgM, zB MüKoAktG/*Oechsler* Rn. 2.
[24] MHdB AG/*Sailer-Coceani* § 12 Rn. 33.
[25] MüKoAktG/*Oechsler* Rn. 6; Spindler/Stilz/*Cahn* Rn. 6.
[26] Spindler/Stilz/*Cahn* Rn. 14.

(2) [1]Die Aufforderung, die Aktien einzureichen, hat die Kraftloserklärung anzudrohen und auf die Genehmigung des Gerichts hinzuweisen. [2]Die Kraftloserklärung kann nur erfolgen, wenn die Aufforderung in der in § 64 Abs. 2 für die Nachfrist vorgeschriebenen Weise bekanntgemacht worden ist. [3]Die Kraftloserklärung geschieht durch Bekanntmachung in den Gesellschaftsblättern. [4]In der Bekanntmachung sind die für kraftlos erklärten Aktien so zu bezeichnen, daß sich aus der Bekanntmachung ohne weiteres ergibt, ob eine Aktie für kraftlos erklärt ist.

(3) [1]An Stelle der für kraftlos erklärten Aktien sind, vorbehaltlich einer Satzungsregelung nach § 10 Abs. 5, neue Aktien auszugeben und dem Berechtigten auszuhändigen oder, wenn ein Recht zur Hinterlegung besteht, zu hinterlegen. [2]Die Aushändigung oder Hinterlegung ist dem Gericht anzuzeigen.

(4) Soweit zur Herabsetzung des Grundkapitals Aktien zusammengelegt werden, gilt § 226.

Übersicht

I. Allgemeines

1. Regelungsgegenstand. § 73 betrifft die Kraftloserklärung von Aktien durch die Gesellschaft 1
wegen inhaltlicher Unrichtigkeit. Abs. 1 bestimmt die Voraussetzungen für die Kraftloserklärung. Abs. 2 regelt das dabei einzuhaltende Verfahren. Die Ausgabe neuer Aktien nach der Kraftloserklärung richtet sich nach Abs. 3. Abs. 4 stellt klar, dass im Fall der Zusammenlegung von Aktien zur Herabsetzung des Grundkapitals die Regelungen des § 226 Vorrang haben.

2. Normzweck. § 73 ermöglicht es der Gesellschaft, mit der Kraftloserklärung **wertpapierrechtliche Konsequenzen** aus der Unrichtigkeit von Aktienurkunden zu ziehen.[1] Vorrangiger Zweck 2
der Norm ist es aber, die Aktionäre durch die Androhung der Kraftloserklärung zum Einreichen ihrer unrichtigen Aktien zu veranlassen; nur wenn dies nicht gelingt, soll die Richtigstellung im Wege der Kraftloserklärung erfolgen.[2] Im Gegensatz zur Kaduzierung (§ 64) und zur Kraftloserklärung nach § 226 betrifft § 73 nicht das Mitgliedschaftsrecht als solches, sondern – wie § 72 (→ § 72 Rn. 1) – lediglich dessen Verbriefung in der Aktienurkunde.[3]

II. Voraussetzungen für die Kraftloserklärung (Abs. 1)

1. Betroffene Urkunden. § 73 erfasst **Aktien** jeder Art und Gattung – und über den Wortlaut 3
hinaus – auch **Zwischenscheine** (§ 8 Abs. 6; → § 8 Rn. 28 f.).[4] Gewinnanteilscheine und Erneuerungsscheine fallen hingegen nicht in den Anwendungsbereich der Vorschrift. Obwohl auf Einzelurkunden zugeschnitten gilt § 73 auch für Globalurkunden.[5]

---

1 Vgl. Hüffer/*Koch* Rn. 1.
2 Vgl. Spindler/Stilz/*Cahn* Rn. 1.
3 Vgl. MüKoAktG/*Oechsler* Rn. 1; KK-AktG/*Lutter/Drygala* Rn. 2.
4 AllgM, zB Hüffer/*Koch* Rn. 2.
5 Spindler/Stilz/*Cahn* Rn. 4.

4 **2. Unrichtigkeit durch Veränderung der rechtlichen Verhältnisse (Abs. 1 S. 1 Hs. 1, S. 2 und 3). a) Grundsätze.** Die Urkunde ist iSd Abs. 1 inhaltlich unrichtig, wenn ihr Text die wirkliche **Rechtslage unzutreffend** wiedergibt.[6] Die Unrichtigkeit muss auf einer Änderung der rechtlichen Verhältnisse beruhen. Dabei ist es ohne Bedeutung, ob die Unrichtigkeit die Angaben zur Gesellschaft (zB Firma, Sitz) oder die Angaben zur Mitgliedschaft (zB Umwandlung von Stamm- in Vorzugsaktien; Einführung oder Änderung einer Nebenpflicht, einer Vinkulierung oder eines verbrieften Sonderrechts) betrifft.[7] Nach dem eindeutigen Wortlaut des Abs. 1 S. 1 muss der Inhalt der Urkunden aufgrund von Umständen, die **nach Ausgabe** der Aktien eingetreten sind, unrichtig geworden sein. Die Anwendung der Vorschrift auf schon bei Ausgabe unrichtige Urkunden kommt daher nicht in Betracht.[8] Sind die Aktien oder Zwischenscheine bereits unrichtig ausgegeben worden, ist die Gesellschaft folglich nicht an das Verfahren nach § 73 gebunden, kann aber auch andererseits die Aktionäre nicht zur Kooperation zwingen, wenn solchermaßen unrichtige Urkunden nicht freiwillig vorgelegt werden. Bei Irreführungsgefahr wird die Gesellschaft zur Vermeidung von Schadensersatzansprüchen gutgläubiger Dritterwerber verpflichtet sein, den falschen Schein – soweit ihr möglich – zu beseitigen.[9]

5 **b) Ausnahmen.** Nicht jede nachträgliche Unrichtigkeit ermöglicht die Kraftloserklärung der betreffenden Urkunde. Obwohl auch bei jeder Änderung des **Nennbetrages** der Aktie der Inhalt der Aktienurkunde von der wirklichen Rechtslage abweicht, rechtfertigt dies grundsätzlich **keine** Kraftloserklärung. Von diesem Grundsatz bestehen zwei Ausnahmen: Eine Kraftloserklärung kann nach § 73 Abs. 1 S. 2 erfolgen, wenn der Nennbetrag zum Zwecke der Herabsetzung des Grundkapitals (vgl. §§ 222 Abs. 4 S. 1, 229 Abs. 3) geändert wurde. Da nach § 4 Abs. 6 S. 1 EGAktG die Regelung des Abs. 1 S. 2 bei der **Umstellung auf Euro** (→ § 8 Rn. 30 ff.) keine Anwendung findet, können auch auf DM lautende Urkunden nach Umstellung des Nennbetrags für kraftlos erklärt werden;[10] eine diesbezügliche Verpflichtung besteht jedoch nicht.[11] **Namensaktien** können nicht deshalb für kraftlos erklärt werden, weil die Bezeichnung des Aktionärs unrichtig geworden ist (Abs. 1 S. 3). Dies ist insbesondere dann der Fall, wenn die Urkunde durch Blankoindossament (→ § 68 Rn. 5) übertragen oder die Mitgliedschaft nach §§ 398 ff., 413 BGB abgetreten worden ist. Da die Gesellschaft durch die Wirkungen des § 67 Abs. 2 (→ § 67 Rn. 11 ff.) hinreichend geschützt ist, besteht kein Bedürfnis für eine Kraftloserklärung.[12]

III. Verfahren der Kraftloserklärung (Abs. 2)

6 **1. Entscheidung über Durchführung des Verfahrens.** Vor Einleitung des förmlichen Verfahrens nach Abs. 2 wird die Gesellschaft zunächst versuchen, die Aktionäre zur freiwilligen Vorlage der unrichtig gewordenen Aktien zum Zwecke der Berichtigung oder des Umtauschs zu veranlassen.[13] Scheitert dieses Vorhaben, entscheidet der **Vorstand** nach **pflichtgemäßem Ermessen** unter Beachtung des Gleichbehandlungsgebots (§ 53a) über die Einleitung des förmlichen Verfahrens.[14] Gegebenenfalls kann hierzu die Zustimmung des Aufsichtsrats erforderlich sein (vgl. § 111 Abs. 4 S. 2).

7 **2. Gerichtliche Genehmigung.** Die Kraftloserklärung der Aktien bedarf der Genehmigung des für den Sitz der Gesellschaft zuständigen Gerichts (vgl. § 14; → § 14 Rn. 1 ff.). Diese ist vom Vorstand in vertretungsberechtigter Anzahl zu beantragen.[15] Das Gericht prüft lediglich die Rechtmäßigkeit der beabsichtigten Kraftloserklärung (Tatbestandsvoraussetzungen des § 73, Ermessensfehler), nicht deren Zweckmäßigkeit.[16] Gegen die die Erteilung der Genehmigung ablehnende Entscheidung des Gerichts ist die Beschwerde zulässig; eine Anfechtung der Entscheidung, durch die die Genehmigung erteilt wird, ist ausgeschlossen (§ 73 Abs. 1 S. 4).

---

[6] Spindler/Stilz/*Cahn* Rn. 6.
[7] Vgl. MHdB AG/*Sailer-Coceani* § 12 Rn. 35.
[8] MüKoAktG/*Oechsler* Rn. 6; Hüffer/*Koch* Rn. 2; vgl. KK-AktG/*Lutter/Drygala* Rn. 10; aA Spindler/Stilz/*Cahn* Rn. 7, der § 73 analog anwendet, wenn die Aktienurkunde aufgrund von Umständen unrichtig geworden ist, die nach Ausgabe der Aktien eingetreten sind.
[9] MüKoAktG/*Oechsler* Rn. 6.
[10] Spindler/Stilz/*Cahn* Rn. 8.
[11] Hüffer/*Koch* Rn. 3.
[12] Vgl. MüKoAktG/*Oechsler* Rn. 9; GroßkommAktG/*Merkt* Rn. 20; iErg ebenso mit anderer Beg. KK-AktG/*Lutter/Drygala* Rn. 9.
[13] Vgl. MHdB AG/*Sailer-Coceani* § 12 Rn. 36.
[14] KK-AktG/*Lutter/Drygala* Rn. 11; MüKoAktG/*Oechsler* Rn. 12.
[15] AllgM, zB Hüffer/*Koch* Rn. 4.
[16] MüKoAktG/*Oechsler* Rn. 17; KK-AktG/*Lutter/Drygala* Rn. 12.

3. Aufforderung und Bekanntmachung (Abs. 2 S. 1 und 2). Wenn die gerichtliche Genehmigung vorliegt, werden die Aktionäre **aufgefordert,** die Aktien zur Berichtigung oder zum Umtausch bei der Gesellschaft einzureichen. Dabei ist die Kraftloserklärung **anzudrohen** und auf die erteilte Genehmigung des Gerichts hinzuweisen (Abs. 2 S. 1). Die Aufforderung muss durch dreimalige Bekanntgabe in den **Gesellschaftsblättern**[17] (vgl. § 25; → § 25 Rn. 4 ff.) erfolgen (Abs. 2 S. 2 iVm § 64 Abs. 2; → § 64 Rn. 8 ff.). Dabei muss die erste Aufforderung mindestens drei Monate und die letzte mindestens einen Monat vor Fristablauf bekanntgemacht werden; zwischen den einzelnen Aufforderungen müssen mindestens drei Wochen liegen (vgl. Abs. 2 S. 2 iVm § 64 Abs. 2 S. 2 und 3; → § 64 Rn. 10). Bei vinkulierten Namensaktien ist anstelle der öffentlichen Bekanntmachung die einmalige **Einzelaufforderung** an den betreffenden Aktionär mit Monatsfrist ausreichend (Abs. 2 S. 2 iVm § 64 Abs. 2 S. 4; → § 64 Rn. 10). 8

4. Kraftloserklärung (Abs. 2 S. 3 und 4). Die Kraftloserklärung nicht rechtzeitig eingereichter Aktien erfolgt ebenfalls durch Bekanntmachung in den **Gesellschaftsblättern** (→ § 25 Rn. 4 ff.; Abs. 2 S. 3). Dabei müssen die betroffenen Aktien eindeutig bezeichnet werden (Abs. 2 S. 4), zB durch Angabe der Stücknummern.[18] Die öffentliche Bekanntmachung ist auch bei vinkulierten Namensaktien und Zwischenscheinen erforderlich; sie kann nicht durch Einzelbekanntmachung gegenüber den betroffenen Aktionären ersetzt werden.[19] Ob die Kraftloserklärung erfolgt, steht wiederum im **pflichtgemäßen Ermessen** des Vorstands, der alle Aktionäre gleich behandeln muss (§ 53a).[20] Die Kraftloserklärung muss innerhalb eines angemessenen Zeitraums nach Ablauf der für die Einreichung der Aktien bestimmten Frist erfolgen, da die Aktionäre hierüber nicht auf ungewisse Zeit im Unklaren gelassen werden dürfen.[21] In der Literatur werden – ohne gesetzliche Grundlage – Höchstfristen zwischen sechs[22] und bis zu zwölf Monaten genannt.[23] Lässt die Gesellschaft den „angemessenen" Zeitraum verstreichen, ist eine Kraftloserklärung erst nach Wiederholung des gesamten Verfahrens möglich.[24] Werden Urkunden nach Ablauf der Einreichungsfrist, aber vor Bekanntmachung der Kraftloserklärung nachträglich eingereicht, sind sie zu berichtigen oder umzutauschen. Da die Einreichungsfrist keine Ausschlussfrist ist und das mit der Aufforderung verbundene Ziel erreicht ist, scheidet eine Kraftloserklärung dieser Urkunden aus.[25] 9

5. Wirkungen. Die Kraftloserklärung hat **keine Auswirkungen** auf die **Mitgliedschaft** des Aktionärs. Sie führt lediglich zur **Unwirksamkeit** der für kraftlos erklärten Aktien und Zwischenscheine; diese verlieren ihre Eigenschaft als **Wertpapier.** Das Mitgliedschaftsrecht bleibt als unverkörpertes Recht bestehen und kann nur noch nach Maßgabe der §§ 398 ff., 413 BGB übertragen werden. Die Folgen der Kraftloserklärung für Gewinnanteil- und Erneuerungsscheine sind in § 73 nicht ausdrücklich geregelt. Überwiegend wird davon ausgegangen, dass die Kraftloserklärung ohne weiteres auch diese Papiere erfasst.[26] Die besseren Gründe sprechen jedoch dafür, Gewinnanteil- und Erneuerungsscheine nur dann für unwirksam zu halten, wenn sie selbst inhaltlich unrichtig sind und ausdrücklich sowohl in die Aufforderung (Abs. 2 S. 1) als auch in die Kraftloserklärung (Abs. 2 S. 3) aufgenommen wurden.[27] Denn nicht jede Unrichtigkeit der Aktie begründet auch eine Unrichtigkeit der zugehörigen Gewinnanteil- und Erneuerungsscheine. Unter Berücksichtigung von Sinn und Zweck des § 73 (→ Rn. 2) ist nicht erkennbar, warum auch Nebenpapiere, die nicht unrichtig geworden sind, allein aufgrund der Unrichtigkeit der Aktie ihre Wirksamkeit verlieren sollen. Die Ausgabe von Ersatzpapieren würde insoweit nur überflüssigen Aufwand bedeuten.[28] 10

---

[17] § 25 S. 2 aF wurde durch die Aktienrechtsnovelle 2016 (BGBl. I S. 2565) gestrichen, so dass der Bundesanzeiger nunmehr alleiniges Pflicht-Gesellschaftsblatt der Gesellschaft ist. Für einen Fristbeginn oder das sonstige Eintreten von Rechtsfolgen ist unabhängig von noch fortgeltenden Satzungsbestimmungen (vgl. § 26h Abs. 3 EGAktG) nur noch die Bekanntmachung im Bundesanzeiger maßgeblich; so Hüffer/*Koch* § 25 Rn. 1; *Ihrig/Wandt* BB 2016, 6 (17).

[18] MüKoAktG/*Oechsler* Rn. 26; Spindler/Stilz/*Cahn* Rn. 21.

[19] MüKoAktG/*Oechsler* Rn. 27; KK-AktG/*Lutter/Drygala* Rn. 24.

[20] AllgM, zB Hüffer/*Koch* Rn. 5.

[21] MüKoAktG/*Oechsler* Rn. 24; Spindler/Stilz/*Cahn* Rn. 19.

[22] So Spindler/Stilz/*Cahn* Rn. 19.

[23] So MüKoAktG/*Oechsler* Rn. 24; KK-AktG/*Lutter/Drygala* Rn. 22.

[24] Spindler/Stilz/*Cahn* Rn. 19.

[25] Vgl. KK-AktG/*Lutter/Drygala* Rn. 22; MüKoAktG/*Oechsler* Rn. 25.

[26] HM, zB Hüffer/*Koch* Rn. 6; KK-AktG/*Lutter/Drygala* Rn. 27; vgl. GroßkommAktG/*Merkt* Rn. 45; *Herbig* DJ 1935, 115.

[27] So MüKoAktG/*Oechsler* Rn. 32; Spindler/Stilz/*Cahn* Rn. 23.

[28] Spindler/Stilz/*Cahn* Rn. 23.

IV. Ausgabe neuer Aktien (Abs. 3)

11 **1. Grundsätze.** Die Aktionäre haben einen **Anspruch** auf Ausgabe und Aushändigung neuer Aktienurkunden als Ersatz für die für kraftlos erklärten Urkunden (vgl. Abs. 3 S. 1). Der Wortlaut des Abs. 3 S. 1 („sind auszugeben") macht deutlich, dass die Ausgabe neuer Aktien eine Pflicht der Gesellschaft ist, die von ihr auch dann zu erfüllen ist, wenn von ihr die Ausgabe nicht verlangt wird.[29] Diese Verpflichtung besteht jedoch dann **nicht,** wenn durch Regelung in der Satzung der Anspruch des Aktionärs auf Verbriefung ausgeschlossen worden ist (vgl. § 10 Abs. 5; → § 10 Rn. 27 ff.). Die Ausgabe steht somit unter einem Satzungsvorbehalt. Die Verpflichtung der Gesellschaft erstreckt sich auf Zwischenscheine und – soweit auch diese für kraftlos erklärt wurden (→ Rn. 10) – auf Ersatzurkunden für Gewinnanteil- und Erneuerungsscheine.[30] Der Aktionär, an den die Ausgabe der neuen Urkunden erfolgen soll, muss sich legitimieren. Dies kann bei Inhaberaktien zB durch Vorlage der für kraftlos erklärten Urkunden oder eines Ausschließungsbeschlusses iSd § 72 Abs. 1 iVm § 478 Abs. 1 FamFG geschehen.[31] Bei Namensaktien und Zwischenscheinen kommt die Ausgabe nur an denjenigen in Betracht, der im Aktienregister eingetragen ist (vgl. § 67 Abs. 2 S. 1; → § 67 Rn. 11 ff.).[32] Eine für kraftlos erklärte Globalurkunde ist durch eine neue Globalurkunde zu ersetzen, die bei der Wertpapiersammelbank (Clearstream Banking AG) zu hinterlegen ist.[33]

12 **2. Hinterlegung.** Sofern ungewiss ist, wer der Berechtigte ist, oder ob sich der Berechtigte in Annahmeverzug befindet, **muss** die Gesellschaft die neuen Urkunden gemäß Abs. 3 S. 1 iVm § 372 BGB hinterlegen. Maßgeblich sind die §§ 372 ff. BGB und die Hinterlegungsordnung. Verzichtet die Gesellschaft bei der Hinterlegung auf ihr Recht zur Rücknahme (vgl. § 376 Abs. 1 Nr. 2 BGB), wird sie von ihrer Verpflichtung gegenüber dem Aktionär befreit (§ 378 BGB). Die Aushändigung der neuen Aktien bzw. deren Hinterlegung sind dem Gericht (→ Rn. 7) anzuzeigen.

13 **3. Kosten.** Die Kosten für die Durchführung des Verfahrens nach § 73 und die Herstellung der neuen Aktien trägt die Gesellschaft.[34] Der Satzungsvorbehalt nach § 10 Abs. 5 kann aber auch so ausgestaltet sein, dass die Gesellschaft zwar die Kosten des Verfahrens nach § 73 trägt, die Ausstellung neuer Urkunden aber von einer Übernahme der diesbezüglichen Kosten durch den Aktionär abhängig gemacht wird.[35]

V. Zusammenlegung von Aktien (Abs. 4)

14 Auch die Zusammenlegung von Aktien zum Zwecke der Herabsetzung des Grundkapitals führt zur Unrichtigkeit der zuvor ausgegebenen Aktien iSd Abs. 1 S. 1. Eine Kraftloserklärung nach Maßgabe des § 73 kommt aber nicht in Betracht, da sich insoweit das Verfahren nach § 226 richtet (Abs. 4).

VI. Abdingbarkeit

15 § 73 enthält **zwingendes Recht** (vgl. § 23 Abs. 5 S. 1; → § 23 Rn. 29 ff.).[36] Abweichende Regelungen können weder in der Satzung noch in der Aktienurkunde getroffen werden. Insbesondere kann das Erfordernis der gerichtlichen Genehmigung nicht abbedungen und die Kraftloserklärung nicht auf weitere Sachverhalte ausgedehnt werden.[37]

§ 74 Neue Urkunden an Stelle beschädigter oder verunstalteter Aktien oder Zwischenscheine

[1]Ist eine Aktie oder ein Zwischenschein so beschädigt oder verunstaltet, daß die Urkunde zum Umlauf nicht mehr geeignet ist, so kann der Berechtigte, wenn der wesentliche Inhalt und die Unterscheidungsmerkmale der Urkunde noch sicher zu erkennen sind, von der Gesellschaft die Erteilung einer neuen Urkunde gegen Aushändigung der alten verlangen. [2]Die Kosten hat er zu tragen und vorzuschießen.

---

[29] MüKoAktG/*Oechsler* Rn. 33.
[30] Spindler/Stilz/*Cahn* Rn. 24.
[31] MüKoAktG/*Oechsler* Rn. 36; Spindler/Stilz/*Cahn* Rn. 26.
[32] MüKoAktG/*Oechsler* Rn. 35; Spindler/Stilz/*Cahn* Rn. 26; KK-AktG/*Lutter/Drygala* Rn. 28.
[33] Spindler/Stilz/*Cahn* Rn. 24.
[34] AllgM, zB MüKoAktG/*Oechsler* Rn. 42; KK-AktG/*Lutter/Drygala* Rn. 33.
[35] Hüffer/*Koch* Rn. 8.
[36] AllgM, zB MüKoAktG/*Oechsler* Rn. 2; KK-AktG/*Lutter/Drygala* Rn. 32.
[37] MüKoAktG/*Oechsler* Rn. 2; Spindler/Stilz/*Cahn* Rn. 30.

I. Allgemeines

§ 74 regelt den Austausch beschädigter oder verunstalteter Aktien und Zwischenscheine. Zweck der Vorschrift ist die Wiederherstellung der durch die Beschädigung oder Verunstaltung beeinträchtigten Handelsfähigkeit der Urkunden.[1] 1

II. Anspruch auf Austausch der Urkunde

1. Voraussetzungen. a) Anwendungsbereich. § 74 gilt für Aktien jeder Art und Gattung und für Zwischenscheine. Nicht erfasst werden Gewinnanteilscheine (Coupons) und Erneuerungsscheine (Talons). Da diese Nebenpapiere in der Praxis regelmäßig – auch bei Namensaktien[2] – auf den Inhaber lauten, kommt insoweit im Fall der Beschädigung oder Verunstaltung § 798 BGB zur Anwendung.[3] 2

b) Beschädigung oder Verunstaltung. Bei einer Beschädigung oder Verunstaltung der Urkunde, die deren Eignung zum Umlauf aufhebt, kann der Berechtigte den Austausch der Urkunde verlangen (§ 74 S. 1). Unter Beschädigung wird regelmäßig ein Substanzschaden (zB eingerissen, angesengt, durchlöchert), unter Verunstaltung ein Schönheitsfehler (zB verfärbt, befleckt, verknittert) verstanden. Die damit verbundene Beeinträchtigung der äußeren Beschaffenheit der Urkunde muss so erheblich sein, dass die Verkehrsfähigkeit der Urkunde beseitigt ist.[4] Dies ist immer dann der Fall, wenn die Urkunde nicht mehr den Anforderungen der Wertpapierbörsen und Depotbanken betreffend die Unversehrtheit von Aktienurkunden (sog. Lieferbarkeit) genügt[5] oder die Schnelligkeit und Klarheit der Identifizierung beeinträchtigt ist.[6] Trotz der Beeinträchtigung müssen jedoch der wesentliche Inhalt und die Unterscheidungsmerkmale der Urkunde noch sicher zu erkennen sein. Ist dies nicht der Fall, ist die Urkunde iSd § 72 zu vernichten (→ § 72 Rn. 2); ihr Austausch kommt nicht mehr in Betracht. Die Urkunde muss dann im Aufgebotsverfahren (→ § 72 Rn. 3 f.) für kraftlos erklärt werden.[7] 3

c) Berechtigter. Anspruchsberechtigt ist bei Inhaberaktien der Inhaber der Urkunde sowie bei Namensaktien und Zwischenscheinen derjenige, der im Aktienregister eingetragen ist (vgl. § 67 Abs. 2 S. 1; → § 67 Rn. 11 ff.).[8] 4

2. Rechtsfolgen. Der Anspruchsberechtigte kann Zug-um-Zug gegen Aushändigung der alten Urkunde die Erteilung einer neuen Aktie bzw. eines neuen Zwischenscheins verlangen. Die neue Urkunde ersetzt die alte Urkunde, die mit der Rückgabe an die Gesellschaft ihre Wertpapiereigenschaft verliert und von der Gesellschaft zu vernichten ist.[9] Die mit dem Austausch der Urkunden verbundenen **Kosten** trägt der Aktionär (§ 74 S. 2). Er muss einen entsprechenden Kostenvorschuss leisten. Die Gesellschaft darf auf den Ersatz der Kosten nicht verzichten, da ein Verzicht nicht mit § 57 Abs. 1 S. 1 zu vereinbaren wäre.[10] 5

III. Abdingbarkeit

§ 74 enthält **zwingendes Recht** (vgl. § 23 Abs. 5 S. 1; → § 23 Rn. 29 ff.).[11] Abweichende Regelungen können weder in der Satzung noch in der Aktienurkunde getroffen werden. Insbesondere kann der Anspruch des Aktionärs nicht ausgeschlossen oder von weiteren Voraussetzungen abhängig gemacht werden. Das Gesetz hindert die Gesellschaft jedoch nicht daran, Aktien auch unterhalb der in § 74 gesetzten Maßstäbe umzutauschen und dies in der Satzung vorzusehen.[12] 6

§ 75 Neue Gewinnanteilscheine

Neue Gewinnanteilscheine dürfen an den Inhaber des Erneuerungsscheins nicht ausgegeben werden, wenn der Besitzer der Aktie oder des Zwischenscheins der Ausgabe wider-

---

1 Hüffer/*Koch* Rn. 1; KK-AktG/*Lutter/Drygala* Rn. 2.
2 Vgl. MHdB AG/*Sailer-Coceani* § 12 Rn. 27, 30.
3 MüKoAktG/*Oechsler* Rn. 3; Spindler/Stilz/*Cahn* Rn. 3.
4 Spindler/Stilz/*Cahn* Rn. 5.
5 Spindler/Stilz/*Cahn* Rn. 5 mwN.
6 MüKoAktG/*Oechsler* Rn. 5; KK-AktG/*Lutter/Drygala* Rn. 3.
7 Hüffer/*Koch* Rn. 1.
8 MüKoAktG/*Oechsler* Rn. 10; Spindler/Stilz/*Cahn* Rn. 8 f.; KK-AktG/*Lutter/Drygala* Rn. 6.
9 KK-AktG/*Lutter/Drygala* Rn. 5; Spindler/Stilz/*Cahn* Rn. 10.
10 AllgM, zB MüKoAktG/*Oechsler* Rn. 9.
11 AllgM, zB MüKoAktG/*Oechsler* Rn. 1.
12 Vgl. Spindler/Stilz/*Cahn* Rn. 1; KK-AktG/*Lutter/Drygala* Rn. 7.

spricht; sie sind dem Besitzer der Aktie oder des Zwischenscheins auszuhändigen, wenn er die Haupturkunde vorlegt.

I. Allgemeines

1 § 75 trifft Regelungen zur Ausgabe von Gewinnanteilscheinen (Coupons). Die Parallelregelung zu § 805 BGB unterscheidet dabei zwischen der Ausgabe der Gewinnanteilscheine an den Inhaber des Erneuerungsscheins (Hs. 1) und derjenigen an den Besitzer der Aktie bzw. des Zwischenscheins (Hs. 2). **Zweck** der Vorschrift ist es, die **Legitimationswirkung** des Erneuerungsscheins zu begrenzen und den Vorrang des Besitzers der Haupturkunde gegenüber dem Inhaber des Erneuerungsscheins klarzustellen.[1] Damit dokumentiert die Norm, dass der Anspruch auf Ausgabe neuer Gewinnanteilscheine nicht im Erneuerungsschein, sondern in der Aktie oder dem Zwischenschein verkörpert ist.[2] Da die Vorlage des Erneuerungsscheins nach § 75 keine notwendige Voraussetzung für die Geltendmachung des Anspruchs auf Ausgabe neuer Gewinnanteilscheine ist, ist der Erneuerungsschein folglich kein Wertpapier, sondern ein einfaches **Legitimationspapier.**[3] Die Befugnisse nach § 75 (Widerspruchsrecht nach Hs. 1; Anspruch auf Aushändigung der Gewinnanteilscheine nach Hs. 2) stehen dem Besitzer der Aktie oder des Zwischenscheins ohne Rücksicht auf die materielle Verfügungsbefugnis zu.[4] § 75 gilt für sämtliche aktienrechtliche Erneuerungsscheine, unabhängig davon, ob sie zu Aktien oder zu Zwischenscheinen ausgegeben wurden.[5] Da mit einem Bogen neuer Gewinnanteilscheine regelmäßig auch ein neuer Erneuerungsschein ausgegeben wird, umfasst der Anwendungsbereich des § 75 auch die Ausgabe neuer Erneuerungsscheine.[6]

II. Ausgabe von Gewinnanteilscheinen an den Inhaber des Erneuerungsscheins (§ 75 Hs. 1)

2 **1. Grundlagen.** Nach Hs. 1 dürfen neue Gewinnanteilscheine an den Inhaber des Erneuerungsscheins **nicht** ausgegeben werden, wenn der Besitzer der Aktie oder des Zwischenscheins der Ausgabe widerspricht. Die Regelung setzt voraus, dass der Inhaber des Erneuerungsscheins und der Besitzer der Haupturkunde nicht identisch sind. Dem Besitzer der Haupturkunde steht dann das Recht zum Widerspruch gegen die Ausgabe der Gewinnanteilscheine an den Inhaber des Erneuerungsscheins zu. Maßgeblich für die Beurteilung der Besitzverhältnisse sind die §§ 854 ff. BGB. Mittelbarer Besitz, zB bei Bankverwahrung, ist ausreichend.[7] Die Besitzverhältnisse sind auch bei Namensaktien und Zwischenscheinen maßgeblich; auf die Eintragung im Aktienregister (vgl. § 67 Abs. 2 S. 1; → § 67 Rn. 11 ff.) kommt es insoweit nicht an.[8] Dafür sprechen der eindeutige Wortlaut der Norm, der nicht zwischen Inhaber- und Namenspapieren differenziert, und die Systematik des Gesetzes. Denn die ausdrückliche Erwähnung der Zwischenscheine, die immer auf den Namen lauten (vgl. § 10 Abs. 3), in § 75 verbietet es, für Namenspapiere der Eintragung im Aktienregister Vorrang vor den Besitzverhältnissen einzuräumen.[9] § 75 ist insoweit lex specialis zu § 67 Abs. 2 S. 1.[10] Der Widerspruch iSd § 75 Hs. 1 ist eine empfangsbedürftige Willenserklärung, die gegenüber der Gesellschaft abzugeben ist und keiner besonderen Form bedarf. Der Widerspruch kann hinsichtlich einer konkret bevorstehenden Ausgabe neuer Gewinnanteilscheine oder vorsorglich in Bezug auf die künftige Ausgabe abgegeben werden.[11] Der Widerspruch kann jederzeit mit Wirkung für die Zukunft zurückgenommen werden.[12]

3 **2. Rechtsfolgen.** Grundsätzlich hat die Ausgabe von Gewinnanteilscheinen an den Inhaber des Erneuerungsscheins für die Gesellschaft gegenüber dem Aktionär befreiende Wirkung („Liberationswirkung").[13] Die Gesellschaft kann daher die Gewinnanteilscheine an den Inhaber des Erneuerungsscheins ausgeben, ist hierzu aber nicht verpflichtet.[14] Der Widerspruch **nimmt** dem Erneuerungs-

---

[1] Spindler/Stilz/*Cahn* Rn. 1; vgl. RGZ 77, 333 (336); KK-AktG/*Lutter/Drygala* Rn. 4.
[2] MHdB AG/*Sailer-Coceani* § 12 Rn. 30; Spindler/Stilz/*Cahn* Rn. 1.
[3] MHdB AG/*Sailer-Coceani* § 12 Rn. 30; KK-AktG/*Lutter/Drygala* Rn. 3; MüKoAktG/*Oechsler* Rn. 2.
[4] MüKoAktG/*Oechsler* Rn. 5, 9; vgl. Spindler/Stilz/*Cahn* Rn. 3.
[5] MüKoAktG/*Oechsler* Rn. 3; Spindler/Stilz/*Cahn* Rn. 2.
[6] MüKoAktG/*Oechsler* Rn. 4.
[7] AllgM, zB Hüffer/*Koch* Rn. 2; KK-AktG/*Lutter/Drygala* Rn. 5.
[8] MüKoAktG/*Oechsler* Rn. 3, 5; Hüffer/*Koch* Rn. 3; KK-AktG/*Lutter/Drygala* Rn. 5; Spindler/Stilz/*Cahn* Rn. 2, 4.
[9] Vgl. MüKoAktG/*Oechsler* Rn. 5.
[10] MüKoAktG/*Oechsler* Rn. 5; Hüffer/*Koch* Rn. 3.
[11] MüKoAktG/*Oechsler* Rn. 6; Spindler/Stilz/*Cahn* Rn. 5.
[12] MüKoAktG/*Oechsler* Rn. 8; Spindler/Stilz/*Cahn* Rn. 5.
[13] MüKoAktG/*Oechsler* Rn. 2; MHdB AG/*Sailer-Coceani* § 12 Rn. 30.
[14] MHdB AG/*Sailer-Coceani* § 12 Rn. 30; MüKoAktG/*Oechsler* Rn. 2.

schein seine **Legitimationswirkung.**[15] Die Gesellschaft darf nach einem Widerspruch Gewinnanteilscheine nicht mehr an den Inhaber des Erneuerungsscheins ausgeben („Sperrfunktion").[16] Erfolgt die Ausgabe dennoch, können die betreffenden Gewinnanteilscheine nicht separat für kraftlos erklärt werden (vgl. § 799 Abs. 1 S. 2 BGB); die Gesellschaft macht sich gegenüber dem Aktionär schadensersatzpflichtig.[17]

III. Ausgabe von Gewinnanteilscheinen an den Besitzer der Aktie oder des Zwischenscheins (§ 75 Hs. 2)

Nach Hs. 2 sind die Gewinnanteilscheine dem Inhaber der Aktie oder des Zwischenscheins 4 auszuhändigen, wenn er die Haupturkunde vorlegt. Unabhängig davon, ob der Besitzer der Aktie auch Inhaber des Talons ist, hat er somit bei Vorlage der Haupturkunde einen **Anspruch auf Aushändigung** der Gewinnanteilscheine.[18] Die Haupturkunde ist bei der Gesellschaft oder einem von dieser entsprechend ermächtigten Dritten (zB verwahrende Wertpapiersammelbank) vorzulegen. Auf Vorlage der Haupturkunde oder einer entsprechenden Bestätigung der verwahrenden Bank über den mittelbaren Besitz hat die Gesellschaft die neuen Gewinnanteilscheine auszuhändigen. Ein vorheriger Widerspruch nach Hs. 1 ist nicht erforderlich. Denn der Anspruch auf Ausgabe der Gewinnanteilscheine ist in der Haupturkunde verkörpert (→ Rn. 1). Ferner kommt in der Vorlage der Haupturkunde der Wille zum Ausdruck, dass die Gewinnanteilscheine nicht an den Inhaber des Erneuerungsscheins ausgegeben werden sollen.[19] Auch bei Namensaktien und Zwischenscheinen sind für den Anspruch auf Aushändigung der Gewinnanteilscheine Besitz und Vorlage der Haupturkunde maßgeblich. Darüber hinaus ist die Eintragung des Vorlegenden im Aktienregister erforderlich, da mit der Entgegennahme des Gewinnanteilscheins ein Mitgliedschaftsrecht ausgeübt wird.[20]

IV. Abdingbarkeit

§ 75 enthält **zwingendes Recht** (vgl. § 23 Abs. 5 S. 1; → § 23 Rn. 29 ff.).[21] Abweichende Regelungen können weder in der Satzung noch in der Aktienurkunde getroffen werden. Der Erneuerungsschein kann daher nicht durch Satzungsbestimmung als echtes Inhaberpapier ausgestaltet oder von der Verwaltung als Inhaberpapier ausgegeben werden.[22] 5

Vierter Teil. Verfassung der Aktiengesellschaft

Erster Abschnitt. Vorstand

§ 76 Leitung der Aktiengesellschaft

(1) Der Vorstand hat unter eigener Verantwortung die Gesellschaft zu leiten.

(2) [1]Der Vorstand kann aus einer oder mehreren Personen bestehen. [2]Bei Gesellschaften mit einem Grundkapital von mehr als drei Millionen Euro hat er aus mindestens zwei Personen zu bestehen, es sei denn, die Satzung bestimmt, daß er aus einer Person besteht. [3]Die Vorschriften über die Bestellung eines Arbeitsdirektors bleiben unberührt.

(3) [1]Mitglied des Vorstands kann nur eine natürliche, unbeschränkt geschäftsfähige Person sein. [2]Mitglied des Vorstands kann nicht sein, wer
1. als Betreuter bei der Besorgung seiner Vermögensangelegenheiten ganz oder teilweise einem Einwilligungsvorbehalt (§ 1903 des Bürgerlichen Gesetzbuchs) unterliegt,
2. aufgrund eines gerichtlichen Urteils oder einer vollziehbaren Entscheidung einer Verwaltungsbehörde einen Beruf, einen Berufszweig, ein Gewerbe oder einen Gewerbe-

[15] Spindler/Stilz/*Cahn* Rn. 6; KK-AktG/*Lutter/Drygala* Rn. 7.
[16] Hüffer/*Koch* Rn. 3; Spindler/Stilz/*Cahn* Rn. 6.
[17] Spindler/Stilz/*Cahn* Rn. 6; Hüffer/*Koch* Rn. 3.
[18] Hüffer/*Koch* Rn. 2.
[19] MüKoAktG/*Oechsler* Rn. 9; Spindler/Stilz/*Cahn* Rn. 8; vgl. GroßkommAktG/*Merkt* Rn. 11, 14; KK-AktG/*Lutter/Drygala* Rn. 10.
[20] Hüffer/*Koch* Rn. 4; KK-AktG/*Lutter/Drygala* Rn. 12; Spindler/Stilz/*Cahn* Rn. 2, 8; aA MüKoAktG/*Oechsler* Rn. 10.
[21] AllgM, zB MüKoAktG/*Oechsler* Rn. 1.
[22] Spindler/Stilz/*Cahn* Rn. 10.

zweig nicht ausüben darf, sofern der Unternehmensgegenstand ganz oder teilweise mit dem Gegenstand des Verbots übereinstimmt,
3. wegen einer oder mehrerer vorsätzlich begangener Straftaten
a) des Unterlassens der Stellung des Antrags auf Eröffnung des Insolvenzverfahrens (Insolvenzverschleppung),
b) nach den §§ 283 bis 283d des Strafgesetzbuchs (Insolvenzstraftaten),
c) der falschen Angaben nach § 399 dieses Gesetzes oder § 82 des Gesetzes betreffend die Gesellschaften mit beschränkter Haftung,
d) der unrichtigen Darstellung nach § 400 dieses Gesetzes, § 331 des Handelsgesetzbuchs, § 313 des Umwandlungsgesetzes oder § 17 des Publizitätsgesetzes,
e) nach den §§ 263 bis 264a oder den §§ 265b bis 266a des Strafgesetzbuchs zu einer Freiheitsstrafe von mindestens einem Jahr

verurteilt worden ist; dieser Ausschluss gilt für die Dauer von fünf Jahren seit der Rechtskraft des Urteils, wobei die Zeit nicht eingerechnet wird, in welcher der Täter auf behördliche Anordnung in einer Anstalt verwahrt worden ist.

[3]Satz 2 Nr. 3 gilt entsprechend bei einer Verurteilung im Ausland wegen einer Tat, die mit den in Satz 2 Nr. 3 genannten Taten vergleichbar ist.

(4) [1]Der Vorstand von Gesellschaften, die börsennotiert sind oder der Mitbestimmung unterliegen, legt für den Frauenanteil in den beiden Führungsebenen unterhalb des Vorstands Zielgrößen fest. [2]Liegt der Frauenanteil bei Festlegung der Zielgrößen unter 30 Prozent, so dürfen die Zielgrößen den jeweils erreichten Anteil nicht mehr unterschreiten. [3]Gleichzeitig sind Fristen zur Erreichung der Zielgrößen festzulegen. [4]Die Fristen dürfen jeweils nicht länger als fünf Jahre sein.

Schrifttum: *Berg,* Korruption in Unternehmen und Risikomanagement nach § 91 Abs. 2 AktG, AG 2007, 271; *Drygala,* Harte Quote, weiche Quote und die Organpflichten von Vorstand und Aufsichtsrat, NZG 2015, 1129; *Erdmann,* Ausländische Staatsangehörige in Geschäftsführungen und Vorständen deutscher GmbHs und AGs, NZG 2002, 503; *Fleischer,* Die „Business Judgment Rule" – Vom Richterrecht zur Kodifizierung, ZIP 2004, 685; *ders.,* Aktienrechtliche Legalitätspflicht und „nützliche" Pflichtverletzungen von Vorstandsmitgliedern, ZIP 2005, 141; *ders.,* Unternehmensspenden und Leitungsermessen des Vorstands im Aktienrecht, AG 2001, 171; *ders.,* Zur Leitungsaufgabe des Vorstands im Aktienrecht, ZIP 2003, 1; *ders.,* Zur Unveräußerlichkeit der Leitungsmacht im deutschen, englischen und US-amerikanischen Aktienrecht, FS Schwark, 2009, 137; *Fromholzer/Simons,* Die Festlegung von Zielgrößen für den Frauenanteil in Aufsichtsrat, Geschäftsleitung und Führungspositionen, AG 2015, 457; *Gehrlein,* Strafbarkeit von Vorständen wegen leichtfertiger Vergabe von Unternehmensspenden, NZG 2002, 463; *Goette,* Leitung, Aufsicht, Haftung – zur Rolle der Rechtsprechung bei der Sicherung einer modernen Unternehmensführung, FS 50 Jahre BGH, 2000, 123; *ders.,* Organisation und Zuständigkeiten im Konzern, AG 2006, 522; *Götz,* Gesamtverantwortung des Vorstands bei vorschriftswidriger Unterbesetzung, ZIP 2002, 1745; *ders.,* Leitungssorgfalt und Leitungskontrolle der Aktiengesellschaft hinsichtlich abhängiger Unternehmen, ZGR 1998, 524; *Grobe* Die Geschlechterquote für Aufsichtsrat und Vorstand AG 2015, 298; *Groh,* Shareholder Value und Aktienrecht, DB 2000, 2153; *Hoffmann-Becking,* Vorstands-Doppelmandate im Konzern, ZHR 150 (1986), 570; *ders.,* Zur rechtlichen Organisation der Zusammenarbeit im Vorstand der AG, ZGR 1998, 497; *Hommelhoff,* Satzungsmäßige Eignungsvoraussetzungen für Vorstandsmitglieder einer Aktiengesellschaft, BB 1977, 322; *Hüffer,* Die Leitungsverantwortung des Vorstands in der Managementholding, FS Happ, 2006, 93; *Jäger,* Zur Problematik von Altersgrenzen für Vorstandsmitglieder im Hinblick auf das AGG, FS Bauer, 2010, 495; *Junker/Schmidt-Pfitzner,* Quoten und Zielgrößen für Frauen (und Männer) in Führungspositionen, NZG 2015, 929; *Kessler,* Die Leitungsmacht des Vorstandes einer Aktiengesellschaft (II), AG 1995, 120; *Kind,* Darf der Vorstand einer AG Spenden an politische Parteien vergeben?, NZG 2000, 567; *Kort,* Die Errichtung eines Aktienregisters nach § 67 AktG – Leitungsaufgabe, einfache Geschäftsführungsaufgabe oder Vertretungsmaßnahme, NZG 2005, 963; *ders.,* Vorstandshandeln im Spannungsverhältnis zwischen Unternehmens- und Aktionärsinteressen, AG 2012, 605; *ders.,* Gemeinwohlbelange beim Vorstandshandeln, NZG 2012, 926; *Lutter,* Anwendbarkeit der Altersbestimmungen des AGG auf Organpersonen, BB 2007, 725; *Mertens,* Der Vorstand darf zahlen, AG 2000, 157; *Mülbert,* Soziale Verantwortung von Unternehmen im Gesellschaftsrecht, AG 2009, 766; *Müller-Michaels/Ringel,* Muss Ethik sich lohnen?, AG 2011, 101; *Poelzig,* Die Verantwortlichkeit des Vorstands für den Abkauf missbräuchlicher Anfechtungsklagen, WM 2008, 1009; *Röder/Arnold,* Zielvorgaben zur Förderung des Frauenanteils in Führungspositionen NZA 2015, 1281; *Säcker,* Die Geschäftsordnung für das zur gesetzlichen Vertretung eines mitbestimmten Unternehmens bestimmte Organ, DB 1977, 1993; *Schäfer,* Beschlussanfechtbarkeit bei Beschlussvorschlägen durch einen unterbesetzten Vorstand, ZGR 2003, 147; *Schilling,* Shareholder Value und Aktiengesetz, BB 1997, 373; *Stein,* Konzernherrschaft durch EDV?, ZGR 1988, 163; *Weller/Benz,* Frauenförderung als Leitungsaufgabe, AG 2015, 467; *Zöllner,* Unternehmensinnenrecht: Gibt es das?, AG 2003, 2.

Übersicht

I. Allgemeines

§ 76 steht an der Spitze des der Verfassung der Aktiengesellschaft gewidmeten 4. Teils des Aktiengesetzes. Durch die Vorschrift werden die **Leitungsaufgabe** (Leitungsrecht und Leitungspflicht) **des Vorstands** (Abs. 1), seine zahlenmäßige Zusammensetzung (Abs. 2) sowie die persönlichen Eignungsvoraussetzungen und Bestellungshindernisse für das Vorstandsamt (Abs. 3) normiert. Mit der exklusiven Zuweisung des Rechts und der Pflicht zur eigenverantwortlichen Leitung der Gesellschaft an den Vorstand in § 76 Abs. 1 wird zugleich eine Kompetenzabgrenzung gegenüber Aufsichtsrat und Hauptversammlung als den beiden anderen Gesellschaftsorganen vorgenommen und die Weisungsunabhängigkeit des Vorstands von Beschlussfassungen des Aufsichtsrats und der Hauptversammlung (Ausnahme: § 119 Abs. 2) bestimmt.[1] 1

II. Vorstand als Leitungsorgan

1. Erforderlichkeit eines Vorstands. Der Vorstand ist **notwendiges Organ** der Gesellschaft. Dies ergibt sich bereits aus den Gründungsvorschriften. Der Vorstand zeichnet neben dem Aufsichtsrat für die Prüfung der Gründung der Gesellschaft verantwortlich (§ 33 Abs. 1) und ist an der Anmeldung der Gesellschaft zur Eintragung in das Handelsregister beteiligt (§§ 36 Abs. 1, 37 Abs. 4 Nr. 3). Bei der Eintragung sind die Vorstandsmitglieder anzugeben (§ 39 Abs. 1). Daraus folgt, dass 2

[1] Spindler/Stilz/*Fleischer* Rn. 1; Schmidt/Lutter/*Seibt* Rn. 2; Hüffer/*Koch* Rn. 2.

die Gesellschaft ohne Vorstand nicht entstehen kann.[2] Fällt der Vorstand nach Anmeldung der Gesellschaft zur Eintragung insgesamt weg oder genügt der verbleibende Rest der Vorstandsmitglieder den Vorschriften über die Vertretung der Gesellschaft nicht mehr, bleibt die Anmeldung analog § 130 Abs. 2, 3 BGB wirksam. Bis zur Bestellung (Ergänzung) neuer Vorstandsmitglieder in vertretungsberechtigter Anzahl besteht jedoch ein Eintragungshindernis.[3]

3 Ein Fortfall sämtlicher Vorstandsmitglieder nach Eintragung der Gesellschaft berührt die Existenz der Gesellschaft nicht. Soweit das Handeln der Gesellschaft zwingend eine Vorstandstätigkeit voraussetzt, wird die Gesellschaft jedoch handlungsunfähig.[4] Es obliegt dem Aufsichtsrat, diesem Zustand durch die unverzügliche Bestellung neuer Vorstandsmitglieder (§ 84) entgegenzuwirken.[5] Notfalls kommt eine gerichtliche Bestellung nach § 85 in Betracht. Eine (temporäre) Übernahme der Vorstandsbefugnisse durch andere Organe der Gesellschaft ist ausgeschlossen.[6] Zur zeitlich begrenzten Bestellung von Mitgliedern des Aufsichtsrats zu Stellvertretern von fehlenden oder behinderten Vorstandsmitgliedern → § 105 Rn. 11 ff.

4 **2. Bezeichnung als „Vorstand“.** Die Bezeichnung des Leitungs- und Geschäftsführungsorgans als „Vorstand“ ist für die Eintragung in das Handelsregister und für die Angabe auf den Geschäftsbriefen (§ 80) zwingend. Bei abweichender Bezeichnung in der Satzung (Executive Board, Verwaltungsrat, Direktorium etc) liegt ein Errichtungsmangel vor, der zur Ablehnung der Eintragung führt (§ 38 Abs. 1).[7] Auch die Bestimmungen über die Angabe des Vorstands auf Geschäftsbriefen (§ 80 Abs. 1 AktG) sind zwingend.[8] Im Geschäftsverkehr und/oder unternehmensintern ist die Verwendung anderer Bezeichnungen auch im Übrigen nur zulässig, wenn gleichzeitig durch entsprechende Hinweise (etwa in Form eines Klammerzusatzes oder als Fußnote) unmissverständlich klargestellt wird, dass es sich bei dem betreffenden Organ um einen Vorstand im Sinne des deutschen Aktienrechts handelt (Irreführungsschutz).[9]

5 **3. Organqualität der Vorstandsmitglieder.** Adressat der Kompetenzzuweisung in § 76 Abs. 1 ist „der Vorstand“ als (Kollegial-)Organ, nicht die einzelnen Vorstandsmitglieder. Letztere sind entgegen der wohl hM[10] keine eigenständigen Organe sondern Organpersonen.[11] Allerdings werden Kenntnisse, Handlungen und tatsächliche Zustände (Besitz), die in der Person auch nur eines einzelnen Vorstandsmitglieds vorliegen, der Gesellschaft zugerechnet, wenn das Gesetz nicht auf eine Mehrzahl von Vorstandsmitgliedern abstellt (näher zu Zurechnungsfragen → § 78 Rn. 15 f., 24 ff.).[12]

6 Aus der Zuweisung der Leitungskompetenz an das Gesamtorgan folgt ebenso wie aus dem in § 77 verankerten Prinzip der Gesamtgeschäftsführung (→ Rn. 5), dass die Leitungsfunktion den einzelnen Mitglieder des Vorstands grundsätzlich gleichermaßen zukommt und diese in gleicher Art und Weise Adressat von Rechten und Pflichten sind (Grundsatz der **Gleichberechtigung aller Vorstandsmitglieder**).[13]

7 **4. Treuepflicht.** Die Mitglieder des Vorstands unterliegen aufgrund ihrer herausgehobenen Stellung als treuhänderische Verwalter des ihnen anvertrauten Unternehmens und der damit einhergehenden Befugnisse einer besonderen, über den allgemeinen Grundsatz von Treu und Glauben (§ 242 BGB) hinausgehenden organschaftlichen Treuepflicht gegenüber der Gesellschaft (→ § 93 Rn. 114 ff.).[14] Sie haben sich mit allen ihren Kräften den Interessen der Gesellschaft zu widmen, sie in jeder Weise zu fördern und Schaden von ihr abzuwenden.[15] In allen Angelegenheiten, die das Interesse der Aktiengesellschaft berühren, sind die Vorstandsmitglieder allein deren Wohl und Wehe und nicht ihrem eigenen Nutzen oder den Interessen Dritter verpflichtet (sog. Geschäftschancenlehre).[16] Dieser allgemeine Grundsatz ist für börsennotierte Gesellschaften in Ziff. 4.3.1 DCGK

[2] MüKoAktG/*Spindler* Rn. 7; Hüffer/*Koch* Rn. 6.
[3] KK-AktG/*Mertens/Cahn* Rn. 78; Geßler/Hefermehl/*Eckardt* § 36 Rn. 14.
[4] GroßkommAktG/*Kort* Rn. 18; MüKoAktG/*Spindler* Rn. 7.
[5] MüKoAktG/*Spindler* Rn. 7; Hüffer/*Koch* Rn. 6; GroßkommAktG/*Kort* Rn. 18.
[6] KK-AktG/*Mertens/Cahn* Rn. 42; MüKoAktG/*Spindler* Rn. 7.
[7] MüKoAktG/*Spindler* Rn. 8; Hüffer/*Koch* Rn. 6.
[8] GroßkommAktG/*Kort* Rn. 13.
[9] Ähnlich Schmidt/Lutter/*Seibt* Rn. 4; GroßkommAktG/*Kort* Rn. 13.
[10] KK-AktG/*Mertens/Cahn* Rn. 80; NK-AktR/*Oltmanns* Rn. 10; wohl auch MüKoAktG/*Spindler* Rn. 10.
[11] GroßkommAktG/*Kort* Rn. 19; krit. zur hM Hüffer/*Koch* Rn. 7.
[12] Hüffer/*Koch* Rn. 7; KK *Mertens/Cahn* Rn. 80.
[13] *Hoffmann-Becking* ZGR 1998, 497 (514); Schmidt/Lutter/*Seibt* Rn. 7.
[14] BGHZ 13, 188 (192) = NJW 1954, 998; BGHZ 20, 239 (246) = NJW 1956, 906; BGHZ 49, 30 (31) = NJW 1968, 396; MHdB AG/*Wiesner* § 25 Rn. 11; MüKoAktG/*Spindler* Rn. 13; Hüffer/*Koch* § 84 Rn. 10.
[15] MüKoAktG/*Spindler* Rn. 13.
[16] *Fleischer* NZG 2003, 985; *Möllers* in Hommelhoff/Hopt/v. Werder, HdB Corporate Governance, 2. Aufl. 2010, 423, 437.

niedergelegt, wonach die Vorstandsmitglieder dem Unternehmensinteresse verpflichtet sind und kein Organmitglied bei seinen Entscheidungen persönliche Interessen verfolgen und Geschäftschancen, die dem Unternehmen zustehen, für sich nutzen darf. Gesetzliche Einzelausprägungen der organschaftlichen Treuepflicht der Vorstandsmitglieder sind das Wettbewerbsverbot (§ 88) und die Verschwiegenheitspflicht (§ 93 Abs. 1 S. 3).[17] In Ziff. 4.3.2 DCGK (Verbot des Erhalts von Sondervorteilen) und Ziff. 4.3.3 (Vermeidung von Interessenkonflikten) und Ziff. 4.3.4 DCGK (Zustimmungsbedürftigkeit von Nebentätigkeiten) sind weitere Aspekte der Treueverpflichtung hervorgehoben.[18]

III. Leitung der Gesellschaft

1. Begriffsdefinition und Abgrenzung zur Geschäftsführung. Nach § 76 Abs. 1 hat der Vorstand das Recht und die Pflicht, „die Gesellschaft zu leiten". Zum näheren Inhalt des Leitungsbegriffs enthält das Gesetz keine Aussage. Im Schrifttum wird unter Leitung ein nicht delegierbarer, herausgehobener Teilbereich der Geschäftsführung (§ 77 Abs. 1) verstanden, der dem Gesamtvorstand als Kollegialorgan zugewiesen ist.[19] Während Geschäftsführung jedwede tatsächliche oder rechtsgeschäftliche Tätigkeit für die Gesellschaft ist (→ § 77 Rn. 3), geht es bei der Leitung (§ 76 Abs. 1) um die Führungsfunktion des Vorstands, der die **Unternehmerfunktion** in der Aktiengesellschaft kraft eigener Verantwortung wahrnimmt.[20] Er allein bestimmt die Unternehmenspolitik und darf sich diese Führung nicht aus der Hand nehmen lassen.[21] Bedeutung hat die Abgrenzung zwischen Leitungs- und Geschäftsführungsaufgaben zum einen für das Verhältnis des Vorstands zu den anderen Organen der Gesellschaft. Indem die Leitung der Gesellschaft in die „eigene Verantwortung" des Vorstands gestellt wird, werden gleichzeitig die anderen Organe der Gesellschaft (Aufsichtsrat und Hauptversammlung) von der Leitung ausgeschlossen. Zum anderen ist die Bestimmung des Leitungsbereichs maßgeblich für die Frage der Delegationsfähigkeit von Geschäftsführungsaufgaben an einzelne Mitglieder des Vorstands („horizontale Geschäftsverteilung"), nachgeordnete Ebenen im Unternehmen („vertikale Geschäftsverteilung") oder an externe Dritte („Outsourcing"). Leitungsaufgaben, die der Vorstand als Kollegialorgan zu treffen und zu verantworten hat, können nicht auf einzelne Vorstandsmitglieder, nachgeordnete Unternehmensebenen oder Dritte delegiert werden. Die Ausübung der Leitungsverantwortung ist jedoch nicht notwendig mit der eigenhändigen Vorbereitung und Ausführung aller Leitungsentscheidungen durch den Vorstand selbst verbunden. Die Vorbereitung und Ausführung von Beschlüssen kann sowohl auf Vorstandsausschüsse, einzelne Vorstandsmitglieder sowie nachgelagerte Ebenen des Unternehmens übertragen werden, sofern die Wahrnehmung der Leitungsverantwortung, das heißt die Beschlussfassung als solche, in eigener Verantwortung des Vorstands verbleibt.[22] 8

Eindeutig als Leitungsaufgaben in diesem Sinne definiert sind diejenigen Fälle, in denen die **Erfüllung bestimmter Pflichten durch das Aktiengesetz ausdrücklich dem Vorstand als Kollegialorgan zugewiesen** wird.[23] Dies sind insbesondere die Festlegung von Zielgrößen für den Frauenanteil in den beiden Führungsebenen, die Vorbereitung und Ausführung von Hauptversammlungsbeschlüssen (§ 83), die Berichterstattung an den Aufsichtsrat (§ 90), die Sicherstellung der erforderlichen Buchführung (§ 91 Abs. 1), die Bestandssicherung (§ 91 Abs. 2), Verlustanzeige und Insolvenzantrag (§ 92), das Verlangen einer Einberufung des Aufsichtsrats (§ 110), das Verlangen einer Geschäftsführungsentscheidung der Hauptversammlung (§ 119 Abs. 2),[24] die Einberufung der Hauptversammlung (§ 121 Abs. 2), die Unterbreitung von Vorschlägen zur Beschlussfassung zu den einzelnen Punkten der Tagesordnung der Hauptversammlung (§ 124 Abs. 3),[25] die Entsprechenserklärung zum Corporate Governance Kodex nach § 161,[26] die Aufstellung von Jahresabschluss und Lagebericht sowie die Vorlage an den Aufsichtsrat (§ 170), die Anfechtung von Hauptversammlungsbeschlüssen (§ 245 Nr. 4), sowie (außerhalb des AktG) die Stellungnahme zu einem Angebot nach dem WpÜG 9

[17] MüKoAktG/*Spindler* Rn. 13; Schmidt/Lutter/*Seibt* Rn. 7; Hüffer/*Koch* § 84 Rn. 10.
[18] Schmidt/Lutter/*Seibt* Rn. 7.
[19] *Henze* BB 2000, 209; Spindler/Stilz/*Fleischer* Rn. 14; Hüffer/*Koch* Rn. 8; MüKoAktG/*Spindler* Rn. 17; KK-AktG/*Mertens/Cahn* Rn. 4 ff.; GroßkommAktG/*Kort* Rn. 29; teilweise abw. *Semler,* Leitung und Überwachung der Aktiengesellschaft, 2. Aufl. 1996, Rn. 3 ff.
[20] *Fleischer* ZIP 2003, 1 (3); KK-AktG/*Mertens/Cahn* Rn. 4 ff.; Hüffer/*Koch* Rn. 8.
[21] KK-AktG/*Mertens/Cahn* Rn. 4 ff.
[22] Spindler/Stilz/*Fleischer* Rn. 20, KK-AktG/*Mertens/Cahn* Rn. 45 ff.
[23] GroßkommAktG/*Kort* Rn. 35; MüKoAktG/*Spindler* Rn. 15; Hüffer/*Koch* Rn. 9.
[24] Hierzu BGHZ 83, 122 (130) = ZIP 1982, 568.
[25] Ausdrücklich BGHZ 149, 158 = NJW 2002, 179.
[26] Hierzu *Semler/Wagner* NZG 2003, 553 (555); Schmidt/Lutter/*Spindler* § 161 Rn. 19.

(§ 27 Abs. 1 S. 1 WpÜG).[27] Dieser Aufzählung der gesetzlich ausdrücklich dem Gesamtvorstand zugewiesenen Aufgaben lassen sich drei übergreifende Wertungsgesichtspunkte entnehmen: Zu den unverzichtbaren Leitungsaufgaben zählen Vorstandspflichten, die der **verbandsinternen Funktionsfähigkeit** dienen, dem Vorstand **im öffentlichen Interesse** aufgegeben sind oder vornehmlich **Gläubigerinteressen** sichern sollen.[28]

10 Darüber hinaus zählen zu den zwingend vom Gesamtvorstand wahrzunehmenden Leitungsaufgaben die **originären unternehmerischen Führungsaufgaben.**[29] Zur Bestimmung dieses ungeschriebenen Kernbereichs der Vorstandsverantwortung und zur Abgrenzung gegenüber der Geschäftsführung fehlen subsumtionsfähige Kriterien. Sie sind typologisch unter ergänzender Heranziehung betriebswirtschaftlicher Erkenntnisse zu konkretisieren.[30] Hiernach sind Leitungsaufgaben des Vorstands in der Regel Maßnahmen der **Unternehmensplanung** (Zielsetzung sowie mittel- und langfristige Festlegung der Unternehmenspolitik), der **Unternehmensstrukturierung** (Organisation und Koordination der mit Führungsaufgaben ausgestatteten Teilbereiche des Unternehmens und Festlegung der Leitlinien der Markt-, Produkt-, Finanz-, Investitions- und Personalpolitik), der **Unternehmenskontrolle** (laufende und nachträgliche Kontrolle von Durchführung und Erfolg delegierter Geschäftsführungsaufgaben), der Überwachung von Geschäfts- und Ergebnisentwicklung, Maßnahmen und Geschäfte von außergewöhnlicher Bedeutung oder mit außergewöhnlich hohem Risiko sowie die **Besetzung der oberen Führungspositionen.**[31] Als Bestandteil der Unternehmensorganisation und -kontrolle gehört auch **Compliance** (→ Rn. 28) zu den Leitungsaufgaben des Vorstands.[32] Der Vorstand hat für die Einhaltung der gesetzlichen Bestimmungen und der unternehmensinternen Richtlinien zu sorgen sowie auf deren Beachtung durch die Konzernunternehmen hinzuwirken (Ziff. 4.1.3 DCGK). Auch die Errichtung und Pflege eines Aktienregisters nach § 67 ist Leitungsaufgabe des Vorstands.[33] Eine über die in § 76 Abs. 4 ausdrücklich normierten Verpflichtungen hinausgehende allgemeine (Bemühens-)Pflicht zur „Frauenförderung“ als Leitungsaufgabe des Vorstands existiert nicht.[34]

11 Insgesamt zeichnen sich Leitungsentscheidungen sowohl durch ihre Beziehung zum Unternehmensganzen als auch durch ihre hohe Bindungswirkung aus.[35] Erforderlich ist eine Beurteilung anhand der konkreten Umstände des Einzelfalls, wobei insbesondere die Erheblichkeit der Entscheidung für die mittel- und langfristige Entwicklung des Unternehmens sowie ihre Bedeutung für die Finanz-, Ertrags- und Beschäftigungslage relevant sind.[36] Zu berücksichtigen sind auch die Größe des Unternehmens und die Umstände der Entscheidungssituation.[37]

12 **2. Verbot der Übertragung von Leitungsaufgaben. a) Übertragung von Aufgaben an Dritte (Outsourcing).** Aus der gesetzlichen Zuweisung der Leitungsaufgabe an den Vorstand als Kollegialorgan folgt, dass dieser die Leitungsfunktion selbst wahrzunehmen hat und Aufgaben, die dem Kernbereich der Führungsverantwortung des Vorstands zuzuordnen sind nicht auf Dritte übertragen darf.[38] Zulässig ist hingegen die Auslagerung zugehöriger Hilfsfunktionen, die lediglich die **Vorbereitung der zu treffenden Führungsentscheidungen** oder die Ausführung bereits getroffener Entscheidungen, nicht jedoch die Ausübung der Leitungsmacht selbst umfassen.[39] Der Delegation muss eine sachgerechte Auswahl und Einweisung des Dienstleisters vorangehen, die eine gesetzmäßige Aufgabenerfüllung in gleicher Weise wie die Delegation im eigenen Unternehmen gewährleistet.[40] Daneben muss dem fehlenden arbeitsvertraglichen Weisungsrecht des Vorstands durch vertragliche Regelungen Rechnung getragen werden, die dem Vorstand die Wahrnehmung seiner Steuerungs- und Informationsverantwortung ermöglichen.[41]

---

[27] *Henze* BB 2000, 209 (210); *Schiessl* ZGR 1992, 64 (67 f.); *Fleischer* ZIP 2003, 1 (6); *Richter* in Semler/Peltzer/Kubis Vorst HdB § 4 Rn. 16; GroßkommAktG/*Kort* Rn. 35.

[28] *Hoffmann-Becking* ZGR 1998, 497 (508); *Schiessl* ZGR 1992, 64 (67 f.); *Henze* BB 2000, 209 (210); Spindler/Stilz/*Fleischer* Rn. 19; GroßkommAktG/*Kort* Rn. 35.

[29] *Schiessl* ZGR 1992, 64 (68).

[30] Hüffer/*Koch* Rn. 9; KK-AktG/*Mertens/Cahn* Rn. 5; Spindler/Stilz/*Fleischer* Rn. 15.

[31] *Schiessl* ZGR 1992, 64 (68); *Henze* BB 2000, 209 (210); GroßkommAktG/*Kort* Rn. 36; Hüffer/*Koch* Rn. 9; MüKoAktG/*Spindler* Rn. 16; Spindler/Stilz/*Fleischer* Rn. 18.

[32] *Schneider/Schneider* ZIP 2007, 2061; MüKoAktG/*Spindler* Rn. 16; Hüffer/*Koch* Rn. 9, 11 f.

[33] OLG München ZIP 2005, 1070; *Kort* NZG 2005, 936 f.

[34] Hüffer/*Koch* Rn. 72; aA *Weller/Benz* AG 2015, 467.

[35] *Kort* NZG 2005, 963 (964); Spindler/Stilz/*Fleischer* Rn. 18.

[36] *Henze* BB 2000, 209 (210); KK-AktG/*Mertens/Cahn* Rn. 5.

[37] KK-AktG/*Mertens/Cahn* Rn. 5.

[38] *Henze* BB 2000, 209; *Fleischer* ZIP 2003, 1 (2); MüKoAktG/*Spindler* Rn. 18; KK-AktG/*Mertens/Cahn* Rn. 42, 45 ff.

[39] MüKoAktG/*Spindler* Rn. 18.

[40] *Stein* ZGR 1988, 163 (171); *Fleischer* ZIP 2003, 1 (10).

[41] Spindler/Stilz/*Fleischer* Rn. 66; *Stein* ZGR 1988, 163 (171).

Auch die Übertragung der **Datenverarbeitung (EDV)** an ein unabhängiges Unternehmen ist grundsätzlich zulässig. Bei der Datenverwaltung und -verarbeitung handelt es sich zwar um ein Mittel zur Entscheidungsvorbereitung, dem maßgebliche Bedeutung zukommt. Andererseits ist der Vorstand in diesem Bereich schon typischerweise auf das Wissen und Können von Spezialisten und Spezialabteilungen angewiesen.[42] Die Leitungskompetenz des Vorstands wird so lange nicht aufgegeben, wie der Vorstand für die Aufgabenstellung an die Datenverarbeitung zuständig bleibt und die grundlegenden Entscheidungen selbst in eigener Verantwortung trifft. Solange die Aufgabenwahrnehmung funktionsneutral bleibt, liegt eine organisationsrechtlich unzulässige Selbstentmachtung des Vorstands nicht vor.[43] Der Vorstand muss jedoch sicherstellen, dass er jederzeit über die ausgelagerten Daten verfügen kann und durch die Vereinbarung von Informations-, Kontroll- und Prüfungsrechten die Möglichkeit der jederzeitigen Kontrolle der ausgelagerten Aktivitäten und Prozesse vertraglich absichern.[44] 13

Anhaltspunkte für die bei der Auslagerung von Funktionsbereichen zu beachtenden Mindeststandards ergeben sich aus den wirtschaftsaufsichtsrechtlichen Spezialnormen zu Funktionsauslagerungen bei Finanzdienstleistungsinstituten und Versicherungsunternehmen, insbesondere aus § 25a Abs. 2 KWG sowie §§ 64a Abs. 4, 104s VAG.[45] Nach § 25a Abs. 2 S. 2 KWG darf eine Auslagerung von Aktivitäten und Prozessen auf ein anderes Unternehmen weder die Ordnungsmäßigkeit der Geschäfte und Dienstleistungen, noch die Geschäftsorganisation beeinträchtigen. Es muss ein angemessenes und wirksames Risikomanagement gewährleistet bleiben, welches die ausgelagerten Aktivitäten und Prozesse einbezieht. Die Auslagerung darf nicht zu einer Delegation der Verantwortung der für die Leitung verantwortlichen Personen an das Auslagerungsunternehmen führen (§ 25a Abs. 2 S. 3, 4 KWG). Weitere Präzisierungen ergeben sich aus den Rundschreiben der Bundesanstalt für Finanzdienstleistungsaufsicht (BaFin), die Vorgaben für die Ausgestaltung des Risikomanagements bei deutschen Finanzinstituten und Versicherungsunternehmen enthalten (Mindestanforderungen an das Risikomanagement – MaRisk).[46] 14

b) Betriebsführungsverträge. Der Betriebsführungsvertrag (ausführlich → § 292 Rn. 34 ff.) ist gesetzlich nicht geregelt. Man versteht darunter einen Vertrag, durch den es der andere Vertragsteil (Betriebsführer) übernimmt, den Betrieb des Unternehmens der Gesellschaft (Eigentümergesellschaft) auf deren Rechnung zu führen.[47] Zur Zulässigkeit von Betriebsführungsverträgen bei Personengesellschaften **außerhalb eines Konzernrechtsverhältnisses** hat der BGH entschieden, dass eine unzulässige Übertragung von Leitungsaufgaben dann nicht vorliegt, wenn im Betriebsführungsvertrag Maßstab und Richtlinien, nach denen die Geschäftsführung zu erfolgen hat, ausdrücklich festgelegt sind, Inhalt und Umfang der zulässigen Geschäftsführungsmaßnahmen am Interesse des Betriebsinhabers ausgerichtet sind und diesem umfassende Informations-, Einsichts- und Kontrollbefugnisse sowie Eingriffs- und Gestaltungsrechte zustehen, um die Einhaltung der vertraglich festgelegten Geschäftsführungsaufgaben zu erreichen oder aber das Vertragsverhältnis beenden zu können.[48] Diese Grundsätze sind auf die Aktiengesellschaft übertragbar.[49] Der Abschluss eines Betriebsführungsvertrags ist zulässig, solange sich die Eigentümergesellschaft die grundsätzlichen Entscheidungen der künftigen **Unternehmenspolitik** vorbehält und lediglich die laufende Geschäftsführung auf die betriebsführende Gesellschaft übertragen wird.[50] Entscheidend ist, dass dem Vorstand der Eigentümergesellschaft umfassende Informationsmöglichkeiten offen stehen und 15

[42] LG Darmstadt ZIP 1986, 1389 (Opel-Fall), in den weiteren Instanzen OLG Frankfurt ZIP 1988, 233 sowie BGHZ 106, 54 = BB 1989, 240; vgl. dazu *Stein* ZGR 1988, 163 ff.; *Henze* BB 2000, 209 (210).

[43] *Stein* ZGR 1988, 163 (167); GroßkommAktG/*Kort* Rn. 37; MüKoAktG/*Spindler* Rn. 18; Spindler/Stilz/*Fleischer* Rn. 66.

[44] MüKoAktG/*Spindler* Rn. 18.

[45] In diesem Sinne auch MüKoAktG/*Spindler* Rn. 19; Spindler/Stilz/*Fleischer* Rn. 67.

[46] Rundschreiben 10/2012 (BA) – Mindestanforderungen an das Risikomanagement – MaRisk der Bundesanstalt für Finanzdienstleistungsaufsicht (BaFin), Rundschreiben 3/2009 Mindestanforderungen an das Risikomanagement (MaRisk VA) der Bundesanstalt für Finanzdienstleistungsaufsicht (BaFin), jeweils abrufbar über die Homepage der BaFin, http:/www.bafin.de.

[47] Emmerich/Habersack/*Emmerich* § 292 Rn. 55; MHdB AG/*Krieger* § 73 Rn. 48; *Huber* ZHR 152 (1988), 1; *Veelken,* Der Betriebsführungsvertrag im deutschen und amerikanischen Aktien- und Konzernrecht, 1975, 15 ff.

[48] BGH NJW 1982, 1817 (1818).

[49] *Henze* BB 2000, 209 (210); KK-AktG/*Mertens*/Cahn Rn. 57.

[50] Emmerich/Habersack/*Emmerich* § 292 Rn. 57; *Geßler* FS Hefermehl, 1976, 263 (272); GroßkommAktG/*Kort* Rn. 200 f.; Spindler/Stilz/*Fleischer* Rn. 72; KK-AktG/*Mertens/Cahn* Rn. 57; weitergehend – keine inhaltlichen Schranken – MHdB AG/*Krieger* § 73 Rn. 53; MüKoAktG/*Altmeppen* § 292 Rn. 151; *Huber* ZHR 152 (1988), 1 (33 ff.); einschr. *Veelken,* Der Betriebsführungsvertrag im deutschen und amerikanischen Aktien- und Konzernrecht, 1975, 117, 265; *Damm* BB 1976, 294 (297).

er in der Lage bleibt, die notwendigen Leitungsentscheidungen selbst zu treffen und durchzusetzen. Es muss gewährleistet sein, dass der Vorstand der Eigentümergesellschaft das Zentrum der unternehmerischen Aktivität bleibt.[51] Werden durch den Betriebsführungsvertrag die Einfluss- und Kontrollrechte der Eigentümergesellschaft hingegen weitgehend beschnitten, kann – insbesondere **bei konzerninternen Betriebsführungsverträgen** – in Wirklichkeit ein Beherrschungsvertrag vorliegen. Es gelten dann die Grundsätze über **verdeckte Beherrschungsverträge** (→ § 291 Rn. 32).

16 **c) Sonstige schuldrechtliche Bindungen.** Der Vorstand darf sich seiner Leitungsautonomie nicht begeben, indem er sich Veto-, Zustimmungs- oder Weisungsrechten Dritter unterwirft.[52] Andererseits sind schuldrechtliche Bindungen, aus denen sich eine langfristige Festlegung der Unternehmenspolitik ergibt (etwa im Rahmen von Wettbewerbsverboten oder Kooperationsvereinbarungen) insoweit möglich, als keine unmittelbare Möglichkeit der Einflussnahme Dritter auf die langfristige Unternehmensorganisation begründet wird.[53] Unzulässig sind im Grundsatz auch Bindungen der Gesellschaft in Bezug auf die Beibehaltung oder Veränderung der organisatorischen Strukturen, der Besetzung von Führungspositionen oder die konkrete künftige Geschäftspolitik und -planung.[54] Der Vorstand selbst kann keine Verpflichtungen hinsichtlich seines künftigen Leitungsverhaltens eingehen. Er hat darüber jeweils in seiner aktuellen Zusammensetzung und auf Grundlage der aktuellen Gegebenheiten eigenverantwortlich zu entscheiden.[55]

16a Von einer unzulässigen Vorwegbindung, dh einer mit dem Grundsatz der Unveräußerlichkeit der Leitungsmacht des Vorstands nicht zu vereinbarenden Einschränkung des unternehmerischen Handlungsspielraums zu unterscheiden ist indes die mit einer Bindung oder Einschränkung des Handlungsspielraums des Vorstands (in seiner gegenwärtigen und/oder zukünftigen Zusammensetzung) hinsichtlich zukünftiger unternehmerischer Entscheidungen einhergehende (zulässige und gebotene) eigenverantwortliche Wahrnehmung der unternehmerischen Leitungsfunktion.[56] Daher stellt die Eingehung schuldrechtlicher Bindungen etwa im Rahmen von Wettbewerbsverboten, Kooperationsvereinbarungen oder Exklusivlieferverträgen, grundsätzlich keine unzulässige Vorwegbindung dar, auch wenn hiermit eine langfristige Festlegung der Unternehmenspolitik und damit eine Vorwegbindung des Vorstands im Hinblick auf zukünftige Leitungsmaßnahmen verbunden ist.[57] Voraussetzung ist, dass keine unmittelbare Möglichkeit der Einflussnahme Dritter auf die langfristige Unternehmensorganisation begründet wird.[58]

16b Entsprechendes gilt grundsätzlich für solche Leitungsentscheidungen, die (auch) die korporative Ebene betreffen und bei denen die Bindungswirkung sich nicht lediglich als „Reflex" der Leitungsmaßnahme darstellt, sondern einen Bestandteil derselben bildet. Als Fallgruppen zu nennen sind etwa Verzichtserklärungen auf Kapitalerhöhungen (aus bestehendem genehmigten Kapital), wie sie sich häufig in Übernahmeverträgen (Underwriting Agreements), Investorenvereinbarungen (Investment Agreements)[59] oder sog. Business Combination Agreements (BCA) finden.[60] Es handelt sich insoweit im Grundsatz jeweils nicht um eine unzulässige (isolierte) Aufgabe oder Verlagerung der Entscheidungsfreiheit zur Durchführung von Kapitalmaßnahmen auf einen Dritten, sondern um eine konsequente Fortführung der zuvor autonom getroffenen, übergeordneten unternehmerischen Leitungsentscheidung für einen Börsengang bzw. zur Unterstützung eines Beteiligungserwerbs.[61] Der vorbeschriebene Konnex zwischen autonomer unternehmerischer Leitungsentscheidung und Selbstbindung ist allerdings unabdingbare Voraussetzung für deren Zulässigkeit.[62] Die Zulässigkeit der Selbstbindung des Vorstands ist daher von einer sachlichen und einer zeitlichen Beschränkung

[51] KK-AktG/*Mertens/Cahn* Rn. 57; GroßkommAktG/*Kort* Rn. 160.

[52] MüKoAktG/*Spindler* Rn. 25 f.

[53] GroßkommAktG/*Kort* Rn. 197.

[54] KK-AktG/*Mertens/Cahn* Rn. 59; MüKoAktG/*Spindler* Rn. 27.

[55] KK-AktG/*Mertens/Cahn* Rn. 59; *Lutter* FS Fleck, 1988, 169 (184).

[56] *Fleischer* FS Schwark, 2009, 137 (154 f.); *Paschos* NZG 2012, 1142 (1143).

[57] LG München NZG 2012, 1152 (1154); Spindler/Stilz/*Fleischer* Rn. 75; krit. *Lutter* FS Fleck, 1988, 169 (184).

[58] GroßkommAktG/*Kort* Rn. 199.

[59] Hierzu *Kiem* AG 2009, 301 ff.; *Seibt/Wunsch* Der Konzern 2009, 195 ff.

[60] *Kiefner* ZHR 178 (2014), 547 ff.; *Fleischer* FS Schwark, 2009, 137 (154 f.); *Paschos* NZG 2012, 1142 (1143); aA im Hinblick auf in einem BCA enthaltene Verpflichtung zur Nichtausübung genehmigten Kapitals (unzulässige Selbstbindung) LG München NZG 2012, 1152 (1154). Vgl. hierzu auch *Arens* Business Combination Agreement, 2014; *Kuntz* AG 2016, 101 ff.

[61] Ähnlich *Paschos* NZG 2012, 1142 (1143); *Fleischer* FS Schwark, 2009, 137 (152); aA LG München NZG 2012, 1152 (1154).

[62] *Fleischer* FS Schwark, 2009, 137 (152); *Paschos* NZG 2012, 1142 (1143).

abhängig zu machen, die sich inhaltlich an dem mit der übergeordneten unternehmerischen Entscheidung verfolgten Ziel messen lassen muss.[63]

Hinsichtlich der Rechtsfolgen einer die Zulässigkeitsgrenzen überschreitendenden Selbstbindung des Vorstands ist zwischen kompetenz- und haftungsrechtlichen Folgen zu differenzieren. Selbstbindungen des Vorstands können mit der in § 76 Abs. 1 normierten aktienrechtlichen Kompetenzordnung vereinbar sein, aber im Einzelfall einen haftungsbegründenden (§ 93 Abs. 1) Verstoß gegen die dem Vorstand obliegenden Sorgfalts- oder Treuepflichten darstellen.[64] Einen nichtigkeitsbegründenden Verstoß gegen die aktienrechtliche Kompetenzordnung wird man nur sehr zurückhaltend in den Fällen annehmen können, in denen in die gesetzliche Organisationsstruktur der Gesellschaft eingegriffen werden soll. Keine Nichtigkeit liegt hingegen vor, wenn sich der Vorstand unter Verletzung seiner Sorgfalts- oder Treuepflichten verpflichtet, eine ihm zustehende Kompetenz – etwa zur Ausnutzung genehmigten Kapitals – nicht auszuüben.[65] 16c

d) Unternehmensinterne Gremien. Auch innerhalb der Gesellschaft darf der Vorstand sich des Kernbereichs seiner Leitungsmacht nicht begeben. Die Erteilung **unwiderruflicher Generalvollmachten** ist damit ausgeschlossen.[66] Auch eine Übertragung von Leitungsaufgaben, die dem Vorstand als Kollegialorgan zugewiesen sind, auf Ausschüsse von Vorstandsmitgliedern (Präsidium, „Steering Committee"), kommt nicht in Betracht.[67] Dies gilt erst recht, wenn derartige Ausschüsse (auch) mit Nicht-Vorstandsmitgliedern oder Unternehmensexternen besetzt sind. Einzelne Vorstandsmitgliedern oder Vorstandsausschüsse können zwar mit der Vorbereitung und Ausführung von Leitungsmaßnahmen, nicht jedoch mit der Entscheidung über die Maßnahmen selbst betraut werden.[68] Zur Ressortaufteilung innerhalb des Vorstands → § 77 Rn. 27 ff. 17

3. Leitungsgrundsätze. a) Bezugspunkt des Leitungsauftrags. Die Leitungsaufgabe des Vorstands bezieht sich nach dem Wortlaut des § 76 Abs. 1 auf „die Gesellschaft".[69] Als Organ der Gesellschaft hat der Vorstand dafür Sorge zu tragen, dass die Gesellschaft die ihr nach Gesetz und Satzung obliegenden Verpflichtungen erfüllt. Die Leitungsaufgabe des Vorstands umfasst damit zunächst die Sicherstellung des organisatorischen, formalen Funktionierens der Gesellschaft als Aktiengesellschaft.[70] Da die Aktiengesellschaft Trägerin des von ihr betriebenen Unternehmens ist, ist der Vorstand zugleich auch notwendiger Leiter des Unternehmens.[71] Gegenstand der Leitungsaufgabe ist daher auch das Unternehmen, als dessen Rechtsträger die Aktiengesellschaft nach außen hin in Erscheinung tritt.[72] 18

b) Maßstab für die Leitungsausübung. aa) Gesellschaftsinteresse. Maßstab für die Ausübung der Leitungsaufgabe ist das Gesellschaftsinteresse.[73] Aus gesellschaftsrechtlicher Sicht ist die Aktiengesellschaft ein **Verband der Kapitalgeber,** bei dem es um die Verwirklichung der Interessen der Aktionäre geht.[74] Die Interessen der einzelnen Aktionäre sind dabei nicht zwingend deckungsgleich. In der Mehrpersonen-Aktiengesellschaft sind Interessenkonflikte zwischen verschiedenen Aktionärsgruppen denkbar und auch praktisch relevant.[75] Im primären Interesse aller Aktionäre einer wirtschaftlichen Zielen dienenden Aktiengesellschaft liegt jedoch die Sicherung der dauerhaften Rentabilität und damit des Bestands des Unternehmens.[76] Da es ein von den Interessen der Aktionäre losgelöstes Interesse der Gesellschaft als juristischer Person nicht geben kann, ist das Gesellschaftsinte- 19

[63] *Paschos* NZG 2012, 1142 (1143); *Fleischer* FS Schwark, 2009, 137 (152).

[64] *Fleischer* FS Schwark, 2009, 137 (155); *Paschos* NZG 2012, 1142 (1144).

[65] In diesem Sinne wohl auch *Fleischer* FS Schwark, 2009, 137 (155); *Paschos* NZG 2012, 1142 (1144); aA – pauschale Nichtigkeit, § 134 BGB – LG München NZG 2012, 1152 (1154); wohl auch *Lutter* FS Fleck, 1988, 169 (184).

[66] GroßkommAktG/*Kort* Rn. 196; KK-AktG/*Mertens/Cahn* Rn. 60.

[67] MüKoAktG/*Spindler* Rn. 30.

[68] *Hoffmann-Becking* ZGR 1998, 497 (498); *Froesch* DB 2009, 722 (724); KK-AktG/*Mertens/Cahn* § 77 Rn. 19.

[69] GroßkommAktG/*Kort* Rn. 39.

[70] *Richter* in Semler/Peltzer/Kubis Vorst HdB § 4 Rn. 18.

[71] MüKoAktG/*Spindler* Rn. 14.

[72] MüKoAktG/*Spindler* Rn. 14.

[73] GroßkommAktG/*Kort* Rn. 39; KK-AktG/*Mertens/Cahn* Rn. 21; *Mülbert* ZGR 1997, 129 (140); *Hüffer* FS Happ, 2006, 93.

[74] *Groh* DB 2000, 2153 (2158); *Richter* in Semler/Peltzer/Kubis Vorst HdB § 4 Rn. 28; GroßkommAktG/*Kort* Rn. 53; Spindler/Stilz/*Fleischer* Rn. 37; *Wiedemann,* Organverantwortung und Gesellschafterklagen in der Aktiengesellschaft, 1989, 33.

[75] Vgl. hierzu ausf. GroßkommAktG/*Kort* Rn. 59.

[76] Hüffer/*Koch* Rn. 34; Spindler/Stilz/*Fleischer* Rn. 37.

resse identisch mit den (gebündelten) Interessen der Aktionäre.[77] Der Vorstand hat bei der Leitung der Gesellschaft daher in erster Linie das erwerbswirtschaftliche Interesse der Gesellschaft zu wahren, das sich mit dem gemeinschaftlichen Interesse der Aktionäre deckt, die das Unternehmensrisiko tragen.[78] Soweit in der Satzung keine abweichenden Regelungen getroffen sind, ist der Vorstands durch seine Bindung an den Gesellschaftszweck (→ § 82 Rn. 17) an ein **renditeorientiertes Verwaltungshandeln** gebunden. Er hat die dauerhafte Rentabilität des Unternehmens zu wahren und damit letztlich den Bestand des Unternehmens zu sichern.[79] Dementsprechend ist der Vorstand nach § 91 Abs. 2 zur Einrichtung eines Überwachungssystems zur frühzeitigen Erkennung bestandsgefährdender Entwicklungen verpflichtet.[80] Nach § 93 Abs. 1 S. 2 ist für die Pflichtgemäßheit des Handelns der Vorstandsmitglieder auf ein „Handeln zum Wohle der Gesellschaft“ abzustellen, was ausweislich der Gesetzesbegründung ein Handeln zur „langfristigen Ertragsstärkung und Wettbewerbsfähigkeit des Unternehmens“ bedeutet.[81] Die **Sicherstellung** einer **dauerhaften Rentabilität** als **vorrangiges Gesellschaftsinteresse** bedeutet indes nicht, dass der Vorstand verpflichtet wäre, eine Gewinnmaximierung oder gar eine möglichst hohe Ausschüttung zugunsten der Aktionäre anzustreben.[82] Es kann vielmehr im wohlverstandenen (langfristigen) Gesellschaftsinteresse liegen, zur Sicherung einer dauerhaften Rentabilität auf (kurzfristige) Gewinne zu verzichten.[83] Das Ziel der Bestandssicherung mittels dauerhafter Rentabilität kommt auch in der Präambel des DCGK (Abdruck → § 161 Rn. 67) zum Ausdruck. Dort lautet es: „Der Kodex verdeutlicht die Verpflichtung von Vorstand und Aufsichtsrat, im Einklang mit den Prinzipien der sozialen Marktwirtschaft für den Bestand des Unternehmens und seine nachhaltige Wertschöpfung zu sorgen (Unternehmensinteresse).“

20 Eng mit der Orientierung an einer dauerhaften Rentabilität verknüpft ist die Frage, inwieweit sich die Leitung der Gesellschaft an einer Steigerung des sog. **„Shareholder Value“** ausrichten muss. Bei dem auch unter Schlagworten wie „Value-Management“, „Wertmanagement“ oder „Wertsteigerungsmanagement“ bekannten Shareholder-Ansatz besteht das oberste Ziel der Unternehmensführung in der Maximierung des Marktwerts des Unternehmens (Marktwert des Eigenkapitals).[84] Richtig verstanden ist der Shareholder Value anhand sämtlicher Zahlungsströme über alle Perioden einschließlich des Restwerts zu ermitteln und damit langfristig definiert.[85] Dass der Vorstand bei seinen Leitungsentscheidungen einem solchen Shareholder Value Ansatz Rechnung tragen darf, ist allgemein anerkannt.[86] Auch der Gesetzgeber hat einige neuere gesetzliche Bestimmungen mit dem Gedanken einer wertorientierten Unternehmensführung in Verbindung gebracht, so etwa die erleichterte Möglichkeit des Rückerwerbs eigener Aktien (§ 71 Abs. 1 Nr. 8)[87] oder die Einräumung von Aktienoptionen für Führungskräfte (§ 192 Abs. 2 Nr. 3).[88] Zu nennen ist auch die mit der Anerkennung internationaler Bilanzierungsgrundsätze (§ 315a HGB) verbundene Verbesserung der Kapitalmarktpublizität.[89]

21 Umstritten ist allerdings, ob den Aktionärsinteressen generell ein Vorrang vor den Belangen anderer Bezugsgruppen einzuräumen ist. Von der wohl hM wird dies abgelehnt.[90] Nach dem von ihr vertretenen Konzept des sog. **„Stakeholder Value“**[91] wird das Unternehmen der Aktiengesellschaft durch verschiedene Anspruchsgruppen („Stakeholder“) konstituiert. Neben den Aktionärsinteressen müssten daher auch die Interessen der anderen Bezugsgruppen, insbesondere die der Arbeit-

---

[77] *Rubner* KSzW 2011, 412 (413); GroßkommAktG/*Kort* Rn. 53 sowie für die Ein-Personengesellschaft BGHZ 119, 261 f.

[78] MüKoAktG/*Spindler* Rn. 68.

[79] OLG Hamm AG 1995, 512 (514); GroßkommAktG/*Kort* Rn. 53; MüKoAktG/*Spindler* Rn. 69; Hüffer/*Koch* Rn. 34; *Richter* in Semler/Peltzer/Kubis Vorst HdB § 4 Rn. 29.

[80] MHdB AG/*Wiesner* § 25 Rn. 25; Schmidt/Lutter/*Seibt* Rn. 11.

[81] Begr. RegE UMAG, BT-Drs. 15/5092, 11.

[82] MüKoAktG/*Spindler* Rn. 70; *Richter* in Semler/Peltzer/Kubis Vorst HdB § 4 Rn. 33; MHdB AG/*Wiesner* § 19 Rn. 22.

[83] MüKoAktG/*Spindler* Rn. 70; *Richter* in Semler/Peltzer/Kubis Vorst HdB § 4 Rn. 34.

[84] *Mülbert* ZGR 1997, 129 (131 ff.); *Schilling* BB 1997, 373 ff.; Spindler/Stilz/*Fleischer* Rn. 29.

[85] *Fleischer* in Hommelhoff/Hopt/v. Werder, HdB Corporate Governance, 2. Aufl. 2010, 185, 191.

[86] GroßkommAktG/*Kort* Rn. 69; Spindler/Stilz/*Fleischer* Rn. 36; *Richter* in Semler/Peltzer/Kubis Vorst HdB § 4 Rn. 34; MHdB AG/*Wiesner* § 19 Rn. 22; MüKoAktG/*Spindler* Rn. 74.

[87] Vgl. Begr. RegE, BT-Drs. 13/9712, 13.

[88] Vgl. Begr. RegE, BT-Drs. 13/9712, 23.

[89] *Groh* DB 2000, 2153 (2157); Spindler/Stilz/*Fleischer* Rn. 36.

[90] KK-AktG/*Mertens/Cahn* Rn. 23; Hüffer/*Koch* Rn. 28; KBLW/*v. Werder* Rn. 803; MüKoAktG/*Spindler* Rn. 71, 74; *Henze* BB 2000, 212; *Hopt* ZGR 1993, 534 (536); krit. zu einem Primat der Aktionärsinteressen auch *Kort* AG 2012, 605 (609 f.).

[91] Vgl. hierzu *Schmidt/Weiß* in Hommelhoff/Hopt/v. Werder, HdB Corporate Governance, 2. Aufl. 2010, 161 mwN.

nehmer, der Kunden und Lieferanten sowie (in beschränktem Maße) der Allgemeinheit gleichberechtigt berücksichtigt werden. Aufgabe des Vorstands sei es, die verschiedenen widerstreitenden Interessen im Einzelfall gegeneinander abzuwägen und zum Ausgleich zu bringen und nicht, einer einzelnen Gruppe den größtmöglichen Vorrang einzuräumen.[92] Zur Begründung eines derartigen Gemeinwohlbezugs wird mangels normativer Anknüpfungspunkte im AktG auf die im Grundgesetz zum Ausdruck kommende Werteordnung[93] sowie die Sozialbindung des durch die Aktie manifestierten gesellschaftsrechtlichen Eigentums rekurriert.[94] Nach Ziff. 4.1.1 DCGK leitet der Vorstand das Unternehmen unter Berücksichtigung der Belange der Arbeitnehmer und der sonstigen dem Unternehmen verbundenen Gruppen (Stakeholder) mit dem Ziel nachhaltiger Wertschöpfung. Durch diese Formulierung wird allerdings – ebenso wie durch die Ergänzung der Präambel (→ Rn. 19 aE) – lediglich die nach dem Verständnis der Regierungskommission bestehende Rechtslage klarstellend wiedergegeben. Eine normative Aussage ist von der Kommission weder bezweckt noch wäre sie hierfür zuständig und demokratisch legitimiert.[95]

22 Richtigerweise sind im Konfliktfall die **Interessen der Aktionäre im Sinne eines moderaten Shareholder-Value-Konzepts vorrangig zu berücksichtigen,** soweit in der Satzung nichts anderes vorgesehen ist.[96] Die Aktiengesellschaft ist als Publikumsgesellschaft konzipiert. Sie dient als Kapitalsammelbecken und darf sich Eigenkapital auf dem öffentlichen Kapitalmarkt durch die Ausgabe von Mitgliedsrechten verschaffen. Die Verwaltung dieser Mittel hat dann aber notwendig zugunsten der Kapitalgeber zu erfolgen.[97] Ein von deren Interessen wesensverschiedenes Gesellschaftsinteresse existiert nicht.[98] Der Sozialbindung des Eigentums wird zum einen durch zahlreiche Vorschriften außerhalb des Aktiengesetzes, an deren Einhaltung der Vorstand gebunden ist, Rechnung getragen. Aus Art. 14 Abs. 2 GG ergeben sich keine unmittelbaren Sozialverpflichtungen für Private, sondern lediglich ein Regelungsauftrag an den Gesetzgeber.[99] Zum anderen darf der Vorstand trotz eines Gewichtungsvorsprungs zugunsten der Aktionärsinteressen Stakeholder-Interessen auch über den gesetzlich zwingend vorgegebenen Rahmen hinaus berücksichtigen, soweit er dadurch einer gesellschaftlichen Erwartung entspricht und den Ruf der Aktiengesellschaft als „Good Corporate Citizen" pflegt, da dies gerade im Aktionärsinteresse liegt.[100] Ein Unternehmen, das die Interessen von Arbeitnehmern, Gläubigern oder Öffentlichkeit stetig missachtet, wird auf Dauer kaum erfolgreich sein können.[101] Es kann daher beispielsweise im Interesse der Gesellschaft sein, durch zusätzliche Sozialleistungen die Motivation und Betriebstreue der Mitarbeiter zu steigern und dadurch unter Inkaufnahme einer kurzfristig geringeren ausschüttungsfähigen Dividende die Grundlage zukünftigen Unternehmenserfolges zu legen.[102]

23 **bb) Unternehmensinteresse.** Von dem Gesellschaftsinteresse wird teilweise das Unternehmensinteresse unterschieden.[103] Der Begriff kann richtigerweise nur als **sprachliche Abkürzung** im Sinne eines Sammelbegriffs der Interessen und Gesichtspunkte, die der Vorstand bei der Leitung der Gesellschaft eigenverantwortlich berücksichtigen kann, verstanden werden.[104] Ein vom Gesellschaftsinteresse zu unterscheidendes Interesse des Unternehmens als eigenständigem Interessenträger gibt es nicht.[105] Die Rechtsprechung[106] verwendet die Begriffe Gesellschafts- und Unternehmensinteresse teilweise synonym, ohne hierfür eine Definition zu geben.[107]

---

[92] Hüffer/*Koch* Rn. 28; KBLW/*v. Werder* Rn. 803; *Semler,* Leitung und Überwachung der Aktiengesellschaft, 2. Aufl. 1996, Rn. 51; *Henze* BB 2000, 209 (212); *Goette* FS 50 Jahre BGH, 2000, 123 (137); *Hopt* ZGR 2002, 333 (360).

[93] *Henze* BB 2000, 209 (212).

[94] KK-AktG/*Mertens/Cahn* Rn. 33; MüKoAktG/*Spindler* Rn. 62.

[95] Vgl. auch *Mülbert* AG 2009, 766 (771).

[96] In diesem Sinne auch *Zöllner* AG 2003, 2 (7 f.); *Kort* ZIP 2008, 717; *Groh* DB 2000, 2153 (2158); *Wiedemann* GesR I 338 f.; *Richter* in Semler/Peltzer/Kubis Vorst HdB § 4 Rn. 34; Spindler/Stilz/*Fleischer* Rn. 37 f.; Schmidt/Lutter/*Seibt* Rn. 23; krit. *Kort* AG 2012, 605 (609 f.).

[97] *Wiedemann* GesR I 338.

[98] *Richter* in Semler/Peltzer/Kubis Vorst HdB § 4 Rn. 34.

[99] BVerfGE 56, 249 (260); Maunz/Dürig/*Papier* GG Art. 14 Rn. 306; vgl. auch *Mülbert* AG 2009, 76 (769).

[100] Spindler/Stilz/*Fleischer* Rn. 38; Schmidt/Lutter/*Seibt* Rn. 23.

[101] *Fleischer* in Hommelhoff/Hopt/v. Werder, HdB Corporate Governance, 2. Aufl. 2010, 185, 196; *Richter* in Semler/Peltzer/Kubis Vorst HdB § 4 Rn. 37; KK-AktG/*Mertens/Cahn* Rn. 19.

[102] Vgl. *Goette* FS 50 Jahre BGH, 2000, 123 (127).

[103] Vgl. hierzu etwa MüKoAktG/*Spindler* Rn. 63 ff.

[104] *Goette* FS 50 Jahre BGH, 2000, 123 (127); Hüffer/*Koch* Rn. 29 ff.; *Richter* in Semler/Peltzer/Kubis Vorst HdB § 4 Rn. 37.

[105] *Mülbert* AG 2009, 766 (772); *Zöllner* AG 2003, 2 (8); Hüffer/*Koch* Rn. 36; aA KK-AktG/*Mertens/Cahn* Rn. 6 f., 20.

[106] BGHZ 64, 325 (331); 136, 133 (139).

[107] Vgl. hierzu *Henze* BB 2000, 209 (212).

24 **cc) Satzungsmäßige Festschreibung des Leitungsmaßstabs.** Den Aktionären steht es als „Herren der Gesellschaft" frei, die Grundprinzipien der Unternehmensführung in der Satzung zu regeln. Die Ausrichtung der Unternehmensleitung des Vorstands anhand der Grundsätze des Shareholder-Values-Ansatzes kann in der Satzung festgeschrieben und präzisiert werden.[108] Voraussetzung ist neben einem Bezug zum Unternehmensgegenstand und Gesellschaftszweck, dass dem Vorstand ein eigenverantwortlich auszufüllender Entscheidungs- und Handlungsspielraum bleibt und die Vorgabe nicht den Charakter einer konkreten Handlungsanweisung annimmt, so dass er bei der Führung der laufenden Geschäfte zum reinen Ausführungsorgan wird.[109]

25 **c) Bindung an Recht und Gesetz. aa) Legalitätspflicht.** Unverrückbare Grenze jedes Vorstandshandelns bildet die geltende Rechtsordnung. Der Vorstand hat bei der Leitung der Gesellschaft sämtliche ihn als Organ oder Organmitglied oder die Gesellschaft oder das Unternehmen betreffenden Rechtnormen, dh grundsätzlich auch einschlägige ausländische Rechtsnormen (→ § 93 Rn. 71), in ihrer ganzen Breite zu beachten und einzuhalten.[110]

26 **bb) Nützliche Pflichtverletzungen.** Die Legalitätspflicht des Vorstands gilt uneingeschränkt und umfasst alle Rechtsbereiche. Ebenso wenig, wie es „Rechtsnormen zweiter Klasse" gibt,[111] sind sog. „nützliche" Pflichtverletzungen, dh Handlungen des Vorstands, die zwar in Konflikt mit der Legalitätspflicht der Organmitglieder stehen, der Gesellschaft jedoch auf der Folgenseite wirtschaftlich oder rechtlich vorteilhaft sind, als zulässiges Vorstandshandeln anzuerkennen. Dies gilt namentlich **Schmiergeldzahlungen und Bestechungsgelder,**[112] und zwar (entgegen früherer Rechtsprechung)[113] auch bei Üblichkeit der Zahlung von Bestechungsgeldern in bestimmten ausländischen Märkten (ausführlich → § 93 Rn. 72 ff.).[114]

27 Die **Verletzung vertraglicher Pflichten** ist demgegenüber von der Entscheidungskompetenz des Vorstands eingeschlossen. Grundlage der Ermessensentscheidung ist allein die Nützlichkeit der Pflichtverletzung für die Gesellschaft.[115] In die Entscheidung sind auch mittelbare Nachteile einzubeziehen, die etwa aus der Wirkung der Verletzung bei Geschäftspartnern oder Öffentlichkeit entstehen.

28 **cc) Compliance als Leitungsaufgabe.** Unter dem aus der angelsächsischen Rechtssprache übernommenen Begriff der (Corporate) Compliance (ausführlich → § 93 Rn. 91 ff.) wird allgemein die Sicherstellung der Einhaltung gesetzlicher und nichtgesetzlicher, externer und gesellschaftsinterner Geschäftsführungsregelungen im Unternehmen verstanden.[116] Zur ordnungsgemäßen Geschäftsführung gehört es, durch geeignete organisatorische Maßnahmen dafür zu sorgen, dass sich die Gesellschaft rechtmäßig verhält und ihren gesetzlichen Verpflichtungen nachkommt (Legalitätspflicht).[117] Aus der Verpflichtung des Vorstands, das Unternehmen den gesetzlichen Bestimmungen entsprechend zu organisieren und zu führen ergibt sich, das Compliance zentraler Teil der Organisations- und Kontrollaufgabe und damit der Leitungsaufgabe des Vorstands iSd § 76 Abs. 1 ist.[118] Für börsennotierte Gesellschaften ist die Pflicht des Vorstands, für die Einhaltung der gesetzlichen Bestimmungen und unternehmensinternen Richtlinien zu sorgen und auf deren Beachtung durch die Konzernunternehmen hinzuwirken (Compliance) ausdrücklich in Ziff. 4.1.3 DCGK normiert.

29 Entgegen einzelner Stimmen in der Literatur[119] besteht indes keine generelle Verpflichtung des Vorstands zum Aufbau einer ausgefeilten **Compliance-Organisation** in Form eines formalisierten

[108] *Mülbert* FS Röhricht, 2005, 421 (440); *Groh* DB 2000, 2153 (2158); *Fleischer* in Hommelhoff/Hopt/v. Werder, HdB Corporate Governance, 2. Aufl. 2010, 185, 197; aA *Paefgen,* Unternehmerische Entscheidungen und Rechtsbindungen der Organe in der AG, 2002, 65.

[109] GroßkommAktG/*Röhricht/Schall* § 23 Rn. 120, 250; MüKoAktG/*Spindler* § 93 Rn. 24.

[110] *Paefgen* AG 2004, 245; *Zimmermann* WM 2008, 433 (435); *Fleischer* ZIP 2005, 141 (142); *Ihrig* WM 2004, 2098 (2103); *Dreher* FS Konzen, 2006, 85 (92); GroßkommAktG/*Kort* Rn. 47; GroßkommAktG/*Hopt/Roth* § 93 Rn. 74; MüKoAktG/*Spindler* § 93 Rn. 73 f.

[111] Ebenso *Fleischer* ZIP 2005, 141 (149); *Ihrig* WM 2004, 2098 (2105); MüKoAktG/*Spindler* § 93 Rn. 74.

[112] *Berg* AG 2007, 271 (273); *Fleischer* ZIP 2005, 141 (152); MüKoAktG/*Spindler* Rn. 90; GroßkommAktG/*Kort* Rn. 117 f.

[113] BGHZ 94, 268 = NJW 1985, 2405; idS auch *Kessler* AG 1995, 121 (129).

[114] *Fleischer* ZIP 2005, 141 (145); MüKoAktG/*Spindler* Rn. 90; Spindler/Stilz/*Fleischer* Rn. 53; GroßkommAktG/*Kort* Rn. 118.

[115] Spindler/Stilz/*Fleischer* § 93 Rn. 33; GroßkommAktG/*Hopt/Roth* § 93 Rn. 148; *Paefgen,* Unternehmerische Entscheidungen und Rechtsbindungen der Organe in der AG, 2002, 25; *Fleischer* ZIP 2005, 141 (144).

[116] MüKoAktG/*Spindler* § 91 Rn. 52; GroßkommAktG/*Kort* § 91 Rn. 65; *Hauschka/Moosmayer/Lösler* in Hauschka/Moosmayer/Lösler Corporate Compliance § 1 Rn. 2.

[117] BGH WM 2012, 1591.

[118] Vgl. *Schneider* ZIP 2003, 645; *Lampert* in Hauschka/Moosmayer/Lösler Corporate Compliance § 9 Rn. 9; Hüffer/*Koch* Rn. 12.

[119] Vgl. *Schneider* ZIP 2003, 645 (650); *Bürgle* BB 2007, 1798.

Systems.[120] Entscheidend ist, dass eine ausreichende Kontrolle der Rechtstreue des Unternehmens sichergestellt ist.[121] Ob diese Kontrolle durch ein formalisiertes Compliance-System erreicht und wie ein solches im Einzelnen ausgestaltet wird, ist nicht ausschlaggebend und steht im unternehmerischen Ermessen des Vorstands.[122] Sowohl die Unternehmensbranche als auch insbesondere die Unternehmensgröße sowie die Vielfalt, Komplexität und Bedeutung der vom Unternehmen zu beachtenden Vorschriften sind entscheidende Faktoren für die konkrete Anforderungen an die vom Vorstand zu treffenden Maßnahmen.[123] Frühere Missstände und Unregelmäßigkeiten können Anlass zu besonderen Vorkehrungen bieten.[124] Die Frage nach den praktischen Voraussetzungen der Einhaltung der Compliance Anforderungen lässt sich daher nicht einheitlich, sondern nur anhand der konkreten Gegebenheiten des einzelnen Unternehmens beantworten (→ § 93 Rn. 99 ff.).[125] Nicht zu verkennen ist allerdings, dass das Fehlen einer formalisierten Compliance-Organisation insbesondere bei börsennotierten Großunternehmen häufig ein Organisationsverschulden des Vorstands indizieren wird.[126] Für Vorstände börsennotierter Gesellschaften enthält Ziff. 4.1.3 DCGK die ausdrückliche Empfehlung, für angemessene, an der Risikolage des Unternehmens ausgerichtete Maßnahmen (Compliance Management System) zu sorgen und ein Hinweisgebersystem zur Aufdeckung von Rechtsverstößen im Unternehmen einzurichten.

Zu beachten ist ferner, dass sich in international agierenden Unternehmen aus anwendbaren **ausländischen Normen** spezielle Verpflichtungen des Vorstands in Bezug auf die Errichtung eines Compliance Systems ergeben können (ausführlich → § 93 Rn. 93). Dies gilt insbesondere für Unternehmen mit Bezug zum US-Kapitalmarkt. Zu nennen sind zunächst die Regelungen des **Sarbanes Oxley Acts,**[127] die auch auf ausländische Unternehmen, die an einer US-Börse notiert sind, Anwendung finden. Wie die Ermittlungen des US-amerikanischen Department of Justice (DoJ) sowie der US-amerikanischen Börsenaufsichtsbehörde Securities Exchange Commission (SEC) bei der Siemens AG sowie der Daimler AG[128] in jüngerer Vergangenheit belegen, ist daneben insbesondere der **Foreign Corrupt Practices Act** (FCPA)[129] von besonderer Bedeutung, wonach auch Korruptionsvorkommnisse außerhalb der USA unter strenge Strafe gestellt sind.[130] 30

d) Einzelfälle. aa) Spenden und Sponsoring. Der Vorstand ist grundsätzlich berechtigt, aus dem Vermögen der Aktiengesellschaft unentgeltliche Zuwendungen für Zwecke des Gemeinwohls zu leisten. Dazu zählen Ausgaben zur Förderung von Kunst, Wissenschaft, Sozialwesen, Umweltschutz oder Sport ebenso wie Hilfeleistungen bei Unglücksfällen im In- und Ausland.[131] Da keine Pflicht zur politischen Neutralität besteht kommen auch Zuwendungen an politische Parteien in Betracht.[132] Gewinnstreben und Freigiebigkeit sind nicht notwendig einander widersprechende, sondern durchaus komplementäre Ziele.[133] Die Aktiengesellschaft ist für ein erfolgreiches Wirtschaften auf den Rückhalt aller Bezugsgruppen (Stakeholder) angewiesen. Es ist mit den Verhaltenspflichten des Vorstands als eines ordentlichen Geschäftsleiters daher durchaus vereinbar, wenn er unentgeltliche Zuwendungen mit dem Ziel ausreicht, die soziale Akzeptanz der Aktiengesellschaft zu verbessern, sie als **„good corporate citizen“** darzustellen und dadurch indirekt ihr wirtschaftliches Fortkommen zu verbessern.[134] Die Steigerung von Reputation und Image der Gesellschaft dürfen jedoch nicht Selbstzweck der Maßnahme sein, da sie für sich genommen nicht dem Wohl der Gesellschaft iSd § 93 Abs. 1 S. 2 dienen. Der Vorstand ist nicht berechtigt, Maßnahmen zu verfolgen, 31

---

[120] KBLW/*Bachmann* Rn. 829 ff.; *Hauschka/Moosmayer/Lösler* in Hauschka/Moosmayer/Lösler Corporate Compliance § 1 Rn. 31; GroßkommAktG/*Kort* § 91 Rn. 122.

[121] *Hauschka* BB 2007, 165 (166); GroßkommAktG/*Kort* § 91 Rn. 122.

[122] MüKoAktG/*Spindler* § 91 Rn. 36; GroßkommAktG/*Kort* § 91 Rn. 122.

[123] *Bürgle* BB 2005, 565; *Hauschka/Moosmayer/Lösler* in Hauschka/Moosmayer/Lösler Corporate Compliance § 1 Rn. 10; MüKoAktG/*Spindler* § 91 Rn. 28.

[124] Spindler/Stilz/*Fleischer* § 91 Rn. 47, 57.

[125] *Rodewald/Unger* BB 2006, 113 (117); *Bürgle* BB 2005, 565; Spindler/Stilz/*Fleischer* § 91 Rn. 48.

[126] GroßkommAktG/*Kort* § 91 Rn. 125; Hüffer/*Koch* Rn. 14 f.

[127] Sarbanes-Oxley Act of 2002, in Kraft getreten am 30.7.2002.

[128] Zu den SEC-Ermittlungen vgl. *Wybitul* BB 2009, 606 ff.; *Wastl/Lika/Pusch* NStZ 2009, 68 ff.

[129] Foreign Corrupt Practices Act of 1977, aktuelle Fassung vom 10.11.1998.

[130] Vgl. *Grau/Meshulam/Blechschmidt* BB 2010, 652; *Knierim* in Wabnitz/Janovsky HdB Wirtschafts- und Steuerstrafrecht Kap. 5 Rn. 81; *Spies* MMR 2009, XIII; *Schulte/Görts* RIW 2006, 561 ff.

[131] *Semler* in Semler/Peltzer/Kubis Vorst HdB § 1 Rn. 108, 151; *Fleischer* AG 2001, 171 (175); *Mertens* AG 2000, 157 ff.; GroßkommAktG/*Kort* Rn. 107 f.; MüKoAktG/*Spindler* Rn. 88; KK-AktG/*Mertens/Cahn* Rn. 37.

[132] *Gehrlein* NZG 2002, 463 (464); *Fleischer* AG 2001, 171 (180); *Kind* NZG 2000, 567 ff.; GroßkommAktG/*Kort* Rn. 110; KK-AktG/*Mertens/Cahn* Rn. 38 ff.

[133] BGHSt 47, 187 Rn. 26; *Fleischer* AG 2001, 171 (175).

[134] BGHSt 47, 187 Rn. 28; *Westermann* ZIP 1990, 771 (774).

die nicht wenigstens indirekt der erwerbswirtschaftlichen Zielsetzung der AG dienen.[135] Entscheidend sind vielmehr die (zu erwartenden) positiven Auswirkungen auf das wirtschaftliche Fortkommen der Gesellschaft.[136]

32 Zudem gilt das **Gebot der Angemessenheit.** Die Aufwendungen des Vorstands für soziale Zwecke müssen in einem angemessenen Verhältnis zur Ertrags- und Vermögenslage des Unternehmens stehen und seiner strategischen Ausrichtung, dem Branchenumfeld sowie der sozialen und gesamtwirtschaftlichen Rolle des Unternehmens entsprechen.[137] Privaten Präferenzen des Vorstands darf kein unangemessener Raum eingeräumt werden (→ § 93 Rn. 161 ff.).[138]

33 **bb) Abkauf missbräuchlicher Anfechtungsklagen.** Zahlungen an opponierende Aktionäre, die sich in rechtsmissbräuchlicher Weise[139] durch Drohungen mit Beschlussmängelklagen oder im Rahmen von Vergleichen bei bereits erhobenen Anfechtungsklagen den Lästigkeitswert ihres Anfechtungsrechts abkaufen lassen, liegen grundsätzlich nicht im Gesellschaftsinteresse.[140] Sie sind als **verdeckte Einlagenrückgewähr** iSd § 57 Abs. 1 zu werten und verstoßen zudem gegen das **Gleichbehandlungsverbot** nach § 53a, da die Zahlungen nicht allen Aktionäre, sondern lediglich dem jeweiligen Anfechtungskläger zugute kommen.[141] Auch die Einschaltung Dritter führt regelmäßig nicht zu einem anderen Ergebnis, wenn die Leistung des Dritten wirtschaftlich letztlich dem Gesellschaftsvermögen zur Last fällt oder eine Leistung der Gesellschaft an einen Dritten wirtschaftlich dem Aktionär zukommt oder auf Veranlassung des Aktionärs erfolgen.[142] Lediglich in Fällen, in denen der Gesellschaft durch jede weitere Verzögerung ein schwerer, irreparabler Schaden droht (etwa bei dringenden Kapitalmaßnahmen zur weiteren Finanzierung der Gesellschaft), sind unter dem Gesichtspunkt eines **Rechtfertigungsgrunds** in Anlehnung an den zivil- und strafrechtlichen Notstandsregelungen in § 904 BGB, § 34 StGB zugrundeliegenden allgemeinen Gedanken der Güter- und Interessenabwägung enge Ausnahmen denkbar.[143] Die Kapitalerhaltungsvorschriften müssen dann hinter die Pflicht des Vorstands zum Schutz der Existenz und des Vermögens der Gesellschaft sowie der Sicherung der langfristigen Gewinnerzielungsmöglichkeit zurückstehen. Nicht ausreichend ist jedoch die bloße wirtschaftliche Nützlichkeit des Verstoßes gegen das Verbot der Einlagenrückgewähr.[144] Auch kann der Vorstand selbst bei nicht zu beanstandender Zahlung nach Klagerücknahme und Eintragung der Maßnahme zur Geltendmachung eines Rückzahlungsanspruchs nach § 62 verpflichtet sein. In jedem Fall ist der Vorstand verpflichtet, die Publizitätserfordernisse nach § 149 einzuhalten.[145]

34 Keinen Fall der verbotenen Einlagenrückgewähr stellen Vergleichs- oder Sonderzahlungen an **klagende Konkurrenten** dar. Derartige Zahlungen, etwa im Rahmen von Fusionskontrollverfahren, sind unter Beachtung der Angemessenheit von Leistung und Gegenleistung (Verbot der Verschwendung von Gesellschaftsmitteln)[146] im Rahmen des Geschäftsleiterermessens des Vorstands grundsätzlich zulässig.[147]

IV. Eigenverantwortlichkeit der Leitung

35 **1. Weisungsfreiheit.** Der Vorstand übt die Leitung der Gesellschaft unter eigener Verantwortung aus (vgl. auch Ziff. 4.1.1 S. 1 DCGK).[148] Weisungen können weder von der Hauptversammlung

[135] *Kort* NZG 2012, 926 (929); aA *Müller-Michaels/Ringel* AG 2011, 101 (109).

[136] *Mülbert* AG 2009, 766 (773); ähnlich *Kort* NZG 2012, 926 (929); aA *Müller-Michaels/Ringel* AG 2011, 101 (109).

[137] BGHSt 47, 187 Rn. 32; *Mertens* AG 2000, 157 (162); *Kort* NZG 2012, 926 (929); *Fleischer* AG 2001, 171 (177 ff.); GroßkommAktG/*Kort* Rn. 108; GroßkommAktG/*Hopt/Roth* AktG § 93 Rn. 210; Schmidt/Lutter/*Seibt* Rn. 24.

[138] BGHSt 47, 187 Rn. 30; *Gehrlein* NZG 2002, 463 f.

[139] Vgl. insoweit BGHZ 107, 296 (308) = BB 1989, 1782; OLG Köln WM 1988, 1021 = ZIP 1988, 967; LG Frankfurt AG 2008, 830 = ZIP 2008, 1591; Hüffer/*Koch* § 245 Rn. 23; Spindler/Stilz/*Dörr* § 245 Rn. 56 ff.; MüKoAktG/Hüffer/*Schäfer* § 245 Rn. 52 ff.

[140] *Fleischer* in Fleischer HdB VorstandsR § 1 Rn. 45; GroßkommAktG/*Kort* Rn. 119; MüKoAktG/*Spindler* Rn. 91.

[141] BGH NJW 1982, 2821 = ZIP 1982, 1081; *Fleischer* ZIP 2005, 141 (142); *Geißler* DZWiR 2007, 364 (365); Hüffer/*Koch* § 57 Rn. 9, 13.

[142] LG Frankfurt ZIP 2008, 1591 (1592 f.); *Ehmann* ZIP 2008, 584 (586); MüKoAktG/*Bayer* § 57 Rn. 13.

[143] *Poelzig* WM 2008, 10 011 f.; *Martens* AG 1988, 118 (120); *Diekgräf*, Sonderzahlungen an opponierende Kleinaktionäre im Rahmen von Anfechtungs- und Spruchstellenverfahren, 1990, 150 ff., 339 f.; MüKoAktG/*Spindler* Rn. 88; GroßkommAktG/*Kort* Rn. 119; Schmidt/Lutter/*Seibt* Rn. 25.

[144] *Poelzig* WM 2008, 1009 (1011); *Fleischer* ZIP 2005, 141 (145); GroßkommAktG/*Hopt* § 93 Rn. 99.

[145] MüKoAktG/*Spindler* Rn. 91.

[146] MüKoAktG/*Spindler* § 93 Rn. 70.

[147] Spindler/Stilz/*Fleischer* Rn. 55, § 93 Rn. 91a; Schmidt/Lutter/*Seibt* Rn. 25.

[148] MüKoAktG/*Spindler* Rn. 22; Spindler/Stilz/*Fleischer* Rn. 56 ff.

oder einzelnen Großaktionären, noch vom Aufsichtsrat oder außen stehenden Dritten (zB Fremdkapitalgeber) erteilt werden.[149] Der Vorstand ist organisationsrechtlich einzig der Gesellschaft gegenüber zur Leitung verpflichtet. Es besteht kein Auftrags- oder auftragsähnliches Verhältnis zwischen dem Vorstand und den Anteilseignern oder der Hauptversammlung.[150] Die aktienrechtliche Kompetenzzuordnung der Organe ist zwingend. Nach § 23 Abs. 5 kann davon auch durch Satzungsregelung nicht abgewichen werden.[151]

Der **Aufsichtsrat** hat sich nach § 111 Abs. 4 S. 1 auf die Ausübung seiner Kontrollfunktion zu 36
beschränken. Maßnahmen der Geschäftsführung können ihm nicht übertragen werden. Nach § 111 Abs. 4 S. 2 können und müssen zwar bestimmte Maßnahmen der Geschäftsführung von der **Zustimmung** des Aufsichtsrats abhängig gemacht werden. Darin liegt indes nur ein Vetorecht, das die Leitungsautonomie des Vorstands unberührt lässt.[152] Die Zustimmungsvorbehalte müssen zur Aufrechterhaltung der internen Gewaltenteilung zurückhaltend eingesetzt, dh auf Sachverhalte von grundlegender Bedeutung beschränkt werden. Sie sind zudem konkret und eindeutig zu formulieren. Für den Vorstand muss klar erkennbar sein, in welchen Einzelfällen es einer Zustimmung des Aufsichtsrats bedarf. Der Zustimmungskatalog darf nicht so weit oder unbestimmt gefasst sein, dass der Vorstand praktisch nicht in der Lage ist, die Geschäfte der Gesellschaft selbstständig und eigenverantwortlich zu führen. Nichtig sind daher beispielsweise Bestimmungen im Anstellungsvertrag, wonach ein Vorstandsmitglied zu allen Maßnahmen, die über den Rahmen des gewöhnlichen Geschäftsbetriebs hinausgehen, die vorherige Zustimmung des Aufsichtsrats einzuholen hat.[153] Die Leitungsautonomie des Vorstands ist dadurch abgesichert, dass er nur bei Vorliegen eines wichtigen Grundes vorzeitig abberufen werden kann (§ 84 Abs. 3 S. 1). Allein eine von den Vorstellungen des Aufsichtsrats abweichende Geschäftsführung stellt keinen wichtigen Grund dar, der zur Abberufung des Vorstands berechtigt.[154]

Die **Hauptversammlung** ist nur ausnahmsweise in den gesetzlich ausdrücklich vorgesehenen 37
Fällen einzubeziehen, wie beispielsweise bei einer Verpflichtung zur Übertragung des ganzen Vermögens (§ 179a), beim Abschluss von Unternehmensverträgen (§§ 293, 295), bei Eingliederungsmaßnahmen (§§ 319, 320), beim Squeeze-Out oder bei anderen Strukturmaßnahmen nach dem abschließenden Regelungsgehalt des Umwandlungsgesetzes.[155] In Fragen der Geschäftsführung kann die Hauptversammlung den Vorstand lediglich dann binden, wenn der Vorstand einen Beschluss über Geschäftsführungsmaßnahmen nach § 119 Abs. 2 selbst herbeiführt.[156] Eine Verpflichtung des Vorstands zur Einholung der Zustimmung der Hauptversammlung besteht – mit Ausnahme sog. ungeschriebener Hauptversammlungszuständigkeiten (Holzmüller-/Gelatine-Doktrin, → Rn. 40 ff.) – selbst bei riskanten Geschäftsführungsmaßnahmen von grundlegender wirtschaftlicher Bedeutung nicht.[157] Die Hauptversammlung ist damit grundsätzlich darauf beschränkt, durch die Bestimmung des Unternehmensgegenstands und der Unternehmensziele in der Satzung den Rahmen abzustecken, innerhalb dessen sich der Vorstand bei seiner Leitungstätigkeit zu bewegen hat.[158]

2. Ermessensspielraum des Vorstands. In dem durch die anwendbaren gesetzlichen und sat- 38
zungsmäßigen Regeln vorgegebenen Handlungsrahmen steht dem Vorstand ein breiter unternehmerischer Ermessensspielraum bei der Ausübung seiner Leitungskompetenz zu.[159] Begrenzt wird dieses Geschäftsleiterermessen im Wesentlichen durch die Bindung des Vorstands an den satzungsmäßigen Unternehmensgegenstand und Gesellschaftszweck, rechtmäßige Entscheidungen der Hauptversammlung und des Aufsichtsrats sowie an das **Gesellschaftsinteresse** (→ Rn. 19) **als Ermessensmaßstab.**[160] Ein Vorstand, der Geschäfte betreibt, die vom Unternehmensgegenstand nicht gedeckt

[149] OLG Frankfurt Der Konzern 2011, 571; vgl. auch BGH DB 2008, 1370; OLG Köln GmbHR 2010, 251, jeweils zur Nichtanwendbarkeit der Eigenkapitalersatzregeln auf eine Darlehnsgewährung durch eine vom Mehrheitsgesellschafter der Darlehnsnehmerin wiederum mehrheitlich beherrschte AG; GroßkommAktG/*Kort* Rn. 42; MüKoAktG/*Spindler* Rn. 22; Schmidt/Lutter/*Seibt* Rn. 21.

[150] BGH NJW 1967, 1462; LG Detmold AG 1959, 140; Hüffer/*Koch* Rn. 25; GroßkommAktG/*Kort* Rn. 42.

[151] Hüffer/*Koch* § 23 Rn. 36; Schmidt/Lutter/*Seibt* § 23 Rn. 55, § 76 Rn. 11.

[152] *Lutter/Krieger/Verse* Rechte und Pflichten § 3 Rn. 83, 112; Spindler/Stilz/*Fleischer* Rn. 58; MüKoAktG/*Spindler* Rn. 22; Hüffer/*Koch* Rn. 27.

[153] OLG Stuttgart WM 1979, 1296 (1300); *Säcker/Rehm* DB 2008, 2814 (2816); *Fonk* ZGR 2006, 841 (846); *Lutter/Krieger/Verse* Rechte und Pflichten § 3 Rn. 118; → Rn. 112.

[154] MHdB AG/*Wiesner* § 20 Rn. 56.

[155] LG München I ZIP 2006, 2036 = BB 2006, 1928 (1930).

[156] MüKoAktG/*Spindler* Rn. 22; Schmidt/Lutter/*Seibt* Rn. 22.

[157] MüKoAktG/*Spindler* Rn. 22.

[158] Vgl. BGHZ 159, 30 Rn. 36 = NJW 2004, 1860 (1862); MüKoAktG/*Spindler* Rn. 24; GroßkommAktG/*Kort* Rn. 45.

[159] AllgM, vgl. MüKoAktG/*Spindler* Rn. 32; Hüffer/*Koch* Rn. 28 ff.

[160] GroßkommAktG/*Kort* Rn. 51 ff.; Spindler/Stilz/*Fleischer* Rn. 60; Hüffer/*Koch* Rn. 28.

sind, überschreitet den ihm zustehenden Ermessensspielraum und handelt pflichtwidrig.[161] Keine Ermessensschranke bilden hingegen die Interessen des (Haupt-)Aktionärs. Vom unternehmerischen Ermessensspielraum des Vorstands können vielmehr auch solche Entscheidungen gedeckt sein, die den Interessen eines (Haupt-)Aktionärs widersprechen.[162] Dieser unternehmerische Ermessenspielraum umfasst insbesondere das bewusste Eingehen geschäftlicher Risiken. Das bewusste Eingehen risikobehafteter Geschäfte und das Treffen von Entscheidungen unter der Gefahr von Fehlbeurteilungen und Fehleinschätzungen sind unverzichtbarer Teil unternehmerischen Handelns.[163] Gesetzgeberisch wurde dieses ungeschriebene Geschäftsleiterermessens durch die Einfügung der sog. **Business Judgment Rule** in § 93 Abs. 1 S. 2 durch das UMAG bestätigt (ausführlich → § 93 Rn. 29 ff.). Hiernach liegt eine Pflichtverletzung nicht vor, wenn das Vorstandsmitglied bei einer unternehmerischen Entscheidung vernünftigerweise annehmen durfte, auf der Grundlage angemessener Information zum Wohle der Gesellschaft zu handeln.[164]

39 **3. Ungeschriebene Hauptversammlungszuständigkeiten. a) Allgemeines.** Ausführlich → § 119 Rn. 16 ff. Eine Zuständigkeit der Hauptversammlung in Geschäftsführungsangelegenheiten besteht nach § 119 Abs. 2 nur dann, wenn der Vorstand im konkreten Einzelfall eine Entscheidung der Hauptversammlung verlangt. Ob eine Geschäftsführungsmaßnahme der Hauptversammlung nach § 119 Abs. 2 zur Entscheidung vorgelegt wird, steht im freien Ermessen des Vorstands als Kollegialorgan.[165] Der Vorstand ist zur Einholung der Zustimmung der Hauptversammlung selbst bei riskanten Geschäftsführungsmaßnahmen von weitreichender wirtschaftlicher Bedeutung grundsätzlich nicht verpflichtet (→ Rn. 37).

40 Eine Ausnahme von diesem Prinzip der uneingeschränkten Geschäftsführungskompetenz des Vorstands ergibt sich nach der Rechtsprechung des BGH unter dem **Gesichtspunkt des Individualschutzes bei Maßnahmen von herausragender Bedeutung.** In seinem sog. **Holzmüller**- oder Seehafen-Urteil hat der BGH[166] erstmals eine ungeschriebene Zuständigkeit der Hauptversammlung anerkannt, indem er festgestellt hat, dass es grundlegende Entscheidungen gibt, die – obwohl formal vom Wortlaut der Satzung und der Geschäftsführungsbefugnis des Vorstands gedeckt – „so tief in die Mitgliedsrechte der Aktionäre und deren im Anteilseigentum verkörpertes Vermögensinteresse eingreifen, dass der Vorstand vernünftiger Weise nicht annehmen kann, er dürfe sie in ausschließlich eigener Verantwortung treffen, ohne die Hauptversammlung zu beteiligen". In diesem Fall reduziere sich das Ermessen des Vorstands zur Vorlage einer Geschäftsführungsfrage an die Hauptversammlung nach § 119 Abs. 2 ausnahmsweise auf null.[167]

41 In seinen sog. **Gelatine-Entscheidungen**[168] hat der BGH seine Rechtsprechung in wesentlichen praxisrelevanten Streitfragen konkretisiert. Hiernach sind ungeschriebene Hauptversammlungszuständigkeiten bei Maßnahmen, die dem Vorstand als Leitungsaufgabe zugewiesen sind, **nur in engen Grenzen** anzuerkennen. Sie kommen allein dann in Betracht, wenn eine vom Vorstand in Aussicht genommene Umstrukturierung der Gesellschaft an die Kernkompetenz der Hauptversammlung, über die Verfassung der Aktiengesellschaft zu bestimmen, rührt, weil sie Veränderungen nach sich zieht, die denjenigen zumindest nahe kommen, welche allein durch eine Satzungsänderung herbeigeführt werden können.[169] Es muss also die **Intensität eines nahezu satzungsändernden Eingriffs** erreicht ein.[170] Allein die wirtschaftliche Bedeutsamkeit eines Sachverhalts genügt nicht.[171] Der BGH hat weiterhin klargestellt, dass im Sinne eines doppelten Wesentlichkeitstests neben **qualitativen Kriterien** auch **quantitative Kriterien** erfüllt sein müssen. Die Maßnahme muss qualitativ einen Eingriff in den Kernbereich der unternehmerischen Aktivitäten der Aktiengesellschaft darstellen, die **Unternehmensstruktur** von Grund auf ändern und zusätzlich auch unter quantitativen Gesichtspunkten wesentlich sein.[172] Letzteres ist nach Auffassung des BGH erst dann der Fall, wenn die Maßnahme in ihrer wirtschaftliche Bedeutung für die Gesellschaft in etwa die Ausmaße wie in dem entschiedenen „Holzmüller-Fall" erreicht, wo der ausgegliederte Geschäftsbereich etwa 80%

---

[161] BGH WM 2013, 456 = NJW 2013, 1958.
[162] OLG Frankfurt Der Konzern 2011, 571.
[163] BGHZ 135, 244 (253 f.); BGH NJW 2006, 522 f.; GroßkommAktG/*Hopt/Roth* § 93 Rn. 63; MüKoAktG/*Spindler* Rn. 32.
[164] *Fleischer* ZIP 2004, 685 (690); Hüffer/*Koch* § 93 Rn. 15; Spindler/Stilz/*Fleischer* § 93 Rn. 59.
[165] Schmidt/Lutter/*Spindler* § 119 Rn. 17; Hüffer/*Koch* § 119 Rn. 13.
[166] BGHZ 83, 122 = BB 1982, 827.
[167] BGHZ 83, 122 (131) = BB 1982, 827.
[168] BGHZ 159, 30 = NJW 2004, 1860 – Gelatine I; dazu auch BGH NZG 2004, 575 – Gelatine II.
[169] BGHZ 159, 30 (40) = NJW 2004, 1860.
[170] *Bungert* BB 2004, 1345 (1347); MüKoAktG/*Spindler* § 119 Rn. 34.
[171] BGHZ 159, 30 (40) = NJW 2004, 1860; MüKoAktG/*Spindler* § 119 Rn. 34.
[172] BGHZ 159, 30 = NJW 2004, 1860.

des Werts des Aktivvermögens der Gesellschaft ausmachte.[173] Zu **einzelnen Fallgruppen** → § 119 Rn. 21.

b) Rechtsfolgen einer Missachtung ungeschriebener Hauptversammlungszuständigkeiten. Eine Missachtung ungeschriebener Hauptversammlungskompetenzen lässt die Wirksamkeit der Geschäftsführungsmaßnahme unberührt,[174] sofern nicht die Grundsätze über den Missbrauch der Vertretungsmacht (→ § 82 Rn. 9 ff.) eingreifen. Die Aktionäre können allerdings einen Anspruch auf Unterlassung – auch im einstweiligen Verfügungsverfahren[175] – oder Rückabwicklung der Maßnahme geltend machen.[176] Klage-/Anspruchsgegner ist die Gesellschaft, nicht der für sie handelnde Vorstand.[177] Darüber hinaus kommt die Geltendmachung von Schadensersatzansprüche gegen Vorstand und Aufsichtsrat nach §§ 93, 116 und § 117 in Betracht, was in der Praxis jedoch regelmäßig an der Darlegung eines relevanten Schadens scheitern wird. 42

4. Neutralitätspflicht. a) Allgemeines. Aus der Pflicht des Vorstands, die Gesellschaft im Gesellschaftsinteresse zu leiten sowie dem in § 53a verankerten Gebot, alle Aktionäre gleich zu behandeln, ergibt sich, dass der Vorstand keinen sachlich nicht gerechtfertigten Einfluss auf die Zusammensetzung des Aktionärskreises nehmen darf, insbesondere nicht aus eigennützigen Interessen ihm persönlich gewogene Aktionäre bevorzugen darf.[178] Ob hieraus eine allgemeine aktienrechtliche **Neutralitätspflicht** folgt, ist strittig, indes eher von dogmatischer als von praktischer Relevanz. Es besteht Einigkeit, dass dem Vorstand jedenfalls kein ausnahmsloses Gebot neutralen Verhaltens auferlegt ist. Dabei ist zu unterscheiden, ob es sich um eine Maßnahme der Gesellschaft oder von Aktionären handelt. Bei einem **Angebot von Aktien durch die Gesellschaft** unter Ausschluss des Bezugsrechts (Kapitalerhöhung, § 186 Abs. 4) oder des Erwerbsrechts (Wiederveräußerung eigener Aktien, § 71 Abs. 1 Nr. 8 S. 5) der Aktionäre handelt es sich bei der Auswahl der Erwerber um eine Geschäftsführungsmaßnahme des Vorstands.[179] Dem Vorstand steht dabei ein unternehmerischer Ermessenspielraum zu, den er unter Beachtung des Gesellschaftsinteresses auszufüllen hat. Dabei kann er neben dem Interesse an einem möglichst hohen Veräußerungserlös auch andere Belange der Gesellschaft berücksichtigen, wie etwa den Aktionärskreis zu internationalisieren, renommierte institutionelle Anleger an der Gesellschaft zu beteiligen oder sonstige mit der Beteiligung eines bestimmten Investors verbundene strategische Interessen der Gesellschaft.[180] 43

Demgegenüber handelt es sich bei der **Veräußerung von Aktien durch Aktionäre** nicht um eine Maßnahme der Gesellschaft. Maßnahmen, die der Vorstand in diesen Zusammenhang ergreift, berühren die Interessen der Aktionäre bei der Ausübung ihrer Eigentümerrechte.[181] Ein zielgerichtetes Eingreifen des Vorstands, das Auswirkungen auf die (zukünftige) Zusammensetzung des Aktionärskreises hat, ist insoweit daher nur gerechtfertigt, wenn Veränderungen auf der Ebene der Aktionäre auf das Gesellschaftsunternehmen selbst durchschlagen und damit das Gesellschaftsinteresse betroffen ist.[182] Dies ist insbesondere dann der Fall, wenn durch eine beabsichtigte Übernahme eine erhebliche Schädigung des Unternehmens droht.[183] Denkbar ist beispielsweise eine mit großer Wahrscheinlichkeit eintretende negative Beeinflussung der Marktstellung des Gesellschaftsunternehmens durch einen in der Person des Erwerbsinteressenten begründeten Imageschaden.[184] Der Vorstand ist in diesen Fällen unter Umständen sogar verpflichtet darauf hinzuwirken, dass der Erwerb unterbleibt.[185] In diese Kategorie fällt grundsätzlich auch die Konstellation eines kreditfinanzierten 44

---

[173] BGHZ 159, 30; vgl. auch OLG Köln BeckRS 2009, 4001 = RNotZ 2009, 548; OLG Stuttgart ZIP 2005, 14 (15); LG München I BB 2006, 1928 (1930); *Feldhaus* BB 2009, 562 (568).

[174] BGHZ 83, 122 (130) = ZIP 1982, 568; BGH ZIP 2004, 993 (997); *Altmeppen* ZIP 2004, 999 (1000 f.).

[175] LG Duisburg AG 2003, 390; LG Berlin ZIP-Aktuell Nr. 125/2002; *W. Hölters/T. Hölters* in Hölters HdB Unternehmenskauf Rn. 10.248; *Markwardt* WM 2004, 211.

[176] BGHZ 83, 122 (133) = ZIP 1982, 568; BGHZ 136, 133 (141) = ZIP 1997, 1499; OLG Stuttgart NZG 2003, 778 (785); *Bayer* NJW 2000, 2609 (2610 f.); MHdB AG/*Bungert* § 35 Rn. 63.

[177] BGHZ 83, 122 (133) = ZIP 1982, 568; *Bayer* NJW 2000, 2609 (2610).

[178] Schmidt/Lutter/*Seibt* Rn. 26; GroßkommAktG/*Hopt/Roth* § 93 Rn. 213; *Richter* in Semler/Peltzer/Kubis Vorst HdB § 4 Rn. 49; KK-AktG/*Mertens/Cahn* Rn. 25.

[179] OLG Koblenz ZIP 2006, 1101; KK-AktG/*Mertens/Cahn* § 76 Rn. 25.

[180] KK-AktG/*Mertens/Cahn* Rn. 25; Schmidt/Lutter/*Seibt* Rn. 26; Hüffer/*Koch* Rn. 40; *Schiessl* AG 2009, 385 (387).

[181] KK-AktG/*Mertens/Cahn* Rn. 26.

[182] Hüffer/*Koch* Rn. 40.

[183] Hüffer/*Koch* Rn. 40; MüKoAktG/*Spindler* Rn. 37.

[184] Vgl. etwa GroßkommAktG/*Kort* Rn. 148.

[185] BGHZ 33, 175 (186) = NJW 1961, 26; BGHZ 21, 354 (357) = WM 1956, 1352; KK-AktG/*Mertens/Cahn* Rn. 26.

Erwerbs,[186] wenn der Kredit erkennbar nur unter verbotener Inanspruchnahme des Vermögens der Zielgesellschaft finanziert werden kann oder mit einer gesetzwidrigen Ausbeutung des Unternehmens durch die Übernehmenden zu rechnen ist.[187] Insoweit ist allerdings Zurückhaltung geboten. Es ist zwar nicht zu verkennen, dass der Vorstand im Falle eines **Leveraged Buy-outs** unter erheblichen Druck geraten kann, durch die Ausschüttung übermäßiger Dividenden, die Schaffung von ausschüttungsfähiger Liquidität im Wege der Aufnahme von Fremdkapital, den Abschluss von Dienstleistungsverträgen mit den neuen Investoren oder vergleichbare Maßnahmen kurzfristigen Renditeinteressen der neuen Mehrheits- oder Alleinaktionäre gerecht zu werden, die mit dem wohlverstandenen Gesellschaftsinteresse nicht vereinbar sind. Allein die Aussicht, dass der Erwerbsinteressent die bisherige Geschäftspolitik kritisch hinterfragen, eigene Vorstellungen zur Steigerung des Unternehmenswerts äußern und auch die Dividendenpolitik der Gesellschaft in seinem Sinne zu gestalten versuchen wird, rechtfertigt jedoch im Allgemeinen noch keine aktive Einflussnahme des Vorstands auf die künftige Zusammensetzung der Aktionärsstruktur. Der Vorstand ist von Weisungen der Aktionäre (auch des Mehrheits- oder Alleinaktionärs) unabhängig.

45 Dies bedeutet nicht, dass der Vorstand nicht das Gespräch mit seinen Aktionären und potentiellen Investoren suchen und sich deren Vorstellungen anhören darf. Es gehört vielmehr zu den Aufgaben des Vorstands, auf „Roadshows“ und in Einzelgesprächen bereits bestehende Aktionäre zu pflegen und um neue Investoren zu werben.[188] Auch Vereinbarungen und Abreden zwischen (zukünftigen) Investoren und der Zielgesellschaft (vertreten durch den Vorstand) im Zusammenhang mit der Beteiligung des Investors (kurz: **Investorenvereinbarungen**) sind bei Beachtung der aktien- und kapitalmarktrechtlichen Grenzen rechtlich zulässig.[189] Zur Eigenverantwortlichkeit des Vorstands gehört aber die Verpflichtung, sich solchen Wünschen (auch des Mehrheitsaktionärs), die mit dem Gesellschaftsinteresse erkennbar nicht vereinbar sind, zu verweigern. Dies verdeutlicht neben den Regelungen zum faktischen Konzern (§§ 311 ff.) auch die durch das MoMiG neu eingefügte Regelung zur Vorstandshaftung in § 92 Abs. 2 S. 3.[190] Hiernach haftet der Vorstand für Zahlungen an Aktionäre, soweit diese (erkennbar) zur Zahlungsunfähigkeit führen mussten. Die Aussicht, der Erwerbsinteressent werde den Vorstand zur Umsetzung seiner eigenen Vorstellungen von der Führung des Unternehmens drängen, genügt daher für sich genommen im allgemeinen nicht, um eine Einflussnahme des Vorstands auf die Zusammensetzung des Aktionärskreises zu rechtfertigen. Diesem Druck muss der Vorstand grundsätzlich standhalten. Hinzukommen müssen konkrete Anhaltspunkte, dass mit nicht unerheblichen und mit dem Erwerb in Zusammenhang stehenden Gesetzesverstößen des Erwerbers, etwa einer rechtswidrigen Finanzierung des Erwerbs zu rechnen ist.[191]

46 Zum **übernahmerechtlichen Verhinderungsverbot** nach § 33 Abs. 1 WpÜG → Rn. 49.

47 **b) Vorstandspflichten im Rahmen einer Due Diligence-Prüfung.** Bereits die Entscheidung über die Zulassung oder Nichtzulassung einer Due Diligence, dh der systematischen Untersuchung des Zielunternehmens durch den oder die Erwerbsinteressenten oder den Veräußerer (sog. Vendor's Due Diligence)[192] im Zusammenhang mit Unternehmens- oder Beteiligungskäufen,[193] hat selektiven Charakter für die Zusammensetzung des Aktionärskreises. Nach § 93 Abs. 1 S. 3 ist der Vorstand verpflichtet, über vertrauliche Angaben und Geheimnisse der Gesellschaft, die ihm durch seine Tätigkeit bekannt geworden sind, Stillschweigen zu bewahren (→ § 93 Rn. 133 ff.). Die unbefugte Offenbarung von Geschäftsgeheimnissen ist strafbar (§ 404). Sofern es sich bei der Zielgesellschaft um eine börsennotierte Gesellschaft handelt, sind zudem die strafbewehrten kapitalmarktrechtlichen Vorschriften zur verbotenen Weitergabe von Insider-Informationen nach der MAR zu beachten.[194]

48 Dennoch ist eine Informationsweitergabe an den veräußerungswilligen Aktionär oder an Erwerbsinteressenten zum Zwecke der Durchführung einer Due Diligence nicht von vornherein ausgeschlossen. Maßstab für die Frage, ob und welche Informationen erteilt werden, ist das **Gesellschaftsinte-**

---

[186] Zu Einzelfällen von bei Private Equity-Transaktionen praktizierten (missbräuchlichen) Finanzierungsmodellen vgl. etwa *Schneider* NZG 2007, 888; *Knapp* DStR 2008, 2371 (2374).

[187] MüKoAktG/*Spindler* Rn. 37; GroßkommAktG/*Kort* Rn. 149; *Hopt* ZGR 1993, 534 (557 f.).

[188] *Schiessl* AG 2009, 385 (387); vgl. auch *Fleischer* ZGR 2009, 505.

[189] KK-AktG/*Mertens/Cahn* Rn. 48 ff.; *Fleischer* FS Schwark, 2009, 137 (152 f.) zu Verzichtserklärungen auf Kapitalerhöhungen in Übernahmeverträgen und Exklusivvereinbarungen bei M&A-Transaktionen; *Kiem* AG 2009, 301 (304 ff.); *Seibt/Wunsch* Der Konzern 2009, 195 (199 ff.).

[190] Zu den Auswirkungen der Neuregelung in § 92 Abs. 2 S. 3 im Zusammenhang mit Leveraged Buy-outs vgl. auch *Knapp* DStR 2008, 2371 (2374).

[191] Ähnlich *Richter* in Semler/Peltzer/Kubis Vorst HdB § 4 Rn. 49.

[192] Zur Vendor's Due Diligence vgl. etwa *Cannivé* ZIP 2009, 254.

[193] Zum Begriff und Inhalt einer Due Diligence-Prüfung vgl. etwa *W. Hölters/T. Hölters* in Hölters HdB Unternehmenskauf Rn. 10.11.

[194] Vgl. hierzu etwa *Richter* in Semler/Peltzer/Kubis Vorst HdB § 4 Rn. 55 mwN.

resse.[195] Die Schweigepflicht des Vorstands ist Ausprägung seiner allgemeinen Treue- und Sorgfaltspflicht, die sich am Gesellschaftsinteresse orientiert.[196] Dieses bildet als oberster Maßstab jedes Vorstandshandelns eine immanente Grenze der Schweigepflicht.[197] Der Vorstand der Zielgesellschaft hat daher im konkreten Einzelfall zunächst abzuwägen, ob eine Änderung der Aktionärsstruktur generell im Interesse der Zielgesellschaft liegt. Ist dies der Fall, weil etwa der bisherige Großaktionär zur Finanzierung der weiteren Expansionspläne der Gesellschaft nicht in der Lage ist oder strategische Interessen (wie etwa ein Interesse an der Schaffung von Synergieeffekten durch die Bildung eines Unternehmensverbunds) dafür sprechen, dass sich ein anderes Unternehmen als Investor beteiligt, hat der Vorstand die Risiken einer Informationserteilung gegen den Nutzen der geplanten Transaktion für die Gesellschaft und das mit einer Verweigerung der Informationserteilung verbundene Risiko eines Scheiterns der Transaktion abzuwägen.[198] Im Sinne eines Business Judgment (ausführlich → § 93 Rn. 29 ff.) hat der Vorstand dabei eine **Einschätzungsprärogative,** ob die Gestattung einer Due Diligence unter Berücksichtigung des Geheimhaltungsinteresses des Unternehmens im Gesellschaftsinteresse liegt.[199] Sofern die Informationserteilung hiernach grundsätzlich im Gesellschaftsinteresse liegt, hat der Vorstand zu entscheiden, in welchem Umfang und in welcher Weise die Informationserteilung erfolgen kann. Die mit der Durchführung einer Due Diligence verbundenen Risiken sind möglichst gering zu halten. Der Vorstand wird daher in aller Regel vor dem Offenlegen von Informationen eine **Vertraulichkeitsvereinbarung**[200] abschließen müssen, wobei es zumindest ratsam sein dürfte, die Einhaltung der Vertraulichkeitsverpflichtungen nach Möglichkeit durch eine Vertragsstrafe oder Beweislastvereinbarungen zu sichern.[201] Zu den Einzelheiten → § 93 Rn. 176 ff.

c) Vorstandspflichten bei Übernahmeangeboten. Bei öffentlichen Übernahmeangeboten 49
wird der Handlungsspielraum des Vorstands durch die in §§ 33 ff. WpÜG enthaltenen übernahmerechtlichen Handlungsverbote konkretisiert. Nach der Veröffentlichung der Entscheidung zur Abgabe eines Angebots des Bieters (§ 10 Abs. 3 WpÜG) bis zur Veröffentlichung des Ergebnisses nach § 23 Abs. 1 S. 1 Nr. 2 WpÜG darf der Vorstand der Zielgesellschaft keine Handlungen vornehmen, durch die der Erfolg des Angebots verhindert werden könnte (§ 33 Abs. 1 S. 1 WpÜG). Maßgeblich ist die abstrakte Eignung der Handlungen, den Angebotserfolg zu verhindern.[202] Seine Schranke findet das Verhinderungsverbot in § 33 Abs. 1 S. 2 WpÜG, wonach Handlungen des Vorstands entgegen § 33 Abs. 1 S. 1 WpÜG erlaubt sind, wenn (i) diese auch ein ordentlicher und gewissenhafter Geschäftsleiter einer Gesellschaft, die nicht von einem Übernahmeangebot betroffen ist, vorgenommen hätte, (ii) diese in der Suche nach einem konkurrierenden Angebot bestehen („White Knight") oder wenn (iii) der Aufsichtsrat der Zielgesellschaft den Handlungen zugestimmt hat. Nach § 33a WpÜG dürfen sich deutsche Gesellschaften entsprechend Art. 12 Abs. 2 RL 2004/25/EG satzungsmäßige Selbstbeschränkung auferlegen und sich statt dem Verhinderungsverbot nach § 33 WpÜG den strengeren Regelungen nach der Übernahme-RL unterwerfen („Opt-In-Recht").

V. Konzernleitungspflicht und Vorstandsdoppelmandate

1. Konzernleitungspflicht. a) Allgemeines. Unter dem Stichwort „Konzernleitungspflicht" 50
werden im Wesentlichen drei Fragenkomplexe diskutiert: Eine Konzernleitungspflicht im strengen Sinne läge vor, wenn der Vorstand der herrschenden Gesellschaft gegenüber den Tochtergesellschaften in der Rechtsform der Aktiengesellschaft zur umfassenden Leitung nach dem Maßstab des § 76 verpflichtet wäre. Weiter stellt sich die Frage, ob der Vorstand der herrschenden Gesellschaft dieser gegenüber zur Ausübung einer allumfassenden Konzernleitung verpflichtet ist.

[195] GroßkommAktG/*Kort* Rn. 165 f.; *Hemeling* ZHR 169 (2005), 274 (279); *Borsch* DB 2005, 2175; *Körber* NZG 2002, 263 (264); *Stoffels* ZHR 165 (2001), 262 (372); *Mertens* AG 1997, 541 (546); Hüffer/*Koch* § 93 Rn. 23.

[196] BGHZ 64, 325 (327); *Hemeling* ZHR 169 (2005), 274 (279); *Ziemons* AG 1999, 492 (493).

[197] BGHZ 64, 325 (327); *W. Hölters/T. Hölters* in Hölters HdB Unternehmenskauf Rn. 10.31; *Hemeling* ZHR 169 (2005), 274 (279); *Fleischer* ZIP 2002, 651 (652); Hüffer/*Koch* § 93 Rn. 23.

[198] MHdB AG/*Wiesner* § 25 Rn. 48; *Hemeling* ZHR 169 (2005), 274 (279).

[199] *Mertens* AG 1997, 541; *Hemeling* ZHR 169 (2005), 274 (280).

[200] Vgl. hierzu etwa *Semler* in Hölters HdB Unternehmenskauf Rn. 7.62 ff.; *Lachner/Zumbansen* BB 2006, 613; *Gran* NJW 2008, 1409.

[201] GroßkommAktG/*Kort* Rn. 166; *Hemeling* ZHR 169 (2005), 274 (280); MHdB AG/*Wiesner* § 25 Rn. 48; *Ziemons* AG 1999, 492 (500).

[202] Assmann/Pötzsch/Schneider/*Krause/Pötzsch* WpÜG § 33 Rn. 83 f.; Steinmeyer/Häger/*Steinmeyer* WpÜG § 33 Rn. 16 f.; MüKoAktG/*Schlitt/Ries* WpÜG § 33 Rn. 60; Geibel/Süßmann/*Schwennicke* WpÜG § 33 Rn. 19; FK-WpÜG/*Röh* WpÜG § 33 Rn. 110; Schwark/*Noack/Zetzsche* WpÜG § 33 Rn. 4; krit. *Witte* BB 2000, 2161 (2164).

Schließlich müssen die Leitungspflichten des Vorstands der abhängigen Gesellschaft beachtet werden.

51 **b) Konzernleitungspflicht im strengen Sinne.** Konzernrechtliche Leitungspflichten des Vorstands einer herrschenden Aktiengesellschaft kann es nur im Rahmen der gesetzlichen Grenzen seiner Leitungsbefugnis und Leitungsmacht geben. Für den **faktischen Konzern** ergibt sich aus den in § 311 normierten Verhaltensverboten, dass die Eigenverantwortlichkeit des Vorstands der abhängigen Aktiengesellschaft erhalten bleibt.[203] Mangels Weisungsrechts fehlt es an einem rechtlichen Instrumentarium des Vorstands des herrschenden Unternehmens, um Leitungsentscheidungen bei der abhängigen Aktiengesellschaft auch gegen den Willen des dortigen Vorstands durchsetzen zu können. Aufgrund des Fehlens rechtlich gesicherter Leitungsmacht besteht daher im faktischen Konzern keine Konzernleitungspflicht des Vorstands der herrschenden Aktiengesellschaft gegenüber den Konzerntöchtern im Sinne einer umfassenden Leitung der Tochtergesellschaften nach dem Standard des § 76.[204] Es liegt im Ermessen des Vorstands der herrschenden Aktiengesellschaft, ob und inwieweit er innerhalb der gesetzlichen Grenzen Einfluss auf die Leitung des abhängigen Unternehmens nimmt.[205]

52 Der Vorstand des herrschenden Unternehmens im **Vertragskonzern** ist nach § 308 Abs. 1 S. 1 berechtigt, dem Vorstand der abhängigen Aktiengesellschaft Weisungen hinsichtlich der Leitung der Gesellschaft zu erteilen. Entsprechendes gilt für den Eingliederungskonzern (§ 323 Abs. 1). Aus diesem umfassenden Weisungsrecht wird teilweise gefolgert, der Vorstand der Obergesellschaft rücke mit der Folge einer umfassenden Konzernleitungspflicht zum obersten Leitungsorgan der Untergesellschaft auf.[206] Dagegen spricht, dass in § 308 Abs. 1 S. 1 von einem „Recht", nicht jedoch von einer „Pflicht" zur Weisungserteilung die Rede ist.[207] Zudem bleibt der Vorstand der abhängigen Aktiengesellschaft auch im Vertragskonzern zur eigenverantwortlichen Leitung der Gesellschaft verpflichtet. Der Vorstand der herrschenden Aktiengesellschaft ist daher gegenüber der abhängigen Gesellschaft grundsätzlich nicht zur Ausübung von Leitungsmacht durch Erteilung von Weisungen verpflichtet.[208]

53 **c) Leitungspflicht gegenüber der herrschenden Aktiengesellschaft.** Der Vorstand einer herrschenden Aktiengesellschaft ist auch dieser gegenüber nicht zur Ausübung einer allumfassenden Konzernleitung in dem Sinne, die Geschäftsaktivitäten der Tochtergesellschaften unter seiner einheitlichen Leitung bis in alle Einzelheiten zu steuern, verpflichtet.[209] Für den faktischen Konzern folgt dies bereits aus dem Fehlen rechtlich abgesicherter Leitungsmacht (→ Rn. 51). Nichts anderes gilt jedoch auch bei Bestehen eines Beherrschungsvertrags.[210] Mangels konzernspezifischer Sonderregelungen bleibt es bei dem allgemeinen Grundsatz des Leitungsermessens des Vorstands aus § 76 Abs. 1. Der Vorstand der herrschenden Aktiengesellschaft hat einen **weiten unternehmerischen Ermessensspielraum** bei der Ausgestaltung der konzerninternen Leitungsstrukturen und der Wahrnehmung seiner Leitungsmacht gegenüber abhängigen Unternehmen,[211] der auch durch Satzungsregelungen nicht beschränkbar ist.[212] Der Vorstand der herrschenden Aktiengesellschaft hat die sich aus den Beteiligungen ergebenden Einflussrechte so wahrzunehmen, wie es dem Interesse der herrschenden Aktiengesellschaft, insbesondere dem Ziel der Sicherung ihrer dauerhaften Rentabilität, entspricht.[213] Die Vor- und Nachteile verschiedener Leitungskonzepte sind unter Berücksichtigung der Besonderheiten der jeweiligen Unternehmensgruppe gegeneinander abzuwägen, um hieraus das

---

[203] Spindler/Stilz/*Fleischer* Rn. 90; Hüffer/*Koch* Rn. 47.

[204] AllgM, vgl. *Götz* ZGR 1998, 524 (527 ff.); GroßkommAktG/*Kort* Rn. 183 ff.; Spindler/Stilz/*Fleischer* Rn. 90 ff.; Hüffer/*Koch* Rn. 47; Emmerich/Habersack/*Habersack* § 311 Rn. 11; aA *Hommelhoff* Konzernleitungspflicht, 1982, 43 ff., 165 ff., 184 ff.

[205] Hüffer/*Koch* Rn. 47.

[206] MüKoAktG/*Bayer* § 18 Rn. 19.

[207] KK-AktG/*Koppensteiner* § 308 Rn. 60; Spindler/Stilz/*Fleischer* Rn. 90.

[208] Ebenso MüKoAktG/*Altmeppen* § 309 Rn. 52; KK-AktG/*Koppensteiner* § 308 Rn. 60; aA *Schneider* BB 1981, 249 (256 ff.).

[209] AllgM, vgl. MüKoAktG/*Spindler* Rn. 49; Hüffer/*Koch* Rn. 47; aA *Hommelhoff* Konzernleitungspflicht, 1982, 43 ff., 165 ff., 184 ff.

[210] AllgM, vgl. GroßkommAktG/*Kort* Rn. 178; Hüffer/*Koch* Rn. 47; aA *Hommelhoff* Konzernleitungspflicht, 1982, 43 ff., 165 ff., 184 ff.

[211] Spindler/Stilz/*Fleischer* Rn. 91; Hüffer/*Koch* Rn. 47.

[212] GroßkommAktG/*Kort* Rn. 144; Hüffer/*Koch* Rn. 47; MüKoAktG/*Spindler* Rn. 42; aA *Götz* ZGR 1998, 524 (526).

[213] GroßkommAktG/*Kort* Rn. 140; GroßkommAktG/*Hopt* § 93 Rn. 114; MüKoAktG/*Spindler* Rn. 42; *Martens* FS Heinsius, 1991, 523 (531 f.).

wirtschaftlich notwendige Maß an Leitungsintensität zu bestimmen.[214] Innerhalb dieses Ermessensspielraums kann es insbesondere auch eine zulässige unternehmerische Entscheidung sein, abhängige Unternehmen in weitgehender Selbstständigkeit auf Basis des von ihren jeweiligen Geschäftsführungsorganen entwickelten unternehmerischen Konzepts arbeiten zu lassen. Erforderlich ist eine Abwägung der Vor- und Nachteile einer zentralen und dezentralen Unternehmensführung im jeweiligen Einzelfall.

Eine pflichtgemäße Ermessensausübung ist indes nur auf Grundlage angemessener Informationen möglich.[215] Daraus folgt, dass das abhängige Unternehmen keinesfalls völlig unkontrolliert bleiben darf und dem unternehmerischen Ermessen insoweit Grenzen gesetzt sind.[216] Eine **laufende Konzernüberwachung** durch den Vorstand der herrschenden Aktiengesellschaft ist in jedem Falle unverzichtbar. Dies erfordert insbesondere eine sachgerechte Konzernorganisation und die Einrichtung eines konzernweiten Controlling-Systems.[217] Nur so kann sichergestellt werden, dass der Vorstand der herrschenden Aktiengesellschaft durch die Erteilung von Weisungen (im Vertragskonzern) eingreifen kann, wenn dies zur Wahrung der Interessen der Gesellschaft erforderlich sein sollte. Auch insoweit gilt allerdings, dass eine Überwachungspflicht nur im Rahmen der dem Vorstand der herrschenden Aktiengesellschaft zur Verfügung stehenden rechtlichen Möglichkeiten zur Informationserlangung bestehen kann. Eine Rechtspflicht des abhängigen Unternehmens zur Informationserteilung besteht im faktischen Konzern nur hinsichtlich der in § 294 Abs. 3 HGB aufgeführten Unterlagen und Informationen.[218] 54

d) Vorstand der abhängigen Aktiengesellschaft. Im **faktischen Konzern** bleibt der Vorstand der abhängigen Gesellschaft zur eigenverantwortlichen Leitung der Gesellschaft uneingeschränkt berechtigt und verpflichtet.[219] Er ist an Weisungen des herrschenden Unternehmens nicht gebunden. Nachteiligen Anregungen darf er nur nachkommen, sofern ein Einzelausgleich nach § 311 gewährleistet ist. Ansonsten haftet er nach § 93.[220] 55

Auch im **Vertragskonzern** bleibt der Vorstand der abhängigen Gesellschaft zur Leitung der Gesellschaft unter eigener Verantwortung grundsätzlich berechtigt und verpflichtet.[221] Er ist nach § 308 Abs. 2 S. 1 allerdings verpflichtet, Weisungen des herrschenden Unternehmens zu befolgen. In diesem Falle wird die aus § 76 Abs. 1 herrührende Leitungsbefugnis des Vorstands der abhängigen Gesellschaft durch das Weisungsrecht des herrschenden Unternehmens überlagert.[222] Soweit Weisungen nicht erteilt werden, bleibt Maßstab für die Leistungsausübung ausschließlich das Interesse der abhängigen Gesellschaft, nicht das Konzerninteresse.[223] Andererseits ist der Vorstand des abhängigen Unternehmens aufgrund des Beherrschungsvertrags gehalten, keine Maßnahmen zu treffen, die gegen das herrschende Unternehmen oder andere Konzernunternehmen gerichtet sind. Im Zweifelsfall besteht vor Maßnahmen, die mit Konzerninteressen kollidieren können, eine Konsultationspflicht (§ 242 BGB).[224] 56

2. Vorstandsdoppelmandate. a) Zulässigkeit. Doppelmandate von Vorstandsmitgliedern sind aktienrechtlich zulässig.[225] Sie bedürfen nach § 88 Abs. 1 S. 2 der **Zustimmung des Aufsichtsrats** beider Gesellschaften. 57

b) Umgang mit Interessenkollisionen. Probleme können Vorstandsdoppelmandate insbesondere im Konzernverbund aufgrund der damit typischerweise einhergehenden **Interessenkollisionen** aufwerfen. Der Doppelmandatsträger hat bei seinen Entscheidungen stets die Interessen des jeweiligen Pflichtenkreises wahrzunehmen.[226] Als Vorstandsmitglied der Muttergesellschaft hat es deren Interessen uneingeschränkt wahrzunehmen und als Vorstandsmitglied der Tochtergesellschaft ist es ebenso 58

---

[214] *Götz* ZGR 1998, 524 (529).
[215] Vgl. Hüffer/*Koch* § 93 Rn. 4a, 4g; MüKoAktG/*Spindler* § 93 Rn. 40 ff.
[216] *S.H. Schneider/U.H. Schneider* AG 2005, 57 (59).
[217] MüKoAktG/*Spindler* Rn. 46 f.; KK-AktG/*Koppensteiner* § 308 Rn. 60.
[218] MüKoAktG/*Kropff* § 311 Rn. 299.
[219] KG AG 2003, 500 (504); OLG Hamm AG 1995, 512 (514); Hüffer/*Koch* Rn. 52.
[220] OLG Hamm AG 1995, 512 (514); MüKoAktG/*Spindler* Rn. 40; Hüffer/*Koch* Rn. 52.
[221] Spindler/Stilz/*Fleischer* Rn. 102; GroßkommAktG/*Kort* Rn. 141; Emmerich/Habersack/*Emmerich* § 308 Rn. 54.
[222] Spindler/Stilz/*Fleischer* Rn. 103.
[223] Emmerich/Habersack/*Emmerich* § 308 Rn. 54; MüKoAktG/*Altmeppen* § 308 Rn. 154; aA KK-AktG/*Koppensteiner* § 308 Rn. 48; GroßkommAktG/*Kort* Rn. 141; Spindler/Stilz/*Fleischer* Rn. 103.
[224] MüKoAktG/*Altmeppen* § 308 Rn. 154; Emmerich/Habersack/*Emmerich* § 308 Rn. 54.
[225] AllgM, BGHZ 180, 105 (110 f.) = NZG 2009, 744; OLG Köln ZIP 1993, 110 (114); GroßkommAktG/*Kort* Rn. 219 ff.; Hüffer/*Koch* Rn. 54; MüKoAktG/*Spindler* Rn. 49.
[226] BGHZ 180, 105 (111) = NZG 2009, 744; BGH NJW 1980, 1624 (1630).

uneingeschränkt verpflichtet, sich für deren Belange einzusetzen.[227] Interessenkollisionen dürfen nicht zu Lasten der einen oder der anderen Gesellschaft gelöst werden. Eine Pflichtverletzung in einem Bereich zu vermeiden kann niemals eine Pflichtverletzung im anderen Bereich rechtfertigen. Der Doppelvorstand ist unbedingt auf das Unternehmensinteresse beider Gesellschaften verpflichtet.[228] Beim **Vertragskonzern** ergeben sich aus Vorstandsdoppelmandaten aufgrund der eingeschränkten Prüfungskompetenz des Vorstands der abhängigen Gesellschaft (§ 308 Abs. 2) und des Schutzmechanismus der §§ 302 ff. keine gesonderten rechtlichen Konsequenzen.[229]

59 Eine ausdrückliche gesetzliche Regelung zum Umgang mit Interessenkollisionen im **faktischen Konzern** gibt es nicht. Für die Auflösung von Interessenkollisionen wird teilweise ein umfassendes Stimmverbot analog § 34 BGB im Vorstand der Obergesellschaft angenommen.[230] Nach ganz überwiegender und zutreffender Auffassung ergibt sich aus der durch ein Vorstandsdoppelmandat begründeten abstrakten Gefahr von Interessenkollisionen jedoch kein generelles **Stimmverbot** der betroffenen Vorstandsmitglieder.[231] Vielmehr ist der Doppelmandatsträger grundsätzlich verpflichtet, sowohl die Interessen des herrschenden als auch des abhängigen Unternehmens zu vertreten. Eine Pflicht zur Stimmenthaltung besteht ausnahmsweise nur dann, wenn eine praktische Übereinstimmung der Interessen von Mutter- und Tochtergesellschaft nicht herstellbar ist und eine Entscheidung für eine Seite zu einer Schädigung der anderen Seite führen würde.[232] Ein generelles Stimmverbot ist in Anwendung des Rechtsgedankens aus § 136 und § 47 Abs. 4 GmbHG nur bei der Beschlussfassung des Vorstands der Obergesellschaft über die Stimmabgabe zur eigenen Entlastung als Vorstandsmitglied in der Hauptversammlung der abhängigen Gesellschaft anzunehmen.[233]

60 Von der Frage eines Stimmverbots zu trennen ist das **Recht** des betroffenen Vorstandsmitglieds **zur Stimmenthaltung.** Dem Doppelmandatsträger bleibt es bei einer Interessenkollision unbenommen, sich der Stimme zu enthalten, sofern dadurch die Funktionsfähigkeit des Vorstands nicht beeinträchtigt wird.[234] In Fällen andauernder und intensiver Interessenkonflikte ist das betreffende Vorstandsmitglied allerdings gehalten, sein Doppelmandat niederzulegen. Andernfalls ist es vom Aufsichtsrat einer der Gesellschaften abzuberufen.[235]

61 **c) Corporate Governance Kodex.** Der DCGK (Abdruck → § 161 Rn. 67) enthält keine expliziten Bestimmungen zu Vorstandsdoppelmandaten. Geregelt ist jedoch der Umgang mit (persönlichen) Interessenskonflikten von Vorstandsmitgliedern. Das betroffene Vorstandsmitglied muss in diesem Fall die anderen Vorstandsmitglieder sowie den Aufsichtsrat über das Vorliegen eines Interessenskonflikts informieren (Ziff. 4.3.4 S. 1 DCGK). In materieller Hinsicht müssen die betreffenden Geschäfte nach Ziff. 4.3.4 S. 2 DCGK „branchenüblichen Standards" genügen („Arm's-Length-Prinzip"). Auch aus dem DCGK folgt somit für den Fall einer Interessenkollision kein Stimmverbot.

VI. Zahl der Vorstandsmitglieder (Abs. 2)

62 **1. Zahl der Vorstandsmitglieder. a) Grundregel.** Der Vorstand kann aus einer oder mehreren Personen bestehen (§ 76 Abs. 2 S. 1). Nach § 23 Abs. 3 Nr. 6 erfolgt die Konkretisierung in der **Satzung,** in der entweder die Zahl der Vorstandsmitglieder oder die Regeln, nach denen diese Zahl festgelegt wird, bestimmt werden müssen. Neben der Festlegung einer bestimmten Zahl sind auch die Bestimmung einer **Mindest- oder Höchstzahl** von Vorstandsmitgliedern oder die Angabe eines **Korridors** (Mindest- und Höchstzahl) in der Satzung zulässig.[236] In diesen Fällen obliegt die Entscheidung über die konkrete Zahl der Vorstandsmitglieder dem Aufsichtsrat,[237] sofern sie nicht durch ausdrückliche Satzungsbestimmung auf die Hauptversammlung übertragen wird.[238] Möglich

[227] *Aschenbeck* NZG 2000, 1015 (1021); *Austmann* ZGR 2009, 277 (286); *Kort* ZIP 2008, 717 (720); MüKoAktG/*Kropff* § 311 Rn. 94.
[228] BGHZ 90, 381 (398) = NJW 1984, 1893; BGH NJW 1980, 1629 (1630); LG Berlin BeckRS 2008, 7194; MüKoAktG/*Kropff* § 311 Rn. 94; GroßkommAktG/*Kort* § 76 Rn. 182.
[229] *Aschenbeck* NZG 2000, 1015 (1018); *Austmann* ZGR 2009, 277 (287); MüKoAktG/*Spindler* Rn. 49.
[230] *Semler* FS Stiefel, 1987, 719 (757 f.); *Hoffmann-Becking* ZHR 150 (1986), 570 (579 ff.); *U.H. Schneider* ZHR 150 (1986), 609 (623 ff.).
[231] Spindler/Stilz/*Fleischer* Rn. 108; MHdB AG/*Wiesner* § 19 Rn. 29, § 20 Rn. 11; GroßkommAktG/*Kort* Rn. 183 f.; MüKoAktG/*Spindler* Rn. 51.
[232] GroßkommAktG/*Kort* Rn. 185; KK-AktG/*Mertens* § 77 Rn. 35.
[233] GroßkommAktG/*Kort* Rn. 187; KK-AktG/*Mertens* § 77 Rn. 33; MHdB AG/*Wiesner* § 20 Rn. 11.
[234] Spindler/Stilz/*Fleischer* Rn. 110; GroßkommAktG/*Kort* Rn. 229; KK-AktG/*Mertens/Cahn* § 77 Rn. 43.
[235] *Kort* ZIP 2008, 717 (719); MüKoAktG/*Spindler* Rn. 53.
[236] MüKoAktG/*Spindler* Rn. 95; Hüffer/*Koch* Rn. 22.
[237] Vgl. Begr. RegE zu § 23, BT-Drs. 8/1678, 12; GroßkommAktG/*Kort* Rn. 237; Hüffer/*Koch* Rn. 22.
[238] KK-AktG/*Mertens/Cahn* Rn. 105; Spindler/Stilz/*Fleischer* Rn. 111.

ist auch die Einräumung einer Einschätzungsprärogative zugunsten des Aufsichtsrats.[239] Eine solche steht dem Aufsichtsrat auch dann zu, wenn sich die Satzungsregelung – zulässigerweise – auf eine Wiedergabe der gesetzlichen Regelung aus § 76 Abs. 2 S. 1 beschränkt.[240] Erforderlich ist stets ein Beschluss des Gesamtaufsichtsrats. Die Übertragung auf einen Ausschuss ist nicht zulässig (Erst-Recht-Schluss aus § 107 Abs. 3).[241] Stellvertretende Vorstandsmitglieder (§ 94) sind stets und nicht nur im Vertretungsfall Vorstandsmitglieder und daher bei der Bemessung der Anzahl der Vorstandsmitglieder mitzuzählen.[242]

Eine zulässige **Höchstzahl** von Vorstandsmitgliedern ist im Gesetz nicht bestimmt. Bei seiner 63
Entscheidung über die Zahl der Vorstandsmitglieder hat der Aufsichtsrat im Rahmen seines pflichtgemäßen Ermessens (§ 116) sicherzustellen, dass trotz der mit steigender Anzahl von Vorstandsmitgliedern komplexer werdenden vorstandsinternen Unterrichtungs- und Abstimmungsprozesse eine effiziente Arbeitsweise des Vorstands möglich ist. Hierdurch sind der Größe des Organs Grenzen gesetzt. Entscheidend sind die Umstände des Einzelfalls, insbesondere die Unternehmensgröße, die Unternehmensstruktur sowie die Komplexität des Tätigkeitsfelds des Unternehmens.[243] Nach Ziff. 4.2.1 DCGK soll der Vorstand einer börsennotierten Aktiengesellschaft aus mehreren Personen bestehen.

b) Gesellschaften mit einem Grundkapital von mehr als drei Millionen Euro. Der Vor- 64
stand einer Gesellschaft mit einem Grundkapital von mehr als drei Millionen Euro muss aus mindestens zwei Personen bestehen, falls die Satzung nicht bestimmt, dass der Vorstand einköpfig besetzt ist (§ 76 Abs. 2 S. 2). Zur Abbedingung der gesetzlichen Regel genügt die Bestimmung, dass der Vorstand aus einer oder mehreren Personen besteht.[244] Ebenso genügt eine Regelung, nach der die Zahl der Vorstandsmitglieder vom Aufsichtsrat bestimmt wird und dieser die Zahl der Vorstandsmitglieder auf eins beschränkt.[245]

c) Rechtsfolgen einer vorschriftswidrigen Besetzung. aa) Überbesetzung. Eine Überbe- 65
setzung des Vorstands ist beispielsweise denkbar, wenn bei (nicht erkannter) Unwirksamkeit der Abberufung oder der Amtsniederlegung eines Vorstandsmitglieds ein neues Mitglied (scheinbar) an dessen Stelle bestellt wird. Die Überbesetzung bewirkt nicht die Unwirksamkeit der Bestellung des überzähligen Vorstandsmitglieds.[246] Auch die wirksame Vertretung (§ 78) der Aktiengesellschaft gegenüber Dritten wird hierdurch nicht in Frage gestellt.[247] Aufgrund des mit Überbesetzung einhergehenden Satzungsverstoßes ist der Aufsichtsrat regelmäßig berechtigt und unter Umständen auch verpflichtet, **das überzählige Vorstandsmitglied aus wichtigem Grund abzuberufen.**[248]

bb) Unterbesetzung. Hat der Vorstand weniger Mitglieder, als er nach Gesetz oder Satzung 66
haben muss, ist der Aufsichtsrat verpflichtet, nach § 84 Abs. 1 baldmöglichst die fehlenden Vorstandsmitglieder zu bestellen.[249] Ist er hierzu nicht mit der erforderlichen Schnelligkeit in der Lage, kann jeder, der daran ein schutzwürdiges Interesse hat, bei dem zuständigen Amtsgericht einen Antrag auf gerichtliche Bestellung eines Vorstandsmitglieds stellen (§ 85).[250]

Durch die Unterbesetzung des Vorstands wird die Handlungsfähigkeit der Aktiengesellschaft nach 67
Außen hin nicht beeinträchtigt, soweit ein Handeln von Vorstandsmitgliedern in vertretungsberechtigter Zahl genügt und diese Zahl vorhanden ist.[251] Umstritten ist die Handlungsfähigkeit des vorschriftswidrig unterbesetzten Vorstands im Hinblick auf die ihm als Kollegialorgan übertragenen **Leitungsaufgaben.** Nach der Rechtsprechung[252] soll der unterbesetzte Vorstand bei Aufgaben, die nur der Gesamtvorstand wahrnehmen kann, handlungsunfähig sein. Diese Auffassung überzeugt nicht. Unter dem Begriff des „Vorstands" ist im Aktiengesetz stets die Gesamtheit der tatsächlich

[239] BGH NZG 2002, 817 (818); Schmidt/Lutter/*Seibt* Rn. 19; GroßkommAktG/*Kort* Rn. 237; Hüffer/*Koch* Rn. 22.
[240] MüKoAktG/*Spindler* Rn. 95; Hüffer/*Koch* Rn. 22.
[241] KK-AktG/*Mertens/Cahn* Rn. 105; GroßkommAktG/*Kort* Rn. 238.
[242] MüKoAktG/*Spindler* Rn. 95; GroßkommAktG/*Kort* Rn. 237.
[243] Ähnlich GroßkommAktG/*Kort* Rn. 197; Schmidt/Lutter/*Seibt* Rn. 19.
[244] LG Köln AG 1999, 137 (138); MüKoAktG/*Spindler* Rn. 96; Hüffer/*Koch* Rn. 22.
[245] BGH ZIP 2002, 216; Spindler/Stilz/*Fleischer* Rn. 111.
[246] MHdB AG/*Wiesner* § 20 Rn. 38; GroßkommAktG/*Kort* Rn. 240.
[247] GroßkommAktG/*Kort* Rn. 240; Hüffer/*Koch* Rn. 23.
[248] KK-AktG/*Mertens/Cahn* Rn. 109; GroßkommAktG/*Kort* Rn. 240; MHdB AG/*Wiesner* § 20 Rn. 38.
[249] BGHZ 149, 158 (160) = NJW 2002, 1128 f.; KK-AktG/*Mertens/Cahn* Rn. 110.
[250] BGHZ 149, 158 (160) = NJW 2002, 1128 f.; Hüffer/*Koch* Rn. 23.
[251] LG Berlin AG 1991, 244 (245); MüKoAktG/*Spindler* Rn. 97; Hüffer/*Koch* Rn. 23.
[252] BGHZ 149, 158 (161) = NJW 2002, 1128; OLG Dresden AG 2000, 43 (44); LG Heilbronn AG 2000, 373 (374); ebenso *Henze* BB 2002, 847 (848); MüKoAktG/*Spindler* Rn. 98; MHdB AG/*Wiesner* § 20 Rn. 37.

amtierenden Mitglieder zu verstehen.[253] Die Pflichten des Vorstands als Kollegialorgan entfallen nicht aufgrund dessen Unterbesetzung.[254] Besonders deutlich wird dies bei den gemäß § 401 strafbewehrten Pflichten zur Verlustanzeige und zur Stellung eines Insolvenzantrags. Hierbei handelt es sich zweifellos um Leitungsaufgaben, die der Zuständigkeit des Gesamtvorstands unterfallen. Adressat der Verhaltensnorm des § 401 Abs. 1 ist jedoch das einzelne Vorstandsmitglied.[255] In diesen Fällen wird daher – unabhängig von der Besetzung des Vorstands – dem einzelnen Vorstandsmitglied die Erfüllung von in die Gesamtverantwortung des Gesamtvorstands fallenden Pflichten zugemutet. Warum dann nicht allgemein entsprechendes für die amtierenden Mitglieder eines (temporär) unterbesetzten Vorstands geltend soll, ist nicht ersichtlich. Dass Leitungsaufgaben des Vorstands nicht zwingend durch ein Kollegium wahrgenommen werden müssen, ergibt sich bereits aus der ausdrücklichen Zulässigkeit des Alleinvorstands in § 76 Abs. 1 S. 1. Die Sanktion einer Unmöglichkeit der Erfüllung einer Reihe der dem Vorstand obliegenden Aufgaben ist daher weder im Gesetz angelegt noch im Interesse der Gesellschaft, ihrer Gläubiger oder Aktionäre geboten.[256] Für die **Rechtspraxis** ist indes einstweilen von einer grundsätzlichen Handlungsunfähigkeit des unterbesetzten Vorstands auszugehen. Zur Vermeidung dieser Rechtsfolge kann sich eine satzungsmäßige Abbedingung der gesetzlichen Regelung des § 76 Abs. 2 S. 2 in dem Sinne anbieten, dass der Vorstand aus einer oder mehreren Personen besteht.[257]

68 **2. Arbeitsdirektor.** Die dem MitbestG, MontanMitbestG oder MitbestErgG unterfallenden Gesellschaften haben als gleichberechtigtes Mitglied des Vorstands einen Arbeitsdirektor zu bestellen (§ 33 Abs. 1 S. 1 MitbestG, § 13 Abs. 1 MontanMitbestG, § 13 MitbestErgG). Nach § 76 Abs. 2 S. 3 werden die Vorschriften über die Bestellung eines Arbeitsdirektors durch § 76 Abs. 2 S. 1 und 2 nicht berührt. Daraus folgt, dass der Vorstand aller unter die Mitbestimmungsgesetze fallenden Aktiengesellschaften aus mindestens zwei Mitgliedern bestehen muss.[258]

VII. Persönliche Mindestanforderungen und Bestellungshindernisse (Abs. 3)

69 **1. Gesetzliche Voraussetzungen.** Vorstandsmitglieder können nach § 76 Abs. 3 S. 1 nur **natürliche, unbeschränkt geschäftsfähige** (§§ 104 ff. BGB) **Personen** sein. Juristische Personen, und andere Gesellschaften oder Gesamthandsgemeinschaften (zB Erbengemeinschaften) kommen damit als Vorstandsmitglieder nicht in Betracht.[259] Die natürliche Person muss unbeschränkt geschäftsfähig sein. Die beschränkte Geschäftsfähigkeit genügt auch dann nicht, wenn eine familiengerichtliche Genehmigung vorliegt.[260] Weiterhin ist nach § 76 Abs. 3 S. 2 erforderlich, dass die unbeschränkt geschäftsfähige Person nicht unter Betreuung iSd §§ 1896 ff., 1903 BGB (Einwilligungsvorbehalt) steht. Das Vorstandsmitglied kann, muss aber nicht Aktionär der Gesellschaft sein (Prinzip der **Fremdorganschaft**).

70 Die deutsche Staatsangehörigkeit ist keine Voraussetzung für die Übernahme eines Vorstandsmandats.[261] Ebenso wenig ist ein inländischer Wohnsitz erforderlich.[262] Auch ein **Ausländer** kann damit zum Vorstand einer inländischen Aktiengesellschaft bestellt werden. Ein mehrköpfiger Vorstand kann sogar ausschließlich mit Ausländern besetzt werden.[263] Bei Ausländern bestimmt sich die Frage der Geschäftsfähigkeit gemäß Art. 7 EGBGB nach deren Heimatstatut.[264] Überwiegend wird bislang vertreten, dass ein Ausländer nur dann wirksam zum Vorstandsmitglied bestellt werden kann, wenn er berechtigt ist, jederzeit nach Deutschland einzureisen. Ansonsten sei die erforderliche Fähigkeit zur Teilnahme an Vorstandssitzungen und zur persönlichen Befassung mit den Geschicken der Aktiengesellschaft vor Ort nicht gegeben.[265] Die Bestellung eines Nicht-EU-Ausländers ohne **Aufenthaltsgenehmigung** zum Vorstandsmitglied soll hiernach ausscheiden, wenn für ihn eine Visums-

[253] *Götz* ZIP 2002, 1745 (1749).
[254] GroßkommAktG/*Kort* Rn. 242.
[255] Spindler/Stilz/*Hefendehl* § 401 Rn. 15.
[256] Im Ergebnis ebenso *Götz* ZIP 2002, 1745 ff.; *Priester* FS Kropff, 1997, 591 (597 ff.); diff. nach der Art der Vorstandsmaßnahmen *Schäfer* ZGR 2003, 147 (153 ff.); Spindler/Stilz/*Fleischer* Rn. 116; Schmidt/Lutter/*Seibt* Rn. 21; *Hüffer* Rn. 22.
[257] Ähnlich auch *Henze* BB 2002, 847 (848).
[258] KK-AktG/*Mertens/Cahn* § 77 Rn. 66; Hüffer/*Koch* Rn. 57.
[259] Hüffer/*Koch* Rn. 58; MüKoAktG/*Spindler* Rn. 105; GroßkommAktG/*Kort* Rn. 250.
[260] MüKoAktG/*Spindler* Rn. 106; Spindler/Stilz/*Fleischer* Rn. 119.
[261] *Erdmann* NZG 2002, 503; Hüffer/*Koch* Rn. 59.
[262] Hüffer/*Koch* Rn. 59.
[263] MHdB AG/*Wiesner* § 20 Rn. 1.
[264] *Erdmann* NZG 2002, 503 (504); GroßkommAktG/*Kort* Rn. 252; MüKoAktG/*Spindler* Rn. 106.
[265] OLG Köln DB 1999, 38; OLG Hamm NZG 1999, 1004, jeweils für die GmbH; MüKoAktG/*Spindler* Rn. 106; Hüffer/*Koch* Rn. 59.

pflicht besteht und die Aufenthaltsgenehmigungspraxis für sein Land restriktiv gehandhabt wird.[266] Zutreffender Weise sind Aufenthalts-, Arbeits- oder Gewerbeerlaubnis im Inland indes keine Voraussetzung für die Vorstandstätigkeit.[267] Insbesondere gilt dies nach der Streichung von § 5 Abs. 2, die es einer deutsche Aktiengesellschaft ihren Verwaltungssitz erlaubt ihren Sitz ins Ausland zu verlegen.[268] Die persönlichen Voraussetzungen, die der Vorstand einer Aktiengesellschaft erfüllen muss, sind in § 76 Abs. 3 abschließend geregelt. Nach dem Wortlaut der Vorschrift ist die Bestellung von ausländischen Staatsangehörigen zum Vorstandsmitglied weder beschränkt noch an bestimmte ausländerrechtliche Bestimmungen gebunden. Eine Analogie zu den dort genannten Eignungsvoraussetzungen kommt bereits mangels planwidriger Regelungslücke nicht in Betracht.[269] Hierfür besteht zudem auch kein Bedürfnis, da die Wahrnehmung der Vorstandsaufgaben – gegebenenfalls unter Delegation einzelner Vorbereitungs- und Ausführungshandlungen an Mitarbeiter und externe Dienstleister – auch aus dem Ausland erfolgen kann. Mitglied des Vorstands kann daher auch jeder Nicht-EU-Ausländer sein, selbst wenn er nicht jederzeit in die Bundesrepublik Deutschland einreisen kann. Eine andere Frage ist, ob es im Einzelfall im wohlverstandenen Interesse der Gesellschaft liegt, einen Ausländer zum Vorstand zu bestellen, bei dem auch nur kurzzeitige Aufenthalte in der Bundesrepublik Deutschland von vornherein als unter ausländerrechtlichen Gesichtspunkten nur als sehr schwierig realisierbar zu beurteilen sind. Insoweit ist insbesondere die Verpflichtung des Vorstands zur Teilnahme an und Auskunftserteilung in der Hauptversammlung (§§ 118 Abs. 2, 131 Abs. 1) zu berücksichtigen. Es obliegt dem Aufsichtsrat, diese Frage im Rahmen seiner Personalkompetenz im Einzelfall zu entscheiden.

2. Gesetzliche Bestellungshindernisse. Die gesetzlichen Ausschlussgründe des § 76 Abs. 3 S. 2 71
Nr. 1–3 lit. e, die einer Bestellung als Vorstandsmitglied unter dem Gesichtspunkt des Gläubigerschutzes entgegenstehen,[270] wurden durch das MoMiG vom 23.10.2008 (BGBl. I S. 2026) erweitert. Einer Bestellung als Vorstandsmitglied steht nun auch die Verurteilung aufgrund vorsätzlicher Insolvenzverschleppung (Abs. 3 S. 2 Nr. 3 lit. a), vorsätzlicher falscher Angaben nach § 399 oder § 82 GmbHG, vorsätzlich unrichtiger Darstellung nach § 400, § 331 HGB, § 313 UmwG oder § 17 PublG, sowie vorsätzlichen Betrugs (§ 263 StGB), Computerbetrugs (§ 263a StGB), Subventionsbetrug (§ 264 StGB) und Kapitalanlagebetrug (§ 264a StGB) sowie Kreditbetrugs (§ 265b StGB), Untreue (§ 266 StGB) und des Vorenthaltens und Veruntreuens von Arbeitsentgelts (§ 266a StGB) entgegen. Vorstandsmitglied kann weiterhin nicht sein, wer wegen einer vorsätzlichen **Insolvenzstraftat** nach §§ 283–283d StGB rechtskräftig verurteilt worden ist. Es wird nun generell davon ausgegangen, dass eine Person, die wegen Missbrauchs ihrer Befugnis, über fremdes Vermögen zu verfügen, oder wegen Verletzung der ihr obliegenden Vermögensbetreuungspflicht zu einer Freiheitsstrafe von mindestens einem Jahr verurteilt wurde, ungeeignet ist, das Amt eines Vorstandes zu führen.[271]

Der Ausschluss ist auf einen Zeitraum von fünf Jahren seit Rechtskraft des Urteils befristet. Bei 72
der Berechnung dieser Frist wird die Zeit nicht eingerechnet, in welcher der Täter auf behördliche Anordnung in einer Anstalt verwahrt worden ist. Eine weitere Neuregelung findet sich in § 76 Abs. 3 S. 3, wonach die Ausschlusstatbestände entsprechend bei einer Verurteilung wegen einer mit den unter § 76 Abs. 3 S. 2 Nr. 3 genannten Taten vergleichbaren Tat im Ausland gelten.

Weiterhin kann nach § 76 Abs. 3 S. 2 Nr. 2 nicht zum Vorstandsmitglied bestellt werden, wem 73
ein gerichtliches oder behördliches **Berufs- oder Gewerbeverbot** auferlegt wurde, dessen Gegenstand ganz oder teilweise mit dem Unternehmensgegenstand der Gesellschaft übereinstimmt. Ausreichend ist, dass das Verbot einen (untergeordneten) Teilbereich des Unternehmensgegenstandes betrifft.[272] Die Dauer des Ausschlusses richtet sich nach der Dauer des Verbots.

Ein zusätzliches Bestellungshindernis ergibt sich aus § 105 Abs. 1. Hiernach kann ein Aufsichtsrats- 74
mitglied nicht gleichzeitig Mitglied des Vorstands der Gesellschaft sein. Nur ausnahmsweise kann ein **Aufsichtsratsmitglied** unter den besonderen Voraussetzungen des § 105 Abs. 2 für die Dauer von höchstens einem Jahr zum Stellvertreter eines fehlenden oder verhinderten Vorstandsmitglieds bestellt werden. Zu beachten sind weiterhin die **öffentlich-rechtlichen Bestellungshindernisse** für Mitglieder der Bundesregierung (Art. 66 GG) oder einer Landesregierung sowie für den Bundespräsidenten (Art. 55 Abs. 2 GG). Aus berufsrechtlicher Sicht ist nach § 57 StBerG die Tätigkeit als

[266] OLG Köln DB 1999, 38; OLG Zweibrücken NZG 2001, 857 f.

[267] MHdB AG/*Wiesner* § 20 Rn. 1; KK-AktG/*Mertens/Cahn* Rn. 115 sowie für die GmbH OLG München BB 2010, 268; zust. *Wachter* BB 2010, 269 f.; OLG Dresden NZG 2003, 628; *Wachter* GmbHR 2003, 538 ff.

[268] OLG Düsseldorf ZIP 2009, 1074 f. = GmbHR 2009, 776 zur GmbH; zust. *Heßeler* GmbHR 2009, 759.

[269] OLG Dresden NZG 2003, 628 zur GmbH.

[270] Vgl. Begr. RegE, BT-Drs. 8/1347, 31, 47.

[271] Begr. RegE, BT-Drs. 16/6140, 73.

[272] MHdB AG/*Wiesner* § 20 Rn. 2.

Steuerberater mit einem Vorstandsmandat unvereinbar.[273] Nach § 43 Abs. 3 WPO gilt zudem eine zweijährige „Cooling-off-Periode“ für Abschlussprüfer kapitalmarktorientierter Unternehmen.

75 Die Regelungen in § 76 Abs. 3 S. 2 Nr. 3a, 3c, 3d und 3e sind nach der Übergangsregelung in § 19 EGAktG auf Personen, die vor dem 1.11.2008 (Datum des Inkrafttretens des MoMiG) zu Vorstandsmitgliedern bestellt worden sind, nicht anzuwenden, wenn die Verurteilung vor dem 1.11.2008 rechtskräftig geworden ist. Entsprechendes gilt nach § 76 Abs. 3 S. 3 für im Ausland ergangene Urteile.

76 **3. Satzungsmäßige Auswahlrichtlinien.** Der Aufsichtsrat hat nach § 84 Abs. 1 S. 1 die alleinige Personalkompetenz für die Auswahl und Bestellung von Vorstandsmitgliedern. Ihm kommt insoweit eigenes unternehmerisches Ermessen zu.[274] Satzungsbestimmungen, durch die diese souveräne Entschließungsfreiheit des Aufsichtsrats durch verbindliche Weisungsrechte, Vorschlagsrechte oder Zustimmungsvorbehalte beschnitten wird, sind unzulässig.[275] Satzungsmäßige Eignungsvoraussetzungen kommen allerdings insoweit in Betracht, als sie **sachbezogen,** dh durch das Gesellschaftsinteresse legitimiert sind und das **Auswahlermessen des Aufsichtsrats** weder nach ihrer Art noch durch Kumulation verschiedener Kriterien unverhältnismäßig einschränken.[276] Der Kandidatenkreis darf aufgrund der statuarischen Auswahlrichtlinien nicht so stark reduziert sein, dass dem Aufsichtsrat in der Praxis kein eigenständiger Ermessenspielraum verbleibt, er faktisch gezwungen ist, bestimmte Personen zu bestellen.[277] Ist das erforderliche Auswahlermessen des Aufsichtsrats gewährleistet, können im Hinblick auf den Gesellschaftszweck, die Unternehmensart und -größe sowie die Ressortaufgaben der Vorstandsmitglieder beispielsweise ein bestimmtes Mindest- oder Höchstalter, bestimmte Kenntnisse oder Erfahrungen, ein inländischer Wohnsitz oder (bei Familiengesellschaften) eine bestimmte Familienzugehörigkeit geeignete Kriterien sein.[278] Die Festlegung einer Altersgrenze wird in Ziff. 5.1.2 DCGK für börsennotierte Aktiengesellschaften sogar empfohlen.[279] Die Gegenauffassung, wonach satzungsmäßigen Eignungsvoraussetzungen allenfalls der Charakter einer Auswahlrichtlinie zukommen kann, über die sich der Aufsichtsrat nach pflichtgemäßem Interesse hinwegzusetzen kann,[280] überzeugt nicht. Wenn der Satzungsgeber in Gestalt des Unternehmenszwecks und -gegenstands die inhaltlichen Leitlinien der Gesellschaft bestimmen kann, muss es ihm auch gestattet sein, über Auswahlrichtlinien die Erreichung dieser Zielvorgaben durch personelle Maßnahmen sicherzustellen.[281]

77 Bei der Festlegung satzungsmäßiger Eignungsvoraussetzungen sind die **Diskriminierungsverbote nach dem AGG** zu beachten. Das allgemeine Diskriminierungsverbot des § 7 AGG gilt nach § 6 Abs. 3 AGG, § 2 Abs. 1 Nr. 1 AGG für den Bereich des Zugangs zur Erwerbstätigkeit und des beruflichen Aufstiegs auch für Vorstände, und zwar auch dann, wenn die Bestellung auf Grund Befristung endet und die Stelle anschließend neu besetzt wird.[282] Demgegenüber gilt das Diskriminierungsverbot nicht für die Abberufung.[283] Die satzungsmäßige Festlegung einer Altersgrenze für Vorstände könnte daher gegen das Verbot aus § 7 AGG verstoßen und Schadensersatzansprüche nach sich ziehen, sofern eine Rechtfertigung nicht gelingt.[284] Einer Abberufung von Vorständen aus Altersgründen stehen die Regelungen des AGG aber nicht im Wege. Es kann demnach zu Widersprüchen zwischen einer diskriminierungsfreien Bestellung und der nicht vom Diskriminierungsverbot erfassten Abberufung kommen.[285] Unter Zugrundelegung der in § 10 S. 3 Nr. 5 AGG zum Ausdruck kommenden allgemeinen gesetzlichen Wertung sind dabei an die Rechtfertigung einer Altersgrenze umso geringere Voraussetzungen zu setzen, je näher sich das

---

[273] BGH AG 1996, 366.

[274] Hüffer/*Koch* § 84 Rn. 5.

[275] MHdB AG/*Wiesner* § 20 Rn. 5; *Thüsing* in Fleischer HdB VorstandsR § 4 Rn. 14; für Unzulässigkeit auch unverbindlicher Vorschlagsrechte *Lutter/Krieger/Verse* Rechte und Pflichten § 7 Rn. 335; KK-AktG/*Mertens/Cahn* § 84 Rn. 9.

[276] MHdB AG/*Wiesner* § 20 Rn. 6; *Thüsing* in Fleischer HdB VorstandsR § 4 Rn. 14; MüKoAktG/*Spindler* Rn. 110; Spindler/Stilz/*Fleischer* Rn. 127; Hüffer/*Koch* Rn. 60.

[277] GroßkommAktG/*Kort* Rn. 274, 276; Spindler/Stilz/*Fleischer* Rn. 128, 128.

[278] Schmidt/Lutter/*Seibt* Rn. 25; Spindler/Stilz/*Fleischer* Rn. 127; MHdB AG/*Wiesner* § 20 Rn. 7; *Thüsing* in Fleischer HdB VorstandsR § 4 Rn. 14.

[279] Zu Auswirkungen des AGG vgl. *Lutter* BB 2007, 725 (729).

[280] *Hommelhoff* BB 1977, 322 (324 ff.); *Lutter/Krieger/Verse* Rechte und Pflichten § 7 Rn. 341; KK-AktG/*Mertens/Cahn* Rn. 116.

[281] MüKoAktG/*Spindler* Rn. 110.

[282] BGH NZA 2012, 797 für GmbH-Geschäftsführer; dazu *Bauer/Arnold* NZG 2012, 921.

[283] *Lutter* BB 2007, 725 (730); MüKoAktG/*Spindler* § 84 Rn. 30.

[284] Zur Zulässigkeit der Bestimmung einer Altersgrenze von Vorstandsmitgliedern, auch unterhalb von 65 Jahren, vgl. *Bauer/Arnold* ZIP 2012, 597 (599 ff.).

[285] *Lutter* BB 2007, 725 (729 f.).

Höchstalter an das Renteneintrittsalter annähert.[286] Die Festlegung eines Mindestalters ist nach § 10 S. 1 Nr. 2 AGG ausdrücklich erlaubt.

Für **mitbestimmte Gesellschaften** ergeben sich keine Besonderheiten.[287] Weder aus § 25 MitbestG noch aus § 31 MitbestG lässt sich ein Wertungsvorrang des MitbestG vor dem AktG begründen.[288] Entgegen einer verbreiteten Literaturauffassung[289] gelten für statuarische Auswahlrichtlinien in mitbestimmten Gesellschaften auch keine strengeren Anforderungen in dem Sinne, dass über die allgemeinen aktienrechtlichen Anforderungen hinaus das Einbringen von Arbeitnehmerinteressen bei der Auswahl der geeigneten Vorstandsmitglieder durch die inhaltliche Gestaltung der Auswahlrichtlinie nicht gefährdet sein darf. Richtigerweise darf sich der Aufsichtsrat bei der Bestellung von Vorstandsmitgliedern weder von Arbeitgeber- noch von Arbeitnehmerinteressen, sondern alleine vom Gesellschaftsinteresse leiten lassen. 78

4. Rechtsfolgen bei Fehlen oder Wegfall von Eignungsvoraussetzungen. a) Fehlen oder Wegfall gesetzlicher Eignungsvoraussetzungen. Die Bestellung eines Vorstandsmitglieds, das die gesetzlichen Eignungsvoraussetzungen nach § 76 Abs. 3 S. 1 nicht erfüllt, ist nach § 134 BGB **nichtig.**[290] Gleiches gilt bei Vorliegen eines Ausschlussgrundes nach § 76 Abs. 3 S. 2, 3. In diesen Fällen entsteht auch nach der Lehre der fehlerhaften Organstellung keine zwar fehlerhafte, aber vorläufig wirksame Organstellung.[291] Tritt die Vorstandsunfähigkeit erst nachträglich ein, erlischt die Organstellung mit sofortiger Wirkung, ohne dass es einer Abberufung bedarf.[292] Entfällt der Hinderungsgrund, lebt die Bestellung nicht wieder auf. Sofern das Vorstandsmitglied sein Amt wieder einnehmen soll, bedarf es der Neubestellung.[293] Im Außenverhältnis kommt bei Handeln eines Vorstandsmitglieds, in dessen Person ein Ausschlussgrund vorliegt, eine Rechtsscheinhaftung der Gesellschaft nach § 15 HGB in Betracht.[294] 79

b) Fehlen oder Wegfall satzungsmäßiger Eignungsvoraussetzungen. Nach ganz hM begründen das Fehlen oder der Wegfall zulässiger statuarischer Eignungsvoraussetzungen das Recht und regelmäßig auch die **Pflicht des Aufsichtsrats,** die **Bestellung** nach § 84 Abs. 3 S. 1 mit Wirkung ex nunc **aus wichtigem Grund zu widerrufen.**[295] Jedenfalls für den Fall der Bestellung eines Vorstandsmitglieds unter offensichtlichem Verstoß gegen die Auswahlrichtlinien der Satzung erscheint darüber hinausgehend auch eine Nichtigkeitsfolge des Bestellungsaktes zumindest diskutabel.[296] 80

VIII. Frauenquote (Abs. 4)

1. Gesetzeshistorie. Nach § 76 Abs. 4 S. 1 legt der Vorstand börsennotierter oder der Mitbestimmung unterliegender Gesellschaften Zielgrößen für den Frauenanteil in den beiden Führungsebenen unterhalb des Vorstands fest. § 76 Abs. 4 wurde durch Art. 3 des Gesetzes für die gleichberechtigte Teilhabe von Frauen und Männern an Führungspositionen in der Privatwirtschaft und im öffentlichen Dienst vom 24.4.2015 (BGBl. I S. 642) neu in das Gesetz eingefügt. Gleichzeitig wurden in § 96 Abs. 2 eine Geschlechterquote von mindestens 30% für Aufsichtsräte börsennotierter oder paritätisch mitbestimmter Gesellschaften sowie in § 111 Abs. 5 eine Verpflichtung zur Festlegung von Zielgrößen für Aufsichtsräte und Vorstände börsennotierter oder mitbestimmter Gesellschaften eingeführt und durch flankierende Änderungen weiterer Vorschriften ergänzt. 81

Gesetzgeberisches Ziel der Neuregelung ist es, die Anzahl hochqualifizierter Frauen mit Erfahrung im operativen Geschäft im Hinblick auf eine ausreichende Auswahlmöglichkeit für die Beförderung in Spitzenpositionen in Vorständen und Aufsichtsräten zu vergrößern.[297] Anders als § 96 Abs. 2 ist § 76 Abs. 4 daher nicht geschlechtsneutral gefasst, sondern stellt ausdrücklich nur auf eine Quote 82

---

[286] MüKoAktG/*Spindler* § 84 Rn. 32; in diesem Sinne wohl auch *Jäger* FS Bauer, 2010, 495 (496).
[287] MHdB AG/*Wiesner* § 20 Rn. 6; Hüffer/*Koch* Rn. 60; aA *Säcker* DB 1977, 1992; *Ballerstedt* ZGR 1977, 133 (155); KK-AktG/*Mertens/Cahn* Rn. 116.
[288] MüKoAktG/*Spindler* Rn. 111; Schmidt/Lutter/*Seibt* Rn. 26.
[289] GroßkommAktG/*Kort* Rn. 274; *Säcker* DB 1977, 1792 ff.
[290] BayObLG BB 1991, 1729 (1730); MüKoAktG/*Spindler* § 84 Rn. 27; Spindler/Stilz/*Fleischer* Rn. 121.
[291] GroßkommAktG/*Kort* § 84 Rn. 90.
[292] BGHZ 115, 78 (80) = NJW 1991, 2566 zur GmbH; MHdB AG/*Wiesner* § 20 Rn. 8.
[293] *Thüsing* in Fleischer HdB VorstandsR § 4 Rn. 17; MüKoAktG/*Spindler* § 84 Rn. 27; GroßkommAktG/*Kort* Rn. 265.
[294] Vgl. BGHZ 115, 78 = NJW 1991, 2566.
[295] GroßkommAktG/*Kort* Rn. 277; MüKoAktG/*Spindler* § 84 Rn. 36; MHdB AG/*Wiesner* § 20 Rn. 9.
[296] So auch *Thüsing* in Fleischer HdB VorstandsR § 4 Rn. 18.
[297] Begr. RegE, BT-Drs. 18/3784, 119.

für Frauen ab.[298] Die erstmalige Festlegung der Zielgrößen und die Frist zu ihrer Erreichung musste nach § 25 Abs. 1 EGAktG bis zum 30.6.2015 erfolgen, wobei die Erreichungsfrist längstens bis zum 30.6.2017 dauern durfte. Die Bundesministerien für Familie, Senioren, Frauen und Jugend sowie der Justiz und für Verbraucherschutz haben einen (rechtlich unverbindlichen) Praxisleitfaden zum Gesetz für die gleichberechtigte Teilhabe von Frauen und Männern an Führungspositionen in der Privatwirtschaft und im öffentlichen Dienst auf ihren Websites veröffentlicht.[299]

83 **2. Anwendungsbereich.** § 76 Abs. 4 gilt für Aktiengesellschaften deutschen Rechts, die **börsennotiert** (vgl. § 3 Abs. 2) sind **oder der Mitbestimmung unterliegen.** Anders als in § 96 Abs. 2 sind in § 76 Abs. 4 die relevanten Formen der Mitbestimmung nicht enumerativ aufgeführt. Der „Mitbestimmung unterliegen" daher nicht nur Gesellschaften, für die das Mitbestimmungsgesetz, Montanmitbestimmungsgesetz oder das Mitbestimmungsergänzungsgesetz gilt, sondern auch drittelparitätisch mitbestimmte Gesellschaften.[300] Entscheidend ist, ob der Aufsichtsrat tatsächlich mitbestimmt gebildet wurde, nicht der normative Soll-Zustand.[301] Nicht unter § 76 Abs. 4 fallen Gesellschaften, die aufgrund privatautonomer Vereinbarungen eine (freiwillige) Arbeitnehmervertretung im Aufsichtsrat geregelt haben[302] sowie die betriebliche Mitbestimmung.[303] Aktiengesellschaften in der Rechtsform ausländischen Rechts werden vom Anwendungsbereich nicht umfasst, auch wenn sie in Deutschland börsennotiert sind.[304]

84 **3. Festlegung von Zielgrößen und Fristen. a) Allgemeines.** Die Festlegung von Zielgrößen und Fristen ist eine nicht delegierbare **Leitungsentscheidung** des (Gesamt-)Vorstands, der hierüber durch Beschluss entscheidet.[305] Bei den Festlegungen handelt es sich um unternehmerische Entscheidungen iSd § 93 Abs. 1 S. 2, bei denen dem Vorstand ein weiter Ermessensspielraum zusteht.[306] Umstritten ist, ob vor endgültiger Festlegung der Zielgrößen der Betriebsrat nach § 92 Abs. 3 in Verbindung mit § 80 Abs. 1 Nr. 2a BetrVG zu informieren ist.[307] Die Festlegung der Zielgrößen stellt indes zunächst einen bloßen Planungsvorgang dar, nicht jedoch bereits eine konkrete Maßnahme zur Förderung der Gleichstellung von Frauen und Männern iSd § 80 Abs. 1 Nr. 2a BetrVG.[308] Ein Beteiligungsrecht des Betriebsrats besteht auf dieser Stufe daher (noch) nicht. Aufgrund der bestehenden rechtlichen Unsicherheiten dürfte sich in der Praxis in der Regel eine vorherige Information des Betriebsrats aus Vorsichtsgründen dennoch empfehlen. Dem Aufsichtsrat ist nach Maßgabe des § 90 zu berichten, da es sich um eine Maßnahme der längerfristigen Personalplanung handelt (§ 90 Abs. 1 Nr. 1). Die Festlegung kann Gegenstand eines Zustimmungsvorbehalts nach § 111 Abs. 4 S. 2 sein.[309]

85 **b) Begriff der Führungsebene.** Nach § 76 Abs. 4 S. 1 hat der Vorstand die Zielgrößen für die „beiden Führungsebenen unterhalb des Vorstands" festzulegen. Handelt es sich um eine ausgeprägte Hierarchie, sind nur die beiden Ebenen gemeint, die dem Vorstand unmittelbar unterstehen.[310] Ist eine flache Hierarchie derart ausgestaltet, dass nur eine Ebene unterhalb des Vorstands besteht, bezieht sich die Verpflichtung nur auf diese.[311] Der Begriff der Führungsebene ist gesellschafts- und nicht konzernbezogen zu verstehen.[312] Die Bestimmung der Führungsebenen hat also für die jeweilige juristische Person, das heißt nur mit Blick auf die bei der börsennotierten oder mitbestimmten AG selbst (einschließlich auch ausländischer[313] Niederlassungen) angestellten Mit-

[298] Krit. im Hinblick auf Art. 3 Abs. 2 GG *Habersack/Kersten* BB 2014, 2819, 2828; *Fromholzer/Simons* AG 2015, 457 (461).
[299] Abrufbar unter www.bmjv.de/SharedDocs/Downloads/DE/PDF/Praxisleitfaden_Frauenquote.pdf?__blob=publicationFile&v=2; vgl. dazu auch *Stüber* BB 2015, 2243 ff.
[300] *Junker/Schmidt-Pfitzner* NZG 2015, 929 (928); Spindler/Stilz/*Fleischer* Rn. 142.
[301] Hüffer/*Koch* Rn. 67; Schmidt/Lutter/*Seibt* Rn. 45.
[302] *Röder/Arnold* NZA 2015, 1281 (1283); *Fromholzer/Simons* AG 2015, 458; Hüffer/*Koch* Rn. 67.
[303] Spindler/Stilz/*Fleischer* Rn. 142.
[304] *Grobe* AG 2015, 289, 290 f.; *Fromholzer/Simons* AG 2015, 458.
[305] *Fromholzer/Simons* AG 2015, 458ff (459).
[306] Spindler/Stilz/*Fleischer* Rn. 146; *Röder/Arnold* NZA 2015, 1281 (1287); *Wasmann/Rothenburg* DB 2015, 291, 294.
[307] So *Löwisch* BB 2015, 1909 (1910); *Seibt* ZIP 2015, 1193 (1206 f).; Hüffer/*Koch* Rn. 70 mwN.
[308] So auch *Röder/Arnold* NZA 2015, 1281 (1287).
[309] Hüffer/*Koch* Rn. 70.
[310] Begr RegE, BT-Drs. 18/3784, 119.
[311] Begr RegE, BT-Drs. 18/3784, 119.
[312] Beschlussempfehlung, BT-Drs. 18/4227, 22; *Röder/Arnold* NZA 2015, 1281 (1284).
[313] Hüffer/*Koch* Rn. 68; *Fromholzer/Simons* AG 2015, 457 (458); *Göpfert/Rottmeier* ZIP 2015, 670 (672); *Schulz/Ruf* BB 2015, 1155 (1160); für eine Nichtberücksichtigung von Führungskräften außerhalb Deutschlands aber *Thüsing/Fütterer* NZG 2015, 778 (780 ff.); *Hohenstatt/Willemsen/Naber* ZIP 2014, 2220 (2225); für ein Wahlrecht *Herb* DB 2015, 964 (969).

arbeiter zu erfolgen.[314] Für Gesellschaften (insbesondere Holdinggesellschaften), die keine Mitarbeiter mit Führungsverantwortung haben, entfällt daher eine Pflicht zur Festlegung von Zielgrößen.[315] Soweit im Praxisleitfaden die Bestimmung konzernweiter Zielgrößen empfohlen wird,[316] mag dies einem praktischen Bedürfnis entsprechen, entbindet aber nicht von den im Hinblick auf die Einzelgesellschaften bestehenden gesetzlichen Pflichten.[317]

Der Begriff der Führungsebene wird weder im AktG noch in den entsprechenden Vorschriften 86 des GmbHG oder des GenG definiert oder konkretisiert. In den Gesetzesmaterialien wird (zu Recht) die „Vielgestaltigkeit der Unternehmenswirklichkeit" hervorgehoben und daraus abgeleitet, jedem Unternehmen stehe ein **sehr großer Ermessensspielraum** bei der Definition der Führungsebenen zu, den dieses zur Wahl einer für seine Gegebenheiten passenden und angemessenen Lösung wählen könne.[318] Auch wenn die gewählte Definition der Zielgrößen „nicht allen passend und einleuchtend erscheint", sollen sich hieraus keine rechtlichen Konsequenzen ergeben.[319] Dieser Ermessenspielraum wird allerdings insoweit eingeschränkt, als laut Gesetzesbegründung[320] eine Definition nicht anhand betriebswirtschaftlicher Lehren (Top-Management, Middle-Management und Low-Management) zu erfolgen hat, sondern anhand der tatsächlich im konkreten Unternehmen eingerichteten Hierarchieebenen unterhalb des Vorstands. Unter Hierarchieebenen sollen dabei organisatorische Einheiten zu verstehen sein, „welche zueinander gleichberechtigt, aber einer gemeinsamen Führung untergeordnet sind".[321] Richtigerweise wird man das Erfordernis einer „gemeinsamen Führungsunterordnung" nicht in dem engen Sinne einer Unterordnung unter identische fachliche und disziplinarische Berichtslinien oder gar einzelne Vorstandsressorts zu verstehen haben. Eine derartige Führungsebenen-Definition wäre deutlich zu eng sowie praxisfern und würde den Grundsatz eines breiten Ermessensspielraums des Vorstands konterkarieren.[322] Es dürfte sich daher lediglich um einen Verweis auf die hierarchisch gleichberechtigte Unterordnung der jeweiligen Führungsebenen unter die bestehende Gesamtverantwortung des Vorstands und damit letztlich um eine weitgehend inhaltsleere Formulierung handeln.[323] Als **Kriterien zur Ausfüllung des** dem Vorstand zustehenden breiten **Ermessenspielraums** kommen insbesondere in Betracht Berichtslinien, Mitarbeiterverantwortung, Budgetverantwortung, Berechtigung zur Teilnahme an Mitarbeiterbeteiligungs- oder Bonus-Programmen, Zuordnung zu im Unternehmen konkret bestehenden Führungskreisen oder „Executive Circles", Reichweite der Vertretungsmacht im Außenverhältnis (Generalvollmacht, Prokura, Handlungsvollmacht) oder Evaluierung nach Hay Job Evaluation.[324] Orientierungspunkt sollte zudem auch die Intention des Gesetzgebers sein, potentielle Kandidatinnen für die zukünftige Besetzung von Vorständen und Aufsichtsräten zu fördern. Es gilt daher, eine in ihrer Größe und Bedeutung relevante Gruppe an Mitarbeitern als Führungskräfte zu definieren.[325]

c) Zielgrößen. Die gesetzlich geforderte Festlegung von Zielgrößen setzt zunächst implizit die 87 Feststellung des Status Quo für die jeweilige Führungsebene voraus.[326] Auf dieser Grundlage hat der Vorstand für jede der beiden nachgelagerten Führungsebenen eine Zielgröße zu definieren, wobei es ihm grundsätzlich freisteht, gleiche oder unterschiedliche Zielgrößen für die beiden Führungsebenen festlegen.[327] Eine Mindestzielgröße ist nicht vorgegeben. Bei der Festlegung der Zielgrößen durch den Vorstand handelt es sich um eine unternehmerische Entscheidung iSd § 93 Abs. 1 S. 2, bei der dem Vorstand ein **weiter Ermessensspielraum** zukommt. Als ermessensleitende Kriterien kommen ausgehend vom Status Quo insbesondere die konkreten Unternehmensstrukturen

---

314 *Wasmann/Rothenburg* DB 2015, 291 (294); *Mense/Klie* GWR 2015, 441 (444); Hüffer/*Koch* Rn. 67; Spindler/Stilz/*Fleischer* Rn. 145; abrufbar unter www.bmjv.de/SharedDocs/Downloads/DE/PDF/Praxisleitfaden_Frauenquote.pdf?__blob=publicationFile&v=2, 12.

315 Spindler/Stilz/*Fleischer* Rn. 146; Hüffer/*Koch* Rn. 70; *Wasmann/Rothenburg* DB 2015, 291 (294).

316 Abrufbar unter www.bmjv.de/SharedDocs/Downloads/DE/PDF/Praxisleitfaden_Frauenquote.pdf?__blob=publicationFile&v=2, 12 ff.

317 *Herb* DB 2015, 291 (294).

318 Beschlussempfehlung, BT-Drs. 18/4227, 22.

319 Beschlussempfehlung, BT-Drs. 18/4227, 22.

320 Begr. RegE, BT-Drs. 18/3784, 119.

321 Begr. RegE, BT-Drs. 18/3784, 119.

322 Krit. auch *Fromholzer/Simons* AG 2015, 457 (463); *Göpfert/Rottmeier* ZIP 2015, 670 (672); *Schulz/Ruf* BB 2015, 1155 (1160); Schmidt/Lutter/*Seibt* Rn. 46.

323 In diesem Sinne wohl auch Schmidt/Lutter/*Seibt* Rn. 46.

324 *Wasmann/Rothenburg* DB 2015, 291 (294); *Thüsing/Fütterer* NZG 2015, 778 (779 ff); *Fromholzer/Simons* AG 2015, 458, 463; *Seibt* ZIP 2015, 1193 (1206); Hüffer/*Koch* Rn. 68.

325 *Röder/Arnold* NZA 2015, 1281 (1283); *Fromholzer/Simons* AG 2015, 458 (463).

326 Begr. RegE, BT-Drs. 18/3784, 119; Spindler/Stilz/*Fleischer* Rn. 146.

327 *Fromholzer/Simons* AG 2015, 457 (463 f.); *Herb* DB 2015, 964 (968).

sowie Markt- und Branchengegebenheiten in Betracht.[328] Neben der gesetzlich geforderten Festlegung quantitativer Zielgrößen, die üblicherweise (aber nicht zwingend) in einem Prozentsatz bestehen werden, kommt optional die zusätzliche Definition bestimmter qualitativer Ziele (zB bezogen auf die Besetzung bestimmter Führungspositionen mit Frauen) in Betracht. Nicht ausreichend sind hingegen rein beschreibende Angaben („angemessen", „durchschnittlich", „branchenüblich") ohne konkrete quantitative Festlegungen.[329] Die Zielgrößen dürfen auf die „in der Regel" vorhandene Gesamtzahl der Führungspositionen der betreffenden Führungsebene referenzieren.[330] Eine gesetzliche Einschränkung des weiten Ermessensspielraums des Vorstands ergibt sich aus dem in § 76 Abs. 4 S. 2 enthaltenen **Verschlechterungsverbot:** Liegt der Frauenanteil bei Festlegung der Zielgrößen unter 30%, so darf die Zielgröße für die betreffende Führungsebene den erreichten Anteil nicht wieder unterschreiten. Liegt der Frauenanteil über 30%, ist die Festlegung einer niedrigeren (auch 30% unterschreitenden) Zielgröße hingegen zulässig. Unterschreitet der tatsächliche Frauenanteil dann jedoch die 30 Prozent-Grenze, gilt fortan (wieder) das Verschlechterungsverbot, so dass die nächstfestzulegende Zielgröße diesen Status Quo nicht unterschreiten darf.[331] Eine **Änderung der gesetzten Zielgrößen vor Ablauf der festgelegten Frist** ist zulässig, sofern dabei wiederum das Verschlechterungsverbot beachtet wird. Liegt der Frauenanteil zum Zeitpunkt der Neufestlegung der Zielgröße unter 30 Prozent, ist die Definition eine diesen Status Quo unterschreitenden Zielgröße daher nicht zulässig. Ein Verschlechterungsverbot im Hinblick auf die zunächst definierte Zielgröße besteht mit dieser Maßgabe hingegen nicht.[332]

88 **d) Fristen.** Gemäß § 76 Abs. 4 S. 3 sind gleichzeitig mit den Zielgrößen Fristen zu ihrer Erreichung festzulegen. Die erstmalige Festlegung einer Frist musste nach § 25 Abs. 1 EGAktG bis spätestens 30.9.2015 erfolgen, wobei die Frist längstens bis zum 30.6.2017 bemessen sein durfte. Nachfolgende Fristen dürfen gemäß § 76 Abs. 4 S. 4 nicht länger als fünf Jahre sein. Ansonsten steht dem Vorstand auch hinsichtlich der Bemessung der Fristen ein weiter Ermessens- und Gestaltungsspielraum zu, der es beispielsweise erlaubt, die Fristen für die beiden Führungsebenen unterschiedlich auszugestalten oder neben Endgrößen auch Zwischenziele zu definieren.[333]

89 **4. Berichts- und Veröffentlichungspflichten.** Bei börsennotierten Gesellschaften sind die Festlegungen der Zielgrößen nach § 76 Abs. 4 und die Angabe, ob die festgelegten Zielgrößen während des Bezugszeitraums erreicht worden sind, gemäß § 289a Abs. 2 Nr. 4 HGB in die **Erklärung zur Unternehmensführung,** die ihrerseits Teil des Lageberichts nach § 289 HGB ist, aufzunehmen. Für nicht börsennotierte Unternehmen erfolgt die Berichterstattung in gesondertem Abschnitt des Lageberichts zur Unternehmensführung (§ 289a Abs. 4 S. 1 HGB) bzw. in gesonderter Veröffentlichung (§ 289a Abs. 4 S. 3 HGB).[334] Die Berichterstattung über die festgelegten Zielgrößen muss jährlich erfolgen und wird als Bezugspunkt für die getroffenen Festlegungen notwendigerweise eine (definierende) Beschreibung der Führungsebenen enthalten müssen.[335] Hat die Gesellschaft nur eine oder keine Führungsebene unterhalb des Vorstandes, ist dies im Bericht anzugeben.[336] Die Angabe des bei Festlegung der Zielgrößen vorhandenen Frauenanteils kann nicht taggenau auf die Veröffentlichung bezogen sein, so dass eine angemessene zeitliche Vorverlagerung zulässig ist.[337]

90 Nach Ablauf des selbstgesetzten Zeitraums ist zu berichten, ob die Zielgrößen erreicht worden sind und – im Falle einer Zielverfehlung – warum die Zielgröße verfehlt wurde. Dies entspricht dem **„comply-or-explain"-** Konzept des § 161 AktG.[338]

91 **5. Rechtsfolgen bei Verstößen.** Durch die mit den Berichts- und Veröffentlichungspflichten verbundene Transparenz und Öffentlichkeitswirkung soll ausweislich der Gesetzesmaterialien Druck auf die Unternehmen ausgeübt werden, sich „ambitionierte Zielgrößen, die einer paritätischen Besetzung nahekommen" sowie kurze Umsetzungsfristen zu setzen.[339] Von der Regelung eines gesetzlichen Sanktionsregimes für den Fall der Nichterreichung der Zielgrößen hat der Gesetzgeber bewusst abgese-

[328] Begr. RegE, BT-Drs. 18/3784, 119; Spindler/Stilz/*Fleischer* Rn. 146.
[329] Schmidt/Lutter/*Seibt* Rn. 47.
[330] DAV, Stellungnahme zum RefE vom 9.9.2014 Rn. 101; Schmidt/Lutter/*Seibt* Rn. 47.
[331] Begr. RegE, BT-Drs. 18/3784, 119; *Fromholzer/Simons* AG 2015, 457, 460; Spindler/Stilz/*Fleischer* Rn. 146.
[332] *Fromholzer/Simons* AG 2015, 457 (464); Schmidt/Lutter/*Seibt* Rn. 46.
[333] Begr. RegE, BT-Drs. 18/3784, 119; Schmidt/Lutter/*Seibt* Rn. 47.
[334] Vgl. *Herb* DB 2015, 964 (970); *Fromholzer/Simons* AG 2015, 457 (465); Hüffer/*Koch* Rn. 71.
[335] Schmidt/Lutter/*Seibt* Rn. 49.
[336] FamAusschuss BT-Drs. 18/4227, 22; Hüffer/*Koch* Rn. 71.
[337] *Fromholzer/Simons* AG 2015, 457 (461).
[338] Spindler/Stilz/*Fleischer* Rn. 149.
[339] Vgl. Begr. RegE, BT-Drs. 18/3784, 119.

hen, um keinen Fehlanreiz für die Setzung zu vorsichtiger und wenig ambitionierter Ziele zu setzen. In Fällen der Nichterreichung hat der Vorstand allerdings nachvollziehbar darzulegen, was er zur Zielerreichung unternommen hat und weshalb er keinen Erfolg hatte.[340] Die Verfehlung einer Zielgröße kann daher für sich genommen weder eine Haftung nach § 93 Abs. 2 begründen noch Anlass zur Anfechtung der Entlastung sein.[341] Bei einer Verletzung der Berichtspflichten nach § 289a HGB greift das Sanktionssystem der §§ 331 ff. HGB.[342] Zudem liegt eine Pflichtverletzung des Vorstands vor, für die die allgemeinen Regelungen gelten. Ebenso liegt eine Pflichtverletzung vor, wenn die Festlegung von Zielgrößen gänzlich unterlassen wird. Eine fehlerhafte Festlegung von Zielgrößen wird aufgrund des weiten Beurteilungsspielraums in der Praxis außer in Fällen einer Nichtbeachtung des Verschlechterungsverbots wohl nur in Ausnahmefällen angenommen werden können.[343]

§ 77 Geschäftsführung

(1) [1]Besteht der Vorstand aus mehreren Personen, so sind sämtliche Vorstandsmitglieder nur gemeinschaftlich zur Geschäftsführung befugt. [2]Die Satzung oder die Geschäftsordnung des Vorstands kann Abweichendes bestimmen; es kann jedoch nicht bestimmt werden, daß ein oder mehrere Vorstandsmitglieder Meinungsverschiedenheiten im Vorstand gegen die Mehrheit seiner Mitglieder entscheiden.

(2) [1]Der Vorstand kann sich eine Geschäftsordnung geben, wenn nicht die Satzung den Erlaß der Geschäftsordnung dem Aufsichtsrat übertragen hat oder der Aufsichtsrat eine Geschäftsordnung für den Vorstand erläßt. [2]Die Satzung kann Einzelfragen der Geschäftsordnung bindend regeln. [3]Beschlüsse des Vorstands über die Geschäftsordnung müssen einstimmig gefaßt werden.

Schrifttum: *Bürkle,* Der Stichentscheid im zweiköpfigen AG-Vorstand, AG 2012, 232; *Diekmann/Punte,* Aktuelles zu Drittanstellung, Drittvergütung und Haftung von Mitgliedern des AG-Vorstands, WM 2016, 681; *Dreher/Schaaf,* Versicherungsunternehmensrecht und Risikomanagement, WM 2008, 1765; *Erle,* Das Vetorecht des Vorstandsvorsitzenden in der AG, AG 1987, 7; *Fleischer,* Zur Leitungsaufgabe des Vorstands im Aktienrecht, ZIP 2003, 1; *Fleischer,* Zum Grundsatz der Gesamtverantwortung im Aktienrecht, NZG 2003, 449; *ders.,* Zur Verantwortlichkeit einzelner Vorstandsmitglieder bei Kollegialentscheidungen im Aktienrecht, BB 2004, 2645; *Hoffmann-Becking,* Vom Vorstandsvorsitzenden zum CEO, NZG 2003, 745; *ders.,* Zur rechtlichen Organisation der Zusammenarbeit im Vorstand der AG, ZGR 1998, 497; *Hüffer,* Beschlussmängel im Aktienrecht und im Recht der GmbH eine Bestandsaufnahme unter Berücksichtigung der Beschlüsse von Leitungs- und Überwachungsorganen, ZGR 2001, 833; *Martens,* Der Grundsatz gemeinsamer Vorstandsverantwortung, FS Fleck, 1988, 191; *Langer/Peters,* Rechtliche Möglichkeiten einer unterschiedlichen Kompetenzzuweisung an einzelne Vorstandsmitglieder, BB 2012, 2575; *Leuering/Dornhegge,* Geschäftsverteilung zwischen GmbH-Geschäftsführern, NZG 2010, 13; *Löbbe/Fischbach,* Die Business Judgment Rule bei Kollegialentscheidungen des Vorstands, AG 2014, 717; *Peters,* Ressortverteilung zwischen GmbH-Geschäftsführern und ihre Folgen, GmbHR 2008, 682; *Priester,* Stichentscheid bei zweiköpfigem Vorstand, AG 1984, 253; *Rieger,* Gesetzeswortlaut und Rechtswirklichkeit im Aktienrecht, FS Peltzer, 2001, 339; *ders.,* Der Stichentscheid im zweigliedrigen Vorstand einer Aktiengesellschaft, BB 1972, 592; *K. Schmidt,* Abhängigkeit, faktischer Konzern, Nichtaktienkonzern und Divisionalisierung im Bericht der Unternehmensrechtskommission, ZGR 1981, 455; *Schneider,* Die Wahrnehmung rechtlicher Pflichten durch den Geschäftsführer – zum Grundsatz der Gesamtverordnung bei mehrköpfiger Geschäftsführung in der konzernfreien GmbH und im Konzern, FS 100 Jahre GmbHG, 1992, 473; *Schwark,* Spartenorganisation in Großunternehmen und Unternehmensrecht, ZHR 142 (1978), 203; *Simons/Hanloser,* Vorstandsvorsitzender und Vorstandssprecher, AG 2010, 641; *v. Hein,* Vom Vorstandsvorsitzenden zum CEO?, ZHR 166 (2002), 464; *Wicke,* Der CEO im Spannungsverhältnis zum Kollegialprinzip, NJW 2007, 3755; *Wolf,* Wider eine Misstrauenspflicht im Kollegialvorstand „Vorstand", VersR 2005, 1042.

Übersicht

[340] Begr. RegE, BT-Drs. 18/3784, 119 f.
[341] Hüffer/*Koch* Rn. 72.
[342] Begr. RegE, BT-Drs. 18/3784, 132.
[343] *Fromholzer/Simons* AG 2015, 457 (466); Hüffer/*Koch* Rn. 74.

I. Allgemeines

1 § 77 enthält mit der Regelung der Geschäftsführung durch den Vorstand implizit auch eine entsprechende Kompetenzzuweisung.[1] Nach **§ 77 Abs. 1 S. 1** gilt für den mehrköpfigen Vorstand der **Grundsatz der Gesamtgeschäftsführung (Kollegialprinzip),** dh es muss Willensübereinstimmung sämtlicher Vorstandsmitglieder erzielt werden. Eine Geschäftsführungsmaßnahme muss unterbleiben, wenn auch nur ein Vorstandsmitglied widerspricht.[2] Zwar kommt nach § 77 Abs. 1 S. 2 eine abweichende Regelung durch Satzung oder Geschäftsordnung in Betracht. Anders als nach § 70 Abs. 2 S. 2 AktG 1937 sind ein Alleinentscheidungsrecht des Vorstandsvorsitzenden sowie Entscheidungen gegen die Mehrheit der Vorstandsmitglieder jedoch unzulässig (§ 77 Abs. 1 S. 2 Hs. 2).

2 Nach **§ 77 Abs. 2** kann sich der Vorstand eine **Geschäftsordnung** geben, wenn die Erlasszuständigkeit nicht durch die Satzung dem Aufsichtsrat übertragen wurde oder der Aufsichtsrat (ohne dahingehende Satzungsregelung) eine Geschäftsordnung für den Vorstand erlässt. Eine vom Vorstand (zuvor) selbst erlassene Geschäftsordnung tritt mit dem Beschluss des Aufsichtsrats außer Kraft.[3] Die primäre Regelungskompetenz in allen Fragen der rechtlichen Organisation der Vorstandsarbeit liegt damit beim Aufsichtsrat.[4] Einzelfragen der Geschäftsführung können durch die Satzung bindend geregelt werden.

II. Geschäftsführung

3 **1. Begriff.** Der Begriff der Geschäftsführung ist sehr weit zu verstehen und umfasst **jedes Handeln des Vorstands für die Gesellschaft,** gleichgültig ob es tatsächlicher oder rechtlicher Natur ist.[5] Neben allen gesellschafts- und vorstandsinternen Tätigkeiten wie der Willensbildung und Beschlussfassung im Gesamtvorstand,[6] der Berichterstattung gegenüber dem Aufsichtsrat (§ 90)[7] oder der Führung der Handelsbücher (§ 91 Abs. 1)[8] zählen hierzu auch sämtliche Handlungen des Vorstands im Außenverhältnis gegenüber Dritten.[9] Zur Geschäftsführung gehört auch die **Leitung** der Gesellschaft (§ 76 Abs. 1, → Rn. 8 ff.) als herausgehobener, nicht delegierbarer Kernbereich der Geschäftsführung.[10] Bei Handlungen im Außenverhältnis ist die Geschäftsführungsbefugnis von der Vertretungsbefugnis des Vorstands nach § 78 Abs. 1 abzugrenzen. Die Berechtigung des Vorstands zur Vornahme der konkreten Handlung

[1] Schmidt/Lutter/*Seibt* Rn. 1; Hüffer/*Koch* Rn. 1.
[2] Begr. RegE *Kropff* Textausgabe, 1965, 99.
[3] Begr. RegE *Kropff* Textausgabe, 1965, 99; *Hoffmann-Becking* ZGR 1998, 497 (501).
[4] *Hoffmann-Becking* ZGR 1998, 497 (501).
[5] MüKoAktG/*Spindler* Rn. 6; Hüffer/*Koch* Rn. 3; GroßkommAktG/*Kort* Rn. 3; Spindler/Stilz/*Fleischer* Rn. 3; Schmidt/Lutter/*Seibt* Rn. 4.
[6] GroßkommAktG/*Kort* Rn. 5; MüKoAktG/*Spindler* Rn. 6; KK-AktG/*Mertens*/*Cahn* Rn. 2 ff.
[7] GroßkommAktG/*Kort* Rn. 3; KK-AktG/*Mertens*/*Cahn* Rn. 2; Spindler/Stilz/*Fleischer* Rn. 3.
[8] Hüffer/*Koch* Rn. 3; Spindler/Stilz/*Fleischer* Rn. 3.
[9] GroßkommAktG/*Kort* Rn. 3; MüKoAktG/*Spindler* Rn. 6; Hüffer/*Koch* Rn. 3.
[10] Spindler/Stilz/*Fleischer* Rn. 6; MüKoAktG/*Spindler* Rn. 5; Hüffer/*Koch* Rn. 3.

oder des Rechtsgeschäfts im Innenverhältnis gegenüber der Gesellschaft ist eine Frage der Geschäftsführungsbefugnis, wohingegen sich die Wirksamkeit der Handlung oder des Rechtsgeschäfts gegenüber dem Dritten im Außenverhältnis nach der Vertretungsbefugnis des Vorstands richtet.[11] Die sonst im Gesellschaftsrecht übliche Abgrenzung von Geschäftsführungsmaßnahmen zu allein den Gesellschaftern vorbehaltenen Grundlagengeschäften ist im Aktienrecht lediglich im Hinblick auf die ungeschriebenen Vorlagepflichten an die Hauptversammlung (Holzmüller-/Gelatine-Doktrin, → § 76 Rn. 39 ff.; → § 119 Rn. 16 ff.) von Bedeutung.[12]

2. Befugnis. Die Befugnis zur Führung der Geschäfte der Aktiengesellschaft liegt **ausschließlich beim Vorstand.** Zwar fehlt eine ausdrückliche gesetzliche Regelung. In § 77 Abs. 1 wird die Geschäftsführungsbefugnis des Vorstands jedoch ebenso vorausgesetzt wie in § 82 Abs. 2, der eine Regelung zur Beschränkung der Geschäftsführungsbefugnis der Vorstandsmitglieder enthält.[13] Ein weiterer Beleg ist die Zuweisung weiterer Einzelrechte und -pflichten an den Vorstand in §§ 83, 90, 91, 92, 110 Abs. 1, 118 Abs. 2 und § 170.[14] Eine Übertragung organschaftlicher Geschäftsführungsaufgaben auf leitende Angestellte ist nicht möglich.[15] Dies gilt unabhängig von einer eventuellen (irreführenden) Bezeichnung als „Bereichsvorstand“.[16] 4

III. Grundsatz der Gesamtgeschäftsführung

Im gesetzlichen Regelfall der Gesamtgeschäftsführung nach § 77 Abs. 1 S. 1 sind die Mitglieder eines mehrköpfigen Vorstands nur gemeinschaftlich zur Geschäftsführung befugt. Eine Geschäftsführungsmaßnahme darf in diesem Fall nur dann durchgeführt werden, wenn sämtliche amtierenden Vorstandsmitglieder zugestimmt haben **(Einstimmigkeitsprinzip).**[17] Die Entscheidung erfolgt durch Beschlussfassung,[18] wobei eine bestimmte Form gesetzlich nicht vorgeschrieben ist.[19] Die Zustimmung kann auch konkludent erteilt werden.[20] Demgegenüber braucht das mit der Maßnahme nicht einverstandene Vorstandsmitglied keinen Widerspruch zu erklären, um die Beschlussfassung zu verhindern.[21] Die für Vorstandsbeschlüsse eines Vereins geltenden §§ 28 Abs. 1, 32 Abs. 1 S. 1 und Abs. 2, 34 BGB sind entsprechend anwendbar.[22] Bei **Gefahr im Verzug** kann ausnahmsweise analog § 115 Abs. 2 HGB, § 744 Abs. 2 BGB auf die Zustimmung nicht erreichbarer Vorstandsmitglieder verzichtet werden.[23] Diese müssen dann jedoch unverzüglich über die Beschlussfassung unterrichtet werden. Solange die ohne ihre Zustimmung beschlossene Maßnahme noch nicht durchgeführt wurde, haben Sie das Recht, der Ausführung der Maßnahme zu widersprechen. Diese muss dann unterbleiben.[24] 5

IV. Abweichende Regelung der Geschäftsführung

1. Regelung durch Satzung oder Geschäftsordnung. Die nach dem gesetzlichen Regelfall erforderliche einstimmige Beschlussfassung zu sämtlichen Geschäftsführungsmaßnahmen ist schwerfällig und allenfalls in kleinen Vorständen praktikabel.[25] In der Praxis wird regelmäßig von 6

---

[11] Hüffer/*Koch* Rn. 3; KK-AktG/*Mertens/Cahn* Rn. 2; GroßkommAktG/*Kort* Rn. 3; Spindler/Stilz/*Fleischer* Rn. 5.

[12] Ebenso MüKoAktG/*Spindler* Rn. 7; Schmidt/Lutter/*Seibt* Rn. 4; Hüffer/*Koch* Rn. 4; Spindler/Stilz/*Fleischer* Rn. 7.

[13] GroßkommAktG/*Kort* Rn. 6; Hüffer/*Koch* Rn. 1, 5; Spindler/Stilz/*Fleischer* Rn. 4; KK-AktG/*Mertens/Cahn* Rn. 2 ff.

[14] GroßkommAktG/*Kort* Rn. 6; Spindler/Stilz/*Fleischer* Rn. 4; Hüffer/*Koch* Rn. 5.

[15] Hüffer/*Koch* Rn. 5; Spindler/Stilz/*Fleischer* Rn. 4; *Hoffmann-Becking* ZGR 1998, 497 (510).

[16] MüKoAktG/*Spindler* Rn. 7; Hüffer/*Koch* Rn. 5; *Hoffmann-Becking* ZGR 1998, 497 (510).

[17] AllgM, MüKoAktG/*Spindler* Rn. 10; Hüffer/*Koch* Rn. 6; GroßkommAktG/*Kort* Rn. 7; MHdB AG/*Wiesner* § 22 Rn. 3; KK-AktG/*Mertens/Cahn* Rn. 10.

[18] MüKoAktG/*Spindler* Rn. 10; Hüffer/*Koch* Rn. 6; Spindler/Stilz/*Fleischer* Rn. 21.

[19] BGH WM 1960, 1248; MHdB AG/*Wiesner* § 22 Rn. 3; Spindler/Stilz/*Fleischer* Rn. 22; KK-AktG/*Mertens/Cahn* Rn. 33; Hüffer/*Koch* Rn. 6.

[20] OLG Frankfurt AG 1986, 233; Schmidt/Lutter/*Seibt* Rn. 8; GroßkommAktG/*Kort* Rn. 9; Hüffer/*Koch* Rn. 6.

[21] *Priester* AG 1984, 253; *Richter* in Semler/Peltzer/Kubis Vorst HdB § 5 Rn. 184; Hüffer/*Koch* Rn. 6; MüKoAktG/*Spindler* Rn. 11; Spindler/Stilz/*Fleischer* Rn. 8; GroßkommAktG/*Kort* Rn. 10.

[22] MHdB AG/*Wiesner* § 22 Rn. 11; Hüffer/*Koch* Rn. 8.

[23] AllgM, Spindler/Stilz/*Fleischer* Rn. 9; Hüffer/*Koch* Rn. 6; KK-AktG/*Mertens/Cahn* Rn. 9.

[24] MHdB AG/*Wiesner* § 22 Rn. 11; Hüffer/*Koch* Rn. 6; GroßkommAktG/*Kort* Rn. 11, *v. Godin/Wilhelmi* Anm. 5.

[25] *Rieger* FS Peltzer, 2001, 339 (346); GroßkommAktG/*Kort* Rn. 20; Spindler/Stilz/*Fleischer* Rn. 10; MüKoAktG/*Spindler* Rn. 11.

der in § 77 Abs. 1 S. 2 eröffneten Möglichkeit Gebrauch gemacht, durch die Satzung oder die Geschäftsordnung des Vorstands abweichende Regelungen zu treffen. In aller Regel wird die Geltung des Mehrheitsprinzips (→ Rn. 8), oftmals kombiniert mit einem Stichentscheidsrecht des Vorstandsvorsitzenden (→ Rn. 14), bestimmt. Besteht der Vorstand aus mehreren Personen, findet zudem praktisch stets eine Ressortaufteilung (→ Rn. 27 ff.) statt. Der gesetzliche Regelfall ist aufgrund der damit einhergehenden mangelnden Flexibilität in der Praxis die absolute Ausnahme.

7 Eine Abweichung vom Prinzip der Gesamtgeschäftsführung nach § 77 Abs. 1 S. 1 bedarf einer **förmlichen Regelung** in der Satzung oder der Geschäftsordnung des Vorstands.[26] Satzungs- oder Geschäftsordnungsregelungen zur Vertretung (§ 78) lassen keinen Rückschluss auf eine parallele Regelung der Geschäftsführung zu, da beide unterschiedlich ausgestaltet sein können.[27] Insbesondere können Regelungen über die Ausübung der Vertretungsbefugnis nicht als stillschweigende Bestimmungen über die Ausübung der Geschäftsführung gewertet werden.[28] Fehlt eine ausdrückliche Satzungs- oder Geschäftsordnungsregelung zur Geschäftsführung, kann in der Akzeptanz des Mehrheitsvotums durch die Minderheit jedoch eine konkludente Zustimmung zu dem konkret zu fassenden Beschluss liegen.[29]

8 **2. Mehrheitsprinzip. a) Allgemeines.** Das bei Gesamtgeschäftsführung nach § 77 Abs. 1 S. 1 geltende Einstimmigkeitsprinzip kann bei Meinungsverschiedenheiten innerhalb des Vorstands die Handlungsfähigkeit des Vorstands massiv beeinträchtigen, da bereits die Gegenstimme eines einzelnen Vorstandsmitglieds ausreicht, um eine Geschäftsführungsmaßnahme zu verhindern. Insbesondere bei vielköpfigen Vorstandsgremien ist daher das Mehrheitsprinzip die praktikablere Lösung.[30] Die Verankerung des Mehrheitsprinzips bedarf einer Regelung in der Satzung oder der Geschäftsordnung des Vorstands (→ Rn. 7). Dabei sollte zur Vermeidung von Unklarheiten auch die Mehrheitsreferenz (abgegebene Stimmen oder Stimmen aller amtierenden Vorstandsmitglieder) niedergelegt werden.[31] Denkbar ist, zwischen Beschlussfassungen im Rahmen von Vorstandssitzungen und außerhalb von Vorstandssitzungen zu differenzieren.[32] Fehlt eine Regelung, ist mit Blick auf die gesetzliche Ausgangslage im Zweifel die (einfache) Mehrheit der Stimmen aller amtierenden Vorstandsmitglieder erforderlich und ausreichend.[33] Das Mehrheitserfordernis kann dahingehend spezifiziert werden, dass statt der einfachen eine qualifizierte Stimmenmehrheit erforderlich ist.[34] Möglich ist auch eine Differenzierung nach Beschlussgegenständen.[35] Stimmengleichheit bedeutet mangels abweichender Regelung in Satzung oder Geschäftsordnung die Ablehnung des Beschlusses.[36] Beschlüsse des Vorstands über die Geschäftsordnung müssen auch bei Geltung des Mehrheitsprinzips stets einstimmig gefasst werden (§ 77 Abs. 2 S. 3).[37]

9 **b) Verhaltenspflichten überstimmter Vorstandsmitglieder.** Bei Geltung des Mehrheitsprinzips sind die überstimmten sowie Vorstandsmitglieder, die an der Beschlussfassung nicht teilgenommen haben, an den mit der erforderlichen Stimmenmehrheit ordnungsgemäß zustande gekommenen und inhaltlich rechtmäßigen Beschluss gebunden. Sie sind verpflichtet, an der Ausführung des Beschlusses pflichtgetreu und loyal mitzuwirken.[38] Dies folgt aus dem aktienrechtlichen **Kollegialitätsprinzip** und der ihm innewohnenden Pflicht zu kollegialer Zusammenarbeit.[39]

---

[26] GroßkommAktG/*Kort* Rn. 20; Hüffer/*Koch* Rn. 9; Spindler/Stilz/*Fleischer* Rn. 10; KK-AktG/*Mertens/Cahn* Rn. 10.

[27] KK-AktG/*Mertens/Cahn* Rn. 10; MüKoAktG/*Spindler* Rn. 11; Spindler/Stilz/*Fleischer* Rn. 10.

[28] Schmidt/Lutter/*Seibt* Rn. 7; Hüffer/*Koch* Rn. 9; KK-AktG/*Mertens/Cahn* Rn. 10.

[29] MüKoAktG/*Spindler* Rn. 11; KK-AktG/*Mertens/Cahn* Rn. 10; GroßkommAktG/*Kort* Rn. 20; Hüffer/*Koch* Rn. 9.

[30] Vgl. MüKoAktG/*Spindler* Rn. 11; Schmidt/Lutter/*Seibt* Rn. 10; Spindler/Stilz/*Fleischer* Rn. 12.

[31] *Hoffmann-Becking* ZGR 1998, 497 (518); Spindler/Stilz/*Fleischer* Rn. 10.

[32] Vgl. *Hoffmann-Becking* ZGR 1998, 497 (518).

[33] In diesem Sinne auch *Hoffmann-Becking* ZGR 1998, 497 (518); aA – Mehrheit der anwesenden Mitglieder – GroßkommAktG/*Kort* Rn. 21; MüKoAktG/*Spindler* Rn. 12; Spindler/Stilz/*Fleischer* Rn. 12.

[34] MüKoAktG/*Spindler* Rn. 12; Hüffer/*Koch* Rn. 11; Schmidt/Lutter/*Seibt* Rn. 10; Spindler/Stilz/*Fleischer* Rn. 12.

[35] GroßkommAktG/*Kort* Rn. 21; KK-AktG/*Mertens/Cahn* Rn. 11; *Richter* in Semler/Peltzer/Kubis Vorst HdB § 5 Rn. 184; Schmidt/Lutter/*Seibt* Rn. 10; Hüffer/*Koch* Rn. 11.

[36] MüKoAktG/*Spindler* Rn. 13; GroßkommAktG/*Kort* Rn. 26; *Schiessl* ZGR 1992, 64 (70); Hüffer/*Koch* Rn. 11.

[37] Vgl. *Richter* in Semler/Peltzer/Kubis Vorst HdB § 5 Rn. 184.

[38] LG München I NZG 2014, 345 (347); MHdB AG/*Wiesner* § 22 Rn. 15; Schmidt/Lutter/*Seibt* Rn. 11; MüKoAktG/*Spindler* Rn. 29.

[39] *Fleischer* BB 2004, 2645 (2648).

Umgekehrt ist jedes Vorstandsmitglied verpflichtet, die Ausführung eines **rechtswidrigen,** gegen Gesetz oder Satzung verstoßenden **Beschlusses** mit den ihm zur Verfügung stehenden und zumutbaren Mitteln zu verhindern.[40] Die organschaftliche Legalitätspflicht ist insoweit vorrangig vor der Amtspflicht zur loyalen Zusammenarbeit.[41] Entsprechendes gilt, wenn der Beschluss nach Auffassung des überstimmten Vorstandsmitglieds mit dem Gesellschaftsinteresse nicht vereinbar ist.[42] Dabei ist im Hinblick auf unternehmerische Entscheidungen des Vorstands allerdings zu beachten, dass diese stets mit einem Prognoserisiko behaftet sind (→ § 93 Rn. 30).[43] Dem Vorstand steht insoweit eine weite Einschätzungsprärogative zu.[44] Allein die Tatsache, dass das überstimmte Vorstandsmitglied zu einer Geschäftsführungsfrage eine von der Mehrheitsmeinung abweichende unternehmerische Einschätzung vertritt, rechtfertigt daher noch keine Obstruktion der Mehrheitsentscheidung. Eine Berechtigung und Verpflichtung, auf ein von der Beschlussfassung abweichendes Vorstandshandeln hinzuwirken, besteht jedoch dann, wenn die sich aus dem Gesellschaftsinteresse ergebenden Grenzen des unternehmerischen Ermessens des Vorstands deutlich überschritten werden, etwa weil unverantwortliche Risiken eingegangen werden sollen. 10

Bei der Wahl der Maßnahmen zur Verhinderung der Durchführung eines rechtswidrigen Vorstandsbeschlusses hat das überstimmte Vorstandsmitglied den **Verhältnismäßigkeitsgrundsatz** zu beachten und unter den ihm zur Verfügung stehenden Mitteln das für die Gesellschaft schonendste, insbesondere das die weitere Zusammenarbeit im Vorstandskollegium am wenigsten belastende zu wählen.[45] Es hat daher zunächst im Wege der **Remonstration** die übrigen Vorstandsmitglieder nochmals eindringlich auf seine Bedenken gegen die Beschlussausführung hinzuweisen.[46] Bleibt diese Maßnahme erfolglos, ist das überstimmte Vorstandsmitglied in der Regel gehalten, den **Aufsichtsrat** zu unterrichten.[47] Der Aufsichtsrat ist zwar nicht befugt, Meinungsverschiedenheiten im Vorstand verbindlich zu entscheiden.[48] Er kann jedoch seine Auffassung darlegen und eine Vermittlung versuchen. Notfalls steht ihm als äußerstes Mittel zur Verhinderung der Umsetzung rechtswidriger Vorstandsbeschlüsse die Abberufung renitenter Vorstandsmitglieder aus wichtigem Grund zur Verfügung (§ 84 Abs. 3 S. 1).[49] Die **Einschaltung gesellschaftsfremder Dritter** durch ein überstimmtes Vorstandsmitglied kann nur ganz ausnahmsweise erlaubt und geboten sein, wenn alle gesellschaftsinternen Einflussmöglichkeiten ausgeschöpft sind.[50] Zusätzlich ist die organschaftliche Verschwiegenheitsverpflichtung der Vorstandsmitglieder (§ 93 Abs. 1 S. 3) zu beachten. Bei Bagatelldelikten und nicht hinreichend substantiierten Vorwürfen scheidet die Einschaltung externer Dritter daher von vornherein aus.[51] Die Information von gesellschaftsexternen Dritten, Behörden oder der Öffentlichkeit kommt in erster Linie in Betracht, wenn eine Anzeigepflicht nach § 138 StGB (Katalogstraftaten) besteht,[52] schwerwiegende Gesundheitsschäden (etwa aufgrund der Verbreitung fehlerhafter Produkte) drohen[53] sowie (als äußerstes Mittel) zur Abwendung existenzgefährdender Vermögensschäden der Gesellschaft (zB als Folge drohender Geldbußen oder Verfallsanordnungen bei fortgesetzten Schmiergeldpraktiken).[54] 11

---

[40] BGH AG 2015, 535 (536); ZIP 2013, 455; LG München I NZG 2014, 345 (348); OLG Hamm ZIP 1995, 1263 (1268); GroßkommAktG/*Kort* Rn. 22; MüKoAktG/*Spindler* Rn. 29; Spindler/Stilz/*Fleischer* Rn. 29; Schmidt/Lutter/*Seibt* Rn. 11; *Löbbe/Fischbach* AG 2014, 717 (719); MHdB AG/*Wiesner* § 22 Rn. 15.

[41] *Diekmann/Punte* WM 2016, 681 (686); *Fleischer* BB 2004, 2645 (2649).

[42] MüKoAktG/*Spindler* Rn. 29; GroßkommAktG/*Kort* Rn. 22.

[43] Vgl. Begr. RegE UMAG, BT-Drs. 15/5092, 11; Hüffer/*Koch* § 93 Rn. 18 ff.; MüKoAktG/*Spindler* § 93 Rn. 40 f.; *Grundei/v. Werder* AG 2005, 825 (833); *Ihrig* WM 2004, 2098 (2103 f.); *Schäfer* ZIP 2005, 1253 (1256).

[44] BGHZ 135, 244 (253) = NJW 1997, 1926; BGHZ 136, 133 (140); BGH NZG 2002, 195 (196); *Semler* FS Ulmer, 2003, 627 f.; GroßkommAktG/*Hopt/Roth* § 93 Rn. 80; MüKoAktG/*Spindler* § 93 Rn. 54; *Hüffer* § 93 Rn. 23.

[45] *Fleischer* BB 2004, 2645 (2650); vgl. auch GroßkommAktG/*Hopt/Roth* § 93 Rn. 157.

[46] MüKoAktG/*Spindler* § 93 Rn. 166; GroßkommAktG/*Kort* Rn. 22; Spindler/Stilz/*Fleischer* Rn. 32; KK-AktG/*Mertens/Cahn* Rn. 48; Schmidt/Lutter/*Seibt* Rn. 11.

[47] LG München I NZG 2014, 345 (348); GroßkommAktG/*Kort* Rn. 22; MüKoAktG/*Spindler* § 93 Rn. 167; Schmidt/Lutter/*Seibt* Rn. 11; KK-AktG/*Mertens/Cahn* Rn. 48; *Diekmann/Punte* WM 2016, 681 (686); *Fleischer* BB 2004, 2645 (2649); *Kust* WM 1980, 758 (761).

[48] GroßkommAktG/*Kort* Rn. 22a; KK-AktG/*Mertens/Cahn* Rn. 49.

[49] GroßkommAktG/*Kort* Rn. 22a; KK-AktG/*Mertens/Cahn* Rn. 49; *Fleischer* BB 2004, 2645 (2650).

[50] *Fleischer* BB 2004, 2645 (2650); Schmidt/Lutter/*Seibt* Rn. 11; *Schneider* FS 100 Jahre GmbHG, 1992, 473 (483); vgl. auch BGH WM 1966, 968 (969).

[51] Spindler/Stilz/*Fleischer* Rn. 34.

[52] Schmidt/Lutter/*Seibt* Rn. 11; MüKoAktG/*Spindler* § 93 Rn. 168; *Fleischer* BB 2004, 2645 (2650).

[53] *Fleischer* BB 2004, 2645 (2650); *Schneider* FS 100 Jahre GmbHG, 1992, 473 (483); einschr. (nur Recht, nicht aber Pflicht zur Einschaltung Dritter) MüKoAktG/*Spindler* § 93 Rn. 168.

[54] *Fleischer* BB 2004, 2645 (2650); Schmidt/Lutter/*Seibt* Rn. 11.

12 Aus den geschilderten Grundsätzen folgt, dass in der Regel keine Verpflichtung des überstimmten Vorstandsmitglieds besteht, einen rechtswidrigen Beschluss im Klagewege anzugreifen.[55] Eine generelle Klageverpflichtung wäre mit dem gesellschaftsrechtlichen Verhältnismäßigkeitsgrundsatz nicht vereinbar, da sie die negativen Auswirkungen einer Klage für die weitere Zusammenarbeit im Vorstand sowie die negative Öffentlichkeitswirkung für die Gesellschaft außer Acht lassen würde.[56] Sie wäre auch im Hinblick auf die Verschwiegenheitspflicht der Vorstandsmitglieder problematisch. Eine **Verpflichtung zur Klageerhebung** kommt (ebenso wie die Einschaltung Gesellschaftsexterner im Übrigen) nur in extremen Ausnahmefällen in Betracht, wenn durch die Ausführung des rechtswidrigen Beschlusses schwerwiegende Schäden drohen und ein Absehen von der Klageerhebung mit dem Gesellschaftsinteresse schlichtweg unvereinbar wäre.[57]

13 Das überstimmte Vorstandsmitglied kann berechtigt sein, sein Amt zur Vermeidung von Haftungsfolgen niederzulegen.[58] Eine Verpflichtung zur **Amtsniederlegung** besteht indes nicht, da das Vorstandsmitglied hierdurch die Durchführung der beschlossenen Maßnahme nicht verhindern kann.[59] Ebenso wenig besteht eine Verpflichtung, die (vorhersehbare) Fassung rechtswidriger Beschlüsse durch **Herbeiführung der Beschlussunfähigkeit** des Gremiums zu verhindern.[60] Jedes Vorstandsmitglied ist kraft seiner Amtspflicht vielmehr gehalten, an den Vorstandssitzungen teilzunehmen, seine Bedenken dort in aller Deutlichkeit vorzutragen (und – wozu anzuraten ist – protokollieren zu lassen) sowie ausdrücklich gegen den Beschluss zu stimmen.[61]

14 **c) Stichentscheid.** Stimmengleichheit (beim einfachen Mehrheitserfordernis) oder Patt-Situationen (beispielsweise 4 : 2 Stimmen bei einem sechsköpfigen Vorstand und dem Erfordernis einer Mehrheit von mehr als zwei Dritteln der Stimmen) führen zur Ablehnung des Beschlusses.[62] Die Aufhebung einer solchen Pattsituation kann erfolgen, indem in der Satzung oder Geschäftsordnung des Vorstands vorgesehen wird, dass die Stimme eines Mitglieds (üblicherweise, aber nicht notwendig, des Vorsitzenden) den Ausschlag geben soll (Stichentscheid).[63] Eine Ausnahme besteht für den zweigliedrigen Vorstand, da Einräumung eines Stichentscheidsrechts zugunsten eines Vorstandsmitglieds hier im Ergebnis auf ein unzulässiges Alleinentscheidungsrecht (→ Rn. 15) hinausliefe.[64]

15 **d) Kein Alleinentscheidungsrecht.** Nach § 77 Abs. 1 S. 2 Hs. 2 kann weder einem noch mehreren Vorstandsmitgliedern (gemeinschaftlich) das Recht eingeräumt werden, Meinungsverschiedenheiten gegen die Mehrheit der Stimmen der Vorstandsmitglieder (positiv) zu entscheiden.[65] Ein Alleinentscheidungsrecht eines oder mehrerer Vorstandsmitglieder ließe die übrigen Mitglieder als bloße Hilfskräfte erscheinen und liefe damit der Natur des Kollegialorgans sowie dem Prinzip der gleichberechtigten Stellung aller Vorstandsmitglieder und der Gesamtverantwortung für die Unternehmensleitung (→ Rn. 31) zuwider.[66]

---

[55] *Fleischer* BB 2004, 2645 (2650); MüKoAktG/*Spindler* § 93 Rn. 169; zur Klageberechtigung von Organmitgliedern vgl. BGHZ 135, 244 (248); BGHZ 122, 342 (350).

[56] Der Gesichtspunkt der mit einer öffentlichen Diskussion von Gesetzesverstößen verbundenen negativen Öffentlichkeitswirkung hat beispielsweise in § 404 Abs. 3 Niederschlag gefunden. Hiernach obliegt es dem jeweils zuständigen Organ, in pflichtgemäßer Ermessensausübung darüber zu entscheiden, ob die Stellung Strafantrags im Interesse der Gesellschaft geboten ist oder nicht.

[57] Ähnlich *Fleischer* BB 2004, 2645 (2650) sowie – für den Aufsichtsrat – *Vetter* DB 2004, 2623 (2625); aA – keine Verpflichtung zur Klageerhebung – wohl MüKoAktG/*Spindler* § 93 Rn. 169.

[58] MüKoAktG/*Spindler* Rn. 29, § 93 Rn. 167; Spindler/Stilz/*Fleischer* Rn. 32.

[59] MHdB AG/*Wiesner* § 22 Rn. 15; Spindler/Stilz/*Fleischer* Rn. 32; GroßkommAktG/*Kort* Rn. 22; MüKoAktG/*Spindler* Rn. 29, § 93 Rn. 167; aA BFH NV 1989, 757 (758); 1996, 589 (591).

[60] Spindler/Stilz/*Fleischer* Rn. 30; für den Aufsichtsrat *Vetter* DB 2004, 2623 (2625 f.); letztlich wohl offenlassend – für den Fall einer Stimmenthaltung im Aufsichtsrat – BGH NJW 2006, 522 (527); LG Düsseldorf ZIP 2004, 2044 (2045).

[61] *Fleischer* BB 2004, 2645 (2648); für den Aufsichtsrat *Vetter* DB 2004, 2623 (2625).

[62] *Schiessl* ZGR 1992, 64 (70); GroßkommAktG/*Kort* Rn. 26; Hüffer/*Koch* Rn. 11; MüKoAktG/*Spindler* Rn. 13; Spindler/Stilz/*Fleischer* Rn. 12.

[63] AllgM, BGHZ 89, 48 (59) = NJW 1984, 733; KK-AktG/*Mertens/Cahn* Rn. 12; GroßkommAktG/*Kort* Rn. 26; Hüffer/*Koch* Rn. 11.

[64] Vgl. OLG Karlsruhe AG 2001, 93 (94); OLG Hamburg AG 1985, 251; MHdB AG/*Wiesner* § 22 Rn. 9; GroßkommAktG/*Kort* Rn. 26; KK-AktG/*Mertens/Cahn* Rn. 12; MüKoAktG/*Spindler* Rn. 13; aA *Priester* AG 1984, 253; *Riegger* BB 1972, 592.

[65] Anders noch § 70 Abs. 2 S. 2 AktG 1937, wonach dem Vorstandsvorsitzenden bei Meinungsverschiedenheiten im Vorstand ein Alleinentscheidungsrecht zustand.

[66] Begr. RegE *Kropff* Textausgabe, 1965, 99; MüKoAktG/*Spindler* Rn. 14; Hüffer/*Koch* Rn. 16; Spindler/Stilz/*Fleischer* Rn. 14.

e) Vetorecht. Demgegenüber kann einer Minderheit oder auch einzelnen Vorstandsmitgliedern (in der Praxis meist dem Vorstandsvorsitzenden) bei sonst geltendem Mehrheitsprinzip grundsätzlich das Recht eingeräumt werden, von der Mehrheit befürwortete Geschäftsführungsmaßnahmen zu verhindern.[67] Der Ausschluss des Alleinentscheidungsrechts nach § 77 Abs. 1 S. 2 Hs. 2 bezieht sich nur auf positive, nicht auf negative Entscheidungen.[68] Gegen die Mehrheit der Vorstandsmitglieder kann somit zwar kein positiver Geschäftsführungsbeschluss herbeigeführt werden. Eine von der Mehrheit befürwortete Geschäftsführungsmaßnahme kann jedoch durch ein einzelnes Mitglied oder eine Minderheit verhindert werden.[69] Die Zulässigkeit eines derartigen Vetorechts folgt aus der gesetzlichen Regelform der einstimmigen Gesamtgeschäftsführung in § 77 Abs. 1 S. 1, wonach bereits der Stimmenthaltung eines einzelnen Mitglieds beschlussverhindernde Wirkung zukommt. Dann muss es erst recht möglich sein, Mehrheitsbeschlüsse am Widerspruch eines oder mehrerer Organmitglieder scheitern zu lassen.[70] Dagegen spricht auch nicht, dass das Vetorecht als exklusives Recht eines oder mehrerer Mitglieder weiter geht als die wechselseitige Bindung an die Zustimmung aller Mitglieder bei der Gesamtgeschäftsführung.[71] Die Einräumung eines Vetorechts verstößt – ebenso wie die Verankerung eines Stichentscheidsrechts (→ Rn. 14) – nicht gegen den Grundsatz der Gleichberechtigung der Vorstandsmitglieder (→ Rn. 30). Dieser Grundsatz hindert nicht die unterschiedliche Ausgestaltung der Geschäftsführungsbefugnis der einzelnen Vorstandsmitglieder, auch wenn es keine Vorstandsmitglieder „zweiter Klasse" geben darf.[72] Anstelle oder zusätzlich zu dem endgültigen Vetorecht kann den Vorstandsmitgliedern ein **suspensives Vetorecht** im Sinne einer Vertagungsbefugnis zuerkannt werden.[73] Ist das Vetorecht nicht weiter benannt, ist grundsätzlich von einem endgültigen Vetorecht auszugehen.[74] 16

In **mitbestimmten Gesellschaften,** die der Verpflichtung unterliegen, einen Arbeitsdirektor zu bestellen (§ 33 MitbestG, § 13 MontanMitbestG, § 13 MitbestErgG), ist es aufgrund der durch § 33 MitbestG geschützten Rechtsstellung des Arbeitsdirektors **unzulässig,** einem oder mehreren Vorstandsmitgliedern ein allgemeines, endgültig wirkendes Vetorecht einzuräumen.[75] Dies gilt auch dann, wenn dem Arbeitsdirektor oder allen Vorstandsmitgliedern für ihren Geschäftsbereich ebenfalls ein Vetorecht eingeräumt wird.[76] Statthaft dürfte die Zuerkennung eines Vetorechts aber dann sein, wenn der gesetzlich geschützte Zuständigkeitsbereich des Arbeitsdirektors hiervon ausdrücklich ausgenommen bleibt.[77] Zulässig ist jedenfalls ein nur suspensiv wirkendes, zur (einmaligen) erneuten Beratung und Beschlussfassung zwingendes Vetorecht.[78] 17

3. Einzelgeschäftsführung. In Abweichung vom gesetzlichen Leitbild der Gesamtgeschäftsführungsbefugnis kann einzelnen Mitgliedern des Vorstands jeweils allein oder gemeinschaftlich mit anderen Vorstandsmitgliedern oder Prokuristen Einzelgeschäftsführungsbefugnis eingeräumt werden.[79] Soweit diese reicht, wird zugleich das Einstimmigkeitsprinzip bei der Willensbildung des Vorstands durchbrochen.[80] Das ressortzuständige Vorstandsmitglied kann allein entscheiden, sofern es sich nicht um Leitungsaufgaben handelt, die dem Gesamtvorstand vorbehalten sind (zur Abgren- 18

---

[67] OLG Karlsruhe AG 2001, 93 (94); Spindler/Stilz/*Fleischer* Rn. 16 ff.; MüKoAktG/*Spindler* Rn. 16; GroßkommAktG/*Kort* Rn. 27; Schmidt/Lutter/*Seibt* Rn. 14; MHdB AG/*Wiesner* § 22 Rn. 9; *Lutter/Krieger/Verse* Rechte und Pflichten § 7 Rn. 465; unter Beschränkung auf vertagendes Vetorecht Hüffer/*Koch* Rn. 12; offenlassend BGHZ 89, 48 (58) = NJW 1984, 733; aA *Hoffmann-Becking* NZG 2003, 745 (748); *Bezzenberger* ZGR 1996, 661 (665); *Erle* AG 1987, 7 (8); *Dose,* Die Rechtsstellung der Vorstandsmitglieder einer Aktiengesellschaft, 1975, 77.

[68] Vgl. OLG Karlsruhe AG 2001, 93 (94); MüKoAktG/*Spindler* Rn. 17; GroßkommAktG/*Kort* Rn. 27; *Schiessl* ZGR 1992, 64 (70); aA *Bezzenberger* ZGR 1996, 661 (665); *Erle* AG 1987, 7 (8 ff.).

[69] MüKoAktG/*Spindler* Rn. 16; Schmidt/Lutter/*Seibt* Rn. 14.

[70] KK-AktG/*Mertens/Cahn* Rn. 13 f.; GroßkommAktG/*Kort* Rn. 27; MüKoAktG/*Spindler* Rn. 16; Spindler/Stilz/*Fleischer* Rn. 16; Schmidt/Lutter/*Seibt* Rn. 14.

[71] AA offenbar *Hoffmann-Becking* ZGR 1998, 497 (519).

[72] GroßkommAktG/*Kort* Rn. 28; KK-AktG/*Mertens* Rn. 11; Spindler/Stilz/*Fleischer* Rn. 17.

[73] Spindler/Stilz/*Fleischer* Rn. 16; MüKoAktG/*Spindler* Rn. 16; GroßkommAktG/*Kort* Rn. 28.

[74] GroßkommAktG/*Kort* Rn. 28; KK-AktG/*Mertens/Cahn* Rn. 13; Spindler/Stilz/*Fleischer* Rn. 17.

[75] Für die mitbestimmte GmbH BGHZ 89, 48 (58 f.); MüKoAktG/*Spindler* Rn. 18; Hüffer/*Koch* Rn. 13; Spindler/Stilz/*Fleischer* Rn. 18; anders MHdB AG/*Wiesner* § 22 Rn. 10.

[76] BGHZ 89, 48 (58); Spindler/Stilz/*Fleischer* Rn. 17; Schmidt/Lutter/*Seibt* Rn. 15.

[77] Vgl. insoweit BGHZ 89, 48 (58): „umfassendes, das gesetzmäßige Ressort des Arbeitsdirektors nicht ausnehmendes Widerspruchsrecht"; MüKoAktG/*Spindler* Rn. 18.

[78] MüKoAktG/*Spindler* Rn. 18; GroßkommAktG/*Kort* Rn. 29; KK-AktG/*Mertens/Cahn* Rn. 13; Schmidt/Lutter/*Seibt* Rn. 15;; zweifelnd Hüffer/*Koch* Rn. 13.

[79] *Richter* in Semler/Peltzer/Kubis Vorst HdB § 5 Rn. 77 ff. Spindler/Stilz/*Fleischer* Rn. 19; Hüffer/*Koch* Rn. 10; KK-AktG/*Mertens/Cahn* Rn. 10 ff.

[80] *Richter* in Semler/Peltzer/Kubis Vorst HdB § 5 Rn. 78; GroßkommAktG/*Kort* Rn. 23.

zung der Leitungsaufgaben → § 76 Rn. 8).[81] In der Praxis findet sich indes häufig eine Aufgabenaufteilung nach funktionalen, spartenbezogenen, regionalen oder sonstigen Gesichtspunkten und eine damit einhergehende **Beschränkung der Einzelgeschäftsführungsbefugnis** auf den jeweils zugewiesenen Aufgabenbereich (→ Rn. 38 ff.). Die Einzelgeschäftsführungsbefugnis eines Vorstandsmitglieds kann ferner dadurch beschränkt werden, dass einem oder mehreren Mitgliedern des Vorstands durch die Satzung oder die Geschäftsordnung des Vorstands ein Widerspruchsrecht eingeräumt wird.[82] Wird das **Widerspruchsrecht** ausgeübt, muss die Geschäftsführungsmaßnahme unterbleiben, sofern für derartige Fälle keine Letztentscheidungskompetenz des Gesamtvorstands vorgesehen ist.[83] Entscheidend ist die konkrete Ausgestaltung der Wirkung des Widerspruchs durch die Satzung oder Geschäftsordnung. Gelegentlich wird auch eine Vermittlungskompetenz des Aufsichtsrats oder des Aufsichtsratsvorsitzenden vorgesehen. Dem Aufsichtsrat und seinen Mitgliedern darf jedoch keinesfalls eine Entscheidungskompetenz zugestanden werden (§ 111 Abs. 4 S. 1).[84]

19 Auch soweit ein Vorstandsmitglied innerhalb des ihm zugewiesenen Geschäftsbereichs allein zur Geschäftsführung befugt ist, hat jedes andere Vorstandsmitglied das Recht, eine Maßnahme dem **Gesamtvorstand** vorzulegen, dessen Entscheidung bindend ist (ausführlich → Rn. 37).[85]

20 **4. Kombinationsmöglichkeiten.** Die verschiedenen Gestaltungsmöglichkeiten können auch miteinander kombiniert werden.[86] Möglich sind beispielsweise eine Kombination des Einstimmigkeits- und des Mehrheitsprinzips, indem die Geltung des Einstimmigkeitsprinzips auf Entscheidungen in bestimmten zentralen Ressorts begrenzt und im Übrigen das Mehrheitsprinzip eingeführt wird.[87] Ebenso kann hinsichtlich Einzel- und Gesamtgeschäftsführungsbefugnis nach verschiedenen Aufgabengebieten differenziert werden.[88] Dabei ist es denkbar, einigen Vorstandsmitgliedern Einzelgeschäftsführungsbefugnis einzuräumen, anderen Vorstandsmitgliedern aber lediglich Gesamtgeschäftsführungsbefugnis.[89]

V. Beschlussfassung des Vorstands

21 **1. Formale Anforderungen.** Ein mehrköpfiger Vorstand fasst seine Entscheidungen durch Beschluss.[90] Die für den Vorstandsbeschluss eines Vereins geltenden Vorschriften (§§ 28 Abs. 1, 32, 34 BGB) sind entsprechend anwendbar.[91] Eine bestimmte **Form** der Beschlussfassung ist **nicht vorgeschrieben.**[92] In der Regel findet die Beschlussfassung im Rahmen von Vorstandssitzungen statt. Möglich ist aber auch eine Beschlussfassung im Umlaufverfahren.[93] Neben mündlichen oder schriftlichen sind auch telefonische oder telegrafische Beschlussfassungen sowie Beschlüsse per Videokonferenz oder Email zulässig.[94] Auch Mischformen, etwa dergestalt, dass ein Teil der Vorstandsmitglieder im Rahmen einer Präsenzsitzung und andere Vorstandsmitglieder über Video- und/oder Telefonkonferenz an der Beschlussfassung teilnehmen, sind möglich. Schließlich ist eine Zustimmung zu Beschlussfassungen auch durch konkludentes Verhalten denkbar.[95] So wird beispielsweise bei Urlaubsabwesenheit von der Zustimmung abwesender Vorstandsmitglieder zu täglichen Routinebeschlüssen auszugehen sein, sofern diese nicht nachträglich widersprechen.[96] Die Zustimmung kann zu einer bestimmten Maßnahme, aber auch für eine Reihe gleichartiger Geschäfte erteilt werden. Eine pauschal erteilte Zustimmung zu noch nicht konkret absehbaren Geschäften ist demgegenüber unzulässig.[97]

22 Voraussetzung einer ordnungsgemäßen Beschlussfassung ist grundsätzlich, dass alle Vorstandsmitglieder unter Bezeichnung des Beschlussgegenstands zu der Beschlussfassung ordnungsgemäß geladen

[81] Spindler/Stilz/*Fleischer* Rn. 19; *Richter* in Semler/Peltzer/Kubis Vorst HdB § 5 Rn. 79.
[82] MHdB AG/*Wiesner* § 22 Rn. 7; Spindler/Stilz/*Fleischer* Rn. 19; MüKoAktG/*Spindler* Rn. 32.
[83] MüKoAktG/*Spindler* Rn. 32.
[84] MHdB AG/*Wiesner* § 22 Rn. 7; GroßkommAktG/*Kort* Rn. 22a.
[85] MüKoAktG/*Spindler* Rn. 32.
[86] Hüffer/*Koch* Rn. 10; MüKoAktG/*Spindler* Rn. 30.
[87] GroßkommAktG/*Kort* Rn. 24; Spindler/Stilz/*Fleischer* Rn. 20.
[88] Spindler/Stilz/*Fleischer* Rn. 20; Hüffer/*Koch* Rn. 10; GroßkommAktG/*Kort* Rn. 24c.
[89] GroßkommAktG/*Kort* Rn. 24c; MüKoAktG/*Spindler* Rn. 30.
[90] Hüffer/*Koch* Rn. 6; MHdB AG/*Wiesner* § 22 Rn. 11; Spindler/Stilz/*Fleischer* Rn. 21.
[91] MüKoAktG/*Spindler* Rn. 22; MHdB AG/*Wiesner* § 22 Rn. 11.
[92] BGHZ 33, 175 = WM 1960, 1248; Hüffer/*Koch* Rn. 6; KK-AktG/*Mertens/Cahn* Rn. 33.
[93] Spindler/Stilz/*Fleischer* Rn. 22; GroßkommAktG/*Kort* Rn. 9; MüKoAktG/*Spindler* Rn. 23.
[94] MüKoAktG/*Spindler* Rn. 23; Spindler/Stilz/*Fleischer* Rn. 22.
[95] Hüffer/*Koch* Rn. 7; MHdB AG/*Wiesner* § 22 Rn. 11; Spindler/Stilz/*Fleischer* Rn. 22.
[96] Hüffer/*Koch* Rn. 7; GroßkommAktG/*Kort* Rn. 12; KK-AktG/*Mertens/Cahn* Rn. 9.
[97] MHdB AG/*Wiesner* § 22 Rn. 3; Hüffer/*Koch* Rn. 7.

wurden.[98] Andernfalls sind gefasste Beschlüsse nichtig,[99] sofern nicht sämtliche Vorstandsmitglieder in Kenntnis des Einberufungsmangels an der Beschlussfassung teilnehmen und damit (konkludent) auf die Einhaltung etwaiger Form- und Fristvorschriften verzichten.[100] Welche Voraussetzungen im Einzelnen an die **ordnungsgemäße Ladung** zu stellen sind, ergibt sich aus den Bestimmungen der Satzung und der Geschäftsordnung für den Vorstand. Grundsätzlich genügt es, dass sämtlichen Vorstandsmitgliedern Kenntnis von der anstehenden Beschlussfassung und Gelegenheit zur Teilnahme an der Beschlussfassung verschafft wird. In welcher Form dies geschieht, ist – vorbehaltlich abweichender Regelungen in der Satzung oder Geschäftsordnung des Vorstands – irrelevant. Eine förmliche Bekanntgabe des Gegenstands der Tagesordnung ist keine Voraussetzung für die Beschlussfassung im Vorstand.[101] Hinsichtlich der **Beschlussfähigkeit** des Vorstands ist zu differenzieren. Während bei Geltung des Einstimmigkeitsprinzips (§ 77 Abs. 1 S. 1) grundsätzlich sämtliche Vorstandsmitglieder an der Beschlussfassung teilnehmen müssen, genügt bei mit Mehrheit zu fassenden Beschlüssen bereits die Teilnahme eines einzelnen Vorstandsmitglieds.[102] Durch Satzung oder Geschäftsordnung des Vorstands kann abweichend bestimmt werden, dass die Teilnahme einer bestimmten Mindestzahl von Vorstandsmitgliedern erforderlich, aber auch ausreichend ist.[103] Dies gilt auch bei Geltung des Einstimmigkeitsprinzips.[104] Für das Zustandekommen eines Beschlusses genügt dann die einstimmige Entscheidung des erforderlichen Quorums der Vorstandsmitglieder.

23 Der Beschluss ist zustande gekommen, wenn die erforderliche Zahl der Vorstandsmitglieder zugestimmt hat, dh im gesetzliche Regelfall (§ 77 Abs. 1 S. 1) sämtliche Vorstandsmitglieder, bei abweichender Satzungs- oder Geschäftsordnungsregel die jeweils erforderliche Mehrheit. Einer gesonderten Feststellung des Beschlusses bedarf es vorbehaltlich einer abweichenden Satzungs- oder Geschäftsordnungsregelung ebenso wenig wie einer Verkündung des Beschlussergebnisses.[105] Eine Niederschrift oder **Protokollierung** des Beschlusses ist – anders als für den Aufsichtsrat (§ 107 Abs. 2) – gesetzlich nicht vorgeschrieben, kann aber durch die Satzung oder Geschäftsordnung gefordert werden.[106] In der Praxis ist eine Protokollierung bereits aus Dokumentationsgründen die Regel und unter Haftungsgesichtspunkten auch dringend anzuraten.[107]

24 **2. Stimmabgabe.** Bei der Stimmabgabe des einzelnen Vorstandsmitglieds handelt es sich um eine empfangsbedürftige Willenserklärung, die mit dem Zugang an die anderen Vorstandsmitglieder wirksam wird. Bis zu diesem Zeitpunkt kann sie jederzeit widerrufen werden.[108] Nach Zugang kommt ein Widerruf nur noch ausnahmsweise aus wichtigem Grund in Betracht, etwa wenn sich die der Stimmabgabe zugrunde liegende Verhältnisse grundlegend verändert haben.[109] Die Anfechtbarkeit der Stimmabgabe richtet sich nach den allgemeinen zivilrechtlichen Regeln (§§ 119 ff. BGB).[110] Die Stimmabgabe ist bedingungsfeindlich.[111] Da es sich bei der Wahrnehmung des Vorstandsmandats um eine höchstpersönliche Aufgabe handelt, ist eine **Stellvertretung unzulässig.**[112] Zulässig ist jedoch die Einschaltung eines Stimmboten, wobei außerhalb von Notfällen oder Urlaub (mangels entsprechender Satzungs- oder Geschäftsordnungsregelung) das Einverständnis der übrigen Vorstandsmitglieder erforderlich sein dürfte.[113] Bei dem Stimmboten wird es sich in der Regel

---

[98] *Richter* in Semler/Peltzer/Kubis Vorst HdB § 5 Rn. 84; Spindler/Stilz/*Fleischer* Rn. 21; MüKoAktG/*Spindler* Rn. 24.

[99] OLG Schleswig NJW 1960, 1862 zum eV; MüKoAktG/*Spindler* Rn. 24; GroßkommAktG/*Kort* Rn. 9; *Richter* in Semler/Peltzer/Kubis Vorst HdB § 5 Rn. 84.

[100] *Richter* in Semler/Peltzer/Kubis Vorst HdB § 5 Rn. 84; Spindler/Stilz/*Fleischer* Rn. 21; weitergehend offenbar MüKoAktG/*Spindler* Rn. 24, wonach wohl eine Beteiligung an der Verhandlung der Tagesordnung genügen soll.

[101] GroßkommAktG/*Kort* Rn. 9; KK-AktG/*Mertens/Cahn* Rn. 34.

[102] MüKoAktG/*Spindler* Rn. 27; *Richter* in Semler/Peltzer/Kubis Vorst HdB § 5 Rn. 85; offen Spindler/Stilz/*Fleischer* Rn. 23.

[103] *Richter* in Semler/Peltzer/Kubis Vorst HdB § 5 Rn. 86.

[104] *Richter* in Semler/Peltzer/Kubis Vorst HdB § 5 Rn. 86.

[105] MHdB AG/*Wiesner* § 22 Rn. 11; Spindler/Stilz/*Fleischer* Rn. 22; GroßkommAktG/*Kort* Rn. 9; KK-AktG/*Mertens/Cahn* Rn. 45; aA MüKoAktG/*Spindler* Rn. 25.

[106] GroßkommAktG/*Kort* Rn. 9; Hüffer/*Koch* Rn. 6.

[107] Ähnlich MüKoAktG/*Spindler* Rn. 25.

[108] *Richter* in Semler/Peltzer/Kubis Vorst HdB § 5 Rn. 87; GroßkommAktG/*Kort* Rn. 13; Hüffer/*Koch* Rn. 7.

[109] Hüffer/*Koch* Rn. 7; Spindler/Stilz/*Fleischer* Rn. 24; *Richter* in Semler/Peltzer/Kubis Vorst HdB § 5 Rn. 87.

[110] MüKoAktG/*Spindler* Rn. 20; GroßkommAktG/*Kort* Rn. 17; KK-AktG/*Mertens/Cahn* Rn. 35.

[111] KK-AktG/*Mertens/Cahn* Rn. 35; Spindler/Stilz/*Fleischer* Rn. 24.

[112] Spindler/Stilz/*Fleischer* Rn. 24; *Richter* in Semler/Peltzer/Kubis Vorst HdB § 5 Rn. 89; KK-AktG/*Mertens/Cahn* Rn. 36.

[113] GroßkommAktG/*Kort* Rn. 16; Spindler/Stilz/*Fleischer* Rn. 24; KK-AktG/*Mertens/Cahn* Rn. 9, 36.

um ein anderes Vorstandsmitglied handeln müssen, da Dritte zur Teilnahme an Vorstandssitzungen grundsätzlich nicht befugt sind.[114]

25 **3. Stimmverbote.** Ein allgemeines Stimmverbot für Vorstandsmitglieder im Falle von Interessen- oder Pflichtenkollisionen bei der Geschäftsführung existiert nicht.[115] Dies gilt insbesondere auch im Zusammenhang mit Vorstandsdoppelmandaten (→ § 76 Rn. 65 f.). Zwar ist ein Vorstandsmitglied entsprechend §§ 28, 34 Abs. 1 BGB von der Stimmabgabe ausgeschlossen, wenn es um Rechtsgeschäfte oder Rechtsstreitigkeiten zwischen ihm und der Gesellschaft geht.[116] Eine gleichwohl erfolgte Stimmabgabe ist dann unwirksam.[117] Die Aktiengesellschaft wird in diesen Fällen jedoch gemäß § 112 durch den Aufsichtsrat vertreten, so dass dem Stimmverbot kaum praktische Relevanz zukommt.[118]

26 **4. Beschlussmängel.** Mängel der (einzelnen) Stimmabgabe haben nur dann Auswirkung auf die Wirksamkeit des Beschlusses, wenn sie für das Beschlussergebnis, dass heißt das Zustandekommen oder Nichtzustandekommen des Beschlusses, relevant sind.[119] Davon zu unterscheiden sind Mängel des Beschlusses als korporationsrechtlichem Akt organschaftlicher Willensbildung.[120] Die Verletzung formaler Mängel wie etwa des Mitwirkungsrechts eines Vorstandsmitglieds kann nur von dem betroffenen Mitglied geltend gemacht werden.[121] Die Geltendmachung muss unverzüglich nach Kenntnis des Mangels erfolgen. Andernfalls ist von einer konkludenten Zustimmung des betroffenen Vorstandsmitglieds zum Beschlussergebnis auszugehen.[122] Eine konkludente Zustimmung liegt regelmäßig vor, wenn die betreffenden Vorstandsmitglieder an der Beschlussfassung teilnehmen, ohne die Verletzung ihrer Mitwirkungsrechte geltend zu machen.[123] Eine Pflicht des betroffenen Vorstandsmitglieds zur Rüge des Verfahrensmangels besteht nicht.[124] Die Geltendmachung des Mangels führt zur Nichtigkeit des Beschlusses.[125] Bis zur Geltendmachung ist der Beschluss als wirksam anzusehen. Bei inhaltlichen Mängeln ist demgegenüber jedes Vorstandsmitglied zur Geltendmachung des Mangels berechtigt und verpflichtet (→ Rn. 10).[126] Richtiger Rechtsbehelf zur Geltendmachung formaler oder inhaltlicher Mängel ist die gegen die Gesellschaft gerichtete Klage auf Feststellung der Nichtigkeit des Beschlusses.[127]

VI. Organisation der Vorstandsarbeit und Geschäftsverteilung

27 **1. Allgemeines.** Das gesetzliche Leitbild der Gesamtgeschäftsführung in sämtlichen Angelegenheiten der Gesellschaft wird den Anforderungen der Praxis in aller Regel nicht gerecht. Insbesondere bei größeren Gesellschaften lassen sich die vielfältigen vom Vorstand zu treffenden Geschäftsführungsmaßnahmen nicht (sämtlich) von allen Vorstandsmitgliedern gemeinschaftlich wahrnehmen. Daraus folgt die Notwendigkeit einer Organisation und Delegation von Geschäftsführungszuständigkeiten.[128] § 77 Abs. 1 S. 2 eröffnet die Möglichkeit, durch die Satzung oder die Geschäftsordnung des Vorstands eine auf die jeweiligen Bedürfnisse der Gesellschaft zugeschnittene Geschäftsverteilung vorzunehmen. In der Praxis wird die Geschäftsverteilung üblicherweise durch den Aufsichtsrat in der Geschäftsordnung für den Vorstand geregelt. Aus der Personalkompetenz des Aufsichtsrats ergibt sich gleichzeitig auch die Verpflichtung, für eine **zweckmäßige und effiziente Vorstandsorgani-**

---

[114] In diesem Sinne auch *Richter* in Semler/Peltzer/Kubis Vorst HdB § 5 Rn. 89.

[115] Hüffer/*Koch* Rn. 8; GroßkommAktG/*Kort* Rn. 14; *Richter* in Semler/Peltzer/Kubis Vorst HdB § 5 Rn. 88; MHdB AG/*Wiesner* § 22 Rn. 12; aA *Hoffmann-Becking* ZHR 150 (1986), 570 (579 ff.); *Schneider* ZHR 150 (1986), 609 (623).

[116] GroßkommAktG/*Kort* Rn. 14; *Richter* in Semler/Peltzer/Kubis Vorst HdB § Rn. 88.

[117] Hüffer/*Koch* Rn. 8; Spindler/Stilz/*Fleischer* Rn. 25.

[118] MHdB AG/*Wiesner* § 22 Rn. 12; Spindler/Stilz/*Fleischer* Rn. 25.

[119] GroßkommAktG/*Kort* Rn. 17; MHdB AG/*Wiesner* § 22 Rn. 12; KK-AktG/*Mertens/Cahn* Rn. 46.

[120] Spindler/Stilz/*Fleischer* Rn. 25; MHdB AG/*Wiesner* § 22 Rn. 12.

[121] *Richter* in Semler/Peltzer/Kubis Vorst HdB § 5 Rn. 92; GroßkommAktG/*Kort* Rn. 18; MüKoAktG/*Spindler* Rn. 28.

[122] MüKoAktG/*Spindler* Rn. 28; *Richter* in Semler/Peltzer/Kubis Vorst HdB § 5 Rn. 92; KK-AktG/*Mertens/Cahn* Rn. 47.

[123] Spindler/Stilz/*Fleischer* Rn. 21; KK-AktG/*Mertens/Cahn* Rn. 47.

[124] GroßkommAktG/*Kort* Rn. 18; KK-AktG/*Mertens/Cahn* Rn. 46; *Richter* in Semler/Peltzer/Kubis Vorst HdB § 5 Rn. 92.

[125] *Richter* in Semler/Peltzer/Kubis Vorst HdB § 5 Rn. 92; KK-AktG/*Mertens/Cahn* Rn. 48.

[126] MüKoAktG/*Spindler* Rn. 28; Spindler/Stilz/*Fleischer* Rn. 28.

[127] GroßkommAktG/*Kort* Rn. 18; MüKoAktG/*Spindler* Rn. 28; KK-AktG/*Mertens/Cahn* Rn. 47.

[128] MHdBAG/*Wiesner* § 22 Rn. 17; *Richter* in Semler/Peltzer/Kubis Vorst HdB § 5 Rn. 20; *Froesch* DB 2009, 722 (723); *Wicke* NJW 2007, 3755.

sation zu sorgen.[129] Gegen eine Regelung in der Satzung spricht in der Regel, dass sich die konkreten Anforderungen an eine sachgerechte Geschäftsverteilung kaum von vornherein im Einzelnen übersehen lassen. Diese sind sowohl von der jeweiligen personellen Struktur des Vorstands als auch von der Entwicklung des Unternehmens und des jeweiligen Marktumfelds abhängig. Jede nachträgliche Anpassung der Geschäftsverteilung würde eine umständliche Satzungsänderung erforderlich machen.[130] Dementsprechend enthält Ziff. 4.2.1 DCGK die Empfehlung, dass eine Geschäftsordnung die Geschäftsverteilung und Zusammenarbeit im Vorstand regeln sollte.

Grenzen der Geschäftsverteilung ergeben sich insbesondere aus dem Prinzip der Gesamtleitung der Gesellschaft durch den Vorstand sowie den Grundsätzen der Gleichberechtigung und der Gesamtverantwortung der Vorstandsmitglieder.[131] 28

2. Grenzen der Geschäftsverteilung. a) Prinzip der Gesamtleitung. Immanente Schranke jeder Geschäftsverteilung ist das Prinzip der Gesamtleitung durch den Vorstand.[132] Eine Delegation von Leitungsaufgaben auf einzelne Vorstandsmitglieder, Gruppen von Vorstandsmitglieder oder Vorstandsausschüsse ist nicht zulässig.[133] Zu den organschaftlichen Mindestzuständigkeiten des Gesamtvorstands, deren Wahrnehmung einer Übertragung auf einzelne Vorstandsmitglieder nicht zugänglich ist, zählen neben den gesetzlich ausdrücklich dem Vorstands als Kollegialorgan zugewiesenen Leitungsaufgaben insbesondere die originären unternehmerischen Führungsaufgaben der **Unternehmensplanung,** der **Unternehmensstrukturierung,** der **Unternehmenskontrolle** sowie der **Besetzung der oberen Führungspositionen** (ausführlich → § 76 Rn. 8 ff.).[134] Insoweit können einzelne Vorstandsmitglieder zwar mit der Vorbereitung und Ausführung der Maßnahme, nicht jedoch mit der Entscheidung selbst betraut werden.[135] Ob die Beschlussfassung des Gesamtvorstands der Stimmen aller Vorstandsmitglieder bedarf oder eine Mehrheitsentscheidung genügt, bestimmt sich nach den Regelungen der Satzung oder der Geschäftsordnung für den Vorstand.[136] 29

b) Gleichberechtigung der Vorstandsmitglieder. Aus dem Charakter des Vorstands als Kollegialorgan mit voneinander weisungsunabhängigen Mitgliedern, denen die Leitungsaufgabe gemeinsam zugewiesen ist, folgt der Grundsatz der Gleichberechtigung der Vorstandsmitglieder.[137] Die prinzipielle Gleichberechtigung aller Vorstandsmitglieder ist zwar nicht ausdrücklich normiert, wird durch die Formulierung von Ausnahmen, wie der Möglichkeit, einem Vorstandsmitglied ein Stichentscheidsrecht zuzuerkennen (§ 77 Abs. 1 S. 2; → Rn. 14) oder der Möglichkeit, einen Vorstandsvorsitzenden zu ernennen (§ 84 Abs. 2), jedoch inzident vorausgesetzt.[138] Aus dem Prinzip der Gleichberechtigung folgt indes keine generelle Unzulässigkeit einer unterschiedlichen Ausgestaltung der Positionen der einzelnen Vorstandsmitglieder.[139] Eine auch nur annähernd gleichmäßig austarierte Stellung aller Vorstandsmitglieder ließe sich bei einer Ressortverteilung praktisch auch kaum realisieren.[140] Differenzierungen zwischen den Positionen einzelner Vorstandsmitglieder sind daher durchaus zulässig und praxisüblich.[141] Unzulässig ist jedoch eine „vertikale Vorstandsorganisation" im Sinne einer hierarchischen Über- und Unterordnung der Vorstandsmitglieder. Es darf **keine Vorstandsmitglieder erster und zweiter Klasse** geben.[142] Eine Geschäftsverteilung, die zu einem krassen Ungleichgewicht der Leitungskompetenzen der einzelnen Vorstandsmitglieder führt, indem zB dem Vorstandsvorsitzenden ein allumfassendes „Superressort" übertragen wird und die übrigen 30

---

[129] *Lutter/Krieger/Verse* Rechte und Pflichten § 7 Rn. 456; *Wicke* NJW 2007, 3755; Schmidt/Lutter/*Seibt* Rn. 17.

[130] In diesem Sinne auch MüKoAktG/*Spindler* Rn. 37; *Langer/Peters* BB 2012, 2575 (2576 f.).

[131] Vgl. KK-AktG/*Mertens/Cahn* Rn. 22 ff.; GroßkommAktG/*Kort* Rn. 30 ff.; *Fleischer* ZIP 2003, 1 (2); *Hoffmann-Becking* ZGR 1998, 497 (506); Schmidt/Lutter/*Seibt* Rn. 19; Krieger/Schneider/*Vetter* HdB Managerhaftung § 17 Rn. 26 ff.

[132] KK-AktG/*Mertens/Cahn* Rn. 22; GroßkommAktG/*Kort* Rn. 30; *Schiessl* ZGR 1992, 64 (67).

[133] GroßkommAktG/*Kort* Rn. 31; Hüffer/*Koch* Rn. 18.

[134] GroßkommAktG/*Kort* Rn. 30 ff.; MüKoAktG/*Spindler* Rn. 61 f.; Hüffer/*Koch* Rn. 18; *Richter* in Semler/Peltzer/Kubis Vorst HdB § 5 Rn. 16; *Löbbe/Fischbach* AG 2014, 717 (719); *Froesch* DB 2009, 722 (724); *Schiessl* ZGR 1992, 64 (67); *Hoffmann-Becking* ZGR 1998, 497 (507).

[135] KK-AktG/*Mertens/Cahn* Rn. 23 ff.; *Hoffmann-Becking* ZGR 1998, 497 (508); MüKoAktG/*Spindler* Rn. 62; *Froesch* DB 2009, 722 (724).

[136] *Hoffmann-Becking* ZGR 1998, 497 (508).

[137] *Wicke* NJW 2007, 3755 (3757); *Hoffmann-Becking* NZG 2003, 745 (746).

[138] *Hoffmann-Becking* ZGR 1998, 497 (508); *Wicke* NJW 2007, 3755 (3757).

[139] Hüffer/*Koch* Rn. 18.

[140] *Hoffmann-Becking* ZGR 1998, 497 (515).

[141] Hüffer/*Koch* Rn. 18; *Wicke* NJW 2007, 3755 (3757); *Hoffmann-Becking* ZGR 1998, 497 (515).

[142] *Schwark* ZHR 142 (1978), 203 (218); *Hoffmann-Becking* ZGR 1998, 497 (515); *Wicke* NJW 2007, 3755 (3757); Spindler/Stilz/*Fleischer* Rn. 41; KK-AktG/*Mertens/Cahn* Rn. 15.

Vorstandsmitglieder auf untergeordnete Hilfstätigkeiten herabgestuft oder einzelne Vorstandsmitglieder durch Zuweisung eines völlig belanglosen Aufgabenbereichs „kaltgestellt" werden, ist daher unzulässig.[143] Die gemeinsame Verantwortung der Vorstandsmitglieder für die Leitung der Gesellschaft muss auch im Rahmen der Geschäftsverteilung Berücksichtigung finden.[144] Ein Aufsichtsratsbeschluss über eine Geschäftsverteilung, der diesen Grundsätzen widerspricht, wird jedoch nur in extremen Ausnahmefällen als nichtig zu qualifizieren sein.[145]

31 **c) Prinzip der Gesamtverantwortung.** Eine Geschäftsverteilung bewirkt nicht, dass sich die Verantwortung und Haftung der Vorstandsmitglieder auf den ihnen jeweils übertragenen Teilbereich der Geschäftsführung beschränkt.[146] Jedes Vorstandsmitglied trägt die umfassende Verantwortung für die gesamte Geschäftsführung der Gesellschaft, die nach wie vor dem Vorstand als Organ obliegt.[147] Alle Vorstandsmitglieder müssen daher über ihren jeweiligen eigenen Geschäftsbereich hinaus an der gesamten Geschäftsführung der Gesellschaft mitwirken.[148] Eine Geschäftsverteilung bewirkt jedoch eine Beschränkung der Verantwortlichkeit der Vorstandsmitglieder insofern, als die Handlungs- oder Ressortverantwortung lediglich bei dem ressortzuständigen Mitglied liegt und sich für die übrigen Vorstandsmitglieder die Verantwortung auf eine **Überwachungs- und Kontrollpflicht** beschränkt, die sie zwingt einzugreifen, wenn sich besondere Anhaltspunkte ergeben (Prinzip der gegenseitigen Überwachung, ausführlich → Rn. 34 ff.; → § 93 Rn. 84 ff.).[149] Der Geschäftsbereich deckt sich daher nicht mit dem Haftungsbereich.[150]

32 **3. Wirkungen einer Geschäftsverteilung. a) Ressortverantwortung des zuständigen Vorstandsmitglieds.** Im Rahmen seiner Ressortzuständigkeit ist das Vorstandsmitglied in der Regel einzelgeschäftsführungsbefugt (begrenzte Einzelgeschäftsführungsbefugnis).[151] Es führt und verantwortet den ihm zugewiesenen Geschäftsbereich selbstständig jedoch mit Wirkung für den Gesamtvorstand.[152] Die übrigen Vorstandsmitglieder haben den dem Vorstandsmitglied in seinem Verantwortungsbereich zukommenden Gestaltungsspielraum zu respektieren.[153] Ein ständiges „Hineinregieren" des Gesamtvorstands in sein Ressort verbietet sich daher.[154] Die Grenze der Einzelgeschäftsführungsbefugnis bildet das Prinzip der Gesamtleitung. Die dem Gesamtvorstand als Kollegialorgan vorbehaltenen Leitungsaufgaben, dh insbesondere Angelegenheiten, die **grundsätzliche Fragen der Unternehmenspolitik** und andere grundsätzliche Fragen der künftigen Geschäftsführung betreffen oder ressortübergreifende Bedeutung haben und nicht zwischen den Ressorts geklärt werden können, sind stets vor den Gesamtvorstand zu bringen und von diesem zu entscheiden.[155] Eines Beschlusses des Gesamtvorstands bedarf es zudem, soweit sich aus der Satzung oder der Geschäftsordnung des Vorstands entsprechende Beschränkungen ergeben.[156]

33 Um den übrigen Vorstandsmitgliedern die Erfüllung ihrer aus der Gesamtverantwortung resultierenden Kontrollpflicht zu ermöglichen, sind die einzelnen Vorstandsmitglieder verpflichtet, den Gesamtvorstand von sich aus über Angelegenheiten aus ihrem Ressort zu informieren.[157] In der Regel wird eine **Berichterstattung** im Rahmen der regelmäßigen Vorstandssitzungen genügen.[158]

---

[143] *Hoffmann-Becking* ZGR 1998, 497 (515); *Wicke* NJW 2007, 3755 (3757).

[144] In diesem Sinne wohl auch Hüffer/*Koch* Rn. 18.

[145] Ähnlich KK-AktG/*Mertens/Cahn* Rn. 64; *Langer/Peters* BB 2012, 2575 (2579).

[146] BGH NJW 1986, 54 (55); NJW 1995, 2850 (2851); BGHZ 133, 370 (377 f.); *Hoffmann-Becking* ZGR 1998, 497 (506); MüKoAktG/*Spindler* Rn. 56.

[147] BGHZ 133, 370 (376 f.); OLG Hamm AG 2012, 683; *Fleischer* NZG 2003, 449 (450); Hüffer/*Koch* Rn. 15; MüKoAktG/*Spindler* Rn. 56; GroßkommAktG/*Kort* Rn. 35; *Froesch* DB 2009, 722 (728); *Dreher/Schaaf* WM 2008, 1765.

[148] *Fleischer* NZG 2003, 449 (450).

[149] BGHZ 133, 370 (376 f.); OLG Hamm AG 2012, 683; MHdB AG/*Wiesner* § 22 Rn. 24; Spindler/Stilz/*Fleischer* Rn. 49.

[150] MüKoAktG/*Spindler* Rn. 56.

[151] GroßkommAktG/*Kort* Rn. 23; Spindler/Stilz/*Fleischer* Rn. 19; *Richter* in Semler/Peltzer/Kubis Vorst HdB § 5 Rn. 78 f.

[152] MüKoAktG/*Spindler* Rn. 55.

[153] Spindler/Stilz/*Fleischer* Rn. 48.

[154] MüKoAktG/*Spindler* Rn. 60; *Fleischer* NZG 2003, 449 (452); *Wolf* VersR 2005, 1042 (1043); für die GmbH auch OLG Zweibrücken GmbHR 1999, 506 (508); OLG Hamm GmbHR 192, 375 (377); OLG Frankfurt GmbHR 1992, 608 (609).

[155] Hüffer/*Koch* Rn. 18; GroßkommAktG/*Kort* Rn. 31, 42; MHdB AG/*Wiesner* § 22 Rn. 24 f.; *Fleischer* NZG 2003, 449 (450).

[156] *Richter* in Semler/Peltzer/Kubis Vorst HdB § Rn. 79; MüKoAktG/*Spindler* Rn. 55.

[157] *Martens* FS Fleck, 1988, 191 (196); *Schwark* ZHR 142 (1978), 203 (216); *Schiessl* ZGR 1992, 64 (69); *Wolf* VersR 2005, 1042; *Fleischer* NZG 2003, 449 (451).

[158] In diesem Sinne auch GroßkommAktG/*Kort* Rn. 40; *Richter* in Semler/Peltzer/Kubis Vorst HdB § 5 Rn. 50.

Bei bedeutenden Entwicklungen und sich ergebenden besonderen Risiken ist jedoch eine unverzügliche Unterrichtung sämtlicher Vorstandsmitglieder angezeigt. Umgekehrt hat jedes Vorstandsmitglied Anspruch auf Berichterstattung über Angelegenheiten aus anderen Ressorts[159] (zum Aufbau eines Informationssystems → Rn. 35).

34 **b) Überwachungspflicht der übrigen Vorstandsmitglieder. aa) Allgemeines.** Die Ressortverantwortung des zuständigen Vorstandsmitglieds entbindet die übrigen Vorstandsmitglieder nicht von ihrer Verantwortung für diesen Bereich. Aus der Gesamtverantwortung der Vorstandsmitglieder resultiert eine Pflicht sämtlicher Vorstandsmitglieder zur Überwachung und Kontrolle der übrigen Mitglieder.[160] Vorstandsmitglieder verletzen ihre Pflichten nicht nur dann, wenn sie eigenhändig tätig werden oder Kollegialentscheidungen treffen, sondern auch, wenn sie gegen pflichtwidrige Handlungen anderer Vorstandsmitglieder nicht einschreiten.[161] Jedes Vorstandsmitglied bleibt daher auch für die grundlegenden Entscheidungen in den ihm nicht zugewiesenen Geschäftsbereichen voll verantwortlich.[162] Diese vorstandsinternen, „horizontalen" Überwachungs- und Kontrollpflichten können nicht durch Übertragung der Kontrollaufgabe auf ein einzelnes Vorstandsmitglied erfüllt werden.[163] Vielmehr muss sich jedes Vorstandsmitglied über den wesentlichen Gang der Geschäfte und Entwicklungen im Gesamtunternehmen unterrichten und bei Bedenken hinsichtlich der Recht- oder Zweckmäßigkeit der Ressortgeschäftsführung ihrer Kollegen intervenieren.[164] Dies schließt indes nicht aus, einzelnen Vorstandsmitgliedern (beispielsweise im Bereich Controlling/Revision) besondere Überwachungspflichten zuzuweisen.[165] Auch werden an den Vorstandsvorsitzenden in der Regel erhöhte Überwachungsanforderungen zu stellen sein, da die Gesamtüberwachung der Unternehmensleitung in der Regel einen Schwerpunkt seiner Aufgabe bildet.[166]

35 Aus der Kontrollaufgabe des Vorstands folgt immanent die Verpflichtung zur Implementierung eines zweckmäßigen **vorstandsinternen Informationssystems,** in das alle Vorstandsmitglieder eingebunden sind, als notwendiger Voraussetzung einer effizienten Kontrolle.[167] Die Ausgestaltung im Einzelnen liegt im pflichtgemäßen Ermessen des Vorstands, der hierbei insbesondere Art und Größe des Unternehmens sowie die jeweilige Vorstandsorganisation zu berücksichtigen hat. Die Anforderungen an ein solches Informationssystem dürfen nicht überzogen hoch angesetzt werden. Vielfach wird es zweckmäßig und ausreichend sein, wenn ein regelmäßiger Informationsaustausch im Rahmen der Vorstandssitzungen stattfindet.[168] Unabhängig von der Ausgestaltung dieses Informationssystems steht dem einzelnen Vorstandsmitglied stets ein nur durch das Missbrauchsverbot begrenzter Informationsanspruch gegenüber seinen Vorstandskollegen zu.[169]

36 **bb) Reichweite der Überwachungspflicht.** Die Reichweite der Überwachungspflicht ist im Spannungsverhältnis von Vertrauens- und Misstrauensprinzip im Vorstand zu ermitteln und letztlich nur anhand der gesellschafts- und personenspezifischen Besonderheiten des konkreten Einzelfalls ermittelbar.[170] Zu berücksichtigen sind insbesondere die Bedeutung einer konkreten Geschäftsführungsmaßnahme für die Gesellschaft[171] sowie die Erfahrung des zuständigen Vorstandsmitglieds und dessen Aufgabenbewältigung in der Vergangenheit.[172] Grundsätzlich darf sich jedes Vorstandsmitglied darauf verlassen, dass die übrigen Vorstandsmitglieder die ihnen zugewiesenen Ressorts ordnungsge-

---

[159] MHdB AG/*Wiesner* § 22 Rn. 25; *Hoffmann-Becking* ZGR 1998, 497 (512); Spindler/Stilz/*Fleischer* Rn. 49.

[160] GroßkommAktG/*Kort* Rn. 37; Hüffer/*Koch* Rn. 15; *Fleischer* NZG 2003, 449 (452); *Richter* in Semler/Peltzer/Kubis Vorst HdB § 5 Rn. 48; MHdB AG/*Wiesner* § 22 Rn. 24; *Hoffmann-Becking* NZG 2003, 745 (747); *Schwark* ZHR 142 (1978), 203 (216 ff.); *Martens* FS Fleck, 1988, 191 (196 ff.).

[161] BGH WM 2013, 456 = NJW 2013, 1958 (1960).

[162] *Richter* in Semler/Peltzer/Kubis Vorst HdB § 5 Rn. 48.

[163] GroßkommAktG/*Kort* Rn. 35; *Schiessl* ZGR 1992, 64 (69); *Richter* in Semler/Peltzer/Kubis Vorst HdB § 5 Rn. 48; aA *Martens* FS Fleck, 1988, 191 (200).

[164] *Fleischer* NZG 2003, 449 (453); *Hoffmann-Becking* ZGR 1998, 497 (512).

[165] Schmidt/Lutter/*Seibt* Rn. 18.

[166] *Bezzenberger* ZGR 196, 661 (670 ff.); *Lutter/Krieger* Rechte und Pflichten § 7 Rn. 465; Schmidt/Lutter/*Seibt* Rn. 18; aA *v. Hein* ZHR 166 (2002), 464 (488 ff.); *Fleischer* NZG 2003, 449 (455); KK-AktG/*Mertens/Cahn* Rn. 26.

[167] GroßkommAktG/*Kort* Rn. 40; KK-AktG/*Mertens/Cahn* Rn. 27; *Fleischer* NZG 2003, 449 (454); *Hoffmann-Becking* ZGR 1998, 497 (513); *Schiessl* ZGR 1992, 64 (69).

[168] Hüffer/*Koch* Rn. 15; *Fleischer* NZG 2003, 449 (454); GroßkommAktG/*Kort* Rn. 40; *Richter* in Semler/Peltzer/Kubis Vorst HdB § 5 Rn. 50; etwas weitergehend anscheinend *Schiessl* ZGR 1992, 64 (69).

[169] *Hoffmann-Becking* ZGR 1998, 497 (512).

[170] Hüffer/*Koch* § 93 Rn. 15; Spindler/Stilz/*Fleischer* Rn. 51; GroßkommAktG/*Hopt/Roth* § 93 Rn. 376.

[171] BGH DB 1980, 582 (583); OLG Köln AG 2000, 281; *Fleischer* NZG 2003, 449 (453).

[172] LG Düsseldorf ZIP 1995, 1985 (1993); *Löbbe/Fischbach* AG 2014, 717 (720).

mäß führen; es gilt der Vertrauensgrundsatz.[173] Eine gesteigerte Überwachungspflicht kann sich in finanziellen Krisenzeiten oder sonstigen Ausnahmesituationen ergeben.[174] Hinweisen auf Fehlentwicklungen oder Unregelmäßigkeiten in einem fremden Ressort muss ein Vorstandsmitglied auf jeden Fall unverzüglich nachgehen.[175] Eine Pflicht zum Einschreiten besteht jedenfalls dann, wenn greifbare Anhaltspunkte dafür vorliegen, dass die Erfüllung der der Gesellschaft obliegenden Aufgaben durch das zuständige Vorstandsmitglied nicht mehr gewährleistet ist (→ § 93 Rn. 84).[176]

37 **cc) Interventionsrecht.** Aus der Überwachungs- und Kontrollverpflichtung der Vorstandsmitglieder erwächst zugleich das unabdingbare Recht eines jeden Vorstandsmitglieds, gegen Geschäftsführungsmaßnahmen eines Kollegen zu intervenieren, indem es einen Beschluss des Gesamtvorstands über eine bestimmte Geschäftsführungsmaßnahme verlangt.[177] Durch die Geschäftsordnung des Vorstands kann zwar bestimmt werden, dass vor einer Befassung des Gesamtvorstands zunächst ein Vorstandsausschuss über die Angelegenheit berät und beschließt. Der Weg zum Gesamtvorstand kann jedoch keinesfalls ausgeschlossen werden.[178] Das Interventionsrecht stellt eine immanente Schranke der Einzelgeschäftsführungsbefugnis dar.[179] Bei der Ausübung des Interventionsrechts haben die Vorstandsmitglieder allerdings zu beachten, dass die durch die Geschäftsordnung vorgegebene Ressortaufteilung grundsätzlich zu respektieren ist und willkürliche Eingriffe in ein fremdes Vorstandsressort verbietet. Zudem gebietet es das Kollegialitätsprinzip und die ihm innewohnenden Pflicht zu kollegialer Zusammenarbeit, die vertrauensvolle Zusammenarbeit im Vorstand nicht unnötig zu belasten. Das Interventionsrecht ist daher mit Augenmaß auszuüben. In der Regel ist das Vorstandsmitglied, das einen Mangel sieht, zunächst gehalten, dass Gespräch mit dem Vorstandskollegen, eventuell unter Hinzuziehung des Vorstandsvorsitzenden, zu suchen, bevor es sich an den Gesamtvorstand wendet.[180] Ergeben sich Anhaltspunkte für eine sorgfaltswidrige Geschäftsführung, ist das Vorstandsmitglied zur Einschaltung des Gesamtvorstands indes nicht nur berechtigt, sondern auch verpflichtet, wenn sich auf andere Art und Weise keine zuverlässige Abhilfe schaffen lässt.[181]

38 **4. Gängige Modelle der Vorstandsorganisation. a) Funktionale Organisation.** Kennzeichnend für eine funktionale Vorstandsorganisation ist eine Aufteilung der Geschäftsführung unter fachlichen Gesichtspunkten durch die Bildung von Vorstandsressorts für verschiedene unternehmerische Teilbereiche (Beschaffung, Produktion, Vertrieb, Personal, Finanzen, Forschung und Entwicklung etc).[182] Dadurch lässt sich eine **spezialisierte Arbeitsteilung** innerhalb des Vorstands erreichen. Andererseits erfordert diese Organisationsform eine regelmäßige Abstimmung und Willensbildung im Gesamtvorstand.[183]

39 **b) Spartenorganisation.** Bei einer Spartenorganisation **(Divisionalisierung)** erfolgt eine Gliederung nach Geschäftsbereichen (Sparten), die nach Produkten, Kundengruppen oder Regionen gebildet werden und in denen sämtliche Funktionen (Beschaffung, Produktion, Vertrieb etc) zusammengefasst sind.[184] Den einzelnen Vorstandsmitgliedern wird die Ergebnisverantwortung für eine bestimmte Sparte **(„Profitcenter")** übertragen.[185] In der Praxis wird diese Organisationsform vor allem von Unternehmen mit klar unterscheidbaren Geschäftsfeldern gewählt.[186] Die generelle Zuläs-

[173] BGH NJW 1997, 130 (132) für die GmbH; MüKoAktG/*Spindler* § 93 Rn. 153; *Leuering/Dornhegge* NZG 2010, 13 (15).
[174] BGHZ 133, 370 (379); *Löbbe/Fischbach* AG 2014, 717 (720); MüKoAktG/*Spindler* Rn. 56; Spindler/Stilz/*Fleischer* Rn. 53.
[175] BGHZ 133, 370 (378 f.); Hüffer/*Koch* § 93 Rn. 42; MHdB AG/*Wiesner* § 22 Rn. 24; Spindler/Stilz/*Fleischer* Rn. 52.
[176] BGH NJW 1986, 54 (55); WM 1986, 789; BGHZ 133, 370 (378 f.); BGH ZIP 1987, 1050 (1051).
[177] GroßkommAktG/*Kort* Rn. 38; KK-AktG/*Mertens/Cahn* Rn. 28; *Richter* in Semler/Peltzer/Kubis Vorst HdB § 5 Rn. 51.
[178] *Schiessl* ZGR 1992, 64 (78).
[179] KK-AktG/*Mertens/Cahn* Rn. 26, 28; GroßkommAktG/*Kort* Rn. 38.
[180] In diesem Sinne auch *Richter* in Semler/Peltzer/Kubis Vorst HdB § 5 Rn. 51.
[181] LG München I NZG 2014, 345 (347); OLG Köln AG 2001, 363 (364); GroßkommAktG/*Kort* Rn. 38; *Richter* in Semler/Peltzer/Kubis Vorst HdB § 5 Rn. 51.
[182] MüKoAktG/*Spindler* Rn. 63; Schmidt/Lutter/*Seibt* Rn. 20; *Richter* in Semler/Peltzer/Kubis Vorst HdB § 5 Rn. 24; *Fleischer* NZG 2003, 449 (451); *Schwark* ZHR 142 (1978), 203 (205).
[183] MHdB AG/*Wiesner* § 22 Rn. 18; Spindler/Stilz/*Fleischer* Rn. 37.
[184] *Richter* in Semler/Peltzer/Kubis Vorst HdB § 5 Rn. 25; *Schiessl* ZGR 1992, 64 (65); MHdB AG/*Wiesner* § 22 Rn. 19.
[185] *Schiessl* ZGR 1992, 64 (65); MHdB AG/*Wiesner* § 22 Rn. 19.
[186] Spindler/Stilz/*Fleischer* Rn. 38; *Richter* in Semler/Peltzer/Kubis Vorst HdB § 5 Rn. 25.

sigkeit einer Spartenorganisation ist allgemein anerkannt.[187] Voraussetzung ist, dass die Gestaltungsgrenzen beachtet werden. Insbesondere muss sichergestellt sein, dass die Gesamtleitung dem Vorstand als Kollegialorgan vorbehalten bleibt und Leitungsentscheidungen nicht von den einzelnen Geschäftsbereichsleitern getroffen werden.[188]

Eine Fortentwicklung der Spartenorganisation stellt das System einer sog. **„virtuellen Holding"** dar, bei dem die verschiedenen Unternehmensbereiche jeweils von sog. **Bereichsvorständen** geführt werden, denen zwar jeweils auch mindestens ein Vorstandsmitglied angehört, deren Mitglieder aber mehrheitlich leitende Angestellte der zweiten Führungsebene sind. Die operative Steuerung der Unternehmensbereiche erfolgt durch die Bereichsvorstände, während der Gesamtvorstand primär strategische Fragen verantwortet.[189] Auch insoweit ist sicherzustellen, dass Gestaltungsgrenzen einer Geschäftsverteilung beachtet werden, insbesondere die unternehmerische Leitungstätigkeit als solche nicht auf die Bereichsvorstände übertragen wird und eine Partizipation aller Vorstandsmitglieder an den dem Gesamtvorstand vorbehaltenen unternehmerischen Führungsaufgaben gewährleistet ist.[190] 40

c) Matrixorganisation. In der Praxis finden sich häufig Mischformen, die Elemente der Spartenorganisation mit funktionalen Organisationsstrukturen verknüpfen. Neben einer divisionalen Organisation nach einzelnen Unternehmenssparten bleiben beispielsweise meist einzelne funktionale Bereiche (Finanzen, Recht, Controlling, Personal) als Vorstandsressorts bestehen, deren Aufgabe es ist, den einzelnen Unternehmensbereichen verschiedene übergreifende fachbezogene Ressourcen zugänglich zu machen.[191] Möglich ist auch eine weitere Vernetzung durch regionale Zuständigkeitszuweisungen.[192] Der mit den Aufgaben- und Kompetenzüberschneidungen einhergehende erhöhte Abstimmungsbedarf zwischen den einzelnen Vorstandsmitgliedern birgt Konfliktpotential bei Geschäftsführungsmaßnahmen, die mehrere Vorstandsressorts betreffen.[193] 41

d) Vorstandsvorsitzender/Vorstandssprecher/CEO-Modell. Nach § 84 Abs. 2 kann der Aufsichtsrat bei einem mehrköpfigen Vorstand einen **Vorstandsvorsitzenden** bestellen. Eine umfassende Beschreibung der Rechtsstellung des Vorstandsvorsitzenden enthält das AktG nicht. Er ist im Grundsatz gleichberechtigtes Vorstandsmitglied wie jedes andere und nur mit den üblichen Organisations- und Repräsentationsrechten des Vorsitzenden eines Gremiums ausgestattet.[194] Zudem kommt ihm eine besondere Koordinations- und Überwachungsfunktion zu.[195] Durch die Satzung oder die Geschäftsordnung des Vorstands können ihm zwar das Recht zum Stichentscheid oder ein Vetorecht eingeräumt werden. Mit den Grundsätzen der Gesamtverantwortung und Gleichberechtigung der Vorstandsmitglieder wäre es jedoch nicht vereinbar, dem Vorstandsvorsitzenden Alleinentscheidungs- oder Weisungsbefugnisse gegenüber den übrigen Vorstandsmitgliedern oder eine Art Richtlinienkompetenz zuzugestehen.[196] Bestrebungen, die Rolle des Vorstandsvorsitzenden derjenigen eines **Chief Executive Officers** (CEO) US-amerikanischer Prägung anzunähern, sind dadurch Grenzen gesetzt.[197] Diese rechtlichen Schranken ändern indes nichts daran, dass dem Vorstandsvorsitzenden in der Rechtspraxis oft bereits aufgrund seiner Persönlichkeit eine herausgehobene Stellung zukommt. 42

Solange der Aufsichtsrat keinen Vorstandsvorsitzenden bestellt, liegt es im Rahmen der Geschäftsordnungskompetenz des Vorstands, einen **Vorstandssprecher** zu bestellen.[198] Die Aufgaben des 43

---

[187] *Schiessl* ZGR 1992, 64 ff.; GroßkommAktG/*Kort* Rn. 46; MüKoAktG/*Spindler* Rn. 64; Spindler/Stilz/*Fleischer* Rn. 38; MHdB AG/*Wiesner* § 22 Rn. 19; *Richter* in Semler/Peltzer/Kubis Vorst HdB § 5 Rn. 26; krit. *Karsten Schmidt* ZGR 1981, 455 (479 ff.).

[188] *Richter* in Semler/Peltzer/Kubis Vorst HdB § 5 Rn. 26; MüKoAktG/*Spindler* Rn. 64; MHdB AG/*Wiesner* § 22 Rn. 19.

[189] Vgl. MHdB AG/*Wiesner* § 22 Rn. 21; MüKoAktG/*Spindler* Rn. 66; *Götz* ZGR 2003, 1 (11).

[190] *Spindler* NZG 2003, 449 (452); MüKoAktG/*Spindler* Rn. 66; Schmidt/Lutter/*Seibt* Rn. 20; MHdB AG/*Wiesner* § 22 Rn. 21.

[191] *Schiessl* ZGR 192, 64 (65); GroßkommAktG/*Kort* § 76 Rn. 194; *Richter* in Semler/Peltzer/Kubis Vorst HdB § 5 Rn. 27 ff.

[192] *Richter* in Semler/Peltzer/Kubis Vorst HdB § 5 Rn. 29; Spindler/Stilz/*Fleischer* Rn. 39.

[193] Vgl. hierzu *Schiessl* ZGR 192, 64 (71).

[194] GroßkommAktG/*Kort* Rn. 50; *Bezzenberger* ZGR 1996, 661 (662 ff.); *Lutter/Krieger* Rechte und Pflichten § 7 Rn. 464.

[195] *Simons/Hanloser* AG 2010, 641 (644); vgl. auch Präambel DCGK: „Der Vorstandsvorsitzende koordiniert die Arbeit der Vorstandsmitglieder." (Abdruck des DCGK → § 161 Rn. 67).

[196] MüKoAktG/*Spindler* Rn. 67; Spindler/Stilz/*Fleischer* Rn. 42; Hüffer/*Koch* § 84 Rn. 29; GroßkommAktG/*Kort* Rn. 52; *Richter* in Semler/Peltzer/Kubis Vorst HdB § 5 Rn. 37 f.; *Wicke* NJW 2007, 3755 (3757); *Hoffmann-Becking* NZG 2003, 745 (748 f.).

[197] *v. Hein* ZHR 166 (2002), 464 (470); *Wicke* NJW 2007, 3755 (3757); *Richter* in Semler/Peltzer/Kubis Vorst HdB § 5 Rn. 36 ff.; Spindler/Stilz/*Fleischer* Rn. 42 f.; GroßkommAktG/*Kort* Rn. 52 ff.

[198] Hüffer/*Koch* § 84 Rn. 30; KK-AktG/*Mertens/Cahn* § 84 Rn. 100 ff.

Vorstandssprechers bestimmt der Vorstand durch die Geschäftsordnung. Eine Grenze möglicher Aufgaben besteht insoweit, als die Position des Sprechers ein Minus gegenüber der Position des Vorstandsvorsitzenden ist. Die Aufgaben der Überwachung und inhaltlichen Koordination fallen daher nicht in den Verantwortungsbereich des Vorstandssprechers. Typische Aufgaben des Vorstandssprechers sind die Sitzungsleitung und Repräsentation des Vorstands.[199] In der Praxis ist es oft eher eine Frage der Nomenklatur, ob ein Vorstandsvorsitzender oder ein Vorstandssprecher bestellt wird. Wenn eine weniger starke Heraushebung nach außen hin beabsichtigt ist, wird statt eines Vorstandsvorsitzenden dann ein Vorstandssprecher bestellt. Die Stellung im Unternehmen hängt letztlich in erster Linie von der Persönlichkeit ab. Ein starker „Sprecher" wird in der Praxis eine stärkere Position haben als ein schwacher „Vorsitzender".

44 **e) Vorstandsausschüsse.** Die Bildung von Vorstandsausschüssen, in denen bestimmte Geschäftsführungsfunktionen gebündelt werden (Sparten-, Lenkungs-, Forschungs- und Entwicklungsausschuss, Steering-Committee) ist zulässig, sofern hierdurch die zwingenden Zuständigkeiten des Gesamtvorstands und das Gebot der allgemeinen Gleichberechtigung der Vorstandsmitglieder (→ Rn. 30) nicht beeinträchtigt werden.[200] Ein Vorstandsauschuss darf daher keine dem Gesamtvorstand vorbehaltenen Leitungsaufgaben wahrnehmen.[201] Ferner muss gewährleistet bleiben, dass keine Minderheit von Ausschussmitgliedern die Mehrheit der übrigen Vorstandsmitglieder entgegen § 77 Abs. 2 S. 2 Hs. 2 (→ Rn. 15) beherrschen kann.[202]

45 **5. Formale Anforderungen an eine Geschäftsverteilung.** Einer bloß „faktischen Geschäftsverteilung" ohne Grundlage in der Satzung oder der Geschäftsordnung des Vorstands kommt eine haftungsbeschränkende Wirkung im Sinne einer Beschränkung des Sorgfaltsmaßstabs der nicht ressortzuständigen Vorstandsmitglieder auf eine Kontroll- und Überwachungspflicht nicht zu.[203]

VII. Geschäftsordnung (Abs. 2)

46 **1. Erlasskompetenzen.** Nach § 77 Abs. 2 kann sich der Vorstand eine Geschäftsordnung geben, wenn die Erlasszuständigkeit nicht durch die Satzung dem Aufsichtsrat übertragen wurde oder der Aufsichtsrat (ohne dahingehende Satzungsregelung) eine Geschäftsordnung für den Vorstand erlässt. Eine vom Vorstand (zuvor) selbst erlassene Geschäftsordnung tritt mit dem Beschluss des Aufsichtsrats automatisch außer Kraft.[204] Die primäre Regelungskompetenz in allen Fragen der rechtlichen Organisation der Vorstandsarbeit liegt damit beim **Aufsichtsrat.**[205] Diese Kompetenzzuweisung ist zwingend und kann nicht durch Satzungsbeschluss abbedungen werden.[206] Zulässig ist allerdings eine Satzungsregelung, wonach eine Geschäftsordnung entweder durch den Aufsichtsrat oder durch den Vorstand mit Zustimmung des Aufsichtsrats erlassen werden kann.[207] Auch der Aufsichtsrat kann bestimmen, dass eine vom Vorstand erlassene Geschäftsordnung seiner Zustimmung bedarf.[208] Besteht bereits eine vom Vorstand erlassene Geschäftsordnung, darf der Aufsichtsrat nicht lediglich einzelne Bestimmungen ändern. Aus Gründen der Rechtsklarheit muss er eine gänzlich neue Geschäftsordnung erlassen. Inhaltlich darf er sich dabei auf eine Übernahme und teilweise Ergänzung der bisherigen Regelungen beschränken.[209] Unzulässig ist auch der Erlass einer auf die punktuelle Regelung von Einzelfragen beschränkten Geschäftsordnung.[210] Eine Geschäftsordnung muss zwar

---

[199] GroßkommAktG/*Kort* Rn. 57; MHdB AG/*Wiesner* § 24 Rn. 5; *Hoffmann-Becking* NZG 2003, 745 (748).

[200] MüKoAktG/*Spindler* Rn. 69; GroßkommAktG/*Kort* Rn. 43; Schmidt/Lutter/*Seibt* Rn. 16; *Hoffmann-Becking* ZGR 1998, 497 (514 f.); *Schiessl* ZGR 1992, 64 (77 ff.).

[201] GroßkommAktG/*Kort* Rn. 43.

[202] GroßkommAktG/*Kort* Rn. 43; Spindler/Stilz/*Fleischer* Rn. 41.

[203] OLG Koblenz NZG 1998, 953 (954) zur GmbH; *Peters* GmbHR 2008, 682 (684 f.); Spindler/Stilz/*Fleischer* Rn. 57 f.; Krieger/Schneider/*Vetter* HdB Managerhaftung § 17 Rn. 31; zur steuerrechtlichen Verantwortlichkeit des GmbH-Geschäftsführers vgl. BFHE 141, 443 = DB 1984, 1992 f.; BFHE 146, 23 = BB 1986, 865; BFHE 1986, 132 = BB 1998, 1934 (1935 ff.); aA wohl MüKoAktG/*Spindler* Rn. 42.

[204] MüKoAktG/*Spindler* Rn. 44; Schmidt/Lutter/*Seibt* Rn. 26; Hüffer/*Koch* Rn. 22; Begr. RegE *Kropff* Textausgabe, 1965, 99; *Hoffmann-Becking* ZGR 1998, 497 (501).

[205] Hüffer/*Koch* Rn. 19; Spindler/Stilz/*Fleischer* Rn. 63; GroßkommAktG/*Kort* Rn. 65; *Hoffmann-Becking* ZGR 1998, 497 (501).

[206] GroßkommAktG/*Kort* Rn. 66; Hüffer/*Koch* Rn. 19; KK-AktG/*Mertens/Cahn* Rn. 59; Spindler/Stilz/*Fleischer* Rn. 65; MHdB AG/*Wiesner* § 22 Rn. 30.

[207] Hüffer/*Koch* Rn. 19; GroßkommAktG/*Kort* Rn. 66; MHdB AG/*Wiesner* § 22 Rn. 30.

[208] GroßkommAktG/*Kort* Rn. 66; Spindler/Stilz/*Fleischer* Rn. 65.

[209] Begr. RegE *Kropff* Textausgabe, 1965, 99; Hüffer/*Koch* Rn. 22; KK-AktG/*Mertens/Cahn* Rn. 60; Spindler/Stilz/*Fleischer* Rn. 64; MHdB AG/*Wiesner* § 22 Rn. 31; aA Schmidt/Lutter/*Seibt* Rn. 27.

[210] GroßkommAktG/*Kort* Rn. 66; Spindler/Stilz/*Fleischer* Rn. 65; *Richter* in Semler/Peltzer/Kubis Vorst HdB § 5 Rn. 42.

nicht alle denkbaren Fragen der Geschäftsführung in allen Einzelheiten regeln. Es muss jedoch zumindest ein Gesamtkonzept im Hinblick auf Fragen der Geschäftsführung und Geschäftsverteilung erkennbar sein. Zulässig ist es, wenn der Aufsichtsrat eine Art Rahmengeschäftsordnung vorgibt und die Konkretisierung einzelner Fragen dem Vorstand überlässt.[211] In diesem Fall dürfte es für die Praxis empfehlenswert sein, dass der Vorstand die ergänzenden Regelungen vom Aufsichtsrat billigen lässt.[212]

Sofern der Aufsichtsrat von seiner Erlasskompetenz (noch) keinen Gebrauch gemacht hat und der Erlass auch nicht durch die Satzung dem Aufsichtsrat zugewiesen ist, kann sich der **Vorstand** nach § 77 Abs. 2 S. 1 Hs. 1 selbst eine Geschäftsordnung geben. Der Beschluss über die Geschäftsordnung muss einstimmig erfolgen (§ 77 Abs. 2 S. 3). Dies gilt auch für spätere Änderungen der Geschäftsordnung.[213] Das Einstimmigkeitserfordernis ist zwingend und kann weder durch Satzungsbeschluss noch durch Beschluss des Aufsichtsrats aufgehoben werden.[214] Insbesondere, wenn einzelne Vorstandsmitglieder in ihren Befugnissen beschränkt oder – umgekehrt – einzelnen Vorstandsmitgliedern eine besonders starke Position eingeräumt werden soll, ist eine vom Vorstand selbst erlassene Geschäftsordnung daher in der Regel nicht zielführend.[215] Von der von ihm selbst erlassenen Geschäftsordnung kann der Vorstand im Einzelfall mit Einverständnis aller Mitglieder abweichen, ohne dass darin zugleich eine konkludente Änderung der Geschäftsordnung zu sehen sein muss.[216] Eine Veränderung der personellen Zusammensetzung des Vorstands ist ohne Einfluss auf eine bestehende Geschäftsordnung. Eine ausdrückliche oder konkludente Zustimmung neu hinzutretender Mitglieder ist nicht erforderlich.[217] Aus der organschaftlichen Treuepflicht der Vorstandsmitglieder kann jedoch eine Verpflichtung resultieren, an einer erforderlichen Anpassung der Geschäftsordnung mitzuwirken. 47

Nach § 77 Abs. 2 S. 2 kann auch die **Satzung** Einzelfragen der Geschäftsordnung bindend regeln. In der Satzung können daher beispielsweise Bestimmungen über die Geschäftsverteilung, die Bildung von Ausschüssen oder die Beschlussfassung im Vorstand getroffen werden. Aus dem Gesetzeswortlaut („Einzelfragen") und dem Selbstorganisationsrecht der Verwaltung ergibt sich jedoch insoweit eine Begrenzung, als die Grundkompetenz von Vorstand und Aufsichtsrat zur Gestaltung der Geschäftsordnung nicht ausgeschaltet werden darf. Eine fast vollständige Vorwegnahme des Inhalts der Geschäftsordnung durch die Satzung ist daher nicht zulässig.[218] 48

2. Inhalt. Inhalt der Geschäftsordnung können nur dispositive Regelungen zur **Binnenorganisation und Geschäftsverteilung** innerhalb des Vorstands sein. Durch die Geschäftsordnung können keine von der gesetzlichen Zuständigkeitsordnung abweichenden Regelungen getroffen, insbesondere nicht der Aufgabenbereich des Vorstands erweitert werden.[219] Innerhalb dieses durch die Regelungen in §§ 76 ff. vorgegebenen Rahmens ist die Geschäftsordnung frei gestaltbar und unterliegt keiner richterlichen Inhaltskontrolle.[220] Regelmäßig werden in der Geschäftsordnung Regelungen über die Form der Willensbildung und Beschlussfassung (Termine, Einberufung und Leitung der Sitzungen, Beschlussfähigkeit und Abstimmungsmodalitäten, Beschlussniederschrift, Protokollführung), den Informationsaustausch unter den Vorstandsmitgliedern, die Bildung und Besetzung von Vorstandsausschüssen sowie über die Geschäftsverteilung getroffen.[221] Eine vom Aufsichtsrat erlassene Geschäftsordnung enthält darüber hinaus üblicherweise einen Katalog der nach § 111 Abs. 4 S. 2 zustimmungspflichtigen Rechtsgeschäfte.[222] – Zweifel über die Reichweite oder Auslegung einer Geschäftsordnungsbestimmung sind durch **objektive Auslegung,** im Streitfall während einer Vorstandssitzung durch – vorbehaltlich einer gerichtlichen Nachprüfung – bindende Entscheidung des 49

[211] *Richter* in Semler/Peltzer/Kubis Vorst HdB § 5 Rn. 42; Spindler/Stilz/*Fleischer* Rn. 65; *Hoffmann-Becking* ZGR 1998, 497 (504).
[212] *Langer/Peters* BB 2012, 2575 (2577); *Hoffmann-Becking* ZGR 1998, 497 (504).
[213] Hüffer/*Koch* Rn. 22; Spindler/Stilz/*Fleischer* Rn. 66; KK-AktG/*Mertens/Cahn* Rn. 58 f.
[214] GroßkommAktG/*Kort* Rn. 73; MüKoAktG/*Spindler* Rn. 39.
[215] *Langer/Peters* BB 2012, 2575 (2577).
[216] MüKoAktG/*Spindler* Rn. 41; Spindler/Stilz/*Fleischer* Rn. 66.
[217] KK-AktG/*Mertens/Cahn* Rn. 65; MHdB AG/*Wiesner* § 22 Rn. 31; Hüffer/*Koch* Rn. 22; *Hoffmann-Becking* ZGR 1998, 497 (500).
[218] *Hoffmann-Becking* ZGR 1998, 497 (505); KK-AktG/*Mertens/Cahn* Rn. 61; GroßkommAktG/*Kort* Rn. 72; MüKoAktG/*Spindler* Rn. 49; Spindler/Stilz/*Fleischer* Rn. 67; Hüffer/*Koch* Rn. 20.
[219] GroßkommAktG/*Kort* Rn. 80; MüKoAktG/*Spindler* Rn. 34; Schmidt/Lutter/*Seibt* Rn. 24.
[220] Hüffer/*Koch* Rn. 21; Schmidt/Lutter/*Seibt* Rn. 24; MüKoAktG/*Spindler* Rn. 36; GroßkommAktG/*Kort* Rn. 80.
[221] Spindler/Stilz/*Fleischer* Rn. 61.
[222] MHdB AG/*Wiesner* § 22 Rn. 29.

Vorstandsvorsitzenden zu lösen.[223] Regelungen, die von der Erlasskompetenz des § 77 Abs. 2 nicht gedeckt sind, da sie beispielsweise in unzulässiger Weise materielle Regelungen treffen, sind nichtig. Analog zu den für Aufsichtsratsmitglieder anerkannten Grundsätzen,[224] können einzelne Vorstandsmitglieder die Unwirksamkeit eines Beschlusses über die Geschäftsordnung im Wege einer gegen die Gesellschaft gerichteten allgemeinen Feststellungsklage nach § 256 ZPO geltend machen. Die Gesellschaft wird dabei gemäß § 112 durch den Aufsichtsrat vertreten.[225]

50 **3. Form.** Die Geschäftsordnung ist schriftlich oder in Textform (§ 126b BGB) niederzulegen. Das Schriftformerfordernis nach § 126 BGB, also eine eigenhändige Unterschrift, braucht nicht gewahrt zu werden.[226] Die vom Vorstand erlassene Geschäftsordnung muss nicht in einem zusammenhängenden Regelwerk bestehen. Sie kann sich auch aus einzelnen Beschlüssen zusammensetzen, die ohne äußeren Zusammenhang als Geschäftsordnungsregelungen abgrenzbar sind.[227] Zweckmäßig ist dies allerdings nicht.

51 Eine vom Aufsichtsrat erlassene Geschäftsordnung muss den Erfordernissen der §§ 108 Abs. 1, 107 Abs. 2 S. 1 entsprechen. Der Beschluss über die Geschäftsordnung ist demgemäß in eine vom Vorsitzenden zu unterzeichnende Sitzungsniederschrift aufzunehmen. Die Niederschrift hat als bloße Beweisurkunde nach § 107 Abs. 2 S. 3 jedoch keine Auswirkungen auf die Wirksamkeit des Beschlusses.[228]

52 **4. Mitbestimmte Gesellschaften.** In § 33 Abs. 2 S. 2 MitbestG und § 13 Abs. 2 S. 2 Montan-MitbestG wird der Erlass einer Geschäftsordnung zwar als praktischer Regelfall vorausgesetzt. Eine rechtliche Pflicht zum Erlass einer Geschäftsordnung besteht indes auch in mitbestimmten Gesellschaften nicht.[229] Wird eine Geschäftsordnung erlassen, muss im Rahmen der Geschäftsverteilung die zwingende **Zuständigkeit des Arbeitsdirektors** für den Kernbereichs Arbeit und Soziales beachtet werden.[230] Besteht keine Geschäftsordnungsregelung, bleibt es bei dem gesetzlichen Einstimmigkeitsprinzip (§ 77 Abs. 1 S. 1) unter Einschluss des Arbeitsdirektors.[231]

§ 78 Vertretung

(1) [1]Der Vorstand vertritt die Gesellschaft gerichtlich und außergerichtlich. [2]Hat eine Gesellschaft keinen Vorstand (Führungslosigkeit), wird die Gesellschaft für den Fall, dass ihr gegenüber Willenserklärungen abgegeben oder Schriftstücke zugestellt werden, durch den Aufsichtsrat vertreten.

(2) [1]Besteht der Vorstand aus mehreren Personen, so sind, wenn die Satzung nichts anderes bestimmt, sämtliche Vorstandsmitglieder nur gemeinschaftlich zur Vertretung der Gesellschaft befugt. [2]Ist eine Willenserklärung gegenüber der Gesellschaft abzugeben, so genügt die Abgabe gegenüber einem Vorstandsmitglied oder im Fall des Absatzes 1 Satz 2 gegenüber einem Aufsichtsratsmitglied. [3]An die Vertreter der Gesellschaft nach Absatz 1 können unter der im Handelsregister eingetragenen Geschäftsanschrift Willenserklärungen gegenüber der Gesellschaft abgegeben und Schriftstücke für die Gesellschaft zugestellt werden. [4]Unabhängig hiervon können die Abgabe und die Zustellung auch unter der eingetragenen Anschrift der empfangsberechtigten Person nach § 39 Abs. 1 Satz 2 erfolgen.

(3) [1]Die Satzung kann auch bestimmen, daß einzelne Vorstandsmitglieder allein oder in Gemeinschaft mit einem Prokuristen zur Vertretung der Gesellschaft befugt sind. [2]Dasselbe kann der Aufsichtsrat bestimmen, wenn die Satzung ihn hierzu ermächtigt hat. [3]Absatz 2 Satz 2 gilt in diesen Fällen sinngemäß.

(4) [1]Zur Gesamtvertretung befugte Vorstandsmitglieder können einzelne von ihnen zur Vornahme bestimmter Geschäfte oder bestimmter Arten von Geschäften ermächtigen. [2]Dies gilt sinngemäß, wenn ein einzelnes Vorstandsmitglied in Gemeinschaft mit einem Prokuristen zur Vertretung der Gesellschaft befugt ist.

---

[223] MüKoAktG/*Spindler* Rn. 36; Spindler/Stilz/*Fleischer* Rn. 61.

[224] Vgl. hierzu BGHZ 122, 342 (347); 124, 111 (115); 135, 244 (247); *Lutter/Krieger/Verse* Rechte und Pflichten § 12 Rn. 823 ff.; *Hüffer* ZGR 2001, 833 (869 ff.).

[225] *Hüffer* ZGR 2001, 833 (871); MüKoAktG/*Hüffer* § 241 Rn. 98.

[226] MüKoAktG/*Spindler* Rn. 51; *Hüffer* Rn. 21; Schmidt/Lutter/*Seibt* Rn. 28; KK-AktG/*Mertens/Cahn* Rn. 56.

[227] KK-AktG/*Mertens/Cahn* Rn. 56.

[228] Hüffer/*Koch* § 107 Rn. 15; GroßkommAktG/*Kort* Rn. 79.

[229] Hüffer/*Koch* Rn. 23; MüKoAktG/*Spindler* Rn. 53; GroßkommAktG/*Kort* Rn. 94; aA UHH/*Ulmer/Habersack/Henssler* MitbestG § 33 Rn. 44.

[230] *Hoffmann-Becking* ZGR 1998, 497 (505 f.); Hüffer/*Koch* Rn. 23; KK-AktG/*Mertens/Cahn* Rn. 66.

[231] Hüffer/*Koch* Rn. 23; MüKoAktG/*Spindler* Rn. 53; Spindler/Stilz/*Fleischer* Rn. 71.

Schrifttum: *Beuthien,* Haftung bei gesetzlichen Schuldverhältnissen einer Vorgesellschaft, BB 1996, 1337; *Cramer,* Die Bestellung von Vorstandsmitgliedern zu Geschäftsführern einer Tochter-GmbH, NZG 2012, 765; *Crezelius,* Die Stellung der Vertretungsorgane in § 32 MitbestG, ZGR 1980, 359; *Drexl,* Wissenszurechnung im Konzern, ZHR 161 (1997), 491; *Eichler,* Beschränkung der Vertretungsmacht des Vorstands durch § 32 MitbestG?, BB 1977, 1064; *Faßbender/Neuhaus,* Zum aktuellen Stand der Diskussion in der Frage der Wissenszurechnung, WM 2002, 1253; *Köhl,* Der Prokurist in der unechten Gesamtvertretung, NZG 2005, 197; *Leuering,* Die Vertretung der Aktiengesellschaft durch Aufsichtsrat und Hauptversammlung, FS Kollhosser, 2004, 361; *Pluskat/Baßler,* Die Vereinbarkeit der Selbstbestellung von Vorständen zu Geschäftsführern der Tochter-GmbH mit § 112 AktG, Der Konzern 2006, 403; *Schwarz,* Rechtsfragen der Vorstandsermächtigung nach § 78 Abs. 4 AktG, ZGR 2001, 529; *ders.,* Die Gesamtvertretungsermächtigung – Ein zivil- und gesellschaftsrechtliches Rechtsinstrument, NZG 2001, 529; *ders.,* Vertretungsregelungen durch den Aufsichtsrat (§ 78 Abs. 3 S. 2 AktG) und durch Vorstandsmitglieder (§ 78 Abs. 4 S. 1 AktG), ZHR 166 (2002), 625; *Seibert,* GmbH-Reform: Der Referentenentwurf eines Gesetzes zur Modernisierung des GmbH-Rechts und zur Bekämpfung von Missbräuchen – MoMiG, ZIP 2006, 1157; *Steffek,* Zustellungen und Zugang von Willenserklärungen nach dem Regierungsentwurf zum MoMiG – Inhalt und Bedeutung der Änderungen für GmbHs, AGs und ausländische Kapitalgesellschaften, BB 2007, 2077; *Stein,* Die Grenzen vollmachtloser Vertretung der Gesellschaft gegenüber Vorstandsmitgliedern und Geschäftsführern, AG 1999, 28; *Werner,* Vertretung der Aktiengesellschaft gegenüber Vorstandsmitgliedern, ZGR 1989, 369.

Übersicht

I. Allgemeines

Regelungsgegenstand des § 78 ist die umfassende **organschaftliche Vertretung** der Gesellschaft 1
durch den Vorstand im Außenverhältnis als Teilbereich der Leitungskompetenz des Vorstands.[1] Bei einem mehrköpfigen Vorstand gilt für die Aktivvertretung entsprechend dem Prinzip der Gesamtgeschäftsführung (§ 77 Abs. 1) nach § 78 Abs. 2 S. 1 der Grundsatz der **Gesamtvertretung.** Nach § 78 Abs. 3 sind abweichende Regelungen durch Satzung oder Aufsichtsrat zulässig. Darüber hinaus können die zur Gesamtvertretung berechtigten Vorstandsmitglieder einzelnen Vorstandsmitgliedern Einzelermächtigung zur Vornahme bestimmter Geschäfte oder bestimmter Arten von Geschäften erteilen (§ 78 Abs. 4). Für die **Passivvertretung** der Gesellschaft besteht nach § 78 Abs. 2 S. 2 zwingend Einzelvertretungsbefugnis.

Durch das **MoMiG** vom 23.10.2008 (BGBl. I S. 2026) wurden die Regelungen zur Passivvertre- 2
tung der Gesellschaft für den Fall der Führungslosigkeit geändert sowie weitere gläubigerschützende Neuregelungen zum Zugang von Willenserklärungen sowie zur Zustellung von Schriftstücken an

[1] Begr. RegE *Kropff* Textausgabe, 1965, 100; GroßkommAktG/*Habersack/Foerster* Rn. 1; Hüffer/*Koch* Rn. 1.

die Gesellschaft eingefügt. Aufgrund der Neuregelung in § 78 Abs. 1 S. 2 geht die passive Vertretungsbefugnis bei **Führungslosigkeit** der Aktiengesellschaft auf den Aufsichtsrat über. Ziel ist es, gezielten Abberufungen des Vorstands zum Zweck der Vereitelung des Zugangs von Zustellungen und Erklärungen an die Gesellschaft entgegenzuwirken.[2] Durch § 78 Abs. 2 S. 2 Hs. 2 wird klargestellt, dass insoweit auch für die Aufsichtsratsmitglieder passive Einzelvertretungsbefugnis gilt. Die Erreichbarkeit der gesetzlichen Vertreter der Gesellschaft unter der im Handelsregister eingetragenen Anschrift wird nach § 78 Abs. 2 S. 3 unwiderleglich vermutet.[3]

II. Vorstand als Vertretungsorgan

3 **1. Organschaftliche Vertretung. a) Vorstand als Handlungsorgan.** Die Aktiengesellschaft ist als juristische Person (§ 1 Abs. 1) selbst nicht handlungsfähig, sondern bedarf dazu ihrer Organe.[4] Nach § 78 Abs. 1 S. 1 vertritt der Vorstand die Gesellschaft gerichtlich und außergerichtlich und ermöglicht ihr so die Teilnahme am Rechtsverkehr.[5] Der Vorstand wird dabei als organschaftlicher Vertreter der Gesellschaft tätig, dessen Handeln der Gesellschaft als ihr eigenes Handeln zugerechnet wird **(Organtheorie).**[6] Entsprechend § 26 Abs. 2 S. 1 Hs. 2 BGB hat der Vorstand die Stellung eines gesetzlichen Vertreters.[7] Die Ausübung der dem Vorstand als Organ zugewiesenen Vertretungsmacht liegt in den Händen der Vorstandsmitglieder, denen die Vertretungsmacht mit Vollzug der Bestellung zufällt. Dies gilt auch dann, wenn diese fehlerhaft war.[8] Von der Vertretungsmacht des Vorstands, dh seiner Fähigkeit, Handlungen mit Rechtswirkung für die Gesellschaft vornehmen zu können, ist das rechtliches Dürfen des Vorstands im Innenverhältnis zu trennen, welches die Vertretungsmacht grundsätzlich unberührt lässt, aber insbesondere unter haftungsrechtlichen Gesichtspunkten relevant ist.

4 **b) Außergerichtliche Vertretung.** Die außergerichtliche Vertretung der Gesellschaft durch den Vorstand umfasst den gesamten Privatrechtsverkehr sowie die Vertretung gegenüber Behörden.[9] Auch körperschaftsrechtliche Akte gegenüber Aktionären, wie die Einforderung ausstehende Einlagen (§ 63 Abs. 1), die Erteilung der Zustimmung zur Übertragung vinkulierter Namensaktien nach § 68 Abs. 2 S. 2 oder die Einladung zur Hauptversammlung (§ 121 Abs. 2 S. 1) gehören zu den außergerichtlichen Vertretungshandlungen des Vorstands.[10] Maßnahmen der organinternen Willensbildung sowie gesellschaftsinterne Mitwirkungshandlungen zielen dagegen nicht auf ein Handeln der Gesellschaft und sind daher von § 78 nicht umfasst.[11] Entsprechendes gilt für die Wahrnehmung der Beziehungen zwischen den Gesellschaftsorganen, wie etwa die Berichtspflicht nach § 90.[12]

5 **c) Gerichtliche Vertretung.** Als juristische Person ist die Aktiengesellschaft parteifähig (§ 50 Abs. 1 ZPO) und auf Grundlage der Organtheorie auch prozessfähig (§ 51 Abs. 1 ZPO).[13] Die gerichtliche Vertretung der Aktiengesellschaft obliegt nach § 78 Abs. 1 S. 1 grundsätzlich dem Vorstand (zu Ausnahmen → Rn. 6). In diesen Fällen gehört die Bezeichnung der Vorstandsmitglieder zur **Parteibezeichnung** in Schriftsätzen und Urteilen (§§ 130 Nr. 1, 253 Abs. 4, 313 Abs. 1 Nr. 1 ZPO). Führt die fehlende namentliche Nennung der Vorstandsmitglieder in einer gegen die Gesellschaft erhobenen Klage dazu, dass es nicht zu einer „demnächstigen" Klagezustellung kommt, so tritt die Wirkung des § 167 ZPO nicht ein.[14] Zustellungen sind an den Vorstand als Zustellungsadressaten zu bewirken (§ 170 Abs. 1 S. 1 ZPO), wobei bei einem mehrköpfigen Vorstand auch bei

[2] Begr. RegE, BT-Drs. 354/07, 96; Spindler/Stilz/*Fleischer* Rn. 22; *Seibert* ZIP 2006, 1157.

[3] Begr. RegE, BT-Drs. 354/07, 97.

[4] HFJ/*Frodermann/Jannot* HdB AktR 325; *Kort* in Fleischer HdB VorstandsR § 2 Rn. 9.

[5] BGHZ 99, 298 (302) = NJW 1987, 681 ff.; Spindler/Stilz/*Fleischer* Rn. 4; GroßkommAktG/*Habersack/Foerster* Rn. 14.

[6] Hüffer/*Koch* Rn. 3; MüKoAktG/*Spindler* Rn. 5; *Richter* in Semler/Peltzer/Kubis Vorst HdB § 6 Rn. 1; MHdB AG/*Wiesner* § 23 Rn. 1.

[7] Spindler/Stilz/*Fleischer* Rn. 4; Hüffer/*Koch* Rn. 3; *Kort* in Fleischer HdB VorstandsR § 2 Rn. 30; *Beuthien* NJW 1999, 1142 (1145).

[8] BGHZ 64, 72 (75) = NJW 1975, 1117; GroßkommAktG/*Habersack/Foerster* Rn. 14; MHdB AG/*Wiesner* § 23 Rn. 1; Hüffer/*Koch* Rn. 3.

[9] Schmidt/Lutter/*Seibt* Rn. 3.

[10] MHdB AG/*Wiesner* § 23 Rn. 3; MüKoAktG/*Spindler* Rn. 6; *Kort* in Fleischer HdB VorstandsR § 2 Rn. 35.

[11] GroßkommAktG/*Habersack/Foerster* Rn. 14; KK-AktG/*Mertens/Cahn* Rn. 6; Spindler/Stilz/*Fleischer* Rn. 4; MHdB AG/*Wiesner* § 23 Rn. 3.

[12] MHdBAG/*Wiesner* § 23 Rn. 3.

[13] Ebenso BGH NJW 1965, 1666; 1984, 668; Hüffer/*Koch* Rn. 4; GroßkommAktG/*Habersack/Foerster* Rn. 27; *Kort* in Fleischer HdB VorstandsR § 2 Rn. 31; aA zur Prozessfähigkeit BGH NJW 1993, 1654 f.; MüKoAktG/*Spindler* Rn. 13.

[14] KK-AktG/*Mertens/Cahn* Rn. 24; MüKoAktG/*Spindler* Rn. 14.

Gesamtvertretung die Zustellung an ein Vorstandsmitglied genügt (§ 170 Abs. 3 ZPO).[15] Nach § 455 Abs. 1 ZPO können die Mitglieder des Vertretungsorgans, auch soweit sie an der Prozessführung nicht beteiligt sind, nicht als Zeugen auftreten, sondern nur als Partei vernommen werden.[16] Bei einem mehrköpfigen Vorstand bestimmt das Gericht nach Lage des Falles, ob nur einzelne oder alle Vorstandsmitglieder als Partei zu vernehmen sind (§ 449 ZPO iVm § 455 Abs. 1 S. 2 ZPO).[17] Die Mitglieder des nicht zur Vertretung berufenen Organs (dh im Regelfall die Aufsichtsratsmitglieder) sind dagegen als Zeugen zu hören.[18] Wird die Gesellschaft ausnahmsweise nach § 112 durch den Aufsichtsrat vertreten, können daher auch die Vorstandsmitglieder als Zeugen vernommen werden.[19] Auch bei Vertretung der Gesellschaft durch den Insolvenzverwalter sowie in den Fällen, in denen nach § 147 Abs. 2 S. 1 oder S. 2 ein besonderer Vertreter für die Aktiengesellschaft bestellt ist, stehen die Vorstandsmitglieder als Zeugen zur Verfügung.[20] Die Abgabe eidesstattlicher Versicherungen in der Zwangsvollstreckung nach §§ 807, 883 Abs. 2, 899 ff. ZPO hat grundsätzlich durch sämtliche dem Vertretungsorgan zum Zeitpunkt des Offenbarungstermins angehörende Mitglieder zu erfolgen.[21] Diese Verpflichtung lässt sich nicht durch eine gezielte Amtsniederlegung umgehen.[22]

Abweichend vom gesetzlichen Regelfall ist der Vorstand in einigen **Sonderfällen** von der 6
gerichtlichen Vertretung der Gesellschaft ausgeschlossen. Dies betrifft insbesondere Rechtsstreitigkeiten der Gesellschaft mit Vorstandsmitgliedern, bei denen die Gesellschaft nach § 112 durch den Aufsichtsrat als Organ vertreten wird,[23] sowie die Fälle, in denen ein besonderer Vertreter nach § 147 Abs. 2 S. 1 oder S. 2 zur Geltendmachung von Ersatzansprüchen der Gesellschaft bestellt worden ist.[24] Bei fehlerhafter Vertretung (etwa Vertretung durch den Vorstand anstatt durch den nach § 112 zuständigen Aufsichtsrat) kommt eine Heilung des Vertretungsmangels durch Genehmigung der bisherigen Prozessführung durch den gesetzlichen Vertreter und Eintritt des gesetzlichen Vertreters in den Prozess in Betracht.[25] Weitere Sonderregelungen gelten bei Insolvenz und Abwicklung (→ Rn. 12; → § 264 Rn. 5 ff.; → § 269 Rn. 2 ff.). Bei bestimmten gegen die Gesellschaft gerichteten Klagen sind Vorstand und Aufsichtsrat zudem nur gemeinsam zur Vertretung der Gesellschaft berufen **(Doppelvertretung).** Dies gilt etwa für Anfechtungs- und Nichtigkeitsklagen gegen Hauptversammlungsbeschlüsse (§§ 246 Abs. 2, 249 Abs. 1, 250 Abs. 3, 253, 254 Abs. 2, 255 Abs. 3) und gegen die Feststellung des Jahresabschlusses (§§ 256 Abs. 7, 257 Abs. 2, 246 Abs. 2 S. 2) sowie bei Klagen auf Nichtigerklärung (§§ 246 Abs. 2 S. 2, 275 Abs. 4). In diesen Fällen müssen beide Organe gemeinsam handeln, insbesondere muss der Prozessbevollmächtigte von beiden Organen beauftragt werden.[26] Zustellungen müssen an je ein Mitglied des Vorstands und des Aufsichtsrats bewirkt werden, da § 170 Abs. 3 ZPO nicht im Verhältnis der Organe zueinander gilt.[27] Klagt der Vorstand oder ein Vorstandsmitglied, wird die Gesellschaft (auch gegenüber ausgeschiedenen Vorstandsmitgliedern[28] allein durch den Aufsichtsrat vertreten,[29] klagt ein Aufsichtsratsmitglied, wird sie durch den Vorstand vertreten (§ 246 Abs. 2 S. 3). Sind keine Vorstandsmitglieder zur Prozessvertretung der Gesellschaft vorhanden, kann das Prozessgericht nach § 57 Abs. 1 ZPO bei Gefahr im Verzug einen besonderen Vertreter bestellen (→ § 85 Rn. 4; zur Passivvertretung → Rn. 24 ff.).

2. Umfang und Grenzen der Vertretungsmacht. a) Grundsatz der unbeschränkten Vertretungsmacht. Nach §§ 78 Abs. 1 S. 1, 82 Abs. 1 ist die Vertretungsmacht des Vorstands grundsätzlich unbeschränkt und unbeschränkbar. Beschränkungen lassen sich insbesondere weder aus dem 7

[15] MüKoAktG/*Spindler* Rn. 14; Spindler/Stilz/*Fleischer* Rn. 7; Hüffer/*Koch* Rn. 4.

[16] RGZ 46, 318 (319); GroßkommAktG/*Habersack/Foerster* Rn. 29; Spindler/Stilz/*Fleischer* Rn. 7; Hüffer/*Koch* Rn. 4.

[17] MüKoAktG/*Spindler* Rn. 15; *Kort* in Fleischer HdB VorstandsR § 2 Rn. 31; *Hüffer* Rn. 4.

[18] GroßkommAktG/*Habersack/Foerster* Rn. 29.

[19] MüKoAktG/*Spindler* Rn. 15.

[20] MüKoAktG/*Spindler* Rn. 15.

[21] OLG Hamm WM 1984, 1343; GroßkommAktG/*Habersack/Foerster* Rn. 29; Hüffer/*Koch* Rn. 4; *Kort* in Fleischer HdB VorstandsR § 2 Rn. 31; aA OLG Frankfurt Rpfleger 1976, 27.

[22] OLG Hamm OLGZ 1985, 227 (228); OLG Stuttgart ZIP 1984, 113 (114); Spindler/Stilz/*Fleischer* Rn. 7; KK-AktG/*Mertens/Cahn* Rn. 22; Hüffer/*Koch* Rn. 4.

[23] BGH NZG 2013, 792.

[24] Hüffer/*Koch* Rn. 8b; Schmidt/Lutter/*Seibt* Rn. 3.

[25] BGH NZG 2009, 466; OLG Frankfurt AG 2011, 918.

[26] BGH NJW 1992, 2099; WM 1974, 713 (714); MüKoAktG/*Spindler* Rn. 17; MHdB AG/*Wiesner* § 23 Rn. 5.

[27] BGH NJW 1992, 2099; OLG Frankfurt AG 1984, 110; *Borsch* AG 2005, 606; Hüffer/*Koch* § 246 Rn. 32; MüKoAktG/*Spindler* Rn. 17; MHdBAG/*Wiesner* § 23 Rn. 5.

[28] BGH NZG 2009, 466; LG Frankfurt GWR 2010, 480.

[29] BGH WM 2009, 702 = ZIP 2009, 717.

Gesellschaftszweck noch aus dem Unternehmensgegenstand herleiten.[30] Die Vertretungsmacht des Vorstands ist auch nicht vom Umfang der Geschäftsführungsbefugnis des Vorstands abhängig.[31] **Gesetzliche Grenzen** der Vertretungsmacht ergeben sich aus allgemeinen zivilrechtlichen Grundsätzen sowie einigen aktien- und mitbestimmungsrechtlichen Sonderregelungen.

8 **b) Missbrauch der Vertretungsmacht.** Trotz vorhandener Vertretungsmacht tritt die Vertretungswirkung ausnahmsweise nicht ein, wenn ein Fall des Missbrauchs der Vertretungsmacht vorliegt (ausführlicher → § 82 Rn. 8 ff.). Ein solcher liegt insbesondere vor, wenn Vorstand und Vertragspartner bewusst zum Nachteil der Gesellschaft zusammenarbeiten **(Kollusion).** Das Rechtsgeschäft ist dann nach § 138 BGB nichtig.[32] Darüber hinaus kommt ein Entfall der Vertretungswirkungen nach § 242 BGB auch bei sonstigem evidenten Missbrauch der Vertretungsbefugnis in Betracht.[33]

9 **c) Insichgeschäfte.** § 181 BGB findet auch auf das Vorstandshandeln Anwendung, ist hier allerdings nur in der Variante des **Mehrvertretung** (§ 181 Alt. 2 BGB) relevant, da ein Selbstkontrahieren bereits nach § 112 ausgeschlossen ist.[34] Eine Ausnahme für den Alleinvorstand, der zugleich Alleinaktionär ist, existiert nicht.[35] Eine Mehrvertretung ist demnach nur zulässig, wenn das Vorstandsmitglied ausschließlich zur Erfüllung einer Verbindlichkeit handelt oder die Mehrvertretung dem Vorstandsmitglied gestattet ist. Die **Gestattung** kann entsprechend § 78 Abs. 3 S. 1 in der Satzung enthalten sein[36] oder vom Aufsichtsrat erteilt werden, der hierfür allerdings entsprechend § 78 Abs. 3 S. 2 einer Satzungsermächtigung bedarf.[37] Die in der Satzung vorgesehene Befreiung vom Mehrvertretungsverbot ist in das Handelsregister einzutragen.[38] Eine Gestattung der Mehrvertretung ohne Satzungsermächtigung durch einfachen Hauptversammlungsbeschluss nach § 119 Abs. 2 oder seitens des Alleinaktionärs ist ausgeschlossen.[39] Eine Umgehung des Verbots der Mehrvertretung durch Unterbevollmächtigung ist nicht möglich.[40] Vertritt ein Prokurist die Gesellschaft, liegt keine Untervertretung des Vorstands vor, so dass das Verbot des § 181 BGB nicht greift.[41] Bei einem mehrköpfigen Vorstand liegt keine Mehrvertretung vor, wenn ein Vorstandsmitglied im Namen eines Dritten mit der Gesellschaft, vertreten durch die übrigen Vorstandsmitglieder ein Rechtsgeschäft abschließt, sofern diese die Gesellschaft auch ohne das erstgenannte Mitglied wirksam vertreten können.[42] Demgegenüber ist der Tatbestand des § 181 BGB erfüllt, wenn die übrigen Vorstandsmitglieder nur gemeinschaftlich mit dem zugleich im Namen eines Dritten handelnden Vorstandsmitglieds vertretungsbefugt sind.[43] Kein Fall der Mehrvertretung liegt vor, wenn die Vorstandsmitglieder eines zweigliedrigen Vorstands eines der zur Gesamtvertretung berechtigten Vorstandsmitglieder nach § 78 Abs. 4 S. 1 zur Einzelvertretung ermächtigen und dieses im Namen der Gesellschaft mit dem für einen Dritten handelnden anderen Vorstandsmitglied kontrahiert.[44]

10 Ein gegen das Mehrvertretungsverbot verstoßendes Rechtsgeschäft ist als ein von einem Vertreter ohne Vertretungsmacht geschlossenes Rechtsgeschäft zunächst **schwebend unwirksam** (§§ 177 ff. BGB).[45] Es wird durch Genehmigung der Vertretenen, dh der Gesellschaft einerseits (vertreten

---

[30] Hüffer/*Koch* Rn. 5; MüKoAktG/*Spindler* Rn. 26; MHdBAG/*Wiesner* § 23 Rn. 2.

[31] *Kort* in Fleischer HdB VorstandsR § 2 Rn. 35; Hüffer/*Koch* Rn. 5; Schmidt/Lutter/*Seibt* Rn. 7.

[32] BGH NJW 1966, 1911; OLG Brandenburg BeckRS 2008, 10 814; MHdB AG/*Wiesner* § 23 Rn. 25; *Kort* in Fleischer HdB VorstandsR § 2 Rn. 43.

[33] BGHZ 83, 122 (132) = ZIP 1982, 568; Hüffer/*Koch* Rn. 9; MHdB AG/*Wiesner* § 23 Rn. 25.

[34] BGHZ 56, 97 (101) = NJW 1971, 1355; *Kort* in Fleischer HdB VorstandsR § 2 Rn. 40; Hüffer/*Koch* Rn. 6.

[35] Spindler/Stilz/*Fleischer* Rn. 12; Hüffer/*Koch* Rn. 6; KK-AktG/*Mertens/Cahn* Rn. 71 ff.; aA *Ekkenga* AG 1985, 40 (42).

[36] GroßkommAktG/*Habersack/Foerster* Rn. 25; Spindler/Stilz/*Fleischer* Rn. 12; Hüffer/*Koch* Rn. 7.

[37] Str., wie hier Hüffer/*Koch* Rn. 7; Schmidt/Lutter/*Seibt* Rn. 8; *Kort* in Fleischer HdB VorstandsR § 2 Rn. 40; *Richter* in Semler/Peltzer/Kubis Vorst HdB § 6 Rn. 46; sowie zur GmbH BGHZ 87, 59 (60); aA – Satzungsermächtigung nicht erforderlich – *Ekkenga* AG 1985, 40 (42); MHdB AG/*Wiesner* § 23 Rn. 7; GroßkommAktG/*Habersack/Foerster* Rn. 25.

[38] Spindler/Stilz/*Fleischer* Rn. 12; MHdB AG/*Wiesner* § 23 Rn. 7.

[39] Hüffer/*Koch* Rn. 7; Spindler/Stilz/*Fleischer* Rn. 12; *Kort* in Fleischer HdB VorstandsR § 2 Rn. 41.

[40] OLG Hamm NJW 1982, 1105; *Kort* in Fleischer HdB VorstandsR § 2 Rn. 42; KK-AktG/*Mertens/Cahn* Rn. 73.

[41] BGH WM 1984, 998.

[42] OLG Saarbrücken AG 2001, 483; MüKoAktG/*Spindler* Rn. 120; Schmidt/Lutter/*Seibt* Rn. 8.

[43] RGZ 89, 367 (373); MüKoAktG/*Spindler* Rn. 120; *Kort* in Fleischer HdB VorstandsR § 2 Rn. 42.

[44] BGHZ 64, 72 (75) = NJW 1975, 1117; *Kort* in Fleischer HdB VorstandsR § 2 Rn. 42; Schmidt/Lutter/*Seibt* Rn. 8; MüKoBGB/*Schubert* § 181 Rn. 23; aA GroßkommAktG/*Habersack/Foerster* Rn. 77; wohl auch Hüffer/*Koch* Rn. 6; offenlassend MüKoAktG/*Spindler* Rn. 121.

[45] BGHZ 65, 123 (126) = NJW 1976, 104; BGH NJW-RR 1994, 291 (292); MüKoAktG/*Spindler* Rn. 128; Schmidt/Lutter/*Seibt* Rn. 8.

durch den Aufsichtsrat, § 112) und des Dritten andererseits wirksam (allgemein zu den Rechtsfolgen fehlender Vertretungsmacht → Rn. 42).[46]

d) Aktien- und insolvenzrechtliche Sonderregelungen. Nach § 112 wird die Gesellschaft Vorstandsmitgliedern gegenüber durch den **Aufsichtsrat** vertreten, und zwar nicht nur gegenüber amtierenden, sondern auch gegenüber ausgeschiedenen und unwirksam bestellten Vorstandsmitgliedern.[47] Umstritten ist, ob § 112 auch in dem praxisrelevanten Fall der Bestellung von Vorstandsmitgliedern zu Geschäftsführern einer Tochter-GmbH Anwendung findet. Richtigerweise ist dies abzulehnen. Die AG wird in der Gesellschafterversammlung der Tochter-GmbH nach § 78 Abs. 1 S. 1 durch ihren Vorstand vertreten, wobei das betroffene Vorstandsmitglied – vorbehaltlich einer Befreiung von den Beschränkungen des § 181 Alt. 1 BGB – aufgrund des Interessenkonflikts von der Vertretung der AG ausgeschlossen ist (→ § 112 Rn. 8).[48] Bis zu einer höchstrichterlichen Klärung der Rechtsfrage empfiehlt sich für die Praxis eine vertragliche Zustimmung oder Genehmigung durch den Aufsichtsrat.[49] Der Aufsichtsrat vertritt die Gesellschaft hingegen bei der Erteilung des Prüfungsauftrags an den Abschlussprüfer (§ 111 Abs. 2 S. 3). Für verschiedene Maßnahmen sind **Vorstand und Aufsichtsrat gemeinsam** zur Vertretung der Gesellschaft berufen. Hierzu gehören neben den bereits erwähnten Fällen der gemeinsamen gerichtlichen Vertretung (→ Rn. 6) insbesondere die Anmeldung von Beschlüssen im Zusammenhang mit Kapitalmaßnahmen zur Eintragung in das Handelsregister durch den Vorstand und den Vorsitzenden des Aufsichtsrats (vgl. §§ 184 Abs. 1 S. 1, 188 Abs. 1, 195 Abs. 1, 207 Abs. 2, 223, 229 Abs. 3, 237 Abs. 4 S. 5). Andere Maßnahmen kann der Vorstand nur mit **Zustimmung des Aufsichtsrats** (vgl. §§ 114 Abs. 1, 204 Abs. 1 S. 2) **oder der Hauptversammlung** vornehmen. Zu letzteren gehören der Verzicht auf Ersatzansprüche (§§ 50 S. 1, 53 S. 1, 93 Abs. 4 S. 3, 116 S. 1, 117 Abs. 4, 309 Abs. 3 S. 1, 310 Abs. 4, 317 Abs. 4, 318 Abs. 4), die Nachgründung (§ 52 Abs. 1 S. 1), Gesamtvermögensgeschäfte (§ 179a Abs. 1 S. 1), sowie der Abschluss und die Änderung von Unternehmensverträgen (§§ 293 Abs. 1 S. 1, 295 Abs. 1 S. 1). Auch bei Maßnahmen nach dem UmwG ist eine wirksame Vertretung der Gesellschaft durch den Vorstand an die Zustimmung der Hauptversammlung gebunden (§§ 4, 13, 125, 176, 223 UmwG). 11

Nicht zu den Fällen, in denen der Vorstand zur wirksamen Vertretung der Gesellschaft der Zustimmung eines anderen Gesellschaftsorgans bedarf, zählen die ungeschriebenen Hauptversammlungszuständigkeiten (Holmüller-/Gelatine-Doktrin, → § 76 Rn. 39 ff.) sowie Zustimmungsvorbehalte des Aufsichtsrats nach § 111 Abs. 4. Insoweit handelt es sich lediglich um Begrenzungen des rechtlichen Dürfens im Innenverhältnis, die die Vertretungsmacht des Vorstands im Außenverhältnis unberührt lassen.[50] Entsprechendes gilt für das Erfordernis der Zustimmung der Hauptversammlung zur Angabe von Wandel- und Gewinnschuldverschreibungen (§ 221 AktG).[51] Auch dieses Zustimmungserfordernis bezieht sich nur auf die Geschäftsführungsbefugnis (§ 77) und nicht auf die Vertretungsbefugnis (§ 78) des Vorstands (ausführlich → § 221 Rn. 57). 11a

Die **aufgelöste Gesellschaft** wird gerichtlich und außergerichtlich von den Abwicklern vertreten (§ 269), wobei es sich nach § 265 Abs. 1 in der Regel, nicht aber zwingend um die Vorstandsmitglieder handelt. In der **Insolvenz** bleibt die Stellung der Gesellschaftsorgane und damit auch die Vertretungskompetenz des Vorstands zwar grundsätzlich erhalten. Diese wird jedoch weitgehend durch die Aufgaben und Befugnisse des Insolvenzverwalters (vgl. insbesondere § 80 Abs. 1 InsO) überlagert. 12

e) Mitbestimmungsrechtliche Besonderheiten bei der Beteiligungsverwaltung. § 32 MitbestG und § 15 Abs. 1 S. 1 MontanMitbestG enthalten mitbestimmungsrechtliche Sonderregelungen für den Fall, dass ein mitbestimmungspflichtiges Unternehmen (Obergesellschaft) an einem ebenfalls mitbestimmungspflichtigen Unternehmen (Untergesellschaft) mit mindestens 25% beteiligt ist. In diesem Fall können Beteiligungsrechte der Obergesellschaft nur auf Grund und nach Maßgabe eines Beschlusses des Aufsichtsrats ausgeübt werden, sofern über Bestellung, Widerruf oder Entlastung von Verwaltungsträgern oder über bestimmte Strukturmaßnahmen zu beschließen ist. Der Aufsichtsrat beschließt dabei nur mit den Stimmen der Anteilseignervertreter. Zweck der Regelung ist es, eine Verdoppelung der Arbeitnehmer-Partizipation an unternehmerischen 13

[46] OLG Düsseldorf DB 1999, 578; *Richter* in Semler/Peltzer/Kubis Vorst HdB § 6 Rn. 47; MüKoAktG/*Spindler* Rn. 128; Schmidt/Lutter/*Seibt* Rn. 8.
[47] BGH AG 2009, 327; BGHZ 157, 151 (153) = NJW 2004, 1528; BGH NJW 1999, 3263.
[48] OLG München NZG 2012, 710; *Cramer* NZG 2012, 765; aA LG Berlin NJW-RR 1997, 1534.
[49] Hüffer/*Koch* § 112 Rn. 6.
[50] Spindler/Stilz/*Fleischer* Rn. 16.
[51] KK-AktG/*Mertens*/*Cahn* Rn. 15.

Entscheidungen und damit eine Verdoppelung der Mitbestimmung zu vermeiden.[52] Durch die Regelung wird nicht nur die Geschäftsführungs-, sondern auch die Vertretungsbefugnis des Vorstands eingeschränkt.[53]

14 **3. Wirkungen der Vertretung. a) Grundsatz.** Da der Vorstand die Stellung eines gesetzlichen Vertreters hat, bestimmen sich die Wirkungen seiner Vertretungshandlungen nach §§ 164 ff. BGB. Vom Vorstand im Namen der Gesellschaft und im Rahmen seiner Vertretungsmacht abgegebene und entgegengenommene Willenserklärungen wirken nach § 164 Abs. 1 und Abs. 3 BGB unmittelbar für und gegen die Gesellschaft.[54] Das Handeln im Namen der Gesellschaft kann sich dabei auch aus den Umständen ergeben (§ 164 Abs. 1 S. 2 BGB).[55]

15 **b) Wissenszurechnung und Willensmängel. aa) Wissenszurechnung.** Die Zurechnung von Kenntnis oder Kennmüssen von Umständen beurteilt sich bei rechtsgeschäftlicher Stellvertretung nach § 166 BGB, wobei dem Bevollmächtigten der sog. Wissensvertreter gleichgestellt wird.[56] Auf Organe juristischer Personen, deren Handeln der Gesellschaft als eigenes zuzurechnen ist, findet die auf fremde Kenntnis abstellende Zurechnungsnorm des § 166 BGB demgegenüber keine Anwendung. Ausgangspunkt und dogmatische Grundlage für eine Zurechnung der Kenntnis oder des Kennenmüssens eines Vorstandsmitglieds zu Lasten der Gesellschaft ist § 31 BGB.[57] Auf dieser Grundlage kann der Aktiengesellschaft grundsätzlich jedes Wissen und jede fahrlässige Unkenntnis eines Vorstandsmitglieds zugerechnet werden.[58] Ob im Einzelfall tatsächlich eine Zurechnung erfolgt, ist nach der neueren Rechtsprechung des BGH allerdings nicht mit logisch-begrifflicher Stringenz, sondern anhand einer **wertenden Beurteilung** zu entscheiden.[59] Maßgeblich ist hiernach der Gedanke des Verkehrsschutzes und die daran geknüpfte **Pflicht zur ordnungsgemäßen Organisation der gesellschaftsinternen Kommunikation.** Eine am Rechtsverkehr teilnehmende Organisation muss so organisiert sein, dass Informationen, deren Relevanz für andere Personen innerhalb der Organisation bei den konkret Wissenden erkennbar ist, tatsächlich an jene Personen weitergegeben werden (Informationsweiterleitungspflicht). Umgekehrt muss sichergestellt sein, dass gegebenenfalls nach erkennbar anderswo in der Organisation vorhandenen Informationen nachgefragt wird (Informationsabfragepflicht).[60] Persönliche und sachliche Grenzen der Wissenszurechnung ergeben sich zum einen daraus, dass eine Speicherungspflicht der Informationen von der Wahrscheinlichkeit abhängt, mit welcher diese zu einem späteren Zeitpunkt rechtserheblich werden können. Zum anderen wird die Informationsabfragepflicht durch das Kriterium der Zumutbarkeit beschränkt.[61]

16 Für die Wissenszurechnung kommt es demnach nicht darauf an, ob Einzel- oder Gesamtvertretung besteht.[62] Liegt eine Verletzung der der Gesellschaft obliegenden Organisationspflicht vor, genügt das **Kennen oder das Kennenmüssen eines einzelnen Vorstandsmitglieds,** ohne dass es darauf ankommt, ob dieses von der betreffenden Maßnahme Kenntnis hatte oder an ihr beteiligt war.[63] Das Wissen ausgeschiedener Vorstandsmitglieder ist der Gesellschaft nur zuzurechnen, wenn es sich um aktenmäßig festzuhaltendes Wissen handelt.[64] Die Wissenszurechnung erfolgt unabhängig, davon, ob es sich um in der amtlichen oder in der privaten Sphäre des Vorstandsmitglieds erlangtes Wissen handelt.[65] Eine Wissenszurechnung im **Konzern** findet aufgrund des Nichtbestehens einer strengen

52 *Kort* in Fleischer HdB VorstandsR § 2 Rn. 39.

53 Hüffer/*Koch* Rn. 8a; Spindler/Stilz/*Fleischer* Rn. 18; *Kort* in Fleischer HdB VorstandsR § 2 Rn. 39; aA *Crezelius* ZGR 1980, 359 (372); *Eichler* BB 1977, 1064.

54 GroßkommAktG/*Habersack/Foerster* Rn. 15; MüKoAktG/*Spindler* Rn. 92; Hüffer/*Koch Hüffer* Rn. 9.

55 Hüffer/*Koch* Rn. 9.

56 GroßkommAktG/*Habersack/Foerster* Rn. 38; MHdB AG/*Wiesner* § 23 Rn. 29.

57 BGHZ 109, 327 (330 ff.) = NJW 1990, 957; MüKoAktG/*Spindler* Rn. 93; GroßkommAktG/*Habersack/Foerster* Rn. 38; Spindler/Stilz/*Fleischer* Rn. 53; MHdB AG/*Wiesner* § 23 Rn. 29; aA – § 166 BGB – Baumbach/Hueck/*Zöllner/Noak* GmbHG § 35 Rn. 147; offen gelassen von BGH NJW 1999, 284 (286).

58 GroßkommAktG/*Habersack/Foerster* Rn. 39; MüKoAktG/*Spindler* Rn. 96.

59 BGH NJW 1996, 1339 (1340); 1990, 975 (976); zur Entwicklung der Rspr. vgl. *Faßbender/Neuhaus* WM 2002, 1253 (1256).

60 BGH NJW 1996, 1339 (1341) im Anschluss an *Taupitz* Karlsruher Forum, 1994, 16 ff., 28 ff.

61 BGH NJW 1996, 1339 (1341).

62 BGHZ 109, 327 (330 f.) = NJW 1990, 975; Spindler/Stilz/*Fleischer* Rn. 55; MHdBAG/*Wiesner* § 23 Rn. 30; GroßkommAktG/*Habersack/Foerster* Rn. 63.

63 GroßkommAktG/*Habersack/Foerster* Rn. 42; MHdBAG/*Wiesner* § 23 Rn. 30; Hüffer/*Koch* Rn. 242.

64 *Kort* in Fleischer HdB VorstandsR § 2 Rn. 105; GroßkommAktG/*Habersack/Foerster* Rn. 43.

65 Str., ebenso BGHZ 109, 327 (331) = NJW 1990, 975; diff. MHdB AG/*Wiesner* § 23 Rn. 31; Spindler/Stilz/*Fleischer* Rn. 56; *Kort* in Fleischer HdB VorstandsR § 2 Rn. 105; GroßkommAktG/*Habersack/Foerster* Rn. 42; MüKoAktG/*Spindler* Rn. 92; MüKoBGB/*Arnold* § 26 Rn. 22.

Konzernleitungspflicht (→ § 76 Rn. 57) grundsätzlich nicht statt.[66] Ausnahmen kommen bei Vorstandsdoppelmandaten sowie bei einem aktiven, rechtlich abgesicherten Datenaustausch zwischen konzernverbundenen Unternehmen in Betracht, etwa bei Auslagerung der Datenverwaltung auf eine Konzerngesellschaft.[67]

bb) Willensmängel. Da die Gesellschaft bei Gesamtvertretung ein Rechtsgeschäft nur durch alle Gesamtvertreter abschließen kann, berechtigt bereits der Willensmangel eines der beteiligten Vorstandsmitglieder zur Anfechtung.[68] Eine Berufung auf den Willensmangel scheidet allerdings aus, wenn ein anderer Gesamtvertreter das irrende Vorstandsmitglied in Kenntnis von dessen Willensmangel pflichtwidrig nicht über den Irrtum aufgeklärt hat.[69] 17

c) Haftung kraft Rechtsscheins. Die allgemeinen Grundsätze zur **Duldungs- und Anscheinsvollmacht** gelten auch im Hinblick auf die Einzelermächtigung eines gesamtvertretungsberechtigten Vorstandsmitglieds zur Vornahme bestimmter Geschäfte oder Geschäftsarten nach § 78 Abs. 4 S. 1.[70] Voraussetzung einer Rechtsscheinhaftung der Gesellschaft ist, dass bei dem Geschäftspartner durch das Verhalten einer zur Vertretung genügenden Anzahl von Vorstandsmitgliedern oder Prokuristen der für sein Handeln kausale irrige und schutzwürdige Eindruck geweckt wurde, das handelnde Vorstandsmitglied sei zur Alleinvertretung berechtigt. Die übrigen Vorstandsmitglieder müssen zudem bei pflichtgemäßer Sorgfalt in der Lage gewesen sein, das eigenmächtige Verhalten des alleinhandelnden Vorstandsmitglieds zu erkennen und zu unterbinden.[71] Die Beauftragung eines Vorstandsmitglieds mit der Führung von Vertragsverhandlungen ist nicht typischerweise mit der Erteilung einer Einzelvertretungsermächtigung verbunden, so dass allein hierdurch kein entsprechender Rechtsschein begründet wird.[72] Dass ein Vorstandsmitglied einer Aktiengesellschaft auch ohne konkreten Verhandlungsauftrag der übrigen Vorstandsmitglieder in einem bestimmten Bereich Verhandlungen allein und selbstständig führt, ist nicht ungewöhnlich und begründet noch nicht den Verdacht, das Vorstandsmitglied werde die ihm durch die Gesamtvertretung gesetzten Grenzen überschreiten.[73] 18

Aus Vertrauenshaftungsgesichtspunkten und dem Prinzip von Treu und Glauben ergibt sich, dass ein Schweigen der Gesellschaft auf ein **kaufmännisches Bestätigungsschreiben** des (gutgläubigen) Geschäftsgegners auch dann zum Zustandekommen des Vertrags mit dem bestätigten Inhalt führt, wenn die Gesellschaft beim Vertragsschluss durch das nur zur Gesamtvertretung befugte Vorstandsmitglied nicht wirksam vertreten war.[74] 19

III. Gesetzliche Vertretungsordnung

1. Aktivvertretung. a) Allgemeines. Bei einem mehrköpfigen Vorstand sind nach der gesetzlichen Grundregel in § 78 Abs. 2 S. 1 sämtliche Vorstandsmitglieder nur gemeinschaftlich zur Vertretung der Gesellschaft befugt **(Prinzip der Gesamtvertretung).** Die Gesamtvertretung bewirkt keine Beschränkung des Umfangs der nach § 82 Abs. 1 unbeschränkten und unbeschränkbaren Vertretungsbefugnis des Vorstands, sondern betrifft nur die persönliche Ausübung der Vertretungsbefugnis durch die Vorstandsmitglieder.[75] Zweck ist es, der Gesellschaft größtmöglichen Schutz vor übereilten oder treuwidrigen Maßnahmen einzelner Vorstandsmitglieder zukommen zu lassen.[76] Besteht der Vorstand nur aus einem einzelnen Vorstandsmitglied, hat dieses zwingend Einzelvertretungsbefugnis.[77] Das Gleiche gilt, wenn nur ein Mitglied eines mehrköpfigen Vorstands verbleibt, es sei denn, der Vorstand muss nach Gesetz oder Satzung zwingend aus mehreren Mitgliedern bestehen (→ Rn. 21).[78] 20

In der Praxis führt die Gesamtvertretung wegen der damit verbundenen Unbeweglichkeit bisweilen zu Problemen. Dies gilt insbesondere bei **Verhinderung oder Wegfall eines Vorstandsmitglieds.** Ist eines von mehreren Vorstandsmitgliedern vorübergehend verhindert, kann die Aktienge- 21

[66] Str., ebenso MüKoAktG/*Spindler* Rn. 99; ausf. zur Wissenszurechnung im Konzern *Drexl* ZHR 161 (1997), 491 ff.; GroßkommAktG/*Habersack*/*Foerster* Rn. 44.
[67] GroßkommAktG/*Habersack*/*Foerster* Rn. 44; Spindler/Stilz/*Fleischer* Rn. 55.
[68] Hüffer/*Koch* Rn. 12; Spindler/Stilz/*Fleischer* Rn. 57; Schmidt/Lutter/*Seibt* Rn. 11.
[69] KK-AktG/*Mertens*/*Cahn* § 76 Rn. 83; Spindler/Stilz/*Fleischer* Rn. 57.
[70] BGH AG 1976, 219 (220); MüKoAktG/*Spindler* Rn. 103.
[71] BGH AG 1976, 219 (220); KK-AktG/*Mertens*/*Cahn* Rn. 68; MüKoAktG/*Spindler* Rn. 103.
[72] OLG München BeckRS 2007, 12203.
[73] OLG München BeckRS 2007, 12203.
[74] BGH NJW 1964, 1951; 1965, 965; MüKoAktG/*Spindler* Rn. 100; Schmidt/Lutter/*Seibt* Rn. 13.
[75] MüKoAktG/*Spindler* Rn. 30.
[76] Vgl. BGHZ 98, 148 (156) = NJW 1986, 2941; Spindler/Stilz/*Fleischer* Rn. 25.
[77] Hüffer/*Koch* Rn. 11; *Richter* in Semler/Peltzer/Kubis Vorst HdB § 6 Rn. 11.
[78] KK-AktG/*Mertens*/*Cahn* Rn. 29; Hüffer/*Koch* Rn. 11.

sellschaft nicht wirksam gesetzlich vertreten werden.[79] Auch eine gerichtliche Ersatzbestellung kommt dann nicht in Betracht (→ § 85 Rn. 2). Bei endgültigem Wegfall eines Vorstandsmitglieds (zB auf Grund Widerruf der Bestellung, Amtsniederlegung oder Tod), kommt es darauf an, ob die durch Gesetz oder Satzung vorgegebene Mindestzahl von Vorstandsmitgliedern noch vorhanden ist.[80] Ist in der Satzung eine Mindestzahl von Vorstandsmitgliedern vorgesehen und bleibt diese Mindestzahl trotz des Ausscheidens eines Vorstandsmitglieds erhalten, sind die verbleibenden Vorstandsmitglieder weiterhin zur Gesamtvertretung der Gesellschaft befugt.[81] Eine Satzungsregelung, wonach bei Verhinderung oder Wegfall eines Vorstandsmitglieds Einzelvertretung oder Vertretung durch eine begrenzte Zahl von Vorstandsmitgliedern eintreten soll, ist unzulässig, da es ihr an der notwendigen Bestimmtheit fehlt.[82]

22 Eine Ausnahme vom Grundsatz der Gesamtvertretung ist in **§ 15 Abs. 1 S. 1 InsO** vorgesehen. Hiernach kann jedes einzelne Vorstandsmitglied einen Insolvenzantrag stellen, sofern Zahlungsunfähigkeit oder Überschuldung (nicht drohende Zahlungsunfähigkeit) vorliegt. Ein nicht von allen Vorstandsmitgliedern gestellter Insolvenzantrag ist nach § 15 Abs. 2 S. 1 InsO nur zulässig, wenn der Eröffnungsgrund glaubhaft gemacht wird.

23 **b) Ausübung der Gesamtvertretung.** Die Ausübung der Gesamtvertretungsbefugnis ist in § 78 Abs. 2 nicht geregelt. Nach allgemeiner Meinung ist es nicht erforderlich, dass die Gesamtvertreter in einem Gesamtakt zur gleichen Zeit und am gleichen Ort handeln, sofern dies nicht ausnahmsweise gesetzlich vorgeschrieben ist (so etwa in § 925 Abs. 1 S. 1 BGB). Die Gesamtvertretung kann daher auch durch getrennte Abgabe inhaltlich gleicher Erklärungen ausgeübt werden.[83] Bei Formbedürftigkeit ist die vorgeschriebene Form von jedem Gesamtvertreter zu beachten.[84] Zulässig ist auch die Erklärung durch ein Vorstandsmitglied mit Ermächtigung durch die übrigen Gesamtvertreter nach § 78 Abs. 4.[85] Schließlich kommt auch die Erklärung durch ein Vorstandsmitglied unter nachträglicher Zustimmung (Genehmigung) der anderen Vorstandsmitglieder nach § 177 Abs. 1 BGB in Betracht. Die Genehmigung wirkt nach § 184 Abs. 1 BGB zurück und kann (vorbehaltlich § 177 Abs. 2 BGB) sowohl dem Geschäftspartner als auch dem Handelnden gegenüber erklärt werden.[86] Nach § 182 Abs. 2 BGB bedarf die Genehmigung nicht der für das Rechtsgeschäft bestimmten Form.

24 **2. Passivvertretung. a) Einzelvertretung.** Bei Willenserklärungen, die gegenüber der Gesellschaft abzugeben sind, genügt nach § 78 Abs. 2 S. 2 stets die Abgabe gegenüber einem Vorstandsmitglied. Insoweit gilt auch beim mehrköpfigen Vorstand **zwingend Einzelvertretungsbefugnis.** Entsprechendes gilt für rechtsgeschäftsähnliche Handlungen wie Mahnungen oder Mängelrügen.[87] Bei Klagen gegen die Gesellschaft genügt nach § 170 Abs. 3 ZPO die Zustellung an einen Gesamtvertreter.[88]

25 **b) Zustellungserleichterungen.** Durch das **MoMiG** vom 23.10.2008 (BGBl. I S. 2026) ist § 78 Abs. 1 S. 2 neu eingefügt worden. Hat die Gesellschaft keinen Vorstand **(Führungslosigkeit),** wird sie hiernach für den Fall, dass ihr gegenüber Willenserklärungen abgegeben werden oder Schriftstücke zugestellt werden, durch den Aufsichtsrat vertreten. Die passive Vertretungsbefugnis geht auf den Aufsichtsrat über. Durch den ebenfalls neu eingefügten § 78 Abs. 2 S. 2 Hs. 2 wird klargestellt, dass insoweit auch für die Aufsichtsratsmitglieder passive Einzelvertretungsbefugnis gilt. Es genügt daher die Abgabe oder Zustellung gegenüber einem Aufsichtsratsmitglied. Ziel der Neuregelung ist es, gezielten Abberufungen des Vorstands zum Zweck der Vereitelung des Zugangs von Zustellungen und Erklärungen an die Gesellschaft entgegenzuwirken. Die Gläubiger sollen zur Durchsetzung ihrer Ansprüche Zustellungen gegenüber der Aktiengesellschaft auch dann durchführen können, wenn

---

[79] BGHZ 34, 27 (29) = NJW 1961, 506; MüKoAktG/*Spindler* Rn. 32; Hüffer/*Koch* Rn. 11.

[80] Spindler/Stilz/*Fleischer* Rn. 25; KK-AktG/*Mertens/Cahn* Rn. 65; Schmidt/Lutter/*Seibt* Rn. 16; Hüffer/*Koch* Rn. 11.

[81] KK-AktG/*Mertens/Cahn* Rn. 65 ff.; MüKoAktG/*Spindler* Rn. 32; GroßkommAktG/*Habersack/Foerster* Rn. 47.

[82] GroßkommAktG/*Habersack/Foerster* Rn. 46; *Kort* in Fleischer HdB VorstandsR § 2 Rn. 47; offen gelassen von BGHZ 34, 27 (29) = NJW 1961, 506; aA Schmidt/Lutter/*Seibt* Rn. 16.

[83] RGZ 81, 325 f.; *Kort* in Fleischer HdB VorstandsR § 2 Rn. 50; MüKoAktG/*Spindler* Rn. 58; Spindler/Stilz/*Fleischer* Rn. 26; KK-AktG/*Mertens/Cahn* Rn. 49.

[84] *Kort* in Fleischer HdB VorstandsR § 2 Rn. 50; Spindler/Stilz/*Fleischer* Rn. 26.

[85] MüKoAktG/*Spindler* Rn. 63 ff.; Schmidt/Lutter/*Seibt* Rn. 17; Hüffer/*Koch* Rn. 12.

[86] RGZ 101, 342 (343); RGZ 112, 215 (20); Hüffer/*Koch* Rn. 12; Spindler/Stilz/*Fleischer* Rn. 26; GroßkommAktG/*Habersack/Foerster* Rn. 52.

[87] MüKoAktG/*Spindler* Rn. 84; Hüffer/*Koch* Rn. 13.

[88] GroßkommAktG/*Habersack/Foerster* Rn. 54; MüKoAktG/*Spindler* Rn. 84; Hüffer/*Koch* Rn. 12.

kein Vorstand bestellt ist.[89] Anders als bei der GmbH (vgl. § 35 Abs. 1 S. 2 GmbHG: Passivvertretung einer führungslosen GmbH durch die GmbH-Gesellschafter) gibt es bei der AG hingegen keine Regelung, wonach eine AG ohne Vorstands- und Aufsichratsmitglieder durch ihre Aktionäre vertreten wird. Das Fehlen eines (gesetzlichen) Passivvertreters steht daher einer wirksamen Zustellung von Schriftstücken an die AG entgegen.[90]

Eine weitere wesentliche Stärkung des Rechtsverkehrs und des Gläubigerschutzes ergibt sich aus **26** dem Zusammenspiel der Änderungen und Ergänzungen in §§ 37 Abs. 3 Nr. 1 und § 78 Abs. 2 S. 3. Nach § 37 Abs. 3 Nr. 1 muss in das Handelsregister eine **inländische Geschäftsanschrift** eingetragen werden. Die Erreichbarkeit der gesetzlichen Vertreter der Gesellschaft unter dieser Anschrift wird nach § 78 Abs. 2 S. 3 unwiderleglich vermutet. Eine tatsächliche Kenntnisnahme ist nicht vonnöten, selbst wenn dem Erklärenden bekannt sein sollte, dass der Vertreter der Gesellschaft an der eingetragenen Adresse nicht tätig ist.[91] Für die Abgabe der Willenserklärung gegenüber der Gesellschaft ist zudem ohne Bedeutung, ob der Vertreter der Gesellschaft zutreffend bezeichnet wird. Es muss nur erkennbar zum Ausdruck kommen, dass die Willenserklärung gegenüber der Gesellschaft abgegeben wird. Nicht erforderlich ist daher, dass der Erklärende Kenntnis von der Führungslosigkeit der Gesellschaft hat.[92] Solange unter der im Handelsregister eingetragenen Geschäftsanschrift tatsächlich ein Geschäftslokal besteht oder der zurechenbare Rechtsschein eines Geschäftsraums gesetzt worden ist, können daher unter dieser Geschäftsanschrift wirksam Willenserklärungen zugehen und Zustellungen bewirkt werden.[93]

Sollte eine Zustellung unter der Geschäftsanschrift unmöglich sein, kann grundsätzlich sofort eine **27** **Zustellung im Wege der öffentlichen Bekanntgabe** nach § 185 Abs. 2 ZPO erfolgen. Eine Ausnahme gilt, wenn die Gesellschaft von der durch § 39 Abs. 1 S. 2 eröffneten Möglichkeit Gebrauch gemacht hat, eine weitere Person nebst Anschrift als Empfangsvertreter in das Handelsregister eintragen zu lassen. In diesem Fall kann eine öffentliche Zustellung nach § 185 Nr. 2 ZPO erst erfolgen, wenn ein vorheriger Zustellungsversuch an diese weitere Empfangsperson erfolglos war. Eine Zustellung an den nach § 39 Abs. 1 S. 2 angemeldeten inländischen Empfangsvertreter ist im Übrigen jederzeit möglich, unabhängig davon, ob eine Zustellung an die Vertreter der Gesellschaft unter der Geschäftsadresse möglich ist (§ 78 Abs. 2 S. 4).

IV. Abweichende Bestimmungen

1. Allgemeines. Während die Bestimmungen zur Passivvertretung der Gesellschaft zwingendes **28** Recht darstellen, sind die Regelungen über die Aktivvertretung **dispositiv.** Nach § 78 Abs. 2 S. 1 und Abs. 3 können durch die Satzung oder durch den Aufsichtsrat aufgrund einer entsprechenden Satzungsermächtigung vom Grundsatz der Gesamtvertretung abweichende Vertretungsregelungen getroffen werden, was gängiger Praxis entspricht. Als abweichende Vertretungsformen kommen Einzelvertretung (Abs. 3 S. 1 Alt. 1), unechte Gesamtvertretung (Abs. 3 S. 1 Alt. 2) und, obwohl nicht ausdrücklich aufgeführt, auch die gemeinschaftliche Vertretung durch mehrere Vorstandsmitglieder (gemeinschaftliche Gesamtvertretung) in Betracht.

Erfolgt die Zustellung einer Klageschrift gemäß § 78 Abs. 2 Alt. 2 an ein Aufsichtsratsmitglied **28a** mit Wirkung gegen die Gesellschaft, hängt die Zulässigkeit der Klage im Übrigen davon ab, ob der Aufsichtsrat die AG auch im weiteren Verfahren wirksam vertreten kann, die Gesellschaft also prozessfähig ist. Gegebenenfalls ist die Bestellung eines Prozesspflegers nach § 57 Abs. 1 ZPO oder eines Vorstands nach § 85 erforderlich.[94]

Die **Satzungsregelung** muss sich auf die abstrakte Organisation der Vertretungsbefugnis **29** beschränken und darf mithin keine Regelungen für bestimmte namentlich genannte Vorstandsmitglieder enthalten.[95] Unzulässig ist zudem der völlige Ausschluss eines Vorstandsmitglieds von der Vertretungsmacht und die uneingeschränkte Bindung der Vertretungsbefugnis sämtlicher Vorstandsmitglieder an die Mitwirkung eines Prokuristen.[96] Mit Rücksicht auf den Rechtsverkehr sind weiterhin auch bedingte Vertretungsregelungen ausgeschlossen.[97] Außerhalb der Satzung kann die Hauptversammlung keine Vertretungsregelungen treffen. Der **Aufsichtsrat** kann bei Vorliegen

---

[89] Begr. RegE, BT-Drs. 16/6140, 42 zu § 35 Abs. 2 GmbHG; Spindler/Stilz/*Fleischer* Rn. 22; *Seibert* ZIP 2006, 1157 f.

[90] Hessisches FG EFG 2015, 1638 Rn. 67.

[91] Begr. RegE, BT-Drs. 16/6140, 43 zu § 35 Abs. 2 GmbHG; MüKoAktG/*Spindler* Rn. 91.

[92] Begr. RegE, BT-Drs. 16/6140, 43 zu § 35 Abs. 2 GmbHG; *Knapp* DStR 2008, 2371 (2372).

[93] Begr. RegE, BT-Drs. 16/6140, 43 zu § 35 Abs. 2 GmbHG.

[94] BGH NZG 2011, 26 für die GmbH; *Fest* NZG 2011, 130.

[95] GroßkommAktG/*Habersack/Foerster* Rn. 65.

[96] GroßkommAktG/*Habersack/Foerster* Rn. 62; Spindler/Stilz/*Fleischer* Rn. 35; Hüffer/*Koch* Rn. 16.

[97] GroßkommAktG/*Habersack/Foerster* Rn. 62; Spindler/Stilz/*Fleischer* Rn. 36.

einer entsprechenden Satzungsermächtigung nicht nur all diejenigen Regelungen treffen, die durch die Satzung getroffen werden können, sondern auch die Vertretungsbefugnis einzelner Vorstandsmitglieder regeln, allerdings nicht für einzelne Geschäfte.[98] Der Aufsichtsrat kann zudem ermächtigt werden, eine in der Satzung vorgesehene Einzelvertretungsbefugnis in eine Gesamtvertretung oder gemeinschaftliche Gesamtvertretung umzuwandeln.[99] Die von ihm getroffenen Vertretungsregelungen kann der Aufsichtsrat jederzeit wieder abändern.[100] Er kann die Regelung der Ausübung der Vertretungsbefugnis durch die Vorstandsmitglieder nach § 107 Abs. 3 auch einem Ausschuss übertragen.[101]

30 **2. Einzelvertretung.** Nach § 78 Abs. 3 S. 1 Alt. 1 kann einzelnen oder mehreren Vorstandsmitgliedern Einzelvertretungsbefugnis, dh das Recht eingeräumt werden, die Gesellschaft ohne Mitwirkung anderer Vorstandsmitglieder oder Prokuristen zu vertreten. Der Alleinvorstand hat notwendig Einzelvertretungsbefugnis.[102] Im mehrköpfigen Vorstand stellt Einzelvertretungsbefugnis in der Praxis eher die Ausnahme dar. Auch ein nach § 84 Abs. 2 zum **Vorstandsvorsitzenden** ernanntes Vorstandsmitglied ist ohne gesonderte Ermächtigung nicht einzelvertretungsbefugt.[103] Wird nur einem oder einigen Vorstandsmitgliedern Einzelvertretungsbefugnis eingeräumt, bleibt es für die übrigen mangels gesonderter Anordnung beim Grundsatz der Gesamtvertretung.[104] Eine inhaltliche Beschränkung der Einzelvertretungsbefugnis auf bestimmte Geschäfte ist mit § 82 Abs. 1 nicht vereinbar und daher unzulässig.[105]

31 **3. Gemeinschaftliche Vertretung durch mehrere Vorstandsmitglieder.** Eine in § 78 Abs. 3 S. 1 nicht ausdrücklich erwähnte, gleichwohl aber unstreitig zulässige Variante der Gesamtvertretung ist die gemeinschaftliche Vertretung der Gesellschaft durch mehrere, aber nicht sämtliche Vorstandsmitglieder.[106] Eine zulässige Gestaltungsvariante ist die so genannte **halbseitige Gesamtvertretung,** bei der einzelnen Vorstandsmitgliedern Einzelvertretungsbefugnis eingeräumt wird, während andere die Gesellschaft nur gemeinsam mit einem zur Einzelvertretung befugten Vorstandsmitglied vertreten können.[107] Eine Gleichwertigkeit der Vertretungsbefugnisse der Vorstandsmitglieder ist nicht erforderlich. Zulässig ist daher auch die Bildung von Vertretungsgruppen, wonach die Gesellschaft beispielsweise durch die Vorstandsmitglieder A und B oder aber durch die Mitglieder C, D und E gemeinsam vertreten wird.[108] Aus Gründen der Rechtssicherheit verbietet sich in derartigen Fällen ohne besondere Regelung eine Auslegung, wonach die Mitwirkung eines Vorstandsmitglieds mit schwächerer Gesamtvertretungsbefugnis (hier: C, D oder E) durch diejenige eines Vorstandsmitglieds mit stärkerer Befugnis (hier: A oder B) ersetzt werden kann.[109]

32 **4. Unechte Gesamtvertretung.** Nach § 78 Abs. 3 S. 1 Alt. 2 können einzelne Vorstandsmitglieder **in Gemeinschaft mit einem Prokuristen** zur Vertretung der Gesellschaft befugt sein (unechte Gesamtvertretung). Bei Gesamtvertretung oder gemeinschaftlicher Vertretung kann damit ein Prokurist ein oder mehrere Vorstandsmitglieder ersetzen. Die Mitwirkung eines Prokuristen soll die Vertretung erleichtern, nicht beschränken.[110] Die Anordnung unechter Gesamtvertretung darf daher nicht dazu führen, dass die sonst gegebene Einzelvertretungsmacht eines Vorstandsmitglieds beschränkt wird.[111] Daher kann der Alleinvorstand nicht an die Mitwirkung eines Prokuristen gebunden werden.[112] Ebenso wenig kann bestimmt werden, dass die Vorstandsmitglieder eines mehrköpfigen Vorstands die Gesellschaft stets nur unter Mitwirkung eines Prokuristen vertreten

[98] Spindler/Stilz/*Fleischer* Rn. 34; Schmidt/Lutter/*Seibt* Rn. 23; *Richter* in Semler/Peltzer/Kubis Vorst HdB § 6 Rn. 14.

[99] MüKoAktG/*Spindler* Rn. 54; Spindler/Stilz/*Fleischer* Rn. 34; KK-AktG/*Mertens/Cahn* Rn. 45.

[100] GroßkommAktG/*Habersack/Foerster* Rn. 65.

[101] Hüffer/*Koch* Rn. 14.

[102] Spindler/Stilz/*Fleischer* Rn. 37; Hüffer/*Koch* Rn. 11.

[103] MüKoAktG/*Spindler* Rn. 36; Hüffer/*Koch* Rn. 15.

[104] Spindler/Stilz/*Fleischer* Rn. 37; KK-AktG/*Mertens/Cahn* Rn. 33 ff.; *Kort* in Fleischer HdB VorstandsR § 2 Rn. 53.

[105] Hüffer/*Koch* Rn. 15; GroßkommAktG/*Habersack/Foerster* Rn. 62; Schmidt/Lutter/*Seibt* Rn. 25.

[106] GroßkommAktG/*Habersack/Foerster* Rn. 69; Hüffer/*Koch* Rn. 18.

[107] KK-AktG/*Mertens/Cahn* Rn. 33, 40; GroßkommAktG/*Habersack/Foerster* Rn. 69; Hüffer/*Koch* Rn. 18.

[108] MüKoAktG/*Spindler* Rn. 40; GroßkommAktG/*Habersack/Foerster* Rn. 69; Spindler/Stilz/*Fleischer* Rn. 40; KK-AktG/*Mertens/Cahn* Rn. 33 ff.

[109] Spindler/Stilz/*Fleischer* Rn. 40; KK-AktG/*Mertens/Cahn* Rn. 41 ff.; aA MüKoAktG/*Spindler* Rn. 41.

[110] MüKoAktG/*Spindler* Rn. 45; Spindler/Stilz/*Fleischer* Rn. 38; Hüffer/*Koch* Rn. 16.

[111] BGHZ 13, 61 (65) = NJW 1954, 1158; BGHZ 26, 330 (333) = NJW 1958, 668; Hüffer/*Koch* Rn. 16; Schmidt/Lutter/*Seibt* Rn. 26.

[112] KK-AktG/*Mertens/Cahn* Rn. 41; MüKoAktG/*Spindler* Rn. 46; *Richter* in Semler/Peltzer/Kubis Vorst HdB § 6 Rn. 10.

dürfen.[113] Derartige Regelungen würden gegen den **Grundsatz der unbeschränkten Leitungsmacht** des Vorstands verstoßen und wären mit der organschaftlichen Stellung des Vorstands als unabhängiges Leitungsorgan der Gesellschaft nicht vereinbar. Es muss stets eine Vertretung der Gesellschaft allein durch Mitglieder des Vorstands möglich bleiben.[114] Beim nachträglichen Wegfall der übrigen Vorstandsmitglieder wächst dem allein verbleibenden Vorstandsmitglied nicht automatisch Einzelvertretungsmacht zu.[115] Die Gesellschaft kann daher nicht mehr gesetzlich vertreten werden, wenn das verbleibende Vorstandsmitglied nur gemeinsam mit einem Prokuristen vertretungsbefugt ist.[116] Es bleibt dann bis zu einer Änderung der Vertretungsbefugnis des verbleibenden Vorstandsmitglieds durch Satzungsänderung oder Aufsichtsratsbeschluss oder der Bestellung eines weiteren Vorstandsmitglieds nur die auf Prokura gestützte rechtsgeschäftliche Vertretung der Gesellschaft durch den Prokuristen.[117]

Bei der unechten Gesamtvertretung soll dem Vorstandsmitglied durch die Mitwirkung des Prokuristen eine organschaftlich wirkende Einzelvertretungsbefugnis im Umfang seiner ohnehin bestehenden Gesamtvertretungsmacht eingeräumt werden.[118] Der **Umfang der Vertretungsmacht des Prokuristen** richtet sich daher insoweit nicht nach der Prokura, sondern nach der organschaftlichen Vertretungsmacht des Vorstandsmitglieds. § 49 Abs. 2 HGB findet keine Anwendung.[119] Im Ergebnis erlangt der Prokurist damit die Stellung eines organschaftlichen Vertreters.[120] Außer der Anmeldung der eigenen Prokura[121] kann ein Prokurist bei unechter Gesamtvertretung daher zusammen mit einem Vorstandsmitglied auch Handelsregisteranmeldungen vornehmen.[122] Auch die Prozessvertretung in unechter Gesamtvertretung ist möglich.[123] 33

Hinsichtlich der **Passivvertretung** verweist § 78 Abs. 3 S. 3 auf § 78 Abs. 2 S. 2. Bei unechter Gesamtvertretung genügt daher auch die Abgabe einer Willenserklärung oder die Vornahme einer rechtsgeschäftsähnlichen Handlung gegenüber dem Prokuristen.[124] Bei Klagen gegen die Gesellschaft können Zustellungen wirksam an einen Gesamtvertreter bewirkt werden (§ 171 Abs. 3 ZPO). 34

V. Einzelermächtigung

1. Allgemeines. Nach § 78 Abs. 4 S. 1 können zur Gesamtvertretung befugte Vorstandsmitglieder einzelne von ihnen ermächtigen, bestimmte Geschäfte oder bestimmte Arten von Geschäften allein abzuschließen. Entsprechendes gilt nach § 78 Abs. 4 S. 2 für den Fall der unechten Gesamtvertretung. Die Ermächtigung bezieht sich auf die **organschaftliche Vertretungsmacht** des Ermächtigten.[125] Die Gegenansicht, die eine Handlungsvollmacht iSd § 54 HGB annimmt,[126] verkennt, dass das handelnde Vorstandsmitglied nicht als rechtsgeschäftlicher, sondern als organschaftlicher Vertreter tätig wird. Dogmatisch handelt es sich um die Erteilung einer Ermächtigung zur Ausübung der dem oder den Ermächtigenden zustehenden Gesamtvertretungsmacht **(Ausübungsermächtigung).**[127] Der Ermächtigte kann neben seiner eigenen Vertretungsmacht auch diejenige des Ermächtigenden ausüben.[128] Soweit demgegenüber von einem „Erstarken" der 35

---

[113] MüKoAktG/*Spindler* Rn. 46; Hüffer/*Koch* Rn. 16.

[114] KK-AktG/*Mertens/Cahn* Rn. 41; MüKoAktG/*Spindler* Rn. 46; MHdBAG/*Wiesner* § 23 Rn. 22.

[115] MüKoAktG/*Spindler* Rn. 45; Spindler/Stilz/*Fleischer* Rn. 38.

[116] GroßkommAktG/*Habersack/Foerster* Rn. 67; KK-AktG/*Mertens/Cahn* Rn. 41 ff.; MüKoAktG/*Spindler* Rn. 45.

[117] GroßkommAktG/*Habersack/Foerster* Rn. 67; KK-AktG/*Mertens/Cahn* Rn. 64.

[118] BGHZ 13, 61 (64) = NJW 1954, 1158; *Kort* in Fleischer HdB VorstandsR § 2 Rn. 53; Hüffer/*Koch* Rn. 17.

[119] BGHZ 13, 61 (64) = NJW 1954, 1158; BGHZ 62, 166 (170) = NJW 1974, 1194; MüKoAktG/*Spindler* Rn. 47; Spindler/Stilz/*Fleischer* Rn. 32; Hüffer/*Koch* Rn. 17.

[120] *Kort* in Fleischer HdB VorstandsR § 2 Rn. 55; *Köhl* NZG 2005, 197 (200).

[121] BayObLGZ 1973, 158 (159) = NJW 1973, 2068.

[122] RGZ 134, 303 (307), MüKoAktG/*Spindler* Rn. 47; Hüffer/*Koch* Rn. 17; *Kort* in Fleischer HdB VorstandsR § 2 Rn. 55.

[123] Spindler/Stilz/*Fleischer* Rn. 39; GroßkommAktG/*Habersack/Foerster* Rn. 68; KK-AktG/*Mertens/Cahn* Rn. 38 ff.

[124] MüKoAktG/*Spindler* Rn. 47; Hüffer/*Koch* Rn. 17; *Kort* in Fleischer HdB VorstandsR § 2 Rn. 56.

[125] BGHZ 91, 334 (336) = NJW 1985, 2085; BGH AG 1986, 260; GroßkommAktG/*Habersack/Foerster* Rn. 72; Spindler/Stilz/*Fleischer* Rn. 35; Hüffer/*Koch* Rn. 20; *Kort* in Fleischer HdB VorstandsR § 2 Rn. 59; *Schwarz* NZG 2001, 529 (535 ff.).

[126] RGZ 48, 56 (58); RGZ 80, 180 (182); *Flume* AT BGB Bd. 1/2 Die juristische Person, 1983, § 10 II 2 b, 362.

[127] *Schwarz* NZG 2001, 529 (535); *Köhl* NZG 2008, 197 (198); GroßkommAktG/*Habersack/Foerster* Rn. 72; Schmidt/Lutter/*Seibt* Rn. 28.

[128] *Schwarz* NZG 2001, 529 (535); *Köhl* NZG 2008, 197 (198); GroßkommAktG/*Habersack/Foerster* Rn. 72.

Gesamtvertretungsbefugnis zur Einzelvertretungsmacht die Rede ist,[129] ist dies zumindest ungenau. Die Ermächtigung betrifft nur die personelle Ausgestaltung der Vertretung, während die inhaltliche Reichweite der Vertretungsmacht des ermächtigten Vorstandsmitglieds unberührt bleibt. Zudem kann Einzelvertretungsbefugnis nach § 78 Abs. 2 S. 1 nur durch die Satzung oder den Aufsichtsrat erteilt werden.[130] Entgegen der wohl hM[131] wird auch der zur unechten Gesamtvertretung berufene Prokurist, dem eine Einzelermächtigung erteilt wird, als organschaftlicher Vertreter tätig. Dieser hat bei der unechten Gesamtvertretung bereits ohne Rücksicht auf die Ermächtigung die Stellung eines organschaftlichen Vertreters (→ Rn. 33). Daran kann sich durch die Erteilung einer Einzelermächtigung nichts ändern.[132]

36 **2. Erteilung.** Die Ermächtigung kann durch Vorstandsmitglieder in vertretungsberechtigter Zahl erteilt werden, wobei der zu Ermächtigende mitwirken darf.[133] Eine bestimmte Form ist nicht zu beachten.[134] Die Ermächtigung kann insbesondere auch **konkludent** erteilt werden, unter Umständen auch bereits durch bewusstes Dulden des Auftretens eines Gesamtvertreters als Einzelvertreter.[135] Die Ermächtigung kann gegenüber dem zu ermächtigenden Vorstandsmitglied oder Prokuristen (analog § 167 Abs. 1 Alt. 1 BGB) sowie gegenüber dem Dritten (analog § 167 Abs. 2 Alt. 2 BGB) erklärt werden.[136]

37 **3. Umfang.** Nach dem ausdrücklichen Wortlaut in § 78 Abs. 4 S. 1 muss die Einzelermächtigung **auf bestimmte Geschäfte** oder bestimmte Arten von Geschäften **beschränkt** sein. Eine darüber hinausgehende, unbeschränkte Ermächtigung (Generalermächtigung) ist unzulässig und nichtig, da mit der Grundentscheidung zugunsten der Gesamtvertretung nicht vereinbar.[137] Die Anforderungen an die erforderliche Bestimmtheit der Ermächtigung im Einzelnen sind im Gesetz nicht geregelt. Nach herrschender und zutreffender Auffassung genügt eine allein summenmäßige Beschränkung den Präzisierungsanforderungen nicht.[138] Erforderlich ist stets eine hinreichend präzise sachliche, gegenständliche Beschreibung anhand objektiver Maßstäbe, die gegebenenfalls durch eine Wertobergrenze ergänzt werden kann.[139] Zu weitgehend ist etwa die Erstreckung einer Ermächtigung auf die gesamte Geschäftsbeziehung der Aktiengesellschaft mit ihrer Hausbank.[140] Auch eine sog. Ressortermächtigung, wonach jedes Vorstandsmitglied zur alleinigen Vertretung seines Ressorts befugt sein soll, ist unzulässig.[141]

38 **4. Widerruf.** Die Ermächtigung kann bis zur Vornahme des Rechtsgeschäfts jederzeit formlos und ohne Begründung widerrufen werden.[142] Der Widerruf wird mit Zugang beim Ermächtigten wirksam. Für das Außenverhältnis gelten §§ 170–173 BGB entsprechend.[143] Zum Widerruf berechtigt ist jeder einzelne Gesamtvertreter, der eine Ermächtigung erteilt oder an der Erteilung mitgewirkt hat, bei unechter Gesamtvertretung also auch der Prokurist.[144] Nach hM sollen zudem auch die nicht ermächtigenden Vorstandsmitglieder in vertretungsberechtigter Zahl ein Widerrufsrecht haben.[145] Ein derartiges Widerrufsrecht ist abzulehnen, da es der Rechtsnatur der Ermächtigung als

---

[129] BGHZ 91, 334 (336) = NJW 1984, 2085; Hüffer/*Koch* Rn. 20; *Kort* in Fleischer HdB VorstandsR § 2 Rn. 59.

[130] *Schwarz* NZG 2001, 529 (535 ff.).

[131] KK-AktG/*Mertens/Cahn* Rn. 61; Hüffer/*Koch* Rn. 20.

[132] Ebenso GroßkommAktG/*Habersack/Foerster* Rn. 72; Spindler/Stilz/*Fleischer* Rn. 42.

[133] Spindler/Stilz/*Fleischer* Rn. 43; Hüffer/*Koch* Rn. 19; Schmidt/Lutter/*Seibt* Rn. 29; aA GroßkommAktG/*Habersack/Foerster* Rn. 74.

[134] MüKoAktG/*Spindler* Rn. 66; Hüffer/*Koch* Rn. 19.

[135] RGZ 123, 279 (288); OLG Köln OLGZ 1977, 343 (345); BAG NJW 1981, 2374; MüKoAktG/*Spindler* Rn. 66; Hüffer/*Koch* Rn. 19.

[136] Hüffer/*Koch* Rn. 19; Schmidt/Lutter/*Seibt* Rn. 29.

[137] BGHZ 34, 27 (30) = NJW 1961, 506; BGH AG 1986, 259; OLG Dresden NJW-RR 1995, 803 (804); Spindler/Stilz/*Fleischer* Rn. 45; GroßkommAktG/*Habersack/Foerster* Rn. 75; Hüffer/*Koch* Rn. 21.

[138] MüKoAktG/*Spindler* Rn. 68; Spindler/Stilz/*Fleischer* Rn. 45; *Kort* in Fleischer HdB VorstandsR § 2 Rn. 60.

[139] Spindler/Stilz/*Fleischer* Rn. 45; MüKoAktG/*Spindler* Rn. 68; Hüffer/*Koch* Rn. 21; *Schwarz* ZGR 2001, 744 (760).

[140] BGH AG 1986, 259; Hüffer/*Koch* Rn. 21; *Kort* in Fleischer HdB VorstandsR § 2 Rn. 60.

[141] BGH NJW 1988, 1199 (1200); GroßkommAktG/*Habersack/Foerster* Rn. 75; Spindler/Stilz/*Fleischer* Rn. 45; aA *Schwarz* ZGR 2001, 744 (761).

[142] MüKoAktG/*Spindler* Rn. 71; Hüffer/*Koch* Rn. 22; *Kort* in Fleischer HdB VorstandsR § 2 Rn. 62.

[143] Spindler/Stilz/*Fleischer* Rn. 47; MüKoAktG/*Spindler* Rn. 74; Hüffer/*Koch* Rn. 22.

[144] Spindler/Stilz/*Fleischer* Rn. 47; KK-AktG/*Mertens/Cahn* Rn. 62; Hüffer/*Koch* Rn. 22; *Kort* in Fleischer HdB VorstandsR § 2 Rn. 62; aA MüKoAktG/*Spindler* Rn. 72; Schmidt/Lutter/*Seibt* Rn. 31.

[145] MüKoAktG/*Spindler* Rn. 73; Hüffer/*Koch* Rn. 22; Schmidt/Lutter/*Seibt* Rn. 31.

Ausübungsermächtigung, die sich nur auf die organschaftliche Vertretungsbefugnis des Ermächtigenden bezieht (→ Rn. 35), widerspricht.[146]

VI. Rechtsgeschäftliche Vertretung

39 **1. Allgemeines.** Von der organschaftlichen Vertretung der Gesellschaft durch den Vorstand ist ihre rechtsgeschäftliche aufgrund bürgerlich-rechtlicher oder handelsrechtlicher Vollmacht zu unterscheiden. Im Gegensatz zur organschaftlichen Vertretungsmacht der Vorstandsmitglieder ist die rechtsgeschäftliche Vertretungsmacht **beschränkbar** und wird auch in der Regel beschränkt.[147] Die Erteilung rechtsgeschäftlicher Vertretungsmacht erfolgt grundsätzlich durch den Vorstand. Handlungsvollmacht (§ 54 HGB) kann auch durch einen Prokuristen erteilt werden.[148] Die Möglichkeit der Erteilung rechtsgeschäftlicher Vertretungsmacht kann durch die Satzung weder ausgeschlossen oder eingeschränkt, noch umgekehrt vorgeschrieben werden.[149] Im Innenverhältnis kann die Erteilung jedoch durch Satzungsbestimmung oder Aufsichtsratsbeschluss an die Zustimmung des Aufsichtsrats nach § 111 Abs. 4 S. 2 geknüpft werden. Für das Außenverhältnis ist ein solches Zustimmungserfordernis irrelevant, da es sich lediglich um eine interne Beschränkung der Geschäftsführungsbefugnis des Vorstands handelt. Daher darf das Registergericht zB bei der Eintragung einer Prokura nicht prüfen, ob die Zustimmung des Aufsichtsrats vorliegt.[150] Grenzen der Vollmachtserteilung ergeben sich zunächst aus der Vertretungsbefugnis des Vorstands selbst. Keine Vertretung darf soweit reichen, dass sie die organschaftliche Vertretung des Vorstands verdrängt.[151] Auch kann Vorstandsmitgliedern als organschaftlichen Vertretern nicht zusätzlich rechtsgeschäftliche Vertretungsmacht erteilt werden.[152]

40 **2. Prokura.** Die Erteilung der Prokura ist als **Leitungsaufgabe** dem Gesamtvorstand zugewiesen.[153] Die Bestellung eines Prokuristen ist auch zulässig, wenn die Gesellschaft kein Handelsgewerbe betreibt.[154] Der Prokurist vertritt die Aktiengesellschaft und nicht den Vorstand.[155] Als gewillkürter Vertreter kann er keine körperschaftlichen Handlungen vornehmen, die dem Vorstand oder einem anderen Gesellschaftsorgan zugewiesen sind, wie etwa die Einberufung der Hauptversammlung nach § 121 Abs. 2.[156]

41 **3. Generalvollmacht.** Der Vorstand kann auch Generalvollmacht erteilen, die den Bevollmächtigten (über den Umfang einer Prokura oder Generalhandlungsvollmacht hinausgehend) zur Vornahme aller Rechtshandlungen und Rechtsgeschäfte für die Gesellschaft berechtigt.[157] Voraussetzung ist allerdings, dass sie **nicht organverdrängend** in dem Sinne ist, dass der Generalbevollmächtigte die Gesellschaft statt dem Vorstand vertreten soll oder als unwiderrufliche Vollmacht ausgestaltet ist.[158]

VII. Rechtsfolgen fehlender Vertretungsmacht

42 **1. Außergerichtliche Vertretung.** Geschäfte, die der Vorstand **außerhalb der objektiven Grenzen** seiner Vertretungsmacht getätigt hat, sind entgegen einer im Vordringen befindlichen Auffassung[159] nach § 134 BGB nichtig und können auch nicht durch nachträgliche Genehmigung

---

[146] Spindler/Stilz/*Fleischer* Rn. 47; GroßkommAktG/*Habersack/Foerster* Rn. 78; *Schwarz* ZGR 2001, 744 (776).

[147] *Richter* in Semler/Peltzer/Kubis Vorst HdB § 6 Rn. 19.

[148] MüKoAktG/*Spindler* Rn. 106; Schmidt/Lutter/*Seibt* Rn. 15.

[149] Spindler/Stilz/*Fleischer* Rn. 48; GroßkommAktG/*Habersack/Foerster* Rn. 80; Hüffer/*Koch* Rn. 10.

[150] BGHZ 62, 166 (168) = NJW 1974, 1194 zur GmbH; MüKoAktG/*Spindler* Rn. 107; Hüffer/*Koch* Rn. 10.

[151] GroßkommAktG/*Habersack/Foerster* Rn. 81; Hüffer/*Koch* Rn. 10.

[152] BGHZ 34, 27 (30) = WM 1961, 80; BGH WM 1975, 790; MüKoAktG/*Spindler* Rn. 106, 64; Spindler/Stilz/*Fleischer* Rn. 48; aA GroßkommAktG/*Habersack/Foerster* Rn. 82.

[153] Spindler/Stilz/*Fleischer* Rn. 41; MüKoAktG/*Spindler* Rn. 110; *Richter* in Semler/Peltzer/Kubis Vorst HdB § 6 Rn. 20.

[154] MüKoAktG/*Spindler* Rn. 108; KK-AktG/*Mertens/Cahn* Rn. 80; Spindler/Stilz/*Fleischer* Rn. 49.

[155] Spindler/Stilz/*Fleischer* Rn. 49; Hüffer/*Koch* Rn. 10.

[156] MüKoAktG/*Spindler* Rn. 113; Spindler/Stilz/*Fleischer* Rn. 43.

[157] Im Einzelnen str., vgl. BGHZ 36, 293 (295) = WM 1962, 240; MüKoAktG/*Spindler* Rn. 114; KK-AktG/*Mertens/Cahn* Rn. 78; Spindler/Stilz/*Fleischer* Rn. 52; Hüffer/*Koch* Rn. 10; MHdB AG/*Wiesner* § 23 Rn. 28; aA zur GmbH BGH NJW 1977, 199 (200).

[158] MüKoAktG/*Spindler* Rn. 114; GroßkommAktG/*Habersack/Foerster* Rn. 81; Spindler/Stilz/*Fleischer* Rn. 52; Hüffer/*Koch* Rn. 10; MHdBAG/*Wiesner* § 23 Rn. 28.

[159] OLG Celle BB 2002, 1438; OLG Karlsruhe WM 1996, 161; *Werner* ZGR 1989, 369 (389); *Pluskat/Baßler* Der Konzern 2006, 403 (406); *Leuering* FS Kollhosser, 2004, 361; GroßkommAktG/*Habersack/Foerster* Rn. 13; Spindler/Stilz/*Spindler* § 112 Rn. 42; *Lutter/Krieger/Verse* Rechte und Pflichten § 7 Rn. 445; diff. Hüffer/*Koch* § 112 Rn. 12; offen gelassen von BGH AG 1994, 35.

des zuständigen Organs wirksam werden.[160] Hierzu zählen die Fälle, in denen der Vorstand nach dem Gesetz von der Vertretung der Gesellschaft ausgeschlossen ist, wie etwa bei der Vertretung der Gesellschaft gegenüber den Vorstandsmitgliedern (§ 112), bei der Erteilung des Prüfungsauftrags an den Abschlussprüfer (§ 111 Abs. 2 S. 3), bei Bestellung eines besonderen Vertreters (§ 147 Abs. 2 S. 1 und 2) oder im Anwendungsbereich der mitbestimmungsrechtlichen Begrenzung der Vertretungsmacht (§ 32 MitbestG, § 15 MontanMitbestG). Ein Tätigwerden des Vorstands in diesen Fällen verstößt gegen die zwingende aktienrechtliche Kompetenzordnung und damit gegen ein gesetzliches Verbot.[161] Anders verhält es sich, wenn der Vorstand zwar zur Vertretung der Gesellschaft befugt ist, hierzu jedoch der Mitwirkung oder der Zustimmung eines anderen Gesellschaftsorgans bedarf oder aufgrund des Verbots der Mehrvertretung (§ 181 Alt. 2 BGB) nicht ohne Gestattung durch Satzungsregelung oder Aufsichtsratsbeschluss tätig werden darf. Ein Verstoß gegen diese **subjektiven Grenzen** der Vertretungsmacht führt zur schwebenden Unwirksamkeit des Rechtsgeschäfts (§§ 177 ff. BGB), welches mit Genehmigung des mitwirkungspflichtigen Organs wirksam wird.[162] Auch ein Rechtsgeschäft, das ein **nicht zur Einzelvertretung berechtigter Gesamtvertreter** oder eine nicht zur Gesamtvertretung befugte Zahl von Vorstandsmitgliedern mit einem Dritten abgeschlossen hat, ist schwebend unwirksam. Es kann durch Genehmigung wirksam werden, welche von so vielen Vorstandsmitgliedern zu erteilen ist, dass diese entweder allein oder zusammen mit dem tätig gewordenen Mitglied eine zur Vertretung der Gesellschaft ausreichende Zahl erreichen.[163] Schließlich kann auch ein von einem ohne Vertretungsmacht handelnden **rechtsgeschäftlichen Vertreter** (Prokuristen, Handlungsbevollmächtigten, Generalbevollmächtigten) geschlossenes Rechtsgeschäft durch Genehmigung des Vorstands wirksam werden.[164]

43 **2. Gerichtliche Vertretung.** Prozessual führt eine gegen § 112 verstoßende Vertretung der Gesellschaft durch den Vorstand zur Abweisung der Klage als unzulässig. Der Aufsichtsrat kann den Vertretungsmangel allerdings heilen, indem er in den Prozess eintritt und die Prozesshandlungen des Vorstands genehmigt (→ § 112 Rn. 24).[165]

VIII. Organhaftung

44 Die Aktiengesellschaft ist entsprechend § 31 BGB für einen Schaden verantwortlich, den ihr Vorstand oder ein Mitglied ihres Vorstands einem Dritten durch eine zum Schadensersatz verpflichtende Handlung oder Unterlassung zufügt, sofern die schadensbegründende Handlung in Ausübung der dem Vorstand zustehenden Verpflichtungen erfolgt.[166] § 31 BGB begründet keinen selbstständigen Haftungstatbestand für die Aktiengesellschaft. Ihr wird vielmehr das zum Schadensersatz verpflichtende Organhandeln zugerechnet.[167] Die **Zurechnung** findet bereits für die **Vor-AG** statt, setzt also keine Handelsregistereintragung voraus.[168] Auf den Rechtsgrund der Haftung kommt es nicht an. In Betracht kommen neben deliktischen und vertraglichen auch Tatbestände der Gefährdungshaftung (zB § 7 StVG) sowie (da die zum Schadensersatz verpflichtende Handlung keine schuldhafte sein muss) auch Notstands- und Selbsthilfehandlungen der Vorstandsmitglieder, soweit diese nach §§ 904, 231 BGB zum Schadensersatz verpflichten.[169] Auch vorsätzliche unerlaubte Handlungen eines Vorstandsmitglieds sind der Gesellschaft nach § 31 BGB zurechenbar.[170] Anknüpfungspunkt

---

[160] OLG Hamburg WM 1986, 972 (974); OLG Stuttgart BB 1992, 1669; KK-AktG/*Mertens* § 112 Rn. 5; diff. *Richter* in Semler/Peltzer/Kubis Vorst HdB § 6 Rn. 33; diff. *Stein* AG 1999, 28 (31 f.); diff. KK-AktG/*Mertens/Cahn* Rn. 22.

[161] *Richter* in Semler/Peltzer/Kubis Vorst HdB § 6 Rn. 33.

[162] *Richter* in Semler/Peltzer/Kubis Vorst HdB § 6 Rn. 35; MüKoAktG/*Spindler* Rn. 9; GroßkommAktG/*Habersack/Foerster* Rn. 13.

[163] MüKoAktG/*Spindler* Rn. 75; GroßkommAktG/*Habersack/Foerster* Rn. 50, 52 f.; *Richter* in Semler/Peltzer/Kubis Vorst HdB § 6 Rn. 36.

[164] *Richter* in Semler/Peltzer/Kubis Vorst HdB § 6 Rn. 37.

[165] BGH NZG 2009, 466; NJW 1987, 254; 1989, 2055 f.; 1999, 3263; OLG Frankfurt AG 2011, 918; Hüffer/*Koch* § 112 Rn. 12.

[166] BGH NJW 2005, 2450; BGHZ 98, 148 (151 ff.) = NJW 1986, 2941; BGHZ 99, 298 (300 f.) = NJW 1987, 1193; Hüffer/*Koch* Rn. 23; MüKoAktG/*Spindler* Rn. 129; MHdB AG/*Wiesner* § 23 Rn. 33; Spindler/Stilz/*Fleischer* Rn. 58.

[167] MüKoAktG/*Spindler* Rn. 129; Schmidt/Lutter/*Seibt* Rn. 34.

[168] Hüffer/*Koch* Rn. 23; Spindler/Stilz/*Fleischer* Rn. 58; MüKoAktG/*Spindler* Rn. 129; *Beuthien* BB 1996, 1337.

[169] Hüffer/*Koch* Rn. 23; MüKoAktG/*Spindler* Rn. 132; Spindler/Stilz/*Fleischer* Rn. 59; KK-AktG/*Mertens/Cahn* § 76 Rn. 93; GroßkommAktG/*Kort* § 76 Rn. 167.

[170] BGHZ 98, 148 (152) = NJW 1986, 2941; *Kort* in Fleischer HdB VorstandsR § 2 Rn. 110.

der Haftung ist die Organstellung des Vorstands, die ihn befähigt, für die Gesellschaft zu handeln.[171] Die Handlungen des Vorstands werden als Handlungen der Gesellschaft angesehen.[172] Daher ist eine **Enthaftung der Gesellschaft** nach § 831 Abs. 1 S. 2 BGB oder § 278 BGB durch § 31 BGB **ausgeschlossen.** Die Gesellschaft kann sich nicht durch eine sorgfältige Auswahl der Vorstandsmitglieder exkulpieren.[173] Die Einstandspflicht der Gesellschaft setzt nicht voraus, dass sich das für sie handelnde Organ in den Grenzen seiner Vertretungsmacht gehalten hat. Entscheidend ist lediglich, ob das **Handeln in den dem Organ zugewiesenen Wirkungskreis** fiel.[174] Zwischen der ersatzbegründenden Handlung des Vorstands und dem ihm zugewiesenen Aufgabenbereich muss ein innerer (sachlicher), nicht lediglich zeitlicher oder örtlicher Zusammenhang bestehen.[175] **Sachliche Nähe** liegt dann nicht mehr vor, wenn die Handlung so sehr außerhalb des Aufgabenbereichs eines Vorstands liegt, dass ein innerer Zusammenhang zwischen dem Handeln und dem allgemeinen Rahmen der ihm übertragenden Obliegenheiten nicht mehr erkennbar und daher der Schluss geboten ist, dass das Vorstandsmitglied nur bei Gelegenheit, nicht aber in Ausführung der ihm zustehenden Verrichtungen gehandelt hat.[176]

Im Fall des als Einzelvertreter auftretenden Gesamtvertreters wird die Gesellschaft aus der Erklä- 45
rung des außerhalb der Grenzen seiner Vertretungsmacht handelnden Vorstandsmitglieds nach §§ 177 ff. BGB zwar nicht rechtsgeschäftlich verpflichtet. Dies hat jedoch keinen allgemeinen Ausschluss der Haftung nach § 31 BGB zur Folge.[177] Die Vertretungsregelungen sollen von ihrer Zielsetzung her nicht von der Haftung befreien, solange der Grund für das Einstehen nicht in einer rechtsgeschäftlichen Bindung an die Erklärung oder in einer Verletzung der vertraglichen Schutzpflichten liegt, sondern sich die Haftung auf einen Verstoß gegen die deliktischen, außervertraglichen Verhaltenspflichten gründet, auch wenn dieser Verstoß im Rahmen rechtsgeschäftlicher Betätigung erfolgte.[178]

Durch die Organhaftung der Gesellschaft nach § 31 BGB wird eine darüber hinausgehende per- 46
sönliche Haftung des betreffenden Vorstandsmitglieds nicht ausgeschlossen.[179] Im **Innenverhältnis** kommt bei schuldhaftem Handeln des Vorstandsmitglieds ein Ersatzanspruch der Gesellschaft nach § 93 Abs. 2 in Betracht.

§ 79 *(aufgehoben)*

§ 80 Angaben auf Geschäftsbriefen

(1) [1]Auf allen Geschäftsbriefen gleichviel welcher Form, die an einen bestimmten Empfänger gerichtet werden, müssen die Rechtsform und der Sitz der Gesellschaft, das Registergericht des Sitzes der Gesellschaft und die Nummer, unter der die Gesellschaft in das Handelsregister eingetragen ist, sowie alle Vorstandsmitglieder und der Vorsitzende des Aufsichtsrats mit dem Familiennamen und mindestens einem ausgeschriebenen Vornamen angegeben werden. [2]Der Vorsitzende des Vorstands ist als solcher zu bezeichnen. [3]Werden Angaben über das Kapital der Gesellschaft gemacht, so müssen in jedem Falle das Grundkapital sowie, wenn auf die Aktien der Ausgabebetrag nicht vollständig eingezahlt ist, der Gesamtbetrag der ausstehenden Einlagen angegeben werden.

(2) Der Angaben nach Absatz 1 Satz 1 und 2 bedarf es nicht bei Mitteilungen oder Berichten, die im Rahmen einer bestehenden Geschäftsverbindung ergehen und für die üblicherweise Vordrucke verwendet werden, in denen lediglich die im Einzelfall erforderlichen besonderen Angaben eingefügt zu werden brauchen.

(3) [1]Bestellscheine gelten als Geschäftsbriefe im Sinne des Absatzes 1. [2]Absatz 2 ist auf sie nicht anzuwenden.

(4) [1]Auf allen Geschäftsbriefen und Bestellscheinen, die von einer Zweigniederlassung einer Aktiengesellschaft mit Sitz im Ausland verwendet werden, müssen das Register, bei

---

171 BGHZ 98, 148 (151) = NJW 1986, 2941; BGH NJW 1952, 537 (538).
172 Hüffer/*Koch* Rn. 23.
173 Hüffer/*Koch* Rn. 23; Spindler/Stilz/*Fleischer* Rn. 60; MüKoAktG/*Spindler* Rn. 129; GroßkommAktG/*Kort* § 76 Rn. 207.
174 BGHZ 98, 14 (8, 151) = NJW 1986, 2941; RGZ 162, 202 (207); 162, 129 (169).
175 BGHZ 49, 19 (23) = NJW 1968, 391; MüKoAktG/*Spindler* Rn. 133; *Fleischer* NJW 2006, 3239 (3241).
176 BGHZ 98, 148 (152) = NJW 1986, 2941; RGZ 162, 129 (169).
177 BGHZ 98, 148 (152) = NJW 1986, 2941; MüKoAktG/*Spindler* Rn. 128.
178 BGHZ 98, 148 (152) = NJW 1986, 2941.
179 MüKoAktG/*Spindler* Rn. 135; Spindler/Stilz/*Fleischer* Rn. 58.

dem die Zweigniederlassung geführt wird, und die Nummer des Registereintrags angegeben werden; im übrigen gelten die Vorschriften der Absätze 1 bis 3 für die Angaben bezüglich der Haupt- und der Zweigniederlassung, soweit nicht das ausländische Recht Abweichungen nötig macht. [2]Befindet sich die ausländische Gesellschaft in Abwicklung, so sind auch diese Tatsache sowie alle Abwickler anzugeben.

Schrifttum: *Altmeppen,* Irrungen und Wirrungen um den täuschenden Rechtsformzusatz und seine Haftungsfolgen, NJW 2012, 2833; *Bärwaldt/Schabacker,* Angaben auf Geschäftspapieren inländischer Zweigniederlassungen ausländischer Kapitalgesellschaften, AG 1996, 461; *Einmahl,* Die erste Gesellschaftsrechtliche Richtlinie des Rates der Europäischen Gemeinschaften und ihre Bedeutung für das deutsche Aktienrecht, AG 1969, 131; *Hoeren/Pfaff,* Pflichtangaben im elektronischen Geschäftsverkehr aus juristischer und technischer Sicht, MMR 2007, 207; *Rath/Hausen,* Viel Lärm um nichts? Pflichtangaben in geschäftlichen E-Mails, K&R 2007, 113.

Übersicht

I. Allgemeines

1 § 80 dient der allgemeinen Information des Rechtsverkehrs mit grundlegenden Daten der Gesellschaft. Inländische wie ausländische Geschäftspartner sollen sich über die wesentlichen Merkmale und leitenden Personen der Gesellschaft ohne die Notwendigkeit eigener aufwändiger Nachforschungen informieren können. Weiterhin soll der Zugang zu weitergehenden Unternehmensinformationen durch Einsichtnahme in das Handelsregister erleichtert werden.[1] Die Vorschrift beruht im Wesentlichen auf der Publizitäts-RL,[2] die durch das 1. EG-Koordinierungsgesetz von 1969 (BGBl. I S. 1146) in nationales Recht überführt worden ist. Durch das EHUG vom 10.11.2006 (BGBl. I S. 2553) wurden die in § 80 normierten Angabepflichten in Umsetzung gemeinschaftsrechtlicher Vorgaben ausdrücklich auf Geschäftsbriefe jedweder Form (§ 80 Abs. 1 S. 1) ausgedehnt.

2 Für die aufgelöste Gesellschaft gilt § 268 Abs. 4. Auf die Vor-AG ist § 80 entsprechend anzuwenden.[3] Für kapitalmarktorientierte Aktiengesellschaften werden die aktienrechtlichen Publizitätsanforderungen durch vielfältige kapitalmarktrechtliche Vorschriften ergänzt.[4]

II. Informationsmedium

3 **1. Geschäftsbriefe.** Der Begriff des Geschäftsbriefs ist im Hinblick auf die beabsichtigte Publizität weit auszulegen.[5] Hierunter fällt jede **geschäftliche Mitteilung** der Gesellschaft, die **an einen bestimmten, außenstehenden Empfänger** gerichtet ist.[6] Ausgeschlossen sind damit zunächst rein private oder persönliche Mitteilungen, wozu auch Kondolenz- oder Glückwunschschreiben zählen.[7] Durch das Erfordernis eines bestimmten Empfängeradressaten wird der Geschäftsbrief weiterhin von öffentlichen Bekanntmachungen, allgemeinen Werbeschriften, Preislisten, Anzeigen und Mitteilungen abgegrenzt. Maßgeblich ist, dass die Mitteilung an einen bestimmten Empfänger adressiert ist, der nicht nur über Gruppenmerkmale zu individualisieren ist. Ein individueller Zuschnitt des Inhalts

---

[1] Begr. RegE *Kropff* Textausgabe, 1965, 101; GroßkommAktG/*Habersack/Foerster* Rn. 1; Hüffer/*Koch* Rn. 1; *Einmahl* AG 1969, 131 (133 f.); *Fleischer* NZG 2006, 561 (562 f.).

[2] Erste RL 68/151/EWG des Rates der Europäischen Gemeinschaften zur Koordinierung der Schutzbestimmungen, die den Mitgliedsstaaten den Gesellschaften im Sinne des Artikels 58 Absatz 2 des Vertrages im Interesse Dritter vorgeschrieben sind, um diese Bestimmungen gleichwertig zu gestalten, vom 9.3.1968 (ABl. L 65, 8), neu gefasst durch RL 2009/101/EG vom 16.9.2009 (ABl. L 258, 11).

[3] GroßkommAktG/*Habersack/Foerster* Rn. 1; Schmidt/Lutter/*Seibt* Rn. 1.

[4] Dazu *Fleischer* NZG 2006, 561 (564).

[5] Hüffer/*Koch* Rn. 2; Spindler/Stilz/*Fleischer* Rn. 4 mwN.

[6] KK-AktG/*Mertens/Cahn* Rn. 13; MüKoAktG/*Spindler* Rn. 14; Schmidt/Lutter/*Seibt* Rn. 8; Hüffer/*Koch* Rn. 2; *Bärwald/Schabacker* AG 1996, 461 (462).

[7] MüKoAktG/*Spindler* Rn. 16; GroßkommAktG/*Habersack/Foerster* Rn. 6.

der Mitteilung ist nicht erforderlich.[8] Interner Schriftverkehr der Gesellschaft mit ihren Zweigniederlassungen, einzelnen Abteilungen oder Betriebsstätten wird ebenso wie Korrespondenz zwischen betriebsverfassungsrechtlichen- oder gesellschaftsrechtlichen Organen der Gesellschaft nicht vom Anwendungsbereich des § 80 erfasst.[9] Der Angabepflicht unterliegen dagegen Mitteilungen an verbundene Unternehmen und an Arbeitnehmer außerhalb des Weisungsrechts, soweit es sich um Rechtsbeziehungen wie mit Dritten handelt.[10]

Auf die äußere Gestalt oder den inhaltlichen Umfang der Mitteilung kommt es nicht an. Daher können Vordrucke, individualisierte Preislisten, Auftrags- und Empfangsbestätigungen, Rechnungen oder Quittungen ebenso Geschäftsbriefe sein wie kurze Empfangsbestätigungen oder Memoranden.[11] Aus § 80 Abs. 1 S. 1 ergibt sich nach der Gesetzesänderung durch das EHUG vom 10.11.2006 nunmehr ausdrücklich („gleichviel welcher Art"), dass auch Mitteilungen, die per **E-Mail** oder in anderer **elektronischer Form** versandt werden, der Angabepflicht unterfallen.[12] Streitig ist, ob die Pflichtangaben im Mailtext selbst enthalten sein müssen oder ob ein Dateianhang mit den erforderlichen Angaben oder ein Link zu einer Internetseite den Anforderungen genügt. Aus dem Wortlaut („auf allen Geschäftsbriefen") folgt, dass weder ein Dateianhang noch ein bloßer Link ausreichen.[13] Für diese Auslegung spricht zudem der Sinn und Zweck des § 80. Es soll sichergestellt werden, dass Geschäftspartner ohne Weiteres über wesentliche Merkmale des Geschäfts oder Unternehmens informiert werden. Die erforderlichen Informationen sind daher in einer Art und Weise zur Verfügung zu stellen, dass der Versender der E-Mail üblicherweise mit der Abrufbarkeit der Pflichtangaben durch den Empfänger rechnen kann. Weder beim Empfang von E-Mails per Mobiltelefon noch in der Unternehmenspraxis, in der der Internetzugang vieler Mitarbeiter vollständig oder teilweise gesperrt ist oder die Darstellung von E-Mails oft im reinen Textformat erfolgt, ist gewährleistet, dass die Pflichtangaben im E-Mail-Anhang oder als Link tatsächlich abgerufen werden können.[14] Sind die Pflichtangaben lediglich mit Hilfe eines Links einzusehen, kommt hinzu, dass dieser Link jederzeit abgeändert werden kann und die relevanten Informationen damit zu einem späteren Zeitpunkt gegebenenfalls nicht mehr zur Verfügung stehen.[15] 4

2. Vordrucke. Von der Publizitätspflicht ausgenommen sind nach § 80 Abs. 2 Mitteilungen und Berichte in Vordruckform, die im Rahmen einer **bestehenden Geschäftsverbindung** verwendet werden und in die lediglich die im Einzelfall erforderlichen besonderen Angaben eingefügt werden müssen. Eine bestehende Geschäftsverbindung in diesem Sinne setzt voraus, dass dem Geschäftspartner die Informationen nach § 80 Abs. 1 zumindest einmal durch vorhergehende Korrespondenz übermittelt wurden.[16] Erforderlich ist weiterhin die **Üblichkeit** der Verwendung entsprechender Vordrucke, wobei auf die im Einzelfall zu ermittelnde Branchenüblichkeit abzustellen ist.[17] Daneben muss auch die konkrete Ausgestaltung des Formulars der Üblichkeit entsprechen.[18] Die Verwendung eines Vordrucks setzt voraus, dass der Text des Formblatts bis auf wenige Ausnahmen vollständig ist und die ausfüllungsbedürftigen Lücken sich auf besondere Angaben zu dem konkreten Geschäftsvorfall beschränken.[19] Von der Befreiung nach § 80 Abs. 2 umfasst sind in der Praxis regelmäßig Rechnungen, Lieferscheine, Auftragsbestätigungen, Mahnungen, Kontoauszüge und andere Vordrucke im Bankenverkehr sowie standardisierte Mitteilungen an Behörden, Kammern und Verbände.[20] 5

3. Bestellscheine. Stets als Geschäftsbriefe und nicht als Vordrucke iSd § 80 Abs. 2 gelten nach § 80 Abs. 3 Bestellscheine. Dies sind Vordrucke, mit denen Geschäftspartner der Gesellschaft einen Vertrag auf Leistung der Gesellschaft anbieten oder annehmen.[21] Auch wenn die Gesellschaft formularmäßige Bestellscheine im Rahmen einer laufenden Geschäftsverbindung verwendet, ist § 80 Abs. 2, 6

---

[8] Spindler/Stilz/*Fleischer* Rn. 7; MüKoAktG/*Spindler* Rn. 15; Hüffer/*Koch* Rn. 2.

[9] GroßkommAktG/*Habersack/Foerster* Rn. 7; MüKoAktG/*Spindler* Rn. 16; Schmidt/Lutter/*Seibt* Rn. 10.

[10] Schmidt/Lutter/*Seibt* Rn. 10; MüKoAktG/*Spindler* Rn. 16.

[11] Spindler/Stilz/*Fleischer* Rn. 17; Hüffer/*Koch* Rn. 2.

[12] Begr. RegE zum EHUG, BT-Drs. 16/960, 47 f.; MüKoAktG/*Spindler* Rn. 18; Spindler/Stilz/*Fleischer* Rn. 5; aA für Mitteilungen, auf deren Gestaltung der Absender keinen Einfluss hat (zB Telegramme, Telex- und Fernschreiben) Schmidt/Lutter/*Seibt* Rn. 8; GroßkommAktG/*Habersack/Foerster* Rn. 4.

[13] MüKoAktG/*Spindler* Rn. 18; *Hoeren/Pfaff* MMR 2007, 207 (208 f.); *Rath/Hausen* K&R 2007, 113, 114 f.; *Wild* DuD 2007, 374; aA *Glaus/Gabel* BB 2007, 1744 ff.; *Leuering/Rubel* NJW-Spezial 2008, 47 ff.

[14] *Hoeren/Pfaff* MMR 2007, 207 (208); *Wild* DuD 2007, 374.

[15] *Rath/Hausen* K&R 2007, 113, 115.

[16] KK-AktG/*Mertens/Cahn* Rn. 17; Hüffer/*Koch* Rn. 5; GroßkommAktG/*Habersack* Rn. 11.

[17] Hüffer/*Koch* Rn. 5; GroßkommAktG/*Habersack/Foerster* Rn. 13; MüKoAktG/*Spindler* Rn. 21.

[18] MüKoAktG/*Spindler* Rn. 21; Spindler/Stilz/*Fleischer* Rn. 9; KK-AktG/*Mertens/Cahn* Rn. 18.

[19] Schmidt/Lutter/*Seibt* Rn. 9; MüKoAktG/*Spindler* Rn. 22.

[20] MüKoAktG/*Spindler* Rn. 23; Schmidt/Lutter/*Seibt* Rn. 9.

[21] GroßkommAktG/*Habersack/Foerster* Rn. 15.

der eine Befreiung von der Angabepflicht vorsieht, nicht anwendbar.[22] Dies folgt schon aus Art. 4 der Publizitätsrichtlinie, in dem Bestellscheine ausdrücklich aufgeführt und keine Ausnahmeregelung vorgesehen ist.[23]

III. Erforderliche Angaben

7 **1. Rechtsform und Sitz.** Gemäß § 80 Abs. 1 S. 1 ist die Rechtsform der Gesellschaft anzugeben. Es genügt die Mitteilung in abgekürzter Form („AG"), da auch diese im internationalen Rechtsverkehr bekannt ist.[24] Zudem ist die Angabe des Gesellschaftssitzes (§ 5) erforderlich, der für die Bestimmung des allgemeinen Gerichtsstands (§ 17 Abs. 1 ZPO) von Bedeutung ist. Die Angabe des Orts einer Zweigniederlassung oder Betriebsstätte genügt daher auch dann nicht, wenn der Geschäftsbrief von dort abgesandt wurde.[25]

8 **2. Registergericht und -nummer.** Um dem Geschäftspartner einen raschen Zugriff auf weitere Daten der Gesellschaft zu ermöglichen, sind das Registergericht des Sitzes der Gesellschaft und die Registernummer anzugeben, unter der die Gesellschaft im Handelsregister eingetragen ist. Eine Angabe in abgekürzter Form (zB AG Düsseldorf HRB 1234) genügt.[26]

9 **3. Namensangaben.** Anzugeben sind ferner die vollständigen Familiennamen und mindestens ein ausgeschriebener Vorname aller Vorstandsmitglieder (einschließlich stellvertretender Vorstandsmitglieder iSd § 94) und des Vorsitzenden des Aufsichtsrats. Bei stellvertretenden Vorstandsmitgliedern ist zur Vermeidung einer Irreführung des Rechtsverkehrs auf die Angabe des Stellvertreterzusatzes zu verzichten.[27] Gibt es einen Vorsitzenden des Vorstands, so ist dieser gemäß § 80 Abs. 1 S. 2 als solcher zu bezeichnen. Die Bezeichnung kann dem Namenszug vor- oder nachgestellt werden.[28] Auf sonstige Organfunktionen (zB Vorstandssprecher, stellvertretender Vorstandsvorsitzender, Arbeitsdirektor) braucht nicht hingewiesen zu werden. Eine freiwillige Angabe ist allerdings zulässig.[29] Auszuweisen ist demgegenüber das Amtieren eines Notvorstands, da dieser Umstand für den Geschäftsverkehr von Bedeutung sein kann.[30]

10 **4. Gesellschaftskapital.** Angaben zum Gesellschaftskapital sind nicht verpflichtend, jedoch zulässig. Werden Angaben gemacht, müssen nach § 80 Abs. 1 S. 3 in jedem Fall das Grundkapital und gegebenenfalls der Gesamtbetrag der ausstehenden Einlagen angegeben werden. Maßgeblich ist der Ausgabebetrag der Aktien.[31] Die Vorschrift bezieht sich nur auf Bareinlagen („Einzahlungen").[32] Ausstehende Sacheinlagen sind (sofern Angaben zum Gesellschaftskapital gemacht werden) jedoch dann anzugeben, wenn das Unterlassen solcher Angaben geeignet ist, den Rechtsverkehr irrezuführen (§§ 3, 5 UWG).[33]

IV. Zweigniederlassungen ausländischer Gesellschaften

11 Nach § 80 Abs. 4 S. 1 müssen auf Geschäftsbriefen inländischer Zweigniederlassungen ausländischer Aktiengesellschaften das Register, bei dem die Zweigniederlassung geführt wird (§ 13d Abs. 1 HGB) und die Nummer des Registereintrags angegeben werden. Im Übrigen gelten die Vorschriften der Abs. 1–3, sofern nicht das ausländische Recht Abweichungen nötig macht (zB weil ein Registereintrag nach ausländischen Recht nicht vorgesehen ist). Es besteht damit eine Publizitätspflicht sowohl in Bezug auf die ausländische Haupt- als auch die inländische Zweigniederlassung **(doppelte Angabeverpflichtung).**[34] Die Angaben müssen in deutscher Sprache erfolgen.[35] Die vollständige

[22] Spindler/Stilz/*Fleischer* Rn. 11; GroßkommAktG/*Habersack/Foerster* Rn. 15; Hüffer/*Koch* Rn. 6.
[23] MüKoAktG/*Spindler* Rn. 24; Hüffer/*Koch* Rn. 6.
[24] MüKoAktG/*Spindler* Rn. 7; Spindler/Stilz/*Fleischer* Rn. 13.
[25] Spindler/Stilz/*Fleischer* Rn. 13; Schmidt/Lutter/*Seibt* Rn. 2; Hüffer/*Koch* Rn. 3.
[26] MüKoAktG/*Spindler* Rn. 9; Hüffer/*Koch* Rn. 3.
[27] KK-AktG/*Mertens/Cahn* Rn. 6; Hüffer/*Koch* Rn. 3; Schmidt/Lutter/*Seibt* Rn. 4; aA MüKoAktG/*Spindler* Rn. 10.
[28] Hüffer/*Koch* Rn. 3; Schmidt/Lutter/*Seibt* Rn. 4.
[29] KK-AktG/*Mertens/Cahn* Rn. 6; MüKoAktG/*Spindler* Rn. 10; Schmidt/Lutter/*Seibt* Rn. 4; abl. Hüffer/*Koch* Rn. 3.
[30] MüKoAktG/*Spindler* Rn. 11; KK-AktG/*Mertens/Cahn* Rn. 6; Schmidt/Lutter/*Seibt* Rn. 4.
[31] Spindler/Stilz/*Fleischer* Rn. 15; GroßkommAktG/*Habersack/Foerster* Rn. 18.
[32] Hüffer/*Koch* Rn. 4; GroßkommAktG/*Habersack/Foerster* Rn. 18; MüKoAktG/*Spindler* Rn. 12.
[33] MüKoAktG/*Spindler* Rn. 12; Schmidt/Lutter/*Seibt* Rn. 5; GroßkommAktG/*Habersack/Foerster* Rn. 18; zweifelnd Hüffer/*Koch* Rn. 4.
[34] Schmidt/Lutter/*Seibt* Rn. 6.
[35] *Bärwaldt/Schabacker* AG 1996, 461 (462); MüKoAktG/*Spindler* Rn. 25; Spindler/Stilz/*Fleischer* Rn. 16.

ausländische Firma einschließlich des Rechtsformzusatzes ist in Originalsprache wiederzugeben und durch einen erläuternden Rechtsformhinweis (zB AG nach französischem Recht) zu ergänzen.[36] Befindet sich die ausländische Gesellschaft in Abwicklung, ist gemäß § 80 Abs. 4 S. 2 zusätzlich entsprechend dem für inländische Gesellschaften geltenden § 268 Abs. 4 ein Hinweis auf die Abwicklung und die Angabe der Namen der Abwickler erforderlich.

V. Rechtsfolgen bei Pflichtverstößen

Da § 80 eine reine Ordnungsvorschrift ist, führt ein Verstoß gegen die Angabepflichten nicht zur Unwirksamkeit der in dem betreffenden Geschäftsbrief enthaltenen rechtsgeschäftlichen Erklärungen.[37] Denkbar sind jedoch Schadensersatzansprüche des Erklärungsempfängers unter dem Gesichtspunkt der Verletzung vorvertraglicher Nebenpflichten (culpa in contrahendo, §§ 280 Abs. 1, 311 Abs. 2, 241 BGB), sowie ein Recht zur Irrtumsanfechtung nach § 119 Abs. 2 BGB.[38] In Betracht kommen ferner Schadensersatzansprüche aus § 823 Abs. 2 BGB iVm § 80 (Schutzgesetz).[39] Beim Handeln von Personen, die auf dem Geschäftsbrief fälschlicherweise (noch) als Vorstandsmitglieder aufgeführt sind kommt eine Rechtsscheinshaftung der Gesellschaft (analog § 179 BGB) in Betracht. Nur ausnahmsweise, bei Hinzutreten besonderer, über die allgemeine Kostenersparnis hinausgehender wettbewerbsrelevanter Umstände, ist bei einer Verletzung der Angabepflicht ein Verstoß gegen § 3 UWG anzunehmen.[40] Das Registergericht kann gemäß § 407 gegen Vorstandsmitglieder und Abwickler, die die nach § 80 notwendigen Angaben nicht, unrichtig oder unvollständig machen, ein Zwangsgeld festsetzen. 12

§ 81 Änderung des Vorstands und der Vertretungsbefugnis seiner Mitglieder

(1) Jede Änderung des Vorstands oder der Vertretungsbefugnis eines Vorstandsmitglieds hat der Vorstand zur Eintragung in das Handelsregister anzumelden.

(2) Der Anmeldung sind die Urkunden über die Änderung in Urschrift oder öffentlich beglaubigter Abschrift beizufügen.

(3) [1]Die neuen Vorstandsmitglieder haben in der Anmeldung zu versichern, daß keine Umstände vorliegen, die ihrer Bestellung nach § 76 Abs. 3 Satz 2 Nr. 2 und 3 sowie Satz 3 entgegenstehen, und daß sie über ihre unbeschränkte Auskunftspflicht gegenüber dem Gericht belehrt worden sind. [2]§ 37 Abs. 2 Satz 2 ist anzuwenden.

Schrifttum: *Fleischer,* Organpublizität im Aktien-, Bilanz- und Kapitalmarktrecht, NZG 2006, 561; *John,* Fiktionswirkung oder Schutz typisierten Vertrauens durch das Handelsregister, ZHR 140 (1976), 236; *Servatius,* Zur Eintragung organschaftlicher Vertretungsmacht im Handelsregister, NZG 2002, 456.

Übersicht

I. Allgemeines

Durch § 81 soll sichergestellt werden, dass das Handelsregister jederzeit Aufschluss über die Vorstandsmitglieder und ihrer Vertretungsbefugnisse gibt. Zusammen mit §§ 37 Abs. 3, 39 Abs. 1, die 1

[36] *Bärwaldt/Schabacker* AG 1996, 461 (462); Spindler/Stilz/*Fleischer* Rn. 16; GroßkommAktG/*Habersack/Foerster* Rn. 9.

[37] GroßkommAktG/*Habersack/Foerster* Rn. 20; KK-AktG/*Mertens/Cahn* Rn. 22; Hüffer/*Koch* Rn. 8; Schmidt/Lutter/*Seibt* Rn. 11.

[38] Vgl. OLG Hamm NJW-RR 1990, 523 – Anfechtung eines Werkvertrags wegen Nichteintragung in Handwerksrolle; Spindler/Stilz/*Fleischer* Rn. 18; Hüffer/*Koch* Rn. 8; Schmidt/Lutter/*Seibt* Rn. 11.

[39] LG Detmold GmbHR 1991, 23 = WM 1990, 1872; GroßkommAktG/*Habersack/Foerster* Rn. 20; Schmidt/Lutter/*Seibt* Rn. 11.

[40] MüKoAktG/*Spindler* Rn. 27; GroßkommAktG/*Habersack/Foerster* Rn. 20 f.; Spindler/Stilz/*Fleischer* Rn. 18.

entsprechende Pflichten des ersten Vorstands statuieren, dient die Vorschrift damit vor allem dem Interesse des Rechtsverkehrs an der aktuellen Richtigkeit des Handelsregisters.[1] Aufgrund der Handelsregisterpublizität nach § 15 HGB liegt die Gewährleistung der jederzeitigen Richtigkeit des Handelsregisters gleichzeitig auch im Interesse der Gesellschaft.[2] Zur Durchsetzung gesetzlicher Bestellungshindernisse gegenüber neuen Vorstandsmitgliedern ist in § 81 Abs. 3 eine strafbewehrte Verpflichtung (§ 399 Abs. 1 Nr. 6) für neue Vorstandsmitglieder vorgesehen, in der Anmeldung das Fehlen von Bestellungshindernissen zu versichern.[3] Die Publizitätspflichten nach § 15 WpHG aF bzw. § 26 WpHG nF („ad hoc-Publizität") und § 81 bestehen unabhängig voneinander.[4]

2 § 81 Abs. 4 aF ist durch das EHUG vom 10.11.2006 (BGBl. I S. 2553) gestrichen worden. § 81 Abs. 3 S. 1 wurde durch das das MoMiG vom 23.10.2008 (BGBl. I S. 2026) redaktionell an die mit gleichem Gesetz geänderte Fassung des § 76 Abs. 3 angepasst.

II. Anmeldepflicht

3 **1. Änderungen in der personellen Zusammensetzung des Vorstands.** Anmeldepflichtig ist nach § 81 Abs. 1 Alt. 1 jede Änderung in der personellen Zusammensetzung des Vorstands. Hierzu gehört das Ausscheiden eines bisherigen Vorstandsmitglieds ebenso wie der Eintritt eines neuen Vorstandsmitglieds.[5] Die Anmeldepflicht gilt auch für **stellvertretende Vorstandsmitglieder,** die nach § 94 zum Vorstand gehören.[6] Da ein Stellvertretervermerk nicht in das Handelsregister eingetragen werden kann, liegt keine anmeldepflichtige Änderung vor, wenn ein stellvertretendes Vorstandsmitglied zum ordentlichen Vorstandsmitglied ernannt wird oder umgekehrt.[7] Auch die Bestellung eines gewöhnlichen Vorstandsmitglieds zum Vorstandsvorsitzenden oder die Änderung sonstiger Organfunktionen (zB Ernennung eines Vorstandsmitglieds zum Arbeitsdirektor) ist kein anmeldepflichtiger Vorgang, da insofern keine Änderung der Vertretungsverhältnisse erfolgt.[8]

4 Wird die Änderung obsolet, bevor sie eingetragen wurde, entfällt die Pflicht zur Anmeldung nach § 81.[9] Jedenfalls bei Ausscheiden eines bestellten, aber noch nicht angemeldeten und eingetragenen Vorstandsmitglieds empfiehlt sich jedoch die Anmeldung sowohl der Bestellung als auch des Ausscheidens im Hinblick auf § 15 Abs. 1 HGB, demzufolge Dritte sich nach überwiegender Auffassung[10] auf nicht eingetragene aber eintragungspflichtige Tatsachen auch dann berufen können, wenn sie fortgefallen sind.[11]

5 **2. Änderung der persönlichen Verhältnisse eines Vorstandsmitglieds.** Eine Änderung der persönlichen Verhältnisse eines Vorstandsmitglieds ist anmeldepflichtig, soweit der Normzweck des § 81 Abs. 1 die Eintragung gebietet.[12] Dies ist nur bei **Namensänderungen** (zB infolge Heirat, Adoption oder Erwerb eines Doktortitels) der Fall, da der Name des Vorstandsmitglieds zu dessen Identifizierung dient und nur bei Eintragung des richtigen Namens gewährleistet ist, dass das Register über die Zusammensetzung des Vorstands und damit die Vertretungsverhältnisse zuverlässig Auskunft gibt.[13] Anmelde- und eintragungsfähig, nicht aber eintragungspflichtig ist hingegen jede Änderung eines sonstigen in § 43 Nr. 4 HRV benannten Umstands. Die Ernennung zum Vorstandsvorsitzenden oder die Änderung des Wohnorts oder des Berufs müssen daher nicht angemeldet werden, sind jedoch einzutragen, wenn eine Anmeldung erfolgt.[14] Bei der Eintragung der Ernennung von stellvertretenden Vorstandsvorsitzenden ist die Praxis der Registergerichte uneinheitlich. Teilweise wird die Eintragung als registerrechtlich unzulässig angesehen.[15] Nicht eintragungsfähig sind Titel, die weder Berufs- noch Namensbezeichnungen darstellen („Generaldirektor", „Arbeitsdirektor").[16] Nicht ein-

[1] GroßkommAktG/*Habersack/Foerster* Rn. 1; Spindler/Stilz/*Fleischer* Rn. 1; KK-AktG/*Mertens/Cahn* Rn. 1.
[2] KK-AktG/*Mertens/Cahn* Rn. 1; Spindler/Stilz/*Fleischer* Rn. 1.
[3] Hüffer/*Koch* Rn. 1; Spindler/Stilz/*Fleischer* Rn. 1; Schmidt/Lutter/*Seibt* Rn. 1.
[4] MüKoAktG/*Spindler* Rn. 2.
[5] Schmidt/Lutter/*Seibt* Rn. 3.
[6] GroßkommAktG/*Habersack/Foerster* Rn. 4; KK-AktG/*Mertens/Cahn* Rn. 3.
[7] Spindler/Stilz/*Fleischer* Rn. 5; GroßkommAktG/*Habersack/Foerster* Rn. 4; Schmidt/Lutter/*Seibt* Rn. 3.
[8] LG Stuttgart BB 1953, 870; Hüffer/*Koch* Rn. 3; GroßkommAktG/*Habersack/Foerster* Rn. 4.
[9] RGZ 68, 381 (384); Hüffer/*Koch* Rn. 2; KK-AktG/*Mertens/Cahn* Rn. 5; GroßkommAktG/*Habersack/Foerster* Rn. 5.
[10] BGHZ 116, 37 (44); Staub/*Koch* HGB § 15 Rn. 49 f.; *John* ZHR 140 (1976), 236 (243).
[11] GroßkommAktG/*Habersack/Foerster* Rn. 5; Spindler/Stilz/*Fleischer* Rn. 5; KK-AktG/*Mertens/Cahn* Rn. 5; Hüffer/*Koch* Rn. 2.
[12] GroßkommAktG/*Habersack/Foerster* Rn. 6; Schmidt/Lutter/*Seibt* Rn. 5.
[13] MüKoAktG/*Spindler* Rn. 5; Hüffer/*Koch* Rn. 3; Spindler/Stilz/*Fleischer* Rn. 6.
[14] LG Stuttgart BB 1953, 870; Hüffer/*Koch* Rn. 3.
[15] Schmidt/Lutter/*Seibt* Rn. 4; Hüffer/*Koch* Rn. 3; MüKoAktG/*Spindler* Rn. 7.
[16] Hüffer/*Koch* Rn. 3; MüKoAktG/*Spindler* Rn. 7.

getragen werden auch die Dauer der Vorstandsbestellung sowie eine Verlängerung der Amtszeit.[17] Auf die zwar eintragungsfähigen, aber nicht angabepflichtigen Identitätsangaben erstreckt sich die Publizitätswirkung des Handelsregisters nicht.[18]

3. Änderung der Vertretungsbefugnis. Jede Änderung der Vertretungsbefugnis, gleichgültig ob sie durch Satzung oder Beschluss des Aufsichtsrats auf Grundlage einer Satzungsermächtigung erfolgt, ist gemäß § 81 Abs. 1 Alt. 2 anzumelden.[19] Dies betrifft die Änderung der bei einem mehrgliedrigen Vorstand gesetzlich vorgesehenen Gesamtvertretung (§ 78 Abs. 2) in Einzelvertretung oder unechte Gesamtvertretung, die Aufhebung einer zunächst erteilten Befreiung vom Verbot der Mehrfachvertretung gemäß § 181 BGB sowie Vorgänge in umgekehrter Richtung.[20] Die Erteilung und der Widerruf einer Einzelermächtigung iSd § 78 Abs. 4 sind hingegen weder anmeldefähig noch anmeldepflichtig, da sie die allgemeine Vertretungsordnung unberührt lassen.[21] Erfolgt die Änderung der Vertretungsbefugnis im Weg der **Satzungsänderung,** genügt grundsätzlich die nach § 181 erforderliche Anmeldung des Satzungsbeschlusses.[22] Dies gilt nicht, wenn eine satzungsmäßige Vertretungsregelung ersatzlos aufgehoben wird. Hier bedarf es einer (zusätzlichen) Anmeldung nach § 81 Abs. 1, da sich dem Satzungsbeschluss das Wiederaufleben der gesetzlichen Vertretungsbefugnis nach § 78 nicht entnehmen lässt.[23] 6

III. Anmeldeverfahren

1. Zuständigkeit. Zuständig für die Anmeldung ist nach § 81 Abs. 1 der Vorstand. Ein Handeln von Vorstandsmitgliedern in vertretungsberechtigter Zahl genügt.[24] Die Anmeldung ist daher auch in unechter Gesamtvertretung unter Mitwirkung eines Prokuristen möglich.[25] Da die Anmeldung nach § 81 Abs. 1 – im Gegensatz zur Versicherung nach § 81 Abs. 3 – keine höchstpersönliche Erklärung darstellt, kann sich der Vorstand durch einen gemäß § 12 Abs. 2 S. 1 HGB in Form der öffentlichen Beglaubigung Bevollmächtigten vertreten lassen.[26] Aus § 81 Abs. 3 S. 1 folgt, dass ein neu bestelltes Vorstandsmitglied selbst zur Anmeldung seines Organeintritts berechtigt und verpflichtet ist, hierzu jedoch seine Anmeldebefugnis gesondert nachzuweisen hat.[27] Ein **ausgeschiedenes Vorstandmitglied** ist kein Organmitglied mehr und daher nicht zur Anmeldung seines Ausscheidens befugt.[28] Zuständig sind in diesem Fall die übrigen Vorstandmitglieder, beim Alleinvorstand der Nachfolger.[29] Ist der Vorstand aufgrund des Ausscheidens eines Mitglieds unterbesetzt und kann die Gesellschaft daher nicht mehr vertreten werden, ist zunächst ein neues Vorstandsmitglied, gegebenenfalls auch durch das Gericht (§ 85) zu bestellen.[30] Anders liegt es, wenn (wie in der Praxis häufig vereinbart) das ausscheidende Vorstandsmitglied sein Amt mit der Maßgabe niederlegt, dass sein Ausscheiden erst mit Eingang der Anmeldung bei Gericht wirksam werden soll. Dann ist das Vorstandsmitglied bis zum Eintritt der Bedingung noch antragsberechtigt.[31] Das ausgeschiedene Vorstandsmitglied hat gegen die Gesellschaft (vertreten durch den Vorstand) einen klagbaren Anspruch auf die Vornahme der Anmeldung seines Ausscheidens. Das rechtskräftige Urteil ersetzt gemäß § 894 ZPO die Anmeldung nach § 81 Abs. 1.[32] Zudem kann das ausgeschiedene Vorstandsmitglied beim Registergericht anregen, den Vorstand durch Ordnungsstrafen nach § 14 HGB zur Anmeldung des Ausscheidens anzuhalten.[33] 7

[17] MüKoAktG/*Spindler* Rn. 6; Schmidt/Lutter/*Seibt* Rn. 4; krit. hierzu *Fleischer* NZG 2006, 561 (567).
[18] Spindler/Stilz/*Fleischer* Rn. 6; Schmidt/Lutter/*Seibt* Rn. 4.
[19] GroßkommAktG/*Habersack/Foerster* Rn. 7; MüKoAktG/*Spindler* Rn. 8; Spindler/Stilz/*Fleischer* Rn. 7; Hüffer/*Koch* Rn. 4.
[20] MüKoAktG/*Spindler* Rn. 8; Spindler/Stilz/*Fleischer* Rn. 7; Hüffer/*Koch* Rn. 4.
[21] Schmidt/Lutter/*Seibt* Rn. 6; Spindler/Stilz/*Fleischer* Rn. 7; Hüffer/*Koch* Rn. 4; aA *Servatius* NZG 2002, 456 (458).
[22] GroßkommAktG/*Habersack* Rn. 8; MüKoAktG/*Spindler* Rn. 8; Hüffer/*Koch* Rn. 4.
[23] Schmidt/Lutter/*Seibt* Rn. 6; Hüffer/*Koch* Rn. 4.
[24] BayObLG WM 1973, 1226; GroßkommAktG/*Habersack/Foerster* Rn. 7; Hüffer/*Koch* Rn. 5.
[25] MüKoAktG/*Spindler* Rn. 12; Schmidt/Lutter/*Seibt* Rn. 8.
[26] BayObLG WM 1982, 647 (649); OLG Köln NJW 1987, 135; Hüffer/*Koch* Rn. 5.
[27] KK-AktG/*Mertens/Cahn* Rn. 10; GroßkommAktG/*Habersack/Foerster* Rn. 10; Spindler/Stilz/*Fleischer* Rn. 9.
[28] Vgl. OLG Frankfurt BB 2006, 2154 (2155); BB 1983, 1561; BayObLG BB 1982, 199, jeweils für GmbH-Geschäftsführer; MüKoAktG/*Spindler* Rn. 13; Hüffer/*Koch* Rn. 5; Schmidt/Lutter/*Seibt* Rn. 9; aA – Anmeldeberechtigung des ausgeschiedenen Vorstandsmitglieds für kurze Frist – GroßkommAktG/*Habersack/Foerster* Rn. 9.
[29] MüKoAktG/*Spindler* Rn. 13; Hüffer/*Koch* Rn. 5.
[30] Spindler/Stilz/*Fleischer* Rn. 10; MüKoAktG/*Spindler* Rn. 13.
[31] Vgl. OLG Frankfurt ZIP 1983, 1072; NJW-RR 1994, 105; MüKoAktG/*Spindler* Rn. 13; Spindler/Stilz/*Fleischer* Rn. 9.
[32] KK-AktG/*Mertens/Cahn* Rn. 10; Hüffer/*Koch* Rn. 5.
[33] Spindler/Stilz/*Fleischer* Rn. 9; Schmidt/Lutter/*Seibt* Rn. 9.

8 Die Anmeldung einer Änderung der Vertretungsbefugnis im Wege der Satzungsänderung hat auf der Grundlage der bisherigen Vertretungsordnung zu erfolgen, da die Satzungsänderung nach § 181 Abs. 3 erst mit Eintragung im Handelsregister wirksam wird.[34]

9 **2. Form und Verfahren.** Die Anmeldung muss nach § 12 Abs. 1 HGB in öffentlich beglaubigter Form erfolgen.[35] Die Einreichung einer nach § 42 BeurkG notariell beglaubigten Abschrift (Kopie) genügt.[36] Zuständig ist das Registergericht am Sitz der Gesellschaft (§ 14). Die Kosten der Eintragung fallen der Aktiengesellschaft zur Last.[37]

10 Nach § 81 Abs. 2 sind der Anmeldung die **Urkunden** über die Änderung in Urschrift oder öffentlich beglaubigter Abschrift beizufügen, um dem Registergericht die materielle Prüfung der Anmeldung zu ermöglichen.[38] Bei der Bestellung eines Vorstandsmitglieds ist der Bestellungsbeschluss des Aufsichtsrats oder des Gerichts einzureichen. Eine vom Vorsitzenden des Aufsichtsrats unterschriebene Ausfertigung des Beschlusses (§ 107 Abs. 2), aus dem sich die Beschlussfähigkeit und die Beschlussfassung mit Stimmenmehrheit ergibt, genügt.[39] Zu den Urkunden zählen unter anderem Sterbeurkunden, Aufsichtsratsprotokolle oder Niederlegungsschreiben.[40] Der Zugang des Widerrufs der Bestellung eines Vorstandsmitglieds durch den Aufsichtsrat muss nicht durch Urkundenvorlage nachgewiesen werden, da die Abberufung ansonsten unnötig erschwert würde.[41] Demgegenüber ist bei einer vom Vorstandsmitglied gegenüber dem Aufsichtsrat erklärten **Amtsniederlegung** ein urkundlicher Nachweis über den Zugang der Niederlegungserklärung erforderlich.[42] Das Registergericht hat im Einzelfall zu prüfen, ob der Inhalt der eingereichten Urkunden die begehrte Eintragung rechtfertigt. Es ist berechtigt und verpflichtet, Ermittlungen nach § 26 FamFG anzustellen und insbesondere weitere Urkunden zur materiellen Prüfung der Anmeldung anzufordern, wenn begründete Zweifel an der sachlichen Richtigkeit der angemeldeten Tatsachen bestehen.[43] Beim Widerruf der Bestellung eines Vorstandsmitglieds durch den Aufsichtsrat hat das Registergericht jedoch nicht nachzuprüfen, ob ein den Widerruf rechtfertigender wichtiger Grund vorgelegen hat.[44] Nach § 84 Abs. 3 S. 4 ist der Widerruf wirksam, solange nicht das Prozessgericht rechtskräftig seine Unwirksamkeit festgestellt hat.

11 Die eingereichten Unterlagen verbleiben analog § 37 Abs. 6 bei den Gerichtsakten. Daher werden in der Praxis typischerweise keine Urschriften, sondern beglaubigte Abschriften eingereicht. Erfüllt der Vorstand seine Anmeldepflicht nicht, kann das Registergericht nach § 14 HGB, §§ 388 ff. FamFG vorgehen und gegebenenfalls Zwangsgeld festsetzen.[45]

12 Rechtsmittel gegen die Ablehnung der Eintragung ist die Erinnerung (§ 11 Abs. 1, 2 RPflG) und danach die Beschwerde. Die Erinnerungs- und Beschwerdeberechtigung obliegt den Vorstandsmitgliedern (§ 59 Abs. 2 FamFG).[46]

IV. Versicherung

13 Nach § 81 Abs. 3 S. 1 haben die neuen Vorstandsmitglieder zu versichern, dass keine ihrer Bestellung nach § 76 Abs. 3 S. 2 Nr. 2 und 3 sowie S. 3 entgegenstehenden Hindernisse bestehen und dass sie gemäß § 37 Abs. 2 über ihre unbeschränkte Auskunftspflicht gegenüber dem Gericht belehrt worden sind. Die Regelung entspricht dem für den Gründungsvorstand geltenden § 37 Abs. 2 S. 1 und dient der Durchsetzung der in § 76 Abs. 3 S. 2 Nr. 2 und 3 sowie S. 3 normierten gesetzlichen Bestellungshindernissen gegenüber neuen Vorstandsmitgliedern. In § 81 Abs. 3 S. 2 wird auf § 37 Abs. 2 S. 2 verwiesen, wonach die Belehrung durch einen Notar erfolgen kann. Falschangaben sind

---

34 KK-AktG/*Mertens/Cahn* Rn. 11; Schmidt/Lutter/*Seibt* Rn. 10; Hüffer/*Koch* Rn. 5.

35 Hüffer/*Koch* Rn. 6; MüKoAktG/*Spindler* Rn. 16; zu zugelassener Ersatzform vgl. BayObLGZ 1975, 137 (140 f.); Staub/*Koch* § 12 Rn. 24.

36 BayObLG DB 1975, 1162; KK-AktG/*Mertens/Cahn* Rn. 12; GroßkommAktG/*Habersack/Foerster* Rn. 11.

37 Hüffer/*Koch* Rn. 6; KK-AktG/*Mertens/Cahn* Rn. 19.

38 Vgl. OLG Hamm NZG 2001, 1038 (1039) zur GmbH; KK-AktG/*Mertens/Cahn* Rn. 13; Hüffer/*Koch* Rn. 7.

39 MüKoAktG/*Spindler* Rn. 19; Schmidt/Lutter/*Seibt* Rn. 11.

40 Spindler/Stilz/*Fleischer* Rn. 14; GroßkommAktG/*Habersack/Foerster* Rn. 11.

41 MüKoAktG/*Spindler* Rn. 18; OLG Hamm DB 2003, 331 (332) für § 39 GmbHG.

42 OLG Frankfurt BB 2006, 2154 (2155); OLG Düsseldorf DB 2004, 2365, jeweils für GmbH; MüKoAktG/*Spindler* Rn. 20; aA *Lohr* RNotZ 2004, 511 (512).

43 OLG Düsseldorf NZG 2001, 229 (230) zur GmbH; Spindler/Stilz/*Fleischer* Rn. 15; MüKoAktG/*Spindler* Rn. 20; Hüffer/*Koch* Rn. 7.

44 BayObLG DB 1981, 2219 (2220); MüKoAktG/*Spindler* Rn. 20; KK-AktG/*Mertens/Cahn* Rn. 15.

45 GroßkommAktG/*Habersack/Foerster* Rn. 11.

46 Vgl. BayObLG WM 1973, 1226 (1227).

gemäß § 399 Abs. 1 Nr. 6 strafbar. Die Abgabe der Erklärung muss demnach höchstpersönlich erfolgen, da anderenfalls die entsprechende Strafbestimmung umgangen werden könnte.[47]

V. Wirkung der Eintragung

Die Wirksamkeit einer Änderung des Vorstands oder der Vertretungsbefugnis ist – soweit es sich nicht um eine Satzungsänderung (§ 181 Abs. 3) handelt – nicht von der Eintragung in das Handelsregister abhängig. Die Eintragung wirkt lediglich **deklaratorisch.**[48] Obwohl eine Rechtsänderung damit grundsätzlich außerhalb des Handelsregisters wirksam wird, kann sie, solange sie nicht eingetragen und bekannt gemacht worden ist, nach § 15 Abs. 1 HGB Dritten nicht entgegengesetzt werden, soweit der Gesellschaft nicht der Nachweis gelingt, dass diesen die Änderung bekannt war. Dies gilt nach hM auch bei fehlender Voreintragung.[49] Die Eintragung einer unwirksamen Änderung, zB der nichtigen Bestellung eines Vorstandsmitglieds, bewirkt nicht die Heilung des rechtlichen Mangels. Nach § 15 Abs. 3 HGB kann sich ein Dritter allerdings gegenüber der Gesellschaft auf die bekannt gemachte Tatsache berufen, es sei denn, er kannte die Unrichtigkeit.[50] Eine Sonderregelung enthält § 121 Abs. 2 S. 2, wonach im Handelsregister eingetragene Vorstandsmitglieder zur Einberufung der Hauptversammlung berechtigt sind. Auf das Verhältnis der Gesellschaftsorgane untereinander oder im Verhältnis zur Gesellschaft findet § 15 HGB keine Anwendung. Eine Ausnahme gilt für Aktionäre, soweit sie der Gesellschaft bei Drittgeschäften wie außenstehende Dritte gegenüber stehen.[51] **14**

§ 82 Beschränkungen der Vertretungs- und Geschäftsführungsbefugnis

(1) Die Vertretungsbefugnis des Vorstands kann nicht beschränkt werden.

(2) Im Verhältnis der Vorstandsmitglieder zur Gesellschaft sind diese verpflichtet, die Beschränkungen einzuhalten, die im Rahmen der Vorschriften über die Aktiengesellschaft die Satzung, der Aufsichtsrat, die Hauptversammlung und die Geschäftsordnungen des Vorstands und des Aufsichtsrats für die Geschäftsführungsbefugnis getroffen haben.

Schrifttum: *Fleischer,* Reichweite und Grenzen der unbeschränkten Organvertretungsmacht im Kapitalgesellschaftsrecht, NZG 2005, 529; *ders.,* Kompetenzüberschreitungen von Geschäftsleitern im Personen- und Kapitalgesellschaftsrecht – Schaden – rechtmäßiges Alternativverhalten – Vorteilsausgleichung, DStR 2009, 1204; *Groß,* Zuständigkeit der Hauptversammlung bei Erwerb und Veräußerung von Unternehmensbeteiligungen, AG 1994, 266; *Lutter,* Organzuständigkeiten im Konzern, FS Stimpel, 1995, 825; *Martens,* Aktienrechtliche Probleme des Ausstiegs aus der Kernenergie, FS Kellermann, 1991, 271; *Poseck,* Die Klage des Aufsichtsrats gegen die Geschäftsführung des Vorstandes, DB 1996, 2165; *Priester,* Geschäfte mit Dritten vor Eintragung der AG, ZHR 165 (2001), 383; *U. H. Schneider,* Die Vertretung der GmbH bei Rechtsgeschäften mit ihren Konzernunternehmen, BB 1986, 201; *Tieves,* Der Unternehmensgegenstand in der Kapitalgesellschaft, 1998; *Weimar,* Die Haftungsverhältnisse bei der Vor-AG in neuerer Sicht, AG 1992, 69; *Werner,* Vertretung der Aktiengesellschaft gegenüber Vorstandsmitgliedern ZGR 1989, 369; *H. P. Westermann,* Organzuständigkeit bei Bildung, Erweiterung und Umorganisation des Konzerns, ZGR 1984, 352.

Übersicht

[47] Schmidt/Lutter/*Seibt* Rn. 14; MüKoAktG/*Spindler* Rn. 22.

[48] BSG SozR 4-2600 § 229 Nr. 2 Rn. 27; MüKoAktG/*Spindler* Rn. 23; GroßkommAktG/*Habersack/Foerster* Rn. 13; Hüffer/*Koch* Rn. 10.

[49] Hüffer/*Koch* Rn. 10; Spindler/Stilz/*Fleischer* Rn. 20.

[50] GroßkommAktG/*Habersack/Foerster* Rn. 13; Spindler/Stilz/*Fleischer* Rn. 21; MüKoAktG/*Spindler* Rn. 24.

[51] MüKoAktG/*Spindler* Rn. 25; Spindler/Stilz/*Fleischer* Rn. 22; Schmidt/Lutter/*Seibt* Rn. 15.

I. Allgemeines

1 § 82 enthält für das Aktienrecht den allgemein im deutschen Handels- und Gesellschaftsrecht geltenden Grundsatz der strikten **Trennung von Außen- und Innenverhältnis,** dh von rechtlichem Können und Dürfen.[1] Nach § 82 Abs. 1 ist die Vertretungsmacht des Vorstands im Außenverhältnis unbeschränkt und unbeschränkbar. Die Regelung dient dem Interesse an der Sicherheit und Leichtigkeit des Handelsverkehrs und damit Verkehrsschutzgesichtspunkten, denen Vorrang vor dem Schutz der Gesellschaft vor pflichtwidrigem Verhalten ihrer Vorstandsmitglieder eingeräumt wird.[2] Im Innenverhältnis (Geschäftsführung, § 77) gegenüber der Gesellschaft sind die Vorstandsmitglieder nach § 82 Abs. 2 an die im Rahmen des Aktiengesetzes durch Satzung, Aufsichtsrat, Hauptversammlung oder Geschäftsordnung getroffenen Beschränkungen gebunden. Eine Überschreitung der im Innenverhältnis bestehenden Geschäftsführungskompetenzen hat für das Außenverhältnis (Vertretung) aufgrund der unbeschränkten und unbeschränkbaren Organvertretungsmacht grundsätzlich keine Bedeutung, begründet nach Maßgabe von § 93 Abs. 2 jedoch Schadensersatzansprüche der Gesellschaft.

2 § 82 ist im Lichte von Art. 9 Abs. 1 **Publizitäts-RL**[3] auszulegen, wonach die Gesellschaft Dritten gegenüber grundsätzlich und vorbehaltlich einer Überschreitung der dem Organ gesetzlich zugewiesenen Befugnisse auch durch solche Handlungen ihrer Organe verpflichtet wird, die nicht zum Gegenstand des Unternehmens gehören.

II. Unbeschränkbarkeit der Vertretungsbefugnis

3 **1. Vertretungsbefugnis. a) Organschaftliche Vertretungsbefugnis.** Der in § 82 Abs. 1 niedergelegte Grundsatz der Unbeschränkbarkeit der Vertretungsbefugnis bezieht sich nur (aber umfassend) auf die organschaftliche Vertretungsbefugnis des Vorstands (§ 78 Abs. 1). Umfasst werden sämtliche Vertretungsakte des Vorstands, insbesondere auch Prozesshandlungen und Registeranmeldungen.[4] Auf die rechtsgeschäftliche Vertretung der Gesellschaft aufgrund bürgerlich-rechtlicher oder handelsrechtlicher Vollmachten ist § 82 Abs. 1 nicht anwendbar.[5] Für Prokuristen und Handlungsbevollmächtigte ist der Vollmachtsumfang allerdings ebenfalls unter Verkehrsschutzgesichtspunkten durch §§ 50, 54 HGB gesetzlich bestimmt.

4 § 81 Abs. 1 gilt bereits für die Vertretungsbefugnis des Vorstands der **Vor-AG.**[6] Dies entspricht der Aufwertung der Vor-AG zur tauglichen Rechts- und Unternehmensträgerin.[7] Für die Abwickler der **aufgelösten Gesellschaft** enthält § 269 Abs. 5 eine § 82 Abs. 1 entsprechende Regelung.

5 **b) Gesetzliche Grenzen der Vertretungsbefugnis.** Der Grundsatz der Unbeschränkbarkeit der Vertretungsbefugnis kann nur innerhalb der gesetzlichen Grenzen der Vertretungsmacht des Vorstands, dh dort, wo die organschaftliche Vertretung der Gesellschaft dem Vorstand zugewiesen ist, zum Tragen kommen. Soweit die Vertretung der Gesellschaft ausnahmsweise in den ausschließlichen **Kompetenzbereich eines anderen Gesellschaftsorgans** fällt oder dessen Mitwirkung bedarf (→ § 78 Rn. 6, 11 ff.), handelt es sich daher nicht um eine Beschränkung, sondern um eine **inhaltliche Begrenzung** der Vertretungsmacht des Vorstands.[8] Eine Überschreitung dieser Grenzen der Vertretungsmacht führt zur Nichtigkeit des Geschäfts, sofern dieses in den ausschließlichen Kompetenzbereich eines anderen Gesellschaftsorgans fällt (so zB die Vertretung der Gesellschaft gegenüber Vorstandsmitgliedern, § 112). Der Vorstand handelt insoweit ohne Vertretungsmacht. Ein Tätigwerden des Vorstands in diesen Fällen verstößt gegen die zwingende aktienrechtliche Kompetenzordnung und damit gegen ein gesetzliches Verbot iSd § 134 BGB (→ § 78 Rn. 42).[9] Soweit der Vorstand

---

[1] Begr. RegE *Kropff* Textausgabe, 1965, 103; MüKoAktG/*Spindler* Rn. 1; Spindler/Stilz/*Fleischer* Rn. 1.

[2] GroßkommAktG/*Habersack/Foerster* Rn. 1; Hüffer/*Koch* Rn. 1.

[3] Erste RL 68/151/EWG des Rats der Europäischen Gemeinschaften zur Koordinierung der Schutzbestimmungen, die in den Mitgliedstaaten den Gesellschaften im Sinne des Artikels 58 Absatz 2 des Vertrages im Interesse der Gesellschafter sowie Dritter vorgeschrieben sind, um diese Bestimmungen gleichwertig zu gestalten, vom 9.3.1968 (ABl. L 65, 8), neu gefasst durch RL 2009/101/EG vom 16.9.2009 (ABl. L 258, 11).

[4] KK-AktG/*Mertens/Cahn* Rn. 7; Spindler/Stilz/*Fleischer* Rn. 4.

[5] Spindler/Stilz/*Fleischer* Rn. 4; Hüffer/*Koch* Rn. 2.

[6] MüKoAktG/*Spindler* Rn. 3; Spindler/Stilz/*Fleischer* Rn. 6; Schmidt/Lutter/*Seibt* Rn. 2; *Priester* ZHR 165 (2001), 383 (389); aA GroßkommAktG/*Habersack/Foerster* Rn. 3; KK-AktG/*Mertens/Cahn* Rn. 3; Hüffer/*Koch* Rn. 1; für die GmbH BGHZ 80, 129 (139).

[7] *Priester* ZHR 165 (2001), 383 (389); *Weimar* AG 1992, 69 (72); Spindler/Stilz/*Fleischer* Rn. 6.

[8] Ähnlich GroßkommAktG/*Habersack/Foerster* Rn. 7; Schmidt/Lutter/*Seibt* Rn. 4.

[9] OLG Stuttgart BB 1992, 1669; OLG Hamburg WM 1986, 972 (974); MüKoAktG/*Spindler* Rn. 26; KK-AktG/*Mertens/Cahn* Rn. 8; Hüffer/*Koch* Rn. 5; aA – schwebende Unwirksamkeit – OLG Celle AG 2003, 433 = BB 2002, 1438; OLG Karlsruhe AG 1996, 224 = WM 1996, 161; *Werner* ZGR 1989, 369 (389); offenlassend BGH AG 1994, 35.

demgegenüber zwar grundsätzlich zur Vertretung der Gesellschaft befugt ist, zur wirksamen Vertretung der Gesellschaft jedoch der Mitwirkung oder Zustimmung eines anderen Gesellschaftsorgans bedarf, ist ein ohne die erforderliche Zustimmungs- oder Mitwirkungshandlung vorgenommenes Geschäft schwebend unwirksam und damit genehmigungsfähig (§§ 177 ff. BGB). Erst bei einer Verweigerung der Genehmigung durch das zuständige Organ tritt endgültige Unwirksamkeit ein (→ § 78 Rn. 42).[10] Keine Begrenzung der gesetzlichen Vertretungsbefugnis des Vorstands liegt vor, soweit der Vorstand nach den Grundsätzen der vom BGH entwickelten ungeschriebenen Hauptversammlungszuständigkeiten (**Holzmüller-/Gelatine-Doktrin,** → § 76 Rn. 39 ff.) verpflichtet ist, bei bestimmten Strukturmaßnahmen die Zustimmung der Hauptversammlung einzuholen. Hierbei handelt es sich ebenso wie bei Zustimmungsvorbehalten des Aufsichtsrats nach § 111 Abs. 4 S. 2 lediglich um eine Begrenzung des rechtlichen Dürfens im Innenverhältnis, die die Vertretungsbefugnis des Vorstands im Außenverhältnis unberührt lässt.[11]

Der Grundsatz der Unbeschränkbarkeit der Vertretungsbefugnis betrifft zudem nur den sachlichen Umfang der Vertretungsbefugnis des Vorstands. Die Regelungen in § 78 zur Ausgestaltung der **persönlichen Ausübung der Vertretungsbefugnis** durch die einzelnen Vorstandsmitglieder lassen den Grundsatz der Unbeschränkbarkeit der Vertretungsbefugnis des Vorstands daher unberührt.[12] Um keine Beschränkung der Vertretungsbefugnis des Vorstands handelt es sich auch bei der Geltung allgemeiner Gesetze oder der guten Sitten, deren Verletzung die Nichtigkeit eines bestimmten Geschäfts zur Folge hat **(§§ 134, 138 BGB).** Der Abschluss derartiger Geschäfte ist nicht gerade dem Vorstand verwehrt. Sie sind als solche (dh für jedermann) nicht erlaubt.[13] Um eine schuldrechtliche Vereinbarung mit dem Vertragspartner, nicht jedoch um eine Beschränkung der Vertretungsbefugnis des Vorstands handelt es sich schließlich, wenn der Vorstand ein Rechtsgeschäft, das von seiner Vertretungsbefugnis gedeckt ist, unter der aufschiebenden Bedingung (§ 158 Abs. 1 BGB) abschließt, dass der Aufsichtsrat oder die Hauptversammlung zustimmt oder dass die Satzung der Gesellschaft geändert wird.[14] Grenze einer solchen im Grundsatz zulässigen **Selbstbeschränkung** ist die Pflicht zur eigenverantwortlichen Unternehmensleitung durch den Vorstand.[15] 6

2. Unbeschränkbarkeit der Vertretungsbefugnis. a) Grundsatz. Rechtsgeschäfte, die der Vorstand innerhalb der gesetzlichen Grenzen seiner Vertretungsmacht mit einem Dritten abschließt, sind für die Gesellschaft bindend. Ob solche Geschäft vom **Unternehmensgegenstand** der Gesellschaft gedeckt sind oder der Vorstand aus sonstigen Gründen gegenüber der Gesellschaft befugt ist, derartige Geschäfte zu schließen, ist ohne Bedeutung.[16] Dies gilt auch für außergewöhnliche oder besonders risikoreiche Geschäfte. Schranken der internen Geschäftsführungsbefugnis berühren nicht die Vertretungsbefugnis. Der Rechtsverkehr kann sich grundsätzlich darauf verlassen, dass der Vorstand unbeschränkte Vertretungsmacht hat. Das Schutzinteresse der Gesellschaft tritt demgegenüber zurück.[17] 7

b) Ausnahmen. aa) Allgemeines. Der in § 82 Abs. 1 zum Ausdruck kommende Vorrang des Verkehrsschutzes vor dem Schutzinteresse der Gesellschaft begründet sich darin, dass es einem Dritten, der mit einem Vorstandsmitglied der Gesellschaft Geschäfte abschließt, im Interesse der Sicherheit und Leichtigkeit des Handelsverkehrs nicht zugemutet werden kann, sich in jedem Einzelfall über den Umfang der Vertretungsbefugnis des anderen Teils zu vergewissern. Der Geschäftspartner, der die internen Verhältnisse der Gesellschaft typischerweise weder kennt noch kennen kann, ist insoweit schutzbedürftig. Es sind jedoch Sachverhalte denkbar, in denen es ausnahmsweise an dieser **Schutzwürdigkeit** des Dritten fehlen und daher im Einzelfall eine Durchbrechung des Grundsatzes unbeschränkter und unbeschränkbarer Vertretungsbefugnis des Vorstands angezeigt sein kann. Dies gilt zum einen bei einem Missbrauch der Vertretungsmacht, zum anderen für Rechtsgeschäfte mit Personen, die mit der Gesellschaft in besonderer Weise verbunden sind. 8

bb) Missbrauch der Vertretungsmacht. Wirken Vorstand und Geschäftsgegner arglistig zum Nachteil der Aktiengesellschaft zusammen **(Kollusion),** ist das abgeschlossene Rechtsgeschäft nach 9

---

[10] MüKoAktG/*Spindler* Rn. 25; Spindler/Stilz/*Fleischer* Rn. 11; Hüffer/*Koch* Rn. 5.

[11] BGHZ 83, 122 (132); BGHZ 159, 30; MüKo/*Spindler* Rn. 21; Hüffer/*Koch* § 119 Rn. 16.

[12] KK-AktG/*Mertens/Cahn* Rn. 5 ff.; MüKoAktG/*Spindler* § 78 Rn. 30.

[13] MüKoAktG/*Spindler* Rn. 13; Schmidt/Lutter/*Seibt* Rn. 4; KK-AktG/*Mertens/Cahn* Rn. 8.

[14] BGH WM 1997, 1570; RGZ 115, 296 (302); MüKoAktG/*Spindler* Rn. 14; GroßkommAktG/*Habersack/Foerster* Rn. 16; Hüffer/*Koch r* Rn. 3.

[15] MüKoAktG/*Spindler* Rn. 15; KK-AktG/*Mertens/Cahn* Rn. 20 ff.

[16] *Fleischer* AG 2009, 345 (350) zur Wirksamkeit von break fee-Vereinbarungen trotz organschaftlicher Pflichtverletzung.

[17] Hüffer/*Koch* Rn. 3; MüKoAktG/*Spindler* Rn. 27.

§ 138 BGB nichtig und nicht genehmigungsfähig.[18] Vorstand und Geschäftsgegner haften der Gesellschaft zudem nach §§ 826, 840 BGB.[19]

10 Außer in den Fällen der Kollusion wird die Gesellschaft auch bei sonstigem **evidenten Missbrauch** der Vertretungsbefugnis nicht durch das Vorstandshandeln gebunden. Tatbestandlich ist insoweit zunächst eine objektive Pflichtverletzung des Vorstands in Form einer Überschreitung der internen Grenzen seiner Geschäftsführungsbefugnis erforderlich. Die weiteren Voraussetzungen und die Rechtsfolgen sind im Einzelnen umstritten. Während nach der früheren Rechtsprechung Voraussetzung sein sollte, dass der Gesellschaft durch die Pflichtwidrigkeit ein Nachteil entstanden ist und teilweise auch ein Schädigungsbewusstsein des Vorstands gefordert wurde,[20] ist der BGH in seiner jüngeren Rechtsprechung[21] hiervon zu Recht abgerückt. Maßgeblich ist alleine, ob in der Person des Dritten ein schutzwürdiger **Vertrauenstatbestand** gegeben ist, was nicht von der persönlichen Einstellung des Vorstandsmitglieds abhängen kann.[22] Auf Seiten des Vorstands kommt es demnach ausschließlich auf das Vorliegen einer objektiven Pflichtverletzung an.[23] Für den Geschäftspartner ist darauf abzustellen, ob er positive Kenntnis von der internen Pflichtwidrigkeit des Vorstandshandelns hatte oder das pflichtwidrige Verhalten des Vorstands für ihn **evident** war.[24] Evidenz liegt vor, wenn die objektive Pflichtwidrigkeit des Vorstandshandelns wegen massiver Verdachtsmomente für jeden klar und sofort, also ohne weitere Nachforschungen erkennbar war und es sich für den Geschäftspartner daher geradezu aufdrängen musste, dass der Vorstand die internen Grenzen seiner Geschäftsführungsbefugnis überschreitet.[25] Einfache Fahrlässigkeit genügt hingegen nicht.[26] Auf der **Rechtsfolgenseite** kann die Gesellschaft dem Dritten nach herrschender und zutreffender Auffassung die Arglisteinrede nach § 242 BGB entgegenhalten.[27] Gegen eine stattdessen teilweise vertretene analoge Anwendung der §§ 177 ff. BGB[28] ist einzuwenden, dass eine gesetzlich unbeschränkbare Vertretungsmacht nicht überschritten, sondern nur missbraucht werden kann.[29] Im rechtspraktischen Ergebnis steht der Aktiengesellschaft unabhängig von der dogmatischen Herleitung ein Wahlrecht zu, ob sie das betreffende Geschäft gegen sich gelten lassen möchte.[30] Hat die Gesellschaft den Missbrauch der Vertretungsmacht dadurch ermöglicht oder wesentlich erleichtert, dass der Aufsichtsrat seine Überwachungspflicht (§ 111 Abs. 1) oder bei einer Geschäftsverteilung Vorstandsmitglieder ihre allgemeine Überwachungspflicht (→ § 77 Rn. 34) schuldhaft verletzt haben, hat dies zwar keine Auswirkungen auf die Erfüllungspflicht. Eine Anwendung des Rechtsgedankens des § 254 BGB ist ausgeschlossen, da ein Rechtsgeschäft nur vollumfänglich wirksam oder schwebend unwirksam sein kann. Eine Aufteilung unter Verschuldensgesichtspunkten scheidet insoweit aus.[31] Bei der Geltendmachung von Schadensersatzansprüchen (etwa aus culpa in contrahendo, §§ 280 Abs. 1, 311 Abs. 2 BGB, oder aus Delikt) ist ein etwaiges Mitverschuldens der Gesellschaft indes zu berücksichtigen.[32]

11 **cc) Rechtsgeschäfte mit nahestehenden Personen.** An einem schutzwürdigen Interesse des Rechtsverkehrs fehlt es auch bei Rechtsgeschäften mit Personen, die der Gesellschaft dergestalt in

[18] BGH NZG 2004, 139 (140); NJW 1989, 26 (27); *Fleischer* NZG 2005, 529 (530); GroßkommAktG/*Habersack/Foerster* Rn. 11; MüKoAktG/*Spindler* Rn. 59; Hüffer/*Koch* Rn. 6.

[19] *Fleischer* NZG 2005, 529 (530); MüKoAktG/*Spindler* Rn. 59; KK-AktG/*Mertens/Cahn* Rn. 43 ff.

[20] BGHZ 50, 112 (114); BGH NJW 1983, 938; wohl auch *Kort* in Fleischer HdB VorstandsR § 2 Rn. 44.

[21] BGH ZIP 2006, 1391; NJW 1988, 2241.

[22] BGH ZIP 2006, 1391 zur GmbH; *Fleischer* ZIP 2005, 529 (535); MüKoAktG/*Spindler* Rn. 63; GroßkommAktG/*Habersack/Foerster* Rn. 12; Schmidt/Lutter/*Seibt* Rn. 6.

[23] BGH ZIP 2006, 1391 zur GmbH; NJW 1988, 2241 (2243); *Fleischer* ZIP 2005, 529 (535); GroßkommAktG/*Habersack/Foerster* Rn. 12; MüKoAktG/*Spindler* Rn. 63; Schmidt/Lutter/*Seibt* Rn. 6; Semler/Peltzer/*Richter* Vorst HdB § 4 Rn. 183; aA Hüffer/*Koch* Rn. 7; wohl auch *Kort* in Fleischer HdB VorstandsR § 2 Rn. 44.

[24] OLG Zweibrücken NZG 2001, 763; BGH ZIP 1999, 1303 (1304) zur Bankvollmacht; BGHZ 127, 239 (241) = NJW 1995, 250 zur Bankvollmacht; MüKoAktG/*Spindler* Rn. 64; GroßkommAktG/*Habersack/Foerster* Rn. 13; Spindler/Stilz/*Fleischer* Rn. 15.

[25] BGHZ 127, 239 (241) = NJW 1995, 250; BGH NZG 2004, 139 (140); OLG Zweibrücken NZG 2001, 763; MüKoAktG/*Spindler* Rn. 64; Hüffer/*Koch* Rn. 7.

[26] Hüffer/*Koch* Rn. 7; Schmidt/Lutter/*Seibt* Rn. 6; anders noch zu § 50 HGB BGHZ 50, 112 (114).

[27] BGHZ 113, 315 (320); BGH NJW 1995, 250 (251); MüKoAktG/*Spindler* Rn. 65; Hüffer/*Koch* Rn. 7; *Kort* in Fleischer HdB VorstandsR § 2 Rn. 44.

[28] OLG Zweibrücken NZG 2001, 763; GroßkommAktG/*Habersack/Foerster* Rn. 14; Schmidt/Lutter/*Seibt* Rn. 7.

[29] Ähnlich MüKoAktG/*Spindler* Rn. 65; Spindler/Stilz/*Fleischer* Rn. 16; Hüffer/*Koch* Rn. 7.

[30] MüKoAktG/*Spindler* Rn. 65; Spindler/Stilz/*Fleischer* Rn. 16.

[31] GroßkommAktG/*Habersack/Foerster* Rn. 15; MüKoAktG/*Spindler* Rn. 65; Spindler/Stilz/*Fleischer* Rn. 16; anders BGHZ 50, 112 (114).

[32] GroßkommAktG/*Habersack/Foerster* Rn. 15; MüKoAktG/*Spindler* Rn. 65; Schmidt/Lutter/*Seibt* Rn. 7; Spindler/Stilz/*Fleischer* Rn. 16.

besonderer Weise verbunden sind, dass sie im Unterschied zu sonstigen Dritten typischerweise ohne weiteres über die Innenverhältnisse der Gesellschaft informiert sind. Der Grundsatz der Unbeschränkbarkeit der Vertretungsbefugnis nach § 81 Abs. 1 bedarf insoweit einer fallgruppenbezogenen **teleologischen Reduktion.**[33]

Für die Geltung des Grundsatzes der Unbeschränkbarkeit der Vertretungsbefugnis ist hiernach kein Raum bei einem Handeln der durch den Vorstand vertretenen Aktiengesellschaft gegenüber Organpersonen. Sowohl Vorstands- als auch Aufsichtsratsmitglieder sind aufgrund ihrer Organstellung verpflichtet, für die Einhaltung der Geschäftsführungsbeschränkungen zu sorgen. **Mitglieder des Vorstands und des Aufsichtsrats** müssen sich die intern bestehenden Beschränkungen der Geschäftsführungsbefugnis daher stets zurechnen lassen.[34] Entgegen früherer Rechtsprechung[35] gilt dies unabhängig davon, ob das Organmitglied im Zusammenhang mit seiner Organstellung, als Privatperson oder als Organmitglied einer anderen Gesellschaft handelt sowie unabhängig davon, ob der Gesellschaft ein Schaden entstanden ist.[36] 12

Umstritten ist, ob eine telelogische Reduktion des vertretungsrechtlichen Verkehrsschutzes auch im **Konzern** angebracht ist. Richtigerweise ist entscheidend, ob der Geschäftsgegner eine rechtlich abgesicherte Möglichkeit zur Einsichtnahme in die Verhältnisse der Aktiengesellschaft hat.[37] Dies wird jedenfalls im faktischen Konzern in der Regel nicht der Fall sein. Es bleibt dann nur eine Anwendung des Missbrauchsverbots (→ Rn. 9 ff.) im Einzelfall.[38] 13

Aktionäre und Unternehmensangehörige (Arbeiter oder Angestellte des Unternehmens) haben typischerweise keinen Einblick in die Beschränkungen der Geschäftsführungsbefugnisse des Unternehmens. Eine Berufung auf den Grundsatz der Unbeschränkbarkeit der Vertretungsbefugnis ist daher nur in Missbrauchsfällen (→ Rn. 9 ff.) ausgeschlossen.[39] 14

III. Beschränkungen der Geschäftsführungsbefugnis

1. Allgemeines. Im Gegensatz zur Vertretungsbefugnis (§ 78, rechtliches Können, Außenverhältnis) kann die Geschäftsführungsbefugnis des Vorstands (§ 77, rechtliches Dürfen, Innenverhältnis) eingeschränkt werden. Nach **§ 82 Abs. 2** sind die Vorstandsmitglieder im Verhältnis zur Gesellschaft verpflichtet, die Beschränkungen einzuhalten, die im Rahmen der Vorschriften über die Aktiengesellschaft durch Satzung, Aufsichtsrat, Hauptversammlung oder Geschäftsordnung über die Geschäftsführungsbefugnis getroffenen werden. Rechtliche Grenzen einer derartigen gesellschaftsbezogenen Beschränkung der Geschäftsführungsbefugnis bilden insbesondere die aktienrechtliche Kompetenzordnung sowie der Grundsatz der eigenverantwortlichen Leitung der Gesellschaft durch den Vorstand (→ § 76 Rn. 35). 15

Daneben bestehen – in § 82 Abs. 2 nicht besonders erwähnte – für alle Aktiengesellschaften geltende **gesetzliche Beschränkungen** der Geschäftsführungsbefugnis. Da die Vertretung der Gesellschaft zugleich eine Maßnahme der Geschäftsführung ist, stellen die gesetzlichen Grenzen der Vertretungsbefugnis des Vorstands gleichzeitig auch Grenzen seiner Geschäftsführungsbefugnis dar.[40] Darüber hinaus existieren weitere geschriebene (zB §§ 202 Abs. 3 S. 2, 205 Abs. 2) und ungeschriebene (Holzmüller-/Gelatine-Doktrin, → § 76 Rn. 39 ff.) gesetzliche Grenzen der Geschäftsführungsbefugnis.[41] 16

2. Beschränkungen durch die Satzung. Der Vorstand ist zunächst an den **Gesellschaftszweck** gebunden, der mangels abweichender Satzungsregelung ein erwerbswirtschaftlicher ist, dh in der Gewinnerzielung im Sinne der Sicherstellung der dauerhaften Rentabilität und des Bestands des Unternehmens liegt (→ § 76 Rn. 18 ff.).[42] Soweit in der Satzung nicht anderweitig bestimmt, darf der Vorstand daher keine rein gemeinnützigen oder ideellen Zwecke verfolgen (zur Zulässigkeit von Zuwendungen für Zwecke des Gemeinwohls → § 76 Rn. 31).[43] 17

---

[33] *Fleischer* NZG 2005, 529 (535); GroßkommAktG/*Habersack/Foerster* Rn. 17; MüKoAktG/*Spindler* Rn. 50.
[34] GroßkommAktG/*Habersack* Rn. 17; Spindler/Stilz/*Fleischer* Rn. 19; Schmidt/Lutter/*Seibt* Rn. 8.
[35] RGZ 73, 343 (345 f.); vgl. *Heller* ZVglRWiss 107 (2008), 293 (304).
[36] BGHZ 38, 26 für OHG; Spindler/Stilz/*Fleischer* Rn. 19; GroßkommAktG/*Habersack/Foerster* Rn. 17.
[37] OLG Celle ZIP 2001, 613 (616); Schmidt/Lutter/*Seibt* Rn. 9; ähnlich auch GroßkommAktG/*Habersack/Foerster* Rn. 18; *Uwe H. Schneider* BB 1986, 201 (204).
[38] *Fleischer* NZG 2005, 529 (536).
[39] MüKoAktG/*Spindler* Rn. 53; Spindler/Stilz/*Fleischer* Rn. 20, 24.
[40] GroßkommAktG/*Habersack/Foerster* Rn. 21.
[41] MüKoAktG/*Spindler* Rn. 32; GroßkommAktG/*Habersack/Foerster* Rn. 21.
[42] MüKoAktG/*Spindler* Rn. 36; Hüffer/*Koch* Rn. 9.
[43] Spindler/Stilz/*Fleischer* Rn. 27; KK-AktG/*Mertens/Cahn* Rn. 20 ff.; Hüffer/*Koch* Rn. 9.

18 Eine weitere Beschränkung ergibt sich aus dem satzungsmäßigen **Unternehmensgegenstand** der Gesellschaft (§ 23 Abs. 3 Nr. 2).[44] Der Vorstand darf den hierdurch vorgegebenen Handlungsrahmen weder über- noch unterschreiten.[45] Dem Vorstand ist es einerseits verboten, über den festgesetzten Unternehmensgegenstand hinausgehende Geschäftsfelder aufzunehmen.[46] Andererseits ist er verpflichtet, den Unternehmensgegenstand aktiv durch Geschäftsführungsmaßnahmen auszufüllen.[47] Eine nur vorübergehende Einstellung der satzungsmäßig vorgeschriebenen Betätigung ist allerdings unschädlich.[48] Der sich für den Vorstand ergebende Handlungsspielraum ist im Einzelfall anhand einer objektiven **Auslegung der Satzungsregelung** unter Berücksichtigung einer branchen- und marktbezogenen Verkehrsauffassung sowie der bestehenden Unternehmensstruktur zu ermitteln.[49] Dabei sind unter anderem auch die Auswirkungen der geplanten Geschäftsführungsmaßnahme auf den Charakter des Unternehmens in der Öffentlichkeit, die mit der Maßnahme einhergehenden unternehmerischen und organisatorischen Anforderungen und Risiken sowie das Verhältnis zu den bestehenden Unternehmensaktivitäten zu berücksichtigen.[50] Zulässig ist im Zweifel eine Reaktion auf geänderte Marktbedingungen durch geographische Ausdehnung oder Verlagerung der Geschäftstätigkeit, der Wechsel von Produktions- oder Vertriebsmethoden, die Aufnahme abrundender Geschäftstätigkeiten oder die Aufgabe und Veräußerung von Randaktivitäten.[51] Auch **Hilfsgeschäfte,** die die Vermarktung oder Entwicklung der Produkte und Dienstleistungen fördern, sind grundsätzlich von der Geschäftsführungskompetenz des Vorstands gedeckt, auch wenn sie nicht unmittelbar vom Unternehmensgegenstand erfasst werden.[52] Der Vorstand kann die aus dem satzungsmäßigen Unternehmensgegenstand resultierenden Beschränkungen nicht durch die Auslagerung von nicht vom Unternehmensgegenstand gedeckten Aktivitäten auf eine Tochtergesellschaft umgehen.[53] Der satzungsmäßige Unternehmensgegenstand ist zudem auch maßgeblich für die Zulässigkeit des Erwerbs von Beteiligungen und die Verlagerung von unternehmerischen Aktivitäten auf **Tochtergesellschaften.** Beides ist nur zulässig, wenn die Satzung eine sog. Konzernklausel enthält, wobei im Allgemeinen eine pauschale Klausel, nach der die Gesellschaft auch Beteiligungen gründen und erwerben darf, genügt.[54] Die Umwandlung einer bislang unternehmerisch tätigen Gesellschaft in eine Holdinggesellschaft ist demgegenüber nur auf Grundlage einer qualifizierten Konzernklausel („Holdingklausel") zulässig.[55]

19 Die Hauptversammlung kann den Gegenstand des Unternehmens in der Satzung sehr präzise definieren und **konkretisieren** und dem Vorstand damit enge Geschäftsführungsgrenzen vorgeben. Zulässig ist eine sachlich-gegenständliche Begrenzung auf bestimmte Geschäftsfelder, Produktions- oder Vertriebsmethoden und Absatzmärkte.[56] Auch die Festlegung einer bestimmten Art der Energieproduktion (Kernenergie) oder der (Nicht-)Verwendung bestimmter Erzeugnisse (gentechnisch veränderte Produkte) ist zulässig.[57] Unerheblich ist, ob die zulässigen Betätigungsfelder positiv benannt oder umgekehrt bestimmte Betätigungen ausgegrenzt und untersagt werden.[58] Die Grenze der zulässigen Präzisierung bilden das Recht und die Pflicht des Vorstands zur **eigenverantwortlichen Geschäftsleitung** (§ 76 Abs. 1; → Rn. 35 ff.). Der Vorstand darf nicht zu einem bloßen Befehlsempfänger ohne eigenen Handlungsspielraum degradiert werden.[59] Die Hauptversammlung

---

[44] BGHZ 144, 290 (292); Hüffer/*Koch* Rn. 9; MüKoAktG/*Spindler* Rn. 34; Spindler/Stilz/*Fleischer* Rn. 28 ff.

[45] *Fleischer* ZIP 2005, 141 (143); MüKoAktG/*Spindler* Rn. 34; Schmidt/Lutter/*Seibt* Rn. 13.

[46] MüKoAktG/*Spindler* Rn. 34; Spindler/Stilz/*Fleischer* Rn. 29; KK-AktG/*Mertens/Cahn* Rn. 24; Hüffer/*Koch* Rn. 9.

[47] GroßkommAktG/*Habersack/Foerster* Rn. 25; Schmidt/Lutter/*Seibt* Rn. 13.

[48] *Lutter/Leinekugel* ZIP 1998, 225 (227); Spindler/Stilz/*Fleischer* Rn. 31; MüKoAktG/*Spindler* Rn. 34.

[49] Schmidt/Lutter/*Seibt* Rn. 14; GroßkommAktG/*Habersack/Foerster* Rn. 24; Hüffer/*Koch* Rn. 9; ausf. KK-AktG/*Mertens/Cahn* Rn. 20 ff.

[50] Ausf. *Säcker* FS Lukes, 1989, 547 (550); *Tieves,* Der Unternehmensgegenstand in der Kapitalgesellschaft, 1998, 210 ff.

[51] Schmidt/Lutter/*Seibt* Rn. 14; Hüffer/*Koch* Rn. 9; MüKoAktG/*Spindler* Rn. 35.

[52] MüKoAktG/*Spindler* Rn. 35; KK-AktG/*Mertens/Cahn* Rn. 22; GroßkommAktG/*Habersack/Foerster* Rn. 24.

[53] OLG Hamburg ZIP 1980, 1000 = JZ 1981, 231; Spindler/Stilz/*Fleischer* Rn. 32; *Groß* AG 1994, 266 (268); *Lutter* FS Stimpel, 1985, 825 (846).

[54] BGH NJW 1983, 1910 = WM 1983, 334; GroßkommAktG/*Habersack/Foerster* Rn. 25; MHdB AG/*Krieger* § 69 Rn. 4; aA OLG Hamburg ZIP 1980, 1000 (1006) = JZ 1981, 231; *H. P. Westermann* ZGR 1984, 352 (360).

[55] GroßkommAktG/*Habersack/Foerster* Rn. 25; Schmidt/Lutter/*Seibt* Rn. 14; *Groß* AG 1994, 266 (269); *Tieves,* Der Unternehmensgegenstand in der Kapitalgesellschaft, 1998, 477 f.

[56] MüKoAktG/*Spindler* Rn. 35; Spindler/Stilz/*Fleischer* Rn. 33; GroßkommAktG/*Habersack/Foerster* Rn. 26.

[57] Spindler/Stilz/*Fleischer* Rn. 33; Schmidt/Lutter/*Seibt* Rn. 15; *Tieves,* Der Unternehmensgegenstand in der Kapitalgesellschaft, 1998, 137 f., 277 f.; aA Hüffer/*Koch* Rn. 10; *Martens* FS Kellermann, 1991, 271 (277 ff.).

[58] KK-AktG/*Mertens/Cahn* Rn. 27; GroßkommAktG/*Habersack/Foerster* Rn. 26.

[59] OLG Stuttgart AG 2006, 727; Spindler/Stilz/*Fleischer* Rn. 33; GroßkommAktG/*Habersack/Foerster* Rn. 26; NK-AktR/*Oltmanns* Rn. 8; ähnlich auch MüKoAktG/*Spindler* Rn. 35.

darf nicht entgegen § 119 Abs. 2 über Fragen der Geschäftsführung entscheiden.[60] Ein unzulässiger Eingriff in die Leitungsmacht des Vorstands liegt demnach nicht vor, solange sich die Satzungsregelung auf generelle Festlegungen im Sinne eines allgemeinen Rahmens beschränkt.[61] Unter Beachtung des Gesellschaftszwecks (in der Regel Gewinnerzielung im Sinne einer dauerhaften Rentabilität) kann durch die Satzung daher zB festgelegt werden, welche Waren (zB PKW) zu produzieren oder nicht zu produzieren sind (zB keine LKW oder Rüstungsgüter). Unzulässig, da in die originäre Leitungspflicht des Vorstands eingreifend, ist demgegenüber eine Satzungsänderung, die auf die Untersagung der Geschäftstätigkeit mit einem (für unwirtschaftlich gehaltenen) konkreten, vom sachlichen Unternehmensgegenstand umfassten Produkt gerichtet ist.[62] Wie der durch den vorgegebenen Unternehmensgegenstand vorgegebenen Rahmen im Einzelnen durch Geschäftsführungsmaßnahmen auszufüllen ist, ist Sache des Vorstands.[63] Eine Ausnahme gilt bei Verlagsgesellschaften und anderen sog. Tendenzunternehmen (vgl. § 1 Abs. 2 DrittelbG, § 1 Abs. 4 MitbestG), bei denen satzungsmäßige Präferenzvorgaben zB im Hinblick auf Druckwerke einer bestimmten geistigen oder politischen Richtung statuiert werden können.[64] Zur Zulässigkeit einer satzungsmäßigen Festschreibung des Shareholder-Value-Ansatzes → § 76 Rn. 24.

3. Beschränkungen durch den Aufsichtsrat. Nach § 111 Abs. 4 S. 2 haben die Satzung oder der Aufsichtsrat zu bestimmen, dass bestimmte Arten von Geschäften nur mit Zustimmung des Aufsichtsrats vorgenommen werden dürfen. Für bestimmte Arten von Geschäftsführungsmaßnahmen kann dem Aufsichtsrat daher ein Vetorecht zustehen.[65] Verweigert der Aufsichtsrat seine Zustimmung in obstruktiver und unternehmensschädigender Weise, ist ausnahmsweise eine Notbefugnis des Vorstands zur Wahrung des Unternehmensinteresses denkbar, sofern die Ersatzzustimmung durch die Hauptversammlung (§ 111 Abs. 4 S. 3) nicht rechtzeitig eingeholt werden kann.[66] 20

4. Beschränkungen durch die Hauptversammlung. Die Hauptversammlung kann über Fragen der Geschäftsführung nach § 119 Abs. 2 nur entscheiden, wenn der Vorstand dies verlangt. In diesem Fall ist der Vorstand nach § 83 Abs. 2 zur Ausführung der beschlossenen Maßnahmen verpflichtet (→ § 83 Rn. 8). 21

5. Beschränkungen durch die Geschäftsordnung. Nach § 82 Abs. 2 können sich Beschränkungen der Geschäftsführungsbefugnis der Vorstandsmitglieder weiterhin aus „Geschäftsordnungen des Vorstands und des Aufsichtsrats" ergeben. Damit ist die in § 77 Abs. 2 vorgesehene Geschäftsordnung für den Vorstand angesprochen, die entweder durch den Vorstand oder durch den Aufsichtsrat erlassen wird.[67] Zulässige Beschränkungen der Geschäftsführungsbefugnis können sich insoweit insbesondere aus der vorstandsinternen Geschäfts- und Ressortverteilung ergeben.[68] 22

6. Beschränkungen durch den Vorstandsanstellungsvertrag. Neben den organschaftlichen Beschränkungen der Geschäftsführungsbefugnis sind die Vorstandsmitglieder schuldrechtlich an die jeweils dienstvertraglich geregelten Pflichten gebunden, soweit diese nicht zwingenden aktienrechtlichen Vorschriften oder der Satzung widersprechen.[69] 23

7. Rechtsfolgen einer Überschreitung der Geschäftsführungsbefugnis. Eine Überschreitung der Geschäftsführungsbefugnis hat gegenüber Dritten keine Bedeutung, sofern nicht ausnahmsweise die engen Voraussetzungen eines Missbrauchs der Vertretungsbefugnis (→ Rn. 9 ff.) vorliegen. Im Verhältnis zur Gesellschaft kann ein wichtiger Grund für den **Widerruf der Bestellung** (§ 84 Abs. 3) und die Kündigung des Anstellungsvertrags gegeben sein. Daneben kommen **Schadensersatzansprüche** der Gesellschaft nach Maßgabe von § 93 Abs. 2 gegen das pflichtwidrig handelnde Vorstandsmitglied in Betracht. 24

Die **präventive Verhinderung** einer bestimmten Geschäftsführungsmaßnahme des Vorstands durch Erhebung einer Unterlassungsklage durch den Aufsichtsrat kommt grundsätzlich nicht in Betracht. Könnte der Aufsichtsrat die Vornahme oder die Nichtvornahme einer bestimmten Geschäftsführungsmaßnahme erzwingen, würde dadurch sein Ermessen unzulässigerweise an die 25

---

60 MüKoAktG/*Spindler* Rn. 35.

61 OLG Stuttgart AG 2006, 727; GroßkommAktG/*Habersack/Foerster* Rn. 26.

62 OLG Stuttgart AG 2006, 727 für Maybach und Smart; MüKoAktG/*Spindler* Rn. 35; Spindler/Stilz/*Fleischer* Rn. 33.

63 GroßkommAktG/*Habersack/Foerster* Rn. 26; Schmidt/Lutter/*Seibt* Rn. 15.

64 Spindler/Stilz/*Fleischer* Rn. 33; Hüffer/*Koch* Rn. 10; GroßkommAktG/*Habersack/Foerster* Rn. 26.

65 Hüffer/*Koch* Rn. 12.

66 KK-AktG/*Mertens/Cahn* § 76 Rn. 30; NK-AktR/*Oltmanns* Rn. 10.

67 GroßkommAktG/*Habersack/Foerster* Rn. 29; Hüffer/*Koch* Rn. 13.

68 Spindler/Stilz/*Fleischer* Rn. 36; Hüffer/*Koch er* Rn. 13.

69 Schmidt/Lutter/*Seibt* Rn. 18; MüKoAktG/*Spindler* Rn. 44.

Stelle des Vorstandsermessens gesetzt.[70] Die Erhebung einer Klage auf Vornahme oder Unterlassung bestimmter Maßnahmen kann allerdings ausnahmsweise dann in Betracht kommen, wenn der Vorstand durch Gesetz oder Satzung verpflichtet ist, eine bestimmte Handlung vorzunehmen oder zu unterlassen, er also in seiner Entscheidung nicht mehr frei ist.[71] Eine solche Handlungspflicht stellt die Pflichtung des Vorstands dar, Hauptversammlungsbeschlüsse vorzubereiten oder auszuführen (→ § 83 Rn. 8). Umgekehrt liegt eine Unterlassungspflicht vor, wenn die Vornahme einer bestimmten Maßnahme an die Zustimmung des Aufsichtsrats gebunden ist (§ 111 Abs. 4 S. 2) oder nach der Satzung nicht vorgenommen werden darf. In diesen Fällen ist ein unzulässiger Eingriff in die Geschäftsführung nicht zu befürchten, da dem Vorstand kein Ermessensspielraum verbleibt, sondern er entweder zur Durchführung oder zur Unterlassung der Maßnahme verpflichtet ist.[72] Allgemein zur Problematik von sog. Organstreitigkeiten → § 90 Rn. 22. Im Einzelfall kann auch der Widerruf der Bestellung aus wichtigem Grund (§ 84 Abs. 3) gerechtfertigt sein, wenn die Vornahme einer die Geschäftsführungsbefugnis überschreitenden Maßnahme unmittelbar droht.[73]

§ 83 Vorbereitung und Ausführung von Hauptversammlungsbeschlüssen

(1) [1]Der Vorstand ist auf Verlangen der Hauptversammlung verpflichtet, Maßnahmen, die in die Zuständigkeit der Hauptversammlung fallen, vorzubereiten. [2]Das gleiche gilt für die Vorbereitung und den Abschluß von Verträgen, die nur mit Zustimmung der Hauptversammlung wirksam werden. [3]Der Beschluß der Hauptversammlung bedarf der Mehrheiten, die für die Maßnahmen oder für die Zustimmung zu dem Vertrag erforderlich sind.

(2) Der Vorstand ist verpflichtet, die von der Hauptversammlung im Rahmen ihrer Zuständigkeit beschlossenen Maßnahmen auszuführen.

Schrifttum: *Bauer,* Organklagen zwischen Vorstand und Aufsichtsrat in der Aktiengesellschaft, 1986; *Casper,* Die Heilung nichtiger Beschlüsse im Kapitalgesellschaftsrecht, 1998; *Fleischer,* Vorstandspflichten bei rechtswidrigen Hauptversammlungsbeschlüssen, BB 2005, 2025; *Haertlein,* Vorstandshaftung wegen (Nicht-)Ausführung eines Gewinnverwendungsbeschlusses mit Dividendenausschüttung, ZHR 168 (2004), 437; *Hommelhoff,* Der aktienrechtliche Organstreit, ZHR 143 (1979), 288; *Stein,* Rechtsschutz gegen gesetzeswidrige Satzungsnormen bei Kapitalgesellschaften, ZGR 1994, 472; *Stodolkowitz,* Gerichtliche Durchsetzung von Organpflichten in der Aktiengesellschaft, ZHR 154 (1990), 1; *Volhard,* Eigenverantwortlichkeit und Folgepflicht, ZGR 1996, 55; *Werner* Ausgewählte Fragen zum Aktienrecht, AG 1973, 93; *Zöllner,* Die sogenannten Gesellschafterklagen im Kapitalgesellschaftsrecht, ZGR 1988, 392.

Übersicht

I. Allgemeines

1 Die Norm betrifft das Verhältnis zwischen Vorstand und Hauptversammlung. Letztere ist aufgrund ihrer strukturellen Organisationsschwäche zur Vorbereitung der von ihr zu fassenden Beschlüsse wenig geeignet und häufig nicht imstande. Durch **§ 83 Abs. 1** wird daher der Vorstand zur Vorbereitung bestimmter Maßnahmen und Verträge verpflichtet, um ein faktisches Leerlaufen der der Hauptversammlung gemäß § 119 zugewiesenen Beschlusskompetenzen zu verhindern.[1] Bei der Vorbereitungspflicht nach § 83 Abs. 1 handelt es sich um eine eigene Organpflicht des Vorstands.[2] Diese ergänzt die ausdrücklich gesetzlich normierten Vorbereitungspflichten des Vorstands (vgl. etwa §§ 120

[70] MüKoAktG/*Spindler* Rn. 47.
[71] *Poseck* DB 1996, 2165; MüKoAktG/*Spindler* Rn. 47; Schmidt/Lutter/*Seibt* Rn. 19.
[72] MüKoAktG/*Spindler* Rn. 47.
[73] MüKoAktG/*Spindler* Rn. 47; Schmidt/Lutter/*Seibt* Rn. 19.
[1] Hüffer/*Koch* Rn. 1; Spindler/Stilz/*Fleischer* Rn. 1; Schmidt/Lutter/*Seibt* Rn. 1.
[2] Begr. RegE *Kropff* Textausgabe, 1965, 104; MüKoAktG/*Spindler* Rn. 1; Hüffer/*Koch* Rn. 1.

Abs. 3 S. 2 und 3, 175 Abs. 2 und 3, § 61 UmwG), die kraft Gesetzes und damit unabhängig von einem entsprechenden Verlangen der Hauptversammlung zu erfüllen sind.[3]

2 Der Vorbereitungspflicht entspricht die in **§ 83 Abs. 2** normierte Rechtspflicht des Vorstands, die von der Hauptversammlung innerhalb ihrer Zuständigkeit beschlossenen Maßnahmen auszuführen. Die Zuständigkeit des Vorstands als Geschäftsführungs- und damit Exekutivorgan der Gesellschaft für den Vollzug der durch die Hauptversammlung innerhalb ihres Kompetenzbereichs beschlossenen Maßnahmen ergibt sich bereits aus der aktienrechtlichen Kompetenzordnung. § 83 Abs. 2 kommt daher nur deklaratorische Bedeutung zu.[4]

II. Vorbereitungspflicht des Vorstands

3 **1. Gegenstand. a) Maßnahmen der Hauptversammlung.** Nach § 83 Abs. 1 S. 1 hat der Vorstand Maßnahmen vorzubereiten, die in die Zuständigkeit der Hauptversammlung fallen. Voraussetzung ist eine **ausschließliche Entscheidungskompetenz der Hauptversammlung.**[5] Eine Verpflichtung des Vorstands als „Hilfsorgan" der Hauptversammlung ist nur in den Fällen gerechtfertigt, in denen sein Aktionsradius durch die Hauptversammlung determiniert wird.[6] Dies ist der Fall bei den in § 119 Abs. 1 aufgeführten Beschlussgegenständen, anderweitig gesetzlich der Hauptversammlung zugewiesenen Entscheidungszuständigkeiten (vgl. §§ 103, 147, 173, 234 Abs. 2, 270 Abs. 2, 274, 319, §§ 13, 65, 73 UmwG) sowie bei Maßnahmen, die aufgrund ausdrücklicher Satzungsregelung der Zuständigkeit der Hauptversammlung unterliegen.[7] Auch grundlegende Strukturmaßnahmen, für die eine ungeschriebene Hauptversammlungszuständigkeit nach den Grundsätzen der Holzmüller-/Gelatine-Rechtsprechung[8] (→ § 76 Rn. 39) besteht, fallen in den ausschließlichen Kompetenzbereich der Hauptversammlung.[9] Für andere **Geschäftsführungsmaßnahmen** ist die Hauptversammlung hingegen nur dann zuständig, wenn der Vorstand ihre Entscheidung nach § 119 Abs. 2 ausdrücklich verlangt.[10] An einer ausschließlichen Entscheidungskompetenz der Hauptversammlung fehlt es bei Maßnahmen, die zwar an einen geschäftsinternen Zustimmungsbeschluss der Hauptversammlung gebunden sind, bei denen der Zustimmungsbeschluss jedoch weder für die Wirksamkeit der Maßnahme im Außenverhältnis erforderlich ist, noch eine Verpflichtung des Vorstands zur Ausführung der Maßnahme begründet.[11] Hierunter fallen insbesondere Beschlüsse nach § 68 Abs. 2 S. 2 und 3 (Zustimmung zur Übertragung von Namensaktien), § 111 Abs. 4 S. 3 (Entscheidung nach einer Zustimmungsverweigerung des Aufsichtsrats) und § 221 Abs. 1–3 (Ermächtigung zur Ausgabe von Wandel- oder Gewinnobligationen oder von Genussscheinen).[12]

4 **b) Zustimmungsbedürftige Verträge.** Nach § 83 Abs. 1 S. 2 ist der Vorstand auch zur Vorbereitung und zum Abschluss von Verträgen verpflichtet, die nur mit Zustimmung der Hauptversammlung wirksam werden. Hierunter fallen insbesondere Unternehmens- und Verschmelzungsverträge (§ 293 Abs. 1, §§ 13, 65, 73 UmwG),[13] ferner Nachgründungsverträge (§ 52), Gesamtvermögensgeschäfte (§ 179a) sowie Verträge über den Verzicht auf oder den Vergleich über Ersatzansprüche der Gesellschaft (§§ 50, 53 S. 1, 93 Abs. 4 S. 3, 116, 117 Abs. 4, 309 Abs. 3, 310 Abs. 4, 317 Abs. 4, 318 Abs. 4, 323 Abs. 1 S. 2).[14] Der Vorstand ist auf Verlangen der Hauptversammlung auch dann zur Vorbereitung und zum Abschluss solcher zustimmungspflichtigen Verträge verpflichtet, wenn er selbst den Abschluss des Vertrags nicht für angezeigt hält.[15] § 83 Abs. 1 S. 2 begründet insoweit ein **Initiativrecht der Hauptversammlung.**[16] Mit erteilter Zustimmung der Hauptversammlung ist der Vor-

---

[3] GroßkommAktG/*Habersack/Foerster* Rn. 3.
[4] GroßkommAktG/*Habersack/Foerster* Rn. 2; Spindler/Stilz/*Fleischer* Rn. 1.
[5] MüKoAktG/*Spindler* Rn. 6.
[6] Spindler/Stilz/*Fleischer* Rn. 4; MüKoAktG/*Spindler* Rn. 8.
[7] Hüffer/*Koch* Rn. 2; Schmidt/Lutter/*Seibt* Rn. 4; GroßkommAktG/*Habersack/Foerster* Rn. 6.
[8] BGHZ 83, 122; BGHZ 159, 30 = NJW 2004, 1860.
[9] GroßkommAktG/*Habersack/Foerster* Rn. 6; MüKoAktG/*Spindler* Rn. 6; Hüffer/*Koch* Rn. 2.
[10] BGHZ 146, 288 (293) = NJW 2001, 1277; MüKoAktG/*Spindler* Rn. 6; Spindler/Stilz/*Fleischer* Rn. 3; KK-AktG/*Mertens/Cahn* Rn. 2; Hüffer/*Koch* Rn. 2.
[11] GroßkommAktG/*Habersack/Foerster* Rn. 6; Hüffer/*Koch* Rn. 2; MüKoAktG/*Spindler* Rn. 8; Spindler/Stilz/*Fleischer* Rn. 4; *Werner* AG 1972, 93 (98).
[12] Spindler/Stilz/*Fleischer* Rn. 4; MüKoAktG/*Spindler* Rn. 8; Hüffer/*Koch* Rn. 2.
[13] Vgl. BGHZ 122, 211 (217) = NJW 1993, 1976 zum Unternehmensvertrag; GroßkommAktG/*Habersack/Foerster* Rn. 7; Hüffer/*Koch* Rn. 3.
[14] MüKoAktG/*Spindler* Rn. 11; Spindler/Stilz/*Fleischer* Rn. 5; Schmidt/Lutter/*Seibt* Rn. 6; Hüffer/*Koch* Rn. 3.
[15] Hüffer/*Koch* Rn. 3; Spindler/Stilz/*Fleischer* Rn. 5; KK-AktG/*Mertens/Cahn* Rn. 4 ff.; MüKoAktG/*Spindler* Rn. 10; MHdB AG/*Wiesner* § 25 Rn. 78.
[16] Spindler/Stilz/*Fleischer* Rn. 5; GroßkommAktG/*Habersack/Foerster* Rn. 8; Schmidt/Lutter/*Seibt* Rn. 7.

stand nach § 83 Abs. 2 zum Abschluss des Vertrags verpflichtet.[17] Im Anwendungsbereich des § 83 Abs. 1 S. 2 sind die Geschäftsführungs- und Vertretungsbefugnis des Vorstands beschränkt und das Schwergewicht der Willensbildung auf die Hauptversammlung verlagert.[18]

5 **2. Verlangen der Hauptversammlung.** Die Vorbereitungspflicht des Vorstands setzt ein entsprechendes Verlangen der Hauptversammlung in Form eines Beschlusses voraus, der gemäß § 83 Abs. 1 S. 3 der jeweils für die Maßnahme (S. 1) oder den Vertrag (S. 2) erforderlichen Mehrheit bedarf. Hierdurch soll verhindert werden, dass der Vorstand einen Hauptversammlungsbeschluss vorbereiten muss, der aller Voraussicht nach nicht die erforderliche Hauptversammlungsmehrheit finden wird.[19] Bedarf es zur Wirksamkeit der Maßnahme eines Sonderbeschlusses einzelner Aktiengattungen (zB nach §§ 179 Abs. 3, 182 Abs. 2, 222 Abs. 2), gilt dieses Beschlusserfordernis auch für den Weisungsbeschluss.[20]

6 Entgegen einer zum Teil vertretenen Auffassung ist § 83 Abs. 1 S. 3 nicht analog auf Fälle anwendbar, in denen eine Minderheit aufgrund eines ihr zustehenden Initiativrechts eine Maßnahme verlangen kann (zB die Geltendmachung von Ersatzansprüchen, §§ 147, 309 Abs. 4 S. 1, oder die Bestellung eines Sonderprüfers, §§ 142 Abs. 2 und 4, 258 Abs. 2 S. 3).[21] § 83 dient der Gewährleistung der effektiven Wahrnehmung von Hauptversammlungskompetenzen, während die Fälle der **Minderheitenrechte** gerade dadurch gekennzeichnet sind, dass die Hauptversammlung zuvor mehrheitlich die Einleitung entsprechender Maßnahmen abgelehnt hat.[22] Erst Recht kommt daher keine analoge Anwendung auf Sachverhalte in Betracht, in denen der Minderheit nur ein Widerspruchsrecht (zB nach §§ 50 S. 1, 53 S. 1, 93 Abs. 4 S. 3) zusteht oder ein Einzelaktionär zur Geltendmachung von Ansprüchen der Gesellschaft berechtigt ist (vgl. etwa §§ 309 Abs. 4, 310 Abs. 4, 317 Abs. 4, 318 Abs. 4, 323 Abs. 1).[23]

III. Ausführungspflicht

7 **1. Voraussetzungen.** Nach § 83 Abs. 2 ist der Vorstand verpflichtet, die von der Hauptversammlung im Rahmen ihrer Zuständigkeit beschlossenen Maßnahmen auszuführen, sofern die Wirksamkeit von Beschlüssen der Hauptversammlung im Außenverhältnis nicht unmittelbar eintritt.[24] Voraussetzung einer Ausführungspflicht des Vorstands ist die **Zuständigkeit** (→ Rn. 3) der Hauptversammlung für die beschlossene Maßnahme.[25] Von der Ausführungspflicht umfasst werden insbesondere auch auf Verlangen des Vorstands nach § 119 Abs. 2 beschlossene Geschäftsführungsmaßnahmen.[26] Eine Ausführungspflicht des Vorstands besteht indes nur für **gesetzmäßige Beschlüsse** der Hauptversammlung.[27] Der Beschluss darf daher weder nichtig noch anfechtbar sein.[28] Dies folgt zum einen aus § 93 Abs. 4 S. 1, wonach Vorstandsmitglieder nur bei Ausführung eines gesetzmäßigen Hauptversammlungsbeschlusses von ihrer Organhaftung befreit sind, zum anderen aus dem allgemeinen Legalitätsprinzip (→ § 76 Rn. 25). Soweit sich Vorstandsmitglieder durch die Ausführung eines Hauptversammlungsbeschlusses ersatzpflichtig machen können, kann eine Ausführungspflicht nicht bestehen.[29] Mit Eintritt der Heilungswirkung (§ 242) oder Ablauf der Anfechtungsfrist (§ 246) entfällt jedoch ein dem Hauptversammlungsbeschluss ursprünglich etwaig anhaftender Mangel. Ein geheilter Beschluss ist nicht nur als wirksam, sondern auch als gesetzmäßig anzusehen.[30] Entsprechend bewirkt bei anfechtbaren Beschlüssen der Ablauf der Anfechtungsfrist

---

[17] GroßkommAktG/*Habersack/Foerster* Rn. 8; Schmidt/Lutter/*Seibt* Rn. 7.

[18] BGHZ 122, 211 (217) = NJW 1993, 1976; MüKoAktG/*Spindler* Rn. 10.

[19] Begr. RegE *Kropff* Textausgabe, 1965, 104; MüKoAktG/*Spindler* Rn. 12; Hüffer/*Koch* Rn. 4.

[20] Spindler/Stilz/*Fleischer* Rn. 6; MHdBAG/*Wiesner* § 25 Rn. 132.

[21] Hüffer/*Koch* Rn. 4; GroßkommAktG/*Habersack/Foerster* Rn. 10; Schmidt/Lutter/*Seibt* Rn. 9; MüKoAktG/*Spindler* Rn. 13.

[22] GroßkommAktG/*Habersack/Foerster* Rn. 10; Schmidt/Lutter/*Seibt* Rn. 9.

[23] GroßkommAktG/*Habersack/Foerster* Rn. 10; Spindler/Stilz/*Fleischer* Rn. 6.

[24] Semler/Peltzer/*Richter* Vorst HdB § 4 Rn. 276.

[25] Spindler/Stilz/*Fleischer* Rn. 8; Schmidt/Lutter/*Seibt* Rn. 10; GroßkommAktG/*Habersack/Foerster* Rn. 11.

[26] BGHZ 146, 288 (293) = NJW 2001, 1277; GroßkommAktG/*Habersack* Rn. 11; MüKoAktG/*Spindler* Rn. 23; *Wolff/Jansen* NZG 2013, 1165 (1167); *Kleinhenz/Leyendecker* BB 2012, 861; aA *Dietz-Vellmer* NZG 2014, 721 (725);*Rohde/Geschwandtner* NZG 2005, 996 (998).

[27] GroßkommAktG/*Habersack/Foerster* Rn. 12; Spindler/Stilz/*Fleischer* Rn. 9; Schmidt/Lutter/*Seibt* Rn. 10; MüKoAktG/*Spindler* Rn. 18.

[28] MüKoAktG/*Spindler* Rn. 18.

[29] MüKoAktG/*Spindler* Rn. 18; Spindler/Stilz/*Fleischer* Rn. 10.

[30] BGHZ 33, 175 (178); Hüffer/*Koch* § 242 Rn. 7; Spindler/Stilz/*Casper* § 242 Rn. 12; aA *Stein* ZGR 1994, 472 (480).

die Gesetzmäßigkeit des betreffenden Beschlusses iSd § 93 Abs. 4 S. 1.[31] Nach Eintritt der Heilungswirkung oder Ablauf der Anfechtungsfrist besteht daher eine uneingeschränkte Beschlussausführungspflicht des Vorstands.[32] Dies gilt entgegen einer verbreiteten Literaturauffassung[33] auch dann, wenn der Vorstand es pflichtwidrig versäumt hat, rechtzeitig Anfechtungs- oder Nichtigkeitsklage zu erheben.[34] Dem Vorstand droht in diesen Fällen zwar möglicherweise eine Schadensersatzpflicht wegen des Versäumnisses der Klageerhebung. Die Ausführung des (jetzt gesetzmäßigen) Beschlusses selbst fällt jedoch unter die Haftungsprivilegierung nach § 93 Abs. 4 S. 1.[35] Zu den Vorstandspflichten bei Zweifeln an der Gesetzmäßigkeit des Hauptversammlungsbeschlusses → § 93 Rn. 66.

Ändert sich die Sach- oder Rechtslage nach einer (gesetzmäßigen) Beschlussfassung der Hauptversammlung in einer Weise, dass die Ausführung des Beschlusses zu einer Schädigung der Gesellschaft führen würde, ist der Vorstand aufgrund seiner organschaftlichen Sorgfaltspflicht (§ 93 Abs. 1) in der Regel verpflichtet, von der Ausführung des Beschlusses vorläufig abzusehen und eine erneute Entscheidung der Hauptversammlung herbeizuführen.[36] 8

2. Inhalt. Der Inhalt der Ausführungspflicht bestimmt sich nach der Art der beschlossenen Maßnahme. In Betracht kommen etwa die Anmeldung einer beschlossenen Satzungsänderung zur Eintragung in das Handelsregister oder der Abschluss eines Vertrags. Der Pflicht zur Ausführung positiver Beschlüsse entspricht die Pflicht zur Beachtung negativer, auf Nichtvornahme einer Maßnahme gerichteter Beschlüsse.[37] Der Vorstand hat die beschlossenen Maßnahmen unverzüglich, dh ohne schuldhaftes Zögern innerhalb einer angemessenen Überlegungs- und Vorbereitungsfrist umzusetzen.[38] 9

IV. Rechtsfolgen einer Pflichtverletzung

Vorstandsmitglieder, die die in § 83 statuierten Vorbereitungs- und Ausführungspflichten verletzen, handeln pflichtwidrig und können sich daher bei Hinzutreten der weiteren Voraussetzungen nach § 93 Abs. 2 gegenüber der Gesellschaft schadensersatzpflichtig machen.[39] Die Nichterfüllung ihrer Organpflichten stellt zudem regelmäßig einen wichtigen Grund iSd § 84 Abs. 3 zum Widerruf ihrer Bestellung und zur außerordentlichen Kündigung ihres Anstellungsvertrags dar.[40] 10

Die Gesellschaft (vertreten durch den Aufsichtsrat, § 112) hat zudem die Möglichkeit, die Vorstandsmitglieder auf Erfüllung ihrer Pflichten nach § 83 zu verklagen.[41] Bei Zweifeln über das Bestehen einer Vorbereitungs- oder Ausführungspflicht ist ferner ein Rechtsschutzbedürfnis für eine Feststellungsklage (§ 256 ZPO) der Gesellschaft (vertreten durch den Aufsichtsrat, § 112) auf Feststellung des Bestehens einer Vorbereitungs- oder Ausführungspflicht denkbar.[42] 11

§ 84 Bestellung und Abberufung des Vorstands

(1) [1]Vorstandsmitglieder bestellt der Aufsichtsrat auf höchstens fünf Jahre. [2]Eine wiederholte Bestellung oder Verlängerung der Amtszeit, jeweils für höchstens fünf Jahre, ist zulässig. [3]Sie bedarf eines erneuten Aufsichtsratsbeschlusses, der frühestens ein Jahr vor Ablauf der bisherigen Amtszeit gefaßt werden kann. [4]Nur bei einer Bestellung auf weniger als fünf Jahre kann eine Verlängerung der Amtszeit ohne neuen Aufsichtsratsbeschluß vorgesehen werden, sofern dadurch die gesamte Amtszeit nicht mehr als fünf Jahre

[31] *Haertlein* ZHR 168 (2004), 437 (446); MüKoAktG/*Hüffer/Schäfer* § 243 Rn. 137.

[32] Spindler/Stilz/*Fleischer* Rn. 16; *Casper,* Die Heilung nichtiger Beschlüsse im Kapitalgesellschaftsrecht, 1998, 174 ff.; *Haertlein* ZHR 168 (2004), 437 (446); Hüffer/*Koch* § 242 Rn. 7; Semler/Peltzer/*Richter* Vorst HdB § 4 Rn. 278.

[33] GroßkommAktG/*Habersack/Foerster* Rn. 13; KK-AktG/*Mertens/Cahn* Rn. 9 ff.; MüKoAktG/*Spindler* Rn. 21; Schmidt/Lutter/*Seibt* Rn. 12.

[34] Spindler/Stilz/*Fleischer* Rn. 16; Hüffer/*Koch* § 242 Rn. 7.

[35] Spindler/Stilz/*Fleischer* Rn. 16; letztlich auch MüKoAktG/*Spindler* Rn. 21.

[36] Semler/Peltzer/*Richter* Vorst HdB § 4 Rn. 278; MüKoAktG/*Spindler* Rn. 25; Schmidt/Lutter/*Seibt* Rn. 12.

[37] GroßkommAktG/*Habersack/Foerster* Rn. 14; Schmidt/Lutter/*Seibt* Rn. 11; *Zöllner* ZGR 1988, 392 (415 f.).; offenlassend OLG München BB 1993, 2040.

[38] MüKoAktG/*Spindler* Rn. 17; *Fleischer* BB 2005, 2025; *Volhard* ZGR 1996, 55 (46).

[39] GroßkommAktG/*Habersack/Foerster* Rn. 15; Hüffer/*Koch* Rn. 6.

[40] Spindler/Stilz/*Fleischer* Rn. 18; MüKoAktG/*Spindler* Rn. 26; Hüffer/*Koch* Rn. 6.

[41] MüKoAktG/*Spindler* Rn. 27; Schmidt/Lutter/*Seibt* Rn. 13; *Bauer,* Organklagen zwischen Vorstand und Aufsichtsrat in der Aktiengesellschaft, 1998, 104; *Stodolkowitz* ZHR 154 (1990), 1 (9 f.); *Hommelhoff* ZHR 143 (1979), 288 (309); aA KK-AktG/*Mertens/Cahn* Rn. 12, Vor § 76 Rn. 5; Hüffer/*Koch* Rn. 6.

[42] MüKoAktG/*Spindler* Rn. 26; Schmidt/Lutter/*Seibt* Rn. 13.

beträgt. [5]Dies gilt sinngemäß für den Anstellungsvertrag; er kann jedoch vorsehen, daß er für den Fall einer Verlängerung der Amtszeit bis zu deren Ablauf weitergilt.

(2) Werden mehrere Personen zu Vorstandsmitgliedern bestellt, so kann der Aufsichtsrat ein Mitglied zum Vorsitzenden des Vorstands ernennen.

(3) [1]Der Aufsichtsrat kann die Bestellung zum Vorstandsmitglied und die Ernennung zum Vorsitzenden des Vorstands widerrufen, wenn ein wichtiger Grund vorliegt. [2]Ein solcher Grund ist namentlich grobe Pflichtverletzung, Unfähigkeit zur ordnungsmäßigen Geschäftsführung oder Vertrauensentzug durch die Hauptversammlung, es sei denn, daß das Vertrauen aus offenbar unsachlichen Gründen entzogen worden ist. [3]Dies gilt auch für den vom ersten Aufsichtsrat bestellten Vorstand. [4]Der Widerruf ist wirksam, bis seine Unwirksamkeit rechtskräftig festgestellt ist. [5]Für die Ansprüche aus dem Anstellungsvertrag gelten die allgemeinen Vorschriften.

(4) Die Vorschriften des Gesetzes über die Mitbestimmung der Arbeitnehmer in den Aufsichtsräten und Vorständen der Unternehmen des Bergbaus und der Eisen und Stahl erzeugenden Industrie in der im Bundesgesetzblatt Teil III, Gliederungsnummer 801-2, veröffentlichten bereinigten Fassung – Montan-Mitbestimmungsgesetz – über die besonderen Mehrheitserfordernisse für einen Aufsichtsratsbeschluß über die Bestellung eines Arbeitsdirektors oder den Widerruf seiner Bestellung bleiben unberührt.

Schrifttum: *Bauer,* Rechtliche und taktische Probleme bei der Beendigung von Vorstandsverhältnissen, DB 1992, 1413; *Bauer/Arnold,* Der „richtige Zeitpunkt" für die Erstbestellung von Vorstandsmitgliedern, DB 2007, 1571; *Bauer/Baeck/v. Medem,* Altersversorgung und Übergangsgeld in Vorstandsanstellungsverträgen, NZG 2010, 721; *Bauer/Krieger,* Formale Fehler bei Abberufung und Kündigung vertretungsberechtigter Organmitglieder, ZIP 2004, 1247; *Baums,* Der Geschäftsleitervertrag – Begründung, Inhalt und Beendigung der Rechtsstellung der Vorstandsmitglieder und Geschäftsführer in den Kapitalgesellschaften und Genossenschaften, 1987; *Bayer/Lieder,* Die Lehre vom fehlerhaften Bestellungsverhältnis, NZG 2012, 1; *Bednarz,* Die Kundgabe von Beschlüssen des Aufsichtsrats durch den Aufsichtsratsvorsitzenden – ein Fall des § 174 S. 1 BGB?, NZG 2005, 418; *Beiner,* Der Vorstandsvertrag, 2005; *Bezzenberger,* Der Vorstandsvorsitzende der Aktiengesellschaft, ZGR 1996, 661; *Deilmann,* Fehlen einer Directors & Officers (D&O) Versicherung als Rücktrittsgrund für die Organmitglieder einer Aktiengesellschaft, NZG 2005, 54; *Deilmann/Dornbusch,* Drittanstellungen im Konzern, NZG 2016,201; *Diekmann/Punte,* Aktuelles zu Drittanstellung, Drittvergütung und Haftung von Mitgliedern des AG-Vorstands, WM 2016, 681; *Fleischer,* Zur Abberufung von Vorstandsmitgliedern auf Druck Dritter, DStR 2006, 1507; *Fonk,* Altersversorgung von Organmitgliedern im Umbruch, ZGR 2009, 413; *ders.,* Zur Vertragsgestaltung bei Vorstandsdoppelmandaten, NZG 2010, 368; *Hoffmann-Becking,* Zum einvernehmlichen Ausscheiden von Vorstandsmitgliedern, FS Stimpel, 1985, 589; *ders.,* Übenahme von Geldbußen gegen Vorstandsmitglieder durch die Gesellschaft, ZGR 2015, 618; *Hölters/Weber,* Vorzeitige Wiederbestellungen von Aufsichtsratsmitgliedern, AG 2005, 629; *Janzen,* Vorzeitige Beendigung von Vorstandsamt und -vertrag, NZG 2003, 468; *Jooß,* Die Drittanstellung des Vorstandsmitglieds einer AG, NZG 2011, 1130; *Krieger,* Personalentscheidungen des Aufsichtsrats, 1981; *Leuchten,* Zur vorzeitigen Wiederbestellung von Vorständen, NZG 2005, 909; *Niewiarra,* Verträge zwischen Vorstand und Aktionär, BB 1998, 1961; *Paschos/von der Linden,* Vorzeitige Wiederbestellung von Vorstandsmitgliedern, AG 2012, 736; *Röder/Lingemann,* Schicksal von Vorstand und Geschäftsführer bei Unternehmensumwandlungen und Unternehmensveräußerungen, DB 1993, 1341; *Schaefer/Missling,* Haftung von Vorstand und Aufsichtsrat, NZG 1998, 441; *Schockenhoff/Topf,* Formelle Wirksamkeitsanforderungen an die Abberufung eines Vorstandsmitglieds und die Kündigung seines Anstellungsvertrags, DB 2005, 539; *Thümmel,* Managerhaftung vor Schiedsgerichten, FS Geimer, 2002, 1331; *Tschöpe/Wortmann,* Der wichtige Grund bei Abberufungen und außerordentlichen Kündigungen von geschäftsführenden Organvertretern, NZG 2009, 161; *Vollmer,* Unternehmensverfassungsrechtliche Schiedsgerichte, ZGR 1982, 15; *Zöllner,* Lohn ohne Arbeit bei Vorstandsmitgliedern, FS Koppensteiner, 2001, 291.

Übersicht

I. Allgemeines

Durch § 84 wird die **ausschließliche Personalkompetenz** in Vorstandsangelegenheiten dem **Aufsichtsrat** zugewiesen. Dieser ist für die Bestellung und den Widerruf der Bestellung von Vorstandsmitgliedern ebenso ausschließlich zuständig wie für den Abschluss, die Änderung und Kündigung des Anstellungsvertrags. Die Regelung ist **zwingend** (§ 23 Abs. 5), so dass eine abweichende Kompetenzzuweisung oder sonstige Modifikationen durch die Satzung nicht in Betracht kommen.[1] Nach § 84 Abs. 1 ist die **Bestellungsdauer** auf höchstens fünf Jahre begrenzt, wobei eine wiederholte Bestellung oder Verlängerung der Amtszeit zulässig ist. Besteht der Vorstand aus mehreren Personen, kann der Aufsichtsrat nach § 84 Abs. 2 ein Mitglied zum Vorsitzenden des Vorstands ernennen. Ein **Widerruf der Bestellung** zum Vorstandsmitglied ist nach § 84 Abs. 3 nur zulässig, wenn ein wichtiger Grund vorliegt. 1

Von der korporationsrechtlichen Bestellung zum Vorstandsmitglied und ihrem Widerruf ist das durch den Abschluss des Anstellungsvertrags begründete schuldrechtliche Rechtsverhältnis zwischen dem Vorstandsmitglied und der Gesellschaft zu trennen (sog. **Trennungsprinzip**).[2] Die Trennung von organschaftlicher und schuldrechtlicher Ebene kommt in § 84 Abs. 1 S. 1 und 5, Abs. 3 S. 1 und S. 5 zum Ausdruck.[3] Rechtspraktische Bedeutung kommt der Unterscheidung der beiden Ebenen insbesondere beim Widerruf der Bestellung zu, der nicht notwendig auch mit einem Erlöschen des Anstellungsverhältnisses verbunden ist. Trotz ihrer dogmatischen Trennung stehen Bestellung und Anstellung in einem engen tatsächlichen und rechtlichen Zusammenhang und bedürfen nicht nur in zeitlicher Hinsicht einer engen Abstimmung und Verknüpfung.[4] 2

---

[1] AllgM, vgl. MüKoAktG/*Spindler* Rn. 1; Hüffer/*Koch* Rn. 1.

[2] BGH NJW 2003, 351; BGHZ 89, 48 (52); BGHZ 78, 82 (84); Begr. RegE *Kropff* Textausgabe, 1965, 106; MüKoAktG/*Spindler* Rn. 10; Hüffer/*Koch* Rn. 2; KK-AktG/*Mertens*/*Cahn* Rn. 4, 34; MHdB AG/*Wiesner* § 20 Rn. 11; aA – sog. Einheitstheorie – *Baums* Geschäftsleitervertrag, 1987, 3 ff.

[3] Hüffer/*Koch* Rn. 2; Spindler/Stilz/*Fleischer* Rn. 7.

[4] *Thüsing* in Fleischer HdB VorstandsR § 4 Rn. 4 f.; GroßkommAktG/*Kort* Rn. 25 f.

2a Die Diskriminierungsverbote des AGG gelten sowohl für den Dienstvertrag als auch für die Bestellung (einschließlich Wiederbestellung/erneute Bestellung) von Vorstandsmitgliedern. Insoweit gilt auch die Vermutungswirkung gemäß § 22 AGG. Auf die Beendigung von Bestellung und Anstellung von Vorstandsmitgliedern findet das AGG hingegen grundsätzlich keine Anwendung.[5] Zur Zulässigkeit satzungsmäßiger Mindest- und Höchstaltersgrenzen → § 78 Rn. 83.

II. Bestellung von Vorstandsmitgliedern

3 **1. Allgemeines.** Nach § 84 Abs. 1 S. 1 werden die Vorstandsmitglieder durch den Aufsichtsrat bestellt. Der Begriff der Bestellung ist eine Sammelbezeichnung für diejenigen Handlungen des Aufsichtsrats und des zukünftigen Vorstandsmitglieds, die zur Begründung der Mitgliedschaft im Vorstandsorgan erforderlich sind und durch die der Bestellte die Rechtsstellung eines Vorstandsmitglieds sowohl im Außenverhältnis gegenüber Dritten als auch im Innenverhältnis gegenüber der Gesellschaft mit allen zugehörigen Rechten und Pflichten erlangt.[6] Die Bestellung setzt sich aus dem – nach § 130 BGB zugangsbedürftigen[7] – **Bestellungsbeschluss** des Aufsichtsrats, der **Bestellungserklärung** gegenüber dem Bestellten sowie dessen **Annahmeerklärung** zusammen.[8] Sowohl die Bestellungs- als auch die Annahmeerklärung haben rechtsgeschäftlichen Charakter.[9] Die Rechtswirkung der Bestellung tritt daher (vom Sonderfall einer aufschiebend bedingten Bestellung abgesehen, → Rn. 16) mit dem Zugang der zweiten Erklärung ein.[10] In der Praxis erfolgt die Zustimmung in der Regel schon vor dem Bestellungsbeschluss, so dass das Organverhältnis mit Zugang der Bestellungserklärung in Kraft tritt. Die Zustimmung des Bestellten ist nicht formbedürftig und kann auch konkludent erfolgen, zB durch Abschluss des Anstellungsvertrags oder Aufnahme der Vorstandstätigkeit.[11]

4 Nicht zur Bestellung, sondern zur durch die Geschäftsordnung des Vorstands (→ § 77 Rn. 46 ff.) zu regelnden Geschäftsverteilung gehört die **Zuweisung eines bestimmten Geschäftsbereichs.**[12] Eine Ausnahme gilt für die Position des Arbeitsdirektors (§ 33 MitbestG, § 13 MontanMitbestG, § 13 MitbestErgG) in mitbestimmten Gesellschaften. Dieser hat einen festgelegten Mindestzuständigkeitsbereich, der dem betreffenden Vorstandsmitglied mit der Bestellung als Arbeitsdirektor unmittelbar zugewiesen wird. Eine weitergehende Definition des Zuständigkeitsbereichs im Bestellungsbeschluss ist nicht möglich.[13] Vom Inhalt des Bestellungsbeschlusses zu trennen ist die Frage, ob im Anstellungsvertrag eine bestimmte Ressortzuständigkeit vereinbart werden kann (→ Rn. 52).

5 **2. Zuständigkeit. a) Alleinkompetenz des Aufsichtsrats.** Zuständig für die Bestellung von Vorstandsmitgliedern ist nach § 84 Abs. 1 S. 1 ausschließlich und zwingend der **Gesamt-Aufsichtsrat.** Anderen Gesellschaftsorganen und erst Recht außenstehenden Dritten können keine Entscheidungskompetenzen im Zusammenhang mit der Bestellung von Vorstandsmitgliedern eingeräumt werden.[14] Die ausschließliche Zuständigkeit des Aufsichtsrats bleibt auch während des **Insolvenzverfahrens** erhalten.[15]

6 Eine Übertragung der Beschlussfassung auf einen Aufsichtsratsausschuss ist nicht möglich (§ 107 Abs. 3 S. 2).[16] Einem solchen oder einem einzelnes Aufsichtsratsmitglied (meist dem Aufsichtsratsvorsitzenden) kann jedoch die **Vorbereitung der Bestellung** überlassen werden.[17] Der DCGK enthält in Ziff. 5.1.2 Abs. 1 S. 3 DCGK eine unverbindliche Anregung, die Vorbereitung der Bestellung sowie der Behandlung der Bedingungen des Anstellungsvertrages einschließlich der Vergütung Ausschüssen zu übertragen. Die weitest gehende Vorbereitung der Vorstandsbestellung

---

[5] Vgl. BGH NZG 2012, 777; *Bauer/Arnold* NZG 2012, 921; *Miras* GWR 2012, 311.

[6] BGHZ 3, 90 (92) = NJW 1951, 881; MüKoAktG/*Spindler* Rn. 9; *Thüsing* in Fleischer HdB VorstandsR § 4 Rn. 7; Hüffer/*Koch* Rn. 3.

[7] OLG Dresden AG 2000, 43 (44); MHdB AG/*Wiesner* § 20 Rn. 12.

[8] Spindler/Stilz/*Fleischer* Rn. 5; Schmidt/Lutter/*Seibt* Rn. 6; Hüffer/*Koch* Rn. 3.

[9] BGHZ 52, 316 (321) zur GmbH; Hüffer/*Koch* Rn. 4; Spindler/Stilz/*Fleischer* Rn. 5; Schmidt/Lutter/*Seibt* Rn. 6.

[10] Hüffer/*Koch* Rn. 4.

[11] *Thüsing* in Fleischer HdB VorstandsR § 4 Rn. 7; MüKoAktG/*Spindler* Rn. 23; Hüffer/*Koch* Rn. 4.

[12] *Thüsing* in Fleischer HdB VorstandsR § 4 Rn. 8; MüKoAktG/*Spindler* Rn. 21; KK-AktG/*Mertens/Cahn* Rn. 48 ff.; Hüffer/*Koch* Rn. 3; aA *Krieger*, Personalentscheidungen des Aufsichtsrats, 1981, 199 f.

[13] *Thüsing* in Fleischer HdB VorstandsR § 4 Rn. 7; MüKoAktG/*Spindler* Rn. 21; Hüffer/*Koch* Rn. 3.

[14] AllgM, MüKoAktG/*Spindler* Rn. 12; Hüffer/*Koch* Rn. 5; KK-AktG/*Mertens/Cahn* Rn. 9; *Lutter/Krieger* Rechte und Pflichten § 7 Rn. 332.

[15] OLG Nürnberg AG 1991, 446 (447); *Schmidt* AG 2011, 15; Spindler/Stilz/*Fleischer* Rn. 9; aA *Klöckner* AG 2010, 780.

[16] BGHZ 79, 38 (42); Hüffer/*Koch* Rn. 5.

[17] *Lutter/Krieger* Rechte und Pflichten § 7 Rn. 337; MüKoAktG/*Spindler* Rn. 17; Schmidt/Lutter/*Seibt* Rn. 8.

durch einen **Aufsichtsratsausschuss** (zB Präsidial- oder Personalausschuss) ist in der Regel insbesondere unter den Gesichtspunkten der Wahrung der Vertraulichkeit von Vorstandspersonalien in der Vorbereitungsphase sowie einer effizienten Organisation der Aufsichtsratsarbeit sinnvoll und entspricht gängiger Praxis.[18] Meist findet der eigentliche Auswahlprozess in rechtlich zulässiger Weise[19] im Ausschuss statt, als dessen Ergebnis dem Aufsichtsratsplenum nur ein einziger Bestellungsvorschlag unterbreitet wird.[20] Der Ausschuss hat das Aufsichtsratsplenum im Rahmen seiner allgemeinen Berichtspflicht (§ 107 Abs. 3 S. 3) in gewissen Abständen über den Stand seiner Bemühungen zu informieren.[21]

b) Entscheidungsermessen des Aufsichtsrats. Der Aufsichtsrat übt mit seiner Personalent- 7
scheidung **eigenes unternehmerisches Ermessen** aus.[22] Bei seiner Ermessensentscheidung hat er neben den gesetzlichen und satzungsmäßigen Vorschriften über die Zahl der Vorstandsmitglieder (§ 76 Abs. 2; → Rn. 68 ff.) sowie den gesetzlichen Eignungsvoraussetzungen und Ausschlussgründen (§ 76 Abs. 3; → Rn. 75 ff.) auch durch die Satzung zulässigerweise festgelegte weitere Eignungsvoraussetzungen zu beachten. Die Statuierung satzungsmäßiger **persönlicher und sachlicher Eignungsvoraussetzungen** für Vorstandsmitglieder ist zulässig, soweit diese sachbezogen, dh durch das Gesellschaftsinteresse legitimiert sind und das Auswahlermessen des Aufsichtsrats weder nach ihrer Art noch durch Kumulation verschiedener Kriterien unverhältnismäßig einschränken (→ § 76 Rn. 82).[23] Weitere persönliche Eignungsvoraussetzungen können sich aus Spezialgesetzen (zB VAG, KWG) ergeben. Zur Festlegung von Zielgrößen für den Frauenanteil im Vorstand von Gesellschaften, die börsennotiert sind oder der Mitbestimmung unterliegen, → § 111 Rn. 83a ff. Zur Anwendbarkeit der Diskriminierungsverbote des AGG auf die Vorstandsbestellung → Rn. 2a.

Maßstab für die Ermessensausübung des Aufsichtsrats bei der Personalauswahl ist – wie für die 8
gesamte Aufsichtsratstätigkeit – das **Gesellschaftsinteresse.** Ziel des Aufsichtsrats muss es sein, die für die Gesellschaft in Anbetracht der Lage der Gesellschaft und der bei den amtierenden Vorstandsmitgliedern vorhandenen persönlichen und fachlichen Qualifikationen jeweils am besten geeignete Person zu bestellen. Dies bedingt eine **langfristige Personalplanung** und eine Verpflichtung zur **fortlaufenden Beobachtung des** (unternehmensinternen und -externen) **Markts für Führungskräfte.**[24]

c) Unbeschränkbarkeit der Entscheidungsfreiheit des Aufsichtsrats. aa) Allgemeines. 9
Rechtsgeschäftliche Vereinbarungen, durch welche die souveräne **Entscheidungsfreiheit** des Aufsichtsrats eingeschränkt wird, sind nach § 134 BGB nichtig.[25] Entsprechendes gilt für Satzungsbestimmungen, durch die in die Unabhängigkeit der Entscheidungsfindung des Aufsichtsrats eingegriffen wird (§ 23 Abs. 5).[26] Unzulässig sind daher Verpflichtungen des Aufsichtsrats oder einzelner Aufsichtsratsmitglieder gegenüber der Gesellschaft oder Dritten, bestimmte Personen zu Vorstandsmitgliedern zu bestellen oder die Bestellung von der Zustimmung eines anderen Gesellschaftsorgans, eines Aktionärs oder eines Dritten abhängig zu machen.[27]

bb) Abstimmung mit dem amtierenden Vorstand. Umstritten sind die Grenzen der Zuläs- 10
sigkeit **unverbindlicher Vorschlagsrechte und vorbereitender Absprachen.** Allgemein als zulässig angesehen werden **spontane,** nicht institutionalisierte **Vorschläge** zur Vorstandsbestellung.[28] Dabei geht es in erster Linie um die in der Praxis allgemein übliche und sinnvolle **enge Abstimmung** der Besetzung vakanter Vorstandspositionen **mit dem amtierenden Vorstand.** Dieser wird meist am besten beurteilen können, welche persönlichen und fachlichen Voraussetzungen der geeignete Kandidat erfüllen sollte und oft auch in der Lage sein, selbst geeignete Personen zu benennen. Nicht

---

[18] *Lutter/Krieger* Rechte und Pflichten § 7 Rn. 337; MüKoAktG/*Spindler* Rn. 17.

[19] BGHZ 122, 342 (349); *Mertens* ZGR 1983, 189 (194); MHdB AG/*Wiesner* § 20 Rn. 17; *Fonk* in Semler/v. Schenck AR HdB § 10 Rn. 24 ff.; aA *Krieger,* Personalentscheidungen des Aufsichtsrats, 1981, 58 f.

[20] MHdB AG/*Wiesner* § 20 Rn. 17; *Lutter/Krieger* Rechte und Pflichten § 7 Rn. 337.

[21] MüKoAktG/*Spindler* Rn. 17; *Lutter/Krieger* Rechte und Pflichten § 7 Rn. 337.

[22] *Goette* FS 50 Jahre BGH, 2000, 123 (129); Hüffer/*Koch* Rn. 5; Schmidt/Lutter/*Seibt* Rn. 11.

[23] GroßkommAktG/*Kort* § 76 Rn. 266 und § 84 Rn. 44 ff.; Hüffer/*Koch* § 76 Rn. 60; MHdB AG/*Wiesner* § 20 Rn. 6; aA *Hommelhoff* BB 1977, 322 ff.

[24] Ähnlich *Lutter/Krieger* Rechte und Pflichten § 7 Rn. 342; Schmidt/Lutter/*Seibt* Rn. 12; allg. zur Personalauswahl vgl. auch *Fonk* in Semler/v. Schenck AR HdB § 10 Rn. 8 ff.

[25] Spindler/Stilz/*Fleischer* Rn. 10; MüKoAktG/*Spindler* Rn. 15; *Thüsing* in Fleischer HdB VorstandsR § 4 Rn. 21.

[26] *Lutter/Krieger* Rechte und Pflichten § 7 Rn. 333.

[27] MüKoAktG/*Spindler* Rn. 15; *Lutter/Krieger* Rechte und Pflichten § 7 Rn. 333.

[28] OLG Stuttgart AG 2007, 873 (876); MüKoAktG/*Spindler* Rn. 15; GroßkommAktG/*Kort* Rn. 53.

zu unterschätzen ist auch, dass die „persönliche Chemie" zwischen den Mitgliedern den Erfolg der Zusammenarbeit innerhalb des Kollegialorgans Vorstand maßgeblich mitbestimmen kann. Reizpunkte und komplementäre Ansichten können zwar durchaus befruchtend wirken. Ein ständiger Machtkampf innerhalb des Vorstands ist dem Gesellschaftsinteresse jedoch nicht dienlich. Die Sorgfaltspflicht des Aufsichtsrats wird daher in der Regel sogar eine Beteiligung des amtierenden Vorstands am Auswahlprozess erfordern.[29] Dies entspricht auch der Empfehlung in Ziff. 5.1.2 Abs. 1 S. 3 DCGK, wonach der Aufsichtsrat gemeinsam mit dem Vorstand für eine langfristige Nachfolgeplanung sorgen soll. Ein Anspruch des Vorstands, an der Personalauswahl beteiligt zu sein, besteht indes nicht.[30] Entscheidend für die Zulässigkeit einer Abstimmung mit dem Vorstand und anderer Bestellungsvorschläge ist, dass die Vorschläge rechtlich nicht bindend sind. Das Auswahlermessen des das Auswahlverfahren steuernden und allein über die Bestellung entscheidenden Aufsichtsrats darf nicht eingeschränkt werden.[31]

11 **cc) Institutionalisierte Vorschlagsrechte.** Institutionalisierte, dh in der Satzung oder schuldrechtlich verankerte **unverbindliche Vorschlagsrechte** werden von der wohl hM demgegenüber mit der Begründung abgelehnt, diese seien bereits geeignet, einen gewissen Druck auf die Entscheidung des Aufsichtsrats auszuüben und dadurch die zwingend vorgeschriebene Entschließungsfreiheit des Aufsichtsrats zu beeinträchtigen.[32] Eine solche Differenzierung zwischen spontanen und auf einem institutionalisierten Vorschlagsrecht beruhenden Personalvorschlägen überzeugt nicht.[33] Es handelt sich in beiden Fällen um rein faktische, rechtlich nicht bindende Einflussnahmen auf die Personalentscheidung des Aufsichtsrats. Derartige faktische Einflussnahmen auf Mitglieder des Aufsichtsrats sind durch das Gesetz nicht ausgeschlossen[34] und lassen sich in der Praxis auch nicht vermeiden. Dann kann es aber keinen Unterschied machen, ob die Möglichkeit einer faktischen Einflussnahme in der Satzung oder vertraglich niedergelegt ist oder nicht. Allein maßgeblich ist, dass die Entscheidungskompetenz des Aufsichtsrats unangetastet bleibt und eine unterbliebene Anhörung eines Vorschlagsberechtigten keine Auswirkungen auf die Wirksamkeit der vom Aufsichtsrat vorgenommenen Bestellung hat. Unter dieser Maßgabe sind auch statuarische oder rechtsgeschäftlich vereinbarte unverbindliche Vorschlagsrechte zulässig.[35]

12 **dd) Aktionärs- und Stimmbindungsvereinbarungen.** Ebenso zulässig sind **Verträge zwischen einzelnen Aktionären,** ihre faktischen Einflussmöglichkeiten auf Aufsichtsratsmitglieder dahingehend auszuüben, dass bestimmte Personen zum Vorstand gewählt werden.[36] Die Grenze des Zulässigen ist dort erreicht, wo eine gezielte Beeinträchtigung der freien Entschließung der Aufsichtsratsmitglieder bezweckt ist.[37] Unzulässig, da über eine rein faktische Einflussnahme hinausgehend sind demgegenüber **Stimmbindungsvereinbarungen zwischen Aufsichtsratsmitgliedern** oder die Vereinbarung, die Bestellung des Vorstands nicht gegen das Votum einer bestimmten Mitgliedergruppe zu beschließen.[38] Vorbereitende Besprechungen und Abstimmungen, auch offene Probeabstimmungen innerhalb des Aufsichtsrats sind zulässig, solange damit keine Stimmbindung verbunden ist.[39]

13 **3. Bestellungsverfahren. a) Beschlussfassung des Aufsichtsrats.** Der Aufsichtsrat entscheidet gemäß § 108 Abs. 1 durch Beschluss. Eine konkludente Beschlussfassung des Aufsichtsrats, etwa durch Duldung der Vorstandstätigkeit, kommt nicht in Betracht.[40] Sind mehrere Vorstandsmitglieder zu bestellen, muss für jede Position gesondert Beschluss gefasst werden.[41] Sofern nicht das MitbestG Anwendung findet (→ Rn. 15), erfolgt die Beschlussfassung zwingend mit **einfacher Mehrheit.**

[29] Ähnlich *Lutter/Krieger* Rechte und Pflichten § 7 Rn. 336.
[30] *Thüsing* in Fleischer HdB VorstandsR § 4 Rn. 21.
[31] GroßkommAktG/*Kort* Rn. 53; *Lutter/Krieger* Rechte und Pflichten § 7 Rn. 336.
[32] KK-AktG/*Mertens/Cahn* Rn. 9; *Hommelhoff* BB 1977, 322 (325); GroßkommAktG/*Kort* Rn. 44; Hüffer/*Koch* Rn. 5; *Lutter/Krieger* Rechte und Pflichten § 7 Rn. 335; *Raiser/Veil* MitbestG § 31 Rn. 7.
[33] IErg ebenso MüKoAktG/*Spindler* Rn. 15.
[34] So ausdrücklich auch *Lutter/Krieger* Rechte und Pflichten § 7 Rn. 335.
[35] Ähnlich MüKoAktG/*Spindler* Rn. 15; GroßkommAktG/*Meyer-Landrut* 3. Aufl. 1973 Rn. 2; Schmidt/Lutter/*Seibt* Rn. 11.
[36] *Niewiarra* BB 1998, 1961 (1963); MüKoAktG/*Spindler* Rn. 16; KK-AktG/*Mertens/Cahn* Rn. 9.
[37] *Niewiarra* BB 1998, 1961 (1963); MüKoAktG/*Spindler* Rn. 16.
[38] *Thüsing* in Fleischer HdB VorstandsR § 4 Rn. 21; vertiefend zu dieser Thematik *Krieger,* Personalentscheidungen des Aufsichtsrats, 1981, 250.
[39] MüKoAktG/*Spindler* Rn. 15; *Thüsing* in Fleischer HdB VorstandsR § 4 Rn. 21; KK-AktG/*Mertens/Cahn* Rn. 9.
[40] BGHZ 41, 282 (286); OLG Dresden AG 2000, 43 (44); MüKoAktG/*Spindler* Rn. 19; Hüffer/*Koch* Rn. 5.
[41] MüKoAktG/*Spindler* Rn. 19; Schmidt/Lutter/*Seibt* Rn. 9; *Fonk* in Semler/v. Schenck AR HdB § 10 Rn. 43.

Das Erfordernis einer qualifizierten Mehrheit kann durch die Satzung nicht vorgeschrieben werden. Eine entsprechende Satzungsbestimmung wäre nichtig.[42] Ein Aufsichtsratsmitglied, das zum Vorstandsmitglied bestellt werden soll, unterliegt in analoger Anwendung von §§ 34, 181 BGB einem Stimmverbot.[43] Eine besondere Form der Beschlussfassung (zB notarielle Beurkundung des Bestellungsbeschlusses und/oder der Annahmeerklärung) ist gesetzlich nicht vorgeschrieben, kann aber in der Satzung vorgesehen werden. Bei einer solchen Satzungsregelung handelt es sich allerdings um eine bloße Ordnungsvorschrift, deren Nichtbeachtung keine Auswirkungen auf die Gültigkeit der Bestellung hat.[44]

b) Bestellungserklärung gegenüber dem Bestellten. Der Bestellungsbeschluss des Aufsichtsrats ist dem Bestellten mitzuteilen (→ Rn. 3). Hierzu kann der Aufsichtsrat eines seiner Mitglieder (in der Regel den Aufsichtsratsvorsitzenden) ermächtigen.[45] 14

c) Besonderheiten bei mitbestimmten Gesellschaften. Besonderheiten gelten für die Beschlussfassung über die Bestellung von Vorstandsmitgliedern bei mitbestimmten Gesellschaften. In § 31 Abs. 2–4 MitbestG ist hierfür ein unter Umständen **mehrstufiges Wahlverfahren** vorgeschrieben (→ § 108 Rn. 25). Nach § 31 Abs. 2 MitbestG ist im ersten Wahlgang eine Mehrheit von zwei Dritteln der dem Aufsichtsrat im Zeitpunkt der Beschlussfassung angehörenden Mitglieder erforderlich. Vakante Aufsichtsratssitze zählen nicht mit.[46] Kommt die erforderliche Mehrheit im ersten Wahlgang nicht zustande, hat der nach § 27 Abs. 3 MitbestG zu bildende ständige **Vermittlungsausschuss** innerhalb eines Monats nach der Abstimmung einen Bestellungsvorschlag zu machen. Dieser Vorschlag schließt andere Vorschläge nicht aus (§ 31 Abs. 3 S. 1 MitbestG). Der Vermittlungsausschuss setzt sich aus dem Aufsichtsratsvorsitzenden, seinem Stellvertreter und je einem von der Arbeitnehmer- und der Arbeitgeberseite gewählten Aufsichtsratsmitglied zusammen (§ 27 Abs. 3 MitbestG). Sobald der Ausschuss einen Vorschlag vorgelegt hat oder die Monatsfrist ergebnislos abgelaufen ist, kann ein zweiter Wahlgang stattfinden. Dieser kann vor Ablauf der Monatsfrist auch dann stattfinden, wenn der Ausschuss beschließt, zu einem Vermittlungsvorschlag außerstande zu sein.[47] Im **zweiten Wahlgang** genügt die absolute Mehrheit der Stimmen der zu diesem Zeitpunkt amtierenden Aufsichtsratsmitglieder (§ 31 Abs. 3 S. 2 MitbestG). Zugleich mit dem Vorschlag des Ausschusses können dem Aufsichtsratsplenum auch andere Beschlussvorschläge unterbreitet werden, über die dann ebenfalls mit absoluter Mehrheit Beschluss gefasst werden kann.[48] Wird im zweiten Wahlgang die erforderliche absolute Mehrheit nicht erreicht, kann ein dritter Wahlgang stattfinden, in dem wiederum die absolute Mehrheit sämtlicher vorhandener Stimmen zur Beschlussfassung ausreicht. In diesem **dritten Wahlgang** verfügt der **Vorsitzende des Aufsichtsrats** über **zwei Stimmen.** Bei Stimmengleichheit gibt daher der Aufsichtsratsvorsitzenden, falls er von seiner zweiten Stimme Gebrauch macht (wozu er nicht verpflichtet ist), den Ausschlag.[49] 15

4. Amtszeit. a) Beginn der Amtszeit. Enthält der Bestellungsbeschluss keine Angaben zum Zeitpunkt des Wirksamwerdens der Bestellung, tritt er unmittelbar in Kraft, sobald er dem Bestellten zugegangen ist und dieser (ausdrücklich oder konkludent) die Annahme der Bestellung zum Vorstandsmitglied erklärt hat. Die Bestellung kann aber auch **mit Wirkung zu einem bestimmten zukünftigen Zeitpunkt oder aufschiebend bedingt** erfolgen.[50] Bei der Bestellung zu einem bestimmten zukünftigen Zeitpunkt kann die Bestellung sofort oder nach dem vorgesehenen Zeitpunkt gemäß § 81 zur Eintragung in das Handelsregister angemeldet werden. Erfolgt die Anmeldung vor dem Wirksamkeitszeitpunkt der Bestellung, ist dieser bei der Eintragung im Handelsregister zu vermerken.[51] 16

---

[42] Spindler/Stilz/*Fleischer* Rn. 11; MüKoAktG/*Spindler* Rn. 20; KK-AktG/*Mertens* § 108 Rn. 46; *Thüsing* in Fleischer HdB VorstandsR § 4 Rn. 25.

[43] MHdB AG/*Wiesner* § 20 Rn. 20; Hüffer/*Koch* § 108 Rn. 9; MüKoAktG/*Spindler* Rn. 19; Schmidt/Lutter/*Seibt* Rn. 10; *Thüsing* in Fleischer HdB VorstandsR § 4 Rn. 22; aA *Lutter/Krieger* Rechte und Pflichten § 7 Rn. 347; *Mertens* ZGR 1983, 189 (203 ff.).

[44] Spindler/Stilz/*Fleischer* Rn. 11; MHdB AG/*Wiesner* § 20 Rn. 23.

[45] Schmidt/Lutter/*Seibt* Rn. 10; Hüffer/*Koch* § 112 Rn. 8.

[46] *Raiser/Veil* MitbestG § 31 Rn. 14; UHH/*Ulmer/Habersack/Henssler* MitbestG § 31 Rn. 19.

[47] GroßkommAktG/*Oetker* MitBestG § 31 Rn. 8; *Fonk* in Semler/v. Schenck AR HdB § 10 Rn. 44; MHdB AG/*Wiesner* § 20 Rn. 21; *Mertens* ZGR 1983, 189 (202); aA *Raiser/Veil* MitbestG § 31 Rn. 16.

[48] *Lutter/Krieger* Rechte und Pflichten § 7 Rn. 351.

[49] *Fonk* in Semler/v. Schenck AR HdB § 10 Rn. 45; MHdB AG/*Wiesner* § 20 Rn. 21.

[50] GroßkommAktG/*Kort* Rn. 37; MHdB AG/*Wiesner* § 20 Rn. 16; MüKoAktG/*Spindler* Rn. 40.

[51] MHdB AG/*Wiesner* § 20 Rn. 16; GroßkommAktG/*Kort* Rn. 60.

17 Voraussetzung einer Bestellung auf einen zukünftigen Zeitpunkt ist nach ganz hM, dass dieser nicht später als ein Jahr nach dem Bestellungsbeschluss liegt.[52] Begründet wird dies mit einer **analogen Anwendung von § 84 Abs. 1 S. 3,** nach dessen Wortlaut ein erneuter Aufsichtsratsbeschluss über eine Verlängerung der Amtszeit frühestens ein Jahr vor Ablauf der bisherigen Amtszeit gefasst werden darf. Aus § 84 Abs. 1 S. 3 ergebe sich der allgemeine Grundsatz, dass die Gesellschaft nicht länger als für einen Zeitraum von sechs Jahren an ein Vorstandsmitglied gebunden werden dürfe. Dieser Zeitraum setze sich aus einer maximal zulässigen Amtsdauer von fünf Jahren (§ 84 Abs. 1 S. 1) und einer maximal zulässigen Vorverlegung des Bestellungsbeschlusses um ein Jahr zusammen.[53] An dieser Argumentation ist zutreffend, dass durch § 84 Abs. 1 S. 3 die maximale Bindungsdauer der Gesellschaft an ein Vorstandsmitglied auf sechs Jahre begrenzt werden soll. Hierfür ist es jedoch irrelevant, zu welchem Zeitpunkt vor Beginn der Amtszeit des Vorstandsmitglieds die Bestellungsentscheidung des Aufsichtsrats getroffen wird.[54] Entscheidend ist, dass die Bindungsdauer insgesamt sechs Jahre nicht übersteigt.[55] Erfolgt der Bestellungsbeschluss länger als ein Jahr vor dem Beginn der Amtszeit, lässt sich dies durch eine entsprechende Verkürzung der maximal zulässigen Amtszeit von fünf Jahren (§ 84 Abs. 1 S. 1) unproblematisch gewährleisten. Anders als bei dem in § 84 Abs. 1 S. 3 gesetzlich geregelten Fall der Wiederbestellung eines bereits amtierenden Vorstandsmitglied ist eine Festschreibung der Amtszeit auf einen Zeitraum von insgesamt mehr als sechs Jahren nicht zu befürchten. Der Beschluss über die Erstbestellung kann von vornherein nicht zu einer Amtszeit von mehr als fünf Jahren führen. **Entgegen der hM** ist es daher **mit § 84 Abs. 1 S. 3 vereinbar,** den **Beginn der Amtszeit auch länger als ein Jahr hinauszuschieben,** solange die Bestellungsdauer entsprechend verringert und hierdurch gewährleistet wird, dass die maximale Bindungsdauer der Gesellschaft von insgesamt sechs Jahren nicht überschritten wird. Eine Erstbestellung, die spätestens sechs Jahre nach dem Bestellungsbeschluss des Aufsichtsrats endet, ist daher (vorbehaltlich eines Rechtsmissbrauchs) wirksam.[56]

18 Von der aktienrechtlichen Zulässigkeit einer solchen aufschiebend befristeten Bestellung zu trennen ist die Frage einer **fehlerfreien Ermessensausübung** durch den Aufsichtsrat.[57] Je länger der Beginn der Amtszeit des neuen Vorstandsmitglieds im Bestellungsbeschluss hinausgeschoben wird, umso höher sind die Anforderungen, die an eine Rechtfertigung dieser Vorgehensweise anhand des Gesellschaftsinteresses zu stellen sind. In Anlehnung an die Regelung in Ziff. 5.1.2 Abs. 2 S. 2 DCGK für den Fall der vorzeitigen Wiederbestellung müssen besondere Umstände vorliegen, aufgrund derer gerade eine aufschiebend befristete Bestellung aus Sicht des Aufsichtsrats ex ante objektiv geeignet erscheint, die Interessen der Gesellschaft optimal zu verwirklichen.[58]

19 **b) Dauer der Bestellung.** Nach § 84 Abs. 1 S. 1 kann die Bestellung für höchstens fünf Kalenderjahre erfolgen. Die Frist läuft vom Beginn der Amtszeit an.[59] Eine für eine die gesetzlich zulässige **Höchstdauer** überschreitende Dauer ausgesprochene Bestellung wird mit Ablauf von fünf Jahren unwirksam, ist aber bis dahin wirksam.[60] Fehlt eine Befristung, ist im Zweifel von einer Bestellung auf fünf Jahre auszugehen.[61] Eine auflösend bedingte Bestellung ist mit § 84 Abs. 3 S. 1, wonach zum Widerruf der Bestellung stets ein wichtiger Grund erforderlich ist, unvereinbar und daher unzulässig.[62]

20 Die konkrete **Bemessung der Amtszeit** im Einzelfall **liegt im pflichtgemäßen Ermessen des Aufsichtsrats.** Durch die Satzung können weder eine bestimmte Bestellungsdauer, noch Mindest- oder Höchstgrenzen vorgegeben werden. Auch eine Wiederbestellung kann durch die Satzung nicht ausgeschlossen werden.[63] Eine **Mindestdauer** der Bestellung ist gesetzlich nicht vorgesehen. Eine übermäßig kurze Amtsdauer wird indes der Stellung des Vorstands als unabhängiges und allein-

---

[52] MüKoAktG/*Spindler* Rn. 40; GroßkommAktG/*Kort* Rn. 37, 59; KK-AktG/*Mertens/Cahn* Rn. 14; MHdB AG/*Wiesner* § 20 Rn. 16; *Thüsing* in Fleischer HdB VorstandsR § 4 Rn. 23; *Lutter/Krieger* Rechte und Pflichten § 7 Rn. 358; *Fonk* in Semler/v. Schenck AR HdB § 10 Rn. 36.

[53] GroßkommAktG/*Kort* Rn. 59, 105; KK-AktG/*Mertens/Cahn* Rn. 15; MüKoAktG/*Spindler* Rn. 40.

[54] Ebenso *Bauer/Arnold* DB 2007, 1571 (1572).

[55] *Hölters/Weber* AG 2005, 629 (632).

[56] *Bauer/Arnold* DB 2007, 1571 (1572).

[57] Zur entsprechenden Problematik bei der vorzeitigen Wiederbestellung von Vorstandsmitgliedern vgl. *Hölters/Weber* AG 2005, 629 (631); → Rn. 26 ff.

[58] Ähnlich *Bauer/Arnold* DB 2007, 1571 (1572); vgl. auch *Hölters/Weber* AG 2005, 629 (634).

[59] KK-AktG/*Mertens/Cahn* Rn. 15; Hüffer/*Koch* Rn. 7.

[60] MHdB AG/*Wiesner* § 20 Rn. 34; Spindler/Stilz/*Fleischer* Rn. 13; KK-AktG/*Mertens/Cahn* Rn. 13.

[61] Spindler/Stilz/*Fleischer* Rn. 13; *Fonk* in Semler/v. Schenck AR HdB § 10 Rn. 42; *Thüsing* in Fleischer HdB VorstandsR § 4 Rn. 40; Hüffer/*Koch* Rn. 7.

[62] *Thüsing* in Fleischer HdB VorstandsR § 4 Rn. 40; Spindler/Stilz/*Fleischer* Rn. 13.

[63] MüKoAktG/*Spindler* Rn. 44; KK-AktG/*Mertens/Cahn* Rn. 17; MHdB AG/*Wiesner* § 20 Rn. 35.

verantwortliches Leitungsorgan nicht gerecht. Von begründeten Ausnahmefällen (Überbrückung) abgesehen, wird eine kürzer als ein Jahr bemessene Amtszeit kaum als pflichtgemäße Ermessensentscheidung zu rechtfertigen sein.[64] Eine zu kurze Bestellung bleibt dennoch wirksam und verlängert sich auch nicht auf einen angemessenen Zeitraum.[65] Andererseits darf die gesetzliche Höchstbestellungsdauer von fünf Jahren nicht unreflektiert als Regel-Bestellungsdauer zur Anwendung gelangen. Insbesondere bei **Erstbestellungen** kann aufgrund der damit verbundenen höheren Unsicherheit eines personellen Fehlgriffs eine kürzere Bestellungsdauer angezeigt sein.[66] Nach Ziff. 5.1.2 Abs. 2 S. 1 DCGK sollte die maximal mögliche Bestellungsdauer von fünf Jahren bei Erstbestellungen nicht die Regel sein. In der Praxis wird bei erstmaligen Bestellungen oft ein Zeitraum von drei Jahren gewählt; Wiederbestellungen erfolgen in der Regel für die Dauer von fünf Jahren, wenn keine besonderen Umstände (zB Erreichen einer Altersgrenze) vorliegen.[67]

c) Wiederbestellung. aa) Allgemeines. Nach § 84 Abs. 1 S. 2 ist eine wiederholte Bestellung oder Verlängerung der Amtszeit eines Vorstandsmitglieds zulässig, kann allerdings wiederum jeweils nur für höchstens fünf Jahre erfolgen. Erforderlich ist dafür ein **erneuter, ausdrücklicher Aufsichtsratsbeschluss** (§ 84 Abs. 1 S. 3). Eine konkludente Beschlussfassung, etwa durch Duldung der weiteren Tätigkeit des Vorstandsmitglieds für die Gesellschaft, kommt nicht in Betracht (vgl. § 107 Abs. 2).[68] Vereinbarungen über eine automatische Verlängerung der Amtsdauer des Vorstandsmitglieds nach Ablauf der fünfjährigen Amtszeit sind nichtig (§ 134 BGB).[69] Ebenso nichtig sind Vereinbarungen, nach denen sich der Aufsichtsrat zu einer erneuten Bestellung des Vorstandsmitglieds verpflichtet.[70] Solche Vereinbarungen liefen dem Regelungszweck des § 84 Abs. 1 S. 3 zuwider. Es soll gewährleistet sein, dass sich der Aufsichtsrat (spätestens) alle sechs Jahre aufs Neue mit der Qualität und Bewährung des Vorstandsmitglieds befassen und über die Fortsetzung des Vorstandsverhältnisses entscheiden muss.[71] Durch die **Satzung** kann die Fünfjahresfrist nicht abbedungen werden.[72] Auch kann durch die Satzung weder eine Wiederbestellung vorgeschrieben noch ausgeschlossen werden.[73] 21

Im Rahmen der Fünfjahresfrist, dh bei einer ursprünglichen Bestellung auf weniger als fünf Jahre, kann nach **§ 84 Abs. 1 S. 4** eine automatische Verlängerung der Amtszeit auf insgesamt maximal fünf Jahre ohne erneuten Aufsichtsratsbeschluss vorgesehen werden, da der Aufsichtsrat das Vorstandsmitglied auch gleich für fünf Jahre hätte bestellen können.[74] Ein Bestellungsbeschluss, wonach sich eine zunächst auf drei Jahre ausgesprochene Bestellung um weitere zwei Jahre auf insgesamt fünf Jahre verlängert, wenn sie nicht vom Aufsichtsrat drei Monate vor Ablauf der ersten Frist widerrufen wird, ist daher zulässig.[75] Ob ohne derartige Regelung im Bestellungsbeschluss allein die faktische Weiterführung des Amtes in entsprechender Anwendung von § 625 BGB als Neubestellung gilt, sofern der Aufsichtsrat nicht unverzüglich widerspricht, hat die Rechtsprechung bislang offen gelassen.[76] Richtigerweise ist eine analoge Anwendung von § 625 BGB auf die Vorstandsbestellung abzulehnen, da sie im Widerspruch zum Erfordernis einer ausdrücklichen Beschlussfassung des Aufsichtsrats steht.[77] 22

Vereinbarungen, wonach ein **Vorstandsmitglied nach seinem Ausscheiden** aus dem Vorstand als **Angestellter oder Berater der Gesellschaft** tätig wird, sind grundsätzlich zulässig, sofern keine unangemessene Vergütung versprochen wird. Die Entschließungsfreiheit des Aufsichtsrats im Hinblick auf die Wiederbestellung darf durch die mit dem Ausscheiden des Vorstands- 23

[64] MHdB AG/*Wiesner* § 20 Rn. 35; Spindler/Stilz/*Fleischer* Rn. 12; KK-AktG/*Mertens/Cahn* Rn. 24; Schmidt/Lutter/*Seibt* Rn. 14; *Lutter/Krieger* Rechte und Pflichten § 7 Rn. 355.

[65] *Lutter/Krieger* Rechte und Pflichten § 7 Rn. 355; Spindler/Stilz/*Fleischer* Rn. 12.

[66] *Fonk* in Semler/v. Schenck AR HdB § 10 Rn. 39; Schmidt/Lutter/*Seibt* Rn. 14.

[67] Vgl. insoweit auch MHdB AG/*Wiesner* § 20 Rn. 34; *Fonk* in Semler/v. Schenck AR HdB § 10 Rn. 38; *Lutter/Krieger* Rechte und Pflichten § 7 Rn. 355; Spindler/Stilz/*Fleischer* Rn. 14.

[68] BGHZ 10, 187 (194) = NJW 1953, 1465; MüKoAktG/*Spindler* Rn. 47; Schmidt/Lutter/*Seibt* Rn. 15.

[69] BGHZ 10, 187 (194) = NJW 1953, 1465; Hüffer/*Koch* Rn. 6; MüKoAktG/*Spindler* Rn. 57; Spindler/Stilz/*Fleischer* Rn. 16.

[70] Spindler/Stilz/*Fleischer* Rn. 16; MHdB AG/*Wiesner* § 20 Rn. 36.

[71] BGHZ 10, 187 (194); MüKoAktG/*Spindler* Rn. 45; Hüffer/*Koch* Rn. 6.

[72] GroßkommAktG/*Kort* Rn. 61; KK-AktG/*Mertens/Cahn* Rn. 17; MüKoAktG/*Spindler* Rn. 46; aA zum Ausschluss der Möglichkeit einer Wiederbestellung *Thüsing* in Fleischer HdB VorstandsR § 4 Rn. 42.

[73] MüKoAktG/*Spindler* Rn. 46.

[74] MüKoAktG/*Spindler* Rn. 52; Spindler/Stilz/*Fleischer* Rn. 15; Hüffer/*Koch* Rn. 6; *Thüsing* in Fleischer HdB VorstandsR § 4 Rn. 42.

[75] Hüffer/*Koch* Rn. 6; *Thüsing* in Fleischer HdB VorstandsR § 4 Rn. 42.

[76] BGH WM 1967, 540; tendenziell abl. OLG Karlsruhe AG 1996, 224 (227).

[77] Ähnlich GroßkommAktG/*Meyer-Landrut,* 3. Aufl. 1973, Rn. 11; *Krieger,* Personalentscheidungen des Aufsichtsrats, 1981, 123; offenlassend Spindler/Stilz/*Fleischer* Rn. 15; *Thüsing* in Fleischer HdB VorstandsR § 4 Rn. 42.

mitglieds aus dem Organverhältnis verbundenen Leistungspflichten der Gesellschaft nicht unbillig eingeschränkt werden.[78] Trotz der Kompetenz des Aufsichtsrats zur Vertretung der Gesellschaft beim Abschluss derartiger Vereinbarungen mit Vorstandsmitgliedern (vgl. § 112)[79] ist zu beachten, dass diese Wirkung ausschließlich für die Zeit nach dem Ausscheiden aus dem Vorstandsamt entfalten und den (zukünftigen) Vorstand jedenfalls faktisch binden. Der Abschluss solcher Vereinbarungen wird daher insbesondere dann nur ausnahmsweise und bei Vorliegen besonderer Umstände gerechtfertigt sein, wenn er bereits am Beginn der Amtszeit eines Vorstandsmitglieds erfolgt. Als **objektive Gesetzesumgehung** unwirksam (§ 134 BGB) ist eine anstellungsvertragliche Vereinbarung, nach welcher der Anstellungsvertrag des Vorstandsmitglieds für den Fall der Beendigung der Organstellung über die Fristen nach § 84 Abs. 1 hinaus unverändert als Arbeitsverhältnis fortgeführt wird. Dies gilt jedenfalls dann, wenn eine der Vergütung entsprechende konkrete Arbeitsstelle weder vereinbart, noch überhaupt realistisch war. In diesem Falle würde sich die Gesellschaft wirtschaftlich wie durch einen Dienstvertrag binden. Dies liefe dem Sinn und Zweck des § 84 Abs. 1 zuwider, das aus der dienstvertraglichen Bindung an das Vorstandsmitglied resultierende wirtschaftliche Risiko für die Aktiengesellschaft zu begrenzen.[80]

24 **bb) Zeitpunkt. (1) Allgemeines.** Nach § 84 Abs. 1 S. 3 kann der **Beschluss** über eine Wiederbestellung oder Verlängerung der Amtszeit **frühestens ein Jahr vor Ablauf der bisherigen Amtszeit** gefasst werden. Ein früher gefasster Beschluss ist unwirksam und begründet keine wirksame Bestellung oder Verlängerung der Amtszeit.[81] Sinn und Zweck dieser Regelung ist es, eine überlange Bindung der Gesellschaft an ein Vorstandsmitglied zu vermeiden.[82] Die Gesellschaft soll zu keiner Zeit länger als insgesamt sechs Jahre (neue maximal fünfjährige Amtsdauer und maximal einjährige „Vorlaufzeit") an das Vorstandsmitglied gebunden sein.[83]

25 Aus diesen Regelungszweck ergibt sich unmittelbar, dass die Einjahresfrist nach § 84 Abs. 1 S. 3 **keine Anwendung** auf **Verlängerungen** der Amtszeit **innerhalb der Fünfjahresgrenze** nach § 84 Abs. 1 S. 1 findet. Ist ein Vorstandsmitglied etwa zunächst auf drei Jahre bestellt, ist ein nach Ablauf eines Jahres gefasster Aufsichtsratsbeschluss, durch den die Dauer der Bestellung um zwei weitere Jahre auf insgesamt fünf Jahre verlängert wird, zulässig. Wenn nach § 84 Abs. 1 S. 4 bei einer Bestellung auf weniger als fünf Jahre eine Verlängerung der Amtszeit sogar ohne neuen Aufsichtsratsbeschluss vorgesehen werden kann, sofern dadurch die gesamte Amtszeit nicht mehr als fünf Jahre beträgt, muss eine solche Verlängerung der Amtszeit erst Recht auf Grund eines ausdrücklichen Aufsichtsratsbeschlusses zulässig sein.

26 **(2) Vorzeitige Wiederbestellung.** Von einer Wiederbestellung im Anschluss an die bisherige Amtszeit zu unterscheiden ist der Fall einer vorzeitigen Wiederbestellung während einer Amtsperiode des Vorstandsmitglieds. Dabei wird die bestehende Vorstandsbestellung früher als ein Jahr vor ihrem Ablauf unter gleichzeitiger sofortiger Neubestellung auf bis zu fünf Jahre einvernehmlich aufgehoben. Diese verbreitete Praxis wurde teilweise zu Unrecht als generell unzulässige und daher unwirksame Umgehung des § 84 Abs. 1 S. 3 kritisiert.[84] Dabei wurde allerdings die **aktienrechtliche Zulässigkeit** einer vorzeitigen Wiederbestellung nach § 84 Abs. 1 S. 3 mit der Frage vermischt, ob ein solches Vorgehen im konkreten Einzelfall im Rahmen der **pflichtgemäßen Ermessensausübung** des Aufsichtsrats erfolgt. Diese Fragen sind jedoch zu trennen.[85] Sinn und Zweck der Einjahresfrist in § 84 Abs. 1 S. 3 ist es, eine Umgehung der Fünfjahresbefristung für die Vorstandsbestellung zu vermeiden. Entscheidend ist, dass der Aufsichtsrat jeweils nach spätestens fünf Jahren die Freiheit hat, über die bisherigen Leistungen des Vorstandsmitglieds zu reflektieren und auf dieser Grundlage eine Entscheidung über die Fortsetzung des Vorstandsverhältnisses trifft.[86] Durch eine Aufhebung der Bestellung unter gleichzeitiger Neubestellung wird die Gesellschaft zu keiner Zeit über die gesetzliche Höchstdauer hinaus an ein Vorstandsmitglied gebunden. Die verantwortliche Beratung und Beschlussfassung des Aufsichtsrats wird nicht beeinträchtigt. Eine **vorzeitige Wiederbestellung**

---

[78] Spindler/Stilz/*Fleischer* Rn. 16; MüKoAktG/*Spindler* Rn. 45; KK-AktG/*Mertens/Cahn* Rn. 21.

[79] Die Vertretungskompetenz des Aufsichtsrats bezweifelnd hingegen MüKoAktG/*Spindler* Rn. 45.

[80] BAG ZIP 2009, 2073.

[81] MüKoAktG/*Spindler* Rn. 48; Schmidt/Lutter/*Seibt* Rn. 16; MHdB AG/*Wiesner* § 20 Rn. 36.

[82] GroßkommAktG/*Kort* Rn. 59.

[83] Begr. RegE *Kropff* Textausgabe, 1965, 105; *Hölters/Weber* AG 2005, 629 (631); *Willemer* AG 1977, 130 (132); MHdB AG/*Wiesner* § 20 Rn. 27; GroßkommAktG/*Kort* Rn. 105.

[84] Vgl. etwa AG Duisburg NZI 2008 Rn. 13; *Götz* AG 2002, 305 (306 f.); KK-AktG/*Mertens/Cahn* Rn. 23; GroßkommAktG/*Kort* Rn. 114; *Thüsing* in Fleischer HdB VorstandsR § 4 Rn. 43.

[85] Ausf. *Hölters/Weber* AG 2005, 629 (631 f.); ebenso *Bauer/Arnold* DB 2006, 260 (261); Spindler/Stilz/*Fleischer* Rn. 19.

[86] *Hölters/Weber* AG 2005, 629 (632); *Bauer/Arnold* DB 2006, 260 (261); MHdB AG/*Wiesner* § 20 Rn. 27.

durch Aufhebung der bisherigen Bestellung unter gleichzeitiger Neubestellung ist daher **aktienrechtlich zulässig.**[87]

27 Mit Urteil vom 17.7.2012[88] hat der BGH die höchstrichterlich bis dahin nicht geklärte aktienrechtliche Zulässigkeit einer vorzeitigen Wiederbestellung unabhängig von der Restlaufzeit des Vorstandsmandats und unabhängig vom Vorliegen einer sachlichen Rechtfertigung beziehungsweise eines wichtigen Grundes im Sinne der hier vertretenen Auffassung bestätigt und damit Rechtssicherheit geschaffen.

28 **Von der Frage der aktienrechtlichen Zulässigkeit einer vorzeitigen Wiederbestellung zu trennen** ist die Frage, **ob der Aufsichtsrat im Einzelfall sach- und pflichtgemäß handelt,** wenn er von der ihm aktienrechtlich zur Verfügung stehenden Möglichkeit einer vorzeitigen Wiederbestellung Gebrauch macht. Eine pflichtgemäße Ermessensausübung des Aufsichtsrats setzt voraus, dass neben der allgemeinen Eignung des betreffenden Vorstandsmitglieds besondere **Umstände** vorliegen, die eine vorzeitige Wiederbestellung noch vor Beginn der Jahresfrist nach § 84 Abs. 1 S. 3 als im wohl verstandenen Interesse der Gesellschaft geboten erscheinen lassen.[89] Wann dies der Fall ist, kann nicht abstrakt, sondern nur für den konkreten Einzelfall beantwortet werden. Eine vorzeitige Wiederbestellung kann etwa angezeigt sein, wenn mit ihr eine Umstrukturierung des Vorstands einhergeht (zB Änderung der Ressortzuständigkeit oder Bestellung zum Vorsitzenden des Vorstands)[90] oder wenn es um die Bindung eines wichtigen Vorstandsmitglieds (zB bei Abwerbebemühungen eines Konkurrenzunternehmens) an die Gesellschaft geht.[91] Diese Sichtweise entspricht auch der **Empfehlung in Ziff. 5.1.2 Abs. 2 S. 2 DCGK,** wonach eine vorzeitige Wiederbestellung nur bei Vorliegen besonderer Umstände erfolgen soll.

29 **5. Fehlerhafte und faktische Vorstandsverhältnisse. a) Fehlerhafte Vorstandsverhältnisse.** Um ein sog. fehlerhaftes Vorstandsverhältnis handelt es sich, wenn zwar ein rechtsgeschäftlicher Bestellungsakt vorliegt, dieser jedoch an einem Wirksamkeitsmangel leidet.[92] Wirksamkeitsmängel können sich insbesondere aus **Fehlern bei der Beschlussfassung des Aufsichtsrats** über die Bestellung ergeben, etwa wenn ein Beschluss gefasst wird, ohne dass der Aufsichtsrat beschlussfähig ist, die erforderliche Beschlussmehrheit nicht erreicht wird, der Bestellungsbeschluss des Aufsichtsrats aufgrund einer fehlerhaften Einberufung nichtig ist[93] oder die Bestellung nur aufgrund der Mitwirkung eines anfechtbar oder nichtig gewählten Aufsichtsratsmitglieds erfolgt.[94] Eine fehlerhafte Bestellung liegt auch vor, wenn die Bestellung nicht durch den Gesamtaufsichtsrat sondern durch einen Ausschuss erfolgt ist[95] oder wenn in der Person des Vorstandsmitglieds gesetzliche Wirksamkeitsvoraussetzungen nicht erfüllt sind oder zwingende Ausschlussgründe vorliegen.[96]

30 Sofern das fehlerhaft bestellte Vorstandsmitglied die Bestellung angenommen hat und für die Gesellschaft tätig geworden ist, ist das Organverhältnis nach der **„Lehre von der fehlerhaften Organstellung“** bis zur Geltendmachung des Mangels als wirksam anzusehen.[97] Die Handlungen des fehlerhaft bestellten Vorstandsmitglieds sind damit im Innen- und Außenverhältnis rechtlich in gleicher Weise zu beurteilen, wie die eines fehlerfrei bestellten.[98] Das fehlerhaft bestellte Vorstandsmitglied hat in jeder Hinsicht dieselben Rechte und Pflichten wie das fehlerfrei bestellte Mitglied.[99] Dies gilt unabhängig von einer Kenntnis oder einem Kennenmüssen der Fehlerhaftigkeit der Bestel-

---

[87] So bereits bislang LG Frankenthal BB 2010, 1626; *Hölters/Weber* AG 2005, 629 (632); *Willemer* AG 1977, 130 ff.; MHdB AG/*Wiesner* § 20 Rn. 27; Spindler/Stilz/*Fleischer* Rn. 19; Schmidt/Lutter/*Seibt* Rn. 16; *Lutter/Krieger* Rechte und Pflichten § 7 Rn. 357.

[88] BGH NZG 2012, 1027; dazu *Paschos/von der Linden* AG 2012, 736; *Bürgers/Thesinger* NZG 2012, 12 (18).

[89] *Hölters/Weber* AG 2005, 629 (633 f.); *Bauer/Arnold* DB 2006, 260 (261); *Lutter/Krieger* Rechte und Pflichten § 7 Rn. 357.

[90] *Seibt* AG 2003, 465 (467); *Lutter/Krieger* Rechte und Pflichten § 7 Rn. 357.

[91] RKLW/*Kremer* Rn. 950; *Hölters/Weber* AG 2005, 629 (634); *Lutter/Krieger* Rechte und Pflichten § 7 Rn. 357; enger *Leuchten* NZG 2005, 909 (911).

[92] MHdB AG/*Wiesner* § 20 Rn. 38; *Fleischer* AG 2004, 517.

[93] GroßkommAktG/*Kort* Rn. 80; MHdB AG/*Wiesner* § 20 Rn. 38; *Thüsing* in Fleischer HdB VorstandsR § 4 Rn. 46.

[94] BGH WM 2013, 699.

[95] BGHZ 41, 282; Hüffer/*Koch* Rn. 12.

[96] RGZ 144, 384 (386) zur Genossenschaft; *Fleischer* AG 2004, 517 (518); MHdB AG/*Wiesner* § 20 Rn. 38.

[97] AllgM, *Bayer/Lieder* NZG 2012, 1 (3); GroßkommAktG/*Kort* Rn. 83; Hüffer/*Koch* Rn. 13; KK-AktG/*Mertens/Cahn* Rn. 30 ff.; *Lutter/Krieger* Rechte und Pflichten § 7 Rn. 360; MHdB AG/*Wiesner* § 20 Rn. 40; *Thüsing* in Fleischer HdB VorstandsR § 4 Rn. 46; *Stein,* Das faktische Organ, 1984, 97 ff., 119 ff.

[98] MHdB AG/*Wiesner* § 20 Rn. 35; GroßkommAktG/*Kort* Rn. 93; Hüffer/*Koch* Rn. 13.

[99] BGHZ 41, 282 (287); BGHZ 47, 341 (343); GroßkommAktG/Kort Rn. 93; teilweise abw. MüKoAktG/*Spindler* Rn. 239; Schmidt/Lutter/*Seibt* Rn. 21 f.

lung.[100] Ein Rückgriff auf § 15 HGB oder Rechtsscheinsgrundsätze ist nicht erforderlich.[101] Eine **Ausnahme** gilt insoweit, als die Anerkennung der fehlerhaften Organstellung nicht gegen **höherrangige Schutzinteressen** Einzelner oder der Allgemeinheit verstoßen darf.[102] Aus diesem Grunde kommt die Anerkennung einer (fehlerhaften) Organstellung nicht in Betracht bei kraft Gesetzes (§ 76 Abs. 3) nicht vorstandsfähigen Personen.[103]

31 Für die **Beendigung der fehlerhaften Organstellung** bedarf es aus Gründen der Rechtssicherheit eines formalen Beendigungstatbestands, dh eines Beschlusses des Gesamtaufsichtsrats, durch den die (fehlerhafte) Bestellung widerrufen wird, oder einer Niederlegung des Amts durch das Vorstandsmitglied selbst.[104] Der Widerruf der fehlerhaften Bestellung erfordert neben dem Bestellungsmangel keinen wichtigen Grund iSd § 84 Abs. 3.[105] Auch muss in mitbestimmten Gesellschaften das nach § 31 MitbestG vorgesehene Verfahren nicht eingehalten werden.[106] Der Aufsichtsrat wird regelmäßig verpflichtet sein, bei erkannter fehlerhafter Bestellung den Mangel unverzüglich zu beseitigen, indem er entweder die Bestellung beendet oder eine neue, fehlerfreie Bestellung vornimmt.[107]

32 **b) Faktische Vorstandsverhältnisse.** Vom fehlerhaft bestellten Vorstandsmitglied zu unterscheiden ist das sog. faktische Vorstandsmitglied. Dieses nimmt die Funktionen eines Vorstandsmitglieds in organtypischer Weise wahr, ohne das ein (fehlerhafter) Bestellungsbeschluss vorliegt.[108] Die Grundsätze der fehlerhaften Organstellung sind hier nicht anwendbar. Ob die Gesellschaft durch Handlungen des faktischen Organmitglieds wirksam vertreten wird, richtet sich nach den allgemeinen Grundsätzen der **Duldungs- und Anscheinsvollmacht** sowie nach **§ 15 HGB.**[109] Das nicht bestellte Vorstandsmitglied kann ohne Aufsichtsratsbeschluss zur Beendigung seiner Tätigkeit angehalten werden. Dies gilt auch hinsichtlich eines ehemaligen, nicht erneut bestellten Vorstandsmitglieds, das nach Ablauf der Bestellung ohne Billigung des Aufsichtsrats weiterhin als Vorstandsmitglied auftritt.[110] Zur Haftung des faktischen Organmitglieds → § 93 Rn. 229.

33 **c) Sonderfall: Fortsetzung der Vorstandstätigkeit nach Ablauf der Amtszeit.** Problematisch ist der Fall, dass ein (wirksam bestelltes) Vorstandsmitglied nach Ablauf seiner Amtszeit mit Billigung des Aufsichtsrats, jedoch ohne erneuten Aufsichtsratsbeschluss weiterhin als Vorstandsmitglied tätig wird. Die Organstellung endet mit Ablauf der Bestellungsperiode, sofern nicht zuvor ein erneuter, ausdrücklicher Bestellungsbeschluss über eine Verlängerung der Amtszeit oder eine Wiederbestellung gefasst wird. Eine konkludente Beschlussfassung des Aufsichtsrats oder eine stillschweigende Zustimmung zur Fortführung des Vorstandsamts kommt nicht in Betracht (→ Rn. 13). Es liegt daher weder ein fehlerhafter, noch überhaupt ein Bestellungsbeschluss als Grundlage für eine Fortsetzung der Vorstandstätigkeit vor. Dennoch erscheint es sachgerecht, in diesen Fällen die Billigung der Vorstandstätigkeit durch den Aufsichtsrat einem fehlerhaften Aufsichtsratsbeschluss gleichzusetzen und nicht nur eine faktische, sondern eine fehlerhafte Organstellung anzuerkennen.[111]

III. Anstellungsvertrag

34 **1. Rechtsnatur.** Aus der Bestellung zum Vorstandsmitglied folgen das Recht und die Pflicht zur Geschäftsführung sowie die organschaftliche Vertretungsmacht des Vorstandsmitglieds. Neben den organschaftlichen Bestellungsakt tritt nach der Trennungstheorie (→ Rn. 2) der Anstellungsvertrag,

[100] *Thüsing* in Fleischer HdB VorstandsR § 4 Rn. 46, 48; GroßkommAktG/*Kort* Rn. 91; KK-AktG/*Mertens/Cahn* Rn. 30; aA *Stein,* Das faktische Organ, 1984, 125, 136 ff.

[101] GroßkommAktG/*Kort* Rn. 93; MHdB AG/*Wiesner* § 20 Rn. 35; *Thüsing* in Fleischer HdB VorstandsR § 4 Rn. 46; aA MüKoAktG/*Spindler* Rn. 239; wohl auch Schmidt/Lutter/*Seibt* Rn. 21.

[102] MHdB AG/*Wiesner* § 20 Rn. 40.

[103] Spindler/Stilz/*Fleischer* Rn. 20; GroßkommAktG/*Kort* Rn. 87 ff.; *Thüsing* in Fleischer HdB VorstandsR § 4 Rn. 47; aA – restriktivere Handhabung der Ausnahmetatbestände – *Bayer/Lieder* NZG 2012, 1 (4).

[104] GroßkommAktG/*Kort* Rn. 97 ff.; KK-AktG/*Mertens/Cahn* Rn. 32; MHdB AG/*Wiesner* § 20 Rn. 40; Hüffer/*Koch* Rn. 13.

[105] Spindler/Stilz/*Fleischer* Rn. 21; *Thüsing* in Fleischer HdB VorstandsR § 4 Rn. 48; GroßkommAktG/*Kort* Rn. 97; Schmidt/Lutter/*Seibt* Rn. 22.

[106] KK-AktG/*Mertens/Cahn* Rn. 32; Spindler/Stilz/*Fleischer* Rn. 21; *Fonk* in Semler/v. Schenck AR HdB § 10 Rn. 54.

[107] Spindler/Stilz/*Fleischer* Rn. 21; *Thüsing* in Fleischer HdB VorstandsR § 4 Rn. 48; *Lutter/Krieger* Rechte und Pflichten § 7 Rn. 360.

[108] *Fleischer* AG 2004, 517 (518); MHdB AG/*Wiesner* § 20 Rn. 41; *Thüsing* in Fleischer HdB VorstandsR § 4 Rn. 46.

[109] MHdB AG/*Wiesner* § 20 Rn. 41; GroßkommAktG/*Kort* Rn. 84; *Thüsing* in Fleischer HdB VorstandsR § 4 Rn. 46.

[110] *Thüsing* in Fleischer HdB VorstandsR § 4 Rn. 49.

[111] IErg wohl ebenso GroßkommAktG/*Kort* Rn. 81, 84; Hüffer/*Koch* Rn. 12.

durch den die schuldrechtlichen Beziehungen zwischen der Aktiengesellschaft und dem Vorstandsmitglied geregelt werden. Dieser ist in der Regel als **Dienstvertrag** zu qualifizieren, der eine Geschäftsbesorgung zum Gegenstand hat und auf den neben den besonderen aktienrechtlichen Regelungen §§ 611 ff., 675 BGB anzuwenden sind.[112] Das Zustandekommen des Vertrags richtet sich nach allgemeinen Grundsätzen. Erforderlich ist insbesondere der Zugang (§ 130 Abs. 1 S. 1 BGB) der Annahmeerklärung des Vorstandsmitglieds an die durch den Aufsichtsrat vertretene Gesellschaft.

Durch den Abschluss des Anstellungsvertrags wird das **Vorstandsmitglied nicht** zum **Arbeitnehmer** der Gesellschaft, insbesondere nicht zu ihrem Handlungsgehilfen (§ 59 HGB). Die die Arbeitnehmereigenschaft prägenden Kriterien der Weisungsgebundenheit und persönlichen Abhängigkeit sind mit der Stellung des Vorstands als unabhängiges Leitungsorgan der Aktiengesellschaft nicht vereinbar.[113] Die Vorstandsmitglieder nehmen aufgrund ihrer Organstellung die Arbeitgeberfunktion wahr.[114] Dadurch wird die analoge Anwendbarkeit einzelner arbeitsrechtlicher Schutzvorschriften zugunsten von Vorstandsmitgliedern nicht ausgeschlossen.[115] Eine solche kommt umso eher in Betracht, als arbeitsrechtliche Schutzvorschriften nicht spezifisch auf die persönliche Abhängigkeit des Dienstverpflichteten abstellen, sondern Ausdruck einer Minimalsicherung der wirtschaftlichen Existenz im Rahmen eines langfristigen entgeltlichen Beschäftigungsverhältnisses sind.[116] Vorstandsmitglieder sind grundsätzlich nicht sozialversicherungspflichtig.[117] 35

2. Zuständigkeit. a) Aufsichtsrat. Zuständig für den Abschluss oder die Änderung des Anstellungsvertrags einschließlich aller Nebenabreden (zB besonderer Vergütungs- und Versorgungsvereinbarungen, insbesondere auch im Zusammenhang mit der Gewährung von Stock Options)[118] ist nach § 84 Abs. 1 S. 5 iVm § 84 Abs. 1 S. 1 **ausschließlich der Aufsichtsrat,** der dabei als gesetzlicher Vertreter der Aktiengesellschaft handelt (§ 112).[119] Dies gilt grundsätzlich auch in der Insolvenz.[120] Zur Befugnis des Insolvenzverwalters zur Kündigung des Anstellungsvertrags (§ 113 InsO) sowie zur Herabsetzung der Vorstandsbezüge nach § 87 Abs. 2 → § 87 Rn. 52 ff. Die Entscheidung über den Abschluss des Anstellungsvertrags mit dem Vorstandsmitglied und dessen Inhalt erfolgt durch Beschluss des Aufsichtsrats (§ 108 Abs. 1). Die Zuständigkeit des Aufsichtsrats ist zwingend. Selbst für außergewöhnliche Vereinbarungen kann in der Satzung kein Zustimmungserfordernis der Hauptversammlung vorgesehen werden.[121] Kompetenzverstöße führen zur Nichtigkeit des Anstellungsvertrags nach § 134 BGB.[122] 36

b) Zuständigkeit des Aufsichtsratsplenums für Vergütungsentscheidungen. Bis zum Inkrafttreten des **VorstAG** vom 31.7.2009 (BGBl. I S. 2509) war es (anders als bei der nicht delegierbaren Bestellung) zulässig, nicht nur die Vorbereitung, sondern auch die Entscheidung über den Abschluss und den Inhalt des Anstellungsvertrags vollständig einem **Ausschuss des Aufsichtsrats** zu übertragen. Dies ergab sich aus dem Fehlen einer Verweisung auf § 84 Abs. 1 S. 5 in § 107 Abs. 3 S. 2.[123] In der Praxis war die Übertragung der abschließenden Beschlussfassung über Abschluss, Änderung und Beendigung des Anstellungsvertrages einschließlich der damit verbundenen Vergütungsentscheidungen auf einen Ausschuss des Aufsichtsrats (Personal- oder Präsidialausschuss) die Regel. Durch das VorstAG ist die Aufzählung der Beschlussgegenstände, die nach § 107 Abs. 3 S. 3 nicht zur abschließenden Beschlussfassung einem Ausschuss überwiesen werden können, um die Aufgaben nach § 87 Abs. 1 und Abs. 2 S. 1 und 2 ergänzt worden. Damit sind sämtliche Entscheidungen zur Festsetzung der Bezüge und Versorgungsansprüche nach § 87 Abs. 1 und zu einer etwaigen Herabsetzung der Bezüge und Versorgungsansprüche nach § 87 Abs. 2 S. 1 und S. 2 nunmehr dem Gesamtaufsichtsrat vorbehalten. Ein Ausschuss kann insoweit nur noch mit der Vorbereitung der Entscheidungen beauftragt werden.[124] Die **Entscheidungszuständigkeit des Gesamtaufsichts-** 37

112 BGHZ 36, 142 (143); MüKoAktG/*Spindler* Rn. 56; Hüffer/*Koch* Rn. 14; MHdB AG/*Wiesner* § 21 Rn. 1.

113 BGHZ 79, 38 (41); BGHZ 49, 30 (31); Spindler/Stilz/*Fleischer* Rn. 25; MHdB AG/*Wiesner* § 21 Rn. 1; Hüffer/*Koch* Rn. 14; KK-AktG/*Mertens/Cahn* Rn. 35.

114 BGHZ 36, 142 (143); Spindler/Stilz/*Fleischer* Rn. 25; Hüffer/*Koch* Rn. 14; Schmidt/Lutter/*Seibt* Rn. 23.

115 MüKoAktG/*Spindler* Rn. 59; KK-AktG/*Mertens/Cahn* Rn. 37 ff.; Hüffer/*Koch* Rn. 14.

116 *Thüsing* in Fleischer HdB VorstandsR § 4 Rn. 56; *Fleck* FS Hilger/Stumpf, 1983, 205.

117 Vgl. BSGE 85, 214 (218 ff.); BSG NZG 2002, 431 (432); ausf. *Thüsing* in Fleischer HdB VorstandsR § 4 Rn. 58 ff.; MüKoAktG/*Spindler* Rn. 62 ff.

118 Zu Stock Options vgl. *Baums* FS Claussen, 1997, 3 (15); *Hüffer* ZHR 161 (1997), 214 (232 ff.).

119 Hüffer/*Koch* Rn. 15; Spindler/Stilz/*Fleischer* Rn. 33; Schmidt/Lutter/*Seibt* Rn. 24.

120 OLG Nürnberg ZIP 1991, 1020 = AG 1991, 446; GroßkommAktG/*Kort* Rn. 287; Hüffer/*Koch* Rn. 12.

121 BGHZ 41, 282 (285); KK-AktG/*Mertens/Cahn* Rn. 48 f.; MüKoAktG/*Spindler* Rn. 68; GroßkommAktG/*Kort* Rn. 287.

122 Spindler/Stilz/*Fleischer* Rn. 33.

123 AllgM, vgl. BGHZ 65, 190 (191); MüKoAktG/*Spindler* Rn. 69; Hüffer/*Koch* Rn. 15.

124 *Seibert* WM 2009, 1489 (1491); *Hoffmann-Becking/Krieger* NZG 2009, Beilage zu Heft 26, 9.

rats umfasst sämtliche Vergütungsfragen und damit den wesentlichen Teil des Anstellungsvertrags. Zwar gibt es daneben typischerweise eine Reihe von Regelungsgegenständen ohne unmittelbaren Vergütungsbezug, wie zB die Pflicht zur Herausgabe von Unterlagen bei Beendigung der Vorstandstätigkeit. Vielfach wird es jedoch schwierig sein, zwischen Regelungen mit Vergütungscharakter und sonstigen Bestimmungen eindeutig zu differenzieren. So besteht zB ein unmittelbarer Zusammenhang zwischen der Ausgestaltung der Reichweite eines nachvertraglichen Wettbewerbsverbots und der Höhe der im Gegenzug zu gewährenden Karenzentschädigung. Bei anderen Regelungen kann der Vergütungscharakter zumindest zweifelhaft sein. Beispielsweise kann im Rahmen der Bestimmung der Angemessenheit der Gesamtbezüge des Vorstandsmitglieds auch der Umstand von Bedeutung sein, ob dem Wunsch des Vorstandsmitglieds nach der Gestattung einer lukrativen Nebentätigkeit stattgegeben oder diese untersagt wird. Auch wenn sich der Entscheidungsvorbehalt des Aufsichtsratsplenums auf die Vergütungsregelungen beschränkt und der Anstellungsvertrag im Übrigen weiterhin abschließend von einem Ausschuss behandelt werden kann, empfiehlt es sich in der Praxis daher in aller Regel, jedenfalls bei einem Neuabschluss den kompletten Anstellungsvertrag dem Aufsichtsratsplenum vorzulegen. Die (eindeutig) nicht den Vergütungsbereich betreffenden Bestimmungen werden meist ohnehin unproblematisch sein.[125]

38 Trotz der zwingenden (Letzt-)Entscheidungskompetenz des Aufsichtsratsplenums in Vergütungsfragen wird der Tätigkeit der **Personal- und Präsidialausschüsse** in der Praxis weiterhin eine enorme Bedeutung zukommen. Diesen kann (und wird) weiterhin die umfassende **Vorbereitung** des Anstellungsvertrags überlassen werden. Eine sachgerechte und effiziente Befassung des Gesamtaufsichtsrats mit Vergütungsfragen ist bereits unter organisatorischen Gesichtspunkten nur auf Grundlage sorgfältig vorbereiteter Entscheidungsvorschläge denkbar. Dies gilt insbesondere für Detailregelungen, wie zB im Zusammenhang mit der Stellung eines Dienstwagens oder der Gewährung von Versicherungsleistungen.

39 **c) Rechtsgeschäftliche Umsetzung des Aufsichtsratsbeschlusses.** Der Aufsichtsrat kann den Aufsichtsratsvorsitzenden oder ein anderes seiner Mitglieder als **Erklärungsvertreter** zur rechtsgeschäftlichen Umsetzung seines Beschlusses über den Abschluss des Anstellungsvertrags durch Abgabe der erforderlichen Willenserklärungen gegenüber dem Vorstandsmitglied bevollmächtigen.[126] Eine autonome Entscheidungsbefugnis steht dem handelnden Aufsichtsratsmitglied nicht zu. Er kann insbesondere keine ergänzenden Vereinbarungen mit dem neuen Vorstandsmitglied treffen.[127] Es handelt sich um eine **bloße Ausführungshandlung,** durch die die zuvor durch Beschluss des Aufsichtsrats und gegebenenfalls zusätzlich durch Beschluss eines zuständigen Aufsichtsratsausschusses festgelegten wesentlichen Vertragsinhalte nicht modifiziert werden dürfen.[128] Dies schließt nicht aus, dem Aufsichtsratsvorsitzenden oder einem anderen Aufsichtsratsmitglied nach Festlegung des wesentlichen Vertragsinhalts die vertragliche Fixierung im Einzelnen zu überlassen.[129]

40 Die erforderliche **Ermächtigung** des Erklärungsvertreters kann sich aus der Geschäftsordnung des Aufsichtsrats, der Satzung oder einem Aufsichtsratsbeschluss ergeben.[130] Eine konkludente Ermächtigung oder eine Ermächtigung allein aufgrund der Amtsstellung als Aufsichtsratsvorsitzender kommt nicht in Betracht.[131] Fehlt es an einer wirksamen Ermächtigung des handelnden Aufsichtsratsmitglieds zum Abschluss des Anstellungsvertrags, ist dieser bis zu einer Genehmigung durch den Aufsichtsrat zunächst schwebend unwirksam (§ 177 BGB).[132]

41 **d) Sonderfall: Drittanstellungsvertrag.** Zweifelhaft ist, ob der Anstellungsvertrag eines Vorstandsmitglieds anstatt mit der Bestellungsgesellschaft mit einem Dritten abgeschlossen werden kann. In der Praxis stellt sich die Frage zumeist bei konzernverbundenen Unternehmen (Konzernanstellungsvertrag mit dem herrschenden Unternehmen), in jüngerer Zeit allerdings vermehrt auch beim so genannten Interim Management (Personalleasing). Während die Rechtsprechung Drittanstellungs-

[125] In diesem Sinne auch *Hoffmann-Becking/Krieger* NZG 2009, Beilage zu Heft 26, 9; KK-AktG/*Mertens/Cahn* Rn. 48.

[126] OLG Schleswig AG 2001, 651 (653); BGHZ 47, 341 (350); MüKoAktG/*Spindler* Rn. 71; Spindler/Stilz/*Fleischer* Rn. 37; *Lutter/Krieger* Rechte und Pflichten § 7 Rn. 391, 444; Schmidt/Lutter/*Seibt* Rn. 25.

[127] MHdB AG/*Wiesner* § 21 Rn. 22.

[128] Spindler/Stilz/*Fleischer* Rn. 37; MüKoAktG/*Spindler* Rn. 71; Schmidt/Lutter/*Seibt* Rn. 25.

[129] MHdB AG/*Wiesner* § 21 Rn. 22; *Lutter/Krieger* Rechte und Pflichten § 7 Rn. 391, 444; GroßkommAktG/*Kort* Rn. 294.

[130] *Leuering* NZG 2004, 120 (121); Spindler/Stilz/*Fleischer* Rn. 37.

[131] OLG Düsseldorf ZIP 2004, 1850 = AG 2004, 321; OLG Schleswig ZIP 2001, 71 = AG 2001, 651; *Beiner* Der Vorstandsvertrag 2005 Rn. 202; Spindler/Stilz/*Fleischer* Rn. 37; aA KK-AktG/*Mertens/Cahn* Rn. 50.

[132] *Beiner* Der Vorstandsvertrag 2005 Rn. 202; Spindler/Stilz/*Fleischer* Rn. 85.

verträge für den Geschäftsführer einer nicht mitbestimmten GmbH generell als zulässig erachtet,[133] fehlt es bislang an einer eindeutigen höchstrichterlichen Entscheidung für die AG. In der Literatur ist die Frage umstritten. Während die wohl hM[134] die Zulässigkeit einer Drittanstellung bejaht, erachtet eine andere Auffassung eine Drittanstellung als mit aktienrechtlichen Prinzipien unvereinbar und damit (jedenfalls ohne vorherige Zustimmung des Aufsichtsrats der bestellenden Gesellschaft) grundsätzlich unzulässig.[135] Das OLG Celle[136] und das KG Berlin[137] haben die Drittanstellung von Vorstandsmitgliedern in jüngeren Entscheidungen betreffend die Wirksamkeit von mit Dritten geschlossenen Geschäftsbesorgungsverträgen über die Gestellung von Interim Managern als Vorstandsmitglieder nicht als unzulässig erklärt, ihre Zulässigkeit allerdings auch nicht explizit bejaht. Auch der BGH ist in seiner Entscheidung vom 28.4.2015[138] auf die Frage der Zulässigkeit einer Drittanstellung von Vorstandsmitgliedern nicht explizit eingegangen. Der Entscheidung lag (ebenfalls) ein Fall des Personalleasings zugrunde. Konkret ging es um einen Geschäftsbesorgungsvertrag zwischen einer AG und einer Gesellschaft, aufgrund dessen die AG dieser Gesellschaft eine Vergütung dafür leistete, dass die Personal überlassende Gesellschaft ihren eigenen gesetzlichen Vertreter zur Ausübung der Vorstandstätigkeit bei der AG zur Verfügung stellte. Die vom BGH im Leitsatz der Entscheidung getroffene Feststellung, der Abschluss des die Vergütung eines Vorstandsmitglieds betreffenden Vertrags falle auch dann in die Zuständigkeit des Aufsichtsrats, wenn er nicht mit dem Vorstandsmitglied selbst, sondern einem Dritten abgeschlossen werde und mit diesem Dritten eine Vergütung für die Vorstandstätigkeit vereinbart werde, kann wohl als implizite Bejahung der Zulässigkeit einer Drittanstellung interpretiert werden.[139] Ausdrücklich festgestellt hat der BGH allerdings lediglich (zutreffend) die Zuständigkeit des Aufsichtsrats für den Abschluss des Geschäftsbesorgungsvertrags mit dem den Interims-Vorstands stellenden Dritten. Mit der umstrittenen Vorfrage der aktienrechtlichen Zulässigkeit bzw. der Voraussetzungen einer Drittanstellung hat sich der BGH nicht explizit befasst. Nicht abschließend geklärt ist daher insbesondere weiterhin, ob Abschluss und Änderungen von Verträgen, die eine Vorstandstätigkeit oder ihre Vergütung betreffen, generell einer Zustimmung des Aufsichtsrats der bestellenden AG bedürfen, und zwar auch dann, wenn diese (anders als in den von der Rechtsprechung zuletzt entschiedenen Konstellationen eines Personalleasings) selbst nicht in einem vertraglichen Verhältnis mit dem die Vergütung leistenden Dritten steht, vermittels dessen der Aufsichtsrat der AG Höhe und Strukturierung der an das Interims-Vorstandsmitglied zu leistenden Vergütung sowie die Unabhängigkeit des designierten Vorstandsmitglieds von einer Einflussnahme durch den die Vergütung leistenden Dritten absichern kann. Durch die Einfügung des § 87 Abs. 1 S. 2 durch das VorstAG wird die Aufgabe des Aufsichtsrats besonders betont, durch eine entsprechende Festsetzung und Strukturierung der Vorstandsbezüge Leistungsanreize zu setzen, die den Vorstand zu einer Ausrichtung seiner Leitungstätigkeit ausschließlich am Gesellschaftsinteresse intensivieren (→ § 87 Rn. 13). Der zuständige Aufsichtsrat bleibt insofern auch bei einem Auseinanderfallen von Bestellungs- und Anstellungsgesellschaft in der Verantwortung.[140] Mit dieser Verantwortlichkeit des Aufsichtsrats wäre es nicht vereinbar, wenn die Festsetzung und Strukturierung der Vorstandsvergütung ohne seine vorherige Zustimmung erfolgen könnte. Richtigerweise wird man daher stets eine **vorherige Zustimmung des Aufsichtsrats zum Abschluss von Drittanstellungsverträgen** sowie weiterhin fordern müssen, dass die Weisungsfreiheit des betreffenden Vorstandsmitglieds gewährleistet ist.[141] Während in dem vom BGH entschiedenen Fall, in dem das Vorstandsmitglied der AG zugleich alleiniger Gesellschafter und Geschäftsführer des beratenden Drittunternehmens war, die aktienrechtlich gebotene Unabhängigkeit des Vorstandsmitglieds gewährleistet sein dürfte, sind – auch außerhalb von Konzernverhältnissen – sicherlich Konstel-

---

133 BGHZ 75, 209 (210); BAG ZIP 2003, 1010 (1014); vgl. auch *Fleck* ZHR 145 (1985), 387; *Schneider* GmbHR 1993, 10 (13 f.).

134 Für die grundsätzliche Zulässigkeit einer Drittanstellung jedenfalls in Konzernsachverhalten etwa *Diekmann/Punte* WM 2016, 681 (684), *Theiselmann* ZIP 2015, 1712 (1713); *Jooß* NZG 2011, 1130; *Reuter* AG 2011, 274; MHdB AG/*Wiesner* § 21 Rn. 3 ff.; *Lutter/Krieger* Rechte und Pflichten § 7 Rn. 438; *Marten* FS Hilger/Stumpf, 1983, 437 (442); Schmidt/Lutter/*Seibt* Rn. 26; krit. Hüffer/*Koch* Rn. 17.

135 MüKoAktG/*Spindler* Rn. 66; KK-AktG/*Mertens/Cahn* Rn. 56; *Thüsing* in Fleischer HdB VorstandsR § 4 Rn. 67 f.; *Fonk* NZG 2010, 368 (370); *Baums,* Der Geschäftsleitervertrag, 1987, 73 f.; krit. auch GroßkommAktG/*Kort* Rn. 319 ff.

136 OLG Celle AG 2012, 41 (42).

137 KG NZG 2011, 865.

138 BGH AG 2015, 535.

139 *Vetter,* NZG 2015, 889 (891); Hüffer/*Koch* Rn. 17; *Theiselmann* ZIP 2015, 1712 (1713); *Arnold* DB 2015, 1650 (1651); zurückhaltender *Deilmann/Dornbusch* NZG 2016, 201 (202); *Diekmann/Punte* WM 2016, 681 (684); kritisch *Kort* AG 2015, 531.

140 Hüffer/*Koch* Rn. 18; *Krieger* FS Hoffmann-Becking, 2013, 711.

141 In diesem Sinne wohl auch *Deilmann/Dornbusch* NZG 2016, 201 (203).

lationen denkbar, in denen dies höchst problematisch sein dürfte. Zur Frage der Zulässigkeit einer Drittvergütung → § 87 Rn. 12 f.

42 **3. Form und Vertragsdauer.** Der Anstellungsvertrag **bedarf keiner Form** und kann daher grundsätzlich auch konkludent abgeschlossen werden. Allerdings ist eine schriftliche Fixierung bereits aus Dokumentationszwecken im Sinne eines pflichtgemäßen Aufsichtsratshandelns nach § 116 angezeigt.[142]

43 Nach § 84 Abs. 1 S. 5 Hs. 1 iVm § 84 Abs. 1 S. 1 gilt wie für die Bestellung auch für den Anstellungsvertrag eine **Höchstdauer von fünf Jahren.** Bei Abschluss des Anstellungsvertrags auf unbestimmte Zeit oder für einen längeren Zeitraum als fünf Jahre endet der Anstellungsvertrag mit Ablauf der Fünfjahresfrist.[143] Allerdings kann nach § 84 Abs. 1 S. 5 Hs. 2 eine **Verlängerungsklausel** in dem Sinne vereinbart werden, dass sich der Anstellungsvertrag für den Fall einer Verlängerung der Bestellung jeweils automatisch für die Dauer der Amtszeit verlängert. Fehlt eine solche Regelung, bedarf die Verlängerung des Anstellungsvertrags eines erneuten Aufsichtsratsbeschlusses, welcher frühestens ein Jahr vor Ablauf des bestehenden Vertrags gefasst werden darf (§ 84 Abs. 1 S. 5 iVm § 84 Abs. 1 S. 3).[144] Zulässig ist auch eine Verknüpfung von Bestellung und Anstellung durch eine sog. **Koppelungs- oder Gleichlaufklausel,** nach der die Beendigung der Bestellung gleichzeitig auch die Beendigung des Anstellungsvertrags zur Folge hat.[145] Dagegen sind **Fortsetzungsklauseln,** nach denen sich der Anstellungsvertrag automatisch verlängert, wenn er nicht unter Einhaltung einer bestimmten Frist gekündigt wird, unwirksam.[146] Fehlt eine ausdrückliche Regelung der Vertragsdauer im Anstellungsvertrag, ist diese durch Auslegung zu ermitteln. Ein Gleichlauf von Bestellungsdauer und Laufzeit des Anstellungsvertrags ist aufgrund der Trennung von Bestellung und Anstellung nicht zwingend erforderlich.[147] Gleichwohl ist im Zweifel in Übereinstimmung mit der gängigen Praxis davon auszugehen, dass der Anstellungsvertrag für die Dauer der Bestellung geschlossen ist.[148]

44 **4. Rechte und Pflichten aus dem Anstellungsvertrag. a) Allgemeines.** Wesentliche Rechte und Pflichten des Vorstandsmitglieds ergeben sich bereits unmittelbar aus der Bestellung. Diese organschaftlichen Rechte und Pflichten können zusätzlich schuldrechtlich abgesichert und konkretisiert werden. So kann es insbesondere empfehlenswert sein, das Vorstandsmitglied im Anstellungsvertrag ausdrücklich zu verpflichten, die Empfehlungen (und Anregungen) des **DCGK** in seiner jeweils geltenden Fassung sowie bestehende unternehmensinterne Corporate Governance- und Compliance-Richtlinien zu beachten.[149] Andere Rechte und Pflichten des Vorstandsmitglieds ergeben sich nicht bereits unmittelbar aus dem Organverhältnis, sondern bedürfen einer ausdrücklichen schuldrechtlichen Begründung durch den Anstellungsvertrag.

45 **b) Vergütung.** Zentraler Bestandteil des Anstellungsvertrags ist die Regelung der Vergütung des Vorstandsmitglieds. Insoweit besteht hinsichtlich der Vereinbarung der Höhe und des Umfangs der Vergütung **im Grundsatz Vertragsfreiheit.** Das Vorstandsmitglied hat nach § 87 Abs. 1 insbesondere nicht etwa Anspruch auf eine angemessene Vergütung seiner Tätigkeit. Durch das Angemessenheitserfordernis in § 87 Abs. 1 wird zum Schutz der Gesellschaft, ihrer Aktionäre und ihrer Gläubiger vielmehr eine Obergrenze gesetzt, die der Aufsichtsrat nicht überschreiten darf (→ § 87 Rn. 1). Daneben werden dem Aufsichtsrat (jedenfalls für börsennotierte Gesellschaften) Vorgaben hinsichtlich der Ausgestaltung der Vergütungsstruktur gemacht. Auch eine Vergütungsvereinbarung, die mit den Vorgaben aus § 87 Abs. 1 nicht in Einklang steht, ist bis zur Grenze des § 138 BGB wirksam. Allerdings macht sich der Aufsichtsrat in diesem Fällen nach §§ 116, 93 schadensersatzpflichtig.[150]

46 Besondere Bedeutung kommt der Regelung von **Versorgungsansprüchen** der Vorstandsmitglieder[151] zu. Diese müssen in der Regel ausdrücklich vertraglich vereinbart werden.[152] Nur ganz ausnahmsweise kommt eine Herleitung von Versorgungsansprüchen aus der Fürsorge- und Treue-

---

[142] Schmidt/Lutter/*Seibt* Rn. 27; Spindler/Stilz/*Fleischer* Rn. 38.
[143] MHdB AG/*Wiesner* § 21 Rn. 24; Spindler/Stilz/*Fleischer* Rn. 40.
[144] Schmidt/Lutter/*Seibt* Rn. 28; MüKoAktG/*Spindler* Rn. 79.
[145] MüKoAktG/*Spindler* Rn. 80; Spindler/Stilz/*Fleischer* Rn. 42; KK-AktG/*Mertens/Cahn* Rn. 53.
[146] BGH WM 1978, 109 (111); MüKoAktG/*Spindler* Rn. 79.
[147] Hüffer/*Koch* Rn. 20; Spindler/Stilz/*Fleischer* Rn. 40.
[148] Spindler/Stilz/*Fleischer* Rn. 40; GroßkommAktG/*Kort* Rn. 332.
[149] *Ulmer* ZHR 166 (2002), 150 (173); *Lutter* ZHR 166 (2002), 523 (536 f.); *Lutter/Krieger* Rechte und Pflichten § 7 Rn. 385.
[150] Hüffer/*Koch* § 87 Rn. 23; MHdB AG/*Wiesner* § 21 Rn. 38.
[151] Vgl. allg. zur Altersversorgung von Organmitgliedern *Fonk* ZGR 2009, 413; *Bauer/Baeck/v. Medem* NZG 2010, 721.
[152] BGH NJW RR 1994, 357 (358) zur GmbH; MüKoAktG/*Spindler* Rn. 209; GroßkommAktG/*Kort* Rn. 353; Spindler/Stilz/*Fleischer* Rn. 50.

pflicht der Gesellschaft (§ 242 BGB) in Betracht.[153] Allein aus einer betrieblichen Übung lässt sich ein Anspruch des Vorstandsmitglieds auf Ruhegeld nicht ableiten, da für die Anstellung von Vorstandsmitgliedern in erster Linie individuelle Gesichtspunkte maßgebend sind.[154] Nach § 17 Abs. 1 S. 2 BetrAVG unterfallen Ruhegeldsvereinbarungen mit Vorstandsmitgliedern, die nicht allein oder mit anderen Vorstandsmitgliedern mehrheitlich an der Gesellschaft beteiligt sind, dem Anwendungsbereich der **§§ 1–16 BetrAVG.**[155] Ebenso wie die Gesamtbezüge des aktiven Vorstandsmitglieds müssen auch die dem Vorstandsmitglied erteilten Versorgungszusagen insgesamt dem Angemessenheitsgebot entsprechen (§ 87 Abs. 1 S. 4). Zu den Einzelheiten der Bemessung und Ausgestaltung der Vorstandsbezüge und Versorgungszusagen vgl. § 87.

Wird dem Vorstandsmitglied die Erfüllung seiner Pflichten aus einem von ihm nicht zu vertretenden Umstand **unmöglich,** verliert es grundsätzlich nach § 326 Abs. 1 S. 1 BGB seinen Vergütungsanspruch.[156] Eine Ausnahme gilt nach den Grundsätzen über das Betriebsrisiko dann, wenn die Unmöglichkeit auf einem äußeren, auf den Betrieb einwirkenden und in seiner Sphäre liegenden Umstand beruht, soweit dem nicht die besondere Stellung des Vorstandsmitglieds entgegensteht.[157] Ist das Vorstandsmitglied infolge von **Krankheit** an der Ausübung seines Amts gehindert, steht ihm ein Anspruch auf Gehaltsfortzahlung nach Maßgabe von § 616 BGB nur „für verhältnismäßig nicht erhebliche Zeit" zu.[158] Welcher Zeitraum dies ist, kann nur anhand der besonderen Umstände jedes Einzelfalls bestimmt werden.[159] Ein Anspruch auf Entgeltfortzahlung nach dem EFZG besteht nicht.[160] Auch bei schwerwiegender Krankheit und langjährigem Vertragsverhältnis kommt bei Fehlen einer vertraglichen Regelung daher nur ein hinter dem auf sechs Wochen befristeten Anspruch nach dem EZFG deutlich zurückbleibender Fortzahlungsanspruch (maximal zwei bis drei Wochen) in Betracht.[161] Aus Gründen der Rechtssicherheit ist eine Regelung der Dauer der Gehaltsfortzahlung im Anstellungsvertrag daher dringend zu empfehlen. Dabei ist die Angemessenheitsgrenze nach § 87 zu beachten. 47

Hat die Gesellschaft die Unmöglichkeit der Dienstleistung des Vorstandsmitglieds zu vertreten (§ 326 Abs. 2 S. 1 BGB) oder befindet sie sich in **Annahmeverzug** (§ 615 S. 1 BGB), behält das Vorstandsmitglied seinen Anspruch auf die vertraglich vereinbarten Bezüge.[162] Es muss sich jedoch nach §§ 326 Abs. 2 S. 2, 615 S. 2 BGB den Wert desjenigen anrechnen lassen, was es infolge des Unterbleibens der Dienstleistung erspart oder durch anderweitige Verwendung seiner Dienste erwirbt oder zu erwerben böswillig unterlässt.[163] Bei einer **unberechtigten Kündigung oder Freistellung** durch die Gesellschaft genügt ein deutlicher Widerspruch des Vorstandsmitglieds, um die Gesellschaft in Annahmeverzug zu setzen. Ein ausdrückliches Angebot seiner Dienste durch das Vorstandsmitglied ist nicht erforderlich.[164] 48

c) Urlaub. Das Bundesurlaubsgesetz findet auf Vorstandsmitglieder keine Anwendung.[165] Der Urlaubsanspruch richtet sich daher in erster Linie nach dem Anstellungsvertrag. Im Zweifel können die für leitende Angestellte geltenden Regelungen entsprechend herangezogen werden.[166] Fehlt eine 49

---

[153] BGH WM 1968, 1226 (1227); NJW 1954, 797; BGHZ 50, 378 (380); MüKoAktG/*Spindler* Rn. 209; Spindler/Stilz/*Fleischer* Rn. 50; *Thüsing* in Fleischer HdB VorstandsR § 6 Rn. 84.

[154] BGH NJW-RR 1994, 357 (258) zur GmbH; MüKoAktG/*Spindler* Rn. 210; MHdB AG/*Wiesner* § 21 Rn. 72; Schmidt/Lutter/*Seibt* Rn. 31; weitergehend BGH AG 1995, 188 (189).

[155] BGH DStR 2005, 1779 = WM 2005, 1754 (1756) zur GmbH; ausf. MHdB AG/*Wiesner* § 21 Rn. 73; KK-AktG/*Mertens/Cahn* Rn. 68; *Thüsing* in Fleischer HdB VorstandsR § 6 Rn. 79 f.; *Fleck* WM 1994, 1957 (1967 ff.); Spindler/Stilz/*Fleischer* Rn. 51. Zur Abdingbarkeit des BetrAVG bei Organmitgliedern vgl. *Thüsing/Granetzny* NZG 2010, 449.

[156] MüKoAktG/*Spindler* Rn. 90; Schmidt/Lutter/*Seibt* Rn. 30.

[157] GroßkommAktG/*Kort* Rn. 417; Spindler/Stilz/*Fleischer* Rn. 46; MüKoAktG/*Spindler* Rn. 90; krit. *Zöllner* FS Koppensteiner, 2001, 291 (295 f.).

[158] MHdB AG/*Wiesner* § 21 Rn. 68; Spindler/Stilz/*Fleischer* Rn. 47; Schmidt/Lutter/*Seibt* Rn. 30.

[159] MHdB AG/*Wiesner* § 21 Rn. 68; Spindler/Stilz/*Fleischer* Rn. 47.

[160] MüKoAktG/*Spindler* Rn. 92; Spindler/Stilz/*Fleischer* Rn. 47; *Thüsing* in Fleischer HdB VorstandsR § 4 Rn. 78; *Beiner* Der Vorstandsvertrag 2005 Rn. 183; aA – sinngemäße Anwendung des EFZG – GroßkommAktG/*Kort* Rn. 416.

[161] Vgl. dazu BGH NJW 1995, 2629; MüKoAktG/*Spindler* Rn. 92; *Thüsing* in Fleischer HdB VorstandsR § 4 Rn. 78; Schmidt/Lutter/*Seibt* Rn. 30.

[162] *Lohr* NZG 2001, 826 (835); MHdB AG/*Wiesner* § 21 Rn. 69; Spindler/Stilz/*Fleischer* Rn. 46.

[163] Spindler/Stilz/*Fleischer* Rn. 46.

[164] MüKoAktG/*Spindler* Rn. 91; Schmidt/Lutter/*Seibt* Rn. 30; MHdB AG/*Wiesner* § 21 Rn. 69; GroßkommAktG/*Kort* Rn. 419; aA wohl OLG Düsseldorf ZIP 1984, 705 (706): wörtliches Angebot nach § 295 BGB; ebenso *Zöllner* FS Koppensteiner, 2001, 291 (300).

[165] MüKoAktG/*Spindler* Rn. 96; *Thüsing* in Fleischer HdB VorstandsR § 4 Rn. 76.

[166] MüKoAktG/*Spindler* Rn. 96; KK-AktG/*Mertens/Cahn* Rn. 87; MHdB AG/*Wiesner* § 21 Rn. 64.

ausdrückliche Regelung im Anstellungsvertrag, ergibt sich ein Anspruch auf Urlaub unter Fortzahlung des Gehalts aus der dienstvertraglichen Fürsorgepflicht der Gesellschaft.[167] Eine Genehmigung des Urlaubs durch den Aufsichtsrat ist aufgrund der Weisungsunabhängigkeit des Vorstands nicht erforderlich.[168] Das Vorstandsmitglied hat bei der Inanspruchnahme seines Urlaubs allerdings die Belange der Gesellschaft angemessen zu berücksichtigen und sich mit seinen Vorstandskollegen abzustimmen.[169]

50 **d) Auslagenersatz.** Die Vorstandsmitglieder haben einen Anspruch auf Auslagenersatz nach Maßgabe der allgemeinen Regeln (§§ 675 Abs. 1, 670, 669 BGB).[170] Erforderlich ist, dass das Vorstandsmitglied die Auslagen im Rahmen seiner Geschäftsführungsaufgaben vernünftigerweise für erforderlich halten durfte und belegen kann.[171] Die Aufwendungen müssen in einem angemessenen Verhältnis zum verfolgten Zweck sowie zur Lage der Gesellschaft stehen und dem Gesellschaftsinteresse dienen.[172] Es ist zu empfehlen, für vorhersehbarerweise mit der Vorstandstätigkeit verbundene Aufwendungen wie Reise-, Telekommunikations-, Bewirtungs- und Repräsentationskosten konkrete vertragliche Regelungen zu treffen. Dies gilt auch für Kosten erforderlicher Sicherheitsmaßnahmen, sofern mit dem Vorstandsamt eine persönliche Gefährdung des Vorstandsmitglieds (und gegebenenfalls auch seiner Angehörigen) einhergeht.[173]

51 Zu den als Aufwendungen ersatzpflichtigen Kosten gehören auch die **Kosten eines Rechtsstreits** oder einer Verteidigung in einem Straf- oder Ordnungswidrigkeitenverfahren.[174] Voraussetzung ist allerdings, dass ein Zusammenhang mit der dienstlichen Tätigkeit des Vorstandsmitglieds besteht und das dem Vorstandsmitglied vorgeworfene Verhalten nicht zugleich eine Pflichtverletzung gegenüber der Gesellschaft darstellt.[175] Nach § 669 BGB hat das Vorstandsmitglied in einem laufenden Verfahren, das in Zusammenhang mit seiner Vorstandstätigkeit steht, auch einen Anspruch auf Kostenvorschuss.[176] Ein Anspruch des Vorstandsmitglieds auf **Übernahme von Geldstrafen oder Geldbußen** besteht dagegen in aller Regel nicht, da die Gesetzesverletzung in aller Regel zugleich auch eine Verletzung der organschaftlichen Sorgfaltspflicht (§ 93 Abs. 1 S. 1) gegenüber der Gesellschaft darstellt.[177] Eine freiwillige Erstattung durch die Gesellschaft kommt nur innerhalb der durch §§ 93 Abs. 2 und 4 vorgegebenen Schranken in Betracht.[178] Sofern die dem Vorstandsmitglied zur Last gelegte Straftat oder Ordnungswidrigkeit zugleich eine Pflichtverletzung gegenüber der Gesellschaft darstellt, darf eine Übernahme von Geldstrafen, Geldbußen oder Geldauflagen daher frühestens drei Jahre nach der zur Last gelegten Vollendung der Straftat oder Ordnungswidrigkeit sowie erst nach erfolgter Zustimmung der Hauptversammlung erfolgen.[179] Bei der Beurteilung der Pflichtwidrigkeit steht dem Aufsichtsrat kein unternehmerisches Ermessen und allenfalls ein begrenzter Beurteilungsspielraum zu, da es hierbei um keine unternehmerische Entscheidung handelt.[180] Zudem ist es dem Aufsichtsrat auch verwehrt, entsprechend des vom BGH in seiner ARAG-Garmenbeck-Entscheidung[181] aufgestellten Grundsatzes ausnahmsweise aus übergeordneten Gründen des Gesellschaftswohls eine Erstattung vorzunehmen.[182] Bei unklarer Rechtslage kann der Aufsichtsrat eine Zusage zur Übernahme von Geldstrafen, Geldbußen oder -auflagen daher nur unter dem Vorbehalt einer späteren Rückforderung machen, falls sich herausstellt, dass doch eine Pflichtverletzung gegenüber der Gesellschaft vorlag.[183] Entsprechendes gilt für die Übernahme von Rechtsverteidigungskosten. Soweit und solange der Aufsichtsrat davon überzeugt ist, dass das Vorstandsmitglied seine Pflichten nicht verletzt hat oder eine endgültige Beurteilung noch nicht möglich ist, ist der Aufsichtsrat aufgrund seiner Fürsorgepflicht zur Übernahme oder Erstattung der Rechtsverteidigungskosten ver-

---

167 GroßkommAktG/*Kort* Rn. 421; Spindler/Stilz/*Fleischer* Rn. 62; Schmidt/Lutter/*Seibt* Rn. 33.
168 MüKoAktG/*Spindler* Rn. 96; KK-AktG/*Mertens/Cahn* Rn. 87; *Thüsing* in Fleischer HdB VorstandsR § 4 Rn. 77.
169 GroßkommAktG/*Kort* Rn. 424; *Thüsing* in Fleischer HdB VorstandsR § 4 Rn. 77.
170 Spindler/Stilz/*Fleischer* Rn. 64.
171 BGH NJW 2003, 431 (432); MüKoAktG/*Spindler* Rn. 103; Spindler/Stilz/*Fleischer* Rn. 64.
172 *Thüsing* in Fleischer HdB VorstandsR § 9 Rn. 41; *Fonk* in Semler/v. Schenck AR HdB § 10 Rn. 169.
173 MüKoAktG/*Spindler* Rn. 103.
174 Ausf. *Krause* BB Special 8/2007.
175 Spindler/Stilz/*Fleischer* Rn. 70; MHdB AG/*Wiesner* § 21 Rn. 89; *Krieger* FS Bezzenberger, 2000, 211 (214).
176 MHdB AG/*Wiesner* § 21 Rn. 89; KK-AktG/*Mertens/Cahn* Rn. 89 ff.
177 KK-AktG/*Mertens/Cahn* Rn. 89 ff.; Spindler/Stilz/*Fleischer* Rn. 66 f.; Schmidt/Lutter/*Seibt* Rn. 34.
178 Spindler/Stilz/*Fleischer* Rn. 68; KK-AktG/*Mertens/Cahn* Rn. 94; MHdB AG/*Wiesner* § 21 Rn. 89.
179 BGH DB 2014, 2099; *Arnold* DB 2014, 2337; *Schmidt-Bendun* DB 2014, 2756 (2758); *Hoffmann-Becking* ZGR 2015, 618 (624).
180 BGH DB 2014, 2099; *Krebs* BB 2014, 2509.
181 BGH NJW 1997, 1926.
182 BGH DB 2014, 2099; kritisch *Hoffmann-Becking* ZGR 2015, 618 (626).
183 *Arnold* DB 2014, 2337.

pflichtet, hat diese Leistungen allerdings unter den Vorbehalt der Rückforderung zu stellen, falls sich das vorgeworfene Verhalten später als Pflichtverletzung gegenüber der Gesellschaft herausstellt.[184]

e) Ressortzuweisung. Sofern der Aufsichtsrat von seiner Geschäftsordnungskompetenz Gebrauch gemacht und eine Geschäftsordnung für den Vorstand erlassen hat, kann im Anstellungsvertrag vereinbart werden, dass das Vorstandsmitglied ein bestimmtes Ressort erhalten soll. Eine solche Regelung bedarf der Zustimmung des Gesamtaufsichtsrats, da die Ressortzuweisung Teil der Geschäftsordnungskompetenz ist, die nach § 107 Abs. 3 S. 2 dem Gesamtaufsichtsrat zusteht.[185] Ist im Anstellungsvertrag die eindeutige Zuweisung eines bestimmten Ressorts in der Weise geregelt, dass das Vorstandsmitglied ausschließlich zur Wahrnehmung dieses Ressorts verpflichtet ist, führt eine Neuregelung der Ressortverteilung in der Geschäftsordnung für den Vorstand, die Art oder Umfang der anstellungsvertraglich vorgesehenen Ressorts nicht nur unmaßgeblich ändert, zwar korporationsrechtlich zur Neuverteilung des Ressorts. Das Vorstandsmitglied ist dann jedoch zur Amtsniederlegung aus wichtigem Grund sowie zur außerordentlichen Kündigung des Anstellungsvertrags berechtigt.[186] 52

f) Pflichten der Vorstandsmitglieder. Die organschaftlichen Pflichten eines Vorstandsmitglieds, insbesondere die Pflicht, die Gesellschaft gemeinsam mit den übrigen Vorstandsmitgliedern unter eigener Verantwortung zu leiten (§ 76 Abs. 1), entstehen bereits mit wirksamer Bestellung unmittelbar kraft Gesetzes. Zu diesen Organpflichten zählen die allgemeine organschaftliche Treuepflicht mit ihren Einzelausprägungen, wie etwa dem Wettbewerbsverbot (§ 88) oder der Verschwiegenheitspflicht (§ 93 Abs. 1 S. 3) sowie weitere Pflichten, wie etwa die Pflicht zur Offenheit gegenüber dem Aufsichtsrat und Berichtspflichten. Durch den Anstellungsvertrag werden diese Organpflichten zugleich vertragliche Pflichten.[187] Das Vorstandsmitglied hat diese Pflichten mit der Sorgfalt eines ordentlichen und gewissenhaften Geschäftsleiters wahrzunehmen (§ 93 Abs. 1 S. 1). Häufig werden diese organschaftlichen Pflichten ausdrücklich im Anstellungsvertrag niedergelegt und präzisiert, etwa durch die Verpflichtung des Vorstandsmitglieds, seine Tätigkeit in Übereinstimmung mit Gesetz, Satzung und Geschäftsordnung auszuüben und die Empfehlungen (und Anregungen) des **DCGK** in seiner jeweils geltenden Fassung sowie bestehende unternehmensinterne Corporate Governance- und Compliance-Richtlinien zu beachten.[188] 53

Darüber ergeben sich aus dem Anstellungsvertrag regelmäßig weitere Pflichten, wie etwa eine Residenzpflicht, eine Verpflichtung zur Übernahme bestimmter Ämter außerhalb der Vorstandstätigkeit für die Gesellschaft, Konkretisierungen und Ausnahmen vom gesetzlichen Wettbewerbsverbot oder ein nachvertragliches Wettbewerbsverbot. 54

Bei Ausscheiden aus dem Unternehmen ist das Vorstandsmitglied nach § 675 BGB iVm §§ 666, 667 BGB verpflichtet, über die in seinem Besitz befindlichen Unterlagen Auskunft zu erteilen und diese herauszugeben.[189] Ein Zurückbehaltungsrecht steht ihm insoweit nicht zu.[190] 55

5. Fehlerhafte Anstellung. Wirksamkeitsmängel des Anstellungsvertrags (zB Nichtigkeit aufgrund unwirksamer Beschlussfassung des Aufsichtsrats)[191] sind **nach den Grundsätzen des fehlerhaften Dienst- und Arbeitsverhältnisses zu behandeln,** sofern der fehlerhafte Anstellungsvertrag durch die Aufnahme der Vorstandstätigkeit tatsächlich in Vollzug gesetzt wurde.[192] Danach ist der Vertrag als wirksam anzusehen, bis er durch Kündigung oder Aufhebung endet.[193] Dem Vorstandsmitglied steht das vereinbarte Entgelt[194] einschließlich erdienter Versorgungsbezüge zu, soweit der Vertrag nicht gerade wegen der Unzulässigkeit der Vergütungsvereinbarung unwirksam ist.[195] Für die Zukunft kann der Vertrag von beiden Seiten jederzeit und ohne wichtigen Grund gekündigt 56

---

[184] Hüffer/*Koch* Rn. 23; *Hoffmann-Becking* ZGR 2015, 618 (623).

[185] KK-AktG/*Mertens/Cahn* Rn. 43; GroßkommAktG/*Kort* Rn. 291; Hüffer/*Koch* Rn. 15.

[186] GroßkommAktG/*Kort* Rn. 284; KK-AktG/*Mertens/Cahn* Rn. 44.

[187] GroßkommAktG/*Kort* Rn. 430; MüKoAktG/*Spindler* Rn. 104; MHdB AG/*Wiesner* § 21 Rn. 92.

[188] Spindler/Stilz/*Fleischer* Rn. 75, *Ulmer* ZHR 166 (2002), 150 (173); *Lutter* ZHR 166 (2002), 523 (536 f.); *Lutter/Krieger* Rechte und Pflichten § 7 Rn. 385.

[189] BGH WM 1963, 161; MüKoAktG/*Spindler* Rn. 110; KK-AktG/*Mertens/Cahn* Rn. 89 ff.; *Thüsing* in Fleischer HdB VorstandsR § 4 Rn. 30.

[190] BGH WM 1968, 161; MHdB AG/*Wiesner* § 21 Rn. 102.

[191] Vgl. etwa BGHZ 89, 48 (56); BGH WM 1991, 1258 (1259); OLG Schleswig AG 2001, 651 (653).

[192] BGH NJW 2000, 2983 f.; 1998, 3567; ZIP 1995, 377; Hüffer/*Koch* Rn. 27; MHdB AG/*Wiesner* § 21 Rn. 32; *Thüsing* in Fleischer HdB VorstandsR § 4 Rn. 137; Spindler/Stilz/*Fleischer* Rn. 84.

[193] Hüffer/*Koch* Rn. 27.

[194] AA *Meier* NZA 2011, 267: angemessene Vergütung.

[195] *Bayer/Lieder* NZG 2012, 1 (6); *Thüsing* in Fleischer HdB VorstandsR § 4 Rn. 137; Spindler/Stilz/*Fleischer* Rn. 86; Schmidt/Lutter/*Seibt* Rn. 38.

werden.[196] Nur in engen Ausnahmefällen kann der Gesellschaft die Berufung auf die Unwirksamkeit des Anstellungsvertrags unter dem Gesichtspunkt von Treu und Glauben versagt sein.[197] Beruht der Wirksamkeitsmangel nicht auf einem grundlegenden Mangel des dem Anstellungsvertrag zugrunde liegende Aufsichtsratsbeschlusses, sondern sind nur einzelne Vertragsbestimmungen nichtig oder anfechtbar, bleiben die übrigen Vertragsbestimmungen in Abweichung von § 139 BGB im Zweifel wirksam.[198] Ein wegen mangelhafter Vertretung der Gesellschaft (schwebend) unwirksamer Anstellungsvertrag kann durch den Aufsichtsrat durch ausdrücklichen Beschluss nachträglich genehmigt werden.[199]

IV. Vorsitzender des Vorstands

57 **1. Ernennung.** Nach § 84 Abs. 2 kann der Aufsichtsrat für den mehrköpfigen Vorstand ein Vorstandsmitglied zum Vorsitzenden des Vorstands (oft auch als „Vorstandsvorsitzender" bezeichnet) ernennen. Daneben kann der Aufsichtsrat einen stellvertretenden Vorsitzenden des Vorstands ernennen, auch wenn dieses Amt im Gesetz nicht ausdrücklich vorgesehen ist.[200] Eine Pflicht zur Ernennung eines Vorsitzenden besteht nicht und kann auch durch Satzungsbeschluss der Hauptversammlung nicht begründet werden.[201] Für börsennotierte Gesellschaften enthält **Ziff. 4.2.1 DCGK** allerdings die Empfehlung, einen Vorsitzenden oder einen Sprecher benennen, so dass eine Abweichung nach § 161 offenlegungspflichtig ist. Die formellen und materiellen Voraussetzungen der Ernennung zum Vorsitzenden des Vorstands entsprechen denjenigen der Bestellung zum Vorstandsmitglied. Erforderlich sind ein gesonderter **Beschluss des Gesamtaufsichtsrats** und die Annahme der Ernennung durch den Ernannten. Eine Delegation der Beschlussfassung auf einen Ausschuss ist nicht zulässig (§ 107 Abs. 3 S. 2).[202] Hinsichtlich der Amtszeit greifen die für die Bestellung geltenden Beschränkungen, wobei ein Gleichlauf zwischen der Bestellungsdauer eines Vorstandsmitglieds und seiner Ernennung zum Vorsitzenden zwar üblich, nicht aber zwingend ist.[203] Das Aufsichtsratsplenum beschließt auch bei der mitbestimmten Gesellschaft mit einfacher Mehrheit (§ 29 MitbestG). § 31 MitbestG ist nicht anwendbar.[204] Bei nicht dem MitbestG unterfallenden Gesellschaften können in der Satzung qualifizierte Mehrheitserfordernisse vorgesehen werden.[205]

58 Der **Vorsitzende des Vorstands ist auf Geschäftsbriefen** (§ 80 Abs. 1 S. 2) und im Anhang zum Jahresabschluss (§ 285 S. 1 Nr. 10 S. 2 HGB) als solcher **zu bezeichnen.** Eine Verpflichtung, die Ernennung eines Vorsitzenden des Vorstands zur Eintragung in das Handelsregister anzumelden, besteht nicht.[206] Die Eintragung ist aber zulässig (§ 43 Nr. 4 HRV).

59 **2. Rechtsstellung.** Das Aktiengesetz enthält keine ausdrückliche Reglung zur Rechtsstellung des Vorsitzenden des Vorstands. Diese ergibt sich daher primär aus den **allgemeinen Prinzipien der Binnenorganisation von Gremien.**[207] Danach kommt dem Vorsitzenden des Vorstands in erster Linie das Recht zu, den Vorstand als Kollegialorgan zu repräsentieren, die Sitzungen des Vorstands vorzubereiten und zu leiten und die Arbeit der Vorstandsmitglieder zu koordinieren.[208] Das Recht zur Leitung der Vorstandssitzungen umfasst die Befugnis, erforderliche Leitungsmaßnahmen, wie etwa die Zuweisung des Rederechts, die Einladung von Sachverständigen und die Ausübung des Hausrechts zu treffen und durchzusetzen.[209] Zu den Befugnissen als Sitzungsleiter gehört es auch, die Beschlussfassungen festzustellen und dabei auch Feststellungen zu Stimmverboten und Stimmenthaltungsverpflichtungen bei Interessenkonflikten zu treffen. Als Repräsentant des Kollegial-

[196] BGH NJW 2000, 2983; OLG Schleswig AG 2001, 651 (653); MHdB AG/*Wiesner* § 21 Rn. 33; Spindler/Stilz/*Fleischer* Rn. 86.

[197] BGH NJW 2000, 2984; OLG Schleswig AG 2001, 651 (654); *Thüsing* in Fleischer HdB VorstandsR § 4 Rn. 137; Spindler/Stilz/*Fleischer* Rn. 86.

[198] BAG ZIP 1987, 595; MHdB AG/*Wiesner* § 21 Rn. 33; Spindler/Stilz/*Fleischer* Rn. 86.

[199] MHdB AG/*Wiesner* § 21 Rn. 33.

[200] Spindler/Stilz/*Fleischer* Rn. 87; *Fonk* in Semler/v. Schenck AR HdB § 10 Rn. 61.

[201] GroßkommAktG/*Kort* § 77 Rn. 49; MüKoAktG/*Spindler* Rn. 112; KK-AktG/*Mertens/Cahn* Rn. 100; MHdB AG/*Wiesner* § 24 Rn. 3.

[202] MüKoAktG/*Spindler* Rn. 113; Hüffer/*Koch* Rn. 28.

[203] Schmidt/Lutter/*Seibt* Rn. 40; *Hüffer* Rn. 28.

[204] Hüffer/*Koch* Rn. 28; KK-AktG/*Mertens/Cahn* Rn. 100; MüKoAktG/*Spindler* Rn. 113; Spindler/Stilz/*Fleischer* Rn. 88; aA *Krieger,* Personalentscheidungen des Aufsichtsrats, 1981, 254.

[205] MüKoAktG/*Spindler* Rn. 113; Schmidt/Lutter/*Seibt* Rn. 40.

[206] MHdB AG/*Wiesner* § 24 Rn. 1; Spindler/Stilz/*Fleischer* Rn. 88.

[207] *Bezzenberger* ZGR 1996, 661 (662); Spindler/Stilz/*Fleischer* Rn. 89; Hüffer/*Koch* Rn. 29; *Lutter/Krieger* Rechte und Pflichten § 7 Rn. 464.

[208] MüKoAktG/*Spindler* Rn. 114; Spindler/Stilz/*Fleischer* Rn. 89; Schmidt/Lutter/*Seibt* Rn. 41.

[209] Schmidt/Lutter/*Seibt* Rn. 41; Spindler/Stilz/*Fleischer* Rn. 89 ff. sowie § 77 Rn. 42.

organs ist der Vorsitzende des Vorstands vorrangiger Ansprechpartner des Aufsichtsrats.[210] Ihm obliegt eine über die für alle Vorstandsmitglieder geltende allgemeine Überwachungspflicht hinausgehende Überwachungs- und Koordinationspflicht (→ § 77 Rn. 34).[211] Durch Satzung oder Geschäftsordnung können dem Vorsitzenden des Vorstands ein Stichentscheidsrecht und in nicht mitbestimmten Gesellschaften auch ein Vetorecht eingeräumt werden. Es bleibt jedoch bei dem **Grundsatz der Gleichberechtigung** aller Vorstandsmitglieder (→ § 77 Rn. 30).[212]

3. Vorstandssprecher; Chief Executive Officer (CEO). Solange der Aufsichtsrat einen Vorstandsvorsitzenden nicht bestellt hat, kann der Vorstand aus seiner Mitte einen **Vorstandssprecher** bestimmen.[213] Die gesetzlich nicht umschriebene Funktion ist Ausfluss der Organisationsautonomie des Vorstands als Kollegialorgan. Die Ernennung und der (jederzeit ohne wichtigen Grund mögliche) Widerruf der Ernennung sind Bestandteil der Geschäftsordnungskompetenz von Vorstand und Aufsichtsrat.[214] Sowohl die Funktion als solche als auch die Einzelbefugnisse des Vorstandssprechers können daher (auch durch den Aufsichtsrat) in der Geschäftsordnung geregelt werden.[215] Eine Grenze besteht insoweit, als die Position des Vorstandssprechers ein **Minus gegenüber der Position des Vorsitzenden des Vorstands** ist. Er hat daher nicht die besonderen Koordinierungs- und Überwachungsfunktionen des Vorsitzenden, sondern ist im Wesentlichen auf sitzungsleitende und repräsentative Aufgaben sowie auf die Funktion als Ansprechpartner des Aufsichtsrats(vorsitzenden) beschränkt.[216] Er darf nicht durch sachliche Führung der Vorstandsarbeit wie ein Vorsitzender agieren.[217] Geschieht dies dennoch, muss der Aufsichtsrat eingreifen oder ihn zum Vorsitzenden ernennen.[218] Die Benennung des Amts und die damit verbundenen Befugnisse müssen aus Gründen der Rechtssicherheit miteinander korrespondieren. Demgemäß kann ein mit den Rechten eines Vorsitzenden ausgestattetes Vorstandsmitglied nicht als bloßer Sprecher, ein bloßer Vorstandssprecher nicht als Vorsitzender des Vorstands benannt werden.[219] In der Praxis bestimmen häufig Branchengewohnheiten, ob ein Vorsitzender des Vorstands oder ein Vorstandssprecher ernannt wird. Traditionell verfügen Bankenvorstände eher über einen Sprecher und Vorstände von Industrieunternehmen eher über einen Vorsitzenden.[220] 60

Das in der deutschen Wirtschaft zum Teil propagierte Modell eines **Chief Executive Officer (CEO)** nach anglo-amerikanischem Vorbild, bei dem eine Vereinigung sämtlicher Geschäftsführungsbefugnisse stattfinden und dem darüber hinaus Weisungsbefugnis gegenüber den anderen Vorstandsmitglieder zustehen soll,[221] ist mit dem Grundsatz der Gesamtverantwortung und Gleichberechtigung des deutschen Aktienrechts (ausführlich → § 77 Rn. 42) nicht vereinbar.[222] Die Diskussion ist zudem teilweise durch ein Missverständnis der Position des CEO im anglo-amerikanischen Rechtsraum geprägt. Insoweit wird oftmals verkannt, dass auch dieser seinerseits an die Entscheidungen des *Board of Directors* gebunden ist. Weisungsbefugnis kommt auch dem CEO angloamerikanischer Prägung lediglich gegenüber nachgeordneten Führungskräften zu.[223] 61

Soweit die Bezeichnung CEO in der Praxis insbesondere kapitalmarktnaher Aktiengesellschaften lediglich als Abbreviatur für die Position des mit besonderen Rechten und Pflichten ausgestatteten Vorsitzenden des Vorstands gebraucht wird, ist dies grundsätzlich zulässig, soweit hiermit nicht ausnahmsweise die Gefahr einer Irreführung einhergeht.[224] Nicht zu verkennen ist auch, dass dem Vorsitzenden des Vorstands in der Praxis oft aufgrund seiner Persönlichkeit sowie seiner zumeist 62

---

[210] Spindler/Stilz/*Fleischer* Rn. 89; MüKoAktG/*Spindler* Rn. 114.

[211] *Bezzenberger* ZGR 1996, 661; MüKoAktG/*Spindler* Rn. 114; GroßkommAktG/*Kort* Rn. 123; MHdB AG/*Wiesner* § 24 Rn. 4.

[212] MüKoAktG/*Spindler* Rn. 114; Spindler/Stilz/*Fleischer* Rn. 89; Hüffer/*Koch* Rn. 29.

[213] Hüffer/*Koch* Rn. 30; KK-AktG/*Mertens*/*Cahn* Rn. 103.

[214] *Lutter*/*Krieger* Rechte und Pflichten Rn. 468; Hüffer/*Koch* Rn. 30.

[215] MüKoAktG/*Spindler* Rn. 115; Hüffer/*Koch* Rn. 30; Schmidt/Lutter/*Seibt* Rn. 43.

[216] *Hoffmann-Becking* ZGR 1998, 497 (517); MüKoAktG/*Spindler* Rn. 103; GroßkommAktG/*Kort* § 77 Rn. 57; MHdB AG/*Wiesner* § 24 Rn. 4; *Lutter*/*Krieger* Rechte und Pflichten § 7 Rn. 468.

[217] MüKoAktG/*Spindler* Rn. 103; Hüffer/*Koch* Rn. 30.

[218] *Hoffmann-Becking* ZGR 1998, 497 (517); Spindler/Stilz/*Fleischer* Rn. 91; *Lutter*/*Krieger* Rechte und Pflichten § 7 Rn. 468.

[219] MHdB AG/*Wiesner* § 24 Rn. 6.

[220] Spindler/Stilz/*Fleischer* Rn. 91; *Fonk* in Semler/v. Schenck AR HdB § 10 Rn. 63.

[221] Vgl. dazu etwa *v. Hein* ZHR 166 (2002), 464 (465 ff.); *Bernhardt*/*Witt* ZfB 1999, 825 (827); GroßkommAktG/*Kort* § 77 Rn. 52, 54 f.

[222] MüKoAktG/*Spindler* Rn. 116; Spindler/Stilz/*Fleischer* Rn. 90; Hüffer/*Koch* Rn. 29.

[223] *Hoffmann-Becking* NZG 2003, 745 (746); *Wicke* NJW 2007, 3755 (3757); *v. Hein* RIW 2002, 501 (507); Spindler/Stilz/*Fleischer* § 77 Rn. 42.

[224] Ebenso Schmidt/Lutter/*Seibt* Rn. 42.

engen Vertrauensbeziehung zum Vorsitzenden des Aufsichtsrats bereits rein faktisch eine mit einem klaren Führungsanspruch verbundene, herausgehobene Stellung zukommt.[225]

63 **4. Widerruf der Ernennung.** Nach § 84 Abs. 3 S. 1 kann die Ernennung zum Vorsitzenden des Vorstands ebenso wie die Bestellung zum Vorstandsmitglied nur aus wichtigem Grund widerrufen werden. Der wichtige Grund, dh die Unzumutbarkeit der weiteren Amtsführung für die Gesellschaft, muss sich insoweit gerade auf das Amt des Vorsitzenden des Vorstands beziehen.[226] Bei mitbestimmten Gesellschaften genügt auch für den Widerruf der Ernennung ein mit einfacher Mehrheit gefasster Beschluss des (Gesamt-)Aufsichtsrats (§ 29 MitbestG). § 31 MitbestG ist nicht anwendbar.[227] Der Widerruf der Ernennung zum Vorsitzenden des Vorstands muss nicht mit dem Widerruf der Mitgliedschaft im Vorstand einhergehen. Ein isolierter Widerruf wird in der Praxis indes eine seltene Ausnahme darstellen.[228]

V. Widerruf der Bestellung

64 **1. Allgemeines.** Nach § 84 Abs. 3 S. 1 kann der Aufsichtsrat die Bestellung zum Vorstandsmitglied und die Ernennung zum Vorsitzenden des Vorstands widerrufen, wenn ein wichtiger Grund vorliegt. Der Widerruf der Bestellung ist deren Gegenstück und führt zur Beendigung der korporationsrechtlichen Organstellung.[229] Aufgrund des **Trennungsprinzips** (→ Rn. 2) beendet der Widerruf der Organstellung als solcher nicht gleichzeitig auch das schuldrechtliche Anstellungsverhältnis, so dass die Kündigung des Anstellungsvertrags grundsätzlich gesondert erklärt werden muss.[230] Allerdings kann der Widerruf der Bestellung eine konkludente Erklärung der Kündigung des Anstellungsvertrags beinhalten.[231] Dies ist der Fall, wenn darin der Wille zum Ausdruck kommt, die Rechtsbeziehungen zu dem Vorstandsmitglied (etwa aufgrund eines in jeder Hinsicht zerstörten Vertrauensverhältnisses) insgesamt zu beenden und wird regelmäßig anzunehmen sein, wenn die Gesellschaft hinsichtlich des Anstellungsverhältnisses nicht etwas anderes erklärt, etwa eine einvernehmliche Aufhebung anbietet.[232] Umgekehrt liegt in der Kündigung des Anstellungsvertrags regelmäßig gleichzeitig der Widerruf der Bestellung, sofern es sich nicht um eine Änderungskündigung zur Modifikation der Konditionen des Anstellungsvertrags bei fortbestehendem Vorstandsmandat handelt.[233]

65 **2. Zuständigkeit und Verfahren. a) Zuständigkeit.** Zuständig für den Widerruf der Bestellung zum Vorstandsmitglied und der Ernennung zum Vorsitzenden des Vorstands ist nach § 84 Abs. 3 S. 1 ausschließlich der **Gesamtaufsichtsrat,** der hierüber durch Beschluss (§ 108 Abs. 1) entscheidet. Eine Übertragung auf einen Aufsichtsratsausschuss ist nicht zulässig (§ 107 Abs. 3 S. 2).[234] Die Zuständigkeit kann weder durch die Satzung noch durch Beschluss des Aufsichtsrats einem anderen Gesellschaftsorgan oder einem Dritten übertragen oder von dessen Zustimmung abhängig gemacht werden.[235] Unzulässig ist auch die Vereinbarung einer Vertragsstrafe zugunsten des Vorstandsmitglieds für den Fall eines unberechtigten Widerrufs der Bestellung, da hieraus ein erheblicher Druck auf den Aufsichtsrat resultieren kann.[236]

66 Formelle Fehler des Beschlusses über den Widerruf der Bestellung (zB Fehler bei der Einberufung des Aufsichtsrats)[237] führen zur Unwirksamkeit des Widerrufs. § 84 Abs. 3 S. 4 ist insoweit nicht anwendbar.[238] Allerdings kann der **Beschlussmangel** entsprechend § 244 durch einen bestätigenden

---

[225] Vgl. dazu *Semler* FS Lutter, 2000, 721 (728 f.).
[226] Spindler/Stilz/*Fleischer* Rn. 94; KK-AktG/*Mertens/Cahn* Rn. 148; Hüffer/*Koch* Rn. 31.
[227] Hüffer/*Koch* Rn. 31; Schmidt/Lutter/*Seibt* Rn. 44.
[228] Spindler/Stilz/*Fleischer* Rn. 94; KK-AktG/*Mertens/Cahn* Rn. 148.
[229] MüKoAktG/*Spindler* Rn. 119; Spindler/Stilz/*Fleischer* Rn. 92; KK-AktG/*Mertens/Cahn* Rn. 109 ff.; Hüffer/*Koch* Rn. 32.
[230] Schmidt/Lutter/*Seibt* Rn. 45; Spindler/Stilz/*Fleischer* Rn. 92; Hüffer/*Koch* Rn. 32.
[231] Vgl. BGHZ 12, 337 (340); OLG Hamburg GmbHR 1992, 43 (48), jeweils zur GmbH; Spindler/Stilz/*Fleischer* Rn. 92; Hüffer/*Koch* Rn. 32.
[232] Vgl. BGH WM 1975, 793 (794 f.); *Hüffer* Rn. 24; *Thüsing* in Fleischer HdB VorstandsR § 5 Rn. 1; strenger OLG Rostock NZG 1999, 216 (217) zur Abberufung eines GmbH-Geschäftsführers.
[233] *Thüsing* in Fleischer HdB VorstandsR § 5 Rn. 1; Spindler/Stilz/*Fleischer* Rn. 92.
[234] OLG Stuttgart AG 2003, 211 (212); Hüffer/*Koch* Rn. 33.
[235] GroßkommAktG/*Kort* Rn. 128; KK-AktG/*Mertens/Cahn* Rn. 111 ff.; Spindler/Stilz/*Fleischer* Rn. 95.
[236] MüKoAktG/*Spindler* Rn. 117; Schmidt/Lutter/*Seibt* Rn. 46; aA *Thüsing* in Fleischer HdB VorstandsR § 5 Rn. 3; dem zuneigend Spindler/Stilz/*Fleischer* Rn. 95.
[237] Vgl. etwa BGH WM 2000, 1543 (1544): fristlose Kündigung des Vorstandsmitglieds einer Sparkasse unter allgemein gehaltenem Tagesordnungspunkt „Vorstandsangelegenheiten".
[238] Spindler/Stilz/*Fleischer* Rn. 96; MüKoAktG/*Spindler* Rn. 120.

Beschluss geheilt werden.[239] Dem Bestätigungsbeschluss kommt allerdings entsprechend § 244 keine zeitliche Rückwirkung zu.[240] In **mitbestimmten Gesellschaften** muss auch für den Widerruf der Bestellung das mehrstufige Verfahren nach § 31 MitbestG eingehalten werden (§ 31 Abs. 5 MitbestG). Zu den hiermit verbundenen Fristproblemen → Rn. 102 ff.

b) Verfahren. Der Widerruf der Bestellung wird erst mit Zugang der Widerrufserklärung bei dem betreffenden Vorstandsmitglied wirksam (§ 130 Abs. 1 BGB).[241] Einer besonderen **Übermittlung des Widerrufsbeschlusses** bedarf es nur dann nicht, wenn das Vorstandsmitglied auf der Aufsichtsratssitzung anwesend war.[242] Der Aufsichtsrat kann den Aufsichtsratsvorsitzenden oder ein anderes Aufsichtsratsmitglied zur der Abgabe der Erklärung als **Erklärungsvertreter** ermächtigen. Die Ermächtigung wird meist ausdrücklich in dem Aufsichtsratsbeschluss über den Widerruf der Bestellung ausgesprochen, kann sich aber auch aus der Geschäftsordnung des Aufsichtsrats oder der Satzung ergeben.[243] Eine konkludente Ermächtigung des Aufsichtsratsvorsitzenden kommt hingegen ebenso wenig in Betracht wie eine Ermächtigung kraft Amtsstellung.[244] Die dogmatische Einordnung des Handelns des Erklärungsvertreters als Stellvertretung iSd § 164 BGB ist im Einzelnen strittig,[245] jedoch ohne große praktische Relevanz. Die Regelungen des § 174 BGB auf den **Nachweis der Ermächtigung** finden jedenfalls grundsätzlich entsprechende Anwendung.[246] Der Nachweis kann bei einer Ermächtigung durch Beschluss durch eine von allen Aufsichtsratsmitgliedern unterzeichnete Ermächtigungsurkunde oder durch Übergabe des Originals des Aufsichtsratsprotokolls über die Beschlussfassung erfolgen,[247] nicht aber durch Übergabe einer Abschrift oder Vorlage eines Auszugs der Sitzungsniederschrift.[248] Ergibt sich die Ermächtigung des Erklärenden bereits aus der Satzung oder der Geschäftsordnung des Aufsichtsrats, kommt eine Zurückweisung der Widerrufserklärung durch das Vorstandsmitglied nach § 174 BGB nicht Betracht.[249] Neben der Übermittlung der Widerrufserklärung durch einen Erklärungsvertreter kommt auch die Einschaltung eines **Erklärungsboten** in Betracht. Im Unterschied zum Erklärungsvertreter übermittelt der Erklärungsbote lediglich eine fremde Willenserklärung. Erklärungsbote (nicht Erklärungsvertreter, § 111 Abs. 5) kann daher auch ein Vorstandsmitglied sein, was in der Praxis allerdings kaum zweckmäßig sein dürfte.[250] Der Aufsichtsratsbeschluss selbst ist nicht nachzuweisen; dieser ist vielmehr vom Nachweis der Vertretungsmacht zu unterscheiden.[251] 67

Eine besondere **Form** der Widerrufserklärung ist nicht erforderlich, allerdings wird aus Beweiszwecken in aller Regel schriftliche Form angezeigt sein. Im Gegensatz zur Kündigung des Anstellungsvertrags (→ Rn. 102) ist der Widerruf der Bestellung nicht an eine bestimmte **Frist** gebunden. Grenze der Geltendmachung ist einzig die Verwirkung.[252] Aus der für die Kündigung des Anstellungsvertrags geltenden Zweiwochenfrist des § 626 Abs. 2 BGB ergibt sich in der Praxis allerdings regelmäßig das Bedürfnis, auch den Widerruf der Bestellung innerhalb dieser Frist zu erklären. 68

3. Voraussetzungen des Widerrufs. a) Vorliegen eines wichtigen Grundes. aa) Allgemeines. Unabdingbare Voraussetzung für den Widerruf der Bestellung zum Vorstandsmitglied oder der 69

[239] OLG Stuttgart AG 2003, 211 (212); MüKoAktG/*Spindler* Rn. 120; Schmidt/Lutter/*Seibt* Rn. 47; KK-AktG/*Mertens/Cahn* Rn. 110.

[240] *Tschöpe/Wortmann* NZG 2009, 85 (88); BGH NJW 2004, 1165 zu § 244.

[241] OLG Stuttgart AG 2003, 211 (212); OLG Düsseldorf NZG 2004, 141 (142); *Bauer/Krieger* ZIP 2004, 1247 (1248); KK-AktG/*Mertens/Cahn* Rn. 111; Hüffer/*Koch* Rn. 33.

[242] *Fonk* in Semler/v. Schenck AR HdB § 10 Rn. 309; Spindler/Stilz/*Fleischer* Rn. 97.

[243] OLG Frankfurt AG 2015, 363 (364); OLG Düsseldorf AG 2012, 511 (512); OLG Düsseldorf NZG 2004, 141 (142); *Leuering* NZG 2004, 120 (121); MüKoAktG/*Spindler* Rn. 123; Spindler/Stilz/*Fleischer* Rn. 97.

[244] OLG Düsseldorf NZG 2004, 141 (142); *Janzen* NZG 2003, 468 (471); *Leuering* NZG 2004, 120 (121); *Schockenhoff/Topf* DB 2005, 539 (540 ff.); Spindler/Stilz/*Fleischer* Rn. 97; aA im Hinblick auf konkludente Bevollmächtigung MüKoAktG/*Spindler* Rn. 123; GroßkommAktG/*Kort* Rn. 179; *Bauer/Krieger* ZIP 2004, 1247 (1248).

[245] Vgl. dazu *Leuering* NZG 2004, 120.

[246] OLG Düsseldorf NZG 2004, 141 (142); *Tschöpe/Wortmann* NZG 2009, 85 (89); *Leuering* NZG 2004, 120 (123); MüKoAktG/*Spindler* Rn. 123; Spindler/Stilz/*Fleischer* Rn. 97; Hüffer/*Koch* § 112 Rn. 11; aA KK-AktG/*Mertens/Cahn* Rn. 111; *Thüsing* in Fleischer HdB VorstandsR § 5 Rn. 2; *Bednarz* NZG 2005, 418.

[247] OLG Düsseldorf NZG 2004, 141 (142); *Tschöpe/Wortmann* NZG 2009, 85 (89); MüKoAktG/*Spindler* Rn. 123; Spindler/Stilz/*Fleischer* Rn. 97.

[248] OLG Frankfurt AG 2015, 363 (364); OLG Düsseldorf NZG 2004, 141 (142); *Schlockenhoff/Topf* DB 2005, 539 mit Formulierungsbeispielen für die Praxis; *Leuering* NZG 2004, 120 (123); MüKoAktG/*Spindler* Rn. 123; Spindler/Stilz/*Fleischer* Rn. 97; aA *Bauer/Krieger* ZIP 2004, 1247 (1248).

[249] OLG Düsseldorf AG 2012, 511 (512); OLG Düsseldorf NZG 2004, 141 (144); Spindler/Stilz/*Fleischer* Rn. 97; *Bauer/Krieger* ZIP 2004, 1247 (1248).

[250] OLG Stuttgart AG 2003, 211 (212); MüKoAktG/*Spindler* Rn. 123; Spindler/Stilz/*Fleischer* Rn. 97; Hüffer/*Koch* Rn. 33.

[251] OLG Frankfurt AG 2015, 363 (364).

[252] BGH NJW-RR 1993, 1253; *Janzen* NZG 2003, 468 (469).

Ernennung zum Vorsitzenden des Vorstands ist das Vorliegen eines wichtigen Grundes. Fehlt ein solcher, ist zwar nicht der Aufsichtsratsbeschluss als solcher, aber der namens der Gesellschaft erklärte Widerruf unwirksam.[253] Durch das Erfordernis eines wichtigen Grundes soll die Eigenverantwortlichkeit und Unabhängigkeit des Vorstands bei der Ausübung seiner Leitungsfunktion (§ 76 Abs. 1) gesichert werden.[254] Das Erfordernis eines wichtigen Grundes kann daher weder durch die Satzung noch durch den Anstellungsvertrag ausgeschlossen, modifiziert oder (etwa durch Kündigungsklauseln im Anstellungsvertrag)[255] umgangen werden.[256] Unzulässig ist es insbesondere, in der Satzung oder im Anstellungsvertrag bestimmte Umstände als wichtige, gerichtlich nicht überprüfbare Widerrufsgründe zu definieren.[257] Umgekehrt kann das Widerrufsrecht des Aufsichtsrats auch nicht auf bestimmte (wichtige) Gründe eingeengt werden.[258]

70 **bb) Beurteilungskriterien.** Ein den Widerruf rechtfertigender wichtiger Grund liegt vor, wenn der Gesellschaft eine **Fortsetzung des Organverhältnisses mit dem Vorstandsmitglied bis zum Ende seiner Amtszeit unzumutbar** ist.[259] Entscheidend sind die besonderen Umstände des Einzelfalls. Der Gesellschaft wird ein Festhalten an dem Vorstandsmitglied eher zuzumuten sein, wenn sich das Vorstandsmitglied lange Zeit bewährt hat und/oder sich die Restlaufzeit der Amtsdauer ohnehin ihrem Ende zuneigt als im umgekehrten Fall.[260] Der wichtige Grund muss nicht in der Person des Vorstandsmitglieds liegen, insbesondere ist ein **Verschulden des Vorstandsmitglieds nicht erforderlich.**[261] Nicht die Person, sondern die Fortsetzung des Organverhältnisses muss unzumutbar sein.[262]

71 Bei der Feststellung der Unzumutbarkeit der Fortsetzung des Organverhältnisses bis zum Ende der Amtszeit sind die Interessen der Gesellschaft gegen die amtsbezogenen persönlichen Interessen des Vorstandsmitglieds abzuwägen.[263] Die im Vordringen befindliche Gegenauffassung, wonach die Interessen des Vorstandsmitglieds ausschließlich auf Ebene der Kündigung des Anstellungsvertrags zu berücksichtigen sein sollen,[264] überzeugt nicht. Die Beschränkung der Widerrufsmöglichkeit auf das Vorliegen eines wichtigen Grundes dient gerade der Absicherung der Unabhängigkeit des Vorstandsmitglieds. Dem würde es nicht gerecht, wenn der Widerruf der Bestellung vollständig ohne Berücksichtigung der besonderen Interessen des Vorstandsmitglieds, insbesondere der Gefahr von Rufschädigungen und der Beeinträchtigung seiner beruflichen Fortkommensperspektive erfolgen könnte.[265] Der Kündigungsschutz macht die **Interessenabwägung** nicht entbehrlich, sondern ist einer der dabei relevanten Faktoren und führt lediglich dazu, dass die Interessen der Aktiengesellschaft überwiegend berücksichtigt werden können.[266] Rein vermögens- und versorgungsrechtliche Interessen des Vorstandsmitglieds sind allerdings als nicht amtsbezogene, sondern spezifisch dienstvertragliche Interessen in der Tat nur im Zusammenhang mit der Kündigung des Anstellungsvertrags zu berücksichtigen.[267]

72 Bei der Entscheidung, ob ein wichtiger Grund zum Widerruf der Bestellung vorliegt, kommt dem Aufsichtsrat **kein Beurteilungsspielraum** zu. Ob ein Widerruf gerechtfertigt war, unterliegt

---

[253] BGH WM 1962, 811 = BB 1962, 816; MüKoAktG/*Spindler* Rn. 125; Schmidt/Lutter/*Seibt* Rn. 48.

[254] Begr. RegE *Kropff* Textausgabe, 1965, 106; OLG München NZG 2006, 313 f.; MüKoAktG/*Spindler* Rn. 125; Hüffer/*Koch* Rn. 34.

[255] Vgl. OLG Karlsruhe BB 1973, 1088.

[256] BGHZ 8, 348 (360 f.); *Janzen* NZG 2003, 468 (470); MHdB AG/*Wiesner* § 20 Rn. 48; Schmidt/Lutter/*Seibt* Rn. 48; MüKoAktG/*Spindler* Rn. 126.

[257] MüKoAktG/*Spindler* Rn. 126.

[258] KG AG 2005, 205 (207) = NZG 2004, 1165; MüKoAktG/*Spindler* Rn. 126.

[259] BGH ZIP 2007, 119; OLG München BeckRS 2012, 13795 = NZG 2012, 1152; OLG Stuttgart AG 2003, 211 (212); *Tschöpe/Wortmann* NZG 2009, 161; MüKoAktG/*Spindler* Rn. 128; GroßkommAktG/*Kort* Rn. 140; Hüffer/*Koch* Rn. 34.

[260] BGH WM 1962, 811 (812); *Janzen* NZG 2003, 468 (470); MHdB AG/*Wiesner* § 20 Rn. 50; Spindler/Stilz/*Fleischer* Rn. 100; MüKoAktG/*Spindler* Rn. 128.

[261] OLG Stuttgart AG 2003, 211 (212); BGH WM 1955, 1222; KK-AktG/*Mertens/Cahn* Rn. 121; Spindler/Stilz/*Fleischer* Rn. 100; Hüffer/*Koch* Rn. 35.

[262] Hüffer/*Koch* Rn. 35.

[263] BGH WM 1962, 811 (812); KG AG 2007, 745 (746 f.); OLG Stuttgart NZG 2002, 971 (972); *Tschöpe/Wortmann* NZG 2009, 161; 162; *Janzen* NZG 2003, 468 (470); GroßkommAktG/*Kort* Rn. 140 ff.; KK-AktG/*Mertens/Cahn* Rn. 120 ff.; Hüffer/*Koch* Rn. 34.

[264] MüKoAktG/*Spindler* Rn. 128; Spindler/Stilz/*Fleischer* Rn. 102; Schmidt/Lutter/*Seibt* Rn. 49; MHdB AG/*Wiesner* § 20 Rn. 49; *Thüsing* in Fleischer HdB VorstandsR § 5 Rn. 9.

[265] *Tschöpe/Wortmann* NZG 2009, 161; 162; *Janzen* NZG 2003, 468 (470 f.).

[266] KG AG 2007, 745 (746); Hüffer/*Koch* Rn. 34; GroßkommAktG/*Kort* Rn. 142.

[267] BGH NJW-RR 2007, 389; OLG Frankfurt NZG 2015, 363 (364); *Janzen* NZG 2003, 468 (470).

in vollem Umfang der gerichtlichen Überprüfung.[268] Davon zu differenzieren ist die Entscheidung des Aufsichtsrats, ob er bei Vorliegen eines wichtigen Grundes von der Widerrufsmöglichkeit Gebrauch macht. Insoweit ergibt sich bereits aus dem Wortlaut des § 84 Abs. 3 S. 1 („kann"), dass dem Aufsichtsrat ein Ermessenspielraum zusteht, den dieser unter Abwägung der Vor- und Nachteile eines Widerrufs für die Gesellschaft auszufüllen hat.[269] Dies gilt auch für den Fall des Vertrauensentzugs durch die Hauptversammlung.[270] Allerdings ist nicht zu verkennen, dass es ohne Vorliegen besonderer Umstände regelmäßig pflichtwidrig sein wird, ein unzumutbares Vorstandsmitglied im Amt zu belassen.[271]

cc) Einzelfälle. In § 84 Abs. 3 S. 1 sind als **nicht abschließende Beispiele** („namentlich") für einen wichtigen Grund die „grobe Pflichtverletzung", die „Unfähigkeit zur ordnungsmäßigen Geschäftsführung" des Vorstandsmitglieds sowie ein auf nicht offensichtlich unsachlichen Gründen beruhender „Vertrauensentzug durch die Hauptversammlung" genannt. Letztlich lässt sich stets nur anhand der besonderen Umstände des Einzelfalls bestimmen, ob ein wichtiger Grund vorliegt. 73

Als Fälle einer **groben Pflichtverletzung** kommen insbesondere in Betracht Verstöße gegen Leitungs-, Treue- und Verschwiegenheitspflichten, etwa durch unrichtige Buchführung, Verstöße gegen Informationspflichten,[272] Teilnahme an riskanten und unehrenhaften Geschäften,[273] die Aneignung von Gesellschaftsvermögen,[274] unzulässige Kreditgewährung, eine falsche Tantiemenberechnung[275] oder die Nutzung von Gesellschaftsmitteln für private Zweck.[276] Eine grobe Pflichtverletzung kann weiterhin vorliegen bei der Vornahme verbotener Insidergeschäfte, der Beteiligung an strafbaren Handlungen oder erheblichem Verdacht einer solchen Beteiligung,[277] der Schädigung des Ansehens der Gesellschaft durch außerdienstliches Verhalten, der Anhäufung unangemessen hoher Gesellschaftsschulden[278] oder auch privater Schulden,[279] der unterlassenen Einrichtung eines Risikofrüherkennungssystems nach § 91 Abs. 2,[280] beim Fälschen von Belegen,[281] der Entgegennahme von Schmiergeldern,[282] der vorsätzlichen Täuschung anderer Vorstandsmitglieder[283] sowie wiederholten Übergriffen in den Kompetenzbereich derselben,[284] mangelnder Offenheit gegenüber dem Aufsichtsrat,[285] Verweigerung der Berichterstattung nach § 90 oder falscher oder eindeutig unvollständiger Berichterstattung,[286] Übergehung der Feststellungskompetenz des Aufsichtsrats bezüglich des Jahresabschlusses[287] sowie der Missachtung des Zustimmungsvorbehalts nach § 111 Abs. 4[288] und der Ausnutzung der Vorstandsposition für persönliche Vorteile oder private Geschäfte, selbst wenn diese die Interessen der Gesellschaft nicht unmittelbar tangieren. Dabei reicht grundsätzlich bereits eine einmalige, verhältnismäßig geringfügige Verfehlung aus.[289] Auch die Weigerung, sich Regeln zu unterwerfen, die auf freiwilliger Grundlage eine weithin akzeptierte Überzeugung über die Sorgfalt eines ordentlichen und gewissenhaften Geschäftsleiters begründen (etwa derjenigen des DCGK),[290] kann einen wichtigen Grund darstellen.[291] 74

---

[268] OLG Frankfurt NZG 2015, 363 (364); MüKoAktG/*Spindler* Rn. 127; Hüffer/*Koch* Rn. 34; Schmidt/Lutter/*Seibt* Rn. 49; aA *Krieger*, Personalentscheidungen des Aufsichtsrats, 1981, 138 ff.

[269] OLG Stuttgart NZG 2002, 971 (972); MüKoAktG/*Spindler* Rn. 127; KK-AktG/*Mertens/Cahn* Rn. 122; *Thüsing* in Fleischer HdB VorstandsR § 5 Rn. 13; aA – Pflicht zum Widerruf – MHdB AG/*Wiesner* § 20 Rn. 61; *Janzen* NZG 2003, 468 (471); *Schaefer/Missling* NZG 1998, 441 (445).

[270] BGHZ 13, 188 (193); KK-AktG/*Mertens/Cahn* Rn. 124, 127 ff.; MüKoAktG/*Spindler* Rn. 139.

[271] *Thüsing* in Fleischer HdB VorstandsR § 5 Rn. 13.

[272] Vgl. BGHZ 20, 239 (246).

[273] RGZ 53, 266 (267).

[274] Vgl. BGH WM 1984, 29; OLG Stuttgart AG 2003, 211 (213); OLG Hamm GmbHR 1995, 732.

[275] OLG Hamm GmbHR 1995, 732 für den GmbH-Geschäftsführer.

[276] Vgl. BGH DStR 1997, 1338 zur Kündigung des Dienstvertrags.

[277] BGH LM BGB § 626 Nr. 8 = NJW 1956, 1513; diff. Spindler/Stilz/*Fleischer* Rn. 105; GroßkommAktG/*Kort* Rn. 156, die einen Bezug zur beruflichen Tätigkeit verlangen.

[278] GroßkommAktG/*Kort* Rn. 155.

[279] BGH WM 1960, 289 (291).

[280] LG Berlin AG 2002, 682 (683).

[281] OLG Hamm GmbHR 1985, 119.

[282] OLG München AG 2007, 361 (363).

[283] OLG Düsseldorf DB 1983, 1036 (1037).

[284] OLG München AG 2005, 776 (777).

[285] BGHZ 20, 239 (246); OLG München BeckRS 2012, 13795 = NZG 2012, 1152.

[286] LG München AG 2005, 131 (132); MHdB AG/*Wiesner* § 20 Rn. 53; Hüffer/*Koch* § 90 Rn. 15.

[287] OLG Hamm GmbHR 1992, 805 (806 f.).

[288] BGH AG 1998, 519 f.

[289] OLG Köln DB 1994, 471.

[290] GroßkommAktG/*Kort* Rn. 157.

[291] Dazu und zu weiteren Beispielsfällen vgl. KK-AktG/*Mertens/Cahn* Rn. 124 ff.

75 Die **Unfähigkeit zur ordnungsgemäßen Geschäftsführung** ist in der Praxis in den Fällen des Fehlens der notwendigen Kenntnisse zur adäquaten Leitung der Geschäfte,[292] der persönlichen Unzuverlässigkeit im gewerberechtlichen Sinne, die für die Gesellschaft zur Versagung öffentlich-rechtlicher Genehmigungen führen kann,[293] der mangelnden Teamfähigkeit[294] sowie einer feindseligen Haltung gegenüber anderen Vorstandsmitgliedern[295] bejaht worden. Persönliche Unstimmigkeiten im Vorstandskollegium können eine Zusammenarbeit erschweren oder gar gänzlich ausschließen und daher die Möglichkeit einer ordnungsgemäßen Geschäftsführung behindern. Nicht ausreichend ist jedoch eine zwar ernsthafte, aber sachliche Auseinandersetzung, die Ausfluss der gemeinsamen Willensbildung ist.[296] Auch Verhinderungen einzelner Vorstandsmitglieder, die im privaten Bereich gründen, etwa eine lang andauernde Krankheit[297] oder der Wegfall satzungsmäßiger persönlicher Voraussetzungen[298] können einen wichtigen Grund darstellen. Die Zugehörigkeit zu einer verbotenen Partei oder die Betätigung in einer kriminellen oder terroristischen Vereinigung stellt regelmäßig einen wichtigen Grund zur Abberufung dar.[299] Grundsätzlich kommt auch eine Änderung der Unternehmens- oder Vorstandsstruktur als Widerrufsgrund in Betracht; im Hinblick auf die Erforderlichkeit einer Unzumutbarkeit der Beibehaltung der bisherigen Vorstandsbesetzung bis zum Ablauf der regulären Amtszeit und die in diesem Rahmen durchzuführende Interessenabwägung sind jedoch strenge Anforderungen zu stellen, so dass eine bloße Vorteilhaftigkeit der Abberufung für die Gesellschaft nicht ausreicht.[300] Ein wichtiger Grund zum Widerruf der Bestellung kann sich schließlich auch aus dem **Druck Dritter** (zB Aufsichtsbehörden, Aktionäre, Auftraggeber und Lieferanten; Finanzanalysten, Banken und anderer Kreditgeber) ergeben, das Vorstandsmitglied aus dem Amt zu entfernen, wenn der Widerruf der Bestellung zur Abwehr eines schweren, unmittelbar bevorstehenden Schadens der Gesellschaft erforderlich ist. Dies ist etwa der Fall bei der Forderung der Hausbank, ein bestimmtes Vorstandsmitglied abzuberufen, andernfalls eine für die insolvenzreife Aktiengesellschaft existentiell wichtige Kreditlinie nicht zu verlängern.[301]

76 Wichtiger Grund zum Widerruf der Bestellung ist nach § 84 Abs. 3 S. 2 auch der **Vertrauensentzug durch die Hauptversammlung.** Der Beschluss über den Vertrauensentzug kann ohne Begründung ergehen und erfordert keinen vorangehenden Pflichtenverstoß des Vorstandsmitglieds.[302] Er genügt als Widerrufsgrund selbst dann, wenn dem Vorstandsmitglied kein Vorwurf gemacht werden kann und es bei Meinungsverschiedenheiten über wesentliche Unternehmensentscheidungen objektiv im Recht ist.[303] Der Vertrauensentzug ist nur dann kein zulässiger Widerrufsgrund, wenn er aus offenbar unsachlichen Gründen erfolgt, etwa nur als Vorwand dient, offensichtlich treuwidrig oder willkürlich oder wegen der damit verfolgten Zwecke rechtswidrig ist.[304] Zweifel über die sachliche Berechtigung des Vertrauensentzugs gehen zu Lasten des Vorstandsmitglieds.[305] Der Vertrauensentzug bedarf eines Beschlusses der Hauptversammlung nach § 118 Abs. 1.[306] Außerhalb der Hauptversammlung kann auch ein Alleinaktionär den Vertrauensentzug nicht wirksam aussprechen.[307] Der Vertrauensentzug muss bereits im Zeitpunkt des Widerrufs der Bestellung vorliegen; eine nachträgliche Genehmigung der Abberufung genügt nicht.[308] Die Verweigerung der Entlastung ist nicht zwingend

---

[292] OLG Stuttgart GmbHR 1957, 59 (60).
[293] OLG Stuttgart AG 2003, 211 (212 f.).
[294] BGH AG 1998, 519 (520).
[295] BGH WM 1984, 29 (30).
[296] LG Stuttgart AG 2003, 53 (54).
[297] BAG NJW 1968, 1693; Hüffer/*Koch* Rn. 36; GroßkommAktG/*Kort* Rn. 158.
[298] MüKoAktG/*Spindler* Rn. 132.
[299] BGHZ 8, 348 (363); BGHZ 12, 337; GroßkommAktG/*Kort* Rn. 170.
[300] OLG Frankfurt AG 2015, 363 (365); Hüffer/*Koch* Rn. 35.
[301] BGH ZIP 2007, 119 mit Vorinstanz OLG München NZG 2006, 313; *Krüger/Achsnick* EWiR 2007, 161; ausf. zur Abberufung von Vorstandsmitgliedern auf Druck Dritter *Fleischer* DStR 2006, 1507.
[302] Hüffer/*Koch* Rn. 37, 38; Spindler/Stilz/*Fleischer* Rn. 109, 111; KK-AktG/*Mertens/Cahn* Rn. 127 ff.; MüKoAktG/*Spindler* Rn. 137, 138.
[303] BGH NJW 1989, 2683 (2684); AG 1975, 242 (244); MHdB AG/*Wiesner* § 20 Rn. 58; Schmidt/Lutter/*Seibt* Rn. 50.
[304] BGH AG 1975, 242 (244); LG Darmstadt AG 1987, 318 (320); MHdB AG/*Wiesner* § 20 Rn. 58; Hüffer/*Koch* Rn. 37; MüKoAktG/*Spindler* Rn. 139.
[305] Hüffer/*Koch* Rn. 37; GroßkommAktG/*Kort* Rn. 162.
[306] BGH WM 1962, 811; MüKoAktG/*Spindler* Rn. 138; KK-AktG/*Mertens/Cahn* Rn. 127 ff.; Hüffer/*Koch* Rn. 38.
[307] BGH WM 1962, 811; GroßkommAktG/*Kort* Rn. 163; MüKoAktG/*Spindler* Rn. 138; Hüffer/*Koch* Rn. 38; Spindler/Stilz/*Fleischer* Rn. 111.
[308] KG AG 2007, 745 (746); Hüffer/*Koch* Rn. 38; MüKoAktG/*Spindler* Rn. 138; Spindler/Stilz/*Fleischer* Rn. 111.

mit einem Vertrauensentzug verbunden.[309] Die Entlastungsverweigerung bezieht sich auf die Nichtbilligung des Handelns des Vorstands im abgelaufenen Geschäftsjahr, bedeutet aber nicht zwangsläufig, dass auch für eine weitere Tätigkeit des Vorstands in der Zukunft kein Vertrauen besteht. Das Stimmverbot nach § 136 greift bei der Beschlussfassung über den Vertrauensentzug nicht ein, so dass das betroffene Vorstandsmitglied, sofern es gleichzeitig Aktionär der Gesellschaft ist, in der Hauptversammlung mitstimmen darf.[310] Eine Beschlussfassung über einen Vertrauensentzug ist in der Einladung zur Hauptversammlung ausdrücklich anzukündigen. Unter dem Tagesordnungspunkt Entlastung des Vorstands gemäß § 124 Abs. 4 S. 1 kann nicht über einen Vertrauensentzug Beschluss gefasst werden.[311]

b) Angabe von Widerrufsgründen. Der Beschluss über den Widerruf der Bestellung muss nicht mit einer Begründung versehen werden.[312] Die Gründe für den Widerruf sind dem betroffenen Vorstandsmitglied in entsprechender Anwendung des § 626 Abs. 2 S. 3 BGB jedoch auf Verlangen mitzuteilen.[313] Im Hinblick hierauf sowie auf eine mögliche gerichtliche Überprüfung der Widerrufsvoraussetzungen ist eine sorgfältige Dokumentation der Widerrufsentscheidung dringend geboten.[314] 77

c) Vorherige Anhörung des Vorstandsmitglieds? Eine Pflicht zur Anhörung des betroffenen Vorstandsmitglieds vor der Beschlussfassung über den Widerruf der Bestellung besteht grundsätzlich nicht.[315] Eine Ausnahme kommt in Anlehnung an die vom BAG zur Verdachtskündigung entwickelten Grundsätze allenfalls bei einer Verdachtsabberufung in Betracht.[316] Eine mittelbare Anhörungsverpflichtung kann sich jedoch aus der Sorgfaltspflicht des Aufsichtsrats (§ 116 iVm § 93 Abs. 1 S. 2) ergeben, seine Entscheidung auf Grundlage eines hinreichend aufbereiteten Sachverhalts zu treffen.[317] 78

4. Wirkungen des Widerrufs. a) Wirksamkeit. Nach § 84 Abs. 3 S. 4 ist der **Widerruf wirksam, bis seine Unwirksamkeit rechtskräftig festgestellt ist.** Die der Rechtssicherheit dienende Vorschrift bezieht sich trotz des weit gefassten Wortlauts ausschließlich auf den Fall, dass ein wichtiger Grund für den Widerruf gefehlt hat.[318] Die Organstellung des Abberufenen endet damit mit Zugang der Widerrufserklärung oder Eintritt des für das Wirksamwerden des Widerrufs festgelegten Zeitpunkts, auch wenn ein wichtiger Grund nicht vorgelegen haben sollte.[319] Ausnahmen sind allenfalls in extrem gelagerten Einzelfällen offensichtlich rechtsmissbräuchlicher Willkürhandlungen denkbar.[320] Die verbleibenden Vorstandsmitglieder haben das Ausscheiden des Abberufenen nach § 81 Abs. 1 zum Handelsregister anzumelden. Das Registergericht trägt das Ausscheiden des Abberufenen aus dem Vorstand ein, ohne das Vorliegen eines wichtigen Grundes zu überprüfen (→ § 81 Rn. 10).[321] Auf den Fall einer automatischen Beendigung des Vorstandsamts, etwa bei einer befristeten Bestellung, ist § 84 Abs. 3 S. 4 entsprechend anwendbar.[322] Demgegenüber ist § 84 Abs. 3 S. 4 nicht anwendbar, wenn es bereits an einem Aufsichtsratsbeschluss fehlt oder der Widerrufsbeschluss nicht formell ordnungsgemäß zustande gekommen ist.[323] In diesem Fall endet die Vorstandsbestellung nicht. Das Vorstandsmitglied bleibt im Amt, bis ihm ein erneuter, wirksamer Widerrufsbeschluss zugegangen ist oder der fehlerhafte Aufsichtsratsbeschluss entsprechend § 244 durch einen Bestätigungsbeschluss[324] geheilt wurde.[325] 79

Wird die Unwirksamkeit des Widerrufs **rechtskräftig festgestellt,** rückt der Abberufene ohne weiteres wieder in seine Position als Vorstandsmitglied ein.[326] Rechtskräftige Entscheidungen iSd 80

[309] KG AG 2007, 745 (746); LG München AG 2005, 701; Hüffer/*Koch* Rn. 38; MüKoAktG/*Spindler* Rn. 138; aA KK-AktG/*Mertens/Cahn* Rn. 127 ff.

[310] Hüffer/*Koch* Rn. 38; Schmidt/Lutter/*Seibt* Rn. 51; *Zimmermann* FS Rowedder, 1994, 593 (596 ff.).

[311] LG München AG 2001, 701 (702); MHdB AG/*Wiesner* § 20 Rn. 64.

[312] Spindler/Stilz/*Fleischer* Rn. 125; *Fonk* in Semler/v. Schenck AR HdB § 10 Rn. 308.

[313] Spindler/Stilz/*Fleischer* Rn. 125.

[314] Ebenso *Fonk* in Semler/v. Schenck AR HdB § 10 Rn. 311 Fn. 1038.

[315] MüKoAktG/*Spindler* Rn. 132; *Tschöpe/Wortmann* NZG 2009, 161 (163); Spindler/Stilz/*Fleischer* Rn. 126.

[316] *Tschöpe/Wortmann* NZG 2009, 161; 163; Spindler/Stilz/*Fleischer* Rn. 126.

[317] MüKoAktG/*Spindler* Rn. 132; Spindler/Stilz/*Fleischer* Rn. 126.

[318] OLG Stuttgart AG 1985, 193; GroßkommAktG/*Kort* Rn. 188; Spindler/Stilz/*Fleischer* Rn. 130; KK-AktG/*Mertens/Cahn* Rn. 114 ff.; Hüffer/*Koch* Rn. 39; aA *Schürnbrand* NZG 2008, 609 (611).

[319] MüKoAktG/*Spindler* Rn. 140; Hüffer/*Koch* Rn. 39.

[320] MüKoAktG/*Spindler* Rn. 140; KK-AktG/*Mertens/Cahn* Rn. 119; Spindler/Stilz/*Fleischer* Rn. 129; zu weitgehend *Thüsing* in Fleischer HdB VorstandsR § 5 Rn. 31.

[321] Spindler/Stilz/*Fleischer* Rn. 128; MüKoAktG/*Spindler* Rn. 140.

[322] LG Berlin ZIP 1991, 159; MüKoAktG/*Spindler* Rn. 147.

[323] OLG Stuttgart AG 1985, 193; Hüffer/*Koch* Rn. 39.

[324] Vgl. OLG Stuttgart AG 2003, 211 (212).

[325] Spindler/Stilz/*Fleischer* Rn. 130; MüKoAktG/*Spindler* Rn. 142; Hüffer/*Koch* Rn. 39.

[326] *Thüsing* in Fleischer HdB VorstandsR § 5 Rn. 33.

§ 84 Abs. 3 S. 4 sind nur Endurteile im Hauptsacheverfahren, nicht aber rechtskräftige Beschlüsse im einstweiligen Verfügungsverfahren.[327] Ein entsprechender Verfügungsantrag, durch den nur das Fehlen eines wichtigen Grundes geltend gemacht wird, ist als unzulässig abzuweisen.[328] In der Praxis scheitert eine Wiedereinsetzung meist bereits am Ablauf der regulären Amtsdauer des Vorstandsmitglieds vor Vorliegen einer rechtskräftigen gerichtlichen Entscheidung.[329] Die mit der Beschränkung der Widerrufsmöglichkeit auf das Vorliegen eines wichtigen Grundes verbundene Stärkung der Unabhängigkeit der Vorstandsmitglieder wird durch § 84 Abs. 3 S. 4 daher nicht unerheblich relativiert.[330]

81 **b) Rechtsschutz des Vorstandsmitglieds.** Das abberufene Vorstandsmitglied kann Klage auf **Feststellung der Unwirksamkeit des Widerrufs** erheben. Die Klage ist gegen die Gesellschaft, vertreten durch den Aufsichtsrat (§ 112), zu richten.[331] Ein Vertretungsmangel (Vertretung durch den Vorstand) macht die Klage unzulässig.[332] Wird die Klage auf das Nichtvorliegen eines wichtigen Grundes gestützt, handelt es sich materiell um eine Gestaltungsklage, da die rechtskräftige Feststellung der Unwirksamkeit des Widerrufs bewirkt, dass das abberufene Mitglied ex nunc wieder Vorstandsmitglied ist (§ 84 Abs. 3 S. 4).[333] Wird hingegen das Fehlen oder die Unwirksamkeit eines Aufsichtsratsbeschlusses gerügt, handelt es sich um eine echte Feststellungsklage, da das Vorstandsmitglied hier nie wirksam aus dem Organverhältnis abberufen wurde.[334] Für die Praxis ist im Zweifel anzuraten auf Feststellung der Nichtigkeit, hilfsweise auf Feststellung der Unwirksamkeit zu klagen.[335] Die Klageerhebung hat keinen Suspensiveffekt und führt auch nicht zur Unterbrechung der Bestellungsdauer.[336]

82 Das Gericht prüft, ob in formeller Hinsicht ein wirksamer Aufsichtsratsbeschluss und in materieller Hinsicht ein wichtiger Grund für den Widerruf vorliegt. Der Aufsichtsrat kann **formelle Beschlussmängel** mittels eines Bestätigungsbeschlusses (§ 244 analog) beheben und den Rechtstreit damit zur Erledigung bringen.[337] Bei der **materiellen Prüfung,** ob ein wichtiger Grund vorliegt, darf das Gericht nur die Gründe berücksichtigen, auf denen der Aufsichtsratsbeschluss beruht. Weitere Gründe können jedoch als Hilfstatsachen zur Ausfüllung der vom Aufsichtsrat angeführten Gründe herangezogen werden.[338] Andere als die dem Aufsichtsratsbeschluss zugrunde liegenden Tatsachen können im Prozess nur dann als wichtiger Grund berücksichtigt werden, wenn der Aufsichtsrat auch auf Basis dieser Gründe (neuerlich) den Widerruf der Bestellung beschließt.[339] Dabei ist es grundsätzlich unerheblich, ob ein nachgeschobener Grund bereits bei der Erklärung des Widerrufs vorlag oder erst nachträglich entstanden ist. Entscheidend ist die Unzumutbarkeit eines weiteren Festhaltens an dem betreffenden Vorstandsmitglied für die Gesellschaft.[340] Waren dem Aufsichtsrat die nachgeschobenen Gründe allerdings bereits zum Zeitpunkt der Erklärung des Widerrufs hinlänglich und über einen längeren Zeitraum bekannt, ohne dass er seine Entscheidung hierauf gestützt hat, ist ihre Geltendmachung in der Regel verwirkt.[341] Erfolgt der Widerruf der Bestellung aufgrund eines Vertrauensentzugs durch die Hauptversammlung, trifft das abberufene Vorstandsmitglied im Prozess die **Beweislast** dafür, dass der Vertrauensentzug aus offenbar unsachlichen Gründen erfolgt ist. Im Übrigen hat die Gesellschaft das Vorliegen eines wichtigen Grundes zu beweisen.[342]

---

[327] OLG Stuttgart AG 1985, 193; MüKoAktG/*Spindler* Rn. 141; Schmidt/Lutter/*Seibt* Rn. 52; Hüffer/*Koch* Rn. 40; vgl. auch BGHZ 86, 177 (181 ff.) zur GmbH.

[328] OLG Stuttgart AG 1985, 193; Spindler/Stilz/*Fleischer* Rn. 129; Hüffer/*Koch* Rn. 40; krit. *Wiesner* EWiR 1985, 241.

[329] *Janzen* NZG 2003, 468 (472); *Thüsing* in Fleischer HdB VorstandsR § 5 Rn. 31, 33.

[330] Semler/Peltzer/*Peltzer* Vorst HdB § 2 Rn. 96; Spindler/Stilz/*Fleischer* Rn. 129; KK-AktG/*Mertens/Cahn* Rn. 134 ff.

[331] BGH WM 1984, 532; NJW 1981, 2748 (2749); MHdB AG/*Wiesner* § 20 Rn. 63; Hüffer/*Koch* Rn. 41.

[332] BGH ZIP 1991, 796; DB 1990, 930; GroßkommAktG/*Kort* Rn. 194; Hüffer/*Koch* Rn. 41.

[333] OLG Stuttgart AG 2003, 211 (212); KG AG 1984, 24 (25); MüKoAktG/*Spindler* Rn. 143; Schmidt/Lutter/*Seibt* Rn. 53.

[334] MüKoAktG/*Spindler* Rn. 143; Spindler/Stilz/*Fleischer* Rn. 132; Hüffer/*Koch* Rn. 42.

[335] Hüffer/*Koch* Rn. 42; Schmidt/Lutter/*Seibt* Rn. 53.

[336] Spindler/Stilz/*Fleischer* Rn. 132; MüKoAktG/*Spindler* Rn. 143, 148.

[337] MHdB AG/*Wiesner* § 20 Rn. 63; KK-AktG/*Mertens/Cahn* Rn. 134 ff.; Hüffer/*Koch* Rn. 42.

[338] MüKoAktG/*Spindler* Rn. 144; Spindler/Stilz/*Fleischer* Rn. 133.

[339] OLG Stuttgart BeckRS 2013, 12075; OLG München BeckRS 2012, 13795 = NZG 2012, 1152; KK-AktG/*Mertens/Cahn* Rn. 134, 140; MüKoAktG/*Spindler* Rn. 145; Schmidt/Lutter/*Seibt* Rn. 53; abw. *Thüsing* in Fleischer HdB VorstandsR § 5 Rn. 16 (erneute Beschlussfassung des Aufsichtsrats entbehrlich).

[340] GroßkommAktG/*Kort* Rn. 198; MüKoAktG/*Spindler* Rn. 145.

[341] GroßkommAktG/*Kort* Rn. 198; MüKoAktG/*Spindler* Rn. 145; Hüffer/*Koch* Rn. 42.

[342] GroßkommAktG/*Kort* Rn. 209; MHdB AG/*Wiesner* § 20 Rn. 65.

Die Gesellschaft kann den Widerruf der Bestellung nicht einseitig zurücknehmen. Möglich ist hingegen eine erneute Bestellung des abberufenen Vorstandsmitglieds mit dessen Zustimmung oder ein außergerichtlicher Vergleich, wodurch sich das schwebende Verfahren erledigt.[343] Streitwert (§ 3 ZPO) und Beschwer (§ 511 Abs. 2 Nr. 1 ZPO) bestimmen sich nach dem Interesse des klagenden Vorstandsmitglieds, die Gesellschaft zu leiten beziehungsweise (bei umgekehrten Parteirollen) dem Interesse der Gesellschaft, den Abberufenen vom Vorstandsamt fernzuhalten. Vergütungshöhe und Abberufungsfolgen sind ohne Belang.[344] 83

Aufgrund von § 83 Abs. 3 S. 4 kommt ein **einstweiliger Rechtsschutz** nicht in Betracht, soweit das Fehlen eines wichtigen Grundes für den Widerruf der Bestellung geltend gemacht wird.[345] Eine einstweilige Verfügung ist hingegen zulässig, wenn die Unwirksamkeit der Abberufung auf ein Fehlen oder die Unwirksamkeit des Aufsichtsratsbeschlusses über den Widerruf der Bestellung gestützt wird.[346] Möglich ist auch ein Verfügungsantrag im Vorfeld eines Aufsichtsratsbeschlusses; dieser kann jedoch nicht gegen einzelne Mitglieder des Aufsichtsrats gerichtet werden.[347] Ein **Verfügungsgrund** nach §§ 935, 940 ZPO liegt in einem solchen Fall stets vor, da eine Verweisung des Vorstandsmitglieds auf eine Überprüfung des Abberufungsbeschlusses in einem ordentlichen Verfahren – möglicherweise durch drei Instanzen – nicht zumutbar ist.[348] 84

c) Rückkehr des unwirksam abberufenen Vorstandsmitglieds. Das mit der rechtskräftigen Feststellung der Unwirksamkeit des Widerrufs der Bestellung verbundene Wiederaufleben des Vorstandsamts des Abberufenen führt nicht dazu, dass die Bestellung eines an seiner Stelle berufenen Vorstandsmitglieds automatisch erlischt. Ist es für die Gesellschaft unzumutbar oder gar nach Gesetz oder Satzung ausgeschlossen, dass beide Vorstandsmitglieder nebeneinander amtieren, liegt jedoch ein wichtiger Grund vor, der den Widerruf der Bestellung des neuen Vorstandsmitglieds rechtfertigt.[349] Die Bestellung des neuen Vorstandsmitglieds kann unter die auflösende Bedingung gestellt werden, dass der Widerruf der Bestellung des früheren Mitglieds vor Ablauf dessen Amtszeit für unwirksam erklärt wird.[350] 85

5. Sonstige Beendigungstatbestände. a) Amtsniederlegung. Die Zulässigkeit einer Amtsniederlegung, dh der einseitigen Erklärung des Vorstandsmitglieds, aus dem Amt ausscheiden zu wollen, ist allgemein anerkannt. Die (formlose) Erklärung ist an die Gesellschaft, vertreten durch den Aufsichtsrat (§ 112) zu richten, wobei der Zugang bei einem Aufsichtsratsmitglied genügt.[351] Eine gleichzeitige Kündigung des Anstellungsvertrags ist nicht erforderlich. Auch insoweit gilt das Trennungsprinzip. Das Vorstandsmitglied muss grundsätzlich in der Lage sein, sein Amt aus wichtigem Grund zu beenden, ohne sich selbst seiner Vertragsrechte zu beschneiden.[352] Ein Recht zur Amtsniederlegung steht dem Vorstandsmitglied nur bei Vorliegen eines wichtigen Grundes zu.[353] Entsprechend § 84 Abs. 3 S. 1 ist erforderlich, dass dem Vorstandsmitglied eine Beibehaltung seines Amts bis zum Ablauf der Bestellungsdauer nicht zuzumuten ist.[354] Die **Amtsniederlegung** ist **analog § 83 Abs. 3 S. 4 sofort mit Zugang der Erklärung wirksam,** ohne dass es darauf ankommt, ob ein wichtiger Grund tatsächlich vorliegt oder zumindest behauptet wird.[355] Nur Ausnahmsweise und in engen Grenzen kommt unter dem Gesichtspunkt des **Rechtsmissbrauchs** eine Unwirksam- 86

---

343 Spindler/Stilz/*Fleischer* Rn. 132.

344 BGH WM 1995, 1316; Hüffer/*Koch* Rn. 42; Spindler/Stilz/*Fleischer* Rn. 132.

345 OLG Stuttgart AG 1985, 193; OLG München NZG 2014, 66; Spindler/Stilz/*Fleischer* Rn. 129.

346 OLG Köln NZG 2008, 635; OLG Stuttgart AG 1985, 193; MüKoAktG/*Spindler* Rn. 150; MHdB AG/*Wiesner* § 20 Rn. 64; Hüffer/*Koch* Rn. 40, 42.

347 OLG München NZG 2014, 66.

348 OLG Köln NZG 2008, 635; OLG Stuttgart AG 1985, 193; GroßkommAktG/*Kort* Rn. 206; MHdB AG/*Wiesner* § 20 Rn. 64; Hüffer/*Koch* Rn. 42.

349 Spindler/Stilz/*Fleischer* Rn. 135; *Beiner* Der Vorstandsvertrag 2005 Rn. 136; aA MüKoAktG/*Spindler* Rn. 151; Schmidt/Lutter/*Seibt* Rn. 55.

350 MüKoAktG/*Spindler* Rn. 151; Schmidt/Lutter/*Seibt* Rn. 55.

351 BGH NZG 2002, 43 (44) zur GmbH; Spindler/Stilz/*Fleischer* Rn. 141; Hüffer/*Koch* Rn. 44; Schmidt/Lutter/*Seibt* Rn. 56; aA MüKoAktG/*Spindler* Rn. 157: Zugang beim Aufsichtsratsvorsitzenden erforderlich; ebenso wohl GroßkommAktG/*Kort* Rn. 223; KK-AktG/*Mertens*/*Cahn* Rn. 199.

352 Spindler/Stilz/*Fleischer* Rn. 141; Schmidt/Lutter/*Seibt* Rn. 56.

353 *Deilmann* ZGR 2005, 54 (55); GroßkommAktG/Kort Rn. 224; *Thüsing* in Fleischer HdB VorstandsR § 5 Rn. 35; *Link,* Die Amtsniederlegung durch Gesellschaftsorgane, 2003, 68 ff., 83, 125 ff.; aA die wohl hM in Anlehnung an die Spruchpraxis zur GmbH, vgl. etwa BGH WM 2003, 686 (687); MüKoAktG/*Spindler* Rn. 157; KK-AktG/*Mertens* Rn. 163; MHdB AG/*Wiesner* § 20 Rn. 67.

354 *Deilmann* ZGR 2005, 54 (55); GroßkommAktG/*Kort* Rn. 224a.

355 MüKoAktG/*Spindler* Rn. 157; Schmidt/Lutter/*Seibt* Rn. 56; Spindler/Stilz/*Fleischer* Rn. 142; MHdB AG/*Wiesner* § 20 Rn. 67; aA *Thüsing* in Fleischer HdB VorstandsR § 5 Rn. 35; *Link,* Die Amtsniederlegung durch Gesellschaftsorgane, 2003, 68 ff., 83, 125 ff.

keit der Amtsniederlegung in Betracht, etwa wenn die Amtsniederlegung zur Unzeit erfolgt (zB in einer Unternehmenskrise) oder um einen modifizierten Anstellungsvertrag oder eine vorzeitige Neubestellung durchzusetzen.[356]

87 Eine **unberechtigte Amtsniederlegung** kann Schadensersatzansprüche auslösen. Sie stellt zudem eine **grobe Pflichtverletzung** dar, die die Gesellschaft zur Kündigung des Anstellungsvertrags aus wichtigem Grund berechtigt (→ Rn. 98).[357]

88 **b) Einvernehmliches Ausscheiden.** Auch ohne Vorliegen eines wichtigen Grundes kann jederzeit in gegenseitigem Einvernehmen eine Beendigung der Bestellung des Vorstandsmitglieds vereinbart werden.[358] Die Gesellschaft wird dabei durch den Gesamtaufsichtsrat vertreten, der durch Beschluss (§ 108) entscheidet. Eine Delegation auf einen (Personal-)Ausschuss ist entsprechend § 107 Abs. 3 S. 2 nicht zulässig.[359] Bei mitbestimmten Gesellschaften ist das Verfahren nach § 31 MitbestG einzuhalten.[360]

89 **6. Suspendierung.** Zulässigkeit, Voraussetzungen und Rechtswirkungen einer vorläufigen Amtsenthebung (Suspendierung) sind **umstritten.** Nach einer Auffassung ist eine „Suspension" nur in Form eines „echten", wenngleich zeitlich begrenzten Widerrufs der Bestellung möglich und kommt daher nur unter den Voraussetzungen des § 84 Abs. 3 in Betracht.[361] Andere vertreten die Auffassung, dass eine Suspendierung zwar sämtlichen Voraussetzungen eines Widerrufs der Bestellung unterliegt, auf der Rechtsfolgenseite jedoch als ein Minus zum Bestellungswiderruf nur eine kurzzeitige, bloß vorläufige Enthebung von der Amtsführung darstellt, ohne das Organverhältnis zu beenden.[362] Nach einer dritten Auffassung soll eine Suspendierung in Anlehnung an das Dienstvertragsrecht in Betracht kommen, wenn ein schwerwiegender, im Einzelnen aber noch zu erhärtender oder zu widerlegender Verdacht besteht, dass ein wichtiger Grund für den Widerruf der Bestellung vorliegt.[363] Rechtsfolge soll wiederum sein, dass das Vorstandsmitglied einschließlich der damit verbundenen Pflichten zwar im Amt bleibt, die ihm zustehende Vertretungsmacht und die sonstigen mit dem Amt verbundenen Organrechte jedoch zeitweise nicht mehr ausüben darf. Als vorläufige Maßnahme soll die Suspendierung auf kurze Zeit, in aller Regel nicht mehr als einen Monat, beschränkt sein.[364]

90 Liegen die Voraussetzungen für einen Widerruf der Bestellung vor, muss sich der Aufsichtsrat endgültig und nicht bloß vorläufig entscheiden, ob er an dem Vorstandsmitglied festhalten möchte oder nicht.[365] Eigenständige Bedeutung kommt der Suspendierung daher nur nach der zuletzt genannten Auffassung zu. Diese erscheint jedoch **von § 84 Abs. 3 nicht gedeckt**[366] und begegnet auch in praktischer Hinsicht Bedenken. Zum einen würde die Maßnahme wegen § 82 Wirkung nur für das Innenverhältnis entfalten. Zum anderen ist es widersprüchlich, dem betroffenen Vorstandsmitglied die Ausübung der mit dem Organverhältnis verbundenen Rechte zu untersagen, es aber gleichzeitig weiterhin an seinen Organpflichten festzuhalten. Dem praktischen Bedürfnis nach einem „vorläufigen Ruhen" des Vorstandsamts bis zur Aufklärung im Raum stehender Widerrufsgründe kann am ehesten durch ein einvernehmliches Ausscheiden des Vorstandsmitglieds (→ Rn. 88) und gegebenenfalls eine (einvernehmliche) Wiederbestellung nach Ausräumung der Vorwürfe Rechnung getragen werden. Wenn dann bis zu einer Entscheidung über eine Wiederbestellung gegenüber der Öffentlichkeit von einer „Suspendierung" des Vorstandsmitglieds gesprochen wird, bestehen hiergegen keine Bedenken.

VI. Kündigung des Anstellungsvertrags

91 **1. Allgemeines.** Nach § 84 Abs. 3 S. 5 gelten für die Ansprüche aus dem Anstellungsvertrag die allgemeinen Grundsätze. Aus dem hierin zum Ausdruck kommenden **Trennungsprinzip** (→ Rn. 2, 64) folgt, dass trotz des engen Zusammenhangs zwischen Bestellung und Anstellung der

---

[356] Spindler/Stilz/*Fleischer* Rn. 143; MüKoAktG/*Spindler* Rn. 157; Hüffer/*Koch* Rn. 45.

[357] BGHZ 78, 82 (85); Hüffer/*Koch* Rn. 52.

[358] AllgM, OLG Karlsruhe AG 1996, 224 (227); MüKoAktG/*Spindler* Rn. 158; Spindler/Stilz/*Fleischer* Rn. 144; Hüffer/*Koch* Rn. 47.

[359] BGHZ 79, 38 (43); *Hoffmann-Becking* FS Stimpel, 1985, 589 (593); Hüffer/*Koch* Rn. 47.

[360] MHdB AG/*Wiesner* § 20 Rn. 68; Spindler/Stilz/*Fleischer* Rn. 144.

[361] LG München I AG 1986, 142; MüKoAktG/*Spindler* Rn. 154.

[362] OLG München AG 1986, 234 (235); KG AG 1984, 24 (25); *Krieger,* Personalentscheidungen des Aufsichtsrats, 1981, 154 ff.

[363] KK-AktG/*Mertens/Cahn* Rn. 189 ff.; MHdB AG/*Wiesner* § 20 Rn. 73; Spindler/Stilz/*Fleischer* Rn. 136; Schmidt/Lutter/*Seibt* Rn. 59.

[364] MHdB AG/*Wiesner* § 20 Rn. 74; Spindler/Stilz/*Fleischer* Rn. 137, 139; KK-AktG/*Mertens/Cahn* Rn. 192.

[365] Ebenso GroßkommAktG/*Kort* Rn. 239; wohl auch Hüffer/*Koch* Rn. 43.

[366] In diesem Sinne wohl auch MüKoAktG/*Spindler* Rn. 154; Hüffer/*Koch* Rn. 43.

Widerruf der Bestellung als solcher nicht auch die Beendigung des Anstellungsvertrags zur Folge hat. Die Beendigung des Anstellungsvertrags richtet sich vielmehr nach den allgemeinen Vorschriften, dh denjenigen des Dienstvertragsrechts. Aus Sicht der Gesellschaft muss bei einem Widerruf der Bestellung zur Beendigung sämtlicher Rechtsverhältnisse mit dem Vorstandsmitglied daher auch der Anstellungsvertrag gekündigt werden, wobei es sich um eine außerordentliche Kündigung nach § 626 BGB handelt.[367] Dabei ist zu beachten, dass nicht jeder Widerrufsgrund iSd § 84 Abs. 3 S. 1 gleichzeitig auch einen wichtigen Grund zur außerordentlichen Kündigung des Anstellungsvertrags nach § 626 BGB darstellt (→ Rn. 69 ff.). Zudem kann es ausnahmsweise im Interesse der Gesellschaft liegen, trotz Vorliegens eines wichtigen Grunds zur außerordentlichen Kündigung des Anstellungsvertrags auf eine Beendigung desselbigen zu verzichten, etwa aus sozialen Gründen[368] oder um die Wirkung eines sich hieraus ergebenden Wettbewerbsverbots aufrechtzuerhalten.[369]

2. Zuständigkeit und Verfahren. Zuständig für die Kündigung des Anstellungsvertrags ist ausschließlich der **Aufsichtsrat** (§ 84 Abs. 3 S. 5 iVm § 112), der seine Entscheidung durch **Beschluss** trifft (§ 108 Abs. 1).[370] Eine konkludente Beschlussfassung kommt nicht in Betracht. Der Beschluss über die Kündigung kann jedoch in dem Beschluss über den Widerruf der Bestellung enthalten sein (→ Rn. 64). Bei der Abstimmung im Aufsichtsrat genügt auch in mitbestimmten Gesellschaften die Mehrheit der abgegebenen Stimmen. Das besondere Verfahren nach § 31 MitbestG findet nur auf den Widerruf der Bestellung Anwendung.[371] Fehlt ein ordnungsgemäßer Beschluss, ist die Kündigung unwirksam.[372] Insbesondere kann eine ohne oder auf Grundlage eines fehlerhaften Beschlusses erklärte Kündigung nicht rückwirkend genehmigt werden.[373] Ein nachholender, erneuter Kündigungsbeschluss kann nur für die Zukunft wirken und als Grundlage einer erneuten Kündigungserklärung dienen, was im Hinblick auf die Kündigungsfrist nach § 626 Abs. 2 BGB (→ Rn. 102 ff.) fatale Folgen haben kann.[374] 92

Die Beschlussfassung über die Kündigung des Anstellungsvertrags kann – anders als diejenige über den Widerruf der Bestellung (→ Rn. 65) – auch einem **Aufsichtsratsausschuss** übertragen werden, da § 84 Abs. 3 S. 5 in § 107 Abs. 3 S. 2 nicht aufgeführt ist.[375] Der Ausschuss darf die Entscheidung des Gesamtaufsichtsrats über den Widerruf der Bestellung jedoch nicht präjudizieren, also insbesondere die Kündigung nicht vornehmen, bevor der Gesamtaufsichtsrat über den Bestellungswiderruf entschieden hat.[376] Zulässig ist es allerdings, die Kündigung mit der Maßgabe zu beschließen, dass der Vorsitzende ermächtigt wird, diese dem Vorstandsmitglied nur nach erfolgtem Widerruf der Bestellung zu erklären.[377] Die Möglichkeit der Delegation des Kündigungsbeschlusses auf einen Aufsichtsratsausschuss besteht auch nach der Erweiterung des Katalogs in § 107 Abs. 3 S. 2 durch das **VorstAG** vom 31.7.2009 (BGBl. I S. 1509) um eine Verweisung auf § 87 Abs. 1 und Abs. 2 S. 1 und 2 (→ Rn. 37) weiter fort. Die Kündigung des Anstellungsvertrags des Vorstandsmitglieds betrifft zwar auch (und in erster Linie) dessen Bezüge, nicht aber deren „Festsetzung". Eine Interpretation der Kündigung des Anstellungsvertrags als „Festsetzung der Bezüge auf Null" und damit dem Anwendungsbereich des § 107 Abs. 3 S. 2 unterfallend erscheint zu weitgehend und nach dem Sinn und Zweck der Neuregelung nicht geboten. Abweichend stellt sich die Situation indes beim Abschluss einer **Aufhebungsvereinbarung**[378] dar. Soweit hierin – wie üblich – eine Abfindung zur Abgeltung ausstehender Vertragsansprüche des Vorstandsmitglieds vereinbart wird, handelt es sich jedenfalls materiell um eine Festsetzung von Bezügen. Die bisherige Praxis, wonach der Gesamtaufsichtsrat nur über die vorzeitige Beendigung der Bestellung abstimmt und der Betrag der Abfindung im Personalausschuss beschlossen wird, ist damit nicht mehr zulässig. Der Abschluss einer solchen Aufhe- 93

---

367 MüKoAktG/*Spindler* Rn. 160; Hüffer/*Koch* Rn. 48.

368 BGH BB 1954, 456; MüKoAktG/*Spindler* Rn. 161.

369 Schmidt/Lutter/*Seibt* Rn. 60.

370 MüKoAktG/*Spindler* Rn. 162; Hüffer/*Koch* Rn. 48.

371 MüKoAktG/*Spindler* Rn. 162; GroßkommAktG/*Oetker* § 31 MitbestG Rn. 23.

372 BGH WM 1968, 570; OLG Karlsruhe ZIP 2004, 2377 (2378); Schmidt/Lutter/*Seibt* Rn. 61; Spindler/Stilz/*Fleischer* Rn. 148.

373 OLG Karlsruhe NZA 2005, 300; *Tschöpe/Wortmann* NZG 2009, 85 (88); aA wohl Spindler/Stilz/*Fleischer* Rn. 148.

374 OLG Karlsruhe NZA 2005, 300; *Tschöpe/Wortmann* NZG 2009, 85 (88).

375 BGHZ 65, 190 (192); OLG Düsseldorf AG 2004, 321 (322); MüKoAktG/*Spindler* Rn. 162; Hüffer/*Koch* Rn. 48.

376 BGHZ 89, 48 (56); BGHZ 83, 144 (150); MHdB AG/*Wiesner* § 21 Rn. 105; Hüffer/*Koch* Rn. 48.

377 *Hoffmann-Becking* FS Stimpel, 1985, 589 (595 ff.); MHdB AG/*Wiesner* § 21 Rn. 105; Spindler/Stilz/*Fleischer* Rn. 146; Hüffer/*Koch* Rn. 48.

378 Zu Aufhebungsvereinbarungen *Leuchten* NZG 2005, 909; *Bauer* DB 1992, 1413 (1415); *Röder/Lingemann* DB 1993, 1341.

bungsvereinbarung muss nunmehr insgesamt vom Aufsichtsratsplenum beschlossen werden.[379] Einem Ausschuss können insoweit nur noch vorbereitende Aufgaben übertragen werden.

94 Bei der **Abgabe der erforderlichen Kündigungserklärung** gegenüber dem Vorstandsmitglied kann sich der Aufsichtsrat eines Erklärungsvertreters oder -boten bedienen.[380] Die zum Widerruf der Bestellung dargelegten Grundsätze (→ Rn. 67), insbesondere zum Nachweis der erteilten Ermächtigung durch Urkunden zur Vermeidung einer Zurückweisung der Kündigungserklärung nach § 174 BGB, gelten entsprechend. Die Kündigungserklärung bedarf **nicht** der **Schriftform,** da § 623 BGB keine Anwendung findet.[381] Auch eine Angabe von **Kündigungsgründen** ist für die Wirksamkeit der Kündigung nicht erforderlich, jedoch müssen diese dem Vorstandsmitglied nach § 626 Abs. 2 S. 3 BGB auf Verlangen mitgeteilt werden. Es muss jedoch hinreichend deutlich werden, dass das Anstellungsverhältnis aus wichtigem Grund ohne Rücksicht auf vertragliche oder gesetzliche Kündigungsfristen beendet wird.[382]

95 **3. Voraussetzungen einer außerordentlichen Kündigung durch die Gesellschaft. a) Wichtiger Grund. aa) Allgemeines.** Die Gesellschaft kann den Anstellungsvertrag nach § 626 BGB aus wichtigem Grund kündigen. Dieses **Kündigungsrecht ist zwingend** und kann weder durch Satzung noch durch Vereinbarung ausgeschlossen oder auf bestimmte Gründe beschränkt werden.[383] Eine unzulässige und nach § 134 BGB nichtige (faktische) Beschränkung des Kündigungsrechts kann auch in der Vereinbarung einer Vertragsstrafe oder einer Abfindung für den Fall einer Kündigung aus wichtigem Grund liegen.[384] Bei berechtigter fristloser Kündigung kann das Vorstandsmitglied nur einen seinen bisherigen Leistungen entsprechenden Teil der Vergütung verlangen.[385] Erleichterungen des Rechts zur außerordentlichen Kündigung zugunsten der Gesellschaft sind insoweit zulässig, als die Parteien im Anstellungsvertrag vereinbaren können, dass Gründe, die den Widerruf der Bestellung rechtfertigen, auch zur Kündigung des Anstellungsvertrags berechtigen.[386] Eine darüber hinausgehende Ausweitung des außerordentlichen Kündigungsrechts auf Gründe, die zum Widerruf der Bestellung nicht ausreichen, ist nicht möglich, da ansonsten über den Weg einer erleichterten Kündigung auch eine erleichterte Abberufung durchgesetzt werden könnte.[387] Zudem ist die auf einen erst kraft Vereinbarung als wichtigen Grund geltenden Sachverhalt gestützte Kündigung des Anstellungsvertrags nur unter Einhaltung der Frist nach § 622 Abs. 1 S. 2 BGB möglich.[388] Zu Gleichlaufklauseln → Rn. 107.

96 **bb) Beurteilungskriterien.** Ein die außerordentliche Kündigung des Anstellungsvertrags nach § 626 Abs. 1 BGB rechtfertigender wichtiger Grund liegt vor, wenn der Gesellschaft unter Berücksichtigung aller Umstände des Einzelfalls und unter Abwägung der Interessen beider Vertragsteile die Fortsetzung des Anstellungsverhältnisses bis zu seiner ordentlichen Beendigung nicht zugemutet werden kann.[389] Ob dies der Fall ist, ist **eigenständig vom Vorliegen eines wichtigen Grundes zum Widerruf der Bestellung** nach § 84 Abs. 3 S. 1 zu beurteilen.[390] Zwar ist ein wichtiger Grund zur Kündigung des Anstellungsvertrags stets auch ein wichtiger Grund zum Widerruf der Bestellung.[391] Umgekehrt genügt ein wichtiger Grund nach § 84 Abs. 3 S. 1 jedoch nicht immer auch den Anforderungen nach § 626 BGB.[392] Bei der Differenzierung geht es um die Frage, ob ein für den Widerruf der Bestellung ausreichender wichtiger Grund es auch rechtfertigt, dem Abberufenen die sozialen Folgen der Beendigung des Vorstandsamts zuzumuten, insbesondere ihm seine

[379] In diesem Sinne auch *Hoffmann-Becking/Krieger* NZG 2009, Beilage zu Heft 26, 9.
[380] *Bauer/Krieger* ZIP 2004, 1247 (1248); Hüffer/*Koch* Rn. 48.
[381] *Bauer/Krieger* ZIP 2004, 1247 (1250); Spindler/Stilz/*Fleischer* Rn. 162.
[382] Spindler/Stilz/*Fleischer* Rn. 163; MüKoAktG/*Spindler* Rn. 173.
[383] BGH WM 1962, 201; *Beiner* Der Vorstandsvertrag 2005 Rn. 568 f.; *Lutter/Krieger* Rechte und Pflichten § 7 Rn. 429; MHdB AG/*Wiesner* § 21 Rn. 107; Spindler/Stilz/*Fleischer* Rn. 150.
[384] BGH NJW 2000, 2983 (2984) zur GmbH; Spindler/Stilz/*Fleischer* Rn. 150; Schmidt/Lutter/*Seibt* Rn. 62; MüKoAktG/*Spindler* Rn. 165.
[385] MüKoAktG/*Spindler* Rn. 165.
[386] GroßkommAktG/*Kort* Rn. 500; KK-AktG/*Mertens/Cahn* Rn. 150, 165 ff.
[387] *Lutter/Krieger* Rechte und Pflichten § 7 Rn. 429; MHdB AG/*Wiesner* § 21 Rn. 107; KK-AktG/*Mertens/Cahn* Rn. 165 ff.
[388] BGH ZIP 1989, 1190 (1192); *Lutter/Krieger* Rechte und Pflichten § 7 Rn. 429; MHdB AG/*Wiesner* § 21 Rn. 107; Hüffer/*Koch* Rn. 52; aA KK-AktG/*Mertens/Cahn* Rn. 169; GroßkommAktG/*Kort* Rn. 501.
[389] MüKoAktG/*Spindler* Rn. 177.
[390] BGH NJW 1989, 2683 (2684); MüKoAktG/*Spindler* Rn. 177; Hüffer/*Koch* Rn. 50.
[391] BGH NJW-RR 1996, 156; OLG Düsseldorf WM 1992, 14 (19); MHdB AG/*Wiesner* § 21 Rn. 107; *Lutter/Krieger* Rechte und Pflichten § 7 Rn. 428; KK-AktG/*Mertens/Cahn* Rn. 120 ff., 150 ff.
[392] BGH WM 1995, 2064 (2065); NJW 1989, 2683 (2684); OLG Karlsruhe ZIP 2004, 2377 (2379); *Fleck* WM 1994, 1957 (1964); Hüffer/*Koch* Rn. 50.

Vergütungsansprüche aus dem Anstellungsvertrag sowie seine Versorgungsansprüche zu nehmen.[393] Dabei kann insbesondere auch die Frage einer Mitverursachung des den Widerruf der Bestellung rechtfertigenden wichtigen Grundes durch andere Organmitglieder zu berücksichtigen sein.[394]

97 In die nach § 314 Abs. 1 S. 2 BGB gebotene **Interessenabwägung** sind daher neben der Schwere von Verfehlungen, deren Folgen für die Gesellschaft, dem Grad des Verschuldens und einer etwaigen Wiederholungsgefahr vor allem auch die sozialen Folgen einer Kündigung für das betroffene Vorstandsmitglied zu berücksichtigen. Dabei sind auch das Lebensalter des Vorstandsmitglieds, die Dauer seiner Zugehörigkeit zum Vorstand und seine Verdienste um die Gesellschaft in den Abwägungsprozess einzubeziehen.[395] Für die Gewichtung der Interessen kann die arbeitsgerichtliche Rechtsprechung zur außerordentlichen Kündigung leitender Angestellter vorsichtig herangezogen werden, wobei die Besonderheiten der Vorstandstätigkeit, insbesondere die gesteigerten Treuebindungen und die erheblichen Vermögensbeeinträchtigungsmöglichkeiten zu berücksichtigen sind.[396] Die arbeitsrechtlichen Grundsätze der sog. Druckkündigung können nicht ohne Weiteres auf die außerordentliche Kündigung des Dienstvertrages mit einem Vorstandsmitglied der AG übertragen werden.[397]

98 **cc) Einzelfälle. Grobe Pflichtverletzungen** iSd § 84 Abs. 3 S. 2, die einen wichtigen Grund zum Widerruf der Bestellung darstellen, rechtfertigen stets auch eine Kündigung des Anstellungsvertrags.[398] Zu nennen sind etwa:[399] unberechtigte Amtsniederlegung;[400] Manipulationen von Buchführung, Bilanz oder Warenlager;[401] Ausnutzen von Geschäftschancen der Gesellschaft für eigene Zwecke;[402] verbotener Wettbewerb mit der Gesellschaft;[403] Inanspruchnahme von Betriebsmitteln oder Geschäftspersonal für private Zwecke;[404] Missachtung von Zustimmungsvorbehalten in den Geschäftsordnungen von Vorstand und Aufsichtsrat;[405] Verletzung der Organisations- und Überwachungspflichten oder mangelhaftes Risikomanagement;[406] Treffen schwerwiegender unternehmerischer Entscheidungen ohne hinreichend sichere Tatsachengrundlage,[407] Verletzung der Verschwiegenheitspflicht;[408] mangelnde Offenheit gegenüber dem Aufsichtsrat;[409] feindseliges Verhalten gegenüber anderen Vorstandsmitgliedern oder dem Aufsichtsrat.[410]

99 Kündigungsgrund kann auch die **Unfähigkeit** zur ordnungsmäßigen Geschäftsführung sein, wobei die aus einer Kündigung resultierenden sozialen Folgen für das Vorstandsmitglied im Vergleich zur Widerrufsentscheidung stärker zu berücksichtigen sind.[411] So stellt zB selbst eine erhebliche Verschuldung für sich genommen noch keinen wichtigen Grund zur Kündigung des Anstellungsvertrags dar. Etwas anderes gilt, wenn das Vorstandsmitglied die Vermögensoffenbarung (eidesstattliche Versicherung) geleistet und damit seine fehlende Kompetenz zur Regelung seiner privaten Verbindlichkeiten dokumentiert hat.[412] Ein **Vertrauensentzug** durch die Hauptversammlung stellt für sich genommen keinen wichtigen Kündigungsgrund dar.[413] Die Fortdauer des Anstellungsvertrags ist vielmehr das nötige Korrelat für die ohne Rücksicht auf die Gründe mögliche Beendigung des Organverhältnisses.[414] Auch die Verweigerung der Entlastung nach § 120 trägt isoliert keine Kündigung des Anstellungsverhältnisses.[415]

---

393 OLG München BeckRS 2012, 13795 = NZG 2012, 1152; MüKoAktG/*Spindler* Rn. 177.

394 OLG München BeckRS 2012, 13795 = NZG 2012, 1152.

395 MHdB AG/*Wiesner* § 21 Rn. 108; Hüffer/*Koch* Rn. 51; Spindler/Stilz/*Fleischer* Rn. 153; *Thüsing* in Fleischer HdB VorstandsR § 5 Rn. 56.

396 Ähnlich *Thüsing* in Fleischer HdB VorstandsR § 5 Rn. 56; MüKoAktG/*Spindler* Rn. 178.

397 LG München AG 2011, 258 (260); zum Widerruf der Bestellung aufgrund Druckes Dritter → Rn. 76.

398 Hüffer/*Koch* Rn. 52; MüKoAktG/*Spindler* Rn. 178; Schmidt/Lutter/*Seibt* Rn. 67.

399 Vgl. ausf. BGH AG 1998, 519 f.; *Tschöpe/Wortmann* NZG 2009, 161 (162); MüKoAktG/*Spindler* Rn. 181 ff.

400 BGHZ 78, 82 (85); BGH WM 1978, 319; OLG Celle NZG 2004, 475; Hüffer/*Koch* Rn. 52.

401 OLG Düsseldorf WM 1992, 14 (19); OLG Köln DB 1994, 471; OLG Rostock NZG 1999, 216 (217).

402 BGH ZIP 1997, 567 (568); GmbHR 1995, 296.

403 BGH DStR 1995, 1359; OLG Frankfurt NZG 2000, 738 (739).

404 OLG Frankfurt NZG 2000, 738 (739).

405 BGH WM 2001, 2118 (2119); OLG München WM 2006, 526 (528).

406 BGH WM 1995, 709 (710); LG Berlin AG 2002, 682 (683).

407 LG München AG 2011, 258 (261).

408 BGH AG 1998, 519 (520); KG NZG 1999, 764.

409 BGH DStR 1995, 1395.

410 BGH DStR 1998, 1398 (1400); ZIP 1992, 760 (761); OLG Hamm AG 1991, 399 (401).

411 Hüffer/*Koch* Rn. 52; Spindler/Stilz/*Fleischer* Rn. 156.

412 OLG Köln BeckRS 2008, 1839.

413 Spindler/Stilz/*Fleischer* Rn. 156; Schmidt/Lutter/*Seibt* Rn. 67.

414 *Säcker* FS Gerhard Müller, 1981, 745 (746 ff.); Hüffer/*Koch* Rn. 52.

415 Spindler/Stilz/*Fleischer* Rn. 156.

100 **b) Vorherige Anhörung/Abmahnung des Vorstandsmitglieds?** Eine vorherige **Anhörung** des Vorstandsmitglieds ist grundsätzlich nicht Voraussetzung einer wirksamen Kündigung des Anstellungsvertrags aus wichtigem Grund. Eine Ausnahme gilt für den Fall einer Verdachtskündigung.[416] Die Anhörung des betroffenen Vorstandsmitglieds kann indes im Einzelfall unter Sorgfaltsgesichtspunkten geboten sein (→ Rn. 78).

101 Auch eine vorangehende **Abmahnung** des Vorstandsmitglieds ist nicht erforderlich.[417] Für die Zeit vor der Schuldrechtsreform entsprach dies gefestigter höchstrichterlicher Rechtsprechung.[418] Die nach der Einfügung des § 314 Abs. 2 BGB entstandene Diskussion[419] dürfte durch die die bisherige Rechtsprechung bestätigende Entscheidung des BGH vom 2.7.2007[420] jedenfalls für die Praxis zunächst entschieden sein.

102 **c) Kündigungsfrist.** Die außerordentliche **Kündigung** muss nach § 626 Abs. 2 BGB **innerhalb von zwei Wochen seit Kenntnis** des Kündigungsberechtigten von den für die Kündigung maßgeblichen Tatsachen erfolgen. Der Aufsichtsrat muss innerhalb dieser Frist den Kündigungsbeschluss fassen und die Kündigung gegenüber dem betroffenen Vorstandsmitglied erklären. Andernfalls ist die Kündigung unwirksam.[421] Die Beweislast für die Einhaltung der Ausschlussfrist trägt die Gesellschaft.[422] Die Einhaltung dieser auf die Besonderheiten bei der Kündigung von Vorstandsmitgliedern nicht zugeschnittenen Frist zwingt den Aufsichtsrat zu raschem Handeln und führt in der Praxis insbesondere aufgrund der Verknüpfung der Kündigung mit dem Widerruf der Bestellung sowie der insoweit typischerweise komplexen Entscheidungs- und Organisationslage oft zu erheblichen Schwierigkeiten.

103 Maßgeblich für den **Beginn der Frist** ist die Kenntnis des Aufsichtsrats als Kollegialorgan (beziehungsweise der Mitglieder eines entscheidungsbefugten Aufsichtsratsausschusses).[423] Die Kenntnis einzelner Aufsichtsratsmitglieder oder des Aufsichtsratsvorsitzenden[424] genügt ebenso wenig wie außerhalb der Organstellung erlangtes Wissen.[425] Der BGH hat für die GmbH entschieden, dass die Kündigungsfrist erst beginnt, wenn der Sachverhalt einer Gesellschafterversammlung unterbreitet wurde, deren Einberufung nicht unangemessen verzögert wurde.[426] Dies ist wegen der vergleichbaren Sachverhaltsstruktur auf den Aufsichtsrat einer Aktiengesellschaft zu übertragen. Die Frist läuft daher grundsätzlich erst **ab dem Tag der Aufsichtsratssitzung.**[427]

104 Dies setzt allerdings voraus, dass die Aufsichtsratssitzung nicht unangemessen verzögert wurde. Sobald der Aufsichtsratsvorsitzende Kenntnis von den eine Kündigung rechtfertigenden Tatsachen erlangt, hat er **unverzüglich** für eine **Einberufung des Aufsichtsrats** zu sorgen.[428] Dabei ist ihm die für die gebotene sorgfältige Sachverhaltsaufklärung erforderliche Zeit einzuräumen. Eine unangemessene Verzögerung liegt nicht vor, solange er sich mit dem Vorstandsmitglied um eine Aufklärung der Vorwürfe bemüht und diesem Gelegenheit zur Ausräumung der Vorwürfe gibt.[429] Auch der Versuch, zunächst die Möglichkeit einer einvernehmlichen Trennung auszuloten, begründet grundsätzlich keine unangemessene Verzögerung.[430] Sowohl die Aufklärung des Sachverhalts als auch die Einberufung der Aufsichtsratssitzung selbst ist jedoch (unter Wahrung der Ladungsfrist) mit zumutbarer Beschleunigung herbeizuführen.[431] Neben dem Aufsichtsratsvorsitzenden sind auch alle

---

[416] BGH NJW 1996, 1403 (1404); MüKoAktG/*Spindler* Rn. 174; KK-AktG/*Mertens/Cahn* Rn. 164.

[417] BGH DB 2007, 1865 = WM 2007, 1613; *Tschöpe/Wortmann* NZG 2009, 161 (163); MHdB AG/*Wiesner* § 21 Rn. 115; Schmidt/Lutter/*Seibt* Rn. 66.

[418] Vgl. etwa BGH NZG 2002, 46 (47); NJW 2000, 1638.

[419] Vgl. dazu etwa MüKoAktG/*Spindler* Rn. 175.

[420] BGH DB 2007, 1865 = WM 2007, 1613.

[421] MüKoAktG/*Spindler* Rn. 171; Hüffer/*Koch* Rn. 53.

[422] BGH NJW-RR 1990, 1330 (1331); MHdB AG/*Wiesner* § 21 Rn. 118; KK-AktG/*Mertens/Cahn* Rn. 182.

[423] Spindler/Stilz/*Fleischer* Rn. 159; Schmidt/Lutter/*Seibt* Rn. 64.

[424] BGH WM 2001, 2118 (2119); OLG München BeckRS 2012, 13795 = NZG 2012, 1152; OLG München WM 2006, 526 (529); MHdB AG/*Wiesner* § 21 Rn. 116.

[425] BGHZ 139, 89 (92) zur GmbH; MüKoAktG/*Spindler* Rn. 171.

[426] BGHZ 139, 89 (92); vgl. auch BGH ZIP 2013, 971.

[427] KG NZG 2004, 1165 (1167); OLG Jena NZG 1999, 1069; *Lutter/Krieger* Rechte und Pflichten § 7 Rn. 430; MHdB AG/*Wiesner* § 21 Rn. 116; Spindler/Stilz/*Fleischer* Rn. 159; Hüffer/*Koch* Rn. 54; *Thüsing* in Fleischer HdB VorstandsR § 5 Rn. 63.

[428] BGHZ 139, 89 (92); OLG München BeckRS 2012, 13795 = NZG 2012, 1152; KG NZG 2004, 1165 (1167); *Lutter/Krieger* Rechte und Pflichten § 7 Rn. 430; Spindler/Stilz/*Fleischer* Rn. 159; Hüffer/*Koch* Rn. 54.

[429] BGH WM 1996, 925; LG München AG 2011, 258 (260); MHdB AG/*Wiesner* § 21 Rn. 116; Spindler/Stilz/*Fleischer* Rn. 160.

[430] Schmidt/Lutter/*Seibt* Rn. 65; MHdB AG/*Wiesner* § 21 Rn. 116; Spindler/Stilz/*Fleischer* Rn. 160; krit. *Thüsing* in Fleischer HdB VorstandsR § 5 Rn. 67.

[431] MüKoAktG/*Spindler* Rn. 171; Hüffer/*Koch* Rn. 54.

anderen Aufsichtsratsmitglieder, die Kenntnis von den eine Kündigung rechtfertigenden Tatsachen erlangen, verpflichtet, unverzüglich auf eine Sitzung des Aufsichtsrats hinzuwirken.[432] Wird die Einberufung des Aufsichtsrat unangemessen verzögert, beginnt die Zweiwochenfrist nach § 626 Abs. 2 BGB zu dem Zeitpunkt, in welchem der Aufsichtsrat bei zeitgerechter Einberufung hätte informiert werden und einen Beschluss hätte fassen können.[433] Nach verbreiteter Auffassung sollen für die dem Aufsichtsratsvorsitzenden beziehungsweise dem Aufsichtsratsmitglied zuzubilligende Überlegungsfrist höchstens zwei Wochen zu veranschlagen sein, so dass sich insgesamt eine maximale Frist von vier Wochen bis zur Kündigung nach § 626 Abs. 2 BGB ergibt.[434]

Kenntnis iSd § 626 Abs. 2 BGB bedeutet **positive Kenntnis.** Kennenmüssen oder grob fahrlässige Unkenntnis genügen nicht.[435] Der Kündigungsberechtigte muss alles erfahren haben, was ihm nach verständigem Urteil für eine das Für und Wider abwägende Entscheidung über den Fortbestand oder die Auflösung des Dienstverhältnisses erforderlich erscheinen kann.[436] Die Kenntnis jedes einzelnen Details des den wichtigen Grund zur Kündigung ausmachenden Gesamtsachverhalts ist nicht erforderlich.[437] Bei Dauertatbeständen beginnt die Kündigungsfrist mit Kenntnis des letzten Vorfalls, der infolge seines inneren Zusammenhangs mit früheren Ereignissen für die sofortige Vertragsbeendigung maßgebend ist.[438] 105

Besonderheiten gelten bei mitbestimmten Gesellschaften wegen der **Monatsfrist nach § 31 Abs. 3 S. 1 MitbestG.** Hier ist die Zweiwochenfrist nach § 626 Abs. 2 BGB bis zum Abschluss des mehrstufigen Ausschussverfahrens über den Widerruf der Bestellung gehemmt.[439] 106

4. Gleichlaufklauseln. Als Gleichlauf- oder Koppelungsklauseln werden anstellungsvertragliche Regelungen bezeichnet, die den Widerruf der Organstellung mit einer Beendigung des Anstellungsvertrags verknüpfen, indem sie den Widerruf der Bestellung entweder als Kündigungsgrund definieren (Koppelungsklauseln) oder das Anstellungsverhältnis unter die **auflösende Bedingung** des Widerrufs der Bestellung stellen (Gleichlaufklauseln). In letzterem Fall endet mit dem Widerruf der Bestellung aus wichtigem Grund automatisch auch der Anstellungsvertrag.[440] Die Zulässigkeit derartiger Gleichlaufklauseln im Aktienrecht ist nicht unumstritten,[441] durch die Rechtsprechung jedoch grundsätzlich anerkannt.[442] Der Widerruf der Bestellung bewirkt die Beendigung des Anstellungsvertrags jedoch erst nach Ablauf der in § 622 Abs. 1 S. 2 BGB bestimmten Frist.[443] Die Klausel muss mit Blick auf § 305c BGB eindeutig gefasst sein.[444] 107

5. Voraussetzungen einer außerordentlichen Kündigung durch das Vorstandsmitglied. 108
Ebenso wie die Gesellschaft kann auch das Vorstandsmitglied den Anstellungsvertrag aus wichtigem Grund kündigen, wobei die Kündigung nach § 112 gegenüber dem Aufsichtsrat als Vertreter der Gesellschaft zu erklären ist. Ein wichtiger Grund liegt für das Vorstandsmitglied etwa vor bei Widerruf seiner Bestellung ohne wichtigen Grund;[445] Verletzungen des Anstellungsvertrags durch die Gesellschaft, etwa Nichtzahlung der Bezüge;[446] unzulässigen Eingriffen in die organschaftlichen Rechte des Vorstands, Vertrauensentzug durch die Hauptversammlung, grundloser oder willkürlicher Verweigerung der Entlastung durch die Hauptversammlung;[447] Nichtgewährung einer zugesicherten D&O-

---

[432] MüKoAktG/*Spindler* Rn. 171; *Lutter/Krieger* Rechte und Pflichten § 7 Rn. 430; Hüffer/*Koch* Rn. 54.

[433] BGH WM 2001, 2118 (2119); OLG München WM 2006, 526 (529); *Tschöpe/Wortmann* NZG 2009, 85 (90); *Lutter/Krieger* Rechte und Pflichten § 7 Rn. 430; MHdB AG/*Wiesner* § 21 Rn. 116.

[434] *Tschöpe/Wortmann* NZG 2009, 85 (90); *Schuhmacher/Mohr* ZIP 2002, 2245 (2247); MüKoAktG/*Spindler* Rn. 171; Schmidt/Lutter/*Seibt* Rn. 64.

[435] Spindler/Stilz/*Fleischer* Rn. 161; *Thüsing* in Fleischer HdB VorstandsR § 5 Rn. 66.

[436] BGH NJW 1996, 1403 (1404); OLG Karlsruhe ZIP 2004, 2377 (2379); *Thüsing* in Fleischer HdB VorstandsR § 5 Rn. 66; Spindler/Stilz/*Fleischer* Rn. 161.

[437] BGH NZG 2002, 46 (48); OLG Karlsruhe ZIP 2004, 2377 (2379); Hüffer/*Koch* Rn. 54.

[438] BGH DStR 2001, 861 (862); *Thüsing* in Fleischer HdB VorstandsR § 5 Rn. 66.

[439] Str., ebenso MHdB AG/*Wiesner* § 21 Rn. 119; MüKoAktG/*Spindler* Rn. 121; *Thüsing* in Fleischer HdB VorstandsR § 5 Rn. 4; Hüffer/*Koch* Rn. 33; aA LG Ravensburg EWiR 1985, 415 (416); KK-AktG/*Mertens/Cahn* Rn. 174; UHH/*Ulmer/Habersack/Henssler* MitbestG § 31 Rn. 45.

[440] Vgl. ausf. *Tschöpe/Wortmann* NZG 2009, 85 (86).

[441] Abl. etwa *Meier* FS zum 25-jährigen Bestehen der ARGE Arbeitsrecht im DAV, 2006, 505 ff.; *Eckhardt* AG 1989, 431 (432).

[442] BGH NJW 1999, 3263; 1989, 2683.

[443] BGH NJW 1989, 2683 (2684); *Tschöpe/Wortmann* NZG 2009, 85 (87); Hüffer/*Koch* Rn. 57; Schmidt/Lutter/*Seibt* Rn. 70.

[444] *Tschöpe/Wortmann* NZG 2009, 85 (87 f.); *Bauer/Diller* GmbHR 1998, 809 (811 ff.); Hüffer/*Koch* Rn. 52.

[445] BAG NZG 2002, 1177; dazu *Bauer/Diller* DB 2003, 2687.

[446] BAG NZG 2002, 1177; GroßkommAktG/*Kort* Rn. 547; MüKoAktG/*Spindler* Rn. 198.

[447] MHdB AG/*Wiesner* § 21 Rn. 125; MüKoAktG/*Spindler* Rn. 198.

Versicherung;[448] unverschuldeten Konflikte mit anderen Vorstandsmitgliedern oder dem Aufsichtsrat;[449] dem Verlust der eigenverantwortlichen Entscheidungsbefugnis aufgrund Beherrschungsvertrags (§ 308 Abs. 1)[450] oder Eingliederung (§ 323).[451] Der Kündigungsgrund kann auch in der Sphäre oder Person des kündigenden Vorstandsmitglieds liegen. In Betracht kommt etwa eine lang anhaltende Krankheit oder sonstige persönliche Verhinderung, die die ordnungsgemäße Ausübung des Vorstandsamts unmöglich macht.[452] Ein besonderes Kündigungsrecht besteht nach § 87 Abs. 2 S. 3 bei Herabsetzung der Bezüge des Vorstandsmitglieds (→ § 87 Rn. 47 ff.). Kündigt ein Vorstandsmitglied den Anstellungsvertrag, ohne dass ein wichtiger Grund vorliegt, macht es sich wegen positiver Vertragsverletzung schadensersatzpflichtig.[453]

109 Ein wichtiger Grund für die außerordentliche Kündigung des Anstellungsvertrags durch das Vorstandsmitglied kann von den Parteien auch vertraglich definiert werden, dies jedoch nur im Sinne einer Erweiterung des gesetzlichen Kündigungsrechts (→ Rn. 95).[454] In der Praxis findet dies bisweilen im Rahmen sog. **Change of Control-Klauseln**[455] statt, die dem Vorstandsmitglied das Recht zur Kündigung sowie regelmäßig einen Anspruch auf eine Abfindungszahlung für den Fall einer im einzelnen definierten Übernahme der Gesellschaft geben (→ § 87 Rn. 44). Die dem Vorstandsmitglied dadurch gebotene wirtschaftliche Sicherheit soll es ihm erleichtern, im Übernahmefall eine allein am Interesse des Unternehmens orientierte Leitung und Geschäftsführung beizubehalten.[456]

110 **6. Ordentliche Kündigung.** Eine ordentliche Kündigung des Anstellungsvertrags nach § 622 BGB kommt nur in Betracht, wenn der Anstellungsvertrag auf unbestimmte Zeit geschlossen oder ein ordentliches Kündigungsrecht ausdrücklich vereinbart wurde.[457] Auch unter diesen Voraussetzungen kommt eine ordentliche Kündigung durch die Gesellschaft nur in Betracht, wenn zugleich die Voraussetzungen für einen Widerruf der Bestellung gegeben sind, da die Gesellschaft ansonsten durch eine ordentliche Kündigung faktisch die Beendigung der Bestellung erzwingen und damit § 84 Abs. 3 S. 1 umgehen könnte.[458]

111 **7. Wirkungen der Kündigung.** Mit Rechtswirksamkeit der Kündigung des Anstellungsvertrags verliert das Vorstandsmitglied seine laufenden Gehaltsansprüche und in der Regel auch seine **Versorgungsansprüche.** Letzteres ist jedoch nicht zwingend. Anstellungsvertraglich kann ein Fortbestehen von Ruhegeldansprüchen auch für bestimmte Fälle der außerordentlichen Kündigung vereinbart werden.[459] Zudem kann bestimmt werden, dass der Ruhegehaltsanspruch bereits mit Vertragsschluss oder nach Ablauf einer bestimmten Dienstzeit entsteht und lediglich die Fälligkeit an den Eintritt bestimmter Voraussetzungen (in der Regel Lebensalter) geknüpft ist. Der entstandene Ruhegehaltsanspruch bleibt dann auch bei fristloser Kündigung des Anstellungsvertrags bestehen.[460] Derartigen Regelungen sind jedoch insoweit Grenzen gesetzt, als hierdurch kein Anreiz zu ungetreuem oder vorsätzlich schädigendem Verhalten gesetzt werden darf. Weiterhin darf das Recht der Gesellschaft zur außerordentlichen Kündigung nicht faktisch eingeschränkt werden.[461] Schließlich ist § 87 Abs. 1 zu beachten.

112 Lag ein wichtiger Grund für die Kündigung des Anstellungsvertrags nicht vor, stehen dem Vorstandsmitglied die anstellungsvertraglich vereinbarten Gehaltsansprüche trotz § 84 Abs. 3 S. 4 jedenfalls dann zu, wenn es seine Dienste weiter angeboten hat.

113 **8. Rechtsschutz des Vorstandsmitglieds.** Das gekündigte Vorstandsmitglied kann gegen die Kündigung des Anstellungsvertrags Klage auf Feststellung der Unwirksamkeit der Kündigung und

---

[448] *Deilmann* NZG 2005, 54 (55).

[449] BGH NJW 1995, 2850 (2851); 1994, 443 (444); WM 1992, 387 (388); OLG Frankfurt GmbHR 1993, 288 (289); MüKoAktG/*Spindler* Rn. 198; *Beiner* Vorstandsvertrag 2005 Rn. 595.

[450] MHdB AG/*Wiesner* § 21 Rn. 125; GroßkommAktG/*Kort* Rn. 547; MüKoAktG/*Spindler* Rn. 198.

[451] KK-AktG/*Mertens/Cahn* Rn. 198; Spindler/Stilz/*Fleischer* Rn. 170; MüKoAktG/*Spindler* Rn. 198.

[452] Vgl. BGH NJW 1987, 1435 (1436).

[453] OLG Köln NJW-RR 1997, 542; MHdB AG/*Wiesner* § 21 Rn. 125.

[454] MHdB AG/*Wiesner* § 21 Rn. 107.

[455] Ausf. *Hoffmann-Becking* ZIP 2007, 2101 (2106); *Dornwächter/Trafkowski* NZG 2007, 846 (849).

[456] *Kort* AG 2006, 106.

[457] *Thüsing* in Fleischer HdB VorstandsR § 5 Rn. 55; *Lutter/Krieger* Rechte und Pflichten § 7 Rn. 432; Spindler/Stilz/*Fleischer* Rn. 167.

[458] BGH NJW 1984, 2528; MHdB AG/*Wiesner* § 21 Rn. 120; *Lutter/Krieger* Rechte und Pflichten § 7 Rn. 432; *Fonk* in Semler/v. Schenck AR HdB § 10 Rn. 212; KK-AktG/*Mertens/Cahn* Rn. 149; Spindler/Stilz/*Fleischer* Rn. 167.

[459] BGHZ 8, 348 (367); GroßkommAktG/*Kort* Rn. 560; MüKoAktG/*Spindler* Rn. 188.

[460] BGHZ 8, 348 (367); GroßkommAktG/*Kort* Rn. 560; MüKoAktG/*Spindler* Rn. 188; Schmidt/Lutter/*Seibt* Rn. 68.

[461] GroßkommAktG/*Kort* Rn. 561; MüKoAktG/*Spindler* Rn. 188.

Weiterzahlung der Bezüge erheben.[462] Die Klage ist gegen die Gesellschaft zu richten, die dabei durch den Aufsichtsrat vertreten wird (§ 112). Für eine Zahlungsklage aus dem Anstellungsvertrag empfiehlt sich in der Regel der **Urkundenprozess** (§§ 592 f. ZPO).[463] Zuständig ist das Landgericht, Kammer für Handelssachen. Die Klage kann mit der Klage gegen den Widerruf der Bestellung verbunden werden.[464]

Ein **Nachschieben von Kündigungsgründen** ist zulässig, wenn diese im Zeitpunkt der Erklärung der Kündigung gegenüber dem Vorstandsmitglied bereits vorgelegen haben, dem Aufsichtsrat aber nicht früher als zwei Wochen vorher bekannt waren.[465] Einer erneuten Beschlussfassung des Aufsichtsrats über die Geltendmachung der nachgeschobenen Gründe bedarf es nicht.[466] Ein neuer Aufsichtsratsbeschluss ist hingegen erforderlich, wenn die Kündigung auf Gründe gestützt werden soll, die erst nach Ausspruch der ursprünglichen Kündigung eingetreten sind.[467] 114

§ 85 Bestellung durch das Gericht

(1) [1]Fehlt ein erforderliches Vorstandsmitglied, so hat in dringenden Fällen das Gericht auf Antrag eines Beteiligten das Mitglied zu bestellen. [2]Gegen die Entscheidung ist die Beschwerde zulässig.

(2) Das Amt des gerichtlich bestellten Vorstandsmitglieds erlischt in jedem Fall, sobald der Mangel behoben ist.

(3) [1]Das gerichtlich bestellte Vorstandsmitglied hat Anspruch auf Ersatz angemessener barer Auslagen und auf Vergütung für seine Tätigkeit. [2]Einigen sich das gerichtlich bestellte Vorstandsmitglied und die Gesellschaft nicht, so setzt das Gericht die Auslagen und die Vergütung fest. [3]Gegen die Entscheidung ist die Beschwerde zulässig; die Rechtsbeschwerde ist ausgeschlossen. [4]Aus der rechtskräftigen Entscheidung findet die Zwangsvollstreckung nach der Zivilprozeßordnung statt.

Übersicht

I. Allgemeines

Durch § 85 wird die Ersatzbestellung eines fehlenden Vorstandsmitglieds durch das Gericht in dringenden Fällen geregelt. Die Vorschrift dient der Sicherung der Handlungs- und Prozessfähigkeit der Gesellschaft für den Fall, dass der Aufsichtsrat eine Unterbesetzung des Vorstands entgegen § 84 Abs. 1 nicht beseitigt.[1] § 85 geht als spezielle und abschließende Regelung § 29 BGB vor.[2] 1

II. Voraussetzungen einer gerichtlichen Bestellung

1. Fehlen eines erforderlichen Vorstandsmitglieds. Voraussetzung für eine gerichtliche Bestellung ist das Fehlen eines erforderlichen Vorstandsmitglieds (§ 85 Abs. 1 S. 1). Das **Fehlen eines Vorstandsmitglieds** kann aus dem endgültigen Ausscheiden eines Vorstandsmitglieds aus dem Vorstand durch Tod, Widerruf der Bestellung, Zeitablauf oder Amtsniederlegung oder der Nichtbesetzung einer neu geschaffenen Vorstandsstelle resultieren.[3] Auch wenn entgegen § 76 Abs. 2 2

---

[462] Spindler/Stilz/*Fleischer* Rn. 168; *Thüsing* in Fleischer HdB VorstandsR § 5 Rn. 68.
[463] *Tschöpe/Wortmann* NZG 2009, 161 (167 f.); *Lutter/Krieger* Rechte und Pflichten § 7 Rn. 436.
[464] KK-AktG/*Mertens/Cahn* Rn. 185; Spindler/Stilz/*Fleischer* Rn. 168.
[465] BGHZ 157, 151; OLG Düsseldorf AG 2012, 511 (512 f.); Spindler/Stilz/*Fleischer* Rn. 169; *Lutter/Krieger* Rechte und Pflichten § 7 Rn. 431.
[466] BGH AG 1998, 519 (520); *Thüsing* in Fleischer HdB VorstandsR § 5 Rn. 68; KK-AktG/*Mertens/Cahn* Rn. 183; Spindler/Stilz/*Fleischer* Rn. 169; *Lutter/Krieger* Rechte und Pflichten § 7 Rn. 431.
[467] *Lutter/Krieger* Rechte und Pflichten § 7 Rn. 431.
[1] Begr. RegE *Kropff* Textausgabe, 1965, 107; GroßkommAktG/*Kort* Rn. 1; Hüffer/*Koch* Rn. 1.
[2] MüKoAktG/*Spindler* Rn. 3; Hüffer/*Koch* Rn. 1.
[3] MüKoAktG/*Spindler* Rn. 4; Schmidt/Lutter/*Seibt* Rn. 2; Hüffer/*Koch* Rn. 2.

S. 3 kein Arbeitsdirektor bestellt ist, liegt ein „Fehlen" iSd § 85 vor.[4] Vom „Fehlen" eines Vorstandsmitglieds kann demgegenüber in der Regel nicht ausgegangen werden, wenn die Wirksamkeit der Bestellung eines Vorstandsmitglieds rechtlich zweifelhaft ist, weil die Wahl einzelner an dem Bestellungsbeschluss beteiligter Aufsichtsratsmitglieder durch Anfechtungs- oder Nichtigkeitsklage angegriffen wurde, über die noch nicht rechtskräftig entschieden wurde.[5] Aus der Unterscheidung zwischen „fehlenden" und „behinderten" Vorstandsmitgliedern in § 105 Abs. 2 S. 1 folgt, dass eine bloß vorübergehende Verhinderung des Vorstandsmitglieds an der Wahrnehmung seiner Vorstandspflichten nicht genügt.[6] Dem „Fehlen" gleichzustellen ist hingegen der Fall einer **dauerhaften Verhinderung.** Wenn ganz überwiegend wahrscheinlich ist, dass ein Vorstandsmitglied sein Amt dauerhaft nicht mehr ausüben kann oder will (etwa aufgrund einer schweren, dauernden Erkrankung oder dauerhafter Abwesenheit), liegt ein „Fehlen" iSd § 85 Abs. 1 S. 1 vor.[7]

3 Das fehlende Vorstandsmitglied muss für eine Vertretungs- oder Geschäftsführungsmaßnahme des Vorstands **erforderlich** sein.[8] Durch eine Unterschreitung der in Gesetz oder Satzung vorgesehenen Mindestzahl von Vorstandsmitgliedern wird zwar die Vertretungsbefugnis der verbleibenden Vorstandsmitglieder dann nicht eingeschränkt, wenn diese auf Grund einer Bestimmung in der Satzung oder eines Beschlusses des durch die Satzung ermächtigten Aufsichtsrats nach § 78 Abs. 2, 3 einzeln oder gemeinschaftlich zur Vertretung der Gesellschaft befugt sind.[9] Für die Abgabe einer Willenserklärung gegenüber der Gesellschaft genügt sogar stets das Vorhandensein eines einzelnen Vorstandsmitglieds (§ 78 Abs. 2 S. 2). Nach einem Urteil des BGH soll der unterbesetzte Vorstand jedoch für Geschäftsführungsmaßnahmen, die aufgrund ihres Leitungscharakters nur der Gesamtvorstand ausüben kann, auch dann handlungsunfähig sein, wenn die handelnden Mitglieder noch in nach § 77 geschäftsführungsberechtigter Zahl vorhanden sind (ausführlich → § 76 Rn. 73).[10] Zu denken ist daher etwa an eine Ersatzbestellung im Zusammenhang mit der Aufstellung des Jahresabschlusses, der Einberufung der Hauptversammlung, dem Erwerb oder der Veräußerung einer Unternehmenssparte oder der Errichtung einer Zweigniederlassung.[11] An der Erforderlichkeit für die Bestellung eines Notvorstands fehlt es, wenn für einen identischen Wirkungskreis bereits ein Abwesenheitspfleger für die Gesellschaft bestimmt ist.[12] Eine gerichtliche Ersatzbestellung bezieht sich allein auf fehlende Vorstandsmitglieder. Ein Vorsitzender des Vorstands (§ 84 Abs. 2) kann vom Gericht nicht bestellt werden, selbst wenn ein solcher in der Satzung vorgesehen ist.[13]

4 **2. Dringlichkeit.** Eine gerichtliche Ersatzbestellung darf nach § 85 Abs. 1 S. 1 nur in dringenden Fällen vorgenommen werden. Voraussetzung ist, dass der Aufsichtsrat selbst nicht oder nicht schnell genug eingreift oder eingreifen kann, um den Vorstand um die fehlenden Vorstandsmitglieder zu ergänzen, und dass ohne kurzfristiges Eingreifen des Gerichts **erhebliche Nachteile** für die Gesellschaft, ihre Aktionäre, Gläubiger, Arbeitnehmer oder sonstige Dritte drohen.[14] Die Rechtsprechung hat eine Dringlichkeit vor allem für in Folge der Teilung Deutschlands entstandene „Spaltgesellschaften", bei denen weder Vorstand noch Aufsichtsrat vorhanden waren, angenommen.[15] In diesen Fällen ist die Bestellung eines Interims-Aufsichtsrats nach § 104, der seinerseits den Vorstand bestellen kann, als längerer Weg nicht vorrangig vor einer gerichtlichen Bestellung der Vorstandsmitglieder.[16] Entsprechendes gilt für die Möglichkeit der Einberufung einer Hauptversammlung auf Verlangen einer Aktionärsminderheit nach § 122 Abs. 3, sofern die vorherige Bestellung eines Notvorstands nicht aufgrund der besonderen Dringlichkeit der Hauptversammlung untunlich ist.[17] Der Wegfall des Arbeitsdirektors in mitbestimmten Gesellschaften begründet entgegen der wohl hM[18] nicht

[4] KK-AktG/*Mertens/Cahn* Rn. 4; Hüffer/*Koch* Rn. 2; Spindler/Stilz/*Fleischer* Rn. 5.
[5] OLG Hamm ZIP 2008, 832.
[6] GroßkommAktG/*Kort* Rn. 13; KK-AktG/*Mertens/Cahn* Rn. 2; Spindler/Stilz/*Fleischer* Rn. 5.
[7] GroßkommAktG/*Kort* Rn. 11; Schmidt/Lutter/*Seibt* Rn. 2.
[8] MüKoAktG/*Spindler* Rn. 5; GroßkommAktG/*Kort* Rn. 11; Hüffer/*Koch* Rn. 2.
[9] Hüffer/*Koch* § 76 Rn. 56; MüKoAktG/*Spindler* § 76 Rn. 99.
[10] BGHZ 149, 158 (161) = NJW 2002, 1128.
[11] Begr. RegE *Kropff* Textausgabe, 1965, 108; Spindler/Stilz/*Fleischer* Rn. 6; Hüffer/*Koch* Rn. 2.
[12] KG AG 2005, 846.
[13] MüKoAktG/*Spindler* Rn. 6; Schmidt/Lutter/*Seibt* Rn. 2.
[14] GroßkommAktG/*Kort* Rn. 27; Spindler/Stilz/*Fleischer* Rn. 7; Hüffer/*Koch* Rn. 3; MHdB AG/*Wiesner* § 20 Rn. 30.
[15] BGH AG 1986, 290 f.; ZIP 1989, 1546; vgl. auch GroßkommAktG/*Kort* Rn. 31; MüKoAktG/*Spindler* Rn. 7; Hüffer/*Koch* Rn. 3.
[16] BayObLGZ 1987, 29 (34) = AG 1987, 210; MüKoAktG/*Spindler* Rn. 7; Spindler/Stilz/*Fleischer* Rn. 7; Hüffer/*Koch* Rn. 3.
[17] MüKoAktG/*Spindler* Rn. 7; Spindler/Stilz/*Fleischer* Rn. 7.
[18] LG Bad Kreuznach AG 1979, 346; MHdBAG/*Wiesner* § 20 Rn. 30; abschwächend MüKoAktG/*Spindler* Rn. 7.

automatisch eine Dringlichkeit. In der Regel wird der dem Arbeitsdirektor gesetzlich zugeordnete Zuständigkeitsbereich interimistisch auch von einem anderen Vorstandsmitglied wahrgenommen werden können, ohne das der Gesellschaft oder ihren Stakeholdern schwerwiegende Nachteile drohen.[19] Bei einem gegen die Gesellschaft gerichteten Rechtsstreit schließt die bloße Möglichkeit der Bestellung eines Prozesspflegers nach § 57 ZPO die Dinglichkeit einer Ersatzbestellung nicht aus.[20] Ist hingegen bereits ein Prozesspfleger bestellt worden, entfällt die Dringlichkeit für eine Ersatzbestellung, soweit die Befugnisse des Prozesspflegers reichen.[21]

3. Bestellungsverfahren. Die gerichtliche Bestellung eines erforderlichen Vorstandmitglieds muss nach § 85 Abs. 1 S. 1 von einem Beteiligten beim Amtsgericht des Sitzes der Gesellschaft (§§ 14, 375 Nr. 3, 376 FamFG) schriftlich oder zur Niederschrift der Geschäftsstelle (§ 25 FamFG) beantragt werden. Der Antrag kann einen für das Gericht unverbindlichen Personalvorschlag enthalten.[22] Die **Voraussetzungen** für die Bestellung eines Notvorstands sind **vom Antragsteller glaubhaft zu machen.** Dies betrifft auch seine Antragsberechtigung.[23] Eine Bestellung von Amts wegen ist nicht möglich.[24] Beteiligter ist jeder, der ein schutzwürdiges Interesse an der sofortigen Bestellung eines fehlenden Vorstandsmitglieds hat.[25] In Betracht kommen insbesondere Vorstands- oder Aufsichtsratsmitglieder, Aktionäre oder Gesellschaftsgläubiger, aber auch Arbeitnehmer oder der Betriebsrat (letztere insbesondere beim Fehlen eines nach mitbestimmungsrechtlichen Vorschriften erforderlichen Arbeitsdirektors).[26] Wird die Ersatzbestellung im Zusammenhang mit der beabsichtigten Geltendmachung von Ansprüchen gegenüber der Gesellschaft beantragt, sind die Erfolgsaussichten der erstrebten Rechtsverfolgung für die Bestellungsentscheidung unbeachtlich.[27] 5

Über den Antrag entscheidet der Richter (§ 17 Nr. 2 lit. a RPflG). Vor der Entscheidung, die durch zu begründenden Beschluss ergeht (§ 40 Abs. 1 FamFG), wird in der Regel eine **Anhörung** noch amtierender Vorstandsmitglieder sowie insbesondere des (an sich zuständigen) Aufsichtsrats angezeigt sein (§ 34 FamFG).[28] Die Gesellschaft, die Mitglieder des Aufsichtsrats und vorhandene Vorstandsmitglieder sind am Verfahren notwendig beteiligt.[29] Bei der Auswahl des zu bestellenden Vorstandsmitglieds hat das Gericht neben den gesetzlichen (§ 76 Abs. 3) auch etwaige statuarische Eignungsanforderungen zu beachten, soweit letzterem die Dringlichkeit der Notbestellung nicht entgegensteht.[30] Das bestellte Vorstandsmitglied tritt an die Stelle des zu ersetzenden Vorstandsmitglieds. Ob ihm Allein- oder Gesamtvertretungsbefugnis zukommt, richtet sich nach der Vertretungsbefugnis des fehlenden Mitglieds. Das Gericht ist nicht befugt, die **Art der Vertretung oder Geschäftsführung** zu ändern.[31] Besteht Gesamtvertretung, sind so viele Vorstandsmitglieder einzusetzen, wie an der zur Vertretung erforderlichen Zahl fehlen.[32] Nach wohl allgemeiner Meinung kann eine Abweichung von diesem Grundsatz des Gleichlaufs der Vertretungs- und Geschäftsführungsbefugnis von fehlendem und Ersatz-Vorstandsmitglied in seltenen **Ausnahmefällen** in Betracht kommen, wenn die Bestellung eines Ersatzmitglieds nur für die Vornahme einer Rechtshandlung oder einzelner Rechtshandlungen (zB Entgegennahme oder Erklärung einer Kündigung, Abschluss eines Vertrags, Aufstellung einer Bilanz) erforderlich ist. In der Beschränkung der Bestellung auf einen bestimmten Zweck liegt eine entsprechende Beschränkung der Geschäftsführungsbefugnis des Bestellten.[33] Im Außenverhältnis gilt § 82 Abs. 1.[34] In der Praxis dürfte eine Beschränkung der Bestellung auf die Vornahme einzelner Rechtshandlungen kaum einmal sachgerecht sein. 6

Liegen die Voraussetzungen für eine Ersatzbestellung vor, muss das Gericht eine Bestellung vornehmen.[35] Der Beschluss wird mit seiner Bekanntmachung gegenüber dem vom Gericht bestellten 7

---

19 Schmidt/Lutter/*Seibt* Rn. 3; *Thüsing* in Fleischer HdB VorstandsR § 4 Rn. 30.
20 OLG Celle NJW 1965, 504 (505); GroßkommAktG/*Kort* Rn. 36; Hüffer/*Koch* Rn. 3.
21 Spindler/Stilz/*Fleischer* Rn. 7; Hüffer/*Koch* Rn. 3.
22 Spindler/Stilz/*Fleischer* Rn. 8.
23 KG AG 2007, 400 (401); MüKoAktG/*Spindler* Rn. 17.
24 Spindler/Stilz/*Fleischer* Rn. 8; Schmidt/Lutter/*Seibt* Rn. 4.
25 GroßkommAktG/*Kort* Rn. 39; Hüffer/*Koch* Rn. 4.
26 MüKoAktG/*Spindler* Rn. 9; Spindler/Stilz/*Fleischer* Rn. 8; Hüffer/*Koch* Rn. 4.
27 OLG Hamm OLGZ 65, 329 zur Genossenschaft; MüKoAktG/*Spindler* Rn. 10; Hüffer/*Koch* Rn. 4.
28 MüKoAktG/*Spindler* Rn. 11 f.
29 BayObLG ZIP 1988, 1119; KK-AktG/*Mertens*/*Cahn* Rn. 11.
30 GroßkommAktG/*Kort* Rn. 46; MüKoAktG/*Spindler* Rn. 13; Schmidt/Lutter/*Seibt* Rn. 6.
31 MüKoAktG/*Spindler* Rn. 15; GroßkommAktG/*Kort* Rn. 49 f.
32 MüKoAktG/*Spindler* Rn. 15.
33 BayObLG ZIP 1988, 1119; LG Berlin AG 1986, 52 (53); GroßkommAktG/*Kort* Rn. 54; MüKoAktG/*Spindler* Rn. 16; KK-AktG/*Mertens*/*Cahn* Rn. 15; Hüffer/*Koch* Rn. 5.
34 Hüffer/*Koch* Rn. 5; GroßkommAktG/*Kort* Rn. 54.
35 MüKoAktG/*Spindler* Rn. 17; Spindler/Stilz/*Fleischer* Rn. 11; KK-AktG/*Mertens*/*Cahn* Rn. 11.

Vorstandsmitglied und der Annahme durch dieses wirksam.[36] Die Bestellung ist nach § 81 Abs. 1 in das Handelsregister einzutragen.[37]

8 Gegen die Entscheidung des Gerichts ist nach § 85 Abs. 1 S. 2 die **Beschwerde** (§§ 58 ff. FamFG) zulässig. Beschwerdebefugt ist, wenn dem Antrag stattgegeben wurde, jeder Beeinträchtigte (§ 59 Abs. 1 FamFG), zB die Gesellschaft, der Aufsichtsrat oder die übrigen Vorstandsmitglieder, nicht aber die Aktionäre. Wurde der Antrag abgelehnt, ist nur der Antragsteller beschwerdebefugt.[38] Das Beschwerdegericht kann sein Ermessen in vollem Umfang an die Stelle des Erstgerichts setzen und einen anderen geeigneten Kandidaten auswählen.[39] Hat das Erstgericht eine Person zum Vorstandsmitglied bestellt, ohne dass die gesetzlichen Voraussetzungen hierfür vorlagen, hat die spätere Aufhebung des Beschlusses auf die Wirksamkeit der inzwischen von und gegenüber dem Bestellten vorgenommenen Rechtshandlungen keinen Einfluss (§ 47 FamFG).[40]

III. Rechtsstellung gerichtlich bestellter Vorstandsmitglieder

9 **1. Allgemeines.** Mit Annahme der gerichtlichen Bestellung wird die vom Gericht bestimmte Person echtes **Vorstandsmitglied** der Gesellschaft **mit allen Rechten und Pflichten.** Es unterscheidet sich von einem durch den Aufsichtsrat nach § 84 Abs. 1 bestimmten Vorstandsmitglied grundsätzlich nur dadurch, dass sein Amt bis zur Behebung des Mangels zeitlich begrenzt ist (§ 85 Abs. 2).[41] Vertretungs- und Geschäftsführungsbefugnis des gerichtlich bestellten Vorstandsmitglieds richten sich grundsätzlich nach derjenigen des fehlenden Vorstandsmitglieds (→ Rn. 6). Das Gericht hat nach Möglichkeit so viele Vorstandsmitglieder zu bestellen, wie zur Einhaltung der gesetzlichen und satzungsmäßigen Regeln der Geschäftsführung und Vertretung erforderlich sind. Bestellt es nur ein Vorstandsmitglied, obwohl die Satzung einen mehrgliedrigen gesamtvertretungsberechtigten Vorstand vorsieht, ist die Bestellung dennoch wirksam. Der Bestellte hat dann Alleinvertretungsmacht.[42]

10 **2. Beendigung der Bestellung.** Nach § 85 Abs. 2 kann die Bestellung nur für die Zeit bis zur Behebung des Mangels erfolgen. Mit der Bestellung des fehlenden Vorstandsmitglieds durch den Aufsichtsrat (§ 84 Abs. 1) und der Annahme der Bestellung durch den Bestellten endet das Amt des gerichtlich bestellten Vorstandsmitglieds. Eine besondere **Abberufung** ist **nicht erforderlich.**[43] Dagegen führt die Erfüllung der dem Notvorstand übertragenen Aufgabe (→ Rn. 6) oder der Entfall der Dringlichkeit der Ersatzbestellung nicht zu einem automatischen Erlöschen des Vorstandsamts.[44] Während seiner Amtszeit kann das gerichtlich bestellte Aufsichtsratsmitglied nur durch das Gericht von Amts wegen und bei Vorliegen eines wichtigen Grundes abberufen werden.[45] Eine Abberufung durch den Aufsichtsrat nach § 84 Abs. 3 ist nicht möglich.[46] Dieser kann jedoch in entsprechender Anwendung von § 112 einen Antrag auf Abberufung durch das Gericht stellen, wobei er sowie das Vorstandsmitglied beschwerdeberechtigt sind.[47] Zudem kann er ein neues Vorstandsmitglied bestellen und damit das Amt des gerichtlich bestellten Vorstandsmitglieds automatisch zum Erlöschen bringen.

11 **3. Auslagenersatz und Vergütung.** Die gerichtliche Bestellung begründet eine Organstellung der bestellten Person, jedoch **kein Anstellungsverhältnis.**[48] Nach § 85 Abs. 3 hat das gerichtlich bestellte Vorstandsmitglied Anspruch auf Ersatz angemessener barer Auslagen und auf Vergütung für seine Tätigkeit. Einigen sich das Vorstandsmitglied und die Gesellschaft (vertreten durch den Aufsichtsrat, § 112) nicht, wird die Höhe der Auslagen und der Vergütung nach § 85 Abs. 3 S. 2 durch das Gericht festgesetzt. Gegen die Entscheidung ist die Beschwerde zulässig, die Rechtsbeschwerde ist ausgeschlossen (§ 84 Abs. 3 S. 3). Aus der rechtskräftigen Entscheidung findet die Zwangsvollstreckung nach der ZPO statt (§ 84 Abs. 3 S. 4).

§ 86 *(aufgehoben)*

[36] KK-AktG/*Mertens/Cahn* Rn. 10; MüKoAktG/*Spindler* Rn. 17; Schmidt/Lutter/*Seibt* Rn. 7.
[37] Spindler/Stilz/*Fleischer* Rn. 11; MüKoAktG/*Spindler* Rn. 18.
[38] Hüffer/*Koch* Rn. 4; Spindler/Stilz/*Fleischer* Rn. 12; Schmidt/Lutter/*Seibt* Rn. 8.
[39] BGHZ 24, 47 (52); GroßkommAktG/*Kort* Rn. 68; KK-AktG/*Mertens/Cahn* Rn. 13.
[40] MüKoAktG/*Spindler* Rn. 20; GroßkommAktG/*Kort* Rn. 70.
[41] GroßkommAktG/*Kort* Rn. 62; MüKoAktG/*Spindler* Rn. 19; Hüffer/*Koch* Rn. 5.
[42] KK-AktG/*Mertens/Cahn* Rn. 15; Spindler/Stilz/*Fleischer* Rn. 13.
[43] MüKoAktG/*Spindler* Rn. 21; Hüffer/*Koch* Rn. 5.
[44] Spindler/Stilz/*Fleischer* Rn. 15; GroßkommAktG/*Kort* Rn. 72; aA für den Fall der Erfüllung der übertragenen Aufgabe MüKoAktG/*Spindler* Rn. 21; Schmidt/Lutter/*Seibt* Rn. 10.
[45] MüKoAktG/*Spindler* Rn. 22; Schmidt/Lutter/*Seibt* Rn. 10; Hüffer/*Koch* Rn. 5.
[46] GroßkommAktG/*Kort* Rn. 76; Hüffer/*Koch* Rn. 5.
[47] KK-AktG/*Mertens/Cahn* Rn. 18; MüKoAktG/*Spindler* Rn. 22.
[48] Spindler/Stilz/*Fleischer* Rn. 17; Schmidt/Lutter/*Seibt* Rn. 11; MHdBAG/*Wiesner* § 20 Rn. 33.

§ 87 Grundsätze für die Bezüge der Vorstandsmitglieder

(1) [1]Der Aufsichtsrat hat bei der Festsetzung der Gesamtbezüge des einzelnen Vorstandsmitglieds (Gehalt, Gewinnbeteiligungen, Aufwandsentschädigungen, Versicherungsentgelte, Provisionen, anreizorientierte Vergütungszusagen wie zum Beispiel Aktienbezugsrechte und Nebenleistungen jeder Art) dafür zu sorgen, dass diese in einem angemessenen Verhältnis zu den Aufgaben und Leistungen des Vorstandsmitglieds sowie zur Lage der Gesellschaft stehen und die übliche Vergütung nicht ohne besondere Gründe übersteigen. [2]Die Vergütungsstruktur ist bei börsennotierten Gesellschaften auf eine nachhaltige Unternehmensentwicklung auszurichten. [3]Variable Vergütungsbestandteile sollen daher eine mehrjährige Bemessungsgrundlage haben; für außerordentliche Entwicklungen soll der Aufsichtsrat eine Begrenzungsmöglichkeit vereinbaren. [4]Satz 1 gilt sinngemäß für Ruhegehalt, Hinterbliebenenbezüge und Leistungen verwandter Art.

(2) [1]Verschlechtert sich die Lage der Gesellschaft nach der Festsetzung so, dass die Weitergewährung der Bezüge nach Absatz 1 unbillig für die Gesellschaft wäre, so soll der Aufsichtsrat oder im Falle des § 85 Absatz 3 das Gericht auf Antrag des Aufsichtsrats die Bezüge auf die angemessene Höhe herabsetzen. [2]Ruhegehalt, Hinterbliebenenbezüge und Leistungen verwandter Art können nur in den ersten drei Jahren nach Ausscheiden aus der Gesellschaft nach Satz 1 herabgesetzt werden. [3]Durch eine Herabsetzung wird der Anstellungsvertrag im übrigen nicht berührt. [4]Das Vorstandsmitglied kann jedoch seinen Anstellungsvertrag für den Schluß des nächsten Kalendervierteljahrs mit einer Kündigungsfrist von sechs Wochen kündigen.

(3) Wird über das Vermögen der Gesellschaft das Insolvenzverfahren eröffnet und kündigt der Insolvenzverwalter den Anstellungsvertrag eines Vorstandsmitglieds, so kann es Ersatz für den Schaden, der ihm durch die Aufhebung des Dienstverhältnisses entsteht, nur für zwei Jahre seit dem Ablauf des Dienstverhältnisses verlangen.

Schrifttum: *Arnold/Schansker,* Vergütungsgestaltung in Vorstandsverträgen – Rechtliche Anforderungen und praktische Umsetzung, KSzW 2012, 39; *Bauer/Arnold,* Festsetzung und Herabsetzung der Vorstandsvergütung nach dem VorstAG, AG 2009, 717; *Bosse,* Das Gesetz zur Angemessenheit der Vorstandsvergütung (VorstAG) – Überblick und Handlungsbedarf, BB 2009, 1650; *Cannivé/Seebach,* Vorstandsvergütung als neue Haftungsfalle für Aufsichtsratsmitglieder? – Haftung und Verhaltenspflichten der Aufsichtsratsmitglieder nach Inkrafttreten des VorstAG, Der Konzern 2009, 593; *Dauner-Lieb,* Die Verrechtlichung der Vorstandsvergütung durch das VorstAG als Herausforderung für den Aufsichtsrat – Methodische Probleme im Umgang mit Rechtsunsicherheit, Der Konzern 2009, 583; *Dauner-Lieb/v. Preen/Simon,* Das VorstAG – Ein Schritt auf dem Weg zum Board-System? – Thesen zu einem aktienrechtskonformen Verständnis des VorstAG, DB 2010, 377; *Deilmann/Otte,* Auswirkungen des VorstAG auf die Struktur der Vorstandsvergütung, GWR 2009, 261; *Deilmann/Otte/Friedrich,* Zur Reichweite des § 87 II AktG – Rückgängigmachung der Kürzung nach Erholung der Lage der Gesellschaft?, NZG 2010, 688; *Diller,* Nachträgliche Herabsetzung von Vorstandsvergütungen und -ruhegeldern nach dem VorstAG, NZG 2009, 1006; *Diller/Göpfert,* Rettungsfonds für Banken: Eingriffe in Vorstandsverträge und Bezüge, DB 2008, 2579; *Fleischer,* Zur Angemessenheit der Vorstandsvergütung im Aktienrecht, DStR 2005, 1279 (Teil I), 1318 (Teil II); *ders.,* Das Gesetz zur Angemessenheit der Vorstandsvergütung (VorstAG), NZG 2009, 801; *ders.,* Aufsichtsratsverantwortlichkeit für die Vorstandsvergütung und Unabhängigkeit der Vergütungsberater, BB 2010, 67; *Fonk,* Altersversorgung von Organmitgliedern im Umbruch, ZGR 2009, 413; *ders.,* Zur Vertragsgestaltung bei Vorstandsdoppelmandaten, NZG 2010, 368; *Goj,* Die Festlegung betragsmäßiger Höchstgrenzen der Vorstandsvergütung nach Ziff. 4.2.3 Abs. 2 Satz 6 DCGK, AG 2015, 173; *Hoffmann-Becking,* Abfindungsleistungen an ausscheidende Vorstandsmitglieder, ZIP 2007, 2102; *Hoffmann-Becking/Krieger,* Leitfaden zur Anwendung des Gesetzes zur Angemessenheit der Vorstandsvergütung (VorstAG), NZG 2009, Beilage zu Heft 26; *Hohaus/Weber,* Gesellschaftsrechtliche Probleme bei der Gewährung von Transaktionsboni durch einen Aktionär, DStR 2008, 104; *Hohenstatt,* Das Gesetz zur Angemessenheit der Vorstandsvergütung, ZIP 2009, 1349; *Hohenstatt/Naber,* Die „Abfindung der Restlaufzeit" bei der vorzeitigen Auflösung von Vorstandsverträgen, FS Bauer, 2010, 447; *Hohenstatt/Kuhnke,* Vergütungsstruktur und variable Vergütungsmodelle für Vorstandsmitglieder nach dem VorstAG, ZIP 2009, 1981; *Jaeger,* Die Auswirkungen des VorstAG für die Praxis von Aufhebungsvereinbarungen, NZA 2010, 128; *Klein,* Die Änderungen des DCGK 2013 aus Sicht der Unternehmenspraxis, AG 2013, 733; *Kocher/Bednarz,* Mehrjährigkeit der variablen Vergütung im Lichte der Nachhaltigkeit nach dem VorstAG, Der Konzern 2011, 77; *Lingemann,* Angemessenheit der Vorstandsvergütung – Das VorstAG ist in Kraft, BB 2009, 1918; *Mayer-Uellner,* Zur Zulässigkeit finanzieller Leistungen Dritter an die Mitglieder des Vorstands, AG 2011, 193; *Traugott/Grün,* Finanzielle Anreize für Vorstände börsennotierter Aktiengesellschaften bei Private Equity-Transaktionen, AG 2007, 761; *Martens,* Rechtliche Rahmenbedingungen der Vorstandsvergütung, FS Hüffer, 2010, 647; *Seibert,* Das VorstAG – Regelungen zur Angemessenheit der Vorstandsvergütung und zum Aufsichtsrat, WM 2009, 1489; *Suchan/Winter,* Rechtliche und betriebswirtschaftliche Überlegungen zur Festsetzung angemessener Vorstandsbezüge nach Inkrafttreten des VorstAG, DB 2009, 2531; *Thüsing,* Das Gesetz zur Angemessenheit der Vorstandsvergütung, AG 2009, 517; *ders.,* Auf der Suche nach dem iustum pretium der Vorstandstätigkeit – Überlegungen zur Angemessenheit im Sinne des § 87

Abs. 1 Satz 1 AktG, ZGR 2003, 457; *Waldhausen/Schüller,* Variable Vergütung von Vorständen und weiteren Führungskräften im Konzern, AG 2009, 179; *Weber,* Nachträgliche Herabsetzung der Vorstandsbezüge wegen Verschlechterung der Lage der Gesellschaft, DB 2016, 815; *Wettich,* Vorstandsvergütung: Bonus-Malus-System mit Rückforderungsmöglichkeit (claw back) und Reichweite des Zuständigkeitsvorbehalts zugunsten des Aufsichtsratsplenums, AG 2013, 374; *Wilsing/Kleißl,* Herabsetzung von Vorstandsbezügen in Zeiten der Krise, BB 2008, 2422; *Wittuhn/Hamann,* Herabsetzung von Vorstandsvergütungen in der Krise, ZGR 2009, 847.

Übersicht

I. Allgemeines

1 Durch § 87 werden dem Aufsichtsrat Leitlinien und Schranken für die Ausübung des ihm bei der Festsetzung der Vorstandsvergütung zustehenden unternehmerischen Ermessens vorgegeben. Die Vorschrift dient dem **Schutz der Gesellschaft** sowie ihrer Gläubiger und Aktionäre vor einer Schmälerung des Gesellschaftsvermögens durch übermäßige Bezüge der Vorstandsmitglieder.[1] Die Festlegung einer unteren Vergütungsschranke zum Schutz der Vorstandsmitglieder ist hingegen nicht

[1] GroßkommAktG/*Kort* Rn. 1; KK-AktG/*Mertens/Cahn* Rn. 2; Hüffer/*Koch* Rn. 1.

bezweckt.[2] Der Aufsichtsrat hat sicherzustellen, dass die Gesamtbezüge jedes einzelnen Vorstandsmitglieds in einem **angemessenen Verhältnis** zu den Aufgaben und Leistungen des Mitglieds sowie zur Lage der Gesellschaft stehen und die übliche Vergütung nicht ohne besondere Gründe übersteigen **(Abs. 1).** Durch dieses Angemessenheitsgebot wird eine flexible und den allgemeinen Grenzen der §§ 134, 138 BGB vorgelagerte Schranke für die Ermessensausübung des Aufsichtsrats bei der Festsetzung der Vorstandsbezüge aufgestellt.[3] Rechtssystematisch handelt es sich um eine bereichsspezifische Ausprägung der allgemeinen organschaftlichen Sorgfaltspflicht der Aufsichtsratsmitglieder bei der Ausübung ihrer Personalkompetenz.[4] Als weitere Konkretisierung des Schutzzwecks wird in **Abs. 2** die Möglichkeit einer Herabsetzung der Gesamtbezüge bei einer Verschlechterung der Gesellschaftsverhältnisse nach Festsetzung der Bezüge sowie in **Abs. 3** eine Begrenzung des Schadensersatzanspruchs des Vorstandsmitglieds bei einer insolvenzbedingten Kündigung des Vorstandsvertrags geregelt.

Durch das **VorstAG** vom 31.7.2009 (BGBl. I S. 2509) wurde § 87 in verschiedener Hinsicht geändert und ergänzt. Es handelt sich dabei ausweislich der Gesetzesmaterialien um eine Reaktion auf die ab Mitte 2008 verschärft einsetzende **Finanzmarktkrise,** die nach Auffassung des Gesetzgebers durch fehlerhafte Verhaltensanreize infolge kurzfristig ausgerichteter Vergütungssysteme begünstigt wurde. Dem Aufsichtsrat sollten daher schärfere Angemessenheitskriterien vorgegeben werden, um die sich aus der Vergütungsstruktur ergebenden Anreize für eine nachhaltige und auf Langfristigkeit angelegte Unternehmensführung zu stärken.[5] In diese Richtung zielen auch die Empfehlungen der EU-Kommission 2009/385/EG vom 30.4.2009. Danach soll die Struktur der Vergütung der Mitglieder der Unternehmensleitung der langfristigen Unternehmensentwicklung dienen und sicherstellen, dass sich die Vergütung an der Leistung orientiert. Variable Vergütungskomponenten sollen deshalb an im Voraus festgelegte, messbare Leistungskriterien geknüpft werden, die nicht ausschließlich finanzieller Art sein müssen.[6] 2

Spezifische Sondervorschriften gelten im Finanzmarktrecht nach dem FMStFG in der Fassung des Abwicklungsmechanismusgesetzes (AbwMechG) vom 5.11.2015 (BGBl. I S. 1864), einschließlich der FMStFV (BGBl. I S. 2091), für die Vergütung von Vorstandsmitgliedern von Unternehmen des Finanzsektors, die Staatshilfe in Anspruch genommen haben, sowie für Vorstandsmitglieder von Banken und Versicherungen auf der Grundlage der InstitutsVergV vom 16.12.2013 (BGBl. I S. 4270) und der VersVergV vom 18.4.2016 (BGBl. I S. 763).[7] Für OGAW- und AIF-Kapitalverwaltungsgesellschaften sieht § 37 KAGB relevante Bestimmungen über die Vergütung von Geschäftsleitern vor.[8] 3

II. Geltungsbereich

1. Persönlicher Anwendungsbereich. Der Anwendungsbereich des § 87 ist auf die Bezüge der Vorstandsmitglieder einschließlich ihrer Stellvertreter (§ 94) beschränkt. Für sonstige Führungskräfte gilt über § 93 Abs. 1 S. 1 ein entsprechender, den Vorstand als zuständiges Organ bindender Angemessenheitsgrundsatz.[9] 4

2. Sachlicher Anwendungsbereich. a) Gesamtbezüge. Bezugsgröße für die Beurteilung der Angemessenheit der Vergütung des aktiven Vorstandsmitglieds sind die „Gesamtbezüge" des einzelnen Vorstandsmitglieds. Der Begriff ist weit zu verstehen. Zu den Bezügen gehören die im Klammerzusatz des § 87 Abs. 1 S. 1 genannten Vergütungsbestandteile (Gehälter, Gewinnbeteiligungen, Provisionen, anreizorientierte Vergütungszusagen wie zB Aktienoptionen und Nebenleistungen jeder Art), ohne dass hierin eine erschöpfende Aufzählung zu sehen wäre. Dementsprechend handelt es sich bei der Ergänzung der Aufzählung um die Vergütungsform „anreizorientierte Vergütungszusagen wie zB Aktienoptionen" durch das VorstAG lediglich um eine Klarstellung, ohne dass hiermit eine 5

---

[2] OLG Stuttgart AG 2003, 211 (213); LG Düsseldorf NJW 2004, 3275 (3277); *Thüsing* ZGR 2003, 457 (459); GroßkommAktG/*Kort* Rn. 7; Spindler/Stilz/*Fleischer* Rn. 1.

[3] MüKoAktG/*Spindler* Rn. 2; GroßkommAktG/*Kort* Rn. 1; Hüffer/*Koch* Rn. 1.

[4] Spindler/Stilz/*Fleischer* Rn. 1; Schmidt/Lutter/*Seibt* Rn. 2.

[5] Begr. RegE, BT-Drs. 16/12278, 1; Beschlussempfehlung und Bericht des Rechtsausschusses, BT-Drs. 16/13433, 1.

[6] Vgl. Erwägungsgrund 6 der Empfehlung 2009/385/EG; so auch die Empfehlung der Kommission vom 30.4.2009 zur Vergütungspolitik im Finanzdienstleistungssektor (2009/384/EG).

[7] Hierzu ausf. Boos/Fischer/Schulte-Mattler/*Wolfgarten* KWG, CRR-VO, 5. Aufl. 2016, Abschn. H.; Annuß/Früh/Hasse (Hrsg.), InstitutsVergV, VersVergV, 1. Aufl. 2016, Abschn. A. und B.

[8] Vgl. hierzu und zum Verhältnis zum VorstAG Moritz/Jesch/Klebeck/*Rieble* in Frankfurter Kommentar zum Kapitalanlagegerecht, Bd. 1 Teilbd. 1, 1. Aufl. 2016, KAGB § 37 Rn. 1 ff., 37.

[9] Schmidt/Lutter/*Seibt* Rn. 4; MüKoAktG/*Spindler* Rn. 21.

materielle Rechtsänderung verbunden ist.[10] Bereits bislang besteht Einigkeit, dass in die Ermittlung der „Gesamtbezüge" sämtliche Vergütungsbestandteile, mithin auch eine variable Vergütung in Form von Tantiemen, Gewinnbeteiligungen, Bezugsrechten und sonstigen aktienbasierten Vergütungen, Phantom-Stock Programme und Sondervergütungen einzubeziehen sind.[11] Erfasst werden alle **Leistungen, die einem aktiven Vorstandsmitglied mit Rücksicht auf seine Tätigkeit für die Gesellschaft gewährt werden.**[12] Nebenleistungen im Sinne des Klammerzusatzes in § 87 Abs. 1 S. 1 sind etwa Wohnrechte, die Abordnung von Personal, das Recht zur privaten Nutzung von PKW oder Flugzeugen oder die Übernahme von Arztkosten, Steuern und (privaten) Versicherungsbeiträgen (zur D&O-Versicherung → Rn. 7).[13] Durch das Abstellen auf die Gesamtbezüge wird dem Aufsichtsrat eine erhebliche Flexibilität zur Berücksichtigung der Umstände des konkreten Einzelfalls (sowohl auf Seite der Gesellschaft als auch in der Person des Vorstandsmitglieds) eingeräumt. So kann es etwa in einer Krisensituation der Gesellschaft im Einzelfall sinnvoll und zulässig sein, eine vergleichsweise niedrige Basisvergütung zu vereinbaren und die hiermit einhergehende persönliche Risikoübernahme des Vorstands durch die gleichzeitige Einräumung einer außergewöhnlich hohen variablen Vergütung für das Erreichen eines Turn Around zu honorieren.[14]

6 **b) Vergütungen für Leistungen außerhalb der Vorstandstätigkeit.** Für die Beurteilung der Angemessenheit der Bezüge irrelevant sind Leistungen an das Vorstandsmitglied, die nicht als Entgelt für die Tätigkeit als Vorstand gewährt werden. Hierzu zählen etwa Zahlungen der Gesellschaft im Zusammenhang mit Verkehrsgeschäften, wie der Veräußerung oder Nutzungsüberlassung von Immobilien oder der Einräumung von Lizenzen durch das Vorstandsmitglied, es sei denn, dass durch Zahlung einer unangemessen hohen, einem Drittvergleich nicht standhaltenden Gegenleistung neben der (angemessenen) Gegenleistung im Rahmen des Verkehrsgeschäfts auch eine „verdeckte Vorstandsvergütung" gewährt wird.[15]

7 **c) Prämien für D&O-Versicherung.** In § 87 Abs. 1 S. 1 werden „Versicherungsentgelte" ausdrücklich als Bestandteil der Vorstandsvergütung aufgeführt. Entgegen der früher hM[16] sind Prämien, die die Gesellschaft für eine D&O-Versicherung zahlt, dennoch kein Bestandteil der Vergütung der Vorstandsmitglieder iSd § 87 Abs. 1 S. 1, da der Abschluss einer gesellschaftsfinanzierten D&O-Versicherung zwar auch im Interesse der Vorstandsmitglieder, ganz überwiegend jedoch im Interesse der Gesellschaft als Versicherungsnehmerin liegt.[17] Hauptzweck des Versicherungsschutzes ist die Gewährleistung, dass potentielle Innenhaftungsansprüche nicht an mangelnder Bonität des oder der zur Leistung von Schadensersatz verpflichteten Organmitglieder scheitern.[18] Die Prämienzahlung bei einer D&O-Versicherung wird daher weder von § 87 noch von § 285 Nr. 9 lit. a HGB erfasst.[19] Dementsprechend ist nicht der Aufsichtsrat, sondern der Vorstand gemäß § 78 Abs. 1 für den Abschluss einer D&O-Versicherung zuständig.[20] In der Praxis wird das Thema vielfach dadurch entschärft, dass in der Satzung Regelungen zum Abschluss einer D&O-Versicherung und zu den Prämienzahlungen getroffen werden.[21]

8 Durch das VorstAG wurde § 93 Abs. 2 S. 3 eingefügt, wonach beim Abschluss einer D&O-Versicherung nunmehr zwingend ein **Selbstbehalt** von mindestens 10% des Schadens bis mindestens zur Höhe des Eineinhalbfachen der festen jährlichen Vergütung des Vorstandsmitglieds vorzusehen ist. Auch wenn der Abschluss einer D&O-Versicherung in die Geschäftsführungskompetenz des Vorstands fällt, obliegt die Entscheidung über die Höhe des Selbstbehalts der Vorstandsmitglieder gemäß § 112 dem Aufsichtsrat.[22] Zu den Einzelheiten → § 93 Rn. 394 ff.

9 **d) Ruhegehalt und Leistungen verwandter Art.** Nach § 87 Abs. 1 S. 4 gilt das Angemessenheitsgebot aus S. 1 „sinngemäß auch für Ruhegehalt, Hinterbliebenenbezüge und Leistungen ver-

[10] AllgM, vgl. etwa *Hoffmann-Becking/Krieger* NZG 2009, Beilage zu Heft 26, 1; *Hohenstatt* ZIP 2009, 1349; *Thüsing* AG 2009, 517.
[11] MüKoAktG/*Spindler* Rn. 22; Schmidt/Lutter/*Seibt* Rn. 5.
[12] *Fonk* in Semler/v. Schenck AR HdB § 10 Rn. 105; MüKoAktG/*Spindler* Rn. 22.
[13] *Dreher* AG 2002, 214 (216); MüKoAktG/*Spindler* Rn. 22; Hüffer/*Koch* Rn. 2.
[14] Schmidt/Lutter/*Seibt* Rn. 6.
[15] MüKoAktG/*Spindler* Rn. 23; GroßkommAktG/*Kort* Rn. 49 f.
[16] *Feddersen* AG 2000, 385 (394); MüKoAktG/*Spindler* Rn. 28.
[17] *Gebhardt* ZCG 2006, 53 (55); *Dreher* ZHR 165 (2001), 293 (315 ff.); *Kiethe* BB 2003, 537 (539); MHdB AG/*Wiesner* § 21 Rn. 37; *Thüsing* in Fleischer HdB VorstandsR § 12 Rn. 12; GroßkommAktG/*Kort* Rn. 155.
[18] *Dreher* ZHR 165 (2001), 293 (315); *Lange* DStR 2002, 1626 (1629).
[19] *Kort* DStR 2006, 799 (802); GroßkommAktG/*Hopt/Roth* § 113 Rn. 51.
[20] *Deilmann/Otte* AG 2010, 323 (324); *Hoffmann-Becking/Krieger* NZG 2009, Beilage zu Heft 26, 1; *Vetter* AG 2000, 453 (457); *Thüsing* in Fleischer HdB VorstandsR § 12 Rn. 12; MHdB AG/*Wiesner* § 26 Rn. 76.
[21] *Mutter* ZIP 2002, 1230 (1231).
[22] *Deilmann/Otte* AG 2010, 324 (325 f.).

wandter Art".[23] Bei der Festlegung von Versorgungsbezügen hat der Aufsichtsrat daher eine der Prüfung der Angemessenheit der Gesamtbezüge der (aktiven) Vorstandsmitglieder **entsprechende Angemessenheitsprüfung** durchzuführen. Es sind mithin zwei voneinander unabhängige Angemessenheitsprüfungen vorzunehmen. Eine Zusammenrechnung oder Saldierung im Sinne eines Ausgleichs unangemessen hoher Gesamtbezüge durch vergleichsweise niedrige Versorgungsansprüche kommt nicht in Betracht.[24] Maßgeblicher Zeitpunkt für die Bestimmung der Angemessenheit der Ruhegehaltsbezüge ist der Abschluss der anspruchsbegründenden Vereinbarung, nicht der Eintritt der Leistungsvoraussetzungen (Ausscheiden, Erreichen der Altersgrenze, Tod).[25] Bei der Festsetzung des Ruhegehalts sind weder die Ausrichtung auf eine nachhaltige Unternehmensentwicklung noch die für variable Vergütungsbestandteile geltenden Sonderregelungen in § 87 Abs. 1 S. 2, 3 zu berücksichtigen.[26] Durch Beschluss der Regierungskommission Deutscher Corporate Governance Kodex vom 13.5.2013 wurde mit Wirkung zum 10.6.2013 eine neue Empfehlung zu Versorgungszusagen in Ziff. 4.2.3 Abs. 3 DCGK aufgenommen. Danach soll der Aufsichtsrat das angestrebte Versorgungsniveau – auch nach der Dauer der Vorstandszugehörigkeit – festlegen und den daraus abgeleiteten jährlichen sowie den langfristigen Aufwand für das Unternehmen berücksichtigen.[27] Zu der durch das VorstAG neu geschaffenen Möglichkeit einer Herabsetzung von Versorgungsbezügen bei Verschlechterung der Lage der Gesellschaft → Rn. 55 ff.

III. Zuständigkeit für die Festsetzung der Vorstandsbezüge

1. Alleinige Zuständigkeit des Aufsichtsrats. a) Grundsatz. Zuständig für die Festsetzung einer angemessenen Vergütung der Vorstandsmitglieder ist ausschließlich der Aufsichtsrat als **Gesamtorgan.** Die (in der Praxis bislang übliche) Delegation auf einen Ausschuss (Präsidium, Personalausschuss) zur abschließenden Entscheidung ist nach der Ergänzung des § 107 Abs. 3 S. 3 durch das VorstAG nicht mehr zulässig. Einem Aufsichtsratsausschuss können jedoch nach wie vor vorbereitende und ausführende Aufgaben übertragen werden (im Einzelnen → § 84 Rn. 37; → § 107 Rn. 100, 163). Durch die **Satzung** können weder Unter- oder Obergrenzen für Vorstandsvergütungen festgesetzt noch sonstige Richtlinien für die Bemessung von Vorstandsbezügen geregelt werden, da dies der ausschließlichen Personalkompetenz des Aufsichtsrats widersprechen würde.[28] Bei derartigen Regelungen kann es sich allenfalls um Hinweise dazu handeln, welche Vorstellungen der Satzungsgeber von einer verantwortlichen Festsetzung der Vorstandsbezüge durch den Aufsichtsrat hat.[29] 10

Die **Hauptversammlung** kann Vergütungsentscheidungen des Aufsichtsrats lediglich indirekt beeinflussen. So ist die Gewährung bestimmter (variabler) Vergütungsbestandteile von der vorherigen Schaffung der gesellschaftsrechtlichen Voraussetzungen durch Beschluss der Hauptversammlung abhängig, wie etwa die Entscheidung über die Durchführung von Aktienoptionsplänen und deren Ausgestaltung sowie über die Zuteilung von Bezugsrechten an Vorstandsmitglieder nach § 193 Abs. 2 Nr. 4. In dem von der Hauptversammlung vorgegebenen Rahmen bleibt die konkrete Ausgestaltung und die Entscheidung über die Aufnahme von Aktienoptionen als Element der Vorstandsvergütung in den Anstellungsvertrag eines Vorstandsmitglieds allerdings alleinige Aufgabe des Aufsichtsrats. Weiterhin kann die Hauptversammlung versuchen, durch Verweigerung der Entlastung (§ 120 Abs. 1) oder Abberufung (§ 103) auf die Aufsichtsratsmitglieder einzuwirken. Durch das VorstAG neu geschaffen wurde schließlich die Möglichkeit der Hauptversammlung der börsennotierten Gesellschaft, über die **Billigung des Systems zur Vergütung der Vorstandsmitglieder** zu beschließen (§ 120 Abs. 4 S. 1, → § 120 Rn. 42).[30] Der Beschluss begründet allerdings weder Rechte noch Pflichten und lässt insbesondere die Verpflichtung des Aufsichtsrats nach § 87 unberührt. 11

b) Sonderproblem: Zulässigkeit einer Drittvergütung? Bisweilen kommt es vor, dass ein Aktionär oder ein Dritter dem Vorstand finanzielle Zuwendungen im Zusammenhang mit dessen 12

---

[23] Allg. zur Altersversorgung von Organmitgliedern vgl. *Fonk* ZGR 2009, 413; *Bauer/Baeck/v. Medem* NZG 2010, 721.

[24] GroßkommAktG/*Kort* Rn. 273 f.

[25] Hüffer/*Koch* Rn. 21.

[26] *Bauer/Arnold* AG 2009, 717 (724).

[27] Zur Neufassung des DCKG vgl. *Klern* AG 2013, 733 (739 f.); *Wilsing/von der Linden* DStR 2013, 1291 (1293 f.).

[28] *Vetter* ZIP 2009, 1307; KK-AktG/*Mertens/Cahn* Rn. 4; für börsennotierte AG auch Schmidt/Lutter/*Seibt* Rn. 3; aA UHH/*Ulmer/Habersack/Henssler* MitbestG § 31 Rn. 40; *Beiner,* Der Vorstandsvertrag, 2005, Rn. 239 ff.; *Körner* NJW 2004, 2697 (2701).

[29] GroßkommAktG/*Kort* Rn. 39.

[30] Vgl. dazu etwa *Deilmann/Otte* DB 2010, 545.

Vorstandstätigkeit verspricht und gewährt. Ziel derartiger „Drittvergütungen" ist es in aller Regel, das Verhalten des Vorstands in einer bestimmten Richtung zu beeinflussen, sei es im Rahmen der allgemeinen Geschäftsführung oder im Zusammenhang mit Sondersituationen. Typisch ist insoweit das Angebot eines Großaktionärs im Zusammenhang mit einer Transaktion, dem Vorstand bei Erreichen bestimmter Kaufpreisschwellen und/oder bestimmter „Milestones" wie dem „Signing" oder „Closing" fixe oder variable Zusatzleistungen zu gewähren.[31] Anders als eine Drittanstellung (→ § 84 Rn. 41) ersetzt eine derartige Drittvergütung nicht den mit der Gesellschaft abgeschlossenen Anstellungsvertrag, sondern tritt neben diesen. Eine gesetzliche Vorschrift, nach der Drittvergütungen generell unzulässig wären, existiert nicht. Die Regelungen in § 285 S. 1 Nr. 9a, § 314 Abs. 1 Nr. 6 lit. a HGB, wonach der Vorstand einer börsennotierten Aktiengesellschaft verpflichtet ist, von einem Dritten gewährte Bezüge im Anhang des Jahres- und Konzernabschlusses zu veröffentlichen, um mögliche Interessenkonflikte transparent zu machen, sind vielmehr ein Indiz dafür, dass der Gesetzgeber von der grundsätzlichen Zulässigkeit einer Drittvergütung ausgeht.[32]

13 Dennoch ist die Vereinbarkeit derartiger Drittvergütungen mit den aktienrechtlichen Vorschriften nicht unproblematisch. Durch § 87 Abs. 1 wird die **uneingeschränkte und ausschließliche Zuständigkeit des Aufsichtsrats** begründet, das Gesellschaftsinteresse in Bezug auf die Festsetzung der Vorstandsvergütung zu definieren.[33] Die Vergütungskompetenz des Aufsichtsrats ist nicht auf solche Vergütungsbestandteile beschränkt, die aus Gesellschaftsmitteln aufgewendet werden.[34] Aufgabe des Aufsichtsrats ist es, durch eine entsprechende Festsetzung und Strukturierung der Vorstandsbezüge Leistungsanreize zu setzen, die den Vorstand zu einer Ausrichtung seiner Leitungstätigkeit ausschließlich am Gesellschaftsinteresse incentivieren. Dieser **Incentivierungsaspekt** wird durch die Regelung in § 87 Abs. 1 S. 2, wonach die Vergütungsstruktur bei börsennotierten Gesellschaften auf eine nachhaltige Unternehmensentwicklung auszurichten ist, nochmals besonders betont. Dem würde es widersprechen, wenn Dritte dem Vorstand zusätzliche Vergütungsleistungen ohne Zustimmung des Aufsichtsrats gewähren dürften. Die Gewährung finanzieller Zuwendungen an Vorstandsmitglieder im Zusammenhang mit deren Vorstandstätigkeit bedarf daher der **Zustimmung des Aufsichtsrats.**[35] Nur so kann auch gewährleistet werden, dass keine Interessenskonflikte für das Vorstandsmitglied entstehen, indem durch Dritte Leistungsanreize gesetzt werden, deren Erfüllung allein Partikularinteressen einzelner Aktionäre dienen und dem Gesellschaftsinteresse zuwider laufen. Die Begrenzung derartiger Interessenkonflikte des Vorstands ist Aufgabe des Aufsichtsrats,[36] der er nur nachkommen kann, wenn die Gewährung von Drittvergütungen seiner vorherigen Information und Zustimmung bedarf. Zu anreizorientierter Vergütung im Konzern → Rn. 40; zu Problematiken von Konzernanstellungsverträgen → § 84 Rn. 41.

14 **2. Rechtlicher Rahmen für Vergütungsentscheidung des Aufsichtsrats.** Bei der Vergütungsentscheidung des Aufsichtsrats handelt es sich um eine unternehmerische Führungs- und Gestaltungsaufgabe des Aufsichtsrats, für die ein weiter Beurteilungs- und Ermessensspielraum eröffnet ist.[37] Über die Verweisungsvorschrift des § 116 gilt damit die durch das UMAG vom 22.9.2005 (BGBl. I S. 2802) gesetzlich kodifizierte **„Business Judgment Rule"** des § 93 Abs. 1 S. 2 für den Aufsichtsrat entsprechend.[38] Danach liegt keine Pflichtverletzung vor, wenn der Aufsichtsrat bei der Festsetzung der Vergütungshöhe vernünftigerweise annehmen durfte, auf der Grundlage angemessener Informationen zum Wohle der Gesellschaft zu handeln. Da eine Vergütungsentscheidung des Aufsichtsrats in aller Regel nicht ad hoc zu treffen ist, sondern einen längeren Vorlauf gestattet, ist eine sorgfältige Entscheidungsvorbereitung und Dokumentation der Entscheidungsgrundlagen geboten.[39] Korrelat des weiten unternehmerischen Beurteilungs- und Ermessenspielraums ist die

[31] *Hohaus/Weber* DStR 2008, 104; *Bauer/Arnold* DB 2004, 260 (265).

[32] *Hohaus/Weber* DStR 2008, 104 (105); Marsch-Barner/Schäfer/*Arnold/Günther* § 20 Rn. 92.

[33] *Wollburg* ZIP 2004, 646 (650).

[34] *Bauer/Arnold* BB 2006, 260 (265); aA *Lange* in Birk/Pöllath/Saenger, Forum Unternehmenskauf, 2004, 115, 133; *Hohaus/Weber* DStR 2008, 104 (105).

[35] Ebenso *Bauer/Arnold* DB 2006, 260 (265); *Mayer-Uellner* AG 2011, 193 (198); *Arnold/Schansker* KSzW 2012, 39 (47); *Kort* AG 2015, 531 (533); wohl auch *Diekmann/Punte* WM 2016, 681 (686); generell abl. *Fonk* NZG 2010, 368 (370).

[36] *Spindler* NZG 2005, 689.

[37] BGH NJW 2006, 522 (523); LG München CCZ 2008, 157; *Müller-Michaels* ZCG 2008, 17 (18); *Cannivé/Seebach* Der Konzern 2009, 593 (599); *Dauner-Lieb* Der Konzern 2009, 583 (586); *van Kann/Keiluweit* DStR 2009, 1587; *Schwark* FS Raiser, 2005, 388 (391); KK-AktG/*Mertens/Cahn* Rn. 4; MüKoAktG/*Spindler* Rn. 38; aA *Schäfer* ZIP 2005, 1253 (1258).

[38] BGH NJW 2006, 522 (523); Spindler/Stilz/*Fleischer* Rn. 39; MüKoAktG/*Spindler* Rn. 38; KK-AktG/*Mertens/Cahn* Rn. 4.

[39] *Cannivé/Seebach* Der Konzern 2009, 593 (599 ff.); *Fleischer* DStR 2005, 1318 (1319).

Darlegungslast des Aufsichtsrats für die bei der Festlegung der konkreten Vergütungshöhe und -struktur maßgebenden Gründe. Je präziser dargelegt werden kann, warum eine auf den ersten Blick unangemessen hohe Vergütung mit Blick auf die Interessen der Gesellschaft und im Bemühen um die Findung einer adäquaten Entlohnung festgelegt wurde, desto eher ist sie tatsächlich angemessen.[40] Die Einholung von vergleichenden Vergütungsstudien und anderen (unabhängigen)[41] Beratervoten mag sinnvoll sein, genügt aber im Zweifel alleine nicht.[42] Erforderlich ist zumindest eine Plausibilitätsprüfung.[43] Umgekehrt ist der Aufsichtsrat nicht stets zur Einschaltung eines unabhängigen Vergütungsberaters verpflichtet, um seinen Sorgfaltspflichten zu genügen.[44] Zur Vermeidung von Haftungsrisiken ist in jedem Falle eine sorgfältige Dokumentation der für die Festlegung der konkreten Vergütung maßgeblichen Informationen und Erwägungen anzuraten.[45]

Zu den Grenzen einer anstellungsvertraglichen Regelung nachhaltiger Unternehmensziele 15
→ Rn. 31 f.

IV. Angemessenheit der Vorstandsbezüge

1. Allgemeines. Nach § 87 Abs. 1 hat der Aufsichtsrat bei der Festsetzung der Gesamtbezüge des 16
einzelnen Vorstandsmitglieds dafür zu sorgen, dass diese in einem angemessenen Verhältnis zu den Aufgaben und Leistungen des Vorstandsmitglieds sowie der Lage der Gesellschaft stehen und die übliche Vergütung nicht ohne besondere Gründe übersteigen. Diese gesetzlich normierten, vom Aufsichtsrat **kumulativ** zu beachtenden Parameter stellen indes kein abschließendes Prüfmuster dar.[46] Der Aufsichtsrat ist nicht nur berechtigt, sondern auch verpflichtet, im Rahmen seiner unternehmerischen, am Gesellschaftsinteresse orientierten Ermessensentscheidung weitere im Einzelfall geeignete Kriterien zur Ermittlung der Angemessenheit der Vergütung eines Vorstandsmitglieds heranzuziehen.[47] Dass der **Aufzählung** der **Bemessungskriterien** in § 87 Abs. 1 S. 1 **kein abschließender Charakter** zukommt war für § 87 Abs. 1 S. 1 aF nahezu unstreitig.[48] An dieser Beurteilung ist auch nach der Ergänzung des Kriterienkatalogs durch das VorstAG festzuhalten. Der Aufsichtsrat hat bei der Anwendung ergänzender Gesichtspunkte allerdings den in § 87 Abs. 1 gesetzlich normierten Parametern bei der vorzunehmenden Gesamtbetrachtung verschiedener Kriterien einen Gewichtungsvorrang vor anderen, zusätzlich anzuwendenden Kriterien einzuräumen. Insbesondere steht § 87 Abs. 1 S. 1 der Anwendung von Vergütungskriterien entgegen, die geeignet sind, die gesetzlichen Vorgaben für die Bemessung der Bezüge zu beeinträchtigen oder zu gefährden.[49] Die in § 87 Abs. 1 S. 1 aufgeführten Parameter sind Ausprägungen des allgemeinen Handlungsmaßstabs des Gesellschaftsinteresses, der für Vorstand und Aufsichtsrat grundsätzlich gleichermaßen gilt. Eine Festsetzung der Vergütung, durch die auch nur der Anreiz geschaffen werden könnte, dass der Vorstand gegen die Interessen der Gesellschaft handelt oder die Belange der Gesellschaft gesellschaftsfremden Interessen unterordnet, ist unzulässig. Eine Vergütungsregel, die prinzipiell geeignet ist, Entscheidungen zu honorieren, die den Interessen der Gesellschaft zuwiderlaufen, wird in der Regel die Lage der Gesellschaft nicht wie in § 87 Abs. 1 S. 1 gefordert angemessen berücksichtigen.[50]

Aufgrund der Vielgestaltigkeit der Verhältnisse ist eine weitergehende Konkretisierung des Ange- 17
messenheitserfordernisses im Sinne einer ziffernmäßigen **Festlegung bestimmter Höchstgrenzen nicht möglich.**[51] Auch die Festlegung zulässiger Vergütungsbandbreiten für Aktiengesellschaften verschiedener Größenklassen, bei deren Einhaltung eine widerlegliche Vermutung für die Angemessenheit der Vergütung bestehen soll,[52] dürfte den praktischen Bedürfnissen aufgrund der Vielgestaltigkeit der Verhältnisse kaum gerecht werden können. Ausgehend vom Grundsatz der Vertragsfreiheit,

[40] *Thüsing* ZGR 2003, 457 (487).

[41] Zur in Ziff. 4.2.2 Abs. 3 DCGK geforderten Unabhängigkeit hinzugezogener externer Vergütungsexperten vgl. *Baums* AG 2010, 53; *Fleischer* BB 2010, 67 (71).

[42] *Fleischer* BB 2010, 67 (70); *ders.* DStR 2005, 1318 (1319); *Thüsing* ZGR 2003, 457 (487).

[43] BGH NZG 2011, 1271 – ISION.

[44] Spindler/Stilz/*Fleischer* Rn. 41; *Cannivé/Seebach* Der Konzern 2009, 593 (600).

[45] Allg. zu Haftungsrisiken des Aufsichtsrats im Zusammenhang mit der Festsetzung der Vorstandsvergütung vgl. *Cannivé/Seebach* Der Konzern 2009, 593.

[46] Spindler/Stilz/*Fleischer* Rn. 19; Schmidt/Lutter/*Seibt* Rn. 8.

[47] Ähnlich Schmidt/Lutter/*Seibt* Rn. 8.

[48] *Lutter* ZIP 2006, 733 (735); *Lücke* NZG 2005, 692 (696); MüKoAktG/*Spindler* Rn. 39; Spindler/Stilz/*Fleischer* Rn. 1a; Hüffer/*Koch* Rn. 4.

[49] OLG München NZG 2008, 631 = AG 2008, 593.

[50] OLG München NZG 2008, 631 = AG 2008, 593.

[51] *Körner* NJW 2004, 2697 (2700); *Fleischer* DStR 2005, 1279 (1281); *Martens* ZHR 169 (2005), 124 (126); MüKoAktG/*Spindler* Rn. 38; Hüffer/*Koch* Rn. 5.

[52] Vgl. hierzu *Lücke* NZG 2005, 692 (696 f.).

der durch die Angemessenheitsschranke in § 87 Abs. 1 S. 1 eingeschränkt wird, gilt es weniger, „die“ angemessene Vergütung positiv zu definieren, als vielmehr (negativ) eine unangemessene Vergütungshöhe auszuschließen. Trotz der im § 87 Abs. 1 S. 1 aufgeführten Bemessungskriterien bleibt die Festsetzung der konkreten Vergütungshöhe eine unternehmerische Einzelfallentscheidung des Aufsichtsrats, bei der ihm ein weiter Ermessensspielraum zusteht und die nur anhand der Grundsätze der Business Judgment Rule überprüft werden kann. Es lässt sich daher grundsätzlich nicht eine zulässige Vergütung, sondern nur eine Bandbreite zulässiger Vergütungen bestimmen.[53] Nicht bereits jede beliebige Unausgewogenheit der Vorstandsvergütung verletzt das Angemessenheitsgebot, sondern erst eine besonders handgreifliche Normabweichung.[54]

18 Maßgeblicher **Zeitpunkt** für die Beurteilung der Angemessenheit ist die Festsetzung der Bezüge.[55] Nachträgliche Änderungen der Verhältnisse sind – soweit im Anstellungsvertrag keine abweichenden Regelungen getroffen sind – nur unter den Voraussetzungen des § 87 Abs. 2 relevant.[56]

19 **2. Einzelne Beurteilungskriterien. a) Aufgaben des Vorstandsmitglieds.** Die Aufgaben des Vorstandsmitglieds werden durch den Anstellungsvertrag, die Geschäftsverteilung für den Vorstand in Satzung und/oder Geschäftsordnung sowie die faktische Handhabung bestimmt.[57] Die Verschiedenheit der übertragenen Aufgaben und das damit einhergehende unterschiedliche Maß an Verantwortung können erhebliche Vergütungsunterschiede innerhalb des Vorstandsgremiums begründen. So rechtfertigt die Rolle des Vorstandsvorsitzenden regelmäßig eine besondere Hervorhebung des betreffenden Vorstandsmitglieds auch bei der Festsetzung der Vergütung.[58] Das Prinzip der Gesamtverantwortung (→ § 77 Rn. 31) steht einer Berücksichtigung unterschiedlicher Anforderungs- und Leistungsprofile der Vorstandsmitglieder nicht entgegen (aber → Rn. 21 aE).[59]

20 **b) Leistungen des Vorstandsmitglieds.** Mit der Aufnahme der „Leistungen“ des Vorstandsmitglieds als weiteres Kriterium zur Ermittlung der Angemessenheit der Vorstandsvergütung durch das VorstAG ist keine materielle Änderung gegenüber der bisherigen Rechtslage verbunden.[60] Bereits bislang war die Berücksichtigung der Leistungen des Vorstandsmitglieds als Angemessenheitskriterium allgemein anerkannt.[61] Durch die ausdrückliche Nennung in § 87 Abs. 1 S. 1 wird die Bedeutung des Leistungskriteriums nunmehr besonders hervorgehoben.[62] Eine Berücksichtigung dieses Kriteriums bei der Vergütungsbemessung dürfte damit jedenfalls fortan grundsätzlich geboten sein.[63] Nach dem Gesetzeswortlaut („des Vorstandsmitglieds“) ist nicht die Leistung des Gesamtgremiums, sondern die **persönliche Leistung des einzelnen Vorstandsmitglieds** zu beurteilen. Dafür spricht auch der Umstand, dass das einzelne Vorstandsmitglied keinen Einfluss auf die Besetzung des Gesamtvorstands hat. Zur Bewertung der persönlichen Leistung des einzelnen Vorstandsmitglieds können jedoch auch Kriterien wie Teamfähigkeit und Kooperationsbereitschaft innerhalb des Kollegialorgans herangezogen werden.[64]

21 Die Festsetzung der Vergütung im Anstellungsvertrag erfolgt regelmäßig nur als **Entgelt für zukünftige Leistungen** des Vorstandsmitglieds.[65] Eine Beurteilung dieser (noch nicht erbrachten) Leistungen ist naturgemäß nur prospektiv unter Berücksichtigung der Aufgaben des Vorstandsmitglieds möglich.[66] Bei Vertragsverlängerungen können als Anhaltspunkt die bereits im Vorstandsamt unter Beweis gestellten Leistungen des Vorstandsmitglieds berücksichtigt werden.[67] Ein derartiger Rückgriff auf in der Vergangenheit gezeigte Leistungen als Grundlage für die Einschätzung der für die anstehende Amtsperiode zu erwartenden Leistung kommt bei der erstmaligen Bestellung eines Vorstandsmitglieds nicht in Betracht, sofern nicht ausnahmsweise eine Heranziehung von in einem früheren Angestelltenverhältnis gezeigten Leistungen möglich ist. Dies mag insbesondere bei Erstbestellungen dafür sprechen, einen nicht unerheblichen Teil der Vergütung (leistungsbezogen) variabel

---

[53] KK-AktG/*Mertens/Cahn* Rn. 4; Spindler/Stilz/*Fleischer* Rn. 22.

[54] Spindler/Stilz/*Fleischer* Rn. 24; *Marsch-Barner* FS Röhricht, 2005, 401 (403).

[55] *Thüsing* in Fleischer HdB VorstandsR § 6 Rn. 4; *Hüffer/Koch* Rn. 5.

[56] MüKoAktG/*Spindler* Rn. 119; Hüffer/*Koch* Rn. 2.

[57] GroßkommAktG/*Kort* Rn. 52; MüKoAktG/*Spindler* Rn. 43.

[58] Spindler/Stilz/*Fleischer* Rn. 10; MüKoAktG/*Spindler* Rn. 43.

[59] MüKoAktG/*Spindler* Rn. 43; *Schwark* FS Raiser, 2005, 377 (383 f.).

[60] *Thüsing* AG 2009, 517 (518); *Fleischer* NZG 2009, 801 (802); *Hoffmann-Becking/Krieger* NZG 2009, Beilage zu Heft 26, 1.

[61] Vgl. etwa MüKoAktG/*Spindler* Rn. 45; Spindler/Stilz/*Fleischer* Rn. 11.

[62] *Thüsing* AG 2009, 517 (518).

[63] *Thüsing* AG 2009, 517 (518).

[64] Ähnlich *Fleischer* NZG 2009, 801 (802).

[65] Vgl. Begr. RegE, BT-Drs. 16/12278, 6.

[66] Ähnlich GroßkommAktG/*Kort* Rn. 56; KK-AktG/*Mertens/Cahn* Rn. 13.

[67] Begr. RegE, BT-Drs. 16/12278, 6; KK-AktG/*Mertens/Cahn* Rn. 13; *Hohenstatt* ZIP 2009, 1349 (1350).

zu gestalten.[68] Ein zwingendes Erfordernis hierzu besteht jedoch nicht.[69] Ebenso wenig ergibt sich aus dem Bemessungskriterium der individuellen Leistung eine generelle Unzulässigkeit der bislang durchaus verbreiteten Praxis, für alle ordentlichen Vorstandsmitglieder die gleiche Vergütung festzusetzen und dem Vorstandsvorsitzenden einen bestimmten Aufschlag (zB das 1,5-fache) zu gewähren. Der Zugehörigkeit zu einem Kollegialorgan und der damit verbundenen Gesamtverantwortung kann auch weiterhin ohne Weiteres maßgebliche Bedeutung für die Bemessung der Vergütung zugemessen werden.[70]

c) Üblichkeit der Vergütung. Auch das durch das VorstAG in § 87 Abs. 1 S. 1 aufgenommene Kriterium der Üblichkeit der Vergütung ist bereits bislang für die Beurteilung der Angemessenheit der Vorstandsbezüge herangezogen worden.[71] Nach der Begründung des Fraktionsentwurfs und dem Bericht des Rechtsausschusses ist mit dem Begriff „übliche Vergütung" die Branchen-, Größen- und Landesüblichkeit gemeint **(horizontale Vergleichbarkeit).** Es sind Unternehmen derselben Branche, ähnlicher Größe und Komplexität in die Bemessung einzubeziehen.[72] Zu beachten ist demnach der jeweils relevante Markt für Führungskräfte.[73] Landesüblichkeit stellt auf die **Üblichkeit in der Bundesrepublik Deutschland** ab.[74] Ein höheres ausländisches Vergütungsniveau darf daher nur bei Vorliegen besonderer Gründe herangezogen werden. Diese können darin liegen, dass das betreffende Vorstandsmitglied ein konkretes Auslandsangebot vorweisen kann oder jedenfalls aufgrund seiner Qualifikationen und des aktuellen Marktumfelds die realistische Möglichkeit hat, für eine ausländische Gesellschaft tätig zu werden und dort höhere Bezüge zu erzielen.[75] Dabei sind dann allerdings auch Besonderheiten, die mit der Wahrnehmung eines ausländischen Vorstandsmandats einhergehen, zu berücksichtigen, wie etwa erhöhte Haftungsrisiken oder kürzere Vertragslaufzeiten.[76] 22

Neben einem horizontalen Vergleichsmaßstab ist nach dem Bericht des Rechtsausschusses „auch das Lohn- und Gehaltsgefüge im Unternehmen heranzuziehen **(Vertikalität).** Dabei soll darauf geachtet werden, dass die „Vergütungsstaffelung im Unternehmen beim Vorstand nicht Maß und Bezug zu den Vergütungsgepflogenheiten und dem Vergütungssystem im Unternehmen im Übrigen verliert".[77] Nach der an das VorstAG angepassten Fassung von Ziff. 4.2.2 Abs. 2 S. 2 DCGK ist ein Kriterium für die Angemessenheit der Vergütung die „Vergütungsstruktur, die ansonsten in der Gesellschaft gilt". Aufgrund Beschlusses der Regierungskommission Deutscher Corporate Governance Kodex vom 13.5.2013 wurde mit Wirkung zum 10.6.2013 eine neue Ziff. 4.2.2 Abs. 2 S. 3 DCGK eingeführt. Hiernach soll der Aufsichtsrat das Verhältnis der Vorstandsvergütung zur Vergütung des oberen Führungskreises und der Belegschaft insgesamt auch in der zeitlichen Entwicklung berücksichtigen, wobei der Aufsichtsrat für den Vergleich festlegen soll, wie der obere Führungskreis und die relevante Belegschaft abzugrenzen sind.[78] Eine (gesetzliche) Verpflichtung zur Einhaltung fester Vergütungsrelationen kann aus diesen Formulierungen nicht abgeleitet werden. Hierzu fehlt es bereits an jeglichen gesetzlichen Orientierungspunkten zur Bestimmung einer unter Berücksichtigung der jeweiligen Branchenbesonderheiten (Vorstand eines kostenbewussten Einzelhandelunternehmens – Vorstand einer Investmentbank mit vielen hoch bezahlten Investmentbankern)[79] im Einzelfall noch angemessenen Vergütungsrelation. Zudem ist in dem Bericht des Rechtsausschusses zwar von „horizontaler Vergleichbarkeit", nicht aber von „vertikaler Vergleichbarkeit", sondern nur von „Vertikalität" die Rede. Es dürfte daher in erster Linie im Sinne eines Appells zum Maßhalten darum gehen, Vergütungsexzesse zu vermeiden.[80] Spannungen zwischen dem Maßstab der horizon- 23

[68] Ähnlich *Bauer/Arnold* AG 2009, 717 (718 f.); Spindler/Stilz/*Fleischer* Rn. 13.
[69] Weitergehend *Hohenstatt* ZIP 2009, 1349 (1350): in aller Regel Erfordernis, einen nicht unerheblichen Teil der Vergütung variabel zu gestalten.
[70] *Bauer/Arnold* AG 2009, 717 (719).
[71] Vgl. etwa LG München NZG 2007, 477; *Lutter* ZIP 2006, 733 (736); KK-AktG/*Mertens/Cahn* Rn. 1; Spindler/Stilz/*Fleischer* Rn. 15.
[72] Begr. RegE, BT-Drs. 16/12278, 6; Beschlussempfehlung und Bericht des Rechtsausschusses, BT-Drs. 16/13433, 15.
[73] *Dauner-Lieb* Der Konzern 2009, 583 (586).
[74] Begr. RegE, BT-Drs. 16/12278, 6; Beschlussempfehlung und Bericht des Rechtsausschusses, BT-Drs. 16/13433, 15.
[75] *Fleischer* NZG 2009, 801 (802); *Hoffmann-Becking/Krieger* NZG 2009, Beilage zu Heft 26, 1; *Lingemann* BB 2009, 906 (907); *Hohaus/Weber* DB 2009, 1515 (1516).
[76] *Fleischer* DStR 2005, 1279 (1282); *Thüsing* ZGR 2003, 457 (471).
[77] Beschlussempfehlung und Bericht des Rechtsausschusses, BT-Drs. 16/13433, 15.
[78] Vgl. hierzu *Klern* AG 2013, 733 (738); *Wilsing/von der Linden* DStR 2013, 1291 (1292).
[79] Vgl. *Lingemann* BB 2009, 1918 (1919).
[80] *Hoffmann-Becking/Krieger* NZG 2009, Beilage zu Heft 26, 1; *Lingemann* BB 2009, 1918 (1919).

talen Vergleichbarkeit und der Vertikalität sind daher zugunsten der horizontalen Vergleichbarkeit aufzulösen.[81]

24 Die **Üblichkeit einer Vergütung** kann – trotz der Formulierung als eigenständiges, zusätzliches Kriterium zur Begrenzung der Vorstandsvergütung – letztlich wie bislang[82] immer **nur ein Indiz für deren Angemessenheit** sein.[83] Nicht jede übliche Vergütung ist auch angemessen iSd § 87 Abs. 1 S. 1.[84] Umgekehrt folgt allein aus dem Umstand, dass eine höhere als die marktübliche Vergütung gewährt wird, nicht automatisch die Unangemessenheit dieser Vergütung. Entscheidend ist, ob besondere Gründe vorliegen, die die höhere Vergütung rechtfertigen. So können überragende Leistungen des Vorstandsmitglieds in der Vergangenheit, die zu einem überdurchschnittlichen Ergebnis der Gesellschaft beitragen, auch überdurchschnittlich hohe Vergütungen rechtfertigen.[85] Entsprechendes gilt, wenn die Position mit besonders hohen Anforderungen und Risiken verbunden ist, zB wenn eine schwierige Umstrukturierungs- oder Sanierungsaufgabe zu bewältigen ist.[86] Je weiter sich die Vergütung von einer marktüblichen entfernt, desto höher wird allerdings der Darlegungs- und Begründungszwang für den Aufsichtsrat.[87]

25 **d) Lage der Gesellschaft.** Die Lage der Gesellschaft bestimmt sich nach ihrer **wirtschaftlichen Gesamtsituation,** dh ihrer gegenwärtigen Vermögens-, Finanz- und Ertragslage sowie der voraussichtlichen zukünftigen Entwicklung der Gesellschaft und der ihre Entwicklung bestimmenden externen Determinanten (Märkte, Politik, rechtliche Rahmenbedingungen).[88] In die Betrachtung ist auch das Vergleichsumfeld der Gesellschaft mit einzubeziehen. Nach Ziff. 4.2.2 Abs. 2 S. 2 DCGK sind „die wirtschaftliche Lage, der Erfolg und die Zukunftsbedingungen des Unternehmens [...] unter Berücksichtigung des Vergleichsumfelds" als Kriterien zu berücksichtigen. Entscheidend ist nicht der Blick auf einzelne Unternehmenssparten, sondern die Lage der Gesellschaft beziehungsweise, bei einer konzernleitenden Holdinggesellschaft, des Konzerns insgesamt, da auch die Leitung der Beteiligungen zu den Aufgaben des Vorstands zählt (→ § 76 Rn. 59).[89] Dementsprechend sind Bezüge, die das Vorstandsmitglied von anderen Konzernunternehmen erhält, bei der Betrachtung mit zu berücksichtigen.[90]

26 Eine **wirtschaftlich schlechte Lage** der Gesellschaft bedeutet nicht zwingend, dass sich diese in der Vereinbarung niedriger Vorstandsbezüge niederschlagen muss. Zwar spricht eine Verschlechterung der Lage der Gesellschaft in der Regel eher für die Festsetzung niedrigerer Vorstandsbezüge.[91] Dies gilt insbesondere für eine Verlängerung von Anstellungsverträgen mit Vorstandsmitgliedern, in deren bisheriger Amtszeit die Verschlechterung der wirtschaftlichen Lage eingetreten ist und die diese Situation daher mit zu verantworten haben. Bei einer Verschlechterung der Gesellschaftsverhältnisse kann nach § 87 Abs. 2 sogar eine Herabsetzung bereits festgesetzter Bezüge geboten sein. Andererseits ist eine Krisensituation mit einer besonderen Verantwortung sowie besonderen Anforderungen und Risiken für das Führungspersonal verbunden und der persönliche Einsatz des Vorstands aufgrund der schwierigen wirtschaftlichen Situation regelmäßig in besonderem Maße gefordert.[92] Gerade in der Krise ist die Gesellschaft auf die Leitung durch besonders qualifizierte und motivierte Vorstandsmitglieder angewiesen.[93] Zudem kann die Übernahme eines Vorstandsamts in einer Sanierungssituation mit einem besonderen persönlichen Risiko für das Vorstandsmitglied verbunden sein, wenn es etwa befürchten muss, dass ein Fehlschlagen der Sanierung mit seinem Namen verbunden und negative Konsequenzen für sein weiteres berufliches Fortkommen haben würde.[94] In einer

[81] Hüffer/*Koch* Rn. 3; *Fleischer* NZG 2009, 801 (802); *Gaul/Janz* NZA 2009, 809 (810); *Hoffmann-Becking/Krieger* NZG 2009, Beilage zu Heft 26, 2; *Bauer/Arnold* AG 2009, 717 (720); iErg auch *Thüsing* AG 2009, 517 (518 f.); *Dauner-Lieb* Der Konzern 2009, 583 (587).

[82] Vgl. etwa *Fleischer* DStR 2005, 1279.

[83] *Thüsing* AG 2009, 517 (518); *Fleischer* NZG 2009, 801 (802); *Hohaus/Weber* DB 2009, 1515 (1516).

[84] Beschlussempfehlung und Bericht des Rechtsausschusses, BT-Drs. 16/13433, 15; *Hohaus/Weber* DB 2009, 1515 (1516); *Fleischer* NZG 2009, 801 (802); vgl. zum bisherigen Recht *Schwark* FS Raiser, 2005, 377 (384); *Thüsing* ZGR 2003, 457 (465); Spindler/Stilz/*Fleischer* Rn. 15.

[85] LG München NZG 2007, 477; *Hohenstatt* ZIP 2009, 1349 (1350); *Bauer/Arnold* AG 2009, 717 (719); *Hoffmann-Becking* ZHR 169 (2005), 155 (159); MüKoAktG/*Spindler* Rn. 47.

[86] *Dauner-Lieb* Der Konzern 2009, 583 (586); *Hohenstatt* ZIP 2009, 1349 (1350).

[87] *Thüsing* ZGR 2003, 457 (486 ff.); MüKoAktG/*Spindler* Rn. 39.

[88] LG Düsseldorf NJW 2004, 3274 (3278): „gesamte unternehmerische Lage"; *Schwark* FS Raiser, 2005, 377 (384); *Fleischer* DStR 2005, 1279 (1280); MüKoAktG/*Spindler* Rn. 51; Spindler/Stilz/*Fleischer* Rn. 14.

[89] *Schwark* FS Raiser, 2005, 377 (384); GroßkommAktG/*Kort* Rn. 66; KK-AktG/*Mertens/Cahn* Rn. 10 f.

[90] *Fleischer* DStR 2005, 1279 (1280); MüKoAktG/*Spindler* Rn. 52; vgl. auch Ziff. 4.2.2 Abs. 2 S. 1 DCGK.

[91] *Thüsing* ZGR 2003, 457 (470); MüKoAktG/*Spindler* Rn. 53.

[92] Vgl. OLG Karlsruhe AG 2012, 464 (466).

[93] MüKoAktG/*Spindler* Rn. 53; Hüffer/*Koch* Rn. 3; *Arnold/Schansker* KSzW 2012, 39 (41).

[94] *Fleischer* DStR 2005, 1279 (1280); KK-AktG/*Mertens/Cahn* Rn. 9 ff.; GroßkommAktG/*Kort* Rn. 77.

Marktwirtschaft, die sich durch das Wechselspiel von Angebot und Nachfrage auszeichnet, ist letztlich entscheidend, zu welchem Preis eine zur Sanierung der Gesellschaft optimal geeignete Persönlichkeit gefunden werden kann.[95]

e) Weitere Angemessenheitskriterien. Weitere, ungeschriebene Kriterien, die für die Beurteilung der Angemessenheit einer Vorstandsvergütung herangezogen werden können, sind die fachliche und persönliche Qualifikation des Vorstandsmitglieds, die Berufserfahrung, das Alter, die Reputation, die Dauer seiner Zugehörigkeit zur Gesellschaft, die konkrete Verhandlungsposition des Vorstandsmitglieds, der Dienstort und die mit der Übernahme des Vorstandsmandats verbundenen Chancen und Risiken (Haftungsrisiken, Amtsdauer, Perspektiven).[96] Im konkreten Einzelfall mag es darüber hinaus zusätzliche Gesichtspunkte geben, die in geeigneter Weise in eine Beurteilung mit einfließen können. Entgegen einer vielfach vertretenen Auffassung[97] sind die familiären Verhältnisse des Vorstandsmitglieds für die Beurteilung der Angemessenheit seiner Bezüge hingegen ohne Belang. Aus § 87 Abs. 1 S. 1 lässt sich ein Anspruch auf beamtenrechtsähnliche Alimentation nicht begründen.[98] Insoweit eine Fürsorgepflicht der Gesellschaft als Dienstherrin zur monetären Berücksichtigung besonderer familiärer Verhältnisse anzuerkennen,[99] wird der (üblicherweise auch finanziell) herausgehobenen Stellung eines Vorstandsmitglieds nicht gerecht. 27

Die **steuerrechtliche Maßstäbe zur verdeckten Gewinnausschüttung** (§ 8 Abs. 3 S. 2 KStG) bei der GmbH können allenfalls eingeschränkt zur Beurteilung der Angemessenheit oder Unangemessenheit einer Vorstandsvergütung herangezogen werden.[100] Eine verdeckte Gewinnausschüttung kann zwar im Einzelfall auch dadurch ausgelöst werden, dass Mitglieder des Vorstands einer Aktiengesellschaft überhöhte Vergütungen ausbezahlt erhalten. Bei einer vertraglichen Gestaltung zwischen der Aktiengesellschaft und ihrem Vorstandsmitglied, das zugleich Mehrheitsaktionär ist, die einseitig an den Interessen des Vorstandsmitglieds und nicht auf einen gerechten Ausgleich der beiderseitigen Interessen ausgerichtet ist, liegt auch bei einer Aktiengesellschaft eine verdeckte Gewinnausschüttung vor.[101] Die Zusage gegenüber einem Mehrheitsaktionär, der zugleich Vorstandsmitglied der Aktiengesellschaft ist, kann in diesem Zusammenhang jedoch nicht ohne weiteres mit der Zusage einer GmbH gegenüber ihrem beherrschenden Gesellschafter-Geschäftsführer gleichgesetzt werden. Nach § 112 wird eine Aktiengesellschaft bei Rechtsgeschäften mit ihren Vorstandsmitgliedern von ihrem Aufsichtsrat vertreten, wodurch eine Wahrung der Interessen der Gesellschaft eher und stärker gewährleistet ist als bei Verträgen zwischen einer GmbH und ihrem beherrschenden Gesellschafter. Zudem sind die Kriterien der verdeckten Gewinnausschüttung vor allem aus ihrer steuerrechtlichen Teleologie heraus zu verstehen.[102] 28

V. Vergütungsstruktur

1. Allgemeines. Durch das VorstAG neu eingefügt wurden § 87 Abs. 1 S. 2 und 3. Hiernach ist die **Vergütungsstruktur bei börsennotierten Gesellschaften auf eine nachhaltige Unternehmensentwicklung auszurichten.** Variable Vergütungsbestandteile sollen eine mehrjährige Bemessungsgrundlage haben. Für außergewöhnliche Entwicklungen soll der Aufsichtsrat eine Begrenzungsmöglichkeit vereinbaren. Nach den Gesetzesmaterialien soll der Nachhaltigkeitsgedanke grundsätzlich auch von nichtbörsennotierten Gesellschaften berücksichtigt werden. Die gesetzliche Beschränkung auf börsennotierte Gesellschaften wurde gewählt, um klarzustellen, dass § 87 nicht (mehr) für die GmbH sowie für Personengesellschaften gelten soll.[103] 29

2. Begriff der Nachhaltigkeit. Die Einfügung von § 87 Abs. 1 S. 2 und 3 ist nicht zuletzt als Reaktion auf die Finanzmarktkrise zu verstehen, die nach Auffassung des Gesetzgebers auch durch fehlerhafte Verhaltensanreize bei der Vorstandsvergütung begünstigt wurde (→ Rn. 2).[104] Verhindert werden sollen Vergütungsstrukturen, die zum Eingehen unverantwortlicher Risiken verleiten und 30

---

[95] *Hoffmann-Becking* NZG 1999, 797 (798); GroßkommAktG/*Kort* Rn. 77; Hüffer/*Koch* Rn. 3; *Dauner-Lieb* Der Konzern 2009, 583 (586).

[96] BGH WM 1976, 1226 (1228); BGHZ 111, 224 (228) = NJW 1990, 2625; BGH NJW 1992, 2894 (2896), alle zur GmbH; *Fleischer* DStR 2005, 1279 (1280 f.); Schmidt/Lutter/*Seibt* Rn. 9; GroßkommAktG/*Kort* Rn. 98; Hüffer/*Koch* Rn. 4.

[97] MüKoAktG/*Spindler* Rn. 44; Hüffer/*Koch* Rn. 4.

[98] So auch *Fleischer* DStR 2005, 1279 (1280 f.).

[99] In diesem Sinne MüKoAktG/*Spindler* Rn. 44.

[100] LG München NZG 2007, 477.

[101] BFH BeckRS 2002, 25 001 830 mwN aus der Rspr.

[102] LG München NZG 2007, 477; *Fleischer* DStR 2005, 1279 (1283).

[103] Beschlussempfehlung und Bericht des Rechtsausschusses, BT-Drs. 16/13433, 16.

[104] Vgl. Beschlussempfehlung und Bericht des Rechtsausschusses, BT-Drs. 16/13433, 1.

damit den Bestand der Gesellschaft gefährden. Der Vorstand soll nicht dazu verleitet werden, kurzfristige Erfolge um den Preis eines späteren umso stärkeren Einbruchs zu forcieren. Er soll vielmehr umgekehrt motiviert werden, Zukunftsinvestitionen (etwa in Forschung und Entwicklung, Qualifizierung der Belegschaft etc) zu fördern, auch wenn diese Maßnahmen kurzfristig möglicherweise sogar ergebnisbelastend sind und sich erst langfristig positiv auf das Ergebnis auswirken, aber gerade deshalb zur dauerhaften Rentabilität des Unternehmens beitragen.[105] Der – gesetzlich nicht definierte – Begriff der „Nachhaltigkeit" in § 87 Abs. 1 S. 2 ist daher vor allem im Sinne eines Gegenbegriffs zum kurzfristigen, „auf Sand gebauten Erfolg" zu verstehen.[106] Positiv formuliert ist eine **Ausrichtung anhand eines langfristig definierten Gesellschaftsinteresses** intendiert.[107] Gefordert ist damit eine Orientierung der Vergütungsstruktur am dauerhaften, also jedenfalls periodenübergreifenden Erfolg im Gegensatz zu einer rein stichtagsbezogenen Betrachtung einzelner Erfolgsparameter wie Umsatz oder Provisionsaufkommen.[108]

31 **3. Grenzen einer anstellungsvertraglichen Regelung nachhaltiger Unternehmensziele.** Mit der Vorgabe einer Ausrichtung der Vergütungsstruktur auf eine nachhaltige Unternehmensentwicklung ist eine **Steuerung des Vorstandhandelns** durch positive Vergütungsanreize einerseits und Sanktionen in Form von Verlustbeteiligung und Haftung andererseits intendiert.[109] Eine sinnvolle Verhaltenssteuerung setzt die Definition klarer Zielstellungen voraus. Welche konkreten Ziele im Einzelfall nachhaltig iSd § 87 Abs. 1 S. 2 sind, lässt sich nicht mit Hilfe einer allgemeinen Formel beantworten, sondern hängt von der Lage und strategischen Ausrichtung des jeweiligen Unternehmens ab (Erhaltung der Konzernunabhängigkeit, Ausbau des Marktanteils, Entwicklung und Einführung neuer Produkte, Erschließung neuer globaler Märkte).[110] Eine an einer nachhaltigen Unternehmensentwicklung ausgerichtete Festlegung von Parametern und Zielen der variablen Vergütung kann daher nur auf Basis der Unternehmensstrategie des konkreten Unternehmens erfolgen.[111] Die Entwicklung und Formulierung der Unternehmensstrategie ist indes zentraler Bestandteil der Leitungsaufgabe des Vorstands (→ § 76 Rn. 1 ff.). Gemäß § 76 Abs. 1 hat der Vorstand unter eigener Verantwortung die Gesellschaft zu leiten. Dem Aufsichtsrat kommt nach § 111 Abs. 1 demgegenüber lediglich die Aufgabe der Überwachung der Geschäftsführung zu. Diese strikte aktienrechtliche Kompetenzverteilung darf nicht dadurch umgangen werden, dass der Aufsichtsrat über die Steuerung des Vorstandshandelns mittels Vergütungsstruktur durch die Formulierung strategischer Unternehmensziele in den Vorstandsdienstverträgen mittelbar die unternehmerische Verantwortung für die Entwicklung und Festlegung der Unternehmensstrategie übernimmt.[112]

32 Eine Auflösung dieses durch das VorstAG entstandenen Spannungsverhältnis zwischen der Aufgabe des Vorstands zur eigenverantwortlichen Leitung der Gesellschaft und der neuen Aufgabe des Aufsichtsrats, eine auf Nachhaltigkeit ausgerichtete Steuerung des Vorstandshandelns durch Festlegung der Vergütungsstruktur zu gewährleisten, dürfte eine stärkere Einbeziehung des Vorstands in die Formulierung der Vergütungsbestandteile, -ziele und -parameter erfordern.[113] Die Formulierung der Vergütungsziele und -parameter hat sich weitgehend an der vom Vorstand entwickelten und formulierten Unternehmensstrategie auszurichten.[114] Der Abstimmung der strategischen Ausrichtung des Unternehmens zwischen Vorstand und Aufsichtsrat (vgl. § 90 Abs. 1 Nr. 1, Ziff. 3.2 DCGK) wird damit zukünftig eine noch stärkere Bedeutung zukommen.

33 **4. Kombination lang- und kurzfristiger Vergütungselemente.** Die Vorgabe einer nachhaltigen Unternehmensentwicklung zwingt nicht zu einer ausschließlichen Beschränkung auf langfristige Vergütungselemente („long term incentives"). Auch kurzfristige Erfolge können dem langfristigen

---

[105] *Fleischer* NZG 2009, 801 (803); *Thüsing* AG 2009, 517 (520); *Hohenstatt/Kuhnke* ZIP 2009, 1981 (1982).

[106] *Thüsing* AG 2009, 517 (520); ähnlich *Fleischer* NZG 2009, 801 (802): „unternehmerisches Strohfeuer, das bald wieder erlischt".

[107] Ähnlich *Thüsing* AG 2009, 517 (520); *Hohenstatt* ZIP 2009, 1981 (1982): „Hinwendung zur langfristigen Wertsteigerung"; *Seibert* WM 2009, 1489 (1490): „langfristiger Erhalt des Unternehmens"; *Kocher/Bednarz* Der Konzern 2011, 77 (78): „langfristiger Erhalt des Unternehmens, gesundes Wachstum, […], die Vermeidung existenzgefährdender Risiken".

[108] Hüffer/*Koch* Rn. 11.

[109] Vgl. *Dauner-Lieb* Der Konzern 2009, 583 (584 f.); krit. zur Prämisse einer Steuerbarkeit der Unternehmensentwicklung über die Vorstandsvergütung *Arnold,* Die Steuerung des Vorstandshandelns, 2007, insbesondere 115, 131 ff.; *Thüsing* ZGR 2003, 457 (473 ff.).

[110] *Dauner-Lieb* Der Konzern 2009, 583 (586).

[111] *Dauner-Lieb/v. Preen/Simon* DB 2010, 377 (379).

[112] *Dauner-Lieb/v. Preen/Simon* DB 2010, 377 (381).

[113] *Dauner-Lieb/v. Preen/Simon* DB 2010, 377 (382); aA *Fonk* NZG 2011, 321 (324).

[114] *Dauner-Lieb/v. Preen/Simon* DB 2010, 377 (382).

Unternehmensinteresse dienen.[115] Die **Vereinbarung kurzfristig orientierter Vergütungsbestandteile** innerhalb des Vergütungssystems ist daher **weiterhin zulässig,** solange durch die Kombination mit zumindest einem mehrjährigen Vergütungselement im Ergebnis eine Vergütungsstruktur erreicht wird, durch die insgesamt ein ausreichender Verhaltensanreiz zu langfristigem Handeln zum Wohl der Gesellschaft erreicht wird.[116] Klassische Jahresboni oder -tantiemen (auch in Form von Ermessenstantiemen) bleiben damit grundsätzlich ebenso zulässig wie kurzfristige Verhaltensanreize, etwa in Form von Antrittsprämien oder Transaktionsboni oder sonstiger Sondervorteile für einmalige Erfolge (zB „Turnaround-Prämie", erfolgreiche Einführung eines neuen Produkts), sofern sie einer nachhaltigen Unternehmensentwicklung nicht zuwiderlaufen.[117] Als Faustregel zum Verhältnis von kurz- und langfristigen Vergütungselementen zueinander ist davon auszugehen, dass (sofern überhaupt eine variable Vergütungskomponente vereinbart wird) die langfristigen Vergütungselemente regelmäßig mindestens die Hälfte aller variablen Vergütungselemente ausmachen sollten.[118] Die Bestimmung dieses Verhältnisses kann naturgemäß nur anhand einer (möglichst realistischen) Prognose auf der Basis von Erfahrungs- und Planwerten erfolgen.[119] Verschiedentlich wird eine Aufteilung von 50% Festvergütung, 20% kurzfristig variabler und 30% langfristig variabler Vergütung als (jedenfalls) zulässig genannt.[120] Das Schwergewicht der variablen Vergütung müsse auf der langfristig variablen Vergütung liegen.[121] Entscheidend ist indes nicht die Einhaltung eines fixen Gewichtungsfaktors, sondern dass sich bei einer Gesamtbetrachtung aller Vergütungselemente ein ausreichender Anreiz zu einem am dauerhaften Unternehmenserfolg orientierten Vorstandshandeln ergibt. Da § 87 Abs. 1 S. 3 ausdrücklich als Soll-Vorschrift formuliert ist, kann der Aufsichtsrat, wenn dies aufgrund des Vorliegens besonderer Umstände im (langfristig definierten) Interesse der Gesellschaft geboten erscheint, ausnahmsweise auch überwiegend oder ausschließlich kurzfristige Anreize setzen.[122] Unter Haftungsgesichtspunkten (§ 116 S. 3) ist in diesen Fällen eine besonders sorgfältige Dokumentation der besonderen Gründe im Aufsichtsratsbeschluss dringend anzuraten.[123]

5. Festvergütung. Die Möglichkeit, ausschließlich eine Festvergütung zu vereinbaren und auf variable Vergütungskomponenten zu verzichten, bleibt auch börsennotierten Aktiengesellschaften weiterhin unbenommen.[124] Dies ergibt sich sowohl aus den Gesetzesmaterialien,[125] als auch aus dem Sinn und Zweck der Neuregelung. Gesetzgeberisches Ziel ist es, Fehlanreize durch variable Vergütungen zu vermeiden, nicht jedoch, die Vereinbarung variabler Vergütungskomponenten verpflichtend vorzuschreiben.[126] Mit einer reinen Festvergütung ist zwar keine spezifische Incentivierung von Beiträgen zur langfristigen Unternehmensentwicklung verbunden. Das primäre gesetzgeberische Ziel der Vermeidung einer gefährlichen Kurzfristorientierung wird jedoch gewährleistet. Zudem ist es denkbar, dass gerade der vollständige Verzicht auf variable Vergütungsbestandteile einer nachhaltigen Unternehmensentwicklung dient.[127] Zu beachten ist indes die Empfehlung in Ziff. 4.2.3 Abs. 2 S. 2 DCGK, wonach die monetären Vergütungselemente fixe und variable Bestandteile umfassen sollen. Die Frage nach der Zulässigkeit einer reinen Fixvergütung für Vorstände börsennotierten Aktiengesellschaften dürfte damit eher theoretischer Natur sein. 34

[115] Ähnlich *Bauer/Arnold* AG 2009, 717 (721).

[116] Beschlussempfehlung und Bericht des Rechtsausschusses, BT-Drs. 16/13433, 16; vgl. auch Hüffer/*Koch* Rn. 11; *Deilmann/Otte* GWR 2009, 261; *Hoffmann-Becking/Krieger* NZG 2009, Beilage zu Heft 26, 2; *Bosse* BB 2009, 1650 (1651); *van Kann/Keiluweit* DStR 2009, 1587 (1588); *Fleischer* NZG 2009, 801 (803); *Nickolay* NJW 2009, 2640 (2642); *Annuß/Theusinger* BB 2009, 2434 (2436).

[117] Hüffer/*Koch* Rn. 11; Schmidt/Lutter/*Seibt* Rn. 12a; *Hohenstatt* ZIP 2009, 1349 (1351); *Deilmann/Otte* GWR 2009, 261; *Bauer/Arnold* AG 2009, 717 (721); *Fleischer* NZG 2009, 801 (803); *Hohenstatt/Kuhnke* ZIP 2009, 1981 (1987); *Dauner-Lieb* Der Konzern 2009, 583 (588); *Hohaus/Weber* DB 2009, 1515 (1517); DAV-Handelsrechtsausschuss NZG 2009, 612 (613); krit. KK-AktG/*Mertens/Cahn* Rn. 24.

[118] Ebenso *Hoffmann-Becking/Krieger* NZG 2009, Beilage zu Heft 26, 2; *Bauer/Arnold* AG 2009, 717 (722); iErg wohl auch *Deilmann/Otte* GWR 2009, 261.

[119] *Hoffmann-Becking/Krieger* NZG 2009, Beilage zu Heft 26, 2.

[120] *Deilmann/Otte* GWR 2009, 261; *Bauer/Arnold* AG 2009, 717 (722); ähnlich *Lingemann* BB 2009, 1918 (1919).

[121] *Deilmann/Otte* GWR 2009, 261; *Hohenstatt/Kuhnke* ZIP 2009, 1981 (1987).

[122] *Bauer/Arnold* AG 2009, 717 (722).

[123] *Bauer/Arnold* AG 2009, 717 (722).

[124] KK-AktG/*Mertens/Cahn* Rn. 22; *Hohenstatt* ZIP 2009, 1349 (1351); *Fleischer* NZG 2009, 801 (803); *Lingemann* BB 2009, 1918 (1919); *Bauer/Arnold* AG 2009, 717 (722); *Thüsing* AG 2009, 517 (519); *Hoffmann-Becking/Krieger* NZG 2009, Beilage zu Heft 26, 2; wohl auch *Deilmann/Otte* GWR 2009, 261 sowie *Seibert* WM 2009, 1489 (1490); einschr. Schmidt/Lutter/*Seibt* Rn. 12: ausnahmsweise zulässig.

[125] Begr. RegE, BT-Drs. 16/12278, 6; vgl. dazu auch *Fleischer* NZG 2009, 801 (803).

[126] *Lingemann* BB 2009, 1918 (1919); *Thüsing* AG 2009, 517 (519); *Hoffmann-Becking/Krieger* NZG 2009, Beilage zu Heft 26, 2.

[127] *Dauner-Lieb* Der Konzern 2009, 583 (587).

35 **6. Mehrjährige Bemessungsgrundlage für variable Vergütungsbestandteile. a) Allgemeines.** Nach § 87 Abs. 1 S. 3 sollen variable Vergütungsbestandteile eine mehrjährige Bemessungsgrundlage haben. Aus der Verknüpfung mit S. 2 („daher") folgt die Beschränkung des Anwendungsbereichs der Bestimmung auf börsennotierte Gesellschaften.[128] Da nach § 87 Abs. 1 S. 2 auch kurzfristige variable Vergütungselemente grundsätzlich zulässig sind, ergibt sich zudem, dass die Vorgabe einer mehrjährigen Bemessungsgrundlage jedenfalls insoweit nicht zwingend ist. Hierfür spricht auch die Ausgestaltung als Soll-Vorschrift.[129] Gemäß Ziff. 4.2.3 Abs. 2 S. 3 DCGK in der Neufassung vom 7.2.2017 haben variable Vergütungsbestandteile grundsätzlich eine mehrjährige Bemessungsgrundlage, die im Wesentlichen zukunftsbezogen sein soll.

36 **b) Ausgestaltung des Bemessungszeitraums.** Wie die Bemessungsgrundlage (besser: **Bemessungszeitraum**)[130] im Einzelnen ausgestaltet sein soll, ist gesetzlich nicht geregelt und obliegt daher dem pflichtgemäßen **Ermessen des Aufsichtsrats** im konkreten Einzelfall. Nach dem Bericht des Rechtsausschusses gibt es zahlreiche denkbare Vertragsgestaltungen wie Bonus-Malus-Systeme oder eine Performance-Betrachtung über die Gesamtlaufzeit. Klargestellt wird weiterhin, „dass nicht nur die Auszahlung hinausgeschoben werden darf, vielmehr müssen die variablen Bestandteile auch an negativen Entwicklungen im gesamten Bemessungszeitraum teilnehmen."[131] In Betracht kommt beispielsweise, den Anspruch auf (vollständige) Auszahlung eines erfolgsabhängigen Jahresbonus von der Bestätigung der Erfolgsziele in nachfolgenden Jahren abhängig zu machen.[132] Auch die Vereinbarung einer (teilweisen) Rückzahlungsverpflichtung von zunächst als Abschlagszahlung ausgezahlten Boni bei Nichterreichung bestimmter Erfolgsziele in späteren Jahren ist denkbar (sog. Claw back-Klauseln),[133] aufgrund des Risikos der späteren Durchsetzbarkeit von Rückforderungsansprüchen allerdings kaum empfehlenswert.[134] Einem mehrjährigen Bemessungszeitraum entspricht es, wenn ein erfolgsabhängiger Jahresbonus in Form von Aktien der Gesellschaft gewährt wird (Sachtantieme) oder zu einem erheblichen Teil in Aktien der Gesellschaft angelegt werden muss und diese erst nach Ablauf einer mehrjährigen Sperrfrist veräußert werden dürfen (restricted shares).[135]

37 **c) Länge des Bemessungszeitraums.** „Mehrjährig" bedeutet ein **mindestens zweijähriger Bemessungszeitraum.**[136] Soweit teilweise vertreten wird, aus der in § 193 Abs. 2 nF vorgesehenen Verlängerung der Laufzeit von Aktienoptionsprogrammen von zwei auf vier Jahre ergebe sich eine generelle „Orientierungshilfe" für die Bestimmung des „mehrjährigen" Bemessungszeitraums nach § 87 Abs. 1 S. 3,[137] überzeugt das in dieser Allgemeinheit nicht. Anders als in § 193 Abs. 2 hat der Gesetzgeber in § 87 Abs. 1 S. 3 gerade keine konkrete Vorgabe für die Ausgestaltung und Länge des Bemessungszeitraums gemacht. Im Bericht des Rechtsausschusses findet sich – anders als noch in der Begründung des Entwurfs der Regierungsfraktionen[138] – kein Hinweis auf die Verlängerung der Laufzeit von Aktienoptionsprogrammen. Entscheidend ist nach dem Bericht des Rechtsausschusses, dass insgesamt eine am langfristigen definierten Gesellschaftsinteresse ausgerichtete Vergütungsstruktur erreicht wird.[139] Zur Erreichung dieses Ziels „sollen" variable Vergütungsbestandteile eine mehrjährige Bemessungsgrundlage haben. Wie im Einzelnen die „Langfristigkeit der Verhaltensanreize" vertraglich umgesetzt wird, obliegt jedoch dem pflichtgemäßen Ermessen des Aufsichtsrats, der hierbei auch die Besonderheiten der jeweiligen Branche und des Unternehmens berücksichtigen muss. Für nicht aktienkursorientierte Vergütungselemente kommt daher auch ein zwei- oder dreijähriger Bemessungszeitraum in Betracht, sofern insgesamt ein ausreichender Anreiz zu langfristig orien-

[128] Hüffer/*Koch* Rn. 10.

[129] *Kocher/Bednarz* Der Konzern 2011, 77 (82); *Hohaus/Weber* DB 2009, 1515 (1517); *Thüsing* AG 2009, 517 (520); *Hohenstatt/Kuhnke* ZIP 2009, 1981 (1983); aA – verpflichtende Regelung – *Deilmann/Otte* GWR 2009, 261 (262); wohl auch Schmidt/Lutter/*Seibt* Rn. 12 f.

[130] Vgl. auch *Hohenstatt/Kuhnke* ZIP 2009, 1981 (1983) sowie Beschlussempfehlung und Bericht des Rechtsausschusses, BT-Drs. 16/13433, 16.

[131] BT-Drs. 16/13433, 16; vgl. auch Hüffer/*Koch* Rn. 13.

[132] *Hohenstatt/Kuhnke* ZIP 2009, 1981 (1984); *Hoffmann-Becking/Krieger* NZG 2009, Beilage zu Heft 26, 3.

[133] Allg. zu Clawback-Klauseln *Wettich* AG 2013, 374; *Schuster* FS Bauer, 2010, 973.

[134] *Hohenstatt/Kuhnke* ZIP 2009, 1981 (1985).

[135] *Hoffmann-Becking/Krieger* NZG 2009, Beilage zu Heft 26, 3 f.; vgl. auch *Hohaus/Weber* DB 2009, 1515 (1519); *Fleischer* NZG 2009, 801 (803); *Deilmann/Otte* GWR 2009, 261.

[136] *Thüsing* AG 2009, 517 (521); *Kocher/Bednarz* Der Konzern 2011, 77 (83); Schmidt/Lutter/*Seibt* Rn. 12; *Hohenstatt/Kuhnke* ZIP 2009, 1981 (1984).

[137] *Seibert* WM 2009, 1489 (1490); *Fleischer* NZG 2009, 801 (803); *Gaul/Janz* NZA 2009, 809 (810); *Deilman/Otte* GWR 2009, 261 (262).

[138] Begr. RegE, BT-Drs. 16/12278, 6.

[139] BT-Drs. 16/13433, 16.

tiertem Vorstandshandeln gesetzt wird.[140] Aufgrund der bestehenden Rechtsunsicherheiten wird allerdings aus Vorsichtsgründen in der Praxis in der Regel ein mindestens dreijähriger Bemessungszeitraum zu empfehlen sein.[141] Zudem wird der Aufsichtsrat die Fristverlängerung in § 193 Abs. 2 über Aktienoptionen hinaus bei der **Ausgestaltung anderer kursorientierter Vergütungskomponenten** (etwa Phantom Stocks oder Stock Appreciation Rights) entsprechend zu berücksichtigen haben.[142]

Ebenso wenig wie eine Mindestvorgabe enthält § 87 Abs. 1 S. 3 eine **Höchstgrenze** des zu vereinbarenden Bemessungszeitraums. Diese soll in Anlehnung an die Höchstbestellungsdauer nach § 84 Abs. 1 S. 1 in der Regel bei fünf Jahren liegen. Aus der gesetzlichen Höchstbestellungsdauer gehe implizit hervor, dass bei der nach spätestens fünf Jahren anstehenden Entscheidung über die Wiederbestellung eine sinnvolle Beurteilung der Leistung des Vorstandsmitglieds möglich ist.[143] Letzteres ist sicherlich zutreffend. Zu beachten ist allerdings, dass es bei der Festsetzung des Bemessungszeitraums nach § 87 Abs. 1 S. 3 nicht nur darum geht, einen möglichst geeigneten Zeitpunkt zur Beurteilung der Leistungen des Vorstandsmitglieds definieren (dies wird stets ein möglichst später Zeitpunkt sein), sondern insbesondere auch darum, die gewünschten Motivationswirkungen sicherzustellen. Es sollte daher für das Vorstandsmitglied noch ein realistischer Zusammenhang zwischen seinem Handeln und der Höhe der daran anknüpfenden variablen Vergütung erkennbar sein.[144] Ein zu langer Bemessungszeitraum verbietet sich daher ebenso wie ein zu kurzer. 38

7. Begrenzungsmöglichkeiten für außerordentliche Entwicklungen. Nach § 87 Abs. 1 S. 3 Hs. 2 soll der Aufsichtsrat einer börsennotierten Aktiengesellschaft für außerordentliche Entwicklungen eine Begrenzungsmöglichkeit vereinbaren. Die Regelung betrifft sämtliche variablen Vergütungselemente.[145] Es soll verhindert werden, dass Vorstandsmitglieder von außerordentlichen Entwicklungen (zB Unternehmensübernahmen, Veräußerung von Unternehmensteilen, Hebung stiller Reserven, externe Einflüsse) ohne Beschränkungsmöglichkeit profitieren („Windfall Profits").[146] Die Festlegung einer festen Höchstgrenze („Cap") ist hiernach nicht zwingend erforderlich. Es genügt vielmehr, wenn der Aufsichtsrat sich eine einseitig durchsetzbare Begrenzungsmöglichkeit vorbehält.[147] Wie diese ausgestaltet wird, ob etwa eine feste höhenmäßige Begrenzung vorgesehen wird, obliegt dem pflichtgemäßen Ermessen des Aufsichtsrats.[148] Nach Ziff. 4.2.3 Abs. 2 S. 6 DCGK in der Neufassung vom 13.5.2013 soll die Vergütung indes nicht nur konkret anlassbezogen im Hinblick auf mögliche außergewöhnliche Entwicklungen, sondern generell insgesamt und hinsichtlich ihrer variablen Vergütungsbestandteile betragsmäßige Höchstgrenzen aufweisen.[149] Für die Praxis dürfte daher die Vereinbarung eines Caps zu empfehlen sein, da nur hierdurch gleichzeitig auch die Anforderungen des DCGK erfüllt werden können.[150] Zudem birgt die Vereinbarung (nur) einer Begrenzungsmöglichkeit für den Fall einer außerordentlichen Entwicklung das Risiko von Rechtsstreitigkeiten über das Vorliegen einer solchen Entwicklung. 39

Die Auslegung und Anwendung von Ziff. 4.2.3 Abs. 2 S. 6 DCGK in der Praxis wirft einige offene Fragen auf. Einigkeit scheint darin zu bestehen, dass die Höchstgrenzen nicht ziffernmäßig in Eurobeträgen benannt werden müssen, sondern jedenfalls eindeutig berechenbare Höchstgrenzen (etwa als Prozentbeträge der Gesamtvergütung oder einzelner Vergütungsbestandteile) genügen.[151] Problematisch erscheint indes insbesondere die Frage, ob bei aktienbasierten Vergütungselementen ein „zweistufiges Cap" (Zeitpunkt der Lieferung bzw. – bei virtuellen Aktien – Zuteilung der 39a

---

[140] IErg ebenso *Hoffmann-Becking/Krieger* NZG 2009, Beilage zu Heft 26, 3; *Hohenstatt/Kuhnke* ZIP 2009, 1981 (1985).

[141] Ähnlich Hüffer/*Koch* Rn. 12; *Hoffmann-Becking/Krieger* NZG 2009, Beilage zu Heft 26, 3; *Bauer/Arnold* AG 2009, 717 (723).

[142] *Hohaus/Weber* DB 2009, 1515 (1517); *Gaul/Janz* NZA 2009, 809 (810); *Hohenstatt/Kuhnke* ZIP 2009, 1981 (1985); *Hoffmann-Becking/Krieger* NZG 2009, Beilage zu Heft 26, 3; *Hohenstatt/Kuhnke* ZIP 2009, 1981 (1985).

[143] *Thüsing* AG 2009, 517 (521).

[144] In diesem Sinne auch *Hohenstatt/Kuhnke* ZIP 2009, 1981 (1985).

[145] Beschlussempfehlung und Bericht des Rechtsausschusses, BT-Drs. 16/13433, 16; *Hoffmann-Becking/Krieger* NZG 2009, Beilage zu Heft 26, 4; *Hohaus/Weber* DB 2009, 1515 (1519).

[146] Beschlussempfehlung und Bericht des Rechtsausschusses, BT-Drs. 16/13433, 16.

[147] *Hohenstatt/Kuhnke* ZIP 2009, 1981 (1988); *Hoffmann-Becking/Krieger* NZG 2009, Beilage zu Heft 26, 4.

[148] Beschlussempfehlung und Bericht des Rechtsausschusses, BT-Drs. 16/13433, 16.

[149] Zur Neuregelung des DCGK vgl. *Klern* AG 2013, 733 (734 ff.); *Wilsing/von der Linden* DStR 2013, 1291 (1293).

[150] Ähnlich Hüffer/*Koch* Rn. 16.

[151] *Klein* AG 2013, 733 (736); *Sünner* AG 2014, 115 (117); *Goj* AG 2015, 173 (175); Schmidt/Lutter/*Seibt* Rn. 126.

Aktien/Zeitpunkt des Ablaufs der Sperrfrist bzw. der Auszahlung) erforderlich ist.[152] Ein Cap auf der „zweiten" Stufe widerspricht dem Grundgedanken einer aktienbasierten Vergütung, nämlich dem Gleichlauf der Interessen von Aktionären und Vorstand. Die beabsichtigte Anreizwirkung kommt nur dann voll zum Tragen, wenn der Begünstigte nicht nur das volle Risiko einer negativen Kursentwicklung trägt, sondern auch in vollem Umfang an positiven Entwicklungen partizipieren kann.[153] Insbesondere bei Lieferung „echter" Aktien wäre auch die praktische Umsetzung eines solchen Caps problematisch, da das Vorstandsmitglied sich verpflichten müsste, gegebenenfalls einen Teil der von ihm bereits zu Eigentum erworbenen Aktien bei Ablauf der Sperrfrist zurückzuübertragen.[154] Angesichts der bestehenden Unklarheiten dürfte für die Praxis dennoch zu empfehlen sein, bei Nichtvereinbarung eines Caps für den Zeitpunkt des Ablaufs der Sperrfrist bzw. der Zuteilung eine vorsorgliche Kodex-Abweichung zu erklären.

40 **8. Variable Vergütung im Konzern.** Ob und inwieweit außerhalb eines Vertragskonzerns ein Vergütungssystem zulässig ist, bei dem die variable Vergütung der Vorstandsmitglieder einer Tochtergesellschaft ganz oder teilweise an den Börsenkurs oder andere Finanzkennzahlen der Konzernobergesellschaft oder anderer Konzerngesellschaften anknüpft, ist seit längerem umstritten.[155] Dies gilt insbesondere bei der Beteiligung von Minderheitsgesellschaftern. Bedenken ergeben sich in erster Linie aufgrund möglicher **Interessenskonflikte** der Vorstandsmitglieder und der sich daraus ergebenden **Gefahr einer Fehlincentivierung.** Vorstandsmitglieder könnten veranlasst werden, der Steigerung des Unternehmenswerts der Muttergesellschaft im Konfliktfall Vorrang vor den Interessen der Tochtergesellschaft einzuräumen.[156] Eine Vergütungsregelung, durch die der Anreiz zu einem gesellschaftsschädigenden Verhalten getroffen werden kann, ist unzulässig. Nach Auffassung des OLG München[157] sind Vergütungssysteme für Vorstandsmitglieder einer Tochtergesellschaft außerhalb eines Vertragskonzerns daher unzulässig, sofern sich der überwiegende Teil der Vergütung nach dem Börsenkurs der Muttergesellschaft richtet. Gegen eine generelle Unzulässigkeit am Unternehmenserfolg der Konzernobergesellschaft orientierter konzerninterner Vergütungssysteme spricht indes neben der Zulässigkeit von Vorstandsdoppelmandaten insbesondere § 192 Abs. 2 Nr. 3.[158] Hiernach kann die Hauptversammlung eine bedingte Kapitalerhöhung zur Gewährung von Bezugsrechten an Arbeitnehmer und Mitglieder der Geschäftsführung der Gesellschaft oder eines „verbundenen Unternehmens" beschließen.

41 **9. Sondervergütungen.** Die Gewährung von Sondervergütungen für die Durchführung bestimmter Geschäftsführungsmaßnahmen (insbesondere Transaktionen) oder den Eintritt eines bestimmten gesellschaftsbezogenen Umstands (zB Abgabe eines Übernahmeangebots für die Aktiengesellschaft) ist weiterhin zulässig, sofern sie nicht im Widerspruch zum Ziel einer nachhaltigen Unternehmensentwicklung stehen.[159] Dies gilt im Grundsatz auch dann, wenn sie ohne ausdrückliche vertragliche Grundlage als nachträgliche Vergütungen für bereits erbrachte Leistungen gewährt werden.[160] Voraussetzung ist, dass sie nach Art und Höhe als Ergänzung der ursprünglich vertraglich vereinbarten, aber nachträglich nicht als leistungsgerecht erscheinenden Vergütung verstanden werden können.[161] In der Praxis ist allerdings der „Mannesmann"-Entscheidung des BGH[162] Rechnung zu tragen, wonach derartige Sondervergütungen in der Regel eine Anspruchsgrundlage im Anstellungsvertrag erfordern. Hierfür genügt eine Klausel, wonach der Aufsichtsrat bei außerordentlichen

---

[152] Ausf. *Goj,* AG 2015, 173 (175 ff.) mwN.

[153] *Goj* AG 2015, 173 (177); *Wilsing/von der Linden* DStR 2013, 1291 (1293).

[154] *Goj* AG 2015, 173 (178).

[155] Zum Meinungsstand vgl. *Tröger* ZGR 2009, 447; *Hohenstatt/Seibt/Wagner* ZIP 2008, 2289.

[156] Vgl. etwa *Baums* AG Sonderheft 1997, 26 (35); *Zitzewitz* NZG 1999, 698 (700 f.); MüKoAktG/*Spindler* Rn. 105.

[157] OLG München AG 2008, 593, dazu *Arnold* FS Bauer, 2010, 35 (37 f.); *Waldhausen/Schüller* AG 2009, 179; *Hohenstatt/Seibt/Wagner* ZIP 2008, 2289; *Habersack* NZG 2008, 634 (Vorinstanz LG München I NZG 2008, 114; dazu *Müller-Michaels* ZCG 2008, 17).

[158] *Hohenstatt/Seibt/Wagner* ZIP 2008, 2289 (2292); *Habersack* FS Raiser, 2005, 111 (117); MHdB AG/*Krieger* § 70 Rn. 41.

[159] *Fleischer* NZG 2009, 801 (803); *Gaul/Janz* NZA 2009, 809 (810); *Hoffmann-Becking/Krieger* NZG 2009, Beilage zu Heft 26, 3; *Thüsing* AG 2009, 517 (520); *Bauer/Arnold* AG 2009, 717 (721); Schmidt/Lutter/*Seibt* Rn. 12c, 14.

[160] *Kort* NZG 2006, 131 (132); *Fonk* NZG 2005, 248 (249 f.); *Wollburg* ZIP 2004, 646 (652 ff.); Spindler/Stilz/*Fleischer* Rn. 50; Schmidt/Lutter/*Seibt* Rn. 14; Hüffer/*Koch* Rn. 7; aA BGH NJW 2006, 522 (524); *Brauer* NZG 2004, 502 (507); *Martens* ZHR 169 (2005), 124 (131 ff.).

[161] Hüffer/*Koch* Rn. 7; Schmidt/Lutter/*Seibt* Rn. 14; *Fonk* NZG 2005, 248 (250 f.); aA BGH NJW 2006, 522 (524): Unzulässigkeit dem Grunde nach.

[162] BGH NJW 2006, 522 (524).

Leistungen des Vorstandsmitglieds nach billigem Ermessen über eine Sondervergütung entscheidet.[163] Im Anstellungsvertrag nicht vorgesehene Anerkennungsprämien mit ausschließlich belohnendem Charakter sollen nach der Rechtsprechung des BGH dagegen als treupflichtwidrige Verschwendung von Gesellschaftsvermögen grundsätzlich unzulässig sein, ohne dass es auf ihre Höhe ankäme. Sie lassen sich nach dieser Rechtsprechung auch nicht auf eine Änderung des Anstellungsvertrags stützen, da damit lediglich die Verletzung der Vermögensbetreuungspflicht von der Zahlung der Prämie auf die Vornahme der Vertragsänderung verlagert würde.[164]

VI. Vereinbarungen im Zusammenhang mit der Beendigung des Anstellungsverhältnisses

1. Ablösende Abfindung. Die Vereinbarung einer ablösenden Abfindung im Rahmen einer Aufhebungsvereinbarung bei vorzeitigem Ausscheiden eines Vorstandsmitglieds ist grundsätzlich zulässig und entspricht gängiger Praxis.[165] Die Bemessung der als Abgeltung für die Ansprüche des Vorstandsmitglieds aus dem laufenden Anstellungsvertrag zu vereinbarenden Abfindung liegt im **pflichtgemäßen Ermessen** (§ 116 iVm § 93) des Aufsichtsrats.[166] Problematisch sind insbesondere die Einschätzung des Betrags der ohne Ausscheiden zu erwartenden variablen Vergütung sowie die Ermittlung eines Abschlags für zu erwartende anderweitige Einkünfte des Vorstandsmitglieds.[167] Im Regelfall wird eine Abzinsung der abzugeltenden zukünftigen Bezüge auf den aktuellen Barwert angebracht sein. Orientierungshilfe für den anzuwendenden Zinssatz können die von der Deutschen Bundesbank für die Abzinsung von Rückstellungen nach § 253 Abs. 2 HGB für Restlaufzinsen von einem Jahr bis zu fünfzig Jahren monatlich zu ermittelnden durchschnittlichen Marktzinssätze sein. 42

Nach Ziff. 4.2.3 Abs. 4 DCGK soll bei Abschluss von Vorstandsverträgen darauf geachtet werden, dass Zahlungen an ein Vorstandsmitglied bei vorzeitiger Beendigung der Vorstandstätigkeit (ohne wichtigen Grund) einschließlich Nebenleistungen den Wert von zwei Jahresvergütungen nicht überschreiten **(Abfindungs-Cap)** und nicht mehr als die Restlaufzeit des Anstellungsvertrags vergüten.[168] Für die Berechnung des Abfindungs-Caps soll auf die Gesamtvergütung des abgelaufenen Geschäftsjahres und gegebenenfalls auch auf die voraussichtliche Gesamtvergütung für das laufende Geschäftsjahr abgestellt werden. Durch die in Ziff. 4.2.3 Abs. 2, letzter Satz DCGK in der Fassung vom 7.2.2017 neu eingefügte Kodexanregung, mehrjährige variable Vergütungsbestandteile sollten nicht vorzeitig ausbezahlt werden, soll darauf hingewirkt werden, dass bei Ausscheiden eines Vorstandsmitglieds die anteilige Auszahlung einer noch laufenden mehrjährigen variablen Vergütung erst nach dem Ende des jeweiligen Bemessungszeitraums (Bemessungsgrundlage) erfolgen sollte.[169] 43

2. Change of Control-Klauseln. Die Vereinbarung einer Change of Control-Klausel im Anstellungsvertrag, wonach dem Vorstandsmitglied ein Sonderkündigungsrecht und ein der Höhe nach bestimmter Abfindungsanspruch für den Fall des Eintritts eines Kontrollwechsels oder eines anderen in der Klausel spezifizierten Ereignisses zusteht, ist grundsätzlich zulässig. Voraussetzung ist, dass das Leistungsversprechen dem **Angemessenheitserfordernis** nach § 87 Abs. 1 genügt.[170] Übernahmerechtlich ist insbesondere § 33 WpÜG zu beachten. Nach Ziff. 4.2.3 Abs. 5 DCGK soll das Leistungsversprechen 150% des Abfindungs-Caps nicht übersteigen, dh drei Jahresvergütungen bei einer Restlaufzeit des Anstellungsvertrags von zwei oder mehr Jahren.[171] Aus §§ 285 S. 1 Nr. 9 lit. a S. 6, 314 Abs. 1 Nr. 6 lit. a S. 6 HGB ergibt sich die Pflicht, Change of Control-Klauseln in Vorstandsverträgen im Anhang zum Jahresabschluss grundsätzlich offenzulegen.[172] 44

Problematisch ist die Vereinbarung einer Change of Control-Klausel, wenn sich eine konkrete Übernahmesituation bereits abzeichnet.[173] Obwohl der Zweck derartiger Klauseln, eine unbefangene Beurteilung des Übernahmeversuchs durch das Vorstandsmitglied zu gewährleisten, eine grundsätzli- 45

[163] *Hoffmann-Becking* NZG 2006, 127 (130); *Bauer/Arnold* DB 2006, 546 (547 ff.); Hüffer/*Koch* Rn. 7.

[164] BGH NJW 2006, 522 (524); KK-AktG/*Mertens/Cahn* Rn. 34; *Martens* ZHR 169 (2005), 124 (133 ff.).

[165] *Jaeger* NZA 2010, 128; *Lutter* ZIP 2005, 733 (735); Spindler/Stilz/*Fleischer* Rn. 46; Hüffer/*Koch* Rn. 8.

[166] KK-AktG/*Mertens/Cahn* Rn. 83; *Hoffmann-Becking* ZHR 169 (2005), 155 (169).

[167] Vgl. *Hohenstatt/Naber* FS Bauer, 2010, 447 (454 ff.); *Hoffmann-Becking* ZIP 2007, 2101 (2104); *Fonk* in Semler/v. Schenck AR HdB § 10 Rn. 335 ff.

[168] Krit zu solchen Regelungen *Martens* FS Hüffer, 2010, 647 (654 ff.); *Bauer/Arnold* BB 2008, 1692; *Hoffmann-Becking* ZIP 2007, 2101.

[169] Vgl. zu den Kodexanpassungen auch *Hohenstatt* ZIP 2016, 2255 ff.

[170] *Dreher* AG 2002, 214 (216 f.); MüKoAktG/Spindler Rn. 155; Spindler/Stilz/*Fleischer* Rn. 53; Schmidt/Lutter/*Seibt* Rn. 14; Hüffer/*Koch* Rn. 9.

[171] Ebenso Hüffer/*Koch* Rn. 9; Schmidt/Lutter/*Seibt* Rn. 14.

[172] Dazu *Bittmann/Schwarz* BB 2009, 1014.

[173] Vgl. etwa MüKoAktG/*Spindler* Rn. 157: grds. unzulässig.

che Zulässigkeit der Vereinbarung auch in diesen Situationen nahelegt,[174] und die Rechtsprechung des BGH im Fall Mannesmann[175] sich nicht unmittelbar auf Change of Control-Klauseln bezieht, sollten derartige Klauseln aus Vorsichtsgründen vor Auftreten einer konkreten Übernahmesituation vereinbart werden.[176]

VII. Rechtsfolgen bei Vereinbarung unangemessener Bezüge

46 Ein Verstoß gegen das Angemessenheitserfordernis nach § 87 Abs. 1 lässt die Wirksamkeit des Anstellungsvertrags einschließlich der darin vereinbarten unangemessenen Bezüge unberührt, solange die Vergütungsregelung nicht wegen Sittenwidrigkeit iSd § 138 BGB nichtig ist.[177] Allerdings machen sich die Aufsichtsratsmitglieder nach § 116 iVm § 93 Abs. 3 schadensersatzpflichtig, wenn sie die gesetzlichen Anforderungen an die Angemessenheit und Strukturierung der Vorstandsvergütung schuldhaft verletzen und der Gesellschaft hieraus ein Schaden erwächst.[178] Dies wurde durch die Anfügung von S. 3 in § 116 durch das VorstAG nunmehr nochmals ausdrücklich klargestellt. Bei vorsätzlichem Handeln kann zudem der Straftatbestand der Untreue (§ 266 StGB) erfüllt sein.

VIII. Nachträgliche Herabsetzung der Vorstandsbezüge

47 **1. Voraussetzungen. a) Anwendungsbereich.** Der Anwendungsbereich des § 87 Abs. 2 erfasst auch die Zeit nach Eröffnung eines Insolvenzverfahrens. Dies ergibt sich zunächst bereits aus der Begründung des Entwurfs des VorstAG,[179] wonach im Falle der Insolvenz stets die Voraussetzung einer Verschlechterung der Lage der Gesellschaft iSv § 87 Abs. 2 S. 1 erfüllt ist. Zudem würde eine Privilegierung der Vorstandsmitglieder gerade für die Zeit nach Eröffnung des Insolvenzverfahrens im Falle einer Kündigung des Anstellungsvertrags durch den Insolvenzverwalter dazu führen, dass die Vergütungen, die während der dreimonatigen Kündigungsfrist des § 113 S. 2 InsO als Masseverbindlichkeiten (§ 55 Abs. 1 Nr. 2 InsO) anfallen, in der ursprünglichen, dann aber unangemessenen Höhe gezahlt werden müssten und für die Zeit danach in Konkurrenz zu den übrigen Insolvenzgläubigern als Schadensersatz zur Tabelle angemeldet werden könnten.[180] Zudem betrifft die Regelung des § 87 Abs. 2 nicht nur die Herabsetzung der Bezüge aktiver Vorstandsmitglieder, sondern auch die Bezüge ausgeschiedener Vorstandsmitglieder und umfasst daher auch Ansprüche auf Auszahlung der für die Restlaufzeit des Anstellungsvertrags anfallenden Bezüge bei Entlassung oder bei Abberufung des Vorstandsmitglieds ohne (gleichzeitige) Kündigung seines Anstellungsvertrags.[181]

48 **b) Verschlechterung der Lage der Gesellschaft.** Nach der bis zum Inkrafttreten des VorstAG vom 31.7.2009 (BGBl. I S. 2509) geltenden Fassung des § 87 Abs. 2 kam eine Herabsetzung der vertraglich festgesetzten Bezüge nur unter strengen Anforderungen als äußerster Notbehelf bei einer nachhaltigen, „wesentlichen" Verschlechterung in den Verhältnissen der Gesellschaft in Betracht. Voraussetzung war eine die wirtschaftliche Existenz ernstlich bedrohende Notlage.[182] Bloße wirtschaftliche Schwierigkeiten der Gesellschaft ergaben für sich allein keinesfalls ein Recht zur Herabsetzung der vertraglich vereinbarten Bezüge.[183] Demgegenüber wird nach der Neufassung des § 87 Abs. 2 S. 1 **auf das Erfordernis der Wesentlichkeit verzichtet.** Ausreichend ist nunmehr, wenn sich die Lage der Gesellschaft verschlechtert hat. Eine Verschlechterung in diesem Sinne tritt jedenfalls dann ein, wenn die Gesellschaft insolvenzreif wird.[184] Nach der Begründung des Fraktionsentwurfs soll eine die Rechtsfolgen des § 87 Abs. 2 S. 1 auslösende Verschlechterung darüber hinaus beispielsweise bereits dann vorliegen, „wenn die Gesellschaft Entlassungen oder Lohnkürzungen vornehmen muss und keine Gewinne mehr ausschütten kann. Insolvenz oder unmittelbare Krise erfüllen die Voraussetzungen stets, sind aber nicht notwendig".[185] Dem ist in dieser Uneingeschränkheit nicht zuzustimmen. Die Regelung des § 87 Abs. 2 stellt eine Abweichung vom Grundsatz „pacta sunt

---

174 *Hoffmann-Becking* ZHR 169 (2005), 155 (171).
175 BGH AG 2006, 110.
176 Ähnlich *Kort* AG 2006, 106 (108); Hüffer/*Koch* Rn. 9.
177 MüKoAktG/*Spindler* Rn. 137; Schmidt/Lutter/*Seibt* Rn. 17; KK-AktG/*Mertens/Cahn* Rn. 5; Hüffer/*Koch* Rn. 22.
178 KK-AktG/*Mertens/Cahn* Rn. 5; Hüffer/*Koch* Rn. 23.
179 BT-Drs. 16/12278, 6.
180 BGH NZG 2016, 264 (266); *Weber* DB 2016, 815.
181 BGH NZG 2016, 264 (266).
182 OLG Düsseldorf AG 2004, 321 (324); LG Essen NZG 2006, 356; Schmidt/Lutter/*Seibt* Rn. 18; Hüffer/*Koch* Rn. 25.
183 OLG Düsseldorf AG 2004, 321 (324); Spindler/Stilz/*Fleischer* Rn. 63.
184 BGH NZG 2016, 264 (L5.2).
185 Begr. RegE, BT-Drs. 16/12278, 7.

servanda" dar und ist im Lichte der Art. 2 Abs. 1 GG, Art. 14 Abs. 1 GG restriktiv auszulegen.[186] Entlassungen und Lohnkürzungen bedeuten für sich genommen noch keine Verschlechterung der Lage der Gesellschaft, sondern können auch Teil eines am langfristig definierten Gesellschaftsinteresse orientierten Konzepts zur Verbesserung und Sicherstellung der zukünftigen Wettbewerbsfähigkeit der Gesellschaft sein. Entsprechendes gilt für Gewinnthesaurierungen, die etwa der Finanzierung zukünftiger Investitionen oder der Stärkung der Eigenkapitalbasis dienen können.[187] Es wäre paradox, den Vorstand zur Vornahme derartiger, am langfristigen Gesellschaftsinteresse orientierter Maßnahmen zu incentivieren (vgl. Abs. 1 S. 2, 3), wenn die Durchführung solcher Maßnahmen gleichzeitig bereits eine zur Herabsetzung der Bezüge veranlassende Verschlechterung der Lage der Gesellschaft darstellen würde. Eine Verschlechterung der Lage setzt vielmehr voraus, dass kumulativ die Ausschüttung von Gewinnen unmöglich ist und gleichzeitig Entlassungen und Lohnkürzungen unumgänglich sind.[188]

Die **Verschlechterung der Lage** der Gesellschaft muss nachträglich, dh **nach Vereinbarung der Vergütung eingetreten** und zu diesem Zeitpunkt noch nicht absehbar gewesen sein.[189] Wirtschaftliche Schwierigkeiten, die schon bei Abschluss des Anstellungsvertrags bekannt waren, rechtfertigen eine nachträgliche Herabsetzung nicht. Die Erkenntnis des Aufsichtsrats, dass die Vorstandsbezüge von Beginn an zu hoch bemessen waren oder die gezeigten Leistungen des Vorstandsmitglieds die festgesetzte Vergütung nicht rechtfertigten, stellen keine Veränderung der Lage der Gesellschaft dar und erlauben daher ebenfalls keine Herabsetzung der Vergütung.[190] Die Lage der Gesellschaft zum Zeitpunkt der Festsetzung der Bezüge ist daher mit derjenigen zum Zeitpunkt der Herabsetzungsentscheidung zu vergleichen. 48a

c) Unbilligkeit für die Gesellschaft. Weitere, kumulativ zu erfüllende Voraussetzung für eine Herabsetzung der Vorstandsbezüge ist die „Unbilligkeit" der Weitergewährung der Bezüge für die Gesellschaft. Nach § 87 Abs. 2 aF war darüber hinausgehend eine „schwere Unbilligkeit" im Sinne eines ganz unangemessenes Verhältnis zwischen der Lage der Gesellschaft und den Gehältern der Vorstandsmitglieder erforderlich.[191] Das Kriterium der „Schwere" wurde durch das VorstAG gestrichen. Nach dem ausdrücklichen Gesetzeswortlaut ist weiterhin erforderlich, dass sich die Unbilligkeit auf die Gesellschaft bezieht, dh die Weitergewährung der Bezüge im Widerspruch zum Gesellschaftsinteresse steht. Es genügt daher – anders als nach der noch im Fraktionsentwurf vorgesehenen Fassung[192] – nicht, wenn die Weitergewährung „von einer allgemeinen Betrachtung aus unbillig erscheint".[193] Nach Auffassung des BGH[194] ist die Weiterzahlung der Bezüge unbillig iSd § 87 Abs. 2 S. 2, wenn der Vorstand pflichtwidrig gehandelt hat oder ihm zwar kein pflichtwidriges Verhalten vorzuwerfen ist, die Verschlechterung der Lage der Gesellschaft jedoch in die Zeit seiner Vorstandsverantwortung fällt und ihm zurechenbar ist. Der BGH fordert hier offensichtlich eine persönliche Zurechenbarkeit, indem er auf die Feststellung des Berufungsgerichts[195] rekurriert, wirtschaftliche Fehlentscheidungen des betroffenen Vorstandsmitglieds als Finanzvorstand seien mitursächlich für den wirtschaftlichen Niedergang der Gesellschaft gewesen.[196] Diese – durch die Gesetzesmaterialien[197] gestützte – Auffassung läuft dem bisherigen Verständnis der Vorschrift zuwider, wonach die persönliche Leistung des einzelnen Vorstandsmitglieds gerade keine ausschlaggebende Rolle spielt.[198] Das Prinzip der Gesamtverantwortung eines Vorstandsmitglieds spricht gegen das Erfordernis einer individualisierten Zurechenbarkeit der Verschlechterung der Lage der Gesellschaft.[199] In der Praxis wird es in vielen Fällen schwierig (und fragwürdig) sein, einem Gericht die Beurteilung der Kausalität einzelner Geschäftsführungsmaßnahmen des betreffenden Vorstandsmitglieds auf die wirtschaftliche Gesamtentwicklung der Gesellschaft aufzugeben. Die Beantwortung der Kausalitätsfrage dürfte in vielen Fällen mit schwierigen Prognosen und der Notwendigkeit der Beurteilung alternativer Handlungsoptionen verbunden sein.[200] 49

[186] BGH NZG 2016, 264; *Weber* DB 2016, 815 (816); *Spindler* DB 2015, 908 (909).
[187] Ähnlich *Diller* NZG 2009, 1006; *Thüsing* AG 2009, 517 (522); *Fleischer* NZG 2009, 801 (804).
[188] Ebenso *Diller* NZG 2009, 1006.
[189] *Weber* DB 2016, 815 (816); *Wilsing/Kleißl* BB 2008, 2422 (2423); MüKoAktG/*Spindler* Rn. 171.
[190] MüKoAktG/*Spindler* Rn. 171; Spindler/Stilz/*Fleischer* Rn. 63; KK-AktG/*Mertens/Cahn* Rn. 94.
[191] Spindler/Stilz/*Fleischer* Rn. 64.
[192] Vgl. BT-Drs. 16/12278, 1; Formulierungshilfe des BMJ für die Regierungsfraktionen vom 7.3.2009, 7.
[193] *Hoffmann-Becking/Krieger* NZG 2009, Beilage zu Heft 26, 5.
[194] BGH NZG 2016, 264.
[195] OLG Stuttgart DB 2014, 2820.
[196] BGH NZG 2016, 264.
[197] Begr. RegE, BT-Drs. 16/12278, 7.
[198] Spindler/Stilz/*Fleischer* Rn. 6.
[199] *Weber* DB 2016, 815 (816).
[200] *Weber* DB 2016, 815 (816).

50 Bei der Beurteilung, ob eine „Unbilligkeit" für die Gesellschaft vorliegt, ist zu berücksichtigen, inwieweit die wirtschaftliche Lage der Gesellschaft bereits durch die **Struktur der Vorstandsvergütung** berücksichtigt wird. Soweit eine Verschlechterung der Lage der Gesellschaft bereits durch entsprechend niedrigere (variable) Bezüge des Vorstandsmitglieds abgebildet wird, ist die Weitergewährung der vertraglich vereinbarten Vergütung nicht unbillig. Auch die persönliche Lage des Vorstandsmitglieds ist zu berücksichtigen.[201]

51 **2. Herabsetzung der Bezüge auf die angemessene Höhe.** Eine Herabsetzung der Bezüge muss auf die angemessene Höhe, dh das Niveau erfolgen, welches nach § 87 Abs. 1 S. 1 in dieser Situation angemessen wäre.[202] Dies geht weiter als die bislang vorgesehene Rechtsfolge einer angemessenen Herabsetzung auf die Höhe nicht unbilliger Bezüge.[203] Der BGH[204] folgert hieraus, dass die Herabsetzung mindestens auf einen Betrag erfolgen muss, dessen Gewährung angesichts der Verschlechterung der Lage der Gesellschaft nicht mehr als unbillig iSd § 87 Abs. 2 Satz 1 angesehen werden kann. Solange die Herabsetzung eine nicht in diesem Sinne angemessenes Niveau erreicht hat, sondern die Gewährung auch des herabgesetzten Betrags noch unbillig wäre, ist der Aufsichtsrat nach § 87 Abs. 1 S. 1 zu einer weiteren Herabsetzung verpflichtet.[205] Andererseits ist der Aufsichtsrat zu keiner Herabsetzung befugt, die weiter geht, als die Billigkeit angesichts der Verschlechterung der Lage der Gesellschaft erfordert. Die Herabsetzung darf daher einen (gerade noch) der Billigkeit entsprechenden Betrag nicht überschreiten.[206] Diese Beschränkung der Kürzungsbefugnis auf den „höchstmöglichen angemessenen Betrag" begründet der BGH damit, für einen weitergehenden Eingriff in die vertraglich vereinbarte Vergütung durch einseitige Erklärung des Aufsichtsrats lasse sich § 87 Abs. 2 eine nach Art. 2 Abs. 1 GG, Art. 14 Abs. 1 GG notwendige gesetzliche Grundlage nicht entnehmen.[207] In der Konsequenz bedeutet dies, dass dem Aufsichtsrat bei der Festsetzung der herabgesetzten Vergütung nach § 87 Abs. 2 (anders als nach Abs. 1 der Norm) keinerlei Ermessens- oder Beurteilungsspielraum zusteht.[208] Dies ist nicht überzeugend, da dem Aufsichtsrat hierdurch im Rahmen der Herabsetzungsentscheidung nunmehr die exakte Bezifferung einer angemessenen Vergütung und damit eine Leistung abverlangt wird, deren praktische Unmöglichkeit im Rahmen des § 87 Abs. 1 zu Recht allgemein anerkannt ist. Dort gilt es nicht, die eine zulässige Vergütung, sondern eine bestimmte Bandbreite zulässiger Vergütungen zu bestimmen und offensichtlich unangemessene Vergütungen auszugrenzen (→ § 87 Rn. 17). Bei der rechtlichen Prüfung der Billigkeit iSd § 87 Abs. 2 S. 1 sind sämtliche Umstände des Einzelfalls zu berücksichtigen und gegeneinander abzuwägen.[209] Insbesondere ist der Umfang der Verschlechterung der Lage der Gesellschaft gegenüber dem Zeitpunkt der Vereinbarung der Vergütung sowie weiter zu berücksichtigen, in welchem Grad die Verschlechterung dem betroffenen Vorstandsmitglied (persönlich) zurechenbar ist und ob er sie ggf. sogar pflichtwidrig herbeigeführt hat.[210] Auch die persönlichen Verhältnisse des Vorstandsmitglieds sind bei der Billigkeitsprüfung nicht völlig außer Acht zu lassen.[211] Als weitere zu berücksichtigende Kriterien führt der BGH[212] die weiterhin durch das betroffene Vorstandsmitglied zu erbringende Tätigkeit und deren weiteren Nutzen für die Gesellschaft an. Zu berücksichtigen ist auch die Struktur der vereinbarten Vorstandsvergütung, insb. ob und wie weit eine Verschlechterung der Lage der Gesellschaft bereits durch entsprechend niedrigere (variable) Bezüge des Vorstandsmitglieds abgebildet wird.[213] Der BGH hat offen gelassen, ob hiernach eine Untergrenze für einen Herabsetzungsbetrag besteht. Der Begründung des Gesetzesentwurfs sei jedenfalls nicht zu entnehmen, dass eine Herabsetzung der Bezüge auf null nicht in Betracht kommen kann.[214] Die Gehälter der leitenden Angestellten bilden nach Auffassung des Senats jedenfalls keine Untergrenze, auch

---

201 BGH NZG 2016, 261; *Weber* DB 2016, 815 (817); KK-AktG/*Mertens/Cahn* Rn. 95.
202 Begr. RegE, BT-Drs. 16/12278, 7.
203 *Fleischer* NZG 2009, 801 (804); *Hohaus/Weber* DB 2009, 1515 (1519); *Diller* NZG 2009, 1006 (1007).
204 BGH NZG 2016, 264.
205 BGH NZG 2016, 264.
206 BGH NZG 2016, 264.
207 BGH NZG 2016, 264.
208 *Weber* DB 2016, 815 (817); *Herb/Merkelbach* GWR 2016, 95; *Müller* LMK 2016, 376389; *Müller-Michaels* BB 2016, 588; Hüffer/*Koch* § 87 Rn. 27; anders die bislang wohl hM, vgl. etwa OLG Stuttgart DB 2014, 2820; *Spindler* DB 2015, 908 (910); *Reichard* GWR 2015, 33 (34).
209 BGH NZG 2016, 264 (268).
210 BT-Drs. 16/12278, 6; BGH NZG 2016, 264; *Mertens/Cahn* KK-AktG, § 87 Rn. 95.
211 BGH NZG 2016, 264; Hüffer/*Koch* § 87 Rn. 27; Spindler/Stilz/*Fleischer* § 87 Rn. 65.
212 BGH NZG 2016, 264 (268).
213 BGH NZG 2016, 264 (268); *Weber* DB 2016, 815 (817).
214 BGH NZG 2016, 264 (269); anders die bislang hM, vgl. etwa MüKoAktG/*Spindler* § 87 Rn. 200 mwN.

wenn die herabgesetzte Vergütung im Regelfall wohl höher sein dürfte als die Gehälter der leitenden Angestellten. Dies sei Ausdruck der besonderen organschaftlichen Treuebindung des Vorstands.[215]

Eine unbefristete Kürzung der Bezüge kommt nur in Betracht, wenn mit einer nachhaltigen Besserung auf Zeit nicht zu rechnen ist. Ansonsten ist die Herabsetzung zu befristen.[216] Eine rückwirkende Herabsetzung ist nicht möglich. Bereits verdiente Bezüge können nicht herabgesetzt werden, auch wenn sie noch nicht ausgezahlt wurden (rückständiges Gehalt). Dies gilt auch hinsichtlich bereits erdienter Bonusleistungen.[217] Hingegen kann eine Rückerstattung bereits geleisteter Vorauszahlungen auf Grundlage der bereicherungsrechtlichen Regelungen verlangt werden.[218] Mehrere Vorstandsmitglieder sind unter Berücksichtigung persönlicher Besonderheiten gleichermaßen zu behandeln (keine sachwidrige Differenzierung).[219] Bessern sich die wirtschaftlichen Verhältnisse der Gesellschaft mit einer gewissen Nachhaltigkeit, hat das Vorstandsmitglied Anspruch auf Wiedereinräumung seiner ursprünglichen Bezüge.[220] **51a**

3. Ausübung des Herabsetzungsrechts. a) Zuständigkeit des Gesamtaufsichtsrats. Die Zuständigkeit für die Ausübung des Herabsetzungsrechts liegt nach § 87 Abs. 2 S. 1 grundsätzlich beim Gesamtaufsichtsrat, der die Beschlussfassung gemäß § 107 Abs. 3 S. 3 nF (anders als vor Inkrafttreten des VorstAG) nicht auf einen Ausschuss übertragen kann.[221] Bei einem gerichtlich bestellten Vorstandsmitglied, dessen Vergütung nach § 85 Abs. 3 S. 2 durch das Gericht festgelegt wurde, erfolgt auch eine Herabsetzung auf Antrag des Aufsichtsrats durch das Gericht.[222] Wurde die Vergütung des gerichtlich bestellten Vorstandsmitglieds durch den Aufsichtsrat festgesetzt, bleibt es hingegen auch hinsichtlich der Herabsetzung der Bezüge bei der Zuständigkeit des Aufsichtsrats. Die Herabsetzung erfolgt durch einseitige Erklärung, die der Aufsichtsrat für die Gesellschaft gegenüber dem Vorstandsmitglied abgibt. Es handelt sich um ein einseitiges Gestaltungsrecht der Gesellschaft, dessen (berechtigte und angemessene) Ausübung durch Erklärung gegenüber dem Vorstandsmitglied (§ 315 Abs. 2 BGB) den Inhalt der Vergütungsvereinbarung der Gesellschaft mit dem Vorstandsmitglied unmittelbar ändert.[223] Im Übrigen bleibt das bestehende Vertragsverhältnis unberührt und besteht daher mit dem angepassten Inhalt der Vergütungspflicht der Gesellschaft fort (§ 87 Abs. 2 S. 3). Mängel der internen Willensbildung des Aufsichtsrats stehen einer wirksamen Erklärung der Herabsetzung der Vorstandsbezüge im Außenverhältnis nach Auffassung des BGH[224] jedenfalls insoweit nicht entgegen, als sie Erwägungen betreffend die Angemessenheit der Höhe der reduzierten Vergütung betreffen. Derartige Mängel bei der internen Willensbildung schlagen lt. BGH nicht ohne Weiteres auf die Wirksamkeit der im Außenverhältnis abzugebenden Gestaltungserklärung durch. Rechtsschutz kann das betroffene Vorstandsmitglied dadurch erlangen, dass es gerichtlich überprüfen lassen kann, ob die Herabsetzung seiner Bezüge sowohl dem Grunde als auch der Höhe nach den gesetzlichen Vorgaben des § 87 Abs. 2 entspricht.[225] **52**

b) Zuständigkeit des Insolvenzverwalters ab Verfahrenseröffnung. Offen gelassen hat der BGH die Frage, ob das Herabsetzungsrecht nach § 87 Abs. 2 für die Zeit nach Insolvenzeröffnung nur vom Insolvenzverwalter geltend gemacht werden kann.[226] Mit Eröffnung des Insolvenzverfahrens gehen die Verwaltungs- und Verfügungsbefugnisse über das schuldnerische Vermögen gemäß § 80 InsO auf den Insolvenzverwalter über. Ab Eröffnung des Insolvenzverfahrens hat daher ausschließlich der Insolvenzverwalter über eine masserelevante Kürzung der Vorstandsbezüge zu entscheiden.[227] Bis zu diesem Zeitpunkt bleibt allerdings der Aufsichtsrat zur Entscheidung über und Ausübung des Herabsetzungsrechts berechtigt und verpflichtet, und zwar auch insoweit, als sein Beschluss Auswirkungen auf Zeiträume nach Eröffnung des Insolvenzverfahrens hat.[228] Dem Insolvenzverwal- **52a**

[215] BGH NZG 2016, 264 (269).
[216] *Wilsing/Kleißl* BB 2008, 2422 (2424); MüKoAktG/*Spindler* Rn. 204; Spindler/Stilz/*Fleischer* Rn. 71 ff.
[217] *Hoffmann-Becking/Krieger* NZG 2009, Beilage zu Heft 26, 5; DAV-Handelsrechtsausschuss NZG 2009, 612 (614); aA *Thüsing* AG 2009, 517 (522); *Diller* NZG 2009, 1006 (1008).
[218] Schmidt/Lutter/*Seibt* Rn. 20; Spindler/Stilz/*Fleischer* Rn. 71 ff.
[219] *Diller* NZG 2009, 1006 (1008); GroßkommAktG/*Kort* Rn. 427; KK-AktG/*Mertens/Cahn* Rn. 98; Spindler/Stilz/*Fleischer* Rn. 71 ff.
[220] Spindler/Stilz/*Fleischer* Rn. 71 ff.; KK-AktG/*Mertens/Cahn* Rn. 94, 98; *Dauner-Lieb/Friedrich* NZG 2010, 688.
[221] *Diller* NZG 2009, 1006 (1009).
[222] Spindler/Stilz/*Fleischer* Rn. 74; MüKoAktG/*Spindler* Rn. 181.
[223] KK-AktG/*Mertens/Cahn* Rn. 99; GroßkommAktG/*Kort* Rn. 432.
[224] BGH NZG 2016, 264 (267).
[225] BGH NZG 2016, 264 (267).
[226] BGH NZG 2016, 264 (266).
[227] *Weber* DB 2016, 815 (818); Hüffer/*Koch* § 87 Rn. 30.
[228] *Müller* LMK 2016, 376389.

ter bleibt es allerdings unbenommen, die Herabsetzungsentscheidung nach Verfahrenseröffnung zu widerrufen oder zu verschärfen.[229] Für die Praxis ist dem Aufsichtsrat in Insolvenzszenarien daher eine enge Abstimmung mit dem vorläufigen Insolvenzverwalter dringend anzuraten.[230]

53 **4. Prozessuales.** Da die Gesellschaft – oder der Insolvenzverwalter – mit der von ihr erklärten Herabsetzung einseitig von der vertraglich vereinbarten Vergütung abweichen will, trägt sie im Grundsatz die Darlegungs- und Beweislast für das Vorliegen der gesetzlichen Voraussetzungen der Herabsetzung, und zwar sowohl dem Grunde als auch der Höhe nach. Soweit es im Rahmen der Billigkeitsprüfung darauf ankommt, ob und in welchem Umfang die Herabsetzung für das betroffene Vorstandsmitglied (persönlich) zumutbar ist, kann ihm hinsichtlich seiner persönlichen Verhältnisse eine sekundäre Darlegungslast obliegen.[231]

54 Im Falle einer Klage des betroffenen Vorstandsmitglieds auf (Fort-)Zahlung der vereinbarten Vergütung hat das Gericht zunächst zu prüfen, ob die Voraussetzungen einer Herabsetzung nach § 87 Abs. 2 dem Grunde nach vorliegen. Ist dies der Fall, kann das Vorstandsmitglied mit seiner Klage jedenfalls keinen vollen Erfolg haben.[232] Entspricht auch die Höhe der Herabsetzung den gesetzlichen Anforderungen, ist die Klage abzuweisen.[233] Liegen die Voraussetzungen für eine Herabsetzung der Vorstandsbezüge zwar dem Grunde nach vor, geht die erfolgte Herabsetzung allerdings weiter, als es die Billigkeit angesichts der Verschlechterung der Lage der Gesellschaft erfordert, ist der Klage unter Abweisung im Übrigen in Höhe des danach durch das Gericht ermittelten für die Gesellschaft noch billigen Betrags stattzugeben.[234] Dem Gericht ist es bei der Entscheidung über eine auf die volle – oder oberhalb des herabgesetzten Betrags liegende Vergütung – gerichteten Leistungsklage allerdings schon aus verfahrensrechtlichen Gründen verwehrt, die Bezüge über den vom Aufsichtsrat beschlossenen Herabsetzungsbetrag zu mindern, selbst wenn die Vergütung nach den gesetzlichen Vorgaben noch weiter hätte herabgesetzt werden müssen.[235]

55 **5. Herabsetzung von Versorgungsbezügen.** Während bis zum Inkrafttreten des VorstAG nur eine Herabsetzung der laufenden Bezüge der aktiven Vorstandsmitglieder nach § 87 Abs. 1 S. 1 möglich war, erstreckt sich das Herabsetzungsrecht nach der Neufassung des § 87 Abs. 2 auch auf Ruhegehälter, Hinterbliebenenbezüge und Leistungen verwandter Art. Nach § 87 Abs. 2 S. 2 können diese nur in den ersten drei Jahren nach dem Ausscheiden aus der Gesellschaft auf die angemessene Höhe herabgesetzt werden. Gemeint ist, dass die **Herabsetzungsentscheidung in den ersten drei Jahren nach dem Zeitpunkt des Ausscheidens** getroffen werden muss, sodann aber unbefristet, dh für den gesamten Ruhegehaltszeitraum gelten kann.[236] Nach dem Bericht des Rechtsausschusses können Ruhegehälter nur dann gekürzt werden, „wenn die Verschlechterung der Lage der Gesellschaft dem ausgeschiedenen Vorstand im Rahmen der Billigkeitsprüfung zugerechnet werden kann".[237] Maßgeblich für die Bestimmung des Ausscheidenszeitpunkts ist daher das Ende der Bestellung, nicht das Ende des Anstellungsvertrags.[238]

56 Die Altersversorgung stellt eine Gegenleistung für die bereits in der Vergangenheit erbrachten Dienstleitungen dar.[239] Hinzu kommt, dass die Versorgungsbezüge möglicherweise die einzige Einkunftsquelle des Vorstandsmitglieds darstellen und es diesem (altersbedingt) schwerfallen kann, anderweitige Erwerbsquellen zu erschließen.[240] Das Vertrauen des Zusageempfängers in den Bestand der Ruhegehaltszusagen ist mithin besonders schützenswert.[241] Die Erstreckung des Herabsetzungsrechts auf Ruhegehälter wird daher mit Recht als **system- und möglicherweise auch verfassungswidrig** kritisiert.[242]

---

229 *Müller* LMK 2016, 376389.

230 In diesem Sinne auch *Müller-Michaels* BB 2016, 588.

231 BGH NZG 2016, 264 (269).

232 BGH NZG 2016, 264 (269).

233 BGH NZG 2016, 264 (269).

234 BGH NZG 2016, 264 (269).

235 BGH NZG 2016, 264 (269).

236 *Hohenstatt* ZIP 2009, 1349 (1353); *Lingemann* BB 2009, 1918 (1921); *Hoffmann-Becking/Krieger* NZG 2009, Beilage zu Heft 26, 5; *Diller* NZG 2009, 1006 (1008).

237 Beschlussempfehlung und Bericht des Rechtsausschusses, BT-Drs. 16/13433, 16.

238 Ebenso *Hoffmann-Becking/Krieger* NZG 2009, Beilage zu Heft 26, 6; aA *Lingemann* BB 2009, 1918 (1921); *Diller* NZG 2009, 1006 (1008).

239 BGHZ 55, 274 (278) = NJW 1971, 1127; BGHZ 108, 330 (335) = NJW 1990, 49.

240 KK-AktG/*Mertens/Cahn* Rn. 105 f.

241 *Hohenstatt* ZIP 2009, 1349 (1353).

242 *DAV-Handelsrechtsausschuss* NZG 2009, 612 (614); *Hoffmann-Becking/Krieger* NZG 2009, Beilage zu Heft 26, 6; *Diller* NZG 2009, 1006 (1008); *Hohenstatt* ZIP 2009, 1349 (1353); aA *Thüsing* AG 2009, 517 (523); *Fleischer* NZG 2009, 801 (804).

Von der Herabsetzung von Ruhegeldzusagen nach dem Ausscheiden zu unterscheiden ist eine (auch bislang zulässige) mit der Herabsetzung der Bezüge für das aktive Vorstandsmitglied verbundene **mittelbare Beeinflussung (zukünftiger) Versorgungsbezüge** aufgrund einer dienstvertraglichen Anknüpfung der Höhe der Ruhegehaltsbezüge an die während der aktiven Dienstzeit gewährten Bezüge.[243] 57

6. Herabsetzung von Abfindungsleistungen. Nach der amtlichen Gesetzesbegründung zum VorstAG[244] erfasst die Herabsetzungsmöglichkeit in § 87 Abs. 2 S. 1 auch Ansprüche „auf Auszahlung der Restlaufzeit des Vertrags bei Entlassung des Vorstands". Erfasst wird hiervon sicherlich der Fall einer Nichtbeendigung des Anstellungsvertrags trotz erfolgter Beendigung der Organstellung.[245] Auch eine im Anstellungsvertrag enthaltene Abfindungsregelung für den Fall der vorzeitigen Beendigung des Anstellungsverhältnisses kann Gegenstand einer einseitigen Vertragsanpassung nach § 87 Abs. 2 S. 1 sein. Dies gilt jedenfalls solange, wie der Abfindungsfall nicht eingetreten ist.[246] Davon abweichend sind jedoch in einem Aufhebungsvertrag (erstmals) vereinbarte Abfindungen zu beurteilen. Insoweit handelt es sich bereits terminologisch nicht um „Bezüge" iSv § 87.[247] Die Abfindung ist nicht Gegenleistung für die zukünftige Vorstandstätigkeit, sondern für die Bereitschaft zu einer vorzeitigen Beendigung derselbigen.[248] Auch auf Grundlage einer Change of Control-Klausel erfolgte Zahlungen sind nach Ausscheiden des Vorstandsmitglieds einer Kürzung auf Grundlage von § 87 Abs. 1 nicht mehr zugänglich, da es sich auch insoweit nicht um Bezüge für eine zukünftige Leistung des Vorstandsmitglieds, sondern um eine Honorierung loyalen Verhaltens im Vorfeld des Kontrollwechsels handelt.[249] 58

7. Kündigungsrecht des Vorstandsmitglieds. Als Korrelat zu dem einseitigen, den Bestand des Anstellungsvertrags nicht berührenden (§ 87 Abs. 2 S. 3) Herabsetzungsrecht der Gesellschaft, steht dem Vorstandsmitglied nach § 87 Abs. 2 S. 4 das Recht zu, bei Herabsetzung seiner Bezüge den Anstellungsvertrag außerordentlich für den Schluss des nächsten Kalendervierteljahrs mit einer Frist von sechs Wochen zu kündigen. Bei nicht fristgerechter Ausübung des Kündigungsrechts bleibt das Vorstandmitglied an den abgeänderten Anstellungsvertrag bis zum Vertragsende gebunden.[250] Erhebt das Vorstandsmitglied innerhalb der Kündigungsfrist Klage gegen die Herabsetzung seiner Bezüge, läuft die Sechswochenfrist erst ab einer rechtskräftigen Entscheidung über die Zulässigkeit der Herabsetzung der Bezüge, da die ausschlussähnliche Wirkung nicht zu einer Verkürzung des Rechtsschutzes führen darf.[251] 59

Durch die Regelung in § 87 Abs. 2 S. 4 wird eine fristlose Kündigung des Anstellungsvertrags durch das Vorstandsmitglied nach § 626 BGB nicht ausgeschlossen, sofern dessen Voraussetzungen erfüllt sind. Dies ist bei einer berechtigten und angemessenen Herabsetzung der Bezüge nicht der Fall. Eine fristlose Kündigung des Anstellungsvertrags nach § 626 BGB kommt hingegen in Betracht, wenn die Herabsetzung unberechtigt und grob unbillig erfolgt ist.[252] 60

8. Finanzmarktstabilisierungsfondsgesetz (FMStFG). Am 17.10.2008 ist das FMStFG[253] als Reaktion auf eine sich zuspitzende Krise an den Weltfinanzmärkten in Kraft getreten. Durch das FMStFG wurde ein Fonds des Bundes unter der Bezeichnung „Finanzmarktstabilisierungsfonds – FMS" errichtet, der der Stabilisierung des Finanzmarktes durch Überwindung von Liquiditätsengpässen und durch Schaffung von Rahmenbedingungen für eine Stärkung der Eigenkapitalbasis der Unternehmen des Finanzsektors dient (§ 2 Abs. 1 FMStFG). Nach § 5 Abs. 2 Nr. 4 lit. a, Abs. 4 FMStFV kann die Gewährung der nach dem FMStG vorgesehenen staatlichen Mittel (Rekapitalisierungen und Risikoübernahmen) davon abhängig gemacht werden, dass Organmitglieder und Geschäftsleiter unter Einbeziehung von etwaigen Konzernbezügen keine unangemessene Gesamtver- 61

---

[243] *Hoffmann-Becking/Krieger* NZG 2009, Beilage zu Heft 26, 5; KK-AktG/*Mertens/Cahn* Rn. 105 f.
[244] BT-Drs. 16/12278, 6.
[245] *Diller* NZG 2009, 1006 (1009).
[246] Hüffer/*Koch* Rn. 29.
[247] *Diller* NZG 2009, 1006 (1009).
[248] *Diller* NZG 2009, 1006 (1009); *Krieger* Liber Amicorum Winter, 2011, 369 (380); *Jaeger* NZA 2010, 128 (134); aA – grds. für Kürzung – Spindler/Stilz/*Fleischer* Rn. 68.
[249] Hüffer/*Koch* Rn. 29; *Krieger* Liber Amicorum Winter, 2011, 369 (385 f.).
[250] Schmidt/Lutter/*Seibt* Rn. 21; Spindler/Stilz/*Fleischer* Rn. 76; Hüffer/*Koch* Rn. 32.
[251] Hüffer/*Koch* Rn. 32; MüKoAktG/*Spindler* Rn. 214; Spindler/Stilz/*Fleischer* Rn. 76.
[252] Hüffer/*Koch* Rn. 33; Spindler/Stilz/*Fleischer* Rn. 76; GroßkommAktG/*Kort* Rn. 480; aA MüKoAktG/*Spindler* Rn. 103; Schmidt/Lutter/*Seibt* Rn. 21.
[253] Gesetz zur Errichtung eines Finanzmarktstabilisierungsfonds (Finanzmarktstabilisierungsfondsgesetz – FMStFG, BGBl. I S. 1982); dazu gehörend die Verordnung zur Durchführung des Finanzmarktstabilisierungsfondsgesetzes (Finanzmarkstabilisierungsfonds-Verordnung – FMStFV) vom 20.10.2008, eBAnz. 123, 1.

gütung erhalten. Eine monetäre Gesamtvergütung von Organmitgliedern, die 500.000 Euro pro Jahr übersteigt, gilt grundsätzlich als unangemessen (vgl. auch § 10 Abs. 2a und 2b FMStFG). Der FMS hat darauf hinzuwirken, dass eine **Herabsetzung der Organvergütung** „im Rahmen der zivilrechtlichen Möglichkeiten unter Einbeziehung des § 87 Abs. 2 des Aktiengesetzes vorgenommen wird" (vgl. § 5 Abs. 2 Nr. 4 S. 6 FMStFG).

62 Die Formulierung in § 5 Abs. 2 Nr. 4 lit. a FMStFV ist als **bloßer Hinweis auf die Herabsetzungsmöglichkeit nach § 87 Abs. 2** zu verstehen.[254] Dies ergibt sich bereits aus dem Wortlaut („im Rahmen"), wonach ausdrücklich auf die bestehenden zivilrechtlichen Instrumentarien verwiesen wird. Durch die FMStFV erfolgt daher insbesondere keine Konkretisierung der in § 87 Abs. 2 bestimmten Voraussetzungen. Hierfür würde es auch an der erforderlichen Ermächtigungsgrundlage fehlen. In § 10 Abs. 2 FMStFG ist zwar eine Ermächtigung zur Regelung von Bedingungen gegenüber dem begünstigten Unternehmen durch Rechtsverordnung vorgesehen, nicht aber eine Konkretisierung von Voraussetzungen und Rechtfolgen der gesetzlichen Regelung in § 87 Abs. 2.[255] Allein daraus, dass nach § 5 Abs. 2 Nr. 4a FMStFV eine die dort genannten Grenzen überschreitende Vorstandsvergütung grundsätzlich als unangemessen gilt, folgt daher nicht automatisch die von § 87 Abs. 2 vorausgesetzte „Unbilligkeit" einer derartigen Vergütung.[256] Ob ein Recht der Gesellschaft zur einseitigen Herabsetzung der Vorstandsvergütung nach § 87 Abs. 2 besteht, bestimmt sich folglich auch bei einer (beabsichtigten) Inanspruchnahme von staatlichen Mitteln nach dem FMStFG losgelöst von den Regelungen der FMStFG nach den allgemeinen Regeln.[257] Sofern hiernach die Voraussetzungen für eine einseitige Herabsetzung der Vorstandsvergütung nach § 87 Abs. 2 nicht vorliegen, können bei der Weigerung eines Vorstandsmitglieds, einer einvernehmlichen Anpassung seiner Vorstandsvergütung zuzustimmen, eine **Abberufung aus wichtigem Grund** nach § 84 Abs. 3 sowie eine außerordentliche Kündigung des Vorstandsdienstvertrags in Betracht kommen, wenn der Vorstand eine Inanspruchnahme von Mitteln des FMS treuwidrig nur ablehnt, um eine Vergütungskürzung zu verhindern.[258] Gleichzeitig kommt eine Schadensersatzpflicht des betreffenden Vorstandsmitglieds nach § 93 in Betracht.

IX. Beschränkung der Ansprüche im Insolvenzverfahren

63 Im Insolvenzverfahren über das Vermögen der Aktiengesellschaft steht sowohl dem Insolvenzverwalter als auch den Vorstandsmitgliedern nach § 113 InsO das Recht zu, den Anstellungsvertrag zu kündigen. Die Kündigungsfrist beträgt drei Monate zum Monatsende, wenn nicht eine kürzere Frist maßgeblich ist (§ 113 S. 2 InsO). Kündigt der Verwalter, so kann das betroffene Vorstandsmitglied wegen der vorzeitigen Beendigung des Dienstverhältnisses als Insolvenzgläubiger Schadensersatz verlangen (§ 113 S. 3 InsO). Durch § 87 Abs. 3 wird die Ersatzpflicht auf den Schaden beschränkt, der bis zum Ablauf von zwei Jahren seit dem Ende des Dienstverhältnisses entsteht.[259] Auf Versorgungsleistungen iSd § 87 Abs. 1 S. 4 findet § 87 Abs. 3 keine Anwendung.[260] Versorgungsansprüche sind nach § 45 InsO nach ihrem Schätzwert anzumelden und als einfache Insolvenzforderungen (§§ 38, 87 InsO) zu berücksichtigen.[261]

64 Bei Anordnung einer Eigenverwaltung nach § 270 InsO erfolgt die Kündigung durch die Gesellschaft Einvernehmen mit dem Sachwalter, wobei die Gesellschaft gemäß § 112 durch den Aufsichtsrat vertreten wird. Fehlt das nach § 279 S. 2 InsO erforderliche Einvernehmen des Sachwalters, wird die Wirksamkeit der Kündigung hierdurch nicht berührt, da dieser Mangel nur das Innenverhältnis betrifft.[262]

X. Offenlegung der Vorstandsvergütung

65 Nach §§ 285 S. 1 Nr. 9a S. 1–3, 314 Abs. 1 Nr. 6 lit. a S. 1–3 HGB sind im Anhang des Jahres- sowie des Konzernabschlusses die den Mitgliedern des Vorstands für ihre Tätigkeit im Geschäftsjahr gewährten **Gesamtbezüge** offenzulegen. Nach §§ 285 S. 1 Nr. 9 lit. a S. 4, 314 Abs. 1 Nr. 6 lit. a S. 4 HGB sind Bezugsrechte und andere aktienbasierte Vergütungen mit ihrer Anzahl und dem beizulegenden Zeitwert zum Zeitpunkt ihrer Gewährung anzugeben; spätere Wertänderungen, die

---

254 Vgl. auch *Klöhn* ZGR 2012, 1,3 mwN.
255 *Wilsing/Kleißl* BB 2008, 2422 (2426).
256 *Diller/Göpfert* DB 2008, 2579 (2582).
257 *Wilsing/Kleißl* BB 2008, 2422 (2426).
258 *Diller/Göpfert* DB 2008, 2579 (2582).
259 Spindler/Stilz/*Fleischer* Rn. 77; Hüffer/*KochHüffer* Rn. 34.
260 Hüffer/*Koch* Rn. 34; GroßkommAktG/*Kort* Rn. 484; Spindler/Stilz/*Fleischer* Rn. 77.
261 MüKoAktG/*Spindler* Rn. 224; Schmidt/Lutter/*Seibt* Rn. 23; GroßkommAktG/*Kort* Rn. 484.
262 GroßkommAktG/*Kort* Rn. 487; Spindler/Stilz/*Fleischer* Rn. 77; Hüffer/*Koch* Rn. 34.

auf einer Änderung der Ausübungsbedingungen beruhen, sind zu berücksichtigen. Die Angaben können nach § 286 Abs. 4 HGB bei nicht börsennotierten Aktiengesellschaften unterbleiben, wenn sich hieraus die individuellen Bezüge eines Vorstandsmitglieds feststellen lassen. Nach § 289 Abs. 2 Nr. 4 S. 1 HGB sind die Grundzüge des Vergütungssystems der Gesellschaft für die Gesamtbezüge der Vorstandsmitglieder im Lagebericht anzugeben; lediglich Angaben nach § 285 Nr. 9 lit. a S. 5–8 HGB können im Anhang zum Lagebericht unterbleiben (vgl. § 289 Abs. 2 Nr. 4 S. 2 HGB).

Für **börsennotierte Aktiengesellschaften** besteht darüber hinaus seit dem VorstOG vom 66
3.8.2005 (BGBl. I S. 2267) eine **Pflicht zur individualisierten Offenlegung des Vorstandsbezüge** nach §§ 285 S. 1 Nr. 9 lit. a S. 5–8, 314 Abs. 1 Nr. 6 lit. a S. 5–8 HGB. Anzugeben sind unter Namensnennung die Bezüge jedes einzelnen Vorstandsmitglieds. Dabei ist jeweils eine Aufschlüsselung nach erfolgsunabhängigen und erfolgsbezogenen Komponenten sowie nach solchen mit langfristiger Anreizwirkung vorzunehmen.[263] Die Pflicht zur individualisierten Offenlegung umfasst weiterhin auch Leistungen im Zusammenhang mit der Beendigung der Vorstandstätigkeit (insbesondere Abfindungen, Ruhegehalts- und Hinterbliebenenbezüge). Während bislang nach § 285 Abs. 1a S. 6 HGB aF lediglich die pauschale Angabe von Leistungen verlangt war, die dem Vorstandsmitglied für den Fall der Beendigung der Tätigkeit zugesagt worden sind, wurden die **Transparenzanforderungen durch** das **VorstAG** mit erstmaliger Wirkung für nach dem 31.12.2009 beginnende Geschäftsjahre **verschärft.**[264] Anzugeben sind nunmehr (i) Leistungen, die dem Vorstandsmitglied für den Fall einer vorzeitigen Beendigung seiner Vorstandstätigkeit zugesagt worden sind (dazu gehört auch die Zusage von Leistungen für den Fall eines vorzeitigen Ausscheidens auf Grund eines Kontrollwechsels – „Change of Control"),[265] (ii) Leistungen, die dem Vorstandsmitglied für den Fall der regulären Beendigung seiner Tätigkeit zugesagt worden sind (mit ihrem Barwert[266] und dem während des Geschäftsjahrs hierfür aufgewandten oder zurückgestellten Betrag), (iii) vereinbarte Änderungen dieser Zusagen und (iv) Leistungen, die einem im Laufe des Geschäftsjahrs ausgeschiedenen Vorstandsmitglied in diesem Zusammenhang zugesagt und im Laufe des Geschäftsjahrs gewährt worden sind. Nach §§ 286 Abs. 5, 314 Abs. 2 S. 2 HGB kann die Hauptversammlung mit einer Mehrheit von drei Vierteln des vertretenen Grundkapitals für längstens fünf Jahre beschließen, dass eine individualisierte Offenlegung der Vorstandsbezüge unterbleibt **(„Opt Out"),** wobei Vorstandsmitglieder als Aktionäre nach § 136 Abs. 1 kein Stimmrecht haben. Zusätzliche Anforderungen ergeben sich aus den Empfehlungen in Ziff. 4.2.5 DCGK.[267]

XI. Vergütungssysteme im Finanzdienstleistungssektor

Im Banken- und Versicherungssektor sehen § 25a Abs. 1 S. 3 Hs. 2 Nr. 6, Abs. 5 und 6 KWG 67
iVm den Regelungen der InstitutsVergV[268] sowie §§ 25, 34 Abs. 2 VAG iVm den Bestimmungen der VersVergV[269] detaillierte Vorgaben an Vergütungssysteme vor.[270] Im Wesentlichen besteht nach den genannten Bestimmungen für Finanzintermediäre im Anwendungsbereich des KWG und VAG die Verpflichtung, Vergütungssysteme für Geschäftsleiter, Mitarbeiter (sog. *material risk taker*) und Aufsichtsratsmitglieder von Versicherungsunternehmen zu schaffen, die angemessen, transparent und auf eine nachhaltige Entwicklung des Unternehmens ausgerichtet sind. Diese gesetzlichen Anforderungen gehen auf die auf Initiative der G20 vom Financial Stability Board erarbeiteten Prinzipien und Standards für solide Vergütungssysteme im Banken- und Versicherungsbereich („Principles for Sound Compensation Practices" vom 2.4.2009; „Principles for Sound Compensation Practice-Implementation Standards" vom 25.9.2009) sowie die Empfehlung der Kommission vom 30.4.2009 zur Vergütungspolitik im Finanzdienstleistungssektor (2009/384/EG) zurück. Auf nationaler Ebene wurden die internationalen und europäischen Grundsätze durch die aufsichtsbehördlichen Rund-

---

[263] Zu Einzelheiten vgl. *Spindler* NZG 2005, 689; *Thüsing* ZIP 2005, 1389; *Leuering/Simon* NZG 2005, 945.

[264] Vgl. dazu *Hoffmann-Becking/Krieger* NZG 2009, Beilage zu Heft 26, 12; *van Kann/Keiluweit* DStR 2009, 1587 (1591).

[265] Vgl. dazu *Bittmann/Schwarz* BB 2009, 1014.

[266] Zu Recht krit. *DAV-Handelsrechtsausschuss* NZG 2009, 612 (616); *Thüsing* AG 2009, 517 (527); *Lingemann* BB 2009, 1918 (1923).

[267] Vgl. hierzu *Klern* AG 2013, 733 (740 f.).

[268] Verordnung über die aufsichtsrechtlichen Anforderungen an Vergütungssysteme von Instituten (Institutsvergütungsverordnung – InstitutsVergV) vom 16.12.2013, BGBl. I S. 4270.

[269] Verordnung über die aufsichtsrechtlichen Anforderungen an Vergütungssysteme im Versicherungsbereich (Versicherungs-Vergütungsverordnung – VersVergV) vom 18.4.2016, BGBl. I S. 763.

[270] Hierzu ausführlich Boos/Fischer/Schulte-Mattler/*Braun* KWG, CRR-VO, 5. Aufl. 2016, KWG § 25a Rn. 729 ff.; Boos/Fischer/Schulte-Mattler/*Wolfgarten* KWG, CRR-VO, 5. Aufl. 2016, Abschn. H.; Annuß/Früh/Hasse InstitutsVergV, VersVergV, 1. Aufl. 2016, Abschn. A. und B; *Krauel/Broichhausen* VersR 2015, 1189 noch zu § 64b VAG.

schreiben der BaFin 22/2009 (BA) und 23/2009 (VA) aufgegriffen und implementiert. Mit den bank- und versicherungsaufsichtsrechtlichen Bestimmungen weitgehend identische Anforderungen an Vergütungssysteme, insbesondere die variable Vergütung von Geschäftsleitern, sieht § 37 KAGB für Kapitalverwaltungsgesellschaften vor, die Organismen für gemeinsame Anlagen in Wertpapiere (OGAW) und/oder alternative Investmentfonds (AIF) verwalten.[271] Diese Bestimmungen werden ihrerseits durch die Leitlinien der Europäischen Wertpapier- und Marktaufsichtsbehörde (ESMA) für solide Vergütungspolitiken unter Berücksichtigung der AIFMD (ESMA/2013/232 und ESMA/2016/579) vom 14.10.2016 konkretisiert, denen sich die BaFin – vorbehaltlich einer nationalen Rechtsverordnung nach § 37 Abs. 3 KAGB – für die nationale Auslegung der Vergütungsbestimmungen angeschlossen hat.[272] Die finanzmarktaufsichtsrechtlichen Vergütungsregelungen werden vervollständigt durch aufsichtsbehördliche Eingriffsbefugnisse. Hierunter fällt insbesondere die Befugnis der BaFin, im Fall einer auch nur drohenden Unterschreitung bestimmter aufsichtsrechtlicher Anforderungen die Auszahlung variabler Vergütungsbestandteile zu untersagen oder auf einen bestimmten Anteil des Jahresergebnisses zu beschränken (vgl. § 25 Abs. 4 VAG iVm § 134 Abs. 1 VAG; § 45 Abs. 2 S. 1 Nr. 5 lit. a und 6, Abs. 5 S. 5, 6 und 7 KWG). Hierdurch soll die Möglichkeit geschaffen werden, im Verhältnis zur wirtschaftlichen Situation des betreffenden Finanzintermediärs unangemessen hohe Bonuszahlungen zu unterbinden.[273]

68 Die branchenspezifischen Anforderungen an Vergütungssysteme im Banken-, Versicherungs- und Kapitalanlagesektor gelten rechtsformunabhängig und stehen neben den branchenübergreifenden Regelungen in § 87.[274]

§ 88 Wettbewerbsverbot

(1) [1]Die Vorstandsmitglieder dürfen ohne Einwilligung des Aufsichtsrats weder ein Handelsgewerbe betreiben noch im Geschäftszweig der Gesellschaft für eigene oder fremde Rechnung Geschäfte machen. [2]Sie dürfen ohne Einwilligung auch nicht Mitglied des Vorstands oder Geschäftsführer oder persönlich haftender Gesellschafter einer anderen Handelsgesellschaft sein. [3]Die Einwilligung des Aufsichtsrats kann nur für bestimmte Handelsgewerbe oder Handelsgesellschaften oder für bestimmte Arten von Geschäften erteilt werden.

(2) [1]Verstößt ein Vorstandsmitglied gegen dieses Verbot, so kann die Gesellschaft Schadenersatz fordern. [2]Sie kann statt dessen von dem Mitglied verlangen, daß es die für eigene Rechnung gemachten Geschäfte als für Rechnung der Gesellschaft eingegangen gelten läßt und die aus Geschäften für fremde Rechnung bezogene Vergütung herausgibt oder seinen Anspruch auf die Vergütung abtritt.

(3) [1]Die Ansprüche der Gesellschaft verjähren in drei Monaten seit dem Zeitpunkt, in dem die übrigen Vorstandsmitglieder und die Aufsichtsratsmitglieder von der zum Schadensersatz verpflichtenden Handlung Kenntnis erlangen oder ohne grobe Fahrlässigkeit erlangen müssten. [2]Sie verjähren ohne Rücksicht auf diese Kenntnis oder grob fahrlässige Unkenntnis in fünf Jahren von ihrer Entstehung an.

Schrifttum: *Armbrüster,* Wettbewerbsverbote im Kapitalgesellschaftsrecht, ZIP 1997, 1269; *Bauer/v. Medem,* Rechtliche und taktische Hinweise zu Wettbewerbsverboten mit Vorständen und Geschäftsführern, GWR 2011, 435; *Bauer/Diller,* Karenzentschädigung und bedingte Wettbewerbsverbote bei Organmitgliedern, BB 1995, 1134; *Fleischer,* Gelöste und ungelöste Probleme der gesellschaftsrechtlichen Geschäftschancenlehre, NZG 2003, 985; *Hellgardt,* Das Wettbewerbsverbot des Vorstands in der AG & Co. KG, ZIP 2007, 2248; *Hirte,* Zivil- und Kartellrechtliche Schranken für Wettbewerbsverbote im Zusammenhang mit Unternehmensveräußerungen, ZHR 154 (1990), 443; *Hoffmann-Becking,* Nachvertragliche Wettbewerbsverbote für Vorstandsmitglieder und Geschäftsführer, FS Quack, 1991, 273; *Hopt,* Zur Dogmatik des modernen Geschäftsbesorgungsrechts, ZGR 2004, 1; *Jäger,* Das nachvertragliche Wettbewerbsverbot und die Karenzentschädigung, für Organmitglieder juristischer Personen, DStR 1995, 724; *Kamanabrou,* Teilverbindlichkeit überschießender nachvertraglicher Wettbewerbsverbote für GmbH-Geschäftsführer, ZGR 2002, 898; *Meyer,* Das „Eintrittsrecht" der Aktiengesellschaft gemäß § 88 Abs. 2 Satz 2 AktG, AG 1988, 259; *Röhricht,* Das Wettbewerbsverbot des Gesellschafters und des Geschäftsführers, WPg 1992, 766; *Thüsing,* Nachorganschaftliche Wettbewerbsverbote bei Vorständen und Geschäftsführern – Ein Rund-

[271] Vgl. Moritz/Jesch/Klebeck/*Rieble* in Frankfurter Kommentar zum Kapitalanlagegerecht, Bd. 1 Teilbd. 1, 1. Aufl. 2016, KAGB § 37 Rn. 1 ff.; *Boxberger/Klebeck,* BKR 2013, 441.

[272] Vgl. BaFin, Schreiben zur Anwendung der „Leitlinien für solide Vergütungspolitiken unter Berücksichtigung der AIFMD, von ESMA, 22.7.2013.

[273] Etwa Begr. RegE VergAnfG, BT-Drs. 17/1291, 11 zum Gesetz über die aufsichtsrechtlichen Anforderungen an die Vergütungssysteme von Instituten und Versicherungsunternehmen vom 21.7.2010, BGBl. I S. 950.

[274] So etwa Begr. RegE VergAnfG, BT-Drs. 17/1291, 9 zum Gesetz über die aufsichtsrechtlichen Anforderungen an die Vergütungssysteme von Instituten und Versicherungsunternehmen vom 21.7.2010, BGBl. I S. 950.

gang durch die neuere Rechtsprechung und Literatur, NZG 2004, 9; *Traub,* „Geltungserhaltende Reduktion" bei nichtigen vertraglichen Wettbewerbsverboten?, WRP 1994, 802.

Übersicht

I. Allgemeines

1 Durch § 88 wird den Vorstandsmitgliedern grundsätzlich der Betrieb eines Handelsgewerbes, das Geschäftemachen im Geschäftszweig der Aktiengesellschaft sowie die Tätigkeit als Geschäftsführungsorgan einer anderen Handelsgesellschaft untersagt (§ 88 Abs. 1). Für den Fall der Verletzung der Tätigkeitsverbote stehen der Gesellschaft Unterlassung- und Schadensersatzansprüche sowie (alternativ) ein Eintrittsrecht in die von dem Vorstandsmitglied für eigene Rechte gemachten Geschäfte zu (§ 88 Abs. 2). Die Vorschrift dient damit einem **doppelten Zweck.** Zum einen geht es um den Schutz der Gesellschaft vor einem anderweitigen Einsatz der Arbeitskraft ihrer Vorstandsmitglieder.[1] Zum anderen soll die Gesellschaft vor Wettbewerbshandlungen ihrer Vorstandsmitglieder geschützt werden.[2] Im Hinblick auf letztere Schutzrichtung handelt es sich um eine Konkretisierung der allgemeinen Treuepflicht der Vorstandsmitglieder gegenüber der Aktiengesellschaft, die es ihnen gebietet, die Interessen der Gesellschaft zu wahren und alles zu unterlassen, was diese Interessen schädigt[3] Die vom Verbotstatbestand des § 88 Abs. 1 erfassten Tätigkeiten sind nicht schlechthin verboten, sondern dürfen mit Einwilligung des Aufsichtsrats ausgeübt werden.

2 Wettbewerbsverbote ähnlicher Art finden sich in §§ 60, 61 HGB für den Handlungsgehilfen und in §§ 112, 113, 161 Abs. 2 HGB für die für persönlich haftenden Gesellschafter einer Personenhandelsgesellschaft. Zwar umfassen §§ 112, 113 HGB nicht auch die Sicherstellung der vollen Arbeitskraft der persönlich haftenden Gesellschafter, sondern zielen allein auf die Verhinderung der Treuepflicht zuwiderlaufender Wettbewerbsverstöße.[4] Zudem ist das Wettbewerbsverbot nach § 88 insoweit umfassender, als es auch den Betrieb eines Handelsgewerbes umfasst.[5] Dennoch kann aufgrund der weitgehenden Parallelität der Regelungen in § 88 und §§ 112, 113 HGB die zu §§ 112, 113 HGB ergangene Rechtsprechung auch für die Auslegung von § 88 herangezogen werden.[6] Zur KGaA vgl. § 284. Eng mit dem organschaftlichen Wettbewerbsverbot verwandt und in Anwendungsbereich und Rechtsfolgen teilweise überschneidend ist die sog. Geschäftschancenlehre, wonach es den Vorstandsmitgliedern untersagt ist, Geschäftschancen, die dem Unternehmen zustehen, für sich selbst zu nutzen (→ § 93 Rn. 126).[7]

3 Nach Ziff. 4.3.1 DCGK unterliegen die Vorstandsmitglieder während ihrer Tätigkeit für das Unternehmen einem umfassenden Tätigkeitsverbot. Es handelt sich insoweit lediglich um eine stark konzentrierte Wiedergabe der gesetzlichen Regelung in § 88.[8] Demgegenüber enthält **Ziff. 4.3.4 DCGK** eine über die Reichweite des gesetzlichen Tätigkeitsverbots hinausgehende Regelung.[9] Hiernach sollen Vorstandsmitglieder auch Nebentätigkeiten, insbesondere Aufsichtsratsmandate außerhalb des Unternehmens, nur mit Zustimmung des Aufsichtsrats übernehmen. Die Aufnahme einer entsprechenden Regelung in Vorstandsanstellungsverträge ist auch außerhalb börsennotierter Aktiengesellschaften gängige Praxis.

[1] BGH NJW 1997, 2055; 2001, 2476; GroßkommAktG/*Kort* Rn. 1; Schmidt/Lutter/*Seibt* Rn. 1; Hüffer/*Koch* Rn. 1.
[2] BGH NJW 2001, 2476; KK-AktG/*Mertens/Cahn* Rn. 2; Spindler/Stilz/*Fleischer* Rn. 1; Hüffer/*Koch* Rn. 1.
[3] OLG Frankfurt AG 2000, 518 (519); MüKoAktG/*Spindler* Rn. 1; Hüffer/*Koch* Rn. 1.
[4] MüKoAktG/*Spindler* Rn. 2; Spindler/Stilz/*Fleischer* Rn. 4.
[5] Spindler/Stilz/*Fleischer* Rn. 4.
[6] GroßkommAktG/*Kort* Rn. 9.
[7] Ausf. *Fleischer* NZG 2003, 985 ff.; *Kort* ZIP 2008, 717 (719); vgl. auch Ziff. 4.3.3 DCGK.
[8] GroßkommAktG/*Kort* Rn. 19; MüKoAktG/*Spindler* Rn. 1.
[9] MüKoAktG/*Spindler* Rn. 1.

II. Persönlicher Geltungsbereich

4 Adressat der Tätigkeitsverbote des § 88 sind **sämtliche amtierenden Vorstandsmitglieder** der Gesellschaft, einschließlich stellvertretender Vorstandsmitglieder (§ 94) und gerichtlich bestellter Vorstandsmitglieder (§ 85).[10] Auch fehlerhaft bestellte Vorstandsmitglieder werden von dem Wettbewerbsverbot umfasst.[11] Nicht in den Anwendungsbereich des § 88 fallen demgegenüber Aufsichtsratsmitglieder, und zwar nach § 105 Abs. 2 S. 4 auch dann nicht, wenn sie vorübergehend zu Stellvertretern von fehlenden oder verhinderten Vorstandsmitgliedern bestellt sind.[12] Die Tätigkeitsverbote nach § 88 gelten gemäß § 268 Abs. 3 zudem nicht für Abwickler, auch wenn es die ehemaligen Vorstandsmitglieder sind.[13]

5 Das organschaftliche Wettbewerbsverbot ist an die **Dauer des Vorstandsamts** gebunden, dh es beginnt mit der Bestellung zum Vorstandsmitglied und endet mit der Beendigung des Organverhältnisses.[14] Ehemalige Vorstandsmitglieder sind an die Vorgaben des § 88 nicht gebunden.[15] Dies gilt aufgrund der Anknüpfung des Wettbewerbsverbots an die korporationsrechtliche Stellung der Vorstandsmitglieder entgegen einer teilweise vertretenen Auffassung[16] auch für den Fall, dass die Gesellschaft bei ungekündigtem Anstellungsverhältnis die Vorstandsbezüge weiterzahlt.[17] Allerdings können sich aus dem fortbestehenden Anstellungsverhältnis schuldrechtliche Unterlassungspflichten ergeben, und zwar aufgrund der allgemeinen Treuepflicht der Vorstandsmitglieder zur Gesellschaft auch ohne ausdrückliche vertragliche Bestimmung.[18] Auch eine Amtsniederlegung durch das Vorstandsmitglied führt zum Entfall der Tätigkeitsverbote aus § 88, und zwar unabhängig davon, ob sie berechtigt war oder nicht.[19] Davon unberührt bleiben mögliche Schadensersatzansprüche der Gesellschaft nach § 93 Abs. 2 für den Fall, dass sich die Niederlegung als unberechtigt erweist.

III. Sachlicher Geltungsbereich

6 **1. Betrieb eines Handelsgewerbes.** Nach § 88 Abs. 1 S. 1 Alt. 1 ist es Vorstandsmitgliedern verboten, ohne Einwilligung des Aufsichtsrats ein Handelsgewerbe zu betreiben. Der Begriff des Handelsgewerbes bestimmt sich nach §§ 1 ff. HGB.[20] Art und Geschäftszweig des Handelsgewerbes sind unerheblich. Es kommt insbesondere nicht darauf an, ob der Gesellschaft ein Schaden entstanden ist oder ob sie das Geschäft selbst hätte betreiben können.[21] Entscheidend ist die **Erhaltung der vollen Arbeitskraft** des Vorstandsmitglieds zugunsten der Gesellschaft.[22] Aus diesem Schutzzweck folgt unmittelbar, dass sich das Vorstandsmitglied dem Tätigkeitsverbot nicht durch das Vorschieben eines Strohmanns oder Treuhänders entziehen kann.[23] Einer analogen Anwendung des Tätigkeitsverbots auf nicht unter §§ 1 ff. HGB fallende kleingewerbliche oder freiberufliche Aktivitäten sind angesichts der berufseinschränkenden Wirkung des Verbots (Art. 12 GG) enge Grenzen gesetzt.[24] Eine Ausdehnung des Wettbewerbsverbots unter Schutzzweckgesichtspunkten auf solche Tätigkeiten kommt nur in Betracht, wenn diese einen Arbeitseinsatz des Vorstandsmitglieds erfordern, der demjenigen eines Handelsgewerbes entspricht.[25]

---

[10] Spindler/Stilz/*Fleischer* Rn. 7; Hüffer/*Koch* Rn. 2.

[11] Spindler/Stilz/*Fleischer* Rn. 7.

[12] GroßkommAktG/*Kort* Rn. 12; Schmidt/Lutter/*Seibt* Rn. 4.

[13] MüKoAktG/*Spindler* Rn. 9; Spindler/Stilz/*Fleischer* Rn. 7; Hüffer/*Koch* § 268 Rn. 7.

[14] GroßkommAktG/*Kort* Rn. 109; Schmidt/Lutter/*Seibt* Rn. 5; Spindler/Stilz/*Fleischer* Rn. 8 f.

[15] Spindler/Stilz/*Fleischer* Rn. 9; MüKoAktG/*Spindler* Rn. 11; Hüffer/*Koch* § 268 Rn. 2.

[16] OLG Frankfurt AG 2000, 518; KK-AktG/*Mertens/Cahn* Rn. 6 ff.; MüKoAktG/*Spindler* Rn. 11.

[17] GroßkommAktG/*Kort* Rn. 109; *Thüsing* in Fleischer HdB VorstandsR § 4 Rn. 85; Schmidt/Lutter/*Seibt* Rn. 5; Hüffer/*Koch* Rn. 2; *Fleischer* AG 2005, 336 (340).

[18] Ähnlich Spindler/Stilz/*Fleischer* Rn. 10; Schmidt/Lutter/*Seibt* Rn. 5; *Thüsing* in Fleischer HdB VorstandsR § 4 Rn. 85.

[19] Schmidt/Lutter/*Seibt* Rn. 5; *Thüsing* in Fleischer HdB VorstandsR § 4 Rn. 86; *Armbrüster* ZIP 1997, 1269 (1271); anders die wohl hM, vgl. RG JW 1915, 653; MüKoAktG/*Spindler* Rn. 11; GroßkommAktG/*Kort* Rn. 112; Spindler/Stilz/*Fleischer* Rn. 12; Hüffer/*Koch* Rn. 2.

[20] GroßkommAktG/*Kort* Rn. 20; Hüffer/*Koch* Rn. 3.

[21] MüKoAktG/*Spindler* Rn. 13; Spindler/Stilz/*Fleischer* Rn. 17; Hüffer/*Koch* Rn. 3; *Armbrüster* ZIP 1997, 1269 f.

[22] KK-AktG/*Mertens/Cahn* Rn. 2; GroßkommAktG/*Kort* Rn. 26; Spindler/Stilz/*Fleischer* Rn. 17.

[23] MüKoAktG/*Spindler* Rn. 13; GroßkommAktG/*Kort* Rn. 25; Spindler/Stilz/*Fleischer* Rn. 16.

[24] MüKoAktG/*Spindler* Rn. 12; Spindler/Stilz/*Fleischer* Rn. 18; weitergehend – „strenge Beachtung des Wortlauts" – GroßkommAktG/*Kort* Rn. 23a.

[25] Spindler/Stilz/*Fleischer* Rn. 18; MüKoAktG/*Spindler* Rn. 12; wohl auch Hüffer/*Koch* Rn. 3; aA – generelle Erweiterung auf sonstige gewerbliche oder freiberufliche Tätigkeiten – OLG Frankfurt AG 2000, 518 (519); Schmidt/Lutter/*Seibt* Rn. 6.

2. Geschäftemachen im Geschäftszweig der Gesellschaft. Vorstandsmitgliedern ist es unter dem Gesichtspunkt der Konkurrenzverhütung[26] nach § 88 Abs. 1 S. 1 Alt. 2 weiterhin untersagt, im Geschäftszweig der Gesellschaft für eigene oder fremde Rechnung Geschäfte zu machen. Unter den Begriff des **„Geschäftemachens“** fällt jede, wenn auch nur spekulative, auf Gewinnerzielung gerichtete Teilnahme am geschäftlichen Verkehr, die nicht nur zur Befriedigung eigener privater Bedürfnisse erfolgt, also nicht lediglich persönlichen Charakter hat.[27] Unerheblich ist, ob die Gesellschaft das betroffene Geschäft selbst getätigt hätte oder ob ihr ein Schaden entstanden ist.[28] Es fehlt jedoch an einer verbotenen Ausübung von Konkurrenz durch das Vorstandsmitglied, sofern das Geschäft zur Vermögensmehrung der Gesellschaft beigetragen hat, selbst wenn das Vorstandsmitglied als Vermittler eine Provision erhalten hat.[29] Die bloße Anlage eigenen Vermögens in Werte, mit denen auch die Gesellschaft handelt, stellt noch kein Geschäftemachen dar.[30] Gleiches gilt für den Handel mit Aktien der Gesellschaft[31] oder eines anderen Unternehmens im Geschäftszweig der Gesellschaft, sofern es sich nicht um eine einflussvermittelnde Mehrheitsbeteiligung handelt.[32] Bloße **Vorbereitungshandlungen** eines Vorstandsmitglieds für die zukünftige Aufnahme einer eigenen wettbewerblichen Betätigung nach Beendigung der Amtszeit fallen nicht in den Anwendungsbereich § 88 Abs. 1, solange sie nicht bereits selbst tatbestandlich als Geschäftemachen im Geschäftszweig der Gesellschaft zu werten sind.[33] Durch die Treuepflicht des Vorstands gegenüber der Gesellschaft sind Vorbereitungshandlungen indes dort Grenzen gezogen, wo schutzwürdige Interessen der Gesellschaft beeinträchtigt werden können.[34] Dies ist regelmäßig der Fall, wenn die Arbeitskraft des demnächst ausscheidenden Vorstandmitglieds unangemessen in Anspruch genommen wird[35] sowie bei einer nach außen wirkenden, werbenden Tätigkeit, wie der Anbahnung von Geschäftsbeziehungen.[36] Unzulässig sind insbesondere das Abwerben von Personal oder Kunden.[37] 7

Das Verbot umfasst nur Geschäfte, die in den **Geschäftszweig der Gesellschaft** fallen. Maßgeblich ist nicht der satzungsmäßige Unternehmensgegenstand, sondern der **tatsächliche Tätigkeitsbereich** der Gesellschaft, dh der sachlich relevante Markt, auf dem die Gesellschaft tätig ist.[38] Dies gilt auch dann, wenn die tatsächlichen Aktivitäten der Gesellschaft ihren satzungsmäßigen Unternehmensgegenstand überschreiten.[39] Eine Ausnahme gilt für den umgekehrten Fall, in dem die tatsächlichen Aktivitäten der Gesellschaft den satzungsmäßigen Unternehmensgegenstand (noch) nicht ausfüllen. Hier folgt bereits aus der dem Vorstand gegenüber der Gesellschaft obliegenden Treuepflicht, dass jener Geschäftschancen der Gesellschaft weder selbst wahrnehmen noch Dritten zuwenden darf.[40] Entscheidend ist daher insoweit grundsätzlich der satzungsmäßige Unternehmensgegenstand.[41] Steht jedoch fest, dass die Gesellschaft auf absehbare Zeit eine Ausdehnung ihrer Geschäftstätigkeit nicht anstrebt, kommt ein Anspruch der Vorstandsmitglieder auf Gewährung einer Befreiung von dem Wettbewerbsverbot durch den Aufsichtsrat in Betracht.[42] Eine (konkludent erteilte) Befreiung kann in Betracht kommen, wenn und soweit der Aufsichtsrat einem Vorschlag des Vorstands auf Ausdehnung des tatsächlichen Tätigkeitsbereichs der Gesellschaft seine nach § 111 Abs. 4 S. 2 erforderliche Zustimmung versagt (→ Rn. 12). Über seinen Wortlaut 8

---

[26] Vgl. hierzu ausdrücklich BGH NJW 2001, 2476.

[27] BGH AG 2001, 468; NJW 1997, 2055 (2056); GroßkommAktG/*Kort* Rn. 31; Hüffer/*Koch* Rn. 3.

[28] KK-AktG/*Mertens/Cahn* Rn. 11 ff.; MüKoAktG/*Spindler* Rn. 14; Schmidt/Lutter/*Seibt* Rn. 7; *Thüsing* in Fleischer HdB VorstandsR § 4 Rn. 89.

[29] BGH NJW 2001, 2476 – entgegen OLG Köln AG 1999, 573 (574) –; Spindler/Stilz/*Fleischer* Rn. 20; MüKoAktG/*Spindler* Rn. 14.

[30] BGH NJW 1997, 2055 (2056); Spindler/Stilz/*Fleischer* Rn. 20; MüKoAktG/*Spindler* Rn. 14.

[31] Sog. Director's Dealings, vgl. § 15a WpHG aF, dazu etwa *Fleischer* ZIP 2002, 1217 ff.; *Wastl* NZG 2005, 17.

[32] MüKoAktG/*Spindler* Rn. 14; Spindler/Stilz/*Fleischer* Rn. 20.

[33] OLG Frankfurt AG 2000, 518 (519); OLG Oldenburg NZG 2000, 1038; GroßkommAktG/*Kort* Rn. 37; Spindler/Stilz/*Fleischer* Rn. 13; MüKoAktG/*Spindler* Rn. 22; KK-AktG/*Mertens/Cahn* Rn. 14.

[34] GroßkommAktG/*Kort* Rn. 37; Spindler/Stilz/*Fleischer* Rn. 13; MüKoAktG/*Spindler* Rn. 23.

[35] KK-AktG/*Mertens/Cahn* Rn. 14; MüKoAktG/*Spindler* Rn. 23; GroßkommAktG/*Kort* Rn. 37.

[36] OLG Oldenburg NZG 2000, 1038; Spindler/Stilz/*Fleischer* Rn. 13.

[37] MüKoAktG/*Spindler* Rn. 23; Spindler/Stilz/*Fleischer* Rn. 13.

[38] GroßkommAktG/*Kort* Rn. 28; MüKoAktG/*Spindler* Rn. 16; KK-AktG/*Mertens/Cahn* Rn. 13; Hüffer/*Koch* Rn. 3; *Armbrüster* ZIP 1997, 1269 (1270) sowie zu § 112 HGB BGHZ 70, 331 (332 f.); 89, 162 (170).

[39] Spindler/Stilz/*Fleischer* Rn. 21.

[40] *Fleischer* NZG 2003, 985 (986 f.); Schmidt/Lutter/*Seibt* Rn. 7.

[41] MüKoAktG/*Spindler* Rn. 17; Spindler/Stilz/*Fleischer* Rn. 21; für die GmbG *Röhricht* WPg 1992, 766; Scholz/*Schneider* GmbHG § 43 Rn. 127; aA BGHZ 70, 331 (332); 89, 162 (170), beide zu § 112 HGB; OLG Frankfurt AG 2000, 518 (519); Hüffer/*Koch* Rn. 3; *Armbrüster* ZIP 1997, 1269.

[42] Spindler/Stilz/*Fleischer* Rn. 21; *Röhricht* WPg 1992, 766.

(„Gesellschaft“) hinaus erstreckt sich das Wettbewerbsverbot auch auf Geschäftszweige **verbundener Unternehmen.**[43]

9 Hat die Gesellschaft ihren **Geschäftszweig** im Laufe der Amtszeit eines Vorstandsmitglieds tatsächlich **erweitert,** so ist der erweiterte Tätigkeitsbereich für den Umfang des Tätigkeitsverbots maßgebend. Das Vorstandsmitglied hat (vorbehaltlich einer Einwilligung des Aufsichtsrats in die Aufrechterhaltung der Tätigkeit) Geschäftstätigkeiten, die in den erweiterten Geschäftszweig der Gesellschaft fallen, aufzugeben, wobei ihm seitens der Gesellschaft eine angemessene Übergangszeit zuzubilligen ist.[44] In besonders einschneidenden Fällen kann ein wichtiger Grund vorliegen, der das Vorstandsmitglied zur Niederlegung seines Vorstandsamts berechtigt.[45]

10 **3. Vorstandsmitglied, Geschäftsführer oder persönlich haftender Gesellschafter einer anderen Handelsgesellschaft.** Nach § 88 Abs. 1 S. 2 darf ein Vorstandsmitglied ohne Einwilligung des Aufsichtsrats auch nicht Mitglied des Vorstands, Geschäftsführer oder persönlich haftender Gesellschafter einer anderen Handelsgesellschaft sein. Hierdurch soll – ebenso wie durch das Verbot des Betriebs eines Handelsgewerbes nach Abs. 1 S. 1 Alt. 1 – sichergestellt werden, dass das Vorstandsmitglied seine **volle Arbeitskraft** für die Belange der Aktiengesellschaft einsetzt.[46] Das Verbot gilt dementsprechend ohne Rücksicht auf den Geschäftszweig der anderen Handelsgesellschaft.[47] Erfasst werden auch **Vorstandsdoppelmandate** im Konzern.[48] Allgemein zu Vorstandsdoppelmandaten → § 76 Rn. 63 ff. Diese bedürfen daher der Einwilligung der Aufsichtsräte beider Gesellschaften.[49] Die Erteilung der Einwilligung liegt in der ausschließlichen Kompetenz der Aufsichtsräte beider Gesellschaften, und zwar auch bei der **AG & Co. KG.** Der Minderheitskommanditist hat kein aus dem Wettbewerbsverbot des § 112 Abs. 1 HGB ableitbares Mitwirkungsrecht in Form eines Zustimmungsvorbehalts bei der Besetzung der Vorstände der Komplementär-AG und der als Aktiengesellschaft organisierten Mehrheitskommanditistin mit Doppelmandatsträgern.[50] Dem Wettbewerbsverbot des § 112 Abs. 1 HGB unterliegen zwar die Komplementär-AG und eine diese beherrschende, als Aktiengesellschaft organisierte Mehrheitskommanditistin, nicht jedoch auch deren Vorstandsmitglieder als ihre gesetzlichen Vertreter.[51]

11 Der Schutzzweck der Norm gebietet eine **analoge Anwendung** des Tätigkeitsverbots auf entsprechende Tätigkeiten bei vergleichbaren ausländischen Handelsgesellschaften,[52] unternehmerisch tätigen BGB-Gesellschaften[53] sowie auf die Stellung als geschäftsführender Kommanditist.[54] Nicht vom Tätigkeitsverbot umfasst ist die Tätigkeit als Aufsichtsratsmitglied einer anderen Gesellschaft.[55] Insoweit kommen jedoch Einschränkungen durch Regelungen in der Satzung oder im Anstellungsvertrag in Betracht und sind auch gängige Praxis.[56] Ebenfalls nicht unter das Tätigkeitsverbot nach § 88 Abs. 1 S. 2 fällt die Beteiligung eines Vorstandsmitglieds an einer Gesellschaft als stiller Gesellschafter, Kommanditist (ohne Geschäftsführungsbefugnis), Aktionär, Kommanditaktionär oder GmbH-Gesellschafter.[57] Ausnahmen kommen unter Umgehungsgesichtspunkten in Betracht, wenn das Vorstandsmitglied eine andere Gesellschaft maßgebend beherrscht, insbesondere wenn es sich um eine Einmann-GmbH oder Einmann-AG handelt.[58]

---

[43] KK-AktG/*Mertens/Cahn* Rn. 13; GroßkommAktG/*Kort* Rn. 30; MüKoAktG/*Spindler* Rn. 24; aA OLG Dresden BeckRS 2008, 05981; OLG Frankfurt AG 2000, 518 (519).

[44] MüKoAktG/*Spindler* Rn. 16; Spindler/Stilz/*Fleischer* Rn. 22.

[45] Spindler/Stilz/*Fleischer* Rn. 22.

[46] Begr. RegE *Kropff* Textausgabe, 1965, 112; Hüffer/*Koch* Rn. 4.

[47] GroßkommAktG/*Kort* Rn. 44; Spindler/Stilz/*Fleischer* Rn. 25.

[48] BGH AG 2009, 500; *Austmann* ZGR 2009, 277 (286); Spindler/Stilz/*Fleischer* Rn. 25.

[49] BGH AG 2009, 500 (501); GroßkommAktG/*Kort* Rn. 48; Hüffer/*Koch* Rn. 4; Spindler/Stilz/*Fleischer* Rn. 25.

[50] BGH AG 2009, 500 (501); dazu *Gebhardt* ZCG 2009, 115 sowie zur vorinstanzlichen Entscheidung (OLG Hamburg ZIP 207, 1370) *Hellgardt* ZIP 2007, 2248; diff. KK-AktG/*Mertens/Cahn* Rn. 4.

[51] BGH AG 2009, 500 (501); Hüffer/*Koch* Rn. 4.

[52] GroßkommAktG/*Kort* Rn. 42; MüKoAktG/*Spindler* Rn. 20.

[53] Spindler/Stilz/*Fleischer* Rn. 25; MüKoAktG/*Spindler* Rn. 20.

[54] Hüffer/*Koch* Rn. 4; Spindler/Stilz/*Fleischer* Rn. 25; *Armbrüster* ZIP 1997, 1269 (1270); aA Schmidt/Lutter/*Seibt* Rn. 8; *Thüsing* in Fleischer HdB VorstandsR § 4 Rn. 91; MüKoAktG/*Spindler* Rn. 21.

[55] GroßkommAktG/*Kort* Rn. 49 ff.; MüKoAktG/*Spindler* Rn. 20; Hüffer/*Koch* Rn. 4.

[56] Spindler/Stilz/*Fleischer* Rn. 25; zur Zulässigkeit vertraglicher Erweiterungen des Wettbewerbsverbots vgl. auch OLG Brandenburg AG 2009, 513 (515).

[57] Hüffer/*Koch* Rn. 4.

[58] MüKoAktG/*Spindler* Rn. 21; GroßkommAktG/*Kort* Rn. 43.

IV. Einwilligung des Aufsichtsrats

Die von § 88 Abs. 1 S. 1 und 2 erfassten Tätigkeiten sind nicht schlechthin verboten, sondern dürfen mit Einwilligung, dh vorheriger Zustimmung (§ 183 BGB) des Aufsichtsrats ausgeübt werden.[59] Eine spätere Genehmigung wird in der Regel als Zustimmung für zukünftige Tätigkeiten zu werten sein.[60] Sie entfaltet aber **keine Rückwirkung** und führt insbesondere nicht zum Entfallen bereits entstandener Ersatzansprüche der Gesellschaft (§ 93 Abs. 4 S. 2).[61] Wie jede Kollegialentscheidung des Aufsichtsrats bedarf die Einwilligung eines Beschlusses des Aufsichtsrats. Die Erteilung der Einwilligung des Aufsichtsrats kann daher nicht durch konkludentes Verhalten, etwa durch bloße Duldung einer Konkurrenztätigkeit, erteilt werden.[62] Der erforderliche **Beschluss des Aufsichtsrats** muss aber nicht ausdrücklich als Einwilligung bezeichnet sein. Es genügt, wenn sich die Einwilligung aus einer sinngemäßen Auslegung des Beschlusses ergibt.[63] Dies kann etwa bei einem Bestellungsbeschluss des Aufsichtsrats der Fall sein, der in Kenntnis vom fortdauernden Betrieb eines Handelsgewerbes durch das zukünftige Vorstandsmitglied gefasst wird.[64] Lehnt der Aufsichtsrat eine nach § 111 Abs. 4 S. 2 zustimmungspflichtige Maßnahme des Vorstands zur Ausdehnung des tatsächlichen Tätigkeitsbereichs der Gesellschaft endgültig ab, kann hierin unter Umständen eine stillschweigende Einwilligung in ein geschäftliches Tätigwerden der Vorstandsmitglieder in diesem Bereich liegen, wenn mit dem Beschluss eine generelle Ablehnung der entsprechenden Tätigkeit verbunden ist. Der Aufsichtsrat kann die Entscheidung über die Erteilung der Einwilligung einem Ausschuss übertragen (§ 107 Abs. 3).[65] 12

Nach § 88 Abs. 1 S. 3 kann die Einwilligung des Aufsichtsrats nur für bestimmte Handelsgewerbe oder Handelsgesellschaften oder für bestimmte Arten von Geschäften gewährt werden. Eine **Blankoeinwilligung ist unzulässig** und entfaltet keine befreiende Wirkung.[66] Die Erteilung der Einwilligung steht grundsätzlich im Ermessen des Aufsichtsrats, der dabei den Sorgfaltsmaßstab nach §§ 116, 93 Abs. 1 S. 1 zu beachten hat.[67] Dies gilt auch für die Frage, ob die Einwilligung widerruflich oder unwiderruflich erfolgt. Fehlt eine ausdrückliche Regelung, wird im Zweifel von einer unwiderruflich erteilten Einwilligung auszugehen sein.[68] Im Einzelfall kann unter dem Gesichtspunkt der Ermessenreduzierung auf Null ein Anspruch auf Erteilung der Einwilligung in Betracht kommen, etwa bei Aktiengesellschaften ohne erwerbswirtschaftliche Zielsetzung oder wenn feststeht, dass die Gesellschaft in dem Geschäftszweig, in dem das Vorstandsmitglied aktiv werden möchte, auf absehbare Zeit nicht tätig sein wird.[69] Durch die Satzung kann – entgegen der wohl hL[70] – das Wettbewerbsverbot nicht eingeschränkt werden und kann auch die Einwilligung des Aufsichtsrats nicht untersagt oder an bestimmte Voraussetzungen gebunden werden.[71] In Betracht kommt allenfalls die Vorgabe satzungsmäßiger „Leitlinien" im Hinblick auf die Ermessensausübung des Aufsichtsrats.[72] 13

V. Rechtsfolgen von Verstößen

1. Unterlassungsanspruch. Die gesetzlichen Tätigkeitsverbote nach § 88 Abs. 1 begründen für die Vorstandsmitglieder eine selbstständige Unterlassungspflicht. Der Gesellschaft steht ein entsprechender (ungeschriebener) Anspruch auf Unterlassung gegen das pflichtwidrig handelnde Vorstandsmitglied zu.[73] Dieser ist **verschuldensunabhängig** und kann seitens der Gesellschaft, vertreten durch den Aufsichtsrat (§ 112), auch in Form einer vorbeugenden Unterlassungsklage geltend gemacht werden, wenn die Gefahr einer Verletzung eines gesetzlichen Tätigkeitsverbots unmittelbar bevorsteht (§ 259 ZPO).[74] 14

---

[59] GroßkommAktG/*Kort* Rn. 55; Hüffer/*Koch* Rn. 5.
[60] Ähnlich Spindler/Stilz/*Fleischer* Rn. 26; MüKoAktG/*Spindler* Rn. 27; Schmidt/Lutter/*Seibt* Rn. 9.
[61] GroßkommAktG/*Kort* Rn. 55; KK-AktG/*Mertens/Cahn* Rn. 16 ff.; MüKoAktG/*Spindler* Rn. 27; Hüffer/*Koch* Rn. 5.
[62] KK-AktG/*Mertens/Cahn* Rn. 16 ff.; Spindler/Stilz/*Fleischer* Rn. 27; Hüffer/*Koch* Rn. 5.
[63] GroßkommAktG/*Kort* Rn. 57; MüKoAktG/*Spindler* Rn. 25; Spindler/Stilz/*Fleischer* Rn. 27.
[64] Spindler/Stilz/*Fleischer* Rn. 27; MüKoAktG/*Spindler* Rn. 25.
[65] MüKoAktG/*Spindler* Rn. 25; Hüffer/*Koch* Rn. 5.
[66] Schmidt/Lutter/*Seibt* Rn. 9; MüKoAktG/*Spindler* Rn. 26; Hüffer/*Koch* Rn. 5.
[67] GroßkommAktG/*Kort* Rn. 61; *Fleischer* AG 2005, 336 (345).
[68] Ähnlich GroßkommAktG/*Kort* Rn. 60; diff. Spindler/Stilz/*Fleischer* Rn. 28.
[69] Ähnlich Spindler/Stilz/*Fleischer* Rn. 29; GroßkommAktG/*Kort* Rn. 61.
[70] MüKoAktG/*Spindler* Rn. 26, 28; GroßkommAktG/*Kort* Rn. 59, 116; Spindler/Stilz/*Fleischer* Rn. 30.
[71] KK-AktG/*Mertens/Cahn* Rn. 8; Schmidt/Lutter/*Seibt* Rn. 3.
[72] Ähnlich KK-AktG/*Mertens/Cahn* Rn. 8.
[73] GroßkommAktG/*Kort* Rn. 183.
[74] MüKoAktG/*Spindler* Rn. 29; Spindler/Stilz/*Fleischer* Rn. 33; Schmidt/Lutter/*Seibt* Rn. 11.

15 **2. Schadensersatzanspruch.** Verstößt ein Vorstandsmitglied gegen eines der in § 88 Abs. 1 geregelten Tätigkeitsverbote, kann die Gesellschaft von dem Vorstandsmitglied Schadensersatz verlangen (§ 88 Abs. 2 S. 1). Voraussetzung ist nach dem **Verschuldensprinzip** des allgemeinen Haftungsrechts eine schuldhafte Pflichtverletzung.[75] Die Gesellschaft hat den entstandenen Schaden sowie die Handlung des Vorstandsmitglieds und die adäquate Kausalität zwischen Handlung und Schaden darzulegen und zu beweisen.[76] Das Vorstandsmitglied trifft in entsprechender Anwendung von § 93 Abs. 2 S. 2 die Beweislast für fehlendes Verschulden **(Exkulpationslast).**[77] Inhalt und Umfang des Schadensersatzanspruchs richten sich nach §§ 249 ff. BGB.[78] In Betracht kommt damit auch die Geltendmachung entgangenen Gewinns, wenn die Gesellschaft darlegen kann, dass sie das gewinnbringende Geschäft ohne das pflichtwidrige Handeln des Vorstandsmitglieds selbst getätigt zu hätte.[79]

16 **3. Eintrittsrecht.** Nach § 88 Abs. 2 S. 2 kann die Gesellschaft von dem Vorstandsmitglied statt Schadensersatz verlangen, dass es die für eigene Rechnung gemachten Geschäfte als für Rechnung der Gesellschaft gelten lässt und die aus Geschäften für fremde Rechnung bezogene Vergütung herausgibt oder seinen Anspruch auf die Vergütung abtritt. Der Vorteil des Eintrittsrechts kann für die Gesellschaft insbesondere darin liegen, anders als bei Geltendmachung von Schadensersatzansprüchen keinen Schadensnachweis führen zu müssen.[80] Hinzu kommt, dass sie Gewinne aus einem Geschäft mit einem Dritten vereinnahmen kann, das dieser mit der Gesellschaft möglicherweise (so) nicht geschlossen hätte.[81] Entgegen der hL[82] ist zudem ein **Verschulden** des Vorstandsmitglieds für die Geltendmachung des Eintrittsrechts nicht erforderlich.[83] Bei dem Eintrittsrecht handelt es sich richtigerweise um eine verschuldensunabhängige Haftung für die Verletzung fiduziarischer Treuepflichten, deren Rechtsfolge in einer bereicherungsrechtsähnlichen Gewinnabschöpfung besteht.[84] Eine unverhältnismäßige Haftung der treuwidrig handelnden Vorstandsmitglieder ist nicht zu besorgen, da ihr übriges Vermögen (anders als bei einem Schadensersatzanspruch) unangetastet bleibt.[85] Nach hL soll die Beweislast für fehlendes Verschulden in entsprechender Anwendung von § 93 Abs. 2 S. 2 bei dem Vorstandsmitglied liegen, woraus sich für die Rechtspraxis aufgrund der hohen rechtlichen Hürden an den Entlastungsbeweis eine Annäherung der beiden Positionen ergibt.[86]

17 Umstritten ist, ob sich das **Eintrittsrecht** nach § 88 Abs. 2 S. 2 **auf Verstöße gegen das echte Wettbewerbsverbot (§ 88 Abs. 1 S. 1 Alt. 2) beschränkt** oder auch bei einem pflichtwidrigen Tätigwerden des Vorstandsmitglieds als persönlich haftender Gesellschafter einer anderen Handelsgesellschaft (§ 88 Abs. 1 S. 2) anwendbar ist. Die Rspr. hat letzteres für die Parallelvorschrift des § 113 HGB bejaht.[87] Dem ist jedenfalls für das Aktienrecht entgegen einer verbreiteten Literaturauffassung[88] nicht zuzustimmen.[89] Das Eintrittsrecht ist auf das Vorliegen eines konkreten Interessenkonflikts und damit auf den Fall des § 88 Abs. 1 S. 1 Alt. 2 zugeschnitten, was auch im Gesetzeswortlaut („gemachte Geschäfte") zum Ausdruck gelangt.[90] Soweit die Tätigkeitsverbote in § 88 Abs. 1 demgegenüber primär auf die Erhaltung der Arbeitskraft des Vorstandsmitglieds gerichtet sind, ist die Sanktion des Eintrittsrechts unangemessen.[91] Da dem Eintrittsrecht nach einhelliger Auffassung keine Außenwirkung gegenüber Dritten zukommt (→ Rn. 19), käme zudem allenfalls ein Anspruch auf Herausgabe des Teils des Gewinnanteils des Vorstandsmitglieds aus seiner verbotswidrigen Beteiligung

---

[75] Spindler/Stilz/*Fleischer* Rn. 34; Hüffer/*Koch* Rn. 6.

[76] GroßkommAktG/*Kort* Rn. 65; Hüffer/*Koch* Rn. 6.

[77] GroßkommAktG/*Kort* Rn. 65; MüKoAktG/*Spindler* Rn. 30; Schmidt/Lutter/*Seibt* Rn. 12.

[78] Hüffer/*Koch* Rn. 6.

[79] Spindler/Stilz/*Fleischer* Rn. 34.

[80] Vgl. BGH NJW 1988, 2483; Spindler/Stilz/*Fleischer* Rn. 35; MüKoAktG/*Spindler* Rn. 32; Hüffer/*Koch* Rn. 7.

[81] MüKoAktG/*Spindler* Rn. 32; Schmidt/Lutter/*Seibt* Rn. 13.

[82] GroßkommAktG/*Kort* Rn. 74; MüKoAktG/*Spindler* Rn. 33; Schmidt/Lutter/*Seibt* Rn. 13; *Thüsing* in Fleischer HdB VorstandsR § 4 Rn. 95; offenlassend OLG Köln NZG 1999, 1008.

[83] So auch Spindler/Stilz/*Fleischer* Rn. 37; *Hopt* ZGR 2004, 1; Hüffer/*Koch* Rn. 7.

[84] Spindler/Stilz/*Fleischer* Rn. 37; zum Aspekt der bereicherungsrechtsähnlichen Gewinnabschöpfung auch GroßkommAktG/*Kort* Rn. 74; Hüffer/*Koch* Rn. 7.

[85] Spindler/Stilz/*Fleischer* Rn. 37.

[86] MüKoAktG/*Spindler* Rn. 33.

[87] BGHZ 38, 306; 89, 162 (171).

[88] Schmidt/Lutter/*Seibt* Rn. 13; GroßkommAktG/*Meyer-Landrut* 3. Aufl. 1973 Rn. 7; einschr. auf Wettbewerbssachverhalte Hüffer/*Koch* Rn. 8; GroßkommAktG/*Kort* Rn. 68 ff.; KK-AktG/*Mertens/Cahn* Rn. 16 ff.; *Meyer* AG 1988, 259 (260); *Thüsing* in Fleischer HdB VorstandsR § 4 Rn. 97.

[89] Ebenso MüKoAktG/*Spindler* Rn. 37; *Fleischer* AG 2005, 336 (337); Spindler/Stilz/*Fleischer* Rn. 36.

[90] Spindler/Stilz/*Fleischer* Rn. 36; MüKoAktG/*Spindler* Rn. 37.

[91] KK-AktG/*Mertens/Cahn* Rn. 22 ff.

in Betracht, der aus einer Konkurrenztätigkeit der anderen Gesellschaft resultiert.[92] Dieser Teil dürfte ebenso wie die dem Vorstandsmitglied zu ersetzenden (anteiligen) Aufwendungen praktisch kaum zu ermitteln sein.[93]

Das **Eintrittsrecht** der Gesellschaft ist **ausgeschlossen,** wenn sie das fragliche Geschäft selbst nicht hätte tätigen dürfen, etwa weil sie damit gegen ein gesetzliches Verbot (zB des Außenwirtschaftsrechts) verstoßen hätte.[94] Entgegen einer teilweise vertretener Auffassung, nach der ein Eintrittsrecht ausgeschlossen sein soll, wenn die Gesellschaft zuvor bereits Schadensersatzansprüche geltend gemacht hat,[95] ist die Forderung von Schadensersatzansprüchen grundsätzlich jederzeit zugunsten der Geltendmachung des Eintrittsrechts revidierbar.[96] Eine Bindung kann sich nur ausnahmsweise unter Vertrauensschutzgesichtspunkten ergeben, wenn sich das Vorstandsmitglied in schutzwürdiger Weise auf den Eintritt einer bestimmten Rechtsfolge eingerichtet hat.[97] 18

Die **Ausübung des Eintrittsrechts** hat keine Außenwirkung.[98] Hat das Vorstandsmitglied das Geschäft **auf eigene Rechnung** abgeschlossen, bleibt das Vorstandsmitglied Vertragspartei. Die Gesellschaft wird dem Dritten gegenüber weder berechtigt noch verpflichtet.[99] Das Vorstandsmitglied ist verpflichtet, die Ergebnisse des Geschäfts auf die Gesellschaft zu übertragen, insbesondere den erzielten Gewinn an sie herauszugeben. Daneben besteht eine Verpflichtung zur Auskunftserteilung und Rechenschaftslegung (§ 666 BGB). Alternativ kann sich die Gesellschaft die Rechte aus dem Vertrag abtreten lassen und die Erfüllung der Vertragspflichten mit der Wirkung übernehmen, dass dem Dritten auch ein Erfüllungsanspruch gegenüber der Gesellschaft zusteht (§§ 667, 398 BGB).[100] Die Gesellschaft ist dem Vorstandsmitglied zum Ersatz seiner Aufwendungen verpflichtet.[101] Bei Geschäften **für fremde Rechnung** hat der Vorstand die erlangte Vergütung herauszugeben oder den Vergütungsanspruch an die Gesellschaft abzutreten.[102] 19

4. Sonstige Rechte. Verstößt ein Vorstandsmitglied gegen das gesetzliche Wettbewerbsverbot, wird hierin in der Regel ein wichtiger Grund vorliegen, der den Aufsichtsrat zum Widerruf der Bestellung und zur Kündigung des Anstellungsvertrags berechtigt.[103] 20

VI. Verjährung

Nach § 88 Abs. 3 gilt für die Verjährung von Ansprüchen der Gesellschaft aus einer Verletzung der Tätigkeitsverbote eine **doppelte Verjährungsfrist.** Eine **kurze Verjährungsfrist von drei Monaten** läuft von dem Zeitpunkt, in dem die übrigen Vorstands- und die Aufsichtsratsmitglieder von der zum Schadensersatz verpflichtenden Handlung, dh der Verletzung eines der Tätigkeitsverbote nach § 88 Abs. 1, Kenntnis erlangt haben oder ohne grobe Fahrlässigkeit erlangt haben müssten (§ 88 Abs. 3 S. 1). Ohne Rücksicht auf diese Kenntnis verjähren die Ersatzansprüche der Gesellschaft **spätestens in fünf Jahren seit ihrer Entstehung** (§ 88 Abs. 3 S. 2). Voraussetzung für den Beginn der dreimonatigen Verjährungsfrist ist die Kenntnis oder grob fahrlässige Unkenntnis sämtlicher Vorstands- und Aufsichtsratsmitglieder. Eine Ausnahme gilt dann, wenn ein Vorstands- oder Aufsichtsratsmitglieds seine Kollegen bewusst in Unkenntnis lässt, um so den Lauf der Frist zu verzögern.[104] Bei einem Geschäftemachen im Geschäftszweig der Gesellschaft beginnt der Fristlauf der fünfjährigen Verjährungsfrist bereits mit Abschluss des Geschäfts, nicht erst mit Eintritt des Schadens bei der Gesellschaft.[105] Beim Betrieb eines Handelsgewerbes oder Beteiligung an einer anderen Handelsgesellschaft als Geschäftsleiter oder persönlich haftender Gesellschafter beginnt die Verjährung nicht schon mit Aufnahme der Tätigkeit, sondern mit jedem neu abgeschlossenen Geschäft zu laufen, 21

[92] MüKoAktG/*Spindler* Rn. 37; vgl. auch Hüffer/*Koch* Rn. 8; KK-AktG/*Mertens/Cahn* Rn. 22 ff.

[93] MüKoAktG/*Spindler* Rn. 37; *Meyer* AG 1988, 259 (261).

[94] GroßkommAktG/*Kort* Rn. 78; Hüffer/*Koch* Rn. 7; *Meyer* AG 1988, 259 (261); offenlassend BGH WM 1988, 650 (652).

[95] KK-AktG/*Mertens/Cahn* Rn. 23.

[96] MüKoAktG/*Spindler* Rn. 31; Hüffer/*Koch* Rn. 7; Schmidt/Lutter/*Seibt* Rn. 12.

[97] Hüffer/*Koch* Rn. 7; Schmidt/Lutter/*Seibt* Rn. 12; Spindler/Stilz/*Fleischer* Rn. 39.

[98] BGHZ 38, 306 (310); BGHZ 89, 162 (171), jeweils zu § 113 HGB; MüKoAktG/*Spindler* Rn. 34; Spindler/Stilz/*Fleischer* Rn. 38.

[99] MüKoAktG/*Spindler* Rn. 34; Schmidt/Lutter/*Seibt* Rn. 13.

[100] MüKoAktG/*Spindler* Rn. 34; Schmidt/Lutter/*Seibt* Rn. 13.

[101] BGHZ 38, 306 (310) zu § 113 HGB; Spindler/Stilz/*Fleischer* Rn. 38; MüKoAktG/*Spindler* Rn. 36.

[102] GroßkommAktG/*Kort* Rn. 88; MüKoAktG/*Spindler* Rn. 35.

[103] MüKoAktG/*Spindler* Rn. 39; Schmidt/Lutter/*Seibt* Rn. 14; GroßkommAktG/*Kort* Rn. 188.

[104] Spindler/Stilz/*Fleischer* Rn. 41.

[105] MüKoAktG/*Spindler* Rn. 43; Spindler/Stilz/*Fleischer* Rn. 41; aA GroßkommAktG/*Kort* Rn. 101.

so dass die Verjährungsfrist letztlich erst mit dem Ende der verbotenen (Dauer-)Tätigkeit zu laufen beginnt.[106]

22 Über ihren Wortlaut hinaus ist die Sonderverjährungsregelung nach § 88 Abs. 3 ihrem Zweck nach nicht nur auf den Schadensersatzanspruch und das Eintrittsrecht, sondern auch auf andere aus einem Wettbewerbsverstoß resultierenden Ansprüche, wie etwa Unterlassungs- oder vertragliche Vertragsstrafeansprüche anwendbar.[107]

VII. Vertragliche Wettbewerbsverbote

23 Das gesetzliche Wettbewerbsverbot kann durch vertragliche Regelungen ergänzt, verstärkt oder konkretisiert werden.[108] Insbesondere kann auch ein Wettbewerbsverbot für die Zeit nach Beendigung des Organverhältnisses vereinbart und durch Vertragsstraferegelungen (§§ 339 ff. BGB) abgesichert werden, was in der Praxis häufig der Fall ist. Die Beschränkungen nach §§ 74 ff. HGB, die auf die soziale Schutzbedürftigkeit von Handlungsgehilfen zugeschnitten sind, gelten nach der Rechtsprechung des BGH für Organmitglieder weder unmittelbar noch entsprechend, da ihre Unternehmerfunktion eine etwaig gegebene Schutzwürdigkeit überlagert.[109] Den Beteiligten steht es frei, die §§ 74 ff. HGB vertraglich ausdrücklich für maßgeblich zu erklären.[110] Beschränkungen für ein nachvertragliches Wettbewerbsverbot mit Vorstandsmitgliedern ergeben sich aus **§ 138 BGB iVm Art. 2 und 12 GG.**[111] Dabei können die in §§ 74 ff. HGB zum Ausdruck kommenden Rechtsgrundsätze als allgemeine Wertmaßstäbe mittelbar Bedeutung erlangen.[112] Unter Zugrundelegung dieses Prüfungsmaßstabs stellt die Rspr. **strenge Anforderungen** an die Statthaftigkeit nachvertraglicher Wettbewerbsverbote mit Organmitgliedern und nimmt dabei eine **zweistufige Prüfung** vor. Unabdingbare Voraussetzung für die Zulässigkeit eines nachvertraglichen Wettbewerbsverbots ist zunächst, dass es dem **Schutz eines berechtigten Interesses der Gesellschaft** und ihres Unternehmens dient.[113] Darüber hinaus darf das Wettbewerbsverbot nach Ort, Zeit und Gegenstand die Berufsausübung und die wirtschaftliche Betätigung des ehemaligen Organmitglieds nicht unbillig erschweren.[114] Fehlt es an einem berechtigten Interesse der Gesellschaft, ist das Wettbewerbsverbot per se wegen Verstoßes gegen § 138 BGB nichtig, ohne dass es auf weitere Aspekte wie die Vereinbarung einer Karenzentschädigung ankommt.[115] Erst für die Beurteilung der Frage, ob eine unbillige Erschwerung der Berufsausübung und wirtschaftlichen Tätigkeit des Organmitglieds vorliegt, ist eine Gesamtbetrachtung vorzunehmen, bei der etwa eine längere Verbotsdauer durch einen enger definierten gegenständlichen und örtlichen Schutzbereich aufgewogen werden kann.[116]

24 Für die Beurteilung der **sachlichen Grenzen** des Geltungsbereichs des Wettbewerbsverbots ist eine enge Orientierung am Aufgabenbereich des Vorstandsmitglieds geboten.[117] Das berechtigte Interesse des Unternehmens geht keinesfalls soweit, dass ehemalige Organmitglied für die Zeit des Wettbewerbsverbots von jeglichem Wettbewerb auszuschließen.[118] Gerechtfertigt ist in erster Linie der Ausschluss solchen Wettbewerbs, zu dem das Organmitglied seine bisherige Stellung im Unternehmen durch Verwertung geschäftlicher Kenntnisse und Beziehungen im Geschäftszweig der Gesell-

---

[106] Spindler/Stilz/*Fleischer* Rn. 41; MüKoAktG/*Spindler* Rn. 43.

[107] Schmidt/Lutter/*Seibt* Rn. 15; MüKoAktG/*Spindler* Rn. 45.

[108] Zur Zulässigkeit einer vertraglichen Erweiterung des gesetzlichen Wettbewerbsverbots für die Zeit während der Organstellung des Vorstandsmitglieds vgl. ausdrücklich OLG Brandenburg AG 2009, 513 (515); *Kort* ZIP 2008, 717 (718).

[109] BGHZ 91, 1 (3); BGH NJW 2002, 1875, jeweils für die GmbH; ebenso OLG Düsseldorf GmbHR 1993, 581 (582); Hüffer/*Koch* Rn. 10; MüKoAktG/*Spindler* Rn. 48; GroßkommAktG/*Kort* Rn. 140; *Thüsing* NZG 2004, 9; Baumbach/Hopt/*Roth* HGB § 74 Rn. 3; krit. *Bauer/Diller* BB 1995, 1134 (1135).

[110] Spindler/Stilz/*Fleischer* Rn. 42; MüKoAktG/*Spindler* Rn. 48, 55; *Thüsing* NZG 2004, 9.

[111] BGH WM 1974, 74 (76); BGHZ 91, 1 (5); Spindler/Stilz/*Fleischer* Rn. 43; MüKoAktG/*Spindler* Rn. 49; Hüffer/*Koch* Rn. 10.

[112] BGHZ 91, 1 (5); MüKoAktG/*Spindler* Rn. 49.

[113] BGHZ 91, 1 (5); OLG Celle NZG 2001, 131 (132); *Bauer/Diller* GmbHR 1999, 885 (887); *Hoffmann-Becking* FS Quack, 1991, 273 (277); MüKoAktG/*Spindler* Rn. 49; GroßkommAktG/*Kort* Rn. 144.

[114] BGHZ 91, 1 (5); BGH ZIP 2003, 2251; OLG Celle NZG 2001, 131; OLG Düsseldorf DB 1990, 1960; OLG Hamm ZIP 1988, 1254 (1256); Hüffer/*Koch* Rn. 10; Spindler/Stilz/*Fleischer* Rn. 43; GroßkommAktG/*Kort* Rn. 142.

[115] OLG Düsseldorf ZIP 1999, 311.

[116] *Thüsing* NZG 2004, 9 (10); *Jäger* DStR 1995, 724 (727); *Hoffmann-Becking* FS Quack, 1991, 273 (277); Spindler/Stilz/*Fleischer* Rn. 43.

[117] Hüffer/*Koch* Rn. 10; Spindler/Stilz/*Fleischer* Rn. 44; MüKoAktG/*Spindler* Rn. 51; Schmidt/Lutter/*Seibt* Rn. 16; *Hoffmann-Becking* FS Quack, 1991, 273 (275).

[118] OLG Düsseldorf NZG 2000, 737 zum GmbH-Geschäftsführer; *Thüsing* NZG 2004, 9 (10); GroßkommAktG/*Kort* Rn. 142.

schaft für sich und Dritte ausnutzen kann, insbesondere indem es in Geschäftsbeziehungen der Gesellschaft mit deren Kunden und Lieferanten einbricht.[119] Daher gelten für bloße Mandanten- und Kundenschutzklauseln weniger strenge Anforderungen als für allgemeine Wettbewerbsverbote.[120] **Räumlich** hat sich das nachvertragliche Wettbewerbsverbot auf die von der Gesellschaft bedienten Märkte und den Zuständigkeitsbereich des ehemaligen Vorstandsmitglieds zu beschränken.[121] In der Regel ist daher eine lokale oder regionale Beschränkung erforderlich. Eine europa- oder gar weltweite Erstreckung kommt nur ganz ausnahmsweise in Betracht.[122] In **zeitlicher Hinsicht** wird überwiegend eine Höchstdauer von zwei Jahren als zulässig erachtet.[123]

Die Regelung des § 74 Abs. 2 HGB, wonach bei einer nachvertraglichen Wettbewerbsabrede eine **angemessene Karenzentschädigung** zu zahlen ist, gilt für eine Wettbewerbsabrede mit einem Vorstandsmitglied zwar weder unmittelbar noch analog.[124] Dennoch fließt der in § 74 Abs. 2 HGB zum Ausdruck kommende Rechtsgedanke in die Prüfung der Vereinbarkeit des nachvertraglichen Wettbewerbsverbots mit § 138 BGB ein.[125] Nach überwiegender Auffassung ist daher auch bei nachvertraglichen Wettbewerbsabreden mit Vorstandsmitgliedern jedenfalls dann zwingend eine Karenzentschädigung vorzusehen, wenn das Verbot sich nicht auf eine bloße Mandanten- oder Kundenschutzklausel beschränkt.[126] Für letztere hat der BGH entschieden, dass eine Karenzentschädigung nicht zwingend erforderlich ist.[127] Die erforderliche Höhe der Karenzentschädigung ist unklar. Einigkeit besteht wohl insoweit, dass eine den Anforderungen des § 74 Abs. 2 HGB entsprechende Entschädigung aufgrund der geringeren Schutzbedürfnisse eines Vorstandsmitglieds in aller Regel nicht zwingend erforderlich, andererseits aber ausreichend sein wird.[128] 25

Überzogene Wettbewerbsverbote führen zur **Nichtigkeit** des nachvertraglichen Wettbewerbsverbots nach § 138 BGB.[129] Nach der Rechtsprechung des BGH kommt eine geltungserhaltene Reduktion nur ausnahmsweise in Betracht, sofern es sich ausschließlich um die Abkürzung einer unzulässig langen zeitlichen Bindung des Vorstandsmitglieds handelt.[130] Verschiedene Instanzgerichte und ein Teil der Rechtslehre befürworten hingegen auch für diesen Fall eine generelle Nichtigkeitsfolge.[131] 26

§ 89 Kreditgewährung an Vorstandsmitglieder

(1) [1]Die Gesellschaft darf ihren Vorstandsmitgliedern Kredit nur auf Grund eines Beschlusses des Aufsichtsrats gewähren. [2]Der Beschluß kann nur für bestimmte Kreditgeschäfte oder Arten von Kreditgeschäften und nicht für länger als drei Monate im voraus gefaßt werden. [3]Er hat die Verzinsung und Rückzahlung des Kredits zu regeln. [4]Der Gewährung eines Kredits steht die Gestattung einer Entnahme gleich, die über die dem Vorstandsmitglied zustehenden Bezüge hinausgeht, namentlich auch die Gestattung der Entnahme von Vorschüssen auf Bezüge. [5]Dies gilt nicht für Kredite, die ein Monatsgehalt nicht übersteigen.

(2) [1]Die Gesellschaft darf ihren Prokuristen und zum gesamten Geschäftsbetrieb ermächtigten Handlungsbevollmächtigten Kredit nur mit Einwilligung des Aufsichtsrats gewähren. [2]Eine herrschende Gesellschaft darf Kredite an gesetzliche Vertreter, Prokuristen oder zum gesamten Geschäftsbetrieb ermächtigte Handlungsbevollmächtigte eines abhängigen Unternehmens nur mit Einwilligung ihres Aufsichtsrats, eine abhängige Gesellschaft darf Kredite an gesetzliche Vertreter, Prokuristen oder zum gesamten

[119] BGHZ 91, 1; BGH NJW 1991, 699, jeweils zum GmbH-Geschäftsführer; *Thüsing* NZG 2004, 9 (10).

[120] BGHZ 91, 1; BGH ZIP 2002, 709; Spindler/Stilz/*Fleischer* Rn. 44; GroßkommAktG/*Kort* Rn. 152.

[121] Spindler/Stilz/*Fleischer* Rn. 45; Hüffer/*Koch* Rn. 10; MüKoAktG/*Spindler* Rn. 51.

[122] OLG Celle NZG 2001, 131; GroßkommAktG/*Kort* Rn. 147; MüKoAktG/*Spindler* Rn. 51; Hüffer/*Koch* Rn. 10.

[123] BGH NJW 2005, 3061; 2000, 2584; GroßkommAktG/*Kort* Rn. 145; Spindler/Stilz/*Fleischer* Rn. 46; Hüffer/*Koch* Rn. 10.

[124] BGHZ 91, 1; BGH ZIP 2002, 709; GroßkommAktG/*Kort* Rn. 153.

[125] GroßkommAktG/*Kort* Rn. 154; MüKoAktG/*Spindler* Rn. 57; *Bauer/Diller* BB 1995, 1134 (1135 ff.).

[126] MüKoAktG/*Spindler* Rn. 57; Spindler/Stilz/*Fleischer* Rn. 47; Hüffer/*Koch* Rn. 10; *Thüsing* NZG 2004, 9 (10); *Hoffmann-Becking* FS Quack, 1991, 273 (278).

[127] BGHZ 91, 1; BGH NZG 2002, 475 (476).

[128] *Thüsing* NZG 2004, 9 (10); MüKoAktG/*Spindler* Rn. 57; vertiefend *Bauer/Diller* Wettbewerbsverbote 6. Aufl. 2012 Rn. 1075 ff.

[129] BGH NJW 1997, 3089; 2000, 2585; Hüffer/*Koch* Rn. 10.

[130] BGH NJW 1997, 3089; 2000, 2584; vgl. auch OLG Stuttgart NJW 2002, 1431 (1432); Hüffer/*Koch* Rn. 10; MüKoAktG/*Spindler* Rn. 50.

[131] *Hirte* ZHR 154 (1990), 443 (459); *Traub* WRP 1994, 802 (806); *Kamanabrou* ZGR 2002, 898 ff.; offenlassend OLG Celle NZG 2001, 131 (132).

Geschäftsbetrieb ermächtigte Handlungsbevollmächtigte des herrschenden Unternehmens nur mit Einwilligung des Aufsichtsrats des herrschenden Unternehmens gewähren. [3]Absatz 1 Satz 2 bis 5 gilt sinngemäß.

(3) [1]Absatz 2 gilt auch für Kredite an den Ehegatten, Lebenspartner oder an ein minderjähriges Kind eines Vorstandsmitglieds, eines anderen gesetzlichen Vertreters, eines Prokuristen oder eines zum gesamten Geschäftsbetrieb ermächtigten Handlungsbevollmächtigten. [2]Er gilt ferner für Kredite an einen Dritten, der für Rechnung dieser Personen oder für Rechnung eines Vorstandsmitglieds, eines anderen gesetzlichen Vertreters, eines Prokuristen oder eines zum gesamten Geschäftsbetrieb ermächtigten Handlungsbevollmächtigten handelt.

(4) [1]Ist ein Vorstandsmitglied, ein Prokurist oder ein zum gesamten Geschäftsbetrieb ermächtigter Handlungsbevollmächtigter zugleich gesetzlicher Vertreter oder Mitglied des Aufsichtsrats einer anderen juristischen Person oder Gesellschafter einer Personenhandelsgesellschaft, so darf die Gesellschaft der juristischen Person oder der Personenhandelsgesellschaft Kredit nur mit Einwilligung des Aufsichtsrats gewähren; Absatz 1 Satz 2 und 3 gilt sinngemäß. [2]Dies gilt nicht, wenn die juristische Person oder die Personenhandelsgesellschaft mit der Gesellschaft verbunden ist oder wenn der Kredit für die Bezahlung von Waren gewährt wird, welche die Gesellschaft der juristischen Person oder der Personenhandelsgesellschaft liefert.

(5) Wird entgegen den Absätzen 1 bis 4 Kredit gewährt, so ist der Kredit ohne Rücksicht auf entgegenstehende Vereinbarungen sofort zurückzugewähren, wenn nicht der Aufsichtsrat nachträglich zustimmt.

(6) Ist die Gesellschaft ein Kreditinstitut oder Finanzdienstleistungsinstitut, auf das § 15 des Gesetzes über das Kreditwesen anzuwenden ist, gelten anstelle der Absätze 1 bis 5 die Vorschriften des Gesetzes über das Kreditwesen.

Schrifttum: *Deilmann,* Kreditgewährung an Vorstands-Aktionäre, AG 2006, 62; *Fleischer,* Aktienrechtliche Zweifelsfragen bei der Kreditgewährung an Vorstandsmitglieder, WM 2004, 1057; *Kuhlmann,* Die Einwilligung des Aufsichtsrats bei Darlehen und Vorschüssen an Prokuristen einer Aktiengesellschaft, AG 2009, 109.

Übersicht

I. Allgemeines

1 Durch § 89 wird die Vergabe von Krediten durch die Aktiengesellschaft und mit dieser verbundener Unternehmen an Vorstandsmitglieder (Abs. 1), bestimmte leitende Angestellte (Prokuristen und zum gesamten Geschäftsbetrieb ermächtigten Handlungsbevollmächtigte, Abs. 2) sowie diesen wirtschaftlich nahe stehende Personen besonderen Regularien unterworfen. Eine Unterbindung derartiger Kredite ist nicht bezweckt.[1] Ziel ist es lediglich, Interessenkonflikten und sich hieraus ergebenden **Missbräuchen** (überhöhte Kreditaufnahmen, unangemessene Bedingungen der Kreditgewährung) zu Lasten der Gesellschaft, ihrer Gläubiger und Aktionäre **vorzubeugen.**[2] Hierzu wird durch § 89 die sich bereits aus § 112 ergebende Zuständigkeit des Aufsichtsrats zur Vertretung der Gesellschaft bei allen Rechtsgeschäften mit ihren Vorstandsmitgliedern um das Erfordernis einer ausdrücklichen Beschlussfassung ergänzt. Soweit der Vorstand für die Kreditgewährung an sonstige Führungskräfte

[1] Begr. RegE *Kropff* Textausgabe, 1965, 113; MüKoAktG/*Spindler* Rn. 1; Hüffer/*Koch* Rn. 1.
[2] BGH ZIP 1991, 869; MüKoAktG/*Spindler* Rn. 1; KK-AktG/*Mertens/Cahn* Rn. 2; Hüffer/*Koch* Rn. 1.

zuständig ist, wird ein Einwilligungserfordernis zugunsten des Aufsichtsrats eingeführt. Die durch dieses Beschlusserfordernis gewährleistete verwaltungsinterne **Transparenz** wird handelsrechtlich durch die Verpflichtung ergänzt, Vorstandskredite im Anhang des Jahresabschlusses auszuweisen (§ 285 S. 1 Nr. 9 lit. c HGB).[3]

Anders als § 43a GmbHG (Kreditgewährung an GmbH-Geschäftsführer) kommt § 89 **keine Kapitalerhaltungsfunktion** zu.[4] In Ziff. 3.9 DCGK wird die Gesetzeslage vereinfacht dargestellt.[5] Besonderheiten für die Auslegung von § 89 oder die Abgabe der Entsprechenserklärung nach § 161 ergeben sich hieraus nicht. 2

Die **Regelungen in § 89** sind als Mindestregelungen zum Schutz der Gesellschaft und ihrer Stakeholder vor missbräuchlicher Kreditvergabe **zwingend.** Satzungsbestimmungen, durch die die Kreditvergabe entgegen § 89 erleichtert werden soll, sind nichtig.[6] Zulässig sind demgegenüber nach § 23 Abs. 5 S. 2 Satzungsregelungen, durch die eine Kreditgewährung zur Verstärkung des Schutzes der Gesellschaft durch Normierung weiterer Voraussetzungen erschwert oder gänzlich ausgeschlossen wird.[7] 3

II. Grundtatbestand: Kredite an Vorstandsmitglieder

1. Kreditbegriff. Der Begriff des Kredits iSd § 89 Abs. 1 S. 1 ist entsprechend dem Regelungszweck der Missbrauchsvermeidung **weit auszulegen.**[8] Er umfasst nicht nur Darlehen (§§ 488, 607 BGB) und andere Kreditformen (zB Waren- und Effektenkredite), sondern jede zeitweilige Überlassung von Geld- und Sachmitteln.[9] Auf die Vorteilhaftigkeit des Geschäfts für die Gesellschaft oder einen Drittvergleich kommt es grundsätzlich nicht an.[10] Kreditzusagen und Kreditvorverträge stehen der tatsächlichen Kreditgewährung gleich.[11] Als Kreditgewährung gilt auch die Bereitstellung von Sicherheiten gleich welcher Art bei der Bereitstellung von Krediten durch Dritte (zB Bürgschaften, Garantien, Schuldmitübernahmen oder die Bestellung von Realsicherheiten an Gesellschaftsgrundstücken).[12] Weiterhin können auch Stundungsabreden im Rahmen von Dienst- und Werkverträgen, Miet- und Pachtverhältnissen in den Anwendungsbereich des § 89 Abs. 1 fallen. Insoweit ist allerdings in Abweichung von dem allgemeinen Grundsatz einschränkend vorauszusetzen, dass das verkehrsübliche Maß überschritten wird (zB Fälligkeit der Miete für ein von der Aktiengesellschaft überlassenes Haus erst am Jahresende),[13] da ansonsten der normale Geschäftsverkehr in unangemessener Weise erschwert würde.[14] Aus diesem Grund ist auch die Zahlung angemessener Auslagenvorschüsse vom Anwendungsbereich des § 89 Abs. 1 ausgenommen.[15] Davon zu unterscheiden ist die Gestattung von Entnahmen, insbesondere von Vorschüssen auf noch nicht fällige Vorstandsbezüge.[16] Eine solche Entnahme steht nach § 84 Abs. 1 S. 4 der Gewährung eines Kredits gleich. 4

Vom Erfordernis eines Aufsichtsratsbeschlusses ausgenommen ist nach § 89 Abs. 1 S. 5 die Gewährung sog. **Kleinkredite,** die ein Monatsgehalt nicht übersteigen. Dies ist ein Zwölftel des Bruttojahresgehalts einschließlich monetär bewertbarer Nebenleistungen und garantierter Tantiemen.[17] Mehrere Kreditgewährungen innerhalb eines Jahres sind zu addieren.[18] An nahe stehende Personen (§ 89 Abs. 3) ausgereichte Kredite sind zur Vermeidung von Umgehungen hinzuzurechnen.[19] Kreditgewährungen nach § 89 Abs. 2 und Abs. 4 sind hingegen gesondert zu betrachten.[20] Wird die Frei- 5

---

[3] *Fleischer* WM 2004, 1057 (1063); MüKoAktG/*Spindler* Rn. 2; Schmidt/Lutter/*Seibt* Rn. 1.
[4] GroßkommAktG/*Kort* Rn. 5; NK-AktR/*Oltmanns* Rn. 1; Hüffer/*Koch* Rn. 1.
[5] Schmidt/Lutter/*Seibt* Rn. 1; Hüffer/*Koch* Rn. 3; wohl auch *Fleischer* WM 2004, 1057 (1064).
[6] MüKoAktG/*Spindler* Rn. 5; Spindler/Stilz/*Fleischer* Rn. 2.
[7] GroßkommAktG/*Kort* Rn. 148; MüKoAktG/*Spindler* Rn. 5; Spindler/Stilz/*Fleischer* Rn. 2; aA Schmidt/Lutter/*Seibt* Rn. 2; KK-AktG/*Mertens/Cahn* Rn. 3.
[8] AllgM, *Deilmann* AG 2006, 62 (63); MüKoAktG/*Spindler* Rn. 8; KK-AktG/*Mertens/Cahn* Rn. 13; Hüffer/*Koch* Rn. 2.
[9] *Fleischer* WM 2004, 1057 (1064); MüKoAktG/*Spindler* Rn. 9.
[10] MüKoAktG/*Spindler* Rn. 9; Spindler/Stilz/*Fleischer* Rn. 6.
[11] MüKoAktG/*Spindler* Rn. 9, 11; Spindler/Stilz/*Fleischer* Rn. 6.
[12] Schmidt/Lutter/*Seibt* Rn. 4; Spindler/Stilz/*Fleischer* Rn. 6; Hüffer/*Koch* Rn. 2.
[13] Vgl. Hüffer/*Koch* Rn. 2.
[14] MüKoAktG/*Spindler* Rn. 12; Spindler/Stilz/*Fleischer* Rn. 7; Schmidt/Lutter/*Seibt* Rn. 4; Hüffer/*Koch* Rn. 2.
[15] KK-AktG/*Mertens/Cahn* Rn. 13; Spindler/Stilz/*Fleischer* Rn. 7; NK-AktR/*Oltmanns* Rn. 2; MHdB AG/*Wiesner* § 21 Rn. 132.
[16] Spindler/Stilz/*Fleischer* Rn. 7; Hüffer/*Koch* Rn. 2.
[17] MüKoAktG/*Spindler* Rn. 22; Spindler/Stilz/*Fleischer* Rn. 8; Hüffer/*Koch* Rn. 3.
[18] KK-AktG/*Mertens/Cahn* Rn. 12; NK-AktR/*Oltmanns* Rn. 4; Spindler/Stilz/*Fleischer* Rn. 8.
[19] Schmidt/Lutter/*Seibt* Rn. 5; KK-AktG/*Mertens/Cahn* Rn. 9; MüKoAktG/*Spindler* Rn. 23.
[20] Schmidt/Lutter/*Seibt* Rn. 5.

grenze überschritten, ist nicht nur für den übersteigenden, sondern für den gesamten Betrag ein Aufsichtsratsbeschluss erforderlich.[21]

6 **2. Vorstandsmitglieder.** Zu den Vorstandsmitglieder iSd § 89 Abs. 1 zählen sämtliche amtierenden Vorstandsmitglieder, einschließlich gerichtlich bestellter Vorstandsmitglieder (§ 85), stellvertretender Vorstandsmitglieder (§ 94), vom Aufsichtsrat vorübergehend zu Stellvertretern fehlender oder „behinderter" Vorstandsmitglieder bestellter Aufsichtsratsmitglieder, sowie der Liquidatoren (§ 268 Abs. 2).[22] Auf Kreditgewährungen an ausgeschiedene Vorstandsmitglieder ist § 89 nicht anwendbar.[23]

7 **3. Beschlussfassung des Aufsichtsrats.** Die Zuständigkeit des Aufsichtsrats bei Kreditgewährungen an Mitglieder des Vorstands folgt bereits aus § 112. Die (ausschließliche) Vertretungsbefugnis des Aufsichtsrats umfasst daher auch Kleinkredite iSd § 89 Abs. 1 S. 5.[24] Der Vorstand ist insoweit lediglich für die tatsächliche Durchführung der Kreditgewährung (zB Überweisung des Geldbetrags) zuständig. Soweit die Kreditgewährung den Abschluss eines Vertrags mit einem Dritten beinhaltet (zB Bürgschaft der Gesellschaft zugunsten eines Vorstandsmitglieds), bleibt es im Interesse der Verkehrssicherheit allerdings bei der Vertretung der Gesellschaft durch den Vorstand (§ 78).[25] Nach § 89 Abs. 1 S. 1 ist ein **formeller Beschluss** des Aufsichtsrats erforderlich (§§ 107, 108). Eine konkludente Zustimmung (etwa Kenntnis und stillschweigende Duldung einseitiger Maßnahmen der Vorstandsmitglieder) genügt daher nicht. Konkludente Aufsichtsratsbeschlüsse gibt es nicht.[26] Die Beschlussfassung kann einem Aufsichtsratsausschuss übertragen werden.[27] Da die Kreditgewährung an Vorstandsmitglieder nur „aufgrund" eines Aufsichtsratsbeschlusses erfolgen darf, muss dieser bereits im Zeitpunkt der Kreditgewährung vorliegen.[28] Nach § 89 Abs. 1 S. 2 darf der Beschluss indes nicht länger als drei Monate im voraus gefasst werden. Allerdings kommt nach § 89 Abs. 5 auch eine nachträgliche Zustimmung des Aufsichtsrats in Betracht, die Rückwirkung auf den Zeitpunkt der Kreditgewährung entfaltet und die Pflicht zur sofortigen Rückgewähr entfallen lässt.[29]

8 In **inhaltlicher Hinsicht** ist eine Blanko-Einwilligung nicht ausreichend. Der Beschluss des Aufsichtsrats kann nach § 89 Abs. 1 S. 2 nur für bestimmte Kreditgeschäfte oder Arten von Kreditgeschäften gefasst werden. Er muss daher insbesondere **Angaben über Grund und Höhe** (oder Höchstgrenze) der Kreditgewährung enthalten.[30] Darüber hinaus sind Verzinsung und Rückzahlung des Kredits zu regeln (§ 89 Abs. 1 S. 3) und die Laufzeit oder (bei unbefristeten Verträgen) ein Kündigungsrecht zugunsten der Gesellschaft festzulegen.[31] Die Bezugnahme auf einen konkretisierten Entwurf des Kreditvertrags genügt.[32] Durch die gesetzlichen Mindestanforderungen an den Beschlussinhalt soll lediglich eine sorgfältig erwogene und klare Aufsichtsratsentscheidung abgesichert werden. Inhaltliche Vorgaben über die Ausgestaltung der Kreditbedingungen sind damit nicht verbunden. Der Aufsichtsrat entscheidet hierüber nach pflichtgemäßem Ermessen.[33]

III. Erweiterungen des Kreises der einbezogenen Kreditnehmer

9 **1. Allgemeines.** Durch die Regelungen in § 89 Abs. 2–4 wird der Kreis der Kreditnehmer, an die Gesellschaftskredite nur mit Mitwirkung des Aufsichtsrats gewährt werden dürfen, erweitert. Erforderlich ist stets die „Einwilligung" des Aufsichtsrats, dh ein der Kreditgewährung **vorangehender Zustimmungsbeschluss** des Aufsichtsrats (vgl. § 183 BGB). Die Gesellschaft wird gegenüber den in § 89 Abs. 2–4 genannten Kreditnehmern durch den Vorstand vertreten (§ 78), dessen Geschäftsführungsbefugnis entsprechend eingeschränkt ist.[34]

10 **2. Kreditgewährung an Prokuristen und Generalhandlungsbevollmächtigte.** Nach § 89 Abs. 2 S. 1 bedarf die Gewährung von Krediten an Prokuristen (§§ 48 ff. HGB) und Generalhandlungsbevollmächtigte (§ 54 Abs. 1 Alt. 1 HGB) der Einwilligung des Aufsichtsrats. Auf andere lei-

[21] MüKoAktG/*Spindler* Rn. 21; Hüffer/*Koch* Rn. 3.
[22] Spindler/Stilz/*Fleischer* Rn. 16; Schmidt/Lutter/*Seibt* Rn. 6; Hüffer/*Koch* Rn. 2.
[23] MüKoAktG/*Spindler* Rn. 24; GroßkommAktG/*Kort* Rn. 9.
[24] Spindler/Stilz/*Fleischer* Rn. 11; Schmidt/Lutter/*Seibt* Rn. 8.
[25] MüKoAktG/*Spindler* Rn. 45; Spindler/Stilz/*Fleischer* Rn. 11.
[26] BGHZ 41, 282 (286); MüKoAktG/*Spindler* Rn. 36; Hüffer/*Koch* Rn. 4.
[27] BGH ZIP 1991, 869; KK-AktG/*Mertens/Cahn* Rn. 17; Hüffer/*Koch* Rn. 4.
[28] Schmidt/Lutter/*Seibt* Rn. 7; Hüffer/*Koch* Rn. 4.
[29] MüKoAktG/*Spindler* Rn. 56; Schmidt/Lutter/*Seibt* Rn. 7.
[30] Spindler/Stilz/*Fleischer* Rn. 13; Schmidt/Lutter/*Seibt* Rn. 7; NK-AktR/*Oltmanns* Rn. 5.
[31] MüKoAktG/*Spindler* Rn. 42; Spindler/Stilz/*Fleischer* Rn. 13; NK-AktR/*Oltmanns* Rn. 5; Hüffer/*Koch* Rn. 4.
[32] MüKoAktG/*Spindler* Rn. 42; Hüffer/*Koch* Rn. 4.
[33] Spindler/Stilz/*Fleischer* Rn. 13; Hüffer/*Koch* Rn. 4.
[34] Hüffer/*Koch* Rn. 5.

tende Angestellte erstreckt sich das Einwilligungserfordernis (im Gegensatz zur Rechtslage nach § 80 Abs. 1 S. 2 AktG 1937) nicht. Eine Ausnahme gilt für **Generalbevollmächtigte,** deren Befugnisse über diejenigen eines Prokuristen oder Generalhandlungsbevollmächtigten hinausgehen. Insoweit gebietet der Schutzzweck des § 89 Abs. 2 S. 1 eine analoge Anwendung.[35]

3. Kreditgewährung an gesetzliche Vertreter, Prokuristen oder Generalhandlungsbevollmächtigte eines Konzernunternehmens. Einer Einwilligung des Aufsichtsrats bedürfen nach § 89 Abs. 2 S. 2 auch Kreditgeschäfte, die eine AG oder KGaA als herrschende Gesellschaft (§ 17) an gesetzliche Vertreter, Prokuristen, Generalhandlungsbevollmächtigte oder (analog, → Rn. 10) Generalbevollmächtigte eines abhängigen Unternehmens (gleich welcher Rechtsform) gewährt sowie (umgekehrt) solche, die eine AG oder KGaA als abhängige Gesellschaft (§ 17) an den entsprechenden Empfängerkreis des herrschenden Unternehmens (gleich welcher Rechtsform) gewährt.[36] Erforderlich ist in beiden Fällen die Zustimmung des Aufsichtsrats der herrschenden Gesellschaft. Besteht dort (rechtsformbedingt) kein Aufsichtsrat, muss der entsprechende Funktionsträger zustimmen, der anstelle des Aufsichtsrats die Geschäftsführung der Gesellschaft überwacht (Gesellschafterversammlung der herrschenden GmbH, § 46 Nr. 6 GmbHG; Gesellschafter der Personenhandelsgesellschaft).[37] Ein Beschluss des Aufsichtsrats der abhängigen Gesellschaft ist nur erforderlich, wenn ein Vorstandsdoppelmandat (dann: § 89 Abs. 1) oder sonstige Doppelfunktionen (dann: § 89 Abs. 2 S. 1) vorliegen.[38] 11

4. Kreditgewährung an Ehegatten, Lebenspartner und minderjährige Kinder. Unter dem Gesichtspunkt des **Umgehungsschutzes** wird die Geltung des § 89 Abs. 2 durch § 89 Abs. 3 S. 1 auf Kredite erstreckt, die an den Ehegatten, Lebenspartner (§ 1 LPartG) oder an ein minderjähriges Kind eines Vorstandsmitglieds, Prokuristen, Generalhandlungsbevollmächtigten oder (analog, → Rn. 10) Generalbevollmächtigten der kreditgewährenden Gesellschaft oder eines von ihr abhängigen oder eines sie beherrschenden Unternehmens gewährt werden. Erfasst werden auch nichteheliche und Adoptivkinder, nicht dagegen volljährige Kinder, Stief- und Pflegekinder sowie geschiedene Ehegatten und vormalige Lebenspartner nach Aufhebung des zwischen ihnen bestehenden gesetzlichen Verhältnisses (§ 15 LPartG).[39] 12

5. Kreditgewährung an mittelbare Stellvertreter (Strohmänner). Dem **Umgehungsschutz** dient auch die Einbeziehung von Kreditgeschäften, bei denen der Kreditnehmer als mittelbarer Stellvertreter für den in den Anwendungsbereich des § 89 Abs. 2 oder Abs. 3 S. 1 fallenden, wirtschaftlich interessierten Hintermann auftritt (§ 89 Abs. 3 S. 2). 13

6. Kreditgewährung an Gesellschaften bei personeller Verflechtung. Nach § 89 Abs. 4 darf eine Gesellschaft ohne Einwilligung ihres Aufsichtsrats keinen Kredit zugunsten einer juristischen Person oder Personenhandelsgesellschaft gewähren, wenn eines ihrer Vorstandsmitglieder oder einer ihrer Prokuristen, Generalhandlungsbevollmächtigten oder (analog, → Rn. 10) Generalbevollmächtigten zugleich gesetzlicher Vertreter oder Aufsichtsratsmitglied dieser juristischen Person oder Gesellschafter der Personenhandelsgesellschaft ist. Hiermit wird ein **doppelter Zweck** verfolgt. Zum einen soll verhindert werden, dass sich Vorstandsmitglieder, Prokuristen oder Generalhandlungsbevollmächtigte der Gesellschaft den erstrebten persönlichen Kredit durch die Zwischenschaltung einer anderen Gesellschaft verschaffen **(Umgehungsschutz).** Zum anderen soll vermieden werden, dass die Gesellschaft unter dem Einfluss ihres Vorstandsmitglieds der anderen juristischen Person oder Personenhandelsgesellschaft Kredite zu unangemessenen Konditionen oder ohne genügende Sicherheiten gewährt **(Vermögensschutz).**[40] Die Norm ist analog auf Kredite zugunsten einer GmbH oder Personenhandelsgesellschaft anzuwenden, bei der ein Vorstandsmitglied der kreditgewährenden Aktiengesellschaft als Mitglied eines Beirats mit aufsichtsratsähnlichen Aufgaben fungiert.[41] Zudem kommt auch eine kombinierte Anwendung von § 89 Abs. 3 und Abs. 4 in Betracht, wenn etwa der Ehegatte des Vorstandsmitglieds in der anderen Gesellschaft als gesetzlicher Vertreter oder Aufsichtsratsmitglied tätig ist.[42] Für die erforderliche Einwilligung des Aufsichtsrats der kreditgewährenden Gesellschaft gelten § 89 Abs. 1 S. 2 und 3 entsprechend.[43] 14

---

[35] MüKoAktG/*Spindler* Rn. 25; Schmidt/Lutter/*Seibt* Rn. 10.
[36] NK-AktR/*Oltmanns* Rn. 7; KK-AktG/*Mertens/Cahn* Rn. 10 f.
[37] KK-AktG/*Mertens/Cahn* Rn. 10 f.; Schmidt/Lutter/*Seibt* Rn. 11.
[38] Hüffer/*Koch* Rn. 5.
[39] Schmidt/Lutter/*Seibt* Rn. 12; NK-AktR/*Oltmanns* Rn. 8; Hüffer/*Koch* Rn. 6.
[40] Begr. RegE *Kropff* Textausgabe, 1965, 115; MüKoAktG/*Spindler* Rn. 30; Spindler/Stilz/*Fleischer* Rn. 20.
[41] LG Bochum EWiR 1989, 1155 = ZIP 1989, 1557.
[42] Spindler/Stilz/*Fleischer* Rn. 21; NK-AktR/*Oltmanns* Rn. 9.
[43] Hüffer/*Koch* Rn. 7.

15 **Ausgenommen von dem Einwilligungserfordernis** sind nach § 89 Abs. 4 S. 2 unter Praktikabilitätsgesichtspunkten Kredite an verbundene Gesellschaften (§ 15) sowie **Kredite für die Bezahlung von Waren,** welche die Gesellschaft der juristischen Person oder Personenhandelsgesellschaft liefert. Der übliche Geschäftsverkehr soll nicht übermäßig behindert werden.[44] Dementsprechend ist die Ausnahmeregelung eng auszulegen im Sinne eines üblichen Lieferantenkredits.[45] Sie gilt nur für bewegliche Sachen, die Gegenstand eines Warenumsatzes sind, nicht hingegen für Dienstleistungs- und Finanzierungskredite.[46]

IV. Rechtsfolgen von Verstößen

16 Eine Kreditgewährung unter Verstoß gegen § 89 Abs. 1–4 führt nicht zur Nichtigkeit des Rechtsgeschäfts nach § 134 BGB.[47] Stattdessen ist der unzulässig gewährte **Kredit** nach § 89 Abs. 5 ohne Rücksicht auf entgegenstehende Vereinbarungen **sofort zurück zu gewähren.** Es handelt sich um einen vertraglichen Rückgewähranspruch mit gesetzlich vorverlagerter Fälligkeit.[48] Die Aktiengesellschaft hat daher Anspruch auf die anteiligen Kreditzinsen und behält auch etwa zu ihren Gunsten bestellte Sicherheiten.[49] Die Rückgewähr erfolgt bei verbotswidrig ausgereichten Darlehen durch unmittelbare Zurückzahlung an die Gesellschaft. Im Falle von Bürgschaftsverträgen und sonstigen von der Aktiengesellschaft eingeräumten Kreditsicherheiten besteht kein unmittelbarer Rückgewähranspruch der Aktiengesellschaft gegenüber dem Gläubiger. Der Kreditempfänger ist vielmehr verpflichtet, seine Schuld gegenüber dem Gläubiger zu begleichen oder die Gesellschaft auf anderem Wege von der Sicherheit zu befreien.[50] Nach Kreditzusage und vor Auszahlung hat die Aktiengesellschaft ein Leistungsverweigerungsrecht.[51] Ein Aufrechnungsverbot ergibt sich aus § 89 Abs. 5 nicht.[52] Bei Kreditgewährungen unter Verstoß gegen die Vorgaben aus § 89 Abs. 2–4 richtet sich der Rückgewähranspruch gegen den Kreditempfänger.[53] Der Rückgewähranspruch nach § 89 Abs. 5 besteht nicht nur, wenn es an einem Aufsichtsratsbeschluss gänzlich fehlt, sondern auch, wenn der Beschluss des Aufsichtsrats nicht den gesetzlichen Vorgaben (§ 89 Abs. 1 S. 2 und 3) entspricht.[54]

17 Bei Kreditgewährungen unter Verstoß gegen § 89 können sich für die beteiligten Vorstands- und Aufsichtsratsmitglieder Schadensersatzpflichten ergeben (§ 93 Abs. 3 Nr. 8, § 116). Eine nachträgliche Zustimmung des Aufsichtsrats lässt zwar die Rückgewährpflicht aufgrund von § 93 Abs. 4 S. 2 und 3, nicht jedoch eine etwaige Schadensersatzpflicht der Vorstands- und Aufsichtsratsmitglieder entfallen.[55]

18 Nach § 89 Abs. 5 entfällt die Pflicht zur sofortigen Rückgewähr, wenn der Aufsichtsrat der Kreditgewährung nachträglich zustimmt. Davon unberührt bleibt ein etwaiger Ersatzanspruch der Gesellschaft gegenüber Vorstandsmitgliedern nach § 93 Abs. 3 Nr. 8.

V. Organkredite

19 § 89 findet nach Abs. 6 keine Anwendung, wenn die kreditgewährende Gesellschaft ein Kreditinstitut iSd § 1 Abs. 1, Abs. 2 KWG oder ein Finanzdienstleistungsinstitut iSd § 1 Abs. 1a, § 2 Abs. 6 KWG ist. In diesem Fall gelten die Sonderregelungen des KWG (§§ 15, 17 KWG), die in verschiedener Hinsicht über § 89 hinausgehen.[56] Soweit § 15 KWG nicht anwendbar ist (Ausnahmebereich nach § 2 Abs. 4, 5, 7 oder 8 KWG), verbleibt es hingegen bei § 89 Abs. 1–5.[57]

§ 90 Berichte an den Aufsichtsrat

(1) [1]Der Vorstand hat dem Aufsichtsrat zu berichten über
1. die beabsichtigte Geschäftspolitik und andere grundsätzliche Fragen der Unternehmensplanung (insbesondere die Finanz-, Investitions- und Personalplanung), wobei

[44] Begr. RegE *Kropff* Textausgabe, 1965, 115; Spindler/Stilz/*Fleischer* Rn. 22; Hüffer/*Koch* Rn. 7.
[45] LG Bochum EWiR 1989, 1155 = ZIP 1989, 1557 ff.; Hüffer/*Koch* Rn. 7.
[46] Begr. RegE *Kropff* Textausgabe, 1965, 115; Spindler/Stilz/*Fleischer* Rn. 22; MüKoAktG/*Spindler* Rn. 33.
[47] *Fleischer* WM 2004, 1057 (1066); GroßkommAktG/*Kort* Rn. 133; KK-AktG/*Mertens/Cahn* Rn. 22; *Hüffer* Rn. 8.
[48] Spindler/Stilz/*Fleischer* Rn. 24; NK-AktR/*Oltmanns* Rn. 10; Hüffer/*Koch* Rn. 8.
[49] MüKoAktG/*Spindler* Rn. 52; Spindler/Stilz/*Fleischer* Rn. 22.
[50] MüKoAktG/*Spindler* Rn. 53 f.; Hüffer/*Koch* Rn. 8.
[51] NK-AktR/*Oltmanns* Rn. 10; Hüffer/*Koch* Rn. 8.
[52] BGH ZIP 1991, 869; Hüffer/*Koch* Rn. 8.
[53] MüKoAktG/*Spindler* Rn. 54; Spindler/Stilz/*Fleischer* Rn. 25.
[54] Hüffer/*Koch* Rn. 8; NK-AktR/*Oltmanns* Rn. 10.
[55] MüKoAktG/*Spindler* Rn. 57; Schmidt/Lutter/*Seibt* Rn. 17.
[56] MüKoAktG/*Spindler* Rn. 4; näher dazu *Boos/Fischer/Schulte-Mattler/Groß,* 3. Aufl. 2008, KWG § 15 Rn. 4 ff.
[57] Begr. RegE, BT-Drs. 13/7143, 33; Hüffer/*Koch* Rn. 9; NK-AktR/*Oltmanns* Rn. 11.

auf Abweichungen der tatsächlichen Entwicklung von früher berichteten Zielen unter Angabe von Gründen einzugehen ist;
2. die Rentabilität der Gesellschaft, insbesondere die Rentabilität des Eigenkapitals;
3. den Gang der Geschäfte, insbesondere den Umsatz, und die Lage der Gesellschaft;
4. Geschäfte, die für die Rentabilität oder Liquidität der Gesellschaft von erheblicher Bedeutung sein können.

[2]Ist die Gesellschaft Mutterunternehmen (§ 290 Abs. 1, 2 des Handelsgesetzbuchs), so hat der Bericht auch auf Tochterunternehmen und auf Gemeinschaftsunternehmen (§ 310 Abs. 1 des Handelsgesetzbuchs) einzugehen. [3]Außerdem ist dem Vorsitzenden des Aufsichtsrats aus sonstigen wichtigen Anlässen zu berichten; als wichtiger Anlaß ist auch ein dem Vorstand bekanntgewordener geschäftlicher Vorgang bei einem verbundenen Unternehmen anzusehen, der auf die Lage der Gesellschaft von erheblichem Einfluß sein kann.

(2) Die Berichte nach Absatz 1 Satz 1 Nr. 1 bis 4 sind wie folgt zu erstatten:
1. die Berichte nach Nummer 1 mindestens einmal jährlich, wenn nicht Änderungen der Lage oder neue Fragen eine unverzügliche Berichterstattung gebieten;
2. die Berichte nach Nummer 2 in der Sitzung des Aufsichtsrats, in der über den Jahresabschluß verhandelt wird;
3. die Berichte nach Nummer 3 regelmäßig, mindestens vierteljährlich;
4. die Berichte nach Nummer 4 möglichst so rechtzeitig, daß der Aufsichtsrat vor Vornahme der Geschäfte Gelegenheit hat, zu ihnen Stellung zu nehmen.

(3) [1]Der Aufsichtsrat kann vom Vorstand jederzeit einen Bericht verlangen über Angelegenheiten der Gesellschaft, über ihre rechtlichen und geschäftlichen Beziehungen zu verbundenen Unternehmen sowie über geschäftliche Vorgänge bei diesen Unternehmen, die auf die Lage der Gesellschaft von erheblichem Einfluß sein können. [2]Auch ein einzelnes Mitglied kann einen Bericht, jedoch nur an den Aufsichtsrat, verlangen.

(4) [1]Die Berichte haben den Grundsätzen einer gewissenhaften und getreuen Rechenschaft zu entsprechen. [2]Sie sind möglichst rechtzeitig und, mit Ausnahme des Berichts nach Absatz 1 Satz 3, in der Regel in Textform zu erstatten.

(5) [1]Jedes Aufsichtsratsmitglied hat das Recht, von den Berichten Kenntnis zu nehmen. [2]Soweit die Berichte in Textform erstattet worden sind, sind sie auch jedem Aufsichtsratsmitglied auf Verlangen zu übermitteln, soweit der Aufsichtsrat nichts anderes beschlossen hat. [3]Der Vorsitzende des Aufsichtsrats hat die Aufsichtsratsmitglieder über die Berichte nach Absatz 1 Satz 3 spätestens in der nächsten Aufsichtsratssitzung zu unterrichten.

Schrifttum: *Ambrosius,* Der Berichtsanspruch des Aufsichtsrats nach § 90 III AktG – sein Umfang und seine Grenzen, DB 1979, 2165; *Barzen/Kampf,* Berichtspflicht des AG-Vorstands zu Tochtergesellschaften, BB 2011, 3011; *Bork,* Materiellrechtliche und prozeßrechtliche Probleme des Organstreits zwischen Vorstand und Aufsichtsrat einer Aktiengesellschaft, ZGR 1989, 1; *Burgard/Heimann,* Information des Aufsichtsrats, Kommentar zu OLG Frankfurt v 1.10.2013 – 5 U 214/12, AG 2014, 373; *dies.,* Respice finem! – Eine Replik, NZG 2014, 1294; *Cahn,* Gesellschaftsinterne Informationspflichten bei Zusammenschluss- und Akquisitionsvorhaben, AG 2014, 525; *DAV,* Stellungnahme des Deutschen Anwaltvereins zum Referentenentwurf eines Transparenz- und Publizitätsgesetzes, NZG 2002, 115; *Drinhausen/Marsch-Barner,* Die Rolle des Aufsichtsratsvorsitzenden in der börsennotierten Aktiengesellschaft, AG 2014, 337; *Elsing/Schmidt,* Individuelle Informationsrechte von Aufsichtsratsmitgliedern einer Aktiengesellschaft, BB 2002, 1705; *Hommelhoff,* Der aktienrechtliche Organstreit, ZHR 143 (1979), 288; *Henze,* Leitungsverantwortung des Vorstands – Überwachungspflicht des Aufsichtsrats, BB 2000, 209; *Hüffer,* Die leitungsbezogene Verantwortung des Aufsichtsrats, NZG 2007, 47; *Ihrig/Wagner,* Die Reform geht weiter: Das Transparenz- und Publizitätsgesetz kommt, BB 2002, 789; *Leuering,* Das Einsichts- und Prüfungsrecht des Aufsichtsrats, NJW-Spezial 2007, 123; *Lutter,* Information und Vertraulichkeit im Aufsichtsrat, 3. Aufl. 2006; *ders.,* Der Aufsichtsrat im Konzern, AG 2006, 517; *ders.,* Defizite für eine effiziente Aufsichtsratstätigkeit und gesetzliche Möglichkeiten der Verbesserung, ZHR 159 (1995), 287; *Mertens,* Organstreit in der Aktiengesellschaft?, ZHR 154 (1990), 24; *Th. Raiser,* Klagebefugnisse einzelner Aufsichtsratsmitglieder, ZGR 1989, 44; *Rieger/Rothenfußer,* Zusammenwirken von Vorstand und Aufsichtsrat bei wesentlichen Unternehmensentscheidungen, NZG 2014, 1012; *Roth,* Möglichkeiten vorstandsunabhängiger Information des Aufsichtsrats, AG 2004, 1; *S. H. Schneider,* Informationspflichten und Informationssystemeinrichtungspflichten im Aktienkonzern, 2006; *Schwark,* Corporate Governance: Vorstand und Aufsichtsrat, ZHR Beiheft 71 (2002), 75; *Stodolkowitz,* Gerichtliche Durchsetzung von Organpflichten in der Aktiengesellschaft, ZHR 154 (1990), 1; *Theissen,* Grundsätze einer ordnungsmäßigen Informationsversorgung des Aufsichtsrats, 2002; *Westermann,* Rechtsstreitigkeiten um die Rechte aus § 90 AktG, FS Bötticher, 1969, 369; *Zöllner,* Die sogenannten Gesellschafterklagen im Kapitalgesellschaftsrecht, ZGR 1988, 392.

Übersicht

I. Allgemeines

1 **1. Norminhalt und Zweck.** § 90 beinhaltet die **Berichtspflicht** des Vorstands gegenüber dem Aufsichtsrat, welche für ein sachgerechtes Funktionieren der AG von maßgeblicher Bedeutung ist. Durch die Berichte soll eine vorbeugende Überwachung der Geschäftsführung entsprechend § 111 Abs. 1, 2 und 4 gewährleistet werden. Die Vorschrift kommt aber auch dem Vorstand zu Gute, da dieser gezwungen wird, sich selbst gegenüber Rechenschaft ab zu legen und die Entwicklung der Gesellschaft zu beleuchten. Ebenso kann er auf die Stellungnahme des Aufsichtsrats zurückgreifen und von dessen Erfahrung und Sachkunde profitieren.[1] Nach Abs. 1 und 2 wird der Vorstand verpflichtet, in **gewissen Abständen** dem Aufsichtsrat zu berichten. Letzterem bzw. einzelnen Mitgliedern des Gremiums steht ein zusätzlicher **Informationsanspruch nach Abs. 3** zu. Schuldner dieser Pflichten ist jeweils der Vorstand als Kollegialorgan und nicht die AG.[2] Die Berichterstattung stellt einen Akt der Geschäftsführung dar und bedarf somit der Einstimmigkeit (§ 77 Abs. 1 S. 1). Bei Meinungsverschiedenheiten über Inhalt und Umfang sind die unterschiedlichen Ansichten darzulegen.[3] Die gleichfalls bestehende **Informationspflicht** verhindert, dass sich Mitglieder des Aufsichtsrats auf ihre Unwissenheit berufen, um so Ansprüchen auf Schadensersatz aus dem Weg zu gehen (§§ 93, 116).[4] Im Regelfall läuft der Informationsstrom zwischen dem Vorsitzenden des Vorstands und dem Vorsitzenden des Aufsichtsrats. In begründeten Ausnahmefällen (zB Eilbedürftigkeit) kann auch unmittelbar der Gesamtaufsichtsrat informiert werden. § 90 ist **zwingender** Natur, da er nicht nur im Interesse der Gesellschaft besteht, sondern auch öffentliche Interessen maßgeblich tangiert. Somit ist nur eine Verschärfung der Berichtspflicht möglich, wie zB in Form von kürzeren Fristen.[5] Der DCGK regelt die Berichtspflichten in Ziff. 3.4 DCGK ähnlich, wobei insbesondere die Themen Risikomanagement und Compliance ergänzend genannt werden (Abdruck des DCGK → § 161 Rn. 67).

2 **2. Weitere Vorlagen und Berichte.** Die Berichtspflicht des § 90 ist **nicht abschließend.** Darüber hinaus ist der Vorstand immer dann berichtspflichtig, wenn er einen Aufsichtsratsbeschluss herbeiführen will oder muss.[6] Dazu gehört die Vorlage des aufgestellten Jahresabschlusses (§§ 170, 171) oder der Abhängigkeitsbericht (§ 312). Gleiches gilt für §§ 88, 89, 111 Abs. 4 S. 2, 170; § 32 MitbestG und § 15 MontanMitbestErG.[7]

3 **3. Verschwiegenheitspflicht des Aufsichtsrates.** Dem Aufsichtsrat steht korrespondierend zu der Berichtspflicht des Vorstands ein entsprechender Anspruch auf Information zu. Der Vorstand

[1] MüKoAktG/*Spindler* Rn. 1; *Henze* BB 2000, 209; umfassend *Lutter/Krieger* Rechte und Pflichten Rn. 191.
[2] BGH AG 1978, 162 = NJW 1978, 756; KK-AktG/*Mertens/Cahn* Rn. 20; MHdB AG/*Wiesner* § 25 Rn. 31.
[3] Diff. KK-AktG/*Mertens/Cahn* Rn. 28; MüKoAktG/*Spindler* Rn. 7.
[4] Begr. RegE *Kropff* Textausgabe, 1965, 116; Schmidt/Lutter/*Krieger/Sailer* Rn. 1.
[5] MüKoAktG/*Spindler* Rn. 8 ff.
[6] Hüffer/*Koch* Rn. 2; KK-AktG/*Mertens/Cahn* Rn. 4; MüKoAktG/*Spindler* Rn. 3; Schmidt/Lutter/*Krieger/Sailer* Rn. 3.
[7] MüKoAktG/*Spindler* Rn. 3; Hüffer/*Koch* Rn. 2; Schmidt/Lutter/*Krieger/Sailer* Rn. 3.

kann sich nicht auf seine Verschwiegenheitsverpflichtung berufen (§ 93 Abs. 1 S. 2).[8] Andernfalls könnten die Aufgaben der Überwachung der Geschäftsleitung durch den Vorstand torpediert werden (§ 111 Abs. 1). Im Gegenzug sind die Aufsichtsratsmitglieder selbst zur Verschwiegenheit verpflichtet (§ 93 Abs. 1 S. 2 iVm § 116).[9] Zur Verbesserung der Informationsübermittlung kann eine Geschäftsordnung erlassen werden, sog. **Informationsordnung.**[10] Insbesondere kommt dabei eine Konkretisierung der Berichtsgegenstände, eine Abkürzung der Informationsintervalle und Ähnliches in Betracht.

II. Berichte nach Abs. 1

Über die folgenden Vorgänge hat der Vorstand dem Aufsichtsrat zu berichten, ohne dass es dazu einer besonderen Aufforderung bedarf: 4

1. Geschäftspolitik und Unternehmensplanung (Nr. 1). Der Vorstand ist verpflichtet, den Aufsichtsrat über die künftige Geschäftspolitik sowie die Unternehmensplanung zu informieren. Die Pflicht des Vorstands zur Festlegung der Geschäftspolitik ergibt sich nicht aus § 90 Abs. 1 S. 1 Nr. 1, sondern aus §§ 76 Abs. 1, 93 Abs. 1 S. 1.[11] Gleiches gilt für die Aufstellung einer Unternehmensplanung.[12] Insofern kommt der Vorschrift in Teilen nur **klarstellende** Funktion zu.[13] Der Aufsichtsrat muss die oben genannten Aspekte bereits frühzeitig kennen, um seine Anregungen und Bedenken äußern zu können. Dadurch soll eine **zukunftsorientierte Überwachung** sichergestellt werden, welche zu den wesentlichen Pflichten des Aufsichtsrates gehört (§ 111 Abs. 1).[14] Über was genau berichtet wird, entscheidet der Vorstand nach pflichtgemäßem Ermessen. Einzelheiten sind dabei jedoch weitestgehend unklar.[15] Regelmäßig werden größere **M&A-Transaktionen** wesentlichen Einfluss auf die Geschäftspolitik und Unternehmensplanung haben.[16] Unverzichtbar ist eine **Budgetplanung,** also eine Kalkulation der Einnahmen und der Ausgaben für das aktuelle und das folgende Geschäftsjahr.[17] Je nach Größe der AG und der betreffenden Marktsituation können auch weitere Anforderungen an die Planung zu stellen sein.[18] So ist nach den Umständen des Einzelfalls ggf. auch eine vertiefte Investitions- oder Personalplanung notwendig. Im Allgemeinen wird aber davon ausgegangen, dass sich die Angaben nach Nr. 1 nur auf **grundsätzliche Aspekte** der Gesellschaft beziehen.[19] Vertiefte Informationen bleiben der Berichtsanforderung (Abs. 3) oder den zusätzlichen Berichten nach Nr. 3 überlassen. 5

Mit umfasst wird auch die sog. **„Follow-up"-Berichterstattung,** so dass der Vorstand auch über die Umsetzung der früheren Unternehmensplanung berichten muss.[20] Eine korrekte Überwachung seitens des Aufsichtsrates setzt auch voraus, dass dieser sich über das Erreichen angekündigter Ziele informieren kann. **„Früher berichtete Ziele"** meint solche, die der Vorstand bereits dem Aufsichtsrat in früheren Geschäftsjahren nach Nr. 1 vorgelegt hat. Soll-Ist-Abweichungen sind entsprechend zu erläutern. 6

2. Rentabilität der Gesellschaft (Nr. 2). Nach dieser Vorschrift sind Angaben zu der Rentabilität zu machen, wobei insbesondere auf das **Eigenkapital** der Gesellschaft abzustellen ist. Eigenkapital ist dabei die Summe der auf der Passivseite unter A ausgewiesenen Beträge, insbesondere Grundkapi- 7

[8] AllgM, BGHZ 20, 239 (246) = NJW 1956, 906; Hüffer/*Koch* Rn. 3; *Lutter/Krieger* Rechte und Pflichten Rn. 248.

[9] BGHZ 64, 325 = NJW 1975, 1412.

[10] *Lutter* ZHR 159 (1995), 287 (308); *ders.* ZGR 2001, 224 (232); *Hüffer* NZG 2007, 47 (51); MüKoAktG/*Spindler* Rn. 9.

[11] AllgM, Hüffer/*Koch* Rn. 4a; *Kropff* NZG 1998, 613; *Semler* ZGR 1983, 1 (12); NK-AktR/*Landwehrmann* § 93 Rn. 55; aA NK-AktR/*Oltmanns* Rn. 2.

[12] Hüffer/*Koch* Rn. 4b; Schmidt/Lutter/*Krieger/Sailer* Rn. 12.

[13] MüKoAktG/*Spindler* Rn. 18; *Fleischer* in Fleischer HdB VorstandsR § 7 Rn. 38.

[14] *Lutter/Krieger* Rechte und Pflichten Rn. 63, 94; *Hüffer* NZG 2007, 47; *Kropff* NZG 1998, 613; *ders.* NZG 2003, 346; Hüffer/*Koch* Rn. 4a.

[15] *Fleischer* in Fleischer HdB VorstandsR § 7 Rn. 39; *Altmeppen* ZGR 1999, 291 (305); ausf. MüKoAktG/*Spindler* Rn. 17 ff.; Schmidt/Lutter/*Krieger/Sailer* Rn. 8 ff.; KK-AktG/*Mertens/Cahn* Rn. 33 f.

[16] *Cahn* AG 2014, 525 (526); *Rieger/Rothenfußer* NZG 2014, 1012 (1013); *Burgard/Heimann* AG 2014, 360 (361); offen gelassen, ob ein Fall der Nr. 1 oder der Nr. 4: OLG Frankfurt NZG 2014, 1017 (1018 f.) – Deutsche Börse.

[17] *Altmeppen* ZGR 1999, 291 (305); MüKoAktG/*Spindler* Rn. 18; Schmidt/Lutter/*Krieger/Sailer* Rn. 8.

[18] *Scheffler* AG 1995, 207; Hüffer/*Koch* Rn. 4a: Schmidt/Lutter/*Krieger/Sailer* Rn. 8.

[19] Spindler/Stilz/*Fleischer* Rn. 21; Schmidt/Lutter/*Krieger/Sailer* Rn. 13; *Kropff* NZG 1998, 613 (614); MüKoAktG/*Spindler* Rn. 19.

[20] Einführung durch Art. 1 Nr. 5a TransPuG vom 27.4.1998 (BGBl. I S. 2681); MüKoAktG/*Spindler* Rn. 20; Schmidt/Lutter/*Krieger/Sailer* Rn. 14; Hüffer/*Koch* Rn. 4c.

tal und Rücklagen (§ 266 Abs. 3 HGB). Bezogen auf die Rentabilität **(Verzinsung)**[21] der Gesellschaft sind Angaben zu Cash-flow, Rentabilität des Gesamtkapitals, Umsatz und zu wesentlichen Investitionen zu machen.[22] Dieser Bericht ist auch insofern zwingend notwendig, als der Aufsichtsrat zu entscheiden hat, ob er den ihm vom Vorstand vorgelegten Jahresabschluss billigt oder nicht (§ 172).

8 **3. Gang der Geschäfte (Nr. 3).** Der Vorstand muss dem Aufsichtsrat über den Gang der Geschäfte berichten, was sich auf die gesamten **operativen Tätigkeiten** der Gesellschaft bezieht. Immer müssen dabei die finanzielle Situation, die Ertragslage und Liquidität der Gesellschaft, die Marktlage sowie Besonderheiten des Geschäftsverlaufs und drohende Risiken der künftigen Entwicklung angegeben werden.[23] Dazu sind auch **Planungsrechnungen** zu übermitteln, da sich die Entwicklung erst anhand vergleichbarer Unternehmensdaten überprüfen lässt.[24] Die Berichte müssen **aussagekräftig** sein, so dass eine korrekte Gliederung und aufbereitetes Zahlenmaterial notwendig sind.[25] Dem Umfang des jährlichen Geschäftsberichts (§ 160) muss der „Geschäftsgang-Bericht" nicht entsprechen.[26]

9 **4. Geschäfte von erheblicher Bedeutung (Nr. 4).** Eine weitere Berichtspflicht bezieht sich auf Geschäfte, welche für **Rentabilität** oder **Liquidität** der Gesellschaft von erheblicher Bedeutung sein können. Was das konkret ist, ist nicht näher umschrieben, da hierfür stets die Verhältnisse der Gesellschaft maßgeblich sind. Dabei ist einerseits auf Größe, Gegenstand und wirtschaftliche Lage der Gesellschaft und andererseits auf Art, Ausmaß und Risiken der einzelnen Geschäfte abzustellen. Anhaltspunkte aus dem Kreis der Geschäfte des **§ 111 Abs. 4 S. 2** können **nicht** gezogen werden, da der Aufsichtsrat auch aus anderen Gründen als Rentabilität und Liquidität seine Zustimmung erteilen bzw. verweigern kann.[27] Dagegen sind Geschäfte von erheblicher Bedeutung regelmäßig **M&A Transaktionen** größeren Umfangs, also Zusammenschlussvorhaben[28] und der Erwerb oder Verkauf von Unternehmen, oder strategischen Beteiligungen, oder die Übernahme eines größeren Auftrags.[29] Für die Entstehung einer Berichtspflicht ist es ausreichend, dass die **Möglichkeit** einer erheblichen Bedeutung für Rentabilität und Liquidität besteht. Insofern ist eine vernünftige kaufmännische Beurteilung maßgeblich.[30]

10 **5. Tochter- und Gemeinschaftsunternehmen (S. 2).** Bei ihrer Berichterstattungspflicht hat die Gesellschaft, sofern sie Mutterunternehmen ist, ebenso auf etwaige **Tochterunternehmen** (§ 290 Abs. 1, 2 HGB) und **Gemeinschaftsunternehmen** (§ 310 Abs. 1 HGB) einzugehen.[31] Eine Überwachung durch den Aufsichtsrat ist nur effektiv, wenn konzernangehörige Unternehmen von den Berichten miterfasst werden.[32] Der Umfang der Berichterstattung beschränkt sich analog der Regelung bei Sonderberichten (Abs. 1 S. 3) und Anforderungsberichten (Abs. 3 S. 1) auf Vorgänge, die für die Mutter von erheblichem Einfluss sind (Erheblichkeitstheorie).[33] Die Pflicht der Beschaffung der Unterlagen bei den anderen Gesellschaften obliegt dem Vorstand.[34]

11 **6. Berichte aus sonstigen wichtigen Anlässen (S. 3).** Der Vorstand muss bei sonstigen wichtigen Anlässen dem Vorsitzenden des Aufsichtsrates unverzüglich (§ 121 Abs. 1 S. 1 BGB) berichten. Im Unterschied zu der Generalklausel des § 90 Abs. 1 S. 1 Nr. 4 sind dies vornehmlich Ereignisse, die **von außen** auf die Gesellschaft **einwirken** und negative Folgen haben können. Dies können zB sein: Erhebliche Betriebsstörungen, Arbeitskämpfe, behördliche Auflagen, Steuernachforderungen, Gefährdung von größeren Außenständen sowie Liquiditätsprobleme durch eine Kreditkündigung.[35]

[21] Hüffer/*Koch* Rn. 5; Schmidt/Lutter/*Krieger/Sailer* Rn. 16.
[22] MHdB AG/*Wiesner* § 25 Rn. 19; Spindler/Stilz/*Fleischer* Rn. 25; Schmidt/Lutter/*Krieger/Sailer* Rn. 17.
[23] Schmidt/Lutter/*Krieger/Sailer* Rn. 20; MüKoAktG/*Spindler* Rn. 28.
[24] MHdB AG/*Wiesner* § 25 Rn. 20.
[25] KK-AktG/*Mertens/Cahn* Rn. 37; Hüffer/*Koch* Rn. 6.
[26] MüKoAktG/*Spindler* Rn. 28; KK-AktG/*Mertens/Cahn* Rn. 37.
[27] Schmidt/Lutter/*Krieger/Sailer* Rn. 25; MüKoAktG/*Spindler* Rn. 29.
[28] OLG Frankfurt NZG 2014, 1017 (1018 f.) – Deutsche Börse; *Burgard/Heimann* AG 2014, 360 (361); *Rieger/Rothenfußer* NZG 2014, 1012 (1013); *Cahn* AG 2014, 525 (526).
[29] Ähnlich Begr. RegE *Kropff* Textausgabe, 1965, 117.
[30] Hüffer/*Koch* Rn. 7.
[31] Begr. RegE, BT-Drs. 14/8769, 14.
[32] Schmidt/Lutter/*Krieger/Sailer* Rn. 31.
[33] *Barzen/Kampf* BB 2011, 3011 (3012 f.); KK-AktG/*Mertens/Cahn* Rn. 41; für eine umfassende Berichterstattung Schmidt/Lutter/*Krieger/Sailer* Rn. 32.
[34] *Schwark* ZHR-Beiheft 71 (2002), 75 (88).
[35] Begr. RegE *Kropff* Textausgabe, 1965, 117; Hüffer/*Koch* Rn. 8; KK-AktG/*Mertens/Cahn* Rn. 39; MüKoAktG/*Spindler* Rn. 29; Schmidt/Lutter/*Krieger/Sailer* Rn. 33.

Ob ein solcher Fall vorliegt, muss der Vorstand in pflichtgemäßem Ermessen entscheiden.[36] Gemäß Hs. 2 ist auch dann zu berichten, wenn durch das Ereignis ein verbundenes Unternehmen (§ 15) betroffen ist und dies auf die Lage der Gesellschaft erheblichen Einfluss haben kann. Der **Berichtsempfänger** ist der Vorsitzende des Aufsichtsrates, um einen aktuellen und laufenden Informationsaustausch sicher zu stellen. Dieser entscheidet über die einzuleitenden Schritte, wobei er zumindest in der nächsten Aufsichtsratssitzung die anderen Mitglieder zu informieren hat (§ 90 Abs. 5 S. 3; → § 90 Rn. 20).

III. Zeitpunkt der Berichterstattung (Abs. 2)

Die **Intervalle,** in denen die oben genannten Berichte zu erfolgen haben, werden in Abs. 2 genannt. Die Mitteilungen der **Nr. 1–3** sind turnusmäßig zu erstatten. Eine Unterrichtung über Geschäftspolitik und Unternehmensplanung **(Nr. 1)** erfolgt **mindestens jährlich,** sofern ein unverzüglicherer Bericht nicht nötig ist. Dies kann Lageänderungen oder sich neu ergebenden Fragen geschuldet sein und liegt im pflichtgemäßen Ermessen des Vorstands. Für den Rentabilitätsbericht **(Nr. 2)** gilt ebenso der Jahresturnus, wobei der konkrete Zeitpunkt durch die Bilanzsitzung des Aufsichtsrates vorgegeben wird (§§ 171, 172).[37] Der Vorstand kann sich dabei des Prüfungsberichts der Abschlussprüfer bedienen, sofern dieser Rentabilitätsfragen beantwortet, da dieser Bericht dem Aufsichtsrat ohnehin vorzulegen ist (§§ 107, 171). Über den Gang der Geschäfte **(Nr. 3)** muss öfter berichtet werden, es besteht eine Pflicht zur **vierteljährlichen Berichterstattung.** Dies entspricht der Regelung des § 110 Abs. 3, nach welcher der Aufsichtsrat gewöhnlich einmal im Quartal zu einer Sitzung zusammenkommt. 12

Die oben genannten Zeitpunkte sind zwingender Natur, können aber durch die Satzung verschärft werden.[38] Über wesentliche Einzelmaßnahmen **(Nr. 4)** ist kontinuierlich, aber nicht turnusmäßig zu unterrichten. So ist über jeden Fall so rechtzeitig zu berichten, dass der Aufsichtsrat nach Möglichkeit noch Gelegenheit hat, Stellung zu beziehen. Der Aufsichtsrat darf dabei **nicht „überrumpelt"** werden; ihm muss genug Zeit zur Vorbereitung seiner Entscheidung gegeben werden; ob dazu bei einer strategischen M&A Transaktion eine Präsentation auf der Aufsichtsratssitzung ausreicht, ist sehr zweifelhaft.[39] Sollte es ausnahmsweise nicht möglich sein, den Aufsichtsrat vor der Geschäftsvornahme zu benachrichtigen, ist dies unverzüglich nachzuholen. In jedem Fall sollte versucht werden, zumindest den Vorsitzenden zu informieren.[40] Diese Regelung gilt auch dann, wenn das Geschäft „seiner Art nach" nicht zustimmungsbedürftig ist (§ 111 Abs. 4 S. 2). 13

IV. Berichterstattung auf Verlangen (Abs. 3)

1. Gesamtaufsichtsrat. Neben den Berichten nach Abs. 1, die auf Initiative des Vorstands erfolgen, kann der Gesamtaufsichtsrat auch eigenständig Informationen anfordern. Der Anspruch steht dabei zwar der Gesellschaft zu, wird aber durch den Aufsichtsrat als zuständiges Organ wahrgenommen (§ 112). Dafür erforderlich ist ein Beschluss nach § 108, der zumindest einem Vorstandsmitglied zugehen muss (§ 78 Abs. 2 S. 2 analog).[41] Inhaltlich werden Angaben zu Angelegenheiten der Gesellschaft, über rechtliche und tatsächliche Beziehungen zu verbundenen Unternehmen (§ 15), die auf die Lage der Gesellschaft Einfluss haben können, erfasst. Diese Informationen **überschneiden** sich teilweise mit denen der turnusmäßigen Berichte nach Abs. 1. Dies ist auf die umfassende Überwachungsfunktion des Aufsichtsrats zurück zu führen, die nur dann gewährleistet ist, wenn eigene Berichte angefordert werden können. Der Vorstand wird stets geneigt sein, so wenig Informationen wie nötig an den Aufsichtsrat zu übermitteln. Bei verschiedenen Auffassungen über die Berichterstattung muss dem Kontrollorgan ein eigenes Anforderungsrecht zustehen.[42] Der Gegenstand des Berichtsverlangens „Angelegenheiten der Gesellschaft" ist wegen des Zweckes der Norm **weit** auszulegen. Er umfasst nicht nur die in Abs. 1 genannten Punkte, sondern ebenso organisatorische Aspekte 14

---

[36] MüKoAktG/*Spindler* Rn. 31; Schmidt/Lutter/*Krieger/Sailer* Rn. 35.

[37] Hüffer/*Koch* Rn. 9.

[38] MüKoAktG/*Spindler* Rn. 8.

[39] *Burgard/Heimann* AG 2014, 360 (363, 367 f.) und NZG 2014, 1294 f. halten das für einen haftungsbegründenden Pflichtverstoß; diff., aber weniger streng *Cahn* AG 2014, 525 (531 f.); Hüffer/*Koch* Rn. 10; unkrit., wenn der Aufsichtsrat mehrheitlich zustimmt: *Rieger/Rothenfußer* NZG 2014, 1012 (1015); iErg ebenso OLG Frankfurt NZG 2014, 1017 (1018 f.) – Deutsche Börse.

[40] Begr. RegE *Kropff* Textausgabe, 1965, 117.

[41] MüKoAktG/*Spindler* Rn. 38; KK-AktG/*Mertens/Cahn* Rn. 48.

[42] *Roth* AG 2004, 1.

innerhalb der AG und Ähnliches.[43] Dabei muss der Aufsichtsrat den Berichtsgegenstand hinreichend **präzisieren.**[44] Obwohl ein Missbrauch dieses Informationsinstrumentes durch den Aufsichtsrat zu verhindern ist, erscheint es nicht angemessen, den Berichtsgegenstand allein auf „erhebliche Aspekte" zu beschränken.[45]

15 Da der Anspruch nach Abs. 3 durch den Aufsichtsrat **jederzeit** geltend gemacht werden kann, muss sich der Vorstand in allen relevanten Fragen „auf dem Laufenden halten". Welche Zeitspanne zwischen Anforderung und Berichterstattung liegen darf, kann nicht pauschal beurteilt werden. Es ist auf den jeweiligen Einzelfall und den Gegenstand der Berichterstattung, die Wichtigkeit der Angelegenheit für die Gesellschaft sowie die Dringlichkeit abzustellen.[46] Der Vorstand kann ein Auskunftsverlangen nur ablehnen, wenn es als **rechtsmissbräuchlich** anzusehen ist.[47] In Betracht kommt eine wiederholte Anfrage über denselben Gegenstand oder ein Verlangen zur Unzeit. Die Auskunftsverweigerungsrechte des **§ 131 Abs. 3 Nr. 1** und **§ 160 Abs. 2** finden auf die Berichte nach § 90 keine Anwendung. Diese beiden Vorstandsrechte beruhen darauf, dass andernfalls einem unübersehbaren öffentlichen Kreis von Beteiligten Auskunft erteilt werden müsste. Eine Übertragung dieser Gründe auf den Aufsichtsrat ist nicht möglich. Aufgrund der Überwachungsfunktion nach § 111 Abs. 1 muss der Aufsichtsrat berechtigt sein, von allen Geschäftsvorfällen Kenntnis zu erlangen. Fänden §§ 131, 160 entsprechende Anwendung, könnte sich der Vorstand der Überwachung entziehen.[48] Im Gegenzug ist der Aufsichtsrat zur Verschwiegenheit verpflichtet (§ 116).

16 Sofern es der Untersuchungszweck nicht verbietet, hat sich der Aufsichtsrat zunächst an den Vorstand zu wenden, um an die gewünschten Informationen zu gelangen. Nur in **Ausnahmefällen,** wie zB dem dringenden Verdacht einer groben Pflichtverletzung iSd § 93 Abs. 3 und nur, wenn keine Abhilfe über den restlichen Vorstand möglich ist, können Berichte unmittelbar von Mitarbeitern der Gesellschaft angefordert werden. Der Grund liegt darin, die Autorität des Vorstandes nicht zu untergraben.[49]

17 Verlangt es die Lage der Gesellschaft oder kommt der Vorstand seinen Berichtspflichten nicht nach, wandelt sich das Recht nach Abs. 3 zu einer **Pflicht** des Aufsichtsrats. Die Informationsbeschaffung ist eine **„Holschuld"** des Aufsichtsrats.[50] Kommt der Aufsichtsrat dieser Pflicht nicht nach, droht eine **Haftung** wegen Pflichtverletzung (§§ 116, 93 Abs. 2). Sogar eine grobe Pflichtverletzung liegt vor, wenn der neue Aufsichtsrat es unterlässt, die Protokolle des alten Aufsichtsrats anzufordern und sich vom Vorstand über die Vorgänge, die zur Neubesetzung geführt haben, Bericht erstatten zu lassen.[51]

18 **2. Einzelne Aufsichtsratsmitglieder.** Einem einzelnen Mitglied des Aufsichtsrates steht ebenso ein Berichtsrecht zu, wobei sich dessen Umfang nach dem Anspruch des Gesamtorgans gemäß Abs. 3 S. 1 richtet.[52] Dieser Informationsanspruch steht dem Mitglied als **eigenes Recht** zu und nicht etwa als Beauftragter des Aufsichtsrates oder aufgrund Wahrnehmung eines Rechtes der Gesellschaft.[53] Auch dieses Recht kann sich insbesondere für neue Mitglieder in eine Pflicht wandeln, wenn der Vorstand es unterlässt, zeitnah Bericht über die bisherige Tätigkeit des Aufsichtsrats zu erstatten.[54] **Berichtsempfänger** ist dabei gleichwohl der Aufsichtsrat als Ganzes (zu Händen des Vorsitzenden), so dass einer unbefugten Ausnutzung des Individualrechtes vorgebeugt wird.[55] Der Vorstand darf das Auskunftsersuchen auch hier nur verweigern, wenn ein **Missbrauchsfall** vorliegt. Ein solcher liegt vor, wenn das Aufsichtsratsmitglied Eigeninteressen zu Lasten von Gesellschaftsinteressen verfolgt. Ebenso, wenn die begründete Gefahr besteht, dass Informationen an einen Wettbewerber

---

[43] OLG Düsseldorf AG 2015, 434 (436); MüKoAktG/*Spindler* Rn. 34; Schmidt/Lutter/*Krieger/Sailer* Rn. 37; *Henze* BB 2000, 209.

[44] OLG Köln AG 1987, 24 (25).

[45] So aber *Ambrosius* DB 1979, 2165.

[46] Schmidt/Lutter/*Krieger/Sailer* Rn. 37.

[47] MüKoAktG/*Spindler* Rn. 36, 57.

[48] BGHZ 20, 239 (246) = WM 1956, 631; *Henze* BB 2000, 209.

[49] KK-AktG/*Mertens/Cahn* Rn. 52; Schmidt/Lutter/*Krieger/Sailer* Rn. 39.

[50] *Lutter* Information und Vertraulichkeit im Aufsichtsrat, 3. Aufl. 2006, § 6 Rn. 246; *Müller-Michaels* ZCG 2007, 73 (74).

[51] OLG Düsseldorf AG 2015, 434 (436).

[52] *Elsing/Schmidt* BB 2002, 1705; Schmidt/Lutter/*Krieger/Sailer* Rn. 40; *Th. Raiser* ZGR 1989, 44 ff.

[53] BGHZ 106, 54 (62) = NJW 1989, 979; zum Verhältnis zum Untersuchungsrecht MüKoAktG/*Spindler* Rn. 44.

[54] OLG Düsseldorf AG 2015, 434 (436).

[55] MüKoAktG/*Spindler* Rn. 42.

weitergereicht werden.[56] Nach der überwiegenden Auffassung liegt die Entscheidungszuständigkeit, dh ob ein Bericht erstattet wird oder nicht, beim Vorstand.[57]

V. Form der Berichte (Abs. 4)

Die Generalklausel des Abs. 4 S. 1 enthält die Aussage, dass Form und Inhalt der Berichterstattung den Grundsätzen einer gewissenhaften und getreuen Rechenschaft zu entsprechen haben. Mithin ist auf die **Praxis von Geschäftsleitern** abzustellen, die dem auf Überwachung gerichteten **Zweck** entspricht.[58] Dabei ist insbesondere auf eine klare Gliederung, Übersichtlichkeit, Vollständigkeit und Richtigkeit zu achten. Sollten Meinungsverschiedenheiten im Vorstand über den Berichtsinhalt bestehen, so sind diese dem Aufsichtsrat anzuzeigen.[59] Gemäß S. 2 sind die Berichte grundsätzlich in **Textform** (§ 126b BGB) zu verfassen, wobei für den Bericht nach Abs. 1 S. 3 eine Ausnahme gilt. Textform ist jedenfalls Schriftform (§ 126 BGB), es genügt aber, wenn der Empfänger Schriftform herstellen kann, wie zB durch den Ausdruck einer E-Mail.[60] Eine Übermittlung in **elektronischer Form** ist mithin möglich. Von der Regel der Textform kann abgewichen werden. Dabei ist an Fälle der Dringlichkeit oder Vertraulichkeit zu denken, so dass eine mündliche Übermittlung in Betracht kommt.[61] Ebenso sind nach S. 2 die Berichte möglichst **rechtzeitig** zu erstatten. Hinsichtlich der Rechtzeitigkeit ist zu differenzieren: Geht es um die bloße Sitzungsvorbereitung, genügt es, Berichte dem Aufsichtsrat zukommen zu lassen, so dass eine angemessene Vorbereitung möglich ist.[62] Bei den Berichten nach Abs. 1 S. 1 Nr. 4 bezieht sich die Rechtzeitigkeit nicht auf eine Aufsichtsratssitzung, sondern auf die Vornahme einer Handlung. Die Vorschrift ist so auszulegen, dass der Vorstand mit der Handlung **zu warten hat,** bis sich der Aufsichtsrat geäußert hat, sofern ein Abwarten nicht gegen die Leitungssorgfalt verstoßen würde.[63] 19

VI. Berichte innerhalb des Aufsichtsrates (Abs. 5)

Die Berichte an den Aufsichtsrat sind an den Vorsitzenden zu richten.[64] Im Allgemeinen wird der Aufsichtsratsvorsitzende die Berichte des Vorstands unverzüglich in Kopie an die übrigen Aufsichtsratsmitglieder weiterleiten. Er kann aber auch den Vorstand bitten, die Berichte unmittelbar an alle Aufsichtsratsmitglieder zu übersenden.[65] Gleichwohl steht jedem anderen Mitglied das Recht zu, von den Berichten **Kenntnis zu nehmen,** diese mithin zu lesen bzw. ihnen zuhören zu dürfen **(S. 1).** Dies gilt aber in dieser Form nur für § 90, so dass für andere Berichte Ausnahmen bestehen können, wenn zB Ausschüsse (§§ 107 Abs. 3, 109) gebildet wurden.[66] Ebenso kann das einzelne Mitglied nach **S. 2** verlangen, dass die Berichte in Textform ihm übermittelt werden, sofern das Gesamtorgan nichts anderes beschlossen hat.[67] Eine Übermittlung der Dokumente via elektronischer Form (zB E-Mail) genügt. Aus **Geheimhaltungsgründen** kann der Vorsitzende die Übermittlung unterlassen. Dann muss er aber die Dokumente in den Räumen der Gesellschaft auslegen oder anderswo eine Möglichkeit der Kenntnisnahme schaffen, um dem einzelnen Mitglied eine Informationsmöglichkeit zu geben. Erhält der Vorsitzende einen Sonderbericht nach Abs. 1 S. 3, so muss er die anderen Aufsichtsratsmitglieder spätestens in der nächsten Sitzung unterrichten **(S. 3).** Die Formulierung „spätestens" zeigt, dass er abhängig von den Umständen des Einzelfalles, auch zu einer früheren Information verpflichtet sein kann. Diese Entscheidung liegt im pflichtgemäßen **Ermessen** des Vorsitzenden des Aufsichtsrats.[68] 20

---

[56] OLG Karlsruhe OLGZ 1985, 41 (44) = GmbHR 1985, 362; OLG Stuttgart OLGZ 1983, 184 (187) = ZIP 1983, 306; Schmidt/Lutter/*Krieger/Sailer* Rn. 44 ff.; MHdB AG/*Wiesner* § 25 Rn. 37; KK-AktG/*Mertens/Cahn* Rn. 14.

[57] Begr. RegE, BT-Drs. 14/8769, 14; Spindler/Stilz/*Fleischer* Rn. 47; Hüffer/*Koch* Rn. 12a; NK-AktR/*Oltmanns* Rn. 15.

[58] Hüffer/*Koch* Rn. 13; Schmidt/Lutter/*Krieger/Sailer* Rn. 52.

[59] Schmidt/Lutter/*Krieger/Sailer* Rn. 53; KK-AktG/*Mertens/Cahn* Rn. 21, 28; Hüffer/*Koch* Rn. 13.

[60] Begr. RegE, BT-Drs. 14/4987, 19; Hüffer/*Koch* Rn. 13; MüKoAktG/*Spindler* Rn. 12.

[61] KK-AktG/*Mertens/Cahn* Rn. 29; MüKoAktG/*Spindler* Rn. 11; MHdB AG/*Wiesner* § 25 Rn. 32; Schmidt/Lutter/*Krieger/Sailer* Rn. 50, 58.

[62] BT-Drs. 14/8769, 15; *Bosse* DB 2002, 1592.

[63] *Ihrig/Wagner* BB 2002, 789 (793); DAV-Handelsrechtsausschuss NZG 2002, 115 (116); Hüffer/*Koch* Rn. 13b.

[64] Allg. zum Verfahrensablauf im Aufsichtsrat *Lutter/Krieger* Rechte und Pflichten Rn. 565.

[65] *Drinhausen/Marsch-Barner* AG 2014, 337 (341).

[66] Vertiefend Schmidt/Lutter/*Krieger/Sailer* Rn. 65; *Lutter/Krieger* Rechte und Pflichten Rn. 616.

[67] Hüffer/*Koch* Rn. 14.

[68] Schmidt/Lutter/*Krieger/Sailer* Rn. 67.

VII. Rechtsfolgen bei Verstößen und rechtliche Durchsetzung

21 **1. Verstöße.** Gemäß **§ 407 Abs. 1** geht das Registergericht im Zwangsgeldverfahren (§§ 388 ff. FamFG) gegen Vorstandsmitglieder vor, die ihrer Berichtspflicht nicht ausreichend nachkommen. Das ist der Fall, wenn Informationen gar nicht, zu spät, unvollständig oder falsch an den Aufsichtsrat übermittelt werden. Die Ordnungsstrafe beträgt maximal 5000 Euro. Gegen den Beschluss, durch den die Ordnungsstrafe festgesetzt oder der Einspruch verworfen wird, findet die Beschwerde statt (§§ 391, 58 FamFG); gegen die Entscheidung des Beschwerdegerichts ist die Rechtsbeschwerde eröffnet (§ 70 FamFG). Das Registergericht wird von Amts wegen tätig, so dass ein Einschreiten durch Aufsichtsrat oder Dritte lediglich angeregt werden kann.[69] Da es sich bei der Berichtspflicht um eine wesentliche Vorstandspflicht handelt, ist, jedenfalls nach Abmahnung, eine Abberufung aus wichtigem Grund gerechtfertigt **(§ 84 Abs. 3).**[70] Ebenso kann ein Straftatbestand erfüllt sein, **(§ 400 Nr. 1 und 2).** Unter den Voraussetzungen des **§ 93** besteht ein Anspruch auf Schadensersatz. Dem Aufsichtsrat steht ein Prüfungsrecht nach **§ 111 Abs. 2** zu.

22 **2. Rechtliche Durchsetzung.** Sowohl der Gesamtaufsichtsrat als auch jedes Aufsichtsratsmitglied können die ihnen jeweils zustehenden Rechte auf Berichterstattung gerichtlich im Wege des Organstreits durchsetzen. Schon nach dem Wortlaut handelt es sich um subjektive Rechte des Organs oder seiner einzelnen Mitglieder. Konsequenterweise ist dann der Vorstand, der eine Information verweigert oder unzureichend erteilt hat, als das aus § 90 verpflichtete Organ richtiger Beklagter und nicht die Gesellschaft (Inter-Organstreit); entsprechend kann ein Mitglied des Aufsichtsrats, das in seinen Rechten aus Abs. 5 verletzt ist, eine Klage gegen den Aufsichtsrat oder den eine Unterrichtung verweigernden Vorsitzenden des Aufsichtsrats erheben (Intra-Organstreit).[71] Bei Eilbedürftigkeit kann auch eine einstweilige Verfügung beantragt werden.

§ 91 Organisation; Buchführung

(1) Der Vorstand hat dafür zu sorgen, daß die erforderlichen Handelsbücher geführt werden.

(2) Der Vorstand hat geeignete Maßnahmen zu treffen, insbesondere ein Überwachungssystem einzurichten, damit den Fortbestand der Gesellschaft gefährdende Entwicklungen früh erkannt werden.

Schrifttum: *Baums,* Risiko und Risikosteuerung im Aktienrecht, ZGR 2011, 218; *Berg,* Korruption in Unternehmen und Risikomanagement nach § 91 Abs. 2 AktG, AG 2007, 271; *Bunting,* Das Früherkennungssystem des § 91 Abs. 2 AktG in der Prüfungspraxis – eine kritische Betrachtung des IDW PS 340, ZIP 2012, 357, 381; *Fleischer,* Vorstandsverantwortlichkeit und Fehlverhalten von Unternehmensangehörigen – von der Einzelüberwachung zur Errichtung einer Compliance-Organisation, AG 2003, 291; *ders.,* Buchführungsverantwortung des Vorstands und Haftung der Vorstandsmitglieder für fehlerhafte Buchführung, WM 2006, 2021; *Groß/Amen,* Rechtspflicht zur Unternehmensplanung? – Ein Diskussionsvorschlag zur Konkretisierung der Planungspflicht und von Mindestanforderungen an eine ordnungsgemäße Unternehmensplanung, WPg 2003, 1161; *Helmrich* Zur Strafbarkeit bei fehlenden oder unzureichenden Risikomanagementsystemen in Unternehmen am Beispiel der AG, NZG 2011, 1252; 461; *IDW* (Hrsg.), Wirtschaftsprüfer-Handbuch: Handbuch für Rechnungslegung, Prüfung und Beratung, Band 1, 14. Aufl 2012; *Mülbert,* Bankenaufsicht und Corporate Governance – Neue Organisationsanforderungen im Finanzdienstleistungsbereich, BKR 2006, 349; *Paefgen,* Die Inanspruchnahme pflichtvergessener Vorstandsmitglieder als unternehmerische Ermessensentscheidung des Aufsichtsrats, AG 2008, 761; *Pahlke,* Risikomanagement nach KonTraG – Überwachungspflichten und Haftungsrisiken für den Aufsichtsrat, NJW 2002, 1680; *Preußner/Becker,* Ausgestaltung von Risikomanagementsystemen durch die Geschäftsleitung, NZG 2002, 846; *Preußner/Zimmermann,* Risikomanagement als Gesamtaufgabe des Vorstandes, AG 2002, 657; *Preußner,* Risikomanagement im Schnittpunkt von Bankaufsichtsrecht und Gesellschaftsrecht, NZG 2004, 57; *ders.,* Deutscher Corporate Governance Codex und Risikomanagement, NZG 2004, 303; *ders.,* Risikomanagement und Compliance in der aktienrechtlichen Verantwortung des Aufsichtsrats unter Berücksichtigung des Gesetzes zur Modernisierung des Bilanzrechts (BilMoG), NZG 2008, 574; *Schäfer,* Das Überwachungssystem nach § 91 Abs. 2 AktG unter Berücksichtigung der besonderen Pflichten des Vorstands, 2001; *Schnorr,* Geschäftsleiteraußenhaftung für fehlerhafte Buchführung, ZHR 170 (2006), 9; *Seibert,* Die Entstehung des § 91 Abs. 2 im KonTraG – „Risikomanagement" oder „Frühwarnsystem", FS Bezzenberger, 2000, 427; *Theissen,* Risikomanagement als Herausforderung

[69] Schmidt/Lutter/*Krieger/Sailer* Rn. 68; MüKoAktG/*Spindler* Rn. 59.

[70] MüKoAktG/*Spindler* Rn. 65; Spindler/Stilz/*Fleischer* Rn. 66; MHdB AG/*Wiesner* § 25 Rn. 39.

[71] LG Düsseldorf AG 1988, 386; Spindler/Stilz/*Fleischer* Rn. 70; *Lutter* Information und Vertraulichkeit Rn. 237; Schmidt/Lutter/*Krieger/Sailer* Rn. 70; aA – Klage ist gegen Gesellschaft zu richten – BGHZ 85, 283 (295); BGHZ 122, 342 (344 f.); aA – Klage des Aufsichtsrats ist grds. unzulässig – Hüffer/*Koch* Rn. 18 f.; MüKoAktG/*Spindler* Rn. 61; zur Problematik von Organstreitigkeiten *Mertens* ZHR 154 (1990), 24; *Hommelhoff* ZHR 143 (1980), 288.

für die Corporate Governance, BB 2003, 1426; *Theusinger/Liese,* Besteht eine Rechtspflicht zur Dokumentation von Risikoüberwachungssystemen im Sinne des § 91 II 1 AktG?, NZG 2008, 289; *Wall,* Kompatibilität des betriebswirtschaftlichen Risikomanagements mit den gesetzlichen Anforderungen?, WPg 2003, 457.

Übersicht

I. Allgemeines

In der Vorschrift werden einzelne Punkte der Leitungsverantwortung des Vorstandes aus § 76 Abs. 1 konkretisiert.[1] **Abs. 1** verpflichtet den Vorstand zur Buchführung, während in **Abs. 2** Maßnahmen gefordert werden, die es erlauben, bestandsgefährdende Entwicklungen rechtzeitig zu erkennen. Letzterer wurde als Reaktion auf die vielen Unternehmenskrisen der neunziger Jahre durch Art. 1 Nr. 9 KonTraG geschaffen.[2] Für börsennotierte Gesellschaften gilt zusätzlich Ziff. 4.1.4 DCGK, so dass der Vorstand „für ein angemessenes Risikomanagement und Risikocontrolling im Unternehmen" zu sorgen hat (Abdruck des DCGK → § 161 Rn. 67).[3] Diesbezügliche Abweichungen sind nach § 161 von der Gesellschaft offenzulegen. Die Sonderregelungen des **§ 25a Abs. 1 KWG** sind für Kreditinstitute zu beachten.[4] Beide Pflichten des § 91 fallen in die Gesamtverantwortung des Vorstands. 1

II. Buchführungspflicht (Abs. 1)

1. Adressat der Buchführungspflicht. Die in Abs. 1 normierte Buchführungspflicht stellt eine **Pflicht der AG** dar (§ 238 Abs. 1 HGB iVm § 3 Abs. 1 und § 6 HGB). Die Vorschrift bezweckt neben dem Gläubigerschutz durch eine Selbstkontrolle auch die Dokumentation von Geschäftsvorfällen, so dass ihr **öffentlicher Charakter** zukommt.[5] Ebenso hat Abs. 1 die Aufgabe, die **Gesamtverantwortung** des Vorstands für die Buchführung hervorzuheben, die bereits nach allgemeinen Rechtsgrundsätzen besteht.[6] Somit trägt der Vorstand im Außenverhältnis die entsprechende Verantwortung für die Gesellschaft und ist dieser im Innenverhältnis organschaftlich dazu verpflichtet.[7] Gesamtverantwortung bedeutet, dass die Pflicht für alle Mitglieder des Vorstands gilt, auch für die Stellvertreter (§ 94). Bei einer Ressortzuständigkeit wandelt sich die Verantwortung in den fremden Ressorts in eine Überwachungspflicht um.[8] Dann müssen die anderen Vorstandsmitglieder darauf achten, dass die jeweils Zuständigen ihrer Buchführungspflicht nachkommen. Sollten sich Unregelmäßigkeiten ergeben, so sind der Gesamtvorstand und ggf. der Aufsichtsrat zu unterrichten.[9] In Betracht kommt ferner eine Delegierung der technischen Durchführung auf eigenes oder fremdes Personal sowie auf fremde Einrichtungen, wie zB ein von einem Dienstleister betriebenes Rechenzentrum.[10] Die Buchführungspflicht wandelt sich dann in eine **Organisations- und Überwachungspflicht,** wobei sich diese auch auf eine sorgfältige Auswahl der mit der Buchführung betrauten Person bezieht.[11] Dabei muss der Vorstand regelmäßig stichprobenhaft prüfen, ob die externe 2

[1] AllgM, MüKoAktG/*Spindler* Rn. 1, 3; *Preußner/Becker* NZG 2002, 846 (847); *Preußner/Zimmermann* AG 2002, 657; zu Änderungen durch das Gesetzes zur Modernisierung des Bilanzrechts (BilMoG) *Preußner* NZG 2008, 574.

[2] Gesetz zur Kontrolle und Transparenz im Unternehmensbereich vom 27.4.1998, BGBl. I S. 786.

[3] Jeweils aktuelle Fassung des DCGK abrufbar unter www.corporate-governance-code.de.

[4] *Bürkle* WM 2005, 1496.

[5] GroßkommHGB/*Hüffer* § 238 Rn. 2; GroßkommAktG/*Kort* Rn. 4; zur Haftung im Außenverhältnis wegen fehlerhafter Buchführung *Fleischer* WM 2006, 2021.

[6] MüKoAktG/*Spindler* Rn. 4: „als Organ der Gesellschaft".

[7] Hüffer/*Koch* Rn. 2; Schmidt/Lutter/*Krieger/Sailer* Rn. 3; GroßkommAktG/*Kort* Rn. 11.

[8] LG Berlin AG 2002, 682 (684); *ADS* Rn. 12; GroßkommHGB/*Hüffer* § 238 Rn. 23; *Fleischer* WM 2006, 2021 (2025); *Weber* § 77 Rn. 34.

[9] Hüffer/*Koch* Rn. 3.

[10] Hüffer/*Koch* Rn. 3.

[11] Spindler/Stilz/*Fleischer* Rn. 12; MHdB AG/*Wiesner* § 25 Rn. 72; Schmidt/Lutter/*Krieger/Sailer* Rn. 4.

Buchführung ordnungsgemäß ist.[12] Aufgrund der immensen Bedeutung der Pflicht des Abs. 1 ist diese Überwachungspflicht stärker als bei sonstigen Aufgaben.[13]

3 **2. Zeitliche und inhaltliche Aspekte der Buchführungspflicht.** Die Buchführungspflicht **beginnt** mit dem ersten buchungspflichtigen Geschäftsvorfall, sobald der Gesellschaftsvertrag abgeschlossen worden ist. Dies gilt also vom Stadium der Vor-AG[14] bis zur **Abwicklung** und der **Insolvenz** der Gesellschaft. Die Pflicht trifft in diesen Fällen Abwickler bzw. Insolvenzverwalter.[15] Der inhaltliche Umfang der Buchführungspflicht richtet sich nach **§§ 238 ff. HGB** und **§§ 264 ff. HGB,** die ergänzend auf die Grundsätze ordnungsgemäßer Buchführung verweisen.[16] Umfasst werden unter anderem die Unterzeichnung des Jahresabschlusses durch sämtliche Vorstandsmitglieder (§ 245 S. 1 HGB) sowie die **Aufbewahrung von Dokumenten** (§§ 257 ff. HGB). Die meisten der in § 257 Abs. 1 HGB aufgezählten Dokumente sind für zehn Jahre zu verwahren, eine Ausnahme gilt für Handelsbriefe (sechs Jahre). Gemäß § 257 Abs. 3 HGB kann dies elektronisch erfolgen, allerdings nicht bei Eröffnungsbilanzen und Abschlüssen.[17] Für Kredit- und Finanzdienstleistungsinstitute sind die Sonderregeln der §§ 340–340o HGB zu beachten.

III. Bestandssicherungspflicht (Abs. 2)

4 **1. Zweck.** Mit Abs. 2 soll die Leitungsfunktion und -verantwortung des Vorstands für den Bestand der Gesellschaft unterstrichen werden.[18] Dabei erfolgt die Gewährleistung des Bestands der Gesellschaft in zwei Schritten. Zuerst wird ein **Organisationsziel** in Form der, Früherkennung bestandsgefährdender Entwicklungen' vorgegeben. Des Weiteren wird der Vorstand verpflichtet, geeignete Maßnahmen zu ergreifen, um den Fortbestand der Gesellschaft zu sichern, insbesondere durch die Errichtung eines **Überwachungssystems.** Bei börsennotierten Gesellschaften ist Abs. 2 im Zusammenspiel mit § 317 Abs. 4 HGB zu sehen, so dass der Abschlussprüfer beurteilen muss, ob der Vorstand seiner Bestandsicherungspflicht nachgekommen ist. Kapitalmarktorientierte Kapitalgesellschaften müssen nach § 289 Abs. 5 HGB ferner im Lagebericht die wesentlichen Merkmale des internen Kontroll- und Risikomanagementsystems im Hinblick auf den Rechnungslegungsprozess beschreiben. Nicht von der Prüfung umfasst ist die Frage, ob der Vorstand das bestmögliche Überwachungssystem gewählt hat.[19] In § 25a KWG findet sich für Aktienbanken eine Konkretisierung des § 91 Abs. 2.[20]

5 **2. Erste Stufe.** Im ersten Schritt wird der Vorstand verpflichtet, geeignete Maßnahmen zur Früherkennung bestandsgefährdender Entwicklungen zu schaffen.

6 **a) Inhalt.** Um etwaige riskante Entwicklungen zu erfassen, muss der Vorstand den Ist-Zustand ermitteln, potenzielle Risiken erkennen und analysieren sowie eine Prognose abgeben. Regelmäßig gehören dazu die Erfassung risikoträchtiger Prozesse und ein darauf gerichtetes Berichtssystem. Als Beispiele dafür seien genannt: Die Aufnahme risikobehafteter Geschäfte (Derivatehandel oder Termingeschäfte), Verstöße gegen Rechnungslegungsvorschriften oder gegen sonstige gesetzliche Vorschriften.[21] Einer derartigen Organisationspflicht genügt der Vorstand bei entsprechender Gefährdungslage nur dann, wenn er eine auf Schadensprävention und Risikokontrolle angelegte **Compliance-Organisation** einrichtet.[22] Abs. 2 behandelt keine ausschließlich einzelprojektbezogenen, sondern nur bestandsbezogene Risiken.[23] Mithin sind nur solche Entwicklungen zu erfassen, die ein Insolvenzrisiko begründen oder wesentlich steigern.[24] Es müssen also Entwicklun-

[12] LG München AG 2015, 717 (718).
[13] LG Berlin AG 2002, 682 (684); Schmidt/Lutter/*Krieger/Sailer* Rn. 3; MüKoAktG/*Spindler* Rn. 2.
[14] GroßkommAktG/*Kort* Rn. 5; Schmidt/Lutter/*Krieger/Sailer* Rn. 5.
[15] Schmidt/Lutter/*Krieger/Sailer* Rn. 5; Spindler/Stilz/*Fleischer* Rn. 19; *ders.* WM 2006, 2021.
[16] GroßkommAktG/*Kort* Rn. 6.
[17] GroßkommAktG/*Kort* Rn. 8.
[18] Arbeitskreis „Externe und Interne Überwachung der Unternehmung" Schmalenbach-Gesellschaft DB 2000, Beil Nr. 11; *Preußner/Zimmermann* AG 2002, 657; umfassend zum Entstehungsprozess *Seibert* FS Bezzenberger, 2000, 427; zu Änderungen durch das Gesetzes zur Modernisierung des Bilanzrechts (BilMoG) *Preußner* NZG 2008, 574.
[19] Schmidt/Lutter/*Krieger/Sailer* Rn. 16.
[20] LG Berlin AG 2002, 682 (683). VG Frankfurt a.M. AG 2005, 264; krit. Schmidt/Lutter/*Krieger/Sailer* Rn. 15; *Bürkle* WM 2005, 1496 (1497).
[21] Begr. RegE, BT-Drs. 13/9712, 15; *Theusinger/Liese* NZG 2008, 289 (290).
[22] LG München NZG 2014, 345 (346) – Neubürger.
[23] Im Einzelnen zu dieser Differenzierung *Baums* ZGR 2011, 218 (225 ff.).
[24] MüKoAktG/*Spindler* Rn. 21; *Götz* NJW-Sonderheft 2001, 21 (22); Schmidt/Lutter/*Krieger/Sailer* Rn. 9; Spindler/Stilz/*Fleischer* Rn. 32; GroßkommAktG/*Kort* Rn. 36; Hüffer/*Koch* Rn. 6.

gen erkannt werden, die mit relevanter Wahrscheinlichkeit zu einer Überschuldung oder Zahlungsunfähigkeit führen. Da nur selten ein einzelner Geschäftsvorgang ein solches Risiko begründen kann, muss sichergestellt sein, dass sämtliche Vorgänge erfasst werden, die in ihrer Kumulierung potenziell bestandsgefährdend sein können.[25] Die Maßnahmen, die nötig sind, müssen der **Früherkennung** dienen. Sie sind als **geeignet** zu erachten, wenn der Erfahrung nach erwartet werden darf, dass der Vorstand durch diese rechtzeitig informiert wird.[26] Diesbezüglich steht dem Vorstand Leitungsermessen zu, wobei die nachteiligen Folgen und die Eigenschaften der Gesellschaft (Größe, Branche, Struktur, Zugang zum Kapitalmarkt) bei dessen Ausübung Beachtung zu finden haben.[27] In der Literatur findet sich die Auffassung, dass zur Früherkennung einer Zahlungsunfähigkeit kontinuierlich ein Liquiditätsplan zu führen ist.[28] Das ist überzogen: Aus § 91 Abs. 2 lässt sich die Pflicht, einen Liquiditätsplan zu erstellen, erst ableiten, wenn sich Ansatzpunkte für mögliche zukünftige Zahlungsschwierigkeiten ergeben. Nicht erforderlich ist ein periodischer oder anlassbezogener Risikostatus oder Stresstests nach dem Vorbild des Bankaufsichtsrechts; Abs. 2 beschränkt sich auf ein Minimalprogramm.[29] Das **IDW** fordert pauschal die Untersuchung sämtlicher betrieblicher Prozesse und Funktionsbereiche auf Risiken („Risikoinventur"), die Schaffung und Weiterentwicklung eines angemessenen Risikobewusstseins aller Arbeitnehmer sowie die Errichtung eines Berichterstattungssystems über unbewältigte Risiken (zum sog. Risk Management vertiefend → Rn. 9 f.).[30] Die Pflicht des Vorstandes, auf die Risiken zu reagieren, lässt sich nicht aus § 91 Abs. 2, sondern aus §§ 76, 93 ableiten.

b) Auf Konzernebene. Nach der Regierungsbegründung ist die Überwachungs- und Organisa- 7
tionspflicht des Vorstandes eines Mutterunternehmens iSd § 290 HGB „im Rahmen der bestehenden gesellschaftsrechtlichen Möglichkeiten konzernweit zu verstehen, sofern von Tochtergesellschaften den Fortbestand der Gesellschaft gefährdende Entwicklungen ausgehen können".[31]

Am besten und wirkungsvollsten lässt sich diese Gefahr durch ein **konzernumspannendes** 8
Überwachungssystem zur Erkennung existenzbedrohender Entwicklungen begegnen. Der Umstand, dass der Durchsetzungsmöglichkeit Grenzen gesetzt sind,[32] darf dem nicht grundsätzlich entgegen stehen, da praktische Schwierigkeiten auf rechtliche Pflichten keinen Einfluss haben dürfen. Der Vorstand hat vielmehr die ihm zur Verfügung stehenden rechtlichen und tatsächlichen Einflussmöglichkeiten zu nutzen.[33] Bei einem Vertragskonzern (§ 308 Abs. 1 S. 1) und einer eingegliederten Gesellschaft (§ 323 Abs. 1 S. 1) sollten aufgrund des bestehenden Weisungsrechts keine Schwierigkeit bei der Durchsetzung bestehen. Im faktischen Konzern muss der Vorstand darauf hinwirken, dass sich die Konzernunternehmen an dem Überwachungssystem beteiligen. Gelingt ihm dies nicht, muss er sich mit öffentlich zugänglichen Informationen begnügen und diese in das Überwachungssystem integrieren. Nicht erforderlich ist es, einen Vertragskonzern zu schaffen, nur um der Pflicht aus § 91 Abs. 2 gerecht werden zu können. Aus Abs. 2 lässt sich ferner keine Pflicht ableiten, konzernweite Maßnahmen zu ergreifen, um Bestandsgefährdungen bei einzelnen Konzerngesellschaften frühzeitig zu erkennen.[34]

3. Zweite Stufe. Auf der zweiten Stufe muss als Teil des Überwachungssystems überprüft 9
werden, ob die eingeleiteten Maßnahmen auf der ersten Stufe **eingehalten werden,** dh ob die vom Vorstand beauftragten Stellen wie Innenrevision und Controlling, die von ihnen gewonnenen Informationen zeitnah weiterleiten. Konkret erforderlich sind klare Zuständigkeiten, angemessene Dokumentationen sowie ein engmaschiges Berichtswesen.[35] Eine solche Auslegung lässt sich zwar nicht aus dem Wortlaut des Abs. 2 herleiten, gleichwohl spricht die Entstehungsgeschichte der Vorschrift dafür. Nach dem Willen des Gesetzgebers soll die jetzige Fassung dem ursprünglich

---

[25] *Götz* NJW-Sonderheft 2001, 21 (22).
[26] Begr. RegE, BT-Drs. 13/9712, 15; LG München I BB 2007, 2170 (2172) = AG 2007, 417; Hüffer/*Koch* Rn. 7; MüKoAktG/*Spindler* Rn. 28; GroßkommAktG/*Kort* Rn. 44.
[27] Begr. RegE, BT-Drs. 13/9712, 15; Hüffer/*Koch* Rn. 7; *Huth* BB 2007, 2167; GroßkommAktG/*Kort* Rn. 47; *Theusinger/Liese* NZG 2008, 289 (290).
[28] *Baums* ZGR 2011, 218 (263, 272); *Bunting* ZIP 2012, 357 (361).
[29] *Baums* ZGR 2011, 218 (250, 270, 273).
[30] *IDW* WPg 1999, 658 (662): Prüfungsstandard 340; krit. *Bunting* ZIP 2012, 357.
[31] Begr. RegE, BT-Drs. 13/9712, 15; *Schäfer,* Das Überwachungssystem nach § 91 Abs. 2 AktG unter Berücksichtigung der besonderen Pflichten des Vorstands, 2001.
[32] MüKoAktG/*Spindler* Rn. 74; krit. Hüffer/*Koch* Rn. 6.
[33] Schmidt/Lutter/*Krieger/Sailer* Rn. 10.
[34] Schmidt/Lutter/*Krieger/Sailer* Rn. 10; aA IDW WPg 1999, 658 (662).
[35] MüKoAktG/*Spindler* Rn. 50; Hüffer/*Koch* Rn. 8; *Theusinger/Liese* NZG 2008, 289 (290); *Preußner* NZG 2008, 574 (576).

geplanten § 93 Abs. 1 S. 3 des Referentenentwurfs zum KonTraG[36] entsprechen und diesen verkürzt wiedergeben.[37]

10 Darüber hinaus gehend wollen Teile der Betriebswirtschaftslehre und der Prüfungspraxis in Abs. 2 die zwingende Notwendigkeit zur Errichtung eines **„Risk Managements“** sehen.[38] Aus der Gesetzesbegründung[39] ergibt sich, dass der Gesetzgeber ein System zur frühzeitigen Erkennung von Risiken für eine Selbstverständlichkeit hielt und sich dieses bereits aus § 76 ergibt.[40] Durch § 91 Abs. 2 sollen insoweit keine weitergehenden Handlungspflichten geschaffen, sondern lediglich die bereits gesetzlich bestehenden Pflichten hervorgehoben werden.[41] Somit steht es im Leitungsermessen des Vorstandes, ob er ein „allgemeines Risikomanagement“ einführt oder nicht; eine Pflicht dazu aus § 91 Abs. 2 besteht nicht. Es ist also in jedem Einzelfall durch den Vorstand zu prüfen, welches Risikomanagement erforderlich ist.[42] Dabei ist auf Größe, Struktur, Lage des Unternehmens, das Risikopotential der Märkte sowie auf die Art des Kapitalmarktzugangs abzustellen. Im Regelfall dürfte es genügen, eine interne Revision und eine Controlling-Abteilung zu schaffen.[43] Umgekehrt lässt sich aus der Installation eines „allumfassenden Systems“ keine automatische Enthaftung des Vorstands ableiten. Ebenso wenig kann aus dem Fehlen eines solchen Systems ohne Weiteres auf eine Verletzung der Sorgfaltspflichten geschlossen werden.[44]

IV. Rechtsfolgen von Verstößen gegen § 91

11 Ein Vorstandsmitglied kann **abberufen** und sein Anstellungsvertrag **gekündigt** werden, wenn es gegen die ihm obliegenden Pflichten verstößt.[45] Ebenso kommen **strafrechtliche** Konsequenzen in Betracht. Richtet der Vorstand überhaupt kein Risikofrüherkennungssystem ein, verletzt er in der Regel gravierend seine Vermögensbetreuungspflicht im Sinne des § 266 StGB; allerdings wird eine Strafbarkeit wegen Untreue regelmäßig daran scheitern, dass kein kausaler Vermögensnachteil vorliegt.[46] Als weitere Strafvorschriften kommen in Betracht: § 283 Abs. 1 Nr. 5–7, Abs. 2 StGB (Bankrott); § 283a StGB (besonders schwerer Fall des Bankrotts) oder § 283b Abs. 1 Nr. 1–3 StGB (Verletzung der Buchführungspflicht).[47] Dabei ist zu beachten, dass § 283b StGB keinen Vermögensverfall voraussetzt und nach Abs. 2 bereits fahrlässiges Handeln strafbar ist. Das Registergericht kann nach §§ 335 f. HGB **Ordnungsgelder** festsetzen. Auch den steuerrechtlichen Sanktionen kommt Bedeutung zu.[48]

12 Nach § 93 Abs. 2 S. 1 **haften** Vorstandsmitglieder gegenüber der Gesellschaft gesamtschuldnerisch für entstandene Schäden.[49] Sie tragen die Beweislast dafür, dass sie mit der Sorgfalt eines ordentlichen und gewissenhaften Geschäftsleiters gehandelt haben.[50] § 91 und die genannten strafrechtlichen Tatbestände stellen keine Schutzgesetze iSd § 823 Abs. 2 BGB dar, so dass Dritte bei Verstößen grundsätzlich keinen unmittelbaren Anspruch auf Schadensersatz haben.[51] Ausnahmsweise ergibt sich aber eine solche persönliche Haftung über § 93 Abs. 5, § 826 BGB sowie nach §§ 311 Abs. 2, 241 Abs. 2, 280 Abs. 1 BGB.[52] Ein trotz Verletzung des § 91 Abs. 2 gefasster Entlastungsbeschluss durch die

---

[36] Dieser lautete: „Dazu gehört auch die Einrichtung eines Überwachungssystems mit der Aufgabe, die Einhaltung der nach Satz 2 zu treffenden Maßnahmen zu überwachen“, Abdruck zB in AG 1997, August-Sonderheft, 7 oder ZIP 1996, 2129.

[37] MüKoAktG/*Spindler* Rn. 29 ff.; Hüffer/*Koch* Rn. 8; aA NK-AktR/*Oltmanns* Rn. 7.

[38] NK-AktR/*Oltmanns* Rn. 6; *Preußner/Becker* NZG 2002, 846 (847); *Preußner/Zimmermann* AG 2002, 657 (659).

[39] Begr. RegE, BT-Drs. 13/9712, 15.

[40] Dazu MüKoAktG/*Spindler* Rn. 1.

[41] *Bunting* ZIP 2012, 357 (358); Hüffer/*Koch* Rn. 8 f.

[42] *Hommelhoff* FS Sandrock, 2000, 373; *Theusinger/Liese* NZG 2008, 289.

[43] GroßkommAktG/*Kort* Rn. 51; *Preußner* NZG 2008, 574.

[44] MüKoAktG/*Spindler* Rn. 31; *Preußner* NZG 2008, 574.

[45] LG Berlin AG 2002, 682 (683); Spindler/Stilz/*Fleischer* Rn. 46; abl. *Preußner* NZG 2004, 1151 (1153).

[46] Ausf. zur Anwendbarkeit von § 266 StGB bei fehlenden oder unzureichenden Risikomanagementsystemen *Helmrich* NZG 2011, 1252.

[47] KK-AktG/*Mertens/Cahn* Rn. 29; Spindler/Stilz/*Fleischer* Rn. 21, 45.

[48] *Fleischer* WM 2006, 2021 (2025).

[49] *Paefgen* AG 2008, 761.

[50] BGH DB 1985, 2291 = ZIP 1985, 1135; LG Berlin AG 2002, 682 (683); *ADS* Rn. 16; *Fleischer* WM 2006, 2021.

[51] BGH WM 1964, 1163 = BB 1964, 1273; BGHZ 125, 366 (378) = NJW 1994, 1801 zur GmbH; *ADS* Rn. 17; GroßkommHGB/*Hüffer* § 238 Rn. 23; vertiefend MüKoAktG/*Spindler* Rn. 13; aA Spindler/Stilz/*Fleischer* Rn. 25.

[52] *ADS* Rn. 39; Spindler/Stilz/*Fleischer* Rn. 46; vertiefend *Spindler* in Fleischer HdB VorstandsR § 13 Rn. 2 ff.

Hauptversammlung ist **anfechtbar,** auch wenn lediglich eine Dokumentation des Risikomanagementsystems unterlassen wird.[53]

V. Sonstiges

Das Vorstandsmitglied ist entsprechend den allgemeinen Regeln (§ 93 Abs. 2 S. 2) darlegungs- und **beweispflichtig,** sofern umstritten ist, ob die Maßnahmen des § 91 eingehalten wurden.[54] Da die Buchführungspflicht im öffentlichen Interesse besteht (→ Rn. 2), können die Vorstandsmitglieder weder durch Satzung noch durch Hauptversammlung davon befreit werden.[55] Die **steuerrechtliche** Buchführungspflicht trifft ebenso den Vorstand (§ 34 Abs. 1 AO und §§ 140 ff. AO).[56] Die Errichtung eines Risikoüberwachungssystems ist lediglich für die AG (§ 91 Abs. 2), die KGaA (§ 278 Abs. 3 iVm § 91 Abs. 2) und für den Versicherungsverein auf Gegenseitigkeit (§ 34 S. 2 VAG iVm § 91 Abs. 2) normiert. Gleichwohl wird eine **analoge** Anwendung auf die **GmbH** diskutiert.[57] Dies ist unter Zugrundelegung der dies befürwortenden Gesetzesbegründung[58] und der vergleichbaren Problematik zu bejahen.[59] Unternehmen, die an einer US-Börse notiert sind, unterliegen den wesentlich strengeren Vorschriften des Sarbanes-Oxley Acts, des Dodd-Frank-Acts und weiterer US-Gesetze, so dass sich auch für die Vorstände deutlich weitergehende Organisations- und Haftungsrisiken ergeben.[60] 13

§ 92 Vorstandspflichten bei Verlust, Überschuldung oder Zahlungsunfähigkeit

(1) Ergibt sich bei Aufstellung der Jahresbilanz oder einer Zwischenbilanz oder ist bei pflichtmäßigem Ermessen anzunehmen, daß ein Verlust in Höhe der Hälfte des Grundkapitals besteht, so hat der Vorstand unverzüglich die Hauptversammlung einzuberufen und ihr dies anzuzeigen.

(2) [1]Nachdem die Zahlungsunfähigkeit der Gesellschaft eingetreten ist oder sich ihre Überschuldung ergeben hat, darf der Vorstand keine Zahlungen leisten. [2]Dies gilt nicht von Zahlungen, die auch nach diesem Zeitpunkt mit der Sorgfalt eines ordentlichen und gewissenhaften Geschäftsleiters vereinbar sind. [3]Die gleiche Verpflichtung trifft den Vorstand für Zahlungen an Aktionäre, soweit diese zur Zahlungsunfähigkeit der Gesellschaft führen mussten, es sei denn, dies war auch bei Beachtung der in § 93 Abs. 1 Satz 1 bezeichneten Sorgfalt nicht erkennbar.

Schrifttum: *Altmeppen,* Keine Haftung des Geschäftsleiters der insolvenzreifen Gesellschaft bei Abführung von Sozialversicherungsbeiträgen, NJW 2007, 2121; *Bayer/Schmidt,* Die Insolvenzantragspflicht der Geschäftsführung nach §§ 92 Abs. 2 AktG, 64 Abs. 1 GmbHG, AG 2005, 644; *Berger/Herbst,* Pflicht zur Abführung von Sozialversicherungsbeiträgen: zwischen Scylla und Charybdis – § 266a StGB versus § 64 Abs. 2 GmbHG, BB 2006, 437; *Eidenmüller/Engert,* Die angemessene Höhe des Grundkapitals der Aktiengesellschaft, AG 2005, 97; *Geißler,* Grenzlinien der Ersatzpflicht des Vorstands wegen verbotener Zahlungen in der Krise der AG, NZG 2007, 645; *Goette,* Haftung des Geschäftsführers in Krise und Insolvenz der GmbH, ZInsO 2001, 529; *Groß/Amen,* Die Fortbestehensprognose – Rechtliche Anforderungen und ihre betriebswirtschaftliche Grundlagen, WPg 2002, 225; *Groß/Schork,* Der GmbH-Geschäftsführer im Spannungsverhältnis des Zahlungsverbots nach § 64 II S. 1 GmbHG und der Strafbarkeit wegen Vorenthaltens von Sozialversicherungsbeiträgen, NZI 2004, 358; *Hüffer,* Bewertungsprobleme in der Überschuldungsbilanz, FS Wiedemann, 2002, 1047; *Knapp,* Auswirkungen des MoMiG auf Aktiengesellschaften und ihre Organmitglieder, DStR 2008, 2371; *Knof,* Die neue Insolvenzverursachungshaftung nach § 64 S. 3 RegE-GmbHG (Teil I), DStR 2007, 1536; *Knolle/Tetzlaff,* Zahlungsunfähigkeit und Zahlungsstockung, ZInsO 2005, 897; *Lilienbecker/Link/Rabenhorst,* Beurteilung der Going-Concern-Prämisse durch den Abschlussprüfer bei Unternehmen in der Krise, BB 2009, 262; *Luttermann/Vahlenkamp,* Wahrscheinlichkeitsurteile im Insolvenzrecht und internationale Bewertungsstandards (Ratingagenturen), ZIP 2003, 1629; *Neumaier,* Wann wird eine Zahlungsstockung zur Zahlungsunfähigkeit?, NJW 2005, 3041; *Paulus,* Passivierungspflicht und Rangordnung eigenkapitalersetzender Darlehen in der Insolvenz, ZGR 2002, 320; *Reuter,* Krisenrecht im Vorfeld der Insolvenz – das Beispiel der börsennotierten AG, BB 2003, 1797; *Rönnau,* Die Strafbarkeit des Vorenthaltens von Arbeitnehmersozialversicherungsbeiträgen in der Krise des Unternehmens, NJW 2004, 976;

[53] LG München I BB 2007, 2170 (2172) = AG 2007, 417; Hüffer/*Koch* § 120 Rn. 12.
[54] *Spindler* in Fleischer HdB VorstandsR § 19 Rn. 66.
[55] MüKoAktG/*Spindler* Rn. 4.
[56] *Fleischer* WM 2006, 2021 (2022); MüKoAktG/*Spindler* Rn. 10.
[57] *Spindler* in Fleischer HdB VorstandsR § 19 Rn. 4; *Altmeppen* ZGR 1999, 291 (300); *Fleischer* GmbHR 2008, 673 (678).
[58] Begr. RegE, BT-Drs. 13/9712, 15: „nichts anderes gilt".
[59] MüKoAktG/*Spindler* Rn. 80; Spindler/Stilz/*Fleischer* Rn. 39.
[60] *Gruson/Kubicek* AG 2003, 393 (396); *Spindler* in Fleischer HdB VorstandsR § 19 Rn. 63.

K. Schmidt, Organhaftung in der Krise, WPg-Sonderheft 2003, 141; *ders.,* Verbotene Zahlungen in der Krise von Handelsgesellschaften und die daraus resultierenden Ersatzpflichten, ZHR 168 (2004), 637; *ders.,* Aufsichtsratshaftung bei Insolvenzverschleppung, GmbHR 2010, 1319; *Thiessen,* Haftung des Aufsichtsrats für Zahlungen nach Insolvenzreife, ZGR 2011, 275; *Thümmel,* Aufgaben und Haftungsrisiken des Managements in der Krise des Unternehmens, BB 2002, 1105; *G. Wagner,* Deliktshaftung und Insolvenz, FS Gerhardt, 2004, 1043; *Weber/Brügel,* Die Haftung des Managements in der Unternehmenskrise – Insolvenz, Kapitalerhaltung und existenzvernichtender Eingriff, DB 2004, 1923; *Wertenbruch,* Gesellschafterbeschluss für Insovenzantrag bei drohender Zahlungsunfähigkeit?, DB 2013, 1592.

Übersicht

I. Allgemeines

1 § 92 enthält verschiedene Handlungspflichten des Vorstands für den Fall des **Vermögensverfalls** der Gesellschaft. Dies betrifft einerseits die Pflicht zur Verlustanzeige und Einberufung der Hauptversammlung bei Verlust des hälftigen Grundkapitals (Abs. 1) sowie andererseits das Verbot von Zahlungen nach Eintritt der Zahlungsunfähigkeit oder der Überschuldung (Abs. 2). Der **Zweck** des Abs. 1 ist die **Vermittlung von Informationen** über die kritische Situation der Gesellschaft. Die Hauptversammlung und die Aktionäre sollen in die Lage versetzt werden, Beschlüsse zu fassen, um die Kapitalsituation zu verbessern. Als geeignete Maßnahmen kommen dabei vor allem Veränderungen der Kapitalstruktur (§§ 182 ff., 229 ff.) und notfalls ein Auflösungsbeschluss (§ 262 Abs. 1 Nr. 2) in Betracht. Abs. 1 bezweckt **nicht** die Information der Öffentlichkeit. Diese erlangt zwar Kenntnis durch die Einberufung der Hauptversammlung, was aber allenfalls als Nebenfolge zu erachten ist.[1] Zweierlei Gründe stützen dieses Ergebnis: Einerseits kann im Fall des § 121 Abs. 4, dh wenn alle Aktionäre namentlich bekannt sind, die Einberufung durch eingeschriebenen Brief erfolgen. Andererseits werden die Interessen der Öffentlichkeit bei einer börsennotierten Gesellschaft über § 15 WpHG aF bzw. § 26 WpHG nF wesentlich effizienter gewahrt.[2] Mit Abs. 2 wird bezweckt, das Vermögen der Gesellschaft in Krisenzeiten zusammen zu halten, so dass der Zweck im **Gläubigerschutz** liegt.[3]

2 **Parallelvorschriften** für die GmbH finden sich in §§ 49 Abs. 3, 64 GmbHG. Bei Kredit- und Versicherungsunternehmen wird § 92 durch die spezielleren **§ 46b KWG** und **§ 88 VAG** verdrängt. Somit ist die (drohende) Zahlungsunfähigkeit oder Überschuldung unverzüglich der Bundesanstalt für Finanzdienstleistungsaufsicht (BaFin) bzw. der Aufsichtsbehörde anzuzeigen. Nur diese beiden Institutionen sind berechtigt, den Antrag auf Eröffnung des Insolvenzverfahrens zu stellen.

II. Verlustanzeigepflicht (Abs. 1)

3 Nach Abs. 1 hat der Vorstand unverzüglich die Hauptversammlung einzuberufen, damit diese über die weitere Vorgehensweise entscheiden kann, wenn ein Verlust in Höhe des hälftigen Grundkapitals eingetreten ist.

4 **1. Voraussetzungen.** Diese Pflicht trifft den Vorstand dann, wenn ein „Verlust in Höhe der Hälfte des Grundkapitals" gegeben ist. Bei der Ermittlung ist auf das **satzungsmäßige Grundkapital** abzustellen und nicht etwas auf das eingezahlte. Für das Bestehen der Pflicht nach Abs. 1 genügt es, wenn ein Verlust in der genannten Höhe aufgetreten ist – Zahlungsunfähigkeit und Überschuldung können, müssen aber nicht gegeben sein.[4] Nach einer **vereinzelt vertretenen Ansicht** ist unter „Verlust" der Jahresfehlbetrag iSd § 266 Abs. 3 A HGB zu verstehen. Demzufolge ist eine Verlustanzeigepflicht bereits dann gegeben, wenn die Gesellschaft einen einmaligen Jahresfehlbetrag

[1] BGH NJW 1979, 1829 (1831); Hüffer/*Koch* Rn. 1.
[2] Schmidt/Lutter/*Krieger/Sailer* Rn. 1.
[3] Hüffer/*Koch* Rn. 1.
[4] MüKoAktG/*Spindler* Rn. 12; *Eidenmüller/Engert* AG 2005, 97.

in Höhe des hälftigen Grundkapitals erwirtschaftet.[5] Auch sei es irrelevant, ob der Verlust das Gesellschaftsvermögen insgesamt auf die Hälfte des Grundkapitals reduziere. Somit spielen Rücklagen, die ein Absinken abfedern, keine Rolle. Dem tritt die **überwiegende Auffassung** mit dem Argument entgegen, dass § 92 Abs. 1 nicht den Begriff „Jahresfehlbetrag“ verwendet, sondern von „Verlust“ spricht. Demnach greift die Vorschrift nach richtiger Anschauung erst dann ein, wenn es zu Verlusten gekommen ist, die das Vermögen der Gesellschaft auf die Hälfte des Grundkapitals vermindert haben. Ebenso kann die Informationspflicht der Hauptversammlung nicht von der Struktur des Eigenkapitals abhängen, was aber der Fall wäre, falls Rücklagen unberücksichtigt blieben. Unter dem Gesellschaftsvermögen ist demnach die **Summe** aus Kapitalrücklagen, gesetzlicher Rücklage, satzungsmäßigen Rücklagen, anderen Gewinnrücklagen, Bilanzgewinn einschließlich Gewinnvortrag sowie Eigenkapitalanteil in den Sonderposten mit Rücklageanteil abzüglich eines etwaigen Bilanzverlustes (Verlust und Verlustvortrag) zu verstehen.[6] Rücklagen für eigene Anteile sind nicht zu berücksichtigen, da sie dazu dienen, den oftmals zweifelhaften Wert eigener Anteile zu kompensieren.[7] Gleiches gilt für eigenkapitalersetzende Aktionärsdarlehen, solange der Gläubiger keinen endgültigen Forderungsverzicht ausgesprochen hat.[8] Für die Verlustanzeigepflicht ist es weiter irrelevant, ob es sich um einen Einzelverlust oder um kumulierte Verluste handelt.[9]

Der hälftige Verlust muss sich entweder bei Aufstellung von **Jahres-** bzw. **Zwischenbilanz** ergeben oder bei **„pflichtgemäßem Ermessen“** anzunehmen sein. Die letzte Möglichkeit verdeutlicht, dass der Vorstand laufend darauf zu achten hat, ob ein entsprechender Verlust gegeben ist. Sollten sich entsprechende **Anhaltspunkte** ergeben, ist eine Zwischenbilanz aufzustellen, um die exakte Verlusthöhe zu überprüfen.[10] 5

Die rechnerische Ermittlung des Verlustes lässt sich aus Abs. 1 nicht ableiten. Da auf die „Jahresbilanz“ Bezug genommen wird, sind die diesbezüglichen Vorschriften anzuwenden, mithin insbesondere die Bewertungsgrundsätze der **§§ 252 ff.**[11] Gleichwohl ergeben sich zwei Problemkreise: Einerseits ist fraglich, ob stille Reserven aufgelöst werden dürfen, um den Gesellschaftsverlust zu senken. Andererseits wird diskutiert, ob die Bewertung zu going concern-Werten[12] (§ 252 Abs. 1 Nr. 2 HGB) zu erfolgen habe. 6

Hinsichtlich der **Auflösung von stillen Reserven** ist auf die allgemeinen Regeln des Jahresabschlusses zu verweisen. Eine Auflösung kommt insbesondere in Betracht bei einer Zuschreibung nach § 280 HGB (Wertaufholung nach erfolgter Abschreibung gemäß §§ 253 Abs. 2 oder Abs. 3 HGB) oder nach steuerrechtlichen Abschreibungen gemäß §§ 254, 279 Abs. 2 HGB.[13] Allerdings ist eine Auflösung auch bei einer Übertragung der Vermögensgegenstände an verbundene Unternehmen anzunehmen, da sich § 92 Abs. 1 nur auf die Einzelbilanz und nicht auf den Konzernabschluss bezieht.[14] 7

Grundsätzlich ist bei der Bewertung von Vermögensgegenständen von der **Fortführung der Unternehmenstätigkeit** auszugehen. Demnach sind gemäß § 252 Abs. 1 Nr. 2 HGB die Fortführungswerte (Buchwerte) anzusetzen. Von diesem Grundsatz ist eine **Ausnahme** zu machen, sofern eine negative Fortbestehungsprognose gegeben ist. In diesem Falle sind die Vermögensgegenstände mit dem Liquidationswert in der Bilanz anzusetzen, da andernfalls der Informationszweck der Verlustanzeigepflicht nicht mehr garantiert wäre.[15] Sollte sich keine eindeutige Prognose hinsichtlich des Fortbestehens der Gesellschaft ergeben, so hat der Vorstand nach pflichtgemäßem Ermessen zu entscheiden.[16] 8

2. Vorstandspflichten. Liegen die Voraussetzungen des Abs. 1 vor, hat der Vorstand **unverzüglich** die Hauptversammlung einzuberufen und ihr die kritische Situation anzuzeigen. Unverzüglich ist auch bei § 91 im Sinne von „ohne schuldhaftes Zögern“ zu verstehen **(§ 121 Abs. 1 S. 1 BGB).** 9

---

[5] GroßkommAktG/*Habersack/Foerster* Rn. 15.

[6] IDW WP-HdB Band I V.4; Schmidt/Lutter/*Krieger/Sailer* Rn. 3; Schmidt/Lutter/*Krieger/Sailer* Rn. 3.

[7] MüKoAktG/*Spindler* Rn. 13; aA KK-AktG/*Mertens/Cahn* Rn. 9.

[8] *IDW* WP-HdB Band I V.9; vertiefend *Paulus* ZGR 2002, 320.

[9] BGH WM 1958, 1416 (1417) = BB 1958, 1181; MHdB AG/*Wiesner* § 25 Rn. 55; Hüffer/*Koch* Rn. 2.

[10] BGH ZIP 1995, 560 = NJW-RR 1995, 669; MHdB AG/*Wiesner* § 25 Rn. 55.

[11] Hüffer/*Koch* Rn. 3; *IDW* WP-HdB Band I V.4, 5; MüKoAktG/*Spindler* Rn. 13; Spindler/Stilz/*Fleischer* Rn. 8; aA BGH WM 1958, 1416 (1417) = BB 1958, 1181.

[12] Zur Beurteilung der Going-Concern-Prämisse durch den Abschlussprüfer bei Unternehmenskrisen *Lilienbecker/Link/Rabenhorst* BB 2009, 262.

[13] Hüffer/*Koch* Rn. 4; MüKoAktG/*Spindler* Rn. 14; teilweise aA GroßkommAktG/*Habersack/Foerster* Rn. 23.

[14] AllgM, OLG Hamburg NZG 2000, 606 (607); Hüffer/*Koch* Rn. 4; MüKoAktG/*Spindler* Rn. 14.

[15] Hüffer/*Koch* Rn. 4; KK-AktG/*Mertens/Cahn* Rn. 10; Spindler/Stilz/*Fleischer* Rn. 8; aA zur GmbH Scholz/*K. Schmidt/Seibt* GmbHG § 49 Rn. 24; zur Fortbestehungsprognose *Groß/Amen* WPg 2002, 225.

[16] MHdB AG/*Wiesner* § 25 Rn. 56; vertiefend Schmidt/Lutter/*Krieger/Sailer* Rn. 5.

Demnach ist der Termin der Hauptversammlung so zu legen, dass es nicht zu unnötigen Verzögerungen kommt.[17] Ebenso sind bei der Einberufung die **§§ 121 ff.** zu beachten, so dass der Vorstand die Verlustanzeige als eigenen Tagesordnungspunkt deutlich herausstellen muss.[18] Somit genügt ein nicht näher konkretisierter Verweis auf einen „Bericht nach § 92 Abs. 1 AktG" nicht.[19] Die Hauptversammlung kann nicht wirksam Beschluss fassen, wenn aus der Tagesordnung nicht erkennbar hervorgeht, dass eine Verlustanzeige erstattet wird (§ 124 Abs. 4 S. 1).[20] Allerdings muss über die Verlustanzeige kein Beschluss gefasst werden.[21] Unterbleibt eine korrekte Ankündigung, muss der Vorstand, um seinen Pflichten nachzukommen, eine erneute Hauptversammlung einberufen, wobei diese dann aber nicht mehr „unverzüglich" ist.[22] Aktionärsminderheiten (mindestens 5% des Grundkapitals oder 500.000 Euro) steht ein Vorschlagsrecht gemäß § 122 Abs. 2 zu.

10 Fraglich ist, ob der Vorstand die Hauptversammlung auch einzuberufen hat, falls er glaubt, die Publizität verschlechtere die Situation der Gesellschaft. Dies wird von manchen Stimmen in der Literatur unter Verweis auf die **„Notstandsähnlichkeit"** der Situation verneint.[23] Vorzugswürdig erscheint die Gegenauffassung, die eine solche Verzögerung **ablehnt.** Es ist davon auszugehen, dass der Gesetzgeber die Publizität bewusst in Kauf genommen hat, als er die Verlustanzeigepflicht in das Gesetz aufgenommen hat.[24] Auch wird die Einberufung der Hauptversammlung regelmäßig dem **Wohle der Gesellschaft** dienen (§ 121 Abs. 1).

11 Ebenso erscheint eine Einberufungspflicht diskussionswürdig, sofern der Vorstand glaubt, den anzeigepflichtigen Verlust kurzfristig anderweitig, insbesondere durch **Sanierungsmaßnahmen,** beseitigen zu können. Ausgangspunkt dieser Überlegung sind die Ratio der Norm (Informationsvermittlung) und § 121 Abs. 1 S. 1 BGB („ohne schuldhaftes Zögern"), so dass Folgendes gilt: Einzig bei hinreichend konkreten und erfolgversprechenden Sanierungsmaßnahmen kommt eine Verzögerung der Einberufung um wenige Tage in Betracht. Dies jedoch nur dann, wenn der Vorstand dann in der Lage ist, der Hauptversammlung verschiedene Maßnahmen vorzustellen. Diese Überlegung stützt sich auf eine verbesserte Informationsvermittlung, die auch im Interesse der Hauptversammlung ist. Auf Grund des eindeutigen Wortlauts der Normen (§ 92 Abs. 1, § 121 BGB) sind Ausnahmen allerdings **restriktiv** zu handhaben.[25]

12 **3. Sonderfälle.** Darüber hinaus ist von einer Anzeigepflicht gegenüber dem Aufsichtsratsvorsitzenden nach **§ 90 Abs. 1 S. 3** auszugehen, da sich der Verlust des hälftigen Grundkapitals „als sonstiger wichtiger Anlass" im Sinne der Norm darstellt.[26] Bei börsennotierten Gesellschaften ist dieser Umstand in der Regel nach § 15 WpHG aF bzw. § 26 WpHG nF bekanntzumachen.[27] Eine Ausnahme von der Verlustanzeigepflicht ist anzunehmen, wenn **bereits** ein **Insolvenzantrag** von der Gesellschaft gestellt wurde (§ 13 Abs. 1 InsO). Einerseits ist der Informationszweck von Abs. 1 damit bereits erfüllt und andererseits kann die Hauptversammlung keinerlei Entscheidungen mehr über Sanierungsmaßnahmen treffen.[28] Hinsichtlich der Situation der **Abwicklung** der Gesellschaft ist die Verlustanzeige nach Abs. 1 strittig. Teilweise wird die Pflicht verneint,[29] während andere wegen § 268 Abs. 2 S. 1 (Pflichten des Abwicklers) eine solche Pflicht annehmen.[30] Richtigerweise sollte von einem **differenzierenden Ansatz** ausgegangen werden. Ist die Abwicklung der Gesellschaft nur noch auf die Verwertung des Gesellschaftsvermögens und die Einstellung des Geschäftsbetriebes gerichtet, macht eine Verlustanzeige wenig Sinn. Insbesondere kann die Hauptversammlung keine Gegenmaßnahmen mehr beschließen. Falls der Geschäftsbetrieb während der Abwicklung noch fortgeführt wird, verbleibt es bei der Pflicht des Abs. 1.[31]

---

[17] Hüffer/*Koch* Rn. 5; MüKoAktG/*Spindler* Rn. 15; zur GmbH Scholz/*K. Schmidt/Seibt* GmbHG § 49 Rn. 27; aA GroßkommAktG/*Habersack/Foerster* Rn. 25: „so bald wie möglich".

[18] *Fleischer* in Fleischer HdB VorstandsR § 20 Rn. 14; Schmidt/Lutter/*Krieger/Sailer* Rn. 8; Hüffer/*Koch* Rn. 5.

[19] MHdB AG/*Wiesner* § 25 Rn. 58.

[20] Hüffer/*Koch* Rn. 5; MüKoAktG/*Spindler* Rn. 18.

[21] Klarstellend Schmidt/Lutter/*Krieger/Sailer* Rn. 8.

[22] GroßkommAktG/*Habersack/Foerster* Rn. 27.

[23] KK-AktG/*Mertens/Cahn* Rn. 14 unter Verweis auf den Rechtsgedanken des § 34 StGB.

[24] NK-AktR/*Oltmanns* Rn. 5; MüKoAktG/*Spindler* Rn. 16; Schmidt/Lutter/*Krieger/Sailer* Rn. 9; *Reuter* BB 2003, 1797 (1802); zweifelnd Hüffer/*Koch* 6.

[25] MüKoAktG/*Spindler* Rn. 16; GroßkommAktG/*Habersack/Foerster* Rn. 28 nennt eine „Maximalfrist" von drei Wochen, was fraglich erscheint.

[26] Schmidt/Lutter/*Krieger/Sailer* Rn. 6; MHdB AG/*Wiesner* § 25 Rn. 57.

[27] *Reuter* BB 2003, 1797 (1802); *Hirte* ZInsO 2006, 1289 (1292).

[28] AllgM, Hüffer/*Koch* Rn. 5; MüKoAktG/*Spindler* Rn. 6; Spindler/Stilz/*Fleischer* Rn. 11.

[29] KK-AktG/*Mertens/Cahn* Rn. 15; MüKoAktG/*Spindler* Rn. 6.

[30] Spindler/Stilz/*Fleischer* Rn. 11.

[31] Schmidt/Lutter/*Krieger/Sailer* Rn. 10.

Es handelt sich bei § 92 Abs. 1 um eine **zwingende** Vorschrift. Diese kann demnach weder durch Satzung noch durch Beschluss der Hauptversammlung abbedungen werden.[32] 13

Pflichtenträger des § 92 Abs. 1 sind die Vorstandsmitglieder (einschließlich stellvertretender und fehlerhaft bestellter Vorstandsmitglieder), so dass Dritte grundsätzlich keine Pflicht trifft.[33] Gleichwohl kann der Aufsichtsrat auf Grund seiner Aufsichtspflichten aus § 111 verpflichtet sein, den Vorstand zur Erfüllung seiner Aufgaben aus Abs. 1 anzuhalten. Ebenso muss er gemäß § 111 Abs. 3 selbständig die Hauptversammlung einberufen, wenn „das Wohl der Gesellschaft es erfordert". Dies ist regelmäßig der Fall, wenn der Vorstand seinen Pflichten nicht nachkommt, obwohl rasch auf die Krise reagiert werden muss.[34] Sollten **Vorstandsmitglieder** oder **Aufsichtsratsmitglieder** schuldhaft gegen ihre Pflichten verstoßen, machen sie sich schadensersatzpflichtig (§§ 93 Abs. 2, 116).[35] 14

III. Zahlungsverbot (Abs. 2)

Der Vorstand darf grundsätzlich **keine Zahlungen** leisten, wenn die Gesellschaft zahlungsunfähig ist oder eine Überschuldung besteht. Eine **Ausnahme** ergibt sich, wenn die Zahlung mit der Sorgfalt eines ordentlichen und gewissenhaften Geschäftsleiters vereinbar ist.[36] Die Vorschrift wurde durch das Gesetz zur Modernisierung des GmbH-Rechts und zur Bekämpfung von Missbräuchen **(MoMiG)** vom 23.10.2008 (BGBl. I S. 2026) umfassend geändert.[37] Der frühere Abs. 2 enthielt Aussagen zu der Insolvenzantragspflicht, die mittlerweile zentral und rechtsformübergreifend in § 15a InsO geregelt ist. Der aktuelle Abs. 2 entspricht dem früheren Abs. 3, wobei zusätzlich ein neuer, dritter Satz eingefügt wurde. Dieser soll die Gläubiger vor Vermögensverschiebungen zwischen Gesellschaft und Aktionären schützen. 15

1. Zahlungsunfähigkeit. Der Zustand der Zahlungsunfähigkeit wird in **§ 17 Abs. 2 S. 1 InsO** definiert und liegt vor, wenn die Gesellschaft nicht in der Lage ist, ihre fälligen Zahlungsverpflichtungen zu erfüllen. In der Regel ist die Zahlungsunfähigkeit anzunehmen, wenn der Schuldner die Zahlungen eingestellt hat (§ 17 Abs. 2 S. 2 InsO). Von einer **Zahlungseinstellung** muss ausgegangen werden, wenn der Schuldner fällige Verbindlichkeiten „im Großen und Ganzen" nicht mehr erfüllt.[38] Indizien sind: Die Abgabe einer eidesstattlichen Versicherung, das wiederholte Nichteinlösen von Schecks sowie die Nichtzahlung von Löhnen und Gehältern.[39] Da sich dieser Umstand anhand äußerer Anhaltspunkte feststellen lässt (im Unvermögen, fälligen Zahlungspflichten nachzukommen), ist zu empfehlen, zunächst die Zahlungseinstellung im Rahmen der Feststellung der Zahlungsunfähigkeit zu prüfen. Die begründete Vermutung der Zahlungsunfähigkeit kann zwar grundsätzlich widerlegt werden, was aber faktisch nur selten gelingen wird (zB ein Irrtum oder ein Täuschen über die Zahlungsfähigkeit seitens des Schuldners). Wenn sich eine Zahlungseinstellung nicht feststellen lassen sollte, so kann sich die Zahlungsunfähigkeit gleichwohl aus anderen Gründen ergeben. Der einschlägige IDW-Prüfungsstandard prüft dies anhand des Finanzstatus und einem darauf aufbauenden Finanzplan. Eine Zahlungsunfähigkeit liegt vor, wenn der Finanzplan aufzeigt, dass der Schuldner dauerhaft nicht in der Lage sein wird, fälligen Geldzahlungen zu leisten (sog. **Zeitpunkt-Illiquidität**).[40] Der relevante Zeitraum sei mit einem Monat anzusetzen, so die Ansicht des IDW. Der BGH hat entschieden, dass eine Liquiditätslücke von unter 10% der fälligen Zahlungsverpflichtungen grundsätzlich nicht zu einer Zahlungsunfähigkeit führt. Diese ist aber dann anzunehmen, wenn bereits abzusehen ist, dass die oben genannte Grenze alsbald überschritten wird.[41] Die **Abgrenzung** zwischen Zahlungsunfähigkeit und einer bloßen Zahlungsstockung ist oftmals schwierig und kann nur im Einzelfall erfolgen. Der BGH geht von einer bloßen Zahlungsstockung aus, wenn der Schuldner in der Lage ist, die Liquiditätsschwierigkeiten **binnen drei Wochen** zu beheben.[42] 16

---

[32] MüKoAktG/*Spindler* Rn. 5.

[33] Zur Haftung faktischer Organe *Fleischer* AG 2004, 517.

[34] MHdB AG/*Wiesner* § 25 Rn. 57; Spindler/Stilz/*Fleischer* Rn. 14; GroßkommAktG/*Habersack/Foerster* Rn. 30.

[35] MüKoAktG/*Spindler* Rn. 20, 75; Schmidt/Lutter/*Krieger/Sailer* Rn. 11.

[36] Zum Zahlungsverbot *Bitter* WM 2001, 666; *Geißler* NZG 2007, 645; *Goette* ZInsO 2001, 529.

[37] Zu den Änderungen *Hirte* NZG 2008, 761 (764); *Knapp* DStR 2008, 2371.

[38] BayObLG BB 1988, 1840; *IDW* PS 800, WPg 1999, 250 (251); Hüffer/*Koch* Rn. 11; MüKoAktG/*Spindler* Rn. 49.

[39] MüKoAktG/*Spindler* Rn. 49.

[40] *IDW* PS 800 WPg 1999, 250 (251); Hüffer/*Koch* Rn. 11; MüKoAktG/*Spindler* Rn. 49.

[41] BGHZ 163, 134 = NJW 2005, 3062; zum früheren Meinungsstreit *Weber/Brügel* DB 2004, 1923.

[42] BGHZ 163, 134 = NJW 2005, 3062; *Knolle/Tetzlaff* ZInsO 2005, 897; MüKoAktG/*Spindler* Rn. 50; aA *Harz* ZInsO 2001, 193 (197): „mehrere Monate".

17 Eine drohende Zahlungsunfähigkeit liegt nach § 18 Abs. 2 InsO vor, wenn der Schuldner voraussichtlich nicht in der Lage sein wird, die bestehenden Zahlungspflichten im Zeitpunkt der Fälligkeit zu erfüllen (sog. **Zeitraum-Illiquidität**). Hier liegt, anders als bei der Zahlungsunfähigkeit, das Augenmerk auf den im Betrachtungszeitpunkt noch nicht fälligen Verbindlichkeiten. Bei einer drohenden Zahlungsunfähigkeit ist der Vorstand nicht verpflichtet, Zahlungen zu unterlassen, sondern lediglich berechtigt, die Eröffnung des Insolvenzverfahrens zu beantragen. Einer Zustimmung der Hauptversammlung bedarf es nicht.[43]

18 **2. Überschuldung.** Nach § 19 Abs. 2 InsO ist Überschuldung gegeben, wenn das Vermögen des Schuldners die bestehenden Verbindlichkeiten nicht mehr deckt, es sei denn, die Fortführung des Unternehmens ist nach den Umständen überwiegend wahrscheinlich. Angesichts der Finanz- und Wirtschaftskrise ist der Gesetzgeber mit dem **Finanzmarktstabilisierungsgesetz** vom 17.10.2008 (BGBl. I S. 1982) zu diesem schon vor Inkrafttreten der InsO gültigen **zweistufigen Überschuldungsbegriff**[44] zurückgekehrt. Damit führen wertmäßige Schwankungen der Aktiva ein Unternehmen nicht in die Insolvenz, wenn eine **positive Fortführungsprognose** besteht. Nach der vom 1.1.1999 bis zum 17.10.2008 gültigen Fassung von § 19 Abs. 2 InsO spielte die Frage der positiven Fortführungsprognose nur bei der Bewertung des Vermögens des Schuldners eine Rolle.[45] Nach Auffassung der Bundesregierung hat sich die Rückkehr zum alten zweistufigen Überschuldungsbegriff in der Praxis bewährt und auch größere Unternehmen davor bewahrt, trotz positiver Fortführungsprognose einen Insolvenzantrag wegen Überschuldung stellen zu müssen.[46] Daher wurde die ursprüngliche Befristung der Rückkehr bis zum 31.12.2013 aufgehoben und der zweistufige Überschuldungsbegriff dauerhaft wieder eingeführt.[47]

19 Um festzustellen, ob das Vermögen des Schuldners die bestehenden Verbindlichkeiten nicht mehr deckt, ist eine Überschuldungsbilanz aufzustellen. Die **Überschuldungsbilanz** ist eine Sonderbilanz, die nicht aus der Jahresbilanz abgeleitet werden darf, sondern eigenen Regeln folgt.[48] Dabei dürfen, im Unterschied zu § 92 Abs. 1, auf der **Aktivseite** stille Reserven durch Neubewertung aufgelöst werden.[49] Ebenso ist es möglich, unentgeltlich erworbene immaterielle Vermögensgegenstände zu aktivieren, wenn die Aussicht besteht, einen entsprechenden Wert durch Veräußerung des Unternehmens(teils) tatsächlich zu realisieren.[50] Eigene Anteile der Gesellschaft dürfen im Falle einer positiven Fortführungsprognose angesetzt werden. Auf der **Passivseite** der Bilanz sind hingegen nur die Verbindlichkeiten (nicht das Eigenkapital) anzusetzen, so dass Grundkapital, Jahresüberschuss, ein etwaiger Gewinnvortrag, Rücklagen oder der Rücklageanteil der Sonderposten mit Rücklageanteil keine Berücksichtigung finden.[51] Eigenkapitalersetzende Gesellschafterdarlehen und sonstige Verbindlichkeiten gegenüber Aktionären sind solange zu passivieren, wie kein qualifizierter Rangrücktritt erklärt wurde.[52]

20 Eine **positive Fortführungsprognose** ist in der Regel gerechtfertigt, wenn einer ordnungsgemäß durchgeführten Finanzplanung zufolge eine Unternehmensfortführung für **ein bis zwei Jahre** überwiegend wahrscheinlich ist.[53]

---

[43] AA unter Hinweis auf die *Holzmüller/Gelatine* Doktrin *Wertenbruch* DB 2013, 1592 (1594).

[44] Vgl. zum zweistufigen Überschuldungsbegriff (rechnerische Überschuldung und negative Fortführungsprognose) Hüffer/*Koch* Rn. 13 ff.; Schmidt/Lutter/*Krieger/Sailer* Rn. 14.

[45] § 19 Abs. 2 InsO lautete wie folgt: „Überschuldung liegt vor, wenn das Vermögen des Schuldners die bestehenden Verbindlichkeiten nicht mehr deckt. Bei der Bewertung des Vermögens des Schuldners ist jedoch die Fortführung des Unternehmens zugrunde zu legen, wenn diese nach den Umständen überwiegend wahrscheinlich ist."

[46] Begr. RegE Gesetz zur Erleichterung der Sanierung von Unternehmen, BT-Drs. 16/13927, 4.

[47] Durch Art. 18 Gesetz vom 5.12.2012, BGBl. I S. 2418, wurde Art. 6 Abs. 3 FMStG vom 17.10.2008, BGBl. I S. 1982, der eine Befristung der Rückkehr zum zweistufigen Überschuldungsbegriff vorsah, mit Wirkung vom 12.12.2012 aufgehoben.

[48] BGH WM 2001, 959 (960) = ZIP 2001, 839; GroßkommAktG/*Habersack/Foerster* Rn. 58; Hüffer/*Koch* Rn. 17; aA KK-AktG/*Mertens/Cahn* Rn. 4.

[49] BGHZ 119, 201 (214) = NJW 1992, 2891; BGHZ 129, 136 (154) = NJW 1995, 1739; *Altmeppen* ZHR 164 (2000), 349 (362); MHdB AG/*Wiesner* § 25 Rn. 66.

[50] BGHZ 119, 201 (214) = NJW 1992, 2891; BGHZ 129, 136 (154) = NJW 1995, 1739 – Girmes; MüKoAktG/*Spindler* Rn. 56; vertiefend *Hüffer* FS Wiedemann, 2002, 1047 (1057).

[51] MHdB AG/*Wiesner* § 25 Rn. 66; Hüffer/*Koch* Rn. 19.

[52] BGHZ 146, 264 (271) = NJW 2001, 1280; OLG Düsseldorf NJW-RR 1996, 1443 (1444); GroßkommAktG/*Habersack* Rn. 57; *Altmeppen* ZHR 164 (2000), 349; NK-AktR/*Oltmanns* Rn. 3, 11; *Paulus* ZGR 2002, 320; aA OLG Düsseldorf NJW-RR 1996, 1443 (1444); OLG Stuttgart NZG 1998, 308 (310).

[53] BGHZ 119, 201 (214) = NJW 1992, 2891; MüKoAktG/*Spindler* Rn. 63; konkretisierend *Luttermann/Vahlenkamp* ZIP 2003, 1629 (1632).

3. Vorstandspflichten. Der Vorstand darf nach Eintritt der Zahlungsunfähigkeit oder Überschuldung grundsätzlich keine Zahlungen mehr leisten. Dies gilt ausnahmsweise dann nicht, wenn die Zahlung mit der Sorgfalt eines ordentlichen und gewissenhaften Geschäftsleiters vereinbar ist. Neu eingefügt wurde durch das MoMiG S. 3. Der Gesetzgeber wollte damit Lücken im Bereich des Gläubigerschutzes vor Vermögensverschiebungen zwischen Gesellschaft und Aktionären schließen. Diese bestanden, so die Einschätzung, trotz des allgemeinen Verbots der Einlagenrückgewähr (§ 57).[54] 21

Mit Abs. 2 werden somit **Gläubigerinteressen** verfolgt, da eine Schmälerung der Insolvenzmasse verhindert werden soll. Hinsichtlich des Zahlungsverbotes ist umstritten, ob dieses nur Geldzahlungen oder auch sonstige Leistungen betrifft. Zwar ist der Wortlaut eindeutig (Zahlungen), gleichwohl ergibt der Schutzzweck eine andere Auslegung. Somit ist mit der überwiegenden Auffassung von einem **weiten Verständnis des Zahlungsbegriffs** auszugehen, so dass sämtliche die Insolvenzmasse schmälernden Leistungen einzubeziehen sind.[55] Umfasst werden **Leistungen,** wie zB die Lieferung von Waren, die Gewährung von Sicherheiten oder die Erbringung von Diensten.[56] Gleiches gilt für die Vereinbarung einer Verrechnung[57] sowie für die Einreichung von Schecks auf ein debitorisch geführtes Konto der Gesellschaft, da dies bei wirtschaftlicher Betrachtung einer Zahlung an die Gläubigerbank gleichkommt. Nur durch diese Auslegung lässt sich ein Schutz der Gläubigerinteressen realisieren. Gleichwohl ist mit der überwiegenden Auffassung eine Ausdehnung von Abs. 2 auf die Begründung neuer **Verbindlichkeiten** abzulehnen.[58] Zwar steht diese in der Regel nicht im Interesse der Gesellschaftsgläubiger, doch kommt es durch diese noch nicht zu einem Abfluss von Vermögensmasse.[59] Eine weitere Ausdehnung wäre übertrieben und ist daher abzulehnen. 22

Das Zahlungsverbot des Abs. 2 greift ab dem Zeitpunkt der **Insolvenzreife.**[60] Dafür spricht zunächst der Wortlaut des Abs. 2, der auf Zahlungsunfähigkeit bzw. Überschuldung abstellt sowie das weite Verständnis des Zahlungsbegriffes.[61] Gleichfalls bietet Abs. 2 S. 2 für etwaige Sanierungsbedürfnisse genügend Raum.[62] Somit ist es auch folgerichtig, für den subjektiven Verbotstatbestand die bloße Erkennbarkeit der Insolvenzreife genügen zu lassen.[63] Die Beweislast für Gegenteiliges obliegt dem Vorstand.[64] 23

Ähnlich wie bei § 92 Abs. 1 (→ Rn. 3 ff.) richtet sich Abs. 2 in erster Linie an die Vorstandsmitglieder. Den **Aufsichtsrat** treffen aber Informations-, Beratungs- und Überwachungspflichten. Er muss insbesondere in einer Krisensituation die ihm nach §§ 90 Abs. 3, 111 Abs. 2 zur Verfügung stehenden Erkenntnisquellen ausschöpfen.[65] Stellt er dabei fest, dass die Gesellschaft insolvenzreif ist, hat er darauf hinzuwirken, dass der Vorstand rechtzeitig einen Insolvenzantrag stellt und keine Zahlungen leistet. Erforderlichenfalls muss er ein ihm unzuverlässig erscheinendes Vorstandsmitglied abberufen.[66] Verstößt der Aufsichtsrat schuldhaft gegen diese Pflicht, haftet er nach §§ 116, 93 Abs. 3 Nr. 6 wie der Vorstand für die verbotenen Zahlungen. Eine Schadensersatzpflicht nach §§ 116, 93 Abs. 2 wird dagegen regelmäßig daran scheitern, dass der Gesellschaft durch die Zahlung kein Vermögensnachteil entsteht, sondern nur den Gläubigern.[67] 24

4. Ausnahmefälle. Nach Abs. 2 S. 2 existiert eine Ausnahme von dem Zahlungsverbot für Zahlungen, die auch nach Eintritt der Insolvenzreife mit der Sorgfalt eines ordentlichen und gewissenhaften Geschäftsleiters vereinbar sind. Dabei handelt es sich insbesondere um **masseneutrale** Leistungen, denen eine werthaltige Leistung gegenübersteht. Gleiches gilt für Leistungen, die im Hinblick auf erfolgversprechende **Sanierungsversuche** (adäquate Bezahlung von Beratern) oder zur Vermeidung der Betriebsstilllegung, einschließlich notwendiger Fixkosten (Miete, Löhne, Strom und Wasser) 25

---

[54] BT-Drs. 16/6140, 52; *Hirte* NZG 2008, 761 (764); *Knapp* DStR 2008, 2371.

[55] BGH NZG 2012, 547 (549); BGHZ 143, 184 (186) = NJW 2000, 668; MüKoAktG/*Spindler* Rn. 26; Hüffer/*Koch* Rn. 33; *Schulze-Osterloh* FS Bezzenberger, 2000, 415 (416); NK-AktR/*Oltmanns* Rn. 16; aA RGZ 159, 211 (234).

[56] BGHZ 143, 184 (186) = NJW 2000, 668; BGH ZIP 2003, 1005 (1006) = NJW 2003, 2316, jeweils zur GmbH; GroßkommAktG/*Habersack* Rn. 96; MüKoAktG/*Spindler* Rn. 26.

[57] BGH NZG 2012, 547 (549).

[58] BGHZ 138, 211 (216) = NJW 1998, 267; Spindler/Stilz/*Fleischer* Rn. 23; *Schulze-Osterloh* FS Bezzenberger, 2000, 415 (423); aA GroßKommAktG/*Habersack/Foerster* Rn. 157.

[59] Hüffer/*Koch* Rn. 33; ebenso für die GmbH bejahend BGHZ 138, 211 (216) = NJW 1998, 2667.

[60] BGH NZG 2009, 550 (551); MüKoAktG/*Spindler* Rn. 27.

[61] BGHZ 163, 134 (135) = ZIP 2005, 1426; Hüffer/*Koch* Rn. 32; *Reuter* BB 2003, 1797 (1803).

[62] Spindler/Stilz/*Fleischer* Rn. 27.

[63] MüKoAktG/*Spindler* Rn. 28; Schmidt/Lutter/*Krieger/Sailer* Rn. 15.

[64] Spindler/Stilz/*Fleischer* Rn. 30; Hüffer/*Koch* Rn. 32; Schmidt/Lutter/*Krieger/Sailer* Rn. 26.

[65] BGH NZG 2009, 107.

[66] BGH NZG 2009, 550 (551).

[67] BGHZ 187, 60 (64 ff.) = NJW 2011, 221 (222 f.) – Doberlug; zust. *Thiessen* ZGR 2011, 275 ff.; krit. *K. Schmidt* GmbHR 2010, 1319 ff.

getätigt werden.[68] Umstritten war, ob die Ausnahme vom Zahlungsverbot sich auch auf die Arbeitnehmerbeiträge zu der Sozialversicherung bezieht.[69] In seiner Entscheidung vom 14.5.2007 hat der BGH eine Ausnahme zugunsten des Sozialversicherungsträgers bejaht,[70] so dass die Arbeitnehmerbeiträge auch nach Eintritt der Zahlungsunfähigkeit oder Überschuldung noch gezahlt werden dürfen.[71]

26 Derselbe Streit besteht aber immer noch hinsichtlich der Begleichung von **Steuerverbindlichkeiten** gegenüber den Finanzbehörden. Die finanzgerichtliche Rechtsprechung bejaht eine Ausnahme von dem Zahlungsverbot.[72] Mit der gesellschaftsrechtlichen Rechtsprechung ist die Zulässigkeit solcher Zahlungen zu verneinen, da zwischen den einzelnen Gläubigern der Gesellschaft nicht zu differenzieren ist.[73]

27 **5. Abs. 2 S. 3.** Abs. 2 S. 3 wurde durch das **MoMiG** neu eingefügt und soll die Gläubiger vor Vermögensverschiebungen zwischen Gesellschaft und Aktionären schützen. Lücken bestanden, so die Einschätzung des Gesetzgebers, trotz des allgemeinen Verbots der Einlagenrückgewähr (§ 57 Abs. 1).[74] Dadurch, dass auch Zahlungen erfasst werden, die zwar das zur Erhaltung des Grund- bzw. Stammkapitals erforderliche Vermögen nicht antasten, die aber die Zahlungsunfähigkeit herbeiführen, wird das **Auszahlungsverbot** des **§ 57 Abs. 1** ergänzt.[75] Durch diesen Satz werden die vom BGH entwickelten Grundsätze des existenzvernichtenden Eingriffs[76] erweitert, ohne diese aber zu verdrängen. Diese neue Haftungsnorm setzt dabei nicht beim Zahlungsempfänger an, sondern stellt eine Haftung des die Zahlung veranlassenden Vorstands her.[77]

IV. Rechtsfolgen bei Verstößen

28 **1. Verstöße gegen Abs. 1.** Der Gesellschaft steht gemäß § 93 Abs. 2 ein Anspruch auf Schadensersatz zu, sofern die Vorstandsmitglieder schuldhaft ihre Pflichten aus Abs. 1 verletzen.[78] In den wenigsten Fällen dürfte dabei aber ein kausaler Schaden nachweisbar sein. Aufgrund seines Zweckes (Information der Hauptversammlung) stellt Abs. 1 kein **Schutzgesetz** iSd § 823 Abs. 2 BGB dar.[79] Nach teilweise vertretener Auffassung ist jedoch bezogen auf die Aktionäre von einem solchen Charakter auszugehen.[80] Dies ist aber abzulehnen, da Abs. 1 nur Information und Handlungsfähigkeit der Hauptversammlung bezweckt, nicht jedoch Aktionären Individualschutz gewährt.[81] Gleichfalls werden einzelne Gesellschaftsgläubiger nicht von dem Schutzzweck des § 92 Abs. 1 erfasst.[82] Bei börsennotierten Gesellschaften steht den Aktionären nach § 37b WpHG aF bzw. § 97 WpHG nF Schadensersatz zu, sofern ein Verstoß gegen die Publizitätspflicht des § 15 WpHG aF bzw. § 26 WpHG nF gegeben ist. Ein vorsätzlicher oder fahrlässiger Verstoß gegen Abs. 1 stellt nach Maßgabe von **§ 401 Abs. 1** bzw. **Abs. 2** eine Straftat dar.

29 **2. Verstöße gegen Abs. 2.** Sollte ein Vorstandsmitglied gegen die Pflichten des Abs. 2 verstoßen, so steht der Gesellschaft ein Schadensersatzanspruch zu **(§ 93 Abs. 3 Nr. 6);** das Gleiche gilt für den Aufsichtsrat (§ 116).[83] Während Vorstandsmitglieder in sonstigen Fällen Gläubigern gegenüber nur zum Ersatz verpflichtet sind, wenn sie ihre Pflichten gröblich verletzt haben, haften sie bei einem Verstoß gegen das Zahlungsverbot schon bei jedem Verschulden **(§ 93 Abs. 5 S. 2).** Gesellschafts-

---

[68] OLG Celle ZIP 2004, 1210 = ZInsO 2004, 447; Hüffer/*Koch* Rn. 34.

[69] Umfassend zur Thematik *Berger/Herbst* BB 2006, 437; *Flitsch* BB 2004, 348; *Rönnau* NJW 2004, 976; *Groß/Schork* NZI 2004, 358.

[70] BGH NJW 2007, 2118.

[71] Spindler/Stilz/*Fleischer* Rn. 32; krit. MüKoAktG/*Spindler* Rn. 31.

[72] BFH vom 20.4.1993, BFH/NV 1994, 142 (144); BFH vom 21.12.1998, BFH/NV 1999, 745; BFHE 153, 512 = ZIP 1989, 519: die Löhne sind entsprechend zu kürzen, um die Einkommensteuer zu bezahlen; dazu *Thümmel* BB 2002, 1105 (1107); *Weber/Brügel* DB 2004, 1923 (1924).

[73] BGHZ 146, 264 (274) = NJW 2001, 1280, allerdings nur bezogen auf die Umsatzsteuer; BGH ZIP 2003, 1005 = NJW 2003, 2316; MüKoAktG/*Spindler* Rn. 32.

[74] BT-Drs. 16/6140, 52; dazu *Hirte* NZG 2008, 761 (764); *Knapp* DStR 2008, 2371.

[75] *Hirte* NZG 2008, 761 (764).

[76] Vgl. Hüffer/*Koch* § 1 Rn. 22 ff.

[77] *Knof* DStR 2007, 1536; *Knapp* DStR 2008, 2371.

[78] *Fleischer* in Fleischer HdB VorstandsR § 20 Rn. 15.

[79] BGH NJW 1979, 1829 (1831) = DB 1979, 1694; allg. zur deliktischen Haftung im Außenverhältnis *G. Wagner* FS Gerhardt, 2004, 1043; aA Hüffer/*Koch* Rn. 26.

[80] MüKoAktG/*Spindler* Rn. 20; Spindler/Stilz/*Fleischer* Rn. 17; MHdB AG/*Wiesner* § 25 Rn. 59.

[81] Schmidt/Lutter/*Krieger/Sailer* Rn. 12; Hüffer/*Koch* Rn. 26; KK-AktG/*Mertens/Cahn* Rn. 21.

[82] BGH NJW 1979, 1829 (1831) = DB 1979, 1694; Hüffer/*Koch* Rn. 29; Spindler/Stilz/*Fleischer* Rn. 17; aA *Martens* ZGR 1972, 254 (258).

[83] BGHZ 187, 60 (64 ff.) = NJW 2011, 221 (222 f.) – Doberlug; zust. *Thiessen* ZGR 2011, 275 ff.; krit. *K. Schmidt* GmbHR 2010, 1319 ff.

gläubigern steht über § 823 Abs. 2 BGB ebenso ein deliktischer Anspruch zu, da es sich bei Abs. 2 um ein **Schutzgesetz** handelt.[84] Hinsichtlich der Haftungshöhe stellt der BGH nicht auf den Betrag der Masseschmälerung ab, sondern auf den nach Eintritt der Insolvenzreife abgeflossenen Betrag. Die Summe, die der Schuldner ohnehin aus der Insolvenzmasse erhalten hätte, wird nicht von dem Anspruch gegen den Vorstand abgezogen. Stattdessen soll dem Vorstand ein Anspruch in entsprechender Höhe gegen den Insolvenzverwalter zustehen.[85] Diese Auffassung ist insofern bedenklich, als dass Abs. 2 dem Schutz der Gläubiger vor Masseschmälerung nach Eintritt der Insolvenzreife dienen soll. Somit sollte sich der Anspruch an der Masseschmälerung orientieren, was bedeutet, dass der gezahlte Betrag abzüglich Insolvenzquote und abzüglich einer in die Masse gelangten und dort auch verbliebenen Gegenleistung zu leisten ist.[86]

§ 93 Sorgfaltspflicht und Verantwortlichkeit der Vorstandsmitglieder

(1) [1]Die Vorstandsmitglieder haben bei ihrer Geschäftsführung die Sorgfalt eines ordentlichen und gewissenhaften Geschäftsleiters anzuwenden. [2]Eine Pflichtverletzung liegt nicht vor, wenn das Vorstandsmitglied bei einer unternehmerischen Entscheidung vernünftigerweise annehmen durfte, auf der Grundlage angemessener Information zum Wohle der Gesellschaft zu handeln. [3]Über vertrauliche Angaben und Geheimnisse der Gesellschaft, namentlich Betriebs- oder Geschäftsgeheimnisse, die den Vorstandsmitgliedern durch ihre Tätigkeit im Vorstand bekanntgeworden sind, haben sie Stillschweigen zu bewahren. [4]Die Pflicht des Satzes 3 gilt nicht gegenüber einer nach § 342b des Handelsgesetzbuchs anerkannten Prüfstelle im Rahmen einer von dieser durchgeführten Prüfung.

(2) [1]Vorstandsmitglieder, die ihre Pflichten verletzen, sind der Gesellschaft zum Ersatz des daraus entstehenden Schadens als Gesamtschuldner verpflichtet. [2]Ist streitig, ob sie die Sorgfalt eines ordentlichen und gewissenhaften Geschäftsleiters angewandt haben, so trifft sie die Beweislast. [3]Schließt die Gesellschaft eine Versicherung zur Absicherung eines Vorstandsmitglieds gegen Risiken aus dessen beruflicher Tätigkeit für die Gesellschaft ab, ist ein Selbstbehalt von mindestens 10 Prozent des Schadens bis mindestens zur Höhe des Eineinhalbfachen der festen jährlichen Vergütung des Vorstandsmitglieds vorzusehen.

(3) Die Vorstandsmitglieder sind namentlich zum Ersatz verpflichtet, wenn entgegen diesem Gesetz

1. **Einlagen an die Aktionäre zurückgewährt werden,**
2. **den Aktionären Zinsen oder Gewinnanteile gezahlt werden,**
3. **eigene Aktien der Gesellschaft oder einer anderen Gesellschaft gezeichnet, erworben, als Pfand genommen oder eingezogen werden,**
4. **Aktien vor der vollen Leistung des Ausgabebetrags ausgegeben werden,**
5. **Gesellschaftsvermögen verteilt wird,**
6. **Zahlungen entgegen § 92 Abs. 2 geleistet werden,**
7. **Vergütungen an Aufsichtsratsmitglieder gewährt werden,**
8. **Kredit gewährt wird,**
9. **bei der bedingten Kapitalerhöhung außerhalb des festgesetzten Zwecks oder vor der vollen Leistung des Gegenwerts Bezugsaktien ausgegeben werden.**

(4) [1]Der Gesellschaft gegenüber tritt die Ersatzpflicht nicht ein, wenn die Handlung auf einem gesetzmäßigen Beschluß der Hauptversammlung beruht. [2]Dadurch, daß der Aufsichtsrat die Handlung gebilligt hat, wird die Ersatzpflicht nicht ausgeschlossen. [3]Die Gesellschaft kann erst drei Jahre nach der Entstehung des Anspruchs und nur dann auf Ersatzansprüche verzichten oder sich über sie vergleichen, wenn die Hauptversammlung zustimmt und nicht eine Minderheit, deren Anteile zusammen den zehnten Teil des Grundkapitals erreichen, zur Niederschrift Widerspruch erhebt. [4]Die zeitliche Beschränkung gilt nicht, wenn der Ersatzpflichtige zahlungsunfähig ist und sich zur Abwendung des Insolvenzverfahrens mit seinen Gläubigern vergleicht oder wenn die Ersatzpflicht in einem Insolvenzplan geregelt wird.

(5) [1]Der Ersatzanspruch der Gesellschaft kann auch von den Gläubigern der Gesellschaft geltend gemacht werden, soweit sie von dieser keine Befriedigung erlangen können. [2]Dies gilt jedoch in anderen Fällen als denen des Absatzes 3 nur dann, wenn die Vorstandsmit-

[84] BGHZ 75, 96 (107) = NJW 1979, 1823 – Herstatt; MüKoAktG/*Spindler* Rn. 68.

[85] BGHZ 146, 264 (278) = NJW 2001, 1280; dazu MüKoAktG/*Spindler* Rn. 36; krit. *K. Schmidt* ZHR 168 (2004), 637 (643).

[86] Hüffer/*Koch* Rn. 41 f.; Schmidt/Lutter/*Krieger*/*Sailer* Rn. 22.

glieder die Sorgfalt eines ordentlichen und gewissenhaften Geschäftsleiters gröblich verletzt haben; Absatz 2 Satz 2 gilt sinngemäß. [3]Den Gläubigern gegenüber wird die Ersatzpflicht weder durch einen Verzicht oder Vergleich der Gesellschaft noch dadurch aufgehoben, daß die Handlung auf einem Beschluß der Hauptversammlung beruht. [4]Ist über das Vermögen der Gesellschaft das Insolvenzverfahren eröffnet, so übt während dessen Dauer der Insolvenzverwalter oder der Sachwalter das Recht der Gläubiger gegen die Vorstandsmitglieder aus.

(6) Die Ansprüche aus diesen Vorschriften verjähren bei Gesellschaften, die zum Zeitpunkt der Pflichtverletzung börsennotiert sind, in zehn Jahren, bei anderen Gesellschaften in fünf Jahren.

Schrifttum: *Balthasar/Hamelmann,* Finanzkrise und Vorstandshaftung nach § 93 Abs. 2 AktG: Grenzen der Justiziabilität unternehmerischer Entscheidungen, WM 2010, 589; *Bastuck,* Enthaftung des Managements, 1986; *Baums,* Managerhaftung und Verjährung, ZHR 174 (2010), 593; *Binder,* Geschäftsleiterhaftung und fachkundiger Rat, AG 2008, 274; *Blasche,* Die Anwendung der Business Judgment Rule bei Kollegialentscheidungen und Vorliegen eines Interessenkonflikts bei einem der Vorstandsmitglieder, AG 2010, 692; *Böttcher,* Organpflichten beim Unternehmenskauf, NZG 2007, 481; *Dauner-Lieb/Tettinger,* Vorstandshaftung, D&O-Versicherung, Selbstbehalt, ZIP 2009, 1555; *Eschenbruch,* Konzernhaftung – Haftung der Unternehmen und der Manager, 1995; *Fleischer,* Vorstandshaftung und Vertrauen auf anwaltlichen Rat, NZG 2010, 121; *ders.,* Zulässigkeit und Grenzen von Break-Fee-Vereinbarungen im Aktien- und Kapitalmarktrecht, AG 2009, 345; *ders.,* Aktuelle Entwicklungen der Managerhaftung, NJW 2009, 2337; *ders.,* Kompetenzüberschreitungen von Geschäftsleitern im Personen- und Kapitalgesellschaftsrecht – Schaden – rechtmäßiges Alternativverhalten – Vorteilsausgleich; *ders.,* Vertrauen von Geschäftsleitern und Aufsichtsratsmitgliedern auf Information Dritter, ZIP 2009, 1397; *ders.,* Corporate Compliance im aktienrechtlichen Unternehmensverbund, CCZ 2008, 1; *ders.,* Aktienrechtliche Legalitätspflicht und „nützliche" Pflichtverletzungen von Vorstandsmitgliedern, ZIP 2005, 141, 144; *ders.,* Zur Verantwortlichkeit einzelner Vorstandsmitglieder bei Kollegialentscheidungen im Aktienrecht, BB 2004, 2645; *ders.,* Von Vorstandsbezügen, Flugreisen, Festschriften, Firmensponsoring und Festessen: Vorstandshaftung für übermäßige Vergütung und „Fringe Benefits", ZIP 2015, 1901; *Fischbach/Lüneborg,* Die Organpflichten bei der Durchsetzung von Organhaftungsansprüchen im Aktienkonzern, NZG 2015, 1142; *Freund,* Organhaftung von Vorständen und Geschäftsführern, GmbHR 2009, 1185; *Gädtke/Wax,* Konzepte zur Versicherung des D&O-Selbstbehalts, AG 2010, 851; *Gehrlein,* Strafbarkeit von Vorständen wegen leichtfertiger Vergabe von Unternehmensspenden, NZG 2002, 463; *Götz,* Die Pflicht des Aufsichtsrats zur Haftbarmachung von Vorstandsmitgliedern, NJW 1997, 3275; *Grooterhorst,* Das Einsichtnahmerecht des ausgeschiedenen Vorstandsmitglieds in Geschäftsunterlagen im Haftungsfall, AG 2011, 389; *Habersack/Wasserbäch,* Organhandeln vor Schiedsgerichten, AG 2016, 2; *Hasselbach,* Der Verzicht auf Schadensersatzansprüche gegen Organmitglieder, DB 2010, 2037; *Hasselbach/Seibel,* Die Freistellung von Vorstandsmitgliedern und leitenden Angestellten von der Haftung für Kartellrechtsverstöße, AG 2008, 770; *Haßler,* Anwendbarkeit von § 93 Abs. 4 Satz 3 AktG im Rahmen der Verschmelzung zweier Aktiengesellschaften, AG 2016, 388; *Hauschka,* Compliance in der Korruptionsprävention – was müssen, was sollen, was können die Unternehmen tun?, BB 2007, 165; *ders.,* Corporate Compliance – Unternehmensorganisatorische Ansätze zur Erfüllung der Pflichten von Vorständen und Geschäftsführern, AG 2004, 461; *Hirte/Stoll,* Die Enthaftung insolventer Geschäftsleiter und Aufsichtsratsmitglieder durch Abwendungsvergleich, ZIP 2010, 253; *Hoffmann-Becking,* Zur rechtlichen Organisation der Zusammenarbeit im Vorstand der AG, ZGR 1998, 501; *Hohenstatt/Naber,* Die D&O-Versicherung im Vorstandsvertrag, DB 2010, 2321; Hölters/*Hölters,* Teil X Aktiengesellschaften und Unternehmensaquisitionen, in Hölters, Handbuch Unternehmenskauf, 8. Aufl. 2014; *Ihlas,* Organhaftung und Haftpflichtversicherung, 1997; *Kapp,* Die Haftung von Vorstand und Aufsichtsrat bei Verstößen gegen das Kartellrecht, CCZ 2009, 168; *Kiethe,* Vermeidung der Haftung von geschäftsführenden Organen durch Corporate Compliance, GmbHR 2007, 393; *ders.,* Vorstandshaftung aufgrund fehlerhafter Due Diligence beim Unternehmenskauf, NZG 1999, 976; *Koch,* Einführung eines obligatorischen Selbstbehalts in der D&O-Versicherung durch das VorstAG, AG 2009, 637; *Koch/Dinkel,* Die zivilrechtliche Haftung von Vorständen für unternehmerische Entscheidungen, NZG 2004, 441; *Kocher,* Zur Reichweite der Business Judgment Rule, CCZ 2009, 215; *Kort,* Interessenkonflikte bei Organmitgliedern der AG, ZIP 2008, 717; *ders.,* Vorstandshandeln im Spannungsverhältnis zwischen Unternehmens- und Aktionärsinteressen, AG 2012, 605; *Krieger,* Zahlungen der Aktiengesellschaft im Strafverfahren gegen Vorstandsmitglieder, FS Bezzenberger, 2000, 211; *Lange,* Die Selbstbehaltsvereinbarungspflicht gem. § 93 Abs. 2 S. 3 AktG nF, VersR 2009, 1011; *ders.,* D&O Versicherung und Managerhaftung, 2014; *Lohse,* Unternehmerisches Ermessen, 2005; *Lorenz/Pospiech,* Holzmüller Reloaded – Hauptversammlungskompetenz beim Beteiligungserwerb, DB 2010, 1925; *Lutter,* Die Business Judgment Rule und ihre praktische Anwendung, ZIP 2007, 841; *Marsch-Barner,* Vorteilsausgleich bei der Schadensersatzhaftung nach § 93 AktG, ZHR 173 (2009), 723; *Oltmanns,* Geschäftsleiterhaftung und unternehmerisches Ermessen 2001; *Paefgen,* Die Darlegungs- und Beweislast bei der Business Judgment Rule, NZG 2009, 891; *Peltzer,* Konstruktions- und Handhabungsschwierigkeiten bei der D&O-Versicherung, NZG 2009, 970; *Redeke,* Zur gerichtlichen Kontrolle der Angemessenheit der Informationsgrundlage im Rahmen der Business Judgment Rule nach § 93 Abs. 1 Satz 2 AktG, ZIP 2011, 59; *ders.,* Zu den Organpflichten bei bestandsgefährdenden Risiken, ZIP 2010, 159; *Reichert/Ott,* Non Compliance in der AG – Vorstandspflichten im Zusammenhang mit der Vermeidung, Aufklärung und Sanktionierung von Rechtsverstößen, ZIP 2009, 2173; *Roth,* Unternehmerisches Ermessen und Haftung des Vorstands, 2001; *Säcker,* Gesetzliche und satzungsmäßige Grenzen für Spenden und Sponsoringmaßnahmen in der Kapitalgesellschaft, BB 2009, 282; *Schäfer/Zeller,* Finanzkrise, Risikomodelle und Organhaftung BB 2009, 1706; *Schmidt,*

Die Umwelthaftung der Organmitglieder von Kapitalgesellschaften, 1996; *Schmolke,* Geschäftsleiterpflichten zur Offenlegung begangenen Fehlverhaltens?, RIW 2008, 365; *U. H. Schneider,* Compliance im Konzern, NZG 2009, 1321; *Schnorbus/Klormann,* Verzicht des Vorstands auf die Einrede der Verjährung nach § 93 VI AktG und die Verfolgungspflicht des Aufsichtsrats nach ARAG/Garmenbeck; *Scholz/Weiß,* Schiedsverfahren zur Vermeidung der Vorstandshaftung, AG 2015, 532; *Seibt/Wollenschläger,* Haftungsrisiken für Manager wegen fehlgeschlagener Post Merger Integration, DB 2009, 1579; *Semler,* Leitung und Überwachung der Aktiengesellschaft, 2. Aufl. 1996; *Spindler,* Haftung und Aktionärsklagen nach dem neuen UMAG, NZG 2005, 865; *Strohn,* Beratung der Geschäftsleitung durch Spezialisten als Ausweg aus der Haftung, ZHR 176 (2012), 137; *Thole,* Managerhaftung für Gesetzesverstöße, ZHR 173 (2009), 504; *Thümmel/Burkhardt,* Neue Haftungsrisiken für Vorstände und Aufsichtsräte aus § 57 Abs. 1 AktG und § 92 Abs. 2 S. 3 AktG in der Neufassung des MoMiG, AG 2009, 885; *Thomas,* Haftungsrechtliche Verjährungsverlängerung und D&O Deckung, AG 2016, 473; *Thümmel,* Persönliche Haftung von Managern und Aufsichtsräten, 4. Aufl. 2008; *ders.,* Managerhaftung vor Schiedsgerichten, FS Geimer, 2002, 1331; *Ulmer,* Strikte aktienrechtliche Organhaftung und D&O-Versicherung, FS Canaris, 2007, 451; *ders.,* Haftungsfreistellung bis zur Grenze grober Fahrlässigkeit bei unternehmerischen Fehlentscheidungen von Vorstand und Aufsichtsrat?, DB 2004, 859; *Umbeck,* Managerhaftung als Gegenstand schiedsgerichtlicher Verfahren, SchiedsVZ 2009, 143; *Wansleben,* Vermeidung und Überlagerungen zwingenden Rechts durch Versicherungen: Vorstandsbinnenhaftung und D&O-Versicherungsmechanismen im Recht, 2006; *v. Werder,* Wirtschaftskrise und persönliche Managementverantwortung: Sanktionsmechanismen aus betriebswirtschaftlicher Sicht, ZIP 2009, 500; *Werner,* Haftungsrisiken bei Unternehmensakquisitionen – die Pflicht des Vorstands zur Due Diligence, ZIP 2000, 989; *Wessing/Hölters,* Die Verschwiegenheitspflicht von Aufsichtsratsmitgliedern nach Inkrafttreten des Mitbestimmungsgesetzes, DB 1976, 1671; *Wilsing,* § 25 Geldbußen gegen das Unternehmen, in Krieger/U. H. Schneider, Handbuch Managerhaftung, 2007; *Zimmermann,* Aktienrechtliche Grenzen der Freistellung des Vorstands von kartellrechtlichen Bußgeldern, DB 2008, 687, 689; *ders.,* Kartellrechtliche Bußgelder gegen Aktiengesellschaften und Vorstand: Rückgriffsmöglichkeiten, Schadensumfang und Verjährung, WM 2008, 433.

Übersicht

A. Überblick

I. Norminhalt und Normzweck

1 § 93, der mit „Sorgfaltspflicht und Verantwortlichkeit der Vorstandsmitglieder" überschrieben ist, enthält die unterschiedlichsten Regelungsgegenstände. Während die Abs. 2–6 jeweils einen geschlossenen Regelungskomplex darstellen, hat der Gesetzgeber in Abs. 1 durchaus unterschiedliche Aspekte des Vorstandshandelns in einem Absatz zusammengefasst.

2 **Abs. 1 S. 1** enthält zunächst eine generalklauselartige Umschreibung der den Vorstandsmitgliedern obliegenden **Sorgfaltspflicht** bei ihrer Geschäftsführungstätigkeit. Die Vorstandsmitglieder haben bei ihrer Geschäftsführung die Sorgfalt eines ordentlichen und gewissenhaften Geschäftsleiters anzuwenden. Es handelt sich um einen speziellen Sorgfaltsmaßstab für die Geschäftsleitertätigkeit vergleichbar mit der Sorgfalt in eigenen Angelegenheiten nach § 277 BGB. Welche Sorgfalt ein ordentlicher und gewissenhafter Geschäftsleiter im Einzelnen zu beachten hat, wird im Gesetz nicht definiert. Die Ausprägung des generalklauselartigen Sorgfaltsbegriffs bleibt der Rechtsprechung und Literatur vorbehalten.

3 Daneben werden aus § 93 Abs. 1 S. 1 auch **Verhaltenspflichten** der Vorstände abgeleitet, die sich in Konkretisierung der Leitungsverantwortung aus § 76 Abs. 1 ergeben. Ausdrücklich ist weder in § 76 Abs. 1 geregelt, was die Vorstände bei der eigenverantwortlichen Leitung der Gesellschaft zu tun haben, noch ist in § 93 Abs. 1 S. 1 im Einzelnen ausgeführt, welche Einzelpflichten sich aus der Geschäftsführungsverantwortung ergeben. Jedenfalls bietet es sich an, die Formulierung „bei ihrer Geschäftsführung" als generalklauselartigen Rechtsbegriff anzusehen und an dieser Stelle die Verhaltenspflichten von Vorständen zu erörtern, die durch Rechtsprechung und Literatur konkretisiert worden und im Laufe der Änderungen der Anforderungen an das Unternehmensmanagement weiter konkretisierungsbedürftig sind.

4 Eine Konkretisierung des Sorgfaltsmaßstabs wird in **Abs. 1 S. 2** formuliert. Es handelt sich um die sog. Business Judgment Rule, die den Vorstandsmitgliedern einen **Ermessensspielraum bei ihren unternehmerischen Entscheidungen** belässt. Soweit die Vorstandsmitglieder die in Abs. 1 S. 2 genannten Voraussetzungen bei ihrer Entscheidungsfindung beachten, liegt keine Pflichtverletzung vor.

5 Nach **Abs. 1 S. 3** unterliegen Vorstandsmitglieder einem **Verschwiegenheitsgebot** über vertrauliche Angaben und Geheimnisse, die ihnen im Rahmen ihrer Tätigkeit bekannt werden. Dies gilt nach **Abs. 1 S. 4** nicht für Auskünfte gegenüber einer Prüfstelle für Rechnungswesen nach § 342b HGB im Rahmen einer von dieser durchgeführten Prüfung.

6 Die Rechtsfolgen der Verletzung einer Verhaltenspflicht unter Außerachtlassung der Sorgfalt eines ordentlichen und gewissenhaften Geschäftsleiters sind in den nachfolgenden Absätzen geregelt. Die

Vorstandshaftung nach Abs. 2 bildet eine **eigene Anspruchsgrundlage** der Gesellschaft. Nach **§ 93 Abs. 2 S. 1** haben Vorstandsmitglieder Schadensersatz zu leisten, wenn sie durch eine Pflichtverletzung schuldhaft einen Schaden verursachen. Die Verteilung der **Darlegungs- und Beweislast** wird in **Abs. 2 S. 2** geregelt. Die Haftung der Vorstandsmitglieder knüpft unabhängig von dem Bestehen eines wirksamen Anstellungsvertrages an deren Organstellung an. Es handelt sich um einen Fall der **Innenhaftung** zwischen Vorstandsmitglied und Gesellschaft. Eine Außenhaftung der Vorstandsmitglieder gegenüber den Aktionären und Gläubigern ergibt sich aus § 93 nicht. Die Aktionäre sind auf die Klagemöglichkeiten nach § 147 und § 117 sowie aus unerlaubter Handlung verwiesen.

In **Abs. 3** ist ein **Katalog von besonderen Pflichtverletzungstatbeständen** enthalten. **Abs. 4** 7
enthält einen **Haftungsausschluss** bei einem gesetzmäßigen Beschluss der Hauptversammlung. Weiterhin sind die eingeschränkten Möglichkeiten der Gesellschaft geregelt, auf Schadensersatzansprüche zu **verzichten** oder sich darüber zu **vergleichen.** Nach **Abs. 5** besteht für **Gläubiger** der Gesellschaft bei Vorliegen bestimmter Voraussetzungen die Möglichkeit, einen Schadensersatzanspruch der Gesellschaft geltend zu machen. Die **Verjährung** des Schadensersatzanspruchs richtet sich nach **Abs. 6.**

Die Haftung aus § 93 zielt auf einen **Schadensausgleich** und hat **Präventionscharakter.** Ein 8
erlittener Vermögensnachteil der Gesellschaft wird durch den Schadensersatz ausgeglichen. Die den Vorstandsmitgliedern drohende persönliche Inanspruchnahme soll diese präventiv zu einer größeren Sorgfalt anhalten. § 93 dient dem Schutz der Aktionäre sowie dem Schutz des Gesellschaftsvermögens. Durch den Schutz des Gesellschaftsvermögens werden mittelbar die Gläubiger geschützt, zu denen auch die Arbeitnehmer zu zählen sind.

Die Regelung des § 93 gilt ebenfalls für Vorstandsmitglieder von Gesellschaften innerhalb eines 9
Konzernverbunds. Allerdings wird die Anwendung der Regeln des § 93 meist durch Sonderregelungen verdrängt. Für den Vertragskonzern sind die Vorschriften der §§ 309, 310 Sondervorschriften. Für die Eingliederung ist § 323 Abs. 1 einschlägig. Die Haftungsfragen des faktischen Konzerns sind in §§ 317 Abs. 3, 318 geregelt. Die Verantwortlichkeit des Vorstands der abhängigen Gesellschaft nach § 93 bleibt jedoch bestehen, soweit ein Einzelausgleich nicht möglich oder nicht zu erwarten ist (zur Vorstandshaftung im Konzern im Einzelnen → Rn. 174; → § 309 Rn. 26 ff.; → § 310 Rn. 5 ff.; → § 317 Rn. 33; → § 318 Rn. 5 ff.; → § 323 Rn. 6 f.).

Für **Aufsichtsratsmitglieder** gilt § 93 nach der Verweisungsnorm § 116 entsprechend. Der 10
Geschäftsführer einer GmbH haftet nach der Parallelnorm in § 43 GmbHG. Nach § 278 Abs. 3 gilt § 93 für den **Vorstand einer KGaA** sinngemäß. § 93 ist nach Art. 51 SE-VO anwendbar auf den Vorstand einer **Societas Europaea** (SE) mit einer dualistischen Organstruktur. Bei einer SE mit einer monistischen Struktur ist § 93 auf den dort vorhandenen Verwaltungsrat nach § 39 SEAG und auf die geschäftsführenden Direktoren nach § 40 Abs. 8 SEAG entsprechend anwendbar. Die Verpflichtung zur Verschwiegenheit gilt für die Organmitglieder einer SE nach Art. 49 SE-VO.

II. Zwingendes Recht

§ 93 ist zwingendes Recht. Abweichende Regelungen in der Satzung, in der Geschäftsordnung 11
des Vorstands oder im Dienstvertrag sind unzulässig. Für Satzung und Geschäftsordnung ergibt sich dies aus dem Grundsatz der Satzungsstrenge nach § 23 Abs. 5 S. 1.

Für die Verschuldenshaftung nach § 93 Abs. 2 wird der Charakter als zwingendes Recht insbeson- 12
dere von der älteren Literatur teilweise in Abrede gestellt.[1] Diese Auffassung ist abzulehnen.[2] Der in § 93 Abs. 1 geregelte Sorgfaltsmaßstab kann nicht geändert werden. Sie käme einer vom Gesetzgeber nicht gewollten Garantiehaftung gleich. Eine Verschärfung des Sorgfaltsmaßstabs beinhaltete die Gefahr, dass Vorstandsmitglieder risikoreiche Entscheidungen aus Vorsichtserwägungen unterlassen und Geschäftschancen nicht wahrgenommen werden. Eine Herabminderung des Sorgfaltsmaßstabs verbietet sich aus dem Zweck der Leitungsfunktion. Es lässt sich schwerlich darlegen, dass ein Vorstand nicht die Sorgfalt eines ordentlichen und gewissenhaften Geschäftsleiters walten lassen soll. Auf die Einhaltung dieses Sorgfaltsmaßstabs kann weder durch Beschluss der Hauptversammlung noch durch Beschluss des Aufsichtsrates verzichtet werden.

Auch die Verhaltenspflichten des Vorstands können weder ergänzt noch gekürzt werden. Da 13
die Verhaltenspflichten jedoch im Einzelnen nicht normiert sind, ist eine Konkretisierung dieser Verhaltenspflichten möglich.

---

[1] *Mestmäcker* Verwaltung, Konzerngewalt und Recht der Aktionäre, 1958, 210; *v. Godin/Wilhelmi* Anm. 4; Schlegelberger/*Quassowski* AktG 1937 § 84 Rn. 5; heute noch *Arnold* in Marsch-Barner/Schäfer HdB AG § 22 Rn. 3; NK-AktR/*Schmidt* Rn. 5.

[2] GroßkommAktG/*Hopt/Roth* Rn. 49; KK-AktG/*Mertens/Cahn* Rn. 8; MüKoAktG/*Spindler* Rn. 28.

14 Zwingenden Rechtscharakter hat auch die Verschwiegenheitspflicht der Vorstandsmitglieder nach § 93 Abs. 1 S. 3.[3] Auch insoweit sind jedoch Konkretisierungen möglich und auch sinnvoll.[4] In der Praxis finden sich entsprechende Regelungen teilweise in Geschäftsordnungen. Häufiger sind sie noch für den Aufsichtsrat entweder in der Satzung oder der Geschäftsordnung anzutreffen.[5] Regelungen, durch die § 93 abgeändert werden soll, sind für den Fall, dass sie auf einem Hauptversammlungsbeschluss beruhen, nach § 241 Nr. 3 und für den Fall, dass sie auf einem Aufsichtsratsbeschluss beruhen, nach § 134 BGB nichtig.[6]

III. Deutscher Corporate Governance Kodex

15 Der Kodex hat keine Gesetzeswirkung.[7] Es handelt sich um **unverbindliche Verhaltensempfehlungen zur Unternehmensleitung und -überwachung.**[8] Der Inhalt der sich auf den Vorstand beziehenden Empfehlungen und Anregungen kann allerdings zur Konkretisierung der Verhaltenspflichten des Vorstands herangezogen werden (im Einzelnen → § 161 Rn. 42 ff.; Abdruck des DCGK → § 161 Rn. 67).

16 Der Kodex enthält unter Ziff. 3.8 DCGK eine den Kerngedanken des § 93 widerspiegelnde Regelung.[9] In Ziff. 3.8 Abs. 2 DCGK ist die Pflicht zur Vereinbarung eines Selbstbehalts bei Abschluss einer D&O-Versicherung für den Vorstand enthalten (→ Rn. 405 ff.). Die Pflicht zur Verschwiegenheit der Vorstandsmitglieder findet sich in Ziff. 3.5 DCGK wieder.

17 Nach Ziff. 4.1.1 DCGK leitet der Vorstand das Unternehmen in eigener Verantwortung (→ Rn. 42 ff.; → § 76 Rn. 8 ff.). Dabei ist er an das Unternehmensinteresse (→ § 76 Rn. 19 ff., 23) gebunden und hat den nachhaltigen Unternehmenswert zu steigern. Weiterhin hat er nach Ziff. 4.1.2 DCGK die strategische Ausrichtung des Unternehmens vorzugeben und diese umzusetzen (→ Rn. 50 f.). Er hat nach Ziff. 4.1.3 DCGK für die Einhaltung der gesetzlichen Bestimmungen und der unternehmensinternen Richtlinien zu sorgen (Compliance, → Rn. 91 ff.) und deren Beachtung auch im Konzern zu erwirken (→ Rn. 111). Schließlich obliegt ihm nach Ziff. 4.1.4 DCGK das Risikomanagement und das Risikocontrolling (→ § 91 Rn. 4 ff.). Unter Ziff. 4.3 DCGK werden Verhaltenspflichten bei Bestehen von Interessenskonflikten zusammengefasst. So unterliegen nach Ziff. 4.3.1 DCGK Vorstandsmitglieder während ihrer Tätigkeit für das Unternehmen einem umfassenden Wettbewerbsverbot (→ § 88 Rn. 1 ff.). Sie sind dem Unternehmensinteresse verpflichtet und dürfen bei ihren Entscheidungen keine persönlichen Interessen verfolgen und dem Unternehmen zustehende Geschäftschancen nicht für sich selbst nutzen (→ Rn. 126 ff.). Nach Ziff. 4.3.2 DCGK dürfen sie im Zusammenhang mit ihrer Vorstandstätigkeit keine Zuwendungen Dritter für sich oder andere Personen annehmen, ungerechtfertigte Vorteile fordern oder Dritten ungerechtfertigte Vorteile gewähren (→ Rn. 130). Die Pflicht des Vorstands zur Kooperation mit dem Aufsichtsrat sowie zur kontinuierlichen Information des Aufsichtsrats enthält Ziff. 3 DCGK. In Ziff. 6 DCGK sind verschiedene Veröffentlichungspflichten des Vorstands aufgezählt, die der Transparenz des unternehmerischen Handelns dienen.[10] Pflichten im Zusammenhang mit dem Jahresabschluss und dem Konzernabschluss enthalten Ziff. 2.2.1 und 7 DCGK. Ziff. 2.3 DCGK enthält Pflichten im Zusammenhang mit der Einberufung der Hauptversammlung.

IV. Neuere Reformen und Entwicklungen

18 Die Verschwiegenheitspflicht nach § 93 Abs. 1 S. 3 wurde durch Einfügung von § 93 Abs. 1 S. 4 durch Art. 5 Nr. 1 BilKoG vom 15.12.2004 (BGBl. I S. 3408 [3414]) punktuell eingeschränkt. Durch Art. 1 Nr. 1a UMAG vom 22.9.2005 (BGBl. I S. 2802) wurde die Business Judgment Rule in § 93 Abs. 1 S. 2 kodifiziert. Mit Art. 5 Nr. 12 MoMiG vom 23.10.2008 (BGBl. I S. 2026 [2035]) wurde § 93 Abs. 3 Nr. 6 als Folgeänderung zu den Ergänzungen des bisherigen § 92 Abs. 3 neu gefasst. Das

[3] BGHZ 64, 325 (326 f.) = NJW 1993, 2307 für Aufsichtsrat; Spindler/Stilz/*Fleischer* Rn. 162; MüKoAktG/*Spindler* Rn. 142.

[4] BGHZ 64, 325 (328) = NJW 1993, 2307 für Aufsichtsrat; GroßkommAktG/*Hopt/Roth* Rn. 311.

[5] Dazu BGHZ 64, 325 (328) = NJW 1993, 2307; *Wessing/Hölters* DB 1976, 1671 (1672 f.).

[6] BGHZ 135, 244 (247) = NJW 1997, 1926 – ARAG/Garmenbeck, für Aufsichtsratsbeschluss; BGHZ 122, 342 (351) = NJW 1993, 2307 für Aufsichtsratsbeschluss; *Hüffer* ZGR 2001, 833 (871) für Aufsichtsratsbeschluss; GroßkommAktG/*Hopt* Rn. 27.

[7] BGHZ 180, 9 (22) = NZG 2009, 342 im Zusammenhang mit Ziff. 5.5.3 S. 1 DCGK – Kirch/Deutsche Bank; OLG München NZG 2009, 508 (509).

[8] Begr. RegE TransPuG, BT-Drs. 14/8769, 21; Spindler/Stilz/*Fleischer* Rn. 46 mwN.

[9] MüKoAktG/*Spindler* Rn. 1.

[10] KBLW/*v. Werder* Rn. 1600.

Erfordernis eines Selbstbehalts bei Abschluss einer D&O-Versicherung wurde durch Einfügung von § 93 Abs. 2 S. 3 durch Art. 1 Nr. 2 VorstAG vom 31.7.2009 (BGBl. I S. 2509 [2510]) eingeführt.

Die Verlängerung der Verjährungsfrist auf zehn Jahre für zum Zeitpunkt der Pflichtverletzung börsennotierte Gesellschaften nach § 93 Abs. 6 wurde durch das Restrukturierungsgesetz vom 9.12.2010 (BGBl. I S. 1900 [1930]) eingeführt und trat zum 15.12.2010 in Kraft. 19

V. Sonstige Kontrollmechanismen

Die Haftungskonsequenz nach § 93 Abs. 2 ist der gesetzlich normierte und auch stärkste Kontrollmechanismus, durch den pflichtwidriges Handeln von Vorstandmitgliedern verhindert werden soll. Daneben bestehen weitere teils gesetzliche, teils ökonomische Gesichtspunkte, die einer Kontrolle des Vorstandshandelns dienen. Das gesetzlich geregelte Kontrollorgan des Vorstands ist der **Aufsichtsrat.** Diesen trifft eine Kontroll- und Überwachungspflicht der Vorstandstätigkeit. Der Aufsichtsrat muss eingreifen, wenn er Kenntnis von pflichtwidrigem Verhalten von Vorstandsmitgliedern erlangt. Korrespondierend dazu stehen die umfassenden Informationspflichten des Vorstands gegenüber dem Aufsichtsrat. Geschäfte von grundlegender Bedeutung unterliegen einem Zustimmungsvorbehalt des Aufsichtsrats. Der Aufsichtsrat kann unter den Voraussetzungen des § 84 Abs. 3 die Bestellung zum Vorstandsmitglied widerrufen. Die Hauptversammlung kann dem Vorstand die Entlastung versagen sowie ihm das Vertrauen entziehen. Präventiv wirken unter anderem auch **Strafvorschriften** sowohl des StGB, wie §§ 263, 266, 283 StGB als auch die speziellen Straf- und Bußgeldvorschriften nach §§ 399 ff. Die Verletzung der Vorschriften der §§ 283 ff. StGB führt zu einem Bestellungshindernis. Das Gleiche gilt beim Ausspruch eines Berufsverbots durch Urteil oder Verwaltungsakt. Als für Vorstandshandeln relevante strafrechtliche Normen sind zunehmend § 88 Telekommunikationsgesetz (TKG) sowie die §§ 229 f., 334 f. StGB (Bestechung) ins Blickfeld der Öffentlichkeit geraten. Ob und inwieweit strafrechtliche Vorschriften Präventivwirkung zeigen, wird bei Vorstandshandeln wie auch allgemein bei strafbewehrtem Handeln sonstiger Personen stets Gegenstand kontroverser Diskussionen bleiben. 20

Wie sich die Ergänzung des § 93 Abs. 2 durch das VorstAG vom 31.7.2009 (BGBl. I S. 2509), das am 5.8.2009 in Kraft getreten ist, auswirken wird, bleibt abzuwarten. Danach ist gesetzlich beim Abschluss jeder D&O-Versicherung ein **Selbstbehalt** von mindestens 10% des Schadens bis mindestens zur Höhe des Eineinhalbfachen der festen jährlichen Vergütung des Vorstandsmitglieds vorzusehen. Wenngleich der Betrachtungszeitraum für die Auswirkung der gesetzlichen Neuerung immer noch zu kurz ist, kann bezweifelt werden, ob dies wesentlich zur Vermeidung von pflichtwidrigem Handeln beiträgt (→ Rn. 405 ff.). 21

Eher greifen als Kontrollmechanismen **marktspezifische ökonomische** Gesetzmäßigkeiten.[11] Bei Fehlverhalten von Managern droht diesen der Verlust des Arbeitsplatzes und damit aufgrund des erlittenen Reputationsverlustes der Ausschluss vom Arbeitsmarkt für Topmanager.[12] Wessen Fehlverhalten einmal in der Öffentlichkeit bekannt geworden ist oder auch nur in Branchenkreisen erörtert wird, ist gebrandmarkt. Ein weiterer ökonomischer Kontrollmechanismus findet durch den Wettbewerb auf den Absatzmärkten statt.[13] Ein schlecht geführtes Unternehmen kann gegen Mitbewerber nicht bestehen. Bei Verschlechterung der Situation dieses Unternehmens droht die Übernahme mit möglichem Verlust der Managerposition. Weiter reagiert der Finanzmarkt sensibel auf schlechte Unternehmenswerte.[14] 22

B. Rechtstatsachen

Vielfach wurde der Haftungstatbestand nach § 93 als untauglich angesehen, Pflichtverletzungen von Vorstandsmitgliedern zu verfolgen. Als problematisch angesehen wurde, dass der Aufsichtsrat den Schadensersatzanspruch geltend zu machen hat (→ Rn. 291 ff.). Es bestand die Befürchtung, dass eine Geltendmachung unterlassen werde. Diese Befürchtungen waren nicht grundlos. Bis vor einigen Jahren waren Inanspruchnahmen von Vorständen wegen pflichtwidrigen Handelns selten. Die Gründe waren unterschiedlich. Oft unterließ der Aufsichtsrat aus Loyalität gegenüber dem Vorstand eine Geltendmachung. Dazu mag die Vielzahl von Aufsichtsratsmandaten und die personelle 23

[11] Spindler/Stilz/*Fleischer* Rn. 6.

[12] *v. Werder* ZIP 2009, 500 (502, 504); *Fama* 88 Journal of Political Economy 288 ff. (1980); *Spremann,* Investition und Finanzierung, 4. Aufl. 1991, 613; Spindler/Stilz/*Fleischer* Rn. 6.

[13] *Fama* 88 Journal of Political Economy 288 (1980); *Spremann,* Investition und Finanzierung, 4. Aufl. 1991, 612 f.; Spindler/Stilz/*Fleischer* Rn. 6.

[14] *Manne* 73 Journal of Political Economy 110, 112 (1965); Spindler/Stilz/*Fleischer* Rn. 6.

Verflechtung in Industrie- und Bankenwelt beigetragen haben. Teilweise befürchtete der Aufsichtsrat die Mitschädigung der Gesellschaft. Möglicherweise wäre aber auch mit der Geltendmachung von Schadensersatzansprüchen gegenüber dem Vorstand über eigene Pflichtverletzungen bei der Überwachungsaufgabe des Aufsichtsrats diskutiert worden und der Aufsichtsrat damit selber in die Gefahr einer Haftung geraten. Seit der ARAG/Garmenbeck-Entscheidung des BGH[15] ist der Aufsichtsrat aber angehalten, eine Pflichtverletzung des Vorstands zu ahnden (→ Rn. 292). Geht er nicht gegen pflichtwidrig handelnde Vorstandsmitglieder vor, so liegt hierin regelmäßig eine Sorgfaltspflichtverletzung der Aufsichtsratsmitglieder nach §§ 116 S. 1, 93.[16]

24 Das Klima hat sich ausgehend von der ARAG/Garmenbeck-Entscheidung, durch die die rechtliche Basis gelegt wurde, sowie durch weitere rechtliche und wirtschaftliche Entwicklungen grundlegend gewandelt. Eine Sensibilisierung einer breiten Öffentlichkeit trat durch Bestechungs- und Überwachungspraktiken ein (→ Rn. 72 ff., 88 ff., 259 f.). Das schlechte wirtschaftliche Umfeld ausgelöst durch die Bankenkrise tat ein Übriges. Die Durchsetzung von Schadensersatzansprüchen gegen Vorstände ist ein regelmäßiges Thema der Tagespresse.

25 Die Anzahl der Haftungsfälle nach § 93 lässt sich schwer bestimmen. Der Großteil der Haftungsfälle wird außergerichtlich geregelt. Auch der Anstieg der abgeschlossenen D&O-Versicherungen und die Anzahl der gemeldeten Schadensfälle lässt nicht unbedingt auf einen Anstieg der Schadensfälle schließen.

C. Sorgfaltsmaßstab (Abs. 1 S. 1)

I. Allgemeiner Sorgfaltsmaßstab

26 **1. Allgemeines.** In § 93 Abs. 1 S. 1 wird ein **allgemeiner Sorgfaltsmaßstab** umschrieben, den Vorstandsmitglieder bei ihrer Geschäftsführung einzuhalten haben. Der Sorgfaltsmaßstab ist abhängig von verschiedenen Faktoren. Er richtet sich unter anderem nach Art und Größe des Unternehmens, nach Art der jeweiligen Geschäftsführungsmaßnahmen oder auch nach dem durch die aktuelle Konjunkturentwicklung beeinflussten wirtschaftlichen Umfeld.[17] Es ist zu ermitteln, wie sich ein ordentlicher und gewissenhafter selbständig tätiger Leiter eines nach Art und Größe gleichen oder ähnlichen Unternehmens verhalten würde.[18] Die Vorstandsmitglieder sind verpflichtet, alle Entscheidungen sorgfältig am Interesse der Gesellschaft auszurichten (→ Rn. 37 f.; → § 76 Rn. 19 ff.). Wenn ausgeführt wird, sie dürften weder zum Schaden der Gesellschaft handeln noch sich von sachfremden Gesichtspunkten leiten lassen,[19] so handelt es sich dabei um eine in der Negation formulierte Selbstverständlichkeit.

27 Vorstandsmitglieder müssen ihre individuellen **Fähigkeiten und Kenntnisse** bei ihrer Tätigkeit einsetzen. In der Person liegende Unfähigkeit zur Geschäftsführung enthebt sie nicht der Verantwortung.[20] Die für die Geschäftsführung maßgeblichen Mindestkenntnisse hat sich ein Vorstandsmitglied anzueignen, um Entscheidungen sachkundig und selbständig treffen zu können.[21] Verfügt das Vorstandsmitglied nicht über ausreichende Kenntnisse und Fähigkeiten, so darf es das Amt nicht antreten.[22] Stellt sich die Unfähigkeit später heraus, muss das Vorstandsmitglied das Amt niederlegen.[23] Hat das Vorstandsmitglied keine Kenntnis von seiner Unfähigkeit, so ist ihm der Antritt des Amtes oder ein unterbliebener Rücktritt nicht vorzuwerfen,[24] es sei denn, die mangelnde Kenntnis von der eigenen Unfähigkeit wäre für ihn vermeidbar gewesen.

28 **2. Konkretisierung des allgemeinen Sorgfaltsmaßstabes durch im Gesetz, in der Satzung, im Anstellungsvertrag oder in der Geschäftsordnung festgelegte Sorgfaltsanforde-**

---

[15] BGHZ 135, 244 = NJW 1997, 1926 – ARAG/Garmenbeck.

[16] MüKoAktG/*Habersack* § 111 Rn. 36; Spindler/Stilz/*Spindler* § 116 Rn. 58.

[17] BGHZ 129, 30 (34) = NJW 1995, 1290 für Geschäftsführer eines Treuhandunternehmens; Spindler/Stilz/*Fleischer* Rn. 41; MüKoAktG/*Spindler* Rn. 25.

[18] BGHZ 129, 30 (34) = NJW 1995, 1290 für Geschäftsführer eines Treuhandunternehmens; OLG Düsseldorf AG 1997, 231 (235) – ARAG/Garmenbeck; OLG Hamm AG 1995, 512 (514); OLG Koblenz GmbHR 1991, 416 (417) für GmbH-Geschäftsführer; Spindler/Stilz/*Fleischer* Rn. 41; MüKoAktG/*Spindler* Rn. 25.

[19] So BGHZ 21, 254 (257) = WM 1956, 1352; GroßkommAktG/*Hopt/Roth* Rn. 52; MüKoAktG/*Spindler* Rn. 26.

[20] BGHZ 129, 30 (34) = NJW 1995, 1290; GroßkommAktG/*Hopt/Roth* Rn. 59.

[21] BGHZ 85, 293 (295 f.) = NJW 1983, 991 für Aufsichtsratsmitglieder.

[22] GroßkommAktG/*Hopt/Roth* Rn. 59 mwN.

[23] BFH/NV 2004, 157 (158); GroßkommAktG/*Hopt/Roth* Rn. 59 mwN.

[24] GroßkommAktG/*Hopt/Roth* Rn. 59.

rungen. Der allgemeine Sorgfaltsmaßstab wird teilweise durch das AktG sowie durch allgemeine Gesetze konkretisiert. Beispiele für gesetzliche Konkretisierungen sind §§ 90, 91[25] und 92 AktG. Wenn in diesen Bestimmungen ein bestimmtes Verhalten der Vorstandsmitglieder verlangt wird, so handelt es sich dabei nicht um ein Verhalten, das die eigentliche Leitung des Unternehmens betrifft, sondern um formelle Anforderungen. Es liegt deshalb nahe, diese formalen Regelungen als Konkretisierungen des Sorgfaltsmaßstabs anzusehen. Entsprechende Konkretisierungen können sich weiterhin aus der Satzung, dem Anstellungsvertrag oder der Geschäftsordnung ergeben.

II. Geschäftsleiterermessen (Abs. 1 S. 2)

1. Business Judgment Rule. Vorstandsmitglieder haben bei unternehmerischen Entscheidungen 29 einen Ermessensspielraum gemäß § 93 Abs. 1 S. 2. Wenn das Vorstandsmitglied vernünftigerweise nach ausreichender Information davon ausgehen durfte, dass seine Entscheidung im Interesse der Gesellschaft ist, liegt kein pflichtwidriges Verhalten vor. Damit liefert die Regelung des § 93 Abs. 1 S. 2 den Vorstandsmitgliedern einen „sicheren Hafen" („safe harbour") bei unternehmerischen Entscheidungen.[26] Mit dieser Regelung wurde die aus dem anglo-amerikanischen Recht stammende Business Judgment Rule in das deutsche Aktienrecht aufgenommen. Diese Business Judgment Rule entspricht aber auch der gängigen Rechtsprechungspraxis,[27] die dem Vorstand bei der Geschäftsleitung einen breiten Handlungsspielraum zubilligt. Die gesetzliche Einfügung der Business Judgment Rule ist also lediglich eine kodifizierte Festschreibung der auch vor ihrem Inkrafttreten geltenden Rechtsprechungspraxis.[28]

2. Geschäftsleiterermessen bei unternehmerischen Entscheidungen. Vorstandsmitglieder 30 haben ein Geschäftsleiterermessen (→ § 76 Rn. 38), da ohne einen Handlungsspielraum eine unternehmerische Tätigkeit nicht möglich ist.[29] Unternehmerische Entscheidungen sind **zukunftsgerichtet** und beruhen auf **Planungen** und **Prognosen.**[30] Sie sind gefordert, soweit ein Handeln des Vorstands nicht durch Gesetz, Satzung, Anstellungsvertrag oder Geschäftsordnung rechtlich gebunden ist.[31] Teilweise wird in Frage gestellt, ob das Tatbestandsmerkmal der Zukunftsbezogenheit der Entscheidung notwendigerweise gegeben sein muss.[32] Abzustellen sei allein darauf, dass bei unternehmerischen Entscheidungen der Vorstand einen Beurteilungs- und Ermessensspielraum habe.[33] Dies kennzeichne die unternehmerische Entscheidung und unterscheide sie von einer Entscheidung bei strikter Pflichtenbindung.[34] Auch die Mannesmann-Entscheidung[35] lasse darauf schließen, dass die Zukunftsbezogenheit der Entscheidung kein notwendiges Tatbestandsmerkmal einer unternehmerischen Entscheidung sein muss.[36] Nach dem Mannesmann-Urteil ist die Entscheidung über die Vergütung des Vorstands als Belohnung für vergangene Leistungen ebenfalls eine unternehmerische Entscheidung des Aufsichtsrats.[37] Die Diskussion ist rein akademischer Natur. Jegliche unternehmerische Entscheidung hat eine Zukunftsbezogenheit.[38] Das gilt auch für eine Entscheidung über Sachverhalte, die in der Vergangenheit liegen. Eine unternehmerische Entscheidung, wie Sachverhalte zu behandeln sind, die in der Vergangenheit liegen, wirkt sich stets auf die Situation des Unternehmens in der Zukunft aus.

Die Vorstandsmitglieder unterliegen bei unternehmerischen Entscheidungen **keiner Erfolgshaftung,**[39] sondern haften lediglich für ein Verhalten, mit dem sie den ihnen zustehenden Handlungsspielraum überschritten haben. Der Handlungsspielraum ist dann überschritten, wenn die Grenzen, in denen sich ein verantwortliches, ausschließlich am Unternehmenswohl orientiertes, auf sorgfältiger 31

---

[25] OLG Frankfurt AG 2008, 453 (454).
[26] GroßkommAktG/*Hopt/Roth* Rn. 61.
[27] S. nur BGHZ 135, 244 (253) = NJW 1997, 1926 – ARAG/Garmenbeck.
[28] KK-AktG/*Mertens/Cahn* Rn. 12.
[29] BGHZ 135, 244 (253) = NJW 1997, 1926 – ARAG/Garmenbeck; MüKoAktG/*Spindler* Rn. 54 mwN.
[30] Begr. RegE UMAG, BT-Drs. 15/5092, 11; KK-AktG/*Mertens/Cahn* Rn. 17.
[31] OLG Düsseldorf ZIP 2010, 28 (31) – IKB; krit. *Kocher* CCZ 2009, 215 (217 ff.).
[32] *Bosch/Lange* JZ 2009, 225 (230); *Koch* ZGR 2006, 769 (786 f.); *Langenbucher* DStR 2005, 2083 (2086); *Seibt/Schwarz* AG 2010, 301 (305); *Spindler* NZG 2005, 865 (871).
[33] GroßkommAktG/*Hopt/Roth* Rn. 82.
[34] GroßkommAktG/*Hopt/Roth* Rn. 82.
[35] BGHSt 50, 331 = NJW 2006, 522 – Mannesmann.
[36] *Koch* ZGR 2006, 769 (787); GroßkommAktG/*Hopt/Roth* Rn. 84.
[37] BGHSt 50, 331 (336) = NJW 2006, 522 – Mannesmann.
[38] So auch MüKoAktG/*Spindler* Rn. 42.
[39] Begr. RegE UMAG, BT-Drs. 15/5092, 11; BGHZ 75, 96 (113) = NJW 1979, 1823; *Arnold* in Marsch-Barner/Schäfer HdB AG § 22 Rn. 21.

Ermittlung der Entscheidungsgrundlage beruhendes unternehmerisches Handeln zu bewegen hat, deutlich übertreten werden.[40]

32 Geschäftliche **Risiken** können von Vorstandsmitgliedern im Rahmen von unternehmerischen Entscheidungen bei der Einschätzung zukünftiger Entwicklungen eingegangen werden.[41] Das Vorstandsmitglied hat bei seiner unternehmerischen Entscheidung aber stets die Vor- und Nachteile der geplanten Maßnahme unter Einschluss erkennbarer Risiken abzuwägen.[42] Er darf ein mit einer unternehmerischen Entscheidung verbundenes Risiko nicht in völlig unverantwortlicher Weise falsch beurteilen.[43] Existenzgefährdende Risiken, deren Eintritt nicht völlig unwahrscheinlich ist, dürfen grundsätzlich nicht eingegangen werden,[44] es sei denn, der Gesellschaft droht ohne Eingehen dieser Risiken ebenfalls der Existenzverlust.[45] Das Eingehen hoher Risiken bedarf als Leistungsaufgabe immer einer Entscheidung des Gesamtvorstands.[46]

33 Auch innerhalb seiner **Organisations-, Planungs- und Überwachungspflichten** steht dem Vorstand ein unternehmerisches Ermessen zu.[47] Dagegen besteht kein unternehmerischer Ermessensspielraum, soweit die **Treuepflicht** des Vorstands gegenüber der Gesellschaft berührt ist.[48] Weiterhin hat der Vorstand keinen Ermessensspielraum bei den ihm obliegenden **Informationsverpflichtungen.**[49]

34 **3. Angemessene Information als Grundlage.** Der Vorstand hat seine Entscheidungen auf der Grundlage angemessener Information zu treffen. Die Grundlage der unternehmerischen Entscheidung muss sorgfältig ermittelt werden.[50] Es sind alle für die konkrete Entscheidung dienlichen vorhandenen Informationsquellen tatsächlicher und rechtlicher Art zu nutzen.[51] Ob die Informationsgrundlage angemessen ist, bestimmt sich nach Art und Bedeutung der Entscheidung, nach dem zur Verfügung stehenden Zeitumfang zur Informationsgewinnung und nach anerkannten betriebswirtschaftlichen Verhaltensmaßstäben.[52] Es hat eine Abwägung zwischen den Informationsbeschaffungskosten und dem Informationsnutzen stattzufinden.[53] Grundsätzlich sind alle verfügbaren Informationsquellen auszuschöpfen.[54] Inwieweit das Einholen von externen Sachverständigengutachten und Beratervorschlägen notwendig ist, hat der Vorstand einzelfallabhängig zu entscheiden. (→ Rn. 248 f.). Die Einholung von Sachverständigen- und Beratungsleistungen durch Dritte entlastet den Vorstand nicht, wenn damit keine ausreichende Informationsgrundlage geschaffen wurde (→ Rn. 249 f.).[55] Es kann notwendig sein, neue Informationsquellen zu erschließen.[56] Die Angemessenheit des Einholens einer Information durch ein einzelnes Vorstandsmitglied ist ressortabhängig.[57]

35 Das Vorstandsmitglied muss **vernünftigerweise** davon ausgehen dürfen, dass seine Informationsgrundlage angemessen ist. Die Einschätzung der Angemessenheit durch den Vorstand erhält mit dem Kriterium „vernünftigerweise" eine **objektive** Komponente. Welche Informationsgrundlage vernünftigerweise als angemessen angesehen werden darf, ist aus einer **ex-ante**-Sicht zu beurteilen.[58] Ein später mit der Frage der Angemessenheit eventuell befasstes Gericht darf den Entscheidungspro-

---

[40] BGHZ 135, 244 (253) = NJW 1997, 1926 – ARAG/Garmenbeck.

[41] BGHZ 135, 244 (253) = NJW 1997, 1926 – ARAG/Garmenbeck; OLG Frankfurt DB 2010, 2788 (2793); MüKoAktG/*Spindler* Rn. 54.

[42] BGH NZG 2008, 705 (706) für GmbH-Geschäftsführer; MüKoAktG/*Spindler* Rn. 54.

[43] Begr. RegE UMAG, BT-Drs. 15/5092, 11.

[44] OLG Düsseldorf ZIP 2010, 28 (32); MüKoAktG/*Spindler* Rn. 26; MHdB AG/*Wiesner* § 25 Rn. 63.

[45] *Oltmanns* Geschäftsleiterhaftung und unternehmerisches Ermessen, 2001, 248; *Schlimm* Das Geschäftsleiterermessen des Vorstands einer Aktiengesellschaft, 2009, 328 f.; GroßkommAktG/*Hopt/Roth* Rn. 88.

[46] *Henze* BB 2000, 209 (210).

[47] *Bosch/Lange* JZ 2009, 225 (230); Spindler/Stilz/*Fleischer* Rn. 69.

[48] Begr. RegE UMAG, BT-Drs. 15/5092, 11; Spindler/Stilz/*Fleischer* Rn. 67 mwN.

[49] Spindler/Stilz/*Fleischer* Rn. 67 mwN.

[50] BGH NJW-RR 2009, 332 für Vorstand einer Genossenschaft; NZG 2008, 705 (706) für GmbH-Geschäftsführer; BGHZ 135, 244 (253) = NJW 1997, 1926 – ARAG/Garmenbeck.

[51] BGH NZG 2008, 705 (706) für GmbH-Geschäftsführer; OLG Düsseldorf ZIP 2010, 28 (31) – IKB; OLG Frankfurt DB 2010, 2788 (2794); *Seibt/Wollenschläger* DB 2009, 1579.

[52] Begr. RegE UMAG, BT-Drs. 15/5092, 12; KK-AktG/*Mertens/Cahn* Rn. 33.

[53] OLG Celle AG 2008, 711; Spindler/Stilz/*Fleischer* Rn. 70 mwN.

[54] *Binder* AG 2008, 274 (281); *Fleischer* NJW 2009, 2237 (2239); *Redeke* ZIP 2011, 59 (60); *Seibt/Schwarz* AG BGH NZG 2008, 705 (706); *Seibt/Wollenschläger* DB 2009, 1579; *Kinzl* DB 2004, 1653 (1654).

[55] OLG Düsseldorf ZIP 2010, 28 (32) – IKB.

[56] GroßkommAktG/*Hopt/Roth* Rn. 108.

[57] Begr. RegE UMAG, BT-Drs. 15/5092, 12.

[58] *Binder* AG 2008, 274 (280); *Kocher* CCZ 2009, 215 (216).

zess nicht anhand des späteren Ergebnisses beurteilen.[59] Die Einschätzung der Angemessenheit der Informationsgrundlage selber ist eine unternehmerische Entscheidung.[60] Bei einer gerichtlichen Überprüfung der Angemessenheit im Rahmen eines Schadensersatzprozesses gegen ein Vorstandmitglied kann die Heranziehung eines Sachverständigen durch das Gericht erforderlich sein.[61]

Zu Beweiszwecken sollte für eine umfassende **Dokumentation** gesorgt werden.[62] Die Dokumente sollen nicht nur bis zum höchstwahrscheinlichen Ablauf der Verjährungsfrist nach § 93 Abs. 6, **36**
sondern einige Jahre darüber hinaus verwahrt werden, da über den Zeitpunkt des Ablaufs der Verjährung Streit entstehen kann. Die den unternehmerischen Entscheidungen zugrunde liegenden Überlegungen sollten aus schriftlichen Unterlagen nachvollziehbar sein. Dazu gehört nicht nur, dass Vorstandsbeschlüsse in Sitzungsprotokollen aufgezeichnet werden. Dass dies geschieht, ergibt sich bereits zumeist aus den Geschäftsordnungen (→ § 77 Rn. 23) und entspricht der gängigen Praxis in der heutigen Unternehmenskultur. Die schriftliche Dokumentation eines Beschlusses kommt aber bereits begrifflich nicht in Betracht, wenn es sich um eine unternehmerische Entscheidung eines einzelnen Vorstandsmitglieds innerhalb seines Ressorts handelt. Aber auch bei unternehmerischen Entscheidungen, die durch Beschluss des Gesamtvorstands getroffen werden, sind weitere Anforderungen an eine ordnungsgemäße Dokumentation zu stellen als die bloße Aufnahme des Beschlusses in ein Sitzungsprotokoll. So sollten zur Dokumentation Stellungnahmen und Analysen von Mitarbeitern sowie Gutachten und Vorschläge außenstehender Berater geordnet aufbewahrt werden. Sinnvoll ist es, die Grundlagen des Für und Wider, die Abwägung sowie das Resultat schriftlich festzuhalten. Das wird bei schwerwiegenden unternehmerischen Entscheidungen in einer komplexeren Weise zu erfolgen haben, als bei weniger weitreichenden Entscheidungen, für die ein kurzer Vermerk genügen kann.

4. Wohl der Gesellschaft. Unternehmerische Entscheidungen müssen am Wohl der Gesellschaft **37**
ausgerichtet sein. Dieses Tatbestandsmerkmal in § 93 Abs. 1 S. 2 ist gleichbedeutend mit dem **Unternehmensinteresse** (→ § 76 Rn. 23),[63] an das der Vorstand bei der Leitung der Gesellschaft gebunden ist.[64] In Ziff. 4.1.1 DCGK findet sich die Regelung, dass Vorstandsmitglieder dem Unternehmensinteresse verpflichtet sind. Was im Einzelnen als Unternehmensinteresse anzusehen ist, wird seit Jahrzehnten kontrovers und ohne übereinstimmendes Ergebnis diskutiert (im Einzelnen → § 76 Rn. 19 ff., 23). Die Diskussion war stets sozio-ökonomischen Moden unterworfen. Dabei ist es eine Besonderheit des deutschen Rechts, dass der Unternehmensträger als juristische Person eigene Interessen haben kann. Diese sollen nach hergebrachter Meinung vorwiegend dominiert werden durch die Interessen seiner Anteilseigner aber auch beeinflusst werden durch die Interessen der Arbeitnehmer. Schlug das Pendel zeitweise im Sinne einer kurzfristigen Gewinnmaximierung aus (Shareholder Value), wird jüngst wieder, insbesondere durch den DCGK,[65] die Berücksichtigung der Belange der Arbeitnehmer und der sonstigen dem Unternehmen verbundenen Gruppen neben den Belangen der Aktionäre übergewichtet (Stakeholder Value).[66] Zu sehen ist dies als eine Reaktion der Verfasser des DCGK auf die Banken- und Unternehmenskrisen 2008 und 2009. Letztlich besteht auch bei den unterschiedlichsten Gewichtungen Einigkeit darin, dass das Unternehmensinteresse in der Sicherung des Bestandes und der dauerhaften Rentabilität und Wettbewerbsfähigkeit des Unternehmens liegt. Damit ist in erster Linie den Interessen der Aktionäre gedient, aber auch den Belangen der Arbeitnehmer und dem öffentlichen Interesse. Im Ergebnis hat der Vorstand sein Verhalten an einem **moderaten Shareholder Value-Konzept** auszurichten (→ § 76 Rn. 22).[67]

In das Unternehmensinteresse sind die Interessen von Tochtergesellschaften und des Gesamtkon- **38**
zerns einzubeziehen.[68] Eigeninteressen des Vorstands, Interessen Dritter und sonstige sachfremde Erwägungen dürfen keinen Einfluss auf das Handeln haben.[69] Unerheblich sind Eigeninteressen, wenn diese nur mittelbar durch eine für das Wohl der Gesellschaft bestmögliche Entscheidung gefördert werden. **Interessenkonflikte** sind offenzulegen.[70] Dies wird ebenfalls in Ziff. 4.3.3 S. 1

---

[59] Spindler/Stilz/*Fleischer* Rn. 710.
[60] OLG Köln AG 2010, 414 (416); OLG Frankfurt AG 2008, 453 (454); *Kocher* CCZ 2009, 215 (221).
[61] BGH AG 2011, 378.
[62] KK-AktG/*Mertens/Cahn* Rn. 36.
[63] Alternativ: MHdB AG/*Wiesner* § 25 Rn. 62.
[64] *Kort* ZIP 2008, 717; Hüffer/*Koch* § 76 Rn. 34 f., 36; aA *Zöllner* AG 2003, 2 (7).
[65] *Hecker* BB 2009, 1654 f.; *v. Kann/Keiluweit* DB 2009, 2699 f.; *Timm* ZIP 2010, 2125 (2126).
[66] Zuletzt OLG Frankfurt AG 2011, 918; *Kort* AG 2012, 605.
[67] *R.H. Schmidt/Spindler* Freundesgabe Kübler, 1997, 515 (516); *Fleischer* in Fleischer HdB VorstandsR § 1 Rn. 31.
[68] Begr. RegE UMAG, BT-Drs. 15/5092, 11; KK-AktG/*Mertens/Cahn* Rn. 25 mwN.
[69] Begr. RegE UMAG, BT-Drs. 15/5092, 11.
[70] Begr. RegE UMAG, BT-Drs. 15/5092, 11; MüKoAktG/*Spindler* Rn. 61 mwN.

DCGK empfohlen. Im Fall eines Interessenkonflikts entscheiden die Vorstandsmitglieder, welche keinem Interessenkonflikt unterliegen, über das unternehmerische Handeln.[71] Soweit dies nicht möglich ist, wird die unternehmerische Entscheidung dem Aufsichtsrat zur Billigung vorgelegt.[72] Dies stimmt zwar nicht mit dem Grundsatz überein, dass dem Aufsichtsrat keine Geschäftsführungsbefugnisse zustehen,[73] lässt sich jedoch für diese besondere Situation mit der allgemeinen Überwachungsfunktion des Aufsichtsrats begründen. Systemgerechter und sinnvoller wäre es jedoch, die Zustimmung des Aufsichtsrats analog § 88 einzuholen, das Vorstandsmitglied trotz Interessenkonflikt über die Maßnahme entscheiden zu lassen.[74] In der Praxis sollten deshalb als Handlungsalternativen erwogen werden, entweder die nicht einem Interessenkonflikt unterliegenden Vorstandsmitglieder entscheiden zu lassen oder die Zustimmung des Aufsichtsrats zur Mitwirkung des einem Interessenkonflikt unterliegenden Vorstandsmitglieds einzuholen. Wirkt ein Vorstandsmitglied, das einem Interessenkonflikt unterliegt, an einem Beschluss mit, ist dieser dennoch wirksam, wenn er auch ohne die Stimme des im Konflikt befindlichen Vorstands mit der notwendigen Mehrheit zustande gekommen wäre. Die übrigen Vorstandsmitglieder können sich, soweit der Interessenkonflikt offengelegt oder allgemein bekannt war, bei einem Vorwurf der Pflichtwidrigkeit auf die Business Judgment Rule berufen.[75]

39 Das Vorstandsmitglied muss zum Zeitpunkt seiner Entscheidung **vernünftigerweise** davon ausgehen dürfen, zum Wohle der Gesellschaft zu handeln. Abzustellen ist auf eine **ex-ante** Sicht.[76] Ob sich rückblickend die Einschätzung des Handelns zum Wohl der Gesellschaft als richtig erweist, ist unerheblich.[77] Die Annahme, zum Wohl der Gesellschaft zu handeln, muss jedoch aus **objektiver** Sicht eines ordnungsgemäß handelnden Geschäftsleiters vertretbar sein.[78]

40 **5. Gutgläubigkeit.** Der Vorstand hat in gutem Glauben zu handeln.[79] Es handelt sich dabei um ein **ungeschriebenes Tatbestandsmerkmal,** das sich nicht direkt aus dem Wortlaut des § 93 Abs. 1 S. 2 ergibt. Die Voraussetzung der Gutgläubigkeit ist jedoch denklogisch. Ein Vorstandsmitglied, das seine Handlung selbst für unrichtig hält, handelt pflichtwidrig und ist nicht schutzwürdig. Eine Berufung auf das unternehmerische Ermessen ist in diesem Falle missbräuchlich.[80] Dies entspricht dem in USA durchgeführten Best Interest Test, der zum Zweck hat, eine richterliche Entscheidungskontrolle zu ermöglichen.[81] Man spricht daher bei dem Gutglaubenserfordernis auch von einem „Notanker richterlicher Entscheidungskontrolle".[82] In den meisten Fällen, in denen ein Vorstandsmitglied nicht in gutem Glauben handelt, wird es aber auch an dem Vorliegen der übrigen Tatbestandsvoraussetzungen der Business Judgment Rule mangeln.[83]

D. Verhaltenspflichten der Vorstandsmitglieder

I. Allgemeines

41 Vorstandsmitglieder treffen bei ihrer Geschäftsführung objektive Verhaltenspflichten. In § 93 Abs. 1 S. 1 wird generalklauselartig ein allgemeiner objektiver Verhaltensstandard für Vorstandsmitglieder formuliert.[84] Die Verhaltenspflichten treffen die Vorstandsmitglieder nur bei Ausübung ihrer

---

[71] *Koch/Dinkel* NZG 2004, 441 (444); *Semler* FS Ulmer, 2003, 627 (637); Spindler/Stilz/*Fleischer* Rn. 72a.

[72] *Koch/Dinkel* NZG 2004, 441 (444); *Semler* FS Ulmer, 2003, 627 (637 f.); aA KK-AktG/*Mertens/Cahn* Rn. 30.

[73] So KK-AktG/*Mertens/Cahn* Rn. 30; MüKoAktG/*Spindler* Rn. 65.

[74] So auch als Alternative *Koch/Dinkel* NZG 2004, 441 (444).

[75] *Blasche* AG 2010, 692 (697 ff.); *Paefgen* AG 2004, 245 (253); KK-AktG/*Mertens/Cahn* Rn. 29; aA *Lutter* FS Canaris, Bd. II, 2007, 245 (248 ff.); wohl auch MüKoAktG/*Spindler* Rn. 47; dahin tendierend *Habersack/Lorenz* Karlsruher Forum 2009: Managerhaftung, 5, 23.

[76] Begr. RegE UMAG, BT-Drs. 15/5092, 11; BGHZ 75, 96 (113) = NJW 1979, 1823; OLG Frankfurt DB 2010, 2788 (2792).

[77] BGHZ 75, 96 (113) = NJW 1979, 1823.

[78] OLG Frankfurt DB 2010, 2788 (2792): „noch nachvollziehbar"; *Bosch/Lange* JZ 2009, 225 (231): „nicht ganz und gar unvernünftig"; KKAktG/*Mertens/Cahn* Rn. 23 mwN.

[79] Begr. RegE UMAG, BT-Drs. 15/5092, 11; *Bosch/Lange* JZ 2009, 225 (231); Spindler/Stilz/*Fleischer* Rn. 76; GroßkommAktG/*Hopt/Roth* Rn. 115; krit. KK-AktG/*Mertens/Cahn* Rn. 31 mwN und MüKoAktG/*Spindler* Rn. 66.

[80] *Roth,* Unternehmerisches Ermessen und Haftung des Vorstands, 2001, 63.

[81] *Roth,* Unternehmerisches Ermessen und Haftung des Vorstands, 2001, 63.

[82] GroßkommAktG/*Hopt/Roth* Rn. 105.

[83] *Arnold* in Marsch-Barner/Schäfer HdB AG § 22 Rn. 22; Spindler/Stilz/*Fleischer* Rn. 76.

[84] Spindler/Stilz/*Fleischer* Rn. 10; KK-AktG/*Mertens/Cahn* Rn. 11; MüKoAktG/*Spindler* Rn. 21.

Geschäftsführung. Der Vorstand ist aber verpflichtet, außerdienstlich erlangte Kenntnisse von für die Gesellschaft erheblichen Tatsachen zu verwerten, auch wenn er diese nicht während der Geschäftsführungstätigkeit erlangt hat.[85]

II. Unternehmerische Leitung

1. Allgemeines. Dem Vorstand obliegt die **Leitung der Gesellschaft** (→ § 76 Rn. 8 ff.). Dies ist auch in Ziff. 4.1.1 DCGK geregelt. Die Vorstandsmitglieder treffen verschiedene Leitungsaufgaben, die unter Beachtung der Sorgfalt eines ordentlichen und gewissenhaften Geschäftsführers zu erledigen sind. In ihren Verantwortungsbereich fallen die Organisation (→ Rn. 43 ff.), Planung und Steuerung der Unternehmensabläufe (→ Rn. 50 ff.), die Überwachung und Steuerung der Finanzen des Unternehmens (→ Rn. 52) und die Steuerung der Informationsflüsse im Unternehmen (→ Rn. 53). 42

2. Organisationspflicht. Zum Pflichtenkreis des Vorstands gehört die Organisation des Unternehmens. Er hat eine klare Aufteilung und Zuordnung der verschiedenen Aufgabenbereiche im Unternehmen vorzunehmen. Eine **funktionale** sowie eine **divisionale** (→ § 77 Rn. 38 ff.), nach Geschäftsbereichen gebildete **Aufteilung** ist möglich. Es sind verschiedene auf das Unternehmen zugeschnittene Betriebsorganisationen einzurichten. 43

Innerhalb des Vorstands können Aufgaben im Wege der **Ressortzuweisung** und der Ausschussbildung auf verschiedene Vorstandsmitglieder verteilt werden **(horizontale Delegation),** soweit nicht eine Gesamtentscheidung des Vorstands aufgrund dessen organschaftlicher Mindestzuständigkeit zwingend ist (→ § 76 Rn. 8 ff.).[86] Eine Verteilung der Aufgaben innerhalb des Vorstandes ist geboten, wenn eine effiziente Befassung mit diesen Aufgaben durch alle Vorstandsmitglieder aufgrund des Umfangs oder der Spezifika der Aufgaben nicht möglich ist. Das ist bei allen größeren und mittleren Gesellschaften der Fall. Die Geschäftsverteilung sollte in einer schriftlichen Fassung mittels Geschäftsverteilungsplan als Teil der Geschäftsordnung erfolgen.[87] Eine rechtlich zulässige Festlegung in der Satzung ist in der Praxis mangels Flexibilität ungewöhnlich. Das Fehlen der schriftlichen Festsetzung kann ein Hinweis für eine unzureichende Organisation sein.[88] Die Gesamtverantwortung der Vorstandsmitglieder verpflichtet sie zum Eingreifen, wenn die Erfüllung der Aufgaben durch ein zuständiges Vorstandsmitglied nicht umfassend erfolgt.[89] Im Einzelnen → Rn. 85, 236. 44

Durch das BilMoG vom 25.5.2009 (BGBl. I S. 1102) ist § 289a in das HGB eingefügt worden. Nach § 289a Abs. 2 Nr. 3 HGB ist bei börsennotierten Aktiengesellschaften sowie weiteren kapitalmarktorientierten Aktiengesellschaften die Arbeitsweise des Vorstands und die personelle Zusammensetzung und Arbeitsweise von dessen Ausschüssen in die **Erklärung zur Unternehmensführung** nach § 289a HGB mit aufzunehmen.[90] Hinsichtlich der Darstellung der Arbeitsweise sind gesetzliche Regelungen nicht zu wiederholen.[91] Anhaltspunkte für die inhaltliche Ausgestaltung der Angaben können laut der Regierungsbegründung den Empfehlungen der Kommission vom 15.2.2005 zu den Aufgaben von nicht geschäftsführenden Direktoren/Aufsichtsratsmitgliedern/börsennotierter Gesellschaften sowie den Ausschüssen des Verwaltungs-/Aufsichtsrats (ABl. L 52, 51) entnommen werden.[92] Soweit eine Geschäftsordnung besteht, sind die hierin enthaltenen Regelungen über die interne Zusammenarbeit in die Erklärung mit aufzunehmen.[93] Weiterhin sind Informationen zu dem Verhalten der Organmitglieder bei bestehenden Interessenkonflikten zu erteilen.[94] 45

Die Delegation von Aufgaben auf nachgelagerte Ebenen im Unternehmen ist Aufgabe des jeweiligen ressortverantwortlichen Vorstandsmitglieds oder des Gesamtvorstands **(vertikale Delegation).** Leitungsaufgaben (→ § 76 Rn. 8 ff.), die in den alleinigen Aufgabenbereich des Vorstands fallen, dürfen nicht auf nachgelagerte Ebenen delegiert werden. Dasselbe gilt für die Delegation von Aufgaben an Dritte. 46

---

[85] GroßkommAktG/*Hopt/Roth* Rn. 57.

[86] S. ua *Arnold* in Marsch-Barner/Schäfer HdB AG § 22 Rn. 41; *Schmidt-Husson* in Hauschka/Moosmayer/Lösler Corporate Compliance § 7 Rn. 13 ff.

[87] S. OLG Koblenz NZG 1998, 953 (954) für GmbH-Geschäftsführer; GroßkommAktG/*Hopt/Roth* Rn. 380; *E. Vetter* in Krieger/Schneider HdB Mangerhaftung § 17 Rn. 31; aA MüKoAktG/*Spindler* Rn. 150 und § 77 Rn. 42; offenlassend *Schmidt-Husson* in Hauschka/Moosmayer/Lösler Corporate Compliance § 7 Rn. 20.

[88] Ebenso MüKoAktG/*Spindler* Rn. 150, § 77 Rn. 42.

[89] BGH NJW 2001, 969 (971) für GmbH-Geschäftsführer; BGHZ 133, 370 (378) = NJW 1997, 130 für GmbH-Geschäftsführer.

[90] Baumbach/*Hopt/Merkt* HGB § 289a Rn. 4; krit. hierzu *Böcking/Eibelshauser* Der Konzern 2010, 563 (569).

[91] *Kuthe/Geiser* NZG 2008, 172 (174) und Fn. 14.

[92] Begr. RegE BilMoG, BT-Drs. 16/10067, 78; krit. *Böcking/Eibelshauser* Der Konzern 2010, 563 (569).

[93] *Kuthe/Geiser* NZG 2008, 172 (174).

[94] *Kuthe/Geiser* NZG 2008, 172 (174); *Lentfer/Weber* DB 2006, 2357 (2361).

47 Bei zulässiger Delegation hat der Vorstand eine **Auswahl-, Einweisungs-, Überwachungs- und Aufsichtspflicht.**[95] Es sind geeignete Organisationsgefüge aufzubauen. Der Vorstand hat dafür zu sorgen, dass die delegierten Aufgaben tatsächlich und ordnungsgemäß erledigt werden.[96] Er hat konkrete und hinreichend deutliche Anweisungen zu erteilen.[97] Ändern sich Arbeitsprozesse im Unternehmen, besteht eine Pflicht zur Schulung der Arbeitnehmer. Es hat eine laufende Information der Mitarbeiter über Änderungen stattzufinden. Zur Organisation und Kontrolle werden zweckmäßigerweise Abteilungen gebildet. Es sind Unternehmensbeauftragte einzusetzen, die den verschiedenen Verantwortungsbereichen vorstehen.[98] Innerhalb der Organisation muss gewährleistet sein, dass der Vorstand ein Letztentscheidungsrecht hat. Ein Arbeitnehmer kann die an ihn delegierte Verantwortlichkeit an den Vorstand zurückgeben, indem er diesen über Missstände in seinem Zuständigkeitsbereich informiert.[99] Den Vorstand trifft dann wieder selbst die Pflicht zur Beseitigung des Missstandes.

48 Die Delegation an einzelne Vorstandsmitglieder darf nur an ausreichend qualifizierte Personen erfolgen.[100] Dasselbe gilt für die Delegation auf nachgelagerte Ebenen. Der Vorstand hat eine sorgfältige Auswahl zu treffen und Arbeitnehmer ausreichend einzuweisen und zu informieren.[101] Je anspruchsvoller die Aufgaben sind, desto strenger sind die Anforderungen an die Auswahl. Das gilt auch für die Auswahl und Übertragung von Aufgaben an Dritte.

49 Unter Berufung auf ein Urteil des BGH[102] wird teilweise ausgeführt, ein Vorstandsmitglied habe Bedenken wegen der fehlenden Befähigung einer Person zur Ausübung eines Vorstands- oder Aufsichtsratsamtes gegenüber dem Gesamtvorstand oder Aufsichtsrat im Zusammenhang mit der Wahl dieser Person zu äußern.[103] Dem ist nur bei äußersten Extremfällen zuzustimmen. Die Beurteilung, ob eine Person für ein Vorstandsamt geeignet ist, obliegt allein dem Aufsichtsrat. Räumte man dem Vorstand ein Kommentierungsrecht ein oder nähme man generelle Kommentierungspflichten an, förderte dies ungesunde Rivalitäten und Missgunst. Erst recht hat sich der Vorstand Meinungsäußerungen darüber zu enthalten, wer geeignet ist, ihn als Mitglied des Aufsichtsrats zu überwachen. Die Wahl der Aufsichtsratsmitglieder obliegt der Hauptversammlung und bei mitbestimmten Unternehmen in der dort festgesetzten Zahl den Arbeitnehmern. Die Entscheidung des BGH stammt aus 1954 und ist allein unter Berücksichtigung der seinerzeitigen Sachverhaltskonstellation zu erklären.

50 **3. Pflicht zur Unternehmensplanung und Steuerung der Unternehmensabläufe.** Es ist Aufgabe des Vorstands, eine **Unternehmensplanung** zu erstellen.[104] Der Konzernvorstand hat Richtlinien der Konzernplanung zu entwickeln. Die Unternehmensplanung muss so klar und umfassend sein, dass konkrete Maßnahmen aufgrund der Planungsdaten und – zahlen getroffen werden können. Es besteht eine Vorlagepflicht der Unternehmensplanung gegenüber dem Aufsichtsrat. Der inhaltliche Umfang und die zeitliche Erstreckung der Unternehmensplanung sind abhängig von Größe, Branche und Struktur des jeweiligen Unternehmens[105] und liegen im Ermessen des Vorstands. Üblich ist derzeit ein Planungszeitraum von fünf Jahren mit unterschiedlichem Detaillierungsgrad. Die Planung muss innerhalb der Grenzen des Unternehmensgegenstandes erfolgen. Im Gesetz wird die Finanz-, Investitions- und Personalplanung genannt (→ § 90 Rn. 5). Darüber hinaus kommen unter anderem eine Ergebnisplanung, Absatzplanung, Produktionsplanung, Beschaffungsplanung, Entwicklungsplanung und Kostenplanung in Betracht.[106] Zu einer kurzfristigen Planung (Jahresplanung, Budgetplanung) besteht grundsätzlich eine Verpflichtung,[107] eine Pflicht zu einer mittel- und langfristigen Planung ist einzelfallabhängig.[108] Laut Gesetz sind die Planungen mindestens jährlich aufzustellen. Wird während des laufenden Geschäftsjahres ein Richtungswechsel notwendig, muss die Planung geändert werden. Nach Ziff. 4.1.2 DCGK bestimmt der Vorstand die strategische Ausrichtung des Unternehmens. Damit soll nach DCGK auch eine langfristige Planung durch den

95 BGHZ 127, 336 (347) = NJW 1995, 326 für GmbH-Geschäftsführer.
96 BGHZ 133, 370 (378) = NJW 1997, 130 für GmbH-Geschäftsführer.
97 BGHZ 134, 304 (314) = NJW 1997, 1237 für GmbH-Geschäftsführer.
98 Spindler/Stilz/*Fleischer* Rn. 56 mwN.
99 BGHSt 52, 159 (164) = NJW 2008, 1897.
100 BGH NJW 1995, 2850 (2851) für GmbH-Geschäftsführer.
101 BGHZ 127, 336 (347) = NJW 1995, 326 für GmbH-Geschäftsführer.
102 BGHZ 15, 71 (78) = WM 1955, 25.
103 *Hommelhoff* ZHR 151 (1987), 493 (450); KK-AktG/*Mertens/Cahn* Rn. 83.
104 Spindler/Stilz/*Fleischer* Rn. 52; MHdB AG/*Wiesner* § 25 Rn. 19.
105 Begr. RegE KonTraG, BT-Drs. 13/9712, 15.
106 Begr. RegE KonTraG, BT-Drs. 13/9712, 15.
107 Begr. RegE KonTraG, BR-Drs. 872/97, 35; *Kropff* NZG 1998, 613.
108 Spindler/Stilz/*Fleischer* Rn. 52; aA MHdB AG/*Wiesner* § 25 Rn. 19: Pflicht zur langfristigen Planung.

Vorstand erfolgen.[109] Die betriebswirtschaftlichen Grundsätze der Unternehmensplanung können herangezogen werden, sind aber nicht verpflichtend.[110]

Dem Vorstand unterliegt weiterhin die **Steuerung** der operativen Unternehmensabläufe. Er überwacht die reibungslose Umsetzung der getroffenen Planungen. Laufen Unternehmensabläufe nicht wie vorgesehen, hat er die Pflicht einzugreifen. Es besteht eine Berichtspflicht über den Geschäftsablauf und über Abweichungen von Planungen gegenüber dem Aufsichtsrat. Die Unternehmenstätigkeit ist laufend einer Wirtschaftlichkeits- und Zweckmäßigkeitskontrolle und einer Legalitätskontrolle zu unterziehen.[111] Es ist ein Controlling System zur Überwachung und Vergleichung der Planvorgaben und den tatsächlichen Abläufen und Ergebnissen aufzubauen.[112] 51

4. Überwachung und Steuerung der Finanzen. Der Vorstand hat die finanzielle Situation des Unternehmens laufend zu beobachten. Zur Sicherung des Fortbestands des Unternehmens ist ein Überwachungssystem einzurichten (→ § 91 Rn. 4 ff.), das dem Vorstand über die Rentabilität und Liquidität des Unternehmens laufend Aufschluss gibt. Die Grundsätze der Kapitalerhaltung sind zu beachten. Die Gesellschaft muss stets ausreichend liquide Mittel zur Verfügung haben, um die laufenden Geschäfte zu tätigen. Bei Anzeichen einer **Krisensituation** hat sich der Vorstand durch das Aufstellen einer Zwischenbilanz oder eines Vermögensstatus genaue Kenntnis über den Vermögensstand zu verschaffen[113] und entsprechende Maßnahmen zu ergreifen. Der Vorstand handelt fahrlässig, wenn er sich nicht rechtzeitig ausreichend informiert und sich nicht frühzeitig die für eine Insolvenzantragspflicht notwendigen Kenntnisse verschafft.[114] Fehlen dem Vorstand die persönlichen Fähigkeiten, um eine Insolvenzreife der Gesellschaft festzustellen, hat er sich externe Beratung von einem fachlich qualifizierten Berufsträger einzuholen. Diesem sind die Verhältnisse der Gesellschaft umfassend darzustellen.[115] Stellt der Vorstand im Falle der Zahlungsunfähigkeit oder Überschuldung der Gesellschaft einen Insolvenzantrag verspätet oder unterlässt er dies, so haftet er nach § 93 Abs. 2 S. 1. Andererseits darf der Insolvenzantrag nicht zu früh gestellt werden, da die Aufrechterhaltung des Geschäftsbetriebs (Going Concern Prinzip) Vorrang hat. 52

5. Steuerung der Informationsflüsse. Zu einer effizienten Unternehmensleitung gehört die Steuerung der Informationsflüsse.[116] Der Vorstand hat dafür zu sorgen, dass Informationen vollständig und schnell ihren Empfänger erreichen.[117] Er hat zu überwachen, ob alle für die Unternehmenstätigkeit erforderlichen Informationen innerhalb des Unternehmens erlangt und ausgetauscht werden.[118] Gewährleistet werden muss auch eine umfassende Information des Vorstands selbst. Zur Organisation der Informationsflüsse ist ein Berichtssystem einzurichten. 53

III. Legalitätspflicht

1. Allgemeines. Der Vorstand hat für die Einhaltung von Recht und Gesetz zu sorgen (Legalitätspflicht). Die Legalitätspflicht wurde auch in Ziff. 4.1.3 DCGK aufgenommen. Danach ist die Einhaltung der gesetzlichen Bestimmungen und der unternehmensinternen Richtlinien Aufgabe des Vorstands. Er hat auf deren Beachtung durch die Konzernunternehmen hinzuwirken. 54

2. Innerhalb der Gesellschaft. a) Einhaltung der Organpflichten. Die Vorstandsmitglieder haben die ihnen als Organmitglieder durch Gesetz auferlegten Pflichten einzuhalten. Diese werden **im Gesetz** an verschiedenen Stellen **konkretisiert.** Zu nennen sind unter anderem die Angabepflichten bei Geschäftsbriefen, die Einhaltung der durch Satzung, Aufsichtsrat, Hauptversammlung oder Geschäftsordnung des Vorstands oder des Aufsichtsrats festgelegten Beschränkungen, die Vorbereitung und Ausführung von Hauptversammlungsbeschlüssen auf Verlangen derselben, das Wettbewerbsverbot, die Berichtspflicht gegenüber dem Aufsichtsrat, die Buchführungspflicht,[119] die Pflicht 55

[109] Spindler/Stilz/*Fleischer* Rn. 52.
[110] Spindler/Stilz/*Fleischer* Rn. 53.
[111] Spindler/Stilz/*Fleischer* Rn. 54 mwN.
[112] GroßkommAktG/*Hopt/Roth* Rn. 182.
[113] BGH NJW-RR 1995, 669 für GmbH-Geschäftsführer.
[114] BGH NJW 2007, 2118 (2120).
[115] BGH NJW 2007, 2118 (2120).
[116] BGHZ 182, 85 = NZI 2009, 680 (681); BGHZ 140, 54 (62) = NJW 1999, 284; BGHZ 132, 30 (37) = NJW 1996, 1339; *Buck-Heeb* in Hauschka/Moosmayer/Lösler Corporate Compliance § 2 Rn. 23 ff.
[117] BGHZ 132, 30 (37) = NJW 1996, 1339; *Buck-Heeb* in Hauschka/Moosmayer/Lösler Corporate Compliance § 2 Rn. 27 ff.
[118] BGHZ 132, 30 (37) = NJW 1996, 1339; *Buck-Heeb* in Hauschka/Moosmayer/Lösler Corporate Compliance § 2 Rn. 27 ff.
[119] BGH NJW 1995, 2850 (2851) für GmbH-Geschäftsführer.

zur Einrichtung eines Überwachungssystems zur frühzeitigen Erkennung von den Fortbestand der Gesellschaft gefährdenden Entwicklungen, die Vorstandspflichten bei Verlust und Insolvenz des Unternehmens, die Verschwiegenheitspflicht, die Abgabe der Erklärung zum DCGK, die Verpflichtungen im Zusammenhang mit dem Jahresabschluss nach §§ 170 ff. und §§ 242, 264, 325 HGB und die verschiedenen Verpflichtungen zur Anmeldung bestimmter Tatsachen beim Handelsregister.

56 Wichtig sind ebenfalls die Pflichten im Zusammenhang mit der Einberufung der Hauptversammlung nach §§ 121 ff. und die Auskunfts- und Berichtspflichten gegenüber den Aktionären. Wird aufgrund von Fehlern bei der Einberufung der Hauptversammlung, fehlerhafter Auskunftserteilung oder Verletzung der Berichtspflicht gegenüber den Aktionären erfolgreich ein Anfechtungsprozess betrieben, so haftet der Vorstand für einen hierdurch eingetretenen Schaden. In § 93 Abs. 3 wird in einem Sonderkatalog auf weitere Pflichten der Vorstandsmitglieder hingewiesen, bei deren Verletzung Schadensersatz zu leisten ist (→ Rn. 273 ff.). Außerhalb des AktG ergeben sich spezielle Auskunfts- und Berichtspflichten gegenüber dem Betriebsrat unter anderem aus §§ 74, 80 Abs. 2, 90, 92, 99, 102, 111 BetrVG, gegenüber dem Wirtschaftsausschuss aus § 106 BetrVG und gegenüber den Arbeitnehmern aus § 81 BetrVG. Die Verpflichtung zur Erstellung eines schriftlichen Berichts bei einer Umwandlung ergibt sich aus §§ 8, 127, 192 UmwG. Kapitalmarktrechtlich wichtige Vorschriften sind das Verbot von Insidergeschäften, die Publizitätspflichten nach §§ 15, 15a, 21 WpHG aF bzw. §§ 26, 33 WpHG nF und die Verhaltenspflichten in einer Übernahmesituation nach WpÜG.

57 Vorstandsmitgliedern erwachsen **aus dem Organverhältnis Verhaltenspflichten** gegenüber den übrigen Vorstandsmitgliedern. Der Vorstand ist ein **Kollegialorgan,** das zur Zusammenarbeit verpflichtet ist. Dies gilt auch dann, wenn einem Vorstandsmitglied Einzelgeschäftsführungsbefugnis übertragen ist. Es hat ein effektiver Informationsaustausch im Vorstand stattzufinden. Informationen sind anderen Vorstandsmitgliedern weiterzugeben sowie auch von anderen Vorstandsmitgliedern einzuholen. Einzelne Vorstandsmitglieder dürfen nicht übergangen werden. Jedes Vorstandsmitglied ist verpflichtet, die Zusammenarbeit und Entscheidungsfindung im Vorstand zu fördern und die Ausübung der gemeinsamen Leitungsaufgaben nicht zu behindern. Kann Einigkeit zwischen Vorstandsmitgliedern unterschiedlicher Ressortzuständigkeit nicht erzielt werden, so ist der **Gesamtvorstand** einzuschalten,[120] auch wenn es sich um eine Maßnahme handelt, die nach einem Geschäftsverteilungsplan nicht in die ausschließliche Zuständigkeit des Gesamtvorstands fällt. Dem **Aufsichtsrat** fällt bei Meinungsverschiedenheiten innerhalb des Vorstands keine Entscheidungszuständigkeit zu. Der Vorstand hat jedoch die Möglichkeit, die Angelegenheit dem Aufsichtsrat zu unterbreiten und ihn um eine Vermittlung zu bitten.[121] Der Aufsichtsrat hat mit Ausnahme der in der Satzung geregelten Zustimmungsvorbehalte keine Geschäftsführungszuständigkeit. Ein einzelnes Vorstandsmitglied kann sich nur an den Aufsichtsrat wenden, wenn er das Geschäftsführungshandeln anderer Vorstandsmitglieder als rechtswidrig ansieht. Ansonsten hat er sich den Beschlussregularien innerhalb des Vorstands unterzuordnen. Falls nach dem gesetzlichen Regelfall Gesamtgeschäftsführungsbefugnis besteht (§ 77 Abs. 1 S. 1), kann er die Geschäftsführungsmaßnahme mit seinem Widerspruch verhindern. Die Gesamtgeschäftsführungsbefugnis entspricht allerdings nicht üblichen Regelungen in der Praxis (→ § 77 Rn. 6). Falls für Geschäftsführungsentscheidungen das in der Praxis weit überwiegende Mehrheitsprinzip gilt, hat ein Vorstandsmitglied, das abweichender Auffassung ist, die Mehrheitsentscheidung zu akzeptieren.

58 Zur Einschaltung von **externen Aufsichtsbehörden** ist ein Vorstandsmitglied nur in äußersten Notfällen berechtigt, wenn rechtswidriges Geschäftsführungshandeln der übrigen Vorstandsmitglieder vorliegt und ein erheblicher Schaden für die Gesellschaft auf andere Weise nicht zu verhindern ist (im Zusammenhang mit rechtswidrigen Vorstandsbeschlüssen → Rn. 242). Zur Unterrichtung der Presse und sonstiger Dritter ist ein Vorstandsmitglied nicht befugt.

59 Der Vorstand hat die **aktienrechtliche Kompetenzverteilung** zu den beiden weiteren Gesellschaftsorganen Aufsichtsrat und Hauptversammlung zu wahren. Er darf sich nicht über die Zustimmungsvorbehalte des Aufsichtsrats hinwegsetzen.[122] Bei Eigengeschäften ist die Vertretungszuständigkeit des Aufsichtsrats (§ 112) zu beachten. Der Vorstand hat mit dem Aufsichtsrat effektiv zusammenzuarbeiten. In Ziff. 3.1 DCGK wird eine enge Zusammenarbeit zum Wohle der Gesellschaft gefordert. Der Vorstand hat seiner Berichtspflicht gegenüber dem Aufsichtsrat nachzukommen.[123] Dem Aufsichtsrat sind die Voraussetzungen für eine angemessene Kontrolle zu schaffen.[124]

60 Der Vorstand darf nicht in die Rechte der Hauptversammlung eingreifen und hat bei einer Entscheidung, die übermäßig in die Mitgliedsrechte und die im Anteilseigentum verkörperten Ver-

[120] GroßkommAktG/*Hopt/Roth* Rn. 169.
[121] Weitergehend GroßkommAktG/*Hopt/Roth* Rn. 169: Aufsichtsrat ist einzuschalten.
[122] OLG Koblenz NZG 2008, 280 für GmbH-Geschäftsführer.
[123] BGH ZIP 2010, 1892 (1894).
[124] *Kort* ZIP 2008, 717 (719).

mögensinteressen der Aktionäre eingreift („Holzmüller"-Urteil)[125] und an eine Satzungsänderung heranreichende Ausmaße hat („Gelatine I"-Urteil),[126] deren Zustimmung einzuholen (im Einzelnen → § 76 Rn. 40 ff.; → § 119 Rn. 16 ff.). Diese **ungeschriebene Mitwirkungsbefugnis der Hauptversammlung** ist in engen Grenzen anzuerkennen und liegt nur in Ausnahmefällen vor.[127] Insoweit ist die nach der „Holzmüller"-Entscheidung des BGH ausufernde Kreation von sog. ungeschriebenen Hauptversammlungszuständigkeiten in der Literatur durch den BGH in seiner „Gelatine"-Entscheidung zurückgedrängt worden. Die Beeinträchtigung der Mitwirkungsbefugnisse der Hauptversammlung ist nur wesentlich, wenn die Maßnahme für die Gesellschaft wirtschaftliche Ausmaße ähnlich der bei der „Holzmüller"-Entscheidung gegebenen Fallentscheidung hat.[128] Hier waren um die 80% des Gesellschaftsvermögens betroffen.[129] Allerdings führt das Überschreiten von quantitativen Schwellenwerten nicht automatisch zur Notwendigkeit einer Hauptversammlungszustimmung, wenn keine Mediatisierungseffekte, dh die Auslagerung von Zuständigkeiten, gegeben sind.[130] Die Zustimmung bedarf einer Drei-Viertel-Kapitalmehrheit.[131]

Überschreitet der Vorstand die durch den Unternehmensgegenstand festgelegten Grenzen, 61 handelt er pflichtwidrig.[132] Ausnahmen bilden Hilfsgeschäfte, mit denen zur Vermeidung der Verschwendung ungenutzter Unternehmensressourcen Geschäftschancen außerhalb des normalen Geschäftsbetriebs wahrgenommen werden. Typischerweise wird die Befugnis des Vorstands zur Vornahme solcher Hilfsgeschäfte in die Satzung aufgenommen.

Der Vorstand ist umgekehrt verpflichtet, das gesamte Unternehmenspotential innerhalb der Gren- 62 zen des Unternehmensgegenstandes auszunutzen. Das gilt insbesondere, soweit die Satzung die Tätigkeitsfelder verbindlich und abschließend festlegt. Der Vorstand hat den Unternehmensgegenstand auszuführen und darf den Unternehmensgegenstand nicht dauerhaft aufgeben.[133] Nur in Ausnahmefällen kann eine vorübergehende Satzungsunterschreitung ohne Zustimmung der Hauptversammlung zulässig sein, wenn eine vorherige Entscheidung der Hauptversammlung nicht möglich ist und ihre Zustimmung sicher erscheint.[134]

b) Rechtmäßigkeit der Organisation und Arbeitsabläufe innerhalb der Gesellschaft. Die 63 Vorstandsmitglieder sind für die Rechtmäßigkeit der **Organisation** verantwortlich. Die Aufgabenzuweisung in der Gesellschaft muss rechtmäßig sein.[135] Kompetenzbereiche dürfen nicht überschritten werden. Das Unternehmen ist so zu organisieren, dass neben der Einhaltung der geltenden Gesetze auch die Durchführung von Tarifverträgen und Betriebsvereinbarungen gewährleistet ist.[136]

Um rechtmäßige **Arbeitsabläufe** zu gewährleisten sind Arbeitnehmer über ihre betrieblichen 64 Verpflichtungen aufzuklären und in ihren Arbeitsbereich ausreichend einzuweisen.[137] Bestehen komplexe Rechtsproblematiken, sind insbesondere Führungskräfte hiermit vertraut zu machen, so dass in nicht eindeutigen Rechtssituationen eine Entscheidung möglich ist oder ihnen bewusst ist, wann Rechtsrat einzuholen ist.[138] Über Veränderungen der Rechtslage sind sie zu informieren.[139]

Es sind geeignete **Kontrollmechanismen** einzurichten, um die Arbeitnehmer hinsichtlich ihres 65 rechtmäßigen Verhaltens laufend zu überwachen. Hierzu zählen überraschende Stichprobenkontrollen. Regelverletzungen ist nachzugehen, auch wenn nur der Verdacht einer Regelverletzung vorhanden ist. Sind bereits Unregelmäßigkeiten aufgetreten, besteht eine erhöhte Kontrollpflicht. Auch die betrieblich genutzten Maschinen und sonstigen Arbeitsgeräte müssen gesetzlichen Vorschriften, wie arbeitsschutz- und umweltschutzrechtlichen Vorschriften, entsprechen. Nach § 130 OWiG iVm § 9 Abs. 1 OWiG handeln Vorstandsmitglieder ordnungswidrig, wenn sie Aufsichtsmaßnahmen unterlassen, die zur Vermeidung der Verletzung von Recht und Gesetz im Betrieb notwendig sind.

---

[125] BGHZ 83, 122 (131)= NJW 1982, 1703 – Holzmüller.
[126] BGHZ 159, 30 (42 f.) = NJW 2004, 1860 – Gelatine I.
[127] BGHZ 159, 30 (42 f.) = NJW 2004, 1860 – Gelatine I.
[128] BGHZ 159, 30 (42 f.) = NJW 2004, 1860 – Gelatine I; OLG Köln ZIP 2009, 1469 (1471) – Strabag.
[129] BGHZ 83, 122 (138)= NJW 1982, 1703 – Holzmüller.
[130] BGHZ 159, 30 (42 f.) = NJW 2004, 1860 – Gelatine I; BGH NZG 2007, 234; OLG Köln ZIP 2009, 1469 (1471) – Strabag.
[131] BGHZ 159, 30 (42 f.) = NJW 2004, 1860 – Gelatine I.
[132] BGHZ 119, 305 (332) = NJW 1993, 57 – Klöckner.
[133] OLG Köln ZIP 2009, 1469 (1470) – Strabag; MüKoAktG/*Stein* § 179 Rn. 106; aA *Baumbach/Hueck* § 179 Rn. 9.
[134] OLG Köln ZIP 2009, 1469 (1470 f.) – Strabag.
[135] GroßkommAktG/*Hopt/Roth* Rn. 157; KK-AktG/*Mertens/Cahn* Rn. 67.
[136] BAGE 106, 111 = NZA 2003, 1348.
[137] OLG Düsseldorf WuW/E DE-R 1893, 1896 – Transportbeton für GmbH-Geschäftsführer.
[138] OLG Düsseldorf WuW/E DE-R 1893, 1896 – Transportbeton für GmbH-Geschäftsführer.
[139] *Fleischer* in Fleischer HdB VorstandsR § 8 Rn. 31.

66 **c) Rechtmäßigkeit der Entscheidungsabläufe innerhalb der Gesellschaft.** Der Vorstand hat dafür zu sorgen, dass rechtmäßige Entscheidungen in der Gesellschaft getroffen werden. Er hat **Beschlüsse der Hauptversammlung** auf ihre Rechtmäßigkeit zu überprüfen.[140] **Nichtige** oder **anfechtbare Beschlüsse** der Hauptversammlung darf er nicht ausführen (→ § 83 Rn. 8).[141] Er ist verpflichtet einen solchen Beschluss anzufechten oder Nichtigkeitsklage zu erheben, soweit dieser der Gesellschaft schadet[142] oder den Vorstand zu unrechtmäßigem Verhalten verpflichtet.[143] Einen nichtigen Hauptversammlungsbeschluss darf der Vorstand nicht zum Handelsregister anmelden, um den Eintritt der Heilung des Mangels zu verhindern.[144] Ist bereits Heilung eingetreten und besteht ein öffentliches Interesse an der Nichtigkeit des Hauptversammlungsbeschlusses, so ist der Vorstand verpflichtet eine Amtslöschung des Beschlusses gemäß § 398 FamFG zu beantragen.[145] Bleibt ein Interesse der Gesellschaft an einem rechtmäßigen Beschluss, so hat der Vorstand einen neuen Beschluss zu erwirken.[146] Der neue Beschluss kann auch eine Bestätigung des alten Beschlusses enthalten. Bestehen nach sorgfältiger Prüfung der Rechtslage noch Zweifel hinsichtlich der Rechtmäßigkeit des Hauptversammlungsbeschlusses, so kann der Vorstand verpflichtet sein, weiteren Rechtsrat einzuholen.[147] Bleiben konkrete Anhaltspunkte bestehen, dass der Hauptversammlungsbeschluss nicht rechtmäßig ist, so hat der Vorstand die Rechtmäßigkeit im Wege einer Beschlussmängelklage (→ § 243 Rn. 1 ff.; → § 245 Rn. 37 ff.) klären zu lassen, soweit der Gesellschaft durch die vorläufige Nichtausführung des Beschlusses keine erheblichen Nachteile erwachsen.[148]

67 Der Vorstand hat **Schadensersatzansprüche** wegen **pflichtwidrigen Verhaltens von Aufsichtsratsmitgliedern** gemäß §§ 116 S. 1, 93 durchzusetzen. Auf eine Geltendmachung kann er nur in den von der Rechtsprechung als zulässig erachteten Fällen[149] verzichten.

68 **3. Einhaltung von Recht und Gesetz durch die Gesellschaft im Außenverhältnis. a) Einhaltung der Gesetze und der guten Sitten.** Die Vorstandsmitglieder haben als Vertreter der Gesellschaft und deren Leitungsorgane für das rechtmäßige Verhalten der Gesellschaft im Außenverhältnis einzustehen.[150] Verpflichtungen der Gesellschaft ergeben sich unter anderem aus dem Zivil-, Bilanz-, Kartell-, Wettbewerbs-, Übernahme-, Arbeits-, Sozial-, Verwaltungs-, Verbraucher-, Umwelt-, Steuer-, Straf- und Ordnungswidrigkeitenrecht.[151]

69 Erwächst der Gesellschaft ein Schaden durch eigenes pflichtwidriges Verhalten, zB durch Ersatzansprüche Dritter, so haften die Vorstandsmitglieder, soweit sie verantwortlich sind.[152] Eine Verantwortlichkeit erwächst unter anderem aus einer ungenügenden Überwachung und Kontrolle innerhalb des Vorstands und von Mitarbeitern und Organisation der Gesellschaft.[153] Als finale Maßnahme kann die Gesellschaft nach § 396 Abs. 1 S. 1 auf Antrag der zuständigen obersten Landesbehörde durch Urteil aufgelöst werden, wenn die Gesellschaft durch das gesetzwidrige Verhalten des Vorstands das Gemeinwohl gefährdet (→ § 396 Rn. 4 ff.).

70 **b) Geschäftsmoral.** Eine Bindung an „Grundsätze der Geschäftsmoral" besteht nicht.[154] Der Begriff der „Geschäftsmoral" ist unbestimmt und hat keine einheitliche und allgemeingültige Akzep-

---

[140] Spindler/Stilz/*Fleischer* § 83 Rn. 10 mwN.

[141] *Haertlein* ZHR 168 (2004), 437 (445 f.); Spindler/Stilz/*Fleischer* § 83 Rn. 9; GroßkommAktG/*Habersack/Foerster* § 83 Rn. 12; KK-AktG/*Mertens/Cahn* § 83 Rn. 9; MüKoAktG/*Spindler* § 83 Rn. 18; aA KK-AktG/*Zöllner* § 181 Rn. 26; GroßkommAktG/*Wiedemann* § 181 Rn. 9: anfechtbare Beschlüsse sind zum HR anzumelden; NK-AktR/*Heidel* § 241 Rn. 14 für Ausführungspflicht auch bei nichtigen Beschlüssen.

[142] MüKoAktG/*Spindler* Rn. 101, § 83 Rn. 24.

[143] GroßkommAktG/*Hopt/Roth* Rn. 175; KK-AktG/*Mertens/Cahn* Rn. 68; aA *Servatius* Strukturmaßnahmen als Unternehmensleitung, 2004, 348 ff., 354 ff. für Anfechtungspflicht; NK-AktR/*Heidel* § 241 Rn. 14 für Pflicht zur Erhebung der Nichtigkeitsklage; NK-AktR/*Heidel* § 243 Rn. 40 für Anfechtungspflicht, ansonsten Ausführungspflicht.

[144] GroßkommAktG/*Hopt/Roth* Rn. 175; aA NK-AktR/*Heidel* § 241 Rn. 14 für Pflicht zur Anmeldung; *Volhard* ZGR 1996, 55 (59); MüKoAktG/Hüffer/*Schäfer* § 241 Rn. 95: keine Pflicht, aber Anmeldung zulässig.

[145] In diese Richtung GroßkommAktG/*Hopt/Roth* Rn. 176.

[146] GroßkommAktG/*Hopt/Roth* Rn. 176.

[147] Spindler/Stilz/*Fleischer* § 83 Rn. 12; MüKoAktG/*Spindler* § 83 Rn. 20.

[148] MüKoAktG/*Spindler* § 83 Rn. 20.

[149] BGHZ 135, 244 (253) = NJW 1997, 1926 – ARAG/Garmenbeck.

[150] BGH ZIP 2010, 1892 (1894) – Trienekens; BGHZ 133, 370 (375) = NJW 1997, 130 für GmbH-Geschäftsführer; KK-AktG/*Mertens/Cahn* Rn. 71 mwN.

[151] Spindler/Stilz/*Fleischer* Rn. 23.

[152] GroßkommAktG/*Hopt/Roth* Rn. 133.

[153] GroßkommAktG/*Hopt/Roth* Rn. 133.

[154] *Thole* ZHR 173 (2009), 504 (520); Spindler/Stilz/*Fleischer* Rn. 25; aA *Kreuzer/Schlechtriem,* Die Haftung der Leitungsorgane von Kapitalgesellschaften, 1991, 9, 21; NK-AktR/*Landwehrmann* Rn. 11; KK-AktG/*Mertens/Cahn* Rn. 71.

tanz. Konkrete Verhaltenspflichten lassen sich mit ausreichender Rechtssicherheit kaum ermitteln.[155] Zwingend sind allein die Grenzen nach §§ 138, 242 BGB. Etwas anderes gilt, wenn die Nichteinhaltung dieser Grundsätze zu einem Schaden der Gesellschaft führt oder führen kann. Ein möglicher Schaden kann ein Vertrauensverlust der Geschäftspartner oder der Verlust des öffentlichen Ansehens (good corporate citizen) sein.[156]

c) Auslandstätigkeit. Die Vorstandsmitglieder sind bei Auslandsgeschäften an ausländisches Recht, soweit es anwendbar ist, gebunden. Ob das Recht anwendbar ist, richtet sich nach den Regelungen des Internationalen Privatrechts sowie des öffentlich-rechtlichen Kollisionsrechts.[157] 71

Das Zahlen von **Bestechungsgeldern** in einem ausländischen Staat ist rechtswidrig und stellt eine Pflichtverletzung dar.[158] Der BGH sah in einer grundlegenden früheren Entscheidung keine Pflichtwidrigkeit als gegeben an, wenn die Gesellschaft ohne Bestechung im Ausland zu keinem Geschäftsabschluss kommen kann und als Folge des Verzichts auf das Mittel der Bestechung, das Geschäft an „nicht so gewissenhafte" Mitkonkurrenten fällt.[159] Diese Entscheidung ist überholt. Das Strafrecht wurde hinsichtlich des Tatbestandes der Bestechung verschärft. Nach § 299 Abs. 3 StGB ist die Bestechung von Privatpersonen und nach § 334 StGB iVm Art. 2 §§ 1 ff. IntBestG vom 10.9.1998 (BGBl. II S. 2327) sowie Art. 2 § 1 EuBestG vom 27.9.1996 (BGBl. II S. 2340) auch die Bestechung von ausländischen Amtsträgern und Abgeordneten strafbar. 72

Bereits vor Inkrafttreten der strafrechtlichen Verschärfung der Bestechungstatbestände hatten Vorstände den US-amerikanischen Foreign Corrupt Practices Act von 1977[160] zu befolgen, sofern die Gesellschaft diesem unterfiel. Die Einleitung entsprechender Verfahren gegen deutsche Aktiengesellschaften durch das US Department of Justice und die US Securities and Exchange Commission ist in der Öffentlichkeit bekannt geworden (→ Rn. 93; → § 76 Rn. 30). 73

Der Vorstand hat aufgrund seiner Legalitätspflicht die Vorschriften des Strafrechts zu beachten. Bereits das Einrichten (oder Weiterführen) von sog. **Schwarzen Kassen** im Unternehmen, in der Bestechungsgelder gesammelt werden, stellt eine strafbare Untreue dar.[161] Hierdurch werden der Gesellschaft die in der Schwarzen Kasse angesammelten Gelder vorenthalten. Darin liegt bereits ein Vermögensnachteil der Gesellschaft.[162] Vollendet ist die Veruntreuung bereits mit Verschweigen der verdeckten Konten. Unerheblich ist daher, dass die Gesellschaft aufgrund der Bestechung später Gewinn erzielt. Schädliche Folge einer Bestechung kann ein Imageverlust sein. Weitere Folgen von Bestechung können der Verlust von öffentlichen Aufträgen, Strafzahlungen oder der Ausschluss von einer ausländischen Börse sein. 74

d) „Nützliche Pflichtverletzung". Auch ein Rechtsverstoß im vermeintlichen Interesse des Unternehmens stellt eine Pflichtverletzung dar („nützliche Pflichtverletzung").[163] Unerheblich ist, ob andere Unternehmen sich pflichtwidrig verhalten und durch pflichtgemäßes Verhalten ein Wettbewerbsnachteil entsteht. Beispiele sind Schmiergeldzahlungen, sonstiger unlauterer Wettbewerb, Steuermanipulationen oder Umweltrechtsverletzungen. Bei „nützlichen Pflichtverletzungen" wird es aber oft an einem Schaden der Gesellschaft fehlen (→ Rn. 257 f.). 75

4. Nicht rechtmäßiges Verhalten rechtfertigende Ausnahmen. a) Nicht eindeutige Rechtssituation. Ist die Rechtssituation nicht eindeutig, so handelt der Vorstand pflichtgemäß, wenn er nach gründlicher Abwägung sein Handeln für rechtmäßig halten durfte. Dies gilt nicht, wenn der durch das Handeln erstrebte Vorteil so gering ist, dass er das Risiko, pflichtwidrig zu handeln mit den daraus erwachsenden Konsequenzen, nicht rechtfertigt.[164] Soweit zu erwarten ist, 76

---

155 *Fleischer* ZIP 2005, 141 (144); *Abeltshauser,* Leitungshaftung im Kapitalgesellschaftsrecht, 1998, 205 Fn. 720.

156 Spindler/Stilz/*Fleischer* Rn. 25 mwN.

157 GroßkommAktG/*Hopt/Roth* Rn. 142; MüKoAktG/*Spindler* Rn. 95.

158 S. auch Spindler/Stilz/*Fleischer* Rn. 27; GroßkommAktG/*Kort* § 76 Rn. 117 f.; KK-AktG/*Mertens/Cahn* Rn. 117; MüKoAktG/*Spindler* Rn. 94.

159 BGHZ 94, 268 (271 f.) = NJW 1985, 2405.

160 Public Law 95–213, 95th Congress Dec 19.1977, 91 Stat 1494 et seq.

161 BGH ZIP 2010, 1892 (1894 ff.) – Trienekens; BGHSt 52, 323 (333 ff.) = NJW 2009, 89 – Siemens, durch leitenden Angestellten; bestätigt durch BVerfG NZG 2010, 1143 (1150 ff.); *Brammsen/Apel* WM 2010, 781 ff.; *Ransiek* NJW 2009, 95 f.; *Wybitul* BB 2009, 111 f.; krit. *Satzger* NStZ 2009, 297 (302 ff.); krit. *Sünner* ZIP 2009, 937 (938 ff.).

162 BGH ZIP 2010, 1892 (1897) – Trienekens; BGHSt 52, 323 (336 ff.) = NJW 2009, 89 – Siemens (durch leitenden Angestellten); *Ransiek* NJW 2009, 95; krit. *Satzger* NStZ 2009, 297 (302 ff.); krit. *Sünner* ZIP 2009, 937 (938 ff.); aA *Bosch/Lange* JZ 2009, 225 (236).

163 BGH ZIP 2010, 2239 (2241) – AUB; ZIP 2010, 1892 (1894) – Trienekens; *Thole* ZHR 173 (2009), 504 (512 ff.); Spindler/Stilz/*Fleischer* Rn. 36 mwN; aA *Ihrig* WM 2004, 2098 (2105); *Kocher* CCZ 2009, 215 (218): einzelfallabhängig; es greift die Business Judgment Rule; *Habersack/Lorenz* Karlsruher Forum 2009, 5, 30.

164 GroßkommAktG/*Hopt/Roth* Rn. 140; KK-AktG/*Mertens/Cahn* Rn. 75.

dass **Rechtsrat** die unsichere Rechtssituation klärt, ist dieser einzuholen.[165] Rechtsrat ist auch für Entscheidungen einzuholen, die von erheblicher Bedeutung für die Gesellschaft sind.[166] Ob sich der Vorstand internen Rechtsrat durch die eigene Rechtsabteilung einholt oder außenstehende Berater, also Anwaltsfirmen hinzuzieht, steht in seinem pflichtgemäßen Ermessen. In der Praxis hat es sich eingebürgert, bei Entscheidungen von erheblicher Bedeutung für die Gesellschaft oder auch bei drohenden strafrechtlichen Konflikten Gutachten unabhängiger Anwaltsfirmen einzuholen unter Umständen neben Stellungnahmen der eigenen Rechtsabteilung. Zur Bedeutung des Einholens von Rechtsrat im Rahmen des Verschuldens bei der Schadensersatzhaftung nach § 93 Abs. 2 → Rn. 249 f. Der Vorstand hat das Recht, bei begründeten Zweifeln an der Rechtmäßigkeit von Rechtsvorschriften oder Verwaltungsentscheidungen diese durch die Verwaltung oder die zuständigen Gerichte überprüfen zu lassen.

77 **b) Gesellschaftsverbindlichkeiten gegenüber Dritten.** Der Vorstand hat die Verpflichtung, alle Verbindlichkeiten der Gesellschaft gegenüber Dritten zu erfüllen, soweit durch die Nichterfüllung der Gesellschaft ein Schaden entsteht oder entstehen könnte.[167] Eine Verpflichtung zur Erfüllung besteht nicht, wenn die Nichterfüllung eines Vertrages oder das Abwarten eines Prozesses bzw. die Zahlung von Schadensersatz für die Gesellschaft vorteilhafter als die Erfüllung der Verbindlichkeit ist.[168]

78 **c) Rechtfertigungsgründe.** Verstöße gegen die Legalitätspflicht indizieren grundsätzlich ein pflichtwidriges Verhalten. Der Haftung des Vorstands kann in Ausnahmefällen aber das Vorliegen von aktienrechtsspezifischen, als auch allgemeinen zivil- und strafrechtlichen Rechtfertigungsgründen entgegenstehen. In Betracht kommt eine **rechtfertigende Pflichtenkollision** bzw. das Vorliegen eines **Notstandstatbestandes.**[169] Soweit Rechtsgüter oder Vorstandspflichten in Konflikt geraten, hat der Vorstand abzuwägen, in welchem Werteverhältnis Rechtsgüter oder Pflichten zueinander stehen.[170] Nach angemessener Abwägung kann die Verletzung eines Rechtsguts bzw. einer dem Vorstand obliegenden Pflicht gerechtfertigt sein, wenn nur auf diese Weise ein sicher bevorstehender und unverhältnismäßig hoher Schaden von der Gesellschaft abgewendet werden kann.[171] Dem Vorstand obliegt eine Schadensverhinderungspflicht, deren Erfüllung nicht gleichzeitig zu einer Haftung des Vorstands führen soll. Die Gründe, die einen Erwerb eigener Aktien zur Vermeidung eines schweren, unmittelbar bevorstehenden Schadens der Gesellschaft ausnahmsweise nach § 71 Abs. 1 Nr. 1 zulässig machen, lassen sich in entsprechender Weise heranziehen.[172] Ein Beispiel hierfür ist die Zahlung an einen missbräuchlich klagenden Aktionär als Gegenleistung für die Rücknahme einer Anfechtungsklage, um eine wichtige Unternehmensentscheidung umsetzen zu können und eine erhebliche Schädigung der Gesellschaft zu vermeiden (→ § 76 Rn. 33).[173] Allerdings darf kein anderes zur Abwendung des Schadens taugliches Mittel vorhanden sein, wie unter anderem die Möglichkeit des Freigabeverfahrens. Der Vorstand ist verpflichtet, gegen einen missbräuchlich klagenden Aktionär nach Zahlung einen Rückgewähranspruch geltend zu machen, sobald das Drohpotential durch die Klage nicht mehr vorhanden ist.

79 Ein rechtfertigender Notstand gemäß § 34 StGB liegt nicht vor, wenn zur Rettung eines Unternehmens und damit der Arbeitsplätze, Umwelt- und Arbeitsschutzvorschriften verletzt werden.[174] Diese Einbußen waren dem Gesetzgeber bei Aufstellen der Schutzvorschriften bewusst.[175] Er hat eine Gewichtung vorgenommen und den Interessen der Allgemeinheit einen Vorrang vor den Interessen der Arbeitnehmer eingeräumt.[176] Nur in Ausnahmefällen bei Drohen eines außergewöhnlich hohen, vom Gesetzgeber nicht so berücksichtigten Schadens, kann ein Abweichen von der Wertung des Gesetzgebers zulässig sein.[177] Auf die Größe des Unternehmens kommt es nicht an, da einem kleinen Betrieb nicht versagt werden kann, was einem großen Betrieb erlaubt ist.[178]

---

[165] *Kocher* CCZ 2009, 215 (217); Spindler/Stilz/*Fleischer* Rn. 29.
[166] Spindler/Stilz/*Fleischer* Fn. 29; *Raiser/Veil* KapGesR § 14 Rn. 81.
[167] HM, s. ua *Binder* AG 2008, 274 (279); *Lutter* ZIP 2007, 841 (843); *Thole* ZHR 173 (2009), 504 (518 f.); *U.H. Schneider* FS Hüffer, 2010, 905 (911 ff.); Spindler/Stilz/*Fleischer* Rn. 33; GroßkommAktG/*Hopt/Roth* Rn. 148; aA *S. H Schneider* DB 2005, 707 (711); *Schäfer* ZIP 2005, 1253 (1256).
[168] GroßkommAktG/*Hopt/Roth* Rn. 148.
[169] MüKoAktG/*Spindler* Rn. 89.
[170] OLG Hamm NJW 1952, 838.
[171] OLG Hamm NJW 1952, 838.
[172] *Fleischer* ZIP 2005, 141 (150).
[173] KK-AktG/*Mertens/Cahn* Rn. 76.
[174] BGH NStZ 1997, 189 (190); BGH bei *Dallinger* MDR 1975, 722 (723).
[175] BayObLGZ 1953, 1602 (1603).
[176] Schönke/Schröder/*Perron* StGB § 34 Rn. 35.
[177] Schönke/Schröder/*Perron* StGB § 34 Rn. 35.
[178] BayObLG 1953, 1602 (1603).

d) Normenkonflikte. Bei international tätigen Unternehmen kann es vorkommen, dass die Befolgung einer Norm in Deutschland zwangsläufig zu einem Gesetzesverstoß in einem anderen Land führt. Beispielsweise sind in deutschland die strengen Vorschriften des Bundesdatenschutzgesetzes zu beachten, während in einem anderen Land die Herausgabe bestimmter Daten gesetzlich verpflichtend ist. Sofern die deutsche gesetzliche Vorschrift nicht Bestandteil der ordre public ist, hat der Vorstand in diesem Falle nach der Business Judgment Rule abzuwägen, die Befolgung welcher gesetzlichen Vorschrift dem Wohl des Unternehmens eher entspricht. 79a

IV. Kontroll- und Überwachungspflichten

1. Allgemeines. Der Vorstand nimmt nicht alle unternehmerischen Leitungsfunktionen selbst wahr. Sie werden vielmehr in einem breit gefächerten System delegiert. Durch diese Delegation ist der Vorstand aber nicht von seiner Verantwortung entbunden. Ihn trifft eine Kontroll- und Überwachungspflicht innerhalb des Unternehmens. Er hat sowohl die Vorgänge im Vorstand, als auch die Handlungen auf nachgelagerten Ebenen zu kontrollieren und zu überwachen. Zu diesem Zweck hat er ein **effizientes Überwachungssystem** einzurichten. Soweit diese Überwachung der Einhaltung des Legalitätsprinzips auf nachgeordneten Unternehmensebenen dient, wird dieses Thema unter der Überschrift „Corporate Compliance" erörtert (→ Rn. 91 ff.). Dabei handelt es sich um eine unternehmerische Strategie der Verhinderung von Gesetzesverstößen durch organisatorische Maßnahmen. Wie diese organisatorischen Maßnahmen im Einzelnen aussehen können, wird in → Rn. 91 ff. beschrieben. 80

Das Thema Corporate Compliance ist ein beliebtes Diskussionsthema, nicht nur aus juristischer, sondern auch betriebswirtschaftlicher Sicht. Zu dieser Entwicklung haben in erster Linie die Korruptionsfälle in jüngerer Vergangenheit, aber auch die Meldungen über unerlaubte oder angeblich unerlaubte Überwachungen (zB Verkehrsdatenabgleich) beigetragen. Die Personen, die innerhalb des Überwachungssystems tätig sind, sind sorgfältig auszusuchen. Die für die Kontrolle ihrer Bereiche verantwortlichen untergeordneten Arbeitnehmer sind ihrerseits durch den Vorstand daraufhin zu kontrollieren, ob sie ihren Überwachungspflichten ordnungsgemäß nachkommen. Der Vorstand hat innerhalb des Unternehmens für eine **laufende Kontrolle** zu sorgen. Es ist nicht ausreichend, dass eine Kontrolle nur gelegentlich stattfindet.[179] In seinen turnusmäßigen Sitzungen hat der Vorstand alle Informationen auszuwerten. Hat der Vorstand den Verdacht oder die Kenntnis von nicht ordnungsgemäßen Vorgängen, so treffen ihn erhöhte Überwachungs- und Kontrollpflichten.[180] Er muss dafür sorgen, dass das nicht ordnungsgemäße Verhalten abgestellt wird.[181] 81

Verletzt ein Vorstandsmitglied **Aufsichtspflichten** innerhalb des Unternehmens, die der Verhinderung von Zuwiderhandlungen dienen, die ihrerseits mit Strafe oder Geldbuße bedroht sind und kommt es aufgrund der unzureichenden Aufsicht zu Zuwiderhandlungen durch nachgeordnete Mitarbeiter, begeht es eine **Ordnungswidrigkeit** (§ 130 OWiG iVm § 9 Abs. 1 Nr. 1 OWiG). Die Vorschrift ist in jüngster Zeit häufiger Anknüpfungspunkt für strafrechtliche Ermittlungen gegen Vorstandsmitglieder. Hier sind vor allem Korruptionsfälle, Fragen der Überwachung von Mitarbeitern sowie mögliche Verstöße gegen § 206 StGB durch Mitarbeiter des Unternehmens in den Blickpunkt der Öffentlichkeit getreten. 82

Der Vorstand des an der Konzernspitze stehenden Unternehmens hat die Verpflichtung zur **allgemeinen Konzernkontrolle** (im Einzelnen → § 76 Rn. 60).[182] Er überwacht, ob die Handlungen der Vorstände der abhängigen Unternehmen mit der Konzernplanung übereinstimmen und mit den Belangen der herrschenden Gesellschaft vereinbar sind. Hierzu können die Vorstände des an der Konzernspitze stehenden Unternehmens Aufsichtsratspositionen in den abhängigen Unternehmen bekleiden. Die Überwachungs- und Kontrollmöglichkeiten werden begrenzt durch die rechtlich sehr stark eingegrenzten Durchsetzungsmöglichkeiten innerhalb eines faktischen Konzerns (im Einzelnen → § 311 Rn. 10 ff.; → § 76 Rn. 57, 60). 83

2. Kontrolle und Überwachung innerhalb des Vorstands. Aufgrund der Gesamtverantwortung des Vorstands treffen das einzelne Vorstandsmitglied nicht nur Überwachungs- und Kontrollpflichten innerhalb seines eigenen Ressorts (→ § 77 Rn. 34 ff.).[183] Er bleibt auch für Vorgänge in anderen Ressorts zuständig, wenn auch mit einem geringeren Verantwortungsgrad.[184] Der Gesamt- 84

[179] BGHSt 9, 319 (323).
[180] MüKoAktG/*Spindler* Rn. 159.
[181] BGH GmbHR 1985, 143 (144) für GmbH-Geschäftsführer; *Reichert/Ott* ZIP 2009, 2173 (2177).
[182] OLG Jena NZG 2010, 226 (228) für GmbH-Geschäftsführer.
[183] BGH NJW 1994, 2149 (2150) für GmbH-Geschäftsführer.
[184] RGZ 91, 72 (77) für GmbH-Geschäftsführer; KK-AktG/*Mertens/Cahn* Rn. 92.

vorstand hat die jeweiligen ressortzuständigen Vorstandsmitglieder zu überwachen.[185] Es ist ein vorstandsinternes Berichtssystem einzuführen.[186] Jedes Vorstandsmitglied ist verpflichtet, über die wesentlichen Vorgänge aus seinem Ressort zu berichten.[187] Jeder Vorstand hat einen Informationsanspruch sowie eine Informations- und Nachfrageverpflichtung.[188] Die erlangten Informationen sind sorgfältig auszuwerten und einer inhaltlichen Plausibilitätskontrolle zu unterziehen. Sie sind auf ihre Vollständigkeit hin zu überprüfen. Ein Vorstandsmitglied kann sich nicht darauf berufen, es habe sich in den Vorstandssitzungen über die Tätigkeit eines Vorstands, der für ein anderes Ressort zuständig sei, informiert und darüber hinaus sei ihm dieser vertrauenswürdig erschienen.[189]

85 Der **Grad der notwendigen Überwachung** richtet sich nach dem Einzelfall (→ § 77 Rn. 36).[190] Die Intensität der Kontrolle kann von dem Gewicht der einem Vorstandsmitglied zugewiesenen Aufgabe[191] oder von der Erfahrenheit des Vorstandsmitglieds[192] abhängen. Weiterhin können bestimmte Umstände eine erhöhte Überwachungspflicht bedingen, so das Vorliegen einer finanziellen Krisensituation.[193] Grundsätzlich sind Übergriffe in den Kompetenzbereich (Ressort) anderer Vorstandsmitglieder unzulässig.[194] Die Ressortverantwortlichkeit des einzelnen Vorstandsmitglieds setzt der Überwachung Grenzen.[195] Es besteht aber für jedes Vorstandsmitglied eine Pflicht einzugreifen, wenn Anhaltspunkte bestehen, dass zugewiesene Aufgaben von anderen Vorstandsmitgliedern nicht ordnungsgemäß erfüllt werden.[196] Ausreichend ist, dass die Aufgabenerfüllung als nicht wirtschaftlich angesehen wird.[197] Auch eine außerdienstliche Kenntnisnahme ist zu verwerten. Erlangt ein Vorstandsmitglied Kenntnis von einer nicht ordnungsgemäßen Aufgabenerfüllung, ist der Gesamtvorstand zu informieren, der dann über weitere Maßnahmen entscheidet. Eine Benachrichtigung des Aufsichtsrats durch ein einzelnes Vorstandsmitglied kommt nur in Betracht, wenn das Fehlverhalten des anderen Vorstandsmitglieds nach einer Entscheidung des Gesamtvorstands nicht abgestellt wird.[198]

86 Der Vorstand kann ein einzelnes Vorstandsmitglied damit betrauen, die Kontrolle innerhalb des Vorstands zu übernehmen. Das befreit allerdings die anderen Vorstandsmitglieder nicht von ihrer Kontrollpflicht. Aufgabe des mit der Überwachung betrauten Vorstandsmitglieds kann es vielmehr lediglich sein, Informationen einzuholen, sie zu verwalten sowie sie weiterzugeben.[199] Ist ein Vorstandsmitglied zum Vorsitzenden des Vorstands oder zum Sprecher des Vorstands ernannt, so repräsentiert dieser den Vorstand und koordiniert und leitet dessen Sitzungen. Soweit dem **Vorstandsvorsitzenden** (→ § 77 Rn. 42 f.) spezielle Aufgabenbereiche zugewiesen sind, erhöhen sich seine Haftungsrisiken. In diesen Bereichen obliegt ihm eine erhöhte Überwachungspflicht.[200] Fehlt eine solche Zuweisung, kommt dem Vorstandsvorsitzenden jedoch nicht automatisch eine übergeordnete Lenkungsfunktion zu, welche ihn allein verpflichtet, die Erreichung der Zielvorgaben durch die jeweiligen Ressorts zu überprüfen und bei Missständen einzugreifen.[201] Auch Vorstandsmitglieder, deren Ressort sachnah mit dem von den Pflichtverletzungen betroffenen Ressort ist, treffen keine erhöhte Verpflichtung zur Überwachung.[202] Es kann lediglich sein, dass sie aufgrund der Ressortnähe

---

185 KG NZG 1999, 400 für GmbH-Geschäftsführer.

186 *Schiessl* ZGR 1992, 64 (69).

187 Spindler/Stilz/*Fleischer* Rn. 95.

188 OLG Koblenz NZG 2008, 397 (399) für GmbH-Geschäftsführer; Spindler/Stilz/*Fleischer* Rn. 95, 97.

189 *Rieger* FS Peltzer, 2001, 343 (347); Hüffer/*Koch* § 77 Rn. 15; KK-AktG/*Mertens/Cahn* Rn. 92; weiter Spindler/Stilz/*Fleischer* § 77 Rn. 55; aA *Schwark* FS Canaris, 2007, 389 (391); *Habersack/Lorenz* Karlsruher Forum 2009: Managerhaftung, 5, 26; *Arnold* in Marsch-Barner/Schäfer HdB AG § 22 Rn. 42; GroßkommAktG/*Hopt/Roth* Rn. 376.

190 GroßkommAktG/*Hopt/Roth* Rn. 376; Hüffer/*Koch* Rn. 15a.

191 BGH DB 1980, 582.

192 LG Düsseldorf ZIP 1995, 1985 (1993) – ARAG/Garmenbeck.

193 BGHZ 133, 370 (378) = NJW 1997, 130; BGH NJW 2001, 969 (971); OLG Düsseldorf NJW-RR 1996, 290, jeweils für GmbH-Geschäftsführer.

194 BGH NJW-RR 1998, 1409.

195 Spindler/Stilz/*Fleischer* Rn. 95.

196 BGHZ 133, 370 (378) = NJW 1997, 130; BGH NJW-RR 1995, 669 (670), jeweils für GmbH-Geschäftsführer; OLG Köln NZG 2000, 135 (136).

197 *Hoffmann-Beckimg* ZGR 1998, 497 (512).

198 MüKoAktG/*Spindler* Rn. 161.

199 *Schiessl* ZGR 1992, 64 (70).

200 MüKoAktG/*Spindler* Rn. 162.

201 MüKoAktG/*Spindler* Rn. 162; Spindler/Stilz/*Fleischer* § 77 Rn. 56; aA *Bezzenberger* ZGR 1996, 661 (670 ff.); *Hoffmann-Becking* ZGR 1998, 501 (517); *Krieger,* Personalentscheidungen des Aufsichtsrats, 1981, 244 ff.; GroßkommAktG/*Hopt/Roth* Rn. 377; MHdBAG/*Wiesner* § 24 Rn. 4.

202 Hüffer/*Koch* Rn. 42 mwN; MüKoAktG/*Spindler* Rn. 155; aA VG Frankfurt AG 264, 265 f.; *Pietzke* CCZ 2010, 45 (47).

eher Kenntnis von Fehlverhalten in anderen Ressorts erhalten als die anderen Vorstandsmitglieder. In diesem Falle sind sie verpflichtet, die erforderlichen Maßnahmen zu ergreifen.

3. Kontrolle der nachgelagerten Unternehmensebenen. Der Vorstand hat die Abläufe in den nachgelagerten Unternehmensebenen[203] und das Erreichen der vorgegebenen Zielvorgaben durch diese zu kontrollieren. Bei Kenntnis von Missständen hat er die Pflicht einzugreifen.[204] Die Verpflichtung zum Eingreifen besteht weiterhin, wenn geplante Maßnahmen nicht zu dem angestrebten Ergebnis führen. Die **Intensität der Kontrolle** ist einzelfallabhängig.[205] Bei besonders qualifizierten Mitarbeitern kann die Kontrollpflicht grundsätzlich eine geringere Intensität haben. Der Umfang der Kontrollpflicht steigert sich, wenn es schon zu Unregelmäßigkeiten gekommen ist, solche zu erwarten sind oder wenn eine schwierige Rechtslage vorliegt[206] oder wichtige Vorschriften berührt sind.[207] Auch wenn ein Mitarbeiter seit seiner Einstellung jahrelang zuverlässig und kompetent gearbeitet hat, dürfen Kontrollmaßnahmen nicht unterlassen werden. Es sind stichprobenartige und überraschende Prüfungen durchzuführen, die Kontroll- und Warnfunktionen haben.[208] Damit können Mitarbeiter auch von gezielten Zuwiderhandlungen abgebracht werden. Falls sich herausstellt, dass die durchgeführten Kontrollen nicht ausreichend sind, sind zusätzliche Kontrollmaßnahmen zu ergreifen.[209] Allerdings ist stets zu beachten, dass diese noch im zumutbaren Bereich liegen und die Mitarbeiter nicht übermäßig in ihrer Eigenverantwortung beschneiden.[210] Kontrollmaßnahmen dürfen nicht unverhältnismäßig in das nach Art. 2 Abs. 1 GG iVm Art. 1 Abs. 1 GG geschützte allgemeine Persönlichkeitsrecht eingreifen.[211] Am häufigsten diskutiert wird die rechtliche Zulässigkeit von Kontrollmaßnahmen bei einer Überwachung durch Videoinstallationen sowie im Telefon- und E-Mail-Verkehr (→ Rn. 88 f.). 87

Die **heimliche Videoüberwachung** von Arbeitnehmern kann durch die Wahrnehmung überwiegend schutzwürdiger Interessen des Arbeitgebers gerechtfertigt sein.[212] Sie ist zulässig, soweit der konkrete Verdacht einer strafbaren Handlung oder einer anderen schweren Verfehlung zulasten des Arbeitgebers vorliegt und sofern die Durchführung weniger einschneidender Alternativmaßnahmen zur Aufklärung des Verdachts nicht möglich ist.[213] Die heimliche Videoüberwachung muss das einzig verbleibende Mittel sein.[214] Bei Durchführung der Videoüberwachung muss die Verhältnismäßigkeit gewahrt sein.[215] Die Überwachung darf weiterhin nicht wahllos erfolgen und nicht der allgemeinen Verhaltenskontrolle, sondern der Aufklärung eines bestimmten Verdachts dienen.[216] Sie muss räumlich und zeitlich begrenzt sein.[217] Schließlich darf sie nicht in Räumen erfolgen, die der Privat- oder Intimsphäre des Arbeitnehmers zuzuordnen sind.[218] Wird ein öffentlich zugänglicher Raum überwacht, ist die Beobachtung nach § 6b Abs. 2 BDSG kenntlich zu machen.[219] Die Installation einer Videoüberwachung ist bei Bestehen eines Betriebsrats mitbestimmungspflichtig nach § 87 Abs. 1 Nr. 6 BetrVG.[220] Die Verwertung mitbestimmungswidrig erlangter Beweismittel ist zulässig, wenn der Betriebsrat den Verstoß kennt und der Verwertung zustimmt.[221] 88

Besondere Kontroll- und Überwachungspflichten treffen den Vorstand im Rahmen des **Telefon- und E-Mail-Verkehrs.** In diesem Zusammenhang haben in der allgemeinen Presse verbreitete Vorkommnisse bei deutschen Großunternehmen für Aufmerksamkeit gesorgt. In diesen Fällen stellte sich nicht nur die Frage, ob der Vorstand Kontrollmaßnahmen angeordnet hat und diese rechtmäßig sind, sondern die weitere Frage, ob er nachgeordnete Unternehmensebenen, die eine Kontrolle und Überwachung von Telefon- und E-Mail-Verkehr vornehmen, ihrerseits auf die Rechtmäßigkeit ihres 89

---

[203] KG NZG 1999, 400 für GmbH-Geschäftsführer; Spindler/Stilz/*Fleischer* Rn. 96.
[204] BGHZ 133, 370 (378) = NJW 1997, 130 für GmbH-Geschäftsführer.
[205] BGH WuW/E BGH 2202, 2203 = NStZ 1986, 34 – Brückenbau Hopener Mühlenbach.
[206] BGHSt 27, 196 (202) = NJW 1977, 1784.
[207] OLG Düsseldorf WuW/E DE-R 1893, 265, 269 – Transportbeton, für GmbH-Geschäftsführer.
[208] BGH WuW/E BGH 2202, 2203 = NStZ 1986, 34 – Brückenbau Hopener Mühlenbach.
[209] BGH WuW/E BGH 2202, 2203 = NStZ 1986, 34 – Brückenbau Hopener Mühlenbach.
[210] BGH WuW/E BGH 2262, 2264 = wistra 1986, 222 – Aktenvermerke.
[211] BAG NZA 2008, 1187 (1189) zur Einführung einer Videoüberwachung am Arbeitsplatz; BAGE 111, 173 (178) = NJW 2005, 313 zur Einführung einer Videoüberwachung am Arbeitsplatz.
[212] BAGE 105, 356 (360) = NJW 2003, 3436.
[213] BAGE 105, 356 (361) = NJW 2003, 3436.
[214] BAGE 105, 356 (361) = NJW 2003, 3436.
[215] BAGE 105, 356 (361) = NJW 2003, 3436.
[216] BAGE 105, 356 (363) = NJW 2003, 3436.
[217] BAGE 105, 356 (363) = NJW 2003, 3436.
[218] BAGE 105, 356 (363) = NJW 2003, 3436.
[219] BAGE 105, 356 (361 f.) = NJW 2003, 3436.
[220] BAGE 105, 356 (364) = NJW 2003, 3436.
[221] BAGE 105, 356 (364) = NJW 2003, 3436.

Verhaltens kontrolliert hat. Grundsätzlich ist zu unterscheiden, ob den Mitarbeitern die Nutzung der betriebseigenen Telekommunikationseinrichtungen zu privaten Zwecken gestattet ist oder nicht. Im Einzelnen sind die damit zusammenhängenden Fragen der Auslegung des § 88 TKG und des BDSG, insbesondere nach der Einfügung des § 32 BDSG durch Art. 1 Nr. 12 Gesetz zur Änderung datenschutzrechtlicher Vorschriften vom 14.8.2009 (BGBl. I S. 2814), heftig umstritten.[222] Grundsätzlich hat der Arbeitgeber weitergehende Überwachungsmöglichkeiten, wenn er die Benutzung von Telekommunikationseinrichtungen zu privaten Zwecken untersagt.[223]

90 **Oft wird die private Nutzung weder ausdrücklich untersagt noch ausdrücklich gestattet.** Es besteht die Gefahr, dass eine stillschweigende Duldung einer ausdrücklichen Gestattung gleichgesetzt wird. Dem Vorstand ist deshalb anzuraten, ausdrückliche, schriftliche Anweisungen über die Zulässigkeit von privater Nutzung zu erteilen und einen Mechanismus zur entsprechenden Kontrolle der Handhabung durch nachgelagerte Unternehmensebenen einzurichten.

V. Corporate Compliance

91 **1. Begriff und Zweck der Corporate Compliance.** Unter dem Begriff Corporate Compliance werden unternehmerische Strategien zur Verhinderung von Verstößen gegen Gesetz, Satzung und unternehmensinterne Geschäftsführungsregelungen durch organisatorische Maßnahmen diskutiert.[224] Das Compliance-Thema hat sowohl betriebswirtschaftliche als auch rechtliche Aspekte. Mit Hilfe eines Corporate Compliance-Systems wird die Einhaltung von Gesetzen durch die Gesellschaft, ihre Organe und ihre Mitarbeiter organisiert und kontrolliert. Umfasst werden alle Bereiche des Unternehmens. Die Corporate Compliance dient damit der Minimierung von Haftungsrisiken und der Sicherung von rechtmäßigem Verhalten im Unternehmen. Unternehmensrisiken können frühzeitig erkannt und ihre Verwirklichung verhindert werden. Die Einrichtung einer Compliance-Organisation soll das Vertrauen der Geschäftspartner und des Marktes in das Unternehmen stärken. Schadensersatzleistungen, Bußgelder sowie Reputationsverluste sollen verhindert werden.[225] Für börsennotierte Gesellschaften ist die Pflicht des Vorstands, für die Einhaltung der gesetzlichen Bestimmungen und unternehmerischen Richtlinien zu sorgen und auf deren Beachtung durch die Konzernunternehmen hinzuwirken, ausdrücklich in Ziff. 4.1.3 DCGK normiert. Nach einer durchgeführten Studie haben gesetzliche Vorschriften immer noch einen höheren Effekt im Hinblick auf die Vertrauensstärkung der Kapitalmarktteilnehmer als freiwillige Maßnahmen.[226]

92 **2. Compliance und unternehmerische Leitungsfunktion.** Eine Rechtspflicht zur Einrichtung einer umfassenden Compliance-Organisation besteht nicht.[227] Der Vorstand hat eine Kontroll- und Überwachungspflicht der nachgelagerten Unternehmensebenen. Wie er diese erfüllt, liegt in seinem **unternehmerischen Ermessen.**[228] Auch aus dem DCGK ergibt sich keine Verpflichtung des Vorstands zur Einführung eines bestimmten Compliance-Systems. Nach Ziff. 4.1.3 DCGK hat der Vorstand für die Einhaltung der gesetzlichen Bestimmungen und der unternehmensinternen Richtlinien zu sorgen. Damit wird aber lediglich die allgemeine gesetzliche Verpflichtung des Vorstands wiederholt, durch eine ausreichende Organisation für die Einhaltung der Gesetze im Unternehmen zu sorgen (→ Rn. 54 ff.). Auch nach dem DCGK bleibt also die Art und Weise der geeigneten Überwachung dem unternehmerischen Ermessen des Vorstands vorbehalten. Neu eingefügt durch den DCGK 2017 wurde die Empfehlung, ein Compliance Management System einzurichten

---

[222] Zu § 88 TKG *Beckschulze* DB 2009, 2097 ff.; *Lowisch* DB 2009, 2782 ff.; *Mengel* BB 2004, 1445 (1449 ff.); *Mengel* BB 2004, 2014 (2017 ff.); *Vogel/Glas* DB 2009, 1747 ff.; *Wellhöner/Byers* BB 2009, 2310 ff.; *Wolf/Mulert* BB 2008, 442 (445 ff.); zu § 32 BDSG *Barton* RDV 2009, 200 ff.; *Deutsch/Diller* DB 2009, 1462 ff.; *Gola* RDV 2009, 212 ff.; *Lowisch* DB 2009, 2782 (2785 f.); *Salvenmoser/Hauschka* NJW 2010, 331 ff.; *Thüsing* NZA 2009, 865 ff.; *Vogel/Glas* DB 2009, 1747 (1752 ff.); *Wellhöner/Byers* BB 2009, 2310; 2311 ff.; *Wybitul* BB 2009, 1582 ff.; *Däubler/Klebe/Wedde/Weichert* BDSG § 32 Rn. 1 ff.

[223] ArbG Berlin ZIP 2010, 1191 (1193).

[224] ArbG Berlin ZIP 2010, 1191 (1193); MüKoAktG/*Spindler* § 91 Rn. 52; GroßkommAktG/*Kort* § 91 Rn. 55; *Hauschka/Moosmayer/Lösler* in Hauschka/Moosmayer/Lösler Corporate Compliance § 1 Rn. 2.

[225] *Bürkle* BB 2005, 565 (566); *U.H. Schneider* NZG 2010, 1201.

[226] Studie des Lehrstuhls für Rechnungswesen, Wirtschaftsprüfung und Controlling der Universität Duisburg-Essen mit Deloitte Deutschland, *Köhler/Marten/Schlereth* DB 2009, 1477 ff.

[227] HM, *Fleischer* AG 2003, 291 (299 f.); *Hauschka/Moosmayer/Lösler* in Hauschka/Moosmayer/Lösler Corporate Compliance § 1 Rn. 31; GroßkommAktG/*Kort* § 91 Rn. 55; KBLW/*Bachmann* Rn. 837; MüKoAktG/*Spindler* § 91 Rn. 66; aA *Bürkle* BB 2005, 565 (568 ff.); *Passarge* NZI 2009, 86 (89 f.): Pflicht aus § 91 Abs. 2; *U.H. Schneider* NZG 2010, 1201 (1202); *Dreher* FS Hüffer, 2010, 161 (168): dogmatische Herleitung aus § 91 Abs. 2; *Krieger* in Krieger/Schneider HdB Managerhaftung § 3 Rn. 5.

[228] *Bürkle* in Hauschka/Moosmayer/Lösler Corporate Compliance § 36 Rn. 6.

und die Grundzüge offenzulegen sowie die Möglichkeit für Beschäftigte und Dritte zu schaffen, Hinweise auf Rechtsverstöße zu geben.

Bei **international agierenden Unternehmen** können sich aus ausländischen Normen spezielle Verpflichtungen des Vorstands ergeben. Dies gilt insbesondere für Unternehmen, die auf dem US-Kapitalmarkt tätig sind. Zu nennen sind zunächst die Regelungen des Sarbanes Oxley Acts,[229] die auch auf ausländische Unternehmen, die an einer US-Börse notiert sind, Anwendung finden. Danach ist das Management verpflichtet, ein angemessenes internes Kontrollsystem einzurichten. Der Abschlussprüfer hat darüber zu berichten.[230] Gefordert werden umfangreiche, dokumentierte Kontrollen und eine wirksame Überwachung durch die interne Revision. Weiterhin bestehen umfangreiche kapitalmarktbezogene Offenlegungspflichten. Wie die Ermittlungen des US-amerikanischen Department of Justice (DoJ) sowie der US-amerikanischen Börsenaufsichtsbehörde Securities Exchange Commission (SEC) bei der Siemens AG sowie der Daimler AG[231] belegen, ist daneben insbesondere der Foreign Corrupt Practices Act (FCPA)[232] von besonderer Bedeutung.[233] Danach sind auch Korruptionsvorkommnisse außerhalb der USA unter strenge Strafe gestellt.[234] Nach dem Vorbild des Sarbanes-Oxley Acts hat Großbritannien den Bribery Act 2010 für Unternehmen, die Geschäftsbeziehungen zum UK unterhalten, in Kraft gesetzt. 93

In der Praxis hat sich bei allen großen Aktiengesellschaften, insbesondere den börsennotierten Gesellschaften, die Einführung von Compliance-Systemen durchgesetzt, die ungeachtet von branchenspezifischen Besonderheiten auf einem weitgehend einheitlichen Schema aufgebaut sind. Angesichts der anhaltenden Diskussionen über Haftungsrisiken von Vorständen und auch des vermehrten Bekanntwerdens von Haftungsfällen ist die Einfügung eines Corporate Compliance-Systems in jedem Falle anzuraten. Ein umfassendes Corporate Compliance-System geht über die Regelung in § 91 Abs. 2 hinaus.[235] Dort ist die Einrichtung eines Überwachungssystems zur Vermeidung von den Fortbestand des Unternehmens gefährdenden Entwicklungen gesetzlich vorgeschrieben. 94

Kredit- und Finanzdienstleistungsinstitute sind gemäß § 25a Abs. 1 S. 1 KWG,[236] Wertpapierdienstleistungsunternehmen gemäß § 33 Abs. 1 S. 1 WpHG aF bzw. § 80 Abs. 1 S. 1 WpHG nF iVm § 25a Abs. 1 KWG und § 33 Abs. 1 S. 2 Nr. 1 WpHG aF[237] und Versicherungsunternehmen gemäß § 64a Abs. 1 S. 1 VAG zur Einrichtung einer ordnungsgemäßen Geschäftsorganisation, die die Einhaltung der gesetzlichen Bestimmungen gewährleistet, verpflichtet.[238] 95

3. Aufbau einer Corporate Compliance Organisation. Da der Vorstand bei der Ausgestaltung des Corporate Compliance Systems einen weiten Spielraum hat, werden hier lediglich Möglichkeiten zum Aufbau eines Compliance Systems aufgezeigt. 96

a) Verteilung von Zuständigkeiten. Der Aufbau einer geeigneten Corporate Compliance Organisation erfolgt in mehreren Stufen durch Verteilung von Zuständigkeiten. Die Compliance Organisation insgesamt sollte getrennt werden von der Innenrevision und dem Ressort für Risikomanagement.[239] Der Vorstand kann einem seiner Mitglieder das **Ressort Compliance** übertragen.[240] Die durch das Compliance-System zu erfüllende Leitungsaufgabe bleibt aber weiterhin in der Verantwortung des Gesamtvorstands.[241] 97

Auf nachgeordneter Ebene können ein oder mehrere sorgfältig ausgewählte und eingewiesene **Compliance-Beauftragte**[242] eingesetzt werden.[243] Diese überwachen die Einhaltung der Gesetze 98

[229] Sarbanes-Oxley Act of 2002, in Kraft getreten am 30.7.2002.

[230] Vgl. hierzu Arbeitskreis „Externe und interne Überwachung der Unternehmung" Schmalenbach-Gesellschaft für Betriebswirtschaft eV BB 2004, 2399 (2405); *Schulte/Görts* RIW 2006, 561 (566).

[231] Zu den SEC-Ermittlungen vgl. *Wybitul* BB 2009, 606 ff.; *Wastl/Lika/Pusch* NStZ 2009, 68 ff.

[232] Foreign Corrupt Practices Act of 1977, aktuelle Fassung vom 10.11.1998.

[233] *Pietzke* CCZ 2010, 45 (49).

[234] Vgl. *Bannenberg* in Wabnitz/Janovsky, WirtschaftsStrafR/SteuerStrafR-HdB, 4. Aufl. 2014, Rn. 139 ff.; *Spies* MMR 2009, XIII; *Grau/Meshulam/Blechschmidt* BB 2010, 652 ff.; *Schulte/Görts* RIW 2006, 561 ff.

[235] *U.H. Schneider* NZG 2009, 1321 (1323).

[236] Hierzu OLG Düsseldorf ZIP 2010, 28 (33) – IKB.

[237] S. auch Rundschreiben 4/2010 der BaFin (MaComp) – Mindestanforderungen an die Compliance-Funktion und die weiteren Verhaltens-, Organisations- und Transparenzpflichten nach §§ 31 ff. WpHG für Wertpapierdienstleistungsunternehmen vom 7.6.2010.

[238] Hierzu *Weber-Rey* AG 2008, 345 (350 f.).

[239] *Weber-Rey* AG 2008, 345 (348 f.); *Bürkle* in Hauschka/Moosmayer/Lösler Corporate Compliance § 36 Rn. 45.

[240] *Fleischer* CCZ 2008, 1 (3); *Klahold/Lochen* in Hauschka/Moosmayer/Lösler Corporate Compliance § 37 Rn. 18.

[241] *Fleischer* CCZ 2008, 1 (3); *Hauschka* NJW 2004, 257 (259).

[242] „Compliance Officer", BGHSt 54, 44 (49 f.) = NJW 2009, 3173.

[243] *Hauschka* NJW 2004, 257 (259 f.).

und generellen Anordnungen im Unternehmen und halten den Vorstand über die Vorkommnisse auf dem Laufenden. Möglich ist auch, einen zentralen Compliance-Beauftragten vorzusehen, dem mehrere Compliance-Beauftragte der verschiedenen Unternehmensbereiche zugeordnet sind.[244] Der zentrale Compliance-Beauftragte ist der Ansprechpartner für den Vorstand und wird von diesem überwacht.[245] Die Compliance-Beauftragten überwachen die Tätigkeit der Mitarbeiter und unterrichten diese über die ihnen obliegenden Verpflichtungen. Es ist weiterhin möglich, Außenstehende, also zB Berater (Rechtsanwälte, Unternehmensberater, Wirtschaftsprüfer) mit der Einführung einer Compliance-Organisation und der laufenden Überwachung zu beauftragen. Auch in diesem Falle verbleibt es bei der Verantwortung des Gesamtvorstands.[246]

99 **b) Art und Umfang der Compliance-Maßnahmen. aa) Allgemeines.** Die Art und Weise der Compliance ist abhängig von dem jeweiligen Unternehmen. Sie richtet sich unter anderem nach der Größe des Unternehmens, seiner Branchenzugehörigkeit und seiner nationalen oder internationalen Ausrichtung.[247] Die Compliance hat aus **präventiven** sowie **repressiven Maßnahmen** zu bestehen. Ein Compliance-System muss gewährleisten, dass bei Verdachtsfällen ermittelt wird, dass Informationen über Fehlverhalten im Unternehmen weitergeleitet und dass entsprechende Regressmaßnahmen bei nachgewiesenem Fehlverhalten eingeleitet werden. Der Vorstand hat zu analysieren, welche Unternehmensbereiche besonders wichtig und risikobehaftet sind, um diese in die aufzubauende Compliance-Organisation miteinzubeziehen. Nicht immer ist eine das gesamte Unternehmen umfassende Compliance-Organisation notwendig. Eine Auswahl bestimmter Unternehmensbereiche kann ausreichend sein und wird aus Gründen der Kostenersparnis oft vorgenommen. Schwerpunkte in der Corporate Compliance bilden zumeist das Kapitalmarkt-, Kartell- und Korruptionsstrafrecht sowie das Umweltrecht, das Produkthaftungsrecht und der Schutz vor Diskriminierung und sexueller Belästigung am Arbeitsplatz.[248] Eingeführt werden sollten nur solche Compliance-Maßnahmen, die erforderlich und für die Mitarbeiter zumutbar sind.[249] Bei der Einführung sind eventuell bestehende Mitwirkungsrechte des Betriebsrats zu beachten.[250] Das ist im Einzelfall zu überprüfen.

100 **bb) Commitment.** Der Vorstand kann in einer Erklärung die Einhaltung der Gesetze sowie unternehmensinterner genereller Anordnungen als Teil der im Unternehmen herrschenden Unternehmenskultur darstellen.[251] Dies erfolgt zB in Form eines „Commitment" oder eines Unternehmens-Credos. Ein solches „Commitment" oder Unternehmens-Credo hat neben einer aufklärenden Funktion für die Mitarbeiter auch motivierende Wirkung. Der Vorstand gibt damit auch die Erklärung ab, dass er sich selbst gesetzmäßig verhalten (eine eigentlich überflüssige Selbstverständlichkeit) und auch an unternehmensinterne Richtlinien halten wird, solange diese nicht als generelle Anordnungen vom Vorstand wieder aufgehoben worden sind.

101 **cc) Compliance-Richtlinien.** Es können verbindliche unternehmensinterne Richtlinien aufgestellt werden, wie dies in Ziff. 4.1.3 DCGK empfohlen wird Diese können interne Verhaltensvorgaben beinhalten, welche unter anderem in die Satzung (in der Praxis seltener und nicht empfehlenswert), in eine Geschäftsordnung und (zusätzlich) in den Anstellungsvertrag aufgenommen werden können. Die Richtlinien können laufend weiter entwickelt werden. Sie können in einem Corporate Compliance-Handbuch neben für das Unternehmen einschlägigen Gesetzen und Verordnungen zusammengefasst werden. Teilweise werden Compliance-Regelungen neben anderen Vorschriften und Hinweisen auch in sog. Konzernrichtlinien eingebunden.

102 **dd) Schulungen.** Zur Einweisung der Mitarbeiter kommen Compliance-Schulungen in Betracht.[252] Dabei werden Arbeitnehmern ihre gesetzlichen Pflichten sowie sonstige innerbetriebliche Regelungen erläutert. Sie werden über die Compliance-Struktur und Compliance-Richtlinien im Unternehmen aufgeklärt. Bestehende oder potentielle Risikobereiche sowie der Umgang mit diesen sind darzulegen. Im Rahmen von Schulungen sollten auch die Haftungskonsequenzen bei pflichtwidrigem Handeln aufgezeigt werden, so dass den Schulungen auch eine Warnfunktion innewohnt.

---

[244] *Kiethe* GmbHR 2007, 393 (397); *Bürkle* in Hauschka/Moosmayer/Lösler Corporate Compliance § 36 Rn. 10 ff.
[245] BayObLG NJW 2002, 766 für GmbH-Geschäftsführer.
[246] BayObLG NJW 2002, 766 für GmbH-Geschäftsführer.
[247] *Bürkle* BB 2005, 565.
[248] *Fleischer* CCZ 2008, 1 (2).
[249] *Fleischer* CCZ 2008, 1 (3).
[250] BAGE 127, 146 (163 ff.) = NJW 2008, 3731; BAG NJW 2008, 3721.
[251] *Hauschka* BB 2007, 165 (167).
[252] *Bürkle* in Hauschka/Moosmayer/Lösler Corporate Compliance § 36 Rn. 39 ff.

ee) Informationssystem. Innerhalb der Compliance-Organisation ist für ein umfassendes Informationssystem zu sorgen.[253] Dem Vorstand muss es möglich sein, schnell und umfassend über nicht pflichtgemäße Vorgänge im Unternehmen informiert zu werden, um einen haftungsauslösenden Schadensfall verhindern zu können. Ohne Kommunikation im Unternehmen können Compliance Maßnahmen nicht erfolgreich umgesetzt werden. Die für die Überwachung und Kontrolle im Unternehmen Verantwortlichen haben Verstöße gegen gesetzliche Regelungen und unternehmensinterne Anordnungen mitzuteilen.[254] Im Rahmen seiner Berichtspflicht hat der Vorstand dem Aufsichtsrat über die Compliance im Unternehmen zu berichten. Diese Anforderung ist auch in Ziff. 3.4.3 DCGK enthalten. 103

Es kann ein **Whistleblowing-System** eingerichtet werden, wonach Mitarbeiter verpflichtet oder dazu angeregt werden, pflichtwidrige Vorgänge im Unternehmen zu melden. Oft sehen Mitarbeiter von einer Anzeige von Fehlverhalten ab, um sich nicht selbst zu belasten. Deshalb sollte in die Compliance-Regelungen aufgenommen werden, dass sich eine Selbstanzeige strafmildernd auswirkt bzw. in bestimmten Fällen auch von Strafe abgesehen werden kann. Soweit die Mitarbeiter verpflichtet werden, einen Verstoß gegen das Gesetz oder die unternehmensinternen Richtlinien zu melden, ist eine solche Whistleblowing-Klausel mitbestimmungspflichtig nach § 87 Abs. 1 Nr. 1 BetrVG.[255] Die Mitbestimmungspflicht greift auch, wenn die Arbeitnehmer lediglich dazu angeregt werden, Verstöße zu melden.[256] Im Zusammenhang mit der Einrichtung eines Whistleblowing-Systems sind die datenschutzrechtlichen Vorgaben nach § 32 BDSG zu beachten. 104

Es ist nicht ungewöhnlich, dass Mitarbeiter wegen der für sie daraus möglicherweise negativen Konsequenzen davor zurückschrecken, Hinweise auf Fehlverhalten an ihren Vorgesetzten, an unternehmenszugehörige Compliance-Beauftragte oder an eine Berichtsstelle weiterzugeben. Eine sofortige Strafanzeige ohne vorheriges Einschalten des Arbeitgebers ist aber nur zulässig, soweit eine innerbetriebliche Anzeige unzumutbar ist.[257] Daher kann die Einführung eines **Ombudsmann-Systems** sinnvoll sein.[258] Ein Ombudsmann nimmt Hinweise auf pflichtwidrige Handlungen im Unternehmen entgegen. Er unterliegt strengster Vertraulichkeit. Die Weitergabe der Hinweise muss unter Anonymisierung des Hinweisgebers erfolgen. Es bietet sich daher an, einen vom Unternehmen unabhängigen Anwalt mit der Aufgabe eines Ombudsmanns zu betrauen, da dieser zur Verschwiegenheit verpflichtet ist (§ 43a Abs. 2 BRAO) und ein Zeugnisverweigerungsrecht hat (§ 53 Abs. 1 Nr. 3 BRAO). Zwischen dem Unternehmen und dem Ombudsmann wird ein Vertrag mit Schutzwirkung zugunsten Dritter, den potentiellen Hinweisgebern, abgeschlossen.[259] Der Ombudsmann dokumentiert den ihm geschilderten Sachverhalt, nimmt eine Schlüssigkeitsprüfung und eine Schätzung der Glaubwürdigkeit vor und gibt diese gesamten Informationen in einem Bericht an das Unternehmen weiter.[260] Ansprechpartner für den Ombudsmann ist wiederum der zentrale Compliance-Beauftragte des Unternehmens oder eine sonstige mit der Compliance im Unternehmen beauftragte Stelle (→ Rn. 97 f.). Von dieser können die vom Ombudsmann erhaltenen Informationen an den Vorstand weitergeleitet werden, damit dieser entsprechende Schritte, wie eine Strafanzeige, einleiten kann. 105

Daneben kann ein **online-basiertes Hinweisgebersystem** eingerichtet werden. Gerade bei international tätigen Unternehmen und in Konzernverhältnissen bietet ein solches System eine schnelle und einfache Möglichkeit, Hinweise an eine zentrale Compliance-Stelle weiterzugeben. Ein solches Hinweisgebersystem kann auch für Dritte, wie Geschäftspartner oder Kunden geöffnet werden. 106

ff) Kontrollsystem. Der Vorstand hat im Rahmen seiner Kontroll- und Überwachungspflichten die Organisation und Umsetzung der Corporate Compliance im Unternehmen laufend zu kontrollieren. Dasselbe gilt für nachgeordnete Compliance-Beauftragte. Zu kontrollieren ist auch, ob die eingeführten Compliance-Maßnahmen ihre geplante Wirkung entfalten. 107

gg) Dokumentation. Die Corporate Compliance gebietet eine Dokumentation aller Entscheidungen und Abläufe im Unternehmen.[261] Anhand einer ordnungsgemäßen Dokumentation kann sich der Vorstand bei unternehmerischen Entscheidungen von dem Vorwurf entlasten, pflichtwidrig gehandelt zu haben. 108

---

[253] *Hahn* ZGG 2010, 26; *Hauschka* AG 2004, 461 (463 f.).
[254] BGH NJW-RR 1989, 614 (615).
[255] BAG NJW 2008, 3731 (3735); LAG Düsseldorf NZA-RR 2006, 81 (84 f.).
[256] BAG NJW 2008, 3731 (3736).
[257] BAGE 107, 36 (45) = NJW 2004, 1547.
[258] *Buchert* CCZ 2008, 148 ff.
[259] *Buchert* CCZ 2008, 148 (150).
[260] *Buchert* CCZ 2008, 148 (149); *Kremer/Klahold* ZGR 2010, 113 (134).
[261] *Hauschka* AG 2004, 461 (465).

109 **hh) Sanktionssystem.** Als Sanktion kommt unter anderem eine Regressforderung, eine Kündigung oder eine Strafanzeige in Betracht. Es besteht grundsätzlich **keine Sanktionspflicht** des Vorstands.[262] Diese kann sich aber ergeben, wenn eine Sanktionierung zum Schutz des Unternehmensinteresses notwendig ist. Davon ist auszugehen, wenn dem Unternehmen ein besonders großer Vermögensverlust entstanden ist.[263] Von einer Sanktionierung kann abgesehen werden, wenn durch Publikwerden der Verstöße dem Unternehmen ein erheblicher Reputationsverlust droht.[264] Allerdings liegt in dem Absehen von Sanktionierung möglicherweise ein Indiz für das Billigen der Rechtsverletzung durch die Gesellschaft.[265] Unterlässt der Vorstand pflichtwidrig die Geltendmachung von Schadensersatzansprüchen, begibt er sich in die Gefahr einer strafbaren Untreue.[266] Eine Verpflichtung zur Kündigung eines Mitarbeiters kann bestehen, wenn dies zum Schutz eines anderen Mitarbeiters, gegen den sich die pflichtwidrige Handlung richtete, erforderlich ist, so zB im Falle einer Benachteiligung gemäß § 12 Abs. 3 AGG.[267] Eine Strafanzeige dürfte dann geboten sein, wenn allein über diesen Weg Beweise für spätere Schadensersatzklagen ermittelt werden können.[268]

110 **ii) Compliance-Vereinbarungen mit Dritten.** Der Vorstand hat die Möglichkeit, auf die Beachtung der unternehmenseigenen Compliance-Regelungen durch **Geschäftspartner** durch die Aufnahme von Compliance-Klauseln in Verträgen hinzuwirken.[269] Soweit die Klauseln vorformuliert und in einer Vielzahl von Verträgen verwendet werden, handelt es sich um Allgemeine Geschäftsbedingungen nach §§ 305 ff. BGB. Der Wirksamkeit einer solchen Compliance-Klausel kann eine sog. Abwehrklausel in den Allgemeinen Geschäftsbedingungen des Vertragspartners entgegenstehen, wenn der Geschäftspartner widersprechende Compliance-Regelungen anwendet.[270] In diesem Fall gilt die gesetzliche Regelung nach § 306 Abs. 2 BGB. Es ist daher eine Compliance-Klausel mit einer Kündigungsregelung, einer Vertragsstrafe oder einer Schadensersatzregelung zu verbinden. Um pflichtwidrigem Verhalten von Vertragspartnern des Geschäftspartners, wie Lieferanten, entgegenzuwirken, kann vereinbart werden, dass der Geschäftspartner wiederum auf die Beachtung der fremden Compliance-Richtlinien bei seinen Vertragspartnern hinzuwirken hat.[271] Damit wird aber nur ein Bemühen des Geschäftspartners bewirkt. Dieser kann nicht zur Einhaltung der fremden Compliance-Richtlinien durch seine Vertragspartner verpflichtet werden.[272]

111 **c) Compliance im Konzern.** Nach Ziff. 4.1.3 DCGK hat der Vorstand eines konzernleitenden Unternehmens auf die Beachtung der gesetzlichen Bestimmungen durch die Konzernunternehmen hinzuwirken. In Betracht kommt die Einführung von für den Gesamtkonzern geltenden einheitlichen Compliance-Richtlinien.[273] Der Konzernvorstand kann innerhalb des Konzerns ein Informationssystem einrichten und die Compliance-Organisation laufend überwachen.[274] Eine Verpflichtung zur Einführung besteht wie bei der einzelnen AG auch bei einer AG als Konzernmutter nicht.[275] Innerhalb eines Vertrags- und Eingliederungskonzerns kann er die Beachtung der Berichts- und Überwachungspflichten der abhängigen Gesellschaften mittels Weisung bestimmen (→ § 308 Rn. 22 ff.).[276] Dagegen sind in einem faktischen Konzernverhältnis die Durchsetzungsmöglichkeiten des Konzernvorstands des konzernleitenden Unternehmens beschränkt.[277] Einem Mitglied des Vorstands der herrschenden Gesellschaft kann der Aufgabenbereich Compliance übertragen werden, wobei die Compliance als Leitungsaufgabe in der Gesamtverantwortung des Konzernvorstands verbleibt. Nachgeordnete Compliance-Stellen überwachen die Beachtung der Compliance in den jeweiligen konzernangehörigen Gesellschaften und berichten regelmäßig dem Konzernvorstand über die

---

262 *Mengel* CCZ 2008, 85 (88); *Schröder/Schreier* BB 2010, 2565 (2568); aA *Reichert/Ott* ZIP 2009, 2173 (2178); wohl auch *Kremer/Klahold* in Krieger/Schneider HdB Managerhaftung § 18 Rn. 73 ff.
263 *Mengel* CCZ 2008, 85 (88).
264 *Mengel* CCZ 2008, 85 (88).
265 BGH NStZ 1986, 34 (35) – Brückenbau Hopener Mühlenbach.
266 *Buchert* CCZ 2008, 148 (150).
267 *Mengel* CCZ 2008, 85 (88).
268 *Buchert* CCZ 2008, 148 (150).
269 *Gilch/Pelz* CCZ 2008, 131 ff.
270 *Gilch/Pelz* CCZ 2008, 131.
271 *Gilch/Pelz* CCZ 2008, 131 (133).
272 *Gilch/Pelz* CCZ 2008, 131 (133).
273 *Fleischer* CCZ 2008, 1 (5).
274 *Fleischer* CCZ 2008, 1 (6).
275 HM, ua *Kremer/Klahold* ZGR 2010, 113 (119 f.); aA wohl *U.H. Schneider* NZG 2009, 1321 (1323 ff.); *Kremer/Klahold* in Krieger/Schneider HdB Managerhaftung § 18 Rn. 8.
276 *Fleischer* CCZ 2008, 1 (6).
277 *Fleischer* CCZ 2008, 1 (6).

Compliance im Konzern. Für die Durchführung von Compliance-Maßnahmen und die Einhaltung der Compliance sind die jeweiligen Vorstände der abhängigen Unternehmen verantwortlich.[278]

d) Kartellrechtliche Compliance. Die Anzahl der kartellrechtlichen Schadensersatzklagen ist in den letzten Jahren erheblich gestiegen.[279] Folge von Kartellverstößen können Bußgelder von bis zu 10% des Gesamtumsatzes des vorausgegangenen Geschäftsjahrs nach § 81 Abs. 4 GWB sowie nach Art. 23 Abs. 2 S. 1 lit. a und S. 2 VO (EG) 1/2003 vom 16.12.2002 (ABl. 2003 L 1, 1) und Ansehensverluste sein.[280] Es empfiehlt sich, ein kartellrechtliches Compliance-Programm aufzustellen, durch das **Kartellverstöße verhindert** und geschehene **Kartellverstöße rechtzeitig aufgedeckt** werden. Hat bereits eine Kartellbildung stattgefunden, besteht für den Vorstand die Möglichkeit, einen Kronzeugenantrag beim Bundeskartellamt gemäß der Bonusregelung[281] bzw. bei der Kommission gemäß der „Kronzeugenbekanntmachung" vom 8.12.2006 (ABl. C 298, 17) zu stellen, der dazu führen kann, dass eine Geldbuße erlassen wird. Um zu verhindern, dass Geschäftspartner sich zur Auftragserlangung an wettbewerbsbeschränkenden Absprachen beteiligt haben, können Compliance-Klauseln in die Verträge mit den Geschäftspartnern aufgenommen und Schadensersatzverpflichtungen für den Fall der Zuwiderhandlung vereinbart werden.[282] Im **Konzern** hat die Konzernmutter auf die Verhinderung von Kartellverstößen hinzuwirken. Das Bundeskartellamt hat in seiner Etex-Entscheidung festgestellt, dass für eine Holding GmbH die konzernweite Organisationspflicht zur Verhinderung von Kartellabsprachen besteht.[283] Der europäischen Praxis entspricht es, einen Kartellverstoß einer Tochtergesellschaft der Muttergesellschaft zuzurechnen, mit der Folge, dass der Muttergesellschaft die Haftung für die Zahlung der gegen deren Tochtergesellschaft verhängten Geldbuße zugewiesen wird.[284] 112

e) Korruptionsverhindernde Compliance. Ein Compliance-System sollte auch die Bekämpfung von Korruption umfassen. **Korruptionsanfällige Bereiche** im Unternehmen sind unter anderem die Auftragsvergabe, der Einkauf und der Vertrieb. Die im Unternehmen geltenden Compliance-Richtlinien können Regelungen enthalten, wie sich Mitarbeiter gegenüber Geschäftspartnern zu verhalten haben und was im Falle von Interessenkonflikten zu tun ist. Bereiche, die von Interessenkonflikten besonders betroffen sein können, wie Einkauf und Wareneingang, sind zu trennen oder besonders zu überwachen.[285] Für Zahlungsvorgänge im Unternehmen können detaillierte Dokumentationspflichten festgelegt und eine Stelle eingerichtet werden, die diese Zahlungsvorgänge überprüft.[286] Es kann auch eine spezielle Dokumentationspflicht für besonders korruptionsanfällige Zahlungsvorgänge eingeführt werden, wie Barzahlungen, Geschenke oder Beraterhonorare. Zur Korruptionsverhinderung können in Verträgen mit **Geschäftspartnern** Compliance-Klauseln aufgenommen und Kündigungsrechte sowie Schadensersatzverpflichtungen vereinbart werden für den Fall, dass der Geschäftspartner Bestechungshandlungen vornimmt.[287] Zulässig ist das Festlegen eines pauschalisierten Schadensersatzbetrags, da bei wettbewerbswidrigen Preisabsprachen ein hohes Schadensrisiko besteht und die Schadensermittlung schwierig werden kann.[288] Allerdings muss die Höhe der Pauschale ermittelbar sein und darf nicht unangemessen hoch sein. In Korruptionsfälle verwickelte Geschäftspartner können von der Auftragsvergabe ausgeschlossen werden. 113

VI. Organschaftliche Treuepflicht

1. Allgemeines. Die Treuepflicht der Vorstandsmitglieder findet im Gesetz keine ausdrückliche Erwähnung. Sie leitet sich **aus dem Organverhältnis** der Vorstandsmitglieder zu der Gesellschaft ab.[289] Dieses basiert auf einem **Vertrauensverhältnis** zwischen der Gesellschaft und den Vorstandsmitgliedern.[290] Die Gesellschaft vertraut darauf, dass die Vorstandsmitglieder ihre Einwirkungsmöglichkeiten auf das treuhänderisch verwaltete Vermögen im Unternehmensinteresse ausüben. Die 114

[278] *Fleischer* CCZ 2008, 1 (6).
[279] *Weidenbach/Saller* BB 2008, 1020 (1021); *Böge/Ost* ECLR 2006, 197.
[280] *Fleischer* BB 2008, 1070 (1072).
[281] Bonusregelung des BKartA, Bekanntmachung Nr. 9/2006 vom 7.3.2006.
[282] *Gilch/Pelz* CCZ 2008, 131 (132).
[283] BKartA BeckRS 2014, 14659 – Etex Holding GmbH; krit. *Koch* AG 2009, 564 ff.
[284] S. ua EuGH ZIP 2010, 392 (394) = EuZW 2009, 816 – Akzo Nobel; *Kremer/Klahold* ZGR 2010, 113 (122); *Thole* ZHR 173 (2009), 504 (511) mwN.
[285] *Hauschka* BB 2007, 165 (167).
[286] *Hauschka* BB 2007, 165 (167).
[287] *Brouwer/Schreiner* CCZ 2010, 228 ff.; *Gilch/Pelz* CCZ 2008, 131 (132).
[288] BGHZ 131, 356 (359) = NJW 1996, 1209.
[289] Spindler/Stilz/*Fleischer* Rn. 113; KK-AktG/*Mertens/Cahn* Rn. 95; MüKoAktG/*Spindler* Rn. 108.
[290] BGHZ 13, 188 (192) = NJW 1954, 998; BGHZ 49, 30 (31) = NJW 1968, 396 für GmbH-Geschäftsführer.

Vorstandsmitglieder haben daher immer im Interesse der Gesellschaft zu handeln und sie vor Nachteilen zu schützen.[291] Sie dürfen ihre eigenen Interessen oder Interessen Dritter nicht über die der Gesellschaft stellen.[292] Entsprechende Treuepflichten wie aus dem Organverhältnis ergeben sich aus dem Anstellungsvertrag.[293] In diesem können die Treuepflichten konkretisiert werden. Eine Modifizierung der Treuepflichten ist jedoch im Anstellungsvertrag nicht möglich.[294] Durch schuldrechtliche Vereinbarungen können keine aus dem Gesetz abgeleiteten Organpflichten geändert werden. Bei Vorstandspflichten, die sich aus der Treuepflicht ergeben, besteht **kein unternehmerischer Ermessensspielraum** nach § 93 Abs. 1 S. 2 (→ Rn. 30 ff.).[295] Einzelaspekte der organschaftlichen Treuepflicht sind in Ziff. 4.3.1–4.3.4 DCGK enthalten. Die organschaftliche Treuepflicht der Vorstände besteht nur gegenüber der Gesellschaft, nicht gegenüber den Aktionären.

115 **2. Loyalitätspflicht.** Die einzelnen Aspekte der Treuepflicht wurden von Rechtsprechung und Literatur herausgearbeitet. Als übergreifendes Kriterium, das auch alle anderen Ausprägungen der organschaftlichen Treuepflicht überlagert, gilt der Grundsatz, dass das Vorstandsmitglied sich gegenüber der Gesellschaft loyal verhalten muss. Vorstandsmitglieder haben sich umfassend ihrer Tätigkeit als Leitungsorgan und Vertreter der Gesellschaft zu widmen. Sie haben die Verpflichtung, ihre Aufgaben vollständig zu erfüllen. Wenn die vollständige Aufgabenerfüllung dies erfordert, haben Vorstandsmitglieder ihren Urlaub abzusagen oder zu unterbrechen.[296] Wenn in diesem Zusammenhang die Verpflichtung zur Leistung von Überstunden angeführt wird,[297] so ist dies durch die tatsächliche Entwicklung der Praxis überholt. Für Vorstände gibt es keine gesetzlich geregelten Arbeitszeiten. Eine Regelung im Anstellungsvertrag ist unüblich.[298] Sofern dies nicht zulasten ihrer vollständigen Aufgabenerfüllung geht, dürfen Vorstandsmitglieder sämtliche Ehrenämter (zB in musischen Vereinen, Förder- und Sportvereinen) sowie politische Funktionen wahrnehmen.[299] Wie sich aus Art. 48 Abs. 2 S. 2 GG ergibt, ist eine Tätigkeit als Bundestagsabgeordneter erlaubt.[300]

115a Aus der Loyalitätspflicht erwächst dem Vorstand die Verpflichtung, im Falle der persönlichen Beteiligung als Beschuldigter an einem strafrechtlichen Ermittlungsverfahren der Gesellschaft zeitnah, vollständig und wahrheitsgemäß alle Informationen zu geben, die diese zur Wahrung ihrer Interessen im Hinblick auf eine mögliche Presseberichterstattung bedarf. Dies gilt nicht für Informationen, die überwiegend privaten Charakter haben und den Kernbereich des Persönlichkeitsrechts des Vorstands berühren.[301]

116 **Grenzen** findet die Loyalitätspflicht, wenn durch ihre Erfüllung das Recht des Vorstands zur freien Entfaltung seiner Persönlichkeit über Gebühr eingeschränkt wird.[302] So ist er nicht verpflichtet, seine Einsatzfähigkeit durch eine bestimmte Lebensweise oder das Unterlassen gefährlicher Sportarten zu gewährleisten.[303] Die Vermeidung außergewöhnlicher Gefahrsituationen kann jedoch zumutbar sein, wenn der Ausfall des Vorstandsmitglieds für die Gesellschaft existenzbedrohend wäre.[304]

117 Ist die Leistungsfähigkeit des Vorstands durch Alkohol-, Drogen- oder Medikamentenmissbrauch geschmälert, kann dies ein Grund für eine Abberufung und Kündigung sein.[305] Das Gleiche gilt, wenn durch einen Missbrauch dieser Art ein auffälliges Verhalten in der Öffentlichkeit zum Ansehensverlust der Gesellschaft führt. Ein Vorstandsmitglied handelt illoyal, wenn es willkürlich zur Unzeit sein Amt niederlegt, der Gesellschaft hieraus ein Schaden droht und seine Interessen an der Niederlegung diesen Schaden nicht überwiegen.[306] Bei gesundheitlichen Gründen für die Niederlegung kann dies der Fall sein. Weiter darf das Vorstandsmitglied der Gesellschaft nicht durch herabwürdigende Äußerungen in der Öffentlichkeit einen Schaden zufügen.[307]

---

[291] MüKoAktG/*Spindler* § 76 Rn. 13.
[292] BGH WM 1983, 498 (499) für GmbH-Geschäftsführer; OLG Hamm NJW-RR 1997, 737 (738) zum Abschluss eines Darlehensvertrags durch einen GmbH-Gesellschafter zugunsten des Bruders zum Nachteil der GmbH.
[293] Spindler/Stilz/*Fleischer* Rn. 117; MüKoAktG/*Spindler* Rn. 108.
[294] AA Spindler/Stilz/*Fleischer* Rn. 117.
[295] Begr. RegE UMAG, BT-Drs. 15/5092, 11.
[296] Spindler/Stilz/*Fleischer* Rn. 128; GroßkommAktG/*Hopt/Roth* Rn. 238; KK-AktG/*Mertens/Cahn* Rn. 96.
[297] Spindler/Stilz/*Fleischer* Rn. 128; MüKoAktG/*Spindler* Rn. 109.
[298] S. auch BFHE 195, 243 (246) = NJW 2002, 86 für GmbH-Geschäftsführer.
[299] Spindler/Stilz/*Fleischer* Rn. 128; GroßkommAktG/*Hopt/Roth* Rn. 239.
[300] BGHZ 43, 384 (386) = NJW 1965, 1958 für geschäftsführenden Gesellschafter einer KG.
[301] LG Frankfurt GWR 2010, 563; krit. zu diesem Urteil *Maiß* GWRR 2010, 563.
[302] KK-AktG/*Mertens/Cahn* Rn. 96.
[303] Spindler/Stilz/*Fleischer* Rn. 129; GroßkommAktG/*Hopt/Roth* Rn. 239; KK-AktG/*Mertens/Cahn* Rn. 96.
[304] KK-AktG/*Mertens/Cahn* Rn. 96.
[305] Spindler/Stilz/*Fleischer* Rn. 129; KK-AktG/*Mertens/Cahn* Rn. 96.
[306] BGHZ 78, 82 (87 ff.) = NJW 1080, 2415 für GmbH-Geschäftsführer.
[307] OLG Hamm GmbHR 1985, 157 (158) für GmbH-Geschäftsführer nach Abberufung; Spindler/Stilz/*Fleischer* Rn. 128; GroßkommAktG/*Hopt/Roth* Rn. 239.

3. Ausnutzung von Vermögenswerten des Unternehmens. Der Vorstand darf sich nicht unter Ausnutzung seiner Stellung als Unternehmensleiter auf Kosten der Gesellschaft Vermögenswerte zukommen lassen. Das Entsprechende gilt für Zuwendungen an nahestehende Dritte (zB Familienangehörige)[308] oder an Unternehmen, an denen er nicht unwesentlich beteiligt ist.[309] Die unentgeltliche Nutzung von betrieblichen Vermögenswerten ist nur gestattet, wenn dazu im Dienstvertrag eine ausdrückliche Erlaubnis enthalten ist. Dies gilt unter anderem für die Nutzung eines Dienstwagens für Privatfahrten (in den meisten Dienstverträgen gestattet), die Ausnutzung einer Dienstreise zu privaten Urlaubszwecken oder das Einsetzen von Mitarbeitern bei Tätigkeiten im privaten Bereich.[310] 118

Die in früheren Zeiten fast als Gewohnheitsrecht angesehene Übung, den **Fahrer** auch zur Gartenpflege im Privathaus des Vorstandes einzusetzen, ist nicht zulässig, sofern nicht eine ausdrückliche Gestattung im Dienstvertrag geregelt ist. Weiterhin sollte geregelt werden, ob das Dienstfahrzeug, welches das Vorstandsmitglied unentgeltlich auch privat nutzen darf, auch von der Ehefrau oder anderen Personen genutzt werden darf. In der Praxis fehlen in Dienstverträgen öfter Regelungen zur Frage, ob der einem Vorstandsmitglied persönlich zugeordnete Fahrer des Dienstwagens in freien Zeiten auch private Fahrten für das Vorstandsmitglied durchführen kann. In der Praxis fuhr der Fahrer häufig die Ehefrau oder zB die Kinder zur Schule. Fehlt es an einer ausdrücklichen Gestattung im Anstellungsvertrag und ergibt sich nicht im Wege der Auslegung aufgrund sonstiger Umstände eine solche Gestattung, ist der Einsatz des Fahrers für solche Zwecke nicht zulässig. 119

Maßnahmen, die der **persönlichen Sicherheit** des Vorstands dienen, können im Einzelfall gerechtfertigt sein, wenn Vorstandsmitglieder aufgrund ihrer Tätigkeit gefährdet sind.[311] Dies gilt zB für den Einbau von Bewachungsanlagen im Privathaus. Auch insoweit ist aber eine Festlegung im Dienstvertrag empfehlenswert. Dort kann auch geregelt werden, ob in einem solchen Falle dem Vorstand ein finanzieller Eigenanteil zuzumuten ist. 120

Repräsentationsaufwendungen müssen notwendig und verhältnismäßig zu der Vermögens- und Ertragslage des Unternehmens sein. Dasselbe gilt für Bewirtungen von Geschäftsfreunden. Ob und was zur Repräsentation notwendig ist, unterliegt einem gesellschaftlichen Wandel und einer Weiterentwicklung der Geschäftsgepflogenheiten. In den letzten Jahren ist zB ein spürbarer Rückgang beim Unterhalten von Vorstandskasinos zu verspüren, die der Bewirtung von Gästen, aber auch der Eigenversorgung der Vorstände dienen. 121

Bei der Anschaffung von **Kunstwerken** zur Ausschmückung der Diensträume ist Zurückhaltung geboten. Bei besonderen Werken bekannter lebender oder bereits verstorbener Künstler ist zu fragen, ob die Ausstattung der Diensträume mit diesen Werken geschäftlichen Zwecken oder der Erbauung bzw. dem Kunstgeist der Vorstände dient. In der Tagespresse wurde vor wenigen Jahren die öffentliche Versteigerung der Skulptur eines bedeutenden Künstlers durch ein Bankhaus erörtert. Die Versteigerung erbrachte einen weltweiten Rekorderlös von mehr als 110 Mio. US-Dollar. Das Objekt stammte aus der umfangreichen Kunstsammlung eines übernommenen Kreditinstituts. Wenn in vergangenen Jahrzehnten der Aufbau von umfangreichen Kunstsammlungen noch dem Repräsentationsinteresse eines Unternehmens gedient haben mag, so muss bezweifelt werden, ob dies auch noch heutigem Verständnis entspricht. Außerdem müssen die Anschaffungskosten stets in einem angemessenen Verhältnis zur Ertragssituation des Unternehmens stehen. Laut Informationen aus der Tagespresse sollte der Veräußerungserlös wiederum zur Förderung der Kunst verwandt werden. Die Zulässigkeit dieser Verwendung wäre unter dem Gesichtspunkt der sozialen Aufwendungen zu erörtern (→ Rn. 161 ff.). 122

4. Eigengeschäfte mit der Gesellschaft. Unter Eigengeschäften versteht man Geschäfte, die sowohl der Vorstand selbst mit der Gesellschaft abschließt, als auch Geschäfte der Gesellschaft mit dem Vorstand nahestehenden Dritten. Zu den nahestehenden Dritten gehören der Ehegatte, der Lebenspartner, Geschwister und sonstige nahe Angehörige. Weiterhin gehören dazu Gesellschaften, an denen das Vorstandsmitglied beteiligt oder für die es in sonstiger Weise tätig ist.[312] Bei Eigengeschäften gilt das aus der Treuepflicht folgende Gebot für den Vorstand, eigene Interessen hinter den Gesellschaftsinteressen zurückzustellen, in besonderer Weise.[313] Eigengeschäfte müssen einem 123

---

[308] KG NZG 2001, 325 (326) zur Bewirtung der Ehefrau eines GmbH-Geschäftsführers auf Kosten der GmbH; OLG Düsseldorf GmbHR 1995, 227 f. zur Gewährung eines Arbeitnehmerdarlehens durch GmbH-Geschäftsführer an Ehefrau.

[309] KK-AktG/*Mertens/Cahn* Rn. 100.

[310] Spindler/Stilz/*Fleischer* Rn. 153; MüKoAktG/*Spindler* Rn. 109.

[311] Spindler/Stilz/*Fleischer* Rn. 153; GroßkommAktG/*Hopt/Roth* Rn. 268; KK-AktG/*Mertens/Cahn* Rn. 102.

[312] KK-AktG/*Mertens/Cahn* Rn. 100.

[313] GroßkommAktG/*Hopt/Roth* Rn. 241.

Drittvergleich standhalten, dh ihre Konditionen müssen denen entsprechen, wie sie mit einem fremden Dritten abgeschlossen worden wären (at arm's length).[314] Nach Ziff. 4.3.3 S. 2 DCGK haben Eigengeschäfte branchenüblichen Standards zu entsprechen. Dies ist lediglich eine andere Formulierung für das at arm's length-Prinzip. Bei der rechtlichen Bewertung dieser Eigengeschäfte gibt es Unterschiede in der Behandlung von Geschäften zwischen der Gesellschaft und dem Vorstand selbst sowie Geschäften zwischen der Gesellschaft und nahestehenden Personen.

124 Der typischerweise auftretender Interessenkonflikt, wenn ein Vorstandsmitglied auf beiden Seiten eines Rechtsgeschäfts handelt, wird vom Gesetzgeber in **§ 112** geregelt. Zur gesetzlichen Vertretung der Gesellschaft gegenüber Vorstandsmitgliedern ist der **Aufsichtsrat** befugt. Damit verhindert der Gesetzgeber die Gefahr eines materiellen Interessenkonflikts durch eine formale Barriere. Lediglich für Alltagsgeschäfte des täglichen Lebens wird ein Aufsichtsratsbeschluss zugelassen, der Angestellte der Gesellschaft zum Abschluss von Rechtsgeschäften des täglichen Lebens mit Vorstandsmitgliedern bevollmächtigt.[315] Der Aufsichtsrat übernimmt damit nicht nur die formale Verantwortung. Er hat auch materiell die Einhaltung des at arm's length-Prinzips zu überprüfen. Gegebenenfalls muss er sich unterstützenden fachlichen Rats bedienen. Wird die Gesellschaft durch den Aufsichtsrat formal vertreten und der Drittvergleich des Rechtsgeschäfts von ihm materiell vorgenommen, so ist der Vorstand nicht gehindert, seine Marktposition als Privatperson auszutesten. Dies gilt vor allem bei der Aushandlung der Bedingungen seines Dienstvertrages.[316] Es entspräche einer unrealistischen und idealisierten, der menschlichen Natur widersprechenden Erwartungshaltung, einem Vorstand die Verpflichtung aufzuerlegen, gegen die Bereitschaft des Aufsichtsrats für eine eigene geringere Vergütung einzutreten. Im Rahmen des § 266 StGB hat der BGH zu Recht eine Vermögensbetreuungspflicht des Vorstands verneint, wenn im weitesten Sinne seine Bezüge betroffen sind.[317] Auch bei sonstigen Geschäften, wie zB der Veräußerung oder der Vermietung eines in seinem Eigentum stehenden Grundstücks an die Gesellschaft, ist das Vorstandsmitglied nicht gehindert, den Versuch zu unternehmen, das für ihn privat günstigste Ergebnis zu erzielen. Die Interessen der Gesellschaft werden in diesem Fall vom Aufsichtsrat vertreten. Die Verantwortlichkeit des Aufsichtsrats für die Gesellschaft gewährleistet die Einhaltung des at arm's length-Prinzips. Allerdings ergibt sich aus der Treuepflicht eine im Vergleich zu fremden Personen gesteigerte Aufklärungspflicht.[318] Einer Entscheidung des OLG Frankfurt[319] ist deshalb nicht zuzustimmen. Das OLG Frankfurt verurteilte ein Vorstandsmitglied zum Schadensersatz wegen des Abschlusses eines für die Gesellschaft unvorteilhaften Mietvertrages. Es übersieht dabei, dass die Vertretungsmacht zum Abschluss dieses Vertrags ausschließlich beim Aufsichtsrat lag.

125 Vertritt der Vorstand die Gesellschaft gegenüber nahestehenden Personen, so ist er, da die formale Barriere des § 112 nicht vorhanden ist, verpflichtet, das beste Ergebnis für die Gesellschaft zu erzielen. Einem Drittvergleich hält zB die Veräußerung eines im Eigentum der Gesellschaft stehenden Hauses zu Gestehungskosten an eine dritte Gesellschaft, an der das Vorstandsmitglied beteiligt ist, nicht Stand.[320]

126 **5. Geschäftschancen der Gesellschaft.** Bietet sich der Gesellschaft eine Geschäftschance, so hat der Vorstand diese wahrzunehmen (Corporate Opportunity). Es gehört zu den Geschäftsleiterpflichten, bei Angelegenheiten, die die Interessen der Gesellschaft betreffen, allein deren Wohl und nicht den eigenen Nutzen oder Vorteil anderer im Auge zu haben.[321] Dieser Grundsatz ist in Ziff. 4.3.1 DCGK enthalten. Ein Vorstandsmitglied darf nicht auf die Wahrnehmung eines Geschäfts für die Gesellschaft verzichten, um dieses im eigenen Interesse zu tätigen, wenn das Geschäft in den Geschäftsbereich der Gesellschaft fällt und dieser infolge bestimmter Umstände bereits zuzurechnen ist.[322] Eine Geschäftschance stellt jedes mögliche Geschäft dar, welches in den Geschäftsbereich der Gesellschaft fällt und dessen Abschluss im Gesellschaftsinteresse liegt.[323] Angrenzende Geschäftsbereiche sind einzubeziehen, wie zB die Beteiligung an einem Zuliefererunternehmen.[324] Unzulässig ist

[314] GroßkommAktG/*Hopt/Roth* Rn. 241.
[315] Spindler/Stilz/*Fleischer* Rn. 134 mwN.
[316] GroßkommAktG/*Hopt/Roth* Rn. 243.
[317] BGH ZIP 2006, 72 = NStZ 2006, 214 – Mannesmann.
[318] BGHZ 20, 237 (246) = NJW 1956, 825; GroßkommAktG/*Hopt/Roth* Rn. 242.
[319] OLG Frankfurt AG 2011, 462 – Revision ist anhängig.
[320] OLG München ZIP 1997, 1965 (1966) für GmbH-Geschäftsführer.
[321] BGH NJW-RR 1989, 1255 (1257); NJW 1986, 585 (596), jeweils für GmbH-Geschäftsführer; NJW 1986, 584 (585) für Zuschieben eines von OHG benötigten Grundstücks durch geschäftsführenden Gesellschafter an Ehefrau.
[322] BGH NJW 1989, 2687 f. für Kommanditisten.
[323] GroßkommAktG/*Hopt/Roth* Rn. 254; KK-AktG/*Mertens/Cahn* Rn. 105.
[324] GroßkommAktG/*Hopt/Roth* Rn. 255.

die Beeinträchtigung oder die Verhinderung des Vollzugs von durch die Gesellschaft bereits geschlossenen Verträgen oder vor dem Abschluss stehender Verträge, um diese auf eigene Rechnung auszuführen.[325]

Der Gesellschaft bietet sich eine Geschäftschance, wenn sie in Vertragsverhandlungen eingetreten ist[326] oder ihr ein Angebot unterbreitet wurde.[327] Allein ein Vorstandsbeschluss der Gesellschaft, ein bestimmtes Geschäft zu tätigen, verbietet es jedem Vorstandsmitglied, dieses Geschäft für sich abzuschließen.[328] Auch soweit einem Vorstandsmitglied ein Geschäft, das im Interesse der Gesellschaft liegt, **privat** und nicht in seiner Eigenschaft als Vorstandsmitglied angetragen wird, kann es dieses nicht auf eigene Rechnung eingehen.[329] Dies gilt selbst dann, wenn er aus dem Amt ausscheidet, um die Geschäftschance selbständig nutzen zu können.[330] Auch wenn dem Vorstand die Geschäftschance höchst persönlich im Familien- oder Freundeskreis offeriert wird, darf er sie nicht nutzen.[331] 127

Hat das Vorstandsmitglied die Grundlage für die Geschäftschance schon vor Beginn seines Organverhältnisses geschaffen, so muss es diese Geschäftschance nicht an die Gesellschaft weitergeben, deren Vorstandsmitglied es geworden ist.[332] Das Vorstandsmitglied darf eine ihm als Privatmann angetragene Erfindung nicht zum Wechsel in die Selbständigkeit nutzen. Zwar ist das Vorstandsmitglied nicht gehindert, sein Dienstverhältnis zu kündigen und sich einen neuen beruflichen Wirkungskreis zu suchen. Dabei darf es jedoch nicht eine Geschäftschance, die sich der Gesellschaft bietet, mitnehmen.[333] 128

Die Sorgfalts- und Treuepflichten eines Vorstandsmitglieds gegenüber der Gesellschaft sind unteilbar.[334] Ein Vorstandsmitglied kann sich nicht darauf berufen, dass der Gesellschaft die **Wahrnehmung der Geschäftschance unmöglich** sei, weil ihr die finanziellen Mittel fehlen.[335] Es hat die Verpflichtung, sich für die Beschaffung ausreichender Mittel, zB durch Kreditaufnahme[336] oder Eingehen einer Partnerschaft mit anderen Unternehmen oder sonstigen Geldgebern[337] zu bemühen. Die Gesellschaft kann dem Vorstandsmitglied eine Geschäftschance zur Vornahme freigeben.[338] Dazu reicht es nicht aus, dass das Vorstandsmitglied die Gesellschaft von seinen geplanten Eigengeschäften in Kenntnis setzt.[339] Erforderlich ist vielmehr ihr Einverständnis auf der Grundlage vollständiger Informationen.[340] Zuständig für die Freigabe ist der Aufsichtsrat in analoger Anwendung von § 88 Abs. 1 S. 1.[341] Die Freigabe muss in Form der Einwilligung vor der Wahrnehmung der Geschäftschance durch das Vorstandsmitglied erfolgen.[342] Wie sich aus § 93 Abs. 4 S. 2 ergibt, reicht eine nachträgliche Zustimmung nicht aus.[343] 129

6. Annahme Zuwendungen Dritter. Vorstandsmitglieder dürfen keine Zuwendungen Dritter für sich im Zusammenhang mit ihrer Tätigkeit annehmen, die ihnen gewährt werden, um ein Geschäft mit der Gesellschaft oder eine sonstige Geschäftsbesorgung zugunsten des Dritten zu för- 130

---

[325] BGH WM 1977, 194 (195) für GmbH-Geschäftsführer.

[326] BGH NJW 1989, 2687 (2688) für Kommanditisten; KG GmbHR 2010, 869 (870) für GmbH-Geschäftsführer.

[327] BGH GmbHR 1977, 129 (130) für GmbH-Geschäftsführer.

[328] BGH NJW 1989, 2687 (2688) für Kommanditisten.

[329] BGH NJW 1986, 585 (586) für GmbH-Geschäftsführer; OLG Frankfurt GmbHR 1998, 376 (378); KK-AktG/*Mertens/Cahn* Rn. 105; MHdB AG/*Wiesner* § 25 Rn. 44; aA Spindler/Stilz/*Fleischer* Rn. 148.

[330] BGH NJW 1986, 585 (586) für GmbH-Geschäftsführer; OLG Frankfurt GmbHR 1998, 376 (378) für GmbH-Geschäftsführer.

[331] OLG Frankfurt GmbHR 1998, 376 (378) für GmbH-Geschäftsführer; *Schiessl* GmbHR 1988, 53 (54 f.); aA Spindler/Stilz/*Fleischer* Rn. 148.

[332] BGH NJW 1998, 1225 (1226) für Komplemantär einer KG.

[333] BGH NJW 1986, 585 (586) für GmbH-Geschäftsführer; KG GmbHR 2010, 869 (870) für GmbH-Geschäftsführer; *Merkt* ZHR 159 (1995), 423 (425, 440); Spindler/Stilz/*Fleischer* Rn. 150; aA GroßkommAktG/*Hopt/Roth* Rn. 274.

[334] BGH NJW 1986, 585 (586) für GmbH-Geschäftsführer; OLG Frankfurt GmbHR 1998, 376 (378) für GmbH-Geschäftsführer.

[335] Spindler/Stilz/*Fleischer* Rn. 146; GroßkommAktG/*Hopt/Roth* Rn. 257.

[336] BGH NJW 1986, 584 (585) für geschäftsführenden OHG-Gesellschafter.

[337] BGH NJW 1986, 584 (585) für geschäftsführenden OHG-Gesellschafter; WM 1977, 361 (362) für GmbH-Geschäftsführer.

[338] Spindler/Stilz/*Fleischer* Rn. 149 mwN.

[339] BGH NJW 1989, 2687 (2688) für Kommanditisten; Spindler/Stilz/*Fleischer* Rn. 149.

[340] BGH WM 1977, 361 (362) für Entscheidung der Gesellschafterversammlung bei GmbH; Spindler/Stilz/*Fleischer* Rn. 149.

[341] Spindler/Stilz/*Fleischer* Rn. 149; GroßkommAktG/*Hopt/Roth* Rn. 261; MHdB AG/*Wiesner* § 25 Rn. 44.

[342] Spindler/Stilz/*Fleischer* Rn. 149; GroßkommAktG/*Hopt/Roth* Rn. 261.

[343] Spindler/Stilz/*Fleischer* Rn. 149; GroßkommAktG/*Hopt/Roth* Rn. 261.

dern.[344] Diese Ausprägung der Treuepflicht hat in Ziff. 4.3.2 DCGK ihren Niederschlag gefunden. Vorstandsmitglieder dürfen solche Zuwendungen auch nicht für Dritte annehmen. Es kann sich um **Provisionen,**[345] **Geschenke** und **sonstige Sondervorteile** handeln.[346] Diese sind an die Gesellschaft herauszugeben.[347] Die **Herausgabepflicht** entspricht der schuldrechtlichen Herausgabeverpflichtung aus § 667 BGB.[348] Für den Umstand, dass die Gesellschaft das Geschäft um die Höhe der Zuwendung günstiger getätigt hätte, spricht ein Beweis des ersten Anscheins.[349] Auch die Billigung des Aufsichtsrats ändert an der Pflichtwidrigkeit einer Zuwendung nichts. Die Entscheidung des BGH, wonach bei einer GmbH die Gesellschafterversammlung bzw. der Alleingesellschafter dem Geschäftsleiter die Annahme von Zuwendungen gestatten kann,[350] ist auf die Verhältnisse der Aktiengesellschaft mit der konkreten Zuständigkeitsfestschreibung für den Aufsichtsrat nicht übertragbar. Eine unzulässige Zuwendung liegt nicht vor, wenn der Wert der Zuwendung dermaßen unerheblich ist, dass nicht davon ausgegangen werden kann, das Vorstandsmitglied lasse sich davon in seiner geschäftlichen Entscheidung beeinflussen. Das gilt zB für die Übergabe eines Fachbuches durch einen Berater oder die Zuwendung eines Weihnachtspräsentes durch einen ständigen Geschäftspartner, sofern der Wert gering ist. Zur Vermeidung der Annahme von Zuwendungen Dritter, die über diesen Rahmen hinausgehen, ist der Erlass von Korruptionsrichtlinien zu empfehlen.

131 **7. Insidergeschäfte.** Insidergeschäfte nach § 14 Abs. 1 WpHG aF bzw. Art. 14 MAR iVm § 13 Abs. 1 WpHG aF sind treuwidrig und dürfen nicht getätigt werden. Nach § 38 WpHG aF bzw. § 119 WpHG nF sind Insidergeschäfte unter Strafe gestellt.

132 **8. Nachwirkende Treuepflicht.** Auch **nach Beendigung des Organverhältnisses** besteht die Treuepflicht weiter.[351] Die nachwirkende Treuepflicht verpflichtet die Organmitglieder nach Beendigung ihres Vorstandsamtes, alle Interessen der Gesellschaft, die auf einem Umstand basieren, der zur Zeit seiner Amtszeit geschaffen wurde, weiterhin zu wahren. So darf ein Vorstandsmitglied keine in der Zeit seiner Vorstandstätigkeit aufgetretenen oder bestehenden Geschäftschancen der Gesellschaft ausnutzen.[352] Er darf während seiner Amtszeit abgeschlossene Verträge nicht übernehmen oder vor dem Abschluss stehende Verträge an sich ziehen.[353] Das Vorstandsmitglied darf seine während seiner Vorstandstätigkeit erlangten Kenntnisse über Angelegenheiten der Gesellschaft nicht unter Außerachtlassung der Gesellschaftsinteressen verwenden. Er darf die Durchführung von in seiner Amtszeit abgeschlossenen Verträgen nicht vereiteln. Hat das Vorstandsmitglied dagegen die Grundlage für eine Geschäftschance schon vor Beginn seines Organverhältnisses geschaffen, so muss es diese Geschäftschance nicht an die Gesellschaft weitergeben, deren Vorstandsmitglied es geworden ist.[354]

VII. Verschwiegenheitspflicht (Abs. 1 S. 3)

133 **1. Einordnung.** Die Verschwiegenheitspflicht ist eine vom Gesetzgeber ausdrücklich geregelte Ausprägung der Treuepflicht.[355] Der BGH sieht die Schweigepflicht als Ausfluss der Treue- und Sorgfaltspflicht.[356] Richtigerweise ist die Treuepflicht den Verhaltenspflichten zuzuordnen (→ Rn. 114 ff.). Anstatt von Sorgfaltspflichten sollte von einem Sorgfaltsmaßstab bei der Ausführung der Verhaltenspflichten gesprochen werden (→ Rn. 26 ff.). Wegen der ausdrücklichen gesetzlichen Regelung kann diese dogmatische Frage aber dahin gestellt bleiben.

134 **2. Adressatenkreis.** Der Verschwiegenheitspflicht unterliegen alle Vorstandsmitglieder, also sowohl vom Aufsichtsrat gewählte Vorstände als auch gerichtlich bestellte Vorstandsmitglieder, stell-

[344] BGH WM 1967, 679 für GmbH-Geschäftsführer.

[345] BGH WM 1983, 498 (499) für GmbH-Geschäftsführer; RGZ 96, 53 (54); OLG Düsseldorf GmbHR 2000, 666 (669) für GmbH-Geschäftsführer; OLG Hamburg OLGR 1997, 350 für GmbH-Geschäftsführer.

[346] BGH NJW 2001, 2476 (2477).

[347] OLG Düsseldorf GmbHR 2000, 666 (669) für GmbH-Geschäftsführer.

[348] BGH NJW 2001, 2476 (2477); OLG Düsseldorf GmbHR 2000, 666 (669) für GmbH-Geschäftsführer.

[349] BGH WM 1962, 578 (579) für Vorstand eines VVaG; OLG Düsseldorf GmbHR 2000, 666 (669) für GmbH-Geschäftsführer.

[350] OLG Düsseldorf GmbHR 2000, 666 (669) für GmbH-Geschäftsführer.

[351] BGH WM 1977, 194 f. für GmbH-Geschäftsführer; Spindler/Stilz/*Fleischer* Rn. 158; GroßkommAktG/*Hopt/Roth* Rn. 273; KK-AktG/*Mertens/Cahn* Rn. 112.

[352] BGH NJW 1986, 585 (586); OLG Frankfurt GmbHR 1998, 376 (378), jeweils für GmbH-Geschäftsführer.

[353] BGH WM 1977, 194 (195) für GmbH-Geschäftsführer.

[354] BGH NJW 1998, 1225 (1226) für Komplementärin einer KG.

[355] Spindler/Stilz/*Fleischer* Rn. 160; GroßkommAktG/*Hopt/Roth* Rn. 279; MüKoAktG/*Spindler* Rn. 113; aA *Spieker* NJW 1965, 1937 zu § 84 AktG 1937.

[356] BGHZ 64, 325 (327) für Aufsichtsrat.

vertretende Vorstandsmitglieder, aus dem Aufsichtsrat entsandte Aufsichtsratsmitglieder wie auch ausgeschiedene Vorstandsmitglieder.[357] Die der Verschwiegenheit unterliegenden Umstände müssen den Vorstandsmitgliedern nicht notwendigerweise während ihrer Vorstandstätigkeit bekannt werden. Es reicht aus, wenn sie von den Umständen Kenntnis aufgrund ihrer Funktion als Vorstandsmitglied erlangen.[358] Darüber hinaus ergibt sich aus der allgemeinen Treuepflicht des Vorstands die Pflicht, privat erlangte Kenntnisse im Interesse der Gesellschaft nicht preiszugeben.[359] Die vertraulichen und geheimen Umstände können den Vorstandsmitgliedern von Dritten zugetragen worden sein. Ebenso kommt eine Kenntnisnahme durch Beratungen im Vorstand oder durch Unterrichtung durch ein anderes Organmitglied oder durch einen Arbeitnehmer in Betracht.

3. Geheimnis. Geheimnis iSd § 93 Abs. 1 S. 3 sind alle im unmittelbaren oder mittelbaren Zusammenhang mit der Gesellschaft stehende Tatsachen, die einem begrenzten Personenkreis bekannt sind, von denen bei verständiger wirtschaftlicher Betrachtung davon auszugehen ist, dass der Unternehmensträger die Geheimhaltung wünscht und deren Preisgabe nicht im Interesse der Gesellschaft liegt.[360] Neben dem Schutz wirtschaftlicher Belange, wie dem Schutz der Wettbewerbsfähigkeit, besteht ein Geheimhaltungsinteresse unter anderem auch dann, wenn der Ruf und das Ansehen der Gesellschaft oder der die Gesellschaft repräsentierenden Personen gefährdet ist.[361] Auch Ordnung und Frieden im Unternehmen sind schützenswerte Belange.[362] 135

Im Gesetz werden Betriebs- und Geschäftsgeheimnisse erwähnt. **Betriebsgeheimnisse** umfassen den technischen Betriebsverlauf, wie das Herstellungsverfahren oder die Produktzusammensetzungen.[363] **Geschäftsgeheimnisse** beziehen sich auf den allgemeinen Geschäftsbetrieb, wie Umsätze, Geschäftsbücher oder Kundenlisten.[364] Daneben kann bei jeglichen anderen Belangen der Gesellschaft ein Bedürfnis nach Geheimhaltung bestehen, so bei Unternehmens-, Finanz- und Investitionsplanungen, Herstellungsverfahren, Produktionsvorhaben, Absatzdaten, Kalkulationen, Kundenstamm, Erfindungsleistungen oder wesentlichen Personalentscheidungen.[365] Unter den Geheimnisbegriff fallen auch **Beratungen und Abstimmungen** in Vorstands- und Aufsichtsratssitzungen.[366] Sowohl Diskussionsbeiträge in Vorstandssitzungen als auch das Abstimmungsverhalten sind also geheim. Das gilt auch für das **eigene Stimmverhalten,**[367] und zwar unabhängig davon, ob aus dem eigenen Stimmverhalten auf das Stimmverhalten anderer geschlossen werden kann.[368] Auch Personalangelegenheiten unterliegen dem Geheimnisbegriff und damit ist mit ihnen vertraulich umzugehen. 136

4. Vertrauliche Angaben. Der Begriff der vertraulichen Angabe überschneidet sich teilweise mit dem Geheimnisbegriff. Die Schutzrichtung des Begriffs „vertrauliche Angabe" ist insoweit aber unterschiedlich, als die **subjektive Komponente** des Vertrauensschutzes des Mitteilenden von Bedeutung ist.[369] Die Auffassung des BGH, wonach auch bei einer vertraulichen Angabe das objektive Geheimhaltungsinteresse der Gesellschaft im Vordergrund steht,[370] widerspricht dem nicht. Wenn ein Mitteilender einem Vorstandsmitglied eine Angabe macht, die er als vertraulich bezeichnet, die aber für die Belange der Gesellschaft unerheblich ist, so mag das diese Mitteilung weitergebende Vorstandsmitglied seine persönliche Loyalität gegenüber dem Mitteilenden verletzen, nicht jedoch die Verschwiegenheitspflicht gegenüber der Aktiengesellschaft. Eine vertrauliche Angabe ist danach eine Information, die der Mitteilende als geheimhaltungsbedürftig ansieht und bei der bei verständiger wirtschaftlicher Betrachtungsweise davon auszugehen ist, dass eine Offenbarung zu einer Interessenver- 137

[357] Begr. RegE AktG *Kropff* AktG, 123.
[358] GroßkommAktG/*Hopt/Roth* Rn. 289; KK-AktG/*Mertens/Cahn* Rn. 114.
[359] *Arnold* in Marsch-Barner/Schäfer HdB AG § 22 Rn. 29; GroßkommAktG/*Hopt/Roth* Rn. 289; KK-AktG/*Mertens/Cahn* Rn. 114; aA MüKoAktG/*Spindler* Rn. 122.
[360] BGHZ 64, 325 (329) = NJW 1993, 2307 für Aufsichtsrat; OLG Stuttgart NZG 2007, 72 (74); *Hueck* RdA 1975, 35 (38); *Wessing/Hölters* DB 1976, 1671 (1674) für Aufsichtsrat; MüKoAktG/*Spindler* Rn. 117.
[361] *Wessing/Hölters* DB 1976, 1671 (1674) für Aufsichtsrat.
[362] *Wessing/Hölters* DB 1976, 1671 (1674) für Aufsichtsrat.
[363] BAGE 57, 159 (168) = NJW 1988, 1686.
[364] BAGE 57, 159 (168) = NJW 1988, 1686.
[365] GroßkommAktG/*Hopt/Roth* Rn. 283.
[366] BGHZ 64, 325 (332) = NJW 1993, 2307 für Aufsichtsrat.
[367] GroßkommAktG/*Hopt/Roth* Rn. 283; aA *Säcker* NJW 1986, 803 (808) für Aufsichtsrat.
[368] GroßkommAktG/*Hopt/Roth* Rn. 283; aA Spindler/Stilz/*Fleischer* Rn. 164.
[369] *Wessing/Hölters* DB 1976, 1671 (1674) für Aufsichtsrat; *Hengeler* FS Schilling, 1973, 175 (185 f.); aA GroßkommAktG/*Hopt/Roth* Rn. 267: andere Abgrenzung; KK-AktG/*Mertens* § 116 Rn. 45; MüKoAktG/*Spindler* Rn. 120: andere Abgrenzung.
[370] BGHZ 64, 325 (329) = NJW 1993, 2307 für Aufsichtsrat; ebenso OLG Stuttgart NZG 2007, 72 (74).

letzung der Gesellschaft führen könnte.[371] Schutzobjekt ist damit auch hier die Gesellschaft, die in den meisten Fällen ein zumindest mittelbares Interesse daran haben wird,[372] dass Vorstandsmitglieder von dritter Seite vertraulich gemachte Angaben nicht unter Missachtung des Gebots der Vertraulichkeit weitergeben.[373] Bei der **Bezeichnung** einer Information **als vertraulich** darf diese nur weitergegeben werden, wenn offensichtlich die Interessen der Gesellschaft nicht berührt werden.[374] Das ist keine Umkehr der Beweislast, wie sie der BGH für unzulässig erachtet.[375] Ein weitergehender Beurteilungsspielraum der Weitergabefähigkeit der Information steht dem Empfänger nicht zu.[376]

138 **5. Grenzen der Verschwiegenheitspflicht. a) Allgemeines.** Die Grenzen der Verschwiegenheitspflicht bestehen dort, wo das **Unternehmensinteresse** eine Offenbarung von vertraulichen Informationen erfordert. So kann unter anderem eine Veröffentlichung von solchen Informationen notwendig sein, um Missverständnisse zu beseitigen, Gerüchte zu entkräften, Unruhen zu verhindern oder das Bild der Gesellschaft zu verbessern.[377] Vor einer solchen Veröffentlichung vertraulicher Informationen kann es sinnvoll sein, das Vorgehen mit dem Gesamtvorstand zu besprechen oder eine Verlautbarung im Aufsichtsrat anzuregen.[378] Auch die Einholung sachkundigen Rats Dritter kann in Betracht gezogen werden, wobei hier zu beachten ist, dass der Dritte weder die ihm gegebenen Geheimnisse oder vertraulichen Informationen weitergibt oder sonst in irgendeiner Weise missbraucht.[379]

139 **b) Innerhalb des Unternehmens.** Die Weitergabe von Geheimnissen und vertraulichen Angaben **im Vorstand** ist unbegrenzt zulässig, da jedes Vorstandsmitglied zur Vertraulichkeit verpflichtet ist.[380] Etwas anderes kann gelten, wenn zwischen einem Vorstandsmitglied und der Gesellschaft ein Rechtsstreit besteht oder sich abzeichnet und die Informationen in direktem Zusammenhang damit stehen.[381] Die Weitergabe von Geheimnissen und vertraulichen Angaben an den **Aufsichtsrat** ist ebenfalls zulässig, da der Vorstand diesem gegenüber zu unbedingter Offenheit verpflichtet ist.[382] Das Informationsrecht des Aufsichtsrats besteht unabhängig von den Berichtspflichten des Vorstands nach § 90.[383] Der Vorstand hat die Informationen dem Aufsichtsrat als Gremium zukommen zu lassen.[384] Ein einzelnes Aufsichtsratsmitglied ist nicht informationsberechtigt.[385] Gibt ein einzelnes Vorstandsmitglied eine Information an den Aufsichtsrat, die nicht dem Gesamtvorstand bekannt ist, so hat es zugleich den Gesamtvorstand zu unterrichten. Es widerspricht der Aufgabenverteilung zwischen Vorstand und Aufsichtsrat, wenn der Aufsichtsrat und ein einzelnes Vorstandsmitglied ein größeres Geschäftswissen haben als die übrigen Vorstandsmitglieder.

140 Das Informationsrecht des Aufsichtsrats findet seine Grenze im **Missbrauch.**[386] Ein solcher liegt zB vor, wenn die Befürchtung besteht, dass die Information an einen Wettbewerber der Gesellschaft, der Mitglied des Aufsichtsrats ist, gelangt.[387] Ob die Information zurückgehalten werden kann, unterliegt der Entscheidung des Aufsichtsrats.[388] Die Verschwiegenheitsverpflichtung besteht gegenüber Ehrenmitgliedern und Ersatzmitgliedern des Aufsichtsrats, da diese nicht dem Organ angehören.

141 **Geheimnisse und vertrauliche Angaben dürfen grundsätzlich nicht an Arbeitnehmer** weitergegeben werden. Diese unterliegen zwar nach § 17 Abs. 1 UWG während ihres Arbeitsverhältnisses einer Verschwiegenheitsverpflichtung. Diese entfällt jedoch nach Ausscheiden aus dem Dienst-

---

371 *Wessing/Hölters* DB 1976, 1671 (1674) für Aufsichtsrat.
372 Hierzu *v. Stebut,* Geheimnisschutz und Verschwiegenheitspflicht, 1972, 66.
373 *Hengeler* FS Schilling, 1973, 175 (186).
374 *Wessing/Hölters* DB 1976, 1671 (1674) für Aufsichtsrat.
375 BGHZ 64, 325 (330) = NJW 1993, 2307 für Aufsichtsrat.
376 *Wessing/Hölters* DB 1976, 1671 (1674) für Aufsichtsrat; *Hengeler* FS Schilling, 1973, 175 (185 f.).
377 BGHZ 64, 325 (331) = NJW 1975, 1412 für Aufsichtsrat.
378 BGHZ 64, 325 (331) = NJW 1975, 1412 für Aufsichtsrat.
379 BGHZ 64, 325 (331) = NJW 1975, 1412 für Aufsichtsrat.
380 GroßkommAktG/*Hopt/Roth* Rn. 291.
381 GroßkommAktG/*Hopt/Roth* Rn. 291; KK-AktG/*Mertens/Cahn* Rn. 118.
382 BGHZ 20, 239 (246) = NJW 1956, 906; GroßkommAktG/*Hopt/Roth* Rn. 292; einschr. KK-AktG/*Mertens/Cahn* Rn. 116.
383 GroßkommAktG/*Hopt/Roth* Rn. 292.
384 *Lutter* Information und Vertraulichkeit im Aufsichtsrat Rn. 186 f.
385 *Lutter* Information und Vertraulichkeit im Aufsichtsrat Rn. 186 f.
386 GroßkommAktG/*Hopt/Roth* Rn. 293; KK-AktG/*Mertens/Cahn* Rn. 117.
387 *Lutter* Information und Vertraulichkeit im Aufsichtsrat Rn. 131; GroßkommAktG/*Hopt/Roth* Rn. 293.
388 *Sina* NJW 1990, 1016 (1019) bei Berichtsverlangen des Gesamtaufsichtsrats; *Wilde* ZGR 1998, 423 (433); *Lutter* Information und Vertraulichkeit im Aufsichtsrat Rn. 135; GroßkommAktG/*Hopt/Roth* Rn. 293 bei Berichtsverlangen des Gesamtsaufsichtsrats; KK-AktG/*Mertens/Cahn* § 90 Rn. 15 ff.; aA Begr. RegE TransPuG, BT-Drs. 14/8769, 14; *Manger* NZG 2010, 1255 (1258); Spindler/Stilz/*Fleischer* § 90 Rn. 48.

verhältnis.[389] Auch nach Ausscheiden kann eine Verwendung von Informationen in besonderen Fällen unlauter sein und gegen die guten Sitten verstoßen gemäß §§ 1 ff. UWG und § 826 BGB.[390] Wenn ein Interesse der Gesellschaft zur Informationsweitergabe an einen Arbeitnehmer besteht, so ist eine solche Weitergabe nur zulässig, wenn eine Verschwiegenheitsvereinbarung mit dem Arbeitnehmer vereinbart wird, die sich auch auf die Zeit nach Beendigung des Arbeitsverhältnisses erstreckt.

c) Überwiegendes Gesellschaftsinteresse. Die Geheimhaltungspflicht hat auch dort Grenzen, wo überwiegende Interessen der Gesellschaft entgegenstehen.[391] Das ist der Fall, wenn dem Gesellschaftsinteresse mit einer Offenbarung des Geheimnisses oder der vertraulichen Mitteilung besser gedient ist.[392] Als Beispiele lassen sich Gespräche mit dem Großaktionär über Kapitalerhöhungen und mit dem Betriebsrat über Rationalisierungspläne anführen.[393] Auch die Ansprache wichtiger potentieller Investoren (Key-Investors) zwecks Erkundung der Erfolgsaussichten eines Börsengangs oder einer Kapitalerhöhung kann zulässig sein.[394] Weiter kann es notwendig sein, sachverständige Berater mit hinzuzuziehen.[395] Unterliegen diese keiner gesetzlichen Verschwiegenheitspflicht, sollte eine Verschwiegenheitspflicht vertraglich vereinbart werden. Grenzen der Verschwiegenheitspflicht können sich in einer Unternehmenskaufsituation ergeben. So kann der Vorstand eines Zielunternehmens berechtigt oder sogar verpflichtet sein, einem Erwerbsinteressenten Unternehmensdaten preiszugeben (→ Rn. 183 ff.). 142

d) Gesetzliche Auskunftspflicht. Bei Bestehen einer gesetzlichen Auskunftspflicht kann sich das Vorstandsmitglied nicht auf seine Verschwiegenheitsverpflichtung berufen. Der Vorstand hat eine gesetzliche Auskunfts- und Berichtspflicht gegenüber dem Aufsichtsrat[396] sowie bestimmte Auskunftsverpflichtungen gegenüber Aktionären, gegenüber dem Betriebsrat nach §§ 90, 92, 99, 111 BetrVG, gegenüber dem Wirtschaftsausschuss nach § 106 Abs. 2 BetrVG und den Arbeitnehmern gegenüber gemäß § 110 BetrVG. Neben den aktienrechtlichen Auskunftsrechten existieren unter anderem wirtschafts- und steuerrechtliche Auskunftspflichten gegenüber den Behörden.[397] Gegenüber der Bundesanstalt für Finanzaufsicht besteht ein Auskunftsanspruch nach § 37o Abs. 4 WpHG aF bzw. § 107 Abs. 5 WpHG nF. Auch gegenüber dem Abschlussprüfer nach § 320 Abs. 2 HGB und im Rahmen einer Prüfung durch eine Prüfstelle für Rechnungslegung können die Vorstandsmitglieder zur Preisgabe von Geheimnissen und vertraulichen Angaben verpflichtet sein (§ 93 Abs. 1 S. 4 iVm § 342b Abs. 4 HGB). Die bei der Prüfstelle Beschäftigten unterfallen einer nachgelagerten Schweigepflicht nach § 342c HGB. Weiterhin bestehen kapitalmarktrechtliche Offenbarungspflichten, wie die Publizitätspflicht nach § 15 WpHG aF bzw. § 26 WpHG nF, soweit nicht § 26 Abs. 3 WpHG nF zum Schutz berechtigter Geheimhaltungsinteressen eingreift (→ Rn. 149), und die Mitteilungspflichten nach §§ 21 ff. WpHG aF bzw. §§ 33 ff. WpHG nF. 143

e) Unzumutbarkeit. Wenn die Einhaltung der Verschwiegenheitspflicht für das Vorstandsmitglied unzumutbar ist, darf es von ihr abweichen. So können Geschäftsgeheimnisse und vertrauliche Angaben preisgegeben werden, wenn dies zur **eigenen Rechtsverteidigung,** so im Falle des Widerrufs der Bestellung oder der Geltendmachung von Schadensersatzansprüchen[398] oder zur Durchsetzung von Ansprüchen gegen die Gesellschaft,[399] notwendig ist. Das Vorstandsmitglied hat dabei die Erheblichkeit des eigenen Anspruchs gegenüber dem möglichen Schaden der Gesellschaft durch die Offenbarung abzuwägen. Grundsätzlich hat dabei die Verfolgung seiner legitimen eigenen Interessen vor dem Geheimhaltungsinteresse der Gesellschaft Vorrang.[400] 144

f) Verschwiegenheitspflicht im Straf- und Zivilprozess. Ein in einem **Strafprozess** als Zeuge vernommenes Vorstandsmitglied hat kein Zeugnisverweigerungsrecht aufgrund seiner Verschwiegenheitspflicht.[401] Wird in einem **Zivilprozess** ein Vorstandsmitglied als Partei vernommen, 145

[389] BGH WM 2001, 1824 (1827) – Spritzgießwerkzeuge; aA BAGE 57, 159 (167 f.) = NJW 1988, 1686.
[390] BGH NJW 1955, 463; MüKoAktG/*Spindler* Rn. 134.
[391] GroßkommAktG/*Hopt/Roth* Rn. 300; KK-AktG/*Mertens/Cahn* Rn. 120; MüKoAktG/*Spindler* Rn. 133.
[392] Spindler/Stilz/*Fleischer* Rn. 169 mwN.
[393] Spindler/Stilz/*Fleischer* Rn. 169; GroßkommAktG/*Hopt/Roth* Rn. 303.
[394] *Fleischer* DB 2009, 2195 (2197).
[395] Spindler/Stilz/*Fleischer* Rn. 169; GroßkommAktG/*Hopt/Roth* Rn. 302.
[396] BGHZ 135, 48 (56) = NJW 1997, 1985 für GmbH; BGHZ 20, 239 (246) = NJW 1956, 906.
[397] Spindler/Stilz/*Fleischer* Rn. 167; MüKoAktG/*Spindler* Rn. 129.
[398] Spindler/Stilz/*Fleischer* Rn. 168; GroßkommAktG/*Hopt/Roth* Rn. 307; *Körber* in Fleischer HdB VorstandsR § 10 Rn. 17; MüKoAktG/*Spindler* Rn. 133.
[399] Spindler/Stilz/*Fleischer* Rn. 168; *Körber* in Fleischer HdB VorstandsR § 10 Rn. 17; MüKoAktG/*Spindler* Rn. 133; strenger GroßkommAktG/*Hopt/Roth* Rn. 302.
[400] AA wohl *Körber* in Fleischer HdB VorstandsR § 10 Rn. 17; MüKoAktG/*Spindler* Rn. 133.
[401] KK-AktG/*Mertens/Cahn* Rn. 123.

kann er nach § 446 ZPO jegliche Erklärung verweigern. Handelt es sich um Geheimnisse oder vertrauliche Angaben, ist er sogar dazu verpflichtet. Wird ein Mitglied des Vorstands im Zivilprozess als Zeuge befragt, hat er hinsichtlich der Geheimnisse und vertraulichen Angaben ein Zeugnisverweigerungsrecht gemäß § 383 Abs. 1 Nr. 6 ZPO,[402] § 384 Nr. 3 ZPO. Aktive Vorstände können Zeuge nur in Prozessen sein, an denen die Gesellschaft nicht beteiligt ist. Ansonsten sind sie Partei. Ausgeschiedene Vorstandsmitglieder werden dagegen in Prozessen, an denen die Gesellschaft beteiligt ist, als Zeugen vernommen.

146 **6. Verschwiegenheitspflicht im Konzern.** Die Verschwiegenheitspflicht ist im faktischen und Vertragskonzern unterschiedlich zu beurteilen. Bei beiden Konzernformen ist der Vorstand des Konzernmutterunternehmens zur Verschwiegenheit verpflichtet. Es kann aber eine Ausnahme geben, wenn die Weitergabe eines Geheimnisses oder einer vertraulichen Information an den Vorstand des konzernabhängigen Unternehmens im **Konzerninteresse** sinnvoll und notwendig ist. Die konzernabhängige Gesellschaft ist als Teil der Konzernorganisation anzusehen. Ebenso wie der Vorstand Geschäftsgeheimnisse mit Angestellten des Unternehmens teilen kann, soweit deren Verschwiegenheit dienstrechtlich sichergestellt ist, kann er auch Vorstände von konzernabhängigen Unternehmen in den Verschwiegenheitskreis einbeziehen. Das gilt für alle Fälle, in denen die Informationsweitergabe notwendig ist, um ein Konzernziel zu erreichen.

147 Im **Vertragskonzern** ist der Vorstand des konzernabhängigen Unternehmens zur Weitergabe von Informationen an den Vorstand des Konzernmutterunternehmens berechtigt. Auf entsprechende Weisung des Vorstands der Konzernmutter ist er sogar dazu verpflichtet (→ § 308 Rn. 22 f.). Wer verpflichtet ist, auf Anweisung Geschäftsführungsmaßnahmen vorzunehmen, der kann auf der Grundlage einer entsprechenden Anweisung keine Informationen verweigern.

148 Da der Gesetzgeber den **faktischen Konzern** anerkennt, ist auch bei diesem eine Informationsweitergabe vom Vorstand der abhängigen Gesellschaft an den Vorstand der konzernleitenden Gesellschaft zulässig. Der Vorstand der konzernabhängigen Gesellschaft kann dazu allerdings nicht angewiesen werden. Gibt er eine Information, die ein Geheimnis oder eine vertrauliche Angabe darstellt, weiter, so hat er den Mechanismus der §§ 311 ff. zu beachten.[403] Er hat also zu überprüfen, ob die Weitergabe der Information zu einem Nachteil für das konzernabhängige Unternehmen führt. Eine Aufnahme der Informationsweitergabe in den Abhängigkeitsbericht nach § 312 Abs. 1 S. 2 ist zwingend. Hat die Informationsweitergabe einen Nachteil zur Folge, besteht eine Ausgleichspflicht nach § 311 Abs. 1. Diese Grundsätze gelten im faktischen Konzern auch, wenn das Vorstandsmitglied ein Doppelmandat in konzernabhängiger Gesellschaft und Konzernmutter bekleidet.[404] Er kann zwar Informationen nicht aus seinem Gedächtnis streichen, kann jedoch die Information für die jeweils andere Gesellschaft nicht verwenden, soweit nicht die Voraussetzungen für die Informationsweitergabe vorliegen.

149 **7. Insiderinformationen.** Nach § 14 Abs. 1 Nr. 2 WpHG aF bzw. Art. 14 MAR iVm § 13 Abs. 1 WpHG aF dürfen Vorstandsmitglieder einer börsennotierten Gesellschaft Insiderinformationen nicht unbefugt weitergeben. Grundsätzlich sind Insiderinformationen nach § 15 Abs. 1 S. 1 WpHG aF bzw. § 26 Abs. 1 S. 1 WpHG nF **unverzüglich zu veröffentlichen.** Die nur dem Vorstand bekannten Insiderinformationen müssen wegen der ihm obliegenden Verschwiegenheitspflicht nach § 15 Abs. 3 S. 1 WpHG aF bzw. § 26 Abs. 1 S. 1 WpHG nF allerdings nicht unverzüglich veröffentlicht werden, soweit ein berechtigtes Interesse eines Emittenten an einem solchen Aufschub besteht, keine Irreführung der Öffentlichkeit zu befürchten ist und Maßnahmen zur Gewährleistung der Vertraulichkeit durch den Emittenten ergriffen wurden.[405] Die Vertraulichkeit ist gewährleistet, wenn nach § 7 Nr. 1 WpAIV eine Zugangskontrolle besteht, die Empfänger der Insiderinformationen formal über ihre insiderrechtlichen Pflichten und die Sanktionen bei Verstößen durch den Emittenten aufgeklärt und Vorkehrungen zur unverzüglichen Veröffentlichung der Information gemäß § 7 Nr. 2 WpAIV für den Fall getroffen wurden, dass die Vertraulichkeit nicht mehr gewährleistet ist.[406] Bei Vorliegen dieser Voraussetzungen besteht ein Recht zum Aufschub der Veröffentlichung auch dann,

---

[402] OLG Koblenz NJW-RR 1987, 809 (810); Spindler/Stilz/*Fleischer* Rn. 174; GroßkommAktG/*Hopt/Roth* Rn. 314; Hüffer/*Koch* Rn. 34; aA KK-AktG/*Mertens/Cahn* Rn. 123.

[403] Schmidt/Lutter/*Krieger/Sailer-Coceani* Rn. 26 mwN.

[404] MüKoAktG/*Spindler* Rn. 125.

[405] OLG Stuttgart NZG 2009, 624 (630 ff.) – DaimlerChrysler/Schrempp Rücktritt; dazu auch die Revisionsentscheidung BGH AG 2013, 518 = NJW 2013, 2114; Assmann/Schneider/*Assmann* WpHG § 15 Rn. 133; s. auch BaFin Emittentenleitfaden, 2009, IV.3.

[406] OLG Stuttgart NZG 2009, 624 (631) – DaimlerChrysler/Schrempp Rücktritt; Assmann/Schneider/*Assmann* WpHG § 15 Rn. 161 ff.; Schäfer/Hamann/*Geibel/Schäfer* WpHG § 15 Rn. 136 f.; aA KK-AktG/*Versteegen* WpHG § 15 Rn. 164.

wenn Insiderinformationen an den ebenfalls der Verschwiegenheitspflicht unterliegenden Aufsichtsrat oder an weitere Mitarbeiter, die der Verschwiegenheit unterliegen, weitergegeben werden.[407]

Die während einer **Due Diligence-Prüfung** bei Erwerb von Aktien über die Börse weitergegebenen Informationen sind nicht unbefugt weitergegeben, da sie im Rahmen der Aufgaben des Vorstands gemäß Art. 9 Abs. 4 MAR erteilt werden. 150

8. Zwingendes Recht und Konkretisierung. § 93 Abs. 1 S. 3 ist zwingend. Die Verschwiegenheitspflicht kann **weder verschärft noch gemildert** werden.[408] Allerdings kann die Verschwiegenheitspflicht durch Regelungen in der Satzung oder der Geschäftsordnung **konkretisiert** werden.[409] So können in Satzung oder Geschäftsordnung verschiedene Fallkonstellationen aufgezählt werden, bei denen ein Geheimhaltungsinteresse besteht. Es können weiter **prozedurale Regelungen** eingeführt werden. In Satzung oder Geschäftsordnung kann zum Beispiel vorgesehen werden, dass ein Vorstandsmitglied eine Entscheidung des Gesamtvorstands zu erwirken hat, wenn es im Zweifel ist, ob ein bestimmter Umstand der Geheimhaltung unterliegt. Darüber hinaus kann festgelegt werden, dass jedes Vorstandsmitglied den Gesamtvorstand zu informieren hat, wenn es ihm während seiner Vorstandstätigkeit bekannt gewordene Umstände an die Öffentlichkeit bringen will.[410] Der Gesamtvorstand hat dann die Möglichkeit auf die Geheimhaltungsbedürftigkeit der Information hinzuweisen und eventuell notwendige Maßnahmen zu ergreifen, wenn das Vorstandsmitglied von der Veröffentlichung des Umstandes nicht absehen will.[411] Hierzu kann auch die Geltendmachung eines im Wege der einstweiligen Verfügung durchsetzbaren Unterlassungsanspruchs gehören.[412] 151

9. Folgen der Nichtbeachtung der Verschwiegenheitsverpflichtung. Verletzt ein Vorstandsmitglied seine ihm obliegende Verschwiegenheitspflicht und entsteht der Gesellschaft dadurch ein Schaden, so macht sich das Vorstandsmitglied nach § 93 Abs. 2 S. 1 **schadensersatzpflichtig.** Die Verletzung der Verschwiegenheitspflicht kann außerdem einen wichtigen Grund iSd § 84 Abs. 3 für den **Widerruf der Bestellung** darstellen.[413] Sie kann weiter ein Grund für die **Kündigung** des Anstellungsvertrages aus wichtigem Grunde nach § 626 BGB sein.[414] Nach Auffassung des BAG muss die Verletzung der Verschwiegenheitspflicht aber verschuldet sein, um eine Kündigung zu rechtfertigen.[415] Ob eine einmalige fahrlässige Verletzung der Verschwiegenheitspflicht für die Abberufung eines Vorstandsmitglieds ausreicht, ist Tatfrage.[416] Entscheidend kann der Grad der Fahrlässigkeit und die Auswirkungen auf das Unternehmen sein. Bei der Weitergabe eines Geheimnisses macht sich das Vorstandsmitglied gemäß **§ 404 Abs. 1 Hs. 1 Nr. 2 und Abs. 2 strafbar.** Im Falle einer unbefugten Weitergabe einer Insiderinformation durch das Vorstandsmitglied einer börsennotierten Gesellschaft kommt eine **Strafbarkeit nach § 38 Abs. 1 Nr. 2 lit. a WpHG aF iVm § 14 Abs. 1 Nr. 2 WpHG aF bzw. Art. 14 MAR** in Betracht. 152

10. Wettbewerbsverbot als Ausfluss der Treuepflicht. Das Wettbewerbsverbot stellt eine Ausprägung der Treuepflicht dar. Der Gesetzgeber hat das Wettbewerbsverbot und die Folgen seiner Verletzung in § 88 eigenständig geregelt (→ § 88 Rn. 1 ff.). 153

VIII. Verhaltenspflichten in besonderen Situationen

1. Risikogeschäfte. Unternehmerisches Handeln ist stets mit Risiken verbunden. Der Vorstand darf deshalb **geschäftliche Risiken** eingehen.[417] Er muss es sogar in vertretbarem Umfange. Das Risiko soll in einem angemessenen Verhältnis zum erwarteten Gewinn stehen. Es muss steuerbar sein. Auch bei Erwartung eines sehr hohen Gewinns darf der Vorstand keine unangemessen hohen Risiken eingehen.[418] Er hat abzuwägen, ob der negative Ausgang des Geschäfts ein von der Gesellschaft nicht mehr tragbares Risiko darstellt.[419] In keinem Fall darf ein Risikogeschäft zu einer 154

[407] OLG Stuttgart NZG 2009, 624 (632) – DaimlerChrysler/Schrempp Rücktritt; vgl. auch OLG Frankfurt NZG 2009, 391.

[408] BGHZ 64, 325 (327) = NJW 1993, 2307 für Aufsichtsrat.

[409] BGHZ 64, 325 (327) = NJW 1993, 2307 für Aufsichtsrat; *Wessing/Hölters* DB 1976, 1671 (1673) für Aufsichtsrat.

[410] *Wessing/Hölters* DB 1976, 1671 (1672 f.) für Aufsichtsrat.

[411] *Wessing/Hölters* DB 1976, 1671 (1672 f.) für Aufsichtsrat.

[412] *Wessing/Hölters* DB 1976, 1671 (1673) für Aufsichtsrat.

[413] Spindler/Stilz/*Fleischer* Rn. 172; MüKoAktG/*Spindler* Rn. 113.

[414] Spindler/Stilz/*Fleischer* Rn. 172 mwN.

[415] BAGE 26, 116 (125) = NJW 1974, 1399 für Kündigung eines Arbeitnehmervertreters im Aufsichtsrat.

[416] Verneinend AG München ZIP 1985, 1139 (1140) für Aufsichtsratsmitglied.

[417] BGHZ 135, 244 (253) = NJW 1997, 1926 – ARAG/Garmenbeck.

[418] BGHZ 69, 207 (215) = NJW 1977, 2311.

[419] OLG Jena NZG 2001, 86 (87) für GmbH.

Gefährdung des Bestands der Gesellschaft führen,[420] es sei denn der Eintritt des Risikos ist völlig unwahrscheinlich.[421] Ein vorteilhaftes Ergebnis aus dem Geschäft muss wahrscheinlich sein. Soweit eben möglich, ist dem Risiko durch entsprechende Absicherungen entgegenzuwirken.

155 Bei **Aufnahme von Krediten** muss gesichert sein, dass der Gesellschaft die Rückzahlung des Kredits sowie die Zinszahlungen möglich sind. Die Rückzahlung des Kredits und die Fähigkeit zur Zinszahlung darf nicht nur bei einer möglichen, aber keinesfalls sicheren Geschäftsentwicklung darstellbar sein.[422] Die **Vergabe von Krediten** gehört bei Banken typischerweise zum Unternehmensgegenstand, bei sonstigen Unternehmen ist sie nur als Hilfsgeschäft denkbar. Kreditinstitute haben die Vorgaben nach §§ 18, 25a KWG zu beachten.[423] Bei allen Unternehmen müssen sich die Vorstandsmitglieder bei der Vergabe von Krediten ausreichend über die Verhältnisse und die Kreditwürdigkeit des Kreditnehmers informieren.[424] Grundsätzlich darf ein Kredit nur bei ausreichender Sicherheit vergeben werden.[425] Die Sicherheiten sind ordnungsgemäß zu bewerten.[426] Das gilt insbesondere, wenn der Vorstand Kenntnis von einem bestimmten Risiko hat, bei dessen Eintritt der Kredit nicht zurückgezahlt werden könnte.[427] Erst recht darf bei hohen Kreditsummen nur in Ausnahmefällen von einer Absicherung abgesehen werden.[428] Hat ein Vorstandsmitglied Kenntnis von der Kreditunwürdigkeit eines Kreditnehmers, so darf kein Kredit vergeben werden. Dasselbe gilt bei Kenntnis eines Vorstandsmitglieds über strafbare Handlungen des potentiellen Kreditnehmers im Zusammenhang mit Kreditgeschäften.[429] Der Vorstand darf sich nicht zu Gefälligkeitskrediten bewegen lassen.[430]

156 Die Vergabe von Krediten an nahestehende Dritte, zB eines Arbeitnehmerdarlehens an die Ehefrau, ohne ausreichende Sicherheiten ist pflichtwidrig.[431] Ebenso unzulässig ist die Vergabe eines hohen ungesicherten Darlehens an einen mittelbaren Mehrheitsaktionär.[432] Bei der **Darlehensvergabe an** einen **Aktionär** hat der Vorstand zu prüfen, ob die Gesellschaft einen vollwertigen Rückgewähranspruch gegen den Aktionär hat.[433] Dasselbe gilt für den Vorstand einer abhängigen Gesellschaft bei der **Vergabe** eines **unbesicherten „upstream-Darlehens“.**[434] Dieser hat zu beurteilen, ob die Darlehensvergabe aufgrund eines Kreditrisikos als ein nachteiliges Rechtsgeschäft iSd § 311 anzusehen ist.[435] Die Vollwertigkeit der Darlehensforderung muss dabei nicht mit an Sicherheit grenzender Wahrscheinlichkeit gegeben sein.[436] Bei Bestehen eines konkreten Ausfallrisikos ist die Vergabe eines unbesicherten Darlehens unzulässig.[437] Der Vorstand bleibt verpflichtet, fortwährend Veränderungen des Kreditrisikos zu überprüfen und bei einer sich abzeichnenden Bonitätsverschlechterung das Darlehen zu kündigen oder Sicherheiten zu vereinbaren.[438] Ob er verpflichtet ist, ein außerordentliches Kündigungsrecht für den Fall der Bonitätsverschlechterung zu vereinbaren,[439] ist eine Frage des Einzelfalls, bei deren Beantwortung auch die Frage der Durchsetzbarkeit im Verhandlungswege zu berücksichtigen ist. Bei umfangreicher sowie langfristiger Kreditvergabe kann die Einrichtung eines geeigneten Informations- und Frühwarnsystems notwendig sein.[440]

157 Auch sonstige Vorleistungen der Gesellschaft, wie Warenlieferungen auf Kredit,[441] dürfen grundsätzlich nicht ohne der Gesellschaft gegebene Sicherheiten erbracht werden. Dies gilt insbesondere

[420] OLG Düsseldorf ZIP 2010, 28 (32) – IKB; dazu *Florstedt* AG 2010, 315 (319 ff.).

[421] MüKoAktG/*Spindler* Rn. 26; MHdB AG/*Wiesner* § 25 Rn. 1 ff.; weitergehend wohl GroßkommAktG/*Hopt/Roth* Rn. 195; strenger *Lutter* ZIP 2009, 197 (199) und KK-AktG/*Mertens/Cahn* Rn. 24.

[422] GroßkommAktG/*Hopt/Roth* Rn. 197.

[423] BGH ZIP 2009, 1854 (1857) – WestLB; NJW 2002, 1211 (1214 ff.); OLG Frankfurt AG 2008, 453 (454).

[424] BGH WM 1981, 440 für GmbH-Geschäftsführer.

[425] BGH NZG 2005, 562 (563); ZIP 2002, 213 (214), jeweils für Vorstand einer Genossenschaftsbank.

[426] BGH ZIP 2002, 213 (214) für Vorstand einer Genossenschaftsbank.

[427] OLG Düsseldorf AG 1997, 231 (235) – ARAG/Garmenbeck.

[428] OLG Düsseldorf AG 1997, 231 (235) – ARAG/Garmenbeck.

[429] OLG Düsseldorf AG 1982, 225 (226).

[430] BGH NJW 1980, 1629 f. für Aufsichtsrat.

[431] OLG Düsseldorf GmbHR 1995, 227.

[432] OLG Hamm ZIP 1995, 1263 (1266).

[433] *Thümmel/Burkhardt* AG 2009, 893 f.

[434] BGHZ 179, 71 = NJW 2009, 850 – MPS.

[435] BGHZ 179, 71 = NJW 2009, 850 – MPS.

[436] BGHZ 179, 76 (78) = NJW 2009, 850 – MPS; strenger MüKoAktG/*Bayer* § 57 Rn. 145.

[437] BGHZ 179, 71 (78) = NJW 2009, 850 – MPS; *Theusinger/Cernicky* CCZ 2009, 145 (150); *Wilhelmi* WM 2009, 1918 (1919).

[438] BGHZ 179, 71 (79) = NJW 2009, 850 – MPS; *Wilhelmi* WM 2009, 1918 (1921).

[439] Hierzu *Thümmel/Burkhardt* AG 2009, 893 f.

[440] BGHZ 179, 71 (79) = NJW 2009, 850 – MPS.

[441] Spindler/Stilz/*Fleischer* Rn. 86.

bei hohen Warenkrediten[442] oder bei Warenlieferungen an Warenkreditnehmer, deren schlechte finanzielle Situation bekannt ist. Bei Auslandsgeschäften muss der Abschluss einer Kreditversicherung in Betracht gezogen werden. Lehnt die Kreditversicherung nach Überprüfung der Kreditwürdigkeit des Abnehmers eine Versicherung ab, ist es pflichtwidrig, dennoch einen Kredit ohne Absicherung zu gewähren.[443]

Spekulationsgeschäfte sind grundsätzlich zulässig.[444] Sie dürfen allerdings nur getätigt werden, 158
soweit sie in den Grenzen des Unternehmensgegenstandes liegen und kein außergewöhnliches Risiko darstellen.[445] Es ist zu unterscheiden, ob Spekulationsgeschäfte von Bankinstituten oder sonstigen Unternehmen getätigt werden. Bei Bankinstituten gehören spekulative Zinssatz- und Währungsgeschäfte sowie Derivativgeschäfte typischerweise zum Unternehmensgegenstand. Dasselbe gilt für sog. spread-trading-Strategien. Für die Vornahme sämtlicher dieser Geschäfte ist Voraussetzung, dass sie dem Zuschnitt des Kreditinstituts angemessen sind. Weiterhin müssen eindeutige Limitvorgaben an die dem Vorstand nachgeordneten Mitarbeiter gemacht werden. Schließlich muss der Vorstand im Rahmen seiner Organisationspflicht die geeigneten organisatorischen Maßnahmen zur Überwachung der Einhaltung der Limite treffen, diese Limite tatsächlich überwachen und angemessene Reaktionen bei Limitüberschreitungen ergreifen. Es sind Risikomanagementsysteme einzurichten. Angesichts der 2008 eingetretenen Bankenkrise sind zukünftig an diese Vorgaben verschärfte Anforderungen zu richten.

Bei sonstigen Unternehmen sind **spekulative Finanzgeschäfte** lediglich als Hilfsgeschäfte im 159
Rahmen des Unternehmensgegenstandes zulässig. Spekulative Zinssatz- und Währungsgeschäfte dürfen auch bei diesen Unternehmen nur in einem angemessenen Verhältnis zum vorhandenen Eigenkapital abgeschlossen werden.[446] Derivativgeschäfte dürfen, soweit diese in der Satzung nicht als Unternehmensgegenstand genannt sind, nur zur Absicherung gegen unvermeidbare Zins- und Währungskursänderungsrisiken aus satzungsmäßigen Geschäften und nicht als Spekulationsgeschäfte mit Gewinnerzielungsabsicht getätigt werden.[447] Soweit zur Risikominimierung Derivativgeschäfte abgeschlossen werden, hat der Vorstand ein Risikomanagement einzurichten, das fortwährend die Risiken misst.[448] Der Vorstand ist verpflichtet, laufend zu ermitteln, mit welcher Wahrscheinlichkeit und in welcher Höhe Verluste aus den spekulativen Geschäften eintreten können.[449] Er hat den Aufsichtsrat umfassend zu informieren, damit dieser seinen Überwachungs- und Kontrollpflichten nachgehen kann.[450]

2. Verschwendung von Gesellschaftsmitteln. Der Vorstand darf keine Gesellschaftsmittel ver- 160
schwenden. Durch die Ausgabe der Gesellschaftsmittel müssen zumindest gleichwertige Wirtschaftsgüter oder Leistungen erlangt werden. Der Vorstand darf keine nutzlosen Patente erwerben oder wertlose Geschäftsanteile übernehmen.[451] Er darf keine Beraterverträge abschließen, die der Gesellschaft keinen Nutzen bringen.[452] Es darf kein Leasingvertrag über Hardware abgeschlossen werden, wenn diese zu einem weitaus günstigeren Preis zu kaufen ist.[453] Überhöhte Vergütungen an Aufsichtsratsmitglieder von konzernangehörigen Unternehmen oder an Dritte stellen ebenfalls eine Verschwendung von Gesellschaftsmitteln dar.

3. Soziale Aufwendungen. Unter sozialen Aufwendungen versteht man Leistungen an Dritte, 161
die aus einer sozialen Motivation erbracht werden (→ § 76 Rn. 22, 31 f.). Dazu gehören zum einen freiwillige Sozialleistungen an die Belegschaft. Des Weiteren können zB dazu gehören freiwillige Mehraufwendungen für Umweltschutz sowie Aufwendungen, die zur Förderung von Kunst, Wissenschaft, Sozialwesen oder Sport gemacht werden.[454] Förderungsformen sind unter anderem Spenden, Sponsoring, Zuwendungen an Stiftungen oder die Finanzierung von Stipendien.

---

442 BGH WM 1981, 440 (441 f.).
443 GroßkommAktG/*Hopt/Roth* Rn. 198.
444 Spindler/Stilz/*Fleischer* Rn. 80.
445 BGHZ 119, 305 (332) = NJW 1993, 57 – Klöckner; OLG Düsseldorf ZIP 2010, 28 (30 f.) – IKB, für Bankinstitut.
446 *Säcker* NJW 2008, 3313 (3314).
447 *Säcker* NJW 2008, 3313 (3314, 3317); *Bellinger/Kerl* Hypothekenbankgesetz, 4. Aufl. 1995, HypBankG § 3 Rn. 99.
448 *Säcker* NJW 2008, 3313 (3315).
449 *Säcker* NJW 2008, 3313 (3315).
450 BGHZ 75, 120 (126, 132 f.) = NJW 1979, 1879 – Herstatt.
451 GroßkommAktG/*Hopt/Roth* Rn. 190.
452 BGH NJW 1997, 741 (742) für GmbH-Geschäftsführer.
453 BGH NJW-RR 1998, 1409 f.; Spindler/Stilz/*Fleischer* Rn. 90.
454 Spindler/Stilz/*Fleischer* § 76 Rn. 45 mwN.

162 Die Entscheidung über soziale Aufwendungen liegt im **Leitungsermessen** des Vorstands.[455] Grundvoraussetzung für ihre Zulässigkeit ist stets eine positive Wirkung für die Gesellschaft.[456] Dem Vorstand kommt bei seinem Leitungsermessen ein breiter aber nachprüfbarer Ermessensspielraum zu.[457] Eine Vorlagepflicht gegenüber der Hauptversammlung besteht nicht.[458] Eine ungeschriebene Hauptversammlungszuständigkeit wurde im Zuge der ausufernden Interpretation des Holzmüller-Urteils[459] erörtert.[460] Nach der reduzierenden Auslegung des Holzmüller-Urteils durch die Gelatine-Entscheidung[461] ist das Thema aber vollends obsolet geworden. Das Leitungsermessen des Vorstands orientiert sich am Unternehmensinteresse.[462] Für die Aufwendung muss ein **betrieblicher Bezug** vorliegen. Je entfernter der Bezug zwischen sozialer Zuwendung und Unternehmensgegenstand ist, umso enger ist das unternehmerische Ermessen und umso größer sind die Anforderungen an die interne Publizität.[463] Spenden an bestimmte Organisationen können gerechtfertigt sein, um dem Unternehmen einen neuen Kreis von Kunden zu erschließen.[464] Sponsoring dient durch die Nennung des Unternehmens als Sponsor der Werbung und Imagebildung.[465] Alleiniges Ziel kann auch sein, die soziale Akzeptanz der Gesellschaft zu verbessern und damit indirekt den wirtschaftlichen Erfolg des Unternehmens durch Stärkung des unternehmerischen Good-Will zu fördern.[466]

163 **Eigene Interessen** der Vorstandsmitglieder an den sozialen Aufwendungen dürfen nicht von Bedeutung sein. Das ist in der Vergangenheit nicht immer streng beachtet worden. Angesichts der stärkeren Fokussierung auf die Rechtmäßigkeit von Vorstandshandeln, ausgelöst durch die Banken- und Finanzkrise, ist Vorstandsmitgliedern zukünftig in dieser Hinsicht besondere Vorsicht anzuraten.[467] Allerdings darf der Vorstand bei der Entscheidung, wer von gleichrangigen Zuwendungsempfängern durch das Unternehmen gefördert werden soll, privaten Präferenzen nachgehen.[468] Soweit bei der Auswahl des Zuwendungsempfängers persönliche Motive eines Vorstandmitglieds Einfluss haben könnten oder er bei bedeutsamen Spenden Zweifel daran hat, ob sie im Unternehmensinteresse liegen, muss der **Gesamtvorstand** entscheiden. Dies gilt auch, wenn das betreffende Vorstandsmitglied grundsätzlich die Entscheidung innerhalb seines Ressorts nach der Zuständigkeitsverteilung allein treffen könnte.[469] Der Vorstand sollte in diesen Fällen den **Aufsichtsrat unterrichten,**[470] auch wenn es sich nicht um eine zustimmungspflichtige Geschäftsführungsmaßnahme handelt und eine Kenntnisnahme durch den Aufsichtsrat den Vorstand nicht entlastet.

164 Die **Höhe des Aufwendungsbetrages** muss der Größe und der finanziellen Situation der Gesellschaft angemessen sein.[471] Zuschnitt und Ertragslage der Gesellschaft dienen als Anhaltspunkte.[472] In Krisenzeiten ist der Vorstand grundsätzlich nicht verpflichtet, auf soziale Zuwendungen zu verzichten.[473] Bei einer dauerhaften oder langfristigen Verschlechterung der Unternehmenssituation hat er jedoch zu prüfen, ob die Zuwendungen noch im Unternehmensinteresse liegen.[474] Soziale Aufwendungen können nur geleistet werden, wenn gesichert ist, dass diese auch effektiv und vollständig für den geförderten Zweck verwendet werden. Bei Spenden ist für deren steuerliche Abzugsfähigkeit

[455] BGHZ 23, 150 (157) = WM 1957, 282; GroßkommAktG/*Hopt/Roth* Rn. 210; MüKoAktG/*Spindler* Rn. 71.
[456] Ua BGHSt 47, 187 = NJW 2002, 1585; KK-AktG/*Mertens/Cahn* § 76 Rn. 13; MüKoAktG/*Spindler* § 76 Rn. 87 f.; aA *Müller-Michaels/Ringel* AG 2011, 101 (103 ff.).
[457] BGHSt 47, 187 (195) = NJW 2002, 1585.
[458] *Mertens* AG 2000, 157 (159 ff.).
[459] BGHZ 83, 122 = NJW 1982, 1703 – Holzmüller.
[460] Ua letztlich verneinend *Mertens* AG 2000, 157 (161 ff.).
[461] BGHZ 159, 30 = NJW 2004, 1860 – Gelatine I.
[462] BGHSt 47, 187 (195) = NJW 2002, 1585.
[463] BGHSt 47, 187 (196) = NJW 2002, 1585.
[464] *Empt,* Corporate Social Responsibility, 2004, 30 ff.; Spindler/Stilz/*Fleischer* § 76 Rn. 45.
[465] BGHSt 47, 187 (193, 194) = NJW 2002, 1585; *Müller-Michaels/Ringel* AG 2011, 101 (102).
[466] BGHSt 47, 187 (195) = NJW 2002, 1585; *Säcker* BB 2009, 282 (283).
[467] Vgl. dazu LG Essen BeckRS 2014, 22313 – Arcandor/Middelhoff, m. ausf. Bspr. *Fleischer/Bauer* ZIP 2015, 1901.
[468] BGHSt 47, 187 (196) = NJW 2002, 1585; *Müller-Michaels/Ringel* AG 2011, 101 (110); Spindler/Stilz/*Fleischer* § 76 Rn. 48; KK-AktG/*Mertens/Cahn* § 76 Rn. 36; aA *Schmidt-Leithoff,* Die Verantwortung der Unternehmensleitung, 1989, 434 f.
[469] BGHSt 47, 187 (196) = NJW 2002, 1585; krit. KK-AktG/*Mertens/Cahn* § 76 Rn. 36.
[470] BGHSt 47, 187 (196) = NJW 2002, 1585.
[471] BGHSt 47, 187 (197) = NJW 2002, 1585; MüKoAktG/*Spindler* Rn. 71; GroßkommAktG/*Hopt/Roth* Rn. 210.
[472] BGHSt 47, 187 (197) = NJW 2002, 1585; MüKoAktG/*Spindler* Rn. 71.
[473] BGHSt 47, 187 (197) = NJW 2002, 1585.
[474] BGHSt 47, 187 (197) = NJW 2002, 1585.

zu sorgen.[475] Eine Ausnahme hierzu bilden steuerlich nicht abzugsfähige Spenden ins Ausland. Der Vorstand kann auch **politische Spenden** als Mittel politischer Einflussnahme vergeben.[476] Er ist nicht zur politischen Neutralität verpflichtet. Die Spenden dürfen aber nicht zu einer politischen Einflussnahme führen, die das soziale Ansehen des Unternehmens schädigt.[477] Politische Spenden durch Staatsbetriebe sind aufgrund der abschließenden im Parteiengesetz bestehenden Regelungen der Parteienfinanzierung und aus verfassungsrechtlichen Gründen[478] unzulässig.[479] Überschreitet der Vorstand sein Leitungsermessen durch eine soziale Aufwendung, kommt eine Strafbarkeit nach § 266 StGB in Betracht.

4. Geltendmachung von Ansprüchen gegen Dritte. Als Vertretungsorgan der Gesellschaft 165
haben die Vorstandsmitglieder die Verpflichtung, Ansprüche der Gesellschaft gegen Dritte durchzusetzen.[480] Der Vorstand darf grundsätzlich für die Gesellschaft weder auf Ansprüche verzichten noch diese verjähren lassen.[481] Im Falle der Vermögensverschlechterung eines Schuldners hat der Vorstand auf die Tilgung der Schulden hinzuwirken.[482] **Ausnahmsweise** kann der Vorstand die **Geltendmachung von Ansprüchen unterlassen,** wenn die Forderung nicht sicher oder wertlos ist,[483] wenn die Durchsetzung des Anspruchs kostspieliger ist als der Wert der Forderung oder wenn die Durchsetzung des Anspruchs bei der Gesellschaft einen Schaden verursachen würde. Ein möglicher Schaden kann ein Imageverlust oder die Verunsicherung des Marktes sein.[484] Auch aus Kulanzgründen kann von einer Geltendmachung abgesehen werden.[485] Der Vorstand kann von der Geltendmachung eines Anspruchs nicht mit der Begründung absehen, diese entspräche nicht Anstandsgesichtspunkten.[486] Es gibt keine allgemeine Verkehrsauffassung zur Frage, ob und wann die Geltendmachung einer Forderung nicht einem sozialen oder gesellschaftlichen Anstand entspräche.

5. Pflichten im Zusammenhang mit Schadensersatzansprüchen gegen Organmitglieder. Soweit der Vorstand Kenntnis von einem **pflichtwidrigen Verhalten eines Aufsichtsratsmitglieds** oder ehemaligen Aufsichtsratsmitglieds erlangt, hat er zu ermitteln, inwiefern der Gesellschaft hieraus ein Schaden entstanden ist. Sofern er dabei zu dem Ergebnis kommt, dass ein Schadensersatzanspruch besteht, hat er diesen geltend zu machen. Er kann von der Geltendmachung des Anspruchs lediglich absehen, wenn die der Gesellschaft durch die Geltendmachung entstehenden Nachteile größer sind als die Schadensersatzforderung. Die in der ARAG/Garmenbeck-Entscheidung[487] herausgearbeiteten Grundsätze für die Geltendmachung eines Schadensersatzanspruchs der Gesellschaft gegen den Vorstand durch den Aufsichtsrat gelten entsprechend.[488] Die Entscheidung des Vorstands ist gerichtlich in vollem Umfang überprüfbar. Er hat dabei kein Geschäftsleiterermessen. Da ein Schadensersatzanspruch gegen ein Aufsichtsratsmitglied eine Verletzung von dessen Überwachungs- und Kontrollpflichten voraussetzt, wird mit der Frage der Pflichtverletzung von Aufsichtsratsmitgliedern die Frage der Pflichtverletzungen ehemaliger oder amtierender Vorstandsmitglieder einhergehen. Daraus ergeben sich in der Praxis oftmals Zuständigkeitsfragen bei der Aufklärung des möglichen Pflichtverletzungen zugrunde liegenden Sachverhalts. 166

Dem **Aufsichtsrat** obliegt gemäß § 111 Abs. 1 die **Überwachung der Geschäftsführung.** Er 167
hat bei Vorliegen entsprechender Anhaltspunkte für einen Schadensersatzspruch der Gesellschaft gegenüber Vorstandsmitgliedern den Sachverhalt festzustellen und die Erfolgsaussichten einer Anspruchsverfolgung in tatsächlicher und rechtlicher Hinsicht zu prüfen.[489] Nach § 112 vertritt er die Gesellschaft in einem Prozess gegen verantwortliche Vorstandsmitglieder. Das gilt auch für ehemalige

---

[475] GroßkommAktG/*Hopt/Roth* Rn. 210.

[476] GroßkommAktG/*Hopt/Roth* Rn. 211; MüKoAktG/*Spindler* Rn. 72; aA *Meilicke* NJW 1959, 409 (411); *Kulitz,* Unternehmensspenden an politische Parteien, 1983, 167 ff.

[477] KK-AktG/*Mertens/Cahn* § 76 Rn. 41.

[478] BVerfGE 85, 264 = NJW 1992, 2545.

[479] *Gehrlein* NZG 2002, 463 (464).

[480] BGH NJW 1992, 1166 – Freistellungsanspruch einer GmbH; Spindler/Stilz/*Fleischer* Rn. 88; GroßkommAktG/*Hopt* Rn. 112.

[481] OLG Koblenz NJW-RR 2000, 483 (484) für GmbH-Geschäftsführer; KG GmbHR 1959, 257 für GmbH-Geschäftsführer; s. auch RGZ 156, 291; GroßkommAktG/*Hopt/Roth* Rn. 199.

[482] *Roth,* Unternehmerisches Ermessen und Haftung des Vorstands, 2001, 124.

[483] BGH WM 1982, 532 für Vorstandsmitglied einer Genossenschaft.

[484] GroßkommAktG/*Hopt/Roth* Rn. 199; KK-AktG/*Mertens/Cahn* Rn. 89.

[485] Spindler/Stilz/*Fleischer* Rn. 88.

[486] Weiter Spindler/Stilz/*Fleischer* Rn. 88; GroßkommAktG/*Hopt/Roth* Rn. 199; aA KK-AktG/*Mertens/Cahn* Rn. 90.

[487] BGHZ 135, 244 = NJW 1997, 1926 – ARAG/Garmenbeck.

[488] Spindler/Stilz/*Fleischer* Rn. 89; MHdB AG/*Wiesner* § 25 Rn. 7; aA GroßkommAktG/*Hopt/Roth* Rn. 178.

[489] BGHZ 135, 244 (253) = NJW 1997, 1926 – ARAG/Garmenbeck.

Vorstandsmitglieder.[490] Sinn und Zweck dieser Aufgabenzuordnung an den Aufsichtsrat ist, eine unbefangene Wahrnehmung der Gesellschaftsinteressen bei Rechtsstreitigkeiten mit Mitgliedern des Vorstands als Leitungsorgan zu gewährleisten.[491]

168 Ungeachtet dieser klaren Regelung der Zuständigkeit für die Verfolgung von Schadensersatzansprüchen gegenüber Vorstandsmitgliedern und ehemaligen Vorstandsmitgliedern stellt sich in der Praxis oft die Frage, ob der Vorstand zu gewissen **Voraufklärungsmaßnahmen** berechtigt oder verpflichtet ist. Vorwürfe eines angeblich pflichtwidrigen Verhaltens von ausgeschiedenen Vorstandsmitgliedern oder noch amtierenden Vorstandsmitgliedern werden häufig an den Vorstand und nicht an den Aufsichtsrat herangetragen. Diese Vorwürfe können von außen oder aus dem Kreis der Belegschaft kommen. Oftmals sind sie vage. Eine Voraufklärungspflicht ist zu bejahen, wenn unspezifizierte Vorwürfe an den Vorstand herangetragen werden. Erhält der Vorstand Kenntnis von Anschuldigungen gegen ehemalige Vorstandsmitglieder, bei deren Richtigkeit sich ein Schaden des Unternehmens zumindest nicht ausschließen lässt, so ist er grundsätzlich verpflichtet, die Anschuldigungen aufzuklären. Dies kann nur durch eine genaue Dokumentation des gesamten Vorgangs geschehen, aus dem sich das pflichtwidrige Verhalten des ausgeschiedenen Vorstandsmitglieds ergeben könnte. Zur Aufklärung des Sachverhalts ist es zumeist erforderlich, externe Berater sowie die interne Rechts- bzw. Compliance-Abteilung einzubinden. Der Vorstand hat weiterhin zu ermitteln, ob sich aus der angeblichen Pflichtwidrigkeit ein Schadensersatzanspruch der Gesellschaft ergeben könnte. Ergeben sich aus der Voruntersuchung auch nur die geringsten Anhaltspunkte für eine mögliche Pflichtwidrigkeit eines ausgeschiedenen Vorstandsmitglieds, hat der Vorstand unverzüglich den Aufsichtsrat hierüber zu informieren, damit dieser seinen Kontrollpflichten nachkommen kann und ggf. das Bestehen von Schadensersatzansprüchen gegen die ausgeschiedenen Vorstandsmitglieder prüfen und bei Bestehen auch geltend machen kann.

169 Die Information an den Aufsichtsrat muss grundsätzlich sehr frühzeitig erfolgen, wenn eine Pflichtwidrigkeit eines amtierenden Vorstandsmitglieds in Betracht kommt. Wenn der Vorwurf nicht erkennbar querulatorisch ist, sollte der Vorstand in jedem Fall vor einer eigenen Voruntersuchung bereits den Aufsichtsrat informieren. Unerheblich ist dabei, dass der Vorstand sich durch die Mitteilung an den Aufsichtsrat selber belastet und die Gefahr der Inanspruchnahme wegen verursachter Schäden besteht. Selbst wenn aufgrund einer Voruntersuchung zwar eine Pflichtwidrigkeit möglich ist, der Eintritt eines Schadens jedoch ausgeschlossen ist, hat die Information zu erfolgen. Die Reaktion des Aufsichtsrats kann nämlich in einem Widerruf der Bestellung aus wichtigem Grund oder in der Entscheidung liegen, den betreffenden Vorstand nicht für eine weitere Amtsperiode zu bestellen. Auch kann ihm die Möglichkeit eines Verweises nicht genommen werden.

170 Bei seiner Information obliegt dem Vorstand gegenüber dem Aufsichtsrat eine **uneingeschränkte Offenheitspflicht.**[492] Er ist verpflichtet, dem Aufsichtsrat umfassende Informationen zu erteilen, so dass diesem eine Bewertung der Situation uneingeschränkt möglich ist. Der dem Aufsichtsrat mitgeteilte Sachverhalt darf keine Lücken aufweisen. Den Vorstand trifft eine umfassende **Sachverhaltsaufklärungspflicht,** da der Aufsichtsrat seinen Kontrollaufgaben nicht nachkommen kann, wenn der Vorstand ihn nicht ausreichend informiert. Soweit dem Aufsichtsrat die Angaben des Vorstands nicht ausreichen, kann er vom Vorstand weitere Informationen verlangen. Eine Befürchtung des Vorstands, dass die weitergegebenen Informationen im Aufsichtsrat nicht vertraulich behandelt werden, darf ihn nicht davon abhalten, sensible Informationen weiterzugeben. Der Aufsichtsrat unterliegt ebenfalls einer Verschwiegenheitsverpflichtung nach § 116 S. 2. Vertraulichkeitsverletzungen des Aufsichtsrats wären vom Vorstand im Wege der Geltendmachung von Schadensersatzansprüchen nach § 116 iVm § 93 zu ahnden. Fragen des Aufsichtsrats richten sich grundsätzlich an den Gesamtvorstand. Einzelne Vorstandsmitglieder sind nicht verpflichtet, Informationen außerhalb eines Berichts des Gesamtvorstands herauszugeben. Etwas anderes gilt, wenn der Gesamtvorstand die benötigten Informationen nicht erteilt, so wenn die eine persönliche Schadensersatzpflicht oder sonstige Sanktionen befürchtenden Vorstandsmitglieder eine Mitarbeit verweigern.

171 Der Vorstand ist verpflichtet, zur Sachverhaltsaufklärung **Mitarbeiter der Gesellschaft** zu **befragen** und eventuell von diesen Pflichtverletzungen beweisende Dokumente herauszufordern.[493] Er kann diese Aufgabe nicht auf den Aufsichtsrat verlagern, da zur Mitarbeiterbefragung nur der Vorstand

[490] BGH NJW 1999, 3263 gegen ausgeschiedenen GmbH-Geschäftsführer; NJW 1997, 2324 gegen ausgeschiedenen Geschäftsführer einer nunmehr in eine AG umgewandelten GmbH; BGHZ 130, 108 (111 f.) = NJW 1995, 2559 gegen ehemalige Vorstandsmitglieder einer Genossenschaft; GroßkommAktG/*Hopt/Roth* Rn. 178; Spindler/Stilz/*Spindler* § 116 Rn. 66; aA *Behr/Kindel* DStR 1999, 119.

[491] BGHZ 130, 108 (111) gegen ehemalige Vorstandsmitglieder einer Genossenschaft.

[492] BGHZ 20, 239 (246) = WM 1956, 631.

[493] BGH NJW-RR 1986, 1293 (1294) für GmbH-Geschäftsführer; OLG Koblenz NZG 2008, 397 (399) für GmbH-Geschäftsführer.

als das die Gesellschaft vertretende Organ befugt ist.[494] Zur Mitarbeiterbefragung kann der Aufsichtsrat dann ausnahmsweise berechtigt und verpflichtet sein, wenn der Vorstand keine Befragung des betreffenden Mitarbeiters vornimmt oder die von ihm gemachten Angaben offensichtlich falsch oder unbrauchbar sind und die Information auf andere Weise nicht zu erlangen ist.[495]

Über das Ob und Wann der Information an den Aufsichtsrat entscheidet der **Gesamtvorstand** 172 nach Maßgabe der durch Satzung oder Geschäftsordnung bestimmten Geschäftsführungsprinzips gemäß § 77 Abs. 1. Eine Informationspflicht hat das einzelne Vorstandsmitglied wiederum, wenn der erforderliche Beschluss des Vorstands aufgrund pflichtwidrigen Verhaltens anderer Vorstandsmitglieder, die Sanktionen seitens des Aufsichtsrats befürchten, nicht zustande kommt. In diesem Fall darf das Vorstandsmitglied sich über den Beschluss hinwegsetzen und an den Aufsichtsrat herantreten. Dem Vorsitzenden des Vorstands kommt in diesem Zusammenhang keine Sonderrolle zu bis auf die Tatsache, dass er, wie dies in der Praxis üblich ist, durch Satzung, Geschäftsordnung oder Beschluss des Vorstands mit der Kommunikation gegenüber dem Aufsichtsrat beauftragt ist.

Erhält ein einzelnes Vorstandsmitglied Kenntnis von dem Vorwurf eines pflichtwidrigen Verhaltens 173 eines ausgeschiedenen Vorstandsmitglieds oder eines amtierenden Vorstandsmitglieds, so hat es den Gesamtvorstand zu informieren. Alsdann setzen die oben beschriebenen Pflichten und Regularien ein. Zu einer Information des Aufsichtsrats ohne vorherige Information an den Gesamtvorstand ist er nicht befugt.[496]

6. Verhaltenspflichten und Haftung im Konzern. Innerhalb eines Konzernverbunds gibt es 174 für Vorstände besondere Verhaltenspflichten zu beachten, deren Verletzung Haftungskonsequenzen auslöst. Dies gilt sowohl für die Vorstände des herrschenden Unternehmens als auch des abhängigen Unternehmens. Die besondere Haftungsproblematik besteht beim Vertrags- und Eingliederungskonzern wie auch beim faktischen Konzern. Sie wird gekennzeichnet durch spezielle Haftungsnormen, bei deren Eingreifen die Haftung nach § 93 Abs. 2 verdrängt wird (§§ 293 ff., 308, 309 Abs. 2, 310, 317 Abs. 3, 318 Abs. 1, 319 ff., 323 Abs. 1 S. 2; → § 309 Rn. 26 ff.; → § 310 Rn. 5 ff.; → § 317 Rn. 33 ff.; → § 318 Rn. 5 ff.; → § 323 Rn. 6 f.). Einzelheiten zur Konzernleitungspflicht werden bei der Kommentierung zu § 76 dargestellt (→ § 76 Rn. 56 ff.).

7. Vorstandspflichten beim Unternehmens- und Beteiligungskauf. a) Aktienrechtliche 175 **Problematik.** Mit der wachsenden Zahl der Aktiengesellschaften ist deren Beteiligung an Unternehmens- oder Beteiligungstransaktionen erheblich gestiegen. Dies ist nicht allein eine Frage der Quantität. Da die großen Gesellschaften in Deutschland zumeist in der Rechtsform der AG organisiert sind, waren in der Vergangenheit bei den großen öffentlichkeitswirksamen Transaktionen zumeist eine oder mehrere Aktiengesellschaften auf Veräußerer- oder Erwerberseite oder als zu veräußerndes Zielunternehmen beteiligt. Die Verhaltenspflichten in einer Transaktionslage sind getrennt für die Vorstände von Veräußerer-, Ziel- und Erwerberunternehmen zu betrachten. Unabhängig davon, in welcher Position sich die AG innerhalb des Erwerbsprozesses befindet, sind die unternehmerischen Strategien, Entscheidungswege und die Begründung für die getroffene unternehmerische Entscheidung zur Vermeidung von Haftungsrisiken sorgfältig zu dokumentieren. Im Wesentlichen erstrecken sich die von Vorständen zu beachtenden Themen bei der Unternehmenstransaktion auf Fragen der Due Diligence und Informationserteilung, auf die Mitteilungspflichten bei M&A-Prozessen sowie auf die Frage, wann die Zustimmung des Aufsichtsrats und der Hauptversammlung einzuholen ist.

b) Due Diligence und Informationserteilung. aa) Entwicklung der Due Diligence-The- 176 **matik.** Bis in die siebziger Jahre des vergangenen Jahrhunderts war es bei Unternehmenskäufen eher unüblich, dass der Käufer vor Abschluss des Unternehmenskaufvertrages eine gründliche Untersuchung des zu erwerbenden Unternehmens vornahm. Für den Veräußerer und das zu erwerbende Unternehmen war es zumeist undenkbar, die entscheidenden das Unternehmen betreffenden Dokumente über seine finanzielle Situation sowie über rechtliche Gegebenheiten kompakt zusammenzustellen und diese dem Erwerber zur Untersuchung zu überlassen. Der Käufer versuchte seine Interessen zu schützen, indem er in den Unternehmenskaufvertrag einen meist äußerst umfangreichen Katalog von Gewährleistungs- oder Garantietatbeständen aufnahm, um damit die gesetzlichen Gewährleistungsregeln zu verstärken.

[494] *Manger* NZG 2010, 1255 (1256); KK-AktG/*Mertens/Cahn* § 90 Rn. 52; MüKoAktG/*Spindler* § 90 Rn. 39; aA *Saage* DB 1973, 115 (117); *Leyens,* Information des Aufsichtsrats, 2006, 182 ff.; MüKoAktG/*Habersack* § 111 Rn. 68 f.

[495] MHdB AG/*Hoffmann-Becking* § 29 Rn. 29; *Lutter* Information und Vertraulichkeit im Aufsichtsrat Rn. 313; KK-AktG/*Mertens* § 111 Rn. 21; MüKoAktG/*Spindler* § 90 Rn. 39; *E. Vetter* in Marsch-Barner/Schäfer HdB AG § 26 Rn. 7; weiter *Saage* DB 1973, 115 (117) und *Leyens,* Information des Aufsichtsrats, 2006, 182 ff.

[496] MüKoAktG/*Spindler* Rn. 161.

177 Dieses praktische Vorgehen entsprach der zivilrechtlichen Ausgangslage nach deutschem Recht. Danach gibt es keine allgemeine Obliegenheit, einen Kaufgegenstand vor Abschluss des Vertrages zu untersuchen.[497] Die Kenntnis des Erwerbers von etwaigen Mängeln bei Vertragsschluss kann zwar dazu führen, dass die Haftung des Veräußerers ausgeschlossen ist (§ 442 BGB),[498] dies konnte aber gerade zu der Überlegung führen, Detailuntersuchungen nicht durchzuführen, um sich eine haftungsausschließende Kenntnis nicht erst zu verschaffen. Völlig anders ist die rechtliche Ausgangssituation im US-amerikanischen Recht. Der Erwerber, der einen Kaufgegenstand nicht mit der notwendigen Sorgfalt überprüft, kann keine Gewährleistungsansprüche wegen etwaiger Mängel geltend machen.[499] Mit der zunehmenden Internationalisierung von M&A-Transaktionen hat sich auch in Deutschland zwischenzeitlich die anglo-amerikanische Herangehensweise bei Unternehmenskäufen durchgesetzt. Im anglo-amerikanischen Rechtskreis ist es, was zumindest teilweise der unterschiedlichen rechtlichen Ausgangslage geschuldet ist, üblich, dass der Käufer eine eingehende Untersuchung des zu erwerbenden Unternehmens vornimmt, bevor der Kaufvertrag unterschrieben wird. Da diese Untersuchung mit der notwendigen Sorgfalt durchgeführt werden musste, wurde sie mit dem Begriff „Due Diligence" belegt. Die Durchführung einer Due Diligence ist mittlerweile auch in der deutschen Unternehmenskaufpraxis üblich geworden. Man versteht darunter eine systematische Untersuchung des Zielunternehmens durch den Kaufinteressenten.[500] Die Untersuchung erstreckt sich auf rechtliche, finanzielle, steuerliche und ggf. auch umweltspezifische Belange.

178 Aufgrund dieser zwischenzeitlich weitgehend üblichen Praxis beim Unternehmenskauf ergeben sich Fragen der rechtlichen Einordnung sowohl beim Veräußerer als auch beim Erwerber und dem Zielunternehmen. Auf der Erwerberseite stellt sich für den Vorstand der Erwerber-AG die Frage, ob er verpflichtet ist, vor Abschluss eines Unternehmenskaufvertrages eine Due Diligence durchzuführen. Für den Vorstand des Zielunternehmens ist die Frage zu beantworten, ob er berechtigt ist oder sogar verpflichtet ist, eine Due Diligence durch einen Kaufinteressenten zuzulassen. Schließlich muss sich der Vorstand einer veräußernden AG fragen, ob er die rechtliche Möglichkeit hat, den Vorstand der Ziel-AG dazu zu bewegen, eine Due Diligence zuzulassen und wenn ja, welche Mittel ihm dazu zur Verfügung stehen. Außerdem muss er sich die Frage stellen, ob er nicht dazu verpflichtet ist, selbst eine Due Diligence (sog. Vendor Due Diligence) vorzunehmen und welche Mittel ihm dazu zur Verfügung stehen.

179 **bb) Erwerber.** Teilweise wird in der Literatur eine allgemeine Pflicht des Vorstands bejaht, vor einem Unternehmenskauf eine Due Diligence durchzuführen.[501] Das soll seinen Grund in den bei einem Unternehmenskauf zu übernehmenden erheblichen Risiken haben. Zum Teil beruft man sich auf zwei Entscheidungen von unterinstanzlichen Gerichten.[502] In diesen Entscheidungen wird ausgeführt, der Vorstand einer Aktiengesellschaft sei zur Vermeidung einer Haftung nach § 93 Abs. 2 S. 1 verpflichtet, vor Abschluss des Unternehmenskaufvertrags die Vermögensverhältnisse der Zielgesellschaft gründlich zu prüfen.[503] Dieser Auffassung ist mit der hM[504] nicht zuzustimmen. Die Entscheidung über den Erwerb eines Unternehmens oder einer Beteiligung ist eine **unternehmerische Entscheidung,** bei der dem Vorstand der Erwerbergesellschaft ein **unternehmerisches Ermessen** zusteht.[505] Es gilt die Business Judgment Rule. Der Vorstand muss annehmen können, auf der Grundlage angemessener Informationen zum Wohl der Gesellschaft zu handeln. Er muss alle für die konkrete Entscheidung zur Verfügung stehenden Erkenntnisquellen ausschöpfen, soweit der

[497] *W. Hölters/T. Hölters* in Hölters HdB Unternehmenskauf Rn. 10.16; *Holzapfel/Pöllath* Unternehmenskauf in Recht und Praxis Rn. 42; *Semler* in Hölters HdB Unternehmenskauf Rn. 7.53.

[498] *W. Hölters/T. Hölters* in Hölters HdB Unternehmenskauf Rn. 10.16; *Holzapfel/Pöllath* Unternehmenskauf in Recht und Praxis Rn. 43.

[499] *W. Hölters/T. Hölters* in Hölters HdB Unternehmenskauf Rn. 10.16 mwN.

[500] *W. Hölters/T. Hölters* in Hölters HdB Unternehmenskauf Rn. 10.11 mwN.

[501] Ua *Hauschka* AG 2004, 461 (465): grds. Pflicht zur Durchführung; *Kiethe* NZG 1999, 976 (982); *Lutter* ZIP 2007, 841 (844): Due Diligence erforderlich bei Erwerb eines Unternehmens für 100 Mio. US-Dollar; *Stoffels* ZHR 165 (2001), 363 (368) und Fn. 27; wohl auch *Ulmer* DB 2004, 859 (860); *Vogt* DStR 2001, 2027 (2031): Verkehrssitte; *Werner* ZIP 2000, 989 (990, 994): grds. Pflicht zur Durchführung einer Due Diligence, soweit nicht unmöglich; *Eschenbruch* Konzernhaftung Rn. 4071 ff.; *Picot/Mentz/Seydel/Becker,* Die Aktiengesellschaft bei Unternehmenskauf und Restrukturierung, Teil II Rn. 14 ff.: nur in seltenen Ausnahmefällen Verzicht auf Due Diligence zulässig oder wenn diese unmöglich; *Rotthege/Wassermann/Kösters* Mandatspraxis Unternehmenskauf Rn. 148.

[502] Ua *Werner* ZIP 2000, 989 (990); *Picot/Mentz/Seydel/Becker* Teil II Rn. 14.

[503] LG Frankfurt ZIP 1998, 641 (644); LG Hannover AG 1977, 198 (200).

[504] Ua *Fleischer/Körber* BB 2001, 841 (847); *Hemeling* ZHR 169 (2005), 274 (277); *Liese/Theusinger* BB 2007, 71 (72); *W. Hölters/T. Hölters* in Hölters HdB Unternehmenskauf Rn. 10.18; *Holzapfel/Pöllath* Unternehmenskauf in Recht und Praxis Rn. 25.

[505] *Böttcher* NZG 2007, 481 (482); MüKoAktG/*Spindler* Rn. 102.

bei ihrer Verwertung entstehende Aufwand in angemessenem Verhältnis zur Transaktion steht, und eine Bewertung der Chancen und Risiken vornehmen (→ Rn. 34).

Der Vorstand hat sich vor dem Erwerb eines Unternehmens folgende Fragen zu stellen und zu beantworten: der Erwerb des Zielunternehmens muss zunächst strategisch sinnvoll sein. Weiter muss die Investition, dh der zu zahlende Kaufpreis, in angemessenem Verhältnis zu den Gewinnchancen bei Erwerb des Unternehmens stehen. Er hat also das Zielunternehmen zu bewerten. Dabei können, müssen aber nicht unbedingt die anerkannten Grundsätze der Unternehmensbewertung herangezogen werden. Er hat weiter das Zielunternehmen zu analysieren und zu prüfen, ob die Finanz-, Vermögens- und Ertragslage der Zielgesellschaft mit den ihm öffentlich zugänglichen Informationen (Jahresabschluss) und den ihm durch den Verkäufer gegebenen Informationen übereinstimmt. Ihn **kann** deshalb die **Verpflichtung treffen,** vor Abschluss eines Unternehmenskaufvertrages eine sorgfältige und umfangreiche Due Diligence bei dem Zielunternehmen durchzuführen. Eine solche Verpflichtung liegt zumindest nahe, wenn ein Unternehmen aus einer Insolvenz erworben wird.[506] Das gilt jedoch nicht für alle Fälle. Es kann die Situation eintreten, dass Vorstand oder Geschäftsführung des Zielunternehmens dem Erwerbsinteressenten eine Due Diligence nicht gestatten. Ob dies auf eigener Intention beruht oder aufgrund des Einflusses des Veräußerers ist in diesem Zusammenhang unerheblich. In diesem Falle von einem Erwerb des Unternehmens oder der Beteiligung abzusehen, kann gerade die falsche unternehmerische Entscheidung sein.[507] Die mit dem Zielunternehmen verbundenen zusätzlichen Erwerbschancen können so verlockend sein und das voraussichtliche Risiko kann so gering sein, dass der Vorstand auch ohne vorherige Due Diligence den Erwerb wagt: Er kann dann versuchen, vorhandene Risiken durch einen umfangreichen Garantiekatalog im Unternehmenskaufvertrag abzusichern. Das Risiko ist zumeist geringer sein bei Erwerb einer Beteiligung an einer inländischen Aktiengesellschaft mit ihren detaillierten Veröffentlichungspflichten als beim Erwerb eines in- oder ausländischen Unternehmens in einer Rechtsform, bei der die Veröffentlichungspflicht weniger stark ausgeprägt ist. Es kann weiter im Rahmen des unternehmerischen Ermessens liegen, von einer umfangreichen Due Diligence abzusehen, wenn es sich bei dem zu erwerbenden Unternehmen um ein im Verhältnis zur Erwerbergesellschaft sehr kleines Unternehmen handelt[508] und die Kosten einer Due Diligence in keinem angemessenen Verhältnis zum aufzuwendenden Kaufpreis stünden.[509] 180

Wenn Vorstand oder Geschäftsführung des Zielunternehmens eine Due Diligence zulassen, diese zeitlich möglich ist und der damit verbundene finanzielle Aufwand nicht außer Verhältnis zum Kaufpreis liegt, ist kaum ein Grund denkbar, der in Ausübung des unternehmerischen Ermessens eine sinnvolle Entscheidung, eine Due Diligence nicht durchzuführen, zulassen würde. Allenfalls kann es dann im Rahmen des unternehmerischen Ermessens liegen, auf die Due Diligence zu verzichten, weil bei ihrer Durchführung durch Kenntnis der verschiedensten Mitarbeiter oder erheblichen Zeitablauf die Transaktion gefährdet und damit eine greifbare Geschäftschance vertan würde. Ist dem Vorstand die Durchführung einer **Due Diligence** verweigert worden, hat er diese nach dem Erwerb **unverzüglich nachzuholen,** damit eventuelle Gewährleistungs- oder Garantieansprüche aus dem Erwerbsvertrag geltend gemacht werden können.[510] 181

Wenn der Käufer die durch die Due Diligence-Prüfung erlangten Daten nicht für den Erwerb oder Verkauf von Wertpapieren der Zielgesellschaft außerhalb des geplanten Erwerbs nutzt, sondern die neu erlangten Informationen über die Zielgesellschaft ausschließlich für die Ausgestaltung des Kaufvertrages verwendet, liegt keine nach § 14 Abs. 1 Nr. 1 WpHG aF bzw. Art. 14 MAR verbotene **Verwendung von Insidertatsachen** vor.[511] Das gilt auch, wenn ein Kaufinteressent die Entscheidung, einen Erwerb zu tätigen, nach der Due Diligence-Prüfung revidiert.[512] Unabhängig davon, dass sich bereits aus aktienrechtlichen Gründen eine sorgfältige Dokumentation von Vorstandsentscheidungen anbietet, sollte der bereits vor der Durchführung der Due Diligence gefasste Kaufentschluss aus wertpapierhandelsrechtlichen Beweiszwecken hinreichend dokumentiert werden.[513] 182

cc) Zielgesellschaft (Target). (1) Due Diligence und Verschwiegenheitspflicht. Der Vorstand einer Target-AG kann berechtigt, in Ausnahmefällen sogar verpflichtet sein, eine Due Diligence durch einen Kaufinteressenten zuzulassen. Auch dies ist eine Frage der Ausübung des **unternehme-** 183

---

[506] OLG Oldenburg NZG 2006, 434 (436 f.).
[507] AA *Kiethe* NZG 1999, 976 (983).
[508] MüKoAktG/*Spindler* Rn. 102.
[509] *Liese/Theusinger* BB 2007, 71 (72).
[510] LG Frankfurt ZIP 1998, 641 (644).
[511] Assmann/Schneider/*Assmann* WpHG § 14 Rn. 163.
[512] *Hasselbach* NZG 2004, 1087 (1091); Assmann/Schneider/*Assmann* WpHG § 14 Rn. 45.
[513] Assmann/Schneider/*Assmann* WpHG § 14 Rn. 165.

rischen Ermessens,[514] bei der die Business Judgment Rule gilt. Der Vorstand der Target-AG hat die Frage der Zulassung einer Due Diligence immer aus eigener Verantwortung zu beurteilen, sofern er nicht im Rahmen eines Beherrschungsvertrages von der Konzernobergesellschaft angewiesen wird.[515] Abgesehen von dieser Ausnahme kann er anders als bei der GmbH von dem veräußerungswilligen Gesellschafter nicht dazu angewiesen werden. Die mit dem Due Diligence-Prozess verbundene Informationserteilung durch den Vorstand der Target-AG ist problematisch, da er nach § 93 Abs. 1 S. 2 verpflichtet ist, über **vertrauliche Angaben** und **Geheimnisse** der Gesellschaft **Stillschweigen** zu bewahren (→ Rn. 133 ff.).[516] Zudem wird in § 404 die unbefugte Offenbarung von Geschäftsgeheimnissen unter Strafe gestellt. Sofern es sich bei dem Target um eine börsennotierte AG handelt, ist zusätzlich § 13 Abs. 1 Nr. 1 WpHG aF zu beachten. Danach dürfen Vorstandsmitglieder als Primärinsider Insidertatsachen nicht unbefugt mitteilen oder zugänglich machen. Ein Verstoß führt zur Strafbarkeit nach § 38 Abs. 1 Nr. 2 WpHG aF iVm § 14 Abs. 1 Nr. 2 WpHG aF bzw. Art. 14 MAR. Die in § 93 Abs. 1 S. 3 normierte Verschwiegenheitspflicht des Vorstands ist aber eingebettet in seine unternehmerische Leitungsfunktion. Wenn es dem Vorstand durch das übergeordnete Unternehmensinteresse geboten erscheint, geschäftliche Daten des Unternehmens zu offenbaren, so ist diese Verpflichtung stärker als die Verschwiegenheitspflicht (→ § 76 Rn. 19 ff., 23).[517]

184 Ob ein **übergeordnetes Unternehmensinteresse** die Zulassung einer Due Diligence gebietet, kann nur im Einzelfall beurteilt werden. Chancen und Risiken der Informationsfreigabe müssen gegeneinander abgewogen werden. Für die Übernahme durch einen Erwerbsinteressenten können zB die Verbesserung der Kapitalausstattung, der Zufluss neuen Knowhows, die Erschließung neuer Märkte, die allgemein verbesserte Position gegenüber Wettbewerbern sowie aus der Übernahme resultierende Rationalisierungseffekte sprechen.[518] Wenn teilweise nur eine Prüfung durch neutrale, zur Verschwiegenheit verpflichtete Sachverständige zugelassen wird,[519] so geht dies an den Erfordernissen der Praxis vorbei.[520] Kein Vorstand eines Erwerbsunternehmens wird sich auf die abstrakten Ergebnisse der Überprüfung durch einen Wirtschaftsprüfer verlassen, der zwar Zahlen überprüfen kann, aber nicht die unternehmerische Sinnhaftigkeit und Tragweite des Auswertungsergebnisses. Bei seiner Entscheidung über die Zulassung einer Due Diligence müssen persönliche Interessen des Vorstandsmitglieds (zB die Aussicht auf einen höher dotierten Dienstvertrag nach Übernahme), des Erwerbsinteressenten und des verkaufswilligen Großaktionärs außer Betracht bleiben.[521] In Ausnahmefällen **kann** der Vorstand einer Target-AG nicht nur berechtigt, sondern sogar **verpflichtet sein,** die Due Diligence eines Erwerbsinteressenten zuzulassen. Kann der Bestand des Unternehmens zB nur durch den Zutritt eines neuen kapitalzuführenden Aktionärs vor der Insolvenz gerettet werden, reduziert sich die unternehmerische Ermessensentscheidung des Vorstands auf Null.[522]

185 Die Entscheidung über die Zulassung der Due Diligence fällt nicht in die Ressortkompetenz eines einzelnen Vorstands. Es hat grundsätzlich der **Gesamtvorstand** zu entscheiden.[523] Die **Zustimmung des Aufsichtsrats** zur Gestattung einer Due Diligence ist nicht erforderlich, sofern dies nicht ausdrücklich als zustimmungspflichtige Maßnahme nach § 111 Abs. 4 S. 2 in der Satzung oder Geschäftsordnung enthalten ist, oder der Aufsichtsrat dies ad hoc als zustimmungspflichtig festlegt.[524] Es wird teilweise empfohlen, die Zustimmung des Aufsichtsrats auch einzuholen, wenn es sich nicht um ein zustimmungspflichtiges Geschäft handelt oder den Aufsichtsrat zumindest zu informieren.[525] Dieser Empfehlung ist nur sehr eingeschränkt zu folgen. Die Leitung des Unternehmens liegt beim Vorstand und nicht beim Aufsichtsrat. Eine rechtlich nicht geforderte Delegation

---

[514] Spindler/Stilz/*Fleischer* Rn. 170; GroßkommAktG/*Hopt/Roth* Rn. 304; Hüffer/*Koch* Rn. 32; MüKoAktG/*Spindler* Rn. 137; aA *Lutter* ZIP 1997, 613 (617): Weitergabe von Unternehmensdaten grds. unzulässig.

[515] AA *Lutter* ZIP 1997, 613 (616 f.): Weisung als von § 308 nicht gedeckt abzulehnen.

[516] *W. Hölters/T. Hölters* in Hölters HdB Unternehmenskauf Rn. 10.26.

[517] *W. Hölters/T. Hölters* in Hölters dB Unternehmenskauf Rn. 10.31; Hüffer/*Koch* Rn. 32; KK-AktG/*Mertens/Cahn* Rn. 120.

[518] *W. Hölters/T. Hölters* in Hölters HdB Unternehmenskauf Rn. 10.36 mwN; strenger *Lutter* ZIP 1997, 613 (617); *Ziemons* AG 1999, 492 (494, 495).

[519] *Lutter* ZIP 1997, 613 (618); *Ziemons* AG 1999, 492 (493, 497); in diese Richtung auch *Bihr* BB 1998, 1198 (1199).

[520] *W. Hölters/T. Hölters* in Hölters HdB Unternehmenskauf Rn. 10.34; GroßkommAktG/*Hopt/Roth* Rn. 304.

[521] *W. Hölters/T. Hölters* in Hölters HdB Unternehmenskauf Rn. 10.31.

[522] *Lutter* ZIP 1997, 613 (617) Fn. 37; Spindler/Stilz/*Fleischer* Rn. 170; GroßkommAktG/*Hopt/Roth* Rn. 304.

[523] *Hennrichs* ZGR 2006, 568 (574); *W. Hölters/T. Hölters* in Hölters HdB Unternehmenskauf Rn. 10.38.

[524] *W. Hölters/T. Hölters* in Hölters HdB Unternehmenskauf Rn. 10.39; aA *Bihr* BB 1998, 1198 (1200): Zustimmung des Aufsichtsrats erforderlich; dem zust. *Ziemons* AG 1999, 492 (494 Fn. 15).

[525] *Holzapfel/Pöllath* Unternehmenskauf in Recht und Praxis Rn. 46; *Mueller-Thuns* in Rödder/Hötzel/Mueller-Thuns, Unternehmenskauf, Unternehmensverkauf, 2003, § 3 Rn. 75; *Thiel* in Semler/Volhard ArbeitsHdB Unternehmensübernahmen § 54 Rn. 42.

man nicht davon ausgehen, dass Vorstandsbeschlüsse im Aufsichtsrat ohne Weiteres abgesegnet werden. Weiter ist die Vorstellung, man könne ab einem gewissen Verhandlungsstand mit hinreichender Wahrscheinlichkeit davon ausgehen, der Unternehmenskaufvertrag komme zustande, nicht realistisch. Die praktische Erfahrung zeigt, dass Verhandlungen oft in letzter Minute entweder durch neue Forderungen der einen oder anderen Seite oder wegen einer grundsätzlichen Änderung der unternehmerischen Strategie scheitern. Vor Abschluss eines Unternehmenskaufvertrages müssen also sehr spezielle Umstände vorliegen, um zu der Annahme zu gelangen, die Realisierung der Transaktion sei hinreichend wahrscheinlich.

Da eine verfrühte Ad-hoc-Mitteilung die Durchführung und Strukturierung eines Unterneh- 214
menskaufs erheblich erschweren würde, kann die strategische Gestaltung der zeitlichen Abfolge sowohl auf Veräußerer- als auch auf Erwerberseite darauf gerichtet sein, die einzelnen Anhaltspunkte für eine hinreichende Wahrscheinlichkeit (Vorstandsbeschluss, Genehmigung des Aufsichtsrates, Unterzeichnung des Vertrages) zeitlich so dicht zu staffeln, dass der die Ad-hoc-Mitteilung auslösende Gesichtspunkt am Ende dieser Kette liegt. Setzt man den Veröffentlichungszeitpunkt der Ad-hoc-Meldung früher an, so bleibt der **Befreiungstatbestand nach § 15 Abs. 3 WpHG aF bzw. § 26 Abs. 3 WpHG nF** zu berücksichtigen.[583] Der Emittent ist von der Pflicht zur Veröffentlichung so lange befreit, wie es der Schutz seiner berechtigten Interessen erfordert, keine Irreführung der Öffentlichkeit zu befürchten ist und er die Vertraulichkeit der Insiderinformation gewährleisten kann (→ Rn. 149).[584] Die Veröffentlichung ist alsdann unverzüglich nachzuholen, sobald diese Tatbestandsmerkmale entfallen.

dd) Arbeitsrechtliche Mitteilungspflichten. Erlangt der Erwerber die Kontrolle über die Tar- 215
get-AG, hat deren Vorstand den **Wirtschaftsausschuss** über die Übernahme des Unternehmens nach § 106 Abs. 2 und Abs. 3 Nr. 9a BetrVG zu informieren. Bei dem Bestehen mehrerer Wirtschaftsausschüsse innerhalb eines Konzerns ist der Wirtschaftsausschuss der Konzernobergesellschaft zu informieren.[585] Die Information hat nach § 109a BetrVG gegenüber dem **Betriebsrat** zu erfolgen, sofern kein Wirtschaftsausschuss besteht.

e) Gesamtvorstand und Zustimmung des Aufsichtsrats. Auf Seiten der **Veräußerer- und** 216
Erwerber-AG fällt die Entscheidung über die **Durchführung eines Unternehmenskaufs** regelmäßig in die **Zuständigkeit des Gesamtvorstands.** Lediglich bei sehr großen Unternehmen, bei denen Unternehmenskäufe zum täglichen Geschäftsablauf gehören, und bei sehr kleinen Unternehmen als Erwerbsgegenständen ist es denkbar, dass der Unternehmenskauf in das Ressort eines einzelnen Vorstandsmitglieds fällt. Ob eine Zustimmung des Aufsichtsrats erforderlich ist, hängt davon ab, ob der Unternehmens- oder Beteiligungskauf in den Katalog der zustimmungspflichtigen Geschäfte nach § 111 Abs. 4 S. 2 fällt. Hier ist zu beachten, dass der Aufsichtsrat jederzeit einen Unternehmenskauf in seine Zustimmungskompetenz aufnehmen kann.

Bei der **Target-AG** sind interne Entscheidungsprozesse bei der **Durchführung einer Due** 217
Diligence relevant. Die Entscheidung über die Zulassung der Due Diligence geht grundsätzlich über die Ressortkompetenz eines einzelnen Vorstandsmitglieds hinaus. Es ist ein Beschluss des **Gesamtvorstands** notwendig.[586] Dieser sollte schriftlich dokumentiert werden. Regelmäßig gehört die Frage, ob eine Due Diligence zu gestatten ist, nicht zum typischen Zustimmungskatalog, der in Satzungen und Geschäftsordnungen zu finden ist. Der **Aufsichtsrat** kann jedoch jederzeit die Zulassung einer Due Diligence für zustimmungspflichtig erklären. Wenn teilweise empfohlen wird, den Aufsichtsrat auch dann damit zu befassen, wenn die Zulassung einer Due Diligence kein zustimmungspflichtiges Geschäft ist,[587] so mag dies eine taktische Relevanz zur Absicherung des Vorstands haben. Andererseits läuft der Vorstand Gefahr, dass ihn der Aufsichtsrat als nicht entscheidungskräftig ansieht.

f) Zustimmung der Hauptversammlung. aa) Freiwillige Einholung der Zustimmung 218
(§ 119 Abs. 2). Der Vorstand kann die Zustimmung der Hauptversammlung für einen Unternehmenserwerb oder eine Unternehmensveräußerung nach § 119 Abs. 2 einholen. Einen Spezialfall der Anrufung der Hauptversammlung stellt § 111 Abs. 4 S. 3 dar (→ § 119 Rn. 12). Der Hauptversammlung steht es in diesem Falle frei, über den Beschlussvorschlag des Vorstands zu befinden

---

[583] BaFin Emittentenleitfaden, 2009, IV.2.2.7.

[584] OLG Stuttgart NZG 2009, 624 (630 ff.) – DaimlerChrysler/Schrempp Rücktritt; Assmann/Schneider/*Assmann* WpHG § 15 Rn. 133; *W. Hölters/T. Hölters* in Hölters HdB Unternehmenskauf Rn. 10.266.

[585] *Vogt/Bedkowski* NZG 2008, 725 (727).

[586] *Hennrichs* ZGR 2006, 568 (574); *W. Hölters/T. Hölters* in Hölters HdB Unternehmenskauf Rn. 10.38.

[587] *Holzapfel/Pöllath* Unternehmenskauf in Recht und Praxis Rn. 52; *Rödder/Hötzel/Mueller-Thuns/Mueller-Thuns* § 3 Rn. 75; Semler/Volhard/*Thiel* ArbeitsHdB Unternehmensübernahmen § 54 Rn. 42.

(→ § 119 Rn. 15). Falls die Hauptversammlung einen Beschluss fasst, ist dieser für den Vorstand bindend. In der Praxis wird es bei einer Unternehmenstransaktion kaum vorkommen, dass der Vorstand die Hauptversammlung anruft, wenn nicht die Voraussetzungen einer ungeschriebenen Hauptversammlungszuständigkeit vorliegen. Der Vorstand würde damit in Gefahr geraten, als entscheidungsschwach zu gelten. Zudem erschweren die Einhaltung der gesetzlichen Formalien der Einberufung und die mit der Einberufung verbundene Publizitätswirkung die Transaktion.

219 **bb) Gesetzliche Zustimmungserfordernisse.** Im Rahmen einer Unternehmenstransaktion kann die Zustimmung der Hauptversammlung gesetzlich erforderlich sein. Das gilt zum einen für die Übertragung von **vinkulierten Namensaktien** nach § 68 Abs. 2. In diesem Falle ist die Zustimmung der Hauptversammlung der Target-AG erforderlich, wenn diese nach ihrer Satzung für die Erteilung der Zustimmung zuständig ist.[588] Ein weiteres Zustimmungserfordernis besteht nach § 179 Abs. 1 S. 1, wenn durch die Transaktion eine dauerhafte **Änderung des Unternehmensgegenstandes** der Aktiengesellschaft bewirkt wird (→ § 179 Rn. 20).[589] Für die Erwerber-AG ist dies der Fall, wenn der Geschäftsbereich des zu erwerbenden Unternehmens vom Unternehmensgegenstand der Erwerber-AG nicht umfasst ist.[590] Bei der Veräußerer-AG kann nach der beabsichtigten Veräußerung einer Tochtergesellschaft der Unternehmensgegenstand unterschritten sein.[591] Schließlich besteht ein Zustimmungserfordernis bei der Veräußerer-AG nach § 179a, wenn die Gesellschaft sich verpflichtet, im Wege der Einzelrechtsübertragung das **gesamte Gesellschaftsvermögen** zu übertragen (im Einzelnen → § 179a Rn. 4 ff.). Letztlich können sich Zustimmungserfordernisse durch die Hauptversammlung aus dem UmWG ergeben, wenn mit der Unternehmenstransaktion eine **Verschmelzung im Sinne des UmWG** verbunden ist (→ § 119 Rn. 8).

220 **cc) Ungeschriebene Hauptversammlungszuständigkeit.** Eine ungeschriebene Zuständigkeit der Hauptversammlung kann bei Unternehmenstransaktionen nach den Grundsätzen der sog. **Holzmüller**-Entscheidung des BGH,[592] die durch die **Gelatine**-Urteile[593] konkretisiert worden ist, in Betracht kommen (→ § 76 Rn. 40 ff.; → § 119 Rn. 16 ff.). In den Gelatine-Urteilen hat der BGH eine ungeschriebene Mitwirkungsbefugnis der Hauptversammlung festgeschrieben, die nicht auf eine analoge Anwendung von § 119 Abs. 2 gestützt, sondern als Ergebnis einer offenen Rechtsfortbildung angesehen wird (→ § 76 Rn. 42; → § 119 Rn. 20).[594] Der BGH legt zwei Komponenten für die Zustimmungsbedürftigkeit fest. Zum einen muss die Maßnahme in ihrer Bedeutung für die jeweilige Gesellschaft „die Ausmaße der Ausgliederung in dem (...)“ Holzmüller„-Fall“ erreichen.[595] Des Weiteren müssen bei dieser Maßnahme bestimmte Wertgrenzen erreicht sein, die der BGH im Holzmüller-Fall mit 80% der Aktiva der übertragenden Gesellschaft hat ausreichen lassen. Kerngesichtspunkt des BGH ist ein Mediatisierungseffekt. Der Einfluss der Aktionäre hinsichtlich des von den Maßnahmen betroffenen Gesellschaftsvermögens muss verringert werden und dieses damit ihrem Einflussbereich entzogen sein.

221 Der **Erwerb** von Unternehmen oder Beteiligungen begründet nach diesen Grundsätzen keine Zustimmungskompetenz der Hauptversammlung.[596] Die gegenteilige Auffassung[597] ist abzulehnen. Der von dieser Auffassung herangezogene Vergleich mit den Fällen der Ausgliederung ist für die Position der Erwerber-AG verfehlt. Es tritt kein vergleichbarer Mediatisierungseffekt ein, da anders als bei einer Ausgliederung beim Beteiligungserwerb keine bereits bestehende unternehmerische Substanz dem Einfluss der Aktionäre entzogen wird.

222 Ob bei der Veräußerer-AG eine **Unternehmensveräußerung** bei Erreichen der vom BGH festgelegten Schwellenwerte der Zustimmung der Hauptversammlung bedarf, ist ebenso heftig umstritten wie die Zustimmungsbedürftigkeit auf Seiten der Erwerber-AG. Von den Befürwortern

---

588 *W. Hölters/T. Hölters* in Hölters HdB Unternehmenskauf Rn. 10.108.

589 *W. Hölters/T. Hölters* in Hölters HdB Unternehmenskauf Rn. 10.113 ff.

590 Vgl. *W. Hölters/T. Hölters* in Hölters HdB Unternehmenskauf Rn. 10.117.

591 OLG Köln ZIP 2009, 1469 (1470 f.) – Strabag; OLG Stuttgart NZG 2003, 778 (783 f.) für Veräußerung eines Betriebsteils einer KGaA; *W. Hölters/T. Hölters* in Hölters HdB Unternehmenskauf Rn. 10.118.

592 BGHZ 83, 122 (131) = NJW 1982, 1703 – Holzmüller.

593 BGHZ 159, 30 (42 f.) = NJW 2004, 1860 – Gelatine I.

594 BGHZ 159, 30 (42 f.) = NJW 2004, 1860 – Gelatine I.

595 BGHZ 159, 30 (45) = NJW 2004, 1860 – Gelatine I.

596 OLG Frankfurt DB 2010, 2788 (2790); AG 2008, 862 (863 f.); LG Heidelberg AG 1999, 135 (137); *Arnold* ZIP 2005, 1573 (1577); *Bungert* BB 2004, 1345 (1350); *W. Hölters/T. Hölters* in Hölters HdB Unternehmenskauf Rn. 10.163 ff.; MüKoAktG/*Kubis* § 119 Rn. 71; MHdB AG/*Krieger* § 70 Rn. 10.

597 Zuletzt LG Frankfurt ZIP 2010, 429 (431 ff.) – Commerzbank/Dresdner Bank; LG Stuttgart AG 1992, 236 (237 f.); *Goette* AG 2006, 522 (527); *Hofmeister* NZG 2008, 47 (51); *Kiesewetter/Spengler* Der Konzern 2009, 451 (455); *Liebscher* ZGR 2005, 1 (23 f.); *Lorenz/Pospiech* DB 2010, 1925 (1928 ff.); *Wilsing/Goslar* EWiR 2010, 201 (202); Spindler/Stilz/*Hoffmann* § 119 Rn. 30e; Schmidt/Lutter/*Spindler* § 119 Rn. 33.

der Zustimmungspflicht[598] wird teilweise argumentiert, wenn die Ausgliederung eines wesentlichen Unternehmensteils auf eine 100-prozentige Tochtergesellschaft zustimmungspflichtig sei, so sei der Mediatisierungseffekt bei einer Veräußerung eines solchen Unternehmensteils an einen Dritten noch wesentlich größer. Auch bei einem Share Deal sei die Zustimmung bei Erreichen der Schwellenwerte erforderlich.[599] Bei Erreichen der Schwellenwerte handele es sich um eine wesentliche Strukturmaßnahme, die den Kernbereich der Tätigkeit einer Gesellschaft betrifft. Von der Gegenmeinung[600] wird angeführt, bei einer Beteiligungsveräußerung liege kein Mediatisierungseffekt vor, da das Gesellschaftsvermögen als Kaufpreis wiederum an die Aktiengesellschaft zurückfließe.[601] Dieser Auffassung ist zuzustimmen. Sie dürfte auch der vom BGH in der Gelatine-Entscheidung vorgegebenen Tendenz entsprechen.[602] Der BGH betont ausdrücklich die Ferne der Hauptversammlung zu Geschäftsführungsmaßnahmen. „In einer global vernetzten Wirtschaftsordnung, in der es darauf ankommt, sich bietende Chancen umgehend zu nutzen oder aufkommenden Gefahren sogleich zu begegnen, wäre eine zu enge Bindung an jeweils einzuholende Entschließungen der nicht ständig präsenten, sondern regelmäßig nur mit erheblichem Aufwand an Zeit und Kosten einzuberufenen Hauptversammlung gänzlich unpraktikabel und hätte eine Lähmung der Gesellschaft zur Folge."[603] Diese zutreffende praktische Sicht des BGH gilt in besonderer Weise für Unternehmenstransaktionen. Die Rückbesinnung auf den der Holzmüller-Entscheidung zugrundeliegenden Ausgangsfall zeigt, dass entscheidend die Nähe zu einer Satzungsänderung ist, für die eine Zuständigkeit der Hauptversammlung besteht. In dem Holzmüller-Fall wurde aus einer aktiv gewerblich tätigen Gesellschaft eine Holding-Gesellschaft.

Die **Schwellenwerte** haben eine Bedeutung, wenn man entgegen der hier vertretenen Auffassung 223
bei Unternehmenstransaktionen unter bestimmten Voraussetzungen eine ungeschriebene Hauptversammlungszuständigkeit als gegeben ansieht. Für sie haben die Gelatine-Urteile des BGH zu einer größeren Klarheit geführt, ohne dass damit endgültige Rechtssicherheit für die Praxis herbeigeführt wurde. Eine Zuständigkeit wird vom BGH dann angenommen, „wenn der Bereich, auf den sich die Maßnahme erstreckt, in seiner Bedeutung für die Gesellschaft die Ausmaße der Ausgliederung in dem vom Senat entschiedenen Holzmüller-Fall erreicht".[604] Es müssen also im Regelfall etwa 80% des Gesellschaftsvermögens von der Geschäftsführungsmaßnahme betroffen sein. Keinesfalls reichen weniger als 50% aus. Falls eine Zuständigkeit der Hauptversammlung gegeben ist, ist eine Mehrheit von 75% erforderlich.[605]

dd) Zeitliche Strukturierung. Wird die Zustimmung der Hauptversammlung entgegen der 224
hier vertretenen Auffassung aufgrund einer ungeschriebenen Hauptversammlungszuständigkeit für notwendig gehalten oder nach § 119 Abs. 2 vom Vorstand gewünscht, gibt es verschiedene Möglichkeiten der zeitlichen Gestaltung.[606] Zum einen kann der Vorstand der Hauptversammlung **vor Unterzeichnung des Unternehmenskaufvertrages** einen Vertragsentwurf oder ein hinreichend konkretisiertes Konzept vorlegen.[607] Weiter ist eine **nachträgliche Genehmigung** durch die Hauptversammlung möglich. Hierbei geht der Vorstand allerdings das Risiko ein, dass diese nachträgliche Genehmigung versagt wird. In der Praxis ist folgende dritte Möglichkeit vorzuziehen: Der Hauptversammlung wird der bereits abgeschlossene Unternehmenskaufvertrag vorgelegt, der als eine

---

598 S. ua OLG Stuttgart ZIP 2003, 1981 (1988) für KGaA; OLG Celle NZG 2001, 409 (410) – AlliedSignal Chemical/Riedel de Haen; LG Duisburg NZG 2002, 643 f.; LG Frankfurt AG 2001, 431 (433) – AGIV AG; *Götze* NZG 2004, 585 (588); *Lutter/Leinekugel* ZIP 1998, 225 (230); *Henze* FS Ulmer, 2003, 211 (230 f.); MüKoAktG/*Kubis* § 119 Rn. 68.

599 OLG München AG 1995, 232 (233) – EKATIT/Riedinger Verwaltungs-AG; LG Duisburg AG 2003, 390 – Babcock Borsig; LG Düsseldorf AG 1999, 94 – Walter Rau Neusser Öl und Fett AG; LG Frankfurt AG 1998, 45 (46) – Altana/Milupa; LG Stuttgart AG 1992, 236 (237) – ASS; *Lutter* FS Stimpel, 1985, 825 (851); MüKoAktG/*Bayer* § 202 Rn. 56; MüKoAktG/*Kubis* § 119 Rn. 66.

600 OLG Köln AG 2009, 416 (418); *Arnold* ZIP 2005, 1573 (1576 f.); *v. Falkenhausen* ZIP 2009, 24 (25 f.); *Feldhaus* BB 2009, 562 (567); *Goette* AG 2006, 522 (527); *Habersack* AG 2005, 137; *Hofmeister* ZGR 2008, 47 (49); *Reichert* AG 2005, 150 (155); MHdB AG/*Bungert* § 35 Rn. 58; *W. Hölters/T. Hölters* in Hölters HdB Unternehmenskauf Rn. 10.134 ff.; *Holzapfel/Pöllath* Unternehmenskauf in Recht und Praxis Rn. 179; krit. *Kiesewetter/Spengler* Der Konzern 2009, 451 (454); wohl auch BGH NZG 2007, 234; OLG Stuttgart AG 2005, 693 (69).

601 *Gross* AG 1994, 266 (271); *Joost* ZHR 163 (1999), 164 (185); Emmerich/Habersack/*Habersack* Vor § 311 Rn. 43; KK-AktG/*Koppensteiner* Vor § 291 Rn. 41; BeckHdB AG/*Reichert* § 5 Rn. 36.

602 BGHZ 159, 30 (42 ff.) = NJW 2004, 1860 – Gelatine I.

603 BGHZ 159, 30 (44) = NJW 2004, 1860 – Gelatine I.

604 BGHZ 159, 30 (45) = NJW 2004, 1860 – Gelatine I; BGH NZG 2004, 575 (579) – Gelatine II.

605 BGHZ 159, 30 (45) = NJW 2004, 1860 – Gelatine I.

606 Vgl. *W. Hölters/T. Hölters* in Hölters HdB Unternehmenskauf Rn. 10.177.

607 *W. Hölters/T. Hölters* in Hölters HdB Unternehmenskauf Rn. 10.177 ff.; *Heckschen/Simon/Heckschen*, Umwandlungsrecht, 2003, § 4 Rn. 122.

der **aufschiebenden Bedingungen** die Zustimmung der Hauptversammlung enthält.[608] Dies hat den Vorteil, dass die Unternehmenskaufverhandlungen mit der notwendigen Diskretion durchgeführt werden können. Eine vor Abschluss des Vertrages einberufene Hauptversammlung wird im Normalfall Erfolg versprechende Verhandlungen unmöglich machen. Allerdings wird sich der Vertragspartner auf eine solche Verfahrensweise nur einlassen, wenn ihm die Zustimmung der Hauptversammlung vom Vorstand der Veräußerer-AG als hinreichend wahrscheinlich dargestellt wird.

225 **8. Vorstandspflichten bei öffentlichen Übernahmen.** Bei öffentlichen Übernahmen sind die sich aus dem **WpÜG** ergebenden besonderen Vorstandspflichten zu beachten (→ § 76 Rn. 55). Dies ist zunächst der allgemeine Grundsatz, wonach der Vorstand der Zielgesellschaft im Interesse dieser Gesellschaft handeln muss (§ 3 WpÜG). Des Weiteren sind besondere Vorstandspflichten in den §§ 27, 33 ff. WpÜG geregelt.[609]

E. Haftung der Vorstandsmitglieder (Abs. 2 S. 1)

I. Überblick

226 In § 93 Abs. 2 S. 1 ist die Organhaftung von Vorstandsmitgliedern gesetzlich geregelt.[610] Eine Schadensersatzpflicht tritt bei Vorliegen folgender Voraussetzungen ein: (1) Es muss sich um ein Vorstandsmitglied im Sinne dieser Vorschrift handeln. (2) Dieses Vorstandsmitglied muss im Haftungszeitraum eine schuldhafte Pflichtverletzung begangen haben. (3) Kausal verursacht durch die Pflichtverletzung ist der Gesellschaft ein Schaden entstanden. Für die Frage, ob eine Pflichtverletzung vorliegt, trifft die Vorstandsmitglieder die Beweislast nach § 93 Abs. 2 S. 2. Innerhalb eines Konzerns greift der Haftungstatbestand nach § 93 Abs. 1 S. 1 nur, soweit nicht konzernrechtliche Sonderregelungen greifen (→ Rn. 9, 174).

II. Normadressaten

227 **1. Vorstandsmitglieder.** Nach § 93 Abs. 2 S. 1 haften alle amtierenden Vorstandsmitglieder, auch gerichtlich bestellte, stellvertretende und nach § 105 Abs. 2 S. 1 kommissarisch eingesetzte Vorstandsmitglieder.[611] Weiterhin zählt der Arbeitsdirektor als Mitglied des Vorstands bei mitbestimmten Unternehmen nach § 33 Abs. 1 S. 1 MitbestG, § 13 Abs. 1 MontanMitbestG und § 13 MontanMitbestErgG dazu. Im Falle der Abwicklung eines Unternehmens unterfällt der Abwickler der Haftung aus § 93 Abs. 2 S. 1.

228 **2. Fehlerhaft bestelltes Vorstandsmitglied.** Wird das Organverhältnis wegen eines fehlerhaften Bestellungsakts nicht wirksam begründet, ist der Bestellungsakt für den Zeitraum der Betätigung des fehlerhaft bestellten Vorstandsmitglieds als wirksam zu behandeln (→ § 84 Rn. 30).[612] Bei Pflichtverletzungen greift die Haftung aus § 93 Abs. 2 S. 1.

229 **3. Faktische Organschaft.** Von der fehlerhaften Bestellung eines Vorstandsmitglieds ist die faktische Organschaft zu unterscheiden. Sie liegt vor, wenn eine Vorstandstätigkeit aufgenommen wird, ohne dass überhaupt ein förmlicher Bestellungsakt vorliegt. Auch in diesem Falle ist ein Handeln als Vorstandsmitglied anzunehmen.[613] Bei Vorliegen der weiteren Voraussetzungen haftet ein faktisches Vorstandsmitglied mithin für Pflichtverletzungen nach § 93 Abs. 2 S. 1. Anderenfalls ergäbe sich eine Haftungslücke, wenn eine Person zwar wie ein Vorstandsmitglied handelt, aber nicht als Verantwortlicher zur Haftung für sein Handeln herangezogen werden könnte.[614] Voraussetzung für eine faktische

[608] *W. Hölters/T. Hölters* in Hölters HdB Unternehmenskauf Rn. 10.180; MüKoAktG/*Kubis* § 119 Rn. 49.

[609] S. Kommentierungen zu § 27 WpÜG und §§ 33 ff. WpÜG, ua *Baums/Thoma* WpÜG; *Assmann/Pötzsch/U.H. Schneider* WpÜG; *Geibel/Süßmann* WpÜG.

[610] GroßkommAktG/*Hopt/Roth* Rn. 43; Hüffer/*Koch* Rn. 36; MüKoAktG/*Spindler* Rn. 10; aA *Baums,* Der Geschäftsleitervertrag, 1987, 211 ff.; wohl auch BGHZ 41, 282 (287) = NJW 1964, 1367 noch zu § 84 AktG 1937.

[611] Spindler/Stilz/*Fleischer* Rn. 177; GroßkommAktG/*Hopt/Roth* Rn. 28; KK-AktG/*Mertens/Cahn* Rn. 39.

[612] BGHZ 41, 282 (286) = NJW 1964, 1367 bei fehlerhaftem Anstellungsvertrag; OLG München ZIP 1998, 23 (24); Hüffer/*Koch* Rn. 37 mwN.

[613] BGHZ 104, 44 (46 ff.) = NJW 1988, 1789 für Insolvenzantragspflicht des faktischen Geschäftsführers einer GmbH; BGHZ 75, 96 (106) = NJW 1979, 1823 für Insolvenzantragspflicht des faktischen Organs einer KGaA; Spindler/Stilz/*Fleischer* Rn. 182 f.; GroßkommAktG/*Hopt/Roth* Rn. 362 f.; Schmidt/Lutter/*Krieger/Sailer-Coceani* Rn. 2; MüKoAktG/*Spindler* Rn. 18; aA Hüffer/*Koch* Rn. 38; KK-AktG/*Mertens/Cahn* Rn. 43; offen gelassen durch BGHZ 150, 61 (69) = NJW 2002, 1803 für GmbH-Geschäftsführer.

[614] BGHZ 104, 44 (48) = NJW 1988, 1789 für Insolvenzantragspflicht des faktischen Geschäftsführers einer GmbH.

Organschaft ist, dass die betreffende Person tatsächlich nach innen und auch nach außen wie ein Vorstandsmitglied auftritt und handelt.[615] Der Aufsichtsrat muss Kenntnis von dem Handeln wie ein Organmitglied haben und dieses billigen.[616] Das Gewährenlassen des Tätigwerdens eines nicht bestellten Vorstandsmitglieds ist als Billigung des Aufsichtsrats anzusehen. Eine faktische Organschaft wird nicht dadurch ausgeschlossen, dass neben dem nicht bestellten Vorstandsmitglied ordnungsgemäß bestellte Vorstandsmitglieder Geschäftsführungsaufgaben wahrnehmen.[617] Entscheidend ist aber, dass die nicht ordnungsgemäß bestellte Person maßgeblichen Einfluss auf die Geschäftsführung ausübt.[618] Eine juristische Person kann kein faktisches Vorstandsmitglied sein, da eine Vorstandstätigkeit nur von einer natürlichen, unbeschränkt geschäftsfähigen Person ausgeübt werden kann.[619]

4. Vorstand kraft Rechtsschein. Das Erlangen einer Vorstandsmitgliedschaft kraft Rechtsscheins 230
ist abzulehnen. Personen, die weder wirksam bestellt worden sind noch wie ein Vorstandsmitglied mit Billigung des Aufsichtsrats tätig werden, jedoch nach außen einen Rechtsschein gesetzt haben, Vorstandsmitglied zu sein, haften nicht nach § 93 Abs. 2 S. 1.[620]

5. Einmann-Gesellschafter. Auch ein Vorstand, der alleiniger Aktionär ist (Einmann-Gesell- 231
schaft) unterfällt dem Haftungstatbestand des § 93 Abs. 2 S. 1.[621] Dem Vorstand bleibt aber die Möglichkeit, einen Hauptversammlungsbeschluss nach § 119 Abs. 2 herbeizuführen, um sich auf diese Weise von einer möglichen Ersatzpflicht nach § 93 Abs. 4 S. 1 zu befreien.[622] Praktische Bedeutung hat die Thematik lediglich für die Fälle, in denen der Ersatzanspruch der Gesellschaft auch von den Gläubigern der Gesellschaft nach § 93 Abs. 5 S. 1 geltend gemacht werden kann, sowie im Insolvenzfalle.

6. Beginn und Ende der Vorstandshaftung. Die Vorstandstätigkeit und damit auch die Vor- 232
standshaftung beginnt grundsätzlich mit dem Wirksamwerden der Bestellung und endet mit Beendigung der Amtszeit.[623] Auf eine Eintragung des Vorstandsmitglieds im Handelsregister kommt es nicht an, da diese rein deklaratorische Wirkung hat. Für die Haftung ist unerheblich, ob dem Amtsverhältnis ein wirksamer Anstellungsvertrag zugrunde liegt, da die Haftung aus § 93 Abs. 2 S. 1 an die Organstellung anknüpft. Beginnt der Vorstand mit Billigung des Aufsichtsrats schon vor wirksamer Bestellung seine Tätigkeit als sog. faktisches Organmitglied, so beginnt die Haftung mit Aufnahme der Tätigkeit (→ Rn. 229). Für die Frage der Billigung durch den Aufsichtsrat ist das Wissen eines Aufsichtsratsmitglieds zur Begründung des Wissens des Gesamtaufsichtsrats ausreichend.[624]

Bleibt ein Vorstandsmitglied **nach Beendigung der Amtszeit** mit Billigung des Aufsichtsrats 233
weiter für die Gesellschaft tätig, so haftet es für Pflichtverletzungen über das Ende der Amtszeit hinaus.[625] Das Vorstandsmitglied haftet über die Amtszeit hinaus auch ohne weiteres Tätigwerden für die Verletzung der ihm obliegenden nachwirkenden Treue- und Verschwiegenheitspflicht. Die Niederlegung des Amtes mit sofortiger Wirkung ohne wichtigen Grund stellt eine eigene Pflichtverletzung dar (→ § 76 Rn. 86 f. mwN).[626]

---

[615] BGH NZG 2005, 755; BGHZ 150, 61 (69) = NJW 2002, 1803; BGHZ 104, 44 (48) = NJW 1988, 1789, jeweils für Insolvenzantragspflicht des faktischen Geschäftsführers einer GmbH; BGHSt 6, 314 (315) für Veruntreuung durch einen faktischen Geschäftsführer einer GmbH; BGHSt 3, 32 (37) für Begehung Insolvenzstraftat durch faktischen Geschäftsführers einer GmbH; OLG München ZInsO 2010, 1891 (1894); MüKoAktG/*Spindler* Rn. 19; krit. Spindler/Stilz/*Fleischer* Rn. 189 ff.

[616] BGHSt 21, 101 (103) = NJW 1966, 2225 für Insolvenzstraftat; MüKoAktG/*Spindler* Rn. 18.

[617] BGH NZG 2005, 755; BGHZ 104, 44 (48) = NJW 1988, 1789 für Insolvenzantragspflicht des faktischen Geschäftsführers einer GmbH; OLG München ZInsO 2010, 1891 (1894).

[618] BGHSt 46, 62 (65) = NJW 2000, 2285 für GmbH-Geschäftsführer; BGHZ 104, 44 (48) = NJW 1988, 1789 für Insolvenzantragspflicht des faktischen Geschäftsführers einer GmbH; BGHSt 31, 118 (122) = NJW 1983, 240; BGHSt 3, 32 (37), jeweils für Insolvenzstraftat durch faktischen Geschäftsführers einer GmbH.

[619] BGHZ 150, 61 (68) = NJW 2002, 1803 für faktischen Geschäftsführer einer GmbH; MüKoAktG/*Spindler* Rn. 20.

[620] Spindler/Stilz/*Fleischer* Rn. 199.

[621] *Horn* ZIP 1987, 1225 (1229); GroßkommAktG/*Hopt/Roth* Rn. 366; KK-AktG/*Mertens/Cahn* Rn. 54.

[622] GroßkommAktG/*Hopt/Roth* Rn. 367.

[623] BGH NJW 1994, 2027 f. für GmbH-Geschäftsführer; Hüffer/*Koch* Rn. 37; MüKoAktG/*Mertens/Cahn* Rn. 11; aA GroßkommAktG/*Hopt/Roth* Rn. 350 ff.

[624] BGHZ 41, 282 (287) = NJW 1964, 1367: bei fehlerhaftem Anstellungsvertrag.

[625] BGHZ 47, 341 (343) = NJW 1967, 1711; GroßkommAktG/*Hopt/Roth* Rn. 352 f.; Spindler/Stilz/*Fleischer* Rn. 179; KK-AktG/*Mertens/Cahn* Rn. 41; MüKoAktG/*Spindler* Rn. 14; MHdB AG/*Wiesner* § 26 Rn. 7.

[626] OLG Koblenz NJW-RR 1995, 556 f. für GmbH-Geschäftsführer; Spindler/Stilz/*Fleischer* Rn. 179; GroßkommAktG/*Hopt/Roth* Rn. 352.

234 Die Haftung aus § 93 Abs. 2 S. 1 besteht bereits im **Gründungsstadium** der Gesellschaft, soweit die spezielle Haftungsnorm des § 48 nicht greift.[627] Während und nach der **Auflösung** der Gesellschaft haften die verbliebenen Vorstandsmitglieder als Abwickler gegenüber der Gesellschaft.

III. Gesamtverantwortung und Eigenverantwortlichkeit

235 **1. Spannungsfeld zwischen Gesamtverantwortung und Eigenverantwortlichkeit.** Vorstandsmitglieder haften für die von ihnen begangenen Pflichtverletzungen individuell. Es gibt keine Haftung des Vorstands als Gesamtheit. Es ist also stets zu untersuchen, ob ein einzelnes Vorstandsmitglied eine Pflichtverletzung begangen hat. Dabei kann grundsätzlich unterschieden werden zwischen Pflichtverletzungen, die ein Vorstandsmitglied bei einem Handeln innerhalb des ihm zugewiesenen Ressorts begangen hat, und Pflichtverletzungen einzelner Vorstandsmitglieder, die durch einen oder aufgrund eines Vorstandsbeschlusses begangen wurden.

236 Bei Pflichtverletzungen, die ein Vorstandsmitglied bei Handlungen **innerhalb** des ihm zugewiesenen **Ressorts** begangen hat, haftet primär dieses Vorstandsmitglied. Gleichwohl können sich die übrigen Vorstandsmitglieder ihrer Verantwortung nicht durch Delegation und Geschäftsverteilung entziehen.[628] Eine **Pflicht zur Überwachung** (→ Rn. 84 ff.) der innerhalb des Vorstands ordnungsgemäß delegierten Aufgaben bleibt bestehen.[629] Wie weit diese Überwachungspflicht geht, ist einzelfallabhängig.[630] In der Praxis dürfen an die Überwachungspflicht keine überzogenen Anforderungen gestellt werden, wenn es sich bei dem ressortzuständigen Vorstandsmitglied um eine erfahrene Person handelt und die übrigen Vorstandsmitglieder davon ausgehen können, dass der Vorstand seine Aufgaben ordnungsgemäß erfüllt. Hier verbietet sich sogar eine andauernde Einmischung in fremde Aufgabenbereiche.[631] Wenn greifbare Anhaltspunkte dafür vorhanden sind, dass das dem Ressort vorstehende Vorstandsmitglied seinen Pflichten nicht nachkommt, sind die übrigen Vorstandsmitglieder zum Einschreiten verpflichtet.[632] Der Vorsitzende des Vorstands hat keine gesteigerte Überwachungspflicht im Verhältnis zu anderen Vorstandsmitgliedern.[633] Eine gegenüber den anderen Vorstandsmitgliedern erhöhte Überwachungspflicht besteht nur dann, wenn sie ihm durch Satzung oder Geschäftsverteilung zugewiesen ist.[634] Eine solche besteht ebenfalls nicht für Vorstandsmitglieder, deren Ressorts eine besondere Sachnähe zu dem Ressort des Vorstandsmitglieds aufweisen, dessen Pflichtverletzung infrage steht.[635] Dabei fällt die Klassifizierung bereits schwer, welche Anforderungen ein Ressort erfüllen muss, damit es als sog. sachnahes Ressort eingestuft werden kann.

237 **2. Haftung für Pflichtverletzungen im eigenen Ressort. a) Haftung für eigenes Handeln innerhalb der Ressortzuständigkeit.** Für innerhalb der eigenen Ressortzuständigkeit begangene Pflichtverletzungen haftet das jeweilige Vorstandsmitglied. Hat der Vorstand Pflichten an **Arbeitnehmer** oder **Dritte** delegiert, die er als Leitungsaufgaben nicht delegieren durfte, haftet das Vorstandsmitglied bei pflichtwidrigen Handlungen der Arbeitnehmer oder Dritten im Rahmen einer eigenen Pflichtverletzung.[636] Die Pflichtverletzung liegt in der pflichtwidrigen Delegation. Vertritt ein **Prokurist** in Gemeinschaft mit einem Vorstandsmitglied die Gesellschaft (unechte Gesamtvertretung), so handelt der Prokurist nur für die Gesellschaft und nicht für das Vorstandsmitglied.[637] Das Vorstandsmitglied haftet damit nicht nach § 278 BGB für Pflichtverletzungen des Prokuristen.

---

[627] KK-AktG/*Mertens/Cahn* Rn. 40.

[628] BGH NJW 2001, 969 (971); BGHZ 133, 370 = NJW 1997, 130; BGH NJW 1995, 2850 (2851); 1994, 2149 (2150); 1986, 54 (55), jeweils für GmbH-Geschäftsführer; MüKoAktG/*Spindler* Rn. 149 mwN.

[629] BGH NJW 2001, 969 (971); BGHZ 133, 370 = NJW 1997, 130; BGH NJW 1995, 2850 (2851); 1986, 54 (55), jeweils für GmbH-Geschäftsführer.

[630] GroßkommAktG/*Hopt/Roth* Rn. 376; Hüffer/*Koch* Rn. 42.

[631] OLG Hamm GmbHR 1992, 375 (377) für GmbH-Geschäftsführer; Spindler/Stilz/*Fleischer* Rn. 95; MüKoAktG/*Spindler* § 77 Rn. 98.

[632] BGH NJW 2001, 969 (971) für GmbH-Geschäftsführer; BGHZ 133, 370 (378 ff.) = NJW 1997, 130; OLG Hamburg AG 2001, 141 (144); OLG Köln AG 2001, 363 (364); 2000, 281 (284); OLG Koblenz NZG 1998, 953 (954).

[633] MüKoAktG/*Spindler* Rn. 162; Spindler/Stilz/*Fleischer* § 77 Rn. 56; aA *Bezzenberger* ZGR 1996, 661 (670 ff.); *Heimbach/Boll* VersR 2001, 801 (804 f.); *Hoffmann-Becking* ZGR 1998, 501 (517); *Krieger,* Personalentscheidungen des Aufsichtsrats, 1981, 244 ff.; GroßkommAktG/*Hopt/Roth* Rn. 377; MHdBAG/*Wiesner* § 24 Rn. 12.

[634] Ebenso MüKoAktG/*Spindler* Rn. 162.

[635] Ebenso Hüffer/*Koch* Rn. 42; aA VG Frankfurt WM 2004, 2157 (2161).

[636] HM, Spindler/Stilz/*Fleischer* Rn. 98; GroßkommAktG/*Hopt/Roth* Rn. 384; KK-AktG/*Mertens/Cahn* Rn. 48; MüKoAktG/*Spindler* Rn. 162; anders BGHZ 13, 61 (66) = NJW 1954, 1159: GmbH-Geschäftsführer haftet für Verschulden des zur Erfüllung eigener Pflichten Eingesetzten nach § 278 BGB.

[637] BGHZ 62, 166 (171 f.) = NJW 1974, 1194 für GmbH-Geschäftsführer; BGHZ 13, 61 (64) = NJW 1954, 1158 für GmbH-Geschäftsführer.

b) Pflichtverletzung durch Arbeitnehmer und Dritte. Vorstandsmitglieder haften nur für eigenes Verschulden. Sie haften nicht für Pflichtverletzungen von Arbeitnehmern oder Dritten, soweit sie diese ordnungsgemäß ausgewählt, eingewiesen und informiert haben sowie ihren Überwachungs- und Kontrollpflichten nachgekommen sind.[638] Eine Haftung der Vorstandsmitglieder für Pflichtverletzungen von Arbeitnehmern nach § 278 BGB scheidet aus, da Arbeitnehmer nicht in Erfüllung der Verpflichtungen des Vorstands, sondern im Rahmen eigener Verpflichtungen gegenüber der Gesellschaft handeln.[639] Es besteht auch keine Haftung der Vorstandsmitglieder nach § 831 Abs. 1 BGB, da Arbeitnehmer keine Verrichtungsgehilfen des Vorstands sondern der Gesellschaft sind.[640] Ebenso findet § 831 Abs. 2 BGB keine Anwendung auf Vorstandsmitglieder,[641] da ihnen die in § 831 Abs. 1 S. 1 BGB genannten Sorgfaltspflichten primär aufgrund ihrer Organstellung und nicht aufgrund des Dienstvertrages obliegen.[642] Daher haften sie bei Verletzung ihrer Pflichten nicht den Gläubigern gegenüber, sondern ausschließlich der Gesellschaft nach § 93 Abs. 2.[643] 238

3. Haftung im Zusammenhang mit Vorstandsbeschlüssen. Fasst der Vorstand einen pflichtwidrigen Beschluss und erwächst der Gesellschaft aus der Ausführung des Beschlusses ein Schaden, so haften grundsätzlich alle Vorstandsmitglieder, die bei der Beschlussfassung anwesend waren. Dies gilt auch für Vorstandsmitglieder, die gegen den Beschluss gestimmt haben oder sich der Stimme enthalten haben, soweit sie nicht alles Mögliche und Zumutbare getan haben, einen rechtmäßigen Beschluss zu erwirken.[644] Wird ein Vorstandsmitglied also bei der Fassung eines pflichtwidrigen Beschlusses überstimmt, so haftet es nicht für die pflichtwidrige Stimmabgabe der anderen Vorstandsmitglieder. Das Vorstandsmitglied trifft aber die Verpflichtung, vor Beschlussfassung Maßnahmen zu ergreifen, die geeignet sind, den **pflichtwidrigen Beschluss** zu **verhindern.**[645] Es muss Bedenken gegen den rechtswidrigen Beschluss vorbringen und Gegenvorschläge äußern. Dabei muss es den Versuch unternehmen, die anderen Mitglieder des Vorstands von der Rechtswidrigkeit des geplanten Beschlusses zu überzeugen. Gelingt dies nicht, sollte der betreffende Vorstand gegen den Beschluss stimmen. Eine Stimmenthaltung kann als Indiz herangezogen werden, dass er sich nicht mit allen Kräften gegen die Beschlussfassung gewehrt hat.[646] Zu Beweiszwecken sollte die abweichende Stimmabgabe sowie weitere Maßnahmen, wie eine Gegenvorstellung, im Protokoll der Vorstandssitzung dokumentiert werden.[647] Das überstimmte Vorstandsmitglied hat das Recht zu verlangen, seine abweichende Auffassung in das Protokoll aufzunehmen. Weigert sich das Protokoll führende Vorstandsmitglied oder auf Weisung des Vorstandsvorsitzenden der hinzugezogene Protokollführer, so sollte das überstimmte Vorstandsmitglied die Tatsache seiner abweichenden Stimmabgabe und deren Begründung nachträglich allen Mitgliedern des Vorstands schriftlich zur Kenntnis geben. 239

Ein Vorstandsmitglied ist weder berechtigt noch verpflichtet einer **Vorstandssitzung fernzubleiben,** auf der ein rechtswidriger Beschluss gefasst werden soll.[648] Dies gilt auch, wenn die Pflichtwidrigkeit des geplanten Beschlusses offensichtlich ist[649] und sogar dann, wenn das Vorstandsmitglied durch sein Fernbleiben eine Beschlussunfähigkeit des Vorstands herbeiführen könnte.[650] Dem Vorstandsmitglied obliegt stets die Verpflichtung zur konstruktiven Teilnahme an der Vorstandssitzung.[651] Es kann nicht die Gelegenheit ungenutzt lassen, den Versuch zu unternehmen, die übrigen Mitglieder des Vorstands zu überzeugen. Ein Vorstandsmitglied kann sich nicht darauf berufen, dass **seine Stimme** bei einer zustimmenden Stimmabgabe **als einzelne** gesehen den Beschluss nicht herbeigeführt hat. Es kann sich auch nicht darauf berufen, dass es auch ohne seine Stimmabgabe zu dem Beschluss gekommen wäre.[652] Der einzelne Vorstand kann sich auch nicht darauf berufen, dass der 240

[638] BGHZ 127, 336 (347) = NJW 1995, 326 für GmbH-Geschäftsführer.

[639] KK-AktG/*Mertens/Cahn* Rn. 48.

[640] BGHZ 125, 366 (375) = NJW 1994, 1801; BGHZ 109, 297 (304) = NJW 1990, 297 für GmbH-Geschäftsführer; KK-AktG/*Mertens/Cahn* Rn. 48.

[641] BGHZ 125, 366 (375) = NJW 1994, 1801; BGH NJW 1974, 1371 (1372) für GmbH-Geschäftsführer; KK-AktG/*Mertens/Cahn* Rn. 48; aA *Frank* BB 1975, 588 f.

[642] BGH NJW 1974, 1371 (1372) für GmbH-Geschäftsführer.

[643] BGHZ 125, 366 (375) = NJW 1994, 1801; BGH NJW 1974, 1371 (1372) für GmbH-Geschäftsführer.

[644] BGHSt 37, 106 (131 f.) = NJW 1990, 2560 – Lederspray, für GmbH-Geschäftsführer; Spindler/Stilz/*Fleischer* § 77 Rn. 31.

[645] MüKoAktG/*Spindler* Rn. 166.

[646] AA für den Aufsichtsrat einer GmbH LG Berlin ZIP 2004, 73 (76).

[647] BGHZ 135, 244 (248) = NJW 1997, 1926 – ARAG/Garmenbeck, für Aufsichtsratsmitglied.

[648] MüKoAktG/*Spindler* Rn. 166; anders wohl LG Düsseldorf NJW 2004, 3275 (3276) – Mannesmann.

[649] *Fleischer* BB 2004, 2645 (2648); abw. wohl *Tiedemann* ZIP 2004, 2056 (2057).

[650] Spindler/Stilz/*Fleischer* § 77 Rn. 30; anders wohl LG Düsseldorf NJW 2004, 3275 (3276) – Mannesmann.

[651] Spindler/Stilz/*Fleischer* § 77 Rn. 30.

[652] *Fleischer* BB 2004, 2645 (2647); aus strafrechtlicher Sicht BGHSt 37, 107 (129) = NJW 1990, 2560 – Lederspray, zustimmende GmbH-Geschäftsführer sind Mittäter; *Röckrath* NStZ 2003, 641 (645).

Vorstandsvorsitzende eine so dominierende Stellung einnehme, dass ein Votum gegen ihn praktisch unmöglich sei, wenn er nicht Gefahr laufen wolle, sein Amt durch Zusammenwirken des Vorstandsvorsitzenden mit dem Aufsichtsrat zu verlieren. Durch einen starken Vorstandsvorsitzenden wird die Verantwortung des einzelnen Vorstandsmitglieds nicht eingeschränkt.[653] Die Verhältnisse des US-amerikanischen Modells des CEO (Chief Executive Officer) sind auf das deutsche Aktienrecht nicht übertragbar. Nach dem US-amerikanischen CEO-Modell ist es möglich, dem CEO Weisungsbefugnisse gegenüber anderen Executives, die Mitglied des Boards sind, zu übertragen.[654]

241 Ist ein rechtswidriger Beschluss trotz der Bemühungen eines einzelnen Vorstandsmitglieds, diesen zu verhindern, getroffen worden, so trifft das Vorstandsmitglied die Pflicht, die **Ausführung des Beschlusses** zu **verhindern** (→ § 77 Rn. 10 ff.).[655] Nach rechtswidriger Beschlussfassung kommt die Beantragung eines neuen Beschlusses in Betracht.[656] Soweit dies nicht weiterführt, ist der **Aufsichtsrat** über die pflichtwidrige Beschlussfassung zu informieren.[657] Die Benachrichtigung des Aufsichtsratsvorsitzenden reicht nach § 90 Abs. 1 S. 3 aus. Das Mitglied des Vorstands, das gegen den seiner Einschätzung nach rechtswidrigen Beschluss vorgeht, läuft stets Gefahr, sich in seiner Beurteilung zu irren. Dies kann zu negativen Konsequenzen im Hinblick auf die Beibehaltung seines Amtes führen. Das betreffende Vorstandsmitglied ist deshalb berechtigt, **zur Berufsverschwiegenheit verpflichtete Dritte,** also insbesondere rechtliche Berater, zur Klärung der Frage der Rechtswidrigkeit des Beschlusses oder zur Beratung der weiteren Vorgehensweise heranzuziehen. Wenn der Vorstand alleinvertretungsberechtigt ist, was in der Praxis seltener der Fall sein wird, oder wenn zwei Vorstandsmitglieder die Rechtmäßigkeit eines Beschlusses überprüfen lassen wollen, können sie den Berater im Namen der Gesellschaft beauftragen. Ansonsten kann das Vorstandsmitglied den Berater nur im eigenen Namen beauftragen. Es kann sich ein Kostenerstattungsanspruch gegenüber der Gesellschaft aus der Fürsorgepflicht der Gesellschaft im Rahmen des Dienstvertrages ergeben.

242 Mit Ausnahme der Beauftragung von Beratern, die zur Berufsverschwiegenheit verpflichtet sind,[658] dürfen **Dritte** von dem überstimmten Vorstand nur zur Abwendung schwerer Schäden von der Gesellschaft oder von hochrangigen Rechtsgütern Dritter, also zB bei Produkthaftungsfällen und der Gefahr für Leib und Leben, benachrichtigt werden (ultima ratio).[659] Die Information darf erst nach fruchtloser Benachrichtigung des Aufsichtsrats erfolgen,[660] es sei denn, die hochrangige Gefahr für ein Rechtsgut Dritter ist so akut, dass zu einer solchen Benachrichtigung keine Zeit bleibt. Diese Grundsätze gelten grundsätzlich auch für die Benachrichtigung von Behörden (sog. whistle blowing). Die Information von **Behörden** und **sonstigen staatlichen Instanzen** ist nur in Ausnahmefällen zulässig, wenn damit von der Gesellschaft ein durch die Umsetzung des Beschlusses drohender Schaden abgewandt werden kann, der schwerer wiegt, als der durch das Öffentlichmachen des pflichtwidrigen Beschlusses zu erwartende Schaden, zB durch einen Ansehensverlust der Gesellschaft. Eine Verpflichtung zur Information von Behörden besteht nur, wenn der Beschluss zu einer strafbaren Handlung führte.[661] Dies gilt zum einen für die jedem Bürger obliegende Anzeigepflicht nach § 138 StGB bei schwerwiegenden Straftaten,[662] des Weiteren aber auch bei sonstigen Straftaten.[663] Dies folgt aus dem Legalitätsprinzip (→ Rn. 54 ff.). Bei drohenden schweren Gesundheitsschäden wird meist eine Straftat vorliegen. Unabhängig davon wird man eine Informationspflicht annehmen dürfen.[664] Für eine Informationspflicht der Behörden bei drohenden Vermögensschäden der Gesellschaft in existenzgefährdender Höhe besteht dagegen keine Rechtsgrundlage.[665] Eine darüber hinausgehende Pflicht zur Information besteht nicht.

---

653 Vgl. BGHSt 37, 106 (124) = NJW 1990, 2560 – Lederspray, für GmbH-Geschäftsführer.

654 MüKoAktG/*Spindler* Rn. 163.

655 OLG Hamm AG 1995, 512 (514).

656 MüKoAktG/*Spindler* Rn. 167.

657 GroßkommAktG/*Hopt/Roth* Rn. 370; MüKoAktG/*Spindler* Rn. 167.

658 BGH WM 1966, 968 (969) zur Beauftragung eines Wirtschaftsprüfers durch Vorstandsmitglieder eines VVaG schon vor Benachrichtigung des Aufsichtsrats.

659 MüKoAktG/*Spindler* Rn. 168.

660 BGH WM 1966, 968 (969) zur Information einer Aufsichtsbehörde durch Vorstandsmitglieder eines VVaG schon vor Benachrichtigung des Aufsichtsrats; MüKoAktG/*Spindler* Rn. 168.

661 GroßkommAktG/*Hopt/Roth* Rn. 372: „Abwehr krimineller Handlungen"; KK-AktG/*Mertens/Cahn* § 77 Rn. 50: „evidente kriminelle Fälle".

662 Spindler/Stilz/*Fleischer* § 77 Rn. 34; MüKoAktG/*Spindler* Rn. 168.

663 GroßkommAktG/*Hopt/Roth* Rn. 372: „Abwehr krimineller Handlungen"; KK-AktG/*Mertens/Cahn* § 77 Rn. 50: „evidente kriminelle Fälle"; aus strafrechtlicher Sicht *Ransiek* ZGR 1999, 613 (647) bei schweren Straftatbeständen; *v. Westphalen/Goll* Produkthaftungshandbuch Bd. 1 § 48 Rn. 30: „erhebliche Körperverletzungen oder Todesfolgen"; aA *Fleischer* BB 2004, 2645 (2650); MüKoAktG/*Spindler* Rn. 168.

664 *U.H. Schneider* FS 100 Jahre GmbHG, 1992, 473 (483); *Schmidt,* Die Umwelthaftung der Organmitglieder von Kapitalgesellschaften, 1996, 222.

665 MüKoAktG/*Spindler* Rn. 169; aA *Fleischer* BB 2004, 2645 (2650).

Ein Vorstandsmitglied ist nur verpflichtet, gegen einen rechtswidrigen Beschluss im **Klagewege** vorzugehen, wenn der Gesellschaft durch die ungehinderte Umsetzung des Beschlusses erhebliche Vermögensschäden drohen.[666] In diesem Falle kommt eine Feststellungsklage, die gegen die Gesellschaft als Beklagte zu erheben ist, in Betracht. Ein Feststellungsinteresse ergibt sich aus der Organstellung des Vorstandsmitglieds und der sich daraus ergebenden Verantwortung für die Rechtmäßigkeit der vom Vorstand gefassten Beschlüsse.[667] Im Einzelfall kann das überstimmte Vorstandsmitglied sein **Amt niederlegen,** um nicht Gefahr zu laufen, wegen pflichtwidrigen Verhaltens in Anspruch genommen zu werden.[668] Es besteht allerdings keine Verpflichtung zur Amtsniederlegung.[669] 243

Wenn ein Vorstandsmitglied der Vorstandssitzung, in der der pflichtwidrige Beschluss gefasst wird, ferngeblieben ist, entbindet dieses Verhalten das Vorstandsmitglied nicht von seiner Verantwortung (→ Rn. 240).[670] Ist es ihm zB wegen einer Erkrankung nicht möglich, an der Vorstandssitzung teilzunehmen, hat er den gefassten Beschluss zu überprüfen.[671] Wenn er dabei die Pflichtwidrigkeit des Beschlusses feststellt, hat er wie ein überstimmtes Vorstandsmitglied die Umsetzung des Beschlusses verhindernde Maßnahmen zu ergreifen. 244

IV. Gesamtschuldnerische Haftung

Haben mehrere Vorstandsmitglieder ihre Pflichten verletzt und durch ihre Pflichtverletzungen einen Schaden der Gesellschaft verursacht, haften sie als **Gesamtschuldner nach § 421 BGB.**[672] Im Verhältnis zur Gesellschaft wird keine Gewichtung nach der Art und Schwere ihres Mitverschuldensanteils vorgenommen.[673] Jedes Vorstandsmitglied ist der Gesellschaft gegenüber zum Ersatz des gesamten Schadens verpflichtet. Das unmittelbar pflichtwidrig handelnde Vorstandsmitglied schuldet Schadensersatz in gleicher Weise wie die Vorstandsmitglieder, die das pflichtwidrig handelnde Vorstandsmitglied nicht ausreichend überwacht haben.[674] Es ist aber stets festzustellen, ob und welche Vorstandsmitglieder einen Schaden pflichtwidrig verursacht haben.[675] Teilweise wird dem gegenüber geäußert, wenn nicht feststellbar sei, welches Vorstandsmitglied des pflichtwidrig handelnden Vorstands für den Schaden verantwortlich sei, hafte der gesamte Vorstand.[676] Dabei wird der Grundsatz der individuellen Haftung verkannt. 245

Im **Innenverhältnis** findet zwischen den haftenden Vorstandsmitgliedern ein **Gesamtschuldnerausgleich nach § 426 BGB** statt.[677] Hierbei sind die unterschiedlichen Verursachungsbeiträge zu berücksichtigen. Wenn ein Vorstandsmitglied den Schaden unmittelbar verursacht hat, andere Vorstandsmitglieder ihrer Überwachungspflicht nicht ordnungsgemäß nachgekommen sind, ist abzuwägen, wie stark die Verletzung der Überwachungspflichtigen über der unmittelbaren Verursachung wiegt. Unter anderem ist zu prüfen, ob die unmittelbare Pflichtverletzung bei einer ordnungsgemäßen Überwachung hätte vermieden werden können. Regelmäßig wird das Vorstandsmitglied, das den Schaden unmittelbar verursacht hat, im Innenverhältnis für den gesamten Schaden aufzukommen haben.[678] Dies entspricht der in § 840 Abs. 2 BGB enthaltenen Wertung.[679] 246

Haben neben einzelnen Vorstandsmitgliedern auch **Aufsichtsratsmitglieder** ihre Pflichten verletzt und führte dies zu dem identischen Schaden, so haften Vorstands- und Aufsichtsratsmitglieder als Gesamtschuldner. Intern findet ein Gesamtschuldnerausgleich nach § 426 BGB statt. Regelmäßig wird dies dazu führen, dass im Innenverhältnis die Vorstandsmitglieder für den Schaden aufzukommen haben. Das gilt jedenfalls dann, wenn die Aufsichtsratsmitglieder lediglich ihre Überwachungspflicht verletzt haben. Eine stärkere Einbeziehung der Aufsichtsratsmitglieder in den internen Gesamtschuld- 247

[666] *Fleischer* BB 2004, 2645 (2650); MüKoAktG/*Spindler* Rn. 169.

[667] BGHZ 135, 244 (248) = NJW 1997, 1926 – ARAG/Garmenbeck; OLG Düsseldorf BB 1996, 230 (231), jeweils für Aufsichtsratsmitglied.

[668] GroßkommAktG/*Hopt/Roth* Rn. 372; KK-AktG/*Mertens/Cahn* § 77 Rn. 50.

[669] GroßkommAktG/*Hopt/Roth* Rn. 372; KK-AktG/*Mertens/Cahn* § 77 Rn. 50.

[670] *Fleischer* BB 2004, 2645 (2651); MüKoAktG/*Spindler* Rn. 169; abw. LG Berlin ZIP 2004, 73 (76): Stimmenthaltung eines Aufsichtsratsmitglieds einer GmbH ausreichend.

[671] *Fleischer* BB 2004, 2645 (2651); MüKoAktG/*Spindler* Rn. 170.

[672] BGH NZG 2008, 104 (105) für GmbH-Geschäftsführer; GroßkommAktG/*Hopt/Roth* Rn. 461 f.; Spindler/Stilz/*Fleischer* Rn. 262.

[673] OLG Düsseldorf AG 1997, 231 (237) – ARAG/Garmenbeck; GroßkommAktG/*Hopt/Roth* Rn. 462; Spindler/Stilz/*Fleischer* Rn. 262; abw. KK-AktG/*Mertens/Cahn* Rn. 52.

[674] Spindler/Stilz/*Fleischer* Rn. 262; GroßkommAktG/*Hopt/Roth* Rn. 462; KK-AktG/*Mertens/Cahn* Rn. 50.

[675] GroßkommAktG/*Hopt/Roth* Rn. 462.

[676] Spindler/Stilz/*Fleischer* Rn. 262.

[677] GroßkommAktG/*Hopt/Roth* Rn. 464; KK-AktG/*Mertens/Cahn* Rn. 50.

[678] Spindler/Stilz/*Fleischer* Rn. 263; aA GroßkommAktG/*Hopt/Roth* Rn. 465.

[679] Spindler/Stilz/*Fleischer* Rn. 263.

nerausgleich kann jedoch zB in Betracht kommen, wenn die Aufsichtsratsmitglieder einem genehmigungsbedürftigen Geschäft zugestimmt haben, das pflichtwidrig vorgenommen wurde und die Pflichtwidrigkeit erkennbar war.

V. Verschulden

248 Die Haftung des Vorstandsmitglieds nach § 93 Abs. 2 S. 1 tritt nur ein, wenn das Organmitglied schuldhaft pflichtwidrig handelt. Verschuldet ist eine Pflichtverletzung, wenn das Vorstandsmitglied gegen die ihm obliegende Pflicht eines ordentlichen und gewissenhaften Geschäftsleiters verstoßen hat.[680] Dies ergibt sich aus der Beweislastregel in § 93 Abs. 2 S. 2. Der objektive Verschuldensmaßstab aus § 93 Abs. 1 S. 1 führt dazu, dass nur in seltenen Fällen bei Vorliegen einer Pflichtverletzung kein Verschulden vorliegt.[681] **Persönliche Unfähigkeit** lässt das Verschulden nicht entfallen.[682] Das Vorstandsmitglied kann sich nicht darauf berufen, wegen der eigenen fehlenden Eignung schlecht ausgewählt oder nicht ausreichend überwacht worden zu sein.[683] Es haftet jedoch nicht, wenn es bei der pflichtverletzenden Handlung **nicht voll geschäftsfähig** war.

249 Soweit sich ein Vorstandsmitglied Rat geholt hat und es die Aufklärung als sachgerecht und ausreichend ansehen durfte, trifft es kein Verschulden, auch wenn die Beratung fehlerhaft war.[684] Hat das Vorstandsmitglied eigene Kenntnisse, die es den Sachverhalt besser beurteilen lassen als den Berater, kann es sich jedoch nicht zum Beweis des Fehlens seines Verschuldens auf die sein Verhalten stützende Beratungsergebnisse berufen.[685] Je nach Vorkenntnissen des einzelnen Vorstandsmitglieds ist deshalb nach der Art der Beratungsleistung zu differenzieren.

249a Lässt sich das Vorstandsmitglied in wirtschaftlichen Fragen beraten, wird man ihm zumeist entgegenhalten müssen, dass die wirtschaftliche Beurteilung einer bestimmten Maßnahme gerade seine Aufgabe ist und er damit zur Beurteilung des Sachverhalts besser in der Lage sein müsste als der Berater. Die Entlastungswirkung entfällt damit. Ausnahmen kann es bei der Verknüpfung von wirtschaftlichen mit technischen Fragestellungen geben. Weiterhin kann es sinnvoll sein, im Vorfeld einer Unternehmensakquisition ein oder mehrere Bewertungsgutachten einzuholen, um für die eigenen Entscheidungen eine bessere Grundlage zu haben. In jedem Falle sollte das Ergebnis einer Beratungsleistung eindeutig und klar dokumentiert werden.

249b Handelt es sich um Rechtsfragen, so kann sich das Vorstandsmitglied regelmäßig auf das üblicherweise in einem Gutachten niedergelegte Ergebnis verlassen, auch wenn es selbst juristisch vorgebildet, aber seit Jahren nicht mehr in juristischem Kernbereich tätig ist. Bei umfassenden Sachverhalten und schwierigen Rechtsfragen ist grundsätzlich ein detailliertes, schriftliches Gutachten notwendig.[686] Die Beratung hat von einem unabhängigen, für den zu klärenden Sachverhalt qualifizierten Berufsträger zu erfolgen, also zB einem auf dem betreffenden Gebiet qualifizierten Rechtsanwalt oder Hochschulprofessor.[687] Eine gutachterliche Stellungnahme der eigenen Rechtsabteilung kann ausreichend sein.[688] Maßgeblich ist die Unabhängigkeit des Beraters.[689] Entscheidend ist dabei die sachliche, nicht jedoch die persönliche Abhängigkeit.[690] Daneben gibt der BGH keine weiteren Kriterien zur Beurteilung der Unabhängigkeit an. Entscheidend ist der Einzelfall. Die eigene Rechtsabteilung kann „unabhängig" sein, wenn sie tatsächlich zu unbeeinflussten Stellungnahmen angehalten ist.[691] In der Praxis kann es hilfreich sein, die Aufforderung zu einer unbeeinflussten Stellungnahme schriftlich zu dokumentieren. Dem externen Berater wird gemeinhin wegen der fehlenden Weisungsabhängigkeit der höhere Entlastungswert beigemessen. Zu beachten ist aber stets, ob es nicht an der

---

680 MüKoAktG/*Spindler* Rn. 176.

681 GroßkommAktG/*Hopt/Roth* Rn. 391; MüKoAktG/*Spindler* Rn. 176.

682 BGHZ 129, 30 (34) = NJW 1995, 1290; MüKoAktG/*Spindler* Rn. 177.

683 BGH NJW 1983, 1856 (1857) für GmbH-Geschäftsführer.

684 OLG Stuttgart GmbHR 1998, 89 (90) für GmbH-Geschäftsführer.

685 *Schröder* GmbHR 2007, 759 (762).

686 BGH AG 2011, 876 = NZG 2011, 1271; aus strafrechtlicher Sicht BGH NStZ-RR 2009, 13 für GmbH-Geschäftsführer.

687 BGH NJW 2007, 2118 (2120); OLG Stuttgart NZG 2010, 141 (143); *Fleischer* NZG 2010, 121 (122 f.).

688 Aus strafrechtlicher Sicht hM, OLG Braunschweig NStZ-RR 1998, 251 für Marketing-Manager; OLG Bremen NStZ 1981, 265 f. für GmbH-Geschäftsführer; OLG Hamburg NJW 1967, 213 (214 f.) für hausinterne Rechtsberatung eines Journalisten; Schönke/Schröder/*Sternberg-Lieben/Schuster* StGB § 17 Rn. 18; aus gesellschaftsrechtlicher Sicht *Fleischer* NZG 2010, 121 (123) mwN; aA aus strafrechtlicher Sicht BGHSt 30, 270 (276) = NJW 1982, 938 für Kommanditisten einer GmbH & Co. KG; KG JR 1978, 166 (168) für Gewerbetreibenden; OLG Stuttgart JR 1978, 294 (295).

689 BGH AG 2015, 535 = NZG 2015, 792; AG 2011, 876 = NZG 2011, 1271 – ISION.

690 BGH AG 2015, 535 = NZG 2015, 792.

691 *Junker/Biederbick* AG 2012, 898; *Kremer,* Haftungsauschluß durch Beratung, in Gesellschaftsrechtliche Vereinigung, Band 18, 2013, 171, 180.

Unabhängigkeit fehlt, wenn wegen langjähriger Dauermandatsbeziehung oder Wichtigkeit des Mandanten ein Gefälligkeitsgutachten abgegeben wird. Auch kann es an der Unabhängigkeit des rechtlichen Beraters fehlen, wenn dieser mit der Angelegenheit vorbefasst war und zur Vermeidung der eigenen Haftung zu einem bestimmten Ergebnis tendiert. Nicht ausreichend ist das Befragen irgendeiner, vom Vorstand für qualifiziert gehaltenen Person.[692] Dem zur Beratung beauftragten Berufsträger muss der Sachverhalt unter Offenlegung aller erforderlichen Umstände umfassend dargestellt worden sein, damit die Stellungnahme des Beraters entlastend wirken kann.[693] Allerdings ist nicht erforderlich, dass ein Prüfauftrag ausdrücklich für eine bestimmte Rechtsfrage erteilt wird. Es reicht aus, wenn sich das Organmitglied nach den Umständen der Auftragserteilung darauf verlassen durfte, die Fachperson habe im Rahmen der anderweitigen Aufgabenstellung auch die zweifelhafte Frage geprüft.[694]

Der Vorstand hat den ihm erteilten Rechtsrat einer Plausibilitätsprüfung zu unterziehen.[695] Diese **250** in der ISION-Entscheidung[696] vom BGH zur Entlastung geforderte Plausibilitätsprüfung ist mit dem Argument in die Kritik geraten, wie ein entweder juristisch nicht vorgebildeter oder bei juristischer Vorbildung seit Längerem nicht juristisch tätiger Vorstand eine solche Plausibilisierung eines rechtlichen Gutachtens vornehmen soll. Diese Kritik wurde vom BGH in seiner späteren Entscheidung durch eine Reduzierung des Plausibilisierungserfordernisses aufgenommen. Danach besteht die Plausibilitätsprüfung nicht in einer rechtlichen Überprüfung der erhaltenen Rechtsauskunft.

„Sie beinhaltet vielmehr eine Überprüfung, ob dem Berater nach dem Inhalt der Auskunft alle erforderlichen Informationen zur Verfügung standen, er die Informationen verarbeitet hat und alle sich in der Sache für einen Rechtsunkundigen aufdrängenden Fragen widerspruchsfrei beantwortet hat oder sich aufgrund der Auskunft weitere Fragen aufdrängen.“[697]

Liegen dem Vorstand zwei Stellungnahmen von gleichermaßen unabhängigen Beratern mit unter- **250a** schiedlichem Egebnis vor, so wird ihm zumeist auch ein drittes Gutachten nicht weiterhelfen. Bei der Beurteilung der Richtigkeit zählt nicht die numerische Überzahl. Entscheidet sich der Vorstand nach sorgfältiger Abwägung für eine der beiden Meinungen, so entfällt damit sein Verschulden.

Das Verschulden umfasst **sämtliche Formen der Fahrlässigkeit,** also auch die „leichte" Fahrläs- **251** sigkeit, die im Gesetz keinen ausdrücklichen Niederschlag gefunden hat. Der Verschuldensmaßstab ist nicht durch Satzungsregelungen oder durch Vereinbarungen abänderbar. **Haftungserleichterungen** oder **-verschärfungen** sind **unzulässig.** Die arbeitsrechtlichen Grundsätze der Haftungserleichterung bei gefahren- oder schadensgeneigter Tätigkeit sind auf Vorstandsmitglieder nicht anwendbar. Das ist mit ihrer Stellung als Organ der Gesellschaft nicht vereinbar.[698] Das pflichtwidrig handelnde Vorstandsmitglied kann sich nicht darauf berufen, ein anderes Vorstandsmitglied oder der Aufsichtsrat sei für den Schaden mitverantwortlich.[699] Jedes Vorstandsmitglied hat eigene Pflichten, bei deren Verletzung es für den verursachten Schaden in vollem Umfang einzustehen hat (→ Rn. 235 ff.). Vorstandsmitglieder haften nicht für Verschulden Dritter, soweit sie ihren Überwachungs- und Kontrollpflichten und ihren Auswahl-, Einweisungs- und Informationspflichten nachgekommen sind und ihnen kein sonstiges Organisationsverschulden zur Last gelegt werden kann (→ Rn. 238).[700]

VI. Art und Umfang des Schadensersatzes

1. Grundsatz. Der Schadensbegriff des § 93 Abs. 2 S. 1 ist mit dem allgemeinen zivilrechtlichen **252** **Schadensbegriff nach §§ 249 ff. BGB** identisch.[701] Der Schaden ist nach der Differenzhypothese zu bestimmen.[702] Danach wird das vorhandene Vermögen der Aktiengesellschaft mit jenem verglichen, das sie bei Hinwegdenken des schädigenden Ereignisses, also der Pflichtverletzung, gehabt

[692] BGH AG 2011, 876 = NZG 2011, 1271; NJW 2007, 2118 (2120); OLG Stuttgart NZG 2010, 141 (144); *Goette* DStR 2007, 1174 (1177).
[693] BGH NJW 2007, 2118 (2120); OLG Stuttgart NZG 2010, 141 (143); *Fleischer* NZG 2010, 121 (124).
[694] BGH AG 2015, 535 = NZG 2015, 792.
[695] BGH AG 2011, 876; NJW 2007, 2118 (2120); *Altmeppen* NJW 2007, 2118 (2121); *Goette* DStR 2007, 1174 (1177); *Strohn* ZHR 176, 137; *Poertzgen* DZWiR 2007, 427 (429).
[696] BGH AG 2011, 876 = NZG 2011, 1271.
[697] BGH AG 2015, 535 = NZG 2015, 792.
[698] Spindler/Stilz/*Fleischer* Rn. 206 mwN.
[699] BGH NJW 1983, 1856 für GmbH-Geschäftsführer.
[700] KG NZG 1999, 400 für GmbH-Geschäftsführer.
[701] OLG Düsseldorf AG 1997, 231 (237) – ARAG/Garmenbeck; Spindler/Stilz/*Fleischer* Rn. 211; GroßkommAktG/*Hopt/Roth* Rn. 409.
[702] Spindler/Stilz/*Fleischer* Rn. 211.

hätte. Die Differenz zwischen beiden Vermögenslagen zulasten des vorhandenen Vermögens der Aktiengesellschaft ergibt den Schaden. Die bloße Gefährdung des Vermögens ist nicht ausreichend.[703] Zu ersetzen ist der unmittelbare durch die Pflichtverletzung eintretende Schaden sowie der mittelbare Schaden (sog. Folgeschaden).[704] Auch eine überschuldete Gesellschaft kann weiter geschädigt werden.[705] Bei der Ermittlung der Schadenshöhe kommt der Gesellschaft die Beweiserleichterung nach § 287 Abs. 1 ZPO zugute.[706] Ein Vermögensverlust der Aktionäre stellt keinen Schaden der Gesellschaft dar.[707] Das gilt auch bei der Einmann-Gesellschaft, bei der das Gesellschaftsvermögen und das Vermögen des Alleinaktionärs streng zu trennen sind.[708]

253 Zum Teil wird versucht, den zivilrechtlichen Schadensbegriff durch ein wertendes Element zu ergänzen. Danach soll nicht jede Vermögensminderung einen Schaden darstellen, sondern nur eine dem Unternehmenszweck widersprechende.[709] Das ist nicht zutreffend. § 93 ist nicht zu entnehmen, dass von dem allgemeinen einheitlichen zivilrechtlichen Schadensbegriff abgewichen werden soll.[710] Eine Ausgrenzung von Vermögensminderungen, die im Interesse des Unternehmens liegen, wie möglicherweise Spenden, ist vom Sinn und Zweck her nicht erforderlich, da im Falle von gerechtfertigten Vermögensminderungen bereits keine Pflichtverletzung vorliegt.

254 Wenn auch eine Vermögensgefährdung nicht ausreicht, so ist bei Rechtsgeschäften stets darauf zu achten, ob der Vermögensminderung auf der einen Seite eine gleichwertige und werthaltige Vermögensmehrung auf der anderen Seite hinzugetreten ist.[711] So erwirbt die Gesellschaft bei einer Darlehensvergabe zwar einen Darlehensrückforderungsanspruch. Dieser muss jedoch bei Abschluss des Geschäftes werthaltig sein.[712] Ist eine Pflichtverletzung kausal für einen entgangenen Gewinn, so stellt auch dieser gemäß § 252 BGB einen Schaden dar. Dies ist zB der Fall, wenn das Vorstandsmitglied die Wahrnehmung einer Geschäftschance auslässt.[713]

255 **Bußgelder,** die der Gesellschaft auferlegt werden, stellen einen ersatzfähigen Schaden dar.[714] Wenn teilweise argumentiert wird, der Straf- und Erziehungscharakter des Bußgeldes gehe verloren, wenn die Gesellschaft von dem Vorstand, der die das Bußgeld auslösende Handlung vorgenommen hat, Ersatz verlangen könne,[715] so wird damit eine dem deutschen Schadensersatzrecht fremde wertende Betrachtung vorgenommen (→ Rn. 258). Es ergibt sich auch keine unzulässige Doppelbelastung des Vorstandsmitglieds, falls er wegen der identischen Handlung ebenfalls ein Bußgeld zahlen muss.[716]

256 **2. Vorteilsausgleich.** Im Gesetz nicht geregelt, aber in Rechtsprechung und Literatur anerkannt, ist der sog. Vorteilsausgleich (compensatio lucri cum damno). Danach soll sich der Geschädigte schadensbedingte Vorteile auf seinen Schadensersatzanspruch anrechnen lassen müssen.[717] Nach ständiger Rechtsprechung führt nicht jeder Vorteil, sondern nur ein durch den Ersatz begründenden Umstand adäquat verursachter Vorteil zur Schadensminderung oder zur Anrechnung.[718] Darüber hinaus muss der Vorteilsausgleich dem Zweck des Schadensersatzanspruchs entsprechen und darf den Schädiger nicht unbillig begünstigen und den Geschädigten nicht unbillig belasten.[719] Beweispflichtig

---

[703] BGHZ 124, 27 (30) = NJW 1994, 323.
[704] MüKoBGB/*Oetker* § 249 Rn. 99 f.; Palandt/*Grüneberg* BGB Vor § 249 Rn. 15.
[705] BGHZ 100, 190 (198) = NJW 1987, 2008 für GmbH.
[706] Vgl. OLG München AG 2011, 204.
[707] Spindler/Stilz/*Fleischer* Rn. 214; GroßkommAktG/*Hopt/Roth* Rn. 412; KK-AktG/*Mertens/Cahn* Rn. 60.
[708] BGH NJW 1977, 1283; Spindler/Stilz/*Fleischer* Rn. 214; KK-AktG/*Mertens/Cahn* Rn. 60.
[709] *Mertens,* Der Begriff des Vermögensschadens im Bürgerlichen Recht, 1967, 128 ff., 165 ff.; KK-AktG/*Mertens/Cahn* Rn. 23.
[710] Ebenso Spindler/Stilz/*Fleischer* Rn. 211; GroßkommAktG/*Hopt/Roth* Rn. 406; Hüffer/*Koch* Rn. 47; MüKoAktG/*Spindler* Rn. 173.
[711] BGH ZIP 2009, 1854 (1855) – West LB, für Kreditvergabe.
[712] BGH ZIP 2009, 1854 (1855) – West LB, für Kreditvergabe; OLG Hamm AG 1995, 512 (513).
[713] *Thümmel* Persönliche Haftung von Managern und Aufsichtsräten Rn. 224.
[714] *Fleischer* BB 2008, 1070 (1073); *Glöckner/Müller-Tautphaeus* AG 2001, 344 (345 f.); *Marsch-Barner* ZHR 173 (2009), 723 (730); *Thole* ZHR 173 (2009), 504 (532 f.); *Zimmermann* WM 2008, 433 (437 f.); *Habersack/Lorenz* Karlsruher Forum 2009: Managerhaftung, 5, 32 f.; *Bayer* FS K. Schmidt, 2009, 85 (95 ff.); *Wilsing* in Krieger/Schneider HdB Managerhaftung § 25 Rn. 39 ff.; aA für Kartellrecht *Horn* ZIP 1997, 1129 (1136); *Dreher* FS Konzen, 2006, 85 (104 ff.); diff. KK-AktG/*Mertens/Cahn* Rn. 56 f.
[715] *Dreher* FS Konzen, 2006, 85 (104); *Horn* ZIP 1997, 1129 (1136); ähnlich KK-AktG/*Mertens/Cahn* Rn. 56.
[716] *Wilsing* in Krieger/Schneider HdB Managerhaftung § 25 Rn. 39.
[717] MüKoBGB/*Oetker* § 249 Rn. 228; Palandt/*Grüneberg* BGB Vor § 249 Rn. 68 ff.
[718] BGH NJW 2007, 3130 (3132); BGHZ 136, 52 (54) = NJW 1997, 2378; BGH NJW 1990, 1360; BGHZ 91, 206 (210) = NJW 1984, 2457; BGHZ 81, 271 (275) = NJW 1982, 32; BGHZ 77, 151 (153) = NJW 1980, 2187; BGHZ 49, 56 (61 f.) = NJW 1968, 491; BGHZ 10, 107 (108).
[719] BGH NJW 2007, 3130 (3132); BGHZ 136, 52 (54) = NJW 1997, 2378; BGH NJW 1953, 618.

für die der Gesellschaft durch die Pflichtverletzung entstandenen Vorteile ist das Vorstandsmitglied.[720] Im Wege des Vorteilsausgleichs anrechenbar sind zB aus unzulässigen Spekulationsgeschäften neben Verlusten auch entstandene Gewinne.[721] Zur Ermittlung eines Schadens aus einer Vielzahl von Derivategeschäften, die in Zusammenhang stehen, ist auf das Gesamtergebnis abzustellen.[722] Wird durch die Pflichtverletzung nicht ein einmaliges Schadensereignis ausgelöst, sondern ein **dauerhafter Zustand** geschaffen, so durch den unzulässigen Erwerb einer Unternehmensbeteiligung[723] oder die unzulässige Anstellung eines Arbeitnehmers,[724] hat das Vorstandsmitglied nachzuweisen, dass die Gesellschaft die hierdurch aufgedrängte Gegenleistung sinnvoll nutzen kann oder das Erlangte ohnehin von der Gesellschaft angestrebt worden wäre.[725]

Die Problematik sog. **„nützlicher" Pflichtverletzungen** wird in der Literatur im Zusammen- 257
hang mit Pflichtverletzungen von Organmitgliedern kontrovers diskutiert.[726] Es handelt sich dabei um Pflichtverletzungen, durch die der Gesellschaft zwar ein wirtschaftlicher Vorteil entstanden ist, die jedoch mit dem öffentlichen Interesse unvereinbar sind. Anlass der Diskussion waren die Korruptionsfälle bei einigen deutschen Unternehmen (→ Rn. 72 f., 93, 259). Hier stellt sich die Frage, ob ein Mitarbeiter oder bei mangelnder Überwachung auch ein Vorstand sich darauf berufen kann, ohne die unzulässige Bestechungshandlung sei der gewinnbringende Auftrag nicht zustande gekommen. Es wird vertreten, dass der Schädiger nicht entgegen entsprechenden öffentlichen Interessen den Nutzen aus seiner pflichtwidrigen Handlung behalten oder gegenüber dem Geschädigten zum Ansatz bringen kann.[727] Andernfalls würde die Schadensersatzpflicht in ihr Gegenteil verkehrt.[728] Der Schadensverursacher, der zB eine Straftat begangen habe, durch die der Gesellschaft ein Vorteil entstanden ist, würde andernfalls mangels Vorliegen eines Schadens nicht zum Schadensersatz verpflichtet werden können. In der Rechtsprechung ist diese Frage bislang weitgehend ungeklärt. Die von der Rechtsprechung für den Vorteilsausgleich geforderte Notwendigkeit, dass Anrechnungen dem Sinn und Zweck des Schadensersatzes der Ersatzpflicht entsprechen müssen und dem Schädiger unter Würdigung aller Umstände nicht unbillig entlasten dürfte,[729] lässt allerdings auf eine bestimmte Tendenz in der Rechtsprechung schließen.

Der Literaturmeinung, die einen Vorteilsausgleich bei „nützlichen" Pflichtverletzungen ablehnt,[730] 258
und der dahingehenden Tendenz in der Rechtsprechung[731] ist nicht zuzustimmen.[732] Grundsäule des Schadensbegriffs im deutschen Recht ist die Differenzhypothese. Es handelt sich um eine rein rechnerische Betrachtung, der grundsätzlich keine Bewertung zugrunde liegt. Die Ablehnung eines Vorteilsausgleichs bei Pflichtwidrigkeiten, mit denen der Schädiger gegen öffentliche Interessen verstößt, käme einem Strafschaden gleich. Ein Strafschaden ist dem deutschen Recht fremd. Zudem erhielte die geschädigte Gesellschaft bei rein rechnerischer Betrachtung aus der Pflichtwidrigkeit einen zusätzlichen Vorteil. Wenn eine wertende Betrachtung vorgenommen wird, so müsste diese auch in die umgekehrte Richtung erfolgen. Es liegt ebenfalls nicht im öffentlichen Interesse, der Gesellschaft den durch die Pflichtwidrigkeit erlangten Vorteil zu belassen und ihr einen Vermögenszuwachs durch die Schadensersatzleistung des Vorstandsmitglieds zukommen zu lassen. Ohne den einheitlichen zivilrechtlichen Schadensbegriff aufzulösen, liegt der Lösungsansatz darin, die Abschöpfungsmöglichkeiten bei der Gesellschaft für rechtswidrig erlangte Vermögensvorteile zu verbessern.[733] Das wäre Aufgabe des Gesetzgebers. Zurzeit ergeben sich Abschöpfungsmöglichkeiten zB aus § 73 StGB, § 17 Abs. 4 OWiG,

[720] *Fleischer* ZIP 2005, 141 (151); *Marsch-Barner* ZHR 173 (2009), 723 (723) mwN.
[721] *Fleischer* ZIP 2005, 141 (151).
[722] OLG Frankfurt AG 2011, 595.
[723] OLG München NZG 2000, 741 (743) für geschäftsführenden Gesellschafter einer KGaA.
[724] BGH NJW-RR 1988, 995 (996) für geschäftsführenden Gesellschafter einer OHG.
[725] BGH NJW-RR 1988, 995 (996) für geschäftsführenden Gesellschafter einer OHG.
[726] *Fleischer* ZIP 2005, 151 f.; *Marsch-Barner* ZHR 173 (2009), 723 (729 f.); *Thole* ZHR 173 (2009), 504 (526 ff.); *Lohse* FS Hüffer, 2010, 581 ff.; KK-AktG/*Mertens/Cahn* Rn. 63; MüKoAktG/*Spindler* Rn. 91; *Wilsing* in Krieger/Schneider HdB Managerhaftung § 25 Rn. 36 f.
[727] *Fleischer* DStR 2009, 1204 (1210); *ders.* ZIP 2005, 141 (145); *Thole* ZHR 173 (2009), 504 (530 f.); Spindler/Stilz/*Fleischer* Rn. 36; KK-AktG/*Mertens/Cahn* Rn. 63; MüKoAktG/*Spindler* Rn. 91.
[728] MüKoAktG/*Spindler* Rn. 91 mwN.
[729] BGH NJW 2007, 3130 (3132); DStR 2007, 961 (963) für GmbH-Geschäftsführer; BGHZ 136, 52 (54) = NJW 1997, 2378; BGH NJW 1953, 618.
[730] *Thole* ZHR 173 (2009), 504 (527); *Fleischer* DStR 2009, 1204 (1210); *Lohse* FS Hüffer, 2010, 581 (597 ff.); KK-AktG/*Mertens/Cahn* Rn. 63; MüKoAktG/*Spindler* Rn. 91.
[731] BGH NJW 2007, 3130 (3132); DStR 2007, 961 (963) für GmbH-Geschäftsführer; BGHZ 136, 52 (54) = NJW 1997, 2378; BGH NJW 1953, 618.
[732] Ebenso *Freund* GmbHR 2009, 1185 (1187); *Marsch-Barner* ZHR 173 (2009), 723 (729 f.); *Harzenetter*, Innenhaftung des Vorstands, 2008, 137.
[733] Spindler/Stilz/*Fleischer* Rn. 36.

§ 81 Abs. 2 GWB und § 10 UWG. Da der Gesellschaft bei Abschöpfung der rechtswidrig erlangte Vermögensvorteil nicht verbleibt, kann der durch die Pflichtwidrigkeit eingetretene Vermögensschaden nicht kompensiert werden.

259 **3. Schaden in besonderen Situationen. a) Bestechungstatbestände.** Seit einigen Jahren werden in der Öffentlichkeit Schadensersatzansprüche gegen Vorstandsmitglieder aus dem Verstoß gegen Bestechungstatbestände, insbesondere den Foreign Corrupt Practices Act[734] in den USA diskutiert (→ Rn. 73, 93). In diesen Fällen kommen verschiedene Schadenspositionen der Gesellschaft in Betracht. Ein unmittelbarer Schaden kann der Gesellschaft durch die Zahlung von Bestechungsgeldern selbst entstehen. Werden Bestechungsgelder durch vorgetäuschte Preisbestandteile (Preisaufschläge, übermäßige Provisionen), die dem Vertragspartner in Rechnung gestellt werden, finanziert, so kann ein mittelbarer Schaden durch Schadensersatzansprüche der Vertragspartner gegenüber der Gesellschaft entstehen. Weitere mittelbare Schäden können Ermittlungs- und Beratungskosten sein. Schließlich sind mittelbare Schäden durch Geldbußen, Strafzahlungen oder Zahlungen aufgrund von Verfallklauseln, die die Gesellschaft zu leisten hat, möglich. Insoweit liegt ein Schaden jedoch nur dann vor, wenn die auferlegte Geldbuße über die durch die rechtswidrigen Handlungen erlangten Vorteile hinausgeht (zur Vorteilsanrechnung → Rn. 256 ff.).[735]

260 **b) Überwachungs- und Abhörfälle.** Neben den Bestechungsfällen sind in der letzten Zeit Überwachungs- und Abhörfälle aufgrund vermehrter Vorkommnisse in Großunternehmen öffentlich diskutiert worden. In diesen Fällen liegt ein unmittelbarer Schaden der Gesellschaft durch Zahlungen an Überwachungsunternehmen oder sonstige Drittpersonen vor, sofern durch diese gesetzlich unzulässige Leistungen erbracht worden sind. Mittelbare Schäden entstehen der Gesellschaft, wenn sie zur Zahlung von Geldbußen herangezogen wird, dh rechtswidrigerweise überwachte Personen Schadensersatzansprüche gegen die Gesellschaft geltend machen können.

261 **4. Schadensersatzleistungen im Konzern.** Innerhalb eines Konzernverhältnisses gilt es, eine doppelte Schadensersatzpflicht eines Vorstandsmitglieds zu vermeiden. Bei einer pflichtwidrigen Weisung des Vorstands der herrschenden Gesellschaft gegenüber der Tochtergesellschaft entsteht dieser möglicherweise ein Schaden. Dadurch vermindert sich gleichzeitig der Wert der Anteile der Muttergesellschaft an der Tochtergesellschaft. Es kommt eine Schadensersatzpflicht des Vorstandsmitglieds gegenüber der Tochtergesellschaft nach §§ 309 Abs. 2 S. 1, 323 Abs. 1 S. 2 bzw. § 317 Abs. 3 und gegenüber der Muttergesellschaft nach § 93 Abs. 2 S. 1 in Betracht. Eine zweimalige Inanspruchnahme des Vorstandsmitglieds würde zu einer Vermögensmehrung des herrschenden Unternehmens führen. Das gilt es zu vermeiden. Nach dem Grundsatz der Kapitalerhaltung ist dem direkt geschädigten, abhängigen Unternehmen Schadensersatz zu leisten. Die herrschende Gesellschaft hat gegen den Vorstand einen Anspruch auf Zahlung an die Tochtergesellschaft.[736] Sie hat nach dieser Zahlung keinen Schaden mehr. Etwas anderes gilt, wenn das herrschende Unternehmen den Schaden des abhängigen Unternehmens ausgleicht. Dann ist Schadensersatz an die herrschende Gesellschaft unabhängig davon zu leisten, ob das herrschende Unternehmen zum Schadensausgleich verpflichtet war.[737] Diese Grundsätze gelten ebenfalls, wenn ein von dem herrschenden Unternehmen in das beherrschte Unternehmen entsandte Vorstandsmitglied einen Schaden in dem abhängigen Unternehmen verursacht.[738]

VII. Kausalität

262 Zwischen der Pflichtverletzung und dem Schaden muss ein **Zurechnungszusammenhang** bestehen. Die Pflichtverletzung muss im Allgemeinen und nicht nur unter besonders eigenartigen, unwahrscheinlichen und nach dem gewöhnlichen Lauf der Dinge außer Betracht zu lassenden Umständen geeignet sein, den Schaden in der eingetretenen Art allein oder im Zusammenhang mit anderen Ursachen herbeizuführen. Wäre der Schaden auch bei **rechtsmäßigem Alternativverhalten** eingetreten, haftet das Vorstandsmitglied nicht. Ihm obliegt allerdings die Darlegungs- und Beweislast, dass bei einem rechtmäßigen Alternativverhalten der Schaden mit an Sicherheit grenzender Wahrscheinlichkeit nicht eingetreten wäre.[739] Die Darlegung eines möglichen Schadenseintritts

---

[734] Public Law 95–213, 95th Congress Dec 19.1977, 91 Stat 1494 et seq.

[735] Ebenso KK-AktG/*Mertens/Cahn* Rn. 56; *Wilsing* in Krieger/Schneider HdB Managerhaftung § 25 Rn. 37 f. mwN; aA *Lohse* FS Hüffer, 2010, 597 ff.

[736] GroßkommAktG/*Hopt/Roth* Rn. 422; KK-AktG/*Mertens/Cahn* Rn. 62.

[737] OLG Düsseldorf AG 1997, 231 = ZIP 1997, 27 – ARAG/Garmenbeck, für entsandtes Vorstandsmitglied.

[738] OLG Düsseldorf AG 1997, 231 (236) = ZIP 1997, 27 – ARAG/Garmenbeck.

[739] BGHZ 152, 280 (285) = NJW 2003, 358; GroßkommAktG/*Hopt/Roth* Rn. 415; MüKoAktG/*Spindler* Rn. 174.

bei rechtmäßigem Alternativverhalten reicht nicht aus. Nach hM in der Literatur soll das Vorstandsmitglied auch dann keine Möglichkeit haben, sich darauf zu berufen, dass der Schaden auch bei rechtmäßigem Alternativverhalten eingetreten wäre, wenn dies dem Norm- und Schutzzweck der jeweiligen Vorschrift widerspreche.[740] Danach soll es einem Vorstandsmitglied verwehrt sein, den Einwand rechtmäßigen Alternativverhaltens bei der Verletzung von Kompetenz-, Organisations- und Verfahrensregeln zu erheben.[741] An dieser Auffassung lassen sich dogmatische Zweifel äußern.[742] Es bleibt zunächst offen, ob der Schutzzweck des § 93 oder der Schutzzweck der Kompetenz-, Organisations- oder Verfahrensregeln gemeint ist. Schutzzweck des § 93 ist es, die Gesellschaft vor Schäden durch Pflichtverletzungen von Vorstandsmitgliedern zu bewahren. Dieser Schutzzweck ist aber bei sämtlichen Pflichtverletzungen und nicht nur bei der Verletzung von Organisationspflichten betroffen. Stellt man auf den Schutzzweck von Kompetenz-, Organisations- oder Verfahrensregelungen ab, so bleibt fraglich, wie diese untergesetzlichen Regelungen in das gesetzlich geregelte Schadensersatzrecht innerhalb des deutschen Zivilrechts eingreifen können. In der Praxis wird sich die Frage kaum auswirken, da dem Vorstandsmitglied nur in äußerst seltenen Fällen der Nachweis gelingen wird, der Schaden sei auch bei Beachtung der Verfahrensregelungen eingetreten.

Bei **kollegialen Entscheidungen** kann sich das Vorstandsmitglied nicht darauf berufen, dass auch ohne seine Stimme ein pflichtwidriger Beschluss gefasst worden wäre (→ Rn. 240). Jede den Beschluss unterstützende Stimmabgabe ist pflichtwidrig. Der BGH geht in seiner „Lederspray"-Entscheidung von einer Mittäterschaft der einstimmig beschließenden Gesellschafter aus.[743] **263**

VIII. Darlegungs- und Beweislast

1. Verteilung der Darlegungs- und Beweislast. Die Darlegungs- und Beweislast in einem Schadensersatzprozess gegen ein Vorstandsmitglied teilt sich zwischen Gesellschaft und Vorstand auf. Die Gesellschaft ist darlegungs- und beweispflichtig für folgende Tatbestandsmerkmale: (1) ein Verhalten des Vorstandsmitglieds, das möglicherweise pflichtwidrig war; (2) Eintritt und Höhe des Schadens; (3) die Kausalität zwischen dem Verhalten des Vorstandsmitglieds und dem Schaden. Das Vorstandsmitglied hat darzulegen und zu beweisen, dass es nicht pflichtwidrig gehandelt hat (§ 93 Abs. 2 S. 2) oder dass ihn im Falle eines pflichtwidrigen Handelns kein Verschulden trifft.[744] **264**

2. Von der Gesellschaft darzulegende und zu beweisende Tatbestandsmerkmale. Die Gesellschaft hat **Eintritt und Höhe des Schadens** und dessen **Verursachung durch** ein **Verhalten des Vorstandsmitglieds,** das möglicherweise pflichtwidrig war, nachzuweisen.[745] Für die Gesellschaft greift die Beweiserleichterung nach § 287 ZPO ein. Danach muss sie nur Tatsachen vortragen und unter Beweis stellen, die als Grundlage für eine Schadensschätzung des Gerichts ausreichend sind.[746] Die Beweiserleichterung nach § 287 ZPO greift auch für den Nachweis des Ursachenzusammenhangs zwischen dem Verhalten des Vorstandsmitglieds und dem eingetretenen Schaden ein.[747] Liegt einer der **Sondertatbestände nach § 93 Abs. 3** vor, besteht zugunsten der Gesellschaft eine Schadensvermutung in Höhe des finanziellen Abflusses bzw. Zuflusses. **265**

Im Einzelfall kann der **Nachweis des Schadens** durch die Gesellschaft unterbleiben, wenn ihr der Nachweis **unmöglich** ist.[748] Das ist der Fall, wenn der Gesellschaft aus ihren Büchern ein Fehlbestand ersichtlich ist, sich jedoch aus den Geschäftsunterlagen nicht ergibt, ob dieser tatsächlich besteht und ob die Geschäftsmittel für Gesellschaftszwecke oder gesellschaftsfremde Zwecke verwendet wurden, zB bei ungeklärten Warenvorrats- oder Kassenfehlbeständen. In diesem Falle wird vermutet, dass der Fehlbetrag tatsächlich besteht und die Gesellschaftsmittel nicht im Interesse der Gesellschaft verwendet wurden. **266**

In Fällen, in denen der Gesellschaft der **Nachweis** eines bestimmten, für den Schaden **ursächlichen Verhaltens** eines Vorstandsmitglieds **unmöglich** ist, da nicht jeder einzelne Schritt eines **267**

---

[740] GroßkommAktG/*Hopt/Roth* Rn. 415; KK-AktG/*Mertens/Cahn* Rn. 55; MüKoAktG/*Spindler* Rn. 174.

[741] Spindler/Stilz/*Fleischer* Rn. 216; GroßkommAktG/*Hopt/Roth* Rn. 416; KK-AktG/*Mertens/Cahn* Rn. 55; MüKoAktG/*Spindler* Rn. 174.

[742] IErg ebenso *Fleischer* NJW 2009, 2337 (2339) unter nicht ganz überzeugender Berufung auf BGH NZG 2008, 783.

[743] BGHSt 37, 106 = NJW 1990, 2560 – Lederspray.

[744] BGHZ 152, 280 (284) = NJW 2003, 358.

[745] BGH NZG 2008, 314 (315) für GmbH; NJW-RR 2007, 542 (544) für Genossenschaft; BGHZ 152, 280 (284) = NJW 2003, 358; BGH NJW 1992, 1166 (1167), jeweils für GmbH; OLG Stuttgart NZG 2010, 141 (142).

[746] BGHZ 152, 280 (287) = NJW 2003, 358 für GmbH.

[747] BGHZ 152, 280 (287) = NJW 2003, 358 für GmbH.

[748] BGH NJW-RR 1991, 485 (486); NJW 1986, 54 (55); 1974, 1468, jeweils für GmbH.

Vorstandsmitglieds nachweisbar ist, besteht ebenfalls eine Darlegungs- und Beweiserleichterung. Die Gesellschaft hat in einem solchen Falle nicht im Einzelnen darzulegen, welche bestimmte Handlung eines Vorstandsmitglieds die ursächliche war, soweit die Ursache des Schadens dem Verantwortungsbereich des Vorstandsmitglieds zuzuordnen ist.[749]

268 Der **Erlass eines Strafurteils** oder eines **Bußgeldbescheids** oder der Abschluss eines **Vergleichs** kann nicht als Beweis berücksichtigt werden. Diese entfalten keine Bindungswirkung. Ihnen kommt jedoch eine indizielle Wirkung zu.

269 **3. Vom Vorstand darzulegende und beweisende Tatbestandsmerkmale.** Die Vorstandsmitglieder haben darzulegen und zu beweisen, dass sie **nicht pflichtwidrig gehandelt** haben.[750] Sie müssen also ihren aus § 93 Abs. 1 S. 1 abgeleiteten Verhaltenspflichten nachgekommen sein (→ Rn. 41 ff.). Weiterhin müssen sie dabei den geforderten Sorgfaltsmaßstab beachtet haben, also die Sorgfalt eines ordentlichen und gewissenhaften Geschäftsleiters (→ Rn. 26). Bei unternehmerischen Entscheidungen kommen sie ihrer Darlegungs- und Beweislast nach, wenn sie die Tatbestandsmerkmale der in § 93 Abs. 1 S. 2 niedergelegten Business Judgment Rule darlegen und beweisen.[751] Die durchgeführten Maßnahmen müssen also auf einer sorgfältigen Ermittlung der Entscheidungsgrundlage und genügender Information beruhen.[752] Das Vorstandsmitglied hat den Nachweis zu erbringen, dass die Handlung im Rahmen seines unternehmerischen Ermessensspielraums lag.[753] Bei sorgfaltspflichtwidrigem Handeln haben die Vorstandsmitglieder nachzuweisen, dass dies **schuldlos** geschah[754] oder der Schaden auch bei einem **pflichtgemäßen Alternativverhalten** eingetreten wäre.[755] Ebenso trägt das Vorstandsmitglied die Beweislast für das Vorliegen der Voraussetzungen des **Vorteilsausgleichs.** Dieselben Darlegungs- und Beweislastregeln gelten, wenn dem Vorstandsmitglied pflichtwidriges Unterlassen vorgeworfen wird.[756] Das einzelne Vorstandsmitglied kennt die Umstände seines Verhaltens und die Beweggründe zu seinem Verhalten. Die Pflichtmäßigkeit seines Verhaltens kann aufgrund seiner Ausführungen besser beurteilt werden als sie aufgrund eines Vortrags der Gesellschaft beurteilt werden könnte. Daraus rechtfertigt sich die Beweislastumkehr zugunsten der Gesellschaft.[757]

270 Die Darlegungs- und Beweislast nach § 93 Abs. 2 S. 2 trifft auch ein **ausgeschiedenes Vorstandsmitglied.**[758] Die Gesellschaft hat dem ausgeschiedenen Vorstandsmitglied **Einblick** in die zur Verteidigung benötigten **Unterlagen** zu gewähren.[759] Das Einsichtsrecht beruht auf § 810 BGB und ergibt sich zudem aus der Treuepflicht der Gesellschaft gegenüber dem Vorstandsmitglied. Es findet seine Grenzen nach Treu und Glauben. Die Gesellschaft braucht dem Vorstandsmitglied nur die Unterlagen zugänglich zu machen, die zu seiner Rechtsverteidigung notwendig sind. Über die Frage, welche Unterlagen das sind, kann sich in der Praxis heftiger Streit entfachen. Wenn zum Teil unter Berufung auf ein Urteil des BGH[760] zur Kommanditgesellschaft ausgeführt wird, in Einzelfällen sei die Gesellschaft berechtigt, die Unterlagen nur einem zur Verschwiegenheit verpflichteten Sachverständigen zur Einsicht zugänglich machen,[761] so ist dem zu widersprechen. Die Einsichtnahme eines Sachverständigen kann gerade in einem Schadensersatzprozess oder in dessen Vorfeld die Einsichtnahme durch den Betroffenen nicht ersetzen. Nur das Vorstandsmitglied kennt die Bedeutung und Tragweite einzelner Unterlagen in vollem Umfange. Gewährt die Gesellschaft dem Vorstandsmitglied nicht die gebotene Einsichtnahme in Geschäftsunterlagen, so entfällt nach Treu und Glauben die Umkehr der Darlegungs- und Beweislast. Im Zweifel sollte also die Gesellschaft eher einen großzügigen Einblick gewähren, da die Umkehr der Beweislast für sie von größerem Vorteil ist als die Geheimhaltung von Unterlagen. Diese dürften dem ausgeschiedenen Vorstandsmitglied während seiner Tätigkeit bereits

[749] BGH NZG 2008, 314 für GmbH-Geschäftsführer; BB 1980, 1344 (1345) bei Waren- und Kassenfehlbestand.

[750] OLG Stuttgart NZG 2010, 141 (142).

[751] Begr. RegE UMAG, BT-Drs. 15/5092, 12; *Fleischer* in Fleischer HdB VorstandsR § 7 Rn. 61; KK-AktG/*Mertens/Cahn* Rn. 141; MüKoAktG/*Spindler* Rn. 174; krit. GroßkommAktG/*Hopt/Roth* Rn. 438 f.; aA *Paefgen* NZG 2009, 891 ff.

[752] BGH NZG 2008, 705 (706) für GmbH-Geschäftsführer.

[753] BGHZ 152, 280 (284) = NJW 2003, 358 für GmbH-Geschäftsführer; OLG Düsseldorf AG 2016, 410 = GWR 2015, 452.

[754] OLG Stuttgart NZG 2010, 141 (142).

[755] BGHZ 152, 280 (284) = NJW 2003, 358 für GmbH-Geschäftsführer.

[756] BGHZ 152, 280 (284 f.) = NJW 2003, 358 für GmbH-Geschäftsführer; OLG Stuttgart NZG 2010, 141 (142).

[757] BGHZ 152, 280 (283) = NJW 2003, 358 für GmbH-Geschäftsführer.

[758] OLG Stuttgart NZG 2010, 141 (142).

[759] BGHZ 152, 280 (285) = NJW 2003, 358 für GmbH-Geschäftsführer; BGH AG 2008, 743; OLG Stuttgart NZG 2010, 141 (142); *Grooterhorst* AG 2011, 389.

[760] BGH DB 1979, 1837.

[761] GroßkommAktG/*Hopt/Roth* Rn. 448.

bekannt geworden und lediglich in Vergessenheit geraten sein. Das ausgeschiedene Vorstandsmitglied darf die Unterlagen nur zur Rechtsverteidigung in einem gegen ihn gerichteten Schadensersatzprozess verwenden und unterliegt im Übrigen auch nach seinem Ausscheiden der Verschwiegenheitspflicht (→ Rn. 134).

Die Beweislastumkehr nach § 93 Abs. 2 S. 2 gilt nicht zulasten des **Rechtsnachfolgers** des betroffenen Vorstandsmitglieds.[762] Diesem ist der Nachweis des sorgfaltswidrigen Verhaltens noch weniger möglich als der Gesellschaft, da er den zum Schaden führenden Umständen entfernter steht. In einem **Regressprozess** zwischen Vorstandsmitgliedern über die Verteilung der Haftung im Innenverhältnis gilt die Beweislastverteilung nach § 93 Abs. 2 S. 2 ebenfalls nicht.[763] Ein klagendes Vorstandsmitglied hat die für ihn günstigen Umstände nachzuweisen. Wird im Regressprozess dagegen der Umfang der Haftung im Außenverhältnis ermittelt, gilt weiterhin die Beweislastumkehr nach § 93 Abs. 2 S. 2.[764] 271

Zu Darlegungs- und Beweiszwecken sollte eine **umfassende Dokumentation** aller haftungsrelevanten Vorgänge stattfinden.[765] Dies erleichtert insbesondere den Nachweis pflichtgemäßen Verhaltens für Schadensersatzforderungen, die erst lange nach der behaupteten Pflichtwidrigkeit des Vorstandsmitglieds geltend gemacht werden (→ Rn. 36).[766] 272

F. Sondertatbestände (Abs. 3)

I. Regelungsinhalt und -zweck

In § 93 Abs. 3 werden Sondertatbestände normiert, bei deren Vorliegen die Vorstandsmitglieder eine Schadensersatzpflicht gegenüber der Gesellschaft trifft. Die Fälle des § 93 Abs. 3 beinhalten **eigenständige Anspruchsgrundlagen** für eine Schadensersatzpflicht der Vorstandsmitglieder.[767] Der Katalog des § 93 Abs. 3 umfasst Verletzungen von Kapitalerhaltungsvorschriften, deren Beachtung unter die Verhaltenspflichten des Vorstands fällt. Daher stellt ein Verstoß gegen die in § 93 Abs. 3 normierten Tatbestände gleichzeitig immer einen Verstoß gegen § 93 Abs. 1 S. 1 dar. Der Gesetzgeber hat die Verstöße gegen Kapitalerhaltungsvorschriften herausgegriffen, da es sich um besonders schwere Verletzungen der Verhaltenspflichten von Vorständen handelt, die zu einer akuten Gefährdung der Gesellschaft und von Interessen der Gesellschaftsgläubiger führen. Eigenständige Bedeutung enthält die Regelung des § 93 Abs. 3, indem der Gesellschaft der Nachweis des Schadens erleichtert wird und die Gläubiger Ersatzansprüche gemäß § 93 Abs. 5 S. 2 schon bei leichter Fahrlässigkeit geltend machen können. 273

Der Schadensbegriff nach §§ 249 ff. BGB wird in § 93 Abs. 3 modifiziert. Bei Vorliegen einer der Pflichtverstöße aus dem Katalog des § 93 Abs. 3 Nr. 1–9 wird ein **Schaden in Höhe des Abflusses** von Gesellschaftsmitteln (Nr. 1–4, 6–9) oder **in Höhe der Vorenthaltung** von Gesellschaftsmitteln (Nr. 5) **vermutet** (→ Rn. 289).[768] Für einen die Höhe des Abflusses bzw. des Zuflusses übersteigenden Schaden ist § 93 Abs. 3 ebenfalls die Anspruchsgrundlage.[769] 274

Das in Anspruch genommene Vorstandsmitglied hat nach § 255 BGB bei einer Schadensersatzpflicht aus § 93 Abs. 3 einen **Anspruch auf Abtretung der Ansprüche,** die der Gesellschaft im Zusammenhang mit der Verwirklichung eines der Katalogtatbestände des § 93 Abs. 3 gegen Dritte zustehen.[770] Das Vorstandsmitglied kann die Einrede des Zurückbehaltungsrechts aus § 273 BGB erheben, um die Abtretung zu erzwingen.[771] In der Unterlassung der Einrede ist kein Verzicht auf die Abtretung zu sehen.[772] 275

---

[762] MüKoAktG/*Spindler* Rn. 188.

[763] GroßkommAktG/*Hopt/Roth* Rn. 467; aA KK-AktG/*Mertens/Cahn* Rn. 50.

[764] GroßkommAktG/*Hopt/Roth* Rn. 467.

[765] *Hauschka* AG 2004, 461 (465).

[766] *Hauschka* AG 2004, 461 (465).

[767] RGZ 159, 211 (229 ff.); OLG Frankfurt NZG 2004, 1157 (1160); LG Bochum ZIP 1989, 1557 (1559); Spindler/Stilz/*Fleischer* Rn. 256; GroßkommAktG/*Hopt/Roth* Rn. 326; Hüffer/*Koch* Rn. 68; Schmidt/Lutter/*Krieger/Sailer-Coceani* Rn. 57; KK-AktG/*Mertens/Cahn* Rn. 125; MüKoAktG/*Spindler* Rn. 223; aA *Habersack/Schürnbrand* WM 2005, 957 (960 f.) für verschuldensunabhängigen Folgenbeseitigungsanspruch.

[768] OLG Stuttgart NZG 2010, 141 (142); GroßkommAktG/*Hopt/Roth* Rn. 339, 343; MüKoAktG/*Spindler* Rn. 222.

[769] Spindler/Stilz/*Fleischer* Rn. 259; GroßkommAktG/*Hopt/Roth* Rn. 339; Hüffer/*Koch* Rn. 68; KK-AktG/*Mertens/Cahn* Rn. 134; MüKoAktG/*Spindler* Rn. 222; aA RGZ 159, 211 (231 f.).

[770] RGZ 159, 211 (230); OLG Stuttgart NZG 2010, 141 (145); Spindler/Stilz/*Fleischer* Rn. 259; MüKoAktG/*Spindler* Rn. 234; GroßkommAktG/*Hopt/Roth* Rn. 342 tendiert zur Anwendung von § 255 BGB analog.

[771] OLG Stuttgart NZG 2010, 141 (145).

[772] OLG Stuttgart NZG 2010, 141 (145 f.).

II. Die Sondertatbestände im Einzelnen

276 **1. Abs. 3 Nr. 1.** Von der Regelung des § 93 Abs. 3 Nr. 1 werden Verstöße gegen das Einlagenrückgewährverbot aus §§ 57 Abs. 1, 230 umfasst.

277 **2. Abs. 3 Nr. 2.** Es besteht eine Schadensersatzpflicht nach § 93 Abs. 3 Nr. 2, soweit in unzulässiger Weise Zinsen und Gewinnansprüche ausgezahlt werden. Hierin liegt ein Verstoß gegen §§ 57 Abs. 2 und Abs. 3, 58 Abs. 4, 233.

278 **3. Abs. 3 Nr. 3.** Die Vorstandsmitglieder machen sich gemäß § 93 Abs. 3 Nr. 3 schadensersatzpflichtig, soweit sie verbotene Geschäfte in Bezug auf eigene Aktien oder diesen gleichgestellten Aktien betreiben. Dies umfasst Verstöße gegen §§ 56, 71–71e, 237–239.

279 **4. Abs. 3 Nr. 4.** Nach § 93 Abs. 3 Nr. 4 haften die Vorstandsmitglieder für eine vorzeitige Ausgabe von Inhaberaktien vor Leistung des Ausgabebetrags gemäß § 9. Namensaktien dürfen nach § 10 Abs. 2 S. 1 vor der vollen Leistung des Ausgabebetrags ausgegeben werden. Die Vorstandsmitglieder haften auch für nach § 27 Abs. 2 unwirksame Sacheinlagen.

280 **5. Abs. 3 Nr. 5.** Von § 93 Abs. 3 Nr. 5 werden die Fälle umfasst, in denen entgegen dem Gesetz Gesellschaftsvermögen verteilt wird. Hierunter fallen insbesondere Verletzungen nach §§ 57 Abs. 3, 225 Abs. 2, 233, 237 Abs. 2, 271, 272.

281 **6. Abs. 3 Nr. 6.** § 93 Abs. 3 Nr. 6 ist im Zusammenhang mit der **Insolvenzantragspflicht** nach § 15a Abs. 1 S. 1 InsO zu sehen.[773] Bei Zahlungen nach Eintritt der Insolvenzreife besteht eine Schadensersatzpflicht gemäß § 93 Abs. 3 Nr. 6 iVm § 92 Abs. 2 S. 1, es sei denn die Zahlungen durften nach § 92 Abs. 2 S. 2 vernünftigerweise auf der Grundlage angemessener Information im Interesse des Unternehmens getätigt werden. Weiterhin entsteht keine Schadensersatzpflicht, wenn kraft gesetzlicher Regelung keine Insolvenzantragspflicht bestand.[774] Daneben besteht eine **Insolvenzverursachungshaftung** nach § 93 Abs. 3 Nr. 6 iVm § 92 Abs. 2 S. 3, wenn Zahlungen an Aktionäre geleistet werden, die zur Zahlungsunfähigkeit der Gesellschaft führen, soweit dies dem Vorstand unter Beachtung der nach § 93 Abs. 1 S. 1 bezeichneten Sorgfalt erkennbar war.

282 Als **verbotene Maßnahmen bei Insolvenzreife** werden unter anderem die Zahlung an einen Schuldner der insolvenzreifen Gesellschaft auf ein debitorisches Konto,[775] Zahlungen an Gesellschaftsgläubiger mit Mitteln eines Dritten, welche dieser vorab zur Erfüllung seiner Pflicht zum Aufwendungsersatz an die insolvenzreife Gesellschaft leistete,[776] das Unterlassen der Kündigung eines Dauerschuldverhältnisses[777] oder das Unterlassen eines rechtzeitigen Widerspruchs gegen eine Lastschrift qualifiziert.[778] Leistungen an Sozialkassen oder die Steuerbehörden sind trotz Insolvenzreife zulässig.[779] Dies gilt auch für Beitragsrückstände.[780] Arbeitnehmeranteile zur Sozialversicherung sind bis zur Stellung des Insolvenzantrags zwingend abzuführen.[781] Die Massesicherungspflicht nach § 92 Abs. 2 hat hier keinen Vorrang.[782] Der Grundsatz der Einheit der Rechtsordnung gebietet es, dass ein Vorstandsmitglied trotz Insolvenzreife wie ein ordentlicher und gewissenhafter Geschäftsführer handelt, wenn er mit seinem Verhalten verhindert, sozial- und steuerrechtliche Vorschriften zu verletzen. Strafbewehrte Pflichten sind gegenüber der Masseerhaltungspflicht vorrangig.[783] Befindet sich die insolvenzreife Gesellschaft in einem Konzernverhältnis, so hat die Treuepflicht gegenüber den anderen Konzerngesellschaften Vorrang vor der Masseerhaltungspflicht.[784] Der Vorstand muss sich nicht der Gefahr aussetzen, wegen einer Treuepflichtverletzung von den anderen Konzerngesell-

[773] BGHZ 129, 236 (258) = ZIP 1995, 1021 noch zu § 92 Abs. 2 aF.

[774] BGHZ 129, 236 (258) = ZIP 1995, 1021.

[775] BGH NJW-RR 2007, 984 (985) für Gesellschafter-Geschäftsführer einer Komplementär-GmbH; BGHZ 143, 184 (186 f.) = NJW 2000, 668 für GmbH-Geschäftsführer; *Theiselmann/Redeker* GmbHR 2008, 961 (962).

[776] BGH NJW 2003, 2316 f. für GmbH-Geschäftsführer; *Theiselmann/Redeker* GmbHR 2008, 961 (962).

[777] OLG Hamm ZIP 1980, 280 (281) für GmbH-Geschäftsführer; *Theiselmann/Redeker* GmbHR 2008, 961 (962).

[778] LG Köln GmbHR 1990, 136 (137) für GmbH-Geschäftsführer; *Theiselmann/Redeker* GmbHR 2008, 961 (962).

[779] BGH ZIP 2011, 422 (424) für GmbH-Geschäftsführer; BGH NJW 2007, 2118 (2120); *Tiedtke/Peterek* GmbHR 2008, 617 (618).

[780] BGH ZIP 2011, 422 (424) für GmbH-Geschäftsführer.

[781] BGH NJW-RR 2008, 1253 für GmbH-Geschäftsführer.

[782] BFHE 216, 491 (496) = NZG 2007, 953 für GmbH-Geschäftsführer; *Tiedtke/Peterek* GmbHR 2008, 617 (621).

[783] BGH ZIP 2011, 422 (424) für GmbH-Geschäftsführer; NJW 2008, 2504 (2505) für GmbH-Geschäftsführer; krit. *Tiedtke/Peterek* GmbHR 2008, 617 (618).

[784] BGH NJW 2008, 2504 (2505) für GmbH-Geschäftsführer.

schaften strafrechtlich verfolgt zu werden.[785] Weiterhin liegt in einem Konzernverhältnis Masseneutralität vor, wenn die insolvenzreife Gesellschaft im Wege eines Cash Pooling-Systems Gelder der anderen Konzerngesellschaften auf einem Treuhandkonto verbucht.[786]

Eine Zahlung nach Insolvenzreife ist nach § 92 Abs. 2 S. 2 zulässig, wenn sie mit der Sorgfalt eines ordentlichen und gewissenhaften Geschäftsleiters vereinbar ist. Das ist der Fall, wenn durch sie größere Nachteile für die Insolvenzmasse abgewendet werden sollen.[787] Wenn ohne die Zahlungen der Betrieb sofort eingestellt werden müsste und damit eine Sanierung und Fortführung des Unternehmens unmöglich würde, ist die Zahlung zulässig.[788] 283

Das Erhöhen der bilanziellen Überschuldung der Gesellschaft durch das Eingehen von Verbindlichkeiten nach Insolvenzreife führt zu keiner Ersatzpflicht nach § 93 Abs. 3 Nr. 6, auch wenn hierdurch die Mittel zur Gläubigerbefriedigung nicht mehr ausreichen.[789] 284

§ 93 Abs. 3 Nr. 6 dient dem Schutz der Gläubiger vor Masseschmälerung durch Bevorzugung einzelner Gläubiger nach Insolvenzreife. Zu ersetzen sind die aus dem Gesellschaftsvermögen geflossenen Leistungen.[790] Das Vorstandsmitglied kann sich nicht auf andere Rückführungsmöglichkeiten der Zahlungen berufen. Es kann den von ihm zu zahlenden Betrag nicht um den Betrag kürzen, den der begünstigte Gläubiger im Rahmen eines ordnungsgemäß durchgeführten Insolvenzverfahrens erhalten hätte.[791] Nach Ablauf der Anfechtungsfrist nach § 146 InsO kann sich das Vorstandsmitglied nicht darauf berufen, ein Insolvenzverwalter bzw. Sachwalter habe es unterlassen, Anfechtungsrechte innerhalb der Anfechtungsfrist gegenüber den Zahlungsempfängern geltend zu machen.[792] Um eine Bereicherung der Masse zu verhindern, ist im Urteil vorzubehalten, dass das Vorstandsmitglied seinen Anspruch auf den Betrag, den der bevorzugte Gläubiger im Insolvenzverfahren erhalten hätte, nach Erstattung an die Masse gegen den Insolvenzverwalter verfolgen kann.[793] 285

7. Abs. 3 Nr. 7. Vorstandsmitglieder machen sich bei unzulässigen Vergütungen an Aufsichtsratsmitglieder gemäß §§ 113, 114 schadensersatzpflichtig. Die Genehmigung hat vor der Beauftragung eines Aufsichtsratsmitglieds zu erfolgen. Eine nachträgliche Genehmigung ändert an der Pflichtwidrigkeit der Zahlungen nichts.[794] 286

8. Abs. 3 Nr. 8. Eine Schadensersatzpflicht besteht nach § 93 Abs. 3 Nr. 8 bei einer unzulässigen Kreditvergabe gemäß §§ 89, 115. 287

9. Abs. 3 Nr. 9. Nach § 93 Abs. 3 Nr. 9 besteht eine Schadensersatzpflicht bei einer verbotenen Ausgabe von Bezugsaktien bei einer bedingten Kapitalerhöhung gemäß § 199 Abs. 1. 288

III. Darlegungs- und Beweislast

Wird einem Vorstandsmitglied die Verwirklichung einer der Sondertatbestände nach § 93 Abs. 3 vorgeworfen, so wird der Schaden in Höhe des Abflusses (Nr. 1–3, 5–9) oder des Zuflusses (Nr. 4) der Vermögensmittel vermutet.[795] Für den Nachweis der Höhe des Abflusses oder des Zuflusses greift die Beweiserleichterung des § 287 ZPO.[796] Eine Gesamtvermögensbetrachtung hinsichtlich der Zu- und Abflüsse im Sinne eines Vorteilsausgleichs wird nicht vorgenommen. Außer Betracht bleiben daher Ansprüche der Gesellschaft auf Rückzahlung oder Einlageleistung. Dem Vorstandsmitglied verbleibt die Möglichkeit, das Vorliegen eines Schadens zu widerlegen.[797] Es hat nachzuweisen, dass der Gesellschaft aus der Pflichtverletzung kein Schaden entstanden ist oder in Zukunft entstehen wird.[798] Das ist zum Beispiel der Fall, wenn in unzulässiger Weise abgeflossene Mittel der Gesellschaft bereits zurückgezahlt wurden[799] oder die Einlagen nachträglich nach unzulässiger Ausgabe der Aktien geleistet 289

---

785 BGH NJW 2008, 2504 (2505) für GmbH-Geschäftsführer.
786 BGH NJW 2008, 2504 (2505) für GmbH-Geschäftsführer.
787 BGHZ 146, 264 (275) = NJW 2001, 1280 für GmbH-Geschäftsführer.
788 BGH NJW-RR 2008, 495 (496) für GmbH-Geschäftsführer; OLG Hamburg ZIP 2010, 2448 (2450 f.) für GmbH-Geschäftsführer.
789 OLG Koblenz AG 2009, 336 (337); aA RGZ 161, 129 (142 f.).
790 BGHZ 146, 264 (278) = NJW 2001, 1280 für GmbH-Geschäftsführer.
791 BGHZ 146, 264 (278) = NJW 2001, 1280 für GmbH-Geschäftsführer.
792 BGHZ 131, 325 (328) = NJW 1996, 850 für GmbH-Geschäftsführer.
793 BGHZ 146, 264 (279) = NJW 2001, 1280 für GmbH-Geschäftsführer.
794 OLG Frankfurt AG 2011, 256 = NZG 2011, 350.
795 OLG Stuttgart NZG 2010, 141 (142); Spindler/Stilz/*Fleischer* Rn. 258; GroßkommAktG/*Hopt/Roth* Rn. 343; MüKoAktG/*Spindler* Rn. 222.
796 Zuletzt eindeutig BGH AG 2011, 876 = NZG 2011, 1271 – ISION.
797 Spindler/Stilz/*Fleischer* Rn. 258; GroßkommAktG/*Hopt/Roth* Rn. 343.
798 RGZ 159, 211 (230); Spindler/Stilz/*Fleischer* Rn. 258 mwN.
799 OLG Stuttgart NZG 2010, 141 (142).

worden sind.[800] Ansonsten gelten die Ausführungen zur Darlegungs- und Beweislast nach § 93 Abs. 2 S. 2 entsprechend (→ Rn. 264 ff.). Hinsichtlich des Vorliegens eines den Mittelabfluss übersteigenden Schadens trifft die Gesellschaft die Beweislast.[801] Die Schadensvermutung greift für den über den Mindestschaden hinausgehenden Betrag nicht ein. Auch ist bei einem weitergehenden Schaden ein der Gesellschaft im Zusammenhang mit der Pflichtverletzung zugeflossener Vorteil im Wege der Vorteilsausgleichung bei der Bemessung des Schadensersatzes zu berücksichtigen (→ Rn. 256 ff.).

290 Weitere Voraussetzung für eine Haftung nach § 93 Abs. 3 ist ein Verschulden des Vorstandsmitglieds. Das **Verschulden** wird bei Verwirklichung eines der Tatbestände des § 93 Abs. 3 nach § 93 Abs. 2 S. 2 **vermutet.**[802] Wegen der ausdrücklichen Regelung in § 93 Abs. 5 S. 2 müssen die Gläubiger der Gesellschaft keine grobe Fahrlässigkeit darlegen, wenn sie einen über den Mindestschaden hinausgehenden Schaden ersetzt verlangen.

G. Geltendmachung durch den Aufsichtsrat

291 Der Aufsichtsrat vertritt die Gesellschaft gegenüber den Vorstandsmitgliedern gerichtlich und außergerichtlich gemäß § 112. Die Prozessführung bei der Geltendmachung von Schadensersatzansprüchen gegen Vorstandsmitglieder obliegt also dem Aufsichtsrat (→ § 111 Rn. 40; → § 116 Rn. 6). Auch gegenüber ausgeschiedenen Vorstandsmitgliedern obliegt die Vertretung der Gesellschaft ausschließlich dem Aufsichtsrat.[803] Übernimmt der Vorstand die Prozessführung in unzulässiger Weise, ist die Heilung dieses Vertretungsmangels durch eine Genehmigung der bisher erfolgten Prozessführung durch den Aufsichtsrat und durch dessen Eintritt in den Prozess möglich.[804]

292 Neben der gerichtlichen Vertretung ist der Aufsichtsrat auch für die **Verfolgung von Schadensersatzansprüchen gegen Vorstandsmitglieder** und **ehemalige Vorstandsmitglieder** also für Maßnahmen im Vorfeld einer gerichtlichen Geltendmachung zuständig. Ob man das aus § 112 oder aus der Überwachungsaufgabe des Aufsichtsrats nach § 111 Abs. 1 herleitet, kann dahingestellt bleiben, da die Frage keine praktischen Auswirkungen hat. Der Aufsichtsrat hat zu prüfen, ob ein Schadensersatzanspruch besteht und durchsetzbar ist.[805] Er hat weiterhin das Prozessrisiko und die Beitreibbarkeit der Forderung zu analysieren.[806] Führt die Prüfung zu dem Ergebnis, dass ein Schadensersatzanspruch der Gesellschaft besteht und durchsetzbar ist, so ist der Aufsichtsrat nach der grundlegenden **ARAG/ Garmenbeck**-Entscheidung des BGH grundsätzlich verpflichtet, den Anspruch gegen den Vorstand zu verfolgen.[807] Von einer Verfolgung kann er nur ausnahmsweise absehen, wenn dies im Interesse der Gesellschaft liegt.[808] Bei dieser Beurteilung hat der Aufsichtsrat einen **engen Ermessenspielraum** (→ § 116 Rn. 29).[809] Die Interessen der Gesellschaft müssen dabei die Interessen an einer Rechtsverfolgung überwiegen oder annähernd gleichwertig sein.[810] Gründe, die ausnahmsweise für ein Absehen von einer Geltendmachung des Schadensersatzanspruchs sprechen, können die negative Auswirkung auf die Geschäftstätigkeit, auf das Ansehen der Gesellschaft,[811] auf die Vorstandstätigkeit oder auf das Betriebsklima sein.[812] Von der Geltendmachung eines Schadensersatzanspruchs kann nicht mit der Begründung abgesehen werden, der Vorstand sei bei fehlender Inanspruchnahme eher zur Kooperation bei der Sachverhaltsaufklärung bereit, da er sich selbst belasten könne, ohne eine Rechtsverfolgung befürchten zu müssen.[813] Kein Grund ist weiterhin der Wunsch des Aufsichtsrats, das Vorstandsmitglied oder dessen Familienmitglieder zu schonen.[814] Etwas anderes kann dann gelten, wenn das pflichtwidrige

[800] Spindler/Stilz/*Fleischer* Rn. 258.
[801] Spindler/Stilz/*Fleischer* Rn. 259 mwN.
[802] Spindler/Stilz/*Fleischer* Rn. 259; KK-AktG/*Mertens/Cahn* Rn. 125.
[803] BGH DStR 2009, 867 (868); BGHZ 157, 151 (153 f.) = NJW 2004, 1528.
[804] BGH DStR 2009, 867 (868); NJW 1989, 2055 f.
[805] BGHZ 135, 244 (253) = NJW 1997, 1926 – ARAG/Garmenbeck.
[806] BGHZ 135, 244 (253) = NJW 1997, 1926 – ARAG/Garmenbeck.
[807] BGHZ 135, 244 (256) = NJW 1997, 1926 – ARAG/Garmenbeck.
[808] BGHZ 135, 244 (255) = NJW 1997, 1926 – ARAG/Garmenbeck.
[809] BGHZ 135, 244 (256) = NJW 1997, 1926 – ARAG/Garmenbeck; *Götz* NJW 1997, 3275 (3277); *Lutter* ZIP 1995, 441 (442); *Zimmermann* DB 2008, 687 (689); *Lohse,* Unternehmerisches Ermessen, 2005, 160 ff.: Evaluationsermessen; *Paefgen,* Unternehmerische Entscheidungen, 2002, 145 ff.; GroßkommAktG/*Hopt/Roth* § 111 Rn. 362; KK-AktG/*Mertens/Cahn* Rn. 6; aA MüKoAktG/*Habersack* § 111 Rn. 36 und Rn. 38: Beurteilungsspielraum; Spindler/Stilz/*Spindler* § 116 Rn. 48.
[810] BGHZ 135, 244 (255) = NJW 1997, 1926 – ARAG/Garmenbeck.
[811] AA Spindler/Stilz/*Spindler* § 111 Rn. 27, § 116 Rn. 60.
[812] BGHZ 135, 244 (255) = NJW 1997, 1926 – ARAG/Garmenbeck.
[813] AA *Hasselbach/Seibel* AG 2008, 770 (774) im Zusammenhang mit Kartellrechtsverstößen.
[814] BGHZ 135, 244 (255 f.) = NJW 1997, 1926 – ARAG/Garmenbeck.

Handeln nicht allzu schwer ist, der Schaden der Gesellschaft gering und die Folgen für das Vorstandsmitglied erheblich wären.[815] Die Vertretung der AG im Rechtsstreit mit dem Vorstand ist dem Aufsichtsrat als Gremium zugewiesen, das einen Beschluss fasst.[816]

Sieht der Aufsichtsrat von der Anspruchsverfolgung ab, bleibt er verpflichtet, bei der Kenntnisnahme von neuen schadensersatzbegründenden oder die Durchsetzbarkeit und Beitreibbarkeit eines Schadensersatzanspruchs ermöglichenden Umständen, Schadensersatzansprüche geltend zu machen. Eine Pflicht zur Geltendmachung durch den Aufsichtsrat besteht uneingeschränkt, wenn die **Hauptversammlung** dies nach **§ 147 Abs. 1 S. 1** mit einfacher Mehrheit beschließt. 293

H. Haftungsausschluss durch Hauptversammlungsbeschluss (Abs. 4 S. 1)

I. Zweck und praktische Bedeutung

Nach § 93 Abs. 4 S. 1 haftet der Vorstand nicht, soweit sein Handeln auf einem gesetzmäßigen Beschluss der Hauptversammlung beruht. Die Vorschrift korrespondiert mit § 93 Abs. 2. Wenn der Vorstand verpflichtet ist, die von der Hauptversammlung im Rahmen ihrer Zuständigkeit beschlossenen Maßnahmen auszuführen, so kann er dafür nicht schadensersatzpflichtig gemacht werden, selbst wenn sein Handeln ohne den Beschluss der Hauptversammlung pflichtwidrig ist. Es handelt sich um eine Ausprägung des Treu und Glaubens-Prinzips nach § 242 BGB.[817] Zur Haftungsvermeidung hat der Vorstand also die Möglichkeit, bei schadensgeneigten Geschäftsführungsmaßnahmen einen Beschluss der Hauptversammlung nach § 119 Abs. 2 herbeizuführen und sich damit abzusichern. In der Praxis kommt dies allerdings außer in den Fällen der ungeschriebenen Hauptversammlungszuständigkeiten auf der Grundlage des Holzmüller-Urteils des BGH[818] und der Gelatine-Urteile[819] selten vor. Dies hat sich auch angesichts einer zunehmenden Fokussierung auf die Vorstandshaftung nicht geändert. 294

II. Anforderungen an den Hauptversammlungsbeschluss

Die Haftungsbefreiung tritt nur ein, wenn ein **förmlicher Beschluss** der Hauptversammlung im Rahmen ihrer Zuständigkeit vorliegt. Eine reine Meinungsäußerung der Hauptversammlung, einzelner Aktionäre, des Mehrheitsaktionärs oder auch des Alleinaktionärs reicht nicht aus.[820] Da der Vorstand nach § 83 Abs. 2 nicht an formlose Willenskundgaben der Aktionäre gebunden ist, reicht auch eine in der Hauptversammlung eindeutig zum Ausdruck gebrachte Billigung durch alle Aktionäre oder den Alleinaktionär nicht aus. Es kann allerdings ein Fall unzulässiger Rechtsausübung vorliegen, wenn die Gesellschaft Schadensersatz geltend macht, obwohl ein formloses Einverständnis der Hauptversammlung zu der Vornahme der pflichtverletzenden Handlung oder Nichtvornahme einer schadensvermeidenden Handlung vorlag.[821] Ob dies der Fall ist, ist wie bei sämtlichen nach Treu und Glauben zu beurteilenden Sachverhalten eine Frage des Einzelfalls. Der Einwand unzulässiger Rechtsausübung wird am nächsten liegen, wenn ein Alleinaktionär in der Hauptversammlung seine Einwilligung für eine bestimmte Handlung erteilt, ohne dass ein besonderer Beschluss darüber gefasst wird. 295

Die Hauptversammlung muss **im Rahmen ihrer Zuständigkeit** beschließen. Dies sind zum einen die in § 119 Abs. 1 Nr. 1 genannten Fälle. Weiterhin entscheidet die Hauptversammlung in Fragen der Geschäftsführung nach § 119 Abs. 2, wenn der Vorstand dies verlangt. Schließlich beschließt die Hauptversammlung im Rahmen ihrer ungeschriebenen Zuständigkeit, welche die Rechtsprechung durch das Holzmüller-Urteil[822] entwickelt und im Rahmen der Gelatine-Entscheidungen[823] weiter entwickelt hat. Obwohl es sich um einen förmlichen Beschluss der Hauptversammlung handelt, entfaltet dieser keine Haftungsbefreiung, wenn die Hauptversammlung nach § 111 Abs. 4 S. 3–5 die Zustimmung des Aufsichtsrats ersetzt.[824] Da der Aufsichtsratsbeschluss als solcher 296

[815] BGHZ 135, 244 (256) = NJW 1997, 1926 – ARAG/Garmenbeck.

[816] BGH AG 2013, 562 = NZG 2013, 792.

[817] RGZ 46, 60 (63 f.) für Genossenschaft; *Canaris* ZGR 1978, 207 (209); *Servatius,* Strukturmaßnahmen der Unternehmensleitung, 2004, 377; offen Spindler/Stilz/*Fleischer* Rn. 264 mwN; krit. GroßkommAktG/*Hopt/Roth* Fn. 1788; aA KK-AktG/*Mertens/Cahn* Rn. 149.

[818] BGHZ 83, 122 = NJW 1982, 1703 – Holzmüller.

[819] BGHZ 159, 30 = NJW 2004, 1860 – Gelatine I; BGH NZG 2004, 575 (579) – Gelatine II.

[820] Spindler/Stilz/*Fleischer* Rn. 266; MHdB AG/*Wiesner* § 26 Rn. 43.

[821] Spindler/Stilz/*Fleischer* Rn. 266; NK-AktR/*U. Schmidt* Rn. 129; KK-AktG/*Mertens/Cahn* Rn. 150; MüKoAktG/*Spindler* Rn. 249; MHdB AG/*Wiesner* § 26 Rn. 43; aA GroßkommAktG/*Hopt/Roth* Rn. 379; Schmidt/Lutter/*Krieger/Sailer-Coceani* Rn. 60.

[822] BGHZ 83, 122 = NJW 1982, 1703 – Holzmüller.

[823] BGHZ 159, 30 = NJW 2004, 1860 – Gelatine I; BGH NZG 2004, 575 (579) – Gelatine II.

[824] MüKoAktG/*Spindler* Rn. 237.

nach § 93 Abs. 4 S. 2 keine haftungsbefreiende Wirkung hat (→ Rn. 305), gilt dies folgerichtig auch nicht für den die Zustimmung ersetzenden Hauptversammlungsbeschluss.

297 Der Hauptversammlungsbeschluss muss **inhaltlich** die **Handlungen** des Vorstandsmitglieds **decken.**[825] Ein inhaltlich unbestimmter Hauptversammlungsbeschluss bewirkt keine Haftungsbefreiung. Allerdings ist immer zu überprüfen, ob der Hauptversammlungsbeschluss zwar nicht ausdrücklich aber **konkludent** die Handlung des Vorstands deckt.[826] Ist der Beschluss so weit bestimmt, dass sich mehrere Handlungsmöglichkeiten ergeben und führt jede Möglichkeit zu einer pflichtwidrigen Handlung, so kann sich der Vorstand bei Ausführung dieses Beschlusses auf den Haftungsausschluss nach § 93 Abs. 4 S. 1 berufen.[827]

298 Der Beschluss muss **vor Vornahme** der Handlung des Vorstands gefasst worden sein.[828] Das ergibt sich aus dem Wortlaut des § 93 Abs. 4 S. 1. Wird der Hauptversammlungsbeschluss erst nach dem Handeln des Vorstands gefasst, so beruht dieses nicht auf dem Beschluss.[829] Eine nachträgliche Billigung der Vorstandstätigkeit hat keine haftungsbefreiende Wirkung.[830] Dies gilt insbesondere für die Fälle, in denen eine Geschäftsführungsmaßnahme zu ihrer Wirksamkeit der Zustimmung der Hauptversammlung bedarf,[831] zB bei Abschluss von Unternehmensverträgen.

299 Der Vorstand kann sich nicht darauf berufen, die Hauptversammlung hätte einen seine Handlung deckenden Beschluss im Rahmen ihrer Zuständigkeit gefasst, wenn ein solcher Beschluss tatsächlich nicht vorliegt.[832] Dabei kann dahin stehen, ob man rechtmäßiges Alternativverhalten für beachtlich ansieht (→ Rn. 262) oder ein solches bei der Verletzung von Organisationsvorschriften als unbeachtlich betrachtet. Die Rechtslage bei rechtmäßigem Alternativverhalten braucht hier nicht herangezogen zu werden, da der Wortlaut des § 93 Abs. 4 S. 1 eindeutig ist.

III. Nichtige und anfechtbare Hauptversammlungsbeschlüsse

300 Der Hauptversammlungsbeschluss muss **gesetzmäßig** sein. Er darf weder nichtig noch anfechtbar sein.[833] Ein **nichtiger Hauptversammlungsbeschluss** entfaltet keine Rechtswirkung und kann damit den Vorstand nicht von seiner Haftung befreien.[834] Nichtigkeit eines Hauptversammlungsbeschlusses liegt stets bei einer Unzuständigkeit der Hauptversammlung vor,[835] zB bei einem Beschluss über Fragen der Geschäftsführung, wenn dem Beschluss kein Verlangen des Vorstands nach § 119 Abs. 2 vorausgeht. Die Heilung eines nichtigen Beschlusses führt rückwirkend zur Gesetzmäßigkeit des Beschlusses (→ § 242 Rn. 13 f.), so dass eine Verpflichtung des Vorstands besteht, diesen nunmehr auszuführen (→ § 83 Rn. 8).[836] Damit greift der Haftungsausschluss ab diesem Zeitpunkt. Hat der Vorstand einen noch nicht geheilten nichtigen Beschluss umgesetzt, kann er sich nach Eintritt der Heilung auf den Haftungsausschluss aus § 93 Abs. 4 S. 1 berufen.[837] Allerdings bleibt eine Schadensersatzpflicht des Vorstands bestehen, soweit ihn eine Verpflichtung traf, gegen den nichtigen Beschluss im Rahmen einer Nichtigkeitsklage vorzugehen.[838] Das ist der Fall, wenn der Gesellschaft durch die Ausführung des nichtigen Beschlusses ein nicht unerheblicher Schaden droht, ein sonstiges Interesse der Gesellschaft an einer Beschlussmängelklage vorliegt oder wenn der Beschluss den Vorstand zu rechtswidrigem Verhalten verpflichtet.[839]

---

[825] MüKoAktG/*Spindler* Rn. 237.
[826] GroßkommAktG/*Hopt/Roth* Rn. 478.
[827] GroßkommAktG/*Hopt/Roth* Rn. 478.
[828] MüKoAktG/*Spindler* Rn. 237.
[829] KK-AktG/*Mertens/Cahn* Rn. 153 mwN.
[830] KK-AktG/*Mertens/Cahn* Rn. 153 mwN.
[831] GroßkommAktG/*Hopt/Roth* Rn. 477; aA *Canaris* ZGR 1978, 209 (215): analoge Anwendung.
[832] Spindler/Stilz/*Fleischer* Rn. 266; GroßkommAktG/*Hopt/Roth* Rn. 479; KK-AktG/*Mertens/Cahn* Rn. 150; MüKoAktG/*Spindler* Rn. 237; aA RGZ 35, 83 (87); OLG Hamburg LZ 1917, 823.
[833] *Arnold* in Marsch-Barner/Schäfer HdB AG § 22 Rn. 36; Spindler/Stilz/*Fleischer* Rn. 268; MüKoAktG/*Spindler* Rn. 237.
[834] Spindler/Stilz/*Fleischer* Rn. 269 mwN.
[835] Spindler/Stilz/*Fleischer* Rn. 269; Hüffer/*Koch* Rn. 73.
[836] BGHZ 33, 175 (178 f.) = NJW 1961, 26; Spindler/Stilz/*Fleischer* Rn. 270; GroßkommAktG/*Hopt/Roth* Rn. 482; Hüffer/*Koch* Rn. 73; MüKoAktG/*Spindler* Rn. 238; aA *Hefermehl* FS Schilling, 1973, 159 (168 f.); NK-AktR/*Heidel* § 242 Rn. 5.
[837] HM, Spindler/Stilz/*Fleischer* Rn. 270; GroßkommAktG/*Hopt/Roth* Rn. 482; Hüffer/*Koch* Rn. 73; NK-AktR/*U. Schmidt* Rn. 128; MüKoAktG/*Spindler* Rn. 238; MHdB AG/*Wiesner* § 26 Rn. 41; aA *Hefermehl,* FS Schilling, 1973, 159 (168 f.); KK-AktG/*Mertens/Cahn* Rn. 155.
[838] HM, Spindler/Stilz/*Fleischer* Rn. 270, 273; GroßkommAktG/*Hopt/Roth* Rn. 485; Hüffer/*Koch* Rn. 74; MüKoAktG/*Spindler* Rn. F238; aA *Casper,* Die Heilung nichtiger Beschlüsse, 1998, 188 f.; wohl auch *Schultz,* Die Behebung einzelner Mängel von Organisationsakten in Kapitalgesellschaften, 1997, 211 ff.
[839] GroßkommAktG/*Hopt/Roth* Rn. 175; KK-AktG/*Mertens/Cahn* Rn. 68; aA *Servatius,* Strukturmaßnahmen als Unternehmensleitung, 2004, 348 ff.; NK-AktR/*Heidel* § 241 Rn. 14.

Entsprechende Grundsätze gelten bei **anfechtbaren Hauptversammlungsbeschlüssen.**[840] 301
Beruht die Handlung des Vorstands auf einem anfechtbaren Beschluss, greift der Haftungsausschluss nach § 93 Abs. 4 S. 1 nicht ein. Der Beschluss wird gesetzmäßig, nachdem die Anfechtungsfrist verstrichen ist und gegen ihn nicht mehr vorgegangen werden kann (→ § 83 Rn. 8).[841] Ein Schadensersatzanspruch kann sich aber wie bei nichtigen Beschlüssen daraus herleiten, dass der Vorstand es pflichtwidrig unterlassen hat, den Beschluss anzufechten.[842] Die Frage, wann eine Pflicht zur Anfechtung besteht, ist mit dem gleichen Ergebnis zu beantworten wie die Frage, unter welchen Voraussetzungen eine Nichtigkeitsklage zu erheben ist. Eine Pflicht zur Anfechtung besteht also, wenn neben dem Vorliegen eines Anfechtungsgrundes der Gesellschaft durch die Ausführung des anfechtbaren Beschlusses ein nicht unerheblicher Schaden droht, ein sonstiges Interesse der Gesellschaft an der Anfechtungsklage besteht oder wenn der Beschluss den Vorstand zu rechtswidrigem Verhalten verpflichtet.[843]

IV. Grenzen des Haftungsausschlusses

Der Haftungsausschluss greift nicht, wenn der Vorstand an einen Hauptversammlungsbeschluss 302
nicht gebunden ist. Das ist der Fall, wenn die Hauptversammlung die **Zustimmung des Aufsichtsrats** zu einer Geschäftsführungsmaßnahme nach § 111 Abs. 4 S. 3 **ersetzt.** Auch die Zustimmung des Aufsichtsrats hätte in diesem Falle den Vorstand nicht von seiner Verantwortung befreit. Die ersetzende Zustimmung der Hauptversammlung kann keine weitergehende Wirkung haben.

Die haftungsbefreiende Wirkung eines Hauptversammlungsbeschlusses tritt nicht ein, wenn der 303
Vorstand einen Hauptversammlungsbeschluss **pflichtwidrig herbeigeführt** hat.[844] Das ist der Fall, wenn der Vorstand die Hauptversammlung auf der Grundlage unzureichender Informationen beschließen lässt.[845] Der Vorstand hat die Hauptversammlung über alle dem Entscheidungsgegenstand zugrunde liegenden Umstände und über die Tragweite der Entscheidung in Kenntnis zu setzen.[846] Beruft er sich auf einen Haftungsausschluss, hat er die umfassende Unterrichtung der Hauptversammlung darzulegen und zu beweisen.

Haben sich die **Umstände seit Beschlussfassung** gravierend **verändert** und würde eine Umset- 304
zung des Beschlusses nunmehr einen Schaden verursachen, darf der Vorstand den Hauptversammlungsbeschluss nicht ausführen.[847] Fällt der Beschlussgegenstand in die alleinige Zuständigkeit der Hauptversammlung, hat er die Verpflichtung, eine Entscheidung der Hauptversammlung dazu einzuholen, ob der Hauptversammlungsbeschluss trotz geänderter Umstände Bestand haben soll.[848] Ändert sich die Situation nach Umsetzung des Beschlusses, ist die Umsetzung rückgängig zu machen, wenn hierdurch von der Gesellschaft ein Schaden abgewendet werden kann.[849] Der Vorstand braucht und darf einen Beschluss der Hauptversammlung zur Rückgängigmachung ihres ursprünglichen Beschlusses nicht abzuwarten, wenn der Gesellschaft durch die zeitliche Verzögerung, die eine erneute Einberufung mit sich bringt, ein nicht wieder gutzumachender Schaden droht.

I. Billigung durch den Aufsichtsrat (Abs. 4 S. 2)

Nach § 93 Abs. 4 S. 2 befreit den Vorstand ein seine Handlung billigender Beschluss des Aufsichts- 305
rats nicht von seiner Haftung.[850] § 93 Abs. 4 S. 2 steht in Zusammenhang mit § 111 Abs. 1 und Abs. 4 S. 1, wonach dem Aufsichtsrat keine Geschäftsführungsmaßnahmen obliegen.

---

840 HM, Hüffer/*Koch* Rn. 73; MüKoAktG/*Spindler* Rn. 237; MHdB AG/*Wiesner* § 26 Rn. 41.

841 HM, Spindler/Stilz/*Fleischer* Rn. 271; Hüffer/*Koch* Rn. 73; MüKoAktG/*Spindler* Rn. 237; aA *Golling,* Sorgfaltspflicht und Verantwortlichkeit der Vorstandsmitglieder für ihre Geschäftsführung innerhalb der nicht konzerngebundenen Aktiengesellschaft, 1969, 82: kein gesetzmäßiger Beschluss iSd § 93 Abs. 4 S. 1, wenn Anfechtungspflicht des Vorstands bestand; *Mestmäcker,* Verwaltung, Konzerngewalt und Recht der Aktionäre, 1958, 269 f.; NK-AktR/*Heidel* § 243 Rn. 40; KK-AktG/*Zöllner* § 243 Rn. 5.

842 Hüffer/*Koch* Rn. 74; GroßkommAktG/*Hopt/Roth* Rn. 485; MüKoAktG/*Spindler* Rn. 237.

843 GroßkommAktG/*Hopt/Roth* Rn. 175; KK-AktG/*Mertens/Cahn* Rn. 68; aA *Servatius,* Strukturmaßnahmen als Unternehmensleitung, 2004, 348 ff.; NK-AktR/*Heidel* § 243 Rn. 40.

844 Spindler/Stilz/*Fleischer* Rn. 272; MüKoAktG/*Spindler* Rn. 244.

845 BGHZ 146, 288 (294) = NJW 2001, 1277; MüKoAktG/*Spindler* Rn. 244 mwN.

846 Spindler/Stilz/*Fleischer* Rn. 272.

847 Spindler/Stilz/*Fleischer* Rn. 275 mwN.

848 Spindler/Stilz/*Fleischer* Rn. 275; Schmidt/Lutter/*Krieger/Sailer-Coceani* Rn. 62; MüKoAktG/*Spindler* Rn. 245; MHdB AG/*Wiesner* § 26 Rn. 42; aA GroßkommAktG/*Hopt/Roth* Rn. 490; KK-AktG/*Mertens/Cahn* Rn. 158.

849 Weiter wohl GroßkommAktG/*Hopt/Roth* Rn. 491: „kann".

850 OLG Stuttgart NZG 2010, 141 (145).

J. Verzicht und Vergleich (Abs. 4 S. 3 und S. 4)

I. Norminhalt und -zweck

306 Die Gesellschaft kann nach Ablauf von drei Jahren nach Entstehung des Schadensersatzanspruchs gegen ein Vorstandsmitglied auf den Anspruch verzichten oder sich vergleichen, soweit die Hauptversammlung zustimmt und nicht eine Minderheit, die 10% des Grundkapitals hält, zur Niederschrift Widerspruch erhebt. Die Gesellschaft wird dabei durch den Aufsichtsrat nach § 112 vertreten. Die Regelung in § 93 Abs. 4 S. 3 und S. 4 dient dem Schutz des Gesellschaftsvermögens und der Sicherung der Minderheitsaktionäre. Das Zustimmungserfordernis der Hauptversammlung soll einer möglichen **kollegialen Rücksichtnahme vorbeugen.**[851] Die Gefahr eines wechselseitigen Zusammenwirkens von Vorstand und Aufsichtsrat liegt besonders nahe, wenn Schadensersatzansprüche sowohl gegen Mitglieder des Vorstands als auch gegen Mitglieder des Aufsichtsrats in Betracht kommen. In diesem Falle ist der Aufsichtsrat zur Vertretung gegenüber den Vorstandsmitgliedern berechtigt, der Vorstand vertritt die Gesellschaft bei möglichen Schadensersatzansprüchen gegen Aufsichtsratsmitglieder.

307 In der Praxis ist die Gefahr kollegialer Rücksichtnahme beginnend mit der bahnbrechenden ARAG/Garmenbeck-Entscheidung des BGH[852] und der zunehmend schärferen Fokussierung auf pflichtwidriges Verhalten von Organmitgliedern in der politischen und öffentlichen Diskussion (→ Rn. 23 f.) deutlich zurückgegangen. Auch in Anbetracht der zweifelhaften Sinnhaftigkeit der Notwendigkeit eines Hauptversammlungsbeschlusses hat die Dreijahresfrist den Nachteil, dass die Frage von Schadensersatzansprüchen gegen Vorstandsmitglieder nicht zügig geklärt werden kann. Das kann nicht nur im Interesse des betroffenen Vorstandsmitglieds, sondern auch im wohlverstandenen Interesse der Gesellschaft liegen.[853] Monate- und oft jahrelange Diskussionen über das Fehlverhalten gegenwärtiger oder vergangener Vorstandsmitglieder in der Öffentlichkeit waren noch nie zum Vorteil eines Unternehmens. In der Praxis wurden deshalb Lösungswege gesucht, zu einer früheren abschließenden Regelung zu gelangen. Als solche bot sich die **Abtretung des Schadensersatzanspruchs an** einen **Dritten** an.[854] Dieser Weg ist jedoch nur gangbar, wenn es sich nicht um eine Umgehung handelt (→ Rn. 319).[855]

II. Verzicht, Vergleich oder sonstige Rechtshandlungen

308 Bei einem **Verzicht** erlischt der Schadensersatzanspruch der Gesellschaft gegenüber dem pflichtverletzenden Vorstandsmitglied. Außerprozessual handelt es sich dabei entweder um einen Erlassvertrag gemäß § 397 Abs. 1 BGB oder um ein negatives Schuldanerkenntnis gemäß § 397 Abs. 2 BGB. Der prozessuale Verzicht ist in § 306 ZPO geregelt. Möglich ist auch ein Teilverzicht. In den Fällen des § 397 Abs. 1 und Abs. 2 BGB handelt es sich um einen Erlassvertrag und nicht um eine einseitige Erklärung. Bei einem **Vergleich** wird der Schadensersatzanspruch in seiner Höhe gemindert. In Betracht kommt ein prozessualer Vergleich oder ein außergerichtlicher Vergleich gemäß § 779 BGB.

309 **Sonstige Rechtshandlungen,** die sich wie ein Verzicht oder Vergleich auswirken, unterfallen ebenfalls § 93 Abs. 4 S. 3.[856] So ist eine Stundung ein Teilverzicht.[857] Der Verzicht auf eine Aufrechnungsmöglichkeit ist ein Verzicht iSd § 93 Abs. 4 S. 3.[858] Eine Novation ist einem Verzicht gleichzusetzen.[859] Ein Anerkenntnis der Gesellschaft gemäß § 307 ZPO bei einer durch ein Vorstandsmitglied geführten negativen Feststellungsklage kommt einem Verzicht gleich.[860] Ebenfalls ist eine Freistellung des Vorstands von Ansprüchen Dritter, die auf einer Sorgfaltspflichtverletzung nach § 93 Abs. 1 S. 1 beruhen, nur unter Vorliegen der Voraussetzungen des § 93 Abs. 4 S. 3 zulässig.[861] Weiter fallen Vereinbarungen, den Anspruch nicht geltend zu machen (pactum de non petendo), unter § 93 Abs. 4 S. 3.[862] Dies gilt ebenso für Schiedssprüche mit vereinbartem Wortlaut (→ Rn. 342). Die Entlastung

---

[851] KK-AktG/*Mertens/Cahn* Rn. 161; MüKoAktG/*Spindler* Rn. 250.
[852] BGHZ 135, 244 (247) = NJW 1997, 1926 – ARAG/Garmenbeck, für Aufsichtsratsbeschluss.
[853] KK-AktG/*Mertens/Cahn* Rn. 164.
[854] GroßkommAktG/*Hopt/Roth* Rn. 505.
[855] GroßkommAktG/*Hopt/Roth* Rn. 505; MüKoAktG/*Spindler* Rn. 263.
[856] KK-AktG/*Mertens/Cahn* Rn. 171.
[857] GroßkommAktG/*Hopt/Roth* Rn. 528; MüKoAktG/*Spindler* Rn. 264.
[858] GroßkommAktG/*Hopt/Roth* Rn. 528.
[859] GroßkommAktG/*Hopt/Roth* Rn. 528.
[860] GroßkommAktG/*Hopt/Roth* Rn. 529; KK-AktG/*Mertens/Cahn* Rn. 173.
[861] GroßkommAktG/*Hopt/Roth* Rn. 678 f.; aA *Bastuck,* Enthaftung des Managements, 1986, 137 f.: Erstattung von Geldbußen und Geldstrafen zulässig.
[862] KK-AktG/*Mertens/Cahn* Rn. 171.

des Vorstands fällt nicht unter § 93 Abs. 4 S. 3, da sie keinen Verzicht auf Ersatzansprüche enthält. Sie führt auch nicht zu einer Beweislastumkehr.[863] Abfindungsvereinbarungen, in denen die Gesellschaft die Erledigung aller Ansprüche gegen ein Vorstandsmitglied erklärt, stellen einen Vergleich dar.[864] Eine Ausnahme besteht, wenn ausdrücklich geregelt wird, dass durch den Vergleich nur Ansprüche erfasst werden, deren anspruchsbegründende Tatsachen dem Aufsichtsrat zum Zeitpunkt der Vereinbarung bereits bekannt sind und der Aufsichtsrat tatsächlich zum maßgeblichen Zeitpunkt keine Kenntnis von solchen Umständen hat. § 93 Abs. 4 S. 3 ist entsprechend anzuwenden, wenn die Gesellschaft einem Vorstand nach Aufsichtsratsbeschluss eine Geldstrafe, Geldbuße oder Geldauflage erstattet, wenn die Handlung des Vorstands zugleich eine Pflichtwidrigkeit gegenüber der Gesellschaft darstellt.[865]

Tritt der Aufsichtsrat in die Prüfung ein, ob ein pflichtwidriges Verhalten eines Vorstandsmitglieds vorliegt und Schadensersatzansprüche in Betracht kommen, so liegt keine dem § 93 Abs. 4 S. 3 unterfallende Rechtshandlung vor, wenn er nach Überprüfung zu dem Ergebnis kommt, dass entweder keine Pflichtwidrigkeit vorliegt oder der Gesellschaft kein Schaden entstanden ist. Dies gilt auch dann, wenn er den Eintritt in die Prüfungsphase dem Vorstandsmitglied mitgeteilt hat. Er kann ihm dann nach Abschluss der Überprüfung auch das negative Prüfungsergebnis für die Gesellschaft und vorteilhafte für das Vorstandsmitglied mitteilen. Etwas anderes gilt jedoch, wenn der Aufsichtsrat dem Vorstand bereits die Geltendmachung von Schadensersatzansprüchen ob mit oder ohne Nennung eines Betrages angekündigt hat. Selbst wenn er alsdann bei detaillierterer oder nochmaliger Überprüfung zu dem Ergebnis gekommen sein sollte, dass tatsächlich keine Schadensersatzansprüche bestehen, kann er von seiner Ankündigung nur unter den Voraussetzungen des § 93 Abs. 4 S. 3 abweichen. Ansonsten wäre der Umgehung der Vorschrift Tür und Tor geöffnet. Der Aufsichtsrat bräuchte lediglich mitzuteilen, dass er bei nochmaliger Überprüfung zu dem Ergebnis gekommen sei, es lägen keine Schadensersatzansprüche vor. 310

Keine einem Verzicht oder Vergleich gleichzusetzende Rechtshandlung liegt vor, wenn der Aufsichtsrat zum Ergebnis kommt, dass eine schadensersatzbegründende Pflichtverletzung vorliegt, jedoch tatsächlich nichts unternimmt. Sowohl Verzicht als auch Vergleich sind vertragliche Vereinbarungen wie dies zum Beispiel bei einem pactum de non petendo (→ Rn. 309) der Fall ist. Eine zweiseitige Vereinbarung liegt nicht vor, wenn der Vorstand nicht mitwirkt. In diesem Falle kommt eine Schadensersatzpflicht des Aufsichtsrats in Betracht. 310a

III. Dreijahresfrist

Der Aufsichtsrat kann erst nach Ablauf von drei Jahren seit Entstehen des Anspruchs auf den Schadensersatzanspruch verzichten oder über diesen einen Vergleich abschließen. Entscheidend für den Fristbeginn ist die objektive Möglichkeit der klageweisen Durchsetzung des Anspruchs.[866] Fristbeginn und -ende richten sich nach den allgemeinen zivilrechtlichen Regelungen der §§ 187, 188 BGB. **Sinn und Zweck** der Dreijahresfrist ist die Sicherung der Gesellschaft vor voreiligen Handlungen des Aufsichtsrats.[867] So ist es teils erst nach drei Jahren für den Aufsichtsrat absehbar, wie hoch der Schaden tatsächlich ist. Weiterhin soll verhindert werden, dass der Vergleichsabschluss zu Zeiten einer personellen Gemengelage, also zB eines persönlich engen Verhältnisses von Vorständen, Aufsichtsräten und Mehrheitsaktionär geschieht.[868] Innerhalb von drei Jahren kann es zu einem Wechsel in der Aktionärsstruktur und auch in der Aufsichtsratsbesetzung kommen. Die Dreijahresfrist kann **weder verkürzt noch verlängert** werden. **Unzulässig** ist auch der Abschluss eines Vergleichs oder Erlassvertrages vor Ablauf von drei Jahren, wenn dessen Wirksamkeit unter der **aufschiebenden Bedingung** einer **Zustimmung der Hauptversammlung** steht, die frühestens drei Jahre nach Entstehen des Anspruchs erfolgen kann. Die Meinungsbildung des Aufsichtsrats soll gerade erst nach Ablauf von drei Jahren erfolgen. Ob die Dreijahresfrist angesichts des durch sie bedingten Schwebezustands rechtspolitisch sinnvoll ist, ist sehr zweifelhaft (→ Rn. 307).[869] 311

IV. Zustimmung der Hauptversammlung

Die Hauptversammlung muss dem Verzicht oder Vergleich zustimmen. Bis zur Zustimmung ist der Verzicht oder Vergleich schwebend unwirksam. Für den Beschluss der Hauptversammlung reicht 312

[863] OLG Düsseldorf NJW-RR 1996, 1252 (1253).
[864] GroßkommAktG/*Hopt/Roth* Rn. 527; KK-AktG/*Mertens/Cahn* Rn. 171; MüKoAktG/*Spindler* Rn. 261.
[865] BGHZ 202, 26 = NZG 2014, 1058 = AG 2014, 751.
[866] Hüffer/*Koch* Rn. 76.
[867] KK-AktG/*Mertens/Cahn* Rn. 164; MüKoAktG/*Spindler* Rn. 251.
[868] KK-AktG/*Mertens/Cahn* Rn. 164; GroßkommAktG/*Hopt/Roth* Rn. 518.
[869] Ebenso KK-AktG/*Mertens/Cahn* Rn. 164.

die einfache Mehrheit, soweit in der Satzung nicht eine größere Mehrheit festgelegt ist.[870] Das **betroffene Vorstandsmitglied** kann, soweit es Aktionär ist, sein **Stimmrecht nicht ausüben.**[871] Dies gilt für alle im Rahmen ihrer Gesamtverantwortung haftenden Vorstandsmitglieder, soweit die Gesellschaft insgesamt auf den Schadensersatzanspruch verzichtet oder ein Vergleich mit allen als Gesamtschuldner haftenden Vorstandsmitgliedern abgeschlossen wird. Verzichtet der Aufsichtsrat nur gegenüber einem oder einzelnen bestimmten Vorstandsmitgliedern auf den Schadensersatzanspruch oder vergleicht er sich nicht mit allen Vorstandsmitgliedern, so bleiben die übrigen Vorstandsmitglieder stimmberechtigt.[872] Das gilt auch, wenn sie mittelbar betroffen sind und ihnen gegenüber dem oder den befreiten Vorstandsmitgliedern Ausgleichsmöglichkeiten im Innenverhältnis genommen werden.[873] Wird über einen Verzicht oder Vergleich mit mehreren oder allen Vorstandsmitgliedern im Wege von Einzelbeschlüssen entschieden, gilt das Stimmverbot für alle Vorstandsmitglieder, mit denen Verzichts- oder Vergleichsregelungen getroffen werden sollen. Ansonsten würde die Regelung des § 136 Abs. 1 S. 1 umgangen.[874] Vorstandsmitglieder, mit denen kein Vergleich oder Verzicht vereinbart werden soll, bleiben jedoch stets stimmberechtigt.[875]

313 Bei einer Abstimmung des Vorstands über den der Hauptversammlung vorzulegenden Beschlussvorschlag ist ein Vorstandsmitglied, dem Schadensersatzansprüche drohen, stimmberechtigt.[876] Sind mehrere Vorstandsmitglieder betroffen, käme ansonsten möglicherweise kein Beschlussvorschlag zustande.

314 In einem **Prozess** soll die Zustimmung der Hauptversammlung zu einem Vergleich oder zu Prozesshandlungen, die einem Verzicht oder Vergleich gleichkommen, dann nicht erforderlich sein, wenn im Prozess deutlich wird, dass die von der Gesellschaft geltend gemachten **Ansprüche offensichtlich nicht bestehen.**[877] Diese Auffassung ist abzulehnen. Das offensichtliche Bestehen oder Nichtbestehen von Ansprüchen ist kein eindeutiges Abgrenzungskriterium. Es lässt sich trefflich darüber streiten, unter welchen Voraussetzungen Ansprüche „offensichtlich" nicht bestehen. Eine solche unsichere Situation, ob der Vergleich oder die entsprechende Rechtshandlung wirksam ist, ist weder für die Gesellschaft noch für den Vorstand hinnehmbar. Ein in einem Prozess vor Ablauf von drei Jahren seit Entstehen des Anspruchs ergangenes Urteil ist rechtswirksam.[878] Das gilt auch für Urteile, die auf unsorgfältiger Prozessführung durch den Aufsichtsrat beruhen.[879] Selbst ein Versäumnisurteil, das der Aufsichtsrat pflichtwidrig gegen die Gesellschaft ergehen lässt, ist wirksam.[880] Ob man in diesem Falle dem Vorstandsmitglied einen Einwand aus § 826 BGB entgegenhalten kann,[881] erscheint fraglich. Jedenfalls haben sich die einzelnen Aufsichtsratsmitglieder durch ein solches Verhalten ihrerseits gegenüber der Gesellschaft schadensersatzpflichtig gemacht.[882]

V. Widerspruch einer Aktionärsminderheit

315 Soweit eine Aktionärsminderheit, die 10% am vorhandenen Grundkapital hält, bei dem Hauptversammlungsbeschluss ihren Widerspruch zur Niederschrift erklärt, kann kein wirksamer Verzicht ausgesprochen oder Vergleich vereinbart werden. Hierdurch wird gewährleistet, dass den Minderheitsaktionären nicht die Möglichkeit genommen wird, im Wege eines Klagezulassungsverfahrens Ersatzansprüche der Gesellschaft geltend zu machen. Entscheidend ist einzig die Beteiligung der Aktionärsminderheit mit 10% am vorhandenen Grundkapital. Unerheblich ist eine Vertretungsmehrheit in der Hauptversammlung, die Höhe der Einzahlung der Aktionäre oder das Vorliegen einer Stimmberechtigung.[883] Auch Vorzugsaktien ohne Stimmrecht zählen bei der Frage, ob eine zehnpro-

---

[870] Spindler/Stilz/*Fleischer* Rn. 279; GroßkommAktG/*Hopt/Roth* Rn. 507; KK-AktG/*Mertens/Cahn* Rn. 160; MüKoAktG/*Spindler* Rn. 252.

[871] KK-AktG/*Mertens/Cahn* Rn. 162; MüKoAktG/*Spindler* Rn. 252.

[872] GroßkommAktG/*Hopt/Roth* Rn. 508; aA KK-AktG/*Mertens/Cahn* Rn. 162; Spindler/Stilz/*Fleischer* Rn. 279; MüKoAktG/*Spindler* Rn. 252.

[873] GroßkommAktG/*Hopt/Roth* Rn. 508.

[874] GroßkommAktG/*Hopt/Roth* Rn. 509.

[875] GroßkommAktG/*Hopt/Roth* Rn. 508; aA KK-AktG/*Mertens/Cahn* Rn. 162; Spindler/Stilz/*Fleischer* Rn. 279; MüKoAktG/*Spindler* Rn. 252.

[876] GroßkommAktG/*Hopt/Roth* Rn. 510; KK-AktG/*Mertens/Cahn* Rn. 163; MüKoAktG/*Spindler* Rn. 252.

[877] *K. Zimmermann* FS Duden, 1977, 773 (784); KK-AktG/*Mertens/Cahn* Rn. 173; MüKoAktG/*Spindler* Rn. 260; offenlassend *Bauer/Krets* DB 2003, 811 (813) und GroßkommAktG/*Hopt/Roth* Rn. 529.

[878] GroßkommAktG/*Hopt/Roth* Rn. 529.

[879] GroßkommAktG/*Hopt/Roth* Rn. 529.

[880] GroßkommAktG/*Hopt/Roth* Rn. 529; KK-AktG/*Mertens/Cahn* Rn. 173; MüKoAktG/*Spindler* Rn. 260.

[881] GroßkommAktG/*Hopt/Roth* Rn. 529.

[882] KK-AktG/*Mertens/Cahn* Rn. 173.

[883] GroßkommAktG/*Hopt/Roth* Rn. 515.

zentige Beteiligung erreicht ist, mit.[884] Der Widerspruch ist zur Niederschrift eines Notars zu erklären.[885] Legen Aktionäre Widerspruch ein, die vorher dem Verzicht oder Vergleich zugestimmt haben, so ist dies treuwidrig.[886] Ihre Aktien zählen bei der Berechnung der 10% nicht mit. Wird der Widerspruch nur gegen einen Teil des Beschlusses erhoben, ist nach § 139 BGB abzuwägen, ob damit der gesamte Beschluss unwirksam ist.

VI. Folgen eines Verstoßes gegen Abs. 4 S. 3

Verzichtet oder vergleicht sich die Gesellschaft vor Ablauf der Dreijahresfrist oder nach Ablauf der Dreijahresfrist ohne Zustimmung der Hauptversammlung, ist die Rechtshandlung unwirksam.[887] Eine Heilung ist nicht möglich.[888] Ein Verzicht kann erneut beschlossen oder ein Vergleich kann erneut abgeschlossen werden, einem Verzicht oder Vergleich gleichwertige Rechtshandlungen können erneut vorgenommen werden.[889] Eine Bestätigung der vorgenommenen Rechtshandlungen gemäß § 141 Abs. 1 BGB ist ausreichend.[890] **316**

VII. Ausnahme von der Dreijahresfrist bei Zahlungsunfähigkeit des ersatzpflichtigen Vorstandsmitglieds (Abs. 4 S. 4)

Ist das ersatzpflichtige Vorstandsmitglied zahlungsunfähig und vergleicht es sich zur Abwendung des Insolvenzverfahrens mit seinen Gläubigern oder steht seine Ersatzpflicht in einem Insolvenzplan, gilt die Dreijahresfrist nicht (§ 93 Abs. 4 S. 4).[891] Ein gerichtlicher oder außergerichtlicher Schuldenbereinigungsplan nach §§ 305 ff. InsO ist dem Insolvenzplan gleichzustellen.[892] Im Zuge der Einführung des Schuldenbereinigungsplans durch die InsO vom 5.10.1994 (BGBl. I S. 2866) wurde eine Aktualisierung von § 93 Abs. 4 S. 4 anscheinend versäumt.[893] Da ein Vorstand keine selbständige wirtschaftliche Tätigkeit ausübt,[894] hat er im Falle seiner Privatinsolvenz keinen Insolvenzplan aufzustellen. **317**

Erforderlich ist aber auch in den Fällen von § 93 Abs. 4 S. 4 die Zustimmung der Hauptversammlung und das Nichtvorliegen eines Widerspruchs der Minderheitsaktionäre. Ein Vergleich kann im förmlichen Insolvenzverfahren geschlossen werden, so durch die Zustimmung der Gläubiger zum Schuldenbereinigungsplan oder durch die Zustimmung der Gläubiger zur Einstellung des Insolvenzverfahrens nach §§ 213–215 InsO. Das ersatzpflichtige Vorstandsmitglied kann sich auch außergerichtlich mit seinen Gläubigern vergleichen. Dabei muss der Vergleich nicht mit allen Gläubigern erfolgen.[895] Allerdings muss der Vergleich zur Abwendung des Insolvenzverfahrens geeignet sein. Es können mit unterschiedlichen Gläubigern auch unterschiedliche Vergleiche geschlossen werden.[896] **318**

VIII. Abtretung des Schadensersatzanspruchs, Vereinbarungen mit Dritten und Anwendbarkeit nach Verschmelzung

Mangels einer entsprechenden gesetzlichen Regelung sind **Verfügungen über den Schadensersatzanspruch,** wie Abtretungen, Verpfändungen oder Aufrechnungen grundsätzlich **zulässig.** Von dieser Möglichkeit wurde in der Praxis des Öfteren Gebrauch gemacht um – auch im wohlverstandenen Interesse der Gesellschaft – zu einer möglichst frühzeitigen abschließenden Klärung zu gelangen und mögliche Schadensersatzansprüche nicht mehr als drei Jahre in der Schwebe zu halten. Die Abtretung erfolgte in diesen Fällen zumeist an ein Konzernunternehmen. Die Verfügung ist unwirksam, wenn sie eine **Umgehung** des Vergleichs- und Verzichtsverbots darstellt.[897] Als Beispiel für **319**

[884] GroßkommAktG/*Hopt/Roth* Rn. 515; KK-AktG/*Mertens/Cahn* Rn. 160.
[885] KK-AktG/*Mertens/Cahn* Rn. 160 mwN.
[886] GroßkommAktG/*Hopt/Roth* Rn. 515.
[887] KK-AktG/*Mertens/Cahn* Rn. 174 mwN.
[888] KK-AktG/*Mertens/Cahn* Rn. 174 mwN.
[889] KK-AktG/*Mertens/Cahn* Rn. 174 mwN.
[890] GroßkommAktG/*Hopt/Roth* Rn. 534; MüKoAktG/*Spindler* Rn. 254.
[891] GroßkommAktG/*Hopt/Roth* Rn. 536 f.; KK-AktG/*Mertens/Cahn* Rn. 176; MüKoAktG/*Spindler* Rn. 256.
[892] *Hirte/Stoll* ZIP 2010, 253 (254 f.).
[893] *Hirte/Stoll* ZIP 2010, 253 (255).
[894] BAG NJW 2010, 2827 (2829) – diff. wohl bei GmbH-Gesellschafter-Geschäftsführer; BGH NJW-RR 2007, 1673 (1675) für GmbH-Geschäftsführer; NJW 2006, 917 (918) für GmbH-Geschäftsführer; NJW 2004, 3039 (3040) für GmbH-Geschäftsführer; BGHZ 133, 71 (77 f.) = NJW 1996, 2156 für GmbH-Geschäftsführer; *Gaul/Ludwig* GmbHR 2010, R 321; *Hirte/Stoll* ZIP 2010, 253 (354).
[895] GroßkommAktG/*Hopt/Roth* Rn. 537; KK-AktG/*Mertens/Cahn* Rn. 176; MüKoAktG/*Spindler* Rn. 256.
[896] GroßkommAktG/*Hopt/Roth* Rn. 537.
[897] GroßkommAktG/*Hopt/Roth* Rn. 530; KK-AktG/*Mertens/Cahn* Rn. 172; MüKoAktG/*Spindler* Rn. 263.

eine Umgehung wird die unentgeltliche Abtretung an einen Dritten angeführt, damit dieser dann verzichte oder sich vergleiche.[898] Diese Konstellation liegt aber gerade auch in der oben erwähnten Übertragung an ein Konzernunternehmen vor. Die Übertragung hat den Zweck, möglichst schnell einen Vergleich zu erreichen und nicht den Zeitraum von drei Jahren auszuschöpfen. In diesen Fällen liegt deshalb das Umgehungsargument nahe, so dass von einer solchen Gestaltung abzuraten ist. Eine Umgehung lässt sich nur ausschließen, wenn die Übertragung an einen fremden Dritten erfolgt, um der Gesellschaft dringend benötigte Liquidität zu verschaffen. Zweifelhaft ist auch die Abtretung des Anspruchs gegen einen Vorstand an die D&O Versicherung (→ Rn. 419a).

319a Zuständig für die Abtretung eines Binnenhaftungsanspruchs aus § 93 Abs. 2 ist in analoger Anwendung des § 112 Abs. 1 der Aufsichtsrat. Es wäre ein Widerspruch gegen die aktienrechtliche Zuständigkeitsordnung, wenn man dem gegenwärtigen Vorstand die Dispositionsbefugnis über den Anspruch gegen ein gegenwärtiges oder ehemaliges Vorstandsmitglied überließe.[899]

320 **Vereinbarungen,** die nicht die Gesellschaft selbst, sondern ein **Dritter mit dem Vorstandsmitglied** trifft, fallen nicht unter Abs. 4 S. 3. Ein Großaktionär kann zB die **Garantie** übernehmen, dass die Gesellschaft keine Schadensersatzansprüche geltend macht oder das Vorstandsmitglied von einem Schadensersatzanspruch freistellen.[900] Bei schädlicher Einflussnahme auf die Gesellschaft haftet er nach § 117. Wenn es sich um ein faktisches Konzernverhältnis handelt, kommt eine Pflicht zum Nachteilsausgleich in Betracht. Eine **Stimmrechtsbindung der Aktionäre** gegenüber einem Vorstand mit dem Inhalt, die Zustimmung zu einem Verzicht oder Vergleich nach Ablauf der Dreijahresfrist zu erteilen, soll dagegen wegen Umgehung von Abs. 4 S. 3 unwirksam sein.[901] Diese Differenzierung zwischen Garantieübernahme und Stimmrechtsbindung gegenüber dem Vorstandsmitglied ist nicht konsequent. Die Garantieübernahme entlastet das Vorstandsmitglied sogar in weit größerem Maße, da dies ihm jegliche finanzielle Sorge nimmt. Im Falle einer Stimmrechtsbindung besteht aber nach wie vor die Möglichkeit, dass die Gesellschaft vertreten durch den Aufsichtsrat sich weder vergleicht noch verzichtet, so dass ein Hauptversammlungsbeschluss überhaupt nicht relevant wird. Konsequenterweise ist deshalb eine Stimmrechtsbindung zulässig.

320a § 93 Abs. 4 S. 3 gilt uneingeschränkt auch im Falle der Verschmelzung zweier Aktiengesellschaften vor Ablauf der Dreijahresfrist. Zwar mag in diesem Falle der Gedanke, dass Organmitglieder der übernommenen Gesellschaft verschont werden sollen im Einzelfalle zurücktreten, doch überwiegt die offenbare grundsätzliche Entscheidung des Gesetzgebers, einen Vergleich oder Verzicht erst zuzulassen, wenn nach ausreichendem Zeitraum Grund und Höhe eines Schadensersatzanspruchs mit ausreichender Sicherheit feststehen.[902]

IX. Insolvenz der Gesellschaft

321 Im Falle der Insolvenz der Gesellschaft ist der Insolvenzverwalter nicht an die Verzichts- und Verlustbeschränkungen nach § 93 Abs. 4 S. 3 gebunden (§ 93 Abs. 4 S. 4).[903] Er hat allein die Regelungen des Insolvenzrechts zu beachten.[904] Ein Verzicht oder Vergleich darf dem Insolvenzzweck nicht zuwiderlaufen.[905]

K. Geltendmachung durch die Gesellschaftsgläubiger (Abs. 5)

I. Norminhalt und -zweck

322 Die Gesellschaftsgläubiger haben nach § 93 Abs. 5 S. 1 unter den dort genannten Voraussetzungen die Möglichkeit, den Ersatzanspruch der Gesellschaft gegen den Vorstand aus § 93 Abs. 2 S. 1 geltend zu machen. Wenn die Gesellschaftsgläubiger von der Gesellschaft keine Befriedigung erlangen können, wird ihnen der Weg zur Befriedigung ihres Anspruchs erleichtert. Ohne die

---

[898] GroßkommAktG/*Hopt/Roth* Rn. 530.

[899] MüKoAktG/*Spindler* Rn. 266; MüKoAktG/*Habersack* § 112 Rn. 4; *Wansleben,* Vermeidung und Überlagerungen zwingenden Rechts durch Versicherungen: Vorstandsbinnenhaftung und D&O-Versicherungsmechanismen im Recht, 2006, 230.

[900] KK-AktG/*Mertens/Cahn* Rn. 171.

[901] GroßkommAktG/*Hopt/Roth* Rn. 532; KK-AktG/*Mertens/Cahn* Rn. 171; MüKoAktG/*Spindler* Rn. 261; aA *Zimmermann* FS Duden, 1977, 773 (781 ff.).

[902] So auch *Haßler* AG 2016, 388 mwN.

[903] KK-AktG/*Mertens/Cahn* Rn. 175 mwN.

[904] GroßkommAktG/*Hopt/Roth* Rn. 536; KK-AktG/*Mertens/Cahn* Rn. 175.

[905] GroßkommAktG/*Hopt/Roth* Rn. 536; vgl. auch BGH NJW 1971, 701 (703) für Unwirksamkeit einer dem Konkurszweck zuwiderlaufenden Freigabeerklärung.

Vorschrift müssten die Gläubiger ihre Ansprüche gegenüber der Gesellschaft geltend machen. Im Falle der Nichtleistung der Gesellschaft könnte der Gläubiger sich dann den Ersatzanspruch der Gesellschaft gegen das schadensersatzpflichtige Vorstandsmitglied nach § 829 ZPO pfänden und sich gemäß § 835 ZPO zur Einziehung oder an Zahlung statt überweisen lassen. Das in § 93 Abs. 5 geregelte Verfahren soll deshalb der **erleichterten Gläubigerbefriedigung** dienen.[906] Es handelt sich um einen **eigenständigen materiellen Anspruch** des Gläubigers gegen das Vorstandsmitglied.[907] Der Gläubiger handelt nicht im Rahmen einer Prozessstandschaft,[908] da er bei dieser nur eine Leistung an die Gesellschaft fordern könnte. In der Praxis kommt die Vorschrift nur selten zur Anwendung. Falls die Gesellschaft nicht leisten kann und damit die erste Voraussetzung für das Verfolgungsrecht des Gläubigers gegeben ist, wird in der Praxis zumeist das Insolvenzverfahren wegen der Zahlungsunfähigkeit der Gesellschaft eingeleitet. Während der Dauer des Insolvenzverfahrens übt nach § 93 Abs. 5 S. 4 der Insolvenzverwalter das Recht der Gläubiger gegen die Vorstandsmitglieder aus. Die Verfolgung des Anspruchs durch einen einzigen Gläubiger ist während des Insolvenzzeitraums nicht zulässig.

Der Gläubiger kann den Weg des § 93 Abs. 5 beschreiten, muss es aber nicht. Ihm bleibt weiterhin 323
die Möglichkeit offen, einen Titel gegen die Gesellschaft zu erwirken und gegen sie die Zwangsvollstreckung zu betreiben. Wenn das Verhalten des ersatzpflichtigen Vorstandsmitglieds nicht grob pflichtwidrig ist, ist dies der einzige Weg. Eine Ausnahme gilt für die Sondertatbestände nach § 93 Abs. 3. Die Geltendmachung des Anspruchs durch den Gläubiger im Wege der Klage gegen die Gesellschaft und Pfändung und Überweisung des Ersatzanspruchs gegen das Vorstandsmitglied hat den Vorteil, dass dieses sich nicht durch Zahlung an die Gesellschaft von seiner Schuld befreien kann.[909]

II. Anspruch des Gläubigers gegen die Gesellschaft

Der Gläubiger muss einen fälligen Anspruch gegen die Gesellschaft haben. Er trägt die Darlegungs- 324
und Beweislast. Der Rechtsgrund des Anspruchs ist unerheblich. Der Anspruch muss auf Zahlung gerichtet sein oder in einen Zahlungsanspruch übergehen können. Ist ein Gläubiger im Rahmen eines Insolvenzplans mit seiner Forderung ausgefallen, kann er unabhängig von seiner Zustimmung zu dem Insolvenzplan[910] nicht gemäß Abs. 5 gegen Vorstandsmitglieder vorgehen.[911] § 254 Abs. 2 S. 1 InsO ist weder direkt noch analog anwendbar.[912] Die Reihenfolge des Entstehens der Ansprüche (Gläubiger gegen Gesellschaft einerseits und Gesellschaft gegen Vorstandsmitglied andererseits) ist unerheblich.[913]

III. Schadensersatzanspruch der Gesellschaft

Voraussetzung des Verfolgungsrechts nach § 93 Abs. 5 ist ein Schadensersatzanspruch der Gesell- 325
schaft gegen ein Vorstandsmitglied. Zur Verfolgung dieses Anspruchs stehen den Gläubigern dieselben Rechte zu wie der Gesellschaft. Es bleibt nach § 93 Abs. 5 S. 2 Hs. 2 bei der für die Gesellschaft günstigen Beweislastverteilung. Der Gläubiger trägt die Darlegungs- und Beweislast für das Bestehen eines Schadensersatzanspruchs der Gesellschaft gegen das Vorstandsmitglied. Das Vorstandsmitglied hat darzulegen und zu beweisen, dass es die Sorgfalt eines ordentlichen und gewissenhaften Geschäftsleiters angewendet hat. Ihm ist es aber verwehrt, sich auf einen Verzicht oder Vergleich oder auf einen gesetzmäßigen Hauptversammlungsbeschluss zu berufen.[914] Abwendungsvergleiche nach Abs. 4 S. 4 können dem Gläubiger jedoch entgegengehalten werden.[915] Hat die Gesellschaft den gegen das Vorstandsmitglied bestehenden Anspruch an einen Dritten abgetreten, können die Gläubiger diesen Anspruch nicht mehr geltend machen.[916]

---

906 KK-AktG/*Mertens/Cahn* Rn. 179; MüKoAktG/*Spindler* Rn. 267.

907 GroßkommAktG/*Hopt/Roth* Rn. 549.

908 Spindler/Stilz/*Fleischer* Rn. 294; Hüffer/*Koch* Rn. 80; KK-AktG/*Mertens/Cahn* Rn. 180; MüKoAktG/*Spindler* Rn. 267; MHdB AG/*Wiesner* § 26 Rn. 58; aA OLG Frankfurt WM 1977, 59 (62); LG Köln AG 1976, 105 (106); *Habscheid* FS Weber, 1975, 197 (200 ff.).

909 KK-AktG/*Mertens/Cahn* Rn. 179.

910 GroßkommAktG/*Hopt/Roth* Rn. 557; KK-AktG/*Mertens/Cahn* Rn. 186.

911 KK-AktG/*Mertens/Cahn* Rn. 186.

912 GroßkommAktG/*Hopt/Roth* Rn. 557; KK-AktG/*Mertens/Cahn* Rn. 186.

913 GroßkommAktG/*Hopt/Roth* Rn. 558.

914 Hüffer/*Koch* Rn. 82; MüKoAktG/*Spindler* Rn. 281.

915 *Hirte/Stoll* ZIP 2010, 253 (256); KK-AktG/*Mertens/Cahn* Rn. 185 mwN.

916 GroßkommAktG/*Hopt/Roth* Rn. 571; MüKoAktG/*Spindler* Rn. 282; aA KK-AktG/*Mertens/Cahn* Rn. 187.

IV. Keine Befriedigung durch die Gesellschaft

326 Der Gläubiger darf keine Befriedigung seines Anspruchs durch die Gesellschaft erlangen können. Ein gescheiterter Vollstreckungsversuch oder eine Klageerhebung gegen die Gesellschaft ist nicht notwendig.[917] Leistet die Gesellschaft nicht, obwohl sie dazu objektiv in der Lage ist, ist dies nicht ausreichend.[918] Dem Gläubiger obliegt die Darlegungs- und Beweislast, dass er keine Befriedigung von der Gesellschaft erlangen kann.[919] Bei Zahlungsunfähigkeit der Gesellschaft ist der Vorstand verpflichtet, die Einleitung des Insolvenzverfahrens zu beantragen. Damit wird den Gläubigern die Möglichkeit genommen, gegen Vorstandsmitglieder vorzugehen.[920] Wenn das Insolvenzverfahren mangels Masse gemäß § 26 InsO nicht eröffnet wurde oder wenn der Insolvenzverwalter den Anspruch freigibt, bleibt dem Gläubiger die Möglichkeit, im Wege des § 93 Abs. 5 S. 1 Befriedigung zu erlangen.

V. Gröbliche Pflichtverletzung

327 Das Verfolgungsrecht der Gläubiger nach § 93 Abs. 5 S. 2 Hs. 1 setzt voraus, dass das in Anspruch genommene Vorstandsmitglied die ihm obliegenden Pflichten gröblich verletzt hat. Das Erfordernis der gröblichen Pflichtverletzung ist lediglich bei den Sondertatbeständen nach § 93 Abs. 3 entbehrlich.[921] In diesen Fällen reicht leichte Fahrlässigkeit aus.[922] Eine gröbliche Verletzung ist bei **grober Fahrlässigkeit** und **Vorsatz** anzunehmen.[923] Nach § 93 Abs. 5 S. 2 Hs. 2 gilt zugunsten der Gläubiger ebenfalls die Beweislastumkehr des § 93 Abs. 2 S. 2. Weshalb der Gesetzgeber das Verfolgungsrecht der Gläubiger der Gesellschaft nur bei gröblicher Pflichtverletzung eingreifen lässt, bleibt unklar. Sinn und Zweck dieser Regelung soll es sein, den Vorstandsmitgliedern nicht ihre Risikobereitschaft bei unternehmerischen Entscheidungen zu nehmen.[924] Inwieweit die Risikobereitschaft aber größer sein soll, wenn die Vorstandsmitglieder nur der Gesellschaft und nicht direkt den Gesellschaftsgläubigern gegenüber haften, ist nicht nachvollziehbar.

VI. Rechtsfolge

328 Der Gläubiger kann nur **Zahlung an sich, nicht an** die **Gesellschaft** verlangen. Er hat gegen das Vorstandsmitglied einen Anspruch in Höhe seiner Forderung gegen die Gesellschaft.[925] Ist der Ersatzanspruch der Gesellschaft niedriger als seine Forderung, kann der Gläubiger nur Befriedigung bis zur Höhe des Schadensersatzanspruchs der Gesellschaft verlangen.[926]

329 Hat die Gesellschaft oder ein anderer Gläubiger bereits Klage gegen das Vorstandsmitglied erhoben, so kann dieses nicht die Einrede der Rechtshängigkeit nach § 261 Abs. 3 Nr. 1 ZPO geltend machen.[927] Ein ergangenes Urteil bindet nur die Parteien des Rechtsstreits.[928]

330 Das schadensersatzpflichtige **Vorstandsmitglied** kann mit **befreiender Wirkung Zahlungen an** den oder die **Gläubiger,** an einen der Gläubiger oder an die **Gesellschaft** leisten.[929] Es kann sich auch durch Aufrechnung befreien.[930] Bei Leistung an die Gesellschaft erlöschen die Ansprüche der Gesellschaft sowie sämtlicher Gläubiger gegen das Vorstandsmitglied.[931] Bei Leistung an einen Gläubiger erlöschen die übrigen Ansprüche gegen das Vorstandsmitglied nur, wenn bei dem befriedigten Gläubiger die Voraussetzungen des § 93 Abs. 5 S. 1 gegeben sind und der befriedigte Gläubiger einen Anspruch gegen das Vorstandsmitglied tatsächlich geltend gemacht hatte.[932] Mit Befriedigung des Gläubigers durch das Vorstandsmitglied erlischt gleichzeitig auch der Anspruch des Gläubigers gegen die Gesellschaft. Die befreiende Wirkung bei Zahlung an die Gesellschaft oder einen Gläubiger tritt auch ein, wenn ein Gläubiger, an den nicht geleistet wurde, bereits ein vorläufig vollstreckbares

---

[917] Spindler/Stilz/*Fleischer* Rn. 296 mwN.
[918] GroßkommAktG/*Hopt/Roth* Rn. 559; KK-AktG/*Mertens/Cahn* Rn. 182; MüKoAktG/*Spindler* Rn. 271.
[919] Spindler/Stilz/*Fleischer* Rn. 296; GroßkommAktG/*Hopt/Roth* Rn. 559.
[920] Hüffer/*Koch* Rn. 84 mwN.
[921] Hüffer/*Koch* Rn. 82; MüKoAktG/*Spindler* Rn. 269.
[922] GroßkommAktG/*Hopt/Roth* Rn. 561.
[923] Schmidt/Lutter/*Krieger/Sailer-Coceani* Rn. 70; MüKoAktG/*Spindler* Rn. 269.
[924] GroßkommAktG/*Hopt/Roth* Rn. 559.
[925] KK-AktG/*Mertens/Cahn* Rn. 179; MüKoAktG/*Spindler* Rn. 272.
[926] GroßkommAktG/*Hopt/Roth* Rn. 563.
[927] GroßkommAktG/*Hopt/Roth* Rn. 572; KK-AktG/*Mertens/Cahn* Rn. 184; MüKoAktG/*Spindler* Rn. 277.
[928] MüKoAktG/*Spindler* Rn. 277.
[929] MüKoAktG/*Spindler* Rn. 273.
[930] KK-AktG/*Mertens/Cahn* Rn. 184.
[931] Hüffer/*Koch* Rn. 83; MüKoAktG/*Spindler* Rn. 273.
[932] GroßkommAktG/*Hopt/Roth* Rn. 569; MüKoAktG/*Spindler* Rn. 273.

Urteil erwirkt oder mit der Zwangsvollstreckung bereits begonnen hat.[933] Daher sollte ein Gläubiger aus einem vorläufig vollstreckbaren Urteil umgehend vollstrecken.[934] Will ein Gläubiger verhindern, dass sich das Vorstandsmitglied durch Leistung an die Gesellschaft befreit, muss es Klage gegen die Gesellschaft erheben und sich im Wege der Vollstreckung des Titels den Anspruch der Gesellschaft gegen das Vorstandsmitglied pfänden und überweisen lassen.[935] Leistet das Vorstandsmitglied an den Gläubiger, obwohl der Gläubiger mittlerweile von der Gesellschaft befriedigt worden ist, ein Anspruch des Gläubigers gegen die Gesellschaft von vornherein nicht bestand oder dessen Forderung aus sonstigen Gründen erloschen ist, hat der Gläubiger das an ihn Geleistete an die Gesellschaft zurückzugewähren.[936] Es greifen die Grundsätze der ungerechtfertigten Bereicherung ein.[937]

VII. Insolvenzverfahren der Gesellschaft

Wird über das Vermögen der Gesellschaft das Insolvenzverfahren eröffnet, nimmt der **Insolvenzverwalter** bzw. bei Eigenverwaltung nach §§ 270 ff. InsO der **Sachwalter** das Verfolgungsrecht der Gläubiger nach § 93 Abs. 5 S. 4 wahr. Für den Insolvenzverwalter gilt die Regelung des § 93 Abs. 5 S. 3. Er unterliegt also keinen Verzichts- und Vergleichsbeschränkungen. Ein bereits abgeschlossener Verzicht oder Vergleich oder ein Beschluss der Hauptversammlung nach § 93 Abs. 4 S. 1 befreien den Vorstand nicht von seiner Haftung. Wurde die Klage eines Gläubigers noch vor Eröffnung des Insolvenzverfahrens rechtshängig, so verliert dieser seine Aktivlegitimation.[938] Der Prozess wird analog § 240 ZPO unterbrochen.[939] Während des Insolvenzverfahrens erhobene Klagen werden als unbegründet abgewiesen.[940] Der Insolvenzverwalter bzw. der Sachwalter kann selbst Klage erheben oder in eine von einem Gläubiger erhobene Klage als Rechtsnachfolger nach § 325 ZPO eintreten.[941] Sind mehrere Klagen bereits rechtshängig, so kann der Insolvenzverwalter bzw. der Sachwalter auswählen, in welchen Prozess er eintritt.[942] Die Gläubiger, in deren Rechtsstreit der Insolvenzverwalter nicht eingetreten ist, können diesen hinsichtlich der Kosten nach § 17 Abs. 3 S. 1 AnfG aufnehmen.[943] Gibt der Insolvenzverwalter oder der Sachwalter den Ersatzanspruch frei, kann der Gläubiger nach § 93 Abs. 5 S. 1 gegen das Vorstandsmitglied vorgehen.[944] Bei der Ablehnung der Aufnahme eines Prozesses durch den Insolvenzverwalter oder den Sachwalter ist eine Freigabe anzunehmen, sofern hierin kein Verzicht auf oder Vergleich über die Forderung gesehen werden kann.[945] 331

Ein vom Insolvenzverwalter oder Sachwalter erwirktes Urteil wirkt gegenüber der Gesellschaft sowie allen Gläubigern.[946] Wurde bis zum Abschluss des Insolvenzverfahrens noch kein Urteil erwirkt, können die Gläubiger **nach Abschluss des Insolvenzverfahrens** den Ersatzanspruch der Gesellschaft gemäß § 93 Abs. 5 S. 1 geltend machen.[947] War bei Eröffnung des Insolvenzverfahrens das Klageverfahren eines Gläubigers anhängig, kann er nach Abschluss des Insolvenzverfahrens in dieses wieder eintreten. Soweit der Insolvenzverwalter in den Prozess eines einzelnen Gläubigers eingetreten ist, kann der Gläubiger nach Abschluss des Insolvenzverfahrens den Prozess als Rechtsnachfolger des Insolvenzverwalters fortsetzen.[948] 332

L. Geltendmachung durch Aktionäre

Bei der Frage der Geltendmachung von Schadensersatzansprüchen gegen Vorstände durch die Aktionäre ist stets zu unterscheiden, ob es sich um die Geltendmachung von **Schäden der Gesell-** 333

[933] GroßkommAktG/*Hopt/Roth* Rn. 569.
[934] GroßkommAktG/*Hopt/Roth* Rn. 569.
[935] Hüffer/*Koch* Rn. 83; MüKoAktG/*Spindler* Rn. 273.
[936] GroßkommAktG/*Hopt* Rn. 564.
[937] GroßkommAktG/*Hopt* Rn. 564.
[938] Spindler/Stilz/*Fleischer* Rn. 300.
[939] Spindler/Stilz/*Fleischer* Rn. 300; Hüffer/*Koch* Rn. 84.
[940] RGZ 74, 428 (429 f.); RG JW 1935, 3301 f.; Spindler/Stilz/*Fleischer* Rn. 300; Hüffer/*Koch* Rn. 84.
[941] RG JW 1935, 3301; GroßkommAktG/*Hopt/Roth* Rn. 575; Hüffer/*Koch* Rn. 84.
[942] GroßkommAktG/*Hopt/Roth* Rn. 575.
[943] GroßkommAktG/*Hopt/Roth* Rn. 575.
[944] KK-AktG/*Mertens/Cahn* Rn. 190; MüKoAktG/*Spindler* Rn. 283.
[945] GroßkommAktG/*Hopt/Roth* Rn. 576; KK-AktG/*Mertens/Cahn* Rn. 190; MüKoAktG/*Spindler* Rn. 283; aA RGZ 74, 428 (430).
[946] Spindler/Stilz/*Fleischer* Rn. 300; GroßkommAktG/*Hopt/Roth* Rn. 577; MüKoAktG/*Spindler* Rn. 283; abw. KK-AktG/*Mertens/Cahn* Rn. 192: Rechtskraft nur für und gegen Gläubiger, die in den Streit miteinbezogen.
[947] KK-AktG/*Mertens/Cahn* Rn. 193.
[948] RG JW 1935, 3301 (3302); KK-AktG/*Mertens/Cahn* Rn. 193.

schaft oder um **Schäden der Aktionäre** handelt. Diese grundsätzliche Unterscheidung kommt oft nicht deutlich zum Ausdruck. Schadensersatzansprüche der Gesellschaft gegen Vorstände nach § 93 Abs. 2 S. 1 können nicht durch Aktionäre der Gesellschaft geltend gemacht werden. Die Möglichkeit der Geltendmachung von Schäden der Gesellschaft haben die Aktionäre nur nach verschiedenen konzernrechtlichen Vorschriften (§§ 309 Abs. 4, 310 Abs. 4, 317 Abs. 4, 318 Abs. 4). Nach § 117 Abs. 1 S. 2 sind Aktionäre berechtigt, bei Vorliegen der in § 117 genannten Voraussetzungen Schäden im eigenen Vermögen gegen Vorstandsmitglieder geltend zu machen (→ § 117 Rn. 9). Zur Haftung der Vorstände gegenüber Aktionären → Rn. 35 ff.

334 Die Aktionäre haben die Möglichkeit, die Geltendmachung von **Schadensersatzansprüchen** gegen Vorstandsmitglieder durch den Aufsichtsrat zu **erzwingen.** Die Hauptversammlung kann nach **§ 147 Abs. 1 S. 1** mit einfacher Mehrheit beschließen, dass Schadensersatzansprüche gegen Vorstandsmitglieder geltend zu machen sind. Zur Geltendmachung des Ersatzanspruchs im Namen der Gesellschaft kann als gesetzlicher Vertreter der Gesellschaft auch ein besonderer Vertreter nach § 147 Abs. 2 S. 1 und S. 2 bestellt werden. Aktionäre, die 1% der Anteile am Grundkapital halten oder Aktien im Nennbetrag von mindestens 100.000 Euro, können nach § 148 im Rahmen eines Klagezulassungsverfahrens beantragen, Ersatzansprüche nach § 147 Abs. 1 S. 1 im Wege der Prozessstandschaft gegen die Vorstandsmitglieder geltend zu machen.

M. Verjährung (Abs. 6)

335 Schadensersatzansprüche gegen Vorstandsmitglieder nach § 93 Abs. 3 S. 1 verjähren gemäß § 93 Abs. 6 nach **fünf Jahren** seit ihrem Entstehen, bei Gesellschaften, die zum Zeitpunkt der Pflichtverletzung börsennotiert sind, in zehn Jahren. Die Verlängerung der Verjährungsfrist für börsennotierte Gesellschaften wurde durch das am 15.12.2010 in Kraft getretene Restrukturierungsgesetz eingeführt.[949] Sie gilt für alle Ansprüche, die zum Zeitpunkt des Inkrafttretens noch nicht verjährt waren. Ansprüche, welche nicht der regelmäßigen dreijährigen Verjährung unterliegen, fallen unter § 200 BGB, in dem allein auf das Entstehen des Anspruchs abgestellt wird.[950] Auch wenn Ansprüche der Gesellschaft durch Gesellschaftsgläubiger oder einen Insolvenzverwalter (oder Sachwalter) geltend gemacht werden, gilt die fünf- bzw. zehnjährige Verjährungsfrist. Konkurrierende Schadensersatzansprüche nach anderen Regelungen verjähren unabhängig vom Schadensersatzanspruch aus § 93 Abs. 2 S. 1.

336 Die Verjährungsfrist kann **weder verkürzt noch verlängert** werden. Eine satzungsmäßige Verkürzung oder Verlängerung ist wegen § 23 Abs. 5 ausgeschlossen. Eine Verkürzung oder Verlängerung durch Vertrag ist weder vor der (vermeintlich) pflichtwidrigen Handlung noch nachträglich zulässig.[951] § 93 Abs. 6 ist trotz § 202 BGB zwingend. Das ist ein Gebot der Rechtssicherheit im Interesse von Unternehmen und Vorständen. Insbesondere für eine Verlängerung der Verjährungsfrist besteht angesichts der Möglichkeit von Feststellungsklagen kein Bedarf. Die Verjährungsfrist **beginnt** nicht vor Beendigung des pflichtwidrigen Handelns. Auf die Kenntnisnahme des Geschädigten von dem Eintritt des Schadens kommt es nicht an.[952] Der Schadensersatzanspruch ist entstanden, wenn er geltend gemacht werden kann und klageweise durchsetzbar ist.[953] Eine bloße Vermögensgefährdung ist nicht ausreichend.[954] Unerheblich ist, ob der Schaden bereits bezifferbar ist und damit Leistungsklage erhoben werden kann.[955] Es muss ebenfalls nicht feststehen, ob der Schaden dauerhaft bestehen bleibt und somit endgültig wird.[956] Wenn der Schaden dem Grunde nach vorliegt und die Möglichkeit der Erhebung einer Feststellungsklage besteht, reicht dies aus.[957] Ausreichend ist jede Verschlech-

[949] Gesetz zur Restrukturierung und geordneten Abwicklung von Kreditinstituten, zur Errichtung eines Restrukturierungsfonds für Kreditinstitute und zur Verlängerung der Verjährungsfrist der aktienrechtlichen Organhaftung vom 9.12.2010, BGBl. I S. 1900.

[950] BGH ZIP 2005, 852 (853) für GmbH; OLG Stuttgart NZG 2010, 141 (146); Spindler/Stilz/*Fleischer* Rn. 303; Hüffer/*Koch* Rn. 87; Schmidt/Lutter/*Krieger/Sailer-Coceani* Rn. 77; KK-AktG/*Mertens/Cahn* Rn. 200; MüKoAktG/*Spindler* Rn. 291; NK-AktR/*U. Schmidt* Rn. 181.

[951] KK-AktG/*Mertens/Cahn* Rn. 199; Spindler/Stilz/*Fleischer* Rn. 303g; MüKoAktG/*Spindler* Rn. 290; aA *Wahlers/Wolff* AG 2011, 605; *Schnorbus/Klormann* NZG 2015, 938; *Thomas* AG 2016, 473.

[952] BGH ZIP 2005, 852 (853) für GmbH; BGHZ 100, 228 (231) = NJW 1987, 1887.

[953] BGHZ 100, 228 (231) = NJW 1987, 1887; OLG Stuttgart NZG 2010, 141 (146).

[954] OLG Frankfurt AG 2008, 453 (455).

[955] BGH NJW 2009, 68 (70); ZIP 2005, 852 (853), jeweils für GmbH.

[956] BGHZ 100, 228 (231) = NJW 1987, 1887.

[957] BGH NJW 2008, 3361 (3363) für GmbH; ZIP 2005, 852 (853) für GmbH; BGHZ 100, 228 (231) = NJW 1987, 1887.

Partei an der Feststellung der Satzung beteiligt. Sie unterwerfen sich jedoch durch Begründung ihrer Organstellung freiwillig der Satzung. Die Aufnahme einer Schiedsklausel verstößt nicht gegen den Grundsatz der Satzungsstrenge nach § 23 Abs. 5,[983] da gesetzlich für Schadensersatzansprüche nach § 93 Abs. 2 S. 1 kein Rechtsschutz durch staatliche Gerichte zwingend vorgeschrieben ist.[984] Einer statutarischen Schiedsklausel steht auch nicht entgegen, dass die Formvorschriften nach § 1031 ZPO nicht eingehalten werden.[985] Es handelt sich hier nicht um eine auf Vereinbarung beruhende Schiedsklausel nach § 1031 ZPO. Eine statutarische Schiedsklausel unterfällt § 1066 ZPO.[986] Die satzungsmäßige Form ist ausreichend, um einem neu bestellten Organmitglied erkennbar zu machen, dass es zugunsten einer privaten Schiedsgerichtsbarkeit auf die Entscheidung staatlicher Gerichte verzichtet. Des Weiteren wird mit der satzungsmäßigen Form der Gegenstand der Schiedsabrede hinreichend konkretisiert und die Verbindlichkeit der Klausel deutlich gemacht.[987]

Wird eine Schiedsklausel nach der Bestellung eines Vorstandsmitglieds in die Satzung aufgenommen, gilt sie für das bereits bestellte Vorstandsmitglied nicht. Es fehlt an der Freiwilligkeit der Unterwerfung unter die Schiedsgerichtsklausel.[988] Das bereits bestellte Vorstandsmitglied könnte anderenfalls der Geltung der Schiedsklausel nur durch eine Amtsniederlegung entgehen. Das ist nicht zumutbar und eine dahingehende Verpflichtung wäre keine freiwillige Unterwerfung.[989] 346

Soweit Schadensersatzansprüche **gegen mehrere Vorstandsmitglieder** geltend gemacht werden, muss die Gesellschaft jeweils eigenständige unterschiedliche Schiedsgerichtsverfahren anstrengen. Ein einheitliches Schiedsverfahren kommt nur zustande, wenn sich die einzelnen Vorstandsmitglieder mit der Gesellschaft darauf verständigen. Handelt es sich wie üblich um die Bildung eines Dreierschiedsgerichts, müssen sie sich zudem noch auf einen von ihnen gemeinsam zu benennenden Schiedsrichter einigen. Um dem vorzubeugen und von vornherein ein einheitliches Schiedsverfahren zu gewährleisten, kann in den jeweiligen Einzelschiedsvereinbarungen oder in der statutarischen Schiedsklausel auf die Regelungen zu **Mehrparteienverfahren** einer Verfahrensordnung einer der Schiedsgerichtsinstitutionen hingewiesen werden. In diesem Falle liegt das Einverständnis der betroffenen Vorstandsmitglieder zu einem Mehrparteienverfahren vor.[990] 347

Bei Insolvenz der Gesellschaft ist der Schadensersatzansprüche gegen ein Vorstandsmitglied geltend machende **Insolvenzverwalter** als Partei kraft Amtes an eine bestehende Schiedsvereinbarung oder statutarische Schiedsklausel gebunden.[991] Soweit **Gläubiger** nach § 93 Abs. 5 Schadensersatzansprüche gegen Vorstandsmitglieder geltend machen, ist zur Durchführung eines Schiedsverfahrens eine Schiedsvereinbarung zwischen dem einzelnen Gläubiger und dem Vorstandsmitglied notwendig. Diese kann lediglich in Form einer Ad-hoc-Vereinbarung getroffen werden. 348

O. Sonstige Haftungsgründe

Die Haftung der Vorstandsmitglieder gegenüber der Gesellschaft für Ansprüche, die aus der Organstellung abgeleitet werden, ist in **§ 93 abschließend** geregelt.[992] Die Haftung kann durch den Anstellungsvertrag weder verschärft noch vermindert werden. § 93 ist auch abschließend gegenüber möglichen Ansprüchen aus Verletzung der aus dem Anstellungsvertrag sich ergebenden Pflichten.[993] Dagegen ist ein Schadensersatzanspruch wegen eines Verstoßes gegen das Wettbewerbsverbot nach **§ 88 Abs. 2 S. 1** speziell und vorrangig (→ § 88 Rn. 15).[994] Das gilt auch für den Anspruch der 349

---

983 *Umbeck* SchiedsVZ 2009, 143 (147); MüKoAktG/*Pentz* § 23 Rn. 164; aA *K. Schmidt* ZHR 162 (1998), 265 (282); *Raeschke-Kessler* SchiedsVZ 2003, 145 (152); krit. Musielak/Voit/*Voit* ZPO § 1066 Rn. 8.

984 *Umbeck* SchiedsVZ 2009, 143 (147).

985 So aber *Thümmel* FS Geimer, 2002, 1331 (1337).

986 BGHZ 159, 207 (211) = NJW 2004, 2226; zum alten Recht BGHZ 144, 146 (148) = NJW 2000, 1713; BGHZ 88, 314 (316) = NJW 1984, 1355; OLG München NZG 1999, 780 (781), jeweils für Verein; *Ebbing* NZG 1999, 754 ff.; *Reichert/Harbarth* NZG 2003, 379 (380); *Umbeck* SchiedsVZ 2009, 143 (145); MüKoZPO/*Münch* ZPO § 1066 Rn. 8 f.; Musielak/Voit/*Voit* ZPO § 1066 Rn. 7; diff. *Hass* SchiedsVZ 2007, 1 (4 f.): Klausel im Gründungsvertrag nach § 1029 ZPO, Satzungsänderung nach § 1066 ZPO; aA *Beckmann*, Statuarische Schiedsklauseln im deutschen Recht und internationalen Kontext, 2007, 109 ff.: eigene Fallgruppe neben § 1029 ZPO und § 1066 ZPO; offenlassend Begr. RegE SchiedsVfG, BT-Drs. 13/5274, 66.

987 BGHZ 144, 146 (148) = NJW 2000, 1713.

988 BGHZ 144, 146 (149) = NJW 2000, 1713; aA *Habersack/Wasserbäch* AG 2016, 1 (9).

989 *Umbeck* SchiedsVZ 2009, 143 (147).

990 *Lachmann* HdB Schiedsgerichtspraxis Rn. 2809; krit. *Umbeck* SchiedsVZ 2009, 143 (148).

991 *Umbeck* SchiedsVZ 2009, 143 (147).

992 GroßkommAktG/*Hopt/Roth* Rn. 617.

993 GroßkommAktG/*Hopt/Roth* Rn. 618.

994 GroßkommAktG/*Hopt/Roth* Rn. 617.

Gesellschaft auf Ausübung des Eintrittsrechts nach **§ 88 Abs. 2 S. 2** (→ § 88 Rn. 16 ff.). Neben der Organhaftung steht ein Schadensersatzanspruch der Gesellschaft gegen ein Vorstandsmitglied nach **§ 117 Abs. 2** bei Verwirklichung des Tatbestands nach § 117 Abs. 1 (→ § 117 Rn. 11).[995] Die Gesellschaft kann schließlich neben § 93 Ansprüche aus **unechter Geschäftsführung** nach § 687 Abs. 2 S. 1 BGB haben.[996] Ein praktischer Anwendungsfall ist allerdings schwierig vorstellbar.

350 Neben einer Haftung aus § 93 kann eine **deliktische Haftung** der Vorstandsmitglieder nach § 823 Abs. 1 BGB und § 823 Abs. 2 BGB iVm einem Schutzgesetz bestehen.[997] In Betracht kommende Schutzgesetze sind insbesondere § 266 StGB, § 404 (→ § 404 Rn. 3) und § 405.[998] Teils werden den aus § 93 den Organmitgliedern erwachsenden Pflichten Schutzgesetzqualität zugesprochen.[999] Das kann jedoch nur angenommen werden, wenn die jeweilige Pflicht einen Straf- oder Bußgeldtatbestand darstellt.[1000] Die Annahme der Schutzgesetzqualität von Pflichten aus § 93 würde ansonsten dazu führen, dass Dritte gesamtschuldnerisch neben Vorstandsmitgliedern wegen Verletzung der aus § 93 resultierenden Pflichten haften könnten.[1001] Das ist erkennbar nicht gewollt, da die Regelung des § 93 nur auf das Organverhältnis zugeschnitten ist.[1002]

P. Haftung gegenüber Aktionären

I. Keine Haftung nach § 93

351 Die Organhaftung aus § 93 greift nicht gegenüber den Aktionären. Die Vorstandsmitglieder stehen ausschließlich in einem Pflichtverhältnis zu der Gesellschaft. Wenn der Wert seiner Aktien in Folge einer Pflichtverletzung des Vorstandsmitglieds gemindert wurde, hat der Aktionär also keine Ersatzmöglichkeit aus § 93. § 93 hat auch keine Schutzgesetzqualität für Aktionäre iSd § 823 Abs. 2 BGB.[1003]

II. Deliktische Haftung nach § 823 Abs. 1 BGB

352 Umstritten ist bislang, ob und unter welchen Voraussetzungen der Aktionär einen Schadensersatzanspruch gegen ein Mitglied des Vorstands aus § 823 Abs. 1 BGB hat. Die Diskussion knüpft an das „Schärenkreuzer"-Urteil des BGH an.[1004] Obwohl das Urteil einen vereinsrechtlichen Tatbestand betrifft, werden daraus allgemein auch Rückschlüsse auf die Haftung eines Vorstands einer Aktiengesellschaft gegenüber einem Einzelaktionär nach § 823 Abs. 1 BGB gezogen.[1005] Im „Schärenkreuzer"-Urteil bestätigte der BGH, dass das **Mitgliedschaftsrecht** (in einem Verein) **als sonstiges Recht iSd § 823 Abs. 1 BGB** anzusehen ist.[1006] Ein Vereinsmitglied kann also grundsätzlich bei einer schuldhaften Verletzung seines Mitgliedschaftsrechts auch Schadensersatzansprüche nach § 823 Abs. 1 BGB gegen ein Vorstandsmitglied des Vereins geltend machen.[1007] Der BGH ließ offen, ob jede schuldhafte Beeinträchtigung dieses Rechts ausreicht, oder ob dazu ein unmittelbar gegen den Bestand der Mitgliedschaft oder die in ihr verkörperten Rechte und Betätigungsmöglichkeiten gerichteter Eingriff von erheblichem Gewicht erforderlich ist.[1008]

353 In der Literatur werden die unterschiedlichsten Schlussfolgerungen aus dem „Schärenkreuzer"-Urteil gezogen. Einigkeit besteht darin, dass das Mitgliedschaftsrecht auch bei der AG ein sonstiges Recht iSd § 823 Abs. 1 BGB darstellt.[1009] Uneinigkeit besteht dagegen darin, was zum Bestand der Mitgliedschaft gehört. Wenn durch einen bei der AG entstandenen Schaden ein **Wertverlust der**

---

995 GroßkommAktG/*Hopt/Roth* Rn. 619; KK-AktG/*Mertens/Cahn* Rn. 3.
996 GroßkommAktG/*Hopt/Roth* Rn. 621.
997 BGHZ 100, 190 (200 f.); GroßkommAktG/*Hopt/Roth* Rn. 620.
998 GroßkommAktG/*Hopt/Roth* Rn. 620.
999 *Stein,* Das faktische Organ, 1984, 157 ff. mwN.
1000 GroßkommAktG/*Hopt/Roth* Rn. 620; KK-AktG/*Mertens/Cahn* Rn. 5.
1001 GroßkommAktG/*Hopt/Roth* Rn. 620.
1002 KK-AktG/*Mertens/Cahn* Rn. 5.
1003 BGHZ 125, 366 (375) = NJW 1994, 1801; BGH NJW 1979, 1829.
1004 BGHZ 110, 323 (327 ff.) = NJW 1990, 2877 für Verein.
1005 S. ua GroßkommAktG/*Hopt/Roth* Rn. 625 Fn. 2231; KK-AktG/*Mertens/Cahn* Rn. 210; MüKoAktG/*Spindler* Rn. 306.
1006 BGHZ 110, 323 (328) = NJW 1990, 2877 für Verein.
1007 BGHZ 110, 323 (334 f.) = NJW 1990, 2877 für Verein.
1008 BGHZ 110, 323 (334) = NJW 1990, 2877 für Verein.
1009 *Lutter* AcP 180 (1980), 84 (130 f.); *K. Schmidt* JZ 1991, 157 (158 f.); *Habersack,* Die Mitgliedschaft, 1996, 117 ff.; *Reuter* FS Lange, 1992, 707 (710 ff.); GroßkommAktG/*Hopt/Roth* Rn. 625; MüKoAktG/*Spindler* Rn. 303; MHdB AG/*Wiesner* § 26 Rn. 64; aA *Hadding* FS Kellermann, 1991, 91 (102 ff.).

Beteiligung eingetreten ist, so führt dies zu keinem Schadensersatzanspruch der Aktionäre aus § 823 Abs. 1.[1010] Die Mitgliedschaft schützt nicht vor Vermögensverlusten der Aktionäre aufgrund ihrer Gesellschafterstellung.[1011] Insoweit besteht weitgehende Einigkeit. Abzulehnen sind auch Schadensersatzansprüche aufgrund jeglicher Verhaltenspflichten der Vorstandsmitglieder im Zusammenhang mit den Mitgliedschaftsrechten der Aktionäre, auch soweit einem Aktionär ein Schaden entstanden ist, der kein Schaden der Gesellschaft ist.[1012] So lösen Verstöße gegen das Gleichbehandlungsgebot,[1013] die Übergehung der Zuständigkeit[1014] oder eine sonstige gesetzes- und satzungswidrige Behandlung der Aktionäre[1015] keine Schadensersatzpflichten der Vorstandsmitglieder aus.[1016] Dies gilt auch für eine Minderung des Einflusses der Mitgliedschaftsposition, zB einer Schachtelbeteiligung.[1017] Pflichtverletzungen der genannten Art tangieren nicht den **Kernbereich** und damit den **Bestand der Mitgliedschaft.** Insoweit besteht eine Parallelität zum Eingriff in das Recht am eingerichteten und ausgeübten Gewerbebetrieb. Das Recht am eingerichteten und ausgeübten Gewerbebetrieb ist nur als sonstiges Recht iSd § 823 Abs. 1 BGB anerkannt, wenn zielgerichtet und betriebsbezogen in seinen Bestand eingegriffen wird.[1018] Die genannten Pflichtverletzungen wie Verstoß gegen das Gleichbehandlungsgebot, Übergehung der Zuständigkeit der Hauptversammlung oder sonstige gesetzes- und satzungswidrige Behandlung der Aktionäre, richten sich nicht gegen den Bestand der Mitgliedschaft selbst, sondern beeinträchtigen nur das Vermögen des einzelnen Aktionärs.[1019] Sieht man die Mitgliedschaft grundsätzlich als sonstiges Recht iSd § 823 Abs. 1 BGB an, bleibt allerdings offen, durch welches Vorstandshandeln überhaupt in den Bestand des Mitgliedschaftsrechts eingegriffen werden kann.

Ein argumentativer Rückgriff auf das aktienrechtliche Haftungssystem dient als zusätzliches Argument,[1020] ist jedoch nicht die tragende Begründung für die Ablehnung einer erweiterten Vorstandshaftung nach § 823 Abs. 1 BGB. Nach dem aktienrechtlichen Rechtschutzsystem bestehen bei einem Außeneingriff vorrangig Haftungsansprüche des Aktionärs gegenüber der Gesellschaft. Wenn diesem wiederum durch den Eintritt eines Haftungsfalls gegenüber dem Aktionär ein Schaden entstanden ist, kann die Gesellschaft diesen Schaden gegenüber einem pflichtwidrig handelnden Vorstandsmitglied geltend machen. Eine Ausdehnung der Vorstandshaftung durch eine erweiternde Auslegung des § 823 Abs. 1 BGB widerspricht diesem vom Gesetzgeber bewusst gestalteten Haftungssystem.[1021] 354

III. Deliktische Haftung nach § 823 Abs. 2 BGB iVm einem Schutzgesetz

Denkbar sind Schadensersatzansprüche der Aktionäre gegen die Vorstandsmitglieder nach § 823 Abs. 2 BGB iVm einem Schutzgesetz. Es bedarf stets einer Überprüfung im Einzelfall, welches Gesetz Schutzgesetzwirkung entfaltet und gegenüber welchem Personenkreis diese Schutzgesetzwirkung besteht. Als Schutzgesetze, die zumindest auch gegenüber Aktionären Schutzgesetzwirkung entfalten, kommen unter anderem § 92 Abs. 1 HGB,[1022] § 399 HGB (falsche Angabe),[1023] § 400 HGB (unrichtige Darstellung),[1024] § 404 HGB (Verletzung der Geheimhaltungspflicht), § 405 Abs. 1 355

[1010] *Altmeppen* in Krieger/Schneider HdB Managerhaftung § 7 Rn. 26; GroßkommAktG/*Hopt/Roth* Rn. 526; MüKoAktG/*Spindler* Rn. 304.

[1011] RGZ 158, 248 (255); OLG Stuttgart ZIP 2006, 511 (514 f.) – EM.TV; *K. Schmidt* JZ 1991, 157 (159); *Habersack*, Die Mitgliedschaft, 1996, 156 ff.; GroßkommAktG/*Hopt/Roth* Rn. 526; MüKoAktG/*Spindler* Rn. 304; MüKoBGB/*Wagner* BGB § 823 Rn. 236; aA OLG München NJW-RR 1991, 928 (929), anscheinend ohne das Problem zu erkennen.

[1012] GroßkommAktG/*Hopt/Roth* Rn. 628; KK-AktG/*Mertens/Cahn* Rn. 210.

[1013] MüKoAktG/*Spindler* Rn. 306; aA *Altmeppen* in Krieger/Schneider HdB Managerhaftung § 7 Rn. 27; MüKoAktG/*Habersack* § 116 Rn. 78; KK-AktG/*Mertens/Cahn* Rn. 210.

[1014] MüKoAktG/*Spindler* Rn. 308; aA *Altmeppen* in Krieger/Schneider HdB Managerhaftung § 7 Rn. 27; MüKoAktG/*Habersack* § 116 Rn. 78; KK-AktG/*Mertens/Cahn* Rn. 210.

[1015] So aber BGHZ 110, 323 (237) = NJW 1990, 2877 für Verein; zust. *Bayer* VersR 1997, 1208; *Reuter* AcP 197 (1997), 322 (330); *K. Schmidt* JZ 1991, 157 (160).

[1016] GroßkommAktG/*Hopt/Roth* Rn. 628; MüKoAktG/*Spindler* Rn. 306.

[1017] AA KK-AktG/*Mertens/Cahn* Rn. 210.

[1018] BGH NJW-RR 2005, 673 (675) mwN aus der Rspr.; Palandt/*Sprau* BGB § 823 Rn. 126 ff.

[1019] Ebenso GroßkommAktG/*Hopt/Roth* Rn. 628.

[1020] MüKoAktG/*Spindler* Rn. 307; MHdB AG/*Wiesner* § 26 Rn. 65.

[1021] MüKoAktG/*Spindler* Rn. 307.

[1022] Spindler/Stilz/*Fleischer* § 92 Rn. 17; MüKoAktG/*Spindler* Rn. 310; aA Hüffer/*Koch* Rn. 61; KK-AktG/*Mertens/Cahn* Rn. 209, § 92 Rn. 21.

[1023] BGHZ 105, 121 (123) = NJW 1988, 2794 zu § 399 Abs. 1 Nr. 4.

[1024] BGH NJW 2005, 2450 (2451) – EM-TV; BGHZ 149, 10 (20) = NJW 2001, 3622.

HGB (Ordnungswidrigkeiten),[1025] § 331 HGB (unrichtige Darstellung)[1026] sowie §§ 263, 264a StGB[1027] und § 266 Abs. 1 StGB[1028] in Betracht.

IV. Deliktische Haftung nach § 826 BGB

356 Ein Vorstandsmitglied kann Aktionären wegen vorsätzlicher sittenwidriger Schädigung nach § 826 BGB schadensersatzpflichtig sein. Die Regelung des § 117 Abs. 1 S. 2 schließt eine Anwendung der Haftung aus § 826 BGB nicht aus.[1029] Der Schadensersatzanspruch aus § 826 BGB umfasst auch den **Wertverlust der Beteiligung** eines Aktionärs, den dieser in Folge einer schädigenden Handlung eines Vorstandsmitglieds erleidet.[1030] Der Schadensersatzanspruch des Aktionärs aus § 826 BGB kann neben einem Schadensersatzanspruch der Gesellschaft gegen das Vorstandsmitglied aufgrund der schädigenden Handlung stehen. Weiterhin ist eine Mehrheit von Ansprüchen von geschädigten Aktionären, die nacheinander Inhaber der Aktien waren, möglich.[1031] Der **Vorsatz des Vorstandsmitglieds** bei Begehen der sittenwidrigen Schädigung muss nicht den einzelnen geschädigten Aktionär umfassen. Für eine vorsätzliche Begehung reicht es aus, wenn den Vorstandsmitgliedern bewusst ist, dass ihr Verhalten sich zum Schaden von Aktionären auswirken kann, und dass sie die Art des möglicherweise eintretenden Schadens voraussehen und billigend in Kauf nehmen.[1032]

357 Hauptsächlicher Anwendungsfall für eine Vorstandshaftung nach § 826 BGB ist die im Wesentlichen durch die Infomatec-Entscheidungen des BGH geprägte **Kapitalmarktinformationshaftung.**[1033] Bei der vorsätzlichen Abgabe unrichtiger Ad-hoc-Mitteilungen ist den Vorstandsmitgliedern bewusst, dass sie Tatsachen veröffentlichen, die geeignet sind, den Börsenpreis zu beeinflussen. Sie beeinflussen damit Kauf- und Verkaufsentscheidungen von Anlegern. Ein Schadensersatzanspruch nach § 826 BGB kann deshalb geschädigten Aktionären sowie Personen zustehen, die bei Vornahme der schädigenden Handlung noch nicht Aktionär waren und in Folge der fehlerhaften Ad-hoc-Mitteilung Aktien erworben haben.[1034] Die Vorstandsmitglieder haben grundsätzlich auch Vorsatz hinsichtlich der durch die unrichtige Ad-hoc-Mitteilung verursachten Schäden.[1035] Bei einem Schadensersatzanspruch nach § 826 BGB im Zusammenhang mit unrichtigen Ad-hoc-Mitteilungen wird die Verwerflichkeit des Verhaltens durch die vorsätzliche unlautere Beeinflussung des Sekundärmarktes indiziert.[1036]

V. Reflexschaden

358 Die Überlegungen zum Reflexschaden setzen voraus, dass sowohl die Gesellschaft als auch der Aktionär unter Berücksichtigung der für diesen bestehenden engen Voraussetzungen (→ Rn. 352 ff.) einen Schadensersatzanspruch gegen das Vorstandsmitglied haben. Besteht der Schaden eines Aktionärs in der Wertminderung seiner Aktien und beruht damit auf der Schädigung der Gesellschaft, so steht sein mittelbarer Schaden neben dem unmittelbaren Schaden der Gesellschaft. Es handelt sich um einen **Doppel- bzw. Reflexschaden.** Das kann nicht zu einer Verdoppelung der Schadensersatzpflicht des Vorstandsmitglieds führen. Das in Anspruch genommenen Vorstandsmitglied ist nicht verpflichtet, Schadensersatz sowohl an die Gesellschaft als auch an den Aktionär zu leisten. Der mittelbar geschädigte Aktionär kann nach dem Grundsatz der Kapitalerhaltung und wegen der Zweckbestimmung des Gesellschaftsvermögens grundsätzlich nur Ersatzleistung an die Gesellschaft verlangen.[1037] Durch die Schadensersatzzahlung an die Gesellschaft wird gleichzeitig der mittelbare Schaden des Aktionärs beglichen.[1038] Der Aktionär hat also keinen Schadensersatzanspruch mehr,

[1025] GroßkommAktG/*Hopt/Roth* Rn. 630.
[1026] LG Bonn AG 2001, 484 (486).
[1027] BGHZ 116, 7 (13 f.) = NJW 1992, 241.
[1028] RGZ 157, 213 (216) noch zu § 312 HGB aF bzw. § 294 AktG aF; Hüffer/*Koch* Rn. 61; krit. GroßkommAktG/*Hopt/Roth* Rn. 632; aA MüKoAktG/*Spindler* Rn. 311.
[1029] GroßkommAktG/*Hopt/Roth* Rn. 634; Hüffer/*Koch* § 117 Rn. 14.
[1030] RGZ 157, 213 (220); GroßkommAktG/*Hopt/Roth* Rn. 637; offen gelassen von BGHZ 96, 231 (238 f.).
[1031] RGZ 157, 213 (218 f.); GroßkommAktG/*Hopt/Roth* Rn. 637.
[1032] BGHZ 160, 149 (156) = NJW 2004, 2971 – Infomatec II.
[1033] BGHZ 160, 134 (143) = NJW 2004, 2664 – Infomatec I; BGHZ 160, 149 = NJW 2004, 2971 – Infomatec II.
[1034] BGHZ 160, 134 (143) = NJW 2004, 2664 – Infomatec I; BGHZ 160, 149 = NJW 2004, 2971 – Infomatec II.
[1035] BGHZ 160, 149 (156) = NJW 2004, 2971 – Infomatec II.
[1036] BGHZ 160, 149 (157 f.) = NJW 2004, 2971 – Infomatec II.
[1037] BGHZ 129, 136 (165 f.) = NJW 1995, 1739 – Girmes/Effectenspiegel; BGH NJW 1987, 1077 (1079); OLG Düsseldorf ZIP 1997, 27 (33); KK-AktG/*Mertens/Cahn* Rn. 213 mwN.
[1038] MüKoAktG/*Spindler* Rn. 318.

soweit das Vorstandsmitglied den Schaden der Gesellschaft bereits vorher ausgeglichen hat.[1039] Selbst wenn die Gesellschaft keinen eigenen Schadensersatzanspruch gegen das schädigende Vorstandsmitglied hat, ist Schadensersatz immer nur an die Gesellschaft zu leisten.[1040] Soweit eine Schadensersatzklage der Gesellschaft rechtskräftig abgewiesen wurde, entfaltet das Urteil auch Rechtskraft gegenüber dem Aktionär.[1041]

Einen über den Schaden der Gesellschaft hinausgehenden oder einen dem Aktionär gesondert entstandenen Schaden kann der Aktionär durch Zahlung in sein Privatvermögen ersetzt verlangen.[1042] Gleicht ein Aktionär den der Gesellschaft entstandenen Schaden aus, so hat er einen Anspruch gegen das Vorstandsmitglied auf Leistung in sein Privatvermögen, soweit die Leistung an die Gesellschaft allein der Beseitigung des Schadens diente und der Aktionär auf Aufwendungsersatz oder Rückzahlung gegenüber der Gesellschaft verzichtet hat.[1043] Die Aufwendung zur Beseitigung des Schadens an die Gesellschaft stellt dann einen eigenen Schaden dar.[1044] Einen Eigenanspruch kann der Aktionär auch durch Abtretung des Schadensersatzanspruchs der Gesellschaft gegen das Vorstandsmitglied an ihn erlangen. Haben Dritte neben dem Aktionär Ansprüche gegen ein Vorstandsmitglied, so liegt kein Fall des Doppelschadens vor. 359

Q. Haftung gegenüber Dritten

I. Keine Haftung nach § 93

Handelt das Vorstandsmitglied in seiner Eigenschaft als Organmitglied, so haftet es nach § 93 grundsätzlich nur gegenüber der Gesellschaft und nicht im Verhältnis zu Außenstehenden.[1045] Diese Haftungskonzentration beruht auf einer gesetzgeberischen Grundentscheidung. Da die organschaftliche Rechtsbeziehung nur gegenüber der Gesellschaft besteht, ergibt sich aus § 93 nur eine **Innenhaftung.** Eine Außenhaftung von Vorständen, dh eine Haftung gegenüber außenstehenden Dritten, kann sich lediglich aus anderen Normen ergeben. 360

II. Vertragliche Ansprüche

Dritte können Ansprüche gegen Vorstandsmitglieder aufgrund eines mit diesen abgeschlossenen Vertrages haben. In Betracht kommt unter anderem ein Anspruch aus einem selbständigen Garantieversprechen[1046] oder aus Bürgschaft.[1047] Ein Vorstand kann auch aus seinem Anstellungsvertrag haften, wenn dieser mit einem Dritten und nicht mit der Gesellschaft abgeschlossen wurde. Das kann zB der Fall sein, wenn ein Vorstandsmitglied seinen Anstellungsvertrag mit der Muttergesellschaft geschlossen hat, aber in den Vorstand der Tochtergesellschaft berufen wurde.[1048] Zu beachten ist in diesem Zusammenhang stets, ob nicht in dem Abschluss des Anstellungsvertrags mit dem Dritten eine Verletzung der Organpflichten des Vorstands liegt (→ § 84 Rn. 41). Weiter sind vertragliche Ansprüche gegen ein Vorstandsmitglied denkbar, wenn für den Dritten nicht ersichtlich war, dass dieses den Vertrag für die Gesellschaft als dessen Vertreter abschließen wollte.[1049] 361

III. Culpa in contrahendo

Grundsätzlich haftet für die Folgen einer Verletzung von vorvertraglichen Aufklärungs- und Obhutspflichten gemäß § 280 Abs. 1 BGB iVm § 311 Abs. 2 BGB die Gesellschaft als Vertretene und nicht das Vorstandsmitglied als Vertreter.[1050] Eine Haftung des Vorstandsmitglieds aus culpa in contrahendo kommt aber bei der Inanspruchnahme von besonderem persönlichen Vertrauen und 362

1039 MüKoAktG/*Spindler* Rn. 318.
1040 BGHZ 129, 136 (166) = NJW 1995, 1739 – Girmes/Effectenspiegel; GroßkommAktG/*Hopt/Roth* Rn. 643; KK-AktG/*Mertens/Cahn* Rn. 213.
1041 MüKoAktG/*Spindler* Rn. 320; aA RGZ 157, 213 (219).
1042 MüKoAktG/*Spindler* Rn. 319.
1043 BGH NJW 1987, 1077 (1079 f.); KK-AktG/*Mertens/Cahn* Rn. 216.
1044 OLG Düsseldorf AG 1997, 231 (236) – ARAG/Garmenbeck.
1045 BGHZ 124, 366 (375) = NJW 1994, 1801.
1046 BGH NJW-RR 2001, 1611 (1612) für Gesellschafter-Geschäftsführer einer GmbH & Co. KG.
1047 BGHZ 153, 337 = NJW 2003, 1250 für GmbH-Geschäftsführer; KK-AktG/*Mertens/Cahn* Rn. 219.
1048 OLG Frankfurt NZA-RR 1997, 400.
1049 GroßkommAktG/*Hopt/Roth* Rn. 650.
1050 BGH NZG 2008, 661 (662); BGHZ 126, 181 (183) = NJW 1994, 2220 für GmbH-Geschäftsführer; KK-AktG/*Mertens/Cahn* Rn. 220.

Entgegenbringen von solchem Vertrauen durch den Verhandlungsgegner[1051] oder dann in Betracht, wenn das Vorstandsmitglied dem Verhandlungsgegenstand aus wirtschaftlichen Eigeninteressen besonders nahe steht.[1052]

363 Eine Inanspruchnahme **besonderen persönlichen Vertrauens** liegt nur vor, wenn das Vorstandsmitglied über das ihm entgegengebrachte normale Verhandlungsvertrauen hinaus besonderes Vertrauen auf die Richtigkeit seiner Erklärungen hervorruft.[1053] Das besondere persönliche Vertrauen kann durch außergewöhnliche Sachkunde, spezielle persönliche Zuverlässigkeit oder durch eine enge persönliche Beziehung der Beteiligten erzeugt werden.[1054] Die Beanspruchung von besonderem Vertrauen ist auch anzunehmen, wenn Vorstandsmitglieder einer kapitalsuchenden Anlagegesellschaft dem Verhandlungspartner persönlich gegenüber treten und dabei ein Prospekt oder eine sonstige Unterlage „mit der Autorität ihres Amtes" und mit besonderen Kenntnissen über das Anlageobjekt darlegen oder Ergänzungen hierzu vornehmen.[1055] Eine persönliche Gewähr für den Bestand und die Erfüllung eines Rechtsgeschäfts kann durch eine Erklärung im Vorfeld einer Garantiezusage geboten werden.[1056]

364 Zur Begründung eines **wirtschaftlichen Eigeninteresses** genügt nicht, dass das Vorstandsmitglied eine maßgebliche oder auch beherrschende Beteiligung an der Gesellschaft hat.[1057] Ebenfalls führt das Begeben von persönlichen oder dinglichen Sicherheiten, die Übernahme einer Bürgschaft oder das Gewähren eines Darlehens durch ein Vorstandsmitglied nicht allein zu einem wirtschaftlichen Eigeninteresse.[1058] Es muss im Einzelfall immer geprüft werden, ob zusätzliche Umstände vorliegen, die ein wirtschaftliches Eigeninteresse annehmen lassen.[1059]

IV. Haftung aus Rechtsschein

365 Ein Vorstandsmitglied haftet persönlich, wenn es gegenüber einem gutgläubigen Vertragspartner den Rechtsschein gesetzt hat, dass es diesem persönlich hafte und nicht nur eine begrenzte Haftungsmasse für die Erfüllung eines Rechtsgeschäfts zur Verfügung steht.[1060] Ein solcher Rechtsschein kann gesetzt werden, indem das handelnde Vorstandsmitglied den Eindruck erweckt, es handele als Inhaber des Unternehmens oder indem es die gesetzlich vorgeschriebene Bezeichnung nach § 4 nicht verwendet, durch die klargestellt wird, dass der Firmeninhaber eine Aktiengesellschaft ist.[1061] Die Haftung des Vorstandsmitglieds besteht unabhängig davon, ob die Gesellschaft selbst fähig ist, das Geschäft zu erfüllen oder ob sie zahlungsunfähig ist. Dem Vorstandsmitglied bleibt die Möglichkeit, Ausgleich im Innenverhältnis zu erlangen[1062] oder seinen gegen die Gesellschaft bestehenden Anspruch auf Freistellung geltend zu machen.[1063]

V. Deliktische Haftung nach § 823 Abs. 1 BGB

366 Verletzt ein Vorstandsmitglied ein absolut geschütztes Rechtsgut eines Dritten iSd § 823 Abs. 1 BGB, ist es grundsätzlich dem Dritten gegenüber persönlich schadensersatzpflichtig.[1064] Möglich ist auch eine Haftung als Mittäter oder Beteiligter nach § 830 BGB.[1065] Die Haftung entfällt nicht durch eine gleichzeitige Haftung der Gesellschaft gemäß § 31 BGB.[1066] Im Einzelnen umstritten ist jedoch, unter welchen Voraussetzungen eine Haftung eintritt, wenn das Vorstandsmitglied nicht selbst die

---

[1051] BGH NZG 2008, 661 (662).
[1052] BGHZ 126, 181 (183) = NJW 1994, 2220 für GmbH-Geschäftsführer.
[1053] BGHZ 126, 181 (189) = NJW 1994, 2220 für GmbH-Geschäftsführer.
[1054] BGH NJW-RR 1991, 289 (290); 1988, 615 (616); BGHZ 56, 81 (85) = NJW 1971, 1309.
[1055] BGH NZG 2008, 661 (662).
[1056] BGHZ 126, 181 (189) = NJW 1994, 2220 für GmbH-Geschäftsführer.
[1057] BGH NJW 1986, 586 (587) für GmbH-Geschäftsführer; aA noch BGH NJW 1983, 676 (677) für GmbH-Geschäftsführer; Feststellungen des Berufungsgerichts wurden in diesem Punkt nicht beanstandet); BGHZ 87, 27 (33 f.) für GmbH-Geschäftsführer; wobei im konkreten Fall noch besondere Umstände hinzukamen.
[1058] BGHZ 126, 181 (186 f.) = NJW 1994, 2220 für GmbH-Geschäftsführer; anders wohl *Roth,* Unternehmerisches Ermessen, 2001, 285, 265 f.
[1059] BGHZ 126, 181 (184) = NJW 1994, 2220 für GmbH-Geschäftsführer.
[1060] BGH NJW 1990, 2678 (2679) für GmbH-Geschäftsführer.
[1061] BGH NJW 1996, 2645 für Vor-GmbH; NJW 1990, 2678 (2679) für GmbH-Geschäftsführer; BGHZ 62, 216 (223) = NJW 1974, 1191.
[1062] BGH NJW 1990, 2678 (2679) für GmbH-Geschäftsführer.
[1063] GroßkommAktG/*Hopt/Roth* Rn. 651.
[1064] BGHZ 109, 297 (303) = NJW 1990, 976 – Baustoff, für GmbH-Geschäftsführer.
[1065] BGH NJW-RR 1999, 843 (844) für GmbH-Geschäftsführer.
[1066] BGH NJW 1996, 1535 (1536).

unerlaubte Handlung begangen hat, sondern seine primär gegenüber der Gesellschaft bestehenden Organisations- und Leitungspflichten verletzt hat.

In seinem umstrittenen „Baustoff"-Urteil nimmt der BGH eine persönliche Haftung von Geschäftsleitern aus § 823 Abs. 1 BGB neben einer Haftung der Gesellschaft bei **Verletzung von Organisations- und Kontrollpflichten** an.[1067] Der Geschäftsführer einer GmbH soll Garant im Hinblick auf das Eigentum als absolut geschütztes Recht (konkret das Vorbehaltseigentum) eines Lieferanten von Baumaterialien sein, der mit der Gesellschaft ein Abtretungsverbot seiner vertraglichen Forderungen vereinbart hatte.[1068] Der BGH sah den Geschäftsführer gegenüber dem Lieferanten als schadensersatzpflichtig an, da er keine Maßnahmen getroffen hatte, um den Eigentumsübergang auf den Auftraggeber des Bauvorhabens nach § 946 BGB zu verhindern.[1069] Nach Auffassung des VI. Zivilsenats folgt aus der Zuständigkeit für Organisation und Leitung und der damit verbundenen Einflussnahme auf die Gefahrenabwehr eine persönliche Verantwortung des Organs gegenüber den Integritätsinteressen Dritter.[1070] 367

Die Entscheidung des VI. Zivilsenats muss von der Praxis beachtet werden, jedoch ist ihr rechtlich nicht zuzustimmen. Eine Haftung gegenüber Außenstehenden aus Organisations- und Kontrollpflichtverletzungen ist abzulehnen. Organmitglieder haften für ihre innergesellschaftlichen Organpflichten nur gegenüber der Gesellschaft selbst. Eine Außenhaftung kommt nur in Betracht, wenn Pflichten verletzt werden, die das Organmitglied persönlich gegenüber außen stehenden Dritten treffen.[1071] Der II. Zivilsenat des BGH hat sich gegenüber dem „Baustoff"-Urteil des VI. Zivilsenats vorsichtig reserviert geäußert.[1072] Eine Haftung von Vorstandsmitgliedern nach § 823 Abs. 1 BGB gegenüber Dritten ist nur anzunehmen, wenn die Organmitglieder über ihre Organisations- oder Kontrollpflichten gegenüber der Gesellschaft hinaus bestimmte Verkehrssicherungspflichten gegenüber der Allgemeinheit treffen.[1073] Dies gilt vor allem, wenn die absolut geschützten Rechtsgüter Leib und Leben gefährdet sind. So haften Organmitglieder im Rahmen der Produktsicherung für eine ordnungsgemäße Konstruktion, Fabrikation, Instruktion und Produktbeobachtung.[1074] 368

In der „Kirch/Breuer"-Entscheidung nahm der BGH die persönliche Haftung eines Organmitglieds wegen **Eingriffs in das Recht am eingerichteten und ausgeübten Gewerbebetrieb** an.[1075] Der BGH stellte fest, dass die zum Eingriff führende Äußerung eines Organmitglieds rechtswidrig gewesen sei.[1076] Die Meinungsfreiheit des Organmitglieds sei durch dessen Organpflicht, für die ordnungsgemäße Erfüllung von vertraglichen Haupt- und Nebenpflichten zu sorgen und keine Schäden beim Vertragspartner zu verursachen, beschränkt.[1077] Der XI. Zivilsenat des BGH nimmt in dieser Entscheidung daher an, dass sich für Organmitglieder aus Verträgen der Gesellschaft Verpflichtungen gegenüber Dritten und nicht nur gegenüber der Gesellschaft ergeben, bei deren Verletzung sie den Dritten damit unmittelbar haften können.[1078] Diese Annahme des BGH verstößt gegen das Prinzip der Relativität der Schuldverhältnisse und ist abzulehnen.[1079] Die Organmitglieder sind bei einem Vertrag zwischen der Gesellschaft und einem Dritten nicht Vertragspartei. Die Auffassung des BGH führte auf Umwegen zur Anerkennung der Zulässigkeit eines Vertrags zu Lasten Dritter.[1080] 369

VI. Deliktische Haftung aus § 823 Abs. 2 BGB iVm einem Schutzgesetz

Eine Vorstandshaftung gegenüber Dritten kann wegen Verletzung eines Schutzgesetzes nach § 823 Abs. 2 BGB gegeben sein. Schutzgesetze zugunsten Dritter sind unter anderem die Regelungen der 370

[1067] BGHZ 109, 297 (303 f.) = NJW 1990, 297 – Baustoff, für GmbH-Geschäftsführer; so auch OLG Stuttgart NJW 2008, 2514 (2515) für GmbH & Co. KG-Geschäftsführer.

[1068] BGHZ 109, 297 (302) = NJW 1990, 297 – Baustoff, für GmbH-Geschäftsführer.

[1069] BGHZ 109, 297 (303 f.) = NJW 1990, 297 – Baustoff, für GmbH-Geschäftsführer.

[1070] BGHZ 109, 297 (303 f.) = NJW 1990, 297 – Baustoff, für GmbH-Geschäftsführer.

[1071] Spindler/Stilz/*Fleischer* Rn. 317; GroßkommAktG/*Hopt/Roth* Rn. 661; Hüffer/*Koch* Rn. 66; KK-AktG/*Mertens/Cahn* Rn. 224; MüKoAktG/*Spindler* Rn. 324; aA Schmidt/Lutter/*Krieger/Sailer-Coceani* Rn. 83.

[1072] BGHZ 125, 366 (375 ff.) = NJW 1994, 1801 (1803).

[1073] GroßkommAktG/*Hopt/Roth* Rn. 662; Hüffer/*Koch* Rn. 66; KK-AktG/*Mertens/Cahn* Rn. 224.

[1074] BGH NJW 1987, 372 (374) für GmbH-Geschäftsführer; NJW 1975, 1827 (1828) für Geschäftsleiter einer KG; GroßkommAktG/*Hopt/Roth* Rn. 661.

[1075] BGHZ 166, 84 (113 f.) = NJW 2006, 830 – Kirch/Breuer.

[1076] BGHZ 166, 84 (114) = NJW 2006, 830 – Kirch/Breuer.

[1077] BGHZ 166, 84 (114 ff.) = NJW 2006, 830 – Kirch/Breuer.

[1078] BGHZ 166, 84 (114 ff.) = NJW 2006, 830 – Kirch/Breuer.

[1079] So noch Berufungsinstanz OLG München NJW 2004, 224 (230); *Höpfner/Seibl* BB 2006, 673 (678); *Möllers/Beutel* NZG 2006, 338 (340); MüKoAktG/*Spindler* Rn. 323; aA *Fischer* DB 2006, 598 (599).

[1080] *Höpfner/Seibl* BB 2006, 673 (678).

§ 399 (falsche Angaben)[1081] und § 400 (unrichtige Darstellung)[1082] sowie § 331 HGB (unrichtige Darstellung),[1083] die neben den Aktionären Gläubiger und Vertragspartner schützen sollen. Weiterhin haben Schutzgesetzcharakter § 15a Abs. 1 S. 1 InsO (Insolvenzantragspflicht),[1084] § 222 StGB,[1085] § 229 StGB,[1086] § 246 StGB,[1087] § 263 StGB,[1088] § 264a StGB,[1089] §§ 265b, 266 StGB,[1090] § 266a StGB[1091] sowie § 32 KWG zugunsten der Kapitalanleger.[1092] § 130 OWiG ist im Zusammenhang mit der Unterlassung von Aufsichtsmaßnahmen zur Verletzung von Pflichten nicht als Schutzgesetz anzusehen.[1093]

371 § 266a StGB ist einschlägiges Schutzgesetz gegenüber dem Sozialversicherungsträger hinsichtlich der Pflicht zur **Abführung von Arbeitnehmerbeiträgen zur Sozialversicherung.**[1094] Eine Strafbarkeit tritt im Falle der Insolvenz erst nach Ablauf der Insolvenzantragspflicht ein.[1095] Die Duldung der Nichtzahlung trotz Fälligkeit seitens des Sozialversicherungsträgers führt zu keiner stillschweigend vereinbarten, die Fälligkeit aufschiebenden Stundung.[1096] Vorstandsmitglieder haften nicht für das Unterlassen der Abführung von Arbeitnehmerbeiträgen zur Sozialversicherung gemäß § 823 Abs. 2 BGB iVm §§ 266a, 14 Abs. 1 Nr. 1 StGB, wenn ihnen die Abführung im Zeitpunkt der Fälligkeit wegen Zahlungsunfähigkeit der Gesellschaft unmöglich war.[1097] Dies gilt nicht, soweit die verantwortlichen Vorstandsmitglieder die Zahlungsunfähigkeit der Gesellschaft durch pflichtwidriges Verhalten herbeigeführt haben.[1098] Vorstandsmitglieder führen die Zahlungsunfähigkeit pflichtwidrig herbei, wenn sie zwischen der Auszahlung der Löhne und der Fälligkeit der Arbeitnehmerbeiträge zur Sozialversicherung Zahlungen an andere Gläubiger leisten.[1099] Die Auszahlung der Löhne ist zu kürzen, um vorrangig Sozialversicherungsbeiträge zu leisten.[1100] Auch wenn keine Löhne ausgezahlt werden, stellt die Nichtleistung der Arbeitnehmerbeiträge ein strafbares Vorenthalten iSd § 266a StGB dar, da die Beitragsschuld allein durch die versicherungspflichtige Beschäftigung des einzelnen Arbeitnehmers entsteht.[1101] Arbeitnehmerbeiträge werden daher auch vorenthalten, wenn ein Dritter die Löhne zahlt.[1102] Auch von der Arbeitsagentur für Arbeit nach § 208 SGB III gezahlte Sozialversicherungsbeiträge stehen einer Strafbarkeit der Vorstandsmitglieder nicht entgegen.[1103] Ein ersatzfähiger Schaden des Sozialversicherungsträgers entfällt aber, wenn die Zahlung der Sozialversicherungsbeiträge anfechtungsrechtlich keinen Bestand gehabt hätte.[1104]

[1081] BGH DStR 2006, 1847 (1848); BGHZ 105, 121 (125) = NJW 1988, 2794 zu § 399 Abs. 1 Nr. 4.

[1082] BGH NJW 2005, 2450 (2451) – EM-TV; BGHZ 149, 10 (20) = NJW 2001, 3622.

[1083] MüKoHGB/*Quedenfeld* § 331 Rn. 2 mwN.

[1084] BGHZ 75, 96 (106) = NJW 1979, 1823 zu § 92 Abs. 2 aF; *Bitter* InsO 2010, 1561 (1572 ff.); KK-AktG/*Mertens/Cahn* Rn. 217.

[1085] MüKoAktG/*Spindler* Rn. 327.

[1086] MüKoAktG/*Spindler* Rn. 327.

[1087] BGH NJW 1996, 1535 (1536) für GmbH-Geschäftsführer.

[1088] BGHZ 75, 96 (115) = NJW 1979, 1823 für Aufsichtsrat.

[1089] BGHZ 116, 7 = NJW 1992, 241.

[1090] BGH NJW 2009, 3173 für Garantenpflicht des Innenrevisionsleiters; NJW 1996, 1535 (1536) für GmbH-Geschäftsführer; GroßkommAktG/*Hopt/Roth* Rn. 658; aA RG JW 1935, 3301 (3303) zu § 312 HGB aF; LG Wiesbaden AG 2015, 833; MüKoAktG/*Spindler* Rn. 327.

[1091] BGHZ 133, 370 (374) = NJW 1997, 130: Haftung des GmbH-Geschäftsführers gegenüber zuständiger Einzugsstelle; GroßkommAktG/*Hopt/Roth* Rn. 658; KK-AktG/*Mertens/Cahn* Rn. 232; aA MüKoAktG/*Spindler* Rn. 332 mwN: keine persönliche Haftung des Vorstands.

[1092] BGH NJW 2005, 2703.

[1093] OLG Koblenz NZG 2005, 79 (81).

[1094] HM, ua BGH NZG 2010, 305 (306); NJW 2009, 295; ZIP 2008, 2075 (2076); BAG NJW 2005, 3739 (3740), jeweils für GmbH-Geschäftsführer; GroßkommAktG/*Hopt/Roth* Rn. 660; KK-AktG/*Mertens/Cahn* Rn. 232, jeweils mwN zu Rspr. und Lit.; weitergehend *Verse* ZHR 170 (2006), 398 (412): § 266a Abs. 2 StGB auch Schutzgesetz hinsichtlich Abführung der Arbeitgeberbeiträge; aA MüKoAktG/*Spindler* Rn. 332 mwN: keine persönliche Haftung des Vorstands.

[1095] BGHSt 48, 307 (309 f.) = NJW 2003, 3787 für GmbH-Geschäftsführer = EWiR 2004, 453 m. abl. Anm. *Berger/Herbst.*

[1096] OLG Brandenburg GmbHR 2003, 595 (596) für GmbH-Geschäftsführer.

[1097] BGHZ 133, 370 (379 f.) = NJW 1997, 130 für GmbH-Geschäftsführer.

[1098] BGHZ 134, 304 (308) = NJW 1997, 1237 für GmbH-Geschäftsführer.

[1099] BGHZ 134, 304 (309) = NJW 1997, 1237 für GmbH-Geschäftsführer.

[1100] BGH DB 2011, 52 (53) für GmbH-Geschäftsführer.

[1101] BGHZ 144, 311 (314 f.) = NJW 2000, 2993; OLG Düsseldorf NJW-RR 2001, 246 (246 f.); OLG Hamburg NJW-RR 2000, 1281 (1282); OLG Dresden NJW-RR 2000, 1199 (1200); aA OLG Hamm NJW-RR 1999, 915 (916); *Bittmann* NStZ 2001, 95 (96 f.); *Medicus* GmbHR 2000, 7 (10 f.), jeweils für GmbH-Geschäftsführer; *Ranft* DStR 2001, 132 (133 ff.).

[1102] OLG Düsseldorf GmbHR 2000, 1261 (1262) für GmbH-Geschäftsführer.

[1103] OLG Düsseldorf NJW-RR 1998, 689 (691) für GmbH-Geschäftsführer.

[1104] BGH DB 2011, 52 (53) für GmbH-Geschäftsführer; NZG 2005, 600 (601 f.) für GmbH-Geschäftsführer; NJW 2001, 967 (969) für GmbH-Geschäftsführer.

Im Bereich des **Kapitalmarktinformationshaftungsrechts** sind Art. 12f., 15 VO (EU) Nr. 596/2014, ebenso wie die Vorgängervorschrift § 20a WpHG aF, kein Schutzgesetz zugunsten einzelner Anleger.[1105] So wurde schon zur Ablehnung der Schutzgesetzqualität von § 88 BörsG aF, der Vorgängervorschrift von § 20a WpHG aF, angeführt, dass dieser dem Schutz der Funktionsfähigkeit des Marktes dient und sich nur mittelbar der Schutz der Allgemeinheit auch zugunsten einzelner Anleger auswirkt.[1106] Gegen die Einordnung von § 20a WpHG aF als Schutzgesetz sprach, dass damit ein Wertungswiderspruch einherginge.[1107] Eine Schadensersatzhaftung der Vorstandsmitglieder wäre schon bei leicht fahrlässiger Verwirklichung des Tatbestandes von § 20a WpHG aF eingetreten.[1108] Dagegen greifen die speziellen Haftungstatbestände nach §§ 37b und 37c WpHG aF bzw. §§ 97, 98 WpHG nF erst bei grober Fahrlässigkeit.[1109] Ebenso sind Art. 8 und 14 VO (EU) Nr. 596/2014 keine Schutzgesetze.[1110] 372

VII. Vorsätzliche sittenwidrige Schädigung nach § 826 BGB

Eine persönliche Haftung der Vorstandsmitglieder wegen vorsätzlicher sittenwidriger Schädigung kann sich aus § 826 BGB ergeben. Hauptfälle des § 826 BGB in diesem Zusammenhang sind unterlassene Aufklärungspflichten, insbesondere in Krisensituationen, sowie Fehlverhalten bei Kapitalmarktinformationen. 373

Befindet sich die Gesellschaft in einer **Krise** kann der Vorstand verpflichtet sein, den Vertragspartner über die Vermögenslage der Gesellschaft zu informieren. Eine **Offenbarungspflicht** besteht, wenn der Vertragspartner in Unkenntnis der Vermögenslage Verträge abschließt und fortführt und dadurch einen Schaden erleidet.[1111] Eine Offenbarungspflicht besteht in diesem Falle, wenn den beteiligten Vorstandsmitgliedern bewusst ist, dass die Gesellschaft zur Erfüllung der vertraglich begründeten Verbindlichkeiten nicht in der Lage ist.[1112] Diese Situation ist in jedem Falle gegeben, wenn das Geschäftsmodell der Gesellschaft auf Täuschung und Schädigung der Kunden angelegt ist („Schwindelunternehmen").[1113] Eine sittenwidrige Schädigung liegt auch vor, wenn ein Vertragspartner dazu veranlasst wird, erhebliche Vorleistungen zu erbringen, obwohl nicht sicher ist, ob die zur Bezahlung nötigen Mittel vorhanden sind.[1114] Weiterhin ist es sittenwidrig, wenn die Insolvenz der Gesellschaft um eigener Vorteile willen verschleppt wird und Gläubiger hierdurch geschädigt werden. Dies kann geschehen durch Annahme von Kaufpreiszahlungen[1115] oder Ausgabe junger Aktien aus Kapitalerhöhung[1116] zum Zwecke der Insolvenzverschleppung. Keine Sittenwidrigkeit liegt vor, wenn die Information unterlassen wird, weil die Krise den Umständen nach überwindbar scheint und keine ernsten Zweifel bestehen, dass die Sanierungsversuche scheitern werden.[1117] In diesen Fällen liegt auch kein Vorsatz vor, wenn das verantwortliche Vorstandsmitglied die Information unterlässt, weil es die Krise als überwindbar und die Sanierungsversuche als lohnend ansehen darf und dies auch tut.[1118] Die überwiegende Rechtsprechung nimmt weiterhin eine Haftung des Geschäftsleiters aus § 826 BGB gegenüber der Bundesagentur für 374

[1105] Zu § 20a WpHG aF BVerfG NJW 2004, 501 (502f.); BGHZ 160, 134 (139f.) = NJW 2004, 2664 – Infomatec II; BGH NJW 2004, 2668 – Infomatec II; OLG Frankfurt BeckRS 2008, 2647; OLG München NJW 2003, 144 (145) – Infomatec; OLG Düsseldorf AG 2011, 706 (711); LG Kassel NZG 2003, 136 (137), jeweils noch zu § 88 BörsG aF; MüKoAktG/*Spindler* Rn. 326 mwN; Assmann/Schneider/*Vogel* WpHG § 20a Rn. 22; aA LG Augsburg NJW-RR 2001, 1705 (1706) – Infomatec, noch zu § 88 BörsG aF; *Fuchs/Dühn* BKR 2002, 1063 (1064ff.); *Rodewald/Siems* BB 2001, 2437 (2439f.); *Ziouvas* ZGR 2003, 113 (143f.); *Dühn,* Schadensersatzhaftung börsennotierter Aktiengesellschaften, 2003, 187ff.; KK-AktG/*Mock/Stoll/Eufinger* WpHG § 20a Rn. 429ff.

[1106] MüKoAktG/*Spindler* Rn. 326 mwN.

[1107] MüKoAktG/*Spindler* Rn. 326 mwN.

[1108] MüKoAktG/*Spindler* Rn. 326 mwN.

[1109] MüKoAktG/*Spindler* Rn. 326 mwN.

[1110] Ebenso zu der Vorgängervorschrift § 14 WpHG OLG München NJW-RR 2001, 1707 (1708); *Kaiser* WM 1997, 1557 (1560); MüKoAktG/*Spindler* Rn. 289; KK-AktG/*Pawlik* WpHG § 14 Rn. 7; aA *Assmann* AG 1994, 237 (250); *Claussen* DB 1994, 27 (31); zu § 15 WpHG Begr. RegE 4. FMFG, BT-Drs. 14/8017, 87; BGHZ 160, 149 = NJW 2004, 2971; BGHZ 160, 134 = NJW 2004, 2664 – Infomatec; OLG München NJW 2003, 144 Ls.; LG München NJW-RR 2001, 1701 (1702); MüKoAktG/*Spindler* Rn. 289 mwN.

[1111] BGH NJW-RR 1991, 1312 (1315) für GmbH-Geschäftsführer.

[1112] BGH NJW-RR 1991, 1312 (1315) für GmbH-Geschäftsführer.

[1113] BGH AG 2015, 820.

[1114] BGH GmbHR 1994, 464 (465) für GmbH-Geschäftsführer.

[1115] OLG Koblenz NZG 2005, 79 (80).

[1116] BGHZ 96, 231 (238) = NJW 1986, 837.

[1117] BGHZ 75, 96 (114) = NJW 1979, 1823.

[1118] BGH NJW-RR 1991, 1312 (1315); BGHZ 108, 134 (144) = NJW 1989, 3277 für Insolvenzantragspflicht des GmbH-Geschäftsführers.

Arbeit wegen verspäteter Insolvenzantragsstellung auf Ersatz des von ihr geleisteten Insolvenzgelds an.[1119]

375 Auch **außerhalb von Krisensituationen** kann eine vorsätzliche sittenwidrige Schädigung vorliegen, wenn der Vorstand einen **eigenen Wissens- und Erfahrungsvorsprung** hinsichtlich besonderer Risiken einem potentiellen Vertragspartner **vorenthält.** Das hat zur Voraussetzung, dass der potentielle Vertragspartner in derartigen Geschäften nicht erfahren ist, auf die Information durch den Vorstand angewiesen ist und er bei Kenntnis der Risiken den Vertrag nicht abgeschlossen hätte.[1120] Der bei einer sittenwidrigen Schädigung schwer nachweisbare Vorsatz soll bei besonders leichtfertigem Verhalten unterstellt werden, wenn sich daraus schließen lasse, dass die Schädigung in Kauf genommen worden ist.[1121] Dieser vom BGH im Rahmen der Geschäftsführerhaftung bei einer GmbH geäußerte Satz ist jedoch mit Zurückhaltung zu betrachten. Er ist einzelfallbezogen. Generell sind an den Nachweis des Vorsatzes strenge Anforderungen zu stellen.

376 Im Bereich der **Kapitalmarktinformationshaftung** werden zumeist gegenwärtige oder zukünftige Aktionäre die Geschädigten sein (→ Rn. 357). Eine **Ad-hoc-Mitteilung** nach Art. 17 VO (EU) Nr. 596/2014 ist sittenwidrig, soweit sie grob unrichtig ist und mit ihrer Abgabe der Sekundärmarkt direkt vorsätzlich unlauter beeinflusst werden soll.[1122] Ein solches Verhalten impliziert eine besondere Verwerflichkeit.[1123] Hierdurch wird gegen die Mindestanforderungen im Rechtsverkehr auf dem Kapitalmarkt verstoßen.[1124] Der Vorsatz des Vorstands, eine unrichtige Ad-hoc-Mitteilung abzugeben, enthält gleichzeitig zumindest den Eventualvorsatz, dass Wertpapierkäufe auf fehlender Tatsachengrundlage getätigt werden.[1125] Eine Ad-hoc-Mitteilung ist nämlich nur notwendig, wenn die veröffentlichten Informationen geeignet sind, den Kapitalmarkt zu beeinflussen.[1126] Vielfach wird aber dem Käufer der Nachweis der konkreten Kausalität der unrichtigen Ad-hoc-Mitteilung für die Kaufentscheidung schwer fallen. Auf den Nachweis kann aber selbst bei extrem unseriösen Kapitalmarktinformationen nicht verzichtet werden.[1127] Die sittenwidrige Schädigung führt zu einem Anspruch auf Naturalrestitution nach § 249 BGB.[1128] Diese erfolgt in Form der Erstattung des gesamten Kaufpreises gegen Übertragung der erworbenen Aktien bzw. Abzug des durch einen bereits erfolgten Weiterverkauf der Aktien erzielten Kaufpreises.[1129] Das pflichtwidrige Unterlassen einer Ad-hoc-Mitteilung kann nur dann eine sittenwidrige Handlung iSd § 826 BGB darstellen, wenn eine verwerfliche Motivation hinzutritt.[1130]

VIII. Haftung nach § 69 AO wegen Verletzung steuerlicher Pflichten

377 Vorstandsmitglieder haften persönlich nach § 69 S. 1 AO iVm § 34 Abs. 1 AO, wenn sie die der Gesellschaft obliegenden steuerlichen Pflichten vorsätzlich oder grob fahrlässig nicht erfüllen und hierdurch Ansprüche aus dem Schuldverhältnis nicht oder nicht rechtzeitig festgesetzt oder erfüllt oder infolgedessen Steuervergütungen oder -erstattungen ohne rechtlichen Grund gewährt werden. Grob fahrlässiges Handeln liegt vor, wenn die gebotene Sorgfalt, zu der ein Geschäftsleiter nach seinen persönlichen Fähigkeiten und Kenntnissen verpflichtet und in der Lage ist, in ungewöhnlich großem Maße außer Acht gelassen wird.[1131] Die Mittel der Gesellschaft sind so zu verwalten, dass diese zur pünktlichen Tilgung der künftig fällig werdenden Steuerschulden fähig ist.[1132] Ein Mitverschulden des Finanzamtes schließt eine Haftung nach § 69 AO nicht aus.

[1119] Ua BGH NZG 2010, 114 (115) für GmbH-Geschäftsführer; BGHZ 175, 58 = NZI 2008, 242 für GmbH-Geschäftsführer; BGHZ 108, 134 (141 ff.) = NJW 1989, 3277 für GmbH-Geschäftsführer; OLG Stuttgart GmbHR 2010, 207 (208) für GmbH-Geschäftsführer; dem folgend *Bitter* InsO 2010, 1561 (1567); MüKoBGB/*Wagner* BGB § 826 Rn. 118 mwN; aA LG Stuttgart ZIP 2008, 1428 (1429 ff.) für GmbH-Geschäftsführer; *Beck* InsO 2008, 713 (718 f.); *Piekenbrock* ZIP 2010, 2421 (2425 ff.); *Schmülling* ZIP 2007, 1095 (1099).

[1120] BGH NJW-RR 1988, 544 (545) für GmbH-Geschäftsführer; OLG Koblenz NZG 2005, 79 (80).

[1121] BGH NJW 1995, 197 (198) für GmbH-Geschäftsführer.

[1122] Zu § 15 WpHG aF BGHZ 160, 149 (157 f.) = NJW 2004, 2971 – Infomatec I; BGH NJW 2004, 2668 (2670) – Infomatec II.

[1123] BGHZ 160, 149 (157 f.) = NJW 2004, 2971 – Infomatec I; BGH NJW 2004, 2668 (2670) – Infomatec II.

[1124] BGHZ 160, 149 (157 f.) = NJW 2004, 2971 – Infomatec I; BGH NJW 2004, 2668 (2670) – Infomatec II; LG München NZG 2005, 523 (524).

[1125] BGHZ 160, 149 (156) = NJW 2004, 2971 – Infomatec I; BGH NJW 2004, 2668 (2670) – Infomatec II.

[1126] BGHZ 160, 149 (155) = NJW 2004, 2971 – Infomatec I; BGH NJW 2004, 2668 (2670) – Infomatec II.

[1127] BGH NJW 2008, 76 (79 f.) – ComROAD IV; NJW-RR 2007, 1532 (1534) – ComROAD V.

[1128] BGHZ 160, 149 (152) = NJW 2004, 2971 – Infomatec I; BGH NJW 2004, 2668 (2670) – Infomatec II.

[1129] BGHZ 160, 149 (153) = NJW 2004, 2971 – Infomatec I; BGH NJW 2004, 2668 (2670) – Infomatec II.

[1130] OLG Düsseldorf AG 2011, 706 (711).

[1131] BFH/NV 2005, 661 (663).

[1132] BFH/NV 1997, 7 (9) = GmbHR 1997, 139 für GmbH-Geschäftsführer.

Nach § 41a EStG hat der Vorstand die von der Gesellschaft geschuldete **Lohnsteuer** anzumelden und abzuführen. Bei der Abführung der Lohnsteuer sind an das Verhalten der Verantwortlichen höhere Anforderungen zu stellen als bei Abführung anderer Steuern, da es sich bei der Lohnsteuer um für den Arbeitgeber wirtschaftlich fremde Gelder handelt.[1133] Die Nichtabführung der Lohnsteuer ist in der Regel eine grob fahrlässige Pflichtverletzung.[1134] Bei Zahlungsschwierigkeiten der Gesellschaft hat der Vorstand die Löhne gekürzt auszuzahlen, so dass es ihm möglich ist, die Lohnsteuer auf die gekürzten Löhne zu entrichten.[1135] Der Vorstand hat die Lohnsteuer auch bei Insolvenzreife der Gesellschaft abzuführen.[1136] Dies gilt auch für Steuerrückstände.[1137] Es besteht kein Vorrang der Massesicherung nach § 92 Abs. 2.[1138] Nach Auffassung des BFH kann sich der Vorstand auch nicht auf den hypothetischen Kausalverlauf berufen, dass der Insolvenzverwalter die Leistung nach den §§ 129 ff. InsO bei pflichtgemäßer Abführung angefochten hätte und damit den Firmen derselbe Steueraufwand entstanden wäre.[1139] Unter dem Gesichtspunkt des rechtmäßigen Alternativverhaltens können an diesem Ergebnis Zweifel angemeldet werden (→ Rn. 262). Nur in dem nach § 92 Abs. 2 S. 1 bestehenden Zeitraum von drei Wochen für die Prüfung der Sanierungsfähigkeit der Gesellschaft ist die Pflicht zur Abführung der Lohnsteuer suspendiert.[1140] 378

Auch bei der Erfüllung der steuerlichen Pflichten besteht das Spannungsverhältnis zwischen Gesamtverantwortung und Ressortprinzip (→ Rn. 235 f.). Grundsätzlich gilt der Grundsatz der **Gesamtverantwortung** des Vorstands.[1141] Eine Ressortverteilung im Bereich Steuern bedarf einer **eindeutigen schriftlichen Regelung,**[1142] die üblicherweise im Rahmen des Geschäftsverteilungsplans erfolgt. Die Verantwortung geht damit zunächst auf das ressortverantwortliche Vorstandsmitglied über. Kommt der für die Erledigung der steuerlichen Angelegenheiten Zuständige seiner Aufgabe ersichtlich nicht nach oder fällt die Gesellschaft in eine finanzielle Krise, so wird die Aufgabenverteilung hinfällig.[1143] Es gelten also auch in diesem Zusammenhang die Überwachungspflichten innerhalb des Vorstands (→ Rn. 84 ff.). Nach der Rechtsprechung des BFH kann die Besorgung der steuerlichen Angelegenheiten auch auf einen **externen Dritten** verlagert werden.[1144] Hierzu soll der Geschäftsführer insbesondere verpflichtet sein, wenn er zur ordnungsgemäßen Erfüllung der steuerlichen Pflichten nicht fähig ist.[1145] Dem Vorstand obliegt eine Auswahl und Überwachung der Hilfspersonen.[1146] Er muss eine Plausibilitätsprüfung vornehmen.[1147] Werden die der Gesellschaft obliegenden Steuerpflichten aufgrund eines Fehlers eines Steuerberaters nicht ordnungsgemäß erfüllt, so haften Vorstandsmitglieder, soweit diese ihre Auswahl-, Einweisungs-, Informations- und Überwachungspflichten verletzt haben.[1148] 379

R. Leistungs- und Feststellungsklage gegen Vorstandsmitglieder

I. Leistungs- und Feststellungsklage der Gesellschaft

Die Geltendmachung von Schadensersatzforderungen gegen Vorstandsmitglieder stellt für die Gesellschaft stets nur eine allenfalls reparierende Lösung dar. Es wird deshalb die Frage diskutiert, ob und unter welchen Voraussetzungen die Gesellschaft die Möglichkeit hat, Vorstandsmitglieder im Wege der Leistungsklage zur Durchsetzung eines bestimmten Tuns oder Unterlassens zu veranlassen. Diese Diskussion ist theoretischer Natur. Fälle aus der Praxis sind nicht bekannt. Die Bestellung von 380

[1133] BFHE 135, 416 (416) = DStR 1982, 242 für KG-Geschäftsführer.
[1134] BFHE 216, 491 (495) = NZG 2007, 953 für GmbH-Geschäftsführer.
[1135] BFHE 216, 491 (495) = NZG 2007, 953 für GmbH-Geschäftsführer.
[1136] BGH ZIP 2011, 422 (423) für GmbH-Geschäftsführer; BGH NJW 2009, 295 (296) für GmbH-Geschäftsführer.
[1137] BGH ZIP 2011, 422 (423) für GmbH-Geschäftsführer.
[1138] BFHE 216, 491 (496) = NZG 2007, 953 für GmbH-Geschäftsführer.
[1139] BFHE 217, 233 (237) = DStR 2007, 1722 für GmbH-Geschäftsführer; aA *Tiedtke/Peterek* GmbHR 2008, 617 (624 f.).
[1140] BFHE 216, 491 (497) = NZG 2007, 953 für GmbH-Geschäftsführer.
[1141] BFHE 186, 132 (137) = NZG 1998, 861 (862) für Vereinsvorsitzenden.
[1142] BFHE 146, 23 (25) = DStR 1986, 405 für GmbH-Geschäftsführer; BFHE 202, 22 (29) = NJW-RR 2003, 1117 für Vereinsvorsitzenden.
[1143] BFH/NV 2006, 480 (481) für GmbH-Geschäftsführer.
[1144] BFH/NV 2006, 480 (481) für GmbH-Geschäftsführer.
[1145] BFH/NV 2006, 480 (481) für GmbH-Geschäftsführer.
[1146] OLG Schleswig ZIP 2010, 516 (519) für GmbH-Geschäftsführer.
[1147] OLG Schleswig ZIP 2010, 516 (519) für GmbH-Geschäftsführer.
[1148] BGHZ 127, 336 (347) = NJW 1995, 326 für GmbH-Geschäftsführer.

Vorstandsmitgliedern kann nach § 84 Abs. 3 S. 1 widerrufen werden, wenn ein wichtiger Grund vorliegt (→ Rn. 20; → § 84 Rn. 64 ff.). Bevor es zu einer Klageerhebung kommt, wird deshalb in der Praxis der Weg einer einvernehmlichen Beendigung der Vorstandstätigkeit gesucht werden. Die Möglichkeit des Widerrufs der Bestellung bleibt als ultima ratio.

381 Ungeachtet dieser **geringen praktischen Wahrscheinlichkeit** hat die Gesellschaft, vertreten nach § 112 durch den Aufsichtsrat die rechtliche Möglichkeit, gegen Vorstandsmitglieder im Wege der **Leistungsklage** zur Durchsetzung eines bestimmten Tuns oder Unterlassens vorzugehen.[1149] Dies stellt keine Aufweichung der aktienrechtlichen Kompetenzordnung dar, nach der die Ausführung der Geschäftsführungsmaßnahmen allein im Aufgabenbereich des Vorstands liegt. Der Vorstand schuldet der Gesellschaft die ordnungsgemäße Ausführung der Geschäftsführungsmaßnahmen. Deshalb muss es der Gesellschaft auch möglich sein, bei nicht ordnungsgemäßer Ausführung durch Vorstandsmitglieder, diese dazu anzuhalten, bevor es zu einem Schaden der Gesellschaft kommt. Die Leistungsklage kann auf ein bestimmtes Tun oder Unterlassen gerichtet sein. Ihr kommt damit präventive Wirkung zu.[1150] Der Gesellschaft fehlt das Rechtsschutzbedürfnis, wenn dem Aufsichtsrat der Widerruf der Bestellung des Vorstands aus wichtigem Grund nach § 84 Abs. 3 als ein die Gesellschaft weniger belastendes Mittel möglich ist.[1151] In der Praxis wird das regelmäßig der Fall sein. Dass es mehr im Interesse der Gesellschaft sein könnte, das pflichtwidrig handelnde Vorstandsmitglied auf ein rechtmäßiges Verhalten zu verklagen, als seine Vorstandstätigkeit zu beenden, ist schwer vorstellbar.[1152]

382 Auch die Erhebung einer **Feststellungsklage** nach § 256 ZPO durch die Gesellschaft, vertreten durch den Aufsichtsrat gemäß § 112, gegen ein Vorstandsmitglied ist grundsätzlich möglich. Allerdings wird es meist an einem Feststellungsinteresse nach § 256 Abs. 1 ZPO fehlen, da die Gesellschaft grundsätzlich die Möglichkeit der Erhebung der vorrangigen Leistungsklage haben wird.[1153] Rechtstheoretisch denkbar ist auch die Beantragung einer **einstweiligen Verfügung.**

II. Leistungs- und Feststellungsklage der Aktionäre

383 Grundsätzlich haben Aktionäre keinen Einfluss auf die Geschäftsführungsmaßnahmen des Vorstands.[1154] **Leistungsklagen** auf ein bestimmtes Tun oder Unterlassen des Vorstands sind daher in aller Regel unzulässig. Etwas anderes kann dann gelten, wenn der Vorstand in den Kompetenzbereich der Hauptversammlung eingreift, die Aktionäre an der Ausübung ihrer Mitwirkungsrechte hindert oder sonstige Mitgliedschaftsrechte verletzt.[1155] In diesen Fällen können nach dem grundlegenden Holzmüller-Urteil des BGH die Aktionäre gegen die Störung der aktienrechtlichen Ordnung im Wege der Leistungsklage vorgehen.[1156] Grundsätzlich besteht in diesen Fällen auch die Möglichkeit des Antrags auf Erlass einer **einstweiligen Verfügung,** wenn die besonderen prozessualen Voraussetzungen für diese vorliegen.[1157] Beispiele für Aktionärsklagen zur Wiederherstellung der aktienrechtlichen Ordnung sind eine Klage auf Herbeiführung eines Hauptversammlungsbeschlusses,[1158] auf Feststellung des Jahresabschlusses,[1159] auf Einberufung der Hauptversammlung.[1160] Weiterhin kommt eine Abwehrklage, die sich gegen die Ausführung eines rechtswidrigen Hauptversammlungsbeschlusses richtet, zB gegen dessen Anmeldung zur Eintragung in das Handelsregister in Betracht.[1161] Nach der Mangusta/Commerzbank-Entscheidung des BGH kann der Aktionär mit der **vorbeugenden Unterlassungsklage** gegen die fehlerhafte Ausführung eines Hauptversammlungsbeschlusses durch den Vorstand vorgehen.[1162] So kann der Aktionär mit einer erfolgreichen Klage verhindern, dass der Vorstand bei der Ausnutzung des genehmigten Kapitals mit Bezugsrechtsausschluss Entscheidungen trifft, die die ihm eingeräumten Kompetenzen überschreiten.[1163]

[1149] GroßkommAktG/*Hopt/Roth* Rn. 605 f.; aA KK-AktG/*Mertens/Cahn* Rn. 235, 240.
[1150] GroßkommAktG/*Hopt/Roth* Rn. 606.
[1151] GroßkommAktG/*Hopt/Roth* Rn. 608.
[1152] So aber GroßkommAktG/*Hopt/Roth* Rn. 608.
[1153] GroßkommAktG/*Hopt/Roth* Rn. 609.
[1154] BGHZ 164, 249 (252) = NJW 2006, 374 – Mangusta/Commerzbank II; BGHZ 159, 30 (43) = NJW 2004, 1860 – Gelatine I.
[1155] GroßkommAktG/*Hopt/Roth* Rn. 611; KK-AktG/*Mertens/Cahn* Rn. 236.
[1156] BGHZ 83, 122 (134) = NJW 1982, 1703 – Holzmüller.
[1157] S. iE dazu *Markwardt* WM 2004, 211 ff.
[1158] *Zöllner* ZGR 1988, 392 (415 f.); GroßkommAktG/*Hopt/Roth* Rn. 611.
[1159] *Zöllner* ZGR 1988, 392 (416 f.); GroßkommAktG/*Hopt/Roth* Rn. 611.
[1160] GroßkommAktG/*Hopt/Roth* Rn. 611.
[1161] KK-AktG/*Mertens/Cahn* Rn. 238.
[1162] BGHZ 164, 249 (253) = NJW 2006, 374 – Mangusta/Commerzbank II.
[1163] BGHZ 164, 249 (254) = NJW 2006, 374 – Mangusta/Commerzbank II.

Klagegegner ist nicht der Vorstand sondern die **Gesellschaft,** da allein zu dieser eine Verbandsbeziehung besteht.[1164] Jeder **einzelne Aktionär** ist im eigenen Namen klageberechtigt. Es handelt sich weder um einen Fall der Prozessstandschaft[1165] noch um einen Fall der actio pro socio.[1166] Auch die Möglichkeit der Geltendmachung von Unterlassungsansprüchen durch einen besonderen Vertreter iSd § 147 Abs. 2 ist abzulehnen, da dies im Gesetz nicht vorgesehen ist.[1167] 384

Die Erhebung einer **Feststellungsklage** gemäß § 256 ZPO durch die Aktionäre gegen die Gesellschaft wegen pflichtwidrigen Verhaltens ihrer Vorstandsmitglieder ist unter den oben genannten Voraussetzungen grundsätzlich ebenfalls zulässig.[1168] Zumeist wird es den Aktionären jedoch an einem Feststellungsinteresse nach § 256 Abs. 1 ZPO fehlen, da die Möglichkeit der Erhebung der vorrangigen Leistungsklage besteht. Sollte dies nicht der Fall sein, kann die Feststellung der Pflichtwidrigkeit einer Organhandlung Grundlage für weitere Konsequenzen, wie einer Versagung der Entlastung oder der Geltendmachung von Schadensersatzansprüchen sein.[1169] 385

S. Erstattung von an Dritte zu leistenden Schadensersatz, Geldstrafen, Geldbußen und Prozesskosten

I. Anspruch auf Aufwendungsersatz

1. Aufwendungsersatz für an Dritte zu leistende Schadensersatzzahlungen. Vorstandsmitglieder haben nach allgemeinen dienstvertraglichen Grundsätzen einen Anspruch auf Aufwendungsersatz nach §§ 675 Abs. 1, 670 BGB (→ § 84 Rn. 50 f.). Dazu gehören auch im Rahmen der Vorstandstätigkeit unverschuldet erlittene Schäden bzw. erbrachte Vermögensopfer.[1170] Besteht der Schaden des Vorstandsmitglieds in einer an einen Dritten zu leistenden Schadensersatzzahlung, hat er nur dann einen Aufwendungsanspruch, wenn das zugrunde liegende schadensverursachende Verhalten nicht gleichzeitig eine schuldhafte Pflichtverletzung im Innenverhältnis darstellt (→ Rn. 226).[1171] Dies wird eher selten sein, da das Vorstandsmitglied der Gesellschaft zu einem Verhalten verpflichtet ist, das der Sorgfalt eines ordentlichen und gewissenhaften Geschäftsleiters entspricht. Bei einem schadensverursachenden Verhalten liegt in der Regel auch eine Pflichtverletzung gegenüber der Gesellschaft vor. Ausnahmen können sich ergeben, wenn der Verschuldensmaßstab des verwirklichten Haftungstatbestandes ein anderer ist als bei der Haftung nach § 93. Das kann unter anderem bei der Verwirklichung von Gefährdungstatbeständen wie § 18 StVG oder § 191 S. 3 der Fall sein (→ § 191 Rn. 10).[1172] Weiterhin kommt in Betracht, dass ein Vorstandsmitglied bei einer unsicheren Rechtslage unverschuldet eine im Interesse der Gesellschaft liegende Rechtsauffassung vertritt, die sich im Nachhinein als falsch herausstellt (→ Rn. 76).[1173] 386

Vergleicht sich das Vorstandsmitglied mit dem Dritten gerichtlich oder außergerichtlich, so kann es grundsätzlich die **vereinbarte Vergleichssumme** von der Gesellschaft als Aufwand ersetzt verlangen, soweit das zugrunde liegende Verhalten keine Pflichtverletzung gegenüber der Gesellschaft darstellt.[1174] Allerdings kann auch der Vergleichsabschluss als solcher wiederum eine Pflichtverletzung darstellen, wenn die Vergleichssumme bei Abwägung der Risiken eines Rechtsstreits nicht angemessen war. Vor Abschluss eines solchen Vergleichs sollte das betreffende Vorstandsmitglied ein Benehmen mit dem Aufsichtsrat herbeiführen. 387

[1164] BGHZ 83, 122 (134) = NJW 1982, 1703 – Holzmüller; *Zöllner* ZGR 1988, 392 (428 ff.); GroßkommAktG/*Hopt/Roth* Rn. 613; krit. *Sünner* AG 1983, 169 (170 f.); *H. P. Westermann* ZGR 1984, 352 (378); aA KK-AktG/*Mertens/Cahn* Rn. 237: auch gegenüber Vorstandsmitgliedern; diff. *Lutter* AcP 180 (1980), 84 (142 ff.); *Hommelhoff*, Die Konzernleitungspflicht, 1982, 466 ff.

[1165] *Zöllner* ZGR 1988, 392 (425); GroßkommAktG/*Hopt/Roth* Rn. 613; anders wohl *v. Gerkan* ZGR 1988, 441 (448 f.).

[1166] *Zöllner* ZGR 1988, 392 (430 f.); GroßkommAktG/*Hopt/Roth* Rn. 613; anders *Lutter* AcP 180 (1980), 84 (144); anders wohl *v. Gerkan* ZGR 1988, 441 (448 f.).

[1167] GroßkommAktG/*Hopt/Roth* Rn. 613; aA *Teichmann* FS Mühl, 1981, 663 (678 f.).

[1168] BGHZ 164, 249 (253 ff.) = NJW 2006, 374 – Mangusta/Commerzbank II; BGHZ 136, 133 (140 f.) = NJW 1997, 2815 – Siemens/Nold; BGHZ 83, 122 (125 ff.) = NJW 1982, 1703 – Holzmüller; LG Köln AG 2008, 327 (329) – Strabag AG.

[1169] BGHZ 164, 249 (256) = NJW 2006, 374 – Mangusta/Commerzbank II.

[1170] *Krieger* FS Bezzenberger, 2000, 211 (212); Spindler/Stilz/*Fleischer* § 84 Rn. 64; GroßkommAktG/*Hopt/Roth* Rn. 679: entspr. § 670 BGB; KK-AktG/*Mertens/Cahn* § 84 Rn. 89; MHdB AG/*Wiesner* § 21 Rn. 88.

[1171] Spindler/Stilz/*Fleischer* § 84 Rn. 66.

[1172] Spindler/Stilz/*Fleischer* § 84 Rn. 66; KK-AktG/*Mertens/Cahn* § 84 Rn. 90.

[1173] Spindler/Stilz/*Fleischer* § 84 Rn. 66; KK-AktG/*Mertens/Cahn* § 84 Rn. 90.

[1174] Spindler/Stilz/*Fleischer* § 84 Rn. 69.

388 **2. Aufwendungsersatz für Prozesskosten.** Anwalts- und sonstige Verfahrenskosten im Rahmen eines Schadensersatzanspruchs eines Dritten gegen ein Vorstandsmitglied kann das Vorstandsmitglied als Aufwand von der Gesellschaft ersetzt verlangen, soweit der dem Prozess zugrunde liegende Sachverhalt keine Pflichtverletzung gegenüber der Gesellschaft beinhaltet.[1175] Grundsätzlich hat das Vorstandsmitglied auch einen Anspruch auf die Leistung eines **Vorschusses** auf die Anwalts- und Verfahrenskosten durch die Gesellschaft nach § 669 BGB.[1176] Oft steht vor rechtskräftigem Abschluss des Verfahrens noch nicht fest, ob das beklagte Vorstandsmitglied zugleich eine Pflichtverletzung gegenüber der Gesellschaft begangen hat. Die Gesellschaft kann in diesem Fall mit dem Vorstandsmitglied vereinbaren, dass der Vorschuss für den Fall zurückzuzahlen ist, dass sich das Verhalten des Vorstandsmitglieds als Pflichtverletzung gegenüber der Gesellschaft herausstellt.[1177] Bei Abschluss einer solchen Vereinbarung steht der Zahlung eines Vorschusses nichts im Wege, wenn der Aufsichtsrat vor Abschluss der Vereinbarung geprüft hat, ob das Vorstandsmitglied finanziell in der Lage ist, neben einer möglichen Schadensersatzzahlung an die Gesellschaft zusätzlich den geleisteten Vorschuss auf den Aufwendungsersatz zurückzuzahlen.

389 **3. Aufwendungsersatz für Geldstrafen und Geldbußen.** Ein **Anspruch** auf den Ersatz von Geldbußen und Geldstrafen nach §§ 675 Abs. 1, 670 BGB besteht nicht.[1178] Da der Vorstand uneingeschränkt das Legalitätsprinzip zu beachten hat (→ Rn. 54 ff.) stellt ein Verstoß gegen Strafvorschriften oder die Begehung von Ordnungswidrigkeiten auch eine Pflichtverletzung gegenüber der Gesellschaft dar. Der Vorstand schuldet der Gesellschaft im Rahmen seiner Organtätigkeit gesetzmäßiges Verhalten.[1179] Auf die Begründung, der Anspruch auf Aufwendungsersatz widerspräche dem Sinn und Zweck des strafrechtlichen und ordnungswidrigkeitenrechtlichen Sanktionssystems,[1180] braucht deshalb nicht zurückgegriffen zu werden. Eine Ausnahme wird teilweise gesehen, wenn die Sanktion in ihrer Höhe nicht nur auf das Vorstandsmitglied, sondern auf die Gesellschaft ausgerichtet sei.[1181] Dieser Ausnahmefall scheint kaum vorstellbar, da der Strafrichter bei der Sanktionshöhe berücksichtigen wird, ob er die Sanktion gegenüber der Gesellschaft oder dem Vorstandsmitglied ausspricht. Werden dem Vorstandsmitglied unzulässigerweise Aufwendungen für Geldbußen oder Geldstrafen ersetzt, sieht die Rechtsprechung hierin keine Verwirklichung des Tatbestands der Strafvereitelung.[1182]

II. Freistellungs- und Erstattungszusagen

390 **1. Freistellung oder Erstattung von für an Dritte zu leistenden Schadensersatz.** Eine **vorherige** Freistellungs- oder Erstattungszusage der Gesellschaft gegenüber dem Vorstand wegen möglicher im Zusammenhang mit der Organtätigkeit stehender Schadensersatzansprüche Dritter ist nur zulässig, wenn sie sich nur auf solche Pflichtverletzungen bezieht, die nicht gleichzeitig eine Pflichtverletzung im Innenverhältnis darstellen.[1183] Die Zusage hat in diesem Falle rein **deklaratorischen Charakter,** da das betroffene Organmitglied einen gesetzlichen Aufwendungsersatzanspruch gegen die Gesellschaft nach §§ 675 Abs. 1, 670 BGB (→ Rn. 386; → § 84 Rn. 50) hat.[1184]

391 Die **nachträgliche** Freistellung oder Erstattung von Schadensersatzansprüchen Dritter gegen den Vorstand durch die Gesellschaft wegen während der Organtätigkeit begangener Pflichtverletzungen ist, soweit die zugrundeliegende Pflichtverletzung zugleich eine gegenüber der Gesellschaft sanktionierte Pflichtverletzung darstellt, nur bei Vorliegen der Voraussetzungen von § 93 Abs. 4 S. 3 zulässig (→ § 84 Rn. 51).[1185] Es liegt nicht im Ermessen des Aufsichtsrats trotz Pflichtverletzung im Innenverhältnis eine Erstattung oder Freistellung zuzusagen, auch wenn er dies aus übergeordneten Gründen des Unternehmenswohls als geboten ansieht.[1186] Dass das schadensverursachende Verhalten

---

1175 KK-AktG/*Mertens/Cahn* § 84 Rn. 70.

1176 KK-AktG/*Mertens/Cahn* § 84 Rn. 93.

1177 Spindler/Stilz/*Fleischer* § 84 Rn. 70.

1178 OLG Dresden JW 1919, 837 für geschäftsführenden Gesellschafter einer OHG; Spindler/Stilz/*Fleischer* § 84 Rn. 67; GroßkommAktG/*Kort* § 84 Rn. 402 f.; abw. *Rehbinder* ZHR 148 (1984), 555 (569 ff.); *Krieger* FS Bezzenberger, 2000, 211 (219): wenn gewichtige Gründe des Unternehmenswohls dafür sprechen; MüKoAktG/*Spindler* § 84 Rn. 97 und MHdB AG/*Wiesner* § 21 Rn. 89: Ersatz zulässig, wenn Tatbegehung keine schuldhafte Pflichtverletzung gegenüber der Gesellschaft.

1179 KK-AktG/*Mertens/Cahn* § 84 Rn. 92; Spindler/Stilz/*Fleischer* § 84 Rn. 67.

1180 KK-AktG/*Mertens/Cahn* § 84 Rn. 92.

1181 KK-AktG/*Mertens/Cahn* § 84 Rn. 92.

1182 BGHSt 37, 226 (229 ff.) = NJW 1991, 990.

1183 Spindler/Stilz/*Fleischer* § 84 Rn. 71; GroßkommAktG/*Kort* § 84 Rn. 408.

1184 *Hasselbach/Seibel* AG 2008, 770 (776); GroßkommAktG/*Kort* § 84 Rn. 409: entspr. § 670 BGB.

1185 KK-AktG/*Mertens/Cahn* § 84 Rn. 94; aA *Krieger* FS Bezzenberger, 2000, 211 (218).

1186 KK-AktG/*Mertens/Cahn* § 84 Rn. 94; aA *Krieger* FS Bezzenberger, 2000, 211 (218).

gleichzeitig eine Pflichtverletzung gegenüber der Gesellschaft ist, wird der Regelfall sein, da die Vorstandsmitglieder der Gesellschaft sorgfaltsgemäßes Verhalten schulden, welches die Nichtschädigung Dritter im Rahmen der Organtätigkeit mit einschließt.

2. Freistellung oder Erstattung von Geldstrafen und Geldbußen. Die **vorherige** Zusage 392
der Freistellung oder Erstattung von Geldstrafen und Geldbußen durch die Gesellschaft gegenüber dem Vorstand ist immer unzulässig.[1187] Eine solche Zusage läuft grundsätzlich dem Zweck von Straf- und Bußgeldvorschriften entgegen, lässt die Hemmschwelle zu pflichtwidrigem Handeln sinken und ist als Verstoß gegen die guten Sitten nach § 138 Abs. 1 BGB nichtig.[1188] **Nachträglich** erteilte Erstattungs- und Freistellungszusagen für Vorstandsmitgliedern auferlegte Geldstrafen und -bußen wegen im Zusammenhang mit der Organtätigkeit begangener Pflichtverletzungen sind zulässig, soweit nicht gleichzeitig eine Pflichtverletzung im Innenverhältnis vorliegt.[1189] Es bedarf eines Beschlusses des Aufsichtsrats, dem bei der Beurteilung der Frage, ob eine Pflichtverletzung vorliegt, kein Ermessensspielraum zusteht.[1190] Bei gleichzeitigem Vorliegen einer Pflichtverletzung im Innenverhältnis ist eine solche Freistellungs- und Erstattungszusage nur bei Zustimmung der Hauptversammlung und Vorliegen der weiteren Voraussetzungen nach § 93 Abs. 4 S. 3 zulässig.[1191]

3. Entschädigungszahlungen. Im Einzelfall können Entschädigungszahlungen an einen Vor- 393
stand erfolgen, wenn dieser zB ausschließlich im Interesse und auf Bitten der Gesellschaft der Einstellung des Verfahrens gegen eine Geldauflage zustimmt, einen Strafbefehl hinnimmt oder auf das Einlegen von Rechtsmitteln verzichtet.[1192] Allerdings ist Voraussetzung für solche Zahlungen, dass die Gesellschaft von der **Unschuld des Vorstandsmitglieds** überzeugt ist oder die dem Vorstandsmitglied auferlegte **Sanktion außer Verhältnis zum Verschulden** steht.[1193] Auch in diesem Falle sind allerdings die Voraussetzungen des § 93 Abs. 4 S. 3 zu beachten.

T. D&O-Versicherung

I. Überblick

1. Vermögensschaden-Haftpflichtversicherung. Die D&O-Versicherung ist eine Vermö- 394
gensschaden-Haftpflichtversicherung für Unternehmensleiter.[1194] Wer die versicherten Personen sind, hängt von der Ausgestaltung des Vertrages im einzelnen ab. Typischerweise sind versicherte Personen die Organmitglieder. Dabei können im Rahmen einer Gruppenpolice alle gegenwärtigen, früheren und zukünftigen Vorstandsmitglieder versichert werden.[1195] Häufig sind versicherte Personen aber auch leitende Mitarbeiter des Unternehmens sowie Vorstandsmitglieder von Tochtergesellschaften. Bei leitenden Mitarbeitern ist die exakte Definition der Hierarchiestufe notwendig, was des Öfteren in der Praxis nicht sehr sorgfältig gehandhabt wird. D&O-Versicherungen gibt es in Deutschland seit Beginn der Neunzigerjahre. Es wurde damit an Gepflogenheiten des US-amerikanischen Rechtskreises angeknüpft. In diesem fanden D&O-Versicherungen Ende der Siebzigerjahre Verbreitung.[1196] Seit in Deutschland das Erfordernis, D&O-Versicherungen von der Bundesanstalt für Versicherungsaufsicht (jetzt BaFin) genehmigen zu lassen, am 1.7.1994 weggefallen ist, nahm das Angebot an D&O-Versicherungen zu.

2. Rechtsgrundlage und Rechtsnatur der D&O-Versicherung. Rechtsgrundlage für D&O- 395
Versicherungen ist das Versicherungsvertragsgesetz (VVG) in der Fassung vom 1.1.2008. Für Altfälle gilt noch das früher geltende VVG, soweit ein Schadensfall bis Ende 31.12.2008 aufgetreten ist. Bei der D&O-Versicherung handelt es sich versicherungsrechtlich um eine Versicherung für fremde

1187 Spindler/Stilz/*Fleischer* § 84 Rn. 72; GroßkommAktG/*Kort* § 84 Rn. 404; aA KKAktG/*Mertens/Cahn* § 84 Rn. 95; MüKoAktG/*Spindler* Rn. 98: zulässig, wenn keine Pflichtverletzung im Innenverhältnis.

1188 Spindler/Stilz/*Fleischer* § 84 Rn. 72.

1189 GroßkommAktG/*Kort* § 84 Rn. 405; MüKoAktG/*Spindler* § 84 Rn. 97.

1190 BGH AG 2014, 751 = NZG 2014, 1058.

1191 BGH AG 2014, 751 = NZG 2014, 1058; GroßkommAktG/*Kort* § 84 Rn. 405; Spindler/Stilz/*Fleischer* § 84 Rn. 68; KK-AktG/*Mertens/Cahn* § 84 Rn. 92; MüKoAktG/*Spindler* Rn. 98.

1192 Spindler/Stilz/*Fleischer* § 84 Rn. 69; KK-AktG/*Mertens/Cahn* § 84 Rn. 95.

1193 KK-AktG/*Mertens/Cahn* § 84 Rn. 95.

1194 OLG München ZIP 2005, 1556; *Seibt/Saame* AG 2006, 901; abw. *Peltzer* NZG 2009, 970 (971): eng verwandt mit der Vermögensschaden-Haftpflichtversicherung.

1195 *Thümmel* Persönliche Haftung von Managern und Aufsichtsräten Rn. 460.

1196 *Ihlas,* Organhaftung und Haftpflichtversicherung, 1997, 44; KK-AktG/*Mertens/Cahn* Rn. 241; *Thümmel* Persönliche Haftung von Managern und Aufsichtsräten Rn. 451: eigentlicher Ursprung bei Lloyd's of London.

Rechnung nach §§ 43 ff. VVG.[1197] Die Gesellschaft schließt eine Haftpflichtversicherung für Organmitglieder ab und finanziert sie.[1198] Die Verfügungsmacht über den Bestand und den Inhalt der Versicherung hat die Gesellschaft als Versicherungsnehmerin nach § 45 Abs. 1 VVG.[1199]

396 **3. Ausgestaltung.** Die am Markt angebotenen D&O-Versicherungen haben keine einheitliche Ausgestaltung. Besonders seit dem Wegfall des Genehmigungserfordernisses der Versicherungsbedingungen (→ Rn. 394) variieren die jeweiligen Versicherungsbedingungen stark. Die von dem Gesamtverband der deutschen Versicherungswirtschaft eV 1997 herausgegebenen Musterbedingungen für D&O-Versicherungen (AVB-AVG) sind nicht Marktstandard geworden.[1200] Ihre zum großen Teil dem Schutz der Versicherungsgesellschaft dienenden Versicherungsklauseln sind vom Nachfragemarkt nicht angenommen worden.[1201] Wegen der Vielfalt der Ausgestaltungsmöglichkeiten bedürfen die angebotenen Versicherungen stets einer besonders sorgfältigen Überprüfung.

397 Neben der mangelnden Standardisierung wirft häufig auch die Herkunft der D&O-Versicherungen aus dem US-amerikanischen Rechtskreis Probleme auf. Viele von den Versicherungsgesellschaften in ihren Verträgen angebotenen Vertragsklauseln sind nach deutschem Recht entweder rechtlich problematisch oder führen zu Auslegungsschwierigkeiten (Beispiele in → Rn. 411 ff.). Dies rührt daher, dass sie in der Kautelarpraxis sehr stark an Versicherungsverträge nach US-amerikanischem Recht angelehnt sind oder sogar aus diesem übernommen wurden.

II. Aktienrechtliche Themen bei D&O-Versicherungen

398 **1. Zulässigkeit.** D&O-Versicherungen sind nach inzwischen absolut hM aktienrechtlich zulässig.[1202] Dies war bei ihrer Einführung in Deutschland nicht unumstritten. Nach deutschem Aktienrecht wirkt es auf den ersten Blick befremdlich, wenn die Gesellschaft eine Versicherung für ihr durch rechts- und pflichtwidriges Vorstandshandeln verursachte Schäden abschließt und auch die Versicherungsprämien zahlt. Dieser Gedanke gilt auch für die Außenhaftung, da in den meisten Fällen der Außenhaftung die Gesellschaft neben dem Vorstandsmitglied haftet. Vom Ansatz lässt sich die aktienrechtliche Zulässigkeit der D&O-Versicherung nur mit dem **Interesse der Gesellschaft,** einen zahlungskräftigen Schuldner zu haben, rechtfertigen. Gegen die Zulässigkeit der D&O-Versicherung wird unabhängig von der Frage, ob eine solche im Interesse der Gesellschaft liegt, angeführt, der Abschluss einer D&O-Versicherung verstoße gegen den Gesetzeszweck des Haftungstatbestandes nach § 93 Abs. 2 (→ Rn. 8).[1203] Danach sollen Vorstandsmitglieder unter anderem präventiv zu rechtmäßigem Verhalten angehalten werden. Weiterhin stehe eine D&O-Versicherung der Regelung der Voraussetzungen für einen Haftungsverzicht gegenüber Vorstandsmitgliedern nach § 93 Abs. 4 S. 3 (→ Rn. 308 ff.) entgegen.[1204] An der Zulässigkeit von D&O-Versicherungen kann zwischenzeitlich nach der **Einfügung** zur **Verpflichtung zum Selbstbehalt** nach § 93 Abs. 2 S. 3 (→ Rn. 405 ff.) kein Zweifel mehr bestehen. Im DCGK, der keine Gesetzeskraft hat, findet sich eine entsprechende Regelung in Ziff. 3.8. Seit Einführung der Verpflichtung zur Vereinbarung eines Selbstbehalts ist davon auszugehen, dass die Bedenken gegen die Zulässigkeit der D&O-Versicherung, die nunmehr lediglich noch rechtspolitischer Art sein könnten, weggefallen sind.[1205]

399 Die von der hM vor der Neuregelung in § 93 Abs. 2 S. 3 für die Zulässigkeit der D&O-Versicherung vorgebrachten Argumente dienen also lediglich noch der Bekräftigung der Sachgemäßheit der gesetzlichen Regelung. So kann durch eine D&O-Versicherung die Gefahr der Inanspruchnahme von Vorstandsmitgliedern nicht völlig beseitigt werden.[1206] Insbesondere greift der Deckungsschutz von D&O-Versicherungen nicht bei vorsätzlichem und wissentlichem Handeln.[1207] Weiterhin drohen pflichtwidrig handelnden Vorstandsmitgliedern unabhängig von dem Bestehen einer D&O-

[1197] Spindler/Stilz/*Fleischer* Rn. 230; KK-AktG/*Mertens/Cahn* Rn. 241; *Thümmel* Persönliche Haftung von Managern und Aufsichtsräten Rn. 458.

[1198] Spindler/Stilz/*Fleischer* Rn. 225; KK-AktG/*Mertens/Cahn* Rn. 241.

[1199] *Thümmel* Persönliche Haftung von Managern und Aufsichtsräten Rn. 458.

[1200] Spindler/Stilz/*Fleischer* Rn. 230; KK-AktG/*Mertens/Cahn* Rn. 241; *Thümmel* Persönliche Haftung von Managern und Aufsichtsräten Rn. 474.

[1201] *Thümmel* Persönliche Haftung von Managern und Aufsichtsräten Rn. 474.

[1202] S. ua *Ihlas,* Organhaftung und Haftpflichtversicherung, 1997, 60 f.; GroßkommAktG/*Hopt/Roth* Rn. 451 f.; Spindler/Stilz/*Fleischer* Rn. 226; Schmidt/Lutter/*Krieger/Sailer-Coceani* Rn. 50; KK-AktG/*Mertens/Cahn* Rn. 244.

[1203] *Pammler,* D&O-Versicherung, 2006, 47 ff.; *Ulmer* FS Canaris, 2007, 451 (464 ff.).

[1204] *Dütz/Hanau/Gitter/Habetha,* Haftpflichtversicherung, 1995, 173 ff.; *Ulmer* FS Canaris, 2007, 451 (464 ff.).

[1205] KK-AktG/*Mertens/Cahn* Rn. 244; so dann auch *Pammler,* D&O-Versicherung, 2006, 81; *Ulmer* FS Canaris, 2007, 451 (468).

[1206] GroßkommAktG/*Hopt/Roth* Rn. 453; KK-AktG/*Mertens/Cahn* Rn. 244 mwN.

[1207] KK-AktG/*Mertens/Cahn* Rn. 244.

Versicherung negative Auswirkungen, wie der Widerruf der Bestellung zum Organmitglied (→ § 84 Rn. 64 ff.), die Versagung der Entlastung (→ § 120 Rn. 29) oder Reputationsverluste.[1208] Auch widerspricht der Abschluss einer D&O-Versicherung nicht § 93 Abs. 4 S. 3, da ihr Abschluss gerade nicht zu einem Verzicht auf Schadensersatzforderungen der Gesellschaft führt, sondern die Gesellschaft einen weiteren solventen Schuldner erhält.[1209] Wenn die Gesellschaft eine D&O-Versicherung für die Vorstandsmitglieder abschließt, wonach diese im Schadensfall von einer Ersatzpflicht befreit werden, liegt darin auch keine aktienrechtlich unzulässige Freistellung.[1210]

2. Abschlusskompetenz. Die Kompetenz zur Entscheidung über den Abschluss einer D&O- **400**
Versicherung hängt von der Frage ab, ob die von der Gesellschaft zu zahlenden Versicherungsprämien als Vergütungsbestandteil oder als Aufwendung für die Gesellschaft im Rahmen einer Risikovorsorge einzuordnen ist.[1211] Handelte es sich um einen Vergütungsbestandteil, läge die Zuständigkeit für die Entscheidung, ob und mit welchem Inhalt eine D&O-Versicherung abgeschlossen werden soll, beim Aufsichtsrat. Formal würde der Versicherungsvertrag auch in diesem Fall durch den Vorstand als Vertreter der Gesellschaft abgeschlossen.

Die früher hM[1212] führt als Argumente für die Einordnung als Vergütungsbestandteil unter ande- **401**
rem an, die D&O-Versicherung komme überwiegend den Vorstandsmitgliedern zugute[1213] und in § 87 Abs. 1 S. 1 sei ausdrücklich von „Versicherungsentgelten" die Rede.[1214] Es ist jedoch mit der sich im Vordrängen befindlichen Auffassung[1215] davon auszugehen, dass es sich bei den Prämien nicht um Vergütungsbestandteile handelt und nicht nur die formale Abschlussbefugnis als Vertreter der Gesellschaft, sondern auch die Entscheidung, ob und mit welchem Inhalt eine Versicherung abzuschließen ist, **beim Vorstand** liegt. Der Abschluss einer D&O-Versicherung **kommt** der **Gesellschaft zugute.**[1216] Ansonsten wäre sie auch nach der Neuregelung in § 93 Abs. 2 S. 3 rechtspolitisch bedenklich. Durch das Vorhandensein eines weiteren Schuldners wird bei Innenhaftungsansprüchen das Ausfallrisiko für die Gesellschaft bedeutend minimiert.[1217] Zudem sind über eine D&O-Versicherungsgesellschaft aufgrund von deren stärkerer Finanzkraft weit höhere Schadensersatzbeträge zu realisieren als typischerweise von einzelnen Vorstandsmitgliedern. Mit dem Abschluss einer D&O-Versicherung wächst die Kreditwürdigkeit der Gesellschaft.[1218] Angesichts der zwischenzeitlich weiten Verbreitung von D&O-Versicherungen werden viele Führungskräfte nicht bereit sein, eine Organtätigkeit ohne den Abschluss einer solchen Versicherung zu übernehmen. Das könnte zu einem Wettbewerbsnachteil der Gesellschaft bei der Rekrutierung von qualifizierten Organmitgliedern führen.[1219] Schließlich richtet sich die Ausgestaltung einer D&O-Versicherung an den besonderen Gegebenheiten der Gesellschaft und nicht an den denjenigen der zu versichernden Person aus.[1220] D&O-Versicherungen werden zumeist in Form einer Gruppenpolice für alle Vorstandsmitglieder zusammen, teils sogar für die Organmitglieder von Tochtergesellschaften sowie weiterer leitender Angestellter abgeschlossen.[1221] Wenn das OLG München[1222] einen weiteren Vorteil der Gesellschaft darin sieht, dass das Vorstandsmitglied ihr mit seiner vollen Arbeitskraft unbelastet zur Verfügung stehe, obwohl Ansprüche gegen ihn geltend gemacht würden, so trifft dies allenfalls für Außenhaftungsansprüche zu, widerspricht jedoch bei Innenhaftungsansprüchen jeglicher Lebenserfahrung.

[1208] KK-AktG/*Mertens/Cahn* Rn. 244.

[1209] GroßkommAktG/*Hopt/Roth* Rn. 453; Spindler/Stilz/*Fleischer* Rn. 226 mwN.

[1210] *Thümmel* Persönliche Haftung von Managern und Aufsichtsräten Rn. 467 mwN.

[1211] Ähnlich KK-AktG/*Mertens/Cahn* Rn. 246.

[1212] *Feddersen* AG 2000, 385 (394) für Aufsichtsrat; *Hohenstatt/Naber* DB 2010, 2321; *Kästner* AG 2000, 113 (115 ff.) für Aufsichtsrat; *Krüger* NVersZ 2001, 8; *Pammler,* D&O-Versicherung, 2006, 167 ff.; *Ulmer* FS Canaris, 2007, 451 (471); Hüffer/*Koch* § 93 Rn. 58; *Beckmann/Matusche-Beckmann/Beckmann* VersR-HdB § 28 Rn. 26; *Henze/Hoffmann-Becking/Henssler* GesR 2001, 131, 152 f.; diff. MüKoAktG/*Spindler* Rn. 191; MüKoAktG/*Spindler* § 87 Rn. 24 ff.: §§ 87 und 113 anzuwenden, wenn Versicherung nur für Vorstand und/oder Aufsichtsrat.

[1213] OLG München ZIP 2005, 1556: „aus versicherungsrechtlicher Sicht".

[1214] *Hohenstatt/Naber* DB 2010, 2321; *Beckmann/Matusche-Beckmann/Beckmann* VersR-HdB § 28 Rn. 26.

[1215] *Dreher* ZHR 165 (2001), 293 (321); *Harzenetter* DStR 2010, 653; *Kort* DStR 2006, 799 (801 f.); *Lange* ZIP 2001, 1524 (1526 ff.); *Notthoff* NJW 2003, 1351 (1354); *Vetter* AG 2000, 453 (456 ff.); *Olbrich,* Die D&O-Versicherung in Deutschland, 2003, 193; KK-AktG/*Mertens/Cahn* Rn. 246; *Thümmel* Persönliche Haftung von Managern und Aufsichtsräten Rn. 467; MHdB AG/*Wiesner* § 26 Rn. 76.

[1216] Spindler/Stilz/*Fleischer* Rn. 233 mwN; KK-AktG/*Mertens/Cahn* Rn. 241 mwN und Rn. 246.

[1217] GroßkommAktG/*Hopt/Roth* Rn. 453; KK-AktG/*Mertens/Cahn* Rn. 246.

[1218] KK-AktG/*Mertens/Cahn* Rn. 242.

[1219] OLG München ZIP 2005, 1556 (1558); Spindler/Stilz/*Fleischer* Rn. 233; KK-AktG/*Mertens/Cahn* Rn. 242.

[1220] KK-AktG/*Mertens/Cahn* Rn. 246.

[1221] *Thümmel* Persönliche Haftung von Managern und Aufsichtsräten Rn. 467.

[1222] OLG München ZIP 2005, 1556 (1557).

402 Die Finanzverwaltung ordnet die Prämien für D&O-Versicherungen nicht als Vergütungsbestandteile ein. Sie qualifiziert sie nicht als einkommens- und lohnsteuerrechtliche Einkünfte.[1223]

403 Liegt die Entscheidung über Abschluss und Ausgestaltung einer D&O-Versicherung beim Vorstand, so erwächst daraus auch eine besondere Verantwortung. Vorstandsmitglieder haben beim Aushandeln und beim Abschluss einer D&O-Versicherung das Interesse der Gesellschaft zu wahren und nicht vordringlich ihr eigenes. Ansonsten besteht die Gefahr, sich durch den Abschluss einer sich lediglich an den Interessen des Vorstandsmitglieds orientierenden D&O-Versicherung schadensersatzpflichtig zu machen. Um einem sich aus dieser Konstellation potentiell ergebenden Interessenkonflikt vorzubeugen, empfiehlt es sich, den Abschluss von D&O-Versicherungen in den Katalog der zustimmungspflichtigen Geschäfte nach § 111 Abs. 4 S. 2 aufzunehmen. Soweit die D&O-Versicherung sich auch auf Schadensersatzansprüche gegen Aufsichtsratsmitglieder erstreckt, wird dabei aber der Aufsichtsrat in einen möglicherweise bestehenden Interessenkonflikt mit einbezogen. Zu D&O-Versicherungen für Aufsichtsratsmitglieder → § 113 Rn. 23 f.

404 **3. Abschlusspflicht.** Es besteht weder eine gesetzliche Pflicht der Gesellschaft zum Abschluss einer D&O-Versicherung noch ergibt sich eine solche aus einer dienstrechtlichen Fürsorgepflicht gegenüber dem Vorstandsmitglied.[1224] Eine Pflicht zum Abschluss einer D&O-Versicherung kann auch nicht aus § 91 Abs. 2 unter dem Gesichtspunkt der dort niedergelegten Pflicht zur ausreichenden Risikovorsorge und -minimierung (→ § 91 Rn. 4 ff.) hergeleitet werden.[1225] Unter dem Gesichtspunkt des § 91 Abs. 2 kann sich lediglich dann eine Verpflichtung zum Abschluss ergeben, wenn eine besondere und extreme Risikolage der Gesellschaft dies erfordert.[1226] Die Gesellschaft kann sich im Anstellungsvertrag gegenüber einem Vorstandsmitglied verpflichten, zu dessen Gunsten eine D&O-Versicherung abzuschließen. Kommt die Gesellschaft einer solchen Abschlussverpflichtung nicht nach, kann das Vorstandsmitglied sein Amt niederlegen[1227] und den Anstellungsvertrag aus wichtigem Grund kündigen. Im Schadensfall haftet im Ergebnis die Gesellschaft gegenüber dem Vorstandsmitglied für den durch die fehlende Haftungsdeckung entstandenen Schaden.[1228] Liegt ein Fall der Außenhaftung vor, hat die Gesellschaft das Vorstandsmitglied gegenüber dem geltend gemachten Schadensersatzanspruch freizustellen. Im Falle der Innenhaftung ergibt sich aufgrund beiderseitiger Schadensersatzverpflichtung eine Aufrechnungssituation.

405 **4. Selbstbehalt.** Seit Einfügung von § 93 Abs. 2 S. 3 in das AktG durch Art. 1 Nr. 2 VorstAG vom 31.7.2009 (BGBl. I S. 2509) besteht die **Verpflichtung,** einen Selbstbehalt zulasten der Vorstandsmitglieder zu vereinbaren. Durch die Verpflichtung zur Vereinbarung eines Selbstbehalts sollen die Vorstandsmitglieder zu sorgfaltsgemäßem Handeln angehalten werden.[1229] Fast zeitgleich wurde die Verpflichtung zur Vereinbarung eines Selbstbehalts in Ziff. 3.8 DCGK (in der Fassung vom 18.6.2009) aufgenommen.[1230]

406 Ob Vorstände durch die Vereinbarung eines Selbstbehalts tatsächlich zu **sorgfältigerem Handeln angeleitet** werden, ist fraglich.[1231] Vorsätzlich pflichtwidriges Handeln ist durch die D&O-Versicherung von vornherein nicht gedeckt. Die Vereinbarung eines Selbstbehalts kann also durch die Anwendung größerer Sorgfalt lediglich Einfluss auf das Risiko fahrlässiger Schadensverursachung nehmen.[1232] Auch insoweit ist aber zweifelhaft, ob sich durch einen Selbstbehalt der Grad der Sorgfalt von Vorstandsmitgliedern ändert. Empirische Untersuchungen gibt es dazu nicht. Unter motivationspsychologischen Gesichtspunkten ist es eher unwahrscheinlich, dass sich Vorstandshandeln durch eine höhere oder geringere Gefahr einer persönlichen Inanspruchnahme ändert. Wirtschaftspolitisch ist es zudem fragwürdig, ob man den Haftungsgedanken als oberste Handlungsmaxime bei jeder unternehmerischen Entscheidung setzen sollte. Weiterhin kann die Wirkung des Selbstbehalts durch entsprechende vertragliche Gestaltung vermieden werden. So ist es zulässig, dass die Vorstandsmitglie-

[1223] BMF-Schreiben zur steuerrechtlichen Behandlung von Prämienzahlungen für D&O-Versicherungen vom 24.1.2002; *Steck/Mack/Schwedhelm* AG 2002, 287; Erlass des Finanzministeriums Niedersachsen vom 25.1.2002 DB 2002, 399 f.; KK-AktG/*Mertens/Cahn* Rn. 246 mwN.

[1224] *Hohenstatt/Naber* DB 2010, 2321; *Kerst* WM 2010, 594 (599); Spindler/Stilz/*Fleischer* Rn. 235 f.; KK-AktG/*Mertens/Cahn* Rn. 243; s. auch BGH NZG 2009, 550 (552) gegenüber Aufsichtsrat.

[1225] Spindler/Stilz/*Fleischer* Rn. 236; KK-AktG/*Mertens/Cahn* Rn. 243 mwN; aA *Vetter* AG 2000, 453 (458).

[1226] KK-AktG/*Mertens/Cahn* Rn. 243 mwN.

[1227] *Deilmann* NZG 2005, 54 (55).

[1228] *Deilmann* NZG 2005, 54 (55); KK-AktG/*Mertens/Cahn* Rn. 243 mwN.

[1229] Beschlussempfehlung und Bericht des Rechtsausschusses VorstAG, BT-Drs. 16/13433, 11.

[1230] *van Kann/Keiluweit* DB 2009, 2699 (2701).

[1231] Hüffer/*Koch* Rn. 58; für Steuerung durch Selbstbehalt *van Kann/Keiluweit* DStR 2009, 1587 (1589).

[1232] KK-AktG/*Mertens/Cahn* Rn. 248 mwN; anders wohl *Lange* DB 2003, 1833 (1836) und *Möhrle,* D&O-Versicherung, 2007, 132.

der in der Höhe des Selbstbehalts eine **eigene Haftpflichtversicherung** abschließen.[1233] Entsprechende Versicherungsangebote sind bereits auf dem Markt.[1234] Vielfach wird die Befürchtung geäußert, dass die Prämienzahlungen in die Höhe der Vorstandsvergütung einfließen.[1235]

Ein **fehlender Selbstbehalt** führt nicht zur Nichtigkeit des Versicherungsvertrages.[1236] Die Gesellschaft hat im Innenverhältnis einen Schadensersatzanspruch in Höhe der Prämiendifferenz gegenüber den Vorstandsmitgliedern.[1237] 407

§ 93 Abs. 2 S. 3 ist nach § 23 Abs. 1 S. 1 EGAktG für vor dem 5.8.2009 geschlossene Versicherungsverträge ab dem 1.7.2010 anwendbar. Soweit die Verpflichtung aus laufenden Altverträgen zum Abschluss einer D&O-Versicherung ohne Selbstbehalt besteht, kann die Gesellschaft diese nach § 23 Abs. 1 S. 2 EGAktG weiter fortführen. Sobald ein Vorstandsvertrag verlängert wird, kann nur noch der Abschluss eines Vorstandsvertrages mit Selbstbehalt vereinbart werden.[1238] 408

Nach § 93 Abs. 2 S. 3 beträgt der Selbstbehalt mindestens **10% des Schadens** bezogen auf jeden einzelnen Schadensfall.[1239] Der vereinbarte Selbstbehalt für Schadensfälle muss pro Jahr mindestens das **Eineinhalbfachen der jährlichen Festvergütung** als Obergrenze betragen.[1240] Für den Fall, dass sich die Festvergütung ändert, ist der Selbstbehalt anzugleichen.[1241] Das für die Berechnung entscheidende Bezugsjahr ist das **Kalenderjahr,**[1242] in dem die Pflichtverletzung begangen wurde. Die Entscheidung über die Höhe des Selbstbehalts trifft der zum Abschluss der D&O-Versicherung befugte Vorstand nach pflichtgemäßem Ermessen (→ Rn. 30).[1243] Nicht ausdrücklich geregelt ist die Frage, ob Vorstandsmitglieder auch einen Selbstbehalt bei **Abwehrkosten** bei einem unbegründeten Anspruch zu tragen haben.[1244] Dies ist abzulehnen,[1245] da Sinn und Zweck der Verpflichtung zur Vereinbarung eines Selbstbehalts die Prävention pflichtwidrigen Handelns sein soll. Dieses liegt bei unbegründeten Ansprüchen gerade nicht vor. Der Selbstbehalt gilt auch nicht für **Ansprüche Dritter.**[1246] Wird bei einer Gesamtschuldnerhaftung mehrerer Vorstandsmitglieder nur eines in Anspruch genommen, hat dieses den gesamten Selbstbehalt zu tragen und ist auf den internen Gesamtschuldnerausgleich verwiesen.[1247] 409

In der Vergangenheit wurden Schadensersatzansprüche gegen Vorstandsmitglieder (und auch leitende Angestellte) bei Bestehen einer D&O-Versicherung oftmals durch **Vergleiche** erledigt. Nach der Einfügung des § 93 Abs. 2 S. 3 wird nunmehr bezweifelt, ob solche Vergleiche noch möglich sind, da sie zu einer Umgehung des § 93 Abs. 2 S. 3 führten.[1248] Wenn zB der von der Gesellschaft behauptete Schaden zehn Millionen Euro beträgt, müsste der Vorstand sich bei einem 410

[1233] *Bosse* BB 2009, 1650 (1652); *Fleischer* NZG 2009, 801 (806); *Gädtke/Wax* AG 2010, 851 (852); *Hohenstatt* ZIP 2009, 1349 (1354); *van Kann/Keiluweit* DStR 2009, 1587 (1589); *Kerst* WM 2010, 594 (601 f.); *Spindler* NJOZ 2009, 3282 (3288); *Thüsing* AG 2009, 517 (527); krit. *Koch* AG 2009, 637 (646): unzulässige Umgehung des § 93 Abs. 2 S. 3.

[1234] *Gädtke/Wax* AG 2010, 851 ff.; KK-AktG/*Mertens/Cahn* Rn. 248 mwN.

[1235] *Spindler* NJOZ 2009, 3282 (3288); *Thüsing* AG 2009, 517 (527); KK-AktG/*Mertens/Cahn* Rn. 248 mwN; s. auch *Harzenetter* DStR 2010, 653 (658); *Hohenstatt* ZIP 2009, 1349 (1354); *Kerst* WM 2010, 594 (602); *Koch* AG 2009, 637 (646) halten dies jeweils für unzulässig.

[1236] *Annuß/Theusinger* BB 2009, 2434 (2441); *Dauner-Lieb/Tettinger* ZIP 2009, 1555 (1556 f.); *van Kann* NZG 2009, 1010 (1013); *Kerst* WM 2010, 594 (600 f.); KK-AktG/*Mertens/Cahn* Rn. 249; aA *Gädtke/Wax* AG 2010, 851. 853; *Koch* AG 2009, 637 (639).

[1237] *Dauner-Lieb/Tettinger* ZIP 2009, 1555 (1557); *Kerst* WM 2010, 594 (601); KK-AktG/*Mertens/Cahn* Rn. 249.

[1238] KK-AktG/*Mertens/Cahn* Rn. 250 mwN.

[1239] Beschlussempfehlung und Bericht des Rechtsausschusses VorstAG, BT-Drs. 16/13433, 11.

[1240] Beschlussempfehlung und Bericht des Rechtsausschusses VorstAG, BT-Drs. 16/13433, 11.

[1241] Beschlussempfehlung und Bericht des Rechtsausschusses VorstAG, BT-Drs. 16/13433, 11; *van Kann/Keiluweit* DStR 2009, 1586 (1589).

[1242] *Kerst* WM 2010, 594 (605); *Lingemann* BB 2009, 1918 (1922); *Olbrich/Kassing* BB 2009, 1659 (1660); *Annuß/Theusinger* BB 2009, 2434 (2441); aA *van Kann* NZG 2009, 1010 (1012): Vergütungsjahr; *Lange* VersR 2009, 1011 (1019): Tätigkeitsjahr.

[1243] AA *Deilmann/Otte* AG 2010, 323 (324 f.); *Kerst* WM 2010, 594 (603).

[1244] KK-AktG/*Mertens/Cahn* Rn. 251.

[1245] *Dauner-Lieb/Tettinger* ZIP 2009, 1555 (1556); *Harzenetter* DStR 2010, 653 (655); *Hoffmann-Becking/Krieger* NZG 2009, Beilage zu Heft 26, 1 (6); *Kerst* WM 2010, 594 (601); *Koch* AG 2009, 637 (644); *Lange* VersR 2009, 1011 (1019 f.); *Nikolay* NJW 2009, 2640 (2644); *Spindler* NJOZ 2009, 3282 (3287); aA *van Kann* NZG 2009, 1010 (1012).

[1246] *Harzenetter* DStR 2010, 653 (654 f.); *Lingemann* BB 2009, 1918 (1922); *Olbrich/Kassing* BB 2009, 1659; aA *Kerst* WM 2010, 594 (599); *Koch* AG 2009, 637 (643); *van Kann* NZG 2009, 1010 (1011).

[1247] *Lange* VersR 2009, 1011 (1021); aA *Harzenetter* DStR 2010, 653 (656); *Kerst* WM 2010, 594 (603); *Koch* AG 2009, 637 (645).

[1248] KK-AktG/*Mertens/Cahn* Rn. 251.

Selbstbehalt von 10% daran mit einer Million Euro beteiligen. Wenn die Vergleichssumme zunächst zulasten des Selbstbehalts ginge, würde das Vorstandsmitglied einem Vergleich zu einem geringeren Betrag von einer Million Euro kaum akzeptieren, einen etwas darüber hinaus gehenden Betrag nur schwerlich. Dem Gedankengang, die Vergleichssumme zunächst dem Vorstand bis zur vollen Höhe seines Selbstbehalts zu belasten, ist nicht zuzustimmen. Eine unzulässige Umgehung des § 93 Abs. 2 S. 3 läge zwar vor, wenn der Abschluss eines Vergleichs, das Vorstandsmitglied von der Erbringung des gesetzlichen Mindestselbstbehalts befreite.[1249] Es wird aber übersehen, dass der von der Gesellschaft geltend gemachte Schaden nicht mit dem Schaden iSd § 93 Abs. 2 S. 3 identisch ist. In der Praxis wird nicht nur über die Frage der Pflichtwidrigkeit sondern auch über die Frage, ob und in welcher Höhe der Gesellschaft überhaupt ein Schaden entstanden ist, heftigst gestritten. Im Vergleichsfalle ist also der Schaden iSd § 93 Abs. 2 S. 3 der Vergleichsbetrag. Der Vergleich ist wirksam, sofern sich das Vorstandsmitglied an dem Vergleichsbetrag mit mindestens 10% beteiligt.

III. Vertragliche Themen

411 **1. Gängige Vertragsklauseln.** Versicherungsschutz wird für den Fall gewährt, dass Vorstandsmitglieder für Vermögensschäden, die diese bei Ausübung ihrer Vorstandstätigkeit durch pflichtwidriges Verhalten bei einem Dritten oder bei der Gesellschaft verursacht haben, in Anspruch genommen werden.[1250] Er umfasst damit grundsätzlich **Außenhaftungs- und Innenhaftungsansprüche.**[1251] Dies entspricht der üblichen Vertragsgestaltung. Wie in anderen Fragen kann aber auch hier Abweichendes vereinbart werden. So kann der Versicherungsschutz vertragsgemäß nur bei Verletzung bestimmter Geschädigter eingreifen.

412 Der Versicherungsschutz ist ausgeschlossen bei **vorsätzlichen** Pflichtverletzungen.[1252] Vorsatz umfasst auch den bedingten Vorsatz, der gegeben ist, wenn das Vorstandsmitglied die Möglichkeit der Pflichtwidrigkeit seines Verhaltens billigend in Kauf nimmt.[1253] Die D&O-Versicherung ist beweispflichtig hinsichtlich des Vorliegens der subjektiven Voraussetzung des Haftungsausschlusses.[1254] In einigen Versicherungsverträgen wird neben der vorsätzlichen noch die wissentlich begangene Pflichtverletzung erwähnt. Der Sinn der Erwähnung einer wissentlich begangenen Pflichtverletzung ist nicht ersichtlich. Wenn das Vorstandsmitglied weiß, dass es eine Pflichtverletzung begeht, ist stets auch Vorsatz gegeben. Die Höhe des von der D&O-Versicherung zu ersetzenden Schadens wird typischerweise im Versicherungsvertrag durch eine Deckelungsklausel begrenzt.

413 Die Inanspruchnahme des Vorstandsmitglieds muss innerhalb des **versicherten Zeitraums** erfolgen.[1255] Teils wird vereinbart, dass auch die Pflichtverletzung in diesem Zeitraum stattgefunden haben muss.[1256] Der versicherte Zeitraum wird in der Regel durch Vereinbarung von **Rückwärtsversicherung** und **Nachhaftungsklausel** erweitert.[1257] Die Rückwärtsversicherung gilt grundsätzlich für alle bei Vertragsschluss nicht bekannte Pflichtverletzungen. Die Nachhaftung wird meist auf bis drei Jahre nach Ablauf des Versicherungsvertrages ausgeweitet, wenn keine Anschlussdeckung besteht.[1258]

414 **2. Gerichtliche und außergerichtliche Abwehrkosten.** Die D&O-Versicherung hat eine **Abwehr- und Schadensausgleichsfunktion.**[1259] Typischerweise werden gerichtliche und außergerichtliche Abwehrkosten, also insbesondere die anwaltlichen Beratungskosten bei angedrohten Schadensersatzforderungen oder auch im Vorfeld einer möglichen Inanspruchnahme übernommen.[1260] In sehr vielen Versicherungsverträgen ist nicht klar geregelt, ab welchem Zeitpunkt und in welcher Höhe außergerichtliche Abwehrkosten übernommen werden. Bei Rechtsanwalts-

[1249] So KK-AktG/*Mertens/Cahn* Rn. 251; Der Betrieb – Spezial.Versicherungen DB 2010, Nr. 46, M 8.

[1250] *Thümmel* Persönliche Haftung von Managern und Aufsichtsräten Rn. 461.

[1251] OLG München ZIP 2005, 1556; Spindler/Stilz/*Fleischer* Rn. 230; KK-AktG/*Mertens/Cahn* Rn. 241; *Thümmel* Persönliche Haftung von Managern und Aufsichtsräten Rn. 461.

[1252] *Pant* in Hauschka/Moosmayer/Lösler Corporate Compliance § 8 Rn. 29.

[1253] *Thümmel* Persönliche Haftung von Managern und Aufsichtsräten Rn. 473.

[1254] *Thümmel* Persönliche Haftung von Managern und Aufsichtsräten Rn. 473.

[1255] *Thümmel* Persönliche Haftung von Managern und Aufsichtsräten Rn. 464.

[1256] *Thümmel* Persönliche Haftung von Managern und Aufsichtsräten Rn. 465.

[1257] *Pant* in Hauschka/Moosmayer/Lösler Corporate Compliance § 8 Rn. 19 ff.; *Thümmel* Persönliche Haftung von Managern und Aufsichtsräten Rn. 466.

[1258] *Thümmel* Persönliche Haftung von Managern und Aufsichtsräten Rn. 466; *Pant* in Hauschka/Moosmayer/Lösler Corporate Compliance § 8 Rn. 19: drei bis fünf Jahre.

[1259] *Ihlas,* Organhaftung und Haftpflichtversicherung, 1997, 46; KK-AktG/*Mertens/Cahn* Rn. 241; *Thümmel* Persönliche Haftung von Managern und Aufsichtsräten Rn. 462.

[1260] *Thümmel* Persönliche Haftung von Managern und Aufsichtsräten Rn. 462.

honoraren werden in der Praxis statt der Vergütung nach RVG auch Zeithonorare erstattet. Da dies ein häufiger Diskussionspunkt ist, ist zu einer klaren Regelung in den Versicherungsverträgen anzuraten.

3. Verfahrenshoheit. a) Anspruchsinhaber. Nach § 44 Abs. 1 S. 1 VVG stehen die Rechte aus der Versicherung den **Vorstandsmitgliedern** zu. Nur sie und nicht die Gesellschaft können also die Versicherungsleistung beanspruchen. Zur Inanspruchnahme der Versicherungsleistung benötigen die Vorstandsmitglieder, wenn die Zustimmung des Versicherungsnehmers fehlt, den Versicherungsschein nach § 44 Abs. 2 VVG, soweit nichts Abweichendes vereinbart wurde. Ein Anspruch des Geschädigten gegen die Versicherungsgesellschaft außer den in § 115 Abs. 1 VVG genannten Fällen besteht nicht.[1261] 415

Das zum 1.1.2008 in Kraft getretene Gesetz zur Reform des Versicherungsvertragsrechts vom 23.11.2007 (BGBl. I S. 2631) hat auch Auswirkungen auf die D&O-Versicherung. Bereits vor Inkrafttreten der VVG-Novelle 2008 hatte die Gesellschaft nach § 108 Abs. 2 VVG die Möglichkeit, sich den Deckungsanspruch des Vorstandsmitglieds abtreten zu lassen. Regelmäßig enthielten die Allgemeinen Versicherungsbedingungen des Versicherers jedoch ein **Abtretungsverbot.** Dieses ist nunmehr nach der Neuregelung des VVG nach § 108 Abs. 2 VVG unwirksam, wenn es formularmäßig vereinbart ist.[1262] Ist die Abtretungsmöglichkeit an einen Dritten zulässig vereinbart, gilt auch der geschädigte Versicherungsnehmer oder ein in den Versicherungsschutz einbezogenes Tochterunternehmen als Dritter iSd § 108 Abs. 2 VVG.[1263] Tritt das Vorstandsmitglied den Deckungsanspruch ab, ändert sich sein Freistellungsanspruch in einen Zahlungsanspruch der Gesellschaft. Die Abtretung des Freistellungsanspruchs des Vorstandsmitglieds kann für die Gesellschaft sinnvoll sein, wenn sie die Geschädigte ist, da dann Deckungs- und Haftungsprozess zusammenfallen. Falls die Gesellschaft beabsichtigt, mit dem Vorstandsmitglied trotz dessen pflichtwidrigen Verhaltens weiterzuarbeiten, kann sich die Abtretung auch für das Verhältnis zwischen Gesellschaft und Vorstandsmitglied entlastend auswirken. Nachteilig für die Gesellschaft ist der Wegfall der Beweislastumkehr nach § 93 Abs. 2 S. 2. Sie greift nicht ein, da kein eigenständiger Haftungsprozess gegen das Vorstandsmitglied geführt wird. Auch bei Abtretung des Deckungsanspruchs an den Versicherer sind ein Verzicht oder Vergleich nur unter den Voraussetzungen des § 93 Abs. 4 S. 3 zulässig. 416

b) Prozesshandlungen, Vergleich. D&O-Versicherungsverträge enthalten zumeist die Klausel, dass das Vorstandsmitglied als versicherte Person nicht berechtigt ist, ohne Einwilligung des Versicherers Prozesshandlungen vorzunehmen oder Vergleiche abzuschließen. Diese Klauseln sind wirksam. Durch sie wird nicht verhindert, dass Vorstandsmitglieder auch ohne Einwilligung Prozesshandlungen vornehmen und Vergleiche abschließen. Sie verlieren alsdann aber ihren Versicherungsschutz. Einige D&O-Versicherungsverträge enthalten darüber hinaus aber noch eine zusätzliche Klausel, der zufolge der Versicherer berechtigt ist, **ohne Einwilligung des Vorstandsmitglieds** als der versicherten Person **Prozesshandlungen vorzunehmen** und **Vergleiche abzuschließen.** Derartige **Klauseln sind unwirksam.** Der Versicherungsvertrag wird zwischen der Gesellschaft und dem D&O-Versicherer abgeschlossen. Da das Vorstandsmitglied als versicherte Person nicht Vertragspartner ist, handelt es sich insoweit um einen unzulässigen Vertrag zu Lasten Dritter. Entsprechende Vertragsklauseln können allenfalls dahingehend ausgelegt werden, dass das Vorstandsmitglied seinen Anspruch gegen den D&O-Versicherer verliert, sofern er ihm nicht eine Vollmacht zum Abschluss von Vergleichen erteilt und sich verpflichtet, Prozesshandlungen nach Wunsch des D&O-Versicherers vorzunehmen. Ob eine Klausel in diesem Sinne auszulegen ist, ist eine Frage des Einzelfalls. 417

Bei Abschluss von Vergleichen ist stets § 93 Abs. 4 S. 3 zu beachten (→ Rn. 308 ff.). 418

An der Frage der Verfahrenshoheit (Vergleichsbefugnis und Möglichkeit, Prozesshandlungen vorzunehmen) zeigt sich ein deutlicher **Interessenwiderstreit** in dem **Dreiecksverhältnis Gesellschaft, Vorstandsmitglied und D&O-Versicherer.** Großunternehmen sind wichtige Geschäftspartner des D&O-Versicherers, da außer der D&O-Versicherung oft ein ganzes Bündel anderer Versicherungsarten mit beachtlichem Prämienaufkommen zur Disposition steht. Der D&O-Versicherer hat also ein geschäftliches Interesse an der Aufrechterhaltung eines guten Verhältnisses zur Gesellschaft. Dies kann dazu führen, dass gemeinsame Interessen von Gesellschaft und D&O-Versicherer dem Interesse des Vorstandmitglieds entgegen gesetzt sind. So hat der D&O-Versicherer bei einem relativ geringen Schadensersatzbetrag bisweilen ein gerechtfertigtes Interesse an einem Vergleichsabschluss, da unter Umständen die Abwehrkosten für den Schadensersatzan- 419

[1261] *Peltzer* NZG 2009, 970 (972); *Thümmel* Persönliche Haftung von Managern und Aufsichtsräten Rn. 469.
[1262] KK-AktG/*Mertens/Cahn* Rn. 245.
[1263] BGH AG 2016, 497 = NZG 2016, 745.

spruch in einem langwierigen Prozess höher sein können als der Vergleichsbetrag. Dies gilt insbesondere dann, wenn Beratungskosten zur Abwehr des Anspruchs auf Zeithonorarbasis vergütet werden. Das Interesse des D&O-Versicherers an einem schnellen Vergleichsabschluss kann sich mit den Interessen der Gesellschaft decken. Der Gesellschaft kann daran gelegen sein, durch einen schnellen Vergleichsabschluss aus dem Fokus des öffentlichen Interesses zu geraten. Für das Vorstandsmitglied kann die negative Ausstrahlungswirkung eines Vergleichs jedoch zu Reputationsverlusten und zu einer Beendigung seiner Karriere führen. Soweit er der Auffassung ist, die gegen ihn geltend gemachten Ansprüche seien unbegründet, wird ihm mit einem Vergleichsabschluss die Möglichkeit genommen, durch rechtskräftiges Urteil entscheiden zu lassen, dass er nicht schuldhaft pflichtwidrig gehandelt hat.

419a In jüngerer Zeit werden Schadensersatzansprüche gegen Vorstände häufig an D&O-Versicherungen abgetreten. Die Abtretung wird von aufkommenden Literaturstimmen für zulässig gehalten.[1264] Zuständig ist der Aufsichtsrat.[1265] Die Abtretung erfolgt meist unentgeltlich. Die von der Gesellschaft gezahlte Versicherungsprämie kann nicht als Entgelt für die Abtretung der Forderung angesehen werden, da die Forderungshöhe die Versicherungsprämie häufig weit übersteigt. Die Abtretung hat erklärtermaßen zum Ziel, einen Verzicht oder Vergleich vor Ablauf der in § 93 Abs. 4 S. 3 genannten Dreijahresfrist und ohne Zustimmung der Hauptversammlung zu ermöglichen. Hinzuweisen ist auf einen Wertungswiderspruch, wenn einerseits Plädoyers für die Verlängerungsmöglichkeit der bereits recht kommoden Verjährungsfrist für Schadensersatzansprüche gegen Vorstandsmitglieder gehalten werden, andererseits wird nach Konstruktionen gesucht, um möglichst schnelle Vergleichsabschlüsse zu ermöglichen. Der Versuch, die Abtretung und den anschließenden Verzicht oder Vergleich getrennt zu bewerten, erscheint gekünstelt, da die Abtretung an die Versicherung den möglichst schnellen Vergleichsabschluss gerade zum Ziel hat. Die Argumentation zur angeblichen Zulässigkeit entsprechender Gestaltungen ist formal. Das Gebot des § 93 Abs. 4 S. 3 richte sich lediglich an die Gesellschaft, nicht jedoch an die D&O-Versicherung. Mehr noch als bei Abtretungen an konzernverbundene Unternehmen liegt jedoch die Absicht der Umgehung des § 93 Abs. 3 S. 3 auf der Hand. Bevor nicht gerichtliche Entscheidungen über die Zulässigkeit der Abtretung an eine D&O-Versicherung vorliegen, ist deshalb von entsprechenden Gestaltungen abzuraten. Falls die Abtretung nicht unwirksam wäre, ist die Frage einer Schadensersatzverpflichtung des Aufsichtsrats nach § 116 AktG zu überprüfen. Es lässt sich schwerlich eine Begründung finden, weshalb es dem Aufsichtsrats gestattet sein sollte, eine Schadenersatzforderung gegen ein Vorstandsmitglied unentgeltlich abzutreten.

420 Grundsätzlich ist ein Versicherungsunternehmen im Haftpflichtprozess dazu verpflichtet, ausschließlich die Interessen des Versicherten zu wahren und im Fall der Kollision der Interessen des Versicherers mit denen der versicherten Person die eigenen Interessen zurückzustellen.[1266] Da sich die Einhaltung dieses Grundsatzes im Einzelfall jedoch schwer verifizieren lässt, bleibt dem Vorstandsmitglied bei seiner Weigerung zum Abschluss eines Vergleichs oder zur Vornahme einer Prozesshandlung nur die Möglichkeit, einen Verlust seines Versicherungsschutzes in Kauf zu nehmen.

421 **4. Missbrauch.** In der Vergangenheit haben bisweilen Gesellschaft und Vorstandsmitglied kollusiv zulasten des D&O-Versicherers zusammengearbeitet.[1267] Bei Schäden der Gesellschaft wurden zum Teil pflichtwidrige Handlungen von Vorstandsmitgliedern konstruiert, die eine Erstattungspflicht des D&O-Versicherers auslösen sollten **(„freundliche Inanspruchnahme“).** Gestaltungen in Versicherungsverträgen zum Zwecke der Vorbeugung gegenüber solchen Missbräuchen waren zwar ein rechtlich probates Mittel, entleerten jedoch den Sinn der D&O-Versicherung. Unter anderem wurden in den Versicherungsklauseln Fälle der Innenhaftung ausgenommen oder teilweise wird auch vereinbart, dass bei Innenhaftungsansprüchen eine Erstattungspflicht nur nach Erlass eines rechtskräftigen zivilrechtlichen Urteils besteht.[1268] Überwiegende Praxis scheint es jedoch zu sein, die Beurteilung des D&O-Versicherers dem Einzelfall zu überlassen. Die bloße Erwägung, der Geschädigte beabsichtige in Wahrheit nicht, den Vorstand in Anspruch zu nehmen, reicht zur Verneinung des Anspruchs gegen den D&O-Versicherer nicht aus.[1269]

[1264] *Wansleben,* Vermeidung und Überlagerungen zwingenden Rechts durch Versicherungen: Vorstandsbinnenhaftung und D&O-Versicherungsmechanismen im Recht, 2006, 222 ff.

[1265] *Wansleben,* Vermeidung und Überlagerungen zwingenden Rechts durch Versicherungen: Vorstandsbinnenhaftung und D&O-Versicherungsmechanismen im Recht, 2006, 230; MüKoAktG/*Habersack* § 112 Rn. 4.

[1266] BGHZ 119, 276 (281) = NJW 1993, 68 für Privathaftpflichtversicherung.

[1267] Vgl. hierzu LG Wiesbaden VersR 2005, 545 (546); *Thümmel* Persönliche Haftung von Managern und Aufsichtsräten Rn. 470.

[1268] *Thümmel* Persönliche Haftung von Managern und Aufsichtsräten Rn. 471.

[1269] BGH AG 2016, 497 = NZG 2016, 745.

§ 94 Stellvertreter von Vorstandsmitgliedern

Die Vorschriften für die Vorstandsmitglieder gelten auch für ihre Stellvertreter.

Schrifttum: *Bayer/Hoffmann,* Bestellung von AG-Vorständen, AG 2007, R 31; *van Venrooy,* Bestellung und Funktion von Stellvertretenden Geschäftsführern, GmbHR 2010, 169.

I. Allgemeines

Gemäß § 94 gelten für stellvertretende Vorstandsmitglieder die **gleichen Vorschriften** wie für ordentliche Vorstandsmitglieder. Stellvertretende Vorstandsmitglieder sind damit Träger sämtlicher Rechte und Pflichten der ordentlichen Vorstandsmitglieder.[1] Es handelt sich dabei, trotz der Bezeichnung, um „echte" Vorstandsmitglieder, die nur nach Maßgabe der **Geschäftsordnung** hinter den anderen Mitgliedern zurückstehen. Dies gilt nicht nur im „Vertretungsfall" oder wenn andere an der Vertretung „verhindert" sind, sondern immer. Insofern ist die Bezeichnung **missverständlich,**[2] da außer nach Maßgabe der Geschäftsordnung kein Unterschied besteht. Eine Differenzierung erfolgt in der Praxis, um innerhalb des Vorstandes eine gewisse **Hierarchie** herzustellen.[3] Diese kann aufgrund unterschiedlicher Aspekte bestehen, wie zB Alter, Amtsdauer, Aufgabenbereich, Ansehen oder Gehalt.[4] Die Entscheidung, welche Art. von Vorstandsmitglied bestellt wird, obliegt dem **pflichtgemäßen Ermessen** des Aufsichtsrates. Dabei kann die Satzung die Bestellung von Vorstandsmitgliedern als nur stellvertretende Mitglieder weder ausschließen noch anordnen (§ 23 Abs. 5).[5] 1

Bestimmen Gesetz oder Satzung eine Mindest- oder Höchstzahl an Vorstandsmitgliedern, so werden auch stellvertretende Vorstandsmitglieder mit gezählt.[6] Die GmbH-Parallelvorschrift mit gleichem Inhalt ist § 44 GmbHG. 2

II. Anwendbare Vorschriften

Auf die „Stellvertreter" finden **alle Vorschriften** Anwendung, die auch für ordentliche Mitglieder gelten. Es gelten die **§§ 76–93,** so dass auch die eigenverantwortliche Leitung der Gesellschaft in den Aufgabenbereich fällt (§ 76 Abs. 1).[7] Im Grundsatz besteht innerhalb der Gesellschaft Gesamtgeschäftsführung, so dass bei einem Widerspruch eines stellvertretenden Vorstandsmitgliedes die Maßnahme zu unterbleiben hat. Regelmäßig ist die Geschäftsführung auf das betreffende Ressort beschränkt (§ 82 Abs. 2).[8] Entsprechendes gilt, sofern gemäß § 78 Abs. 2 Gesamtvertretung besteht.[9] Eine Änderung der gesetzlichen Vorgaben durch die Satzung kann jedoch nicht soweit gehen, dass Stellvertreter gänzlich von der Mitwirkung ausgeschlossen werden (Kernbereichslehre). Ebenso ist eine Beschränkung der Vertretungsbefugnis im Außenverhältnis wegen § 82 Abs. 1 unwirksam.[10] 3

Die Bestellung erfolgt ausschließlich durch den **Aufsichtsrat** und zwar höchstens für die Dauer von fünf Jahren (§ 84 Abs. 1 S. 1). Dazu bedarf der Aufsichtsrat keiner Satzungsermächtigung, denn diese Kompetenz folgt bereits aus §§ 94, 84 Abs. 1. Die Amtszeit darf gemäß § 84 Abs. 1 S. 3 frühestens ein Jahr vor Ablauf der Bestellung verlängert werden. Ein Wechsel innerhalb der Amtszeit von einem „Stellvertreter" zu einem Vorstandsmitglied ändert nichts an dessen Rechtsstellung. In Betracht kommt aber eine Änderung der Geschäftsführungsbefugnis.[11] Eine Bestellung ist gemäß § 81 zum **Handelsregister** anzumelden, ohne dass ein Hinweis auf die Stellvertretereigenschaft nötig wäre, zumal diese auch nicht eintragungsfähig ist.[12] Ebenso hat auf allen **Geschäftsbriefen** eine Angabe 4

[1] Hüffer/*Koch* Rn. 1; MüKoAktG/*Spindler* Rn. 1; aA für die Parallelvorschrift des § 44 GmbHG *van Venrooy* GmbHR 2010, 169 ff.

[2] MHdB AG/*Wiesner* § 24 Rn. 23; *Lutter/Krieger* Rechte und Pflichten Rn. 453; Schmidt/Lutter/*Krieger/Sailer* Rn. 1: „keine rechtliche Bedeutung, sondern erschöpft sich in der bloßen Titulierung".

[3] MHdB AG/*Wiesner* § 24 Rn. 23; Spindler/Stilz/*Fleischer* Rn. 2; KK-AktG/*Mertens/Cahn* Rn. 3.

[4] MüKoAktG/*Spindler* Rn. 1; Hüffer/*Koch* Rn. 2; *Frels* VersR 1963, 898 (901); Spindler/Stilz/*Bachmann* Rn. 3.

[5] Schmidt/Lutter/*Krieger/Sailer* Rn. 1; GroßkommAktG/*Habersack* Rn. 12.

[6] *Schlaus* DB 1971, 1653; GroßkommAktG/*Habersack* Rn. 5; KK-AktG/*Mertens/Cahn* Rn. 2.

[7] Sowie alle außerhalb des AktG liegenden Vorschriften, die Vorstandsmitglieder betreffen, wie zB Sozialversicherungsrecht, Insolvenzrecht, Steuerrecht und Strafrecht; NK-AktR/*Oltmanns* Rn. 1.

[8] KK-AktG/*Mertens/Cahn* Rn. 4.

[9] *Schlaus* DB 1971, 1653; Spindler/Stilz/*Fleischer* Rn. 6 ff.

[10] BGH NJW 1998, 1071 = ZIP 1998, 152; Spindler/Stilz/*Fleischer* Rn. 7; Hüffer/*Koch* Rn. 3; GroßkommAktG/*Habersack* Rn. 9.

[11] MüKoAktG/*Spindler* Rn. 9.

[12] BGH NJW 1998, 1071 (1072) = ZIP 1998, 152; GroßkommAktG/*Habersack* Rn. 3; Hüffer/*Koch* Rn. 3; Spindler/Stilz/*Fleischer* Rn. 8; aA OLG Düsseldorf NJW 1969, 1259; KK-AktG/*Mertens/Cahn* Rn. 6.

der Stellvertreter zu erfolgen, dabei kann ein entsprechender Zusatz erfolgen.[13] Gleiches gilt für den Anhang des Jahresabschlusses (§ 285 Nr. 10 S. 1 HGB).[14] Ein **Widerruf** der Berufung kann nur durch den Aufsichtsrat und bei Vorliegen eines wichtigen Grundes erfolgen (§ 84 Abs. 3).

5 Nach § 84 Abs. 1 kann nur der Aufsichtsrat den **Anstellungsvertrag** mit dem Stellvertreter abschließen. Die Regelungen betreffend die Höhe der Vergütung, Wettbewerbsverbot und Kreditvergabe finden entsprechend Anwendung **(§§ 87–89).** Für die Stellvertreter gelten dieselben **Pflichten,** wie bei „gewöhnlichen" Mitgliedern. Dabei ist insbesondere auf die Berichtspflichten an den Aufsichtsrat gemäß §§ 90, 92 zu verweisen.

6 Hinsichtlich der einschlägigen **Haftung** nach § 93 soll einer Ansicht nach eine Besonderheit zu beachten sein. Wegen der begrenzten Beteiligung oder verminderten Geschäftsführungskompetenz würde eine volle Haftung der Einfluss- und Einsichtsmöglichkeit widersprechen. Demgemäß soll sich eine Haftung nur bei besonderen Verdachtsmomenten ergeben.[15] Dem ist mit der überwiegenden Auffassung entgegen zu treten und vielmehr von einer generellen Haftung auszugehen (§ 93). Einerseits mangelt es an Anhaltspunkten für die oben genannten Argumentation im Gesetz und andererseits sind keine klaren Abgrenzungskriterien ersichtlich.[16]

III. Sonstiges

7 Nach der überwiegenden Auffassung unterliegt die Ernennung eines „Stellvertreters" zu einem ordentlichen Vorstandsmitglied **nicht** den Verfahrensregeln des **§ 31 Abs. 2–4 MitbestG.**[17] Dafür spricht, dass § 31 MitbestG eine Bestellung fordert, dh die Verleihung von organschaftlichen Rechten. Vorliegend handelt es sich jedoch nur um einen Eingriff in die vorstandsinterne Rangordnung, zumal die beiden Organe als gleichgestellt anzusehen sind.[18] Darüber hinaus ist das Verfahren nach § 31 Abs. 2–4 MitbestG darauf angelegt, ein Vorstandsmitglied aus mehreren Alternativen auszuwählen, während die Ernennung eines früheren „Stellvertreters" als bloße Ja/Nein-Entscheidung zu beurteilen ist.[19]

8 Nach allgemeiner Meinung können **Arbeitsdirektoren** auch zu stellvertretenden Vorstandsmitgliedern ernannt werden, sofern sachliche Kriterien dafür sprechen. Da „Stellvertreter" den „gewöhnlichen" Mitgliedern gleichgestellt sind, kann auch nicht als Einwand vorgebracht werden, dass es somit zu einer Abschwächung des Personal- und Sozialbereichs innerhalb der Gesellschaft komme.[20] Gleichwohl darf die Ernennung nicht aus einer bewussten Diskriminierungsabsicht heraus erfolgen.[21]

9 Der Stellvertreter iSd § 94, dem organschaftliche Vertretungsmacht zusteht, ist von einem rechtsgeschäftlichen Vertreter **abzugrenzen.** Letzterer kommt insbesondere dann zum tragen, wenn ein Vorstandsmitglied verhindert ist, zB wegen einer Geschäftsreise.[22] Nach § 105 Abs. 1 können Mitglieder des Aufsichtsrates nicht zugleich dauernd „Stellvertreter" von Vorstandsmitgliedern sein.[23] Der relevante Zeitraum beträgt dabei ein Jahr (§ 105 Abs. 2). Während dieser Zeit verlieren sie zwar nicht ihre Rechtsstellung als Aufsichtsratsmitglied, doch dürfen sie diese Tätigkeit nicht ausüben, da es andernfalls zu Interessenkonflikten kommen könnte. Dabei fallen sie aber nicht unter § 94.[24]

Zweiter Abschnitt. Aufsichtsrat

§ 95 Zahl der Aufsichtsratsmitglieder

[1]Der Aufsichtsrat besteht aus drei Mitgliedern. [2]Die Satzung kann eine bestimmte höhere Zahl festsetzen. [3]Die Zahl muß durch drei teilbar sein, wenn dies zur Erfüllung

[13] MHdB AG/*Wiesner* § 24 Rn. 25; Hüffer/*Koch* § 80 Rn. 3; GroßkommAktG/*Habersack* Rn. 3, 16.

[14] GroßkommHGB/*Hüttemann* § 285 Rn. 10.

[15] MüKoAktG/*Spindler* Rn. 11.

[16] Hüffer/*Koch* Rn. 3.

[17] Hüffer/*Koch* Rn. 4; GroßkommAktG/*Habersack* Rn. 13; Spindler/Stilz/*Fleischer* Rn. 5; aA KK-AktG/*Mertens/Cahn* Rn. 7; MHdB AG/*Wiesner* § 24 Rn. 26.

[18] GroßkommAktG/*Habersack* Rn. 13.

[19] MüKoAktG/*Spindler* Rn. 12; einräumend *Krieger,* Personalentscheidungen des Vorstandes, 1981, 222.

[20] MüKoAktG/*Spindler* Rn. 13.

[21] GroßkommAktG/*Habersack* Rn. 14; Hüffer/*Koch* Rn. 4; *Meyer-Landrut* DB 1976, 387 (388); MHdB AG/*Wiesner* § 24 Rn. 27; einschr. bezogen auf den Geschäftsführer einer GmbH *Lutter/Hommelhoff* GmbHG § 44 Rn. 3.

[22] Zur Zulässigkeit der Einzelbevollmächtigung MüKoAktG/*Spindler* § 78 Rn. 100.

[23] MüKoAktG/*Spindler* § 78 Rn. 24.

[24] MüKoAktG/*Spindler* Rn. 3.

mitbestimmungsrechtlicher Vorgaben erforderlich ist. [4]Die Höchstzahl der Aufsichtsratsmitglieder beträgt bei Gesellschaften mit einem Grundkapital

bis zu	**1 500 000 Euro neun,**
von mehr als	**1 500 000 Euro fünfzehn,**
von mehr als	**10 000 000 Euro einundzwanzig.**

[5]Durch die vorstehenden Vorschriften werden hiervon abweichende Vorschriften des Mitbestimmunggesetzes vom 4. Mai 1976 (BGBl. I S. 1153), des Montan-Mitbestimmungsgesetzes und des Gesetzes zur Ergänzung des Gesetzes über die Mitbestimmung der Arbeitnehmer in den Aufsichtsräten und Vorständen der Unternehmen des Bergbaus und der Eisen und Stahl erzeugenden Industrie in der im Bundesgesetzblatt Teil III, Gliederungsnummer 801-3, veröffentlichten bereinigten Fassung – Mitbestimmungsergänzungsgesetz – nicht berührt.

Schrifttum: *Bayer/Scholz,* Der Verzicht auf die Dreiteilbarkeit der Mitgliederzahl des Aufsichtsrats nach der Neufassung des § 95 Satz 3 AktG, ZIP 2016, 193; *Habersack,* Reformbedarf im deutschen Mitbestimmungsrecht, ZIP Beilage 48/2009, 1; *Herold,* Der Grundsatz der Dreiteilbarkeit bei der Zahl der Aufsichtsratsmitglieder, NJW 1953, 1809; *Ihrig/Wandt,* Die Aktienrechtsnovelle 2016, BB 2016, 6; *Kort,* Corporate Governance-Fragen der Größe und Zusammensetzung des Aufsichtsrats bei AG, SE und GmbH, AG 2008, 137; *Paschos/Goslar,* Die Aktienrechtsnovelle 2016 – Ein Überblick, NJW 2016, 359; *Stein,* Rechtsschutz gegen gesetzwidrige Satzungsnormen bei Kapitalgesellschaften, ZGR 1994, 472.

Übersicht

I. Allgemeines

Der (als solcher zu bezeichnende)[1] Aufsichtsrat ist ungeachtet seiner jeweiligen Zusammensetzung 1
Pflichtorgan jeder Aktiengesellschaft. § 95 regelt seine **Größe,** genauer: die Zahl der Aufsichtsratsmitglieder. Aus S. 5 ergibt sich jedoch klarstellend, dass bestimmte **spezialgesetzliche** Regelungen zur Mitbestimmung in ihrem Anwendungsbereich den aktienrechtlichen Vorschriften vorgehen. § 95 **bezweckt** zweierlei: Zum einen eröffnet die Vorschrift die Möglichkeit zu satzungsautonomer Gestaltung (§ 23 Abs. 5); gleichzeitig wird diese Möglichkeit (und damit der Einfluss der Hauptversammlung) durch bestimmte inhaltliche Vorgaben beschränkt.[2] Soweit das Gesetz eine **Höchstzahl** Aufsichtsratsmitglieder bestimmt, soll damit die Effizienz der Aufsichtsratsarbeit gesichert werden.[3]

II. Rechtstatsachen

Die „richtige“ Größe ist ein Dauerbrenner in der Diskussion um die **Reform** des Aufsichtsrats. 2
Vielfach werden die nach dem MitbestG zu bildenden Aufsichtsräte als zu groß kritisiert, um effizient arbeiten zu können.[4] Alle Reformüberlegungen hierzu (zB im Rahmen des KonTraG und in der Regierungskommission Corporate Governance) sind jedoch bisher – zumeist am Widerstand der Gewerkschaften – gescheitert.[5] Andererseits gibt es keine eindeutigen wissenschaftlichen Aussagen zur **„Idealgröße“** eines Aufsichtsrats. Nicht wenige (Publikums-) Aktiengesellschaften nennen den

[1] Unstr., vgl. bereits KG JW 1932, 2620 – unzulässig: „Verwaltungsrat“; ebenso MüKoAktG/*Habersack* Rn. 5; Hüffer/*Koch* Rn. 1.

[2] Stärker die Begrenzung des Einflusses der Hauptversammlung betonend MüKoAktG/*Habersack* Rn. 1; Hüffer/*Koch* Rn. 1.

[3] Begr. RegE *Kropff* Textausgabe, 1965, 125; Henssler/Strohn/*Henssler* Rn. 1.

[4] *Kort* AG 2008, 137 (140 f.); *Habersack* AG 2009, 1 (12); MüKoAktG/*J. Semler,* 2. Aufl. 2004, § 100 Rn. 7; Grigoleit/*Grigoleit/Tomasic* Rn. 2.

[5] Zusammenfassend MüKoAktG/*Habersack* Rn. 4.

Gesichtspunkt der Verkleinerung des Aufsichtsrats dennoch als einen der wichtigsten bei ihrer Entscheidung für eine Umwandlung in die **SE** (→ § 96 Rn. 5).[6] Dort kann die Größe selbst des mitbestimmten Aufsichtsrats gemäß § 17 Abs. 1, 2 SEAG weitgehend satzungsautonom bestimmt werden; richtigerweise ist sie auch nicht Gegenstand der dort zwingend abzuschließenden Mitbestimmungsvereinbarung.[7]

3 Über die Jahre leicht ansteigend, aber in absoluten Zahlen unverändert marginal, nicht zuletzt im internationalen Vergleich, war bisher der Anteil von **Frauen** in Aufsichtsräten. Dem hat der Gesetzgeber mit dem „Gesetz für die gleichberechtigte Teilhabe von Frauen und Männern an Führungspositionen" vom 24.4.2015 (BGBl. I S. 642) für die Aufsichtsräte von börsennotierten und *zugleich* paritätisch mitbestimmten Gesellschaften mittels einer verpflichtenden 30%-Quote einen Riegel vorgeschoben (→ § 96 Rn. 7, 44 ff.). Aufsichtsräte von Gesellschaften, die nur entweder börsennotiert *oder* (auch nur einfach) mitbestimmt sind, müssen demgegenüber nur autonome Zielgrößen für den Frauenanteil in ihrem Gremium festlegen (→ § 111 Rn. 83a ff.). – Der Anteil von **Ausländern** in Aufsichtsräten deutscher Gesellschaften liegt bei auch im internationalen Vergleich mageren 12%.[8] – Als problematisch wird vielfach die Mitgliedschaft **externer,** dh nicht dem Unternehmen angehöriger **Gewerkschaftsvertreter** im Aufsichtsrat angesehen.

III. Einzelerläuterungen

4 **1. Mindestens drei Mitglieder.** Der Aufsichtsrat ist notwendiges Organ der Aktiengesellschaft. Als solches hat er gemäß S. 1 **nie weniger als drei** Mitglieder. Nach S. 2 kann die Satzung nur eine **höhere** Zahl festsetzen (→ Rn. 18). Damit ist sichergestellt, dass die Hauptversammlung nicht durch die beliebige Absenkung der Mitgliederzahl, zB im Geltungsbereich des DrittelbG, den Einzug unliebsamer Arbeitnehmervertreter in den Aufsichtsrat verhindert.[9] Besteht der Aufsichtsrat nur aus der gesetzlichen Mindestzahl an Mitgliedern, ergeben sich jedoch nicht selten Probleme bei der **Beschlussfähigkeit,** da dann stets *alle* Aufsichtsratsmitglieder an der Beschlussfassung teilnehmen müssen, § 108 Abs. 2 S. 3.[10] Im schlechtesten Fall kann das den Aufsichtsrat gegenüber einem mit Nicht-Teilnahme drohenden Mitglied erpressbar machen; schon deshalb bietet sich eine über die Mindestzahl hinausgehende Organgröße an. Mit der Aufgabe des uneingeschränkten Dreiteilbarkeits-Dogmas (→ Rn. 7) können nicht mitbestimmte Gesellschaften ihren „Minimalaufsichtsrat" künftig jedoch auch nur geringfügig (statt wie bisher um mindestens drei Mitglieder) aufstocken, um sich gegen ein solches Risiko zu schützen.[11]

5 **2. Bestimmte höhere Zahl.** Vorbehaltlich mitbestimmungsrechtlicher Sonderregelungen (S. 5) und der Dreiteilbarkeit zur Erfüllung gesetzlicher Vorgaben (S. 3) kann die Satzung die Zahl der Aufsichtsratsmitglieder bis zu den in S. 4 genannten Höchstzahlen **beliebig vergrößern.** Schweigt die Satzung, gilt die gesetzliche (aktien- oder mitbestimmungsrechtliche) Zahl. Wichtig ist, die höhere Zahl in der Satzung genau zu **bestimmen.** Damit verbieten sich **variable** Mitgliederzahlen in Form von Mindest- und Höchstzahlen (in Kombination: „mindestens sechs, höchstens zwölf Mitglieder")[12] und andere **„Alternativ"**-Regelungen („sechs oder neun Mitglieder") ebenso wie variable Festlegungen, die von externen, dh von der Hauptversammlung nicht beeinflussbaren Faktoren abhängen („gleiche Zahl von Aufsichtsräten wie die Alpha AG").[13] Zweifeln aufgrund der Unsicherheit über den Bedingungseintritt und die der Satzung damit nicht mehr zuverlässig entnehmbare Gremiengröße unterliegen im Einzelfall auch vorbeugend-**bedingte** Satzungsregelungen für den Fall des Eintritts eines noch ungewissen Umstandes (Gegenbeispiel: „Der Aufsichtsrat hat sechs und ab dem 1. Juli 2017 acht Mitglieder").[14] **Zulässig** sind dagegen Satzungsbestimmungen,

---

[6] Vgl. *Habersack* ZIP Beilage 48/2009, 1.

[7] *Habersack* AG 2006, 345; aA *Oetker* ZIP 2006, 1113.

[8] Nachweise bei *Langenbucher* ZGR 2012, 314 (316); allg. *Wasse* AG 2011, 685 ff.

[9] Vgl. Begr. RegE *Kropff* Textausgabe, 1965, 125; Henssler/Strohn/*Henssler* Rn. 1.

[10] Vgl. Grigoleit/*Grigoleit/Tomasic* Rn. 3; *Butzke* HV Kap. J Rn. 6 m. Fn. 9; LG Karlsruhe AG 1994, 87 (Nichtigkeit einer von § 108 Abs. 2 S. 3 abweichenden Satzungsbestimmung).

[11] Vgl. *Paschos/Goslar* NJW 2016, 359 (362); Henssler/Strohn/*Henssler* Rn. 3.

[12] GroßkommAktG/*Hopt/Roth* Rn. 60; MüKoAktG/*Habersack* Rn. 9; Henssler/Strohn/*Henssler* Rn. 2; MHdB AG/*Hoffmann-Becking* § 28 Rn. 8.

[13] Vgl. Spindler/Stilz/*Spindler* Rn. 13; Wachter/*Schick* Rn. 4; *Kort* AG 2008, 137 (138 f.); zur früher hierzu vertretenen Gegenansicht zusammenfassend Hüffer/*Koch* Rn. 3.

[14] Zulässig aber wohl der Vorschlag von *Bayer/Scholz* ZIP 2016, 193 (196 f.) für den (antizipierten) Fall des Hereinwachsens in die Drittelmitbestimmung (und damit in die obligatorische Dreiteilbarkeit): „Der Aufsichtsrat besteht aus sieben Mitgliedern. Ist er nach dem DrittelbG zusammenzusetzen, verringert [erhöht] sich die Anzahl auf sechs [neun] Mitglieder."

die pauschal auf die – objektiv *bestimmte* – „gesetzliche-“[15] oder „gesetzlich höchstzulässige Zahl Aufsichtsratsmitglieder“[16] verweisen.

6 **3. Festlegung in der Satzung.** Legt die Satzung eine von der Mindestmitgliederzahl abweichende (allein zulässig: **höhere**) Mitgliederzahl fest, wird diese Satzungsänderung, wie sonst auch, (erst) mit ihrer Eintragung im Handelsregister wirksam. Werden also in ein und derselben Hauptversammlung – was zulässig ist[17] – eine entsprechende Satzungsänderung beschlossen *und* im Hinblick darauf bereits neue Aufsichtsräte gewählt, erfolgt die Wahl ungeachtet der Festlegungen im Wahlbeschluss nur aufschiebend bedingt auf die Eintragung der Satzungsänderung im Handelsregister (§ 181 Abs. 3).[18]

7 **4. Dreiteilbarkeit.** Die Zahl der Aufsichtsratsmitglieder musste bis zur „Aktienrechtsnovelle 2016“ vom 22.12.2015 (BGBl. I S. 2565) *stets* durch drei teilbar sein. Das ist infolge einer Ergänzung des S. 3 jetzt (= ab dem 31.12.2015) nur noch der Fall, wenn es „zur Erfüllung mitbestimmungsrechtlicher Vorgaben erforderlich“ ist. Dadurch erfolgt eine Harmonisierung mit dem **DrittelbG,** das in seinem Anwendungsbereich ein Drittel der Sitze im Aufsichtsrat für Vertreter der Arbeitnehmer reserviert.[19] Anders als früher gilt die Dreiteilbarkeit jedoch nicht mehr im **mitbestimmungsfreien** Aufsichtsrat. Oberhalb der Mindest- (→ Rn. 4) bis zur Höchstzahl (→ Rn. 8) kann die Größe des Aufsichtsrats also frei festgelegt werden; so können kraft Satzungsbestimmung künftig zB auch vier-, fünf- oder siebenköpfige Aufsichtsräte gebildet werden.[20] Schon wegen S. 5 keine Rolle spielt(e) die Dreiteilbarkeit dagegen, wo das **MitbestG** gilt.[21] Hier setzt sich der Aufsichtsrat zwingend (keine „Zwischengrößen“)[22] aus zwölf, sechzehn oder zwanzig Mitgliedern zusammen, § 7 Abs. 1 S. 1 MitbestG (Beispiel: Die Satzung kann den nach dem MitbestG mit zwölf Mitgliedern ausgestatteten Aufsichtsrat gemäß § 7 Abs. 1 S. 2, 3 nur auf sechzehn, den mit sechzehn Mitgliedern ausgestatteten Aufsichtsrat nur auf zwanzig Mitglieder vergrößern). Ebenso wenig anwendbar (S. 5) – wiewohl gewahrt – ist S. 3 im Anwendungsbereich des **Montan-MitbestG** (S. 5).[23] Hier hat der Aufsichtsrat *gesetzlich* (S. 3 gilt nur für die durch „die *Satzung* … bestimmte höhere Zahl“!) elf Mitglieder, die Satzung kann die Zahl jedoch abhängig von der Größe des Grundkapitals auf – jeweils dreiteilbare – fünfzehn bzw. einundzwanzig Mitglieder erhöhen (§§ 4 Abs. 1 S. 1; 9 Montan-MitbestG). Das Gleiche gilt für das **MitbestErgG** mit seinem fünfzehn Mitglieder umfassenden Aufsichtsrat, der gemäß § 5 Abs. 1 S. 3 MitbestErgG bei einem Grundkapital von mehr als 25 Mio. Euro durch den Gesellschaftsvertrag auf einundzwanzig Mitglieder vergrößert werden kann.

Wächst eine dem **DrittelbG** unterfallende Gesellschaft in die paritätische Mitbestimmung *hinein,* 7a
gelten gemäß S. 5 stattdessen die zwingenden Gremiengrößen der jeweils einschlägigen Gesetze. Fällt die Gesellschaft aus der Drittelbeteiligung (und damit aus der Mitbestimmung überhaupt) *heraus,* kann sie die bisherige (dreiteilbare) Aufsichtsratsgröße beibehalten.[24] Gerät eine **bisher nicht mitbestimmte** Gesellschaft mit laut Satzung nicht dreiteilbarem Aufsichtsrat in den Anwendungbereich des DrittelbG, muss sie ein Statusverfahren durchführen, um künftig wieder „nach den … maßgebenden gesetzlichen Vorschriften [zur Arbeitnehmerbeteiligung und zur Dreiteilbarkeit] zusammengesetzt“ (§ 97 Abs. 1 S. 1) zu sein. Da das DrittelbG die Größe des Aufsichtsrats jedoch nicht vorgibt, kann der neue Aufsichtsrat nach der gesetzlichen „Basis-Regelung“ des S. 1 notgedrungen nur aus **drei Mitgliedern** – zwei Anteilseigner-, ein Arbeitnehmervertreter – bestehen (keine Auf- oder Abrundung auf den der gegenwärtigen Größe nächstgelegenen dreiteilbaren Wert!).[25] Entkommen lässt sich dem dadurch, dass bereits in der ersten Hauptversammlung nach Abschluss des Statusverfahrens (§ 97 Abs. 2 S. 4) die Satzung auf die gewünschte Mitgliederzahl geändert und auf dieser Basis sogleich (→ § 97 Rn. 33) ein neuer Aufsichtsrat gewählt wird. Einer vorbeugend-**bedingten** Satzungsregelung zur Größe des Aufsichtsrats (nur) für den Fall der Anwendbarkeit des

---

[15] OLG Hamburg DB 2002, 572 (573). Im Hinblick auf § 7 Abs. 1 S. 2 und 3 MitbestG ist allerdings eine Klarstellung wünschenswert, welche Regelung gelten soll.

[16] GroßkommAktG/*Hopt/Roth* Rn. 60; MüKoAktG/*Habersack* Rn. 9; KK-AktG/*Mertens/Cahn* Rn. 14; NK-AktR/*Breuer/Fraune* Rn. 6.

[17] Hüffer/*Koch* Rn. 5.

[18] MüKoAktG/*Habersack* Rn. 17; Hüffer/*Koch* Rn. 5.

[19] *Bayer/Scholz* ZIP 2016, 193 (193); *Paschos/Goslar* NJW 2016, 359 (362); Hüffer/*Koch* Rn. 3; Henssler/Strohn/*Henssler* Rn. 3; vgl. bereits für das alte Recht MüKoAktG/*Habersack* Rn. 11; HK-AktG/*Israel* Rn. 5.

[20] *Ihrig/Wandt* BB 2016, 6 (12); Hüffer/*Koch* Rn. 3.

[21] *Ihrig/Wandt* BB 2016, 6 (12); unrichtig HK-AktG/*Israel* Rn. 5: „für alle AG anwendbar“.

[22] Vgl. BayObLG AG 2005, 350: 14 Mitglieder; zust. UHH/*Henssler* MitbestG § 7 Rn. 17.

[23] *Ihrig/Wandt* BB 2016, 6 (12).

[24] *Bayer/Scholz* ZIP 2016, 193 (194).

[25] Ebenso *Bayer/Scholz* ZIP 2016, 193 (194 f.).

DrittelbG (→ Rn. 5) bedarf es daher nicht.[26] Entsprechend ist zu verfahren, wenn eine bisher **paritätisch mitbestimmte** Gesellschaft (mit zB 12, 16 oder 20 Aufsichtsratsmitgliedern) in den Anwendungsbereich der Drittelbeteiligung zurückfällt; hier muss insbesondere die (nicht dreiteilbare) 16- bzw. 20-köpfige Besetzung angepasst werden.

8 **5. Höchstzahl Aufsichtsratsmitglieder.** Die Höchstzahl der Aufsichtsratsmitglieder (und damit die vom Gesetzgeber definierte Obergrenze in punkto Arbeitseffizienz (→ Rn. 1) – Stichwort „Mammut-Aufsichtsrat"[27] – ist **abhängig** von der Höhe des **Grundkapitals** und fingiert – rechtstatsächlich willkürlich –, dass zwischen beiden Größen eine Korrelation besteht (bis zu 1,5 Mio. Euro Grundkapital neun, bis zu 10 Mio. Euro fünfzehn, darüber einundzwanzig Mitglieder). Naturgemäß **müssen** die jeweiligen Höchstzahlen **nicht** ausgenutzt werden; die Einrichtung oder Aufrechterhaltung eines *kleineren* Aufsichtsrats ist trotz höheren Grundkapitals daher jederzeit möglich.

9 **In keinem Fall,** auch nicht im Anwendungsbereich mitbestimmungsrechtlicher Regelungen, kann ein Aufsichtsrat **mehr** als einundzwanzig Mitglieder haben. Auf die jeweilige Höchstzahl anzurechnen sind **sämtliche** Aufsichtsratsmitglieder, unabhängig von der Art ihrer Bestellung (Wahl, Entsendung, gerichtliche Bestellung) und ihrem Status als Arbeitnehmer- oder Anteilseignervertreter. (Noch) keine Aufsichtsratsmitglieder sind dagegen die **Ersatzmitglieder** (die ihr Amt erst antreten, wenn ein amtierendes Aufsichtsratsmitglied „vor Ablauf seiner Amtszeit wegfällt", § 101 Abs. 3 S. 2) und andere nur aufschiebend bedingt bestellte Mitglieder (Beispiel: vor Amtsantritt Eintragung einer den Aufsichtsrat betreffenden Satzungsänderung).[28] Durch die jeweilige Höchstzahl nicht gehindert ist die Einrichtung **anderer** beratender **Gesellschaftsgremien,** wie zB von Beiräten, die aber in keinem Fall (aufsichts-) organschaftliche Funktionen wahrnehmen können.[29]

10 **Grundkapital** ist der in der Satzung festgelegte Betrag (§ 6) ohne Rücksicht darauf, in welcher Höhe bereits Einzahlungen auf das Grundkapital geleistet sind.[30] Hinzuzuzählen sind Beträge, die auf bereits ausgegebene Aktien, zB aus bedingtem Kapital, entfallen, ohne dass bisher eine Berichtigung der Satzung erfolgt wäre (§ 200). Genehmigtes Kapital wird dagegen erst nach Eintragung der durchgeführten Erhöhung (dh nicht bereits mit einer ausgeübten oder gar nur erteilten Ermächtigung) im Handelsregister berücksichtigt (§§ 203 Abs. 1 S. 1; 189).[31]

11 Aktiengesellschaften, die ihr Grundkapital noch in **DM** ausdrücken, dürfte es kaum mehr geben. Bei ihnen ist das Grundkapital in Euro umzurechnen und dann S. 4 anzuwenden. Durch die Umrechnung kann sich ein **Herabsinken** unter die bisher maßgebliche Höchstgrenze wegen der im Gesetz entsprechend angepassten Kapitalbeträge **(„Hälfteprinzip")**[32] nicht ergeben.[33] Ein umrechnungsbedingtes **Überschreiten** der in S. 4 genannten Kapitalgrenzen ist praktisch bedeutungslos, da sich daraus für die Größe des Aufsichtsrats kein Anpassungsbedarf ergibt (arg.: „*Höchst*zahl der Aufsichtsratsmitglieder").

12 Schwierigkeiten können sich bei einer **Änderung** (Erhöhung oder Ermäßigung) der Zahl bzw. Höchstzahl an Aufsichtsratsmitgliedern ergeben. Das kann geschehen durch (i) **Satzungsänderungen** sowie (ii) Änderungen des **Grundkapitals** (S. 4) oder (iii) der **Mitarbeiterzahl:**

13 (i) **Erhöht** sich die zulässige **Höchstzahl** (zB durch eine Erhöhung des Grundkapitals), ändert sich nichts, solange infolge eines die Zusammensetzung des Aufsichtsrats betreffenden Hauptversammlungsbeschlusses nicht auch die Satzung geändert wird (arg.: Es besteht nur ein Recht, nicht dagegen eine Pflicht, die neue *Höchst*zahl auszuschöpfen).[34] *Ausnahme*: In der Satzung ist bereits ein (gleitender) Verweis auf die Zusammensetzung des Aufsichtsrats gemäß der „jeweiligen Höchstzahl" enthalten (→ Rn. 5). Dann gilt das Gleiche wie bei einer die **Anzahl** Aufsichtsratsmitglieder unmittelbar erhöhenden **Satzungsänderung:** Es sind Ergänzungswahlen (nicht: umfassende Neuwahlen) nach den einschlägigen Wahlvorschriften, ggf. unter Beachtung der **mitbestimmungsrechtlichen** Besonderheiten zum Proporz, durchzuführen; alternativ kommt eine gerichtliche Bestellung (§ 104) in Betracht. Der vorgängigen Durchführung eines **Status-**

---

[26] AA *Bayer/Scholz* ZIP 2016, 193 (196 f.).

[27] HFJ/*Wolff* HdB AktR Kap. 8 Rn. 18.

[28] Hüffer/*Koch* Rn. 4; MüKoAktG/*Habersack* Rn. 14; zweifelhaft, soweit aufschiebende Bedingung das „Ausscheiden eines vorhandenen Mitglieds aus dem Aufsichtsrat" sein soll – das ist gerade der Fall der Ersatzmitgliedschaft.

[29] Hüffer/*Koch* Rn. 4; Grigoleit/*Grigoleit/Tomasic* Rn. 2.

[30] AllgM, vgl. KK-AktG/*Mertens/Cahn* Rn. 13; Henssler/Strohn/*Henssler* Rn. 2.

[31] AllgM, vgl. MüKoAktG/*Habersack* Rn. 13; HK-AktG/*Israel* Rn. 6.

[32] Dazu *Hüffer,* 10. Aufl. 2012, § 7 Rn. 4.

[33] *Hüffer,* 10. Aufl. 2012, Rn. 4.

[34] KK-AktG/*Mertens/Cahn* Rn. 23; Hüffer/*Koch* Rn. 5.

verfahrens bedarf es hierzu nach hM nicht,[35] auch nicht in den Fällen einer „freiwilligen" Vergrößerung des Aufsichtsrats auf das nächsthöhere Niveau gemäß §§ 7 Abs. 1 S. 2, 3 MitbestG, § 9 MontanMitbestG und § 5 Abs. 1 S. 3, 4 MitbestErgG (arg.: kein Zweifel über angewandte „gesetzliche" (sondern: Satzungs-) Vorschriften; Einzelheiten: § 97 Rn. 8 ff.). – Die neuen Aufsichtsratsmitglieder können bereits **zusammen** mit dem erforderlichen Beschluss über die **Satzungsänderung** gewählt werden, allerdings nur aufschiebend bedingt auf die Eintragung der Änderung im Handelsregister (→ Rn. 9).[36]

(ii) Kommt es zu einer **Verminderung** der (Höchst-) Zahl Aufsichtsratsmitglieder (zB durch eine Herabsetzung des Grundkapitals auf unter 1,5 Mio. Euro gemäß S. 4), ist die Hauptversammlung verpflichtet, eine der neuen Rechtslage widersprechende **Satzungsregelung** durch Beschluss zu ändern (keine bloße Fassungsänderung gemäß § 179 Abs. 1 S. 2).[37] Weiter ist die Hauptversammlung gehalten, durch entsprechende **Abberufungen** (und ggf. Neuwahlen) einen satzungsgemäßen Zustand herbeizuführen.[38] Solange dies nicht geschehen ist, ändert sich an der **wirksamen Amtsinhaberschaft** der überzähligen Aufsichtsräte ungeachtet der entgegenstehenden gesetzlichen Bestimmungen allerdings nichts (arg.: keine nachträgliche Nichtigkeit wegen Überschreitens der gesetzlichen Höchstzahl).[39] Dementsprechend findet auch kein **Statusverfahren** statt.[40] Scheiden Aufsichtsratsmitglieder während des „satzungswidrigen" Zustandes vorzeitig aus, sind sie jedoch nicht zu ersetzen, da das den inkonformen Zustand nur perpetuieren würde.[41] – Das ist teilweise anders, wo es um **mitbestimmte** Gesellschaften geht (arg. § 103 Abs. 4):[42] Hier wird eine **Satzungsänderung,** die sich unmittelbar auf die Zahl der Aufsichtsratsmitglieder auswirkt, zum Schutz der amtierenden Mandatsträger der Arbeitnehmer (und aus Gründen der Gruppenparität damit auch derjenigen der Anteilseigner)[43] nach hM erst mit dem **Ende der Amtszeit** der Gewählten wirksam.[44] Entsprechendes gilt bei einem Absinken der gesetzlich zulässigen **Höchstzahl** (S. 4; § 9 MontanMitbestG; § 12 MitbestErgG) unter die Zahl der tatsächlich vorhandenen Mandatsträger, zB aufgrund einer Kapitalherabsetzung.[45] Eine Nachwahl bei vorzeitigem Ausscheiden ist in diesem Fall also zulässig.[46] Die Durchführung eines **Statusverfahrens** kommt wegen der Mandatskontinuität der Amtsinhaber, aber auch wegen des letztlich auf die (noch) nicht geänderte *Satzung* (und nicht die gesetzliche Höchstzahlregelung) rückführbaren Besetzungsverstoßes entgegen der hL auch hier nicht in Betracht → § 97 Rn. 15).[47] – **Zusammengefasst** ergibt sich folgendes Bild: 14

Verkleinerung durch …	**Rechtsfolge**		**Statusverfahren?**	
	nicht mitbestimmte AG	**mitbestimmte AG**	**nicht mitbestimmte AG**	**mitbestimmte AG**
… Satzungsänderung	Verbleib im Amt, aber: Abberufungsrecht (§ 103)	Wirksamkeit erst nach Amtsperiode[48]	(–) arg.: nur Änderung der angewandten Satzungsgrundlage, hM	

[35] OLG Dresden ZIP 1997, 589 (590); OLG Hamburg ZIP 1988, 1191 (1192); MüKoAktG/*Habersack* Rn. 17; KK-AktG/*Mertens/Cahn* Rn. 23; Grigoleit/*Grigoleit/Tomasic* Rn. 10; aA BAG AG 1990, 361 (362); *Oetker* ZHR 149 (1985), 575 (584 f.); WKS/*Wißmann* MitbestG § 7 Rn. 11.

[36] GroßkommAktG/*Hopt/Roth* Rn. 89; MüKoAktG/*Habersack* Rn. 17; Hüffer/*Koch* Rn. 5; WHSS/*Seibt* F 198.

[37] MüKoAktG/*Habersack* Rn. 18; Hüffer/*Koch* Rn. 5; aA Grigoleit/*Grigoleit/Tomasic* Rn. 13: statt nichtiger Satzungsbestimmung (§§ 23 Abs. 5, 241 Nr. 3 analog) gilt *automatisch* verminderte Höchstgrenze.

[38] KK-AktG/*Mertens/Cahn* Rn. 27; MüKoAktG/*Habersack* Rn. 18; Hüffer/*Koch* Rn. 5; aA offenbar HK-AktG/*Israel* Rn. 8 f.: „kein Einfluss auf bestehende AR-Mandate".

[39] OLG Hamburg ZIP 1988, 1191 (1192); GroßkommAktG/*Hopt/Roth* Rn. 96; MüKoAktG/*Habersack* Rn. 18; KK-AktG/*Mertens/Cahn* Rn. 25; Spindler/Stilz/*Spindler* Rn. 21; aA noch *v. Godin/Wilhelmi* Anm. 4: automatisches Erlöschen der Ämter aller Aufsichtsratsmitglieder mit der nächsten Hauptversammlung.

[40] Ganz hL, vgl. nur KK-AktG/*Mertens/Cahn* Rn. 25; Spindler/Stilz/*Spindler* Rn. 21.

[41] Abw. HK-AktG/*Israel* Rn. 8: Nachwahl zwecks Herstellung Dreiteilbarkeit.

[42] Näher MüKoAktG/*Habersack* Rn. 19.

[43] OLG Hamburg AG 1989, 64 (66); WHSS/*Seibt* F 196.

[44] OLG Dresden ZIP 1997, 589 (591); OLG Hamburg AG 1989, 64 (66); KK-AktG/*Mertens/Cahn* Rn. 26; Grigoleit/*Grigoleit/Tomasic* Rn. 12; Überblick zu Gegenansichten bei MüKoAktG/*Habersack* Rn. 19.

[45] Einzelheiten MüKoAktG/*Habersack* Rn. 21.

[46] MüKoAktG/*Habersack* Rn. 20; HK-AktG/*Israel* Rn. 8.

[47] IErg wie hier MüKoAktG/*Habersack* Rn. 19, 21; *Göz* ZIP 1998, 1523 (1525); dem zuneigend auch HK-AktG/*Israel* Rn. 9; aA GroßkommAktG/*Hopt/Roth* Rn. 100; KK-AktG/*Mertens/Cahn* Rn. 25; Hüffer/*Koch* Rn. 5; *Oetker* ZHR 149 (1985), 575 (577 ff.).

[48] OLG Dresden ZIP 1997, 589 (591); GroßkommAktG/*Hopt/Roth* Rn. 96 für *alle* Aufsichtsratsmitglieder.

Verkleinerung durch …	Rechtsfolge		Statusverfahren?	
	nicht mitbestimmte AG	mitbestimmte AG	nicht mitbestimmte AG	mitbestimmte AG
… Absinken der Arbeitnehmerzahl[49]	*[nicht anwendbar]*	keine Veränderung bis zum Abschluss des Statusverfahrens; ohne Statusverfahren str.	*[nicht anwendbar]*	nach Fallgestaltung (+)/(–)
… Absinken des Grundkapitals[50]	Verbleib im Amt, aber: Abberufungsrecht (§ 103)	keine Veränderung (hM: bis zum Abschluss des Statusverfahrens)	(–), ganz hM	(+), str.

15 **Beispiel:** Die paritätisch mitbestimmte AG (12.000 Mitarbeiter) hat kraft Satzung einen „aus 16 Mitgliedern bestehenden Aufsichtsrat". Beschließt die Hauptversammlung eine Satzungsänderung („Der Aufsichtsrat hat die gesetzliche Mindestzahl Mitglieder") und wird diese im Handelsregister eingetragen (§ 181 Abs. 3), bewirkt allein dies noch *keine* Änderung der Aufsichtsratsgröße. Diese tritt erst zB mit einem Absinken unter die 10.000 Mitarbeiter-Schwelle ein (§ 7 Abs. 1 S. 1 Nr. 1 MitbestG), und dann auch erst nach Durchlaufen des Statusverfahrens.

16 **6. Abweichende Vorschriften.** S. 5 stellt klar,[51] dass **spezialgesetzliche** Regelungen S. 1–4 vorgehen. Ausdrücklich genannt werden das **MitbestG** (einschlägig dort § 7 MitbestG), das **Montan-MitbestG** (§ 5 Montan-MitbestG) und das **MitbestErgG** (§ 5 MitbestErgG). Nach diesen Vorschriften gelten feste Mitgliederzahlen; die nach § 95 geltenden Mindest- und Höchstzahlen sowie die Dreiteilbarkeit (→ Rn. 7) werden damit ebenso wie die Satzungsautonomie für diesen Bereich der Mitbestimmung suspendiert.[52]

17 Zu Recht unerwähnt bleibt in S. 5 das **DrittelbG,** da es keine Regelung zur Mitgliederzahl (sondern nur zum Mitglieder*verhältnis*) im Aufsichtsrat trifft. Für eine dem DrittelbG unterliegende AG gelten also die Festlegungen von § 95 (Mindestzahl, Höchstzahl, Dreiteilbarkeit) uneingeschränkt; es ist ausschließlich Sache der Anteilseigner, die Größe des Aufsichtsrats festzulegen (→ § 96 Rn. 34).[53]

IV. Abdingbarkeit

18 Der Aufsichtsrat ist **Pflichtorgan** der Aktiengesellschaft (→ Rn. 1). Er kann weder durch die Satzung noch durch Hauptversammlungsbeschluss **abgeschafft** werden; auch die Einführung **weiterer,** funktional vergleichbarer Aufsichtsorgane ist unzulässig (→ Rn. 9).[54] Die Bestimmungen des § 95 sind (nur) im Rahmen der von **S. 2** eröffneten **Satzungsautonomie** (= *höhere* Mitgliederzahl) abdingbar (→ Rn. 4); Mindest- (S. 1) und Höchstmitgliederzahl (S. 3) des Aufsichtsrats sind dagegen zwingend vorgegeben.[55] Zur Frage der Abdingbarkeit der von S. 5 in Bezug genommenen Sondervorschriften → § 96 Rn. 83.

V. Rechtsfolgen bei Verstoß

19 Verstöße gegen § 95 können in vier Fallgruppen auftreten:

20 **1. Tatsächliche Veränderungen im Aufsichtsrat.** Ermäßigt sich die Zahl der Aufsichtsratsmitglieder (zB durch Amtsniederlegung oder Tod) auf eine Zahl, die kleiner ist als die in der **Satzung** genannte, liegt darin kein Verstoß gegen § 95, sondern gegen die Satzung. Dann ist durch das zuständige Bestellungsorgan nachzubesetzen oder nach § 104 Abs. 2 vorzugehen. An der Amtsinhaberschaft der verbleibenden Mitglieder ändert das nichts. – Sinkt die Zahl der Aufsichtsratsmitglieder unter drei, ist die **gesetzliche** Mindestzahl nach S. 1 unterschritten. Auch das ändert nichts an den bestehenden Ämtern. Die Unterbesetzung ist durch – notfalls gerichtliche (§ 104 Abs. 1 oder 2) – Nachbestellung zu korrigieren.

[49] Einzelheiten bei GroßkommAktG/*Hopt/Roth* Rn. 102 ff.
[50] Einzelheiten bei GroßkommAktG/*Hopt/Roth* Rn. 100.
[51] Ebenso GroßkommAktG/*Hopt/Roth* Rn. 66.
[52] Vgl. BGH AG 2012, 248 (249) = NZG 2012, 347.
[53] *Kort* AG 2008, 137 (139).
[54] Henssler/Strohn/*Henssler* Rn. 1.
[55] Henssler/Strohn/*Henssler* Rn. 1.

2. Unzulässige Satzungsbestimmung. Weiter kann ein Verstoß einer Satzungsbestimmung gegen die **gesetzlichen Vorgaben,** dh eine Überschreitung der durch § 95 eröffneten Satzungsautonomie, vorkommen (Beispiel: Satzungsmäßige Festsetzung einer zu kleinen, zu großen, zu unbestimmten oder – trotz Geltung des DrittelbG – nicht durch drei teilbaren Mitgliederzahl). Solche Verstöße führen zur **Nichtigkeit** der Satzungsbestimmung (bei Gründung: § 134 BGB, bei Satzungsänderung: § 241 Nr. 3 („im öffentlichen Interesse gegeben"), mit **Heilungsmöglichkeit** drei Jahre nach Eintragung gemäß § 242 Abs. 2).[56] Statt der nichtigen gilt die jeweils einschlägige gesetzliche Regelung: (i) Bei einem Verstoß gegen **S. 2** (Festsetzung einer zu kleinen oder zu unbestimmten Zahl) oder **S. 3** (Dreiteilbarkeit) kommt die gesetzliche „Basis-Regelung" nach S. 1 (drei Mitglieder) zur Anwendung (und nicht etwa eine Anpassung der Aufsichtsratsgröße auf das nächste gesetzlich zulässige Niveau – Beispiel: Bei Verstoß gegen Dreiteilbarkeit (S. 3) Verkleinerung auf drei (*nicht*: sechs) statt, wie in der Satzung festgelegt sieben Mitglieder),[57] (ii) bei einem Verstoß gegen **S. 4** (Überschreiten der Höchstzahl) ist – unabhängig von einem ggf. gleichzeitigen Verstoß gegen S. 3 – die gesetzliche Höchstzahl maßgeblich (Reduktion auf neun, fünfzehn oder einundzwanzig Mitglieder), arg. § 250 Abs. 1 Nr. 3.[58] Tritt Heilung ein, gilt wieder die (zunächst nichtig) beschlossene Satzungsregelung. Bis dahin besteht freilich jederzeit die Möglichkeit der **Amtslöschung** nach § 244 Abs. 2 S. 3 iVm § 398 FamFG.[59] Weniger als drei Jahre vor dem 31.12.2015 zurückliegende Verstöße gegen S. 3 aF (= *uneingeschränkte* Dreiteilbarkeit; → Rn. 7) wurden allerdings bereits vor Ablauf der gesetzlichen Heilungsfrist nach § 242 Abs. 2 mit Inkrafttreten der Aktienrechtsnovelle 2016 am 31.12.2015 hinfällig. – Ohne unmittelbare Folgen für Satzung und Aufsichtsratsbesetzung bleiben Satzungsverstöße aufgrund einer erst später vorkommenden **Reduzierung der gesetzlichen Höchstzahl** (arg.: keine nachträgliche Nichtigkeit). Hier steht die Hauptversammlung in der Verantwortung für die erforderlichen Korrekturmaßnahmen → Rn. 14. 21

3. Unzulässiger Wahlbeschluss. Die Unzulässigkeit eines Wahlbeschlusses kann **zwei Ursachen** haben, entweder eine **nichtige** (Anfechtbarkeit scheidet aus, → Rn. 21) **Satzungsgrundlage** oder die **Überschreitung** der gesetzlichen oder satzungsmäßigen Vorgaben: 22

- Werden Aufsichtsratsmitglieder auf Basis einer **nichtigen Satzungsbestimmung** (Rechtsfolge: Rn. 21) gewählt, beurteilt sich die Wirksamkeit der Wahlbeschlüsse ungeachtet einer unterdessen etwa eingetretenen Heilung der Satzungsbestimmung (→ Rn. 21) nach dem besonderen Beschlussmängelrecht der §§ 250 f. Danach sind Wahlbeschlüsse nur bei Überschreiten der *gesetzlichen* Höchstzahl **nichtig** (§ 250 Abs. 1 Nr. 3). Das ist ausschließlich bei Verstößen gegen S. 4 („aktienrechtliche")[60] und S. 5 („mitbestimmungsrechtliche" Höchstzahl) der Fall (Beispiel: Die Satzung bestimmt unter Verstoß gegen S. 4 einen zwölfköpfigen Aufsichtsrat, woraufhin eine entsprechende Wahl stattfindet) → § 250 Rn. 14. Für **Einzelwahlen** bedeutet das die Gültigkeit aller Wahlen bis auf diejenige(n) nach Höchstzahl-Überschreitung, bei Listenwahlen notgedrungen die Nichtigkeit der gesamten Wahl, sofern sich nicht aus dem Beschluss selbst eine bestimmte Reihenfolge der Gewählten ergibt (→ § 250 Rn. 15 f.).[61] Jenseits der Nichtigkeit sind rechtswidrige Wahlbeschlüsse nach § 251 **anfechtbar** (Beispiel: Satzungsgemäße Wahl eines *fünf*köpfigen Aufsichtsrats trotz Drittelmitbestimmung).[62] 23
- Ist die **Rechtsgrundlage nicht zu beanstanden,** sind Wahlbeschlüsse wegen der Größe des gewählten Gremiums nur bei **Überschreiten der gesetzlichen *Höchst*zahl** nichtig (§ 250 Abs. 1 Nr. 3). Das ist ausschließlich bei Verstößen gegen S. 4 (aktienrechtliche Höchstzahl) und S. 5 (mitbestimmungsrechtliche Höchstzahl) der Fall.[63] (Gegen-) **Beispiel** (mitbestimmungsfreier Aufsichtsrat mit 1 Mio. Euro Grundkapital): In der Wahl von vier statt der gesetzlichen drei Mitglieder liegt nur ein Verstoß gegen die gesetzliche *Mindest*zahl; → § 250 Rn. 14).[64] Jenseits der Nichtigkeit 24

[56] BGHZ 99, 211 (217); MüKoAktG/*Habersack* Rn. 22; Spindler/Stilz/*Spindler* Rn. 23; HK-AktG/*Israel* Rn. 11; Henssler/Strohn/*Henssler* Rn. 5; vgl. auch GroßkommAktG/*K. Schmidt* § 250 Rn. 17: immer § 134 BGB; teils aA KK-AktG/*Mertens/Cahn* Rn. 16: keine Heilungsmöglichkeit; *Stein* ZGR 1994, 472 (488).

[57] KK-AktG/*Mertens/Cahn* Rn. 16; MüKoAktG/*Habersack* Rn. 22; Hüffer/*Koch* Rn. 7; Grigoleit/*Grigoleit/Tomasic* Rn. 4; insoweit noch zust. Schmidt/Lutter/Drygala Rn. 15; zu S. 3 offenbar aA *Hüffer,* 10. Aufl. 2012, Rn. 7.

[58] MüKoAktG/*Habersack* Rn. 22; KK-AktG/*Mertens/Cahn* Rn. 16; Henssler/Strohn/*Henssler* Rn. 5; aA Spindler/Stilz/*Spindler* Rn. 23; Schmidt/Lutter/*Drygala* Rn. 15: drei Mitglieder.

[59] Vgl. MüKoAktG/*Habersack* Rn. 22.

[60] S. 4 gilt auch für nach dem DrittelbG mitbestimmte Gesellschaften (keine Vorgaben zur Aufsichtsratsgröße).

[61] GroßkommAktG/*Hopt/Roth* Rn. 77, 78; MüKoAktG/*Habersack* Rn. 23 f.; Grigoleit/*Grigoleit/Tomasic* Rn. 6.

[62] Vgl. HK-AktG/*Israel* Rn. 11.

[63] Vgl. nur KK-AktG/*Mertens/Cahn* Rn. 17.

[64] KK-AktG/*Mertens/Cahn* Rn. 19; Schmidt/Lutter/*Drygala* Rn. 16; HK-AktG/*Israel* Rn. 11.

sind gegen die **gesetzlichen** Größenvorschriften verstoßende Wahlbeschlüsse nach § 251 anfechtbar (Beispiel: Wahl von mehr als drei Aufsichtsratsmitgliedern ohne zahlenmäßige Festlegung in der Satzung). Dabei ist wiederum zwischen Einzel- und Listenwahlen zu unterscheiden (→ § 250 Rn. 15 f.).[65] Wahlbeschlüsse, die sich in einem Verstoß gegen die **Satzung** erschöpfen, sind ebenfalls nur anfechtbar (Beispiel: Die Satzung sieht einen sechsköpfigen Aufsichtsrat vor, die Hauptversammlung wählt neun Mitglieder).[66]

25 **4. Beschlüsse des falsch besetzten Aufsichtsrats.** Ist der Aufsichtsrat gegenüber den gesetzlichen oder satzungsmäßigen Vorgaben **über-** oder **unterbesetzt,** wirkt sich das auf die von dem falsch besetzten Gremium gefassten Beschlüsse – dessen Beschlussfähigkeit vorausgesetzt – nicht aus. Für den Fall der Unterbesetzung lässt sich das aus § 104 Abs. 2 S. 1 folgern,[67] für den Fall der Überbesetzung – jedenfalls solange diese sich im Rahmen der gesetzlichen Höchstmitgliederzahlen hält – aus § 250 Abs. 1 Nr. 3.[68]

§ 96 Zusammensetzung des Aufsichtsrats

(1) Der Aufsichtsrat setzt sich zusammen
bei Gesellschaften, für die das Mitbestimmungsgesetz gilt, aus Aufsichtsratsmitgliedern der Aktionäre und der Arbeitnehmer,
bei Gesellschaften, für die das Montan-Mitbestimmungsgesetz gilt, aus Aufsichtsratsmitgliedern der Aktionäre und der Arbeitnehmer und aus weiteren Mitgliedern,
bei Gesellschaften, für die die §§ 5 bis 13 des Mitbestimmungsergänzungsgesetzes gelten, aus Aufsichtsratsmitgliedern der Aktionäre und der Arbeitnehmer und aus einem weiteren Mitglied,
bei Gesellschaften, für die das Drittelbeteiligungsgesetz gilt, aus Aufsichtsratsmitgliedern der Aktionäre und der Arbeitnehmer,
bei Gesellschaften für die das Gesetz über die Mitbestimmung der Arbeitnehmer bei einer grenzüberschreitenden Verschmelzung vom 21. Dezember 2006 (BGBl. I S. 3332) gilt, aus Aufsichtsratsmitgliedern der Aktionäre und der Arbeitnehmer,
bei den übrigen Gesellschaften nur aus Aufsichtsratsmitgliedern der Aktionäre.

(2) [1]Bei börsennotierten Gesellschaften, für die das Mitbestimmungsgesetz, das Montan-Mitbestimmungsgesetz oder das Mitbestimmungsergänzungsgesetz gilt, setzt sich der Aufsichtsrat zu mindestens 30 Prozent aus Frauen und zu mindestens 30 Prozent aus Männern zusammen. [2]Der Mindestanteil ist vom Aufsichtsrat insgesamt zu erfüllen. [3]Widerspricht die Seite der Anteilseigner- oder Arbeitnehmervertreter auf Grund eines mit Mehrheit gefassten Beschlusses vor der Wahl der Gesamterfüllung gegenüber dem Aufsichtsratsvorsitzenden, so ist der Mindestanteil für diese Wahl von der Seite der Anteilseigner und der Seite der Arbeitnehmer getrennt zu erfüllen. [4]Es ist in allen Fällen auf volle Personenzahlen mathematisch auf- beziehungsweise abzurunden. [5]Verringert sich bei Gesamterfüllung der höhere Frauenanteil einer Seite nachträglich und widerspricht sie nun der Gesamterfüllung, so wird dadurch die Besetzung auf der anderen Seite nicht unwirksam. [6]Eine Wahl der Mitglieder des Aufsichtsrats durch die Hauptversammlung und eine Entsendung in den Aufsichtsrat unter Verstoß gegen das Mindestanteilsgebot ist nichtig. [7]Ist eine Wahl aus anderen Gründen für nichtig erklärt, so verstoßen zwischenzeitlich erfolgte Wahlen insoweit nicht gegen das Mindestanteilsgebot. [8]Auf die Wahl der Aufsichtsratsmitglieder der Arbeitnehmer sind die in Satz 1 genannten Gesetze zur Mitbestimmung anzuwenden.

(3) [1]Bei börsennotierten Gesellschaften, die aus einer grenzüberschreitenden Verschmelzung hervorgegangen sind und bei denen nach dem Gesetz über die Mitbestimmung der Arbeitnehmer bei einer grenzüberschreitenden Verschmelzung das Aufsichts- oder Verwaltungsorgan aus derselben Zahl von Anteilseigner- und Arbeitnehmervertretern besteht, müssen in dem Aufsichts- oder Verwaltungsorgan Frauen und Männer jeweils mit einem Anteil von mindestens 30 Prozent vertreten sein. [2]Absatz 2 Satz 2, 4, 6 und 7 gilt entsprechend.

---

[65] MüKoAktG/*Habersack* Rn. 25; ferner KK-AktG/*Mertens/Cahn* Rn. 17; Schmidt/Lutter/*Drygala* Rn. 16.
[66] GroßkommAktG/*Hopt/Roth* Rn. 81; HK-AktG/*Israel* Rn. 11; iErg ebenso KK-AktG/*Mertens/Cahn* Rn. 21; Schmidt/Lutter/*Drygala* Rn. 17 (Anwendung von § 243 Abs. 1).
[67] Vgl. KK-AktG/*Mertens/Cahn* Rn. 22; MüKoAktG/*Habersack* Rn. 10.
[68] OLG Hamburg DB 2002, 572 (573); MüKoAktG/*Habersack* Rn. 10; iErg auch Henssler/Strohn/*Henssler* Rn. 5.

(4) Nach anderen als den zuletzt angewandten gesetzlichen Vorschriften kann der Aufsichtsrat nur zusammengesetzt werden, wenn nach § 97 oder nach § 98 die in der Bekanntmachung des Vorstands oder in der gerichtlichen Entscheidung angegebenen gesetzlichen Vorschriften anzuwenden sind.

Schrifttum: *Bungert/Rogier,* Berücksichtigung von Leiharbeitnehmern bei den Schwellenwerten für die unternehmerische Mitbestimmung nach dem AÜG-Änderungsgesetz, DB 2016, 3022; *Habersack,* Die Konzernmitbestimmung nach § 5 MitbestG und § 2 DrittelbG – Fragen de lege lata und Forderungen de lege ferenda, AG 2007, 641; *Hellwig/Behme,* Gemeinschaftsrechtliche Probleme der deutschen Unternehmensmitbestimmung, AG 2009, 261; *dies.,* Zur grenzüberschreienden Dimension der deutschen Konzernmitbestimmung, AG 2015, 333; *Ihrig/Schlitt,* Vereinbarungen über eine freiwillige Einführung oder Erweiterung der Mitbestimmung, NZG 1999, 333; *Jannott/Gressinger,* Heilende Kraft des Kontinuitätsprinzips oder Perpetuierung nichtiger Aufsichtsratswahlen?, BB 2013, 2120; *Kort,* Der Konzernbegriff im Sinne von § 5 MitbestG, NZG 2009, 81; *Kowalski/Schmidt,* Das aktienrechtliche Statusverfahren nach §§ 96 Abs. 2, 97 ff. AktG – (k)ein Fallstrick im Gesellschaftsrecht, DB 2009, 551; *Krause,* Zur Bedeutung des Unionsrechts für die unternehmerische Mitbestimmung, AG 2012, 485; *Lambrich/Reinhard,* Schwellenwerte bei der Unternehmensmitbestimmung – Wann beginnt die Mitbestimmung?, NJW 2014, 2229; *Latzel,* Ewige Ungleichbehandlung? Zur Drittelmitbestimmung nach Gründungszeit, AG 2014, 395; *Nagel,* Das Gesetz über die Mitbestimmung der Arbeitnehmer bei grenzüberschreitenden Verschmelzungen (MgVG), NZG 2007, 57; *ders.,* Die Richtlinie zur grenzüberschreitenden Verschmelzung, NZG 2006, 97; *Seibt,* Privatautonome Mitbestimmungsvereinbarungen: Rechtliche Grundlagen und Praxishinweise, AG 2005, 413; *ders.,* Unternehmensmitbestimmung in Teilkonzernspitzen- und Zwischenholding-Gesellschaften (§ 5 MitbestG), ZIP 2008, 1301; *Sick/Pütz,* Inkonsistenz im Mitbestimmungssystem, AG-Report 2011, R 195.

Zur Geschlechterquote: *Bayer/Hoffmann,* „Profiteurinnen" der verbindlichen Frauenquote, AG-Report 2016, R 267; *Drygala,* Harte Quote, weiche Quote und die Organpflichten von Vorstand und Aufsichtsrat, NZG 2015, 1129; *Grobe,* Die Geschlechterquote für Aufsichtsrat und Vorstand, AG 2015, 289; *Herb,* Gesetz für die gleichberechtigte Teilhabe an Führungspositionen – Umsetzung in der Praxis, DB 2015, 964; *Hohenstatt/Seibt,* Geschlechter- und Frauenquoten in der Privatwirtschaft, 2015; *Junker/Schmidt-Pfitzner,* Quoten und Zielgrößen für Frauen (und Männer) in Führungspositionen, NZG 2015, 929; *Oetker,* Die zwingende Geschlechterquote für den Aufsichtsrat – Vom historischen Schritt zur Kultivierung einer juristischen terra incognita, ZHR 179 (2015), 707; *Röder/Arnold,* Geschlechterquoten und Mitbestimmungsrecht – Offene Fragen der Frauenförderung, NZA 2015, 579; *Seibert,* Frauenförderung durch Gesellschaftsrecht – Die Entstehung des Frauenfördergesetzes, NZG 2016, 16; *Seibt,* Geschlechterquote im Aufsichtsrat und Zielgrößen für die Frauenbeteiligung, ZIP 2015, 1193; *Seidler,* Fehlende, unvollständige oder falsche Angaben eines Unternehmens zur Frauenquote: Pflichten des Abschlussprüfers, BB 2016, 939; *Stüber,* Die Frauenquote ist da – Das Gesetz zur gleichberechtigten Teilhabe und die Folgen für die Praxis, DStR 2015, 947; *dies.,* Frauenquote: Der Praxisleitfaden und weitere aktuelle Entwicklungen, BB 2015, 2243; *Teichmann/Rüb,* Die gesetzliche Geschlechterquote in der Privatwirtschaft, BB 2015, 898; *Wasmann/Rothenburg,* Praktische Tipps zum Umgang mit der Frauenquote, DB 2015, 291.

Übersicht

I. Allgemeines

Mit der „Zusammensetzung" des Aufsichtsrats meint § 96 Abs. 1 das auf die Aktiengesellschaft jeweils anwendbare **Mitbestimmungssystem.**[1] Dabei geht es um das spezialgesetzlich geregelte proportionale Verhältnis zwischen Anteilseigner- und Arbeitnehmervertretern im Aufsichtsrat sowie das Verfahren zur Bestimmung der Aufsichtsratsmitglieder, aber auch die absolute Größe des Aufsichtsrats. Unterliegt eine Aktiengesellschaft **nicht** der Mitbestimmung, wie dies dem 1

[1] Begr. RegE *Kropff* Textausgabe, 1965, 126.

gesetzgeberischen Basismodell des § 101 Abs. 1 S. 1 Alt. 1 entspricht, ist Abs. 1 hierfür („bei den übrigen Gesellschaften") **ohne Bedeutung.** Ob eine Aktiengesellschaft der Mitbestimmung unterliegt, richtet sich wiederum ausschließlich nach den einschlägigen **mitbestimmungsrechtlichen Spezialregelungen.** § 96 Abs. 1 trifft hierzu ebenso wenig eine Aussage wie zu der Frage, inwieweit die referenzierten Mitbestimmungsregeln zwingend (hM) oder dispositiv sind. Diese aktienrechtliche **„Rechtsgrundverweisung"** auf das Mitbestimmungsrecht ist insofern **dynamisch,** als § 96 wegen seiner unbestimmten Formulierung auf die einschlägige Mitbestimmungsregelung **in ihrer jeweiligen Fassung** verweist.[2] Ist eine Gesellschaft (börsennotiert und) paritätisch mitbestimmt, implementieren Abs. 2 und 3 ihrem Aufsichtsrat seit 2016 eine verpflichtende **30%-Quote** (→ Rn. 7).

2 Wenn Abs. 1 von Aufsichtsratsmitgliedern „der Aktionäre" und „der Arbeitnehmer" spricht, wird damit nur deren Wählerschaft bezeichnet. Unabhängig von ihrer Legitimation und dem darin faktisch zum Ausdruck kommenden **„Bänkesystem"** (vgl. Ziff. 3.6 Abs. 1 DCGK) sind die Mitglieder der **beiden** Gruppen von Aufsichtsratsmitgliedern innerhalb ihrer Gruppe und innerhalb des Aufsichtsrats insgesamt jedoch gleich berechtigt und gleich verantwortlich und allein dem **Unternehmensinteresse** (und nicht: ihren Wählern oder anderen Partikular- oder Gruppeninteressen) verpflichtet.[3]

3 § 96 Abs. 4 enthält **zwei** aktienrechtlich **bedeutsame Aussagen** für die (alle) dem ersten Aufsichtsrat einer Gesellschaft nachfolgenden Aufsichtsräte (für den *ersten* Aufsichtsrat bestehen Sonderregeln in den §§ 30 und 31): Zum einen ist eine **Änderung** in der Zusammensetzung des Aufsichtsrats aufgrund „andere(r) als der zuletzt angewandten gesetzlichen Vorschriften" nur umsetzbar, wenn zuvor das sog. **Statusverfahren** (§§ 97 f.) durchgeführt worden ist. Zum anderen folgt daraus, dass ein nicht ordnungsgemäß, dh den gesetzlichen Vorschriften (mittlerweile) zuwider besetzter Aufsichtsrat bis zur Beendigung des Statusverfahrens **wirksam zusammengesetzt bleibt** und rechtsgültige Beschlüsse fassen kann. Beide Elemente dieses sog **Kontinuitätsprinzips** dienen der **Rechtssicherheit.**[4]

II. Rechtstatsachen

4 In der Praxis kommen alle in § 96 genannten Formen der Mitbestimmung vor. Unter diesen ist die Mitbestimmung nach dem MitbestG (ca. 700 Unternehmen) und nach dem DrittelbG (ca. 1500–3500 Unternehmen) weitaus am häufigsten; nur eine Handvoll Unternehmen unterliegen dem MontanMitbestG (45 Unternehmen), noch weniger dem MitbestErgG (drei Unternehmen). Die weitaus überwiegende Zahl der (Aktien-) Gesellschaften ist mitbestimmungsfrei.[5]

5 Die bloße Existenz mitbestimmungsrechtlicher Regelungen, insbesondere der Vorschriften des MitbestG, wird vermehrt als Grund für eine **„Flucht in die SE"** genannt.[6] Zwar nehmen die betreffenden Gesellschaften vorbehaltlich einer abweichenden Verhandlungslösung nicht selten das vom deutschen Mitbestimmungsrecht vorgeformte Mitbestimmungsregime aufgrund des in der SE geltenden „Vorher-Nachher-Prinzips" in die neue Rechtsform mit. Ungeachtet dessen gilt deutsches materielles Mitbestimmungsrecht für die SE nicht. Damit besteht vor allem die Möglichkeit, einen kleineren als den nach dem MitbestG eigentlich vorgesehenen Aufsichtsrat zu bilden. Hier hat sich mit dem **Zwölfer-Aufsichtsrat** (also der nach dem MitbestG vorgesehenen *Minimal*-Größe) bereits ein für größere Gesellschaften anerkannter Standard gebildet. Zunehmende Inkonsistenzen weist das deutsche Mitbestimmungsrecht überdies aufgrund des europarechtlich stark erleichterten „Zuzugs" (= Verlegung des Verwaltungssitzes) von (ua) „Aktiengesellschaften" **ausländischer** Rechtsform nach Deutschland sowie ihres Einsatzes im Rahmen inländischer Unternehmenskonglomerate (zB Inc. & Co. KG) auf.[7] Eine andere Frage war (und ist neuerdings wieder → Rn. 6, 12), ob die (rechtspolitisch kritikwürdige) **Nichteinbeziehung von Auslandsbelegschaften** in die deutsche Unternehmensmitbestimmung (ua) der AG (zur SE → Rn. 6) das unionsrechtliche Diskriminierungsverbot bzw. die Freizügigkeit der Arbeitnehmer verletzt.

6 Mit der Unanwendbarkeit des deutschen Mitbestimmungsrechts in der **SE** hat sich die jahrzehntelange Diskussion um die **Mitbestimmung** in Deutschland zeitweilig stark auf die neue Gesellschaftsform konzentriert. Insbesondere stehe mit der SE eine variabler gestaltbare Gesellschaftsform zur

[2] MüKoAktG/*Habersack* Rn. 1; Henssler/Strohn/*Henssler* Rn. 1; Grigoleit/*Grigoleit/Tomasic* Rn. 1.

[3] Vgl. BGHZ 106, 54 (65); MüKoAktG/*Habersack* Vor § 95 Rn. 9, 13 f.

[4] Henssler/Strohn/*Henssler* Rn. 1, 9.

[5] Vgl. *Bayer/Hoffmann* AG-Report 2010, R 151 betreffend alle Gesellschaftsformen; Zahlenmaterial auch unter www.boeckler.de und bei WHSS/*Seibt* F 1.

[6] Vgl. HFJ/*Wolff* HdB AktR Kap. 8 Rn. 19; Grigoleit/*Grigoleit/Tomasic* Rn. 13, 15.

[7] Vgl. *Sick/Pütz* AG-Report 2011, R 195; UHH/*Ulmer/Habersack* MitbestR Einl. Rn. 74, MitbestG § 1 Rn. 6 ff.

Verfügung (die eine Einbeziehung zB auch der im Ausland beschäftigten Arbeitnehmer ermöglicht).[8] Mit der durch mehrere Statusverfahren ausgelösten, höchst umstrittenen Frage der Einbeziehung auch **ausländischer Belegschaften** in die deutsche Mitbestimmung (→ Rn. 12), dem Problem der Berücksichtigung von **Leiharbeitnehmern** als „Wähl-" und „Zählpersonal" (→ Rn. 12) sowie der Verfassungsmäßigkeit der **Drittelmitbestimmung** in sog. Alt-Gesellschaften (→ Rn. 31) hat die rechtswissenschaftliche und rechtspolitische Diskussion indes jüngst wieder neuen Schwung erhalten.

Über die Jahre leicht ansteigend, aber in absoluten Zahlen unverändert marginal, nicht zuletzt im internationalen Vergleich, war bisher der Anteil von **Frauen** in Aufsichtsräten. Er betrug in den DAX-30-Unternehmen vor Verabschiedung der fixen Geschlechterquote zuletzt 21,9% (unter den Anteilseignervertretern 9,2%) und in den MDAX-Unternehmen 16,8% (8,4%). In den Ausschüssen fanden sich 12,5% (3,6%) Frauen.[9] Für die Aktiengesellschaften insgesamt – erst recht für die Vorsitzenden-Positionen – wurden noch kleinere Zahlen genannt; in vielen Fällen waren die Aufsichtsräte ausschließlich mit Männern besetzt.[10] Das galt ungeachtet der – freilich nur *börsennotierte* Gesellschaften betreffenden – Kodex-Empfehlung, eine „angemessene Beteiligung von Frauen" nicht nur als „Ziel" für die Zusammensetzung des Aufsichtsrats (Ziff. 5.4.1 Abs. 2 S. 2 DCGK aF) auszugeben, sondern bei den Vorschlägen des Aufsichtsrats an die zuständigen Wahlgremien auch konkret zu berücksichtigen (Ziff. 5.4.1 Abs. 3 S. 1 DCGK aF). Diesem Misstand hat der Gesetzgeber mit dem **Gesetz für die gleichberechtigte Teilhabe von Frauen und Männern an Führungspositionen** vom 24.4.2015 (BGBl. I S. 642) für die Aufsichtsräte von börsennotierten und *zugleich* paritätisch mitbestimmten Gesellschaften mittels einer verpflichtenden 30%-Quote nunmehr einen Riegel vorgeschoben (→ Rn. 44 ff.). Aufsichtsräte von Gesellschaften, die entweder börsennotiert *oder* (auch nur einfach) mitbestimmt sind, müssen demgegenüber nur autonome Zielgrößen für den Frauenanteil in ihrem Gremium festlegen (→ § 111 Rn. 83a ff.). Allein Gesellschaften, die *keiner* der genannten Gruppen angehören, können ihre Aufsichtsräte auch künftig weiter ohne Rücksicht auf die Geschlechtszugehörigkeit ihrer Mitglieder besetzen. 7

III. Einzelerläuterungen

1. Mitbestimmte (und mitbestimmungsfreie) Gesellschaften (Abs. 1). a) Allgemeines. 8 Jede Aktiengesellschaft verfügt zwingend über einen Aufsichtsrat als notwendiges Gesellschaftsorgan → § 95 Rn. 1). Nicht jeder Aufsichtsrat ist jedoch auch **mitbestimmt,** dh setzt sich aus Mitgliedern zusammen, die von **anderen** als den Anteilseignern bestimmt (gewählt oder entsandt) werden. *Gesetzliche* **Grundform** ist vielmehr der ausschließlich aus Vertretern der **Anteilseigner** zusammengesetzte Aufsichtsrat (§ 101 Abs. 1 S. 1 Alt. 1). Die zwingenden (→ Rn. 82 ff.) spezialgesetzlichen Regelungen haben diese mitbestimmungs*freie* Grundform jedoch mehr und mehr in den Hintergrund der öffentlichen Wahrnehmung treten lassen; auch das rechtstatsächliche Bild wird von der mitbestimmten Aktiengesellschaft geprägt.[11]

Auch wenn zuweilen vereinfachend von mitbestimmten „Gesellschaften" gesprochen wird, findet die in § 96 adressierte unternehmerische Mitbestimmung stets nur im **Kontroll-,** nie im Leitungsorgan statt (zum Arbeitsdirektor vgl. § 33 MitbestG). Die unternehmerische Mitbestimmung reicht also in keinem Fall weiter als die Aufgaben und Kompetenzen des Aufsichtsrats. 9

b) Aufsichtsratssysteme (Überblick). Nach dem Maß der Mitbestimmung der Arbeitnehmer sind im Wesentlichen drei Aufsichtsratssysteme zu unterscheiden: Die **paritätische** Mitbestimmung (entweder nach dem MitbestG oder dem für die Montanindustrie geltenden MontanMitbestG bzw. MitbestErgG), die **Drittelbeteiligung** (nach dem DrittelbG, das 2004 das BetrVG 1952 abgelöst hat) und schließlich der **mitbestimmungsfreie** Aufsichtsrat. Mitbestimmungsfrei ist eine Gesellschaft immer dann, wenn auf sie keines der mitbestimmungsrechtlichen Spezialgesetze anwendbar ist. Durch **freiwillige** Zuwahl nach dem gesetzlich vorgesehenen Verteilungsschlüssel können allerdings auch mitbestimmungsfreie Gesellschaften *faktisch* einen mit Arbeitnehmervertretern besetzten Aufsichtsrat einrichten (→ Rn. 83). 10

[8] Hierzu *Hellwig/Behme* AG 2009, 261; *dies.* FS Hommelhoff, 2012, 343: EU-Rechtswidrigkeit des deutschen Mitbestimmungsrechts aufgrund fehlender Einbeziehung ausländischer Belegschaften.

[9] „DSW-Aufsichtsratsstudie 2013", zusammengefasst unter www.dsw-info.de/DSW-Aufsichtsratsstudie-2013.1943.0.html; zu älteren Zahlen *Brandt/Thiele* AG 2011, 580 f.; *Redenius-Hövermann* ZIP 2010, 660 (661); *Schladebach/Stefanopoulou* BB 2010, 1042 (1043).

[10] Hierzu und zum Folgenden *Kort* AG 2008, 137 (148); *Stettes* AG 2007, 611 (613) mwN.

[11] Ebenso MüKoAktG/*Habersack* Rn. 4; Hüffer/*Koch* Rn. 2.

11 **c) Die einzelnen Mitbestimmungsformen.** Jede der fünf spezialgesetzlich geregelten Mitbestimmungsformen lässt sich einem der beiden Mitbestimmungsmodelle – paritätische- oder Drittel-Mitbestimmung – zuordnen. Wo keine Spezialregelung einschlägig ist, ist der Aufsichtsrat mitbestimmungsfrei:

12 **aa) MitbestG (§ 96 Abs. 1 Alt. 1).** Das MitbestG ordnet die paritätische Mitbestimmung unter anderem für alle Aktiengesellschaften (und KGaAs) an, die „in der Regel **mehr als 2000 Arbeitnehmer** beschäftigen", sofern das betreffende Unternehmen nicht bereits nach dem MontanMitbestG oder dem MitbestErgG einen paritätisch besetzten Aufsichtsrat zu bilden hat, § 1 Abs. 1, 2 MitbestG (Subsidiarität). OHG und KG, auch wenn sie kapitalistisch organisiert sind, unterfallen grundsätzlich nicht dem MitbestG (aber → Rn. 17).[12] **„Arbeitnehmer"** sind gemäß § 3 Abs. 1 MitbestG alle „Arbeiter und Angestellte einschließlich der zu ihrer Berufsausbildung Beschäftigten" (§ 5 Abs. 1 BetrVG).[13] Dabei haben sich insbesondere bei zwei Gruppen von Beschäftigten **Probleme** ergeben: (i) Zunächst war höchst umstritten, ob auch **Leiharbeitnehmer** zu den Arbeitnehmern iSd Mitbestimmungsrechts zählen. In der Vergangenheit sprachen die besseren (systematischen und teleologischen) Gründe ungeachtet der im Arbeitsrecht zu beobachtenden Tendenz, die rechtlichen Rahmenbedingungen der Leiharbeit den regulären Beschäftigungsbedingungen anzupassen,[14] zwar eher dagegen.[15] Mit den am 1.4.2017 in Kraft getretenen Änderungen des **AÜG** hat der Gesetzgeber die Frage allerdings im gerade entgegengesetzten Sinne entschieden: Gemäß § 14 Abs. 2 S. 5 und 6 AÜG sind Leiharbeitnehmer, deren Einsatzdauer im Entleiherunternehmen die „Einsatzdauer [von] sechs Monaten übersteigt", bei der Ermittlung der Schwellenwerte für die unternehmerische Mitbestimmung künftig uneingeschränkt „auch im Entleiherunternehmen zu berücksichtigen". Ausnahmen bestehen nur bei konzerninternen oder gelegentlichen Arbeitnehmer-Überlassungen (§ 1 Abs. 3 Nr. 2, 2a AÜG). (ii) Weiter ungeklärt (aber im Ergebnis zu verneinen) ist die Frage, ob das deutsche Mitbestimmungsrecht zwecks Vermeidung einer europarechtswidrigen Ungleichbehandlung auch die **Belegschaften EU-ausländischer Konzerngesellschaften** und **Betriebsstätten** bzw. **Niederlassungen** erfasst, dh in diesem Kontext zunächst: ob die betreffenden Mitarbeiter bei den nach deutschem Mitbestimmungsrecht maßgeblichen Arbeitnehmer-Schwellenwerten **mitzuzählen** sind.[16] Unabhängig davon ist streitig, ob die ausländischen Belegschaften bei den Wahlen der Arbeitnehmervertreter ein (aktives/passives) **Wahlrecht** besitzen.[17] Umstritten ist dabei indes selbst unter den Befürwortern eines solchen Wahlrechts, welche **Rechtsfolge** die behauptete Europarechtswidrigkeit hat (EU-Rechts-konforme Auslegung?[18] Gänzliche Unwirksamkeit des positiven deutschen Mitbestimmungsrechts?[19]). Je nach Beantwortung dieser umstrittenen Fragen können sich Konsequenzen für die mitbestimmungsrelevante **Belegschaftsgröße,** das anwendbare **Mitbestimmungsregime**[20] und die Notwendigkeit der Durchführung eines **Statusverfahrens** ergeben (→ § 97 Rn. 10 f., 16).

13 **Ausnahmen** von der Anwendbarkeit des MitbestG gelten nur für „unmittelbar und überwiegend" religiösen Zwecken dienende (Beispiele: Schulen und Krankenhäuser in kirchlicher Trägerschaft)[21] und sog. **„Tendenzunternehmen"** (Paradebeispiel: Presse, § 1 Abs. 4 S. 1 Nr. 2 MitbestG).[22] Sie sind aufgrund ihres unterstellt „mitbestimmungs-resistenten" Unternehmenszwecks

---

[12] Vgl. Begr. RegE, BT-Drs. 7/2172, 20.

[13] Knapper Überblick dazu bei *Lambrich/Reinhard* NJW 2014, 2229 (2230).

[14] Zusammenfassend *Lambrich/Reinhard* NJW 2014, 2229 (2230 f.); *Bungert/Rogier* DB 2016, 3022 (3023).

[15] Wie hier OLG Hamburg NZG 2014, 787 (788 f.); OLG Saarbrücken Konzern 2016, 468; MüKoAktG/*Gach* MitbestG § 1 Rn. 20; aA LAG Hessen ZIP 2013, 1740; WKS/*Wißmann* MitbestG § 1 Rn. 40; zu § 9 MitbestG jetzt auch BAG NZA 2016, 559 (559 ff.), allerdings mit dem ausdrücklichen Hinweis, dass damit „keine Entscheidung darüber" verbunden sei, „ob Leiharbeitnehmer bei dem Schwellenwert des § 1 Abs. 1 Nr. 1 MitbestG … berücksichtigt werden müssen"; Überblick zur Entwicklung der Rspr. bei *Bungert/Rogier* DB 2016, 3022 (3023 f.); *Aszmons/Homborg/Gerum* GmbHR 2017, 130 (131).

[16] Dafür (arg. Verstoß gg. EU-Diskriminierungsverbot/-Freizügigkeit) zB LG Frankfurt AG 2015, 371 – Deutsche Börse AG; dagegen LG Landau/Pfalz AG 2014, 376 – Hornbach Baumarkt AG; *Hellwig/Behme* AG 2015, 333 (338 ff.); MüKoAktG/*Gach* MitbestG § 1 Rn. 22; Hüffer/*Koch* Rn. 4a; *Bungert/Leyendecker-Langner* DB 2014, 2031 ff.; *Krause* AG 2012, 485 ff.; zusammenfassend *Bungert/Rogier* DB 2016, 3022 (3027 f.).

[17] Dafür LG Frankfurt NZG 2015, 683 Rn. 8 ff.; *Fischer* NZG 2014, 737 (739); *Hellwig/Behme* AG 2015, 333 ff.; UHH/*Ulmer/Habersack* MitbestR Einl. Rn. 75; sympathisierend auch Hüffer/*Koch* Rn. 4a; dagegen LG Berlin ZIP 2015, 1291 ff.; LG Landau NZG 2014, 229 f.; LG München ZIP 2015, 1929 (1930).

[18] Vgl. OLG Zweibrücken NZG 2014, 740; LG Frankfurt NZG 2015, 683 Rn. 8; krit. Hüffer/*Koch* Rn. 4a.

[19] So insbes. *Hellwig/Behme* AG 2015, 333 (336 ff.).

[20] Vgl. den Aktionärs-Antrag im (Status-) Verfahren LG Frankfurt AG 2015, 371: Mitbestimmungsfreiheit, *hilfsweise*: paritätische Mitbestmmung; ferner *Hellwig/Behme* AG 2015, 333 340 f.).

[21] MüKoAktG/*Gach* MitbestG § 1 Rn. 35.

[22] MüKoAktG/*Gach* MitbestG § 1 Rn. 27 ff.

stets mitbestimmungsfrei. Das gilt nach hM auch für eine Holding, die zwar nicht selbst, aber durch den Gesamtkonzern (auch) einen der geschützten Zwecke verfolgt.[23] **Ausländische** Gesellschaften, auch wenn sie hinsichtlich ihrer Rechtsform der deutschen AG entsprechen, unterliegen nach hM nicht dem MitbestG, de lege lata auch nicht nach einem – europarechtlich zulässigen – „Zuzug" (→ Rn. 5) nach Deutschland.[24]

Eine bestimmte Anzahl Arbeitnehmer (§ 3 MitbestG) beschäftigt ein Unternehmen nur dann **„in der Regel"**, wenn diese Zahl die Gegebenheiten der Vergangenheit mit einer **Zukunftsprognose** (gesamter Referenzzeitraum 17–20 Monate)[25] so in Einklang bringt, dass dadurch nur zufällige oder vorübergehende, zB saisonbedingte, Schwankungen in der Personalstärke nach oben und unten ausgeblendet werden;[26] in die „Regel"-Arbeitnehmerzahl fallende Leiharbeitnehmer sind nur dann zu berücksichtigen, wenn ihre Einsatzdauer auf dem betreffenden Arbeitsplatz nach der konkreten Planung sechs Monate übersteigt (→ Rn. 12).[27] Eine Schwellenüberschreitung muss dabei am Tag der Bestandsaufnahme allerdings schon **stattgefunden** haben; nicht ausreichend ist, wenn ein Unternehmen die entsprechende Mitarbeiterzahl erst in der prognostizierten Zukunft aufbaut (arg.: Vorverlegung der Mitbestimmung).[28] Die AG muss die mehr als 2000 Arbeitnehmer nicht notwendig **selbst** beschäftigen. Im (ausreichend: faktischen) **Konzernverbund** werden der herrschenden AG-Konzernspitze vielmehr sämtliche (in- und ausländischen) Arbeitnehmer nachgeordneter (deutscher) Konzernunternehmen – gleichgültig welcher Rechtsform – wie eigene Arbeitnehmer zugerechnet (§ 5 Abs. 1 MitbestG). Dadurch soll gewährleistet werden, dass die Arbeitnehmer auch der Konzerntöchter an den für sie wichtigen Entscheidungen an der Konzernspitze des Unternehmens teilnehmen können (aktives Wahlrecht) und dass sich dies durch von ihren Wählern frei ausgesuchte Arbeitnehmervertreter vollzieht (passives Wahlrecht).[29] Andererseits unterliegt jedes **einzelne** Konzernunternehmen **(zusätzlich)** der Mitbestimmung, wenn es seinerseits die Voraussetzungen eines mitbestimmungsrechtlichen Spezialgesetzes erfüllt (Beispiel: Unter der Konzernholding hängen operative AGs mit jeweils mehr als 2000 Arbeitnehmern). Dies gilt selbst dann, wenn die Arbeitnehmer des Konzernunternehmens schon für den Aufsichtsrat der Konzernspitze aktiv und passiv wahlberechtigt sind. Auf diese Weise kann es innerhalb eines Konzerns zu mehrfachen (aktiven und passiven) Wahlberechtigungen und Organ-Zuständigkeiten kommen.[30] 14

Scheitert die Zurechnung von Mitarbeitern an die Konzernspitze daran, dass die konzernleitende Gesellschaft nicht der Mitbestimmung unterliegt (zB wegen ihres Auslandssitzes oder einer nicht der Mitbestimmung unterliegenden Rechtsform), erfolgt die Zurechnung an das in der Konzernhierarchie nächste, seinerseits der Mitbestimmung unterliegende Unternehmen nach der (auf einer Fiktion beruhenden) **Teilkonzern-Regelung** des § 5 Abs. 3 MitbestG. Auf diese Weise kann es allerdings – was unter Effizienzgesichtspunkten wenig sinnvoll ist – zur Mitbestimmung bei einer Gesellschaft kommen, die faktisch keinerlei Leitungsmacht ausübt.[31] 15

Davon zu unterscheiden ist der in der Theorie arg strapazierte, in der Praxis indes kaum vorkommende Fall des **Konzerns im Konzern.** Danach kann sich unter dem Dach eines Konzerns eine auch mitbestimmungsrechtlich eigenständige Teilkonzernspitze bilden, der unter den Voraussetzungen des § 5 Abs. 1 MitbestG (Ausübung eigener Leitungsmacht gegenüber den nachgeordneten Gesellschaften, ohne *insoweit* selbst geleitet zu sein) die Arbeitnehmer der Teilkonzernunternehmen zugerechnet werden und die daher ihrerseits einen (konzernweit gesehen: zusätzlichen) Aufsichtsrat zu bilden hat.[32] – Probleme der Arbeitnehmerzurechnung ergeben sich auch bei **Gemeinschaftsunternehmen.** Nach hM zählen deren Arbeitnehmer bei *sämtlichen* Muttergesellschaften jeweils *voll* 16

[23] OLG Hamm NJW 1980, 1803 = BB 1980, 332; MüKoAktG/*Gach* MitbestG § 1 Rn. 38; MHdB AG/*Hoffmann-Becking* § 28 Rn. 4.

[24] Vgl. nur MüKoAktG/*Gach* MitbestG § 1 Rn. 6, 14; *Sick/Pütz* AG-Report 2011, R 195.

[25] So OLG Düsseldorf DB 1995, 277 (278) = AG 1995, 328 unter Zugrundelegung der Dauer eines durchschnittlichen Statusverfahrens nebst anschließender (insbes.: Arbeitnehmer-) Wahlen; zust. Spindler/Stilz/*Spindler* Rn. 7, auch zu anderen zeitlichen Ansätzen (min. 6, max. 24 Monate).

[26] OLG Düsseldorf AG 1995, 328; MüKoAktG/*Gach* MitbestG § 1 Rn. 18; zusammenfassend *Lambrich/Reinhard* NJW 2014, 2229 (2232 ff.).

[27] *Bungert/Rogier* DB 2016, 3022 (3026 f.); *Schubert/Liese* NZA 2016, 1297 (1303).

[28] *Lambrich/Reinhard* NJW 2014, 2229 (2233).

[29] *Habersack* AG 2007, 641; MüKoAktG/*Habersack* Rn. 5.

[30] Nachweise bei KK-AktG/*Mertens/Cahn* MitbestG § 5 Rn. 4; Beispiel: LG Hamburg ZIP 2016, 2316.

[31] Vgl. LG Hamburg ZIP 2016, 2316; OLG Stuttgart AG 1995, 380 – Vögele (reine Zwischenholding); MüKoAktG/*Gach* MitbestG § 5 Rn. 35.

[32] Vgl. OLG München ZIP 2008, 2414 (2416) = AG 2009, 339: „strenge Anforderungen", „in Zweifelsfällen … einheitliche Leitungsmacht der … Konzernobergesellschaft"; OLG Zweibrücken AG 1984, 80; OLG Düsseldorf DB 1979, 699; Spindler/Stilz/*Spindler* Rn. 9.

mit, die Leitungsmacht ausüben, auch wenn dadurch Mehrfachwahlrechte entstehen.[33] – Eine Zurechnung von Arbeitnehmern findet allerdings stets nur von **„unten nach oben"**, nicht dagegen in umgekehrter Richtung oder zwischen Schwestergesellschaften statt (Paradebeispiel: Gemeinschafts*betrieb*).[34]

17 Für eine Zurechnung von Mitarbeitern ist ein solcher Konzernzusammenhang aber nicht unbedingt erforderlich. Unter Umständen werden der AG Mitarbeiter eines anderen Unternehmens (in diesem Fall: einer **Kapitalgesellschaft & Co. KG**) auch dann zugerechnet, wenn die AG es ist, die bei wirtschaftlicher Betrachtung – nämlich in ihrer Eigenschaft als persönlich haftende Gesellschafterin – das eigentlich mitbestimmungsfreie Unternehmen (= die Kapitalgesellschaft und Co. KG) führt, § 4 Abs. 1 S. 1 MitbestG (auf die Kapitalgesellschaft & Co. **OHG** ist § 4 Abs. 1 MitbestG nach hM nicht anwendbar).[35] Überschreitet die AG auf diese Weise die durch das MitbestG gesetzten Schwellen, ist bei ihr als der allein dem MitbestG unterliegenden Rechtsform ein paritätisch mitbestimmter Aufsichtsrat einzurichten. Um ein Leerlaufen der unternehmerischen Mitbestimmung auszuschließen, ordnet § 4 Abs. 2 MitbestG zudem an, dass die AG, der die Arbeitnehmer der KG zugerechnet werden, „von der Führung der Geschäfte der Kommanditgesellschaft nicht ausgeschlossen werden kann". **Voraussetzung** für eine Zurechnung ist, dass (i) die Gesellschafterkreise der KG (die Kommanditisten) und der persönlich haftenden AG sich mehrheitlich überschneiden und (ii) die persönlich haftende AG nicht ihrerseits einen eigenen Geschäftsbetrieb mit in der Regel mehr als 500 Arbeitnehmern unterhält (§ 4 Abs. 1 S. 1 MitbestG). Fehlt es an nur einer dieser Voraussetzungen, findet eine Zurechnung von Arbeitnehmern auf die AG nicht statt. Die (Kapitalgesellschaft & Co.) KG bleibt dann nicht nur unmittelbar, sondern auch mittelbar mitbestimmungsfrei.[36]

18 §§ 6 ff. MitbestG regeln die **Größe** und **Zusammensetzung** des Aufsichtsrats. Abhängig von der Zahl der (von der Gesellschaft selbst beschäftigten oder ihr zuzurechnenden, → Rn. 14 ff.) Arbeitnehmer besteht der Aufsichtsrat danach aus **zwölf** (bei maximal 10.000 Arbeitnehmern), **sechzehn** (maximal 20.000 Arbeitnehmer) oder **zwanzig** Mitgliedern (mehr als 20.000 Arbeitnehmer), § 7 Abs. 1 S. 1 MitbestG, wobei stets die Hälfte der Mitglieder von den Arbeitnehmern bzw. den (im Unternehmen vertretenen, § 7 Abs. 4 MitbestG) Gewerkschaften bestimmt wird, § 7 Abs. 2 MitbestG **(= paritätische Mitbestimmung).** Mindestens einer der unternehmensangehörigen Arbeitnehmervertreter muss ein leitender Angestellter sein (§ 15 Abs. 1 S. 2 MitbestG). Die Anforderungen des § 95 (zB Dreiteilbarkeit) sind damit im Bereich des MitbestG obsolet.

19 Die **Satzung** kann vorsehen, dass ungeachtet der beschäftigten Arbeitnehmer der jeweils **größere** Aufsichtsrat gebildet wird (sechzehn bzw. zwanzig statt zwölf; zwanzig statt sechzehn Mitglieder), § 7 Abs. 1 S. 2, 3 MitbestG. Mehr als **zwanzig** Mitglieder – selbst wenn den überzähligen Mitgliedern das Stimmrecht fehlt, weil sie zB nur beratend tätig werden (arg.: § 109 Abs. 1 S. 1)[37] – darf der Aufsichtsrat jedoch **nicht** haben.[38] Von der Vergrößerungs-Option wird in der Praxis indes kaum Gebrauch gemacht (zur SE → Rn. 5). Die Gründe hierfür liegen zum einen in der mit zunehmender Größe offenkundig abnehmenden Effizienz der Aufsichtsratsarbeit, zum anderen in dem geringen Anreiz, den eine Vergrößerung des Aufsichtsrats für die Arbeitnehmerseite, insbesondere die Gewerkschaften bietet (bei einer Vergrößerung von zwölf auf sechzehn Mitglieder bleibt die Zahl der Gewerkschaftsvertreter im Aufsichtsrat gleich, § 7 Abs. 2 MitbestG). Es ist aber auch nicht zu empfehlen, in der Satzung, und sei es auch nur klarstellend, die gesetzliche Regelung sinngemäß zu **wiederholen** (Beispiel: „Der Aufsichtsrat besteht aus sechzehn Mitgliedern, die je zur Hälfte von den Aktionären und den Arbeitnehmern gewählt werden"). Denn damit wird das Niveau des MitbestG qua Satzungsregelung (§ 7 Abs. 1 S. 2 MitbestG) bis zu einem abweichenden Hauptversammlungsbeschluss auch für den Fall konserviert, dass die Gesellschaft die betreffenden Schwellenwerte nach einem Absinken der Arbeitnehmerzahl bereits unterschritten hat.

20 Die Anteilseignervertreter werden vorbehaltlich bestehender Entsendungsrechte gemäß § 101 von der Hauptversammlung, die Arbeitnehmer- einschließlich der Gewerkschaftsvertreter in einem aufwändigen und zeitraubenden Verfahren gemäß §§ 9 ff. MitbestG iVm den zugehörigen Wahlordnungen unmittelbar oder im Wege der Delegiertenwahl von den Arbeitnehmern **gewählt.**

---

[33] BAG AG 2005, 533; ZIP 1987, 1407 – Gildemeister; Spindler/Stilz/*Spindler* Rn. 9a mN auch zur Gegenansicht; zusammenfassend *Lambrich/Reinhard* NJW 2014, 2229 (2231 f.).

[34] *Lüers/Schomaker* BB 2013, 565 (567 f.).

[35] MüKoAktG/*Gach* MitbestG § 4 Rn. 3, auch zu Gegenstimmen.

[36] *Habersack* AG 2007, 641 (642).

[37] Ebenso BGH AG 2012, 248 (249) = NZG 2012, 347 für die GmbH; *Böttcher* NZG 2012, 809 (810).

[38] MüKoAktG/*Habersack* Rn. 6.

Infolge der Parität (aber nicht nur deswegen!) kann es zwischen Anteilseigner- und Arbeitnehmervertretern bei mit einfacher Mehrheit zu treffenden Entscheidungen im Aufsichtsrat zu Blockaden und **Pattsituationen** kommen. § 29 Abs. 2 MitbestG gibt deshalb (nur) dem Aufsichtsrats-Vorsitzenden (nur) bei Stimmengleichheit (nur) in einer zweiten Abstimmungsrunde eine zweite Stimme. Entgegen einer zuweilen anzutreffenden Meinung ist der **Aufsichtsratsvorsitz** jedoch nicht automatisch für die Anteilseignerseite reserviert (ebenso wenig wie der Stellvertreterposten für die Arbeitnehmer). Diese Zuordnung ergibt sich aus dem Gesetz erst, wenn kein Kandidat die im ersten Wahlgang erforderliche Zweitdrittelmehrheit aller Aufsichtsrats-Mitglieder auf sich vereint, da in dem dann erforderlich werdenden zweiten Wahlgang – jeweils getrennt – die Anteilseignerbank den Vorsitzenden und die Arbeitnehmerbank dessen Stellvertreter wählt (§ 27 MitbestG). Erst dieser Mechanismus führt dazu, dass die **Anteilseignerseite** de facto fast immer und bei den großen Publikumsgesellschaften durchweg den Aufsichtsrats-Vorsitzenden stellt. Eine *gesetzliche* Regelung, die dem Anteilseigner-Vorsitzenden das exklusive Zweitstimmrecht verweigern würde, unterläge wegen des von der Eigentumsgarantie des Art. 14 GG geforderten „leichten Übergewichts der Anteilseignerseite" verfassungsrechtlichen Bedenken.[39] 21

bb) MontanMitbestG (§ 96 Abs. 1 Alt. 2). Eine **paritätische** Mitbestimmung – bei *ungerader* Mitgliederzahl! – sieht auch das MontanMitbestG vor. Es findet unter anderem auf Aktiengesellschaften (nicht aber KGaAs) Anwendung, die (i) ihr Tätigkeitsfeld im Montanbereich haben (→ Rn. 23 ff.) *und* (ii) „in der Regel mehr als eintausend Arbeitnehmer [einschl. Leiharbeitnehmer] beschäftigen" (→ Rn. 12) oder sog. „Einheitsgesellschaften" im Sinne des Gesetzes Nr. 27 der Alliierten Hohen Kommission[40] sind (§ 1 Abs. 2 MontanMitbestG). **Entfällt** eine dieser Voraussetzungen nachträglich, findet das MontanMitbestG jedoch erst dann keine Anwendung mehr, wenn in sechs aufeinanderfolgenden Geschäftsjahren das oder die qualifizierenden Merkmale fehlen, § 1 Abs. 3 MontanMitbestG („Verlängerungsklausel"). An dessen Stelle tritt dann – nach Durchlaufen des Statusverfahrens gemäß §§ 97 f. – das ansonsten einschlägige, allgemeine Mitbestimmungsregime; eine „freiwillige" Fortsetzung der Montanmitbestimmung kommt wegen der zwingenden Geltung des Mitbestimmungsrechts nicht in Betracht.[41] – Für die Mitarbeiterzahl sind nur die in der betreffenden Konzernobergesellschaft Beschäftigten heranzuziehen; trotz § 1 Abs. 4 MontanMitbestG nicht mitzuzählen sind die in abhängigen Konzernunternehmen tätigen Arbeitnehmer („wählbar, aber nicht zählbar").[42] – Der sachliche **Anwendungsbereich** der Montanmitbestimmung ist in § 1 Abs. 1 MontanMitbestG abschließend beschrieben. 22

Danach unterliegen dem Gesetz: 23

- Unternehmen, deren überwiegender Betriebszweck in der Förderung von Steinkohle, Braunkohle oder Eisenerz oder in der Aufbereitung, Verkokung, Verschwelung oder Brikettierung dieser Grundstoffe liegt und deren Betrieb unter der Aufsicht der Bergbehörden steht (§ 1 Abs. 1 lit. a MontanMitbestG),
- Unternehmen der Eisen und Stahl (und unter bestimmten zusätzlichen Voraussetzungen: Walzwerkserzeugnisse, § 1 Abs. 1 S. 2 MontanMitbestG) erzeugenden Industrie wie in AHK-Gesetz Nr. 27 (→ Rn. 22) beschrieben, vorausgesetzt (i) es handelt sich um eine „Einheitsgesellschaft" (→ Rn. 22) oder das Unternehmen wird in anderer Form weiterbetrieben, (ii) das Unternehmen wird im AHK-Gesetz Nr. 27 namentlich genannt oder weist bei späterer Gründung die dort genannten Merkmale auf[43] und (iii) der überwiegende Betriebszweck besteht auch jetzt noch in der Erzeugung von Eisen und Stahl[44] (§ 1 Abs. 1 lit. b MontanMitbestG),
- Unternehmen, die von einem der vorgenannten Unternehmen abhängig und selbst im Montanbereich tätig sind (§ 1 Abs. 1 lit. c MontanMitbestG).

Ein nach dem MontanMitbestG gebildeter Aufsichtsrat besteht aus **elf Mitgliedern** – je vier Mitgliedern der Anteilseigner und der Arbeitnehmer sowie drei sog. „weitere(n) Mitglieder(n)", von denen eines dem Anteilseigner- und eines dem Arbeitnehmerlager zugerechnet wird und eines neutral ist (§ 4 Abs. 1 MontanMitbestG). Abweichend hiervon kann die **Satzung** einen – nach dem grundsätzlich gleichen Schema gebildeten – **größeren** Aufsichtsrat vorsehen: Er besteht bei einem „Nenn-" (= Grund-) Kapital von mehr als 10 Mio. Euro aus fünfzehn (je sechs Mitglieder der Anteilseigner und der Arbeitnehmer, drei „weitere Mitglieder") und bei einem Nennkapital von mehr als 24

[39] MüKoAktG/*Habersack* Rn. 8 unter Verweis auf BVerfGE 50, 290 = NJW 1979, 699.
[40] Gesetz vom 16.5.1950, ABl. der Alliierten Hohen Kommission für Deutschland S. 299; dazu *Wlotzke/Wißmann* DB 1981, 623 (628); GroßkommAktG/*Oetker* Montan-MitbestG § 1 Rn. 22.
[41] MüKoAktG/*Habersack* Rn. 11.
[42] GroßkommAktG/*Oetker* Montan-MitbestG § 1 Rn. 21, 31.
[43] BGHZ 87, 52 (54) = NJW 1983, 1617; aA OLG Karlsruhe DB 1976, 1871.
[44] BGHZ 87, 52 (54) = NJW 1983, 1617; MüKoAktG/*Habersack* Rn. 9.

25 Mio. Euro aus einundzwanzig Mitgliedern (je acht Mitglieder der Anteilseigner und der Arbeitnehmer, fünf „weitere Mitglieder"), § 9 MontanMitbestG. Eine Sitzgarantie für leitende Angestellte wie nach dem MitbestG besteht hier nicht. Im montanmitbestimmten Aufsichtsrat gilt danach der Grundsatz der **vollen,** dh keine Seite bevorzugenden **Parität** (→ Rn. 10, 26).[45]

25 Bestehen keine Entsendungsrechte, werden **sämtliche** Aufsichtsratsmitglieder von der **Hauptversammlung** gewählt, allerdings nach unterschiedlichen Regeln:

- Bei den **Anteilseignervertretern** und dem der Anteilseignerseite zugerechneten „weiteren Mitglied" (bei einem 21-köpfigen Aufsichtsrat: zwei weiteren Mitgliedern) ist die Hauptversammlung in der Wahl frei (§ 5 MontanMitbestG iVm § 101 Abs. 1 S. 1),
- während sie bei den **Arbeitnehmervertretern** und dem der Arbeitnehmerseite zugerechneten „weiteren Mitglied" (bei einem 21-köpfigen Aufsichtsrat: zwei weiteren Mitgliedern) an die Vorschläge der „Mitglieder der Betriebsräte" oder des „Konzernbetriebsrats des Unternehmens" **gebunden** ist (§ 6 Abs. 5, 6 bzw. § 1 Abs. 4 S. 2 MontanMitbestG iVm § 101 Abs. 1 S. 2); für zwei Aufsichtsratsmitglieder der Arbeitnehmerseite haben die **Gewerkschaften** ein Vorschlagsrecht, allerdings nur gegenüber dem Betriebsrat (nicht direkt gegenüber der Hauptversammlung), der hierüber mehrheitlich abstimmt. – Wegen der Bindung der Hauptversammlung an die Wahlvorschläge entfällt die damit sinnlose Verpflichtung des Aufsichtsrats, Vorschläge zur Wahl der Kandidaten zu machen (§ 124 Abs. 3 S. 3).
- Das **neutrale** „weitere Mitglied" (die Zahl ist unabhängig von der Größe des Aufsichtsrats) wird von der Hauptversammlung auf mehrheitlichen, von mindestens je drei Anteilseigner- und Arbeitnehmerstimmen getragenen Vorschlag der Aufsichtsratsmitglieder gewählt (§ 8 MontanMitbestG iVm § 101 Abs. 1 S. 2). Zwar besteht insoweit keine Wahlverpflichtung der Hauptversammlung (§ 8 Abs. 2 S. 1 MontanMitbestG). Da diese aber ohne die Vorschläge des Aufsichtsrats ihrerseits ohnmächtig ist, besteht ein faktischer Zwang zur Kooperation zwischen Aufsichtsrat und Hauptversammlung. Dieser entfällt nur dann, wenn das im Fall des Stockens der Vorschlags- oder Bestellungsprozedur gesetzlich vorgesehene **Vermittlungsverfahren** entweder vom Aufsichtsrat nicht weiter verfolgt wird oder erfolglos verläuft, weil keiner der in zwei Runden jeweils drei Vorgeschlagenen, und zwar bestätigt durch das Oberlandesgericht, „die Gewähr für ein gedeihliches Wirken für das Unternehmen bietet". Erst dann „wählt das Wahlorgan" (= die Hauptversammlung) „von sich aus das weitere Mitglied" ohne entsprechenden Vorschlag des Aufsichtsrats (§ 8 Abs. 3 S. 7 MontanMitbestG).

26 **Pattsituationen** im Aufsichtsrat sollen, anders als nach dem MitbestG, nicht durch ein – hier nicht bestehendes – Zweitstimmrecht des Aufsichtsratsvorsitzenden, sondern durch die Stimme des keinem Lager zuordenbaren (= neutralen) **„weiteren Mitglieds"** gelöst werden (Grundsatz der vollen Parität, → Rn. 10, 24).[46]

27 **cc) MitbestErgG (§ 96 Abs. 1 Alt. 3).** Das MitbestErgG schafft eine weitere eigenständige Form der paritätischen Mitbestimmung, obwohl es sachlich nur ergänzend neben die Montan-Mitbestimmung tritt. Es findet Anwendung auf die montanmitbestimmungs*freie* (ansonsten gilt das MitbestErgG nicht, § 3 Abs. 1 S. 1 MitbestErgG), in der Rechtsform der AG (nicht: der KGaA) organisierte **Konzernspitze** eines Unternehmens, (i) zu dessen Verbund eine der Montanmitbestimmung unterliegende Gesellschaft gehört und (ii) dessen Unternehmenszweck durch der Montanmitbestimmung unterliegende Konzern- oder abhängige Unternehmen **„gekennzeichnet"** wird (§ 3 Abs. 1 MitbestErgG). Diese Kennzeichnung (= Prägung) liegt dann vor, wenn die der Montan-Mitbestimmung unterliegenden, nachgeordneten Unternehmen entweder für mindestens 20% des **Umsatzes** des Gesamtkonzerns stehen oder in der Regel mehr als 20% der **Konzernmitarbeiter** (früher, aber vom BVerfG für gleichheitswidrig erklärt: mehr als 2000 dem Montanbereich zuzuordnende Arbeitnehmer)[47] beschäftigen (§ 3 Abs. 2 MitbestErgG). Zur Berücksichtigung von Leiharbeitnehmern → Rn. 12. **Entfallen** die Voraussetzungen, findet das MitbestErgG erst dann keine Anwendung mehr, wenn in sechs aufeinanderfolgenden Geschäftsjahren das oder die qualifizierenden Merkmale nicht (mehr) vorliegen (§ 16 Abs. 2 MitbestErgG).[48]

28 Bei der **Zusammensetzung** des Aufsichtsrats folgt das MitbestErgG vermittels einer unübersichtlichen Verweisungstechnik weitgehend den Vorgaben des MontanMitbestG **(Grundsatz der vollen Parität):**[49] Danach besteht der Aufsichtsrat zwingend aus **fünfzehn** Mitgliedern, davon je sieben

[45] MüKoAktG/*Habersack* Rn. 12.
[46] MüKoAktG/*Habersack* Rn. 12.
[47] BVerfGE 99, 367 (387) = NJW 1999, 1535; s. auch OLG Düsseldorf AG 1994, 281; AG 1991, 153; zur Neuregelung *Seibt* NZA 2004, 767 (773); zu deren Verfassungsmäßigkeit krit. *Huke/Prinz* BB 2004, 2633 (2638).
[48] Dazu OLG Celle AG 1994, 131.
[49] MüKoAktG/*Habersack* Rn. 15.

Anteilseigner- und Arbeitnehmer-Vertretern (unter letzteren zwei Gewerkschafter) sowie einem weiteren Mitglied (die Standardgröße des Aufsichtsrats nach dem MontanMitbestG – elf Mitglieder – ist nicht vorgesehen). Beträgt das „Gesellschaftskapital" (= Grund- oder Stammkapital)[50] mehr als 25 Mio. Euro, kann die **Satzung** eine **einundzwanzigköpfige** Besetzung vorsehen, davon je zehn Anteilseigner- und Arbeitnehmervertreter (drei Gewerkschafter) sowie wiederum ein weiteres, neutrales Mitglied (§ 5 Abs. 1 S. 3 MitbestErgG). Eine Sitzgarantie für leitende Angestellte wie nach dem MitbestG besteht nicht. Jede davon abweichende Besetzung ist unzulässig.[51]

Das **Bestellungsverfahren** folgt nicht dem MontanMitbestG, sondern ist dem MitbestG ähnlich: 29
Liegt kein Entsendungsfall nach § 101 Abs. 2 vor, werden die **Anteilseigner**-Vertreter (§ 5 Abs. 2 MitbestErgG iVm § 5 MontanMitbestG) und das **weitere Mitglied,** letzteres auf Vorschlag der Aufsichtsratsmitglieder und ggf. nach Durchlaufen des vom MontanMitbestG bekannten (→ Rn. 25) Vermittlungsverfahrens (§ 5 Abs. 3 S. 2 MitbestErgG iVm § 8 MontanMitbestG), durch die Hauptversammlung gewählt. Dagegen werden die **Arbeitnehmer**-Vertreter entweder durch Delegierte gewählt oder von den Arbeitnehmern in unmittelbarer Wahl bestimmt; die Hauptversammlung hat mit ihrer Wahl nichts zu tun. Welcher der beiden Wege einzuschlagen ist, hängt von der Zahl der im Konzern beschäftigten Arbeitnehmer ab: Sind dies in der Regel mehr als 8000 Arbeitnehmer, erfolgt die Wahl durch Delegierte, andernfalls in unmittelbarer Wahl. Den Arbeitnehmern bleibt jedoch auch in diesem Fall unbenommen, ihrerseits für die Delegiertenwahl (und im umgekehrten Fall für die unmittelbare Wahl) zu votieren. Beantragen können dies 5% der wahlberechtigten Arbeitnehmer. Der Beschluss über die Durchführung einer Delegiertenwahl muss bei einer Beteiligung von mindestens 50% der wahlberechtigten Arbeitnehmer mit einfacher Mehrheit gefasst werden (§ 7 MitbestErgG).

dd) DrittelbG (Abs. 1 Alt. 4). Anders als die paritätisch angelegten Mitbestimmungsgesetze 30
befasst sich das DrittelbG ausschließlich mit der proportionalen **Zusammensetzung** des Aufsichtsrats, nicht mit dessen Größe und auch nicht mit seiner inneren Ordnung.[52] – Vom DrittelbG erfasst werden AGs und KGaAs (sowie GmbHs, VVaGs und eGs) mit „in der Regel **mehr als 500** [auch: Leih-] **Arbeitnehmern**" (→ Rn. 12), soweit sie nicht dem MitbestG, dem MontanMitbestG oder dem MitbestErgG unterliegen (§ 1 Abs. 2 Nr. 1 DrittelbG). Im Hinblick auf die praktisch wichtigste Einschränkung – durch das MitbestG – bedeutet das im Ergebnis, dass Unternehmen dem DrittelbG ab einem Mitarbeiterbestand von mehr als 500 bis zu 2000 regelmäßig Beschäftigten unterliegen. Jenseits der Obergrenze greift das MitbestG mit der paritätischen Mitbestimmung ein, unterhalb der Mindest-Mitarbeiter-Schwelle besteht Mitbestimmungsfreiheit (zu Ausnahmen → Rn. 31). Ausgenommen vom DrittelbG sind **Tendenzunternehmen** und Unternehmen von **Religionsgemeinschaften** (§ 1 Abs. 2 DrittelbG); hier gilt die gleiche Privilegierung wie nach dem MitbestG (→ Rn. 13).

Grundsätzlich **unabhängig** von der Zahl der Beschäftigten erstreckt sich das DrittelbG auch auf 31
alle AGs und KGaAs (Ausweg: Formwechsel in die (zB) GmbH), die bereits **vor** dem **10.8.1994** (= Tag des Inkrafttretens des Gesetzes für kleine Aktiengesellschaften und zur Deregulierung des Aktienrechts vom 2.8.1994, BGBl. I S. 1961) in das Handelsregister eingetragen waren; die sonst übliche 500er Schwelle spielt für diese sog. **„Alt-Gesellschaften"** aufgrund des für sie früher geltenden, in Form eines mitbestimmungsrechtlichen Bestandsschutzes zeitlich unbeschränkt zementierten Status (§ 76 BetrVG 1952)[53] keine Rolle.[54] **Mitbestimmungsfreiheit** besteht für sie – vorbehaltlich einer Zurechnung nach § 2 Abs. 2 DrittelbG (→ Rn. 32)[55] – allerdings bereits bei weniger als **fünf Mitarbeitern** (= ungeschriebenes Tatbestandsmerkmal).[56] Folglich ändert bei der zwischenzeitlich groß gewordenen Alt-Gesellschaft erst ein späteres Absinken unter die 5- (und nicht

---

[50] Spindler/Stilz/*Spindler* Rn. 17.

[51] Spindler/Stilz/*Spindler* Rn. 17.

[52] MüKoAktG/*Gach* DrittelbG Vor § 1 Rn. 5.

[53] Instruktiver Überblick zur Historie bei *Büdenbender* EWiR 2014, 239 (239).

[54] Als verfassungsgemäß (Art. 3 GG, Art. 14 GG) bestätigt von BVerfGE ZIP 2014, 464 = WM 2014, 464 m. abl. Bspr. *Büdenbender* EWiR 2014, 239: „Ausdruck der Festschreibung verkrusteter Strukturen"; krit. auch *Latzel* AG 2014, 395 ff.

[55] KK-AktG/*Mertens/Cahn* Anh. § 117 E Rn. 15; str.

[56] BGH AG 2012, 288 = NZG 2012, 421 m. zust. Anm. *Klasen* EWiR 2012, 311: arg. § 1 Abs. 1 BetrVG analog; KK-AktG/*Mertens/Cahn* Rn. 14; Anh. § 117 E Rn. 15; jetzt auch Schmidt/Lutter/*Drygala* Rn. 21. Vor der Entscheidung des BGH wurde eine Mindestmitarbeiterzahl diskutiert zB von 1. Aufl. Rn. 34; KK-AktG/*Mertens,* 2. Aufl. 1996, Anh. § 117 E BetrVG 1952 Rn. 15; Schmidt/Lutter/*Drygala,* 2. Aufl. 2010, Rn. 21 (eins); MüKoAktG/*Habersack,* 3. Aufl. 2008, Rn. 18 (drei) und – wie jetzt der BGH – OLG Jena AG 2011, 638 = ZIP 2011, 1257; LG Frankfurt NJW 1956, 598 (fünf).

schon die 501-)[57] Arbeitnehmer-Grenze etwas an ihrem mitbestimmungsrechtlichen Status. Eine **Ausnahme** unter den Alt-Gesellschaften bilden freilich die sog. **„Familiengesellschaften"**, also Gesellschaften mit entweder nur einer natürlichen Person als Aktionär oder ausschließlich Aktionären, die untereinander im Sinne der Abgabenordnung (AO) verwandt oder verschwägert sind (§ 1 Abs. 1 Nr. 1 S. 2 DrittelbG). Für sie gilt das DrittelbG wie üblich erst, wenn sie mehr als **500 Arbeitnehmer**[58] beschäftigen. – Alle **ab** dem **10.8.1994** in das Handelsregister eingetragenen Gesellschaften sind mitbestimmungsfrei bei **weniger als 501 Beschäftigten.** Eine zunächst nur mit wenigen Mitarbeitern **neu** gegründete AG (und KGaA) unterfällt daher erst dann der Mitbestimmung, wenn sie die 500 Mitarbeiter-Schwelle überschreitet.

32 Im Hinblick auf die **Zurechnung** von Konzernarbeitnehmern auf die drittel-mitbestimmte Gesellschaft ergeben sich zwei praktisch wichtige **Unterschiede** zum MitbestG:

- Eine Zurechnung von Mitarbeitern an die Konzernspitze setzt mehr als die bloß *faktische* Konzernierung (→ Rn. 14) voraus: Ohne die konzernrechtlich besonders intensiven Instrumente **„Beherrschungsvertrag"** (der reine Gewinnabführungsvertrag reicht nicht)[59] oder **„Eingliederung"** findet eine Zurechnung nicht statt (§ 2 Abs. 2 DrittelbG).[60] Davon unberührt ist das Recht der Arbeitnehmer der „übrigen (inländischen) Konzernunternehmen" – unabhängig von deren Rechtsform und unabhängig von einem etwa bestehenden Tendenzschutz[61] – zur gleichberechtigten aktiven und passiven[62] Teilnahme an der Wahl der Arbeitnehmervertreter im Aufsichtsrat des „herrschenden Unternehmens" (Einheitlichkeit der Konzernbelegschaft), § 2 Abs. 1 DrittelbG.[63] Zu beachten ist dabei freilich, dass § 2 Abs. 1 DrittelbG einen nach § 1 Abs. 1 DrittelbG mitbestimmten Aufsichtsrat voraussetzt. Fehlt es daran, etwa weil kein Fall des § 1 Abs. 1 DrittelbG vorliegt oder die Konzernzurechnung von Mitarbeitern nach § 2 Abs. 2 DrittelbG nicht greift (Beispiel: faktischer Konzern), können auch die Konzernmitarbeiter nicht an Wahlen zum Aufsichtsrat des herrschenden Unternehmens teilnehmen.[64]
- Das DrittelbG enthält **keine** dem § 5 Abs. 3 MitbestG (→ Rn. 15) vergleichbare **Teilkonzernklausel.** Ist eine ihrerseits mitbestimmungsfreie AG danach abhängiger Teil eines Konzerns, dessen Spitzengesellschaft aus Rechtsgründen nicht der Mitbestimmung unterliegt (zB wegen einer mitbestimmungsfreien deutschen oder einer ausländischen Rechtsform), wird daher keine selbständige Leitungseinheit unterhalb dieser Gesellschaft mit der AG als Teilkonzernspitze fingiert. Dadurch nehmen auch die Arbeitnehmer der der Teilkonzern-AG nachgeordneten Gesellschaften nicht an den Wahlen zum Aufsichtsrat dieser AG teil. Das ist nur unter den (seltenen) Voraussetzungen eines – auch im Anwendungsbereich des DrittelbG grundsätzlich anerkannten – **„Konzerns im Konzerns"** (→ Rn. 16) möglich.[65]

33 Das von zwei gleichberechtigten Müttern geführte abhängige Unternehmen **(Joint Venture)** bildet mit *jeder* der Obergesellschaften einen Konzern. Entsprechend sind die Arbeitnehmer in jeder der Obergesellschaften aktiv und passiv wahlberechtigt. Auch die Zurechnung der Arbeitnehmer zu den Führungsgesellschaften vollzieht sich nach den allgemeinen Regeln.[66] Unter den zum MitbestG geschilderten – praktisch seltenen – Voraussetzungen (→ Rn. 16) sind Wahlrecht und Arbeitnehmerzurechnung auch auf Ebenen *unterhalb* der Konzernspitze denkbar **(„Konzern im Konzern").**[67]

34 Über die **Zahl** der Aufsichtsratsmitglieder sagt das DrittelbG, anders als die übrigen mitbestimmungsrechtlichen Spezialgesetze, nichts. Mangels abweichender Regelung gilt daher die allgemeine aktienrechtliche Regelung in § 95; dessen S. 3 (Dreiteilbarkeit) zielt gerade auf den Fall der Drittelbeteiligung ab. Gesetzlich festgelegt ist danach nur, dass der Aufsichtsrat mindestens drei Mitglieder

[57] OLG Düsseldorf ZIP 2011, 1564 (1565 f.); MüKoAktG/*Habersack* Rn. 18, 25; Hüffer/*Koch* Rn. 12.

[58] In § 1 Abs. 1 Nr. 1 S. 2 DrittelbG müsste es richtig „weniger als 501 [statt „500"] Arbeitnehmer" heißen, um lückenlos an die „mehr als 500 Arbeitnehmer" in S. 1 anzuschließen. Beim Wort genommen ergibt sich daraus eine „Mitbestimmungslücke" für Alt-Gesellschaften mit genau 500 Arbeitnehmern; zutr. Interpretation als Redaktionsversehen in o.g. Sinne bei MüKoAktG/*Habersack* Rn. 18; UHH/*Habersack* DrittelbG § 1 Rn. 17; *Latzel* AG 2014, 395 (395); iErg jetzt auch Schmidt/Lutter/*Drygala* Rn. 21.

[59] BayObLG ZIP 1993, 261; OLG Zweibrücken ZIP 2005, 1966.

[60] Ganz hM, vgl. OLG Zweibrücken ZIP 2005, 1966 (1967); KG AG 2007, 671; HK-AktG/*Israel* Rn. 6; aA *Boewer/Gaul/Otto* GmbHR 2004, 1065 (1067): Redaktionsversehen.

[61] MüKoAktG/*Gach* DrittelbG § 2 Rn. 6.

[62] ArbG Wuppertal AG 2012, 522 = ZIP 2012, 1079 m. zust. Anm. *Mückl* EWiR 2012, 381; WKS/*Kleinsorge* DrittelbG § 2 Rn. 24.

[63] Zum Verhältnis von Abs. 1 und 2 zueinander MüKoAktG/*Habersack* Rn. 20.

[64] MüKoAktG/*Habersack* Rn. 20.

[65] MüKoAktG/*Gach* DrittelbG § 2 Rn. 8; Spindler/Stilz/*Spindler* Rn. 20.

[66] MüKoAktG/*Gach* DrittelbG § 2 Rn. 7.

[67] MüKoAktG/*Gach* DrittelbG § 2 Rn. 8.

hat (§ 95 S. 1) und zu einem **Drittel** aus Arbeitnehmern besteht (§ 4 Abs. 1 DrittelbG). Ansonsten ist es Sache des Satzungsgebers, die Größe des Aufsichtsrats zu bestimmen. Auch zB vom Umsatz gesehen sehr große Unternehmen können also, wenn sie nicht regelmäßig mehr als 2000 Arbeitnehmer beschäftigen, einen sehr kleinen Aufsichtsrat haben.

Die **Anteilseignervertreter** im Aufsichtsrat werden – soweit sie nicht entsandt sind – von der Hauptversammlung gewählt. – Die ersten beiden **Arbeitnehmervertreter** müssen immer aus dem Unternehmen kommen. Abweichungen hiervon sind bei einem drei- oder sechsköpfigen Aufsichtsrat daher ausgeschlossen. Bei größeren Aufsichtsräten können auch Unternehmensfremde, insbesondere Gewerkschaftsvertreter, als Arbeitnehmervertreter gewählt werden (§ 4 Abs. 2 DrittelbG). Gegenüber dem BetrVG 1952 neu ist, dass **Frauen** und Männer entsprechend ihrem zahlenmäßigen Verhältnis im Unternehmen auch im Aufsichtsrat vertreten sein sollen (§ 4 Abs. 4 DrittelbG). Ein Verstoß gegen diese Soll-Bestimmung führt nach allgemeiner Ansicht jedoch nicht zur Nichtigkeit oder Anfechtbarkeit der Wahl.[68] – Die Arbeitnehmervertreter werden auf Vorschlag der Betriebsräte und der Arbeitnehmer (§ 6 DrittelbG) für die **Amtsdauer** der von der Hauptversammlung gewählten Vertreter **unmittelbar** von den wahlberechtigten Arbeitnehmern gewählt. Eine Delegiertenwahl hielt der Gesetzgeber im Anwendungsbereich des DrittelbG für überflüssig.[69] Mit der Wahl des Kandidaten ist auch ein für ihn etwa vorgeschlagenes **Ersatzmitglied** gewählt, § 7 DrittelbG (zu seiner Stellung vgl. §§ 101 Abs. 3, 102 Abs. 2). Die Wahl bzw. Ablehnung des Kandidaten ist also nicht ohne ein gleichlautendes Votum zu seinem jeweiligen Ersatzmitglied möglich. 35

ee) MgVG (§ 96 Abs. 1 Alt. 5). Das Gesetz über die Mitbestimmung der Arbeitnehmer bei einer grenzüberschreitenden Verschmelzung (MgVG) vom 21.12.2006 (BGBl. I S. 3332) ist Folge der Umsetzung der **EU-Richtlinie** über die Verschmelzung von Kapitalgesellschaften aus verschiedenen Mitgliedstaaten[70] in deutsches Recht. Es steht in engem Zusammenhang mit den §§ 122a ff. UmwG, die den materiellen Umwandlungsvorgang regeln. Der Verweis in § 96 verknüpft die mitbestimmungsrechtlichen Folgen einer solchen Umwandlung (Verschmelzung) mit dem materiellen Aktienrecht. Ziel des MgVG ist, die „in den an der Verschmelzung beteiligten Gesellschaften erworbenen Mitbestimmungsrechte der Arbeitnehmer zu sichern" (§ 1 Abs. 1 MgVG) und auf diese Weise die „Mitbestimmung der Arbeitnehmer in der aus einer grenzüberschreitenden Verschmelzung hervorgehenden Gesellschaft sicherzustellen" (§ 1 Abs. 3 MgVG). Einschlägig sind insoweit Verschmelzungsvorgänge, an denen **Kapitalgesellschaften** beteiligt sind, die nach dem Recht eines **EU-** oder **EWR-Staates** (§ 3 Abs. 2 MgVG) errichtet worden sind und ihren Sitz oder ihre Hauptverwaltung in einem dieser Staaten haben; Verschmelzungen unter Beteiligung sog. **Drittstaaten** werden vom deutschen Recht der grenzüberschreitenden Verschmelzung nicht erfasst. 36

§ 4 MgVG erklärt in Mitbestimmungsfragen grundsätzlich das Recht des **Sitzstaates** für anwendbar. Dazu zählt auch das nationale Mitbestimmungsrecht (MitbestG, DrittelbG etc), allerdings nur, soweit nicht § 5 die besonderen Regelungen des MgVG zur Anwendung bringt. Seinem „Umwandlungs-Anlass" gemäß gilt das Gesetz unmittelbar für „eine aus einer grenzüberschreitenden Verschmelzung hervorgehende Gesellschaft mit Sitz im **Inland**" (§ 3 Abs. 1 S. 1 MgVG), und zwar im Hinblick auf alle von ihr Beschäftigten. Hat die Zielgesellschaft ihren Sitz dagegen im **Ausland** (dh entzieht sich der Anwendung deutschen Rechts), gilt das MgVG nur für die im Inland Beschäftigten sowie die inländischen beteiligten Gesellschaften, betroffenen Tochtergesellschaften und betroffenen Betriebe (§ 3 Abs. 1 S. 2 MgVG). 37

Ausgelöst wird die nach dem MgVG vorgesehene „Mitbestimmung der Arbeitnehmer kraft Vereinbarung" (→ Rn. 39) oder „kraft Gesetzes" (→ Rn. 40) in **drei Fällen** (§ 5 MgVG), nämlich wenn (i) eine der verschmolzenen Gesellschaften mehr als 500 zur unternehmerischen Mitbestimmung berechtigte (auch: Leih-) Arbeitnehmer (→ Rn. 12) beschäftigt, (ii) das Sitzrecht der Zielgesellschaft ein geringeres Maß an Mitbestimmung vorsieht, als dies nach den Rechtsordnungen der verschmolzenen Gesellschaften bisher der Fall war *oder* (iii) das Sitzrecht der Zielgesellschaft ein geringeres Maß an Mitbestimmung für die außerhalb des Sitzstaates beschäftigten Arbeitnehmer vorsieht, als dies nach den Rechtsordnungen der verschmolzenen Gesellschaften im Hinblick auf die in diesen Staaten tätigen Arbeitnehmer üblicherweise der Fall ist. Liegt **keine** dieser Voraussetzungen vor, erklärt das MgVG einen **Anwendungsverzicht.** Auf die Zielgesellschaft findet dann unmittelbar das nationale Sitzrecht Anwendung (Beispiel: Eine deutsche Kapitalgesellschaft mit 300 Arbeitnehmern wird mit einer mitbestimmungsfreien niederländischen BV 38

[68] UHH/*Henssler* DrittelbG § 4 Rn. 17; MüKoAktG/*Gach* DrittelbG § 4 Rn. 6.
[69] MüKoAktG/*Habersack* Rn. 22.
[70] Richtlinie 2005/56/EG vom 26.10.2005, ABl. L 310, 1.

mit 250 Arbeitnehmern zu einer deutschen Kapitalgesellschaft verschmolzen. Es gilt unmittelbar das DrittelbG).

39 Das MgVG sieht selbst kein konkret anwendbares Mitbestimmungsregime vor. Anderen international-mitbestimmungsrechtlichen Beispielen wie der SE-Gründung folgend gibt das Gesetz vielmehr einer **Verhandlungslösung** zwischen den an der Verschmelzung beteiligten Unternehmen (vertreten durch deren Geschäftsleitungen) und den Arbeitnehmern (vertreten durch das sog. „Besondere Verhandlungsgremium") den Vorzug. Die Mitbestimmungsvereinbarung legt nach § 22 Abs. 1 Nr. 3 und 5 unter anderem die Anzahl der Arbeitnehmervertreter in dem der Mitbestimmung dienenden Organ der Zielgesellschaft (Aufsichts- oder Verwaltungsrat) fest. Auf diese Weise ist es einer im Wege der grenzüberschreitenden Verschmelzung umgewandelten (auch deutschen) Kapitalgesellschaft möglich, von ansonsten zwingendem nationalen Mitbestimmungsrecht abzuweichen.[71]

40 Nicht immer kommt es indes zu einer Verhandlungslösung: (i) Scheitern die Verhandlungen, (ii) ordnen die Leitungen der an der Verschmelzung beteiligten Gesellschaften (also ohne Einbeziehung des Besonderen Verhandlungsgremiums) dies an oder (iii) entscheiden sich die Verhandlungspartner (Unternehmensleitung(en), Besonderes Verhandlungsgremium) im Laufe ihrer Gespräche zur Anwendung der **Mitbestimmung kraft Gesetzes,** sehen die §§ 23 ff. MgVG eine sog. **Auffangregelung** vor. Danach bemisst sich das Mitbestimmungsniveau in der Zielgesellschaft nach dem Anteil an Arbeitnehmervertretern in dem – aus Sicht der Arbeitnehmer – „best-mitbestimmten" Organ der an der Verschmelzung beteiligten Gesellschaften. Die danach zur Verfügung stehenden Sitze werden nach dem Verhältnis der in den einzelnen Mitgliedstaaten beschäftigten Arbeitnehmer verteilt (§ 25 Abs. 1 S. 2 MgVG).

41 Gewählt werden können **Arbeitnehmer** und **Gewerkschaftsvertreter; Frauen** und Männer „sollen" entsprechend ihrem zahlenmäßigen Verhältnis zueinander berücksichtigt werden (§ 25 Abs. 3 S. 2 iVm § 8 Abs. 2 MgVG). Hinsichtlich der sonstigen **Wählbarkeitsvoraussetzungen** trifft das MgVG keine Aussage; stattdessen gilt das Recht des Sitzstaates (§ 4 MgVG).

42 **ff) Mitbestimmungsfreiheit (§ 96 Abs. 1 Alt. 6).** Mitbestimmungsfrei, dh mit einem gemäß § 96 Abs. 1 **nur** aus Vertretern der **Anteilseigner** bestehenden Aufsichtsrat ausgestattet, ist eine Gesellschaft, wenn auf sie keines der genannten (Mitbestimmungs-) Gesetze anwendbar ist. Das ist der Fall bei:[72]

- AGs mit weniger als 501 Arbeitnehmern,[73] die *nach* dem Inkrafttreten des Gesetzes über die kleine AG (= nach dem 9.8.1994)[74] neu gegründet oder im Wege des Formwechsels oder sonstwie[75] in eine solche AG umgewandelt wurden (§ 1 Abs. 1 Nr. 1 DrittelbG) – sog. **„Kleine AGs";**
- *vor* dem 10.8.1994 gegründeten **Familien-AGs** mit weniger als 501 (nicht: 500 → Rn. 31) Arbeitnehmern (§ 1 Abs. 1 Nr. 1 S. 2 DrittelbG);
- sog. **„arbeitnehmerlosen"** AGs, dh Gesellschaften, die über nicht mehr als eine bestimmte Höchstzahl Mitarbeiter verfügen, selbst wenn sie bereits *vor* dem 10.8.1994 bestanden haben; mitbestimmungsfrei sind auch solche zunächst mitbestimmten Gesellschaften, die erst nachträglich, egal ob noch vor oder erst nach dem Stichtag, in eine solche „Arbeitnehmerlosigkeit" hineinschrumpfen bzw. hineingeschrumpft sind. Streitig war bisher allein, ob die für die „Arbeitnehmerlosigkeit" maßgebliche Höchstzahl null, zwei oder – so jetzt der BGH[76] – vier beträgt (→ Rn. 31). – Der Höchstzahl-Ansatz hat Bedeutung nicht nur für vor dem 10.8.1994 bestehende (Einzel-) Aktiengesellschaften, sondern nach hM auch für in diesem Sinne „arbeitnehmerlose" **Holding-Gesellschaften,** in deren Konzernunternehmen nicht mehr als 2000 Arbeitnehmer beschäftigt sind (ansonsten greift die Zurechnung nach § 5 Abs. 1 MitbestG → Rn. 14),[77] und deren Konzernunternehmen auch nicht via Beherrschungsvertrag oder Eingliederung an die Holding-Gesellschaft gebunden sind (ansonsten greift die Zurechnung nach § 2 Abs. 2 DrittelbG → Rn. 32);[78]
- Tendenzunternehmen und Unternehmen der **Religionsgemeinschaften** mit ihren karitativen und erzieherischen Einrichtungen (→ Rn. 13, 30; § 1 Abs. 4 MitbestG, § 1 Abs. 2 DrittelbG).

---

[71] Vgl. MüKoAktG/*Habersack* Rn. 23.
[72] Zusammenfassend MüKoAktG/*Habersack* Rn. 25; Hüffer/*Koch* Rn. 12.
[73] Trotz Schmidt/Lutter/*Drygala* Rn. 21 nicht abweichend MüKoAktG/*Habersack* Rn. 25.
[74] Ungenau Schmidt/Lutter/*Drygala* Rn. 21: „nach dem 10.8.1994".
[75] Dazu *Lutter* AG 1994, 429 (445); ferner MHdB AG/*Hoffmann-Becking* § 28 Rn. 2; Hüffer/*Koch* Rn. 12.
[76] BGH AG 2012, 288 = NZG 2012, 421 m. zust. Anm. *Klasen* EWiR 2012, 311.
[77] BAG AP BetrVG 1952 § 76 Nr. 7; OLG Zweibrücken ZIP 2005, 1966; aA MHdB ArbR/*Wissmann* § 383 Rn. 18.
[78] MüKoAktG/*Habersack* Rn. 18; MüKoAktG/*Gach* DrittelbG § 1 Rn. 13.

gg) Zusammenfassung: Mitbestimmungsformen. 43

	MitbestG	DrittelbG	MontanMitbestG	MitbestErgG	MgVG
Unternehmens-gegenstand	[beliebig]	[beliebig]	Bergbau; Eisen-, Stahlerzeugung	Bergbau; Eisen-, Stahlerzeugung	[beliebig]
Anzahl der Mitarbeiter	> 2000	> 500	> 1000 (oder „Einheitsgesellschaft")	> 1000 (= beherrschte Unternehmen)	> 500 (und/oder andere Voraussetzungen)
Konzernzurechnung	ja	(i) Beherrschungsvertrag (ii) Eingliederung	nein	[n. a.]	nein
Mitgliederzahl	≤ 10 000 Mitarbeiter: 12 (16, 20) > 10 000 Mitarbeiter: 16 (20) > 20 000 Mitarbeiter: 20	maximal 9, 15 oder 21 (abhängig von GK)	11, nach Satzung auch 15, 21 (abhängig vom Grundkapital)	15, nach Satzung auch 21 (abhängig vom Grundkapital)	[Verhandlungssache]
Verhältnis Eigentümer – Arbeitnehmer	1 : 1 (aber: Aufsichtsratsvorsitz)	2 : 1	1 : 1 (+ 1 Neutraler) = „volle Parität"		[Verhandlungssache, sonst Auffanglösung]

2. Geschlechterquote (Abs. 2, 3). a) Anwendungsbereich; Systematik der Regelung. 44
Gemäß Abs. 2 S. 1 **muss** der Aufsichtsrat einer (ggf. auch im Ausland; nicht nur im Freiverkehr) **„börsennotierten"** (§ 3 Abs. 2)[79] (inländischen)[80] Aktiengesellschaft (oder KGaA, § 278 Abs. 3), die *zugleich* **(quasi-) paritätisch** – also nach MitbestG, MontanMitbestG oder MitbestErgG – **mitbestimmt** ist (zur MgVG-Mitbestimmung → Rn. 78), „zu mindestens dreißig Prozent aus **Frauen** und zu mindestens dreißig Prozent aus **Männern**" bestehen. Soweit die Mitbestimmungsgesetze **Anwendungsausschlüsse** (zB für Tendenzunternehmen, § 1 Abs. 4 MitbestG) vorsehen, gelten diese auch im Hinblick auf die Geschlechterquote.[81] Gesellschaften, die nicht börsennotiert oder zwar börsennotiert, aber nicht paritätisch mitbestimmt sind, müssen die *fixe* 30%-Quote unabhängig von Größe, Wirtschaftskraft und öffentlicher Wahrnehmung nicht beachten.[82] Entscheidend ist dabei stets der mitbestimmungsrechtliche **Ist-Zustand** der betreffenden Gesellschaft; ein davon etwa abweichendes Soll (Beispiel: „eigentlich paritätisch-"/„nur drittelmitbestimmt")[83] ist bis zum Abschluss eines der Transformation des bestehenden Zustandes dienenden Statusverfahrens (§§ 97 ff.) unbeachtlich.[84] So weit der Anwendungsbereich der fixen Quote reicht, ist sie **zwingend** zu beachten.[85] Sie steht nicht zur Disposition des Aufsichtsrats, der Satzung, der Hauptversammlung oder der (nicht einmal: sämtlichen) Aktionäre. – Die fixe Geschlechterquote gilt gesellschafts- und nicht unternehmensbezogen. In **Konzernsachverhalten** sind daher nicht automatisch sämtliche innerhalb der Gruppe existierenden Aufsichtsräte von der Quote erfasst, nur weil die Muttergesellschaft deren Voraussetzungen erfüllt.[86] Auch eine *fakultativ* oder nur *faktisch* („freiwillige" Wahl von Arbeitneh-

[79] Ausf. Hohenstatt/Seibt/*Seibt/Kraack* Geschlechterquoten Rn. 68 ff.; ferner Schmidt/Lutter/*Drygala* Rn. 33; Hüffer/*Koch* Rn. 13 iVm § 3 Rn. 6; *Wasmann/Rothenburg* DB 2015, 291 (291).

[80] Zur (Nicht-) Anwendung auf Gesellschaften ausländischer Rechtsform mit Verwaltungssitz in Deutschland Schmidt/Lutter/*Drygala* Rn. 35; Hüffer/*Koch* Rn. 14; Hohenstatt/Seibt/*Seibt/Cziupka* Geschlechterquoten Rn. 67, 376 ff.; diff. – Anwendung der Quotenregelung, nicht des Sanktionsregimes – *Weller/Harms/Rentsch/Thomale* ZGR 2015, 361 (369 ff.).

[81] Vgl. nur *Junker/Schmidt-Pfitzner* NZG 2015, 929 (930); *Stüber* DStR 2015, 947 (947).

[82] HK-AktG/*Israel* Rn. 7a. – Nach Schmidt/Lutter/*Drygala* Rn. 32 liegt darin keine willkürliche Ungleichbehandlung (Art. 3 GG) der auf die fixe Quote verpflichteten Gesellschaften; krit. WKS/*Wißmann* DrittelbG § 6 Rn. 64.

[83] Zur fehlerhaften Nicht-Einrichtung von (mitbestimmten) Aufsichtsräten vgl. *Bayer/Hoffmann* AG-Report 2015, R 4 ff.

[84] Schmidt/Lutter/*Drygala* Rn. 33; Hüffer/*Koch* Rn. 14; Hohenstatt/Seibt/*Seibt/Kraack* Geschlechterquoten Rn. 72 f.; *Wasmann/Rothenburg* DB 2015, 291 (292); *Seibt* ZIP 2015, 1193 (1194).

[85] HWK/*Seibt* DrittelbG § 7 Rn. 7.

[86] *Stüber* DStR 2015, 947 (947).

mervertretern durch die Anteilseigner → Rn. 83) eingerichtete paritätische Mitbestimmung verpflichtet nicht zur Beachtung der Quote.[87] Sie betrifft schließlich auch dann stets nur den **Aufsichtsrat,** wenn nach der konkreten Ausgestaltung der Gesellschaft andere „Machtzentren" (wie zB die Komplementärin mit ihren Organen oder ein Gesellschafterausschuss) bestehen.[88] – Abs. 2 wurde eingeführt durch das **Gesetz für die gleichberechtigte Teilhabe von Frauen und Männern an Führungspositionen** vom 24.4.2015 (BGBl. I S. 642)[89] und soll eine „repräsentative Teilhabe von Frauen … in den großen, … einer besonderen Sozialbindung [unterliegenden] Publikumsgesellschaften" sicherstellen, um auf diese Weise „Maßstäbe für die gesamte Privatwirtschaft" zu setzen.[90] Bei dem Gesetz handelt es sich um eine dem **AGG** vorgehende Spezialregelung.[91]

45 Ungeachtet der Unterrepräsentation allein von Frauen in den Aufsichtsräten ist Abs. 2 aus verfassungsrechtlichen Gründen (Art. 3 Abs. 2, 3 GG) **geschlechtsneutral** formuliert (unerklärliche Ausnahme: S. 5 → Rn. 65). Die fixe 30%-Quote schützt daher juristisch zwar **beide Geschlechter;** faktisch konstituiert Abs. 2 – zumindest derzeit – jedoch eine *Frauen*quote. Die Existenz **inter- und transsexueller** Personen wird vom Gesetz geflissentlich übergangen. Die diesen Gruppen Zugehörigen sind daher notgedrungen dem (ihrer sexuellen Identität nicht notwendig entsprechenden) „personenstandsrechtlichen" Geschlecht zum Zeitpunkt ihrer Bestellung zuzuordnen.[92]

46 Abs. 2 S. 1 gilt für „den" Aufsichtsrat insgesamt, also nicht nur für die Vertreter der **Anteilseigner-,** sondern auch der **Arbeitnehmerbank** (sowie zusätzlich das etwa vorhandene neutrale Mitglied) und konstituiert damit das Prinzip der **Gesamterfüllung** als gesetzlichen Regelfall (→ Rn. 51). Gemäß Abs. 2 S. 3 kann die 30%-Quote aber auch einzeln erfüllt werden, wenn eine der beiden Bänke dies in Form eines **Widerspruchs** (→ Rn. 54 f.) gegen die Regel-Anwendung verlangt. Für den Fall dieser sog. **Getrennterfüllung** (→ Rn. 52 f.) wiederholen die von Abs. 2 S. 6 in Bezug genommenen § 7 Abs. 3 MitbestG, § 5a MontanMitbestG und § 5a MitbestErgG für die Wahlen der **Arbeitnehmervertreter** das Quotengebot. Sie stellen sicher, dass auch die Arbeitnehmerseite **„durch die Bank",** dh unabhängig von ihren jeweiligen Gruppenzugehörigkeit (Unternehmensangehörige, Gewerkschafter, leitender Angestellter), der 30%-Quote entspricht (→ Rn. 53). Spezielle Quoten-Zuordnungen zu den einzelnen Gruppen der Arbeitnehmerbank kommen nur dort zum Tragen, wo dieses Ziel mit der regulären Wahl *verfehlt* wurde (→ Rn. 69 f.).

47 Tatsächlich **betroffen** von der fixen Geschlechterquote sind rund **100 Gesellschaften.**[93] Anpassungsbedarf besteht dabei eher auf der **Anteilseigner**- als der Arbeitnehmerseite.[94] – Für die Abs. 2 unterfallenden Gesellschaften ergeben sich – differenziert nach Gesamt- und Getrennterfüllung – die folgenden Quotensitze:

Mitbestimmungsmodell	**Sitze insgesamt**	**Gesamterfüllung: 30%-Quotensitze**	**Sitze pro Bank AN/AE (+neutral)**	**Getrennterfüllung: 30%+30%-Quotensitze**
MitbestG (I)	12	4	6/6	(2+2=) 4
MitbestG (II)	16	5	8/8	(2+2=) 4
MitbestG (III)	20	6	10/10	(3+3=) 6
MontanMitbestG (I)	11	3	5/5 (+1)	(2+2=) 4
MontanMitbestG (II) MitbestErgG (I)	15	5 (str.) → Rn. 59	7/7 (+1)	(2+2=) 4
MontanMitbestG (III) MitbestErgG (II)	21	6	10/10 (+1)	(3+3=) 6

48 **b) Übergangsrecht.** Die Verpflichtung, den Aufsichtsrat quotengerecht zu besetzen, besteht gemäß § 25 Abs. 2 S. 1 EGAktG bei aus welchem Grund auch immer nötig werdenden **Neuwahlen** und **Entsendungen** (sowie **gerichtliche Bestellungen,** → § 104 Rn. 30a) auf der Anteilseigner-

[87] *Junker/Schmidt-Pfitzner* NZG 2015, 929 (930); HWK/*Seibt* DrittelbG § 7 Rn. 5; *Seibt* ZIP 2015, 1193 (1194).

[88] Vgl. *Bayer/Hoffmann* AG-Report 2016, 267 (267 f.).

[89] Zur umfangreichen Diskussion um die verfassungsrechtliche Zulässigkeit der fixen Geschlechterquote vgl. Spindler/Stilz/*Spindler* Rn. 4.

[90] Begr. RegE, BT-Drs. 18/3784, 120; rechtstatsächlich krit. *Bayer/Hoffmann* AG-Report 2016, R 267 (269 f.).

[91] Hüffer/*Koch* Rn. 14.

[92] Ebenso Schmidt/Lutter/*Drygala* Rn. 52; Hüffer/*Koch* Rn. 18; *Seibt* ZIP 2015, 1193 (1195); krit. auch Semler/v. Schenck/*Mutter* § 100 Rn. 108.

[93] Begr. RegE, BT-Drs. 18/3784, 43; ähnlich *Bayer/Hoffmann* AG-Report 2016, R 235; *dies.* AG-Report 2016, R 267.

[94] Rechtstatsächlich *Bayer/Hoffmann* AG-Report 2016, R 267 (268).

berücksichtigen kann, müssen der oder die Antragsteller dem Gericht freilich vorher einen entsprechenden Hinweis geben (→ § 104 Rn. 30c).

Erfolgt **kein,** kein **rechtzeitiger** (→ Rn. 56) oder kein **formgerechter** (→ Rn. 54) **Widerspruch,** bleibt es bei der Gesamterfüllung,[116] ebenso, wenn die beiden Seiten einen – den gleichen formalen Anforderungen wie der Widerspruch selbst unterliegenden – **Widerspruchsverzicht**[117] erklären. 55

dd) Verfahrensfragen, insbesondere Zeitpunkt des Widerspruchs. Die größten Schwierigkeiten bereitet der (spätestmögliche) Zeitpunkt des Widerspruchs: „Vor der Wahl" kann im Lichte des § 124 Abs. 2 S. 2 Nr. 1 nur die Zeit bis spätestens zur Beschlussfassung über den Einberufungstext mitsamt dem Wahlvorschlag (§ 124 Abs. 3) meinen; ein Hinausschieben der Frist bis *nach* dem eigentlichen Wahlvorgang entspricht schwerlich einem unbefangenen Textverständnis.[118] Auch das kann aber – weil damit nur die Anteilseignerseite angesprochen wird – noch zu spät sein, wenn die beiden Bänke zeitversetzt wählen, die Wahl der Arbeitnehmervertreter also zB schon *vor* der Beschlussfassung über die Einberufung der Hauptversammlung stattgefunden hat. Auf diese Weise könnte eine auf Basis der Gesamterfüllung bereits abgeschlossene, rechtmäßige Wahl noch nachträglich ihre Rechtsgrundlage verlieren. Es kann aber nicht Sinn des Widerspruchsrechts sein, sehenden Auges quotenwidrige („sanktionslose Lücke", → Rn. 52, Beispiel 2), allenfalls durch eine undemokratische gerichtliche Ersatzbestellung revidierbare Zustände zu schaffen. Richtigerweise (i) sind daher die regulären, auf einen gemeinsamen Amtsantritt ausgerichteten und nur aus technischen Gründen zeitversetzt stattfindenden Wahlen der Arbeitnehmer- (in der Regel früher) und der Anteilseignervertreter, einschließlich etwaiger Entsendungen (später) als eine **einheitliche Wahl** (mit einer einzigen Widerspruchsmöglichkeit für jede der beiden Bänke) zu qualifizieren[119] und (ii) kann der Widerspruch stets nur so lange erklärt werden, wie die andere Seite hierauf noch **angemessen reagieren** kann.[120] Das bedeutet für die **Arbeitnehmerwahlen** eine Widerspruchsmöglichkeit bis zur sog. „Unternehmensmitteilung" nach den Wahlordnungen zu den Mitbestimmungsgesetzen, für die außer der Reihe stattfindenden **Anteilseigner(nach)wahlen** bis rechtzeitig vor der Beschlussfassung nach § 124 Abs. 3 S. 4. Auch für die Fälle der **Entsendung** und der **gerichtlichen Bestellung** sind von der widersprechenden Seite angemessene Reaktionszeiten vorzusehen. – Bis zu dem jeweils spätesten Zeitpunkt ist ein bereits erklärter Widerspruch entgegen der hL jederzeit **widerruflich**[121] bzw. kann durch einen entsprechenden **Widerspruchsverzicht** (→ Rn. 55) neutralisiert werden. Ein **verspätet** erklärter Widerspruch ist unwirksam. 56

Für die **Praxis** ist unbedingt zu empfehlen, die mit dem Widerspruch zusammenhängenden Verfahrensfragen, insbesondere die Frist für dessen Einlegung, entweder in einer **Vereinbarung** zwischen den Bänken („Teilorganen") oder in einer **Geschäftsordnung** (der betreffenden Bänke oder des Gesamt-Aufsichtsrats) zu verankern.[122] 57

d) Berechnung der Quote. Berechnungsgrundlage für die 30%-Quote ist bei *Gesamt*erfüllung die aus Gesetz und Satzung sich ergebende Sitzzahl des Aufsichtsrats insgesamt, bei *Getrennt*erfüllung die Sitzzahl der jeweiligen Bank (auf Anteilseignerseite einschließlich etwa entsandter Mitglieder[123]). In beiden Fällen ist auf die **Soll**-Sitzzahl abzustellen; zwischenzeitlich bestehende Vakanzen bleiben in beiden Fällen außer Betracht.[124] Eine Besonderheit ergibt sich bei Mitbestimmungsregimen mit einem **neutralen Mitglied:** Hier berechnet sich die Quote bei der *Getrennt*erfüllung 58

[116] *Wasmann/Rothenburg* DB 2015, 291 (292).

[117] Für Zulässigkeit Rechtsausschuss, BT-Drs. 18/4227, 25; ebenso Spindler/Stilz/*Spindler* Rn. 33; Geßler/*Stüber* Rn. 25; *Junker/Schmidt-Pfitzner* NZG 2015, 929 (930).

[118] Wie hier Schmidt/Lutter/*Drygala* Rn. 45; *Grobe* AG 2015, 289 (292); *Oetker* ZHR 179 (2015) 707 (722 f.); aA *Röder/Arnold* NZA 2015, 279 (284): „bis unmittelbar vor dem jeweiligen Wahlakt"; weitergehend Geßler/*Stüber* Rn. 24; Spindler/Stilz/*Spindler* Rn. 33: „jederzeit"; HWK/*Seibt* MitbestG § 7 Rn. 5; *Seibt* ZIP 2015, 1193 (1198); Hohenstatt/Seibt/*Seibt/Kraack* Geschlechterquoten Rn. 131: für Anteilseignerseite bis zur Verkündung des Wahlbeschlusses, für Arbeitnehmerseite bis zur Feststellung des Wahlergebnisses durch Wahlvorstand; unentschieden Hüffer/*Koch* Rn. 16.

[119] Ebenso Schmidt/Lutter/*Drygala* Rn. 46; WKS/*Wißmann* MitbestG § 6 Rn. 70.

[120] Ebenso WKS/*Wißmann* MitbestG § 6 Rn. 70: iErg auch Schmidt/Lutter/*Drygala* Rn. 46; *Oetker* ZHR 179 (2015), 707 (722 f.).

[121] AA FamAusschuss, BT-Drs. 18/4227, 25; WKS/*Wißmann* MitbestG § 6 Rn. 68; Hüffer/*Koch* Rn. 15; Geßler/*Stüber* Rn. 22 wegen der angeblich „gestaltenden Wirkung".

[122] Ebenso Spindler/Stilz/*Spindler* Rn. 33; Hüffer/*Koch* Rn. 16; Geßler/*Stüber* Rn. 23; *Herb* DB 2015, 964 (965); *Junker/Schmidt-Pfitzner* NZG 2015, 929 (930).

[123] Hüffer/*Koch* Rn. 17; *Grobe* AG 2015, 289 (294); *Junker/Schmidt-Pfitzner* NZG 2015, 929 (930).

[124] Hüffer/*Koch* Rn. 17; WKS/*Wißmann* MitbestG § 6 Rn. 66; HWK/*Seibt* MitbestG § 7 Rn. 5; *Seibt* ZIP 2015, 1193 (1195).

nach der Größe der jeweiligen Bank (also ohne das neutrale Mitglied), bei der *Gesamt*erfüllung ist das neutrale Mitglied dagegen der Berechnungsbasis zuzuschlagen.[125] Keiner gesonderten Behandlung hinsichtlich Berechnungsgrundlage (und Quotenerfüllung, → Rn. 53) unterliegt dagegen der **leitende Angestellte.**[126]

59 Bei der Berechnung der Geschlechterquote ist gemäß Abs. 2 S. 4 „in allen Fällen" (= Gesamt- oder Getrennterfüllung, Arbeitnehmer-oder Anteilseignerbank)[127] nach – vom Gesetzgeber nach Art einer *falsa demonstratio* nur irrtümlich so bezeichneten[128] – **„mathematischen"** (*richtig*: „kaufmännischen") Regeln auf die nächsthöhere bzw. -niedrigere Mitgliederzahl **auf-** (≥ 0,5) bzw. **abzurunden** (<0,5).[129] Kommt es zu einer Abrundung, kann sich damit für den Gesamt-Aufsichtsrat ein hinter der gesetzlichen Quote von „mindestens 30 Prozent" **zurückbleibendes,** gleichwohl nicht zu korrigierendes Ergebnis errechnen.[130] Zu rundungsbedingt unterschiedlichen Ergebnissen kann die Berechnung beim 16-köpfigen Aufsichtsrat nach dem MitbestG führen: Im Falle der **Gesamterfüllung** müssen mindestens *fünf* Mitglieder jedes Geschlechts im Aufsichtsrat vertreten sein, bei **Getrennterfüllung** dagegen nur je zwei pro Seite (= insgesamt *vier*).[131]

60 **e) Bestellungsentscheidung.** Der Aufsichtsrat ist verpflichtet, der Hauptversammlung nur solche **Wahlvorschläge** zu unterbreiten, die im Falle ihrer Annahme zu einer gesetzmäßigen Besetzung des Aufsichtsrats führen. Demgemäß muss der Vorschlag den Wahlausgang – bei *Gesamt*erfüllung auch auf der *Arbeitnehmer*seite – antizipieren, um einen (zB) quotengerechten Vorschlag machen zu können.[132] Damit übereinstimmend ist der Versammlungsleiter berechtigt, Wahlvorschläge (der Verwaltung, aber auch von Aktionären) **zurückzuweisen** bzw. nicht zur Abstimmung zu stellen, die die erforderliche Quote erkennbar verletzen.[133]

61 Besteht der Aufsichtsrat neben zu wählenden auch aus – der Anteilseignerbank rechnerisch zuzuschlagenden (→ Rn. 58) – **entsandten** Mitgliedern, kann sich der Entscheidungsspielraum für die jeweils „spätere" Gruppe infolge der zeitlichen Reihenfolge der Bestellungen empfindlich verengen (Beispiel: „Pflicht-Entsendung" einer Frau nach Untererfüllung der Quote durch die Hauptversammlung; mögliche Auswege: informelle Abstimmung; Satzungsregelung; Aktionärsvereinbarung).[134] Fallen der Amtsantritt des/der Entsandten und der/des regulär Gewählten zusammen, wird man – so unbefriedigend dies ist – wohl nur auf den Zeitpunkt der Ausübung des Entsendungsrechts einerseits (→ § 101 Rn. 31) und der Feststellung des Wahlbeschlusses andererseits abstellen können.

62 Die gesetzliche Quoten-Anordnung gilt **absolut** und **ausnahmslos;** sie kennt weder Härtefälle noch nimmt sie darauf Rücksicht, dass (zunächst) kein nach seinem Geschlecht passender Kandidat zur Verfügung steht (zu stehen scheint) oder der seinem Geschlecht nach passende Kandidat einem insoweit unpassenden Konkurrenten in puncto fachlicher und persönlicher Eignung – ggf. sogar deutlich – unterlegen ist **(„Quote vor Qualität").**[135]

63 **f) Zwischenzeitliche Veränderungen der Aufsichtsratsbesetzung.** Scheidet ein Aufsichtsratsmitglied aus seinem Amt, zB durch Abberufung oder Amtsniederlegung, aus und wird dadurch die auf den Aufsichtsrat insgesamt oder die einzelne Bank anwendbare Mindestquote unterschritten,

[125] Schmidt/Lutter/*Drygala* Rn. 51; Hüffer/*Koch* Rn. 17; Geßler/*Stüber* Rn. 28; *Stüber* CCZ 2015, 38 (39); *Seibt* ZIP 2015, 1193 (1196).

[126] Hüffer/*Koch* Rn. 17; *Röder/Arnold* NZA 2015, 279 (281); aA Geßler/*Stüber* Rn. 28; *Hohenstatt/Willemsen/Naber* ZIP 2014, 2220 (2225).

[127] Vgl. *Junker/Schmidt-Pfitzner* NZG 2015, 929 (932); WKS/*Wißmann* MitbestG § 7 Rn. 23.

[128] Vgl. BT-Drs. 18/3784, 120; ebenso irrtümlich zB Spindler/Stilz/*Spindler* Rn. 35; *Wasmann/Rothenburg* DB 2015, 291 (292).

[129] Ebenso WKS/*Wißmann* MitbestG § 6 Rn. 66; Hüffer/*Koch* Rn. 18; iErg auch Schmidt/Lutter/*Drygala* Rn. 50; Geßler/*Stüber* Rn. 27; HK-AktG/*Israel* Rn. 7c; *Stüber* CCZ 2015, 38 (39); treffend Semler/v. Schenck/*Gittermann* Rn. 64, wonach „das Gesetz … das Runden mit den „Mitteln der Mathematik" meint"; aA *Schulz/Ruf* BB 2015, 1155 (1156); *Seibt* ZIP 2015, 1193 (1195 f.); Hohenstatt/Seibt/*Seibt/Kraack* Geschlechterquoten Rn. 96, 100 (dort auch zu den – praktisch relevanten! – Unterschieden in den Rundungsmethoden).

[130] Hohenstatt/Seibt/*Seibt/Kraack* Geschlechterquoten Rn. 98, 100.

[131] Vgl. *Wasmann/Rothenburg* DB 2015, 291 (292); krit. *Oetker* ZHR 179 (2015), 707 (716 f.).

[132] Für den „Regelfall" ebenso Hohenstatt/Seibt/*Seibt/Kraack* Geschlechterquoten Rn. 167; Seibt ZIP 2015, 1193 (1203); vgl. auch MüKoAktG/*Habersack* § 101 Rn. 18.

[133] Spindler/Stilz/*Spindler* Rn. 38; *Stüber* DStR 2015, 947 (949).

[134] Ausf. Spindler/Stilz/*Spindler* Rn. 32: „Windhundprinzip"; Hüffer/*Koch* Rn. 17; Hohenstatt/Seibt/*Seibt/Kraack* Geschlechterquoten Rn. 199 f.

[135] HWK/*Seibt* MitbestG § 7 Rn. 5; *Drygala* NZG 2015, 1129 (1130 f.); Schmidt/Lutter/*Drygala* Rn. 37 ff.; (auch zu daraus resultierenden verfassungsrechtlichen Bedenken: Art. 3 Abs. 3 S. 1 GG; Übermaßverbot; EU-Rechtswidrigkeit); krit. auch *Habersack/Kersten* BB 2014, 2819 ff.; *Hohenstatt/Willemsen/Naber* ZIP 2014, 2220 (2222 ff.); bereits de lege lata für eine Härtefallausnahme Hohenstatt/Seibt/*Seibt/Kraack* Geschlechterquoten Rn. 167.

zeitigt allein das noch keinerlei Rechtsfolgen. Nur muss die Nachbesetzung **(Wahl, Entsendung, gerichtliche Bestellung)** seit dem 1.1.2016 (→ Rn. 48) unter Beachtung der (gesamt/getrennt zu ermittelnden) Mindestquote erfolgen. Das gilt gemäß § 101 Abs. 3 S. 4 grundsätzlich auch für das Einrücken eines **Ersatzmitglieds** in die vakante Position (zum Übergangsrecht → Rn. 49). Erfüllt das Ersatzmitglied die Geschlechterquote zu diesem Zeitpunkt nicht, ist der früher bereits, damals noch wirksam gefasste Beschluss über die Bestellung des Ersatzmitglieds – freilich nur im Hinblick auf gerade diesen Ersatzfall – gemäß Abs. 2 S. 6 **ex tunc nichtig** (→ § 101 Rn. 39).[136] Schon wegen dieser Unabsehbarkeit empfiehlt sich daher, für ein dem unterrepräsentierten Geschlecht angehöriges Aufsichtsratsmitglied stets nur ein Ersatzmitglied *gleichen* Geschlechts zu bestimmen;[137] eine rechtliche Verpflichtung hierzu besteht jedoch nicht (Beispiel: Übererfüllung).

Auf der **Arbeitnehmerseite** wird die Geschlechterquote durch § 17 Abs. 3 MitbestG, § 10e Abs. 3 MitbestErgG auch für den Fall der **Ersatzmitgliedschaft** sichergestellt. Danach ist ein Nachrücken ausgeschlossen, wenn auf diese Weise die fixe Geschlechterquote unterschritten würde. Um auf ein bestelltes Ersatzmitglied im Notfall tatsächlich zählen zu können, empfiehlt sich daher auch hier, einen gleichgeschlechtlichen Vertreter vorzusehen. 64

Verringert sich die Quote auf einer bisher **übererfüllenden** Seite, bedeutet das nicht, dass sie auch künftig übererfüllen müsste. Sie kann vielmehr die (Mindest-) Quotenerfüllung auf ihr Lager beschränken, indem sie vor der Neubestellung Widerspruch gegen die Gesamterfüllung erklärt. Fährt die bisher übererfüllende Seite die Quote daraufhin zulässigerweise[138] herunter (Beispiel: Ersetzung des weiblichen durch ein männliches Aufsichtsratsmitglied), kann das dazu führen, dass die andere Bank (und ggf. der Aufsichtsrat insgesamt) der Quote nicht mehr entspricht. Das bleibt nach Abs. 2 S. 5 (der ausdrücklich zwar nur den höheren „Frauen"-Anteil anspricht, wegen Art. 3 Abs. 3 GG aber auf **beide** Geschlechter gleichermaßen anzuwenden ist)[139] für die wirksame Besetzung der anderen Seite während der noch *laufenden* Amtsperiode indes folgenlos. Mit der nächsten Revision (Neuwahl, Ersatzmitgliedschaft, Entsendung, gerichtliche Bestellung) ist das (gesamt/getrennt zu ermittelnde) Quotendefizit jedoch zwingend zu beheben.[140] 65

g) Rechtsfolgen, auch bei Verstoß. aa) Bei Getrennterfüllung. Ein Verstoß gegen das Quotengebot auf der **Anteilseignerseite** führt zur **Nichtigkeit** des Wahlbeschlusses der Hauptversammlung (§ 96 Abs. 2 S. 6), die unbefristet im Wege der **Nichtigkeitsfeststellungsklage,** aber auch auf jede beliebige **„andere Weise"** geltend gemacht werden kann (§ 250 Abs. 1 Nr. 5, Abs. 3 S. 2). Der Wahlbeschluss ist **von Anfang an** ohne Wirkung, der quotenwidrig „vergebene" **Stuhl** bleibt **leer.**[141] Bei der Frage, wessen Stuhl genau leer bleibt, ist zwischen den Abstimmungsvarianten „Einzel-" und „Blockwahl" (→ § 101 Rn. 15 f.) zu unterscheiden. Während bei der **Blockwahl** unweigerlich *alle* dem überrepräsentierten Geschlecht angehörigen Kandidaten nichtig gewählt sind (arg.: fehlende Unterscheidbarkeit), ist bei der – schon deshalb für die Praxis vorzuziehenden (Ziff. 5.4.3 S. 1 DCGK) – **Einzel-** (auch in Form der Simultan-) **Wahl** nur der Wahlbeschluss nichtig, der als **chronologisch** *erster* (maßgeblich: („willkürfreie") Beschlussfeststellung)[142] gegen die Geschlechterquote verstößt; von der Nichtigkeit erfasst werden auch alle das gleiche Geschlecht betreffenden **nachfolgenden** Beschlüsse.[143] Die das **unterrepräsentierte** Geschlecht betreffenden Wahlbeschlüsse sind dagegen wirksam, egal wann und in welcher Reihenfolge sie verkündet wurden.[144] Bei Wahlen mit quotenmäßig ungewissem Ausgang bietet es sich daher an, schon den Beschlussvorschlag, aber auch die Ankündigung der Kandidaten, den Aufruf zur Abstimmung, die Feststellung der Beschlüsse und die Auflistung im Protokoll einheitlich zu **„reihen"**, um Nichtigkeits-Überraschungen zu vermeiden. Soweit die Kandidaten mit *relativer* Mehrheit gewählt worden 66

---

[136] Begr RegE BT-Drs. 18/3784, 122; zust. Spindler/Stilz/*Spindler* Rn. 39; Hüffer/*Koch* Rn. 22.

[137] Vgl. Begr RegE BT-Drs. 18/3784, 122; ferner Spindler/Stilz/*Stilz* § 250 Rn. 18a; Henssler/Strohn/*Drescher* § 250 Rn. 7.

[138] Spindler/Stilz/*Spindler* Rn. 37; Geßler/*Stüber* Rn. 26.

[139] Ebenso Spindler/Stilz/*Spindler* Rn. 37; HK-AktG/*Israel* Rn. 7d; iErg auch *Röder/Arnold* NZA 2015, 279 (284); Hüffer/*Koch* Rn. 21: „bedenklich", „Redaktionsversehen".

[140] Vgl. Spindler/Stilz/*Spindler* Rn. 37; Hüffer/*Koch* Rn. 21; Geßler/*Stüber* Rn. 26; WKS/*Wißmann* MitbestG § 6 Rn. 76.

[141] Vgl. Begr RegE BT-Drs. 18/3784, 122; ferner HK-AktG/*Israel* Rn. 7e; *Stüber* DStR 2015, 947 (949).

[142] Vgl. Hüffer/*Koch* Rn. 24; *Wasmann/Rothenburg* DB 2015, 291 (293); krit. *Herb* DB 2015, 964 (966).

[143] Hüffer/*Koch* Rn. 24; HK-AktG/*Israel* Rn. 7e; *Röder/Arnold* NZA 2015, 279 (280); *Seibt* ZIP 2015, 1193 (1200); *Wasmann/Rothenburg* DB 2015, 291 (293); *Junker/Schmidt-Pfitzner* NZG 2015, 929 (931); für Blockwahl aA Spindler/Stilz/*Spindler* Rn. 38: Nichtigkeit auch der dem unterrepräsentierten Geschlecht angehörigen Gewählten; für Simultanwahl aA *Oetker* ZHR 179 (2015) 707 (725): Nichtigkeit der Wahlen mit den niedrigsten Stimmenzahlen.

[144] Begr. RegE, BT-Drs. 18/3784, 122; *Stüber* DStR 2015, 947 (949); WKS/*Wißmann* MitbestG § 6 Rn. 71.

sind (→ § 101 Rn. 13), ist auch eine Beschlussfeststellung nach Maßgabe der erreichten **Stimmenanzahl** zulässig.[145] – Die Nichtigkeit nach der Chronologie der Beschlussfeststellung gilt grundsätzlich auch für etwaige **Gegenkandidaten;** wer nach § 137 vorgeht, wird wegen seines Abstimmungsvorrangs daher in aller Regel nicht von einer Unwirksamkeit betroffen sein.[146]

67 Eine der Rechtssicherheit dienende, der Nichtigkeit vorbauende **Sonderregel** enthält Abs. 2 S. 7 für den Fall, dass die Wahl (analog: Entsendung)[147] eines der Anteilseignerseite[148] angehörigen Mitglieds des unterrepräsentierten Geschlechts – egal aus welchem **„nicht-quotenrelevanten"** Grund (zB Formfehler; Überschreiten der Mandatshöchstzahl) – in **anfechtbarer** Weise erfolgt ist. Kommt es zu einer rückwirkenden Kassation des Beschlusses, dh wird dieser „für nichtig erklärt" (= §§ 250 Abs. 1 iVm 241 Nr. 5) oder ist er, dem gleichstehend, von vorneherein **nichtig,**[149] kann sich die Geschlechterrelation im Aufsichtsrat insgesamt ändern, insbesondere wenn infolgedessen ein Mitglied des unterrepräsentierten Geschlechts ausscheidet und damit der Anteil dieser Gruppe unter die 30%ige Mindestquote fällt. Das hätte zur Konsequenz, dass später gutgläubig hinzugekommene (= gewählte oder entsandte)[150] Aufsichtsratsmitglieder wegen Verstoßes gegen die nunmehr nicht mehr erfüllte Geschlechterquote womöglich ihrerseits nicht hätten gewählt werden dürfen. Einer solchen **„Kettenreaktion"** schiebt Abs. 2 S. 7 einen Riegel vor: Die durch die Kassation nachträglich eingetretene Verschiebung soll nicht dazu führen, dass ein anderes, zwischenzeitlich wirksam gewähltes Aufsichtsratsmitglied sein Amt verliert; die zumindest zeitweilige, bis zur nächsten regulären Bestellung andauernde Unterquotierung nimmt das Gesetz zu Gunsten einer höheren **Mandats-** und **Organstabilität** in Kauf.[151] Mit der nächsten Wahl oder Entsendung muss die Quote dann freilich wieder hergestellt werden.

68 Die von § 96 Abs. 2 S. 6 ebenfalls erfasste Nichtigkeit der **Entsendung** ist in § 250 Abs. 1 Nr. 5 richtigerweise (keine „Wahl … durch die Hauptversammlung") nicht erwähnt. Sie kann daher nur in Form der ebenfalls nicht fristgebundenen **allgemeinen Feststellungsklage** (§ 256 ZPO) gerichtlich geltend gemacht werden.[152]

69 Für die Wahlen auf der **Arbeitnehmerseite** gelten ausschließlich die in den Mitbestimmungsgesetzen enthaltenen Sonderregeln:

- Steht nach Durchführung der Wahl fest, dass die Geschlechterquote von mindestens 30% – durch welche Gruppenangehörigen auf der Arbeitnehmerseite mit welchen Anteilen auch immer (→ Rn. 53) – **erreicht** wurde, ergeben sich **keinerlei Konsequenzen.** Die Besetzung des Aufsichtsrats ist damit rechtmäßig erfolgt.[153]
- Wurde die Quote dagegen **nicht erreicht,** begnügen sich die **Auffangregelungen**[154] der § 18a Abs. 2 MitbestG, § 10f Abs. 2 MitbestErgG nicht mit der Erklärung der „Unwirksamkeit" **(= Nichtigkeit)** der quotenwidrigen Wahl, sondern schreiben in ihrem Abs. 1 detailliert vor, wie das Geschlechterverhältnis **zwischen den jeweiligen Gruppen** der Arbeitnehmerseite (unternehmensangehörige- und Gewerkschaftsvertreter) stattdessen **auszusehen** hat.[155] Nur der leitende Angestellte ist als Einzel-Vertreter seiner Gruppe von einer Quotierung nicht betroffen; ist auf seinen Platz ein Vertreter des unterrepräsentierten Geschlechts gewählt worden, kann er damit zur „Zwangs-Quotierung" nichts beitragen.[156] Nicht antreten darf sein Amt, wer als Mitglied des überrepräsentierten Geschlechts in den stattgefundenen Wahlen die wenigsten Stimmen (im Fall der Mehrheitswahl) bzw. die niedrigste Höchstzahl (Verhältniswahl) erhalten hat. Der sich so ergebende **„leere Stuhl"** ist im Wege der **Nachwahl** oder – ungleich praktischer – der („dringenden", § 104 Abs. 2 S. 2 iVm Abs. 3 Nr. 2) **gerichtlichen Bestellung** (→ § 104 Rn. 30b) zu besetzen. Der vom Gesetz angewandte Korrekturmodus kann im Einzelfall – nämlich wenn das unterrepräsentierte Geschlecht in einer Gruppe mehr Sitze gewonnen hat, als ihm nach § 18a

[145] Hüffer/*Koch* Rn. 24; Schmidt/Lutter/*Drygala* Rn. 55; *Grobe* AG 2015, 289 (297); *Herb* DB 2015, 964 (966); *Röder/Arnold* NZA 2015, 279 (280) Fn. 13.
[146] *Wasmann/Rothenburg* DB 2015, 291 (293).
[147] Ebenso Hohenstatt/Seibt/*Seibt/Kraack* Geschlechterquoten Rn. 233.
[148] Mit guten Gründen für eine analoge Anwendung auf (vorausgehende/nachfolgende) Wahlen auch auf der *Arbeitnehmer*seite Hohenstatt/Seibt/*Seibt/Kraack* Geschlechterquoten Rn. 234.
[149] IErg ebenso Hohenstatt/Seibt/*Seibt/Kraack* Geschlechterquoten Rn. 231, 235.
[150] Ebenso Hohenstatt/Seibt/*Seibt/Kraack* Geschlechterquoten Rn. 233.
[151] Dazu Hüffer/*Koch* Rn. 26; Hohenstatt/Seibt/*Seibt/Kraack* Geschlechterquoten Rn. 231 ff.: „weiterfressender Mangel".
[152] Begr. RegE, BT-Drs. 18/3784, 121; Hüffer/*Koch* Rn. 26; aA Spindler/Stilz/*Spindler* Rn. 40: § 250.
[153] Vgl. nur WKS/*Wißmann* MitbestG § 18a Rn. 6.
[154] Begr. RegE, BT-Drs. 18/3784, 45; treffend auch WKS/*Wißmann* MitbestG § 7 Rn. 23: „Sanktionsnorm".
[155] Guter Überblick bei WKS/*Wißmann* MitbestG § 18a Rn. 8.
[156] Begr. RegE, BT-Drs. 18/3784, 130; Spindler/Stilz/*Spindler* Rn. 34; WKS/*Wißmann* MitbestG § 7 Rn. 24; § 18a Rn. 10; Hohenstatt/Seibt/*Seibt/Kraack* Geschlechterquoten Rn. 226; *Junker/Schmidt-Pfitzner* NZG 2015, 929 (932).

MitbestG zustehen – dazu führen, dass der Arbeitnehmerseite in Summe *mehr* Quoten-Vertreter angehören als dies die 30%-Regelung eigentlich vorsieht.[157] – Im Einzelnen ergeben sich bei einer Nichterfüllung der 30%-Quote auf der Arbeitnehmerseite im Falle der Getrennterfüllung daher die folgenden **Soll-Status:**

70

Mitbestimmungsmodell (Anzahl Mitglieder insgesamt)	Unternehmensangehörige		Gewerkschaftler		Ltd. Angestellte	
	insgesamt	Quote	insgesamt	Quote	insgesamt	Quote
MitbestG (12)	3	1	2	1		
MitbestG (16)	5	1	2	1	1	n.a.
MitbestG (20)	6	2	3	1		
MitbestErgG (15)	5	1	2	1	n.a.	
MitbestErgG (21)	7	2	3	1	[keine Vertretung im AR]	

- Im Bereich des **MontanMitbestG** erfolgt eine gebundene Wahl der Arbeitnehmervertreter durch die Hauptversammlung; die Wahlen haben somit nie ein anfechtbares *Ergebnis.* Stattdessen muss sichergestellt werden, dass schon die der Hauptversammlung unterbreiteten Wahl*vorschläge* der Mindestquote entsprechen (§§ 6 Abs. 6, 5a MontanMitbestG). Danach „kann" ein Vorschlag an das Wahlorgan überhaupt „nur erfolgen", wenn dieser die Quotenanforderungen berücksichtigt.[158] Sollte ungeachtet dessen dennoch ein dem nicht entsprechender Wahlvorschlag gemacht und der quoten-widrige Kandidat gewählt werden, ist die Wahl nichtig, (§ 96 Abs. 2 S. 6). 71

Ein fahrlässig-unerkannter **Verstoß** gegen die fixe Geschlechterquote bei der Getrennterfüllung dürfte angesichts der relativ eindeutigen gesetzlichen Anforderungen (und der bei großen Gesellschaften selten überraschenden Wahlausgänge) **nur ausnahmsweise** vorkommen. Zur **Rechtsstellung** des nichtig bestellten Mitglieds sowie die Konsequenzen für die unter seiner Mitwirkung gefassten **Beschlüsse** gelten keine quotenbedingten Sonderregeln, sondern die allgemeinen, vom BGH entwickelten Grundsätze (→ § 101 Rn. 48 ff.).[159] 72

bb) Bei Gesamterfüllung. Für die – vom Gesetzgeber eigentlich als Regelfall gedachte – Gesamterfüllung fehlt eine Rechtsfolgenanordnung auf der **Arbeitnehmerseite.** Die dort vorgesehene Nichtigkeitsregelung gilt gemäß § 18a Abs. 1 MitbestG, § 10f Abs. 1 MitbestErgG, § 6 Abs. 6 MontanMitbestG ausdrücklich nur für den Fall der *Getrennt*erfüllung („im Fall des § 96 Abs. 2 S. 3"); die Nichtigkeitsfolge des Abs. 2 S. 6 wiederum erstreckt sich nur auf die „Wahl der Mitglieder des Aufsichtsrats durch die Hauptversammlung", erfasst also – von der gebundenen Wahl nach dem MontanMitbestG abgesehen – nur die ***Anteilseigner*vertreter.**[160] Praktische Bedeutung erlangt diese **Sanktionslücke**[161] allerdings nur für den (in der Praxis seltenen) Fall, dass die **Anteilseigner-,** sei es planmäßig, sei es aufgrund überraschend aufgetretener Abwicklungsschwierigkeiten, **vor** den **Arbeitnehmervertretern** gewählt werden (werden sie *danach* gewählt, müssen sie unter der Nichtigkeitsdrohung des Abs. 2 S. 6 *allein* für die noch offene „Restquote" sorgen (→ Rn. 51); einen Widerspruch können sie nach der hier vertretenen Auffassung zu diesem Zeitpunkt nicht mehr erklären → Rn. 56).[162] **Beispiel** (16-köpfiger MitbestG-Aufsichtsrat, Gesamterfüllung): Die Anteilseigner wählen ausschließlich Männer in den Aufsichtsrat. Damit liegt die „Verantwortung" für das Erreichen der 30%igen Frauenquote allein wegen des zeitlichen Nachrangs auf der Arbeitnehmerseite, die aber ebenfalls ausschließlich Männer wählt. Das Fehlen einer für diesen Fall passenden, expliziten Sanktion kann angesichts des die Geschlechterquote ansonsten beherrschenden **Dogmas** vom **„Leeren Stuhl"** indes schwerlich bedeuten, dass ein Quotenverstoß auf der Arbeitnehmerseite überhaupt folgenlos bliebe.[163] Das Problem sind dabei freilich weniger die zur direkten (§ 134 BGB)[164] oder analogen Anwendung (§ 96 Abs. 2 S. 6 und § 18a MitbestG)[165] vorgeschlagenen Rechtsfolgen-Vorschriften als vielmehr die angesichts der betroffenen Gruppen und Wahlverfahren 73

[157] Vgl. die Beispiele bei WKS/*Wißmann* MitbestG § 18a Rn. 11 f.; Hohenstatt/Seibt/*Seibt/Kraack* Geschlechterquoten Rn. 161; krit. (Art. 3 GG) *Röder/Arnold* NZA 2015, 279 (281 f.).

[158] Einzelheiten Hohenstatt/Seibt/*Seibt/Kraack* Geschlechterquoten Rn. 227.

[159] Begr. RegE, BT-Drs. 18/3784, 122.

[160] Ausf. *Röder/Arnold* NZA 2015, 279 (282).

[161] Überraschend *Seibert* NZG 2016, 16 (19): „nicht tragisch".

[162] WKS/*Wißmann* MitbestG § 6 Rn. 71, MitbestG § 18a Rn. 23.

[163] So aber *Junker/Schmidt-Pfitzner* NZG 2015, 929 (931); *Röder/Arnold* NZA 2015, 279 (283); WKS/*Wißmann* MitbestG § 6 Rn. 73, MitbestG § 18a Rn. 24 ff.; aA Hüffer/*Koch* Rn. 25.

[164] So zB Hohenstatt/Seibt/*Seibt/Kraack* Geschlechterquoten Rn. 220, 228; HWK/*Seibt* MitbestG § 7 Rn. 8; *Herb* DB 2015, 964 (967); iErg auch *Seibert* NZG 2016, 16 (19).

[165] So zB Hüffer/*Koch* Rn. 25; Geßler/*Stüber* Rn. 29; abl. WKS/*Wißmann* MitbestG § 18a Rn. 24 f.

anwendbaren **Quoten-Maßstäbe** (Nichtigkeit *sämtlicher* Wahlbeschlüsse des überrepräsentierten Geschlechts? Oder nur nach dem Maß der Benachteiligung des unterrepräsentierten Geschlechts? Nach der zeitlichen Abfolge der Wahlen?).[166] Es ist schwer vorstellbar, dass die Gerichte hierzu kurzfristig belastbare Leitsätze werden entwickeln können. Wer auf der Rechtsfolgenseite Sicherheit anstrebt (und damit überhaupt erst die *Voraussetzung* für eine sinnvolle Wahlplanung schafft), kommt daher nicht umhin, zumindest vor jeder Bestellung von Aufsichtsratsmitgliedern, bei der konkret ein leerer Stuhl droht, auf **Getrennterfüllung** zu bestehen.

74 **cc) Schadenersatz.** Die gesetzliche Pflicht zur Erfüllung der Geschlechterquote ist vom **Aufsichtsrat** für seinen Verantwortungsbereich zwingend zu beachten. Unterbreitet er (faktisch: die Anteilseignerseite, § 124 Abs. 3 S. 6) der Hauptversammlung Beschlussvorschläge, die dem entgegenstehen, verhält er sich pflichtwidrig.[167] Ein ersatzfähiger Schaden ist allerdings wohl nur vorstellbar, wenn (i) der Aufsichtsrat aufgrund der quotenwidrigen und damit nichtigen Wahl beschlussunfähig wird (bei den qualifiziert mitbestimmten Gesellschaften mit ihren großen Aufsichtsräten kaum vorstellbar), obwohl er (ii) dringende Aufgaben zu erledigen hat. Selbst dann ist der **Vorstand** gemäß § 104 Abs. 1 S. 2 zur unverzüglichen Einleitung des gerichtlichen Bestellungsverfahrens verpflichtet, was einen Schadenseintritt verhindern sollte; kommt der Vorstand seiner Antragspflicht nicht nach, setzt er sich seinerseits einem Haftungsrisiko aus.

75 **dd) (Verweigerung der) Entlastung.** Selbst nicht zum Eintritt eines Schadens führende Pflichtverletzungen im Zusammenhang mit der Besetzung des Aufsichtsrats können im Rahmen der Entlastungsentscheidung (§ 120) relevant werden, wenn sie schwerwiegend sind.

76 **ee) Bekanntmachungs- und Berichtspflichten.** Der Aufsichtsrat hat in seinen **Wahlvorschlägen** an die Hauptversammlung gemäß § 124 Abs. 2 S. 2 künftig anzugeben, ob der Gesamterfüllung widersprochen wurde und wie viele Sitze im Aufsichtsrat mit Vertretern welches Geschlechts besetzt sein müssen, um die Quotenvorgabe nach Abs. 2 S. 1 zu erfüllen. Die gleichen Angaben, verbunden mit einem Hinweis auf die Anforderungen der Mindestquote, muss die Gesellschaft gemäß § 127 S. 3 bei einem von ihr zugänglich zu machenden **Wahlvorschlag von Aktionären** machen. Sollen diese Informationen tatsächlich eine „sachgemäße Vorbereitung auf die quotierte Aufsichtsratswahl ermöglichen",[168] können sie nicht bloß abstrakt bleiben, sondern müssen sich an den in der Gesellschaft **konkret** herrschenden Verhältnissen orientieren.[169]

77 Die der fixen Geschlechterquote unterworfenen Gesellschaften müssen (ansonsten: Bußgeld, § 334 Abs. 1 Nr. 3, Abs. 3 HGB; Strafe, § 331 Nr. 1 HGB) in der (auch: Konzern-) **Erklärung zur Unternehmensführung** darüber berichten, ob sie – angesichts der bestehenden gesetzlichen Verpflichtung hierzu höchst erstaunlich – die fixe Quote eingehalten haben und, „wenn nicht, Angaben zu den Gründen" machen (§§ 315 Abs. 5, 289a Abs. 2 Nr. 5, Abs. 3 HGB).

78 **h) Besonderheiten für aus einer grenzüberschreitenden Verschmelzung hervorgegangene Gesellschaften (Abs. 3).** Börsennotierte Gesellschaften, die aus einer grenzüberschreitenden Verschmelzung (zur Aufnahme oder zur Neugründung) hervorgegangen sind und bei denen nach dem MgVG ein paritätisch besetztes Aufsichts- oder Verwaltungsorgan besteht, müssen dieses seit dem 1.1.2016 (§ 25 Abs. 3 EGAktG) ebenfalls mit mindestens 30% Frauen und Männern besetzen. Ein inländischer Satzungssitz ist dafür nicht erforderlich.[170] Die Parität kann sich – weil weder das Gesetz insoweit differenziert noch ein sachlicher Grund hierfür besteht – sowohl aus einer entsprechenden Mitbestimmungsvereinbarung als auch einer Anwendung der gesetzlichen Auffanglösung (→ Rn. 40) ergeben.[171] Besteht als (in der Praxis freilich seltenes) Ergebnis der Verhandlung *keine* paritätische Mitbestimmung, läuft Abs. 3 wegen des Vorrangs der insoweit bestehenden Parteiautonomie ins Leere.[172] – Die Regelung gleicht der „allgemeinen" Quotenregelung in weiten Teilen. Lediglich das **Widerspruchsrecht** gegen die Gesamterfüllung ist für diesen Fall bewusst nicht vorgesehen. Die dafür vom Gesetzgeber irrigerweise ins Feld geführte Begründung („kann … nicht zur Anwendung kommen, weil die Mitbestimmung … im Vereinbarungswege ausgehandelt

---

[166] Ebenso, wenn auch mit anderer Schlusfolgerung (Wirksamkeit der Wahlen), WKS/*Wißmann* MitbestG § 6 Rn. 73; § 18a Rn. 25 f.; *Röder/Arnold* NZA 2015, 279 (283).

[167] Vgl. HWK/*Seibt* MitbestG § 7 Rn. 10.

[168] Begr. RegE, BT-Drs. 18/3784, 124.

[169] So jetzt auch *Stüber* BB 2015, 2243 (2247); zurückhaltender noch *dies.* DStR 2015, 947 (949).

[170] Hüffer/*Koch* Rn. 27; krit. Schmidt/Lutter/*Drygala* Rn. 60.

[171] Ebenso Hüffer/*Koch* Rn. 27; Hohenstatt/Seibt/*Hohenstatt/Wendler* Geschlechterquoten Rn. 370; *Seibt* ZIP 2015, 1193 (1201); aA Schmidt/Lutter/*Drygala* Rn. 59.

[172] Hüffer/*Koch* Rn. 27; Hohenstatt/Seibt/*Hohenstatt/Wendler* Geschlechterquoten Rn. 371; *Grobe* AG 2015, 289 (298); *Teichmann/Rüb* BB 2015, 259 (266).

wird")[173] ist allerdings schon angesichts der auch auf eine Auffanglösung rückführbaren Parität nicht überzeugend. Es ist allerdings auch in der Sache nicht einleuchtend, wieso die beiden Bänke gerade an der – gesetzlich besonders unausgefeilten – Gesamterfüllung festgehalten werden sollten. Angesichts der bewussten Entscheidung des Gesetzgebers ist dieser Missgriff de lege lata allerdings hinzunehmen.[174] – Dem Dilemma der ungeregelten Rechtsfolgen bei **Nichterfüllung** der Quote (nur) auf der Arbeitnehmerseite (→ Rn. 73) kann auch hier einstweilen nur mit einer entsprechenden Vereinbarung der Bänke begegnet werden. – Zum **Übergangsrecht** s. § 25 Abs. 3 EGAktG.

3. Statusverfahren (Abs. 4). Abs. 4 bestimmt – in freilich sprachlich missratener Form –, dass ein bestehender Aufsichtsrat nur dann nach anderen als den bisher angewandten **gesetzlichen** Bestimmungen neu zusammengesetzt werden kann, wenn zuvor ein formalisiertes Bekanntmachungsverfahren (§ 97) bzw. Gerichtsverfahren (§§ 98 f.) – das sog. Statusverfahren – durchlaufen worden ist. Die Vorschrift fördert auf diese Weise, wenn auch um den Preis einer temporären Rechts-Unrichtigkeit, die **Rechtssicherheit** (→ Rn. 3).[175] Das bedeutet: (i) Der amtierende Aufsichtsrat besteht in seiner gegenwärtigen personellen Besetzung bis zum Abschluss des Statusverfahrens rechtmäßig fort, auch wenn die bislang angewandten gesetzlichen Vorschriften nicht (mehr) passen, und zwar (ii) selbst dann, wenn sich alle Beteiligten hierüber sowie über ein abweichendes Verfahren zur Einsetzung eines neuen, objektiv rechtmäßigen Aufsichtsrats einig sind **(Kontinuitätsprinzip).**[176] Dieser temporäre Erhalt des **Status Quo** hat seine größte praktische Bedeutung in Fällen, in denen das Mitbestimmungsregime wechselt (zB Mitbestimmungsfreiheit als Folge des Unterschreitens der erforderlichen „mehr als 500 Arbeitnehmer"-Anforderung nach § 1 Abs. 1 DrittelbG); er ist auf diese Fälle jedoch nicht beschränkt (zu Einzelheiten → § 97 Rn. 8 ff.).[177] – Die Pflicht zur Durchführung eines Statusverfahrens wird in der **Praxis** gleichwohl nicht selten **übersehen:** Das Verfahren ist immer – aber auch nur dann – zu beachten, wenn der Aufsichtsrat nach anderen als den **„zuletzt angewandten"** gesetzlichen Vorschriften besetzt werden soll. Damit sind die (i) *tatsächlich* (nicht notwendigerweise rechtmäßig) angewandten (ii) *Besetzungs-* (und nicht etwa Verfahrens-) Vorschriften gemeint, nach denen der Aufsichtsrat zuletzt zusammengesetzt war. **Beispiel:** Der irrtümlich ohne die erforderliche Durchführung eines Statusverfahrens (und damit nichtig, § 250 Abs. 1 Nr. 1) gewählte Aufsichtsrat soll turnusmäßig neu gewählt werden. Bei unveränderten Verhältnissen ist hier nicht etwa das versäumte Statusverfahren nachzuholen (schon weil es sich dabei um keine *Besetzungs*regelung handelt), sondern unverändert wie bei der letzten Wahl vorzugehen; im Ergebnis wird damit die Nichtigkeit der Ausgangswahlen für die folgende(n) Amtsperiode(n) kuriert.[178] Soll der Folge-Aufsichtsrat umgekehrt nach *anderen* als den „zuletzt angewandten" Vorschriften besetzt werden (zB weil bei der Erstwahl nicht nur das Statusverfahren vergessen, sondern irrtümlich auch ein falsches Mitbestimmungsstatut angenommen wurde), muss *deshalb* ein – für die Erstwahl, wenn sie denn richtig durchgeführt worden wäre, womöglich gar nicht erforderliches – Statusverfahren stattfinden (→ Rn. 85; → § 97 Rn. 46).[179] 79

Das Statusverfahren sieht **zwei Wege** für eine Neubesetzung des Aufsichtsrats vor (Übersicht → § 97 Rn. 6): Nach § 97 hat der Vorstand (nur er) eine **öffentliche Bekanntmachung** zu initiieren, in der auf die nach seiner Ansicht richtigerweise anzuwendenden gesetzlichen Vorschriften für die Zusammensetzung des Aufsichtsrats hingewiesen wird. Erfolgt hiergegen keine gerichtliche Anrufung durch die nach § 98 Abs. 2 Betroffenen, ist die Bekanntmachung verbindlich und der Aufsichtsrat entsprechend zusammenzusetzen (§ 97 Abs. 2 S. 1); andernfalls entscheidet das Gericht. **Alternativ** sieht § 98 einen originären Weg zum **Gericht** – entweder wiederum durch den Vorstand oder durch die nach § 98 Abs. 2 hierzu Berechtigten – vor, wenn die gesetzlich richtige Zusammensetzung des Aufsichtsrats von vorneherein, dh schon vor einer entsprechenden Bekanntmachung des Vorstands, „streitig oder ungewiss" ist. 80

Vorrangige **Spezialregeln** bestehen für die Neubesetzung des Aufsichtsrats im Anschluss an eine Bar- oder Sachgründung (§ 30 Abs. 3 S. 2) bzw. eine (Sach-) Gründung durch Einbringung oder Übernahme eines Unternehmens oder Unternehmensteils (§ 31 Abs. 3 S. 2). Die Vorschriften über diesen ersten „*Nach*-Gründungs-Aufsichtsrat" verweisen freilich ihrerseits weitgehend auf die §§ 97 ff. 81

[173] Vgl. Beschlussempfehlung, BT-Drs. 18/4227, 25.

[174] (Nur) iErg aA Hüffer/*Koch* Rn. 27.

[175] OLG Düsseldorf ZIP 1995, 1752 (1753); KK-AktG/*Mertens/Cahn* Rn. 23.

[176] Vgl. OLG Düsseldorf ZIP 1995, 1752 (1753); Spindler/Stilz/*Spindler* Rn. 2; MHdB AG/*Hoffmann-Becking* § 28 Rn. 63.

[177] Vgl. MüKoAktG/*Habersack* Rn. 34.

[178] IErg ebenso, wenn auch mit anderer Begr. (Kontinuitätsprinzip), *Jannott/Gressinger* BB 2013, 2120 (2123 f.); vgl. auch GroßkommAktG/*Hopt/Roth* Rn. 56.

[179] *Jannott/Gressinger* BB 2013, 2120 (2123).

Der wesentliche Unterschied besteht darin, dass das in diesen Fällen vorgesehene Statusverfahren keine zwischenzeitliche *Änderung* der anwendbaren gesetzlichen Vorschriften voraussetzt, sondern unabhängig davon zur Anwendung kommt (zu Einzelheiten → § 30 Rn. 11 ff.; → § 31 Rn. 9 ff.).

IV. Abdingbarkeit; Mitbestimmungsvereinbarungen

82 **1. Satzungsregelungen.** Abs. 1 und 2 sind **zwingendes** Recht (§ 23 Abs. 5). Das bedeutet, dass für satzungsautonome Regelungen zur Mitbestimmung selbst mit Zustimmung aller Beteiligten grundsätzlich kein Raum ist.[180] Dagegen ist vereinzelt das formale, angesichts der vom Gesetzgeber gewählten Regelungstechnik allerdings nicht durchschlagende Argument bemüht worden, § 23 Abs. 5 beziehe sich ausdrücklich nur auf die Vorschriften des AktG, nicht dagegen auf diejenigen zur Mitbestimmung.[181] Darauf kommt es aber nicht an: Entscheidend ist, dass die „sozialordnenden" Vorschriften zur Mitbestimmung im Kern selbst zwingendes Recht sind.[182] Im Ergebnis bedeutet das, dass **„statusbegründende Mitbestimmungsvereinbarungen"** (Beispiel: Einrichtung eines an sich nicht obligatorischen mitbestimmten Aufsichtsrats; Modifikationen des gesetzlich vorgegebenen Mitbestimmungsniveaus etc) **unzulässig** sind.[183] Das gilt auch für Entsendungsrechte zu Gunsten von Gewerkschaften oder des Betriebsrats und für Zustimmungsvorbehalte für die Ausübung von Entsendungsrechten zugunsten dieser Gruppen.[184]

83 Der Rahmen für von den mitbestimmungsrechtlichen Vorgaben abweichende Gestaltungen ist daher eng:

- Mitbestimmten deutschen Kapitalgesellschaften ist es gestattet, unter den Voraussetzungen des **MgVG** (Verschmelzung von Kapitalgesellschaften aus verschiedenen EU-Mitgliedstaaten) durch Verhandlungen zwischen dem Leitungsorgan der betroffenen Gesellschaft(en) und dem hierfür eingerichteten besonderen Verhandlungsgremium Abweichungen vom ansonsten zwingenden deutschen Mitbestimmungsrecht zu vereinbaren (→ Rn. 39).
- Hinsichtlich der Zusammensetzung des Aufsichtsrats gilt für den Bereich des MitbestG, dass die Satzung auch bei einer Gesellschaft mit einer kleineren Anzahl Arbeitnehmer als der gesetzlichen Schwellenzahl einen **größeren** Aufsichtsrat vorsehen kann (§ 7 Abs. 1 S. 2, 3 MitbestG), allerdings nur, soweit dadurch nicht die vom MitbestG selbst gezogenen Gestaltungsgrenzen überschritten werden. Ähnliche Öffnungsklauseln für einen größeren Aufsichtsrat finden sich in § 9 MontanMitbestG und § 5 Abs. 1 S. 3 MitbestErgG.[185]
- Den Gründern bzw. Anteilseignern einer Aktiengesellschaft steht es im Rahmen ihrer **Gestaltungskompetenz** frei, von den gesetzlich vorgesehenen Möglichkeiten für eine unmittelbare oder mittelbare Ausformung der Mitbestimmung (zB durch die bewusste Wahl der Rechtsform, durch Umwandlungs- oder Konzernbildungsmaßnahmen etc) Gebrauch zu machen.[186]
- Ebenso wenig ist die Hauptversammlung daran gehindert, durch eine **freiwillige** (nicht jedoch: durch eine in der Satzung festgelegte → § 100 Rn. 57)[187] **Wahl** von Belegschaftsvertretern eine *faktische* Mitbestimmungserweiterung herbeizuführen; die Kompetenz der Hauptversammlung, diese – selbst langjährige – Praxis jederzeit aufzugeben oder zu modifizieren, wird dadurch nicht in Frage gestellt.[188] Allerdings handelt es sich bei den so Gewählten weiter um *Anteilseigner-*Vertreter (Folge: § 103 Abs. 1).[189]

84 **2. Rechtsgeschäftliche Vereinbarungen.** Das Verbot privatautonomer Gestaltung im Bereich der Mitbestimmung gilt im Grundsatz auch für rechtsgeschäftliche Vereinbarungen zwischen der Aktiengesellschaft und den Arbeitnehmern (zB in Form von Betriebsvereinbarungen)[190] oder zwi-

---

[180] HM, vgl. MüKoAktG/*Habersack* Rn. 3; Hüffer/*Koch* Rn. 3; Henssler/Strohn/*Henssler* Rn. 1.

[181] *Fabricius* FS Hilger und Stumpf, 1983, 155 (158); dagegen Hüffer/*Koch* Rn. 3.

[182] Ebenso MüKoAktG/*Habersack* Rn. 3, 26.

[183] *Seibt* AG 2005, 413 (415); Spindler/Stitz/*Spindler* Rn. 24; HK-AktG/*Israel* Rn. 8; Grigoleit/*Grigoleit*/*Tomasic* Rn. 10.

[184] GroßkommAktG/*Hopt*/*Roth* Rn. 25.

[185] BGH AG 2012, 248 (249); *Seibt* AG 2005, 415 (421).

[186] UHH/*Ulmer*/*Habersack* MitbestG § 1 Rn. 18; Raiser/Veil/Jacobs/*Raiser* MitbestG § 1 Rn. 59; zahlreiche instruktive Fallbeispiele mit Gestaltungsmöglichkeiten bei WHSS/*Seibt* F 20 ff.

[187] MüKoAktG/*Habersack* § 100 Rn. 52; Henssler/Strohn/*Henssler* Rn. 8; missverständlich Wachter/*Schick* Rn. 12.

[188] BGH AG 1975, 242 (244) für Wahl von drei zusätzlichen Arbeitnehmervertretern zwecks Herstellung einer quasi-paritätischen Besetzung des Aufsichtsrats; OLG Bremen NJW 1977, 1153; Hüffer/*Koch* § 251 Rn. 2; *Seibt* AG 2005, 413 (415); diff. Grigoleit/*Grigoleit*/*Tomasic* Rn. 11; abl. *Hüffer*, 10. Aufl. 2012, § 251 Rn. 2.

[189] GroßkommAktG/*Hopt*/*Roth* Rn. 27.

[190] MüKoAktG/*Habersack* Rn. 28; MHdB AG/*Hoffmann-Becking* § 28 Rn. 44; *Seibt* AG 2005, 413 (416); aA *Fabricius* FS Hilger und Stumpf, 1983, 155 (158).

schen den Tarifvertragsparteien,[191] jedenfalls soweit sie einen gesetzlich bestimmten Mitbestimmungs-Status aufheben, begründen oder modifizieren. Auch solche Vereinbarungen stellen den zwingenden Charakter von § 96 und den in Bezug genommenen Mitbestimmungsregelungen in Frage und sind daher nach hM **unzulässig.**[192] Dass Mitbestimmungsvereinbarungen bei der SE und in Fällen der grenzüberschreitenden Verschmelzung verbreitet sind, steht hierzu wegen der abweichenden gesetzlichen Konzepte nicht in Widerspruch. Für allgemein **zulässig** gehalten werden demgegenüber (i) sog. **„Rationalisierungsvereinbarungen"** = Vereinbarungen zur Vereinfachung oder Anpassung gesetzlicher Mitbestimmungsregeln und (ii) **Vergleichsvereinbarungen** zur einvernehmlichen Klärung zweifelhafter Sach- und Rechtsfragen mit mitbestimmungsrechtlichem Bezug (Beispiel: maßgebliche Arbeitnehmerzahl; Kreis der Wahlberechtigten; nicht: Einrichtung mitbestimmter Aufsichtsräte in Konzerngesellschaften).[193]

V. Rechtsfolgen bei Verstoß

Verstößt eine Gesellschaft mit ihrem Aufsichtsratsregime gegen die nach Abs. 1 iVm den einschlä- **85**
gigen Mitbestimmungsregelungen vorgesehene gesetzliche Zusammensetzung des Aufsichtsrats, hat der Vorstand das **Statusverfahren** nach Abs. 2 einzuleiten. Das **Versäumnis,** ein solches Verfahren einzuleiten, stellt eine ggf. zum Schadensersatz verpflichtende **Pflichtverletzung** dar. Dies gilt bei jeder gesetzlichen Falschbesetzung; auf ein allseits bestehendes Einverständnis mit dem gesetzwidrigen Zustand (erkennbar durch das Fehlen entsprechender Anträge auf gerichtliche Entscheidung nach § 98) kommt es nicht an (→ Rn. 79). Unterlässt der Vorstand, aus welchem Grund auch immer, die Einleitung des Statusverfahrens, bleibt der **Aufsichtsrat,** obwohl gesetzwidrig, gleichwohl rechtmäßig besetzt (Abs. 2).[194] Entsprechend sind die von ihm gefassten Beschlüsse uneingeschränkt verbindlich.[195] Umgekehrt sind Aufsichtsratswahlen, die **ohne** oder **vor Abschluss** des nach Abs. 2 erforderlichen Statusverfahrens durchgeführt werden, gemäß § 250 Abs. 1 Nr. 1 nichtig (→ § 97 Rn. 46). Für etwaige Statusverfahren bei Folgewahlen sind gleichwohl nur die zuletzt (wenn auch fehlerhaft „angewandten" Vorschriften maßgeblich (→ Rn. 79).[196]

§ 97 Bekanntmachung über die Zusammensetzung des Aufsichtsrats

(1) [1]Ist der Vorstand der Ansicht, daß der Aufsichtsrat nicht nach den für ihn maßgebenden gesetzlichen Vorschriften zusammengesetzt ist, so hat er dies unverzüglich in den Gesellschaftsblättern und gleichzeitig durch Aushang in sämtlichen Betrieben der Gesellschaft und ihrer Konzernunternehmen bekanntzumachen. [2]In der Bekanntmachung sind die nach Ansicht des Vorstands maßgebenden gesetzlichen Vorschriften anzugeben. [3]Es ist darauf hinzuweisen, daß der Aufsichtsrat nach diesen Vorschriften zusammengesetzt wird, wenn nicht Antragsberechtigte nach § 98 Abs. 2 innerhalb eines Monats nach der Bekanntmachung im Bundesanzeiger das nach § 98 Abs. 1 zuständige Gericht anrufen.

(2) [1]Wird das nach § 98 Abs. 1 zuständige Gericht nicht innerhalb eines Monats nach der Bekanntmachung im Bundesanzeiger angerufen, so ist der neue Aufsichtsrat nach den in der Bekanntmachung des Vorstands angegebenen gesetzlichen Vorschriften zusammenzusetzen. [2]Die Bestimmungen der Satzung über die Zusammensetzung des Aufsichtsrats, über die Zahl der Aufsichtsratsmitglieder sowie über die Wahl, Abberufung und Entsendung von Aufsichtsratsmitgliedern treten mit der Beendigung der ersten Hauptversammlung, die nach Ablauf der Anrufungsfrist einberufen wird, spätestens sechs Monate nach Ablauf dieser Frist insoweit außer Kraft, als sie den nunmehr anzuwendenden gesetzlichen Vorschriften widersprechen. [3]Mit demselben Zeitpunkt erlischt das Amt der bisherigen Aufsichtsratsmitglieder. [4]Eine Hauptversammlung, die innerhalb der Frist von sechs Monaten stattfindet, kann an Stelle der außer Kraft tretenden Satzungsbestimmungen mit einfacher Stimmenmehrheit neue Satzungsbestimmungen beschließen.

(3) Solange ein gerichtliches Verfahren nach §§ 98, 99 anhängig ist, kann eine Bekanntmachung über die Zusammensetzung des Aufsichtsrats nicht erfolgen.

[191] OLG Hamburg AG 1972, 183 (188); MHdB AG/*Hoffmann-Becking* § 28 Rn. 45; MüKoAktG/*Habersack* Rn. 28, dort auch zu punktuellen Ausnahmen; aA *Fabricius* FS Hilger und Stumpf, 1983, 155 (165).

[192] Umfassend Spindler/Stilz/*Spindler* Rn. 24 ff.

[193] Vgl. *Seibt* AG 2005, 414 (415, 418).

[194] OLG Düsseldorf AG 1996, 87.

[195] Zum Ganzen MüKoAktG/*Habersack* Rn. 32; Hüffer/*Koch* Rn. 28.

[196] Vgl. Henssler/Strohn/*Henssler* Rn. 9.

Schrifttum: *Arnold/Lumpp,* Statusverfahren: Ab welchem Zeitpunkt gilt das neue Mitbestimmungsregime?, AG-Report 2010, R 156; *Bungert/Rogier,* Berücksichtigung von Leiharbeitnehmern bei den Schwellenwerten für die unternehmerische Mitbestimmung nach dem AÜG-Änderungsgesetz, DB 2016, 3022; *Göz* Statusverfahren bei Änderungen in der Zusammensetzung des Aufsichtsrats, ZIP 1998, 1523; *Hellwig/Behme,* Die Verpflichtung von Vorstand und Aufsichtsrat zur Einleitung des Statusverfahrens (§§ 97, 98 AktG), FS Hommelhoff, 2012, 343; *dies.,* Zur grenzüberschreienden Dimension der deutschen Konzernmitbestimmung, AG 2015, 333; *Jannott/Gressinger,* Heilende Kraft des Kontinuitätsprinzips oder Perpetuierung nichtiger Aufsichtsratswahlen?, BB 2013, 2120; *Kowalski/Schmidt,* Das aktienrechtliche Statusverfahren nach §§ 96 Abs. 2, 97 ff. AktG – (k)ein Fallstrick im Gesellschaftsrecht, DB 2009, 551; *Martens,* Das aktienrechtliche Statusverfahren und der Grundsatz der Amtskontinuität, DB 1978, 1065; *Nießen/Sandhaus,* Das Statusverfahren, NJW-Spezial 2008, 687; *Oetker,* Der Anwendungsbereich des Statusverfahrens nach den §§ 97 ff. AktG, ZHR 149 (1985), 575; *ders.,* Das Recht der Unternehmensmitbestimmung im Spiegel der neueren Rechtsprechung, ZGR 2000, 19; *Parmentier,* Das Statusverfahren beim Formwechsel in eine Aktiengesellschaft, AG 2006, 476; *Schnitker/Grau,* Aufsichtsratsneuwahlen und Ersatzbestellung von Aufsichtsratsmitgliedern im Wechsel des Mitbestimmungsmodells, NZG 2007, 486.

Übersicht

I. Allgemeines

1 Dem **Vorstand** (nicht etwa dem Aufsichtsrat selbst) obliegt die Pflicht, für eine ordnungsgemäße Zusammensetzung des Kontrollgremiums seiner Gesellschaft zu sorgen.[1] § 97 regelt, wie zu verfahren ist, wenn er der Ansicht ist, dass der Aufsichtsrat „nicht nach den für ihn maßgebenden gesetzlichen Bestimmungen zusammengesetzt ist". Neben diesem **außergerichtlichen** Verfahren steht dem Vorstand (und anderen Berechtigten) mit den §§ 98 f. ein **gerichtliches** Verfahren zur Verfügung, um eine veränderte Zusammensetzung des Aufsichtsrats zu erreichen. Gemeinsam bilden die Vorschriften das sog. **„Status-"** (oder „Überleitungs-")**„Verfahren".** Nur nach Durchlaufen dieses Verfahrens kann erreicht werden, dass der Aufsichtsrat tatsächlich „nach anderen als den zuletzt angewandten gesetzlichen Vorschriften zusammengesetzt" wird (§ 96 Abs. 2). Jede Einwirkung auf die Zusammensetzung des Aufsichtsrats ohne vorgeschaltetes Statusverfahren ist unzulässig. – Für den von § 97 erfassten (= außergerichtlichen) Strang des Statusverfahrens sieht das Gesetz ein **zweistufiges Procedere** vor:[2]

2 (i) Zunächst wird vom Vorstand ein **Bekanntmachungsverfahren** in Gang gesetzt, in dem auf die nach seiner Ansicht richtigerweise anzuwendenden gesetzlichen Vorschriften hingewiesen und die entsprechende künftige Zusammensetzung des Aufsichtsrats angekündigt wird. Bleibt die Bekanntmachung widerspruchslos, wird die Ankündigung in der bekanntgemachten Form verbindlich; wird Widerspruch erhoben, erfolgt eine Klärung der rechtmäßigen Zusammensetzung in einem gerichtlichen Verfahren (Abs. 2 S. 1).

3 (ii) Auf einer zweiten Stufe erfolgen anschließend die angekündigte bzw. gerichtlich verfügte **Neubesetzung** des Aufsichtsrats und die Anpassung etwa entgegenstehender Satzungsbestimmungen (Abs. 2 S. 1–4, § 98 Abs. 4).

4 Bis zur Neubesetzung bleibt der „gesetzwidrig" zusammengesetzte als der allein legitimierte Aufsichtsrat im Amt (**Status Quo-** oder **Kontinuitäts-Prinzip**). Er kann während dieser Zeit insbeson-

[1] Vgl. nur MüKoAktG/*Habersack* Rn. 1.

[2] MüKoAktG/*Habersack* Rn. 2; Schmidt/Lutter/*Drygala* Rn. 1 ff.; *Schnitker/Grau* NZG 2007, 486.

dere weiter rechtsverbindliche Beschlüsse fassen.[3] Die Vorschrift dient damit vor allem der **Rechtssicherheit:** Eine Änderung in der Zusammensetzung des Aufsichtsrats aufgrund „andere(r) als der zuletzt angewandten gesetzlichen Vorschriften" (§ 96 Abs. 2) ist nur zu erreichen, indem zunächst das Statusverfahren abgeschlossen wird (→ § 96 Rn. 79 ff.).

Zum Statusverfahren gelangt man – im Fall der *bestehenden* **AG** und **KGaA** (§ 278 Abs. 3)[4] – 5
nicht nur unmittelbar über die §§ 97 ff., sondern auch nach einem **Formwechsel** in diese Gesellschaftsformen nach den Vorschriften des UmwG.[5]

Zusammengefasst stellen sich die zwei Wege in das Statusverfahren und dessen zwei Phasen 6
wie folgt dar:

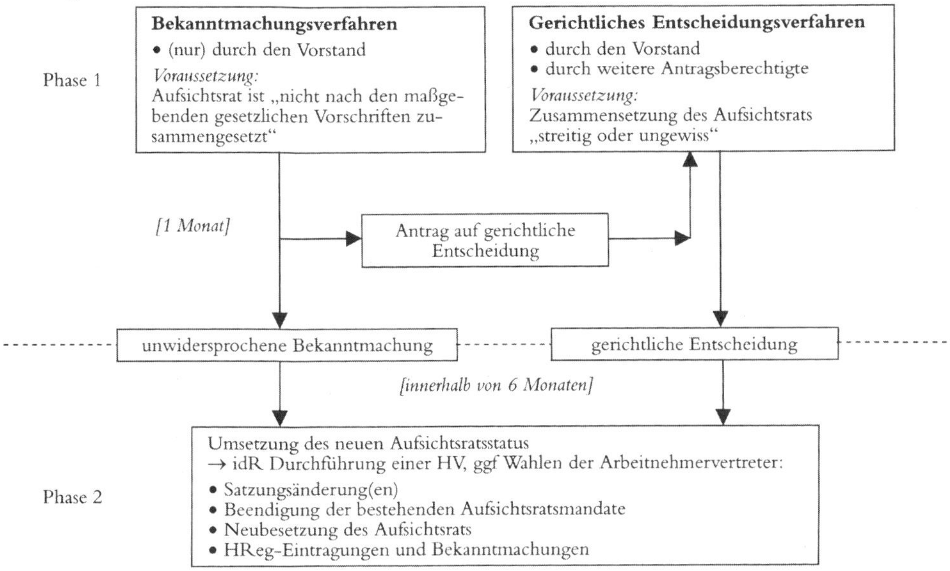

II. Rechtstatsachen

Das Statusverfahren ist praktisch außerordentlich bedeutsam, in erster Linie in seiner vom Vorstand 7
initiierten, dh (jedenfalls zunächst) außergerichtlichen Form (Abs. 1). Aber auch „gerichtliche Entscheidung[en] über die Zusammensetzung des Aufsichtsrats" (§ 98) sind nicht selten. Das Statusverfahren stellt die **einzige** Möglichkeit dar, einen nicht mehr gemäß den gesetzlichen Bestimmungen zusammengesetzten Aufsichtsrat wieder in **Einklang mit dem Gesetz** zu bringen. Für die Möglichkeit, dass ein Aufsichtsrat ungesetzlich zusammengesetzt sein (oder später werden) kann, ist wiederum die Vielzahl von Aufsichtsrats-Systemen verantwortlich, zwischen denen eine Gesellschaft – vor allem aufgrund des Auf- oder Abbaus von Mitarbeitern, aber auch zB als Folge von Kapitalmaßnahmen – hin und her „springen" kann.

III. Einzelerläuterungen

1. Verstoß gegen gesetzliche Bestimmungen. Auslöser des Statusverfahrens ist eine nicht 8
den **gesetzlichen** Bestimmungen entsprechende Zusammensetzung des Aufsichtsrats. Dabei geht es allgemein darum, **ob** überhaupt ein Aufsichtsrat zu bilden ist (eine Frage, die sich allerdings nur für andere Gesellschaftsformen als die AG stellt),[6] welche **Größe** er hat und wie er sich **proportional** zusammensetzt.[7] **Hauptanwendungsfälle** des Statusverfahrens sind danach

(i) das Herein- oder Herauswachsen aus einem der in § 96 Abs. 1 genannten **Mitbestimmungssys-** 9
teme (einschließlich der Mitbestimmungs*freiheit*)[8] oder der Wechsel von einem Mitbestim-

[3] Begr. RegE *Kropff* Textausgabe, 1965, 126; MüKoAktG/*Habersack* Rn. 2.
[4] Zur Anwendung auf weitere Gesellschaftsformen MüKoAktG/*Habersack* Rn. 4.
[5] Dazu Semler/Stengel/*Schlitt* UmwG § 218 Rn. 42.
[6] Zur Anwendbarkeit auf andere Rechtsformen MüKoAktG/*Habersack* Rn. 4.
[7] OLG Zweibrücken AG 2014, 629 (629); ähnlich *Hellwig/Behme* AG 2015, 333 (335).
[8] OLG Frankfurt NZG 2011, 353 (354) für die GmbH; LG Berlin ZIP 2007, 424 (425); Grigoleit/*Tomasic* Rn. 3; insoweit missverständlich HK-AktG/*Israel* Rn. 4.

mungssystem in das andere (Beispiele: konjunkturverursachter Abbau der Belegschaft auf unter 2000 Arbeitnehmer; akquisitionsbedingtes Anwachsen auf über 500 Arbeitnehmer; Erlangung von Tendenzschutz durch ein bisher mitbestimmtes Unternehmen).[9] Zunehmend bedeutsam dürfte dabei der Fall der grenzüberschreitenden Umwandlung mit der Anwendung des MgVG werden (Beispiel: Verschmelzung einer ausländischen Kapitalgesellschaft auf eine deutsche AG).[10] **Nicht** hierher gehört der Fall, dass in der Aktiengesellschaft der **erste Aufsichtsrat** zu bilden ist; hier passt Abs. 1 S. 1 schon nach seinem Wortlaut nicht; überdies bestehen mit den §§ 30 f. vorrangige Sonderregeln (→ § 96 Rn. 81).[11] In **Umwandlungsfällen** (Verschmelzung, Spaltung, Formwechsel) kommt es zwar häufig ebenfalls zur Einrichtung, Änderung oder Auflösung eines Aufsichtsrats (-regimes), jedoch bestimmen auch dort zumeist Sonderregeln (wie zB §§ 36 Abs. 2 S. 1, 76 Abs. 2 S. 2, 78, 135 Abs. 2, 197 S. 3 UmwG → Rn. 5), wann und inwieweit das Statusverfahren zur Anwendung kommt.[12]

10 (ii) das Über- oder Unterschreiten bestimmter **Schwellenwerte** *innerhalb* eines Mitbestimmungssystems, soweit dies mit einer *gesetzlichen* Größenveränderung des Aufsichtsrats einhergeht (Beispiele: Vergrößerung der Belegschaft auf über 20.000 infolge der (strittigen; → § 96 Rn. 12) Einbeziehung der Mitarbeiter *ausländischer* Konzerngesellschaften;[13] Anwachsen der Belegschaft auf über 10.000 Arbeitnehmer *ohne* Satzungsregelung zur Größe des Aufsichtsrats, §§ 7 Abs. 1 S. 1 Nr. 2; 5 Abs. 1 S. 1 MitbestG; zu satzungsmäßigen Größenveränderungen Rn. 13);[14]

11 (iii) die bei *unveränderten* Verhältnissen tatsächliche oder juristische **Neubewertung** (= Vorstandsbeschluss)[15] der für die Zusammensetzung des Aufsichtsrats maßgebenden gesetzlichen Bestimmungen (Beispiele: Die Gesellschaft erfüllt mit ihren Beteiligungsgesellschaften (> 500 Mitabeiter) unerkannt die Voraussetzungen eines „Konzerns im Konzern" (→ § 96 Rn. 16); Schwellenwertüberschreitung aufgrund AÜG-bedingter Einbeziehung von Leiharbeitnehmern in die Berechnung (→ § 96 Rn. 12, 14);[16] Nichtigkeit des Mitbestimmungs-Statuts wegen Ausgrenzung EU-ausländischer Belegschaften (→ § 96 Rn. 12)[17]).[18]

12 Keine Rolle spielt, **warum** es – ob aufgrund tatsächlicher (Beispiel: Mitarbeiteraufbau) oder juristischer *Umstände* (Beispiel: Gesetzes-/Rechtsprechungsänderung) oder nur aufgrund neuer, bisher fehlerhafter *Erkenntnisse* – dazu gekommen ist, dass der Aufsichtsrat aktuell nicht „nach den für ihn maßgebenden gesetzlichen Bestimmungen zusammengesetzt" ist.[19]

13 Manche[20] wollen die Vorschriften über das Statusverfahren auch dann anwenden, wenn die Zusammensetzung des Aufsichtsrats zwar keine Zweifel über die Anwendbarkeit *gesetzlicher* Vorschriften aufwirft, jedoch Bestimmungen der (geänderten) **Satzung** widerspricht (Beispiel: Ein Aufsichtsrat hat satzungsgemäß sechs Mitglieder; die Hauptversammlung beschließt eine Vergrößerung auf neun/eine Verkleinerung auf drei Mitglieder). In diesen Fällen werden Zweifel an der Gültigkeit der neuen *Rechts-* (= Satzungs-) Grundlage – Hauptzweck des § 97 (→ Rn. 4)! – indes bereits im Rahmen des registergerichtlichen Eintragungsverfahrens adressiert (§ 181 Abs. 3). Auch ein *tatsächliches* Rechtsanwendungsproblem besteht nicht. Zudem hat die die Satzungsänderung beschließende Hauptversammlung Gelegenheit, bei einer **Vergrößerung** des Aufsichtsrats im selben Atemzug, aufschiebend bedingt auf die Eintragung der Satzungsänderung im Handelsregister, die zusätzlichen Mitglieder zu wählen (→ § 95 Rn. 6). Die dem Statusverfahren zwingend nachfolgende Auflösung und Neuwahl erscheint daher weder angemessen noch plausibel.[21] **Vermindert** sich die Zahl der Aufsichtsräte aufgrund einer Änderung der Satzung, bleiben im *mitbestimmten* Aufsichtsrat die gewähl-

[9] MüKoAktG/*Habersack* Rn. 11 ff.; Hüffer/*Koch* Rn. 3; Grigoleit/*Tomasic* Rn. 3; *Arnold/Lumpp* AG-Report 2010, R 156.

[10] MüKoAktG/*Habersack* § 96 Rn. 34.

[11] Grigoleit/*Tomasic* Rn. 3.

[12] Zusammenfassend MüKoAktG/*Habersack* Rn. 11 ff.: unmittelbare Anwendung der §§ 96 ff. nur bei Verschmelzung oder Spaltung durch Aufnahme.

[13] LG Frankfurt NZG 2015, 683 Rn. 9 ff.

[14] OLG Zweibrücken AG 2014, 629 (629 f.); OLG Hamburg AG 1989, 64 (65); OLG Düsseldorf DB 1978, 1358; MüKoAktG/*Habersack* Rn. 14; *Hellwig/Behme* FS Hommelhoff, 2012, 343 (353); ausf. Raiser/Veil/Jacobs/*Raiser* MitbestG § 6 Rn. 5; aA *Göz* ZIP 1998, 1523 (1525).

[15] Hüffer/*Koch* Rn. 2.

[16] Dazu *Bungert/Rogier* DB 2016, 3022 (3027); *Aszmons/Homborg/Gerum* GmbHR 2017, 130 (133 f.).

[17] KG BeckRS 2015, 17548 Rn. 5 ff., 13; LG Berlin ZIP 2015, 1291 (1292); LG München ZIP 2015, 1929 (1929 f.).

[18] Hüffer/*Koch* Rn. 2; Raiser/Veil/Jacobs/*Raiser* MitbestG § 6 Rn. 5.

[19] OLG Frankfurt NZG 2011, 353 (354) für GmbH; HK-AktG/*Israel* Rn. 4; HWK/*Seibt* Arbeitsrecht MitbestG § 6 Rn. 3.

[20] BAG WM 1990, 633 (636) für direkte Anwendung; *Oetker* ZGR 2000, 19 (21) für entspr. Anwendung.

[21] OLG Hamburg AG 1989, 64 (65); Spindler/Stilz/*Spindler* Rn. 10; ausf. WHSS/*Seibt* F 195 ff.

abschließende Recherche etwa noch zweifelhafter Umstände, die Einholung juristischer Gutachten *(„second opinion")*, die Konsultation des vom Statusverfahren betroffenen Aufsichtsrats und der Antragsberechtigten (§ 98 Abs. 2) sowie die Durchführung anderer sinnvoller Maßnahmen, wie zB die Aufstellung eines Zeitplans für das weitere Vorgehen, nicht aus.[38] Da das Statusverfahren im Normalfall zu fristgebundenen Neuwahlen (Abs. 2 S. 1, 3) und damit zu einer Befassung der Aktionäre führt, ist es jedenfalls bei größeren Gesellschaften zweckmäßig, hierfür die ordentliche Hauptversammlung zu nutzen; auch die Wahlen der Arbeitnehmervertreter mit ihren festen zeitlichen Vorgaben sollten vor einem etwaigen Amtsverlust der Vorgänger abgeschlossen sein. Indes kann der Vorstand die „unverzügliche" Bekanntmachung nicht beliebig lange mit der Begründung herauszögern, er wolle den Zeitplan für die Neubesetzung des Aufsichtsrats gerade hierauf ausrichten (Beispiel: Im Juli 2017 steigt die Mitarbeiterzahl durch eine Unternehmensakquisition (entscheidend: Closing) von 1800 auf 2200. Hier ist auch dann unverzüglich bekanntzumachen, wenn die nächste ordentliche Hauptversammlung im Mai 2014 für die anstehenden Neuwahlen wegen der Frist nach Abs. 2 S. 3 zu spät kommt): – Im **Vorgriff** auf eine – selbst eine sicher zu erwartende – ungesetzliche Zusammensetzung des Aufsichtsrats darf die Bekanntmachung **nicht erfolgen;** damit würde die Zeit einer ungesetzlichen Aufsichtsratsbesetzung zwar wünschenswert abgekürzt, jedoch nur um den Preis erhöhter Rechtsunsicherheit (der § 97 gerade dienen soll!) und einer möglichen Verkürzung von Beteiligungsrechten nach § 98 Abs. 2.[39]

bb) Adressaten. Die Bekanntmachung erfolgt zum einen gegenüber der **Öffentlichkeit** (in den 21
„Gesellschaftsblättern"), zum anderen – zur Sicherstellung ihrer Beteiligungsrechte (§ 98 Abs. 2) – gegenüber den **Belegschaften** der Gesellschaft und ihrer Konzernunternehmen (durch Aushang in den betreffenden Betrieben). Betroffen hiervon sind nur die **inländischen** Betriebe und Konzerngesellschaften; nach hM gehören dazu auch die inländischen Betriebe der Auslandsgesellschaften.[40] Selbst wenn dort ausländische Arbeitnehmer beschäftigt sind, genügt eine Bekanntmachung in **deutscher** Sprache (anders zB § 7 Abs. 6 3. WO MitbestG für das Arbeitnehmer-Wahlverfahren). Auslöser für die Rechtsfolgen nach Abs. 2 ist gemäß dessen S. 1 jedoch allein die Bekanntmachung im **„Bundesanzeiger"** (→ Rn. 28). Von den allgemeinen Anforderungen abgesehen (→ Rn. 24 ff.), unterscheiden sich beide Bekanntmachungen weder in der Form noch im Inhalt. Es besteht jedoch kein Zwang, beide Bekanntmachungen wortgleich zu gestalten. Um jede Unklarheit auszuschließen, sollte vom Gleichlauf jedoch nicht ohne Grund abgewichen werden.

cc) Bekanntmachungsmedien. Die Bekanntmachung gegenüber der Öffentlichkeit erfolgt 22
gemäß Abs. 1 S. 1 in den **„Gesellschaftsblätter[n]".** Dazu zählt gem § 25 allein noch der (elektronische) **Bundesanzeiger** (die *Druck*fassung gibt es aufgrund des BAnzDiG vom 22.12.2011, BGBl. I S. 3044, seit 1.4.2012 nicht mehr); die früher in der Satzung mögliche Bestimmung **„andere[r] Blätter oder elektronische[r] Informationsmedien"** ist mit der Streichung des § 25 S. 2 aF durch die Aktienrechtsnovelle 2016 entfallen. Zwar bleiben ältere, hiervon abweichende Satzungsbestimmungen auch künftig weiter wirksam (§ 26h Abs. 3 S. 1 EGAktG); die Bekanntmachung eines Wechsels in der Zusammensetzung des Aufsichtsrats muss in diesen Fällen daher weiter auch in den zusätzlich bezeichneten „Gesellschaftsblättern" erfolgen. Für die **Rechtswirkungen** des Statusverfahrens entscheidend ist gemäß § 26h Abs. 3 S. 2 EGAktG seit dem 1.2.2016 jedoch – was früher schon der hM entsprach – allein die Bekanntmachung im **Bundesanzeiger** (→ Rn. 28, 31, 36, 47). – Nennt die Satzung trotz der Änderung durch das BAnzDiG weiter den (unter dieser Bezeichnung nicht mehr existenten) „*elektronischen* Bundesanzeiger" als Veröffentlichungsorgan (§ 23 Abs. 4), ist damit dennoch keine zusätzliche Veröffentlichung – wo auch? – verbunden.[41] Bestimmt die Satzung dagegen noch aus „vor-elektronischer" Zeit (dh vor 2002), dass Bekanntmachungen der Gesellschaft im „Bundesanzeiger" erfolgen, reichte die Bekanntmachung (nur) im elektronischen (Teil des) Bundesanzeiger(s) nach dessen Einführung nach ganz hM aus;[42] infolge der mit der Abschaffung der Druckfassung einhergehenden Umbenennung des elektronischen Teils („Bundesanzeiger") befinden sich Satzung und „Gesellschaftsblatt" in diesen Fällen nunmehr auch ohne förmliche Änderung wieder im Einklang. – Gegenüber der **Belegschaft** erfolgt die Bekanntmachung durch **Aus-**

[38] Schmidt/Lutter/*Drygala* Rn. 11; Henssler/Strohn/*Henssler* Rn. 3; WHSS/*Seibt* F 204.

[39] MHdB AG/*Hoffmann-Becking* § 28 Rn. 66; *E. Vetter* in Marsch-Barner/Schäfer HdB AG § 24 Rn. 26; Happ/*E. Vetter* AktR 9.16 Rn. 1.1; *Kauffmann-Lauven/Lenze* AG 2010, 532 (535 f.); aA GroßkommAktG/*Hopt/Roth/Peddinghaus* Rn. 27, 43; KK-AktG/*Mertens/Cahn* §§ 97–99 Rn. 3: obligatorische Verfahrenseinleitung; MüKoAktG/*Habersack* Rn. 20; WHSS/*Seibt* F 204; Grigoleit/*Tomasic* Rn. 4: fakultativ.

[40] GroßkommAktG/*Hopt/Roth/Peddinghaus* Rn. 46; MüKoAktG/*Habersack* Rn. 21.

[41] Ebenso *Born/Winstel* AG-Report 2012, R 92.

[42] OLG Köln Konzern 2004, 30 (34); Hüffer/*Koch* § 25 Rn. 2; Spindler/Stilz/*Limmer* § 25 Rn. 6; *Noack* BB 2002, 2025 (2026); aA *Mimberg* ZGR 2003, 21 (28); vgl. auch *Mutter* AG-Report 2003, R 34.

hang, zweckmäßigerweise am Schwarzen Brett oder an einem sonst der allgemeinen Kommunikation dienenden, leicht zugänglichen Ort; Textform genügt. Schon semantisch keinen „Aushang" stellt dagegen die Übermittlung des Bekanntmachungstextes an die Belegschaft, zB per E-Mail oder via Intranet, dar;[43] ungeachtet dessen kann es in der Praxis sinnvoll sein, von diesen Mitteln *neben* dem regulären Aushang Gebrauch zu machen. – Wenn das Gesetz von einer **gleichzeitigen** Bekanntmachung spricht, darf das nicht zu eng verstanden werden – in einem größeren Unternehmen oder gar einem Konzern mit mehreren Betrieben ist es praktisch unmöglich, alle Aushänge mit der (ihrerseits zeitlich kaum zuverlässig planbaren) Veröffentlichung im Bundesanzeiger zu koordinieren.[44] Für die Gleichzeitigkeit ist vielmehr ausreichend, wenn das Bekanntmachungsverfahren für alle Veröffentlichungswege **einheitlich eingeleitet** und anschließend ohne willkürliche Verzögerungen durchgeführt wird. Für den Lauf der **Monatsfrist** nach Abs. 2 ist ohnehin nur die Bekanntmachung im Bundesanzeiger maßgeblich (→ Rn. 28).

23 **dd) Widerruf; Änderungen.** Stellt der Vorstand fest, dass die Bekanntmachung an formalen oder inhaltlichen Fehlern leidet oder sich ihr Anlass erledigt hat, kann er sie nach hM noch bis zum Ablauf der Monatsfrist nach Abs. 2 S. 1, längstens jedoch bis zur Anrufung des Gerichts,[45] **widerrufen;** das Statusverfahren ist damit ergebnislos beendet.[46] **Nach** Fristablauf wird die – auch fehlerhafte – Bekanntmachung dagegen für alle Beteiligten verbindlich (→ Rn. 29). – **Änderungen** der Bekanntmachung können in einem laufenden Bekanntmachungsverfahren nicht fristwahrend nachgeschoben werden, sondern lösen ein neues Bekanntmachungsverfahren aus.

24 **c) Inhalt der Bekanntmachung.** Die Bekanntmachung hat zwingend **drei Pflichtinformationen** zu enthalten:[47]

25 (i) Die **Erklärung,** dass der Aufsichtsrat nach Ansicht des Vorstands **nicht** nach den für ihn maßgebenden gesetzlichen Bestimmungen **zusammengesetzt** ist (Abs. 1 S. 1)

26 (ii) die genaue[48] Nennung der nach Ansicht des Vorstands künftig (nicht: bisher) **maßgebenden gesetzlichen** (im Einzelfall auch: satzungsmäßigen, Beispiel: § 7 Abs. 1 S. 2, 3 MitbestG)[49] **Vorschriften** (nicht bloß: des jeweiligen Mitbestimmungs*systems*), Abs. 2 S. 1, wofür jedoch die schlichte – aber präzise und erschöpfende – Nennung von Gesetz und Paragraphen ausreicht. Dagegen unterliegt jede nur wörtliche Wiedergabe des Gesetzestextes der Gefahr, hinter dem von der hM geforderten Inhalt zurückzubleiben.[50] Orientierungspunkt für den Grad der Detaillierung ist der Empfängerhorizont der nach § 98 Abs. 2 Berechtigten: Sie müssen zweifelsfrei erkennen können, ob sie gegen die angekündigte Neubesetzung das Gericht anrufen müssen oder nicht;[51] und

27 (iii) die **Ankündigung,** dass der Aufsichtsrat nach den genannten Vorschriften zusammengesetzt wird, wenn Antragsberechtigte nach § 98 Abs. 2 hiergegen nicht **innerhalb eines Monats** nach der Bekanntmachung im Bundesanzeiger (→ Rn. 22) „das nach § 98 Abs. 1 zuständige **Gericht** anrufen" (Abs. 2 S. 2). Das *konkret* zuständige Gericht,[52] ebenso der genaue Tag des Fristablaufs, der Kreis der Antragsberechtigten und die Zahl der beschäftigten Arbeitnehmer und der betroffenen Konzernunternehmen,[53] müssen nicht – und sollten ohne Not auch nicht[54] – genannt werden.[55] Ungeachtet dessen sollte der Vorstand versuchen, den Bekanntmachungstext „lesbar" zu machen, dh mit den zusätzlichen („freiwilligen") Informationen zu versehen, die den Sachverhalt für die Beteiligten verständlich erscheinen lassen. Betreffen die freiwilligen Informationen (auch) den Pflichtinhalt der Bekanntmachung, sollten sie schon deshalb richtig sein. Auch

---

[43] Ebenso *Fuhrmann/Wälzholz/Fuhrmann* FormB GesR M 7.2 Anm. 2.

[44] So aber – mit der Folge der Nichtigkeit des Statusverfahrens – *Meilicke/Meilicke* MitbestG § 38 Rn. 5.

[45] So auch MüKoAktG/*Habersack* Rn. 27; Spindler/Stilz/*Spindler* Rn. 22.

[46] GroßkommAktG/*Hopt/Roth/Peddinghaus* Rn. 48; KK-AktG/*Mertens/Cahn* §§ 97–99 Rn. 18; Schmidt/Lutter/*Drygala* Rn. 13; HK-AktG/*Israel* Rn. 6; weitergehend *Hoffmann/Lehmann/Weinmann* MitbestG § 1 Rn. 66 (Widerruf auch noch nach Ablauf der Monatsfrist).

[47] Muster-Bekanntmachung bei Happ/*E. Vetter* AktR 9.16; WHSS/*Seibt* F 204; *Fuhrmann/Wälzholz/Fuhrmann* FormB GesR M 7.2.

[48] Vgl. MüKoAktG/*Habersack* Rn. 23.

[49] MüKoAktG/*Habersack* Rn. 23; WHSS/*Seibt* F 202; *Oetker* ZHR 149 (1985) 575 (590 ff.).

[50] Nachweise bei GroßkommAktG/*Hopt/Roth/Peddinghaus* Rn. 36, 37.

[51] MüKoAktG/*Habersack* Rn. 23.

[52] Unklar GroßkommAktG/*Hopt/Roth/Peddinghaus* Rn. 41 Happ/*E. Vetter* AktR 9.16 Rn. 2.1: „erscheint geboten".

[53] So aber MüKoAktG/*J. Semler,* 2. Aufl. 2004, Rn. 47; dagegen die hM, zB GroßkommAktG/*Hopt/Roth/Peddinghaus* Rn. 38; MüKoAktG/*Habersack* Rn. 24; Hüffer/*Koch* Rn. 4; Happ/*E. Vetter* AktR 9.16 Rn. 2.1.

[54] Ebenso WHSS/*Seibt* F 202.

[55] MüKoAktG/*Habersack* Rn. 24; iErg auch Schmidt/Lutter/*Drygala* Rn. 12 mwN.

hier führt jedoch nicht jede Unrichtigkeit zur Unwirksamkeit (→ Rn. 47) der Bekanntmachung (Beispiel: Wird ein örtlich unzuständiges Gericht angegeben, ändert das an der Wirksamkeit der Bekanntmachung nichts, weil auch die Anrufung eines unzuständigen Gerichts gemäß § 99 Abs. 1 iVm § 2 Abs. 3 FamFG die Frist wahrt.[56] Anders, wenn überhaupt nicht erwähnt wird, dass zum Zwecke des Widerspruchs ein Gericht anzurufen ist).

Auf die Angabe eines **Datums** auf jedem einzelnen Aushang[57] sollte man um der Eindeutigkeit des Zeitpunktes „der" Bekanntmachung willen verzichten. Empfehlenswert ist dagegen, in den betrieblichen Aushängen den Tag der Veröffentlichung im *Bundesanzeiger* zu nennen, denn nach hM ist nur dieses Datum – nicht die aufgrund älterer Satzungsbestimmungen ggf. weiter verpflichtende Veröffentlichung in anderen „Gesellschaftsblättern" (§ 25 S. 2 aF) oder der Aushang in den Betrieben (→ Rn. 22) – maßgeblich für die Wirksamkeit der Bekanntmachung (→ Rn. 47) und damit auch für das Anlaufen der gerichtlichen Anrufungsfrist (→ Rn. 36).[58] 28

3. Wirkungen der unangefochtenen Bekanntmachung. a) Überblick. Bleibt die Bekanntmachung des Vorstands unangefochten, tritt das Statusverfahren in seine **zweite** (= Umsetzungs-) **Stufe** ein (→ Rn. 3): Das bekanntgemachte **Aufsichtsrats-System** muss nunmehr vom Vorstand bei der Gesellschaft **eingerichtet** werden. Das bedeutet: (i) Die Mandate der bisherigen Aufsichtsratsmitglieder bleiben zunächst bestehen, (ii) sie müssen jedoch beendet und (iii) die neuen Aufsichtsratsmitglieder bestellt werden; (iv) soweit erforderlich ist die Satzung anzupassen; (v) die vorgenommenen Änderungen sind bekanntzumachen (Beispiel: § 106) bzw. zur Eintragung anzumelden (Beispiel: § 181). Die Umsetzung vollzieht sich teilweise kraft Gesetzes, teilweise müssen die zuständigen Organe tätig werden. Abs. 2 sieht hierfür einen erleichterten Anpassungsmechanismus vor.[59] 29

b) Bisheriger Aufsichtsrat. Der Abschluss des Bekanntmachungsverfahrens ändert zunächst nichts an den **Ämtern** (sowie den damit einhergehenden **Rechten** und **Pflichten**) der *bisherigen* Aufsichtsratsmitglieder. Sie bilden trotz der Diskrepanz zwischen tatsächlicher und „rechtmäßiger" Besetzung weiterhin den allein legitimierten Aufsichtsrat.[60] Entsprechend können **künftige Zusatz-Mandate** (noch) nicht nach § 104 Abs. 2 gerichtlich zugeteilt werden.[61] Auch im (noch) bestehenden Aufsichtsrat etwa erforderliche **Neubestellungen** vollziehen sich bis zu der/m in Abs. 2 S. 2, 3 genannten Frist/Ereignis[62] noch nach den *bisher* angewandten Vorschriften. Will man den Aufsichtsrat in seiner bestehenden personellen Zusammensetzung einstweilen erhalten, kann hierfür jedoch **nicht** eine nach dem Abschluss des Bekanntmachungsverfahrens einberufene **Hauptversammlung** herangezogen werden, da deren Durchführung nach Abs. 2 S. 3 unweigerlich zur Beendigung der Ämter aller amtierenden Aufsichtsratsmitglieder führt (Beispiel: Nach Abschluss des Bekanntmachungsverfahrens legt ein Aufsichtsratsmitglied sein Amt nieder. Hier kann – selbst wenn sich der Aufsichtsrat künftig verkleinert – zwar eine gerichtliche Ersatzbestellung (§ 104) erfolgen, um den Aufsichtsrat wieder auf seine alte Stärke zu bringen.[63] Wird für die Nachwahl dagegen die Hauptversammlung einberufen, muss der *gesamte* Aufsichtsrat (Anteilseignerseite), und zwar gemäß dem *künftigen* Regime[64] unter *Außerachtlassung* entgegenstehender Satzungsbestimmungen,[65] neu gewählt werden; ansonsten verlieren alle alten Aufsichtsratsmitglieder ihre Ämter).[66] Ein **unerwünscht-vorzeitiger** Amtsverlust ist während der bis zu sechsmonatigen „Schwebezeit" bei **jeder** wirksam (Maßstab: § 241 Nr. 1) einberufenen Hauptversammlung zu beachten (dh in der Praxis: vorausschauend **einzuplanen**), nicht nur bei Versammlungen, deren Gegenstand gerade Wahlen zum Aufsichtsrat 30

[56] Nachweise bei GroßkommAktG/*Hopt/Roth/Peddinghaus* Rn. 41, 70.

[57] So die Empfehlung von Happ/*Happ*, AktR 3. Aufl. 2007, 9.15 Rn. 3; ebenso MüKoAktG/*Habersack* Rn. 22: (Datum); 24 (Fristablauf).

[58] MüKoAktG/*Habersack* Rn. 25; Schmidt/Lutter/*Drygala* Rn. 13.

[59] KK-AktG/*Mertens/Cahn* §§ 97–99 Rn. 24; Hüffer/*Koch* Rn. 5; *Schnitker/Grau* NZG 2007, 486.

[60] Vgl. OLG Frankfurt WM 1985, 1494 (1495); MüKoAktG/*Habersack* Rn. 32.

[61] GroßkommAktG/*Hopt/Roth/Peddinghaus* Rn. 62.

[62] In der Lit. wird vor allem der Fall des in der einmonatigen Anrufungsfrist bestellten/zu bestellenden Aufsichtsratsmitglieds erörtert, vgl. zB MüKoAktG/*Habersack* Rn. 32; Spindler/Stilz/*Spindler* Rn. 31; HK-AktG/*Israel* Rn. 10. Praktisch wichtiger ist ein Ausscheiden von Alt-Aufsichtsräten (nebst anschließender Neubestellung) jedoch innerhalb der viel längeren Frist nach Abs. 2 S. 2, 3; dazu GroßkommAktG/*Hopt/Roth/Peddinghaus* Rn. 62 f.

[63] Ebenso GroßkommAktG/*Hopt/Roth/Peddinghaus* Rn. 62.

[64] Ebenso GroßkommAktG/*Hopt/Roth/Peddinghaus* Rn. 63.

[65] Das ergibt sich schon daraus, dass diese dem neuen gesetzlichen Aufsichtsratsregime widersprechen; iErg zutr. GroßkommAktG/*Hopt/Roth/Peddinghaus* Rn. 64; MüKoAktG/*Habersack* Rn. 35; KK-AktG/*Mertens/Cahn* §§ 97–99 Rn. 25; aA Spindler/Stilz/*Spindler* Rn. 31.

[66] AA GroßkommAktG/*Hopt/Roth/Peddinghaus* Rn. 63, § 98 Rn. 52: auch Neuwahl durch Hauptversammlung moglich.

sind. Das kann zB bei mitbestimmten Gesellschaften zu Schwierigkeiten führen, deren Aktionäre in ganz anderer Sache kurzfristig zum Handeln gezwungen sind (Beispiel: Die Hauptversammlung muss über eine dringende Kapitalmaßnahme beschließen; die wegen der gesetzlichen Fristen üblicherweise monatelangen Wahlen der Arbeitnehmer zum neuen Aufsichtsrat haben jedoch gerade erst begonnen. Hier ist der Amtsverlust der (= aller) alten Aufsichtsratsmitglieder – und damit womöglich ein Zustand temporärer Aufsichtsratslosigkeit – de lege lata unausweichlich, auch wenn der neue Aufsichtsrat sich in vollständiger Form noch gar nicht konstituieren konnte). Zum Amtsverlust führt nur die Hauptversammlung, die **nach** dem Abschluss des Bekanntmachungsverfahrens **einberufen** wurde; die bereits *vorher* einberufene Versammlung kann daher auch *nach* dem Stichtag noch folgenlos durchgeführt werden. Andererseits muss nach der Ratio (wenn auch nicht nach dem Wortlaut) des Abs. 2 S. 2 die als **Vollversammlung** (§ 121 Abs. 6) *ohne* Einberufung durchgeführte Hauptversammlung ebenfalls zum Amtsverlust der bisherigen Aufsichtsratsmitglieder führen, wenn diese nur nach dem Stichtag *stattfindet.* Verstärkt werden die von der Durchführung einer Hauptversammlung verursachten Schwierigkeiten noch durch die gemäß Abs. 2 S. 2 qua lege herbeigeführten **Satzungsänderungen** (→ Rn. 33). – **Unverändert** bleibt während der Schwebezeit nicht nur die Zusammensetzung, sondern auch das durch eine bestimmte **innere Ordnung,** die erfolgten **Beschlussfassungen** sowie die **Rechtssstellung** der Aufsichtsratsmitglieder geprägte **„Regime“** des bisherigen Aufsichtsrats (Beispiel: Die Zusammensetzung des Aufsichtsrats erfolgte bisher nach dem MitbestG, jetzt nach dem DrittelbG. Die Bestellung von Vorstandsmitgliedern erfolgt auch während der Übergangsfrist nach Abs. 2 S. 2 weiter mit der gemäß § 31 Abs. 2 MitbestG erforderlichen Mehrheit und (noch) nicht nach § 84).[67]

31 **c) Neuer Aufsichtsrat/Satzungsänderung.** Ungeachtet der vorläufigen Amtskontinuität des alten ist der neue Aufsichtsrat nach den in der Bekanntmachung (maßgeblich: Bundesanzeiger, → Rn. 28) angegebenen, für den Vorstand verbindlichen gesetzlichen Vorschriften **zusammenzusetzen.**[68] Jede abweichende Zusammensetzung ist unzulässig (§ 250 Abs. 1 Nr. 1). Der Vorstand kann für die ordnungsgemäße Zusammensetzung jedoch nicht in vollem Umfang selbst sorgen; sie erfolgt vielmehr nach den für die Wahlen zum Aufsichtsrat auch sonst einschlägigen Bestimmungen:

32 – Soll der neue Aufsichtsrat unter Beteiligung von **Arbeitnehmer**-Vertretern gebildet werden, ist das hierfür erforderliche Wahlverfahren einzuleiten.[69] Wegen seiner Langwierigkeit kann dies schon vor Ablauf der Bekanntmachungsfrist und sogar schon vor der Bekanntmachung selbst geschehen; zu empfehlen ist das angesichts der möglichen gerichtlichen Anrufung jedoch nur in eindeutigen Fällen. Reicht auch das zeitlich nicht aus, kommt ggf. – allerdings erst mit Wirkung ab *Beendigung* des Statusverfahrens[70] – ein Antrag auf gerichtliche Bestellung der Arbeitnehmervertreter nach § 104 in Betracht.[71] – Praktisch wichtig ist, den genauen Termin für den **Amtsantritt** der Gewählten mit dem der neuen Anteilseigner-Vertreter (→ Rn. 33) abzustimmen, um einen „hinkenden“ Aufsichtsrat zu vermeiden.

33 – Zur Wahl der **Anteilseigner**-Vertreter ist die Hauptversammlung einzuberufen (§ 101 Abs. 1 S. 1). Versäumt der Vorstand die rechtzeitige Einberufung[72] und Durchführung[73] der Hauptversammlung, treten zum einen alle der bekanntgemachten Zusammensetzung *widersprechenden Satzungsbestimmungen* nach spätestens sechs Monaten **außer Kraft** (Abs. 2 S. 2); sie können allerdings – entgegen dem missverständlichen Wortlaut von Abs. 2 S. 2 („mit der Beendigung …“) – schon *in* der ersten innerhalb der Sechsmonatsfrist einberufenen Hauptversammlung keine Berücksichtigung mehr finden (zum erweiterten Anwendungsbereich von Abs. 2 S. 2 durch § 37 MitbestG → Rn. 42).[74] Mit Beendigung dieser Hauptversammlung **verlieren** überdies die amtierenden Aufsichtsratsmitglieder ihre **Ämter** (Abs. 2 S. 3) → Rn. 30. Das gilt für **alle** amtierenden Aufsichtsräte, nicht nur für den „überschießend“ fehlbesetzten Teil seiner Mitglieder und auch nicht nur für die nicht mehr zur Wahl stehenden Amtsinhaber (Beispiel: Ist der bestehende Dreier-Aufsichtsrat nunmehr drittel-mitbestimmt, verlieren *alle,* auch die

[67] *Arnold/Lumpp* AG-Report 2010, R 156.

[68] Schmidt/Lutter/*Drygala* Rn. 14; Henssler/Strohn/*Henssler* Rn. 5.

[69] Einzelheiten bei UHH/*Ulmer/Habersack* MitbestG § 6 Rn. 27. Str. ist, wer für die Einleitung zuständig ist, der Vorstand, so die hM, vgl. GroßkommAktG/*Hopt/Roth/Peddinghaus* Rn. 57; Schmidt/Lutter/*Drygala* Rn. 14, oder – wie außerhalb des Statusverfahrens – die Arbeitnehmer, so *Säcker,* Die Wahlordnungen zum MitbestG, Rn. 40.

[70] MüKoAktG/*Habersack* Rn. 32; *Schnitker/Grau* NZG 2007, 486 (490).

[71] GroßkommAktG/*Hopt/Roth/Peddinghaus* Rn. 62; KK-AktG/*Mertens/Cahn* §§ 97–99 Rn. 27.

[72] Muster bei *Fuhrmann/Wälzholz/Fuhrmann* FormB GesR M 7.3.

[73] Muster für ein HV-Protokoll bei *Fuhrmann/Wälzholz/Fuhrmann* FormB GesR M 7.4.

[74] GroßkommAktG/*Hopt/Roth/Peddinghaus* Rn. 64; KK-AktG/*Mertens/Cahn* §§ 97–99 Rn. 25; *Schnitker/Grau* NZG 2007, 486 (487); *Bayer/Scholz* ZIP 2016, 193 (194).

wieder kandidierenden Anteilseigner-Vertreter – und nicht nur das eine, jetzt „überflüssige" Aufsichtsratsmitglied – ihre Ämter).[75] Die Gesellschaft besteht ab diesem Zeitpunkt nur noch ohne ein ordnungsgemäß besetztes Pflichtorgan Aufsichtsrat. Für die Durchführung (nicht: Einberufung) der für Wahl und Satzungsänderung zuständigen Hauptversammlung sieht Abs. 2 S. 2 eine sechsmonatige **Höchstfrist,** gerechnet ab dem Ablauf der einmonatigen Antragsfrist nach Abs. 2 S. 1 vor; die Hauptversammlung muss aber die Höchstfrist nicht ausschöpfen, sofern nur die Einberufung (nicht: Durchführung) *nach* dem Ablauf der Antragsfrist erfolgt.[76] Theoretisch ist die Sechsmonatsfrist auch bei großen börsennotierten Gesellschaften für die Abhaltung einer – ggf. außerordentlichen – Hauptversammlung ausreichend lang. Soll der damit verbundene, oft unverhältnismäßige Aufwand vermieden werden, kommt nach bzw. bereits mit Wirkung zum Fristablauf unter den dort genannten Voraussetzungen (Beschlussunfähigkeit, Unterbesetzung) eine gerichtliche Bestellung der Anteilseigner-Vertreter nach § 104 in Betracht. Spätestens in der nächsten ordentlichen Hauptversammlung sollten dann freilich reguläre Neuwahlen des Aufsichtsrats durchgeführt werden.

d) Satzungsänderung – Mehrheiten. Für im Zusammenhang mit der veränderten Rechtslage etwa erforderliche Satzungsänderungen zur Zusammensetzung des Aufsichtsrats sowie zu Zahl, Wahl, Abberufung und Entsendung der Aufsichtsratsmitglieder (nur für sie, nicht für andere Gegenstände, Abs. 2 S. 2),[77] egal ob sie sich auf die bloße Anpassung an den neuen gesetzlichen Rahmen beschränken oder inhaltlich darüber hinausgreifen,[78] sieht Abs. 2 S. 4 eine satzungsfeste[79] **Erleichterung bei der Beschlussfassung** vor; sie gilt für jede[80] („eine") innerhalb der Sechsmonatsfrist stattfindende Hauptversammlung. Entgegen § 179 Abs. 2 S. 1 (Drei-Viertel-*Kapital*mehrheit) genügt für diese Änderungen die **einfache Mehrheit** der (abgegebenen) Stimmen. Das soll die Anpassung der Satzung an die neue Rechtslage erleichtern.[81] Auch wenn sich dies aus Transparenzgründen dringend empfiehlt, muss die Gesellschaft von der Möglichkeit der Satzungsanpassung keinen Gebrauch machen („kann"); die betreffenden (= „widersprechenden") Satzungsbestimmungen treten nach Ablauf der Sechsmonatsfrist auch ohne berichtigenden Hauptversammlungsbeschluss außer Kraft (Abs. 2 S. 2). Sofern die Satzung dies gestattet, kann die bloße Streichung des dann überflüssigen Textes auch durch den Aufsichtsrat erfolgen (§ 179 Abs. 1 S. 2). 34

4. Antrag auf gerichtliche Entscheidung. Die nach § 98 Abs. 2 Berechtigten (→ § 98 Rn. 9 ff.) können beantragen, dass statt des Vorstands (durch **Bekanntmachung**) ein Gericht (durch **Beschluss,** § 99 Abs. 3 S. 1) über die künftige Zusammensetzung des Aufsichtsrats bestimmt. Nach erfolgter Bekanntmachung ist der Vorstand *selbst* trotz Abs. 1 S. 3 iVm § 98 Abs. 2 S. 1 Nr. 1 nicht (mehr) antragsberechtigt *(venire contra factum proprium).*[82] Entweder ist er der „Ansicht", der Aufsichtsrat sei „nicht nach den für ihn maßgebenden Vorschriften zusammengesetzt" (§ 97) oder er hält dies für „**streitig** oder **ungewiss**" (§ 98); beides zusammen geht nicht. Haben sich die zu der (seiner!) Bekanntmachung führenden Umstände geändert, kann der Vorstand sie stattdessen widerrufen (→ Rn. 23) und, sofern erforderlich, ein neues Bekanntmachungsverfahren einleiten oder den Weg nach § 98 beschreiten (→ Rn. 40). – Die bereits erfolgte Bekanntmachung verliert mit der **gerichtlichen Anrufung** unwiderruflich ihre Wirkung (der bloße Widerspruch gegenüber dem Vorstand reicht hierfür nicht);[83] die bisherigen Aufsichtsräte bleiben vorbehaltlich des regulären Auslaufens oder einer anderweitigen Beendigung ihrer Amtszeit bis zur rechtskräftigen gerichtlichen Entscheidung weiter im Amt.[84] Kommt es **nicht** zu einer rechtskräftigen gerichtlichen Entscheidung (zB wegen Antragsrücknahme, → § 99 Rn. 5), wollen manche die **ursprüngliche Bekanntmachung** wieder in Kraft setzen und die Sechsmonatsfrist von der Beendigung des Gerichtsverfahrens an laufen lassen.[85] Die besseren formalen (unwiderruflicher Verlust der Bekanntmachungswirkungen), aber auch inhaltlichen Argumente sprechen jedoch für ein *neuerliches* Bekanntmachungsverfahren: Zum 35

---

[75] GroßkommAktG/*Hopt/Roth/Peddinghaus* Rn. 62; Hüffer/*Koch* Rn. 5.

[76] Hüffer/*Koch* Rn. 5; *Schnitker/Grau* NZG 2007, 486: Wirkungslosigkeit der *vorher* einberufenen Hauptversammlung.

[77] Spindler/Stilz/*Spindler* Rn. 32; Hüffer/*Koch* Rn. 5.

[78] Ebenso MüKoAktG/*Habersack* Rn. 35; KK-AktG/*Mertens/Cahn* Rn. 26; Beispiele für sinnvolle Satzungsänderungen/-ergänzungen bei *Fuhrmann/Wälzholz/Fuhrmann* FormB GesR M 7.3 Anm. 15.

[79] GroßkommAktG/*Hopt/Roth/Peddinghaus* Rn. 65; Spindler/Stilz/*Spindler* Rn. 32.

[80] MüKoAktG/*Habersack* Rn. 35; Spindler/Stilz/*Spindler* Rn. 32.

[81] Begr. RegE *Kropff* Textausgabe, 1965, 128; zum Ganzen GroßkommAktG/*Hopt/Roth/Peddinghaus* Rn. 64; Spindler/Stilz/*Spindler* Rn. 32.

[82] Vgl. MüKoAktG/*Habersack* Rn. 15 f., § 98 Rn. 5, 13; aA wohl Spindler/Stilz/*Spindler* § 98 Rn. 9.

[83] MüKoAktG/*Habersack* Rn. 29.

[84] LG Nürnberg-Fürth AG 1971, 21; KK-AktG/*Mertens/Cahn* §§ 97–99 Rn. 21; Hüffer/*Koch* Rn. 6.

[85] MüKoAktG/*J. Semler,* 2. Aufl. 2004, Rn. 80

einen ist unklar, ob der Vorstand nach einem möglicherweise monatelangen gerichtlichen Intermezzo an seinem Antrag noch festhalten will, zum anderen erhalten andere als die im ersten Verfahren auftretenden Antragsberechtigten nur in einem neuen Verfahren ausreichend Gelegenheit, nunmehr ihre Bedenken geltend zu machen.[86]

36 Der Antrag auf gerichtliche Entscheidung ist **formfrei** (→ § 98 Rn. 5)[87] und innerhalb **eines Monats** nach der Bekanntmachung zu stellen. Maßgeblich für den **Fristbeginn** ist allein der Zeitpunkt der Bekanntmachung im Bundesanzeiger (Abs. 2 S. 1) → Rn. 28. Spätere Bekanntmachungen, zB in den Betrieben oder weiteren, satzungsmäßig bestimmten „Gesellschaftsblättern" (→ Rn. 22), verlängern diese Frist nicht.[88] Für die **Fristberechnung** gelten die §§ 187 Abs. 1, 188 Abs. 2 BGB.[89] Die Frist wird nach hM auch durch die Anrufung eines örtlich **unzuständigen** Gerichts gewahrt (arg. § 99 Abs. 1 iVm § 2 Abs. 3 FamFG).[90] Für Anträge nach **§ 98** ist die Monatsfrist jedoch unbeachtlich (keine Antragssperre, → Rn. 39); selbst ein falsch bezeichneter (befristeter) Antrag „nach § 97" wird in den meisten Fällen als (unbefristeter) Antrag „nach § 98" aufrechtzuerhalten sein.

37 Ergeht eine gerichtliche Entscheidung gemäß Abs. 2, ist allein sie für die Zusammensetzung des Aufsichtsrats maßgeblich; eine vorher etwa erfolgte Bekanntmachung bleibt wirkungslos (→ Rn. 35). Endet das Gerichtsverfahren mit einer **Bestätigung** der Besetzung des Aufsichtsrats, ist nichts weiter zu veranlassen. Der Aufsichtsrat amtiert vielmehr nach Maßgabe seiner Bestellung weiter. **Widerspricht** die Zusammensetzung dagegen der gerichtlichen Entscheidung, ergeben sich die gleichen Rechtsfolgen wie nach einer unwidersprochen gebliebenen Bekanntmachung des Vorstands (→ Rn. 29). – Umstritten ist, unter welchen Umständen der Vorstand der rechtskräftigen gerichtlichen Entscheidung ein **(ggf. neuerliches) Bekanntmachungsverfahren** entgegensetzen kann. Nach **hL** soll er dazu **jederzeit** auch **ohne** eine Änderung der **Sach- oder Rechtslage** berechtigt sein.[91] Der diskutierte Fall wird in Reinform freilich selten auftreten; es ist daher wie folgt zu **differenzieren:** (i) Aus Abs. 3 lässt sich *e contrario* schlussfolgern, dass das beendete (dh nicht mehr „anhängige") Gerichtsverfahren die Bekanntmachung grundsätzlich **nicht mehr sperrt.** Das passt zur klaren Anordnung des Abs. 1 (der nur eine bestimmte „Ansicht" des Vorstands zur Zusammensetzung seines Aufsichtsrats verlangt) und fördert die durch die Bekanntmachung gewünschte Rechtssicherheit.[92] (ii) Der Vorstand handelt im Hinblick auf eine von ihm geplante Bekanntmachung jedoch nur dann **pflichtgemäß,** wenn er unter **Beachtung** auch der **gerichtlichen Entscheidung** und ihrer Gründe (§ 98 Abs. 4 S. 1) zum Ergebnis gelangt, die (künftige) Zusammensetzung des Aufsichtsrats sei weiterhin falsch.[93] Er kann auf eine eindeutige gerichtliche Entscheidung daher nicht ohne Weiteres mit einem Bekanntmachungsverfahren reagieren; dafür bedarf es vielmehr **neuer** (bzw. neu zu bewertender) **Tatsachen.**[94] Ansonsten verbietet sich die vom Vorstand favorisierte „Ansicht" einer fehlerhaften Organzusammensetzung; ein von ihm dennoch eingeleitetes – in Ablauf und Ergebnis vorhersehbares – Bekanntmachungsverfahren ist nicht unwirksam, aber wegen Ressourcen-Verschwendung pflichtwidrig. (iii) Stehen dem Vorstand keine neuen (bzw. neu zu bewertenden) Tatsachen zur Verfügung, entfällt schon deshalb die Möglichkeit, ein *Bekanntmachungs*verfahren einzuleiten, weil damit feststeht, dass die Zusammensetzung des Aufsichtsrats offenbar weiter „streitig" ist. Unter diesen Umständen reduziert sich das Ermessen des Vorstands auf eine sofortige Einleitung des **gerichtlichen** Verfahrens (→ Rn. 40). Auch ein Verstoß hiergegen macht eine etwa erfolgte Bekanntmachung allerdings nicht unwirksam. (iv) Gemäß § 99 Abs. 5 S. 2 erzeugt die bereits ergangene wie jede gerichtliche Entscheidung **„Rechtskraft"** (→ § 99 Rn. 20 f.). Unabhängig davon, ob man diese Rechtskraftwirkung für das Statusverfahren *formell* oder (zutreffend) *materiell* versteht, zieht sie nach allgemeinen Grundsätzen des fG-Verfahrens die **Unzulässigkeit** eines auf unveränderter Faktenbasis eingeleiteten **Folgeverfahrens** nach sich, entweder wegen fehlenden Rechtsschutzbedürfnisses (for-

[86] IErg ebenso MüKoAktG/*Habersack* Rn. 37; Schmidt/Lutter/*Drygala* Rn. 17; Hüffer/*Koch* Rn. 6; Henssler/Strohn/*Henssler* Rn. 6; Grigoleit/*Tomasic* Rn. 9: arg. erhöhte Rechtssicherheit.

[87] KK-AktG/*Mertens/Cahn* §§ 97–99 Rn. 23; MüKoAktG/*J. Semler,* 2. Aufl. 2004, Rn. 78.

[88] KK-AktG/*Mertens/Cahn* §§ 97–99 Rn. 16 f.

[89] MüKoAktG/*Habersack* Rn. 29.

[90] MüKoAktG/*Habersack* Rn. 36; KK-AktG/*Mertens/Cahn* §§ 97–99 Rn. 22; Hüffer/*Koch* Rn. 6; aA *v. Falkenhausen* AG 1967, 309 (314).

[91] Vgl. für die hL MüKoAktG/*Habersack* Rn. 39; KK-AktG/*Mertens/Cahn* §§ 97–99 Rn. 20; Hüffer/*Koch* Rn. 7; Henssler/Strohn/*Henssler* Rn. 7.

[92] Ebenso MüKoAktG/*Habersack* Rn. 39; Hüffer/*Koch* Rn. 7; HK-AktG/*Israel* Rn. 12; Henssler/Strohn/*Henssler* Rn. 7; diff. GroßkommAktG/*Hopt/Roth/Peddinghaus* Rn. 31, 75: Bekanntmachung ohne neue Tatsachen wirksam, aber pflichtwidrig.

[93] Ebenso GroßkommAktG/*Hopt/Roth/Peddinghaus* Rn. 31; Spindler/Stilz/*Spindler* Rn. 36; Grigoleit/*Tomasic* Rn. 11.

[94] GroßkommAktG/*Hopt/Roth/Peddinghaus* Rn. 31.

melle Rechtskraft) oder als *res iudicata* (materielle Rechtskraft).[95] (v) Erfasst von der Rechtskraftwirkung werden gemäß § 99 Abs. 5 S. 2 „alle", also auch der **Vorstand.**[96] Gelingt es ihm nicht, dem Gericht nach der Überleitung des Bekanntmachungs- in ein (weiteres) gerichtliches Verfahren einen **neuen Sachverhalt** darzulegen, ist das vom Vorstand verfolgte Anliegen daher ohne Sachprüfung als **unzulässig** zurückzuweisen; einer Präklusion des schon im ersten Verfahren tatsächlich Vorgebrachten oder Vorbringbaren[97] bedarf es daher nicht (→ § 98 Rn. 27; → § 99 Rn. 21).

5. Verhältnis des außergerichtlichen zum gerichtlichen Statusverfahren. a) Bekanntmachungssperre. Abs. 3 statuiert den **Vorrang** des – von wem auch immer eingeleiteten – **gerichtlichen** Verfahrens vor dem **Bekanntmachungsverfahren** des Vorstands.[98] Dieser auch praktisch sinnvolle Vorrang (Vermeidung von Doppelverfahren!) betrifft sowohl das *vor* (§ 98 Abs. 1) als auch das *während* des Bekanntmachungsverfahrens „anhängig" gemachte (= durch Einreichung der Antragsschrift bei Gericht ausgelöste) Gerichtsverfahren (Abs. 2 S. 1 iVm § 98): Das vorher anhängige außergerichtliche Verfahren verliert seine Wirkung; das trotz Anhängigkeit eingeleitete Verfahren entfaltet eine solche erst gar nicht (→ Rn. 35).[99] – Durch Abs. 3 nicht grundsätzlich ausgeschlossen ist ein gegen die rechtskräftige gerichtliche Entscheidung gerichtetes, vom Vorstand initiiertes (neuerliches) **Bekanntmachungsverfahren** nach § 97. Zu den Voraussetzungen → Rn. 37. 38

b) Keine Antragssperre. Hat der Vorstand ein **außergerichtliches** Verfahren nach Abs. 1 begonnen, kann dieses zwar nur innerhalb der Monatsfrist nach Abs. 2 S. 1 in ein gerichtliches Verfahren überführt werden. Selbst das durch unwidersprochene Bekanntmachung bereits rechtswirksam abgeschlossene außergerichtliche Verfahren hindert die hierzu Berechtigten nach hM indes nicht daran, einen – nicht fristgebundenen und nicht notwendig auf neue Tatsachen gestützten[100] – **Antrag auf gerichtliche Entscheidung** nach § 98 zu stellen.[101] Anders als bei der fristgerechten Anrufung nach § 97 verliert die Bekanntmachung dadurch jedoch zunächst nicht ihre Wirkung. Dies kann vielmehr erst mit der neuerlichen rechtskräftigen Gerichtsentscheidung geschehen. Ist die bekannt gemachte Neu-Zusammensetzung bereits vollzogen worden, ist der das *gleiche* Ziel verfolgende gerichtliche Antrag zurückzuweisen. *Ansonsten* hat die Zusammensetzung – ungeachtet der vorherigen, nunmehr wirkungslos gewordenen Bekanntmachung – gemäß der gerichtlichen Anordnung zu erfolgen.[102] 39

6. Verhältnis zu anderen Vorschriften. Ist der Vorstand der **Ansicht** (→ Rn. 18), dass der Aufsichtsrat nicht nach den richtigen gesetzlichen Bestimmungen zusammengesetzt ist, hat er die (pflichtgemäß zu treffende) **Wahl,** ob er den Weg des **Bekanntmachungsverfahrens** nach § 97 *oder* des **gerichtlichen Verfahrens** nach § 98 einschlägt.[103] Zweckmäßigerweise wird er das Bekanntmachungsverfahren wählen, wenn er nicht damit rechnen muss, dass sich gegen seine Rechtsauffassung Widerspruch erhebt (arg.: Verfahrensbeschleunigung, Verfahrensvereinfachung, Kostenminimierung).[104] Ist die Lage aus Sicht des Vorstands ungeachtet der von ihm gebildeten Ansicht dagegen faktisch oder juristisch **„ungewiss"** oder muss er damit rechnen, dass seine Ansicht **„streitig"** gestellt wird (Beispiel: Einbeziehung der für *ausländische* Konzerngesellschaften tätigen Arbeitnehmer in die Schwellenwertberechnung? → § 96 Rn. 12), bietet es sich an, *sogleich* das – dann auch auf dem Bekanntmachungswege früher oder später unvermeidliche – gerichtliche Verfahren zu 40

[95] Vgl. nur Keidel/*Engelhardt* FamFG § 45 Rn. 33 f.; für das Statusverfahren zumindest iErg auch Spindler/Stilz/*Spindler* Rn. 36; MüKoAktG/*J. Semler,* 2. Aufl. 2004, Rn. 84.

[96] Spindler/Stilz/*Spindler* Rn. 36.

[97] So die hL, vgl. MüKoAktG/*Habersack* Rn. 39; KK-AktG/*Mertens/Cahn* §§ 97–99 Rn. 20; Schmidt/Lutter/*Drygala* Rn. 18; Grigoleit/*Tomasic* Rn. 11; offenbar ohne diese Einschränkung Hüffer/*Koch* Rn. 7.

[98] Begr. RegE *Kropff* Textausgabe, 1965, 128; MüKoAktG/*J. Semler,* 2. Aufl. 2004, Rn. 81.

[99] Spindler/Stilz/*Spindler* Rn. 36; MüKoAktG/*J. Semler,* 2. Aufl. 2004, Rn. 81; Semler/v. Schenck/*Gittermann* Rn. 72.

[100] Vgl. für die hL nur MüKoAktG/*Habersack* Rn. 30; Spindler/Stilz/*Spindler* Rn. 26 – zweifelhaft, da ohne neuen Tatsachenvortrag die durch unwidersprochen gebliebene Bekanntmachung soeben festgestellte Zusammensetzung des Aufsichtsrats in der Regel gerade nicht (mehr) „streitig oder ungewiss" (§ 98 Abs. 1) ist; vgl. MüKoAktG/*J. Semler,* 2. Aufl. 2004, Rn. 62, der deshalb einen Antrag auf gerichtliche Entscheidung ohne (i) neue Tatsachen, die (ii) zu einer anderen Zusammensetzung des Aufsichtsrats führen, generell ablehnt. Hinzukommen muss also zumindest die Möglichkeit einer anderen rechtlichen Bewertung des Tatsachenstoffs.

[101] GroßkommAktG/*Hopt/Roth/Peddinghaus* Rn. 68; MüKoAktG/*Habersack* Rn. 30, § 98 Rn. 3; Spindler/Stilz/*Spindler* Rn. 26; Semler/v. Schenck/*Gittermann* Rn. 56; MHdB AG/*Hoffmann-Becking* § 28 Rn. 63; aA MüKoAktG/*J. Semler,* 2. Aufl. 2004, Rn. 62.

[102] KK-AktG/*Mertens/Cahn* §§ 97–99 Rn. 30; MüKoAktG/*Habersack* Rn. 30.

[103] Schmidt/Lutter/*Drygala* Rn. 2; Henssler/Strohn/*Henssler* Rn. 1; *Hellwig/Behme* FS Hommelhoff, 2012, 343 (353).

[104] Vgl. Happ/*E. Vetter* AktR 9.17 Rn. 6.1.

verfolgen.[105] Eine **Verpflichtung** hierzu besteht, wenn sich die Ungewissheiten und Streitigkeiten nicht „unverzüglich" (→ Rn. 20) beheben lassen; spätestens dann muss der Vorstand das Bekanntmachungsverfahren einleiten.[106] – **Anderen** Beteiligten als dem Vorstand steht das Verfahren nach § 97 nicht offen. Soweit sie antragsberechtigt sind, können sie jedoch – via Widerspruch gemäß Abs. 2 oder Antrag gemäß § 98 – eine *gerichtliche* Entscheidung erzwingen. **Einzelne Vorstandsmitglieder** haben auf einen ihrer Ansicht nach erforderlichen Vorstandsbeschluss zur Einleitung des Statusverfahrens (Bekanntmachung oder Gerichtsbeschluss) aktiv hinzuwirken.

41 § 97 setzt einen bereits installierten Aufsichtsrat voraus. Der im Abschnitt zur „Gründung der Gesellschaft" angesiedelte **§ 30 Abs. 3** stellt hierzu keine Ausnahme dar: Er besagt, dass für die Zusammensetzung des **zweiten** Aufsichtsrats – also des ersten „*Nach*-Gründungs-Aufsichtsrats" – ein Statusverfahren zu durchlaufen ist (und zwar auch dann, wenn die gesetzlichen Grundlagen nach Ansicht des Vorstands weiterhin unverändert einschlägig sind). Nicht anders liegen die Dinge, wo die (Sach-) Gründung durch Einbringung oder Übernahme eines Unternehmens oder Unternehmensteils stattfindet **(§ 31 Abs. 3).** Auch hier wird der erste Aufsichtsrat eingesetzt, ohne dass es eines Statusverfahrens bedarf.

42 **§ 37 Abs. 1 MitbestG** erweitert die dem Statusverfahren eigenen Rechtsfolgen auch auf Satzungsbestimmungen, die in Abs. 2 S. 2 nicht ausdrücklich genannt sind. Bei erstmaliger Anwendung des MitbestG treten danach mit dem Ablauf der Frist nach Abs. 2 S. 2 alle *Satzungs*bestimmungen außer Kraft, die dem MitbestG widersprechen, soweit nicht die Hauptversammlung vorher mit einfacher Mehrheit Abweichendes (wiewohl MitbestG-Konformes) beschließt. Bis zu ihrem Außerkrafttreten bleiben die MitbestG-widrigen Satzungsbestimmungen wirksam.[107]

IV. Abdingbarkeit

43 § 97 ist **zwingend.** Andere als die in § 97 (und § 98) beschriebenen Wege, zu einer Neubesetzung des Aufsichtsrats zu gelangen, können weder in der Satzung festgelegt, noch beschlossen oder sonst wie – nicht einmal einvernehmlich – vereinbart werden.[108] Jede dem widersprechende Wahl von Aufsichtsratsmitgliedern (Anteilseigner- und Arbeitnehmervertreter) ist **nichtig** (§ 250 Abs. 1 Nr. 1).

V. Rechtsfolgen bei Verstoß

44 **1. Unzulässiges Statusverfahren.** Wird das Statusverfahren trotz Fehlens seiner Voraussetzungen durchgeführt, entfaltet es **keinerlei Wirkung** (Beispiel: Ein Statusverfahren, das infolge einer zur Verkleinerung des Aufsichtsrats führenden *Satzungs*änderung durchgeführt wird, beendet die Ämter der Mandatsinhaber auch dann nicht, wenn sich gegen das Verfahren kein Widerspruch erhebt). Daraus folgt zugleich, dass das Statusverfahren **nicht** dazu genutzt werden kann, die bestehende Besetzung des Aufsichtsrats (vorsorglich) zu **bestätigen.** Ohne die Überzeugung von der *Unrichtigkeit* der Besetzung (→ Rn. 18) geht die Initiative des Vorstands ins Leere; eine sich etwa anschließende Wahl genießt nicht den Schutz des Abs. 2 S. 1. Bei schuldhafter Falsch-Einleitung haftet der Vorstand der Gesellschaft gegenüber (§ 93) für den eingetretenen Schaden (der in diesem Fall freilich nur in den etwa entstandenen Verfahrenskosten liegen dürfte).

45 **2. Unterlassene Bekanntmachung.** Wird der Aufsichtsrat regelwidrig weiter nach den **bisher** angewandten Bestimmungen gewählt, bleibt die pflichtwidrig unterlassene Bekanntmachung und damit auch die objektiv fehlerhafte Neu-Zusammensetzung des Aufsichtsrats sanktionslos.[109] Der Vorstand kann der Gesellschaft gegenüber jedoch nach § 93 **ersatzpflichtig** werden, wenn er die Einleitung des Statusverfahrens pflichtwidrig **unterlässt.**[110] Ein Schaden dürfte zum Beispiel dann vorliegen, wenn die Gesellschaft ihren Aufsichtsrat hätte *verkleinern* können (Ersparnis der Aufsichtsratsvergütung) oder wenn sie nachweist, dass ihr durch das Tätigwerden gerade des ordnungswidrig im Amt belassenen Aufsichtsrats ein Schaden entstanden ist. Zu denken ist weiter an den Ersatz von Kosten eines (von wem auch immer beantragten) *außergerichtlichen* Statusverfahrens nach § 98, das bei ordnungsgemäßer Einleitung des Verfahrens nach § 97 durch den Vorstand überflüssig gewesen

---

[105] MüKoAktG/*Habersack* Rn. 16; *v. Falkenhausen* AG 1967, 309 (311 f.).

[106] Vgl. MüKoAktG/*Habersack* Rn. 16, § 98 Rn. 13; KK-AktG/*Mertens/Cahn* §§ 97–99 Rn. 5; *Hellwig/Behme* FS Hommelhoff, 2012, 343 (360 f.); Happ/*E. Vetter* AktR 9.17 Rn. 6.1; aA GroßkommAktG/*Hopt/Roth/Peddinghaus* § 97 Rn. 30: Vorrang des Verfahrens nach § 97.

[107] GroßkommAktG/*Hopt/Roth/Peddinghaus* Rn. 6; MüKoAktG/*Gach* MitbestG § 37 Rn. 3 ff.

[108] Vgl. MüKoAktG/*Habersack* Rn. 1, § 96 Rn. 32.

[109] *Kowalski/Schmidt* DB 2009, 551 (552); *Manthey/Hinrichs* NZG 2014, 1096 (1098).

[110] GroßkommAktG/*Hopt/Roth/Peddinghaus* Rn. 53; KK-AktG/*Mertens/Cahn* §§ 97–99 Rn. 7.

wäre. – Aktionäre und Dritte (Arbeitnehmer, Aufsichtsratskandidaten) können keine Ersatzansprüche geltend machen.[111]

Jede die Zusammensetzung des Aufsichtsrats **ändernde** Wahl ohne vorherige Durchführung des erforderlichen Statusverfahrens ist gemäß § 250 Abs. 1 Nr. 1 **nichtig.**[112] Zu den Auswirkungen auf etwaige Folgewahlen → § 96 Rn. 79, 85. 46

3. Fehlerhafte Bekanntmachung. Die Bekanntmachung ist nur wirksam, wenn sie (i) mit dem **gesetzlichen Mindestinhalt** (→ Rn. 24 ff.) (ii) im **Bundesanzeiger** veröffentlicht worden ist (arg. Abs. 2 S. 1).[113] Fehlt es an einer dieser Voraussetzungen, ist die Bekanntmachung zu wiederholen, um Rechtswirkungen (Eröffnung des Statusverfahrens) zu entfalten.[114] Unerheblich ist demgegenüber, ob, wann und mit welchem Inhalt die betriebliche(n) Bekanntmachung(en) und die – auch nach der Streichung des § 25 S. 2 aF noch möglichen (→ Rn. 22) – Bekanntmachung(en) in den sonstigen „Gesellschaftsblättern" erfolgt sind.[115] Ebenso wenig spielt es eine Rolle, ob die *freiwilligen* Angaben zutreffend sind, jedenfalls solange die Unrichtigkeit den Pflichtinhalt nicht wesentlich beeinflusst (Beispiel → Rn. 27). Keine Rolle für die Wirksamkeit spielt schließlich, ob der Bekanntmachung ein rechtmäßiger (oder überhaupt ein) **Vorstandsbeschluss** (→ Rn. 19) zugrunde liegt (arg.: interne Maßnahme).[116] 47

In zwei Fällen ist die Unwirksamkeit der Bekanntmachung nach hM **folgenlos:** (i) Wird das Statusverfahren trotz des Bekanntmachungsfehlers **durchgeführt** (zB weil der Fehler unbemerkt geblieben ist), sind die neuen Aufsichtsräte mit ihrer Wahl wirksam bestellt. Sie verlieren ihre Ämter allenfalls wieder nach Durchführung eines neuerlichen Statusverfahrens; § 250 Abs. 1 Nr. 1 findet keine Anwendung (arg.: § 97 Abs. 1 wird in § 250 Abs. 1 Nr. 1 nicht genannt).[117] (ii) Wird trotz (oder gerade wegen) der fehlerhaften Bekanntmachung fristgerecht das **Gericht angerufen,** ist dessen Entscheidung trotz des einleitenden Fehlers im Rahmen des *außer*gerichtlichen Verfahrens verbindlich.[118] 48

4. Materiell-rechtlich unrichtige Bekanntmachung. Das Status Quo-Prinzip (→ Rn. 4) wirkt sich auch im Fall der materiell-rechtlich **unrichtigen Bekanntmachung** aus (Beispiel: Der Vorstand gibt eine unrichtige Neu-Zusammensetzung des Aufsichtsrats bekannt): Die rechtsverbindlich für anwendbar erklärten Vorschriften sind für die Zusammensetzung des Aufsichtsrats so lange maßgeblich, bis ein erneutes Statusverfahren etwas Abweichendes bestimmt. Das ist Folge der dem Statusverfahren eigenen, rein formal-verfahrensrechtlichen Sichtweise.[119] Selbst wenn der Vorstand seinen Fehler nach Ablauf der Monatsfrist erkennt, ist er aus Gründen der Rechtssicherheit daher zunächst an die fehlerhafte Bekanntmachung gebunden.[120] – Entsprechendes gilt im Fall einer fehlerhaften **gerichtlichen Entscheidung** (→ § 98 Rn. 30). 49

5. Bekanntmachungswidrige Zusammensetzung des Aufsichtsrats. Jede der Bekanntmachung widersprechende Zusammensetzung des Aufsichtsrats ist unzulässig. Entsprechend scharf sind die Rechtsfolgen im Fall eines Verstoßes: Die von der Hauptversammlung vorgenommene Wahl des Aufsichtsrats ist **nichtig** (§ 250 Abs. 1 Nr. 1). Dagegen kann nicht eingewendet werden, dass die Zusammensetzung zwar der gerichtlichen Entscheidung widerspreche, in Wahrheit jedoch materiell rechtmäßig sei. Auch das ist Folge der formal-verfahrensrechtlichen Sichtweise.[121] Ungeachtet der Nichtigkeit tritt der bisherige Aufsichtsrat nicht wieder in seine Funktion. Seine Mitglieder haben ihre Ämter gemäß Abs. 2 S. 3 „mit Beendigung der … Hauptversammlung" verloren, die die nichtigen Beschlüsse gefasst hat. Es muss also neu gewählt oder die Vakanz durch gerichtliche Bestellung (§ 104) behoben werden. – Die Nichtigkeitsfolge gilt unmittelbar nur für die „Wahl eines Aufsichtsratsmitglieds **durch die Hauptversammlung**" (§ 250 Abs. 1), also namentlich nicht für *entsandte* Aufsichtsratsmitglieder und insbesondere nicht für die meisten – nämlich alle nicht von der Hauptversammlung gewählten – *Arbeitnehmervertreter* (Beispiel: Wahl „weiterer" Mitglieder nach § 6 Abs. 1, 50

---

[111] MüKoAktG/*Habersack* Rn. 28; Grigoleit/*Tomasic* Rn. 5; *Kowalski/Schmidt* DB 2009, 551 (552).
[112] *Kowalski/Schmidt* DB 2009, 551 (552).
[113] HM, vgl. KK-AktG/*Mertens/Cahn* §§ 97–99 Rn. 13, 16; MüKoAktG/*Habersack* Rn. 25.
[114] MüKoAktG/*Habersack* Rn. 26; Spindler/Stilz/*Spindler* Rn. 23.
[115] KK-AktG/*Mertens/Cahn* §§ 97–99 Rn. 16 f.
[116] AA womöglich Schmidt/Lutter/*Drygala* Rn. 9: „zwingend erforderlich".
[117] MüKoAktG/*Habersack* Rn. 26; KK-AktG/*Mertens/Cahn* §§ 97–99 Rn. 13; Spindler/Stilz/*Spindler* Rn. 23; aA GroßkommAktG/*Hopt/Roth/Peddinghaus* Rn. 52; GroßkommAktG/*K. Schmidt* § 250 Rn. 12 f.: Nichtigkeit gemäß § 250 Abs. 1 Nr. 1 iVm § 96 Abs. 2.
[118] LG Nürnberg-Fürth AG 1972, 21; MüKoAktG/*Habersack* Rn. 26.
[119] MüKoAktG/*Habersack* Rn. 15; MüKoAktG/*Koch* § 250 Rn. 7; HK-AktG/*Göz* § 250 Rn. 4.
[120] GroßkommAktG/*Hopt/Roth/Peddinghaus* Rn. 3; MüKoAktG/*Habersack* Rn. 31; Hüffer/*Koch* Rn. 5.
[121] MüKoAktG/*Koch* § 250 Rn. 7; HK-AktG/*Göz* § 250 Rn. 4.

§ 8 oder § 9 MontanMitbestG – Anwendbarkeit von § 250 trotz Bindung der Hauptversammlung an Wahlvorschläge).[122] Gleichwohl erklärt die hL im Fall einer von der Bekanntmachung abweichenden Zusammensetzung des Aufsichtsrats aus Gründen der Gleichbehandlung auch die Bestellung der **Arbeitnehmervertreter** für nichtig.[123] Das ist zwar schwerlich mit dem Wortlaut des Gesetzes (§ 22 MitbestG, § 11 DrittelbG, § 250 Abs. 1) zu vereinbaren, vermeidet aber zugegebenermaßen unerwünschte praktische Probleme. Überdies lässt sich die Arbeitnehmerseite, deretwegen das Statusverfahren gerade stattfindet (→ Rn. 8 ff.), von den Rechtsfolgen seines Misslingens nicht sinnvoll ausschließen. Schonender wäre dennoch, nur die Arbeitnehmerwahlen für nichtig zu erklären, die *im Ergebnis* der Bekanntmachung widersprechen (Beispiel: Im Statusverfahren wird die paritätische Mitbestimmung in einem Zwölfer-Aufsichtsrat nach dem MitbestG festgestellt, gewählt werden wegen eines zwischenzeitlichen Herabsinkens unter die 2000 Mitarbeiter-Schwelle „der Einfachheit halber", dh ohne weiteres Statusverfahren, neun Anteilseigner- und drei Arbeitnehmervertreter nach dem DrittelbG. Die Wahlen der Anteilseignervertreter sind nach § 250 Abs. 1 nichtig, die Wahlen der drei Arbeitnehmervertreter nicht. Jedoch sind drei weitere Arbeitnehmervertreter – dann nach den Regeln des MitbestG – nachzuwählen). – Nichtig ist auch die der **gerichtlichen** Entscheidung widersprechende Zusammensetzung des Aufsichtsrats (→ § 98 Rn. 31).

§ 98 Gerichtliche Entscheidung über die Zusammensetzung des Aufsichtsrats

(1) Ist streitig oder ungewiss, nach welchen gesetzlichen Vorschriften der Aufsichtsrat zusammenzusetzen ist, so entscheidet darüber auf Antrag ausschließlich das Landgericht, in dessen Bezirk die Gesellschaft ihren Sitz hat.

(2) [1]Antragsberechtigt sind

1. **der Vorstand,**
2. **jedes Aufsichtsratsmitglied,**
3. **jeder Aktionär,**
4. **der Gesamtbetriebsrat der Gesellschaft oder, wenn in der Gesellschaft nur ein Betriebsrat besteht, der Betriebsrat,**
5. **der Gesamt- oder Unternehmenssprecherausschuss der Gesellschaft oder, wenn in der Gesellschaft nur ein Sprecherausschuss besteht, der Sprecherausschuss,**
6. **der Gesamtbetriebsrat eines anderen Unternehmens, dessen Arbeitnehmer nach den gesetzlichen Vorschriften, deren Anwendung streitig oder ungewiß ist, selbst oder durch Delegierte an der Wahl von Aufsichtsratsmitgliedern der Gesellschaft teilnehmen, oder, wenn in dem anderen Unternehmen nur ein Betriebsrat besteht, der Betriebsrat,**
7. **der Gesamt- oder Unternehmenssprecherausschuss eines anderen Unternehmens, dessen Arbeitnehmer nach den gesetzlichen Vorschriften, deren Anwendung streitig oder ungewiss ist, selbst oder durch Delegierte an der Wahl von Aufsichtsratsmitgliedern der Gesellschaft teilnehmen, oder, wenn in dem anderen Unternehmen nur ein Sprecherausschuss besteht, der Sprecherausschuss,**
8. **mindestens ein Zehntel oder einhundert der Arbeitnehmer, die nach den gesetzlichen Vorschriften, deren Anwendung streitig oder ungewiß ist, selbst oder durch Delegierte an der Wahl von Aufsichtsratsmitgliedern der Gesellschaft teilnehmen,**
9. **Spitzenorganisationen der Gewerkschaften, die nach den gesetzlichen Vorschriften, deren Anwendung streitig oder ungewiß ist, ein Vorschlagsrecht hätten,**
10. **Gewerkschaften, die nach den gesetzlichen Vorschriften, deren Anwendung streitig oder ungewiß ist, ein Vorschlagsrecht hätten.**

[2]Ist die Anwendung des Mitbestimmungsgesetzes oder die Anwendung von Vorschriften des Mitbestimmungsgesetzes streitig oder ungewiß, so sind außer den nach Satz 1 Antragsberechtigten auch je ein Zehntel der wahlberechtigten in § 3 Abs. 1 Nr. 1 des Mitbestimmungsgesetzes bezeichneten Arbeitnehmer oder der wahlberechtigten leitenden Angestellten im Sinne des Mitbestimmungsgesetzes antragsberechtigt.

(3) Die Absätze 1 und 2 gelten sinngemäß, wenn streitig ist, ob der Abschlußprüfer das nach § 3 oder § 16 des Mitbestimmungsergänzungsgesetzes maßgebliche Umsatzverhältnis richtig ermittelt hat.

---

[122] MüKoAktG/*Koch* § 250 Rn. 3; Spindler/Stilz/*Stilz* § 250 Rn. 5 f.

[123] GroßkommAktG/*Hopt/Roth/Peddinghaus* Rn. 60; MüKoAktG/*Habersack* Rn. 31; Spindler/Stilz/*Spindler* § 98 Rn. 15; Raiser/Veil/Jacobs/*Raiser* MitbestG § 6 Rn. 7; aA GroßkommAktG/*K. Schmidt* § 250 Rn. 6; MüKo-AktG/*Hüffer* § 250 Rn. 3; HK-AktG/*Göz* § 250 Rn. 2; *J. Schröder,* Mängel und Heilung der Wählbarkeit bei Aufsichtsrats- und Betriebsratswahlen, 1979, 22 ff.

(4) [1]Entspricht die Zusammensetzung des Aufsichtsrats nicht der gerichtlichen Entscheidung, so ist der neue Aufsichtsrat nach den in der Entscheidung angegebenen gesetzlichen Vorschriften zusammenzusetzen. [2]§ 97 Abs. 2 gilt sinngemäß mit der Maßgabe, daß die Frist von sechs Monaten mit dem Eintritt der Rechtskraft beginnt.

Schrifttum: *Hellwig/Behme,* Zur grenzüberschreienden Dimension der deutschen Konzernmitbestimmung, AG 2015, 333; *Jänig/Leißring,* FamFG: Neues Verfahren für Streitigkeiten in AG und GmbH, ZIP 2010, 110; *Nießen/Sandhaus,* Das Statusverfahren, NJW-Spezial 2008, 687; *Simons,* Ungeklärte Zuständigkeitsfragen bei gesellschaftsrechtlichen Auseinandersetzungen, NZG 2012, 609; *ders.,* Die Änderungen des Aktiengesetzes durch das 2. Kostenrechtsmodernisierungsgesetz, AG 2014, 182.

Übersicht

I. Allgemeines

Die Vorschrift regelt das **gerichtliche Verfahren,** das zur Beendigung von Streitigkeiten oder Ungewissheiten im Zusammenhang mit der Besetzung des Aufsichtsrats führen soll. Es findet zum Einen Anwendung im Fall einer **originären Anrufung** des Gerichts durch die nach Abs. 2 Antragsberechtigten;[1] kraft Verweises in § 97 Abs. 2 S. 1 gelten die Vorschriften aber auch im Fall des **Widerspruchs** gegen ein vom Vorstand initiiertes, ursprünglich also außergerichtliches Statusverfahren. Ebenso wie das außergerichtliche (§ 97) verwirklicht das gerichtliche Statusverfahren das **Status Quo-** (oder Kontinuitäts-) **Prinzip** (= keine Neubesetzung des Aufsichtsrats ohne Statusverfahren, → § 97 Rn. 4).[2] 1

Geregelt werden in erster Linie die ausschließliche **Zuständigkeit** der ordentlichen Gerichte in Abs. 1 (Zweck: Verfahrensbeschleunigung; Widerspruchsfreiheit; Vermeidung von Doppelzuständigkeiten der Arbeitsgerichtsbarkeit)[3] und die **Antragsberechtigung** zur Einleitung des Gerichtsverfahrens in Abs. 2. Abs. 3 erstreckt das gerichtliche Verfahren zusätzlich auf den (in der Praxis kaum vorkommenden) Fall von Streitigkeiten bei der **Bestimmung des Umsatzverhältnisses** durch den Abschlussprüfer an der Grenzlinie zwischen MontanMitbestG und MitbestErgG. Abs. 4 normiert schließlich in inhaltlicher Parallele zu § 97 Abs. 2 den Mechanismus zur **Auswechslung** eines gemessen an der gerichtlichen Entscheidung unrichtig zusammengesetzten Aufsichtsrats. 2

II. Einzelerläuterungen

1. Gerichtliche Entscheidung. a) Streit oder Ungewissheit über Zusammensetzung. Voraussetzung der Antragsberechtigung ist, dass „streitig" oder „ungewiss" ist, dh die **konkrete Möglichkeit** oder sogar bereits eine **laufende Auseinandersetzung** über die Frage besteht,[4] „nach welchen gesetzlichen Vorschriften der Aufsichtsrat zusammenzusetzen" (→ § 97 Rn. 8 ff.) ist.[5] An der Voraussetzung zumindest einer (Streit-) „Möglichkeit" dürfte es im Fall einer gerichtlichen Auseinandersetzung nur in Ausnahmesituationen fehlen; ansonsten hätte sich der Antragsteller die potentiell kostenträchtige (§ 99 Abs. 6) Verfahrenseinleitung sparen können (Gegenbeispiel: Der Antragsteller wünscht eine bloße *Begutachtung* oder *Bestätigung* der Rechtsgrundlagen der Aufsichtsratsbesetzung).[6] Dennoch geht es zu weit, bei jeder Antragstellung des **Vorstands** das Vorliegen 3

[1] Musterantrag bei Happ/*E. Vetter* AktR 9.17.
[2] MüKoAktG/*Habersack* Rn. 1.
[3] Begr. RegE *Kropff* Textausgabe, 1965, 129; Henssler/Strohn/*Henssler* Rn. 1.
[4] MüKoAktG/*Habersack* Rn. 5; Hüffer/*Koch* Rn. 3.
[5] Dazu LAG Düsseldorf AG 1989, 66 (67).
[6] Vgl. MüKoAktG/*Habersack* Rn. 4; Spindler/Stilz/*Spindler* Rn. 7.

dieser Voraussetzung ohne weiteres zu vermuten.[7] Fehlt es daran, ist der Vorstand vielmehr auf das Bekanntmachungsverfahren (§ 97) verwiesen.[8] Dagegen kann unterstellt werden, dass die Antragstellung durch einen **anderen Berechtigten** als den (bisher untätigen) Vorstand notwendig „Streit" oder „Ungewissheit" bedeutet; ansonsten hätte der Vorstand seinerseits eine gerichtliche Entscheidung beantragen oder unverzüglich das außergerichtliche Statusverfahren nach § 97 einleiten müssen. – **Nicht** zur Verfügung steht das gerichtliche Verfahren nach § 98 in Fällen, in denen die „gesetzlichen Vorschriften", nach denen „der Aufsichtsrat zusammenzusetzen ist", **außer Streit** stehen und nur unklar ist, ob die im Aufsichtsrat **tatsächlich** herrschenden Verhältnisse dem genügen (Beispiel: Der Aufsichtsrat ist unstreitig nach dem DrittelbG zusammenzusetzen, die Anteilseigner wählen jedoch „freiwillig" einen weiteren Arbeitnehmer hinzu (→ § 96 Rn. 83); ein Aufsichtsratsmitglied hält das für gesetzwidrig).[9]

4 **b) Antrag.** Das gerichtliche Verfahren beginnt nur auf Antrag. Dieser setzt **nicht** voraus – auch wenn dies möglich und keineswegs ungewöhnlich ist –, dass vorher ein **außergerichtliches** Verfahren nach § 97 initiiert wurde. Selbst der Vorstand muss nicht vorrangig das Verfahren nach § 97 verfolgen; er kann stattdessen auch unmittelbar den Weg der gerichtlichen Entscheidung suchen (Abs. 2 S. 1 Nr. 1; → § 97 Rn. 40).[10] Die Anhängigmachung (= Einreichung) des Antrags auf gerichtliche Entscheidung blockiert das außergerichtliche Verfahren; ein bereits begonnenes außergerichtliches Verfahren verliert gemäß § 97 Abs. 3 seine Wirkung (→ § 97 Rn. 38).

5 Der Antrag ist **formfrei** möglich.[11] Auch wenn er zweckmäßigerweise schriftlich oder zu Protokoll der Geschäftsstelle des zuständigen Landgerichts oder (irgend-) eines Amtsgerichts gestellt wird (vgl. § 25 FamFG), ist selbst ein mündlich gestellter Antrag zulässig, sofern nur die Identität des Antragstellers (und damit seine Antragsberechtigung nach Abs. 2) erkennbar wird.[12] Ein **Anwaltszwang** besteht nicht; auch die Unterzeichnung des Antrags durch einen Rechtsanwalt ist nicht erforderlich.[13] **Inhaltlich** muss der Antrag nur erkennen lassen, dass die gegenwärtige Besetzung des Aufsichtsrats „streitig oder ungewiss" ist (Antragsvoraussetzung) und der Antragsteller insoweit eine gerichtliche Klärung anstrebt (Antragsziel). Zweckmäßig ist (zB für die Beurteilung der Antragsberechtigung nach Abs. 2, → Rn. 9 ff.), zumindest den **Sachverhalt** zu nennen, aus dem sich nach Ansicht des Antragstellers die Unrichtigkeit der gegenwärtigen Zusammensetzung des Aufsichtsrats ergibt; zumeist ist dann ohne weiteres klar, nach welchen Rechtsvorschriften der Aufsichtsrat künftig zusammengesetzt werden soll. Eine Verpflichtung, die behauptete Falsch- oder die gewünschte Neubesetzung des Aufsichtsrats faktisch oder juristisch zu detaillieren (aber → Rn. 9 aE) oder den Antrag zu **begründen,** besteht jedoch nicht.[14]

6 Der Antrag ist **nicht** an eine bestimmte **Frist** gebunden. Hat der Vorstand ein außergerichtliches Verfahren nach § 97 Abs. 1 begonnen, kann dieses zwar nur innerhalb der Monatsfrist nach § 97 Abs. 2 S. 1 in ein gerichtliches Verfahren überführt werden. Selbst das durch unwidersprochene Bekanntmachung rechtswirksam abgeschlossene außergerichtliche Verfahren hindert nach hM indessen nicht daran, zusätzlich oder aus anderen Gründen einen Antrag nach § 98 zu stellen (→ § 97 Rn. 39). – Zur **Rücknahme** des Antrags → § 99 Rn. 5. – **Fehlt** es an einer der formalen Voraussetzungen des Antrags, ist dieser als **unzulässig** zurückzuweisen.

7 **c) Zuständigkeit.** Abs. 1 S. 1 bestimmt eine **ausschließliche sachliche** und **örtliche** Zuständigkeit des **Landgerichts,**[15] in dessen Bezirk die Gesellschaft, um deren Aufsichtsrat es geht, ihren **Sitz** hat.[16] Bei einem Doppelsitz (zu dessen ausnahmsweiser Zulässigkeit → § 5 Rn. 13; Beispiele: Siemens AG – München und Berlin; ThyssenKrupp AG – Duisburg und Essen), ist zunächst *jedes* Sitzgericht zuständig.[17] Jedoch schließt das zuerst angerufene Gericht das spätere aus (§ 2 Abs. 1 FamFG), und zwar auch dann, wenn jeweils unterschiedliche Antragsteller das Verfahren betreiben.[18] **Funktionell** zuständig ist grundsätzlich die **Kammer für Handelssachen** (KfH), § 71 Abs. 2 Nr. 4

[7] So aber GroßkommAktG/*Hopt/Roth/Peddinghaus* Rn. 7.
[8] Spindler/Stilz/*Spindler* Rn. 7 (kein Rechtsschutzbedürfnis); aA – ohne Begr. – KK-AktG/*Mertens/Cahn* Rn. 4.
[9] MüKoAktG/*Habersack* Rn. 5; Spindler/Stilz/*Spindler* Rn. 7.
[10] MüKoAktG/*J. Semler,* 2. Aufl. 2004, Rn. 33; Hüffer/*Koch* Rn. 3; Henssler/Strohn/*Henssler* Rn. 3.
[11] MüKoAktG/*Habersack* Rn. 3; HK-AktG/*Israel* Rn. 3; *Mehrbrey/Ege* § 6 Rn. 190 f.
[12] MüKoAktG/*Habersack* Rn. 3; Schmidt/Lutter/*Drygala* Rn. 4.
[13] KK-AktG/*Mertens/Cahn* §§ 97–99 Rn. 31; MüKoAktG/*Habersack* Rn. 3; Schmidt/Lutter/*Drygala* Rn. 4.
[14] Henssler/Strohn/*Henssler* Rn. 3. Muster-Antrag bei Happ/*E. Vetter* AktR 9.17a).
[15] *Mehrbrey/Ege* § 6 Rn. 196 f.; zum Verhältnis zur Anfechtungs-/Nichtigkeitsklage und zur Zuständigkeit des ArbG MüKoAktG/*Habersack* Rn. 10 f.
[16] Hüffer/*Koch* Rn. 2; Grigoleit/*Tomasic* Rn. 1, 5.
[17] Schmidt/Lutter/*Drygala* Rn. 2; Hüffer/*Koch* Rn. 2.
[18] GroßkommAktG/*Hopt/Roth/Peddinghaus* Rn. 20; MüKoAktG/*Habersack* Rn. 7.

lit. b iVm §§ 94, 95 Abs. 2 Nr. 2 GVG (keine Entscheidungsbefugnis des Vorsitzenden als Einzelrichter analog § 349 Abs. 2, 3 ZPO[19]). Das gilt – anders als noch vor der Streichung von Abs. 1 Hs. 2 aF durch das FGG-RG – jedoch **nicht** mehr **ausschließlich,**[20] sondern nur, wenn der Antragsberechtigte (= der „Kläger" iSd GVG) entsprechend § 96 Abs. 1 GVG die KfH anruft oder der Antragsgegner (= die Gesellschaft = der „Beklagte" iSd GVG) entsprechend § 98 Abs. 1 GVG die Verweisung dorthin verlangt. Ansonsten bleibt es bei der Zuständigkeit der allgemeinen Zivilkammer (bei Verstoß gegen die funktionelle Zuständigkeit aber grundsätzlich kein Rechtsbehelf[21]). Die gleiche sachliche und örtliche Zuständigkeitsordnung gilt, wenn das Landgericht keine KfH gebildet hat.[22] – § 71 Abs. 4 iVm Abs. 2 Nr. 4 lit. b GVG gestattet den Landesregierungen bzw. den von ihnen unterermächtigten Landesjustizverwaltungen die **Konzentration** der Eingangszuständigkeit zwecks „Sicherung einer einheitlichen Rechtsprechung" abweichend von der nach Abs. 1 S. 1 gegebenen örtlichen Zuständigkeit bei bestimmten spezialisierten (Land-) Gerichten. Hiervon haben bereits früher (= unter Geltung des inhaltsgleichen § 99 Abs. 1 S. 2, 3 aF) Baden-Württemberg (Stuttgart, Mannheim), Bayern (München I, Nürnberg), Hessen (Frankfurt a.M.), Niedersachsen (Hannover), Nordrhein-Westfalen (Dortmund, Düsseldorf, Köln) und Sachsen (Leipzig) Gebrauch gemacht.[23] Nach der Verschiebung der Konzentrationsermächtigung in das GVG sind die unverändert auf das AktG rekurrierenden Verordnungen **nichtig** und daher richtigerweise zu erneuern (arg.: Art. 80 Abs. 1 S. 3 GG; gesetzlicher Richter).[24] Ungeachtet dessen kommt die Verfahrenskonzentration einer kompetenten, sachlich homogenen Spruchpraxis uneingeschränkt zugute. – Stützt sich ein Gericht auf eine nichtige Konzentrations-Verordnung, fehlt ihm die örtliche Zuständigkeit. Die von ihm vorgenommenen Handlungen sind gleichwohl **wirksam,** § 2 Abs. 3 FamFG. Auch eine Beschwerde (§ 65 Abs. 4 FamFG) bzw. Rechtsbeschwerde (§ 72 Abs. 2 FamFG) hat insoweit keinen Erfolg.[25]

d) Verfahren. Das gerichtliche Verfahren vollzieht sich, obwohl es sich um ein in der Sache 8
streitiges Verfahren handelt („ist streitig oder ungewiss …"), gemäß § 99 Abs. 1 nach den Vorschriften des **FamFG,** also nach dem Verfahrensrecht der freiwilligen Gerichtsbarkeit.

e) Antragsberechtigung. Anders als im außergerichtlichen Verfahren, das nur dem Vorstand ein 9
Initiativrecht gibt, sind im gerichtlichen Verfahren mehrere Personen und Gremien antragsberechtigt. Diese sind in Abs. 2 S. 1 und 2 **abschließend**[26] genannt. Die Vorschriften unterscheiden **zwei Gruppen** von Antragsberechtigten: (i) Während die in **Abs. 2 S. 1 Nr. 1–5** Genannten ohne weiteres[27] und unabhängig vom konkreten Streitgegenstand unmittelbar betroffen und damit auch antragsberechtigt sind, (ii) müssen die Antragsberechtigten nach **Abs. 2 S. 1 Nr. 6–10** und **Abs. 2 S. 2** von der Zusammensetzung des Aufsichtsrats gerade als mitbestimmungsrechtliche „Interessenwalter" der Arbeitnehmer betroffen sein, also über ein **besonderes (= „berechtigtes") Feststellungsinteresse** verfügen. Ob das der Fall ist, entscheidet sich nach den gesetzlichen Bestimmungen, die die Antragsteller auf die Zusammensetzung des Aufsichtsrats angewendet wissen wollen.[28] Im Ergebnis bedeutet das, dass die Antragsberechtigung davon abhängt, welche gesetzlichen Bestimmungen von dem einzelnen Antragsteller als **„streitig oder ungewiss"** qualifiziert werden; das kann, je nach Vortrag, für jeden Antragsteller **unterschiedlich** sein. Die *aktuell* – wenn auch möglicherweise fehlerhaft – angewendeten Rechtsvorschriften gewähren in keinem Fall ein Antragsrecht, da deren weitere Heranziehung vom Antragsteller gerade unterbunden werden soll. – Die (nicht nur behauptete, sondern objektiv bestehende) Antragsberechtigung ist Voraussetzung für die Einleitung des Statusver-

---

[19] LG Hamburg ZIP 2016, 2316 (2317).

[20] *Simons* NZG 2012, 609 (610) im Anschluss an BR-Drs. 852/11, 4: „Die Streichungen [durch das FGG-RG] haben dazu geführt, dass einschlägige Sachen – sofern die Parteien keine Anträge nach den §§ 96, 98 GVG stellen – vor die allgemeinen Zivilkammern gelangen"; ebenso Hüffer/*Koch* Rn. 2; aA die ganz hL: MüKoAktG/*Habersack* Rn. 2, 9; Spindler/Stilz/*Spindler* Rn. 4; Schmidt/Lutter/*Drygala* Rn. 2; *Jänig/Leißring* ZIP 2010, 110 (113); vgl. auch Begr. RegE, BT-Drs. 16/6308, 353.

[21] Zöller/*Lückemann* GVG § 93 Rn. 3; *Simons* NZG 2012, 609 (612).

[22] Insoweit unstr., vgl. GroßkommAktG/*Hopt/Roth/Peddinghaus* Rn. 19; Hüffer/*Koch* Rn. 2.

[23] Nachweise bei GroßkommAktG/*Hopt/Roth/Peddinghaus* Rn. 21.

[24] *Simons* NZG 2012, 609 (612); aA *Preuß/Leuering* NJW-Spezial 2009, 671; Schmidt/Lutter/*Drygala* Rn. 3; Hüffer/*Koch* Rn. 2: Fortgeltung.

[25] Keidel/*Sternal* FamFG § 2 Rn. 36; Bumiller/Harders/Schwamb/*Bumiller* FamFG § 2 Rn. 17; *Simons* NZG 2012, 609 (613); aA offenbar Prütting/Helms/*Prütting* FamFG § 2 Rn. 40 ff.

[26] GroßkommAktG/*Hopt/Roth/Peddinghaus* Rn. 22.

[27] BGH AG 2012, 288: ua keine analoge Anwendung von § 245 Nr. 1 und Nr. 3; LG München DStR 2015, 2505 (2505); ferner MüKoAktG/*Habersack* Rn. 12: „berechtigtes Interesse … offensichtlich"; *E. Vetter* in Marsch-Barner/Schäfer HdB AG § 24 Rn. 27.

[28] GroßkommAktG/*Hopt/Roth/Peddinghaus* Rn. 22; MüKoAktG/*Habersack* Rn. 12; Hüffer/*Koch* Rn. 4.

fahrens; fehlt sie, ist der Antrag vom Gericht als unzulässig **zurückzuweisen.** – Zu den **Antragsberechtigten** (Abs. 2 S. 1) im Einzelnen:

10 (i) **Nr. 1** meint den **Vorstand** als Organ,[29] nicht seine Mitglieder. Ebenso wie für die Einleitung eines *außergerichtlichen* Statusverfahrens (→ § 97 Rn. 19) bedarf es daher auch hier eines gemäß § 77 Abs. 1 mit der erforderlichen Mehrheit zu fassenden, dem Gericht ggf. nachzuweisenden (und daher zweckmäßigerweise schriftlich zu fassenden) Vorstandsbeschlusses.[30] Die formale Antragstellung selbst kann durch Vorstandsmitglieder in vertretungsberechtigter Zahl, auch in unechter Gesamtvertretung, erfolgen.[31] Die Annahme, der Vorstand vertrete als Antragsberechtigter (auch) die Gesellschaft,[32] verbietet sich schon deshalb, weil ein In-Sich-Prozess (die Gesellschaft ist zugleich Antragsgegner!) der Struktur des Statusverfahrens als streitigem Verfahren widerspricht.[33] – Der Vorstand ist der **einzige** Antragsberechtigte, der zur Antragstellung auch **verpflichtet** ist, wenn er der Ansicht ist, (i) der Aufsichtsrat sei nicht nach den maßgeblichen gesetzlichen Vorschriften zusammengesetzt (§ 97 Abs. 1 S. 1) und (ii) die Einleitung des *außer*gerichtlichen Verfahrens sei wegen des Bestehens von „Streit" oder „Ungewissheit" (Abs. 1 S. 1) sinnlos.[34]

11 (ii) Anders als beim Vorstand (Nr. 1)[35] ist auf Seiten des **Aufsichtsrats** jedes einzelne seiner **Mitglieder,** unabhängig von der Art seiner Bestellung, antragsberechtigt (nicht: verpflichtet, → Rn. 10),[36] **Nr. 2.** Das erklärt sich aus der unmittelbaren Betroffenheit jedes einzelnen Mitglieds bei Fragen der Zusammensetzung „seines" Organs. Der Aufsichtsrat als Organ ist nicht antragsberechtigt;[37] man wird einen dennoch gestellten Antrag ohne entsprechenden Hinweis auch nicht als Individual-Antrag eines oder mehrerer (welcher?) Aufsichtsratsmitglieder aufrecht erhalten können. Ein Ersatzmitglied ist zwar ebenfalls von der Hauptversammlung bzw. den Arbeitnehmern gewählt (§ 101 Abs. 2 S. 3), aber (noch) nicht als Aufsichtsratsmitglied aktiv. Schon mangels Betroffenheit hat es daher keine Antragsberechtigung, solange es nicht in den Aufsichtsrat eingerückt ist.[38] Entsprechendes gilt für das in den Vorstand bestellte Aufsichtsratsmitglied für die Zeit seiner Delegation (arg. § 105 Abs. 2 S. 3); hier ergibt sich eine Antragsbefugnis nur mittelbar über die Mitgliedschaft im Vorstand (→ Rn. 10).

12 (iii) **Aktionäre (Nr. 3)** sind nur solche der betreffenden Gesellschaft, nicht auch von Konzerngesellschaften.[39] Maßgeblich für die Aktionärseigenschaft ist der Zeitpunkt der Antragstellung. Der Besitz einer einzigen Aktie reicht, auch wenn sie erst kurz vor der Antragstellung erworben wurde.[40] Bei Namensaktien ist nicht die materielle Rechtsinhaberschaft, sondern die Eintragung im Aktienregister entscheidend (§ 67 Abs. 2). Steht eine Aktie mehreren Berechtigen zu, gilt § 69. Keine Rolle spielt, ob der Aktionär mit seinem Antrag (auch/überwiegend/ausschließlich) eigennützige Interessen verfolgt.[41]

13 (iv) **Betriebs-** und **Gesamtbetriebsrat** der Gesellschaft **(Nr. 4),** je nachdem, welches Gremium in der Gesellschaft besteht,[42] sind als „Wahrer der Belange der Arbeitnehmer" ohne weiteres antragsberechtigt. Wegen seiner anders gearteten Zuständigkeit hat der *Konzern*betriebsrat kein Antragsrecht. Berechtigt ist das Organ (handelnd durch seinen, mit der (widerleglichen) Vermutung seiner Legitimation durch einen entsprechenden Gremienbeschluss ausgestatteten Vorsitzenden[43]), nicht seine Mitglieder. Besteht in der Gesellschaft weder ein Betriebs- noch ein

---

[29] MüKoAktG/*Habersack* Rn. 13; Spindler/Stilz/*Spindler* Rn. 9; Hüffer/*Koch* Rn. 4.

[30] GroßkommAktG/*Hopt/Roth/Peddinghaus* Rn. 23.

[31] GroßkommAktG/*Hopt/Roth/Peddinghaus* Rn. 23; MüKoAktG/*Habersack* Rn. 13; aA Happ/*E. Vetter* AktR 9.17 Rn. 2: Vorstand ist in seiner Gesamtheit selbständiger Verfahrensbeteiligter. Konsequenz: Antragstellung nur durch *alle* Vorstandsmitglieder gemeinsam, selbst oder im Wege der Stellvertretung.

[32] KK-AktG/*Mertens/Cahn* §§ 97–99 Rn. 34.

[33] GroßkommAktG/*Hopt/Roth/Peddinghaus* Rn. 25; ferner MüKoAktG/*Habersack* Rn. 13.

[34] Ebenso MüKoAktG/*Habersack* Rn. 13; KK-AktG/*Mertens/Cahn* §§ 97–99 Rn. 33; Schmidt/Lutter/*Drygala* Rn. 7; weitergehend GroßkommAktG/*Hopt/Roth/Peddinghaus* Rn. 39; Spindler/Stilz/*Spindler* Rn. 10; Grigoleit/*Tomasic* Rn. 7; *Hellwig/Behme* FS Hommelhoff, 2012, 343 (367); Happ/*E. Vetter* AktR 9.17 Rn. 4.2: Verpflichtung auch der Aufsichtsratsmitglieder, wenn der primärverantwortliche Vorstand untätig bleibt.

[35] Zur Begründung vgl. GroßkommAktG/*Hopt/Roth/Peddinghaus* Rn. 24 f.

[36] MüKoAktG/*Habersack* Rn. 14; KK-AktG/*Mertens/Cahn* §§ 97–99 Rn. 33; aA Spindler/Stilz/*Spindler* Rn. 10; *Hellwig/Behme* FS Hommelhoff, 2012, 343 (367).

[37] HK-AktG/*Israel* Rn. 4.

[38] GroßkommAktG/*Hopt/Roth/Peddinghaus* Rn. 26; KK-AktG/*Mertens/Cahn* §§ 97–99 Rn. 35.

[39] GroßkommAktG/*Hopt/Roth/Peddinghaus* Rn. 27.

[40] LG München DStR 2015, 2505 (2505).

[41] LG Frankfurt NZG 2015, 683 Rn. 5 für den Fall von „in erster Linie wissenschaftlichen Interessen".

[42] AA offenbar – contra legem („oder") – MüKoAktG/*J. Semler,* 2. Aufl. 2004, Rn. 38: *beide* antragsberechtigt; zutr. demgegenüber MüKoAktG/*Habersack* Rn. 16.

[43] LG Hamburg ZIP 2016, 2316 (2317).

Gesamtbetriebsrat, entfällt ein Antragsrecht nach Nr. 4. Das Antragsrecht besteht *unabhängig* von einer gegenwärtigen oder künftigen Beteiligung von Arbeitnehmern im Aufsichtsrat.[44]

(v) Um die Parität der leitenden mit den übrigen Angestellten zu gewährleisten, gibt **Nr. 5** mit dem – je nach Bestehen in der Gesellschaft – Unternehmens-, Gesamt- oder (einfachen) **Sprecherausschuss** auch deren Interessenvertretung (nicht einzelnen Mitgliedern) als „Wahrer" der Belange der leitenden Angestellten ein eigenes Antragsrecht. 14

(vi) **Nr. 6** gewährt auch den Arbeitnehmervertretungen anderer (konzernzugehöriger) **Unternehmen** ein Antragsrecht, sofern deren Arbeitnehmer an den Wahlen zum Aufsichtsrat des Unternehmens, bei dem die Zusammensetzung des Aufsichtsrats „streitig oder ungewiss" ist, gemäß dem Vortrag der Antragsteller selbst oder durch Delegierte teilnehmen könnten (Beispiel: § 2 Abs. 1 DrittelbG; § 5 Abs. 1 S. 1 MitbestG).[45] Das entscheidet sich nach Maßgabe der von den Antragstellern als richtig behaupteten Regelungen. Das Bestehen eines Gesamtbetriebsrats schließt das Antragsrecht (nur) jedes in seinem Wirkungsbereich bestehenden Betriebsrats aus.[46] 15

(vii) Besteht in einem **anderen** (konzernzugehörigen) **Unternehmen** ein Unternehmens-, Gesamt- oder (einfacher) **Sprecherausschuss,** haben auch diese Organisationen ein Antragsrecht **(Nr. 7),** wenn die leitenden Angestellten an den Wahlen zum Aufsichtsrat des Unternehmens, bei dem die Zusammensetzung des Aufsichtsrats „streitig oder ungewiss" ist, gemäß dem Vortrag der Antragsteller selbst oder durch Delegierte teilnehmen könnten. Auch hier schließt das Bestehen eines „höherrangigen" Sprecherausschusses das Antragsrecht aller anderen von ihm mitumfassten Sprecherausschüsse aus.[47] 16

(viii) Antragsberechtigt sind auch **10%** oder, alternativ, **100** der **Arbeitnehmer,** die gemäß den von den Antragsberechtigten für richtig gehaltenen Bestimmungen selbst oder durch Delegierte an den Wahlen zum Aufsichtsrat teilnehmen könnten **(Nr. 8).** Dies betrifft, in beliebiger Kombination, sowohl Arbeitnehmer der Gesellschaft, in der der Aufsichtsrat besteht, als auch Arbeitnehmer, die aufgrund der Konzernzugehörigkeit ihrer Gesellschaft an den Wahlen zum Aufsichtsrat des herrschenden Unternehmens teilzunehmen berechtigt sind (zB nach § 2 Abs. 1 DrittelbG, § 5 Abs. 1 S. 1 MitbestG). 17

(ix) Antragsberechtigt sind auch die nach den streitigen oder ungewissen Vorschriften vorschlagsberechtigten **Spitzenorganisationen der Gewerkschaften (Nr. 9).** Eine solche Spitzenorganisation ist in erster Linie der Deutsche Gewerkschaftsbund (DGB); in Betracht kommen aber auch andere Spitzenorganisationen, wie zB die Deutsche Angestellten Gewerkschaft (DAG). Ein *allgemeines* Antragsrecht der gewerkschaftlichen Spitzenorganisationen war im Gesetzgebungsverfahren mangels unmittelbarer eigener Betroffenheit ausdrücklich verworfen worden.[48] Ein Vorschlags- (und damit auch Antrags-) Recht besteht daher nur dort, wo die streitigen Gesetzesvorschriften ein solches Vorschlagsrecht vorsehen. Das ist derzeit nur noch im Bereich der Montanmitbestimmung, dort allerdings auch nur in mittelbarer Form, dh nicht gegenüber der Hauptversammlung, sondern gegenüber dem Betriebsrat, der Fall (§§ 6 Abs. 3, 9 MontanMitbestG). Die hM hält das für ausreichend,[49] andere lassen die Vorschrift seit 1981 leer laufen.[50] 18

(x) Nach **Nr. 10** sind auch die – zu ergänzen: im Unternehmen oder einem Konzernunternehmen vertretenen[51] – **Gewerkschaften**[52] (also nicht nur deren Spitzenorganisationen, Nr. 9) antragsberechtigt, die nach den einschlägigen Vorschriften ein Vorschlagsrecht für die Wahlen zum Aufsichtsrat hätten. Dies ist nach § 16 Abs. 2 MitbestG und § 10d Abs. 2 MitbestErgG der Fall. 19

(xi) **S. 2** erweitert den Kreis der Antragsberechtigten auf bestimmte **Gruppen von Arbeitnehmern,** wenn die Anwendung des MitbestG oder einzelner seiner Vorschriften streitig oder ungewiss ist. Neben den nach S. 1 Antragsberechtigten haben in diesem Fall auch je 10% (i) der wahlberechtigten, in § 3 Abs. 1 Nr. 1 MitbestG so bezeichneten Arbeitnehmer und (ii) der leitenden Angestellten ein Antragsrecht. Dieses Antragsrecht steht selbständig neben den Berechtigungen nach S. 1, insbesondere dem Antragsrecht nach Nr. 8,[53] das indes nicht 20

---

[44] Begr. RegE *Kropff* Textausgabe, 1965, 130.
[45] Vgl. LG Hamburg ZIP 2016, 2316 (2317).
[46] OLG Frankfurt WM 1987, 237 (238).
[47] OLG Frankfurt WM 1987, 237 (238).
[48] Begr. RegE *Kropff* Textausgabe, 1965, 130.
[49] GroßkommAktG/*Hopt/Roth/Peddinghaus* Rn. 34; MüKoAktG/*Habersack* Rn. 21; Spindler/Stilz/*Spindler* Rn. 12; Schmidt/Lutter/*Drygala* Rn. 14; MHdB AG/*Hoffmann-Becking* § 28 Rn. 67;.
[50] MüKoAktG/*J. Semler,* 2. Aufl. 2004, Rn. 44.
[51] GroßkommAktG/*Hopt/Roth/Peddinghaus* Rn. 35.
[52] Zu deren Voraussetzungen BayObLG AG 2005, 350 (351).
[53] GroßkommAktG/*Hopt/Roth/Peddinghaus* Rn. 36.

nach der Gruppenzugehörigkeit (Arbeitnehmer – leitende Angestellte) differenziert. Für die Gruppe der Arbeitnehmer ist die Bedeutung von S. 2 daher gering. Wegen ihrer vergleichsweise kleinen Zahl wäre es für die leitenden Angestellten allein dagegen kaum je möglich, die Voraussetzungen nach Nr. 8 zu erfüllen. Insbesondere ihnen hilft S. 2.[54]

21 Hat das Gericht Zweifel an der persönlichen (alle Antragberechtigten) oder sachlichen Antragsberechtigung (nur Antragsberechtigte nach Abs. 2 S. 1 Nr. 6–10, S. 2), ist diese durch geeignete Mittel **nachzuweisen.** Das können Vorstands- oder Betriebsratsbeschlüsse, Auszüge aus dem Aktienregister, Wahlbeschlüsse etc sein.[55]

22 **2. Streit über das ermittelte Umsatzverhältnis (Abs. 3).** Nach § 5 iVm § 16 MitbestErgG hängt die (Nicht-) Anwendung des MitbestErgG bzw. MontanMitbestG und damit die Zusammensetzung des Aufsichtsrats der herrschenden Gesellschaft unter anderem vom verhältnismäßigen Umsatz bestimmter Konzernunternehmen ab. Dieses Umsatzverhältnis hat nach § 4 MitbestErgG der Abschlussprüfer des herrschenden Unternehmens jährlich zu ermitteln. Stehen seine Feststellungen in Streit, sollen die in Abs. 2 genannten Antragsberechtigten hierüber ebenfalls eine gerichtliche Entscheidung herbeiführen können. Eine solche Entscheidung ist dem Zweck der Vorschrift gemäß jedoch nur zulässig, wenn das ermittelte Umsatzverhältnis in tatsächlicher[56] oder rechtlicher Hinsicht streitig ist und die Besetzung des Aufsichtsrats von der Streitfrage abhängt; ansonsten fehlt das erforderliche Rechtsschutzinteresse.[57] Demgemäß können andere, nicht umsatzrelevante Mängel nicht im Verfahren nach Abs. 3 geltend gemacht werden.[58]

23 Abs. 3 bestimmt die **„sinngemäße"** Anwendung der Abs. 1 und 2. Das bedeutet zunächst, dass zur Überprüfung der Umsatzzahlen ein gerichtliches Verfahren zur Verfügung steht, dessen Durchführung die nach Abs. 2 Berechtigten beantragen können. Es bedeutet aber auch, dass in jedem Fall zu prüfen ist, inwieweit sich die anzuwendende Vorschrift reibungslos auf das Streitverfahren nach Abs. 3 übertragen lässt. So ist zB für das exklusiv auf das MitbestG konzentrierte Antragsrecht nach Abs. 2 S. 2 in dem Verfahren über die Feststellungen zum Umsatzverhältnis kein Raum.

24 **3. Vollzug der gerichtlichen Entscheidung (Abs. 4).** Die Folgen der (rechtskräftigen – vorher keine Wirksamkeit, § 99 Abs. 5 S. 1) gerichtlichen (Sach-) Entscheidung hängen davon ab, ob der gestellte Antrag zurückgewiesen oder ob ihm entsprochen wird:

25 – **Entspricht** die gegenwärtige Zusammensetzung des Aufsichtsrats der gerichtlichen Einschätzung, dh ist der auf ihre Änderung gerichtete Antrag **zurückzuweisen,** bleibt das für den Aufsichtsrat folgenlos; die Aufsichtsratsmitglieder werden durch die Entscheidung aber auch nicht besonders in ihren Ämtern „bestätigt". Für den Aufsichtsrat gelten unverändert die Bestimmungen (zB zur Amtsdauer), die auch ohne das gerichtliche Verfahren gegolten hätten.[59] Etwa anstehende Wahlen sind nach Maßgabe der schon bisher geltenden Vorschriften durchzuführen; andernfalls sind sie nichtig (§ 250 Abs. 1 Nr. 1). Der Vorstand hat die rechtskräftige Entscheidung zum **Handelsregister** einzureichen (§ 99 Abs. 5 S. 3). Ansonsten ist nichts zu veranlassen.

26 – Entspricht die gegenwärtige Zusammensetzung des Aufsichtsrats **nicht** den gerichtlichen Feststellungen, ist also dem Antrag **stattzugeben,** wird damit der neue gesetzliche Status des Aufsichtsrats fixiert. Der Vorstand hat auch diese Entscheidung zum **Handelsregister** einzureichen (§ 99 Abs. 5 S. 3). In einem zweiten Schritt ist der Aufsichtsrat gemäß den einschlägigen gesetzlichen Bestimmungen zusammenzusetzen (Abs. 4 S. 1; zweite Stufe des Statusverfahrens). Das bedeutet: (i) Die Mandate der bisherigen Aufsichtsratsmitglieder müssen beendet und (ii) die neuen Aufsichtsratsmitglieder bestellt werden; (iii) soweit erforderlich ist die Satzung anzupassen; (iv) die vorgenommenen Änderungen sind bekanntzumachen (Beispiel: § 106) bzw. zur Eintragung anzumelden (Beispiel: § 181). Hierzu verweist Abs. 4 S. 2 auf § 97 Abs. 2: Danach ist vom Vorstand zur Wahl der neuen Aufsichtsratsmitglieder und ggf. zur Änderung der Satzung (hierfür ist die einfache Mehrheit ausreichend, § 97 Abs. 2 S. 4) eine Hauptversammlung einzuberufen. Spätestens sechs Monate nach Eintritt der Rechtskraft der gerichtlichen Entscheidung (Abs. 4 S. 2) erlöschen die Ämter der bisherigen Aufsichtsratsmitglieder; Satzungsbestimmungen, die der gerichtlichen Feststellung entgegenstehen, werden wirkungslos. **Bis** zur Durchführung der vorstehenden Maßnahmen gelten die objektiv „falsche" Zusammensetzung und das aus dem alten Statut abgeleitete „Regime"[60] des bisherigen Aufsichtsrats als **rechtmäßig;** der Aufsichtsrat bleibt auch dann **hand-**

[54] Ebenso MüKoAktG/*Habersack* Rn. 23.
[55] MüKoAktG/*Habersack* § 99 Rn. 7 f.; HK-AktG/*Israel* Rn. 4.
[56] MüKoAktG/*Habersack* Rn. 24; KK-AktG/*Mertens/Cahn* §§ 97–99 Rn. 59.
[57] Begr. RegE *Kropff* Textausgabe, 1965, 131.
[58] MüKoAktG/*Habersack* Rn. 25.
[59] MüKoAktG/*Habersack* Rn. 26 f.; Henssler/Strohn/*Henssler* Rn. 8.
[60] Dazu *Arnold/Lumpp* AG-Report 2010, R 156.

lungsfähig, wenn die Voraussetzungen für die bisher angewandten Vorschriften unstreitig entfallen sind.[61] Zu Einzelheiten → § 97 Rn. 30.

27 Nach Rechtskraft der gerichtlichen Entscheidung kann ein **neuerliches gerichtliches Statusverfahren** nur unter bestimmten Voraussetzungen eingeleitet werden; weniger streng sind die Anforderungen an ein anschließendes **Bekanntmachungsverfahren** nach § 97 (zu Einzelheiten → § 97 Rn. 37; → § 99 Rn. 21).

III. Abdingbarkeit

28 § 98 ist in vollem Umfang **zwingend.**

IV. Darlegungs- und Beweislast

29 Im Verfahren der freiwilligen Gerichtsbarkeit gilt nach Stellung der Anträge auf gerichtliche Entscheidung der **Amtsermittlungsgrundsatz** (§ 99 Abs. 1 iVm § 26 FamFG). Parteivortrag kann das Gericht zwar beachten, muss dies aber nicht. Die den Parteien zur Erleichterung der gerichtlichen Aufklärung obliegende Mitwirkungspflicht greift auch im Hinblick auf die **Antragsberechtigung.** Die Antragsteller tun daher gut daran, dem Gericht die Basis ihrer Antragsberechtigung von sich aus nahezubringen. Versäumnisse hierbei gehen zu ihren Lasten (Abweisung des Antrags).

V. Rechtsfolgen bei Verstoß

30 **1. Materiell-rechtlich unrichtige Gerichtsentscheidung.** Das Status Quo-Prinzip (→ § 97 Rn. 4) wirkt sich auch im Fall der materiell **unrichtigen Gerichtsentscheidung** aus: Die rechtsverbindlich für anwendbar erklärten Vorschriften sind für die Zusammensetzung des Aufsichtsrats auch in diesem Fall so lange maßgeblich, bis ein erneutes Statusverfahren zum Abschluss gebracht worden ist. Das ist Folge der dem Statusverfahren eigenen, rein formal-verfahrensrechtlichen Sichtweise.[62]

31 **2. Entscheidungswidrige Zusammensetzung des Aufsichtsrats.** Hier gilt das gleiche wie im Fall einer Zusammensetzung des Aufsichtsrats, die der *Bekanntmachung* nicht entspricht (→ § 97 Rn. 50): Jede der gerichtlichen Entscheidung **widersprechende** Zusammensetzung des Aufsichtsrats ist unzulässig. Die entsprechenden Wahlbeschlüsse der Hauptversammlung sind **nichtig** (§ 250 Abs. 1 Nr. 1). Dagegen kann nicht einmal eingewendet werden, dass die Zusammensetzung materiell-rechtlich rechtmäßig ist.[63] Ungeachtet der Nichtigkeit tritt der bisherige Aufsichtsrat nicht wieder in seine Funktion. Seine Mitglieder haben ihre Ämter gemäß Abs. 2 S. 3 „mit Beendigung der … Hauptversammlung" verloren, die die nichtigen Beschlüsse gefasst hat. Die Nichtigkeitsfolge gilt auch hier unmittelbar nur für die „Wahl eines Aufsichtsratsmitglieds **durch die Hauptversammlung**" (§ 250 Abs. 1), also namentlich nicht für *entsandte* Aufsichtsratsmitglieder und insbesondere nicht für die meisten – nämlich alle nicht von der Hauptversammlung gewählten – *Arbeitnehmervertreter* (Beispiel: Wahl „weiterer" Mitglieder nach § 6 Abs. 1, § 8 oder § 9 MontanMitbestG – Anwendbarkeit von § 250 trotz Bindung der Hauptversammlung an Wahlvorschläge).[64] Gleichwohl erklärt die hL im Fall einer von der gerichtlichen Entscheidung abweichenden Zusammensetzung des Aufsichtsrats aus Gründen der Gleichbehandlung auch die Bestellung der Arbeitnehmervertreter für nichtig.[65] Zu Einzelheiten und Kritik hieran → § 97 Rn. 50.

§ 99 Verfahren

(1) Auf das Verfahren ist das Gesetz über das Verfahren in Familiensachen und in den Angelegenheiten der freiwilligen Gerichtsbarkeit anzuwenden, soweit in den Absätzen 2 bis 5 nichts anderes bestimmt ist.

(2) [1]Das Landgericht hat den Antrag in den Gesellschaftsblättern bekanntzumachen. [2]Der Vorstand und jedes Aufsichtsratsmitglied sowie die nach § 98 Abs. 2 antragsberechtigten Betriebsräte, Sprecherausschüsse, Spitzenorganisationen und Gewerkschaften sind zu hören.

---

[61] MüKoAktG/*Habersack* Rn. 6, 26; MHdB AG/*Hoffmann-Becking* § 28 Rn. 54.

[62] HK-AktG/*Göz* § 250 Rn. 4.

[63] HK-AktG/*Göz* § 250 Rn. 4.

[64] MüKoAktG/*Koch* § 250 Rn. 3; Spindler/Stilz/*Stilz* § 250 Rn. 5 f.

[65] GroßkommAktG/*Hopt/Roth/Peddinghaus* Rn. 53; MüKoAktG/*J. Semler,* 2. Aufl. 2004, Rn. 56; Spindler/Stilz/*Spindler* Rn. 15; aA Hüffer/*Koch* Rn. 6 iVm § 250 Rn. 2, 4; HK-AktG/*Göz* § 250 Rn. 1; *J. Schröder,* Mängel und Heilung der Wählbarkeit bei Aufsichtsrats- und Betriebsratswahlen, 1979, 22 ff.

(3) [1]Das Landgericht entscheidet durch einen mit Gründen versehenen Beschluss. [2]Gegen die Entscheidung des Landgerichts findet die Beschwerde statt. [3]Sie kann nur auf eine Verletzung des Rechts gestützt werden; § 72 Abs. 1 Satz 2 und § 74 Abs. 2 und 3 des Gesetzes über das Verfahren in Familiensachen und in den Angelegenheiten der freiwilligen Gerichtsbarkeit sowie § 547 der Zivilprozessordnung gelten sinngemäß. [4]Die Beschwerde kann nur durch die Einreichung einer von einem Rechtsanwalt unterzeichneten Beschwerdeschrift eingelegt werden. [5]Die Landesregierung kann durch Rechtsverordnung die Entscheidung über die Beschwerde für die Bezirke mehrerer Oberlandesgerichte einem der Oberlandesgerichte oder dem Obersten Landesgericht übertragen, wenn dies der Sicherung einer einheitlichen Rechtsprechung dient. [6]Die Landesregierung kann die Ermächtigung auf die Landesjustizverwaltung übertragen.

(4) [1]Das Gericht hat seine Entscheidung dem Antragsteller und der Gesellschaft zuzustellen. [2]Es hat sie ferner ohne Gründe in den Gesellschaftsblättern bekanntzumachen. [3]Die Beschwerde steht jedem nach § 98 Abs. 2 Antragsberechtigten zu. [4]Die Beschwerdefrist beginnt mit der Bekanntmachung der Entscheidung im Bundesanzeiger, für den Antragsteller und die Gesellschaft jedoch nicht vor der Zustellung der Entscheidung.

(5) [1]Die Entscheidung wird erst mit der Rechtskraft wirksam. [2]Sie wirkt für und gegen alle. [3]Der Vorstand hat die rechtskräftige Entscheidung unverzüglich zum Handelsregister einzureichen.

(6) [1]Die Kosten können ganz oder zum Teil dem Antragsteller auferlegt werden, wenn dies der Billigkeit entspricht. [2]Kosten der Beteiligten werden nicht erstattet.

Schrifttum: *Jänig/Leißring,* FamFG: Neues Verfahren für Streitigkeiten in AG und GmbH, ZIP 2010, 110; *v. Falkenhausen,* Das Verfahren der freiwilligen Gerichtsbarkeit im Aktienrecht, AG 1967, 309; *Kollhosser,* Verfahrensgrundsätze in der Freiwilligen Gerichtsbarkeit, JuS 1978, 577; *Simons,* Die Änderungen des Aktiengesetzes durch das 2. Kostenrechtsmodernisierungsgesetz, AG 2014, 182.

Übersicht

I. Allgemeines

1 § 99 regelt **prozessuale Fragen** im Zusammenhang mit dem gerichtlichen Verfahren über die Zusammensetzung des Aufsichtsrats (§ 97 Abs. 2 S. 1, § 98 Abs. 1) und das für die Anwendung des MitbestErgG maßgebliche Umsatzverhältnis (§ 98 Abs. 3). Danach gelten primär die Abs. 1–5, subsidiär die Vorschriften des FamFG. Das ist insofern überraschend, als das gerichtliche Statusverfahren in der Substanz ein *streitiges* Verfahren ist. Der Gesetzgeber war jedoch zu Recht der Ansicht, dass das auf objektive Richtigkeit (Amtsermittlungsgrundsatz!) abzielende Verfahren der freiwilligen Gerichtsbarkeit „der Eigenart des hier bestehenden Streits weit besser [entspricht] als das Verfahren nach der Zivilprozessordnung“.[1]

2 Die von § 99 berufenen Verfahrensvorschriften haben für das Aktienrecht **allgemeine Bedeutung.**[2] Sie gelten daher qua Verweis auch für eine Reihe anderer aktienrechtlicher Streitverfahren, wie zB das Auskunftserzwingungsverfahren (§ 132 Abs. 3 S. 1) und das Verfahren über die Feststellungen von Sonderprüfern (§ 260 Abs. 3 S. 1). § 99 (und damit auch das FamFG) gilt des Weiteren für die Bestellung der Mitglieder des ersten „*Nach*-Gründungs-Aufsichtsrats“, und zwar sowohl bei der Bar- bzw. Sachgründung (§ 30 Abs. 3 S. 2) als auch bei der (Sach-) Gründung durch Einbringung oder Übernahme eines Unternehmens oder Unternehmensteils (§ 31 Abs. 3 S. 2).

[1] Begr. RegE *Kropff* Textausgabe, 1965, 133; ebenso MüKoAktG/*Habersack* Rn. 1; krit. *Jänig/Leißring* ZIP 2010, 110 (111).

[2] Grigoleit/*Tomasic* Rn. 2: „Modellcharakter“.

II. Einzelerläuterungen

Das gerichtliche Verfahren vollzieht sich, obwohl es sich um ein **streitiges** Verfahren handelt (vgl. § 98 Abs. 1 S. 1: „ist streitig oder ungewiss ...“), nach den Vorschriften des **FamFG,** sofern die Abs. 2–5 nichts Abweichendes bestimmen (Abs. 1). Damit ergibt sich die folgende **Normenhierarchie:** Als spezialgesetzliche Vorschriften finden zunächst die Abs. 2–5 Anwendung. Sind diese nicht einschlägig, wird das gerichtliche Statusverfahren durch die Vorschriften des FamFG, subsidiär durch die dort in Bezug genommenen bzw. zur Lückenausfüllung herangezogenen Vorschriften der ZPO geregelt.[3] 3

1. Dispositionsgrundsatz; Antrag, Antragsrücknahme. Abweichend vom üblichen Verfahren der freiwilligen Gerichtsbarkeit gilt für Einleitung, Gegenstand und Beendigung des (gerichtlichen) Statusverfahrens der **Dispositions-** (= Verfügungs-)**Grundsatz:** Keine gerichtliche Entscheidung ohne **Antrag,** § 98 Abs. 1 S. 1 (zur Antrags*berechtigung* → § 98 Rn. 9 ff.; zur *Verpflichtung,* einen Antrag zu stellen, → § 98 Rn. 10).[4] Der Verfahrensgegenstand wird durch den Antrag bestimmt. Wird der Antrag vom Antragsteller zurückgenommen (→ Rn. 5), ist das Verfahren beendet. In jeder Lage des (auch Rechtsmittel-) Verfahrens **von Amts wegen** zu prüfen ist die **Zulässigkeit** des Antrags.[5] 4

Die **Antragsrücknahme** ist bis zur Rechtskraft der gerichtlichen Entscheidung zulässig (arg. Abs. 6 S. 4 iVm § 22 Abs. 1 FamFG).[6] Nach der Rücknahme kann eine gerichtliche Entscheidung nicht mehr ergehen; eine bereits ergangene Entscheidung wird wirkungslos (Dispositionsgrundsatz, § 22 Abs. 2 S. 1 FamFG). Unter der Geltung des FGG war umstritten, ob für die Antragsrücknahme nach sachlicher Einlassung der Antragsgegnerin (= der Gesellschaft) analog § 269 Abs. 1 ZPO deren Einwilligung erforderlich ist.[7] Diese Frage hat sich durch **§ 22 Abs. 1 FamFG** erledigt. Danach bedarf die Antragsrücknahme (nur) dann der Zustimmung, wenn sie erst nach dem Erlass (aber noch vor Eintritt der Rechtskraft) der Entscheidung erklärt wird.[8] Eine bereits erlassene Entscheidung wird mit der Rücknahme wirkungslos.[9] – Bei **übereinstimmender Erledigungserklärung** endet die Rechtshängigkeit der Hauptsache; zu entscheiden ist nur noch über die Kosten.[10] 5

2. Anwendung des FamFG. Wichtigste Konsequenz der Anwendung des FamFG ist die Geltung des **Amtsermittlungsgrundsatzes** (§ 26 FamFG): Ist das Verfahren durch Antragstellung erst einmal eingeleitet worden (Dispositionsgrundsatz, → Rn. 4), hat das Gericht aus eigener Initiative die „zur Feststellung der entscheidungserheblichen Tatsachen erforderlichen Ermittlungen durchzuführen“. Es muss indes nicht (weiter) ermitteln, wo es den Vortrag des oder der Beteiligten für glaubhaft hält.[11] Anders als nach dem Verfahrensrecht der ZPO darf das Gericht seiner Entscheidung auch Tatsachen zugrunde legen, die die Beteiligten *nicht* vorgetragen haben; umgekehrt kann das Gericht Tatsachenvortrag und Beweisangebote ignorieren, soweit es diese(n) für irrelevant hält.[12] Eine Entscheidung durch **Anerkenntnis-** oder **Versäumnisurteil** ist folgerichtig ausgeschlossen.[13] 6

Das Verfahren ist **nicht öffentlich** (§ 170 Abs. 1 S. 1 GVG).[14] Eine **mündliche Verhandlung** ist ungeachtet des Anhörungsrechts der Beteiligten (§ 34 FamFG; → Rn. 9) nicht obligatorisch.[15] Für die Beteiligten besteht trotz Zuständigkeit des Landgerichts (§ 98 Abs. 1 S. 1) **kein Anwaltszwang** (arg. Abs. 3 S. 4, § 10 Abs. 4 S. 1 FamFG, jeweils e contrario).[16] Eine Ausnahme besteht erst 7

[3] Vgl. *Preuß* NZG 2009, 961 für SpruchG; zum alten Recht (FGG) MüKoAktG/*J. Semler,* 2. Aufl. 2004, Rn. 9.

[4] Hüffer/*Koch* Rn. 4; Grigoleit/*Tomasic* Rn. 3.

[5] BGH NZG 2014, 438 Rn. 8.

[6] Hüffer/*Koch* Rn. 4; Henssler/Strohn/*Henssler* Rn. 2; ebenso noch zum alten Recht OLG Düsseldorf NJW 1980, 349.

[7] Dafür OLG Düsseldorf NJW 1980, 349; *Keidel/Kuntze/Winkler,* 15. Aufl. 2003; FGG § 12 Rn. 14; MüKoAktG/*Habersack,* 3. Aufl. 2008, Rn. 9; dagegen *Hüffer,* 10. Aufl. 2012, Rn. 4.

[8] OLG Frankfurt AG 2009, 701 (702) = NZG 2009, 1185 unter Hinweis auf das neue Recht; ebenso MüKoAktG/*Habersack* Rn. 9; Schmidt/Lutter/*Drygala* Rn. 3; ohne diese Einschränkung Hüffer/*Koch* Rn. 4; Henssler/Strohn/*Henssler* Rn. 2.

[9] Hüffer/*Koch* Rn. 4; ferner *v. Falkenhausen* AG 1967, 309 (314 f.).

[10] BayObLG NZG 2001, 608 (609); Hüffer/*Koch* Rn. 4; Henssler/Strohn/*Henssler* Rn. 2 aE; Grigoleit/*Tomasic* Rn. 3.

[11] Vgl. OLG Zweibrücken NZG 2006, 31; *Jänig/Leißring* ZIP 2010, 110 (114).

[12] Hüffer/*Koch* Rn. 3.

[13] Begr. RegE *Kropff* Textausgabe, 1965, 133; GroßkommAktG/*Hopt/Roth/Peddinghaus* Rn. 13; MüKoAktG/*Habersack* Rn. 12; Hüffer/*Koch* Rn. 3.

[14] Dazu *Jänig/Leißring* ZIP 2010, 110 (115 f.).

[15] GroßkommAktG/*Hopt/Roth/Peddinghaus* Rn. 13.

[16] OLG Düsseldorf AG 1995, 85 (86); Henssler/Strohn/*Henssler* Rn. 1 aE.

in der zweiten Instanz für die Unterzeichnung der Beschwerdeschrift (nicht für die *Führung* der Beschwerde, hM;[17] Abs. 3 S. 4). Umgekehrt können sich die Beteiligten durch **Bevollmächtigte** (in der Regel Rechtsanwälte) vertreten lassen, soweit kein persönliches Erscheinen angeordnet ist (§§ 10 Abs. 2, 33 Abs. 2 FamFG).

8 **3. Verfahrensgrundsätze. a) Bekanntmachung und Anhörung (Abs. 2).** Der Antrag auf gerichtliche Entscheidung wird vom Landgericht (zur funktionellen und örtlichen Zuständigkeit → § 98 Rn. 7) auch ohne Zutun des Antragstellers oder der Gesellschaft (also auch, wenn diese hierauf explizit verzichten)[18] in den **Gesellschaftsblättern** (= mindestens also im Bundesanzeiger, § 25) bekanntgemacht (Abs. 2 S. 1). Dafür reicht, dass der Antrag sachlich auf Eröffnung eines Verfahrens nach § 98 Abs. 1 oder 3 gerichtet ist. Zulässigkeitsvoraussetzungen, insbesondere die Antragsberechtigung des Antragstellers (§ 98 Abs. 2), werden in dieser Phase vom Gericht noch nicht geprüft.[19] **Zweck** der Bekanntmachung ist, alle potentiell Beteiligten auf das Verfahren aufmerksam zu machen[20] und damit deren Beteiligung (→ Rn. 9) für eine verlässliche Entscheidung zu sichern. Lehnt das Gericht die Veröffentlichung ab, ist dagegen die **Beschwerde** zum Oberlandesgericht eröffnet (→ Rn. 11).[21]

9 Davon unabhängig „sind" alle wesentlichen **Interessenträger** vom Gericht **„zu hören"** (Abs. 2 S. 2). Das sind stets: der Vorstand, die Aufsichtsratsmitglieder (nicht *der* Aufsichtsrat)[22] und, sofern antragsberechtigt (auf die tatsächliche Antragstellung kommt es nicht an):[23] Betriebsräte, Sprecherausschüsse, Spitzenorganisationen, Gewerkschaften; schon aus praktischen Gründen nicht: Anteilseigner, Arbeitnehmer. Der Kreis der Anhörungsberechtigten ist damit jedoch nicht abschließend beschrieben; andere nach allgemeinen Grundsätzen des fG-Verfahrens (vgl. § 7 Abs. 2 Nr. 1 FamFG) materiell Betroffene hat das Gericht ebenfalls anzuhören.[24] Mit der Bekanntmachung – die zur Gewährung rechtlichen Gehörs tunlichst auf die Anhörungsmöglichkeit und das hierfür einzuhaltende Verfahren, insbesondere die (angemessene) Anhörungsfrist, hinweisen sollte[25] – hat das Gericht alles Erforderliche getan, um auf das gerichtliche Statusverfahren aufmerksam zu machen (→ Rn. 8) und den Interessenträgern ***Gelegenheit* zur Äußerung** zu geben (Anhörungs*pflicht* des Gerichts nur, wenn ein Beteiligter von seinem Anhörungs*recht* Gebrauch macht). Darüber hinaus muss das Gericht zur Erfüllung seiner Anhörungspflicht nicht aktiv auf die Anhörungsberechtigten zugehen. Machen die Anhörungsberechtigten von ihrem Recht keinen Gebrauch, ist das Gericht entgegen dem missverständlichen Wortlaut von Abs. 2 S. 2 daher nicht an einer Entscheidung gehindert.[26] Findet eine **Anhörung** statt, kann sie in jeder beliebigen Form inner- oder außerhalb einer förmlichen Sitzung erfolgen; inhaltlich kann sie sich auf den „streitigen oder ungewissen" Sachverhalt (§ 98 Abs. 1 S. 1) ebenso beziehen wie auf die sich daraus (angeblich) ergebenden Rechtsfolgen.[27]

10 **b) Gerichtliche Entscheidung; Rechtsmittel (Abs. 3, 4).** Das Landgericht (→ § 98 Rn. 7) entscheidet gemäß Abs. 3 S. 1 durch begründeten **Beschluss.** Die Entscheidung (Stattgabe/Zurückweisung des Antrags/Verwerfung[28] des Antrags als unzulässig) ist dem Antragsteller und der Gesellschaft **zuzustellen** (§ 15 Abs. 2 FamFG iVm §§ 166 ff. ZPO) und vom Gericht – fakultativ auch ohne Gründe, dh nur mit Rubrum und Tenor – in den **„Gesellschaftsblättern"** (mindestens

[17] Wie hier OLG Düsseldorf AG 1995, 85 (86); für das FGG ebenso GroßkommAktG/*Hopt/Roth/Peddinghaus* Rn. 29; für die FamFG-Beschwerde MüKoAktG/*Habersack* Rn. 11, 19; Schmidt/Lutter/*Drygala* Rn. 6; Hüffer/*Koch* Rn. 7; Henssler/Strohn/*Henssler* Rn. 1 aE; *Wachter/Schick* Rn. 3; aA *Hüffer*, 10. Aufl. 2012, Rn. 7: Anwaltszwang.

[18] Henssler/Strohn/*Henssler* Rn. 3.

[19] GroßkommAktG/*Hopt/Roth/Peddinghaus* Rn. 16; MüKoAktG/*Habersack* Rn. 13; Hüffer/*Koch* Rn. 5; diff. Spindler/Stilz/*Spindler* Rn. 7, 9; Grigoleit/*Tomasic* Rn. 11: bei offensichtlicher Unzulässigkeit; aA KK-AktG/*Mertens/Cahn* §§ 97–99 Rn. 47: Prüfung auch der Antragsberechtigung.

[20] Begr. RegE *Kropff* Textausgabe, 1965, 133.

[21] MüKoAktG/*Habersack* Rn. 13; KK-AktG/*Mertens/Cahn* §§ 97–99 Rn. 47.

[22] MüKoAktG/*Habersack* Rn. 14.

[23] MüKoAktG/*J. Semler*, 2. Aufl. 2004, Rn. 28.

[24] IErg ebenso KK-AktG/*Mertens/Cahn* §§ 97–99 Rn. 48; Hüffer/*Koch* Rn. 6; *Wachter/Schick* Rn. 5; Henssler/Strohn/*Henssler* Rn. 3 unter Verweis auf § 26 FamFG; so bereits zum alten Recht OLG Düsseldorf AG 1971, 122 f.; GroßkommAktG/*Hopt/Roth/Peddinghaus* Rn. 20; aA *Kollhosser* AG 1977, 117 (128 f.).

[25] LG Mannheim AG 2003, 51 (52); Hüffer/*Koch* Rn. 6; Henssler/Strohn/*Henssler* Rn. 3; großzügiger – schlichte Bekanntmachung reicht – KK-AktG/*Mertens/Cahn* §§ 97–99 Rn. 47 f.

[26] LG Frankfurt NZG 2015, 683 Rn. 18; LG Mannheim NZA-RR 2002, 542 (543); GroßkommAktG/*Hopt/Roth/Peddinghaus* Rn. 22; MüKoAktG/*J. Semler*, 2. Aufl. 2004, Rn. 30; Hüffer/*Koch* Rn. 6.

[27] OLG Frankfurt EWiR 1985, 607 (608); MüKoAktG/*Habersack* Rn. 15.

[28] Bsp.: Verschmelzung der betroffenen Gesellschaft auf eine andere Gesellschaft → Erledigung des Statusverfahrens → Zurückweisung des Antrags (der Beschwerde/Rechtsbeschwerde) als unzulässig, BGH NZG 2014, 438 Rn. 4 ff.

Bundesanzeiger, § 25, ggf. weitere Gesellschaftsblätter, § 25 S. 2 aF iVm § 26h Abs. 3 S. 1 EGAktG) **bekanntzumachen** (Abs. 4 S. 1, 2).[29] Die Bekanntmachung dient der Information der nach Abs. 4 S. 3 innerhalb eines Monats nach Bekanntgabe (→ Rn. 15 f.) Beschwerdeberechtigten.[30]

Gegen den Beschluss findet die **Beschwerde** statt (Abs. 3 S. 2, 3 iVm § 58 FamFG). Vorbehaltlich einer **Abhilfeentscheidung** des Landgerichts (§ 68 Abs. 1 S. 1 FamFG) entscheidet über sie das **Oberlandesgericht** (§ 119 Abs. 1 Nr. 2 GVG; fakultative Übertragung auf den Einzelrichter, § 68 Abs. 4 FamFG), das dem Landgericht, das die angefochtene Entscheidung getroffen hat, übergeordnet ist. **Ausnahme:** Landesweite **Zuständigkeitskonzentration** „zur Sicherung einer einheitlichen Rechtsprechung" durch die Landesregierung (Abs. 3 S. 5) oder die unterermächtigte Landesjustizverwaltung (Abs. 3 S. 6). Zur Parallelsituation in der ersten Instanz → § 98 Rn. 7. Hiervon haben – unberührt durch die Reform des Verfahrens der freiwilligen Gerichtsbarkeit – bisher nur Bayern (OLG München), Nordrhein-Westfalen (OLG Düsseldorf) und Rheinland-Pfalz (OLG Zweibrücken) Gebrauch gemacht.[31] 11

Die Beschwerde wird durch Einreichung einer **Beschwerdeschrift** oder zur **Niederschrift der Geschäftsstelle** eingelegt (§ 64 Abs. 2 FamFG). Das kann nur beim Landgericht (als dem Ausgangsgericht = *iudex a quo*), nicht wie früher auch beim Oberlandesgericht (als dem Beschwerdegericht) geschehen (§ 64 Abs. 1 FamFG). Die Beschwerdeschrift muss die Bezeichnung des angefochtenen Beschlusses sowie die Erklärung enthalten, dass Beschwerde gegen diesen Beschluss eingelegt wird (§ 64 Abs. 2 S. 2 FamFG). Weiter „soll" die Beschwerde begründet werden (§ 65 Abs. 1 FamFG). Dafür kann das Gericht dem Beschwerdeführer eine Frist aufgeben (§ 64 Abs. 2 FamFG). Erforderlich ist die **Unterzeichnung** der Beschwerdeschrift durch einen Rechtsanwalt (Abs. 3 S. 4; keine Anwendung von § 64 Abs. 2 S. 3 Alt. 1 FamFG). Für die Führung – anders als für die Einlegung – der Beschwerde besteht nach dem eindeutigen Wortlaut des Abs. 3 S. 4 dagegen **kein Anwaltszwang** (→ Rn. 7). 12

Beschwerdeberechtigt ist jeder gemäß § 98 Abs. 2 Antragsberechtigte (Abs. 4 S. 3). Auf die tatsächliche Antrag*stellung* in der ersten Instanz kommt es nicht an.[32] Die Gesellschaft selbst ist immer Antrags*gegner* und daher insoweit nie beschwerdeberechtigt. Der Vorstand übt sein Beschwerde- (Abs. 4 S. 3) – ebenso wie sein Antragsrecht (§ 98 Abs. 2 S. 1 Nr. 1) – daher stets im eigenen Namen und nicht „für die Gesellschaft" aus.[33] Das hindert jedoch nicht daran, der **Gesellschaft** – als in ihren „Rechten" potentiell „beeinträchtigter" Antragsgegnerin – ein **eigenes Beschwerderecht** nach den allgemeinen Bestimmungen für das fG-Verfahren (hier § 59 FamFG) zuzuerkennen.[34] Das folgt zwingend aus Abs. 4 S. 4, der ansonsten leerliefe. Allerdings ist die praktische Notwendigkeit für ein solches Beschwerderecht gering: Nach einer gerichtlichen „Fehlentscheidung" dürfte der pflichtbewusste – als Organ handelnde! – Vorstand mangels eines vom Gesellschaftsinteresse abweichenden eigenen Interesses ohnehin verpflichtet sein, Beschwerde zugunsten (nicht: für) seine(r) Gesellschaft einzulegen. 13

Die Beschwerde ist – anders als sonst im Verfahren der freiwilligen Gerichtsbarkeit (§ 65 Abs. 3 FamFG) – reine ***Rechts*beschwerde** (Abs. 3 S. 3 iVm §§ 72 Abs. 1 S. 2 FamFG). Demgemäß sind die vom Landgericht festgestellten Tatsachen, soweit diese nicht ihrerseits auf einer Gesetzesverletzung beruhen, für das Beschwerdegericht verbindlich, eine erneute Tatsachenfeststellung findet nicht statt (§ 74 Abs. 3 FamFG iVm § 559 Abs. 2 ZPO).[35] Eine allgemein anerkannte **Ausnahme** wird nur für den Fall angenommen, dass sich die neuen Tatsachen (i) erst in der Beschwerdeinstanz ereignen, (ii) unstreitig sind und (iii) keine schützenswerten Belange der Verfahrensbeteiligten verletzen.[36] Im Hinblick auf die Beachtlichkeit der Rechtsverletzung und der Entscheidungskompetenz des Beschwerdegerichts verweist Abs. 3 S. 3 folgerichtig nicht auf die allgemeinen Beschwerdevorschriften, sondern nur auf bestimmte Regelungen zur *Rechts*beschwerde, nämlich die §§ 72 Abs. 1 S. 2, 14

---

[29] Vgl. MüKoAktG/*Habersack* Rn. 17; Hüffer/*Koch* Rn. 8.

[30] Henssler/Strohn/*Henssler* Rn. 4.

[31] Vgl. Spindler/Stilz/*Spindler* Rn. 15; MüKoAktG/*Habersack* Rn. 18.

[32] Begr. RegE *Kropff* Textausgabe, 1965, 133; MüKoAktG/*Habersack* Rn. 19; Hüffer/*Koch* Rn. 8.

[33] Hüffer/*Koch* Rn. 8.

[34] GroßkommAktG/*Hopt/Roth/Peddinghaus* Rn. 27; MüKoAktG/*Habersack* Rn. 19; Wachter/*Schick* Rn. 8; Henssler/Strohn/*Henssler* Rn. 5; Grigoleit/*Tomasic* Rn. 9; Semler/v. Schenck/*Gittermann* Rn. 28; nach dem Rechtsgedanken des § 59 Abs. 2 FamFG ist ein Beschwerderecht der Gesellschaft allerdings zu verneinen, wenn der Antrag nach § 98 Abs. 1 *zurückgewiesen* wurde, sich am Mitbestimmungsregime also nichts ändert; ebenso Hüffer/*Koch* Rn. 8; generell gegen ein Beschwerderecht der Gesellschaft MüKoAktG/*J. Semler,* 2. Aufl. 2004, Rn. 38; Spindler/Stilz/*Spindler* Rn. 11; HK-AktG/*Israel* Rn. 5.

[35] Hüffer/*Koch* Rn. 7; Grigoleit/*Tomasic* Rn. 8.

[36] MüKoAktG/*Habersack* Rn. 21; Henssler/Strohn/*Henssler* Rn. 8; ebenso bereits zum alten Recht (FGG) OLG Düsseldorf AG 2000, 45; GroßkommAktG/*Hopt/Roth/Peddinghaus* Rn. 25.

74 Abs. 2, 3 FamFG, außerdem auf die absoluten Revisionsgründe des § 547 ZPO. – Die **Frist** für die Einlegung der Beschwerde beträgt einen Monat (§ 63 Abs. 1 FamFG) und beginnt

15 – mit der **Bekanntmachung** (= Online-Stellung) der Entscheidung erster Instanz (ohne Gründe, Abs. 4 S. 2) im Bundesanzeiger, Abs. 4 S. 4 Hs. 1; die Veröffentlichung in anderen Gesellschaftsblättern, zu denen die Gesellschaft sich nach § 25 S. 2 aF iVm § 26h Abs. 3 S. 1 EGAktG ggf. verpflichtet hat (→ Rn. 10), ist gemäß § 26h Abs. 3 S. 2 EGAktG für den Fristbeginn unerheblich;[37]

16 – (nur)[38] für die *Gesellschaft* (→ Rn. 13) und den/die *Antragsteller* erster Instanz grundsätzlich ebenfalls mit der Bekanntmachung, sofern nicht die **Zustellung** des (begründeten, Abs. 3 S. 1) Beschlusses (→ Rn. 10) später erfolgt (Abs. 4 S. 1, 4 Hs. 2).

17 Ebenso wie die Entscheidung des Landgerichts (→ Rn. 10)[39] ist auch die **Beschwerdeentscheidung** dem (den) Antragsteller(n) und der Gesellschaft **zuzustellen** (§ 15 Abs. 2 FamFG iVm §§ 166 ff. ZPO) und vom Gericht in den Gesellschaftsblättern (mindestens Bundesanzeiger, § 25) **bekanntzumachen** (Abs. 4 S. 1, 2); ausreichend ist auch hier die Bekanntmachung von Rubrum und Tenor.[40] Voraussetzung für die Rechtskraft der Entscheidung ist das jedoch nicht (→ Rn. 19).

18 Vor Inkrafttreten des FGG-RG war die „weitere Beschwerde" gemäß Abs. 3 S. 7 aF ausdrücklich „ausgeschlossen". Ein solcher Ausschluss ist in § 99 nicht mehr vorgesehen. Gegen die Entscheidung des Oberlandesgericht findet vielmehr in Übereinstimmung mit dem in fG-Sachen allgemein geltenden Instanzenzug die (= eine weitere) – allerdings von der Zulassung des Beschwerdegerichts abhängige – **Rechtsbeschwerde** zum **BGH** statt („zweistufiges Rechtsbeschwerdeverfahren").[41] Erforderlich ist dafür, dass (i) die Rechtssache **grundsätzliche Bedeutung** hat oder (ii) der **Fortbildung des Rechts** oder der Sicherung einer **einheitlichen Rechtsprechung** dient (§ 70 Abs. 1, 2 FamFG). Unter weiteren, angesichts der „Zweistufigkeit" womöglich häufiger gegebenen Voraussetzungen (§ 75 FamFG) findet die **Sprungrechtsbeschwerde** vom Landgericht unmittelbar zum Bundesgerichtshof statt.

19 **c) Wirksamkeit; Rechtskraft (Abs. 5).** Die Entscheidung des Gerichts, egal welcher Instanz, wird erst mit ihrer Rechtskraft wirksam (Abs. 5 S. 1). Bis dahin gilt der amtierende Aufsichtsrat weiter als richtig zusammengesetzt. Hinsichtlich der Entscheidung des **Landgerichts** bedarf es für die Wirksamkeit der *Unanfechtbarkeit,* die frühestens einen Monat nach der Bekanntmachung im Bundesanzeiger bzw. der Zustellung an Antragsteller und Gesellschaft (Abs. 4 S. 4 iVm § 63 Abs. 1 FamFG) eintritt. Die Entscheidungen des **Oberlandesgerichts** (bei Nichtzulassung der Rechtsbeschwerde, ansonsten nach Ablauf der Monatsfrist nach § 71 FamFG) und des **Bundesgerichtshofs** (immer) erlangen dagegen bereits mit ihrem Erlass (= ihrer Verkündung) Rechtskraft, da gegen sie ein Rechtsbehelf nicht (bzw. nur ausnahmsweise: Zulassungsbeschluss) statthaft ist. Auf die Zustellung, Bekanntmachung oder Einreichung der Entscheidung zum Handelsregister kommt es nicht an.[42]

20 Der gerichtliche Beschluss stellt in allen Fällen der §§ 97 f. die für die Zusammensetzung des Aufsichtsrats **maßgeblichen Rechtsvorschriften** fest. Sachlich weiter reicht auch die Rechtskraft nicht. Persönlich **„wirkt"** die rechtskräftige (Sach-) Entscheidung jedoch **„für und gegen alle"** (Abs. 5 S. 2). Das bedeutet, dass sie für **jedermann** (und nicht etwa nur für die formell Verfahrensbeteiligten) verbindlich ist; auch Gerichte und Behörden sind an sie gebunden. Wird der Aufsichtsrat in der anschließenden Wahl nicht nach den „nunmehr anzuwendenden gesetzlichen Vorschriften" (§ 97 Abs. 2 S. 2) zusammengesetzt, muss ein mit der Beschlussmängelklage befasstes Gericht die im Statusverfahren getroffene Feststellung daher seiner Entscheidung zugrunde legen; an einer selbständigen Aufklärung und Entscheidung ist es selbst in dem Fall gehindert, dass die Zusammensetzung des Aufsichtsrats zwar der gerichtlichen Feststellung entspricht, aber materiell-rechtlich „falsch" ist.[43] Im Ergebnis handelt es sich also um den für die freiwillige Gerichtsbarkeit eher seltenen Fall **materieller Rechtskraft.**[44] Sie bewirkt nicht nur – wie die formelle Rechtskraft – die Unanfechtbarkeit

---

[37] GroßkommAktG/*Hopt/Roth/Peddinghaus* Rn. 30.

[38] Entgegen dem unzweideutigen Wortlaut will die hM auch dem *Vorstand,* der in erster Instanz *keinen* Antrag gestellt hat, dieses Privileg geben, vgl. GroßkommAktG/*Hopt/Roth/Peddinghaus* Rn. 30; Spindler/Stilz/*Spindler* Rn. 12; Hüffer/*Koch* Rn. 8; Semler/v. Schenck/*Gittermann* Rn. 30; wie hier MüKoAktG/*Habersack* Rn. 20.

[39] GroßkommAktG/*Hopt/Roth/Peddinghaus* Rn. 31; MüKoAktG/*Habersack* Rn. 17, 22.

[40] Hüffer/*Koch* Rn. 8; ebenso bereits zum alten Recht (FGG) MüKoAktG/*J. Semler,* 2. Aufl. 2004, Rn. 45.

[41] Henssler/Strohn/*Henssler* Rn. 5; Hüffer/*Koch* Rn. 7; vgl. Begr. RegE, BT-Drs. 16/6308, 353.

[42] MüKoAktG/*Habersack* Rn. 24; Spindler/Stilz/*Spindler* Rn. 19; Hüffer/*Koch* Rn. 9.

[43] Begr. RegE *Kropff* Textausgabe, 1965, 133; vgl. OLG Frankfurt AG 1985, 220 (221) für Überschreiten mitbestimmungsrechtlicher Schwellenwerte; MüKoAktG/*Habersack* Rn. 25; KK-AktG/*Mertens/Cahn* §§ 97–99 Rn. 53; Schmidt/Lutter/*Drygala* Rn. 11.

[44] Vgl. Hüffer/*Koch* Rn. 9; HK-AktG/*Israel* Rn. 6.

der Entscheidung für die unmittelbar am Verfahren Beteiligten, sondern deren **Verbindlichkeit** für alle von ihr in jedem beliebigen Zusammenhang Betroffenen.

21 Auch das Gericht selbst ist an die von ihm getroffene Entscheidung gebunden.[45] Ein **erneutes** gerichtliches **Statusverfahren** ist nach einer rechtskräftigen (Sach-) Entscheidung daher **unzulässig,** wenn der Antrag nicht auf neuen (oder neu zu bewertenden) Tatsachen beruht, ihm also derselbe Streitgegenstand zugrunde liegt (vgl. §§ 322, 325–327 ZPO). Dem steht nicht nur der *res iudicata*-Einwand entgegen; nach einer gerichtlichen Entscheidung ist die richtige Zusammensetzung des Aufsichtsrats überdies auch materiell nicht mehr „streitig oder ungewiss" (§ 98 Abs. 1 S. 1). Auf gerichtlich geklärter Basis wird zumeist auch der pflichtgemäß handelnde Vorstand seine Ansicht revidieren müssen, der Aufsichtsrat sei „nicht nach den für ihn maßgebenden gesetzlichen Bestimmungen zusammengesetzt" (§ 97 Abs. 1 S. 1). Die genannten Voraussetzungen dürften jedoch nicht einfach festzustellen sein. Denn es können nach der gerichtlichen Entscheidung jederzeit tatsächliche Umstände aufscheinen, die zumindest aus Sicht des Antragstellers den Streitgegenstand ändern und damit ein neuerliches Statusverfahren zulässig (und erforderlich) machen (Beispiele: (i) Über- oder Unterschreiten mitbestimmungsrelevanter Mitarbeiterschwellen aufgrund eines Unternehmenskaufs oder -verkaufs; (ii) neue Gerichtsentscheidung zur Arbeitnehmerzurechnung; (iii) (Nicht-) Einbeziehung der Mitarbeiter ausländischer Konzerntöchter in die Schwellenwertberechnung).[46] Zu Einzelheiten → § 97 Rn. 37; → § 98 Rn. 27.

22 Der Vorstand (unechte Gesamtvertretung zulässig) hat die rechtskräftige Entscheidung (mit Gründen, nicht nur die Entscheidungsformel)[47] unverzüglich (§ 121 Abs. 1 BGB) zum **Handelsregister** einzureichen (Abs. 5 S. 3). Eine Beglaubigung der Unterschriften der Einreicher ist mangels „Eintragung" (§ 12 Abs. 1 S. 1 HGB) der Entscheidung im Handelsregister nicht erforderlich. Durch die Aufnahme in die der allgemeinen Publizität dienende Dokumentensammlung (§ 9 Abs. 1 S. 1) und in das **Unternehmensregister** (§ 8b Abs. 2 Nr. 1 HGB) kann die Entscheidung von jedermann zur Kenntnis genommen werden (Hintergrund: Abs. 5 S. 2). Die Nicht-Beachtung der Einreichungspflicht kann **Zwangsgeld** nach sich ziehen (§ 14 HGB).

23 Ebenso wie der außergerichtlichen ist der gerichtlichen Feststellung über die richtige Zusammensetzung des Aufsichtsrats durch Neuwahl innerhalb von **sechs Monaten** nach Rechtskraft Geltung zu verschaffen (§ 98 Abs. 4; → § 98 Rn. 24 ff.).

24 **d) Kosten des Verfahrens (Abs. 6).** Abs. 6 regelt nach dem Inkrafttreten des **2. Kostenrechtsmodernisierungsgesetzes** vom 23.7.2013 (BGBl. I S. 2586) mit der Streichung der S. 1–7 aF nur noch einen Teil der im Zusammenhang mit dem gerichtlichen Verfahren einschlägigen **Kosten- und Gebührenfragen.**[48] Dabei bestimmt S. 2 (= S. 9 aF) inhaltlich unverändert, dass die eigenen Kosten der **Beteiligten** (insbesondere Rechtsanwaltsgebühren und Auslagen) nicht erstattet werden; sie sind von den Beteiligten vielmehr unabhängig vom Ausgang des Statusverfahrens und der Rolle der Beteiligten darin selbst zu tragen. Regelungsbedürftig sind demgemäß nur die **Gerichtskosten,** hinsichtlich derer § 1 Abs. 2 Nr. 1, Abs. 1 GNotKG das allgemeine Gerichts- (und Notarkosten-) Recht (S. 1 aF: KostO) mit Wirkung für alle **ab dem 1.8.2013** begonnenen Verfahren bzw. Rechtsmittel (§ 136 Abs. 5 Nr. 7, Abs. 1 GNotKG) für anwendbar erklärt.[49] Als „Hauptbetroffener" und zugleich „-begünstigter" des gerichtlichen Statusverfahrens (§ 98 Abs. 1) und des Verfahrens über die Ermittlung des maßgeblichen Umsatzverhältnisses (§ 98 Abs. 3) ist **Schuldner** der Kosten danach in Abweichung von § 22 Abs. 1 GNotKG (= Kostentragung in Antragsverfahren durch den Antragsteller) grundsätzlich die **Gesellschaft,** da vor allem sie ein Interesse an der richtigen Zusammensetzung ihrer Organe hat, § 23 Nr. 10 GNotKG (ebenso S. 7 aF).[50] S. 1 beschreibt demgegenüber nunmehr die *Abweichung* von diesem Regelfall: Entspricht dies nämlich der **„Billigkeit"** (was nach hL nur bei offensichtlich unzulässigen (Beispiel: fehlende Antragsberechtigung → § 98 Rn. 9) oder unbegründeten Anträgen der Fall ist,[51] zusätzlich aber auch, wenn der Antragsteller – in Abweichung

---

[45] Insoweit noch zust. GroßkommAktG/*Hopt/Roth/Peddinghaus* Rn. 36.

[46] Ähnlich wie hier die hM: GroßkommAktG/*Hopt/Roth/Peddinghaus* Rn. 36; KK-AktG/*Mertens/Cahn* §§ 97–99 Rn. 20, 53; MüKoAktG/*Habersack* Rn. 25; aA Schmidt/Lutter/*Drygala* Rn. 12: jederzeitige Zulässigkeit.

[47] GroßkommAktG/*Hopt/Roth/Peddinghaus* Rn. 38; MüKoAktG/*Habersack* Rn. 26; Spindler/Stilz/*Spindler* Rn. 20.

[48] Zusammenfassend *Simons* AG 2014, 182 (183 f.).

[49] Vgl. Begr. RegE, BT-Drs. 17/11471, 287; ebenso bereits für § 99 Abs. 6 S. 1 aF OLG Zweibrücken AG 2014, 629 (630).

[50] *Simons* AG 2014, 182 (183); Spindler/Stilz/*Spindler* Rn. 22; Hüffer/*Koch* Rn. 12; vgl. für S. 7 aF bereits Begr. RegE *Kropff* Textausgabe, 1965, 134.

[51] MüKoAktG/*Habersack* Rn. 27; KK-AktG/*Mertens/Cahn* §§ 97–99 Rn. 55; Spindler/Stilz/*Spindler* Rn. 22; Hüffer/*Koch* Rn. 12; Semler/v. Schenck/*Gittermann* Rn. 41; Henssler/Strohn/*Henssler* Rn. 7; aA LG Frankfurt BeckRS 2015, 5715 Rn. 19 m. insoweit krit. Anm. *Wansleben* EWiR 2015, 245 (246): Kostenentscheidung nach dem Verfahrenserfolg.

von der der Kostentragung zugrunde liegenden Idee – ganz überwiegend eigennützige Interessen verfolgt),[52] können die Kosten ausnahmsweise auch einzelnen oder mehreren „**Antragsteller[n]** auferlegt sein“ (§ 23 Nr. 10 GNotKG iVm S. 1; ebenso S. 8 aF). Es besteht weder ein materieller Grund noch ein gesetzlicher Ansatzpunkt dafür, den Vorstand (§ 98 Abs. 2 S. 1 Nr. 1) aufgrund seines (angeblichen, → Rn. 13) Handelns „für die Gesellschaft“ von dieser (Ausnahme-) Regelung auszunehmen;[53] ungeachtet dessen wird es in der Praxis kaum je der Billigkeit entsprechen, gerade dem Vorstand (als Organ und damit „Pflichtwalter“ der Gesellschaft) die Verfahrenskosten aufzuerlegen. Wird ein Antragsteller von der Gerichtskasse in Anspruch genommen, kommt im Innenverhältnis zur Gesellschaft ein Regress, zB nach §§ 675, 670 BGB, in Betracht.[54]

25 Die **Höhe** der von dem jeweiligen Schuldner (→ Rn. 24) zu tragenden Gerichtskosten bestimmt sich (i) nach dem Geschäftswert und (ii) der Anzahl der auf ihn anfallenden Gebühren. Dabei ist für das gerichtliche Statusverfahren (= nichtvermögensrechtliche Angelegenheit) in Abweichung von § 36 Abs. 3 GNotKG (5000 Euro) „von einem **Geschäftswert** von 50.000 Euro auszugehen“, § 75 GNotKG (ebenso S. 6 aF) – dies allerdings nur, soweit sich „keine genügenden Anhaltspunkte für eine Bestimmung des Werts“ (Maximalbetrag 1 Mio. Euro) nach § 36 Abs. 2 GNotKG ergeben (Maßstab: „alle Umstände des Einzelfalls, insbesondere Umfang und Bedeutung der Sache, Vermögens- und Einkommensverhältnisse der Beteiligten“). Entsprechendes dürfte für den Streit über das maßgebliche Umsatzverhältnis nach § 98 Abs. 3 gelten. Die Festsetzung des Geschäftswerts erfolgt von Amts wegen (§ 79 Abs. 1 S. 1 GNotKG; ebenso S. 5 aF). – Für das Verfahren vor dem Landgericht fallen zwei (KV 13500 GNotKG; S. 2 aF: vier), für die Beschwerde vor dem OLG drei (KV 13610 ff. GNotKG; S. 3 aF: vier) und für die Rechtsbeschwerde vor dem BGH vier (KV 13620 ff. GNotKG; S. 3 aF: vier), jeweils aus dem Geschäftswert sich errechnende **Gebühren** an. Eine vorzeitige Beendigung der jeweiligen Instanz durch Antrags-, Beschwerde- oder Rechtsbeschwerderücknahme schlägt je nach dem Zeitpunkt der Beendigung dagegen nur mit 0,5 bis zwei Gebühren zu Buche (KV 13504, 13611 f., 13621 f. GNotKG; S. 4 aF: einheitlich zwei Gebühren). Die früher bestehende Verpflichtung zur Zahlung eines **Kostenvorschusses** (in der Regel durch die Gesellschaft, § 8 Abs. 1 KostO) ist für das gerichtliche Statusverfahren durch das 2. Kostenrechtsmodernisierungsgesetz (→ Rn. 24) entfallen (§§ 13 f. iVm §§ 22, 23 Nr. 10 GNotKG).[55]

25a Die Änderungen des Abs. 6 durch das 2. Kostenrechtsmodernisierungsgesetz (→ Rn. 24) lassen sich überblicksartig wie folgt zusammenfassen:

Kostenregelung alt	**Kostenregelung neu**	**Anmerkungen**
Abs. 6 S. 1 aF	§ 1 Abs. 2 Nr. 1, Abs. 1 GNotKG-E	[*sachlich unverändert*]
Abs. 6 S. 2 aF	Nr. 13500 KV GNotKG	zwei (statt bisher vier) Gebühren
Abs. 6 S. 3 aF	Nr. 13610 ff., 13620 ff. KV GNotKG	drei (Beschwerde) bzw. vier (Rechtsbeschwerde) statt bisher einheitlich vier Gebühren; grundsätzlich unveränderte (allerdings gestaffelte) Ermäßigung der Gebührenzahl bei Beendigung ohne Entscheidung
Abs. 6 S. 4 aF	Nr. 13504 KV GNotKG	0,5 (statt bisher zwei) Gebühren
Abs. 6 S. 5 aF	§ 79 Abs. 1 S. 1 GNotKG	[*sachlich unverändert*]
Abs. 6 S. 6 aF	§§ 36 Abs. 3; 75 GNotKG	grundsätzlich unverändert, aber Möglichkeit einer Anhebung des Gegenstandswerts auf bis zu 1 Mio. Euro (statt 500 000 Euro); Konkretisierung der Maßstäbe hierfür
Abs. 6 S. 7 aF	§§ 23 Nr. 10; 22 Abs. 1 GNotKG	[*sachlich unverändert*]
Abs. 6 S. 8 aF	Abs. 6 S. 1	[*unverändert* (nur Streichung „jedoch“)]
Abs. 6 S. 9 aF	Abs. 6 S. 2	[*unverändert*]

§ 100 Persönliche Voraussetzungen für Aufsichtsratsmitglieder

(1) [1]Mitglied des Aufsichtsrats kann nur eine natürliche, unbeschränkt geschäftsfähige Person sein. [2]Ein Betreuter, der bei der Besorgung seiner Vermögensangelegenheiten ganz

[52] So – noch zu Abs. 6 S. 7 aF – OLG Düsseldorf AG 1994, 424; zust. *Simons* AG 2014, 182 (183); zweifelnd Spindler/Stilz/*Spindler* Rn. 22.

[53] So aber KK-AktG/*Mertens/Cahn* §§ 97–99 Rn. 55; Schmidt/Lutter/*Drygala* Rn. 13; wie hier Spindler/Stilz/*Spindler* Rn. 22.

[54] Vgl. *Semler* FS Claussen, 1997, 381, 390 für Aufsichtsratsmitglieder.

[55] *Simons* AG 2014, 182 (184); Hüffer/*Koch* Rn. 12.

oder teilweise einem Einwilligungsvorbehalt (§ 1903 des Bürgerlichen Gesetzbuchs) unterliegt, kann nicht Mitglied des Aufsichtsrats sein.

(2) [1]Mitglied des Aufsichtsrats kann nicht sein, wer

1. **bereits in zehn Handelsgesellschaften, die gesetzlich einen Aufsichtsrat zu bilden haben, Aufsichtsratsmitglied ist,**
2. **gesetzlicher Vertreter eines von der Gesellschaft abhängigen Unternehmens ist,**
3. **gesetzlicher Vertreter einer anderen Kapitalgesellschaft ist, deren Aufsichtsrat ein Vorstandsmitglied der Gesellschaft angehört, oder**
4. **in den letzten zwei Jahren Vorstandsmitglied derselben börsennotierten Gesellschaft war, es sei denn, seine Wahl erfolgt auf Vorschlag von Aktionären, die mehr als 25 Prozent der Stimmrechte an der Gesellschaft halten.**

[2]Auf die Höchstzahl nach Satz 1 Nr. 1 sind bis zu fünf Aufsichtsratssitze nicht anzurechnen, die ein gesetzlicher Vertreter (beim Einzelkaufmann der Inhaber) des herrschenden Unternehmens eines Konzerns in zum Konzern gehörenden Handelsgesellschaften, die gesetzlich einen Aufsichtsrat zu bilden haben, inne hat. [3]Auf die Höchstzahl nach Satz 1 Nr. 1 sind Aufsichtsratsämter im Sinne der Nummer 1 doppelt anzurechnen, für die das Mitglied zum Vorsitzenden gewählt worden ist.

(3) Die anderen persönlichen Voraussetzungen der Aufsichtsratsmitglieder der Arbeitnehmer sowie der weiteren Mitglieder bestimmen sich nach dem Mitbestimmungsgesetz, dem Montan-Mitbestimmungsgesetz, dem Mitbestimmungsergänzungsgesetz, dem Drittelbeteiligungsgesetz und dem Gesetz über die Mitbestimmung der Arbeitnehmer bei einer grenzüberschreitenden Verschmelzung.

(4) Die Satzung kann persönliche Voraussetzungen nur für Aufsichtsratsmitglieder fordern, die von der Hauptversammlung ohne Bindung an Wahlvorschläge gewählt oder auf Grund der Satzung in den Aufsichtsrat entsandt werden.

(5) Bei Gesellschaften, die kapitalmarktorientiert im Sinne des § 264d des Handelsgesetzbuchs, die CRR-Kreditinstitute im Sinne des § 1 Absatz 3d Satz 1 des Kreditwesengesetzes, mit Ausnahme der in § 2 Absatz 1 Nummer 1 und 2 des Kreditwesengesetzes genannten Institute, oder die Versicherungsunternehmen im Sinne des Artikels 2 Absatz 1 der Richtlinie 91/674/EWG des Rates vom 19. Dezember 1991 über den Jahresabschluß und den konsolidierten Abschluß von Versicherungsunternehmen (ABl. L 374 vom 31.12.1991, S. 7), die zuletzt durch die Richtlinie 2006/46/EG (ABl. L 224 vom 16.8.2006, S. 1) geändert worden ist, sind, muss mindestens ein Mitglied des Aufsichtsrats über Sachverstand auf den Gebieten Rechnungslegung oder Abschlussprüfung verfügen; die Mitglieder müssen in ihrer Gesamtheit mit dem Sektor, in dem die Gesellschaft tätig ist, vertraut sein.

Schrifttum: *Behme/Zickgraf,* Rechtspflichten des Aufsichtsrats bei der Auswahl geeigneter Mitglieder von Vorstand und Aufsichtsrat, AG 2015, 841; *dies.,* Anforderungen an die Qualifikation von Aufsichtsratsmitgliedern nach dem Abschlussprüfungsreformgesetz, AG-Report 2016, R 132; *Bosse,* Das Gesetz zur Angemessenheit der Vorstandsvergütung (VorstAG) – Überblick und Handlungsbedarf, BB 2009, 1650; *Brandi/Gieseler,* Der Aufsichtsrat in Kreditinstituten, NZG 2012, 1321; *Bürgers/Schilha,* Die Unabhängigkeit des Vertreters des Mutterunternehmens im Aufsichtsrat der Tochtergesellschaft, AG 2010, 221; *Bungert/Wansleben,* Wechsel eines Vorstandsmitglieds in den Aufsichtsrat, DB 2012, 2617; *Diekmann/Bidmon,* Das „unabhängige" Aufsichtsratsmitglied nach dem BilMoG – insbesondere als Vertreter des Hauptaktionärs, NZG 2009, 1087; *Ehlers/Nohlen* Unabhängiger Finanzexperte und Prüfungsausschuss nach dem Bilanzrechtsmodernisierungsgesetz, GS Gruson, 2009, 107; *v. Falkenhausen,* Der Anwalt im Aufsichtsrat, ZIP 2013, 862; *v. Falkenhausen/Kocher,* Wie wird der unabhängige Finanzexperte in den Aufsichtsrat gewählt? – Praktische Fragen der Umsetzung des BilMoG, ZIP 2009, 1601; *Feddersen,* Neue gesetzliche Anforderungen an den Aufsichtsrat, AG 2000, 385; *Gaul,* Cooling-off nach § 100 Abs. 2 Satz 1 Nr. 4 AktG – Streit ohne Ende?, AG 2015, 742; *Gruber,* Der unabhängige Finanzexperte im Aufsichtsrat nach dem Referentenentwurf des Bilanzrechtsmodernisierungsgesetzes, NZG 2008, 12; *Grunewald,* Die Auswahl von Aufsichtsratsmitgliedern insbesondere bei Unternehmen mit maßgeblicher Beteiligung der öffentlichen Hand, NZG 2015, 609; *Habersack,* Aufsichtsrat und Prüfungsausschuss nach dem BilMoG, AG 2008, 98; *ders.,* „Kirch/Deutsche Bank" und die Folgen – Überlegungen zu § 100 Abs. 5 AktG und Ziff. 5.4, 5.5 DCGK, FS Goette, 2011, 121; *Hasselbach/Jakobs,* Die Unabhängigkeit von Aufsichtsratsmitgliedern, BB 2013, 643; *Hoffmann-Becking,* Unabhängigkeit im Aufsichtsrat, NZG 2014, 801; *Hommelhoff,* Unabhängige Aufsichtsratsmitglieder im börsennotierten Familienunternehmen, ZIP 2013, 953; *Hüffer,* Die Unabhängigkeit von Aufsichtsratsmitgliedern nach Ziffer 5.4.2 DCGK, ZIP 2006, 637; *Ihrig,* Gestaltungsfreiheit und -grenzen beim Wechsel vom Vorstand in den Aufsichtsrat, FS Hoffmann-Becking, 2013, 617; *Jaspers,* Voraussetzungen und Rechtsfolgen der Unabhängigkeit eines Aufsichtsratsmitglieds nach dem BilMoG, AG 2009, 607; *ders.,* Höchstgrenzen für Aufsichtsratsmandate nach Aktienrecht und DCGK, AG 2011, 154; *Krieger,* Der Wechsel vom Vorstand in den Aufsichtsrat, FS Hüffer, 2010, 521; *Kropff,* Der unabhängige Finanzexperte in der Gesellschaftsverfassung, FS K. Schmidt, 2009, 1023; *Langenbucher,* Zentrale Akteure der Corporate Governance: Zusammensetzung des Aufsichtsrats, ZGR 2012, 314; *Lieder,* Das unabhängige Aufsichtsratsmitglied, NZG 2005, 569; *Löbbe/Fischbach,* Wechsel von Vorstandsmitgliedern in den Aufsichtsrat auf Initiative der Verwaltungsorgane der Gesellschaft, AG 2012, 580; *Lüer,* Effiziente Aufsichtsräte durch die Bestellung eines unabhängigen Finanzexperten nach §§ 100 Abs. 5, 107 Abs. 3, 4 AktG, FS Maier-Reimer, 2010, 385; *Mader,* Die internationale Besetzung des Aufsichtsrats einer deutschen Aktiengesellschaft, ZGR 2014, 430; *Mickel/Fleischmann,* Die Höchstmandatszahl für Aufsichtsräte – Einberechnung des ausländischen Mandats, NZG 2010, 54; *Möllers/Christ,* Selbstprüfungsverbot und die zweijährige Cooling-off-Periode beim Wechsel eines Vorstandsmitglieds in den Aufsichtsrat nach dem VorstAG, ZIP 2009, 2278; *Nagel,* Das Gesetz über die Mitbestimmung der Arbeitnehmer bei grenzüberschreitenden Verschmelzungen (MgVG), NZG 2007, 57; *Nodoushani,* Das neue Anforderungsprofil für Aufsichtsräte von Unternehmen von öffentlichem Interesse, AG 2016, 381; *ders.,* Der unabhängige Finanzexperte und die Belange der Marktteilnehmer, NZG 2015, 1186; *Nowak,* Die Unabhängigkeit des Aufsichtsratsmitglieds nach § 100 Abs. 5 AktG (2010); *dies.,* Wahl des unabhängigen Finanzexperten nach BilMoG: Praxistipps für den Umgang mit dem neuen § 100 Abs. 5 AktG, BB 2010, 2423; *Reichert/Schlitt,* Konkurrenzverbote für Aufsichtsratsmitglieder, AG 1995, 241; *Rieder,* Anfechtbarkeit von Aufsichtsratswahlen bei unrichtiger Entsprechenserklärung?, NZG 2010, 737; *Rieder/Holzmann,* Brennpunkte der Aufsichtsratsregulierung in Deutschland und den USA, AG 2010, 570; *Schilha,* Neues Anforderungsprofil, mehr Aufgaben und erweiterte Haftung für den Aufsichtsrat nach Inkrafttreten der Abschlussprüfungsreform, ZIP 2016, 1316; *Scholderer,* Unabhängigkeit und Interessenkonflikte der Aufsichtsratsmitglieder, NZG 2012, 168; *Schüppen,* Die europäische Abschlussprüfungsreform und ihre Implementierung in Deutschland – Vom Löwen zum Bettvorleger?, NZG 2016, 247; *Schulenburg/Brosius,* Die cooling-off Periode bei der Wahl von Aufsichtsratsmitgliedern börsennotierter Gesellschaften in der Umwandlung, BB 2010, 3039; *dies.,* Ausgewählte aktien- und wertpapierrechtliche Fragen zu § 100 Abs. 2 Satz 1 Nr. 4 AktG, WM 2011, 58; *Staake,* Der unabhängige Finanzexperte im Aufsichtsrat, ZIP 2010, 1013; *ders.,* Arbeitnehmervertreter als unabhängige Aufsichtsratsmitglieder?, NZG 2016, 853; *Sünner,* Die Wahl von ausscheidenden Vorstandsmitgliedern in den Aufsichtsrat, AG 2010, 111; *ders.,* Die Bestellung des Finanzexperten im Aufsichtsrat, FS U. H. Schneider, 2011, 1301; *E. Vetter,* Neue Vorgaben für die Wahl des Aufsichtsrats durch die Hauptversammlung nach § 100 Abs. 2 Satz 1 Nr. 4 und Abs. 5 AktG, FS Maier-Reimer, 2010, 795; *Wardenbach,* Ist die Aufsichtsratswahl bei fehlendem „Financial Expert" anfechtbar?, GWR 2010, 207; *Wasse,* Die Internationalisierung des Aufsichtsrats – Herausforderungen in der Praxis, AG 2011, 685; *Widmann,* Das Fehlen des Finanzexperten nach dem BilMoG – Worst-Case-Szenario für den Aufsichtsrat?, BB 2009, 2602; *Wind/Klie,* Der unabhängige Finanzexperte nach dem BilMoG, DStR 2010, 1339; *Wirth,* Anforderungsprofil und Inkompatibilitäten für Aufsichtsratsmitglieder, ZGR 2005, 327.

Übersicht

I. Allgemeines

1 Die Vorschrift befasst sich mit den (wenigen)[1] „persönlichen Voraussetzungen" für die Mitgliedschaft im Aufsichtsrat; über § 101 Abs. 3 S. 4 gilt sie auch für die Bestellung von Ersatzmitgliedern.

[1] Zu den Konsequenzen für die Rechtsfortbildung Grigoleit/*Grigoleit/Tomasic* Rn. 8.

Dabei stellt Abs. 1 eine Art **Anforderungsprofil** für das Aufsichtsratsmandat auf, während Abs. 2 – flankiert von § 105 Abs. 2 (mit dem Verbot der Vermischung von Kontroll- und Exekutivfunktionen) – explizite **Hinderungsgründe** hierfür nennt und darauf abzielt, potentiellen Interessenkonflikten vorzubeugen.[2] Nur klarstellend verweist Abs. 3 auf die für die **Arbeitnehmervertreter** zusätzlich geltenden persönlichen Voraussetzungen nach dem Mitbestimmungsrecht. Abs. 4 eröffnet via **Satzung** Spielraum für die Einführung **weiterer** persönlicher Voraussetzungen (nur) der Anteilseignervertreter. Einen **zusätzlichen Abs. 5** hat das „Bilanzrechtsmodernisierungsgesetz" (BilMoG) 2009 für „kapitalmarktorientierte Kapitalgesellschaften" (§ 264d HGB) in § 100 eingefügt: Danach musste „mindestens ein **unabhängiges** Mitglied des Aufsichtsrats über **Sachverstand** auf den Gebieten Rechnungslegung oder Abschlussprüfung verfügen". Das Erfordernis der „Unabhängigkeit" des Sachverständigen hat das „Abschlussprüfungsreformgesetz" (AReG) 2016 – auch für einen etwa eingerichteten Prüfungsausschuss (§ 107 Abs. 4) – indes wenig später bereits wieder kassiert; zugleich hat es den Kreis der Gesellschaften mit obligatorischem Finanzexperten weiter ausgedehnt. Abs. 5 hinzugefügt hat das AReG zudem die an den Aufsichtsrat insgesamt adressierte, freilich nicht minder anspruchslose Anforderung der **Vertrautheit** mit dem **„Sektor"**, in dem die Gesellschaft tätig ist. – Umrahmt wird § 100 von den vielfältigen Voraussetzungen, die der **DCGK** unmittelbar (durch Regelung im Kodex) oder mittelbar (durch Verpflichtung des Aufsichtsrats zu einer entsprechenden Zielsetzung) an die Aufsichtsratsmitglieder stellt, und die über § 161 – sofern die (börsennotierte) Gesellschaft sich ihnen unterworfen hat – quasi-gesetzliche Geltung beanspruchen (→ Rn. 25 f., 52 f.; Abdruck des DCGK → § 161 Rn. 67).

Zweck der Vorschrift ist, die Arbeit im Aufsichtsrat im Sinne **guter Corporate Governance** durch die Festlegung formaler Kriterien **qualitativ** zu **verbessern.**[3] Dabei wird neben der Verquickung von Aufsichts- und Exekutivfunktionen insbesondere die parallele Aufsichtsratstätigkeit in zu vielen anderen Gesellschaften als schädlich angesehen. Ein Reflex dieser Regelung ist das Zurückdrängen der „wirtschaftspolitisch unerwünscht[en] … Vereinigung einer Vielzahl von Aufsichtsratssitzen in einer Hand".[4] § 100 leistet damit seinen Beitrag zur Auflösung der (heute mehr behaupteten als tatsächlich noch bestehenden) „Deutschland AG". 2

II. Rechtstatsachen

Spektakuläre Zusammenbrüche und haarsträubend-kriminelle Machenschaften großer Gesellschaften haben das öffentliche Augenmerk auch in Deutschland verstärkt auf die Funktionsweise und Funktionsfähigkeit, genauer: die **Funktionsdefizite** des Aufsichtsorgans gelenkt. Allein durch die im Gefolge dessen diskutierten „verschärften Sorgfalts- und Handlungsanforderungen"[5] sind die inhaltlichen und zeitlichen Maßstäbe, die an eine verantwortliche Aufsichtsratstätigkeit angelegt werden, deutlich gestiegen (weswegen zB die liberale, seit 1965 unveränderte Höchstzahlregelung für andere Aufsichtsratsmandate in § 100 Abs. 2 S. 1 Nr. 1, S. 2 („Lex Abs") nicht nur rechtspolitisch, sondern auch praktisch verfehlt ist).[6] Parallel dazu sind erheblich gesteigerte und fokussierte Aktivitäten des Gesetzgebers (EU-weit und national), der Regierungskommission Deutscher Corporate Governance Kodex und privater Vereinigungen mit dem Ziel einer Fortentwicklung der Aufsichtsrats-Governance zu beobachten.[7] Im Gegensatz dazu hat sich die Mitbestimmungs-Reformkommission mit Vorschlägen deutlich zurückgehalten. Ob schon jetzt ein „Trend zur Professionalisierung der Aufsichtsratsarbeit" zu verzeichnen ist,[8] darf dennoch mit guten Gründen bezweifelt werden.[9] Die den *Public Interest Entities* gestellten, neueren gesetzlichen Anforderungen – mindestens ein „Finanzexperte" im Aufsichtsrat, Vertrautheit mit dem „Sektor" der Gesellschaft insgesamt – tragen 3

[2] Vgl. *Kort* ZIP 2008, 717.

[3] MüKoAktG/*Habersack* Rn. 1: „effektive Überwachungstätigkeit"; ebenso Spindler/Stilz/*Spindler* Rn. 1; Hüffer/*Koch* Rn. 1.

[4] Ausschussbericht *Kropff* Textausgabe, 1965, 136; der RegE 1965 hatte noch eine Höchstzahl von 15 Aufsichtsratsmandaten vorgesehen.

[5] MüKoAktG/*Habersack* Rn. 8.

[6] Vgl. *Jäger* Aktiengesellschaft, 2004, § 22 Rn. 47 ff.; *Jaspers* AG 2011, 154; *Habersack* Gutachten E zum 69. DJT, 83.

[7] Dazu *Rieder/Holzmann* AG 2010, 570; *Langenbucher* ZGR 2012, 314 (319 f.).

[8] MüKoAktG/*J. Semler,* 2. Aufl. 2004, Rn. 5 unter Verweis auf *Feddersen* AG 2000, 390; ähnlich *Bachmann* AG 2011, 181 (188): „Trend zum Berufsaufsichtsrat"; allg. KK-AktG/*Mertens/Cahn* Vor § 95 Rn. 7.

[9] Nach einer 2011 durchgeführten Studie gab die Hälfte der befragten Vorstände an, maximal 60% der Aufsichtsräte verfügten über die für ihr Amt nötige Kompetenz; 12% waren der Ansicht, die Mehrzahl der Aufsichtsratsmitglieder sei nur ihres Namens wegen berufen worden, vgl. *Langenbucher* ZGR 2012, 314 (316); zusammenfassend *Säcker* AG 2008, 17 (20 f.): „Das bislang praktizierte Leitbild des Aufsichtsratsmitglieds ist der erfahrene Generalist, der von fast allem fast nichts mehr versteht"; krit. auch *Peltzer* NZG 2009, 1041.

in der Sache dazu jedenfalls kaum etwas bei. Es ist daher mit einer weiter hohen Aufmerksamkeit von Gesetzgeber und Corporate Governance Kommission, aber auch institutioneller Investoren[10] und sog. *Proxy Advisors* für den Aufsichtsrat zu rechnen.

4 Im Hinblick auf die **Besetzung** des Aufsichtsrats ist in deutschen Aufsichtsräten der im internationalen Vergleich geringe Anteil an **Ausländern** auffällig,[11] ebenso die große Zahl von (zumeist: Unternehmens-) Vertretern und anderen Repräsentanten ohne Legitimation über Aktieneigentum.[12] Teil eines allgemein-gesellschaftlichen, durch die gesetzliche Geschlechter- bzw. Frauenquote nunmehr auch juristisch in Angriff genommenen Phänomens ist die starke Unterrepräsentation von **Frauen** im Aufsichtsrat (→ § 96 Rn. 7).

III. Einzelerläuterungen

5 **1. Anforderungsprofil.** Das AktG fordert neben der **unbeschränkten Geschäftsfähigkeit** einer **natürlichen Person** (Abs. 1 S. 1, 2) und dem Fehlen bestimmter Inkompatibilitäten (Abs. 2) keine weiteren *individuellen* Qualifikationsmerkmale für Aufsichtsratsmitglieder. Für den *Vorstand* geht das Gesetz in Form einer berufsrechtlichen Unbescholtenheit seiner Mitglieder demgegenüber ein gutes Stück weiter (vgl. § 76 Abs. 3). Immerhin verlangt Abs. 5 Hs. 1, dass sich *innerhalb* des Aufsichtsrats zumindest *ein* **Finanzexperte** findet. Abs. 5 Hs. 2 fordert schließlich, dass der Aufsichtsrat in seiner *Gesamtheit* eine **Vertrautheit mit dem Sektor** aufweist, in dem die Gesellschaft tätig ist. Angesichts dieses schmalen Befundes werden *zusätzliche* Anforderungen – außerhalb des AktG oder mittelbar aus ihm folgend – auch für Aufsichtsräte diskutiert.

6 **a) Aktienrechtliche Anforderungen (Abs. 1 und 5). aa) Natürliche Person; Geschäftsfähigkeit.** Abs. 1 S. 1 definiert ein formales Anforderungsprofil für den Aufsichtsrat, indem nur **natürliche, unbeschränkt geschäftsfähige** Personen dessen Mitglieder werden können. Die Regelung gilt uneingeschränkt für **alle** Aufsichtsratsmitglieder, also Arbeitnehmer- und Anteilseignervertreter sowie weitere Mitglieder.[13] Abs. 1 S. 1 liegt das Verständnis zugrunde, dass die vom Aufsichtsrat geforderte Überwachungspflicht in Übereinstimmung mit § 111 Abs. 5 „die **persönliche Tätigkeit** einer **verantwortlichen Person** voraussetzt".[14] In- und ausländische juristische Personen, Handelsgesellschaften und alle anderen Arten von Personenvereinigungen und Vermögensmassen, die nicht selbst, sondern nur durch ihre Vertreter handeln können, sind daher von der Aufsichtsratstätigkeit ausgeschlossen; ihre jeweiligen Vertreter **persönlich** können dagegen – soweit es sich bei ihnen um natürliche Personen handelt – als Aufsichtsratsmitglieder fungieren.[15] Fremde Rechtsordnungen sind in diesem Punkt teilweise großzügiger.[16]

7 Die wegen der Bedeutsamkeit des Aufsichtsratsmandats und der persönlichen Verantwortung seiner Mitglieder[17] erforderliche **unbeschränkte Geschäftsfähigkeit** ergibt sich nur negativ aus den Vorschriften des BGB: Geschäftsfähig ist danach, wer weder geschäftsunfähig (§ 104 BGB) noch beschränkt geschäftsfähig ist (§§ 106 ff. BGB). Auch diese Anforderung gilt ausnahmslos für **alle** Aufsichtsratsmitglieder.[18] Für die unbeschränkte Geschäftsfähigkeit positiv erforderlich ist Volljährigkeit (§ 2 BGB). Der **beschränkt** Geschäftsfähige kann selbst mit Zustimmung des gesetzlichen Vertreters oder aufgrund der §§ 112, 113 BGB nicht Aufsichtsrat sein.[19] Der in S. 2 besonders erwähnte **Betreute** (§§ 1896 ff. BGB) verliert durch die Bestellung eines Betreuers allein nicht seine Geschäftsfähigkeit; diese richtet sich vielmehr weiter nach den allgemeinen Vorschriften.[20] Unterliegt der Betreute indes **zusätzlich** ganz oder teilweise einem gerichtlich angeordneten **Einwilligungsvorbehalt,** und zwar gerade hinsichtlich seiner **Vermögens**- (und nicht etwa seiner persönlichen) **Angelegenheiten** (§ 1903 BGB), entfällt damit zugleich seine Fähigkeit, Aufsichtsratsmitglied zu sein. Auf welchen **Bereich** rechtsgeschäftlichen Handelns sich der Vorbehalt bezieht, ist hierfür unerheblich, ebenso ob die Betreuung und/oder der Einwilligungsvorbehalt als nur vorläufige Maßnahme im Wege der **einstweiligen Anordnung** (§ 300 Abs. 1 FamFG) erlassen wurde (arg. Schutz

[10] *Bachmann* AG 2011, 181 (188).
[11] *Mader* ZGR 2014, 430 (431) mwN.
[12] *Kort* AG 2008, 137 (148); zu Vertretern des Mehrheitsaktionärs im Aufsichtsrat *Bürgers/Schilha* AG 2010, 221.
[13] GroßkommAktG/*Hopt/Roth* Rn. 16; MüKoAktG/*Habersack* Rn. 9.
[14] Begr. RegE *Kropff* Textausgabe, 1965, 135.
[15] Zusammenfassend Hüffer/*Koch* Rn. 2; Wachter/*Schick* Rn. 2.
[16] Nachweise bei GroßkommAktG/*Hopt/Roth* Rn. 17.
[17] Begr. RegE *Kropff* Textausgabe, 1965, 135; Semler/v. Schenck/*Mutter* Rn. 20.
[18] MüKoAktG/*Habersack* Rn. 10.
[19] MüKoAktG/*Habersack* Rn. 10; Schmidt/Lutter/*Drygala* Rn. 3; Henssler/Strohn/*Henssler* Rn. 3.
[20] Palandt/*Götz* BGB § 1902 Rn. 4 f.

der Gesellschaft). Wird die (ggf. einstweilige) Betreuung oder zumindest der Einwilligungsvorbehalt später wieder **aufgehoben** (§ 1908d BGB) kann der Betreute fortan zwar wieder in den Aufsichtsrat bestellt werden; ein einmal verlorenes Aufsichtsratsmandat (→ Rn. 65) lebt dadurch jedoch nicht wieder auf.

bb) Finanzexperte. (1) Gesetzgebungsgeschichte. Aufgrund der immer komplexer werdenden Rechnungslegungs- und Prüfungsvorschriften ist es nicht nur bei Gesellschaften mit umfangreichem Zahlenwerk sinnvoll, dass der Aufsichtsrat auch über ausgewiesene Finanzexperten verfügt. Eine *aktienrechtliche* Anforderung ist das zunächst freilich nicht gewesen. („Überdurchschnittlicher", → Rn. 21) **Sachverstand** auf den Gebieten Rechnungslegung *oder* Abschlussprüfung (Abs. 5), und zwar in Person eines **unabhängigen** Aufsichtsratsmitglieds, ist vielmehr erst durch das Bilanzrechtsmodernisierungsgesetz (BilMoG) vom 25.5.2009 (BGBl. I S. 1102) Gegenstand des Anforderungsprofils des Aufsichtsrats, wenn auch nurder „kapitalmarktorientierten" Aktiengesellschaft geworden. Das Erfordernis der „Unabhängigkeit" des Sachverständigen hat der deutsche Gesetzgeber mit dem **Abschlussprüfungsreformgesetz** (AReG) vom 10.5.2016 (BGBl. I S. 1142) aufgrund eines Mitgliedstaatenwahlrechts in der Abschlussprüfer-RL 2014 indes wenig später bereits wieder **kassiert.** Zur Begründung dafür hat er auf die dem AktG eigentümliche „**institutionelle Trennung** des [Aufsichtsrats] von der Geschäftsleitung" verwiesen, durch die „bereits ein allgemein hohes Maß an **Unabhängigkeit sichergestellt**" sei.[21] Zugleich hat das AReG den Kreis der Gesellschaften mit obligatorischem Finanzexperten jedoch über die „kapitalmarktorientierten" Unternehmen hinaus auf **alle** Gesellschaften von **„öffentlichem Interesse"** (→ Rn. 10) erweitert (Parallelvorschrift/-historie für den Prüfungsausschuss: § 107 Abs. 4 aF/nF). 8

(2) Struktur der Vorschrift. Entgegen der irreführenden Überschrift enthält Abs. 5 Hs. 1 keine „persönliche" Voraussetzung für die Wahl einzelner Aufsichtsratsmitglieder, sondern eine **objektive Anforderung** an die Zusammensetzung des Aufsichtsrats insgesamt (→ Rn. 73). Das zeigt sich unter anderem daran, dass es mit der *Bestellung* eines Finanzexperten nicht sein Bewenden hat; der Aufsichtsrat muss seine Expertise vielmehr fortlaufend „aktualisieren", dh durch das bestellte (oder ein anderes) Aufsichtsratsmitglied, etwa im Wege geeigneter Fortbildungsmaßnahmen, dauerhaft sicherstellen.[22] Die Qualifikation als Finanzexperte muss im Aufsichtsrat daher nicht durch die Bank, sondern nur in der Person (irgend-) eines seiner Mitglieder (Anteilseigner/Arbeitnehmer → Rn. 16) gegeben sein. Einer expliziten Identifizierung des Finanzexperten bedarf es weder im (oder gar: durch den) Wahlvorschlag des Aufsichtsrats (§ 124 Abs. 3 S. 1)[23] oder dem Bestellungsbeschluss des Gerichts (→ § 104 Rn. 28)[24] noch sonst vor[25] oder – auch wenn dies aus Aktionärssicht wünschenswert und schon deshalb für die Praxis zu empfehlen ist – nach der Wahl (zB im Bericht des Aufsichtsrats, § 171 Abs. 2, im Jahresabschluss, § 285 HGB, oder in der Erklärung zur Unternehmensführung, § 289a HGB[26]). Auch kann das jeweilige Bestellungsorgan dem Aufsichtsrat keinen von ihm bestimmten Finanzexperten gegen seinen Willen (und damit gegen sein Recht zur Selbstorganisation) aufdrängen; der Bestellungsbeschluss trifft insoweit vielmehr nur eine „Vorauswahl". Seine Befugnis erschöpft sich in der Bestellung eines – ggf. besonders qualifizierten – *Aufsichtsrats*mitglieds. Dem Aufsichtsrat obliegt es anschließend, sich aus dem Kreis der Bestellten informell auf „seine(n)" Finanzexperten zu verständigen.[27] Ebenso wenig bedarf ein im Aufsichtsrat vorhandener Finanzexperte eines legitimierenden „Bestätigungsbeschlusses" des Bestellungsorgans (Beispiel: Ein Aufsichtsratsmitglied hat das Wirtschaftsprüfer-Examen abgelegt); Handlungsbedarf besteht für die kapital- 9

[21] Begr. RegE, BT-Drs. 18/7219, 56; krit. *Velte* WPg 2015, 482 (489); *Nodoushani* AG 2016, 381 (384); für das frühere Recht (das noch einen „unabhängigen" Finanzexperten verlangte) ebenso KK-AktG/*Mertens/Cahn* Rn. 58, 76; *Wardenbach* GWR 2010, 207 (208); *Sünner* FS U.H. Schneider, 2011, 1301 (1302); aA *Staake* ZIP 2010, 1013 (1016); *Lüer* FS Maier-Reimer, 2010, 385 (394 f.).

[22] Spindler/Stilz/*Spindler* Rn. 53.

[23] MüKoAktG/*Habersack* Rn. 70; Schmidt/Lutter/*Drygala* Rn. 59; MHdB AG/*Hoffmann-Becking* § 30 Rn. 30; aA Hüffer/*Koch* Rn. 16; *Theisen* Aufsichtsrat 2009, 81.

[24] Für Beachtung von Abs. 5 auch im Rahmen des § 104 die ganz hL, vgl. nur *v. Falkenhausen/Kocher* ZIP 2009, 1601 (1602); *Sünner* FS U.H. Schneider, 2011, 1301 (1302).

[25] Ebenso *v. Falkenhausen/Kocher* ZIP 2009, 1601; *Mutter/Quinke* AG-Report 2010, R 102; dahin gehende „dringende Empfehlung" wegen der befürchteten Anfechtungsfolgen aber bei *Bröcker/Mosel* GWR 2009, 132 (134); ebenso *Sünner* AG 2012, 265 (270) m. Fn. 52; nicht de lege lata, aber aus Governance-Gründen befürwortend *E. Vetter* FS Maier-Reimer, 2010, 795 (808 ff.); teilweise aA *Gruber* NZG 2008, 12 (14).

[26] *Sünner* FS U.H. Schneider, 2011, 1301 (1305); zu § 289a HGB aA die hM, zB KK-AktG/*Mertens/Cahn* Rn. 78; Hüffer/*Koch* Rn. 26; *Rieder/Holzmann* AG 2010, 570 (574); wie hier *v. Falkenhausen/Kocher* ZIP 2009, 1601; zu § 171 aA *Nodoushani* AG 2016, 381 (383).

[27] Ähnlich Hüffer/*Koch* Rn. 26; *Lüer* FS Maier-Reimer, 2010, 385 (401); *Sünner* FS U.H. Schneider, 2011, 1301 (1306 f.); aA *Rieder/Holzmann* AG 2010, 570 (574).

marktorientierte Gesellschaft also nur, wenn es an einem Finanzexperten überhaupt, dh objektiv fehlt.[28]

10 **(3) Persönlicher Anwendungsbereich.** Der persönliche Anwendungsbereich des Abs. 5 Hs. 1 hat sich durch das AReG (→ Rn. 8) signifikant **erweitert.** Er erfasst nunmehr **alle** Unternehmen von **öffentlichem Interesse** (sog. **„Public Interest Entities"**).[29] Danach betrifft die Notwendigkeit, im Aufsichtsrat über einen Finanzexperten zu verfügen, **drei Gruppen** von Gesellschaften: (i) **Kapitalmarktorientiert** ist eine Gesellschaft gemäß § 264d HGB iVm § 2 Abs. 5 WpHG nicht nur, wenn sie börsennotiert ist, sondern auch wenn sie den Kapitalmarkt (in Deutschland: regulierter Markt, EUREX; nicht: Freiverkehr, zB Entry Standard (ab 1.3.2017: „SME-Segment"), m:access)[30] sonst durch Ausgabe von Wertpapieren iSd § 2 Abs. 1 WpHG (Beispiel: Genussscheine, Schuldverschreibungen) in Anspruch nimmt oder dies zumindest beantragt hat; ob es tatsächlich zur Zulassung kommt, ist gleichgültig.[31] *Unabhängig* von einer Kapitalmarktorientierung gehören dazu ferner (ii) **CRR-Kreditinstitute** iSd § 1 Abs. 3d S. 1 KWG (= „Unternehmen, deren Tätigkeit darin besteht, Einlagen oder andere rückzahlbare Gelder des Publikums entgegenzunehmen und Kredite für eigene Rechnung zu gewähren"), dh klassische Kreditinstitute, mit Ausnahme der in § 2 Abs. 1 Nr. 1 (= Deutsche Bundesbank) und 2 KWG (= KfW) genannten Institute, sowie (iii) (ggf. Rück-) **Versicherungsunternehmen** iSd RL 91/674/EWG (ABl. L 374, 7).

11 **(4) Übergangsrecht.** Gemäß **§ 12 Abs. 4 EGAktG** galt § 100 Abs. 5 aF **(*„unabhängiger* Finanzexperte")** für alle regulären Bestellungen von Aufsichtsratsmitgliedern seit dem **29.5.2009** [= Tag des Inkrafttretens des **BilMoG**]. Der dadurch gewährte temporäre Bestandsschutz für Gesellschaften *ohne* unabhängigen Finanzexperten hat sich durch Zeitablauf inzwischen erledigt. – Im Hinblick auf den neuen – nicht notwendig unabhängigen – **„Finanzexperten"** gilt stattdessen **§ 12 Abs. 5 EGAktG.** Danach „muss" Abs. 5 (hier: Hs. 1) „so lange nicht angewandt werden, wie alle Mitglieder des Aufsichtsrats … vor dem **17.6.2016** [= Tag des Inkrafttretens des **AReG**] bestellt worden sind". Für die zu diesem Stichtag bereits mit einem (in der Regel unabhängigen) **Finanzexperten** ausgestatteten Gesellschaften ist dieser Termin bedeutungslos; scheidet der Finanzexperte nicht aus dem Aufsichtsrat aus, genügen sie auch weiter den gesetzlichen Anforderungen. Das Gleiche gilt für Gesellschaften ohne *unabhängigen* Finanzexperten. **Anders** stellt sich die Lage indes für Gesellschaften dar, die bisher **nicht** von § 100 Abs. 5 aF/nF betroffen waren. Geraten sie in den **Anwendungsbereich** des Abs. 5 (Hs. 1) nF (zB als CRR-Kreditinstitut oder weil sie erst jetzt „kapitalmarktorientiert" werden), löst die erste Neubestellung (Ergänzungswahl, gerichtliche Bestellung) auch nur eines einzigen Aufsichtsratsmitglieder[32] **ab dem 17.6.2016** die Notwendigkeit aus, über einen Finanzexperten im Aufsichtsrat zu verfügen. Das gilt für alle dem neuen Regime zu diesem Zeitpunkt **bereits unterworfenen** oder **später** in es **hineinwachsenden** Gesellschaften, und zwar richtigerweise **unabhängig** davon, wann der zu diesem Zeitpunkt bestehende Aufsichtsrat – *vor* oder (insoweit über den Wortlaut des § 12 Abs. 5 EGAktG hinaus) *nach* dem Stichtag – **bestellt** worden ist. Denn ebenso wenig wie das alte[33] sieht das neue Übergangsrecht die „Zwangsbestellung" von Aufsichtsratsmitgliedern ohne regulären Anlass vor.[34] Davon profitieren freilich auch die **Alt-Gesellschaften,** die entgegen ihrer gesetzlichen Verpflichtung nach dem BilMoG bisher **keinen** (damals noch unabhängigen) Finanzexperten bestellt hatten. – Das bereits vor dem 17.6.2016 gewählte, aber erst danach in den Aufsichtsrat einrückende ***Ersatz*mitglied** ist von der Stichtags-Zäsur nicht betroffen.[35] Abs. 5 Hs. 1 nF kann daher für die **erstmals** Abs. 5 Hs. 1 unterworfene Gesellschaft bis zur Höchst-Amtsdauer nach § 102 Abs. 1 suspendiert sein; erst *danach* muss ein Finanzexperte dem Aufsichtsrat angehören. Eine **frühere** (und damit *freiwillige*) Befolgung des neuen Rechts steht den Bestellungsorganen nach Wortlaut und Sinn des § 12 Abs. 5 EGAktG jederzeit

[28] So zutr. *v. Falkenhausen/Kocher* ZIP 2009, 1601 (1602) gegen *Theisen* Aufsichtsrat 2009, 81.

[29] Vgl. Begr. RegE, BT-Drs. 18/7219, 56; eingehend *Nodoushani* AG 2016, 381 (382f.).

[30] Vgl. Fuchs/*Fuchs* WpHG § 2 Rn. 163; *Schilha* ZIP 20161316 (1317).

[31] Zutr. Hüffer/*Koch* Rn. 23; *Sünner* FS U.H. Schneider, 2011, 1301 (1303); *Nodoushani* AG 2016, 381 (382).

[32] AA für § 100 Abs. 4 aF noch *v. Falkenhausen/Kocher* ZIP 2009, 1601; *Lüer* FS Maier-Reimer, 2010, 385 (394): von Anteilseignervertretern; wie hier *Ziemons* GWR 2009, 106 (108); Gärtner/Rose/Reul/*Reul* Teil 4 C Rn. 14.

[33] Vgl. dazu 2. Aufl. Rn. 8c iVm *Sünner* FS U.H. Schneider, 2011, 1301 (1303).

[34] Vgl. Begr. RegE, BT-Drs. 18/7219, 58: „… könnte dazu führen, dass wirksam bestellte Mitglieder des Aufsichtsrats vorzeitig ausgetauscht werden müssen. Das wäre auch mit Blick auf das Bestreben, unnötige Verwaltungslasten zu vermeiden, wenig sinnvoll."

[35] So jetzt ausdrücklich Begr. RegE, BT-Drs. 18/7219, 58; *Behme/Zickgraf* AG-Report 2016, R 132 (133); *Schilha* ZIP 2016, 1316 (1323); iErg ebenso bereits *v. Falkenhausen/Kocher* ZIP 2009, 1601; aA *Reul* in Gärtner/Rose/Reul Teil 4 C Rn. 14, jeweils für das alte (Übergangs-) Recht.

frei.[36] – **Fällt** die Gesellschaft aus dem Anwendungsbereich des Abs. 5 Hs. 1 wieder **heraus** (zB weil sie ihre Kapitalmarktorientierung verliert), muss sie von diesem Moment an über keinen Finanzexperten mehr in ihrem Aufsichtsrat verfügen. Die Bestellungsberechtigten können den Aufsichtsrat daher entsprechend umgestalten, müssen dies aber nicht.

(5) „Finanzexperte" – Anforderungen. Finanzexperte ist gemäß Abs. 5, wer „über **Sachverstand** auf den Gebieten Rechnungslegung oder Abschlussprüfung verfüg(t)" (→ Rn. 13). Seine **Unabhängigkeit** ist zwar aktienrechtlich nicht mehr erforderlich, für die Finanzexperten insbesondere der dem **DCGK** unterworfenen Gesellschaften jedoch weiter von Bedeutung (→ Rn. 14 ff.). Davon abgesehen bringt die Streichung spürbare **Erleichterungen** gegenüber dem bisherigen Rechtszustand (→ Rn. 16). Im Einzelnen: 12

– Mindestens ein Mitglied des Aufsichtsrats (und ein – zumeist dasselbe – Mitglied des Prüfungsausschusses, § 107 Abs. 4) muss über **Sachverstand** auf den Gebieten **Rechnungslegung** oder (*nicht*: und)[37] **Abschlussprüfung** verfügen. Schärfer sind die Anforderungen, wenn der Kandidat zugleich Vorsitzender des Prüfungsausschusses werden möchte. Hier fordert **Ziff. 5.3.2 S. 4 DCGK** neben den in der Sache bereits von § 107 Abs. 4 angesprochenen „besondere[n] Kenntnisse[n] und Erfahrungen in der Anwendung von Rechnungslegungsgrundsätzen" *weitere* Expertise im Hinblick auf „interne Kontrollverfahren". – Der nach Abs. 5 Hs. 1 erforderliche Sachverstand muss **über das Mindestmaß hinausgehen,** das von *jedem* Aufsichtsratsmitglied an *financial literacy* zu erwarten ist (→ Rn. 21).[38] Er ist gegeben, wenn das (ggf. auch ausländische)[39] Mitglied des Aufsichtsrats „beruflich mit Rechnungslegung und/oder Abschlussprüfung befasst ist oder war". Das soll nach der Gesetzesbegründung nicht nur bei Angehörigen der steuerberatenden oder wirtschaftsprüfenden Berufe oder einer speziellen beruflichen Ausbildung der Fall sein, sondern könne zB auch angenommen werden für Finanzvorstände, fachkundige Angestellte aus den Bereichen Rechnungswesen und Controlling, Analysten sowie langjährige Mitglieder in Prüfungsausschüssen oder Betriebsräte, die sich diese Fähigkeit im Zuge ihrer Tätigkeit durch Weiterbildung angeeignet haben.[40] Der genannte Katalog ist indes **nicht verbindlich,** sondern enthält nur – durch tatsächliche Anhaltspunkte widerlegbare – Indizien, die *für* ein Vorliegen von Sachverstand sprechen.[41] Er ist andererseits aber auch **nicht abschließend** („beispielsweise"); andere Kompetenznachweise sind denkbar.[42] Die Beispiele lassen jedoch erkennen, dass der erforderliche Sachverstand auf jede beliebige **praktische** oder **theoretische** Weise und nicht etwa nur durch eine schwerpunktmäßige Tätigkeit in Rechnungslegung oder Abschlussprüfung, geschweige denn als Organ einer Kapitalgesellschaft, erworben werden kann.[43] Entscheidend ist, dass der Finanzexperte die im Aufsichtsrat in puncto Rechnungslegung oder Abschlussprüfung anfallenden Themen **sachverständig** beurteilen, mit den unternehmensangehörigen Spezialisten sowie dem Abschlussprüfer **auf Augenhöhe** erörtern und erforderlichenfalls **weitere Untersuchungen** anstellen kann.[44] Abzustellen ist dabei stets auf die im Unternehmen ***konkret*** **bestehenden Umstände** und **Erfordernisse;** an ihnen (und nicht an abstrakten Kompetenz-Kriterien) ist der Sachverstand des Aufsichtsratsmitglieds zu messen (Beispiel: Die Rechnungslegungsexpertise muss bei einem (ggf. internationalen) Konzern auch die (ggf. internationale) *Konzern*perspektive umfassen).[45] – Der **Zeitpunkt** des Erwerbs der Finanzexpertise (vor oder erst während der Mandatszeit) spielt keine 13

[36] Begr. RegE, BT-Drs. 18/7219, 58.

[37] KK-AktG/*Mertens/Cahn* Rn. 76; Wachter/*Schick* Rn. 14; *Staake* ZIP 2010, 1013 (1014); krit. *Burwitz* NZG 2008, 694 (699); *Habersack* AG 2008, 98 (103 f.); Hüffer/*Koch* Rn. 25: „in der Regel kumulativ oder gar nicht gegeben"; noch weiter gehend Spindler/Stilz/*Spindler* Rn. 53.

[38] *E. Vetter* FS Maier-Reimer, 2010, 795 (796 f.); für eine Anwendung im Lichte der (weitergehenden) Ziff. 5.3.2 DCGK *Lüer* FS Maier-Reimer, 2010, 385 (389).

[39] Hüffer/*Koch* Rn. 25; *Wassen* AG 2011, 685 (687).

[40] RegE, BT-Drs. 16/10067, 102; zust. Wachter/*Schick* Rn. 15; ferner *Habersack* AG 2008, 98 (103); *Ehlers/Nohlen* GS Gruson, 2009, 107 (115); aus der Rspr. LG München I NZG 2010, 464 für das Finanz- und Rechnungswesen verantwortlicher Mitarbeiter; bestätigt durch OLG München ZIP 2010, 1082 (1083) = AG 2010, 639 m. zust. Anm. *Leuering/Rubner* NJW-Spezial 2010, 401; krit. *Scheffler* AG-Report 2010, R 368: „entspricht in keiner Weise den heutigen Anforderungen an kompetente und effektive Aufsichtsräte"; *Drygala* Aufsichtsrat 2010, 104 (105).

[41] *Staake* ZIP 2010, 1013 (1015); Spindler/Stilz/*Spindler* Rn. 53.

[42] Spindler/Stilz/*Spindler* Rn. 53.

[43] LG München I NZG 2010, 464 (465) m. zust. Anm. *Reger/Theusinger* NZG 2010, 465; bestätigt durch OLG München ZIP 2010, 1082 (1083) = AG 2010, 639 m. zust. Anm. *Leuering/Rubner* NJW-Spezial 2010, 401; ebenso *Velte* AG-Report 2010, R 186; Semler/v. Schenck/*Mutter* Rn. 104.

[44] Ähnlich wohl OLG München ZIP 2010, 1082 (1083); ferner MüKoAktG/*Habersack* Rn. 69; Schmidt/Lutter/*Drygala* Rn. 57; *Leuering/Rubner* NJW-Spezial 2010, 401; *Nodoushani* AG 2016, 381 (384).

[45] KK-AktG/*Mertens/Cahn* Rn. 76; Semler/v. Schenck/*Mutter* Rn. 104.

Rolle (Beispiel: Der bisherige Finanzexperte legt sein Amt nieder; ein anderes Aufsichtsratsmitglied hat die erforderliche Expertise unterdessen durch gezielte Fortbildungsmaßnahmen und aktive Ausschussmitarbeit erworben).[46] – Nur mit Vorsicht zu genießen ist die Empfehlung, die normativen Anforderungen an den Finanzexperten in der **Geschäftsordnung** des Aufsichtsrats zu fixieren.[47] Damit können die schon kraft Gesetzes an dessen Sachverstand zu stellenden Forderungen nur ausgefüllt, ihre gesetzlichen Grenzen jedoch nicht aufgeweicht werden. Zulässig sind allenfalls *Verschärfungen* des aktienrechtlichen Expertise-Profils. – Im Ergebnis dürfte der **Nachweis** eines Verstoßes gegen Abs. 5 Hs. 1 – und damit der *fehlenden* Kompetenz in der Person *sämtlicher* Aufsichtsratsmitglieder – nur schwer zu führen sein (→ Rn. 72). – In der **Hauptversammlung** können die Aktionäre **Auskunft** (§ 131) zur persönlichen und fachlichen Qualifikation des vom Aufsichtsrat vorgeschlagenen Finanzexperten verlangen; ebenso darüber, wer ansonsten – und wie – die Finanzexpertise im Aufsichtsrat sicherstellt. – Eine besondere **Stellung** oder **Funktion** innerhalb des Aufsichtsrats sowie im Verhältnis zu den übrigen Aufsichtsratsmitgliedern oder Dritten (Beispiele: Inanspruchnahme besonderer Kontrollrechte; Delegation in den Prüfungsausschuss; (zusätzliche) Verantwortlichkeit gegenüber dem Kapitalmarkt → Rn. 16) kommt dem Finanzexperten nicht zu. – Die Größe des Aufsichtsrats (3–21 Mitglieder, § 95 S. 1, 4) ist für die **Anzahl Finanzexperten** (obligatorisch einer, fakultativ auch mehrere) unerheblich.[48] Dabei lässt Abs. 5 offen, *ob überhaupt,* und, wenn ja, *welchem* Aufsichtsratsmitglied innerhalb des Gesamtgremiums der Vorwurf mangelnden Sachverstands gemacht werden kann (schon dem ersten, der in ein bisher „inkompetentes" Gremium bestellt wird? Dem Letzten? Allen?). Das hat Konsequenzen für eine etwaige Anfechtbarkeit des Wahlbeschlusses (→ Rn. 74).

14 – Seit dem AReG ist zwar **gesetzlich** nicht mehr erforderlich, dass der Finanzexperte zugleich „unabhängig" ist (→ Rn. 8). Hat eine Gesellschaft sich dem **DCGK** (Abdruck → § 161 Rn. 67) unterworfen, **empfiehlt** der Kodex hiervon unberührt[49] jedoch unverändert, dass ihrem Aufsichtsrat „eine nach seiner Einschätzung angemessene Anzahl **unabhängiger** Mitglieder angehört" (Ziff. 5.4.2 S. 1 DCGK), zu der insbesondere der **Vorsitzende** des – zwar nur fakultativ einzurichtenden, aber bei größeren Gesellschaften regelmäßig bestehenden – **Prüfungsausschusses** (und damit in aller Regel der Finanzexperte nach Abs. 5 Hs. 1) zählen soll (Ziff. 5.3.2 S. 5 DCGK).[50] Jedenfalls insoweit behält die gesetzlich kassierte „Unabhängigkeit" daher weiter ihre – jetzt DCGK-grundierte, dh durch die Möglichkeit zur Offenlegung einer Abweichung in der Entsprechenserklärung gemilderte – Bedeutung. – Da das Aufsichtsratsmitglied als solches **weisungsfrei** und ausschließlich dem **Unternehmensinteresse** verpflichtet ist, werden mit der (zusätzlichen) Forderung nach Unabhängigkeit[51] Konstellationen angesprochen, in denen diese Grundpfeiler des Aufsichtsratsmandats erosionsbedroht sind. Dazu nur die folgenden, auf die Unabhängigkeit des **Finanzexperten** (in seiner Eigenschaft als Vorsitzender des Prüfungsausschusses) gemünzten, allgemeinen **Grundsätze:**

- Nahezu alle **Definitionen** von „Unabhängigkeit" operieren mit *Negativ*-Ausschlüssen: *Nicht* unabhängig ist danach, wer zB „in einer … geschäftlichen Beziehung zu der Gesellschaft … steht" (Ziff. 5.4.2 S. 2 DCGK). Damit geht der Bezugspunkt dafür verloren, worum es bei der Unabhängigkeit in der Sache geht, nämlich die Fähigkeit des Aufsichtsratsmitglieds, **unbefangen urteilen,** dh seine Entscheidungen nach ausschließlich sachlichen, am **Gesellschaftsinteresse** ausgerichteten Gesichtspunkten treffen zu können.[52]
- Angesichts der zahlreichen Abhängigkeiten, denen jedermann unterworfen ist, gerät weiter aus dem Blick, dass es immer nur um Unabhängigkeit bei der Erfüllung der spezifischen **Aufgaben des Aufsichtsrats** geht. Diese Aufgaben bestehen in erster Linie in der Überwachung des **Vorstands** (§ 111 Abs. 1). Demgemäß ist insbesondere danach zu fragen, inwiefern die in der

---

[46] *Staake* ZIP 2010, 1013 (1019).

[47] So aber etwa *Lanfermann/Röhricht* BB 2009, 887 (888); *Bröcker/Mosel* GWR 2009, 132 (133); NK-AktR/*Breuer/Fraune* Rn. 20: „eigene Kriterien oder Konkretisierungen"; für einen Wertungsvorrang des Aufsichtsrats auch *Gruber* NZG 2008, 12 (15); wie hier zurückhaltend Spindler/Stilz/*Spindler* Rn. 44; *Staake* ZIP 2010, 1013 (1016 f.).

[48] Weitergehend *Nowak* BB 2010, 2423 (2426): Bestellung je eines Finanzexperten der Anteilseigner und der Arbeitnehmer.

[49] Vgl. Begr. RegE, BT-Drs. 18/7219, 46: „Bestehende außergesetzliche Vorgaben zur Unabhängigkeit …, wie sie der DCGK enthält, bleiben von den gesetzlichen Neuregelungen unberührt.".

[50] Dazu *Schilha* ZIP 2016, 1316 (1319 f.).

[51] Dazu *Staake* ZIP 2010, 1013 (1015); weiter *Ihrig/Meder* FS Hellwig, 2010, 163; *Bürgers/Schilha* AG 2010, 221 (227); *Jaspers* AG 2009, 607; *Diekmann/Bidmon* NZG 2009, 1087; *Habersack* AG 2008, 98 (104).

[52] Ähnlich *Langenbucher* ZGR 2012, 314 (323 f.); *Kremer/v. Werder* AG 2013, 340 (341); *Hoffmann-Becking* NZG 2014, 801 (802).

Person des Aufsichtsratsmitglieds bestehenden Abhängigkeiten (gegenüber dem Abschlussprüfer, Geschäftspartnern, Aktionären, etc.) sich gerade auf die Überwachungsaufgabe gegenüber dem *Vorstand*[53] auswirken.

- Geht es um die Qualifikation für eine **bestimmte Aufgabe** oder **Funktion** innerhalb des Aufsichtsrats (und nicht die Qualifikation als Aufsichtsratsmitglied allgemein oder das Verhalten in einer bestimmten Überwachungssituation), können nicht sämtliche abstrakten Gefährdungslagen zu einem Ausschluss führen, sondern nur diejenigen, die **typischerweise** gerade die bestimmte Aufgabe oder Funktion betreffen. Danach steht die Unabhängigkeit des „Finanzexperten" zB (richtigerweise) in Frage, wenn das Aufsichtsratsmitglied „ein Partner oder Angestellter des … Abschlussprüfers der Gesellschaft oder einer verbundenen Gesellschaft" (gewesen) ist oder von der Gesellschaft oder einer verbundenen Gesellschaft eine „zusätzliche Vergütung in bedeutendem Umfang" erhalten hat oder erhält, da sich hieran Zweifel hinsichtlich einer neutralen Kontrolltätigkeit gerade des Finanzexperten knüpfen.[54] Kein Beispiel fehlender Unabhängigkeit stellt demgegenüber der Fall dar, dass das Aufsichtsratsmitglied eine „Organfunktion oder Beratungsaufgaben bei wesentlichen Wettbewerbern des Unternehmens" ausübt (Ziff. 5.4.2 S. 4 DCGK),[55] da hierdurch die spezifische Prüfungs- und Kontrolltätigkeit des Finanzexperten keine grundsätzliche Einschränkung erfährt.[56] Nicht alle im DCGK genannten Fälle der „Abhängigkeit" von Aufsichtsratsmitgliedern sind für die Frage der Abhängigkeit des Finanzexperten daher relevant: „Unabhängiger" Finanzexperte kann danach im Einzelfall vielmehr auch sein, wer nur „abhängiges" Aufsichtsratsmitglied ist.
- Der durch die Abhängigkeitsbestimmungen des DCGK gewährleistete „präventive Schutzmechanismus",[57] also die „*abstrakte* Besorgnis, dass es in der Amtsführung des Aufsichtsratsmitglieds zu einer konkreten Besorgnis der Befangenheit kommen kann",[58] verlangt für die in ihrem Umfang **begrenzte** und durch den Aufsichtsrat **grundsätzlich revisible Besetzung** der Finanzexperten-Position nicht die gleiche Konsequenz wie die faktisch unumstößliche Wahlentscheidung der Hauptversammlung. Die zur Trennung des abhängigen vom unabhängigen Aufsichtsratsmitglied gezogene rote Linie kann für den Vorsitz im Prüfungsausschuss vielmehr deutlich weiter, dh stärker hin zu einem *konkreten* Abhängigkeits-Szenario, gezogen werden.

Gänzlich unberührt von der Revision des Abs. 5 und den Anforderungen des DCGK sind schließlich die in den **Governance-Kodices** der institutionellen Investoren und den *voting guidelines* der Stimmrechtsberater **(*Proxy Advisors*)** enthaltenen Empfehlungen zur Unabhängigkeit des Aufsichtsrats und seiner Mitglieder. Sollen die von ihnen beeinflussten Stimmen bei der Wahl eines Aufsichsratsmitgliedes nicht verloren gehen, bleibt der Gesellschaft keine andere Wahl, als sich auch diesen Standards ungeachtet gesetzgeberischer oder Kodex-induzierter Governance-Vorgaben zu unterwerfen. 15

– Mit der Revision durch das AReG, insbesondere die **Streichung** des *gesetzlichen* Unabhängigkeits-Postulats, gehen für den Rechtsanwender eine Reihe von **Vereinfachungen** einher: (i) Angesichts der Rechtsunsicherheiten, die ganz überwiegend nicht mit dem „Finanzexperten", sondern mit dem gesetzlichen Konzept seiner „Unabhängigkeit" verbunden waren, können Aufsichtsratswahlen – wenn man denn die Wahl (k)eines Finanzexperten überhaupt für anfechtbar hält (→ Rn. 74) – künftig mit spürbar **geringerem Anfechtungsrisiko** durchgeführt werden. Insbesondere können Zweifelsfragen der Unabhängigkeit künftig nicht mehr im Wege der Beschlussmängelklage ausgetragen werden. (ii) Die grundsätzlich weiter offene Streitfrage nach der Unabhängigkeit der **Arbeitnehmerbank** (einschließlich des leitenden Angestellten und der Gewerkschaftsvertreter)[59] hat sich für den Finanzexperten im Aufsichtsrat erledigt. Künftig können auch die Arbeitnehmervertreter diese Rolle übernehmen, und zwar „ohne dass die teilweise umstrittene Frage beantwortet werden" müsste, ob in ihrer Person „spezifische Unabhängigkeitsanforderungen erfüllt" sind.[60] Zu bezweifeln ist freilich, dass mit dieser Erleichterung eine spürbar 16

---

[53] So insbes. Begr. RegE, BT-Drs. 16/10067, 101 f.; ähnlich *Paschos/Goslar* NZG 2012, 1361 (1362) zu Ziff. 5.4.2 DCGK; vgl. auch KK-AktG/*Mertens/Cahn* Rn. 66.

[54] Kommissionsempfehlung ABl. vom 15.2.2005 L 52, 63, Anh. II Ziff. 1c, 1f; hierzu KK-AktG/*Mertens/Cahn* Rn. 69 ff.

[55] Ähnlich Kommissionsempfehlung ABl. vom 15.2.2005 L 52, 63, Anh. II Ziff. 1e.

[56] AA Schmidt/Lutter/*Drygala* Rn. 52.

[57] MüKoAktG/*Habersack* Rn. 81.

[58] *Hoffmann-Becking* NZG 2014, 801 (802).

[59] Vgl. hierzu nur *Staake* NZG 2016, 853.

[60] Begr. RegE, BT-Drs. 18/7219, 56; ferner *Schilha* ZIP 2016, 1316 (1319); krit. *Velte* WPg 2015, 482 (489), für das frühere Recht (das noch einen „unabhängigen" Finanzexperte verlangte) ebenso bereits KK-AktG/*Mertens/Cahn* Rn. 58, 76; *Wardenbach* GWR 2010, 207 (208); *Sünner* FS U.H. Schneider, 2011, 1301 (1302); aA *Staake* ZIP 2010, 1013 (1016); *Lüer* FS Maier-Reimer, 2010, 385 (394 f.); zusammenfassend Schmidt/Lutter/*Drygala* Rn. 51.

geänderte Nominierungspraxis einhergeht. (iii) Offen ist die Position des Finanzexperten (und damit der uneingeschränkte Zugriff auf die *gesamte* Anteilseignerbank) künftig auch für Vertreter eines **kontrollierenden Aktionärs.** Soweit ihnen aufgrund der gesetzlichen Vorgabe bisher die Unabhängigkeit abgesprochen wurde,[61] hat sich das – ebenso wie der damit einhergehende Widerspruch zum deutschen Konzernrecht (§§ 311 ff.) – mit der Streichung durch das AReG erledigt. Was bleibt, sind die Empfehlungen des DCGK (hier: Ziff. 5.4.2 S. 2 DCGK), von denen bei entsprechender Offenlegung (§ 161) jedoch jederzeit abgewichen kann. (iv) Mit der Ausdehnung des Anwendungsbereichs von Abs. 5 auch auf *nicht* kapitalmarktorientierte Unternehmen (→ Rn. 10) erledigt – und zwar im negativen Sinne – hat sich schließlich die Streitfrage, ob der (unabhängige) Finanzexperte neben dem Unternehmenswohl auch den **Interessen der Kapitalmarktteilnehmer** verpflichtet ist.[62]

17 **cc) Sektorvertrautheit. (1) Struktur der Vorschrift.** Neu eingeführt hat das AReG (→ Rn. 8) die Forderung, dass die Mitglieder des Aufsichtsrats (und des Prüfungsausschusses, § 107 Abs. 4) „in ihrer Gesamtheit mit dem Sektor, in dem die Gesellschaft tätig ist, vertraut" sind. Ebenso wie Abs. 5 Hs. 1 (und sogar klarer noch als dort) enthält Hs. 2 jedoch **keine „persönliche"** Voraussetzung für die Bestellung einzelner Aufsichtsratsmitglieder, sondern eine objektive Anforderung an die Expertise und damit die Zusammensetzung des Aufsichtsrats **insgesamt.**

18 **(2) Persönlicher Anwendungsbereich.** Sektorvertrautheit müssen nicht alle, sondern nur Aufsichtsräte der Gesellschaften haben, die auch über einen Finanzexperten verfügen müssen (**„*Public Interest Entities*"**; → Rn. 10).[63]

19 **(3) Übergangsrecht.** Gemäß **§ 12 Abs. 5 EGAktG** muss Hs. 2 so lange nicht angewandt werden, „wie alle Mitglieder des Aufsichtsrats … **vor dem 17.6.2016** [= Tag des Inkrafttretens des AReG] bestellt worden sind". Der vorzeitige Austausch ordnungsgemäß bestellter Aufsichtsratsmitglieder ist daher nicht erforderlich. Vielmehr löst erst die Neubestellung (Ergänzungswahl, gerichtliche Bestellung) von auch einzelnen Aufsichtsratsmitgliedern (Anteilseigner/Arbeitnehmer) *nach* diesem Termin die Notwendigkeit aus, sich im Aufsichtsrat um die Sektorvertrautheit zu kümmern. Das kann in dem seltenen Fall bisher *fehlender* Sektorvertrautheit dazu führen, dass ein **einzelnes** neu zu wählendes Aufsichtsratsmitglied **allein** diese künftig sicherzustellen hat. Das bereits vorher gewählte, aber erst ab dem 17.6.2016 in den Aufsichtsrat einrückende *Ersatz*mitglied ist von der Stichtags-Zäsur noch nicht betroffen. Abs. 5 Hs. 2 kann im Ergebnis daher bis zur Höchst-Amtsdauer nach § 102 Abs. 1 suspendiert sein. – Das Gleiche gilt, wenn eine Gesellschaft erst **nach dem Stichtag** in den Anwendungsbereich des Abs. 5 Hs. 2 **hineinwächst** (indem sie zB „kapitalmarktorientiert" wird). Zu Einzelheiten (auch bei einem späteren Herausfallen aus dem Anwendungsbereich des Abs. 5) → Rn. 11.

20 **(4) „Sektorvertrautheit" – Anforderungen.** Mit dem (terminologisch bisher unbekannten) **„Sektor"** ist die Branche (oder auch das Geschäftsfeld)[64] gemeint, in dem das Unternehmen (nicht nur: die Gesellschaft, arg. § 171 Abs. 1 S. 1)[65] tätig ist. Behält man das Ziel des AReG im Auge, die fachliche Kompetenz des (Prüfungsausschusses und des) Plenums zu steigern,[66] muss man freilich teleologisch differenzieren: Je nach Zuschnitt des Unternehmens und Besonderheiten der jeweiligen Branche kann danach „LKW-" passender als „Automobilherstellung", „Halbleiter-" treffender als „Elektroindustrie" und „Pharma" besser geeignet als „Chemie" sein.[67] Die Branche ist daher flexibel immer (aber auch gerade nur) so allgemein zu wählen, dass sich noch hinreichend starke bilanzielle, strategische, betriebswirtschaftliche und regulatorische Berührungspunkte mit dem von dem Unternehmen konkret betriebenen (und damit vom Aufsichtsrat zu kontrollierenden) Geschäft ergeben. Demgemäß kann sich der Branchen-Begriff (und damit auch die Anforderung an die Sektorvertrautheit) über die Zeit ändern. Bei einem Mischkonzern mit klarem Betätigungsschwerpunkt ist dieser für den Sektor prägend, ansonsten ist der die Gesamttätigkeit umfassendere allgemeinere Sektor maßgeblich.[68] – Dass die Mitglieder des Aufsichtsrats **„in ihrer Gesamtheit"** mit dem Sektor

---

[61] So zB von MüKoAktG/*Habersack* Rn. 68; Henssler/Strohn/*Henssler* Rn. 14.

[62] Dazu Hüffer/*Koch* Rn. 26; *Nodoushani* NZG 2015, 1186 ff.; *ders.* AG 2016, 381 (384).

[63] Ebenso *Nodoushani* AG 2016, 381 (385).

[64] Vgl. *Behme/Zickgraf* AG-Report 2016, R 132 (133); *Nodoushani* AG 2016, 381 (386) sowie RegE BT-Drs. 18/7219, 56.

[65] Überzeugend *Schilha* ZIP 2016, 1316 (1321).

[66] Im Ausgangspunkt ebenso *Schilha* ZIP 2016, 1316 (1321).

[67] Tendenziell weiter *Behme/Zickgraf* AG-Report 2016, R 132 (133): „grobe Zuordnung des geschäftlichen Tätigkeitsfeldes" ausreichend; ähnlich *Schilha* ZIP 2016, 1316 (1321); *Nodoushani* AG 2016, 381 (386).

[68] Ähnlich *Schilha* ZIP 2016, 1316 (1321).

vertraut sein müssen, bedeutet trotz des mehrdeutigen Wortlauts nicht, dass *jedes* Aufsichtsratsmitglied über entsprechende Kenntnisse und Erfahrungen verfügen müsste. Ausreichend ist vielmehr, dass nur „einzelne Mitglieder ... einen [*ergänze*: und andere Mitglieder ggfs. keinen] tiefgehenden Einblick in den entsprechenden Sektor gewonnen haben".[69] Die Sektorvertrautheit kann sich demgemäß auch aus komplementären „Teil"-Kenntnissen und -Erfahrungen einzelner Aufsichtsratsmitglieder ergeben (Beispiel: Aufsichtsratsmitglied A ist mit den Besonderheiten des Vertriebs, B mit dem Wettbewerbsumfeld, C mit den Kapitalmarktspezifika der Branche vertraut). Erworben werden können die erforderlichen Kenntnisse von den Mitgliedern sowohl der Anteilseigner- als auch der Arbeitnehmerseite,[70] sei es durch theoretische (zB „durch intensive Weiterbildungen ... im Beteiligungsmanagement" oder durch (rechtliche, steuerliche oder strategische) Beratung),[71] sei es durch praktische Beschäftigung (zB „langjährig als Angehörige der beratenden Berufe").[72] Gemeinsam ist beiden Fällen, dass die Kenntnisse nicht nur oberflächlich, sondern profund und nachhaltig sein müssen.[73] Sektorvertrautheit kann grundsätzlich auch (erst) „im Amt" gewonnen werden – dies freilich nur dann, wenn die übrigen Aufsichtsratsmitglieder die Anforderung in ihrer Gesamtheit bereits abdecken.[74] Ansonsten wäre ein auf unbestimmte Zeit „sektorunvertrauter" Aufsichtsrat denkbar. – Im Ergebnis sind die durch die Sektorvertrautheit gestellten **Anforderungen gering:** Angesichts der „Branchen"-Orientierung, der auf das Gesamtorgan ausgerichteten Betrachtung und der großzügigen Möglichkeiten des Kenntniserwerbs dürfte es im Ergebnis kaum einem seriös besetzten Aufsichtsrat einer *Public Interest Entity* an der erforderlichen Qualifikation fehlen.[75]

b) Weitere Anforderungen, auch außerhalb des AktG. aa) Sachkunde. Das Vorhandensein der konkret erforderlichen (branchenspezifischen, produktbezogenen, betriebs- und finanzwirtschaftlichen, unternehmerischen ...) Sachkunde scheint unabdingbares Qualifikationsmerkmal für die Tätigkeit eines Aufsichtsratsmitglieds (erst recht eines Ausschussmitglieds oder gar des Aufsichtsratsvorsitzenden) zu sein. Entsprechend häufig wird sie als *conditio sine qua non* effizienter Aufsichtsratsarbeit genannt.[76] Auch die Rechtsprechung fordert, dass das Aufsichtsratsmitglied über die **(Basis-) Kenntnisse** und **-Fähigkeiten** verfügen (bzw. sich diese aneignen) muss, die erforderlich sind, um alle in dem konkreten Unternehmen normalerweise anfallenden Geschäftsvorfälle auch ohne fremde Hilfe verstehen und sachgerecht beurteilen zu können.[77] Als **Bestellungsvoraussetzung** Gesetz geworden ist diese Selbstverständlichkeit gegen alle rechtspolitischen Bedenken[78] gleichwohl nicht (**Ausnahmen** gemäß Abs. 5 für *ein* Aufsichtsratsmitglied innerhalb des Gesamtgremiums im Hinblick auf Rechnungslegung *oder* Abschlussprüfung, → Rn. 8 ff., sowie in Form der „Sektorvertrautheit" für den Aufsichtsrat insgesamt, → Rn. 17 ff.).[79] Aus Ziff. 5.4.1 Abs. 1 S. 1 DCGK (→ Rn. 25) lässt sich – trotz seines geltendes Aktienrecht vorspiegelnden Wortlauts („... ist so zusammenzusetzen ...") – nichts anderes herleiten: Die Kodex-Empfehlung verlangt keine *individuelle* Sachkunde von jedem einzelnen Aufsichtsratsmitglied, sondern eine Zusammensetzung des Aufsichtsrats, die auf „seine Mitglieder *insgesamt*" gesehen das Vorhandensein „der zur ordnungsgemäßen Wahrnehmung der Aufgaben erforderlichen Kenntnisse, Fähigkeiten und fachlichen Erfahrungen" sicherstellt.[80] Auch 21

[69] *Schilha* ZIP 2016, 1316 (1322 f.); *Nodoushani* AG 2016, 381 (385); vgl. auch Begr. RegE, BT-Drs. 18/7219, 56 mit allerdings unverständlicher Einschränkung auf den „Einzelfall"; sowie Art. 39 Abs. 1 RL 2014/56/EU (APrÄndRL) vom 16.4.2014 (ABl. L 158, 196), wonach „die Ausschussmitglieder *zusammen* mit dem Sektor, in dem das geprüfte Unternehmen tätig ist, vertraut sein" müssen; schwankend *Behme/Zickgraf* AG-Report 2016, R 132 (134); aA *Velte* WPg 2015, 482 (488); wohl auch Hüffer/*Koch* Rn. 26a.

[70] Ebenso *Behme/Zickgraf* AG-Report 2016, R 132 (134).

[71] *Nodoushani* AG 2016, 381 (386).

[72] Vgl. Begr. RegE, BT-Drs. 18/7219, 56; ebenso Hüffer/*Koch* Rn. 26a; *Schilha* ZIP 2016, 1316 (1321 f.); *Schüppen* NZG 2016, 247 (254); *Nodoushani* AG 2016, 381 (386 f.); zweifelnd *Behme/Zickgraf* AG-Report 2016, R 132 (134).

[73] *Schilha* ZIP 2016, 1316 (1322); *Nodoushani* AG 2016, 381 (386 f.).

[74] Ohne diese Einschränkung *Schilha* ZIP 2016, 1316 (1321); *Nodoushani* AG 2016, 381 (386).

[75] Vgl. *Schüppen* NZG 2016, 247 (254): „vollkommen banal und praktisch bedeutungslos".

[76] *Säcker* AG 2008, 17 (21 f.).

[77] BGHZ 85, 293 = NJW 1983, 991 – Hertie.

[78] Nachweise bei GroßkommAktG/*Hopt/Roth* Rn. 20; Spindler/Stilz/*Spindler* Rn. 61.

[79] Vgl. nur GroßkommAktG/*Hopt/Roth* Rn. 20; Hüffer/*Koch* Rn. 2; Wachter/*Schick* Rn. 3; MHdB AG/*Hoffmann-Becking* § 30 Rn. 4; *Sünner* AG 2012, 265 (269 f.); *Langenbucher* ZGR 2012, 314 (326, 338). Missverständlich MüKoAktG/*J. Semler,* 2. Aufl. 2004, Rn. 2, 66 ff. und insbes. 75 ff., wo von „sich mittelbar aus dem Gesetz ergebenden Anforderungen an Aufsichtsratsmitglieder", wie zB dem Erfordernis „unternehmerischer Erfahrung", die Rede ist. Konsequenzen aus dem Fehlen solcher Anforderungen für die Rechtswirksamkeit der Wahl zieht *Semler* indes nicht, vgl. MüKoAktG/*J. Semler,* 2. Aufl. 2004, Rn. 88 ff., aber auch Rn. 54.

[80] So bereits zum DCGK 2009 RKLW/*Kremer* DCGK, 4. Aufl. 2010, Rn. 1015; jetzt *Sünner* AG 2012, 265 (269 f.); ebenso *Lutter* ZIP 2003, 417 (418); vgl. auch Schmidt/Lutter/*Drygala* Rn. 30.

die hL zur Qualifikation von *Ausschuss*mitgliedern gerade größerer, kapitalmarktorientierter Gesellschaften (→ § 107 Rn. 106 f.; Beispiel: Der *„Financial Expert"* im Prüfungsausschuss) lässt sich nicht auf den Aufsichtsrat allgemein übertragen.[81] Allerdings kann die bereits fehlende *Mindest*qualifikation Ansatzpunkte für eine **gerichtliche Abberufung** nach § 103 Abs. 3 bieten (→ § 103 Rn. 37a).[82] Weiter ergibt sich aus dem für Aufsichtsräte geltenden Sorgfaltsmaßstab der §§ 116 S. 1, 93, dass ein **Haftungsrisiko** aufgrund Übernahmeverschuldens trägt, wer nicht die „Mindestkenntnisse und -fähigkeiten besitz[t] oder sich aneigne[t]", die erforderlich sind, um die im Kontext der Aufsichtsratstätigkeit „normalerweise anfallenden Geschäftsvorgänge auch ohne fremde Hilfe zu verstehen und sachgerecht beurteilen zu können".[83] In der Verantwortung stehen darüber hinaus auch die Aufsichtsratsmitglieder, die im Nominierungsausschuss oder im Plenum den Wahlvorschlag an die Hauptversammlung gemacht haben; sie kann bei nachlässiger Kandidatensuche und -bestimmung ein **Auswahlverschulden** gemäß § 116 iVm § 123 Abs. 4 S. 1 treffen.[84] Aus dem Haftungsmaßstab folgt mittelbar, dass das einzelne Aufsichtsratsmitglied sich schon aus Eigeninteresse tunlichst die für seine Arbeit erforderliche Sachkunde, notfalls auch *nach* seiner Bestellung, verschaffen sollte. Das bringt für die börsennotierte Gesellschaft Ziff. 5.4.5 Abs. 2 DCGK mit der „eigenverantwortlichen" Aus- und Fortbildungsverpflichtung klar zum Ausdruck. Ungeachtet dessen ist die Bestellung eines Sachunkundigen zum Mitglied des Aufsichtsrats – vorbehaltlich einer abweichenden Satzungsbestimmung (Abs. 4, → Rn. 59) – **wirksam.**

22 Außerhalb des AktG finden sich **Ausnahmen** hiervon in §§ 18 Abs. 4 S. 1, 119 Abs. 3 S. 1, 147 Abs. 3 S. 1 KAGB („Wahrung der Interessen der Anteilseigner" einer **Investmentaktiengesellschaft** aufgrund der „Persönlichkeit" und „Sachkunde" ihrer Aufsichtsratsmitglieder), die jedoch überraschend nicht für die *Arbeitnehmer*vertreter gelten (§§ 18 Abs. 5, 119 Abs. 3 S. 4, 147 Abs. 3 S. 4 KAGB). – Mit dem Gesetz zur Stärkung der Finanzmarkt- und Versicherungsaufsicht vom 29.7.2009 (BGBl. I S. 2305) hat die Anforderung, dass (unter anderem) Aufsichtsräte „zuverlässig sein", „Sachkunde besitzen" und den Angelegenheiten ihrer Gesellschaft „ausreichend Zeit widmen" müssen, Eingang in §§ 25d Abs. 1, 36 Abs. 3 S. 1 Nr. 1–3 KWG und damit in die **Finanzwirtschaft** gefunden.[85] § 24 Abs. 1 Nr. 15, Abs. 3a S. 1 Nr. 4 KWG verpflichten die betreffenden Finanzinstitute und -holdings überdies, die Bestellung eines Mitglieds (unter anderem) des Aufsichtsorgans „unter Angabe der zur Beurteilung seiner Zuverlässigkeit und Sachkunde erforderlichen Tatsachen" anzuzeigen. Erfüllt ein Mitglied des Aufsichtsrats die gestellten Anforderungen nicht, ist die BaFin gemäß § 36 Abs. 3 S. 3 und 4 KWG zu massiven Eingriffen in die Organisationsverfassung der betroffenen Gesellschaften berechtigt. So kann sie unter anderem die Abberufung und die Untersagung der Tätigkeit des „Unzuverlässigen" bzw. „nicht Sachkundigen" verlangen.[86] – Hinsichtlich der Qualifikation der Aufsichtsratsmitglieder und der Eingriffsbefugnisse der BaFin das Gleiche gilt für **Versicherungsgesellschaften,** Pensionsfonds und entsprechende Holding-Gesellschaften (vgl. §§ 25, 47 Nr. 1 VAG).[87] – Der Aufsichtsrat einer **Rechtsanwaltsgesellschaft** in der Rechtsform der AG hat nach hL – ebenso wie der Vorstand – mindestens zur Hälfte aus Rechtsanwälten zu bestehen (§ 59f Abs. 1 BRAO analog).[88]

23 **bb) Unabhängigkeit.** Die Unabhängigkeit des Aufsichtsratsmitglieds (von Vorstand, Aktionären, Kreditgebern, Kunden, Lieferanten, Wettbewerbern etc) ist ebenfalls **keine** gesetzliche **Wählbarkeitsvoraussetzung.**[89] Auch Ziff. 5.4.2 S. 1 DCGK empfiehlt nur, dass dem Aufsichtsrat *insgesamt* „eine nach seiner Einschätzung angemessene Anzahl unabhängiger Mitglieder angehören" soll (→ Rn. 26). Für den Vorsitzenden des Prüfungsausschusses gilt eine entsprechende, freilich *individuelle* Empfehlung nach Ziff. 5.3.2 S. 5 DCGK. Dabei ist zu beachten, dass der Kodex selbst die

[81] Zusammenfassend *Habersack* AG 2008, 98 (103).

[82] BGHZ 85, 293 (295) = NJW 1983, 991 – Hertie; GroßkommAktG/*Hopt/Roth* Rn. 29.

[83] BGHZ 85, 293 (295 f.) = NJW 1983, 991 – Hertie; für das Aufsichtsratsmitglied mit „beruflich erworbenen Spezialkenntnissen" weitergehend BGH NZG 2011, 1271 (1274) – Ision; grds. zust. GroßkommAktG/*Hopt/Roth* Rn. 29; KK-AktG/*Mertens/Cahn* Rn. 10; Spindler/Stilz/*Spindler* Rn. 61 f.; HK-AktG/*Israel* § 116 Rn. 2.

[84] MüKoAktG/*Habersack* Rn. 5.

[85] Ausf. Semler/v. Schenck/*Gasteyer* § 103 Rn. 87 ff.; *Lackhoff* Kreditwesen 2014, 29/663 ff. – Vgl. zu „Sachkunde" und „Zuverlässigkeit" auch das von der BaFin herausgegebene, unter www.bafin.de verfügbare „Merkblatt zur Kontrolle von Mitgliedern von Verwaltungs- und Aufsichtsorganen gemäß KWG und VAG" vom 3.12.2012.

[86] Einzelheiten *Brandi/Gieseler* NZG 2012, 1321 (1327).

[87] Dazu *Mutter/Kruchen* AG-Report 2010, R 319.

[88] BGHZ 161, 376 (387) = NJW 2005, 1568; MüKoAktG/*Habersack* Rn. 12; *Grunewald* NZG 2015, 609 (610); *Behme/Zickgraf* AG 2014, 841 (853).

[89] Vgl. nur MüKoAktG/*Habersack* Rn. 78: „klar zu verneinen"; Grigoleit/*Grigoleit/Tomasic* Rn. 18; *Hüffer* ZIP 2010, 1979 (1983); *Ihrig/Meder* FS Hellwig, 2010, 163 (166 f.); aA nur *Lutter* ZHR 159 (1995), 287 (303): Mandatsunfähigkeit von Wettbewerbern.

fehlende Unabhängigkeit eines Aufsichtsratsmitglieds nicht per se als „schlecht" ansieht, soweit dem Aufsichtsrat insgesamt nur genügend unabhängige Mitglieder angehören.[90] Schon das verbietet freilich die Annahme einer flächendeckenden, zumal gesetzlichen Bestellungsvoraussetzung. Eine – inzwischen allerdings wieder gestrichene – Verschärfung im Randbereich stellte Abs. 5 aF dar, wonach (nur) der (= ein) „Finanzexperte" im Aufsichtsrat „unabhängig" sein musste. **Ausnahme** hiervon: §§ 119 Abs. 3 S. 2, 147 Abs. 3 S. 2 iVm § 18 Abs. 3 KAGB (Unabhängigkeit mindestens eines von den *Anteilseignern* gewählten Aufsichtsratsmitglieds einer **Investmentgesellschaft**).[91] – Von der Unabhängigkeit als Teil des Anforderungsprofils für die *Bestellung* (§ 100 Abs. 5) zu unterscheiden ist die Frage, wie das Aufsichtsratsmitglied sein Amt *ausübt.* Hier ist unbestritten, dass das Aufsichtsratsmitglied unabhängig agieren kann, ja muss, dh keinerlei Weisungen (auch nicht seiner Wahlklientel, des Großaktionärs oder anderer Interessengruppen) unterliegt.[92] Weitergehend ist das Aufsichtsratsmitglied verpflichtet, eigenständig und eigenverantwortlich zu handeln. Niemand kann von ihm gegen seinen Willen eine bestimmte Entscheidung erzwingen.[93]

cc) Sonstige Anforderungen. Weiter muss das Aufsichtsratsmitglied nicht (darf aber) **Aktionär** der Gesellschaft sein (zu dessen Unabhängigkeit → Rn. 23).[94] Ohne Bedeutung für die Wählbarkeit sind schließlich **Alter** (aber → Rn. 25 zur Altersgrenze für die Mitgliedschaft im Aufsichtsrat), **Geschlecht** (→ Rn. 25 zu Diversity/Beteiligung von Frauen; vgl. weiter § 4 Abs. 4 DrittelbG → § 96 Rn. 35), (deutsche) **Staatsangehörigkeit,**[95] **Wohnsitz** (in Deutschland)**, Sprachkenntnisse** und bestehende **Verwandtschaftsverhältnisse** des Kandidaten zu Vorständen oder anderen Aufsichtsratsmitgliedern.[96] – §§ 7 Abs. 1, 6 Abs. 3 **AGG** fordern, dass Personen unter anderem beim Zugang zu Organpositionen (allerdings nur, soweit es sich hierbei um eine „Erwerbstätigkeit" oder den „beruflichen Aufstieg" handelt) nicht aus Gründen der Rasse, der ethnischen Herkunft, des Geschlechts, der Religion, der Weltanschauung, einer Behinderung, des Alters[97] oder der sexuellen Identität benachteiligt werden. Dennoch ist die **„Benachteiligungsfreiheit"** gegenüber anderen Kandidaten keine Voraussetzung des Aufsichtsratsmandats: Nicht die *Bestellung* des Begünstigten, sondern allenfalls das unrechtmäßige *Übergehen* des Benachteiligten würde einen nach dem AGG zu sanktionierenden Gesetzesverstoß darstellen (Folge: keine Anfechtbarkeit der Wahl, → § 251 Rn. 5).[98] 24

c) DCGK-Anforderungen. Für die Praxis börsennotierter Gesellschaften von **größter Bedeutung** ist das im DCGK enthaltene Anforderungsprofil für Aufsichtsratsmitglieder. Es verlangt gemäß Ziff. 5.4.1 Abs. 1 DCGK zunächst nur *allgemein,* dass im Aufsichtsrat („insgesamt") die zur ordnungsgemäßen Aufgabenwahrnehmung „erforderlichen Kenntnisse, Fähigkeiten und fachlichen Erfahrungen" vorhanden sind (→ Rn. 21). Geschärft wird dieses Profil, wenn der Aufsichtsrat – was er „soll" (= Empfehlung), Ziff. 5.4.1 Abs. 2 DCGK – **„konkrete Ziele"** und ein **„Kompetenz-Profil"** für seine Zusammensetzung verabschiedet. Die Ziele betreffen die Themen Internationalität, Konfliktfreiheit, Unabhängigkeit (→ Rn. 23), Alter (→ Rn. 24, 59), Diversity sowie die Regeldauer für die Zugehörigkeit zum Aufsichtsrat (Ziff. 5.4.1 Abs. 2 DCGK) und „sollen" bei den „Vorschläge[n] des Aufsichtsrats an die Hauptversammlung ... berücksichtig[t]" werden; zugleich sollen die Vorschläge die „Ausfüllung des Kompetenzprofils für das Gesamtgremium anstreben" (Ziff. 5.4.1 Abs. 4 S. 1 DCGK). Wahlvorschläge von Gesellschaften, die eine in diesen Punkten uneingeschränkte Entsprechenserklärung (§ 161) abgegeben haben, müssen die von ihnen selbst gesetzten Ziele sowie 25

---

[90] Vgl. die Pressemitteilung der „Regierungskommission Deutscher Corporate Governance Kodex" vom 16.5.2012: „wichtig [...], dass eine negative Qualifizierung von Aufsichtsratsmitgliedern, die als „abhängig" gelten, ohne rechtliche Grundlage ist.", http:/www.corporate-governance-code.de/ger/download/kodex_2012/Pressemitteilung_Kodexanpassungen_16_05_2012_de.pdf.

[91] Hierzu *Zetzsche* AG 2013, 613 (620 f.); *Behme/Zickgraf* AG 2014, 841 (853); *Dornseifer* AG 2008, 53 (55); zu den Anforderungen an Kreditinstitute *Brandi/Gieseler* NZG 2012, 1321 (1324 ff.).

[92] *Lutter/Krieger/Verse* Rechte und Pflichten § 12 Rn. 822; *Hoffmann-Becking* NZG 2014, 801 (807).

[93] Vgl. OLG Köln AG 1988, 50; *Lutter/Krieger/Verse* Rechte und Pflichten Rn. 822 mwN.

[94] MüKoAktG/*Habersack* Rn. 11; MHdB AG/*Hoffmann-Becking* § 30 Rn. 3.

[95] Vgl. *Wasse* AG 2012, 685 (686); MHdB AG/*Hoffmann-Becking* § 30 Rn. 3.

[96] Zu diesen und weiteren Fällen GroßkommAktG/*Hopt/Roth* Rn. 19; MüKoAktG/*J. Semler,* 2. Aufl. 2004, Rn. 51; MHdB AG/*Hoffmann-Becking* § 30 Rn. 3.

[97] Für eine Altersgrenze (Ziff. 5.4.1 Abs. 2 DCGK) nicht unterhalb der gesetzlichen Regelaltersgrenze daher Wachter/*Schick* Rn. 13 (zw.).

[98] So zutr. *Bauer/Arnold* AG 2007, 807 gegen *Krause* AG 2007, 392 (395); richtigerweise schon die Anwendbarkeit des AGG auf Aufsichtsratsmitglieder abl. *Schladebach/Stefanopoulou* BB 2010, 1042 (1046); ähnlich KK-AktG/*Mertens/Cahn* Rn. 47: „Nebenamt"; insoweit aA Spindler/Stilz/*Spindler* Rn. 11; *Jaeger* in Nirk/Ziemons/Binnewies HdB AG Rn. 9.64; *Behme/Zickgraf* AG 2014, 841 (854); diff. *Eßer/Baluch* NZG 2007, 321 (322, 328): Kriterium: AR-Vergütung = „Lebensgrundlage"?; *Bauer/Göpfert/Krieger* AGG § 6 Rn. 28: dem Lebensunterhalt „dienend"?

das Kompetenz-Profil, um sie im Sinne des Kodex zu „berücksichtigen" bzw. „anzustreben", zwar nicht zwingend in ihrem Beschlussvorschlag (§ 124 Abs. 3 S. 1) verwirklichen, wohl aber ernsthaft, dh mit dem erklärten Willen, den Zielen möglichst Geltung zu verschaffen, in ihre Auswahlentscheidung einfließen lassen.[99] Wird die Gesellschaft dem nicht gerecht und kommt gleichwohl ihrer Aktualisierungspflicht im Hinblick auf die Entsprechenserklärung nicht nach, entsteht ein **Informationsdefizit,** das Ansatzpunkte für eine – wenn auch im Ergebnis zumeist erfolglose – **Anfechtung des Wahlbeschlusses** bietet (→ Rn. 70; → § 251 Rn. 9 ff.). Über die von der Gesellschaft grundsätzlich beliebig gestaltbare Entsprechenserklärung wird das verglichen mit dem Aktiengesetz **weit anspruchsvollere** (allerdings nicht selten inhaltlich unklare) kollektive[100] **Qualifikationsprofil** des DCGK damit wirksam auf (die) indivduelle(n) Aufsichtsratsmitglieder übertragen.

26 Hat sich die (börsennotierte) Gesellschaft zwar nicht auf die Verabschiedung konkreter Ziele (→ Rn. 25), wohl aber auf die übrigen Empfehlungen des DCGK verpflichtet, besteht für den Aufsichtsrat *insgesamt* gleichwohl noch die Anforderung einer – allerdings nur „nach *seiner* Einschätzung"[101] – „angemessene[n] Anzahl **unabhängiger** Mitglieder" (Ziff. 5.4.2 S. 1 DCGK, → Rn. 23); bei einem Vorschlags- (§ 124 Abs. 3 S. 1) oder Besetzungsverstoß oder einer zu niedrig angesetzten Anzahl unabhängiger Mitglieder können sich auch hieran Anfechtungsfolgen knüpfen (→ Rn. 69; → § 251 Rn. 10d). Weitere Anforderungen an die Qualifikation der Aufsichtsratsmitglieder bestehen nach dem DCGK nicht (zu vom Kodex vorgesehenen **Hinderungsgründen** → Rn. 52 f.).

27 **2. Hinderungsgründe.** Abs. 2 S. 1 nennt ausdrücklich drei Hinderungsgründe (Inkompabilitäten) für eine Bestellung zum Aufsichtsrat. Das AktG selbst und andere Rechtsvorschriften sowie der DCGK kennen jedoch weitere solche Gründe:

28 **a) Andere Aufsichtsratsmandate (Abs. 2 S. 1 Nr. 1). aa) Grundsatz.** Wer bereits in **zehn**[102] Handelsgesellschaften Aufsichtsrat ist, kann bei einer Aktiengesellschaft kein weiteres Mandat übernehmen, unabhängig davon, worauf es sich gründet (Wahl, Entsendung, gerichtliche Bestellung);[103] maßgeblich dafür ist allerdings nicht der Zeitpunkt der Wahl, sondern des **Amtsantritts** (arg. § 250 Abs. 1 Nr. 4). Vgl. für **Kreditinstitute** bzw. **Versicherungen** § 36 Abs. 5 S. 6 KWG, § 7a Abs. 4 S. 4 VAG (nicht mehr als fünf Kontrollmandate bei unter der Aufsicht der Bundesanstalt stehenden Unternehmen).[104] – **Zweck** der Regelung ist zum einen, die **Konzentration** von (Aufsichts-) Macht in den Händen einiger Weniger zu unterbinden, zum anderen sicherzustellen, dass das Aufsichtsratsmitglied **genügend Zeit** für sein(e) Mandat(e) aufbringt.[105] Strenger verfährt (richtigerweise) der Deutsche Corporate Governance Kodex (Abdruck → § 161 Rn. 67): **Ziff. 5.4.5 Abs. 1 S. 2 DCGK** empfiehlt (allerdings: nur) Vorständen börsennotierter Gesellschaften, insgesamt nicht mehr als **drei** (bis 2009: fünf) Aufsichtsratsmandate in konzernexternen börsennotierten oder Gesellschaften mit vergleichbaren Anforderungen wahrzunehmen (zu Einzelheiten → Rn. 52).[106] Selbst dabei soll sich der Aufsichtsrat noch vergewissern, ob die von ihm zur Wahl vorgeschlagenen Kandidaten „den zu erwartenden Zeitaufwand aufbringen" können (Ziff. 5.4.1 Abs. 5 S. 1 DCGK). Ähnlich rigoros verfahren **institutionelle Investoren** sowie die berufsmäßigen, vor allem beim ausländischen Aktionariat einflussreichen **Stimmrechtsberater** *(Proxy Advisors)* beim Thema *„Overboarding"*; ihre Empfehlungen (*„Voting Recommendations"*, Beispiel: ISS/RiskMetrics – Vorstandsmitglieder maximal drei, andere maximal fünf (auch Auslands-) Mandate, Vorsitzmandate zählen doppelt) sind für die Praxis börsennotierter Gesellschaften von erheblicher Bedeutung.

29 Nach Nr. 1 zu berücksichtigen sind nur Mandate in (i) **Handelsgesellschaften,** die (ii) **zwingend** (iii) einen **Aufsichtsrat** bilden müssen. Dies sind unter den *deutschen* Gesellschaften uneingeschränkt Mandate in einer AG (§§ 3 Abs. 1, 95 ff.), einer dualistisch organisierten SE (in einer monistisch organisierten SE nur, wenn das betreffende Board-Mitglied eine dem Aufsichtsrat ver-

---

[99] Ebenso *Weber-Rey/Handt* NZG 2011, 1 (4 f.): „Eignung vor Zielumsetzung"; *Deilmann/Albrecht* AG 2010, 727 (733); *Wilsing/Wilsing* DCGK Ziff. 5.4.1 Rn. 12; KK-AktG/*Kiefner* § 251 Rn. 24; aA *Ihrig/Meder* ZIP 2012, 1210 (1211); *Hecker/Peters* BB 2010, 2251 (2255).

[100] Vgl. RKLW/*Kremer* DCGK, 4. Aufl. 2010, Rn. 1016.

[101] Die Einschätzungsprärogative bezieht sich nach allgM nur auf die *Anzahl,* nicht die – objektiv zu bestimmende – *Unabhängigkeit* der AR-Mitglieder, vgl. nur Wilsing/*Wilsing* DCGK Ziff. 5.4.2 Rn. 9; *Wilsing/von der Linden* DStR 2012, 1391 (1392); *Scholderer* NZG 2012, 168 (170).

[102] Zu Überlegungen einer weiteren Reduzierung Hüffer/*Koch* Rn. 9 mwN.

[103] MüKoAktG/*Habersack* Rn. 20; KK-AktG/*Mertens/Cahn* Rn. 28.

[104] Vgl. hierzu BaFin (Hrsg.), Merkblatt zur Kontrolle von Mitgliedern von Verwaltungs- und Aufsichtsorganen gemäß KWG und VAG, vom 3.12.2012, Ziff. 3, abrufbar unter www.bafin.de.

[105] Begr. RegE *Kropff* Textausgabe, 1965, 136.

[106] Ausf. *Jaspers* AG 2011, 154 (156 ff.).

gleichbare Stellung innehat, also nicht zu den geschäftsführenden Direktoren gehört),[107] einer KGaA (§ 278 Abs. 3) und einer als „externe Kapitalverwaltungsgesellschaft" (nur in diesem Fall!) tätigen GmbH (§ 18 Abs. 2 S. 1 KAGB), in anderen GmbHs (§ 13 Abs. 3 GmbHG) dagegen nur, wenn bei ihr nach den Mitbestimmungsgesetzen zwingend ein Aufsichtsrat zu bilden ist, in der Regel also ab einer Mitarbeiterzahl von mehr als 500 (§ 1 Abs. 1 S. 1 Nr. 3 DrittelbG). Mangels ihrer Qualifikation als „Handelsgesellschaft" **nicht** mitzurechnen sind Aufsichtsratsmandate in Genossenschaften (auch in ihrer europäischen Variante der SCE), Stiftungen und Versicherungsvereinen aG, und zwar selbst dann, wenn bei ihnen gesetzlich ein Aufsichtsrat zu bilden ist.[108] Mangels Einrichtungsverpflichtung ebenso unbeachtlich sind – ungeachtet ihres zeitlichen Aufwands und inhaltlichen Zuschnitts – Mandate in **anderen funktionsverwandte Gremien** wie fakultativen Aufsichtsräten, Beiräten und Verwaltungsräten.[109]

Praktisch bedeutsam – insbesondere wenn es zu einer weiteren Reduktion der Höchstzahl an Konkurrenzmandaten kommt – ist die Frage, ob auch Mandate in **ausländischen** Gesellschaften im Rahmen von Abs. 2 Nr. 1 zu berücksichtigen sind.[110] Das Gesetz hält dafür zwar keine ausdrückliche Antwort parat, legt mit der Verwendung lokaler Rechtsbegriffe („Handelsgesellschaften", „Aufsichtsrat") und dem Verzicht auf Qualifikationsmaßstäbe für ausländische Rechtsformen aber eine rein nationale Betrachtung nahe. Primärer Zweck der Beschränkung wäre dann, in deutschem Recht unterliegenden Gesellschaften (nur darauf kann der deutsche Gesetzgeber sein Augenmerk richten!) eine **Konzentration wirtschaftlicher Macht** in den Händen Einzelner zu vermeiden.[111] Der Gesetzgeber wollte mit der Einführung einer Höchstzahl den mehrfachen Mandatsträger allerdings auch in die Lage versetzen, „sich **genügend** jeder einzelnen Gesellschaft **anzunehmen**".[112] Konsequent durchgehalten hätte dies jedoch zur Einbeziehung zB rein *fakultativer* „Aufsichts"- und anderer vergleichbarer Mandate, auch in anderen als Handelsgesellschaften, führen müssen. Überdies würde die Aufgabe, Mandate in ausländischen (noch dazu: Handels-!) Gesellschaften als Abs. 2 entsprechend, dh einem deutschen Aufsichtsrat vergleichbar zu qualifizieren, schier unlösbare und vor allem angesichts der Nichtigkeitsfolge des § 250 Abs. 1 Nr. 4 nicht zu rechtfertigende praktische Probleme schaffen.[113] Gerade der Vergleich mit § 125 Abs. 1 S. 3 zeigt, dass der Gesetzgeber die „Mitgliedschaft in vergleichbaren … ausländischen Kontrollgremien" kennt und nicht zuletzt in ihrer Rechtsfolge anders behandelt als inländische Mandate – während inländische Aufsichtsmandate zu einer Inkompatibilität führen können, sind vergleichbare ausländische Mandate nur mitzuteilen, ohne dass aus einem entsprechenden Versäumnis – nach allgemeiner Ansicht gerade wegen des untragbaren Qualifikationsrisikos![114] – auch nur eine Anfechtbarkeit resultieren würde. Die jüngsten Entscheidungen des EuGH zur Niederlassungsfreiheit ausländischer Gesellschaften im Inland aufgrund Anwendung der Gründungstheorie („Centros",[115] „Überseering",[116] „Inspire Art")[117] geben für die vorliegende Frage nichts her.[118] Sie besagen nur, dass an *ausländische* (dh nach ausländischem Recht gegründete) Gesellschaften nicht die Anforderungen des § 100 für *deren* „Aufsichts"-Räte gestellt werden dürfen, nicht aber, wie die von ihnen vermittelten Mandate in *deutschen* Gesellschaften zu berücksichtigen sind.[119] De lege lata ist daher davon auszugehen, dass Abs. 2 Nr. 1 – so unbefriedigend dies rechtspolitisch sein mag (→ Rn. 3) – nur Mandate in **inländischen** Unternehmen (unabhängig von ihrem tatsächlichen, ggf. ausländischen Verwaltungssitz) erfasst. 30

[107] MüKoAktG/*Habersack* Rn. 19; Spindler/Stilz/*Spindler* Rn. 16; weitergehend GroßkommAktG/*Hopt/Roth* Rn. 34, 37: Mandate auch in der monistischen SE uneingeschränkt anzurechnen.

[108] GroßkommAktG/*Hopt/Roth* Rn. 32; MüKoAktG/*Habersack* Rn. 18 f.; *Jaspers* AG 2011, 154 (155).

[109] HK-AktG/*Israel* Rn. 3; *Jaspers* AG 2011, 154 (155).

[110] Dafür GroßkommAktG/*Hopt/Roth* Rn. 36 ff.; MüKoAktG/*Habersack* Rn. 19; Spindler/Stilz/*Spindler* Rn. 15; *Schmidt/Luther/Drygala* Rn. 6; *Mickel/Fleischmann* NZG 2010, 54 (55); dagegen ausf. *Mader* ZGR 2014, 430 (435 ff.); ferner KK-AktG/*Mertens/Cahn* Rn. 29; Hüffer/*Koch* Rn. 10; HK-AktG/*Israel* Rn. 3; NK-AktR/*Breuer/Fraune* Rn. 4a; Wachter/*Schick* Rn. 5; Henssler/Strohn/*Henssler* Rn. 5; MHdB AG/*Hoffmann-Becking* § 30 Rn. 14; *Butzke* HV Kap. J Rn. 34; trotz aller Kritik auch *E. Vetter* in Marsch-Barner/Schäfer HdB AG § 25 Rn. 5; *Jaspers* AG 2011, 154 (156 f.).

[111] Vgl. Begr. RegE *Kropff* Textausgabe, 1965, 136.

[112] Begr. RegE *Kropff* Textausgabe, 1965, 136.

[113] Ausf. *Mader* ZGR 2014, 430 (441 ff.); aA *Mickel/Fleischmann* NZG 2010, 54 (55).

[114] Vgl. Begr. RegE, BT-Drs. 13/9712, 17 re. Sp.: „sanktionslos"; ebenso Spindler/Stilz/*Rieckers* § 125 Rn. 22, 41.

[115] EuGH NZG 1999, 298 = NJW 1999, 2027.

[116] EuGH NZG 2002, 1164 = NJW 2002, 3614.

[117] EuGH NZG 2003, 1064 = NJW 2003, 3331.

[118] AA MüKoAktG/*Habersack* Rn. 19; *Mickel/Fleischmann* NZG 2010, 54 (55).

[119] Im Ausgangspunkt ebenso, allerdings mit genau gegenteiliger Schlussfolgerung GroßkommAktG/*Hopt/Roth* Rn. 38, Spindler/Stilz/*Spindler* Rn. 15.

31 **bb) Zurechnungen.** Wegen des damit verbundenen erhöhten Zeitaufwandes und der gesteigerten Verantwortung sind gemäß Abs. 2 S. 3 für die Höchstzahl an Mandaten solche (externen, nicht: Konzern-)[120] Mandate **doppelt** zu berücksichtigen, bei denen der Betreffende als **Aufsichtsratsvorsitzender** amtiert (nicht als dessen Stellvertreter, selbst wenn er den Vorsitzenden gerade vertritt[121]). Die *Wahl* zum Vorsitzenden allein ist noch nicht ausreichend, S. 3 impliziert vielmehr, dass das Amt tatsächlich angenommen = **angetreten** wird.[122] Anzurechnen sind nur Vorsitz-Mandate „im Sinne der Nr. 1". Mandate, die gesetzlich keine Inkompatibilität begründen, bleiben für die Zurechnung selbst dann unbeachtlich, wenn das Aufsichtsratsmitglied in dem betreffenden Organ den Vorsitz innehat (Beispiel: Beiratsvorsitz; Aufsichtsratsvorsitz des gesetzlichen Vertreters der Konzernmutter in einer Konzerngesellschaft, Abs. 2 S. 2; → Rn. 32).[123]

32 **cc) Abrechnungen.** Wird jeder Vorsitz in einem anderen Aufsichtsrat gemäß Abs. 2 S. 3 *doppelt* gezählt, bleiben nach Abs. 2 S. 2 bis zu **fünf Mandate** in konzernabhängigen, qua Gesetzes aufsichtsratspflichtigen (Handels-) Gesellschaften für die Höchstzahl nach Abs. 2 S. 1 Nr. 1 **unberücksichtigt.** Dem liegt die Überlegung zugrunde, dass die Wahrnehmung von Aufsichtsratsmandaten in Konzerngesellschaften einer verbreiteten Steuerungspraxis entspricht und nicht ohne Not delegiert werden soll, nur um ein anderes Aufsichtsratsmandat annehmen zu können.[124] Bei der Berechnung **privilegiert** sind allerdings nur (i) die gesetzlichen Vertreter (Vorstände, Geschäftsführer, ggf. solche von persönlich haftenden Gesellschaftern) bzw. bei Einzelkaufleuten die Inhaber (nicht: Aufsichtsratsmitglieder, leitende Angestellte, Prokuristen etc)[125] (ii) des herrschenden – auch ausländischen[126] – Unternehmens eines Konzerns (weswegen bloße Abhängigkeit nach § 17 nicht ausreicht)[127] (iii) im Hinblick auf Aufsichtsratsmandate in (inländischen, → Rn. 30) Konzernunternehmen, (iv) die ihrerseits zwingend aufsichtsratspflichtig sind. Die Mandate bleiben auch dann unberücksichtigt, wenn es sich um „Vorsitz-Mandate" (Abs. 2 S. 3) handelt.[128] Zumindest entsprechende[129] Anwendung findet Abs. 2 S. 2 mit der hM in den in der Praxis seltenen Fällen einer **Teilkonzern**spitze. Die Gründe für die Privilegierung von Mandaten in Teilkonzerngesellschaften (Wahrnehmung von typischen Leitungsaufgaben der (Teil-) Konzernspitze in den (Teil-) Konzerngesellschaften; Vermeidung der „Zwangsdelegation"; vergleichsweise geringer Arbeitsaufwand bei zugleich geringerem zusätzlichen Einfluss) sind hier nicht weniger einleuchtend als im traditionell strukturierten Konzern.[130]

33 **b) Organisationsgefälle (Abs. 2 S. 1 Nr. 2).** Mitglied des Aufsichtsrats eines herrschenden Unternehmens kann auch nicht sein, wer **gesetzlicher Vertreter** (→ Rn. 32)[131] eines von diesem gemäß § 17 **abhängigen** (oder – erst recht – konzernmäßig verbundenen, § 18) Unternehmens ist, gleichgültig, wie tief der Konzern gestaffelt ist.[132] Dem liegen ähnliche Gedanken wie § 105 Abs. 1 zugrunde, jedoch erstreckt auf nachgelagerte Konzernebenen: Zum einen will das Gesetz verhindern, dass der Vorstand bzw. die Geschäftsführung (nicht: der Aufsichtsrat)[133] einer der Konzernaufsicht unterworfenen (§ 90 Abs. 3 S. 1) Gesellschaft sich letztlich selbst kontrolliert, zum anderen soll der „Aufseher" in seiner Eigenschaft als gesetzlicher Vertreter der Konzerngesellschaft nicht von der von ihm kontrollierten Konzernspitze faktisch abhängig sein (oder aus umgekehrter Perspektive: der Untergebene nicht seinen Vorgesetzten kontrollieren). Damit qualifiziert das Gesetz dieses „natürliche Organisationsgefälle"[134] als eine potentiell **konfliktträchtige Konstellation.** Von der Inkompatibilität betroffen sind aufgrund des ebenso einschlägigen Gesetzeszweckes und in Übereinstimmung mit

---

[120] Hüffer/*Koch* Rn. 12; *Jaspers* AG 2011, 154 (156).

[121] In Anlehnung an Begr. RegE, BT-Drs. 13/9712, 16 ganz hM, vgl. nur GroßkommAktG/*Hopt/Roth* Rn. 46; MüKoAktG/*Habersack* Rn. 26; Spindler/Stilz/*Spindler* Rn. 22; Hüffer/*Koch* Rn. 12; HK-AktG/*Israel* Rn. 5.

[122] Vgl. nur MüKoAktG/*Habersack* Rn. 26; Hüffer/*Koch* Rn. 12; HK-AktG/*Israel* Rn. 5.

[123] MüKoAktG/*Habersack* Rn. 25; Hüffer/*Koch* Rn. 12.

[124] Vgl. Begr. RegE, BT-Drs. 13/9712, 16; ferner Spindler/Stilz/*Spindler* Rn. 17 mwN.

[125] Spindler/Stilz/*Spindler* Rn. 19; Hüffer/*Koch* Rn. 11; *Jaspers* AG 2012, 154 (156).

[126] Ganz hM, vgl. nur Spindler/Stilz/*Spindler* Rn. 21.

[127] MüKoAktG/*J. Semler,* 2. Aufl. 2004, Rn. 30; Spindler/Stilz/*Spindler* Rn. 18.

[128] MüKoAktG/*Habersack* Rn. 25.

[129] Hierzu GroßkommAktG/*Hopt/Roth* Rn. 44; Spindler/Stilz/*Spindler* Rn. 20.

[130] KK-AktG/*Mertens/Cahn* Rn. 30; MüKoAktG/*J. Semler,* 2. Aufl. 2004, Rn. 29; Spindler/Stilz/*Spindler* Rn. 20; MHdB AG/*Hoffmann-Becking* § 30 Rn. 16; aA insbes. GroßkommAktG/*Hopt/Roth* Rn. 44; MüKoAktG/*Habersack* Rn. 23; Hüffer/*Koch* Rn. 11.

[131] Zur Reichweite vgl. Spindler/Stilz/*Spindler* Rn. 24.

[132] MüKoAktG/*Habersack* Rn. 27.

[133] LG München I AG 2004, 330 (331) = ZIP 2004, 853 (855) – Hypo-Vereinsbank.

[134] Ausschussbericht *Kropff* Textausgabe, 1965, 136.

der hL[135] zu § 17 auch die kraft Gesetz, Statut oder Vollmacht „geschäftsführenden" Organmitglieder abhängiger **ausländischer** Unternehmen.[136] Keinen Beschränkungen unterliegen dagegen die regelmäßig in monistisch strukturierten anglo-amerikanischen Gesellschaften (und jetzt auch in der SE) anzutreffenden nicht-geschäftsführenden Organmitglieder *(non-executive directors)*, die über keinerlei Vertretungsmacht (mehr) verfügen.[137]

Kein Problem stellt der zu Abs. 2 S. 1 Nr. 2 **umgekehrte Fall** dar: Gesetzliche Vertreter (sowie leitende Angestellte und Aufsichtsratsmitglieder) der Konzernführungsgesellschaft können Aufsichtsratsmandate in abhängigen Gesellschaften uneingeschränkt wahrnehmen (arg. Abs. 2 S. 2).[138] 34

c) Überkreuzverflechtung (Abs. 2 S. 1 Nr. 3). Nicht selten sind Aufsichtsratsmitglieder zugleich gesetzliche Vertreter (→ Rn. 32) einer anderen (aus Gründen der Rechssicherheit allein: *inländischen*)[139] **Kapitalgesellschaft** (= AG, KGaA, GmbH – nur sie, und nicht etwa Personengesellschaften, Genossenschaften und Stiftungen, sind für Abs. 2 Nr. 3 maßgeblich).[140] Das wird dann zum Problem, wenn in dieser anderen Kapitalgesellschaft zugleich ein Aufsichtsratsmitglied amtiert, das seinerseits Vorstand in der „Überkreuz"-Gesellschaft ist.[141] Damit soll einer wegen der bestehenden **Verflechtung** theoretisch denkbaren (Nicht-) Einflussnahme vorgebeugt worden („Kontrollierst du mich (nicht/nicht so sehr) in meiner Gesellschaft, kontrolliere ich dich (nicht/nicht so sehr) in deiner"). Darüber hinaus soll die Vorschrift den Kreis möglicher Aufsichtsratskandidaten erweitern.[142] Hauptstreitpunkt ist, ob Abs. 2 Nr. 3 auch das Mandat des gesetzlichen Vertreters einer Kapitalgesellschaft mit nur **fakultativem** Aufsichtsrat (mit entsprechenden Überwachungsaufgaben, also nicht etwa nur als Beirat etc)[143] im Fall der Überkreuzverflechtung erfasst (einziger Fall: GmbH mit nicht mehr als 500 Arbeitnehmern, § 1 Abs. 1 Nr. 3 DrittelbG). Die Frage ist – wie schon ein Vergleich mit der Formulierung zum obligatorischen Aufsichtsrat in Nr. 1 zeigt – zu bejahen. Auch die für beide Aufsichtsräte identische Interessenlage gebietet diese Beurteilung.[144] 35

d) Wechsel vom Vorstand in den Aufsichtsrat (Abs. 2 S. 1 Nr. 4). aa) Grundsatz. Durch das Gesetz zur Angemessenheit der Vorstandsvergütung (VorstAG) vom 31.7.2009 (BGBl. I S. 2509) neu in das AktG aufgenommen wurde das **ehemalige Vorstandsmitglieder** börsennotierter (→ Rn. 37) Gesellschaften betreffende Verbot, vor Ablauf einer **Karenzfrist** („Cooling Off") von zwei Jahren (gerechnet ab Ausscheiden aus dem Vorstand bis Amtsantritt (nicht: Wahl/Bestellung, → Rn. 46);[145] **Fristberechnung:** §§ 187 Abs. 1, 188 Abs. 2 BGB)[146] in den Aufsichtsrat ihrer Gesellschaft zu wechseln.[147] Die Praxis hat von der (sofortigen) Wechselmöglichkeit in der Vergangenheit vor allem wegen der Reputation und des weiter nutzbaren Know Hows des Wechslers gern Gebrauch gemacht; der VorstAG-Gesetzgeber hat darin indes ein „**systematisches Kontrolldefizit** der Eigentümergesamtheit" und eine „**faktische Kooptation** der Aufsichtsratsbesetzung durch den Vorstand"[148] gesehen und versucht, dem durch ein etwaigen Interessenkonflikten vorbeugendes 36

[135] Vgl. nur Spindler/Stilz/*Schall* § 17 Rn. 48 mwN.

[136] Ausf. *Mader* ZGR 2014, 430 (447 ff.); ferner KK-AktG/*Mertens/Cahn* Rn. 33; MüKoAktG/*J. Semler*, 2. Aufl. 2004, Rn. 34; Spindler/Stilz/*Spindler* Rn. 24; Hüffer/*Koch* Rn. 13, auch zu älteren Gegenstimmen; *Engert/Herschlein* NZG 2004, 459 (461).

[137] Zust. *Engert/Herschlein* NZG 2004, 459 (461); Spindler/Stilz/*Spindler* Rn. 24.

[138] MüKoAktG/*Habersack* Rn. 26; KK-AktG/*Mertens/Cahn* Rn. 34.

[139] So die hM in Übereinstimmung mit der zu Abs. 2 S. 1 Nr. 1 referierten Meinung, vgl. nur *Mader* ZGR 2014, 430 (450 f.); KK-AktG/*Mertens/Cahn* Rn. 37; MüKoAktG/*J. Semler*, 2. Aufl. 2004, Rn. 43; aA – allerdings nur für den Fall, dass der (i) „Aufsichtsrat" der ausländischen (ii) „Kapitalgesellschaft" eine (iii) Überwachungsaufgabe gerade gegenüber deren Geschäftsleitung ausübt – MüKoAktG/*Habersack* Rn. 31; Spindler/Stilz/*Spindler* Rn. 28; Schmidt/Lutter/*Drygala* Rn. 11.

[140] Spindler/Stilz/*Spindler* Rn. 26.

[141] Zu den Voraussetzungen LG München I DB 2005, 1617 (1620).

[142] Ausschussbericht *Kropff* Textausgabe, 1965, 136.

[143] KK-AktG/*Mertens/Cahn* Rn. 39; Spindler/Stilz/*Spindler* Rn. 27.

[144] MüKoAktG/*Habersack* Rn. 34; Spindler/Stilz/*Spindler* Rn. 27; Hüffer/*Koch* Rn. 15; Henssler/Strohn/*Henssler* Rn. 9; MHdB AG/*Hoffmann-Becking* § 30 Rn. 22; aA GroßkommAktG/*Hopt/Roth* Rn. 63; *Hüffer*, 10. Aufl. 2012, Rn. 7.

[145] MüKoAktG/*Habersack* Rn. 40; Hüffer/*Koch* Rn. 16.

[146] MüKoAktG/*Habersack* Rn. 40.

[147] So schon zum früheren Recht *Lange* NZG 2004, 265 (268 f.) für Analogie zu § 319 Abs. 3 Nr. 2 HGB, § 105; aA die ganz hM, zB LG München I DB 2005, 1617 (1619 f.); Bedenken zur Verfassungsmäßigkeit der Neuregelung bei *Sünner* AG 2010, 111 (114).

[148] Bericht Rechtsausschuss, BT-Drs. 16/13433, 11. Die Neuregelung wolle verhindern, dass „das ehemalige Vorstandsmitglied … die Bereinigung strategischer Fehler oder die Beseitigung von Unregelmäßigkeiten aus der eigenen Vorstandszeit unterbinden könnte".

Wechselverbot mit Erlaubnisvorbehalt einen Riegel vorzuschieben.[149] **Spezialgesetzlich** beachtlich sind § 25d Abs. 3 S. 1 Nr. 2 KWG,[150] § 7a Abs. 4 S. 3 VAG (nicht mehr als zwei ehemalige Vorstandsmitglieder im Aufsichtsrat).

37 Gesellschaften, die weder an einer **deutschen** (nur regulierter Markt, nicht Freiverkehr) noch an einer vergleichbaren **ausländischen** – auch außerhalb der EU und des EWR betriebenen – **Börse** notiert sind (§ 3 Abs. 2),[151] werden vom Wechselverbot nicht berührt; § 264d HGB mit den Möglichkeiten einer auch anderweitigen Kapitalmarktorientierung findet keine entsprechende Anwendung.[152] Es gilt nicht nur für die von der **Hauptversammlung** Gewählten, sondern auch – wenngleich praktisch kaum bedeutsam – für die **Arbeitnehmervertreter.**[153] Das Verbot erfasst auch die **Entsendung** (→ § 101 Rn. 31)[154] und die **gerichtliche Bestellung** (→ § 104 Rn. 28)[155] von ehemaligen Vorstandsmitgliedern. Zum Zeitpunkt des Inkrafttretens des VorstAG am 5.8.2009 bereits bestehende – heute freilich zeitlich überholte – Inkompatibilitäten sind gemäß **§ 23 Abs. 2 EGAktG** vom Wechselverbot nicht betroffen.[156] Ebenfalls nicht erfasst („derselben") werden **Konzernkonstellationen;** Vorstandsmitglieder von verbundenen Unternehmen können daher auch künftig weiter in den Aufsichtsrat zB der Konzernmutter (und erst recht eines dritten Unternehmens)[157] und umgekehrt wechseln.[158] Andererseits gilt die Karenzfrist auch in **Umwandlungsfällen** (Beispiele: Wahl des Geschäftsleiters einer verschmolzenen/gespaltenen Gesellschaft in den Aufsichtsrat des aufnehmenden/neuen Rechtsträgers; des bereits vor dem Formwechsel in eine (börsennotierte) Aktiengesellschaft ausgeschiedenen Geschäftsleiters der formwechselnden Gesellschaft).[159] – Eine beschränkte **gesetzliche,** durch die bestehende „Notlage" (→ § 105 Rn. 11) freilich gerechtfertigte **Ausnahme** zu Nr. 4 stellt § 105 Abs. 2 (vorübergehende Ausübung von Vorstandsfunktionen durch ein Aufsichtsratsmitglied) dar; das Aufsichtsratsmitglied kann also nach Beendigung der temporären Vorstandstätigkeit in den Aufsichtsrat *zurückkehren* und sein Mandat dort ohne weiteres wieder ausüben.[160] Daraus folgt zugleich, dass die Delegation für eine spätere *Wiederwahl* des Delegierten in den Aufsichtsrat ebenfalls kein Hindernis iSd Nr. 4 darstellt.[161] Ebenfalls unberührt von Nr. 4 ist der in § 105 unmittelbar angesprochene **„umgekehrte"** Fall, nämlich der – damit jederzeit mögliche – temporäre (§ 105 Abs. 2) oder dauerhafte Wechsel vom **Aufsichtsrat** in den **Vorstand.**[162]

38 Flankiert wird das Cooling Off-Gebot von – der Sache im Ergebnis dienlicheren[163] – **Empfehlungen** in Ziff. 5.4.4 S. 2 **DCGK** (Wechsel eines ehemaligen Vorstandsmitglieds unmittelbar in den Aufsichtsrats*vorsitz* als begründungspflichtige Ausnahme), Ziff. 5.4.2 S. 3 DCGK (nicht mehr als zwei ehemalige Vorstandsmitglieder im Aufsichtsrat; ebenso § 25d Abs. 3 S. 1 Nr. 2 KWG, § 7a Abs. 4 S. 3 VAG, → Rn. 36) sowie Ziff. 5.3.2 S. 5 DCGK (Unabhängigkeit des Prüfungsausschuss-Vorsitzenden; keine Übernahme des Vorsitzes vor Ablauf von zwei Jahren nach Ausscheiden aus dem Vorstand), → Rn. 52. – Auch hier (→ Rn. 28) sind die Governance-Kodices der **institutionellen Investoren** sowie die Empfehlungen der berufsmäßigen **Stimmrechtsberater** *(Proxy Advisor)* von erheblicher praktischer Bedeutung; nicht selten sehen sie **generelle Wechselverbote** zwischen Vorstand und Aufsichtsrat vor; im Übrigen sind die von ihnen empfohlenen Cooling Off-Fristen

---

[149] Zur Ambivalenz der Regelung Schmidt/Lutter/*Drygala* Rn. 14 f.; *Velte* WM 2012, 537 (539 ff.); ferner – auch zu den empirischen Effekten – *Gaul* AG 2015, 742 (743 ff., 748).

[150] Dazu *Brandi/Gieseler* NZG 2012, 1321 (1325).

[151] Vgl. Schmidt/Lutter/*Drygala* Rn. 22; Hüffer/*Koch* § 3 Rn. 6; Wachter/*Schick* § 3 Rn. 7.

[152] MüKoAktG/*Habersack* Rn. 38; Hüffer/*Koch* Rn. 16.

[153] KK-AktG/*Mertens/Cahn* Rn. 45; Schmidt/Lutter/*Drygala* Rn. 17; *Ihrig* FS Hoffmann-Becking, 2013, 617 (619).

[154] MüKoAktG/*Habersack* Rn. 39; Schmidt/Lutter/*Drygala* Rn. 20.

[155] *Krieger* FS Hüffer, 2010, 521 (529); *Fett/Theusinger* AG 2010, 425 (432); MüKoAktG/*Habersack* Rn. 39; Schmidt/Lutter/*Drygala* Rn. 20; aA Grigoleit/*Grigoleit/Tomasic* Rn. § 104 Rn. 18.

[156] *Hüffer,* 9. Aufl. 2010, Rn. 7a. Nach Begr. Rechtsausschuss, BT-Drs. 16/13433, 12 f. sollten zum Stichtag bereits amtierende Aufsichtsratsmitglieder nach Ablauf ihrer Amtszeit auch dann ohne weiteres erneut wählbar sein, wenn die Karenzfrist, gerechnet vom Zeitpunkt ihres Übertritts in den Aufsichtsrat, noch nicht abgelaufen ist (zweifelhaft); ebenso HK-AktG/*Bürgers/Israel* Rn. 6a; *Bosse* BB 2009, 1650 (1653).

[157] MüKoAktG/*Habersack* Rn. 38.

[158] Ebenso MüKoAktG/*Habersack* Rn. 38; HK-AktG/*Israel* Rn. 6a. Eine andere Frage ist, ob und ggf. nach welcher Frist sie auch als „unabhängig" angesehen werden können.

[159] Zum Ganzen *Schulenburg/Brosius* BB 2010, 3039 ff.

[160] *Schulenburg/Brosius* WM 2011, 58 (60); MüKoAktG/*Habersack* Rn. 38; Hüffer/*Koch* Rn. 16; Grigoleit/*Grigoleit/Tomasic* § 105 Rn. 12.

[161] Hüffer/*Koch* Rn. 16; aA *Schulenburg/Brosius* WM 2011, 58 (60 f.).

[162] MüKoAktG/*Habersack* Rn. 38; Schmidt/Lutter/*Drygala* Rn. 23.

[163] Schmidt/Lutter/*Drygala* Rn. 21.

(Regelfall: fünf Jahre) häufig **strenger** als die gesetzlichen oder im Kodex enthaltenen Vorgaben.[164] Das erschwert die Organisation eines abweichenden Aktionärsvorschlags (→ Rn. 39).

bb) Ausnahme: Aktionärsvorschlag. Ausgenommen vom Wechsel-Verbot ist ein Vorstandsmitglied, dessen **Wahl** (desgleichen: gerichtliche Bestellung, → § 104 Rn. 28; Entsendung, → § 101 Rn. 31)[165] auf – nicht weiter zu begründenden – **„Vorschlag"** von Aktionären erfolgt, die **mehr als 25%** der insgesamt **vorhandenen** (nicht: der ausübbaren)[166] Stimmrechte (nicht: der Kapitalanteile) der Gesellschaft (nicht: der in der Hauptversammlung vertretenen Stimmen)[167] halten; die Aktien der vorschlagenden Aktionäre – zu denen auch das Vorstandsmitglied selbst (kein Stimmrechtsausschluss)[168] gehören kann (nicht muss)[169] – müssen jedoch ihrerseits **stimmberechtigt** sein.[170] Damit soll unter anderem sichergestellt werden, dass wesentliche Anteilsinhaber, wie zB Familienaktionäre, „auf die Kenntnisse und Fähigkeiten eines verdienten Vorstandes nicht verzichten" müssen.[171] Die Ausnahme ist indes nicht auf *closed companies* mit einem überschaubaren Aktionärskreis beschränkt; sie gilt vielmehr für **jede „börsennotierte Gesellschaft"** (→ Rn. 37), egal welchen Zuschnitts.[172] **„Aktionär"** kann jedermann (→ Rn. 44), ohne Weiteres auch ein Unternehmen, zB der Mehrheitsgesellschafter, sein.[173] Das mehrheitliche, die Bestellung des Aufsichtsratsmitglieds begründende *Wahl*votum stellt nicht zugleich einen „Vorschlag" iSd Nr. 4 dar.[174] – Zu dem – in der **Praxis** bereits häufiger erprobten[175] – „Vorschlag" kann es in Opposition zur Verwaltung, aber auch im Einklang mit ihr kommen; in diesem Fall kann er auch einer **Initiative** der Verwaltung (konkret: des Aufsichtsrats) entspringen (→ Rn. 43), muss also nicht „tatsächlich und originär auf die handelnden Aktionäre zurückgehen".[176] Auch eine **Organisation** des Aktionärsvorschlags durch den Aufsichtsrat, zB durch gezielte Ansprache von großen Aktionären, ist zulässig. – Folgende **Wege** stehen für das Vorbringen des Aktionärsvorschlags zur Verfügung: 39

- Der Vorschlag kann als **Tagesordnungserweiterungsantrag** eines oder mehrerer Aktionäre gemäß § 122 Abs. 2 formuliert sein (Beispiel: Antrag auf Abberufung eines amtierenden Aufsichtsratsmitglieds (§ 103 Abs. 1), an seiner Stelle Wahl eines ehemaligen Vorstandsmitglieds in den Aufsichtsrat).[177] Es ist schwer vorstellbar, wenn auch nicht ausgeschlossen, dass sich der Aufsichtsrat dem (nachträglich) anschließt. 40
- Grundsätzlich gegen die Verwaltung gerichtet ist auch der in der Hauptversammlung gestellte (ggf. vorher, zu diesem Zeitpunkt zulässigerweise noch ohne das erforderliche Quorum[178] *angekündigte,* gleichwohl zugänglich zu machende)[179] **Gegenantrag** nach den §§ 127, 126. Fehlt einem solchen Antrag in der Versammlung zunächst das erforderliche 25%-Quorum, ist eine Abstimmung über den vorgeschlagenen Kandidaten, zB aufgrund offenkundig fehlender Ernsthaftigkeit oder völliger Aussichtslosigkeit, jedoch nicht völlig ausgeschlossen, sollte der Versammlungsleiter dem Antrag- 41

---

[164] Anschaulich *Gaul* AG 2015, 742 (743, 747); ferner Hüffer/*Koch* Rn. 16.

[165] *Krieger* FS Hüffer, 2010, 521 (530); *E. Vetter* FS Maier-Reimer, 2010, 795 (817); Schmidt/Lutter/*Drygala* Rn. 20. – Die Arbeitnehmer haben de lege lata keine Möglichkeit, das Cooling-Off-Verbot mit eigenen Mitteln zu überwinden, vgl. *Ihrig* FS Hoffmann-Becking, 2013, 617 (619).

[166] MüKoAktG/*Habersack* Rn. 42; Spindler/Stilz/*Spindler* Rn. 34; Schmidt/Lutter/*Drygala* Rn. 18; *Bungert/Wansleben* DB 2012, 2617 (2618); aA KK-AktG/*Mertens/Cahn* Rn. 42.

[167] KK-AktG/*Mertens/Cahn* Rn. 42.

[168] Hüffer/*Koch* Rn. 18.

[169] *Seibert* WM 2009, 1489 (1492); Hüffer/*Koch* Rn. 17.

[170] Zum Ganzen Schmidt/Lutter/*Drygala* Rn. 18; *E. Vetter* FS Maier-Reimer, 2010, 795 (805); *Wilsing/Wilsing* DCGK Ziff. 5.4.4 Rn. 6; *Bungert/Wansleben* DB 2012, 2617 (2618 f.).

[171] Begr. Rechtsausschuss, BT-Drs. 16/13433, 17.

[172] MüKoAktG/*Habersack* Rn. 40; *Löbbe/Fischbach* AG 2012, 580 (581); *Wettich* AG 2012, 725 (728); *Gaul* AG 2015, 742 (745 f.); Wachter/*Schick* Rn. 10; aA *Velte* WM 2012, 537 (541 f.): kein Opt-Out für börsennotierte Publikumsgesellschaften.

[173] Vgl. OLG Braunschweig BeckRS 2016, 15591 Rn. 47 – VW/Pötsch; ferner Hüffer/*Koch* Rn. 17; *Fleischer* NZG 2009, 801 (806); *Wettich* AG 2012, 725 (728); aA womöglich *Schüppen* Aufsichtsrat 2012, 34: „qualifiziert beteiligte Aktionäre".

[174] Hüffer/*Koch* Rn. 18; *Hoffmann-Becking/Krieger* NZG-Beilage 26/2009, 1, 8 (Ziff. 61); *Krieger* FS Hüffer, 2010, 521 (526); *Wettich* AG 2012, 725 (729); *Bungert/Wansleben* DB 2012, 2617 (2620).

[175] Beispiele: Gerresheimer 2010, ThyssenKrupp 2011, Beiersdorf 2012, SAP 2014, BMW 2015 – jeweils erfolgreich; Deutsche Bank 2011 – erfolglos; VW 2015 – vertagt; stattdessen gerichtliche Bestellung.

[176] So aber *Schulenburg/Brosius* WM 2011, 58 (61); *Tielmann* AG 2013, 704 (705); wie hier dagegen *Löbbe/Fischbach* AG 2012, 580 (581 f.).

[177] MüKoAktG/*Habersack* Rn. 43; Hüffer/*Koch* Rn. 18; *Tielmann* AG 2013, 704 (705); *Bungert/Wansleben* DB 2012, 2617 (2620); krit. hierzu *Bosse* BB 2009, 1650 (1652 f.).

[178] *Krieger* FS Hüffer, 2010, 521 (526, 535); *Grobecker* NZG 2010, 165 (169).

[179] Schmidt/Lutter/*Drygala* Rn. 19; aA *E. Vetter* FS Maier-Reimer, 2010, 795 (813): keine Pflicht zur Zugänglichmachung ohne 25%-Quorum.

steller – ähnlich wie bei einem Verlangen nach § 137 – durch eine entsprechende Ablauforganisation (zB durch Abgabe von Stimmkarten) Gelegenheit geben, weitere Unterstützer für seine Sache zu gewinnen.[180] Nicht ausgeschlossen (wiewohl in der Praxis vermutlich selten) ist, dass der Aufsichtsrat den Aktionärsvorstoß selbst zu diesem späten Zeitpunkt noch inhaltlich aufgreift, sich also noch vor der Wahl gegen den von ihm zunächst vorgeschlagenen Kandidaten ausspricht.[181] Das kann auch auf die Weise geschehen, dass der Aufsichtsrat diesen Fall bereits in seinem Beschlussvorschlag (§ 124 Abs. 3 S. 1) in Form eines „Ersatz-Kandidaten" antizipiert (Beispiel: „Der Aufsichtsrat schlägt vor, Frau/Herrn X. in den Aufsichtsrat zu wählen. Sollten Aktionäre, die mehr als 25% der Stimmrechte halten, stattdessen vorschlagen, *[(ehemaliges) Vorstandsmitglied]* in den Aufsichtsrat zu wählen, wird der Aufsichtsrat seinen Beschlussvorschlag fallen lassen und stattdessen vorschlagen, *[(ehemaliges) Vorstandsmitglied]* in den Aufsichtsrat zu wählen").[182] – Unter den Voraussetzungen des **§ 137** (unter anderem: Minderheitsverlangen auf Vorziehen der Wahl) genießt der Gegenantrag bei der Abstimmung **Vorrang** gegenüber einem abweichenden Verwaltungsvorschlag.[183]

42 – Weiter kann dem Aufsichtsrat bereits im Vorfeld der Hauptversammlung durch einen oder mehrere **Aktionäre** ein **formeller Vorschlag** zur Wahl eines ehemaligen Vorstandsmitglieds unterbreitet werden, den sich der Aufsichtsrat **zu eigen macht** (Beispiel: Der Großaktionär bekräftigt gegenüber dem Aufsichtsrat während des laufenden Geschäftsjahres, dass er mit dem Wechsel des Vorstandsmitglieds in den Aufsichtsrat einverstanden ist. Der Aufsichtsrat schlägt ihn, zweckmäßigerweise unter Hinweis auf diesen Vorschlag, jedoch ohne die Verpflichtung, Details zu den Vorschlagenden zu nennen, zur Wahl vor). Eines weiteren Vorschlags in der Hauptversammlung bedarf es dann nicht.[184] Der Aktionärsvorschlag sollte (i) zumindest in Textform erfolgen und (ii) unmittelbar vor der Hauptversammlung gegenüber der Verwaltung noch einmal bestätigt werden, damit diese in der Versammlung auf Verlangen den erforderlichen Nachweis über seine fortbestehende Gültigkeit[185] führen kann. Will der Aufsichtsrat dem Risiko entgehen, dass der Aktionärsvorschlag bis zur Hauptversammlung wieder kassiert wird, kann er zusammen mit dem vorgeschlagenen Kandidaten ggf. einen (voraussetzungslos wählbaren) „Ersatz-Kandidaten" (→ Rn. 41) vorstellen.

43 – Der **Aufsichtsrat** ist aber auch nicht gehindert, der Hauptversammlung **seinerseits,** also zunächst *ohne* (oder ohne ausreichend unterstützte, → Rn. 42) Aktionärsinitiative, das ehemalige Vorstandsmitglied zur Wahl vorzuschlagen.[186] Der Wahl ist dann freilich das – inhaltlich gleichgerichtete – Vorschlagsverfahren der *Aktionäre* nach Nr. 4 vorzuschalten. Dies kann noch in der Hauptversammlung dadurch geschehen, dass im Rahmen des Tagesordnungspunktes „Aufsichtsratswahlen" eine förmliche Vorab-Abstimmung (und nicht etwa nur eine „kurze Abfrage" oder ein prüfender „Blick in die Runde")[187] über das 25%-Quorum stattfindet. Hierauf kann der Aufsichtsrat in seinem Beschlussvorschlag hinweisen, muss es aber nicht. Findet der Vorschlag nicht die erforderliche 25%-Mehrheit, ist vom Aufsichtsrat ggf. ein (mit der bekanntgemachten Einberufung bereits vorgestellter, § 124 Abs. 3 S. 1) „Ersatz-Kandidat" (→ Rn. 41) zur Wahl zu stellen.[188] – Zu beachten ist dabei freilich, dass die einflussreichen **institutionellen Investoren** und die **Stimmrechtsberater** *(Proxy Advisors)* einen Wechsel vom Vorstand(svorsitz) in den Aufsichtsrat(svorsitz) oft grundsätzlich, dh unabhängig von einem etwaigen Aktionärsvorschlag, ablehnen (→ Rn. 38). Der Aufsichtsrat sollte diese Vorgehensweise daher nur dann in Erwägung

---

[180] Vgl. *Hoffmann-Becking/Krieger* NZG-Beilage 26/2009, 1, 8 (Ziff. 60); *Sünner* AG 2010, 111 (117 f.); *Grobecker* NZG 2010, 165 (169); *Bungert/Wansleben* DB 2012, 2617 (2622); für eine entsprechende Verpflichtung des Versammlungsleiters MüKoAktG/*Habersack* Rn. 43.

[181] Ebenso MüKoAktG/*Habersack* Rn. 43.

[182] Vgl. *Löbbe/Fischbach* AG 2012, 580 (584); *Bungert/Wansleben* DB 2012, 2617 (2621).

[183] KK-AktG/*Mertens/Cahn* Rn. 43; *Bungert/Wansleben* DB 2012, 2617 (2622); aA *E. Vetter* FS Maier-Reimer, 2010, 795 (814): automatischer Vorrang; strikt abl. auch MüKoAktG/*Habersack* Rn. 43.

[184] Vgl. Begr. Rechtsausschuss, BT-Drs. 16/13433, 17; Hüffer/*Koch* Rn. 18; Wachter/*Schick* Rn. 10; *Hoffmann-Becking/Krieger* NZG-Beilage 26/2009, 1 (8) unter Ziff. 59, 64; *Krieger* FS Hüffer, 2010, 521 (529); *Löbbe/Fischbach* AG 2012, 580 (584); *Bungert/Wansleben* DB 2012, 2617 (2620); *Gaul* AG 2015, 742 (746); krit. *Bosse* BB 2009, 1650 (1653); vgl. auch *Seibert* WM 2009, 1489 (1490).

[185] Dazu *Löbbe/Fischbach* AG 2012, 580 (586).

[186] *Hoffmann-Becking/Krieger* NZG-Beilage 26/2009, 1, 8 (Ziff. 65); *Krieger* FS Hüffer, 2010, 521 (531); *Bungert/Wansleben* DB 2012, 2617 (2620 f.); krit. Hüffer/*Koch* Rn. 18; aA MüKoAktG/*Habersack* Rn. 43 f.; KK-AktG/*Mertens/Cahn* Rn. 43; *Gaul* AG 2015, 742 (746); *Schulenburg/Brosius* WM 2011, 58 (61); *E. Vetter* FS Maier-Reimer, 2010, 795 (806): Nichtigkeit des Wahlvorschlags ohne vorheriges 25%-Quorum.

[187] Ebenso *Löbbe/Fischbach* AG 2012, 580 (586); *Seibert* WM 2009, 1489 (1439).

[188] Dafür *Hoffmann-Becking/Krieger* NZG-Beilage 26/2009, 1, 8 unter Ziff. 65, 66; *Sünner* AG 2010, 111 (116 f.); *Krieger* FS Hüffer, 2010, 521 (531, 535) mit Formulierungsvorschlägen.

ziehen, wenn er nicht schon deshalb mit einer Ablehnung seines Vorschlags durch die Hauptversammlung rechnen muss.

Der Aktionärsvorschlag muss **nicht koordiniert** sein und kann – und zwar ohne dass allein das zu einem *Acting in Concert* (§ 30 Abs. 2 WpÜG) führte[189] – auch von **mehreren** (ggf. Klein-) Aktionären stammen (Beispiel: Zwei 15%-Aktionäre schlagen unabhängig voneinander das ehemalige Vorstandsmitglied vor).[190] Auch das **ehemalige Vorstandsmitglied** selbst kann – sofern es selbst Aktien hält – den Vorschlag unterbreiten oder sich an ihm beteiligen.[191] Ein einmal gemachter Vorschlag verliert auch dann nicht seine Wirkung, wenn sich der Kreis der Aktionäre, die ihn unterstützen, bis zur Abstimmung (→ Rn. 42) **verändert,** solange nur ein **ausreichendes Quorum** bis dahin Bestand hat. Die Hauptversammlung ist nur dann erneut zu befragen, wenn sich **konkrete Zweifel** am Fortbestand des Vorschlags ergeben.[192] Der Hauptversammlung sind die Namen der wesentlichen Unterstützer auf Anfrage (§ 131) offenzulegen.[193] – Im Vorfeld der Hauptversammlung können Aktionäre zur Unterstützung ihres Vorschlags das (bisher in der Praxis freilich kaum genutzte) **Aktionärsforum** nach § 127a iVm der Verordnung über das Aktionärsforum (AktFoV) vom 22.11.2005 (BGBl. I S. 3193) in Anspruch nehmen.[194] – Dieselben Aktionäre können auch **mehrere** Kandidaten zur Wahl vorschlagen. Rein informelle **Anregungen** sind nicht zu berücksichtigen, weil die Wahl, unabhängig von ihrem Ergebnis, dann nicht „auf Vorschlag" dieser Aktionäre erfolgt. Daraus folgt zugleich, dass der Vorschlag **zeitlich vor der Wahl** (nicht notwendig vor der Hauptversammlung) liegen muss; insbesondere ist es nicht zulässig, den Vorschlag erst *nach* der Wahl zu organisieren, um das Wählbarkeitshindernis bis zum Amtsantritt (§ 250 Abs. 1 Nr. 4) noch zu beseitigen (→ Rn. 63).[195] 44

cc) Wahl. Die Wahl des „vorgeschlagenen" Aufsichtsratsmitglieds erfolgt unverändert mit der gemäß § 133 erforderlichen **Mehrheit.** Ob überhaupt und wie der oder die *Vorschlagenden* abstimmen, ist unerheblich (arg.: Wahl muss gemäß Abs. 2 S. 1 Nr. 4 nur „auf Vorschlag" der 25%-Gruppe, nicht „durch sie" erfolgen); ein Stimmverbot besteht für sie – ebenso wie für das zur Wahl vorgeschlagene ehemalige Vorstandsmitglied – nicht.[196] Auch für den Fall des 25%-Vorschlags verlangt **Ziff. 5.4.4 S. 2 DCGK,** dass der „Wechsel in den **Aufsichtsrats*vorsitz***" eine Ausnahme bleiben soll, die – falls eine solche Absicht besteht – der Hauptversammlung gegenüber „besonders begründet" werden soll. Wie die Gesellschaft (allein denkbar wohl: der Aufsichtsrat, durch Beschluss)[197] dieser im Ausgangspunkt nicht von ihr selbst, sondern durch eine *Aktionärs*-Initiative ausgelösten Verpflichtung nachkommen soll, ist indes nicht völlig klar. Schon angesichts des womöglich erst in der Hauptversammlung erfolgenden Wahlvorschlags (→ Rn. 43) erscheint eine Aufnahme der Begründung bereits in die Einberufung (§ 121 Abs. 4) allerdings überzogen; ausreichend ist vielmehr, sie – wie auch den Kandidatenvorschlag gemäß Ziff. 5.4.3 S. 3 DCGK[198] – erst unmittelbar gegenüber der Hauptversammlung abzugeben (zu den Rechtsfolgen beim Verstoß gegen Bestimmungen des DCGK → Rn. 70).[199] Zu beachten ist schließlich, dass der Gewählte **keinen Sonderstatus** einnimmt, sondern den an ein Aufsichtsratsmitglied gestellten allgemeinen (zumeist kein Problem) und besonderen **Anforderungen** uneingeschränkt genügen muss. So fehlt einem ehemaligen Vorstandsmitglied nach einer womöglich auch auf den DCGK ausstrahlenden Empfehlung der EU-Kommission beim Wechsel in den Aufsichtsrat noch während einer *Fünf*jahresfrist die Unabhängigkeit;[200] das beim Wort genommen könnte der Gewählte zwar als Finanzexperte (→ Rn. 8 ff.), 45

[189] MüKoAktG/*Habersack* Rn. 44; Hüffer/*Koch* Rn. 17; HK-AktG/*Israel* Rn. 6a; *Wettich* AG 2012, 725 (728); für den früheren Rechtszustand bereits BGH NZG 2006, 945 (946 f.).

[190] Hüffer/*Koch* Rn. 17; *Löbbe/Fischbach* AG 2012, 580 (581); *Bungert/Wansleben* DB 2012, 2617 (2618).

[191] *E. Vetter* FS Maier-Reimer, 2010, 795 (805); MüKoAktG/Habersack Rn. 44.

[192] Ähnlich *Wilsing/Wilsing* DCGK Ziff. 5.4.4 Rn. 4; weitergehend *Bungert/Wansleben* DB 2012, 2617 (2619): keine Halteverpflichtung über den Zeitpunkt des Vorschlags hinaus.

[193] Ähnlich *E. Vetter* FS Maier-Reimer, 2010, 795 (813): alle Aktionäre.

[194] Zu den Erfolgsaussichten zu Recht krit. *Gaul* AG 2015, 742 (746); MüKoAktG/*Habersack* Rn. 41.

[195] IErg ebenso *Krieger* FS Hüffer, 2010, 521 (527); *Löbbe/Fischbach* AG 2012, 580 (584 f.), vgl. aber auch 585 f.; *Bungert/Wansleben* DB 2012, 2617 (2618); *Ihrig* FS Hoffmann-Becking, 2013, 617 (628); KK-AktG/*Kiefner* § 250 Rn. 54; aA *Schulenburg/Brosius* WM 2011, 58 (61); *Tielmann* AG 2013, 704 (705): Vorschlag nur vor Einberufung der Hauptversammlung zulässig.

[196] MüKoAktG/*Habersack* Rn. 44; Hüffer/*Koch* Rn. 18; *E. Vetter* FS Maier-Reimer, 2010, 795 (805); *Bungert/Wansleben* DB 2012, 2617 (2621).

[197] Vgl. KBLW/*Kremer* Rn. 1411.

[198] KBLW/*Kremer* Rn. 1405.

[199] Vgl. *Bungert/Wansleben* DB 2012, 2617 (2618, 2622); *Wettich* AG 2012, 725 (729); übertrieben krit. *Gaul* AG 2015, 742 (747 f.).

[200] Kommissionsempfehlung zu den „Aufgaben von nicht geschäftsführenden Direktoren/Aufsichtsratsmitgliedern börsennotierter Gesellschaften", ABl. vom 15.2.2005 L 52, 56, Anh. II Ziff. 1.a).

nicht aber als – überdies noch von Ziff. 5.3.2 S. 5 DCGK betroffener („kein ehemaliges Vorstandsmitglied, ... dessen Bestellung vor weniger als zwei Jahren endete") – Vorsitzender des Prüfungsausschusses (→ Rn. 14) herhalten.[201]

46 **dd) Gestaltungsmöglichkeiten.**[202] Zulässig ist, (i) den Wahlvorschlag schon vor Ablauf der Sperrzeit und *ohne* Berücksichtigung eines Aktionärsvorschlags zu unterbreiten, wenn der **Amtsantritt** des ehemaligen Vorstandsmitglieds turnusgemäß erst **nach** Ablauf der Zweijahresfrist erfolgt (→ Rn. 36, 63),[203] (ii) das Vorstandsmitglied (selbst das noch amtierende) **sofort,** dh noch innerhalb der Cooling Off-Periode, zum Mitglied des Aufsichtsrats zu **bestellen,** den Beginn seiner **Amtszeit** jedoch auf einen Zeitpunkt nach Ablauf der Karenzfrist **aufzuschieben.**[204] Hierin liegt weder ein Verstoß gegen die erst mit dem „Beginn der Amtszeit" laufende Höchstfrist des § 102 Abs. 1 S. 2 (→ § 102 Rn. 6) noch gegen den nur eine gleichzeitige Amtsinhaberschaft verbietenden § 105 Abs. 1 noch gegen den erst auf die „Mitglied(schaft)" abstellenden Abs. 2 S. 1 Nr. 4.[205] Ein Aktionärsvorschlag in Höhe von „25% der Stimmrechte" ist auch in diesem Fall *nicht* erforderlich. Allein die Satzung darf dem aufgeschobenen Amtsantritt nicht entgegenstehen. (iii) Soll das Vorstandsmitglied zu einem **bestimmten Zeitpunkt** (nach Ablauf der Karenzzeit/des Vorstandsmandats) in den Aufsichtsrat einrücken, muss rechtzeitig Platz durch Amtsniederlegung (und vorgezogene Neuwahl) oder vorausschauend-planende Begrenzung der Amtsperioden aktiver Aufsichtsratsmitglieder geschaffen werden. Ein noch amtierendes Vorstandsmitglied kann den seine Wahl in den Aufsichtsrat betreffenden Unsicherheiten durch aufschiebend bedingte Vereinbarungen über sein Ausscheiden begegnen.

47 **e) Weitere Hinderungsgründe, auch außerhalb des AktG.** Spezialgesetzlich geregelte Hinderungsgründe finden sich in Art. 55 Abs. 2 GG (für den **Bundespräsidenten**) und Art. 66 GG (für **Bundeskanzler** und **-minister**). **Beamte** bedürfen zum Eintritt in den Aufsichtsrat einer beamtenrechtlichen Genehmigung (§ 99 Abs. 1 Nr. 3 BBG). Ebenso benötigen **Notare** eine Genehmigung der Aufsichtsbehörde (§ 8 Abs. 3 Nr. 1 BNotO). – Davon abgesehen bestehen folgende Hinderungsgründe:

48 **aa) Wesentliche Exekutivfunktion.** § 105 Abs. 1 verbietet die Bestellung von Aufsichtsratsmitgliedern („kann nicht ... sein"), die *zugleich* eine wesentliche Exekutivfunktion – Vorstand, stellvertretendes Vorstandsmitglied, Prokurist (eingeschränkt durch § 6 Abs. 2 S. 1 MitbestG), Generalhandlungsbevollmächtigter – in der Gesellschaft innehaben. Dem *Wechsel* vom Vorstand in den Aufsichtsrat (vgl. Ziff. 5.4.2 S. 3, 5.4.4 DCGK, → Rn. 52) steht zwar nicht diese Vorschrift,[206] wohl aber Abs. 2 S. 1 Nr. 4 entgegen (→ Rn. 36 ff.).

49 **bb) Inkompatibilitäten für Finanzinstitute etc.** Für Aufsichtsräte von Banken und Sparkassen bestehen seit Inkrafttreten des Gesetzes zur Stärkung der Finanzmarkt- und Versicherungsaufsicht vom 29.7.2009 (BGBl. I S. 2305) zusätzliche Inkompatibilitätsregeln. So können zB ehemalige Geschäftsleiter nicht zum Mitglied des Verwaltungs- oder Aufsichtsrats der zuvor von ihnen geleiteten Gesellschaft bestellt werden, wenn bereits zwei ehemalige Geschäftsleiter eine solche Position innehaben. Außerdem kann nicht bestellt werden, wer bereits fünf oder mehr Verwaltungs- oder Aufsichtsratsmandate bei anderen Unternehmen hält (§ 25d Abs. 3, 3a KWG). Vergleichbare Verbote gelten gemäß § 24 Abs. 4 VAG für die Aufsichts- und Verwaltungsräte von **Versicherungsunternehmen, Pensionsfonds** und entsprechenden **Holding-Gesellschaften.**[207]

50 **cc) Interessenkonflikte.** Aktuelle und potentielle Interessenkonflikte sind für die Arbeit des bereits *etablierten* Aufsichtsrats wegen der gefährdeten Unbefangenheit des konfligierten Aufsichtsratsmitglieds, aber auch wegen der Nachteile für die Funktionsfähigkeit des Aufsichtsrats insgesamt von großer praktischer Bedeutung.[208] Auf sie kann im alltäglichen Betrieb mit einem Arsenal sich stei-

---

[201] Vgl. allg. (noch zum Rechtszustand unter dem BilMoG) *Habersack* FS Goette, 2011, 121 (127, 131 f.); ausf. *Nowak,* Unabhängigkeit des Aufsichtsratsmitglieds, 2010, 150 f.

[202] Dazu *Ihrig* FS Hoffmann-Becking, 2013, 617.

[203] *E. Vetter* FS Maier-Reimer, 2010, 795 (805).

[204] KK-AktG/*Kiefner* § 250 Rn. 54; Hüffer/*Koch* Rn. 16; *Wettich* AG 2012, 725 (728); Schmidt/Lutter/*Drygala* Rn. 19; *Ihrig* FS Hoffmann-Becking, 2013, 617 (624); *E. Vetter* FS Maier-Reimer, 2010, 795 (805). – Beispiel: Bayer/Wennig, HV 2012.

[205] *Ihrig* FS Hoffmann-Becking, 2013, 617 (624 f.).

[206] MüKoAktG/*Habersack* Rn. 45, § 105 Rn. 9.

[207] Zum Ganzen *Louven/Raapke* VersR 2012, 257; zu weiteren gesetzlichen Hinderungsgründen Schmidt/Lutter/*Drygala* Rn. 26.

[208] *Lutter* AG 2008, 1 (9).

gernder Sanktionen flexibel reagiert werden.[209] Interessenkonflikte können aber auch schon bei der *Wahl* des Aufsichtsrats eine Rolle spielen (Beispiel: Der Aufsichtsrats-Kandidat ist (i) ein Vertrauter des Mehrheitsaktionärs; (ii) Organmitglied oder (iii) Berater eines bedeutenden Kunden oder Konkurrenten der Gesellschaft). Das AktG schweigt, nimmt Interessenkonflikte von Aufsichtsratsmitgliedern ansonsten, dh außerhalb des Wahlkomplexes, aber weitgehend in Kauf. Insbesondere in Konzernlagen (§ 100 Abs. 2 S. 2), in Wettbewerbssituationen (§ 105 Abs. 2 S. 4) und im Hinblick auf die unternehmerische Mitbestimmung der Arbeitnehmer sind strukturelle Interessenkonflikte dem Gesetz durchaus vertraut. Immerhin empfiehlt der DCGK für den bereits *bestehenden* Aufsichtsrat eine interne (gegenüber dem Aufsichtsrat, Ziff. 5.5.2 DCGK) und externe (gegenüber der Hauptversammlung erfolgende, Ziff. 5.5.3 S. 1 DCGK) Offenlegung etwaiger Interessenkonflikte. Weitere Bestimmungen (zB Ziff. 5.5.3 S. 2 DCGK – Amtsniederlegung; Ziff. 5.4.2 S. 4 DCGK – Wettbewerber-Inkompatibilität) lassen erkennen, dass die Ablehnung des Kodex gegenüber größeren Interessenkonflikten sogar noch weiter reicht (→ Rn. 52 f.). Eine allgemeine *gesetzliche* Einschränkung im Hinblick auf die Wählbarkeit oder gar die Wirksamkeit der Wahl des Aufsichtsrats-Kandidaten kann man daraus mit der ganz hM gleichwohl nicht herleiten.[210] Es gibt **keine generelle „Mandatsunfähigkeit"** des Konfligierten.[211] Daher ist zB auch die Tätigkeit in einem oder für ein Konkurrenzunternehmen oder die gleichzeitige Beratung des Mehrheitsaktionärs kein grundsätzliches Bestellungshindernis.[212] Solche potentiellen Konfliktlagen sind stattdessen (erst) im Falle ihrer Aktualisierung im Rahmen der laufenden Aufsichtsratsarbeit, zB durch Offenlegung, Stimmverbot oder Sitzungsausschluss, zu lösen.[213] – Zur Berücksichtigung dieser Aspekte bei der gerichtlichen Bestellung → § 104 Rn. 28; bei der gerichtlichen Abberufung → § 103 Rn. 37.

dd) Strafen; Berufsverbote; gesellschaftsrechtliche Sanktionen. Verhängte **Vorstrafen** und **Berufsverbote,** die einer Bestellung zum *Vorstand* entgegenstehen (§ 76 Abs. 3 S. 3), stellen nach geltendem Recht kein Hindernis für die Übernahme eines *Aufsichtsrats*mandats dar.[214] Auch der zB insolvente[215] oder wegen einer Insolvenzstraftat Verurteilte (vgl. §§ 283 ff. StGB iVm § 76 Abs. 3 S. 3) kann daher Aufsichtsrat werden (und bleiben).[216] Auch etwaige Vorstrafen in einem früheren Aufsichtsratsmandat stellen kein Bestellungshindernis dar. Entsprechendes gilt („erst recht") für laufende oder in der Vergangenheit durchgeführte Ermittlungsverfahren. Ist jemand in seiner Eigenschaft als Mitglied eines Vorstands oder Aufsichtsrats bereits einmal (oder mehrmals) **nicht entlastet** worden (selbst in derselben Gesellschaft), steht auch das trotz des damit verbundenen Vertrauensentzugs für die Zukunft (→ § 120 Rn. 8) einer (Wieder-) Wahl nicht im Weg.[217] Das Gleiche gilt für den Fall, dass sich der Kandidat in seiner Eigenschaft als Aufsichtsratsmitglied wegen einer Pflichtverletzung **zivilrechtlich haftbar** gemacht hat (§ 116) oder deswegen sogar verurteilt worden ist. – In allen genannten Fällen ist an die **Prüfung** und **Auswahl** des Kandidaten freilich **erhöhte Anforderungen** zu stellen, um eine Haftung des Aufsichtsrats (§ 116 iVm § 123 Abs. 4 S. 1) wegen der Auswahl eines ungeeigneten Kandidaten zu vermeiden. 51

f) DCGK-Hinderungsgründe. (Börsennotierte) Gesellschaften, die sich – was bei den großen Gesellschaften fast durchweg der Fall ist – in ihrer Entsprechenserklärung (§ 161 Abs. 1 S. 1) dem Großteil oder sogar allen Empfehlungen (= „Soll"-Bestimmungen) des DCGK verschrieben haben, 52

---

[209] Vgl. *Seibt* FS Hopt, 2010, 1363 (1372 ff.): Sanktionsleiter mit fünf Stufen; ferner *Hoffmann-Becking* NZG 2016, 801 (807 f.).

[210] LG München I ZIP 2007, 2360 (2361) – MAN/Piëch; *Bürgers/Schilha* AG 2010, 221 (224); Spindler/Stilz/*Spindler* Rn. 34 f., 51; diff. Schmidt/Lutter/*Drygala* Rn. 28: Nichtigkeit der Bestellung, wenn abzusehen ist, dass der Kandidat aufgrund seiner Interessenkonflikte „fortgesetzt zur Stimmenthaltung oder zum Fernbleiben von der Sitzung verpflichtet wäre"; ähnlich *v. Falkenhausen* ZIP 2013, 862 (866) für einen „dauerhaften und großflächigen" berufsrechtlichen Interessenkonflikt; weitergehend *Lutter* ZHR 145 (1981), 224 (236, 251); *Lutter/Krieger/Verse* Rechte und Pflichten § 1 Rn. 22.

[211] RGZ 165, 68 (82) zur GmbH; BGHZ 39, 116 (123) = NJW 1963, 905; Hüffer/*Koch* § 103 Rn. 13b; *Hoffmann-Becking* NZG 2014, 801 (804); *Knapp* DStR 2010, 56 (59); aA *Lutter/Krieger/Verse* Rechte und Pflichten Rn. 22 f. für den Fall der „Konkurrenzsituation in zentralen Tätigkeitsbereichen"; *Reichert/Schlitt* AG 1995, 241 (244).

[212] GroßkommAktG/*Hopt/Roth* Rn. 19, 78 ff.; *Bürgers/Schilha* AG 2010, 221 (224 ff.); *v. Falkenhausen* ZIP 2013, 862 (865).

[213] Vgl. HK-AktG/*Israel* Rn. 7; *Diekmann/Fleischmann* AG 2013, 141 (144 ff.).

[214] HK-AktG/*Israel* Rn. 1; *Langenbucher* ZGR 2012, 314 (326 m. Fn. 68); de lege ferenda krit. *Habersack* Gutachten E für den 69. DJT, 70 f.; GroßkommAktG/*Hopt/Roth* Rn. 19.

[215] MüKoAktG/*Habersack* Rn. 47.

[216] Für eine Erstreckung von § 76 Abs. 3 S. 2, 3 auf den Aufsichtsrat de lege lata *Habersack* NJW-Beilage 3/2012, 94, 96; ebenso Spindler/Stilz/*Spindler* Rn. 42.

[217] GroßkommAktG/*Hopt/Roth* Rn. 19; MüKoAktG/*Habersack* Rn. 47; Spindler/Stilz/*Spindler* Rn. 42.

sind verpflichtet, zusätzlich zu den gesetzlichen die im Kodex enthaltenen Hinderungsgründe bei der Besetzung ihres Aufsichtsrats zu berücksichtigen (zu den DCGK-*Anforderungen* → Rn. 25 f.). Diese reichen weiter als die gesetzlichen Bestimmungen. So empfiehlt Ziff. 5.4.5 S. 2 DCGK (allerdings: nur) für *Vorstands*mitglieder[218] einer *börsennotierten* Gesellschaft eine **Mandats-Höchstgrenze** von insgesamt nicht mehr als drei (bis 2009: fünf) Aufsichtsratsmandaten in konzernexternen börsennotierten oder Gesellschaften mit vergleichbaren Anforderungen (→ Rn. 28).[219] Ziff. 5.4.4 S. 2 DCGK erweitert das **Cooling Off-Hindernis** dahin, dass im Falle des schon gesetzlich verpönten Wechsels eines ehemaligen Vorstandsmitglieds in den Aufsichtsrat (Abs. 2 Nr. 4) die Kandidatur für dessen **Vorsitz** eine „der Hauptversammlung" – zweckmäßigerweise im Rahmen der Information nach Ziff. 5.4.3 S. 3 DCGK (→ Rn. 45) – „zu begründende Ausnahme" sein soll. Wird das ehemalige Vorstandsmitglied gemäß Abs. 2 Nr. 4 in den Aufsichtsrat gewählt, „soll" jedenfalls der **Vorsitz im Prüfungsausschuss** für ihn innerhalb der ersten zwei Jahre nach seinem Ausscheiden aus dem Vorstand tabu sein (Ziff. 5.3.2 S. 5 DCGK). In keinem Fall sollen mehr als **zwei ehemalige Vorstandsmitglieder** gleichzeitig im Aufsichtsrat sitzen (Ziff. 5.4.2 S. 3 DCGK). Schließlich soll ein Aufsichtsratsmitglied „keine Organfunktion oder wesentliche Beratungsaufgaben bei **wesentlichen Wettbewerbern** des Unternehmens" ausüben (Ziff. 5.4.2 S. 4 DCGK). Nach der Empfehlung des Kodex sollen schließlich „wesentliche und nicht nur vorübergehende **Interessenkonflikte** … zur *Beendigung* des Mandats führen" (Ziff. 5.5.3 S. 2 DCGK); schlägt der Aufsichtsrat einen derart belasteten Kandidaten zur Wahl vor, wird er, gemeinsam mit dem Vorstand, unmittelbar nach erfolgter Wahl entweder seine Entsprechenserklärung aktualisieren oder das neu gewählte Mitglied sogleich wieder zum Ausscheiden aus dem Aufsichtsrat (→ § 103 Rn. 56a) bewegen müssen.

53 Die **Umsetzung** der Kodex-Empfehlungen geschieht in erster Linie dadurch, dass sowohl der Nominierungsausschuss dem Aufsichtsrat (Ziff. 5.3.3 DCGK) als auch dieser der Hauptversammlung (§ 124 Abs. 3 S. 1) nur solche Wahlvorschläge unterbreiten, die sich nicht in Widerspruch zur offenbarten Kodex-Praxis setzen – es sei denn, rechtzeitig **vor der Wahl** würde von der Gesellschaft eine **aktualisierte Entsprechenserklärung** herausgegeben. Ob die Hauptversammlung den kodexkonformen Vorschlägen folgt (was im *ablehnenden* Fall wiederum die Verpflichtung zur Aktualisierung der Entsprechenserklärung nach sich ziehen würde), steht auf einem anderen Blatt. Kommt die Gesellschaft ihrer Aktualisierungspflicht nicht nach, entsteht ein Informationsdefizit, das Ansatzpunkte für eine – wenn auch im Ergebnis zumeist erfolglose – **Anfechtung des Wahlbeschlusses** bietet (→ Rn. 70; → § 251 Rn. 9 ff.).

54 Leicht übersehen wird, dass **Vorstandsmitglieder** von Kodex-unterworfenen, also insbesondere börsennotierten Gesellschaften **Aufsichtsratsmandate** in konzernexternen (§ 18) in- und ausländischen[220] Unternehmen nur mit **Zustimmung des Aufsichtsrats** ihrer Gesellschaft übernehmen „sollen" (Ziff. 4.3.4 DCGK). Fehlt es daran, ist die Wahl in den Aufsichtsrat gleichwohl nicht angreifbar (arg.: Innenrecht). Gemäß § 161 Abs. 1 offenzulegen ist die Abweichung im Übrigen nur von der Gesellschaft, in der der Gewählte Vorstands- (nicht: in der er Aufsichtsrats-) Mitglied ist.

55 **3. Aufsichtsratsmitglieder der Arbeitnehmer und weitere Mitglieder (Abs. 3).** Abs. 3 enthält die (überflüssige) Klarstellung, dass die in den Mitbestimmungsgesetzen enthaltenen „anderen" **(= zusätzlichen)**[221] „persönlichen Voraussetzungen" (Anforderungsprofil und Hinderungsgründe) der Aufsichtsratsmitglieder der Arbeitnehmer und der weiteren Mitglieder neben den für *jedes* Aufsichtsratsmitglied geltenden allgemeinen (= unmittelbar im AktG geregelten) persönlichen Voraussetzungen (Anforderungsprofil und Hinderungsgründe) ebenfalls zu beachten sind.[222] Im Einzelnen sind dies – ggf. mittelbar über die Verweisung im MgVG – die § 7 Abs. 2–4 MitbestG (betreffend unter anderem die Zahl der unternehmens- und gewerkschaftsangehörigen Aufsichtsratsmitglieder und die Zeit ihrer Unternehmensangehörigkeit), §§ 4 Abs. 2, 6 Abs. 1 MontanMitbestG (betreffend unter anderem die Unabhängigkeit der weiteren Mitglieder), §§ 5, 6 MitbestErgG und § 4 DrittelbG (betreffend unter anderem das zahlenmäßige Verhältnis männlicher und weiblicher Vertreter im Aufsichtsrat). Die in den Mitbestimmungsgesetzen für die Arbeitnehmervertreter enthaltenen persönlichen Voraussetzungen sind **zwingend** und **abschließend;** die Satzung kann Abweichungen hiervon nicht bestimmen (arg.: Abs. 4, keine Zuständigkeit der Hauptversammlung für Arbeitnehmerver-

---

[218] Folge: Die Entsprechenserklärung gemäß § 161 sollte sich vorsorglich (Beispiel: ThyssenKrupp AG 2010) nicht nur zu den Aufsichtsratsmitgliedern der Gesellschaft und deren Vorstandstätigkeit in einer anderen börsennotierten Gesellschaft, sondern auch zu ihren Vorstandsmitgliedern und deren kodexrelevanter Aufsichtsratsaktivität erklären; ebenso *Jaspers* AG 2011, 154 (157 Fn. 18).

[219] Ausf. zu den zahlreichen Ungereimtheiten der Regelung *Jaspers* AG 2011, 154 (156 ff.).

[220] Wilsing/*Goslar* DCGK Ziff. 4.3.5 Rn. 6.

[221] AllgM, vgl. nur KK-AktG/*Mertens*/*Cahn* Rn. 45; Spindler/Stilz/*Spindler* Rn. 45.

[222] MüKoAktG/*Habersack* Rn. 49.

treter);[223] hierzu und zur Satzungsautonomie im Hinblick auf die weiteren Mitglieder → Rn. 57, 60. – Kein Hinderungsgrund für eine Mitgliedschaft im Aufsichtrat, sondern vielgeübte und oft sinnvolle Praxis, ist die gleichzeitige Mitgliedschaft von Arbeitnehmervertretern im **Betriebsrat** derselben Gesellschaft bzw. desselben Unternehmens.[224]

4. Satzungsmäßige Erweiterungen der persönlichen Voraussetzungen (Abs. 4). a) Allgemeines. Abs. 4 eröffnet die (in der Praxis selten genutzte) Möglichkeit, in die Satzung persönliche Voraussetzungen (Anforderungsprofil und Hinderungsgründe) für Aufsichtsratsmitglieder aufzunehmen (vgl. § 23 Abs. 5 S. 2). Wegen des einseitig zwingenden Charakters der aktienrechtlich bestimmten persönlichen Voraussetzungen (→ Rn. 60) kommen inhaltlich nur **zusätzliche,** dh **neben** die unantastbaren gesetzlichen Bestimmungen tretende oder diese **verschärfende** (einengende, qualifizierende), Regelungen in Betracht. Nicht von Abs. 4 gedeckt sind dagegen Bestimmungen, die die persönlichen Voraussetzungen aufweichen oder erleichtern.[225] Der inhaltliche Gestaltungsspielraum ist abhängig von der Legitimation des Gewählten (Wahl, Entsendung), → Rn. 58 f. 56

b) Persönlicher Anwendungsbereich. Mit der Beschränkung auf die von der Hauptversammlung **bindungsfrei gewählten** und aufgrund der Satzung in den Aufsichtsrat **entsandten** (und die **gerichtlich bestellten,** § 104 Abs. 4 S. 3) Mitglieder schiebt Abs. 4 allen Versuchen der Hauptversammlung einen Riegel vor, die Wahlen der **Arbeitnehmervertreter** durch eine Beeinträchtigung der Wahlfreiheit zu steuern oder zu erschweren;[226] eine *Begünstigung* der Arbeitnehmer durch die Satzung kommt allerdings genauso wenig in Betracht (Beispiel: Bestimmung einer Mindestzahl Arbeitnehmervertreter unter den von der Hauptversammlung Gewählten), → § 96 Rn. 83. Für die sog. **weiteren Mitglieder** ist zu unterscheiden: Wo eine Bindung der Hauptversammlung an Wahlvorschläge fehlt (nämlich nach §§ 4 Abs. 1 S. 2 lit. a, 9 Abs. 2 S. 2, jeweils iVm § 5 MontanMitbestG, nach § 4 Abs. 1 S. 2 lit. c iVm § 8 Abs. 3 S. 7 MontanMitbestG und nach § 5 Abs. 1 S. 2 lit. c, Abs. 3 MitbestErgG iVm § 8 Abs. 3 S. 7 MontanMitbestG), kann die Satzung über § 4 Abs. 2 MitbestG hinausgehende Voraussetzungen aufstellen. In allen übrigen Fällen kann die Hauptversammlung nur gebunden entscheiden; die satzungsmäßige Anordnung weiterer Voraussetzungen scheidet damit aus.[227] 57

c) Inhaltliche Schranken. In dem von Abs. 4 eröffneten Bereich (gestaltbar durch Dreiviertelmehrheit, sofern die Satzung nichts Abweichendes bestimmt, § 179 Abs. 2) hat die Hauptversammlung volle Handlungsfreiheit nur, soweit es um zu **entsendende** Aufsichtsratsmitglieder geht (arg.: Der Hauptversammlung steht es frei, Entsendungsrechte *(nicht) einzuräumen* und damit – e maiore ad minus – auch die *Bedingungen* der Entsendung autonom festzulegen).[228] Ist das Entsendungsrecht erst einmal eingeräumt, sind Erschwerungen der persönlichen Voraussetzungen allerdings nur noch mit Zustimmung des Entsendungsberechtigten möglich (→ § 101 Rn. 27). 58

Enger ist der Gestaltungsspielraum, wo es um die von den Anteilseignern zu **wählenden** Aufsichtsratsmitglieder geht. **Leitlinie** (hM): Zulässig sind Regelungen, die der Hauptversammlung ihre *Wahlfreiheit* lassen, unzulässig solche, die auf ein verkapptes **Entsendungsrecht** (= ohne die hierfür eigentlich erforderliche Satzungsgrundlage, § 101 Abs. 2) hinauslaufen.[229] So kann zB festgesetzt werden, dass die Aufsichtsratsmitglieder **Aktionäre** „ihrer" Gesellschaft sind,[230] über dezidierte **Sprachkenntnisse,**[231] eine bestimmte **Konfession, Staats-**[232] oder **Geschlechtsangehörigkeit** (absolut bzw. quotal)[233] oder ein **Höchst-** oder **Mindestalter** verfügen (zum AGG → Rn. 24)[234] 59

[223] MüKoAktG/*Habersack* Rn. 50; KK-AktG/*Mertens/Cahn* Rn. 45.
[224] MüKoAktG/*Habersack* Rn. 50; *Lutter/Krieger/Verse* Rechte und Pflichten Rn. 20.
[225] HK-AktG/*Israel* Rn. 10.
[226] Spindler/Stilz/*Spindler* Rn. 46; missverständlich Henssler/Strohn/*Henssler* Rn. 12; vgl. bereits zum Rechtszustand vor der Einfügung von Abs. 4 im Jahre 1965 BGHZ 39, 116 (122 f.) = NJW 1963, 905.
[227] Zusammenfassend MüKoAktG/*Habersack* Rn. 51 f.; ferner KK-AktG/*Mertens/Cahn* Rn. 45; Spindler/Stilz/*Spindler* Rn. 46 f.
[228] GroßkommAktG/*Hopt/Roth* Rn. 102; MüKoAktG/*Habersack* Rn. 53; KK-AktG/*Mertens/Cahn* Rn. 46; Spindler/Stilz/*Spindler* Rn. 48; Hüffer/*Koch* Rn. 20.
[229] Vgl. bereits RGZ 133, 90 (94); ebenso KK-AktG/*Mertens/Cahn* Rn. 46; Hüffer/*Koch* Rn. 20; *Behme/Zickgraf* AG 2014, 841 (854).
[230] GroßkommAktG/*Hopt/Roth* Rn. 105; KK-AktG/*Mertens/Cahn* Rn. 46; Hüffer/*Koch* Rn. 20.
[231] KK-AktG/*Mertens/Cahn* Rn. 46.
[232] Str., wie hier MüKoAktG/*Habersack* Rn. 54; KK-AktG/*Mertens/Cahn* Rn. 46; Hüffer/*Koch* Rn. 20; aA Schmidt/Lutter/*Drygala* Rn. 36; Happ/*Pühler* AktR 1.01 Rn. 36.4: Verstoß gegen Art. 56 AEUV.
[233] Ausf. KK-AktG/*Mertens/Cahn* Rn. 47; iErg ebenso MüKoAktG/*Habersack* Rn. 54; Hüffer/*Koch* Rn. 20; *Redenius/Hövermann* ZIP 2010, 660 (663 f.); *Schladebach/Stefanopoulou* BB 2010, 1042 (1045 Fn. 28); strenger GroßkommAktG/*Hopt/Roth* Rn. 104 (sachlicher Grund erforderlich).
[234] Wachter/*Schick* Rn. 12; Henssler/Strohn/*Henssler* Rn. 13; zweifelnd *Blasche* AG 2017, 112 (115 f.).

oder geordnete **Vermögensverhältnisse**[235] oder ein bestimmtes **Knowhow** nachweisen.[236] **Erlaubt** sind auch Anforderungen besonderer **fachlicher Kenntnisse** oder Erfahrungen (Studienabschluss aus einem bestimmten Fachbereich; fremdsprachliche Qualifikationen),[237] Verschärfungen der bestehenden gesetzlichen Voraussetzungen, wie zB eine Herabsetzung der **Zahl anderweitiger Mandate** oder konkurrierender Aufsichtsratspositionen,[238] oder – bislang wenig verbreitet – die Übernahme bestimmter **Empfehlungen des DCGK** (Beispiel: Unabhängigkeit = Freiheit von (potentiellen) Interessenkonflikten, Ziff. 5.4.2 S. 2 DCGK).[239] **Problematisch** sind dagegen Vorgaben, die der Hauptversammlung im Ergebnis keine **freie Auswahlentscheidung**[240] mehr lassen. Hier kommt es auf die Umstände des Einzelfalls zum Zeitpunkt der Beschlussfassung an – bei einer weitverzweigten Familie mit zahlreichen Familienmitgliedern dürfte das umstrittene Merkmal einer bestimmten **Familienzugehörigkeit**[241] jedenfalls nicht zu einer unzulässigen Beschränkung der (Aus-) Wahlfreiheit der Hauptversammlung führen.

IV. Abdingbarkeit

60 § 100 ist wegen des betroffenen öffentlichen Interesses (→ Rn. 1 f.) **einseitig zwingend,** kann also durch die Satzung im Hinblick auf die in Abs. 1 und 2 geregelten persönlichen Voraussetzungen weder eingeschränkt noch abbedungen werden (§ 23 Abs. 5).[242] **Verschärfungen** (der in Abs. 1 und 2 ausdrücklich angesprochenen Voraussetzungen) und **Erweiterungen** (über diesen Kreis hinaus) sind jedoch – außer für die *Arbeitnehmer*vertreter (Abs. 3) – grundsätzlich zulässig.[243] So kann die **Satzung** für die Anteilseignervertreter und bestimmte weitere Mitglieder **zusätzliche** Voraussetzungen aufstellen (Abs. 4; → Rn. 57, 59); auch für zu entsendende Aufsichtsratskandidaten können weitere Anforderungen und Inkompatibilitäten der Mitgliedschaft statuiert werden (→ Rn. 57 f.). Verstöße hiergegen haben aber – anders als nach § 250 Abs. 1 Nr. 4 – immer nur die *Anfechtbarkeit* zur Folge, eine schärfere Sanktion (Nichtigkeit) kann die Satzung nicht anordnen (→ Rn. 66). Dementsprechend können die gesetzlichen Anforderungen auch in der **Geschäftsordnung** des Aufsichtsrats nur ausgefüllt und allenfalls Verschärfungen festgesetzt werden (→ Rn. 13). Die **DCGK**-Empfehlungen zu den persönlichen Voraussetzungen der Aufsichtsratsmitglieder (→ Rn. 25 f., 52 f.) können von den betroffenen (börsennotierten) Gesellschaften nach Belieben beachtet werden, sofern sie eine vom Kodex abweichende Praxis nur – von Beginn an oder später aktualisierend – offenlegen (§ 161 Abs. 1 S. 1).

V. Rechtsfolgen bei Verstoß

61 **1. Festsetzung unzulässiger persönlicher Voraussetzungen in der Satzung (Abs. 4).** Die Festsetzung einer unzulässigen persönlichen Voraussetzung in der Satzung ist im Hauptfall der **Einschränkung der Wahlfreiheit** (→ Rn. 59) ein Verstoß gegen § 23 Abs. 5 und damit „mit dem Wesen der Aktiengesellschaft nicht zu vereinbaren" und nichtig (§ 241 Nr. 3).[244]

62 **2. Fehlen persönlicher Voraussetzungen (Abs. 1, 2, 4).** Der Aufsichtsrat ist verpflichtet, der Hauptversammlung nur solche Kandidaten *vorzuschlagen,* die den **gesetzlichen** und **satzungsmäßigen** (und wo und soweit einschlägig (§ 161): den im **DCGK** enthaltenen) Wählbarkeitsvoraussetzungen genügen. Entsprechendes gilt für die von Aktionärsseite via Gegenantrag ins Spiel gebrachten Bewerber (§ 127): Sie darf der Vorstand jedenfalls dann nicht zur Wahl zulassen (und die dem zugrundeliegenden Ankündigungen nicht nach § 126 Abs. 2 Nr. 2 zugänglich machen), wenn das

---

[235] Hüffer/*Koch* Rn. 20.

[236] Diese und weitere Beispiele bei MüKoAktG/*J. Semler,* 2. Aufl. 2004, Rn. 63 f.

[237] MüKoAktG/*Habersack* Rn. 54; *Ehlers/Nohlen* GS Gruson, 2009, 107 (109); Happ/*Pühler* AktR 1.01 Rn. 36.4.

[238] KK-AktG/*Mertens/Cahn* Rn. 46; Spindler/Stilz/*Spindler* Rn. 47.

[239] Hierzu *E. Vetter* in Marsch-Barner/Schäfer HdB AG § 25 Rn. 15: Konsequenz bei Verstoß gegen die Satzungsbestimmung: Anfechtbarkeit der Wahl (§ 251 Abs. 1) statt Verpflichtung zur Offenlegung einer DCGK-Abweichung.

[240] In der Sache ganz hM, vgl. bereits RGZ 133, 90 (94).

[241] Für Zulässigkeit MüKoAktG/*J. Semler,* 2. Aufl. 2004, § 100 Rn. 65; *Lutter/Krieger/Verse* Rechte und Pflichten Rn. 24; dagegen GroßkommAktG/*Hopt/Roth* Rn. 105; MüKoAktG/*Habersack* Rn. 54; KK-AktG/*Mertens/Cahn* Rn. 46; Spindler/Stilz/*Spindler* Rn. 47; Henssler/Strohn/*Henssler* Rn. 13.

[242] Ebenso GroßkommAktG/*Hopt/Roth* Rn. 9: „zwingende Mindestvoraussetzungen"; ferner Hüffer/*Koch* Rn. 1; NK-AktR/*Breuer/Fraune* Rn. 1; missverständlich Spindler/Stilz/*Spindler* Rn. 3: „[kann] weder abbedungen noch erweitert(?) werden".

[243] Vgl. Spindler/Stilz/*Spindler* Rn. 46; NK-AktG/*Breuer/Fraune* Rn. 17.

[244] GroßkommAktG/*Hopt/Roth* Rn. 105; vgl. auch HK-AktG/*Körber* § 23 Rn. 44.

Wählbarkeitshindernis bis zum Amtsantritt nicht zu beheben ist.[245] Auch der Antrag (= die Anregung), ein bestimmtes Aufsichtsratsmitglied gerichtlich zu bestellen (§ 104), sollte diese Voraussetzungen berücksichtigen. – Weist ein Aufsichtsratsmitglied dennoch **nicht** die erforderliche **persönliche Qualifikation** (vorhandenes Anforderungsprofil, fehlender Hinderungsgrund) auf, liegt hierin ein **Rechtsverstoß.** Die Rechtsfolgen sind nach der **Art** des Verstoßes (gegen das Gesetz oder gegen die Satzung) und dem **Zeitpunkt** seines Auftretens (vor oder nach der Wahl) unterschiedlich. Von Bedeutung ist ferner die **Legitimation** des Aufsichtsratsmitglieds (Wahl, Entsendung oder gerichtliche Bestellung):

a) Fehlen gesetzlicher Voraussetzungen. Fehlt eine für die Wahl zum Aufsichtsrat erforderliche **gesetzliche** (zu Anforderungen des DCGK → Rn. 70) Voraussetzung (§ 100 Abs. 1, 2) zu **Beginn der Amtszeit,** ist die Wahl – auch soweit eine Bindung an Wahlvorschläge besteht[246] – **nichtig** (§ 250 Abs. 1 Nr. 4);[247] eine Heilung nach § 242 kommt nicht in Betracht.[248] Für nicht von der Hauptversammlung gewählte Aufsichtsratsmitglieder (die § 250 Abs. 1 nach seinem Wortlaut nicht erfasst) gilt die Nichtigkeitsfolge nach hM entsprechend (Beispiel: **Entsendung**).[249] Die Nichtigkeit muss nicht notwendig im Wege der Nichtigkeitsklage (§ 250 Abs. 3 S. 1), sondern kann **auf jede beliebige Weise,** also zB auch incidenter, geltend gemacht werden (§ 250 Abs. 3 S. 2). Fehlt es an der persönlichen Voraussetzung bereits zum Zeitpunkt der **Wahl** (Beispiel: Der Gewählte hat unvereinbar viele Aufsichtsratspositionen inne; die zweijährige Karenzzeit nach Abs. 2 S. 1 Nr. 4 ist noch nicht abgelaufen), kann das Defizit noch bis zum Beginn der Amtszeit behoben werden (zB durch Niederlegung der überzähligen Mandate oder Zeitablauf; nicht: Nachholung des 25%-Aktionärsquorums (arg.: Wahl „auf Vorschlag"),[250] → Rn. 44); bis dahin ist die Wahl **schwebend unwirksam** (bei rechtzeitiger Behebung des Defizits: *ex tunc* wirksam; ansonsten: nichtig).[251] Wegen des oft großen Abstands zwischen Wahl und Amtsantritt ist das insbesondere bei Ersatzmitgliedern praktisch bedeutsam.[252] Eine **Heilung** der Nichtigkeit durch Eintreten der persönlichen Voraussetzungen *nach* dem (auf der nichtigen Wahl beruhenden) Amtsantritt scheidet nach hM aus.[253] Die vorstehenden Grundsätze gelten auch für **Arbeitnehmervertreter,** und zwar im Hinblick auf die allgemeinen wie auf die arbeitnehmerspezifischen Voraussetzungen.[254] 63

Die Situation ist anders, wenn das Aufsichtsratsmitglied **gerichtlich** bestellt worden ist (vgl. § 104 Abs. 4 S. 3). Der Grundsatz der Rechtssicherheit gebietet, der **rechtskräftig** gewordenen gerichtlichen Entscheidung auch dann Rechtswirksamkeit zuzusprechen, wenn ein vom Gericht übersehener Verstoß gegen § 100 Abs. 1 oder 2 (zu Abs. 5 → Rn. 74) und damit ein eigentlich rechtswidriger Zustand vorliegt.[255] Das bedeutet zugleich, dass das gerichtlich bestellte Aufsichtsratsmitglied weder einen seiner anderen Aufsichtsratssitze (§ 100 Abs. 2 S. 1 Nr. 1) noch erst recht seine Eigenschaft als gesetzlicher Vertreter eines anderen Unternehmens (§ 100 Abs. 2 S. 1 Nr. 2, 3) verliert.[256] 64

Stellt sich das Fehlen der Voraussetzungen nach § 100 Abs. 1 oder 2 Nr. 2 oder 3 erst **während** der **Amtszeit** ein (Beispiel: Das Aufsichtsratsmitglied verliert seine Geschäftsfähigkeit; es erhält einen mit Einwilligungsvorbehalt tätigen Betreuer; es wird zum gesetzlichen Vertreter eines Konzernunternehmens bestellt) plädiert die hM für ein automatisches, dh ohne Amtsniederlegung erfolgendes, **ex nunc-Erlöschen** des Aufsichtsratsmandats.[257] Das Ergebnis überrascht, da die Voraussetzungen einer Nichtigkeit der *Wahl* nach § 250 Abs. 1 Nr. 4 („bei Beginn der Amtszeit") ersichtlich nicht vorliegen. Auch käme in den Fällen des Abs. 2 S. 1 Nr. 2 und 3 – wie bei § 105 (→ § 105 Rn. 25) – eine 65

[245] Vgl. *Butzke* HV Kap. B Rn. 163: Ermessensreduzierung auf Null.

[246] MüKoAktG/*Habersack* Rn. 56.

[247] KK-AktG/*Mertens/Cahn* Rn. 48; Spindler/Stilz/*Spindler* Rn. 69; Hüffer/*Koch* Rn. 27.

[248] GroßkommAktG/*Hopt/Roth* § 101 Rn. 212.

[249] GroßkommAktG/*Hopt/Roth* Rn. 114, § 101 Rn. 212; MüKoAktG/*Habersack* Rn. 59.

[250] Hüffer/*Koch* Rn. 27; vgl. *Wettich* AG 2012, 725 (729); *E. Vetter* FS Maier-Reimer, 2010, 795 (814 f.).

[251] GroßkommAktG/*Hopt/Roth* Rn. 108: „Amtsantritts-", nicht „Wählbarkeitsvoraussetzung"; MüKoAktG/*Habersack* Rn. 55; Hüffer/*Koch* Rn. 27; Semler/v. Schenck/*Mutter* Rn. 111; iErg abw. KK-AktG/*Kiefner* § 250 Rn. 54: „schwebend unwirksam".

[252] MüKoAktG/*Habersack* Rn. 55; aA GroßkommAktG/*Hopt/Roth* Rn. 115.

[253] MüKoAktG/*Habersack* Rn. 55; KK-AktG/*Kiefner* § 250 Rn. 54; Schmidt/Lutter/*Schwab* § 250 Rn. 5; Hüffer/*Koch* § 250 Rn. 9; Henssler/Strohn/*Henssler* Rn. 19; aA *Schröder* Mängel und Heilung der Wählbarkeit, 1979, 31.

[254] KK-AktG/*Mertens/Cahn* Rn. 55.

[255] GroßkommAktG/*Hopt/Roth* Rn. 111; KK-AktG/*Mertens/Cahn* § 104 Rn. 29; MüKoAktG/*Habersack* Rn. 20; aA MüKoAktG/*J. Semler*, 2. Aufl. 2004, Rn. 26: „auch Gerichte sind an Gesetze gebunden".

[256] GroßkommAktG/*Hopt/Roth* Rn. 111; KK-AktG/*Mertens/Cahn* Rn. 28.

[257] GroßkommAktG/*Hopt/Roth* Rn. 119 f. m. umfangreicher Kasuistik; MüKoAktG/*Habersack* Rn. 60; Schmidt/Lutter/*Drygala* Rn. 39; Hüffer/*Koch* Rn. 27; Henssler/Strohn/*Henssler* Rn. 19.

Anwendung des Prioritätsprinzips (= Nichtigkeit der jeweils späteren Bestellung) in Betracht. Der Amtsverlust (§ 134 BGB analog) des ordnungsgemäß Gewählten folgt in diesem Fall jedoch unmittelbar aus dem Verstoß gegen Abs. 1 („Mitglied des Aufsichtsrats kann … nur sein …") bzw. Abs. 2 („kann nicht sein …"). Aus der drastischen Rechtsfolge bei Verstößen insbesondere gegen Abs. 2 S. 1 Nr. 2 (unheilbarer Verlust des Aufsichtsratsmandats) ergibt sich für die Praxis die Notwendigkeit, die Voraussetzungen der auf *Aufsichtsrats*wahlen gemünzten Vorschrift auch bei der späteren Besetzung von *Geschäftsführungs*organen auf jeder Konzernebene peinlich genau zu beachten. – Die Voraussetzung nach Abs. 2 Nr. 1 kann nicht nachträglich entfallen, da die betreffende (spätere) Wahl bei der *anderen* Gesellschaft nach § 250 Abs. 1 Nr. 4 ihrerseits nichtig ist (Prioritätsprinzip).[258] Im Ergebnis Entsprechendes gilt für die eine Inkompatibilität begründende Wahl zum Aufsichtsrats*vorsitzenden* der anderen Gesellschaft nach Abs. 2 S. 3[259] und den Wegfall des Konzernprivilegs nach Abs. 2 S. 2; auch hier sind ausschließlich die *zuletzt* vorgenommenen Bestellungen von der Nichtigkeit betroffen.[260] Die Voraussetzung nach Abs. 2 S. 1 Nr. 4 (zweijährige Karenzzeit) kann, wenn sie einmal erfüllt ist, nicht nachträglich wieder entfallen. – Auch diese Grundsätze gelten für **entsandte** Aufsichtsratsmitglieder entsprechend.[261]

66 **b) Fehlen satzungsmäßiger Voraussetzungen.** Ein bei **Amtsantritt** vorhandener Verstoß gegen Anforderungen der **Satzung** (Abs. 4) begründet (nur) die **Anfechtbarkeit** der Wahl (§ 251 Abs. 1, 3); vorher bereits vorhandene Defizite können bis zu diesem Zeitpunkt noch beseitigt werden.[262] Ist die Monatsfrist (§ 246 Abs. 1) abgelaufen, kommt eine Anfechtung selbst dann nicht mehr in Betracht, wenn das Defizit erst nach Fristablauf entdeckt wird (*oder sogar*: entdeckt werden konnte).[263] Dann bleibt neben der Abwahl (§ 103 Abs. 1) nur das gerichtliche Abberufungsverfahren nach § 103 Abs. 3.[264] Ob der hierfür erforderliche „wichtige Grund" in der Person des Aufsichtsratsmitglieds vorliegt, ist in jedem Einzelfall zu prüfen.[265]

67 Für den Fall der **gerichtlichen** Bestellung der Aufsichtsratsmitglieder gilt beim Verstoß gegen eine von der Satzung aufgestellte „Amtsantrittsvoraussetzung" das zum Verstoß gegen ein gesetzliches Verbot Gesagte (→ Rn. 64) entsprechend.

68 Fällt eine von der Satzung aufgestellte Anforderung **nach** Amtsantritt weg, verletzt nicht „die Wahl", sondern der durch sie geschaffene, fortdauernde *Zustand* die Satzung. Eine Anfechtung nach § 251 Abs. 1 kommt daher schon nach dessen Wortlaut nicht in Betracht, ebenso wenig ein automatischer Amtsverlust. Das bestehende Defizit kann nach hM daher nur im Rahmen einer Abwahl durch die Hauptversammlung nach § 103 Abs. 1 oder einer gerichtlichen Abberufung nach § 103 Abs. 3 (Einzelfallprüfung!)[266] bereinigt werden.[267]

69 **c) Sonderfälle, insbesondere DCGK-Verstöße.** Die Wahl eines **fachlich ungeeigneten** Kandidaten zum Aufsichtsrat ist de lege lata selbst unter offenkundigen Umständen nicht anfechtbar.[268] Angesichts des Schweigens des AktG zum Sachkunde-Kriterium (→ Rn. 21) mangelt es hierfür schon an einem geeigneten Beurteilungsmaßstab. Das ist anders, wo Persönlichkeit, Zuverlässigkeit und Sachkunde **gesetzliche** – und damit ungeachtet ihrer geringen Greifbarkeit gerichtlich voll überprüfbare – **Qualifikationsmerkmale** sind (→ Rn. 22); hier kommt die Anfechtung des Wahlbeschlusses „wegen Verletzung des Gesetzes" in Betracht (→ § 251 Rn. 5). Umstritten sind dagegen sowohl die Voraussetzungen als auch die Rechtsfolgen (Wirksamkeit, Anfechtbarkeit, Nichtigkeit der

---

[258] AllgM, vgl. nur Spindler/Stilz/*Spindler* Rn. 71; Hüffer/*Koch* Rn. 27.

[259] GroßkommAktG/*Hopt/Roth* Rn. 121; MüKoAktG/*Habersack* Rn. 60.

[260] GroßkommAktG/*Hopt/Roth* Rn. 121; Hüffer/*Koch* Rn. 60; *E. Vetter* in Marsch-Barner/Schäfer HdB AG § 25 Rn. 65.

[261] MüKoAktG/*Habersack* Rn. 62.

[262] GroßkommAktG/*Hopt/Roth* Rn. 117; MüKoAktG/*Habersack* Rn. 54; KK-AktG/*Mertens/Cahn* Rn. 49; Hüffer/*Koch* Rn. 27.

[263] GroßkommAktG/*Hopt/Roth* Rn. 117 f.; Hüffer/*Koch* Rn. 27; HK-AktG/*Israel* Rn. 12; teils abmildernd MüKoAktG/*Habersack* Rn. 57; KK-AktG/*Mertens/Cahn* Rn. 59; Spindler/Stilz/*Spindler* Rn. 70: Beginn der Anfechtungsfrist erst mit (ggf. späterem) Amtsantritt.

[264] MüKoAktG/*Habersack* Rn. 57; Spindler/Stilz/*Spindler* Rn. 70; Semler/v. Schenck/*Mutter* Rn. 113, 117; wohl auch Schmidt/Lutter/*Drygala* Rn. 38.

[265] Strenger Spindler/Stilz/*Spindler* Rn. 72: wichtiger Grund liegt bei Satzungsverstoß „in der Regel" vor.

[266] Zust. Schmidt/Lutter/*Drygala* Rn. 39.

[267] GroßkommAktG/*Hopt/Roth* Rn. 129, auch zu Gegenstimmen; Spindler/Stilz/*Spindler* Rn. 72; Hüffer/*Koch* Rn. 27.

[268] GroßkommAktG/*Hopt/Roth* Rn. 109; MHdB AG/*Hoffmann-Becking* § 30 Rn. 4; abw. für „krasse Ausnahmefälle" Spindler/Stilz/*Spindler* Rn. 61 sowie *Sünner* AG 2012, 265 (270) bei „Verletzung der Treuepflicht durch Überschreitung des Wahlermessens".

Wahl) für den Fall eines **dauerhaften Interessenkonflikts** in der Person eines Aufsichtsratsmitglieds (→ Rn. 50).[269]

70 Die Wahl eines Aufsichtsratsmitglieds oder des Aufsichtsrats insgesamt kann unstreitig nicht mit der Begründung angefochten werden, sie verstoße gegen Grundsätze des **DCGK** (Beispiele: Ziff. 5.4.5 Abs. 1 S. 2 DCGK – Annahme eines vierten Aufsichtsratsmandats; Ziff. 5.4.2 S. 4 DCGK – Ausübung von Organfunktion bei Wettbewerber). Dem steht entgegen, dass der DCGK weder ein Gesetz (Art. 2 EGBGB) noch Bestandteil der Satzung ist (vgl. § 251 Abs. 1 S. 1)[270] und seine Empfehlungen daher nicht befolgt werden müssen. Der DCGK sieht für einen Verstoß stattdessen eine eigene Sanktion vor (begründete Offenlegung der Abweichungen von Empfehlungen im Rahmen der Entsprechenserklärung nach § 161). Im Ergebnis nicht vollends überzeugend (wiewohl hM) ist, dass sich hieran etwas im Sinne einer *Anfechtbarkeit* des (hier: Wahl-) Beschlusses ändert, wenn die durchbrochene, für die angefochtene Entscheidung „nicht unwesentliche“[271] Kodex-Bestimmung Gegenstand des zukunftsgerichteten Teils der **Entsprechenserklärung** (§ 161) ist und die Gesellschaft ihre geänderte Praxis nicht „umgehend“[272] bekannt macht, indem sie die Erklärung korrigiert (zu Einzelheiten → § 251 Rn. 9 ff.).[273]

71 **3. Fehlen eines Finanzexperten (Abs. 5 Hs. 1).** Besonderheiten gelten für Abs. 5 (Hs. 1), bei dem sich Rechtsverstöße nur **schwerlich** in das überkommene **System des Beschlussmängelrechts** einpassen. In der Praxis *mitbestimmter* Gesellschaften (um die es sich bei den „*Public Interest Entities*“ des Abs. 5 zumeist handelt → Rn. 10) werden seine Voraussetzungen wegen der auf Arbeitnehmerseite in aller Regel fehlenden Finanzexpertise faktisch (nicht: juristisch, → Rn. 9, 55) weitgehend von den *Anteilseigner*vertretern sicherzustellen sein. Im Einzelnen:

72 (i) Die **materiellen Anforderungen** an den „Finanzexperten“ sind zwar im Ergebnis gering. Was genau seineExpertise ausmacht, ist jedoch gesetzlich nicht definiert und überdies von den in der Gesellschaft individuell herrschenden Verhältnissen abhängig. Daher haben die jeweiligen Wahlgremien *faktisch* die Prärogative bei der Entscheidung über die für sie notwendige Expertise. Das liegt indes nicht an einem wie auch immer gearteten **„Beurteilungsspielraum“,**[274] sondern daran, dass gerade das *Fehlen* der Expertise, und zwar in der Person *sämtlicher* Aufsichtsratsmitglieder praktisch kaum je **nachweisbar** sein wird (→ Rn. 13).[275]

73 (ii) Fehlt ein Finanzexperte, ist der Aufsichtsrat – auch wenn dies für dessen Beschlussfähigkeit und die Wirksamkeit seiner (auch „finanzbezogenen“) Beschlüsse ohne Belang ist[276] – zwar **objektiv gesetzwidrig** besetzt. Jedoch ist die *Wahl* (ebenso: die gerichtliche Bestellung, → Rn. 11) sachverständiger Mitglieder nur *eine* Möglichkeit, den gesetzwidrigen Zustand zu beheben. Ebenso möglich ist zB, dass ein bereits amtierendes oder andernorts bestimmtes (zB entsandtes) Mitglied des Aufsichtsrats, auch der Arbeitnehmerseite (→ Rn. 9), die erforderliche Sachkunde aufweist oder zumindest nachträglich erwirbt.[277] Auch Ziff. 5.4.5 Abs. 2 S. 1 DCGK fordert, dass die (= alle) Mitglieder des Aufsichtsrats „die für ihre Aufgaben erforderlichen Aus- und Fortbildungsmaßnahmen eigenverantwortlich wahrnehmen“. Entsprechend enthält Abs. 5 – entgegen der irreführenden Überschrift von § 100 – gerade **keine „persönliche“ Voraussetzung** für die Wahl einzelner Aufsichtsratsmitglieder, sondern eine objektive Anforderung an

---

[269] Zusammenfassend Spindler/Stilz/*Spindler* Rn. 65 ff.

[270] Insoweit noch zust. BGHZ 180, 9 Rn. 26 = ZIP 2009, 460 – Kirch/Deutsche Bank; KG AG 2009, 118 (119); OLG München ZIP 2009, 133 (134) – MAN/Piëch; ebenso die Vorinstanz LG München I ZIP 2007, 2360 m. insoweit ebenfalls noch zust. Anm. *Kirschbaum* ZIP 2007, 2362 (2362 f.); *Goette* FS K. Schmidt, 2009, 225 (229 f.).

[271] Kasuistik hierzu bei *Goette* FS K. Schmidt, 2009, 225 (234 f.).

[272] Großzügiger (und eindeutig praxisnäher) OLG München ZIP 2009, 133 (134) – MAN/Piëch: „zumindest gleichzeitig mit dem Beschlussvorschlag“.

[273] BGHZ 180, 9 Rn. 19 = ZIP 2009, 460 – Kirch/Deutsche Bank, betr. Entlastung, für den Wahlbeschluss ausdrücklich offen gelassen; BGHZ 182, 272 Rn. 16 = DStR 2009, 2207 (2209) – Umschreibungsstopp; LG Hannover ZIP 2010, 833 – Conti/Schaeffler IV; iErg auch *Kirschbaum* ZIP 2007, 2362 (2363 f.); *E. Vetter* NZG 2008, 121 (124 f.); gegen Anfechtbarkeit *Marsch-Barner* FS K. Schmidt, 2009, 1109 (1112 f.); *Theusinger/Liese* DB 2008, 1419; *Kocher/Bedkowski* BB 2009, 235; *Rieder* NZG 2010, 737.

[274] So aber *Gruber* NZG 2008, 12 (13); ähnlich *Hüffer*, 10. Aufl. 2012, Rn. 12: „breiter Beurteilungsspielraum“; wie hier Schmidt/Lutter/*Drygala* Rn. 58; *Wilsing/von der Linden* DStR 2012, 1391 (1392); *Staake* ZIP 2010, 1013 (1017 f.): „vollständige richterliche Kontrolle“.

[275] Hüffer/*Koch* Rn. 24; *Kropff* FS K. Schmidt, 2009, 1023 (1034); aus der Praxis LG München NZG 2010, 464 mAnm *Reger/Theusinger*, bestätigt durch OLG München ZIP 2010, 1082 (1083); vgl. auch *Jäger* NZG 2011, 210 (211).

[276] Ebenso Spindler/Stilz/*Spindler* Rn. 73; Hüffer/*Koch* Rn. 28; HK-AktG/*Israel* Rn. 12a; *Lüer* FS Maier-Reimer, 2010, 385 (401 f.); *Widmann* BB 2009, 2602 (2603 f.).

[277] *Staake* ZIP 2010, 1013 (1019); Schmidt/Lutter/*Drygala* Rn. 42.

die **Zusammensetzung des Aufsichtsrats insgesamt.**[278] Danach muss „kein Aufsichtsratsmitglied für sich gesehen die genannten Kriterien [„Finanzexperte"] erfüllen."[279] Abs. 5 appelliert daher konsequenterweise nicht nur an Hauptversammlung, Arbeitnehmer, Entsendungsberechtigte und Gerichte (als Bestellungsorgane), sondern stellt Anforderungen auch an die Binnenorganisation des Aufsichtsrats und seiner Mitglieder.[280] Danach handelt der Aufsichtsrat **pflichtwidrig** (mit der Folge zB einer möglichen Entlastungsverweigerung) wenn er keine ausreichenden Bemühungen im Hinblick auf den Erwerb der erforderlichen Finanzexpertise unternimmt; in gravierenden Fällen ist der Entlastungsbeschluss anfechtbar.[281]

74 (iii) Wird jemand, der selbst kein Finanzexperte ist, in einen **Aufsichtsrat ohne Finanzexperten** gewählt (Fälle: (a) Wahlvorschlag enthält keinen Finanzexperten, (b) dem vorgeschlagenen Experten fehlen die ihm zugeschriebenen Eigenschaften, (c) die Hauptversammlung wählt einen anderen als den vorgeschlagenen Experten), ist seine Wahl in keinem Fall **nichtig** (unstr., arg. § 250 Abs. 1 Nr. 4).[282] Die Wahl ist entgegen der hL aber auch nicht gesetzeswidrig (das ist nur die Zusammensetzung des Aufsichtsrats *im Ganzen*) und damit auch **nicht** nach § 251 Abs. 1 S. 1 oder gar § 243 Abs. 1 **anfechtbar.**[283] Schon wegen der (Mit-)Verantwortung der anderen Bestellungsorgane,[284] aber auch des Aufsichtsrats und seiner Mitglieder für die gesetzmäßige Zusammensetzung des Aufsichtsrats (→ Rn. 73) fehlt es an der erforderlichen Kausalität („*wegen* Verletzung des Gesetzes oder der Satzung") zwischen dem konkret angefochtenen Wahlbeschluss – und erst recht der vorgängigen Empfehlung des Nominierungsausschusses und dem Wahlvorschlag des Aufsichtsrats[285] – und dem (fort-) bestehenden Expertenmanko. Daran ändert weder die – gesetzlich ohnehin nicht erforderliche (→ Rn. 9) – Benennung eines (angeblichen) Finanzexperten im Wahlvorschlag des Aufsichtsrats noch dessen „Bestimmung" durch das Bestellungsorgan etwas (arg.: außer dem Benannten kann auch jedes andere Aufsichtsratsmitglied die gesetzlichen Voraussetzungen erfüllen).[286] Die von der hL im Sinne einer Anfechtbarkeit vorgenommenen Differenzierungen nach dem Wahlmodus (Listenwahl; Einzelwahl in einem oder mehreren Wahlgängen)[287] führen demgegenüber nur zu willkürlichen Ergebnissen (weiteres Beispiel: *Staggered Board* – dauernde Anfechtbarkeit der jeweils letzten Wahl, weil (immer noch) kein Finanzexperte gewählt wurde?). Auch die Parallele zu § 95 trägt nicht[288] (anders als der Finanzexperte steht das überzählige Aufsichtsratsmitglied – so schwer es zB bei der Listenwahl zu ermitteln sein mag – fest). Dieses Ergebnis entspricht im Übrigen dem Rechtszustand,

[278] Hüffer/*Koch* Rn. 28: „für Gesamtorgan geltende Organisationsanforderung"; *Staake* NZG 2016, 853 (853); *ders.* ZIP 2010, 1013 (1018): „objektive Besetzungsregel"; ferner MüKoAktG/Habersack Rn. 65; Wachter/*Schick* Rn. 17; *Gruber* NZG 2008, 12 (13); *v. Falkenhausen/Kocher* ZIP 2009, 1601 (1602); *Kropff* FS K. Schmidt, 2009, 1023 (1033).

[279] *Staake* NZG 2016, 853 (853).

[280] AA *Wardenbach* GWR 2010, 207 (208); *Lüer* FS Maier-Reimer, 2010, 385 (395 ff.): nur Bestellungsorgane.

[281] KK-AktG/*Mertens/Cahn* Rn. 82; Hüffer/*Koch* Rn. 28.

[282] LG München ZIP 2010, 2098 (2101); *E. Vetter* FS Maier-Reimer, 2010, 795 (811); *Wardenbach* GWR 2010, 207 (208); *Habersack* AG 2008, 98 (106); *Gruber* NZG 2008, 12 (14); vgl. aber *Diekmann/Bidmon* NZG 2009, 1087 (1091).

[283] IErg ebenso Schmidt/Lutter/*Drygala* § 100 Rn. 62; Hüffer/*Koch* Rn. 28; Wachter/*Schick* Rn. 17; MHdB AG/*Austmann* § 42 Rn. 165; *Mimberg* in Marsch-Barner/Schäfer HdB AG § 37 Rn. 152; *Gruber* NZG 2008, 12 (14); *Lüer* FS Maier-Reimer, 2010, 385 (400 f.); *Sünner* FS U.H. Schneider, 2011, 1301 (1305 ff.); sympathisierend auch *v. Falkenhausen/Kocher* ZIP 2009, 1601 (1602); aA KK-AktG/*Mertens/Cahn* Rn. 79; Spindler/Stilz/*Spindler* Rn. 73; Schmidt/Lutter/*Schwab* § 251 Rn. 1; NK-AktR/*Breuer/Fraune* Rn. 22; NK-AktR/*Heidel* § 251 Rn. 3a; *Habersack* AG 2008, 98 (106); *ders.* FS Goette, 2011, 121 (127 ff.); *Ehlers/Nohlen* GS Gruson, 2009, 107 (117); *Jaspers* AG 2009, 607 (612): immer anfechtbar; *Langenbucher* ZGR 2012, 314 (334); *Wardenbach* GWR 2010, 207 (209): nur bei alleiniger Zuständigkeit der Hauptversammlung anfechtbar; wie die hL wohl auch LG München AG 2010, 339; OLG München AG 2010, 639, jeweils implizit; iErg auch *Staake* ZIP 2010, 1013 (1020 f.): zusätzlich Statusverfahren.

[284] So vor allem *Wardenbach* GWR 2010, 207 (208 f.).

[285] So aber *Nowak* BB 2010, 2423 (2426); *E. Vetter* FS Maier-Reimer, 2010, 795 (806 f.): Nichtigkeit des Vorschlags.

[286] *Sünner* FS U.H. Schneider, 2011, 1301 (1306); *Lüer* FS Maier-Reimer, 2010, 385 (401 f.); iErg auch MüKoAktG/*Koch* § 251 Rn. 6; aA *Kropff* FS K. Schmidt, 2009, 1023 (1033).

[287] So zB *Langenbucher* ZGR 2012, 314 (334 f.): „Zufallsergebnis"; KK-AktG/*Kiefner* § 251 Rn. 36; Schmidt/Lutter/*Schwab* § 251 Rn. 1; *Wind/Klie* DStR 2010, 1339 (1340); *Jaspers* AG 2009, 607 (613); *Widmann* BB 2009, 2602 (2603); *Grunewald* NZG 2015, 609 (612); einschr. HK-AktG/*Israel* Rn. 12a: Anfechtbarkeit nur bei Identifizierung des konkret verletzenden Wahlbeschlusses; strenger *E. Vetter* FS Maier-Reimer, 2010, 795 (811): selbst bei Einzelwahl *jede* Wahl anfechtbar, nicht nur die letzte oder die des (angeblichen) Finanzexperten; ähnlich *Staake* ZIP 2010, 1013 (1020).

[288] Insoweit zust. *Kropff* FS K. Schmidt, 2009, 1023 (1033); iErg auch *Sünner* FS U.H. Schneider, 2011, 1301 (1307); aA *Jaspers* AG 2009, 607 (613).

der schon **vor Inkrafttreten des BilMoG** mit der Einführung des (heute nicht mehr zwingend „unabhängigen") Finanzexperten bestand: Bereits damals entsprach es der hL, dass an die Mitglieder des Prüfungsausschusses **erhöhte Anforderungen** an die *financial literacy* zu stellen sind; bei großen, kapitalmarktorientierten Gesellschaften sollte zumindest eines seiner Mitglieder (und damit des Aufsichtsrats insgesamt) anstehende Fragen mit Finanzvorstand und Wirtschaftsprüfer auf Augenhöhe diskutieren können.[289] Anfechtungsfolgen waren mit einem Zurückbleiben hinter diesen Standards indes schon damals nicht verbunden. – Aus den gleichen Gründen ist auch die **gerichtliche Bestellung** (→ Rn. 11) eines Aufsichtsratsmitglieds, dem die erforderlichen Eigenschaften nach Abs. 5 fehlen, nicht erfolgreich angreifbar (kein Beschwerdegrund iSd §§ 58 ff. FamFG; aA die hL; zu Einzelheiten → § 104 Rn. 28; → Rn. 64). – Das für den (einen) Finanzexperten bestellte **Ersatzmitglied** muss seinerseits nicht über die Qualifikation als Finanzexperte verfügen. Das Ersatzmitglied rückt daher im Ersatzfall selbst dann in den Aufsichtsrat ein, wenn dem Aufsichtsrat danach der gemäß Abs. 5 erforderliche Experte fehlt (arg. → Rn. 73).[290]

(iv) Schon aufgrund des gegenüber Abs. 1 (→ Rn. 65) abweichenden Gesetzeswortlauts ist es weiter gerechtfertigt, **keinen** automatischen **Amtsverlust** des Finanzexperten beim späteren **Fortfall** seiner Sachkunde (zB wegen einer Änderung der Bilanzierungspraxis[291] oder dem Unterlassen erforderlicher Fortbildungsmaßnahmen) anzunehmen). Insbesondere bleibt es bei der Wirksamkeit des ursprünglich gefassten Wahlbeschlusses.[292] Es kommt beim Wegfall (wie auch beim Fehlen – Beispiel: spätere Kapitalmarktorientierung der Gesellschaft, → Rn. 8) des Finanzexperten auch keine (arg.: wessen?) **Abberufung** eines Aufsichtsratsmitglieds aus wichtigem Grund nach § 103 Abs. 3 in Betracht.[293] Schließlich liegen auch die Voraussetzungen für eine gerichtliche „Abänderung der Besetzung" nach **§ 104** (arg.: keine numerische Unterbesetzung, → § 104 Rn. 12) oder ein Einschreiten nach § 407 nicht vor.[294] Anders liegen die Dinge nur in dem seltenen Fall, dass einem Aufsichtsratskandidaten selbst der Vorwurf **pflichtwidrigen Verhaltens** gemacht werden kann (Beispiel: Vortäuschen der erforderlichen Finanzexpertise gegenüber dem Nominierungsausschuss/Aufsichtsrat, → § 103 Rn. 36).[295] 75

(v) Fehlen und Wegfall des Finanzexperten können **nicht** im Wege des **Statusverfahrens** gemäß §§ 97 ff. kuriert werden.[296] Zum einen geht es im Statusverfahren um die personelle „Zusammensetzung" und nicht die Qualifikation des Aufsichtsrats; entsprechend dient das Verfahren der Rechtssicherheit (→ § 96 Rn. 79; → § 97 Rn. 4) durch Gewährleistung der – hier zu keinem Zeitpunkt in Frage stehenden (→ Rn. 73) – Funktionsfähigkeit des Aufsichtsrats. Weiter stände das Statusverfahren ohnehin nur für die Klärung der – hier unstreitigen – Frage zur Verfügung, welche gesetzlichen Anforderungen für den Aufsichtsrat bestehen (Antwort: § 100 Abs. 5 Hs. 1), nicht aber dafür, ob der Aufsichtsrat diesen Anforderungen tatsächlich genügt (Antwort: nein; → § 98 Rn. 3). Schließlich führt auch das Statusverfahren nicht an der Notwendigkeit vorbei, dass letztlich nur wieder Bestellungsorgane und/oder Gericht die von ihnen allein nicht zu gewährleistende (→ Rn. 73) „gesetzmäßige" Neubesetzung vollziehen müssen. 76

(vi) Danach ist die „Fehlbesetzung" des Aufsichtsrats nicht im Wege der Beschlussmängelklage, des Statusverfahrens oder einer gerichtlichen „Umbesetzung", sondern primär durch die Verpflichtung des **Aufsichtsrats** und seiner Mitglieder, das Defizit alsbald (zB durch Schulungen, Amtsniederlegung und/oder Veranlassung von Neuwahlen, § 111 Abs. 3) zu beheben und allenfalls durch **Ersatzansprüche** sanktioniert: Schlägt der Aufsichtsrat trotz Fehlens eines Finanzexperten nur unqualifizierte Kandidaten vor, kann er sich nach §§ 116 S. 1, 93 schadensersatzpflichtig 77

---

[289] Vgl. MüKoAktG/*Habersack*, 3. Aufl. 2008, § 107 Rn. 110; *ders.* AG 2008, 98 (103); *Ehlers/Nohlen* GS Gruson, 2009, 107 (109); *Lüer* FS Maier-Reimer, 2010, 385 (389).

[290] AA *E. Vetter* FS Maier-Reimer, 2010, 795 (815).

[291] AA OLG München AG 2010, 639 (640): IFRS statt HGB; krit. dazu *Scheffler* AG-Report 2010, R 368 (369).

[292] *Staake* ZIP 2010, 1013 (1019); *Gruber* NZG 2008, 12 (14); *Jaspers* AG 2009, 607 (613); insoweit zust. auch noch KK-AktG/*Mertens/Cahn* Rn. 81.

[293] Spindler/Stilz/*Spindler* Rn. 75; *Lüer* FS Maier-Reimer, 2010, 385 (396 f., 399); *Wardenbach* GWR 2010, 207 (209); *Gruber* NZG 2008, 12 (14); *Staake* ZIP 2010, 1013 (1019); *v. Falkenhausen/Kocher* ZIP 2009, 1601 (1602); aA KK-AktG/*Mertens/Cahn* Rn. 81; *Nowak* BB 2010, 2423 (2426); *Jaspers* AG 2009, 607 (614); *Kropff* FS K. Schmidt, 2009, 1023 (1034).

[294] So aber *Theisen* Aufsichtsrat 2009, 81; dagegen überzeugend Spindler/Stilz/*Spindler* Rn. 75; *v. Falkenhausen/Kocher* ZIP 2009, 1601 (1602); *Widmann* BB 2009, 2602 (2605).

[295] Ebenso *Sünner* FS U.H. Schneider, 2011, 1301 (1310).

[296] So aber Schmidt/Lutter/*Drygala* Rn. 64, § 97 Rn. 7; *Sünner* FS U.H. Schneider, 2011, 1301 (1308 ff.); *Staake* ZIP 2010, 1013 (1021 f.); wie hier KK-AktG/*Mertens/Cahn* Rn. 79.

machen (aber: Schaden? (Mit-) Verantwortung des Bestellungsorgans?).[297] In gravierenden Fällen ist dem Aufsichtsrat die **Entlastung** zu verweigern (→ Rn. 73). Unabhängig davon besteht die – bei Gesellschaften mit großem Aktionärskreis jedoch zumeist unpraktische – Möglichkeit der Ersetzung des (eines) unqualifizierten Aufsichtsratsmitglieds im Wege der **Abberufung** und **Neubestellung** durch das hierfür jeweils zuständige Gremium.[298] Die womöglich effektivste Sanktion der in einem hochsensiblen Bereich rechtsuntreuen Gesellschaft erfolgt schließlich durch den **Kapitalmarkt** und seine Teilnehmer.

78 **4. Fehlende Sektorkenntnis (Abs. 5 Hs. 2).** Abs. 5 Hs. 2 stellt entgegen der Überschrift des § 100 ebenfalls *keine* **„persönliche** Voraussetzung" für das Aufsichtsratsmitglied, sondern eine **„*organ*bezogene Besetzungsregel"**[299] dar (für den „Finanzexperten" → Rn. 73). Als solche vermag sie zwar den Aufsichtsrat hinsichtlich seiner Wahlvorschläge (Rechtsfolge bei Verstoß: §§ 116 Abs. 1, 93; ggf. Entlastungsverweigerung/Anfechtung der Entlastung),[300] nicht aber die Bestellungsorgane bei deren Entscheidung über die Besetzung des Aufsichtsrats zu binden.[301] Fehlende Sektorkenntnis einzelner oder aller Aufsichtsratskandidaten ist daher **kein Bestellungshindernis;** ebenso führt (zB durch versäumte Fortbildung) später entfallende Sektorkenntnis **nicht** zum **Amtsverlust.**[302] Eine **Anfechtung** *individueller* Wahlbeschlüsse kommt wegen der vom *Gesamt*-Aufsichtsrat sicherzustellenden Sektorvertrautheit daher schon strukturell nicht in Betracht (ebenso für den „Finanzexperten" → Rn. 74).[303] Der ohne Sektorkompetenz bestehende Aufsichtsrat ist zwar objektiv rechtswidrig (kein Statusverfahren → Rn. 76),[304] aber **beschlussfähig** zuammengesetzt und daher jederzeit in der Lage, wirksame Beschlüsse zu fassen. Eine gerichtliche **Abberufung** sektorunvertrauter Aufsichtsratsmitglieder nach § 103 Abs. 3 scheidet mangels Zuordenbarkeit des erforderlichen „wichtigen Grundes" (= der Sektorunvertrautheit) zu einem individuellen Aufsichtsratsmitglied aus.[305] Auch ein **„Übernahmeverschulden"** ist den sektorunvertrauten Aufsichtsratsmitgliedern angesichts fehlender Erkennbarkeit der (gegenwärtigen oder künftigen) Zusammensetzung und Expertise des Gesamtgremiums nicht vorzuwerfen.[306]

§ 101 Bestellung der Aufsichtsratsmitglieder

(1) [1]Die Mitglieder des Aufsichtsrats werden von der Hauptversammlung gewählt, soweit sie nicht in den Aufsichtsrat zu entsenden oder als Aufsichtsratsmitglieder der Arbeitnehmer nach dem Mitbestimmungsgesetz, dem Mitbestimmungsergänzungsgesetz, dem Drittelbeteiligungsgesetz oder dem Gesetz über die Mitbestimmung der Arbeitnehmer bei einer grenzüberschreitenden Verschmelzung zu wählen sind. [2]An Wahlvorschläge ist die Hauptversammlung nur gemäß §§ 6 und 8 des Montan-Mitbestimmungsgesetzes gebunden.

(2) [1]Ein Recht, Mitglieder in den Aufsichtsrat zu entsenden, kann nur durch die Satzung und nur für bestimmte Aktionäre oder für die jeweiligen Inhaber bestimmter Aktien begründet werden. [2]Inhabern bestimmter Aktien kann das Entsendungsrecht nur eingeräumt werden, wenn die Aktien auf Namen lauten und ihre Übertragung an die Zustimmung der Gesellschaft gebunden ist. [3]Die Aktien der Entsendungsberechtigten gelten nicht als eine besondere Gattung. [4]Die Entsendungsrechte können insgesamt höchstens für ein Drittel der sich aus dem Gesetz oder der Satzung ergebenden Zahl der Aufsichtsratsmitglieder der Aktionäre eingeräumt werden.

(3) [1]Stellvertreter von Aufsichtsratsmitgliedern können nicht bestellt werden. [2]Jedoch kann für jedes Aufsichtsratsmitglied mit Ausnahme des weiteren Mitglieds, das nach dem Montan-Mitbestimmungsgesetz oder dem Mitbestimmungsergänzungsgesetz auf Vorschlag der übrigen Aufsichtsratsmitglieder gewählt wird, ein Ersatzmitglied bestellt wer-

[297] Vgl. KK-AktG/*Mertens/Cahn* Rn. 82; *Kropff* FS K. Schmidt, 2009, 1023 (1035).
[298] Dazu *Staake* ZIP 2010, 1013 (1019 f.).
[299] *Behme/Zickgraf* AG-Report 2016, R 132 (133); *Schilha* ZIP 2016, 1316 (1323).
[300] *Schilha* ZIP 2016, 1316 (1324); ähnlich *Nodoushani* AG 2016, 381 (387).
[301] Insoweit teils widersprüchlich *Behme/Zickgraf* AG-Report 2016, R 132 (134 f.).
[302] Ebenso *Schilha* ZIP 2016, 1316 (1323).
[303] IErg ebenso *Schilha* ZIP 2016, 1316 (1323): „praktisch nur schwerlich nachweisbar"; offengelassen von *Behme/Zickgraf* AG-Report 2016, R 132 (135).
[304] *Schilha* ZIP 2016, 1316 (1324).
[305] Zum Ganzen *Schilha* ZIP 2016, 1316 (1323); für die zumindest theoretische Möglichkeit der gerichtlichen Abberufung *Nodoushani* AG 2016, 381 (387).
[306] *Schilha* ZIP 2016, 1316 (1324); ebenso wohl *Nodoushani* AG 2016, 381 (387).

den, das Mitglied des Aufsichtsrats wird, wenn das Aufsichtsratsmitglied vor Ablauf seiner Amtszeit wegfällt. [3]Das Ersatzmitglied kann nur gleichzeitig mit dem Aufsichtsratsmitglied bestellt werden. [4]Auf seine Bestellung sowie die Nichtigkeit und Anfechtung seiner Bestellung sind die für das Aufsichtsratsmitglied geltenden Vorschriften anzuwenden.

Schrifttum: *Arnold/Gayk,* Auswirkungen der fehlerhaften Bestellung von Aufsichtsratsmitgliedern – Handlungsempfehlungen für die Unternehmenspraxis, DB 2013, 1830; *Austmann/Rühle,* Wahlverfahren bei mehreren für einen Aufsichtsratssitz vorgeschlagenen Kandidaten, AG 2011, 805; *Bayer/Scholz,* Der Verzicht auf die Dreiteilbarkeit der Mitgliederzahl des Aufsichtsrats, ZIP 2016, 193; *Bollweg,* Die Wahl des Aufsichtsrats in der Hauptversammlung der Aktiengesellschaft, 1997; *Bommert,* Probleme bei der Gestaltung der Rechtsstellung von Ersatzmitgliedern der Aktionäre im Aufsichtsrat, AG 1986, 315; *Cziupka,* Beschlüsse fehlerhaft bestellter Aufsichtsratsmitglieder, DNotZ 2013, 579; *Damm,* Ersatzmitglieder für Arbeitnehmervertreter im Aufsichtsrat nach § 101 Abs. 3 AktG und § 17 MitbestG, AG 1977, 44; *de Raet,* Die Angaben bei den Wahlvorschlägen zum Aufsichtsrat gem. Ziff. 5.4.1 Abs. 4–6 des Deutschen Corporate Governance Kodex, AG 2013, 488; *Fuhrmann,* Die Blockabstimmung in der Hauptversammlung, ZIP 2004, 2081; *Happ,* Zur Wirksamkeit von Rechtshandlungen eines fehlerhaft bestellten Aufsichtsrates – Ein Plädoyer für die Erweiterung der Lehre vom fehlerhaften Organverhältnis, FS Hüffer, 2010, 293; *Heinsius,* Zur Bestellung von Ersatzmitgliedern für den Aufsichtsrat durch die Hauptversammlung, ZGR 1982, 232; *Holle,* Der „Fall VW" – ein gemeinschaftsrechtlicher Dauerbrenner, AG 2010, 14; *Kiem,* Investorenvereinbarungen im Lichte des Aktien- und Übernahmerechts, AG 2009, 301; *Klausmann,* Entsendungsrechte in der Aktiengesellschaft, 2016; *Klöhn,* Gesellschaftsrecht in der Eigenverwaltung: Die Grenzen des Einflusses auf die Geschäftsführung gemäß § 276a Satz 1 InsO, NZG 2013, 81; *Krauel/Fackler,* Die Ersetzung eines dauerhaft verhinderten Aufsichtsratsmitglieds, AG 2009, 686; *Leuering/Rubner,* Kampfabstimmungen um Aufsichtsratsposten, NJW-Spezial 2010, 335; *Neu,* Rechtsprobleme bei der Bestellung von Ersatzmitgliedern für die Anteilseignervertreter im Aufsichtsrat der Aktiengesellschaft, WM 1988, 481; *Otto,* Obligatorische Bindungsverträge zwischen Aktionär und AG-Vorstand über die Ausübung von Mitgliedschaftsrechten und Organkompetenzen, NZG 2013, 930; *Rellermeyer,* Ersatzmitglieder des Aufsichtsrats, ZGR 1987, 563; *Roussos,* Ziele und Grenzen bei der Bestellung von Ersatzmitgliedern des Aufsichtsrats, AG 1987, 239; *Schockenhoff/Culmann,* Shareholder Activism in Deutschland, ZIP 2015, 297; *Schürnbrand,* Zur fehlerhaften Bestellung von Aufsichtsratsmitgliedern und fehlerhaften Abberufung von Vorstandsmitgliedern, NZG 2008, 609; *Seeling/Zwickel,* Das Entsenderecht in den Aufsichtsrat einer Aktiengesellschaft als „Ewigkeitsrecht", BB 2008, 622; *Seibt* Unzulässigkeit der Blockwahl des Aufsichtsrats bei Antrag auf Einzelwahl, NJW Spezial 2004, 78; *Seibt/Wunsch,* Investorenvereinbarungen bei öffentlichen Übernahmen, Der Konzern 2009, 195; *Tielmann/Struck,* Empfehlungen zur Sicherung der Handlungsfähigkeit des Aufsichtsrats bei der Wahl von Aufsichtsratsmitgliedern, BB 2013, 1548.

Übersicht

I. Allgemeines

Die Vorschrift bestimmt in nicht abschließender Form[1] das **Bestellungsverfahren** für die Aufsichtsratsmitglieder. Mit Abweichungen im Einzelnen sind insgesamt **fünf,** an allerdings unterschied- 1

[1] MüKoAktG/*Habersack* Rn. 4.

licher Stelle geregelte Bestellungsformen zu unterscheiden: (i) Der erste Aufsichtsrat einer Gesellschaft wird von den **Gründern** bestellt (§§ 30 Abs. 1 S. 1, 31 Abs. 1 S. 1); (ii) spätere Mitglieder werden von der **Hauptversammlung** gewählt (Abs. 1 S. 1 Alt. 1), sofern sie nicht (iii) in den Aufsichtsrat **entsandt** (Abs. 1 S. 1 Alt. 2 iVm Abs. 2) oder (iv) nach den Mitbestimmungsgesetzen (MitbestG, MitbestErgG, DrittelbG, MgVG) unmittelbar oder mittelbar von den **Arbeitnehmern,** ggf. unter Einschaltung der Hauptversammlung, gewählt werden (Abs. 1 S. 1 Alt. 3). (v) In außerordentlichen Fällen erfolgt die Bestellung von Aufsichtsratsmitgliedern durch das **Gericht** (§ 104).

2 Abs. 2 lässt zwar die Einführung von **Entsendungsrechten** und damit die Einflussnahme einzelner Aktionäre auf die Zusammensetzung des Aufsichtsrats und damit mittelbar auf die Gesellschaft zu, unterwirft dieses Recht jedoch formalen Anforderungen, indem der Kreis der Entsendungsberechtigten und der zulässige Umfang der Entsendung zwingend vorgegeben werden.

3 Abs. 3 befasst sich – systematisch richtig – mit den **Ersatzmitgliedern** (nicht: Stellvertretern – solche kennt das AktG nicht [mehr])[2] von Aufsichtsratsmitgliedern. Ihre Bestellung erspart bei vorzeitigem Ausscheiden von Aufsichtsratsmitgliedern eine neuerliche Wahl durch das zuständige Bestellungsorgan[3] und wahrt zugleich die im mitbestimmten Aufsichtsrat jeweils bestehende Parität.[4]

II. Rechtstatsachen

4 Dauerbrenner der auch internationalen Corporate Governance-Diskussion ist die verpflichtende Besetzung des Aufsichtsrats mit Vertretern von **Minderheitsaktionären.**[5] Das Thema ist jetzt auch – mittelbar – von der Regierungskommission Corporate Governance aufgegriffen worden, indem der Aufsichtsrat der börsennotierten Gesellschaft sich selbst Ziele für eine (möglichst kompetente, vielfältige, einflussfreie) „Idealbesetzung" setzen soll (vgl. Ziff. 5.4.1 Abs. 2, 4; 5.4.2 S. 1, 2 DCGK). Das Problem kann direkt auch durch die Etablierung einer **Verhältniswahl** in der Satzung adressiert werden (→ Rn. 13).[6]

5 **Entsendungsrechte** sind jüngst wieder verstärkt in das Blickfeld der juristischen Diskussion getreten. Das hat mit der strukturell angelegten Ausschaltung der Hauptversammlung bei der Besetzung des Aufsichtsrats (Beispiel: ThyssenKrupp AG/Krupp-Stiftung) und zusätzlich mit der durch den Streit um das VW-Gesetz (Volkswagen AG/Land Niedersachsen) angeregten Prüfung am Maßstab des Europarechts zu tun.[7]

6 Die Bestellung von **Ersatzmitgliedern** entspricht jedenfalls bei den großen Publikumsgesellschaften einer **verbreiteten Praxis,** und zwar sowohl auf Anteilseigner- als auch auf Arbeitnehmerseite. Sie ist auch sinnvoll, weil auf diese Weise beim überraschenden Ausfall eines Aufsichtsratsmitglieds (Regelfall: Amtsniederlegung) ohne Zeit- und Kostenaufwand ein funktionsfähiger (= beschlussfähiger und die Kräfteverhältnisse zwischen den Bänken zutreffend widerspiegelnder) Aufsichtsrat zur Verfügung steht.[8] Auf einem anderen Blatt steht, dass sich für diese undankbare „Springer"-Funktion, die im Einsatzfall die ungeschmälerte Verantwortung eines ordentlichen Aufsichtsratsmitglieds nach sich zieht, nur schwer gleichermaßen geeignete wie bereitwillige Kandidaten finden lassen.

III. Einzelerläuterungen

7 **1. Grundlagen: Rechtsverhältnis zwischen Aufsichtsratsmitglied und Gesellschaft.** Die im Hinblick auf den *Vorstand* herrschende Unterscheidung zwischen der **„Bestellung"** und der **„Anstellung"** seiner Mitglieder (→ § 84 Rn. 2), verleitet dazu, das gleiche Modell auch auf den Aufsichtsrat zu übertragen. Jedoch mangelt es hierfür schon an den positiv-rechtlichen Voraussetzungen: Anders als beim Vorstand (vgl. §§ 84 Abs. 1 S. 5; 87 Abs. 2 S. 2, 3; 112) fehlen im Recht des Aufsichtsrats alle Hinweise auf ein **Vertragsstatut,** das neben dem durch Bestellung (in Form der Wahl, Entsendung etc) und Amtsannahme begründeten **korporationsrechtlichen** Verhältnis[9] bestehen könnte. Ohnehin wäre unklar, wer die Gesellschaft beim Abschluss eines solchen Vertrages vertreten sollte.[10] Für eine derart „fiktive und teilweise auch in den Rechtsfolgen unpassende Ver-

---

[2] Nachweise hierzu bei Spindler/Stilz/*Spindler* Rn. 5.
[3] Begr. RegE *Kropff* Textausgabe, 1965, 139 f.
[4] MüKoAktG/*Habersack* Rn. 1; MHdB AG/*Hoffmann-Becking* § 30 Rn. 55.
[5] Vgl. bereits Begr. RegE *Kropff* Textausgabe, 1965, 138 und Ausschussbericht *Kropff* Textausgabe, 1965, 140.
[6] Zum Ganzen GroßkommAktG/*Hopt/Roth* Rn. 5, 12; MüKoAktG/*Habersack* Rn. 7.
[7] Vgl. BGH AG 2009, 694 = ZIP 2009, 1566 = EWiR 2010, 103 m. zust. Anm. *Nikoleyczik* – ThyssenKrupp.
[8] MHdB AG/*Hoffmann-Becking* § 30 Rn. 55; *Lutter/Krieger/Verse* Rechte und Pflichten Rn. 1051.
[9] GroßkommAktG/*Hopt/Roth* Rn. 92; MüKoAktG/*Habersack* Rn. 67; Hüffer/*Koch* Rn. 2; *Singhof* AG 1998, 318 (319); ausdrücklich offenlassend MHdB AG/*Hoffmann-Becking* § 33 Rn. 10.
[10] Hüffer/*Koch* Rn. 2.

tragskonstruktion“[11] besteht wegen der abschließenden Definition der Rechte und Pflichten der Aufsichtsratsmitglieder durch Gesetz, Satzung und Hauptversammlungsbeschluss aber auch kein praktisches Bedürfnis. Zu Recht hat daher die früher herrschende Trennungslehre[12] heute weitgehend an Bedeutung verloren – ein neben der Bestellung zusätzlich konstruiertes, vertragliches „Anstellungsverhältnis“ wird nach Ansicht der heute ganz hM[13] für die Lösung der regelungsbedürftigen Probleme nicht benötigt.

2. Wahl durch die Hauptversammlung. a) Vorbereitung der Wahl. Grundform der Bestellung der Aktionärsvertreter ist die Wahl durch die **Hauptversammlung.** In ihrer Entscheidung über die Kandidaten ist die Hauptversammlung **unabhängig,** namentlich von den Vorschlägen des Aufsichtsrats. Jede anderweitige Verpflichtung wäre nach § 136 Abs. 2 S. 2 nichtig. Die Hauptversammlung kann daher nach ihrem Belieben einzelnen oder allen Verwaltungskandidaten die Zustimmung gewähren oder verweigern (zu zulässigen Wahlabreden → Rn. 22). Unberührt vom Vorschlagsrecht (und der Vorschlagspflicht, § 124 Abs. 3 S. 1) des Aufsichtsrats können **Gegenkandidaten** von Versammlungsteilnehmern auch ohne Bekanntmachung (§ 124 Abs. 4 S. 2 Alt. 2) noch in der Versammlung vorgeschlagen und zur Wahl gestellt werden (zu Verfahrensfragen → Rn. 10, 18 f.).[14] Eine **Bindung an Wahlvorschläge** besteht für die Hauptversammlung nur in den in Abs. 1 S. 2 ausdrücklich genannten Fällen der § 6 MontanMitbestG (Wahl der vier Arbeitnehmervertreter und des weiteren „Arbeitnehmervertreter-Mitglieds“) und § 8 MontanMitbestG (Wahl des neutralen elften Mitglieds) sowie – auch ohne dass das Gesetz dies ausdrücklich erwähnt – nach § 5 Abs. 3 S. 2 MitbestErgG.[15] Da die Hauptversammlung nicht zu einer bestimmten Wahlentscheidung gezwungen werden kann, steht es ihr zwar auch in diesen Fällen frei, ungeachtet der gesetzlichen Bindung zu beschließen. **Rechtsfolge** wäre indes die Nichtigkeit der Wahl (§ 250 Abs. 1 Nr. 2). 8

Die Wahl hat als Gegenstand der Tagesordnung der Hauptversammlung zwingend (Anfechtungsrisiko!) deren **gesetzliche Formalien** zu beachten (Ausnahme: Vollversammlung, → § 121 Rn. 45 ff.), vgl. § 124 Abs. 4 S. 1: (i) Veröffentlichung des Tagesordnungspunktes „Wahlen zum Aufsichtsrat“ zusammen mit der Einberufung in den Gesellschaftsblättern (§ 121 Abs. 4 S. 1 iVm Abs. 3 S. 2), (ii) Angabe der für die Zusammensetzung des Aufsichtsrats maßgeblichen gesetzlichen Bestimmungen (§ 124 Abs. 2 S. 1 Hs. 1),[16] (iii) ggf. (= nur soweit dies tatsächlich der Fall ist) Hinweis auf eine Bindung der Hauptversammlung an Wahlvorschläge (→ Rn. 8; → § 124 Rn. 7), § 124 Abs. 2 S. 1 Hs. 2, (iv) Abgabe von (unverbindlichen, ggf. auf einen Nominierungsausschuss zurückgehenden, Ziff. 5.3.3 DCGK) Vorschlägen zur Beschlussfassung durch den Aufsichtsrat (außer bei „gebundenen“ Wahlen) (§ 124 Abs. 3 S. 1, 3), → Rn. 10, (v) Angabe von Namen, ausgeübtem Beruf[17] und Wohnort der Kandidaten (§ 124 Abs. 3 S. 4) und (vi) bei börsennotierten Gesellschaften Informationen zur Mitgliedschaft der Kandidaten in anderen Kontrollgremien (§ 125 Abs. 1 S. 5); diese Angaben müssen zwar nur in der § 125er-Mitteilung und nicht in der Einberufung (§ 121 Abs. 3) enthalten sein, angesichts des zumeist nur geringen Mehraufwands empfiehlt es sich jedoch, sie in *beide* Dokumente aufzunehmen.[18] Ferner „soll“ der Aufsichtsrat nach der Vorstellung des **DCGK** (vii) die von ihm etwa aufgestellten „konkreten Ziele“ (Internationalität, Konfliktfreiheit, Unabhängigkeit, Alter, Diversity) bei seinen „Vorschlägen an die Hauptversammlung berücksichtigen“ und mit den Vorschlägen zugleich „anstreben“, das von ihm erarbeitete „Kompetenzprofil für das Gesamtgremium“ auszufüllen (Ziff. 5.4.1 Abs. 2, 4 DCGK) und – soweit vorhanden[19] – (viii) die „persönlichen“ (§ 15a Abs. 3 WpHG aF analog)[20] und „geschäftlichen Beziehungen eines jeden Kandidaten zum Unternehmen, den Organen der Gesellschaft“ und einem „wesentlich an der Gesellschaft beteiligten Aktionär“ (Ziff. 5.4.1 Abs. 6 DCGK) offenlegen (ausreichend: Internetseite, in der Praxis üblich: Einberufung + 125er-Mitteilung),[21] jedenfalls soweit diese Umstände „nach der Einschätzung 9

[11] Hüffer/*Koch* Rn. 2.

[12] RGZ 123, 351 (354); 146, 145 (152); ähnlich HK-AktG/*Göz* § 250 Rn. 10.

[13] GroßkommAktG/*Hopt/Roth* Rn. 92; MüKoAktG/*Habersack* Rn. 67; Spindler/Stilz/*Spindler* Rn. 9; Henssler/Strohn/*Henssler* Rn. 1; Grigoleit/*Grigoleit/Tomasic* Rn. 27.

[14] OLG Frankfurt BeckRS 2015, 15730 Rn. 35.

[15] MüKoAktG/*Habersack* Rn. 4, 9.

[16] Vgl. OLG Frankfurt BeckRS 2015, 15730 Rn. 33 f.: regelmäßig keine Anfechtbarkeit.

[17] Dazu LG München Konzern 2007, 448 (452 f.); LG Hannover ZIP 2010, 833 (838 f.) – Conti/Schaeffler IV.

[18] *Butzke* HV Kap. J Rn. 28; *Ek* Praxisleitfaden Rn. 148; *Schwartzkopff* Vorbereitung und Durchführung der HV Rn. 201; *Höreth* AG-Report 2012, R 356 (357).

[19] *de Raeth* AG 2013, 488 (497): keine Negativerklärung; aA *Kremer/v. Werder* AG 2013, 340 (347).

[20] Hierzu krit. *de Raet* AG 2013, 488 (490 f.) mwN.

[21] *Paschos/Goslar* NZG 2012, 1361 (1365 f.); *de Raet* AG 2013, 488 (489 f.); Beispiel: *Höreth* AG-Report 2012, R 356 (357).

des Aufsichtsrats" für die Wahlentscheidung eines „objektiv urteilenden Aktionär[s]" als „maßgebend" erscheinen (Ziff. 5.4.1 Abs. 6, 7 DCGK). Schließlich (ix) soll dem Wahlvorschlag ein qualifizierter Lebenslauf beigefügt werden (Ziff. 5.4.1 Abs. 5 S. 2 DCGK). (Börsennotierte) Gesellschaften, die die *Soft Law*-Empfehlungen der DCGK nicht beherzigen, riskieren ebenfalls eine Anfechtung des Wahlbeschlusses (→ § 251 Rn. 9 ff.).[22] – Die früher erforderlichen Angaben zu personellen Verflechtungen zwischen der Gesellschaft und Kreditinstituten nach § 128 Abs. 2 S. 6 iVm S. 8 aF sind durch das Gesetz zur Umsetzung der Aktionärsrechte-RL (ARUG) vom 30.7.2009 (BGBl. I S. 2479) entfallen.

10 **b) Wahlvorschlag.** Zur Wahl von Aufsichtsratsmitgliedern durch die Hauptversammlung hat der **Aufsichtsrat** einen – ausschließlich am (Überwachungs-) Interesse der Gesellschaft orientierten – Wahlvorschlag[23] an die Hauptversammlung zu formulieren (§ 124 Abs. 3 S. 1; → Rn. 9).[24] Anders als bei allen anderen Tagesordnungspunkten (mit Ausnahme der Wahl des Abschlussprüfers) ist der Vorstand nicht zu Vorschlägen berechtigt; er soll sich nicht aussuchen können, wer seine Tätigkeit künftig prüft und überwacht.[25] Tut er dies dennoch (allein oder gemeinsam mit dem Aufsichtsrat) oder wirkt er sonst an dem Wahlvorschlag mit, ist die Wahl – nicht anders, als wenn *kein* Vorschlag vorliegt[26] – anfechtbar.[27] Nach Einberufungsschluss ist eine Heilung des Fehlers nicht mehr möglich.[28] – Ziff. 5.3.3 DCGK empfiehlt („soll") börsennotierten Gesellschaften, zur Vorbereitung des Wahlvorschlags des Aufsichtsrats einen ausschließlich aus Vertretern der Anteilseigner besetzten **Nominierungsausschuss** zu bilden.[29] Weitergehend – und auch insoweit DCGK-konform – kann einem (Nominierungs-) Ausschuss auch die endgültige Beschlussfassung über den Wahlvorschlag an die Hauptversammlung überlassen sein.[30] Die Größe des Ausschusses steht weitgehend im Ermessen des Aufsichtsrats: Als vorbereitender Ausschuss muss er mindestens zwei Mitglieder haben, auch ohne verpflichtende Höchstzahl sollte er jedoch zweckmäßigerweise nicht aus der *gesamten* Anteilseigner-Bank bestehen.[31] Der auf die (unverbindliche) Empfehlung des Nominierungsausschusses gestützte Vorschlag an die Hauptversammlung wird im Aufsichtsrat mit einfacher Mehrheit beschlossen. Im mitbestimmten Aufsichtsrat bilden folgerichtig nur die *Anteilseigner*-Vertreter das maßgebliche Abstimmungsgremium; sie entscheiden mit einfacher Mehrheit aller (nicht nur der abgegebenen) Stimmen (§ 124 Abs. 3 S. 5). – **Ausnahmen** von der Vorschlagspflicht enthält § 124 Abs. 3 S. 3 für gebundene Wahlen und Tagesordnungserweiterungsanträge. – Neben dem Aufsichtsrat im Rahmen der Einladung kann auch jeder **Aktionär** der Hauptversammlung eigene, ggf. vorab, bei börsennotierten Gesellschaften über die Internetseite, bei anderen Gesellschaften sonst wie „zugänglich zu machende" (§§ 127, 126) und bei entsprechender Unterstützung vorrangig zu behandelnde (§ 137) Wahlvorschläge im Wege eines Gegenantrags unterbreiten. Das kann – dann freilich ohne die Rechte nach den §§ 126 f. und 137 nutzen zu können – auch ohne vorherige Ankündigung noch in der Hauptversammlung selbst geschehen.[32] An das Interesse der Gesellschaft sind solche Vorschläge – anders als die Vorschläge des Aufsichtsrats – nicht gebunden.[33] Das Vorschlagsrecht steht nur „Aktionären" zu, also ersichtlich **nicht** dem **Vorstand** und als solchen auch nicht einzelnen seiner Mitglieder. Sind die Vorstandsmitglieder dagegen selbst Aktionäre, haben sie in dieser Eigenschaft auch das Vorschlagsrecht; der Rechtsgedanke des § 124 Abs. 3 S. 1 verfängt hier nicht, da der Vorschlag nicht von „dem" Vorstand herrührt.[34] In der Praxis sollte ein solches Vorgehen dennoch tunlichst vermieden werden.

10a Fraglich ist, inwieweit sich der **Aufsichtsrat** (wegen § 124 Abs. 3 S. 1 nicht: der Vorstand/die Gesellschaft) im Hinblick auf einen künftigen **Wahlvorschlag** gegenüber der Hauptversammlung

---

[22] *de Raet* AG 2013, 488 (489).

[23] MüKoAktG/*Habersack* Rn. 15.

[24] Nach OLG Frankfurt NZG 2012, 942 (943 f.) – Kirch/Deutsche Bank (HV 2008) kann der Aufsichtsrat einen anderen als den in der Einladung Genannten zur Wahl vorschlagen, wenn zwischenzeitlich neue Tatsachen entstanden oder bekannt geworden sind, die eine Änderung des Beschlussvorschlags gebieten (hier: freiwilliger Rückzug des Kandidaten); ebenso Spindler/Stilz/*Rieckers* § 124 Rn. 52; Hüffer/*Koch* § 124 Rn. 29; Grigoleit/*Herrler* Rn. 25; weitergehend *Reger/Wolf* BB 2012, 2333 (2334).

[25] Begr. RegE *Kropff* Textausgabe, 1965, 174; *Ek* Praxisleitfaden Rn. 479.

[26] Henssler/Strohn/*Henssler* Rn. 4.

[27] OLG München AG 2003, 645; Hüffer/*Koch* § 124 Rn. 18; wohl auch HK-AktG/*Israel* Rn. 5: „kann … anfechtbar machen".

[28] BGHZ 153, 32 (35 ff.); Henssler/Strohn/*Henssler* Rn. 4.

[29] Hierzu *Meder* ZIP 2007, 1538.

[30] Hüffer/*Koch* § 124 Rn. 21; *Sünner* AG 2012, 265 (268).

[31] Vgl. *Meder* ZIP 2007, 1538 (1541).

[32] GroßkommAktG/*Hopt/Roth* Rn. 70.

[33] MüKoAktG/*Habersack* Rn. 8.

[34] Vgl. OLG Hamm AG 1986, 260 (261) für Genossenschaft; wie hier auch Spindler/Stilz/*Spindler* Rn. 42.

binden kann. Praktische Bedeutung hat diese Frage vor allem für den Umgang mit potentiellen Investoren oder aktivistischen Aktionären, die eine entsprechende Forderung im Vorfeld der Hauptversammlung, zB im Zusammenhang mit einer Neuordnung der bisher geübten Corporate Governance, an die Gesellschaft herantragen. Zwar steht es jedem Aktionär frei, der Hauptversammlung eigene Wahlvorschläge zu unterbreiten (→ Rn. 10), ungleich erfolgversprechender ist freilich, den eigenen Wunschkandidaten (der regelmäßig die Nachfolge eines amtierenden, sein Mandat freiwillig niederlegenden Aufsichtsratsmitglieds antreten soll) mit der Rückendeckung des Aufsichtsrats zu präsentieren.[35] Ausgangspunkt ist dabei das **Verbot der Vorwegbindung.** Danach kann sich der Aufsichtsrat nicht einem Dritten gegenüber seiner Verantwortung für die **pflichtgemäße Auswahl** eines geeigneten Aufsichtsratskandidaten entziehen.[36] Damit lässt sich die Verpflichtung nicht vereinbaren, dem Investor zB „einen [oder mehrere] Aufsichtsratssitz[e]" zu gewähren oder der Hauptversammlung ohne weiteres **(je)den** von ihm favorisierten Kandidaten vorzuschlagen.[37] Zulässig ist dagegen, die Qualifikation des von dem Dritten konkret vorgeschlagenen Kandidaten sorgfältig zu prüfen und sich bei positivem Prüfungsausgang dem Investor gegenüber – clausula rebus sic stantibus – verbindlich auf diesen Vorschlag festzulegen.[38] Von der hL für zulässig gehalten wird schließlich auch die in der Praxis verbreitete Verpflichtung des Aufsichtsrats, sich **„zu bemühen"**, den ins Spiel gebrachten Kandidaten bei der eigenen Auswahl „möglichst zu berücksichtigen".[39] – Zu Vereinbarungen im Rahmen der **gerichtlichen** Bestellung von Aufsichtsratsmitgliedern → § 104 Rn. 27.

c) Wahl. Die Hauptversammlung wählt die Mitglieder des Aufsichtsrats ohne Rücksicht auf die Kapitalverhältnisse mit **einfacher** Mehrheit der abgegebenen Stimmen (§ 133 Abs. 1), soweit die **Satzung** nicht eine andere, das Mehrheitserfordernis *verschärfende* (Beispiel: qualifizierte Mehrheit)[40] oder *abmildernde* Regelung (Beispiel: relative Mehrheit)[41] trifft (§ 133 Abs. 2; zu Einzelheiten → Rn. 13; → § 133 Rn. 43 ff.). – Die Wahlen zum Aufsichtsrat folgen den **allgemeinen** Grundsätzen über die Beschlussfassung in der Hauptversammlung. Daher ist für die Feststellung, welche Mehrheitsverhältnisse hierbei zu beachten sind, die – sofern vorhanden – allgemeine Satzungsregelung zur Beschlussfassung maßgeblich und ausreichend (Beispiel: Die Anordnung „Beschlüsse werden mit einfacher Mehrheit der abgegebenen Stimmen gefasst …" gilt ohne Weiteres auch für Wahlen = Wahl*beschlüsse*).[42] Soweit nicht das Bedürfnis nach speziellen Regelungen zum Wahlverfahren, wie etwa zur Nutzung der Gestaltungsmöglichkeiten nach § 133, besteht (→ Rn. 13), ist es daher in den meisten Fällen nicht erforderlich und nicht selten sogar irreführend, in die Satzung spezielle Regelungen zu Wahlverfahren und Wahlbeschlüssen aufzunehmen. – Aktionäre, die selber zum Aufsichtsrat kandidieren, unterliegen keinem **Stimmverbot** nach § 136; sie können also bei der Wahl – anders als bei der Entlastung (§ 136 Abs. 1) – uneingeschränkt auch für sich selbst stimmen.[43] 11

d) Durchführung der Wahlen. Über die Durchführung der Wahlen sagt das AktG wenig. Empfehlenswert und in der Praxis weit verbreitet sind daher **Verfahrensbestimmungen** in der Satzung. Diese konzentrieren sich auf (i) das **Wahlverfahren** (Mehrheits- oder Verhältniswahl), → Rn. 13, (ii) den **Wahlmodus** (Einzel- oder Listenwahl), → Rn. 14 ff., und (iii) das Procedere zur **Ermittlung des Abstimmungsergebnisses** (Additions- oder Subtraktionsverfahren), → Rn. 17. Häufiger noch findet sich in Satzungen jedoch (nur) die Zuweisung der **Kompetenz** zur Entscheidung dieser Verfahrensfragen auf eine bestimmte Person, zweckmäßigerweise den Versammlungsleiter (der seinerseits in der Satzung bestimmt werden kann).[44] In großen Gesellschaften ist dies fast durchweg der Aufsichtsratsvorsitzende. Unzulässig ist die Bestimmung des beurkundenden Notars oder eines Vorstandsmitglieds zum Versammlungsleiter.[45] Mit der Kompetenzzuweisung in der Satzung ist die Zuständigkeit (zB) des Versammlungsleiters auch durch die Hauptversammlung unentziehbar.[46] Umgekehrt kann sie von dem Ermächtigten nur im Rahmen einer entsprechenden Sat- 12

---

[35] Vgl. Schmidt/Lutter/*Drygala* § 100 Rn. 31; *Behme/Zickgraf* AG 2015, 841 (841).

[36] *Kiem* AG 2009, 301 (309); *Seibt/Wunsch* Der Konzern 2009, 195 (204); *Schockenhoff/Culmann* ZIP 2015, 297 (301).

[37] *Schockenhoff/Culmann* ZIP 2015, 297 (301).

[38] *Schockenhoff/Culmann* ZIP 2015, 297 (301).

[39] *Kiem* AG 2009, 301 (312); *Seibt/Wunsch* Der Konzern 2009, 195 (204); *Otto* NZG 2013, 930 (936); zweifelnd *Schockenhoff/Culmann* ZIP 2015, 297 (301).

[40] BGHZ 76, 191 (193) = NJW 1980, 1465.

[41] MüKoAktG/*Habersack* Rn. 27.

[42] Semler/Volhard/*Volhard* HV HdB § 19 Rn. 19.

[43] RGZ 60, 172 (173).

[44] Mustersatzung bei Happ/*Pühler* AktR 1.01 Rn. 85.

[45] Happ/*Pühler* AktR 1.01 Rn. 85.1.

[46] BGHZ 180, 9 Rn. 30 – Kirch/Deutsche Bank; ebenso MHdB AG/*Austmann* § 39 Rn. 24; Semler/Volhard/*Fischer* HV HdB § 11 Rn. 192, jeweils für die Art der Abstimmung; aA *Max* AG 1991, 77 (87) bei einstimmigem Hauptversammlungsbeschluss.

zungsregelung (Beispiel: Stellvertreterregelung) auf Dritte „übertragen" werden. Erfolgt **keine** Kompetenzzuweisung, auch nicht in einer Geschäftsordnung für die Hauptversammlung (§ 129 Abs. 1 S. 1), ändert das nichts an der – nach pflichtgemäßem Ermessen (= Sachdienlichkeit) auszuübenden – **Zuständigkeit des Versammlungsleiters** für die Festlegung der Durchführungsbestimmungen für die Wahlen. Nur kann die Hauptversammlung in diesem Fall jederzeit mehrheitlich abweichende Verfahrensbestimmungen erlassen.[47] Bei allen Verfahrensfragen hat der Versammlungsleiter streng darauf zu achten, dass kein Kandidat durch das gewählte Verfahren grundlos **ungleich** behandelt wird. – In diesem Rahmen haben Satzung und Versammlungsleiter die folgenden Spielräume:

13 **aa) Wahlverfahren: Mehrheits- oder Verhältniswahl.** Hier sind die Einflussmöglichkeiten des Versammlungsleiters beschränkt: **(1) Mehrheitswahl.** Für Wahlen gelten grundsätzlich die allgemeinen gesetzlichen Beschlussanforderungen: Gewählt ist, wer die „Mehrheit der abgegebenen Stimmen **(einfache Stimmenmehrheit)**" auf sich vereint, § 133 Abs. 1 (= Mehrheitswahl). Gemäß § 133 Abs. 2 kann die Satzung in diesem Fall jedoch auch „andere Bestimmungen treffen". Neben Verschärfungen **(= qualifizierte Mehrheit)** kommt in der Praxis vor allem eine Variante der Mehrheitswahl vor, wonach gewählt ist, wer – unabhängig von der „einfachen Stimmenmehrheit" – mehr Stimmen erhält als der oder die Mitbewerber **(= relative Mehrheit).**[48] Zulässig ist dieses Verfahren allerdings nur, wenn mehr Kandidaten zur Wahl gestellt werden, als Vakanzen vorhanden sind, da die (üblicherweise von der Verwaltung vorgestellten) Kandidaten ansonsten ohne weiteres auch gewählt wären (Scheinwahl).[49] **(2) Verhältniswahl.** Nach allen genannten Verfahren kann die Hauptversammlungsmehrheit = Stimmenmehrheit selbst in einem mehrköpfigen Aufsichtsrat ihre *sämtlichen* Kandidaten durchbringen, **ohne** auf eine **Aktionärsminderheit** Rücksicht nehmen zu müssen (Mehrheitsprinzip); einen institutionellen Minderheitenschutz, auch gegenüber einem kontrollierenden Aktionär, sieht das AktG nach allgemeiner Ansicht nicht vor.[50] Die früher hM hielt es darüber hinaus für unzulässig, in der Satzung (§ 133 Abs. 2) ein – dem Wahlverfahren im politischen Bereich nachgebildetes – Verhältniswahlrecht zu etablieren. Dabei werden die Sitze im Aufsichtsrat im Ergebnis *proportional* zu den Stimmverhältnissen bestimmter Aktionärsgruppen verteilt (Anwendungsfälle: (i) Stimmenkumulation *(cumulative voting)*, dh Verteilung mehrerer (aller) Stimmen auf einzelne Kandidaten (Beispiel: Bei sechs zu besetzenden Ämtern entfallen auf jede Aktie üblicherweise sechs Stimmen; diese Stimmen können sämtlich einem einzigen (anstatt wie üblich sechs) Kandidaten gegeben werden);[51] (ii) Beschränkung der Stimmkraft auf *eine* Stimme pro Aktie trotz Bestehens *mehrerer* Vakanzen – in beiden Fällen hat der (zB) 40%-Minderheitsaktionär die Chance, mit seinen Stimmen mindestens einen Aufsichtsratssitz zu erobern).[52] Diese restriktive Haltung verliert zu Recht zunehmend an Unterstützung. Insbesondere geht die Befürchtung ins Leere, hierdurch würde die Wahlfreiheit der Hauptversammlung faktisch eingeschränkt. Tatsächlich gibt sich die Hauptversammlung bei sorgfältiger Gestaltung des Verhältniswahlrechts in der Satzung nur einen genauer definierten Rahmen für die Wahl der Kandidaten.[53] Dass die Aufnahme eines Verhältniswahlrechts in die Satzung ihrerseits der Mitwirkung der durch sie gerade benachteiligten Mehrheitsaktionäre bedarf, steht auf einem anderen Blatt. **(3) Kombination von Wahlverfahren.** Die Satzung kann auch Kombinationen verschiedener Wahlverfahren vorsehen[54] und die konkrete Auswahl unmittelbar oder mittelbar dem Versammlungsleiter überlassen (Beispiel für eine Satzungsregelung: „Gewählt ist, wer die Mehrheit der abgegebenen Stimmen auf sich vereint. Stellt der Versammlungsleiter mehr Kandidaten zur Wahl als Plätze zur Verfügung stehen, sind die Kandidaten gewählt, die die meisten Stimmen erhal-

[47] MüKoAktG/*Habersack* Rn. 24 f.; Hüffer/*Koch* Rn. 5; Semler/Volhard/*Fischer* HV HdB § 11 Rn. 193.

[48] Vgl. *Leuering/Rubner* NJW-Spezial 2010, 335. – Unzutr. wird dieses Verfahren immer wieder als „Verhältniswahl" (dazu sogleich) bezeichnet.

[49] Vgl. GroßkommAktG/*Grundmann* § 133 Rn. 126; ohne diese Differenzierung MüKoAktG/*Habersack* Rn. 27.

[50] GroßkommAktG/*Hopt/Roth* Rn. 57; MüKoAktG/*Habersack* Rn. 6, 28; KK-AktG/*Mertens/Cahn* Rn. 17, 25; Hüffer/*Koch* Rn. 4; Grigoleit/*Grigoleit/Tomasic* Rn. 4, 11; MHdB AG/*Hoffmann-Becking* § 30 Rn. 41; vgl. bereits Begr. RegE *Kropff* Textausgabe, 1965, 138.

[51] Dazu GroßkommAktG/*Hopt/Roth* Rn. 66; GroßkommAktG/*Grundmann* § 133 Rn. 97; abl. KK-AktG/*Mertens/Cahn* Rn. 21.

[52] Für die früher hM bereits Ausschussbericht *Kropff* Textausgabe, 1965, 140 sowie MüKoAktG/*J. Semler*, 2. Aufl. 2004, Rn. 55; KK-AktG/*Mertens/Cahn* Rn. 23; HK-AktG/*Israel* Rn. 6.

[53] IErg wie hier GroßkommAktG/*Hopt/Roth* Rn. 64; GroßkommAktG/*Grundmann* § 133 Rn. 26; MüKoAktG/*Habersack* Rn. 27; Spindler/Stilz/*Spindler* Rn. 34; Hüffer/*Koch* Rn. 4; *Butzke* HV Kap. J Rn. 51; vgl. auch BGH WM 1962, 811 = AG 1962, 216 (217) mit dem Hinweis, es sei „üblich, sachgerecht und wünschenswert, … auf die Interessen der Minderheit Rücksicht zu nehmen".

[54] Beispiele: *Butzke* HV Kap. J Rn. 50.

ten"). Es versteht sich, dass der Versammlungsleiter auch in diesem Fall sein Ermessen fehlerfrei ausüben, dh die Grundsätze der Sachgerechtigkeit und der Chancengleichheit berücksichtigen muss.[55] **(4) „Mehrheits"-Prinzip.** Für die Anordnungen des Versammlungsleiters sowie alle „anderen Bestimmungen" nach § 133 Abs. 2 gilt, dass diese zwar keine „einfache Stimmenmehrheit" (§ 133 Abs. 1), wohl aber insofern eine „Mehrheit" vorsehen müssen, als niemand als gewählt gelten darf, der weniger Zustimmung als ein nicht Gewählter erhalten hat (Beispiel für unzulässige Regelung: „Gewählt ist, wer die meisten Stimmen der Kleinaktionäre erhält").[56]

14 **bb) Wahlmodus: Einzel- oder Listenwahl.** Anders als im Fall der Entlastung (§ 120 Abs. 1) schweigt das Gesetz bei der Aufsichtsratswahl zum rechtlich zulässigen Wahlmodus. Stehen mehrere Kandidaten zur Wahl, kann diese unstreitig in Form der **Einzelwahl,** nach ganz hM[57] aber auch – unter Beachtung bestimmter Verfahrenskautelen (→ Rn. 16) – der **Listenwahl** durchgeführt werden. Der dafür erforderliche „sachliche Zusammenhang"[58] liegt im Fall der Wahl regelmäßig vor. Zwar geht die Empfehlung in **Ziff. 5.4.3. S. 1 DCGK** dahin, Einzelwahlen durchzuführen; eine Abweichung hiervon führt jedoch nicht etwa zur Anfechtbarkeit oder gar Nichtigkeit der Wahl (→ § 251 Rn. 10d), sondern nur zur ggf. „umgehenden"[59] Offenlegung des angewandten oder zur Anwendung vorgesehenen Wahlverfahrens im Rahmen der Entsprechenserklärung (§ 161).[60] Wie konkret vorgegangen wird, entscheidet auch hier vorbehaltlich einer abweichenden Satzungsregelung[61] – und, falls diese fehlt: einer mehrheitlichen Beschlussfassung der Hauptversammlung (→ Rn. 12) – der **Versammlungsleiter.**[62] Im Einzelnen:

15 (1) Bei der **Einzelwahl** wird über jeden Kandidaten unabhängig von der Zahl der Vakanzen *individuell* entschieden, entweder **nacheinander,** dh in getrennten Abstimmungsgängen (echte Einzel- oder Sukzessivwahl), oder – was juristisch keinen Unterschied macht – in einem **zusammengefassten** Abstimmungsgang (Simultan- bzw. Alternativwahl), → Rn. 18.[63] Entscheidend ist, dass der Aktionär den einzelnen Kandidaten seine Stimme/n (pro Sitz = Alternativwahl; pro Kandidat = Simultanwahl) individuell zuteilen kann. Mängel des Hauptversammlungsbeschlusses – Beispiel: Verstoß gegen die fixe Geschlechterquote → § 96 Rn. 66 – berühren hier grundsätzlich nur den konkret zur Wahl gestellten Kandidaten.

16 (2) **Listen-** (auch Block- oder Global-) **Wahl** bedeutet, dass die zur Wahl gestellten Kandidaten (= die Mitglieder der Liste) nur *insgesamt* gewählt oder abgelehnt werden können (mit der Folge, dass auch **Mängel** des Wahlbeschlusses – Beispiel: Höchstzahlüberschreitung → § 250 Rn. 14 ff. – auf die *gesamte* Liste durchschlagen). Dabei ist unbedeutend, wie die Liste sich zusammensetzt – es kann sich dabei sowohl um einen einheitlichen Wahlvorschlag der Verwaltung (häufigster Praxisfall) als auch um eine gemischte Kandidatenrunde (Beispiel: Verhältniswahl, → Rn. 13) handeln. Hat die **Satzung** die Zuständigkeit für die Bestimmung des Wahlmodus in die Verantwortung des Versammlungsleiters gelegt, obliegt ihm allein die Entscheidung. Aktionärsanträge auf Durchführung einer Einzelwahl sind insoweit unbeachtlich (arg.: unzulässige Satzungsdurchbrechung).[64] – **Fehlt** es an einer solchen Satzungsregelung, ist **Voraussetzung** für die ordnungsgemäße Anordnung der Listenwahl (i) ein vor der Abstimmung erfolgender **Hinweis des Versammlungsleiters,** dass (a) Aktionäre, die mit auch nur einem Kandidaten der Liste nicht einverstanden sind, die Liste insgesamt ablehnen müssen, (b) die Kandidaten im Fall der Ablehnung der Liste noch einmal einzeln zur Wahl gestellt werden und (ii) kein Teilnehmer der Versammlung diesem Verfahren **widerspricht.**[65] Ordnet der Versammlungsleiter die Listenwahl

---

[55] *Austmann/Rühle* AG 2011, 805 (806 f.).

[56] Vgl. insoweit – nicht abw. – GroßkommAktG/*Grundmann* § 133 Rn. 4, 125; Schmidt/Lutter/*Spindler* § 133 Rn. 50 ff.

[57] LG Dortmund AG 1968, 390 (391); MüKoAktG/*Habersack* Rn. 19; Schmidt/Lutter/*Drygala* Rn. 11; Hüffer/*Koch* Rn. 6, jeweils auch zu älteren Gegenstimmen.

[58] Dazu *Ek* Praxisleitfaden Rn. 359.

[59] BGHZ 180, 9 Rn. 19 = ZIP 2009, 460 – Kirch/Deutsche Bank.

[60] KG AG 2003, 99; OLG Frankfurt ZIP 2007, 1463 (1464); LG München I AG NZG 2004, 626; LG Dortmund AG 1968, 390 (391); vgl. aus der Lit. nur Wilsing/*Wilsing* DCGK Ziff. 5.4.3 Rn. 2; MüKoAktG/*Habersack* Rn. 19.

[61] Beispiel: BGHZ 180, 9 Rn. 29 f. = ZIP 2009, 460 – Kirch/Deutsche Bank (Durchführung der Listenwahl im Ermessen des Versammlungsleiters); *Bub* FS Derleder, 2005, 221 (229).

[62] Ganz hM, vgl. nur MüKoAktG/*Habersack* Rn. 22; Spindler/Stilz/*Spindler* Rn. 32; Schmidt/Lutter/*Drygala* Rn. 11; aA KK-AktG/*Mertens/Cahn* Rn. 12: Einzelwahl als gesetzlicher Regelfall, Listenwahl nur bei Mehrheitsbeschluss der Hauptversammlung.

[63] MüKoAktG/*Habersack* Rn. 20; KK-AktG/*Mertens/Cahn* Rn. 12, 16.

[64] BGHZ 180, 9 Rn. 30 = ZIP 2009, 460 – Kirch/Deutsche Bank.

[65] BGHZ 156, 38 (41) = NJW 2003, 3412 zur Sammelabstimmung über Gewinnabführungsverträge; KG AG 2003, 99; LG München I ZIP 2004, 853 (854) = AG 2004, 330 (331) – Hypo-Vereinsbank; zust. auch die ganz hL, vgl. nur Hüffer/*Koch* Rn. 6; MHdB AG/*Hoffmann-Becking* § 30 Rn. 42.

an, kann die Hauptversammlung also jedenfalls dadurch zur Einzelwahl gelangen, dass sie den Listenvorschlag mehrheitlich ablehnt (→ Rn. 23).[66] Umstritten ist, ob unabhängig davon die Möglichkeit besteht, die **Einzelwahl** gegen den Willen des Versammlungsleiters zu erzwingen, sei es, dass ein einzelner Aktionär oder eine Aktionärsminderheit (analog § 137) direkt die Einzelwahl[67] oder jedenfalls die Abstimmung über die Verfahrensfrage „Einzel- oder Listenwahl"[68] verlangt. Zulässig ist allenfalls das Letztere: Die Praxis hilft sich bei entsprechenden Anträgen zumeist damit, dass der Versammlungsleiter die von ihm angeordnete (Sach-) Abstimmung über die Liste mit der Abstimmung über die Verfahrensfrage „Einzel- oder Listenwahl" **verbindet** (Folge: Annahme der Liste = Ablehnung der Verfahrensfrage).[69] Das ist angesichts der neueren Rechtsprechung[70] jedoch nicht risikolos. Wird gegen die Anordnung der Listenwahl mit der Rechtsprechungs-konformen Ankündigung des Versammlungsleiters nämlich auch nur *ein* regelrechter **Widerspruch** erhoben, hilft dieser Ausweg – den BGH beim Wort genommen – im Ergebnis nicht weiter. Zumindest in diesem Fall sollte daher **zunächst** über den *Verfahrens*antrag auf Einzelabstimmung (bei mehreren, jeweils unterschiedliche Beteiligte betreffenden Anträgen notgedrungen wiederholt) entschieden, dh auf die Verbindung der beiden Abstimmungen verzichtet werden.[71] Einzel- statt Listenwahl (oder umgekehrt) kann dann auch gegen die Anordnung des Versammlungsleiters durch ein Mehrheitsvotum der Hauptversammlung erreicht werden.[72] Alternativ kann auf entsprechende Anordnung des Versammlungsleiters auch eine „freiwillige" Abstimmung über die Frage „Einzel- oder Listenwahl" erfolgen oder direkt auf die *Einzelwahl* umgeschwenkt werden; eine Verpflichtung dazu besteht freilich nicht.[73]

17 **cc) Ermittlung des Abstimmungsergebnisses, insbesondere: Additions- oder Subtraktionsverfahren. (1) Methoden.** Vorbehaltlich einer Regelung in der Satzung oder in der Geschäftsordnung obliegt dem Versammlungsleiter auch die Festlegung der Art der Ermittlung des Abstimmungsergebnisses. Zumeist geschieht dies in Form des **Additions-** (= Einsammlung der Ja- und der Nein-Stimmen) oder des **Subtraktionsverfahrens** (= Einsammlung nur der *Nein-* und der Enthaltungs- [normales Subtraktionsverfahren] oder nur der *Ja-* und der Enthaltungs-Stimmen [umgekehrtes Subtraktionsverfahren]; alle von den präsenten Aktionären nicht abgegebenen Stimmen gelten als Stimmen der jeweiligen Opposition).[74] Wegen der hierfür durchzuführenden Rechenoperation (Ermittlung der nicht abgegebenen = Ja-Stimmen) ist das Subtraktionsverfahren indes nur zulässig, wenn (i) den Aktionären die Bedeutung ihres etwaigen Schweigens vor der Abstimmung in allgemein verständlicher Form erläutert wird und (ii) die Gewähr dafür besteht, dass die Präsenz während der Abstimmung zuverlässig ermittelbar ist.[75] Neben diesen beiden mit Abstand verbreitetsten Verfahren kann die Satzung oder der Versammlungsleiter auch **andere Methoden** zur Ermittlung des Abstimmungsergebnisses anordnen, zB die Auszählung **nur der Ja-Stimmen.** Hierbei stellen sich jedoch zwei Probleme: (i) Das Verfahren ist ungeeignet, wenn nur ebenso viele Kandidaten wie

---

[66] Zum – in der Praxis seltenen – umgekehrten Fall (Antrag auf Durchführung einer Listen- trotz zunächst angekündigter Einzelwahl) vgl. *Höreth/Linnerz* Geschäftsordnungsanträge Rn. 95.

[67] Dafür zB *Henze* BB 2005, 165 (171); *Ramm* NJW 1991, 2753 (2755); dagegen obiter BGHZ 180, 9 Rn. 31 = ZIP 2009, 460 – Kirch/Deutsche Bank: „einen Anspruch auf Durchführung einer Einzelwahl haben einzelne Aktionäre auch sonst [= ohne Satzungsregelung] grundsätzlich nicht"; MüKoAktG/*Habersack* Rn. 23; Hüffer/*Koch* Rn. 7.

[68] Dafür zB LG München I NZG 2006, 626; Spindler/Stilz/*Spindler* Rn. 36; *Fuhrmann* ZIP 2004, 2081 (2085); dagegen MüKoAktG/*Habersack* Rn. 23; Schmidt/Lutter/*Drygala* Rn. 12; Hüffer/*Koch* Rn. 7.

[69] Für Zulässigkeit GroßkommAktG/*Hopt/Roth* Rn. 53 f.; MüKoAktG/*Habersack* Rn. 23; Hüffer/*Koch* Rn. 6 f.; HK-AktG/*Israel* Rn. 7; ebenso *v. Ruckteschell* AG 2007, 736 für die Entlastung; dagegen Spindler/Stilz/*Spindler* Rn. 36.

[70] LG München I AG 2004, 330 (331) = ZIP 2004, 853 (854) – Hypo-Vereinsbank, m. abl. Anm. *Linnerz* BB 2004, 963; zust. Spindler/Stilz/*Spindler* Rn. 36.

[71] LG München I AG 2004, 330 (331) = ZIP 2004, 853 (854) – Hypo-Vereinsbank; ebenso aus Vorsichtsgründen MHdB AG/*Austmann* § 40 Rn. 22; Spindler/Stilz/*Rieckers* § 133 Rn. 58; Hüffer/*Koch* Rn. 7; HK-AktG/*Israel* Rn. 7; Gärtner/Rose/Reul/*Reul* Teil 4 C Rn. 42 ff.; *Höreth/Linnerz* Geschäftsordnungsanträge Rn. 97; *Ek* Praxisleitfaden Rn. 360: bei Vorbringen eines „sachlichen Grundes".

[72] Vgl. nur MüKoAktG/*Habersack* Rn. 23; Hüffer/*Koch* Rn. 6.

[73] Überzeugend Hüffer/*Koch* Rn. 6; nicht abw. LG München I AG 2004, 330 (331) = ZIP 2004, 853 (854) – Hypo-Vereinsbank.

[74] Hüffer/*Koch* § 133 Rn. 23 f.; HK-AktG/*Holzborn* § 133 Rn. 10; *Butzke* HV Kap. E Rn. 107 ff.; krit. NK-AktR/*Müller* § 133 Rn. 8.

[75] Vgl. BGHZ 152, 63 (65 ff.) für WEG; OLG Hamm NZG 2003, 924 (925); LG München ZIP 2016, 973 (975); für die ganz hL GroßkommAktG/*Grundmann* § 133 Rn. 130; Spindler/Stilz/*Rieckers* § 133 Rn. 26; Hüffer/*Koch* § 133 Rn. 24; ausf. HK-AktG/*Holzborn* § 133 Rn. 12; für Online-Abstimmung und Briefwahl (zu Unrecht) krit. NK-AktR/*Müller* § 134 Rn. 40.

Strittig ist, ob die Hauptversammlung via Geschäftsordnungsbeschluss eine **andere Abstimmungsreihenfolge** erzwingen kann. **§ 137** sieht eben dies, jedoch nur für einen eng definierten Anwendungsfall vor (Voraussetzungen: (i) Ankündigung des Wahlvorschlags gemäß § 127, (ii) Wiederholung des Vorschlags in der Hauptversammlung, (iii) und zwar durch den Ankündigenden, (iv) Antrag auf vorgezogene Abstimmung über den vorgeschlagenen Kandidaten und (v) Unterstützung des Antrags durch 10% des in der Hauptversammlung vertretenen Grundkapitals). Schon deshalb fehlt es an einer analogiefähigen Lücke, in der für den Rechtsgedanken des § 137 Platz wäre; einen entsprechenden Antrag zur Geschäftsordnung kann (nicht: muss) der Versammlungsleiter daher als **unzulässig** zurückweisen.[94] **19a**

ee) Sonstige Wahlmodalitäten. Unstreitig ist, dass der Versammlungsleiter die sonstigen Modalitäten der Wahl festlegen kann. Hierzu gehören die Art und Weise der Stimmabgabe (etwa Handaufheben; Verwendung von Stimmkarten; elektronische Abstimmung; „Hammelsprung") und die Festlegung der Auszählungsmethode (händische oder – bei großen Gesellschaften unumgänglich – maschinelle Auszählung).[95] **20**

e) Annahme der Wahl. Der zum Aufsichtsrat Gewählte muss die Wahl (= korporationsrechtliches Rechtsgeschäft) ebenso wie der Entsandte (→ Rn. 31) zu ihrer Wirksamkeit annehmen. „Annahme" ist jedes Verhalten, aus dem sich für die Gesellschaft ergibt, dass der Betreffende mit der Wahl **einverstanden** ist. Zuständig für die Entgegennahme ist, wie auch sonst bei Erklärungen gegenüber der Gesellschaft, grundsätzlich der (= ein, § 78 Abs. 2 S. 2) **Vorstand.**[96] In der Praxis geschieht das in Reinform indes nur selten. Stattdessen erklärt der Aufsichtsratskandidat sein Einverständnis – in dann allerdings bis zur Wahl widerruflicher Form – häufig schon *vor* der Wahl, üblicherweise gegenüber dem mit der Kandidatensuche befassten Aufsichtsratsmitglied, zumeist also dem Aufsichtsratsvorsitzenden.[97] Das wird anschließend in der **Hauptversammlung** bekanntgegeben. Als Kundgabe unmittelbar gegenüber dem Wahlorgan (vertreten durch den Versammlungsleiter) reicht auch das nach allgemeiner Ansicht für eine wirksame Annahme aus; im Übrigen ist nach § 118 Abs. 3 S. 1 aber auch der Vorstand regelmäßig in der Versammlung anwesend.[98] Denkbar ist schließlich auch die Annahme erst in der Hauptversammlung selbst (dann wieder gegenüber dem Versammlungsleiter oder dem Vorstand) oder später, auch stillschweigend, zB durch Aufnahme der Amtsgeschäfte. Es ist kaum vorstellbar, dass eine solche Annahmeerklärung einen der beiden zuständigen Adressaten (Vorstand, Hauptversammlung), und sei es im Wege der Weiterleitung durch die entsprechenden „Empfangsboten kraft Verkehrsanschauung",[99] nicht oder nicht rechtzeitig erreicht. – Der Gewählte ist zur Annahme der Wahl und damit des Amtes **nicht verpflichtet** (weswegen es sich empfiehlt, in diesem Punkt bereits im Vorwege Einvernehmen mit dem Kandidaten zu erzielen). Ist in der Satzung zu den Formalia – wie meist – nichts geregelt, muss der Gewählte sich jedoch innerhalb einer „angemessenen Frist" (ausdrücklich oder konkludent) über die Annahme erklären. Tut er das nicht, wird die Wahl hinfällig.[100] – Die **Satzung** kann zur Annahme der Wahl Regelungen treffen (Form, Adressat, Annahmefrist).[101] Praktisch notwendig ist das nur in den seltensten Fällen. Unzulässig – auch gegenüber Aufsichtsratskandidaten aus dem Kreis der Aktionäre – ist eine satzungsmäßige **Verpflichtung** zur Annahme der Wahl.[102] Zulässig sind demgegenüber individualvertragliche **Vereinbarungen** zwischen Kandidat und Gesellschaft (*alternativ*: Dritten) über die Annahme (*alternativ*: Nichtannahme) der Wahl. Besinnt sich der Kandidat anschließend eines Besseren, macht er sich (zB im Hinblick auf die Kosten einer neuerlichen Wahl oder einer gerichtlichen Ersatzbestellung) jedoch allenfalls schadenersatzpflichtig. Erzwungen werden kann die Annahme (*alternativ*: Nicht-Annahme) auch in diesem Fall nicht.[103] **21**

[94] *Butzke* HV Kap. J Rn. 56 f.; *Stützle/Walgenbach* ZHR 155 (1991), 516 (533); *Martens* Leitfaden HV 80 f.; jetzt auch MüKoAktG/*Habersack* Rn. 25; aA Hüffer/*Koch* Rn. 5; *E. Vetter* in Marsch-Barner/Schäfer HdB AG § 25 Rn. 25.

[95] MüKoAktG/*Habersack* Rn. 24; Hüffer/*Koch* Rn. 5; *Ek* Praxisleitfaden Rn. 354 f.

[96] GroßkommAktG/*Hopt/Roth* Rn. 83; MüKoAktG/*Habersack* Rn. 63 f.; Hüffer/*Koch* Rn. 8; MHdB AG/*Hoffmann-Becking* § 30 Rn. 46.

[97] Entgegen der ganz hM halten *Baumbach/Hueck* Rn. 7 das für ausreichend.

[98] Zum Ganzen *Butzke* HV Kap. J Rn. 60 f.

[99] Grigoleit/*Grigoleit/Tomasic* Rn. 26.

[100] Zum Ganzen MüKoAktG/*Habersack* Rn. 63 f. – Da das Interesse der Gesellschaft an rascher Klärung (und nicht die „Zumutbarkeit" für den Gewählten) im Vordergrund steht, sollte die „angemessene" Frist keinesfalls länger als eine Woche sein; großzügiger *Butzke* HV Kap. J Rn. 61: zwei Wochen; strenger MüKoAktG/*J. Semler*, 2. Aufl. 2004, Rn. 145: unverzüglich.

[101] Ganz hM, vgl. nur MüKoAktG/*Habersack* Rn. 63; KK-AktG/*Mertens/Cahn* Rn. 37.

[102] KK-AktG/*Mertens/Cahn* Rn. 39.

[103] KK-AktG/*Mertens/Cahn* Rn. 39; Spindler/Stilz/*Spindler* Rn. 12.

21a **f) Wirksamkeit des Wahlbeschlusses.** Wie jeder Beschluss der Hauptversammlung muss auch der Wahlbeschluss wirksam sein, um die beabsichtigte Rechtsfolge (Einsetzung eines oder mehrerer neuer Aufsichtsratsmitglieder) herbeizuführen. Hierfür gelten die allgemeinen Grundsätze. Eine vom Notar (§ 130 Abs. 1 S. 1) bzw. dem Vorsitzenden des Aufsichtsrats (§ 130 Abs. 1 S. 3) ordnungsgemäß erstellte, zunächst jedoch – wie in der Praxis weit verbreitet – nicht oder nur vorsorglich unterzeichnete, dh noch nicht endgültig autorisierte Niederschrift (→ § 130 Rn. 14) führt zu einem **„schwebend nichtigen"**[104] Wahlbeschluss, der erst mit Abschluss des Protokolls, dann aber **ex tunc,** wirksam wird. Einem **sofortigen** Tätigwerden des neu gewählten Aufsichtsratsmitglieds bzw. des neuen Aufsichtsrats insgesamt (Konstituierung, → Rn. 47) steht (allein) das jedoch nicht entgegen.[105]

22 **g) Stimm-** (= Wahl-, Pool- oder Konsortial-) **Vereinbarungen.** Um die für die Wahl eines eigenen Kandidaten erforderliche Mehrheit zu erlangen, kann es für **Aktionäre** zweckmäßig sein, Stimm- oder spezieller: Wahl-Vereinbarungen abzuschließen. Das ist unbestritten **zulässig**[106] und kann auch durch die Satzung nicht untersagt werden.[107] **Vertragspartner** können nach hM jedoch nur die Aktionäre untereinander, nicht die Gesellschaft, nicht ihre Organe oder Organmitglieder, nicht Dritte und auch nicht die zu wählenden Kandidaten selbst sein (arg. § 136 Abs. 2).[108] **Zulässigkeitsgrenzen** jeder Vereinbarung sind die Verbote (i) des Stimmenkaufs (arg. § 405 Abs. 3 Nr. 6, 7),[109] (ii) des Verwaltungseinflusses auf die Aktionäre (arg. § 136 Abs. 2), (iii) der Umgehung gesetzlicher Stimmverbote (arg. § 136 Abs. 1) und (iv) der Verletzung allgemeiner Rechtsgrundsätze, wie zB des Unternehmensinteresses und der mitgliedschaftlichen Treupflicht. Wirksame Stimm-Vereinbarungen begründen nach hM **klagbare** und gemäß **§ 894 ZPO** vollstreckbare Erfüllungsansprüche.[110] Ungeachtet dessen sind entgegen der Wahlvereinbarung abgegebene Stimmen wirksam.[111] – Zum sog. **Acting in Concert** bei Stimmvereinbarungen vgl. § 22 Abs. 2 WpHG aF bzw. § 34 Abs. 2 WpHG nF.

23 **h) Die „verlorene" Aufsichtsratswahl.** Wahlen zum Aufsichtsrat müssen nicht notwendig mit der Besetzung aller vakanten Aufsichtsratssitze enden.[112] Denkbar ist vielmehr auch, dass die vom Aufsichtsrat vorgeschlagenen Kandidaten (und ggf. auch die Gegenkandidaten) **nicht die erforderliche Mehrheit** finden. Wurde nicht von vorneherein ein Alternativ- oder Eventualkandidat aufgeboten,[113] scheitert ein Nachschieben von Kandidaten durch den **Aufsichtsrat** jedenfalls bei größeren Gesellschaften regelmäßig an § 124 Abs. 3 S. 4 iVm Abs. 4 S. 1 (fehlender Wahlvorschlag). Eine gleichwohl erfolgte Wahl wäre anfechtbar.[114] Auch eine **Wiederholung** des Wahlgangs mit dem/den vorher gescheiterten Kandidaten, in der Hoffnung, nunmehr doch noch die – wo möglich: relative – Mehrheit zu erreichen, ist unzulässig (arg.: eindeutiges Abstimmungsergebnis = Abschluss des TOP „Wahlen").[115] (Wegen der unterschiedlichen Wahlmöglichkeiten nur scheinbare) **Ausnahme:** Mehrheitliche Ablehnung der vorgeschlagenen Liste bei der **Listenwahl;** anschließende Einzelwahl der Listenkandidaten (Einzelheiten → Rn. 16). Demgegenüber können die **Aktionäre** zwar noch in der Hauptversammlung Wahlvorschläge unterbreiten.[116] Wenn das Wahlergebnis feststeht, ist die Aussprache jedoch regelmäßig bereits beendet, so dass keine Gelegenheit zu einer weiteren Kandidatur mehr besteht. – Der Bestand der Gesellschaft oder auch nur des Aufsichtsrats wird durch die nicht erfolgte Wahl einzelner oder sogar aller Mitglieder nicht berührt. Unter den Voraussetzungen des § 104 sind die vakanten Positionen notfalls **gerichtlich** zu besetzen.

---

[104] BGHZ 180, 9 Rn. 11 = ZIP 2009, 460 – Kirch/Deutsche Bank: „nicht mehr Gewicht als ein Entwurf"; dazu *Butzke* HV Kap. N Rn. 22.

[105] *Roeckl-Schmidt/Stoll* AG 2012, 225 (228 ff.).

[106] Allg. zur Zulässigkeit von Stimmbindungsverträgen BGHZ 48, 163 = NJW 1967, 1963; BGH ZIP 1983, 432 (433); zu Wahlvereinbarungen RGZ 112, 273 (277); 133, 90 (94).

[107] HK-AktG/*Israel* Rn. 9.

[108] HK-AktG/*Israel* Rn. 9; Henssler/Strohn/*Henssler* Rn. 3; aA GroßkommAktG/*Hopt/Roth* Rn. 26; diff. Hüffer/*Koch* Rn. 27.

[109] Dazu KK-AktG/*Mertens/Cahn* Rn. 29.

[110] BGHZ 48, 163 (169) = NJW 1967, 1963 zur GmbH; zust. Hüffer/*Koch* Rn. 29 f.

[111] KK-AktG/*Mertens/Cahn* Rn. 33.

[112] Vgl. KK-AktG/*Mertens/Cahn* Rn. 19; *Butzke* HV Kap. J Rn. 4.

[113] Für Zulässigkeit GroßkommAktG/*Hopt/Roth* Rn. 68; Spindler/Stilz/*Spindler* Rn. 41; teilweise aA *Laabs* DB 1968, 1014 (1015): zulässig nur Eventualkandidat.

[114] BGHZ 153, 32 (35 ff.) = NJW 2003, 970; OLG München NZG 2002, 678; MHdB AG/*Hoffmann-Becking* § 30 Rn. 36.

[115] Vgl. *Höreth/Linnerz* Geschäftsordnungsanträge Rn. 403 ff.; aA *Austmann/Rühle* AG 2011, 805 (810 f.) für den Fall, dass bei der Alternativwahl kein Kandidat die einfache Mehrheit erreicht; anschließende Sukzessivwahl, beginnend mit dem nach dem ersten Wahlgang aussichtsreichsten Kandidaten.

[116] Vgl. MüKoAktG/*Habersack* Rn. 16.

3. Entsendungsrechte (Abs. 2 S. 1–4). a) Allgemeines. Entsendungsrechte greifen in die Autonomie der Hauptversammlung ein, indem sie einzelnen Aktionären oder Aktionärsgruppen vorrangige Bestellungsrechte für Aufsichtsräte einräumen; den damit verbundenen Verstoß gegen den Gleichbehandlungsgrundsatz nimmt das Gesetz freilich ebenso in Kauf wie die Ausschaltung des *„one share, one vote*"-Prinzips.[117] Das Entsendungsrecht ist **Sonderrecht iSd § 35 BGB** (das einzige im AktG vorgesehene); einmal in der Satzung verankert, kann es dem Berechtigten grundsätzlich nur mit seiner Zustimmung wieder entzogen werden **(„Ewigkeitsrecht")** → Rn. 27.[118] Geprägt ist es – freilich nur im Rahmen seiner konkreten Ausgestaltung durch die Satzung (→ Rn. 27) – von der unbeschränkten und im Prinzip unbeschränkbaren Wahlfreiheit des Berechtigten; daher besteht grundsätzlich auch **keine Verpflichtung** des Aktionärs, von seinem Entsendungsrecht Gebrauch zu machen (→ Rn. 28, 31).[119] Als regelwidriges „Sonderrecht" mit „Ausnahmecharakter"[120] unterwirft das Aktiengesetz Entsendungsrechte gleich mehreren **Begrenzungen:** Sie bestehen (i) nur für Aktionäre und (ii) nur auf satzungsmäßiger Grundlage (nicht also zB aufgrund einfachen Hauptversammlungsbeschlusses). Sie sind überdies (iii) auf höchstens ein Drittel der Sitze der Aktionärsvertreter im Aufsichtsrat begrenzt (S. 4). Teils (*aktien*gebundenes Entsendungsrecht, → Rn. 26) bestehen Anforderungen an die **Aktienart;** allgemein unerheblich ist demgegenüber, ob es sich bei der betroffenen Gesellschaft um eine solche mit oder ohne **Börsennotierung** handelt.[121] Trotz seiner historischen Wurzeln (Sicherung des Einflusses der öffentlichen Hand in gemein- und gemischtwirtschaftlichen Unternehmen) unerheblich ist auch die **Branche** in der das Unternehmen tätig ist; de lege lata steht das Entsendungsrecht *jeder* Aktiengesellschaft offen.[122] – Zu **unterscheiden** sind das nicht übertragbare **persönliche** („für bestimmte Aktionäre") und das übertragbare, allerdings nur bei vinkulierten Namensaktien (§ 68 Abs. 2) zulässige (Abs. 2 S. 2) **aktiengebundene** Entsendungsrecht („für die jeweiligen Inhaber bestimmter Aktien"), Abs. 2 S. 1. Beide Erscheinungsformen können auch miteinander gekoppelt sein (Beispiel: Der „bestimmte" Aktionär muss zugleich „bestimmte" Aktien halten. Folge: Kein Übergang des Entsendungsrechts auf den Erwerber der Aktien).[123] – **Praktische Bedeutung** hat das Entsendungsrecht weiterhin vor allem in Aktiengesellschaften der öffentlichen Hand, um deren **Einfluss im Kontrollorgan** dauerhaft abzusichern. Verbreitet ist es überdies bei Familiengesellschaften.[124] Es kommt aber auch bei großen börsennotierten Unternehmen (Beispiel: ThyssenKrupp)[125] vor. Neben der Erweiterung und Absicherung bestehender Einflussnahmemöglichkeiten eignet sich das Entsendungsrecht aber auch als strategisches **Übernahmehindernis.**[126] – Im Einzelnen: 24

b) Entsendungsrecht. aa) Persönliches Entsendungsrecht. Das persönliche Entsendungsrecht steht immer nur einem (Inhaber- oder Namens-) **Aktionär** (natürliche Person, juristische Person, Personengemeinschaft; eine Aktie reicht) bzw. einer – dann grundsätzlich mehrheitlich entscheidenden (§ 745 Abs. 1 S. 1 BGB) – **Gruppe von Aktionären** (§§ 741 ff. BGB),[127] nie dagegen einem Außenstehenden zu; auch Vorstands- und Aufsichtsratsmitglieder sind nicht entsendungsberechtigt, sofern sie nicht zugleich Aktionäre sind.[128] Eine entgegenstehende Satzungsbestimmung ist nichtig (§ 241 Nr. 3) → Rn. 55.[129] Umgekehrt erlischt das Entsendungsrecht aber nicht allein dadurch, dass der entsendungsberechtigte Aktionär Vorstands- oder Aufsichtsratsmitglied der Gesell- 25

---

[117] BGH AG 2009, 694 = ZIP 2009, 1566 = EWiR 2010, 103 m. zust. Anm. *Nikoleyczik* – ThyssenKrupp; zur rechtspolitischen Kritik sowie zur EU- und AktG-Konformität *Seeling/Zwickel* BB 2008, 622 ff.

[118] Ausf. *Klausmann* Entsendungsrechte 277 ff.; ferner GroßkommAktG/*Hopt/Roth* Rn. 108; KK-AktG/*Mertens/Cahn* Rn. 48, 51; Schmidt/Lutter/*Drygala* Rn. 14.

[119] *Klausmann* Entsendungsrechte 53; Spindler/Stilz/*Rieckers* Rn. 71; MHdB AG/*Hoffmann-Becking* § 30 Rn. 51.

[120] *Seeling/Zwickel* BB 2008, 622.

[121] LG Essen AG 2007, 797.

[122] Spindler/Stilz/*Spindler* Rn. 49; *Seeling/Zwickel* BB 2008, 622.

[123] MüKoAktG/*Habersack* Rn. 42; Spindler/Stilz/*Spindler* Rn. 63.

[124] *Lieder* ZHR 172 (2008), 306 (322 f.); Henssler/Strohn/*Henssler* Rn. 7.

[125] Vgl. BGH AG 2009, 694 = ZIP 2009, 1566 = EWiR 2010, 103 m. zust. Anm. *Nikoleyczik* (keine Beschränkung der EU-Kapitalverkehrsfreiheit durch Einführung eines Entsendungsrechts zu Gunsten eines Privataktionärs) – ThyssenKrupp.

[126] Eingehend *Klausmann* Entsendungsrechte 91 ff.

[127] *Klausmann* Entsendungsrechte 38; GroßkommAktG/*Hopt/Roth* Rn. 118 f.; MüKoAktG/*Habersack* Rn. 35; KK-AktG/*Mertens/Cahn* Rn. 57.

[128] Spindler/Stilz/*Spindler* Rn. 49; *Klausmann* Entsendungsrechte 38.

[129] Ausf. MüKoAktG/*Habersack* Rn. 32; ferner Spindler/Stilz/*Spindler* Rn. 49; zur Problematik entsendungsberechtigter Vorstands- (str.) und Aufsichtsratsmitglieder (unprobl.) mit Aktienbesitz vgl. *Klausmann* Entsendungsrechte 220 ff.

schaft wird.[130] Als persönliches Recht ist das Entsendungsrecht **nicht übertragbar** und vorbehaltlich einer abweichenden Satzungsregelung auch **nicht vererblich.**[131] Verliert der Entsendungsberechtigte seinen Aktionärsstatus, zB durch den Verkauf seiner Aktien, **erlischt** es.[132] Sofern die Satzung nicht ein vorübergehendes „Ruhen" gestattet, lebt es auch durch einen späteren Aktienerwerb nicht wieder auf[133] und kann von der Hauptversammlung daher auch ohne Zustimmung des Berechtigten nach § 35 BGB aufgehoben werden[134] (→ Rn. 27). Das Erlöschen des Entsendungsrechts (auch aus anderen Gründen, wie etwa dem Tod des Entsendungsberechtigten oder infolge einer Umwandlung)[135] hat auf die Position des Entsandten zunächst keinen Einfluss; die Hauptversammlung ist jedoch nach hM berechtigt, den Entsandten schon vor Ablauf seiner Amtszeit mit einfacher (statt mit wie sonst üblich: qualifizierter, § 103 Abs. 1 S. 2) Mehrheit von seinem Amt abzuberufen (§ 103 Abs. 2 S. 2).[136]

26 **bb) Aktiengebundenes Entsendungsrecht.** Das aktiengebundene Entsendungsrecht ist an die **vinkulierte Namensaktie** (mit ihrem Zustimmungserfordernis der Gesellschaft bei rechtsgeschäftlichen Aktienübertragungen nach § 68 Abs. 1 S. 1) gekoppelt, um spekulativem Missbrauch vorzubeugen.[137] Aktie und Entsendungsrecht bilden insoweit eine Einheit. Das Entsendungsrecht geht daher gemeinsam mit der Aktie ohne weiteren Übertragungsakt auf den neuen Inhaber über.[138] Gehört eine zur Entsendung berechtigende Aktie **mehreren** Aktionären, können diese ihr Recht gegenüber der Gesellschaft – sofern diese hierauf nicht verzichtet[139] – nur durch einen gemeinschaftlichen Vertreter ausüben (§ 69 Abs. 1). Die **Zustimmung** der Gesellschaft zur Übertragung der vinkulierten Namensaktie erteilt üblicherweise der Vorstand (§ 68 Abs. 2 S. 2); nicht rechtsgeschäftliche Übertragungsvorgänge bedürfen keiner Zustimmung.[140] Die Satzung (§ 68 Abs. 2 S. 3) sollte die Zustimmung zur Vermeidung auch nur des Anscheins einer Manipulation (Vorwurf: Einflussnahme des Vorstands auf die Besetzung des Aufsichtsrats) jedoch dem Aufsichtsrat, allenfalls der Hauptversammlung, überlassen.[141] Das aktiengebundene Entsendungsrecht **erlischt,** wenn seine Voraussetzungen entfallen (Beispiele: Einziehung der Aktie(n); Umwandlung der Namens- in Inhaberaktien).[142] Soweit hierfür ein Hauptversammlungsbeschluss erforderlich ist, ist wegen des „Sonderrechts"-Charakters (§ 35 BGB) der Entsendung unabhängig von den konkreten Abstimmungsverhältnissen die Zustimmung des Entsendungsberechtigten erforderlich (→ Rn. 27).[143] – Für die **Rechtsstellung** des Entsandten nach dem Erlöschen des Entsendungsrechts gilt das zu → Rn. 25 Gesagte entsprechend.

27 **c) Satzungsgrundlage.** Sowohl das persönliche als auch das aktiengebundene Entsendungsrecht müssen bereits in der Gründungssatzung vorgesehen oder später[144] mit der erforderlichen Mehrheit (§ 179 Abs. 2) in die **Satzung** aufgenommen werden; rechtsgeschäftliche Vereinbarungen oder ein einfacher Hauptversammlungsbeschluss sind hierfür nicht ausreichend. Eine – selbst satzungsmäßige – Delegation der Kompetenz zur Gewährung von Entsendungsrechten auf andere Personen oder Gremien kommt nicht in Betracht.[145] Ein **Stimmverbot** (§ 136 Abs. 1) des Aktionärs, dem das zu

---

[130] *Seeling/Zwickel* BB 2008, 622 (624).

[131] MüKoAktG/*Habersack* Rn. 34, 37; HK-AktG/*Israel* Rn. 11; krit. *Klausmann* Entsendungsrechte 39 f.; teils abw. Spindler/Stilz/*Spindler* Rn. 55: Vererblichkeit nur bei namentlicher Bezeichnung des Erben/Dritten; aA *v. Godin/Wilhelmi* Anm. 3: grds. Vererblichkeit; Henssler/Strohn/*Henssler* Rn. 8: stets Erlöschen.

[132] AllgM, vgl. MüKoAktG/*Habersack* Rn. 36.

[133] MüKoAktG/*Habersack* Rn. 36.

[134] GroßkommAktG/*Hopt/Roth* Rn. 111; KK-AktG/*Mertens/Cahn* Rn. 53; aA *v. Godin/Wilhelmi* § 103 Anm. 3.

[135] Ausf. *Klausmann* Entsendungsrechte 303 ff.; MüKoAktG/*Habersack* 38 für Verschmelzung, Spaltung Vermögensübertragung, nicht: Formwechsel; HK-AktG/*Israel* Rn. 11 für Verschmelzung.

[136] KK-AktG/*Mertens/Cahn* Rn. 56; MüKoAktG/*Habersack* Rn. 36, obwohl § 103 Abs. 2 S. 2 nach seinem Wortlaut nur beim Entfallen satzungsmäßiger und nicht gesetzlicher Voraussetzungen des Entsendungsrechts anwendbar ist.

[137] *Klausmann* Entsendungsrechte 40; GroßkommAktG/*Hopt/Roth* Rn. 115.

[138] *Klausmann* Entsendungsrechte 40 f.; MüKoAktG/*Habersack* Rn. 39.

[139] Zu dieser (iE str.) Möglichkeit Hüffer/*Koch* Rn. 6.

[140] *Klausmann* Entsendungsrechte 41.

[141] Ebenso *Klausmann* Entsendungsrechte 41; MüKoAktG/*Habersack* Rn. 39.

[142] Spindler/Stilz/*Spindler* Rn. 62; Schmidt/Lutter/*Drygala* Rn. 18.

[143] GroßkommAktG/*Hopt/Roth* Rn. 117; Spindler/Stilz/*Spindler* Rn. 62; *Seeling/Zwickel* BB 2008, 622 (626).

[144] Beispiel: BGH AG 2009, 694 = ZIP 2009, 1566 = EWiR 2010, 103 m. zust. Anm. *Nikoleyczik* – ThyssenKrupp; ebenso bereits die Vorinstanz OLG Hamm ZIP 2008, 1530 m. weitgehend zust. Anm. *Verse* ZIP 2008, 1754; *Seeling/Zwickel* BB 2008, 622 (624).

[145] *Klausmann* Entsendungsrechte 43; GroßkommAktG/*Hopt/Roth* Rn. 108.

beschließende Entsendungsrecht zugute kommt, besteht nicht.[146] Das Entsendungsrecht muss in der Satzung hinreichend **bestimmt** bezeichnet werden, entweder durch namentliche Nennung des berechtigten Aktionärs (persönliches Entsendungsrecht) oder genaue Bezeichnung (= Gattung, Serie, Nummer) der Aktien, mit denen das Entsendungsrecht verknüpft ist (aktiengebundenes Entsendungsrecht). Als **Sonderrecht iSd § 35 BGB** (→ Rn. 24) kann das Entsendungsrecht dem Entsendungsberechtigten nur (i) durch Entfernung des Rechts aus der Satzung (§ 179) *und* (ii) mit seiner **Zustimmung** wieder entzogen oder eingeschränkt (§ 100 Abs. 4) werden. Gegen den Willen des Entsendungsberechtigten ist ein einmal gewährtes Entsendungsrecht also auch mit überwältigender Zustimmung der Hauptversammlung nicht revisibel, dh weder entzieh- noch abänderbar (aber → Rn. 29).[147] Ein dennoch in diese Richtung gefasster Beschluss ist schwebend und nach der Verweigerung der Zustimmung durch den Entsendungsberechtigten endgültig **unwirksam** (→ Rn. 55). Etwas anderes gilt nur dann, wenn die Satzung schon vom Zeitpunkt der Einräumung des Entsendungsrechts an die Verminderung der Aufsichtsratssitze durch Hauptversammlungsbeschluss vorgesehen hatte, da dann auch das Entsendungsrecht **von Anfang an** entsprechend eingeschränkt war.[148]

Im Hinblick sowohl auf den Entsendungsberechtigten als auch auf den Entsandten kann die Satzung das Entsendungsrecht beliebig **ausgestalten** (Beispiel: Entsendungs*pflicht* → Rn. 31), **einschränken** oder von **weiteren Voraussetzungen** abhängig machen. Zulässig ist zB, **zusätzliche** sachliche oder persönliche **Qualifikationen** (wie zB die Nationalität, den Beruf, eine bestimmte Familienzugehörigkeit, einen Mindestbesitz an Aktien oder die Zustimmung der Hauptversammlung[149] oder des Aufsichtsrats[150] zur Auswahl des Entsandten) festzuschreiben (§ 100 Abs. 4; → § 100 Rn. 58).[151] Auch kann die Übertragung der Aktien, die der persönlich Entsendungsberechtigte hält, an die Zustimmung der Gesellschaft geknüpft und damit eine Annäherung an das aktiengebundene Entsendungsrecht erreicht werden.[152] Ist das Entsendungsrecht satzungsmäßig erst einmal eingeräumt, setzt die Einführung weiterer Voraussetzungen allerdings wiederum die Zustimmung des Entsendungsberechtigten voraus (→ Rn. 27).[153] 28

d) Höchstzahl. Die Zahl der entsandten Aufsichtsratsmitglieder ist auf **ein Drittel** der Sitze der *Anteilseigner*vertreter (= gesetzliche oder satzungsmäßige Soll-, nicht Ist-Zahl)[154] beschränkt (in einem paritätisch mitbestimmten 20er-Aufsichtsrat entspricht dies drei, in einem 16er- und 12er-Aufsichtsrat zwei Mitgliedern; ist der Aufsichtsrat nicht mitbestimmt, steht ein Drittel der *Gesamt*zahl an Sitzen zur Verfügung), Abs. 2 S. 4. Im Sinne guter Corporate Governance soll damit sichergestellt werden, dass die Gesamtheit der Aktionäre weiter die Mehrheit der Aktionärsvertreter im Aufsichtsrat bestimmt. Mittelbar wird damit die Beherrschung des Aufsichtsrats durch Aktionäre ohne entsprechenden Anteilsbesitz erschwert.[155] Eine abweichende Satzungsbestimmung ist nichtig (Einzelheiten → Rn. 55).[156] Zu beachten sind die mit der Höchstzahl-Grenze für einen Mehrheitsaktionär einhergehenden Folgen: Während er in der mitbestimmungsfreien Gesellschaft die Möglichkeit behält, den Aufsichtsrat zu kontrollieren, führt die Einräumung bereits eines einzigen Entsendungsrechts in der paritätisch mitbestimmten Gesellschaft zum Verlust der gesicherten Mehrheitsherrschaft. Das kann – je nach Blickwinkel (Beispiel: Sicherung von Minderheitseinfluss) – freilich Fluch und Segen gleichermaßen sein. – **Ändert** sich die Soll-Zahl der Aufsichtsratsmitglieder insgesamt, kann sich damit auch die Höchstzahl der *entsandten* Aufsichtsratsmitglieder ändern. Das kann durch eine Satzungsänderung, eine Kapitalmaßnahme oder die Änderung des Mitbestimmungsstatuts geschehen. Unproblematisch ist dabei eine **Vergrößerung** des Aufsichtsrats, da sie nur Raum für *zusätzliche* Entsendungsrechte schafft. Dagegen entzieht eine **Verkleinerung** bereits entsandten Aufsichtsratsmitgliedern 29

[146] OLG Hamm AG 2008, 552 (553 f.) – ThyssenKrupp; iErg bestätigt durch die erfolglose Nichtzulassungsbeschwerde BGH AG 2009, 694 = EWiR 2010, 103 m. zust. Anm. *Nikoleyczik*.

[147] *Klausmann* Entsendungsrechte 291 f.; GroßkommAktG/*Hopt/Roth* Rn. 108; Hüffer/*Koch* Rn. 10; HK-AktG/*Israel* Rn. 10; Henssler/Strohn/*Henssler* Rn. 11, § 100 Rn. 9.

[148] Ausf. *Klausmann* Entsendungsrechte 292 ff.; ferner MüKoAktG/*Habersack* Rn. 57; Spindler/Stilz/*Spindler* Rn. 67.

[149] Dazu MüKoAktG/*Habersack* Rn. 60; KK-AktG/*Mertens/Cahn* Rn. 58.

[150] Schmidt/Lutter/*Drygala* Rn. 14; weitergehend *v. Godin/Wilhelmi* Anm. 3: auch Vorstand und Dritte; dagegen zutr. *Klausmann* Entsendungsrechte 46.

[151] GroßkommAktG/*Hopt/Roth* Rn. 122 f.; *Lieder* ZHR 172 (2008), 306 (325 f.).

[152] Begr. RegE *Kropff* Textausgabe, 1965, 138.

[153] MüKoAktG/*Habersack* Rn. 31; GroßkommAktG/*Hopt/Roth* § 100 Rn. 102.

[154] *Klausmann* Entsendungsrechte 44; MüKoAktG/*Habersack* Rn. 54; Schmidt/Lutter/*Drygala* Rn. 21.

[155] Begr. RegE *Kropff* Textausgabe, 1965, 138 f.; NK-AktR/*Breuer/Fraune* Rn. 13; *Lieder* ZHR 172 (2008), 306 (322 f.).

[156] MüKoAktG/*Habersack* Rn. 55; Hüffer/*Koch* Rn. 11.

unter Umständen den rechtlichen Boden: Beruht die Verkleinerung des Aufsichtsrats auf **Gesetz** (Beispiel: Änderung des Mitbestimmungsstatus → § 95 Rn. 7a), erlöschen aus Gründen der Gleichbehandlung *alle* Entsendungsrechte, sobald nur *eines* die zulässige Höchstzahl übersteigt. Nur wenn alle Entsendungsrechte in einer Hand liegen oder die Satzung eine bestimmte Rangfolge festlegt, beschränkt sich das Erlöschen auf die überschüssigen Rechte. Einer Zustimmung des Entsendungsberechtigten bedarf es wegen des Vorrangs des Gesetzes dabei nicht.[157] Die *unmittelbar* auf eine Verkleinerung des Aufsichtsrats zielende **Satzungsänderung** macht dagegen immer (Ausnahme → Rn. 27) eine Zustimmung des Entsendungsberechtigten erforderlich (§ 35 BGB). Im Anschluss daran erlöschen *sämtliche* Entsendungsrechte der jeweiligen Berechtigten (arg.: Verhinderung einer Ungleichbehandlung), soweit nicht die Satzung, zB durch die Festlegung einer Reihenfolge, in der die Aufsichtsratssitze/Entsendungsrechte entfallen, oder die Tatsache, dass sich die Rechte in einer Hand befinden, eine Beschränkung auf den überschüssigen Teil ermöglicht.[158] Entsprechendes gilt im Fall der **Kapitalherabsetzung.** Die Durchführbarkeit der Maßnahme hängt daher im Grundsatz auch hier an der Zustimmung des „verlierenden" Sonderrechtsinhabers. Freilich gebietet die gesellschaftsrechtliche Treuepflicht eine solche Zustimmung immer dann, wenn die Kapitalherabsetzung (i) für das Wohl der Gesellschaft erforderlich ist, (ii) das mildeste Mittel darstellt und (iii) die Interessen des rechtsverlustigen Entsendungsberechtigten nicht unverhältnismäßig beeinträchtigt.[159] Von wirtschaftlichen Notsituationen abgesehen dürfte die Zustimmungspflicht des Sonderrechtsinhabers in der Praxis damit eher die Ausnahme als die Regel sein.

30 **e) Keine besondere Gattung (S. 3).** Die Aktien der Entsendungsberechtigten gelten in Abweichung von § 11 ungeachtet ihrer privilegierten Ausstattung „nicht als eine **besondere Gattung**" (S. 3). Damit entfällt im Fall des *aktiengebundenen* Entsendungsrechts die ansonsten bestehende Notwendigkeit einer besonderen Abstimmung, etwa nach §§ 179 Abs. 3, 182 Abs. 2 oder 222 Abs. 2; aufgrund ihrer Unabhängigkeit von der Aktie ist dies beim *persönlichen* Entsendungsrecht kein Problem.[160] Dass die Aktien der Entsendungsberechtigten keine besondere Gattung bilden, ist für sie nicht von Nachteil, da Beschlussfassungen zu ihren Ungunsten durch § 35 BGB blockiert werden können.[161]

31 **f) Ausübung des Entsendungsrechts.** Die Ausübung des Entsendungsrechts erfolgt durch formlose, empfangsbedürftige Erklärung (= Benennung des Entsandten) durch den zumindest durch eine Aktie legitimierten[162] Entsendungsberechtigten gegenüber der Gesellschaft, dh dem Vorstand (= einem Vorstandsmitglied, § 78 Abs. 2 S. 2).[163] Darüber hinaus muss der Entsandte (der seinerseits nicht Aktionär sein muss) sein Amt zu dessen Wirksamkeit **annehmen.** Dies geschieht, wie sonst auch, durch ausdrückliche oder konkludente Erklärung gegenüber dem (= einem, § 78 Abs. 2 S. 2) Vorstand (→ Rn. 21); die Erklärung nur gegenüber dem Entsendungsberechtigten reicht nicht.[164] – Sofern die Satzung nicht etwas Abweichendes bestimmt (→ Rn. 28),[165] besteht **keine Pflicht** zur Ausübung des Entsendungsrechts (→ Rn. 24). Vorbehaltlich eines ausdrücklichen Verzichtes des Entsendungsberechtigten (allgemein, für eine bestimmte Zeit oder einen bestimmten Einzelfall) kann die bestehende Vakanz aber nicht stattdessen durch die Hauptversammlung gefüllt werden; vielmehr ist das fehlende Aufsichtsratsmitglied notfalls gemäß § 104 Abs. 1 S. 1, Abs. 2 gerichtlich zu bestellen.[166] – In der **Auswahl** des Entsandten ist der Entsendungsberechtigte innerhalb der durch **Gesetz** (Anforderungsprofil; Inkompatibilitätsvorschriften; Rücksichtnahmegebot etc)[167] und **Satzung** (→ Rn. 27 f.) gezogenen Grenzen **frei.** Eine empfindliche Einengung der Auswahlmöglichkeiten

[157] GroßkommAktG/*Hopt/Roth* Rn. 133; MüKoAktG/*Habersack* Rn. 56; weitergehend *Bayer/Scholz* ZIP 2016, 193 (195 f.): Wiederaufleben erloschener Entsendungsrechte nach neuerlicher Vergrößerung des Aufsichtsrats.

[158] *Klausmann* Entsendungsrechte 299 f.; KK-AktG/*Mertens/Cahn* Rn. 63; Spindler/Stilz/*Spindler* Rn. 67.

[159] *Klausmann* Entsendungsrechte 300 ff.; Spindler/Stilz/*Spindler* Rn. 68; aA GroßkommAktG/*Hopt/Roth* Rn. 135; MüKoAktG/*Habersack* Rn. 57 (Verlust des Sonderrechts gg Zahlung eines angemessenen Ausgleichs entsprechend Art. 5 Abs. 3 EGAktG); zum Meinungsstand *Seeling/Zwickel* BB 2008, 622 (624 f.).

[160] Wie hier MüKoAktG/*Habersack* Rn. 43; insoweit irreführend Begr. RegE *Kropff* Textausgabe, 1965, 138.

[161] *Klausmann* Entsendungsrechte 290 f.

[162] GroßkommAktG/*Hopt/Roth* Rn. 105; *Lieder* ZHR 172 (2008), 306 (323).

[163] *Klausmann* Entsendungsrechte 30; MüKoAktG/*Habersack* Rn. 44; Spindler/Stilz/*Spindler* Rn. 69; *Seeling/Zwickel* BB 2008, 622 (625); aA *v. Godin/Wilhelmi* Anm. 3: gegenüber dem Aufsichtsratsvorsitzenden.

[164] MüKoAktG/*Habersack* Rn. 62; Schmidt/Lutter/*Drygala* Rn. 23; aA MüKoAktG/*J. Semler*, 2. Aufl. 2004, Rn. 144.

[165] Henssler/Strohn/*Henssler* Rn. 12.

[166] KK-AktG/*Mertens/Cahn* Rn. 1, 80; Spindler/Stilz/*Spindler* Rn. 71; Hüffer/*Koch* Rn. 12; MHdB AG/*Hoffmann-Becking* § 30 Rn. 51.

[167] Hierzu MüKoAktG/*Habersack* Rn. 45; KK-AktG/*Mertens/Cahn* Rn. 65.

kann sich für den Entsendungsberechtigten jedoch zB dadurch ergeben, dass die vakante Stelle aufgrund der nach Bänken getrennt zu erfüllenden, fixen **Geschlechterquote** (§ 96 Abs. 2) zwingend mit einer Frau (oder einem Mann) zu besetzen ist. Der Entsendungsberechtigte sollte daher tunlichst noch vor der Wahl „seiner" (Anteilseigner-) Bank die Abstimmung mit deren – allein zum Widerspruch gegen die Gesamterfüllung berechtigten! – Vertretern suchen (→ § 96 Rn. 61).[168] Auch an die zweijährige **Cooling Off-Frist** des § 100 Abs. 2 Nr. 4 ist der Entsendungsberechtigte gebunden (→ § 100 Rn. 37). Er kann also ehemalige Vorstandsmitglieder nur dann bereits *vor* Fristablauf in den Aufsichtsrat entsenden, wenn er selbst über die erforderlichen 25% der Stimmrechte verfügt oder andere Aktionäre mit entsprechender Stimmkraft – ggfs. gemeinsam mit ihm – die Entsendung unterstützen.[169] Aktionären (nicht anderen Dritten) gegenüber kann er sich wirksam **verpflichten,** sein Entsendungsrecht in einem bestimmten Sinne auszuüben, soweit dies auch sonst im Rahmen von Stimmbindungsvereinbarungen (Wahlvereinbarungen, → Rn. 22) zulässig wäre.[170] Die Entsendung eines offensichtlich **ungeeigneten** Kandidaten (Beispiel: dauernder Interessenkonflikt mit „breitflächigen Auswirkungen auf weite Teile der Organtätigkeit")[171] dürfte in den meisten Fällen treuwidrig sein. Stellt sich die Ungeeignetheit später heraus, eröffnet dies die Möglichkeit einer gerichtlichen Abberufung nach § 103 Abs. 3.[172] Davon abgesehen ist die Unwirksamkeit der Entsendung im Wege der allgemeinen **Feststellungsklage** (§ 256 Abs. 1 ZPO) geltend zu machen.[173] – Innerhalb der durch die Satzung gezogenen Grenzen und der Höchstfrist nach § 102 Abs. 1 legt der Entsendungsberechtigte die **Amtsdauer** des Berufenen autonom fest. Sie muss nicht identisch mit der Amtsdauer einzelner oder aller anderen Aufsichtsratsmitglieder sein. Eine wiederholte Entsendung ist möglich; vertraglich verpflichten kann sich der Entsendungsberechtigte dem Entsandten gegenüber hierzu jedoch nicht.[174]

g) Rechtsstellung der Beteiligten. Die Rechtsstellung des **entsandten Aufsichtsratsmitglieds** gegenüber der **Gesellschaft** (sog. korporationsrechtliches Rechtsverhältnis) unterscheidet sich in nichts von der des gewählten oder gerichtlich bestellten. Insbesondere hat es als Aufsichtsratsmitglied die gleichen Rechte (zB hinsichtlich der Vergütung) und Pflichten (zB hinsichtlich der Wahrung des Unternehmensinteresses) wie diese.[175] Einem verbreiteten Missverständnis zum Trotz unterliegt der Entsandte auch nicht den Weisungen des oder der Entsendungsberechtigten; stattdessen gilt auch hier der Grundsatz der höchstpersönlichen und weisungsfreien Amtsführung. Das Unternehmensinteresse geht dem Interesse des Entsendungsberechtigten vor.[176] Allerdings kann der Entsandte vom Entsendungsberechtigten jederzeit, dh auch außerhalb einer erst mühsam einzuberufenden Hauptversammlung und ohne jeden Grund, abberufen und durch ein anderes Aufsichtsratsmitglied ersetzt werden (§ 103 Abs. 2 S. 1; zu Einzelheiten → § 103 Rn. 20); damit ist er jeder juristischen Einhegung zum Trotz „faktisch abhängig".[177] Geht das Entsendungsrecht auf einen Anderen über, zB durch Veräußerung der zur Entsendung berechtigenden Aktien, ändert das allein nichts an der Amtsinhaberschaft des Entsandten.[178] – An den **Entsendungsberechtigten** bindet den **Entsandten** üblicherweise ein Auftragsverhältnis (unentgeltlich) oder ein Geschäftsbesorgungsvertrag (entgeltlich). Beide Rechtsverhältnisse sind gegenüber dem gesetzlichen Regelmodell freilich stark modifiziert (insbesondere: kein Weisungsrecht). Auch in diesem Verhältnis gilt grundsätzlich die Verschwiegenheitspflicht gemäß § 116 (Ausnahme § 394 S. 1).[179] In der Satzung kann das Verhältnis zwischen Entsandtem und Entsendungsberechtigtem weiter ausgestaltet und 32

---

[168] Vgl. Hohenstatt/Seibt/*Seibt/Kraack* Geschlechterquoten Rn. 199 f.

[169] MüKoAktG/*Habersack* § 100 Rn. 39; Schmidt/Lutter/*Drygala* § 100 Rn. 20; KK-AktG/*Mertens/Cahn* Rn. 65.

[170] MüKoAktG/*Habersack* Rn. 45 iVm Rn. 12 ff.; HK-AktG/*Israel* Rn. 10; diff. *Klausmann* Entsendungsrechte 53 f.

[171] BGHZ 180, 9 Rn. 25 = ZIP 2009, 460 – Kirch/Deutsche Bank.

[172] GroßkommAktG/*Hopt/Roth* Rn. 107; MüKoAktG/*Habersack* Rn. 45.

[173] BGH ZIP 2006, 177 (178).

[174] KK-AktG/*Mertens/Cahn* Rn. 71.

[175] *Klausmann* Entsendungsrechte 46 ff.; MüKoAktG/*Habersack* Rn. 50 f.; Schmidt/Lutter/*Drygala* Rn. 24.

[176] RGZ 165, 68 (79); BGHZ 36, 296 (306) = NJW 1962, 864; vgl. aus dem Schrifttum nur *Klausmann* Entsendungsrechte 46 f.; MüKoAktG/*Habersack* Rn. 51; Hüffer/*Koch* Rn. 12; Grigoleit/*Grigoleit/Tomasic* Rn. 20; diff. GroßkommAktG/*Hopt/Roth* Rn. 147 f.: Unzulässigkeit von Weisungen nur, wo diese mit dem Unternehmensinteresse kollidieren.

[177] *Hopt* ZGR 2004, 1 (33); ebenso *Hoffmann-Becking* NZG 2014, 801 (807); *Klausmann* Entsendungsrechte 48 f.

[178] KK-AktG/*Mertens/Cahn* Rn. 71.

[179] BGH NZG 2016, 910 Rn. 32 f. = AG 2016, 493; MüKoAktG/*Habersack* Rn. 47; KK-AktG/*Mertens/Cahn* Rn. 74; Henssler/Strohn/*Henssler* Rn. 13.

abgeändert werden.[180] – **Gesellschaft** und **Entsendungsberechtigter** sind nach wohl hM nur durch die Treupflicht des Aktionärs miteinander verbunden.[181] Einigkeit besteht darin, dass der Entsendungsberechtigte für Pflichtverletzungen des *Entsandten* weder nach § 278 BGB noch nach § 831 BGB haftet; auch in der Satzung kann eine solche Verantwortlichkeit nicht angeordnet werden, weil sie der Unabhängigkeit des Aufsichtsrats widerspricht.[182] Eine *vertragliche* Haftungsübernahme will die hL dagegen zulassen.[183] Verletzt der Entsendungsberechtigte durch die Entsendung eines völlig ungeeigneten Kandidaten oder unzulässige Einflussnahme auf diesen dagegen *eigene* Pflichten (Auswahlverschulden) und entsteht der Gesellschaft hieraus ein Schaden, ist eine Haftung nach § 280 Abs. 1 bzw. § 826 BGB denkbar.[184] Der Fall dürfte in der Praxis nur selten vorkommen.

33 **4. Volkswagen-Gesetz (Abs. 2 S. 5 aF).** § 4 Abs. 1 des Gesetzes über die Überführung der Anteilsrechte an der Volkswagenwerk Gesellschaft mit beschränkter Haftung in private Hand (VW-Gesetz) vom 21.7.1960 (BGBl. I S. 585) sah in Abweichung von Abs. 2 S. 1 und 4 das Recht des Bundes (durch Aktienverkauf inzwischen obsolet) und des Landes Niedersachsen (weiter aktuell) vor, je zwei Vertreter in den Aufsichtsrat der Volkswagen AG zu entsenden. Einzelne Bestimmungen des VW-Gesetzes, insbesondere die Stimmrechtsbegrenzung auf 20% (§ 2 Abs. 1 VW-Gesetz) und das erhöhte Mehrheitserfordernis von 80% (§ 4 Abs. 3 VW-Gesetz), aber auch das Entsendungsrecht sind vom EuGH jedoch für unvereinbar mit der **Kapitalverkehrsfreiheit** nach Art. 56 EGV erklärt worden, weil sie der öffentlichen Hand „ein vom allgemeinen Gesellschaftsrecht abweichendes Sonderrecht" einräumen.[185] Neben dem Höchststimmrecht ist die Regelung zum Entsendungsrecht (§ 4 Abs. 1 VW-Gesetz) daraufhin durch das Gesetz zur Änderung des VW-Gesetzes (VWGÄndG) vom 8.12.2008 (BGBl. I S. 2369) aufgehoben und der damit gegenstandslose Abs. 2 S. 5 gestrichen worden. Dadurch haben auch die korrespondierenden Bestimmungen der Satzung der Volkswagen AG ihre gesetzliche Grundlage verloren; sie verstießen in punkto Entsendungsrecht wegen Überschreitens der Höchst-Entsendungszahl zunächst also gegen Abs. 2 S. 4.[186] Die daran anschließende Frage, ob die (nichtige)[187] Satzungsbestimmung per se keine Wirkung mehr entfaltet oder erst von der Hauptversammlung aufzuheben ist,[188] hat durch die im Dezember 2009 (mit den Stimmen des Landes Niedersachsen) erfolgte Verankerung eines – die Höchstzahl-Beschränkung mit nur noch zwei von insgesamt zehn Aufsichtsratsmitgliedern berücksichtigenden – Entsendungsrechts in der **Satzung** der Volkswagen AG ihre Bedeutung verloren. An der Zulässigkeit eines auf § 101 Abs. 2 gegründeten, kraft privatautonomer Entscheidung beschlossenen Entsendungsrechts sollte EU-rechtlich kein Zweifel möglich sein.[189]

34 **5. Wahl der Arbeitnehmervertreter.** Vgl. zunächst → § 96 Rn. 10 ff. Stark vereinfacht sehen die Mitbestimmungsgesetze die folgenden **Wahlverfahren** vor: (i) Nach § 5 Abs. 1 DrittelbG grundsätzlich unmittelbare Wahl durch die Arbeitnehmer, (ii) nach §§ 9 ff. MitbestG und §§ 7 ff. Montan-MitbestG Delegiertenwahl oder unmittelbare Wahl durch die Arbeitnehmer, (iii) nach § 6 Montan-MitbestG Wahl durch die Hauptversammlung, aber aufgrund für sie bindender Wahlvorschläge (dies einer der in Abs. 1 S. 2 genannten Ausnahmefälle), (iv) nach § 25 Abs. 3 MgVG Wahl durch besonderes „Wahlgremium".

35 **6. Ersatzmitglieder (Abs. 3). a) Allgemeines.** Abs. 3 S. 2 ermöglicht die Bestellung von Ersatzmitgliedern einzelner Aufsichtsratsmitglieder (nicht: *des* Aufsichtsrats). Von dem gemäß Abs. 3 S. 1 ausdrücklich unzulässigen **Stellvertreter,** der ein verhindertes Mitglied nur vorübergehend und in fremdem Namen (§ 164 BGB) vertritt, unterscheidet sich das Ersatzmitglied dadurch, dass es **endgültig** und **in eigener Person** an die Stelle eines (zB durch Amtsniederlegung, gerichtliche

---

[180] Schmidt/Lutter/*Drygala* Rn. 25.

[181] GroßkommAktG/*Hopt/Roth* Rn. 162; Schmidt/Lutter/*Drygala* Rn. 27; HK-AktG/*Israel* Rn. 13 aus der von KK-AktG/*Mertens,* 2. Aufl. 1996, Rn. 63 konstruierten „vertragsähnlichen Vertrauensbeziehung" folgt iErg nichts wesentlich anderes; weitergehend Grigoleit/*Grigoleit/Tomasic* Rn. 21: „gesteigerte Treupflichtbindung".

[182] Ausf. *Klausmann* Entsendungsrechte 55 ff.; HK-AktG/*Israel* Rn. 13; Henssler/Strohn/*Henssler* Rn. 13.

[183] GroßkommAktG/*Hopt/Roth* Rn. 163; Schmidt/Lutter/*Drygala* Rn. 27; aA KK-AktG/*Mertens/Cahn* Rn. 79.

[184] IErg ähnlich *Klausmann* Entsendungsrechte 54 f.; KK-AktG/*Mertens/Cahn* Rn. 77 f.; Grigoleit/*Grigoleit/Tomasic* Rn. 21.

[185] EuGH NJW 2007, 3481 = ZIP 2007, 2068 = WM 2007, 2060 – Kommission/Bundesrepublik Deutschland.

[186] Vgl. *Teichmann/Heise* BB 2007, 2577 (2578); *Lieder* ZHR 172 (2008), 306 (324, 338).

[187] Hüffer/*Koch* Rn. 11; *Holle* AG 2010, 14 (19).

[188] Vgl. *Teichmann/Heise* BB 2007, 2577 (2578).

[189] Für die hM *Bayer/Schmidt* BB 2010, 387 (394); vgl. auch *Holle* AG 2010, 14 (20 ff.).

Abberufung, Tod) vorzeitig **weggefallenen** Aufsichtsratsmitglieds rückt.[190] Alle **(noch) nicht endgültigen** Verhinderungen des amtierenden Aufsichtsratsmitglieds, wie zB (auch: dauerhafte)[191] Krankheiten oder Stimmverbote, sind für „sein" Ersatzmitglied einstweilen bedeutungslos (→ Rn. 42). Solche Imponderabilien können für gewöhnlich durch schriftliche Stimmabgaben (§ 108 Abs. 3)[192] oder variable Präsenzbestimmungen in der Satzung oder der Geschäftsordnung (Abhaltung von Sitzungen und Abstimmungen zB im Wege der Telefonkonferenz, § 108 Abs. 4) aufgefangen werden. Von der aktienrechtlichen „Unvertretbarkeit" (Höchstpersönlichkeit)[193] der Aufsichtsrats-Aufgabe abgesehen ist daher auch das praktische Bedürfnis für einen **Stellvertreter** bei zweckmäßiger Ausnutzung der vorhandenen Gestaltungsspielräume gering.[194]

b) Einsatzmöglichkeiten. Ersatzmitglieder können für **jedes** (gewählte, entsandte) Aufsichts- 36
ratsmitglied, der **Anteilseigner** wie der **Arbeitnehmer** (vgl. § 17 MitbestG, § 7 DrittelbG), bestellt werden. Die einzige gesetzliche **Ausnahme** bildet das von den übrigen Aufsichtsratsmitgliedern gemäß § 8 Abs. 1 MontanMitbestG oder § 5 Abs. 2 MitbestErgG gewählte **weitere** („neutrale") **Mitglied** (Abs. 3 S. 2); hier duldet der Gesetzgeber keine Ersatzmitgliedschaft.[195] Die Ersatzmitgliedschaft verhindert **zeitweilige Vakanzen** infolge eines vorzeitigen, oft überraschenden und nicht selten unzeitigen, dh nicht durch eine reguläre Bestellung kompensierbaren, Ausscheidens eines Aufsichtsratsmitglieds. Gegenüber der gerichtlichen (Ersatz-) Bestellung (§ 104) spart sie Zeit und Kosten; zudem behält der jeweilige Besteller die volle Kontrolle über die Personalie. Temporäre Imparitäten im mitbestimmten Aufsichtsrat können gar nicht erst entsehen. Nachteilig ist, dass das Ersatzmitglied bereits zu einem Zeitpunkt bestellt werden muss, zu dem die konkreten persönlichen und fachlichen Anforderungen an das Aufsichtsratsmitglied noch nicht absehbar sind. – Die Möglichkeit der Bestellung von Ersatzmitgliedern ist ein gesetzliches Privileg; die **Satzung** kann hieran weder in die eine (*Pflicht*bestellung) noch in die andere Richtung (Untersagung) etwas ändern.[196] – Zuständig für die **Bestellung** des Ersatzmitglieds ist gemäß Abs. 3 S. 4 das Organ, das auch für die Bestellung des zugehörigen Aufsichtsratsmitglieds zuständig ist, also Hauptversammlung (→ Rn. 8 ff.), Arbeitnehmer (§ 17 MitbestG, § 7 DrittelbG) oder Entsender (→ Rn. 24 ff.). Im Bereich der Mitbestimmung besteht freilich die Besonderheit, dass das Ersatzmitglied eines Arbeitnehmervertreters nicht in einem (gemäß Abs. 3 S. 3 stets „gleichzeitig mit dem Aufsichtsratsmitglied" erfolgenden, → Rn. 40) *eigenen* Wahlgang, sondern *uno actu,* dh zusammengespannt mit dem Bewerber für das Aufsichtsratsamt, gewählt wird, § 17 Abs. 2 MitbestG, § 7 Abs. 2 DrittelbG);[197] die Überzeugungskraft des Kandidaten für den Wähler hängt hier also ein Stückweit auch von der Qualität seines Ersatzmitglieds ab. – Für die **Nichtigkeit** und **Anfechtbarkeit** der Bestellung eines Ersatzmitglieds gelten gemäß Abs. 3 S. 4 die allgemeinen Vorschriften; spezielle Regelungen bestehen für die Ersatzmitglieder der Arbeitnehmervertreter, zB gemäß § 22 MitbestG, § 10l MitbestErgG und § 11 DrittelbG (→ Rn. 48). Grundsätzlich das Gleiche gilt für die **persönlichen Bestellungsvoraussetzungen,** die indes erst im Zeitpunkt des Nachrückens, nicht bereits der Bestellung, vorliegen müssen (→ Rn. 39).

Trotz des mehrdeutigen Wortlauts („für *jedes* Aufsichtsratsmitglied ... *ein* Ersatzmitglied") ent- 37
spricht es verbreiteter Praxis, dass **ein** Ersatzmitglied zugleich für **mehrere** Aufsichtsratsmitglieder bestellt wird.[198] Einzige Voraussetzung hierfür ist, dass die betreffenden Aufsichtsratsmitglieder und ihr Ersatzmitglied gemeinsam derselben Gruppe (von den Arbeitnehmern Gewählte; von den Anteilseignern Gewählte; Entsandte) angehören.[199] Sinnvollerweise wird in einem solchen Fall eine genaue Nachrück-Folge für den Fall, dass **mehrere Aufsichtsratsmitglieder** gleichzeitig ausscheiden, festgelegt. In dieser Konstellation ist das Ersatzmitglied freilich bereits mit dem ersten Ersatzfall

---

[190] Vgl. Spindler/Stilz/*Spindler* Rn. 82.

[191] Anders die hM, vgl. Spindler/Stilz/*Spindler* Rn. 83; KK-AktG/*Mertens/Cahn* Rn. 99; *Krauel/Fackler* AG 2009, 686 (687). Indes führt auch eine dauerhafte Krankheit ohne zusätzliche Amtsniederlegung, Abwahl oder dergleichen nie zu einem „Wegfall" (Abs. 3 S. 2) des Aufsichtsratsmitglieds. In solchen Fällen eines Ausfalls ohne Amtsverlust benutzt das Gesetz vielmehr bewusst den Begriff „Behinderung", vgl. §§ 105 Abs. 2 S. 1, 107 Abs. 1 S. 3; wie hier MüKoAktG/*Habersack* Rn. 84; Hüffer/*Koch* Rn. 15; wohl auch Grigoleit/*Grigoleit/Tomasic* Rn. 23.

[192] Begr. RegE *Kropff* Textausgabe, 1965, 139 f.; Grigoleit/*Grigoleit/Tomasic* Rn. 23.

[193] Vgl. MüKoAktG/*Habersack* Rn. 1; Spindler/Stilz/*Spindler* Rn. 82; vgl. auch Hüffer/*Koch* Rn. 13: „ungeteilte Verantwortlichkeit".

[194] Ebenso Schmidt/Lutter/*Drygala* Rn. 29.

[195] Begr. RegE *Kropff* Textausgabe, 1965, 139.

[196] Schmidt/Lutter/*Drygala* Rn. 30.

[197] Dazu MüKoAktG/*Gach* MitbestG § 17 Rn. 7.

[198] BGHZ 99, 211 (214) = NJW 1987, 902; ebenso bereits die Vorinstanzen OLG Karlsruhe WM 1986, 101; LG Heidelberg AG 1986, 81 (82); zust. Hüffer/*Koch* Rn. 17.

[199] MüKoAktG/*Habersack* Rn. 81; KK-AktG/*Mertens/Cahn* Rn. 86.

einstweilen (nämlich bis zu seinem Zurücktreten in die erneute Ersatzmitgliedschaft, → Rn. 41) „verbraucht" (Beispiel: E ist Ersatzmitglied für A und B. Fällt A weg, rückt E in den Aufsichtsrat ein. Als Ersatzmitglied für B steht E also erst nach einer Aufgabe oder einem Verlust des Amtes von A und einem gleichzeitigen Wiedereinrücken in die Ersatzmitgliedschaft zur Verfügung. Soll auch für das neue Aufsichtsratsmitglied C ein Ersatzmitglied zur Verfügung stehen, muss **gleichzeitig** mit der Bestellung von C zum A-Nachfolger E in seiner Eigenschaft als Ersatzmitglied *auch von C* bestellt werden);[200] die gleichzeitige *Ausübung* mehrerer Aufsichtsratsmandate durch *ein* Ersatzmitglied ist unzulässig.[201] Der Wahlvorschlag bzw. die Satzung sollte die Möglichkeit einer „Mehrfach-Ersatzmitgliedschaft" sicherheitshalber ausdrücklich vorsehen, rechtlich erforderlich ist sie nach zutreffender Ansicht nicht.[202]

38 **Umgekehrt** können bei klarer Anordnung der genauen Reihenfolge (Rechtsfolge ansonsten: Anfechtbarkeit)[203] für ein einziges (oder mehrere) Aufsichtsratsmitglied(er) auch **mehrere** Ersatzmitglieder (aber nie mehr als in der betreffenden Gruppe amtierende Aufsichtsräte insgesamt)[204] bestellt werden; das jeweils nächste Ersatzmitglied kommt dann beim Wegfall seines Vormannes zum Einsatz.[205] Das später berufene Ersatzmitglied ist aber mangels Zulässigkeit **nicht** Ersatzmitglied für ein zwischenzeitlich seinerseits aufgerücktes, „vorrangiges" **Ersatzmitglied,** sondern nur für das (die) **Aufsichtsratsmitglied**(er), als dessen/deren Ersatzmitglied es ausdrücklich gewählt wurde. Auf der **Arbeitnehmerseite** sind Mehrfach-Ersatzmitglieder für ein einzelnes Aufsichtsratsmitglied ausgeschlossen (vgl. §§ 27 Abs. 1 S. 1 1. WO, § 29 Abs. 1 S. 1 3. WO MitbestG; § 8 WO DrittelbG).

39 **c) Amtszeit; Bestellungsvoraussetzungen.** Für die Bestellung des Ersatzmitglieds gelten die gleichen Regeln wie für die Bestellung des Aufsichtsratsmitglieds (Abs. 3 S. 4). Das bedeutet, dass das Ersatzmitglied (von den Arbeitnehmern oder der Hauptversammlung, im Wege der Einzel- oder Listenwahl)[206] **gewählt** oder auch – wenn die Satzung dies vorsieht (arg. Abs. 2 S. 1)[207] – **entsandt** werden kann. Im Bereich des MitbestG ist die Wahl des Ersatzmitglieds allerdings bloßer Annex zur Wahl des zugehörigen Aufsichtsratskandidaten (§ 17 Abs. 2 MitbestG). Die **gerichtliche** Bestellung eines Ersatzmitglieds kommt nicht in Betracht (arg.: der von § 104 vorausgesetzte „Notfall" – fehlende Beschlussfähigkeit; Unterbesetzung – liegt beim Fehlen (nur) eines Ersatzmitglieds nicht vor; liegt dagegen ein Notfall vor, gebietet die Notmaßnahme nach § 104 nicht die Bestellung eines Ersatz-, sondern eines ordentlichen Mitglieds). Auch das Ersatzmitglied muss sein Amt zu dessen Wirksamkeit – und zwar bereits mit seiner Wahl, nicht erst mit dem Wegfall des Aufsichtsratsmitglieds (→ Rn. 43) – **annehmen** (arg.: Rechtssicherheit).[208] Eine neuerliche Annahme zum Zeitpunkt des Ersatzfalls ist nicht erforderlich (→ Rn. 39). – Das **Anforderungsprofil** und die **Inkompatibilitätsvorschriften** der §§ 96 Abs. 2, 100 (zu Abs. 5 aber → § 100 Rn. 74) und § 105 sowie die auf denselben Zweck gerichteten Satzungsbestimmungen gelten uneingeschränkt auch für *Ersatz*mitglieder, nach hM allerdings nicht vom Zeitpunkt der Bestellung, sondern erst vom **Ersatzfall,** also dem Einrücken in den Aufsichtsrat, an.[209] Ein bei der Bestellung zum Ersatzmitglied bestehender „Amtsmangel" kann daher bis zum Eintritt des Ersatzfalls noch behoben werden. Das mag angesichts des eindeutig erscheinenden Wortlauts von S. 4 verwundern, ergibt sich aber daraus, dass das Ersatzmitglied **vor** Eintritt des Ersatzfalls dem Aufsichtsrat **noch nicht angehört,**[210] also auch keine praktische Notwendigkeit besteht, es bereits zu diesem Zeitpunkt den für Aufsichtsratsmitglieder einschlägigen persönlichen Voraussetzungen zu unterwer-

[200] Schmidt/Lutter/*Drygala* Rn. 31; Spindler/Stilz/*Spindler* Rn. 88.

[201] Spindler/Stilz/*Spindler* Rn. 100.

[202] Spindler/Stilz/*Spindler* Rn. 99 f.; Hüffer/*Koch* Rn. 17; *Bommert* AG 1986, 315 (320); *Lehmann* DB 1983, 485 (486); offen gelassen in BGHZ 99, 211 (214) = NJW 1987, 902.

[203] Gärtner/Rose/Reul/*Reul* Teil 4 C Rn. 49.

[204] Anders KK-AktG/*Mertens/Cahn* Rn. 95: nie mehr als amtierende Aufsichtsratsmitglieder insgesamt.

[205] BGHZ 99, 211 (214) = NJW 1987, 902; mit der ganz hM ebenso Hüffer/*Koch* Rn. 17; Henssler/Strohn/*Henssler* Rn. 17; aA *Roussos* AG 1987, 239 (240); *v. Godin/Wilhelmi* Anm. 5.

[206] Hüffer/*Koch* Rn. 18.

[207] GroßkommAktG/*Hopt/Roth* Rn. 181.

[208] Hüffer/*Koch* Rn. 14; Henssler/Strohn/*Henssler* Rn. 16.

[209] BGHZ 99, 211 (219 f.) = NJW 1987, 902 (904); zust. GroßkommAktG/*Hopt/Roth* Rn. 193; Spindler/Stilz/*Spindler* Rn. 87; MüKoAktG/*Habersack* Rn. 76, 80, § 100 Rn. 55, 57; *E. Vetter* FS Maier-Reimer, 2010, 795 (815) für den (unabhängigen) Finanzexperten; iErg wohl auch Henssler/Strohn/*Henssler* Rn. 16; aA die ganz überwiegende mitbestimmungsrechtliche Lit. für die Ersatzmitglieder der Arbeitnehmervertreter, und zwar nicht nur was die mitbestimmungs-, sondern auch was die aktienrechtlichen Wählbarkeitsvoraussetzungen angeht, vgl. nur WKS/*Wißmann* MitbestG § 17 Rn. 14; Raiser/Veil/Jacobs/*Raiser/Jacobs* MitbestG § 17 Rn. 2 mwN.

[210] Hierzu KK-AktG/*Mertens/Cahn* Rn. 92.

fen.[211] Gleichwohl ist der Status als Ersatzmitglied auch in diesem Fall rechtlich nicht bedeutungslos: So ist die Wahl eines den rechtlichen Anforderungen für die Bestellung nicht genügenden Ersatzmitglieds zunächst **schwebend unwirksam.** Besteht dieser Zustand **bis zum Amtsantritt** fort, tritt Nichtigkeit ein (§ 250 Abs. 1 Nr. 4);[212] erledigt er sich, rückt das *ex tunc* wirksam gewählte Ersatzmitglied als Vollmitglied in den Aufsichtsrat ein. Entfallen die zunächst bestehenden persönlichen Voraussetzungen **nach der Annahme** der *Ersatz*mitgliedschaft (Beispiel: Anordnung einer Betreuung mit Einwilligungsvorbehalt, § 100 Abs. 1 S. 2), besteht ein gesetzlicher Hinderungsgrund („kann nur", „kann nicht … sein", § 100 Abs. 1) für ein Einrücken in den Aufsichtsrat (→ § 100 Rn. 63).[213] Ersatzmitglied kann der Betreffende aber einstweilen bleiben; entscheidend ist, dass sich der Hinderungsgrund bis zum Eintritt des Ersatzfalls wieder erledigt. Die gleichen Grundsätze sollten richtigerweise auch bei der Wahl eines (noch) **amtierenden Aufsichtsratsmitglieds** zum Ersatzmitglied zur Anwendung kommen. Entgegen der einhelligen Lehre besteht keine Veranlassung, eine solche Konstellation per se zu untersagen.[214] Hat sich das aktuelle Mandat zum Zeitpunkt des Ersatzfalls erledigt, kann das – dann ehemalige – Aufsichtsratsmitglied (erneut) in den Aufsichtsrat einrücken; besteht das Mandat fort, ist die zunächst schwebend unwirksame Wahl zum Ersatzmitglied *ex tunc* nichtig (§§ 250 Abs. 1, 241 Nr. 3). – Die ganz hL[215] will von diesen Grundsätzen eine – freilich weder mit dem Wortlaut von § 24 Abs. 1 MitbestG, § 10n MitbestErgG noch mit dem Sinn einer „persönlichen Voraussetzung" zu vereinbarende – **Ausnahme** für den Wegfall der Wählbarkeit eines Arbeitnehmervertreters (Hauptfall: Verlust der Unternehmenszugehörigkeit) zulassen. Danach soll das Ersatzmitglied seine Stellung nicht erst mit dem Einrücken in den Aufsichtsrat, sondern noch **in der „Wartezeit"** verlieren, wenn es währenddessen seine Wählbarkeit einbüßt. – Nicht schwebend unwirksam, sondern **von Anfang an voll wirksam** ist die Wahl eines Ersatzmitglieds selbst dann, wenn es nicht dem gleichen unterrepräsentierten **Geschlecht** wie das Aufsichtsratsmitglied angehört, für das es gewählt worden ist. Denn zum Zeitpunkt der Bestellung ist noch nicht absehbar, wie sich die Geschlechterquote innerhalb des Aufsichtsrats (§ 96 Abs. 2) im Zeitpunkt des Ersatzfalles darstellt. Hier ist also ein Einrücken in den Aufsichtsrat denkbar, *ohne* dass sich in der Person des *Ersatzmitgliedes* irgendetwas ändern müsste. Erweist sich diese Aussicht als falsch, ist die Ersatzbestellung gemäß § 96 Abs. 2 S. 6 allerdings **ex tunc nichtig** mit der Folge, dass das Ersatzmitglied nicht (mehr) in den Aufsichtsrat einrücken kann (→ § 96 Rn. 63).

Unabhängig davon, auf welchem Wege das Ersatzmitglied bestimmt wird, kann die Bestellung **40** nur **gleichzeitig** mit dem zugehörigen Aufsichtsratsmitglied erfolgen (Abs. 3 S. 3). Ist also bei der Wahl eines Aufsichtsratsmitglieds durch die Hauptversammlung nicht zugleich ein Ersatzmitglied bestellt worden, kann dies bis zu einer neuerlichen Wahl des Aufsichtsratsmitglieds durch eine weitere Hauptversammlung nicht nachgeholt werden (Rechtsfolge bei Verstoß: Anfechtbarkeit).[216] Einen möglichen Weg dorthin ebnet in drängenden Fällen zB die Amtsniederlegung mit Wirkung zB „zur Eröffnung [*oder*: Feststellung der Abstimmungsergebnisse] der nächsten Hauptversammlung", in der dann *dasselbe* Aufsichtsratsmitglied, nur jetzt gemeinsam mit einem Ersatzmitglied, erneut gewählt wird. Auch das vorzeitig **weggefallene Ersatzmitglied** kann nicht ohne gleichzeitige Wahl eines Aufsichtsratsmitglieds durch ein anderes Ersatzmitglied ersetzt werden.[217] (Nicht vollends überzeugende) Leitidee des Gleichzeitigkeits-Dogmas ist dabei, dass „wenn schon Zeit und Kosten für eine nachträgliche Wahl aufgewandt werden, … gleich ein ordentliches Aufsichtsratsmitglied an Stelle eines ausgeschiedenen, nicht aber nur ein Ersatzmitglied gewählt werden" soll.[218]

Ebenso wie für die Bestellung gelten auch für die **Beendigung** des Amtes **als Ersatz-** (nicht: **41** Aufsichtsrats-) **Mitglied** (etwa durch Niederlegung[219] oder Abberufung) die allgemeinen Vorschrif-

---

[211] MüKoAktG/*Habersack* Rn. 75, 86.

[212] MüKoAktG/*Habersack* § 100 Rn. 55; Spindler/Stilz/*Spindler* Rn. 87, 90; vgl. auch Hüffer/*Koch* Rn. 15: Annahme des Amtes als Ersatzmitglied auch unter dem Vorbehalt des späteren Vorliegens der persönlichen Mandatsvoraussetzungen möglich.

[213] Insoweit noch zust. Spindler/Stilz/*Spindler* Rn. 93.

[214] So aber GroßkommAktG/*Hopt/Roth* Rn. 177; MüKoAktG/*Habersack* Rn. 76; KK-AktG/*Mertens/Cahn* Rn. 90; Spindler/Stilz/*Spindler* Rn. 88.

[215] Ausf. *Wißmann* in WißmannKleinsorge/Schubert MitbestG § 24 Rn. 7, der den Grundsatz nicht nur auf die Unternehmenszugehörigkeit, sondern auch auf die allgemeinen aktienrechtlichen Wählbarkeitvoraussetzungen erstreckt; ebenso GroßkommAktG/*Oetker* MitbestG § 24 Rn. 1; UHH/*Henssler* MitbestG § 24 Rn. 5.

[216] LG Heidelberg AG 1986, 81 (83); KK-AktG/*Mertens/Cahn* § Rn. 88; *Lutter/Krieger/Verse* Rechte und Pflichten Rn. 1052.

[217] Spindler/Stilz/*Spindler* Rn. 86; aA MüKoAktG/*J. Semler,* 2. Aufl. 2004, Rn. 193.

[218] Begr. RegE *Kropff* Textausgabe, 1965, 140.

[219] Dazu *Wandt* AG 2016, 877 (881).

ten (vgl. § 103 Abs. 5; → § 103 Rn. 50).[220] Unabhängig davon endet das Amt wegen seiner „Akzessorietät" spätestens mit dem – ggf. vorzeitigen (Beispiel: Statusverfahren, § 97 Abs. 2 S. 3; überholende Nachwahl) – **Ende der Amtszeit** des Aufsichtsratsmitglieds, als dessen Ersatzmitglied der Betreffende bestellt ist.[221] Zum Wegfall der Unternehmenszugehörigkeit des Ersatzmitglieds eines Arbeitnehmervertreters → Rn. 39 aE. In der **Satzung** oder im **Bestellungsbeschluss** können abweichende, dh auf eine kürzere Amtszeit hinauslaufende Bestimmungen getroffen werden (Beispiel: zeitliche Befristung). Zu Einzelheiten → § 102 Rn. 12.

42 **d) Ersatzfall.** Das Ersatzmitglied wird Mitglied des Aufsichtsrats, wenn das Aufsichtsratsmitglied, für das das Ersatzmitglied bestellt ist, **„wegfällt"** (Abs. 1 S. 2). Paradebeispiele: Tod; Amtsniederlegung.[222] In allen noch im *Vorfeld* eines solchen **endgültigen** (physischen oder juristischen) „Wegfalls" sich bewegenden Situationen (Beispiel: Koma; schwere Krankheit; Beschlussboykott[223]) liegen diese Voraussetzungen schon mangels Eindeutigkeit des Ersatzfalls – anders als bei den gerichtlichen Entscheidungen nach § 103 Abs. 3 (→ Rn. 34) oder § 104 Abs. 1 und 2 (→ Rn. 7) – dagegen noch nicht vor (→ Rn. 35).

43 Fällt das Aufsichtsratsmitglied vorzeitig weg (= Eintritt der aufschiebenden Bedingung), rückt das Ersatzmitglied (i) **sofort,** dh ohne zeitliche Verzögerung, (ii) ohne weiteren **Wahl- oder Bestellungsakt** (die Legitimation durch die Hauptversammlung bzw. die Arbeitnehmer ist durch den Entsendungsakt bzw. die Wahl zum Ersatzmitglied bereits erfolgt)[224] und (iii) ohne (weitere, → Rn. 39) **Annahme** des Amtes[225] (iv) in **genau** die Aufsichtsrats- (nicht auch: Ausschuss-) Position ein, die der Weggefallene vorher innehatte (Abs. 3 S. 2). Das Ersatzmitglied ist (erst) damit ein in jeder Hinsicht voll berechtigtes und verpflichtetes Aufsichtsratsmitglied.[226] Das gegenüber den anderen Mitgliedern einzige rechtliche **Defizit** des Ersatzmitglieds besteht in der Praxis häufig darin, dass die Position des Weggefallenen durch ein neu bestelltes Aufsichtsratsmitglied jederzeit wieder besetzt werden kann; dafür bedarf es allerdings entweder einer entsprechenden **Satzungsbestimmung** oder eines gleichlautenden **Bestellungsbeschlusses** (Beispiel: „Herr E tritt in seine Stellung als Ersatzmitglied für die verbliebenen Aufsichtsratsmitglieder zurück, wenn eine Neubesetzung seines Amtes (durch die Hauptversammlung; durch gerichtliche Bestellung) erfolgt").[227] Erfolgt die Nachwahl eines neuen Aufsichtsratsmitglieds ohne eine solche Rechtsgrundlage, ist die Wahl wegen Überschreitung der gesetzlichen Höchstzahl gemäß § 250 Abs. 1 Nr. 3 nichtig.[228] – In der Praxis wird häufig übersehen, dass die *Wahl* eines neuen Aufsichtsratsmitglieds uno actu die *Abwahl* des eingerückten Ersatzmitglieds bewirkt. Aus Gründen der Gleichberechtigung aller Aufsichtsratsmitglieder ist die Abwahl daher nur zulässig, wenn sie im Vergleich zur Abwahl „regulärer" Aufsichtsratsmitglieder keinen geringeren Anforderungen unterliegt. Das ist nur der Fall, wenn für beide Fälle die **gleiche Stimmenmehrheit** gilt.[229] Angesichts der für Wahl (§ 133 Abs. 1) und Abwahl von Aufsichtsratsmitgliedern (§ 103 Abs. 1 S. 2) unterschiedlichen *gesetzlichen* Mehrheiten bedeutet das im Ergebnis die Notwendigkeit, eine für die Bestellung und Abberufung aller Aufsichtsratsmitglieder einheitliche Satzungsregelung vorzuhalten (zu Einzelheiten → § 103 Rn. 12).[230] Soll das Ersatzmitglied dem Neugewählten weichen, bietet sich bei unzureichender Satzungsgrundlage daher nur die freiwillige Amtsniederlegung des Ersatzmitglieds als Ausweg.[231]

---

[220] Spindler/Stilz/*Spindler* Rn. 94.
[221] GroßkommAktG/*Hopt/Roth* Rn. 192, 197.
[222] Vgl. Hüffer/*Koch* Rn. 15.
[223] Für Eintritt des Ersatzfalls demgegnüber wohl *Reichard* AG 2012, 359 (360 Fn. 9).
[224] GroßkommAktG/*Hopt/Roth* Rn. 193; Spindler/Stilz/*Spindler* Rn. 91; MHdB AG/*Hoffmann-Becking* § 30 Rn. 56; aA *Rellermeyer* ZGR 1987, 563 (576).
[225] GroßkommAktG/*Hopt/Roth* Rn. 195; Spindler/Stilz/*Spindler* Rn. 92; Hüffer/*Koch* Rn. 15; NK-AktG/*Breuer/Fraune* Rn. 19; MHdB AG/*Hoffmann-Becking* § 30 Rn. 56; aA *Rellermeyer* ZGR 1987, 563 (576): Erfordernis weiterer Annahme wegen der zwischenzeitlich womöglich geänderten Verhältnisse; *Lehmann* DB 1983, 485 (487): als Ausdruck der *konkreten* Bereitschaft zur Amtsübernahme; *Lutter/Krieger/Verse* Rechte und Pflichten Rn. 1054: zwecks Überwindung bestehender Bestellungshindernisse.
[226] MüKoAktG/*Habersack* Rn. 85, 88; Hüffer/*Koch* Rn. 14.
[227] BGHZ 99, 211 (214 f.) = NJW 1987, 902; BGH NJW 1988, 1214; MüKoAktG/*Habersack* Rn. 89; Grigoleit/*Grigoleit/Tomasic* Rn. 25; aA Bommert AG 1986, 315 (318); *Roussos* AG 1989, 239 (242 f.): unzulässige „Überbrückungsmitgliedschaft".
[228] BGH AG 1989, 87 (88); KK-AktG/*Mertens/Cahn* Rn. 104.
[229] BGHZ 99, 211 (216) = NJW 1987, 902.
[230] BGH NJW 1988, 1214; BGHZ 99, 211 (214) = NJW 1987, 902 – anders noch die Vorinstanzen OLG Karlsruhe AG 1986, 168 (169) und LG Heidelberg AG 1986, 81 (82) –. Ebenso die ganz hM im Schrifttum, vgl. nur Spindler/Stilz/*Spindler* Rn. 96; Gärtner/Rose/Reul/*Reul* Teil 4 C Rn. 51.
[231] Vgl. MüKoAktG/*Habersack* Rn. 90.

Zulässig ist auch eine **zeitliche Befristung** des Aufsichtsratsmandats (Beispiel: „bis zum Abschluss der nächsten ordentlichen Hauptversammlung“).[232] In diesem Fall tritt das zwischenzeitlich aufgerückte Ersatzmitglied – sofern es noch für ein weiteres Aufsichtsratsmitglied als Ersatzmitglied bestellt ist – automatisch in seine alte Stellung zurück, ohne dass es auf die Wahl eines neuen Aufsichtsratsmitglieds ankommt („Überbrückungsmitgliedschaft“). Rechtlich spricht allerdings nichts dagegen, das (vormalige) Ersatzmitglied bis zum Ende seiner, dh der Amtszeit des weggefallenen Aufsichtsratsmitglieds, im Amt zu belassen. Bei der anschließenden Neuwahl muss das Ersatzmitglied nicht notwendig (oder gar automatisch) wieder als Ersatzmitglied kandidieren. 44

Keinen „Ersatzfall“ stellt der in der Praxis durch abgestimmte Terminierung zB von Niederlegungserklärung und Neuwahl anzutreffende **nahtlose Übergang** vom ausgeschiedenen zum neuen Aufsichtsratsmitglied dar („überholende Neuwahl“). Mangels Vakanz kommt es hier nach hM nicht, auch nicht für eine juristische Sekunde, zum Nachrücken des Ersatzmitglieds.[233] Wird das bisherige Ersatzmitglied nicht auch zum Ersatzmitglied des Neugewählten bestimmt, verliert es gemäß § 102 Abs. 2 sein (Ersatzmitglieds-) Amt. Mangels Aufsichtsratsmandats unterliegt dieser Amtsverlust nicht den in → Rn. 43 geschilderten Anforderungen.[234] 45

Das **späteste** (§ 102 Abs. 2) Ende der Amtszeit des in den Aufsichtsrat aufgerückten Ersatzmitglieds markiert der Ablauf der (hypothetischen) Amtszeit des Weggefallenen. 46

7. Konstituierung des Aufsichtsrats. Unabhängig von der individuellen Bestellung der Aufsichtsratsmitglieder und der Annahme ihrer Ämter erfolgt die Konstituierung des Aufsichtsrats in dessen erster Sitzung. Auch ein zunächst **„schwebend nichtiger“** Wahlbeschluss hindert den Aufsichtsrat nicht daran, bereits unmittelbar nach der Wahl zusammenzutreten (→ Rn. 21). – Für die Ladung und die Beschlussfassung in der konstituierenden Sitzung gelten grundsätzlich die **allgemeinen Vorschriften.** Das wirft die Frage nach **Ladungskompetenz** und **-modalitäten** auf (hM): (i) Einladung *vor* der Wahl: durch bisherigen Aufsichtsratsvorsitzenden (unabhängig davon, ob er dem Gremium in Zukunft angehört), Einladung aller Kandidaten, dh auch solcher, die später womöglich nicht gewählt werden (sehr zweifelhaft); (ii) *nach* der Wahl: durch den Vorstand und jedes neu gewählte Aufsichtsratsmitglied (§ 110 Abs. 2 analog, Einladung aller Neugewählten).[235] Dem versucht die übliche **Satzungsregelung** oder die Geschäftsordnung des Aufsichtsrats mit einer konstituierenden Sitzung ohne besondere Ladung unmittelbar nach der (Wahl-) Hauptversammlung zu begegnen (Zweck: Wahl des Vorsitzenden und seines Stellvertreters).[236] Dann ist streng darauf zu achten, dass in dieser Sitzung (i) entweder nur die angekündigten Wahlen stattfinden (und nicht über weitere Tagesordnungspunkte beschlossen wird)[237] oder (ii) kein Aufsichtsratsmitglied (an- oder abwesend) den weitergehenden Beschlussfassungen widerspricht. Ansonsten können keine Beschlüsse gefasst werden. 47

8. Fehlerhafte Bestellung von Aufsichtsratsmitgliedern. a) Allgemeines. Die Bestellung von Aufsichtsratsmitgliedern kann fehlerhaft sein. Die Fälle der fehlerhaften (= nichtigen oder anfechtbaren) Bestellung hat das AktG selbst geregelt: (Von Anfang an) nichtig ist die Wahl (nur), wenn einer der Fälle des § 250 vorliegt, anfechtbar (nur), wenn sie gegen andere Vorschriften des AktG oder die Satzung verstößt (§ 251). Für die **Arbeitnehmervertreter** enthalten die Mitbestimmungsgesetze ergänzende Vorschriften (etwa § 22 MitbestG, § 10l MitbestErgG und § 11 DrittelbG).[238] Zur fehlerhaften **Entsendung** (Beispiel: Fehlen der erforderlichen persönlichen Voraussetzungen auf Seiten des Entsandten oder des Entsenders) → Rn. 31, 55. 48

b) Rechtsfolgen. Problematisch, weil gesetzlich unvollständig geregelt, ist die Frage, welche Rechtsfolgen sich aus der fehlerhaften Bestellung für die rechtliche Stellung und das Amt des Aufsichtsratsmitglieds (→ Rn. 50) und für die vom Aufsichtsrat unter seiner Mitwirkung gefassten Beschlüsse (→ Rn. 51) ergeben. Der **BGH** hat sich hier mit einer eher **traditionellen Sichtweise** – freilich mehr in der Form als im praktischen Ergebnis[239] – von dem von der hL favorisierten „reinen“ 49

---

[232] Spindler/Stilz/*Spindler* Rn. 95; *Bommert* AG 1986, 315 (318); krit. *Roussos* AG 1987, 239 (244).

[233] BGH NJW 1988, 260 (261); ebenso KK-AktG/*Mertens/Cahn* Rn. 102; Henssler/Strohn/*Henssler* Rn. 19; aA *Bommert* AG 1986, 315 (317).

[234] Ebenso Spindler/Stilz/*Spindler* Rn. 98.

[235] MüKoAktG/*Habersack* § 110 Rn. 11; Hüffer/*Koch* § 110 Rn. 2; teilweise aA KK-AktG/*Mertens/Cahn* § 110 Rn. 2.

[236] Beispiel: MVHdB GesR/*Hölters* V.38 für § 14 Abs. 1; krit. dazu Happ/*Pühler* AktR 1.01 Rn. 47.1.

[237] Ebenso KK-AktG/*Mertens/Cahn* § 110 Rn. 2; MüKoAktG/*Habersack* § 110 Rn. 11.

[238] Zu Einzelheiten vgl. Spindler/Stilz/*Spindler* Rn. 110.

[239] Ebenso MüKoAktG/*Koch* § 250 Rn. 27.

Modell des **fehlerhaften** (oder faktischen) **Organverhältnisses** distanziert (→ § 250 Rn. 20 f.; → § 251 Rn. 20 f.):[240]

50 **aa) Rechtsfolgen für das Aufsichtsratsamt.** (1) Das **nichtig** bestellte Aufsichtsratsmitglied hat mangels rechtswirksamer Bestellung von Anfang an (→ § 250 Rn. 20) keine aus dem Wahlbeschluss resultierenden Rechte und Pflichten; nimmt es sein Amt nicht an oder übt es nicht aus, bleibt seine „Bestellung" rechtlich folgenlos. (2) *Vor* der erfolgreichen Anfechtung des Wahlbeschlusses ist das **anfechtbar** gewählte Aufsichtsratsmitglied – ungeachtet der Möglichkeit zur Abberufung nach § 103 – als in jeder Hinsicht ordnungsgemäß gewählt anzusehen. Der Gewählte behält bis zur rechtskräftigen Entscheidung sein Amt; er ist unmittelbarer und uneingeschränkter Inhaber sämtlicher Rechte und Pflichten (Beispiele: § 116; Aufsichtsratsvergütung), allerdings auch der strafrechtlichen Verantwortung eines Aufsichtsratsmitglieds (Beispiele: §§ 399 f.; 404).[241] (3) Das Bild ändert sich, sobald die Anfechtbarkeit (und damit die Nichtigkeit der Bestellung von Anfang an = **ex tunc,** → § 251 Rn. 21) feststeht. Für den erfolgreich **angefochtenen** gilt dann das Gleiche wie für den **nichtigen**[242] Wahlbeschluss: Im Hinblick auf das **ausgeübte Amt** ist nach Ansicht des BGH danach zu differenzieren, ob die jeweils einschlägigen Normen des AktG auch auf den fehlerhaft Bestellten anwendbar sind.[243] So hat er etwa dem fehlerhaft bestellten, aber dennoch tätig gewordenen Aufsichtsratsmitglied auferlegt, die Sorgfaltspflichten des § 116 einzuhalten und bei einem Verstoß Schadensersatz zu leisten.[244] Umgekehrt kann das aktiv gewordene Aufsichtsratsmitglied die satzungsgemäße oder von der Hauptversammlung festgesetzte Vergütung (§ 113 Abs. 1 S. 2) verlangen.[245] Die Wirksamkeit von Beratungsverträgen beurteilt sich nach § 114 AktG.[246] Keine Berechtigung besteht und, wichtiger noch: bestand demgegenüber zur Teilnahme an der Beschlussfassung des Aufsichtsrats (→ Rn. 51).[247] Ungeachtet dessen kann – und muss – die die Verhältnisse durchschauende Gesellschaft (vertreten durch den Vorstand) den fehlerhaft Bestellten zwecks Wahrung rechtmäßiger Verhältnisse an der Ausübung seiner weiteren Tätigkeit hindern; eine formale Abberufung des Aufsichtsratsmitglieds ist hierfür nicht erforderlich.[248] Zugleich sind Maßnahmen für eine baldig-rechtmäßige, notfalls gerichtliche (§ 104) Neubesetzung des Aufsichtsrats einzuleiten.[249] (4) Umstritten ist, ob eine **gerichtliche Bestellung** gemäß § 104 bereits bei Anhängigkeit einer Anfechtungsklage gegen die Wahl eines Aufsichtsratsmitglieds in Betracht kommt (arg.: Funktionsunfähigkeit aufgrund Rechtsunsicherheit) oder erst, wenn über die Klage rechtskräftig entschieden worden ist (arg.: erst damit Entstehen der Vakanz und damit ggf. der Beschlussunfähigkeit); zu Einzelheiten → § 104 Rn. 17a. (5) Keine Einigkeit besteht in der Frage, ob die vorstehenden Grundsätze, insbesondere die Anerkennung einer Art „vorläufigen" Aufsichtsratsmitgliedschaft des nichtig Bestellten, uneingeschränkt gelten oder **Einschränkungen,** zB beim Fehlen gesetzlicher Bestellungsvoraussetzungen (hM: ja) oder in Fällen besonders schwerwiegender Normverletzungen, höherrangiger Allgemeininteressen oder vorsätzlicher bzw. ohne Weiteres feststellbarer Rechtsverstöße (hM: ja), unterliegen.[250] Richtigerweise ist dies aber zu bejahen.

51 **bb) Rechtsfolgen für die gefassten Beschlüsse.** Das AktG schweigt auch zu den Rechtsfolgen der von Anfang an fehlerhaften (= nichtigen oder rechtskräftig angefochtenen) Zusammensetzung des Aufsichtsrats für die von ihm gefassten **Beschlüsse.** Hier behandelt der BGH den Gewählten zwar wie ein Nichtmitglied, folgt im Ergebnis aber dennoch einer eher großzügigen (= „beschlussschonenden") Linie: Nichtigkeit der Beschlussfassung nimmt das Gericht nur dann an, wenn der Aufsichtsrat **insgesamt** fehlerhaft besetzt war.[251] Sind dagegen nur **einzelne** Aufsichtsratsmitglie-

[240] Präzise Zusammenfassung beider Positionen bei MüKoAktG/*Koch* § 250 Rn. 22 ff.

[241] MüKoAktG/*Habersack* Rn. 68; Schmidt/Lutter/*Drygala* Rn. 35; *Marsch-Barner* FS K. Schmidt, 2009, 1109 (1118); *E. Vetter/van Laak* ZIP 2008, 1806 (1807).

[242] RGZ 152, 273 (278); zust. Hüffer/*Koch* Rn. 20; Spindler/Stilz/*Spindler* Rn. 111, auch zu Gegenstimmen.

[243] BGHZ 41, 282 (284) = NJW 1964, 1367; BGHZ 47, 341 (343) = NJW 1967, 1711.

[244] BGHZ 41, 282 (284) = NJW 1964, 1367; BGHZ 47, 341 (343) = NJW 1967, 1711; zust. Hüffer/*Koch* Rn. 20; Spindler/Stilz/*Spindler* Rn. 111; vgl. auch OLG Frankfurt NZG 2015, 1112 Rn. 63: Wirksamkeit der Zustellung an ein nichtig/anfechtbar gewähltes Aufsichtsratsmitglied (§ 170 Abs. 3 ZPO iVm § 112).

[245] Vgl. BGH NZG 2013, 456 Rn. 19; KK-AktG/*Mertens/Cahn* Rn. 109; Spindler/Stilz/*Spindler* Rn. 111.

[246] BGHZ 168, 188 Rn. 14; KK-AktG/*Mertens/Cahn* Rn. 109; MüKoAktG/*Habersack* Rn. 69; zur Wirksamkeit des Aufsichtsratsbeschlusses vgl. aber BGH NZG 2013, 456 Rn. 23 mit *Arnold/Gayk* DB 2013, 1830 (1832).

[247] MüKoAktG/*Habersack* Rn. 69.

[248] GroßkommAktG/*Hopt/Roth* Rn. 217; KK-AktG/*Mertens/Cahn* Rn. 110.

[249] MüKoAktG/*Habersack* Rn. 73; Spindler/Stilz/*Spindler* Rn. 112.

[250] Vgl. zB MüKoAktG/*Habersack* Rn. 72; zusammenfassend *E. Vetter* ZIP 2012, 701 (703 f.).

[251] BGHZ 11, 231 (246) = NJW 1954, 385: Wahl eines (GmbH-) Aufsichtsrats durch eine fehlerhaft einberufene Gesellschafterversammlung; vgl. auch BGH ZIP 1994, 1171 (1172).

der fehlerhaft bestellt worden, stellt der BGH darauf ab, ob eine im Hinblick auf Beschlussfähigkeit und Beschlussmehrheit ordnungsgemäße Beschlussfassung auch ohne die nicht legitimierten Teilnehmer vorgelegen hätte, deren Teilnahme also nicht **ursächlich** für das Beschlussergebnis geworden ist.[252] Ansonsten ist der Beschluss unwirksam (nicht gefasst), wenn nicht sogar eine Umkehrung des Beschlussergebnisses in Frage kommt.[253] Allein die **Mitwirkung** der hierzu nicht Legitimierten an der Beschlussfassung stellt danach noch keinen Anfechtungsgrund dar.[254] Das hat zur Folge, dass Beschlüsse des Aufsichtsrats oder Handlungen eines Aufsichtsratsmitglieds zunächst als wirksam, nach festgestellter Nichtigkeit dagegen als unwirksam zu qualifizieren sein können. Die damit einhergehende Rechtsunsicherheit kann zwar teilweise – zB durch eine detaillierte Dokumentation des Abstimmungsergebnisses und des Stimmverhaltens[255] kanalisiert, wegen ihrer schwierigen Erkennbarkeit im Einzelfall jedoch nicht vollständig kontrolliert werden (zu **Abwehrstrategien** bei drohenden oder anhängigen Klagen → § 252 Rn. 15).

Immerhin bietet der BGH selbst **Auswege** zur **Vermeidung unbilliger Folgen** an: Wo der **51a**
Aufsichtsrat wegen der ex tunc-Wirkung (→ § 251 Rn. 21) der erfolgreichen Wahlanfechtung falsch zusammengesetzt sei und aufgrund fehlender Beschlussfähigkeit oder mangelnder Mehrheit nichtige Beschlüsse gefasst habe, will das Gericht die **„berechtigten Interessen"** der Beteiligten an einer Unangreifbarkeit des Aufsichtsratshandelns im **„Einzelfall"** dadurch schützen, dass (i) **gutgläubige,** dh über keine Kenntnis von der fehlenden Beschlussfähigkeit oder der mangelnden Mehrheit verfügende **Dritte** (nicht: Organmitglieder, Beispiele: § 84 Abs. 1, 3; § 111 Abs. 4 S. 2; § 112)[256] bei der Ausführung von Aufsichtsratsbeschlüssen auf deren Rechtmäßigkeit vertrauen dürfen (Beispiele: § 111 Abs. 2 S. 2, 3; § 109 Abs. 1 S. 2)[257] und (ii) die mangelhafte Feststellung des **Jahresabschlusses** (§ 172 Abs. 2) – wenn dies denn „überhaupt als [ein Fall] fehlerhafte[r] Mitwirkung des Aufsichtsrats anzusehen" sei[258] – sechs Monate nach Bekanntmachung des Abschlusses im Bundesanzeiger gemäß § 256 Abs. 6 S. 1 geheilt wird.[259] Außerdem sollen (iii) **HV-bezogene Beschlussdefizite,** wie zB bei den Vorschlägen des Aufsichtsrates an die Hauptversammlung (§ 124 Abs. 3 S. 1) oder bei der Leitung der Versammlung durch ein Aufsichtsratsmitglied (zumeist den Vorsitzenden), „nicht relevant"[260] sein. Nicht ausdrücklich geäußert hat sich der BGH dabei zu der Frage, ob diese Hilfestellung – wie bei (i) – auch für solche Beschlüsse gilt, an denen **nichtig** (und nicht bloß anfechtbar) bestellte Aufsichtsratsmitglieder (§ 250) mitgewirkt haben. Richtigerweise wird man hier im Ergebnis die gleichen **Einschränkungen** wie bei Pflichten/Haftung/Vergütung des Aufsichtsratsmitglieds (→ Rn. 50 aE) machen müssen. Danach sperren schwerwiegende, dh vom Gesetzgeber mit dem Verdikt der anfänglichen Nichtigkeit belegte Bestellungsmängel (§ 241 Nr. 1, 2, § 250 Abs. 1)[261] auch die vom BGH errichteten Wirksamkeits-Brücken.[262] – In Summe tut die **Praxis** gut daran, sich an diesen ein **Mindest-Schutzniveau** bietenden Grundsätzen trotz der am BGH zu Recht geübten **Kritik**[263] zu orientieren.

---

[252] BGH NZG 2013, 456 Rn. 21; BGHZ 47, 341 (346) = NJW 1967, 1711; vgl. auch BGH ZIP 2006, 1529 (1532); zust. GroßkommAktG/*Hopt/Roth* Rn. 222; Spindler/Stilz/*Spindler* Rn. 114; Gärtner/Rose/Reul/*Reul* Teil 4 C Rn. 70; zusammenfassend Hüffer/*Koch* Rn. 20; weitergehend MüKoAktG/*Habersack* Rn. 70; *ders.* FS Goette, 2011, 121 (132 ff.): fehlerhaft bestelltes Aufsichtsratsmitglied ist bis zur Feststellung der Nichtigkeit wie wirksam bestelltes Organmitglied zu behandeln; *Marsch-Barner* FS K. Schmidt, 2009, 1109 (1126 ff.): Wahlanfechtung nur mit Wirkung ex nunc.

[253] BGH NZG 2013, 456 Rn. 21.

[254] BGHZ 47, 341 (345) unter Aufgabe von BGHZ 12, 327 (330); krit. NK-AktR/*Heidel* § 250 Rn. 10 (Relevanz entscheidend).

[255] Vgl. *Arnold/Gayk* DB 2013, 1830 (1831 f.); *Tielmann/Struck* BB 2013, 1548 (1549 f.).

[256] BGH NZG 2013, 456 Rn. 23 f.: „jedenfalls" für die Zeit ab „Aufdeckung" = „Kennen oder Kennenmüssen" der Nichtigkeit.

[257] BGH NZG 2013, 456 Rn. 22; dazu *Arnold/Gayk* DB 2013, 1830 (1832); krit. *Cziupka* DNotZ 2013, 579 (583); *Cziupka/Pitz* NJW 2013, 1539.

[258] BGH NZG 2013, 456 Rn. 26.

[259] BGH NZG 2013, 456 Rn. 26.

[260] BGH NZG 2013, 456 Rn. 25; ebenso Gärtner/Rose/Reul/*Reul* Teil 4 C Rn. 72 ff.; nur iErg zust. *Rieckers* AG 2013, 383 (385); eine Beschränkung auf die *erste* Hauptversammlung nach Klageerhebung erwägend *Tielmann/Struck* BB 2013, 1548 (1550 f.); *Tielmann* AG 2013, 704 (707); dagegen zu Recht *Arnold/Gayk* DB 2013, 1830 (1832 f.).

[261] Beispiele bei MüKoAktG/*Habersack* Rn. 72.

[262] Ebenso *Arnold/Gayk* DB 2013, 1830 (1832 f.); *Kocher* BB 2013, 1170; aA *Priester* GWB 2013, 175 (176); *E. Vetter* ZIP 2012, 701 (709): Erstreckung der BGH-Grundsätze auch auf nichtige Bestellungen; diff. *Schürnbrand* NZG 2013, 481 (483).

[263] Vgl. insbes. MüKoAktG/*Habersack* Rn. 70; KK-AktG/*Mertens/Cahn* Rn. 107; KK-AktG/*Kiefner* § 252 Rn. 25 ff.; *Schürnbrand* NZG 2013, 481 (482 f.); *Cziupka* DNotZ 2013, 579 (581 ff.); positiver *Tielmann/Struck* BB 2013, 1548 (1549); *Arnold/Gayk* DB 2013, 1830 (1837).

52 **cc) Zusammenfassung: Fehlerhafte Bestellung und Beschlussfolgen (BGH).**

<table>
<tr><th></th><th>Wahlbeschluss anfechtbar</th><th>Wahlbeschluss nichtig</th></tr>
<tr><td>vor Amtsantritt/-ausübung</td><td>(noch) keine Rechtsfolgen;
Amtsantritt legitimiert</td><td>Amtsantritt nicht legitimiert</td></tr>
<tr><td>ab Amtsantritt/-ausübung</td><td colspan="2">regelungsbedürftig: (i) Wirksamkeit der Mitgliedschaft, (ii) Beschlussfolgen</td></tr>
<tr><td>(a) vor rechtskräftiger gerichtlicher Entscheidung</td><td>(a) reguläre Aufsichtsratsmitgliedschaft
(b) reguläre Beschlussfassung im Aufsichtsrat</td><td rowspan="2">ab Beschlussfassung:
(a) Behandlung des Aufsichtsratsmitglieds, als ob es ordnungsgemäß gewählt worden wäre
(b) Behandlung der Aufsichtsratsbeschlüsse, als ob Nichtmitglied teilgenommen hätte (bei Unwirksamkeit: Schutz berechtigter Interessen zweifelhaft)</td></tr>
<tr><td>(b) nach rechtskräftiger gerichtlicher Entscheidung (Klage erfolgreich)</td><td>ex tunc:
(a) Behandlung des Aufsichtsratsmitglieds, als ob es ordnungsgemäß gewählt worden wäre
(b) Behandlung der Aufsichtsratsbeschlüsse, als ob Nichtmitglied teilgenommen hätte (bei Unwirksamkeit: Schutz berechtigter Interessen im Einzelfall)</td></tr>
</table>

52a **9. Bestellung von Aufsichtsratsmitgliedern in der Insolvenz.** Mit der Eröffnung des Insolvenzverfahrens wird die Aktiengesellschaft kraft Gesetzes aufgelöst (§ 262 Abs. 1 Nr. 3). Der Rechtsträger als solcher bleibt aber ebenso wie seine Organe bis zum Abschluss des Insolvenzverfahrens weiter bestehen.[264] Ungeachtet der verbleibenden Befugnisse (→ § 103 Rn. 54) werden daher auch die Mitglieder des Aufsichtsrats weiter nach den allgemeinen Vorschriften bestellt (zur Abberufung → § 103 Rn. 51a). Das gilt sowohl für den Fall der Fremd- als auch der Eigenverwaltung.[265]

IV. Abdingbarkeit

53 § 101 enthält **weitgehend zwingende** Regelungen. Ausnahmslos unabdingbar ist Abs. 1. So sind zB die Aufsichtsratsmitglieder der Anteilseigner notwendig von der **Hauptversammlung** zu wählen. Änderungen oder Ergänzungen durch die Satzung (zB in Form der Übertragung des Wahlrechts auf ein anderes Organ oder einen Dritten oder die Einräumung eines Zustimmungsvorbehalts zu dessen Gunsten) sind unzulässig.[266] Auch die Wahlfreiheit der Hauptversammlung kann nur im Rahmen des § 100 Abs. 4 eingeschränkt werden (→ § 100 Rn. 56 ff.). Ob und in welcher Ausgestaltung **Entsendungsrechte** gemäß Abs. 2 eingeräumt werden, entscheidet zwar der Satzungsgeber (die Hauptversammlung), die gesetzlichen Bestimmungen zum Kreis der Entsendungsberechtigten und zur Höchstzahl der Entsendung sind jedoch zwingend vorgegeben.[267] Auch über die Wahl eines **Ersatzmitglieds** gemäß Abs. 3 entscheidet allein das zuständige Wahlorgan; die Satzung kann sie weder ver- noch gebieten (→ Rn. 36).[268] Hinsichtlich der Ausgestaltung der Ersatzmitgliedschaft (Beispiel: Bestellung eines Ersatzmitglieds für mehrere Aufsichtsratsmitglieder, → Rn. 37) kann die Satzung jedoch in gewissem Umfang Festlegungen treffen.[269] Ebenso kann die Dauer der Ersatzmitgliedschaft in der Satzung oder durch Hauptversammlungsbeschluss geregelt werden, soweit dabei die gesetzliche Höchstdauer nicht überschritten wird (→ Rn. 41). Das Verbot **stellvertretender** Aufsichtsratsmitglieder (Abs. 3 S. 1) ist zwingend und kann weder durch die Satzung noch durch Beschluss der Aktionäre ausgehebelt werden.[270]

V. Rechtsfolgen bei Verstoß

54 Verstöße gegen § 101 sind in der Praxis selten. Denkbar ist zum einen, dass die **Wahl** eines Aufsichtsratsmitglieds statt durch die Hauptversammlung durch ein anderes Organ oder Dritte erfolgt (unmittelbarer Verstoß),[271] zum anderen, dass die Satzung die Wahlfreiheit der Hauptversammlung

[264] OLG Hamburg AG 2016, 756 Rn. 11.
[265] Ebenso OLG Düsseldorf ZIP 2013, 1022 (1023 f.) für die Wahl durch die Hauptversammlung; OLG Hamburg AG 2016, 756 Rn. 11 für die gerichtliche Bestellung; allgemein *Klöhn* NZG 2013, 81 (84); aA AG Montabaur ZIP 2012, 1307 für den Fall der Eigenverwaltung (arg. § 276a S. 1 InsO).
[266] Spindler/Stilz/*Spindler* Rn. 3; MüKoAktG/*Habersack* Rn. 11; Henssler/Strohn/*Henssler* Rn. 2.
[267] *Klausmann* Entsendungsrechte 42.
[268] Hüffer/*Koch* Rn. 13.
[269] Zusammenfassend MüKoAktG/*Habersack* Rn. 3.
[270] MüKoAktG/*Habersack* Rn. 74.
[271] Beispielsfälle bei GroßkommAktG/*Hopt/Roth* Rn. 9; MüKoAktG/*Habersack* Rn. 11.

„Staggered Board" allerdings insbesondere für die Aktionäre Unübersichtlichkeit und erheblicher Mehraufwand in Form ständiger Aufsichtsratswahlen einher.[8] (ii) Der Antrag auf gerichtliche Bestellung von Aufsichtsratsmitgliedern „soll" gemäß **Ziff. 5.4.3 S. 2 DCGK** „bis zur nächsten Hauptversammlung **befristet**" sein. Das wird bei der Antragstellung – zumal diese auch von nicht dem DCGK verpflichteten Beteiligten ausgehen kann (§ 104 Abs. 1) – leicht vergessen. Wenn das Gericht den Kandidaten dann ohne Befristung bestellt (was es mangels abweichender Anregung regelmäßig tun wird), resultiert daraus schnell eine ungewollte Verpflichtung der Gesellschaft zur Erklärung einer Abweichung im Rahmen der Entsprechenserklärung (→ § 104 Rn. 32 f.). (iii) Bei Vorschlägen zur Wahl von Aufsichtsratsmitgliedern „sollen" gemäß **Ziff. 5.4.1 Abs. 4 S. 1 iVm Abs. 2 DCGK** die vom Aufsichtsrat für seine Zusammensetzung benannten „Ziele" beachtet werden, die ihrerseits wiederum eine „festzulegende **Altersgrenze** für Aufsichtsratsmitglieder" berücksichtigen sollen. Das Versäumnis, eine solche Altersgrenze festzulegen, führt allerdings richtigerweise ebenso wenig zur Anfechtbarkeit einer Aufsichtsratsbestellung wie die Nicht-Berücksichtigung der verabschiedeten Grenze oder das Unterlassen, die Entsprechenserklärung in diesem Punkt umgehend zu korrigieren (→ § 251 Rn. 9 ff.).[9] Auch ein automatisches Ausscheiden aus dem Aufsichtsrat bei Erreichen der festgesetzten Altersgrenze kommt vorbehaltlich einer entsprechenden Satzungsregelung oder eines Beschlusses der Hauptversammlung (→ Rn. 9 f.) nicht in Betracht.

II. Rechtstatsachen

3 Die Mitglieder des Aufsichtsrats werden jedenfalls bei den großen, börsennotierten Gesellschaften überwiegend (i) **periodengleich** (dh nicht einzeln oder in Gruppen zeitversetzt) und (ii) für die **volle** gesetzliche Amtszeit bestellt.[10] Das nimmt der gesetzlichen Regelung die in ihr angelegte Flexibilität. So sehr im Sinne größerer Effizienz eine Amtskontinuität zu begrüßen ist (die jedoch keineswegs fünf Jahre betragen muss), so wenig schadet den Aufsichtsratsmitgliedern, sich häufiger dem Votum der **Hauptversammlung** zu stellen. Der erhebliche Aufwand, den die Wahlen der **Arbeitnehmervertreter** nach den Mitbestimmungsgesetzen verursacht, wirkt freilich effektiv als Bremse für die dafür erforderlichen kürzeren Amtszeiten. – Zunehmende Bedeutung erlangen auch im Bereich der Amtszeit die Empfehlungen der professionellen **Stimmrechtsberater** *(Proxy Advisors)*. „Zu lange" Amtszeiten aufgrund wiederholter Kandidaturen (→ Rn. 13) werden von ihnen verstärkt als Kriterium fehlender Unabhängigkeit kritisiert. Das liegt auf einer Linie mit **EU**-Bestrebungen, die ebenfalls auf eine zeitliche Beschränkung der Gesamt-Amtszeit hindeuten (Beispiel: maximal drei Amtsperioden bzw. zwölf Jahre).[11]

III. Einzelerläuterungen

4 **1. Amtszeit der Aufsichtsratsmitglieder (Abs. 1). a) Aufsichtsrat und Aufsichtsratsmitglied.** Es gibt nicht die Amtszeit *des* Aufsichtsrats, sondern nur die Amtszeiten der **einzelnen Aufsichtsratsmitglieder.** Entsprechend gibt es auch – ungeachtet seiner richtigen oder falschen oder überhaupt einer personellen Besetzung – keine Diskontinuität „des" Aufsichtsrats. Zwischenzeitlich eingerichtete Ausschüsse und eine etwa beschlossene Geschäftsordnung bleiben daher unabhängig von Neuwahlen und der personellen Ausstattung des Aufsichtsrats bestehen.[12]

5 **b) Berechnung der Amtszeit.** Die Berechnung der Höchstdauer folgt einer **unnötig komplizierten Formel:** Ausgehend vom Bestellungsakt ist danach bis zu der Hauptversammlung weiterzurechnen, die über die Entlastung für das vierte Geschäftsjahr der Amtszeit des Bestellten beschließt (Abs. 1 S. 1). Das zur Zeit der Bestellung laufende Geschäftsjahr ist dabei nicht mitzuzählen (Abs. 1 S. 2). Im Normalfall (jährliche, immer zur ungefähr gleichen Zeit stattfindende Hauptversammlungstermine) ergibt sich daraus eine etwa **fünfjährige** Amtsdauer, die sich aus drei Teilstücken zusammensetzt, nämlich der Zeit (i) von der Bestellung bis zum Ende des ihr zugehörigen Geschäftsjahres zuzüglich (ii) der vier sich anschließenden Geschäftsjahre (iii) bis zur Beendigung der Hauptversamm-

[8] MüKoAktG/*Habersack* Rn. 2; Grigoleit/*Grigoleit/Tomasic* Rn. 6; *Blasche* AG 2017, 112 (114).

[9] Wie hier LG München I ZIP 2007, 2360 – MAN/Piëch, m. zust. Anm. *Knapp* DStR 2008, 1045. Nach der Berufungsentscheidung OLG München ZIP 2009, 133 soll der Beschluss dagegen anfechtbar sein, wenn die Gesellschaft nicht gleichzeitig mit dem Beschlussvorschlag ihre geänderte Absicht zu den Anforderungen des DCGK bekannt gibt; zweifelhaft.

[10] *Butzke* HV Kap. J Rn. 10, 12, 37.

[11] So die „Empfehlung der Kommission zu den Aufgaben von nicht geschäftsführenden Direktoren/Aufsichtsratsmitgliedern/börsennotierter Gesellschaften sowie zu den Ausschüssen des Verwaltungs-/Aufsichtsrats", ABl. vom 15.2.2005 L 52, 63, Anh. II Ziff. 1h; dazu *Langenbucher* ZGR 2012, 314 (337); *Wettich* AG 2012, 725 (727).

[12] GroßkommAktG/*Hopt/Roth/Peddinghaus* Rn. 25; KK-AktG/*Mertens/Cahn* Rn. 9; Spindler/Stilz/*Spindler* Rn. 1, 5; vgl. auch *Happ* FS Hüffer, 2010, 293 (304 ff., 307 f.).

lung, die über die Entlastung für das letzte dieser vier Geschäftsjahre beschließt.[13] Bei (i) und (iii) handelt es sich in der Praxis regelmäßig um unvollständige Geschäftsjahre. Bei (ii) etwa vorkommende Rumpfgeschäftsjahre (zB aufgrund einer Umstellung des Stichtags für den Jahresabschluss) zählen als volle Geschäftsjahre.[14] **Beispiel** (Geschäftsjahr = Kalenderjahr): Erfolgt die Bestellung durch die ordentliche Hauptversammlung im Mai des Geschäftsjahres 2002, sind die vier „vollen" Geschäftsjahre der Amtszeit des Bestellten die jeweils am 31.12. endenden Geschäftsjahre 2003, 2004, 2005 und 2006 (das den Bestellungstermin einschließende Geschäftsjahr 2002 zählt nicht mit). Über die Entlastung für das Geschäftsjahr 2006 befindet wiederum die Hauptversammlung im Mai des Geschäftsjahres 2007. Vorbehaltlich seiner Wiederwahl verliert der Gewählte mit Beendigung dieser Hauptversammlung sein Amt. – Für die Amtszeiten der **Arbeitnehmervertreter** gilt gemäß § 15 Abs. 1 MitbestG, § 5 Abs. 1 DrittelbG, § 10c Abs. 1 MitbestErgG und §§ 2 (e contrario), 6 Abs. 5, 6 MontanMitbestG Entsprechendes.[15]

6 **c) Beginn; Ende.** Die Amtszeit des Aufsichtsratsmitglieds **beginnt** nicht schon mit der Wahl oder dem ihr entsprechenden Bestellungsakt sondern frühestens mit der (ausdrücklich oder stillschweigend erklärten) **Annahme** des Amtes durch den Bestellten. Vorbehaltlich einer abweichenden Satzungsregelung (in der Praxis selten) ist die Annahme an die **Gesellschaft,** und zwar – wie sonst auch – vertreten durch ihren (= einen, § 78 Abs. 2 S. 1) Vorstand (arg.: den allein die Pflichten zur Abgabe der Meldungen nach § 106 und § 19 MitbestG, § 8 DrittelbG trifft), zu richten. Erklärungen zB gegenüber dem Aufsichtsrat, seinem Vorsitzenden oder dem Wahlgremium sind ohne Belang; allerdings besteht in all diesen Fällen eine Pflicht des irrtümlich Adressierten zur Weiterleitung der Erklärung an den Vorstand (für die Amtsniederlegung → § 103 Rn. 57). Hat der Kandidat – was in der Praxis häufig vorkommt – bereits *vor* der Wahl die Bereitschaft zur Amtsübernahme erklärt, beginnt die Amtszeit mit der Verkündung des Wahlergebnisses (→ § 101 Rn. 21). Denkbar ist aber auch, dass in der Satzung, im Wahlbeschluss[16] oder in der Entsendungserklärung ein **späterer** Amtsantritt, auch zB in Form einer **Befristung** („zum 1. Januar 2014"; „mit Wirkung zum Ablauf der nächsten Hauptversammlung") oder einer (für die Gesellschaft ausreichend transparenten) aufschiebenden **Bedingung,** festgelegt wird.[17] Auch müssen Ausscheiden des Amtsinhabers und Amtsantritt des Nachfolgers sinnvoll synchronisiert sein (→ Rn. 7 aE). Für die Berechnung der Amtszeit ist dann dieser Termin maßgebend.[18] Unzulässig ist allerdings eine auf das vorzeitige Ausscheiden eines bereits bestellten Aufsichtsratsmitglieds bedingte Wahl – das wäre im Ergebnis eine Ersatzmitgliedschaft, die nach § 101 Abs. 3 S. 3 nur *gleichzeitig* mit der Wahl des bereits Bestellten erfolgen könnte.[19]

7 Die Amtszeit **endet** nach Abs. 1 S. 1 mit **Beendigung der Hauptversammlung,** die über die **Entlastung** des Aufsichtsrats (*nicht*: des Vorstands)[20] für das **vierte Geschäftsjahr** nach dem Beginn der Amtszeit – egal mit welchem Inhalt[21] – **beschließt.** Daran ist de lege lata festzuhalten, auch wenn die sachliche „Verknüpfung von Entlastungsbeschluss und Ausscheiden aus dem Organ … ihren Sinn verloren hat",[22] seitdem die Entlastung keinen Verzicht auf Schadenersatzansprüche mehr beinhaltet. Umstritten ist, welche Konsequenzen eine – aus welchem Grund auch immer – **verspätete** (= später als acht Monate nach Geschäftsjahresende stattfindende, § 120 Abs. 1 S. 1), **unterbliebene** oder **vertagte** (*nicht*: angefochtene)[23] Entlastungsentscheidung für das *gesetzliche* (zu abweichenden Gestaltungen → Rn. 9 f., 14) Ende der Amtszeit des Aufsichtsratsmitglieds hat: Hier wollen (i) manche die Amtszeit mit der Hauptversammlung beenden, die „eigentlich" über die Entlastung hätte entscheiden müssen,[24] (ii) andere lassen die Amtszeit acht Monate nach Ende des Geschäftsjahres

[13] Vgl. Hüffer/*Koch* Rn. 2.

[14] Henssler/Strohn/*Henssler* Rn. 2; MHdB AG/*Hoffmann-Becking* § 30 Rn. 68.

[15] Vgl. Henssler/Strohn/*Henssler* Rn. 7.

[16] Beispiel: LG München ZIP 2010, 2098 (2099 f.) für Amtsbeginn mit Wirksamwerden der Amtsniederlegung des Vorgängers.

[17] MHdB AG/*Hoffmann-Becking* § 30 Rn. 67.

[18] MüKoAktG/*Habersack* Rn. 65; Spindler/Stilz/*Spindler* Rn. 12; HK-AktG/*Israel* Rn. 2; MHdB AG/*Hoffmann-Becking* § 30 Rn. 67; vgl. auch LG München ZIP 2010, 2098 (2099 f.).

[19] MHdB AG/*Hoffmann-Becking* § 30 Rn. 67.

[20] Spindler/Stilz/*Spindler* Rn. 8; Hüffer/*Koch* Rn. 3.

[21] Spindler/Stilz/*Spindler* Rn. 8; Hüffer/*Koch* Rn. 3.

[22] BGH AG 2002, 676 (677) = NZG 2002, 916; zust. *Gärtner* NZG 2013, 652 (653 f.).

[23] Dazu BGHZ 153, 47 (50) = NJW 2003, 1032; BGH NZG 2005, 77 (78); LG München I ZIP 2006, 952; MüKoAktG/*Habersack* Rn. 18.

[24] KK-AktG/*Mertens*, 2. Aufl. 1996, Rn. 5 (uneingeschränkt); KK-AktG/*Mertens/Cahn* Rn. 7; Spindler/Stilz/*Spindler* Rn. 8 für den Fall, dass die einberufene Hauptversammlung – aus welchem Grund auch immer – nicht entscheidet; *Gärtner* NZG 2013, 652 (653 ff.): es sei denn, die Hauptversammlung verzögere sich wegen noch nicht abgeschlossener Rechnungslegung.

(§ 120 Abs. 1 S. 1),[25] (iii) wieder andere generell nach fünf Jahren,[26] (iv) noch wieder andere drei Monate (Rechtsgedanke des § 104 Abs. 2) nach Ablauf der beschlusslosen Hauptversammlung, oder, wenn keine solche stattfindet, nach Ablauf der Achtmonatsfrist des § 120 Abs. 1 S. 1 enden.[27] – Mit dem klaren – zumeist wörtlich in die Satzung oder den Bestellungsbeschluss übernommenen – Wortlaut des § 102 Abs. 1 lässt sich keine dieser Ansichten vereinbaren: Richtigerweise dauert das Mandat bei Anwendung der gesetzlichen (oder einer wortgleichen Satzungs- oder Beschluss-) Regelung bis zur Beendigung der Hauptversammlung fort, die den (Entlastungs-/Verweigerungs-) Beschluss **tatsächlich fasst.**[28] Das ist auch nicht unbillig: Schon einer Minderheit von Aktionären steht es frei, diesen Zustand bei ungebührlicher Verzögerung, notfalls mit gerichtlicher Hilfe (§ 122 Abs. 3), durch die Einberufung der Hauptversammlung (§ 122 Abs. 1) oder die „absetzungs-" und „vertagungsfeste"[29] Verankerung des Entlastungsbeschlusses auf der Tagesordnung (§ 122 Abs. 2) zu beenden.[30] Ganz abgesehen davon kann die Hauptversammlung mittels einer eindeutigen Satzungsregelung oder das Bestellungsorgan durch einen unmissverständlichen Bestellungsbeschluss dem Unbehagen an der gesetzlichen Regelung unaufwändig begegnen (Beispiel: „… wird bis zur Beendigung der über die Entlastung des Aufsichtsrats beschließenden ordentlichen Hauptversammlung 2017, längstens jedoch bis zum [Datum] zum Aufsichtsrat bestellt").[31] – Mit der Mandatszeit des Amtsinhabers **„[bis zur] Beendigung"** der Entlastungs-Hauptversammlung sollte der *Bestellungs*beschluss seines Nachfolgers zur Vermeidung rechtlich problematischer Überschneidungen sinnvoll korrespondieren, dh einen Amtsantritt erst **nach** der **V**ersammlung vorsehen.

Ist das Ende der Amtszeit erreicht, **scheidet** das Aufsichtsratsmitglied ohne weiteres aus seinem Amt **aus.** Besondere Erklärungen sind hierfür nicht erforderlich. Ob bereits Nachfolger bestellt sind oder der bestehende Aufsichtsrat ggf. beschlussunfähig wird, spielt keine Rolle,[32] ebenso wenig dass alle Beteiligten mit den amtierenden Aufsichtsratsmitgliedern zufrieden sind und – versehentlich oder erklärtermaßen (nur eben ohne neuerlichen (Wieder-) Bestellungsaufwand) – eine Fortsetzung von deren Tätigkeit wünschen. Mit dem Erreichen der Höchstfrist scheidet auch das Aufsichtsratsmitglied aus, das unzulässigerweise für einen zu lang geratenen Zeitraum bestellt war (→ Rn. 15). – Eine Besonderheit gilt für das **gerichtlich** bestellte Aufsichtsratsmitglied: Sein Amt endet gemäß § 104 Abs. 6 „in jedem Fall", dh unabhängig von einer bestehenden Befristung, „sobald der Mangel behoben ist" (→ § 104 Rn. 34). 8

d) Abweichende Amtszeiten. aa) Satzungsregelung. Da es sich bei der Frist nach Abs. 1 um eine *Höchst*frist handelt, ist die Festsetzung einer **kürzeren** Amtszeit in der Satzung möglich, und zwar für alle Aufsichtsratsmitglieder (entsandte Mitglieder,[33] Anteilseigner- und Arbeitnehmervertreter, Ersatzmitglieder).[34] Soll das in der Gesellschaft geübte Amtsperioden-Schema trotz vorzeitig ausscheidender Aufsichtsratsmitglieder beibehalten werden, eröffnet das die Möglichkeit, ein neu eintretendes Aufsichtsratsmitglied wie ein Ersatzmitglied nur für die noch **verbleibende Amtszeit** des Ausgeschiedenen zu bestellen (Beispiel: „Die Wahl des Nachfolgers eines vor Ablauf der Amtszeit ausgeschiedenen Mitglieds des Aufsichtsrats erfolgt für den Rest der Amtszeit des Ausgeschiedenen").[35] Auch die verkürzte Amtszeit kann wiederum an die Fassung eines Entlastungsbeschlusses (→ Rn. 7) geknüpft werden.[36] Zulässig ist ferner eine Satzungsregelung, die ein Ausscheiden aus dem Amt mit (der Hauptversammlung nach) dem Erreichen einer bestimmten **Altersgrenze** (→ § 100 Rn. 59) vorsieht.[37] Davon abgesehen ist eine verkürzte Amtszeit, anders als bei den Mitgliedern des Vorstands (vgl. zB Ziff. 5.1.2 Abs. 2 S. 1 DCGK), in der Praxis **selten.** – In jedem Fall sollte darauf geachtet werden, 9

[25] BGH AG 2002, 676 (677) = NZG 2002, 916; OLG München NZG 2009, 1430 (1431); MüKoAktG/*Habersack* Rn. 18; Hüffer/*Koch* Rn. 3; Grigoleit/*Grigoleit/Tomasic* Rn. 4; MHdB AG/*Hoffmann-Becking* § 30 Rn. 68; einschr. KK-AktG/*Mertens/Cahn* Rn. 7; Spindler/Stilz/*Spindler* Rn. 8; HK-AktG/*Israel* Rn. 3: nur für den Fall, dass schon gar keine Hauptversammlung einberufen wurde; diff. *Gärtner* NZG 2013, 652 (653 ff.) bei (gerechtfertigter oder ungerechtfertigter) Verzögerung der Rechnungslegung.

[26] *Raiser/Veil* 5. Aufl. MitbestG § 6 Rn. 31.

[27] *Hüffer,* 10. Aufl. 2012, Rn. 3.

[28] Ebenso HFJ/*Wolff* HdB AktR Kap. 8 Rn. 48.

[29] *Martens* Leitfaden HV 78.

[30] AG Essen MDR 1970, 336; *v. Godin/Wilhelmi* Anm. 3; MHdB AG/*Hoffmann-Becking,* 2. Aufl. 1999, § 30 Rn. 37.

[31] Für eine Anknüpfung an die Vorlage der Rechnungslegung *Gärtner* NZG 2013, 652 (654).

[32] Vgl. RGZ 73, 234 (237); Henssler/Strohn/*Henssler* Rn. 2.

[33] Zu ihnen MüKoAktG/*Habersack* Rn. 14.

[34] BGHZ 99, 211 (215) = NJW 1987, 902; OLG Frankfurt WM 1986, 1437; aus der Lit. MüKoAktG/*Habersack* Rn. 8; Hüffer/*Koch* Rn. 4.

[35] GroßkommAktG/*Hopt/Roth/Peddinghaus* Rn. 27; KK-AktG/*Mertens/Cahn* Rn. 8.

[36] Hierzu *Gärtner* NZG 2013, 652 (653).

[37] IErg ebenso MüKoAktG/*Habersack* § 100 Rn. 15, 54; zurückhaltender *Blasche* AG 2017, 112 (115 f.).

dass spätestens mit dem durch die Satzung bestimmten Ausscheiden neue Aufsichtsratsmitglieder bestellt werden können, damit zwischenzeitlich keine Vakanz entsteht. Das ist insbesondere dann bedeutsam, wenn die Hauptversammlung nicht kurzfristig einberufen werden kann (empfehlenswert daher: Wahl „bis zur Beendigung der ordentlichen Hauptversammlung für das Geschäftsjahr 2018“; nicht dagegen: Wahl „bis zum [Datum]“). Im Rahmen der zulässigen Höchstfristen können die Amtszeiten der einzelnen Aufsichtsratsmitglieder zu unterschiedlichen Zeiten **beginnen** und **enden** (sog. *„Staggered Board“*, vgl. Ziff. 5.4.6 DCGK (Fassung vom 14.6.2007); → Rn. 2).[38] Sie können auch *unterschiedlich* **lang** sein (zB um aus einem Gleichlauf der Amtszeiten heraus ein *Staggered Board* einzurichten), soweit nur der Grundsatz der „Gleichwertigkeit“ aller Aufsichtsratsmitglieder gewahrt bleibt.[39] Die in unterschiedlich langen Amtszeiten liegende Ungleichbehandlung ist damit nur dann zulässig, wenn sie durch einen **sachlichen Grund**[40] gerechtfertigt ist (*ausreichend*: Sicherung der personellen Kontinuität im Aufsichtsrat;[41] *nicht ausreichend*: „Übernahmeschutz“, dh Verhinderung der Besetzung der Anteilseignerbank durch einen (feindlichen) Übernehmer „auf einen Schlag“[42]).[43] Unzulässig ist insbesondere, für die Aufsichtsratsmitglieder der **Arbeitnehmer** generell eine kürzere Amtszeit als für die Vertreter der Anteilseigner vorzusehen; Orientierungspunkt ist dabei die jeweils *längste* vorgesehene Amtszeit der Anteilseignervertreter.[44] – Die Amtszeit der **aktuell amtierenden** Aufsichtsratsmitglieder kann entgegen der hM[45] durch eine Satzungsänderung nicht nachträglich verkürzt oder verlängert werden.[46] Hier kann nur eine vorzeitige Abberufung (im Fall der Verkürzung) bzw. ein erneutes Bestellungsverfahren (Verlängerung) helfen.

10 **bb) Hauptversammlungsbeschluss.** Soweit § 102 Raum lässt, den der Satzungsgeber (noch) nicht ausgefüllt hat, kann auch die Hauptversammlung im Rahmen der Wahl **Beschlüsse** zu Dauer, Beginn und Ende der Amtszeit fassen. Eine ausdrückliche Satzungsermächtigung ist hierfür, wiewohl in der Praxis verbreitet (Beispiel: „Die Hauptversammlung kann bei der Wahl eine kürzere Amtszeit bestimmen“), nicht erforderlich; enthält die Satzung eine entsprechende Ermächtigung, bildet sie Rahmen und Grenze für die darauf gestützten Wahlbeschlüsse. Adressaten solcher Beschlüsse sind allerdings immer nur die Anteilseigner-, mangels Bestellungs-Zuständigkeit naturgemäß nicht die **Arbeitnehmervertreter.** Für sie gelten die gesetzlichen oder in der Satzung festgesetzten Regelungen zur Amtszeit.[47] Auch die wahlberechtigten Arbeitnehmer bzw. ihre Delegierten können die auf diese Weise vorgegebenen Amtszeiten im Wege eines entsprechenden Wahlbeschlusses nicht abändern.[48]

11 **cc) Uneindeutiger Satzungs-/Beschlussinhalt.** Hier gelten die allgemeinen **Auslegungsregeln:** (i) Enthält die Satzung **keine** Regelung zur Amtszeit bzw. wiederholt nur den gesetzlichen Inhalt und legt auch der Bestellungsbeschluss keine (kürzere) Amtszeit fest, erfolgt die Bestellung für die **gesetzliche Höchstdauer.**[49] (ii) Sehen die Satzung oder ein Hauptversammlungsbeschluss unpräziserweise eine **nach Jahren berechnete Amtszeit** vor („Die Amtszeit der Aufsichtsratsmitglieder beträgt fünf Jahre“; „A wird für fünf Jahre zum Aufsichtsrat gewählt“), ist dies im Zweifel im Sinne des gesetzlichen Berechnungsmechanismus zu verstehen, dh das angebrochene Wahljahr wird nicht mitgezählt und die Amtszeit endet erst mit der Entlastungsentscheidung für das letzte volle Amtsjahr.[50] (iii) Satzungsmäßige Höchstfristen, die ausdrücklich **nur die Anteilseigner** betreffen, gelten aufgrund der Verweisungen in den Mitbestimmungsgesetzen (zB § 15 Abs. 1 MitbestG, § 5 Abs. 1 DrittelbG, § 10c Abs. 1 MitbestErgG) ohne Weiteres auch für die Arbeitnehmervertreter.

---

[38] MüKoAktG/*Habersack* Rn. 9; Hüffer/*Koch* Rn. 4.

[39] BGHZ 99, 212 (215) = NJW 1987, 902 (903); OLG Frankfurt AG 1987, 159 (160).

[40] Hierzu Spindler/Stilz/*Spindler* Rn. 11, 14; ferner MüKoAktG/*Habersack* Rn. 9; Hüffer/*Koch* Rn. 4; *Blasche* AG 2017, 112 (113).

[41] Vgl. RKLW/*Kremer* DCGK, 3. Aufl. 2008, Rn. 1074.

[42] Vgl. GroßkommAktG/*Hopt/Roth/Peddinghaus* Rn. 29; ähnlich Grigoleit/*Grigoleit/Tomasic* Rn. 6.

[43] Bei mitbestimmten Gesellschaften ist zudem darauf zu achten, dass die Amtszeiten für den prospektiven Aufsichtsratsvorsitzenden und seinen (bei mitbestimmten Gesellschaften in der Regel: Arbeitnehmer-) Stellvertreter, wie von der hL, zB UHH/*Ulmer/Habersack* MitbestG § 27 Rn. 10, gefordert, gleich lang sind.

[44] MüKoAktG/*Habersack* Rn. 9; KK-AktG/*Mertens/Cahn* Rn. 8; *Blasche* AG 2017, 112 (113 f.); aA – Maßgeblichkeit der für die Mehrheit der Anteilseignervertreter vorgesehenen Amtszeit – GroßkommAktG/*Hopt/Roth/Peddinghaus* Rn. 60; Henssler/Strohn/*Henssler* Rn. 8.

[45] GroßkommAktG/*Hopt/Roth/Peddinghaus* Rn. 61; KK-AktG/*Mertens/Cahn* Rn. 10 für Verkürzung.

[46] MüKoAktG/*Habersack* Rn. 11; Henssler/Strohn/*Henssler* Rn. 4; *Blasche* AG 2017, 112 (116 f.).

[47] GroßkommAktG/*Hopt/Roth/Peddinghaus* Rn. 18; MüKoAktG/*Habersack* Rn. 12; Henssler/Strohn/*Henssler* Rn. 7; MHdB AG/*Hoffmann-Becking* § 30 Rn. 73; *Blasche* AG 2017, 112 (113).

[48] MüKoAktG/*Habersack* Rn. 13.

[49] GroßkommAktG/*Hopt/Roth/Peddinghaus* Rn. 20, 23; MHdB AG/*Hoffmann-Becking* § 30 Rn. 69; *Butzke* HV Kap. J Rn. 37; *Blasche* AG 2017, 112 (112).

[50] GroßkommAktG/*Hopt/Roth/Peddinghaus* Rn. 15; MüKoAktG/*Habersack* Rn. 8.

2. Amtszeit des Ersatzmitglieds (Abs. 2). Die Amtszeit als Ersatzmitglied **beginnt** mit seiner Wahl und der korrespondierenden Amtsannahme (→ § 101 Rn. 39). Hinsichtlich ihres **Endes** sind zwei Fälle zu unterscheiden; nur der nach „Wegfall" eines Aufsichtsratsmitglieds eintretende ist in Abs. 2 angesprochen: (i) Ist das Ersatzmitglied **noch nicht** in den Aufsichtsrat **nachgerückt,** endet sein Amt als (nur) Ersatzmitglied vorbehaltlich einer anderweitigen Bestimmung (Beispiel: zeitliche Befristung) und anderer Beendigungsgründe (Beispiel: Amtsniederlegung, Abberufung als Ersatzmitglied) spätestens mit dem Ende der Amtszeit des Aufsichtsratsmitglieds, für das das Ersatzmitglied bestellt war.[51] Ist es für mehrere Aufsichtsräte bestellt, hat also *mehrere* Ersatzmitgliedschaften inne, sind für die Beendigung der Ersatzmitgliedschaft(en) die individuellen Amtszeiten der einzelnen Aufsichtsratsmitglieder maßgeblich.[52] All das ergibt sich freilich nicht aus Abs. 2 (der trotz der Erwähnung des „Amt[es] des Ersatzmitglieds" nur für das bereits *nachgerückte* Ersatz- = Aufsichtsratsmitglied gilt), sondern aus dem der Ersatzmitgliedschaft inhärenten Zweck. Nicht zur vorzeitigen Beendigung des Amtes als Ersatzmitglied führen Mängel im Anforderungsprofil (§ 100 Abs. 1) des Ersatzmitglieds oder das Vorliegen von Hinderungsgründen; auf sie kommt es nach hM erst beim Amtsantritt als Mitglied des Aufsichtsrats an (→ § 101 Rn. 39). (ii) Die Amtszeit des in den Aufsichtsrat **nachgerückten** (Ersatz-) Aufsichtsratsmitglieds kann wegen deren „Akzessorietät" nie länger (infolge Amtsniederlegung etc wohl aber kürzer)[53] als die eigentliche Amtszeit des „weggefallenen" Vorgängers sein (Abs. 2), unabhängig davon, wonach sich diese Amtszeit bemisst (Gesetz, Satzung, Hauptversammlungsbeschluss, Bestimmung des Entsenders). Die Verknüpfung gilt dabei unabhängig davon, ob der Vorgänger für die gesetzliche Höchstfrist bestellt war oder nicht.[54] 12

3. Wiederwahl. Abs. 1 regelt nur die Dauer der einzelnen Amtsperiode, nicht die der Aufsichtsratstätigkeit insgesamt. Aufsichtsratsmitglieder können daher vorbehaltlich etwaiger Altersgrenzen (→ Rn. 2) nach allgemeiner Ansicht auch ohne Unterbrechung **erneut** bestellt werden, ggf. – wiewohl unter **Corporate Governance**-Gesichtspunkten (Unabhängigkeit; „Betriebsblindheit") nicht uneingeschränkt empfehlenswert und daher bei börsennotierten Gesellschaften von den professionellen Stimmrechtsberatern *(Proxy Advisors)* zunehmend kritisch betrachtet (→ Rn. 3) – auch mehrfach nacheinander.[55] Das ist unstreitig, soweit die Wiederwahl, wie bei den großen Gesellschaften üblich, frühestens zu dem Zeitpunkt (= in derselben Hauptversammlung) erfolgt, zu dem die Amtszeit der bisherigen Aufsichtsratsmitglieder endet. Erfolgt die Wahl dagegen bereits **vor** Mandatsablauf (zB mit dem Ziel der nachträglichen Herstellung eines *Staggered Board*), ist zu unterscheiden: **Zulässig** ist die vorzeitige Wahl nach hM nur, wenn die verbleibende Amtszeit auf die neue Amtsperiode angerechnet und damit insbesondere für die Höchstdauer berücksichtigt wird. **Unzulässig** ist dagegen ein „Aufsatteln" der neuen auf die unverändert weiterlaufende Amtsperiode (Beispiel: A ist im Mai 2011 für die gesetzliche Höchstdauer, also bei regelmäßigem Hauptversammlungs-Turnus bis Mai 2016, gewählt worden. Eine Wiederwahl im Mai 2013 kann maximal bis Mai 2018 erfolgen).[56] Überdies muss die alte Amtsperiode nach hL durch eine – zugleich den Beginn der neuen Amtsperiode markierende (insoweit zweifelhaft) – Entlastungsentscheidung einen Abschluss gefunden haben (Beispiel: Die Amtszeit von A endet regulär im Mai 2016. Wird A von der ordentlichen Hauptversammlung im Mai 2012 entlastet und von der außerordentlichen Hauptversammlung im August 2012 vorzeitig für die gesetzliche Höchstdauer wiedergewählt, kann dies höchstens für eine ab Mai 2012 – nach hier vertretener Ansicht: ab August 2012 – berechnete Frist, also bis Mai 2017, erfolgen).[57] Selbst das Anrechnungsverfahren läuft freilich leer, wenn die **Satzung** eine **feste** Amtszeit vorsieht. Deren Verbindlichkeit kann die Hauptversammlung durch einen einfachen Wahlbeschluss, der im Ergebnis auf eine Verkürzung der satzungsmäßig bestimmten Frist hinausläuft, nicht beseitigen.[58] Hier helfen nur Abwahl oder Amtsniederlegung weiter. – Geht es nicht um eine Wiederwahl, sondern um eine **Neubestellung,** kommt nach dem Gesagten eine vorgezogene (= vor Ablauf der Amtszeit des aktuellen Amtsinhabers wirksam werdende) Neuwahl unter keinen Umständen in Betracht. Ohne dessen Mitwirkung (Beispiel: sofortige oder für einen späteren Zeitpunkt zugesagte 13

---

[51] MüKoAktG/*Habersack* Rn. 19.

[52] Vgl. LG Mannheim WM 1986, 104 (105); KK-AktG/*Mertens/Cahn* Rn. 21, § 101 Rn. 95.

[53] Beispiel bei Schmidt/Lutter/*Drygala* Rn. 14.

[54] MüKoAktG/*Habersack* Rn. 19, 15.

[55] MüKoAktG/*Habersack* Rn. 20; Spindler/Stilz/*Spindler* Rn. 18. – Im Update der „ISS Proxy Voting Guidelines 2012" wurde eine „zu lange" Amtszeit (Höchstdauer: zwölf Jahre) erstmals explizit als Kriterium fehlender Unabhängigkeit genannt; dazu *Wettich* AG 2012, 725 (727).

[56] GroßkommAktG/*Hopt/Roth* Rn. 44, 46; MüKoAktG/*Habersack* Rn. 20 – aA noch MüKoAktG/*J. Semler,* 2. Aufl. 2004, Rn. 34 –; Spindler/Stilz/*Spindler* Rn. 18 f.; Hüffer/*Koch* Rn. 6; HK-AktG/*Israel* Rn. 5; MHdB AG/*Hoffmann-Becking* § 30 Rn. 71; *E. Vetter* in Marsch-Barner/Schäfer HdB AG § 25 Rn. 49.

[57] GroßkommAktG/*Hopt/Roth* Rn. 44, 46; MüKoAktG/*Habersack* Rn. 20; HK-AktG/*Israel* Rn. 5.

[58] RGZ 129, 180 (183); zust. MüKoAktG/*Habersack* Rn. 20; Hüffer/*Koch* Rn. 6.

Amtsniederlegung) kann das Mandat des Amtsinhabers vorzeitig nur im Wege der Abberufung (§ 103) beendet (= verkürzt) werden.

IV. Abdingbarkeit

14 § 102 ist zwingend nur, was die **Höchstdauer** der Amtszeit des ordentlichen und des Ersatzmitglieds angeht. Weder durch die Satzung noch durch Beschluss noch durch Anordnung des Entsendungsberechtigten oder des Gerichts (→ § 104 Rn. 33) kann daher eine längere Amtszeit bestimmt werden.[59] Außerhalb dessen besteht jedoch ein erheblicher, vom Satzungsgeber oder – in diesem Rahmen – vom Bestellungsorgan nutzbarer Spielraum. Insbesondere ist die Festlegung einer *kürzeren* Amtszeit denkbar (→ Rn. 9 f.). Auch im Beschlusswege (Neuwahl) getroffene Regelungen über die vorzeitige **Beendigung** der Amtszeit des Aufsichtsratsmitglieds sind erlaubt. Schließlich darf per Satzung oder Hauptversammlungsbeschluss angeordnet werden, dass die Amtsdauer des **Ersatzmitglieds** früher endet, als dies in Abs. 2 („spätestens") für den Regelfall vorgesehen ist (→ Rn. 12).[60]

V. Rechtsfolgen bei Verstoß

15 Zu den unzulässigen (Folge: Anfechtungsmöglichkeit wegen Gesetzesverletzung, § 243 Abs. 1) und zulässigen **Satzungsregelungen** vgl. bereits die Hinweise im Text. – Erfolgt nicht rechtzeitig ein erneuter Bestellungsakt, scheidet das Aufsichtsratsmitglied mit dem **Erreichen der Höchstfrist** zwingend aus seinem Amt aus; eine *stillschweigende* Verlängerung ist nicht möglich; Vom Aufsichtsrat(smitglied) nach dem Ende seiner Amtszeit vorgenommene Rechtshandlungen sind **unwirksam.**[61] Die **Bestellung** eines Aufsichtsratsmitglieds für eine **längere** als die gesetzlich oder nach der Satzung zulässige Höchstfrist stellt die Wirksamkeit der Bestellung nach hM nicht in Frage; allerdings endet die Amtszeit dann *qua lege* mit dem Erreichen der jeweiligen Höchst-Amtsdauer. Bei einer solchen Verkürzung der Amtszeit auf das zulässige Maß kann von einem Gesetzes- oder Satzungsverstoß nicht (mehr) die Rede sein.[62] Die Bestellung für eine **kürzere** als die von der Satzung vorgesehene Amtsdauer stellt im Fall der Wahl durch die Hauptversammlung dagegen einen gemäß § 251 Abs. 1 anfechtbaren Satzungsverstoß dar – jedenfalls wenn eine Abberufung nach § 103 (durch den eine entsprechende Verkürzung ebenfalls erreicht werden könnte) strengeren Mehrheitserfordernissen unterliegt als die Bestellung.[63] Keinesfalls kann der Gewählte im Wege einer geltungserhaltenden Reduktion des Beschlusses als „für die satzungsgemäße Frist" bestellt angesehen werden. All das spricht dafür, die Satzung zugunsten einer flexiblen Entscheidung der Hauptversammlung von Vorgaben zur Amtszeit möglichst freizuhalten.

§ 103 Abberufung der Aufsichtsratsmitglieder

(1) [1]Aufsichtsratsmitglieder, die von der Hauptversammlung ohne Bindung an einen Wahlvorschlag gewählt worden sind, können von ihr vor Ablauf der Amtszeit abberufen werden. [2]Der Beschluß bedarf einer Mehrheit, die mindestens drei Viertel der abgegebenen Stimmen umfaßt. [3]Die Satzung kann eine andere Mehrheit und weitere Erfordernisse bestimmen.

(2) [1]Ein Aufsichtsratsmitglied, das auf Grund der Satzung in den Aufsichtsrat entsandt ist, kann von dem Entsendungsberechtigten jederzeit abberufen und durch ein anderes ersetzt werden. [2]Sind die in der Satzung bestimmten Voraussetzungen des Entsendungsrechts weggefallen, so kann die Hauptversammlung das entsandte Mitglied mit einfacher Stimmenmehrheit abberufen.

(3) [1]Das Gericht hat auf Antrag des Aufsichtsrats ein Aufsichtsratsmitglied abzuberufen, wenn in dessen Person ein wichtiger Grund vorliegt. [2]Der Aufsichtsrat beschließt über die Antragstellung mit einfacher Mehrheit. [3]Ist das Aufsichtsratsmitglied auf Grund der Satzung in den Aufsichtsrat entsandt worden, so können auch Aktionäre, deren Anteile zusammen den zehnten Teil des Grundkapitals oder den anteiligen Betrag von einer Mil-

[59] MüKoAktG/*Habersack* Rn. 2; GroßkommAktG/*Hopt/Roth/Peddinghaus* Rn. 4; *Blasche* AG 2017, 112 (112).

[60] Spindler/Stilz/*Spindler* Rn. 20.

[61] Vgl. die Beispiele bei *Wachter* AG 2016, 776 (782).

[62] MüKoAktG/*Habersack* Rn. 2; Spindler/Stilz/*Spindler* Rn. 9; KK-AktG/*Mertens/Cahn* Rn. 14; *Fortun/Knies* DB 2007, 1451; aA womöglich GroßkommAktG/*Hopt/Roth* Rn. 19.

[63] Ebenso GroßkommAktG/*Hopt/Roth* Rn. 19; Schmidt/Lutter/*Schwab* § 251 Rn. 1; Grigoleit/*Ehmann* § 251 Rn. 2; ähnlich GroßkommAktG/*K. Schmidt* § 251 Rn. 6; vgl. auch OLG Frankfurt AG 1987, 159 (160).

lion Euro erreichen, den Antrag stellen. [4]Gegen die Entscheidung ist die Beschwerde zulässig.

(4) Für die Abberufung der Aufsichtsratsmitglieder, die weder von der Hauptversammlung ohne Bindung an einen Wahlvorschlag gewählt worden sind noch auf Grund der Satzung in den Aufsichtsrat entsandt sind, gelten außer Absatz 3 das Mitbestimmungsgesetz, das Montan-Mitbestimmungsgesetz, das Mitbestimmungsergänzungsgesetz, das Drittelbeteiligungsgesetz, das SE-Beteiligungsgesetz und das Gesetz über die Mitbestimmung der Arbeitnehmer bei einer grenzüberschreitenden Verschmelzung.

(5) Für die Abberufung eines Ersatzmitglieds gelten die Vorschriften über die Abberufung des Aufsichtsratsmitglieds, für das es bestellt ist.

Schrifttum: *Bayer/Hoffmann,* Die Niederlegung des Aufsichtsratsmandats, AG-Report 2014, R 144; *Dornhegge,* Niederlegung von Aufsichtsratsmandaten, NJW-Spezial 2011, 143; *Heinemann,* Das Verfahren in Registersachen und das unternehmensrechtliche Verfahren nach dem FamFG, FGPrax 2009, 1; *Heinze,* Wen trifft die Vorschlagspflicht bei der Abberufung von Aufsichtsratsmitgliedern?, AG 2011, 540; *Heller,* Richten in eigener Sache – Stimmrechtsausschluss bei der Abberufung von Aufsichtsratsmitgliedern?, NZG 2009, 1170; *Hoffmann/Kirchhoff,* Zur Abberufung von Aufsichtsratsmitgliedern durch das Gericht nach § 103 Abs. 3 S. 1 AktG, FS Beusch, 1993, 377; *Jänig/Leißring,* FamFG: Neues Verfahren für Streitigkeiten in AG und GmbH, ZIP 2010, 110; *Klausmann,* Entsendungsrechte in der Aktiengesellschaft, 2016; *Krauel/Fackler,* Die Ersetzung eines dauerhaft verhinderten Aufsichtsratsmitglieds, AG 2009, 686; *Priester,* Stimmverbot beim dreiköpfigen Aufsichtsrat, AG 2007, 190; *Nedden-Boeger,* Die Anwendung des Allgemeinen Teils des FamFG in Registersachen und in unternehmensrechtlichen Verfahren, FGPrax 2010, 1; *Rieckers/Leyendecker-Langner,* Neubesetzung des Aufsichtsrats bei öffentlichen Übernahmen, NZG 2013, 167; *Singhof,* Die Amtsniederlegung durch das Aufsichtsratsmitglied einer Aktiengesellschaft, AG 1998, 318; *Thum/Klofat,* Der ungetreue Aufsichtsrat – Handlungsmöglichkeiten des Vorstands bei Pflichtverletzungen des Aufsichtsrats, NZG 2010, 1087; *E. Vetter,* Abberufung eines gerichtlich bestellten Aufsichtsratsmitglieds ohne wichtigen Grund?, DB 2005, 875; *Wirth,* Anforderungsprofil und Inkompatibilitäten für Aufsichtsratsmitglieder, ZGR 2005, 327.

Übersicht

I. Allgemeines

Mit den verschiedenen Möglichkeiten der *Bestellung* (→ § 101 Rn. 1) korrespondieren die Formen der **Abberufung** eines Aufsichtsratsmitglieds, also der gegen oder jedenfalls ohne den Willen des Amtsinhabers erfolgenden Mandatsbeendigung qua Gestaltungsakt: durch die **Hauptversammlung** (Abs. 1), durch den **Entsendungsberechtigten** (Abs. 2) und durch das **Gericht** (Abs. 3). Damit ist das Mandat des jeweiligen Amtsinhabers primär an den „Goodwill" desjenigen gebunden, der bereits über die **Bestellung** entschieden hat (Hauptversammlung, Entsendungsberechtigter). Demgegenüber bezweckt die unterschiedslos auf *alle* Aufsichtsratsmitglieder anwendbare Möglichkeit der gerichtlichen Abberufung aus wichtigem Grund nach Abs. 3, die **Gesellschaft** aus einer für sie unzumutbaren Notlage zu befreien.[1] 1

[1] MüKoAktG/*Habersack* Rn. 2.

2 Für die Abberufung der **Arbeitnehmervertreter** verweist Abs. 4 auf die Mitbestimmungsgesetze. Abs. 5 regelt die Abberufung der **Ersatzmitglieder.**

3 § 103 ist **nicht abschließend.**[2] Neben den gesetzlichen Abberufungsmöglichkeiten kommt eine Beendigung des Mandats auch aus anderen Gründen, insbesondere durch **Amtsniederlegung** (→ Rn. 52 ff.), in Betracht. Hieran ist insbesondere gedacht, wenn **Ziff. 5.5.3 S. 2 DCGK** empfiehlt, dass wesentliche und nicht nur vorübergehende Interessenkonflikte zur „Beendigung des Mandats" führen sollen.

II. Rechtstatsachen

4 Die Abberufung von Aufsichtsratsmitgliedern durch die **Hauptversammlung** kommt in der Praxis nur selten vor. Das hat weniger mit der hohen gesetzlichen Abstimmungshürde (drei Viertel der abgegebenen Stimmen, Abs. 1 S. 2) als damit zu tun, dass missliebig gewordene Aufsichtsratsmitglieder im Interesse aller Beteiligten eher zur gesichtswahrenden – für den Unternehmensalltag auch sonst ungleich bedeutsameren – **Amtsniederlegung** bewegt werden (gezwungen werden können sie nicht), als sie der oft peinlichen Abwahl zu unterziehen.[3] Ebenfalls nur selten kommt es zu einer **gerichtlichen** Abberufung.[4] Hier geht die Initiative in aller Regel vom Aufsichtsrat selbst aus; in der Sache („wichtiger Grund") geht es um die Sanktion ernsthafter Pflichtverstöße (Musterfall: Verschwiegenheitsverletzungen). Die grundsätzliche Öffentlichkeit des Gerichtsverfahrens und die Gefahr, dass Aufsichtsrats-Interna vor Gericht ausgebreitet werden, dürften aber selbst in eindeutig begründeten Abberufungs-Fällen auf die Antragsteller hemmend wirken. – Erfolgt eine **vorzeitige Amtsbeendigung,** egal aus welchem Grund, entspricht es der Praxis jedenfalls der großen, paritätisch mitbestimmten Gesellschaften, ein dadurch eingetretenes numerisches **Ungleichgewicht** zwischen Arbeitnehmer- und Anteilseignerbank, insbesondere bei kontroversen Beschlussfassungen, **nicht** zum Nachteil der jeweils anderen Seite **auszunutzen.** Das mag auch anderen Gesellschaften mit vakanten Aufsichtsratspositionen in vergleichbarer Lage (→ § 104 Rn. 16) als Beispiel für einen fairen Umgang miteinander dienen; einen Rechtsanspruch auf solcherlei Rücksichtnahme gibt es vorbehaltlich einer zuweilen hierzu anzutreffenden Satzungsregelung (Beispiel: „Nimmt an einer Beschlussfassung nicht eine gleiche Anzahl von Aufsichtsratsmitgliedern der Aktionäre und der Arbeitnehmer teil, ist auf Verlangen von […] Aufsichtsratsmitgliedern die Beschlussfassung [in der nächsten Sitzung] zu wiederholen") indes nicht.

III. Einzelerläuterungen

5 **1. Abberufung durch die Hauptversammlung (Abs. 1). a) Anwendungsbereich.** In die Abberufungskompetenz der Hauptversammlung fallen (nur) die von ihr **ohne Bindung an einen Wahlvorschlag** tatsächlich gewählten Vertreter (Abs. 1 S. 1). Entsandte (Abs. 2) und gerichtlich bestellte Aufsichtsratsmitglieder (auch wenn sie statt vom Gericht eigentlich von der Hauptversammlung zu bestellen wären) gehören nicht hierzu.[5] Erfasst sind damit in erster Linie die gewählten Anteilseignervertreter, unter Umständen (fehlender oder gerichtlich abgelehnter zweiter Wahlvorschlag) auch das neutrale Mitglied des montanmitbestimmten Aufsichtsrats (§ 4 Abs. 1 S. 2 lit. c, § 8 Abs. 1 S. 7 MontanMitbestG, § 5 Abs. 1 S. 2 lit. c MitbestErgG).[6] – Abs. 1 gilt auch für den **ersten** Aufsichtsrat.[7]

6 **b) Voraussetzungen.** Das Mandat des von der Hauptversammlung gewählten Aufsichtsratsmitglieds gründet sich auf das **Vertrauen** der Aktionäre. Der in Beschlussform gefasste Mandatsentzug beendet daher ohne weiteres das Aufsichtsratsamt (zu den Mehrheitserfordernissen → Rn. 8). Eines (geschweige denn: wichtigen) **Grundes** oder einer **Begründung** hierfür bedarf die Hauptversammlung **nicht.**[8] Es reicht vielmehr die in der Sache (nicht notwendig in der Beschluss*bezeichnung*) auf Amtsbeendigung (und nicht etwa nur auf Nicht-Entlastung, § 120, oder bloßen Vertrauensentzug,

---

[2] Spindler/Stilz/*Spindler* Rn. 1; Hüffer/*Koch* Rn. 1.

[3] Vgl. *Butzke* HV Kap. J Rn. 85; für die Neubesetzung des Aufsichtsrats bei Unternehmenskauf/öffentlicher Übernahme auch *Rieckers/Leyendecker-Langner* NZG 2013, 167 (167 f.).

[4] GroßkommAktG/*Hopt/Roth* Rn. 4, 46.

[5] Immerhin: Der gerichtlich bestellte Mandatsträger verliert sein Amt, „sobald der Mangel behoben ist", § 104 Abs. 6. Hauptfall dieser mittelbaren Amtsbeendigung ist die *Wahl* eines regulären Aufsichtsratsmitglieds durch die Hauptversammlung.

[6] Begr. RegE *Kropff* Textausgabe, 1965, 142; vgl. KK-AktG/*Mertens/Cahn* Rn. 9; MüKoAktG/*Habersack* Rn. 9.

[7] MüKoAktG/*Habersack* Rn. 3; Hüffer/*Koch* Rn. 2.

[8] KG NZG 2003, 441 (446); Hüffer/*Koch* Rn. 3; Henssler/Strohn/*Henssler* Rn. 3.

vgl. § 84 Abs. 3 S. 2)[9] gerichtete Beschlussfassung der Hauptversammlung, zB nach der Übernahme von Aktien im Rahmen eines Unternehmenskaufs.[10] Auch wenn kein Grund für die Abberufung vorliegen muss, empfiehlt es sich zumindest bei börsennotierten Gesellschaften dennoch, die Motive in der Einberufung der Hauptversammlung kurz zu nennen (arg.: Transparenz; Schutz des Abzuberufenden).[11] – Aufgrund des der Hauptversammlung zukommenden **freien** (= sachlich ungebundenen) **Ermessens** ist jede gerichtliche Überprüfung des Inhalts der Abberufungsentscheidung unzulässig (nicht erst unbegründet).[12] Wegen **anderer,** nicht die spezifische Abberufungsentscheidung betreffender Gründe (Beispiele: fehlerhafte Ladung, Stimmauszählung oder Bekanntmachung) ist eine Anfechtung des Beschlusses jedoch uneingeschränkt möglich.

Einzelne Aktionäre, Aktionärsgruppen oder andere Stellen (etwa der Insolvenzverwalter)[13] sind zur Abberufung nicht berechtigt. Die Abberufungskompetenz ist auf sie auch weder **übertragbar** noch kann die Abberufung von ihrer **Zustimmung** abhängig gemacht werden (→ Rn. 61).[14] Unter Umständen ist aber die Zustimmung der Hauptversammlung zu einer von Dritten unzulässigerweise vorgenommenen „Abberufung" als eigene (dann aber nicht etwa rückwirkende) Abberufungsentscheidung der Hauptversammlung zu verstehen.[15] 7

c) Mehrheitserfordernisse; weitere Anforderungen. Die **Abberufung** der von der Hauptversammlung gewählten Aufsichtsratsmitglieder erfolgt mit einer **anderen** Mehrheit, als sie für ihre **Wahl** erforderlich ist (einfache Mehrheit der abgegebenen Stimmen für die Wahl, § 133 Abs. 1, Dreiviertelmehrheit für die Abberufung, S. 2). Das dient dem Schutz der Unabhängigkeit der Aufsichtsratsmitglieder.[16] S. 3 eröffnet jedoch die Möglichkeit, „eine andere Mehrheit und weitere Erfordernisse" zu bestimmen. Aufgrund dessen kann die Mehrheit für die *Abberufung* per **Satzungsregelung** zB an die *Wahl*mehrheit angepasst werden (komplementäre Möglichkeit für die Anpassung der Wahl- an die Abberufungsmehrheit in § 133 Abs. 2).[17] Grundsätzlich ist jede **Absenkung** des Mehrheitserfordernisses erlaubt, sofern nur weiter eine *Mehrheit* der abgegebenen Stimmen über den Vertrauensentzug entscheidet.[18] Das kann – in der Praxis weit verbreitet, wegen der Preisgabe des Unabhängigkeits-Dogmas (Übernahmeprävention!) aber nicht immer wohl bedacht – auch durch eine *allgemeine* Satzungsregelung, die für *jede* Form der Beschlussfassung (vorbehaltlich zwingender gesetzlicher Vorgaben) die einfache Mehrheit zulässt, geschehen (→ Rn. 11). Eine **Minderheit** darf selbst dann nicht über die Abberufung befinden, wenn hierfür ein wichtiger Grund vorliegt (arg. Abs. 1 S. 3: „Mehrheit").[19] Die Minderheit kann in diesem Fall – allerdings nur über die Mehrheit im Aufsichtsrat! – das gerichtliche Verfahren nach Abs. 3 S. 1 anstoßen. Gestattet ist jedoch umgekehrt, die Mehrheitsverhältnisse weiter zu **verschärfen,** zB in Form einer zusätzlichen Kapitalmehrheit.[20] 8

Anstelle von oder zusätzlich zu einer Änderung der Mehrheitserfordernisse kann die Satzung nach Abs. 1 S. 3 auch **„weitere Erfordernisse"** der Abberufungsentscheidung festlegen. Gemeint sind damit nach ganz hM indes keine sachlichen, sondern nur **Verfahrensvoraussetzungen** für die Abwahl (wie etwa Anhörungsrechte, die Statuierung eines erhöhten Quorums etc). Insbesondere kommt keine **inhaltliche** Selbstbeschränkung des freien Abberufungsrechts der Hauptversammlung in Betracht (zB durch die Einschränkung des Abberufungsrechts auf das Vorliegen eines wichtigen Grundes).[21] In der Praxis sind solche Regelungen selten. 9

Satzungsregelungen nach Abs. 1 S. 3 können sich nach ganz hM auch auf bereits **amtierende** Aufsichtsratsmitglieder beziehen, indem sie zB deren Abwahl durch die Hauptversammlung erleichtern (zur abweichenden Rechtslage bei nachträglicher Verlängerung oder Verkürzung der Amtszeit 10

---

[9] Dazu *E. Vetter* in Marsch-Barner/Schäfer HdB AG § 25 Rn. 58; *Butzke* HV Kap. I Rn. 42; wohl auch Hüffer/*Koch* Rn. 3.

[10] MüKoAktG/*Habersack* Rn. 11; Spindler/Stilz/*Spindler* Rn. 8.

[11] Ebenso BeckFormB AktR/*Messerschmidt* Kap. H. V.1 Anm. 1.

[12] Zu Einzelheiten MüKoAktG/*Habersack* Rn. 12; *Doralt* in Semler/v. Schenck AR HdB § 12 Rn. 50 f.

[13] RGZ 81, 332 (337); KG ZIP 2005, 1553 (1555); Henssler/Strohn/*Henssler* Rn. 2.

[14] KK-AktG/*Mertens/Cahn* Rn. 10, 18; Hüffer/*Koch* Rn. 3.

[15] MüKoAktG/*Habersack* Rn. 10; Hüffer/*Koch* Rn. 3.

[16] Vgl. BGH NJW 1987, 902 (903).

[17] OLG Frankfurt ZIP 2007, 1463 (1465).

[18] Vgl. OLG Düsseldorf WiB 1997, 759: selbst bei Koppelung des Minderheitenrechts an wichtigen Grund; zust. Henssler/Strohn/*Henssler* Rn. 2.

[19] AllgM, vgl. nur Spindler/Stilz/*Spindler* Rn. 11; Hüffer/*Koch* Rn. 4.

[20] Spindler/Stilz/*Spindler* Rn. 11; Schmidt/Lutter/*Drygala* Rn. 5; HK-AktG/*Israel* Rn. 5.

[21] GroßkommAktG/*Hopt/Roth/Peddinghaus* Rn. 27; MüKoAktG/*Habersack* Rn. 18; KK-AktG/*Mertens/Cahn* Rn. 17; aA *Schneider/Nietsch* FS Westermann, 2008, 1447 (1453 f.).

→ § 102 Rn. 10). Solche Regelungen bedürfen zu ihrer Wirksamkeit auch **nicht** der **Zustimmung** der betroffenen Aufsichtsratsmitglieder.[22]

11 Wird in der Satzung von der Möglichkeit einer „anderen Mehrheit" oder „weiterer Erfordernisse" Gebrauch gemacht (was auch in einer **allgemeinen,** für alle Hauptversammlungsbeschlüsse gleichermaßen geltenden Regelung möglich ist),[23] kann die Regelung nicht auf bestimmte Aufsichtsratsmitglieder beschränkt werden, sondern muss sich wegen der Gleichwertigkeit ihrer Rechtsstellung auf **alle** von der Hauptversammlung Gewählten, einschließlich der Ersatzmitglieder, **gleichermaßen** erstrecken.[24] Sie darf wegen des arbiträren Charakters des § 103 Abs. 1 nach hM auch nicht zwischen **Abberufungsgründen** differenzieren (Beispiel: qualifizierte Mehrheit bei „willkürlichen" Abberufungen, einfache Mehrheit bei Abberufungen aus wichtigem Grund). Die abweichende Ansicht bezahlt die erweiterte Satzungsfreiheit mit der Ausweitung von der Rechtssicherheit abträglichen, einer gerichtlichen Überprüfung schwerlich entziehbaren Streitfragen.[25]

12 Werden Aufsichtsratsmitglieder mit *einfacher* Mehrheit *gewählt* und drängen dadurch zwischenzeitlich aufgerückte **Ersatzmitglieder** kraft Satzung oder Hauptversammlungsbeschluss wieder in ihre „Ersatzrolle" zurück (→ § 101 Rn. 43), liegt hierin unstreitig dann kein Verstoß gegen den Grundsatz der **Gleichberechtigung** der Aufsichtsratsmitglieder (Abwahl von *regulären* und *Ersatz*mitgliedern nur unter gleichen Voraussetzungen), wenn die Satzung von der in Abs. 1 S. 3 vorgesehenen Möglichkeit der *einfachen* Mehrheit auch für die *Abberufung* Gebrauch gemacht hat.[26] Das Gleiche gilt, wenn umgekehrt für die *Wahl* eines Aufsichtsratsmitglieds ein auf § 133 Abs. 2 gestütztes *qualifiziertes* Mehrheitserfordernis besteht. Mit dieser Wahl kann zugleich auch das gesetzlich nur qualifiziert abwählbare Ersatzmitglied verdrängt werden.[27] Jede **Inkongruenz** zwischen den Abwahlbestimmungen führt nach ganz hM dagegen zwingend zu einem Verstoß gegen den Gleichbehandlungsgrundsatz und damit zur Nichtigkeit der entsprechenden Satzungsbestimmung; ausweichen lässt sich dem nur durch eine Amtsniederlegung des Ersatzmitglieds (arg.: Freiwilligkeit).[28] Das Argument, die Wahl eines Aufsichtsratsmitglieds führe nur *mittelbar* zur „Abwahl" des Ersatzmitglieds und sei daher isoliert von den für diese geltenden Grundsätzen zu betrachten, verfängt demgegenüber nicht.

13 Ist das von der Abberufung betroffene Aufsichtsratsmitglied zugleich **Aktionär,** ist es von der Teilnahme an der Beschlussfassung über seine eigene Abberufung – anders als bei der Beschlussfassung nach Abs. 3 S. 2 (→ Rn. 31) – nach ganz hM **nicht ausgeschlossen** (arg. § 136 Abs. 1 e contrario).[29] Das ist die Kehrseite der ungebundenen Ermessensentscheidung der Hauptversammlung (→ Rn. 6), die sich dem Verbot des „Richtens in eigener Sache" entzieht.

14 Die Abberufung eines Aufsichtsratsmitglieds ist keine bloße Annex-Entscheidung zur (insbesondere: verweigerten) Entlastung; wird sie erst in der Hauptversammlung beantragt, erfolgt sie damit nicht zu einem bereits ordnungsgemäß angekündigten „Gegenstand der Tagesordnung" (§ 124 Abs. 4 S. 2). Erst recht liegt in der – selbst mit noch so klarer Mehrheit – verweigerten (Einzel-) Entlastung nicht zugleich eine Abberufung, selbst wenn klar ist, dass mit ihr ein massiver Vertrauensverlust des Aufsichtsratsmitglieds einhergeht.[30] Damit die Hauptversammlung überhaupt über die Abberufung entscheiden kann, bedarf es vielmehr einer ausdrücklichen Berücksichtigung in der Tagesordnung (§ 124 Abs. 4 S. 1) und damit in entsprechender Anwendung von § 124 Abs. 3 S. 1 auch eines **Beschlussvorschlags** (nur) des Aufsichtsrats, nicht auch des Vorstands (arg.: [„negative"] Einflussnahme auf die Zusammensetzung des Aufsichtsrats); der Vorschlag ist mit den Stimmen der Aufsichtsratsmitglieder nur der Anteilseigner zu fassen (§ 124 Abs. 3 S. 5 analog).[31] Ein zusätzlich auch vom *Vorstand* erfolgender Beschlussvorschlag sollte wegen der unklaren Rechtslage und der gegenüber der Wahl zB wegen § 103 Abs. 1 S. 2 leicht veränderten Ausgangslage indes nicht allein deshalb zur

---

[22] GroßkommAktG/*Hopt/Roth/Peddinghaus* Rn. 23; KK-AktG/*Mertens/Cahn* Rn. 8.
[23] BGHZ 99, 211 (215 f.); MüKoAktG/*Habersack* Rn. 15; Spindler/Stilz/*Spindler* Rn. 11.
[24] BGH NJW 1987, 902 (903); MüKoAktG/*Habersack* Rn. 16.
[25] Wie hier KK-AktG/*Mertens/Cahn* Rn. 16; MüKoAktG/*Habersack* Rn. 17; Hüffer/*Koch* Rn. 4; HK-AktG/*Israel* Rn. 5; aA Spindler/Stilz/*Spindler* Rn. 13; Grigoleit/*Grigoleit/Tomasic* Rn. 9.
[26] OLG Frankfurt AG 2007, 672 (674) – Kirch/Deutsche Bank.
[27] BGHZ 99, 211 (215) = NJW 1987, 902.
[28] Vgl. nur MüKoAktG/*Habersack* Rn. 54, § 101 Rn. 89 f.; Hüffer/*Koch* § 101 Rn. 16.
[29] KK-AktG/*Mertens/Cahn* Rn. 10; MüKoAktG/*Habersack* Rn. 13; Schmidt/Lutter/*Drygala* Rn. 4; Hüffer/*Koch* Rn. 4; aA *Heller* NZG 2009, 1170 (1171) für Straftaten und andere grobe Pflichtverletzungen.
[30] Hüffer/*Koch* Rn. 3.
[31] *E. Vetter* in Marsch-Barner/Schäfer HdB AG § 25 Rn. 56; BeckFormB AktR/*Messerschmidt* Kap. H. V.1, 2 mit Muster Hauptversammlungseinberufung und -niederschrift „Abberufung/Neuwahl"; aA – Vorschlag von Vorstand und Aufsichtsrat – Happ/*Happ,* 2. Aufl. 2004, AktR 9.18 Rn. 2: arg. § 124 Abs. 3 S. 1 e contrario; *Heinze* AG 2011, 540 (542): arg. Abberufung ≠ Wahl; implizit auch *Thum/Klofat* NZG 2010, 1087 (1089 f.), die allerdings nur den Vorschlag des Vorstands für notwendig, den des Aufsichtsrats dagegen für entbehrlich halten.

Anfechtbarkeit des Abwahlbeschlusses führen (§§ 245 Nr. 2, 124 Abs. 4),[32] erst recht nicht, wenn der Einberufungstext nur den Hinweis auf eine „zustimmende Kenntnisnahme" des Aufsichtsratsvorschlags durch den Vorstand enthält. – Alternativ kann der Beschlusspunkt „Abwahl" gemäß § 122 Abs. 2 oder 3 auch durch eine **Aktionärsminderheit** auf die Tagesordnung gesetzt werden. Eines Beschlussvorschlags der Verwaltung (nach der hier vertretenen Ansicht: (nur) des Aufsichtsrats) bedarf es in diesem Fall nicht (§ 124 Abs. 3 S. 3); freiwillige Vorschläge und Stellungnahmen von Vorstand und Aufsichtsrat bleiben jedoch möglich.[33]

d) Grenzen des Abberufungsrechts; Pflicht zur Abberufung. Aus der gesetzlichen oder satzungsmäßigen **Treupflicht** des Aktionärs gegenüber seinen Mitaktionären und der Gesellschaft kann in Ausnahmefällen die Verpflichtung resultieren, eine beantragte Abberufung nicht mit den eigenen Stimmen zu *unterstützen.*[34] Umgekehrt kann sich der Entscheidungsspielraum des Aktionärs im Einzelfall so weit verengen, dass die *Verweigerung* der Zustimmung zu einem Abberufungsantrag treuwidrig wäre.[35] 15

e) Rechtswirkungen der Abberufung. Unmittelbare Rechtsfolge der Abberufung ist der Amtsverlust. Hierfür bedarf es neben dem **Abberufungsbeschluss** indes zusätzlich des **Zugangs** (nicht jedoch der Annahme) des Abberufungsbeschlusses bei dem Betroffenen. Ist das Aufsichtsratsmitglied in der Hauptversammlung **anwesend** oder hat es sich schon im Vorwege mit dem wie auch immer ausfallenden Beschlussergebnis **einverstanden** erklärt (der Fall wird, anders als bei der Wahl (→ § 101 Rn. 21), selten vorkommen), tritt Zugang bereits mit der Feststellung des Beschlussergebnisses durch den Versammlungsleiter ein. Dem **Abwesenden** ist der Beschluss mitzuteilen.[36] *Mündliche* Übermittlung, sofern sie nur durch einen hierzu Befugten erfolgt, reicht zwar juristisch, ist in der Praxis aber aus Nachweisgründen nicht zu empfehlen.[37] Übermittler kann der Aufsichtsratsvorsitzende (in seiner Eigenschaft als Versammlungsleiter, → § 101 Rn. 12),[38] der Vorstand (als gemäß § 78 auch sonst gegenüber dem Aufsichtsrat berufener Vertreter der Gesellschaft)[39] oder ein von der Hauptversammlung (als Initiatorin der Abberufungsentscheidung) beauftragter Dritter sein.[40] Keinesfalls ausreichend ist die nur **gelegentliche** Kenntniserlangung über die Abberufung, zB durch eine Pressemeldung oder einen Mitarbeiter des Unternehmens.[41] – Einmal zugegangen (und damit wirksam geworden) kann die Abberufung nicht mehr **widerrufen** werden; es bleibt nur die neuerliche Bestellung.[42] 16

Ungeachtet des noch ausstehenden Zugangs ist die Hauptversammlung nicht gehindert, **zugleich** mit der Abberufung ein **neues** Aufsichtsratsmitglied, ggf. aufschiebend bedingt auf das Wirksamwerden der Abberufung, zu wählen.[43] Hierbei handelt es sich um zwei unterschiedliche Vorgänge; insbesondere sind die jeweils einschlägigen Mehrheitserfordernisse zu beachten. 17

Der Amtsverlust tritt unter den vorgenannten Bedingungen **ohne Mitwirkung** des Betroffenen ein. Mit der Abberufung geht, sofern sie nicht, wie zB die Verschwiegenheitspflicht, nachwirken, der sofortige **Verlust** der organschaftlichen **Rechte** und **Pflichten** des Aufsichtsratsmitglieds einher. Bestehende oder auf die Amtszeit bezogene **Schadensersatzansprüche** bleiben vom Ausscheiden unberührt. Ebenso noch nicht erfüllte, ggf. anteilig auf das Geschäftsjahr entfallende **Vergütungsansprüche;** davon abgesehen verliert der Abberufene – anders als das *Vorstands*mitglied mit noch laufendem Anstellungsvertrag – seine Vergütungsansprüche für die *Zukunft.*[44] Hiervon kann, da § 113 Abs. 1 eine Vergütung nur „für die Tätigkeit" des Aufsichtsratsmitglieds vorsieht, zu Gunsten 18

---

[32] Vgl. aber *Heinze* AG 2011, 540 (541) unter Hinweis auf BGH AG 2003, 319; vgl. auch *Thum/Klofat* NZG 2010, 1087 (1089 f.): Beschlussvorschlag des Aufsichtsrats zumindest de lege ferenda überflüssig.

[33] HK-AktG/*Reger* § 124 Rn. 20; *Thum/Klofat* NZG 2010, 1087 (1090).

[34] Beispiel: KG AG 2003, 500 (505): mittelbare Unterstützung gesellschaftsschädigender Maßnahmen durch neuen Aufsichtsrat.

[35] Ebenso Spindler/Stilz/*Spindler* Rn. 6 bei evidenter Gefährdung der Interessen der Gesellschaft.

[36] MüKoAktG/*Habersack* Rn. 19; Henssler/Strohn/*Henssler* Rn. 6.

[37] BeckFormB AktR/*Messerschmidt* Kap. H. V.2 Anm. 3: Einschreiben Rückschein.

[38] So MHdB AG/*Hoffmann-Becking* § 30 Rn. 84; MüKoAktG/*J. Semler,* 2. Aufl. 2004, Rn. 29; weitergehend HK-AktG/*Israel* Rn. 3: alternativ auch der Vorstand.

[39] Auf diesen beschränkt MüKoAktG/*Habersack* Rn. 19; Hüffer/*Koch* Rn. 5; Semler/v. Schenck/*Gasteyer* Rn. 21; *E. Vetter* in Marsch-Barner/Schäfer HdB AG § 25 Rn. 57; Spindler/Stilz/*Spindler* Rn. 15.

[40] So KK-AktG/*Mertens/Cahn* Rn. 11; GroßkommAktG/*Hopt/Roth/Peddinghaus* Rn. 17; NK-AktR/*Breuer/Fraune* Rn. 5.

[41] Semler/v. Schenck/*Gasteyer* Rn. 20.

[42] GroßkommAktG/*Hopt/Roth* Rn. 15; MüKoAktG/*Habersack* Rn. 20; Spindler/Stilz/*Spindler* Rn. 9.

[43] KK-AktG/*Mertens/Cahn* Rn. 11; Spindler/Stilz/*Spindler* Rn. 18; Hüffer/*Koch* Rn. 5; Grigoleit/*Grigoleit/Tomasic* Rn. 6.

[44] RGZ 68, 223 (225); Hüffer/*Koch* Rn. 6; Henssler/Strohn/*Henssler* Rn. 7.

des Abgewählten nach hM weder durch die Satzung,[45] noch durch Beschluss der Hauptversammlung[46] (auch nicht durch den Abberufungsbeschluss selbst), noch erst recht durch Vertrag mit dem Aufsichtsratsmitglied abgewichen werden.[47] **Unterlagen,** die das Aufsichtsratsmitglied im Rahmen seiner Amtsführung erlangt hat, sowie davon gefertigte Kopien sind von ihm entsprechend § 667 BGB an die Gesellschaft herauszugeben;[48] kommt es zum (Organhaftungs-) Prozess müssen dem Aufsichtsratsmitglied die für seine Rechtsverteidigung erforderlichen Dokumente auch ohne Regelung in der Satzung oder Geschäftsordnung allerdings wieder zur Verfügung gestellt werden.[49] Von der Abberufung unberührt bleiben die sonst vom Aufsichtsratsmitglied mit der Gesellschaft abgeschlossenen **Verträge,** auch Berater- und Darlehensverträge gemäß den §§ 114, 115, sofern sich nicht aus dem Zusammenhang ergibt, dass sie ausschließlich mit Blick auf das (fortbestehende) Aufsichtsratsmandat abgeschlossen wurden. Dann steht beiden Vertragsparteien ein außerordentliches Kündigungsrecht zu.[50]

19 Umstritten ist, ob nur die **unanfechtbar-rechtswirksame**[51] oder zunächst **jede**[52] Abberufung das Aufsichtsratsmandat (zumindest einstweilen) beendet. Auch ohne eine § 84 Abs. 3 S. 4 entsprechende Regelung spricht schon wegen der praktisch unkontrollierbaren Folgeprobleme mehr dafür, an *jede* Abberufungsentscheidung die beschriebenen Rechtsfolgen zu knüpfen. Sollte der Abberufungsbeschluss später für nichtig erklärt werden, kann das zu Unrecht abberufene Aufsichtsratsmitglied durch einfache Erklärung wieder in sein Amt zurückkehren; der zu Unrecht Gewählte muss weichen. Das ändert jedoch nichts an der grundsätzlichen (Ausnahmen!) Wirksamkeit der zwischenzeitlich in nicht ordnungsgemäßer Besetzung und unter Verletzung des gebotenen (zB Ladungs-) Verfahrens gefassten Beschlüsse und getroffenen Maßnahmen (→ § 101 Rn. 51).[53]

20 **2. Abberufung des entsandten Aufsichtsratsmitglieds (Abs. 2).** Ebenso wie im Fall des von der Hauptversammlung gewählten Aufsichtsratsmitglieds hängt auch das Schicksal des Entsandten vom fortbestehenden, an keinerlei Bedingungen geknüpften und jederzeit nach Gutdünken entziehbaren[54] **Vertrauen** des Entsendungsberechtigten ab. Insbesondere bedarf es auch hier keines (wichtigen) Grundes oder auch nur einer Begründung für die Abberufung.[55] Das gilt wegen der Unverfügbarkeit von Abs. 2 selbst dann, wenn der Entsendungsberechtigte und das Aufsichtsratsmitglied eine **Vereinbarung** über die Abberufungsmodalitäten getroffen haben. Eine solche Vereinbarung berechtigt den zu Unrecht Abberufenen nach hM allenfalls zum Schadensersatz in Geld (keine Naturalrestitution) gegenüber dem Vertragsbrüchigen; an der Wirksamkeit der gleichwohl erfolgten Abberufung ändert sie nichts.[56] In keinem Fall, nicht einmal bei Einstimmigkeit, ist die Hauptversammlung zur Abberufung des Entsandten berufen (aber → Rn. 23 ff. zu gesetzlichen Ausnahmen).[57]

21 Die **Satzung** kann das uneingeschränkte Abberufungsrecht nicht einschränken, bedingen oder ausschließen.[58] Das Gleiche gilt für eine dahingehende Vereinbarung zwischen dem Entsendungsberechtigten und der Gesellschaft (für eine Vereinbarung mit dem Aufsichtsratsmitglied → Rn. 20).[59] Eine Verpflichtung zur Abberufung kann sich in Ausnahmefällen – zB bei offenkundiger Untragbarkeit des Aufsichtsratsmitglieds – auch aus der **Treupflicht** ergeben (→ Rn. 15).[60] Ist das Entsendungsrecht nicht an eine Person, sondern gemäß § 101 Abs. 2 S. 2 an den Besitz bestimmter (vinku-

---

[45] Insoweit aA GroßkommAktG/*Hopt/Roth/Peddinghaus* Rn. 21.

[46] Insoweit aA Spindler/Stilz/*Spindler* Rn. 16.

[47] IErg wie hier MüKoAktG/*Habersack* Rn. 21; KK-AktG/*Mertens/Cahn* Rn. 6; Semler/v. Schenck/*Gasteyer* Rn. 23; aA insoweit noch RGZ 68, 223 (227).

[48] BGH NZG 2008, 834 (835); dem folgend Semler/v. Schenck/*Gasteyer* Rn. 23.

[49] Zutr. Schmidt/Lutter/*Drygala* Rn. 7.

[50] MüKoAktG/*Habersack* Rn. 21; Hüffer/*Koch* Rn. 6.

[51] So die wohl hM, vgl. GroßkommAktG/*Hopt/Roth/Peddinghaus* Rn. 16; KK-AktG/*Mertens/Cahn* Rn. 7; MüKoAktG/*J. Semler*, 2. Aufl. 2004, Rn. 36.

[52] So MüKoAktG/*Habersack* Rn. 22; Spindler/Stilz/*Spindler* Rn. 16; Grigoleit/*Grigoleit/Tomasic* Rn. 7; grds. auch *Thum/Klofat* NZG 2010, 1087 (1090): „jedenfalls bei einer Abberufung wegen schwerwiegender Pflichtverletzungen".

[53] Zu den Rechtsfolgen kritischer *Thum/Klofat* NZG 2010, 1087 (1090).

[54] *Klausmann* Entsendungsrechte 36; vgl. auch GroßkommAktG/*Hopt/Roth/Peddinghaus* Rn. 29; MüKoAktG/*Habersack* Rn. 23, 25 zum Missbrauch des Abberufungsrechts (Treupflicht).

[55] *Klausmann* Entsendungsrechte 36; MüKoAktG/*Habersack* Rn. 23; Spindler/Stilz/*Spindler* Rn. 19; Grigoleit/*Grigoleit/Tomasic* Rn. 10.

[56] MüKoAktG/*Habersack* Rn. 27; Spindler/Stilz/*Spindler* Rn. 19; Hüffer/*Koch* Rn. 7; HK-AktG/*Israel* Rn. 6; aA *v. Godin/Wilhelmi* Anm. 3.

[57] Hüffer/*Koch* Rn. 7.

[58] MüKoAktG/*Habersack* Rn. 24; aA offenbar Semler/v. Schenck/*Gasteyer* Rn. 29.

[59] Spindler/Stilz/*Spindler* Rn. 21; Schmidt/Lutter/*Drygala* Rn. 9.

[60] MüKoAktG/*Habersack* Rn. 25 f.; Spindler/Stilz/*Spindler* Rn. 20.

lierter) Aktien geknüpft, geht das Recht durch Übertragung der Aktien auf den (Einzel- oder Gesamtrechts-) Nachfolger über; auf diese Weise können entsendender und abberufender Berechtigter auseinanderfallen.

Die Abberufung erfolgt durch **zugangsbedürftige** Erklärung gegenüber (i) dem Entsandten als dem unmittelbar Betroffenen (insoweit parallel zur Abberufung durch die Hauptversammlung) und (ii) der Gesellschaft, vertreten durch den (= einen, § 78 Abs. 2 S. 2) Vorstand (insoweit parallel zum *actus contrarius* der Entsendung).[61] Zweckmäßigerweise (Nachweisfunktion!) erfolgen die Erklärungen in Schriftform und gegenüber beiden Adressaten gleichzeitig. Mit der Abberufung muss nicht notwendig die Entsendung eines neuen Aufsichtsratsmitglieds einhergehen. Sie kann vielmehr **jederzeit** und damit selbst dann erfolgen, wenn es infolge der Abberufung zu einer Unterbesetzung oder gar Beschlussunfähigkeit des Aufsichtsrats kommt. In diesen Fällen bleibt unter Umständen eine gerichtliche Bestellung nach § 104 als Ausweg. 22

Ausnahmsweise ist für die Abberufung des entsandten Aufsichtsratsmitglieds die **Hauptversammlung** zuständig (zur gerichtlichen Abberufung → Rn. 27, 32). Hier sind zwei Fälle zu unterscheiden: 23

(i) Die **Satzung** gibt der Hauptversammlung neben dem Entsendungsberechtigten, aber unabhängig von ihm, das Recht, den Entsandten abzuberufen. Das ist logische Konsequenz des Zustimmungsvorbehalts, den die Satzung der Hauptversammlung schon bei der *Entsendung* einräumen kann (→ § 101 Rn. 28). Faktisch ist die Abberufung nur eine nachgelagerte Zustimmung (genauer: Zustimmungsverweigerung) durch die Hauptversammlung. Davon kann die Hauptversammlung jederzeit Gebrauch machen, auch wenn sie der Entsendung zunächst zugestimmt hat. Voraussetzung hierfür ist allerdings, dass das grundsätzliche Abberufungsrecht des Entsendungsberechtigten dadurch nicht eingeschränkt wird.[62] 24

(ii) Eine weitere Abberufungs*möglichkeit* besteht beim Wegfall der satzungsmäßigen Voraussetzungen des Entsendungsrechts **(Abs. 2 S. 2).** Das ist zB der Fall, wenn der persönlich **Entsendungsberechtigte** seine Aktien veräußert, das Entsendungsrecht also keinem „Aktionär“ mehr zusteht und sich damit erledigt hat (andere Fälle: Tod, Verschmelzung des Entsendungsberechtigten).[63] Voraussetzung ist stets, dass eine **satzungsmäßige** Voraussetzung betroffen ist, was wegen der Notwendigkeit, das Entsendungsrecht in der Satzung zu begründen (§ 101 Abs. 2 S. 1), regelmäßig der Fall sein wird. Entgegen der ganz hM[64] gilt schon sprachlich das Gleiche, wenn der **Entsandte** „die in der Satzung bestimmten Voraussetzungen des Entsendungsrechts“ nicht mehr erfüllt (Beispiele: Auch der Verlust der festgeschriebenen Familienmitgliedschaft infolge Scheidung oder der erforderlichen Konfessionszugehörigkeit aufgrund Kirchenaustritts lässt die „Voraussetzungen des Entsendungsrechts“ – nämlich im Hinblick auf genau die entsandte Person – entfallen). In beiden Fällen muss die Hauptversammlung berechtigt sein, das möglicherweise nicht mehr gelittene Aufsichtsratsmitglied schnellstmöglich mit einfacher Stimmenmehrheit aus seinem Amt zu entfernen – eben weil die Abberufung durch den originär zuständigen Entsendungsberechtigten entweder aus rechtlichen (Wegfall des allein abberufungsberechtigten Entsenders) oder tatsächlichen Gründen (fehlendes Abberufungsinteresse) nicht oder nicht mehr zu erwarten ist. 25

Macht die Hauptversammlung von ihrem **Abberufungsrecht** keinen Gebrauch (zur Umsetzung des Hauptversammlungsbeschlusses → Rn. 16), bleibt das Aufsichtsratsmitglied im Amt; das Entfallen der satzungsmäßigen Entsendungsvoraussetzungen allein ändert an seiner Stellung (noch) nichts.[65] – Hinsichtlich der **Rechtswirkungen** der Abberufung des entsandten Aufsichtsratsmitglieds gelten die Ausführungen zur Abberufung des *gewählten* Mitglieds nach → Rn. 16 ff. entsprechend. 26

3. Gerichtliche Abberufung (Abs. 3). a) Von der Abberufung Betroffene. Abs. 3 differenziert **nicht** nach der **Legitimation** des Aufsichtsratsmitglieds. Gerichtlich abrufbar ist vermittels des „Notrechts“ nach Abs. 3 daher **jedes** Aufsichtsratsmitglied, das gewählte ebenso wie das entsandte oder gerichtlich bestellte (→ § 104 Rn. 34),[66] egal ob neutrales Mitglied, Anteilseigner- oder Arbeitnehmervertreter.[67] 27

---

[61] MüKoAktG/*Habersack* Rn. 28; iErg auch Semler/v. Schenck/*Gasteyer* Rn. 27; aA wohl Spindler/Stilz/*Spindler* Rn. 22: Erklärung nur gegenüber dem Abberufenen.

[62] MüKoAktG/*Habersack* Rn. 32; Spindler/Stilz/*Spindler* Rn. 24; aA womöglich Hüffer/*Koch* Rn. 7 f.

[63] KK-AktG/*Mertens/Cahn* Rn. 25; MüKoAktG/*Habersack* Rn. 29; Spindler/Stilz/*Spindler* Rn. 24.

[64] Vgl. die in der vorstehenden Fn. Genannten.

[65] Hüffer/*Koch* Rn. 8; Grigoleit/*Grigoleit/Tomasic* Rn. 13.

[66] Dazu *Fett/Theusinger* AG 2010, 425 (426 f.).

[67] AllgM, vgl. nur MüKoAktG/*Habersack* Rn. 33; Hüffer/*Koch* Rn. 9; *Keilich/Brummer* BB 2012, 897 (900).

28 **b) Zuständiges Gericht.** Ausschließlich zuständig für die Abberufung des (= jedes)[68] Aufsichtsratsmitglieds ist das **Amtsgericht** am **Sitz der Gesellschaft** (§ 23a Abs. 1 Nr. 2, Abs. 2 Nr. 4 GVG, §§ 375 Nr. 3, 377 Abs. 1 FamFG, § 14). Innerhalb eines Landgerichtsbezirks ist die Zuständigkeit des Amtsgerichts am Sitz des jeweiligen Landgerichts konzentriert, § 376 Abs. 1 FamFG (eine Abweichung hiervon ist durch Rechtsverordnung der Landesregierung oder der von ihr unterermächtigten Landesjustizverwaltung nach § 376 Abs. 2 FamFG möglich).[69] **Funktionell** zuständig ist der Richter (§ 17 Nr. 2 lit. a RPflG).[70]

29 **c) Antragsberechtigung.** Das Gericht kann bei der Abberufung nicht aus eigenem Recht, sondern nur auf **Antrag** tätig werden. Andererseits steht das gerichtliche Abberufungsverfahren auch dann zur Verfügung, wenn Hauptversammlung (Abs. 1) oder Entsendungsberechtigter (Abs. 2) ihrerseits die Abberufung betreiben (oder sich, umgekehrt, ausdrücklich *dagegen* ausgesprochen haben).[71]

30 Antragsberechtigt ist der **Aufsichtsrat** (Abs. 3 S. 1), der hierüber mit **einfacher Mehrheit** der an der Abstimmung Beteiligten (nicht seiner Mitglieder)[72] beschließt (Abs. 3 S. 2, § 108). Die Satzung kann ebenso wenig wie die Geschäftsordnung andere (= verschärfte) Mehrheitsverhältnisse vorsehen.[73] Die Delegation der Entscheidung auf einen Ausschuss ist trotz fehlender Erwähnung in § 107 Abs. 3 S. 2 als Akt der „Selbstorganisation des Aufsichtsrats" nach allgemeiner Ansicht unzulässig.[74] **Ob** der Aufsichtsrat nach Feststellung eines wichtigen Grundes den Weg zum Gericht einschlägt, bleibt grundsätzlich seinem Ermessen überlassen, solange er hierbei nur die **Perspektive der Gesellschaft** einnimmt und nicht etwa andere Interessen in den Vordergrund stellt. Eine **Verpflichtung,** sich untragbarer Mitglieder im Wege der gerichtlichen Abberufung zu entledigen (= Ermessensreduzierung auf Null), besteht bis zur Grenze der eigenen Pflichtwidrigkeit, dh einer Verletzung des Wohls der Gesellschaft (Beispiel: Funktionsunfähigkeit des Aufsichtsrats), nicht.[75] Andererseits ist das *objektive* Vorliegen eines wichtigen Grundes gerichtlich voll nachprüfbar. Der Aufsichtsrat hat insoweit **keinen gerichtsfreien Beurteilungsspielraum.**[76] Das gebietet schon die Schutzbedürftigkeit des Aufsichtsratsmitglieds und seiner Klientel vor einer willkürlichen Entfernung missliebiger Mandatsträger aus dem Amt.

31 Umstritten ist, ob das abzuberufende Aufsichtsratsmitglied als von der „Einleitung eines Rechtsstreits" Betroffener bei der Beschlussfassung über die Antragstellung einem **Stimmrechtsausschluss** entsprechend § 34 BGB (§ 136 gilt nur für *Aktionäre*) unterliegt.[77] Das ist mit der hM – anders als bei der Abberufungsentscheidung durch die Hauptversammlung (→ Rn. 13) – zu **bejahen:** Zwar liegt die Antragstellung (nur über sie beschließt der Aufsichtsrat) noch im Vorfeld der gerichtlichen Abberufungsentscheidung,[78] als unumgängliche Verfahrensvoraussetzung kann sie von ihr jedoch nicht getrennt werden. „In eigener Sache richten" (was zu vermeiden nach hM Aufgabe des § 136 ist)[79] kann auch derjenige, der Einfluss auf die Eröffnung eines gegen ihn gerichteten Verfahrens nehmen kann.[80] Betrifft der Beschluss des Aufsichtsrats mehrere seiner Mitglieder, sind sie sämtlich vom Stimmrecht ausgeschlossen. Im *dreiköpfigen* – oder auch jedem anderen aufgrund von Stimmrechtsausschlüssen sonst von der Handlungsunfähigkeit bedrohten – Aufsichtsrat darf das betroffene Aufsichtsratsmitglied zur Vermeidung der Beschlussunfähigkeit allerdings im Wege (nur) der Stimmenthaltung an der Beschlussfassung teilnehmen.[81] Bestehen bleibt das Problem der Beschlussunfähig-

---

[68] Auch wenn es um Arbeitnehmervertreter oder weitere Mitglieder geht, GroßkommAktG/*Hopt/Roth* Rn. 71; MüKoAktG/*Habersack* Rn. 43.

[69] Hierzu *Jänig/Leißring* ZIP 2010, 110 (112).

[70] Zum Ganzen *Heinemann* FGPrax 2009, 1 (2).

[71] KK-AktG/*Mertens/Cahn* Rn. 28; Spindler/Stilz/*Spindler* Rn. 28.

[72] MüKoAktG/*Habersack* Rn. 34; Henssler/Strohn/*Henssler* Rn. 11.

[73] Spindler/Stilz/*Spindler* Rn. 29; MHdB AG/*Hoffmann-Becking* § 30 Rn. 87.

[74] KK-AktG/*Mertens/Cahn* Rn. 29; MüKoAktG/*Habersack* Rn. 34; Spindler/Stilz/*Spindler* Rn. 29; NK-AktR/*Breuer/Fraune* Rn. 13; *Lutter/Krieger/Verse* Rechte und Pflichten Rn. 931.

[75] Vgl. GroßkommAktG/*Hopt/Roth* Rn. 54, nach denen aber das Wohl der Gesellschaft noch gegen die Interessen des Abzuberufenden abgewogen werden soll.

[76] GroßkommAktG/*Hopt/Roth* Rn. 56; Spindler/Stilz/*Spindler* Rn. 38.

[77] Zur Anwendbarkeit von § 34 BGB GroßkommAktG/*Hopt/Roth* Rn. 49; MüKoAktG/*Habersack* Rn. 35.

[78] Mit diesem Argument gegen ein Stimmverbot *Hoffmann/Kirchhoff* FS Beusch, 1993, 377 (380).

[79] Zusammenfassend Hüffer/*Koch* § 136 Rn. 3; vgl. auch Spindler/Stilz/*Spindler* Rn. 30.

[80] So BayObLG AG 2003, 427 (428) = NZG 2003, 691 (692); KK-AktG/*Mertens/Cahn* Rn. 30; GroßkommAktG/*Hopt/Roth* Rn. 49; MüKoAktG/*Habersack* Rn. 35; Hüffer/*Koch* Rn. 12; Henssler/Strohn/*Henssler* Rn. 11; MHdB AG/*Hoffmann-Becking* § 30 Rn. 87; *Lutter/Krieger/Verse* Rechte und Pflichten Rn. 931; *Thum/Klofat* NZG 2010, 1087 (1089); aA *Hoffmann/Preu* Rn. 366; *Hoffmann/Kirchhoff* FS Beusch, 1993, 377 (380 f.).

[81] BGH AG 2007, 484; offen gelassen noch in BGH NZG 2007, 103; abl. BayObLGZ 2003, 89 (92); OLG Frankfurt AG 2005, 925 (927): Beschlussunfähigkeit; zusammenfassend Hüffer/*Koch* § 108 Rn. 16; Mehrbrey/*Witte/Gossen* § 9 Rn. 224.

keit freilich, wenn ein oder mehrere für die Beschlussfähigkeit erforderliche Mitglieder des Aufsichtsrats, zB der oder die Auszuschließende(n) selbst, sich der Beschlussfassung komplett **entzieht/en** oder aber **sämtliche** Aufsichtsratsmitglieder von einem **Stimmverbot** betroffen sind (mögliche Auswege dann: Abberufung, § 103 Abs. 1, 2;[82] (zumeist eher theoretisch:) Vergrößerung des Aufsichtsrats mit handlungsfähigen und -bereiten Mitgliedern; nicht dagegen: Ergänzung nach § 104).[83] – Zuständig für die **Ausführung** des Beschlusses des Aufsichtsrats ist der Aufsichtsratsvorsitzende. Im Fall seiner Verhinderung oder wenn es um die Abberufung des Vorsitzenden selbst geht, tritt die satzungsgemäße – in aller Regel auf seinen Stellvertreter weisende – Vertretungsregelung in Kraft. Eine Delegation auf organfremde Dritte (einschließlich des Vorstands) ist unzulässig.[84] Eine eigenmächtige, dh ohne entsprechenden Beschluss erfolgende Antragstellung ist praktisch ausgeschlossen, da das Gericht das Vorliegen dieser Zulässigkeitsvoraussetzung von Amts wegen prüft;[85] eine gleichwohl erfolgende Abberufung ist ungeachtet der offenbar fehlenden oder fehlerhaften Prüfung wirksam.

Geht es um die Abberufung eines **entsandten** Aufsichtsratsmitglieds (und zwar auch in dem Fall, dass das Entsendungsrecht selbst nicht mehr besteht),[86] sind zusätzlich („auch") zum Aufsichtsrat (Abs. 3 S. 1) **Aktionäre** antragsberechtigt, deren Anteile zusammen den zehnten Teil des Grundkapitals oder den anteiligen Betrag (§ 8 Abs. 3 S. 3) von einer Million Euro erreichen (Abs. 3 S. 3). Eine Beschlussfassung der Hauptversammlung (vgl. Abs. 2) ist hierfür weder Voraussetzung noch Hindernis; auch auf das Antragsrecht des Aufsichtsrats ist ein das Abberufungsverfahren ablehnender Hauptversammlungsbeschluss ohne Einfluss.[87] Der **qualifizierte Anteilsbesitz** der Antragsteller (= Sachurteilsvoraussetzung) muss während des gesamten Abberufungsverfahrens fortbestehen.[88] 32

Die Aufzählung der Antragsberechtigten in Abs. 3 ist **abschließend;** auch einzelne Aufsichtsratsmitglieder oder der Vorstand als die Hauptbetroffenen einer (Nicht-) Abberufung sind nicht antragsberechtigt. Entsprechendes gilt für einzelne oder sogar die Mehrheit der Aktionäre.[89] Auch Satzung und Geschäftsordnung können die Antragsberechtigung weder erweitern noch beschränken. 33

d) Wichtiger Grund. aa) Grundlagen. Auslöser für die gerichtliche Abberufungsentscheidung ist das Vorliegen eines wichtigen Grundes, und zwar **in der Person** (und nicht zB in den familiären, sozialen oder finanziellen Verhältnissen) des Aufsichtsratsmitglieds. Nach ganz hM entspricht die Beurteilung des „wichtigen Grundes" für die Abberufung eines Aufsichtsratsmitglieds derjenigen für den Vorstand nach § 84 Abs. 3 S. 2 (grobe Pflichtverletzung, Unfähigkeit, Vertrauensentzug durch die Hauptversammlung).[90] Dabei ist jedoch zu berücksichtigen, dass die Abberufung immer nur *ultima ratio*[91] sein kann und es deshalb einer **Abwägung** des „Defizits" des Aufsichtsratsmitglieds einerseits und des Interesses der **Gesellschaft** (nicht: des Bestellungsorgans) an einem funktionsfähigen Aufsichtsorgan andererseits bedarf.[92] Danach ist ein wichtiger Grund nur im Fall eines Umstandes gegeben, der die Fortsetzung des Mandats durch das fehlsame Aufsichtsratsmitglied als „für die Gesellschaft unzumutbar"[93] erscheinen lässt (weswegen zB die Nicht-Entlastung durch die Hauptversammlung für sich genommen noch keinen wichtigen Grund darstellt[94]). Das früher geforderte „krass gesellschaftswidrige Verhalten", das für die Gesellschaft an sich schon „schlechthin untragbar" war,[95] ist heute nicht mehr vonnöten. Zu fragen ist vielmehr, welche Bedeutung das Defizit (zumeist eine *Pflichtverletzung,* denkbar ist aber auch ein schädlicher *Zustand,* wie etwa eine schwere Erkrankung oder eine erst später bekannt gewordene Straftat oder -verurteilung)[96] im **konkreten Einzelfall** 34

[82] KK-AktG/*Mertens/Cahn* Rn. 30; zu den damit einhergehenden Schwierigkeiten *Thum/Klofat* NZG 2010, 1087 (1089 f.).

[83] Zum Ganzen *Reichard* AG 2012, 359 (360), allerdings weniger streng zu § 104; *Thum/Klofat* NZG 2010, 1087 (1089); Henssler/Strohn/*Henssler* Rn. 11.

[84] MüKoAktG/*Habersack* Rn. 34.

[85] KK-AktG/*Mertens/Cahn* Rn. 29.

[86] MüKoAktG/*Habersack* Rn. 37.

[87] MüKoAktG/*Habersack* Rn. 38.

[88] GroßkommAktG/*Hopt/Roth* Rn. 68; Spindler/Stilz/*Spindler* Rn. 31.

[89] Spindler/Stilz/*Spindler* Rn. 32.

[90] Spindler/Stilz/*Spindler* Rn. 33; Hüffer/*Koch* Rn. 10.

[91] KK-AktG/*Mertens/Cahn* Rn. 33.

[92] OLG Frankfurt NZG 2008, 272; OLG Hamburg AG 1990, 218 (220); ebenso GroßkommAktG/*Hopt/Roth* Rn. 57; MüKoAktG/*J. Semler,* 2. Aufl. 2004, Rn. 61, 63.

[93] OLG Frankfurt NZG 2008, 272; OLG Stuttgart NZG 2007, 72; OLG Zweibrücken WM 1990, 1388; OLG Hamburg AG 1990, 218 (220); ebenso GroßkommAktG/*Hopt/Roth* Rn. 56; Hüffer/*Koch* Rn. 10.

[94] *Lutter/Krieger/Verse* Rechte und Pflichten Rn. 933.

[95] Vgl. BGHZ 39, 116 (123) = NJW 1963, 905; zuletzt noch AG München ZIP 1985, 11 (39) = WM 1986, 974.

[96] *Krauel/Fackler* AG 2009, 686 (687); vgl. zu § 84 Abs. 3 Hüffer/*Koch* § 84 Rn. 36.

für das Interesse der Gesellschaft an einem funktionsfähigen Aufsichtsrat hat.[97] Maßgebliche Gesichtspunkte dafür können zB die objektive Schwere eines Pflichtverstoßes,[98] die Umstände der Verfehlung, die Einsichtigkeit des Aufsichtsratsmitglieds und die Folgen der Handlung/des Zustands für die Gesellschaft sein.[99] Ein Verschulden oder gar eine Schädigungsabsicht des Aufsichtsratsmitglieds sind angesichts des objektiven Missstands für die Abberufung ebenso wenig Voraussetzung wie eine wiederholte Pflichtverletzung oder eine „Wiederholungsgefahr".[100] Im Rahmen der Interessenabwägung spielen diese Gesichtspunkte aber naturgemäß eine Rolle bei der Frage, wie schwer der Abberufungsanlass wiegt.

35 **bb) Einzelfälle.** In der Praxis lassen sich **vier Fallgruppen** unterscheiden:

35a (1) Prototypischer Anwendungsfall des wichtigen Abberufungsgrundes ist die **Verschwiegenheitsverletzung** (§§ 116 S. 2, 404 Abs. 1 Nr. 1) durch ein Aufsichtsratsmitglied,[101] auch der Arbeitnehmerseite.[102] Hier haben die Gerichte indes nicht immer eine klare Linie verfolgt: So soll die einmalige Bekanntmachung einer geplanten Dividendenerhöhung und des Abstimmungsverhaltens anderer Aufsichtsratsmitglieder nicht als wichtiger Grund genügen.[103] Demgegenüber ist ein Schreiben unter anderem von Aufsichtsratsmitgliedern an das Bundeskartellamt, in dem ein angemeldetes Zusammenschlussvorhaben der eigenen Gesellschaft ablehnend beurteilt wird, als für eine Abberufung ausreichend gehalten worden,[104] ebenso die vage, bestimmte Schlussfolgerungen zulassende Andeutung eines vertraulichen Vorgangs gegenüber dem (seinerseits zur Verschwiegenheit verpflichteten) Betriebsrat.[105] Richtigerweise liegen in allen genannten Fällen eindeutige Verschwiegenheitsverstöße vor, bei denen eine die Abberufung verhindernde Rechtfertigung – etwa in Form einer behaupteten Obliegenheit gegenüber den eigenen „Wählern" (wie zB den Arbeitnehmern, den leitenden Angestellten oder der Gewerkschaft) – vor dem Hintergrund des ernsten Vertrauensverlustes innerhalb des Aufsichtsrats und des Aufsichtsrats gegenüber Dritten schwerlich zu erkennen ist.[106] Insbesondere gibt es keine Rechtfertigung für die Durchbrechung der Vertraulichkeit wegen einer höherrangigen „demokratischen Legitimation" gegenüber der Belegschaft.[107] – In der **Praxis** wirken die als Folge einer Verschwiegenheitsverletzung drohenden ernsten Konsequenzen deutlich weniger disziplinierend als dies zu erwarten (und wünschenswert) wäre. Es darf vermutet werden, dass die (signifikante) Zahl der Vertraulichkeitsverstöße von Aufsichtsratsmitgliedern in keinem Verhältnis zu den (wenigen) gerichtlichen Abberufungsverfahren steht. Gründe hierfür sind ein übergroßes Harmoniebedürfnis innerhalb des Aufsichtsrats und eine falsch verstandene Rücksichtnahme zwischen den im Aufsichtsrat vertretenen Interessengruppen (→ Rn. 4).

36 (2) Als wichtigen Grund für eine Abberufung hat die Rechtsprechung des Weiteren die **Illoyalität** von Aufsichtsratsmitgliedern gegenüber der Gesellschaft angenommen. So, wenn sich Mitglieder des Aufsichtsrats Informationen über ihre Gesellschaft hinter dem Rücken des Vorstands bei Vertretern der Hauptaktionärin (Muttergesellschaft) besorgen,[108] oder wenn ein Aufsichtsratsmitglied grundlos Vorwürfe gegen den Vorstand erhebt und keinerlei Anstalten unternimmt, zu fair-kollegialer Sacharbeit zurückzukehren.[109] Auch das wiederholt unentschuldigte Fernbleiben von Aufsichtsratssitzungen (vgl. Ziff. 5.4.5 Abs. 1, 5.4.7 DCGK)[110] und die Beteiligung an einem rechtswidrigen Streik[111] können einen wichtigen Grund darstellen, ebenso die Begehung von Straftaten, die Zweifel an der Zuverlässigkeit des Aufsichtsratsmitglieds wecken (Beispiel: Verstoß

---

[97] OLG Hamburg WM 1990, 311 (314); LG Frankfurt NJW 1987, 506.

[98] Vgl. *Goette* FS K. Schmidt, 2009, 225 (231): bei Abgabe einer unrichtigen oder unvollständigen Entsprechenserklärung (§ 161) nur in „seltenen Ausnahmefällen" zu bejahen.

[99] Spindler/Stilz/*Spindler* Rn. 33.

[100] MüKoAktG/*Habersack* Rn. 40; Spindler/Stilz/*Spindler* Rn. 33; Henssler/Strohn/*Henssler* Rn. 13.

[101] Vgl. nur Spindler/Stilz/*Spindler* Rn. 34; Hüffer/*Koch* Rn. 11.

[102] Vgl. nur *Keilich/Brummer* BB 2012, 897 (900).

[103] AG München ZIP 1985, 1139 (1141); zust. *Lutter/Krieger/Verse* Rechte und Pflichten Rn. 933: „erst im Wiederholungsfall"; zu Recht krit. Hüffer/*Koch* Rn. 11; MüKoAktG/*Habersack* Rn. 41.

[104] LG Frankfurt a.M. NJW 1987, 505 (506).

[105] OLG Stuttgart NZG 2007, 72 (73); zust. *Keilich/Brummer* BB 2012, 897 (900).

[106] IErg ebenso Spindler/Stilz/*Spindler* Rn. 34; vgl. auch *Keilich/Brummer* BB 2012, 897 (900).

[107] Spindler/Stilz/*Spindler* Rn. 34.

[108] OLG Zweibrücken AG 1991, 70; AG Pirmasens WM 1990, 1387 (1388); aA *Altmeppen* EWiR 1990, 631 (632).

[109] *Säcker* NJW 1986, 803 (810); *Hoffmann/Kirchhoff* FS Beusch, 1993, 377 (384).

[110] KK-AktG/*Mertens/Cahn* Rn. 34; MüKoAktG/*Habersack* Rn. 41; Spindler/Stilz/*Spindler* Rn. 35; Semler/v. Schenck/*Gasteyer* Rn. 48; *Rubner/Granrath* NJW-Spezial 2014, 719 (720); *Bender* DB 1994, 1965 (1965).

[111] *Lutter/Krieger/Verse* Rechte und Pflichten Rn. 933; *Mertens* AG 1977, 306 (318); GroßkommAktG/*Hopt/Roth* Rn. 65; MüKoAktG/*Habersack* Rn. 42.

gegen Insiderverbote;[112] schwere Sorgfalts- und Treupflichtverletzungen[113]). Nicht anders wird man im Fall ständiger, die gesetzliche Kompetenzverteilung missachtender **Einmischung** eines Aufsichtsratsmitglieds (in der Praxis: des Aufsichtsratsvorsitzenden) in den **Zuständigkeitsbereich des Vorstands,** insbesondere dessen Geschäftsführung, urteilen müssen.[114] Denkbar ist auch, dass sich bereits im **Vorfeld** der Bestellung zum Aufsichtsratsmitglied eine – erst später zutage tretende – Illoyalität gegenüber der Gesellschaft dokumentiert, etwa wenn der ausgewählte Kandidat den Aufsichtsrat über seine Qualifikation als „Finanzexperte" iSd § 100 Abs. 5 täuscht (→ § 100 Rn. 77); auch sie berechtigt zur gerichtlichen Abberufung.

(3) Eine dritte Gruppe betrifft Fälle gravierender und dauerhafter **Interessen-** und **Pflichtenkol- 37
lisionen,** die dem Aufsichtsratsmitglied eine an den Interessen der Gesellschaft orientierte Arbeit unmöglich machen.[115] Zwar begründet ein solcher Konflikt nach hM kein *Bestellungshindernis* (→ § 100 Rn. 50), jedoch *kann* im Interesse der Funktionsfähigkeit des Aufsichtsrats die Abberufung neben der zumeist nur schwer erreichbaren Amtsniederlegung (→ Rn. 56a) der im **Einzelfall** einzig mögliche Ausweg sein (Beispiel: gleichzeitige Tätigkeit im Aufsichtsrat eines Konkurrenzunternehmens).[116] Ziff. 5.5.3 S. 2 DCGK empfiehlt bei „wesentlichen und nicht nur vorübergehenden Interessenkonflikten" bereits im Vorfeld einer Abberufung die „Beendigung des Mandats" (vgl. auch Ziff. 5.4.2 S. 4 DCGK). Das kann jedoch kein Fingerzeig darauf sein, dass in *jedem* solchen Fall ein wichtiger Grund vorliegt. Das wird schon daran erkennbar, dass das Gesetz selbst, etwa in Konzernlagen (§ 100 Abs. 2 S. 2), in Wettbewerbssituationen (§ 105 Abs. 2 S. 4) und im Hinblick auf die unternehmerische Mitbestimmung der Arbeitnehmer, bestimmte strukturelle Interessenkonflikte von Aufsichtsratsmitgliedern bewusst in Kauf nimmt. Im Einzelfall wird es daher auch Konstellationen geben, in denen der *abstrakt* bestehende Interessenkonflikt sich *konkret* nicht auswirkt, ein wichtiger Grund für eine Abberufung also nie vorliegt.[117] In dem – in der Praxis freilich außerordentlich seltenen – Fall einer „**breitflächigen Auswirkung** [des Interessenkonflikts] auf **weite Teile der Organtätigkeit**"[118] ist die Grenze dagegen sicher überschritten, ein wichtiger Grund (Abs. 3) also regelmäßig zu bejahen.

(4) In der vierten Gruppe geht es schließlich um Fälle offensichtlicher, **gesellschaftsschädigen- 37a
der Ungeeignetheit** des Abzuberufenden für die Wahrnehmung des Aufsichtsratsmandats. Dieser Zustand kann wegen der geringen Eingangsvoraussetzungen für Aufsichtsratsmitglieder bereits **von der Bestellung an** bestehen (womit eine mögliche Haftung der für den Wahlvorschlag verantwortlichen Aufsichtsratsmitglieder nach § 116 iVm § 124 Abs. 3 S. 1 einhergeht; Beispiel: → § 100 Rn. 51) oder sich erst **später** herausstellen. Worauf die Ungeeignetheit beruht, ist gleichgültig, ebenso, ob sie **verschuldet** (Beispiel: Alkoholismus) oder **unverschuldet** (Beispiel: Alzheimer) ist und ob sie auf **tatsächlichen** (Beispiel: offenkundiges Desinteresse an den Angelegenheiten der Gesellschaft) oder **juristischen** Gründen (Beispiel: angefochtener Wahlbeschluss → § 252 Rn. 15) beruht. Keinesfalls ausreichend ist jedoch, dass sich das Aufsichtsratsmitglied aufgrund seines (Abstimmungs-) Verhaltens oder seiner kritischen Haltung im Unternehmen unbeliebt gemacht hat.[119] Begründet ist eine Abberufung dagegen bei nachhaltiger Weigerung zu konstruktiver Mitarbeit, konstant mangelhafter Vorbereitung auf die Aufsichtsratssitzungen (oder ständigem Fernbleiben von ihnen, → Rn. 36)[120] und/oder intellektueller Unfähigkeit, sich den Standard-Themen des Aufsichtsrats[121] in sachlich angemessener Weise zu widmen.[122]

---

[112] *Doralt* in Semler/v. Schenck AR HdB § 12 Rn. 74.

[113] Mehrbrey/*Witte/Gossen* § 9 Rn. 225.

[114] *Leyendecker-Langner* NZG 2012, 721 (722); Henssler/Strohn/*Henssler* Rn. 14; vgl. auch *Grunewald* ZIP 2016, 2009 (2010 f.) für Kontakte des Aufsichtsrats(vorsitzenden) mit Investoren.

[115] OLG Hamburg AG 1990, 218 – HEW/Jansen; LG Hamburg WM 1989, 1934; Semler/v. Schenck/*Doralt* AR HdB § 12 Rn. 81.

[116] Dafür *J. Semler/Stengel* NZG 2003, 1 (6); dagegen Spindler/Stilz/*Spindler* Rn. 36; zu Recht zurückhaltend auch MüKoAktG/*Habersack* Rn. 42.

[117] Zusammenfassend MüKoAktG/*Habersack* Rn. 42; Hüffer/*Koch* Rn. 13b; vgl. auch Schmidt/Lutter/*Drygala* Rn. 17.

[118] BGHZ 180, 9 Rn. 25 = ZIP 2009, 460 – Kirch/Deutsche Bank, obiter; iErg ebenso MüKoAktG/*Habersack* Rn. 42; Hüffer/*Koch* Rn. 13b; Grigoleit/*Grigoleit/Tomasic* Rn. 19; *Diekmann/Fleischmann* AG 2013, 141 (147).

[119] Vgl. Grigoleit/*Grigoleit/Tomasic* Rn. 17; Semler/v. Schenck/*Gasteyer* Rn. 47.

[120] Vgl. Semler/v. Schenck/*Mutter* § 100 Rn. 130; *Rubner/Granrath* NJW-Spezial 2014, 719 (720) für Fälle, in denen es „offensichtlich und dauerhaft am erforderlichen Zeiteinsatz fehlt".

[121] Überblick über die Mindestanforderungen bei *Behme/Zickgraf* AG 2014, 841 (854).

[122] Vgl. Semler/v. Schenck/*Mutter* § 100 Rn. 130; Semler/v. Schenck/*Gasteyer* Rn. 46: „Unfähigkeit zur Erfüllung der Mandatspflichten".

38 **e) Verfahren; Rechtsbehelfe; Rechtsfolgen.** Das für die Abberufungsentscheidung zuständige Amtsgericht des Gesellschaftssitzes (→ Rn. 28) wird auf (zu begründenden und zu unterzeichnenden, § 23 Abs. 1 FamFG) **Antrag** und im Verfahren der **freiwilligen Gerichtsbarkeit** tätig (§ 23a Abs. 2 Nr. 4 GVG iVm § 375 Nr. 3 FamFG).[123] Die gerichtlichen **Ermittlungen** erfolgen von Amts wegen (§ 26 FamFG). Zwingend am Verfahren zu **beteiligen** sind der oder die Antragsteller (§ 7 Abs. 1 FamFG) sowie die kraft Gesetzes oder aufgrund eigener Rechte unmittelbar Betroffenen (§ 7 Abs. 2 Nr. 1, 2 FamFG), insbesondere das abzuberufende Aufsichtsratsmitglied.[124] – Die **Entscheidung** ergeht durch zu begründenden, rechtsgestaltenden Beschluss (§ 38 Abs. 1, 3 FamFG). Er wird mit der (ggf. auch mündlichen, § 41 Abs. 2 S. 1 FamFG) Bekanntgabe „an den Beteiligten, für den er seinem wesentlichen Inhalt nach bestimmt" ist, **wirksam** (§ 40 Abs. 1 FamFG). Das ist unabhängig vom Verfahrensausgang immer der Antragsteller, im Fall der stattgebenden Entscheidung zusätzlich der Abberufene.[125] Zusätzlich erfolgt eine für den Lauf der Rechtsmittelfrist maßgebliche (§ 63 Abs. 3 S. 1 FamFG), durch Aufgabe zur Post oder Zustellung (§ 15 Abs. 3 FamFG) zu bewirkende **Bekanntgabe** des Beschlusses gegenüber *allen* Beteiligten; demjenigen, „dessen erklärtem Willen er nicht entspricht", ist der Beschluss zuzustellen (§ 41 Abs. 1 S. 1, 2 FamFG).

39 Gegen die **stattgebende** Abberufungsentscheidung findet – ebenso wie gegen die Zurückweisung des Abberufungsantrags (→ Rn. 40) – die innerhalb der Monatsfrist einzulegende **Beschwerde** (Abs. 3 S. 4 iVm §§ 402 Abs. 1, 58 FamFG) des (dann ehemaligen) Aufsichtsratsmitglieds zum Oberlandesgericht (§ 119 Abs. 1 Nr. 1 lit. b GVG) statt. Soweit das als weitere Rechts- und Tatsacheninstanz fungierende Beschwerdegericht nicht die Vollziehung des angefochtenen Beschlusses aussetzt, hat die Beschwerde allerdings **keine aufschiebende Wirkung** (§§ 40 Abs. 1, 64 Abs. 3 FamFG). Der Amtsverlust tritt vielmehr grundsätzlich bereits mit der **Bekanntmachung** (dh ggf. schon vor Eintritt der Rechtskraft) der erstinstanzlichen Entscheidung ein (→ Rn. 38).[126] Entsprechend ist die Aufsichtsrats-Personalie vom Vorstand gemäß § 106 unmittelbar anschließend zum Handelsregister einzureichen.[127] Hat die **Beschwerde** oder die daran möglicherweise anschließende, zulassungsgebundene **Rechtsbeschwerde** (§ 70 FamFG)/Sprungrechtsbeschwerde (§ 75 FamFG) des – dann ehemaligen – Aufsichtsratsmitglieds zum BGH (§ 133 GVG) Erfolg, erlangt es sein Amt grundsätzlich wieder,[128] nach hM allerdings nur mit Wirkung **ex nunc,** da ansonsten alle zwischenzeitlich in „falscher" Besetzung gefassten Beschlüsse von der Unwirksamkeit bedroht wären.[129] An der Wahrnehmung seines Rechts ist das beschwerdeführende Aufsichtsratsmitglied indes **gehindert,** sobald die Vakanz im Aufsichtsrat durch die Bestellung eines neuen Mitglieds behoben ist.[130] Wegen der ordnungsgemäßen Wahl und Neubesetzung des Aufsichtsrats scheidet ein Zurückdrängen des neuen Amtsinhabers aus (Schutz des zu Unrecht abberufenen Aufsichtsratsmitglieds hiergegen durch einstweilige Anordnung, → Rn. 41).[131] Entsprechend ist der noch anhängige Rechtsbehelf des von der Abberufung Betroffenen unabhängig von dessen Erfolgsaussichten für erledigt zu erklären.[132] Ebenso entscheidet die hM[133] – wenn auch ohne Not – im Fall des zwischenzeitlich nachgerückten Ersatzmitglieds; richtigerweise tritt dieses in seine ursprüngliche „Springer"-Rolle zurück, wenn der zu Unrecht Abberufene sein Amt kraft gerichtlicher Rehabilitierung wieder übernehmen kann.[134] Gleiches gilt gemäß § 104 Abs. 6 für den gerichtlich Bestellten.[135]

40 Die **Ablehnung** des Abberufungsantrags hält das Aufsichtsratsmitglied bis zu einer anderslautenden Rechtsmittelentscheidung (Beschwerde; Rechtsbeschwerde) im Amt. Mangels Vakanz kann

[123] Hüffer/*Koch* Rn. 13.

[124] Spindler/Stilz/*Spindler* Rn. 41; weitergehend HK-AktG/*Israel* Rn. 13: zusätzlich der Aufsichtsrat als Organ, das die Gesellschaft vertritt.

[125] Vgl. Henssler/Strohn/*Henssler* Rn. 15.

[126] MüKoAktG/*Habersack* Rn. 46 f.; KK-AktG/*Mertens/Cahn* Rn. 42; Hüffer/*Koch* Rn. 13; Henssler/Strohn/*Henssler* Rn. 15; aA offenbar Spindler/Stilz/*Spindler* Rn. 40: Beendigung der Organmitgliedschaft erst „mit rechtskräftigem … Beschluss", vgl. aber Spindler/Stilz/*Spindler* Rn. 42.

[127] MüKoAktG/*Habersack* Rn. 47; abw. Spindler/Stilz/*Spindler* Rn. 40: Bekanntgabe (erst) „mit rechtskräftigem, gestaltendem Beschluss".

[128] BayObLGZ 2003, 89 = AG 2003, 427 (428); ferner Hüffer/*Koch* Rn. 13; MüKoAktG/*Habersack* Rn. 48.

[129] *Hoffmann/Kirchhoff* FS Beusch, 1993, 377 (387); GroßkommAktG/*Hopt/Roth* Rn. 76; MüKoAktG/*Habersack* Rn. 48; wohl auch Spindler/Stilz/*Spindler* Rn. 42; aA KK-AktG/*Mertens/Cahn* Rn. 43 (Rückwirkung).

[130] BayObLG NZG 2003, 691 (692); OLG Köln AG 1989, 205 (206); ebenso MüKoAktG/*Habersack* Rn. 48 f.; KK-AktG/*Mertens/Cahn* Rn. 43.

[131] Für Zulässigkeit OLG Köln DB 1988, 2628 (2629); Spindler/Stilz/*Spindler* Rn. 43; dagegen *Hoffmann/Kirchhoff* FS Beusch 1993, 377 (389).

[132] OLG Köln AG 1989, 205 (206); GroßkommAktG/*Hopt/Roth* Rn. 76; Spindler/Stilz/*Spindler* Rn. 42.

[133] GroßkommAktG/*Hopt/Roth* Rn. 76; KK-AktG/*Mertens/Cahn* Rn. 43.

[134] Ebenso MüKoAktG/*Habersack* Rn. 47, 49; Spindler/Stilz/*Spindler* Rn. 42.

[135] MüKoAktG/*Habersack* Rn. 48, 49.

weder ein Ersatzmitglied nachrücken, noch ein neues Aufsichtsratsmitglied bestellt werden. Ist über die Ablehnung der Abberufung rechtskräftig entschieden, kann der antragsberechtigte Aufsichtsrat in einem späteren Verfahren nach hL keine Abberufungsgründe vorbringen, die schon im ersten Verfahren hätten geltend gemacht werden können (arg.: materielle Rechtskraft).[136] Richtigerweise ist ein solcher, keine neuen Tatsachen darlegender Antrag bereits als unzulässig abzuweisen.

Einstweilige Anordnungen (§§ 49 ff., 64 Abs. 3 FamFG) sind zwar grundsätzlich auch im Verfahren nach § 103 Abs. 3 zulässig,[137] jedoch dürfte es – auch angesichts der üblichen Kürze des gerichtlichen Abberufungsverfahrens – für eine Abberufung regelmäßig an einem Anordnungsgrund fehlen. Denkbar ist weiter, dass das abberufene/abzuberufende Aufsichtsratsmitglied per einstweiliger Anordnung versucht, eine Neuwahl zu verhindern.[138] Unstreitig nicht erreicht werden kann mit der einstweiligen Anordnung das Nachrücken eines für den Abberufenen bestellten Ersatzmitglieds.[139] 41

4. Abberufung der Arbeitnehmervertreter (Abs. 4). Zunächst stellt Abs. 4 ausdrücklich klar („außer Absatz 3"), dass auch die Arbeitnehmervertreter, die weiteren Mitglieder und ggf. die neutralen Mitglieder,[140] die weder von der Hauptversammlung frei gewählt (hier gilt Abs. 1) noch aufgrund der Satzung in den Aufsichtsrat entsandt worden sind (Abs. 2), gemäß Abs. 3 **gerichtlich** abberufen werden können (→ Rn. 27). Daneben[141] kommt eine Abberufung (nur)[142] nach mitbestimmungsrechtlichen Sonderregeln in Betracht: 42

– **§ 23 MitbestG** statuiert das Abberufungsverfahren für die nach dem MitbestG (= paritätisch) gewählten Arbeitnehmervertreter (und deren Ersatzmitglieder, § 23 Abs. 4 MitbestG). Das Recht, die Abberufung zu **beantragen,** folgt zwingend der Vorschlagsberechtigung für die Wahl. Ein Aufsichtsratsmitglied der Arbeitnehmer, leitenden Angestellten oder Gewerkschaften kann daher jeweils nur auf Antrag seiner Klientel abberufen werden. Die Antragsberechtigung setzt in allen Fällen zwingend eine Unterstützung durch drei Viertel der wahlberechtigten Arbeitnehmer bzw. leitenden Angestellten voraus (§ 23 Abs. 1 MitbestG). Die vorschlagsberechtigte Gewerkschaft kann den Antrag allein stellen. Eines sachlichen Grundes bedarf es in keinem Fall. Die Abberufung selbst erfolgt dann, je nach dem zuvor angewandten Wahlmodus, entweder durch Beschluss der Delegierten oder unmittelbar der Arbeitnehmer, wiederum jeweils mit einer Mehrheit von drei Vierteln, allerdings der *abgegebenen* Stimmen; eine Mindestbeteiligung (Quorum) ist nicht vorgesehen. Der **Amtsverlust** tritt mit Bekanntgabe des Beschlusses durch den Wahlvorstand ein. Eine Anfechtungsmöglichkeit des Abberufenen zu den Arbeitsgerichten (im Erfolgsfall mit Wirkung ex nunc) besteht nach § 22 MitbestG. Ein etwa vorhandenes Ersatzmitglied tritt an die Stelle des Abberufenen. Ansonsten ist eine Nachwahl durchzuführen oder eine gerichtliche Bestellung zu beantragen.[143] 43
– **§ 11 Abs. 1 MontanMitbestG** verweist für die *Anteilseigner*vertreter (§ 5 MontanMitbestG) pauschal auf § 103 und hat somit keine eigenständige Bedeutung. **Abs. 2** betrifft die *Arbeitnehmer*vertreter, für die die Vorschrift (über Abs. 1) wiederum zu § 103 führt. Auch hier entscheidet über die Abberufung also die Hauptversammlung mit einer Dreiviertelmehrheit der abgegebenen Stimmen. Die Hauptversammlung kann die Abberufung jedoch nur auf einen entsprechenden Vorschlag der (bereits an der *Wahl* beteiligten) Betriebsräte oder Spitzenorganisationen beschließen. Umstritten ist dabei, ob die Hauptversammlung eine eigene Abberufungsentscheidung treffen kann oder – richtigerweise (§ 6 Abs. 6 MontanMitbestG analog) – auf einen entsprechenden Vorschlag hin die Abberufung beschließen muss. Das sog. „neutrale Mitglied" kann nach **Abs. 3** schließlich nur auf Antrag (nicht: Beschluss) dreier Aufsichtsratsmitglieder aus wichtigem Grund vom (Register-) Gericht abberufen werden. Die Voraussetzungen des „wichtigen Grundes" werden dabei allgemein so wie in § 103 Abs. 3 verstanden.[144] 44
– **§ 10m MitbestErgG** entspricht – mit Ausnahme des Antragsrechts für den leitenden Angestellten – § 23 MitbestG (→ Rn. 43).[145] 45
– **§ 12 DrittelbG** erfordert für den drittelmitbestimmten Aufsichtsrat (nebst Ersatzmitgliedern, Abs. 2) wie § 23 MitbestG zunächst einen **Abberufungsantrag,** der von (i) einem (= jedem, 46

136 MüKoAktG/*Habersack* Rn. 49; HK-AktG/*Israel* Rn. 13; vgl. auch Spindler/Stilz/*Spindler* Rn. 42.
137 Vgl. *Nedden-Boeger* FGPrax 2010, 1 (5).
138 OLG Köln DB 1988, 2628; MüKoAktG/*Habersack* Rn. 47; Spindler/Stilz/*Spindler* Rn. 43; HK-AktG/*Bürgers/Israel* Rn. 14; Henssler/Strohn/*Henssler* Rn. 15.
139 MüKoAktG/*Habersack* Rn. 47; HK-AktG/*Israel* Rn. 14.
140 Hierzu MüKoAktG/*Habersack* Rn. 51, 53.
141 KK-AktG/*Mertens/Cahn* Rn. 50; Spindler/Stilz/*Spindler* Rn. 44, 59.
142 MüKoAktG/*Habersack* Rn. 53.
143 Einzelheiten bei Spindler/Stilz/*Spindler* Rn. 45 ff.
144 Einzelheiten bei Spindler/Stilz/*Spindler* Rn. 49 ff.
145 Einzelheiten bei Spindler/Stilz/*Spindler* Rn. 52.

auch Gesamt- oder Konzern-) Betriebsrat oder (ii) von mindestens einem Fünftel der Wahlberechtigten gestellt werden kann. Über den Antrag ist von den Wahlberechtigten anschließend mit einer Dreiviertelmehrheit der *abgegebenen* Stimmen zu **beschließen;** wirksam wird die Abberufung mit ihrer Verkündung. Eine Anfechtung des Abberufungsbeschlusses ist analog § 11 DrittelbG statthaft.[146]

47 – **§§ 4, 5, 26 MgVG** gelten für die Abberufung von Arbeitnehmern in den aus einer grenzüberschreitenden Verschmelzung hervorgegangenen Gesellschaften. Die Regelung ist derjenigen in § 37 SEBG nachgebildet. Danach gilt im Grundsatz das Sitzrecht der neuen Gesellschaft. § 26 Abs. 1 legt fest, dass die Abberufung wie dort auch ohne einen sachlichen Grund erfolgen kann. Erforderlich ist eine Mehrheit von drei Vierteln der abgegebenen Stimmen.[147]

48 **5. Abberufung des Ersatzmitglieds (Abs. 5).** Hinsichtlich der Abberufung des Ersatzmitglieds sind **zwei Fälle** zu unterscheiden – je nachdem, ob das Ersatzmitglied bereits in den Aufsichtsrat eingerückt ist oder nicht. Abs. 5 regelt unmittelbar nur den zweiten von ihnen:[148]

49 **a) Bereits eingerücktes Ersatzmitglied.** Da das in den Aufsichtsrat bereits eingerückte Ersatzmitglied vollwertiges Aufsichtsratsmitglied ist (→ § 101 Rn. 42 f.), gelten für seine Abberufung § 103 Abs. 1–4 *unmittelbar.* Eines ausdrücklichen gesetzlichen Hinweises hierfür bedarf es daher nicht.[149] Scheidet das nachgerückte Ersatzmitglied aufgrund der Wahl eines Nachfolgers aus, müssen für Wahl und – dadurch mittelbar bewirkte – Abwahl die gleichen Mehrheitserfordernisse bestehen (→ § 101 Rn. 43). Der Abberufungsbeschluss sollte klar machen, ob damit die Stellung des Abberufenen als Ersatzmitglied für *andere* Aufsichtsratsmitglieder wieder auflebt (so die hM für das Fehlen einer ausdrücklichen Bestimmung)[150] oder nicht.

50 **b) Noch nicht eingerücktes Ersatzmitglied.** Das Ersatzmitglied, das noch nicht in den Aufsichtsrat eingerückt ist, hat bereits eine Art „Schattenmitgliedschaft" inne, von der zu diesem Zeitpunkt freilich noch nicht feststeht, ob sie je in die „Vollmitgliedschaft" erwächst. Gleichwohl kann eine Abberufung sinnvoll sein, wenn das Ersatzmitglied, zB angesichts eines absehbaren Nachrückfalls, nicht mehr das Vertrauen seiner „Besteller" besitzt. Nur diesen Fall hat Abs. 5 im Auge, regelt ihn aber in Form des (erforderlichen) Verweises auf die *allgemeinen,* also für das „Vollmitglied" (§ 101 Abs. 3 S. 3) geltenden Abberufungsvorschriften materiell nicht anders als den Fall des bereits Nachgerückten (→ Rn. 49).[151] Parallelvorschrift für Bestellung und Anfechtung/Nichtigkeit des Ersatzmitglieds: § 101 Abs. 3 S. 4.

51 Das bedeutet, dass die Abberufung des Ersatzmitglieds davon abhängt, nach welchen Vorschriften das ihm „zugehörige" (§ 101 Abs. 3 S. 3) Aufsichtsratsmitglied abberufen werden könnte: Demgemäß wird das von der Hauptversammlung **gewählte** Aufsichtsrats-/Ersatzmitglied nach § 103 Abs. 1 und das **entsandte** nach § 103 Abs. 2 S. 1 und 2 abberufen. Für die Abberufung eines Ersatzmitglieds der **Arbeitnehmer**vertreter gelten über Abs. 4 die in Bezug genommenen mitbestimmungsrechtlichen Vorschriften. Unabhängig davon kann *jedes* Ersatzmitglied (wie auch jedes Aufsichtsratsmitglied, → Rn. 27) aus wichtigem Grund **gerichtlich** abberufen werden (Abs. 3).[152]

51a **6. Abberufung von Aufsichtsratsmitgliedern in der Insolvenz.** § 103 kommt auch in der Insolvenz der Gesellschaft zur Anwendung (zur *Bestellung* von Aufsichtsratsmitgliedern in der Insolvenz → § 101 Rn. 52a). Das gilt sowohl für den Fall der Fremd- als auch der Eigenverwaltung.[153]

52 **7. Anderweitige Beendigung des Aufsichtsratsmandats, insbesondere Amtsniederlegung.** § 103 regelt zwar die Amtsbeendigung durch *Abberufung* nicht aber die Amtsbeendigung *allgemein* abschließend. Als **weitere Gründe** für eine Amtsbeendigung kommen neben der Amtsniederlegung (→ Rn. 55 ff.) in Betracht:

53 (i) Gründe, die in der **Person** des Amtsinhabers liegen, wie zB der Ablauf der Amtszeit (§ 102), der Tod des Amtsinhabers, der Verlust der Wählbarkeit (§ 24 Abs. 1 MitbestG, § 10n MitbestErgG), der Eintritt der in § 100 genannten gesetzlichen Hinderungsgründe (→ § 100 Rn. 65) oder die erfolgreiche Anfechtung der Wahl nach § 251.[154] Prototypischer Fall ist jedoch die Amtsniederlegung (→ Rn. 55). Sie steht *jedem* Aufsichtsratsmitglied offen.

---

146 Einzelheiten bei Spindler/Stilz/*Spindler* Rn. 53 ff.
147 Einzelheiten bei Spindler/Stilz/*Spindler* Rn. 58.
148 HK-AktG/*Israel* Rn. 8.
149 MüKoAktG/*Habersack* Rn. 54; Hüffer/*Koch* Rn. 15.
150 GroßkommAktG/*Hopt/Roth* § 101 Rn. 202; MüKoAktG/*Habersack* § 101 Rn. 92.
151 Hüffer/*Koch* Rn. 15.
152 MüKoAktG/*Habersack* Rn. 55; Hüffer/*Koch* Rn. 15.
153 OLG Düsseldorf ZIP 2013, 1022 (1023); MüKoAktG/*Koch* § 264 Rn. 77.
154 Einzelheiten bei MüKoAktG/*Habersack* Rn. 56.

(ii) Zu den auf die **Gesellschaft** bezogenen Beendigungsgründen zählen das **Erlöschen** der Gesellschaft, um deren Aufsichtsrat es geht, zB als Abschluss ihrer Liquidation (also nicht bereits mit ihrer Auflösung) oder als Folge einer Umwandlungsmaßnahme (Beispiel: Verschmelzung; Formwechsel in einen Rechtsträger ohne Aufsichtsrat).[155] (Nur) faktisch funktionslos wird der Aufsichtsrat mit der Eröffnung des **Insolvenzverfahrens** (= Auflösung der Gesellschaft, § 262 Abs. 1 Nr. 3), und zwar unabhängig davon, ob es sich um einen Fall von Fremd- oder Eigenverwaltung handelt. Zwar besteht der Aufsichtsrat auch in der Insolvenz fort (→ § 102 Rn. 1),[156] jedoch verbleiben ihm „nur sehr wenige und mit nennenswerter Verantwortung kaum verknüpfte Aufgaben".[157] Insbesondere entfällt seine Überwachungsbefugnis, weil der Insolvenzzweck (Gläubigerbefriedigung) den bisher verfolgten Verbandszweck verdrängt bzw. überlagert; auf dessen Einhaltung achten Gläubiger und Insolvenzgericht, vgl. § 276a S. 1 InsO.[158] Bestehen bleibt die gesellschaftsrechtliche Kompetenzordnung nur in dem sehr schmalen „Schuldnerbereich" (= Wahrnehmung von Verfahrensrechten; Verwaltung insolvenzfreien Vermögens; Vornahme insolvenzneutraler Geschäfte).[159] 54

In der Praxis mit Abstand wichtigster,[160] wiewohl gesetzlich ungeregelter sonstiger Fall einer Mandatsbeendigung ist die – vom Aufsichtsratsmitglied selbst ausgehende, dh von dritter Seite nicht beeinfluss- oder gar einklagbare (→ Rn. 56a) – **Amtsniederlegung.** Ihre Zulässigkeit wird heute nicht mehr bestritten,[161] nach mittlerweile hM nicht einmal mehr von der Zulassung durch eine entsprechende Satzungsregelung,[162] vom Vorliegen eines – geschweige denn **wichtigen** – **Grundes** (in der Praxis zB Zeitmangel, gesundheitliche Probleme, organinterne Spannungen, persönliche Verfehlungen, Interessenkonflikte, neue Aktionärsstruktur)[163] oder einer Erklärung „zur rechten Zeit"[164] abhängig gemacht. Im Ergebnis bedeutet das, dass die Amtsniederlegung beim Fehlen einer abweichenden Satzungsregelung selbst dann wirksam ist, wenn sie zur **Unzeit** erfolgt und **gänzlich willkürlich** erscheint, vernünftige Gründe für sie also weder mitgeteilt noch überhaupt erkennbar sind. Der hM ist schon um der Effektivität der Kontrollaufgabe wegen beizupflichten: Es ist aus Sicht der Gesellschaft sinnlos, einen dauerhaft konfliktbelasteten (vgl. Ziff. 5.5.3 S. 2 DCGK), unerwünschten (aufwändige, oft freilich diskreditierende Alternative: Abberufung, § 103), zur Wahrnehmung seiner Aufgabe unwilligen oder seinen Pflichten nicht gewachsenen Aufsichtsrat an seinem Mandat festzuhalten, nur weil es nicht zu einem objektiv wichtigen Grund reicht. Anders ist die Situation nur, wenn die **Satzung** die Amtsniederlegung – was gemäß § 23 Abs. 5 S. 2 zulässig, aber aus der vorstehenden Überlegung nur in den seltensten Fällen zu empfehlen ist – vom Vorliegen eines **wichtigen Grundes** abhängig macht (wie dies auch im Hinblick zB auf die **Form,** die **Frist** (in der Praxis ein bis drei Monate) und den richtigen **Adressaten** der Niederlegungserklärung, → Rn. 57 f., *nicht*: die Zustimmung eines Dritten geschehen kann).[165] Hier hat die Anordnung der Satzung (= der für die Gesellschaft sprechenden Hauptversammlung) Vorrang vor den Befindlichkeiten des Niederlegungswilligen. Umgekehrt kann die Satzung die Möglichkeit der Amtsniederlegung nicht vollständig ausschließen und auch die Voraussetzungen für das Vorliegen eines (objektiv) wichtigen Grundes allenfalls präzisieren, nicht jedoch abschließend-restriktiv verschärfen.[166] Davon abgesehen kann die Amtsniederlegung aber auch gestalterisch-konstruktiv genutzt werden, etwa zur Herstellung des **zeitlichen Gleichlaufs** der Aufsichtsratsmandate (oder gerade umgekehrt der Herstellung eines ***Staggered Board,*** → § 102 Rn. 2) oder der während einer laufenden Amtsperiode erforderlich werdenden **Nachfolgeplanung.**[167] 55

---

155 Hierzu MüKoAktG/*Habersack* Rn. 57; Spindler/Stilz/*Spindler* Rn. 66.

156 Vgl. nur MüKoAktG/*Koch* § 264 Rn. 41, 62.

157 RGZ 81, 332 (338); iE MüKoAktG/*Koch* § 264 Rn. 70, 80; *Oechsler* AG 2006, 606 (609 Fn. 36).

158 MüKoInsO/*Ott/Vuia* § 80 Rn. 111 ff.; *Klöhn* NZG 2013, 81 (81).

159 Vgl. OLG Düsseldorf ZIP 2013, 1022 (1023 f.); Einzelheiten bei *Klöhn* NZG 2013, 81 (81 f., 86).

160 Ebenso MüKoAktG/*Habersack* Rn. 59; rechtstatsächlich *Bayer/Hoffmann* AG-Report 2014, R 144 (145 f.).

161 Vgl. nur GroßkommAktG/*Hopt/Roth* Rn. 82; KK-AktG/*Mertens/Cahn* Rn. 57; Hüffer/*Koch* Rn. 17; zusammenfassend *Rieckers/Leyendecker-Langner* NZG 2013, 167 (168).

162 GroßkommAktG/*Hopt/Roth* Rn. 90.

163 LG Hannover AG 2009, 341 (342); GroßkommAktG/*Hopt/Roth* Rn. 85; MüKoAktG/*Habersack* Rn. 59; Hüffer/*Koch* Rn. 17, auch zu Gegenstimmen.

164 Bei einem Verstoß gegen das Verbot „unzeitiger" Niederlegung geht es nach hL nur um Schadensersatzansprüche der Gesellschaft gegen den niederlegenden Aufsichtsrat, vgl. MüKoAktG/*Habersack* Rn. 59; KK-AktG/*Mertens/Cahn* Rn. 57; Hüffer/*Koch* Rn. 17; Henssler/Strohn/*Henssler* Rn. 19; *E. Vetter* in Marsch-Barner/Schäfer HdB AG § 25 Rn. 52; aA – Wirksamkeitserfordernis – möglicherweise *Hüffer,* 10. Aufl. 2012, Rn. 17: „wirksam, wenn sie nicht zur Unzeit erfolgt".

165 GroßkommAktG/*Hopt/Roth* Rn. 90; MüKoAktG/*Habersack* Rn. 62.

166 Vgl. GroßkommAktG/*Hopt/Roth* Rn. 90; MüKoAktG/*Habersack* Rn. 62; Spindler/Stilz/*Spindler* Rn. 64; *Dornhegge* NJW-Spezial 2011, 143.

167 Vgl. *Bayer/Hoffmann* AG-Report 2014, R 144 (145 f.).

56 Nach den gleichen Grundsätzen kann ein **Ersatzmitglied,** egal ob bereits in den Aufsichtsrat eingerückt oder nicht, sein Amt niederlegen. Ist das Ersatzmitglied für mehrere Aufsichtsräte bestellt, kann die Niederlegung für jedes Mandat individuell erfolgen (Beispiel: E ist als Ersatzmitglied für A, B und C bestellt worden und rückt später als Ersatz für A in den Aufsichtsrat ein. E kann sein Amt als Aufsichtsratsmitglied und/oder seine Ersatzmitgliedschaft für B oder C niederlegen. E kann aber nicht sein Aufsichtsratsmandat niederlegen und wieder Ersatzmitglied für die ursprünglich von A besetzte „Stelle“ werden, da eine solche Bestellung unzulässig wäre. E kann sich nur erneut als Ersatzmitglied des Nachfolgers für A bestellen lassen).[168]

56a Ungeachtet der grundsätzlichen Freiwilligkeit der Amtsniederlegung (→ Rn. 55) kann sich aus der gesellschaftsrechtlichen **Treupflicht** (und für börsennotierte Gesellschaften auch aus Ziff. 5.5.3 S. 2 DCGK iVm § 161) im äußersten Fall die **Verpflichtung** des Aufsichtsratsmitglieds ergeben, sein Mandat aufzugeben: Wer seinen Aufgaben im Aufsichtsrat – sei es verschuldet (Beispiel: Übernahme einer Organfunktion bei dem einzigen Wettbewerber, Ziff. 5.5.3 S. 2 DCGK), sei es unverschuldet (Beispiel: Krankheit) – nicht oder nicht mehr nachkommen kann, trägt dennoch weiter die Verantwortung, die Funktionsfähigkeit des Aufsichtsrats insgesamt sicherzustellen.[169] Mangels eines gesetzlichen Bestellungsmangels (Nichtigkeit, Anfechtbarkeit, Unwirksamkeit; → § 100 Rn. 50) kommt neben der strengen Anforderungen unterliegenden gerichtlichen Intervention (Abs. 3, → Rn. 37) und der zumeist praktisch umständlichen Abberufung durch die Bestellungsorgane (Abs. 1, 2, 4)[170] nur die verpflichtende Amtsniederlegung in Betracht.

56b Des Weiteren kann sich das Aufsichtsratsmitglied **vertraglich** dazu verpflichten, sein Mandat (unter bestimmten **Voraussetzungen,** zu einem bestimmten **Zeitpunkt,** in bestimmter **Form**) aufzugeben. Hierfür besteht ein erhebliches praktisches Bedürfnis – Beispiele: (i) Ein Mitarbeiter der Obergesellschaft (Zuständigkeit: Vertrieb) nimmt ein Konzernmandat in der Unter- (= Vertriebs-) Gesellschaft wahr, erhält aber nunmehr eine andere Zuständigkeit innerhalb des Konzerns (Regelung im Anstellungsvertrag); (ii) ein Vorstandsmitglied, das bisher Aufsichtsratsmandate in Konzerngesellschaften wahrgenommen hat, scheidet nach Auslaufen seines Dienstvertrages aus dem Unternehmen aus (Regelung im Dienst- oder Aufhebungsvertrag); (iii) der Aktionär/Verkäufer sichert dem Käufer seiner Anteile das Ausscheiden der amtierenden Aufsichtsratsmitglieder zu (Regelung in einer Vereinbarung des Aktionärs/Verkäufers mit den Aufsichtsratsmitgliedern). Dabei ist freilich zu beachten, dass die Aufsichtsratsmitglieder bis zum Eintritt der vereinbarten Niederlegungsvoraussetzungen weiter uneingeschränkt dem Unternehmensinteresse verpflichtet sind. **Voraussetzung** für die Wirksamkeit (Vollstreckbarkeit: § 894 ZPO analog) einer solchen Verpflichtung ist daher stets, dass die Vereinbarung zur Amtsniederlegung (i) unmittelbar mit den betreffenden Aufsichtsratsmitgliedern und nicht über deren Köpfe hinweg zwischen Dritten abgeschlossen wird,[171] (ii) die Möglichkeit zur Herbeiführung der Niederlegung nicht ausschließlich im Ermessen des Vertragspartners liegt (arg.: Abs. 1, 2 e contrario; Ausnahme: Alleinaktionär) und (iii) sichergestellt ist, dass die gesetzlichen und satzungsmäßigen Niederlegungsvoraussetzungen gewahrt bleiben.

57 Die **Niederlegungserklärung** (erforderlich ist eine aktive Erklärung, bloße, selbst lang andauernde „Amtsuntätigkeit“ reicht nicht)[172] ist grundsätzlich **formlose** (mündlich reicht, die Satzung kann jedoch anderes vorsehen),[173] **empfangsbedürftige,** einseitig-**rechtsgestaltende** (und damit bedingungsfeindliche) Willenserklärung.[174] Ungeachtet der gesetzlichen Voraussetzungen sollte die Niederlegungserklärung jedoch zumindest in kritischen Fällen als Einschreiben versandt oder gegen Empfangsbekenntnis persönlich übergeben werden. Ohne – und bis zu ihrem – **Zugang** bleibt die Niederlegung rechtlich bedeutungslos, das Aufsichtsratsmitglied also im Amt.[175] Vorbehaltlich einer

---

168 LG Mannheim WM 1986, 104 (105); MüKoAktG/*Habersack* § 101 Rn. 91; *E. Vetter* in Marsch-Barner/Schäfer HdB AG § 25 Rn. 53.

169 Vgl. LG Hannover ZIP 2009, 761 (762); GroßkommAktG/*Hopt/Roth* Rn. 171; MüKoAktG/*Habersack* § 100 Rn. 96 f.; Hüffer/*Koch* § 116 Rn. 8; MHdB AG/*Hoffmann-Becking* § 33 Rn. 80; *Lutter/Krieger/Verse* Rechte und Pflichten Rn. 900; *Diekmann/Fleischmann* AG 2013, 141 (147).

170 Zu diesen Möglichkeiten MüKoAktG/*Habersack* Rn. 5, § 100 Rn. 96.

171 *Rieckers/Leyendecker-Langner* NZG 2013, 167 (169 f.); enger *Dornhegge* NJW-Spezial 2011, 143 (144): Vereinbarung nur mit allen Aktionären; zweifelnd auch GroßkommAktG/*Hopt/Roth* Rn. 91; Hüffer/*Koch* Rn. 18; zur (unwirksamen) Regelung in einem „Business Combination Agreement“ zwischen Bieter und Zielgesellschaft LG München NZG 2012, 1152 (1153 f.); OLG München NZG 2012, 261 (263).

172 BGH AG 1983, 312 (313); *Lutter/Krieger/Verse* Rechte und Pflichten Rn. 37.

173 MüKoAktG/*Habersack* Rn. 61; Henssler/Strohn/*Henssler* Rn. 19.

174 GroßkommAktG/*Hopt/Roth* Rn. 88; MüKoAktG/*Habersack* Rn. 61; Muster-Niederlegungsschreiben bei *Fuhrmann/Wälzholz/Fuhrmann* FormB GesR M 7.13; BeckFormB AktR/*Messerschmidt* Kap. H. VI; gegen die ganz hL (zB Hüffer/*Koch* Rn. 18) für die Zulässigkeit einer *bedingten* Niederlegungserklärung *Rieckers/Leyendecker-Langner* NZG 2013, 167 (170 f.).

175 *Lutter/Krieger/Verse* Rechte und Pflichten Rn. 38.

abweichenden Satzungsregelung (§ 23 Abs. 5 S. 2)[176] ist die Erklärung als Gegenstück zur Amtsannahme (→ § 102 Rn. 6) an die **Gesellschaft,** und zwar – wie sonst auch – vertreten durch ihren (= einen, § 78 Abs. 2 S. 1) **Vorstand** (arg.: den allein die Pflicht zur Abgabe der Meldungen nach § 106 und § 19 MitbestG, § 8 DrittelbG trifft),[177] zu richten. Der „falsche" Empfänger, in der Praxis zumeist der Aufsichtsratsvorsitzende, ist verpflichtet, die Niederlegungserklärung unverzüglich an den Vorstand weiterzuleiten; erst dann ist sie der Gesellschaft zugegangen.[178] Solche Unsicherheiten kann die **Satzung** (nicht die Geschäftsordnung) mit einer Klarstellung des Niederlegungs-Empfängers und der notwendigen Verfahrensfragen vermeiden (Beispiel: „Jedes Mitglied des Aufsichtsrats kann sein Amt unter Einhaltung einer vierwöchigen Frist auch ohne wichtigen Grund durch schriftliche Mitteilung an den Vorsitzenden des Aufsichtsrats niederlegen; der Vorsitzende des Aufsichtsrats kann einer Kürzung der Frist zustimmen. Im Fall seiner Verhinderung oder einer Amtsniederlegung durch den Vorsitzenden selbst ist für diese Aufgaben sein Stellvertreter zuständig").[179] Um **Nachweisproblemen** zB gegenüber Handelsregister (Beispiel: Amtsniederlegung des Aufsichtsratsvorsitzenden, § 107 Abs. 1 S. 2), Ersatzmitglied und Wirtschaftsprüfer auszuweichen, sollte der zuständige Empfänger die (in diesem Fall: verkörperte) Niederlegungserklärung quittieren und damit deren Zugang = Wirksamkeit bestätigen („Niederlegungserklärung zustimmend zur Kenntnis genommen, [Datum, Unterschrift]"). – Zulässig ist auch, dass das Aufsichtsratsmitglied seine (unbefristete, unbedingte, spätestens mit ihrem Zugang bei der Gesellschaft (§ 130 Abs. 1 BGB) unwiderrufliche) Niederlegungserklärung bei einem Treuhänder (= Bote) mit der Maßgabe **hinterlegt,** diese der Gesellschaft unter bestimmten Voraussetzungen oder zu einem bestimmten Zeitpunkt zukommen zu lassen; (erst) auf diesen Punkt sind auch die satzungsmäßigen Voraussetzungen der Amtsniederlegung (→ Rn. 55) einzuhalten.[180]

Das Aufsichtsratsmitglied kann den **Zeitpunkt** der Mandatsbeendigung in der Niederlegungserklärung grundsätzlich frei bestimmen (zB „mit sofortiger Wirkung"; „zum Ablauf der ordentlichen Hauptversammlung 2017").[181] Nicht selten sind in Satzungen jedoch **(Mindest-) Niederlegungsfristen** genannt (Beispiel → Rn. 57). Das ist rechtlich zulässig[182] und zumeist auch sinnvoll, weil dadurch zB die Nachfolge im Aufsichtsrat (Kandidatensuche, Bestellungsverfahren, Einarbeitung) besser vorbereitet werden kann.[183] Hinderlich wird die Niederlegungsfrist jedoch, wenn die Umstände eine sofortige oder zumindest abgekürzte Mandatsaufgabe gebieten (Beispiel: Änderung der Aktionärsstruktur; schwere und dauerhafte Erkrankung, jeweils unmittelbar vor einer wichtigen Aufsichtsratssitzung). In diesem Fall sollte die Satzung[184] daher zugleich klarstellen, dass der zuständige Erklärungsempfänger (→ Rn. 57) dem Wunsch des Niederlegenden nach einer **Abkürzung** oder gar einem **Verzicht** auf die Frist entsprechen kann. Eröffnet ist dieser Weg bereits mit einer dem Wunsch nach – nicht notwendig weiter qualifizierten – Amtsniederlegung „zum nächstmöglichen Termin". – Uneingeschränkt unwirksam sind Niederlegungsfristen, wenn ein objektiv **wichtiger Niederlegungsgrund** besteht (→ Rn. 55); in diesem Fall kann die Niederlegung jederzeit auch ohne Einhaltung der satzungsmäßigen Frist erfolgen.[185] 58

Werden die **satzungsmäßigen** Anforderungen an die Niederlegung nicht eingehalten (Beispiel: Formerfordernisse; Vorliegen eines wichtigen Grundes, → Rn. 55), ist die Niederlegung (bei *behebbaren* Mängeln: schwebend) **unwirksam.**[186] Bis zu einer neuerlichen, wirksamen Niederlegung bzw. der Behebung des satzungsmäßigen Hindernisses (Beispiel: Weiterleitung der falsch adressierten 59

---

[176] Dazu OLG Schleswig DB 2006, 146 (149); LG Flensburg AG 2004, 623 (624); Hüffer/*Koch* Rn. 17.

[177] Ebenso Spindler/Stilz/*Spindler* Rn. 65; Hüffer/*Koch* Rn. 17; *E. Vetter* in Marsch-Barner/Schäfer HdB AG § 25 Rn. 54; MHdB AG/*Hoffmann-Becking* § 30 Rn. 81; in Einzelheiten abw. GroßkommAktG/*Hopt/Roth* Rn. 89; MüKoAktG/*Habersack* Rn. 61: im Fall der Wahl Erklärung auch gegenüber der Hauptversammlung; *Lutter/Krieger/Verse* Rechte und Pflichten Rn. 37: gegenüber dem Aufsichtsrat oder dem Vorstand; KK-AktG/*Mertens/Cahn* Rn. 59: gegenüber Vorstand, Aufsichtsratsvorsitzendem oder Hauptversammlung.

[178] MüKoAktG/*Habersack* Rn. 61; Hüffer/*Koch* Rn. 17; Grigoleit/*Grigoleit/Tomasic* Rn. 23: „Empfangsbote kraft Verkehrsanschauung".

[179] Hüffer/*Koch* Rn. 17; *Dornhegge* NJW-Spezial 2011, 143 (144); zur Zulässigkeit ferner GroßkommAktG/*Hopt/Roth* Rn. 90; weitere Beispiele bei *Bayer/Hoffmann* AG-Report 2014, R 144 (146).

[180] Ausf. *Rieckers/Leyendecker-Langner* NZG 2013, 167 (171 f.).

[181] *E. Vetter* in Marsch-Barner/Schäfer HdB AG § 25 Rn. 54.

[182] MHdB AG/*Hoffmann-Becking* § 30 Rn. 80; *Dornhegge* NJW-Spezial 2011, 143.

[183] Rechtstatsächlich *Bayer/Hoffmann* AG-Report 2014, R 144 (146).

[184] Weitergehend *Rieckers/Leyendecker-Langner* NZG 2013, 167 (169): auch ohne Satzungsregelung jederzeit zulässig.

[185] GroßkommAktG/*Hopt/Roth* Rn. 90; Spindler/Stilz/*Spindler* Rn. 64; *Dornhegge* NJW-Spezial 2011, 143 (184); zu möglichen wichtigen Gründen *Rieckers/Leyendecker-Langner* NZG 2013, 167 (168 f.).

[186] OLG Schleswig DB 2006, 146 (149); LG Flensburg AG 2004, 623 (624); MüKoAktG/*Habersack* Rn. 62; Henssler/Strohn/*Henssler* Rn. 19.

Niederlegungserklärung an den zuständigen Empfänger, → Rn. 57) bleibt der Betroffene daher Mitglied des Aufsichtsrats. Wird die **Niederlegungsfrist** nicht beachtet, bedarf es keiner neuerlichen Erklärung; die Niederlegung wird vielmehr (erst) mit Fristablauf bzw. Zustimmung des Erklärungsempfängers zu einer Fristverkürzung (→ Rn. 58) wirksam.[187]

60 Die **Rechtsfolgen** der wirksamen Amtsniederlegung entsprechen denen der Abberufung (= Amtsverlust, → Rn. 16). Am Bestand der gegen den Ausscheidenden gerichteten (nicht notwendigerweise bereits geltend gemachten) Ersatzansprüche ändert sich durch das Ausscheiden nichts. Einmal ausgeschieden, kann das (dann ehemalige) Aufsichtsratsmitglied nur durch erneuten Bestellungsakt (und nicht etwa durch Widerruf seiner Niederlegungserklärung) wieder in den Aufsichtsrat einrücken.[188] – Zum Umgang mit einem durch die Amtsniederlegung etwa eingetretenen **numerischen Ungleichgewicht** im Aufsichtsrat, insbesondere bei kontroversen Beschlussfassungen, → Rn. 4a.

IV. Abdingbarkeit

61 § 103 ist in seinem Kern **zwingend.** Das betrifft insbesondere das Abberufungsrecht der Hauptversammlung nach Abs. 1 S. 1 und Abs. 2 S. 2 sowie das Abberufungsrecht des Entsendungsberechtigten nach Abs. 2 S. 1. Auch die Satzung kann diese Rechte nicht an zusätzliche materielle Voraussetzungen knüpfen oder gar auf Dritte übertragen.[189] Ausdrückliche **Gestaltungsspielräume** bestehen hinsichtlich der Mehrheitserfordernisse für die Abberufungsentscheidung der Hauptversammlung (Abs. 1 S. 3) und der Ausgestaltung des Entsendungsrechts (mit Konsequenzen für die Zuständigkeit zur Abberufung des Entsandten). Davon abgesehen ist § 103 wegen seines nicht abschließenden Charakters offen für **andere Wege** zur Beendigung des Aufsichtsratsmandats, insbesondere die Amtsniederlegung (→ Rn. 55 f.).[190] Einzelheiten der Amtsniederlegung wiederum können durch die Satzung geregelt werden (→ Rn. 55), soweit dadurch nicht das Niederlegungsrecht als solches abgeschafft oder in seiner Substanz beeinträchtigt wird.[191]

V. Rechtsfolgen bei Verstoß

62 Der Beschluss der **Hauptversammlung** oder des **Entsendungsberechtigten** über die Abberufung eines Aufsichtsratsmitglieds oder eines Ersatzmitglieds unterliegt als autonome Willensäußerung keinen inhaltlichen Beschränkungen und ist daher (nur) wegen formaler Fehler nach den allgemeinen Vorschriften angreifbar (Beispiel: Ladungsmangel, § 241 Nr. 1).[192] Die Entscheidung des **Gerichts** über die Abberufung nach Abs. 3 ist dagegen nach den Grundsätzen des Verfahrens der freiwilligen Gerichtsbarkeit, auch wegen Fehlens oder unzulässiger Annahme eines wichtigen Grundes, anfechtbar (→ Rn. 38 ff.). Dabei ist der auf einem rechtswirksamen Beschluss beruhende Antrag des Aufsichtsrats (Abs. 3 S. 2) eine von Amts wegen zu prüfende Zulässigkeitsvoraussetzung.[193] Ohne Beschluss fehlt es an einem wirksamen Antrag. Ohne diesen kann das Gericht nicht tätig werden; die gleichwohl getroffene Abberufungsentscheidung ist mit den allgemeinen Rechtsbehelfen angreifbar.

63 Gegen **Abs. 1 S. 3** verstoßende Satzungsregelungen (Beschlüsse der Hauptversammlung) sind nach den allgemeinen Vorschriften anfechtbar (Beispiele: Abberufungsrecht einer Aktionärsminderheit; Abberufung nur aus wichtigem Grund).

§ 104 Bestellung durch das Gericht

(1) [1]Gehört dem Aufsichtsrat die zur Beschlußfähigkeit nötige Zahl von Mitgliedern nicht an, so hat ihn das Gericht auf Antrag des Vorstands, eines Aufsichtsratsmitglieds oder eines Aktionärs auf diese Zahl zu ergänzen. [2]Der Vorstand ist verpflichtet, den Antrag unverzüglich zu stellen, es sei denn, daß die rechtzeitige Ergänzung vor der nächsten Aufsichtsratssitzung zu erwarten ist. [3]Hat der Aufsichtsrat auch aus Aufsichtsratsmitgliedern der Arbeitnehmer zu bestehen, so können auch den Antrag stellen

---

[187] Vgl. zur Zulässigkeit der Festlegung von Fristen allg. GroßkommAktG/*Hopt/Roth* Rn. 90; aA HK-AktG/*Israel* Rn. 18; *Dornhegge* NJW-Spezial 2011, 143: Niederlegung auch bei abweichender Satzungsregelung sofort wirksam, bei Niederlegung zur „Unzeit" ggf. Schadensersatz.

[188] GroßkommAktG/*Hopt/Roth/Peddinghaus* Rn. 92.

[189] MüKoAktG/*Habersack* Rn. 4, 18, 24, 32; Henssler/Strohn/*Henssler* Rn. 1 f.

[190] MüKoAktG/*Habersack* Rn. 4.

[191] GroßkommAktG/*Hopt/Roth* Rn. 90; Henssler/Strohn/*Henssler* Rn. 19.

[192] *Mehrbrey/Witte/Gossen* § 9 Rn. 219, 220.

[193] Vgl. KK-AktG/*Mertens/Cahn* Rn. 29; MüKoAktG/*Habersack* Rn. 34.

1. der Gesamtbetriebsrat der Gesellschaft oder, wenn in der Gesellschaft nur ein Betriebsrat besteht, der Betriebsrat, sowie, wenn die Gesellschaft herrschendes Unternehmen eines Konzerns ist, der Konzernbetriebsrat,
2. der Gesamt- oder Unternehmenssprecherausschuss der Gesellschaft oder, wenn in der Gesellschaft nur ein Sprecherausschuss besteht, der Sprecherausschuss sowie, wenn die Gesellschaft herrschendes Unternehmen eines Konzerns ist, der Konzernsprecherausschuss,
3. der Gesamtbetriebsrat eines anderen Unternehmens, dessen Arbeitnehmer selbst oder durch Delegierte an der Wahl teilnehmen, oder, wenn in dem anderen Unternehmen nur ein Betriebsrat besteht, der Betriebsrat,
4. der Gesamt- oder Unternehmenssprecherausschuss eines anderen Unternehmens, dessen Arbeitnehmer selbst oder durch Delegierte an der Wahl teilnehmen, oder, wenn in dem anderen Unternehmen nur ein Sprecherausschuss besteht, der Sprecherausschuss,
5. mindestens ein Zehntel oder einhundert der Arbeitnehmer, die selbst oder durch Delegierte an der Wahl teilnehmen,
6. Spitzenorganisationen der Gewerkschaften, die das Recht haben, Aufsichtsratsmitglieder der Arbeitnehmer vorzuschlagen,
7. Gewerkschaften, die das Recht haben, Aufsichtsratsmitglieder der Arbeitnehmer vorzuschlagen.

[4]Hat der Aufsichtsrat nach dem Mitbestimmungsgesetz auch aus Aufsichtsratsmitgliedern der Arbeitnehmer zu bestehen, so sind außer den nach Satz 3 Antragsberechtigten auch je ein Zehntel der wahlberechtigten in § 3 Abs. 1 Nr. 1 des Mitbestimmungsgesetzes bezeichneten Arbeitnehmer oder der wahlberechtigten leitenden Angestellten im Sinne des Mitbestimmungsgesetzes antragsberechtigt. [5]Gegen die Entscheidung ist die Beschwerde zulässig.

(2) [1]Gehören dem Aufsichtsrat länger als drei Monate weniger Mitglieder als die durch Gesetz oder Satzung festgesetzte Zahl an, so hat ihn das Gericht auf Antrag auf diese Zahl zu ergänzen. [2]In dringenden Fällen hat das Gericht auf Antrag den Aufsichtsrat auch vor Ablauf der Frist zu ergänzen. [3]Das Antragsrecht bestimmt sich nach Absatz 1. [4]Gegen die Entscheidung ist die Beschwerde zulässig.

(3) Absatz 2 ist auf einen Aufsichtsrat, in dem die Arbeitnehmer ein Mitbestimmungsrecht nach dem Mitbestimmungsgesetz, dem Montan-Mitbestimmungsgesetz oder dem Mitbestimmungsergänzungsgesetz haben, mit der Maßgabe anzuwenden,
1. daß das Gericht den Aufsichtsrat hinsichtlich des weiteren Mitglieds, das nach dem Montan-Mitbestimmungsgesetz oder dem Mitbestimmungsergänzungsgesetz auf Vorschlag der übrigen Aufsichtsratsmitglieder gewählt wird, nicht ergänzen kann,
2. daß es stets ein dringender Fall ist, wenn dem Aufsichtsrat, abgesehen von dem in Nummer 1 genannten weiteren Mitglied, nicht alle Mitglieder angehören, aus denen er nach Gesetz oder Satzung zu bestehen hat.

(4) [1]Hat der Aufsichtsrat auch aus Aufsichtsratsmitgliedern der Arbeitnehmer zu bestehen, so hat das Gericht ihn so zu ergänzen, daß das für seine Zusammensetzung maßgebende zahlenmäßige Verhältnis hergestellt wird. [2]Wenn der Aufsichtsrat zur Herstellung seiner Beschlußfähigkeit ergänzt wird, gilt dies nur, soweit die zur Beschlußfähigkeit nötige Zahl der Aufsichtsratsmitglieder die Wahrung dieses Verhältnisses möglich macht. [3]Ist ein Aufsichtsratsmitglied zu ersetzen, das nach Gesetz oder Satzung in persönlicher Hinsicht besonderen Voraussetzungen entsprechen muß, so muß auch das vom Gericht bestellte Aufsichtsratsmitglied diesen Voraussetzungen entsprechen. [4]Ist ein Aufsichtsratsmitglied zu ersetzen, bei dessen Wahl eine Spitzenorganisation der Gewerkschaften, eine Gewerkschaft oder die Betriebsräte ein Vorschlagsrecht hätten, so soll das Gericht Vorschläge dieser Stellen berücksichtigen, soweit nicht überwiegende Belange der Gesellschaft oder der Allgemeinheit der Bestellung des Vorgeschlagenen entgegenstehen; das gleiche gilt, wenn das Aufsichtsratsmitglied durch Delegierte zu wählen wäre, für gemeinsame Vorschläge der Betriebsräte der Unternehmen, in denen Delegierte zu wählen sind.

(5) Die Ergänzung durch das Gericht ist bei börsennotierten Gesellschaften, für die das Mitbestimmungsgesetz, das Montan-Mitbestimmungsgesetz oder das Mitbestimmungsergänzungsgesetz gilt, nach Maßgabe des § 96 Absatz 2 Satz 1 bis 5 vorzunehmen.

(6) Das Amt des gerichtlich bestellten Aufsichtsratsmitglieds erlischt in jedem Fall, sobald der Mangel behoben ist.

(7) [1]Das gerichtlich bestellte Aufsichtsratsmitglied hat Anspruch auf Ersatz angemessener barer Auslagen und, wenn den Aufsichtsratsmitgliedern der Gesellschaft eine Vergütung gewährt wird, auf Vergütung für seine Tätigkeit. [2]Auf Antrag des Aufsichtsratsmitglieds setzt das Gericht die Auslagen und die Vergütung fest. [3]Gegen die Entscheidung ist die Beschwerde zulässig; die Rechtsbeschwerde ist ausgeschlossen. [4]Aus der rechtskräftigen Entscheidung findet die Zwangsvollstreckung nach der Zivilprozeßordnung statt.

Schrifttum: *Beyer,* Neue Grenzen bei der gerichtlichen Bestellung von Aufsichtsratsmitgliedern, NZG 2014, 61; *Brock,* Die Bestellung nach § 104 AktG bei rechtshängiger Wahlbeschlussmängelklage, 2014, 641; *Drehsen,* Massenhafte Beteiligung bei gerichtlicher Bestellung von Aufsichtsratsmitgliedern nach § 104 Abs. 1 AktG, AG 2015, 775; *Fett/Theusinger,* Die gerichtliche Bestellung von Aufsichtsratsmitgliedern – Einsatzmöglichkeiten und Fallstricke, AG 2010, 425; *Heinemann,* Das Verfahren in Registersachen und das unternehmensrechtliche Verfahren nach dem FamFG, FGPrax 2009, 1; *Hohenstatt/Seibt,* Geschlechter- und Frauenquoten in der Privatwirtschaft, 2015; *Jänig/Leißring,* FamFG: Neues Verfahren für Streitigkeiten in AG und GmbH, ZIP 2010, 110; *Krauel/Fackler,* Die Ersetzung eines dauerhaft verhinderten Aufsichtsratsmitglieds, AG 2009, 686; *Nedden-Boeger,* Die Anwendung des Allgemeinen Teils des FamFG in Registersachen und in unternehmensrechtlichen Verfahren, FGPrax 2010, 1; *Niewiarra/Servatius,* Die gerichtliche Ersatzbestellung im Aufsichtsrat, FS Semler, 1993, 217; *Paudtke/Glauer,* Das registergerichtliche Ermessen bei der Aufsichtsratsbestellung, NJW-Spezial 2013, 719; *Reichard,* Gerichtliche Aufsichtsratergänzung bei Beschlussboykott, AG 2012, 359; *Schmatz,* Bestellung von Aufsichtsratsmitgliedern durch das Gericht, WM 1955, 642; *Schroeder/Pussar,* Aufsichtsrat: Unsichere Gremienentscheidungen nach Wahlanfechtung, BB 2011, 1930; *Schwab,* Die Freigabe der angefochtenen Aufsichtsratswahl analog § 104 Abs. 2 AktG, AG 2015, 195; *Seibt,* Geschlechterquote im Aufsichtsrat und Zielgrößen für die Frauenbeteiligung, ZIP 2015, 1193; *Seidel,* Die gerichtliche Ergänzung des Aufsichtsrats, 2010; *Teichmann/Rüb,* Die gesetzliche Geschlechterquote in der Privatwirtschaft, BB 2015, 898; *E. Vetter,* Abberufung eines gerichtlich bestellten Aufsichtsratsmitglieds ohne wichtigen Grund?, DB 2005, 875; *ders.,* Anfechtung der Wahl der Aufsichtsratsmitglieder, Bestandsschutzinteresse der AG und die Verantwortung der Verwaltung, ZIP 2012, 701; *E. Vetter/van Laak,* Die angefochtene Aufsichtsratswahl, ZIP 2008, 1806; *Wandt,* Der Antrag auf gerichtliche Bestellung eines Aufsichtsratsmitglieds bei AG und SE, AG 2016, 877.

Übersicht

I. Allgemeines

1 In **zwei Fällen** kann der nicht vorschriftsgemäß besetzte Aufsichtsrat statt im üblichen Bestellungsverfahren **gerichtlich** ergänzt werden, nämlich bei **Beschlussunfähigkeit** (Abs. 1 S. 1) und – in der Praxis weitaus häufiger[1] – **Unterbesetzung** des Aufsichtsrats (Abs. 2). Beide Fälle können auch gemeinsam auftreten: So ist der beschlussunfähige Aufsichtsrat stets auch unterbesetzt (→ Rn. 6, 7); im umgekehrten Fall ist das nicht immer so. Darüber hinaus regelt die Vorschrift das (durch die Unterstellung unter das FamFG mit einigen Neuerungen versehene) gerichtliche Bestellungsverfahren, die zu beachtenden mitbestimmungsrechtlichen Besonderheiten (Abs. 3, 4) sowie die Amtsdauer

[1] GroßkommAktG/*Hopt/Roth* Rn. 50.

(Abs. 6) und (insbesondere: Vergütungs-) Rechte (Abs. 7) der gerichtlich bestellten Aufsichtsratsmitglieder. Einem erklärten **gesellschaftspolitischen** Zweck dient Abs. 5, der (auch) die Gerichte verpflichtet, bei der Bestellung von Aufsichtsratsmitgliedern die von § 96 Abs. 2 geforderte Geschlechterquote zu beachten. – § 104 ist Parallelvorschrift zu § 85 für den Vorstand.

Vordringlicher **Zweck** der gerichtlichen Bestellung ist die Sicherstellung der **Handlungs-** und **Funktionsfähigkeit** des *obligatorischen* Aufsichtsrats (wie stets bei der AG); das gilt auch in der Insolvenz.[2] Wo ein *freiwilliger* Aufsichtsrat besteht (wie dies zB bei der GmbH der Fall sein kann), sieht die hM daher keinen Anwendungsbedarf. Hier ist zur Behebung des bestehenden Defizits in der Besetzung des Aufsichtsrats auf die regulären Bestellungsmöglichkeiten zurückzugreifen.[3] Sind Anteilseigner und Arbeitnehmer zu gleichen Teilen im Aufsichtsrat vertreten, wahrt die Vorschrift überdies die **Gruppenparität** des mitbestimmten Aufsichtsrats (→ Rn. 18).[4] 2

Das Gericht übt bei der Bestellung von Aufsichtsratsmitgliedern eine bloße **Ersatzfunktion**[5] aus – ist der zum gerichtlichen Eingreifen zwingende Mangel behoben, erlischt das Amt des gerichtlich Bestellten (Abs. 6). Für das Tätigwerden des Gerichts reicht jedoch die schlichte Untätigkeit der berufenen Bestellungsorgane aus; dass diese ihrerseits zu einer Bestellung imstande wären, sich also selbst aus ihrer „Not“[6] befreien könnten, spielt keine Rolle.[7] Darin zeigt sich die Funktion der gerichtlichen Bestellung als Verfahren (auch) zur **Vermeidung** einer insbesondere bei Publikumsgesellschaften oft aufwändigen und kostenträchtigen **Neuwahl.**[8] 3

Eine gerichtliche Bestellung kommt bei Fehlen, Wegfall oder – auch ohne ausdrückliche Erwähnung – dauernder Verhinderung (Standardfall: § 105 Abs. 2 S. 1, → Rn. 7) **jedes** Aufsichtsratsmitglieds in Betracht, egal ob es sich um ein Mitglied der **Anteilseigner** oder der **Arbeitnehmer** handelt, ob es **gewählt, entsandt** oder seinerseits bereits **gerichtlich bestellt** wurde.[9] Auch der **von Anfang an** nicht vollständig besetzte Aufsichtsrat kann gerichtlich ergänzt werden.[10] Einzige **Ausnahme** ist das „weitere Mitglied“ gemäß Abs. 3 Nr. 1, dessen (Wieder-) Bestellung aufgrund seiner Vertrauensstellung selbst bei Dringlichkeit dem üblichen Verfahren vorbehalten bleibt (→ Rn. 19). Nicht in Betracht kommt auch die gerichtliche Bestellung eines **Ersatzmitglieds** (der von § 104 vorausgesetzte „Notfall“ (→ Rn. 3), liegt beim Fehlen nur eines Ersatzmitglieds nicht vor; liegen die Voraussetzungen dagegen vor, gebietet die „Notmaßnahme“ nach § 104 die Bestellung eines ordentlichen und nicht eines Ersatzmitglieds). 4

II. Rechtstatsachen

§ 104 ist von **großer,** mit der Einführung der Geschlechterquote[11] womöglich noch zunehmender praktischer **Bedeutung.**[12] Die Vorschrift hilft effektiv, die nie vermeidbaren (nicht selten allerdings auch von langer Hand geplanten),[13] besonders durch Amtsniederlegungen entstandenen Vakanzen im Aufsichtsrat auf möglichst unaufwendige und kostengünstige[14] Weise zu beheben. Dabei tritt der Fall der Unterbesetzung (Abs. 2) deutlich häufiger auf als der der Beschlussunfähigkeit (Abs. 1). Soweit die gerichtliche „Ersatzbestellung“ mit Hilfe überlanger Amtszeiten zur (kritikwürdigen) Ausschaltung oder, wie man will, auch Entpflichtung des eigentlich berufenen Bestellungsorgans – zumeist der Hauptversammlung – genutzt wird,[15] versucht freilich nur Ziff. 5.4.3 S. 2 **DCGK** dem in Form einer **Befristungsempfehlung** für die gerichtliche Bestellung bis zur 5

[2] Allg. OLG Braunschweig BeckRS 2016, 15591 Rn. 33 – VW/Pötsch; Henssler/Strohn/*Henssler* Rn. 1; speziell zur Insolvenz OLG Hamburg AG 2016, 756 Rn. 11; KG ZIP 2005, 1553 (1554); *Oechsler* AG 2006, 606 (611 f.).

[3] OLG Frankfurt NZG 2014, 462 (463 f.); BayObLG AG 2001, 89; OLG Hamm AG 2001, 145 (146); AG 2000, 476 (477); MüKoAktG/*Habersack* Rn. 4; Spindler/Stilz/*Spindler* Rn. 1; Hüffer/*Koch* Rn. 1.

[4] MüKoAktG/*Habersack* Rn. 1; Henssler/Strohn/*Henssler* Rn. 1; *Fett/Theusinger* AG 2010, 425.

[5] BayObLG DB 2000, 1655.

[6] Der illustrative Begriff „Notbestellung“, HFJ/*Henn* HdB AktR Rn. 652; MüKoAktG/*Habersack* Rn. 1, ist daher nur in diesem eingeschränkten Sinn passend.

[7] GroßkommAktG/*Hopt/Roth* Rn. 9; *E. Vetter* ZIP 2012, 201 (205).

[8] GroßkommAktG/*Hopt/Roth* Rn. 9, 59; MüKoAktG/*Habersack* Rn. 2.

[9] MüKoAktG/*Habersack* Rn. 5; *Wandt* AG 2016, 877 (878).

[10] MüKoAktG/*Habersack* Rn. 5; *Wandt* AG 2016, 877 (878).

[11] Hier ist das Gericht gefordert (i) bei der fix-quotengerechten Besetzung vakanter Aufsichtsratspositionen (→ Rn. 30a), (ii) bei der „quoten-weichen“ (= frauenfreundlichen) Ausübung seines Auswahlermessens (→ Rn. 28) sowie (iii) als Reparaturbetrieb für Quotenverfehlungen auf der Arbeitnehmerseite (→ Rn. 30b).

[12] Vgl. zB LG Hannover AG 2009, 341 – Conti/Schaeffler II; OLG Düsseldorf AG 2010, 368; OLG München AG 2009, 745; OLG Köln AG 2007, 822; iErg wie hier Semler/v. Schenck/*Gasteyer* Rn. 10.

[13] Dazu GroßkommAktG/*Hopt/Roth* Rn. 13.

[14] Hierzu *Singhof* AG 1998, 318.

[15] Hierzu *v. Wietzlow/Gemmeke* AG-Report 2003, R 302.

nächstmöglichen Hauptversammlung entgegenzuwirken (→ Rn. 32). Ein „Aufsichtsratsmitglied auf Abruf“[16] ist das gerichtlich bestellte Mitglied trotz Abs. 6 daher nur in einem sehr eingeschränkten Sinne.

5a In der Praxis weitgehend **ungeklärt** sind weiter einerseits die gesetzlichen Anforderungen, andererseits die Einfluss- und Gestaltungsmöglichkeiten, die die Unterstellung des Verfahrens nach § 104 unter die Vorschriften des **FamFG** mit sich bringt. Den Beteiligtenbegriff des § 7 Abs. 2 Nr. 1 FamFG und die überkommene Doktrin hierzu (Beteiligter = „Betroffener“ = Antragsberechtigter) beim Wort genommen könnten sich hier erhebliche Änderungen der unter dem FGG eingeübten Verfahrensabläufe ergeben (→ Rn. 40).

III. Einzelerläuterungen

6 **1. Bestellungsgründe.** Die beiden abschließenden (→ Rn. 44)[17] Gründe für eine gerichtliche Bestellung von Aufsichtsratsmitgliedern sind die **Unterbesetzung** (→ Rn. 11 ff.) und, als ein Spezialfall dessen, die **fehlende Beschlussfähigkeit** des Aufsichtsrats (→ Rn. 7 ff.). Unerheblich ist demgegenüber, ob es gesellschaftsseitig reguläre Möglichkeiten zu ihrer Beseitigung gegeben hätte; entscheidend ist allein, dass das dazu berufene Bestellungsorgan hiervon keinen oder keinen rechtzeitigen Gebrauch gemacht hat (→ Rn. 7, 12).

7 **a) Fehlende Beschlussfähigkeit (Abs. 1 S. 1).** Der Aufsichtsrat ist beschlussunfähig, wenn die Zahl seiner Mitglieder nicht ausreicht, um gesetz- (§ 108 Abs. 2 S. 2, 3) und satzungsmäßige Beschlüsse zu fassen.[18] Grundsätzlich **kein** Anlass für eine gerichtliche Bestellung besteht, wenn sich trotz ausreichender Mannstärke aus anderen Gründen, zB aufgrund von Stimmverboten oder dem Nichterscheinen von Aufsichtsratsmitgliedern, eine Beschlussunfähigkeit einstellt.[19] Hier steht der Aufsichtsrat selbst in der Pflicht, sich rechtmäßig zu organisieren. Ebenso wenig ist das Gericht gefordert, wenn Aufsichtsratsmitglieder an der Versammlungsteilnahme physisch gehindert sind, soweit sie sich an der Beschlussfassung anderweitig, zB im Wege der Telefon- oder Videokonferenz, durch die Übermittlung einer Stimmbotschaft oder nachträgliche Stimmabgabe, beteiligen können (weswegen Satzung und ggf. Geschäftsordnung hierzu für möglichst große Flexibilität sorgen sollten).[20] Auch die nur **drohende** Beschlussunfähigkeit reicht für eine gerichtliche Bestellung (noch) nicht aus; ein entsprechender Antrag kann jedoch bereits gestellt werden, wenn sich die Beschlussunfähigkeit sicher voraussehen lässt.[21] Folgenlos bleibt eine *verfrühte Antragstellung,* wenn der Zustand der Beschlussunfähigkeit jedenfalls zum Zeitpunkt der gerichtlichen Bestellung besteht. – Eine allgemein anerkannte, wiewohl nicht unproblematische[22] Erweiterung von Abs. 1 S. 1 bildet die – trotz fehlender Vakanz (→ § 106 Rn. 4) – **dauernde,** dh für einen erheblichen oder gar unabsehbaren Zeitraum bestehende **Verhinderung** eines Aufsichtsratsmitglieds an der Amts*ausübung.*[23] Hier wird man freilich zusätzlich den Vorbehalt machen müssen, dass die dauernde Verhinderung (und damit die Beschlussunfähigkeit des Aufsichtsrats) **nicht zielgerichtet** herbeigeführt worden ist, dh nicht auf einem bewusst verfolgten Plan beruht (Gegenbeispiel: Beschlussboykott). Zielgerichtete Obstruktion mag im Einzelfall sogar legitim sein; ansonsten ist ihr mit den üblichen Rechtsbehelfen gegen unbotmäßiges Verhalten von Organmitgliedern (Ordnungsmaßnahmen, gerichtliche Abberufung, Schadenersatz, Rechtsmissbrauch, etc) zu begegnen:[24] § 104 ist jedenfalls kein allgemeiner, sondern nur ein Notbehelf für **vom Aufsichtsrat selbst nicht** mittel- oder unmittebar **korrigierbare** Fehlstellungen (→ Rn. 3). – Die **Gründe** für die Beschlussunfähigkeit sind gleichgültig: Unterbliebene oder unwirksame Bestellung; ersatzloses Ausscheiden; gerichtliche Abberufung; andauernde rechtliche (Beispiel: Vorstandsdelegation, § 105

[16] *Butzke* HV Kap. J Rn. 16.
[17] Vgl. MüKoAktG/*Habersack* Rn. 1; Hüffer/*Koch* Rn. 1; Semler/v. Schenck/*Gasteyer* Rn. 1.
[18] Hüffer/*Koch* Rn. 2.
[19] GroßkommAktG/*Hopt/Roth* Rn. 17.
[20] MüKoAktG/*Habersack* Rn. 9.
[21] GroßkommAktG/*Hopt/Roth* Rn. 26; *Fett/Theusinger* AG 2010, 425 (426); *Wandt* AG 2016, 877 (880).
[22] Zu den Gründen GroßkommAktG/*Hopt/Roth* Rn. 18; MüKoAktG/*Habersack* Rn. 12.
[23] Vgl. nur GroßkommAktG/*Hopt/Roth* Rn. 19; MüKoAktG/*Habersack* Rn. 12 f.; Spindler/Stilz/*Spindler* Rn. 11.
[24] Vgl. GroßkommAktG/*Hopt/Roth* Rn. 21 aE; Semler/v. Schenck/*Gasteyer* Rn. 29; aA *Reichard* AG 2012, 359 (361 ff.); Spindler/Stilz/*Spindler* Rn. 12, *aber*: Selbst ein zunächst scheinbar „dauerhaftes“ Boykottverhalten ist in Wort und Tat jederzeit revidierbar; wird dann die Ersatzbestellung gemäß Abs. 5 ihrerseits sofort, ggf. noch vor der kritischen Beschlussfassung, wieder hinfällig? Was, wenn nur ausgewählte Beschlussfassungen, nicht aber ganze Sitzungen oder Sitzungsfolgen „blockiert“ werden („teilweise“ Ersatzbestellung?)?

Abs. 2 S. 1 → § 105 Rn. 21)[25] oder tatsächliche Verhinderung (Beispiel: Krankheit; Tod[26]). Steht für ein ausgeschiedenes Aufsichtsratsmitglied ein **Ersatzmitglied** bereit (§ 101 Abs. 3), hat sich die Beschlussunfähigkeit aufgrund der nahtlosen Nachfolge erledigt; für eine gerichtliche Bestellung ist daneben kein Raum.[27] Keine Rolle spielt, warum das Bestellungsorgan dem Missstand seinerseits – bewusst oder unbewusst, gewollt oder ungewollt – nicht abgeholfen hat (Beispiel: fehlende Erfolgsaussichten des Kandidaten).[28] – In jedem Fall von **Beschlussunfähigkeit** (Abs. 1 S. 1) ist der Aufsichtsrat **zugleich unterbesetzt** iSd Abs. 2. Abs. 1 S. 1 ist jedoch gegenüber Abs. 2 die **speziellere Vorschrift** (→ Rn. 6). „Dringlichkeit" (Abs. 2 S. 2) oder ein Verstreichen der Dreimonatsfrist (Abs. 2 S. 1), ohne deren Vorliegen eine Unterbesetzung nicht behoben werden kann, sind daher keine (zusätzlichen) Voraussetzungen für das gerichtliche Eingreifen bei Beschlussunfähigkeit.[29] Wird der Antrag gleichwohl nur auf die Unterbesetzung gestützt, ist er angesichts der **geringeren Anforderungen** bei Beschlussunfähigkeit vom Gericht entsprechend **umzudeuten.**[30]

8 Da § 108 Abs. 2 S. 2, 3 (die auch für das DrittelbG gelten) ebenso wie die Mitbestimmungsgesetze (§ 28 MitbestG, § 10 MontanMitbestG, § 11 MitbestErgG) die gesetzlichen Anforderungen an die Beschlussfähigkeit sehr niedrig setzen (Teilnahme der Hälfte, im Anwendungsbereich des § 108 mindestens dreier Aufsichtsratsmitglieder an der Beschlussfassung),[31] kommt Abs. 1 S. 1 zumeist nur bei sehr kleinen Aufsichtsräten oder Gesellschaften mit verschärfenden Satzungsbestimmungen zur Beschlussfähigkeit zur Anwendung. Ist im mitbestimmten Aufsichtsrat die **Gruppenparität** zwischen Anteilseignern und Arbeitnehmern infolge des Fehlens eines Aufsichtsratsmitglieds gestört, ist dies für die Beschlussfähigkeit (und damit auch für § 104 Abs. 1 S. 1) zwar zumeist ohne Bedeutung (§ 108 Abs. 2 S. 4, ggf. iVm den genannten Mitbestimmungsgesetzen). Unberührt bleibt indes die Möglichkeit einer gerichtlichen Bestellung wegen Unterbesetzung nach Abs. 2 iVm Abs. 3 Nr. 2.[32]

9 Abs. 1 S. 1 gilt nach seinem Wortlaut nur für den Fall, dass „dem Aufsichtsrat" die zur Beschlussfähigkeit nötige Zahl von Mitgliedern nicht angehört. Durch den Ausfall eines Aufsichtsratsmitglieds beschlussunfähig gewordene **Ausschüsse** können dagegen durch Zuwahl aus der Mitte des Aufsichtsrats zumeist ohne weiteres wieder handlungsfähig gemacht werden. Sollte das einmal nicht der Fall sein, dürfte für den Gesamt-Aufsichtsrat immer auch ein Fall von (bei anstehender Ausschuss-Sitzung: dringlich zu behebender) Unterbesetzung (Abs. 2) vorliegen (Beispiel: Ein durch Amtsniederlegung beschlussunfähig gewordener Ausschuss kann nicht wieder aufgefüllt werden, weil bereits alle Aufsichtsratsmitglieder über die nach der Satzung höchstzulässige Zahl an Ausschussmitgliedschaften verfügen). Allerdings kommt auch in einer solchen Situation stets nur eine unmittelbare gerichtliche Ergänzung des Aufsichtsrats, nicht dagegen seiner Ausschüsse in Betracht; hierfür hat der Aufsichtsrat selbst zu sorgen (→ Rn. 17). Praktisch bedeutsamer ist der Fall, dass ein ausgeschiedenes Aufsichtsratsmitglied über eine im Aufsichtsrat (Beispiel: § 100 Abs. 5) oder einem seiner Ausschüsse so nicht (mehr) vorhandene Expertise verfügte (Beispiel: Fehlen des „Financial Expert" iSd § 107 Abs. 4 und von Ziff. 5.3.2 S. 4 DCGK). Indes liegt in diesem Fall der „qualifizierten" Unterbesetzung noch kein Fall von „Quasi-Beschlussunfähigkeit", der ohne die Feststellung von Dringlichkeit zum sofortigen Tätigwerden von Vorstand und Gericht zwänge. Denn unzweifelhaft können Aufsichtsrat und Ausschuss auch ohne den Experten wirksame Beschlüsse fassen. Zur gerichtlichen Ergänzung des Aufsichtsrats (nicht unmittelbar des Ausschusses) kommt also – unter den dort genannten Voraussetzungen – nur ein Vorgehen nach Abs. 2 in Frage (→ Rn. 17).

10 Der erfolgreiche Antrag auf gerichtliche Bestellung wegen Unterbesetzung führt **nur** zur Auffüllung des Aufsichtsrats „auf" die zur **Beschlussfähigkeit** soeben erforderliche „Zahl" (Abs. 1 S. 1),

[25] HM, vgl. BayObLG NZG 2003, 691 (693); GroßkommAktG/*Hopt/Roth* Rn. 1, 22; MüKoAktG/*Habersack* Rn. 13; KK-AktG/*Mertens/Cahn* Rn. 5; Spindler/Stilz/*Spindler* Rn. 13; nur in der (zutr.) Begr. abw. MHdB AG/*Hoffmann-Becking* § 29 Rn. 14, § 30 Rn. 61: keine Vakanz, aber Reduktion der Anzahl stimmberechtigter Mitglieder.

[26] MüKoAktG/*Habersack* Rn. 12; unklar GroßkommAktG/*Hopt/Roth* Rn. 21.

[27] Vgl. *Krauel/Fackler* AG 2009, 686 (689 f., 691).

[28] GroßkommAktG/*Hopt/Roth* Rn. 9; *E. Vetter/van Laak* ZIP 2008, 1806 (1809); *E. Vetter* ZIP 2012, 701 (705).

[29] OLG Düsseldorf ZIP 2010, 473 (474) = NZG 2010, 313.

[30] *Wandt* AG 2016, 877 (880).

[31] Vgl. insoweit auch BGH AG 2007, 484: Teilnahme des von Stimmverbot betroffenen Mitglieds an der Abstimmung im dreiköpfigen Aufsichtsrat durch Stimmenthaltung; offen gelassen noch in BGH NZG 2007, 103; abl. OLG Frankfurt AG 2005, 925 (927): Beschlussunfähigkeit; zusammenfassend Hüffer/*Koch* § 108 Rn. 16.

[32] Zum Ganzen MüKoAktG/*Habersack* Rn. 11.

nicht dagegen auf die komplette, von Gesetz oder Satzung geforderte Soll-Stärke (Beispiel: Der nach Satzung sechs-, infolge von Amtsniederlegungen tatsächlich nur noch zweiköpfige Aufsichtsrat wird (nur) um *ein* Mitglied auf die zur Beschlussfähigkeit erforderlichen drei Mitglieder (§ 108 Abs. 2 S. 2, 3) ergänzt).[33] Das gilt unabhängig davon, wie sich der Aufsichtsrat nach Gesetz und Satzung zusammensetzt und wie viele Kandidaten („sämtliche fehlenden") der Antragsteller zur gerichtlichen Bestellung vorgeschlagen hat. Soll der Aufsichtsrat wieder **vollständig** aufgefüllt werden, kann es sich daher anbieten, **neben** dem Antrag wegen Beschlussunfähigkeit einen – nicht entsprechend beschränkten (→ Rn. 11) – Antrag wegen Unterbesetzung nach Abs. 2 zu stellen. Dem muss das Gericht freilich nur unter den Voraussetzungen des Abs. 2 nachkommen (Verstreichen der Dreimonatsfrist oder Dringlichkeit).

11 **b) Unterbesetzung (Abs. 2).** Anders als die fehlende Beschlussfähigkeit eröffnet die Unterbesetzung, also das Zurückbleiben der Zahl der Aufsichtsratsmitglieder hinter der nach Gesetz oder Satzung erforderlichen Sollstärke, allein noch nicht den Weg zur gerichtlichen Bestellung. **Hinzukommen** muss entweder das ereignislose Verstreichen einer **Dreimonatsfrist** oder ein Fall von **Dringlichkeit.** Liegt ein solcher Fall vor, muss das Gericht den Aufsichtsrat – anders als nach Abs. 1 (→ Rn. 10) – nach Maßgabe des Abs. 4 wieder auf seine *volle* Sollstärke („auf diese Zahl") ergänzen.[34]

12 Die **Gründe** für die Unterbesetzung spielen keine Rolle: Amtsniederlegung (häufigster Fall), Abberufung, Tod, unwirksame Wahl (für den Fall der bloßen *Anhängigkeit* einer Anfechtungs- oder Nichtigkeitsklage → Rn. 7), dauernde Verhinderung (→ Rn. 7, dort auch zu problematischen Fällen), statutarische Vergrößerung des Aufsichtsrats,[35] Amtsverlust nach Durchführung des Statusverfahrens (→ § 97 Rn. 33, 37)[36] etc. Unbedeutend ist auch hier, warum eine Ergänzung des Aufsichtsrats auf *regulärem* Wege unterblieben ist (→ Rn. 7). Steht für ein ausgeschiedenes Aufsichtsratsmitglied ein **Ersatzmitglied** bereit (§ 101 Abs. 3), hat sich die Unterbesetzung aufgrund der nahtlosen Nachfolge erledigt; für eine gerichtliche Bestellung ist daneben kein Raum.[37] – **Keinen** Fall von Unterbesetzung stellt das Fehlen (oder der spätere Wegfall) eines „Finanzexperten" iSd § 100 Abs. 5 dar (→ § 100 Rn. 75).

13 Die **Dreimonatsfrist** gibt dem gesetzlich berufenen Bestellungsorgan die Möglichkeit (und die Verantwortung), die bestehende Vakanz **selbst zu beseitigen.**[38] Bei mitbestimmten Gesellschaften wird die Frist zur Durchführung des zeitaufwändigen Verfahrens der Arbeitnehmerbeteiligung für eine Wahl von Aufsichtsratsmitgliedern indes selten ausreichen; auch Hauptversammlungen von Publikumsgesellschaften lassen sich kaum in dieser Zeit durchführen (und werden in der Praxis schon aus Kostengründen allein zu diesem Zweck nicht durchgeführt).[39] Die Dreimonatsfrist **beginnt** mit dem objektiven Wegfall des Aufsichtsratsmitglieds und **berechnet** sich nach §§ 187 Abs. 1, 188 Abs. 2 BGB.[40] Fallen *mehrere* Aufsichtsratsmitglieder weg, egal in welchem zeitlichen Zusammenhang, ist für jedes Mitglied eine eigene Fristberechnung anzustellen.[41]

14 Bei **Dringlichkeit** ist der Aufsichtsrat – einen entsprechenden Antrag vorausgesetzt (→ Rn. 20) – auch schon *vor* Ablauf der Drei-Monatsfrist zwingend gerichtlich zu besetzen (Abs. 2 S. 2). Wann ein solcher dringender Fall vorliegt, lässt § 104 offen. Klar ist, dass der bloße Hinweis auf die Notwendigkeit eines „funktionsfähigen Aufsichtsrats",[42] die Tatsache einer bevorstehenden Aufsichtsratssitzung[43] oder eine nur *drohende* Beschlussunfähigkeit (→ Rn. 7)[44] noch **nicht** ausreichen, um einen dringenden Fall zu bejahen; eine solche Interpretation würde das Dringlichkeits-Erfordernis ad absurdum führen. Nach der Systematik des Gesetzes kann **Maßstab** hierfür nur sein, ob die vom Aufsichtsrat in den ersten drei Monaten (Abs. 2 S. 1) der Vakanz zu erledigenden Aufgaben ein **sofortiges „Auffüllen"** des Aufsichtsrats objektiv **erforderlich** machen; keine Rolle spielt dagegen, ob und mit welchem Aufwand statt des Gerichts auch das reguläre Bestellungsorgan die Notlage

---

[33] OLG Frankfurt NZG 2011, 353 (354 f.); UHH/*Ulmer/Habersack* MitbestG § 6 Rn. 57; MüKoAktG/*Habersack* Rn. 9, 23.

[34] MüKoAktG/*Habersack* Rn. 24; Henssler/Strohn/*Henssler* Rn. 14.

[35] Spindler/Stilz/*Spindler* Rn. 33; *Meier* NZG 2000, 190 (191).

[36] Vgl. *Schnitker/Grau* NZG 2007, 486 (489).

[37] Vgl. *Krauel/Fackler* AG 2009, 686 (689 f., 691).

[38] Spindler/Stilz/*Spindler* Rn. 35; *E. Vetter* in Marsch-Barner/Schäfer HdB AG § 25 Rn. 40.

[39] Hierzu GroßkommAktG/*Hopt/Roth* Rn. 59.

[40] MüKoAktG/*Habersack* Rn. 25; Spindler/Stilz/*Spindler* Rn. 36; Henssler/Strohn/*Henssler* Rn. 11.

[41] AA MüKoAktG/*Habersack* Rn. 25; Spindler/Stilz/*Spindler* Rn. 36: erster Wegfall entscheidend.

[42] AG Detmold AG 1983, 24 (25).

[43] MüKoAktG/*Habersack* Rn. 26.

[44] Spindler/Stilz/*Spindler* Rn. 37; *E. Vetter* in Marsch-Barner/Schäfer HdB AG § 25 Rn. 40.

bereinigen könnte.[45] Hierbei haben sich zwei anerkannte Fallgruppen entwickelt – eine von der materiellen **Bedeutung** der anstehenden Aufgaben (i), die andere von dem zu erwartenden **Beschlussergebnis** ausgehend (ii). Hinzuzufügen ist eine dritte Gruppe von **„qualitativen Strukturdefiziten"** im Aufsichtsrat (iii); für eine vierte Gruppe **(„juristisches Strukturdefizit")** ist die Rechtslage umstritten (iv):

(i) Für Entscheidungen, die für Bestand und Struktur der Gesellschaft von **wesentlicher Bedeutung** sind, wird Dringlichkeit zu Recht allgemein bejaht.[46] Hier sollten keine allzu strengen Maßstäbe angelegt werden – wenn grundlegende Entscheidungen anstehen, ist es praktisch *immer* im Interesse der Gesellschaft, dass hierbei alle wesentlichen Gesichtspunkte bedacht werden und demgemäß auch alle Aufsichtsratsmitglieder an der Erörterung und Beschlussfassung teilnehmen. Dringlich sind daher in aller Regel Entscheidungen im Zusammenhang mit Übernahmesituationen (aktiv und passiv), anstehende Umwandlungs-, Um- oder Restrukturierungsmaßnahmen, wesentliche M&A-Transaktionen, wichtige strategische Entscheidungen, Vorstands-Personalia (Bestellungen, Abberufungen), Maßnahmen im Umfeld wirtschaftlicher Krisensituationen, Jahresabschluss-bezogene Beschlüsse oder eine drohende Insolvenz.[47] 15

(ii) Dringlichkeit kann auch anzunehmen sein, wenn die Besetzung des Aufsichtsrats in keiner Weise mehr das vor dem Ausscheiden gegebene Spektrum widerspiegelt und daher entweder der Anteilseigner- oder der Arbeitnehmerseite (Beispiel: Aus dem drittelmitbestimmten Sechser-Aufsichtsrat sind zwei oder mehr Eigner-Vertreter ausgeschieden; anders dagegen, wenn nur einer ausscheidet, da hier das Übergewicht der Eignerseite weiter gewahrt ist, → Rn. 18) oder einer anderen, vorher schwächer repräsentierten Interessengruppe, zB einem entsendungsberechtigten Familienstamm, ein **unverhältnismäßiges Stimmgewicht** zufällt und damit der Vakanz geschuldete **Zufallsmehrheiten** zustande kommen können.[48] 16

(iii) Ein **qualitatives Strukturdefizit** liegt vor, wenn die unvollständige Zusammensetzung des Aufsichtsrats zugleich den inhaltlichen Vorgaben von Gesetz oder Satzung widerspricht. Das ist zB der Fall, wenn das gerichtlich zu bestellende Aufsichtsratsmitglied aufgrund verbindlicher **gesetzlicher Vorgaben** für die Besetzung des Aufsichtsrats oder eines Ausschusses erforderlich ist, und zwar unabhängig davon, ob gerade eine Entscheidung ansteht, für die der „Experte" konkret benötigt wird.[49] Das ist weiter der Fall, wenn der Aufsichtsrat um ein Mitglied unterbesetzt ist, das zur Herstellung der **Beschlussfähigkeit** in einem **Ausschuss** (nicht im Aufsichtsrat selbst = Abs. 1) erforderlich ist (Beispiel: Rn. 9). Schließlich begründet auch das Fehlen eines **Aufsichtsratsvorsitzenden,** ohne dass ein zur Amtsübernahme williger, geeigneter oder konsensfähiger Kandidat bereitstände, die Dringlichkeit der gerichtlichen Bestellung. In diesem Fall wird nicht ein Kandidat zum Mitglied des Aufsichtsrats bestellt (der dann seinerseits vom Aufsichtsrat zum Vorsitzenden gewählt wird), sondern der Aufsichtsratsvorsitzende selbst *unmittelbar* gerichtlich bestimmt.[50] 17

(iv) Umstritten ist die Dringlichkeit, wenn über einem oder mehreren Mitgliedern des Aufsichtsrats eine Nichtigkeits- oder Anfechtungsklage schwebt, die wegen ihrer nach der Rechtsprechung des **BGH**[51] unausweichlichen **ex tunc-Wirkung** mittelbar auch die vom Aufsichtsrat zwischenzeitlich gefassten Beschlüsse betrifft (→ § 101 Rn. 51; → § 252 Rn. 9).[52] Zwar rechtfertigt nach hL schon das ab Anhängigkeit der Klage(n) andauernde **juristische Strukturdefizit** die Annahme eines „dringenden Falles" iSd Abs. 2 S. 2.[53] Daraus allein folgt indes noch nicht, dass das Gericht ein Aufsichtsratsmitglied auch schon *vor* dessen Rücktritt 17a

---

[45] Vgl. GroßkommAktG/*Hopt/Roth* Rn. 59.

[46] AG Wuppertal DB 1971, 764: um „Nachteile von der Gesellschaft abzuwenden"; Hüffer/*Koch* Rn. 10; MüKoAktG/*Habersack* Rn. 27; Semler/v. Schenck/*Gasteyer* Rn. 72 f.

[47] Kasuistik bei MüKoAktG/*Habersack* Rn. 27; Spindler/Stilz/*Spindler* Rn. 37.

[48] HM, vgl. GroßkommAktG/*Hopt/Roth* Rn. 59; MüKoAktG/*Habersack* Rn. 27; Hüffer/*Koch* Rn. 1; Semler/v. Schenck/*Gasteyer* Rn. 75; aA *Niewiarra/Servatius* FS Semler, 1993, 217 (220 ff.); Spindler/Stilz/*Spindler* Rn. 37: Idee von „Interessengruppen" entspricht nicht dem gesetzlichen Leitbild des Aufsichtsrats, weshalb auch deren jeweiliges Stimmgewicht irrelevant ist.

[49] Vgl. auch GroßkommAktG/*Hopt/Roth* Rn. 65; MüKoAktG/*Habersack* Rn. 27.

[50] HM, vgl. MüKoAktG/*Habersack* Rn. 5, 27, § 107 Rn. 25; KK-AktG/*Mertens/Cahn* Rn. 3 (auch für den Stellvertreter); Spindler/Stilz/*Spindler* § 107 Rn. 28 f.; Schmidt/Lutter/*Drygala* § 107 Rn. 13; Hüffer/*Koch* § 107 Rn. 6; MHdB AG/*Hoffmann-Becking* § 31 Rn. 8; *Lutter/Krieger/Verse* Rechte und Pflichten Rn. 660; *Fett/Theusinger* AG 2010, 425 (427 f.); aA *Niewiarra/Servatius* FS Semler, 1993, 217 (225 f.).

[51] BGH NZG 2013, 456 Rn. 20 f.

[52] Bei Klagen gegen gewählte Arbeitnehmervertreter oder Entsandte gilt Entsprechendes nur, soweit die Rechtsbehelfe strukturelle Parallelen zum Beschlussmängelrecht aufweisen, insbes. ex tunc-Wirkung, vgl. für die Wahlen der Arbeitnehmervertreter zB *Marsch-Barner* FS K. Schmidt, 2009, 1109 (1118).

[53] Vgl. nur *E. Vetter/van Laak* ZIP 2008, 1806 (1810 f.): „quantitative Dringlichkeit".

oder *vor* der rechtskräftigen Entscheidung über die Klage endgültig bestellen dürfte (arg.: (nur) bei der *Anfechtungs*klage[54] (noch) keine Unterbesetzung);[55] statthaft ist vielmehr nur eine Bestellung – aus Sicht der Gesellschaft idealiter genau des von der Klage betroffenen Mitglieds –, die **aufschiebend bedingt**[56] auf das rechtskräftige Durchgreifen der Klage erfolgt. Tritt die Bedingung ein, erfolgt hinsichtlich der zwischenzeitlichen Tätigkeit des Aufsichtsratsmitglieds ein **Rückbezug** auf den Zeitpunkt der gerichtlichen Bestellung (arg. § 159 BGB analog).[57] Entsprechend können Antrag und Bestellung bereits bei *Anhängigkeit* einer Klage gegen die Wahl eines Aufsichtsratsmitglieds erfolgen (arg.: Funktionsunfähigkeit aufgrund Rechtsunsicherheit)[58] und nicht erst nach ihrer *rechtskräftigen Entscheidung* (arg.: verbotene Rückwirkung; unzulässige Einschränkung des gerichtlichen Auswahlermessens; Institutionenmissbrauch).[59] So ist gewährleistet, dass das juristische Strukturdefizit in jedem Fall behoben wird: Das von der Klage bedrohte Aufsichtsratsmitglied ist/war danach bei den Beschlüssen, an denen es mitwirkt/mitgewirkt hat, **durchgängig** – entweder durch die Hauptversammlung (Klage erfolglos) oder das Gericht (Klage erfolgreich) – **legitimiert.**[60] Eine ungeschützte **Lücke** verbleibt nur zwischen dem Zeitpunkt des angefochtenen Wahlbeschlusses und der gerichtlichen Bestellung.[61] In der Sache (nicht notwendig in der juristischen Konstruktion)[62] handelt es sich hierbei um eine **analoge Anwendung** des § 104 auf der *Tatbestands*seite: Statt zunächst die Vakanz im Aufsichtsrat abzuwarten und dann die gerichtliche Bestellung zu betreiben, wird der ***potentiellen* Vakanz** mit einer ***potentiellen* Bestellung** begegnet. Im Ergebnis wird damit die Befreiung eines bereits vorhandenen Aufsichtsratsmitglieds von den auf ihr lastenden Rechtsunsicherheiten erreicht. **Vorausgesetzt** ist bei einem solchen Vorgehen freilich stets, dass (i) die Anfechtung ihre Ursache nicht in einem **personenbezogenen** (dh auch von § 104 nicht ausschaltbaren) Grund hat und (ii) das Gericht von seinem die Person des Aufsichtsratsmitglieds betreffenden **Auswahlermessen** (→ Rn. 27) im Sinne der Antragsteller Gebrauch macht (→ § 251 Rn. 22; → § 252 Rn. 9, 15).[63] – Will man diesem, von der **Rechtsprechung** nur teilweise unterstützten Ansatz nicht folgen, bleibt nur die Möglichkeit der (angesichts des ungewissen Ausgangs der Klage: rein prophylaktischen) **Amtsniederlegung,** durch die das von der Anfechtung bedrohte Aufsichtsratsmitglied den Weg zu seiner neuerlichen, jetzt gerichtlichen Bestellung freimacht. Der **Nachteil** dieser Lösung liegt darin, dass aufgrund des richterlichen Auswahlermessens nicht feststeht, ob das durch die Hauptversammlung gewählte Mitglied tatsächlich gerichtlich wiederbestellt wird. Überdies besteht die Gefahr, dass Aktionäre ordnungsgemäß gewählte Aufsichtsratsmitglieder allein durch die Klageerhebung (wieder) aus dem Amt drängen können.[64]

---

[54] Zur abweichenden Situation bei der Nichtigkeitsklage/Nichtigkeitsgründen LG München AG 2006, 762 (766); *Brock* NZG 2014, 641 (643); *Fett/Theusinger* AG 2010 425 (429); *Kocher* NZG 2007, 372 (373); *von der Linden* EWiR 2011, 201 (202).

[55] Vgl. MüKoAktG/*Koch* § 251 Rn. 11; *Brock* NZG 2014, 641 (642 f.); *Marsch-Barner,* FS K. Schmidt, 2009, 1109 (1121); *Schürnbrand* NZG 2013, 481 (483); aA aber LG München I AG 2006, 762 (766) – HypoVereinsbank, allerdings bei absehbarem Erfolg der Anfechtungsklage; dagegen OLG Köln ZIP 2008, 508 (509) – IVG; *E. Vetter* ZIP 2012, 701 (706).

[56] Konstruktiv anders *Schwab* AG 2015, 195 ff.; Schmidt/Lutter/*Schwab* § 251 Rn. 12 f.: Klage*abweisung* (oder sonstige Verfahrensbeendigung) als *auflösende* Bedingung für die gerichtliche Bestellung.

[57] Zur Rückwirkung krit. MüKoAktG/*Koch* Rn. 13; *Brock* NZG 2014, 641 (645 ff.).

[58] So OLG München BeckRS 2007, 04374; LG München AG 2006, 762 (766); *Weber/Kersjes* Hauptversammlungsbeschlüsse 2010 § 1 Rn. 236 ff.; *Fett/Theusinger* AG 2010, 425 (429 ff.); *Kocher* NZG 2007, 372 (373) für § 104 analog; *E. Vetter/van Laak* ZIP 2008, 1806 (1810 ff.); *E. Vetter* in Marsch-Barner/Schäfer HdB AG § 25 Rn. 38; *E. Vetter* ZIP 2012, 701 (706 f.) für § 104 direkt; iErg auch KK-AktG/*Mertens/Cahn* Rn. 13; *Schürnbrand* NZG 2013, 481 (483 f.); diff. *Marsch-Barner* FS K. Schmidt, 2009, 1109 (1121); *Schroeder/Pussar* BB 2011, 1930 (1933 ff.): gerichtliche Bestellung nur bis zur nächsten HV.

[59] So OLG Köln ZIP 2011, 522 – IVG; OLG Köln WM 2007, 837 m. zust. Anm. *Schäfer* FD-HGR 2007, 238096; MüKoAktG/*Habersack* § 101 Rn. 12; KK-AktG/*Kiefner* § 252 Rn. 22; *Hüffer,* 10. Aufl. 2012, § 252 Rn. 8; Grigoleit/*Grigoleit/Tomasic* Rn. 9.

[60] *E. Vetter/van Laak* ZIP 2008, 1806 (1809); *E. Vetter* ZIP 2012, 701 (706); die Kritik zusammenfassend KK-AktG/*Kiefner* § 252 Rn. 22 f.

[61] Vgl. *Brock* NZG 2014, 641 (642).

[62] Hierzu ausf. MüKoAktG/*Koch* § 251 Rn. 11 ff.; Hüffer/*Koch* § 104 Rn. 8; *Brock* NZG 2014, 641 (642 ff.).

[63] Gerade mit dem Argument der „unzulässigen Einschränkung" des Auswahlermessens gegen die Möglichkeit einer gerichtlichen Bestellung bei anhängiger Klage OLG Köln ZIP 2011, 522 – IVG; OLG Köln WM 2007, 837 m. zust. Anm. *Schäfer* FD-HGR 2007, 238096.

[64] Vgl. *Brock* NZG 2014, 641 (642); *Schroeder/Pussar* BB 2011, 1930 (1932).

In den **paritätisch** mitbestimmten Aufsichtsräten stellt das Fehlen eines Mitglieds der Arbeitnehmer- oder[65] der Anteilseignerseite (also nur nicht des neutralen „weiteren Mitglieds", → Rn. 19) nach der Fiktion des Abs. 3 Nr. 2 **stets** einen **dringenden Fall** dar – **„quantitatives Strukturdefizit"** (→ Rn. 19). Mit Bedacht unerwähnt geblieben ist in Abs. 3 das **DrittelbG** – der Gesetzgeber ging zu Recht davon aus, dass es hier nicht ohne weiteres zu einem das Gleichgewicht der beiden Interessengruppen störenden Zustand kommt; eine Gleichstellung im Wege der Analogie verbietet sich daher ebenso wie eine zum selben Ergebnis führende, extensive Interpretation der Dringlichkeit gemäß Abs. 2 S. 2 (aber → Rn. 16).[66] Das heißt jedoch nicht, dass es im *paritätisch* mitbestimmten Aufsichtsrat durch das Fehlen des Mitglieds gerade zu einem *Un*gleichgewicht kommen müsste (Beispiel: Dringlichkeit liegt auch dann vor, wenn der gesetzliche 12er-Aufsichtsrat aufgrund der Amtsniederlegung eines Anteilseignervertreters nur noch mit elf Mitgliedern besetzt ist und durch das Ausscheiden eines Arbeitnehmervertreters die Parität gerade wieder hergestellt wird. Bei der gerichtlichen Bestellung des Arbeitnehmervertreters steht Abs. 4 S. 1 nicht entgegen). 18

In den **paritätisch** mitbestimmten Aufsichtsräten nach MitbestG, MitbestErgG und MontanMitbestG bestehen gemäß Abs. 3 im Fall der Unterbesetzung **zwei Besonderheiten:** (i) Das Fehlen eines Mitglieds der Arbeitnehmer- oder Anteilseignerseite gemäß Abs. 3 Nr. 2 stellt **stets** einen **dringenden Fall** dar (→ Rn. 18). Dadurch wird nicht nur die Beschlussfähigkeit, sondern auch die Vollständigkeit des Aufsichtsrats jederzeit gesichert. Abs. 3 Nr. 2 suspendiert allerdings nur von der Verpflichtung, die Dringlichkeit gesondert zu begründen, nicht dagegen vom Antragserfordernis überhaupt.[67] Auch in diesem, vom Gesetz als besonders dringlich angesehenen Fall wird das Gericht also nicht von Amts wegen tätig. (ii) Darüber hinaus **untersagt** Abs. 3 Nr. 1 die gerichtliche Bestellung des nach § 8 MontanMitbestG und § 5 Abs. 2 MitbestErgG vorgesehenen **„weiteren Mitglieds".** Der Grund hierfür liegt darin, dass die Stellung des weiteren Mitglieds nach der Vorstellung des Gesetzgebers des besonderen Vertrauens aller Beteiligten bedarf, das durch die gerichtliche Bestellung nicht vermittelt wird.[68] Eine Vakanz in Person des weiteren Mitglieds kann danach nur im regulären Bestellungsverfahren behoben werden. 19

2. Antragsrecht und Antragspflicht (Abs. 1; Abs. 2 S. 3). a) Antrag; Antragspflicht; Antragsinhalt. Das Gericht wird in beiden Fällen des § 104 (Beschlussunfähigkeit; Unterbesetzung) nur auf (schriftlichen) **Antrag** (→ Rn. 40)[69] tätig; selbst in dringenden Fällen ist eine Ergänzung des Aufsichtsrats von Amts wegen unzulässig.[70] Umgekehrt *muss* das Gericht eine Bestellung verfügen, wenn ein zulässiger, dh den gesetzlichen Anforderungen entsprechender, Antrag gestellt ist. Der Antrag ist indes nur Voraussetzung für das „ob", also die Eröffnung und Durchführung des gerichtlichen Bestellungsverfahrens, nicht dagegen für das „wer [wird bestellt]" (→ Rn. 27) und „wie lange" (→ Rn. 32 f.). – Anders als bei der Bekanntmachung eines Wahlvorschlages (→ § 101 Rn. 9) verlangt **Ziff. 5.4.1 Abs. 6 DCGK** nicht, dass dem Gericht etwaige persönliche oder geschäftliche Beziehungen zum Unternehmen, seinen Organen oder einem wesentlich beteiligten Aktionär im Antrag **offengelegt** werden. Abgesehen davon, dass es hier nicht um eine „Wahl" geht, fehlt es dafür auch an einem für den Antrag konstitutiven „Kandidaten".[71] Zumindest die Gesellschaft hat jedoch ein ureigenes Interesse daran, dass das Gericht einen „kodexkonformen" Kandidaten bestellt, um nicht die Entsprechenserklärung anschließend korrigieren zu müssen; das sollten auch der/die Antragsteller berücksichtigen. Ungeachtet dessen steht es dem Gericht frei, von den Antragstellern oder der Gesellschaft jederzeit entsprechende Auskünfte zu den Kandidaten einzufordern. Der **Vorstand** (nach Abs. 1 S. 2 nur er, kein anderer Antragsberechtigter) ist **verpflichtet,** den Antrag wegen **Beschlussunfähigkeit unverzüglich** (§ 121 Abs. 1 S. 1 BGB) nach Eintritt der Beschlussunfähigkeit zu stellen, wenn die Voraussetzungen hierfür vorliegen. Die nur *drohende* Beschlussunfähigkeit berechtigt noch nicht zur Antragstellung (→ Rn. 7).[72] Zuwarten kann der Vorstand nur, wenn die (wie Abs. 1 S. 2 überflüssi- 20

---

[65] Für Anwendung nicht nur auf die Arbeitnehmerseite (unstr.), sondern auch auf die Anteilseignerseite LG Frankfurt AG 2006, 593 (594); MüKoAktG/*Habersack* Rn. 26; Hüffer/*Koch* Rn. 11, § 96 Rn. 23; Hohenstatt/Seibt/*Seibt/Kraack* Geschlechterquoten Rn. 211; *Junker/Schmidt-Pfitzner* NZG 2015, 929 (932); aA *Hohenstatt/Willemsen/Naber* ZIP 2014, 2220 (2221); *Mense/Klie* GWR 2015, 1 (5).

[66] GroßkommAktG/*Hopt/Roth* Rn. 56; nach Fuhrmann/Wälzholz/*Fuhrmann* FormB GesR M 7.7 Anm. 6 nehmen die Gerichte „in aller Regel eine Ergänzungsbestellung der Arbeitnehmerbank auch bei Drittelbeteiligung vor Ablauf dieser Frist vor".

[67] Hüffer/*Koch* Rn. 11.

[68] Spindler/Stilz/*Spindler* Rn. 39; Hüffer/*Koch* Rn. 11.

[69] Muster bei Fuhrmann/Wälzholz/*Fuhrmann* FormB GesR M 7.7 mAnm 9.

[70] Spindler/Stilz/*Spindler* Rn. 24, 42; Hüffer/*Koch* Rn. 3, 9.

[71] AA *Hasselbach/Jakobs* BB 2013, 643 (651).

[72] OLG Köln ZIP 2011, 522 (523); ebenso MüKoAktG/*Habersack* Rn. 14; diff. GroßkommAktG/*Hopt/Roth* Rn. 30; aA *Baumbach/Hueck* Rn. 4.

gerweise sagt: „rechtzeitige") Ergänzung des Aufsichtsrats – wovon er sich zB durch Befragung von Aufsichtsratsmitgliedern oder (Groß-) Aktionären überzeugen kann – noch *vor* der nächsten, ggf. auch gleichtägig stattfindenden Aufsichtsratssitzung zu erwarten ist. Im Fall der **Unterbesetzung** besteht dagegen grundsätzlich **keine Verpflichtung** des Vorstands zur Antragstellung (arg: gemäß Abs. 2 S. 3 bestimmt sich nur sein „Antrags*recht*" nach Abs. 1).[73] Selbst ein „dringender Fall" (Abs. 2 S. 2) oder eine anstehende Aufsichtsratssitzung (Abs. 1 S. 2) zwingen den Vorstand abseits seiner **allgemeinen Sorgfaltspflichten** (§ 93 Abs. 1 S. 1) nicht zum Handeln. Angesichts der vom Gesetz sonst verordneten **Abstinenz** des Vorstands von Aufsichtsrats-Personalien (vgl. § 124 Abs. 3 S. 1) gehen die **Pflichten des Vorstands** bei der gerichtlichen Bestellung gleichwohl überraschend weit, zumal in der Praxis zumeist er es ist, der eine gerichtliche Bestellung nach § 104 beantragt.[74]

21 Ob der Vorstand den Antrag **im eigenen Namen** (so die zutreffende hM)[75] oder für die Gesellschaft[76] stellt, ist praktisch bedeutungslos, solange der „falsch" gestellte Antrag (im Namen der AG) in den „richtigen" Antrag (des Vorstands als Organ) umgedeutet werden kann.[77] Sicher ausreichend ist in allen Fällen Vorstandshandeln in vertretungsberechtigter Zahl, auch unechte Gesamtvertretung ist zulässig (§ 78 Abs. 2, 3).[78] Zu beachten ist jedoch, dass es hier eben nicht um die Vertretung der Gesellschaft, sondern des *Vorstands* (Antragstellung in *eigenem* Namen!) geht. Genügen sollte daher auch ein Tätigwerden nur des Vorstandsvorsitzenden.[79] Vorauszugehen hat in allen Fällen ein entsprechender, vorzugsweise schriftlicher Vorstandsbeschluss.[80] Mit entsprechendem Mandat ist die Antragstellung auch durch einen **Verfahrensbevollmächtigten** (in der Regel Rechtsanwalt) möglich. **Versäumnis** der Antragstellung ist Pflichtverletzung gegenüber der Gesellschaft (§ 93) und kann einen wichtigen Grund zur Abberufung (§ 84 Abs. 3) darstellen.[81] Sie kann überdies – was in der Praxis kaum je vorkommt – mit Zwangsgeld gegen die säumigen Vorstandsmitglieder (nur gegen sie als den allein Antragsverpflichteten) gemäß § 407 Abs. 1 belegt werden.

22 **b) Antragsberechtigung.** Neben dem antrags*verpflichteten* **Vorstand** (nur soweit es um den Fall „Beschlussunfähigkeit" geht, → Rn. 20) nennt Abs. 1 eine Reihe von für *beide* Fälle (vgl. Abs. 2 S. 3) Antrags*berechtigten*. Für die Praxis empfiehlt sich, einen gleichlautenden Antrag von einer möglichst breiten Gruppe Berechtigter **gemeinsam** stellen zu lassen, um (i) konkurrierende Kandidatenvorschläge zu vermeiden, (ii) den Interessengleichlauf der Antragsberechtigten zu dokumentieren und (iii) damit das Gericht bei seiner Auswahlentscheidung zu entlasten (Amtsermittlungsgrundsatz, → Rn. 40). Überdies wird damit dem Antrag größerer Nachdruck verliehen.[82] Antragsberechtigt ist:

23 – Jedes – auch das allein noch im Amt verbliebene[83] – **Aufsichtsratsmitglied** (Abs. 1 S. 1); die von der hM über § 116 S. 1 iVm § 93 Abs. 1 S. 1 konstruierte Antrags*pflicht* des Aufsichtsratsmitglieds gegenüber der *Gesellschaft*[84] ist angesichts der unbestrittenen gesetzlichen Verpflichtung des *Vorstands* zur Antragstellung (→ Rn. 20) praktisch bedeutungslos. Sie vermag in der Sache überdies allenfalls für den (selteneren) Fall der Beschlussunfähigkeit zu überzeugen (bei Unterbesetzung entbindet Abs. 2 durch sein beredtes Schweigen („Antrags*recht*") sogar den Vorstand von der Antragspflicht!). – **Nicht** antragsberechtigt ist der **Aufsichtsrat** als Organ,[85] erst recht nicht für die Gesellschaft (→ Rn. 26). Im Fall der Beschlussunfähigkeit (Abs. 1) fehlt es hierfür denknotwendig bereits an dem vorgängigen Gremienbeschluss. Selbst im Fall der Unterbesetzung (Abs. 2) lässt sich ein Antrag des Aufsichtsrats jedoch nicht als Individualantrag der zustimmenden Aufsichtsratsmitglieder aufrechterhalten: Entweder hat schon keiner der Befürworter den Antrag gestellt (üblicherweise der Aufsichtsratsvorsitzende); hat er ihn gestellt, kann nicht darauf geschlossen werden,

---

[73] MüKoAktG/*Habersack* Rn. 14, 30; Spindler/Stilz/*Spindler* Rn. 13; Schmidt/Lutter/*Drygala* Rn. 14.

[74] Ebenso *Butzke* HV Kap. J Rn. 77; *Wandt* AG 2016, 877 (878).

[75] So KG OLGZ 1966, 596 (597); MüKoAktG/*Habersack* Rn. 16; Spindler/Stilz/*Spindler* Rn. 16; Schmidt/Lutter/*Drygala* Rn. 4; Henssler/Strohn/*Henssler* Rn. 3.

[76] So KK-AktG/*Mertens/Cahn* Rn. 8.

[77] HM, vgl. MüKoAktG/*Habersack* Rn. 16, 22; Hüffer/*Koch* Rn. 3; *Wandt* AG 2016, 877 (878).

[78] KK-AktG/*Mertens/Cahn* Rn. 8; Hüffer/*Koch* Rn. 3; HK-AktG/*Israel* Rn. 5; Henssler/Strohn/*Henssler* Rn. 3; für Bevollmächtigung durch die übrigen Vorstandsmitglieder Happ/*E. Vetter* AktR 9.05 Rn. 4.2; zur unechten Gesamtvertretung abl. *Wandt* AG 2016, 877 (878).

[79] Dem zuneigend auch *Wandt* AG 2016, 877 (878); allg. zu den Aufgaben des Vorstandsvorsitzenden MüKo-AktG/*Spindler* § 84 Rn. 114.

[80] MüKoAktG/*Habersack* Rn. 16; Spindler/Stilz/*Spindler* Rn. 16; *Wandt* AG 2016, 877 (878).

[81] Spindler/Stilz/*Spindler* Rn. 17.

[82] Für den Fall der Bestellung von Arbeitnehmervertretern ähnlich *Butzke* HV Kap. J Rn. 77; Fuhrmann/Wälzholz/*Fuhrmann* FormB GesR M 7.7 Anm. 2.

[83] OLG Hamburg AG 2016, 756 Rn. 11.

[84] GroßkommAktG/*Hopt/Roth* Rn. 33, 40; KK-AktG/*Mertens/Cahn* Rn. 10; MüKoAktG/*Habersack* Rn. 18, 30; *Wandt* AG 2016, 877 (879).

[85] MüKoAktG/*Habersack* Rn. 18; *Sünner* AG 2012, 265 (271 f.).

dass er ihn auch individuell gestellt hätte. Vor einer Zurückweisung sollte das Gericht in einem solchen Fall jedoch auf Klarstellung des Antrags drängen; sowie

– jeder **Aktionär,** unabhängig vom Umfang (eine Aktie reicht) seines Aktienbesitzes (Abs. 1 S. 1).[86] 24
Das Antragsrecht erstreckt sich auf jede Vakanz, also nicht nur auf die von den Aktionären zu wählenden Vertreter.

Gehören dem Aufsichtsrat keine Arbeitnehmervertreter an, hat es mit diesen drei Antragsberechtigten 25
(Vorstand, Aufsichtsratsmitglied, Aktionäre) sein Bewenden. Muss der Aufsichtsrat dagegen auch aus Mitgliedern der **Arbeitnehmer** bestehen (maßgeblicher Zeitpunkt: Antragstellung),[87] haben weitere, dem Arbeitnehmerlager zugehörige Beteiligte ein – im Hinblick auf *jeden* freien Aufsichtsratssitz ausübbares[88] – **Antragsrecht** (Abs. 1 S. 3 Nr. 1–7).[89] Das kann dazu führen, dass von den verschiedenen Antragsberechtigten jeweils andere Kandidaten vorgeschlagen werden (→ Rn. 26b). Der Kreis der Berechtigten entspricht weitgehend dem der Antragsberechtigten beim Statusverfahren nach § 98 Abs. 2 S. 1 Nr. 4–10 (→ § 98 Rn. 9 ff.). Nur wenn die Gesellschaft herrschendes Unternehmen eines **Konzerns** ist, bestehen im Verfahren nach § 104 **zusätzliche** Antragsrechte für den Konzernbetriebsrat (Abs. 1 S. 3 Nr. 1) und den Konzernsprecherausschuss (Abs. 1 S. Nr. 3), sofern sich solche Gremien gebildet haben. Das Gleiche gilt für die Antragsberechtigten in dem MitbestG unterworfenen Gesellschaften nach Abs. 1 S. 4, die der Gruppe der im Statusverfahren Berechtigten nach § 98 Abs. 2 S. 2 entspricht (→ § 98 Rn. 20).

Kein Antragsrecht haben **Dritte** und die **Gesellschaft** selbst (zur Umdeutung eines entsprechen- 26
den Antrags des Vorstands → Rn. 21, des Aufsichtsrats → Rn. 23). Diese können eine Antragstellung daher allenfalls *anregen.*

c) Antragsinhalt. Um seiner **Mitwirkungsobliegenheit** (§ 27 FamFG) zu genügen, muss der 26a
Antragsteller – neben der Aufforderung, den Aufsichtsrat zu ergänzen – (i) die derzeitige gesetz- und satzungsmäßige **Zusammensetzung** des Aufsichtsrats (Beispiel: „Zwölfköpfiger Aufsichtsrat nach dem MitbestG"), (ii) die Tatsache, dass und ab wann eine **Vakanz** besteht, (iii) den **Grund** der Vakanz (Beispiel: „Amtsniederlegung eines Arbeitnehmervertreters") und (iv) deren **Folgen** (Bsp: „Beschlussunfähigkeit"), (v) ggf. die **Dringlichkeit** der Ergänzung (Abs. 2 S. 3), (vi) die **Eignung** eines etwa vorgeschlagenen Kandidaten (angelehnt an §§ 124 Abs. 3 S. 4, 125 Abs. 1 S. 5, 104 Abs. 4 S. 3) sowie (vii) die **Antragsberechtigung** des Antragstellers darlegen (vgl. § 23 Abs. 1 FamFG).[90] Ggf. sind aussagekräftige **Nachweise,** wie zB Niederlegungsschreiben (von den Gerichten häufig gefordert: nebst Empfangsbekenntnis) und vorsorgliche Annahmeerklärungen der von dem Antragsteller vorgeschlagenen Kandidaten (→ Rn. 34), beizufügen. Zusätzliche Angaben können erforderlich werden, wenn das Gericht die **Geschlechterquote** berücksichtigen muss (→ Rn. 30c). – Bei **mehreren** Antragstellern kann sich der eine Antrag inhaltlich auf den anderen beziehen.

d) Konkurrenz von Antragstellern. Der Antrag auf gerichtliche Bestellung kann von allen 26b
Antragsberechtigten in gleicher Weise gestellt werden. Es besteht **kein Vorrang** des einen vor dem anderen Antragsteller; insbesondere genießen Vorstand und Aufsichtsratsmitglieder als direkt betroffene Beteiligte keine zeitliche oder sachliche Prärogative gegenüber den übrigen Antragsberechtigten (→ Rn. 40). Das kann – insbesondere im (dringlichen) Fall der Unterbesetzung (Abs. 2), in dem für den Vorstand keine *Verpflichtung* zur Antragstellung besteht (→ Rn. 20, 22) – dazu führen, dass insbesondere ein Aktionär eine gerichtliche Bestellung bereits zu einem **Zeitpunkt** beantragt, zu dem der Aufsichtsrat zB aufgrund der von ihm zwingend einzuhaltenden Prozesse (Beratereinschaltung; Kandidaten-Auswahl; Nominierungsausschuss (Ziff. 5.3.3 DCGK); Aufsichtsratssitzung/-beschluss) noch **keinen geeigneten Kandidaten** für die Nachfolge des Ausgeschiedenen gefunden hat. Auch wenn die Aufsichtsratsmitglieder und der Vorstand als notwendige Beteiligte von einem solchen Vorstoß erfahren (→ Rn. 40), laufen sie Gefahr, mangels hinreichend qualifizierter eigener Vorschläge am Ende mit einem ihnen unbekannten oder gar missliebigen Aufsichtsratsmitglied dazustehen. Es empfiehlt sich für die beiden Organe daher, das gerichtliche Bestellungsverfahren bei aufgetretener Vakanz auch dann vorzubereiten, wenn eine eigene Antragstellung (noch) gar nicht geplant ist.

3. Kandidatenauswahl durch das Gericht (Abs. 4). a) Ermessensentscheidung. Bei zuläs- 27
sigem Antrag ist das Gericht zur Bestellung eines Aufsichtsratsmitglieds **verpflichtet** (→ Rn. 20).

[86] MüKoAktG/*Habersack* Rn. 18.
[87] MüKoAktG/*Habersack* Rn. 19; Spindler/Stilz/*Spindler* Rn. 22.
[88] GroßkommAktG/*Hopt/Roth* Rn. 35; KK-AktG/*Mertens/Cahn* Rn. 9; Spindler/Stilz/*Spindler* Rn. 22; aA *Fett/Theusinger* AG 2010, 425 (433).
[89] Muster-Anträge für Arbeitnehmer-Vertreter unter www.boeckler.de; Hauptbereich „Mitbestimmungsförderung".
[90] Ausf. *Wandt* AG 2016, 877 (880 ff.).

Der oder die Antragsberechtigten sind ihrerseits jedoch nicht gehalten (auch wenn dies in der Praxis üblich und unbedingt zu empfehlen ist), dem Gericht konkrete Aufsichtsratskandidaten – zweckmäßigerweise nebst einer (kurzen) Begründung ihrer persönlichen, fachlichen und juristischen (zB § 100) Eignung[91] – zur Bestellung **vorzuschlagen.**[92] Wird andererseits ein Vorschlag gemacht, ist das Gericht selbst beim Fehlen gewichtiger Gegenargumente[93] **nicht** an ihn (verfahrensrechtlich: die *Anregung,* nicht irgendeine, sondern eine bestimmte Person zu bestellen) **gebunden**[94] – auch wenn der Vorschlag bei Vorliegen des Anforderungsprofils bzw. Fehlen von Bestellungshindernissen (→ Rn. 28) in der Praxis regelmäßig berücksichtigt wird. Der Vorschlag eines ungeeigneten oder sogar gesetzlich unqualifizierten Kandidaten führt daher in keinem Fall zur **Zurückweisung** des Antrags als unzulässig.[95] Das Gericht entscheidet über die von den Beteiligten gemachten, nicht selten einander widersprechenden „Anregungen" vielmehr nach seiner „freien, aus dem gesamten Inhalt des Verfahrens gewonnenen Überzeugung" (§ 37 Abs. 1 FamFG) unter Berücksichtigung insbesondere des **Interesses der Gesellschaft** an einer Persönlichkeit, die unter den gegebenen Umständen in der Lage ist, die dem Aufsichtsrat konkret obliegenden Aufgaben bestmöglich zu erfüllen (vgl. aber → Rn. 30d).[96] Dabei hat das Gericht alle ihm zugänglichen und sinnvoll erscheinenden **Erkenntnismöglichkeiten** für seine Entscheidung zu nutzen.[97] (**Beispiele:** (i) Bestellung eines „neutralen" Aufsichtsratsmitglieds bei Bestehen **erheblicher Interessengegensätze** und **Streitigkeiten** im Aktionärskreis; (ii) Bestellung des Kandidaten, bei dem eine geringere Gefahr von **Interessenkonflikten** besteht oder (iii) für den sich die (übrigen) Anteilseignervertreter **einstimmig ausgesprochen** haben).[98] – Angesichts der Entscheidungsfreiheit des Gerichts spricht grundsätzlich nichts dagegen, dass sich der Vorstand gegenüber Dritten, wie zB potentiellen Investoren oder aktivistischen Aktionären, **„verpflichtet"**, dem Gericht eine bestimmte, von dem Dritten favorisierte Person zur Bestellung vorzuschlagen, sofern er nur selbst der Überzeugung ist, dass diese Person den an sie gestellten Anforderungen genügt (→ § 101 Rn. 10a).[99] – Voraussetzung für die gerichtliche Bestellung ist die Einhaltung bestimmter **gesetzlicher Vorgaben:**

28 **b) Persönliche Bestellungsvoraussetzungen.** Gemäß Abs. 4 **S. 3** muss das Gericht in *beiden* zur Bestellung berechtigenden Fällen (Beschlussunfähigkeit, Unterbesetzung) die nach **Gesetz** und **Satzung** bestehenden, persönlichen Bestellungsvoraussetzungen (Beispiele: §§ 96 Abs. 2, 100 Abs. 1, 2; 105) beachten.[100] Bei den **Arbeitnehmervertretern** zählen hierzu insbesondere das Bestehen eines Arbeitsverhältnisses mit der Gesellschaft (§ 7 Abs. 2 MitbestG) und die Zugehörigkeit zur Gruppe der Arbeitnehmer oder der leitenden Angestellten.[101] **Ehemalige Vorstandsmitglieder** können bei der Bestellung in den Aufsichtsrat börsennotierter Gesellschaften nur berücksichtigt werden, wenn der Antrag (= „Vorschlag" iSd § 100 Abs. 2 S. 1 Nr. 4) von 25% der Aktionäre gestellt wurde (→ § 100 Rn. 39); wie sonst auch ist das Gericht an einen solchen Personalvorschlag selbst bei Erreichen des Quorums jedoch nicht gebunden.[102] **Keine** *persönliche* Bestellungsvoraussetzung (sondern eine von *mehreren* Seiten zu besorgende *objektive* Anforderung an die Zusammensetzung des Aufsichtsrats *insgesamt*) stellt die Eigenschaft als **Finanzexperte** iSd § 100 Abs. 5 (→ § 100 Rn. 8 ff.) dar;[103] das gilt entgegen der hL selbst für den Fall, dass der Aufsichtsrat bisher nicht – oder

---

[91] Vgl. *Wasse* AG 2011, 685 (687 f.) am Beispiel eines ausländischen Kandidaten. – Zulässig auch: Vorschlag/Bestellung eines von der HV abgelehnten Kandidaten, Schmidt/Lutter/*Drygala* Rn. 9.

[92] MüKoAktG/*Habersack* Rn. 31: „üblich und ratsam"; HK-AktG/*Israel* Rn. 7; Einzelheiten bei *Fett/Theusinger* AG 2010, 425 (432).

[93] AA *E. Vetter* ZIP 2008, 1806 (1812) für Ermessensreduzierung auf Null.

[94] OLG Braunschweig BeckRS 2016, 15591 Rn. 45 – VW/Pötsch.

[95] AA offenbar Spindler/Stilz/*Spindler* Rn. 47a für den Fall eines Verstoßes gegen die Geschlechterquote.

[96] Ganz hM, vgl. nur OLG Braunschweig BeckRS 2016, 15591 Rn. 33 – VW/Pötsch; MüKoAktG/*Habersack* Rn. 31.

[97] Teils aA OLG Bamberg ZIP 2014, 2035 (2036) – obiter: keine Berücksichtigung der Stellungnahmen von Arbeitnehmervertretern bei der Besetzung von Aufsichtsratspositionen der Anteilseigner.

[98] OLG Frankfurt ZIP 2015, 170 (174); OLG Bamberg ZIP 2014, 2035 (2036); OLG München NZG 2009, 1149 (1150) = AG 2009, 745; OLG Schleswig BB 2004, 1187 (1188 f.); Hüffer/*Koch* Rn. 5, 9; *Fett/Theusinger* AG 2010, 425 (432); *Paudtke/Glauer* NJW-Spezial 2013, 719; weitergehend Grigoleit/*Grigoleit/Tomasic* Rn. 15: mutmaßlicher Wille des Bestellungsorgans entscheidend.

[99] Eher großzügiger *Schockenhoff/Culmann* ZIP 2015, 297 (301).

[100] Vgl. nur OLG Schleswig BB 2004, 1187 (1188); KK-AktG/*Mertens/Cahn* Rn. 20.

[101] Hierzu MüKoAktG/*Habersack* Rn. 33; Hüffer/*Koch* Rn. 13.

[102] OLG Braunschweig BeckRS 2016, 15591 Rn. 47 – VW/Pötsch; vgl. ferner *Wandt* AG 2016, 877 (882 f.); *Fett/Theusinger* AG 2010, 425 (432); *Schulenburg/Brosius* WM 2011, 58 (62 f.); MüKoAktG/*Habersack* § 100 Rn. 39; Schmidt/Lutter/*Drygala* § 100 Rn. 20; aA Grigoleit/*Grigoleit/Tomasic* Rn. 18: „unabhängige gerichtliche Ermessensentscheidung", dh § 100 Abs. 2 S. 1 Nr. 4 ≠ Bestellungshindernis.

[103] *Sünner* FS U.H. Schneider, 2011, 1301 (1306 f.); *Bartenbach* GWR 2010, 207 (208).

nicht mehr – über einen solchen Experten verfügt.[104] Ungeachtet dessen muss das Gericht sich für seinen Teil darum bemühen, für eine rechtmäßige Zusammensetzung des Aufsichtsrats zu sorgen; einen Beschwerdegrund (→ Rn. 41) stellt das Versäumnis (= die Bestellung eines als Finanzexperte unzureichend qualifizierten Aufsichtsratsmitglieds) indes nicht dar (arg. → § 100 Rn. 73 f.).[105] – Alle Eignungskriterien *unterhalb* der Gesetzes- oder Satzungsschwelle, wie zB die von der Gesellschaft gemäß § 161 zu beobachtenden **Kodex-Regelungen** zur fachlichen Qualifikation (Ziff. 5.4.1 Abs. 1 DCGK; → § 100 Rn. 21) und zur Unabhängigkeit des Kandidaten (Ziff. 5.4.2 DCGK; → § 100 Rn. 23, 50; Abdruck des DCGK → § 161 Rn. 67), sind vom Gericht nur im Rahmen seines **allgemeinen Auswahlermessens** zu berücksichtigen.[106] So schließt zB nicht jede Interessenkollision, sondern allenfalls ein Konflikt, der eine **gravierende, unlösbare Pflichtenkollision** beinhaltet, und damit die Aufsichtsratsarbeit schlechthin unmöglich macht (Ziff. 5.5.3 S. 2 DCGK), eine gerichtliche Bestellung aus.[107] Im Ergebnis nichts anderes gilt für den dem Aufsichtsrat der börsennotierten Gesellschaft gemäß **Ziff. 5.4.1 Abs. 2 DCGK** empfohlenen **Zielekatalog** sowie das von ihm erarbeitete **„Kompetenzprofil":** Die vom Aufsichtsrat verabschiedete Wunschliste (betreffend Internationalität, Konfliktfreiheit, Unabhängigkeit, Alter, Diversity) müssen Antragsteller (arg.: keine Vorschlagspflicht, → Rn. 27; Ziff. 5.4.1 Abs. 4 DCGK e contrario)[108] und Gericht selbst dann nicht berücksichtigen, wenn es an der Zielerreichung bzw. dem Kompetenzprofil zum Bestellungszeitpunkt erkennbar mangelt. Eine Verpflichtung der Antragsteller, das Gericht auf etwaige DCGK-Defizite des/der Kandidaten **hinzuweisen** (Ziff. 5.4.1 Abs. 6 DCGK) besteht daher nicht (→ Rn. 20).[109] Umgekehrt kann das Gericht bei seiner Auswahlentscheidung seiner Meinung nach unzureichend umgesetzte Kodex-Empfehlungen oder andere gesellschaftspolitische Belange **berücksichtigen,** sofern es dabei nur das Interesse der Gesellschaft (→ Rn. 27) im Auge behält.[110] Dazu zählen auch die **„weichen" Ziele,** die nicht der fixen Geschlechterquote (→ Rn. 30a ff.) unterworfene Gesellschaften sich im Hinblick auf die Besetzung ihrer Aufsichtsräte mit **Frauen** gesetzt haben. Hierbei geht es nicht um die Erfüllung verbindlicher Normbefehle, sondern um die Berücksichtigung individuell definierter, flexibel verstandener Unternehmensziele. Jede weiter gehende Deutung würde § 111 Abs. 5 eine Schlagkraft verleihen, die ihr der Gesetzgeber gerade nicht verliehen hat.[111]

c) Proporz. Besteht der Aufsichtsrat, egal aus welchem Rechtsgrund (MitbestG, DrittelbG etc), 29
auch aus Arbeitnehmervertretern, muss das Gericht grundsätzlich in beiden Bestellungsfällen das richtige **„zahlenmäßige Verhältnis",** dh die Parität (Stärke Anteilseigner – Arbeitnehmer) und den Gruppenproporz (Stärke Arbeitnehmer – leitende Angestellte – Gewerkschafter), herstellen, Abs. 4 **S. 1** (Beispiel: Sind im sechsköpfigen, drittelmitbestimmten Aufsichtsrat nur noch die beiden Arbeitnehmervertreter übrig, *muss* das Gericht den Aufsichtsrat wieder auf die volle Ist-Stärke von sechs Mitgliedern ergänzen; jede andere Ergänzung würde S. 1 widersprechen). Bei der Wiederherstellung der *Beschlussfähigkeit* klappt das jedoch nicht immer (Beispiel: Im drittelmitbestimmten, sechsköpfigen Aufsichtsrat sind nur noch drei Mitglieder vorhanden, zur Beschlussfähigkeit jedoch vier Mitglieder erforderlich. Die Wiederherstellung der Beschlussfähigkeit auf vier Mitglieder (→ Rn. 10) kann in keinem Fall die Drittel-Parität wahren). Seinem Wortlaut nach **suspendiert** Abs. 4 **S. 2** die Verpflichtung des Gerichts auf das „maßgebende zahlenmäßige Verhältnis" gemäß S. 1 in diesen Fällen. Die hM entnimmt der Vorschrift indes den Auftrag an das Gericht, mit seiner

[104] Besonders deutlich im Fall der Ergänzung des Aufsichtsrats wegen *Beschlussunfähigkeit,* vgl. Grigoleit/*Grigoleit/Tomasic* Rn. 19; *Wachter/Schick* Rn. 12; aA *E. Vetter* FS Maier-Reimer, 2010, 795 (816); *Sünner* FS U.H. Schneider, 2011, 1301 (1302, 1307); *Fett/Theusinger* AG 2010, 425 (432); wohl auch *v. Falkenhausen/Kocher* ZIP 2009, 1601 (1602).

[105] Damit sympathisierend (wenn auch iErg offenlassend) OLG Frankfurt ZIP 2015, 170 (176).

[106] Insoweit zutr. OLG Hamm NZG 2013, 1099 (1100); ferner MüKoAktG/*Habersack* Rn. 33; Hüffer/*Koch* Rn. 5; Grigoleit/*Grigoleit/Tomasic* Rn. 19; *Fett/Theusinger* AG 2010, 425 (432); noch rigider *Hüffer,* 10. Aufl. 2012, Rn. 5: „[DCGK ist] Sache der Gesellschaft, nicht des Gerichts"; weitergehend KK-AktG/*Lutter* § 161 Rn. 78; MüKoAktG/*J. Semler,* 2. Aufl. 2004, Rn. 84; LG Hannover AG 2009, 341 (342) = ZIP 2009, 761 – Conti/Schaeffler II (obligatorische Berücksichtigung des DCGK, soweit die Gesellschaft keine Abweichung erklärt hat); ähnlich *Beyer* NZG 2014, 61 (64); (nur) zum Auswahlermessen aA *Wandt* AG 2016, 877 (884 f.): „keine sachgerechte Richtschnur für die Entscheidungsfindung".

[107] OLG Schleswig ZIP 2004, 1143 (1144); ähnlich BGHZ 180, 9 Rn. 25 = ZIP 2009, 460 – Kirch/Deutsche Bank, obiter; iErg auch LG Hannover AG 2009, 341 (342) = ZIP 2009, 761 – Conti/Schaeffler II; *Lutter/Schmidt/Drygala* Rn. 9.

[108] Ebenso *Kocher/Lönner* CCZ 2010, 183 (184), die insoweit allerdings „Wertungswidersprüche" sehen; aA RKLW/*Kremer* DCGK, 4. Aufl. 2010, Rn. 1028.

[109] Ebenso *Wandt* AG 2016, 877 (886).

[110] *Paudtke/Glauer* NJW-Spezial 2013, 719; vgl. auch MüKoAktG/*Habersack* Rn. 33; OLG Hamm NZG 2013, 1099 (1100); aA *Wandt* AG 2016, 877 (885 f.).

[111] IErg ebenso WKS/*Wißmann* MitbestG § 6 Rn. 87.

Bestellung den mitbestimmungsrechtlichen Vorgaben möglichst nahe zu kommen, also regelmäßig ein Mitglied der zum Zeitpunkt der Entscheidung benachteiligten Gruppe zu bestellen.[112] Bedeutung hat das nur für den drittelmitbestimmten Aufsichtsrat; in allen anderen Fällen kann der Aufsichtsrat nach Abs. 3 Nr. 2 auf seine volle Stärke (und damit verhältniswahrend) ergänzt werden.

30 **d) Vorschlagsrecht.** Jedem **Antragsberechtigten** steht es frei, dem Gericht Bestellungsvorschläge zu unterbreiten (→ Rn. 27). Soweit die Gewerkschaften, ihre Spitzenorganisationen oder Betriebsräte berechtigt sind, der Hauptversammlung für die Wahl von Aufsichtsratsmitgliedern Vorschläge zu machen (gemäß § 16 Abs. 2 MitbestG; § 10d Abs. 2 MitbestErgG; § 6 Abs. 1, 3, 4; § 9 MontanMitbestG; § 6 DrittelbG), sind diese vom Gericht jedoch kraft ausdrücklicher gesetzlicher Anordnung auch bei seiner Auswahlentscheidung zu berücksichtigen **(Abs. 4 S. 4).** Widersprechen sich die gemachten Vorschläge, kann das Gericht zwischen ihnen (oder auch einem dritten Kandidaten) nach seinem Ermessen wählen.[113] Von Amts wegen unbeachtet bleiben nur die Vorschläge, denen „überwiegende Belange der Gesellschaft oder der Allgemeinheit", zB wegen fehlender fachlicher oder persönlicher Qualifikation (Verschwiegenheit!) oder einer gerade erfolgten gerichtlichen Abberufung des nunmehr vorgeschlagenen Kandidaten, entgegenstehen.[114]

30a **4. Berücksichtigung der Geschlechterquote (Abs. 5). a) Anwendungsbereich.** Abs. 5 stellt in Ergänzung zu Abs. 4 S. 3 (→ Rn. 28) klar, dass auch im Falle der *gerichtlichen* Ergänzung des Aufsichtsrats die Einhaltung der Geschlechterquote zwingend zu beachten ist.[115] Davon betroffen sind allerdings nur die der **fixen** Quote des § 96 Abs. 2 unterliegenden (= börsennotierten + paritätisch mitbestimmten) Gesellschaften (→ § 96 Rn. 44), und zwar bei – worauf auch immer beruhenden – Vakanzen auf der **Anteilseigner-** und der **Arbeitnehmerseite** (vgl. §§ 18a Abs. 2 S. 2, 10f Abs. 2 S. 2 MitbestErgG). Nicht zu berücksichtigen ist die fixe Geschlechterquote dagegen bei Gesellschaften, für die nur die *weiche* (= Frauen-) Quote gilt (→ Rn. 28).[116] Dass Abs. 5 die ebenfalls der fixen Geschlechterquote unterliegenden (börsennotierten, paritätisch mitbestimmten) Gesellschaften, die aus einer **grenzüberschreitenden Verschmelzung** hervorgegangen sind, ungeachtet ihrer Erwähnung in § 96 Abs. 3 nicht erwähnt, muss angesichts der ansonsten willkürlichen Ungleichbehandlung der beiden Gruppen als Redaktionsversehen betrachtet werden.[117] – Trotz Fehlens einer expliziten **Übergangsregelung** gilt die Verpflichtung der Gerichte zur Beachtung der Geschlechterquote im Einklang mit den insoweit nicht anders gelagerten Wahlen und Entsendungen (→ § 96 Rn. 48) für Bestellungen **ab dem 1.1.2016** (§ 25 Abs. 2 S. 1 EGAktG analog).[118] Den maßgeblichen **Zeitpunkt** für die Feststellung, ob ein gerichtlich zu behebendes Quotendefizit vorliegt, bildet der Abschluss der gerichtsinternen Entscheidungsfindung.[119]

30b Unabhängig von der „regulären" gerichtlichen Bestellung kommt § 104 als **Sanktionsnorm** zum Einsatz, wenn (i) die Arbeitnehmerseite des Aufsichtsrats (ii) nach der Abhaltung von Wahlen im Wege der *Getrennt*erfüllung (iii) ein *unterrepräsentiertes* Geschlecht (und damit einen oder mehrere **„leere Stühle"**) aufweist. Neben der Nachwahl dient die gerichtliche Bestellung hier als **Zwangsmittel** zur Schaffung **quotengerechter Zustände** (§ 18a Abs. 2 S. 2 MitbestG, § 10f Abs. 2 S. 2 MitbestErgG) → § 96 Rn. 69.

30c **b) (Weiterer) Antragsinhalt.** Um dem Gericht die Berücksichtigung der Geschlechterquote zu ermöglichen, muss der Antrag auf Bestellung eines Aufsichtsratsmitglieds mit bestimmten **zusätzlichen** (→ Rn. 26a) **Angaben** zur (i) **Geltung der fixen Geschlechterquote** (Börsennotierung + qualifizierte Mitbestimmung) sowie zur (ii) **Auswirkung der Vakanz** auf die (insbesondere: gesamt oder getrennt)[120] zu erfüllende Quote zu versehen.[121] Verfügt der Antragsteller nicht über die

[112] So MüKoAktG/*Habersack* Rn. 32; Hüffer/*Koch* Rn. 12; NK-AktR/*Breuer/Fraune* Rn. 10; Raiser/Veil/Jacobs/*Raiser* MitbestG § 6 Rn. 47; aA *Baumbach/Hueck* Rn. 13: Bestellung einer neutralen Person; verkannt von OLG Frankfurt NZG 2011, 353 (354 f.).

[113] BayObLGZ 1997, 262 (265); LG Wuppertal BB 1978, 1380.

[114] Kasuistik bei GroßkommAktG/*Hopt/Roth* Rn. 74; MüKoAktG/*Habersack* Rn. 36.

[115] Vgl. Begr. RegE, BT-Drs. 18/3784, 122; krit. *Teichmann/Rüb* BB 2015, 259 (261).

[116] Schmidt/Lutter/*Drygala* Rn. 24a.

[117] Ebenso Schmidt/Lutter/*Drygala* Rn. 24b; Hüffer/*Koch* Rn. 14a; wohl auch Semler/v. Schenck/*Gasteyer* Rn. 101.

[118] OLG Braunschweig BeckRS 2016, 15591 Rn. 48 – VW/Pötsch; ebenso Semler/v. Schenck/*Gasteyer* Rn. 100, 144 f.; *Wasmann/Rothenburg* DB 2015, 291 (291): aA Schmidt/Lutter/*Drygala* Rn. 24c: ab Inkrafttreten des Quotengesetzes am 1.5.2015.

[119] Vgl. Spindler/Stilz/*Spindler* Rn. 47a: „letzte mündliche Verhandlung bzw. ihr Äquivalent".

[120] Begr. RegE, BT-Drs. 18/3784, 121; Hüffer/*Koch* Rn. 14a; *Seibt* ZIP 2015, 1193 (1198 f.); *Junker/Schmidt-Pfitzner* NZG 2015, 929 (933); gegen die Möglichkeit eines Widerspruchs gegen die Gesamterfüllung speziell bei gerichtlicher Bestellung WKS/*Wißmann* MitbestG § 6 Rn. 75, 86.

[121] *Wandt* AG 2016, 877 (884).

entsprechenden Informationen (zB ob in der Gesellschaft das Prinzip der Gesamt- oder Getrennterfüllung herrscht; ob speziell für die gerichtliche Bestellung ein Widerspruch gegen die Gesamterfüllung erklärt worden ist)[122] oder kommt er seiner Mitwirkungsobliegenheit (§ 27 FamFG) sonst nicht nach, muss das Gericht die entsprechende Auflärung **kraft Amtes** betreiben (§ 26 FamFG).[123] – Bei **mehreren** Antragstellern kann sich der eine im Hinblick auf die erforderlichen Zusatzangaben inhaltlich auf den anderen beziehen. Versäumt der Antragsteller, die Angaben zu machen, und erfolgt darauf hin eine quoten*widrige* gerichtliche Bestellung, ist diese gleichwohl wirksam (aber anfechtbar → Rn. 30g). – Unterliegt die Gesellschaft **nicht** der fixen Geschlechterquote, ist eine **Negativmeldung** nicht erforderlich.

c) Auswahl. Entsprechend § 25 Abs. 2 S. 2 AktG sind vakante Stellen bei einer Gesellschaft mit (noch) nicht quotengerechtem Aufsichtsrat ab dem 1.1.2016 bis zur ersten regulären Neuwahl im Anschluss daran so lange mit Personen des unterrepräsentierten (zumeist weiblichen) Geschlechts zu besetzen, bis der gesetzliche Mindestanteil erreicht ist.[124] Später hängt es vom jeweiligen Ersatzfall ab, ob das Gericht einen Mann oder eine Frau bestellen muss. Demgemäß muss es **prüfen,** ob durch die Bestellung die **Gesamterfüllung** gewährleistet oder – bei einem vorher erfolgten Widerspruch einer der „Bänke" – die **Quote auf der jeweiligen Bank** eingehalten ist. Die gesetzliche Anordnung gilt absolut und ausnahmslos; sie nimmt keine Rücksicht darauf, dass (zunächst) kein nach seinem Geschlecht passender Kandidat zur Verfügung steht (zu stehen scheint) oder der nach seinem Geschlecht passende Kandidat einem insoweit unpassenden Kandidaten in puncto fachlicher und persönlicher Eignung – ggf. sogar deutlich – unterlegen ist **(„Quote vor Qualität").**[125] Muss mit der Bestellung ein Quotenziel erfüllt werden, ist eine **Ermessensauswahl** nach dem Unternehmenswohl daher nur dann eröffnet, wenn dem Gericht **mehrere** Kandidaten des **„richtigen"** Geschlechts zur Verfügung stehen. Schon deshalb empfiehlt sich für den Antragsteller, dem Gericht die Entscheidung durch den **konkreten Vorschlag** (→ Rn. 27) eines passenden (= fachlich und persönlich geeigneten; dem Unternehmenswohl dienlichen; dem richtigen Geschlecht angehörigen) **Kandidaten** so leicht wie möglich zu machen. 30d

Geht es um die Bestellung eines **Arbeitnehmervertreters,** gehört zu den nach Abs. 4 S. 3 zu berücksichtigenden **„besonderen Voraussetzungen"** ungeachtet der Geltung des Abs. 5 auch das zur Erfüllung der gesetzlichen Quote „passende" Geschlecht (→ Rn. 28). Für das Gericht ohne Belang ist demgegenüber die in § 18a MitbestG, § 10f Abs. 2 MitbestErgG – ausschließlich für den Fall des leeren Stuhls vorgesehene (→ Rn. 30b) – Gruppenaufteilung innerhalb der Arbeitnehmerbank.[126] 30e

Erfüllt die Gesellschaft die (gesamt oder getrennt zu erfüllende) Geschlechterquote **unabhängig** von dem Geschlecht des zu bestellenden Nachfolgers, ist das Gericht in seiner Auswahl frei.[127] Durch die gerichtliche Bestellung kann sich die (zB Frauen-) Quote im Ergebnis also auch **vermindern,** solange sie nur weiter oberhalb der gesetzlichen 30% liegt. 30f

d) Rechtsfolgen bei Verstoß. Missachtet das Gericht die Geschlechterquote, ist die Bestellung gleichwohl **wirksam;** die für die regulären Bestellungsorgane geltende Nichtigkeitsfolge nach § 96 Abs. 2 S. 6 kommt nicht zum Tragen.[128] Stattdessen kann auf die auch sonst statthaften **Rechtsbehelfe** für den Fall einer (angeblich) rechtswidrigen gerichtlichen Bestellung zurückgegriffen werden (→ Rn. 41 f.). 30g

5. Rechtsstellung des gerichtlich Bestellten. a) Allgemeines. Die Rechtsstellung des gerichtlich bestellten Aufsichtsratsmitglieds unterscheidet sich grundsätzlich nicht von derjenigen der gewählten oder entsandten Mitglieder. Der Bestellte ist insbesondere Träger der gleichen Rechte und Pflichten. Jede davon abweichende, dh nach dem Bestellungsgrund differenzierende Satzungsbestimmung wäre unzulässig. Vorbehaltlich seiner Wahl kann das gerichtlich bestellte Aufsichtsratsmitglied daher zB auch in Ausschüssen tätig werden. Es tritt jedoch **nicht** automatisch in die **Funktionen** (Ausschussmitgliedschaften; Aufsichtsratsvorsitz) des ihm vorangegangenen Aufsichtsratsmitglieds 31

---

[122] Dazu *Junker/Schmidt-Pfitzner* NZG 2015, 929 (930).

[123] Hohenstatt/Seibt/*Seibt/Kraack* Geschlechterquoten Rn. 212; vgl. auch *Junker/Schmidt-Pfitzner* NZG 2015, 929 (933).

[124] Vgl. *Teichmann/Rüb* BB 2015, 898 (901); Semler/v. Schenck/*Gasteyer* Rn. 103.

[125] Aus (EU-/GG-) verfassungsrechtlichen Gründen krit. Schmidt/Lutter/*Drygala* Rn. 24e f.; Hohenstatt/Seibt/*Seibt/Kraack* Geschlechterquoten Rn. 213; dagegen *Grobe* AG 2015, 289 (301 ff.).

[126] WKS/*Wißmann* MitbestG § 6 Rn. 86.

[127] WKS/*Wißmann* MitbestG § 6 Rn. 88.

[128] Spindler/Stilz/*Spindler* Rn. 47a.

ein.[129] Eine Besonderheit für gerichtlich bestellte Aufsichtsratsmitglieder stellen nur die in § 104 Abs. 6 und 7 selbst enthaltenen Spezialregeln dar.

32 **b) Amtsdauer.** § 104 trifft mit Ausnahme von Abs. 6 (→ Rn. 34) keine Aussage zur **Amtsdauer** eines gerichtlich zu bestellenden Aufsichtsratsmitglieds.[130] Um das eigentlich zuständige Bestellungsorgan nicht dauerhaft zu entmündigen/entpflichten (→ Rn. 5), empfiehlt sich, die Bestellung grundsätzlich nur bis zum nächsten regulären Bestellungstermin, also die Hauptversammlung (Anteilseignervertreter) oder die Belegschaftswahlen (Arbeitnehmervertreter), auszusprechen. Die Antragsberechtigten *können* eine solche **befristete** Bestellung ihrerseits „beantragen" (= anregen); eine zwingende rechtliche Notwendigkeit ist das nicht. Allerdings empfiehlt („soll") auch **Ziff. 5.4.3 S. 2 DCGK** börsennotierten Gesellschaften eine Befristung für die Bestellung zumindest der *Anteilseigner*vertreter[131] „bis zur nächsten Hauptversammlung". Soweit anwendbar sind Abweichungen hiervon – dh Anträge (nicht: Bestellungs*beschlüsse*![132]), die keine Befristung der Bestellung enthalten[133] – von Vorstand und Aufsichtsrat (allerdings nur, wenn die Gesellschaft (→ Rn. 26), ihre Organe (→ Rn. 21, 23) oder einzelne ihrer Mitglieder (→ Rn. 23) an der Antragstellung beteiligt waren)[134] in der **Entsprechenserklärung** (§ 161) offenzulegen (vgl. auch → Rn. 45). Entgegen dem zu engen Wortlaut von Ziff. 5.4.3 S. 2 DCGK stellt ein Antrag auf Bestellung bis zur *übernächsten* (ordentlichen oder außerordentlichen)[135] Hauptversammlung jedoch dann keine Kodex-Verletzung dar, wenn es für Wahlen in der nächsten Hauptversammlung, zB wegen der gesetzlichen Bekanntmachungsfristen (§ 123 Abs. 1), bereits zu spät ist.[136]

33 Einem Antrag auf **befristete** Bestellung (zB „bis zum Abschluss des regulären Wahlverfahrens der Arbeitnehmervertreter") muss das Gericht ebenso wenig entsprechen wie dem Vorschlag zur Person des zu Bestellenden. Auch darüber entscheidet das Gericht nach seinem pflichtgemäßen (= sachgerechten) Ermessen.[137] Allerdings sind schwerlich Fälle vorstellbar, in denen das Gericht von der Anregung, das Aufsichtsratsmitglied nur für eine bestimmte Zeit zu bestellen, aus einem sachlichen, am „Wohl der Gesellschaft" orientierten Grund, abweichen sollte. Verzichten der oder die Antragsteller auf eine Befristung (zur DCGK-Konformität → Rn. 32), steht es dem Gericht frei, eine Frist festzusetzen.[138] Sieht auch das Gericht – wie dies in der Praxis trotz seiner Aushilfsfunktion (→ Rn. 32) durchaus verbreitet ist – von einer Befristung ab („… wird zum Mitglied des Aufsichtsrats der X-AG bestellt"), erfolgt die Bestellung für die gesetzliche oder satzungsmäßige **Höchstfrist** (§ 102)[139] und nicht etwa nur bis zum Ende der Amtszeit dessen, den der gerichtlich Bestellte ersetzt. – Ist die Höchstfrist (§ 102 Abs. 1) abgelaufen, verliert das gerichtlich bestellte Aufsichtsratsmitglied wegen der zwingenden Amtsdauer (→ § 102 Rn. 14) auch dann sein Amt, wenn dadurch der vorherige „Notzustand" wieder eintritt.[140] Indes ist das Gericht nicht daran gehindert, auf einen entsprechenden Antrag hin die erforderliche Zahl Aufsichtsratsmitglieder erneut gerichtlich zu bestellen.[141]

34 Die Amtszeit des gerichtlich bestellten Aufsichtsratsmitglieds endet **automatisch,** dh ohne Amtsniederlegung, Ablauf der Amtszeit oder gerichtliche Abberufung (→ § 103 Rn. 27),[142] „sobald der Mangel behoben ist" **(Abs. 6);** das gilt „in jedem Fall", also unabhängig davon, ob das Gericht im Bestellungsbeschluss eine längere Amtszeit bestimmt hat (→ Rn. 32 f.). Auf diese Weise wird sichergestellt, dass es trotz zwischenzeitlicher Wahl oder Entsendung eines Aufsichtsratsmitglieds nie zu einer Überbesetzung des Aufsichtsrats kommt. Bei einer „dauernden Verhinderung" (→ Rn. 7) ist dies der Fall,

---

[129] MüKoAktG/*Habersack* Rn. 53; Spindler/Stilz/*Spindler* Rn. 3; Hüffer/*Koch* Rn. 17; *Fett/Theusinger* AG 2010, 425 (427); aA wohl Grigoleit/*Grigoleit/Tomasic* Rn. 23.

[130] *Fett/Theusinger* AG 2010, 425 (426).

[131] Wilsing/*Wilsing* DCGK Ziff. 5.4.3 Rn. 6; *E. Vetter* BB 2005, 1689 (1692); *Wandt* AG 2016, 877 (887).

[132] Ebenso *Wandt* AG 2016, 877 (888).

[133] Zutr. – auch zum missverständlichen Wortlaut von Ziff. 5.4.3 S. 2 DCGK – Wilsing/*Wilsing* DCGK Ziff. 5.4.3 Rn. 4 f.

[134] AA 2. Aufl.; zutr. Wilsing/*Wilsing* DCGK Ziff. 5.4.3 Rn. 4; KBLW/*Kremer* Rn. 1404; *Wandt* AG 2016, 877 (887); wohl auch KBLW/*Kremer* Rn. 1404.

[135] Wilsing/*Wilsing* DCGK Ziff. 5.4.3 Rn. 7; aA RKLW/*Kremer* DCGK, 4. Aufl. 2010, Rn. 1058; *Wandt* AG 2016, 877 (887).

[136] Wilsing/*Wilsing* DCGK Ziff. 5.4.3 Rn. 7; *Wandt* AG 2016, 877 (887); MüKoAktG/*Habersack* Rn. 8; diff. GroßkommAktG/*Hopt/Roth* Rn. 129: zwar Kodex-konform, aber dennoch „Abweichung" zu erklären.

[137] Henssler/Strohn/*Henssler* Rn. 19; *Wandt* AG 2016, 877 (887 f.).

[138] Beispiel: OLG München NZG 2009, 1430 (1431); zust. *Wandt* AG 2016, 877 (887 f.).

[139] Hüffer/*Koch* Rn. 16; *v. Godin/Wilhelmi* Anm. 10; offen gelassen von OLG Hamburg AG 2003, 643 (644).

[140] BGH AG 2002, 676 (677); Spindler/Stilz/*Spindler* Rn. 53; iErg ebenso *Wulff/Buchner* ZIP 2007, 314 (316); Hüffer/*Koch* Rn. 16: „Überbrückungscharakter" der gerichtlichen Bestellung; offenlassend OLG Hamburg AG 2003, 643 (644).

[141] Hüffer/*Koch* Rn. 16.

[142] BayObLG NZG 2005, 405 (406); OLG München AG 2006, 590 (591).

wenn die Verhinderung wieder beendet ist.[143] Demgegenüber können die Mängel „Beschlussunfähigkeit“ und „Unterbesetzung“ nur dadurch behoben werden, dass der Aufsichtsrat entweder wieder aufgefüllt oder verkleinert bzw. die Voraussetzungen für die Beschlussfähigkeit abgesenkt werden.[144] Wird die Wahl, die den Mangel beheben soll, angefochten, ändert das am Erlöschen des Amtes des gerichtlich Bestellten nichts (arg. § 252 Abs. 1);[145] ist die Anfechtung erfolgreich, entsteht vielmehr eine neuerliche Vakanz. Sind *mehrere* Aufsichtsratsmitglieder gerichtlich bestellt worden, muss für jeden neu Gewählten und Entsandten genau bestimmt werden, wen er ersetzen soll.[146] Abs. 6 („behoben“) macht deutlich, dass die *Bestellung* eines neuen Aufsichtsratsmitglieds für eine Beendigung des Amtes des gerichtlich Bestellten nicht ausreicht; hinzukommen muss die **Amtsannahme** des neu Gewählten.[147] Andererseits kann das gerichtlich bestellte Aufsichtsratsmitglied – von den allgemeinen Beendigungsgründen abgesehen (→ Rn. 35) – nur durch die Bestellung eines anderen Aufsichtsratsmitglieds wieder aus seinem Amt entfernt werden; die **Abberufung** durch das reguläre Bestellungsorgan[148] (die nur den defizitären Vor-Zustand wieder herstellen würde) steht dafür nicht zur Verfügung.[149]

Abs. 6 ist hinsichtlich der Beendigung des Amtes des gerichtlich Bestellten nicht abschließend. 35
Vielmehr gelten auch hier zusätzlich die allgemeinen Beendigungsgründe (häufigster Fall: **Amtsniederlegung;** → § 103 Rn. 55 ff.).[150] Das Amt des Bestellten kann weiter durch **gerichtliche Abberufung** enden. Allerdings liegt hierin nach richtiger Ansicht keine bloße Annex-Kompetenz zur vorhergehenden gerichtlichen *Bestellung,*[151] sie ist vielmehr – wie bei jedem anderen Aufsichtsratsmitglied auch – nur unter den Voraussetzungen des § 103 Abs. 3 („wichtiger Grund“) möglich.[152]

c) Vergütung und Auslagenersatz. Abs. 7 stellt klar, dass das gerichtlich bestellte **gleich** den 36
übrigen Aufsichtsratsmitgliedern Anspruch auf Vergütung und Auslagenersatz hat, und zwar **gegen die Gesellschaft** (nicht zB gegen den Antragsteller oder den Fiskus).[153]

Hinsichtlich der **Vergütung** – was variable Bestandteile[154] und eine etwaige Zusatzvergütung zB 37
für den Aufsichtsratsvorsitz oder eine Ausschussmitgliedschaft einschließt[155] – nimmt Abs. 7 S. 1 auf die **allgemein** geltende Vergütungsregelung der Gesellschaft für den Aufsichtsrat Bezug, belässt es also bei der alleinigen Zuständigkeit der Aktionäre durch Hauptversammlungsbeschluss oder Satzungsregelung (§ 113 Abs. 1 S. 2). Erhalten die Aufsichtsratsmitglieder danach (nicht jedoch, weil sie hierauf individuell verzichtet hätten) **keine** Vergütung, geht auch das gerichtlich bestellte Aufsichtsratsmitglied leer aus; ansonsten ist allen Mitgliedern gleichermaßen das jeweils Festgesetzte zu bezahlen.[156] Die in Abs. 7 S. 2 vorgesehene, den ordentlichen Prozessweg ersparende Möglichkeit der **gerichtlichen Festsetzung** der Auslagen und der Vergütung (in wiederum genau der den anderen Aufsichtsratsmitgliedern unter gleichen Bedingungen gewährten Höhe!) hat daher nur Bedeutung, wenn die Gesellschaft sich ungerechtfertigt weigert, diese zu bezahlen.[157] Dann kann die ggf. auf **Beschwerde** hin (Abs. 7 S. 3 Hs. 1 iVm § 58 FamFG) rechtskräftige Entscheidung als **Vollstreckungstitel** gegen die Gesellschaft verwendet werden (Abs. 7 S. 4). Die Rechtsbeschwerde zum BGH (§ 70 FamFG) ist ausgeschlossen (Abs. 7 S. 3 Hs. 2).[158]

Der Anspruch auf „Ersatz angemessener barer **Auslagen**“ gemäß Abs. 7 S. 1 (Reise-, Telefon-, 38
ggf. Unterbringungs-, nur ausnahmsweise Personalkosten) besteht – nicht anders als für die regulär bestellten Aufsichtsratsmitglieder auch[159] – unabhängig von einer entsprechenden Satzungsregelung

---

[143] MüKoAktG/*Habersack* Rn. 48; Spindler/Stilz/*Spindler* Rn. 50; Grigoleit/*Grigoleit/Tomasic* Rn. 24; aA KK-AktG/*Mertens/Cahn* Rn. 34: gerichtliche Abberufung erforderlich.

[144] Fälle bei MüKoAktG/*Habersack* Rn. 47, 49 f.; Hüffer/*Koch* Rn. 15.

[145] BayObLG NZG 2005, 405 (406) = AG 2005, 352; OLG Frankfurt AG 1987, 159 (160); Spindler/Stilz/*Spindler* Rn. 51; Hüffer/*Koch* Rn. 16; aA Begr. RegE *Kropff* Textausgabe, 1965, 144 bei offensichtlich begründeter Anfechtungsklage; *Fuhrmann/Wälzholz/Fuhrmann* FormB GesR M 7.7 Anm. 3.

[146] Kasuistik bei Spindler/Stilz/*Spindler* Rn. 52.

[147] Begr. RegE *Kropff* Textausgabe, 1965, 145 iVm 108.

[148] Zur Abberufung durch das Gericht vgl. MüKoAktG/*Habersack* Rn. 46.

[149] MüKoAktG/*Habersack* Rn. 46; Henssler/Strohn/*Henssler* Rn. 19.

[150] MüKoAktG/*Habersack* Rn. 51; Spindler/Stilz/*Spindler* Rn. 57.

[151] So aber AG Charlottenburg AG 2005, 133; MüKoAktG/*Habersack* Rn. 46; KK-AktG/*Mertens/Cahn* Rn. 36.

[152] GroßkommAktG/*Hopt/Roth* Rn. 114; Spindler/Stilz/*Spindler* Rn. 54; Hüffer/*Koch* Rn. 15; NK-AktR/*Breuer/Fraune* Rn. 17; Grigoleit/*Grigoleit/Tomasic* Rn. 24; *Fett/Theusinger* AG 2010, 425 (426 f.).

[153] Hüffer/*Koch* Rn. 17.

[154] MüKoAktG/*Habersack* Rn. 55.

[155] MüKoAktG/*Habersack* Rn. 55; Hüffer/*Koch* Rn. 17; HK-AktG/*Israel* Rn. 14.

[156] Vgl. Hüffer/*Koch* Rn. 17.

[157] Begr. RegE *Kropff* Textausgabe, 1965, 145.

[158] Vgl. Begr. RegE, BT-Drs. 16/6308, 353 f.: „eine höchstrichterliche Klärung … dürfte nicht geboten sein“.

[159] Hüffer/*Koch* § 113 Rn. 2b.

oder einem Hauptversammlungsbeschluss. „Bar"-Auslage ist alles, wofür das Aufsichtsratsmitglied zweckgemäß finanzielle Mittel, egal in welcher Form, aufgewendet hat.[160] Eigene, selbst geldwerte Leistungen des Aufsichtsratsmitglieds gehören jedoch nicht dazu.[161]

IV. Verfahren

39 **1. Zuständigkeit. Ausschließlich** (§ 377 Abs. 1 FamFG) zuständig für die gerichtliche Bestellung des Aufsichtsratsmitglieds ist sowohl bei fehlender Beschlussfähigkeit (Abs. 1) als auch bei Unterbesetzung (Abs. 2) der **Richter** (§ 17 Nr. 2 lit. a RPflG iVm § 375 Nr. 3 FamFG) am **Amtsgericht/Registergericht** (§ 23a Abs. 1 Nr. 2, Abs. 2 Nr. 4 GVG) des **Gesellschaftssitzes** (§ 14).[162] Innerhalb eines Landgerichtsbezirks ist die Zuständigkeit des Amtsgerichts am **Sitz des jeweiligen Landgerichts** konzentriert, § 376 Abs. 1 FamFG (eine Abweichung hiervon ist durch Rechtsverordnung der Landesregierung oder der von ihr unterermächtigten Landesjustizverwaltung nach § 376 Abs. 2 FamFG möglich).[163]

40 **2. Verfahrensgrundsätze.** Das Gericht entscheidet auf (zu begründenden und zu unterzeichnenden, § 23 Abs. 1 FamFG, trotz der registergerichtlichen Zuständigkeit jedoch nicht der Form des § 12 Abs. 2 HGB unterliegenden)[164] **Antrag** im **Verfahren der freiwilligen Gerichtsbarkeit** (§ 375 Nr. 3 FamFG). Das Verfahren ist im Regelfall nicht öffentlich (§ 170 Abs. 1 GVG). Es gilt der **Amtsermittlungsgrundsatz** (§ 26 FamFG). Ermittlungen des Gerichts sind insbesondere dann angezeigt, wenn der Antrag keine Mitwirkung oder gar Unterstützung der Gesellschaft (Vorstand und/oder Aufsichtsrat) erkennen lässt (Beispiel: Der Aufsichtsrat einer mitbestimmten Gesellschaft weist wegen der Amtsniederlegung eines Mitglieds bereits seit längerem eine Vakanz auf, die nach Ansicht des Aufsichtsrats erst in der nächsten ordentlichen Hauptversammlung behoben werden soll. Ein Aktionär stellt einen Ergänzungsantrag → Rn. 26b). Liegen keine gegenteiligen Anhaltspunkte vor, wird sich das Gericht ansonsten auf die Angaben der Beteiligten verlassen. Zwingend am Verfahren zu **beteiligen** sind der **Antragsteller** (§ 7 Abs. 1 FamFG) sowie die aufgrund eigener Rechte „unmittelbar **Betroffenen**" (§ 7 Abs. 2 Nr. 1 FamFG). Dazu gehören unstreitig der **Vorstand** sowie das zu bestellende und die übrigen **Aufsichtsratsmitglieder.**[165] Wie weit darüber hinaus dieser – vom FamFG für sämtliche fG-Verfahrensarten *allgemein* definierte – Kreis beim gerichtlichen Bestellungsverfahren nach § 104 reicht, ist angesichts der *potentiellen* Betroffenheit zahlreicher weiterer Beteiligter indes unklar.[166] Folgt man der bisher unumstrittenen, durch das FamFG nunmehr positivrechtlich verfestigten Doktrin („betroffen" = **jeder Antragsberechtigte** = (zB) jeder Aktionär, Abs. 1 S. 1 Alt. 3)[167] ist freilich schon die zur Einbeziehung in das Verfahren erforderliche Unterrichtung der Beteiligten (sog. **Hinzuziehung**) bei größeren Gesellschaften vom Gericht logistisch (Namens-) und faktisch (Inhaberaktien) nicht zu bewältigen.[168] Ein **Ausweg** könnte die – freilich anders als zB im Fall der Beschlussmängelklage (§ 246 Abs. 4): gerichtliche – Bekanntmachung des angelaufenen Bestellungsverfahrens im **Bundesanzeiger** oder anderen allgemein zugänglichen **Massenmedien** sein.[169] Eine Anhörung aller Beteiligter ist damit jedoch nicht präjudiziert. Die Gewährung **rechtlichen Gehörs** erfolgt vielmehr durch die den Beteiligten durch die Bekanntmachung eröffnete *Gelegenheit* zur (in der Regel schriftlichen) Stellungnahme gemäß § 34 Abs. 1 Nr. 1 FamFG (früher: Anhörung des Antragsgegners gemäß § 146 Abs. 1 FGG, „wenn tunlich"); eine explizite gerichtliche Aufforderung oder gar eine mündliche Verhandlung dürfte schon wegen der Eilbedürftigkeit des Verfahrens nur in Ausnahmefällen zweckmä-

---

[160] MüKoAktG/*Habersack* Rn. 54.

[161] MüKoAktG/*Habersack* Rn. 54; Spindler/Stilz/*Spindler* Rn. 58; Henssler/Strohn/*Henssler* Rn. 20.

[162] Zusammenfassend zu den Änderungen des gerichtlichen Bestellungsverfahrens durch das FamFG MüKoAktG/*Habersack,* 3. Aufl. 2008, Rn. 40 ff.; *Heinemann* FGPrax 2009, 1 (2).

[163] Hierzu *Jänig/Leißring* ZIP 2010, 110 (112); *Heinemann* FGPrax 2009, 1 (2).

[164] *Wandt* AG 2016, 877 (879 f.).

[165] Vgl. nur KK-AktG/*Mertens/Cahn* Rn. 25; Spindler/Stilz/*Spindler* Rn. 26.

[166] Vgl. *Nedden-Boeger* FGPrax 2010, 1 (3); ausf. *Drehsen* AG 2015, 775 ff.; *Fett/Theusinger* AG 2010, 425 (433 ff.); nach LG Hannover ZIP 2009, 760 – Conti/Schaeffler I ist „regelmäßig auch dem Aufsichtsrat Gelegenheit zur Äußerung zu geben".

[167] Vgl. OLG Hamm AG 2011, 384 (385); OLG Dresden NJW-RR 1998, 830; MüKoAktG/*Habersack* Rn. 38; *Fett/Theusinger* AG 2010 425 (433 ff.); jetzt auch KK-AktG/*Mertens/Cahn* Rn. 25; Schmidt/Lutter/*Drygala* Rn. 8a; Semler/v. Schenck/*Gasteyer* Rn. 140; aA Spindler/Stilz/*Spindler* Rn. 26; *Wandt* AG 2016, 877 (888): nur Vorstand und übrige Aufsichtsratsmitglieder; Hüffer/*Koch* Rn. 6: nur Antragsteller, Bestellter, Gesellschaft.

[168] Zurückhaltend daher OLG Köln ZIP 2011, 522 (525) – IVG: jedenfalls dann keine Benachrichtigung oder Anhörung der nicht am Verfahren beteiligten Aktionäre, wenn das Gericht dem Antrag *nicht* stattgeben will; zweifelhaft; ausf. *Drehsen* AG 2015, 775 ff.

[169] So *Fett/Theusinger* AG 2010, 425 (435); *Jänig/Leißring* ZIP 2010, 110 (114); nicht grds. abl. auch *Drehsen* AG 2015, 775 (778).

ßig sein. Zu Recht wird deshalb von der vielfach empfohlenen oder sogar für rechtlich notwendig gehaltenen Anhörung zumindest des **Vorstands** und der amtierenden **Aufsichtsratsmitglieder**[170] sowie der weiteren **Antragsteller,**[171] von der Gerichtspraxis in dieser Breite nur ganz ausnahmsweise Gebrauch gemacht. Nicht zwingend anzuhören ist schließlich auch der zu bestellende **Aufsichtsratskandidat,** soweit sich das Gericht auch auf andere Weise, zB durch die vom Antragsteller eingereichten Unterlagen, einen zuverlässigen Eindruck von seiner Eignung verschaffen kann.[172] Umgekehrt *können* sich die Beteiligten (unter anderem alle Aktionäre!) ihrerseits auch unaufgefordert aktiv, zB mit eigenen Bestellungsvorschlägen und Anmerkungen zu den von den Antragstellern ins Gespräch gebrachten oder sonst in Betracht kommenden Kandidaten, am Verfahren beteiligen.[173] – Die Entscheidung des Amtsgerichts ergeht durch zu begründenden **Beschluss** (§ 38 Abs. 1, 3 FamFG); er wird mit der (gegenüber Anwesenden auch *mündlich* möglichen, § 41 Abs. 2 S. 1 FamFG)[174] **Bekanntgabe** (= Zustellung (§§ 166 ff. ZPO) oder Aufgabe zur Post, § 15 Abs. 2 FamFG) „an **den Beteiligten,** für den er seinem wesentlichen Inhalt nach **bestimmt**" ist, **wirksam** (§ 40 Abs. 1 FamFG).[175] Das ist unabhängig vom Verfahrensausgang *immer* der Antragsteller, im Fall der gerichtlichen Bestellung eines Aufsichtsratsmitglieds *zusätzlich* der Bestellte.[176] – **Einstweilige Anordnungen** (§§ 49 ff. FamFG) sind zwar grundsätzlich auch im Verfahren nach § 104 zulässig,[177] jedoch dürfte es – auch angesichts der ohnehin üblichen Kürze des gerichtlichen Bestellungsverfahrens – hierfür regelmäßig an einem Anordnungsgrund fehlen. Denkbar ist aber umgekehrt eine einstweilige Anordnung gegen die Wirksamkeit eines angefochtenen Bestellungsbeschlusses.[178] – Mit der wirksamen gerichtlichen Entscheidung ist der Bestellte noch nicht **Mitglied des Aufsichtsrats:** Hat er nicht bereits im Vorfeld der Bestellung seine Bereitschaft zur **Annahme des Amtes** gegenüber der Gesellschaft (→ § 102 Rn. 6) erklärt (so die übliche Praxis, die ein entsprechendes Schreiben schon dem Antrag an das Gericht beifügt),[179] kann er die Bestellung zurückweisen; ansonsten rückt der Bestellte mit der Annahme in den Aufsichtsrat ein.[180] – Außer der **Bekanntmachung** zum Zwecke der *Wirksamkeit* des Beschlusses (ggf. auch mündlich und nur gegenüber demjenigen, „für den er seinem Wesen nach bestimmt ist", s. oben) ist die Entscheidung „den ***[= allen]*** **Beteiligten"** durch Zustellung (§§ 166 ff. ZPO) oder Aufgabe zur Post **bekannt zu geben** (§ 41 Abs. 1 S. 1 iVm § 15 Abs. 2 FamFG).[181] Bei großen (zumal Inhaberaktien-) Gesellschaften mit einem unüberschaubaren Kreis von Antragsberechtigten kommt nur die **öffentliche Zustellung** (§§ 185 ff. ZPO) der verfahrensrelevanten Dokumente in Betracht.[182]

3. Rechtsbehelfe. Gegen den (stattgebenden oder zurückweisenden) Beschluss findet binnen eines Monats nach dessen Bekanntgabe (→ Rn. 40) die **Beschwerde** zum Oberlandesgericht (§ 119 Abs. 1 Nr. 1 lit. b GVG) statt (Abs. 1 S. 5, Abs. 2 S. 4 iVm § 63 Abs. 1 FamFG). Vor Befassung durch das Oberlandesgericht besteht die Möglichkeit zur **Abhilfe** durch das Amtsgericht (§ 68 Abs. 1 **41**

[170] So zB – als Rechtspflicht – Spindler/Stilz/*Spindler* Rn. 26; HK-AktG/*Israel* Rn. 6; *Wandt* AG 2016, 877 (888); vgl. auch LG Hannover ZIP 2009, 760 (761): Vorschlag des Vorstands als Grundlage für gerichtliche Entscheidung nicht ausreichend.

[171] So zB – als Empfehlung – KK-AktG/*Mertens/Cahn* Rn. 26.

[172] GroßkommAktG/*Hopt/Roth* Rn. 90; aA – zwingende Anhörung – Spindler/Stilz/*Spindler* Rn. 26; HK-AktG/*Israel* Rn. 6; dahingehende Empfehlung auch bei MüKoAktG/*Habersack* Rn. 38; KK-AktG/*Mertens/Cahn* Rn. 26.

[173] KK-AktG/*Mertens/Cahn* Rn. 26.

[174] Ebenso – noch zum FGG – GroßkommAktG/*Hopt/Roth* Rn. 91; aA Spindler/Stilz/*Spindler* Rn. 42, 27; wohl auch KK-AktG/*Mertens/Cahn* Rn. 27.

[175] Vgl. OLG Braunschweig BeckRS 2016, 15591 Rn. 39 – VW/Pötsch; *Drehsen* AG 2015, 775 (779); MüKoAktG/*Habersack* Rn. 39.

[176] Vgl. BGHZ 6, 232 (235 f.); insoweit zust. KK-AktG/*Mertens/Cahn* Rn. 27; ähnlich Spindler/Stilz/*Spindler* Rn. 42, 27; *Hüffer,* 10. Aufl. 2012, Rn. 5; aA MüKoAktG/*Habersack* Rn. 39; Hüffer/*Koch* Rn. 6; Grigoleit/*Grigoleit/Tomasic* Rn. 14: bei Bestellung Bekanntgabe zusätzlich gegenüber der Gesellschaft; GroßkommAktG/*Hopt/Roth* Rn. 91: Bekanntgabe nur an den Bestellten; Schmidt/Lutter/*Drygala* Rn. 10: Bekanntgabe an alle Beteiligten.

[177] *Nedden-Boeger* FGPrax 2010, 1 (5); MüKoAktG/*Habersack* Rn. 38; Grigoleit/*Grigoleit/Tomasic* Rn. 9.

[178] Beispiel: LG Hannover ZIP 2009, 760 – Conti/Schaeffler I.

[179] Ebenso *Butzke* HV Kap. J Rn. 77; Muster-Einverständniserklärung bei Fuhrmann/Wälzholz/*Fuhrmann* FormB GesR M 7.7 Anm. 8; vgl. auch Grigoleit/*Grigoleit/Tomasic* Rn. 14.

[180] BayObLG NZG 2005, 405 (406); GroßkommAktG/*Hopt/Roth* Rn. 91; Spindler/Stilz/*Spindler* Rn. 42, 27; Schmidt/Lutter/*Drygala* Rn. 10.

[181] GroßkommAktG/*Hopt/Roth* Rn. 90; MüKoAktG/*Habersack* Rn. 39; KK-AktG/*Mertens/Cahn* Rn. 27; *Fett/Theusinger* AG 2010, 425 (435 f.).

[182] Zust. MüKoAktG/*Habersack* Rn. 39; KK-AktG/*Mertens/Cahn* Rn. 25, 27; *Fett/Theusinger* AG 2010, 425 (434 f.); krit. Hüffer/*Koch* Rn. 6: keine Zustellung an nicht-antragstellende Aktionäre; *Drehsen* AG 2015, 775 (779 f., 780 f.): Bestellung eines „gemeinsamen Vertreters" der Antragsberechtigten gemäß §§ 6 Abs. 1, 2; 11 Abs. 3, 14 SpruchG analog.

FamFG). Die gerichtliche Bestellung eines Aufsichtsratsmitglieds ist ebenso wie deren Ablehnung eine **nicht-vermögensrechtliche** Angelegenheit.[183] Die Beschwerde ist daher auch ohne Erreichen einer Wertgrenze (§ 61 Abs. 1 FamFG) oder gerichtliche Zulassung (§ 61 Abs. 2 FamFG) statthaft. Für das Anlaufen der **Beschwerdefrist** ist in allen Fällen der Zeitpunkt der (i) *schriftlichen* Bekanntgabe des Beschlusses (ii) an den *betreffenden* Beteiligten entscheidend (§ 63 Abs. 3 S. 1 iVm § 41 Abs. 2 S. 4 FamFG).[184] Gelingt die Bekanntgabe an den Beteiligten nicht wie gesetzlich vorgesehen, beginnt die Frist für ihn spätestens fünf Monate nach Erlass des Beschlusses (§ 63 Abs. 3 S. 2 FamFG). *Unterbleibt* die Bekanntgabe an einen Beschwerdeberechtigten, der nicht am erstinstanzlichen Verfahren teilgenommen hat, überhaupt, kann dieser „nur fristgemäß Beschwerde einlegen, bis die Frist für den letzten [erstinstanzlich teilnehmenden] Beteiligten abgelaufen ist"; § 63 Abs. 3 S. 2 FamFG gilt insoweit nicht.[185] Da das Oberlandesgericht **weitere Tatsacheninstanz** ist (§ 65 Abs. 3 FamFG),[186] kann es sein Ermessen bei der Bestellungsentscheidung, auch was die Person des Bestellten angeht (→ Rn. 20, 27), in vollem Umfang an die Stelle desjenigen des Ausgangsgerichtes setzen.[187] Es kann und ggf. muss hierzu daher auch **eigene Ermittlungen** anstellen (§ 26 FamFG). Auf eine bloße Überprüfung der Ausgangsentscheidung auf Rechts- und insbesondere **Ermessensfehler** ist das Beschwerdegericht nicht beschränkt; es hat vielmehr „in der Sache selbst zu entscheiden" (§ 69 Abs. 1 FamFG).[188] Zu einer **Zurückverweisung** nach § 69 Abs. 1 S. 2 FamFG sollte es schon deshalb kaum je kommen.[189] Ansonsten muss das Amtsgericht der Beschwerde abhelfen bzw. das Oberlandesgericht ihr stattgeben, wenn die gerichtliche Entscheidung an einem **rechtlichen Mangel** leidet (Beispiele → Rn. 28 f.).[190] – Die **Beschwerdeberechtigung** richtet sich nach § 59 FamFG und steht jedem zu, der „durch den Beschluss in seinen Rechten beeinträchtigt", dh rechtlich **materiell beschwert**[191] ist und deshalb ein Interesse an seiner Beseitigung hat: (i) Wird der Antrag **zurückgewiesen,** dh die Bestellung eines Aufsichtsratsmitglieds abgelehnt, ist (sind) beschwerdeberechtigt allein der (die) konkrete(n) Antragsteller.[192] (ii) Wird dem Antrag **stattgegeben,** dh genau das Aufsichtsratsmitglied gerichtlich bestellt, dessen Bestellung der Antragsteller angeregt hatte (→ Rn. 27), ist nach der zutreffenden hM jeder Antrags*berechtigte* beschwerdebefugt, unabhängig davon, ob er seinerseits einen Antrag auf gerichtliche Bestellung gestellt hatte. Ausgenommen ist allein der erfolgreiche Antragsteller, da seinem Antrag – auch was die Person des Bestellten angeht – voll stattgegeben wurde.[193] (iii) Das Gleiche gilt, wenn dem Antrag zwar grundsätzlich **entsprochen,** aber ein **Anderer** als der Vorgeschlagene zum Aufsichtsratsmitglied bestellt wurde; nur ist in diesem

[183] AA OLG Hamm BeckRS 2013, 15964 sub II.1. – insoweit in NZG 2013, 1099 nicht abgedruckt.

[184] *Jänig/Leißring* ZIP 2010, 110 (117); MüKoAktG/*Habersack* Rn. 42; Spindler/Stilz/*Spindler* Rn. 30; aA Schmidt/Lutter/*Drygala* Rn. 10; HK-AktG/*Israel* Rn. 9: mit Zustellung oder Bekanntmachung nach § 106.

[185] So Begr. RegE, BT-Drs. 16/9733, 289; zust. *Fett/Theusinger* AG 2010, 425 (433); MüKoAktG/*Habersack* Rn. 42; aA 2. Aufl. Rn. 40; *Jänig/Leißring* ZIP 2010, 110 (117): Anwendung von § 63 Abs. 3 S. 2 FamFG; Hüffer/*Koch* Rn. 7; Henssler/Strohn/*Henssler* Rn. 9: Lauf der Beschwerdefrist mit Bekanntmachung nach § 106; die von NK-AktR/*Breuer/Fraune* Rn. 15; Spindler/Stilz/*Spindler* Rn. 30; KK-AktG/*Mertens/Cahn* Rn. 28 als Fristbeginn genannte Bekanntmachung der Ergänzung des Aufsichtsrats „in den Gesellschaftsblättern" bzw. „im elektronischen Bundesanzeiger" beschreibt noch den Rechtszustand vor Inkrafttreten des EHUG (§ 106 aF).

[186] AA offenbar *Sünner* FS U.H. Schneider, 2011, 1301 (1307): kein neuer Tatsachenvortrag.

[187] OLG Braunschweig BeckRS 2016, 15591 Rn. 34 – VW/Pötsch; OLG Frankfurt ZIP 2015, 170 (173); OLG Düsseldorf ZIP 2015, 170 (173); OLG Bamberg NZG 2014, 497 (497 f.) m. zust. Anm. *Theusinger/Schilha* EWiR 2014, 707 (708); GroßkommAktG/*Hopt/Roth* Rn. 84; MüKoAktG/*Habersack* Rn. 40; Spindler/Stilz/*Spindler* Rn. 26; Hüffer/*Koch* Rn. 7; HK-AktG/*Bürgers/Israel* Rn. 9; zum Rechtszustand vor Inkrafttreten des FamFG ebenso bereits OLG Dresden NZG 1998, 108 (108 f.); aA OLG Hamm NZG 2013, 1099 (1099 f.); OLG Schleswig NZG 2004, 669 (669).

[188] OLG Frankfurt ZIP 2015, 170 (173); ebenso MüKoAktG/*Habersack* Rn. 40; Schmidt/Lutter/*Drygala* Rn. 11; Spindler/Stilz/*Spindler* Rn. 30; im gleichen Sinne bereits OLG Dresden AG 1992, 427 (428); LG Hannover ZIP 2009, 761 (762) – Conti/Schaeffler II, jeweils für das FGG; aA OLG Hamm NZG 2013, 1099 (1099 f.); *Paudtke/Glauer* NJW-Spezial 2013, 719 (719): „Ermessensausübung nur eingeschränkt nachprüfbar"; *Ogorek* GWR 2013, 463; *Leuering/Rubner* NJW-Spezial 2014, 241.

[189] Abw. OLG Düsseldorf ZIP 2010, 473 (474).

[190] MüKoAktG/*Habersack* Rn. 41.

[191] OLG Frankfurt ZIP 2015, 170 (171); OLG Braunschweig BeckRS 2016, 15591 Rn. 24 – VW/Pötsch.

[192] Wie hier MüKoAktG/*Habersack* Rn. 41; KK-AktG/*Mertens/Cahn* Rn. 28; Schmidt/Lutter/*Drygala* Rn. 11; NK-AktR/*Breuer/Fraune* Rn. 15; aA – alle Antragsberechtigten – Spindler/Stilz/*Spindler* Rn. 30; ebenso wohl Hüffer/*Koch* Rn. 7; vgl. auch OLG Hamm ZIP 2011, 372.

[193] OLG Braunschweig BeckRS 2016, 15591 Rn. 24 – VW/Pötsch; KG ZIP 2005, 1553 (1554); OLG Schleswig BB 2004, 1187 (1188); OLG Dresden NJW-RR 1998, 830; LG Hannover ZIP 2009, 761 (762) = AG 2009, 341 – Conti/Schaeffler II; MüKoAktG/*Habersack* Rn. 41; Spindler/Stilz/*Spindler* Rn. 30; Schmidt/Lutter/*Drygala* Rn. 11; NK-AktR/*Breuer/Fraune* Rn. 15; Henssler/Strohn/*Henssler* Rn. 9; *Jänig/Leißring* ZIP 2010, 110 (117); aA Hüffer/*Koch* Rn. 7: alle Antragsberechtigten; *Hüffer,* 10. Aufl. 2012, Rn. 5: zusätzliche Beschwerdebefugnis der Gesellschaft; keine Befugnis für Antragsberechtigte, die keinen Antrag gestellt haben.

Fall zusätzlich der (teils erfolglose) Antragsteller beschwerdebefugt.[194] – Gegen die Entscheidung des Oberlandesgerichts ist gemäß § 70 FamFG iVm § 133 GVG auch ohne ausdrückliche Erwähnung in § 104 die bei grundsätzlicher Bedeutung der Rechtssache oder zur Fortbildung des Rechts bzw. zur Sicherung einer einheitlichen Rechtsprechung zulassungsabhängige **Rechtsbeschwerde** zum BGH gegeben (der Ausschluss der Rechtsbeschwerde gemäß Abs. 7 S. 3 Hs. 2 bezieht sich nur auf die gerichtliche Festsetzung von Auslagen und Vergütung).[195] Unter weiteren Voraussetzungen (§ 75 FamFG) findet die **Sprungrechtsbeschwerde** vom Amtsgericht *unmittelbar* zum BGH statt. Hier erfolgt eine Überprüfung nur auf **Rechtsfehler** (Beispiel: quotenwidrige Besetzung, → Rn. 30a ff.); was die Auswahlentscheidung des Amts- oder Oberlandesgerichts anbelangt, bedeutet das eine Beschränkung auf die Feststellung eines etwaigen Ermessensfehlgebrauchs.[196] – Beschwerde und Rechtsbeschwerde **erledigen** sich – ebenso wie die gerichtliche Bestellung selbst (Abs. 6) – mit der Behebung des Mangels, der Anlass für das Bestellungs- und das anschließende Rechtsbehelfsverfahren war (Beispiel: Zwischenzeitliche Wahl eines neuen Aufsichtsratsmitglieds durch die Hauptversammlung).[197]

Wird ein **Rechtsbehelf** gegen die gerichtliche Entscheidung **nicht, nicht rechtzeitig** oder nur **41a** in sonst **unzulässiger Weise** eingelegt, bleibt die Bestellungsentscheidung **wirksam,** selbst wenn sie gegen gesetzliche (Beispiel: fixe Geschlechterquote, Abs. 5 iVm § 96 Abs. 2) oder satzungsmäßige Vorgaben verstößt.[198]

Für Rechtsmittel gegen die gerichtliche Festsetzung von **Auslagen und Vergütung** gemäß **42** Abs. 7 (nur Beschwerde) → Rn. 37.

4. Kosten. § 104 trifft keine Aussage zu den Kosten. Sie richten sich gemäß § 1 Abs. 1 GNotKG **42a** ausschließlich nach den Bestimmungen des GNotKG.[199] Die Durchführung des gerichtlichen Bestellungsverfahrens löst eine doppelte **Gebühr** gemäß KV 13500 GNotKG aus; für das Beschwerdeverfahren fällt eine dreifache (KV 13610 GNotKG), für das Rechtsbeschwerdeverfahren eine vierfache Gebühr an (KV 13620 GNotKG). Der **Geschäftswert** beträgt 60.000 Euro (§ 67 Abs. 1 Nr. 1 GNotKG).[200] Gemäß § 22 Abs. 1 GNotKG **schuldet** in Antragsverfahren wie im Fall des § 104 die Kosten, „wer das Verfahren des Rechtszugs beantragt hat". Trifft die gesetzliche Kostenlast danach im Ergebnis zwar regelmäßig den Antragsteller, dürfte er dennoch einen **Ersatzanspruch** gegen die Gesellschaft nach §§ 683, 670 BGB haben.[201]

5. Veröffentlichung. Nach der Annahme der Bestellung durch den vom Gericht Bestellten **43** (→ Rn. 40) hat der Vorstand unverzüglich eine **Liste der Aufsichtsratsmitglieder,** die auch das neue Aufsichtsratsmitglied enthält, beim **Handelsregister** einzureichen (§ 106). Die Liste beinhaltet Name, Vorname, Wohnort und ausgeübten Beruf der Aufsichtsratsmitglieder. Das Gericht seinerseits macht einen **Hinweis** auf die erfolgte Einreichung (nicht die Liste selbst) gemäß § 10 HGB elektronisch bekannt (zu Einzelheiten und weiteren, auch für das gerichtliche Aufsichtsratsmitglied geltenden Veröffentlichungspflichten → § 106 Rn. 2). Hat das Gericht ausnahmsweise unmittelbar den Aufsichtsrats*vorsitzenden* bestellt (→ Rn. 17), ist dieser vom Vorstand entsprechend § 107 Abs. 1 S. 2 zum **Handelsregister** anzumelden. Auf „Geschäftsbriefen" (§ 80 Abs. 1 S. 2) ist der Aufsichtsratsvorsitzende namentlich zu nennen.

V. Abdingbarkeit

§ 104 regelt das gerichtliche Bestellungsverfahren für die Mitglieder des Aufsichtsrats grundsätzlich **44** **abschließend** und **zwingend.** Die Vorschrift kann daher weder durch die Satzung noch durch eine Geschäftsordnung des Aufsichtsrats modifiziert (erweitert oder beschränkt) werden. Auch der Rückgriff auf andere Vorschriften über die gerichtliche Bestellung von Organen (Beispiele: § 29

[194] OLG Frankfurt AG 2015, 170 (171 f.); OLG Hamm ZIP 2011, 372 (374); für die Beschwerdeberechtigung allein nicht ausreichen soll dagegen die Begründung, (i) die Bestellten seien bereits (gewählte) Aufsichtsratsmitglieder, OLG Hamm ZIP 2011, 372 (373), oder (ii) die gerichtliche Bestellung sei bereits vor Ablauf der Dreimonatsfrist des § 104 Abs. 2 S. 2 vorgenommen worden, OLG Hamm ZIP 2011, 372 (374); zust. Grigoleit/*Grigoleit/Tomasic* Rn. 8; krit. HK-AktG/*Israel* Rn. 9.

[195] MüKoAktG/*Habersack* Rn. 40.

[196] So bereits OLG Schleswig BB 2004, 1187 (1188) für die sofortige FGG-Beschwerde.

[197] BayObLG NZG 2005, 405 (405 f.); MüKoAktG/*Habersack* Rn. 37; HK-AktG/*Israel* Rn. 9.

[198] GroßkommAktG/*Hopt/Roth* Rn. 103; MüKoAktG/*Habersack* Rn. 43; KK-AktG/*Mertens/Cahn* Rn. 29; Spindler/Stilz/*Spindler* Rn. 28; Semler/v. Schenck/*Gasteyer* Rn. 151 f.

[199] AA KK-AktG/*Mertens/Cahn* Rn. 30: § 99 Abs. 6 analog.

[200] AA offenbar MüKoAktG/*Habersack* Rn. 44: Kostenschätzung; ggf. 5.000 Euro, § 36 Abs. 1, 3 GNotKG.

[201] Ebenso – zumindest für Vorstand und Aufsichtsratsmitglieder – MüKoAktG/*Habersack* Rn. 44; ferner Spindler/Stilz/*Spindler* Rn. 29; Henssler/Strohn/*Henssler* Rn. 8; aA *Mehrbrey/Weber* § 6 Rn. 250.

BGB; § 85 analog) kommt nicht in Betracht.[202] Abs. 2 ist nach hL entsprechend auf den Fall anzuwenden, dass der Aufsichtsrat versäumt, den **Aufsichtsratsvorsitzenden** zu wählen (→ Rn. 17).

VI. Rechtsfolgen bei Verstoß

45 **Verstöße** des Gerichts gegen die formellen und materiellen Voraussetzungen der gerichtlichen Bestellung können mit den zur Verfügung stehenden Rechtsbehelfen (→ Rn. 41) geltend gemacht werden. Mit Erschöpfung des Rechtsweges wird die gerichtliche Entscheidung **rechtskräftig.** Das bedeutet entweder (= **Rechtsbehelf erfolgreich**), dass *keine* gerichtliche Bestellung erfolgt (woran dann auch jede Wiederholung des Antrags unter unveränderten Voraussetzungen prozessual scheitert) oder (= **Rechtsbehelf nicht erfolgreich**) dass der gerichtlich Bestellte – vorbehaltlich seiner Annahme (→ Rn. 40) – das Aufsichtsratsamt *antritt.* Die rechtskräftig gewordene Bestellung ist auch dann **wirksam,** wenn das Gericht die zwingenden **gesetzlichen** Bestellungsvoraussetzungen oder -hindernisse missachtet oder **satzungsmäßige** Qualifikations- oder Ausschlusskriterien des Bestellten übersehen hat (→ Rn. 28, 30d, 41a; → § 100 Rn. 64, 67, 74). Erst recht gilt das bei einer Abweichung des Bestellten-Profils von den **DCGK-Empfehlungen,** auf die sich die Gesellschaft verpflichtet hat; sie muss den betreffenden Umstand indes – auch wenn er von der Gesellschaft nicht „verursacht" (und ggf. nicht einmal veranlasst) worden ist – in einer aktualisierten Entsprechenserklärung (§ 161) offenlegen.

§ 105 Unvereinbarkeit der Zugehörigkeit zum Vorstand und zum Aufsichtsrat

(1) Ein Aufsichtsratsmitglied kann nicht zugleich Vorstandsmitglied, dauernd Stellvertreter von Vorstandsmitgliedern, Prokurist oder zum gesamten Geschäftsbetrieb ermächtigter Handlungsbevollmächtigter der Gesellschaft sein.

(2) [1]Nur für einen im voraus begrenzten Zeitraum, höchstens für ein Jahr, kann der Aufsichtsrat einzelne seiner Mitglieder zu Stellvertretern von fehlenden oder verhinderten Vorstandsmitgliedern bestellen. [2]Eine wiederholte Bestellung oder Verlängerung der Amtszeit ist zulässig, wenn dadurch die Amtszeit insgesamt ein Jahr nicht übersteigt. [3]Während ihrer Amtszeit als Stellvertreter von Vorstandsmitgliedern können die Aufsichtsratsmitglieder keine Tätigkeit als Aufsichtsratsmitglied ausüben. [4]Das Wettbewerbsverbot des § 88 gilt für sie nicht.

Schrifttum: *Brox,* Leitende Angestellte als Aufsichtsratsmitglieder des Unternehmens, FS Ficker, 1967, 95; *Heidbüchel,* Das Aufsichtsratsmitglied als Vorstandsvertreter, WM 2004, 1317; *Hopt,* Interessenwahrung und Interessenkonflikt im Aktien-, Bank- und Berufsrecht, ZGR 2004, 1; *Lange,* Der Wechsel aus dem Vorstand in den Aufsichtsrat, NZG 2004, 265; *Wirth,* Anforderungsprofil und Inkompatibilitäten für Aufsichtsratsmitglieder, ZGR 2005, 327.

Übersicht

I. Allgemeines

1 Die Vorschrift betont mit der **Inkompatibilität** von **Geschäftsleitung** (durch Vorstand, Prokuristen, Generalhandlungsbevollmächtigte) und **Kontrolle** (Aufsichtsrat) ein Strukturmerkmal der

[202] MüKoAktG/*Habersack* Rn. 1; Spindler/Stilz/*Spindler* Rn. 2; *Meier* NZG 2000, 190 (191).

Aktiengesellschaft („dualistisches System"). Hand in Hand mit der so gewährleisteten *organisatorischen* Trennung geht die in § 111 Abs. 1, 4 S. 1 geregelte *Funktions*trennung der beiden Organe.[1] Die Vorschrift ergänzt **§ 100 Abs. 1 und 2,** die ein bestimmtes Anforderungsprofil und zusätzliche Unverträglichkeiten (zB Mandatshöchstzahlen) für Aufsichtsräte festlegen, sowie verschiedene Regelungen des **DCGK** zur (präsumptiv gefährdeten) Unabhängigkeit des Kontrollorgans aufgrund eines **Wechsels** vom Vorstand in den Aufsichtsrat (Ziff. 5.3.2 S. 5, 5.4.2 S. 3, 5.4.4 S. 2 DCGK).[2] Abs. 2 gestattet eine eng begrenzte **Ausnahme** vom Grundsatz des Abs. 1, indem ein Aufsichtsratsmitglied unter bestimmten Voraussetzungen (Höchstdauer ein Jahr, zeitweiliges Ruhen des Aufsichtsratsmandats etc) als Vorstand amtieren kann. Damit soll dem Aufsichtsrat vor allem ausreichend Zeit gegeben werden, um ohne Überstürzung ein neues Vorstandsmitglied zu bestellen.[3] „Stellvertreter" ist das in den Vorstand berufene Aufsichtsratsmitglied freilich weder iSd § 94 noch des § 164 BGB.[4]

II. Einzelerläuterungen

§ 105 erklärt bestimmte „Basisfunktionen" innerhalb derselben Gesellschaft für generaltypisch **unvereinbar** miteinander: Niemand soll zugleich Aufsichtsrat = **Kontrolleur** auf der einen und zugleich Vorstandsmitglied, Prokurist oder Generalhandlungsbevollmächtigter = **Akteur** auf der anderen Seite sein (→ Rn. 1). Unmittelbar von Abs. 1 scheint zunächst nur der Fall erfasst zu sein, dass einem amtierenden Aufsichtsratsmitglied eine Geschäftsleitungsposition (Vorstandsmitglied, stellvertretendes Vorstandsmitglied, Prokurist, Generalhandlungsbevollmächtigter) angetragen wird („ein Aufsichtsratsmitglied kann nicht …"). Nach ganz hM mitgeregelt wird jedoch die vergleichbare **umgekehrte** Situation der Bestellung eines Geschäftsleiters zum Mitglied des Aufsichtsrats. Das ist nicht nur sachlich gerechtfertigt, sondern auch vom Wortlaut des Abs. 1 hinreichend gedeckt.[5] 2

1. Vorstandsmitglied; Stellvertreter. Vorstandsmitglied ist, wer hierzu vom Aufsichtsrat (§ 84) oder vom Gericht (§ 85) bestellt ist. Für die Inkompatibilität entscheidend ist jedoch nicht der Zeitpunkt der Bestellung, sondern des **Amtsantritts.**[6] Bei rechtzeitiger Niederlegung des Aufsichtsrats- (Vorstands-) Mandats steht einer Übernahme des Vorstands- (Aufsichtsrats-) Amtes also nichts im Wege. Hierfür unerheblich (weil rein deklaratorisch)[7] ist die Eintragung des Vorstands im Handelsregister. Angesichts von § 94 konsequent (damit allerdings auch überflüssig) ist die Gleichsetzung der „dauernd stellvertretenden" (zum *zeitweiligen* **Stellvertreter** vgl. Abs. 2) mit den ordentlichen Vorstandsmitgliedern. Inkompatibilität besteht auch mit dem Abwickler (§§ 268 Abs. 2, 269 Abs. 1).[8] 3

2. Prokurist. a) Grundsatz. Unvereinbar mit dem Aufsichtsratsamt ist die durch den Bestellungsakt (nicht erst die deklaratorische Eintragung im Handelsregister)[9] begründete Stellung als (Einzel-, Gesamt-, Filial-) Prokurist (§§ 48 ff. HGB), und zwar unabhängig von etwaigen internen Beschränkungen der Prokura, dem sachlichen Grund für ihre Einräumung und den tatsächlichen Leitungsbefugnissen des Prokuristen. Entscheidend ist allein die **formale** Bestellung zum Prokuristen.[10] Daher wird auch der sog. **Titular-Prokurist,** dem nur im Außenverhältnis die Stellung eines Prokuristen eingeräumt ist, von Abs. 1 erfasst.[11] Umgekehrt ist eine noch so bedeutende Position innerhalb eines Unternehmens *(„Senior Vice President", „Executive President")* nicht von Abs. 1 betroffen, solange sie nicht durch die formale Bestellung zum Prokuristen untermauert wird (zum Handlungsbevollmächtigten „zum gesamten Geschäftsbetrieb" → Rn. 8). Der **Schein-Prokurist** dagegen wird nur zum Schutz des – etwa auf eine fehlerhafte Eintragung vertrauenden – Rechtsverkehrs (und zugunsten oder zulasten des Geschäftsherrn) wie ein Prokurist behandelt, er selbst steht jedoch mangels eigener Kompetenz nicht in dem typischen Interessenkonflikt, den Abs. 1 vor Augen hat; seiner Wahl zum Aufsichtsratsmitglied steht daher nichts entgegen.[12] 4

---

[1] GroßkommAktG/*Hopt/Roth* Rn. 6; MüKoAktG/*Habersack* Rn. 1.
[2] Für eine Anwendung von Abs. 1 (analog) auf den Fall des Ämtertauschs *Lange* NZG 2004, 265 (268 ff.); aA die ganz hM, vgl. nur KK-AktG/*Mertens/Cahn* Rn. 6 f. mwN.
[3] Begr. RegE *Kropff* Textausgabe, 1965, 146; zust. MüKoAktG/*Habersack* Rn. 2.
[4] Vgl. GroßkommAktG/*Hopt/Roth* Rn. 65; MüKoAktG/*Habersack* Rn. 34; MüKoAktG/*Spindler* § 94 Rn. 2 f.
[5] BGH AG 1975, 242 (240); GroßkommAktG/*Hopt/Roth* Rn. 23; Hüffer/*Koch* Rn. 2; HK-AktG/*Israel* Rn. 4; MHdB AG/*Hoffmann-Becking* § 30 Rn. 10.
[6] Vgl. *Brox* NJW 1967, 801 (803 f.).
[7] HK-AktG/*Bürgers* § 81 Rn. 6.
[8] Hüffer/*Koch* Rn. 2; Henssler/Strohn/*Henssler* Rn. 2.
[9] Baumbach/*Hopt/Hopt* HGB § 53 Rn. 1.
[10] GroßkommAktG/*Hopt/Roth* Rn. 31; MüKoAktG/*Habersack* Rn. 11.
[11] *Brox* FS Ficker, 1967, 95 (108); ebenso Spindler/Stilz/*Spindler* Rn. 8; Schmidt/Lutter/*Drygala* Rn. 6.
[12] Spindler/Stilz/*Spindler* Rn. 8.

5 **b) Ausnahme: MitbestG.** Eine wichtige, durch die Einbeziehung von **leitenden Angestellten** in die unternehmerische Mitbestimmung begründete – auf sie allerdings nicht beschränkte – **Ausnahme** von Abs. 1 enthält § 6 Abs. 2 S. 1 MitbestG. Danach ist ein (Einzel- oder Gesamt-)[13] Prokurist nur dann von der Wahl ausgeschlossen, wenn er (i) dem zur gesetzlichen Vertretung berufenen Organ (= dem Vorstand, § 78) unmittelbar unterstellt und[14] (ii) zur Ausübung der Prokura für den gesamten Geschäftsbereich des Organs ermächtigt ist. Zweck dieser Ausnahmeregelung ist, den Kreis der in den Aufsichtsrat wählbaren (leitenden) Angestellten zu erweitern.[15] Die **„unmittelbare Unterstellung"** unter den Vorstand macht eine direkte Weisungsunterstellung des Prokuristen gegenüber dem (ausreichend: einem) Vorstand erforderlich. In der Praxis wird ein solches Verhältnis üblicherweise als „direct report" oder „2. Ebene" bezeichnet. Gleichwohl reicht eine reine *Berichts*pflicht gegenüber dem Vorstand nicht aus, soweit sie nicht durch eine organisatorisch-hierarchische = **disziplinarische** (*nicht*: fachliche/funktionale) Eingliederung des Prokuristen mit den entsprechenden Weisungspflichten ergänzt wird.[16] **Zusätzlich** muss sich die Prokura auf den **„gesamten Geschäftsbereich des Organs"** (lies: die Vertretung in allen Unternehmensangelegenheiten), also nicht nur auf einen einzelnen Betrieb oder Geschäftsbereich, erstrecken. Da die Prokura im Außenverhältnis (rechtliches Können) einen fest umrissenen Inhalt hat (vgl. §§ 49 f. HGB), kann es insoweit nur auf ihren im **Innenverhältnis** definierten Umfang (rechtliches Dürfen) ankommen.[17] Jedenfalls in größeren Unternehmen wird es solche Beschränkungen regelmäßig geben (Beispiel: interne Unterschriften- und Zuständigkeitsregelungen). Im Zweifel ist die Zuständigkeit für den „gesamten Geschäftsbereich des Organs" in solchen Fällen zu verneinen. Der Filialprokurist gemäß § 54 Abs. 3 ist unter dem MitbestG schon mangels ausreichend großen „äußeren" Geschäftsbereichs uneingeschränkt wählbar. **Wächst** der zunächst ordnungsgemäß in den Aufsichtsrat Gewählte erst nachträglich in die Inkompatibilität **hinein** (Beispiel: Der als Arbeitnehmervertreter gewählte Aufsichtsrats-Prokurist wird zum *direct report* des Vorstands befördert), kann er seine neue Funktion nur einnehmen, wenn er vorher sein Aufsichtsratsmandat niederlegt; ansonsten erlischt es, § 24 Abs. 1 MitbestG (→ Rn. 25). Zur Wählbarkeit von **Generalhandlungsbevollmächtigten** → Rn. 9.

6 Nach seinem klaren Wortlaut gilt die Privilegierung in § 6 Abs. 2 S. 1 MitbestG nur für die Wählbarkeit eines Prokuristen „als Aufsichtsratsmitglied der **Arbeitnehmer**". Für den durch die *Anteilseigner* zu wählenden Kandidaten/Prokuristen gilt das Verbot des Abs. 1 dagegen uneingeschränkt.[18] Im Ergebnis kommt es daher zu einer Ungleichbehandlung zwischen den Anteilseignern, die Prokuristen generell nicht wählen können, und den Arbeitnehmern, denen dies in aller Regel gestattet ist.

7 Die anderen Mitbestimmungsgesetze **(MontanMitbestG, MitbestErgG, DrittelbG)** kennen eine Ausnahme zugunsten des Prokuristen mangels Berücksichtigung der leitenden Angestellten nicht. Im Bereich dieser Gesetze gilt Abs. 1 daher uneingeschränkt.[19]

8 **3. Handlungsbevollmächtigter der Gesellschaft.** Inkompatibilität begründet nicht bereits die Stellung eines beliebigen, sondern nur die des „zum gesamten Geschäftsbetrieb ermächtigten" Handlungsbevollmächtigten (§ 54 Abs. 1 Alt. 1 HGB). Von den in § 54 Abs. 1 HGB angesprochenen Handlungsvollmachten ist damit ohne weiteres nur die **Generalhandlungsvollmacht** oder, allgemeiner, jede Art von Handlungsvollmacht erfasst, die weder räumlich noch gegenständlich beschränkt ist.[20] Die Vollmacht muss nicht mit der Erteilung einer besonderen Ermächtigung nach § 54 Abs. 2 HGB einhergehen.[21] Die beiden anderen Vollmachten (Einzel-, Artvollmacht) schließen die Mitgliedschaft im Aufsichtsrat nicht aus. Etwa bestehende interne Beschränkungen der Generalhandlungsvollmacht sind ebenso unerheblich wie die Art der Vollmachtserteilung (zu § 6 Abs. 2 S. 1 MitbestG → Rn. 9).[22] Da die Handlungsvollmacht generell nicht im Handelsregister verlautbart wird, betrifft Abs. 1 – anders als im Fall des Prokuristen (→ Rn. 4) – auch den nur zum Schein Generalhandlungsbevollmächtigten.[23] In der Praxis kommt außerdem der sog. **Generalbevollmäch-**

---

[13] GroßkommAktG/*Hopt/Roth* Rn. 35.
[14] Henssler/Strohn/*Henssler* Rn. 3: „kumulativ".
[15] GroßkommAktG/*Oetker* MitbestG § 6 Rn. 14.
[16] Spindler/Stilz/*Spindler* Rn. 9.
[17] Ebenso Spindler/Stilz/*Spindler* Rn. 9 mit der Begründung, der Kreis der (leitenden) Angestellten solle möglichst weit gefasst werden; GroßkommAktG/*Oetker* MitbestG § 6 Rn. 15; *Raiser/Veil* MitbestG § 6 Rn. 53.
[18] GroßkommAktG/*Oetker* MitbestG § 6 Rn. 16; Spindler/Stilz/*Spindler* Rn. 9.
[19] Vgl. nur GroßkommAktG/*Hopt/Roth* Rn. 14; MHdBAktG/*Hoffmann-Becking* § 30 Rn. 11.
[20] GroßkommAktG/*Hopt/Roth* Rn. 32; HK-AktG/*Israel* Rn. 3.
[21] MüKoAktG/*Habersack* Rn. 14; Hüffer/*Koch* Rn. 4.
[22] MüKoAktG/*Habersack* Rn. 11.
[23] In diesem Sinne wohl GroßkommAktG/*Hopt/Roth* Rn. 32; aA möglicherweise KK-AktG/*Mertens/Cahn* Rn. 13; MüKoAktG/*J. Semler,* 2. Aufl. 2004, Rn. 34, die eine ausdrückliche Bevollmächtigung verlangen.

tigte vor, der hierarchisch üblicherweise oberhalb der Prokuristen, unmittelbar beim Vorstand angesiedelt ist und über weitreichende Vollmachten verfügt. Derlei Befugnisse schließen eine Generalhandlungsvollmacht regelmäßig ein.[24] Auch (erst recht!) seine Position ist daher mit der eines Aufsichtsratsmitglieds derselben Gesellschaft unvereinbar.[25]

Die ganz hM erstreckt die für den Prokuristen geltende **Ausnahme** des **§ 6 Abs. 2 S. 1 MitbestG** 9
unter den dort genannten Voraussetzungen im Wege eines „erst recht"-Schlusses auch auf den **Generalhandlungsbevollmächtigten.**[26] Er wäre danach unter den dort genannten Voraussetzungen (keine unmittelbare Unterstellung unter den Vorstand; keine interne Vollmachtsbeschränkung) trotz seiner Stellung in den Aufsichtsrat wählbar. Das ist vom eindeutigen Wortlaut der (zwingenden, → Rn. 24) Vorschrift nicht gedeckt. Diese Lesart widerspricht auch dem Zweck des § 105 (und damit seiner Ausnahmevorschrift), die Inkompatibilität nicht wertend-elastisch, sondern typisierend-formal zu beschreiben (→ Rn. 2).[27] Wie hier (Inkompatibilität) entscheidet die hM dagegen im Fall des **Generalbevollmächtigten** (→ Rn. 8) – er soll auch unter dem MitbestG ausnahmslos unwählbar sein.[28] Die anderen Mitbestimmungsgesetze kennen keine mit § 6 MitbestG vergleichbare Ausnahme für den Handlungsbevollmächtigten, so dass es in diesen Fällen mit dem Verbot des Abs. 1 sein Bewenden hat.

4. Konzern. § 105 ist auf die betreffende AG selbst **beschränkt.** Die Stellung eines Vorstands 10
(Ausnahme: Organisationsgefälle, → § 100 Rn. 33 f.), Prokuristen oder Generalhandlungsbevollmächtigten in einer Konzerngesellschaft hindert daher die Wahrnehmung eines Aufsichtsratsmandats in einer anderen Konzerngesellschaft nicht.[29] Aus der Vorschrift folgt nach ganz hM[30] auch kein Verbot von **Mehrfachmandaten** im Konzern. Es ist also möglich, jeweils Vorstand oder Aufsichtsrat in der Mutter- und gleichzeitig in einer oder mehreren Tochtergesellschaften zu sein. Auch können, wie dies in der Praxis weit verbreitet ist, Vorstandsmitglieder der beherrschenden Gesellschaft als Aufsichtsratsmitglieder in der abhängigen Gesellschaft fungieren.

5. Ausnahme: Stellvertreter von Vorstandsmitgliedern. Abs. 2 lässt eine eng begrenzte Aus- 11
nahme vom Unvereinbarkeitsgrundsatz des Abs. 1 zu, nämlich die temporäre Übernahme eines Vorstandsmandats durch ein Mitglied des Aufsichtsrats, egal ob Anteilseigner- oder – tatsächlich kaum je der Fall – Arbeitnehmervertreter.[31] Dazu kommt es in der Praxis zumeist, wenn kurzfristig, zB durch eine überraschende Amtsniederlegung oder Abberufung, ein Vakuum im Vorstand, insbesondere im Vorstandsvorsitz, entsteht. Hier soll der Aufsichtsrat nicht zur überstürzten Bestellung eines Vorstandsmitglieds gezwungen werden.[32] Das Aufsichtsratsmitglied fungiert dann als eine Art Platzhalter in der Übergangszeit bis zur regulären Neubestellung. Abs. 2 stellt für diese **„Notmaßnahme" ohne „dauerhaften Charakter"**[33] aber genaue Voraussetzungen auf.

a) Voraussetzungen. Voraussetzung für ein Einspringen des Aufsichtsratsmitglieds ist (i) das kon- 12
krete bzw. unmittelbar bevorstehende[34] **„Fehlen"** (keine „Vorratsbestellung") oder (ii) die **„Verhinderung"** (iii) eines – auch stellvertretenden (arg. § 94)[35] – **Vorstandsmitglieds;** andere „Geschäftsleiter" (wie zB sog. „Bereichs"-Vorstände", Mitglieder eines „Executive Committee", Prokuristen oder Generalhandlungsbevollmächtigte) können nicht durch ein Aufsichtsratsmitglied ersetzt werden:

– Ein Vorstandsmitglied **fehlt,** wenn die nach Gesetz (§ 76 Abs. 2 S. 2), Satzung oder Geschäftsord- 13
nung[36] erforderliche bestimmte Zahl oder die Mindestzahl an Vorstandsmitgliedern **nicht mehr**

---

[24] Ebenso MüKoAktG/*Habersack* Rn. 14; Hüffer/*Koch* Rn. 5.

[25] GroßkommAktG/*Hopt/Roth* Rn. 3; MüKoAktG/*Habersack* Rn. 14; Hüffer/*Koch* Rn. 5.

[26] GroßkommAktG/*Hopt/Roth* Rn. 36; Schmidt/Lutter/*Drygala* Rn. 8; GroßkommAktG/*Oetker* MitbestG § 6 Rn. 17; *Raiser/Veil* MitbestG § 6 Rn. 54; Hüffer/*Koch* Rn. 4; NK-AktR/*Breuer/Fraune* Rn. 9; zurückhaltend HK-AktG/*Israel* Rn. 5.

[27] GroßkommAktG/*Hopt/Roth* Rn. 37 sprechen selbst von einer „bedenklichen Aufweichung des Unvereinbarkeitsgrundsatzes" durch § 6 Abs. 2 S. 1 MitbestG und lehnen im Übrigen die Ausdehnung auf andere als die ausdrücklich genannten Angestellten strikt ab (Rn. 41).

[28] Vgl. nur MüKoAktG/*Habersack* Rn. 17; MüKoAktG/*Gach* MitbestG § 6 Rn. 8; Henssler/Strohn/*Henssler* Rn. 4.

[29] GroßkommAktG/*Hopt/Roth* Rn. 34; MüKoAktG/*Habersack* Rn. 10.

[30] Vgl. nur GroßkommAktG/*Hopt/Roth* Rn. 27.

[31] MüKoAktG/*Habersack* Rn. 22; UHH/*Ulmer/Habersack* MitbestG § 6 Rn. 47.

[32] Begr. RegE *Kropff* Textausgabe, 1965, 146.

[33] Spindler/Stilz/*Spindler* Rn. 22.

[34] Spindler/Stilz/*Spindler* Rn. 26; KK-AktG/*Mertens/Cahn* Rn. 23; Schmidt/Lutter/*Drygala* Rn. 15; Grigoleit/*Grigoleit/Tomasic* Rn. 10.

[35] GroßkommAktG/*Hopt/Roth* Rn. 53; KK-AktG/*Mertens/Cahn* Rn. 22; Hüffer/*Koch* Rn. 7; HK-AktG/*Israel* Rn. 6; aA Spindler/Stilz/*Spindler* Rn. 25.

[36] Wachter/*Schick* Rn. 8.

(Beispiele: Amtsniederlegung; Tod; Abberufung; Auflösungsvertrag) oder **noch nicht** (Beispiel: (Dringende) Schaffung einer zusätzlichen Vorstandsstelle) vorhanden ist; das Gleiche gilt, wenn trotz des vorhandenen Vorstandspersonals ein Hindernis bei der Geschäftsführung besteht (→ § 85 Rn. 3). Ein Vorstandsmitglied fehlt aber auch beim Ausscheiden oberhalb einer Mindest- oder unterhalb einer Höchstzahl-Grenze (anders naturgemäß dann, wenn eine vakant gewordene Stelle *bewusst* endgültig oder zumindest zeitweilig unbesetzt bleibt).[37] Das schlichte Nicht-Ausschöpfen einer *Höchst*zahl allein – dh ohne vorheriges Ausscheiden eines Vorstandsmitglieds oder die Schaffung einer neuen Vorstandsstelle – stellt dagegen noch keinen „Fehl"-Fall dar,[38] da es hier gerade an der für Abs. 2 typischen **Zwangslage** (→ Rn. 11) mangelt.[39] Umgekehrt kann die Zwangslage für den Aufsichtsrat aber auch dann bestehen, wenn ein Vorstandsmitglied *regulär,* dh nach dem – zumeist lange vorhersehbaren – Ablauf seiner Amtszeit (§ 84 Abs. 1), ausscheidet.[40] Sind in der Satzung oder Geschäftsordnung *keine* zahlenmäßigen Vorgaben enthalten, fehlt ein Vorstandsmitglied, wenn es wegfällt, ohne dass der Aufsichtsrat dies zum Anlass nimmt, die Stelle zu streichen (Beispiel: Der amtierende Personalvorstand ist verstorben. Die Stelle soll neu besetzt werden, der Auswahlprozess hat jedoch noch nicht begonnen). **Zusammengefasst** „fehlt" ein Vorstandsmitglied also immer dann, wenn entweder eine *rechtsverbindlich* zu besetzende Stelle unbesetzt ist **(„juristisches Fehlen")** oder ein Vorstand aus einer *freien* Stelle ausscheidet, ohne dass sogleich ein Nachfolger für die vom Aufsichtsrat wunschgemäß wiederzubesetzende Stelle bereit steht **(„tatsächliches Fehlen").**

14 – **Verhindert** ist ein Vorstandsmitglied, wenn es nicht nur vorübergehend an der Ausübung seines Mandats – nicht bloß eines einzelnen Geschäfts[41] – gehindert ist. Dass für die Übernahme der Aufgaben des Verhinderten nach der Geschäftsordnung ein Stellvertreter innerhalb des Vorstands bereit steht, ändert hieran nichts.[42] Keine Voraussetzung der Verhinderung ist die rechtswirksame Amtsaufgabe durch den Verhinderten (Beispiel: Ein Vorstand ist erkrankt oder verunglückt und zur Amtsausübung längerfristig nicht in der Lage).[43] Gleichwohl ist für die Annahme einer Verhinderung schon wegen der Verdrängung des regulären, vor einer Abberufung durch § 84 Abs. 3 geschützten Vorstandsmitglieds (→ Rn. 22) ein **strenger Maßstab** anzulegen.

15 (Nur) in diesen beiden Fällen besteht für den Aufsichtsrat die **Möglichkeit,**[44] nach Abs. 2 vorzugehen; stattdessen kann er selbstverständlich auch einen Dritten *regulär* zum Vorstand bestellen.

16 **b) Bestellung.** Die Bestellung des Aufsichtsrats- zum Vorstandsmitglied erfolgt durch – richtigerweise auf einen (üblicherweise Präsidial- oder Personal-) **Ausschuss** delegierbaren[45] – grundsätzlich mit **einfacher,** unter dem MitbestG wegen des in der bestehenden Notsituation *erst recht* erforderlichen, bänkeübergreifenden Konsenses mit **Zweidrittelmehrheit** zu fassenden **Beschluss** des Aufsichtsrats (§ 108 Abs. 1); für eine teleologische Reduktion des § 31 Abs. 2 MitbestG besteht weder juristischer noch praktischer Anlass.[46] Zusätzlich muss der Bestellte das Amt **annehmen.** Bei dem Bestellungsbeschluss ist das betreffende Aufsichtsratsmitglied nach hM stimmberechtigt;[47] das ist auch praktisch sinnvoll, da es in mitbestimmten Gesellschaften (aber nicht nur in ihnen) gerade in der Bestellungsfrage ansonsten zu einem hinderlichen Ungleichgewicht der beiden Bänke kommen kann.

---

[37] Insoweit unstreitig, vgl. Spindler/Stilz/*Spindler* Rn. 23; Hüffer/*Koch* Rn. 7; MHdB AG/*Wiesner* § 24 Rn. 29.

[38] Missverständlich daher Spindler/Stilz/*Spindler* Rn. 23; MüKoAktG/*Habersack* Rn. 24; Hüffer/*Koch* Rn. 7; Henssler/Strohn/*Henssler* Rn. 8; vgl. aber auch Begr. RegE *Kropff* Textausgabe, 1965, 146.

[39] Teilweise übereinstimmend *Heidbüchel* WM 2004, 1317 (1318).

[40] Spindler/Stilz/*Spindler* Rn. 23; Hüffer/*Koch* Rn. 7; aA *Heidbüchel* WM 2004, 1317 (1318).

[41] Schmidt/Lutter/*Drygala* Rn. 14; Happ/*Happ* AktR 8.04 Rn. 1.8.

[42] Hüffer/*Koch* Rn. 7; ausf. GroßkommAktG/*Hopt/Roth* Rn. 51 f.; ferner Schmidt/Lutter/*Drygala* Rn. 15; Henssler/Strohn/*Henssler* Rn. 7; *Lutter/Krieger/Verse* Rechte und Pflichten Rn. 459.

[43] Vgl. nur MüKoAktG/*Habersack* Rn. 25; *Lutter/Krieger/Verse* Rechte und Pflichten Rn. 459; *Fleischer* NZG 2010, 561 (566); aA *Götz* ZIP 2002, 1745 (1747).

[44] MHdB AG/*Wiesner* § 24 Rn. 29.

[45] KK-AktG/*Mertens/Cahn* Rn. 18; HK-AktG/*Israel* Rn. 9; Hüffer/*Koch* Rn. 9: arg. keine Erwähnung in § 107 Abs. 3; aA GroßkommAktG/*Hopt/Roth* Rn. 56 (§ 107 Abs. 3 iVm § 84 Abs. 1 analog); MüKoAktG/*Habersack* Rn. 28; Schmidt/Lutter/*Drygala* Rn. 16; Henssler/Strohn/*Henssler* Rn. 10; *Lutter/Krieger/Verse* Rechte und Pflichten Rn. 462.

[46] IErg wie hier Wlotzke/Wißmann/Koberski/Kleinsorge/*Koberski,* 4. Aufl. 2011, MitbestG § 31 Rn. 41 f.; aA die ganz hL, ausf. Spindler/Stilz/*Spindler* Rn. 32; ferner MüKoAktG/*Habersack* Rn. 28; Hüffer/*Koch* Rn. 9; MHdB AG/*Wieser* § 24 Rn. 31; *Heidbüchel* WM 2004, 1317 (1319).

[47] KK-AktG/*Mertens/Cahn* § 108 Rn. 67; Schmidt/Lutter/*Drygala* Rn. 16; MüKoAktG/*J. Semler,* 2. Aufl. 2004, Rn. 60, § 108 Rn. 156; HK-AktG/*Israel* Rn. 9; Happ/*Happ* AktR 8.04 Rn. 2.1; aA GroßkommAktG/*Hopt/Roth* § 108 Rn. 56; MüKoAktG/*Habersack* Rn. 28; Hüffer/*Koch* § 108 Rn. 9; HK-AktG/*Bürgers* § 84 Rn. 5.

c) Dauer. Die Bestellung darf nur für einen **begrenzten,** auch durch wiederholte Bestellung oder Verlängerung der Amtszeit[48] nicht überschreitbaren (Abs. 2 S. 2) Zeitraum von **maximal einem Jahr** erfolgen (Abs. 2 S. 1). Dauert die Verhinderung eines Vorstandsmitglieds (→ Rn. 14) erkennbar **länger,** kann zwar zunächst von Abs. 2 Gebrauch gemacht werden, jedoch muss der Aufsichtsrat, sofern keine vorstandsinterne Nachfolge gefunden wird und sich die Vakanz damit erledigt, spätestens zum Fristablauf ein neues, reguläres Mitglied – nach seiner Amtsniederlegung auch das gerade als Stellvertreter tätige Aufsichtsratsmitglied – zum Vorstand bestellen; das verhinderte Vorstandsmitglied ist ggf. abzuberufen.[49] Der genaue Zeitraum ist bereits im Bestellungs- bzw. Verlängerungsbeschluss (→ Rn. 16) anzugeben.[50] Ausreichend ist eine Befristung „bis zur Bestellung eines neuen Vorstandsmitglieds als Nachfolger von V, längstens jedoch bis zum …". Ist die Frist **zu lang** bemessen, endet sie automatisch nach einem Jahr, hinsichtlich des überschießenden Zeitraums ist der Beschluss unwirksam.[51] Unabhängig davon kann das Vorstandsamt nach den allgemeinen Grundsätzen **beendet** werden (Beispiele: Niederlegung; Abberufung aus wichtigem Grund, § 84 Abs. 3).[52] Weiter endet die Abordnung mit dem **Ausscheiden** des Stellvertreters aus dem Aufsichtsrat (im Bestellungsbeschluss kann Abweichendes bestimmt werden) und *automatisch* mit dem **Wegfall des Grundes** für die Abordnung (Beispiel: Das verhinderte Vorstandsmitglied steht wieder zur Verfügung).[53] Umstritten ist, ob die Jahresfrist bei Vorliegen eines **anderen Verhinderungsgrundes** (auch wenn es um dieselbe Vorstandsstelle geht)[54] oder Bestellung eines **anderen Aufsichtsratsmitglieds**[55] erneut zu laufen beginnt. Sieht man den Zweck der Ausnahmevorschrift darin, (i) in einem (jedem) bestimmten „Notfall" (Fehlen, Behinderung) (ii) kurzfristige „Inter-Organ"-Abhilfe zu schaffen,[56] muss die Jahresfrist bei einem erneuten Notfall erneut zu laufen beginnen, und zwar selbst dann, wenn wieder dasselbe Aufsichtsratsmitglied bestellt wird; ein beliebiges Nacheinanderschalten verschiedener Aufsichtsratsmitglieder *ohne* solchen Grund ist dagegen unzulässig. 17

d) Rechtsstellung. aa) Aufsichtsratsmitglied. Mit der Bestellung (und ihrer Annahme) nimmt das Aufsichtsratsmitglied die Position eines **Stellvertreters** des fehlenden oder behinderten Vorstands ein (Abs. 2 S. 1). Zwar ist der Stellvertreter gemäß Abs. 2 – ebenso wie der nur gleichnamige[57] Stellvertreter nach § 94 – **vollwertiges Organmitglied,** die gesetzliche Bezeichnung deutet aber an, dass er (i) nur interimsweise tätig wird (→ Rn. 17) und (ii) seine Vorstandsmacht unmittelbar von seinem Vorgänger ableitet. Als Vorstand rückt das Aufsichtsratsmitglied in punkto Stellung (ordentliches oder stellvertretendes Vorstandsmitglied; Vorstandsvorsitzender), Geschäftsführungsbefugnis, Ressortzuständigkeit und Vertretungsmacht daher ohne Weiteres in die Position seines Vorgängers ein, sofern der Aufsichtsrat im Bestellungsbeschluss (→ Rn. 16) nicht etwas anderes bestimmt.[58] Ansonsten hat der Bestellte alle gesetzlichen Rechte und Pflichten eines Vorstandsmitglieds.[59] Insbesondere hat er Anspruch auf eine entsprechende **Vergütung** (§ 87). Dabei können die Besonderheiten des Mandats hinsichtlich Dauer, zeitlicher Beanspruchung und Expertise im Rahmen der „Angemessenheit" der Bezüge berücksichtigt werden. Der tätigkeitsgebundene Teil der *Aufsichtsrats*vergütung ist während der Zeit der Vorstandstätigkeit mangels entsprechender Aktivität (→ Rn. 21) suspendiert.[60] 18

---

[48] Dazu *Lutter/Krieger/Verse* Rechte und Pflichten Rn. 461.

[49] MHdB AG/*Wiesner* § 24 Rn. 30.

[50] HK-AktG/*Israel* Rn. 8.

[51] IErg ebenso GroßkommAktG/*Hopt/Roth* Rn. 59; KK-AktG/*Mertens/Cahn* Rn. 24; HK-AktG/*Israel* Rn. 8; *Lutter/Krieger/Verse* Rechte und Pflichten Rn. 461.

[52] MüKoAktG/*Habersack* Rn. 36.

[53] GroßkommAktG/*Hopt/Roth* Rn. 72; MüKoAktG/*Habersack* Rn. 36; aA MüKoAktG/*J. Semler,* 2. Aufl. 2004, Rn. 75; HK-AktG//*Israel* Rn. 10: zusätzlich Abberufungsbeschluss erforderlich.

[54] Dafür MüKoAktG/*Habersack* Rn. 31; HK-AktG/*Israel* Rn. 8; *Lutter/Krieger/Verse* Rechte und Pflichten Rn. 461; dagegen KK-AktG/*Mertens/Cahn* Rn. 25; Henssler/Strohn/*Henssler* Rn. 7: nur bei einem anderen Vorstandsmitglied.

[55] Dafür GroßkommAktG/*Hopt/Roth* Rn. 58; KK-AktG/*Mertens/Cahn* Rn. 25; dagegen MüKoAktG/*Habersack* Rn. 31; Hüffer/*Koch* Rn. 7; HK-AktG/*Israel* Rn. 8; Henssler/Strohn/*Henssler* Rn. 9; *Lutter/Krieger/Verse* Rechte und Pflichten Rn. 461.

[56] Vgl. Begr. RegE *Kropff* Textausgabe, 1965, 146.

[57] Zu den materiellen Unterschieden vgl. GroßkommAktG/*Hopt/Roth* Rn. 65; Vermengung der beiden Fälle bei WKS/*Schubert* MitbestG § 31 Rn. 13.

[58] GroßkommAktG/*Hopt/Roth* Rn. 65, 67; MüKoAktG/*Habersack* Rn. 34; Hüffer/*Koch* Rn. 10; Wachter/*Schick* Rn. 10; aA Semler/v. Schenck/*Gasteyer* Rn. 56 f.

[59] GroßkommAktG/*Hopt/Roth* Rn. 68.

[60] MüKoAktG/*J. Semler,* 2. Aufl. 2004, Rn. 90; HK-AktG/*Israel* Rn. 11; GroßkommAktG/*Hopt/Roth* Rn. 70; aA KK-AktG/*Mertens/Cahn* Rn. 31, was folgenlos bliebe, wenn entweder in der Satzung (in der Praxis selten) oder in der Vergütungsvereinbarung für das Vorstandsmandat Vorsorge gegen eine Kumulierung mit der Aufsichtsratsvergütung getroffen wird.

19 Gemäß Abs. 2 S. 4 ist das Aufsichtsratsmitglied von dem für Vorstände geltenden **Wettbewerbsverbot** nach § 88 befreit. Die Gründe dafür sind in der nur temporären Vorstandsstellung des Aufsichtsratsmitglieds und darin zu sehen, dass ihm nicht zugemutet werden soll, etwa bestehende, ihm in seiner Eigenschaft als Mitglied des Aufsichtsrats grundsätzlich nicht verbotene (→ § 100 Rn. 50) Wettbewerbspositionen kurzfristig aufzulösen. Vor diesem Hintergrund erstreckt sich die Befreiung jedoch nur auf die **bei Amtsübernahme** bestehenden Wettbewerbsverhältnisse; *spätere* Wettbewerbshandlungen werden von Abs. 2 S. 4 nicht privilegiert und sind daher zu unterlassen.[61] Überdies gelten die den Aufsichtsrat als solchen etwa treffenden Verpflichtungen (Beispiele: Ziff. 5.4.2 S. 4 DCGK; Treupflicht) trotz der zeitweiligen Abberufung in den Vorstand unverändert fort.[62]

20 Die (erstmalige, wiederholte und „verlängernde") Bestellung und die Abberufung des Stellvertreters eines Vorstandsmitglied sind in der üblichen Weise (§ 81) zum **Handelsregister** anzumelden.[63] Wie sonst auch hat die Eintragung nur deklaratorische Wirkung. Das Registergericht prüft unter anderem, ob die Voraussetzungen für die Bestellung gegeben sind.[64] Ein praktisches oder rechtliches Bedürfnis für die Eintragung auch der **Dauer** der Bestellung ist – jedenfalls im Vergleich zur regulären Vorstandsbestellung – nicht erkennbar; vielmehr gelten hier uneingeschränkt die allgemeinen Regeln.[65] Eine gleichwohl vorgenommene Eintragung ist unschädlich; § 15 Abs. 1 HGB läuft in diesem Fall nach dem Ende der Bestellung trotz fortbestehender Eintragung leer.[66] Zur Bekanntmachung des **ruhenden Aufsichtsratsmandats** → § 106 Rn. 4.

21 Die Übernahme der Vorstandstätigkeit beendet nicht das Amt des Aufsichtsratsmitglieds; damit **fehlt** es an einer (zB durch ein Ersatzmitglied auszufüllenden) **Vakanz** im Aufsichtsrat.[67] Das Amt **ruht** vielmehr; der Betroffene ist in seiner Eigenschaft als Aufsichtsratsmitglied – und dies auch nur einstweilen – von seinen Rechten und Pflichten entbunden (Abs. 2 S. 3). Das gilt auch dann, wenn der Aufsichtsrat infolge der Übernahme des Vorstandsamts durch sein Mitglied seine **Beschlussfähigkeit** verliert (vgl. § 108 Abs. 2 S. 3)[68] oder sich dadurch das durch die Mitbestimmungsgesetze festgeschriebene **Sitzverhältnis** zwischen Anteilseigner- und Arbeitnehmerbank verschiebt (§ 108 Abs. 2 S. 4). Gegebenenfalls ist der Aufsichtsrat bis zum Wiedereintritt des „Ruhenden" **gerichtlich** zu ergänzen (→ § 104 Rn. 7). Dem scheint wegen des bloß ruhenden Amtes zwar die mangelnde „Lücke" entgegenzustehen, doch rechtfertigt das Fehlen eines *stimmberechtigten* Mitglieds unter den in § 104 genannten Voraussetzungen (Beschlussunfähigkeit; Unterbesetzung) die entsprechende Anwendung.[69] – Nimmt der Stellvertreter trotz seiner Delegation in den Vorstand an Beschlussfassungen des Aufsichtsrats teil, ist seine Stimmabgabe (wie überhaupt jede „Tätigkeit als Aufsichtsratsmitglied") **nichtig.**[70] Handelt es sich bei dem Berufenen um den **Aufsichtsratsvorsitzenden,** muss für die Übergangszeit kein neuer Vorsitzender gewählt werden. Aufgrund der „Verhinderung" werden seine Rechte in der Übergangszeit durch seinen Stellvertreter wahrgenommen (§ 107 Abs. 1 S. 3).[71] Ist der Berufene dagegen der Stellvertreter, kann es sich anbieten, für die Interimszeit (oder auch dauerhaft) einen Nachfolger zu wählen. – Mit **Beendigung** des Vorstandsmandats tritt das Aufsichtsratsmitglied ohne weiteres wieder in seine Rechte und Pflichten im Aufsichtsrat ein.[72] Das gilt ungeachtet § 100 Abs. 2 Nr. 4, der eine Karenzzeit von zwei Jahren für den Wechsel vom

[61] Ganz hM, vgl. GroßkommAktG/*Hopt/Roth* Rn. 65; KK-AktG/*Mertens/Cahn* Rn. 30; MüKoAktG/*J. Semler,* 2. Aufl. 2004, Rn. 88, jeweils unter Hinweis auf die nach „Treu und Glauben" gebotene Zurückhaltung bei der Ausnutzung der Wettbewerbsposition.

[62] MüKoAktG/*Habersack* Rn. 34.

[63] GroßkommAktG/*Hopt/Roth* Rn. 62.

[64] MüKoAktG/*Habersack* Rn. 32.

[65] KK-AktG/*Mertens/Cahn* Rn. 28; MüKoAktG/*Habersack* Rn. 33; HK-AktG/*Israel* Rn. 10; aA die wohl hM, vgl. GroßkommAktG/*Hopt/Roth* Rn. 62; Hüffer/*Koch* Rn. 10; MHdB AG/*Wiesner* § 24 Rn. 34; Happ/*Happ* AktR 8.04 Rn. 7.1; *Fleischer* NZG 2010, 561 (566); andeutungsweise auch BGH AG 1998, 137 (138).

[66] MüKoAktG/*Habersack* Rn. 33.

[67] Treffend MHdB AG/*Hoffmann-Becking* § 29 Rn. 14; ferner *Heidbüchel* WM 2004, 1317 (1321); Wachter/*Schick* Rn. 9.

[68] GroßkommAktG/*Hopt/Roth* Rn. 55; HK-AktG/*Israel* Rn. 11; Grigoleit/*Grigoleit/Tomasic* Rn. 10; Semler/v. Schenck/*Gasteyer* Rn. 58.

[69] Vgl. für die hL nur GroßkommAktG/*Hopt/Roth* Rn. 55, 61; MüKoAktG/*Habersack* Rn. 26; KK-AktG/*Mertens/Cahn* Rn. 27: jeweils direkte Anwendung; MHdB AG/*Hoffmann-Becking* § 29 Rn. 14 (analog); aA *Heidbüchel* WM 2004, 1317 (1322); Happ/*Happ* AktR 8.04 Rn. 1.1 empfiehlt insbes. im Anwendungsbereich des MitbestG die *Niederlegung* des Aufsichtsratsmandats, um den Weg für einen Nachfolger freizumachen.

[70] Begr. RegE *Kropff* Textausgabe, 1965, 146; GroßkommAktG/*Hopt/Roth* Rn. 60; Spindler/Stilz/*Spindler* Rn. 34; MüKoAktG/*Habersack* Rn. 35; MüKoAktG/*J. Semler,* 2. Aufl. 2004, Rn. 65.

[71] MüKoAktG/*Habersack* § 107 Rn. 70 (vgl. aber auch MüKoAktG/*Habersack* § 105 Rn. 35, 37); aA MüKoAktG/*J. Semler,* 2. Aufl. 2004, Rn. 95; HK-AktG/*Israel* Rn. 11; Semler/v. Schenck/*Gasteyer* Rn. 59: keine „Be-" bzw. „Verhinderung" iSd § 107 Abs. 1 S. 3.

[72] Insoweit noch zust. GroßkommAktG/*Hopt/Roth* Rn. 61, 73.

Vorstand in den Aufsichtsrat vorsieht (arg.: keine Neu-Bestellung, sondern bloßes Ruhen des Aufsichtsratsmandats), → § 100 Rn. 37. Aus dem gleichen Grund gelten auch die übrigen Beschränkungen nicht, denen ein ehemaliges Vorstandsmitglied beim Wechsel in den Aufsichtsrat gewöhnlich unterliegt (Beispiele: Ziff. 5.3.2 S. 5, 5.4.2 S. 3 DCGK). – Ob der automatische Wiedereintritt in die bisher ausgeübten Funktionen auch für den **Aufsichtsratsvorsitz,** die **Stellvertreter**-Funktion und die Mitgliedschaft in den **Ausschüssen** gilt, hängt von den hierzu während des Ruhens gefassten Beschlüssen ab. Denkbar ist sowohl ein automatischer Wiedereintritt (wenn im Aufsichtsrat zwischenzeitlich nichts Abweichendes beschlossen wurde) als auch eine Neu-/Wiederwahl in die entsprechenden Funktionen oder ein Erhalt des in der Zwischenzeit erreichten Standes.[73]

bb) Verhindertes Vorstandsmitglied. Das verhinderte Vorstandsmitglied bleibt trotz der Bestellung eines Stellvertreters nach Abs. 2 Mitglied des Vorstands. Jedoch sind seine organschaftlichen Rechte und Pflichten suspendiert. Je nach Verhinderungsgrund (Beispiel: Krankheit) gelten die für diesen Fall vorgesehenen Regelungen des Vorstands-Dienstvertrages jedoch fort. Bei der Feststellung der Beschlussfähigkeit bleibt das verhinderte Vorstandsmitglied unberücksichtigt. Eine Verlautbarung über die „Änderung des Vorstands oder die Vertretungsbefugnis eines Vorstandsmitglieds" (§ 81 Abs. 1) im Handelsregister erfolgt nicht (für Stellvertreter insoweit → Rn. 20). Hat sich die Verhinderung erledigt, tritt das Vorstandsmitglied ohne Weiteres wieder in seine volle Rechtsposition ein; der Stellvertreter verliert zum selben Zeitpunkt automatisch sein Amt (→ Rn. 17). 22

e) Sonderfälle. Abs. 2 eröffnet die Möglichkeit, das Aufsichtsratsmitglied auch zum Stellvertreter eines verhinderten oder fehlenden *stellvertretenden* Vorstandsmitglieds (→ Rn. 12) zu bestellen (§ 94).[74] Ersetzt werden kann auch der **Vorstandsvorsitzende.** Sofern der Aufsichtsrat im Bestellungsbeschluss nicht etwas Anderes bestimmt, rückt der Bestellte in diesem Fall automatisch auch in die Vorsitzendenfunktion ein (→ Rn. 18).[75] Umstritten ist, ob Abs. 2 auch den gemäß § 100 Abs. 2 Nr. 2 (Stichwort „Organisationsgefälle", → § 100 Rn. 33) eigentlich unerwünschten Fall der Übernahme eines Vorstandsamtes bei einer **Tochtergesellschaft** umfasst. Die Frage ist mit der hM[76] zu bejahen: Da das Aufsichtsratsmandat während der Vorstandstätigkeit ruht (→ Rn. 21), läuft der Inkompatibilitätsgedanke ins Leere. Die Bestellung zum Vorstand der Tochter erfolgt nach den allgemeinen Regeln, dh durch deren Aufsichtsrat oder die Gesellschafterversammlung.[77] 23

6. Nicht erfasste Fälle. Abs. 1 beschreibt den Kreis der Funktionen, die eine Inkompatibilität mit der Stellung als Aufsichtsratsmitglied begründen, abschließend (→ Rn. 24, aber → Rn. 9). Die in der Vorschrift zum Ausdruck kommende Idee kann folgerichtig **nicht** auf andere als die genannten Funktionsträger und Personengruppen (zB leitende Angestellte allgemein)[78] **erstreckt** werden. Keine Fälle verbotener Inkompatibilität stellen daher trotz der herausgehobenen Rolle dieser Gremien die Zugehörigkeit zur **Betriebsleitung** (vgl. § 77 Abs. 1 S. 2 BetrVG) und zum **Wirtschaftsausschuss** (§ 106 BetrVG) dar. 23a

III. Abdingbarkeit

Abs. 1 ist – ebenso wie die Ausnahme nach § 6 Abs. 2 S. 1 MitbestG (→ Rn. 5) – in seinem Anwendungsbereich **zwingend**[79] und **abschließend** (→ Rn. 23a). Die Möglichkeit der Stellvertretung eines Vorstandsmitglieds nach **Abs. 2** kann unstreitig weder durch die Satzung noch durch Hauptversammlungs- oder Gremienbeschluss **erweitert** werden (Beispiel: Zulassung der fortgesetzten Tätigkeit als Aufsichtsratsmitglied trotz interimistischer Bestellung in den Vorstand).[80] Richtigerweise (arg. § 23 Abs. 5 S. 1) gilt das aber auch für **Beschränkungen** des Anwendungsbereichs von Abs. 2 (Beispiele: Ausschluss der Stellvertretung; Begrenzung auf ein halbes Jahr).[81] 24

---

[73] Wie hier KK-AktG/*Mertens/Cahn* Rn. 32; ähnlich MüKoAktG/*Habersack* Rn. 35, 37; aA GroßkommAktG/*Hopt/Roth* Rn. 61, 73: Verlust aller Ausschussmitgliedschaften; MüKoAktG/*J. Semler,* 2. Aufl. 2004, Rn. 97: Verlust aller Funktionen.

[74] GroßkommAktG/*Hopt/Roth* Rn. 53, 66.

[75] GroßkommAktG/*Hopt/Roth* Rn. 48; MüKoAktG/*Habersack* Rn. 34; zweifelnd MüKoAktG/*J. Semler,* 2. Aufl. 2004, Rn. 63.

[76] HK-AktG/*Israel* Rn. 6; Hüffer/*Koch* Rn. 8.

[77] Hüffer/*Koch* Rn. 8.

[78] Hierzu Hüffer/*Koch* Rn. 1, 5; HK-AktG/*Israel* Rn. 2; Henssler/Strohn/*Henssler* Rn. 5.

[79] AllgM, vgl. MüKoAktG/*Habersack* Rn. 3, 15; HK-AktG/*Israel* Rn. 2.

[80] KK-AktG/*Mertens/Cahn* Rn. 3; Hüffer/*Koch* Rn. 1: „nach Anlass und Zeidauer beschränkte Ausnahme".

[81] MüKoAktG/*Habersack* Rn. 3; dem zuneigend auch Hüffer/*Koch* Rn. 1: „Einschränkung fragwürdig"; aA GroßkommAktG/*Hopt/Roth* Rn. 12; KK-AktG/*Mertens/Cahn* Rn. 3.

IV. Rechtsfolgen bei Verstoß

25 **1. Unvereinbarkeit von Geschäftsleitung und Kontrolle.** § 105 sagt nicht, welche Rechtsfolgen beim Vorliegen einer verbotenen Doppelberufung (Aufsichtsratsmitglied wird zum Geschäftsleiter, Geschäftsleiter zum Aufsichtsratsmitglied bestellt) eintreten. Auch ein „qualitativer“ **Vorrang** der einen Aufgabe gegenüber der anderen ist § 105 nicht zu entnehmen.[82] Die **hL** kommt daher in beiden Fällen zur Nichtigkeit/Unwirksamkeit der jeweils **späteren** Wahl/Bestellung = **Grundsatz der Priorität.**[83] Die Begründungen dafür lauten freilich jeweils unterschiedlich:

26 **a) Bestellung zum Geschäftsleiter.** Die Bestellung eines Aufsichtsratsmitglieds zum Geschäftsleiter ist kein unmittelbarer Anwendungsfall von § 250, da das Aufsichtsratsmitglied bereits gewählt ist.[84] Abs. 1 selbst bestimmt jedoch, dass eine solche Funktionshäufung in der Person des Aufsichtsratsmitglieds „nicht … sein kann“, die Übernahme der zusätzlichen Aufgabe also gesetzeswidrig und damit (zunächst schwebend) unwirksam ist (§ 134 BGB). Das ist insbesondere der Fall, wenn der Betroffene irrtümlich davon ausgeht, er könne beide Funktionen nebeneinander ausüben. Will er jedoch – was in der Praxis die Regel sein dürfte – sein Aufsichtsratsmandat aufgeben, kann er dies noch bis zur Annahme der Geschäftsleiterposition tun. Ansonsten wird die Bestellung zum Geschäftsleiter endgültig unwirksam.[85] – Eine **Ausnahme** vom Prioritätsgrundsatz – freilich für den Bereich des Mitbestimmungs- und nicht des Aktienrechts – findet sich in § 24 Abs. 1 MitbestG, § 10n MitbestErgG. Danach geht ein späterer Verlust der Wählbarkeit immer zu Lasten des Aufsichtsratsamtes. Im Einzelfall kann es dabei auch um die „Übernahme“ einer Geschäftsleiter-Position gehen. Beispiel: Der als Arbeitnehmervertreter gewählte Aufsichtsrats-Prokurist wird zum *direct report* des Vorstands befördert (vgl. § 6 Abs. 2 S. 1 MitbestG, → Rn. 5) – tritt der Prokurist hier seine neue Funktion an, verliert er das (frühere!) Aufsichtsratsmandat gemäß § 24 Abs. 1 MitbestG, § 10n MitbestErgG wegen Wegfalls einer Wählbarkeitsvoraussetzung.[86]

27 **b) Wahl zum Aufsichtsratsmitglied.** Nach hM[87] gilt auch bei der Wahl eines Geschäftsleiters zum Aufsichtsratsmitglied § 105 Abs. 1 und damit das Prioritätsprinzip: Das Amt als Geschäftsleiter bleibt durch die Wahl unberührt. Entsprechend kann das neue Mandat nicht angetreten werden, solange nicht die frühere, inkompatibilitätsbegründende Position, etwa durch Amtsniederlegung oder Widerruf bzw. „Rückgabe“ der Prokura oder Handlungsvollmacht, aufgegeben wird. Erfolgt keine solche Aufgabe – die auch konkludent in der Annahme des neuen Amtes liegen *kann*[88] –, ist die Wahl endgültig unwirksam. Zur Begründung des Prioritätsprinzips greift die hL trotz des eindeutigen, diesen Fall nicht abdeckenden Wortlauts von § 250, der zudem einen Numerus Clausus der Nichtigkeitsgründe etabliert, auf eine Analogie[89] bzw. ein *argumentum e maiore*[90] zu § 250 Abs. 1 Nr. 4 zurück (in der Begründung zweifelhaft).

28 **2. Stellvertreter von Vorstandsmitgliedern.** Nimmt das gemäß Abs. 2 als Stellvertreter in den Vorstand abgeordnete Aufsichtsratsmitglied trotz Ruhens seines Mandats an Abstimmungen im **Aufsichtsrat** teil, ist die Stimmabgabe **nichtig** (→ Rn. 21).

§ 106 Bekanntmachung der Änderungen im Aufsichtsrat

Der Vorstand hat bei jeder Änderung in den Personen der Aufsichtsratsmitglieder unverzüglich eine Liste der Mitglieder des Aufsichtsrats, aus welcher Name, Vorname, ausgeübter Beruf und Wohnort der Mitglieder ersichtlich ist, zum Handelsregister einzureichen; das Gericht hat nach § 10 des Handelsgesetzbuchs einen Hinweis darauf bekannt zu machen, dass die Liste zum Handelsregister eingereicht worden ist.

[82] Nachweise bei MüKoAktG/*Habersack* Rn. 18; Henssler/Strohn/*Henssler* Rn. 6; Grigoleit/*Grigoleit/Tomasic* Rn. 7 ff.

[83] Spindler/Stilz/*Spindler* Rn. 16–18; Hüffer/*Koch* Rn. 6; HK-AktG/*Israel* Rn. 2, 4.

[84] Insoweit offenbar aA MüKoAktG/*J. Semler*, 2. Aufl. 2004, § 250 Rn. 17: § 250 analog.

[85] Wie hier Spindler/Stilz/*Spindler* Rn. 17; iErg ebenso GroßkommAktG/*Hopt/Roth* Rn. 39; Hüffer/*Koch* Rn. 6; vgl. ferner MüKoAktG/*Habersack* Rn. 20.

[86] Vgl. GroßkommAktG/*Oetker* MitbestG § 22 Rn. 5, MitbestG § 24 Rn. 5.

[87] GroßkommAktG/*Hopt/Roth* Rn. 18, 21, 23; MüKoAktG/*J. Semler*, 2. Aufl. 2004, Rn. 49; KK-AktG/*Mertens/Cahn* Rn. 7.

[88] Vgl. MüKoAktG/*Habersack* Rn. 19 f.

[89] So LG München I ZIP 2004, 853 (855) = NZG 2004, 626 (627) – Hypo-Vereinsbank; MüKoAktG/*Hüffer*, 2. Aufl. 2001, § 250 Rn. 17; HK-AktG/*Israel* Rn. 4.

[90] So GroßkommAktG/*K. Schmidt* § 250 Rn. 25; KK-AktG/*Mertens/Cahn* Rn. 8.

Schrifttum: *Liebscher/Scharff,* Das Gesetz über elektronisches Handelsregister und Genossenschaftsregister sowie das Unternehmensregister, NJW 2006, 3745; *Noack,* Änderungen der Unternehmenspublizität des Handelsregisters durch das EHUG 2007, NZG 2006, 801; *Wachter,* Liste der Aufsichtsratsmitglieder, AG 2016, 776.

I. Allgemeines

Die an § 37 Abs. 4 Nr. 3a für den *ersten* Aufsichtsrat anknüpfende Vorschrift stellt sicher, dass alle 1 späteren **Änderungen** im Aufsichtsrat ebenfalls öffentlich verlautbart werden, jedoch nicht – wie noch vor der Änderung von § 106 durch das Gesetz über das elektronische Handelsregister und Genossenschaftsregister sowie das Unternehmensregister (EHUG) vom 10.11.2006 (BGBl. I S. 2553) vorgesehen – stückweise, sondern in Form einer **vollständigen Liste,** die nunmehr auch die *nicht* geänderten Informationen zum Aufsichtsrat umfasst. Spätestens mit der gerichtlichen **Hinweisbekanntmachung** nach § 10 ist die aktuelle Zusammensetzung des gesamten Aufsichtsrats für jedermann (§ 9 Abs. 1 S. 1 HGB) aus den beim Handelsregister vorhandenen Unterlagen ermittelbar (zu den praktischen Schwierigkeiten → Rn. 3). Eine Eintragung der Aufsichtsratsmitglieder im Handelsregister selbst erfolgt nicht (→ Rn. 3). – Die Einreichung der Liste hat für die (zB Wirksamkeit der Bestellung der) Mitglieder des Aufsichtsrats keinerlei rechtliche Bedeutung (→ Rn. 10). Die Vorschrift **bezweckt** allein, das **Informationsbedürfnis** des Rechtsverkehrs im Hinblick auf die (Änderung der) Zusammensetzung des Aufsichtsrats zu befriedigen.[1] Zur Offenlegung etwaiger Vertretungsbefugnisse (zB nach § 246 Abs. 2 S. 2, § 111 Abs. 3 oder § 112) dient demgegenüber vorrangig § 107 Abs. 1 S. 2.[2]

Außer der Bekanntmachung nach § 106 kann eine Änderung im Aufsichtsrat eine Vielzahl weite- 2 rer Veröffentlichungspflichten nach sich ziehen: In Ergänzung zu § 106 bestimmt § 107 Abs. 1 S. 2 eine formlose, freilich ebenfalls nicht „zur Eintragung" bestimmte (§ 12 Abs. 1 S. 1) Anmeldung des gewählten **Aufsichtsratsvorsitzenden** und seines **Stellvertreters** zum Handelsregister (vgl. insoweit auch § 80). Ist der Aufsichtsratsvorsitzende von der Änderung betroffen, sind die Geschäftsbriefe der Gesellschaft entsprechend zu berichtigen **(§ 80 Abs. 1 S. 1).** Für mitbestimmte Gesellschaften sehen **§ 19 MitbestG, §§ 10 f. MitbestErgG** und **§ 8 DrittelbG** im Fall der Bestellung (nicht dagegen des Ausscheidens) von Aufsichtsrats- und Ersatzmitgliedern – auch solchen der Anteilseigner[3] – zusätzliche Bekanntmachungspflichten im (elektronischen) Bundesanzeiger (die *Druck*fassung gibt es aufgrund des BAnzDiG seit dem 1.4.2012 nicht mehr) und in den Betrieben vor.[4] Diese Veröffentlichungen sind wiederum zu unterscheiden von der Bekanntmachung der Wahlergebnisse durch den Wahlvorstand im Rahmen (nur) der Arbeitnehmervertreter-Wahlen nach den **Wahlordnungen** zum MitbestG (zB §§ 48, 80 1. WOMitbestG), MitbestErgG (zB §§ 21, 31 WODrittelbG) und DrittelbG (zB §§ 64, 77 WOMitbestErgG).[5] Gemäß §§ 18 Abs. 4 S. 2, 119 Abs. 3 S. 3, 147 Abs. 3 S. 3 **KAGB** sind die Bestellung und das Ausscheiden von Mitgliedern des Aufsichtsrats einer **Investmentgesellschaft** (Ausnahme: Arbeitnehmervertreter) der Bundesanstalt für Finanzdienstleistungsaufsicht „unverzüglich anzuzeigen". Nur in Ausnahmefällen, und dann wohl nur im Fall des Vorsitzes, dürfte dagegen eine Änderung in der Besetzung des Aufsichtsrats kursrelevant sein und damit eine **Ad Hoc-Mitteilung** nach § 15 WpHG aF bzw. § 26 WpHG nF auslösen.[6] Alle im Geschäftsjahr aktiven Aufsichtsratsmitglieder sind darüber hinaus im Anhang zum **Jahresabschluss** anzugeben (§ 285 S. 1 Nr. 10 HGB). Weiter haben börsennotierte Gesellschaften innerhalb von sieben Tagen nach einer Hauptversammlung die festgestellten Abstimmungsergebnisse – zB zum Tagesordnungspunkt „Wahlen zum Aufsichtsrat" – auf ihrer **Internetseite** zu veröffentlichen (§ 130 Abs. 6). Darüber hinaus sind (unter anderem: Wahl-) Beschlüsse unverzüglich nach der Hauptversammlung zum Handelsregister einzureichen **(§ 130 Abs. 5).** Und schließlich „soll(t)en" alle von der (börsennotierten) Gesellschaft – auf welche Weise auch immer – veröffentlichten Informationen über das Unternehmen gemäß Ziff. 6.8 DCGK aF auch über die **Internetseite** der Gesellschaft zugänglich sein. – Auch wenn diese Empfehlung im Zuge der Kodexrevision 2013 gestrichen worden ist, beschreibt sie doch nur eine inzwischen selbstverständliche Veröffentlichungspraxis, der sich nicht nur Kapitalmarktorientierte Gesellschaften faktisch nicht mehr entziehen können. Keine der genannten Verpflichtungen ersetzt die andere, sie bestehen vielmehr schon wegen ihres je unterschiedlichen Anlasses, Zwecks, Adressaten- und Betroffenenkreises sowie Bekanntmachungsorgans

[1] Hüffer/*Koch* Rn. 1; KK-AktG/*Mertens/Cahn* Rn. 2; *Wachter* AG 2016, 776 (776): „Transparenz der personellen Zusammensetzung".
[2] Insoweit aA GroßkommAktG/*Hopt/Roth* Rn. 3; MüKoAktG/*Habersack* Rn. 1.
[3] Für die ganz hM MüKoAktG/*Gach* MitbestG § 19 Rn. 6; WKS/*Wißmann* MitbestG § 19 Rn. 3.
[4] Spindler/Stilz/*Spindler* Rn. 1 – unklar allerdings zur Veröffentlichung im (elektronischen) Bundesanzeiger; WKS/*Wißmann* MitbestG § 19 Rn. 5.
[5] Dazu MüKoAktG/*Gach* § 19 Rn. 2; WKS/*Wißmann* MitbestG § 19 Rn. 1.
[6] Vgl. aber BaFin Emittentenleitfaden, 4. Aufl. 2013, 53.

sämtlich **nebeneinander.**[7] Das hindert freilich nicht daran, die Meldungen, wo möglich, miteinander zu **verbinden** (Beispiel: Hinweis auf den gewählten Aufsichtsratsvorsitzenden und seinen Stellvertreter gemäß § 107 Abs. 1 S. 2 in der Liste gemäß § 106).[8]

II. Rechtstatsachen

3 In der Praxis führt die Liste der Aufsichtsratsmitglieder ein **„Schattendasein".**[9] Das hat auch mit ihrer **eingeschränkten Praxistauglichkeit**[10] zu tun: Die Mitglieder des Aufsichtsrats sind – anders als die Vorstandsmitglieder (§ 81 Abs. 1) – aus dem **Handelsregister** selbst nicht ersichtlich (arg.: nur ausnahmsweise (§ 112) Vertretungsfunktion im Geschäftsverkehr). Aufklärung kann vielmehr nur Einsichtnahme in die beim Handelsregister verfügbare – in der Praxis freilich mitnichten immer aktuelle oder auch nur vorhandene – Liste nach § 106 bringen, auf die wiederum die **Hinweisbekanntmachung** durch das Amtsgericht (die ihrerseits allerdings ebenfalls keine Namen von Aufsichtsratsmitgliedern, sondern nur die Tatsache der Einreichung enthält) in dem gemäß § 10 HGB „von der Landesjustizverwaltung bestimmten Informations- und Kommunikationssystem" (= dem unter www.handelsregisterbekanntmachung.de erreichbaren „Gemeinsame Registerportal der Länder") aufmerksam macht. Anschließend kann der Interessent gemäß § 9 HGB Einsicht in das elektronische[11] (Gebührenpflicht!) oder papierene (Aufwand!) Handelsregister nehmen; dort ist auch die Liste der Aufsichtsratsmitglieder verfügbar. Es ist zu bezweifeln, dass das Publikum von dieser Möglichkeit in nennenswertem Umfang Gebrauch macht. Stattdessen geben alle größeren und viele kleinere Gesellschaften inzwischen auf ihren **Internetseiten** zuverlässig(er) und in aller Regel zeitnäher Auskunft über die Besetzung ihrer Aufsichtsräte (vgl. auch § 130 Abs. 6 und Ziff. 6.8 DCGK aF; → Rn. 2). Bei den mitbestimmten Gesellschaften ist ein Abruf der Bekanntmachungen nach § 19 MitbestG, § 8 DrittelbG im **Bundesanzeiger**[12] am erfolgversprechendsten. Das – und nicht das „traditionelle" (= nicht-elektronische) Handelsregister – dürften in der Praxis die wertvollsten Informationsquellen für Aktionäre und Öffentlichkeit bei der Feststellung der Aufsichtsratsbesetzung sein.

III. Einzelerläuterungen

4 **1. Anlass.** Der Vorstand muss tätig werden, wenn sich eine Änderung **„in den Personen der Aufsichtsratsmitglieder"** ergeben hat. Gemeint ist damit, unabhängig vom Rechtsgrund (Wahl, Entsendung, gerichtliche Bestellung) und der Zugehörigkeit zur Anteilseigner- oder Arbeitnehmerbank, jedes **Ein-** und/oder **Austreten** bzw. **Ausscheiden,**[13] auch von zu Vollmitgliedern *aufrückenden* Ersatzmitgliedern,[14] in den/aus dem Aufsichtsrat. Der Grund für die Änderung (Wahl, Abwahl, Tod, Amtsniederlegung, etc.) ist gleichgültig. Die Bestellung eines **Ersatzmitglieds** gehört nicht hierher (arg.: Ersatzmitglied ≠ Aufsichtsratsmitglied);[15] ebenso wenig die Änderung der Zuordnung eines Ersatzmitglieds zu einem bestimmten Aufsichtsratsmitglied (Beispiel: Keine Meldepflicht des Aufsichtsratsmitglieds bei Amtsniederlegung „seines" Ersatzmitglieds). Nicht meldepflichtig ist auch die **Abordnung** eines Aufsichtsratsmitglieds in den Vorstand und die anschließende Rückkehr in den Aufsichtsrat gemäß § 105 Abs. 2 (arg.: keine „Änderung in der Person", bloß ruhende Mitgliedschaft).[16] Hier kann es nur zu einer Anmeldung nach § 107 Abs. 1 S. 2 kommen, wenn es sich bei dem Abgeordneten um den Aufsichtsrats*vorsitzenden* oder seinen Stellvertreter handelt (arg.: potentielle Bedeutung für Vertretungsfragen, → Rn. 1). Anders ist die Lage, wenn die Abordnung in den Vorstand gemäß § 105 Abs. 2 (oder ein anderer der in → § 104 Rn. 7, 12 behandelten Fälle einer dauernden, nicht zielgerichtet herbeigeführten Verhinderung) zum Anlass genommen wird, den Aufsichtsrat gerichtlich zu ergänzen. In diesen Fällen umfasst die einzureichende Liste mehr Namen als der Aufsichtsrat kraft Gesetzes oder Satzung Mitglieder hat (arg.: der dauernd Verhinderte ist – noch – Amtsinhaber); der Grund dafür sollte in der Liste daher zumindest schlagwortartig vermerkt werden („gemäß § 105 Abs. 2 AktG zeitweilig in den Vorstand delegiert"). – Vor **Wirksamkeit**

---

[7] Vgl. Spindler/Stilz/*Spindler* Rn. 1, 8; WKS/*Wißmann* MitbestG § 19 Rn. 1; aA MüKoAktG/*Habersack* Rn. 5, 11: keine mitbestimmungsrechtliche Veröffentlichung im Bundesanzeiger zusätzlich zu § 106.

[8] Muster für eine kombinierte Mitteilung bei *Fuhrmann/Wälzholz/Fuhrmann* FormB GesR M 7.5.

[9] *Wachter* AG 2016, 776 (776).

[10] Beispiele hierzu bei *Wachter* AG 2016, 776 (781 ff.).

[11] Erreichbar unter www.handelsregister.de.

[12] Erreichbar unter www.bundesanzeiger.de.

[13] HK-AktG/*Israel* Rn. 2.

[14] GroßkommAktG/*Hopt/Roth* Rn. 8; Hüffer/*Koch* Rn. 2; Semler/v. Schenck/*Gasteyer* Rn. 8.

[15] GroßkommAktG/*Hopt/Roth* Rn. 8.

[16] Semler/v. Schenck/*Gasteyer* Rn. 8; aA MüKoAktG/*Habersack* Rn. 7, § 105 Rn. 33, 37.

der betreffenden „Änderung" besteht (noch) keine Meldepflicht (Beispiel: Die bereits gewählten Arbeitnehmervertreter treten ihr Amt erst nach der nächsten Hauptversammlung an; die Wahl ist nichtig (anders bei bloßer Anfechtbarkeit).[17] Umgekehrt kann mit der Aktualisierung der Liste nicht gewartet wird, bis der Nachfolger eines wirksam Ausgeschiedenen bestellt ist (→ Rn. 6). – Von § 106 umfasst ist entgegen der ganz hL und dem missverständlichen Wortlaut auch – wie nicht nur der Vergleich mit § 81 Abs. 1 zeigt,[18] sondern es auch das Informationsbedürfnis des Rechtsverkehrs (→ Rn. 1) erfordert – jede **Änderung in den „Pflichtangaben"** der Liste (Name, Vorname, ausgeübter Beruf, Wohnort).[19] **Keine** Änderung stellen die Wahl des Aufsichtsratsvorsitzenden und seines Stellvertreters dar (hierfür gilt § 107 Abs. 1 S. 2),[20] ebenso wenig Veränderungen in den Ausschüssen[21] sowie die *Bestätigung* eines Aufsichtsratsmitglieds in seinem Amt, etwa durch Wiederwahl.[22]

2. Form und Inhalt. Einzureichen ist eine **Liste** der (nicht: Ersatz-) **Mitglieder des Aufsichtsrats.** Sie hat in Übereinstimmung mit § 37 Abs. 4 Nr. 3a mindestens den Namen (gemäß BGB), den Vornamen, den schwerpunktmäßig[23] ausgeübten (nicht: erlernten)[24] Beruf (hier sollte man sich an den – von der hM[25] freilich ungebührlich hoch gesetzten – Anforderungen des § 124 Abs. 3 S. 4 orientieren) und den privaten, den Lebensmittelpunkt bildenden, in- oder ausländischen Wohnort (nur die Gemeinde, nicht die genaue Adresse)[26] **aller** aktuellen, also auch der „unveränderten" (nicht: der ausgeschiedenen)[27] Aufsichtsratsmitglieder zu enthalten; die Liste kann sich daher **nicht** mit einer Angabe nur der jeweiligen **Änderungen** begnügen.[28] Darüber **hinausgehende** Angaben (zB Vorsitzenden-/Stellvertreterfunktion; Art der Bestellung (Wahl, Entsendung, Gerichtsbeschluss); Amtsdauer; Staatsangehörigkeit; Alter) sind unschädlich,[29] wenn auch aus Gründen der Übersichtlichkeit nicht in jedem Fall zu empfehlen. **Nicht** ausdrücklich angegeben werden muss insbesondere, **welche Änderung** Anlass für die Einreichung der neuen Liste war; es wird also nur kommentarlos der aktuelle Stand wiedergegeben.[30] – Der Begriff der „Liste" impliziert, dass es sich um ein **verkörpertes** Dokument handelt, das aber nicht notwendig Schriftform-Qualität (§ 126 BGB) aufweisen muss. Ist die Liste ungeachtet dessen vom Vorstand unterschrieben (ausreichend: in vertretungsberechtigter Zahl[31] oder, soweit in der Satzung vorgesehen, im Wege unechter Gesamtvertretung, § 78 Abs. 3),[32] ist damit ihr Urheber = „Einreicher" iSd § 106 hinreichend erkennbar (→ Rn. 7). Der elektronischen (→ Rn. 8) **Einreichung** der Liste gerade durch den Vorstand bedarf es dann nicht mehr (→ Rn. 7). Die Angabe eines **Datums** (betr. den Zeitpunkt der Unterzeichnung oder der Einreichung der Liste oder der Wirksamkeit der den Meldevorgang auslösenden Änderung) ist nicht erforderlich. Neben der Liste sind **weitere Änderungsmeldungen** gegenüber dem Registergericht („… teilen wir mit, dass …") überflüssig. – **Nachweise** der erfolgten Änderung (Niederschriften der Wahlbeschlüsse, Niederlegungserklärungen, etc) sind im Regelfall nicht beizufügen; bei Änderungen des Wohnorts verlangt das Registergericht jedoch zuweilen eine Meldebestätigung bzw. eine Kopie des aktualisierten Personalausweises. 5

3. Frist; Zuständigkeit. Einreichungspflichtig ist der **Vorstand,** der **unverzüglich** (§ 121 BGB) nach dem **Wirksamwerden** der Änderung – und nicht etwa bereits nach deren „Anstoß", zB durch 6

[17] KK-AktG/*Mertens/Cahn* Rn. 4, 6.

[18] Sogar danach sollen zumindest Namensänderungen anmeldepflichtig sein, vgl. Hüffer/*Koch* § 81 Rn. 3.

[19] AA MüKoAktG/*Habersack* Rn. 6; HK-AktG/*Israel* Rn. 2; Henssler/Strohn/*Henssler* Rn. 2; vgl. aber RegE BT-Drs. 16/960, 65 zu § 37; krit. auch *Wachter* AG 2016, 776 (779 f.): zumindest bei Namensänderungen „empfehlenswert".

[20] HK-AktG/*Israel* Rn. 2 *Wachter* AG 2016, 776 (779).

[21] *Wachter* AG 2016, 776 (780).

[22] MüKoAktG/*Habersack* Rn. 6; Spindler/Stilz/*Spindler* Rn. 6; KK-AktG/*Mertens/Cahn* Rn. 4; *Wachter* AG 2016, 776 (779).

[23] Vgl. *Wachter* AG 2016, 776 (777).

[24] Ausf. *Wachter* AG 2016, 776 (777 f.).

[25] Vgl. nur LG München Konzern 2007, 448 (452 f.); LG Hannover ZIP 2010, 833 (838 f.) – Conti/Schaeffler IV; Hüffer/*Koch* § 124 Rn. 25; wie hier – auch zu § 106 – krit. *Wachter* AG 2016, 776 (777 f.).

[26] Hüffer/*Koch* § 37 Rn. 12; *Wachter* AG 2016, 776 (778).

[27] Wachter/*Schick* Rn. 4.

[28] Hüffer/*Koch* Rn. 2 *Wachter* AG 2016, 776 (780).

[29] Ebenso *Wachter* AG 2016, 776 (778 f.).

[30] KK-AktG/*Mertens/Cahn* Rn. 5; HK-AktG/*Israel* Rn. 2.

[31] Spindler/Stilz/*Spindler* Rn. 9; Wachter/*Schick* Rn. 5; *Wachter* AG 2016, 776 (781); *Fuhrmann/Wälzholz/Fuhrmann* FormB GesR M 7.5 Anm. 1, 4.

[32] Vgl. MüKoAktG/*Habersack* Rn. 10; Semler/v. Schenck/*Gasteyer* Rn. 13.

den Wahlbeschluss der Hauptversammlung – tätig werden muss.[33] Bei einer Wahl genügt – sofern die Annahmeerklärung des Gewählten bereits vorliegt – die Feststellung des Wahlbeschlusses durch den Versammlungsleiter; die Anfechtungsfrist darf nicht abgewartet werden.[34] Selbst eine bereits anhängig gemachte Anfechtungs- oder Nichtigkeitsklage ändert an der Einreichungspflicht nichts. Bei einer Amtsniederlegung sind ggf. Fristen bis zu deren Wirksamkeit zu beachten. Ist eine Vakanz im Aufsichtsrat aufgetreten, verbietet sich jedes Zuwarten bis zur späteren Bestellung eines Nachfolgers.[35] Allgemein können *mehrere* Änderungen nur dann in *einer* Liste zusammengefasst werden, wenn diese zeitnah zueinander erfolgen.[36]

7 Für die „Einreichung" durch den **Vorstand** genügen die (fakultative)[37] Unterzeichnung der Liste (→ Rn. 5) und die anschließende (formgerechte, → Rn. 8) Übermittlung an das Handelsregister bzw. den die Einreichung besorgenden Notar durch einen beliebigen hierzu vom Vorstand autorisierten Mitarbeiter oder Dritten.[38] Alternativ, dh *ohne* Unterzeichnung der Liste, kann der Vorstand auch das Einreichungsschreiben unterschreiben und anschließend in gleicher Weise auf den Weg bringen (lassen).[39]

IV. Verfahrensvorschriften

8 Die eingereichte Liste (nebst etwaiger Nachweise, → Rn. 5) wird nicht „zur Eintragung" (§ 12 Abs. 1 S. 1 HGB), sondern nur zur **Aufnahme in die Registerakte** beim **Handelsregister** (Zuständigkeit: § 14 AktG, §§ 376 f. FamFG) eingereicht. Eine notarielle Beglaubigung der Einreichungsunterlage ist daher obsolet. Die Einreichung erfolgt in Urschrift und damit gemäß § 12 Abs. 2 S. 2 HGB als „elektronische Aufzeichnung" = Scan (zB im tif- oder pdf-Format). Die Einreichung hat in das bei den Amtsgerichten (Handelsregistern) hierfür eingerichtete **„elektronische Postfach"** zu erfolgen, zu dem Zugang nur mit einer speziellen – für jedermann unter www.egvp.de/Downloads kostenlos erhältlichen – Software möglich ist. Andere, selbst elektronische Einreichungen, zB per E-Mail, werden vom Handelsregister nicht angenommen. Verfügt der Einreicher nicht selbst über die erforderlichen technischen Voraussetzungen, empfiehlt sich daher, einen Notar mit der (dann gebührenpflichtigen) Einreichung zu betrauen. – Nach erfolgter Einreichung hat das (Register-, § 8 Abs. 1 HGB = Amts-, §§ 376, 374 Nr. 1 FamFG iVm § 23a Abs. 2 Nr. 2 GVG) **Gericht** am Sitz der Gesellschaft, § 14 (**nicht,** wie früher, die **Gesellschaft** selbst), einen **Hinweis** auf die eingereichte Liste (nicht die Liste selbst) ohne weitere Prüfung in dem gemäß § 10 HGB von den Landesjustizverwaltungen bestimmten „elektronischen Informations- und Kommunikationssystem" (→ Rn. 3) bekannt zu machen. Diese Bekanntmachung ist auch im Unternehmensregister unter www.unternehmensregister.de öffentlich zugänglich (§ 8b Abs. 2 S. 1 Nr. 1 HGB). Eine **Vollzugsmitteilung** erfolgt mangels Eintragung nicht. Die **Liste** selbst ist im elektronischen und im „papierenen" Handelsregister (Sonderband) für jedermann einsehbar (§ 9 Abs. 1 S. 1 HGB); auf Wunsch kann eine Ausdruck bzw. eine **Abschrift** verlangt werden (§ 8 Abs. 4 HGB). Mangels Eintragung im Handelsregister scheidet ein zB auf die Vertretungsberechtigung des/der Aufsichtsratsmitglieder abzielender **Gutglaubensschutz** (§ 15 HGB) grundsätzlich aus.[40] Sofern im Einzelfall Dritte auf die Legitimation des Aufsichtsrates vertrauen, kann ggf. auf § 171 Abs. 2 BGB zurückgegriffen werden (Beispiel: Beauftragung eines Beraters, § 111 Abs. 2 AktG).[41]

V. Abdingbarkeit

9 Die Vorschrift ist schon wegen ihrer Bedeutung für den allgemeinen Rechtsverkehr weder durch die Satzung (§ 23 Abs. 5) noch durch Beschluss abdingbar.

---

[33] MüKoAktG/*Habersack* Rn. 8; Spindler/Stilz/*Spindler* Rn. 10; *Wachter* AG 2016, 776 (780).

[34] Vgl. GroßkommAktG/*Hopt/Roth* Rn. 9; MüKoAktG/*Habersack* Rn. 8; *Wachter* AG 2016, 776 (780).

[35] *Wachter* AG 2016, 776 (779).

[36] *Wachter* AG 2016, 776 (779); vgl. auch MüKoAktG/*Habersack* Rn. 10.

[37] *Wachter* AG 2016, 776 (780); KK-AktG/*Mertens/Cahn* Rn. 7; aA Semler/v. Schenck/*Gasteyer* Rn. 17.

[38] Ebenso *Wachter* AG 2016, 776 (781).

[39] Ähnlich wohl *Fuhrmann/Wälzholz/Fuhrmann* FormB GesR M 7.5 Anm. 8; großzügiger MüKoAktG/*Habersack* Rn. 10; *Wachter* AG 2016, 776 (780 f.): keine Unterschrift bei Erkennbarkeit des Urhebers.

[40] Vgl. KK-AktG/*Mertens/Cahn* Rn. 10; Schmidt/Lutter/*Drygala* Rn. 6; Grigoleit/*Grigoleit/Tomasic* Rn. 2; Wachter/*Schick* Rn. 7; im Hinblick auf die Anforderungen der Publizitäts-RL krit. *Wachter* AG 2016, 776 (781 ff.) mit zahlreichen Beispielen.

[41] Vgl. BGH NZG 2013, 456 Rn. 22; *E. Vetter* ZIP 2012, 701 (710); MüKoAktG/*Habersack* Rn. 13; *Cziupka* DNotZ 2013, 579 (583).

VI. Rechtsfolgen bei Verstoß

10 Die formelle und inhaltliche Ordnungsmäßigkeit der geänderten Liste ist ebenso wie das Versäumnis, die geänderte Liste einzureichen, für die **Wirksamkeit** der Änderung im Aufsichtsrat wegen ihrer reinen Informationsfunktion bedeutungslos.[42] Die ordnungsgemäße Einreichung kann jedoch (nur) vom Registergericht im **Zwangsgeldverfahren** (§ 14 HGB), und zwar gegen jedes einzelne Vorstandsmitglied, durchgesetzt werden.[43] Erfährt das Registergericht von einer meldepflichtigen Änderung (zB weil es selbst eine gerichtliche Ersatzbestellung gemäß § 104 verfügt hat), wird es im Normalfall jedoch zunächst die Gesellschaft *formlos* zur **Einreichung** der Liste auffordern; ist die eingereichte Liste inhaltlich falsch, kann das Gericht vom Vorstand die **Berichtigung** verlangen.[44] Unzulässig ist, die gesetzliche Einreichungspflicht mittelbar dadurch zu erzwingen, dass die Eintragung einer – zB nach § 184 Abs. 1 S. 1 auch vom Vorsitzenden des Aufsichtsrats anzumeldenden – Kapitalmaßnahme vom Handelsregister bis zur Einreichung einer aktuellen Liste blockiert wird. – Nimmt ein **Unzuständiger** (→ Rn. 6 f.) die Einreichung der Liste vor, ist die Verpflichtung nach § 107 gleichwohl erfüllt.[45]

§ 107 Innere Ordnung des Aufsichtsrats

(1) [1]Der Aufsichtsrat hat nach näherer Bestimmung der Satzung aus seiner Mitte einen Vorsitzenden und mindestens einen Stellvertreter zu wählen. [2]Der Vorstand hat zum Handelsregister anzumelden, wer gewählt ist. [3]Der Stellvertreter hat nur dann die Rechte und Pflichten des Vorsitzenden, wenn dieser verhindert ist.

(2) [1]Über die Sitzungen des Aufsichtsrats ist eine Niederschrift anzufertigen, die der Vorsitzende zu unterzeichnen hat. [2]In der Niederschrift sind der Ort und der Tag der Sitzung, die Teilnehmer, die Gegenstände der Tagesordnung, der wesentliche Inhalt der Verhandlungen und die Beschlüsse des Aufsichtsrats anzugeben. [3]Ein Verstoß gegen Satz 1 oder Satz 2 macht einen Beschluß nicht unwirksam. [4]Jedem Mitglied des Aufsichtsrats ist auf Verlangen eine Abschrift der Sitzungsniederschrift auszuhändigen.

(3) [1]Der Aufsichtsrat kann aus seiner Mitte einen oder mehrere Ausschüsse bestellen, namentlich, um seine Verhandlungen und Beschlüsse vorzubereiten oder die Ausführung seiner Beschlüsse zu überwachen. [2]Er kann insbesondere einen Prüfungsausschuss bestellen, der sich mit der Überwachung des Rechnungslegungsprozesses, der Wirksamkeit des internen Kontrollsystems, des Risikomanagementsystems und des internen Revisionssystems sowie der Abschlussprüfung, hier insbesondere der Auswahl und der Unabhängigkeit des Abschlussprüfers und der vom Abschlussprüfer zusätzlich erbrachten Leistungen, befasst. [3]Der Prüfungsausschuss kann Empfehlungen oder Vorschläge zur Gewährleistung der Integrität des Rechnungslegungsprozesses unterbreiten. [4]Die Aufgaben nach Absatz 1 Satz 1, § 59 Abs. 3, § 77 Abs. 2 Satz 1, § 84 Abs. 1 Satz 1 und 3, Abs. 2 und Abs. 3 Satz 1, § 87 Abs. 1 und Abs. 2 Satz 1 und 2, § 111 Abs. 3, §§ 171, 314 Abs. 2 und 3 sowie Beschlüsse, daß bestimmte Arten von Geschäften nur mit Zustimmung des Aufsichtsrats vorgenommen werden dürfen, können einem Ausschuß nicht an Stelle des Aufsichtsrats zur Beschlußfassung überwiesen werden. [5]Dem Aufsichtsrat ist regelmäßig über die Arbeit der Ausschüsse zu berichten.

(4) Richtet der Aufsichtsrat einer Gesellschaft, die kapitalmarktorientiert im Sinne des § 264d des Handelsgesetzbuchs, die CRR-Kreditinstitut im Sinne des § 1 Absatz 3d Satz 1 des Kreditwesengesetzes, mit Ausnahme der in § 2 Abs. 1 Nummer 1 und 2 des Kreditwesengesetzes genannten Institute, oder die Versicherungsunternehmen im Sinne des Artikels 2 Abs. 1 der Richtlinie 91/674/EWG ist, einen Prüfungsausschuss im Sinn des Absatzes 3 Satz 2 ein, so müssen die Voraussetzungen des § 100 Absatz 5 erfüllt sein.

Schrifttum: *Altmeppen,* Der Prüfungsausschuss – Arbeitsteilung im Aufsichtsrat, ZGR 2004, 390; *Annuß/Theusinger,* Das VorstAG – Praktische Hinweise zum Umgang mit dem neuen Recht, BB 2009, 2434; *Bauer,* Rechtliche und taktische Probleme bei der Beendigung von Vorstandsverhältnissen, DB 1992, 1413; *Baums,* Der Aufsichtsrat – Aufgaben und Reformfragen, ZIP 1995, 11; *Behme/Zickgraf,* Rechtspflichten bei der Auswahl geeigneter Mitglieder von Vorstand und Aufsichtsrat, AG 2015, 841; *Bihr/Philippsen,* Qualitätsaspekte bei der

[42] Spindler/Stilz/*Spindler* Rn. 2; *Wachter* AG 2016, 776 (781); *Fuhrmann/Wälzholz/Fuhrmann* FormB GesR M 7.5 Anm. 1.

[43] MüKoAktG/*Habersack* Rn. 14; Spindler/Stilz/*Spindler* Rn. 10; Hüffer/*Koch* Rn. 2.

[44] KK-AktG/*Mertens/Cahn* Rn. 11.

[45] KK-AktG/*Mertens/Cahn* Rn. 7.

Arbeit von Aufsichtsratsgremien – Grundsätze ordnungsgemäßer Überwachung für Aufsichtsräte, DStR 2011, 1133; *Bommer/Steinbach,* Aufsichtsräte für den Kapitalmarkt, BOARD 2013, 219, *Bürgers/Schilha,* Die Unabhängigkeit des Vertreters des Mutterunternehmens im Aufsichtsrat der Tochtergesellschaft, AG 2010, 221; *Bosse,* TransPuG: Änderungen zu den Berichtspflichten des Vorstands und zur Aufsichtsratstätigkeit, DB 2002, 1592; *Bürkle,* Corporate Compliance als Standardguter Unternehmensführung des Deutschen Corporate Governance Kodex, BB 2007, 1797; *Casper,* Auf der Überholspur: Verdrängen Aufsichtsrats- Ausschüsse bei Banken den Aufsichtsrat?, BB Die erste Seite 2014 Nr. 47; *Deckert,* Effektive Überwachung der AG-Geschäftsführung durch Ausschüsse des Aufsichtsrates, ZIP 1996, 985; *Döring/Grau,* Verfahren und Mehrheitserfordernisse für die Bestellung und Abwahl des Aufsichtsratsvorsitzenden in mitbestimmten Unternehmen, NZG 2010, 1328; *Dittmar,* Informationsrechte des Prüfungsausschusses, NZG 2014, 210; *Drinhausen/Marsch-Barner,* Die Rolle des Aufsichtratsvorsitzenden in der börsennotierten Aktiengesellschaft, AG 2014, 337; *Drygala,* Der Finanzexperte im Aufsichtsrat als Plausibilitätsprüfer?, Der Aufsichtsrat 2010, 104; *Eggers/Reiß/Schichold,* Der Sachverstand des Financial Experts: Praxisfragen nach BilMoG, Der Aufsichtsrat – Sonderausgabe 01/2010, 06 ff.; *Freidank/Dürr/Sassen,* Entwicklung eines Haftungsmanagementsystems für den Aufsichtsrat, BB 2013, 2283; *Fuhrmann,* Internal Investigations: Was dürfen und müssen die Organe beim Verdacht von Compliance Verstößen tun?, NZG 2016, 881; *Gesell,* Prüfungsausschuss und Aufsichtsrat nach dem BilMoG, ZGR 2011, 361; *Gruber,* Der unabhängige Finanzexperte im Aufsichtsrat nach dem Referentenentwurf des Bilanzrechtsmodernisierungsgesetzes, NZG 2008, 12; *Grüninger,* Compliance Prüfung nach dem IDW EPS 980 – Pflicht oder Kür für den Aufsichtsrat?, Der Aufsichtsrat 2010, 140; *H. P. Westermann,* Bestellung und Funktion „weiterer" Stellvertreter des Aufsichtsratsvorsitzenden in mitbestimmten Gesellschaften, FS Robert Fischer, 1979, 835; *Habersack,* Die Verantwortlichkeit des Aufsichtsorgans der Gesellschaft, ZSR 124 (2005) II, 533; *ders.,* Grund und Grenzen der Compliance-Verantwortung des Aufsichtsrates der AG, AG 2014, 1; *Hasselbach/Jakobs,* Die Unabhängigkeit von Aufsichtsratsmitgliedern, BB 2013, 643; *Hoffmann,* Europarechtliche Umsetzungsdefizite bei der fakultativen Ausgestaltung des Prüfungsausschusses nach § 107 III 2 AktG, NZG 2016, 441; *Hommelhoff,* Die Geschäftsordnungsautonomie des Aufsichtsrats – Fragen an die Gestaltungsmacht des Satzungsgebers –, BFuP 1977, 509; *Jaeger,* Aufsichtsratsausschüsse ohne Arbeitnehmervertreter? Zugleich Besprechung der Urteile des OLG Hamburg vom 15. September 1995, ZIP 1995, 1673 und des OLG München vom 27. Januar 1995, ZIP 1995, 1753; *Johannsen-Roth/Kießling,* Das Amt des Ehrenvorsitzenden des Aufsichtsrats, NZG 2013, 972; *Kirsten,* Deutscher Corporate Governance Kodex: Die rechtmäßige Besetzung von Aufsichtsratsausschüssen am Beispiel des Prüfungsausschusses, BB 2004, 173; *Kort,* Risikomanagement nach dem Bilanzrechtsmodernisierungsgesetz, ZGR 2010, 440; *ders.,* Compliance-Pflichten von Vorstandsmitgliedern und Aufsichtsratsmitgliedern, FS Hopt 2011, 983; *Krieger,* Zum Aufsichtsratspräsidium, ZGR 1985, 338; *Lanfermann/Maul,* EU-Prüferrichtlinie: Neue Pflichtanforderungen für Audit Committees, DB 2006, 1505; *Lanfermann/Röhricht,* Pflichten des Prüfungsausschusses nach dem BilMoG, BB 2009, 887; *Laue/Brandt,* Möglichkeit und Grenzen des Outsourcing von Compliance-Aufgaben, BB 2016, 1002; *Leyendecker-Langner,* Kapitalmarktkommunikation durch den Aufsichtsratsvorsitzenden, NZG 2015, 44; *Lingemann,* Angemessenheit der Vorstandsvergütung – Das VorstAG ist in Kraft, BB 2009, 1918; *Luther,* Innere Organisation des Aufsichtsrats, ZGR 1977, 306; *Lutter,* Professionalisierung des Aufsichtsrates, DB 2009, 775; *ders.,* Die Entwicklung des Rechts des Aufsichtsrats im Jahr 2010, DStR 2011, 177; *ders.,* Aufsichtsrat und Sicherung der Legalität im Unternehmen, FS Hüffer 2010, 617; *Meder,* Der Nominierungsausschuss in der AG – Zur Änderung des Deutschen Corporate Governance Kodex 2007, ZIP 2007, 1538; *Mense/Klie,* HV-Saison 2016: Aktuelle Trends und rechtliche Entwicklungen für die Vorbereitung und Durchführung von Hauptversammlungen, GWR 2016, 111; *Nagel,* Zusammensetzung mitbestimmter Aufsichtsratsausschüsse und Unternehmensinteresse, DB 1982, 2677; *Nodoushani,* Das neue Anforderungsprofil für Aufsichtsräte von Unternehmen von öffentlichem Interesse, AG 2016, 381; *Nonnenmacher/Pohle/v. Werder,* Aktuelle Anforderungen an Prüfungsausschüsse, DB 2009, 1447; *Paefgen,* „Compliance" als gesellschaftsrechtliche Organpflicht?, WM 2016, 433; *Plagemann,* Der Aufsichtratsausschuss für Integrität, Unternehmenskultur und Unternehmensreputation am Beispiel des Integrationsausschusses der Deutsche Bank AG, NZG 2013, 1293; *ders.,* Koordinierung der Aufsichtsratsarbeit bei überschneidenden Aufgabenzuweisungen, NZG 2014, 1404; *Pohle/v. Werder,* Leitfaden „Best Practice" von Bilanzprüfungsausschüssen (Audit Committees), DB 2005, 237; *Reichert/Ott,* Die Zuständigkeit von Vorstand und Aufsichtsrat zur Aufklärung von Non-Compliance in der AG, NZG 2014, 241; *Rieckers,* Nachlese zur Hauptversammlungssaison 2015 und Ausblick auf 2016, DB 2015, 2131; *Rodewald/Ternick,* Babylon im Unternehmen – rechtlicher Rahmen für die Sprache in Aufsichtsrat, Vorstand und Hauptversammlung, BB 2011, 910; *Roth,* Unabhängige Aufsichtsratsmitglieder, ZHR 175, 605; *Säcker,* Die Geschäftsordnung für den Aufsichtsrat eines mitbestimmten Unternehmens, DB 1977, 2031; *Schilmar,* Der Prüfungsausschuss nach BilMoG: Zentrale Praxisfragen, Der Aufsichtsrat – Sonderausgabe 01/2010, Beitrag 05; *Schneider,* Konflikte zwischen Unternehmensleitung und Aufsichtsrat über die Compliance, Beilage ZIP 22/2016, 70; *Schürnbrand,* Rechtsstellung und Verantwortlichkeit des Leiters der Hauptversammlung, NZG 2014, 1211; *Selter,* Die Pflicht von Aufsichtsratsmitgliedern zur eigenständigen Risikoanalyse, NZG 2012, 660; *Semler,* Grundsätze ordnungsgemäßer Überwachung, FS Pelzer, 2001, 489; *Withus,* Zur Umsetzung der HGB-Modernisierung durch das BilMoG: Wirksamkeitsüberwachung interner Kontroll- und Risikomanagementsysteme durch Aufsichtsorgane kapitalmarktorientierter Gesellschaften, DB 2009, 82; *Vallenthin,* Die Beschlussfähigkeit des Aufsichtsrats und seiner Ausschüsse nach den Mitbestimmungsgesetzen, AcP 153 (1954), 255; *van Kann/Keiluweit,* Das neue Gesetz zur Angemessenheit der Vorstandsvergütung, DStR 2009, 1587; *Velte,* Die Zusammenarbeit zwischen Aufsichtsrat und Abschlussprüfer, AG 2009, 102; *Vetter,* Beratungsverträge mit Aufsichtsratsmitgliedern, AG 2006, 173; *ders.,* Der Prüfungsausschuss in der AG nach dem BilMoG, ZGR 2010, 751; *ders.,* Erteilung des Prüfungsauftrages und Überwachung des Abschlussprüfers durch den Prüfungsausschuss – vorbereitende oder ersetzende Tätigkeit?, NZG 2011, 771; *ders.,* Zur Compliance-Verantwortung des Aufsichtsrates in eigenen

Angelegenheiten, GS M. Winter, 2011, 701; *ders.*, Zwingender Zustimmungsvorbehalt des Aufsichtsrats für Nichtprüfungsleistungen des Abschlussprüfers, NZG 2013, 1332; *ders.*, Kapitalmarktkommunikation, Kapitalmarktdruck und Corporate Governance, AG 2014, 387; *v. Busekist/Keuten,* Zur Einrichtung eines Compliance-Ausschusses im Aufsichtsrat, CCZ 2016, 119; *von der Linden,* Haftung für Fehler bei der Leitung der Hauptversammlung, NZG 2013, 208; *v. Schenck,* Der Aufsichtsrat und sein Vorsitzender – Eine Regelungslücke, AG 2010, 649; *Werder/Wieczorek,* Anforderungen an Aufsichtsratsmitglieder und ihre Nominierung, DB 2007, 297; *Widmann,* Das Fehlen des Finanzexperten nach dem BilMoG – Worst-Case-Szenario für den Aufsichtsrat?, BB 2009, 2602; *Wittgens/Vollertsen,* Gruppenvorbesprechungen im Aufsichtrat – Zulässigkeit, Zweckmässigkeit, Praxisfragen, AG 2015, 261; *Zöllner,* Die Besetzung von Aufsichtsratsausschüssen nach dem MitbestG 1976, FS Zeuner, 1994, 161.

Übersicht

A. Allgemeines

1 Die Vorschrift regelt die **innere Organisation des Aufsichtsrats.** Die Vorschrift ist **zwingend,** wie sich aus § 23 Abs. 5 S. 1 ergibt, regelt die Funktionsweise des Aufsichtsrats jedoch **nicht abschließend.** Weitere aktienrechtliche Regelungen ergänzen § 107: die Vorschriften über die Beschlussfassung (§ 108), über die Teilnahme an Sitzungen (§ 109) und die Einberufung des Aufsichtsrats (§ 110). Offene Regelungsinhalte können durch die Satzung oder Geschäftsordnung ausgefüllt werden. Fehlt es an Regelungen in der Satzung oder der Geschäftsordnung, sind die offenen Fragen nach allgemeinen aktienrechtlichen Grundsätzen zu klären.

2 Der Aufsichtsrat kann sich eine Geschäftsordnung geben; bei größeren Aktiengesellschaften gebietet sich dies, auch zur Vermeidung von Sorgfaltspflichtverletzungen. Daher empfiehlt Ziff. 5.1.3 DCGK dies für börsennotierte und kapitalmarktorientierte Gesellschaften. Einer Satzungsermächtigung bedarf es nicht.[1] § 107 gilt auch für Unternehmen, die der Mitbestimmung unterliegen, soweit sich aus dem Mitbestimmungsgesetz nichts anderes ergibt.[2] Ergänzende Empfehlungen sind für börsennotierte und kapitalmarktorientierte Gesellschaften im DCGK enthalten.

3 Abs. 1 regelt die Wahl des Aufsichtsratsvorsitzenden und mindestens eines Stellvertreters, die Anmeldung des Gewählten zum Handelsregister und die Rechte und Pflichten des Stellvertreters. Für mitbestimmungspflichtige Unternehmen gelten Sonderbestimmungen (§§ 25, 27 MitbestG).

4 Abs. 2 bestimmt, dass über die Sitzungen Niederschriften zu fertigen sind, sowie deren Form und Regelungsinhalt, außerdem bestimmt er die Rechtsfolgen bei Verstößen und die Pflicht zur Aushändigung.

5 Abs. 3 ermöglicht die Bildung von Ausschüssen und die Beschlussfassung von bestimmten Gegenständen durch die Ausschüsse anstelle des Gesamtorgans. Die nicht zur Entscheidung übertragbaren Aufgaben sind in Abs. 3 nicht abschließend aufgeführt.

6 Durch das **Gesetz zur Modernisierung des Bilanzrechts (BilMoG)** vom 25.5.2009 (BGBl. I S. 1102) wurde nach Abs. 3 S. 1 ein neuer S. 2 eingefügt, der die fakultative Einrichtung eines **Prüfungsausschusses** und dessen mögliche Aufgaben betrifft (→ Rn. 104).[3]

6a Durch das am 10.5.2016 vom Bundestag beschlossene, am 17.5.2016 verkündete Abschlussprüferreformgesetz (AReG) vom 10.5.2006 (BGBl. I S. 1142) wurde in Abs. 3 S. 2 der Umfang der Aufgaben des Prüfungsausschusses ergänzt. Wesentliche Neuerungen sind damit jedoch nicht verbunden. Sie gehen auf Art. 39 Abs. 6 lit. b und f RL 2007/43/EG (überarbeitete Abschlussprüfer-RL) zurück. Entsprechend dieser Bestimmung kann der Prüfungsausschuss Empfehlungen oder Vorschläge zur Gewährleistung der Integrität des Rechnungslegungsprozesses machen. Diese Empfehlungen und Vorschläge sind regelmässig an den Aufsichtsrat zu erteilen.[4] Der Anwendungsbereich des Abs. 4 wird auf die Unternehmen von öffentlichem Interesse (§ 317 Abs. 3a HGB) ausgedehnt. Im Übrigen folgen die Änderungen in Abs. 4 den Änderungen in § 100 Abs. 5. Eine Ausdehnung der Verweisung auf § 100 Abs. 5 wird erforderlich, da dort nunmehr nicht nur der Sachverstand auf den Gebieten der Rechnungslegungsprüfung oder Abschlussprüfung, sondern auch Sektorkenntnisse von der Gesamtheit der Mitglieder verlangt wird (→ Rn. 107a).[5]

B. Einzelerläuterungen

I. Die Wahl des Aufsichtsratsvorsitzenden und seines Stellvertreters (Abs. 1)

7 **1. Der Vorsitzende des Aufsichtsrats. a) Die Wahl des Aufsichtsratsvorsitzenden.** Jeder Aufsichtsrat einer Aktiengesellschaft muss einen Vorsitzenden und mindestens einen Stellvertreter

[1] MüKoAktG/*Habersack* Rn. 1; Spindler/Stilz/*Spindler* Rn. 11; GroßkommAktG/*Hopt/Roth* Rn. 6.
[2] BGHZ 83, 106 (111) = NJW 1989, 1525; Spindler/Stilz/*Spindler* Rn. 6; GroßkommAktG/*Hopt/Roth* Rn. 11.
[3] BT-Drs. 16/12 407 sowie BR-Drs. 270/09.
[4] Zur Frage der Europakonformität der Änderungen in Abs. 3 und 4 vgl. *Hoffmann* NZG 2016, 441.
[5] BT-Drs. 18/7219, 57.

haben.[6] Gemäß Ziff. 5.4.2 DCGK wird börsennotierten und kapitalmarktorientierten Gesellschaften empfohlen, nicht mehr als zwei ehemalige Vorstandsmitglieder in den Aufsichtsrat aufzunehmen (→ § 111 Rn. 7). Wird jedoch von der Ausnahme des § 100 Abs. 2 Nr. 4 (gesetzesbeschreibend in Ziff. 5.4.4 S. 1 DCGK) Gebrauch gemacht und soll ein ehemaliges Vorstandsmitglied den Aufsichtsratsvorsitz übernehmen, ist dieser vom DCGK bezeichnete Ausnahmefall vom Aufsichtsratsplenum zu begründen. In der Begründung ist es empfehlenswert die wesentlichen Beweggründe der dies empfehlenden Eignerseite des Aufsichtsrates zu nennen; hierzu gehören beispielsweise die bisherigen Managementleistungen sowie fachliche Erfahrungen.[7] Die **Wahl** des Aufsichtsratsvorsitzenden erfolgt **aus der Mitte des Aufsichtsrats.** Die Wahl aufsichtsratsfremder Personen ist unzulässig.[8] Die Regelung ist **abschließend** und **zwingend.** Zulässig ist es, eine Person, die durch die Hauptversammlung oder durch gerichtliche Bestellung zum Mitglied des Aufsichtsrats bestellt werden soll, bereits vorher unter der aufschiebenden Bedingung der Bestellung zum Aufsichtsratsmitglied zum Aufsichtsratsvorsitzenden oder Stellvertreter zu wählen. Durch den Bedingungszusammenhang wird sichergestellt, dass der Intention des Gesetzgebers („aus seiner Mitte“) Genüge getan wird, und dass zu keinem Zeitpunkt das Amt des Vorsitzenden oder Stellvertreters von einer Person wahrgenommen wird, die nicht Mitglied des Aufsichtsrats ist.

Beschränkungen und Erweiterungen des aktiven Wahlrechts sind mit dem Gesetz nicht 8
vereinbar. Mehrstimmrechte, stichentscheidende Stimmen bei Stimmengleichheit oder sonstige Gewichtungen des Stimmrechts sind unzulässig (Ausnahme: Zweitstimmrecht gemäß § 29 Abs. 2 MitbestG). Auch darf niemandem das Wahlrecht aberkannt werden. Es ist jedem Mitglied des Aufsichtsrats unbenommen, sich selbst zu wählen.[9]

Ebenfalls ist es unzulässig, das **passive Wahlrecht** einzuschränken. Bestimmungen, wonach der 9
Aufsichtsratsvorsitzende oder sein Stellvertreter Vertreter der Aktionäre oder der Arbeitnehmer oder Angehörige eines Familienstammes, gewählte oder entsandte Mitglieder sein müssen, sind unzulässig. Auch sonstige Anforderungen wie längere Zugehörigkeit zum Aufsichtsrat, Alter, spezielle Kenntnisse und Erfahrungen widersprechen der Norm.[10] Gleiches gilt für Zustimmungsvorbehalte zugunsten von Personen, die nicht Aufsichtsratsmitglieder sind, für die Hauptversammlung oder bestimmte Aktionärsvertreter.

Durch die Öffnungsklausel des Abs. 1 S. 1 kann das **Wahlverfahren** durch die Satzung geregelt 10
werden. Die Satzung kann die Ausgestaltung des Wahlverfahrens auch an den Aufsichtsrat delegieren. Der Aufsichtsrat selbst kann jedoch ein vom Gesetz abweichendes Wahlverfahren durch Geschäftsordnung oder Geschäftsordnungsbeschluss nicht festlegen. Die **Wahl** erfolgt durch einen Wahlbeschluss gemäß § 108 **grundsätzlich mit einfacher Mehrheit.** Die Satzung kann eine relative Mehrheit genügen lassen[11] oder, nach hM,[12] eine qualifizierte Mehrheit fordern. Die Satzung sollte bei einer qualifizierten Mehrheit jedoch festlegen, wie das Wahlverfahren weitergehen soll, wenn die qualifizierte Mehrheit nicht erreicht wird, zB einen zweiten Wahlgang festlegen, bei dem die einfache oder relative Mehrheit ausreicht. Bei Stimmengleichheit ist ein Wahlbeschluss nicht zustande gekommen; eine Ausnahme bildet das Zweitstimmrecht des Aufsichtsratsvorsitzenden nach MitbestG. Stimmenthaltungen werden nicht mitgezählt; die Satzung kann bestimmen, dass Stimmenthaltungen als Nein-Stimmen gewertet werden.[13]

Die Wahl des Aufsichtsratsvorsitzenden und seiner Stellvertreter kann nach umstrittener, aber 11
inzwischen wohl überwiegender Ansicht[14] in **geheimer Wahl** erfolgen (→ § 108 Rn. 14). Eine entsprechende Satzungsbestimmung ist nicht erforderlich.[15] Die Entscheidung über eine geheime Wahl obliegt dem amtierenden Aufsichtsratsvorsitzenden als sitzungsleitende Maßnahme.[16]

Bei **Wegfall des Aufsichtsratsvorsitzenden** und/oder seines Stellvertreters muss unverzüglich 12
eine **Neuwahl** des Aufsichtsratsvorsitzenden oder seines Stellvertreters erfolgen. Die Geschäftsord-

---

[6] GroßkommAktG/*Hopt/Roth* Rn. 16; MüKoAktG/*Habersack* Rn. 16; Schmidt/Lutter/*Drygala* Rn. 4.

[7] KBLW/*Kremer* Rn. 1412.

[8] GroßkommAktG/*Hopt/Roth* Rn. 26.

[9] MüKoAktG/*Habersack* Rn. 18; GroßkommAktG/*Hopt/Roth* Rn. 31.

[10] MüKoAktG/*Habersack* Rn. 19; GroßkommAktG/*Hopt/Roth* Rn. 27; KK-AktG/*Mertens/Cahn* Rn. 16.

[11] Hüffer/*Koch* Rn. 4.

[12] HM, MüKoAktG/*Habersack* Rn. 22; GroßkommAktG/*Hopt/Roth* Rn. 32; Spindler/Stilz/*Spindler* Rn. 20; aA KK-AktG/*Mertens/Cahn* Rn. 14.

[13] KK-AktG/*Mertens/Cahn* Rn. 15, § 108 Rn. 59 f.

[14] Vgl. MüKoAktG/*Habersack* § 108 Rn. 18 mwN; aA KK-AktG/*Mertens/Cahn* Rn. 52; zweifelnd auch Spindler/Stilz/*Spindler* Rn. 18.

[15] Str., GroßkommAktG/*Hopt/Roth* Rn. 38; MüKoAktG/*Habersack* Rn. 22; aA KK-AktG/*Mertens/Cahn* Rn. 14.

[16] Zu weiteren Einzelheiten vgl. MüKoAktG/*Habersack* § 108 Rn. 19.

nung kann eine Regelung über die Sitzungsleitung bis zum Ende der Wahl des Aufsichtsratsvorsitzenden treffen. Eine Satzungsregelung, wonach vorübergehend ein anderes Mitglied des Aufsichtsrats die Geschäfte des Aufsichtsratsvorsitzenden wahrnimmt, ist nach hM zulässig.[17] Dem vorübergehenden „Vorsitzenden" stehen die besonderen Befugnisse des Aufsichtsratsvorsitzenden, wie das Zweitstimmrecht oder das Ausschlussrecht nach § 109 Abs. 2, nicht zu. Ihm obliegt die Vorbereitung und Durchführung der Sitzung und die Koordination der Aufsichtsratsarbeit.[18] Der **Aufsichtsrat** ist **verpflichtet,** den Vorsitzenden und seinen Stellvertreter **zu wählen.** Unterlässt er dies, machen sich die Mitglieder des Aufsichtsrat unter Umständen schadensersatzpflichtig (§§ 116, 93). Bis zur Wahl des neuen Vorsitzenden obliegen – sofern es keinen Stellvertreter gibt oder dieser auch verhindert ist – dessen Aufgaben dem Gesamtaufsichtsrat.

13 Für **mitbestimmte Gesellschaften** ist die Wahl des Aufsichtsratsvorsitzenden in § 27 MitbestG geregelt (→ § 108 Rn. 26). Danach ist im ersten Wahlgang eine **Mehrheit von zwei Dritteln** der **Sollstärke** des Aufsichtsrats notwendig, dh von einem aus zwölf Mitgliedern bestehenden Aufsichtsrat müssen mindestens acht mit „Ja" stimmen. Kommt diese Mehrheit nicht zustande, kann der erste Wahlgang wiederholt werden, wenn alle Wahlteilnehmer damit einverstanden sind.[19] Kommt die erforderliche Mehrheit von zwei Dritteln auch dann nicht zustande, wählen im zweiten Wahlgang die Aufsichtsratsmitglieder der Anteilseigner den Aufsichtsratsvorsitzenden und die Aufsichtsratsmitglieder der Arbeitnehmer den Stellvertreter jeweils mit der Mehrheit der abgegebenen Stimmen.[20]

14 **b) Gerichtliche Bestellung des Aufsichtsratsvorsitzenden.** Der Aufsichtsrat kann ohne Vorsitzenden nicht ordnungsgemäß tätig werden. Für den Fall, dass der Aufsichtsrat seiner Wahlpflicht nicht nachkommt oder die erforderliche Mehrheit nicht zustande kommt, enthält § 107 Abs. 1 keinen Lösungsansatz. Es ist umstritten,[21] ob in einem solchen sehr seltenen Fall § 104 Abs. 2 analog anzuwenden ist.[22] Können die Mitglieder des Aufsichtsrats sich nicht innerhalb angemessener Frist auf einen Vorsitzenden einigen oder steht sofort fest, dass eine Einigung in angemessener Frist nicht möglich ist, so ist es im Interesse des Unternehmens und seiner Funktionsfähigkeit, diesen Weg zuzulassen und nicht auf den Zufall oder eine andere günstige Konstellation zu warten, die das Problem löst. Für das Verfahren sind daher die Vorschriften des § 104 entsprechend anzuwenden.[23]

15 Unterlässt der Aufsichtsrat bei mitbestimmten Unternehmen die Wahl des Stellvertreters, so **kann auch der Stellvertreter** des Aufsichtsratsvorsitzenden **in nach dem MitbestG 1976 gebildeten Aufsichtsräten** aus den gleichen Argumenten wie der Aufsichtsratsvorsitzende **gerichtlich bestellt werden.**[24] Bei nicht mitbestimmten Aufsichtsräten ist die Funktionsfähigkeit des Aufsichtsrats ohne einen Stellvertreter nicht in gleicher Weise eingeschränkt, so dass hier eine gerichtliche Bestellung als nicht notwendig erachtet wird.

16 **c) Amtszeit.** Die Wahl des Aufsichtsratsvorsitzenden und seines Stellvertreters erfolgt, soweit die Satzung, Geschäftsordnung oder der Wahlbeschluss keine anderweitige Bestimmung enthalten, **für die gesamte Wahlperiode** als Aufsichtsratsmitglied.[25] Dies ist bei börsennotierten Unternehmen der Normalfall. Soweit keine anderslautenden Regelungen in der Satzung oder Geschäftsordnung existieren, können der Aufsichtsratsvorsitzende und sein Stellvertreter für eine unterschiedliche Amtszeit bestellt werden. Bei mitbestimmten Aufsichtsräten sieht § 27 MitbestG eine Koppelung der Wahlverfahren vor.[26] Enthalten Satzung, Geschäftsordnung oder Wahlbeschluss keine abweichende Bestimmung, verlängert sich die Amtszeit des Vorsitzenden und seines Stellvertreters nicht automatisch; die **Amtsdauer** bleibt jedoch **unberührt,** wenn sich die **Zusammensetzung** des Gremiums **ändert.**[27]

17 Die Satzung oder die Geschäftsordnung können eine abweichende Regelung treffen. Bei nicht börsennotierten Unternehmen werden der Vorsitzende und sein Stellvertreter häufig für ein Kalenderjahr oder Geschäftsjahr gewählt. Die Wahlen finden normalerweise im Anschluss an die Hauptver-

---

17 KK-AktG/*Mertens/Cahn* Rn. 17; MüKoAktG/*Habersack* Rn. 23.
18 MüKoAktG/*Habersack* Rn. 23; GroßkommAktG/*Hopt/Roth* Rn. 24.
19 MüKoAktG/*Gach* MitbestG § 27 Rn. 7 mwN.
20 MüKoAktG/*Gach* MitbestG § 27 Rn. 9.
21 KK-AktG/*Mertens/Cahn* Rn. 23 mwN für die Gegenansicht; GroßkommAktG/*Hopt/Roth* Rn. 21.
22 MüKoAktG/*Habersack* Rn. 25.
23 Hüffer/*Koch* Rn. 6 mwN; MüKoAktG/*Habersack* Rn. 25.
24 GroßkommAktG/*Hopt/Roth* Rn. 22; KK-AktG/*Mertens/Cahn* Rn. 24.
25 Spindler/Stilz/*Spindler* Rn. 30; MüKoAktG/*Habersack* Rn. 28.
26 Hüffer/*Koch* Rn. 5; MüKoAktG/*Habersack* Rn. 40; GroßkommAktG/*Hopt/Roth* Rn. 50; Spindler/Stilz/*Spindler* Rn. 33.
27 GroßkommAktG/*Hopt/Roth* Rn. 46; Spindler/Stilz/*Spindler* Rn. 32; MüKoAktG/*Habersack* Rn. 28.

sammlung statt **(„konstituierende Sitzung")**, um auch eventuellen Veränderungen im Gremium Rechnung zu tragen.[28] Eine Amtszeit als Vorsitzender über die Amtszeit als Mitglied des Aufsichtsrats hinaus ist nicht möglich. Wird der Vorsitzende als Mitglied des Aufsichtsrats einer nicht dem MitbestG unterliegenden Gesellschaft wiedergewählt, kann die Satzung für diesen Fall die Fortdauer der Amtszeit als Vorsitzender vorsehen.[29]

d) Widerruf der Bestellung. Die **Abberufung** des Vorsitzenden oder seines Stellvertreters durch den Aufsichtsrat ist **jederzeit bei Vorliegen eines wichtigen Grundes,** aber auch ohne Angabe von Gründen möglich.[30] Die Satzung oder die Geschäftsordnung können an die Abberufungsmöglichkeit ohne Angabe von Gründen besondere Voraussetzungen knüpfen oder sie ganz ausschließen.[31] Der Vorsitzende darf im Falle der (ordentlichen) Abberufung grundsätzlich mitstimmen.[32] 18

Liegt ein wichtiger Grund vor, ist eine Abberufung möglich, ohne dass die Satzung dem Aufsichtsrat dieses Recht nehmen kann. **Bei** der **Abstimmung** über die Abberufung aus wichtigem Grund **hat der Vorsitzende kein Stimmrecht.** Dies folgt aus dem allgemeinen Grundsatz des Gesellschaftsrechts, dass der Betroffene bei Maßnahmen, die sich gegen ihn richten und auf einem wichtigen Grund beruhen, nicht mitstimmen darf.[33] Der betroffene Aufsichtsratsvorsitzende hat nicht das Recht, die Abstimmung über den Antrag zu leiten.[34] 19

Die **Abberufung** bedarf der **gleichen Mehrheit wie die Bestellung,** es sei denn, die Satzung enthält eine Sonderregelung.[35] Bei Abberufung aus wichtigem Grund reicht auf jeden Fall die einfache Mehrheit aus.[36] Bei mitbestimmten Unternehmen ist die Abberufung im ersten Wahlgang analog der Wahl nur mit Zweidrittelmehrheit (Sollstärke) möglich (→ Rn. 13). Wird diese nicht erreicht, ist im zweiten Wahlgang gemäß § 27 Abs. 2 MitbestG die einfache Mehrheit der Gruppe ausreichend.[37] An der Abstimmung müssen **mindestens drei Mitglieder teilnehmen.** Das betroffene Mitglied ist in einem aus drei Personen bestehenden Aufsichtsrat daher zur Teilnahme verpflichtet.[38] Erscheint es nicht, ist der Aufsichtsrat beschlussunfähig und das nicht erschienene Aufsichtsratsmitglied macht sich eventuell schadensersatzpflichtig. Bei der Festellung der Beschlussfähigkeit wird das dem Stimmverbot unterliegende Aufsichtsratsmitglied mitgezählt.[39] Das Stimmverbot verpflichtet es eine Stimmenthaltungserklärung abzugeben (→ § 108 Rn. 38, 31).[40] Eine dennoch abgegebene Stimme ist nichtig.[41] 20

e) Amtsniederlegung. Wie jedes Aufsichtsratsmitglied kann der Aufsichtsratsvorsitzende sein Amt als Vorsitzender **jederzeit niederlegen.**[42] Gleiches gilt für den Stellvertreter. Beide bleiben weiterhin – sofern sie nichts anderes erklären – Mitglied des Aufsichtsrats. Grundsätzlich ist die Niederlegung an keine Frist gebunden. Die Satzung, nicht aber die Geschäftsordnung, kann eine Frist festlegen oder andere Modalitäten, wie die geschäftsführende Fortführung bis zu einer Neuwahl, bestimmen. Aus wichtigem Grund ist jedoch auch in solchen Fällen eine jederzeitige Niederlegung möglich. Erfolgt die **Niederlegung zur Unzeit,** etwa kurz vor der Hauptversammlung oder kurz vor Abschluss der Verhandlungen mit einem Vorstandskandidaten,[43] bleibt sie wirksam, eventuell macht sich der Betreffende aber schadensersatzpflichtig.[44] Die Niederlegung 21

---

[28] Spindler/Stilz/*Spindler* Rn. 30.

[29] MüKoAktG/*Habersack* Rn. 29; Hüffer/*Koch* Rn. 7; GroßkommAktG/*Hopt/Roth* Rn. 53.

[30] Beispiele bei MüKoAktG/*Habersack* § 103 Rn. 41 f.; Spindler/Stilz/*Spindler* Rn. 34; MüKoAktG/*Habersack* Rn. 30; KK-AktG/*Mertens/Cahn* Rn. 33.

[31] KK-AktG/*Mertens/Cahn* Rn. 36.

[32] GroßkommAktG/*Hopt/Roth* Rn. 55; Spindler/Stilz/*Spindler* Rn. 36; MüKoAktG/*Habersack* Rn. 30.

[33] BGHZ 86, 177 (181 f.) = NJW 1983, 938; GroßkommAktG/*Hopt/Roth* Rn. 54; MüKoAktG/*Habersack* Rn. 31.

[34] KK-AktG/*Mertens/Cahn* Rn. 34.

[35] MüKoAktG/*Habersack* Rn. 30; Spindler/Stilz/*Spindler* Rn. 34.

[36] BGHZ 102, 172 (179) = NJW 1988, 969 (971); GroßkommAktG/*Hopt/Roth* Rn. 55; Spindler/Stilz/*Spindler* Rn. 36.

[37] *Lutter/Krieger/Verse* Rechte und Pflichten 676; *Döring/Grau* NZG 2010, 1328 f.

[38] Spindler/Stilz/*Spindler* Rn. 37; KK-AktG/*Mertens/Cahn* Rn. 34 und § 108 Rn. 74.

[39] BGH AG 2007, 484 Rn. 13; aA noch BayObLGZ 2003, 89, 92 ff.; OLG Frankfurt AG 2005, 925, 927; MüKoAktG/*Habersack* Rn. 31.

[40] GroßkommAktG/*Hopt/Roth* Rn. 63; KK-AktG/*Mertens/Cahn* § 108 Rn. 66; Spindler/Stilz/*Spindler* § 108 Rn. 41.

[41] BGH AG 2007, 484; MüKoAktG/*Habersack* § 108 Rn. 33.

[42] GroßkommAktG/*Hopt/Roth* Rn. 51; *Lutter/Krieger/Verse* Rechte und Pflichten Rn. 668.

[43] MüKoAktG/*Semler*, 2. Aufl. 2004, Rn. 51.

[44] MüKoAktG/*Habersack* Rn. 34; GroßkommAktG/*Hopt/Roth* Rn. 51; Spindler/Stilz/*Spindler* Rn. 38.

erfolgt **durch Erklärung gegenüber dem Aufsichtsrat;** eine Erklärung gegenüber dem Stellvertreter oder einem Aufsichtsratsmitglied reicht aus, diese müssen unverzüglich die übrigen Mitglieder des Aufsichtsrats informieren. Geht die Amtsniederlegung dem Vorstand zu, hat dieser die Erklärung unverzüglich an den Stellvertreter des Aufsichtsratsvorsitzenden weiterzuleiten. Die Erklärung ist zugegangen, wenn sie dem Stellvertretenden Aufsichtsratsvorsitzenden zugegangen ist (→ Rn. 53).[45]

22 **f) Anmeldung zum Handelsregister; Geschäftsbriefe.** Gemäß § 107 Abs. 1 S. 2 hat der Vorstand die Gewählten zum Handelsregister anzumelden. Es reicht aus, wenn der **Vorstand in vertretungsberechtigter Zahl die Anmeldung vornimmt.** Eine unechte Gesamtvertretung (ein Vorstandsmitglied mit einem Prokuristen) ist zulässig. Die Namen des Vorsitzenden und seiner Stellvertreter sowie deren Anschriften sind dem Registergericht schriftlich mitzuteilen, eine öffentliche Beglaubigung ist nicht erforderlich.[46] Eine Bekanntgabe in den Gesellschaftsblättern ist nicht notwendig. Unterlässt der Vorstand die Anmeldung, kann gegen ihn ein Zwangsgeldverfahren nach § 14 HGB iVm § 407 Abs. 1 eingeleitet werden. Gemäß § 80 ist auf allen **Geschäftsbriefen** neben allen Mitgliedern des Vorstandes auch der Vorsitzende des Aufsichtsrats mit Vornamen und Familiennamen anzugeben. Der Stellvertreter muss nicht angegeben werden.

23 **2. Stellvertreter.** Der Aufsichtsrat **muss** neben dem Vorsitzenden einen oder mehrere **Stellvertreter wählen.**[47] Eine Satzungsermächtigung zur Wahl mehrerer Stellvertreter ist nicht erforderlich. Die Satzung kann die Anzahl der Stellvertreter begrenzen und die Reihenfolge, in der sie den Vorsitzenden vertreten, festlegen. Weder die Satzung noch die Geschäftsordnung dürfen festlegen, dass die Stellvertreter nur von der Anteilseignerseite kommen dürfen.[48] Ist weder in der Satzung noch in der Geschäftsordnung eine Reihenfolge der Stellvertreter festgelegt, so kann der Aufsichtsrat durch Beschluss die Reihenfolge festlegen, wobei dem an Lebensjahren ältesten Stellvertreter der Vorzug gegeben werden sollte.[49] Amtszeit, Widerruf und Amtsniederlegung folgen den gleichen Regeln wie beim Aufsichtsratsvorsitzenden.

24 In **mitbestimmten Gesellschaften** erfolgt die Wahl des Stellvertreters mit **Zweidrittelmehrheit** (Sollstärke) durch den Gesamtaufsichtsrat (§ 27 MitbestG). Wird diese Mehrheit nicht erreicht, auch nicht bei möglicherweise wiederholten Wahlgängen, findet ein zweiter Wahlgang statt, in dem die Arbeitnehmerseite mit einfacher Mehrheit den Stellvertreter wählt. Der nach dem Mitbestimmungsgesetz gewählte Stellvertreter ist immer der **erste Stellvertreter.** Weder Satzung noch Geschäftsordnung können etwas anderes bestimmen. Nur er wird Mitglied im Vermittlungsausschuss. Die Wahl weiterer Stellvertreter ist auch in mitbestimmten Gesellschaften zulässig.[50]

25 **3. Ehrenvorsitzender.** Die Verleihung des Ehrentitels **Ehrenvorsitzender oder Ehrenmitglied** ist im Gesetz nicht geregelt. Sie kann durch die Hauptversammlung mit einfacher Mehrheit oder, nach überzeugender Ansicht, durch Satzungsermächtigung durch den Aufsichtsrat erfolgen.[51] Die Gegenmeinung[52] vernachlässigt, dass die Hauptversammlung die Gestaltungshoheit über die Zusammensetzung des Aufsichtsrats hat. Obwohl der Ehrenvorsitzende kein Mitglied des Aufsichtsrates ist, gilt das Selbstorganisationsrecht des Aufsichtsrats nach hier vertretener Auffassung nicht so weit, dass er autonom darüber entscheiden kann, ob es einen Ehrenvorsitzenden gibt. Eine Verleihung solcher Ehrentitel durch den Vorstand widerspricht dem inneren Organisationsgefüge einer Aktiengesellschaft.[53]

26 Der **Ehrenträger kann jederzeit** den Titel ohne Angabe von Gründen durch Erklärung gegenüber der Gesellschaft **niederlegen.** Ebenso kann das Organ, das den Ehrenvorsitzenden berufen hat, diesen wieder abberufen. Ist der Ehrenvorsitzende vom Aufsichtsrat berufen, kann auch die Hauptversammlung ihn abberufen.[54]

---

[45] GroßkommAktG/*Hopt/Roth* Rn. 51; MüKoAktG/*Habersack* Rn. 34.

[46] GroßkommAktG/*Hopt/Roth* Rn. 42; MüKoAktG/*Habersack* Rn. 37.

[47] MüKoAktG/*Habersack* Rn. 23.

[48] BGHZ 83, 106 (112 f.) = NJW 1982, 1525 (1526); GroßkommAktG/*Hopt/Roth* Rn. 163.

[49] Str., MüKoAktG/*Habersack* Rn. 27; aA GroßkommAktG/*Hopt/Roth* Rn. 166; Spindler/Stilz/*Spindler* Rn. 58; KK-AktG/*Mertens/Cahn* Rn. 71.

[50] BGHZ 83, 106 (111 f.) = NJW 1982, 1525 (1526); GroßkommAktG/*Hopt/Roth* Rn. 162; Spindler/Stilz/*Spindler* Rn. 55.

[51] MüKoAktG/*Habersack* Rn. 73; Spindler/Stilz/*Spindler* Rn. 62; auch ohne Satzungsermächtigung, GroßkommAktG/*Hopt/Roth* Rn. 168.

[52] Hüffer/*Koch* Rn. 12; MüKoAktG/*Habersack* Rn. 73; Spindler/Stilz/*Spindler* Rn. 61; *Johannsen-Roth/Kießling* NZG 2013, 972.

[53] MüKoAktG/*Habersack* Rn. 73.

[54] Spindler/Stilz/*Spindler* Rn. 62; MüKoAktG/*Habersack* Rn. 73.

Der Titelträger hat **weder Rechte noch Pflichten,** er ist Dritter iSd § 109 (→ § 109 Rn. 7) und nur unter den dort genannten Voraussetzungen berechtigt, an den Sitzungen des Aufsichtsrats teilzunehmen. Er hat keinen Einblick in den Prüfungsbericht, kein Rede-, Auskunfts- und Antragsrecht und auch keine informationsrechtliche Sonderstellung.[55] Die Satzung kann ihn zum Leiter der Hauptversammlung bestimmen.[56] Zu beachten ist jedoch, dass auch er zur Verschwiegenheit verpflichtet ist. Dies erfolgt aus der Natur der Sache.[57] Ferner erfolgt eine eventuelle Vergütung nur unter den Voraussetzungen des § 113.[58] 27

4. Aufgaben und Befugnisse des Vorsitzenden. a) Allgemeines. Das Gesetz regelt einige Befugnisse und Aufgaben des Aufsichtsratsvorsitzenden, die **Aufzählung** ist jedoch **nicht abschließend,** seine Aufgaben sind viel umfassender und bedeutsamer. Der Aufsichtsratsvorsitzende hat einen entscheidenden Einfluss auf die Entwicklung und wirtschaftliche Stärke des Unternehmens. Er bildet den Gegenpol bzw. sorgt für das notwendige Gleichgewicht zum Vorstandsvorsitzenden, gleichgültig ob der Vorstandsvorsitzende eine starke Führungspersönlichkeit ist oder nicht. 28

Der Aufsichtsratsvorsitzende ist **kein eigenständiges Organ** der Gesellschaft.[59] Er ist ein aus dem Kreis der Aufsichtsratsmitglieder besonders hervorgehobenes Mitglied mit besonderen Aufgaben und Befugnissen. Der Aufsichtsratsvorsitzende kann die Gesellschaft nicht vertreten, es sei denn, er ist im Einzelfall hierzu ermächtigt, er setzt die Beschlüsse des Aufsichtsrats um. Im **Innenverhältnis** hat er **Entscheidungsbefugnis,** er kann zB einem Aufsichtsratsmitglied die Teilnahme an Ausschusssitzungen untersagen. Seine wichtigste Aufgabe ist die laufende Beobachtung der Unternehmensführung und der Kontakt zum Vorstand.[60] Der Kontakt sollte sich nicht auf den Vorstandsvorsitzenden beschränken, sondern sich auch auf die übrigen Vorstandsmitglieder erstrecken. 29

b) Aufgaben und Befugnisse des Aufsichtsratsvorsitzenden. aa) Leitung der Aufsichtsratssitzung. Der **Aufsichtsratsvorsitzende koordiniert** die Arbeit des Aufsichtsrats und leitet dessen Sitzungen (so auch Ziff. 5.2 Abs. 1 S. 2 DCGK). Dies ist gesetzlich nicht geregelt, ergibt sich aber natürlicherweise durch seine Funktion als Vorsitzender eines Gremiums. Die Leitung der Sitzung umfasst auch die Einberufung, die Bekanntgabe und Festlegung der Tagesordnung, die Vorbereitung der Sitzung, die Festlegung der Art der Abstimmung und die Niederschrift. 30

bb) Einberufung und Bekanntgabe der Tagesordnung. Das Recht und die Pflicht, den Aufsichtsrat einzuberufen, ergibt sich aus § 110 (→ § 110 Rn. 5 ff.), auch wenn das Einberufungsrecht nicht ganz eindeutig geregelt ist. Es ist davon auszugehen, dass das Gesetz das Einberufungsrecht voraussetzt.[61] Der Aufsichtsratsvorsitzende trifft die Entscheidung, wann und wo die Aufsichtsratssitzungen stattfinden. Hat der Aufsichtsrat durch Beschluss den Ort und den Termin für die nächste Sitzung festgelegt, so ist der Aufsichtsratsvorsitzende daran gebunden. Er hat den Aufsichtsrat unverzüglich einzuberufen, wenn ein Mitglied des Aufsichtsrats oder der Vorstand unter Angabe des Zwecks und der Gründe dies verlangt (§ 110 Abs. 1 S. 1; → § 110 Rn. 25 f.). Die Sitzung hat innerhalb von zwei Wochen nach Einberufung stattzufinden (§ 110 Abs. 1 S. 2). Der DCGK empfiehlt börsennotierten und kapitalmarktorientierten Unternehmen, dass der Aufsichtsratsvorsitzende erforderlichenfalls eine außerordentliche Sitzung einberuft, wenn er dies nach Informationen durch den Vorstand über wichtige Ereignisse, die für die Beurteilung der Lage und Entwicklung sowie für die Leitung des Unternehmens von wesentlicher Bedeutung sind, für notwendig hält (Ziff. 5.2 Abs. 3 DCGK). Die ordentlichen Aufsitzratssitzungen müssen bei **börsennotierten Gesellschaften zweimal im Halbjahr** stattfinden, bei **nicht börsennotierten Gesellschaften** reicht **eine Sitzung im Halbjahr** (§ 110 Abs. 3). Eine aufgrund seiner Einberufungskompetenz anberaumte Sitzung kann der Aufsichtsratsvorsitzende aufheben oder verlegen.[62] Wurde die Sitzung auf Verlangen des Vorstandes oder eines Aufsichtsratsmitgliedes einberufen, steht ihm dieses Recht nicht zu (→ § 110 Rn. 22). Die **Vertagung** (→ § 108 Rn. 47) nach Beginn der Sitzung steht nach hM nur dem 31

---

55 MüKoAktG/*Habersack* Rn. 71; KK-AktG/*Mertens/Cahn* Rn. 76.

56 Spindler/Stilz/*Spindler* Rn. 64; GroßkommAktG/*Hopt/Roth* Rn. 169.

57 MüKoAktG/*Habersack* Rn. 71; *Johannsen-Roth/Kießling* NZG 2013, 976 f.

58 MüKoAktG/*Habersack* Rn. 72; Spindler/Stilz/*Spindler* Rn. 64, aA *Johannsen-Roth/Kießling* NZG 2013, 972 (974).

59 MüKoAktG/*Habersack* Rn. 44; GroßkommAktG/*Hopt/Roth* Rn. 63; *Lutter/Krieger/Verse* Rechte und Pflichten Rn. 678; aA *Peus* ZGR 1987, 545 (552).

60 GroßkommAktG/*Hopt/Roth* Rn. 68; KK-AktG/*Mertens/Cahn* Rn. 38.

61 MüKoAktG/*Habersack* Rn. 50; GroßkommAktG/*Hopt/Roth* Rn. 78.

62 KK-AktG/*Mertens/Cahn* Rn. 44; MüKoAktG/*Habersack* Rn. 51, § 110 Rn. 17; GroßkommAktG/*Hopt/Roth* Rn. 78.

Gesamtaufsichtsrat zu.[63] Bei Meinungsverschiedenheiten in Rechtsfragen, wie zB der Frage der Ungültigkeit von Stimmen, entscheidet der Aufsichtsratsvorsitzende und nicht das Gremium. Die Überprüfung der Entscheidung des Vorsitzenden kann im Wege der Anfechtung gerichtlich erfolgen (→ Rn. 56).[64]

32 Der Aufsichtsratsvorsitzende hat auch die **Befugnis,** die **Tagesordnung zu erstellen** (→ § 110 Rn. 13 ff.). Die Tagesordnung und sie betreffende Unterlagen, zumindest die Beschlussunterlagen, sind entsprechend der in der Satzung festgelegten Fristen zu versenden, damit die Aufsichtsratsmitglieder die zur Beratung und Beschlussfassung notwendigen Unterlagen rechtzeitig erhalten, um sich ordnungsgemäß und verantwortungsvoll auf die Sitzung vorzubereiten. Soweit die Satzung keine Fristen vorsieht, ist eine Frist von zwei Wochen gemäß § 110 Abs. 1 S. 2 angemessen. Als Mindestfrist gelten drei bis vier Tage.[65] Bei besonders eiligen Angelegenheiten kommen auch kürzere Fristen oder ein Ad hoc-Beschluss in Frage (→ § 110 Rn. 22).[66] Nachträgliche Ergänzungen der Tagesordnung um Beschlusspunkte sind außerhalb der Einberufungsfristen nur möglich, wenn kein Aufsichtsratsmitglied widerspricht.[67]

33 Der Aufsichtsratsvorsitzende **bestimmt** auch den **Ort,** an dem die Sitzung stattfinden soll, wenn der Aufsichtsrat nichts anderes beschlossen hat (→ § 110 Rn. 7). Die Sitzungen finden üblicherweise am Sitz der Gesellschaft statt, sie können jedoch an jedem beliebigen Ort im In- und Ausland stattfinden.[68] Die Auswahl des Tagungsortes sollte einen Bezug zur Gesellschaft haben, um jeden Verdacht einer nicht arbeitsorientierten Tagungsortwahl zu vermeiden. So ist es bei international tätigen börsennotierten Gesellschaften üblich, die Aufsichtsratssitzungen in bestimmtem Turnus auch im Ausland stattfinden zu lassen, wenn die Gesellschaft dort Niederlassungen betreibt oder Tochtergesellschaften hat.

34 **cc) Vorbereitung der Sitzung.** Der Aufsichtsratsvorsitzende hat die Sitzung vorzubereiten. Er entscheidet über die Einladung zur Aufsichtsratssitzung, ebenso über die Hinzuziehung von Sachverständigen, zB Abschlussprüfer, Auskunfts- und Hilfspersonen. Ebenso gehören die Bestimmung von Protokollanten und die Hinzuziehung von Dolmetschern zu den Sitzungsvorbereitungen.[69] Der Vorsitzende legt auch die Verhandlungssprache fest. Hierbei hat er zu beachten, dass es bei Widerspruch nur eines Aufsichtsratsmitgliedes erforderlich ist, Simultanübersetzung und zweisprachige Dokumentation der Sitzungsunterlagen sicherzustellen.[70] Bei global agierenden Unternehmen mit Organmitgliedern, für die deutsch eine Fremdsprache ist, entspricht dies in der Praxis ständiger Übung. **Beschlusserheblich** bleibt jedoch die **deutsche Sprache.**[71]

35 Jede dieser Entscheidungen des Aufsichtsratsvorsitzenden kann durch einen Mehrheitsbeschluss des Aufsichtsrats als Ausprägung des Selbstorganisationsrecht desselben revidiert werden (→ Rn. 61).[72] In Fragen der Teilnahme von Nicht-Ausschussmitgliedern an Ausschusssitzungen nach § 109 Abs. 2 (→ § 109 Rn. 14 ff.), beim Protokollberichtigungsanspruch und in Rechtsfragen steht dem Aufsichtsratsvorsitzenden eine **ausschließliche Entscheidungskompetenz** zu.[73]

36 **dd) Sitzungsleitung.** Der Aufsichtsratsvorsitzende legt die **Reihenfolge der Tagesordnungspunkte** fest. Ihm obliegt die Leitung der Sitzung, er erteilt und entzieht das Wort, entscheidet über die **Reihenfolge der Redner** und **Anträge** und **leitet die Diskussion.** Bei seiner Sitzungsleitung ist er nicht zur Neutralität verpflichtet,[74] jedoch darf er das Gremium durch seine verfahrensleitenden Maßnahmen nicht präjudizieren.[75] Er kann erforderlichenfalls Redezeitbegrenzungen einführen. Der Vorsitzende entscheidet, wann ein Tagesordnungspunkt zur Entscheidung gestellt wird, entscheidet über den Abstimmungsmodus und stellt das Ergebnis der Beschlussfassung fest.

---

[63] MHdB AG/*Hoffmann-Becking* § 31 Rn. 86; Spindler/Stilz/*Spindler* § 108 Rn. 49; mwN *Drinhausen/Marsch-Barner* AG 2014, 337 f.; aA GroßkommAktG/*Hopt/Roth* Rn. 98.

[64] *Semler/von Schenck* AR HdB § 4 Rn. 88; *Drinhausen/Marsch-Barner* AG 2014, 337 f.

[65] GroßkommAktG/*Hopt/Roth* Rn. 81.

[66] GroßkommAktG/*Hopt/Roth* Rn. 81.

[67] MHdB AG/*Hoffmann-Becking* § 31 Rn. 41, 43; *v. Schenck* in Semler/v. Schenck AR HdB § 4 Rn. 69; *Drinhausen/Marsch-Barner* AG 2014, 337 f.

[68] MüKoAktG/*Habersack* Rn. 53; GroßkommAktG/*Hopt/Roth* Rn. 78.

[69] MüKoAktG/*Habersack* Rn. 53; KK-AktG/*Mertens/Cahn* Rn. 47.

[70] KK-AktG/*Mertens/Cahn* Rn. 42; MüKoAktG/*Habersack* Rn. 53.

[71] GroßkommAktG/*Hopt/Roth* Rn. 99; MüKoAktG/*Habersack* Rn. 53; *Rodewald/Ternick* BB 2011, 910.

[72] KK-AktG/*Mertens/Cahn* Rn. 41; MüKoAktG/*Habersack* Rn. 52; *Lutter/Krieger/Verse* Rechte und Pflichten Rn. 706.

[73] MüKoAktG/*Habersack* Rn. 52; aA GroßkommAktG/*Hopt/Roth* Rn. 94.

[74] So jedoch KK-AktG/*Mertens/Cahn* § 111 Rn. 40; MüKoAktG/*Habersack* § 107 Rn. 49.

[75] GroßkommAktG/*Hopt/Roth* Rn. 71; *Drinhausen/Marsch-Barner* AG 2014, 337 (339).

Der Aufsichtsratsvorsitzende entscheidet auch darüber, ob ein **Beschluss außerhalb der Sitzung** in satzungsmäßiger Form gefasst werden soll. Gegen die Einleitung eines solchen Verfahrens reicht bereits der Widerspruch eines Aufsichtsratsmitglieds nach § 108 Abs. 4 (→ § 108 Rn. 55), es sei denn, die Satzung regelt dies abweichend. 37

Grundsätzlich steht dem Aufsichtsratsvorsitzenden **kein Recht** zu, **Disziplinarmaßnahmen** (→ Rn. 60) gegen ein Aufsichtsratsmitglied zu ergreifen. Nur in sehr engen Grenzen steht es ihm zu, ein Aufsichtsratsmitglied von der weiteren Teilnahme an der Aufsichtsratssitzung auszuschließen, zB wenn die ordnungsgemäße Durchführung der Sitzung sonst nicht möglich wäre[76] bzw. wenn durch seine Teilnahme wichtige Belange der Gesellschaft gefährdet sind.[77] 38

Im Falle der **Interessenkollision** (→ § 108 Rn. 32; → § 116 Rn. 73 ff.) zwischen einem Aufsichtsratsmitglied und der Gesellschaft kann der Aufsichtsratsvorsitzende dem betroffenen Aufsichtsratsmitglied die Teilnahme an der Sitzung zu diesem Tagesordnungspunkt verweigern, das Stimmrecht entziehen, das Rederecht verweigern, es vom Empfang der relevanten Unterlagen und Berichte sowie der Einsichtnahme ausschließen und ihm insoweit die Aushändigung der Niederschrift verweigern.[78] 39

ee) Niederschrift. Der Aufsichtsratsvorsitzende hat dafür Sorge zu tragen, dass eine Niederschrift über die Aufsichtsratssitzung (→ Rn. 73 ff.) angefertigt wird. Er muss die Niederschrift nicht selbst erstellen, sondern kann hierzu eine Person hinzuziehen, die weder dem Vorstand noch dem Aufsichtsrat angehört. Widerspricht ein Aufsichtsratsmitglied diesem Verfahren, so ist ein Aufsichtsratsbeschluss über diese sitzungsleitende Maßnahme herbeizuführen (→ Rn. 78).[79] Wird kein Protokollant zugelassen, muss ein Mitglied des Aufsichtsrats das Protokoll führen, letztendlich der Aufsichtsratsvorsitzende selbst.[80] Dem Vorsitzenden obliegt auch die Aufbewahrung der Sitzungsniederschriften, wozu er sich der Hilfe des Vorstands bedienen kann. Der Aufsichtsratsvorsitzende hat die Niederschrift zu **unterzeichnen,** der Protokollführer kann, muss aber nicht mitunterzeichnen.[81] 40

c) Kapitalmaßnahmen. Zusammen mit dem Vorstand hat der Aufsichtsratsvorsitzende den Beschluss der Erhöhung des Grundkapitals (§§ 184 Abs. 1, 188 Abs. 1), der bedingten Kapitalerhöhung (§ 195 Abs. 1), der Kapitalerhöhung aus Gesellschaftsmitteln (§ 207 Abs. 2), der Kapitalherabsetzung (§ 223), der vereinfachten Kapitalherabsetzung (§ 229 Abs. 3), der Kapitalherabsetzung durch Einziehung von Aktien (§ 237 Abs. 2), die Durchführung der Kapitalerhöhung (§ 188 Abs. 1) und die Ausgabe der neuen Aktien (§ 207 Abs. 2) **zur Eintragung in das Handelsregister anzumelden.** Der Beschluss über die Ausgabe von Wandelschuldverschreibungen oder von Gewinnschuldverschreibungen ist mit einer Erklärung über die Ausgabe beim Handelsregister zu hinterlegen (§ 221 Abs. 2). 41

d) Berichterstattung gegenüber der Hauptversammlung. Gemäß §§ 176 Abs. 1 S. 2, 171 hat der Aufsichtsratsvorsitzende der Hauptversammlung den **Bericht des Aufsichtsrats** zu erläutern. Dieser umfasst das Ergebnis seiner Rechnungsprüfung (§ 171 Abs. 2 S. 1) sowie den Umfang der Geschäftsführung (§ 171 Abs. 2 S. 2). Soweit der Jahresabschluss bzw. der Konzernabschluss durch einen Abschlussprüfer geprüft wurden, bestehen weitere Berichtspflichten (§ 171 Abs. 1 und 2 S. 3).[82] Bei börsennotierten Gesellschaften ist insbesondere darüber zu berichten, welche Ausschüsse gebildet wurden, sowie über die Zahl der Sitzungen des Aufsichtsrats und seiner Ausschüsse (§ 171 Abs. 2 S. 2). Für **Konzerne** enthält **§ 314** eine spezielle Regelung. 42

5. Weitere Aufgaben des Aufsichtsratsvorsitzenden. a) Informationspflicht. Der Aufsichtsratsvorsitzende ist das wichtige **Bindeglied zwischen Aufsichtsrat** und dem **Vorstand.** Hierbei handelt es sich um eine zentrale Funktion des Aufsichtsratsvorsitzenden. Der DCGK empfiehlt börsennotierten Unternehmen, dass der Aufsichtsratsvorsitzende regelmäßig mit dem Vorstand, insbesondere mit dem Vorsitzenden bzw. Sprecher des Vorstands Kontakt hält (Ziff. 5.2 Abs. 3 DCGK). Dies ist damit nicht Sache des Plenums, sondern Kernaufgabe des Aufsichtsratsvor- 43

---

[76] MüKoAktG/*Habersack* Rn. 56; GroßkommAktG/*Hopt/Roth* Rn. 109.

[77] KK-AktG/*Mertens/Cahn* Rn. 50; MüKoAktG/*Habersack* Rn. 56.

[78] MüKoAktG/*Semler,* 2. Aufl. 2004, Rn. 115.

[79] So GroßkommAktG/*Hopt/Roth* Rn. 175; *Lutter/Krieger/Verse* Rechte und Pflichten Rn. 703; MHdB AG/*Hoffmann-Becking* § 31 Rn. 54; *Peus,* Der Aufsichtsratsvorsitzende, 1983, 132; aA Widerspruch eines Mitglieds ausreichend: Hüffer/*Koch* Rn. 13; KK-AktG/*Mertens/Cahn* Rn. 80; Spindler/Stilz/*Spindler* Rn. 66; Schmidt/Lutter/*Drygala* Rn. 31.

[80] KK-AktG/*Mertens/Cahn* Rn. 81; MHdB AG/*Hoffmann-Becking* § 31 Rn. 102.

[81] KK-AktG/*Mertens/Cahn* Rn. 82; MüKoAktG/*Habersack* Rn. 78.

[82] GroßkommAktG/*Hopt/Roth* Rn. 89.

sitzenden.[83] Davon unberührt bleibt das Recht eines jeden Aufsichtsratsmitglieds sich selbst um die Kommunikation mit dem Vorstand zu kümmern; empfehlenswert ist dies jedoch in Abstimmung mit dem Vorsitzenden.

44 Der Vorstand erstattet üblicherweise gemäß **§ 90 Abs. 1** seine **regelmäßigen Berichte** gegenüber dem Aufsichtsrat, damit hat er seine Informationspflicht erfüllt. Bei wichtigen Anlässen ist gemäß § 90 Abs. 1 S. 3 an den Aufsichtsratsvorsitzenden zu berichten, der spätestens in der nächsten Aufsichtsratssitzung die übrigen Mitglieder des Aufsichtsrats über die Berichte informiert (§ 90 Abs. 5 S. 3). Der Aufsichtsratsvorsitzende hat dafür Sorge zu tragen, dass die Berichte des Vorstands pünktlich erstattet werden und den gesetzlichen Bestimmungen entsprechen.[84] Der DCGK empfiehlt darüber hinaus börsennotierten und kapitalmarktorientierten Unternehmen, dass der Aufsichtsratsvorsitzende sich regelmäßig mit dem Vorstand über die Strategie, die Geschäftsentwicklung und das Risikomanagement des Unternehmens berät. Nach Infomation durch den Vorsitzenden bzw Sprecher des Vorstandes über wichtige Ereignisse, die für die Beurteilung der Lage und Entwicklung sowie für die Leitung des Unternehmens von wesentlicher Bedeutung sind, hat der Aufsichtratsvorsitzende den Aufsichtsrat sodann zu unterrichten. Der Kodex empfiehlt erforderlichenfalls eine außerordentliche Aufsichtsratssitzung einzuberufen (Ziff. 5.2 Abs. 3 DCGK) Damit geht der Kodex über das Gesetz hinaus, das eine Information an das Plenum spätestens in der nächsten Aufsichtsratssitzung fordert (→ § 90 Rn. 20). Für die Wesentlichkeitsschwelle der Information ist entscheidend, ob die konkrete Information für die Wahrnehmung der Aufgaben aller Aufsichtsratsmitglieder von Bedeutung ist.[85] Eine Verletzung dieser Pflicht kann zu Schadenersatzansprüchen führen (→ § 116 Rn. 81 ff.).

45 Neben den regelmäßigen Kontakten sieht der DCGK vor, dass der **Vorsitzende des Aufsichtsrats** oder **des Prüfungsausschusses** über während der Abschlussprüfung auftretende mögliche Ausschluss- und Befangenheitsgründe bezüglich der Abschlussprüfer **unterrichtet wird,** wenn diese nicht unverzüglich beseitigt werden (Ziff. 7.2.1 2 Abs. DCGK).

45a Erfährt der Aufsichtsratsvorsitzende von bevorstehenden satzungswidrigen Zahlungen an andere Aufsichtsratsmitglieder, zB bei der Abrechnung von Sitzungsgeldern, muss er aufgrund seiner Garantenpflicht auf einen Aufsichtsratsbeschluss hinwirken, der den Vorstand zur Änderung der rechtswidrigen Vorgehensweise anhält.[86]

46 **b) Die Leitung der Hauptversammlung.** Das Gesetz regelt nicht, wer die Hauptversammlung leitet. Leiter der Hauptversammlung kann jede Person sein. Die Satzung kann jedoch dem Aufsichtsratsvorsitzenden die Leitung der Hauptversammlung übertragen. Die Leitung der Hauptversammlung ist auch dann keine Funktion des Aufsichtsratsvorsitzenden, sondern nur eine weitere an die Person geknüpfte Aufgabe.[87] **In der Praxis** wird die Hauptversammlung **durch den Aufsichtsratsvorsitzenden** geleitet, hiervon geht auch § 130 Abs. 1 S. 3 aus.[88] Für Pflichtverletzungen im Rahmen dieser Funktion haftet er nicht nach § 116 S. 1 iVm § 93, da die Leitungsfunktion der Hauptversammlung nicht zum gesetzlichen Pflichtenkreis des Aufsichtrats gehört.

47 **c) Vertretung der Gesellschaft.** Der Aufsichtsratsratsvorsitzende hat **keine organschaftliche Vertretungsbefugnis** für die Gesellschaft gegenüber dem Vorstand oder Dritten (→ § 112 Rn. 13).[89] Er ist gesetzlich nicht befugt, den Aufsichtsrat oder die Gesellschaft zu vertreten. In den §§ 112, 103 Abs. 3, 111 Abs. 3 S. 1, 246 Abs. 2, 249 Abs. 1 S. 1 weist das Gesetz dem Aufsichtsrat als Organ, nicht aber dem Aufsichtsratsvorsitzenden die gesetzliche Vertretungsmacht zu. Auch durch die Satzung kann weder dem Aufsichtsratsvorsitzenden noch einem anderen Aufsichtsratsmitglied die organschaftliche Vertretungsmacht übertragen werden.[90] Ausführungs- und Durchführungshandlungen, welche nur mit einem begrenzten Ermessensspielraum ausgestattet sind, können auf den Aufsichtsratsvorsitzenden oder ein anderes Mitglied des Aufsichtsrats übertragen werden.[91] Die Übertragung von Vertretungsmacht auf den Aufsichtsratsvorsitzenden ist durch Beschluss des Plenums möglich, er handelt in diesem Fall jedoch als Bevollmächtigter und nicht als Inhaber der organschaftli-

---

[83] *v. Schenck* AG 2010, 649 f.

[84] GroßkommAktG/*Hopt/Roth* Rn. 84; *Semler* FS Peltzer, 2001, 489 (500).

[85] *v. Schenck* AG 2010, 649 (653); *Schlitt* DB 2005, 2007 (2012).

[86] OLG Braunschweig CCZ 2013, 124.

[87] LG Ravensburg AG 2014, 910 = NZG 2014, 1233; Hüffer/*Koch* § 129 Rn. 18; Spindler/Stilz/*Spindler* Rn. 48; MüKoAktG/*Habersack* Rn. 57; *von der Linden* NZG 2013, 208 ff.; *Schürnbrand* NZG 2014, 1211 (1213).

[88] GroßkommAktG/*Hopt/Roth* Rn. 140.

[89] BGHZ 41, 282 (285); GroßkommAktG/*Hopt/Roth* Rn. 111; Spindler/Stilz/*Spindler* Rn. 42; MüKoAktG/*Habersack* Rn. 58.

[90] MüKoAktG/*Habersack* Rn. 63; GroßkommAktG/*Hopt/Roth* Rn. 130; KK-AktG/*Mertens/Cahn* Rn. 62.

[91] MüKoAktG/*Habersack* Rn. 58; GroßkommAktG/*Hopt/Roth* Rn. 116; Spindler/Stilz/*Spindler* Rn. 43.

chen Vertretungsmacht des Aufsichtsrats.[92] Stimmen im Schrifttum, die Kompetenz des Aufsichtsratsvorsitzenden erweiternd auszulegen und ihn allein an Stelle des Plenums für handlungsbefugt anzusehen, wenn ein Plenumshandeln tatsächlich nicht oder nicht zeitnah möglich bzw. nicht opportun ist,[93] sind mit rechtlicher Vorsicht zu betrachten. Die Grenzen für solche Einzelfälle sind eng zu ziehen (→ Rn. 54).

aa) Bekanntgabe von Aufsichtsratsbeschlüssen. Der Aufsichtsratsvorsitzende ist nicht von Amts wegen befugt, die Beschlüsse des Aufsichtsrats zu veröffentlichen. Es bedarf hierzu einer ausdrücklichen oder konkludenten (Normalfall) Ermächtigung durch den Aufsichtsrat (→ § 112 Rn. 14 f.). Möglich ist auch eine Ermächtigung in der Geschäftsordnung oder in der Satzung. Da Hauptversammlung und Aufsichtsrat gleichberechtigte Organe sind, hat eine Regelung in der Satzung nur deklaratorischen Charakter. Da die **Befugnis zur Bekanntgabe der Beschlüsse des Aufsichtsrats** die **innere Ordnung des Aufsichtsrats** berührt, ist dieser befugt, auch gegen die Bestimmungen in der Satzung, dies selbst zu regeln.[94] Der Aufsichtsrat kann auch ein anderes Mitglied des Aufsichtsrats mit der Bekanntgabe im Einzelfall beauftragen. Insoweit ist der Aufsichtsratsvorsitzende zwar der geborene, aber nicht der ausschließliche Erklärungsvertreter des Aufsichtsrats. 48

Der Aufsichtsratsvorsitzende ist kraft Amtes ermächtigt, das Ergebnis der Beschlussfassungen des Aufsichtsrats festzuhalten.[95] Durch Verkündung des Beschlussergebnisses oder der Mitteilung an den Adressaten macht er die Beschlussfassung des Aufsichtsrats zu einer Willenserklärung des Aufsichtsrats bzw. der Gesellschaft. Der **Aufsichtsratsvorsitzende** überbringt also eine fertige Willenserklärung des Aufsichtsrats und hat **keinen eigenen Entscheidungsspielraum.**[96] 49

bb) Vertretung bei Hilfsgeschäften. Soweit der Aufsichtsratsvorsitzende im Rahmen seiner gesetzlichen Befugnisse **Hilfsgeschäfte** abschließt, ist ihm nach allgemeiner Ansicht auch ohne spezielle gesetzliche Regelung eine Vertretungsbefugnis gegenüber Dritten einzuräumen.[97] Insbesondere bei der Wahrnehmung seiner Aufgaben **im Rahmen der Vorbereitung und Durchführung der Aufsichtsratssitzungen** ist er befugt, im Namen und für Rechnung der Gesellschaft externen Rechtsrat einzuholen oder Honorarvereinbarungen mit Sachverständigen zu treffen oder solchen Personen Kostenerstattungen zuzusagen. Diese ungeschriebene Vertretungsmacht kann der Aufsichtsratsvorsitzende auch auf andere Mitglieder des Aufsichtsrats oder Dritte übertragen.[98] 50

cc) Vertreter ohne Vertretungsmacht. Erklärungen des Aufsichtsratsvorsitzenden, denen kein entsprechender Aufsichtsratsbeschluss zugrunde liegt oder die sich nicht im Rahmen seiner Befugnisse halten, binden die Gesellschaft nicht. Der Aufsichtsratsvorsitzende handelt insoweit als Vertreter ohne Vertretungsmacht; §§ 177 ff. BGB finden Anwendung[99] mit der Folge, dass seine Erklärungen durch Aufsichtsratsbeschluss zu genehmigen sind (→ § 112 Rn. 20). **Nichtig** sind nur **Willenserklärungen,** die **außerhalb der Vertretungskompetenz** des Aufsichtsrats liegen.[100] Die Gesellschaft wird in diesen Fällen auch dann nicht verpflichtet, wenn der Aufsichtsratsvorsitzende Alleinaktionär ist. 51

dd) Formbedürftige Willenserklärungen. Nicht die Beschlussfassung oder der Beschluss selbst müssen der **gesetzlich vorgeschriebenen Form** genügen, sondern die **Willenserklärung** des Aufsichtsratsvorsitzenden gegenüber dem Vertragspartner, zB beim Verkauf eines Grundstücks an ein Vorstandsmitglied.[101] Gleiches gilt bei öffentlicher Beglaubigung, auch hier wird nicht der Beschluss, sondern die Unterschrift des Aufsichtsratsvorsitzenden beglaubigt. Der Form wird daher dadurch genügt, dass der Aufsichtsratsvorsitzende die an den Empfänger gerichtete Willenserklärung in der 52

[92] GroßkommAktG/*Hopt/Roth* Rn. 116; Spindler/Stilz/*Spindler* Rn. 43; MüKoAktG/*Habersack* Rn. 59; *v. Schenck* AG 2010, 649 (654).
[93] *v. Schenck* AG 2010, 649 (655); *Rodewig* in Semler/v. Schenck AR HdB § 8 Rn. 58.
[94] MüKoAktG/*Habersack* Rn. 59; GroßkommAktG/*Hopt/Roth* Rn. 113; Spindler/Stilz/*Spindler* Rn. 43; aA KK-AktG/*Mertens/Cahn* Rn. 51.
[95] RGZ DJZ 1936, 138.
[96] GroßkommAktG/*Hopt/Roth* Rn. 112; MüKoAktG/*Habersack* Rn. 59.
[97] Vgl. statt vieler Spindler/Stilz/*Spindler* Rn. 44.
[98] KK-AktG/*Mertens/Cahn* Rn. 53; MüKoAktG/*Habersack* Rn. 58.
[99] KK-AktG/*Mertens/Cahn* Rn. 55; OLG München AG 1986, 234 (235); aA OLG Stuttgart BB 1992, 1669 (1670).
[100] KK-AktG/*Mertens/Cahn* Rn. 55; Spindler/Stilz/*Spindler* Rn. 45; MüKoAktG/*Habersack* Rn. 61 will auch insoweit die §§ 177 ff. BGB anwenden.
[101] KK-AktG/*Mertens/Cahn* Rn. 56; GroßkommAktG/*Hopt/Roth* Rn. 114 f.; MüKoAktG/*Habersack* Rn. 60.

gebotenen Form abgibt.[102] Soweit die Willenserklärung nicht zugangsbedürftig ist, reicht die Unterzeichnung des Protokolls.

53 **ee) Empfangszuständigkeit.** Für alle Erklärungen, die dem Aufsichtsrat als Organ gegenüber abzugeben sind, ist der Aufsichtsratsvorsitzende oder in entsprechender Anwendung von § 78 Abs. 2 S. 2 jedes andere Mitglied des Aufsichtsrats empfangszuständig.[103] Eine Erklärung/Zustellung (für den Zivilprozess vgl. § 170 Abs. 3 ZPO) gegenüber einem Ersatzmitglied wird nicht für ausreichend erachtet[104] (zur Wissenszurechnung → § 112 Rn. 18).

54 **ff) Repräsentation.** Der Aufsichtsratsvorsitzende repräsentiert den Aufsichtsrat gegenüber den anderen Organen und in der Öffentlichkeit. Es gehört auch zu den Aufgaben und Befugnissen des Aufsichtsratsvorsitzenden, Presseerklärungen, die den Aufsichtsrat betreffen, abzugeben (s. auch Ziff. 5.2 Abs. 1 S. 2 DCGK).[105] Da der Aufsichtsrat nur Innenorgan ist, empfiehlt es sich, bei besonderen und wichtigen Angelegenheiten den Aufsichtsrat oder das Aufsichtsratspräsidium mit einzubinden. Wenn dies nicht möglich ist, sollte eine entsprechende Zurückhaltung bei den Erklärungen gewahrt werden (→ Rn. 47).[106]

54a **gg) Kapitalmarktkommunikation.** Etwas differenzierter zeigt sich jedoch die Entwicklung betreffend das Verhältnis Aufsichtsrat zu **institutionellen Investoren.** Inbesondere aus dem angelsächsischen Bereich, in dem das One-Tier-Board-System herrscht, mehrt sich die Nachfrage nach einer direkten Kommunikation mit dem Aufsichtratsvorsitzenden, um mit ihm in einen Dialog über das Unternehmen, seine Entwicklung, das Marktumfeld und die Qualität der Unternehmensführung zu gehen.[107] Dementsprechend befasst sich auch die Deutsche Corporate Governance Kommission damit und diskutiert eine Empfehlung, wonach der Aufsichtsratsvorsitzende in angemessenem Rahmen bereit sein soll „mit Investoren über aufsichtsratsspezifische Themen Gespräche zu führen. Das sind Gegenstände, für die der Aufsichtsrat allein verantwortlich ist und die von ihm allein zu entscheiden sind …" (Ziff. 5.2 zweiter Absatz DCGK neu – Vorschlag aus der Plenarsitzung vom (13.10.2016). Rechtlich begründet es die Kommission mit der Annexkompetenz zu den erweiterten Pflichten des Aufsichtsrats, die den §§ 76 Abs. 1, 78 Abs. 1 S. 1, 111 Abs. 4 nicht entgegenstünden. Unbestritten liegt die Informationspolitik beim Vorstand. Dem Aufsichtsrat muss jedoch im Rahmen seines ureigenen Aufgabenbereichs die Befähigung zur Information überlassen bleiben.[108] Als betroffene Bereiche sind insbesondere die **Personalentscheidungen des Aufsichtsrats** sowie **Themen im Zusammenhang mit seiner Überwachungstätigkeit** zu sehen.[109] Eine Annexkompetenz für die Kapitalmarktkommunikation ist mE nur innerhalb der genannten engen Grenzen möglich.[110]

55 **d) Aufgaben, die dem Vorsitzenden eines Gremiums üblicherweise zukommen.** Aufgaben und Pflichten des Aufsichtsratsvorsitzenden sind im Gesetz nicht abschließend geregelt, es werden nur einzelne Aufgaben genannt. Daraus ist abzuleiten, dass der Aufsichtsratsvorsitzende **alle Aufgaben,** die mit der **Organisation der Aufsichtsarbeit** und der **Leitung der Sitzungen** zusammenhängen, wahrzunehmen hat. Er hat die Recht- und Ordnungsmäßigkeit des Verfahrensablaufs und die interne Kommunikation sicherzustellen und die Ausschüsse zu koordinieren.

56 Der Aufsichtsratsvorsitzende hat die **Rechtmäßigkeit des Verfahrens** sicherzustellen. In Fragen der Rechtmäßigkeit entscheidet der Vorsitzende alleine und abschließend. Dazu gehört, dass über Beschlussanträge, die verfahrensrechtlich unzulässig oder inhaltlich rechtswidrig sind, nicht abgestimmt werden darf.[111] Der Aufsichtsratsvorsitzende hat dafür Rechnung zu tragen, dass die gesetzlichen und satzungsmäßigen Vorschriften sowie die Geschäftsordnung zu Verfahren und Kompetenzen des Aufsichtsrats eingehalten werden. Gegen eine Entscheidung des Aufsichtsratsvorsitzenden in Fragen der Rechtmäßigkeit des Verfahrens ist nur eine Klage auf Feststellung der Nichtigkeit des Aufsichtsratsbeschlusses möglich (→ Rn. 31).[112]

---

[102] MüKoAktG/*Habersack* Rn. 60; GroßkommAktG/*Hopt/Roth* Rn. 115.
[103] MüKoAktG/*Habersack* Rn. 60; KK-AktG/*Mertens/Cahn* Rn. 59.
[104] MüKoAktG/*Habersack* § 112 Rn. 24.
[105] KK-AktG/*Mertens/Cahn* Rn. 61.
[106] MüKoAktG/*Semler,* 2. Aufl. 2004, Rn. 136; GroßkommAktG/*Hopt/Roth* Rn. 67.
[107] *Drinhausen/Marsch-Barner* AG 2014, 337 (349); *Vetter* AG 2014, 387 f.
[108] So auch KK-AktG/*Mertens/Cahn* Rn. 61; iErg auch Spindler/Stilz/*Spindler* Rn. 40; KBLW/*Bachmann* Rn. 921.
[109] *Leyendecker-Langner* NZG 2015, 44 f.
[110] So auch *Vetter* AG 2014, 387 (391); aA *Bommer/Steinbach* BOARD 2013, 219 (220).
[111] KK-AktG/*Mertens/Cahn* Rn. 42; MüKoAktG/*Habersack* Rn. 54.
[112] MüKoAktG/*Habersack* Rn. 52; KK-AktG/*Mertens/Cahn* Rn. 42; aA GroßkommAktG/*Hopt/Roth* Rn. 94.

57 Auch der DCGK empfiehlt börsennotierten und kapitalmarktorientierten Unternehmen, dass über während der Abschlussprüfung auftretende Ausschluss- und Befangenheitsgründe der Vorsitzende des Aufsichtsrats oder des Prüfungsausschusses unverzüglich unterrichtet wird, soweit diese nicht unverzüglich beseitigt werden (Ziff. 7.2.1 DCGK).

58 Der Aufsichtsratsvorsitzende sichert die Ordnungsmäßigkeit des Verfahrens, in dem er die Mitglieder des Aufsichtsrats und der Ausschüsse dazu anhält, **von** ihrem **Selbstorganisationsrecht Gebrauch** zu machen. Er sorgt für eine gleichumfängliche Information im Aufsichtsrat und sorgt für eine ordnungsgemäße Verwahrung der Niederschriften.[113] Der Aufsichtsratsvorsitzende ist **gleichberechtigtes Mitglied,** er übernimmt zwar besondere Aufgaben, ist aber nicht befugt, die Arbeit der übrigen Aufsichtsratsmitglieder zu kontrollieren oder sie zur Mitarbeit anzumahnen.[114]

59 **e) Vorsitz in bestimmten Ausschüssen.** Eine Satzungsbestimmung, die vorsieht, dass der Aufsichtsratsvorsitzende oder sein Stellvertreter bestimmten Ausschüssen angehören muss, ist unzulässig; dies wäre ein Eingriff in die Organisationsautonomie des Aufsichtsrates.[115] Der DCGK empfiehlt, dass der Aufsichtsratsvorsitzende den Vorsitz im Prüfungsausschuss (zum Prüfungsausschuss → Rn. 104 ff.) nicht inne hat (Ziff. 5.2 Abs. 2 DCGK). Dies kann im Einzelfall nicht sinnvoll sein, insbesondere, wenn der Aufsichtratsvorsitzende über relevante Finanzinformationen verfügt (→ Rn. 110b). Vorsitzender des Prüfungsausschusses soll ein in Rechnungslegungsfragen versiertes und erfahrenes Mitglied des Aufsichtsrats sein.

60 **6. Grenzen der Kompetenzen des Aufsichtsratsvorsitzenden.** Der Aufsichtsratsvorsitzende hat **kein Weisungs- oder Disziplinarrecht** gegenüber anderen Mitgliedern des Aufsichtsrats (→ Rn. 38, 64). Er ist nur befugt, die konkreten Regeln des Verfahrensablaufs zu bestimmen. Regelungen, die die inhaltliche Entscheidung des Aufsichtsrats beeinflussen, darf er nicht treffen.

61 Der Aufsichtsratsvorsitzende unterliegt **bei verfahrens- oder sitzungsleitenden Maßnahmen** der **Kontrolle des Aufsichtsrats** (→ Rn. 35). Gegen Mehrheitsentscheidungen kann er seinen Willen nicht durchsetzen. Die Mehrheit im Aufsichtsrat kann die vom Aufsichtsratsvorsitzenden getroffenen Regelungen korrigieren oder sich darüber hinwegsetzen. Dies gilt für die Festlegung der Tagesordnung, die Abstimmungsart und die Vertagung. Der Aufsichtsratsvorsitzende muss den abweichenden Beschlussantrag zulassen und nach dem Willen der Mehrheit verfahren.[116]

62 **Nicht der Kontrolle des Plenums unterliegen** die **Entscheidungen,** die das **Gesetz dem Aufsichtsratsvorsitzenden direkt zugewiesen** hat, wie die Versagung der Teilnahme an Sitzungen, Entscheidungen in Rechtsfragen oder ein Stimmverbot für einzelne Mitglieder des Aufsichtsrats oder die Protokollberichtigungskompetenz. Der Aufsichtsrat kann über diese Fälle nicht abstimmen und die Entscheidungen des Aufsichtsratsvorsitzenden nicht aufheben (→ Rn. 35).[117] Eine Überprüfung der Rechtmäßigkeit der Entscheidungen ist nur durch ein Gericht möglich. Im Rahmen einer Feststellungsklage kann die Nichtigkeit des entsprechenden Beschlusses geltend gemacht werden.

63 **7. Regelungsspielraum von Satzung und Geschäftsordnung.** Befugnisse, die das Gesetz dem Gesamtaufsichtsrat übertragen hat, können nicht durch eine Satzungsregelung auf den Aufsichtsratsvorsitzenden übertragen werden. **Satzung** und **Geschäftsordnung** können die **Stellung des Aufsichtsratsvorsitzenden** nur **ergänzend regeln.** Nicht auf den Aufsichtsratsvorsitzenden übertragbar ist insbesondere die generelle Vertretung der Gesellschaft gegenüber dem Vorstand (§ 112), die Bildung und Besetzung von Ausschüssen, die Ernennung eines Ausschussvorsitzenden oder der Erlass einer Geschäftsordnung für den Aufsichtsrat.[118] Auch die Zustimmung zu bestimmten Geschäften gemäß § 111 Abs. 4 ist nicht auf den Aufsichtsratsvorsitzenden übertragbar. Allerdings kann die Satzung oder Geschäftsordnung vorsehen, dass der Aufsichtsrat ein eiliges Geschäft nachträglich genehmigt, wenn der Aufsichtsratsvorsitzende diesem Verfahren zugestimmt hat.[119] Die Zugehörigkeit des Aufsichtsratsvorsitzenden zu einem oder mehreren Ausschüssen darf die Satzung nicht vorsehen, da dies ein Eingriff in das Selbstorganisationsrecht des Aufsichtsrates darstellen würde.

---

113 MüKoAktG/*Habersack* Rn. 89; GroßkommAktG/*Hopt/Roth* Rn. 106.

114 GroßkommAktG/*Hopt/Roth* Rn. 109; MüKoAktG/*Habersack* Rn. 56.

115 GroßkommAktG/*Hopt/Roth* Rn. 141; Spindler/Stilz/*Spindler* Rn. 48; KK-AktG/*Mertens/Cahn* Rn. 62, 96.

116 MüKoAktG/*Habersack* Rn. 52.

117 MüKoAktG/*Habersack* Rn. 52; KK-AktG/*Mertens/Cahn* Rn. 42; Spindler/Stilz/*Spindler* Rn. 50; HK-AktR/*Bürgers/Israel* Rn. 9; aA GroßkommAktG/*Hopt/Roth* Rn. 94.

118 GroßkommAktG/*Hopt/Roth* Rn. 130; MüKoAktG/*Habersack* Rn. 63; KK-AktG/*Mertens/Cahn* Rn. 62.

119 KK-AktG/*Mertens/Cahn* § 111 Rn. 107; Spindler/Stilz/*Spindler* § 111 Rn. 76; MüKoAktG/*Habersack* § 111 Rn. 124.

64 Eine Weisungsbefugnis gegenüber anderen Aufsichtsratsmitgliedern können weder Satzung noch Geschäftsordnung dem Aufsichtsratsvorsitzenden einräumen (→ Rn. 60).[120] Eine Konsultationspflicht eines Mitglieds des Aufsichtsrats vor der Weitergabe von Informationen an Dritte ist zulässig, darf aber nicht zu einer Untersagungsbefugnis des Aufsichtsratsvorsitzenden führen.[121]

65 Da die **Leitung der Hauptversammlung** weder im Aktiengesetz noch im MitbestG geregelt ist, kann durch Satzungsregelung diese Aufgabe an den **Aufsichtsratsvorsitzenden** übertragen werden, und zwar auch in mitbestimmten Gesellschaften. Die Satzung kann darüber hinaus festlegen, dass der Aufsichtsratsvorsitzende oder sein Stellvertreter die Hauptversammlung nur leiten darf, wenn er aus den Reihen der Anteilseigner kommt.[122] Auch ein Ausschluss des Stellvertreters, der der Arbeitnehmerseite angehört, ist möglich. Die Funktion des Leiters der Hauptversammlung ist eine an die Person geknüpfte Funktion und hat nichts mit der Mitgliedschaft im Aufsichtsrat zu tun.[123] Dementsprechend kann die Satzung auch einen engeren Begriff der „Verhinderung" vorsehen als Abs. 1 S. 3.[124]

66 In **nicht mitbestimmten Gesellschaften** hat der Aufsichtsratsvorsitzende das **gleiche Stimmrecht wie alle anderen** Aufsichtsratsmitglieder. Die Satzung kann aber dem Aufsichtsratsvorsitzenden ein Recht zum Stichentscheid einräumen, dh im Falle der Stimmengleichheit entscheidet die Stimme des Vorsitzenden. Dieses Recht geht aber über das Selbstorganisationsrecht des Aufsichtsrats hinaus und gibt dem Aufsichtsratsvorsitzenden eine eigene Rechtsposition, so dass dies nur in einer von der Hauptversammlung beschlossenen Satzung geregelt werden kann;[125] in der Geschäftsordnung des Aufsichtsrats ist eine solche Regelung deshalb nicht zulässig, wenn sie nicht der Satzung entspricht.[126] Sieht die **Satzung nichts Gegenteiliges** vor, so steht das **Stichentscheidrecht auch** dem **Stellvertreter** zu.[127] Ein Vetorecht kann dem Aufsichtsratsvorsitzenden nicht eingeräumt werden, da dies einem Alleinentscheidungsrecht des Vorsitzenden gleichkäme.[128] Ein Stichentscheidrecht kann dem Aufsichtsratsvorsitzenden als Vorsitzendem eines Ausschusses oder einem Ausschussvorsitzenden durch eine vom Aufsichtsrat erlassene Geschäftsordnung zuerkannt werden, da diese Vorgehensweise noch vom Selbstorganisationsrecht des Aufsichtsrats gedeckt ist, vorausgesetzt die Satzung schließt dies nicht ausdrücklich aus (→ Rn. 125).[129]

67 In **mitbestimmten Gesellschaften** ist in §§ 29, 31 MitbestG ein **Doppelstimmrecht des Aufsichtsratsvorsitzenden** geregelt, nicht jedoch für seinen Stellvertreter (→ § 108 Rn. 30). Insoweit besteht für eine Einräumung eines Rechts zum Stichentscheid in der Satzung kein Raum. Für Aufsichtsratsausschüsse kann die Satzung oder die Geschäftsordnung ein Stichentscheidsrecht des jeweiligen Ausschussvorsitzenden (Ausnahme Vermittlungsausschuss) vorsehen.[130]

68 **8. Stellvertreter. a) Verhinderung.** Neben dem Aufsichtsratsvorsitzenden ist gemäß § 107 Abs. 1 ein Stellvertreter zu wählen. Die Wahl mehrerer Stellvertreter auch in mitbestimmten Unternehmen ist zulässig (→ Rn. 24). Ist der Aufsichtsratsvorsitzende verhindert, so gehen die Rechte und Pflichten des Vorsitzenden auf den Stellvertreter über. Eine **Verhinderung** liegt dann vor, **wenn** der **Aufsichtsratsvorsitzende nicht in der Lage** ist, die **notwendigen Maßnahmen** innerhalb angemessener Frist durchzuführen oder **notwendige Entscheidungen zu treffen.** Der Tatbestand der Verhinderung muss objektiv vorliegen, dies ist zB der Fall bei Krankheit oder Abwesenheit.[131] Auch die Wahrnehmung anderer Termine kann einen Verhinderungsfall darstellen. Bei falscher Prioritätensetzung kann jedoch ggf. eine Sorgfaltspflichtverletzung vorliegen. Aufgaben, die der Vorsitzende noch erledigen kann, darf er nicht seinem Stellvertreter überlassen. Erklärt der Aufsichtsratsvorsitzende, dass er verhindert ist, ist dies in der Regel ausreichend, eine einvernehmliche Feststel-

[120] KK-AktG/*Mertens/Cahn* Rn. 64; GroßkommAktG/*Hopt/Roth* Rn. 132; MüKoAktG/*Habersack* Rn. 62.
[121] Spindler/Stilz/*Spindler* Rn. 50; GroßkommAktG/*Hopt/Roth* Rn. 132; KK-AktG/*Mertens/Cahn* Rn. 64.
[122] GroßkommAktG/*Hopt/Roth* Rn. 147; KK-AktG/*Mertens/Cahn* Rn. 67; Spindler/Stilz/*Spindler* Rn. 48.
[123] Vgl. MüKoAktG/*Habersack* Rn. 57; Spindler/Stilz/*Spindler* Rn. 48.
[124] Vgl. dazu OLG München BeckRS 2008, 7260.
[125] KK-AktG/*Mertens/Cahn* Rn. 65; MHdB AG/*Hoffmann-Becking* § 31 Rn. 68; *Vetter* in Marsch-Barner/Schäfer HdB AG § 27 Rn. 58.
[126] AA GroßkommAktG/*Hopt/Roth* Rn. 138 f., der auch eine Regelung in der Geschäftsordnung für zulässig hält.
[127] KK-AktG/*Mertens/Cahn* Rn. 65; MüKoAktG/*Habersack* Rn. 66; MHdB AG/*Hoffmann-Becking* § 31 Rn. 25.
[128] MüKoAktG/*Habersack* Rn. 66; KK-AktG/*Mertens/Cahn* Rn. 65.
[129] MüKoAktG/*Habersack* Rn. 66, 98, 132; wohl auch Spindler/Stilz/*Spindler* Rn. 113; KK-AktG/*Mertens/Cahn* Rn. 99, 65; Schmidt/Lutter/*Drygala* Rn. 53.
[130] BGHZ 83, 106 (117 f.); Spindler/Stilz/*Spindler* Rn. 49, 113; MüKoAktG/*Habersack* Rn. 67; *Schaub* ZGR 1977, 293 (301).
[131] MüKoAktG/*Habersack* Rn. 70; GroßkommAktG/*Hopt/Roth* Rn. 155; aA Spindler/Stilz/*Spindler* Rn. 57.

lung der Verhinderung zwischen Aufsichtsratsvorsitzendem und seinem Stellvertreter ist nicht erforderlich.[132]

69 **Kein Verhinderungsfall** liegt vor, wenn der Aufsichtsratsvorsitzende sein Amt nicht ausüben will oder wenn die Verhinderung auf sachfremde Erwägungen zurückzuführen ist, zB turnusmäßiger Wechsel in der Sitzungsleitung zwischen dem Vorsitzenden und seinem Stellvertreter.[133] Die Verhinderung muss nicht auf Dauer bestehen. Entscheidend ist, ob der Aufsichtsratsvorsitzende die zu treffende Entscheidung oder Maßnahme innerhalb der zur Verfügung stehenden Zeit treffen kann oder nicht. Die Satzung kann Beispiele für den Verhinderungsfall geben, eine abschließende Regelung ist jedoch nicht zulässig.

70 **b) Aufgaben. Alle Rechte und Pflichten** gehen im Verhinderungsfalle **auf den Stellvertreter** über. Ausgenommen ist das Zweitstimmrecht nach §§ 29 Abs. 2, 31 Abs. 4 MitbestG.[134] Die satzungsmäßigen Kompetenzen gehen auf den Stellvertreter über, wenn die Auslegung der Satzung einen solchen Übergang im Einzelfall zulässt.[135] Außerhalb des Verhinderungsfalles steht dem **Stellvertreter keine herausgehobene Stellung** zu, er hat die Rechte und Pflichten eines normalen Aufsichtsratsmitglieds.[136] Dies käme einer institutionellen Aufwertung des Stellvertreters gleich. Der weitere Stellvertreter leitet seine Rechte und Pflichten vom ersten Stellvertreter und nicht vom Aufsichtsratsvorsitzenden ab.

71 **c) Rechtsgeschäftliche Handlungen.** Soweit die rechtsgeschäftlichen Handlungen im Kompetenzbereich des Aufsichtsratsvorsitzenden liegen, sind diese wirksam. Ist der Aufsichtsratsvorsitzende jedoch nicht verhindert oder erfolgen die Handlungen gegen seinen Willen, sind sie unwirksam. Allein auf die fehlende Verhinderung abzustellen, reicht nicht aus, da nur schwer nachprüfbar ist, ob eine Verhinderung vorlag und andererseits die Vorschrift für klare Verhältnisse sorgen will.[137]

72 **d) Interimsweise Geschäftsführung.** Sind der Aufsichtsratsvorsitzende und seine Stellvertreter verhindert, so kann die Satzung oder die Geschäftsordnung ein anderes Mitglied des Aufsichtsrats interimsweise mit der Führung der Geschäfte des Aufsichtsratsvorsitzenden beauftragen. Dieser Interimsvorsitzende hat jedoch **nicht die Befugnisse,** die einem **Stellvertreter** zustehen. Satzung und Geschäftsordnung können sie ihm auch nicht übertragen. Wählt der Aufsichtsrat ein Mitglied ad hoc zum Sitzungsleiter, werden ihm nur alle mit der Sitzungsleitung notwendigen Befugnisse übertragen, er rückt jedoch nicht in die Stellung eines Stellvertreters.[138]

II. Sitzungsniederschriften (Abs. 2)

73 **1. Protokollpflicht und Inhalt.** Abs. 2 regelt die **Mindestanforderungen** an die Sitzungsniederschriften, die weder durch Satzung noch durch die Geschäftsordnung reduziert werden können. Zulässig sind hingegen ergänzende, präzisierende und strengere Anforderungen.[139] Gemäß Abs. 2 S. 1 sind über die Sitzungen des Aufsichtsrats Niederschriften anzufertigen, dies gilt auch für Sitzungen der Ausschüsse; anders jedoch bei Gruppenvorbesprechungen (→ § 108 Rn. 9).[140] Protokollsprache ist grundsätzlich deutsch, es sei denn der Sitzungsleiter hat, wie zB häufig praktiziert bei grenzüberschreitend tätigen Unternehmen, etwas anderes angeordnet oder das Plenum hat etwas anderes beschlossen[141] (→ Rn. 34).

74 Das Gesetz fordert als Mindestinhalt die Angabe von **Ort** und **Tag der Sitzung,** die Angabe der **Teilnehmer,** die Gegenstände der **Tagesordnung,** die **wesentlichen Inhalte der Verhandlungen** und die **Beschlüsse** des Aufsichtsrats.

75 **a) Wesentlicher Verhandlungsinhalt.** Es ist nicht erforderlich, Wortprotokolle anzufertigen oder die Diskussionsbeiträge detailliert wiederzugeben. Die Zusammenfassung gleichartiger Diskussionsbeiträge ist zulässig. Es reicht jedoch nicht aus, nur die Beschlüsse wiederzugeben, das Gesetz fordert **zumindest** eine **Zusammenfassung der Diskussionsbeiträge** der Aufsichtsratsmitglieder

---

132 MüKoAktG/*Habersack* Rn. 70; GroßkommAktG/*Hopt/Roth* Rn. 155.

133 GroßkommAktG/*Hopt/Roth* Rn. 155; *Lutter/Krieger/Verse* Rechte und Pflichten Rn. 684.

134 MüKoAktG/*Habersack* Rn. 69; *Luther* ZGR 1977, 306.

135 KK-AktG/*Mertens/Cahn* Rn. 70; GroßkommAktG/*Hopt/Roth* Rn. 159.

136 MüKoAktG/*Habersack* Rn. 68; aA *Peus,* Der Aufsichtsratsvorsitzende, 1983, 205 ff.

137 GroßkommAktG/*Hopt/Roth* Rn. 160; KK-AktG/*Mertens/Cahn* Rn. 73; aA *Peus,* Der Aufsichtsratsvorsitzende, 1983, 203.

138 MüKoAktG/*Habersack* Rn. 23; GroßkommAktG/*Hopt/Roth* Rn. 23.

139 MüKoAktG/*Habersack* Rn. 74; GroßkommAktG/*Hopt/Roth* Rn. 172; s. auch Spindler/Stilz/*Spindler* Rn. 68.

140 *Wittgens/Vollertsen* AG 2015, 261 (267).

141 *Rodewald/Ternick* BB 2011, 910 f.

und die **wesentlichen Inhalte der Ausführungen des Vorstands.**[142] Nimmt ein Beschluss auf Unterlagen Bezug, so können diese dem Protokoll beigefügt werden, eine Pflicht hierzu besteht nach dem Gesetzeswortlaut nicht. Der Beschluss muss in seiner Formulierung dann jedoch aus sich heraus verständlich sein. Auf die Wiedergabe der wesentlichen Verhandlungsinhalte kann auch nicht verzichtet werden, das **Gesetz** ist insoweit **nicht disponibel.**

76 **b) Eigene Erklärungen.** Jedes Mitglied des Aufsichtsrats kann in der Sitzung eigene Erklärungen zu Protokoll geben,[143] die einem gefassten Beschluss widersprechen oder einen eigenen Antrag betreffen. Auch Stellungnahmen müssen auf Antrag in das Protokoll aufgenommen werden. **Festzuhalten** ist immer **das Gesagte.** Die Frage, ob es einen Anspruch des einzelnen Aufsichtsratsmitglieds auf namentliche Aufschlüsselung der Für- und Gegenstimmen im Protokoll gibt, wird im Schriftum uneinheitlich gesehen. Eine Strömung in der Literatur gibt mit Hinweis auf die Beweisfunktion einzelnen Aufsichtsratsmitgliedern diesen Anspruch;[144] dies jedoch mit der Einschränkung, dass dies aufgrund des Vorrangs der Vertraulichkeit bei geheimer Abstimmung nicht gilt. *Mertens/Cah*n ua[145] lassen dies nur bei entsprechendem Aufsichtsratsbeschluss bzw. Anweisung durch den Aufsichtsratsvorsitzenden zu. Aufgrund der steigenden Relevanz insbesondere bei Haftungsfällen des Aufsichtsrats ist nach der hier vertretenen Auffassung dem einzelnen Aufsichtratsmitglied ein Anspruch auf Aufnahme in die Sitzungsniederschrift zu gewähren. Dasselbe gilt bei ausdrücklichen Widersprüchen zu Beschlussfassungen, sofern eine haftungsrechtliche Relevanz besteht.[146]

77 **2. Protokollierung der Beschlüsse.** Gemäß Abs. 2 S. 2 sind auch die Beschlüsse in die Niederschrift aufzunehmen. Zu Beweiszwecken müssen die **Beschlüsse** und möglichst auch die **Beschlussanträge wortwörtlich protokolliert** werden.[147] Gleiches gilt für das **Abstimmungsergebnis.** Dies ist insbesondere wichtig, wenn keine Einigkeit bestand und ein Aufsichtsratsmitglied wegen möglicher haftungsrechtlicher Relevanz verlangt, dass seine Stimmabgabe, insbesondere bei geheimer Abstimmung, in die Niederschrift aufgenommen wird. Der Vorsitzende des Aufsichtsrats kann darüber hinaus festlegen, dass bei offenen Abstimmungen die Ja- und Nein-Stimmen sowie die Enthaltungen mit Namen angegeben werden.[148]

78 **3. Protokollführung.** Die Hinzuziehung eines Protokollführers bedarf keiner Ermächtigung durch die Satzung oder Geschäftsordnung. Der Aufsichtsratsvorsitzende kann ein **Nicht-Mitglied des Aufsichtsrats** zum **Protokollführer** ernennen. Widerspricht jedoch daraufhin ein Aufsichtsratsmitglied dem Verfahren, hat nach der hier vertretenen Meinung der Aufsichtsratsvorsitzende einen Beschluss über diese sitzungsleitende Maßnahme herbeizuführen (→ Rn. 40).[149] Schließt man sich der Gegenansicht an und kann sich der Aufsichtsrat in diesem Fall nicht auf einen Protokollführer einigen, muss der Aufsichtsratsvorsitzende selbst Protokoll führen.[150] In größeren Aktiengesellschaften ist üblicherweise der Leiter des Vorstandssekretariats oder der Chefsyndikus mit der Protokollierung beauftragt. Bei Meinungsverschiedenheiten über das Protokoll entscheidet der Aufsichtsratsvorsitzende.[151]

79 **4. Form und Unterzeichnung.** Für die Niederschrift ist die **einfache Schriftform** ausreichend. Widerspricht kein Aufsichtsratsmitglied oder sorgt der Aufsichtsratsvorsitzende bzw. der Sitzungsleiter für eine deutsche Übersetzung, kann die Niederschrift **auch** in einer **Fremdsprache** abgefasst werden.[152] Wird die Niederschrift in deutsch und in einer anderen Sprache abgefasst, ist immer die deutsche Fassung zu Beweiszwecken heranzuziehen, soweit Satzung und Geschäftsordnung

[142] MüKoAktG/*Habersack* Rn. 79; Spindler/Stilz/*Spindler* Rn. 68; *Lutter/Krieger/Verse* Rechte und Pflichten Rn. 708.

[143] OLG München ZIP 1981, 293 (295); GroßkommAktG/*Hopt/Roth* Rn. 185; KK-AktG/*Mertens/Cahn* Rn. 79; aA UHH/*Ulmer/Habersack* MitbestR § 25 Rn. 23.

[144] MüKoAktG/*Habersack* Rn. 80 mwN.

[145] KK-AktG/*Mertens/Cahn* Rn. 78; GroßkommAktG/*Hopt/Roth* Rn. 182.

[146] MüKoAktG/*Habersack* Rn. 80; KK-AktG/*Mertens/Cahn* Rn. 79; Spindler/Stilz/*Spindler* Rn. 68; *Lutter/Krieger/Verse* Rn. 709; MHdB AG *Hoffmann-Becking* § 31 Rn. 107; UHH/*Ulmer/Habersack* MitbestR § 25 Rn. 23.

[147] GroßkommAktG/*Hopt/Roth* Rn. 182; KK-AktG/*Mertens/Cahn* Rn. 78.

[148] MüKoAktG/*Semler*, 2. Aufl. 2004, Rn. 196.

[149] So GroßkommAktG/*Hopt/Roth* Rn. 175; MüKoAktG/*Habersack* Rn. 76; *Lutter/Krieger/Verse* Rechte und Pflichten Rn. 703, 706, 788; MHdB AG/*Hoffmann-Becking* § 31 Rn. 54; Widerspruch eines einzelnen Aufsichtsratsmitglieds ausreichend: KK-AktG/*Mertens/Cahn* Rn. 80; Spindler/Stilz/*Spindler* Rn. 66; Schmidt/Lutter/*Drygala* Rn. 31; aA Hüffer/*Koch* Rn. 13.

[150] Hüffer/*Koch* Rn. 13; MüKoAktG/*Habersack* Rn. 76; GroßkommAktG/*Hopt/Roth* Rn. 175.

[151] Spindler/Stilz/*Spindler* Rn. 66; Hüffer/*Koch* Rn. 13.

[152] KK-AktG/*Mertens/Cahn* Rn. 84; MüKoAktG/*Habersack* Rn. 77; GroßkommAktG/*Hopt/Roth* Rn. 180.

nichts anderes bestimmen. Nur mit Zustimmung aller Mitglieder des Aufsichtsrats können auch Tonbandmitschnitte gemacht werden.[153]

Die **Pflicht zur Unterzeichnung durch den Aufsichtsratsvorsitzenden** ergibt sich aus Abs. 2 S. 1. Er übernimmt mit seiner Unterschrift die Verantwortung für die Richtigkeit und Vollständigkeit der Niederschrift. Wird die Sitzung von einem Stellvertreter oder einem anderen Mitglied des Aufsichtsrats als Sitzungsleiter geleitet, so ist die Sitzungsniederschrift nur von diesem zu unterzeichnen. Eine Unterzeichnung durch den Protokollanten ist nicht notwendig, schadet aber auch nicht. 80

5. Genehmigung, Berichtigung. Das Gesetz sieht eine Genehmigung der Niederschrift durch den Aufsichtsrat nicht vor. Satzung und Geschäftsordnung können regeln, dass die Niederschrift **als genehmigt gilt, wenn kein Mitglied des Aufsichtsrats** innerhalb einer bestimmten Frist **widerspricht.** Ein Widerspruch gegen die Niederschrift, der nicht spätestens in der nächsten Sitzung erfolgt, braucht nicht mehr berücksichtigt zu werden.[154] Über den Widerspruch, ggf. auch über Berichtigungswünsche, entscheidet der Aufsichtsratsvorsitzende bzw. der Sitzungsleiter; ein bindender Mehrheitsbeschluss ist nicht zulässig.[155] Er kann Unrichtigkeiten auch noch nach der nächsten Sitzung berichtigen. Über wesentliche Berichtigungen sind die übrigen Aufsichtsratsmitglieder zu unterrichten. Es empfiehlt sich, jeweils in der nächsten Sitzung die Niederschrift der letzten Sitzung genehmigen zu lassen. Bei schwierigen, wichtigen und strittigen Beschlussfassungen ist es ratsam, den wörtlich protokollierten Beschlusstext zu verlesen. Diesen Teil der Niederschrift kann der Aufsichtsratsvorsitzende sofort in der Sitzung unterschreiben. 81

6. Beweisfunktion. Die unterzeichnete Niederschrift stellt eine Beweisurkunde dar.[156] Bei ordnungsgemäßen Niederschriften wird **vermutet,** dass die **Angaben** über Sitzungsverlauf und die gefassten **Beschlüsse richtig und vollständig** sind. Anders als die notarielle Niederschrift von Hauptversammlungsbeschlüssen hat die Sitzungsniederschrift der Aufsichtsratssitzung keine konstitutive Wirkung.[157] Sie muss weder verlesen noch genehmigt werden.[158] 82

7. Verstoß gegen Form und Inhalt. Die Ordnungsmäßigkeit der Niederschrift hat keinen Einfluss auf die Wirksamkeit der gefassten Aufsichtsratsbeschlüsse.[159] **Auch wenn** die Mindestinhalte fehlen oder überhaupt **keine Niederschrift** angefertigt wurde, sind die ordnungsgemäß gefassten **Beschlüsse wirksam.** Die fehlende Unterschrift des Aufsichtsratsvorsitzenden oder des Sitzungsleiters beeinflussen die Wirksamkeit der Beschlüsse ebenfalls nicht (Abs. 2 S. 3). 83

8. Übermittlung von Abschriften. Nach Abs. 2 S. 4 ist **jedem Mitglied** des Aufsichtsrats auf Verlangen eine **Abschrift der Sitzungsniederschrift** auszuhändigen. Üblicherweise händigt der Aufsichtsratsvorsitzende jedem Mitglied des Aufsichtsrats eine Abschrift aus. Der Anspruch besteht auch auf Aushändigung einer Abschrift der Sitzungen **von Ausschüssen,** es sei denn, das Aufsichtsratsmitglied ist von der Teilnahme an der Aufsichtsratssitzung oder den Ausschusssitzungen ausgeschlossen. Der Anspruch auf Aushändigung kann im Klagewege geltend gemacht werden, passivlegitimiert ist nach hM die Gesellschaft, vertreten durch den Vorstand.[160] Nach anderer Auffassung soll der Aufsichtsratsvorsitzende als passiv legitimiert angesehen werden.[161] Dem Vorstand kann ebenfalls eine Abschrift ausgehändigt werden, das dient der notwendigen Kooperation zwischen Aufsichtsrat und Vorstand, findet jedoch seine Grenze, wenn besondere Vertraulichkeit zu wahren ist.[162] 84

Der Anspruch auf Aushändigung ist **zeitlich begrenzt** durch die Mitgliedschaft im Aufsichtsrat. Abs. 2 S. 4 regelt nicht die Aushändigung der Niederschriften über Sitzungen, die vor oder nach der Amtszeit abgehalten werden. Das Aufsichtsratsmitglied kann Niederschriften, die den Zeitraum vor seiner Amtszeit betreffen, nur einsehen, aber keine Aushändigung verlangen.[163] 85

9. Sonstige Beschlussfassungen. Bei schriftlicher, telekopierter, telefonischer oder sonstiger Beschlussfassung gemäß § 108 Abs. 4 ist Abs. 2 sinngemäß anzuwenden, dh der Aufsichtsratsvorsit- 86

---

[153] MüKoAktG/*Habersack* Rn. 77; GroßkommAktG/*Hopt/Roth* Rn. 176; Spindler/Stilz/*Spindler* Rn. 66.
[154] KK-AktG/*Mertens/Cahn* Rn. 83; GroßkommAktG/*Hopt/Roth* Rn. 188.
[155] MüKoAktG/*Habersack* Rn. 82; GroßkommAktG/*Hopt/Roth* Rn. 188; Spindler/Stilz/*Spindler* Rn. 70.
[156] GroßkommAktG/*Hopt/Roth* Rn. 190; Hüffer/*Koch* Rn. 13.
[157] MüKoAktG/*Semler,* 2. Aufl. 2004, Rn. 183; Spindler/Stilz/*Spindler* Rn. 72.
[158] MüKoAktG/*Habersack* Rn. 77; GroßkommAktG/*Hopt/Roth* Rn. 179.
[159] MüKoAktG/*Habersack* Rn. 84; GroßkommAktG/*Hopt/Roth* Rn. 190.
[160] GroßkommAktG/*Hopt/Roth* Rn. 195 mwN; Hüffer/*Koch* Rn. 14.
[161] Spindler/Stilz/*Spindler* Rn. 77 mwN.
[162] KK-AktG/*Mertens/Cahn* Rn. 89; vgl. dazu LG München WM 2007, 1975; MüKoAktG/*Habersack* Rn. 86.
[163] MüKoAktG/*Habersack* Rn. 87; KK-AktG/*Mertens/Cahn* Rn. 87; GroßkommAktG/*Hopt/Roth* Rn. 194.

zende sollte **stets** eine **Niederschrift** anfertigen und unterschreiben. Dies dient auch einer vollständigen, geordneten und leicht zugänglichen Dokumentation.[164]

87 **10. Verwahrung.** Der Aufsichtsratsvorsitzende ist verantwortlich für die Verwahrung der Protokolle des Aufsichtsrats und der Ausschüsse. Es ist üblich und zulässig, die Protokolle **in den Geschäftsräumen der Gesellschaft** verwahren zu lassen, damit ist eine bessere Verfügbarkeit und ein leichterer Zugriff auf die Niederschriften gewährleistet. Der Aufsichtsratsvorsitzende kann die Protokolle nach allgemeiner Meinung auch dem Vorstand zur Verwahrung überlassen.[165] Alle Beteiligten müssen die Protokolle vertraulich behandeln, Nichtberechtigte haben kein Recht auf Einblick in die Protokolle. Satzung oder Geschäftsordnung können regeln, dass die Aufsichtsratsmitglieder nach ihrem Ausscheiden die Protokolle und darüber hinaus sämtliche in ihrem Besitz befindlichen Unterlagen der Gesellschaft herauszugeben haben.[166]

88 **11. Vorlage und Beschlagnahme.** Eine Vorlagepflicht besteht **gegenüber** den **Abschlussprüfern** im Rahmen der Jahresabschlussprüfung (§ 320 Abs. 2 HGB) und gegenüber den Finanzbehörden im Rahmen steuerlicher Buch- und Betriebsprüfungen. Bei Abschlussprüfern ist die Vorlage bzw. Einsichtnahme in die Protokolle nur in dem Umfange notwendig und zulässig, **wie** es **für den Prüfungszweck unabdingbar** ist. Die Finanzbehörden dürfen nicht die Vorlage sämtlicher Niederschriften verlangen. Sie haben nur Anspruch auf die Protokolle, die steuerlich relevante Vorgänge beinhalten. Versichert der gesetzliche Vertreter der Gesellschaft, dass die Protokolle keine steuerliche Relevanz haben, besteht kein begründetes Interesse auf Herausgabe der Protokolle. Bestehen begründete Zweifel an der Richtigkeit der Versicherung, ist den Finanzbehörden Gelegenheit zu geben, die Tagesordnungen einzusehen und ggf. Einsicht zu nehmen.[167]

89 Ein parlamentarischer Untersuchungsausschuss kann die Beschlagnahme von Aufsichtsratsprotokollen nach der Strafprozessordnung beantragen, wenn die Tätigkeit der Gesellschaft im engen Zusammenhang mit einer staatlichen Förderung, steuerlichen Begünstigung oder einer besonderen gesetzlichen Bindung steht und der Untersuchungsausschuss der Aufdeckung von Missbräuchen dienen soll.[168] Sofern Unklarheit über die potenzielle Beweiserheblichkeit der Unterlagen herrscht, sind die Unterlagen zunächst nur vorläufig zu beschlagnahmen und sodann die untersuchungsrelevanten Unterlagen von nicht relevanten zu trennen.[169] Ein **Herausgabeverlangen** oder eine **Beschlagnahmeverfügung** ist nach hM **gegen die Gesellschaft,** vertreten durch den Vorstand, zu stellen.[170] Nach der Gegenansicht wird der Aufsichtsratsvorsitzende als Anspruchsgegner gesehen.[171]

III. Ausschüsse des Aufsichtsrats (Abs. 3 und Abs. 4)

90 **1. Allgemeines.** Abs. 3 S. 1 ermächtigt den Aufsichtsrat, Ausschüsse zu bilden, und zwar namentlich zur Vorbereitung seiner Verhandlungen und Beschlüsse und zur Überwachung der Ausführung seiner Beschlüsse. Abs. 3 S. 2 eröffnet im Umkehrschluss die Möglichkeit, den **Ausschüssen Beschlusskompetenzen zu übertragen** und sie damit in die Lage zu versetzen, nicht nur Aufgaben und Beschlüsse vorzubereiten, sondern auch durch Beschluss abschließend zu fassen. Die Bildung arbeitsfähiger kleiner Gruppen ermöglicht dem Aufsichtsrat seinen Aufgaben auch materiell gerecht zu werden.[172] Diese Entscheidungskompetenz der Ausschüsse wird jedoch durch Abs. 3 S. 3 eingeschränkt, der eine Reihe von Aufgaben von einer Überweisung an Ausschüsse ausnimmt.

91 Ausschüsse können **ad hoc** zur Erledigung bestimmter Aufgaben und damit zeitlich begrenzt oder als Dauerausschüsse gebildet werden. Mit Ausnahme des nach § 27 Abs. 3 MitbestG zwingend vorgeschriebenen Vermittlungsausschusses und der aufgrund des BilMoG (→ Rn. 6) geänderten Abs. 3 und 4 ist der Aufsichtsrat zur Ausschussbildung nicht verpflichtet. Allein der Aufsichtsrat hat die Kompetenz, über Bildung, Besetzung und Größe der Ausschüsse zu entscheiden.[173] Die

---

164 KK-AktG/*Mertens/Cahn* Rn. 90; Spindler/Stilz/*Spindler* Rn. 67.

165 Spindler/Stilz/*Spindler* Rn. 71 mwN.

166 OLG Düsseldorf AG 2007, 747.

167 BFHE 92, 354 (359); BFHE (GS) 91, 351; MüKoAktG/*Habersack* Rn. 90; Spindler/Stilz/*Spindler* Rn. 79; KK-AktG/*Mertens/Cahn* Rn. 92; *Mattern* BB 1968, 921 (924).

168 BVerfG 77, 1 (55) = NJW 1988, 890; BVerfG 74, 7 = NJW 1987, 770; KK-AktG/*Mertens/Cahn* Rn. 93; *Sachs* JuS 1988, 809 (811 ff.).

169 MüKoAktG/*Habersack* Rn. 90 mwN.

170 Hüffer/*Koch* Rn. 16 mwN; MüKoAktG/*Habersack* Rn. 90.

171 Spindler/Stilz/*Spindler* Rn. 77.

172 *Lutter* DB 2009, 775 (777).

173 BGHZ 122, 342 (355) = NJW 1993, 2307 (2310); BGHZ 83, 106 (114 ff.) = NJW 1982, 1525; MüKo-AktG/*Habersack* Rn. 93; *Semler* AG 1988, 60 (61).

Hauptversammlung kann weder durch Beschluss noch durch die Satzung den Aufsichtsrat zwingen, Ausschüsse zu bestellen oder ihm dies verbieten.[174]

92 Der DCGK empfiehlt börsennotierten und kapitalmarktorientierten Unternehmen, in Abhängigkeit von den spezifischen Gegebenheiten des Unternehmens und der Anzahl der Mitglieder des Aufsichtsrats, die Bildung fachlich qualifizierter Ausschüsse (Ziff. 5.3.1 DCGK). Damit soll die Effizienz der Aufsichtsratsarbeit und die Behandlung komplexer Themen gefördert werden.

93 **a) Andere Gremien.** In der Unternehmenspraxis sind häufig auch andere Gremien, wie **Gesellschafter-** oder **Anteilseignerausschüsse** oder **Beiräte** zu finden. Diese können ebenfalls die Gesellschaft bzw. den Vorstand beraten, ihnen dürfen jedoch keine Befugnisse übertragen werden, die in den gesetzlichen Aufgabenbereich des Aufsichtsrats fallen.[175] Der Aufsichtsrat kann von seiner Organisationsautonomie auch in der Weise Gebrauch machen, dass er ein einzelnes Aufsichtsratsmitglied mit bestimmten Aufgaben betraut. Ein **einzelnes Aufsichtsratsmitglied** kann jedoch **keine Beschlusskompetenz** erhalten, da Beschlüsse nur von **mindestens drei Aufsichtsratsmitgliedern** gefasst werden können (§ 108 Abs. 3).[176]

94 **b) Organisationsautonomie.** Das Gesetz weist dem Aufsichtsrat die Kompetenz zur Bestellung von Ausschüssen zu. Damit wird dem Aufsichtsrat die ausschließliche Kompetenz in allen Fragen der Bildung und Besetzung von Ausschüssen übertragen und seine Organisationsautonomie manifestiert. Nach eigenem Ermessen kann der Aufsichtsrat entscheiden, ob er innerhalb der gesetzlichen Grenzen bestimmte Aufgaben und Rechte an Ausschüsse delegiert. Allein die **Effizienz der Arbeit** im Aufsichtsrat kann das **maßgebliche Kriterium** für diese Entscheidung bilden.[177] Zwar kann die Satzung Verfahrensfragen regeln, aber die Bildung eines Ausschusses oder eines Präsidiums weder vorschreiben oder verbieten.[178] Die Satzung kann dem Aufsichtsrat auch nicht die Zahl und Personen der Aufsichtsratsmitglieder vorschreiben und nicht regeln, dass der Aufsichtsratsvorsitzende zugleich Vorsitzender der Ausschüsse sein soll. Auch die Entscheidung, ob es einen Ausschussvorsitzenden geben soll, kann die Satzung nicht regeln. Auch die gruppenmäßige Zusammensetzung eines Ausschusses kann die Satzung nicht vorsehen und kein Sonderrecht eines Entsendungsberechtigten auf Zugehörigkeit des Entsandten zu einem oder mehreren Ausschüssen begründen.[179] Die Satzung kann auch nicht bestimmen, wann ein Ausschuss aufzulösen ist. Deshalb sind satzungsmäßige Bestimmungen für qualifizierte Mehrheiten zur Bildung und Auflösung von Ausschüssen unzulässig.[180]

95 **c) Grenzen der Organisationsautonomie.** Der Aufsichtsrat kann nur solche Rechte, Aufgaben und Befugnisse an Ausschüsse übertragen, deren Erfüllung ihm selbst übertragen ist und die nach dem Gesetz übertragungsfähig sind, dh Entscheidungen, die dem Plenum abschließend vorbehalten sind, können nicht auf Ausschüsse delegiert werden. Zulässig ist es jedoch, qua Geschäftsordnung dem Ausschuss eine **Kompetenz zur Beschlussempfehlung** an das Aufsichtsratsplenum zu geben.

96 Die mitbestimmungsrechtlichen Vorschriften greifen, bis auf die Vorgabe einer paritätischen Besetzung des Vermittlungsausschusses, nicht in die Organisationsautonomie des Aufsichtsrats ein. Eine **Diskriminierung der Arbeitnehmerseite** bei der Besetzung der Ausschüsse **muss** jedoch **unterbleiben** (→ Rn. 129 ff.); die Organisationsautonomie darf auch nicht dazu dienen, zwingende Mitbestimmungsrechte zu unterlaufen.[181]

97 **2. Ausschüsse.** Von der Möglichkeit Ausschüsse zu bestellen, wird insbesondere in großen Aktiengesellschaften in der Praxis vielfältig Gebrauch gemacht. Am bekanntesten und am häufigsten anzutreffen ist der **Personal-** oder **Präsidialausschuss,** aber auch **Finanz-** und **Beteiligungsausschüsse,** sowie **Investitionsausschüsse** sind vielfach anzutreffen. Bei Banken und Versicherungen sind **Kreditausschüsse** und **Anlageausschüsse** der Normalfall. **Prüfungsausschüsse** werden vom DCGK empfohlen (Ziff. 5.3.2 DCGK). Je nach Branche und Besonderheit des Unternehmens kennt man auch **technische Ausschüsse, Bauausschüsse** und bei großen Unternehmen **Sozialausschüsse.**

98 **a) Präsidium oder Präsidialausschuss.** Die genauen Aufgaben können im Einsetzungsbeschluss näher definiert werden; in der Praxis unterstützt das Präsidium den Aufsichtsratsvorsitzenden

[174] BGHZ 83, 106 (114 ff.); MüKoAktG/*Habersack* Rn. 95; Hüffer/*Koch* Rn. 18.
[175] GroßkommAktG/*Hopt/Roth* Rn. 239.
[176] BGHZ 122, 342 (345) = NJW 1993, 2307 (2310); BGHZ 83, 106 (115) = NJW 1982, 1525 (1527).
[177] *Hommelhoff/Mattheus* AG 1998, 249 (254 f.).
[178] BGHZ 83, 106 (115) = AG 1982, 218 (219).
[179] KK-AktG/*Mertens/Cahn* Rn. 96; MüKoAktG/*Habersack* Rn. 96 f.
[180] GroßkommAktG/*Hopt/Roth* Rn. 249; KK-AktG/*Mertens/Cahn* Rn. 97; MüKoAktG/*Habersack* Rn. 95.
[181] BGHZ 122, 342 (355 ff.) = NJW 1993, 2307 (2309).

bei der Kontaktaufnahme mit dem Vorstand, bei der Vorbereitung und Koordination der Aufsichtsratssitzungen und der Ausschusssitzungen. Häufig gehört auch die Zustimmung zur Kreditgewährung an Aufsichtsratsmitglieder und deren Angehörige, sowie an Vorstandsmitglieder und deren Angehörige und die Zustimmung zu Beraterverträgen mit Aufsichtsratsmitgliedern zum Aufgabenkatalog dieses Ausschusses. Auch die Durchführung eilbedürftiger Entscheidungen, zB Zustimmung zu einzelnen Geschäften auf Grund von Satzungsbestimmungen, gehören vielfach zu den Aufgaben des Präsidialausschusses. Die Aufgaben eines Personalausschusses können ebenfalls in das Aufgabengebiet des Präsidiums integriert werden.

99 Dem Präsidium gehören regelmäßig der **Aufsichtsratsvorsitzende** und sein **Stellvertreter** – quasi als **geborene Mitglieder** – an.[182] Unstreitig muss das Präsidium aus mindestens drei Mitgliedern bestehen (§ 108 Abs. 2 S. 3), wenn es Beschlüsse fassen soll. Die Besetzung des Präsidiums nur mit Mitgliedern der Arbeitgeberseite ist nur möglich, wenn sie durch das Aufsichtsratsplenum – nicht durch die Satzung – erfolgt und es hierfür einen besonderen sachlichen Grund, wie etwa eine fehlende Qualifizierung für bestimmte Aufgaben, gibt.[183] In der Praxis, insbesondere wenn dem Präsidialausschuss auch die Aufgaben eines Personalausschusses zugewiesen sind, dürfte es an einer sachlichen Begründung fehlen.

100 **b) Personalausschuss.** In der Unternehmenspraxis entschied bis zum Inkrafttreten des Gesetzes zur Angemessenheit der Vorstandsvergütung (VorstAG) vom 31.7.2009 (BGBl. I S. 2509) der Personalausschuss häufig über Abschluss, Änderung und Beendigung von **Anstellungsverträgen mit Vorstandsmitgliedern** und bereitete die dem Plenum vorbehaltenen organschaftlichen Entscheidungen vor. Nach der mit dem VorstAG erfolgten Ergänzung des § 107 um das Delegationsverbot der Aufgaben nach § 87 Abs. 1 und Abs. 2 S. 1 und 2 ist die **Festlegung der Vergütung** sowie ggf. ihre **Herabsetzung** (→ § 116 Rn. 24) abschließende **Aufgabe des Plenums des Aufsichtsrates.** Eine Delegation dieser Aufgaben in Personal- oder Präsidialausschüsse ist nicht mehr zulässig. Davon erfasst sind, da zur Vergütung gehörend, auch die Regelungen betreffend Festlegung der Aktienbezüge, Regelung rund um die Altersversorgung, Karenzentschädigungen, Abfindungszahlungen, Zusagen für den Eintritt außerordentlicher Entwicklungen, vergütungsrelevante Zielvereinbarungen, Aktienoptionsprogramme oder sonstige Incentives.[184] Offen bleibt jedoch, in welchem Detailgrad das Aufsichtsratsplenum in die Entscheidungsfindung miteinzubeziehen ist.[185] Es erscheint jedoch ausreichend, wenn das Plenum die wesentlichen wirtschaftlichen Eckdaten diskutiert und beschließt.[186] Auf jeden Fall ist es empfehlenswert bei der Erstbestellung eines Vorstands den gesamten Anstellungsvertrag dem Plenum zur Beschlussfassung vorzulegen.[187] Insoweit kann der Ausschuss weiter vorbereitend tätig sein.[188] Für die Frage, ob über reine Vorbereitungshandlungen hinaus noch die Delegation auf einen Ausschuss zulässig ist, können die allgemeinen Grundsätze des Delegationsverbotes des § 107 Abs. 3 herangezogen werden. Danach ist unstreitig, dass die Ausführung von Plenumsbeschlüssen an einen Ausschuss delegierbar ist.[189] Plenumsbeschlüsse, die sich auf den Bonus beziehen, können, soweit sie die Berechnung vorgeben und der Ausschuss die Höhe nur aufgrund vorgegebener objektiver Parameter festlegen kann, zur Ausführung auf einen Ausschuss delegiert werden.[190] Beschluss und Überprüfungskompetenz für das Vergütungssystem für den Vorstand liegt beim Plenum. Die Zustimmung zur **Kreditgewährung** an Aufsichtsräte, Vorstandsmitglieder, leitende Angestellte und Prokuristen kann auf den Personalausschuss übertragen werden. Die Beteiligung der Arbeitnehmervertreter an einem Personalausschuss kann nicht grundsätzlich ausgeschlossen werden. Ein Ausschluss bedarf im Einzelfall eines besonderen schwerwiegenden Grundes.[191]

101 **c) Vermittlungsausschuss.** Die Aufgabe des Vermittlungsausschusses ist in §§ 27 Abs. 3, 31 Abs. 3 MitbestG geregelt. Der Vermittlungsausschuss unterbreitet Personalvorschläge über die Bestellung von Vorstandsmitgliedern, wenn das Plenum in der ersten Abstimmung die erforderliche Zweidrittelmehrheit nicht erreicht hat. Seine praktische Bedeutung ist eher gering.

---

182 MüKoAktG/*Habersack* Rn. 105; Spindler/Stilz/*Spindler* Rn. 124.

183 Vgl. MüKoAktG/*Semler*, 2. Aufl. 2004, Rn. 251, 312; GroßkommAktG/*Hopt/Roth* Rn. 273 f.

184 Spindler/Stilz/*Spindler* Rn. 126; MüKoAktG/*Habersack* Rn. 150.

185 *Hirte* Stellungnahme zum Entwurf des VorstAG für den BT-Rechtsausschuss, 4; vgl. hierzu auch *Behme/Zickgraf* AG 2015, 841 ff.

186 *van Kann/Keiluweit* DStR 2009, 1587 (1590).

187 MüKoAktG/*Habersack* Rn. 106; Spindler/Stilz/*Spindler* Rn. 129; weitergehend KK-AktG/*Mertens/Cahn* Rn. 101.

188 *Lingemann* DB 2009, 1918 (1922); *Annuß/Theusinger* DB 2009, 2434 (2439).

189 *Bürgers/Israel* Rn. 22.

190 *Annuß/Theusinger* DB 2009, 2434 (2439).

191 BGHZ 122, 342 (358) = NJW 1993, 2307 (2311); GroßkommAktG/*Hopt/Roth* Rn. 277.

Der Vermittlungsausschuss ist **paritätisch** besetzt, ihm gehören neben dem Aufsichtsratsvorsitzenden und seinem Stellvertreter je ein Vertreter der Arbeitgeber- und Arbeitnehmerseite an. An der Abstimmung über den Personalvorschlag müssen alle Mitglieder teilnehmen.[192] Der Aufsichtsratsvorsitzende hat bei der Beschlussfassung kein Zweitstimmrecht.[193] 102

d) Finanz- und Bilanzausschuss. Typische Aufgabe dieses Ausschusses ist die **Vorprüfung** des **Jahresabschlusses,** des **Lageberichts,** des **Konzernabschlusses** und des **Konzernlageberichts.** Die Prüfung des Jahresabschlusses nebst Lagebericht und des Konzernabschlusses und des Konzernlageberichts und des Berichts über die Beziehungen zu verbundenen Unternehmen obliegt dem Aufsichtsratsplenum und ist **nicht delegierbar** (§§ 171 Abs. 1, 314 Abs. 1). Die Prüfung des Jahresabschlusses ist eine zwingende Plenaraufgabe und jedes Aufsichtsratsmitglied ist verpflichtet, den Prüfungsbericht zu lesen und durchzuarbeiten.[194] Weiterhin sind die Überwachung der **Finanzplanung,** die **Liquiditätssteuerung,** die Einschätzung der Risikosituation, die Weiterentwicklung der **betrieblichen Altersvorsorge,** die **Steuerpolitik,** die **Vergütungssysteme,** das **Planungsverfahren** und das **Prüfungsprogramm** der Revision mögliche Aufgabenfelder eines Finanz- und Bilanzausschusses. 103

e) Prüfungsausschuss. Prüfungsausschüsse nach dem Modell des angelsächsischen Audit Committee sind nur in wenigen deutschen Gesellschaften installiert. Das angloamerikanische Audit Committee ist zu unterscheiden vom Prüfungsausschuss nach deutschem Recht. In angelsächsischen Rechtsstrukturen sind die Funktionen von Vorstand und Aufsichtsrat in einem Board, das aus „executive directors" und „non executive directors" besteht, vereint.[195] Unter „Audit Committee" (→ Rn. 112) versteht man dort den ständigen Ausschuss des Board of Directors, der sich neben mit dem deutschen Prüfungsausschuss vergleichbaren Aufgaben mit Fragen der internen Revision, der Funktionalität von Controlling- und Risikofrüherkennungssystemen befasst, wobei das Committee in solchen Sachverhalten direkt auf die zuständigen Mitarbeiter der Gesellschaft zugreift.[196] Der **DCGK** empfiehlt börsennotierten und kapitalmarktorientierten Gesellschaften – soweit kein anderer Ausschuss damit betraut ist – die Einrichtung eines Prüfungsausschusses, der sich insbesondere mit der **Überwachung des Rechnungslegungsprozesses** (einschließlich der Grundsätze und Verfahren der Rechnungslegung und der einschlägigen Sicherungsvorkehrungen),[197] der **Wirksamkeit des internen Kontrollsystems,** des **Risikomanagementsystems** und des **Revisionssystems,** der **Abschlussprüfung,** hier insbesondere der **Unabhängigkeit des Abschlussprüfers,** der vom Abschlussprüfer zusätzlich erbrachten Leistungen, der Erteilung des **Prüfungsauftrages** an den **Abschlussprüfer,** der Bestimmung von **Prüfungsschwerpunkten** und der **Honorarvereinbarung** sowie der **Compliance** (→ Rn. 112a) befassen soll (Ziff. 5.3.2 DCGK).[198] Nach Ziff. 7.1.2 DCGK empfiehlt er auch, dass Halbjahres- und etwaige **Quartalsfinanzberichte** vom Vorstand mit dem Aufsichtsrat oder seinem Prüfungsausschuss vor ihrer Veröffentlichung **erörtert werden.** Damit soll auch bei diesen unterjährigen Berichterstattungen ein engerer Austausch zwischen beiden Organen gewährleistet werden. 104

Das **BilMoG** (→ Rn. 6) fügte in **Abs. 3** einen S. 2 ein, nach dem der Aufsichtsrat einen Prüfungsausschuss einrichten kann, dem er „insbesondere die **Überwachung** des **Rechnungslegungsprozesses,** der Wirksamkeit der **internen Risikomanagementsysteme** und der **internen Revision** sowie der **Abschlussprüfung,** hier insbesondere der **Unabhängigkeit des Abschlussprüfers** und der **vom Abschlussprüfer zusätzlich erbrachten Leistungen** überträgt". Das Gesetz tastet die Organisationsautonomie des Aufsichtsrates nicht an und überlässt das „Ob" der Bildung eines Prüfungsausschusses und das „Wie" dem Aufsichtsrat.[199] Entsprechendes gilt nach § 278 Abs. 3 und Art. 9 Abs. 1 lit. c Ziff. ii SE-VO für die KGaA und die dualistisch verfasste SE. Etwas anderes gilt unter anderem für Banken (→ Rn. 117a). Die Praxis zeigt, dass börsennotierte Gesellschaften 105

---

[192] KK-AktG/*Mertens/Cahn* Anh. § 117 B MitbestG § 27 Rn. 18; MüKoAktG/*Habersack* Rn. 123; aA Hüffer/*Koch* Rn. 30.

[193] BGHZ 83, 144 (147 f.) = NJW 1982, 1528; *Lutter/Krieger/Verse* Rechte und Pflichten Rn. 766 mwN; MüKoAktG/*Habersack* Rn. 123; aA OLG München NJW 1981, 2203.

[194] MüKoAktG/*Semler*, 2. Aufl. 2004, Rn. 267.

[195] Vgl. zum Themenkomplex *Baums* ZIP 1995, 11 (14 ff.).

[196] KBLW *von Werder* Rn. 945; vgl. ferner *Altmeppen* ZGR 2004, 390 (395 ff.).

[197] MüKoAktG/*Habersack* Rn. 112; Spindler/Stilz/*Spindler* Rn. 130.

[198] S. auch *Nonnenmacher/Pohle/v. Werder* Leitfaden zur Bildung und Tätigkeitsgestaltung für Prüfungsausschüsse, Der Roundtable des Berlin Center of Corporate Governance; Aktuelle Anforderungen an Prüfungsausschüsse DB 2007, 2412 ff.; *Bürkle* BB 2007, 1797 (1799); *Pohle/v. Werder* DB 2005, 237 ff.

[199] Spindler/Stilz/*Spindler* Rn. 140; *Dittmar* NZG 2014, 210.

standardmäßig über Prüfungsausschüsse verfügen. Im Übrigen ist eine Einrichtung auch für andere Aktiengesellschaften ratsam.

105a Der Aufgabenbereich des Prüfungsausschusses wurde präzisiert mit der Folge einer **höheren Prüfungs- und Überwachungsintensität.**[200] Der Intensitätsgrad nimmt mit dem Anstieg des Risikos in der Gesellschaft zu.[201] Der Ausschuss ist verpflichtet, die Wirksamkeit des internen Kontrollsystems und des Risikomanagementsystems zu prüfen und zu überwachen.[202] Die Überprüfung erstreckt sich dabei darauf, ob überhaupt entsprechende Systeme installiert wurden und wenn ja, ob sie ihrer Art und Konzeption nach angemessen sind und ob sie auch tatsächlich vollzogen werden, um die ihnen zugedachten Funktionen zu erfüllen.[203] Eine Pflicht per se solche Systeme einzuführen besteht für den Vorstand zwar nicht,[204] jedoch hat der Aufsichtsrat bei Nichtvorhandensein dieser Systeme zu beurteilen, ob eine Einrichtung notwendig wäre.[205] Die Entscheidung kein internes Kontrollsystem einzurichten, bedarf der regelmäßigen Kontrolle, ob die Verhältnisse der Gesellschaft dies noch zulassen.[206]

105b Die Verantwortung zur Überwachung erstreckt sich auch auf die unternehmensinterne Aufbau- und Ablauforganisation sowie die Angemessenheit und Effizienz ihres internen Kontrollsystems.[207] Ob die Wirksamkeitsüberwachung im Bereich des Risikomanagementsystems dabei über die Früherkennung bestandsgefährdender Risiken hinaus auf die Erkennung aller wesentlichen Risiken einschließlich ihrer Steuerung und Bewältigung ausgerichtet ist, ist umstritten.[208] Ist jedoch ein Schwachpunkt bzw. eine Risikosituation im Unternehmen erkannt, müssen zusätzliche Prüfungen vorgenommen und erforderlichenfalls der Gesamtaufsichtsrat informiert werden.[209] Die Überwachungsfunktion erfordert daher ein Verständnis des internen Kontrollsystems und des Risikomanagementsystems sowie über die Monitoring-Aktivitäten innerhalb des Systems.

105c Das Gesetz bestimmt auch, dass der Prüfungsausschuss sich mit der Überwachung der Abschlussprüfung, insbesondere der Unabhängigkeit des Abschlussprüfers und von ihm zusätzlich erbrachter Leistungen befasst. Die Aufgabe des Aufsichtsrats erfasst daher die sorgfältige Erarbeitung eines Vorschlags an die Hauptversammlung zur Wahl eines Abschlussprüfers gemäß § 124 Abs. 3 S. 2, über die Auftragserteilung an die Prüfer einschließlich der Festlegung von Prüfungsschwerpunkten hin bis zur Beendigung des Auftrags.[210] Abs. 3 S. 2 erwähnt bei der Überwachung der Abschlussprüfung insbesondere die Unabhängigkeit des Abschlussprüfers sowie die von ihm erbrachten zusätzlichen Leistungen. Letztere stehen aufgrund ihrer immanenten Nähe zum Vorstand besonders im Fokus des Aufsichtsrates. In diesen Fällen kann es sinnvoll sein, ihre Aufnahme in den Katalog der zustimmungspflichtigen Geschäfte gemäß § 111 Abs. 4 S. 2 zu überlegen.[211] Für die Unabhängigkeitsprüfung ist zu überwachen, ob die relevanten Abschlussprüferrichtlinien eingehalten wurden und die Unabhängigkeitserklärung nach § 321 Abs. 4a HGB abgegeben wurde.[212] Die Empfehlung in Ziff. 7.2.1 DCGK ist insofern hilfreich, da sie eine Erklärung hierzu bereits vor Unterbreitung des Wahlvorschlags an die Hauptversammlung vorsieht.

105d Unter Beachtung des Plenarvorbehalts ist eine Aufgabendelegation an den Ausschuss möglich. Damit ist die gesamte Jahresabschlussprüfung nach § 171 nicht abschließend delegierbar, die neuen Funktionen des § 107 Abs. 3 S. 2 aber sehr wohl.[213]

106 Nach deutschem Recht kommt in einer dualistisch verfassten AG daher der Bildung eines Prüfungsausschusses insbesondere die Funktion zu, die **Qualität der Überwachung zu verbessern,** wie die im Fokus des Ausschusses stehende Unabhängigkeit des Abschlussprüfers, Fragen der Erteilung des Prüfungsauftrages und des Honorars sowie vom Abschlussprüfer verlangte Zusatzleistungen, indem die vom Prüfungsausschuss abzudeckenden Aufgaben von einem verkleinerten Gremium bestehend aus hinreichend unabhängigen und qualifizierten Mitgliedern erfüllt werden können.[214]

---

[200] *Knapp* DStR 2010, 56 f.

[201] *Kort* ZGR 2010, 440 (462); *Lanfermann/Röhricht* BB 2009, 890; *Selter* NZG 2012, 660 f.

[202] *Leuering/Rubel* NJW-Spezial 2008, 559 f.; *Lanfermann/Röhricht* BB 2009, 887.

[203] MüKoAktG/*Habersack* Rn. 113.

[204] MüKoAktG/*Habersack* Rn. 114.

[205] MüKoAktG/*Habersack* Rn. 114, § 111 Rn. 20 mwN; *Withus* DB 2009, 82 (84); *Vetter* ZGR 2010, 751 (769); aA wohl *Lanfermann/Röhricht* BB 2009, 887 (889); *Maushake* Audit Committees, 2009, 476.

[206] Hüffer/*Koch* Rn. 25.

[207] *Vetter* ZGR 2010, 751 (769).

[208] Dafür *Nonnenmacher/Pohle/v. Werder* DB 2009, 1447 (1451); restriktiver *Kort* ZGR 2010, 440 (462).

[209] MüKoAktG/*Habersack* Rn. 116; *Kort* ZGR 2010, 440 (462).

[210] MüKoAktG/*Habersack* Rn. 115; *Schmidt/Lutter/Drygalla* Rn. 68.

[211] *Velte* NZG 2013, 1332 (1334).

[212] Ausf. auch *Vetter* ZGR 2010, 751 (775 f.).

[213] Spindler/Stilz/*Spindler* Rn. 134; aA *Velte* NZG 2011, 771 (772); *Velte* AG 2009, 102 (105).

[214] MüKoAktG/*Habersack* Rn. 119; KK-AktG/*Mertens/Cahn* Rn. 111.

Diesem Anliegen hatte der DCGK schon ausreichend Rechnung getragen, indem er für börsennotierte und kapitalmarktorientierte Gesellschaften in Ziff. 5.3.2 die Einrichtung eines Prüfungsausschusses mit bestimmten Aufgaben und der besonderen Qualifikation des Aufsichtsratsvorsitzenden sowie in Ziff. 5.4.2 dem Aufsichtsrat insgesamt eine nach seiner Einschätzung (nunmehr) angemessene Zahl unabhängiger Aufsichtsratsmitglieder empfiehlt. Das BilMoG (→ Rn. 6) griff die Empfehlung der Ziff. 5.3.2 S. 2 DCGK, wonach der Ausschussvorsitzende über besondere Kenntnisse und Erfahrungen in der Anwendung von Rechnungslegungsgrundsätzen und internen Kontrollverfahren haben soll, nicht auf. Es ist jedoch hM, dass die Mitglieder eines Ausschusses **erhöhten Qualifikationsanforderungen** unterliegen.[215] Dies bedeutet für die Mitglieder des Prüfungsausschusses, dass ihnen nicht nur eine gewisse „Financial Literacy", und damit „Kenntnisse in und Verständnis für Fragen der Rechnungslegung und interner Kontrollverfahren",[216] sondern bei großen kapitalmarktorientierten Gesellschaften auch ein **Finanzexpertentum** abverlangt werden kann.[217] 107

Nach BilMoG musste der Prüfungsausschuss über einen unabhängigen Finanzexperten verfügen (§ 107 Abs. 4 aF). Aufgrund des Abschlussprüferreformgesetzes (AReG) vom 10.5.2016 (BGBl. I S. 1142), das erforderlich wurde zur Umsetzung der Abschlussprüfer-RL (RL 2014/56/EU) vom 27.5.2014 (ABl. L 158, 196) wird für Unternehmen von öffentlichem Interesse (Abs. 4) nun das Merkmal der **Unabhängigkeit** eines Mitglieds des Prüfungsausschusses **gestrichen.** (Die DCGK-Regierungskommission hält in ihren Änderungsvorschlägen vom 13.10.2016 an ihrer Empfehlung, dass der Vorsitzende des Prüfungsauschusses unabhängig sein soll, dennoch fest. Damit wurde das Vertrauen der Öffentlichkeit und der Investoren in die Rechnungslegung des Unternehmens gestärkt.) Stattdessen müssen die Mitglieder des Prüfungsausschusses die Voraussetzungen des § 100 Abs. 5 idF des AReG erfüllen. Es wird daher künftig nicht nur Sachverstand auf den Gebieten der Rechnungslegung oder Abschlussprüfung in der Person eines Mitglieds verlangt, sondern, dass die **Gesamtheit der Mitglieder Sektorkenntnisse** haben[218] (→ Rn. 6a). Das bedeutet, dass nicht jedes einzelne Mitglied über Sektorenkenntnisse verfügen muss. Die Sektorenkenntnis kann auf unterschiedliche Weise erlangt werden.[219] Solange alle Mitglieder vor dem 17.6.2016 (Inkrafttreten des AReG) bestellt worden sind, wird keine spezielle Sektorenkenntnis verlangt (§ 12 EGAktG). Die Ergänzung in Abs. 3 S. 2 bringt keine wesentlichen Neuerungen, da bereits bisher Auswahl und Überwachung der Unabhängigkeit des Abschlussprüfers gesetzliche Aufgabe des Prüfungsausschusses war.[220] 107a

Für den Finanzexperten des Abs. 4 in der bis 16.6.2016 geltenden Fassung ist dem Gesetz nicht zu entnehmen, auf welche Weise der Sachverstand erworben wurde oder wie er nachzuweisen ist. Es ist auf keinen Fall erforderlich, dass die Kenntnisse in Rechnungslegung oder Abschlussprüfung über eine dem Abschlussprüfer äquivalente Berufsausbildung oder durch eine schwerpunktmäßige Tätigkeit in diesem Bereich erworben sein müssen.[221] Als verantwortliche Tätigkeiten in den Bereichen Rechnungslegung oder Abschlussprüfung sind zB die Funktion des Finanzvorstandes oder eines leitenden Angestellten aus dem Rechnungswesen und Controlling anzusehen.[222] Entscheidend ist, dass der Experte mit dem Finanzvorstand und dem Abschlussprüfer „auf Augenhöhe" Rechnungslegungsthemen diskutieren kann.[223] Die übrigen Ausschussmitglieder sollten jedoch ebenfalls über eine gewisse Qualifikation verfügen.[224] Besonders geeignet erscheinen Wirtschaftsprüfer, Steuerberater und entsprechend erfahrene Rechtsanwälte.[225] 108

Das VorstAG vom 31.7.2009 (BGBl. I S. 2509) führte in § 100 Abs. 2 Nr. 4 (→ § 100 Rn. 36 ff.) für börsennotierte und kapitalmarktorientierte Gesellschaften eine allgemeine zweijährige Karenzzeit für den Wechsel vom Vorstand in den Aufsichtsrat ein. Daraufhin regt der DCGK in Ziff. 5.3.2 letzter Satz an, dass der Vorsitzende des Prüfungsausschusses kein ehemaliges Vorstandsmitglied der Gesellschaft sein sollte, dessen Bestellung vor weniger als zwei Jahren endete. 109

---

[215] GroßkommAktG/*Hopt/Roth* § 116 Rn. 62; Hüffer/*Koch* § 116 Rn. 4; MüKoAktG/*Habersack* Rn. 106, § 116 Rn. 24 ff.; *Altmeppen* ZGR 2004, 390 (409); aA KK-AktG/*Mertens/Cahn* Rn. 111.
[216] OLG München NZG 2010, 784.
[217] MüKoAktG/*Habersack* Rn. 111, 119, § 116 Rn. 24 f.; *Habersack* AG 2008, 98 (103).
[218] BT-Drs. 18/7219.
[219] Dazu *Nodoushani* AG 2016, 381 (386).
[220] BT-Drs. 18/7219, 56; BT-Drs. 16/10067, 103.
[221] OLG München NZG 2010, 784 (785); differenzierter *Eggers/Reiß/Schichold* Der Aufsichtsrat – Sonderausgabe 01/2010, 06, 07; iErg wie OLG aber krit. zur Begründung *Drygala* Der Aufsichtsrat 2010, 104 f.
[222] OLG München NZG 2010, 784; vgl. auch Begr. RegE, BT-Drs. 16/10067, 102.
[223] *Gesell* ZGR 2011, 361 (386 f.).
[224] MüKoAktG/*Habersack* Rn. 119; *Vetter* GS M. Winter, 2011, 701 (713).
[225] *Bihr/Philippsen* DStR 2011, 1133 (1136).

109a Nach dem neuen **Abschlussprüferreformgesetz** (AReG) vom 10.5.2016 (BGBl. I S. 1142) schlägt der Prüfungsausschuss dem Aufsichtsrat eine begründete Empfehlung für die Wahl des Abschlussprüfers vor, die, wenn ein anderer als der bisherige Abschlussprüfer vorgeschlagen wird, mindestens zwei Kandidaten umfasst. Der Prüfungsausschuss überwacht die Unabhängigkeit des Abschlussprüfers und befasst sich darüber hinaus mit den von ihm zusätzlich erbrachten Leistungen, mit der Erteilung des Prüfungsauftrags an den Abschlussprüfer, der Bestimmung von Prüfungsschwerpunkten und der Honorarvereinbarung.

110 Während sich nach allgemeiner Meinung die Empfehlung der **Unabhängigkeit** der Ziff. 5.4.2 DCGK grundsätzlich auf die **Eignerbank** im Aufsichtsrat beziehen kann,[226] und das Aufsichtsratsmitglied in keiner geschäftlichen oder persönlichen Beziehung zur Gesellschaft, deren Organen, einem kontrollierenden Aktionär oder einem mit diesem verbundenen Unternehmen stehen darf, die einen wesentlichen und nicht nur vorrübergehenden Interessenkonflikt begründet (→ § 116 Rn. 73 ff.), ist die vom BilMoG (→ Rn. 6) geforderte Unabhängigkeit des Aufsichtsratsmitglieds differenzierter zu sehen. Mit dem Abschlussprüferreformgesetz (AReG) vom 10.5.2016 (BGBl. I S. 1142) hat sich der Gesetzgeber mittlerweile von dem Erfordernis der „Unabhängigkeit" des Sachverständigen verabschiedet (→ § 100 Rn. 8). Für die bis 9.5.2016 geltende Rechtslage tritt nach den Empfehlungen der Kommission vom 15.2.2005 Ziff. 13.1[227] das Postulat der Unabhängigkeit auch vom Mehrheitsaktionär hinzu. Demnach würden Beziehungen des Aufsichtsratsmitglieds zum Mehrheitsaktionär, die einen Interessenkonflikt begründen können, wenn sie sein Urteilsvermögen beeinflussen können, eine der Voraussetzungen des § 100 Abs. 5 (aF) vermissen lassen. In Konzerngefügen war daher darauf zu achten, dass dem Prüfungsausschuss mindestens ein sachkundiges Aufsichtsratsmitglied angehört, das nicht dem Mehrheitsaktionär bzw. dem herrschenden Unternehmen zuzuordnen ist. Zu weitgehend ist nach der hier vertretenen Auffassung für den Begriff des „kontrollierenden Aktionärs" über die Begriffsbestimmung der §§ 15 ff. hinaus sich an die Schwellenwerte des WpÜG anzulehnen.[228] Gemäß § 29 Abs. 2 WpÜG hat ein Aktionär Kontrolle über das Unternehmen, wenn er 30% der Stimmrechte hält. Für die Zwecke des WpÜG ist dies passend, zu weitgehend jedoch für die Definition einer „Abhängigkeit" iSv § 107 Abs. 3 iVm § 100 Abs. 5 (aF). Hilfreich ist eine Definition der Unabhängigkeit in der Geschäftsordnung des Aufsichtsrates. Auf Basis der EU-Kommissionsempfehlung Anhang II betreffend das „Profil der unabhängigen nicht geschäftsführenden Direktoren bzw Aufsichtsratsmitgliedern" wäre auch die Übernahme einer **Aufsichtsratsfunktion durch ein ehemaliges Vorstandsmitglied** vor Ablauf von fünf Jahren für das Kriterium der Unabhängigkeit **problematisch,** ebenso wie die Übernahme des Aufsichtsratsmandates durch einen Angestellten der Gesellschaft mit Führungsfunktion, wenn er diese vor Ablauf von drei Jahren inne hatte.

110a Eine den Vorschriften des BilMoG (→ Rn. 6) nicht entsprechende Wahl in den Aufsichtsrat durch die Hauptversammlung hat die Anfechtbarkeit zur Folge (aA → § 100 Rn. 56 *(Simons)*).[229] Im Falle der Wahl der Ausschussmitglieder durch das Plenum führt ein Verstoß gegen § 100 Abs. 5 zur Unwirksamkeit der Ausschussbestellung.[230] Die Mitglieder des Aufsichtsrates haften dann wegen Auswahlverschuldens nach §§ 116, 93.[231] Die vom Ausschuss gefassten Beschlüsse sind ebenso unwirksam. Nach § 12 Abs. 4 EGAktG war es ausreichend, dass ein unabhängiger Finanzexperte bei der nächsten turnusmäßigen Wahl in den Aufsichtsrat bestellt wurde.

110b Ziff. 5.2 Abs. 2 DCGK, wonach der Aufsichtsratsvorsitzende nicht gleichzeitig Ausschussvorsitzender sein soll, führt mE zu weit, da der Aufsichtsratsvorsitzende funktionsgemäß über die meisten Informationen, insbesondere die betriebswirtschaftlichen Daten des Unternehmens verfügt. Meist bringt der Vorsitzende des Aufsichtsrates bereits Erfahrungen und Spezialkenntnisse auf dem Gebiet der Rechnungslegung und der internen Kontrollverfahren mit. Ihn von der Möglichkeit der Funktion als Ausschussvorsitzender auszuschließen, verschließt dem Ausschuss in in der Regel den Zugriff auf vorhandenes Spezial-know-how.[232] Sinnvoll erscheint jedoch die Empfehlung der Ziff. 5.3.2 S. 3,

[226] MüKoAktG/*Habersack* § 100 Rn. 68; *Bürgers/Schilha* AG 2010, 221, 228; *Hasselbach/Jakobs* BB 2013, 643 (649); aA *Roth* ZHR 175, 605 (630); s. auch Pressemitteilung der Regierungskommission Deutscher Corporate Governance Kodex vom 16.5.2012, 2.

[227] Empfehlung der Kommission vom 15.2.2005 zu den Aufgaben von nicht geschäftsführenden Direktoren/Aufsichtsratsmitgliedern börsennotierter Gesellschaften sowie zu den Ausschüssen des Verwaltungs-/Aufsichtsrats (ABl. L 51).

[228] *Hasselbach/Jakobs* BB 2013, 643 (648).

[229] *Habersack* AG 2009, 98 (106 f.); aA *Gruber* NZG 2008, 12 (14); aus überwiegend praktischen Gründen dagegen *Widmann* BB 2009, 2602 f.

[230] MüKoAktG/*Habersack* Rn. 120, § 116 Rn. 24 ff.; *Vetter* GS M. Winter, 2011, 711 (713), aA *Gruber* NZG 2008, 12 (14).

[231] *Vetter* GS M. Winter, 2011, 701 (714).

[232] So auch KBLW/*Bachmann* Rn. 923.

wonach der Ausschussvorsitzende unabhängig sein soll und kein ehemaliges Vorstandsmitglied der Gesellschaft sein soll, dessen Bestellung vor weniger als zwei Jahren endete.

Gemäß Ziff. 5.3.2 DCGK soll sich der Prüfungsausschuss auch mit dem Thema **Compliance** befassen (→ § 111 Rn. 13, 19; 112a).[233] Der Vorstand hat den Aufsichtsrat regelmäßig, zeitnah und umfassend über alle für das Unternehmen relevanten Fragen unter anderem auch der Compliance zu informieren (Ziff. 3.4 2. Abs. DCGK). Definiert wird diese mit der **Einhaltung der gesetzlichen Bestimmungen** und der **unternehmensinternen Richtlinien** (Ziff. 4.1.3 DCGK).[234] Wegen der Sachnähe zu den übrigen Themen des Prüfungsausschusses soll die Zuständigkeit bei diesem liegen, was ohnehin schon gelebter Praxis in großen börsennotierten Unternehmen entspricht. Zu seinen Aufgaben gehört insbesondere die Überwachung des Compliance-Systems, zu dem auch die Einrichtung und die Berichterstattung über den Fortschritt gehören. Im einzelnen zählen hierzu die Vorlage der Dokumentation zum Compliance-System, die Vergütungsstrukturen für die Mitarbeiter sowie die Sanktionen für den Fall der Verletzung von Rechtsnormen.[235] Eine Berichterstattung an den Ausschuss durch den in der Regel unterhalb des Vorstandes in der Unternehmenshierarchie angesiedelten Chief Compliance Officer ist empfehlenswert und möglich, wenn der primär berichtspflichtige Vorstand dem zustimmt.[236] Eine **detaillierte Befassung** mit Einzelheiten des Systems oder mit Einzelvorfällen, es sei denn es handelt sich um solche gravierender Art oder solche mit systemischer Wirkung, ist **in der Regel nicht erforderlich.** Ob die Pflichten generell so weit gehen, wie zT im Schriftum vertreten,[237] dass auch ohne Anhaltspunkte für Defizite der Vorstandsmaßnahmen anlassunabhängig eine permanente Überwachungspflicht des Aufsichtsrats besteht, darf bezweifelt werden. Anlassunabhängige Überprüfungen fallen in das Ressort der internen Revision, die der Aufsichtsrat im Rahmen seiner generellen Kontrollfunktion als Geschäftsführungsmaßnahme des Vorstands überwacht. In gravierenden Fällen, so wie bei Vorliegen von Verdachtsmomenten, intensivieren sich jedoch die Überwachungspflicht des Aufsichtsrates und die Berichtspflicht des Vorstandes.[238] Eine Intensivierung der im Regelfall gebotenen Überwachungspflicht (Entgegenahme der Vorstandsberichte, sorgfältige Prüfung und Erörterung mit dem Vorstand) tritt zudem ein, wenn die wirtschaftliche Lage der Gesellschaft angespannt ist oder ansonsten risikobehaftete Besonderheiten bestehen.[239] So hat der BGH (sog. Piëch/VW-Fall)[240] bestätigt, dass bereits im Vorfeld von Krisensituationen sowie bei Entscheidungen außerhalb der gewöhnlichen Geschäftstätigkeit eine intensivierte Überprüfungspflicht besteht. Dies gelte, so der BGH, insbesondere wenn es um Geschäfte gehe, die aufgrund ihres Umfangs, damit verbundener Risiken oder ihrer stategischen Funktion von besonderer Bedeutung für die Gesellschaft sind. Diese Grundsätze müssen auch Anwendung finden, wenn die Gesellschaft einem schwerwiegenden Non-Compliance Vorfall zu begegnen hat. Es ist daher zutreffend, wenn das OLG Stuttgart die selbständige, vollständige und richtige Erfassung durch den Aufsichtsrat verlangt.[241] Mit der Compliance-Funktion des Prüfungsausschusses wird der Aufsichtsrat insoweit auch seiner Überwachungsfunktion gerecht. Forderungen nach einem Compliance-Verantwortlichen im Aufsichtsrat gehen mE zu weit.[242] Die Prüfung eines Compliance Management Systems nach IDW EPS 980 ist für den Aufsichtsrat nicht zwingend. Er kann die Corporate Compliance eigenständig prüfen oder extern überprüfen lassen.[243] 111

Das **Audit Committee angelsächsischer Ausgestaltung** (→ Rn. 104) unterscheidet sich vom Prüfungsausschuss dadurch, dass nicht der Vorstand Schwerpunkt der Kontrolle ist, sondern der „Board of Directors" unmittelbar auf die Angestellten der Gesellschaft zugreifen kann und sich hierbei über die dem Vorstand vergleichbaren „Executive Officers" hinwegsetzen kann. Mit Hilfe der Revision ist es dem Audit Committee möglich, die Kontrollsysteme intensiv und tiefgreifend zu überprüfen und bedeutsamen Vorfällen, die Gegenstand der Revisionsarbeit waren, nachzugehen. Die Errichtung eines solchen Audit Committees ist **auch in deutschen Unternehmen möglich,** wenn der Vorstand mit einer solch weitgehenden Kontrolle einverstanden ist.[244] Zwar hat der Vor- 112

---

233 Vgl. hierzu *Bürkle* BB 2007, 1797 ff.

234 Vgl. auch die Definition von *Habersack* AG 2014, 1 f.; *Reichert/Ott* NZG 2014, 241; *Paefgen* WM 2016, 433 (434 f.).

235 Spindler/Stilz/*Spindler* Rn. 142; *Reichert/Ott* NZG 2014, 241 ff.

236 AA *Habersack* AG 2014, 1 (6 f.).

237 *Habersack* AG 2014, 1 (5); *Reichert/Ott* NZG 2014, 241 (245); *v. Busekist/Keuten* CCZ 2016, 119 f.

238 Spindler/Stilz/*Spindler* Rn. 142; *Reichert/Ott* NZG 2014, 241 (246); vgl. für das Erfassen von Verdachtsschwellen *Fuhrmann* NZG 2016, 881 (885).

239 OLG Stuttgart NZG 2012, 1150 Ls.; *Reichert/Ott* NZG 2014, 241 (246).

240 BGH NZG 2013, 339; Vorinstanz OLG Stuttgart NZG 2012, 425.

241 OLG Stuttgart NZG 2012, 425.

242 *Härig* Der Aufsichtsrat 02/2010, 20 f.; s. auch *Lutter* FS Hüffer, 2010, 615 (620 f.).

243 *Grüninger* Der Aufsichtsrat 2010, 140.

244 KK-AktG/*Mertens/Cahn* Rn. 105; *Dörner/Oser* DB 1995, 1085 (1088); aA *Möllers* ZIP 1995, 1725 (1728).

stand nach dem zwingenden Grundsatz des Aktienrechts die Leitungsmacht eigenverantwortlich wahrzunehmen, er ist jedoch berechtigt, diese Bereitschaft zur intensiveren Kontrolle wieder zurückzunehmen oder im Einzelfall zu begrenzen.[245] Grundsätzlich folgt daraus, dass dem Prüfungsausschuss oder dem Plenum des Aufsichtsrates grundsätzlich kein direkter Zugriff auf das interne Kontrollsystem oder die interne Revision zusteht (→ § 111 Rn. 22).[246]

112a **f) Compliance Ausschuss.** Immer mehr Aktiengesellschaften gehen dazu über die mit dem Thema Compliance verbundenen Aufgaben in einen Ausschuss zu delegieren.[247] Entweder wird die Funktion gemäß Ziff. 5.3.2 DCGK vom Prüfungsausschuss mit übernommen oder ein anderer, mitunter eigener Compliance Ausschuss (→ Rn. 111), wird damit betraut. Im Rahmen seiner Kontrollfunktion hat der Aufsichtsrat die Rechtmäßigkeit des Vorstandshandelns zu überwachen und ferner dafür zu sorgen, dass sich auch die Mitarbeiter des Unternehmens rechtmäßig verhalten.[248] Sind Systeme zur Erfüllung der Legalitätskontrollpflicht eingeführt, müssen diese und ihre Abläufe auf Angemessenheit und ausreichende Effizienz untersucht werden. Fehlen Systeme oder entsprechende Einrichtungen, muss geprüft werden, ob der Verzicht hierauf angemessen ist.[249] Um Haftungsrisiken für den Aufsichtsrat zu beschränken, empfiehlt sich eine präzise und klar definierte Aufgabenzuweisung.[250] Eine Delegation der Vorbereitungs- und Ausführungshandlungen im Zusammenhang mit Compliance-Aufgaben ist zulässig. Nicht delegierbar sind die strategische Ausrichtung, die Anordnung einer sog. Internal Investigation sowie die Ausgestaltung des Compliance Systems im Unternehmen.[251]

113 **g) Nominierungsausschuss.** Der DCGK empfiehlt zur Verbesserung der Transparenz des Auswahlverfahrens[252] die Einrichtung eines Nominierungsausschusses, der ausschließlich mit Vertretern der Anteilseignerseite besetzt ist und dem Aufsichtsrat für dessen Vorschläge an die Hauptversammlung geeignete Kandidaten zur Wahl vorschlägt (Ziff. 5.3.3 DCGK); bei dem vorausgehenden Auswahlverfahren ist eine Mitwirkung des Vorstandes zulässig und nicht als Verstoß gegen die Kompetenzverteilung und die Organisationsverfassung anzusehen (→ § 111 Rn. 41).[253] Die **Besetzung** dieses Ausschusses **ausschließlich mit Vertretern der Anteilseignerseite** verstößt nicht gegen das Diskriminierungsverbot, da es hier ausschließlich um die Wahl der Vertreter der Anteilseigner durch die Hauptversammlung geht und nur Anteilseignervertreter einen Vorschlag machen dürfen (§ 124 Abs. 3 S. 4).[254]

114 Mangels anderweitiger Regelungen ist zu der Frage, ob dem Nominierungsausschuss unabhängige Mitglieder angehören sollen, auf die EU-Kommission Empfehlungen abzustellen.[255] Hiernach soll der Nominierungsausschuss mehrheitlich mit unabhängigen Aufsichtsratsmitgliedern besetzt werden („mindestens zur Hälfte"). Der DCGK enthält hierzu weder eine Empfehlung noch eine Anregung.[256] Bei der grundsätzlich im Ermessen des Aufsichtsrats stehenden Größe[257] wird teilweise vertreten, dass dem Ausschuss mindestens drei Mitglieder angehören sollen, um so die mehrheitliche Unabhängigkeit darzustellen.[258] Dem ist jedoch nicht zu folgen, da dem Nominierungsausschuss lediglich beratende Funktion für das Plenum zukommt. Eine **Mindestmitgliederzahl von zwei** ist daher ausreichend.[259]

115 Die EU-Kommission[260] empfiehlt weiter zur Wahrung von Eigenständigkeit und Objektivität der Ausschussarbeit, dass eine Teilnahme anderer („andere Mitglieder der Unternehmensleitung") als der Ausschussmitglieder normalerweise nur auf Einladung des Ausschusses an den Sitzungen teilnehmen dürfen. Hier ist jedoch § 109 Abs. 2 zu beachten. Das aktienrechtliche Ausschlussermes-

[245] KK-AktG/*Mertens/Cahn* Rn. 105; GroßkommAktG/*Hopt/Roth* Rn. 318; *Scheffler* ZGR 2003, 236 (254 f.).
[246] Spindler/Stilz/*Spindler* Rn. 143; *Lanfermann/Röhricht* BB 2009, 887 (890); *Schilmar* Der Aufsichtsrat Sonderausgabe 1/2010, Beitrag 05; aA wohl *Drygala* Der Aufsichtsrat 2010, 104 f.; *Roth* ZGR 2012, 343 (357 f.).
[247] S. auch *Schneider* Beilage ZIP 22/2016, 70 ff.
[248] BGH NJW 2013, 1958 (1960); *Habersack* AG 2014, 1 (2).
[249] *v. Busekist/Keuten* CCZ 2016, 119 f.
[250] *v. Busekist/Keuten* CCZ 2016, 119 (122).
[251] *Fuhrmann* NZG 2016, 881 (883); s. auch *Laue/Brandt* BB 2016, 1002 (1006).
[252] *Bihr/Philippsen* DStR 2011, 1133 (1135).
[253] OLG Hamm ZIP 2008, 1530 (1533) – ThyssenKrupp.
[254] *Meder* ZIP 2007, 1538 (1540 f.).
[255] ABl. L 52 vom 25.2.2005, Anh. I Ziff. 2.2.1 Nr. 1 S. 1.
[256] *v. Werder/Wieczorek* DB 2007, 297.
[257] GroßkommAktG/*Hopt/Roth* Rn. 268.
[258] *Meder* ZIP 2007, 1538 (1541); wohl auch KBLW/*Kremer* Rn. 966.
[259] KK-AktG/*Mertens/Cahn* Rn. 116; Hüffer/*Koch* Rn. 21; GroßkommAktG/*Hopt/Roth* Rn. 268; MHdB AG/*Hoffmann-Becking* § 32 Rn. 36; aA für beratende Ausschüsse *v. Busekist/Keuten* CCZ 2016, 119 (123).
[260] ABl. L 42 vom 25.2.2005, Anh. I Ziff. 1.1.5.

sen des Aufsichtsratsvorsitzenden hat daher den Vorrang. Die zum Teil vorgeschlagene Reduzierung dieses Ermessens[261] erscheint problematisch.

115a Bei seiner Arbeit hat der Nominierungsausschuss die konkreten Ziele zu beachten, die der Aufsichtsrat gemäß Ziff. 5.4.1 Abs. 2 DCGK benannt hat. Gemäß Kodex soll der Aufsichtsrat neben der Altersgrenze auch eine Regelgrenze für die Zugehörigkeitsdauer zum Aufsichtsrat festlegen. Beim Vorschlag zur Wahl neuer Mitglieder soll er sich vergewissern, dass das potentielle Mitglied den zu erwartenden Zeitaufwand aufbringen kann (Ziff. 5.4.1 Abs. 4 DCGK).[262] Hierfür dürfte es genügen, wenn er sich beim Kandidaten über zeitliche Verfügbarkeit und haupt- und nebenamtliche Tätigkeiten informiert.[263]

116 **h) Kredit- und Risikoausschuss.** In der Finanzwirtschaft dienen diese Ausschüsse der Überwachung der Kreditrisiken. In der Regel ist der Ausschussschwerpunkt jedoch die zukunftsbezogene Überwachung von Kredit- und Marktrisiken. Von ihm werden jedoch auch Einzelrisiken behandelt. Neben der Zustimmung zur Kreditgewährung gemäß §§ 89, 115 können auch **Beteiligungskäufe** und **-verkäufe** Gegenstand der Beratung und Beschlussfassung sein. Dazu gehören normalerweise auch die **sonstigen Investitionsentscheidungen** und die **Finanzierung** dieser Aktivitäten.

117 **i) Sonstige Ausschüsse. Sozialausschüsse** befassen sich üblicherweise mit Fragen der betrieblichen Sozialeinrichtungen, Pensionskassen und Arbeitsbedingungen, Anlageausschüsse mit der Kontrolle der Anlagepolitik und der Beratung der Anlagestrategie. **Ausschüsse für Aktienübertragungen** findet man bei Unternehmen, die vinkulierte Aktien ausgegeben haben. **Strategieausschüsse** befassen sich mit der beratenden Kontrolle von Produkt- und Marktkonzepten, Umweltschutz und der Qualitätskontrolle.[264] An Bedeutung haben in der Praxis auch Antikorruptionsausschüsse und Integritätsausschüsse gewonnen.[265] Litigation Committees unter Einbindung der unabhängigen Aufsichtsratsmitglieder werden zuweilen gebildet, um in Fällen schwerwiegender Pflichtverletzungen beim Vorstand den Aufsichtsrat haftungsrechtlich abzusichern.[266]

117a **j) Besonderheiten bei Banken.** Durch die am 1.1.2014 in Kraft getretene KWG-Novelle, die Teil der Umsetzung des CRD-IV-Umsetzungsgesetzes ist, wurden mit § 25d KWG die allgemeinen (Organisations-)Vorgaben des Aktienrechts überlagert. In Abweichung vom aktienrechtlichen Selbstorganisationsrecht des Aufsichtsrates müssen unter anderem Banken[267] einen Risiko-, Prüfungs-, Nominierungs- und Vergütungskontrollausschuss haben. Die dem jeweiligen Ausschuss übertragenen Aufgaben sind abschließend auf diesen verlagert. Unklar bleibt, welche Rolle dem Gesamtaufsichtsrat zukommt und inwieweit eine Rückholkompetenz des Gesamtaufsichtsrates besteht.[268]

118 **k) Differenzierung der Ausschüsse.** In Anlehnung an Abs. 3 kann man die **Funktion** der Ausschüsse in **Vorbereitung, Überwachung** und **Beschlussfassung** einteilen. Eine klare Abgrenzung ist nicht möglich; die Aufgabenbereiche und Funktionen überschneiden sich teilweise. Das Gesetz nennt ausdrücklich die Einsetzung von Ausschüssen zur Vorbereitung von Verhandlungen und Beschlüssen des Aufsichtsrats. Die Ausschüsse sollen zur Erleichterung der Beschlussfassung die Sachlage gründlich und vollständig aufklären, ohne selbst beschließen zu können. Auf Basis dieser Vorbereitung kann dann das Plenum eine sachgerechte Entscheidung treffen, ohne in seiner Beschlussfassung eingeengt zu sein. Die Funktion **überwachender** Ausschüsse besteht darin, die Ausführung der Beschlüsse des Aufsichtsrats zu überwachen oder Teilbereiche intensiver zu kontrollieren.

119 Abs. 3 erlaubt im Umkehrschluss dem Aufsichtsrat, bestimmte Arten von Geschäften zur Beschlussfassung an einen Ausschuss zu überweisen.[269] Nicht delegierbar sind die Geschäfte des Abs. 3 S. 2. Der **Ausschuss entscheidet** über die ihm übertragenen Aufgaben **durch Beschluss.**[270] Er beschließt als Teil des Gesamtaufsichtsrats, seine Beschlüsse binden das Plenum. Fasst er einen Beschluss trotz bestehenden Delegationsverbotes, ist dieser nichtig.[271]

---

261 *Meder* ZIP 2007, 1438 (1442).
262 *Mense/Klie* GWR 2016, 111.
263 *Mense/Klie* GWR 2016, 111; *Rieckers* DB 2015, 2131 (2132).
264 MüKoAktG/*Semler*, 2. Aufl. 2004, Rn. 275.
265 *Roth* ZGR 2012, 343 (361); *Plagemann* NZG 2013, 1293 ff.
266 Spindler/Stilz/*Spindler* Rn. 151; *Freidank/Dürr/Sassen* BB 2013, 2283.
267 Zur näheren Spezifizierung der Unternehmen vgl. § 25d Abs. 3 S. 1 und 2 KWG.
268 *Casper* BB 2014, Nr. 47, Die erste Seite.
269 KK-AktG/*Mertens/Cahn* Rn. 95; Spindler/Stilz/*Spindler* Rn. 91; *Lutter/Krieger/Verse* Rechte und Pflichten Rn. 744.
270 MüKoAktG/*Habersack* Rn. 163 mwN.
271 GroßkommAktG/*Hopt/Roth* Rn. 408; MüKoAktG/*Habersack* Rn. 156.

120 **3. Bestellung von Ausschüssen. a) Bestellungskompetenz des Aufsichtsrats.** Nur der Aufsichtsrat selbst darf Ausschüsse bilden und Ausschussmitglieder bestellen.[272] Im Rahmen seiner **Delegationsautonomie** entscheidet der Aufsichtsrat, ob und welche Ausschüsse gebildet werden, welche Aufgaben und Zuständigkeiten sie haben sollen und ob ihnen Beschlusskompetenz übertragen wird. Insbesondere in großen Unternehmen und dementsprechend großen Aufsichtsräten kann die Pflicht zur ordnungsgemäßen Erledigung der Aufgaben die Bildung eines oder mehrerer Ausschüsse durch den Aufsichtsrat gebieten. Ist im Bestellungsbeschluss die Amtszeit eines Ausschussmitglieds nicht geregelt, so ist anzunehmen, dass die Bestellung bis zum Ablauf der Amtsperiode als Aufsichtsratsmitglied reichen soll.

121 **b) Bestellung durch Beschluss.** Über die Bestellung eines Ausschusses entscheidet der Aufsichtsrat durch Beschluss gemäß § 108 Abs. 1. Der Beschluss über die Bestellung eines Ausschusses und die Bestellung der Mitglieder bedarf der **einfachen Mehrheit** der abgegebenen Stimmen.[273] Die Satzung kann keine qualifizierte Mehrheit fordern,[274] wohl aber die Geschäftsordnung. Entsprechendes gilt für die Wahl der Aufsichtsratsmitglieder.[275] Dies gilt – mit Ausnahme des Vermittlungsausschusses gemäß § 27 Abs. 3 MitbestG – in mitbestimmten und nicht mitbestimmten Gesellschaften.

122 **c) Annahme des Amtes.** Die Bestellung zum Mitglied eines Ausschusses bedarf der Annahme durch das bestellte Aufsichtsratsmitglied.[276] Die Ablehnung des Amtes kann eine Pflichtverletzung darstellen, es sei denn, das Ausschussmitglied ist bereits durch andere Aufgaben innerhalb des Aufsichtsrats überdurchschnittlich belastet.[277] **Besondere Fachkenntnisse** des Aufsichtsratsmitgliedes können in Krisensituationen ebenfalls zur **Annahmepflicht** führen.[278] Belastungen außerhalb des Aufsichtsrats reichen zur Ablehnung eines Amtes nicht aus. Ist das Aufsichtsratsmitglied zeitlich oder kompetenzmäßig nicht in der Lage, sich ordnungsgemäß in die Aufsichtsrats- und Ausschussarbeit einzubringen, muss es sein Aufsichtsratsmandat niederlegen.[279]

123 Der Aufsichtsratsvorsitzende und sein Stellvertreter dürfen ihre Bestellung zu Mitgliedern des Präsidiums bzw. Präsidialausschusses nicht ablehnen, denn ohne sie gibt es kein funktionsfähiges Präsidium bzw. Präsidialausschuss; sie sind „geborene" Mitglieder des Präsidiums.[280] Es ist nicht zulässig, dass der Aufsichtsratsvorsitzende oder sein Stellvertreter durch Nichtannahme dieser Ausschussmitgliedschaft die Bildung eines Präsidiums verhindert und sich damit gegen den Willen des Gesamtaufsichtsrats stellt.[281]

124 **d) Ausschussvorsitzender.** Die Bestellung eines Vorsitzenden oder eines Stellvertreters ist möglich, jedoch nicht zwingend,[282] entspricht jedoch ständiger Praxis. Die Bestellung eines Ausschussvorsitzenden und eines Stellvertreters ist insbesondere in größeren Unternehmen zu empfehlen, um die Ausschussarbeit effizient zu gestalten und die Berichtswege und Verantwortlichkeiten klar festzulegen. Entsprechend der Größe eines Ausschusses und der ihm übertragenen Aufgaben kann die Bestellung eines Vorsitzenden aus Zweckmäßigkeitsüberlegungen geboten sein. Der Aufsichtsrat oder durch Plenumsermächtigung der Ausschuss, jedoch nicht die Satzung, entscheidet über die Bestellung eines Vorsitzenden und eines Stellvertreters.[283] Die Bestellung eines Ausschussvorsitzenden und eines Stellvertreters ist Ausdruck der **Organisationsautonomie** des Aufsichtsrats. Die Geschäftsordnung kann vorsehen, dass der Aufsichtsratsvorsitzende den Vorsitz zu übernehmen hat, wenn er dem Ausschuss angehört. Der Aufsichtsrat kann auch ad hoc ein Ausschussmitglied zum Vorsitzenden bestimmen oder dem Ausschuss selbst die Bestellung eines Vorsitzenden überlassen. Die Bestellung zum Ausschussvorsitzenden oder Stellvertreter erfolgt in mitbestimmtem und in nicht mitbestimmten Unternehmen durch **einfachen Mehrheitsbeschluss;** § 27 Abs. 1 MitbestG ist nicht anwendbar.[284]

---

[272] GroßkommAktG/*Hopt/Roth* Rn. 263.
[273] KK-AktG/*Mertens/Cahn* Rn. 97; GroßkommAktG/*Hopt/Roth* Rn. 264.
[274] KK-AktG/*Mertens/Cahn* Rn. 97; GroßkommAktG/*Hopt/Roth* Rn. 264; Schmidt/Lutter/*Drygala* Rn. 44; MüKoAktG/*Habersack* Rn. 127; MHdB AG/*Hoffmann-Becking* § 32 Rn. 34; aA *Hoffmann/Preu* Rn. 154.
[275] GroßkommAktG/*Hopt/Roth* Rn. 266.
[276] KK-AktG/*Mertens/Cahn* Rn. 115; MüKoAktG/*Habersack* Rn. 129; GroßkommAktG/*Hopt/Roth* Rn. 267.
[277] KK-AktG/*Mertens/Cahn* Rn. 115; GroßkommAktG/*Hopt/Roth* Rn. 267.
[278] MüKoAktG/*Habersack* Rn. 129.
[279] Vgl. dazu *Hommelhoff/Mattheus* AG 1998, 249 (255 f.).
[280] GroßkommAktG/*Hopt/Roth* Rn. 345; MüKoAktG/*Habersack* Rn. 105; Spindler/Stilz/*Spindler* Rn. 124; *Krieger* ZGR 1985, 338 (343 ff.).
[281] Spindler/Stilz/*Spindler* Rn. 124.
[282] KK-AktG/*Mertens/Cahn* Rn. 120; GroßkommAktG/*Hopt/Roth* Rn. 291; Hüffer/*Koch* Rn. 19; Spindler/Stilz/*Spindler* Rn. 110; aA *v. Godin/Wilhelmi* Anm. 9.
[283] MüKoAktG/*Habersack* Rn. 131; KK-AktG/*Mertens/Cahn* Rn. 120; GroßkommAktG/*Hopt/Roth* Rn. 292.
[284] MüKoAktG/*Habersack* Rn. 131; Spindler/Stilz/*Spindler* Rn. 111; KK-AktG/*Mertens/Cahn* Rn. 120.

Die Geschäftsordnung, die Satzung[285] oder ein Ad hoc-Beschluss des Aufsichtsrats können dem Ausschussvorsitzenden ein **Zweitstimmrecht** einräumen,[286] dazu muss der Ausschussvorsitzende nicht zugleich Aufsichtsratsvorsitzender sein.[287] Das Zweitstimmrecht des Ausschussvorsitzenden ist auch in den Fällen, wo noch keine Regelung besteht, nicht durch den Ausschuss selbst zu bestimmen.[288] Das Zweitstimmrecht für den Ausschussvorsitzenden **kann** abweichend von § 29 Abs. 2 MitbestG **so gestaltet werden, dass** die Pattsituation durch die Zweitstimme **bereits in der ersten Abstimmung aufgelöst wird.**[289] Es ist ausgeschlossen dem Vorsitzenden des Vermittlungsausschusses ein Zweitstimmrecht einzuräumen.[290] Schließt die Satzung ein Zweitstimmrecht aus, darf die Geschäftsordnung oder ein Aufsichtsratsbeschluss nichts anderes regeln. 125

e) Stellvertreter. Die Geschäftsordnung oder ein ad hoc-Beschluss des Aufsichtsrats können Vertreter für Ausschussmitglieder bestellen.[291] Das Verbot stellvertretender Aufsichtsratsmitglieder gemäß § 101 Abs. 3 S. 1 greift nicht, da hier ein Aufsichtsratsmitglied durch ein anderes Aufsichtsratsmitglied vertreten wird, während bei dem in § 101 geregelten Fall ein Aufsichtsratsmitglied durch ein Nicht-Organmitglied vertreten werden würde. Die **Bestellung von Stellvertretern** ist **nicht zulässig** für Ausschussmitglieder im **Vermittlungsausschuss** gemäß § 27 Abs. 3 MitbestG; auch die Bestellung durch den Ausschuss selbst oder ein Ausschussmitglied ist unzulässig.[292] 126

f) Zahl der Mitglieder. Wirksame Beschlüsse kann der Ausschuss nur fassen, wenn er die gesetzlichen und satzungsmäßigen Voraussetzungen erfüllt und aus **mindestens drei Mitgliedern** besteht (vgl. § 108 Abs. 2).[293] Umstritten ist die Frage, ob ein Ausschuss auch aus **zwei Personen** bestehen kann. Ein solcher Ausschuss kann nach hM **nur vorbereitende Aufgaben** wahrnehmen, wie zB den Vorschlag des Nominierungsausschusses an das Plenum für die Wahl eines Aufsichtsratsmitglieds durch die Hauptversammlung.[294] Die nur noch von *Semler* vertretene Mindermeinung, die als Begründung anführt, dass ein solcher „Ausschuss" Beschlüsse mit interner Wirkung fassen würde, überzeugt nicht. Entweder fasst der Ausschuss Beschlüsse iSd § 108, dann muss er mit drei Personen besetzt sein, oder er fasst keine solchen Beschlüsse, dann reichen auch zwei Personen aus. Die Einführung einer speziellen Beschlusskategorie sieht das Gesetz nicht vor. Ein Zwei-Personen-Ausschuss ist ein bloßes Vorbereitungsgremium, dessen Aufgaben auch auf ein einzelnes Aufsichtsratsmitglied übertragen werden können.[295] Eine Mindestzahl von drei Ausschussmitgliedern wird auch für den nicht abschließend beschließenden, aber mit abschließender Funktion für einzelne Überwachungsaufgaben betrauten Ausschuss gelten müssen.[296] 127

g) Besetzung der Ausschüsse. Grundsätzlich ist der Aufsichtsrat in der Besetzung der Ausschüsse frei. Das Gesetz gibt nicht vor, wie Ausschüsse zu besetzen sind; der Aufsichtsrat entscheidet nach **pflichtgemäßem Ermessen.**[297] Alle Mitglieder haben das gleiche passive Wahlrecht.[298] Eine Verpflichtung des Aufsichtsrats, die Mitglieder der Ausschüsse ausschließlich nach deren fachlicher Eignung zu besetzen, besteht nicht. Dennoch sind bei der Besetzung vorrangig am Unternehmensinteresse ausgerichtete Eignungsgesichtspunkte und eine sinnvolle und effiziente Ausschussarbeit zu berücksichtigen. 128

---

[285] BGHZ 83, 106 (118 f.) = NJW 1982, 1525 (1527).

[286] Schmidt/Lutter/*Drygala* Rn. 53; KK-AktG/*Mertens/Cahn* Rn. 134; MüKoAktG/*Habersack* Rn. 132; MHdB AG/*Hoffmann-Becking* § 32 Rn. 51; UHH/*Ulmer/Habersack* MitbestG § 25 Rn. 136.

[287] BGHZ 83, 106 (117) = NJW 1982, 1525 (1527); BGHZ 83, 144 (147 ff.) = NJW 1982, 1528 (1529); Spindler/Stilz/*Spindler* Rn. 113.

[288] KK-AktG/*Mertens/Cahn* Rn. 170; MüKoAktG/*Semler,* 2. Aufl. 2004, Rn. 360; aA Spindler/Stilz/*Spindler* Rn. 113 unter Hinweis auf die jederzeit durch Plenarbeschluss abänderbare Geschäftsordnung des Ausschusses.

[289] KK-AktG/*Mertens/Cahn* Rn. 136; MüKoAktG/*Habersack* Rn. 132.

[290] BGHZ 83, 144 (147 f.) = NJW 1982, 1528; UHH/*Ulmer/Habersack* MitbestG § 27 Rn. 20 f.; MüKoAktG/*Habersack* Rn. 123.

[291] KK-AktG/*Mertens/Cahn* Rn. 119; MüKoAktG/*Semler,* 2. Aufl. 2004, Rn. 294; kritischer GroßkommAktG/*Hopt/Roth* Rn. 293.

[292] KK-AktG/*Mertens/Cahn* Rn. 119.

[293] BGHZ 65, 190 (192 f.); BGH AG 1989, 129; AG 1991, 398; MüKoAktG/*Habersack* Rn. 133; Hüffer/*Koch* Rn. 21; KK-AktG/*Mertens/Cahn* Rn. 104, 117; MHdB AG/*Hoffmann-Becking* § 32 Rn. 50; *Lutter/Krieger/Verse* Rechte und Pflichten Rn. 764; *Vetter* in Marsch-Barner/Schäfer HdB AG § 28 Rn. 16.

[294] KK-AktG/*Mertens/Cahn* Rn. 116; Spindler/Stilz/*Spindler* Rn. 98; MüKoAktG/*Habersack* Rn. 133; MHdB AG/*Hoffmann-Becking* § 32 Rn. 19, 36; MüKoAktG/*Semler,* 2. Aufl. 2004, Rn. 297.

[295] Hüffer/*Koch* Rn. 21; aA *Semler* AG 1988, 60 (66 f.).

[296] GroßkommAktG/*Hopt/Roth* Rn. 269; MHdB AG/*Hoffmann-Becking* § 32 Rn. 36; *Lutter/Krieger/Verse* Rechte und Pflichten Rn. 764.

[297] MüKoAktG/*Habersack* Rn. 134; Spindler/Stilz/*Spindler* Rn. 99; Schmidt/Lutter/*Drygala* Rn. 45.

[298] KK-AktG/*Mertens/Cahn* Rn. 121.

129 **aa) Diskriminierungsverbot.** Bei der Ausschussbesetzung sind die Arbeitnehmervertreter angemessen zu beteiligen.[299] Ohne sachlichen Grund dürfen sie nicht von der Ausschussarbeit ausgeschlossen werden.[300] Dem Prinzip der Nichtdiskriminierung kann durch eine **sach- und relationsgerechte Besetzung** der Ausschüsse durch Arbeitnehmer- und Anteilseignervertreter Rechnung getragen werden, dies gilt auch bei einem Stimmenübergewicht der Anteilseignerseite.[301] Ein Verstoß gegen das Gebot der angemessenen Beteiligung wird bei sachlich nicht gerechtfertigter Unterrepräsentation der Arbeitnehmervertreter oder bei vollständiger Besetzung von wichtigen Ausschüssen mit Anteilseignervertretern widerlegbar vermutet.[302] Ein Geschäftsordnungsbeschluss des Aufsichtsrats, der diesem Gebot nicht Rechnung trägt, ist nichtig.[303] Ein Einsetzungsbeschluss des Aufsichtsrats mit einem oder mehreren Mitgliedern, der dem Diskriminierungsverbot nicht gerecht wird, ist dagegen nicht nichtig, sondern als vernichtbar anzusehen.[304]

130 Das Diskriminierungsverbot gilt für grundsätzlich alle Ausschüsse, gleichgültig, ob es sich um beratende oder beschließende Ausschüsse handelt; insbesondere auch für den Personalausschuss (→ Rn. 100), bei dem die Beteiligung der Arbeitnehmerseite besonders nahe liegt. Zumindest wird man es anwenden müssen auf alle abschließend beschließenden Ausschüsse und solche, die eine abschließende Beschlussfassung des Gesamtaufsichtsrates vorbereiten.[305] Bei einem **allein auf Vorüberlegungen beschränkten Ausschuss,** die noch nicht zur endgültigen Entscheidung führen, wird man das **Diskriminierungsverbot** jedoch **nicht anwenden müssen** (für den mitbestimmten Aufsichtsrat aber → Rn. 133).[306] Eine Diskriminierung der Arbeitnehmerseite liegt nicht vor, wenn sie auf eine Beteiligung im Ausschuss verzichtet[307] oder eine Besetzung ausschließlich mit Anteilseignervertretern einstimmig beschlossen wird. Bei der Beurteilung, ob ein Verstoß gegen das Diskriminierungsverbot vorliegt, ist das Eignungsprinzip und die Gesamtverteilung der Ausschussmandate mit zu würdigen. Die Gesamtwürdigung ist entscheidend, auch wenn im Einzelfall ein Ausschuss möglicherweise ungleichgewichtig besetzt ist.

131 **bb) Beteiligung der Arbeitnehmervertreter bei einem Aufsichtsrat gemäß Drittelbeteiligungsgesetz (DrittelbG).** Auch hier gilt das Prinzip der sach- und relationsgerechten Besetzung, auch wenn das DrittelbG eine Beteiligung der Arbeitnehmer in Ausschüssen überhaupt nicht vorsieht.[308] Aus der Tatsache, dass der Vermittlungsausschuss gemäß MitbestG paritätisch zu besetzen ist, ergibt sich nichts anderes, auch kein Anspruch der Arbeitnehmerseite auf mindestens einen Vertreter in jedem Ausschuss.[309] Ein **Ausschluss der Arbeitnehmervertreter von allen Ausschüssen** ohne sachliche Rechtfertigung und eine nicht auf sachlichen Argumenten begründete Unterrepräsentation der Arbeitnehmervertreter im Verhältnis zur Drittelparität im Aufsichtsratsplenum ist **nicht zulässig.**[310]

132 Unstreitig ist, dass Arbeitnehmervertreter auf Grund der Eignung und Fachbezogenheit nicht aus Ausschüssen, die sich mit Arbeitnehmerfragen und Sozialpolitik beschäftigen, ferngehalten werden können, die Beteiligung ist jedoch nicht auf solche Ausschüsse beschränkt.[311] Auch in dem Ausschuss, der die Personalangelegenheiten des Vorstandes behandelt, ist eine Beteiligung der Arbeitnehmerseite angemessen, da im Ausschuss vielfach die Entscheidung fällt, auch wenn das Plenum über die Bestellung der Vorstandsmitglieder beschließt.[312]

133 **cc) Mitbestimmter Aufsichtsrat gemäß MitbestG.** Mit Ausnahme der Vorschriften über den Vermittlungsausschuss gemäß § 27 Abs. 3 MitbestG greift das MitbestG nicht in die Organisationsautonomie des Aufsichtsrats ein. Die Bestellung und Besetzung von Ausschüssen ist Aufgabe des

[299] KK-AktG/*Mertens/Cahn* Rn. 121; MüKoAktG/*Habersack* Rn. 138 f.; GroßkommAktG/*Hopt/Roth* Rn. 274.
[300] *Kirsten* BB 2004, 173 (173 f.).
[301] KK-AktG/*Mertens/Cahn* Rn. 121.
[302] BGHZ 122, 342 (358 ff.) = NJW 1993, 2307 (2311).
[303] BGHZ 122, 342; MüKoAktG/*Habersack* Rn. 141.
[304] KK-AktG/*Mertens/Cahn* Rn. 121.
[305] So auch KK-AktG/*Mertens/Cahn* Rn. 127.
[306] GroßkommAktG/*Hopt/Roth* Rn. 283.
[307] GroßkommAktG/*Hopt/Roth* Rn. 282; Nagel DB 1982, 2677 (2681).
[308] HM, KK-AktG/*Mertens/Cahn* Rn. 123; MHdB AG/*Hoffmann-Becking* § 32 Rn. 39; *Lutter/Krieger/Verse* Rechte und Pflichten Rn. 767.
[309] HM, KK-AktG/*Mertens/Cahn* Rn. 122; noch zu BetrVG 1952 *Zöllner* FS Zeuner, 1994, 161 (164) mwN; aA *Köstler/Zachert/Müller,* Handbuch für die Arbeitnehmervertreter im Aufsichtrat, 2009, Rn. 405.
[310] KK-AktG/*Mertens/Cahn* Rn. 126; GroßkommAktG/*Hopt/Roth* Rn. 278; MüKoAktG/*Habersack* Rn. 137.
[311] GroßkommAktG/*Hopt/Roth* Rn. 278; MHdB AG/*Hoffmann-Becking* § 32 Rn. 39.
[312] BGHZ 122, 342 (360); Spindler/Stilz/*Spindler* Rn. 96; KK-AktG/*Mertens/Cahn* Rn. 125; aA wohl MHdB AG/*Hoffmann-Becking* § 32 Rn. 39.

Aufsichtsrats. Aber auch im Bereich der mitbestimmten Gesellschaften gilt das Prinzip der sach- und relationsgerechten Besetzung der Ausschüsse durch Anteilseigner- und Arbeitnehmervertreter.[313] Die **paritätische Besetzung** des Aufsichtsrats erfordert im Vergleich zum drittelparitätisch besetzten Aufsichtsrat eine **weitergehende Berücksichtigung** der **Arbeitnehmervertreter** in den Ausschüssen.[314]

Auch bei dem paritätisch besetzten Aufsichtsrat hat sich die Ausschussbesetzung vorrangig nach der fachlichen Eignung und der Effizienz der Ausschussarbeit zu orientieren. Eine **unzulässige Diskriminierung** liegt nach der Rechtsprechung jedoch dann vor, wenn die **Arbeitnehmer** insgesamt **erheblich unterrepräsentiert** sind oder **wichtige Ausschüsse ohne ihre Beteiligung** gebildet werden.[315] Das heißt jedoch nicht, dass sämtliche Ausschüsse paritätisch zu besetzen sind.[316] Noch nicht einmal der gesetzlich vorgeschriebene Vermittlungsausschuss ist zwingend paritätisch zu besetzen. Die Organisationsautonomie des Aufsichtsrates wird diesbezüglich nicht eingeschränkt.[317] Sollten jedoch alle Ausschüsse ohne Arbeitnehmerbeteiligung gebildet worden sein, gilt eine Diskriminierungsvermutung[318] mit der Folge, dass das Unternehmen die für den Ausschluss vorliegenden Sachgründe darzulegen und zu beweisen hat. Ein Grundsatz, dass kein Ausschuss gegen die Stimmen der Arbeitnehmervertreter gebildet werden darf und jeder Ausschuss mindestens einen Arbeitnehmervertreter haben muss, existiert nicht. Auch wenn die Anteilseignervertreter in wichtigen beschließenden Ausschüssen die Mehrheit haben, liegt hierin noch kein Verstoß gegen das Diskriminierungsverbot, denn zum einen verfügen die Anteilseigner über das Zweitstimmrecht des Aufsichtsratsvorsitzenden im Plenum, zum anderen besteht durch die Teilnahme zumindest eines Arbeitnehmervertreters kein Informationsdefizit. 134

Bei den **Ausschüssen,** die **nur vorbereitende Funktion** haben, ist im Normalfall die **Beteiligung der Arbeitnehmerseite geboten.** Dies gilt auf jeden Fall für das Präsidium, aber auch für alle Ausschüsse, die Entscheidungen des Plenums vorbereiten, sofern sie die Entscheidung maßgeblich mit beeinflussen oder sogar faktisch präjudizieren, zB der Personalausschuss in Vorstandsangelegenheiten, nicht jedoch beim Nominierungsausschuss. Ausschüsse, die sich als **arbeitnehmerlose Gremien** anbieten können, sind der **Prüfungsausschuss** wegen der erforderlichen Spezialkenntnisse sowie ggf. auch ein **Strategieausschuss** wegen der besonders gebotenen Vertraulichkeit.[319] Bei Finanzinstituten würden sich hierfür mit Blick auf die geforderten Spezialkenntnisse und Sachferne zu arbeitnehmerbezogenen Themen die **Kredit- und Anlageausschüsse** anbieten.[320] 135

h) Arbeitsweise der Ausschüsse. Die Arbeitsweise des Ausschusses unterscheidet sich nicht von der des Plenums. Zur Erfüllung seiner Aufgaben tritt der Ausschuss normalerweise in Sitzungen zusammen. Satzung, Geschäftsordnung und Ad hoc-Beschlüsse des Aufsichtsrats regeln seine Arbeitsweise. 136

aa) Einberufung. Der Ausschussvorsitzende oder im Verhinderungsfalle sein Stellvertreter berufen die Ausschusssitzungen ein. Ist noch kein Ausschussvorsitzender gewählt oder hat der Ausschuss keinen Vorsitzenden, kann die Einberufung auch durch den Aufsichtsratsvorsitzenden im Rahmen seiner allgemeinen Koordinierungsfunktion oder durch jedes Ausschussmitglied erfolgen.[321] Dies gilt auch, wenn der Ausschussvorsitzende verhindert ist.[322] § 110 Abs. 1 und 2 sind entsprechend anzuwenden bzw. die Einberufungsregeln der Satzung oder der Geschäftsordnung für den Aufsichtsrat können entsprechend angewandt werden. Auch hinsichtlich der Form und Frist der Einladung, der Tagesordnung und der Übermittlung der Beschlussvorlagen **gelten die gleichen Regeln wie beim Aufsichtsrat.** Insgesamt haben Formen und Fristen und die sonstigen Formalien einen niedrigeren Stellenwert als beim Plenum. 137

---

[313] BGHZ 122, 342 (355 ff.); OLG München WM 1995, 978 f.; KK-AktG/*Mertens/Cahn* Rn. 126; GroßkommAktG/*Hopt/Roth* Rn. 279; MüKoAktG/*Habersack* Rn. 137.

[314] BGHZ 122, 342 (355 ff.); KK-AktG/*Mertens/Cahn* Rn. 126 mwN; GroßkommAktG/*Hopt/Roth* Rn. 282.

[315] BGHZ 122, 342 (358 ff.) für Personalausschuss; OLG München WM 1995, 978 (979) für Präsidialausschuss; KK-AktG/*Mertens/Cahn* Rn. 126; GroßkommAktG/*Hopt/Roth* Rn. 282.

[316] GroßkommAktG/*Hopt/Roth* Rn. 279 mwN.

[317] GroßkommAktG/*Hopt/Roth* Rn. 280 f.

[318] MüKoAktG/*Habersack* Rn. 138; GroßkommAktG/*Hopt/Roth* Rn. 282; *Vetter* in Marsch-Barner/Schäfer HdB AG § 28 Rn. 18; *Henssler* FS BGH, 2000, 387 (397); *Jaeger* ZIP 1995, 1735 (1737); aA *Zöllner* FS Zeuner, 1994, 161 (185 f.).

[319] *Deckert* ZIP 1996, 985 (990).

[320] MüKoAktG/*Habersack* Rn. 139.

[321] Spindler/Stilz/*Spindler* Rn. 112; KK-AktG/*Mertens/Cahn* Rn. 129; aA für den Aufsichtsratsvorsitzenden MüKoAktG/*Habersack* Rn. 159.

[322] Spindler/Stilz/*Spindler* Rn. 112.

138 **bb) Teilnahme.** Der **Aufsichtsratsvorsitzende** ist, soweit er dem Ausschuss nicht angehört, **teilnahmeberechtigt.** Soweit er kein bestelltes Ausschussmitglied ist, hat er kein Stimmrecht. Neben den bestellten Ausschussmitgliedern sind alle Aufsichtsratsmitglieder ohne Stimmrecht teilnahmeberechtigt, soweit sie nicht vom Aufsichtsratsvorsitzenden von der Teilnahme gemäß § 109 Abs. 2 ausgeschlossen sind (→ § 109 Rn. 14).[323] Nicht ausgeschlossene Ausschussmitglieder haben das Recht auf Erteilung von Abschriften der Sitzungsprotokolle und Einsichtnahme in die Unterlagen des Ausschusses. Der **Vorstand kann** an den Sitzungen **teilnehmen,** lädt der Ausschussvorsitzende ihn ein, muss er teilnehmen.[324] Der Ausschuss kann Sachverständige und Auskunftspersonen zu den Sitzungen hinzuziehen. Vertreter verhinderter Ausschussmitglieder können teilnehmen.

139 **cc) Sitzungsleitung.** Der Ausschussvorsitzende oder sein Stellvertreter leiten die Sitzung; ist kein Vorsitzender bestellt, wählt der Ausschuss aus seiner Mitte einen Versammlungsleiter. Ausschussbeschlüsse sind zu behandeln wie Aufsichtsratsbeschlüsse, es gelten die gleichen Regeln wie bei den Aufsichtsratsbeschlüssen.

140 **dd) Beschlussfähigkeit.** Soweit die Satzung nichts anderes regelt, muss zur Beschlussfähigkeit des Ausschusses **mindestens die Hälfte der Mitglieder,** aus denen er zu bestehen hat, teilnehmen. Entsprechendes gilt für Gesellschaften, die dem Mitbestimmungsgesetz oder dem Montanmitbestimmungsgesetz unterliegen.[325] Nach § 108 Abs. 2 müssen an der **Beschlussfassung mindestens drei Mitglieder** teilnehmen (→ § 108 Rn. 38 f.). Ein beschlussfähiger Ausschuss kann wirksame Beschlüsse fassen, auch wenn der Aufsichtsrat nicht mehr beschlussfähig ist.[326] Zwar kann dann der Aufsichtsrat keine wirksame Kontrolle mehr wahrnehmen und die Entscheidungen nicht mehr durch Beschluss an sich ziehen. Da aber die Beschlussunfähigkeit des Aufsichtsrats normalerweise nur von kurzer Dauer ist, ist es aus praktischen Erwägungen vertretbar, die Beschlussfähigkeit des Ausschusses nicht an die Beschlussfähigkeit des Aufsichtsrats zu binden.

141 **ee) Beschlussfassung.** Beschlüsse werden – sofern gesetzlich nichts anderes geregelt ist – mit **einfacher Mehrheit** der abgegebenen Stimmen sowohl in mitbestimmten als auch in nicht mitbestimmten Unternehmen gefasst.[327] Bei mitbestimmten Gesellschaften sind Satzung und Geschäftsordnung nicht zwingend an § 29 Abs. 2 MitbestG gebunden. Dem Vorsitzenden kann der Stichentscheid bereits für die erste Abstimmung eingeräumt werden.[328] Soweit die Satzung oder die Geschäftsordnung dem Ausschussvorsitzenden kein Zweitstimmrecht einräumen, steht ihm ein solches nicht zu.[329] Bei Stimmengleichheit sind die Beschlussvorlagen abgelehnt. § 108 Abs. 3 – schriftliche Stimmabgabe – und § 108 Abs. 4 – schriftliche Beschlussfassung – sind entsprechend anwendbar.

142 **ff) Protokoll.** Analog § 107 Abs. 2 besteht die Pflicht über die Sitzungen des Ausschusses ein Protokoll zu fertigen (betreffend das Plenum → Rn. 73 ff.).[330] Dieses ist vom Ausschussvorsitzenden zu unterzeichnen; hat der Ausschuss keinen Vorsitzenden, müssen alle Ausschussmitglieder unterzeichnen.[331] Jedes Mitglied des Ausschusses hat ein Recht auf Abschrift.

143 **gg) Satzung und Geschäftsordnung.** Die **Satzung** kann das Verfahren und die Beschlussfähigkeit des Aufsichtsratsausschusses in gleicher Weise regeln wie für den Gesamtaufsichtsrat. **Geschäftsordnung** und **Ad hoc-Beschlüsse** des Aufsichtsrats können ebenfalls **Verfahrensfragen** regeln, zB Beschlussfähigkeit, qualifizierte Mehrheiten, Stichentscheid des Aufsichtsratsvorsitzenden in Ausschüssen und Stichentscheid des Ausschussvorsitzenden.[332]

144 **hh) Allgemeine Kompetenzen.** Der **Ausschuss** hat das **Recht,** soweit die Satzung keine Regelung enthält oder der Aufsichtsrat keine Geschäftsordnung für den Ausschuss erlassen hat, sich eine **eigene Geschäftsordnung zu geben.** Gibt es keine Geschäftsordnung oder Satzungsregelungen für den Ausschuss, gelten die Regelungen der Geschäftsordnung des Aufsichtsrats entsprechend.

---

[323] BGHZ 122, 342 (361) = NJW 1993, 2307.
[324] Hüffer/*Koch* § 109 Rn. 3.
[325] KK-AktG/*Mertens/Cahn* Rn. 132.
[326] KK-AktG/*Mertens/Cahn* Rn. 133; GroßkommAktG/*Hopt/Roth* Rn. 415; MüKoAktG/*Habersack* Rn. 162; *Vallenthin* AcP 153 (1954), 255 (272).
[327] KK-AktG/*Mertens/Cahn* Rn. 134; UHH/*Ulmer/Habersack* MitbestG § 25 Rn. 136; MHdB AG/*Hoffmann-Becking* § 32 Rn. 51.
[328] MüKoAktG/*Habersack* Rn. 132; KK-AktG/*Mertens/Cahn* Rn. 136; MHdB AG/*Hoffmann-Becking* § 32 Rn. 51; UHH/*Ulmer/Habersack* MitbestG § 25 Rn. 136 mwN.
[329] MüKoAktG/*Habersack* Rn. 163.
[330] KK-AktG/*Mertens/Cahn* Rn. 135; MHdB AG/*Hoffmann-Becking* § 32 Rn. 53.
[331] MüKoAktG/*Habersack* Rn. 164.
[332] KK-AktG/*Mertens/Cahn* Rn. 136.

Vorrang hat die Satzung bzw. die Geschäftsordnung des Gesamtaufsichtsrates gegenüber der Geschäftsordnung des Ausschusses.[333]

145 Der Ausschuss kann **aus seiner Mitte Unterausschüsse** bilden und auflösen und die Mitglieder bestellen. Eine Beschlusskompetenz kann auf einen Unterausschuss nicht übertragen werden.[334] Der Unterausschuss berichtet dem Ausschuss. Der Aufsichtsratsvorsitzende ist über die Einrichtung eines Unterausschusses und dessen Aufgaben zu unterrichten.[335]

146 **i) Verhältnis Gesamtaufsichtsrat zu den Aufsichtsratsausschüssen.** Der **Aufsichtsrat** kann einem Ausschuss seine Kompetenzen weder ausschließlich noch unwiderruflich übertragen. Er **kann jederzeit** durch Beschluss die **übertragenen Aufgaben wieder an sich ziehen,**[336] der Entscheidung vorgreifen oder sie aufheben oder abändern. Die Übertragung von Zuständigkeiten begründet keinen Kompetenzverlust des Aufsichtsrats, da er jederzeit wieder eingreifen kann und die delegierte Aufgabe wieder an sich ziehen kann.[337] Gemäß § 107 Abs. 3 S. 3 ist dem Plenum regelmäßig über die Ausschussarbeit zu berichten. Es bleibt daher auch bei Ausschussbildung bei der allgemeinen Ausschussüberwachung durch das Gesamtorgan. Auch wenn der Gesamtaufsichtsrat Aufgaben in Ausschüsse delegiert hat, hat dies keine befreiende Wirkung für die Nicht-Ausschuss-Mitglieder[338] (→ Rn. 179). Den Gesamtaufsichtsrat trifft eine Überwachungspflicht hinsichtlich Funktionsfähigkeit und Arbeit der Ausschüsse. Seine Überwachungsaufgabe erstreckt sich auf Rechtmäßigkeit und Zweckmäßigkeit der Ausschussbildung.[339] Die Ausschüsse haben auf den Willen des Gesamtaufsichtsrats Rücksicht zunehmen.[340] Zeichnet sich im Ausschuss eine Mehrheit ab, die der Mehrheitsmeinung im Plenum widerspricht, so ist die Entscheidung an das Plenum zurück zu delegieren.

147 Hat der kraft Delegation beschließende Ausschuss einer Maßnahme des Vorstands zugestimmt, liegt ein Beschluss des Aufsichtsrats vor, auf dessen Basis der Vorstand berechtigt ist zu handeln. Vorbehaltlich eines Änderungs- oder Aufhebungsbeschlusses durch das Plenum verbleibt es bei der Zustimmung des Ausschusses.[341] Beschließt das Plenum die Aufhebung des Ausschussbeschlusses bevor der Vorstand ihn umsetzen konnte, fehlt ihm die Basis für sein Handeln.

148 **j) Nicht übertragbare Aufgaben.** Eine Delegation von Aufgaben zur ausschließlichen, nicht widerruflichen Wahrnehmung durch einen Ausschuss ist nicht zulässig. Außerdem **verbietet** unter anderem **§ 107 Abs. 3 S. 2** die **Übertragung bestimmter Aufgaben** zur Beschlussfassung auf einen Ausschuss.

149 **aa) Allgemeine Überwachungspflicht.** Die allgemeine Überwachungspflicht ist nicht auf einen Ausschuss delegierbar.[342] Nur aus dieser allgemeinen Überwachungspflicht abgeleitete und konkrete Pflichten sind übertragbar.[343]

150 Zu den wesentlichen Pflichten eines jeden Aufsichtsratsmitglieds gehört die Beschäftigung und kritische Auseinandersetzung mit den Berichten des Vorstands.[344] Eine generelle **Überweisung** der Stellungnahme zu den Berichten des Vorstands an den Ausschuss ist unzulässig;[345] möglich ist jedoch die Beauftragung eines Ausschusses, zu definierten Themen oder Fragen eine **Stellungnahme** abzugeben.[346]

151 Eine generelle Kompetenz zur Entgegennahme der Berichte gemäß § 90 Abs. 1 S. 3 kann einem Ausschuss nicht zugewiesen werden. Der Aufsichtsratsvorsitzende kann jedoch zunächst den zuständigen Ausschuss mit dem Bericht befassen oder veranlassen, dass der Vorstand dem Ausschuss diesen Bericht erstattet.[347] Die Ausübung des Einsichts- und Prüfungsrecht des § 111 Abs. 2 S. 1 ist ebenfalls

---

[333] Spindler/Stilz/*Spindler* Rn. 116.

[334] Spindler/Stilz/*Spindler* Rn. 117.

[335] MüKoAktG/*Semler,* 2. Aufl. 2004, Rn. 392.

[336] OLG Hamburg AG 1996, 84 (85).

[337] BGHZ 89, 48 (55 f.); KK-AktG/*Mertens/Cahn* Rn. 139; MüKoAktG/*Habersack* Rn. 142; MHdB AG/*Hoffmann-Becking* § 32 Rn. 7; *Lutter/Krieger/Verse* Rn. 747.

[338] KK-AktG/*Mertens/Cahn* § 107 Rn. 145; *Gittermann* in Semler/v. Schenck HdB AR § 6 Rn. 100.

[339] *Plagemann* NZG 2014, 1404 (1410 f.).

[340] KK-AktG/*Mertens/Cahn* Rn. 141.

[341] MüKoAktG/*Habersack* Rn. 94.

[342] Spindler/Stilz/*Spindler* Rn. 90; MüKoAktG/*Habersack* Rn. 143.

[343] OLG Hamburg ZIP 1995, 1673 (1675).

[344] KK-AktG/*Mertens/Cahn* Rn. 147.

[345] OLG Hamburg AG 1996, 84 f.; KK-AktG/*Mertens/Cahn* Rn. 146 f.; GroßkommAktG/*Hopt/Roth* Rn. 371.

[346] Vgl. MüKoAktG/*Habersack* Rn. 143; KK-AktG/*Mertens/Cahn* Rn. 146; Spindler/Stilz/*Spindler* Rn. 90; *Vetter* in Marsch-Barner/Schäfer HdB AG § 28 Rn. 11.

[347] GroßkommAktG/*Hopt/Roth* Rn. 370.

nicht generell übertragbar, kann im Einzelfall aber dem sachzuständigen Ausschuss übertragen werden.[348]

152 **bb) Plenarvorbehalt.** § 107 Abs. 3 S. 2 benennt eine Reihe von **Aufgaben, die nicht** zur Beschlussfassung **an einen Ausschuss überwiesen werden dürfen.** Die Regelung wird ergänzt durch einige ungeschriebene Delegationsverbote (→ Rn. 167 ff.).[349]

153 **(1) Aufsichtsratsvorsitzender und Stellvertreter.** Die **Wahl** und **Abberufung** des Aufsichtsratsvorsitzenden und seiner Stellvertreter nach Abs. 1 S. 1 ist dem Aufsichtsratsplenum vorbehalten. Dies gilt ohne ausdrückliche Regelung im Gesetz auch für die Abberufung.[350]

154 **(2) Abschlag auf den Bilanzgewinn (§ 59 Abs. 3).** Gemäß § 59 Abs. 3 muss der Aufsichtsrat einer Abschlagzahlung auf den Bilanzgewinn an die Anteilseigner zustimmen. Die Aufgabe kann nicht übertragen werden.[351] Wird der Abschlag ohne Zustimmung des Plenums gezahlt, ist nur der gutgläubige Empfänger nicht zur Rückzahlung verpflichtet (§ 62 Abs. 1).[352]

155 **(3) Geschäftsordnung für den Vorstand (§ 77 Abs. 2 S. 1).** Gemäß § 77 Abs. 2 S. 1 kann der Aufsichtsrat für den Vorstand eine Geschäftsordnung erlassen. Dieser Beschluss und die Zustimmung zu einer vom Vorstand selbst erlassenen Geschäftsordnung können nicht an einen Ausschuss delegiert werden; eine **Zustimmung des Gesamtaufsichtsrats ist notwendig.** Auch Ergänzungen und Änderungen der vom Aufsichtsrat für den Vorstand erlassenen Geschäftsordnung bedürfen einer Beschlussfassung im Gesamtaufsichtsrat.[353] Der Plenarvorbehalt gilt für alle Festlegungen der Form der Zusammenarbeit innerhalb des Vorstands und zwischen Vorstand und Aufsichtsrat, unabhängig davon, ob sie in der Geschäftsordnung geregelt sind oder nicht, da Anknüpfungspunkt der materielle Gehalt der Regelung ist.[354] Der Plenarvorbehalt gilt damit auch für Regelungen, die sich in sonstigen Beschlüssen wiederfinden.

156 Erlässt der Vorstand die Geschäftsordnung selbst, steht dem **Aufsichtsrat** ein **Eingriffsrecht** zu (→ § 77 Rn. 1 ff.). Der DCGK empfiehlt börsennotierten und kapitalmarktorientierten Unternehmen den Erlass einer Geschäftsordnung, in der die Arbeit des Vorstands, insbesondere die Ressortzuständigkeit einzelner Vorstandsmitglieder, die dem Gesamtvorstand vorbehaltenen Angelegenheiten sowie die erforderliche Beschlussmehrheit bei Vorstandsbeschlüssen (Einstimmigkeit oder Mehrheitsbeschluss) geregelt werden (Ziff. 4.2.1 DCGK).

157 **(4) Bestellung des Vorstands (§ 84).** Die Vorschrift unterscheidet zwischen Bestellung und Anstellung von Vorstandsmitgliedern. Dem Gesamtaufsichtsrat obliegt die Bestellung als **körperschaftlicher Organisationsakt.** Die Beschlussfassung über den Anstellungsvertrag und der Abschluss des Vertrages – mit Ausnahme des Aufgabenbereichs nach § 87 Abs. 1 – kann einem Ausschuss übertragen werden, jedoch nicht einem einzelnen Aufsichtsratsmitglied;[355] der Ausschuss kann beschließen, wenn der Aufsichtsrat die Bestellung bereits beschlossen hat.[356] Liegt noch kein Bestellungsbeschluss vor, kann der Anstellungsvertrag unter der aufschiebenden Bedingung der Bestellung be- und abgeschlossen werden.[357] Dem Bestellungsbeschluss entgegenstehende Vereinbarungen dürfen nicht getroffen werden; der Beschlussfassung durch den Gesamtaufsichtsrat darf auch nicht durch den Anstellungsvertrag vorgegriffen werden. Ergeben sich bei den Vertragsverhandlungen Schwierigkeiten, die zu einer Gefährdung des Vertragsabschlusses führen können, ist zu empfehlen, die Entscheidung über den Anstellungsvertrag an den Aufsichtsrat zurückzugeben. Der Ausschuss kann im Anstellungsvertrag keine Ressortzuweisung für das zu bestellende Vorstandsmitglied festlegen, diese Entscheidung ist alleinige Kompetenz des Gesamtaufsichtsrats.[358] Es bleibt jedoch dem Aufsichtsrat unbenommen die **Vorbereitung von Bestellakten,** wie den aktiven Prozess des Findens des geeigneten Kandidaten, **einem Ausschuss,** meist dem Präsidialausschuss, **zu übertragen.** Für

---

[348] Spindler/Stilz/*Spindler* Rn. 121; GroßkommAktG/*Hopt/Roth* Rn. 372; MüKoAktG/*Habersack* Rn. 143; KK-AktG/*Mertens/Cahn* Rn. 148.

[349] MüKoAktG/*Habersack* Rn. 143 ff.

[350] KK-AktG/*Mertens/Cahn* Rn. 149; Hüffer/*Koch* Rn. 18; GroßkommAktG/*Hopt/Roth* Rn. 377; MHdB AG/*Hoffmann-Becking* § 32 Rn. 9.

[351] MüKoAktG/*Habersack* Rn. 146; GroßkommAktG/*Hopt/Roth* Rn. 378.

[352] KK-AktG/*Mertens/Cahn* Rn. 150; GroßkommAktG/*Hopt/Roth* Rn. 378.

[353] MüKoAktG/*Habersack* Rn. 147.

[354] KK-AktG/*Mertens/Cahn* Rn. 152; GroßkommAktG/*Hopt/Roth* Rn. 379; MüKoAktG/*Habersack* Rn. 147.

[355] OLG Düsseldorf AG 2004, 321 f.; MüKoAktG/*Habersack* Rn. 108.

[356] Vgl. hierzu BGHZ 89, 48 (56); BGHZ 83, 144 (150).

[357] BGHZ 79, 38 (49 f.) = AG 1981, 73; BGHZ 89, 48 (56) = AG 1984, 48 (50); GroßkommAktG/*Hopt/Roth* Rn. 385.

[358] MüKoAktG/*Habersack* Rn. 148; KK-AktG/*Mertens/Cahn* Rn. 154).

börsennotierte und kapitalmarktorientierte Unternehmen enthält Ziff. 5.1.2 S. 5 DCGK einen entsprechenden Hinweis.

(5) Bestellung eines Aufsichtsratsmitglieds zum Vertreter eines Vorstandsmitglieds. Die Bestellung eines Aufsichtsratsmitglieds zum Stellvertreter für ein fehlendes oder verhindertes Vorstandsmitglied gemäß § 105 Abs. 2 ist ebenfalls dem Gesamtaufsichtsrat vorbehalten.[359] In mitbestimmtem Unternehmen erfolgt die Bestellung mit der einfachen Mehrheit nach § 29 MitbestG (aA → § 105 Rn. 16).[360] 158

(6) Verlängerung. Die wiederholte Bestellung und die Verlängerung der Bestellung eines Vorstandsmitglieds bedarf eines weiteren Beschlusses des Plenums (§ 84 Abs. 1 S. 3 iVm § 84 Abs. 1 S. 2).[361] 159

(7) Stellvertretendes Vorstandsmitglied. Die **Ernennung** eines stellvertretenden Vorstandsmitglieds **zum ordentlichen Vorstandsmitglied** bedarf ebenfalls zwingend eines Beschlusses des Gesamtaufsichtsrats;[362] dies gilt auch dann, wenn die Ernennung während einer fünfjährigen Amtszeit des stellvertretenden Vorstandsmitglieds für einen Zeitraum innerhalb der verbleibenden Amtszeit ausgesprochen wird. Zwischen beiden Organstellungen besteht keine Kontinuität. 160

(8) Vorstandsvorsitzender. Die Ernennung zum Vorstandsvorsitzenden und die **Bestellung eines Vorstandssprechers** (§ 84 Abs. 2), die in der Geschäftsordnung des Aufsichtsrats geregelt werden können bedürfen jeweils eines Beschlusses des Gesamtaufsichtsrats und können nicht auf einen Ausschuss delegiert werden (§ 84).[363] 161

(9) Widerruf der Bestellung. Die Bestellung zum Vorstandsmitglied oder Vorstandsvorsitzenden kann nur der Gesamtaufsichtsrat und nicht ein Ausschuss widerrufen.[364] Gleiches gilt auch für das fehlerhaft bestellte Vorstandsmitglied. Für die als zulässig anzusehende **Suspendierung** eines Vorstandsmitgliedes[365] gelten die gleichen Regeln,[366] ansonsten würde der Plenarvorbehalt für die Bestellung von Vorstandsmitgliedern unterlaufen. Die zuvor gemachten Ausführungen gelten auch für die **einvernehmliche Aufhebung der Bestellung.**[367] Widerruft ein Ausschuss die Bestellung eines Vorstandsmitglieds, ist der Widerruf unwirksam und hat auch keine vorläufige Wirksamkeit bis zur Feststellung der Unwirksamkeit gemäß § 84 Abs. 3 S. 4.[368] **Nur** das **Plenum kann** eine **„Rücktrittserklärung"** eines Vorstandsmitglieds im Sinne einer einvernehmlichen Aufhebung der Bestellung wirksam **entgegennehmen.**[369] Die Kündigung durch den Ausschuss ist nur zulässig, wenn das Plenum über die Abberufung beschlossen hat; ansonsten würde der Ausschuss der Entscheidung des Plenums vorgreifen.[370] Da die Kündigung bedingungsfeindlich ist, kann sie auch nicht unter der aufschiebenden Bedingung des Widerrufs der Bestellung erklärt werden.[371] Das Plenum kann aber bereits vor Widerruf der Bestellung den Beschluss fassen und ein Aufsichtsratsmitglied bevollmächtigen, die Kündigung nach dem Widerruf der Bestellung zu erklären.[372] Da auch eine Aufhebung nicht vor Beendigung der Organstellung vereinbart werden kann, wird der **Auflösungsvertrag** in der Praxis oft **unter** der **Bedingung** geschlossen, dass das Plenum den Widerruf beschließt bzw. dem Ausscheiden des Vorstandsmitgliedes zustimmt.[373] Sollte die Abberufung eines Vorstandsmitglieds gerichtlich überprüft werden, ist streitig, ob die Einführung eines Grundes für die Abberufung in den Prozess nur aufgrund eines Plenumsbeschlusses möglich ist.[374] Dies erscheint zu weitge- 162

359 KK-AktG/*Mertens/Cahn* Rn. 155; GroßkommAktG/*Hopt/Roth* Rn. 380; *Lutter/Krieger/Verse* Rn. 462; aA MHdB AG/*Wiesner* § 24 Rn. 31.

360 KK-AktG/*Mertens/Cahn* Rn. 155, § 105 Rn. 18; MHdB AG/*Wiesner* § 24 Rn. 31; aA *Hölters* AktG/*Simons* § 105 Rn. 16; *Hoffmann/Lehmann/Weinmann* § 31 Rn. 41.

361 KK-AktG/*Mertens/Cahn* Rn. 156; MüKoAktG/*Habersack* § 94 Rn. 13; *Lutter/Krieger/Verse* Rechte und Pflichten Rn. 356.

362 KK-AktG/*Mertens/Cahn* Rn. 157; MHdB AG/*Wiesner* § 24 Rn. 27; *Lutter/Krieger/Verse* Rechte und Pflichten Rn. 477.

363 KK-AktG/*Mertens/Cahn* Rn. 158; GroßkommAktG/*Hopt/Roth* Rn. 383.

364 KK-AktG/*Mertens/Cahn* Rn. 159; GroßkommAktG/*Hopt/Roth* Rn. 384; MüKoAktG/*Habersack* Rn. 148.

365 KK-AktG/*Mertens* § 84 Rn. 152; GroßkommAktG/*Hopt/Roth* Rn. 384.

366 OLG München AG 1986, 234 (235); KK-AktG/*Mertens/Cahn* Rn. 159; MüKoAktG/*Habersack* Rn. 148.

367 *Bauer* DB 1992, 1413 (1421); *Westhoff* DB 1980, 2520.

368 KK-AktG/*Mertens/Cahn* Rn. 159.

369 BGHZ 79, 38 = AG 1981, 73; KK-AktG/*Mertens/Cahn* Rn. 159; *Bauer* DB 1992, 1413 (1421).

370 *Bauer* DB 1992, 1413 (1421).

371 MüKoAktG/*Semler*, 2. Aufl. 2004, Rn. 343; GroßkommAktG/*Hopt/Roth* Rn. 386.

372 KK-AktG/*Mertens/Cahn* Rn. 159; GroßkommAktG/*Hopt/Roth* Rn. 386.

373 GroßkommAktG/*Hopt/Roth* Rn. 386.

374 So KK-AktG/*Mertens/Cahn* Rn. 159.

hend. Zweckmäßigerweise wird in einer solchen Situation zu prüfen sein, ob der vom Gesamtaufsichtsrat gefasste Beschluss nicht so auszulegen ist, dass auch der neue Abberufungsgrund von der Plenarentscheidung erfasst war.[375]

163 **(10) Festsetzung und Herabsetzung der Gesamtbezüge (§ 87 Abs. 1, Abs. 2 S. 1 und 2).** Zur Verbesserung der Transparenz der Vergütungsfestsetzung obliegt seit der Einführung des VorstAG vom 31.7.2009 (BGBl. I S. 2509) die Kompetenz zur Festsetzung und Herabsetzung der Vorstandsbezüge dem Aufsichtsratsplenum (→ Rn. 100; → § 116 Rn. 24).

164 **(11) Einberufung der Hauptversammlung (§ 111 Abs. 3).** Die Einberufung der Hauptversammlung aus Gründen des Gesellschaftswohls kann nur der Gesamtaufsichtsrat beschließen und nicht ein Ausschuss. Dies ist zwingendes Recht. Die Satzung kann darüber hinaus nach § 121 weitere Einberufungspflichten begründen und die Einberufung der Hauptversammlung durch einzelne Aufsichtsratsmitglieder oder einen Ausschuss zulassen;[376] die Zuständigkeit der Einberufung der Hauptversammlung **zur Wahrung des Gesellschaftswohls** verbleibt gleichwohl beim **Plenum.**

165 **(12) Prüfung von Jahresabschluss, Lagebericht und Verwendung des Bilanzgewinns (§§ 171, 314 Abs. 2 und 3).** Die **Vorbereitung** der Prüfung kann **durch** einen **Ausschuss** erfolgen. Die **Beschlussfassung** über die Prüfung des Jahresabschlusses, den Lagebericht und den Vorschlag für die Verwendung des Bilanzgewinns und eventuell über den Bericht über die Beziehungen zu verbundenen Unternehmen (§ 314) sowie zur Überprüfung des gesonderten nichtfinanziellen Berichts (§ 289b HGB) und des gesonderten nichtfinanziellen Konzernberichts (§ 315b HGB) – Änderungen aufgrund des CSR-RL-Umsetzungsgesetzes vom 11.4.2017, BGBl. I S. 802, 812 (→ § 111 Rn. 67a) – hat durch den **Gesamtaufsichtsrat** zu erfolgen. Das Plenum muss sich auch bei zulässiger Vorprüfung durch einen Ausschuss ein eigenständiges Urteil bilden, denn die Prüfung des Jahresabschlusses wie des Prüfungsberichts ist ein wesentlicher Teil der allgemeinen Überwachungspflicht des Aufsichtsrats.[377] Der Beschluss, die Feststellung des Jahresabschlusses der Hauptversammlung zu überlassen (§ 172), bedarf ebenso wie die Entscheidung nach § 170 Abs. 3 S. 2 nur den Ausschussmitgliedern die Vorlagen und Prüfungsberichte zu übermitteln, ebenfalls eines Beschlusses des Gesamtaufsichtsrats.[378] Die **Delegation** der **Erteilung des Prüfungsauftrages** an einen Ausschuss (Prüfungsausschuss) ist nach hier vertretener Auffassung (→ § 111 Rn. 61) **zulässig.**

166 **(13) Zustimmungskatalog.** Die Satzung oder der Aufsichtsrat kann bestimmte Arten von Geschäften für zustimmungsbedürftig erklären (§ 111 Abs. 4 S. 2), üblicherweise geschieht dies im Zustimmungskatalog der Geschäftsordnung des Aufsichtsrats. Ein solcher Beschluss über die grundsätzliche Zustimmungsbedürftigkeit bestimmter Geschäfte kann nur vom Plenum gefasst werden.[379] Die **Zustimmung zu den Einzelgeschäften kann** nach allgemeiner Meinung einem **Ausschuss übertragen werden.**[380] Stimmt der Ausschuss nicht zu und will der Vorstand eine Entscheidung der Hauptversammlung herbeiführen, so sollte der Gesamtaufsichtsrat vorab mit der Angelegenheit befasst werden.[381] Soll die Zustimmung des Aufsichtsrats in Form einer allgemeinen Ermächtigung für einen bestimmten Kreis von zustimmungspflichtigen Geschäften im Voraus erteilt werden, so kann dies auch durch einen Ausschuss erfolgen.[382]

167 **cc) Weitere nicht gesetzlich geregelte dem Gesamtaufsichtsrat vorbehaltene Entscheidungen.** In den nachfolgenden aufgezeigten Fällen ist ebenfalls die Beschlussfassung des Plenums erforderlich.

168 **(1) Allgemeines.** Über den Katalog der nicht delegierbaren Aufgaben heraus gibt es weitere, ungeschriebene **Delegationsverbote,** die sich aus der **Natur der Sache** ergeben, wie zB das Verbot der Übertragung der kompletten Überwachungs- und Beratungsfunktion auf einen Ausschuss.[383]

---

[375] So iErg GroßkommAktG/*Hopt/Roth* Rn. 384.

[376] KK-AktG/*Mertens/Cahn* Rn. 164; GroßkommAktG/*Hopt/Roth* Rn. 388; MüKoAktG/*Habersack* Rn. 151.

[377] RGZ 93, 338 (340); KK-AktG/*Mertens/Cahn* Rn. 165; Hüffer/*Koch* § 171 Rn. 12.

[378] GroßkommAktG/*Hopt/Roth* Rn. 389; MüKoAktG/*Habersack* Rn. 152; nur für § 172 KK-AktG/*Mertens/Cahn* Rn. 165.

[379] OLG Hamburg AG 1996, 84.

[380] BGH AG 1991, 398 = ZIP 1991, 869; KK-AktG/*Mertens/Cahn* Rn. 167; GroßkommAktG/*Hopt/Roth* Rn. 392.

[381] MüKoAktG/*Habersack* Rn. 153; KK-AktG/*MertensCahn* Rn. 167; GroßkommAktG/*Hopt/Roth* Rn. 392.

[382] KK-AktG/*Mertens/Cahn* Rn. 167.

[383] MüKoAktG/*Habersack* Rn. 143; Spindler/Stilz/*Spindler* Rn. 90.

Hierzu zählen ferner die Stellungnahme zu Vorstandsberichten, die generelle Ausübung des Einsichts- und Prüfungsrechts nach § 111 Abs. 2 S. 1, 2, die Einleitung und Durchführung interner Untersuchungen zu definierten Sachverhalten sowie die allgemeine Beratungsaufgabe des Aufsichtsrates.[384] Es gibt jedoch keinen Grundsatz, wonach alle wesentlichen Entscheidungen dem Gesamtaufsichtsrat vorbehalten bleiben.[385]

(2) Organisationsautonomie, Ausschussbildung und -auflösung. Sämtliche die innere Organisation betreffende Angelegenheiten sind nicht delegierbar.[386] Zur Kategorie der nicht übertragbaren Aufgaben gehört weiterhin die Befugnis zum Erlass einer Geschäftsordnung für den Aufsichtsrat sowie zur Bildung und Auflösung von Ausschüssen (→ Rn. 177 f.).[387] – beides Ausfluss der Selbstorganisation des Aufsichtsrates – und zur Abgabe der Entsprechenserklärung nach § 161.[388] Das Delegationsverbot gilt jedoch nur soweit dem Ausschuss anstelle des Plenums die Beschlusskompetenz übertragen werden soll; für vorbereitende oder ausführende Handlungen der Ausschüsse gilt es nicht.[389] 169

Hat der Aufsichtsrat keine Geschäftsordnung erlassen, **können** sich die **Ausschüsse** selbst eine **Geschäftsordnung geben** (→ Rn. 144).[390] Die Kompetenz der Ausschüsse umfasst jedoch nicht die Errichtung eines Zweitstimmrechts für den Ausschussvorsitzenden[391] oder die eigenständige Regelung der Beschlussfähigkeit. Der Gesamtaufsichtsrat kann jederzeit einzelne Bestimmungen der Geschäftsordnung, die sich ein Ausschuss gegeben hat, aufheben oder ändern.[392] Gibt sich der Ausschuss keine Geschäftsordnung, gilt für den Ausschuss die Geschäftsordnung des Gesamtaufsichtsrates entsprechend.[393] 170

(3) Abberufung des Aufsichtsratsvorsitzenden und seiner Stellvertreter. Entsprechend der gesetzlichen Regelung zur Wahl (§ 107 Abs. 1 S. 1) kann die Abberufung des Aufsichtsratsvorsitzenden und seiner Stellvertreter nur durch den Gesamtaufsichtsrat erfolgen.[394] 171

(4) Weitere Fälle. Weitere Fälle sind der Antrag auf gerichtliche Abberufung eines Aufsichtsratsmitglieds aus wichtigem Grund (§ 103 Abs. 3) und die Beanstandung und abschließende Stellungnahme des Aufsichtsrats nach § 4 Abs. 4 und Abs. 5 MontanMitbestErgG. 172

dd) Vorbereitung des Plenarbeschlusses. Die in § 107 Abs. 3 S. 2 genannten Aufgaben können einem Ausschuss nicht zur Beschlussfassung übertragen werden. Sind Ausschüsse in die Vorbereitung oder Vorprüfung solcher Plenarentscheidungen miteinbezogen, dürfen und müssen sie Entscheidungen fällen, um die endgültige Beschlussfassung des Aufsichtsrats auf eine effiziente und arbeitsökonomische Weise vorzubereiten.[395] Gerade bei Personalentscheidungen ist es notwendig, die Kandidatenliste auf drei oder fünf Bewerber einzugrenzen; die Entscheidungen hierzu können vom Ausschuss getroffen werden, denn die Bestellungskompetenz verbleibt beim Gesamtaufsichtsrat. Dieser kann selbstverständlich alle Entscheidungen des Ausschusses abändern oder aufheben.[396] Die Einbeziehung der Ausschüsse in die Aufsichtsratsarbeit zur Steigerung der Effizienz und zur Behandlung komplexer Sachverhalte ist auch Gegenstand der Ziff. 5.3.1–5.3.3 DCGK. 173

k) Berichtsanspruch von Ausschüssen gegenüber dem Vorstand. Das Gesetz (§ 90 Abs. 3) gewährt ausdrücklich nur dem **Aufsichtsrat** einen Berichterstattungsanspruch. Den **Ausschüssen** und deren **Mitgliedern** ist, innerhalb ihrer Zuständigkeiten, entsprechend § 90 Abs. 3 ebenfalls 174

---

[384] MüKoAktG/*Habersack* Rn. 143.

[385] OLG Hamburg ZIP 1995, 1673 (1675) mBespr *Jaeger* ZIP 1995, 1735 ff.; Spindler/Stilz/*Spindler* Rn. 90, KK-AktG/*Mertens/Cahn* Rn. 169; MüKoAktG/*Habersack* Rn. 142.

[386] KK-AktG/*Mertens/Cahn* Rn. 168; GroßkommAktG/*Hopt/Roth* Rn. 396; MüKoAktG/*Habersack* Rn. 144.

[387] GroßkommAktG/*Hopt/Roth* Rn. 397; KK-AktG/*Mertens/Cahn* Rn. 170 f.; MüKoAktG/*Habersack* Rn. 144; UHH/*Ulmer/Habersack* MitbestG § 25 Rn. 131.

[388] Hüffer/*Koch* § 161 Rn. 13; MüKoAktG/*Habersack* Rn. 144; *Vetter* in Marsch-Barner/Schäfer HdB AG § 28 Rn. 10.

[389] Spindler/Stilz/*Spindler* Rn. 91; KK-AktG/*Mertens/Cahn* Rn. 176; *Lutter/Krieger/Verse* Rechte und Pflichten Rn. 745.

[390] MüKoAktG/*Habersack* Rn. 158; KK-AktG/*Mertens/Cahn* Rn. 170; MHdB AG/*Hoffmann-Becking* § 32 Rn. 45.

[391] MüKoAktG/*Habersack* Rn. 163, 132.

[392] KK-AktG/*Mertens/Cahn* Rn. 170; GroßkommAktG/*Hopt/Roth* Rn. 211; MüKoAktG/*Habersack* Rn. 158.

[393] MüKoAktG/*Habersack* Rn. 158.

[394] KK-AktG/*Mertens/Cahn* Rn. 159; MüKoAktG/*Habersack* Rn. 148 f.

[395] KK-AktG/*Mertens/Cahn* Rn. 176 f.; *Lutter/Krieger/Verse* Rechte und Pflichten Rn. 745, 784 mit Hinweis auf ausreichenden Informationsfluss zwischen Ausschuss und Plenum.

[396] HM, KK-AktG/*Mertens/Cahn* Rn. 177; *Lutter/Krieger/Verse* Rechte und Pflichten Rn. 747 f.

ein **Berichterstattungsanspruch** einzuräumen.[397] Die Anforderung eines Berichtes setzt einen Beschluss voraus, dh ein Ausschuss muss aus mindestens drei Mitgliedern bestehen, die an der Beschlussfassung teilnehmen.[398] Bei einem „Zwei-Personen-Ausschuss" kann allenfalls entsprechend § 90 Abs. 3 S. 2 eine Berichterstattung durchgesetzt werden.[399] Die **Berichterstattung** kann **direkt dem Ausschussvorsitzenden** oder den sie beantragenden Aufsichtsratsmitgliedern übermittelt werden, die sie an die Ausschussmitglieder weiterleiten.[400] Die Gegenmeinung, die auch in diesen Fällen die direkte Berichterstattung an den Aufsichtsratsvorsitzenden verlangt, der die Berichte an den Ausschuss weiterzuleiten hat,[401] erscheint zu formalistisch und wenig praxisnah. Es wird ausreichen, wenn der Aufsichtsratsvorsitzende vom Ausschussvorsitzenden eine Kopie erhält. Nach hM steht dem Ausschuss nicht generell ein Einsichts- und Prüfungsrecht nach § 111 Abs. 2 S. 1 zu, er kann aber durch Plenumsbeschluss dazu ermächtigt werden.[402] Hat der Aufsichtsrat einen bestimmten Aufgabenkreis an einen Ausschuss delegiert, erfüllt der Vorstand seine Berichtspflicht, in dem er den Ausschuss informiert.[403] Das Plenum kann dann noch diejenigen Informationen verlangen, die zur ordnungsgemäßen Erfüllung der allgemeinen Überwachungspflicht notwendig sind.[404]

175 **l) Delegation auf ein Aufsichtsratsmitglied.** Die Übertragung von Aufgaben an ein einzelnes Aufsichtsratsmitglied regelt das Gesetz nicht. § 111 Abs. 2 S. 2 ermöglicht dem Aufsichtsrat, einzelne Mitglieder mit der Prüfung der Bücher, Schriften und Vermögensgegenstände zu beauftragen.[405] Da die Vorschrift nicht abschließend ist, können einzelnen Mitgliedern auch weitere konkret beschriebene Aufgaben zur Vorbereitung, Ausführung und Überwachung von Aufsichtsratsbeschlüssen übertragen werden.[406] Aus der allgemeinen Kontroll- und Organisationspflicht des Aufsichtsrats folgt, dass eine **Delegation auf ein einzelnes Aufsichtsratsmitglied besondere sachliche Gründe voraussetzt.** Da bei Delegation auf ein Mitglied die Kontrolle durch die übrigen Kollegen fehlt, bedarf es schon aus Haftungsgründen einer verstärkten Beobachtung durch das Plenum.[407]

176 Ein **einzelnes Aufsichtsratsmitglied** kann **keine Beschlusskompetenz** erhalten.[408] Wird ihm eine versteckte Beschlusskompetenz, etwa durch Mantelbeschlüsse, die ihm wesentliche Entscheidungen überlassen, ohne seinen Handlungsspielraum einzuengen, zuerkannt, liegt ein Verstoß gegen die Organisationspflicht vor mit der Folge der Nichtigkeit, die für alle Fälle unzulässiger Delegation greift.[409]

177 **m) Auflösung.** Die Ausschüsse haben kein **Selbstauflösungsrecht,** dies ist **dem Plenum vorbehalten.**[410] Bei auf Dauer eingerichteten Ausschüssen erfolgt die Auflösung, soweit die Satzung nichts anderes regelt, durch Beschluss des Plenums **mit einfacher Mehrheit.**[411] Die Ausschussmitglieder können über den Auflösungsbeschluss mitstimmen. Der **Vermittlungsausschuss** gemäß § 27 Abs. 3 MitbestG **kann nicht aufgelöst werden,** seine Existenz ist zwingend. Es können nur die bestellten Mitglieder abberufen und ersetzt werden. Ad hoc-Ausschüsse lösen sich entweder durch Erfüllung ihrer Aufgabe auf oder werden vorzeitig durch Plenarbeschluss aufgelöst.

178 Ist ein Ausschuss in der Geschäftsordnung geregelt und scheiden einzelne oder alle Ausschussmitglieder aus dem Aufsichtsrat aus, so bleibt der Ausschuss weiter bestehen, es sei denn, der neubesetzte Aufsichtsrat beschließt die Auflösung, ansonsten beschließt er über die Neubesetzung. Die Geschäftsordnung kann die personelle Zusammensetzung des Ausschusses nicht regeln.[412] Die **Amtszeit** des **Ausschussmitglieds** kann in der **Geschäftsordnung** oder im **Bestellungsbeschluss** bestimmt

[397] KK-AktG/*Mertens/Cahn* Rn. 157; GroßkommAktG/*Hopt/Roth* Rn. 433; MüKoAktG/*Habersack* Rn. 167.
[398] MüKoAktG/*Habersack* Rn. 133.
[399] KK-AktG/*Mertens/Cahn* Rn. 137; GroßkommAktG/*Hopt/Roth* Rn. 434.
[400] So MüKoAktG/*Habersack* Rn. 167; GroßkommAktG/*Hopt/Roth* Rn. 434; für die Berichterstattung an den Aufsichtsratsvorsitzenden KK-AktG/*Mertens/Cahn* Rn. 137; *Mertens* AG 1980, 67, 73.
[401] KK-AktG/*Mertens/Cahn* Rn. 137.
[402] MüKoAktG/*Habersack* Rn. 167; KK-AktG/*Mertens/Cahn* Rn. 137; GroßkommAktG/*Hopt/Roth* Rn. 434; *Lutter/Krieger/Verse* Rechte und Pflichten Rn. 241 f.
[403] GroßkommAktG/*Hopt/Roth* Rn. 443; KK-AktG/*Mertens/Cahn* Rn. 138.
[404] KK-AktG/*Mertens/Cahn* Rn. 138.
[405] Spindler/Stilz/*Spindler* Rn. 43.
[406] GroßkommAktG/*Hopt/Roth* Rn. 452; KK-AktG/*Mertens/Cahn* Rn. 181; Hüffer/*Koch* Rn. 21.
[407] KK-AktG/*Mertens/Cahn* Rn. 181; MüKoAktG/*Semler,* 2. Aufl. 2004, Rn. 396.
[408] GroßkommAktG/*Hopt/Roth* Rn. 452.
[409] GroßkommAktG/*Hopt/Roth* Rn. 408; MüKoAktG/*Habersack* Rn. 156.
[410] MüKoAktG/*Habersack* Rn. 170; KK-AktG/*Mertens/Cahn* Rn. 115.
[411] BGHZ 89, 48 (55 f.); KK-AktG/*Mertens/Cahn* Rn. 115; MüKoAktG/*Habersack* Rn. 170.
[412] KK-AktG/*Mertens/Cahn* Rn. 98.

werden. Mangels expliziter Regelung ist sie identisch mit der Amtsperiode des Plenums.[413] Dies entspricht gängiger Praxis, obwohl auch die alljährliche Ausschussneubesetzung nach Veränderung der Aufsichtsratsbesetzung aufgrund Hauptversammlungsbeschlusses möglich ist. Bei Wiederwahl in den Aufsichtsrat muss das Aufsichtsratsmitglied neu in den Ausschuss gewählt werden, die Geschäftsordnung kann nichts Abweichendes regeln.[414]

n) Haftung. Die **Delegation von Aufgaben** an einen Ausschuss befreit die Mitglieder des Aufsichtsrats nicht von ihrer allgemeinen Überwachungspflicht gegenüber dem Vorstand und der Pflicht zur sorgfältigen, effizienten Organisation der Aufsichtsratsarbeit.[415] Sie **hat** jedoch **für** die **Nichtausschussmitglieder eine gewisse Haftungsentlastung zur Folge.**[416] Die Aufsichtsratsmitglieder haben sich jedoch ständig darüber auf dem Laufenden zu halten, dass die Ausschussmitglieder ihrer Aufgabenerfüllung gerecht werden und haben daher eine **Pflicht zur sachgemäßen Organisation und Überwachung der Ausschüsse.**[417] Wenn es keine Anzeichen für Fehlverhalten oder Unzulänglichkeiten gibt, sind die übrigen Mitglieder des Aufsichtsrates berechtigt, sich auf die Ausschussarbeit zu verlassen.[418] Sollten sich diese Anzeichen verdichten, besteht jedoch die Pflicht die delegierte Aufgabe an das Plenum zurück zu delegieren oder den Ausschuss neu zu organisieren.[419] 179

Die zum Teil erfolgte Differenzierung und Abschichtung der Pflichten der Nichtausschussmitglieder abhängig von der Tatsache, ob es sich um einen beschließenden oder vorbereitenden Ausschuss handelt[420] wird hier nicht für zutreffend gehalten, da das **Plenum sich** auch bei lediglich vorbereitend tätigen Ausschüssen gerade **auf** diese **Vorarbeiten,** die es seiner Entscheidung zugrunde legt, **verlassen können muss,** so dass auch in diesen Fällen, in denen kein Zweifel an der Plausibilität der Vorarbeiten besteht, die Verantwortung der übrigen Aufsichtsratsmitglieder gegenüber der der Ausschussmitglieder zurücktritt.[421] 180

IV. Arbeit des Aufsichtsrats

1. Geschäftsordnung. a) Allgemeines. Das AktG fordert nicht, dass der Aufsichtsrat eine Geschäftsordnung haben muss. Ziff. 5.1.3 DCGK empfiehlt jedoch börsennotierten und kapitalmarktorientierten Gesellschaften, dass der Aufsichtsrat sich eine Geschäftsordnung geben soll.[422] Die Geschäftsordnung ist das **wesentliche Instrument der Selbstorganisation** des Aufsichtsrats. Die Geschäftsordnung kann zumindest teilweise in der Satzung festgelegt werden.[423] Der Aufsichtsrat kann sich, sofern die Satzung nichts vorgibt, selbst nach eigenem pflichtgemäßen Ermessen[424] eine Geschäftsordnung geben. Diese kann die Satzung ergänzen und wie diese Verfahrensfragen regeln.[425] Die Satzung darf unter Beachtung der Organisationsautonomie des Aufsichtsrates auch die Arbeitsweise des Aufsichtsrates, insbesondere Verfahrensfragen zur Beschlussfassung im Gesamtgremium und den Ausschüssen vorschreiben und muss den Gleichbehandlungsgrundsatz der Aufsichtsratsmitglieder beachten.[426] Üblicherweise enthält die Satzung organisatorische Grundsätze und überlässt dem Aufsichtsrat die Ausgestaltung. 181

Hinsichtlich der Ausschussarbeit kann nur die Geschäftsordnung regeln, welche Ausschüsse mit welcher Aufgabenstellung und welchen Befugnissen eingesetzt werden, da dies gesetzlich der Organisationsautonomie des Aufsichtsrates vorbehalten ist.[427] Sie kann die Anzahl der Ausschussmitglieder und die Dauer des Ausschusses festlegen sowie abstrakt bestimmen, wer Ausschussvorsitzender wird. Nicht vorsehen darf sie, wer konkret von den Aufsichtsratsmitgliedern einem Ausschuss angehört. 182

---

[413] KK-AktG/*Mertens/Cahn* Rn. 98; GroßkommAktG/*Hopt/Roth* Rn. 290; *Lutter/Krieger/Verse* Rechte und Pflichten Rn. 769.

[414] MüKoAktG/*Habersack* Rn. 130; mit Einschränkungen GroßkommAktG/*Hopt/Roth* Rn. 354.

[415] KK-AktG/*Mertens/Cahn* Rn. 179.

[416] MüKoAktG/*Habersack* Rn. 169; *Lanfermann/Röhricht* BB 2009, 887 (889).

[417] OLG Hamburg ZIP 1995, 1673 (1676); KK-AktG/*Mertens/Cahn* Rn. 179; *v. Godin/Wilhelmi* Anm. 7; GroßkommAktG/*Hopt/Roth* Rn. 449 f.; *Habersack* ZSR 124 (2005) II, 533 (554).

[418] OLG Hamburg AG 1996, 84 (85).

[419] GroßkommAktG/*Hopt/Roth* Rn. 450.

[420] MüKoAktG/*Semler,* 2. Aufl. 2004, Rn. 398 ff.; ähnlich GroßkommAktG/*Hopt/Roth* Rn. 449.

[421] So auch MüKoAktG/*Habersack* Rn. 169.

[422] *Hommelhoff/Mattheus* AG 1998, 249 (254).

[423] BGHZ 83, 106 (119) = AG 1982, 218 (221); MüKoAktG/*Habersack* Rn. 172; GroßkommAktG/*Hopt/Roth* Rn. 207; KK-AktG/*Mertens/Cahn* Rn. 182.

[424] Spindler/Stilz/*Spindler* Rn. 10, 182.

[425] Spindler/Stilz/*Spindler* Rn. 13; MüKoAktG/*Habersack* Rn. 175; KK-AktG/*Mertens/Cahn* Rn. 186 f.

[426] MüKoAktG/*Habersack* Rn. 172 f.; GroßkommAktG/*Hopt/Roth* Rn. 210; Spindler/Stilz/*Spindler* Rn. 13.

[427] KK-AktG/*Mertens/Cahn* Rn. 182 iVm Rn. 95; MüKoAktG/*Habersack* Rn. 171 ff.; Rn. 97 f.

Daher ist nach umstrittener, aber zutreffender Ansicht die Ausschussbesetzung in den Fällen, in denen für den Aufsichtsrat eine einheitliche Amtsperiode gilt, für jede neue Amtsperiode des Aufsichtsrates neu festzulegen (→ Rn. 185).[428] Die **Satzung kann** eine bestimmte **gruppenmäßige Zusammensetzung** eines Ausschusses **nicht vorgeben,** da sie damit in die Organisationsautonomie des Aufsichtsrates eingreift. Nach hM ist es jedoch **zulässig,** in der Geschäftsordnung die **Zusammensetzung** eines Ausschusses **abstrakt zu bestimmen,** wie etwa, dass dem Ausschuss der Aufsichtsratsvorsitzende, sein Stellvertreter und je ein Mitglied der Eigner- und der Arbeitnehmerseite angehören müssen.[429]

183 **b) Erlasskompetenz.** Soweit die Geschäftsordnung nicht in der Satzung festgelegt ist, kann sich der Aufsichtsrat im Rahmen seiner Organisationsautonomie mit **einfacher Mehrheit** eine **Geschäftsordnung** geben.[430] Das Einstimmigkeitsprinzip des § 77 Abs. 2 S. 3 gilt nicht analog, da die Grundsätze der gemeinsamen Geschäftsführung für den Aufsichtsrat nicht anwendbar sind.[431] Entsprechendes gilt für Aufhebung und Änderung.[432] Der Aufsichtsrat darf eine in der Satzung festgelegte Geschäftsordnung durch eigene Regelungen ergänzen. Fragen der Organisationsautonomie des Aufsichtsrates sind der Geschäftsordnung vorbehalten. Eine **zulässige Satzungsregelung verdrängt** jedoch die **Geschäftsordnung** des Aufsichtsrates oder einen entsprechenden **Aufsichtsratsbeschluss.**[433]

184 **c) Änderung und Aufhebung.** Der Aufsichtsrat beschließt mit **einfacher Mehrheit** über die Änderung und Aufhebung der Geschäftsordnung. Weder die Satzung noch der Aufsichtsrat selbst können eine qualifizierte Mehrheit fordern. Dies gilt auch in nicht mitbestimmten Gesellschaften.[434] Im Falle eines Patts kann in **mitbestimmten Gesellschaften** der Vorsitzende von seinem **Zweitstimmrecht** Gebrauch machen; in nicht mitbestimmten Gesellschaften nur, wenn die Satzung das Zweitstimmrecht vorsieht.

185 **d) Geltungsdauer.** Eine Geschäftsordnung, die der Aufsichtsrat sich selbst gegeben hat, bleibt auch **über die Amtsperiode in Kraft** und zwar bis zu dem Zeitpunkt, indem der Aufsichtsrat eine Änderung oder Aufhebung beschließt.[435] Ein Mitgliederwechsel im Aufsichtsrat hat keinen Einfluss auf die Geltungsdauer der Geschäftsordnung.

186 **e) Inhalt.** Gegenstand der Geschäftsordnung sind die **innere Ordnung** und **Funktionsweise des Aufsichtsrats.** In der Praxis enthält die Geschäftsordnung des Aufsichtsrats Regelungen über Zahl und Rangfolge der Stellvertreter, Definitionen des Begriffs „Verhinderung", Einberufung der Sitzungen, Behandlung der Tagesordnung, Sitzungsablauf, Vertagung, Teilnahme der Vorstandsmitglieder, Art und Weise der Abstimmung, Zustimmungskatalog, Bildung und Arbeitsweise von Ausschüssen.[436]

187 **f) Folgen der Verletzung der Geschäftsordnung.** Ein Aufsichtsratsbeschluss, der gegen eine in der Satzung enthaltene Geschäftsordnungsregelung verstößt, ist fehlerhaft und kann zur **Nichtigkeit** führen, **es sei denn,** es handelt sich um eine **Ordnungsvorschrift,** deren Verletzung ohne materielle Folgen bleibt (zur Fehlerhaftigkeit von Aufsichtsratsbeschlüssen → § 108 Rn. 61 ff.).[437] Setzt der Aufsichtsrat sich über eine vom ihm selbst erlassene Bestimmung der Geschäftsordnung hinweg, so

---

[428] Wie hier KK-AktG/*Mertens/Cahn* Rn. 105; GroßkommAktG/*Hopt/Roth* Rn. 290; aA MüKoAktG/*Semler,* 2. Aufl. 2004, Rn. 406.

[429] MüKoAktG/*Semler,* 2. Aufl. 2004, Rn. 237 mwN; MHdB AG/*Hoffmann-Becking* § 32 Rn. 37; aA OLG Hamburg WM 1982, 1090 (1092);.

[430] MüKoAktG/*Habersack* Rn. 173; Hüffer/*Koch* Rn. 34; Spindler/Stilz/*Spindler* Rn. 14.

[431] MüKoAktG/*Habersack* Rn. 173; Spindler/Stilz/*Spindler* Rn. 14; Hüffer/*Koch* Rn. 34; MHdB AG/*Hoffmann-Becking* § 31 Rn. 4; UHH/*Ulmer/Habersack* MitbestG § 25 Rn. 14.

[432] HM, Spindler/Stilz/*Spindler* Rn. 14; KK-AktG/*Mertens/Cahn* Rn. 185; zur Gegenansicht GroßkommAktG/*Hopt/Roth* Rn. 215.

[433] BGHZ 64, 325 (327 f.) = NJW 1975, 1412 – Bayer; Spindler/Stilz/*Spindler* Rn. 11; KK-AktG/*Mertens/Cahn* Rn. 182; *Hommelhoff* BFuP 1977, 507 (508).

[434] HM, Spindler/Stilz/*Spindler* Rn. 14, aA MHdB AG/*Hoffmann-Becking* § 31 Rn. 4; *Lutter/Krieger/Verse* Rechte und Pflichten Rn. 653, die auch abweichende Satzungsregelungen bei nicht mitbestimmten Gesellschaften für zulässig erachten; noch weitgehender GroßkommAktG/*Hopt/Roth* Rn. 215, die für bestimmte Fälle Einstimmigkeit gelten lassen wollen.

[435] OLG Hamburg WM 1982, 1090 (1092 f.); Spindler/Stilz/*Spindler* Rn. 15; Hüffer/*Koch* Rn. 35; MHdB AG/*Hoffmann-Becking* § 31 Rn. 5; *Lutter/Krieger/Verse* Rechte und Pflichten Rn. 653; aA *Säcker* DB 1977, 2031 (2035 f.).

[436] Vgl. die Aufzählung bei MüKoAktG/*Habersack* Rn. 175 und bei Spindler/Stilz/*Spindler* Rn. 13.

[437] GroßkommAktG/*Hopt/Roth* Rn. 223; MüKoAktG/*Habersack* Rn. 176.

ist der gefasste Beschluss wegen der zur Geschäftsordnung bestehenden Gleichrangigkeit[438] voll wirksam. Gleiches gilt für einen Ausschussbeschluss, der gegen eine vom Ausschuss selbst erlassene Geschäftsordnung verstößt. Verstößt der Ausschussbeschluss gegen eine vom Aufsichtsrat erlassene Geschäftsordnung, so ist der Beschluss unwirksam, es sei denn, es handelt sich um eine reine Ordnungsvorschrift.[439]

2. Effizienzprüfung. Mit Ziff. 5.6 empfiehlt der DCGK börsennotierten und kapitalmarktorientierten Unternehmen, dass der Aufsichtsrat regelmäßig die Effizienz seiner Tätigkeit prüft ohne weitere Festlegungen der Evaluierung zu treffen. Das Gremium ist **offen,** ob dies **formalisiert,** zB über eine Fragebogenaktion oder **informell,** mit oder ohne Einwirkung Dritter, zu welchen Zeitpunkten und für welche Zeiträume vornimmt.[440] Der hier grundsätzlich bestehende Gestaltungsspielraum ist dem Gesamtgremium vorbehalten.[441] Durch Beschluss kann dies jedoch von einem Ausschuss dem Aufsichtsratsvorsitzenden oder jedem anderen Aufsichtsratsmitglied übernommen werden. Über die eingeschränkte Geltung des DCGK hinaus ist jedoch der Aufsichtsrat bereits im Rahmen seiner Überwachungsfunktion gehalten kontinuierlich zu überprüfen, ob die von ihm beschlossenen Organisationsmaßnahmen noch „state of the art" sind.[442] 188

Aufgrund der Tatsache, dass bei börsennotierten und kapitalmarktorientierten Unternehmen die Entsprechenserklärung nach § 161 jährlich abzugeben ist, kann auch die **Evaluierung einmal jährlich,** idealiter zur Vorbereitung der Entsprechenserklärung durchgeführt werden. Zu der Frage des „wie", dh im Wege des „Self Appraisals" (Selbstevaluation jeden Mitglieds) oder im Wege des „Peer Review" (durch Bewertung anderer Aufsichtsratsmitglieder), ist der Aufsichtsrat frei. 189

Der Bewertungsprozess lässt sich in vier Phasen aufgliedern: 190
- Spezifizierung der Evaluation (in der Regel mit Schwerpunktsetzung)
- Festlegung der Bewertungskriterien
- Erhebung des Ist-Zustandes
- Auswertung bezüglich Leistungsfähigkeit des Aufsichtsrats.[443]

Abzielen soll die **Effizienzprüfung** auf den Grad der **Gesamtleistung des Compliance** (Einhaltung von gesetzlichen und untergesetzlichen Aufsichtsratsbestimmungen; → Rn. 109) sowie den der **Sicherung der Performance** (Beurteilung der Aufsichtsratstätigkeiten und -modalitäten) auf ihre Erfolgswirkungen hin.[444] 191

C. Abdingbarkeit

Die Regelung der inneren Ordnung ist in § 107 **nicht abschließend,**[445] jedoch **zwingend** geregelt.[446] Änderungen und Ergänzungen durch die Satzung kommen insoweit nicht in Betracht.[447] Ergänzt wird die Norm durch die §§ 108–110 (Beschlussfassung, Teilnahme an Sitzungen und Einberufung des Aufsichtsrates). Modifiziert wird sie durch die Bestimmungen der §§ 27–29, 31 und 32 MitbestG, das eigene Regelungen zur Wahl des Aufsichtsratsvorsitzenden und zum Abstimmungsverhalten enthält. Unabdingbar sind jedoch die Homogenität des Gremiums und die Gleichheit in Berechtigung und Verantwortung aller Mitglieder. Die **Satzung** darf und **soll weitere Regelungen vorsehen.**[448] 192

D. Darlegungs- und Beweislast

Die Vorschrift sieht keine Abweichung von den allgemeinen Regelungen über die Darlegungs- und Beweislast vor. Es bleibt bei dem Grundsatz, dass jede Partei die Tatsachen zu behaupten und beweisen hat, die von der ihr günstigen Norm vorausgesetzt werden.[449] 193

---

[438] MüKoAktG/*Habersack* Rn. 166.
[439] MüKoAktG/*Habersack* Rn. 166; KK-AktG/*Mertens/Cahn* Rn. 189.
[440] KBLW/*v. Werder* Rn. 1132.
[441] KBLW/*v. Werder* Rn. 1134.
[442] So zutr. MüKoAktG/*Habersack* § 111 Rn. 48.
[443] KBLW/*v. Werder* Rn. 1136 ff.
[444] KBLW/*v. Werder* Rn. 1133.
[445] MüKoAktG/*Habersack* Rn. 1.
[446] Schmidt/Lutter/*Drygala* Rn. 1.
[447] Spindler/Stilz/*Spindler* Rn. 5.
[448] Schmidt/Lutter/*Drygala* Rn. 2; GroßkommAktG/*Hopt/Roth* Rn. 6; KK-AktG/*Mertens/Cahn* Rn. 5.
[449] OLG München AG 2003, 452 (453); Hüffer/*Koch* § 243 Rn. 59.

§ 108 Beschlußfassung des Aufsichtsrats

(1) Der Aufsichtsrat entscheidet durch Beschluß.

(2) [1]Die Beschlußfähigkeit des Aufsichtsrats kann, soweit sie nicht gesetzlich geregelt ist, durch die Satzung bestimmt werden. [2]Ist sie weder gesetzlich noch durch die Satzung geregelt, so ist der Aufsichtsrat nur beschlußfähig, wenn mindestens die Hälfte der Mitglieder, aus denen er nach Gesetz oder Satzung insgesamt zu bestehen hat, an der Beschlußfassung teilnimmt. [3]In jedem Fall müssen mindestens drei Mitglieder an der Beschlußfassung teilnehmen. [4]Der Beschlußfähigkeit steht nicht entgegen, daß dem Aufsichtsrat weniger Mitglieder als die durch Gesetz oder Satzung festgesetzte Zahl angehören, auch wenn das für seine Zusammensetzung maßgebende zahlenmäßige Verhältnis nicht gewahrt ist.

(3) [1]Abwesende Aufsichtsratsmitglieder können dadurch an der Beschlußfassung des Aufsichtsrats und seiner Ausschüsse teilnehmen, daß sie schriftliche Stimmabgaben überreichen lassen. [2]Die schriftlichen Stimmabgaben können durch andere Aufsichtsratsmitglieder überreicht werden. [3]Sie können auch durch Personen, die nicht dem Aufsichtsrat angehören, übergeben werden, wenn diese nach § 109 Abs. 3 zur Teilnahme an der Sitzung berechtigt sind.

(4) Schriftliche, fernmündliche oder andere vergleichbare Formen der Beschlussfassung des Aufsichtsrats und seiner Ausschüsse sind vorbehaltlich einer näheren Regelung durch die Satzung oder eine Geschäftsordnung des Aufsichtsrats nur zulässig, wenn kein Mitglied diesem Verfahren widerspricht.

Schrifttum: *Axhausen,* Anfechtbarkeit aktienrechtlicher Aufsichtsratsbeschlüsse, 1986; *Behr,* Teilnahmerecht und Mitwirkungsmöglichkeit des Aufsichtsratsmitglieds bei der Aufsichtsratssitzung, AG 1984, 281; *Bisle,* Fehlerhafte Beschlüsse des Aufsichtsrats: Rechtsbehelfe und Satzungsregelungen, GWR 2013, 200; *Cahn,* Die Vertretung der Aktiengesellschaft durch den Aufsichtsrat, FS Hofmann-Becking, 2013, 247; *Deilmann,* Beschlussfassung im Aufsichtsrat: Beschlussfähigkeit und Mehrheitserfordernisse, BB 2012, 2191; *Fleischer,* Fehlerhafte Aufrsichtsratsbeschlüsse: Rechtsdogmatik – Rechtsvergleichung – Rechtspolitik, DB 2013, 160; *Götz,* Rechtsfolgen fehlerhafter Aufsichtsratsbeschlüsse: analoge Anwendung der §§ 241 ff. AktG?, FS Lüke, 1979, 167; *Hasselbach/Jakobs,* Die Unabhängigkeit von Aufsichtsratsmitgliedern, BB 2013, 643; *Herb/Merkelbach,* Herabsetzung der Vorstandsbezüge wegen Verschlechterung der Lage der Gesellschaft, GWR 2016, 95; *Hoffmann/Becking,* Schriftliche Beschlussfassung des Aufsichtsrates und schriftliche Stimmabgabe abwesender Aufsichtsratsmitglieder, FS Happ, 2006, 81; *ders.,* Vorstands-Doppelmandate im Konzern, ZHR 150 (1986), 570; *Hommelhoff,* Der aktienrechtliche Organstreit, ZHR 143 (1979), 288; *Hopt,* Prävention und Repression von Interessenkonflikten, FS Doralt, 2004, 214; *Horn,* Die Haftung des Vorstands der AG nach § 93 AktG und die Pflichten des Aufsichtsrats, ZIP 1997, 1129; *Jürgenmeyer,* Satzungsklausel über qualifizierte Beschlussmehrheiten im Aufsichtsrat der Aktiengesellschaft, ZGR 2007, 112; *Keusch/Rotter,* Wirksamer Beschluss über einen Abberufungsantrag gem. §§ 103 III, 108 AktG durch dreiköpfigen Aufsichtsrat?, NZG 2003, 671; *Kindl,* Analoge Anwendung der §§ 241 ff. auf aktienrechtliche Beschlüsse?, AG 1993, 153; *ders.,* Beschlussfassung des Aufsichtsrats und neue Medien – zur Änderung des § 108 Abs. 4 AktG, ZHR 166 (2002), 335; *ders.,* Die Teilnahme an der Aufsichtsratssitzung, 1993; *Kindler,* Unternehmerisches Ermessen und Pflichtenbindung, ZHR 162 (1998), 101; *Kollhosser,* Wann ist eine geheime Abstimmung im Aufsichtsrat einer Aktiengesellschaft zulässig?, FS Hadding, 2004, 501; *Lieder,* Die Rechtsstellung von Aufsichtratsmitgliedern bei fehlerhafter Wahl, ZHR 178 (2014), 282; *Mathießen,* Stimmrecht und Interessenkollision im Aufsichtsrat, 1988; *Meier,* Zulässigkeit geheimer Abstimmungen in GmbH-Aufsichtsräten, DStR 1996, 384; *Mertens,* Verfahrensfragen bei Personalentscheidungen des mitbestimmten Aufsichtsrats, ZGR 1983, 189; *Miettinen/Villeda,* Abstimmungsformen des Aufsichtsrats, AG 2007, 346; *Noack,* Moderne Kommunikationsformen vor den Toren des Unternehmensrechts, ZGR 1998, 592; *Peus,* Der Aufsichtsratsvorsitzende, 1983; *ders.,* Geheime Abstimmung im Aufsichtsrat und Stimmabgabe des Vorsitzenden, DStR 1996, 1656; *Priester,* Stimmverbot beim dreiköpfigen Aufsichtsrat, AG 2007, 190; *ders.,* Beschlusswirkung fehlerhaft bestellter Aufsichtsratsmitglieder, GWR 2013, 175; *Redding,* Aufsichtsrat und Interessenkollision, NJW 1956, 48; *Säcker/Theisen,* Die statutarische Regelung der inneren Ordnung des Aufsichtsrates in der mitbestimmten GmbH nach dem MitbestG 1976, AG 1980, 29; *Schmidt,* Die Entscheidung trotz Stimmengleichheit, JZ 2003, 133; *Schneider,* Geheime Abstimmung im Aufsichtsrat, FS Robert Fischer, 1979, 727; *Simons,* Aufsichtsratssitzungen – Aufsichtsratsbeschlüsse – Sitzungsgeld, AG 2013, 547; *Stadtler/Berner,* Das Ende des dreiköpfigen Aufsichtsrats?, AG 2004, 27; *Stadtler/Berner,* Die gerichtliche Abberufung von Aufsichtsratsmitgliedern im dreiköpfigen Aufsichtsrat – ein bisher ungelöstes Problem, NZG 2003, 49; *Ulmer,* Die Anpassung von AG-Satzungen an das Mitbestimmungsgesetz – eine Zwischenbilanz, ZHR 141 (1977), 490; *ders.,* Stimmrechtsbeschränkungen für Aufsichtsratsmitglieder bei eigener Kandidatur zum Vorstand, NJW 1982, 2288; *Wagner,* Aufsichtsratssitzung in Form der Videokonferenz, NZG 2002, 57; *Werner,* Rechte und Pflichten des mitbestimmten Aufsichtsrats und seiner Mitglieder, ZGR 1977, 236; *Wilhelm,* Selbstwahl eines Aufsichtsratsmitglieds in den Vorstand, NJW 1983, 912; *Wilsing,* Berichtspflichten des Vorstands und Rechtsschutz der Aktionäre bei der Ausübung der Ermächtigung zum Bezugsrechtsausschluss im Rahmen eines genehmigten Kapitals, ZIP 2005, 2207 (Mangusta/Commerzbank II), ZGR 2006, 722; *Wittgens/Vololersten,* Gruppenvorbesprechungen im Aufsichtsrat, AG 2015, 261; *Wohlwend,* Die Neufassung der Satzung börsennotierter Aktiengesellschaften im Lichte des Namensaktiengesetzes, NZG 2001, 3170; *Zöllner* Beschluss, Beschlussergebnis und Beschlussergebnisfeststellung – Ein Beitrag zu Theorie und Dogmatik des Beschlussrechts, FS Lutter, 2000, 821; *ders.*, Die sogenannten Gesellschafterklagen im Kapitalgesellschaftsrecht, ZGR 1988, 192.

Übersicht

I. Allgemeines

1 Im AktG 1937 gab es keine zusammenfassende Vorschrift über die Beschlussfassung des Aufsichtsrats. Das AktG 1965 hat dies mit dem § 108 geändert, ohne wesentliche inhaltliche Änderungen. Abs. 1 regelt, dass der Aufsichtsrat nur durch Beschluss entscheidet (→ Rn. 3 ff.), dh durch eine ausdrückliche Beschlussfassung; eine stillschweigende Beschlussfassung reicht nicht aus. Abs. 2 (→ Rn. 40 ff.) bestimmt, dass an der Beschlussfassung mindestens drei Mitglieder mitwirken müssen und regelt die Beschlussfähigkeit. Mit diesen Änderungen hat der Gesetzgeber auf die Rechtsprechung der Oberlandesgerichte reagiert, die eine volle Besetzung des Gremiums verlangt hatten.[1] Abs. 3 (→ Rn. 49 ff.) erleichtert gegenüber dem früheren Recht die Bestellung eines Stimmboten. Die Norm erlaubt die Stimmabgabe von abwesenden Aufsichtsratsmitgliedern durch andere Aufsichtsratsmitglieder und Personen, die nach § 109 Abs. 3 zur Teilnahme an den Sitzungen berechtigt sind. Abs. 4 (→ Rn. 55 ff.) ist durch Art. 1 Nr. 7 NaStraG vom 18.1.2001 (BGBl. I S. 123) neu gefasst und lockert die formellen Anforderungen an die Beschlussfassung, um Beschlüsse außerhalb der typischen Präsenzsitzungen weitergehend als bisher zu ermöglichen. Die Vorschrift trägt den modernen technischen Möglichkeiten und der Internationalisierung der Aufsichtsräte Rechnung.[2] Die Vorschriften über die Beschlussfassung des Aufsichtsrates gelten **gleichermaßen** für **Beschlüsse der Ausschüsse.**[3]

2 Die aktienrechtlichen Bestimmungen über die innere Ordnung des Aufsichtsrats (§ 107 Abs. 2), die Beschlussfassung (§ 108), die Teilnahme an den Sitzungen des Aufsichtsrats und seiner Ausschüsse (§ 109) und die Einberufung des Aufsichtsrats (§ 110) regeln das Beschlussverfahren **nicht umfassend** und **abschließend** (→ Rn. 80).[4] Hilfsweise ist auch auf das Vereinsrecht, insbesondere auf die §§ 28 Abs. 1, 32 Abs. 1 S. 2 und 34 BGB (→ Rn. 34) zurückzugreifen.[5] Die Satzung und die Geschäftsordnung können das Beschlussverfahren detaillierter regeln.

---

[1] BayObLG NJW 1954, 1001 (1002); OLG Frankfurt NJW 1954, 1569.

[2] BT-Drs. 14/4051, 12.

[3] KK-AktG/*Mertens/Cahn* Rn. 4.

[4] GroßkommAktG/*Hopt/Roth* Rn. 23; MüKoAktG/*Habersack* Rn. 15.

[5] So die hM, KK-AktG/*Mertens/Cahn* Rn. 17; GroßkommAktG/*Hopt/Roth* Rn. 24; aA *Baums* ZGR 1983, 300 (305); *Lemke,* Der fehlerhafte Aufsichtsratsbeschluss, 1994, 81 ff.

II. Einzelerläuterung

3 **1. Entscheidung durch Beschluss (Abs. 1). a) Begriff und Rechtsnatur.** Der Aufsichtsrat als ein aus mehreren Mitgliedern bestehendes Gremium kann nur durch Beschluss entscheiden. Die Rechtsnatur des Aufsichtsratsbeschlusses ist umstritten. Während die ältere Rechtsprechung von einem Sozialakt ausging,[6] sieht die heute hM den Aufsichtsratsbeschluss als Ergebnis der Willensbildung des Organs durch Abstimmung über einen Antrag als mehrseitiges, aber nicht vertragliches Rechtsgeschäft eigener Art an.[7] Das gilt auch für Beschlüsse, die nicht die Begründung von Rechten und Pflichten der Gesellschaft gegenüber den Aktionären und Dritten zum Inhalt haben.[8] Eine Entscheidung liegt immer dann vor, wenn ein **Organwille** gebildet werden muss, etwa bei Abgabe von Erklärungen für die Aktiengesellschaft (→ § 112 Rn. 14 f.) und auch dann, wenn ein Mitglied des Aufsichtsrats das Gremium durch seinen Antrag zur Entscheidung zwingt.[9] Der Beschluss bindet auch nicht anwesende, aber ordnungsgemäß einberufene Aufsichtsratsmitglieder.[10]

4 **b) Willenserklärungen des Aufsichtsrats.** Alle Erklärungen des Aufsichtsrats, denen das Gesetz oder die Satzung eine Rechtswirkung beimisst, sind als Entscheidungen anzusehen, dh Willenserklärungen des Aufsichtsrats bedürfen eines Beschlusses (→ § 112 Rn. 13 ff.). Auch wenn der von einem Aufsichtsratsmitglied gestellte Antrag sich nur auf eine **Teil- oder Vorfrage** des Behandlungsgegenstandes bezieht, ist der Antrag durch Beschluss zu entscheiden.[11] Gleiches gilt für Aufgaben, die unmittelbar auf die Herbeiführung einer Rechtsfolge gerichtet sind,[12] zB Bestellung und Abberufung eines Vorstandsmitglieds, Überwachung der Geschäftsführung des Vorstands, Einberufung der Hauptversammlung, Zustimmung des Aufsichtsrats zu einer Maßnahme des Vorstands, Prüfung des Jahresabschlusses und des Gewinnverwendungsvorschlags, Vertretung der Gesellschaft bei Anfechtungs- und Nichtigkeitsklagen.[13] Die interne Beschlussfassung kann auch zugleich die diesen Beschluss umsetzende Willenserklärung enthalten; insbesondere wenn keine Umformulierung des Beschlusses notwendig ist.[14]

5 **c) Tatsächliche Äußerungen ohne Rechtsfolgen.** Sie bedürfen ebenfalls eines Beschlusses, wenn sie vom Gesetz angeordnet sind. So ist etwa die Äußerung des Aufsichtsrats nach § 142 Abs. 5 gegenüber dem Gericht im Rahmen einer Sonderprüfung beschlussbedürftig. Auch alle **Erklärungen** des Aufsichtsrats als Organ **in der Öffentlichkeit** oder gegenüber Dritten dürfen nur auf Grundlage eines Beschlusses abgegeben werden.[15]

6 **d) Äußerungen gegenüber dem Vorstand.** Solche Äußerungen, wie Stellungnahmen, Beanstandungen oder Anregungen (→ § 111 Rn. 31 ff.), sind **keine Willenserklärungen;** das Gesetz knüpft an sie keine Rechtsfolgen, deshalb bedarf es keines Beschlusses nach Abs. 1. Der Vorstand wird durch solche Äußerungen nicht zur Vornahme irgendwelcher Handlungen verpflichtet. Beanstandet der Aufsichtsrat oder ein zur Überwachung bestimmter Sachverhalte beauftragtes Aufsichtsratsmitglied ein bestimmtes sorgfaltswidriges Verhalten des Vorstands und setzt der Vorstand dieses sorgfaltswidrige Verhalten fort, so können die geäußerten Bedenken sehr wohl Einfluss auf die Haftung des Vorstands oder auf die Abberufung aus wichtigem Grund haben; dennoch liegt kein Fall des Abs. 1 vor; es handelt sich um eine rein tatsächliche Äußerung.[16]

7 **e) Ausdrückliche Beschlussfassung.** Der Aufsichtsrat muss seine Beschlüsse ausdrücklich fassen, stillschweigende oder konkludente Beschlüsse entfalten keine Rechtswirkung.[17] Diese Grundsätze

---

[6] BGHZ 52, 316 (318).

[7] Hüffer/*Koch* Rn. 3; KK-AktG/*Mertens/Cahn* Rn. 7; KK-AktG/*Zöllner* § 133 Rn. 13; GroßkommAktG/*Hopt/Roth* Rn. 12; Spindler/Stilz/*Spindler* Rn. 8; *Lemke,* Der fehlerhafte Aufsichtsratsbeschluss, 1994, 61 f.

[8] KK-AktG/*Mertens/Cahn* Rn. 7; GroßkommAktG/*Hopt/Roth* Rn. 12; offenlassend BGHZ 124, 111 (122 f.) = NJW 1994, 520.

[9] MüKoAktG/*Habersack* Rn. 8; KK-AktG/*Mertens/Cahn* Rn. 10.

[10] Spindler/Stilz/*Spindler* Rn. 9; MüKoAktG/*Habersack* Rn. 11; *Axhausen,* Anfechtbarkeit aktienrechtlicher Aufsichtsratsbeschlüsse, 1986, 11 f., 14 f.

[11] Hüffer/*Koch* Rn. 2; KK-AktG/*Mertens/Cahn* Rn. 9; MüKoAktG/*Habersack* Rn. 9.

[12] KK-AktG/*Mertens/Cahn* Rn. 7, 8; GroßkommAktG/*Hopt/Roth* Rn. 15.

[13] MüKoAktG/*Habersack* Rn. 8; GroßkommAktG/*Hopt/Roth* Rn. 15.

[14] *Cahn* FS Hoffmann-Becking, 2013, 247 (252 f.); Spindler/Stilz/*Spindler* Rn. 6.

[15] KK-AktG/*Mertens/Cahn* Rn. 9.

[16] KK-AktG/*Mertens/Cahn* Rn. 12; GroßkommAktG/*Hopt/Roth* Rn. 18; aA MüKoAktG/*Habersack* Rn. 10.

[17] Begr. RegE *Kropff* Textausgabe, 1965, 151; BGHZ 10, 187 (194); BGH AG 1991, 398; OLG Dresden BeckRS 2012, 629; Hüffer/*Koch* Rn. 4; KK-AktG/*Mertens/Cahn* Rn. 14; Spindler/Stilz/*Spindler* Rn. 10.

gelten sowohl für den Gesamtaufsichtsrat als auch für die Ausschüsse.[18] Liegt kein ausdrücklicher Beschluss des Aufsichtsrats vor, kann hieraus keine Willenserklärung und auch keine konkludente Willenserklärung des Aufsichtsrats abgeleitet werden. Eine konkludente Befreiung vom Wettbewerbsverbot gemäß § 88 oder eine konkludente Kreditgewährung nach § 89[19] oder die Zahlung eines Abschlags auf den Bilanzgewinn sind unzulässig; in allen Fällen ist auch als Ausfluss des **Ausdrücklichkeitsgebotes**[20] des § 107 Abs. 2 S. 2 eine ausdrückliche Beschlussfassung des Aufsichtsrats nach Abs. 1 erforderlich.

f) Auslegung. Der Grundsatz der ausdrücklichen Beschlussfassung verbietet nicht mittels Auslegung den rechtlich gewollten **Sinngehalt** der Willenserklärung zu ermitteln.[21] Gibt zB das Vorstandsmitglied zu erkennen, dass es seine Tätigkeit bei einer anderen Gesellschaft nicht aufgeben will, so kann die Bestellung zum Vorstandsmitglied die konkludente Befreiung vom Wettbewerbsverbot des § 88 beinhalten. Bei der Auslegung des konkludenten Erklärungsinhaltes ist jedoch im Hinblick auf das Ausdrücklichkeitsgebot Zurückhaltung geboten. 8

2. Beschlussverfahren. a) Beschlussfassung in der Sitzung. Beschlüsse des Aufsichtsrats werden grundsätzlich durch Abstimmung in Sitzungen gefasst (Beschlussfassungen ohne Sitzung; → Rn. 54 ff.).[22] Den Beschlussfassungen gehen in der Praxis Vorbesprechungen, getrennt nach Bänken, sog. Gruppenvorbesprechungen voraus. Diese sind nahezu unstreitig zulässig.[23] Nach den Vorstellungen des Gesetzgebers kommen die Aufsichtsratsmitglieder im Regelfall durch physische **Präsenz** an einem Ort zusammen, um unmittelbar miteinander zu kommunizieren und zu entscheiden.[24] In der heutigen Aufsichtsrats-Praxis ist zwischen folgenden Formen des Zustandekommens von Beschlüssen zu unterscheiden: die bisher typische physische Präsenzsitzung; Sitzungen, in denen alle oder die Mehrheit der Teilnehmer per Telefon oder Video zugeschaltet sind sowie Beschlussfassungen ohne Sitzung. Es ist umstritten, ob **Videokonferenzen** (→ Rn. 54), aber auch **Internetkonferenzen** mit Bildübertragung der Präsenzsitzung gleichzustellen sind[25] oder unter die Kategorie der besonderen Beschlussfassung nach Abs. 4 fallen.[26] Im letzteren Fall kann das Widerspruchsrecht zur Verhinderung einer solchen Sitzung führen. Der Gesetzgeber hat zur unklaren Rechtslage beigetragen, indem er im Rahmen des NaStraG Videokonferenzen im Rahmen des Abs. 4 zulassen wollte,[27] jedoch im Rahmen des TransPuG Video- und Telefonkonferenzen in Ausnahmefällen auf die Pflichtsitzungen des § 110 Abs. 3 anrechnet (→ § 110 Rn. 33 ff.).[28] Damit fallen Beschlüsse im Rahmen von **Telefonkonferenzen** unter die besondere Beschlussfassung des Abs. 4; sie kann jedoch genauso wie die Videokonferenz als Pflichtsitzung iSd § 110 Abs. 3 angesehen werden. Die Beschlüsse, die auf Videokonferenzen gefasst wurden, sind jedoch nach zutreffender Ansicht als im Rahmen von Präsenzsitzungen gefasst anzusehen.[29] Ratsam erscheint es auf jeden Fall zur Klarstellung einen Ausschluss des Widerspruchsrechts (→ Rn. 55) für Video-, Internet- und ggf. auch für Telefonkonferenzen, in die Satzung oder die Geschäftsordnung des Aufsichtsrates aufzunehmen. Entscheidend ist für diese Sitzungsarten die Sicht- bzw. Hörbarkeit aller Teilnehmer, um die zeitgleiche Kommunikation aller zu ermöglichen.[30] Aufsichtsratsmitglieder, denen eine aktive Teilnahme am Sitzungsgeschehen nicht möglich ist, gelten als abwesend. Möglich ist auch die Zulassung der abwesenden Aufsichtsratsmitglieder zur nachträglichen schriftlichen Stimmabgabe (→ Rn. 49 ff.), 9

[18] BGH NJW 1989, 1928 (1929) = EWiR 1989, 317; KK-AktG/*Mertens/Cahn* Rn. 14; MüKoAktG/*Habersack* Rn. 12.

[19] BGH AG 1991, 398; GroßkommAktG/*Hopt/Roth* Rn. 20.

[20] Vgl. hierzu auch *Baltzer,* Der Beschluss als rechtstechnisches Mittel organschaftlicher Funktionen im Privatrecht, 1965, 129 f.; *Rellermeyer* ZGR 1993, 77 (100).

[21] BGH NJW 1989, 1928 (1929); OLG Schleswig ZIP 2001, 71 (73 f.); KK-AktG/*Mertens/Cahn* Rn. 15; Hüffer/*Koch* Rn. 4; Spindler/Stilz/*Spindler* Rn. 12; GroßkommAktG/*Hopt/Roth* Rn. 22.

[22] MüKoAktG/*Habersack* Rn. 16; GroßkommAktG/*Hopt/Roth* Rn. 26.

[23] LG Essen BeckRS 2014, 22313; MüKoAktG/*Habersack* Rn. 6; *Lutter/Krieger/Verse* Rn. 699; *Wittgens/Vollertsen* AG 2015, 261 f.

[24] So auch *Noack* ZGR 1998, 592 (595).

[25] MüKoAktG/*Habersack* Rn. 16; KK-AktG/*Mertens/Cahn* Rn. 21; GroßkommAktG/*Hopt/Roth* Rn. 117; *Kindl* ZHR 166 (2002), 335 (344 ff.); *Wagner* NZG 2002, 57 (59); Hüffer/*Koch* Rn. 23.

[26] Spindler/Stilz/*Spindler* Rn. 61; MüKoAktG/*Habersack* Rn. 16; *Vetter* in Marsch-Barner/Schäfer HdB AG § 27 Rn. 54; *Hoffmann-Becking* FS Happ, 2006, 81 (86).

[27] Begr. RegE NaStraG, BT-Drs. 14/4051, 12; *Seibert* ZIP 2001, 53 (54).

[28] Begr. RegE TransPuG, BT-Drs. 14/8769, 17; GroßkommAktG/*Hopt/Roth* Rn. 117; *Kindl* ZHR 166 (2002), 335 (341 f., 344 ff.).

[29] MüKoAktG/*Habersack* Rn. 16; KK-AktG/*Mertens/Cahn* Rn. 24; GroßkommAktG/*Hopt/Roth* Rn. 117; *Kindl* ZHR 166 (2002), 335 (344 ff.); *Wagner* NZG 2002, 57 (59).

[30] KK-AktG/*Mertens/Cahn* Rn. 21; GroßkommAktG/*Hopt/Roth* Rn. 27.

wenn – vorbehaltlich einer besonderen Regelung in der Satzung oder der Geschäftsordnung des Aufsichtsrates – kein Aufsichtsratsmitglied dem widerspricht.[31] Der Vorsitzende wird dem oder den abwesenden Aufsichtsratsmitgliedern eine **angemessene Frist zur Stimmabgabe** gewähren. In derartigen Fällen ist es möglich, dass erst durch die nachträgliche Stimmabgabe die Beschlussfähigkeit des Aufsichtsrats erreicht wird.[32]

10 Die **Sitzungsleitung** ist bei Videokonferenzen unproblematisch, auch offene Abstimmungen (→ Rn. 13) werfen keine Schwierigkeiten auf. Geheime Abstimmungen (→ Rn. 14 ff.) sind jedoch im Rahmen einer Videokonferenz praktisch nicht durchführbar.[33] Beschlussfassungen ohne Sitzung (→ Rn. 55 ff.) leitet der Vorsitzende ein, indem er alle Aufsichtsratsmitglieder unter Frist- und Formsetzung (Telefax, E-Mail, fernmündlich) auffordert, zu einer bestimmten Beschlussfassung ihre Stimme abzugeben.[34] Die Fristsetzung für die Stimmabgabe (→ Rn. 57) und ggf. den Widerspruch muss angemessen sein.[35] Satzung und Geschäftsordnung können Näheres zu dieser Art der Beschlussfassung regeln.[36] Für die Frage der Beschlussfähigkeit (→ Rn. 40 ff.) des Aufsichtsrats gelten die allgemeinen Grundsätze. Das Aufsichtsratsmitglied, das zur Aufforderung der Stimmabgabe schweigt, also weder zustimmt noch ablehnt oder sich enthält, wird für die Feststellung der Beschlussfähigkeit nicht mitgerechnet.[37]

11 **aa) Anträge.** Jedes Mitglied des Aufsichtsrats ist berechtigt, zu einem Tagesordnungspunkt Anträge zur Abstimmung zu stellen.[38] Der Aufsichtsratsvorsitzende ist verpflichtet, zulässige Beschlussanträge zur Abstimmung zu bringen, es sei denn, der Antrag bezieht sich nicht auf einen Tagesordnungspunkt oder greift in die Rechtswahrungskompetenz des Aufsichtsratsvorsitzenden ein.[39] Der Aufsichtsratsvorsitzende hat die Beschlussfassung über den Antrag zu verweigern, wenn der so gefasste Beschluss rechtswidrig und nichtig wäre.[40] Zulässig sind auch Anträge **zur Geschäftsordnung, auf Nichtbefassung** oder **auf sofortige Abstimmung.**[41]

12 **bb) Abstimmungsart.** Innerhalb der Grenzen von Gesetz, Satzung und Geschäftsordnung entscheidet der Aufsichtsratsvorsitzende über die Art und Reihenfolge, in der die Anträge zur Beschlussfassung gestellt werden.[42]

13 **(1) Offene Abstimmung.** Der gesetzliche Normalfall geht von einer offenen Abstimmung aus.[43] Allerdings gibt es Fallkonstellationen, in denen durch eine geheime Abstimmung eine einwandfreie und sachlich neutrale Entscheidungsfindung eines Aufsichtsratsmitglieds erleichtert wird.

14 **(2) Geheime Abstimmung.** Geheime Abstimmungen sind in der Unternehmenspraxis eher selten. Im Schrifttum hat sich die Meinung durchgesetzt, die diese Art der Abstimmung für **zulässig** hält.[44] Die Unzulässigkeit wird vorrangig mit dem Argument begründet, dass sich aus der Abstimmung eine Haftung der Aufsichtsratsmitglieder ergeben könnte und deshalb müsse feststellbar sein, wie sie in bestimmten Fragen abgestimmt haben.[45] Das Argument ist nicht überzeugend, weil es keine allgemeine Pflicht gibt, die Namen und das Abstimmungsverhalten der einzelnen Aufsichtsratsmitglieder festzuhalten und die Verfolgung von Schadensersatzansprüchen nicht an eine bestimmte Abstimmungsform geknüpft ist. Auch in der Praxis wird nur in seltenen Fällen protokolliert, welches

---

[31] KK-AktG/*Mertens/Cahn* Rn. 24; Spindler/Stilz/*Spindler* Rn. 65; MüKoAktG/*Habersack* Rn. 70 f.; *Ulmer/Habersack/Henssler/Ulmer/Habersack* MitbestG § 25 Rn. 33; MHdB AG/*Hoffmann-Becking* § 31 Rn. 88; *Kindl* ZHR 166 (2002), 335 (342 f.); *Wagner* NZG 2002, 57 (58 f.); kritischer Hüffer/*Koch* Rn. 23.

[32] MHdB AG/*Hoffmann-Becking* § 31 Rn. 93.

[33] MüKoAktG/*Habersack* Rn. 16; KK-AktG/*Mertens/Cahn* Rn. 20; GroßkommAktG/*Hopt/Roth* Rn. 40.

[34] GroßkommAktG/*Hopt/Roth* Rn. 119.

[35] GroßkommAktG/*Hopt/Roth* Rn. 120.

[36] GroßkommAktG/*Hopt/Roth* Rn. 137.

[37] GroßkommAktG/*Hopt/Roth* Rn. 32; 57.

[38] KK-AktG/*Mertens/Cahn* Rn. 18; MüKoAktG/*Habersack* Rn. 17.

[39] MüKoAktG/*Habersack* Rn. 17.

[40] KK-AktG/*Mertens/Cahn* Rn. 18; MüKoAktG/*Habersack* Rn. 17.

[41] GroßkommAktG/*Hopt/Roth* Rn. 17.

[42] KK-AktG/*Mertens/Cahn* Rn. 23.

[43] MüKoAktG/*Habersack* Rn. 18.

[44] Hüffer/*Koch* Rn. 5a; GroßkommAktG/*Hopt/Roth* Rn. 42; UHH/*Ulmer/Habersack* MitbestG § 25 Rn. 26; NK-AktR/*Breuer/Fraune* Rn. 6; *Peus* DStR 1996, 1656; *Ulmer* AG 1982, 300 (301 ff.); *Kollhosser* FS Hadding, 2004, 501 (504 ff.); *Schneider* FS R. Fischer, 1979, 727 (734 ff.); nur mit 20% Quorum *Meier* DStR 1996, 385 f.; aA KK-AktG/*Mertens/Cahn* Rn. 52; Spindler/Stilz/*Spindler* Rn. 19; *Mertens* ZGR 1983, 189 (206 ff.); *Säcker/Theisen* AG 1980, 29 (40).

[45] So eine beachtliche Mindermeinung, vgl. statt aller KK-AktG/*Mertens/Cahn* Rn. 52 mwN; vgl. für die hM MüKoAktG/*Habersack* Rn. 18 Fn. 55 mwN.

Aufsichtsratsmitglied für oder gegen einen Antrag gestimmt hat. Um sich der Verfolgung von Schadensersatzansprüchen zu entziehen, reicht es im Übrigen auch nicht aus, nur gegen einen Antrag zu stimmen. Es ist die Pflicht eines Aufsichtsratsmitglieds sich notfalls aktiv gegen die Mehrheit und die geplante Maßnahme zu wenden (→ § 116 Rn. 22).[46]

Der **Aufsichtsratsvorsitzende entscheidet** über die Art der Abstimmung.[47] Bei der Entscheidung muss er mit großer Sorgfalt vorgehen; in der Praxis dürfte nur bei Personalfragen eine geheime Abstimmung in Frage kommen. Eine Pflicht zur geheimen Abstimmung auf Antrag eines oder zweier Mitglieder des Aufsichtsrats in Analogie zu §§ 90 Abs. 3 S. 2, 110 Abs. 2 ist abzulehnen, da es keine bewusste Regelungslücke gibt.[48] Hätte der Gesetzgeber einen solchen Minderheitenschutz für erforderlich gehalten, hätte er ihn gesetzlich normiert. Die Mehrheit des Aufsichtsrats kann jedoch durch Beschluss eine geheime Abstimmung fordern bzw. eine gegenteilige Anordnung des Aufsichtsratsvorsitzenden zu Fall bringen. Über einen Antrag eines Mitglieds auf geheime Abstimmung ist ebenfalls abzustimmen und entsprechend des Mehrheitsbeschlusses zu verfahren. Der Gesellschaft bleibt es unbenommen den Fall in Satzung oder Geschäftsordnung zu regeln. 15

Jedem Mitglied des Aufsichtsrats ist es unbenommen, das eigene Abstimmungsverhalten – auch bei geheimer Abstimmung – offenzulegen und zu Protokoll zu geben, auch wenn dadurch das Abstimmungsergebnis zumindest teilweise offengelegt wird. Dem Interesse des einzelnen Aufsichtsratsmitglieds an einer **sorgfältigen Dokumentation** ist mit Blick auf die Haftungsrisiken (→ § 116 Rn. 22) der Vorrang zu geben. 16

Auch die Ansicht (→ Rn. 14),[49] die geheime Abstimmungen im Aufsichtsrat generell für unzulässig erachtet, geht bei einem Verstoß gegen das Verbot der geheimen Abstimmung davon aus, dass ein so gefasster **Beschluss wirksam** ist, da es sich lediglich um die Verletzung einer Verfahrensregel handelt (→ Rn. 69). 17

b) Feststellung des Beschlussergebnisses. Der Aufsichtsratsvorsitzende leitet die Abstimmung; er ermittelt die Ja- und die Nein-Stimmen und die Enthaltungen.[50] Das ausgezählte Ergebnis gibt er den anwesenden Mitgliedern bekannt und stellt die Beschlussfassung fest. Einer formellen Feststellung der Beschlussfassung und Verkündung des Abstimmungsergebnisses bedarf es anders als bei Beschlussfassungen außerhalb der Sitzungen nicht.[51] Zu Beweiszwecken empfiehlt es sich, das Ergebnis verbindlich festzustellen und im **Sitzungsprotokoll** (→ § 107 Rn. 73 ff.) festzuhalten. Dies obliegt dem Aufsichtsratsvorsitzenden im Rahmen seiner Sitzungsleitungskompetenz.[52] 18

Der Aufsichtsratsvorsitzende prüft die **Stimmberechtigung** der Abstimmungsbeteiligten sowie die Frage, ob unzulässige Stimmen abgegeben wurden. Seine Entscheidung kann nicht durch eine Mehrheitsentscheidung des Aufsichtsrats aufgehoben werden, da es sich bei der Beurteilung der Stimmberechtigung um eine **Rechtsfrage** handelt, die nur gerichtlich überprüft werden kann.[53] 19

Weicht das festgestellte Ergebnis von dem tatsächlichen Ergebnis ab, so kann nicht ohne weiteres davon ausgegangen werden, dass das tatsächliche Ergebnis maßgebend ist.[54] Im Sinne der Rechtsklarheit ist von der **Maßgeblichkeit** des **festgestellten Beschlussergebnisses** auszugehen.[55] Ergeben sich zwischen dem festgestellten und dem tatsächlichen Ergebnis Diskrepanzen, ist der Beschluss fehlerhaft. 20

Erfolgt die Beschlussfassung außerhalb von Sitzungen (→ Rn. 55 ff.), ist eine Feststellung des Beschlussergebnisses erforderlich. Der Aufsichtsratsvorsitzende stellt das Beschlussergebnis fest und teilt es den übrigen Aufsichtsratsmitgliedern mit, um diese zu informieren, ob der Beschluss zustande gekommen ist. Mit **Feststellung** und **Verkündung des Beschlussergebnisses** ist der Abstimmungsvorgang abgeschlossen. 21

c) Umsetzung des Beschlusses. Dem Aufsichtsratsvorsitzenden oder einem vom Aufsichtsrat bevollmächtigten Aufsichtsratsmitglied obliegt es, den Beschluss gegenüber Dritten mit der Absicht, 22

---

[46] MüKoAktG/*Habersack* Rn. 18, § 116 Rn. 38.

[47] Spindler/Stilz/*Spindler* Rn. 15; MüKoAktG/*Habersack* Rn. 19.

[48] GroßkommAktG/*Hopt/Roth* Rn. 43; KK-AktG/*Mertens/Cahn* Rn. 52; *Kollhosser* FS Hadding, 2004, 501 (511); *Potthoff/Trescher/Theisen* Rn. 2002; Hüffer/*Koch* Rn. 5a; aA *Peus* Der Aufsichtsratsvorsitzende, 1983, 125; *Schneider* FS R. Fischer, 1979, 727 (745).

[49] KK-AktG/*Mertens/Cahn* Rn. 52 mwN.

[50] MüKoAktG/*Habersack* Rn. 26.

[51] KK-AktG/*Mertens/Cahn* Rn. 53; GroßkommAktG/*Hopt/Roth* Rn. 25, 45.

[52] Spindler/Stilz/*Spindler* Rn. 36.

[53] MüKoAktG/*Habersack* Rn. 26, § 107 Rn. 52.

[54] OLG Hamburg AG 1992, 197 (198); KK-AktG/*Mertens/Cahn* Rn. 39; *Baums* ZGR 1983, 300 (321); aA Hüffer/*Koch* Rn. 27; GroßkommAktG/*Hopt/Roth* Rn. 46; *Peus,* Der Aufsichtsratsvorsitzende, 1983, 129 ff.

[55] So auch OLG Hamburg AG 1992, 197 (198); KK-AktG/*Mertens/Cahn* Rn. 54; Spindler/Stilz/*Spindler* Rn. 36; aA Hüffer/*Koch* Rn. 18; MüKoAktG/*Habersack* Rn. 26.

eine Rechtsfolge herbeizuführen, mitzuteilen und damit in eine Willenserklärung gegenüber Dritten (→ § 112 Rn. 14 f.) umzusetzen. Diese **Kundgabe** ist nicht Teil des Beschlussverfahrens.[56]

23 **d) Entscheidung durch die Mehrheit.** Das AktG sagt über die erforderlichen Mehrheiten nichts aus. Nach allgemeiner Meinung gilt in Anlehnung an § 32 Abs. 1 S. 3 BGB und § 133 der Grundsatz, dass für die Annahme eines Antrages grundsätzlich die einfache Mehrheit der abgegebenen Stimmen ausreicht.[57] Der Antrag ist angenommen und beschlossen, wenn die Zahl der gültigen Ja-Stimmen, die der gültigen Nein-Stimmen um wenigsten eine Stimme übertrifft.[58] **Stimmenthaltungen** (→ Rn. 29) werden **nicht mitgezählt.**[59] Bei Stimmengleichheit ist der Antrag abgelehnt.[60] In § 124 Abs. 3 S. 4 enthält das Aktiengesetz jedoch eine Besonderheit: Sofern der Aufsichtsrat nach mitbestimmungsrechtlichen Vorschriften auch aus Mitgliedern der Arbeitnehmerseite zu bestehen hat, bedürfen Beschlüsse über Vorschläge zur Wahl von Aufsichtsratsmitgliedern der Mehrheit der abgegebenen Stimmen der Aktionärsvertreter im Aufsichtsrat (für weitere gruppenbezogene Mehrheitserfordernisse → Rn. 27).

24 **aa) Gleiches Stimmrecht.** Jedes Aufsichtsratsmitglied hat das gleiche Stimmrecht.[61] Dies gilt für Arbeitnehmervertreter und Aktionärsvertreter gleichermaßen. Mehrstimmrechte oder jede Art von **Ungleichgewichten** (Vetorechte, Zustimmungsvorbehalte, Koppelung an Aktienbesitz) sind **unzulässig.**[62] Die Satzung kann dem Aufsichtsratsvorsitzenden einen Stichentscheid einräumen. § 29 Abs. 2, § 31 Abs. 4 MitbestG räumen dem Aufsichtsratsvorsitzenden unter den genannten Bedingungen ein Zweitstimmrecht ein (→ Rn. 30; → § 107 Rn. 10, 67).

25 **bb) Ausnahmen von der einfachen Mehrheit.** Die Bestellung und Abberufung von Vorstandsmitgliedern bei mitbestimmten Gesellschaften gemäß **§ 31 Abs. 2 MitbestG** bedarf im ersten Wahlgang einer Mehrheit von zwei Dritteln der Mitglieder aus denen er zurzeit besteht (Iststärke). Im zweiten und dritten Wahlgang ist die einfache Mehrheit aller Mitglieder des Aufsichtsrats (Iststärke) ausreichend. Die Wahl eines weiteren Aufsichtsratsmitglieds nach § 8 Abs. 1 MontanMitbestG bedarf der Zustimmung der Mehrheit aller Stimmen mindestens jedoch von drei Vertretern der Anteilseigner- und der Arbeitnehmervertreter. Das neutrale Mitglied gemäß § 5 Abs. 3 MitbestErgG bedarf zu seiner Wahl der Mehrheit aller Stimmen der übrigen Mitglieder. Der Arbeitsdirektor darf gemäß § 13 Abs. 1 S. 2 MontanMitbestG nicht gegen die Stimmen der Arbeitnehmervertreter bestellt bzw. abberufen werden.

26 Für die **Wahl des Aufsichtsratsvorsitzenden** und seines Stellvertreters (→ § 107 Rn. 13) verlangt § 27 Abs. 1 MitbestG eine Mehrheit von zwei Drittel der Mitglieder, aus denen er zu bestehen hat (Sollstärke). Findet ein zweiter Wahlgang statt, so wählen nur die Aktionärsvertreter den Aufsichtsratsvorsitzenden und nur die Arbeitnehmervertreter den Stellvertreter jeweils mit Mehrheit der abgegebenen Stimmen. Gleiches gilt für die Wahl des dritten und vierten Mitglieds des Vermittlungsausschusses (§ 27 Abs. 3 MitbestG).

27 Vorschläge des Aufsichtsrats gemäß § 124 Abs. 3 S. 4 zur **Wahl von Aufsichtsratsmitgliedern durch die Hauptversammlung** bedürfen der Mehrheit der Stimmen der Aktionärsvertreter. Auch bei Beschlüssen gemäß § 32 MitbestG und § 15 MitbestErgG stimmen nur die Anteilseigner-Vertreter und zwar mit einfacher Mehrheit ab. Für die Feststellung der Mehrheit kommt es alleine auf die an der Abstimmung teilnehmenden Mitglieder an.

28 **cc) Ausnahmen durch die Satzung.** Bei paritätisch besetzten Aufsichtsräten kann weder die Satzung noch die Geschäftsordnung von der einfachen Mehrheit abweichen.[63] Auch bei nicht paritätisch besetzten Aufsichtsräten kann die Satzung dann keine qualifizierte Mehrheit vorschreiben, wenn es sich um eine gesetzlich vorgeschriebene Beschlussfassung handelt.[64] Ebenso verhält es sich in den Fällen, in denen der Aufsichtsrat gemäß § 111 Abs. 4 über einen Katalog zustimmungspflichtiger

---

[56] GroßkommAktG/*Hopt/Roth* Rn. 70; MüKoAktG/*Habersack* Rn. 27.

[57] Hüffer/*Koch* Rn. 6; KK-AktG/*Mertens/Cahn* Rn. 41; MüKoAktG/*Habersack* Rn. 20; Spindler/Stilz/*Spindler* Rn. 22; *Deilmann* BB 2012, 2191 (2194).

[58] Hüffer/*Koch* Rn. 6; MüKoAktG/*Habersack* Rn. 20.

[59] LG Berlin AG 1991, 244 (245); GroßkommAktG/*Hopt/Roth* Rn. 32; KK-AktG/*Mertens/Cahn* Rn. 59; Spindler/Stilz/*Spindler* Rn. 24.

[60] Hüffer/*Koch* Rn. 6.

[61] Spindler/Stilz/*Spindler* Rn. 25; Hüffer/*Koch* Rn. 9.

[62] Spindler/Stilz/*Spindler* Rn. 25.

[63] MüKoAktG/*Habersack* Rn. 23; KK-AktG/*Mertens/Cahn* Rn. 62; GroßkommAktG/*Hopt/Roth* Rn. 35.

[64] Hüffer/*Koch* Rn. 8; KK-AktG/*Mertens/Cahn* Rn. 62; Spindler/Stilz/*Spindler* Rn. 23; GroßkommAktG/*Hopt/Roth* Rn. 36 f.; *E. Vetter* in Marsch-Barner/Schäfer HdB AG § 27 Rn. 58; aA *Jürgenmeyer* ZGR 2007, 112 (118 ff., 122 ff.) mwN.

Geschäfte beschließt (→ § 111 Rn. 72 ff.).[65] Überwiegend wird jedoch vertreten, dass die Satzung eine qualifizierte Mehrheit für Zustimmungsbeschlüsse in nicht paritätisch mitbestimmten Gesellschaften vorschreiben kann, die aufgrund von Zustimmungskatalogen nach § 111 Abs. 4 S. 2 gefasst werden.[66] Generell sind qualifizierte Mehrheiten möglich bei Bereichen der Aufsichtsratstätigkeit, die **über die gesetzlichen Mindestanforderungen hinaus** gehen.[67] Ausnahmsweise wird dies auch für die Wahl des Aufsichtsratsvorsitzenden so gesehen.[68] Die Geschäftsordnung kann auf keinen Fall die Mehrheitserfordernisse verschärfen.

dd) Stimmenthaltungen. Ein Aufsichtsratsmitglied kann sich bei der Beschlussfassung auch der Stimme enthalten. Eine Stimmenthaltung zählt **nicht** als **Stimmabgabe.**[69] Stimmenthaltungen gelten nicht als Nein-Stimmen.[70] Bei der Mehrheitsberechnung werden ebenso wenig ungültige Stimmen berücksichtigt.[71] Das Gesetz enthält keine abschließende Regelung über das Beschlussverfahren.[72] Die Satzung kann deshalb bestimmen, dass Stimmenthaltungen als Ja- oder Nein-Stimmen gewertet werden.[73] Dies gilt auch in mitbestimmten Gesellschaften.[74] Ein Recht des Aufsichtsratsmitglieds, sich der Stimme mit neutraler Wirkung zu enthalten, existiert nicht.[75] 29

ee) Stimmengleichheit. Ein Beschlussantrag ist bei Stimmengleichheit grundsätzlich abgelehnt,[76] wenn nicht die Satzung anderes bestimmt.[77] Eine Sonderregelung befindet sich in § 29 Abs. 2 MitbestG, wonach der Aufsichtsratsvorsitzende bei erneuter Abstimmung über den gleichen Gegenstand eine **zweite Stimme** hat, wenn es ansonsten wieder zu einer Stimmengleichheit käme. Bei nicht paritätisch besetzten Aufsichtsräten kann die Satzung dem Aufsichtsratsvorsitzenden bei Stimmengleichheit einen Stichentscheid einräumen (→ § 107 Rn. 66).[78] Satzung und Geschäftsordnung können dem Aufsichtsratsvorsitzenden als Ausschussvorsitzenden und einem sonstigen Ausschussvorsitzenden einen Stichentscheid einräumen. Dies gilt mit Ausnahme des § 27 Abs. 3 MitbestG auch für dem MitbestG unterliegende Gesellschaften.[79] Die früher vertretene Ansicht, dass bei Stimmengleichheit das Los entscheiden könne,[80] ist grundsätzlich abzulehnen, da eine Entscheidung nicht nach zufälligen, sondern sachlichen Gesichtspunkten zustande kommen soll.[81] 30

ff) Stimmverbote. Ein genereller aktienrechtlicher Stimmrechtausschluss für den Fall einer Interessenkollision existiert für Aufsichtsratsmitglieder nicht.[82] § 136 gilt nicht für Aufsichtsratsmitglieder bei der Beschlussfassung im Aufsichtsrat.[83] Im Falle von **Interessenkollisionen** hat sich das Aufsichtsratsmitglied neutral zu verhalten, dh es ist zu untersuchen und zu entscheiden, ob es sich um eine einzelfallbezogene Interessenkollision oder eine echte dauerhafte **Pflichtenkollision** handelt. Im ersten Fall hat das Aufsichtsratsmitglied sich bei der Abstimmung ausschließlich an den Interessen des Unternehmens zu orientieren bzw. als ultima ratio sich der Stimme zu enthalten. Im zweitgenannten Fall kann der Interessenwiderstreit zur Verpflichtung des Aufsichtsratsmitglieds führen, sein Mandat niederzulegen (→ § 116 Rn. 73). Ein Stimmrechtsverbot wirkt sich nicht auf die Beschlussfähig- 31

---

[65] KK-AktG/*Mertens/Cahn* Rn. 62; Hüffer/*Koch* Rn. 8; GroßkommAktG/*Hopt/Roth* Rn. 36.
[66] So GroßkommAktG/*Hopt/Roth* Rn. 37; Spindler/Stilz/*Spindler* Rn. 23; MHdB AG/*Hoffmann-Becking* § 31 Rn. 65; aA KK-AktG/*Mertens/Cahn* Rn. 62; MüKoAktG/*Habersack* Rn. 24.
[67] GroßkommAktG/*Hopt/Roth* Rn. 37.
[68] GroßkommAktG/*Hopt/Roth* Rn. 37, § 107 Rn. 32.
[69] BGHZ 83, 35 (36 f.); KK-AktG/*Mertens/Cahn* Rn. 59; Hüffer/*Koch* Rn. 6; MHdB AG/*Hoffmann-Becking* § 31 Rn. 66.
[70] Hüffer/*Koch* Rn. 6; GroßkommAktG/*Hopt/Roth* Rn. 32.
[71] OLG Hamburg AG 1984, 248 (249); KK-AktG/*Mertens/Cahn* Rn. 62; Hüffer/*Koch* Rn. 6; *Lutter/Krieger/Verse* Rechte und Pflichten 285.
[72] GroßkommAktG/*Hopt/Roth* Rn. 23.
[73] KK-AktG/*Mertens/Cahn* Rn. 60; *Hoffmann/Lehmann/Weinmann* MitbestG § 29 Rn. 6; MüKoAktG/*Habersack* Rn. 25; *Ulmer* ZHR 141 (1977), 490 (507); zweifelnd Hüffer/*Koch* Rn. 8.
[74] GroßkommAktG/*Hopt/Roth* Rn. 32; KK-AktG/*Mertens/Cahn* Rn. 60; aA MüKoAktG/*Habersack* Rn. 25.
[75] KK-AktG/*Mertens/Cahn* Rn. 60.
[76] Hüffer/*Koch* Rn. 6; GroßkommAktG/*Hopt/Roth* Rn. 33; *Zöllner* FS Lutter, 2000, 821 (823).
[77] Vgl. zum Überblick *I. Schmidt* JZ 2003, 133 ff.; MüKoAktG/*Habersack* Rn. 25.
[78] MüKoAktG/*Habersack* Rn. 25.
[79] BGHZ 83, 106 (107 ff.) = AG 1982, 218 (220 f.).
[80] Geßler/Hefermehl/*Geßler* Rn. 20.
[81] MüKoAktG/*Habersack* Rn. 25, § 107 Rn. 22; KK-AktG/*Mertens/Cahn* Rn. 61; GroßkommAktG/*Hopt/Roth* Rn. 33.
[82] OLG München AG 2006, 337 (338); KK-AktG/*Mertens/Cahn* Rn. 65; Hüffer/*Koch* Rn. 9; MHdB AG/*Hoffmann-Becking* § 31 Rn. 70; relativierend GroßkommAktG/*Hopt/Roth* Rn. 58, 60.
[83] GroßkommAktG/*Hopt/Roth* Rn. 53.

keit aus.[84] Es beeinflusst aber, sofern es entgegen des Verbots zur Stimmrechtsabgabe kommt und diese Stimme entscheidend ist, die Wirksamkeit des Beschlusses. Bei Bestehen eines Stimmverbotes ist im dreiköpfigen Aufsichtsrat eine Abberufung nur bei Teilnahme auch des dem Stimmverbot unterliegenden Aufsichtsratsmitglieds möglich (→ Rn. 38).[85]

32 **(1) Interessenskonflikte.** → § 116 Rn. 73 ff. Auch wenn es kein generelles Stimmverbot für Aufsichtsratsmitglieder gibt, ist **§ 34 BGB analog** anzuwenden.[86] Nach dieser Vorschrift ist das Mitglied von der Stimmabgabe ausgeschlossen, wenn die Beschlussfassung die Vornahme eines Rechtsgeschäfts mit ihm oder die Einleitung oder Erledigung eines Rechtsstreits zwischen ihm und der Gesellschaft betrifft.[87] Ob darüber hinaus § 34 BGB auch entsprechend auf sonstige Fälle echten Interessenwiderstreits anzuwenden ist, ist eine Frage des Einzelfalls (→ § 107 Rn. 39; → § 116 Rn. 73 ff.).[88] Ein allgemeines Stimmverbot besteht nach hM in diesen Fällen nicht per se.[89]

33 **(2) Richten in eigener Sache.** Über die analoge Anwendung hinaus, besteht ein **Stimmrechtsausschluss** im Falle des Richtens in eigener Sache, dh das Aufsichtsratsmitglied darf nicht über eine Maßnahme abstimmen, die sich gegen ihn selbst richtet.[90]

34 **(3) Korporationsrechtliche Akte.** Bei Wahlen des Aufsichtsratsmitglieds zum Aufsichtsratsvorsitzenden (→ § 107 Rn. 7 ff.), in sonstige Funktionen des Aufsichtsrates oder bei seiner Wahl in den Vorstand, gilt das Stimmverbot nach § 34 BGB nicht.[91] Bei der Abstimmung über den Antrag einem Aufsichtsratsmitglied die Versammlungsleitung im Hinblick auf einen Interessenkonflikt bei einzelnen Gegenständen der Tagesordnung zu entziehen, unterliegt das betroffene Aufsichtsratsmitglied keinem Stimmrechtsverbot.[92]

35 **(4) Keine Ausdehnung des Stimmverbots.** Der Stimmrechtsausschluss gilt nur für das betroffene Aufsichtsratsmitglied persönlich; eine Ausdehnung auf Fälle von Betroffenheit von Ehegatten oder Verwandten ist unzulässig.[93] Ein Stimmverbot besteht nur dann, wenn Ehegatten und Verwandte durch das Gesetz – wie in § 115 Abs. 2 – dem Aufsichtsratsmitglied gleichgestellt werden.[94] Ein Stimmrechtsausschluss ist auch dann nicht bereits gegeben, wenn das Aufsichtsratsmitglied zugleich Organmitglied einer anderen Körperschaft oder Personenvereinigung ist und ein Rechtsgeschäft mit dieser zur Beschlussfassung ansteht.[95] Davon unberührt bleibt die **Neutralitätspflicht** des Aufsichtsratsmitgliedes in solchen Fällen.

36 **(5) Arbeitnehmervertreter.** Ein Stimmrechtsverbot greift nicht schon dann ein, wenn Arbeitnehmervertreter im Aufsichtsrat in einer Interessenkollision zwischen den Interessen der Gesellschaft und der Arbeitnehmerschaft oder Gewerkschaft stehen.[96] Es ist zu berücksichtigen, dass die Arbeitnehmervertreter durchaus die Interessen der Arbeitnehmerschaft – natürlich im Rahmen des Unternehmensinteresses – vertreten sollen. Nur bei **Arbeitskampf** und **tarifpolitischen Entscheidungen** (→ § 116 Rn. 80) im Aufsichtsrat, ist ein Stimmverbot zu befürworten.[97] Im Übrigen ist es notwendig, das Gleichgewicht zwischen Arbeitnehmervertretern und Aktionärsvertreter nicht zu stören. Es ist zu empfehlen, dass sich die Arbeitnehmervertreter bei schwierigen Interessengegensätzen der Stimme enthalten.[98] Nach hM sind Arbeitnehmervertreter bei der Beschlussfassung über

---

[84] BGH AG 2007, 484; vgl. zum Streitstand im Schrifttum *Priester* AG 2007, 190 ff.

[85] Anders wohl *Keusch/Rotter* NZG 2003, 671 (673).

[86] BayObLGZ 2003, 89 (92) = AG 2003, 427 (428); Spindler/Stilz/*Spindler* Rn. 27; KK-AktG/*Mertens/Cahn* Rn. 65; aA *Behr* AG 1984, 281 (285).

[87] BGH BB 2007, 1185 (1187) Rn. 13; OLG München AG 2006, 337 (338); KK-AktG/*Mertens/Cahn* Rn. 65; Hüffer/*Koch* Rn. 9; GroßkommAktG/*Hopt/Roth* Rn. 54, 58; Spindler/Stilz/*Spindler* Rn. 27 f.; aA *Wilhelm* NJW 1983, 912 (913); *Behr* AG 1984, 281 (284 ff.).

[88] GroßkommAktG/*Hopt/Roth* Rn. 58; KK-AktG/*Mertens/Cahn* Rn. 49 ff.

[89] KK-AktG/*Mertens/Cahn* Rn. 65; GroßkommAktG/*Hopt/Roth* Rn. 58; MHdB AG/*Hoffmann-Becking* § 31 Rn. 70; *Hoffmann-Becking* ZHR 150 (1986), 570 (580); *E. Vetter* in Marsch-Barner/Schäfer HdB AG § 27 Rn. 62; *Hopt* FS Doralt, 2004, 214 (225).

[90] MüKoAktG/*Habersack* Rn. 29, 32; GroßkommAktG/*Hopt/Roth* Rn. 55.

[91] KK-AktG/*Mertens/Cahn* Rn. 67, jedoch krit. zur Wahl in den Vorstand; MHdB AG/*Hoffmann-Becking* § 31 Rn. 70.

[92] BGH DB 2010, 1811 f. zu § 47 Abs. 4 GmbHG.

[93] BGHZ 80, 69 (71); BGH WM 1985, 422 (424); KK-AktG/*Mertens/Cahn* Rn. 51.

[94] MüKoAktG/*Habersack* Rn. 30.

[95] KK-AktG/*Mertens/Cahn* Rn. 68; aA *Hoffmann-Becking* ZHR 150 (1986), 570.

[96] KK-AktG/*Mertens/Cahn* Rn. 70; GroßkommAktG/*Hopt/Roth* Rn. 62; aA Spindler/Stilz/*Spindler* Rn. 31.

[97] GroßkommAktG/*Hopt/Roth* Rn. 62; MüKoAktG/*Habersack* Rn. 31; aA KK-AktG/*Mertens/Cahn* Rn. 70.

[98] *Meyer-Landhut* Rn. 5; *Redding* NJW 1956, 48.

die angemessene Anzahl unabhängiger Mitglieder (→ § 107 Rn. 110) nicht zu beteiligen.[99] Die Angemessenheit ist als unbestimmter Rechtsbegriff gerichtlich voll überprüfbar.[100]

(6) Entsandte Mitglieder. Entsandte Mitglieder unterliegen bei der Beschlussfassung über ein Rechtsgeschäft oder eine Rechtsstreitigkeit zwischen dem Unternehmen und dem Entsandten keinem Stimmrechtsausschluss.[101] 37

(7) Beschlussfähigkeit. Der Stimmrechtsausschluss für ein Aufsichtsratsmitglied muss im **dreiköpfigen Aufsichtsrat** nicht zur Beschlussunfähigkeit des Aufsichtsrats führen (→ Rn. 31).[102] Auch der vom Stimmrechtsausschluss Betroffene ist berechtigt, an den Sitzungen und Beratungen teilzunehmen. Tut er dies, ist seine Anwesenheit für die Beschlussfähigkeit relevant, er nimmt lediglich an der Beschlussfassung nicht teil. Er hat bei einem Gremium, das nur aus drei Mitgliedern besteht, die Pflicht, an der Abstimmung teilzunehmen und sich der Stimme zu enthalten (→ § 107 Rn. 20).[103] Im Falle des Verstoßes kann sich das betreffende Aufsichtsratsmitglied wegen Verletzung seiner Mitwirkungspflicht schadensersatzpflichtig machen. Seine gleichwohl abgegebene Stimme ist nichtig.[104] 38

(8) Entscheidung über Stimmrechtsausschluss. Über einen Stimmrechtsausschluss entscheidet als Ausfluss seiner Sitzungs- und Leitungskompetenz grundsätzlich der Aufsichtsratsvorsitzende alleine.[105] Da der Stimmrechtsausschluss eine **Rechtsfrage** ist und die Entscheidung hierüber dem Aufsichtsratsvorsitzenden unterliegt, ist auch ein Beschluss des Aufsichtsrats, ob ein Aufsichtsratsmitglied abstimmen darf oder nicht, unbeachtlich. Eine entgegen dem Stimmrechtsverbot zugelassene und abgegebene Stimme ist nichtig.[106] Kommt ein Aufsichtsratsbeschluss deshalb zustande, weil der Aufsichtsratsvorsitzende zu Unrecht ein Aufsichtsratsmitglied von der Beschlussfassung ausgeschlossen hat, ist der Beschluss fehlerhaft.[107] 39

3. Beschlussfähigkeit (Abs. 2). a) Teilnahme der Hälfte der Mitglieder. Nach Abs. 2 ist der Aufsichtsrat beschlussfähig, wenn mindestens die Hälfte der Mitglieder aus denen er zu bestehen hat, an der Beschlussfassung teilnimmt (Sollstärke), soweit Gesetz oder Satzung nichts anderes regeln. Die entsprechenden Regelungen des § 28 MitbestG, § 10 MontanMitbestG, § 11 MitbestErgG können nicht gelockert werden[108] und § 10 MontanMitbestG sowie § 11 MitbestErgG können nicht verschärft werden.[109] Die **Satzung** kann in nicht mitbestimmten Gesellschaften von dieser Regelung **abweichen,** auf jeden Fall müssen aber mindestens drei Aufsichtsratsmitglieder an der Beschlussfassung teilnehmen (Abs. 2 S. 3).[110] 40

b) Teilnahme. Teilnahme an der Beschlussfassung ist die **tatsächliche Beteiligung** an der Beschlussfassung, gleichgültig, ob das Aufsichtsratsmitglied zur Teilnahme berechtigt ist oder nicht oder eine gültige oder eine ungültige Stimme abgibt. Eine physische Teilnahme an der Sitzung reicht nicht aus;[111] notwendig ist eine Stellungnahme zum Gegenstand der Beschlussfassung.[112] Das Aufsichtsratsmitglied kann sich an der Beschlussfassung mit einer Ja- oder Nein-Stimme oder einer Stimmenthaltung beteiligen. Erklärt das Aufsichtsratsmitglied ausdrücklich oder konkludent, es wolle sich nicht an der Beschlussfassung beteiligen, liegt ein Fall der Nichtteilnahme vor und das Aufsichtsratsmitglied darf bei der Beschlussfähigkeit nicht mitgezählt werden.[113] Gleiches gilt, wenn es auf die Aufforderung der schriftlichen Stimmangabe gemäß Abs. 3 nicht reagiert.[114] Stimmenthaltungen 41

---

[99] *Hasselbach/Jakobs* BB 2013, 643 (649).

[100] *Hasselbach/Jakobs* BB 2013, 643 (650).

[101] BGHZ 36, 296 (307) = NJW 1962, 864 (866); KK-AktG/*Mertens/Cahn* Rn. 69; MüKoAktG/*Habersack* Rn. 31; krit. GroßkommAktG/*Hopt/Roth* Rn. 57; aA *Mathießen,* Stimmrecht und Interessenkollision im Aufsichtsrat, 1988, 346 f.

[102] BayObLGZ 2003, 89 (91 ff.) = AG 2003, 427; aA Hüffer/*Koch* Rn. 11.

[103] GroßkommAktG/*Hopt/Roth* Rn. 63; KK-AktG/*Mertens/Cahn* Rn. 66, 74; *Stadtler/Berner* NZG 2003, 49 (51 f.).

[104] BGH AG 2007, 484; MüKoAktG/*Habersack* Rn. 33.

[105] KK-AktG/*Mertens/Cahn* Rn. 71; GroßkommAktG/*Hopt/Roth* Rn. 66.

[106] BGH BB 2007, 1185 (1187) Rn. 13; BayObLGZ NZG 2003, 691 (693); KK-AktG/*Mertens/Cahn* Rn. 71; GroßkommAktG/*Hopt/Roth* Rn. 66; MüKoAktG/*Habersack* Rn. 33.

[107] MüKoAktG/*Habersack* Rn. 33; KK-AktG/*Mertens/Cahn* Rn. 71.

[108] MüKoAktG/*Habersack* Rn. 40; UHH/*Ulmer/Habersack* MitbestG § 28 Rn. 4a.

[109] GroßkommAktG/*Oetker* MontanMitbestG § 10 Rn. 2.

[110] LG Düsseldorf AG 1999, 134 (135); Hüffer/*Koch* Rn. 11; MüKoAktG/*Habersack* Rn. 44.

[111] Hüffer/*Koch* Rn. 11; Spindler/Stilz/*Spindler* Rn. 37.

[112] KK-AktG/*Mertens/Cahn* Rn. 74.

[113] KK-AktG/*Mertens/Cahn* Rn. 74; MHdB AG/*Hoffmann-Becking* § 31 Rn. 61.

[114] KK-AktG/*Mertens/Cahn* Rn. 74.

(→ Rn. 29) zählen als Teilnahme an der Beschlussfassung.[115] An der Beschlussfassung nimmt auch das Aufsichtsratsmitglied teil, das eine schriftliche Stimmabgabe überreichen lässt.[116] Häufig werden Aufsichtsratsmitglieder schon bei der Einberufung der Sitzung gebeten, schriftliche Stimmabgaben für den Fall der Nichtteilnahme überreichen zu lassen. Auch die vorsorgliche Einsammlung schriftlicher Stimmabgaben durch alle Aufsichtsratsmitglieder, die bei Teilnahme zurückgegeben werden, ist zulässig.

42 **c) Unvollständiger Aufsichtsrat.** Abs. 2 S. 4 regelt ausdrücklich und abschließend, dass es der Beschlussfähigkeit nicht entgegensteht, wenn dem Aufsichtsrat weniger Mitglieder als durch Gesetz oder Satzung bestimmt angehören und wenn das für seine Zusammensetzung maßgebende zahlenmäßige Verhältnis nicht gewahrt ist. Dies trifft auch zu wenn das Verhältnis von Arbeitnehmervertretern und Aktionärsvertretern nicht dem Gesetz entspricht.[117] Mangels anderweitiger Regelung in der Satzung ist der Aufsichtsrat auch dann beschlussfähig, wenn alle Arbeitnehmervertreter ausgefallen sind, vorausgesetzt die zur Beschlussfähigkeit erforderliche Mindestzahl nimmt an der Beschlussfassung teil.[118] Es ist unerheblich, ob das Aufsichtsratsmitglied von vorneherein fehlt oder später ausscheidet.[119] Die verbleibenden Mitglieder eines unvollständig besetzten Aufsichtsrats haben eine erhöhte Pflicht zur Aufmerksamkeit bei der Überwachung des Vorstands.[120] Die verbleibenden Aufsichtsratsmitglieder müssen für eine **Ergänzung des Aufsichtsrats** sorgen, indem sie selbst den Antrag stellen oder darauf hinwirken, dass der Vorstand einen Antrag stellt.[121]

43 **d) Beschlussfähigkeit der Ausschüsse.** Die Ausführungen zur Beschlussfassung gelten auch für einen Ausschuss, der demzufolge zwingend aus drei Mitgliedern bestehen muss.[122] Die Beschlussfähigkeit des Aufsichtsrats hat keine Auswirkung auf die Beschlussfähigkeit der Ausschüsse, solange die für den Ausschuss geltenden Vorschriften eingehalten werden.[123]

44 **e) Satzung. aa) Nichtmitbestimmte Gesellschaften.** Bei Gesellschaften, die weder dem MitbestG noch dem DrittelbG unterliegen, kann die Satzung vom Gesetz abweichende Regelungen enthalten. Sie kann bestimmen, dass die Mehrheit oder ein geringerer Teil der Mitglieder oder mehr oder weniger als die Hälfte der Mitglieder, aus denen er zu bestehen hat, an der Beschlussfassung teilnehmen muss. Eine Satzungsregelung, die allgemein vorsieht, dass die Hälfte der Mitglieder teilnehmen muss, ist in der Weise auszulegen, dass die Sollstärke gemeint ist.[124] Die **Mindestteilnahme von drei Mitgliedern** an der Beschlussfassung (Abs. 2 S. 3) darf durch die Satzung nicht unterschritten werden.[125] Eine Regelung, die die Teilnahme aller Aufsichtsratsmitglieder, aus denen er zu bestehen hat, vorsieht, ist nichtig, da eine solche Regelung die Funktionsfähigkeit des Aufsichtsrats beeinträchtigt und Abs. 2 S. 4 ausdrücklich das Fehlen von Aufsichtsratsmitgliedern vorsieht.[126] Eine Regelung, die den Gleichbehandlungsgrundsatz verletzt ist ebenso nichtig.[127] Bei einer zweistelligen Mitgliederzahl im Aufsichtsrat darf das Fehlen von zwei Mitgliedern nicht zur Beschlussunfähigkeit führen.[128] Auch die Teilnahme eines oder mehrerer bestimmter Aufsichtsratsmitglieder oder des Aufsichtsratsvorsitzenden kann die Satzung nicht wirksam vorgeben, da ansonsten dem betreffenden Aufsichtsratsmitglied quasi ein Vetorecht eingeräumt würde.[129]

45 **bb) Stimmenthaltung.** Unzulässig ist auch eine Satzungsbestimmung, dass Stimmenthaltungen als Nichtteilnahme gewertet werden (→ Rn. 29). Dies hätte zur Folge, dass die Beschlussfähigkeit

[115] OLG Karlsruhe NJW 1980, 2137; KK-AktG/*Mertens/Cahn* Rn. 74.

[116] KK-AktG/*Mertens/Cahn* Rn. 74; *Lutter* FS Duden, 1977, 269 (285).

[117] KK-AktG/*Mertens/Cahn* Rn. 58; MüKoAktG/*Habersack* Rn. 45; Hüffer/*Koch* Rn. 16; Spindler/Stilz/*Spindler* Rn. 43; GroßkommAktG/*Oetker* MitbestG § 28 Rn. 12.

[118] KK-AktG/*Mertens/Cahn* Rn. 75.

[119] MüKoAktG/*Habersack* Rn. 45; OLG München BeckRS 2011, 23448.

[120] RGZ 146, 145 (152); KK-AktG/*Mertens/Cahn* Rn. 77; GroßkommAktG/*Hopt/Roth* Rn. 95; MüKoAktG/*Habersack* Rn. 48.

[121] MüKoAktG/*Habersack* Rn. 48.

[122] Spindler/Stilz/*Spindler* Rn. 51, § 107 Rn. 98.

[123] MüKoAktG/*Habersack* Rn. 47; KK-AktG/*Mertens/Cahn* Rn. 76; GroßkommAktG/*Hopt/Roth* Rn. 94; Spindler/Stilz/*Spindler* Rn. 48.

[124] BGHZ 4, 224 (228); MüKoAktG/*Habersack* Rn. 38.

[125] Spindler/Stilz/*Spindler* Rn. 40.

[126] MüKoAktG/*Habersack* Rn. 38; aA Hüffer/*Koch* Rn. 15.

[127] BGHZ 83, 151 (156 f.) = NJW 1982, 1530; Spindler/Stilz/*Spindler* Rn. 44; KK-AktG/*Mertens/Cahn* Rn. 80.

[128] KK-AktG/*Mertens/Cahn* Rn. 63.

[129] BGHZ 83, 151 (156 f.) = NJW 1982, 1530; Spindler/Stilz/*Spindler* Rn. 44; KK-AktG/*Mertens/Cahn* Rn. 80.

erst nach dem Abstimmungsergebnis festgestellt werden könnte und eine solche Stimmenthaltung hätte ein größeres Gewicht als eine Nein-Stimme. Eine solche Stimmenthaltung könnte unter Umständen sogar zu einem **faktischen Vetorecht** führen.[130]

cc) Aufsichtsräte nach dem MitbestG. Bei Aufsichtsräten nach dem MitbestG ist die gesetzliche Regelung des § 28 MitbestG zwingend; danach können weder die Satzung noch die Geschäftsordnung die Beschlussfähigkeit in der Weise erleichtern, dass die Beschlüsse mit weniger als der Hälfte seiner Mitglieder, aus denen er zu bestehen hat, gefasst werden.[131] Unter Wahrung der Rechtsgleichheit aller Aufsichtsratsmitglieder und der Funktionsfähigkeit des Aufsichtsrats sind jedoch in engen Grenzen strengere Anforderungen möglich.[132] Als zulässig wird eine Satzungsregelung erachtet, die bei Abwesenheit des Aufsichtsratsvorsitzenden die Voraussetzungen für die Beschlussfähigkeit verschärft.[133] Unzulässig sind Satzungsregelungen, die die Teilnahme einer bestimmten Zahl von Mitgliedern nur einer Seite vorsehen. Die Beschlussfähigkeit soll nach Abs. 2 S. 4 gerade nicht von der **Gruppenzugehörigkeit** abhängen.[134] Bei Entscheidungen nach §§ 27, 31 MitbestG ist eine abweichende Satzungsregelung nichtig. § 10 MontanMitbestG und § 11 MitbestErgG lassen eine Regelung der Beschlussfähigkeit für den Gesamtaufsichtsrat nicht zu. Eine abweichende Satzungsbestimmung für die Ausschüsse ist jedoch zulässig.[135] 46

dd) Vertagung. Die Vertagung der Aufsichtsratssitzung ist gesetzlich nicht geregelt. Unter Vertagung versteht man den Abbruch der Beratung in einer begonnenen Sitzung und die Anberaumung einer neuen Sitzung unter Wahrung aller Formen und Fristen.[136] Hat die Sitzung noch nicht begonnen und wird der Beginn der Sitzung verschoben, handelt es sich um eine **Verlegung** der Sitzung. Der Aufsichtsrat entscheidet durch Beschluss über die Vertagung, wenn die Satzung oder die Geschäftsordnung keine andere Regelung enthält. Die Satzung kann den Aufsichtsratsvorsitzenden ermächtigen, die Sitzung nach seinem Ermessen einmal zu vertagen.[137] Ein mehrmaliges Vertagungsrecht kann dem Aufsichtsratsvorsitzenden nicht eingeräumt werden; dies würde die Funktionsfähigkeit des Aufsichtsrats einschränken.[138] Vertagungsklauseln dürfen die Aufsichtsratsarbeit nicht blockieren und die Beschlussfähigkeitsvoraussetzungen nicht verschärfen. Geben die Satzungsbestimmungen einzelnen oder mehreren Aufsichtsratsmitgliedern die Möglichkeit, die Sitzung faktisch zu blockieren oder verstoßen sie gegen den Gleichbehandlungsgrundsatz, sind sie unzulässig.[139] Jedes einzelne Aufsichtsratsmitglied hat, einen Anspruch auf Vertagung, wenn Beschlussanträge nicht rechtzeitig oder unvollständig angekündigt wurden oder die Sitzung nicht ordnungsgemäß einberufen wurde.[140] Unzulässig ist eine Satzungsbestimmung, die eine Vertagung bei Nichtteilnahme des Aufsichtsratsvorsitzenden oder anderer bestimmter Aufsichtsratsmitglieder vorsieht.[141] Zulässig ist eine Bestimmung, die eine Vertagung ermöglicht, wenn Arbeitnehmervertreter und Anteilseignervertreter nicht in gleicher Anzahl anwesend sind.[142] Eine Regelung zur einmaligen Vertagung ist auch zulässig, wenn nicht alle Aufsichtsratsmitglieder anwesend sind bzw. schriftliche Stimmabgaben nicht überreichen konnten.[143] 47

---

[130] MüKoAktG/*Habersack* Rn. 36; KK-AktG/*Mertens/Cahn* Rn. 81.

[131] OLG Karlsruhe 1981, 102 (103); OLG Karlsruhe ZIP 1980, 906; *Ulmer/Habersack/Henssler* MitbestG § 28 Rn. 4; *Raiser* NJW 1980, 209 (210); aA OLG Hamburg AG 1984, 246; MHdB AG/*Hoffmann-Becking* § 31 Rn. 63; *Peus,* Der Aufsichtsratsvorsitzende, 1983, 332 f.

[132] BGHZ 83, 151 (154 f.) = AG 1982, 228 (229); KK-AktG/*Mertens/Cahn* Rn. 83; MüKoAktG/*Habersack* Rn. 40.

[133] OLG Hamburg AG 1984, 246 (248); aA KK-AktG/*Mertens/Cahn* Rn. 83; GroßkommAktG/*Hopt/Roth* Rn. 19.

[134] Spindler/Stilz/*Spindler* Rn. 44; GroßkommAktG/*Hopt/Roth* Rn. 86 ff.; KK-AktG/*Mertens/Cahn* Rn. 83.

[135] GroßkommAktG/*Hopt/Roth* Rn. 71, § 107 Rn. 413.

[136] MüKoAktG/*Habersack* Rn. 41; UHH/*Ulmer/Habersack* MitbestG § 25 Rn. 34.

[137] UHH/*Ulmer/Habersack* MitbestG § 28 Rn. 7; MüKoAktG/*Habersack* Rn. 42; GroßkommAktG/*Hopt/Roth* Rn. 66; für unbeschränktes Vertagungsrecht KK-AktG/*Mertens/Cahn* § 107 Rn. 48.

[138] AA KK-AktG/*Mertens/Cahn* Rn. 83: aufgrund Vorbehalte anderer Plenumsentscheidung.

[139] KK-AktG/*Mertens/Cahn* Rn. 84; MHdB AG/*Hoffmann-Becking* § 31 Rn. 82; *Paefgen,* Struktur und Aufsichtsratsvergütung der mitbestimmten AG, 1982, 203 f.; aA *Kindl,* Die Teilnahme an der Aufsichtsratssitzung, 1993, 102 f.; *Peus,* Der Aufsichtsratsvorsitzende, 1983, 379.

[140] MüKoAktG/*Habersack* Rn. 41; UHH/*Ulmer/Habersack* MitbestG § 25 Rn. 34.

[141] KK-AktG/*Mertens/Cahn* Rn. 84; GroßkommAktG/*Hopt/Roth* Rn. 78; MHdB AG/*Hoffmann-Becking* § 31 Rn. 87; *Paefgen,* Struktur und Aufsichtsratsvergütung der mitbestimmten AG, 1982, 203 f.; aA *Kindl,* Die Teilnahme an der Aufsichtsratssitzung, 1993, 103; *Peus,* Der Aufsichtsratsvorsitzende, 1983, 375 f., 379.

[142] KK-AktG/*Mertens/Cahn* Rn. 83; GroßkommAktG/*Hopt/Roth* Rn. 78; MHdB AG/*Hoffmann-Becking* § 31 Rn. 87; aA MHdB ArbR/*Wißmann* § 380 Rn. 8; *Kindl,* Die Teilnahme an der Aufsichtsratssitzung, 1993, 99.

[143] KK-AktG/*Mertens/Cahn* Rn. 83; GroßkommAktG/*Hopt/Roth* Rn. 78.

48 **4. Schriftliche Stimmabgabe (Abs. 3). a) Schriftlichkeitsgebot.** Gemäß Abs. 3 können abwesende Aufsichtsratsmitglieder an den Sitzungen des Aufsichtsratsrats oder seiner Ausschüsse teilnehmen, indem sie schriftliche Stimmabgaben überreichen lassen. Die schriftliche Stimmabgabe kann sich auf einzelne Anträge oder alle Beschlussfassungen der Sitzung beziehen. Die Vorschrift ermöglicht es dem abwesenden Mitglied, an der Willensbildung im Aufsichtsrat teilzunehmen. Entscheidend ist, dass das Stimmrecht persönlich ausgeübt wird, dh das Aufsichtsratsmitglied entscheidet über Abgabe und Inhalt der Erklärung. Durch die schriftliche Stimmabgabe darf das **Vertretungsverbot** nicht ausgehöhlt werden. Grundsätzlich sollte das Aufsichtsratsmitglied an den Sitzungen des Aufsichtsrats durch persönliches Erscheinen teilnehmen. Die schriftliche Stimmabgabe ist ein Notbehelf,[144] der dem abwesenden Mitglied die Möglichkeit gibt, sein Mitwirkungsrecht wahrzunehmen und seine Stimme abzugeben. Eine Vorverlagerung von Beratung und Entscheidung in Vorbesprechungen oder andere Gremien darf damit nicht verbunden sein.[145]

49 Das Schriftlichkeitsgebot des Abs. 3 soll die Authentizität der Stimmabgabe sichern. Umstritten ist, ob die Namensunterschrift unter der Stimmabgabe erforderlich ist.[146] Nach überwiegender Meinung ist dem Schriftformerfordernis genüge getan bei Stimmabgabe per **Telefax, Telex, Telegramm** oder gemäß § 126a BGB **digital signierte E-Mail,** wenn Identität oder Authentizität der Botschaft gewährleistet sind.[147] Stimmabgaben per Telegramm oder per Telex haben in der Praxis keine Bedeutung mehr. Eine fernmündliche Stimmabgabe ist nicht zulässig, da sie auf Grund des fehlenden körperlichen Substrats nicht überreicht werden kann.[148] Die Unterzeichnung durch einen Vertreter mit dem Namen des Vertretenen ist nach § 126 BGB zulässig.[149] Inhaltlich muss es jedoch die Erklärung des die Stimmbotschaft erteilenden Aufsichtsratsmitgliedes sein. Die Stimmabgabe muss auf einer Entscheidung des abwesenden Aufsichtsratsmitglieds beruhen, die Entscheidung darf nicht durch fremde Willenselemente überlagert oder verändert werden.

50 **b) Geltung für alle Aufsichtsratsmitglieder.** Abs. 3 spricht von „abwesenden Aufsichtsratsmitgliedern“, so dass auch der Aufsichtsratsvorsitzende und seine Stellvertreter schriftliche Stimmabgaben überreichen lassen dürfen.[150] Der die Stimmabgabe Überreichende erwirbt nicht die Funktion des Aufsichtsratsvorsitzenden.[151] Die Norm ist auch auf Ausschusssitzungen anwendbar;[152] ein eigener Ermessensspielraum des **Boten** bei Abgabe der Erklärung besteht nicht.[153]

51 **c) Überreichung durch Stimmboten.** Gemäß Abs. 3 S. 2 und S. 3 können andere Aufsichtsratsmitglieder und Dritte, die nach § 109 Abs. 3 zur Teilnahme an der Sitzung berechtigt sind (→ § 109 Rn. 7), als Stimmboten fungieren. Die Übergabe an den Aufsichtsratsvorsitzenden ist ausreichend. Der Aufsichtsratsvorsitzende ist verpflichtet, die Stimme in der Sitzung zu überreichen; das gleiche gilt, wenn die Stimmbotschaft an ein anderes Aufsichtsratsmitglied übersandt wurde.[154] Der Stimmbote ist gegenüber dem die Stimmbotschaft erteilenden Aufsichtsratsmitglied **verpflichtet,** diese dem Aufsichtsratsvorsitzenden **auszuhändigen.**[155]

52 **d) Stellung des Boten.** Der Überreicher der Stimmabgabe ist Bote, er gibt keine eigene Willenserklärung ab.[156] Der Stimmbote darf **kein Blankett** ausfüllen.[157] Dem Stimmboten dürfen auch nicht mehrere inhaltlich unterschiedliche Stimmabgaben übergeben werden, von denen er selbstständig

---

[144] MüKoAktG/*Habersack* Rn. 50; UHH/*Ulmer/Habersack* MitbestG § 25 Rn. 30.

[145] MüKoAktG/*Habersack* Rn. 50; UHH/*Ulmer/Habersack/Henssler* MitbestG § 25 Rn. 30.

[146] Dagegen GroßkommAktG/*Hopt/Roth* Rn. 109; KK-AktG/*Mertens/Cahn* Rn. 26; *E. Vetter* in Marsch-Barner/Schäfer HdB AG § 27 Rn. 70; *Kindl* ZHR 166 (2002), 335 (347); *Lutter* FS Duden, 1977, 269 (280 f.); dafür MüKoAktG/*Habersack* Rn. 52; Spindler/Stilz/*Spindler* Rn. 59; UHH/*Ulmer/Habersack* MitbestG § 25 Rn. 31; *v. Godin/Wilhelmi* Anm. 8.

[147] Spindler/Stilz/*Spindler* Rn. 59; GroßkommAktG/*Hopt/Roth* Rn. 109; *Kindl,* Die Teilnahme an der Aufsichtsratssitzung, 1993, 33 ff., 30; nur für Telefax *Lutter/Krieger/Verse* Rechte und Pflichten 311; MHdB AG/*Hoffmann-Becking* § 31 Rn. 91; abl. für Telefax MüKoAktG/*Habersack* Rn. 53 mwN; grdl. für Telegramm KG JW 1938, 1824.

[148] MüKoAktG/*Habersack* Rn. 52; Spindler/Stilz/*Spindler* Rn. 58; GroßkommAktG/*Hopt/Roth* Rn. 109.

[149] KK-AktG/*Mertens/Cahn* Rn. 30.

[150] GroßkommAktG/*Hopt/Roth* Rn. 66; MüKoAktG/*Habersack* Rn. 51; Spindler/Stilz/*Spindler* Rn. 53.

[151] Begr. RegE *Kropff* Textausgabe, 1965, 152; KK-AktG/*Mertens/Cahn* Rn. 28.

[152] MüKoAktG/*Habersack* Rn. 51.

[153] Hüffer/*Koch* Rn. 14; GroßkommAktG/*Hopt/Roth* Rn. 112; Spindler/Stilz/*Spindler* Rn. 57.

[154] MüKoAktG/*Habersack* Rn. 55.

[155] MüKoAktG/*Habersack* Rn. 58.

[156] *Lutter* FS Duden, 1977, 269 (274 f.).

[157] Spindler/Stilz/*Spindler* Rn. 57; MüKoAktG/*Habersack* Rn. 56; *Ulmer/Habersack/Henssler* MitbestG § 25 Rn. 32; aA KK-AktG/*Mertens/Cahn* Rn. 34; MHdB AG/*Hoffmann-Becking* § 31 Rn. 85; *Lutter/Krieger/Verse* Rechte und Pflichten 311; *Lutter* FS Duden, 1977, 269 (276 ff.).

entscheidet, welche er abgibt.[158] Als zulässig wird erachtet, wenn das abwesende Aufsichtsratsmitglied unterschiedliche Stimmbotschaften übermittelt, die nach eindeutigen Vorgaben abzugeben sind.[159] Unzulässig ist es jedoch, wenn der Bote das Aufsichtsratsmitglied über den Gang der Beratung informiert und dann das Blankoformular nach den Weisungen des Abwesenden ausfüllt.[160] Auch eine Anweisung, wie die jeweilige Mehrheit oder ein bestimmtes anderes Aufsichtsratsmitglied abzustimmen hat, ist unzulässig, da sie keine inhaltliche Entscheidung enthält.[161]

Zulässig ist es auch, dem Boten mehrere Stimmabgaben mitzugeben und ihn nach Kenntnis des 53
Sitzungsverlaufes anzuweisen, eine bestimmte Stimmbotschaft abzugeben.[162] Entscheidend ist, dass es sich um eine **Willenserklärung des abwesenden Aufsichtsratsmitglieds** handelt und dem Boten kein eigener Ermessensspielraum eingeräumt wird.

5. Beschlussfassung ohne Sitzung (Abs. 4). a) Formen. Der Aufsichtsrat kann seine 54
Beschlüsse auch **schriftlich, fernmündlich** oder in anderen vergleichbaren Formen ohne eine Sitzung fassen. Unter vergleichbaren Formen werden auch **Video- und Telefonkonferenzen** verstanden (→ Rn. 9), wobei streitig ist, ob eine Sitzung im Wege der Videokonferenz unter Abs. 4 „Beschlussfassung ohne Sitzung" fällt.[163] Telefonkonferenzen sind bereits nach der fernmündlichen Beschlussfassung nach Abs. 4 vorgesehen und damit zulässig.[164] Die im Gesetz ausdrücklich erwähnte telegrafische Beschlussfassung ist heute ohne praktische Bedeutung. Die Satzung und die Geschäftsordnung können Formen der Beschlussfassung ohne Sitzung ausschließen, einschränken oder an weitere Umstände knüpfen.[165]

b) Widerspruch. Widerspricht ein Aufsichtsratsmitglied einer Beschlussfassung ohne Sitzung 55
gemäß Abs. 4, darf eine Beschlussfassung nicht erfolgen. Bei Sitzungen ohne Beschlussfassung steht dem Aufsichtsratsmitglied kein Widerspruchsrecht zu.[166] Satzung und Geschäftsordnung können das Widerspruchsrecht des einzelnen Aufsichtsratsmitglieds ausschließen[167] oder aber den Widerspruch mehrerer Aufsichtsratsmitglieder fordern.[168] Auch den Widerspruch gegen eine bestimmte Form der Beschlussfassung kann die Satzung oder die Geschäftsordnung in der einen oder anderen Weise regeln.[169] Die Regelung in der **Satzung oder der Geschäftsordnung** muss ausdrücklich erfolgen; nimmt die Satzung oder die Geschäftsordnung nicht ausdrücklich Stellung, bleibt es beim Widerspruchsrecht jedes einzelnen Aufsichtsratsmitglieds. Der Widerspruch muss auch ausdrücklich erfolgen.[170] Schweigen darf weder als Stimmenthaltung noch als Widerspruch zu dieser Art der Beschlussfassung ausgelegt werden.[171]

c) Verfahren. Der Aufsichtsratsvorsitzende entscheidet, ob eine Beschlussfassung ohne Sitzung, 56
ggf. entsprechend der Regelung der Satzung oder der Geschäftsordnung über das Verfahren zur Beschlussfassung ohne Sitzung, stattfinden soll.[172] Der Aufsichtsratsvorsitzende unterrichtet die übrigen Mitglieder über die Beschlussfassung ohne Sitzung, teilt den Beschlussantrag mit und setzt eine **Frist,** innerhalb derer die Aufsichtsratsmitglieder ihre Stimme abzugeben haben und innerhalb derer sie dem Verfahren zu widersprechen haben. Die Frist sollte ausreichend bemessen sein, um den Mitgliedern genügend Zeit zur Auseinandersetzung mit dem Beschlussantrag zu geben. Die Satzung kann eine solche Frist festlegen.[173]

---

[158] KK-AktG/*Mertens/Cahn* Rn. 33; MüKoAktG/*Habersack* Rn. 56; *Ulmer/Habersack/Henssler* MitbestG § 25 Rn. 32; *Lutter* FS Duden, 1977, 269 (276); *Werner* ZGR 1977, 236 (242).

[159] Spindler/Stilz/*Spindler* Rn. 57; KK-AktG/*Mertens/Cahn* Rn. 34.

[160] MüKoAktG/*Habersack* Rn. 56; aA KK-AktG/*Mertens/Cahn* Rn. 34 mwN.

[161] KK-AktG/*Mertens/Cahn* Rn. 33.

[162] KK-AktG/*Mertens/Cahn* Rn. 34.

[163] So MüKoAktG/*Habersack* Rn. 16; Schmidt/Lutter/*Drygala* Rn. 26; *Vetter* in Marsch-Barner/Schäfer HdB AG § 27 Rn. 54; *Hoffmann-Becking* FS Happ, 2006, 81 (86); aA KK-AktG/*Mertens/Cahn* Rn. 20; GroßkommAktG/*Hopt/Roth* Rn. 117; Spindler/Stilz/*Spindler* Rn. 61; *Kindl* ZHR 166 (2002), 335 (344 ff.); *Wagner* NZG 2002, 57 (59).

[164] GroßkommAktG/*Hopt/Roth* Rn. 117; KK-AktG/*Mertens/Cahn* Rn. 21; MüKoAktG/*Habersack* Rn. 16; *Kindl* ZHR 166 (2002), 335 (341); Hüffer/*Koch* Rn. 22.

[165] MüKoAktG/*Habersack* Rn. 66; Spindler/Stilz/*Spindler* Rn. 63.

[166] *Simons* AG 2013, 547 (552); aA KK-AktG/*Mertens/Cahn* Rn. 19.

[167] Spindler/Stilz/*Spindler* Rn. 63; Hüffer/*Koch* Rn. 22; GroßkommAktG/*Hopt/Roth* Rn. 124; *Kindl* ZHR 166 (2002), 338 (339); *Wagner* NZG 2002, 58.

[168] GroßkommAktG/*Hopt/Roth* Rn. 125; *Wohlwend* NZG 2001, 3170 (3171).

[169] GroßkommAktG/*Hopt/Roth* Rn. 125; *Kindl* ZHR 166 (2002), 335 (338).

[170] Spindler/Stilz/*Spindler* Rn. 63; KK-AktG/*Mertens/Cahn* Rn. 32; MüKoAktG/*Habersack* Rn. 66, 68.

[171] GroßkommAktG/*Hopt/Roth* Rn. 121; KK-AktG/*Mertens/Cahn* Rn. 47.

[172] Spindler/Stilz/*Spindler* Rn. 65; GroßkommAktG/*Hopt/Roth* Rn. 195 f.

[173] KK-AktG/*Mertens/Cahn* Rn. 42; MüKoAktG/*Habersack* Rn. 69.

57 **Alle Aufsichtsratsmitglieder** müssen zur Beschlussfassung **aufgefordert** werden; es müssen aber nicht alle ihre Stimme abgeben. Nur so viele Mitglieder wie zur Beschlussfähigkeit notwendig, müssen an der Abstimmung teilnehmen. Wer keine Stimme abgibt, wird bei der Beschlussfähigkeit (→ Rn. 40 ff.) nicht mitgerechnet.[174]

58 Die Stimmabgabe erfolgt **gegenüber dem Aufsichtsratsvorsitzenden** oder einer vom Aufsichtsratsvorsitzenden beauftragten Empfangsperson.[175] Soweit der Aufsichtsratsvorsitzende dies nicht ausgeschlossen hat, kann die Stimme auch mündlich gegenüber dem Aufsichtsratsvorsitzenden oder der Empfangsperson abgegeben werden.[176] Bis zur Beschlussfeststellung zählen auch verspätet abgegebene Stimmen. Nach Feststellung des Beschlussergebnisses dürfen verspätet abgegebene Stimmen nicht berücksichtigt werden.[177]

59 **d) Niederschrift.** In entsprechender Anwendung von § 107 Abs. 2 S. 1 und S. 2 hat der Aufsichtsratsvorsitzende den Verlauf und das Ergebnis der Beschlussfassung zu protokollieren (→ § 107 Rn. 73 ff.). Telefonische Stimmabgaben sind **schriftlich** niederzulegen und allen Aufsichtsratsmitgliedern mitzuteilen, um jedem Mitglied die Möglichkeit der Berichtigung zu geben.

60 **e) Gemischte Beschlussfassung.** In der Praxis kommen sog. kombinierte oder gemischte Beschlussfassungen häufiger vor. Hierunter versteht man eine Präsenzsitzung, in der neben der Sitzungsbeschlussfassung Stimmen auch nach Abs. 4 noch auf andere Weise als durch schriftliche Stimmabgabe (Abs. 3) abgegeben werden können. Werden alle nicht anwesenden Mitglieder **nach** Abstimmung zur Stimmabgabe aufgefordert, ist dies durch Beschluss möglich.[178] Erfolgt dies jedoch **vor** Abstimmung, ist dies ein Fall des Abs. 4, den der Aufsichtsratsvorsitzende anordnet, unterstellt es gibt keinen Widerspruch.[179] Der Sache nach handelt es sich um einen Übergang vom Verfahren im Rahmen einer Sitzung zu einem solchen außerhalb der Sitzung.[180] Streitig sind in solchen Verfahren die Anforderungen an die Schriftform[181] sowie an die Annahme einer Aufsichtsratssitzung.[182] Es ist daher ratsam in Satzung oder Geschäftsordnung Regelungen zur Vermeidung von Auslegungsschwierigkeiten aufzunehmen.[183]

61 **6. Fehlerhaftigkeit von Aufsichtsratsbeschlüssen. a) Allgemeines.** Das Gesetz sagt nichts zur Frage, ob und unter welchen Voraussetzungen Aufsichtsratsbeschlüsse fehlerhaft sind und wer auf welche Art und Weise innerhalb welcher Fristen die Fehlerhaftigkeit geltend machen muss.[184] Es enthält auch keine Aussage, ob, wie bei Hauptversammlungsbeschlüssen, zwischen Nichtigkeit und Anfechtbarkeit zu unterscheiden ist. Einzelne Vorschriften regeln Sonderfragen: So führt die Nichtanfertigung des Protokolls bzw. das Fehlen von Angaben im Protokoll nicht zur **Unwirksamkeit** der Beschlüsse (§ 107 Abs. 2 S. 3). Ferner regelt das Vereinsrecht, dass Beschlussgegenstände bei der Einberufung bezeichnet werden müssen.

62 **b) Fehlerhafte Beschlüsse. aa) Missachtung von Kompetenzen, Beschlussunfähigkeit, gesetzliche Zusammensetzung.** Fasst der Aufsichtsrat einen Beschluss, der nicht in seine Zuständigkeit fällt,[185] zB Wahl des Abschlussprüfers (§ 119 Abs. 1) anstelle der Hauptversammlung oder ist das Gremium beschlussunfähig,[186] so ist der Beschluss fehlerhaft und nichtig.[187] Ein Beschluss des Aufsichtsrats oder eines Aufsichtsratsausschusses, dessen Zusammensetzung gegen zwingende gesetzliche Vorschriften verstößt, ist nach Durchführung des Statusverfahrens nach §§ 96 ff. ebenfalls fehlerhaft.[188]

63 **bb) Nichterreichen der erforderlichen Mehrheit.** Fehlerhaft sind Beschlüsse, die ohne die erforderliche Mehrheit zustande gekommen sind und vom Aufsichtsratsvorsitzenden festgestellt wur-

[174] KK-AktG/*Mertens/Cahn* Rn. 42; MüKoAktG/*Habersack* Rn. 36; MHdB AG/*Hoffmann-Becking* § 31 Rn. 57.
[175] KK-AktG/*Mertens/Cahn* Rn. 44; MüKoAktG/Habersack Rn. 64.
[176] MüKoAktG/*Habersack* Rn. 64; KK-AktG/*Mertens/Cahn* Rn. 43.
[177] KK-AktG/*Mertens/Cahn* Rn. 42; *v. Godin/Wilhelmi* Anm. 9.
[178] KK-AktG/*Mertens/Cahn* Rn. 50; GroßkommAktG/*Hopt/Roth* Rn. 129; Spindler/Stilz/*Spindler* Rn. 66.
[179] GroßkommAktG/*Hopt/Roth* Rn. 129, 28.
[180] MüKoAktG/*Habersack* Rn. 70.
[181] GroßkommAktG/*Hopt/Roth* Rn. 109.
[182] GroßkommAktG/*Hopt/Roth* Rn. 117.
[183] *Miettinen/Villeda* AG 2007, 346 (347 f.).
[184] GroßkommAktG/*Hopt/Roth* Rn. 131; *Götz* FS Lüke, 1997, 167 (172 f.).
[185] KK-AktG/*Mertens/Cahn* Rn. 86; MüKoAktG/*Habersack* Rn. 73, 76; MHdB AG/*Hoffmann-Becking* § 31 Rn. 117; *Kindl* AG 1993, 153 (159).
[186] BGH AG 1989, 129 (130) = NJW 1989, 1928 (1929); KK-AktG/*Mertens/Cahn* Rn. 86.
[187] KK-AktG/*Mertens/Cahn* Rn. 86; sinngemäß MüKoAktG/*Habersack* Rn. 76.
[188] OLG Hamburg DB 2002, 572 (573); KK-AktG/*Mertens/Cahn* Rn. 86; MüKoAktG/*Habersack* Rn. 73, 76.

den. Dies ist der Fall, wenn dem Aufsichtsratsvorsitzenden bei der Beschlussfeststellung **Zählfehler** unterlaufen oder auch, wenn eine oder mehrere **Stimmabgaben nichtig** waren.[189] Nichtig ist eine Stimmabgabe, wenn die in § 108 Abs. 3 und 4 aufgestellten Regeln nicht eingehalten werden, wenn das Aufsichtsratsmitglied einem Stimmverbot[190] (→ Rn. 31 ff.) unterliegt, wenn die Stimmabgabe gegen die guten Sitten verstößt,[191] oder wenn sie nicht mehr pflichtgemäßer Ermessensausübung entspricht.[192] War die Wahl eines Aufsichtsratsmitglieds nichtig, wird die gewählte Person für Stimmabgabe und Beschlussfassung im Aufsichtsrat wie ein Nichtmitglied behandelt.[193] War seine Stimmabgabe für den Beschluss ursächlich, ist der Beschluss nicht zustandegekommen.[194] Umstritten ist, ob ein Beschluss des Aufsichtsrates Ersatzansprüche gegen Vorstandsmitglieder nicht geltend zu machen, nichtig ist. Seit der ARAG/Garmenbeck-Entscheidung sieht der BGH diesen Beschluss als nichtig an.[195] Teile des Schrifttums lehnen dies ab mit dem Hinweis auf die Schadensersatzpflicht nach §§ 116, 93, deren Nichtgeltendmachung aber nicht dem Verstoß eines Verbotsgesetzes gleich komme.[196] Dem BGH ist zu folgen. Dies ergibt sich bereits aus dem befristeten Verzichtsgebot des § 93 Abs. 4.[197]

Nichtig ist auch eine Stimmabgabe, die **wirksam angefochten** wurde. Falsche Informationen und mangelnde Aufklärung über einen Beschlussgegenstand können eine Anfechtung nach § 119 Abs. 2 BGB, ohne Schadensersatzpflicht des Anfechtenden, begründen.[198] Die Anfechtung ist unmittelbar gegenüber dem Aufsichtsratsvorsitzenden durch das Aufsichtsratsmitglied, in dessen Person der Anfechtungsgrund gegeben ist, zu erklären. 64

Eine unwirksame Stimmabgabe macht den Gesamtbeschluss noch nicht nichtig;[199] dies ist nur der Fall, wenn sie für das Beschlussergebnis ausschlaggebend war.[200] Eine nichtige Stimmabgabe führt dann zur Fehlerhaftigkeit des Beschlusses, wenn ohne sie das Beschlussergebnis nicht zustande gekommen wäre.[201] Die fehlerhafte Stimmabgabe muss für das gefasste Beschlussergebnis **kausal** gewesen sein. Das Aufsichtsratsmitglied, das eine fehlerhafte Stimme abgegeben hat, wird bei der Beschlussfähigkeit mitgerechnet (→ Rn. 31, 38);[202] ansonsten könnte nachträglich wegen der fehlerhaften Stimmabgabe Beschlussunfähigkeit eintreten. Eine wirksame Anfechtung führt ebenfalls nicht zur Fehlerhaftigkeit des Beschlusses, wenn sich das Beschlussergebnis nicht auch dann verändert, wenn das anfechtende Aufsichtsratsmitglied seine Stimme im gegenteiligen Sinne abgegeben hätte.[203] 65

Die Mehrheit aller gültigen Stimmen entscheidet über die Annahme eines Beschlussantrages. Erhält der Antrag aufgrund einer fehlerhaften Stimmabgabe nicht die erforderliche Mehrheit, ist er nicht ungültig, sondern **abgelehnt.** Ob der umgekehrte Fall, in dem ein Ablehnungsbeschluss aufgrund fehlerhafter Stimmabgabe nicht die erforderliche Mehrheit bekommt, sich als inhaltlich positiver Beschluss erweist, erscheint höchst problematisch.[204] 66

cc) Teilnahme Unbefugter. Eine Teilnahme Unbefugter ist ein leichter Verfahrensmangel.[205] Nur wenn die Teilnahme eines Unbefugten kausal für das Ergebnis der Beschlussfassung war, führt dies zur Fehlerhaftigkeit des Beschlusses.[206] Es reicht nicht aus, dass die nicht zur Teilnahme berechtigte Person Einfluss auf andere Aufsichtsratsmitglieder nimmt (zur Treupflichtverletzung aber → § 116 Rn. 56 ff.).[207] 67

---

[189] KK-AktG/*Mertens/Cahn* Rn. 86.

[190] GroßkommAktG/*Hopt/Roth* Rn. 144.

[191] KK-AktG/*Mertens/Cahn* Rn. 86; GroßkommAktG/*Hopt/Roth* Rn. 144.

[192] BGHZ 135, 242 (251 ff.) = NJW 1997, 1926; OLG Hamburg AG 1984, 248 (249); GroßkommAktG/*Hopt/Roth* Rn. 144, 154; MüKoAktG/*Habersack* Rn. 80; Spindler/Stilz/*Spindler* Rn. 71.

[193] BGH ZIP 2013, 720 Rn. 21; AG 2013, 387 Rn. 21.

[194] BGH BeckRS 2013, 10118.

[195] BGHZ 135, 244 (251 ff.); Spindler/Stilz/*Spindler* Rn. 75; wegen Ermessen s. GroßkommAktG/*Hopt/Roth* Rn. 154; *Horn* ZIP 1997, 1129 (1138).

[196] Hüffer/*Koch* Rn. 18; *Kindler* ZHR 162 (1998), 101 (115).

[197] So auch Spindler/Stilz/*Spindler* Rn. 75.

[198] KK-AktG/*Mertens/Cahn* Rn. 90.

[199] GroßkommAktG/*Hopt/Roth* Rn. 145; *v. Godin/Wilhelmi* Anm. 2.

[200] OLG Hamburg 1992, 197 (200); GroßkommAktG/*Hopt/Roth* Rn. 145.

[201] RGZ 106, 258 (263); BGHZ 47, 341 (346); KK-AktG/*Mertens/Cahn* Rn. 74; Hüffer/*Koch* Rn. 17; MüKo-AktG/*Habersack* Rn. 75.

[202] KK-AktG/*Mertens/Cahn* Rn. 92; MüKoAktG/*Habersack* Rn. 75.

[203] KK-AktG/*Mertens/Cahn* Rn. 92.

[204] So iErg auch KK-AktG/*Mertens/Cahn* Rn. 92.

[205] BGHZ 47, 341 (349 f.).

[206] RGZ 110, 194 (197); BGHZ 47, 341 (346); KK-AktG/*Mertens/Cahn* Rn. 93; *v. Godin/Wilhelmi* Anm. 6.

[207] BGHZ 47, 341 (346), aA noch BGHZ 12, 327 (331).

68 **c) Verfahrensfehler. aa) Schwerwiegende und leichte Verfahrensfehler.** Zu den schwerwiegenden Verfahrensfehlern zählen insbesondere die gesetzwidrige Zusammensetzung des Gremiums, die Beschlussunfähigkeit,[208] Beschlussfassung bei unangekündigten Anträgen, bei fehlender Einladung eines oder mehrerer Aufsichtsratsmitglieder,[209] ohne die erforderlichen Mehrheiten, die fehlerhafte Beschlussfeststellung sowie die Verletzung der Vorschriften des Abs. 3 und Abs. 4.[210] Zu den leichten Verfahrensmängeln zählen insbesondere Fristverstöße bei Einberufung oder Antragsankündigung, Zulassung Unbefugter zu den Sitzungen (→ Rn. 71). Gemein ist diesen leichteren Verstößen, dass sie zur Disposition der Aufsichtsratsmitglieder stehen.[211] Da auf ihre Einhaltung verzichtet werden kann, sind sie **faktisch heilbar.**[212] Alle Aufsichtsratsmitglieder und nicht nur das betroffene Aufsichtsratsmitglied müssen mit dem Verzicht auf die Geltendmachung des Verfahrensverstoßes einverstanden sein. Das Einverständnis des betroffenen Mitglieds reicht nicht aus, da nicht der Schutz der individuellen Mitwirkungsrechte, sondern die **Einhaltung eines ordnungsgemäßen Verfahrens** Schutzzweck ist.[213]

69 **bb) Keine Fehlerhaftigkeit.** Verfahrensverstöße gegen Bestimmungen, die nur die Bedeutung von **Ordnungsvorschriften** haben, führen nicht zur Fehlerhaftigkeit von Aufsichtsratsbeschlüssen.[214] Verstöße gegen Ordnungsvorschriften der vom Aufsichtsrat selbst erlassenen Geschäftsordnung sind unbeachtlich.[215] Ein Verfahrensmangel führt nur dann zur Fehlerhaftigkeit, wenn möglicherweise das Beschlussergebnis beeinflusst worden ist oder das Aufsichtsratsmitglied in seinen Teilnahme- und Mitwirkungsrechten behindert wurde.[216] Die tatsächliche **Behinderung an der Ausübung** des mitgliedschaftlichen Teilnahmerechts führt bereits zur Fehlerhaftigkeit des Aufsichtsratsbeschlusses, ohne Rücksicht darauf, ob der Verfahrensverstoß für das Beschlussergebnis kausal war.[217] Kann das Aufsichtsratsmitglied trotz des Verfahrensfehlers ungehindert seine Mitwirkungsrechte ausüben, so ist der gefasste Beschluss wirksam,[218] ohne dass es auf die Einhaltung der Verfahrensvorschrift verzichtet.[219] Weitere Fälle der Nichtigkeit: Erlass einer Geschäftsordnung, die gegen die Vorschriften des AktG und des MitbestG verstößt;[220] Beschluss über die Besetzung des Präsidial- oder Personalausschusses unter der diskriminierenden Nichtberücksichtigung des Arbeitnehmervertreters;[221] Beschluss, der die Grenzen des dem Aufsichtsrat eingeräumten Ermessens überschreitet.[222]

70 **d) Inhaltlich gesetzes- und satzungswidrige Beschlüsse.** Beschlüsse, die ihrem Inhalt nach gegen Gesetz oder Satzung verstoßen sind fehlerhaft und nichtig.[223] Auch Beschlüsse, die gegen die Grenzen **pflichtgemäßer Ermessensausübung** verstoßen, sind nichtig (→ Rn. 63). Eine pflichtwidrige Ermessensentscheidung kann jedoch nur bei unvertretbaren Beschlüssen angenommen werden.[224]

71 **e) Rechtsfolgen.** Das Gesetz regelt die Folgen fehlerhafter Aufsichtsratsbeschlüsse nicht. Die früher hM sah fehlerhafte Beschlüsse als nichtig an.[225] Die entsprechende Anwendung der für die Hauptversammlungsbeschlüsse geltenden Vorschriften über die Anfechtung (§§ 243 ff.) wird überwiegend abgelehnt.[226] In der Literatur und Teilen der Rechtsprechung wird heute zwischen

---

[208] BGH NJW-RR 1991, 1187.
[209] OLG Stuttgart AG 1985, 193; LG Frankfurt a.M. 19.12.1995 – 2/14 O 183/95.
[210] Spindler/Stilz/*Spindler* Rn. 73 mwN; ausf. *Fleischer* BB 2013, 160 ff.
[211] KK-AktG/*Mertens/Cahn* Rn. 96; MüKoAktG/*Habersack* Rn. 82; Spindler/Stilz/*Spindler* Rn. 73; *Götz* FS Lüke, 1997, 167 (183).
[212] KK-AktG/*Mertens/Cahn* Rn. 96; Spindler/Stilz/*Spindler* Rn. 73; ausführlicher GroßkommAktG/*Hopt/Roth* Rn. 167 ff.
[213] KK-AktG/*Mertens/Cahn* Rn. 79 mwN.
[214] *Vetter* in Marsch-Barner/Schäfer HdB AG § 27 Rn. 80; MüKoAktG/*Habersack* Rn. 79; Spindler/Stilz/*Spindler* Rn. 72 unter Hinweis auf § 107 Abs. 2 S. 3.
[215] MüKoAktG/*Habersack* Rn. 73.
[216] OLG Stuttgart AG 1985, 193 (194); KK-AktG/*Mertens/Cahn* Rn. 94; MüKoAktG/*Habersack* Rn. 75.
[217] KK-AktG/*Mertens/Cahn* Rn. 94; MüKoAktG/*Habersack* Rn. 77.
[218] KK-AktG/*Mertens/Cahn* Rn. 95.
[219] BGHZ 122, 342 (351 f.) = NJW 1993, 2307; KK-AktG/*Mertens/Cahn* Rn. 97.
[220] BGH NJW 1975, 1412 – „Bayer".
[221] BGH NJW 1993, 2307 – „Hamburg-Mannheimer".
[222] BGH NJW 1994, 520 – „Vereinigte Krankenversicherung".
[223] Spindler/Stilz/*Spindler* Rn. 68; KK-AktG/*Mertens/Cahn* Rn. 80; MüKoAktG/*Habersack* Rn. 80.
[224] KK-AktG/*Mertens/Cahn* Rn. 97.
[225] Vgl. statt aller *v. Godin/Wilhelmi* Anm. 6.
[226] OLG Hamburg WM 82, 1090 (195); OLG Hamburg AG 1984, 246 (249); GroßkommAktG/*Hopt/Roth* Rn. 133; *Baums* ZGR 1983, 300 (305, 308).

nichtigen und **vernichtbaren Beschlüssen** unterschieden (Anfechtbarkeitstheorie).[227] Nach der Rechtsprechung des BGH dagegen sind Aufsichtsratsbeschlüsse, die gegen Verfahrensregeln verstoßen oder inhaltliche Mängel aufweisen, grundsätzlich nichtig.[228] Bei minderschweren Mängeln tritt die Nichtigkeitsfolge dann nicht ein, wenn die Nichtigkeit nicht binnen angemessener Frist geltend gemacht wurde. Verwirkung tritt danach ein, wenn der Widerspruch bis zum Abschluss der nächsten Aufsichtsratssitzung nicht geltend gemacht wird.[229] Hinsichtlich der Klageerhebungsfrist wird man eine Monatsfrist nach der nächsten Aufsichtsratssitzung annehmen müssen.[230]

Wird die Wahl eines Aufsichtsratsmitgliedes erfolgreich angefochten, ist seine Stimmabgabe und **71a** Beschlussfassung wie die eines Nichtmitgliedes zu behandeln.[231] Ein Aufsichtsratsbeschluss ist nicht mit der erforderlichen Mehrheit gefasst, wenn Nichtmitglieder mitgestimmt haben und ihre Stimmen für die Beschlussfassung oder Ablehnung des Beschlusses ursächlich geworden sind.[232] Die Auswirkungen der Nichtigkeit oder der Nichtigkeitserklärung der Wahl eines Aufsichtsratsmitgliedes und die rechtliche Wirksamkeit der Stimmabgabe sind streitig: Teilweise wird aufgrund der Lehre vom faktischen Organ das nichtig oder anfechtbar bestellte Aufsichtsratsmitglied auch für die Stimmabgabe, wie ein wirksam bestelltes Organmitglied behandelt.[233] Andere behandeln dagegen das nichtig oder anfechtbar gewählte Aufsichtsratsmitglied wie einen Dritten.[234] Der BGH hat Beschlüsse eines Aufsichtsrats, dessen Mitglieder alle nichtig oder anfechtbar gewählt waren, für nichtig erklärt;[235] Nichtigkeit lag auch vor, wenn die Amtszeit abgelaufen war.[236] Würde der nichtig oder anfechtbar gewählte Aufsichtsrat in allen Fällen wie ein wirksam bestelltes Organ behandelt, wirkte eine erfolgreiche Wahlanfechtung insgesamt nur ex nunc; auch die Nichtigkeit eines Wahlbeschlusses würde erst ab gerichtlicher Festellung Wirkungen entfalten. Das lässt sich mit § 250 Abs. 1 AktG, wonach Wahlbeschlüsse von Anfang an nichtig sein können und mit der Verweisung in § 250 Abs. 1 auf § 241 Nr. 5 AktG, wonach der Wahlbeschluss ex tunc nichtig ist, wenn er für nichtig erklärt wird, nicht in Einklang bringen. Sofern die Stimmen der als Nichtmitglieder zu behandelnden Aufsichtsräte für die Beschlussfassung oder dieAblehnung eines Beschlussantrags ursächlich geworden sind, ist ein entsprechender Beschluss nicht gefasst oder kommt sogar eine Umkehrung des Beschlussergebnisses in Frage. Der Beschluss muss nicht so behandelt werden, als sei er ordnungsgemäß gefasst worden. Der Zweck der Gleichbehandlung der fehlerhaften mit der ordnungsgemäßen Bestellung eines Organs, das Vertrauen unbeteiligter Dritte zu schützen und den Schwierigkeiten bei der Rückabwicklung von Dauerschuldverhältnissen zu begegnen, betrifft Aufsichtsratsbeschlüsse nicht in jedem Fall. Soweit Rückabwicklung den berechtigten Interessen der Beteiligten widersprechen würde, ist dem im Einzelfall zu begegnen.[237] Im Falle der Herabsetzung der Vorstandsbezüge gemäß § 87 Abs. 2 geht der BGH davon aus, dass die Nichtigkeit des Aufsichtsratsbeschlusses nicht dazu führt, dass die Herabsetzung im Verhältnis zum Vorstand unwirksam ist.[238] Dies steht in einem „Spannungsverhältnis" zur BGH-Entscheidung,[239] wonach die fehlerhafte Beschlussfassung über die Vorstandsbestellung oder -abberufung die Unwirksamkeit des entsprechenden Rechtsakts gegenüber dem Vorstand zur Folge hat.[240]

Ist nur ein Teil des Beschlusses nichtig, bestimmt sich das Schicksal des übrigen Beschlussteils **72** nach **§ 139 BGB.**[241] Die Vorschrift ist anwendbar auf Organbeschlüsse, insbesondere wenn sie auf Begründung, Änderung und Aufhebung sozial- und individualrechtlicher Befugnisse und Pflichten

---

[227] OLG Hamburg AG 1983, 21 (24); OLG Hamburg AG 1993, 197; KK-AktG/*Mertens/Cahn* Rn. 87; Spindler/Stilz/*Spindler* Rn. 85; GroßkommAktG/*Hopt/Roth* Rn. 134; *Baums* ZGR 1983, 300 (305 ff.); *Kindl* AG 1993, 153 (155).

[228] BGHZ 122, 342 (346 ff.) = NJW 1993, 2307; BGHZ 164, 249 (252) = NJW 2006, 374.

[229] LG Düsseldorf AG 1995, 332 (334); GroßkommAktG/*Hopt/Roth* Rn. 183; MüKoAktG/*Habersack* Rn. 82; *Kindl* AG 1993, 153 (161).

[230] *Vetter* in Marsch-Barner/Schäfer HdB AG § 27 Rn. 81; Hüffer/*Koch* Rn. 30.

[231] BGH AG 2013, 387 Rn. 20.

[232] BGHZ 47, 341, 346.

[233] *Happ* FS Hüffer, 2010, 293 (305); *Priester* GWR 2013, 175 (176); OLG Frankfurt ZIP 2011, 24 (27); → § 101 Rn. 70; KK-AktG/*Mertens/Cahn* § 101 Rn. 107 ff.; *Lieder* ZHR 178 (2014), 282.

[234] BGH AG 2013, 387 Rn. 18; *Vetter* ZIP 2012, 701 (707 f.); Spindler/Stilz/*Spindler* Rn. 73.

[235] BGHZ 11, 231 (246).

[236] BGHZ 11, 327 (331).

[237] BGH AG 2013, 387 Rn. 20, 21.

[238] BGH DStR 2016, 681 Rn. 21 ff.

[239] BGH AG 2013, 387 Rn. 23 f.

[240] *Herb/Merkelbach* GWR 2016, 95.

[241] Im Grundsatz BGHZ 124, 111 (121) = NJW 1994, 520 = AG 1994, 124 (126); MüKoAktG/*Habersack* Rn. 84.

gerichtet sind und daher rechtsgeschäftlichen Charakter haben. Auch Aufsichtsratsbeschlüsse mit internem Charakter unterliegen § 139 BGB.[242]

73 **f) Einschränkung der Nichtigkeitsfolgen.** Die Nichtigkeit eines Aufsichtsratsbeschlusses vernichtet den Beschluss mit **ex tunc Wirkung;** die Rückabwicklung erfolgt nach den bürgerlichrechtlichen Grundsätzen. In manchen Situationen können gerechtfertigte Bestands- und Vertrauensinteressen dazu führen, solchen fehlerhaften Aufsichtsratsbeschlüssen eine beschränkte rechtliche Anerkennung zuzugestehen.[243] Ist die Bestellung eines Aufsichtsratsvorsitzenden oder die Bestellung und Anstellung eines Vorstandsmitglieds nichtig, kommen die Grundsätze über fehlerhafte Dauerschuldverhältnisse zur Anwendung mit der Folge, dass die Nichtigkeit in der Regel **ex nunc** eintritt.[244] Der Aufsichtsratsvorsitzende bzw. das Vorstandsmitglied bleiben solange im Amt, bis es selber oder ein Aufsichtsratsmitglied die Nichtigkeit der Bestellung geltend machen. In besonderen Ausnahmefällen kann, wie die Rechtsprechung des BGH zu Vorstands-Anstellungsverträgen zeigt, jedoch zur Vermeidung unbilliger Härten die Nichtigkeit auch für die Zukunft unterbleiben.[245] Konnte das fehlerhaft bestellte Vorstandsmitglied nicht darauf vertrauen, dass an dem fehlerhaften Beschluss festgehalten wird, dann tritt die Nichtigkeitsfolge rückwirkend ein.[246]

74 Die nichtige Zustimmung des Aufsichtsrates zu Geschäften des Vorstandes gemäß **§ 111 Abs. 4** genießt keinen Bestandsschutz, da diese Zustimmung nur im Innenverhältnis Bedeutung hat. Grundsätzlich überwiegt das Interesse des Unternehmens, nur durch rechtmäßige Beschlüsse rechtmäßig gebildeter Organe gebunden zu werden, die Vertrauens- und Bestandsinteressen Dritter. Soweit der Vorstand ohne Kenntnis der Nichtigkeit des Zustimmungsbeschlusses handelt, kann ihm daraus kein Vorwurf gemacht werden. Eine nichtige Feststellung des Jahresabschlusses rechtfertigt keine beschränkt rechtliche Anerkennung. Die Dividendenbezieher sind durch § 62 ausreichend geschützt.[247] Hauptversammlungsbeschlüsse, die auf einer durch nichtigen Aufsichtsratsbeschluss einberufenen Hauptversammlung gefasst werden, sind anfechtbar.[248] Es kann nicht ausgeschlossen werden, dass Aktionäre an der Hauptversammlung nicht teilgenommen haben, weil sie die Nichtigkeit der Einberufung kannten. Steht einem einzelnen Aufsichtsratsmitglied aufgrund der Satzung ein Einberufungsrecht zu, kann in der nichtigen Einberufung der Hauptversammlung durch den Aufsichtsrat als Organ eine gültige Einberufung durch einzelne Aufsichtsratsmitglieder gegeben sein. Dann ist die Einberufung wirksam.[249] Wirksam und nicht anfechtbar ist auch ein Hauptversammlungsbeschluss, der auf einem nichtigen Aufsichtsratsbeschluss über die Bekanntgabe der Tagesordnung (§ 124 Abs. 3) beruht.[250] Die Anfechtung eines Wahlbeschlusses der Hauptversammlung ist nur dann begründet, wenn die Hauptversammlung an den nichtigen Wahlvorschlag des Aufsichtsrats gebunden wäre. Dies ist bei Wahlvorschlägen, die der Aufsichtsrat macht, nicht der Fall. Keine beschränkt rechtliche Anerkennung kann einem Beschluss zuerkannt werden, der einen gravierenden Gesetzes- oder Sittenverstoß enthält.

75 Beschlüsse des Aufsichtsrats, die auf die Abgabe von Willenserklärungen gerichtet sind (→ § 112 Rn. 14 f.), sind nicht schon dann fehlerhaft, wenn die abgegebene Willenserklärung rechtswidrig ist. Gleiches gilt für die Zustimmung zu Geschäftsführungsmaßnahmen des Vorstands. Wenn die **Geschäftsführungsmaßnahme** des Vorstands – im Zeitpunkt der Beschlussfassung – **rechtswidrig** ist und dies für den Aufsichtsrat **offensichtlich** war, ist sein Zustimmungsbeschluss fehlerhaft.[251] Daraus folgt jedoch keine generelle Pflicht des Aufsichtsrats zur rechtlichen Überprüfung der Einzelheiten des der Beschlussfassung unterliegenden Geschäfts (aber → § 116 Rn. 28 ff.).[252]

76 **g) Geltendmachung von Beschlussmängeln. aa) Nichtigkeitsfeststellungsklage.** Die Nichtigkeit von Aufsichtsratsbeschlüssen kann im Rahmen einer Nichtigkeitsfeststellungsklage gemäß § 256 Abs. 1 ZPO von jedem erhoben werden, der ein rechtliches Interesse an der Feststellung der

---

242 MüKoAktG/*Habersack* Rn. 84.
243 GroßkommAktG/*Hopt/Roth* Rn. 191 ff.; KK-AktG/*Mertens/Cahn* Rn. 87.
244 GroßkommAktG/*Hopt/Roth* Rn. 164 f.; KK-AktG/*Mertens/Cahn* Rn. 87; BGH NJW 2013, 1535 Rn. 19; OLG Frankfurt NZG 2015, 112 Rn. 63.
245 BGHZ 65, 190 (194 f.) = AG 1976, 43 (44); KK-AktG/*Mertens/Cahn* Rn. 87; MüKoAktG/*Semler,* 2. Aufl. 2004, Rn. 267.
246 OLG Schleswig ZIP 2001, 71 (74).
247 KK-AktG/*Mertens/Cahn* Rn. 109.
248 KK-AktG/*Mertens/Cahn* Rn. 109.
249 KK-AktG/*Mertens/Cahn* Rn. 109.
250 Allg. zur Rechtsfolge eines Beschlussmangels MüKoAktG/*Habersack* Rn. 81 ff.
251 KK-AktG/*Mertens/Cahn* Rn. 109.
252 KK-AktG/*Mertens/Cahn* Rn. 109.

Nichtigkeit hat.[253] Das Feststellungsinteresse ist bei jedem Aufsichtsratsmitglied gegeben.[254] Dies gilt neben den Aufsichtsratsmitgliedern, die an der Beschlussfassung mitgewirkt haben, aber auch für diejenigen, die nicht mitgewirkt haben, weil sie zum Zeitpunkt der Beschlussfassung noch nicht bestellt waren[255] oder nach der Beschlussfassung ausgeschieden sind.[256] Vorstandsmitglieder können abhängig vom Inhalt des angegriffenen Beschlusses klagebefugt sein.[257] Bei Aktionären besteht das **Feststellungsinteresse** nur, wenn ihre mitgliedschaftlichen Rechte durch den Beschluss betroffen sind.[258] Eine generelle Rechtmäßigkeitskontrolle der Gesellschaft durch den Aktionär begründet kein Feststellungsinteresse.[259]

Die Klage auf Feststellung der Nichtigkeit ist **gegen die Gesellschaft** vertreten durch den Vorstand zu richten;[260] klagt ein Vorstandsmitglied, dann wird es durch den Aufsichtsrat vertreten (→ § 112 Rn. 16 ff.).[261] Die Geltendmachung der Nichtigkeit erfolgt nach zutreffender Meinung in Form eines gegenüber dem Aufsichtsratsvorsitzenden geltend zu machenden Widerspruchs und falls daraufhin die Fehlerhaftigkeit nicht beseitigt wird, durch Klageerhebung.[262] 77

bb) Wirkung der Klage. Ein Urteil, gleich ob es die Nichtigkeit bejaht oder verneint, wirkt analog § 248 Abs. 1 S. 1 **für und gegen alle** Aktionäre und Mitglieder des Vorstands und des Aufsichtsrats, auch wenn sie nicht Partei sind.[263] Eine mit der Nichtigkeitsklage verbundene positive Beschlussfeststellungsklage ist unzulässig. Es besteht kein anerkennenswertes Interesse des Aufsichtsratsmitglieds an einer solchen Klage, da der Aufsichtsrat jederzeit einen solchen Beschluss fassen kann.[264] Die Geltendmachung der Fehlerhaftigkeit ist **innerhalb angemessener Frist** zu erklären (zur Klageerhebungsfrist → Rn. 71).[265] 78

III. Abdingbarkeit

Die Regelungen der Norm sind ergänzbar durch Satzung und Geschäftsordnung (Abs. 4).[266] Allerdings sind die mitbestimmungsrechtlichen Vorschriften zur Beschlussfähigkeit und Beschlussmehrheit weitestgehend abschließend und unabdingbar. Zwingend sind ebenso die Entscheidung durch Beschlussfassung (Abs. 1), die Regelung der Beschlussfähigkeit des Abs. 2 S. 2, die Mindestteilnehmerzahl nach Abs. 2 S. 3 sowie die Regelung über die schriftliche Stimmabgabe des Abs. 3.[267] 79

IV. Darlegungs- und Beweislast

Die Vorschrift sieht keine Abweichung von den allgemeinen Regelungen über die Darlegungs- und Beweislast vor. Es bleibt bei dem Grundsatz, dass jede Partei die Tatsachen zu behaupten und beweisen hat, die von der ihr günstigen Norm vorausgesetzt werden.[268] 80

§ 109 Teilnahme an Sitzungen des Aufsichtsrats und seiner Ausschüsse

(1) [1]An den Sitzungen des Aufsichtsrats und seiner Ausschüsse sollen Personen, die weder dem Aufsichtsrat noch dem Vorstand angehören, nicht teilnehmen. [2]Sachverstän-

---

[253] BGHZ 122, 341 (344 ff.) = NJW 1993, 2307; BGHZ 135, 244 (247 f.) = NJW 1997, 1926; Spindler/Stilz/*Spindler* Rn. 74, 76; MüKoAktG/*Habersack* Rn. 85.

[254] BGHZ 135, 244 (248) = NJW 1997, 1926; BGHZ 122, 342 (350) = NJW 1973, 2307; Hüffer/*Koch* Rn. 18; Spindler/Stilz/*Spindler* Rn. 79; MüKoAktG/*Habersack* Rn. 85.

[255] *Fleischer* DB 2013, 217 (219); MüKoAktG/*Habersack* Rn. 285.

[256] MüKoAktG/*Habersack* Rn. 286; einschr. *Fleischer* DB 2013, 217 (219).

[257] GroßkommAktG/*Hopt/Roth* Rn. 178; MüKoAktG/*Habersack* Rn. 85 mwN; KK-AktG/*Mertens/Cahn* Rn. 112; aA GroßkommAktG/*Hopt/Roth* Rn. 178.

[258] BGHZ 164, 249 (253 ff.) = NJW 2006, 374; OLG Frankfurt ZIP 2007, 72 (74); MüKoAktG/*Habersack* Rn. 85; *Wilsing* ZGR 2006, 722 (733 ff.).

[259] KK-AktG/*Mertens/Cahn* Rn. 112; *Zöllner* ZGR 1988, 192 (198).

[260] BGHZ 83, 144 (146) = NJW 1982, 1528; BGHZ 122, 342 (342, 344 f.) = NJW 1993, 2307; KK-AktG/*Mertens/Cahn* Rn. 113; Spindler/Stilz/*Spindler* Rn. 77; GroßkommAktG/*Hopt/Roth* Rn. 173; aA *Hommelhoff* ZHR 143 (1979), 288 (303 ff.).

[261] GroßkommAktG/*Hopt/Roth* Rn. 173, KK-AktG/*Mertens/Cahn* Rn. 113.

[262] GroßkommAktG/*Hopt/Roth* Rn. 179 f. mwN.

[263] KK-AktG/*Mertens/Cahn* Rn. 114; Spindler/Stilz/*Spindler* Rn. 83; GroßkommAktG/*Hopt/Roth* Rn. 186, eingeschränkt in → Rn. 187.

[264] KK-AktG/*Mertens/Cahn* Rn. 115; aA GroßkommAktG/*Hopt/Roth* Rn. 283.

[265] BGHZ 122, 342 (351 f.) = AG 1993, 464 (466); KK-AktG/*Mertens/Cahn* Rn. 117; GroßkommAktG/*Hopt/Roth* Rn. 182; *Kindl* AG 1993, 153 (161).

[266] *Bisle* GWR 2013, 200 (201).

[267] *Lutter/Schmidt/Drygala* Rn. 1.

[268] OLG München AG 2003, 452 (453); Hüffer/*Koch* § 243 Rn. 59.

dige und Auskunftspersonen können zur Beratung über einzelne Gegenstände zugezogen werden.

(2) Aufsichtsratsmitglieder, die dem Ausschuß nicht angehören, können an den Ausschußsitzungen teilnehmen, wenn der Vorsitzende des Aufsichtsrats nichts anderes bestimmt.

(3) Die Satzung kann zulassen, daß an den Sitzungen des Aufsichtsrats und seiner Ausschüsse Personen, die dem Aufsichtsrat nicht angehören, an Stelle von verhinderten Aufsichtsratsmitgliedern teilnehmen können, wenn diese sie hierzu in Textform ermächtigt haben.

(4) Abweichende gesetzliche Vorschriften bleiben unberührt.

Schrifttum: *Arnold,* Verantwortung und Zusammenwirken des Vorstands und des Aufsichtsrats bei Compliance-Untersuchungen, ZGR 2014, 76; *Baums,* Der Aufsichtsrat – Aufgaben und Reformfragen, ZIP 1995, 11; *ders.,* Die Unabhängigkeit der Vergütungsberaters, ILW Working Paper Series No 111 01/2010; *Behr,* Teilnahmerecht und Mitwirkungsmöglichkeit des Aufsichtsratsmitglieds bei der Aufsichtsratssitzung AG 1984, 281; *Böttcher,* Unzulässige Besetzung von Aufsichtsräten, NZG 2012, 809; *Bosse,* TransPuG: Änderungen zu den Berichtspflichten des Vorstands und zur Aufsichtsratstätigkeit, DB 2002, 1592; *Dreher,* Direktkontakte des Aufsichtsrats in der Aktiengesellschaft zu dem Vorstand nachgeordneten Mitarbeitern, FS Ulmer, 2003, 87; *Hummrich,* Kommunikation des Aufsichtsrats mit den Mitarbeitern, BOARD 2015, 184; *Janberg/Oesterlink,* Gäste im Aufsichtsrat, AG 1960, 240; *Johannsen-Roth/Kießling,* Das Amt des Ehrenvorsitzenden des Aufsichtsrats, AG 2013, 972; *Kindl,* Die Teilnahme an Aufsichtsratssitzungen 1993; *Krieger,* Zum Aufsichtsratspräsidium, ZGR 1985, 338; *Kropff,* Informationspflichten des Aufsichtsrats, FS Raiser, 2005, 225; *Lutter,* Professionalisierung des Aufsichtsrates, DB 2009, 775; *Peus,* Der Aufsichtsratsvorsitzende, 1983; *Rellermeyer,* Aufsichtsratsausschüsse, 1986; *Roth,* Möglichkeiten vorstandsunabhängiger Information des Aufsichtsrats, AG 2004, 1; *Scheffler,* Aufgaben und Zusammensetzung von Prüfungsausschüssen (Audit Committees), ZGR 2003, 236; *Schiessl,* Deutsche Corporate Governance post Enron, AG 2002, 593; *Schneider,* Die Teilnahme an Aufsichtsratssitzungen, ZIP 2002, 872; *Schnorbus/Ganzer,* Gemeinsame Sitzungen von Aufsichtsratsorganen innerhalb eines Konzerns, AG 2013, 445; *Vetter,* Gruppenbesprechung im Aufsichtsrat, Ausdruck einer Good Corporate Governance, FS Hüffer, 2010, 1017.

Übersicht

I. Allgemeines

1 **1. Sinn und Zweck der Regelung.** Die Norm regelt die Teilnahme von Personen an Sitzungen des Aufsichtsrats und seiner Ausschüsse, die nicht Aufsichtsrats- oder Vorstandsmitglieder sind (§ 109 Abs. 1). Weiterhin normiert die Vorschrift die Teilnahme von Aufsichtsratsmitgliedern an Ausschüssen, denen sie nicht angehören (§ 109 Abs. 2); die Teilnahme von Personen anstelle verhinderter Aufsichtsrats- oder Ausschussmitglieder (§ 109 Abs. 3) und das Verhältnis zu anderen gesetzlichen Regelungen (§ 109 Abs. 4). Die Regelung bezweckt vor allem eine klare Abgrenzung des Aufsichtsrats gegenüber Beiräten und ähnlichen Gremien. Deren Mitglieder sollen nicht durch regelmäßige Teilnahme ihrer Mitglieder an Sitzungen des Aufsichtsrats sachlich Einfluss auf die Entscheidungen des Aufsichtsrats nehmen, ohne hierfür eine entsprechende Verantwortung zu tragen.[1] Die Regelung ist vorbehaltlich des Abs. 4 abschließend und zwingend. Abs. 3 eröffnet Satzungsregelungen einen begrenzten Spielraum.

2 **2. Anwendungsbereich.** Die Vorschrift findet auf die Aktiengesellschaft, Die KGaA und nach § 25 Abs. 1 S. 1 Nr. 2 MitbestG, § 3 Abs. 2 MontanMitbestG, § 3 Abs. 1 MitbestErgG und § 1 Abs. 1 Nr. 3 DrittelbG auch auf die mitbestimmte GmbH und über Art. 9 Abs. 1 lit. c Ziff. ii SE-VO auf die dualistisch verfasste SE Anwendung. § 36 SEAG enthält für die monistisch verfasste SE entsprechende Vorschriften.

[1] Hüffer/*Koch* Rn. 1; *Kindl,* Die Teilnahme an der Aufsichtsratssitzung, 1993, 12 f., 15.

Gemäß Ziff. 3.6 DCGK können Vertreter der Aktionäre und der Arbeitnehmer die Sitzungen des Aufsichtsrates jeweils gesondert, ggf. mit Mitgliedern des Vorstandes vorbereiten. Die Zulässigkeit solcher informeller Gruppenvorbesprechungen wird von der hM bejaht.[2] 2a

II. Einzelerläuterungen

1. Teilnahme an Aufsichtsratssitzungen (Abs. 1 S. 1). a) Aufsichtsratsmitglieder. Aufsichtsratsmitglieder sind kraft ihres Amtes zur Teilnahme an Sitzungen berechtigt und verpflichtet.[3] Dieses **Teilnahmerecht** ist **unentziehbar** und darf nur in sehr engen Grenzen eingeschränkt werden. Eine **Einschränkung** des Teilnahmerechts ist **zulässig,** (1.) wenn wichtige Gesellschaftsbelange gefährdet sind, nämlich bei **Interessenkollisionen** (→ § 107 Rn. 39; → § 108 Rn. 31; → § 116 Rn. 73 ff.), zB Geschäfte zwischen einem Aufsichtsratsmitglied und der Gesellschaft, Gefahr des Geheimnisverrats, Arbeitnehmer- und Gewerkschaftsvertreter bei tarif- oder arbeitskampfpolitischen Maßnahmen; ggf. auch bei Wahrnehmung von Organfunktionen oder Beratungsaufgaben bei wesentlichen Wettbewerbern durch das Aufsichtsratsmitglied, vgl. die Empfehlungen in Ziff. 5.4.2, 5.5 DCGK,[4] oder (2.) bei **Störungen des Sitzungsablaufs.**[5] Bei Interessenskollisionen muss eine konkrete Gefährdung der Belange der Gesellschaft vorliegen,[6] eine abstrakte Gefährdung reicht nicht aus,[7] das Vorliegen eines wichtigen Grundes iSd § 103 Abs. 3 ist jedoch nicht erforderlich.[8] 3

Interessenkollisionen, insbesondere solche, die auf Grund einer Beratung oder Organfunktion bei Kunden, Lieferanten, Kreditgebern oder sonstigen Dritten entstehen können, soll jedes Aufsichtsratsmitglied einer börsennotierten Gesellschaft dem Aufsichtsrat gegenüber offen legen (Ziff. 5.5.2 DCGK). Diese sind im Gremium zu diskutieren, um dem betroffenen Aufsichtsratsmitglied Gelegenheit zur Stellungnahme zu geben. Das Gremium entscheidet in Fällen der Interessenkollisionen durch Beschluss nach § 108 Abs. 1 (→ § 108 Rn. 2 ff.). Sitzungsleitende Maßnahmen fallen dagegen in den Kompetenzbereich des Aufsichtsratsvorsitzenden als Sitzungsleiter.[9] Teilweise wird vertreten, dass bei Interessenskonflikten, bei einer konkreten Gefährdung der Belange der Gesellschaft und bei Störung des Sitzungsablaufs die Zuständigkeit für einen Ausschluss von der Sitzung beim Aufsichtsratsvorsitzenden liegt, die **Letztentscheidung** jedoch dem **Gesamtgremium** vorbehalten bleibt.[10] Dem ist aufgrund der Verfassung des Aufsichtsrates als Kollegialorgan zu folgen. 4

Ferner empfiehlt der DCGK börsennotierten und kapitalmarktorientierten Gesellschaften, im **Bericht des Aufsichtsrats** an die Hauptversammlung über aufgetretene Interessenkonflikte und deren Behandlung zu informieren (Ziff. 5.5.3 DCGK). Außerdem empfiehlt der DCGK im Bericht des Aufsichtsrats zu vermerken, wenn ein Mitglied des Aufsichtsrats in einem Geschäftsjahr an weniger als der Hälfte der Sitzungen des Aufsichtsrats und der Ausschüsse, denen er angehört, teilgenommen hat; ein Nichtbefolgung dieser Empfehlung ist gemäß § 161 zu verlautbaren (Ziff. 5.4.7 DCGK). 5

b) Vorstandsmitglieder. Vorstandsmitglieder sind **nicht** kraft Gesetzes **berechtigt,** an den Sitzungen des Aufsichtsrats oder seiner Ausschüsse **teilzunehmen.** Die Satzung kann vorsehen,[11] dass der Aufsichtsratsvorsitzende oder der Aufsichtsrat als Organ Mitglieder des Vorstands oder den Gesamtvorstand grundsätzlich zu den Sitzungen hinzuzieht (→ § 110 Rn. 7);[12] ein allgemeines und uneinschränkbares Teilnahmerecht des Vorstandes kann die Satzung jedoch nicht vorsehen. Auch wenn die Satzung es nicht vorsieht, kann der Aufsichtsratsvorsitzende oder der Aufsichtsrat als Organ einzelne Mitglieder des Vorstandes hinzuziehen oder deren Teilnahme ablehnen. Wird die Teilnahme verlangt, ist der Vorstand verpflichtet teilzunehmen. Teilnehmende Mitglieder des Vorstandes haben ein Rederecht, aber kein Antrags- und Stimmrecht. Üblicherweise nehmen die Mitglieder des Vorstandes an den Sitzungen des Aufsichtsrats teil, um unter anderem ihrer Berichtspflicht gerecht zu werden. Bei Ausschusssitzungen nehmen normalerweise die ressortbetroffenen Vorstandsmitglieder und der Vorstandsvorsitzende (zB bei Bilanzausschüssen der Vorstandsvorsitzende und der Finanz- 6

[2] MüKoAktG/*Habersack* § 108 Rn. 6; *Lutter/Krieger/Verse* Rechte und Pflichten Rn. 298; aA *Schiessl* AG 2002, 593; mit weitergehenden Vorschlägen zur Ausgestaltung des DCGK *Vetter* FS Hüffer, 2010, 1017 (1030).
[3] Hüffer/*Koch* Rn. 2; *Kindl,* Die Teilnahme an der Aufsichtsratssitzung, 1993, 5 f.
[4] AA *Behr* AG 1984, 281 (287).
[5] HM, *Lutter/Krieger/Verse* Rechte und Pflichten 299 ff. mwN; aA *Geßler* Rn. 9.
[6] GroßkommAktG/*Hopt/Roth* Rn. 20; MüKoAktG/*Habersack* Rn. 10.
[7] AA MüKoAktG/*Semler,* 2. Aufl. 2004, Rn. 29.
[8] AA *Kindl,* Die Teilnahme an der Aufsichtsratssitzung, 1993, 161 ff.
[9] Vgl. BGHZ 44, 245 (248) für Leiter Hauptversammlung.
[10] GroßkommAktG/*Hopt/Roth* Rn. 26; KK-AktG/*Mertens/Cahn* Rn. 15, MüKoAktG/*Habersack* Rn. 20.
[11] Zur Problematik bei Versicherungsgesellschaften *Schneider* ZIP 2002, 873 ff.
[12] KK-AktG/*Mertens/Cahn* Rn. 17; Hüffer/*Koch* Rn. 3; aA GroßkommAktG/*Hopt/Roth* Rn. 30, 97.

vorstand) teil; im Präsidialausschuss nur der Vorstandsvorsitzende. Selbstverständlich kann der Aufsichtsrat auch ohne den Vorstand tagen, insbesondere wenn über Vorstandspersonalien vertraulich zu verhandeln ist. Dies entspricht auch der Empfehlung des DCGK (Ziff. 3.6 DCGK).

7 **c) Dritte.** Dritte haben kein Teilnahmerecht und können es auch nicht durch die Satzung erlangen. „Dritte" sind unter anderem auch Hauptaktionäre, Ehrenvorsitzende oder Ehrenmitglieder. Sie können nur in den Grenzen des Abs. 1 S. 1 hinzugezogen werden.[13] Beschlüsse, die in unzulässiger Anwesenheit von Dritten gefasst wurden, sind dennoch grds. gültig.[14] Ebenso haben beratende Aufsichtsratsmitglieder ohne Stimmrecht kein Teilnahmerecht. Die Teilnahme künftiger Aufsichtsratsmitglieder kann durchaus sinnvoll sein und ist daher im Einzelfall als zulässig zu erachten.[15] Teilnahmeberechtigt sind Vertreter der Bundesanstalt für Finanzdienstleistungsaufsicht (§ 44 Abs. 4 KWG).

8 **2. Sachverständige und Auskunftspersonen.** Sachverständige und Auskunftspersonen **(Abs. 1 S. 2)** haben **kein eigenes Teilnahmerecht;** sie dürfen nur zu einzelnen Tagesordnungspunkten hinzugezogen werden. Die Hinzuziehung ständiger Berater ist unzulässig. Nur die Zuziehung von Sachverständigen und Auskunftspersonen zu **einzelnen** Beratungsgegenständen ist zulässig.[16] Sachverständiger (zur Beauftragung → § 111 Rn. 53 ff.) ist jeder, der auf einem gewissen Gebiet über eine besondere Sachkunde bezüglich des Beratungsgegenstandes verfügt, zB Wirtschaftsprüfer (§ 171 S. 2), oder der Vergütungsexperte (Ziff. 4.2.2 Abs. 3 DCGK)[17] oder auch Rechtsanwälte, die mit der Ausarbeitung eines Vorstandsvertrages beauftragt werden.[18] Auskunftspersonen sind Personen, die über bestimmte Informationen aus ihrer Tätigkeit für die Gesellschaft verfügen, zB ehemalige Mitglieder des Aufsichtsrats oder des Vorstandes, insbesondere wenn es um Vorgänge aus ihrer Amtszeit geht. Die Zusammenlegung von Aufsichtsratssitzungen verschiedener konzernangehöriger Aktiengesellschafter ist grundsätzlich unzulässig.[19] Die Hinzuziehung von Mitarbeitern der Gesellschaft als Auskunftspersonen ist nur im Ausnahmefall und nur mit Einverständnis des Vorstandes zulässig, da der Vorstand gegenüber dem Aufsichtsrat berichtspflichtig ist und der Vorstand diese Pflicht in eigener Person zu erfüllen hat (→ § 111 Rn. 22).[20]

9 Die **Entscheidung über die Zulassung** von Sachverständigen und Auskunftspersonen liegt in der **Entscheidungskompetenz des Aufsichtsratsvorsitzenden,** da es sich um eine sitzungsleitende Maßnahme handelt. Da – im Gegensatz zu Abs. 2 – eine ausschließliche Zuständigkeit des Aufsichtsratsvorsitzenden hier nicht gegeben ist, kann der Aufsichtsrat durch Beschluss die Anordnung des Aufsichtsratsvorsitzenden aufheben.[21]

10 Einige börsennotierte Gesellschaften sind dazu übergegangen, Abteilungsleiter oder die Leiter Revision oder Compliance vor dem Aufsichtsrat direkt vortragen zu lassen. Dies kann im Einzelfall erwünscht und sinnvoll sein. Grundsätzlich ist jedoch der Vorstand dem Aufsichtsrat berichtspflichtig. Der Vorstand sollte entscheiden, in welchen Situationen er einen Mitarbeiter einen direkten Bericht, der seinen Bericht ergänzt oder konkretisiert, vortragen lässt.[22] In Ausnahmefällen, wenn die Informationserlangung durch den Vorstand gescheitert ist oder den Untersuchungszweck gefährden wurde, ist ist die Informationserlangung am Vorstand vorbei direkt beim Mitarbeiter zulässig.[23] Für Finanzinstitute sieht § 25 Abs. 8 S. 7 und Abs. 9 S. 4 KWG ausdrücklich die direkte Aussprache der Leiter der internen Revision und des Risikocontrollings vor. Die Teilnahme von Assistenten von Aufsichtsratsmitgliedern ist unzulässig.

11 Es entspricht der Üblichkeit, dass Aufsichtsratsmitglieder, insbesondere börsennotierter Unternehmen, gegenwärtige oder ehemalige Vorstandsmitglieder anderer Wirtschaftsunternehmen sind und daher über Stabsmitarbeiter verfügen können. In der Regel leitet das Aufsichtsratsmitglied die Unter-

---

[13] AA *Johannsen-Roth/Kießling* NZG 2013, 972 (975 f.).

[14] BGHZ 47, 341 (349 f.); Hüffer/*Koch* Rn. 4; Spindler/Stilz/*Spindler* Rn. 49.

[15] AA *Böttcher* NZG 2012, 809 f.

[16] BGH NZG 2012, 347.

[17] *Baums* ILF Working Paper Series No 111 01/2010.

[18] *Lutter* DB 2009, 775 (777).

[19] *Schnorbus/Ganzer* AG 2013, 445 (447).

[20] KK-AktG/*Mertens/Cahn* Rn. 24; Spindler/Stilz/*Spindler* Rn. 22; MüKoAktG/*Habersack* Rn. 19; *Kindl,* Die Teilnahme an der Aufsichtsratssitzung, 1993, 43 ff.; *Baums* ZIP 1995, 11 (17); *Scheffler* ZGR 2003, 236 (254 f.); ähnlich GroßkommAktG/*Hopt/Roth* Rn. 49; *Dreher* FS Ulmer, 2003, 87 (92 ff.); *Kropff* FS Raiser, 2005, 225 (237 ff.); *Roth* AG 2004, 1 (8 ff.).

[21] Hüffer/*Koch* Rn. 5.

[22] MüKoAktG/*Habersack* § 111 Rn. 68; Spindler/Stilz/*Spindler* Rn. 22; ohne Einschaltung des Vorstands GroßkommAktG/*Hopt/Roth* § 111 Rn. 502 ff.

[23] *Hummrich* BOARD 2015, 184 (185); *Arnold* ZGR 2014, 76 (92); GroßkommAktG/*Hopt/Roth/Kort* § 90 Rn. 99; KK-AktG/*Mertens/Cahn* Rn. 24; MüKoAktG/*Habersack* Rn. 19.

lagen für die Aufsichtsratssitzung zur Prüfung und Vorbereitung an diese Mitarbeiter weiter. Hierbei ist wegen der das Aufsichtsratsmitglied treffenden Verschwiegenheitspflicht (→ § 116 Rn. 69) darauf zu achten, dass der Mitarbeiter arbeitsvertraglich oder zumindest durch konkludente Vereinbarung ebenfalls der Verschwiegenheitspflicht unterliegt (Ziff. 3.5 DCGK). Das Aufsichtsratsmitglied hat bei Insiderinformationen, dh Informationen, die, wenn sie öffentlich wären, geeignet wären, den Aktienkurs des betreffenden Unternehmens wesentlich zu beeinflussen (§§ 15, 13 WpHG aF bzw. § 26 WpHG nF), darauf zu achten, dass die kapitalmarktrelevanten Vorschriften eingehalten werden, dh diese Mitarbeiter in eine eigene, bei ihm geführte Insiderliste aufgenommen werden.

12 Das **Aufsichtsratsmitglied** selbst ist als **permanenter Insider** der Aktiengesellschaft zu betrachten, dessen Aufsichtsratsmitglied er ist. Die Gesellschaft trägt dafür Sorge, dass die kapitalmarktrechtlichen Vorschriften eingehalten werden. Die Vorbereitung von Aufsichtsratssitzungen durch Mitarbeiter eines Aufsichtsratsmitgliedes ist daher zulässig, wenn die Vertraulichkeit durch besondere Vereinbarung gewahrt ist und die Insiderregelungen beachtet werden. Nichts anderes kann für die Arbeitnehmervertreter im Aufsichtsrat gelten, die sich bei der Vorbereitung der Sitzung Spezialisten in den gewerkschaftlichen Organisationen bedienen.

13 Der vom Aufsichtsratsvorsitzenden hinzugezogene Protokollant darf ohne Rücksicht auf seine fehlende Organmitgliedschaft anwesend sein, wenn kein Aufsichtsratsmitglied dem widerspricht.[24] In großen Aktiengesellschaften nehmen darüber hinaus zum Teil zusätzlich der Chefjustitiar und der Leiter des Vorstandsbüros zulässigerweise teil, soweit kein Aufsichtsratsmitglied widerspricht. Unter diesen Voraussetzungen ist auch die Teilnahme von Dolmetschern zulässig.[25]

14 **3. Teilnahme von Nichtausschussmitgliedern an Ausschusssitzungen (Abs. 2).** Aufsichtsratsmitglieder, die einem Ausschuss angehören, haben grundsätzlich das Recht und die Pflicht an den Ausschusssitzungen teilzunehmen. Jedes **Aufsichtsratsmitglied, das einem Ausschuss nicht angehört,** hat grundsätzlich das **Recht an den Ausschusssitzungen teilzunehmen** (→ § 107 Rn. 138). Das Teilnahmerecht beinhaltet das Rederecht und das Recht seine Meinung zu Protokoll zu geben. Macht das Aufsichtsratsmitglied von seinem Teilnahmerecht Gebrauch, hat es auch das Recht, Sitzungsunterlagen und Protokolle einzusehen; zu den Ausschusssitzungen muss es jedoch nicht geladen werden.[26]

15 Ausschussvorsitzende haben nicht das Recht ausschussfremde Aufsichtsratsmitglieder auszuschließen. Dieses Recht steht nur dem Aufsichtsratsvorsitzenden zu, der dieses Recht auch nicht delegieren kann. Das Gesetz erkennt die **Ausschlussbefugnis allein** dem **Aufsichtsratsvorsitzenden** und nicht dem Aufsichtsrat selbst zu, so dass dieser auch nicht die Entscheidung des Aufsichtsratsvorsitzenden korrigieren kann.[27] Auch die Satzung kann die Entscheidungsbefugnis des Aufsichtsratsvorsitzenden nicht einschränken oder aufheben. Sollte der Aufsichtsratsvorsitzende verhindert sein, steht diese Befugnis dem Vertreter zu.

16 Der Aufsichtsratsvorsitzende hat seine Ausschlussbefugnis im Interesse der Gesellschaft, unter Beachtung des Gleichbehandlungsgrundsatzes und des Diskriminierungsverbotes auszuüben (zum Diskriminierungsverbot bei Ausschussbesetzung → § 107 Rn. 129). Im Sinne einer effektiven Ausschussarbeit **kann der Aufsichtsratsvorsitzende** ein **Verbot der Teilnahme** nicht nur für einzelne Sitzungen eines Ausschusses, sondern allgemein **für alle Sitzungen eines Ausschusses anordnen.**[28] Eine generelle Anordnung, dass Ausschüsse stets ohne Teilnahme von Nichtausschussmitgliedern zu tagen haben, geht zu weit, denn Abs. 2 normiert die Möglichkeit der Teilnahme als Regelfall, gibt dem Aufsichtsratsvorsitzenden jedoch nicht das Recht die Regel aufzuheben.[29] In der Praxis tagen die Ausschüsse ohne ausschussfremde Aufsichtsratsmitglieder. Die Teilnahme von ausschussfremden Mitgliedern stellt die Ausnahme dar, ohne dass für diese Übung eine Entscheidung des Aufsichtsratsvorsitzenden vorläge.

17 Ein nicht teilnehmendes oder ausgeschlossenes Aufsichtsratsmitglied hat kein Recht auf Einsicht in die Unterlagen oder Protokolle des Ausschusses; Berichte des Ausschusses an den Aufsichtsrat sind ihm jedoch zugänglich zu machen.

---

[24] Hüffer/*Koch* § 107 Rn. 13; MüKoAktG/*Habersack* Rn. 21; Spindler/Stilz/*Spindler* Rn. 26.

[25] MüKoAktG/*Habersack* Rn. 21; *Janberg/Osterlink* AG 1960, 240 (242).

[26] Hüffer/*Koch* Rn. 6; MüKoAktG/*Habersack* Rn. 22; aA *Krieger* ZGR 1985, 338 (357 f.).

[27] KK-AktG/*Mertens/Cahn* Rn. 31; aA *Lutter/Krieger/Verse* Rechte und Pflichten 303.

[28] Hüffer/*Koch* Rn. 6; KK-AktG/*Mertens/Cahn* Rn. 22; Spindler/Stilz/*Spindler* Rn. 33; MüKoAktG/*Habersack* Rn. 28; *Lutter/Krieger/Verse* Rechte und Pflichten 303; aA GroßkommAktG/*Hopt/Roth* Rn. 63; *Peus,* Der Aufsichtsratsvorsitzende, 1983, 55 ff.

[29] KK-AktG/*Mertens/Cahn* Rn. 32; Hüffer/*Koch* Rn. 6; GroßkommAktG/*Hopt/Roth* Rn. 63; MüKoAktG/*Habersack* Rn. 28; aA *Rellermeyer* Aufsichtsratsausschüsse, 1986, 237 ff.

18 **4. Teilnahme für verhinderte Aufsichtsratsmitglieder (Abs. 3).** Die Satzung kann vorsehen, dass für den Fall der Verhinderung Beauftragte statt des verhinderten Aufsichtsratsmitgliedes teilnehmen. Eine Teilnahme ohne eine solche Satzungsregelung ist unzulässig. Die Satzung kann regeln, welche Voraussetzungen die Person des Beauftragten haben muss; sie kann sowohl die Teilnahme an den Gesamtsitzungen, als auch an Ausschusssitzungen zulassen; sie kann dem Aufsichtsratsvorsitzenden oder dem Ausschussvorsitzenden oder dem jeweiligen Gremium das Recht einräumen über die Person des Beauftragten zu entscheiden; sie kann erhöhte Anforderungen an die Verhinderung des Aufsichtsratsmitgliedes stellen.[30]

19 Die Grenzen solcher Satzungsbestimmungen finden sich im **Gleichbehandlungsgrundsatz** und im **Diskriminierungsverbot.** Von der Textform kann die Satzung nicht befreien; gemäß § 126b BGB reichen auch unterschriftlose Erklärungen wie Telefax oder E-Mail aus.[31] Der **Beauftragte** ist **nicht Stellvertreter,** sondern **Bote.** Das Teilnahmerecht umfasst das Recht auf Anwesenheit, ein eigenes Antrags- und Rederecht steht dem Beauftragten jedoch nicht zu. Er darf nur die schriftlich vorformulierten Erklärungen des verhinderten Aufsichtsratsmitgliedes vortragen und dessen Anträge stellen.[32] Der Beauftragte haftet nicht nach §§ 116, 93 AktG, sondern nach § 826 BGB. Das verhinderte Aufsichtsratsmitglied haftet für Auswahl- und Instruktionsverschulden.

20 **5. Abweichende Vorschriften (Abs. 4).** Eine Reihe von aufsichtsrechtlichen Vorschriften erlauben die Anwesenheit von Vertretern der Aufsichtsbehörden an Aufsichtsratssitzungen (§ 44 Abs. 4 KWG, § 3 PfandBG, § 83 Abs. 1 Nr. 5 VAG).

III. Abdingbarkeit

21 Die Regelungen des § 109 sind **zwingend.**[33] Nur Abs. 3 erlaubt durch Satzungsregelung – nicht durch Geschäftsordnung – für die Zulassung von Personen, die dem Aufsichtsrat nicht angehören, eine Ausnahme.[34] § 109 Abs. 1 S. 1 ist als Sollvorschrift ausgestaltet, bietet jedoch keinen Raum für Satzungs- und Geschäftsordnungsregelungen.

IV. Darlegungs- und Beweislast

22 Die Vorschrift sieht keine Abweichung von den allgemeinen Regelungen über die Darlegungs- und Beweislast vor. Es bleibt bei dem Grundsatz, dass jede Partei die Tatsachen zu behaupten und beweisen hat, die von der ihr günstigen Norm vorausgesetzt werden.[35]

§ 110 Einberufung des Aufsichtsrats

(1) [1]Jedes Aufsichtsratsmitglied oder der Vorstand kann unter Angabe des Zwecks und der Gründe verlangen, daß der Vorsitzende des Aufsichtsrats unverzüglich den Aufsichtsrat einberuft. [2]Die Sitzung muß binnen zwei Wochen nach der Einberufung stattfinden.

(2) Wird dem Verlangen nicht entsprochen, so kann das Aufsichtsratsmitglied oder der Vorstand unter Mitteilung des Sachverhalts und der Angabe einer Tagesordnung selbst den Aufsichtsrat einberufen.

(3) [1]Der Aufsichtsrat muss zwei Sitzungen im Kalenderhalbjahr abhalten. [2]In nichtbörsennotierten Gesellschaften kann der Aufsichtsrat beschließen, dass eine Sitzung im Kalenderhalbjahr abzuhalten ist.

Schrifttum: *Baums,* Der fehlerhafte Aufsichtsratsbeschluss, ZGR 1983, 300; *Bea/Scheurer,* Die Kontrollfunktion des Aufsichtsrats, DB 1994, 2145; *Bosse,* TransPuG: Änderungen zu den Berichtspflichten des Vorstandes und zur Aufsichtsratstätigkeit, DB 2002, 1592; *Burghard/Heimann,* Information des Aufsichtsrats, AG 2014, 306; *Cahn,* Gesellschaftsinterne Informationspflichten bei Zusammenschluss- und Akquisistionsvorhaben, AG 2014, 525; *Drinhausen/Marsch-Barner,* Die Rolle des Aufsichtsrats bei börsennotierten Aktiengesellschaften, AG 2014, 337; *Dürr/Louis,* Beschlussfassung im Aufsichtsrat mit und ohne Sitzung, Der Aufsichtsrat Sonderausgabe 01/2010, 10 f.; *Götz,* Rechte und Pflichten des Aufsichtsrats nach dem Transparenz- und Publizitätsgesetzes NZG 2002, 599; *Hoffmann-Becking,* Schriftliche Beschlussfassung des Aufsichtsrats und schriftliche Stimmabgabe abwesender Aufsichtsratsmitglie-

[30] KK-AktG/*MertensCahn* Rn. 40; aA MüKoAktG/*Habersack* Rn. 40.
[31] Hüffer/*Koch* Rn. 7; MüKoAktG/*Habersack* Rn. 37; *Bosse* DB 2002, 1592 (1593).
[32] KK-AktG/*Mertens/Cahn* Rn. 37.
[33] MüKoAktG/*Habersack* Rn. 3; Hüffer/*Koch* Rn. 1; GroßkommAktG/*Hopt/Roth* Rn. 5.
[34] Hüffer/*Koch* Rn. 7; MüKoAktG/*Habersack* Rn. 3; *Kindl,* Die Teilnahme an der Aufsichtsratssitzung, 1993, 25.
[35] OLG München AG 2003, 452 (453); Hüffer/*Koch* § 243 Rn. 59.

der, FS Happ, 2006, 81; *Kindl,* Analoge Anwendung der §§ 241 ff. AktG auf aktienrechtliche Aufsichtsratsbeschlüsse?, AG 1993, 153; *ders.,* Die Teilnahme an der Aufsichtsratssitzung, 1993; *Martens,* Die Rechtsstellung der leitenden Angestellten im Anwendungsbereich des Mitbestimmungsgesetzes, ZfA 1980, 611; *Möhring/Schwartz/Rowedder/Haberlandt,* Die Aktiengesellschaft und ihre Satzung, 1966; *Neuling,* Präsenzpflicht in der Bilanzsitzung des Aufsichtsrats, AG 2002, 610; *Noack,* Moderne Kommunikationsformen vor den Toren des Unternehmensrechts, ZGR 1998, 592; *Paefgen,* Struktur und Aufsichtsratsverfassung der mitbestimmten AG: zur Gestaltungsmacht der Satzung und der Geschäftsordnung des Aufsichtsrats, 1982; *Reichard/Kaubisch,* Sitzungsgeld für Telefon- und Videokonferenzen des Aufsichtsrats?, AG 2013, 150; *Säcker,* Aufsichtsratsausschüsse nach dem Mitbestimmungsgesetz, 1976; *ders.,* Die Rechte des einzelnen Aufsichtsratsmitglieds, NJW 1979, 1521; *Schiessl,* Deutsche Corporate Governance post Enron, AG 2002, 593; *Ulmer,* Geheime Abstimmungen im Aufsichtsrat von Aktiengesellschaften?, AG 1982, 300; *Wagner,* Aufsichtsratssitzung in Form der Videokonferenz, NZG 2002, 115.

Übersicht

I. Allgemeines

Die Norm dient ihrem **Sinn und Zweck** nach der Sicherung der Kontrollfunktion des Organs 1
und ihrer einzelnen Mitglieder.[1] Da sie neben dem Vorstand auch einzelnen Aufsichtsratsmitgliedern ein Recht auf Einberufung und, falls dies erfolglos bleibt, ein Selbsthilferecht zur Einberufung gibt, stellt sie ein Minderheitenschutzrecht dar, das Anteilseigner- sowie Arbeitnehmerseite gleichermaßen zusteht.[2] Die Einberufung des Aufsichtsrats ist als verfahrensleitende Maßnahme grundsätzlich Sache des Aufsichtsratsvorsitzenden.

Abs. 1 gewährleistet jedem Aufsichtsratsmitglied und dem Vorstand das Recht, die Einberufung 2
einer Aufsichtsratssitzung zu verlangen. Mit diesem **Initiativrecht** wird die Effektivität der Überwachungstätigkeit sichergestellt und der Aufsichtsrat zu einer ordnungsgemäßen und gewissenhaften Wahrnehmung seiner Aufgaben angehalten. Durch die Fristsetzung in Abs. 1 S. 2 wird verhindert, dass das Verlangen nach einer Aufsichtsratssitzung praktisch verschleppt wird und die wirksame Kontrolle des Vorstands sichergestellt.[3]

Abs. 2 regelt das **Selbsteinberufungsrecht** der Aufsichtsratsmitglieder und des Vorstandes, für 3
den Fall, dass der Aufsichtsratsvorsitzende dem Einberufungsverlangen nicht nachkommt. Weder das Selbsteinberufungsrecht noch das Initiativrecht können durch die Satzung oder Geschäftsordnung ausgeschlossen oder erschwert werden.[4]

Abs. 3 regelt die **Mindestanzahl von Sitzungen,** nämlich zwei Sitzungen pro Halbjahr. Bei 4
nichtbörsennotierten Unternehmen ist eine Sitzung im Halbjahr ausreichend, sofern der Aufsichtsrat dies nach Abs. 3 S. 2 beschließt. Darüber hinaus sind Lockerungen des Sitzungsturnus nicht möglich;[5] zulässig ist aber die Festlegung einer höheren Sitzungsfrequenz.[6] Mit dieser durch das KonTraG eingeführte Mindestfrequenz der Sitzung soll die Überwachung des Vorstandes verbessert werden.[7]

---

[1] GroßkommAktG/*Hopt/Roth* Rn. 3; MüKoAktG/*Habersack* Rn. 2; *Säcker* NJW 1979, 1521.
[2] GroßkommAktG/*Hopt/Roth* Rn. 3; *Ulmer* AG 1982, 300 (305); *Martens* ZfA 1980, 611 (659).
[3] *Bea/Scheurer* DB 1994, 2145 (2148 f.).
[4] GroßkommAktG/*Hopt/Roth* Rn. 6; MüKoAktG/*Habersack* Rn. 4; *Kindl,* Die Teilnahme an der Aufsichtsratssitzung, 1993, 76.
[5] Hüffer/*Koch* Rn. 1; KK-AktG/*Mertens/Cahn* Rn. 32; MüKoAktG/*Habersack* Rn. 4; MHdB AG/*Hoffmann-Becking* § 31 Rn. 36.
[6] GroßkommAktG/*Hopt/Roth* Rn. 66; *Lutter/Schmidt/Drygala* Rn. 2.
[7] Begr. RegE, BT-Drs. 13/9712, 16.

II. Einzelerläuterungen

5 **1. Einberufung des Aufsichtsrats. a) Einberufung durch den Aufsichtsratsvorsitzenden.** Die Einberufung der Aufsichtsratssitzungen obliegt dem Aufsichtsratsvorsitzenden. Dies ergibt sich zum einen aus seiner rechtlichen Stellung im Allgemeinen und zum anderen geht auch § 110 hiervon aus.[8] Es liegt grundsätzlich im Ermessen des Aufsichtsratsvorsitzenden, wann und wie oft er den Aufsichtsrat einberuft. Dieses Ermessen ist jedoch eingeschränkt durch das Initiativ- und Selbsteinberufungsrecht der übrigen Aufsichtsratsmitglieder und des Vorstands sowie durch die gesetzlich vorgeschriebene Mindestanzahl von Sitzungen gemäß Abs. 3. Der Aufsichtsratsvorsitzende hat den Aufsichtsrat einzuberufen, wenn das Wohl der Gesellschaft dies erfordert. Darunter werden vor allem die Fälle verstanden, in denen eine Vorstandsmaßnahme unter den Zustimmungskatalog des § 111 Abs. 4 S. 2 fällt, und die nächste Turnussitzung hierfür nicht in Betracht kommt; Abberufungsfälle aus wichtigem Grund gemäß § 84 Abs. 3 können hierunter fallen; die wirtschaftliche Lage und Entwicklung der Gesellschaft können den Aufsichtsratsvorsitzenden ebenfalls dazu zwingen, eine Sitzung einzuberufen. Daher fordert Ziff. 5.2 Abs. 3 DCGK bei börsennotierten Unternehmen die Einberufung zu einer außerordentlichen Aufsichtsratssitzung, wenn der Vorstand den Aufsichtsratsvorsitzenden über wichtige Ereignisse, die für die Beurteilung der Lage und Entwicklung des Unternehmens von wesentlicher Bedeutung sind, unterrichtet hat.

6 Es reicht grundsätzlich aus, wenn der Aufsichtsratsvorsitzende die gesetzliche Mindestanzahl von Sitzungen einhält. Die Einberufung von Sitzungen, die über die gesetzliche Mindestanforderung hinausgehen, kann eine Sorgfaltspflichtverletzung darstellen, wenn die Sitzung offensichtlich nutzlos ist.[9]

7 Die **technische Durchführung** der Einberufung kann der Aufsichtsratsvorsitzende dem Vorstand oder Hilfsperson des Aufsichtsrates, die in der Praxis Mitarbeiter des Unternehmens sind, übertragen.[10] Dies geschieht in der Regel dadurch, dass der Unternehmensangestellte namens oder im Auftrag des Aufsichtsratsvorsitzenden zur Sitzung einberuft (→ Rn. 12). Mit der Einberufung ist Ort, Tag und Zeitpunkt der Sitzung sowie die Tagesordnung mit mitzuteilen (→ § 107 Rn. 32 f.).[11] Darüber hinaus muss sich aus der Einberufung ergeben, wer einlädt.[12] Die Angabe von Firma und Sitz der Gesellschaft sind empfehlenswert, jedoch nicht zwingend.[13] Die Einberufung hat sich an alle Mitglieder des Aufsichtsrates zu richten.[14] In der Regel werden darüber hinaus auch die Mitglieder des Vorstands eingeladen, ohne dass diesen ein Recht auf Teilnahme an der Sitzung zusteht (→ § 109 Rn. 6).[15] Der Ziff. 3.6 Abs. 2 DCGK sieht für börsennotierte Gesellschaften bei Bedarf auch die Tagung ohne Vorstand vor. Insbesondere bei Vorstandsangelegenheiten (Bestellung, Abberufung, Vorstandsvertragsfragen etc), aber auch in anderen möglichen strittigen Fragen kann dies angeraten sein. Es ist auch zulässig, nur den Vorstandsvorsitzenden einzuladen. Ein Rechtsmittel, die Teilnahme zu erzwingen, steht einzelnen Vorstandsmitgliedern oder dem Gesamtvorstand nicht zu.

8 **b) Stellvertreter.** Ist der Aufsichtsratsvorsitzende verhindert, beruft der Stellvertreter die Aufsichtsratssitzung ein (§ 107 Abs. 1 S. 3). Sind mehrere Stellvertreter bestellt, haben diese in der Reihenfolge ihres Stellvertretermandates die Sitzung einzuberufen. Einzelne Aufsichtsratsmitglieder und der Vorstand haben nur nach Abs. 2 das Recht, den Aufsichtsrat selbst einzuberufen. Sind noch kein Vorsitzender und kein Stellvertreter gewählt oder sind alle Gewählten ausgeschieden oder verhindert, so ist in analoger Anwendung des Abs. 2 jedes Aufsichtsratsmitglied oder der Gesamtvorstand berechtigt, eine Aufsichtsratssitzung einzuberufen.[16] Der Aufsichtsrat kann sich aber auch ohne formelle Einladung zu einer Sitzung zusammenfinden; dabei müssen sämtliche Aufsichtsratsmitglieder auf alle Formen und Fristen verzichten.

---

[8] GroßkommAktG/*Hopt/Roth* Rn. 10; MüKoAktG/*Habersack* Rn. 7; Spindler/Stilz/*Spindler* Rn. 7; *Lutter/Schmidt/Drygala* Rn. 3; HK-AktG/*Israel* Rn. 1.

[9] MüKoAktG/*Habersack* Rn. 8; KK-AktG/*Mertens/Cahn* Rn. 2; GroßkommAktG/*Hopt/Roth* Rn. 12.

[10] *Vetter* in Marsch-Barner/Schäfer HdB AG § 27 Rn. 30.

[11] GroßkommAktG/*Hopt/Roth* Rn. 16; Spindler/Stilz/*Spindler* Rn. 18.

[12] KG NJW 1965, 2147 (2149); Hüffer/*Koch* Rn. 4; KK-AktG/*Mertens/Cahn* Rn. 4; GroßkommAktG/*Hopt/Roth* Rn. 16.

[13] Spindler/Stilz/*Spindler* Rn. 18; Hüffer/*Koch* Rn. 4; GroßkommAktG/*Hopt/Roth* Rn. 16; aA wohl MüKoAktG/*Habersack* Rn. 16.

[14] GroßkommAktG/*Hopt/Roth* Rn. 16.

[15] GroßkommAktG/*Hopt/Roth* Rn. 82; KLBW/*v. Werder* Rn. 382 ff.

[16] Hüffer/*Koch* Rn. 2; Spindler/Stilz/*Spindler* Rn. 7; *Vetter* in Marsch-Barner/Schäfer HdB AG § 27 Rn. 18.

c) Konstituierende Sitzung des Aufsichtsrats. Die Organisation der **ersten Sitzung nach einer Neuwahl** ist ebenfalls gesetzlich nicht geregelt. Der bisherige Aufsichtsratsvorsitzende kann hierzu während seiner Amtszeit einberufen, unabhängig davon, ob er dem neuen Aufsichtsrat weiter angehört.[17] Die Einladung hat an alle in Betracht kommenden Kandidaten zu gehen. Eine Tagesordnung ist nur erforderlich, wenn außer der Wahl des Vorsitzenden und des/der Stellvertreter über weitere Punkte beschlossen werden soll.[18] Aufgrund einer inzwischen überholten Vorschrift des DCGK sind börsennotierte Gesellschaften in der Vergangenheit dazu übergegangen, die Aktionärsvertreter zeitlich gestaffelt in den Aufsichtsrat zu wählen. Dies hat dazu geführt, dass sich die Laufzeiten der Ämter des Aufsichtsratsvorsitzenden und seines Stellvertreters zeitlich nicht mehr deckten; dies zieht unter Umständen mehrere konstituierende Sitzungen in einer Amtszeit nach sich. Mit den Änderungen des DCGK vom 6.6.2008 wurde dieses Petitum jedoch aufgegeben. 9

Vielfach sehen die Satzungen vor, dass die konstituierende Sitzung des Aufsichtsrats **unmittelbar im Anschluss an die Hauptversammlung** stattfindet und es hierzu keiner besonderen Einladung bedarf. Fehlt es an einer solchen Regelung und hat der bisherige Aufsichtsratsvorsitzende nicht eingeladen, obliegt es dem Vorstand, die Aufsichtsratsmitglieder zu einer konstituierenden Sitzung einzuladen.[19] Die Organisation der Sitzung und Einberufung des ersten Aufsichtsrats nach Gründung der Gesellschaft erfolgt durch die Gründer.[20] 10

d) Einberufung von Ausschüssen. Der Ausschussvorsitzende beruft die Ausschusssitzungen ein. Ist noch kein Ausschussvorsitzender gewählt oder gibt es keinen Ausschussvorsitzenden, kann jedes Ausschussmitglied eine Ausschusssitzung einberufen.[21] Das **Selbsteinberufungsrecht** jedes Aufsichtsratsmitglieds ist analog auch auf die Ausschussmitglieder anwendbar.[22] Ein Einberufungsrecht des Aufsichtsratsvorsitzenden zu Ausschusssitzungen gibt es nicht.[23] 11

e) Formen und Fristen. aa) Allgemeines. Der Aufsichtsratsvorsitzende muss jedes Mitglied des Aufsichtsrats zur Sitzung einladen. Die technische Durchführung kann er durch den Vorstand oder einen Mitarbeiter des Unternehmens „im Auftrag des Aufsichtsratsvorsitzenden" vornehmen lassen. Die Einladung muss erkennen lassen, wer einberuft sowie wann und wo die Sitzung stattfinden soll. Die Einberufung ist kein rechtsgeschäftlicher Akt, sondern eine **innergesellschaftliche** (organrechtliche) **Verfahrenshandlung,** die der Aufsichtsratsvorsitzende im eigenen Namen als Sitzungsleiter vornimmt.[24] Die Vertretungsregeln finden keine Anwendung. Eine bestimmte Form ist nicht zwingend vorgeschrieben. Sofern Satzung oder Geschäftsordnung nichts Abweichendes regeln, kann die Einladung formlos erfolgen, dh auch mündlich oder fernmündlich sowie per E-Mail (Textform gemäß § 126b BGB) übermittelt werden.[25] Satzung und Geschäftsordnung können jedoch die Einzelheiten der Formalien der Einberufung näher regeln.[26] 12

bb) Tagesordnung. Die Tagesordnung (→ § 107 Rn. 32) muss **in angemessener Frist** vor der Sitzung übermittelt werden, wobei Einladung und Tagesordnung auch zu unterschiedlichen Zeiten versandt werden können.[27] Die Frist muss so bemessen sein, dass sich das Aufsichtsratsmitglied sorgfältig und verantwortungsbewusst auf die Sitzung vorbereiten kann.[28] Sieht die Satzung oder die Geschäftsordnung eine Frist vor, so ist diese für die Einberufung und die Tagesordnung maßgebend.[29] Im Einverständnis aller kann der Aufsichtsrat auch hierauf verzichten.[30] In besonde- 13

---

[17] KK-AktG/*Mertens/Cahn* Rn. 2; MüKoAktG/*Habersack* Rn. 11.
[18] KK-AktG/*Mertens/Cahn* Rn. 2; MüKoAktG/*Habersack* Rn. 11.
[19] MüKoAktG/*Habersack* Rn. 11; KK-AktG/*Mertens/Cahn* Rn. 2.
[20] KK-AktG/*Mertens/Cahn* Rn. 2.
[21] KK-AktG/*Mertens/Cahn* Rn. 3; MüKoAktG/*Habersack* Rn. 14; *Lutter/Krieger/Verse* Rechte und Pflichten 295.
[22] MüKoAktG/*Habersack* Rn. 14; KK-AktG/*Mertens/Cahn* Rn. 3; MHdB AG/*Hoffmann-Becking* § 32 Rn. 47; *Lutter/Krieger/Verse* Rechte und Pflichten 302.
[23] MüKoAktG/*Habersack* Rn. 14; MHdB AG/*Hoffmann-Becking* § 32 Rn. 47; *Lutter/Krieger/Verse* Rechte und Pflichten 302; aA KK-AktG/*Mertens/Cahn* Rn. 3 für den Fall, dass der Ausschussvorsitzende weggefallen ist.
[24] BGHZ 100, 264 (267) = NJW 1987, 2580; MüKoAktG/*Habersack* Rn. 15; Hüffer/*Koch* Rn. 2.
[25] MüKoAktG/*Habersack* Rn. 15; Spindler/Stilz/*Spindler* Rn. 16; *Lutter/Krieger/Verse* Rechte und Pflichten 295; *Kindl,* Die Teilnahme an der Aufsichtsratssitzung, 1993, 69.
[26] Spindler/Stilz/*Spindler* Rn. 17; Hüffer/*Koch* Rn. 3.
[27] GroßkommAktG/*Hopt/Roth* Rn. 18; Spindler/Stilz/*Spindler* Rn. 25; MüKoAktG/*Habersack* Rn. 18.
[28] Spindler/Stilz/*Spindler* Rn. 25.
[29] KK-AktG/*Mertens/Cahn* Rn. 4.
[30] GroßkommAktG/*Hopt/Roth* Rn. 19; MüKoAktG/*Habersack* Rn. 16; für die GmbH OLG Köln GmbHR 2002, 492 (494 f.).

ren Eilfällen kann zur Einberufung auch eine Frist von wenigen Tagen ausreichen.[31] Bei Fehlen einer internen Regelung kann eine einwöchige Einberufungsfrist – gerechnet ab erwartetem Zugang[32] – im Normalfall noch als angemessen erachtet werden.[33] Darüber hinaus hat der Aufsichtsratsvorsitzende auch bei der Bemessung der Einberufungsfrist das Unternehmensinteresse zu wahren.[34] Beschlüsse, die gefasst werden, obwohl der Vorgang in der Tagesordnung nicht rechtzeitig angekündigt war, sind vernichtbar, wenn das betroffene Aufsichtsratsmitglied den Verfahrensmangel rügt. Die Rüge hat spätestens bis zur nächsten Aufsichtsratssitzung zu erfolgen (→ § 108 Rn. 78).[35] Schafft der Aufsichtsrat keine Abhilfe, kann das betreffende Aufsichtsratsmitglied dann Feststellungsklage erheben.

14 Die Tagesordnung muss zum Zwecke der Ermöglichung einer ausreichenden Vorbereitung **hinreichend bestimmt** sein.[36] Mit ihr werden in der Regel die zu den einzelnen Agendapunkten erforderlichen Unterlagen versandt. Zwingend ist dies jedoch nicht. Insbesondere müssen die Beschlussanträge zum Zeitpunkt der Einberufung noch nicht vorliegen, obwohl der Aufsichtsratsvorsitzende gehalten ist, diese möglichst frühzeitig zu versenden.[37] Spätestens zum Zeitpunkt der Beschlussfassung muss sie allen vorliegen.[38] Dies stellt erhöhte Anforderungen an die Verwaltung bei der Beschlussfassung im schriftlichen Umlaufverfahren nach § 108 Abs. 4 (→ § 108 Rn. 54 ff.) oder bei der schriftlichen Stimmabgabe nach § 108 Abs. 3 (→ § 108 Rn. 48 ff.).[39] Bei besonders sensiblen Angelegenheiten werden in der Praxis solche Tagesordnungspunkte zunächst häufig nur sehr allgemein formuliert, zB „Vorstandsangelegenheiten“,[40] „Zustimmung zum Beteiligungserwerb“, „Strategische Weiterentwicklung der Deutschen Börse AG“.[41] Konkrete Beschlussvorlagen mit allen notwendigen Details mit Namensnennung etc werden dann erst unmittelbar vor oder in der Aufsichtsratssitzung meist als Tischvorlage bekannt gegeben. Da oberste Leitlinie ist, dem Aufsichtsratsmitglied eine sorgfältige und verantwortungsvolle Vorbereitung der Sitzung zu ermöglichen, wird eine derart späte Konkretisierung nach vorheriger verallgemeinernder Ankündigung grundsätzlich nicht ausreichen. Es ist jedoch der Einzelfall zu betrachten. In Ausnahmefällen kann wegen des Risikos, dass vertrauliche Informationen an die Öffentlichkeit gelangen, zB in den Fällen der Vorstandsbestellung oder -abberufung etwas anderes gelten. Hier ist das Interesse der Gesellschaft an ihrem Schutz und am Schutze der in Betracht kommenden Personen gegen das Bedürfnis einer umfänglichen und ausreichenden Vorbereitung des Aufsichtsratsmitglieds abzuwägen. Die Rechtsprechung hat den Tagesordnungspunkt „Vorstandsangelegenheiten“, soweit es um die Abberufung eines Vorstandsmitgliedes ging, für nicht ausreichend angesehen.[42] Dies wird auch für „Personelle Veränderungen des Vorstandes“ oder „Erwerb/Veräußerung einer bedeutenden Beteiligung“ angenommen.[43] Dies wird damit begründet, dass nur eine detaillierte Kenntnis des Beschlussantrages die Abgabe einer schriftlichen Stimmabgabe nach § 108 Abs. 3 ermöglicht. Die Unternehmenswirklichkeit zeigt jedoch, dass das Entscheidende nicht die wörtliche Formulierung des Beschlussantrages zB „Abberufung von X“ ist, sondern vielmehr die dahinter liegenden Inhalte. Beschlussantragsformulierung und Information zu den Gründen wird häufig in der Praxis erst kurz vor der Sitzung mitgeteilt. Dies muss nach gebotener Abwägung der Schutzinteressen der Gesellschaft zulässig sein.[44] Sollte ein Aufsichtsratsmitglied das Verfahren jedoch rügen, wird im Rahmen der gerichtlichen Überprüfung die vorgenommene Abwägung auf den Prüfstand kommen. Unter dem Punkt „Ver-

---

31 GroßkommAktG/*Hopt/Roth* Rn. 18; Spindler/Stilz/*Spindler* Rn. 27; MüKoAktG/*Habersack* Rn. 16.

32 BGHZ 100, 264 (267 f.) = NJW 1987, 2480; Hüffer/*Koch* Rn. 3; Spindler/Stilz/*Spindler* Rn. 24.

33 GroßkommAktG/*Hopt/Roth* Rn. 18; MüKoAktG/*Habersack* Rn. 16.

34 GroßkommAktG/*Hopt/Roth* Rn. 19; KK-AktG/*Mertens/Cahn* Rn. 5; MüKoAktG/*Habersack* Rn. 16.

35 LG Düsseldorf AG 1995, 332 (334); MüKoAktG/*Habersack* § 108 Rn. 82; GroßkommAktG/*Hopt/Roth* § 108 Rn. 183; *Kindl* AG 1993, 153 (161).

36 KK-AktG/*Mertens/Cahn* Rn. 4; GroßkommAktG/*Hopt/Roth* Rn. 23; MüKoAktG/*Habersack* Rn. 19; *Baums* ZGR 1983, 300 (315 f.).

37 MüKoAktG/*Habersack* Rn. 18; Spindler/Stilz/*Spindler* Rn. 25; KK-AktG/*Mertens/Cahn* Rn. 4; Hüffer/*Koch* Rn. 4; MHdB AG/*Hoffmann-Becking* § 31 Rn. 42.

38 MüKoAktG/*Habersack* Rn. 18.

39 MüKoAktG/*Habersack* § 108 Rn. 62.

40 Abl. OLG Stuttgart BB 1985, 879 (880).

41 *Burghard/Heimann* AG 2014, 360 (366) zu OLG Frankfurt AG 2014, 373.

42 BGH WM 2000, 1543 (1544); zum Verwaltungsrat einer Sparkasse OLG Naumburg NZG 2001, 901 (902 f.); zum Aufsichtsrat einer eG OLG Stuttgart DB 2003, 932 f.; zum Aufsichtsrat einer GmbH OLG Stuttgart BB 1985, 879 (880); OLG Frankfurt AG 2014, 373 (375); aA MHdB AG/*Hoffmann-Becking* § 31 Rn. 42; *Vetter* in Marsch-Barner/Schäfer HdB AG § 27 Rn. 35.

43 MüKoAktG/*Habersack* Rn. 19.

44 So auch Cahn AG 2014, 525 (532) unter Hinweis auf Begr. RegE TransPuG, BT-Drs. 14/8769, 15; aA MüKoAktG/*Habersack* Rn. 20; UHH/*Ulmer/Habersack* MitbestG § 25 Rn. 17.

schiedenes" dürfen ohne Konkretisierung keine Beschlüsse gefasst werden, es sei denn es liegt ein allseitiges Einverständnis vor.[45] Etwas anderes kann jedoch dann gelten, wenn zu diesem Tagesordnungspunkt Unterlagen versandt wurden, die eine ausreichende Beschlussfassung ermöglichten.[46]

Werden die Konkretisierungen vor der Sitzung vorgenommen, so ist die Zeitspanne so zu bemessen, dass dem Aufsichtsratsmitglied genügend Zeit verbleibt, sich sorgfältig auf die Sitzung vorzubereiten. **Bei komplexen Sachverhalten** und umfangreichen Unterlagen sind **einige wenige Tage** in der Regel hierfür nicht **ausreichend.** Wird ein so gefasster Beschluss wegen eines solchen Verfahrensmangels gerügt, ist er nichtig.[47] 15

cc) Beschlussanträge. Die Beschlussanträge hat der Aufsichtsratsvorsitzende möglichst frühzeitig vor der Aufsichtsratssitzung mitzuteilen. Für die Ordnungsmäßigkeit der Einberufung der Aufsichtsratssitzung ist die Mitteilung von Beschlussanträgen zu den einzelnen Tagesordnungspunkten nicht zwingend erforderlich. Es reicht die **Ankündigung** des Beschlussgegenstandes durch die Tagesordnung aus.[48] Sind die Beschlussanträge unzureichend formuliert oder fehlen die Beschlussanträge, können sich die Aufsichtsratsmitglieder nicht sorgfältig auf die Sitzung vorbereiten bzw. eine schriftliche Stimmabgabe (§ 108 Abs. 3) ist nicht möglich. Wird ein solches Verfahren durch abwesende Mitglieder gerügt, sind die gefassten Beschlüsse nichtig. Für die Rüge gilt das zu → Rn. 12 Gesagte. 16

dd) Ergänzung der Tagesordnung. Jedes Aufsichtsratsmitglied und der Vorstand können Anträge zur Ergänzung der Tagesordnung sowie zu angekündigten Tagesordnungspunkten stellen.[49] Der Aufsichtsratsvorsitzende entscheidet über die Anträge nach pflichtgemäßem Ermessen.[50] Entsprechen die Anträge den Form- und Fristbestimmungen der Satzung oder Geschäftsordnung, hat der Aufsichtsratsvorsitzende den Anträgen stattzugeben. Werden die Anträge so kurzfristig gestellt, dass eine sorgfältige und verantwortungsbewusste Vorbereitung der Aufsichtsratsmitglieder nicht möglich ist, kann er diesen Antrag ablehnen.[51] Beschlussfassungen über nicht ordnungsgemäß und fristgerecht bekannt gemachte Tagesordnungspunkte sind nur zulässig, wenn kein Aufsichtsratsmitglied widerspricht.[52] Bei seiner Entscheidung hat der Aufsichtsratsvorsitzende zu berücksichtigen, ob die **Unternehmensinteressen** durch die Erweiterung der Tagesordnung oder durch die Anberaumung einer neuen Sitzung, mit den damit verbundenen Kosten, besser berücksichtigt sind. Auch die Bedeutung der Beschlussfassung für das Unternehmen muss in seine Entscheidung mit einfließen. Einem Ergänzungsantrag in einer laufenden Aufsichtsratssitzung kann der Aufsichtsratsvorsitzende nur stattgeben, wenn kein Mitglied widerspricht.[53] 17

Lehnt der Aufsichtsratsvorsitzende einen **Antrag** zur Ergänzung der Tagesordnung **ab,** so kann das betreffende Aufsichtsratsmitglied oder der Vorstand in analoger Anwendung des Abs. 2 durch entsprechende Mitteilung an die übrigen Mitglieder des Aufsichtsrats eine Ergänzung der Tagesordnung herbeiführen; dies zumindest für den Fall, dass das Ergänzungsverlangen vor Ablauf der in der Satzung und der Geschäftsordnung festgelegten Frist oder bei Fehlen solcher Bestimmungen, in angemessener Frist gestellt wurde, da damit eine ausreichende Vorbereitungszeit gewährleistet ist.[54] Nach Ablauf dieser Fristen muss der Aufsichtsratsvorsitzende ein Ergänzungsverlangen nicht mehr weiterleiten. 18

Nicht angekündigte, verspätetet angekündigte oder nicht hinreichend konkretisierte Anträge auf Ergänzung der Tagesordnung können zwar verhandelt werden; abgestimmt werden darf aber nur, wenn kein Mitglied des Aufsichtsrats der Beschlussfassung widerspricht. Abwesenden Mitgliedern muss die Möglichkeit der **nachträglichen Stimmabgabe** eingeräumt werden. Eine Verfahrensrüge führt zur Nichtigkeit des Beschlusses (→ Rn. 13, 16). 19

Bei in dringendem Unternehmensinteresse liegenden **Eilentscheidungen** kann ein Beschluss auch ohne Beachtung des Widerspruchrechtes und ohne Möglichkeit der nachträglichen Stimmabgabe erfolgen. Ob das der Sitzung fernbleibende Aufsichtsratsmitglied mit nicht angekündigten, im Unternehmensinteresse nicht aufschiebbaren Entscheidungen rechnen und sie hinnehmen muss, ist 20

---

[45] Spindler/Stilz/*Spindler* Rn. 19; KK-AktG/*Mertens/Cahn* Rn. 5; *Kindl,* Die Teilnahme an der Aufsichtsratssitzung, 1993, 45.

[46] KK-AktG/*Mertens/Cahn* Rn. 5; GroßkommAktG/*Hopt/Roth* Rn. 23; *Paefgen,* Struktur und Aufsichtsratsvergütung der mitbestimmten AG, 1982, 227 f.; *Kindl,* Die Teilnahme an der Aufsichtsratssitzung, 1993, 55.

[47] MüKoAktG/*Habersack* Rn. 21.

[48] MüKoAktG/*Habersack* Rn. 18.

[49] KK-AktG/*Mertens/Cahn* Rn. 4; GroßkommAktG/*Hopt/Roth* Rn. 29; MüKoAktG/*Habersack* Rn. 26, 19.

[50] Spindler/Stilz/*Spindler* Rn. 20.

[51] KK-AktG/*Mertens/Cahn* Rn. 4; Spindler/Stilz/*Spindler* Rn. 20.

[52] *Drinhausen/Marsch-Barner* AG 2014, 337 (338).

[53] Spindler/Stilz/*Spindler* Rn. 20; MHdB AG/*Hoffmann-Becking* § 31 Rn. 43.

[54] Spindler/Stilz/*Spindler* Rn. 20; KK-AktG/*Mertens/Cahn* Rn. 4; MHdB AG/*Hoffmann-Becking* § 31 Rn. 43.

umstritten.[55] Dafür spricht, dass man die Vorschriften über die Einberufungsfristen in der Satzung oder Geschäftsordnung so versteht, dass eine Abkürzung durch den Aufsichtsratsvorsitzenden zulässig ist, wenn das Unternehmensinteresse eine Eilentscheidung verlangt.[56]

21 Ergänzende Anträge zu **bereits angekündigten Tagesordnungspunkten** muss der Aufsichtsratsvorsitzende zulassen.[57] Er muss die anderen Aufsichtsratsmitglieder darüber informieren. Solche Anträge können auch noch in der Sitzung gestellt werden; sie sind ein Teil der Verhandlung über den bereits mitgeteilten Tagesordnungspunkt.

22 **ee) Frist.** Die Einberufungsfrist kann in der Satzung oder Geschäftsordnung geregelt sein.[58] Eine Frist von **14 Tagen** analog dem Fall des Einberufungsverlangens von Abs. 1 S. 2 ist angemessen, eine Frist von einer Woche noch zulässig, in Eilfällen sind **drei Tage** ausreichend.[59] Im Einvernehmen aller – dh wenn kein Aufsichtsratsmitglied widerspricht – kann die Frist auch **noch kürzer** sein. Umstritten ist, ob Satzung oder Geschäftsordnung die Einberufungsfrist auch verlängern können.[60] Eine in Satzung oder Geschäftsordnung geregelte Einberufungsfrist von mehr als zwei Wochen ist im Sinne von Autonomie für Gesellschaft und Aufsichtsrat zulässig, da das Gesetz – anders als im Falle des Einberufungsverlangens des Abs. 1 S. 2 – keine Regelung trifft. Sie findet jedoch ihre zeitliche Grenze dort, wo aufgrund der Zeitspanne zwischen Einberufung und Sitzung eine zeitnahe Vorbereitung nicht mehr gewährleistet ist. Der Aufsichtsratsvorsitzende kann grundsätzlich eine von ihm einberufene Sitzung nach pflichtgemäßem Ermessen **aufheben** oder **verlegen.**[61] Wurde die Sitzung auf Verlangen eines Aufsichtsratsmitglieds oder des Vorstands nach Abs. 1 einberufen, kann sie ohne Einverständnis des Antragstellers nur verschoben werden.[62] Eine Aufhebung ist in diesem Fall nicht zulässig.[63] Verschiebt der Aufsichtsratsvorsitzende den Sitzungstermin außerhalb der Zweiwochenfrist des Abs. 1 S. 2, greift das Selbsthilferecht des Abs. 2.[64] Eine nach Abs. 2 im Wege des Selbsthilferechts einberufene Sitzung kann nur mit dem Einverständnis des die Sitzung veranlassenden Aufsichtsratsmitglieds bzw. Vorstandes verlegt oder aufgehoben werden (→ § 107 Rn. 31).[65] Auch bei einer nach Abs. 1 einberufenen Aufsichtsratssitzung kann der Aufsichtsrat beschließen Behandlung und/oder Beschlussfassung zu einzelnen Tagesordnungspunkten zu vertagen.[66] Eine Regelung in Satzung oder Geschäftsordnung, die dieses Recht dem Aufsichtsratsvorsitzenden überträgt, ist unzulässig.[67]

23 **ff) Beschlussfassung außerhalb der Sitzung.** Der Aufsichtsratsvorsitzende kann dem Einberufungsverlangen über eine Beschlussfassung außerhalb einer Sitzung gemäß § 108 Abs. 4 nur nachkommen, wenn das Aufsichtsratsmitglied oder der die Sitzung beantragende Vorstand damit einverstanden ist,[68] es sei denn Satzung oder Geschäftsordnung schließen das Widerspruchsrecht des einzelnen Aufsichtsratsmitgliedes nach § 108 Abs. 4 aus.[69] Genauso steht nach hM den Antragstellern das Recht zu, eine Beschlussfassung außerhalb einer Sitzung zu verlangen.[70] Abhängig von bestehenden Satzungs- oder Geschäftsordnungsregeln kann der Aufsichtsratsvorsitzende in einem solchen Fall ggf. von seinem **Widerspruchsrecht nach § 108 Abs. 4** Gebrauch machen und seiner Pflicht dadurch entsprechen, dass er anstatt zur Beschlussfassung außerhalb der Sitzung zu einer Präsenzsitzung des

---

[55] Dafür *Baums* ZGR 1983, 300 (316); ihm folgend MüKoAktG/*Semler,* 2. Aufl. 2004, Rn. 52; Spindler/Stilz/*Spindler* Rn. 21; enger KK-AktG/*Mertens/Cahn* Rn. 5.

[56] KK-AktG/*Mertens/Cahn* Rn. 5.

[57] Spindler/Stilz/*Spindler* Rn. 22; MüKoAktG/*Semler,* 2. Aufl. 2004, Rn. 53; *Drinhausen/Marsch-Barner* AG 2014, 337 (338).

[58] GroßkommAktG/*Hopt/Roth* Rn. 19; KK-AktG/*Mertens/Cahn* Rn. 4; Hüffer/*Koch* Rn. 3; in Frage stellend Spindler/Stilz/*Spindler* Rn. 27.

[59] Spindler/Stilz/*Spindler* Rn. 23; MüKoAktG/*Habersack* Rn. 16.

[60] Hüffer/*Koch* Rn. 3; MüKoAktG/*Habersack* Rn. 16; GroßkommAktG/*Hopt/Roth* Rn. 19; dagegen Spindler/Stilz/*Spindler* Rn. 23; *Lutter/Krieger/Verse* Rechte und Pflichten 295.

[61] MüKoAktG/*Habersack* Rn. 17, § 107 Rn. 51.

[62] MüKoAktG/*Habersack* Rn. 33.

[63] Spindler/Stilz/*Spindler* Rn. 31; MHdB AG/*Hoffmann-Becking* § 31 Rn. 47; *Kindl,* Die Teilnahme an der Aufsichtsratssitzung, 1993, 73; KK-AktG/*Mertens/Cahn* Rn. 12.

[64] KK-AktG/*Mertens/Cahn* Rn. 12; MüKoAktG/*Habersack* Rn. 33; *Lutter/Krieger/Verse* Rechte und Pflichten 268.

[65] MüKoAktG/*Habersack* Rn. 33; *Lutter/Krieger/Verse* Rechte und Pflichten 298.

[66] MüKoAktG/*Habersack* Rn. 33; MHdB AG/*Hoffmann-Becking* § 31 Rn. 47.

[67] MüKoAktG/*Habersack* Rn. 33.

[68] KK-AktG/*Mertens/Cahn* Rn. 14; GroßkommAktG/*Hopt/Roth* Rn. 38; Hüffer/*Koch* Rn. 7; Spindler/Stilz/*Spindler* Rn. 10.

[69] MüKoAktG/*Habersack* Rn. 13, § 108 Rn. 67.

[70] KK-AktG/*Mertens/Cahn* Rn. 15; MüKoAktG/*Habersack* Rn. 13; GroßkommAktG/*Hopt/Roth* Rn. 38; aA Geßler/Hefermehl/*Geßler* Rn. 22; *v. Godin/Wilhelmi* Anm. 5.

Aufsichtsrates einberuft.[71] Ein Selbsthilferecht der Antragsteller nach Abs. 2 direkt eine Beschlussfassung außerhalb der Sitzung zu veranlassen, besteht jedoch nicht.[72] Eine im Schrifttum vertretene Meinung, die dies jedoch in den Fällen, in denen Satzung oder Geschäftsordnung das Widerspruchsrecht nach § 108 Abs. 4 ausschließen, für zulässig hält,[73] ist aufgrund der Sitzungsleitungskompetenz des Aufsichtsratsvorsitzenden, dem diese Kompetenz auch nicht durch Verzicht auf das Widerspruchsrecht nach § 108 Abs. 4 genommen werden kann, abzulehnen.[74]

gg) Mängel bei der Einberufung. Beschlüsse, die gefasst werden, obwohl die Gegenstände der Tagesordnung nicht oder nicht ausreichend konkretisiert bzw. nicht rechtzeitig angekündigt wurden, die Einberufungsfrist nicht angemessen war, Ort und Zeit der Sitzung fehlen, sind **nichtig, wenn** ein Aufsichtsratsmitglied **widerspricht** (→ § 108 Rn. 68).[75] Alle anderen Fälle bei der Förmlichkeit der Einberufung müssen innerhalb angemessener Frist gerügt werden, um zur Nichtigkeit zu führen.[76] 24

2. Antrag eines Aufsichtsratsmitglieds oder des Vorstands auf Einberufung des Aufsichtsrats durch den Aufsichtsratsvorsitzenden. a) Einberufungsantrag; Antragsberechtigte (Abs. 1 S. 1). Jedes Aufsichtsratsmitglied – unabhängig davon, ob gewählt, entsandt oder Eigner- bzw. Arbeitnehmervertreter – kann vom Aufsichtsratsvorsitzenden unter **Angabe von Zweck und Gründen** die Einberufung einer Aufsichtsratssitzung verlangen (→ § 107 Rn. 3). Da das Plenum des Aufsichtsrates auch in Ausschüsse delegierte Aufgaben jederzeit wieder an sich ziehen kann, besteht das Recht zur Einberufung auch dann, wenn der Gegenstand wirksam auf einen Ausschuss delegiert worden war.[77] Auch dem Vorstand als Organ steht dieses Recht zu. Der Vorstand muss einen entsprechenden Beschluss gemäß § 77 Abs. 1 fassen. Ein Handeln in vertretungsmäßiger Anzahl reicht nicht aus, da das Einberufungsverlangen kein Vertretungsakt ist.[78] Auch der Vorstandsvorsitzende ist nicht alleine antragsbefugt.[79] Die Satzung kann einzelnen Mitgliedern des Vorstands kein Initiativrecht einräumen.[80] 25

b) Form und Inhalt. Da es keine verpflichtenden Formvorschriften gibt,[81] können Satzung und Geschäftsordnung Form und Fristen regeln, solange dadurch das Initiativrecht nicht erschwert wird.[82] **Zulässig** sind **Erleichterungen,** aber nicht Erschwerungen des Einberufungsrechtes.[83] Der Antrag muss den Zweck angeben, über den in der Aufsichtsratssitzung verhandelt werden soll. Der Zweck kann die Erfüllung aller Aufgaben, die dem Aufsichtsrat nach Gesetz und Satzung obliegen, beinhalten. Der Antragsteller muss keine Tagesordnung vorgeben, es reicht aus, wenn er die Themen benennt, über die verhandelt werden soll.[84] Andererseits ist dem Zweck genüge getan, wenn die Einberufung mit einer bestimmten Tagesordnung verlangt wird.[85] Die Formulierung der Tagesordnung und der Beschlussvorlagen obliegt dem Aufsichtsratsvorsitzenden. Außerdem hat der Antragsteller den Grund für die Notwendigkeit der Sitzung anzugeben. Aus dem Antrag muss sich ergeben, warum die Sitzung überhaupt und gerade jetzt stattfinden soll.[86] Inhaltlich muss der Antrag auf Einberufung einer Präsenzsitzung oder einer Beschlussfassung außerhalb einer Sitzung gehen.[87] Sozusagen als „minus" enthält die Norm das Recht auf Ergänzung der Tagesordnung einer bereits einberaumten Aufsichtsratssitzung.[88] Wird einem solchen Begehren unzulässigerweise nicht nachgekommen, gilt auch in diesem Fall das Selbsthilferecht des Abs. 2 mit der Folge, dass der Antragsteller berechtigt ist, die übrigen Aufsichtsratsmitglieder über die Ergänzung der Tagesordnung zu informieren.[89] 26

---

[71] MüKoAktG/*Habersack* Rn. 13, § 108 Rn. 61 ff., 66 f.

[72] KK-AktG/*Mertens/Cahn* Rn. 23; GroßkommAktG/*Hopt/Roth* Rn. 52, 44; MüKoAktG/*Habersack* Rn. 13.

[73] MüKoAktG/*Habersack* Rn. 13.

[74] So auch GroßkommAktG/*Hopt/Roth* Rn. 44.

[75] GroßkommAktG/*Hopt/Roth* Rn. 24 mwN.

[76] MüKoAktG/*Habersack* Rn. 21, § 108 Rn. 78, 82.

[77] GroßkommAktG/*Hopt/Roth* Rn. 26; MüKoAktG/*Habersack* Rn. 22; *Säcker,* Aufsichtsratsausschüsse nach dem Mitbestimmungsgesetz, 1976, 45.

[78] Hüffer/*Koch* Rn. 6; KK-AktG/*Mertens/Cahn* Rn. 8; GroßkommAktG/*Hopt/Roth* Rn. 40; MüKoAktG/*Habersack* Rn. 23.

[79] GroßkommAktG/*Hopt/Roth* Rn. 32; MüKoAktG/*Semler,* 2. Aufl. 2004, Rn. 63.

[80] MüKoAktG/*Habersack* Rn. 23; GroßkommAktG/*Hopt/Roth* Rn. 32; aA *Möhring/Schwartz/Rowedder/Haberlandt,* Die Aktiengesellschaft und ihre Satzung, 1966, 145.

[81] GroßkommAktG/*Hopt/Roth* Rn. 28; Spindler/Stilz/*Spindler* Rn. 10; KK-AktG/*Mertens/Cahn* Rn. 9.

[82] Spindler/Stilz/*Spindler* Rn. 10.

[83] GroßkommAktG/*Hopt/Roth* Rn. 30.

[84] Hüffer/*Koch* Rn. 6.

[85] GroßkommAktG/*Hopt/Roth* Rn. 29; KK-AktG/*Mertens/Cahn* Rn. 9; Hüffer/*Koch* Rn. 6.

[86] MüKoAktG/*Habersack* Rn. 27; Hüffer/*Koch* Rn. 6.

[87] MüKoAktG/*Habersack* Rn. 25.

[88] KK-AktG/*Mertens/Cahn* Rn. 4; GroßkommAktG/*Hopt/Roth* Rn. 29; MüKoAktG/*Habersack* Rn. 26.

[89] MüKoAktG/*Habersack* Rn. 26; *Lutter/Krieger/Verse* Rechte und Pflichten 266.

27 **c) Adressat.** Der Einberufungsantrag ist an den Aufsichtsratsvorsitzenden und bei dessen Verhinderung an den Stellvertreter zu richten (§ 107 Abs. 1 S. 1 Alt. 2). Sind Aufsichtsratsvorsitzender und Stellvertreter nicht vorhanden, kann ein Aufsichtsratsmitglied oder der Vorstand in analoger Anwendung des Abs. 2 die Sitzung einberufen.[90]

28 **d) Bindung des Aufsichtsratsvorsitzenden.** Wird das Einberufungsverlangen gestellt, muss der Aufsichtsratsvorsitzende dem Verlangen unverzüglich nachkommen, es sei denn, die Antragstellung entspricht nicht den Voraussetzungen des Abs. 1 S. 1 oder ist rechtsmissbräuchlich.[91] **Rechtsmissbräuchlich** ist das Einberufungsverlangen zB dann, wenn der angegebene Verhandlungsgegenstand nicht zu den Gesellschaftsangelegenheiten gehört oder nicht in die Zuständigkeit des Aufsichtsrats fällt oder wenn ein gesetzes- oder sittenwidriges Ziel verfolgt wird oder der Aufsichtsrat sich bereits abschließend mit dem Verhandlungsgegenstand beschäftigt hat und keine neuen Umstände eingetreten sind.[92] Andererseits ist eine Einberufung ohne Grund und Anlass unzulässig[93] und stellt eine Pflichtverletzung des Aufsichtsratsvorsitzenden dar, die zum Schadensersatz führen kann. Der Aufsichtsratsvorsitzende kann die Einberufung nicht deshalb verweigern, weil absehbar ist, dass der Aufsichtsrat keinen oder einen ablehnenden Beschluss fasst.[94] Der Aufsichtsratsvorsitzende darf der Diskussion im Aufsichtsrat nicht vorgreifen.

29 **e) Sanktionen.** Der Aufsichtsratsvorsitzende haftet gemäß §§ 116, 93, wenn er pflichtwidrig dem Einberufungsverlangen nicht nachkommt und der Gesellschaft hieraus ein Schaden entsteht. Die Einberufung durch den Aufsichtsratsvorsitzenden kann gerichtlich nicht erzwungen werden. Auch eine Ordnungsstrafe ist nicht vorgesehen. Den Aufsichtsratsmitgliedern und dem Vorstand bleibt in einem solchen Fall nur das Selbsteinberufungsrecht nach Abs. 2.[95]

30 **3. Selbsteinberufungsrecht (Abs. 2). a) Selbsteinberufungsrecht eines Aufsichtsratsmitglieds und des Vorstands.** Lehnt der Aufsichtsratsvorsitzende das Einberufungsverlangen eines Aufsichtsratsmitglieds oder des Vorstands ab, können diese selbst eine Aufsichtsratssitzung einberufen. Eine Erleichterung gegenüber dem früheren Recht brachte das TransPuG, nachdem nun die Einberufung durch ein Aufsichtsratsmitglied ausreicht. Damit wird im Sinne einer besseren Corporate Governance die **Stellung des einzelnen** Aufsichtsratsmitglieds **gestärkt.** Die rechtsmissbräuchliche Ausübung des Selbsteinberufungsrechtes geht ins Leere. Die Aufsichtsratsmitglieder müssen der Einberufung nicht folgen.[96] Der Vorstand handelt bei der Einberufung als Organ, dh der Vorstand muss mit der für seine Beschlüsse geltenden Mehrheit einen Einberufungsbeschluss fassen. Relevant dürften für ihn vor allem die Fälle sein, in denen er Maßnahmen des Zustimmungskatalogs gemäß § 111 Abs. 4 S. 2 durchführen will und der Aufsichtsratsvorsitzende ihm die Einberufung verweigert oder ihn auf die turnusmäßige Sitzung verweist.

31 **b) Einberufung.** Die im Normalfall geltenden Einberufungsvoraussetzungen müssen vorliegen. Darüber hinaus muss der Einberufende den Sachverhalt mitteilen. Er muss angeben, dass er vom Aufsichtsratsvorsitzenden die Einberufung einer Sitzung mit konkretem Verhandlungsgegenstand verlangt habe und dieser dem Verlangen nicht entsprochen habe.[97] Wird dies nicht mitgeteilt, sind die gefassten Beschlüsse unwirksam, es sei denn, alle Mitglieder sind erschienen.[98] Der Antragsteller muss **unverzüglich** nach Ablehnung seines Antrages die Sitzung einberufen, anderenfalls erlischt sein Recht.[99] Die Sitzung muss jedoch nicht innerhalb von zwei Wochen gemäß Abs. 1 S. 2 stattfinden; die Vorschrift ist im Rahmen des Abs. 2 nicht entsprechend anwendbar.[100] Mit der Einberufung und Durchführung der Sitzung ist das Selbsthilferecht des Antragstellers erledigt.[101] Ist der Aufsichtsrat nicht beschlussfähig (→ § 108 Rn. 40 ff.), entsteht hieraus kein neues Recht auf Selbsteinberufung.[102] Der Einberufende muss erneut den Weg des Abs. 1 gehen. Gleiches gilt, wenn einzelnen

---

[90] KK-AktG/*Mertens/Cahn* Rn. 10; GroßkommAktG/*Hopt/Roth* Rn. 31; MüKoAktG/*Habersack* Rn. 24; Spindler/Stilz/*Spindler* Rn. 28.
[91] *Bosse* DB 2002, 1593.
[92] KK-AktG/*Mertens/Cahn* Rn. 11; MüKoAktG/*Habersack* Rn. 32.
[93] KK-AktG/*Mertens/Cahn* Rn. 2; Spindler/Stilz/*Spindler* Rn. 30.
[94] KGJ 32 A 140; MüKoAktG/*Habersack* Rn. 32; Hüffer/*Koch* Rn. 7; KK-AktG/*Mertens/Cahn* Rn. 12.
[95] GroßkommAktG/*Hopt/Roth* Rn. 33; MüKoAktG/*Habersack* Rn. 28.
[96] MüKoAktG/*Habersack* Rn. 36; GroßkommAktG/*Hopt/Roth* Rn. 50.
[97] MüKoAktG/*Habersack* Rn. 37.
[98] GroßkommAktG/*Hopt/Roth* Rn. 46; MüKoAktG/*Habersack* Rn. 37; Spindler/Stilz/*Spindler* Rn. 40.
[99] KK-AktG/*Mertens/Cahn* Rn. 20; GroßkommAktG/*Hopt/Roth* Rn. 45.
[100] KK-AktG/*Mertens/Cahn* Rn. 20; Hüffer/*Koch* Rn. 9; GroßkommAktG/*Hopt/Roth* Rn. 45; aA Spindler/Stilz/*Spindler* Rn. 41; *Kindl,* Die Teilnahme an der Aufsichtsratssitzung, 1993, 73.
[101] MüKoAktG/*Habersack* Rn. 38; GroßkommAktG/*Hopt/Roth* Rn. 48.
[102] KK-AktG/*Mertens/Cahn* Rn. 23; GroßkommAktG/*Hopt/Roth* Rn. 48.

Beschlussanträgen nicht stattgegeben wird. Anders als bei Abs. 1 kommt bei der Selbsteinberufung eine Vertagung oder Aufhebung durch den Aufsichtsratsvorsitzenden nicht in Betracht.[103] Eine Einleitung der Beschlussfassung außerhalb der Sitzung ist durch Abs. 2 nicht gedeckt (→ Rn. 23). Für Ausschüsse gelten die Abs. 1 und 2 analog.[104] Dh der Aufsichtsratsvorsitzende beruft entsprechend Abs. 1 S. 1 ein. Sollte es (noch) keinen Ausschussvorsitzenden geben, kann jedes Ausschussmitglied die Einberufung verlangen.[105] Jedes Ausschussmitglied und der Vorstand kann unter den Voraussetzungen des Abs. 2 den Ausschuss selbst einberufen.[106] Eine Befugnis des Aufsichtsratsvorsitzenden zur Ausschusseinberufung besteht nicht.[107]

4. Einberufung auf Verlangen einer Aufsichtsbehörde. Gemäß § 83 Abs. 1 Nr. 6 VAG kann die Bundesanstalt für Finanzdienstleistungsaufsicht **(BaFin)** bei Versicherungsgesellschaften die Einberufung einer Aufsichtsratssitzung und die Festsetzung bestimmter Tagesordnungspunkte verlangen. Wird dem Verlangen nicht entsprochen, kann sie selbst die Sitzung auf Kosten der Gesellschaft einberufen, in der ein Vertreter der Behörde den Vorsitz innehat.[108] Nach § 44 Abs. 5 S. 1 KWG kann die BaFin auch bei Kreditinstituten (§ 1 Abs. 1 KWG) die Anberaumung einer Sitzung sowie die Ankündigung von Gegenständen zur Beschlussfassung verlangen, aber nicht selbst die Sitzung einberufen. Das Teilnahmerecht der Behördenvertreter folgt aus § 83 Abs. 1 Nr. 5 VAG und § 44 Abs. 1 S. 1 KWG. 32

5. Anzahl der Sitzungen (Abs. 3). a) Grundsatz (Abs. 3 S. 1). Aufsichtsräte sowohl börsennotierter als auch nicht börsennotierter Unternehmen müssen **zwei Sitzungen pro Kalenderhalbjahr** abhalten. Dies bedeutet, dass sie tatsächlich stattfinden müssen. Eine bloße Einberufung ist nicht ausreichend.[109] Diesem Erfordernis ist nicht Genüge getan, wenn schriftliche Beschlüsse außerhalb von Sitzungen nach § 108 Abs. 4 gefasst werden.[110] Zwingend notwendig ist das physische Zusammenkommen zur Sitzung nach Einführung des TransPuG nicht mehr, da laut der Gesetzesbegründung[111] nunmehr in „begründeten Ausnahmefällen" auch Telefon- und Videokonferenz als anrechenbare Sitzung im Sinne dieser Vorschrift gelten (→ § 108 Rn. 9, 54).[112] Alle Aufsichtsratsmitglieder und der Vorstand haben für die Einhaltung der Mindestanzahl zu sorgen.[113] Die Satzung kann eine höhere Anzahl von Sitzungen festlegen; als Mindestregelung ist Abs. 3 zwingend.[114] 33

b) Ausnahme (Abs. 3 S. 2). Bei **nichtbörsennotierten Gesellschaften** kann die Mindestanzahl der Sitzungen auf eine pro Kalenderhalbjahr beschränkt werden. Zwar geht auch hier der Gesetzgeber von zwei Sitzungen im Kalenderhalbjahr als Normalfall aus. Das Plenum des Aufsichtsrats kann jedoch mit einfacher Mehrheit beschließen, dass der Aufsichtsrat nur einmal im Kalenderhalbjahr tagen muss. 34

Für **börsennotierte Gesellschaften** bleibt es beim Mindestturnus des Abs. 3 S. 1. Börsennotiert sind Gesellschaften, deren Aktien zu einem Markt zugelassen sind, der von staatlich anerkannten Stellen geregelt und überwacht wird, regelmäßig stattfindet und für das Publikum mittelbar oder unmittelbar zugänglich ist (§ 3 Abs. 2). Hierbei handelt es sich um Gesellschaften, deren Aktien zum regulierten Markt (§§ 32 ff. BörsG) zugelassen sind; nicht erfasst sind dagegen Gesellschaften, deren Aktien im Freiverkehr (§ 48 BörsG) gehandelt werden.[115] Eine Zulassung zu einem regulierten Markt liegt nicht nur bei einer Zulassung an einer deutschen Börse, sondern auch bei einer Notierung an einer vergleichbaren ausländischen Börse vor. 35

---

[103] GroßkommAktG/*Hopt/Roth* Rn. 49.
[104] HK-AktG/*Israel* Rn. 2; GroßkommAktG/*Hopt/Roth* Rn. 10, 74 ff.
[105] KK-AktG/*Mertens/Cahn* Rn. 3; MüKoAktG/*Habersack* Rn. 14.
[106] MüKoAktG/*Habersack* Rn. 14; MHdB AG/*Hoffmann-Becking* § 32 Rn. 47; aA KK-AktG/*Mertens/Cahn* Rn. 3.
[107] MüKoAktG/*Habersack* Rn. 14; MHdB AG/*Hoffmann-Becking* § 32 Rn. 27.
[108] KK-AktG/*Mertens/Cahn* Rn. 30; GroßkommAktG/*Hopt/Roth* Rn. 57.
[109] GroßkommAktG/*Hopt/Roth* Rn. 59.
[110] GroßkommAktG/*Hopt/Roth* Rn. 72; Spindler/Stilz/*Spindler* Rn. 48; MüKoAktG/*Habersack* Rn. 44; *Götz* NZG 2002, 599 (601).
[111] Begr. RegE, BT-Drs. 14/8769, 17 li. Sp.
[112] MüKoAktG/*Habersack* Rn. 45, § 108 Rn. 16; Hüffer/*Koch* Rn. 11; GroßkommAktG/*Hopt/Roth* Rn. 69 ff.; Spindler/Stilz/*Spindler* Rn. 35, 48; *Vetter* in Marsch-Barner/Schäfer HdB AG § 27 Rn. 27; *Götz* NZG 2002, 601; *Hoffmann-Becking* FS Happ, 2006, 81 (86 ff.); *Neuling* AG 2002, 610; *Wagner* NZG 2002, 57 (61); *Schiessl* AG 2003, 593 (599); *Dürr/Louis* Der Aufsichtsrat Sonderausgabe 01/2010, 10 f.; *Reichard/Kaubisch* AG 2013, 150 (155).
[113] GroßkommAktG/*Hopt/Roth* Rn. 62.
[114] MüKoAktG/*Habersack* Rn. 42.
[115] Vgl. Begr. RegE KonTraG, BT-Drs. 13/9712, 12; Hüffer/*Koch* Rn. 10; MüKoAktG/*Heider* § 3 Rn. 38.

III. Abdingbarkeit

36 Hinsichtlich des Einberufungsrechtes einzelner Aufsichtsratsmitglieder und des Vorstandes sind Abs. 1 und 2 **unabdingbar.**[116] Erweiterungen des Einberufsrechtes in der Satzung sind möglich.[117] Vorstandsmitgliedern darf jedoch einzeln kein Initiativrecht eingeräumt werden.[118] Die Befassung des Aufsichtsratsvorsitzenden mit der Einberufungsinitiative ist ebenso zwingend, da sie teil seiner Koordinations- und Organisationsaufgabe ist.[119] Abs. 3 ist als Mindestanforderung für die Sitzungsfrequenz zwingend; verschärfte Anforderungen an den Sitzungsturnus in der Satzung sind möglich.[120] Ob die Regelung zum Selbsthilferecht des Abs. 2 abschließend ist, ist streitig.[121]

IV. Darlegungs- und Beweislast

37 Die Vorschrift sieht keine Abweichung von den allgemeinen Regelungen über die Darlegungs- und Beweislast vor. Es bleibt bei dem Grundsatz, dass jede Partei die Tatsachen zu behaupten und beweisen hat, die von der ihr günstigen Norm vorausgesetzt werden.[122]

§ 111 Aufgaben und Rechte des Aufsichtsrats

(1) Der Aufsichtsrat hat die Geschäftsführung zu überwachen.

(2) [1]Der Aufsichtsrat kann die Bücher und Schriften der Gesellschaft sowie die Vermögensgegenstände, namentlich die Gesellschaftskasse und die Bestände an Wertpapieren und Waren, einsehen und prüfen. [2]Er kann damit auch einzelne Mitglieder oder für bestimmte Aufgaben besondere Sachverständige beauftragen. [3]Er erteilt dem Abschlußprüfer den Prüfungsauftrag für den Jahres- und den Konzernabschluß gemäß § 290 des Handelsgesetzbuchs. [4]Er kann darüber hinaus eine externe inhaltliche Überprüfung der nichtfinanziellen Erklärung oder des gesonderten nichtfinanziellen Berichts (§ 289b des Handelsgesetzbuchs), der nichtfinanziellen Konzernerklärung oder des gesonderten nichtfinanziellen Konzernberichts (§ 315b des Handelsgesetzbuchs) beauftragen.

(3) [1]Der Aufsichtsrat hat eine Hauptversammlung einzuberufen, wenn das Wohl der Gesellschaft es fordert. [2]Für den Beschluß genügt die einfache Mehrheit.

(4) [1]Maßnahmen der Geschäftsführung können dem Aufsichtsrat nicht übertragen werden. [2]Die Satzung oder der Aufsichtsrat hat jedoch zu bestimmen, daß bestimmte Arten von Geschäften nur mit seiner Zustimmung vorgenommen werden dürfen. [3]Verweigert der Aufsichtsrat seine Zustimmung, so kann der Vorstand verlangen, daß die Hauptversammlung über die Zustimmung beschließt. [4]Der Beschluß, durch den die Hauptversammlung zustimmt, bedarf einer Mehrheit, die mindestens drei Viertel der abgegebenen Stimmen umfaßt. [5]Die Satzung kann weder eine andere Mehrheit noch weitere Erfordernisse bestimmen.

(5) [1]Der Aufsichtsrat von Gesellschaften, die börsennotiert sind oder der Mitbestimmung unterliegen, legt für den Frauenanteil im Aufsichtsrat und im Vorstand Zielgrößen fest. [2]Liegt der Frauenanteil bei Festlegung der Zielgrößen unter 30 Prozent, so dürfen die Zielgrößen den jeweils erreichten Anteil nicht mehr unterschreiten. [3]Gleichzeitig sind Fristen zur Erreichung der Zielgrößen festzulegen. [4]Die Fristen dürfen jeweils nicht länger als fünf Jahre sein. [5]Soweit für den Aufsichtsrat bereits eine Quote nach § 96 Absatz 2 gilt, sind die Festlegungen nur für den Vorstand vorzunehmen.

(6) Die Aufsichtsratsmitglieder können ihre Aufgaben nicht durch andere wahrnehmen lassen.

Schrifttum: *Arnold,* Verantwortung und Zusammenwirkung des Vorstands und Aufsichtsrats bei Compliance-Untersuchungen, NZG 2014, 76; *ders.,* Verantwortung und Zusammenwirken des Vorstands und des Aufsichtsrates bei Compliance-Untersuchungen, ZGR 2014, 76; *Bea/Scheurer,* Die Kontrollfunktion des Aufsichtsrats, BB 1994,

---

[116] KG HRR 1933 Nr. 835; OLG Stuttgart HRR 1933 Nr. 1446; KK-AktG/*Mertens* Rn. 26; GroßkommAktG/*Hopt/Roth* Rn. 6, 53 f.; HK-AktG/*Israel* Rn. 11.

[117] GroßkommAktG/*Hopt/Roth* Rn. 54.

[118] GroßkommAktG/*Hopt/Roth* Rn. 53 ff.; HK-AktG/*Israel* Rn. 11.

[119] HK-AktG/*Israel* Rn. 11.

[120] KK-AktG/*Mertens/Cahn* Rn. 32; GroßkommAktG/*Hopt/Roth* Rn. 6; MHdB AG/*Hoffmann-Becking* § 31 Rn. 36.

[121] Dagegen GroßkommAktG/*Hopt/Roth* Rn. 44 mwN.

[122] OLG München AG 2003, 452 (453); Hüffer/*Koch* § 243 Rn. 59.

2145; *Bernhardt,* Aufsichtsrat – die schönste Nebensache der Welt? Defizite für eine effiziente Aufsichtsratstätigkeit, ZHR 159 (1995), 310; *Brouwer,* Zustimmungsvorbehalte des Aufsichtsrats im Aktien- und GmbH-Recht, 2008; *Buck-Heeb,* Die Plausibilitätsprüfung bei Vorliegen eines Rechtsrats – zur Enthaftung von Vorstand, Geschäftsführer und Aufsichtsrat, BB 2016, 1347; *Claussen,* Abschlussprüfer: Vorschlag zur Bestellung nur durch den Aufsichtsrat, BB 2003, 462; *Crezelius,* Die Stellung der Vertretungsorgane in § 32 MitbestG, ZGR 1980, 359; *Dittmar,* Informationsrechte des Prüfungsausschusses NZG 2014, 210; *Diekmann/Wust,* Die Organisation der Aufsichtsratsarbeit, NZG 2014, 121; *Drygala,* Der Finanzexperte im Aufsichtsrat als Plausibilitätsprüfer?, Der Aufsichtsrat 2010, 104; *ders.,* Harte Quote, weiche Quote und die Organpflichten von Vorstand und Aufsichtsrat, NZG 2015, 1129; *Duden,* Überwachung: wen oder was?, FS Robert Fischer, 1979, 95; *Ernst & Young,* Governance Matters, Klischee und Wirklichkeit: Der Aufsichtsrat in deutschen Unternehmen 2012; *Fleischer,* Gestaltungsgrenzen für Zustimmungsvorbehalte des Aufsichtsrats nach § 111 IV S. 2 AktG, BB 2013, 835; *ders.,* Aktienrechtliche Compliance-Pflichten im Praxistest: Das Siemens/Neubürger-Urteil des LG München I, NZG 2014, 321; *Fonk,* Zustimmungsvorbehalte des AG-Aufsichtsrats, ZGR 2006, 841; *Fromholzer/Simons,* Die Festlegung von Zielgrößen für den Frauenanteil in Aufsichtsrat, Geschäftsleitung und Führungspositionen, AG 2015, 457; *Gelhausen/Kuss,* Vereinbarkeit von Abschlussprüfung und Beratungsleistungen durch den Abschlussprüfer, NZG 2003, 424; *Götz,* Rechte und Pflichten des Aufsichtsrats nach dem Transparenz- und Publizitätsgesetzes, NZG 2002, 599; *Grobe,* Die Geschlechterquote für Vorstand und Aufsichtsrat, AG 2015, 289; *Grootehorst,* Pflichten und Haftung bei zustimmungsbedürftigen Geschäften des Vorstands, NZG 2011, 921; *Habersack,* Die Teilhabe des Aufsichtsrats an der Leitungsaufgabe des Vorstands gemäß § 111 Abs. 4 S. 2 AktG, dargestellt am Beispiel der Unternehmensplanung FS Hüffer, 2010, 259; *ders.,* Grund und Grenzen der Compliance-Verantwortung des Aufsichtsrats der AG, AG 2014, 1; *Hasselbach,* Überwachungs- und Beratungspflichten in der Krise, NZG 2012, 41; *ders.,* Kosten der Aufsichtsratsarbeit, Der Aufsichtsrat 2012, 36; *Hauschka,* Corporate Compliance – Unternehmensorganisatorische Ansätze zur Erfüllung der Pflichten von Vorständen und Geschäftsführern, AG 2004, 461; *Heermann,* Wie weit reicht die Pflicht des Aufsichtsrats zur Geltendmachung von Schadensersatzansprüchen gegen Mitglieder des Vorstands?, AG 1998, 201; *Herb,* Gesetz für gleichberechtigte Teilhabe an Führungspositionen – Umsetzung in der Praxis, DB 2015, 964; *Hoffmann-Becking,* Das Recht des Aufsichtsrats zur Prüfung durch Sachverständige nach § 111 Abs. 2 S. 2 AktG, ZHR 2011, 136; *ders.,* Das Recht des Aufsichtsrats zur Prüfung durch Sachverständige nach § 111 Abs. 2 S. 2 AktG, ZGR 2011, 136; *Hommelhoff,* Die neue Position des Abschlussprüfers im Kraftfeld der aktienrechtlichen Organisationsverfassung, BB 1998, 2567; *Jens Hüffer,* Vorstandspflichten beim Zustimmungsvorbehalt für M&A Transaktionen, FS Hüffer 2010, 365; *Uwe Hüffer,* Die leistungsbezogene Verantwortung des Aufsichtsrats nach neuer Rechtslage, NZG 2007, 47; *Kling,* Die Innenhaftung des Aufsichtsratsmitgliedes in der Aktiengesellschaft, DZWiR 2005, 45; *Knoll/Zachert,* Budgetrecht und Verfügungsrecht des Aufsichtsrats über Gesellschaftskonten im Interesse der Corporate Governance, AG 2011, 309; *Kropff,* Informationspflichten des Aufsichtsrats, FS Raiser, 2005, 225; *Lange,* Zustimmungsvorbehalt und Kataloghaftung des Aufsichtsrats nach neuem Recht, DStR 2003, 376; *Link,* Die Kommunikation zwischen Vorstand und Aufsichtsrat, BOARD 2015, 249; *Löbbe,* Unternehmenskontrolle im Konzern, 2003; *Lutter,* Hilfspersonen von Aufsichtsratsmitgliedern, DB 1995, 257; *ders.,* Information und Vertraulichkeit im Aufsichtsrat, 2006; *Lutter,* Unternehmensplanung und Aufsichtsrat, AG 1991, 249; *ders.,* Zustimmungspflichtige Geschäfte im Konzern, FS Happ, 2006, 143; *Mense/Klie,* HV-Saison 2016: Aktuelle Trends und rechtliche Entwicklungen für die Vorbereitung und Durchführung von Hauptversammlungen, GWR 2016, 111; *Mertens,* Zuständigkeiten des mitbestimmten Aufsichtsrats, ZGR 1977, 270; *Paefgen,* „Compliance" als gesellschaftsrechtliche Organpflicht?, WM 2016, 433; *Peters/Hecker,* BB-Report zu den Änderungen des DCGK im Jahr 2015, BB 2015, 1859; *Plagemann,* Überlegungen zur Einrichtung und Ausgestaltung eines Aufsichtsratsbüros, NZG 2016, 211; *Reichert/Ott,* Die Zuständigkeit von Vorstand und Aufsichtsrat zur Aufklärung von Non-Compliance in der AG, NZG 2014, 241; *Roth,* Möglichkeiten vorstandsunabhängiger Information des Aufsichtsrats, AG 2004, 1; *ders.,* Information und Organisation des Aufsichtsrats, ZGR 2012, 343; *Schäfer,* Die Binnenhaftung von Vorstand und Aufsichtsrat nach der Renovierung durch das UMAG, ZIP 2005, 1253; *Schlitt,* Der aktive Aufsichtsratsvorsitzende, DB 2005, 2007; *Schneider,* Konflikte zwischen Unternehmensleitung und Aufsichtsrat über die Compliance, Beilage ZIP 22/2016, 70; *Schuhknecht,* Die Vertretung der Aktiengesellschaft gegenüber dem Abschlussprüfer bei der Geltendmachung von Schadensersatzansprüchen, GWR 2015, 316; *Schulz/Ruf,* Zweifelsfragen der neuen Regelungen über die Geschlechterquoten im Aufsichtsrat und die Zielgrößen für die Frauenbeteiligung, BB 2015, 1155; *Schwark,* Virtuelle Holding und Bereichsvorstände-eine aktien- und konzernrechtliche Betrachtung, FS Ulmer, 2003, 605; *Selter,* Die Prüfung des Jahresabschlusses durch den Aufsichtsrat bei Fehlen einer Prüfung gemäß §§ 316 ff. HGB, AG 2013, 14; *Semler,* Ausschüsse des Aufsichtsrats, AG 1988, 60; *Steinbeck,* Überwachungspflicht und Einwirkungsmöglichkeiten des Aufsichtsrats in der Aktiengesellschaft, 1992; *Teichmann/Rüb,* Die gesetzliche Geschlechterquote in der Privatwirtschaft, BB 2015, 898; *ders.,* Aktienrecht, Frauenquote, Reformfragen, BB 2015, 259; *Theisen,* Ein Budget für den Aufsichtsrat, Der Aufsichtsrat 01/2011; *Thiessen,* Zustimmungsvorbehalte des Aufsichtsrats zwischen Pflicht und Kür, AG 2013, 573; *Velte,* Prüfung der Buchführung durch den Aufsichtsrat – Recht oder Pflicht?, NZG 2010, 930; *ders.,* Direktzugriff des Aufsichtsrats auf die interne Revision – Ausnahme oder Regelfall?, NZG 2011, 1401; *Wasmann/Rothenburg,* Praktische Tipps zum Umgang mit der Frauenquote, DB 2015, 291; *Weller/Benz,* Frauenförderung als Leitungsaufgabe, AG 2015, 467; *Windbichler,* Dienen staatliche Eingriffe guter Unternehmensführung?, NJW 2012, 2625; *Winter,* Die Verantwortlichkeit des Aufsichtsrats für „Corporate Compliance", FS Hüffer, 2010, 1103.

Übersicht

A. Allgemeines

I. Regelungsgegenstand und -zweck

1 § 111 regelt den zwingenden **Aufgabenbereich des Aufsichtsrats.** Die Rechte und Pflichten des Aufsichtsrats werden jedoch in dieser Vorschrift **nicht abschließend** aufgezählt. Die Vorschrift bietet die rechtliche Grundlage für die wesentliche Aufgabe des Aufsichtsrats, die Überwachung des Vorstands. Darüber hinaus grenzt sie die Kompetenz des Aufsichtsrats gegenüber dem Vorstand und auch gegenüber der Hauptversammlung ab.[1]

2 **Wesentliche Kompetenzen des Aufsichtsrats werden in § 111 nicht genannt,** nämlich:[2] die Bestellung und Abberufung von Vorstandsmitgliedern (§ 84 Abs. 1 und 3); Abschluss, Kündigung

[1] Hüffer/*Koch* Rn. 1; GroßkommAktG/*Hopt*/*Roth* Rn. 24.
[2] Vgl. die Aufzählung bei Hüffer/*Koch* Rn. 1 und Schmidt/Lutter/*Drygala* Rn. 2.

und Aufhebung von Anstellungsverträgen mit Vorstandsmitgliedern; Festsetzung der Bezüge von Vorstandsmitgliedern (§ 87 Abs. 1 und 2); Erlass einer Geschäftsordnung für den Vorstand (§ 77); Zustimmung zu Tätigkeiten von Vorstandsmitgliedern iSd § 88 Abs. 1; Kreditgewährung an Vorstandsmitglieder (§ 89); Vertretung der Gesellschaft gegenüber Vorstandsmitgliedern (§ 112); Entgegennahme und Anforderung von Vorstandsberichten (§ 90); Mitwirkung bei der Hauptversammlung (§ 124 Abs. 3); Abgabe einer Entsprechenserklärung bei börsennotierter Gesellschaft (§ 161); Prüfung von Jahresabschluss, Lagebericht und Gewinnverwendungsbeschluss (§ 172); Mitwirkung bei der Anmeldung der Durchführung einer Kapitalerhöhung (§ 188 Abs. 1); Mitwirkung bei der Festlegung der Bedingungen der Aktienausgabe bei genehmigten Kapital (§ 202 Abs. 1 S. 2); Mitwirkung bei der Anmeldung einer Kapitalherabsetzung (§ 223); Anfechtungsbefugnis gegenüber Hauptversammlungsbeschlüssen (§ 245 Nr. 5); Prüfung des Abhängigkeitsberichts (§ 314 Abs. 1); Fassungsänderungen der Satzung bei entsprechender Ermächtigung durch die Hauptversammlung (§ 179 Abs. 1 S. 2); Prüfung des Hergangs der Gründung (§ 33 Abs. 1); Zustimmung bei Abschlagszahlung auf den Bilanzgewinn (§ 59 Abs. 3); Ausübung von Beteiligungsrechten im Bereich der Mitbestimmung (§ 32 MitbestG; § 15 MitbestErgG).

Die Satzung kann den gesetzlichen Aufgabenkreis des Aufsichtsrats außer im Rahmen des Abs. 4 weder einschränken noch ausweiten.[3] Sie kann dem Aufsichtsrat Aufgaben zuweisen, die für die Gesellschaft keine rechtliche Relevanz haben; zB Ernennung eines Ehrenvorsitzenden (→ § 107 Rn. 25 ff.).[4] Auch die Hauptversammlung kann die Zuständigkeit des Aufsichtsrats nicht erweitern.[5] 3

Die wesentliche Aussage des § 111 ist die **Trennung zwischen Geschäftsführungs- und Überwachungsaufgabe.**[6] Dem Aufsichtsrat steht keine Geschäftsführungsbefugnis zu (Abs. 4 S. 1); er hat die Geschäftsführung zu überwachen, dh darauf zu achten, dass der Vorstand alles Notwendige unternimmt, um das Vermögen der Gesellschaft zu mehren und Schaden von der Gesellschaft abzuwenden. Der Vorstand hat Entwicklungen, die das Unternehmen gefährden, rechtzeitig zu erkennen und Gegenmaßnahmen zu ergreifen. Zur Überwachung dieser Geschäftsführungspflichten des Vorstands hat der Aufsichtsrat die Möglichkeit, Berichte gemäß § 90 Abs. 3 anzufordern und ein eigenes Prüfungsrecht gemäß Abs. 2. Auch muss er darauf achten, dass der Vorstand ein geeignetes Risikofrüherkennungs- und Überwachungssystem einführt und nutzt (§ 91 Abs. 2). 4

Der Aufsichtsrat erteilt dem von der Hauptversammlung gewählten Abschlussprüfer den Auftrag (Abs. 2 S. 3). Wenn das Wohl der Gesellschaft es erfordert, hat der Aufsichtsrat die Hauptversammlung einzuberufen (Abs. 3). Im Normalfall wird sich der Aufsichtsrat mit dem Vorstand abstimmen und der Vorstand die Hauptversammlung einberufen. Die Satzung oder der Aufsichtsrat selbst müssen bestimmte Geschäfte an die Zustimmung des Aufsichtsrats binden (Abs. 4 S. 2). Ohne die Zustimmung des Aufsichtsrats abgeschlossene Geschäfte bleiben im Außenverhältnis wirksam, begründen jedoch eine Pflichtwidrigkeit des Vorstands. Lehnt der Aufsichtsrat die Zustimmung ab, kann der Vorstand die Zustimmung der Hauptversammlung einholen. Die Hauptversammlung entscheidet mit drei Viertelmehrheit (Abs. 4 S. 3 und 4). In der Praxis hat diese Vorschrift keine Bedeutung. Kein Aufsichtsratsmitglied darf seine Pflichten von einem Dritten wahrnehmen lassen. Das Gesetz fordert die höchstpersönliche Amtsausübung (Abs. 5). 5

Mit dem Gesetz für die gleichberechtigte Teilhabe von Frauen und Männern an Führungspositionen in der Privatwirtschaft und dem öffentlichen Dienst („Gleichstellungsgesetz") vom 24.5.2015 (BGBl. I S. 642) wurde ein neuer Abs. 5 in § 111 eingefügt. Der bisherige Abs. 5 wurde zu Abs. 6. Nach der neuen Regelung legt der Aufsichtsrat von börsennotierten oder mitbestimmten Gesellschaften für den Frauenanteil im Vorstand und Aufsichtsrat Zielgrößen fest. Liegt der Frauenanteil bei Festlegung der Zielgrößen unter 30%, so dürfen die Zielgrößen den jeweils erreichten Anteil nicht mehr unterschreiten. Gleichzeitig sind Fristen zur Erreichung der Zielgrößen festzulegen. Die Fristen dürfen nicht länger als fünf Jahre sein. Sollte für den Aufsichtsrat bereits eine Quote nach § 96 Abs. 2 gelten (30% Grenze für börsennotierten oder mitbestimmte Gesellschaften), sind Festlegungen nur für den Vorstand vorzunehmen. 5a

II. DCGK

Der primär an börsennotierte und kapitalmarktorientierte Gesellschaften gerichtete DCGK spricht auch zur Überwachungsaufgabe des Aufsichtsrats einige Empfehlungen und Anregungen aus. Bereits in der Präambel bekennt sich der DCGK zum **dualen Führungssystem** des deutschen Aktienrechts, wonach der Vorstand das Unternehmen in eigener Verantwortung im Einklang mit 6

[3] KK-AktG/*Mertens/Cahn* Rn. 10; Spindler/Stilz/*Spindler* Rn. 5; MüKoAktG/*Habersack* Rn. 6.
[4] KK-AktG/*Mertens/Cahn* Rn. 10; GroßkommAktG/*Hopt/Roth* Rn. 41.
[5] KK-AktG/*Mertens/Cahn* Rn. 11; MüKoAktG/*Habersack* Rn. 6.
[6] Hüffer/*Koch* Rn. 1 ff.; MüKoAktG/*Habersack* Rn. 1.

den Prinzipien der sozialen Marktwirtschaft zu leiten hat und für den Bestand des Unternehmens und seine nachhaltige Wertschöpfung zu sorgen. Der Kodex erwähnt allerdings ebenfalls die Möglichkeit, über die Europäische Gesellschaft (SE) das System der Führung durch ein einheitliches Leitungsorgan (Verwaltungsrat) einzuführen.

7 Dem Aufsichtsrat sollen eine nach seiner Einschätzung angemessene Anzahl unabhängiger Mitglieder und maximal zwei ehemalige Vorstandsmitglieder angehören (Ziff. 5.4.2 DCGK). Alle Aufsichtsratsmitglieder sollen insgesamt über die zur ordnungsgemäßen Wahrnehmung der Aufgaben erforderlichen Kenntnisse, Fähigkeiten und fachlichen Erfahrungen verfügen (Ziff. 5.4.1 Abs. 1 DCGK), ansonsten kommt haftungsbegründendes Übernahmeverschulden in Betracht (→ § 116 Rn. 87). Ein Vorstandsmitglied einer börsennotierten Gesellschaft soll insgesamt nicht mehr als drei Aufsichtsratsmandate in konzernexternen börsennotierten Gesellschaften oder in Aufsichtsgremien von konzernexternen Gesellschaften mit vergleichbaren Anforderungen wahrnehmen (Ziff. 5.4.5 DCGK). Wahlen zum Aufsichtsrat sollen als Einzelwahl durchgeführt werden (Ziff. 5.4.3 S. 1 DCGK). Seit der Einführung des VorstAG[7] vom 31.7.2009 (BGBl. I S. 2509) dürfen Vorstandsmitglieder börsennotierter Gesellschaften nicht vor Ablauf von zwei Jahren nach dem Ende ihrer Bestellung Aufsichtsratsmitglied der Gesellschaft werden, es sei denn ihre Wahl erfolgt auf Vorschlag von Aktionären, die insgesamt mehr als 25% der Stimmrechte an der Gesellschaft halten (§ 100 Abs. 2 S. 1 Nr. 4 und gesetzesbeschreibend in Ziff. 5.4.4 DCGK). Jedes Aufsichtsratsmitglied ist dem Unternehmensinteresse verpflichtet (Ziff. 5.5.1 DCGK). Interessenkonflikte (→ § 116 Rn. 73 ff.; → § 107 Rn. 39) sollen im Aufsichtsrat offengelegt werden (Ziff. 5.5.2 DCGK). Wesentliche und nicht nur vorübergehende Interessenkonflikte sollen zur Beendigung des Mandats führen (Ziff. 5.5.3 DCGK). Der DCGK sieht die Bildung verschiedener Ausschüsse zur Überwachung des Vorstands, ins-besondere einen Prüfungsausschuss (→ § 107 Rn. 104 ff.), vor (Ziff. 5.3.2 DCGK). Die Vergütung der Aufsichtsratsmitglieder soll im Anhang oder im Lagebericht individualisiert, aufgegliedert nach Bestandteilen ausgewiesen werden. Die an Aufsichtsratsmitglieder gezahlten Vergütungen für persönlich erbrachte Leistungen, insbesondere Beratungs- und Vermittlungsleistungen, sollen individualisiert angegeben werden (Ziff. 5.4.6 Abs. 3 DCGK).

B. Rechtstatsachen

8 Die Formulierungen in Abs. 2 sind nicht mehr zeitgemäß und bedürfen der Überarbeitung. In der Praxis bereitet die Anwendung jedoch keine Schwierigkeiten. Die Einberufung der Hauptversammlung durch den Aufsichtsrat hat keine praktische Bedeutung. Im Normalfall veranlasst der Aufsichtsrat den Vorstand die Hauptversammlung einzuberufen. Die Möglichkeit des Vorstands die Hauptversammlung bei einem ablehnenden Aufsichtsratsbeschluss einzuberufen, spielt in der Praxis keine Rolle. Die Zustimmungserfordernisse des Abs. 4 gewinnen mehr und mehr an Bedeutung. Insbesondere das TransPuG und die Empfehlungen des DCGK gehen auf die Festlegung von Zustimmungsvorbehalten ein. Aber auch die Mitglieder der Aufsichtsräte haben die besondere Bedeutung der Zustimmungspflichten für die Überwachung des Vorstands erkannt.

C. Einzelerläuterungen

I. Der Aufsichtsrat als Überwachungs- und Beratungsorgan (Abs. 1)

9 **1. Gegenstand und Umfang der Überwachungspflicht.** Der Aufsichtsrat als Organ[8] hat die Geschäftsführung auf die Einhaltung der wesentlichen Grundsätze für eine ordnungsgemäße Geschäftsführung zu überwachen. Diese **Überwachungspflicht** richtet sich nicht nur auf die Rechtmäßigkeit, sondern auch auf die **Ordnungsmäßigkeit, Zweckmäßigkeit** und **Wirtschaftlichkeit der Geschäftsführung.**[9] Der Aufsichtsrat hat zu kontrollieren, ob der Vorstand den in § 93 normierten Pflichten nachkommt. Kommt der Vorstand diesen Pflichten nicht nach, hat der Aufsichtsrat den Vorstand zur Pflichterfüllung anzuhalten und notfalls bei Vorliegen eines wichtigen Grundes (§ 84 Abs. 3 S. 1) abzuberufen. Kommt es zu schuldhaftem pflichtwidrigen Verhalten des Vorstandes,

---

[7] BT-Drs. 16/13433.

[8] S. auch OLG Frankfurt ZIP 2008, 456 (457) sowie OLG Karlsruhe AG 2008, 900 (902) zur Überwachungspflicht des Aufsichtsratsvorsitzenden.

[9] BGHZ 114, 127 (129 f.) = NJW 1991, 1830; Hüffer/*Koch* Rn. 14; KK-AktG/*Mertens/Cahn* Rn. 14; Spindler/Stilz/*Spindler* Rn. 14.

das zu einem Schaden der Gesellschaft führt, hat der Aufsichtsrat Schadensersatzansprüche gegenüber dem Vorstandsmitglied geltend zu machen (→ Rn. 40).[10]

10 Durch die Überwachung des Vorstands soll verhindert werden, dass es zu beanstandungswürdigen Geschäftsführungsmaßnahmen kommt, es handelt sich um eine **in die Zukunft gerichtete Kontrolle.**[11] Die Überwachung ist jedoch **auch vergangenheitsbezogen**[12] und darauf gerichtet, schuldhafte fehlerhafte Geschäftsführung zu sanktionieren. Der Aufsichtsrat hat bei seiner Überwachungsfunktion das unternehmerische Ermessen des Vorstands zu respektieren. Es ist ihm aber unbenommen, Gegenvorstellungen zu geschäftspolitischen Maßnahmen und Planungen des Vorstands zu entwickeln, auch wenn diese im Ermessensbereich des Vorstands liegen. Er kann gemäß Abs. 4 auch Geschäftsführungsentscheidungen von besonderem Gewicht seiner Zustimmung unterwerfen (→ Rn. 72 ff.). Weisungen kann der Aufsichtsrat dem Vorstand nicht erteilen. Rechtlich kann der Aufsichtsrat die Geschäftsführungsmaßnahme seiner Zustimmung unterwerfen und dann ablehnen oder den Vorstand abberufen. Hält sich der Vorstand im Rahmen seines unternehmerischen Ermessens, liegt zwar ein unternehmerischer Dissens, aber kein wichtiger Grund zur Abberufung vor (→ § 116 Rn. 38).[13]

11 **2. Keine Überwachung aller Einzelheiten.** Entgegen dem früheren Recht verlangt das Gesetz heute nicht mehr, dass der Aufsichtsrat den Vorstand in allen Einzelheiten überwacht (aber → Rn. 41).[14] Der Aufsichtsrat wird seiner Überwachungsfunktion insbesondere gerecht, wenn er

- die Berichterstattung des Vorstands zur Kenntnis nimmt und erörtert und sich mit den darin angesprochenen **Geschäftsvorfällen, Unternehmensentwicklungen** und **-ergebnissen** eingehend befasst und auseinandersetzt;
- die ihm nach § 171 Abs. 1 und ggf. nach § 314 obliegenden **Prüfungspflichten** erfüllt;
- sich davon überzeugt, dass die Vorstandsmitglieder für ihre Aufgabe geeignet sind und der Vorstand ordnungsgemäß besetzt ist, dass die Vorstandsmitglieder ordnungsgemäß zusammenarbeiten und dass das **Führungsinstrumentarium,** also Unternehmensplanung, Rechnungslegung und Berichtswesen sowie die Unternehmensorganisation den Anforderungen entsprechen;
- sich vergewissert, dass der Vorstand seiner **Berichtspflicht** nach § 90 vollständig nachkommt;
- allen Hinweisen nachgeht, die darauf schließen lassen könnten, dass der Vorstand **Geschäftsführungspflichten** verletzt hat oder zu verletzen droht;
- bei bedeutenden **Abweichungen** der tatsächlichen Entwicklung von der Unternehmensplanung sowie bei allen wesentlichen **Verschlechterungen** der Ertrags- und Vermögenslage oder bei wesentlichen Abweichungen der Ertragsentwicklung im Verhältnis zu vergleichbaren Unternehmen prüft, worin sie begründet sind und ob der Vorstand sachgerecht darauf reagiert.[15]

Der Aufsichtsrat darf sich jedoch nicht nur auf die Informationen des Vorstands verlassen; er muss seinerseits **Informationsbesorgungsaktivitäten gegenüber dem Vorstand** entfalten. Dies kann durch Stichproben oder in einem festgelegten Prüfungsturnus erfolgen und sollte die risikoträchtigen Unternehmensbereiche, -entwicklungen und -planungen umfassen. Zur Berichtsanforderung sowie dem Anstellen eigener Nachforschungen ist er nur verpflichtet, wenn die Vorstandsberichte unklar, unvollständig, erkennbar unrichtig sind oder ihm glaubwürdige Hinweise auf ein Fehlverhalten des Vorstands vorliegen.[16]

12 **3. Überwachungsschwerpunkte. a) Laufende Überwachung nach § 90.** Die **Berichterstattung** nach § 90 bietet eine solide und in der Regel auch ausreichende Grundlage für eine ordnungsgemäße Überwachung des Vorstands durch den Aufsichtsrat. Diese Berichte sind ggf. durch Fragen, Anforderungsberichte, Einsichtnahme, Prüfung und Sachverständigentätigkeit zu ergänzen und somit nicht nur Bringschuld des Vorstands.[17] Dies wird auch durch die Änderung in Ziff. 3.4 S. 2 DCGK sowie die Ergänzung um S. 2 deutlich. Zwar ist die Informationsversorgung des Auf-

---

[10] BGHZ 135, 244 (252 ff.) = NJW 1977, 1926 – ARAG/Garmenbeck; MüKoAktG/*Habersack* Rn. 35; Spindler/Stilz/*Spindler* Rn. 27.

[11] BGHZ 114, 127 (129 f.) = NJW 1991, 1830; MüKoAktG/*Habersack* Rn. 12.

[12] Hüffer/*Koch* Rn. 13; GroßkommAktG/*Hopt/Roth* Rn. 56 f.; Schmidt/Lutter/*Drygala* Rn. 18 ff.; MüKoAktG/*Habersack* Rn. 29.

[13] KK-AktG/*Mertens/Cahn* Rn. 14; aA *Brouwer,* Zustimmungsvorbehalte des Aufsichtsrats im Aktien- und GmbH-Recht, 2008, 275.

[14] HM, BGHZ 69, 207 (213) = NJW 1977, 2312; OLG Stuttgart BeckRS 2012, 14126; KK-AktG/*Mertens/Cahn* Rn. 16; GroßkommAktG/*Hopt/Roth* Rn. 160; Spindler/Stilz/*Spindler* Rn. 8; MüKoAktG/*Habersack* Rn. 19; Schmidt/Lutter/*Drygala* Rn. 13; MHdB AG/*Hoffmann-Becking* § 29 Rn. 27.

[15] KK-AktG/*Mertens/Cahn* Rn. 16.

[16] OLG Stuttgart BeckRS 2012, 14126.

[17] MüKoAktG/*Habersack* Rn. 29; GroßkommAktG/*Hopt/Roth* Rn. 281; *Mertens* AG 1980, 67; *Diekmann/Wurst* NZG 2014, 121 f.; *Link* BOARD 2015, 249 f.

sichtsrats durch den Vorstand primäre Bringschuld des Vorstands; der Aufsichtsrat hat jedoch nach der klarstellenden Kodexergänzung „seinerseits sicherzustellen, dass er angemessen informiert wird". Der Vorstand hat regelmäßig über die Lage und Entwicklung der Gesellschaft zu berichten und zwar

- vierteljährlich über den Gang der Geschäfte, den Umsatz und die Lage der Gesellschaft (§ 90 Abs. 1 S. 1 Nr. 3),
- jährlich über die beabsichtigte Geschäftspolitik und andere grundsätzliche Fragen der Unternehmensplanung unter Berücksichtigung von eventuellen Abweichungen (§ 90 Abs. 1 S. 1 Nr. 1),
- jährlich und zwar in der Sitzung, in der über den Jahresabschluss verhandelt wird, über die Rentabilität der Gesellschaft insbesondere der Rentabilität des Eigenkapitals (§ 90 Abs. 1 S. 1 Nr. 2),
- bei Bedarf über Geschäfte, die für die Rentabilität und Liquidität der Gesellschaft von erheblicher Bedeutung sind (§ 90 Abs. 1 S. 1 Nr. 4) und
- unverzüglich dem Aufsichtsratsvorsitzenden über wichtige Ereignisse, die für die Beurteilung der Lage und Entwicklung der Gesellschaft von wesentlicher Bedeutung sind (§ 90 Abs. 1 S. 3). Vgl. auch die Wiederholung in Ziff. 5.2 Abs. 3 DCGK.

13 Da aufgrund diverser Unternehmensskandale der Compliance im Unternehmen und deren Berichterstattung in den Gremien in den letzten Jahren immer mehr Bedeutung zugekommen ist, wird man die Beschreibung der Ziff. 3.4 zweiter Abs. DCGK, wonach der Vorstand regelmäßig, zeitnah und umfassend über alle für das Unternehmen relevante Fragen, unter anderem auch der **Compliance** (→ Rn. 19; → § 107 Rn. 111, 112a), informiert, als sich zum Standard entwickelnde Überwachungspflicht annehmen müssen.

14 Die Berichte sind **rechtzeitig** und ordnungsgemäß in der Regel in **Textform** (§ 90 Abs. 4) – Ausnahme Abs. 1 S. 3 – zu erstatten. Der Aufsichtsrat kann und muss ordnungsgemäße Berichte in Ausübung seines originären Berichtsanspruchs anfordern.

15 Die Aufsichtsratsmitglieder sind verpflichtet, sich umfassend mit den Berichten auseinander zusetzen, sie zu prüfen und in einer Aufsichtsratssitzung zu diskutieren. Ausschüsse können zur Vorbereitung der Diskussion eingeschaltet werden, die Überwachungspflicht kann jedoch **nicht** in Gänze auf Ausschüsse **wegdelegiert** werden. Der Aufsichtsrat kann Ergänzungs- und Zusatzberichte verlangen, unbeschadet des Rechts auf Berichterstattung gemäß § 90 Abs. 3 S. 1. Gegenüber den Angaben des Vorstands muss der Aufsichtsrat nicht grundsätzlich misstrauisch sein, er darf aber auch nicht blind darauf vertrauen.[18] Empfehlenswert ist, dass der Aufsichtsratsvorsitzende regelmäßig mit dem Vorstandsvorsitzenden und den übrigen Mitgliedern des Vorstands Einzelgespräche führt.[19]

16 **b) Prüfung des Jahresabschlusses (§ 171).** Der Aufsichtsrat hat nach § 171 Abs. 1 S. 1 den **Jahresabschluss,** den **Lagebericht** und den **Vorschlag für die Verwendung des Bilanzgewinns** zu prüfen (→ § 170 Rn. 6 ff.). Zur Intensität der Prüfung → § 170 Rn. 10 ff.[20] Er hat eigenverantwortlich zu entscheiden, ob er den Abschluss billigt oder Einwendungen erhebt (§ 171 Abs. 2 S. 4). Diese wichtige Überwachungsaufgabe wurde in der Vergangenheit nicht in jedem Fall mit der erforderlichen Sorgfalt und Tiefe durchgeführt. Mit der Teilnahmepflicht des Abschlussprüfers an den Jahresabschlusssitzungen des Aufsichtsrats (§ 171 Abs. 1 S. 2) steht dem Aufsichtsrat eine sachkundige Auskunftspersonen zur Verfügung. Auch die **umfangreichen Berichtspflichten des Aufsichtsrats gegenüber der Hauptversammlung** gemäß § 171 Abs. 2 (Ergebnis der Prüfung des Jahresabschlusses, des Lageberichtes, des Gewinnverwendungsvorschlages, des Konzernabschlusses, des Konzernlageberichts, Darlegung von Art und Umfang der Prüfung der Geschäftsführung, Stellungnahme zum (Konzern-)Prüfungsergebnis des Abschlussprüfers; ggf. Einwendungen; Billigung des (Konzern-)Jahresabschlusses; bei börsennotierten Gesellschaften zusätzlich Ausführungen zur Ausschussbildung sowie zur Zahl der Sitzungen und die der Ausschüsse) führen zu einer Qualitätsverbesserung der Überwachungstätigkeit des Aufsichtsrats. Bei Mitgliedern des Aufsichtsrats einer kleinen AG, die nicht zu einer Abschlussprüfung nach §§ 316 ff. HGB verpflichtet ist, gilt kein anderer Sorfaltsmaßstab; jedoch sind sie verpflichtet mangels Anwesenheit von Prüfern sich den Abschluss vom Vorstand oder Mitarbeitern des Unternehmens erklären zu lassen und in eine vergleichende Prüfung des Abschlusses zu denen der Vorjahre einzutreten.[21]

17 **c) Besetzung und Zusammenarbeit im Vorstand.** Durch regelmäßige Gespräche auch in Einzelgesprächen mit den Mitgliedern des Vorstands, hat sich insbesondere der Aufsichtsratsvorsitzende zu überzeugen, dass die Vorstandsmitglieder für ihre Aufgabe geeignet sind und der Vorstand

---

[18] KK-AktG/*Mertens/Cahn* Rn. 20; GroßkommAktG/*Hopt/Roth* Rn. 172 f.

[19] So auch die Empfehlung in Ziff. 5.2 DCGK für börsennotierte und kapitalmarktorientierte Unternehmen.

[20] AA *Velte* NZG 2010, 930 (932).

[21] *Selter* AG 2013, 14 (22).

ordnungsgemäß besetzt ist. Bei aller Bedeutung der Ressortverantwortung des einzelnen Vorstandsmitglieds ist es im Hinblick auf die Gesamtverantwortung des Vorstands auch wichtig, **sich davon zu überzeugen, dass der Vorstand sachgerecht** und im Unternehmensinteresse **zusammenarbeitet.** Ein Recht auf Teilnahme an den Vorstandssitzungen hat weder der Aufsichtsrat noch ein einzelnes Aufsichtsratsmitglied, noch der Aufsichtsratsvorsitzende (für den umgekehrten Fall → § 109 Rn. 6; → § 110 Rn. 7).[22] Nur so bleibt die Eigenverantwortlichkeit und Selbstständigkeit des Organs Vorstand gewahrt.

d) Verletzung der Geschäftsführungspflicht durch den Vorstand. Ergeben sich aus den vorgelegten Berichten, aus dem Geschäftsverlauf oder aus der Berichterstattung des Abschlussprüfers oder aus sonstigen Quellen, auch aus der Presse, Prospekten etc Anhaltspunkte für ein mögliches **Fehlverhalten** des Vorstands oder Gründe, die zu einer Abberufung des Vorstands führen könnten, hat der Aufsichtsrat die Pflicht den Hinweisen nachzugehen und den Sachverhalt zu ermitteln (→ § 112 Rn. 9; § 116, 40).[23] In solchen Fällen kann sein **Ermessen auf Null** schrumpfen (→ Rn. 9) und zur Verpflichtung führen, in dem besonderen Fall einen Zustimmungsvorbehalt zu beschließen.[24] Sobald der Aufsichtsrat oder sein Vorsitzender systematischen Betrug des Vorstandes oder leitender Angestellter erkennt, entsteht eine Garantenstellung, die – um Haftung zu vermeiden – zum Handeln verpflichtet (→ § 116 Rn. 35).[25] Darüber hinaus greift die Aufsichtsratspflicht auch bereits in den Fällen, in denen der Vorstand Spekulationsgeschäfte erheblichen Ausmaßes tätigt oder Zweifel an der gebotenen Sorgfalt des Vorstandes, zB bei der Strukturierung wesentlicher Geschäfte aufkommen.[26] 18

Immer größere Bedeutung nimmt die Überwachung der Einhaltung der gesetzlichen Bestimmungen und unternehmensinternen Richtlinien (**Compliance;** → Rn. 13; → § 107 Rn. 111, 112a) ein. Gerade im Lichte diverser Compliance-Skandale in der Wirtschaft ist es unbedingt erforderlich, dass der Aufsichtsrat sich regelmäßig über die Einhaltung externer und interner Normen unterrichten lässt (zur Unterrichtung durch Mitarbeiter des Unternehmens → Rn. 22, 47). Hierbei ist seine Überwachungspflicht bezogen auf die Leitungs- und Führungsentscheidungen des Vorstandes, dh Maßnahmen, die für Lage und Entwicklung der Gesellschaft von Bedeutung sind,[27] und nicht auf die Details des Tagesgeschäfts.[28] Die Überwachungspflicht des Aufsichtsrats erfasst den **präventiven** (Systeme, Schulungsmaßnahmen etc.) und den **repressiven** (Sachverhaltsaufklärung, Beseitigung von Defiziten einschließlich Systemdefiziten, Verfolgung, Sanktionierung etc.) **Bereich.**[29] In präventiver Hinsicht überprüft er die Angemessenheit der Compliance-Strukturen sowie die Funktionsfähigkeit und Effizienz des Compliance-Programms.[30] In repressiver Hinsicht prüft er die ordnungsgemäße Aufarbeitung von Verdachtsfällen sowie die systematische Nachverfolgung und Beseitigung von Mängeln des Compliance-Systems.[31] Die Anwendungsgebiete lassen sich nicht einschränken. Exemplarisch seien hier nur Korruptionsvorwürfe, Verstöße gegen das Kartellrecht, Umweltrecht, Arbeitsschutzrecht, Urheberrecht, Markenschutzrecht etc genannt.[32] Auch hierbei kommt dem Aufsichtsrat ein unternehmerischer Ermessenspielraum nach der Business Judgment Rule zu.[33] Da die Grenzen zur Handlungspflicht im Compliance-Bereich fließend sind, ist der Aufsichtsrat gut beraten, sich von der ausreichenden Vorsorge im Unternehmen zu überzeugen, indem er sich über die unternehmensinterne Organisation der Compliance-Themen sowie über die in vielen großen Unternehmen zum Standard entwickelten Programme und deren Inhalt informieren lässt. Ist es im Unternehmen bereits zu Verstößen gekommen, muss er deren Sanktionierung hinterfragen sowie analysieren, ob möglicherweise hinter den konkreten Verstößen ein System von Rechtsverletzungen steckt.[34] 19

[22] MüKoAktG/*Habersack* Rn. 28; UHH/*Ulmer/Habersack* MitbestG § 25 Rn. 53.

[23] KK-AktG/*Mertens/Cahn* Rn. 22; GroßkommAktG/*Hopt/Roth* Rn. 238 ff.; *Hüffer* NZG 2007, 47 (53).

[24] BGHZ 124, 111 (127) = NJW 1994, 520; OLG Karlsruhe AG 2008, 900 (902); Hüffer/*Koch* Rn. 37; GroßkommAktG/*Hopt/Roth* Rn. 650.

[25] OLG Karlsruhe AG 2008, 900 (903).

[26] So zutr. *Hüffer* NZG 2007, 47 (53).

[27] MüKoAktG/*Habersack* Rn. 19 f.

[28] OLG Stuttgart NZG 2012, 1150 Ls.; *Reichert/Ott* NZG 2014, 241 (244); zu den Compliance-Pflichten des Vorstandes s. auch LG München I NZG 2014, 345 – Neubürger (nrkr), mAnm *Fleischer* NZG 2014, 321 ff.

[29] *Reichert/Ott* NZG 2014, 241.

[30] Hüffer/*Koch* Rn. 4; GroßkommAktG/*Hopt/Roth* Rn. 24; *Habersack* AG 2014, 1 (3, 6).

[31] *Reichert/Ott* NZG 2014, 241 (245).

[32] Vgl. die Diskussion iE *Hauschka* AG 2004, 461.

[33] *Paefgen* WM 2016, 433 (439); KK-AktG/*Mertens/Cahn* Rn. 46, § 116 Rn. 72, GroßkommAktG/*Hopt/Roth* Rn. 631 f.

[34] *Winter* FS Hüffer, 2010, 1103 (1120).

Es empfiehlt sich, über diese Themen regelmäßig im Aufsichtsrat berichten zu lassen.[35] Zur Intensivierung der Überwachungspflicht → § 107 Rn. 111.

20 **e) Prüfung bei Fehlentwicklungen.** Aus seiner Verantwortung für den Erhalt und das Wohlergehen des Unternehmens muss der Aufsichtsrat wesentlichen Abweichungen des tatsächlichen Geschäftsverlaufs von der Planung bzw. von der Entwicklung vergleichbarer Unternehmen nachgehen und eine **intensive Prüfung** veranlassen (→ Rn. 11), auch wenn erhebliche Fehlentwicklungen sich nur auf Teilbereiche des Unternehmens beziehen.[36]

21 **4. Überwachungspflichtige Personen und Organe.** Dem **Vorstand** obliegt die Zuständigkeit für die Geschäftsführung, damit unterliegen die **Entscheidungen des Organs Vorstand** primär der **Überwachung durch den Aufsichtsrat.** Der Aufsichtsrat kann sich jedoch nicht auf die Überwachung des Organs Vorstand beschränken, ihm obliegt auch die **Überwachung der Geschäftsführung der einzelnen Vorstandsmitglieder.** Hierbei wird er sich in der Regel – sofern es diese Funktion gibt – über den Vorstandsvorsitzenden mit den übrigen Mitgliedern des Vorstandes, zB dem Finanzvorstand, in Verbindung setzen. In Ausnahmefällen (→ Rn. 47) kann der Informationsanspruch auch gegen ein einzelnes Vorstandsmitglied gehen. In diesen Fällen tritt das Koordinationsrecht des Vorstandsvorsitzenden zurück. Eine Vorgehensweise, nach der der Aufsichtsrat stets den direkten Kontakt mit Vorstandsmitgliedern sucht ohne den von ihm bestellten Vorstandsvorsitzenden einzuschalten, wäre als Widerspruch zu seinem Beschluss nach § 84 Abs. 2 zu werten, wonach dem Vorstandsvorsitzenden eine koordinierende Funktion zukommt. In solchen Fällen empfiehlt sich eine klarstellende Beschlussfassung des Aufsichtsrates Zwar unterliegen die einzelnen Vorstandsmitglieder und ihre Ressortverantwortung in erster Linie der Überwachung der übrigen Vorstandsmitglieder, der Aufsichtsrat hat jedoch zu kontrollieren, dass die Selbstüberwachung funktioniert. Soweit er hiervon überzeugt ist, braucht er die Überwachung der einzelnen Vorstandsmitglieder und deren Zusammenarbeit nicht in den Mittelpunkt seiner Überwachung stellen. Auf eines muss er besonders achten: Die Zusammenarbeit im Vorstand muss von Kollegialität, gegenseitigem Vertrauen und wechselseitiger Anerkennung getragen sein.

22 Eine **unmittelbare Kontrolle von Verantwortungsträgern unterhalb des Vorstands** durch den Aufsichtsrat ist **umstritten,** kommt jedoch nach der hier vertretenen Auffassung nicht in Betracht.[37] Gemäß § 76 Abs. 1 hat der Vorstand die Gesellschaft in eigener Verantwortung zu leiten (→ § 76 Rn. 35 ff.), während der Aufsichtsrat gemäß § 111 Abs. 4 von dieser Leitungsfunktion ausgeschlossen ist. Diese klare Zuständigkeits- und Verantwortungszuweisung darf nicht in die eine oder andere Richtung verschoben werden.[38] Werden einzelnen Mitarbeitern, die eigenständige Sparten oder Projekte leiten, breite Freiräume unternehmerischer Eigenverantwortung übertragen, so kann sich der Vorstand nicht der Verantwortung für die von dem Mitarbeiter getroffenen Entscheidungen entziehen. Der Vorstand hat in solchen Fällen den Entscheidungsverzicht unmittelbar zu verantworten und im Weiteren auch die Verantwortung für die Entscheidung zu tragen.[39] Der Aufsichtsrat muss sich mit der Frage befassen, ob die Delegation der Entscheidung auf die zweite Ebene einer zweckmäßigen Organisation entspricht und ob die Auswahl der leitenden Angestellten durch den Vorstand sachgerecht erfolgte.[40] Trotz einiger Vorstöße in der Praxis gibt es nach hM keine generelle Berichterstattungspflicht von Angestellten gegenüber dem Aufsichtsrat.[41] Dies würde auch der aktienrechtlichen Organhierarchie (Vorstand, Aufsichtsrat, Hauptversammlung) sowie dem Direktionsrechts- und Weisungsrechts des Vorstandes gegenüber seinen Mitarbeitern widersprechen.[42] Vorstand und Aufsichtsrat können jedoch vereinbaren, dass der Aufsichtsrat auch unmittelbar auf Angestellte der Gesellschaft zurückgreifen kann, wie es bereits für leitende Angestellte vereinzelt in der Praxis gelebt wird, zB durch direkte Berichtsstattung des Revisionsleiters oder des Compli-

---

[35] Vgl. auch hierzu für börsennotierte und kapitalmarktorientierte Unternehmen Ziff. 3.4 Abs. 2 DCGK; *Reichert/Ott* NZG 2014, 241 (245).

[36] KK-AktG/*Mertens/Cahn* Rn. 23; *Mertens* ZGR 1977, 270 (275 ff.).

[37] Vgl. zum Streitstand Spindler/Stilz/*Spindler* Rn. 9 mwN, Rn. 36; KK-AktG/*MertensCahn* Rn. 26; GroßkommAktG/*Hopt/Roth* Rn. 251 ff.; *Roth* ZGR 2012, 343 (357 f.); *Schneider* Beilage ZIP 22/2016, 70 (72).

[38] OLG Köln AG 1978, 17 (21); Spindler/Stilz/*Spindler* Rn. 9.

[39] MüKoAktG/*Habersack* Rn. 21, 25.

[40] BGHZ 75, 120 (133); KK-AktG/*Mertens/Cahn* Rn. 26.

[41] KK-AktG/*Mertens/Cahn* Rn. 26, § 109 Rn. 24; Hüffer/*Koch* § 90 Rn. 11; Spindler/Stilz/*Spindler* Rn. 36; MHdB AG/*Hoffmann-Becking* § 29 Rn. 29; *Arnold* ZGR 2014, 76 (90); aA MüKoAktG/*Habersack* Rn. 68; GroßkommAktG/*Hopt/Roth* Rn. 502 ff., 511 ff.; *Habersack* AG 2014, 6 f.; *Drygala* Der Aufsichtsrat 2010, 104 f.; mit konstruktiven Ansätzen *Velte* NZG 2011, 1401 (1403); *Roth* ZGR 2012, 343 (373 f.); vermittelnd *Dittmar* NZG 2014, 210 f.; *Schneider* Beilage ZIP 22/2016, 70 (72).

[42] *Dittmar* NZG 2014, 210 f.; *Arnold* ZGR 2014, 76 (90).

ance-Beauftragten.[43] Solche Trends sind auf den Einfluss angelsächsischer Rechtssysteme zurückzuführen. Nach den Erläuterungen zu den OECD Principles of Corporate Governance ist der Informationsbeschaffer für den Aufsichtsrat nicht der Vorstand, sondern sog. „Schlüssel-Manager" wie der Company Secretary (Generalsekretär) oder der internal auditor (Innenrevision). Diese aus dem monistischen Unternehmensverfassungssystem kommenden Prinzipien sind jedoch nur schlecht auf das dualistische System zu übertragen. Ein Anspruch des Aufsichtsrats auf direkte Berichterstattung dem Vorstand nachgeordneter Hierarchieebenen besteht daher in der Regel nicht, da das Prinzip, dass die Geschäftsführungsbefugnis ausschließlich dem Vorstand zusteht, nicht durchbrochen werden darf. Etwas anderes kann jedoch in den Fällen gelten, in denen ein konkreter Verdacht einer gravierenden Pflichtverletzung, Fehlinformation oder eine Krisensituation besteht (→ Rn. 47).[44] Besteht der hinreichende Verdacht eines schwerwiegenden Gesetzesverstoßes, zB wenn die Staatsanwaltschaft wegen Korruption in großem Umfang ermittelt, muss die direkte Kommunikation zwischen Aufsichtsrat und dem Leiter des Compliance Offices oder der Revision zulässig sein. Auch in Zeiten der finanziellen Krise, in der Globalwirtschaft oder im Unternehmen, erscheint der direkte Zugriff des Aufsichtsrates zB auf den Leiter des Risk Managements zulässig.

Die **Überwachungspflicht** und **-tätigkeit** des Aufsichtsrats bezieht sich nicht auf Beschlüsse der Hauptversammlung, sie bezieht sich ausschließlich auf die Geschäftsführung des Vorstands.[45] 23
Eine Kontrolle der Hauptversammlung durch den Aufsichtsrat würde nicht zum Organgefüge passen. Der Aufsichtsrat wird von der Hauptversammlung gewählt, so dass insoweit eine gewisse Abhängigkeit besteht.[46] Die Kontrolle des Aufsichtsrates bezieht sich jedoch auf die Rechtmäßigkeit der Hauptversammlungsbeschlüsse. Nur diese darf der Vorstand gemäß § 83 Abs. 2 ausführen. Darauf hat auch der Aufsichtsrat zu achten.[47]

Der **Aufsichtsrat** hat als Aufsichtsrat der Konzernobergesellschaft den Vorstand der Konzernober- 24
gesellschaft zu überwachen und ist **kein Konzernaufsichtsrat.**[48] Die Konzernleitung und Konzernkontrolle ist Teil der Geschäftsführung des Vorstands der Konzernobergesellschaft und die Überwachung des Aufsichtsrats umfasst damit auch die Konzernleitungs- und -kontrollmaßnahmen des Vorstands der Konzernobergesellschaft.[49] Für die Überwachung der Rechtmäßigkeit, Ordnungsmäßigkeit und Zweckmäßigkeit konzernbezogener Geschäftsführungsmaßnahmen gilt im Prinzip nichts anderes als für die Geschäftsführung der Obergesellschaft selbst.[50] Die Intensität der Überwachung durch den Aufsichtsrat hängt von der Art des Konzerns, der Größenordnung und dem Beitrag zum Konzernergebnis ab. Der Aufsichtsrat der Obergesellschaft hat die **Konzerngeschäftsführung des Vorstandes** der Obergesellschaft zu überwachen. Dies umfasst die Wahrnehmung der Beteiligungsrechte im Konzern sowie die Möglichkeiten der Einflussnahme.[51] Er hat die Möglichkeit, diese Kontrollrechte in den Zustimmungskatalog des § 111 Abs. 4 S. 2 aufzunehmen und diesem zumindest für einige Maßnahmen Konzerndimension zu geben (→ Rn. 77 f.). Es sollte zumindest die Besetzung wichtiger Führungspositionen an die Zustimmung des Aufsichtsrats der Obergesellschaft gebunden sein.

Der Überwachungsauftrag des **Aufsichtsrats einer abhängigen** bzw. vertraglich oder faktisch 25
konzernierten **Gesellschaft** ändert sich durch die Konzernierung nicht.[52] Der Aufsichtsrat hat darauf zu achten, dass das herrschende Unternehmen die konzernrechtlichen Grenzen der Einflussnahme einhält (§§ 308, 311 f.). Insbesondere hat der Aufsichtsrat der abhängigen Gesellschaft die Einhaltung des Nachteilsausgleichs nach § 311 Abs. 2 zu beachten sowie den Abhängigkeitsbericht des Vorstands nach § 314 zu prüfen und über das Prüfungsergebnis im Bericht des Aufsichtsrats gemäß § 314 Abs. 2 iVm § 171 Abs. 2 zu berichten. Leitlinie des Aufsichtsrats im abhängigen Unternehmen ist stets das **Unternehmensinteresse** (→ § 116 Rn. 13) der Gesellschaft und nicht des Konzerns.[53]

[43] *v. Rosen* AG 2008, 537; *Roth* AG 2004, 1 (9 f.).

[44] GroßkommAktG/*Hopt/Roth* Rn. 511 mwN; KK-AktG/*Mertens/Cahn* Rn. 26, 55; ausf. hierzu *Hoffmann-Becking* ZGR 2011, 136 (152 ff.).

[45] KK-AktG/*Mertens/Cahn* Rn. 27; GroßkommAktG/*Hopt/Roth* Rn. 260; aA *Duden* FS R. Fischer, 1979, 95 ff.

[46] *Steinbeck*, Überwachungspflicht und Einwirkungsmöglichkeiten des Aufsichtsrats in der Aktiengesellschaft, 1992, 39.

[47] GroßkommAktG/*Hopt/Roth* Rn. 261.

[48] KK-AktG/*Mertens/Cahn* Rn. 28; GroßkommAktG/*Hopt/Roth* Rn. 369; Spindler/Stilz/*Spindler* Rn. 82; *Hoffmann-Becking* ZHR 159 (1995), 325 (329 f.).

[49] KK-AktG/*Mertens/Cahn* Rn. 28.

[50] KK-AktG/*Mertens/Cahn* Rn. 28; MüKoAktG/*Habersack* Rn. 55.

[51] MüKoAktG/*Habersack* Rn. 54; Spindler/Stilz/*Spindler* Rn. 81; vgl. zu Grundsätzen ordnungsgemäßer Konzernüberwachung *Hommelhoff* AG 1995, 225 ff.

[52] MüKoAktG/*Habersack* Rn. 57; KK-AktG/*Mertens/Cahn* Rn. 29.

[53] KK-AktG/*Mertens/Cahn* Rn. 29; MüKoAktG/*Semler*, 2. Aufl. 2004, Rn. 464 ff.; *Lutter/Krieger/Verse* Rechte und Pflichten Rn. 164 ff.; *Hoffmann-Becking* ZHR 159 (1995), 325 (344 ff.).

26 **5. Die Einwirkungsmöglichkeiten des Aufsichtsrats. a) Beratungsfunktion.** Ein wichtiges Element der Umsetzung der Überwachungsfunktion des Aufsichtsrats ist die **zukunftsgerichtete Beratungsfunktion** gegenüber dem Vorstand, die der Prävention dient.[54] Dies ergibt sich bereits aus der Vorstandsberichtspflicht des § 90 Abs. 1 Nr. 1 (beabsichtigte Geschäftspolitik und grundsätzliche Fragen der Unternehmensplanung) und § 90 Abs. 1 Nr. 4 (Geschäfte von erheblicher Bedeutung für Rentabilität und Liquidität), der nach § 90 Abs. 2 Nr. 4 dem Aufsichtsrat sogar explizit die Möglichkeit zur Stellungnahme einräumt. Auch ohne den Verweis in § 90 Abs. 2 Nr. 4 auf Abs. 1 Nr. 1 wird sich der Aufsichtsrat nicht auf eine passive Entgegennahme dieser Berichterstattung beschränken können. Er wird sich auch zu den Inhalten positionieren müssen.[55] **Weisungsrechte** bestehen jedoch nicht.[56] Entscheidet sich der Vorstand jedoch dem Beratungsergebnis im Aufsichtsrat nicht zu folgen, ist er verpflichtet sein Verhalten im Aufsichtsrat zu begründen.[57]

27 Neben Einzelmaßnahmen bezieht sich zukunftsgerichtete Beratungsfunktion im Wesentlichen auf die **Unternehmensplanung,** insbesondere **Finanz-, Investitions-** und **Personalplanung, künftige Geschäftspolitik** sowie die **mittel- bis langfristige Unternehmensstrategie.** Für die Überprüfung der vom Vorstand vorgelegten Planung müssen dem Aufsichtsrat die Annahmen der Planung, ihre Ziele sowie der beabsichtigte Personaleinsatz vorgelegt werden. Der Aufsichtsrat muss anhand dieser Daten Plausibilität und Machbarkeit prüfen können. Die ihm übermittelten Informationen müssen ihn in die Lage versetzen, sich ein Bild über Chancen und Risiken der beabsichtigten Vorgehensweise zu machen. Sein Entscheidungsermessen reduziert sich in der Regel auf Null, wenn die Risiken größer sind als die Chancen (→ § 116 Rn. 35). **Alternativplanung** hat er **nicht aufzustellen,** dies ist ausschließlich Angelegenheit des Vorstandes.

28 Bei wichtigen und weitreichenden Entscheidungen des Vorstands wird dieser den Aufsichtsrat mit in die Überlegungen einbeziehen und in einem konstruktiven Dialog die für die Gesellschaft beste Lösung finden. Diese **Diskussionspartnerschaft** muss jedoch die grundsätzliche **Aufgabenteilung zwischen Aufsichtsrat** als Überwachungsorgan **und Vorstand** als Geschäftsführungsorgan bewahren. Zum einen ist zu beachten, dass es sich bei dem Aufsichtsratsmandat um ein Nebenamt mit zeitlich beschränktem Arbeitseinsatz handelt, während dem Vorstand die gesamten professionellen Kapazitäten des gesamten Unternehmens zur Verfügung stehen. Zum anderen hat der Aufsichtsrat nicht das Recht unter Berufung auf seine Beratungsfunktion sich gegen den Willen des Vorstands in Geschäftsführungsmaßnahmen einzuschalten, es sei denn, es besteht die Besorgnis, dass der Vorstand pflichtwidrige Maßnahme vornimmt oder zulässt.[58]

29 Im Einzelfall kann sich der Vorstand zB wegen **besonderer Expertise** eines einzelnen Aufsichtsratsmitgliedes von diesem beraten lassen. Dies kann jedoch die Überwachungspflicht des Gesamtgremiums nicht ersetzen. Eine besondere Vergütung an das einzelne Aufsichtsratsmitglied ist unzulässig. Außerhalb der Aufsichtsfunktion kann ein Mitglied des Aufsichtsrats Verträge mit der Gesellschaft nach § 114 schließen (→ § 114 Rn. 13 f.).

30 **b) Instrumentarium.** Kommt der Aufsichtsrat im Rahmen seiner Überwachungstätigkeit zu dem Ergebnis, dass der Vorstand die Grundsätze der Ordnungsmäßigkeit und Rechtmäßigkeit verletzt hat oder sich in Fragen der Wirtschaftlichkeit und Zweckmäßigkeit nicht in den Grenzen zulässigen Ermessens gehalten hat, muss er einschreiten. Er muss entscheiden, welche Eingriffsmöglichkeiten im konkreten Einzelfall anzuwenden sind. Hierzu steht dem Aufsichtsrat im Wesentlichen folgendes Instrumentarium zur Verfügung:
- formelle Rücksprache mit dem Vorstand;
- formelle mündliche oder schriftliche Beanstandung;
- Festlegung eines allgemeinen oder konkreten Zustimmungsvorbehaltes (§ 111 Abs. 4 S. 2);
- Änderung der Geschäftsordnung oder der Geschäftsverteilung des Vorstands (§ 77 Abs. 2);
- Änderung der personellen Zusammensetzung des Vorstands (§ 84);
- Einberufung einer außerordentlichen Hauptversammlung (§ 111 Abs. 3 S. 1);
- Verweigerung der Billigung zum Jahresabschluss;
- Schadensersatzansprüche gegen den Vorstand.[59]

---

[54] BGHZ 114, 127 (130) = AG 1991, 312; KK-AktG/*Mertens/Cahn* Rn. 14, 40; MüKoAktG/*Habersack* Rn. 39, 100; Spindler/Stilz/*Spindler* Rn. 10; *Lutter/Schmidt/Drygala* Rn. 18 f.

[55] MüKoAktG/*Habersack* Rn. 39.

[56] MüKoAktG/*Habersack* Rn. 12, 29, 43; KK-AktG/*Mertens/Cahn* Rn. 38.

[57] KK-AktG/*Mertens/Cahn* Rn. 39.

[58] KK-AktG/*Mertens/Cahn* Rn. 40, 34.

[59] MüKoAktG/*Habersack* Rn. 32 ff.; GroßkommAktG/*Hopt/Roth* Rn. 325 ff.; KK-AktG/*Mertens/Cahn* Rn. 37.

aa) Meinungs- und Bedenkenäußerung. Geht es um Pflichtverletzungen des Vorstandes, ist der Aufsichtsrat zum Handeln verpflichtet.[60] Schätzt er eine Entwicklung der Situation anders als der Vorstand ein, wird er seine Auffassung im Wege einer Meinungsäußerung oder eines **Meinungsbeschlusses** kundtun.[61] Bevor der Aufsichtsrat weitergehende Maßnahmen einleitet, wird der Aufsichtsratsvorsitzende dem Vorstand bzw. dem Vorstandsvorsitzenden die **Bedenken** bzw. die **Auffassung** des Aufsichtsrats **mitteilen und** eingehend **begründen,** warum der Vorstand nicht wie vorgesehen handeln darf. Auch wird er dem Vorstand die weiteren Schritte erläutern, die durch den Aufsichtsrat eingeleitet werden, falls der Vorstand nicht den Bedenken des Aufsichtsrats folgt. 31

Ein Weisungsrecht hat der Aufsichtsrat nicht[62] (Ausnahmen: § 32 MitbestG und § 15 MitbestErgG). Der Vorstand macht sich ggf. sogar schadensersatzpflichtig, wenn er in Ausführung der Empfehlung des Aufsichtsrats Maßnahmen trifft, die gegen seine Sorgfaltspflichten als ordentlicher und gewissenhafter Geschäftsleiter verstoßen.[63] 32

bb) Beanstandung. Führen die Gespräche des Aufsichtsratsvorsitzenden mit dem Vorstand zu keiner Veränderung dessen Verhaltens, so kann der Aufsichtsrat eine formelle Beanstandung der Geschäftsführung aussprechen. Diese formelle **Beanstandung** oder auch **Stellungnahmen** sind zwar mangels bestehender Weisungsbefugnis vordergründig **rechtlich unverbindlich,**[64] haben aber insoweit Gewicht, als der Aufsichtsrat diese in seinem Bericht an die Hauptversammlung zu erwähnen hat (§ 171 Abs. 2 S. 2).[65] Daneben kommt die Möglichkeit in Betracht, dass der Aufsichtsratsvorsitzende aus seiner Sitzungsleitungskompetenz kritischen oder problematischen Sachverhalten von gewisser Dauer einen festen Platz in der Sitzungstagesordnung zuordnet.[66] 33

cc) Zustimmungsvorbehalte. Rechtsverbindlich kann die Einwirkungsweise auf den Vorstand jedoch gemäß Abs. 4 S. 2 geregelt werden, wonach die Hauptversammlung kraft Satzung oder der Aufsichtsrat kraft Geschäftsordnung bestimmte Maßnahmen der Geschäftsführung von der Zustimmung des Aufsichtsrates abhängig machen muss (→ Rn. 72 ff.). Mit dem TransPuG vom 19.7.2007 (BGBl. I S. 2681) wurde der **Aufsichtsrat hierzu gesetzlich verpflichtet.** Auf der Basis der strikten Trennung von Geschäftsführung und Überwachung gibt diese Einwirkungsmöglichkeit auf den Vorstand dem Aufsichtsrat das **Recht, bestimmte Geschäfte zu verhindern.** Ist durch das Verhalten des Vorstands, insbesondere durch den Abschluss eines bestimmten Geschäfts, ein Schaden für die Gesellschaft zu befürchten, muss der Aufsichtsrat alles Erforderliche tun, um den Schaden von der Gesellschaft abzuwenden. Durch Änderung oder Ergänzung des Zustimmungskatalogs kann er wirksam solche Geschäfte verhindern.[67] 34

dd) Erlass und Änderung der Geschäftsordnung und der Geschäftsverteilung. Der Aufsichtsrat kann gemäß § 77 Abs. 2 S. 1 in der Geschäftsordnung für den Vorstand alle Dinge bindend festlegen, die er für sachdienlich hält, soweit die Satzung keine Festlegungen trifft. Aufgrund der Trennung von Geschäftsführung und Kontrolle kann dies keine inhaltliche, sondern **lediglich organisatorische Einwirkung** sein.[68] Der Vorstand ist an Änderungen der Geschäftsordnung gebunden. Bei der Ausübung dieser Geschäftsordnungskompetenz muss der Aufsichtsrat selbstverständlich die gebotene Sorgfalt einhalten.[69] 35

ee) Bestellung und Abberufung von Vorstandsmitgliedern. Aufgrund der zeitlichen Befristung einer Vorstandsamtsperiode auf maximal fünf Jahre (§ 84 Abs. 1) liegt es nahe, dass dem Vorstandsmitglied an einer engen und konstruktiven Zusammenarbeit mit dem Aufsichtsrat sehr gelegen ist. Der **Aufsichtsrat** hat demnach **de facto** einen **nicht unerheblichen Einfluss auf die Unternehmenspolitik.** Rechtlich gibt die Geschäftsordnung, mit Ausnahme der Möglichkeit einen Zustimmungskatalog zu beschließen (→ Rn. 72 ff.), jedoch nur begrenzte indirekte Einwirkungsmöglichkeiten.[70] Kommt es jedoch zu einer Nichtbeachtung begründeter Einwendungen des Aufsichtsrats, so ist hierin regelmäßig ein wichtiger Grund zur Abberufung zu sehen. Der Aufsichtsrat kann dann ein oder mehrere Vorstandsmitglieder abberufen, muss allerdings dafür Sorge tragen, dass die Gesellschaft ordnungsgemäß weitergeführt werden kann. 36

---

[60] KK-AktG/*Mertens/Cahn* § 116 Rn. 16; *Semler* Leitung und Überwachung Rn. 197 ff., 217.
[61] MHdB AG/*Hoffmann-Becking* § 29 Rn. 42 ff.
[62] KK-AktG/*Mertens/Cahn* Rn. 38; MüKoAktG/*Habersack* Rn. 12, 29, 32.
[63] KK-AktG/*Mertens/Cahn* Rn. 38.
[64] *Bea/Scheurer* DB 1994, 2145 (2147).
[65] MüKoAktG/*Habersack* Rn. 32.
[66] *Hüffer* NZG 2007, 47 (51).
[67] BGHZ 129, 111 (127).
[68] GroßkommAktG/*Hopt/Roth* Rn. 339.
[69] MüKoAktG/*Semler,* 2. Aufl. 2004, Rn. 198.
[70] *Bea/Scheurer* DB 1994, 2145 (2147).

37 **ff) Einberufung einer außerordentlichen Hauptversammlung.** Nach Abs. 3 hat der Aufsichtsrat, wenn es das Wohl der Gesellschaft erfordert, die Verpflichtung, eine Hauptversammlung einzuberufen. Die Hauptversammlung einer Publikumsgesellschaft stellt jedoch kein Gremium dar, in dem es sinnvoll wäre, grundlegende Meinungsunterschiede zwischen Vorstand und Aufsichtsrat zu diskutieren. In Aktiengesellschaften mit überschaubarem Aktionärskreis kann es ratsam sein, die Meinung der Aktionäre einzuholen. Die vom Aufsichtsrat einberufene Hauptversammlung kann jedoch nicht in Fragen der Geschäftsführung entscheiden, dazu muss sie vom Vorstand einberufen werden (§ 119 Abs. 2). Das **Votum der Hauptversammlung kann** jedoch geeignet sein, den **Aufsichtsrat** zu **bestärken** oder ihn von seiner Auffassung abzubringen. Die Hauptversammlung kann auch dem Vorstand ihr Misstrauen aussprechen, mit der Folge, dass dies einen wichtigen Grund zur Abberufung eines Vorstandsmitglieds gemäß § 84 Abs. 3 S. 1 darstellt.

38 **gg) Verweigerung der Billigung des Jahresabschlusses.** Ein weiteres Sanktionsmittel, allerdings nur für den Fall, dass zwischen Vorstand und Aufsichtsrat Uneinigkeit über den Jahresabschluss besteht, ist die Verweigerung der Zustimmung zum Jahresabschluss. Verweigert der Aufsichtsrat seine Zustimmung, muss die Hauptversammlung den Jahresabschluss feststellen (§ 173).

39 **hh) Klage auf Erfüllung von Vorstandspflichten.** Klagen der Gesellschaft oder des Aufsichtsrats gegen den Vorstand auf Vornahme von Geschäftsführungsmaßnahmen in Erfüllung der Organpflichten bzw. auf Unterlassung von Geschäftsführungsmaßnahmen wegen angeblicher Pflichtwidrigkeiten, sind nach hM unzulässig.[71]

40 **ii) Verfolgung von Schadensersatzansprüchen gegen Vorstandsmitglieder.** Hat das schuldhafte und pflichtwidrige Verhalten einzelner Vorstandsmitglieder zu einem Schaden bei der Gesellschaft geführt, muss der Aufsichtsrat Schadensersatzansprüche geltend machen, soweit dies **im Interesse der Gesellschaft** liegt (→ § 116 Rn. 13).[72] Dabei ist Geschäftsführungs- bzw. Kontrollversagen oder treuwidriges Verhalten des Vorstandsmitgliedes abzuwägen gegen die Erfolgswahrscheinlichkeit des Anspruches, eventuelle negative Publizität, Anwaltskosten und Ressourcenbindung im Unternehmen. Unberücksichtigt bleiben die persönlichen Verhältnisse des in Anspruch zu nehmenden Vorstandsmitglieds, mag er noch so viele Verdienste um das Unternehmen erworben haben.

41 **6. Besondere Überwachungstatbestände.** Das Gesetz zählt eine Reihe von Tatbeständen auf, deren Verletzung zum Schadensersatz verpflichten. Diese **besonderen Haftungstatbestände nach § 93 Abs. 3** (→ § 116 Rn. 98 f.) erfordern eine besondere Überwachungspflicht der rechtlichen Voraussetzungen:
- Rückgewähr von Einlagen an die Gesellschaft;
- Zahlung von Zinsen oder Gewinnanteilen an die Aktionäre;
- Zeichnung, Erwerb, Inpfandnahme oder Einziehung eigener Aktien der Gesellschaft oder
- einer anderen Gesellschaft;
- Ausgabe von Aktien vor voller Leistung des Nennbetrages;
- Verteilung von Gesellschaftsvermögen;
- Leistung von Zahlungen, nachdem die Zahlungsunfähigkeit der Gesellschaft eingetreten ist oder sich ihre Überschuldung ergeben hat;
- Gewährung von Vergütungen an Aufsichtsratsmitglieder;
- Gewährung von Kredit;
- Ausgabe von Bezugsaktien bei der bedingten Kapitalerhöhung außerhalb des festgesetzten Zwecks oder vor der vollen Leistung des Gegenwertes.

41a Des Weiteren hat der Aufsichtsrat in folgenden Situationen eine besondere Überwachungspflicht:
- nachhaltige Fehlentscheidungen, selbst nur einer Unternehmenssparte;
- im Vorfeld und in der Krisensituation der Gesellschaft;
- Geschäfte, die wegen ihres Umfangs, der mit ihnen verbundenen Risiken oder ihrer strategischen Funktion für die Gesellschaft von besonderer Bedeutung sind;
- begründete Verdachtsmomente bezüglich Sorgfaltspflichtverletzung des Vorstands oder einzelner Vorstandsmitglieder, wie zB bei existenzgefährdenden Geschäftsführungsmaßnahmen;
- ggf. bei neu gegründeten Gesellschaften (→ Rn. 11).[73]

---

[71] GroßkommAktG/*Hopt/Roth* Rn. 348 ff. mwN.

[72] BGHZ 135, 244 (252 ff.) = NJW 1977, 1926 – ARAG/Garmenbeck; GroßkommAktG/*Hopt/Roth* Rn. 352 ff.; Hüffer/*Koch* Rn. 7 ff.; Spindler/Stilz/*Spindler* § 116 Rn. 124 ff.; *Heermann* AG 1998, 201 ff.; *Kling* DZWiR 2005, 45 (46 ff.).

[73] OLG Stuttgart BeckRS 2012, 14126.

Bei erhöhter Überwachungspflicht wird aus der begleitenden Überwachung eine unterstützende, die zu häufigeren und detaillierten Berichterstattung, Erhöhung der Sitzungsfrequenz, sowie zur Überprüfung des Katalogs der zustimmungspflichtigen Geschäfte führen kann. Verschärft sich die Krisensituation, hat der Aufsichtsrat sich gleichwohl der Geschäftsführung zu enthalten, kann aber verpflichtet sein durch entsprechende Personalmaßnahmen den Vorstand wieder in die Lage zu versetzen, seinen gesetzlichen Sorgfaltspflichten nachzukommen. Da es eine Kernpflicht der Überwachungsfunktion des Aufsichtsrates und des Aufsichtsratsvorsitzenden ist, Rechtsverstöße des Vorstandes zu verhindern, ist er verpflichtet, hierauf mit bestimmten Maßnahmen zu reagieren (→ Rn. 30 ff.; → § 116 Rn. 21 f. zur Haftung in diesen Fällen).[74] Im Zusammenhang mit Beschlussfassungen der Hauptversammlung trifft den Aufsichtsrat die Verpflichtung zur Vorbereitung insoweit er Vorschläge für die Hauptversammlung zu unterbreiten hat. So unterbreitet er ihr Vorschläge für die Wahlen zum Aufsichtsrat; bei dem vorausgehenden Auswahlverfahren ist eine Mitwirkung des Vorstandes zulässig und nicht als Verstoß gegen Kompetenzverteilung und Organisationsverfassung anzusehen (→ § 107 Rn. 113).[75] Im Anschluss an die Hauptversammlung überwacht er die Ausführung der Hauptversammlungsbeschlüsse. 41b

II. Recht auf Einsichtnahme und Prüfung (Abs. 2)

1. Informationsrecht und -umfang. Die ausreichende Informationsversorgung des Aufsichtsrats ist Aufgabe des Vorstands.[76] Abs. 2 S. 1 und 2 verschaffen dem Aufsichtsrat die Möglichkeit neben der Informationsbeschaffung nach § 90 sich eine weitere Faktenbasis zu besorgen.[77] Der Vorstand ist verpflichtet dem Aufsichtsrat alle notwendigen Informationen rechtzeitig zur Verfügung zu stellen. Kommt er dieser Pflicht nicht nach, stört er die Funktionsfähigkeit der geltenden Unternehmensverfassung und verletzt seine Sorgfaltspflichten. Der Aufsichtsrat ist ebenfalls verpflichtet, die Aufklärungsmittel, die ihm zur Verfügung stehen, wie **Berichtsanforderungsrechte, Auskunftsrechte, Einsichtsrechte** und **Prüfungsrechte** einzufordern. 42

Abs. 2 gibt dem Aufsichtsrat die Möglichkeit aus konkretem Anlass **eigene Prüfungsmaßnahmen** vorzunehmen. Dieses Recht darf aber nicht zu einer generellen Befugnis zum Zugriff auf die dem Vorstand oder der Unternehmensrevision zufließenden Daten ausgebaut werden; der Aufbau einer quasi Unternehmensrevision durch den Aufsichtsrat ist unzulässig.[78] Auch wenn die Prüfungs- und Einsichtnahme gemäß Abs. 2 zulässig ist, ist für die Ausübung des Rechtes ein konkreter Anlass, aber nicht unbedingt ein pflichtwidriges Verhalten erforderlich, genausowenig, dass konkrete Anhaltspunkte hierfür vorliegen.[79] Es ist mittlerweile weitestgehend anerkannt, dass der Aufsichtsrat sich von der Ordnungsgemäßheit der Geschäftsführung auch durch Stichproben ohne Anlass überzeugen kann.[80] Auch die Überprüfung im Sinne von Stichproben ist zulässig.[81] Ihre Zulässigkeitsgrenze beginnt dort, wo sich die Ausübung des Einsichts- und Prüfungsrechts in eine Kontrolle des täglichen Geschäfts verwandelt.[82] 43

2. Gegenstand der Einsichtnahme und Prüfung. Die Informationen, die der Aufsichtsrat begehrt, müssen sich beziehen auf: 44
- Angelegenheiten der Gesellschaft,
- rechtliche und geschäftliche Beziehungen zu verbundenen Unternehmen,
- geschäftliche Vorgängen beim verbundenen Unternehmen, die auf die Lage der Gesellschaft von erheblichen Einfluss sein können,
- alle von der Gesellschaft geschlossene Verträge und
- alle Vermögensobjekte.

Auch **Vorstandsprotokolle** kann der Aufsichtsrat einsehen, soweit sie im Zusammenhang mit dem Kontrollanlass stehen.[83] Eine regelmäßige Teilnahme an Vorstandssitzungen oder eine generelle Anforderung von Vorstandsprotokollen ist dagegen unzulässig. Der Informationsanspruch des Auf- 44a

---

74 OLG Karlsruhe WM 2009, 1147 (1150).

75 OLG Hamm ZIP 2008, 1530 (1533) – ThyssenKrupp.

76 *Hüffer* NZG 2007, 47 f.; s. auch Ziff. 3.4 Abs. 1 DCGK.

77 *Lutter/Schmidt/Drygala* Rn. 32.

78 KK-AktG/*Mertens/Cahn* Rn. 52; *Lutter* AG 1991, 249 (252).

79 MüKoAktG/*Habersack* Rn. 66a; KK-AktG/*Mertens/Cahn* Rn. 52.

80 Einschr. *Hoffmann-Becking* ZGR 2011, 136 (147).

81 KK-AktG/*Mertens/Cahn* Rn. 52; MüKoAktG/*Habersack* Rn. 66a.

82 UHH/*Ulmer/Habersack* MitbestG § 25 Rn. 56; *Lutter* AG 1991, 249 (252); restriktiver *Hoffmann-Becking* ZGR 2011, 136 (147).

83 KK-AktG/*Mertens/Cahn* Rn. 53; MüKoAktG/*Habersack* Rn. 63; *Dittmar* NZG 2014, 210 (212); offenbleibend GroßkommAktG/*Hopt/Roth* Rn. 401; restriktiver *Hoffmann-Becking* ZGR 2011, 136 (149).

sichtsrates bezieht sich auch auf Unterlagen, wie zB Berichte der internen Revision und der Compliance Abteilung sowie auf Unterlagen von abhängigen Unternehmen, die sich beim herrschenden Unternehmen befinden.[84] Der Begriff „Unterlagen" ist hier weit zu verstehen. Er umfasst insbesondere auch alle elektronischen Kommunikationsmittel und Datenträger (→ Rn. 46).[85] Er bezieht sich jedoch nicht auf Unterlagen und Vermögensgegenstände, die sich bei einem verbundenen Unternehmen befinden,[86] es sei denn, die Gesellschaft ist alleiniger Anteilseigner.[87] Ob den Vorstand der Obergesellschaft eine Pflicht trifft, seinem Aufsichtsrat die Unterlagen aus den verbundenen Unternehmen zu beschaffen, ist im Schrifttum umstritten. Der Pflicht des Vorstandes zur Kooperation mit dem Aufsichtsrat ist der Vorrang zu geben, so dass der Aufsichtsrat einen Anspruch auf Beschaffung dieser Unterlagen bei Konzernunternehmen hat.[88] Dies folgt direkt aus Abs. 2 und dem der Ziff. 3.4 DCGK unterliegenden Grundgedanken der Kooperation beider Gremien.[89] Diese ist erforderlich, damit der Aufsichtsrat sich von der Ordnungsgemäßheit auch der **Konzernleitung** des Vorstandes überzeugen kann. Hierzu gehören Einblicke des Aufsichtsrates in die angemessene Organisation des Konzerns, in die Konzernplanung, in den Aufbau eines konzernweiten und einheitlichen Berichtssystems, in den Aufbau einer Konzernrevision und eines konzernweiten Risikomanagements sowie die Sicherung der Konzernfinanzierung.[90] Das Recht des Aufsichtsrates geht jedoch nicht soweit, die Organe der Untergesellschaften direkt zu überwachen und zu befragen. Dies ist Aufgabe und Pflicht des Vorstandes des herrschenden Unternehmens. Über Angelegenheiten außerhalb der Überwachungsfelder des Aufsichtsrats muss der Vorstand keine Auskunft geben.[91] Der Aufsichtsrat hat von seinem Informationsrecht nach Abs. 2 pflichtgemäß Gebrauch zu machen und muss sich vergegenwärtigen, dass solche Prüfungshandlungen in der Gesellschaft das Vertrauensverhältnis zwischen den beiden Organen Vorstand und Aufsichtsrat empfindlich stören kann.[92] Dies gilt es gegen die Vorteile einer solchen Handlung abzuwägen.

45 **Missbraucht** der **Aufsichtsrat** sein **Informationsrecht,** kann der Vorstand die **Antworten verweigern,** das Betreten der Räume, die Einsicht in dort ablaufende Vorgänge oder verwahrte Unterlagen ablehnen.[93] Die Missbrauchsabsicht muss aber deutlich erkennbar sein. Kann der Aufsichtsrat den Zusammenhang mit der begehrten Einsicht darlegen, muss der Vorstand das Vorgehen des Aufsichtsrats dulden. Der Vorstand muss das Einsichts- und Prüfungsrecht ablehnen, wenn er sich dadurch strafbar machen würde.[94] Ansonsten gibt es keine Geheimhaltungsrechte des Vorstands.

46 Das Einsichts- und Prüfungsrecht bezieht sich nicht nur auf die Bücher, Schriften und Vermögensgegenstände der Gesellschaft, sondern schließt auch die Möglichkeit der **Befragung von Vorstandsmitgliedern**[95] sowie die Einsichtnahme in Informationssysteme ein.[96] Der Vorstand ist nicht nur zur Duldung, sondern zur Förderung und Erleichterung der Prüfungsmaßnahmen im Sinne eines kooperativen Verhaltens verpflichtet.[97]

47 Der **Anspruch auf Information** besteht grundsätzlich nur **gegenüber dem Organ Vorstand.**[98] In Ausnahmefällen wie zB bei
– ganz besonderem Sachverstand oder Sachverhaltskenntnis eines Vorstandsmitglieds,
– negativen Entwicklungen im Ressort eines Vorstandsmitglieds oder
– Verdachtsmomenten gegen ein Vorstandsmitglied wegen nicht ordnungsgemäßem Verhaltens
kann das Informationsverlangen auch gegen ein einzelnes Vorstandsmitglied in Frage kommen.[99]

47a Die Erweiterung des Kreises auf Angestellte des Unternehmens kann in extremen Ausnahmefällen in Frage kommen (→ Rn. 22). Das Auskunftsbegehren ist jedoch regelmäßig über den Vorstand zu

[84] MüKoAktG/*Habersack* Rn. 64; KK-AktG/*Mertens/Cahn* Rn. 54; GroßkommAktG/*Hopt/Roth* Rn. 401.
[85] *Spinder/Stilz/Spindler* Rn. 38; *Hasselbach* NZG 2012, 41 (44).
[86] Hüffer/*Koch* Rn. 19; *Lutter/Krieger/Verse* Rechte und Pflichten Rn. 245; *Lutter* Information und Vertraulichkeit Rn. 292.
[87] MüKoAktG/*Semler*, 2. Aufl. 2004, Rn. 294.
[88] GroßkommAktG/*Hopt/Roth* Rn. 435; MüKoAktG/*Habersack* Rn. 64; aA KK-AktG/*Mertens/Cahn* Rn. 54; Hüffer/*Koch* Rn. 19; *Hoffmann-Becking* ZHR 159 (1995), 325 (338 f.).
[89] Vgl. hierzu auch GroßkommAktG/*Hopt/Roth* Rn. 404.
[90] *Lutter* AG 2006, 517 (519).
[91] MüKoAktG/*Semler*, 2. Aufl. 2004, Rn. 280.
[92] *Lutter/Krieger/Verse* Rechte und Pflichten Rn. 244.
[93] MüKoAktG/*Semler*, 2. Aufl. 2004, Rn. 281; *Hoffmann/Preu* Rn. 258.
[94] MüKoAktG/*Semler*, 2. Aufl. 2004, Rn. 282; Spindler/Stilz/*Spindler* Rn. 41; MüKoAktG/*Habersack* Rn. 67.
[95] GroßkommAktG/*Hopt/Roth* Rn. 405; KK-AktG/*Mertens/Cahn* Rn. 55.
[96] Spindler/Stilz/*Spindler* Rn. 38; *Roth* AG 2004, 1 (7).
[97] MüKoAktG/*Habersack* Rn. 65; zur Kooperation vgl. ferner GroßkommAktG/*Hopt/Roth* Rn. 404; KK-AktG/*Mertens/Cahn* Rn. 55.
[98] Spindler/Stilz/*Spindler* Rn. 36.
[99] Spindler/Stilz/*Spindler* Rn. 36.

stellen und der Angestellte ist in Gegenwart des Vorstands zu befragen, es sei denn, es besteht ein konkreter Verdacht auf Fehlinformation durch den Vorstand.[100]

48 Der Aufsichtsrat darf alle Geschäftsräume, Fabrikationsanlagen und Forschungseinrichtungen im In- und Ausland in eigenen und von der Gesellschaft angemieteten Räumen **betreten.**[101] Der Aufsichtsrat darf alles einsehen. Die im Gesetz aufgeführten Bereiche sind nur beispielhaft.[102] Auch Fabrikationsunterlagen und Verfahrensbeschreibungen dürfen eingesehen werden.

49 Bei der Ausübung des Einsichts- und Prüfungsrechts hat der Aufsichtsrat **Zurückhaltung** zu üben, da die Ausübung als Misstrauen gewertet werden könnte und es auch zu negativer Öffentlichkeitswirkung führen kann. Das Für und Wider ist verantwortungsbewusst gegeneinander abzuwägen.[103]

50 **3. Beschlussfassung über das Einsichts- und Prüfungsrecht.** Das Einsichts- und Prüfungsrecht kann nur vom **Gesamtaufsichtsrat,** nicht von einem einzelnen Aufsichtsratsmitglied geltend gemacht werden.[104] Wiederholte „Alleingänge" eines Aufsichtsratsmitglieds in Bezug auf die Überwachung des Vorstandes können die sofortige Abberufung des Aufsichtsratsmitglieds erfordern.[105] Die Geltendmachung bedarf eines Aufsichtsratsbeschlusses, der mit einfacher Mehrheit der anwesenden Mitglieder gefasst wird, soweit die Geschäftsordnung nicht anderes regelt.[106] § 90 Abs. 2, wonach auch einzelne Aufsichtsratsmitglieder einen Bericht an den Aufsichtsrat verlangen können, findet bei Abs. 2 keine entsprechende Anwendung.[107] Der Aufsichtsratsbeschluss muss in Bezug auf bestimmte Gegenstände und Unterlagen gefasst werden.[108]

51 Ein Aufsichtsratsausschuss hat nicht per se die Kompetenzen des Abs. 2.[109] Der **Aufsichtsrat kann** einem **Ausschuss** diese **Kompetenz** jedoch nicht nur ad hoc, sondern auch generell **übertragen.** Dies ergibt sich aus § 107 Abs. 3 S. 2. Beim Prüfungsausschuss und Ausschüssen mit abschließender Entscheidungskompetenz ist, wenn nichts anderes bei ihrer Errichtung beschlossen wurde, anzunehmen, dass sie im Rahmen ihrer Aufgabenstellung auch die Kompetenzen nach Abs. 2 haben, einschließlich der Möglichkeit, ein Aufsichtsratsmitglied oder einen Sachverständigen mit den Prüfungsaufgaben zu betreuen.[110]

52 **4. Übertragung auf einzelne Aufsichtsratsmitglieder.** Die Delegation des Einsichts- und Prüfungsrechts auf einen **einzelnen** durch den Aufsichtsrat oder einen damit betrauten **Ausschuss** ist zulässig.[111] Die Übertragung erfolgt durch Beschluss im Einzelfall. Ein allgemeiner Untersuchungsauftrag ist unzulässig. Ein Aufsichtsratsmitglied kann nicht als ständiger Beauftragter bzw. Controller in das Unternehmen delegiert werden.[112] Dies widerspräche nach der hier vertretenen Ansicht der Beschränkung der Delegation auf bestimmte Aufgaben[113] sowie durch den dauerhaft entstehenden Wissensvorsprung des vom Aufsichtsrat Delegierten dem Kollegialitätsprinzip des Aufsichtsrates.[114] Das beauftragte Mitglied kann vom Vorstand Informationen und Stellungnahmen verlangen, wie der Aufsichtsrat selbst. Das Aufsichtsratsmitglied kann jedoch seinerseits keinen Sachverständigen mit Prüfungsarbeiten beauftragen.[115] Verweigert der Vorstand die Kooperation mit dem Aufsichtsratsmitglied, stehen diesem keine Durchsetzungsmöglichkeiten zur Verfügung; es muss sich an den Aufsichtsrat halten. Eine gesonderte Vergütung für das beauftragte Aufsichtsratsmitglied kann

---

[100] GroßkommAktG/*Hopt/Roth* Rn. 407; Spindler/Stilz/*Spindler* Rn. 36 mwN; KK-AktG/*Mertens/Cahn* Rn. 55, 26; aA *Drygala* Der Aufsichtsrat 2010, 104 f.

[101] *Dittmar* NZG 2014, 210 (212).

[102] Hüffer/*Koch* Rn. 19; GroßkommAktG/*Hopt/Roth* Rn. 401; MüKoAktG/*Habersack* Rn. 63.

[103] MüKoAktG/*Habersack* Rn. 66.

[104] OLG Stuttgart AG 2007, 873 (877), bestätigt durch BGH BeckRS 2008, 20488 Rn. 16; MüKoAktG/*Habersack* Rn. 62; KK-AktG/*Mertens/Cahn* Rn. 56; MHdB AG/*Hoffmann-Becking* § 29 Rn. 46; *Lutter/Krieger/Verse* Rechte und Pflichten Rn. 241.

[105] OLG Frankfurt ZIP 2008, 456 (457).

[106] BayObLG AG 1968, 329; KK-AktG/*Mertens/Cahn* Rn. 56.

[107] KK-AktG/*Mertens/Cahn* Rn. 56; GroßkommAktG/*Hopt/Roth* Rn. 398.

[108] KK-AktG/*Mertens/Cahn* Rn. 56; Spindler/Stilz/*Spindler* Rn. 39; MHdB AG/*Hoffmann-Becking* § 29 Rn. 45; *ders.* ZGR 2011, 136 (148).

[109] KK-AktG/*Mertens/Cahn* Rn. 56; GroßkommAktG/*Hopt/Roth* Rn. 419; MüKoAktG/*Habersack* Rn. 71.

[110] MüKoAktG/*Habersack* Rn. 71; GroßkommAktG/*Hopt/Roth* Rn. 419; *Semler* AG 1988, 60 (64).

[111] MüKoAktG/*Habersack* Rn. 72, 71; KK-AktG/*Mertens/Cahn* Rn. 58.

[112] KK-AktG/*Mertens/Cahn* Rn. 58; *Schlitt* DB 2005, 2007 (2009); differenzierter GroßkommAktG/*Hopt/Roth* Rn. 421; aA MüKoAktG/*Habersack* Rn. 72.

[113] KK-AktG/*Mertens/Cahn* Rn. 58; Spindler/Stilz/*Spindler* Rn. 43.

[114] GroßkommAktG/*Hopt/Roth* Rn. 421.

[115] KK-AktG/*Mertens/Cahn* Rn. 58; GroßkommAktG/*Hopt/Roth* Rn. 422.

weder der Vorstand, noch der Aufsichtsrat festlegen; sie kann nur durch die Hauptversammlung gemäß § 113 bewilligt werden (→ § 113 Rn. 3).[116]

53 **5. Beauftragung von Sachverständigen.** Abs. 2 S. 2 ermöglicht es dem Aufsichtsrat, bzw. dem ermächtigten Ausschuss neben einzelnen Aufsichtsratsmitgliedern auch besondere Sachverständige mit bestimmten, **einzelnen Prüfungshandlungen** zu beauftragen. Auch der Abschlussprüfer kann als Sachverständiger iSd Abs. 2 S. 2 beauftragt werden.[117] Der Aufsichtsrat bzw. der zuständige Ausschuss kann den Aufsichtsratsvorsitzenden ermächtigen, eine Person seiner Wahl zu beauftragen.[118] Die Auffassung, wonach der Aufsichtsratsvorsitzende hierzu konkludent ermächtigt ist,[119] scheint zu weitgehend.

54 Die Einschaltung eines Sachverständigen sollte **nur in** begrenzten **Ausnahmefällen** erfolgen (→ Rn. 86). Auch darf der Sachverständige, wie sich bereits aus dem Wortlaut des Abs. 2 S. 2 ergibt, **nur zur Prüfung im Einzelfall** und **nicht als ständiger Controller** beauftragt werden. Die Tätigkeit muss gegenständlich und zeitlich begrenzt sein.[120] So kommt zB in Situationen, wo Pflichtverletzungen des Vorstandes im Raume stehen, der Beauftragung von Dritten eine besondere Bedeutung zu.[121] In solchen Fällen kann auch ausnahmsweise „am Vorstand vorbei" auf Mitarbeiter der Gesellschaft zurückgegriffen werden (→ Rn. 22, 47).[122]

55 Der Aufsichtsrat hat den Sachverständigen **sorgfältig auszuwählen.**[123] Dieser muss in besonderer Weise auf dem Gebiet der Untersuchung sachverständig sein. Da dem Sachverständigen zahlreiche vertrauliche Informationen zugänglich werden, muss er – soweit er keiner amtlichen oder beruflichen Schweigepflicht unterliegt – ausdrücklich zur Verschwiegenheit verpflichtet werden. Der Sachverständige hat bei seiner Auftragserledigung die gleichen Befugnisse wie das vom Aufsichtsrat beauftragte Aufsichtsratsmitglied.[124] Er hat jedoch kein eigenes Teilnahmerecht an den Sitzungen (→ § 109 Rn. 8).

56 Der Aufsichtsrat hat sicherzustellen und zu **kontrollieren,** dass der Sachverständige seinen Auftrag ordnungsgemäß erfüllt.[125] Hierzu gehört auch die Kontrolle, dass bestimmte Fragen beantwortet werden.[126] Es dürfen keine Zweifel an der Sachkunde, der Integrität des Sachverständigen bestehen, nur dann kann der Aufsichtsrat durch die Prüfungshandlungen des Sachverständigen entlastet werden.[127] Der Rat des Sachverständigen ist einer Plausibilitätskontrolle zu unterwerfen.[128] Es kann im Einzelfall notwendig sein, dass der Aufsichtsrat den Sachverhalt nochmals selbst überprüft.[129] Er muss sich in jedem Fall selbst ein abschließendes Urteil bilden.

57 Der Beauftragung des Sachverständigen geht ein **ausdrücklicher Beschluss** des Aufsichtsrates, der das Prüfungsthema konkret beschreibt, voraus.[130] Die Beauftragung geschieht durch den Aufsichtsrat im Namen der Gesellschaft. In der Regel wird der Aufsichtsratsvorsitzende im Beschluss zur Beauftragung des Sachverständigen ausdrücklich oder konkludent ermächtigt, den entsprechenden Vertrag mit dem Sachverständigen abzuschließen. Der Vergütungsanspruch richtet sich gegen die Gesellschaft.

58 Bittet der Aufsichtsrat den Vorstand zu einem konkreten Sachverhalt ein Sachverständigengutachten einzuholen, erteilt der Vorstand den Auftrag und legt die Einzelheiten des Vertrages fest. In diesem Fall ist zwar der Aufsichtsrat der Veranlasser, der Vorstand aber Geschäftsherr.[131]

58a In der Praxis haben aufgrund der komplexer gewordenen Rechtsmaterie, wie zB im Vergütungsbereich, die Fälle zugenommen, in denen es weniger um die Einsicht in Bücher und Schriften der Gesellschaft geht, sondern zB um die Beratung des Aufsichtsrates bei der Vorstandsvergütung. Diese Fälle fallen vom Wortlaut her nicht unter Abs. 2 S. 2, sind jedoch als Annexkompetenz zu § 111 Abs. 2 S. 2 bzw. analog § 112 zu betrachten.[132] Die Kostenverantwortung liegt allein beim Aufsichtsrat.

---

[116] BGHZ 114, 127 (133); MüKoAktG/*Habersack* Rn. 73; KK-AktG/*Mertens/Cahn* Rn. 6.
[117] MüKoAktG/*Habersack* Rn. 74; GroßkommAktG/*Hopt/Roth* Rn. 423.
[118] KK-AktG/*Mertens/Cahn* Rn. 61; GroßkommAktG/*Hopt/Roth* Rn. 426.
[119] GroßkommAktG/*Hopt/Roth* Rn. 426.
[120] KK-AktG/*Mertens/Cahn* Rn. 63, 121; *Vetter* in Marsch-Barner/Schäfer HdB AG § 26 Rn. 23; *Dieckmann/Wurst* NZG 2014, 121 (124).
[121] S. auch *Arnold* ZGR 2014, 76 (102 ff.).
[122] *Arnold* ZGR 2014, 76 (102 f.).
[123] KK-AktG/*Mertens/Cahn* Rn. 65; GroßkommAktG/*Hopt/Roth* Rn. 430.
[124] GroßkommAktG/*Hopt/Roth* Rn. 429.
[125] GroßkommAktG/*Hopt/Roth* Rn. 431.
[126] MüKoAktG/*Semler,* 2. Aufl. 2004, Rn. 313.
[127] KK-AktG/*Mertens/Cahn* Rn. 67; GroßkommAktG/*Hopt/Roth* Rn. 431.
[128] Vgl. zur Plausibilitätskontrolle bei Vorliegen eines Rechtsrats *Buck-Heeb* BB 2016, 1347 ff.
[129] RGZ 161, 129 (140); KK-AktG/*Mertens/Cahn* Rn. 67; GroßkommAktG/*Hopt/Roth* Rn. 431; *Diekmann/Wurst* NZG 2014, 121 (124).
[130] BGHZ 85, 293 (296) = NJW 1983, 991; *Hüffer* NZG 2007, 47 (53).
[131] MüKoAktG/*Habersack* Rn. 74.
[132] *Hoffmann-Becking* § 29 Rn. 49; *ders.* ZGR 2011, 136 (140); *Hasselbach* Der Aufsichtsrat 2012, 36 (37 f.); für die Beauftragung von Sachverständigen für den Aufsichtsrat MüKoAktG/*Habersack* Rn. 135, § 112 Rn. 4.

III. Auftragserteilung an den Abschlussprüfer (Abs. 2 S. 3) sowie zur Überprüfung der/des nichtfinanziellen (Konzern-) Erklärung/(Konzern-) Berichts (Abs. 2 S. 4)

1. Allgemeines. Der Jahresabschluss, der Lagebericht – und soweit erforderlich – der Konzernjahresabschluss und der Konzernlagebericht von Kapitalgesellschaften müssen, soweit es sich nicht um sog. Kleine Gesellschaften handelt, von einem Abschlussprüfer geprüft werden (§ 316 Abs. 2 HGB). Der **Abschlussprüfer ist** – wie bisher – von der Hauptversammlung zu wählen und seit der Änderung durch das KonTraG[133] vom 27.4.1998 (BGBl. I S. 786) **vom Aufsichtsrat** gemäß Abs. 2 S. 3 mit der Durchführung der Prüfung des Jahres- und Konzernabschlusses gemäß § 290 HGB **zu beauftragen.** Mit dieser Gesetzesänderung erfolgte eine weitere Ausnahme der gesetzlichen Vertretung der Gesellschaft durch den Vorstand (zu weiteren Ausnahmen → § 112 Rn. 1 ff.), um die Unterstützungsfunktion, die dem Abschlussprüfer vis-à-vis dem Aufsichtsrat zukommt, und die Unabhängigkeit gegenüber dem Vorstand rechtlich abzusichern.[134] Hierzu korrespondieren die ebenfalls durch das KonTraG novellierten §§ 171 Abs. 1 S. 2, 321 Abs. 5 S. 2 HGB, die die Teilnahmepflicht des Abschlussprüfers an der Bilanzsitzung des Aufsichtsrates oder des Prüfungsausschusses normieren. Erfasst wird somit von Abs. 2 S. 3 das Vertragsverhältnis zwischen Abschlussprüfer und Gesellschaft. **Nicht erfasst** von der Neuregelung ist die **Vergabe anderer Aufträge an die Prüfer,** wie zB Aufträge zur freiwilligen Prüfung oder Beratung, so dass es hier bei der gesetzlichen Vertretung durch den Vorstand bleibt.[135] 59

2. Wahl des Abschlussprüfers. Die Wahl des Abschlussprüfers erfolgt **durch die Hauptversammlung** (§ 318 HGB). Nach Bekanntgabe des Beschlusses ist der Aufsichtsrat gehalten, unverzüglich den Prüfungsauftrag zu erteilen.[136] Bei Verstoß erfolgt Zwangsgeld gemäß § 335 S. 1 Nr. 3 HGB. Der Aufsichtsrat hat in der Bekanntmachung der Tagesordnung der Hauptversammlung einen Vorschlag zur Wahl des Abschlussprüfers zu machen. Nach dem Gesetz zur Modernisierung des Bilanzrechts (BilMoG) vom 25.5.2009 (BGBl. I S. 1102; → § 107 Rn. 105 ff.) hat nunmehr der Prüfungsausschuss dem Plenum des Aufsichtsrats einen Wahlvorschlag machen (§ 124 Abs. 3 S. 2). Der Vorschlag erfolgt durch das Plenum des Aufsichtsrats; der Vorstand ist nicht befugt, an dem Vorschlag mitzuwirken. Der vorgeschlagene Prüfer muss für die Prüfung geeignet sein und es dürfen für die Übernahme des Mandates keine Gründe entgegenstehen, außerdem muss die Vergütung angemessen sein. Die Bedeutung der Beauftragung durch den Aufsichtsrat wird auch durch die Formulierungen der Ziff. 7.2.1 Abs. 1 DCGK deutlich, dass der Aufsichtsrat bzw. der Prüfungsausschuss eine Erklärung des vorgesehenen Prüfers einholt, ob und ggf. welche geschäftlichen, finanziellen, persönlichen und sonstigen Beziehungen zwischen dem Prüfer und seinen Organen und Prüfungsleitern und dem Unternehmen und seinen Organmitgliedern bestehen, die Zweifel an seiner Unabhängigkeit begründen könnten. Auch soll dargestellt werden, in welchem Umfang Leistungen auf anderen Gebieten insbesondere Beratungsleistungen für das Unternehmen erbracht wurden oder werden. Ferner soll vereinbart werden, dass der Aufsichtsrat auch während der Prüfung über mögliche Befangenheitsgründe unverzüglich informiert wird.[137] 60

Der **Aufsichtsrat** sollte möglichst **mehrere Angebote** von Wirtschaftsprüfern **anfordern** und diese **vergleichen.**[138] Nach Prüfung auf Eignung und Befangenheit sollten die **Prüfungsschwerpunkte** und die **Vergütung erörtert werden.** Liegen die Voraussetzungen für eine sachgerechte Prüfung und angemessene Honorierung vor, wird er Beschluss fassen und seinen Vorschlag zur Tagesordnung veröffentlichen. Für börsennotierte und kapitalmarktorientierte Gesellschaften schlägt Ziff. 5.3.2 DCGK ua vor, dass sich der Prüfungsausschuss mit der Erteilung des Prüfungsauftrags an den Abschlussprüfer, der Bestimmung von Prüfungsschwerpunkten – ohne Unterschreitung der gesetzlichen Mindestanforderungen – und der Honorarvereinbarung befasst.[139] Eine **komplette Delegation auf einen Ausschuss** ist nach hM **zulässig.**[140] Die Information über die Bestellung erfolgt durch den Vorstand. Die ausschließliche Zuständigkeit des Aufsichtsrats für die Verbindung der Gesellschaft mit dem Prüfer beginnt erst mit der Erteilung des Prüfungsauftrages. 61

---

[133] Vgl. Begr. RegE, BT-Drs. 13/9712, 16.

[134] Vgl. Begr. RegE, BT-Drs. 13/9712, 16; MüKoAktG/*Habersack* Rn. 78.

[135] Spindler/Stilz/*Spindler* Rn. 56.

[136] MüKoAktG/*Habersack* Rn. 82; GroßkommAktG/*Hopt/Roth* Rn. 457.

[137] Vgl. hierzu die Ausführungen KBLW/*Kremer* Rn. 1356 ff.; *Peltzer* Rn. 356 ff. mwN; *Gelhausen/Kuss* NZG 2003, 424 ff.; *Claussen* BB 2003, 466 f.

[138] GroßkommAktG/*Hopt/Roth* Rn. 464; MüKoAktG/*Semler,* 2. Aufl. 2004, Rn. 320.

[139] Für beides vgl. Begr. RegE, BT-Drs. 13/9712, 16.

[140] MüKoAktG/*Habersack* Rn. 86; Hüffer/*Koch* Rn. 27; KK-AktG/*Mertens/Cahn* Rn. 71; Spindler/Stilz/*Spindler* Rn. 50, 52; *Vetter* in Marsch-Barner/Schäfer HdB AG § 26 Rn. 65; *Hommelhoff* BB 1998, 2567 (2570); *Hoffmann-Preu* Rn. 310.

62 **3. Erteilung des Auftrages.** Der **Aufsichtsrat schließt den Prüfungsvertrag,** ein Geschäftsbesorgungsvertrag mit primär werkvertraglicher Prägung, **im Namen der Gesellschaft** ab.[141] Die Unterzeichnung erfolgt normalerweise durch den Aufsichtsratsvorsitzenden auf Basis des Aufsichtsratsbeschlusses. Der Auftrag kann **auch von einem Ausschuss,** zumeist dem Prüfungsausschuss, erteilt werden.[142] Damit ist seit dem Inkrafttreten des KonTraG der Vorstand nicht mehr zur Vertretung der Gesellschaft bei diesem Vertragsabschluss berechtigt, was die Unterstützungsfunktion, die dem Abschlussprüfer gegenüber dem Aufsichtsrat zukommt, rechtlich absichert.[143] Formvorschriften für den Abschluss des Vertrages bestehen nicht; jedoch sollte zu Beweiszwecken eine Vertragsdokumentation erstellt werden, die die wesentlichen Vertragsbestandteile nach IDW-Prüfungsstandard enthält.[144] Während der Prüfungszeit ist der Aufsichtsratsvorsitzende bzw. der Vorsitzende des Prüfungsausschusses in Vertretung für das Gremium die Verbindungsperson zum Abschlussprüfer. Der **Vorstand** ist jedoch **verpflichtet** den **Abschlussprüfer** mit den erforderlichen Unterlagen, Belegen und Nachweisen **zu versorgen** (→ Rn. 64 f.). Gegenstand der Prüfung und die Grundsätze und ihrer Durchführung sind in § 317 HGB festgelegt, wobei auch eine Festlegung über mehrere Jahre hinweg sinnvoll sein kann.[145] Die Frage, ob ggf. entstandene Schadensersatzansprüche der Gesellschaft gegen den Abschlussprüfer wegen fehlerhafter Prüfung in Fortsetzung des Vertretungsgedanken des Abs. 2 S. 3 auch vom Aufsichtsrat geltend zu machen sind, ist wohl zu verneinen,[146] da der Aufsichtsrat den Vorstand und nicht den Abschlussprüfer kontrolliert.

63 Um den Prüfungsauftrag unverzüglich nach der Wahl des Abschlussprüfers erteilen zu können, **kann** der **Aufsichtsrat** auch einen **Vorab-Beschluss fassen** und zwar unter der aufschiebenden Bedingung der Wahl in der Hauptversammlung sowie den auflösenden Bedingungen, dass keine Ersatzbestellung nach § 318 Abs. 3 HGB und keine erfolgreiche Anfechtung des Hauptversammlungsbeschlusses erfolgt.[147] Sollte sich die Zusammensetzung des Aufsichtsrats grundlegend ändern, bleibt es grundsätzlich bei der erfolgten Vorab-Beschlussfassung. Der neue Aufsichtsrat kann den Beschluss über die Vorab-Beauftragung jedoch widerrufen und neu verhandeln. Eine Hauptversammlung unterbricht die Amtsperiode eines Aufsichtsrats nicht, alle gefassten Beschlüsse gelten weiter.[148]

64 **4. Durchführung der Abschlussprüfung.** Der **Aufsichtsrat,** meist der Aufsichtsratsvorsitzende bzw. der Vorsitzende des Prüfungsausschusses, sollte **während der Prüfung laufend Kontakt mit dem Abschlussprüfer** halten.[149] Hierzu gehört auch die Entgegennahme von Zwischenberichten.[150] Dementsprechend empfiehlt Ziff. 7.2.3 DCGK zu vereinbaren, dass der **Abschlussprüfer** während der Durchführung der Abschlussprüfung **unverzüglich über alle** für die Aufsichtsratsaufgaben **wesentlichen Feststellungen und Vorkommnisse berichtet;** ferner wird eine Vereinbarung vorgeschlagen, wonach der Abschlussprüfer den Aufsichtsrat informiert oder entsprechend im Prüfungsbericht vermerkt, wenn er bei der Durchführung der Abschlussprüfung auf Tatsachen stößt, die eine Unrichtigkeit der abgegebenen Entsprechenserklärung ergibt. Der Vorstand und seine Geschäftsführungstätigkeit ist Objekt der Prüfung, der Aufsichtsrat das zuständige Vertretungsorgan der Gesellschaft gegenüber dem Abschlussprüfer.[151] Der Bericht ist dem Aufsichtsrat vorzulegen, dem Vorstand ist vor Zuleitung Gelegenheit zur Stellungnahme zu geben (§ 321 Abs. 5 S. 2 Hs. 2).[152] Es ist allgemein **üblich** und nicht zu beanstanden, dass der **Vorstand vorab** ein **noch nicht endgültiges Berichtsexemplar** erhält. Auch eine Erörterung dieses Vorabberichtes zwischen Vorstand und Abschlussprüfer mit dem Ziel, sicherzustellen, dass alle Informationen richtig und vollständig verarbeitet wurden, ist nicht zu beanstanden. Eine Einflussnahme auf Art und Inhalt des Berichtes ist jedoch unzulässig.[153] Die Übersendung eines Vorabberichtes an den Vorstand ist zu dokumentieren und eine Urschrift des Vorabberichtes aufzubewahren (§ 238 Abs. 2 HGB).[154] Der **Prüfungsbericht**

---

[141] BGHZ 124, 27 (30) = NJW 1994, 323; OLG Dresden BeckRS 2015, 15203 Rn. 33; MüKoAktG/*Habersack* Rn. 83; Schmidt/Lutter/*Drygala* Rn. 37.

[142] Hüffer/*Koch* Rn. 27; GroßkommAktG/*Hopt/Roth* Rn. 487; MüKoAktG/*Habersack* Rn. 82, 86; KK-AktG/*Mertens/Cahn* Rn. 71, jetzt auch Schmidt/Lutter/*Drygala* Rn. 40; aA *Hommelhoff* BB 1998, 2567.

[143] Vgl. Begr. RegE, BT-Drs. 13/9712, 16; MüKoAktG/*Habersack* Rn. 78.

[144] GroßkommAktG/*Hopt/Roth* Rn. 460; KK-AktG/*Claussen* HGB § 318 Rn. 22.

[145] MüKoAktG/*Semler,* 2. Aufl. 2004, Rn. 326.

[146] So auch *Schuhknecht* GWR 2015, 316 (318).

[147] MüKoAktG/*Habersack* Rn. 82; Spindler/Stilz/*Spindler* Rn. 49; GroßkommAktG/*Hopt/Roth* Rn. 458.

[148] MüKoAktG/*Semler,* 2. Aufl. 2004, Rn. 331 f.

[149] Hüffer/*Koch* Rn. 29; MüKoAktG/*Habersack* Rn. 87.

[150] GroßkommAktG/*Hopt/Roth* Rn. 468.

[151] MüKoAktG/*Semler,* 2. Aufl. 2004, Rn. 334.

[152] Staub/*Zimmer* HGB § 321 Rn. 49.

[153] MüKoAktG/*Semler,* 2. Aufl. 2004, Rn. 341.

[154] MüKoAktG/*Semler,* 2. Aufl. 2004, Rn. 342.

ist vom **Abschlussprüfer gemeinsam mit der Stellungnahme des Vorstands dem Aufsichtsrat auszuhändigen** (§ 321 Abs. 5 S. 2 HGB). Sofern der Aufsichtsrat gemäß § 170 Abs. 2 S. 3 beschlossen hat, die Aushändigung auf Mitglieder eines Ausschusses zu beschränken, ist es schon aus haftungsrechtlichen Gründen empfehlenswert, dass jedem Aufsichtsratsmitglied, das nicht Ausschussmitglied ist, Gelegenheit zur Einsichtnahme in den Bericht gegeben wird.[155]

Der Vorstand und nicht der Aufsichtsrat muss alle für eine sachgerechte Prüfung erforderlichen Unterlagen, Nachweise und Auskünfte zur Verfügung stellen. Gegenüber dem Abschlussprüfer hat der Vorstand die sog. Vollständigkeitserklärung abzugeben. **Bei Meinungsverschiedenheiten zwischen Abschlussprüfer und Vorstand** über die Auslegung und Anwendung der entsprechenden gesetzlichen Bestimmungen **ist der Vorstand zuständig.** Kommt es zu keiner Einigung, entscheidet gemäß § 324 HGB das Gericht auf Antrag des Abschlussprüfers oder des gesetzlichen Vertreters der Gesellschaft. 65

Managementletter (Feststellungen des Abschlussprüfers, die nicht abschlussrelevant sind) und ähnliche Dokumente sind an die Gesellschaft und wegen der in Prüfungsfragen bestehenden gesetzlichen Vertretung der Gesellschaft durch den Aufsichtsrat zu Händen des Aufsichtsrats zu richten. Unbedenklich ist es, wenn der Abschlussprüfer den Managementletter auch an den Vorstand richtet. Soweit überwachungsrelevante Sachverhalte angesprochen sind, hat der Aufsichtsratsvorsitzende ihn allen Aufsichtsratsmitgliedern zugänglich zu machen.[156] 66

Der **Aufsichtsrat prüft** bei der **Auftragsabrechnung** die **Richtigkeit** der **Wertansätze,** dh ob die zwischen ihm und dem Abschlussprüfer vereinbarten Sätze zugrunde gelegt wurden, dokumentiert durch den Aufsichtsratsvorsitzenden die Korrektheit und gibt die Honorarzahlung durch den Vorstand frei.[157] Der **Vorstand** ist zuständig für die **Überprüfung** des **Mengenansatzes.** Sollte es in der Abwicklung des Prüfungsauftrages zu Leistungsstörungen kommen, werden die Rechte der Gesellschaft vom Aufsichtsrat aufgrund seiner gesetzlichen Vertretungsbefugnis in Prüfungsthemen geltend gemacht (Abs. 2 S. 3). 67

Zur Umsetzung der RL 2014/95/EU des Europäischen Parlaments und des Rates vom 22.10.2014 zur Änderung der RL 2013/34/EU wurde im Hinblick auf die Angabe nichtfinanzieller und die Diversität betreffender Information durch bestimmte große Unternehmen und Gruppen (ABl. L 330 S. 1, ABl. L 309 S. 79) ein neuer Satz als Abs. 2 S. 4 eingefügt (CSR-RL-Umsetzungsgesetz vom 11.4.2017, BGBl. I S. 802, 812), wonach der Aufsichtsrat über den bisherigen Umfang des Abs. 2 hinaus eine externe inhaltliche Überprüfung der nichtfinanziellen Erklärung oder des gesonderten nichtfinanziellen Berichts (§ 289b HGB), der nichtfinanziellen Konzernerklärung oder des gesonderten nichtfinanziellen Konzernberichts (§ 315b HGB) beauftragen kann (→ § 107 Rn. 65). 67a

IV. Einberufung einer außerordentlichen Hauptversammlung (Abs. 3)

Der Aufsichtsrat ist nach Abs. 3 verpflichtet die Hauptversammlung einzuberufen, wenn es das Wohl der Gesellschaft erfordert. Die Einberufung durch den Aufsichtsrat kommt in der Praxis selten vor, da normalerweise der Aufsichtsrat den Vorstand zur Einberufung veranlasst und die Einwirkungsmöglichkeiten der Hauptversammlung auf die Geschäftsführung des Vorstandes eher gering sind.[158] Das **Wohl der Gesellschaft** erfordert die Einberufung zB in den Fällen, in denen die Hauptversammlung einem Vorstandsmitglied das Vertrauen entziehen soll, um die Bestellung des Vorstandsmitglieds gemäß § 84 Abs. 3 S. 2 zu widerrufen oder in den Fällen, in denen der Vorstand bei unternehmenswesentlichen und strukturändernden Entscheidungen die Hauptversammlung nach § 119 Abs. 2 einberufen müsste und dies unterlässt.[159] Unterstellt das **Wohl der Gesellschaft** erfordert es, darf demnach der Aufsichtsrat Beschlüsse, die im Kompetenzbereich der Hauptversammlung liegen, initiieren.[160] Nach der Rechtsprechung[161] stehen dem Aufsichtsrat als Annexkompetenz die Zuständigkeiten zu, die in diesem Fall üblicherweise dem Vorstand zugewiesen sind (zB die Beauftragung eines Hauptversammlungsdienstleisters, die Veröffentlichung der Einladung im Bundesanzeiger, die Notarbeauftragung etc). Die Frage, ob die bloße Verschaffung eines Meinungsbildes in der Hauptversammlung zulässig ist, ist umstritten.[162] Dies kann in der 68

[155] MüKoAktG/*Semler,* 2. Aufl. 2004, Rn. 344.
[156] MüKoAktG/*Semler,* 2. Aufl. 2004, Rn. 346; Spindler/Stilz/*Spindler* Rn. 55.
[157] MüKoAktG/*Semler,* 2. Aufl. 2004, Rn. 348.
[158] *Bea/Scheurer* DB 1994, 2145 (2149).
[159] BGHZ 83, 122 = NJW 1982, 1703 – Holzmüller; BGHZ 159, 30 = NJW 2004, 1860 – Gelatine.
[160] Schmidt/Lutter/*Drygala* Rn. 45; KK-AktG/*Mertens/Cahn* Rn. 73.
[161] OLG Frankfurt NZG 2014, 1232.
[162] Dafür: Schmidt/Lutter/*Drygala* Rn. 46; MüKoAktG/*Semler,* 2. Aufl. 2004, Rn. 356; *Lutter/Krieger/Verse* Rn. 136; dagegen Hüffer/*Koch* Rn. 31; Spindler/Stilz/*Spindler* Rn. 58, KK-AktG/*Mertens/Cahn* Rn. 74.

Praxis insbesondere dann virulent werden, wenn es zwischen Vorstand und Aufsichtsrat zu Meinungsverschiedenheiten in Geschäftsführungsfragen kommt. Diese sind jedoch dem Vorstand vorbehalten und er entscheidet, ob er sie gemäß § 119 Abs. 2 der Hauptversammlung vorlegt. In diesen Fällen hat der Aufsichtsrat zwei Handlungsmöglichkeiten: Zum einen kann er die streitige Geschäftsführungsfrage durch Beschluss seinem Zustimmungsvorbehalt gemäß § 111 Abs. 4 S. 2 unterwerfen. Zum anderen hat er die Möglichkeit zur Vorbereitung der Vorstandsabberufung die Hauptversammlung zum Entzug des Vertrauens in das betreffende Vorstandsmitglied einzuberufen. Dies spricht dafür, dass es keiner vom Aufsichtsrat einzuberufenden Hauptversammlung zur Ermittlung eines Meinungsbildes bedarf.

69 Zur Einberufung der Hauptversammlung ist ein Beschluss des gesamten Aufsichtsrats (§ 108 Abs. 1) **mit einfacher Mehrheit** erforderlich; die Beschlussfassung kann gemäß § 107 Abs. 3 S. 2 nicht auf einen Ausschuss delegiert werden (→ § 107 Rn. 164). Nur ein amtierender Aufsichtsrat kann einberufen. Bei nichtiger Wahl des Aufsichtsrats sind die Beschlüsse der durch ihn einberufenen Hauptversammlung nichtig, da sie nicht ordnungsgemäß einberufen wurde.[163] Ob die Nichtigkeit des Einberufungsbeschlusses des Aufsichtsrates die Nichtigkeit gemäß § 241 Nr. 1 nach sich zieht, ist umstritten;[164] bei Beschlussunfähigkeit des Aufsichtsrates sollte von der Nichtigkeit uneingeschränkt ausgegangen werden.[165] Es gelten die Vorschriften zur Einberufung der Hauptversammlung nach §§ 121 Abs. 3 und 4, 123 ff. Die Kosten fallen der Gesellschaft zur Last. Nur in sehr engen Grenzen ist eine Schadensersatzpflicht gemäß §§ 93, 116 der zustimmenden Aufsichtsratsmitglieder möglich,[166] insbesondere wenn vorher ausführlich Rat über die Rechtslage eingeholt wurde, dürfte eine Schadensersatzpflicht ausscheiden.

V. Geschäftsführungsverbot; Zustimmungsvorbehalte (Abs. 4)

70 **1. Geschäftsführungsverbot.** Das Gesetz unterscheidet streng zwischen Geschäftsführung durch den Vorstand und der Überwachung durch den Aufsichtsrat. Letzterer ist von der Geschäftsführung ausgeschlossen. Damit soll die eigenverantwortliche Leitung der Gesellschaft durch den Vorstand sichergestellt werden.[167] Insofern wiederholt Abs. 4 S. 1 den Inhalt von Abs. 1 S. 1. Abs. 4 S. 1 richtet sich an den Gesamtaufsichtsrat als Organ. Nicht adressiert werden einzelne Aufsichtsratsmitglieder, wie zB der Vertreter der leitenden Angestellten im Unternehmen, der funktionsbezogen sehr wohl Aufgaben zumindest in Nähe der Geschäftsführung ausüben kann. Die Übertragung von Geschäftsführungsaufgaben im Einzelfall an einzelne Aufsichtsratsmitglieder ist nach zutreffender Meinung ebenfalls zulässig, solange die Wahrnehmung der Überwachungsfunktion nicht gefährdet ist.[168] Ein Verstoß gegen das Geschäftsführungsverbot stellt eine zum Schadensersatz führende **Pflichtwidrigkeit** des Aufsichtsratsmitgliedes nach §§ 116, 93 dar.

71 **2. Ausnahmen.** Die folgenden Maßnahmenbeispiele geben einen Überblick über bestehende Ausnahmen vom **Verbot der Geschäftsführung** durch den Aufsichtsrat:

- **Abschluss und Beendigung von Anstellungsverträgen mit Vorstandsmitgliedern.** Hinsichtlich des Abschlusses, der Veränderung oder Beendigung von Anstellungsverträgen mit Vorstandsmitgliedern ist der Aufsichtsrat allein geschäftsführungs- und vertretungsbefugt. Eine Delegation an einen Ausschuss ist zulässig.
- **Zustimmungskatalog.** Der Aufsichtsrat kann bestimmte Maßnahmen der Geschäftsführung von seiner Zustimmung abhängig machen, auch wenn die Satzung bereits einen Katalog von Zustimmungsvorbehalten enthält (→ Rn. 72 ff.). Er muss dies tun, wenn die Satzung eine solche Festlegung nicht vorgenommen hat. Damit hat er zwar nicht die Möglichkeit Maßnahmen oder Geschäfte zu initiieren, aber zu verhindern.
- Der Aufsichtsrat prüft und beschließt die **Einzelmaßnahmen,** die ihm der Vorstand gemäß Zustimmungskatalog zur Entscheidung vorlegt. In diesen Fällen geht die Pflicht des Aufsichtsrats über die Prüfung der Ordnungsmäßigkeit und Rechtmäßigkeit hinaus und wird in diesen Einzelfällen zur eigenen unternehmerischen Entscheidung.[169] (→ Rn. 82)

---

[163] GroßkommAktG/*Hopt/Roth* Rn. 236; MüKoAktG/*Habersack* Rn. 94.

[164] Verneinend MüKoAktG/*Semler,* 2. Aufl. 2004, Rn. 28; aA GroßkommAktG/*Hopt/Roth* Rn. 552.

[165] So auch MüKoAktG/*Habersack* Rn. 94.

[166] GroßkommAktG/*Hopt/Roth* Rn. 555; MüKoAktG/*Habersack* Rn. 95; aA MüKoAktG/*Semler,* 2. Aufl. 2004, Rn. 365.

[167] MüKoAktG/*Habersack* Rn. 96; KK-AktG/*Mertens/Cahn* Rn. 77.

[168] So auch Spindler/Stilz/*Spindler* Rn. 61; MüKoAktG/*Semler,* 2. Aufl. 2004, Rn. 370; aA wohl GroßkommAktG/*Hopt/Roth* Rn. 560, 582.

[169] MüKoAktG/*Habersack* Rn. 127; Spindler/Stilz/*Spindler* Rn. 72; KK-AktG/*Mertens/Cahn* Rn. 111.

– Maßnahmen, im Zusammenhang mit der **Amtsführung.** Beispielfälle sind die Bestellung von Räumen und Verpflegung für die Sitzungen, Bestellung von sachlichen und personellen Ressourcen für die Aufsichtsratsarbeit, Bestellung von Sachverständigen oder sonstigen Hilfskräften.
– **Satzungsänderungen,** die nur die Fassung betreffen, kann der Aufsichtsrat, sofern er von der Hauptversammlung hierzu bevollmächtigt wurde, durchführen.
– **§ 32 MitbestG** und § 15 MitbestErgG schreiben in einen Katalog von Maßnahmen vor, die in mitbestimmten Konzernen bei einer mittelbaren oder unmittelbaren Beteiligungsquote von 25% und mehr zu einer Beschlusspflicht in der Obergesellschaft führen.
– Der Aufsichtsrat von börsennotierten Gesellschaften gibt zumindest einmal jährlich eine eigenständige **Entsprechenserklärung** zum DCGK ab, die er idealiter mit der des Vorstands abstimmt (§ 161).
– Der vom Vorstand aufgestellte **Jahresabschluss** muss vom Aufsichtsrat geprüft werden. Handelt es sich beim Unternehmen um eine Obergesellschaft mit verbundenen Unternehmen, hat der Aufsichtsrat auch den Konzernabschluss und den Konzernlagebericht zu prüfen. Im Einzelabschluss und sowie im Konzernabschluss muss der Aufsichtsrat eigenständig prüfen, ob er sich den Ansatz- und Bewertungsentscheidungen des Vorstands anschließt.
– Der Aufsichtsrat hat sich auch mit den **Grundsätzen** der vom Vorstand beabsichtigten **Geschäftspolitik** zu befassen. Ziel ist es eine Übereinstimmung von Vorstand und Aufsichtsrat bezüglich der langfristigen unternehmerischen Ziele und Strategien zu erreichen. Für börsennotierte und kapitalmarktorientierte Gesellschaften beschreibt daher der DCGK, dass der Vorstand die strategische Ausrichtung des Unternehmens mit dem Aufsichtsrat abstimmt und mit ihm in regelmäßigen Abständen den Stand der Strategieumsetzung erörtert (Ziff. 3.2 DCGK).

3. Zustimmungsvorbehalte (Abs. 4 S. 2). a) Allgemeines. Regelungen in Satzung und Geschäftsordnung, die bestimmte Geschäftsführungsmaßnahmen an die Zustimmung des Aufsichtsrats binden, sind von zunehmender Bedeutung in der Unternehmenspraxis. Für börsennotierte und kapitalmarktorientierte Gesellschaften formuliert Ziff. 3.3 DCGK (Abdruck → § 161 Rn. 67): „Für Geschäfte von grundlegender Bedeutung legen die Satzung oder der Aufsichtsrat – dieser gegenenfalls auch im Einzelfall – Zustimmungsvorbehalte zugunsten des Aufsichtsrats fest. Hierzu gehören Entscheidungen oder Maßnahmen, die die Vermögens-, Finanz- oder Ertragslage des Unternehmens grundlegend verändern.“ Insofern beschreibt der Kodex wieder einmal die bestehende Gesetzeslage. Der Einschub in Parenthese ist aus Klarstellungsgründen im Rahmen der Beschlussfassung über die Änderung des DCGK am 5.5.2015 in den Text des Kodex aufgenommen worden (→ Rn. 72a).[170] Mit dem TransPuG vom 19.7.2002 (BGBl. I S. 2681) hat sich der Gesetzgeber entschieden, zu normieren, dass die Aktiengesellschaft für bestimmte Arten von Geschäften einen Zustimmungsvorbehalt haben muss, um damit die Effizienz der präventiven Überwachung sowie das Verantwortungsbewusstsein des Gremiums insgesamt zu stärken.[171] Damit hat er jedoch nicht die eigenverantwortliche Leitung durch den Vorstand aufgehoben. Der Vorbehalt muss sich auf **bestimmte** und der Art nach **bedeutsame Geschäfte** beziehen.[172] Da es sich nach dem Willen des Gesetzgebers um bedeutsame Geschäfte für die Gesellschaft handeln muss, findet die Vorschrift keine Anwendung auf Tagesgeschäfte bzw. auf Geschäfte des gewöhnlichen Geschäftsbetriebes.[173] In der Praxis hat es sich daher gezeigt, dass bestimmte Geschäfte erst ab Erreichen bzw. Überschreiten einer bestimmten Betragsschwelle relevant für den Zustimmungskatalog werden. Legt die Satzung – wie üblich – solche Schwellen nicht fest, fällt dies in die Zuständigkeit des Aufsichtsrats (Plenarbeschluss gemäß § 107 Abs. 3 S. 2). 72

Legt die Satzung einige Zustimmungsvorbehalte fest, kann der Aufsichtsrat in seiner Geschäftsordnung weitere Vorbehalte zulassen, da das Gesetz hier eine gemeinsame Katalogkompetenz regelt.[174] Den Aufsichtsrat trifft die Pflicht bei lückenhafter Satzungsregelung in der Geschäftsordnung oder im Wege eines ad-hoc-Beschlusses (→ Rn. 75) Zustimmungsvorbehalte anzuordnen und einen entsprechenden Katalog aufzustellen.[175] Ziff. 3.3 DCGK stellt seit Beschlussfassung der Regierungskommission vom 5.5.2015 klar, dass dies auch im Einzelfall möglich ist. Die Festlegung kann in einer Geschäftsordnung für den Vorstand oder durch den Aufsichtsrat erfolgen.[176] Eine 72a

[170] *Peters/Hecker* BB 2015, 1859 (1863).
[171] *Götz* NZG 2002, 599 (602).
[172] Spindler/Stilz/*Spindler* Rn. 65; MüKoAktG/*Habersack* Rn. 106.
[173] Begr. RegE, BT-Drs. 14/8769, 17; GroßkommAktG/*Hopt/Roth* Rn. 641; MüKoAktG/*Semler,* 2. Aufl. 2004, Rn. 399; *Bernhardt* ZHR 159 (1995), 310 (313).
[174] *Grootehorst* NZG 2011, 921 (922); *Jens Hüffer* FS Hüffer, 2010, 365 (367).
[175] OLG Düsseldorf BeckRS 2015, 16131 Rn. 40.
[176] BGHZ 124, 111 = NJW 1994, 520; OLG Düsseldorf BeckRS 2015, 16131 Rn. 40; *Habersack* FS Hüffer, 2010, 259 (263).

Festsetzung durch gesonderten Beschluss ist ebenfalls möglich. Auf jeden Fall ist der Vorstand über die Maßnahme zu informieren.[177] Die Festlegungspflicht des Aufsichtsrates zielt „auf die Schaffung eines auf die Verhältnisse der konkreten Gesellschaft zugeschnittenen Mindestkataloges zustimmungsbedürftiger Geschäfte von grundlegender Bedeutung" ab.[178] Um die **konkreten Verhältnisse** der Gesellschaft zu berücksichtigen, hat der Aufsichtsrat eine **unternehmensbezogene Konkretisierung** vorzunehmen. Das bedeutet, dass er für die konkrete Gesellschaft das **rechte Maß an Vorbehalten zu entwickeln** hat.[179] Seine Entscheidung hierüber unterliegt nicht der business judgment rule der §§ 116 S. 1, 93 Abs. 1 S. 2;[180] etwas anderes gilt dann bei der konkreten Zustimmungsentscheidung über einen dem Zustimmungsvorbehalt unterliegenden Sachverhalt. Nach der Rechtsprechung des OLG Düsseldorf[181] ist der Aufsichtsrat in der Art und Weise seiner Konkretisierung weitestgehend frei. Er kann insbesondere die „erfassten Geschäfte nach allgemeinen Merkmalen, dh zum Beispiel nach Geschäftstypen bestimmen und dabei auch konkrete Schwellenwerte oder Betragsgrenzen vorsehen".[182] Für die Freiheit des Aufsichtsrats spricht auch die damit verbundene Effektivität der Überwachungstätigkeit. Die Grenze liegt im Verbot der Geschäftsführung für den Aufsichtsrat.[183] Darüber hinaus ist er verpflichtet im Jahresturnus zu prüfen, ob der Katalog und seine Grenzen noch zu Art und Umfang der Geschäftstätigkeit passen.[184] Nach hM muss es sich jedoch nicht zwingend um Maßnahmen mit rechtsgeschäftlichem Charakter handeln.[185] In den Katalog aufgenommen werden können auch interne Maßnahmen, wie die Aufnahme einer Produktlinie oder die Festlegung der Budgetplanung (→ Rn. 73).

73 Entscheidend ist – wegen der Auswirkung auf die Handlungsfähigkeit des Vorstands –, dass die Satzungsbestimmung oder der entsprechende Beschluss des Aufsichtsrats **eindeutig formuliert** ist.[186] Eine Formulierung wie zB „alle für die Gesellschaft wesentliche Geschäfte" genügt dem Bestimmtheitserfordernis nicht.[187] Unbestimmte Formulierungen führen dazu, dass im Zweifel der Vorbehalt unwirksam ist und der Vorstand uneingeschränkt geschäftsführungsbefugt ist.[188] Aus dem Konkretisierungsgebot sowie der Nähe zum Kern der Leitungskompetenz des Vorstands wird zum Teil im Schriftum geschlossen, dass interne Leitungsaufgaben wie die **Unternehmensplanung** keinem Zustimmungsvorbehalt unterworfen werden können.[189] Mit Blick auf die Berichtspflicht des Vorstands, die gemäß § 90 Abs. 1 Nr. 1 auch die beabsichtigte Geschäftspolitik und andere grundsätzliche Fragen der Unternehmenspolitik erfasst, ist jedoch der Literaturmeinung der Vorzug zu geben, die Einzelentscheidungen der **Unternehmensplanung,** die **jährliche Budgetplanung** sowie sogar die **Mehrjahresplanung** als zustimmungsfähig iSv Abs. 4 ansieht.[190] Gibt es Änderungen der vom Aufsichtsrat genehmigten Planung, so ist diese erneut dem Aufsichtsrat zur Zustimmung vorzulegen.[191] Nach zutreffender Meinung[192] sind Unterlassungsmaßnahmen des Vorstands nicht zustimmungsfähig iSv Abs. 4, da ihre Verweigerung den Vorstand zum aktiven Tun verpflichten würde. Dies würde gegen das für den Aufsichtsrat bestehende Geschäftsführungsverbot sprechen.[193]

74 **b) Beispiel eines Zustimmungskatalogs.** Inhaltlich kann der Zustimmungsvorbehalt externe wie interne Leitungsmaßnahmen erfassen. Ein typischer Zustimmungskatalog einer großen Aktiengesellschaft bzw. eines börsennotierten Unternehmens könnte wie folgt lauten:

---

177 OLG Düsseldorf BeckRS 2015, 16131 Rn. 40; *Schmidt/Lutter/Drygala* Rn. 52; Hüffer/*Koch* Rn. 38.

178 OLG Düsseldorf BeckRS 2015, 16131 Rn. 44.

179 MüKoAktG/*Habersack* Rn. 108.

180 MüKoAktG/*Habersack* Rn. 108; aA *Kropf* in Semler/v. Schenck AR HdB, 3. Aufl. 2009, § 8 Rn. 43.

181 OLG Düsseldorf BeckRS 2015, 16131 Rn. 44.

182 AA *Fleischer* BB 2013, 835 (839 ff.), der nur solche Geschäfte für zustimmungsvorbehaltsfähig hält, die besondere Risiken für die Gesellschaft oder Ertragslage bergen.

183 *Thiessen* AG 2013, 537 (579).

184 MüKoAktG/*Habersack* Rn. 107; *Lutter/Schmidt/Drygala* Rn. 56; *Grootehorst* NZG 2011, 921 (923); *Jens Hüffer* FS Hüffer, 2010, 365 (367); *Habersack* FS Hüffer, 2010, 259 (265).

185 *Lutter/Krieger/Verse* Rechte und Pflichten Rn. 120; KK-AktG/*Mertens/Cahn* Rn. 79; *Jens Hüffer* FS Hüffer, 2010, 365 (370).

186 OLG Düsseldorf BeckRS 2015, 16131 Rn. 44; Spindler/Stilz/*Spindler* Rn. 65; *Lutter/Schmidt/Drygala* Rn. 58.

187 KK-AktG/*Mertens/Cahn* Rn. 85; GroßkommAktG/*Hopt/Roth* Rn. 643; Hüffer/*Koch* Rn. 43; Lutter/*Krieger/Verse* Rechte und Pflichten Rn. 121.

188 MüKoAktG/*Semler,* 2. Aufl. 2004, Rn. 398; KK-AktG/*Mertens/Cahn* Rn. 84.

189 Spindler/Stilz/*Spindler* Rn. 66; differenzierter KK-AktG/*Mertens/Cahn* Rn. 86; Hüffer/*Koch* Rn. 41.

190 MüKoAktG/*Habersack* Rn. 112, GroßkommAktG/*Hopt/Roth* Rn. 652 f.; HK-AktR/*Bürgers/Israel* Rn. 24.

191 MüKoAktG/*Habersack* Rn. 112.

192 OLG Stuttgart BeckRS 2013, 12075; Spindler/Stilz/*Spindler* Rn. 68; MüKoAktG/*Habersack* Rn. 112; Schmidt/Lutter/*Drygala* Rn. 60.

193 *Lange* DStR 2003 379 f.

1. „Der Vorstand legt dem Aufsichtsrat jährlich den Unternehmensplan, der insbesondere die Finanz-, Investitions- und Personalplanung enthält, für das folgende Geschäftsjahr vor. Der Unternehmensplan bedarf der Zustimmung des Aufsichtsrats.[194]
2. Darüber hinaus bedarf der Vorstand für folgende Maßnahmen der Zustimmung des Aufsichtsrats:
   – Aufnahme neuer oder Aufgabe bestehender für die Gesellschaft/Konzern wesentlicher Geschäftsfelder;
   – Aufnahme von Anleihen oder Ausgabe von Schuldverschreibungen, sofern deren Wert im Einzelfall … übersteigt;
   – Gewährung von Krediten, Übernahme von Bürgschaften, Garantien und ähnlichen Haftungen zugunsten Dritter außerhalb des Konzerns (außerhalb des gewöhnlichen Geschäftsbetriebs, sofern die Einzelmaßnahme im Einzelfall … übersteigt);
   – Erwerb und Veräußerung von Unternehmen, Unternehmensteilen oder Unternehmensbeteiligungen, sofern der Wert der Maßnahme im Einzelfall … überschreitet;
   – Nicht im jährlichen Unternehmensplan enthaltene Investitionsvorhaben, sofern deren Wert im Einzelfall … überschreitet;
   – Abschluss und Beendigung von Unternehmensverträgen iSd §§ 291 ff.;
   – Erwerb, Veräußerung oder Belastung von Grundstücken, grundstücksgleichen Rechten oder Rechten an Grundstücken, sofern der Wert der Maßnahme im Einzelfall … übersteigt.
3. Der Vorstand bedarf der Zustimmung des Aufsichtsrats auch dann, wenn er an einer Maßnahme im Sinne der Ziff. 2 Nr. … eines mit der Gesellschaft verbundenen Unternehmens mitwirkt.
4. Der Aufsichtsrat kann weitere Maßnahmen bestimmen, die nur mit seiner Zustimmung vorgenommen werden dürfen."

Diese Aufführung kann **nur exemplarisch** sein, da es Aufgabe eines jeden Aufsichtsrates ist für 74a seine Gesellschaft unter Berücksichtigung ihrer individuellen Verhältnisse und ihrer wirtschaftlichen Lage einen **maßgeschneiderten Zustimmungskatalog** zu entwickeln.[195] Eine solche Entscheidung unterliegt nicht der business judgment rule der §§ 116 S. 1, 93 Abs. 1 S. 2, da es lediglich um das Abstecken eines Rahmens für zustimmungsbedürftige Sachverhalte und nicht um ein konkretes Geschäft geht.[196] Inhaltlich darf der Katalog den Vorstand nicht so weit einschränken, dass dieser keine Geschäfte mehr ohne die Mitwirkung des Aufsichtsrates tätigen kann. Der an die wirtschaftlichen Bedürfnisse der Gesellschaft angepasste Zustimmungskatalog erfasst Sachverhalte, die die Vermögens-, Finanz- und Ertragslage der Gesellschaft grundlegend verändern (so auch Ziff. 3.3 S. 2 DCGK)[197] und nicht zu dem üblichen Geschäft gehören.[198] Die Überwachungspflicht des Aufsichtsrates beinhaltet auch die ständige Überprüfungspflicht, ob der Katalog noch einschlägig oder ggf. zu erweitern ist.[199]

c) Einzelmaßnahmen. Der Aufsichtsrat kann auch im Einzelfall im Wege einer **ad hoc-Maßnahme** (→ Rn. 72a) bestimmte Vorstandsvorhaben verhindern, die noch nicht Gegenstand des Zustimmungskataloges sind.[200] Erkennt der Aufsichtsrat zB, dass bestimmte Vorstandsmaßnahmen die Grundsätze der Ordnungsmäßigkeit und der Rechtmäßigkeit verletzen bzw. die ermessensfehlerfreie Beurteilung der Zweckmäßigkeit vermissen lassen, muss er handeln, um nicht selbst seine Sorgfaltspflichten zu verletzen. Er kann in einer solchen Konstellation einen Zustimmungsvorbehalt beschließen und gleichzeitig die Zustimmung für die geplanten Maßnahme verweigern.[201] Der Aufsichtsrat kann jedoch zutreffenderweise nicht so weit gehen und einzelne oder der Art nach bestimmte Geschäftsführungsmaßnahmen dem Vorbehalt unterwerfen mit der Maßgabe, sie nur freizugeben, wenn der Vorstand einer bestimmten vom Aufsichtsrat vorgeschlagene Vorgehensweise folgt. Dies ist als Eingriff in die beim Vorstand liegende Geschäftsführungsbefugnis zu sehen.[202] Im Einzelfall kann es schwierig sein, die Grenze zur zulässigen Zustimmung unter bestimmten Auflagen zu ziehen. 75

d) Wirksamkeit auch ohne Zustimmung. Geschäfte des Vorstands sind aufgrund seiner Vertretungsmacht grundsätzlich wirksam, unabhängig davon, ob die Aufsichtsratszustimmung vorliegt 76

[194] Zum Meinungsstreit über die Zulässigkeit und Ausmaß der Zulässigkeit *Habersack* FS Hüffer, 2010, 259 (268) Fn. 55.
[195] MüKoAktG/*Habersack* Rn. 108.
[196] AA *Kropf* in Semler/v. Schenck AR HdB § 8 Rn. 43.
[197] Spindler/Stilz/*Spindler* Rn. 64; KK-AktG/*Mertens/Cahn* Rn. 84.
[198] MüKoAktG/*Habersack* Rn. 109.
[199] MüKoAktG/*Habersack* Rn. 107; *Grootehorst* NZG 2011, 921 (923); *Lieder* DB 2004, 2251 (2252 f.).
[200] BGHZ 124, 111 (127) = NJW 1994, 520; OLG Stuttgart BeckRS 2013, 12075; Hüffer/*Koch* Rn. 39; *Lutter/Krieger/Verse* Rechte und Pflichten Rn. 119; MHdB AG/*Hoffmann-Becking* § 29 Rn. 55.
[201] MüKoAktG/*Habersack* Rn. 115.
[202] MüKoAktG/*Habersack* Rn. 106; GroßkommAktG/*Hopt/Roth* Rn. 460.

oder nicht.[203] Eine Ausnahme gilt für die Zustimmungserfordernisse der § 32 MitbestG, § 15 MitbestErG, wonach der Vorstand bei der Ausübung von Beteiligungsrechten nicht über Vertretungsmacht nach außen verfügt.[204] In Fällen der Offensichtlichkeit eines Zustimmungsvorbehaltes oder seiner Verweigerung gelten die **Grundsätze über den Missbrauch der Vertretungsmacht.**[205] Ein ohne Zustimmung handelnder Vorstand handelt jedoch pflichtwidrig und macht sich ggf. schadensersatzpflichtig.

77 e) **Konzernsachverhalte.** Die Beschlusskompetenz von Hauptversammlung und Aufsichtsrat der herrschenden Gesellschaft geht in Konzernkonstellationen soweit, dass einzelne Maßnahmen konzernweit von der Zustimmung des **Aufsichtsrates der Obergesellschaft** abhängig gemacht werden. Dies erfolgt in der Kette: Der Aufsichtrat (der Obergesellschaft) bindet das Verhalten des Vorstandes (der Obergesellschaft) gegenüber dem Vorstand/der Geschäftsführung der Untergesellschaft an seine Zustimmung. Das hat zur Folge, dass der Vorstand bzw. die Geschäftsführung der Untergesellschaft faktisch an die Zustimmung des Aufsichtsrates der Obergesellschaft gebunden sind.[206] Die Zulässigkeit ergibt sich aus der Überwachungspflicht des Aufsichtsrates (der Obergesellschaft) gegenüber dem Vorstand (der Obergesellschaft), der zur Konzernleitung verpflichtet ist.[207] Es ist daher in Konzernen üblich und sachgerecht, bestimmte Konzernleitungsmaßnahmen des Vorstands der Obergesellschaft, wie zB die Konzernplanung, Strategie und Maßnahmen der Unternehmenspolitik (zB M&A-Geschäft) sowie die Stimmrechtsausübung der Obergesellschaft bei Geschäftsführerbestellung in abhängigen Unternehmen an die Zustimmung des Aufsichtsrates (der Obergesellschaft) zu binden. Daneben besteht nach wie vor die Möglichkeit einen Zustimmungsvorbehalt auch im Aufsichtsrat der abhängigen Gesellschaft für diese zu beschließen. Regelt der Zustimmungsvorbehalt somit seine Anwendung auch im Konzern, hat der Vorstand der Obergesellschaft durch geeignete Maßnahmen dafür Sorge zu tragen, dass er auch in den Untergesellschaften zur Anwendung kommt.[208] Zu beachten ist jedoch die eigenverantwortliche Entscheidung von Aufsichtsratsmitgliedern in Konzerngesellschaften sowie die je nach Konzernierung (faktisch, vertraglich oder eingegliedert) bestehenden unterschiedlichen Möglichkeiten der Einflussnahme.[209] Dem Unternehmensinteresse der Gesellschaft, in der sie das Mandat haben, bleiben sie weiter verpflichtet; sie entscheiden eigenverantwortlich und ohne Bindung an Vorstand oder Aufsichtsrat des herrschenden Unternehmens.[210] Es ist ferner empfehlenswert und in der Praxis üblich, über die Maßnahme in den Untergesellschaften erst abstimmen zu lassen, wenn bereits eine Entscheidung des Aufsichtsrats der Obergesellschaft vorliegt.[211]

78 Treffen weder die Satzung noch der Aufsichtsrat eine Regelung zu Maßnahmen im Konzern, ist die Rechtslage unklar. Es gilt die Auslegungsregel, dass eine Zustimmungskompetenz des Aufsichtsrates der Obergesellschaft vorliegt, wenn – unterstellt die abhängige Gesellschaft wäre eine unselbständige bei der Obergesellschaft eingegliederte Betriebseinheit – sie bei der Obergesellschaft erforderlich wäre.[212] Sollte der Zustimmungsvorbehalt jedoch ausschließlich durch den Aufsichtsrat festgelegt werden und dieser ihn nicht auf den Konzern erstrecken, ist zu vermuten, dass der Aufsichtsrat eine solche Erstreckung auch nicht gewollt hat.[213] Diese Differenzierung ist auch sachgerecht, da der Aufsichtsrat sehr viel flexibler als eine Hauptversammlung reagieren kann. Sollte die Satzung demnach eine konzernweite Anwendung nicht enthalten, kann der Aufsichtsrat die Konzernklausel jederzeit durch Beschluss einführen.[214] Vereinzelt wird im Schriftum eine Verpflichtung Zustimmungsvorbehalte für bestimmte Geschäfte konzernweit festzulegen gefordert.[215] Dies erscheint nach hier vertretener Auffassung zu weitgehend. Vielmehr muss dies im Einzelfall unter Berücksichtigung der jeweili-

---

[203] KK-AktG/*Mertens/Cahn* Rn. 112; Spindler/Stilz/*Spindler* Rn. 75.

[204] MüKoAktG/*Habersack* Rn. 129, 10; Hüffer/*Koch* § 78 Rn. 8a; aA *Crezelius* ZGR 1980, 359 (372).

[205] GroßkommAktG/*Hopt/Roth* Rn. 708 f.; KK-AktG/*Mertens/Cahn* Rn. 112; MüKoAktG/*Habersack* Rn. 131.

[206] MüKoAktG/*Habersack* Rn. 118; *Lutter* FS Happ, 2006, 143 f.; *Fonk* ZGR 2006, 841 (852 f.).

[207] Hüffer/*Koch* Rn. 51; Spindler/Stilz/*Spindler* Rn. 56.

[208] Spindler/Stilz/*Spindler* Rn. 88; Schmidt/Lutter/*Drygala* Rn. 67.

[209] MüKoAktG/*Semler*, 2 Aufl. 2004, Rn. 423 f.; Schmidt/Lutter/*Drygala* Rn. 67.

[210] MüKoAktG/*Habersack* Rn. 120.

[211] MüKoAktG/*Semler*, 2. Aufl. 2004, Rn. 416.

[212] GroßkommAktG/*Hopt/Roth* Rn. 688; Spindler/Stilz/*Spindler* Rn. 86; Schmidt/Lutter/*Drygala* Rn. 66; KK-AktG/*Mertens/Cahn* Rn. 96; MHdB AG/*Hoffmann-Becking* § 29 Rn. 57; *Löbbe*, Unternehmenskontrolle im Konzern, 2003, 322, 323 f.

[213] So KK-AktG/*Mertens/Cahn* Rn. 97; Spindler/Stilz/*Spindler* Rn. 86; aA Schmidt/Lutter/*Drygala* Rn. 66; Hüffer/*Koch* Rn. 53.

[214] MüKoAktG/*Semler*, 2. Aufl. 2004, Rn. 422.

[215] *Brower* Zustimmungsvorbehalte 337; *Götz* NGZ 2002, 599 (603).

gen Umstände der Konzernverbindung entschieden werden.[216] Eindeutig gilt die konzernweite Anwendung, wenn die Maßnahme aus Umgehungsabsicht auf Tochterunternehmen verlagert werden. Allein in Fällen schlichter Abhängigkeit (§ 17 Abs. 1) findet die Konzernanwendung mangels Vorliegen der einheitlichen Leitung nicht statt.[217]

f) Handlungsfreiheit des Vorstandes. Ist die Zustimmung einmal erteilt, liegt jedoch mittlerweile für den Vorstand die begründete Annahme vor, im Interesse der Gesellschaft das Geschäft nicht durchzuführen, so ist er frei von der Maßnahme wieder Abstand zu nehmen.[218] Die vom Aufsichtsrat erteilte Erlaubnis kann ihn davon nicht abhalten. 79

g) Handeln bei Gefahr im Verzug. Bei Gefahr im Verzug – für die Interessen der Gesellschaft – darf der Vorstand ausnahmsweise auch ohne die Zustimmung des Aufsichtsrats agieren.[219] In der Literatur wird zum Teil einschränkend vertreten, dass ein Rechtsgeschäft vom Vorstand unter Vorbehalt der Zustimmung des Aufsichtsrats vorgenommen werden kann, wenn es keinen Aufschub duldet. Die Satzung oder der Aufsichtsrat könnten bestimmen, dass in dringenden Fällen die nachträgliche Zustimmung des Aufsichtsrats genügt, sofern der Aufsichtsratsvorsitzende vorab informiert wurde und der Maßgabe zugestimmt hat.[220] Empfehlenswert ist in jedem Fall – soweit möglich – zusätzlich eine Kontaktaufnahme mit dem Aufsichtsratsvorsitzenden oder seinem Stellvertreter. 80

h) Beschlussfassung. Die Beschlussfassung über den Zustimmungskatalog hat durch das Plenum mit **einfacher Mehrheit** zu erfolgen. Die Beschlussfassung über ein Einzelgeschäft, das dem Zustimmungskatalog unterliegt, kann auf einen Ausschuss übertragen werden. Der gesetzliche Regelfall der zustimmenden Beschlussfassung ist die vorherige einwilligende Beschlussfassung.[221] 81

i) Ermessensentscheidung des Aufsichtsrates. Die Frage, ob der Aufsichtsrat der vorgeschlagenen Maßnahme seine Zustimmung erteilt oder nicht, liegt in seinem unternehmerischen Ermessen (sog. **Business Judgment Rule;** → § 116 Rn. 34 ff.).[222] Voraussetzung jedoch für die fehlerfreie Ermessensausübung ist die Entscheidung auf Basis einer angemessenen Informationsgrundlage (Gedanke des § 93 Abs. 1 S. 2). Grundsätzlich darf er bei seiner Entscheidung von der Richtigkeit der ihm vom Vorstand übermittelten Informationen, Unterlagen und Berichten ausgehen.[223] Bei erkennbarer Unvollständigkeit oder Unrichtigkeit, muss er jedoch Ergänzung oder Berichtigung verlangen.[224] Er kann dem Geschäft seine Zustimmung verweigern, auch wenn der Vorstand eine fehlerfreie Entscheidung getroffen hat.[225] In diesen Fällen hat der Aufsichtsrat jedoch, um eine persönliche Haftung zu vermeiden, seine Entscheidung sachlich zu rechtfertigen.[226] 82

j) Verweisung an die Hauptversammlung. Bei Verweigerung der Zustimmung durch den Aufsichtsrat, kann der Vorstand verlangen, dass die Hauptversammlung über die Zustimmung beschließt (Abs. 4 S. 3). Der Beschluss bedarf zwingend einer qualifizierten Mehrheit von mindestens dreiviertel der abgegebenen Stimmen, ohne dass die qualifizierte Kapitalmehrheit erforderlich ist.[227] Die Norm stellt damit eine Ergänzung des Rechtes des Vorstandes nach § 119 Abs. 2 dar. In der Praxis ist diese Bestimmung, soweit erkennbar, nicht virulent geworden.[228] 83

VI. Pflicht zur Festlegung von Zielgrößen für den Frauenanteil in Vorstand und Aufsichtsrat

1. Gleichstellungsgesetz. Mit dem Gesetz für die gleichberechtigte Teilhabe von Frauen und Männern an Führungspositionen in der Privatwirtschaft und dem öffentlichen Dienst (Gleichstel- 83a

[216] Schmidt/Lutter/*Drygala* Rn. 65; KK-AktG/*Mertens/Cahn* Rn. 92.
[217] MüKoAktG/*Semler,* 2. Aufl. 2004, Rn. 428.
[218] MüKoAktG/*Habersack* Rn. 128; KK-AktG/*Mertens/Cahn* Rn. 114.
[219] KK-AktG/*Mertens/Cahn* Rn. 106; Spindler/Stilz/*Spindler* Rn. 76.
[220] MüKoAktG/*Habersack* Rn. 124.
[221] KK-AktG/*Mertens/Cahn* Rn. 106; Hüffer/*Koch* Rn. 46; MüKoAktG/*Semler,* 2. Aufl. 2004, Rn. 436.
[222] Spindler/Stilz/*Spindler* Rn. 72; GroßkommAktG/*Hopt/Roth* Rn. 667; UHH/*Ulmer/Habersack* MitbestG § 25 Rn. 117a; *Vetter* in Marsch-Barner/Schäfer HdB AG § 26 Rn. 39; *Fonk* ZGR 2006, 841 (859 ff., 865 ff.); *Kropff* FS Raiser, 2005, 225 (228 ff.); *Schäfer* ZIP 2005, 1253 (1258).
[223] OLG Düsseldorf AG 2008, 666; KK-AktG/*Mertens/Cahn* Rn. 111; MüKoAktG/*Habersack* Rn. 127; *Brouwer* Zustimmungsvorbehalte 233.
[224] KK-AktG/*Mertens/Cahn* Rn. 111.
[225] HM, GroßkommAktG/*Hopt/Roth* Rn. 667; KK-AktG/*Mertens/Cahn* Rn. 111; MüKoAktG/*Habersack* Rn. 127.
[226] MüKoAktG/*Semler,* 2. Aufl. 2004, Rn. 444.
[227] GroßkommAktG/*Hopt/Roth* Rn. 721; MüKoAktG/*Habersack* Rn. 130, KK-AktG/*Mertens/Cahn* Rn. 112.
[228] GroßkommAktG/*Hopt/Roth* Rn. 719 mwN.

lungsgesetz) vom 24.4.2015 (→ Rn. 5a) wurde ein neuer Abs. 5 in § 111 eingefügt. Der bisherige Abs. 5 wurde zu Abs. 6. Unter die neue Regelung fallen börsennotierte Gesellschaften oder Gesellschaften, die der Mitbestimmung (Parität oder Drittelparität) unterliegen sowie die dualistische SE (Art. 9 Abs. 1 lit. c Ziff. ii SE-VO) und die monistische SE (§ 22 Abs. 6 SEAG).

83b **2. Festlegung und Feststellungspflicht des Aufsichtsrats.** Nach dem neuen Abs. 5 ist der Aufsichtsrat verpflichtet durch Beschluss[229] Zielgrößen für den Frauenanteil im Vorstand und Aufsichtsrat sowie Fristen für deren Erreichung **festzulegen.** Die bisherige Kodexempfehlung, dass die konkreten Ziele des Aufsichtsrates eine angemessene Beteiligung von Frauen vorsehen (Ziff. 5.4.1 Abs. 2 S. 2 DCGK aF), wurde aufgrund der Gesetzensänderung im Kodex gestrichen. Die Beschlussfassung erfolgt für das Gesamtorgan.[230] Voraussetzung dafür ist zunächst die Pflicht des Aufsichtsrates den Frauenanteil in Vorstand und Aufsichtsrat **festzustellen.**[231] Entscheidend für den Status Quo ist der Zeitpunkt der Entscheidung. Der Gesetzgeber wollte **keine Mindestzielgröße** vorsehen.[232] Jedoch in den Fällen, in denen der Frauenanteil im Vorstand und Aufsichtsrat bei der Festlegung unter 30% liegt, darf die jeweils festzusetzende Zielgröße hinter dem Status Quo nicht zurückbleiben **(Verschlechterungsverbot).**[233] Liegt der Anteil zum Zeitpunkt der Festlegung bereits bei 30% oder höher, darf die Zielgröße den bestehenden Wert unterschreiten. Damit ist aber auch klar, dass es eine weiterbestehende Festlegungspflicht gibt, auch wenn der Frauenanteil 30% beträgt oder übersteigt.[234] Fällt der Anteil unter 30%, greift das oben genannte Verschlechterungsverbot, so dass die nächste festzulegende Größe nicht unter diesem, unter 30% liegenden Wert zurückfallen darf.[235] Im Übrigen bestimmt der Aufsichtsrat eigenverantwortlich die Höhe der Zielvorgabe und die Länge der Frist.[236] Einschränkend gilt mE jedoch, dass eine Zielsetzung von 0%, wie Herb ua es für zulässig halten,[237] nicht mit der neuen Regelung vereinbart scheint. Mit Teichmann/Rüb[238] ist davon auszugehen, dass ein Ziel einen noch nicht erreichten Zustand beschreibt. Das Festlegen einer 0%-Größe würde Sinn und Zweck der Regelung entgegenstehen.[239] Jedoch ist zu beachten, dass der Gesetzgeber in seiner Begründung ausführt, dass sich „in besonderen Konstellationen auch extreme Aussagen ergeben" können,[240] zB wenn zwei Gründer oder Gesellschafter/-innen zugleich im Vorstand sind und eine Änderung nicht abzusehen oder gewünscht ist. In diesen Fällen erscheint eine Aufstockung um ein weiteres Vorstandsmitglied nicht angemessen. Die Zielgröße könnte danach bei 100% oder 0% liegen.

83c Obwohl eine Gremienmindestgröße gesetzlich nicht geregelt ist, erscheint es sinnvoll, eine Mindestpersonengröße vorauszusetzen. Für den Vorstand erscheint mE eine Mindestpersonenzahl von drei sinnvoll.[241] Für den Aufsichtsrat gibt es die gesetzliche Mindestgröße von drei Mitgliedern (§ 95 S. 1). Maßgebender Zeitpunkt für die Berechnung des Anteils ist der Zeitpunkt der Festlegung der jeweiligen Zielgröße.[242]

83d **3. Gestaltungsfreiheit des Aufsichtsrates.** Mit dem Gleichstellungsgesetz verfolgt der Gesetzgeber das langfristige und allgemeine Ziel der paritätischen Besetzung bei beiden Organen mit Männern und Frauen.[243] Dem Aufsichtsrat ist dabei Gestaltungsfreiheit gegeben. Er kann bei der Planung bereits eine Größe vorhersehen, die er sofort oder stufenweise anstrebt.[244] Ihm ist es auch freigestellt aufgrund einer bereits erreichten angemessenen Beteiligung auf eine weitere Erhöhung zu verzichten. Dem Aufsichtsrat muss es auch freistehen, seine definierten Ziele während der laufen-

[229] BT-Drs. 18/3784, 123; *Herb* DB 2015, 964 (968).
[230] *Junker/Schmidt-Pfitzner* NZG 2015, 929 (936); *Schulz/Ruf* BB 2015, 1155 (1161); *Mense/Klie* GWR 2016, 111 f.
[231] *Junker/Schmidt-Pfitzner* NZG 2015, 929 (934).
[232] RegE, BT-Drs. 18/3784, 119, 123; *Herb* DB 2015, 964 (969).
[233] BT-Drs. 18/3784, 123.
[234] *Junker/Schmidt-Pfitzner* NZG 2015, 929 (935); *Fromholzer/Simons* AG 2015, 457 (461).
[235] Schmidt/Lutter/*Drygala* Rn. 67e; *Fromholzer/Simons* AG 2015, 457 (460); *Junker/Schmidt-Pfitzner* NZG 2015 929 (935).
[236] *Teichmann/Rüb* BB 2015, 898 (902).
[237] *Herb* DB 2015, 964 (969); *Fromholz/Simons* AG 2015, 457 (460); *Wasmann/Rothenburg* DB 2015, 291 (295 f.).
[238] *Teichmann/Rüb* DB 2015, 898 (902); aA Schmidt/Lutter/*Drygala* Rn. 67 f.
[239] *Weller/Benz* AG 2015, 467 (471).
[240] BT-Drs. 18/3784, 123.
[241] Sa *Herb* DB 2015, 964 (968); vgl. § 4 Abs. 1 S. 3 BGremBG.
[242] *Herb* DB 2015, 964 (969).
[243] BT-Drs. 18/3784, 123; Schmidt/Lutter/*Drygala* Rn. 67d; *Teichmann/Rüb* BB 2015, 259 (262); *Grobe* AG 2015, 289 (299).
[244] BT-Drs. 18/3784, 123; *Junker/Schmidt-Pfitzner* NZG 2015, 929 (935).

den Frist abzuändern.[245] Zu beachten hat er jedoch das Verschlechterungsverbot (→ Rn. 87b). Der Aufsichtsrat definiert die Zielgrößen in einem bestimmten Prozentsatz oder einer absoluten Zahl.[246]

4. Geltung der Zielfestsetzungsgrößen im Konzern. Die Vorschrift wendet sich an jede Gesellschaft im Anwendungsbereich der Norm. In Konzernen ist der jeweilige Aufsichtsrat von börsennotierten oder mitbestimmten Gesellschaften zur Einhaltung der Norm verpflichtet.[247] **83e**

5. Veröffentlichungspflicht im Lagebericht gemäß § 289a Abs. 2 Nr. 4, Abs. 3 und 4. **83f** Der im Rahmen des Gleichstellungsgesetzes geänderte § 289a verpflichtet börsennotierte und mitbestimmte Gesellschaften im Rahmen ihres Lageberichtes und dort bei der Erklärung zur Unternehmensführung jährlich die Zielgröße sowie die verbleibende Dauer des Planungszeitraums zu veröffentlichen. Über die Erreichung beziehungsweise Verfehlungen der Zielgröße ist nur einmalig am Ende des Planungszeitraums zu berichten und zwar unter Darlegung dessen, was zur Zielerreichung unternommen wurde und der Gründe, weshalb das Ziel verfehlt wurde,[248] letzteres ähnlich der Empfehlung der comply/explain Regelung des § 161.[249]

6. Rechtsfolgen der Pflichtverletzung. Entspricht der Aufsichtsrat vorsätzlich oder fahrlässig **83g** nicht der Bestimmung des Abs. 5 kann dies nach der Gesetzesbegründung[250] Schadenersatz zur Folge haben (§ 116 iVm § 93). Voraussetzung neben der Pflichtverletzung muss ein kausaler Schadenseintritt sein, der in der Praxis jedoch selten vorkommt. Denkbar sind zB Fälle unrichtiger, fehlerhafter oder unvollständiger Erklärung gemäß § 289a HGB, die eine Ordnungswidrigkeit des Aufsichtsrates nach § 334 Abs. 1 Nr. 3 HGB darstellt und gemäß § 30 Abs. 1 OWiG bußgeldbewert ist.[251] In der Pflicht zur Zahlung des Bußgeldes könnte dann der Schaden der Gesellschaft liegen.[252] Als Rechtsfolge kommt weiter die Anfechtung von Entlastungsbeschlüssen aufgrund der Pflichtverletzung in Betracht. Auch hier sind die Anforderungen hoch. Die Pflichtverletzung muss schwerwiegend sein. Der Aufsichtsrat müsste die Zielerreichung nicht hinreichend angestrebt haben oder sachfremde Erwägungen angestellt haben.[253] Differenzierend äußern sich hierzu Weller/Benz,[254] die die Verstöße einteilen in gänzlich unterlassene oder vorsätzlich fehlerhafte bzw. in fahrlässig fehlerhafte Quotenfestsetzungen. Bei der letztgenannten Gruppe dürfte es schwierig werden, einen „schwerwiegenden Gesetzesverstoß" zu begründen.

7. Fristen. Auch bei der Fristsetzung der Zielgrößen seht dem Aufsichtsrat Ermessen zu.[255] **83h** Vorgeschrieben ist lediglich, dass die Fristen nicht länger als fünf Jahre sein dürfen und die erste Frist nicht länger als bis zum 30.6.2017 dauern darf (§ 25 Abs. 1 S. 2 EGAktG).

8. 30%-Quote für den Aufsichtsrat. Für börsennotierte und mitbestimmte Unternehmen gilt **83i** gemäß § 96 Abs. 2 eine Mindestquote von 30% für Frauen und Männer (→ § 96 Rn. 44 ff.).

9. Rundungsregelungen bei Zielgrößenberechnung. Insbesondere in den Fragestellungen, **83j** ob die 30%-Schwelle erreicht oder unterschritten wird (so → Rn. 83b), wird virulent, dass die Rundungsregelung des § 96 Abs. 2 S. 4 trotz mangelnden Hinweises in Abs. 5 zu gelten hat. Auch hier ist auf volle Personenzahlen auf- oder abzurunden.[256] So beträgt zB in einem paritätisch mitbestimmten Aufsichtsrat mit 18 Mitgliedern die 30%-Grenze bei fünf Personen (30% von 18 = 5,4; abgerundet fünf).

10. Keine Zielgrößen für mitbestimmten börsennotierte Gesellschaften. Für den Auf- **83k** sichtsrat einer mitbestimmten börsennotierten Gesellschaft gilt bereits die Mindestquote von § 96 Abs. 2 (→ § 96 Rn. 44 ff.), so dass die Pflicht zur Festlegung einer Zielgröße entfällt (§ 111 Abs. 4 S. 6).

11. Anwendbarkeit. Die hier geschilderte Regelung gilt auch für die KGaA, SE, GmbH, eG **83l** und VVaG. Für Finanzinstitute iSd KWG ist § 25d Abs. 1 KWG lex specialis.

[245] So auch *Herb* DB 2015, 964 (970); *Fromholzer/Simons* AG 2015, 457 (464).
[246] *Schulz/Ruf* BB 2015, 1155 (1161); *Junker/Schmidt-Pfitzner* NZG 2015, 929 (936).
[247] Wohl so auch *Weller/Benz* NZG 2015, 467 (470).
[248] BT-Drs. 18/3784, 120; Bericht Rechtsausschuss, BT-Drs. 18/4227, 26; Schmidt/Lutter/*Drygala* Rn. 67h; *Grobe* AG 2015, 289 (299).
[249] Schmidt/Lutter/*Drygala* Rn. 67g; *Mense/Klie* GWR 2016, 111 (113).
[250] BT-Drs. 18/3784, 123.
[251] *Weller/Benz* NZG 2015, 467 (475).
[252] *Fromholzer/Simons* AG 2015, 457 (465); aA *Drygala* NZG 2015, 1133.
[253] Schmidt/Lutter/*Drygala* Rn. 67j, 67k; *Drygala* NZG 2015, 1129 (1133).
[254] *Weller/Benz* AG 2015, 467 (474 f.).
[255] BT-Drs. 18/3784, 119, 123; *Junker/Schmidt-Pfitzner* NZG 2015, 929 (936).
[256] *Fromholzer/Simons* AG 2015, 457 (460).

VII. Pflicht zur persönlichen Wahrnehmung des Amtes (Abs. 6)

84 **1. Pflicht zur persönlichen Wahrnehmung.** Die Aufsichtsratsmitglieder müssen ihr Amt persönlich wahrnehmen, sie dürfen sich nicht vertreten lassen.[257] Die Aufsichtsratsmitglieder müssen kraft eigener Willensbildung handeln und dürfen nicht weisungsabhängig sein. Sie dürfen und können sich nicht wirksam verpflichten, gemäß den Weisungen eines anderen zu handeln; dies gilt **auch für die Vertreter der öffentlichen Hand.**[258] Die Satzung kann jedoch gestatten, dass anstelle eines verhinderten Aufsichtsratsmitgliedes eine andere von ihm bevollmächtigte Person an der Aufsichtsratssitzung gemäß § 109 Abs. 3 (→ § 109 Rn. 18 f.) teilnimmt; diese Person kann auch als Stimmbote gemäß § 108 Abs. 3 fungieren (→ § 108 Rn. 48 ff.). Der Gesetzgeber geht von dem Modell aus, dass die Mitglieder des Aufsichtsrats selbst über die Fähigkeiten und Kenntnisse verfügen, die allgemein für eine effektive Wahrnehmung erforderlich und ausreichend sind (→ § 116 Rn. 12).[259] Nicht alle Aufgaben muss der Aufsichtsrat oder das Aufsichtsratsmitglied selbst erfüllen. Eine Delegation ist zulässig, wenn sie der Arbeitserleichterung dient, findet aber ihre Grenze, wenn dadurch vom Aufsichtsrat in eigener Verantwortung zu treffende Entscheidungen nach außen verlagert werden.

84a Dem Gebot der persönlichen und eigenverantwortlichen Amtsausübung steht – bei entsprechendem Arbeitsanfall[260] – die Einrichtung eines **Aufsichtsratsbüros,** wie es in vielen Dax 30, MDAX, SDAX und TecDAX Unternehmen üblich ist,[261] grundsätzlich Abs. 6, Abs. 2 S. 2 und § 109 Abs. 1 S. 2 nicht entgegen.[262] Damit eine solche dem Aufsichtsrat und insbesondere dem Vorsitzenden die Arbeit erleichternde Einrichtung auch dem Hertie-Urteil des BGH[263] genügt, soll sich die Arbeit des Aufsichtsratsbüros auf inhaltliche Vorbereitungsarbeiten wie die Aufarbeitung von Entscheidungsmaterial, die Zusammenfassung von Unterlagen und die Durchführung weitergehender Recherchen beschränken.[264] Um die unternehmensinterne Gewaltenteilung sicherzustellen, sind diese Mitarbeiter für ihre Aufgabe ausschließlich dem Direktionsrecht des Aufsichtsrats zu unterstellen.[265]

84b In Konsequenz muss auch ein dem Aufsichtsrat zur Verfügung stehendes **Budget** zulässig sein.[266] Rechtsdogmatisch kann der Weg nicht über die Hauptversammlung gehen, da das Budget keine Vergütung für den Aufsichtsrat darstellt. Sofern und soweit der Aufsichtsrat zu Geschäftsführungsmaßnahmen befugt ist, kann er auch die Gesellschaft verpflichten (§ 112). In Weiterführung dieses Gedankens ist in diesem Bereich auch die Mittelplanung durch ihn zulässig. Das andere Ergebnis, dem Vorstand insofern die alleinige Planungshoheit zu belassen, würde letztlich dazu führen, dass der Vorstand die Kostenkontrolle über die Ausgaben des Aufsichtsrats hätte.[267]

85 **2. Technische Arbeitserleichterung.** Die Hinzuziehung von **Hilfskräften** zur Vorbereitung und Durchführung von Sitzungen, zB Sekretariat oder Protokollführung, ist zulässig,[268] damit die eigentliche Überwachungstätigkeit nicht auf Dritte verlagert wird. Entscheidend ist, dass das Aufsichtsratsmitglied auch bei Einschaltung Dritter seiner ureigenen Überwachungs- und Beratungsfunktion noch nachkommt. Diese Hilfspersonen müssen ausdrücklich zu **Stillschweigen** verpflichtet werden. Sie sind Hilfspersonen, für deren Ausfall und Verhalten das Aufsichtsratsmitglied nach § 278 BGB haftet.

86 **3. Fachliche Beratung.** Ein Aufsichtsratsmitglied kann keine ständige fachliche Assistenz oder Beratung in Anspruch nehmen, nur in besonders **schwierigen Fragestellungen** ist eine fachliche Beratung zulässig (→ Rn. 54). Die Beratung muss ausschließlich der Erfüllung der gesetzlichen Aufgaben im Interesse des Unternehmens dienen und nicht durch eine gesellschaftsinterne Aufklä-

---

[257] BGHZ 85, 293 (296); Hüffer/*Koch* Rn. 59; MüKoAktG/*Habersack* Rn. 132; KK-AktG/*Mertens/Cahn* Rn. 116.

[258] KK-AktG/*Mertens/Cahn* Rn. 117; Spindler/Stilz/*Spindler* Rn. 79.

[259] BGHZ 85, 293 (295 f.).

[260] MüKoAktG/*Habersack* Rn. 134.

[261] *Ernst & Young,* Governance Matters. Klischee und Wirklichkeit: Der Aufsichtsrat in deutschen Unternehmen, 2012, 5.

[262] *Plagemann* NZG 2016, 211 f.

[263] BGHZ 85, 293.

[264] *Plagemann* NZG 2016, 211 f.; *Roth* ZGR 2012, 343 (370); *Windbichler* NJW 2012, 2625 (2629).

[265] *Windbichler* NJW 2012, 2625 (2629).

[266] Dagegen Hüffer/*Koch* Rn. 24; *Arnold* ZGR 2014, 76 (96); *Habersack* AG 2014, 1 (7); dafür: mit Hauptversammlungszuständigkeit *Theissen* Der Aufsichtsrat 1/2011.

[267] GroßkommAktG/*Hopt/Roth* § 113 Rn. 23; *Knoll/Zachert* AG 2011, 309 (311).

[268] BGHZ 12, 327 (336); MüKoAktG/*Habersack* Rn. 134; KK-AktG/*Mertens/Cahn* Rn. 120; *Diekmann/Wurst* NZG 2014, 121 (125).

rung ersetzbar sein;[269] sie muss sich auf konkrete durch den Einzelfall verursachte Fragestellungen beschränken. Soweit die hinzugezogenen Berater nicht zur Berufsverschwiegenheit verpflichtet sind, hat der Aufsichtsrat bzw. das Aufsichtsratsmitglied diese ausdrücklich und vertraglich zur Verschwiegenheit zu verpflichten.[270] Beschäftigen Aufsichtsratsmitglieder persönlich Berater oder Hilfskräfte, müssen sie im eigenen Namen auf eigene Rechnung handeln.[271] Liegt im Einzelfall hierzu die Zustimmung des Aufsichtsrats vor, hat das Aufsichtsratsmitglied einen Aufwendungsersatzanspruch nach §§ 675, 670 BGB. Wichtig ist bei der zulässigen Einschaltung von Beratern, dass deren Empfehlungen und Anregungen vom Aufsichtsratsmitglied kritisch hinterfragt werden und sich das Aufsichtsratsmitglied eine eigene Meinung bildet.[272]

D. Abdingbarkeit

Obwohl die Norm die Befugnisse des Aufsichtsrates **nicht abschließend regelt,** hat die Vorschrift jedoch **zwingenden Charakter.**[273] Weder die Satzung und erst recht kein einfacher Hauptversammlungsbeschluss können das in § 111 geregelte Gefüge der Organkompetenzen modifizieren (→ Rn. 3). Lediglich im Bereich der Zustimmungsvorbehalte des Abs. 4 S. 2 sowie bei der Berechtigung zur Einberufung einer außerordentlichen Hauptversammlung kann die Satzung Abweichendes bestimmen.[274] Zum Teil wird eine in der Satzung geregelte Befugnis, wonach ein Vorstandsmitglied bei Uneinigkeit im Vorstand den Aufsichtsrat um unverbindliche Stellungnahme bitten kann, für zulässig gehalten.[275] 87

E. Darlegungs- und Beweislast

Die Vorschrift sieht keine Abweichung von den allgemeinen Regelungen über die Darlegungs- und Beweislast vor. Es bleibt bei dem Grundsatz, dass jede Partei die Tatsachen zu behaupten und beweisen hat, die von der ihr günstigen Norm vorausgesetzt werden.[276] 88

§ 112 Vertretung der Gesellschaft gegenüber Vorstandsmitgliedern

[1]Vorstandsmitgliedern gegenüber vertritt der Aufsichtsrat die Gesellschaft gerichtlich und außergerichtlich. [2]§ 78 Abs. 2 Satz 2 gilt entsprechend.

Schrifttum: *Bauer/Krieger,* Formale Fehler bei Abberufung und Kündigung vertretungsberechtigter Organmitglieder, ZIP 2004, 1247; *Behr/Kindl,* Zur Vertretung der Aktiengesellschaft gegenüber ehemaligen Vorstandsmitgliedern, DStR 1999, 119; *Born/Ghassemi-Tabar/Gehle,* Probleme der gesetzlichen Vertretung von Handelsgesellschaften im gesellschaftsinternen Rechtsstreit, NJW 2015, 2215; *Brandner,* Zur gerichtlichen Vertretung der Gesellschaft gegenüber ausgeschiedenen Vorstandsmitgliedern/Geschäftsführern, FS Quack, 1991, 201; *Buck-Heeb,* Wissenszurechnung, Informationsorganisation und Ad-hoc-Mitteilungspflicht bei Kenntnis eines Aufsichtsratsmitglieds, AG 2015, 801; *Cahn,* Die Vertretung der Aktiengesellschaft durch den Aufsichtsrat, FS Hoffmann-Becking, 2013, 247; *Commichau,* Grenzen der Anwendbarkeit von § 112 AktG, Rpfleger 1995, 98; *Dreher,* Der Abschluss von D&O-Versicherungen und die aktienrechtliche Zuständigkeitsordnung, ZHR 165 (2001), 293; *Dellmann/Dornbusch,* Drittanstellung im Konzern, NZG 2016, 201; *Eßwein,* § 112 AktG, Universalnorm für Vermeidung von Interessenkonflikten?, AG 2015, 151; *Fischer,* Vertretung einer Aktiengesellschaft durch den Aufsichtsrat – Auslegungsprobleme des § 112 AktG aus notarieller Sicht –, ZNotP 2002, 297; *Fischer/Hoffmann,* Genehmigung einer vom Aufsichtsratsvorsitzenden erteilten Prozessvollmacht, NZG 2013, 1419; *Frels,* Vertretung der AG durch Aufsichtsratsausschüsse bei Rechtsgeschäften mit Vorstandsmitgliedern, AG 1971, 349; *Götze,* „Selbstkontrahieren" bei der Geschäftsführerbestellung in der GmbH, GmbHR 2001, 217; *Hoffmann/Preu,* Der Aufsichtsrat, 2003; *Honert/Schuhknecht,* Die Vertretung der Aktiengesellschaft gegenüber dem Abschlussprüfer bei der Geltendmachung von Schadensersatzansprüchen, GWR 2015, 316; *Hüffer,* Die gesetzliche Schriftform bei Berichten des Vorstands gegenüber der Hauptversammlung, FS Claussen, 1997, 171; *Kästner,* Aktienrechtliche Probleme der

[269] BGHZ 85, 293 (296 ff., 300) = NJW 1983, 991; KK-AktG/*Mertens/Cahn* Rn. 122 ff.; GroßkommAktG/*Hopt/Roth* Rn. 749 ff.; *Hommelhoff* ZGR 1983, 551 (559 ff.); *Arnold* ZGR 2014, 76 (94).
[270] BGHZ 85, 293 (296 ff.); KK-AktG/*Mertens/Cahn* Rn. 123.
[271] *v. Schenck* Liber Amicorum Dolf Weber, 2016, 407 (409, 424).
[272] *v. Schenck* Liber Amicorum Dolf Weber, 2016, 407 (421).
[273] KK-AktG/*Mertens/Cahn* Rn. 9; Spindler/Stilz/*Spindler* Rn. 5; MüKoAktG/*Habersack* Rn. 6; Schmidt/Lutter/*Drygala* Rn. 3.; GroßkommAktG/*Hopt/Roth* Rn. 40.
[274] MüKoAktG/*Habersack* Rn. 6, 92; GroßkommAktG/*Hopt/Roth* Rn. 547.
[275] So MüKoAktG/*Semler,* 2. Aufl. 2004, Rn. 369.
[276] Hüffer/*Koch* § 243 Rn. 59; OLG München AG 2003, 452 (453).

D&O-Versicherung, AG 2000, 113; *Kort,* Zivilrechtliche Folgen unangemessen hoher Vorstandsvergütung – eine „Mannesmann"-Spätlese, DStR 2007, 1127; *Leuering,* Die Vertretung der Aktiengesellschaft durch Aufsichtsrat und Hauptversammlung, FS Kollhosser, 2004, 361; *Luther/Rosga,* Praktische Fragen und Probleme der Rechtsstellung des Aufsichtsratsvorsitzenden und seines Stellvertreters einer AG oder GmbH, FS Meilicke, 1985, 80; *Martens,* Die Vorstandsvergütung auf dem Prüfstand, ZHR 169 (2005), 124; *Mertens,* Bedarf der Abschluss einer D&O-Versicherung durch die Aktiengesellschaft der Zustimmung der Hauptversammlung?, AG 2000, 447; *Nägele/Böhm,* Praxisrelevante Probleme der Vertretung nach § 112 AktG, BB 2005, 2197; *Peltzer,* Wider den „greed" – Betrachtungen zu §§ 86 und 87 AktG, FS Lutter, 2000, 571; *Peus,* Der Aufsichtsratsvorsitzende – seine Rechtsstellung nach Aktiengesetz und Mitbestimmungsgesetz, Diss. 1983; *Pluskat/Baßler,* Die Vereinbarkeit der Selbstbestellung von Vorständen zu Geschäftsführern der Tochter-GmbH mit § 112 AktG, DK 2006, 403; *Säcker/Stenzel,* Das zivilrechtliche Schicksal von gegen § 87 Abs. 1 AktG verstoßenden Vergütungsvereinbarungen, JZ 2006, 1151; *Schmits,* Die Vertretung der Aktiengesellschaft gegenüber ausgeschiedenen Vorstandsmitgliedern, AG 1992, 149; *Semler,* Geschäfte einer Aktiengesellschaft mit Mitgliedern ihres Vorstands. Gedanken zu § 112 AktG, FS Rowedder, 1994, 441; *Stein,* Die Grenzen vollmachtloser Vertretung der Gesellschaft gegenüber Vorstandsmitgliedern und Geschäftsführern, AG 1999, 28; *dies.,* Die neue Dogmatik der Wissensverantwortung bei der außerordentlichen Kündigung von Organmitgliedern der Kapitalgesellschaften, ZGR 1999, 263; *Steiner,* Die Vertretung der „kleinen" Aktiengesellschaft durch den Aufsichtsrat, BB 1998, 1910; *van Kann/Keiluweit,* Beraterverträge mit ausgeschiedenen Vorstandsmitgliedern im Konzern, AG 2010, 805; *Vetter,* Aktienrechtliche Probleme der D&O-Versicherung, AG 2000, 453; *ders.,* Drittanstellung von Vorstandsmitgliedern, aktienrechtliche Kompetenzverteilung und Exkulpation des Vorstandes bei rechtlicher Beratung, NZG 2015, 889; *Werner,* Vertretung der Aktiengesellschaft gegenüber Vorstandsmitgliedern – ein Beitrag zur Auslegung des § 112 AktG, ZGR 1989, 369; *Wiedemann,* Organverantwortung und Gesellschafterklagen in der Aktiengesellschaft, 1989; *Wiesner,* Zum Beginn der Ausschlussfrist des § 626 Abs. 2 BGB bei Kenntniserlangung durch Organmitglieder, BB 1981, 1533.

Übersicht

I. Allgemeines

1 **1. Sinn und Zweck.** Die Regelung normiert eine **Ausnahme** von der organschaftlichen Vertretung der Gesellschaft durch den Vorstand (§ 78 Abs. 1) für die Fälle, in denen die Gesellschaft gegenüber den Vorstandsmitgliedern handelt. Hiermit sollen die sachdienlichen Belange der Gesellschaft sowie eine vom Vorstand **unbeeinflusste Vertretung** der Gesellschaft sichergestellt werden. Potenzielle Interessenkonflikte, die ansonsten bei Vertretung der Gesellschaft durch den Vorstand entstehen könnten, sollen vermieden werden. Die Norm will eine abstrakte Gefährdung der Gesellschaftsinteressen vermeiden, eine tatsächliche Gefährdung der gesellschaftlichen Belange muss konkret nicht bestehen.

2 Wie bereits bei § 78 Abs. 1 handelt es sich auch hier um die **organschaftliche Vertretungsbefugnis.** Die rechtsgeschäftliche Vertretungsbefugnis ist jedoch im Falle der organschaftlichen Vertretung durch den Aufsichtsrat weitaus eingeschränkter als beim Vorstand. Der Aufsichtsrat ist nur in beschränktem Maße befugt, andere Personen zu bevollmächtigen, die Gesellschaft bei Rechtsgeschäften mit dem Vorstand zu vertreten.

3 **2. Andere Fälle der Vertretung durch den Aufsichtsrat.** Neben der Vertretung der Gesellschaft bei Rechtsgeschäften mit dem Vorstand ist der Aufsichtsrat in weiteren Fällen befugt, die Gesellschaft zu vertreten; dies ist zB bei der **Sachverständigenbeauftragung** nach § 111 Abs. 2 S. 2 sowie bei der Erteilung des Prüfungsauftrages nach § 111 Abs. 2 S. 3 der Fall. Die Aktiengesellschaft wird bei der Geltendmachung von Schadensersatzansprüchen wegen einer Pflichtverletzung des Abschlussprüfers im Rahmen seines Prüfungsauftrags gemäß § 78 I S. 1 AktG durch den Vorstand

vertreten.[1] In der Praxis kommen ferner für die Vertretungsfälle in Betracht: **Einschaltung einer Personalberatungsagentur** für die Vorstandsauswahl, damit im Zusammenhang stehende **Hilfsgeschäfte** (→ § 107 Rn. 50), wie zB Reisekosten, Sitzungszimmermiete. Darüber hinaus ermächtigen die Normen der §§ 246 Abs. 2 S. 2, 249 Abs. 1 S. 1, 250 Abs. 3 S. 1, 253 Abs. 2, 254 Abs. 2 S. 1, 255 Abs. 3, 256 Abs. 7 S. 1 und 275 Abs. 4 S. 1 den Aufsichtsrat, die Gesellschaft gemeinsam mit dem Vorstand zu vertreten. Die Vertretungsmacht liegt bei der Verfolgung von Ersatzansprüchen der Gesellschaft gegen ein Vorstandsmitglied wegen pflichtwidrigem und schuldhaftem Handelns allein beim besonderen Vertreter nach § 147 Abs. 2, sofern ein solcher bestellt ist.[2] Bei der Verfolgung von Schadensersatzansprüchen gegen Vorstandsmitglieder bleibt es im Übrigen bei der Vertretungsmacht des Aufsichtsrats.

II. Einzelerläuterungen

1. Anwendbarkeit. a) Rechtsfolgen treffen das Vorstandsmitglied. Voraussetzung für die Anwendbarkeit der Norm ist, dass die Rechtsfolgen des Geschäftes oder der Prozesshandlung das Vorstandsmitglied betreffen. § 112 gilt daher nicht, wenn sich ein Dritter bei einem Rechtsgeschäft oder einer Prozesshandlung durch ein Vorstandsmitglied vertreten lässt, es sei denn, § 181 BGB greift ein. Im umgekehrten Fall, in dem sich das Vorstandsmitglied durch einen Dritten vertreten lässt, steht der Anwendbarkeit des § 112 nichts entgegen. § 112 AktG findet auch dann Anwendung, wenn Verträge von der Gesellschaft nicht mit einem Vorstandsmitglied selbst, sondern mit einem Dritten – der mit dem Vorstandsmitglied wirtschaftlich identisch ist – abgeschlossen werden und mit diesem eine Vergütung für die Vorstandstätigkeit vereinbart wird. Unter diese Drittanstellungsverträge fällt auch die Bestellung eines vorübergehenden Vorstandsmitgliedes, das selbst in einem Vertragsverhältnis zu einem Dritten steht; denn bei einer wirtschaftlichen Identität des Vorstandsmitgliedes mit dem Vertragspartner besteht die abstrakte Gefahr einer Interessenkollision, der durch § 112 AktG begegnet werden soll, in gleichem Maße wie bei einem Vertragsabschluss mit einem Vorstandsmitglied selbst.[3] 4

b) Persönliches Interesse. Das persönliche Interesse eines Vorstandsmitgliedes an einem bestimmten Rechtsgeschäft oder an einer Prozesshandlung ist keine Voraussetzung für § 112.[4] So ist etwa der Abschluss einer **D&O-Versicherung** zugunsten der Vorstandsmitglieder zwar in deren persönlichen Interesse, getätigt wird er jedoch von der Gesellschaft in Erfüllung ihrer anstellungsvertraglichen (Neben-)Pflichten.[5] 5

c) Keine Vertretung gegenüber Aufsichtsratsmitgliedern und Mitarbeitern. Aufsichtsratsmitgliedern und Angestellten gegenüber **vertritt der Vorstand** die Gesellschaft. Ausnahmen folgen aus §§ 89 Abs. 2, 113, 114 und 115. Bei Sorgfaltspflichtverletzungen des Aufsichtsrates hat der Vorstand die Interessen der Gesellschaft zu verfolgen und diese zu vertreten. Im umgekehrten Fall greift die Vertretungsbefugnis des Aufsichtsrates. 6

d) Zielpersonen. Die Vorschrift ist anwendbar auf **alle amtierenden Vorstandsmitglieder** einschließlich der stellvertretenden Vorstandmitglieder, der vom Aufsichtsrat nach § 105 Abs. 2 abgeordneten Vorstandsmitglieder,[6] sowie auch auf fehlerhaft bestellte Vorstandsmitglieder[7] und auf **ehemalige Vorstandsmitglieder.** Sollte das Vorstandsmitglied überhaupt nicht bestellt sein, sondern nur de facto agieren, findet § 112 keine Anwendung. Auch gegenüber **künftigen Vorstandsmitgliedern,** zB beim Abschluss des Anstellungsvertrages einschließlich aller Nebenabsprachen, vertritt der Aufsichtsrat die Gesellschaft. Das Gleiche gilt für ausgeschiedene Vorstandsmitglieder, wenn das Rechtsgeschäft bzw. die Prozesshandlung seinen/ihren Ursprung in der Vorstandstätigkeit des 7

[1] *Schuhknecht* GWR 2015, 316 (320).

[2] Hüffer/*Koch* Rn. 1, § 147 Rn. 5, 7; MüKoAktG/*Habersack* Rn. 5; Spindler/Stilz/*Spindler* § 147 Rn. 8.

[3] BGH AG 2015, 535 Rn. 24; NJW-RR 1991, 926; OLG Saarbrücken BeckRS 2014, 02983; MüKoAktG/*Habersack* Rn. 9; Hüffer/*Koch* Rn. 4; *Vetter* NZG 2015, 889 (891); *Dellmann/Dornbusch* NZG 2016, 201 (202 ff.); weitergehend Spindler/Stilz/*Spindler* Rn. 9; für eine restriktive Auslegung *Eßwein* AG 2015, 151 (156); aA OLG München NZG 2012, 706.

[4] MüKoAktG/*Habersack* Rn. 8; GroßkommAktG/*Hopt/Roth* Rn. 65; *Lutter/Krieger/Verse* Rechte und Pflichten 213.

[5] HM, GroßkommAktG/*Hopt/Roth* Rn. 65; Spindler/Stilz/*Spindler* Rn. 28; MüKoAktG/*Habersack* Rn. 8; *Vetter* AG 2000, 453 (457); *Kästner* AG 2000, 113 (121).

[6] OLG Hamburg AG 1986, 259; KK-AktG/*Mertens/Cahn* Rn. 14; MüKoAktG/*Habersack* Rn. 10.

[7] MüKoAktG/*Habersack* Rn. 10; GroßkommAktG/*Hopt/Roth* Rn. 40; Hüffer/*Koch* Rn. 2; *Semler* FS Rowedder, 1994, 441 (448 f.); *Werner* ZGR 1989, 369 (376 f.).

ehemaligen Vorstandsmitgliedes hat.[8] Als Beispielsfälle seien hier genannt: Streitigkeiten über den Widerruf der Bestellung, über den Anstellungsvertrag sowie bezüglich von Schadensersatzansprüchen aus einer Sorgfaltspflichtverletzung nach § 93 Abs. 2 sowie die Vertretung in Fällen, in denen das Vorstandsmitglied Kündigungsschutzklage erhebt.[9] Erfasst werden sollen jedoch von § 112 auch die Fälle, in denen die Gesellschaft mit einer dem Vorstandsmitglied **nahestehenden Person,** die ihre Rechte aus dem Anstellungsverhältnis ableitet, oder unter bestimmten Voraussetzungen mit einer Gesellschaft, an der das Vorstandsmitglied beteiligt ist, ein Rechtsgeschäft abschließt bzw. einen Prozess führt. Im Fokus des zuerst genannten Falles stehen zB nach hM die Versorgungsansprüche von Witwe oder Kindern des Vorstandsmitglieds.[10] Aufgrund der Nähe zum Anstellungsvertrag und auch nach Ausscheiden/Ableben des Vorstandsmitglieds fortbestehender Interessenkollisionslage kann alleine der Aufsichtsrat für die Vertretung zuständig sein.[11] Im zuletzt genannten Fall geht es um Konstellationen, in denen die andere Gesellschaft, mit der das Rechtsgeschäft abgeschlossen werden soll, einem Vorstandsmitglied zugerechnet werden kann. Dies wird bei maßgeblichem unternehmerischen Einfluss des Vorstandsmitglieds auf die Drittgesellschaft oder auch wirtschaftlicher Identität angenommen.[12] Zur Klarheit können daher Geschäftsordnungsregelungen beitragen, die Geschäfte zwischen der Gesellschaft und Vorstandsmitgliedern nahestehenden natürlichen oder juristischen Personen der Zustimmung des Aufsichtsrats unterwerfen. In Fällen, in denen eine GmbH in eine AG umgewandelt wurde und in diesem Zusammenhang Geschäftsführer ausgeschieden sind, gilt § 112 ebenso.[13]

8 Es ist umstritten, ob der Aufsichtsrat auch gemäß § 112 zuständig sein soll, wenn es um die **Bestellung eines Vorstandsmitgliedes** einer Obergesellschaft **zum Geschäftsführer** einer **Tochtergesellschaft** geht.[14] Dies ist mit der hM **abzulehnen,** da die Vertretung nicht im Verhältnis zur Obergesellschaft, sondern zur Untergesellschaft stattfindet. Dies gilt entsprechend für die Beendigung der Geschäftsführertätigkeit in der Untergesellschaft.[15] In diesen Fällen gilt jedoch nach hM das Selbstkontrahierungsverbot des § 181 BGB für das betroffene Vorstandsmitglied mit der Folge, dass das betroffene Vorstandsmitglied von der Vertretung der AG ausgeschlossen ist.[16]

9 **e) Rechtsgeschäftliche und gerichtliche Vertretung.** Erfasst werden von der Norm alle Rechtsgeschäfte zwischen der Gesellschaft einerseits und amtierenden, künftigen oder ehemaligen Vorstandsmitgliedern andererseits, sofern es sich um Rechtsgeschäfte mit **Bezug zur** beabsichtigten, gegenwärtigen oder vergangenen **Vorstandstätigkeit** handelt. Damit erfasst § 112 auch Fälle im Vorfeld der Bestellung zum Vorstandsmitglied.[17] Auch Beraterverträge mit einem ausgeschiedenen Vorstandsmitglied fallen in den Anwendungsbereich von § 112, wenn diese Beratung mit der früheren Vorstandstätigkeit im Zusammenhang steht.[18] Dies wird zum Teil eingeschränkt nur für die Fälle des engen zeitlichen Zusammenhangs mit der Vorstandstätigkeit so gesehen.[19] Die Anwendbarkeit der Norm ist unabhängig davon, ob tatsächlich eine konkrete Interessenkollision besteht. Klassischerweise wird auch die Geltendmachung von Schadensersatzforderungen, die auf der Ausübung von Vorstandstätigkeiten beruhen, gegen die Vorstandsmitglieder von § 112 erfasst. Ist der Aufsichtsrat aufgrund vorliegender begründeter Anhaltspunkte verpflichtet die Schadensersatzpflicht des Vorstands zu überprüfen (→ § 111 Rn. 29; → § 116 Rn. 38 ff.), wird in der Regel interne Aufklärungs-

---

[8] BGH AG 2002, 458 (459) = NZG 2000, 393; Hüffer/*Koch* Rn. 2; Spindler/Stilz/*Spindler* Rn. 14; GroßkommAktG/*Hopt/Roth* Rn. 25 ff.; aA *Behr/Kindl* DStR 1999, 119 (122 f.); *Lutter/Krieger/Verse* Rechte und Pflichten 189 f.

[9] BAG NZG 2002, 392; Hüffer/*Koch* Rn. 2.

[10] HM, BGH WM 2006, 2308 (2309) = DStR 2006, 2325 f.; KK-AktG/*Mertens/Cahn* Rn. 17; Hüffer/*Koch* Rn. 2a; MüKoAktG/*Habersack* Rn. 16; *Nägele/Böhm* BB 2005, 2197 (2198); aA OLG München AG 1996, 328 (329 f.); *Behr/Kindl* DStR 1999, 119 (126).

[11] Spindler/Stilz/*Spindler* Rn. 21; MüKoAktG/*Habersack* Rn. 17.

[12] KK-AktG/*Mertens/Cahn* Rn. 18; MüKoAktG/*Habersack* Rn. 9; aA GroßkommAktG/*Hopt/Roth* Rn. 43; Hüffer/*Koch* Rn. 4 im Falle der (maßgeblichen) Beteiligung.

[13] GroßkommAktG/*Hopt/Roth* Rn. 46; BGH NJW 1997, 2324; LAG Baden-Württemberg BeckRS 2015, 70504 Rn. 107.

[14] Dagegen hM: Spindler/Stilz/*Spindler* Rn. 23; KK-AktG/*Mertens/Cahn* Rn. 4; GroßkommAktG/*Hopt/Roth* Rn. 67; MüKoAktG/*Habersack* Rn. 7; *Commichau* Rpfleger 1995, 98 (99); aA BayObLG GmbHR 2001, 72; LG Berlin NJW-RR 1997, 1534 (1535).

[15] OLG Frankfurt ZIP 2006, 1904 (1905 f.); MüKoAktG/*Habersack* Rn. 7; aA *Pluskat/Baßler* DK 2006, 403 (405 f.).

[16] BGHZ 112, 339 (341 ff.) = NJW 1991, 691; BGHZ 51, 209 (214 ff.); GroßkommAktG/*Hopt/Roth* Rn. 68 f.; MüKoAktG/*Habersack* Rn. 7; *Götze* GmbHR 2001, 217 ff.; Spindler/Stilz/*Spindler* Rn. 25.

[17] OLG Saarbrücken NZG 2012, 1348 (1350); Hüffer/*Koch* Rn. 2.

[18] Spindler/Stilz/*Spindler* Rn. 13; *van Kann/Keiluweit* AG 2010, 805 (807).

[19] GroßkommAktG/*Hopt/Roth* Rn. 35.

und Bewertungsarbeit entstehen. In den meisten Praxisfällen bietet sich hierzu die Einbindung externer Rechtsanwaltskanzleien oder unabhängiger Wirtschaftsprüfungsfirmen an. Die Prüfung der Frage, ob Ansprüche gegen amtierende oder ehemalige Vorstandsmitglieder bestehen, beinhaltet das Risiko des klassischen Interessenkonfliktes, den § 112 vermeiden will, und liegt daher in der ausschließlichen Kompetenz des Aufsichtsrates.

Ferner wird von der Norm auch die **gerichtliche Vertretung bei Aktiv- und Passivprozessen** 10
gegen das Vorstandsmitglied erfasst, wenn diese auf einem unter § 112 fallenden Rechtsgeschäft beruhen. Für Kreditverträge vgl. die Ausführungen zu § 89 Abs. 1. Die Vorschriften über den Missbrauch der Vertretungsmacht finden auch auf den Aufsichtsrat Anwendung.[20] Die Vorstandsmitglieder müssen jedoch die Beschränkungen der Vertretungsmacht des Aufsichtsrates gegen sich gelten lassen (→ Rn. 20).[21] § 112 gilt auch für andere Rechtshandlungen mit Rechtsfolgen gegenüber dem Vorstandsmitglied, wie zB die Anzeigenerstattung einer Straftat oder eine entsprechende Antragstellung. Im Falle einer Feststellungsklage eines Vorstandsmitglieds auf Feststellung der Nichtigkeit des Abberufungsbeschlusses ist das Aufsichtsratsmitglied befugt, der Gesellschaft als Nebenintervenient beizutreten.[22]

f) Geschäfte des täglichen Lebens. Geschäfte des täglichen Lebens, wie zB der **Waren- oder** 11
Dienstleistungsbezug von der Gesellschaft, die von ausgeschiedenen Vorstandsmitgliedern getätigt werden, sind von § 112 ausgenommen, wenn sie nicht Vergünstigungen enthalten, die dem ehemaligen Vorstandsmitglied aufgrund seiner früheren Vorstandstätigkeit zukommen sollen. Für die Beurteilung entscheidend ist der Drittvergleich.[23] Gleiches gilt für **neutrale Geschäfte,** die mit der Vorstandstätigkeit des ausgeschiedenen Vorstandsmitgliedes nichts zu tun haben.[24] Zum Teil wird im Schrifttum zwischen bedeutenden Geschäften, die dem § 112 unterliegen und unbedeutenden Geschäften, die in die Vertretungsmacht des Vorstandes gemäß § 78 fallen, unterschieden.[25] Dies überzeugt nicht, da die Grenze hier zwischen zulässigen unbedeutenden und möglicherweise unzulässigen bedeutenderen Geschäften, die durchaus Interessenkollisionspotential haben können, nicht eindeutig zu ziehen ist.[26] Als Lösungsansatz könnte sich mit *Hopt/Roth* für die Gesellschaft anbieten, wesentliche Geschäfte in der Geschäftsordnung zu definieren und dann dem Zustimmungsvorbehalt des Aufsichtsrats zu unterwerfen.[27] Für amtierende Vorstandsmitglieder bleibt zwar auch für die Geschäfte des täglichen Lebens § 112 anwendbar, jedoch ist es als zulässig anzusehen, wenn der Aufsichtsrat für diese Geschäfte beschließt, ein einzelnes Aufsichtsratsmitglied oder einen Mitarbeiter der Gesellschaft zum Abschluss für konkret bezeichnete Geschäfte zu bevollmächtigen[28] bzw. einen Grundsatzbeschluss über die Bedingungen solcher Geschäfte fasst.[29] Es bedarf einer ausdrücklichen Beschlussfassung, konkludentes Tun ist nicht ausreichend.[30]

g) D&O-Versicherung. Der Abschluss einer Haftpflichtversicherung wie der D&O-Versiche- 12
rung zugunsten des Vorstandsmitgliedes (zur Frage des Vergütungscharakters → § 113 Rn. 22 f.) fällt nicht unter § 112,[31] da er für die Gesellschaft **in Erfüllung ihrer anstellungsvertraglichen Verpflichtungen** erfolgt und die Gesellschaft vor dem Insolvenzrisiko ihrer Vorstandsmitglieder schützt.[32]

2. Ausübung der Vertretungsmacht. a) Aktivvertretung. aa) Willensbildung durch 13
Beschlussfassung des Aufsichtsrates. Der Vertretungshandlung des Aufsichtsrates nach außen hat eine interne Willensbildung im Aufsichtsrat voranzugehen, die einer ausdrücklichen Beschlussfassung

[20] OLG Celle AG 2003, 433; Hüffer/*Koch* Rn. 12; MüKoAktG/*Habersack* Rn. 18; *Kort* DStR 2007, 1127; *Martens* ZHR 169 (2005), 124 (135 f.); *Peltzer* FS Lutter, 2000, 574 (578); aA OLG Stuttgart AG 1993, 85 (86); GroßkommAktG/*Hopt/Roth* Rn. 109.

[21] MüKoAktG/*Habersack* Rn. 18; *Fleischer* DStR 2005, 1318 (1322); *Säcker/Stenzel* JZ 2006, 1151 (1154 f.); aA *Kort* DStR 2007, 1127 (1129 f.).

[22] BGH NZG 2013, 297 f.

[23] GroßkommAktG/*Hopt/Roth* Rn. 53; Hüffer/*Koch* Rn. 5.

[24] GroßkommAktG/*Hopt/Roth* Rn. 32; *Fischer* ZNotP 2002, 297 (301); *Werner* ZGR 1989, 369 (382).

[25] MüKoAktG/*Semler*, 2. Aufl. 2004, Rn. 30.

[26] Spindler/Stilz/*Spindler* Rn. 30; großzügiger GroßkommAktG/*Hopt/Roth* Rn. 33.

[27] GroßkommAktG/*Hopt/Roth* Rn. 33.

[28] KK-AktG/*Mertens/Cahn* Rn. 22; GroßkommAktG/*Hopt/Roth* Rn. 53, 92; *Lutter/Krieger/Verse* Rechte und Pflichten 215; *Semler* FS Rowedder, 1994, 441 (450); aA *Wiedemann,* Organverantwortung und Gesellschafterklagen in der Aktiengesellschaft, 1989, 19; *Hoffmann/Preu* Der Aufsichtsrat Rn. 228.

[29] *Cahn* FS Hoffmann-Becking, 2013, 247 ff.; KK-AktG/*Mertens/Cahn* Rn. 22.

[30] BGHZ 41, 282 (286) = NJW 1964, 1367; MüKoAktG/*Habersack* Rn. 19; GroßkommAktG/*Hopt/Roth* Rn. 53; Spindler/Stilz/*Spindler* Rn. 31.

[31] GroßkommAktG/*Hopt/Roth* Rn. 65; MüKoAktG/*Habersack* Rn. 8.

[32] *Mertens* AG 2000, 447 (441 f.); *Dreher* ZHR 165 (2001), 293 (313, 315 ff.).

(§ 108 Abs. 1) vorausgeht.[33] Der Aufsichtsrat muss sich mit der Angelegenheit befasst haben, ein Blankettbeschluss reicht nicht aus.[34] Die Beschlussfassung bedarf grundsätzlich der einfachen Mehrheit. Die **Blockade einzelner Aufsichtsratsmitglieder** schadet demnach **nicht.**[35] Stimmverbote sind zu beachten (→ § 108 Rn. 31 ff.). Eine Vertretung im Willen durch den Aufsichtsratsvorsitzenden ist unzulässig; zulässig ist hingegen der Vollzug eines Aufsichtsratsbeschlusses aufgrund besonderer Bevollmächtigung durch das Gremium. Eine Delegation der Beschlussfassung an einen Ausschuss ist im Rahmen von § 107 Abs. 3 zulässig.[36] In der Praxis kommt es daher relativ häufig vor, dass alle im Zusammenhang mit dem Anstellungsvertrag zwischen Vorstandmitglied und Gesellschaft stehenden Fragen an den Personal- oder Präsidialausschuss (→ § 107 Rn. 98 ff.) delegiert sind. Eine solche Annexkompetenz gilt auch häufig für Rechtsgeschäfte rund um die Abschlussprüfung, die in den meisten Fällen bei größeren Gesellschaften an den Prüfungsausschuss delegiert sind. Unzulässig ist es jedoch, alle Fälle der Vertretungsbefugnis komplett auf einen Ausschuss[37] oder gar dies einem einzelnen Aufsichtsratsmitglied, wie dem Aufsichtsratsvorsitzenden, zu übertragen (→ § 107 Rn. 47).[38] Ebenso unzulässig ist die Delegation an den Vorstand oder einen Dritten.[39] Üblich ist es beispielsweise beim Aushandeln des Anstellungsvertrages oder auch des Beendigungs- bzw. Abwicklungsvertrages, dass der Aufsichtsratsvorsitzende die Gespräche mit dem Vorstandsmitglied führt. Entscheidend ist jedoch, dass die Verhandlungsergebnisse dem Aufsichtsrat bzw. dem zuständigen Ausschuss vorgetragen werden und dieser im Ausschuss hierzu Beschluss fasst.[40] In der Praxis wird es dann oft dem Ausschussvorsitzenden oder Aufsichtsratsvorsitzenden überlassen, das Beschlossene in einen Vertrag auszuformulieren, was zulässig ist.[41]

14 **bb) Abgabe der Erklärung nach außen.** Nachdem der Aufsichtsrat als Organ seinen Willen gebildet hat, bedient er sich eines Vertreters, um die Erklärung nach außen auch Rechtswirkung entfalten zu lassen. Im Gesetz ist nicht geregelt, durch wen dies geschehen soll. Ist nichts anderes vereinbart, wird man konkludent von der Vertretungsermächtigung des Aufsichtsrats- oder Ausschussvorsitzenden, sofern Delegation an den Ausschuss erfolgte, ausgehen.[42] Entscheidend sind dafür Umstände und Übung. Die **Befugnis zur Erklärungsvertretung** besteht **kraft Ermächtigung**[43] und nicht bereits kraft Amtes (→ § 107 Rn. 48).[44] Es ist daher zwingend geboten, dass der Aufsichtsratsbeschluss den Inhalt der Erklärung präzisiert, da dem Erklärenden insoweit de facto Botenfunktion zukommt. Eine bindende Regelung in der Satzung, dass der Aufsichtsratsvorsitzende Beschlüsse ausführen oder bekanntgeben muss, ist wegen ihres Verstoßes gegen die Organisationsautonomie des Aufsichtsrates unzulässig.[45] Dies gilt für die Passivvertretung entsprechend (→ Rn. 16 ff.). Eine entsprechende Regelung des Aufsichtsrates in der Geschäftsordnung, die er nach freiem Willen ändern, ergänzen oder aufheben kann, ist gerade Ausdruck seiner Autonomie über die innere Ordnung und damit zulässig.[46]

15 **Zur Abgabe der Erklärung** nach außen **kann** neben dem Aufsichtsratsvorsitzenden und dem Ausschussvorsitzenden auch **jedes weitere Mitglied** sowie sogar ein Dritter **bestimmt werden** (→ Rn. 26).[47] Vorstandsmitglieder oder vom Vorstand weisungsabhängige Mitarbeiter des Unternehmens kommen nur für die Übermittlung der Erklärung und damit als Boten in Betracht.[48]

---

[33] BGH AG 2008, 894 (895); NZG 2013, 792 (794); BeckRS 2013, 10118; NZG 2013, 297; OLG Zweibrücken AG 2010, 918.
[34] LAG Baden-Württemberg BeckRS 2015, 70504 Rn. 109.
[35] KK-AktG/*Mertens/Cahn* Rn. 31; GroßkommAktG/*Hopt/Roth* Rn. 72.
[36] BGHZ 65, 190 (191); KK-AktG/*Mertens/Cahn* Rn. 36; GroßkommAktG/*Hopt/Roth* Rn. 87.
[37] MüKoAktG/*Habersack* Rn. 22; KK-AktG/*Mertens/Cahn* Rn. 36; GroßkommAktG/*Hopt/Roth* Rn. 87; *Frels* AG 1971, 349, 350.
[38] BGHZ 12, 327 (334 ff.) = NJW 1954, 797; KK-AktG/*Mertens/Cahn* Rn. 37; GroßkommAktG/*Hopt/Roth* Rn. 91; Spindler/Stilz/*Spindler* Rn. 36 f.; *Bauer/Krieger* ZIP 2004, 1247 (1248); *Semler* FS Rowedder, 1994, 441 (449); *Stein* AG 1999, 28 (39).
[39] BGHZ 12, 327 (334); Hüffer/*Koch* Rn. 5; KK-AktG/*Mertens/Cahn* Rn. 40.
[40] MüKoAktG/*Habersack* Rn. 23; *Leuering* FS Kollhosser, 2004, 370; für Vertragsänderung *Hüffer* ZHR 161 (1997), 214 (232 ff.).
[41] *Leuering* FS Kollhosser, 2004, 361 (370).
[42] KG AG 2005, 205 f.; KK-AktG/*Mertens/Cahn* Rn. 22, § 107 Rn. 47; MüKoAktG/*Habersack* Rn. 26.
[43] Spindler/Stilz/*Spindler* Rn. 38 mwN.
[44] MüKoAktG/*Habersack* Rn. 26, § 107 Rn. 59 mwN.
[45] LG Frankfurt AG 1975, 18; *Semler* FS Rowedder, 1994, 441 (451 f.); *Peus,* Der Aufsichtsratsvorsitzende, 1983, 174 f.; aA *Lutter/Krieger/Verse* Rechte und Pflichten 171; MHdB AG/*Hoffmann-Becking* § 31 Rn. 101.
[46] Spindler/Stilz/*Spindler* Rn. 45; GroßkommAktG/*Hopt/Roth* Rn. 85.
[47] BGHZ 41, 282 (285) = NJW 1964, 1367; KK-AktG/*Mertens/Cahn* Rn. 40; MüKoAktG/*Habersack* Rn. 26; *Hüffer* FS Claussen, 1997, 171 (181 f.); *Semler* FS Rowedder, 1994, 441 (450).
[48] BGHZ 12, 327 (336); MüKoAktG/*Habersack* Rn. 27; GroßkommAktG/*Hopt/Roth* Rn. 93, 84.

Bei Geschäften des täglichen Lebens kann zulässigerweise sogar ein außenstehender Dritter zur Willensbildung bevollmächtigt werden; dies gilt nicht für Vorstandsmitglieder.[49] In der Praxis finden die Vertretungsregelungen sich häufig in der Geschäftsordnung des Aufsichtsrates oder eines Ausschusses wieder. Bestimmungen in der Satzung sind selten, aber zulässig. Gleichwohl ist der Aufsichtsrat an solche Beschlüsse der Hauptversammlung, da sie in Fragen der inneren Ordnung des Aufsichtsrats eingreifen, nicht gebunden.[50]

b) Passivvertretung. Nach allgemeiner Meinung ist für die Entgegennahme einer Willenserklärung der **Zugang** beim **Aufsichtsratsvorsitzenden** ausreichend.[51] Dies beruht auf seiner hervorgehobenen Position, die auch in § 90 Abs. 1 S. 3 mit seiner Befugnis, Vorstandsberichte in Empfang zu nehmen, zum Ausdruck kommt. Es war bisher umstritten, ob auch der Zugang bei anderen Aufsichtsratsmitgliedern ausreicht.[52] Durch die Neufassung des § 112 Abs. 2 wurde das Prinzip der Einzelpassivvertretung für den Aufsichtsrat eingeführt; dieselbe Regelung, die gemäß § 78 Abs. 2 S. 2 für den Vorstand gilt.[53] Durch Art. 5 Nr. 13 des Gesetzes zur Modernisierung des GmbH-Rechts und zur Bekämpfung von Missbräuchen **(MoMiG)** vom 28.10.2008 (BGBl. I S. 2026) ist dem § 112 folgender Satz angefügt worden: „§ 78 Abs. 2 S. 2 gilt entsprechend". § 78 Abs. 2 S. 2 regelt für die Passivvertretung des Vorstandes, dass es für die Abgabe einer Willenserklärung gegenüber der Gesellschaft ausreicht, wenn diese gegenüber einem Vorstandsmitglied abgegeben wird. Hiermit hat der Gesetzgeber ausweislich der Begründung[54] die Rechtslage hinsichtlich der Passivvertretung klargestellt und den Meinungsstreit entschieden. 16

Anders verhält es sich bei der **Wissenszurechnung,** woran auch die Einführung des MoMiG nichts ändert.[55] Das **Wissen einzelner Aufsichtsratsmitglieder ist dem Gesamtgremium nicht zurechenbar.**[56] Vielmehr ist vom einzelnen Aufsichtsratsmitglied zu verlangen, dass es sein Wissen mit allen anderen Mitgliedern teilt, um so die Basis für eine Beschlussfassung zu schaffen.[57] Auch die Kenntnis des Aufsichtsratsvorsitzenden oder eines Ausschussvorsitzenden ist nicht anders zu behandeln.[58] Je nach Situation wird er dann, ausgelöst durch seine Kenntnis, zu einer Plenums- oder Ausschusssitzung einladen. In der Praxis kommt der Frage insbesondere dann besondere Bedeutung zu, wenn ein Aufsichtsratsmitglied Kenntnis von einem außerordentlichen Kündigungsgrund gegen ein Vorstandsmitglied erhält. Richtigerweise wird die Frist des § 626 Abs. 2 BGB erst bei Kenntnis des Plenums bzw. des zuständigen Ausschusses ausgelöst.[59] Um jedoch innerhalb der gesetzlichen Fristen noch rechtzeitig reagieren zu können, kann dies jedoch zu einer Einberufungspflicht des Aufsichtsratsvorsitzenden oder des betreffenden Aufsichtsratsmitglied nach § 110 Abs. 1 führen. Dies führt jedoch nicht zwangsläufig dazu, dass die Frist des § 626 Abs. 2 BGB erst mit Zusammentreten/Kenntnis des Gremiums zu laufen beginnt. In Fällen unangemessener Verzögerung der Zusammenkunft bzw. der Kenntniserlangung muss sich der Aufsichtsrat so behandeln lassen, als wäre er mit „zumutbarer Beschleunigung einberufen worden".[60] Im **Passivprozess** mit dem Vorstand ist der Aufsichtsrat befugt, die der Erteilung einer Prozessvollmacht vorgelagerten Fragen, ob die AG sich überhaupt gegen die Klage verteidigen will und ob ggf. von einem Rechtsmittel Gebrauch gemacht werden soll, zu entscheiden.[61] Mandatiert der Aufsichtsratvorsitzende einen Rechtsanwalt ohne 17

---

[49] OLG Hamburg AG 1986, 259 (260); KK-AktG/*Mertens/Cahn* Rn. 22; aA GroßkommAktG/*Hopt/Roth* Rn. 93; *Werner* ZGR 1989, 369 (388).

[50] OLG Düsseldorf NZG 2004, 141 (143); MüKoAktG/*Habersack* Rn. 28, § 107 Rn. 59; KK-AktG/*Mertens/Cahn* Rn. 41; aA MHdB AG/*Hoffmann-Becking* § 31 Rn. 102.

[51] Spindler/Stilz/*Spindler* Rn. 40; KK-AktG/*Mertens/Cahn* Rn. 23.

[52] Dafür BGH NZG 2002, 43 (44); Hüffer/*Koch* Rn. 7; *Peus,* Der Aufsichtsratsvorsitzende, 1983, 176 ff.; *Luther/Rosga* FS Meilicke, 1985, 80 (81 f.); *Leuering* FS Kollhosser, 2004, 361 (376); MüKoAktG/*Habersack* Rn. 24; KK-AktG/*Mertens/Cahn* Rn. 33; Spindler/Stilz/*Spindler* Rn. 40; MHdB AG/*Hoffmann-Becking* § 31 Rn. 104; *Wiesner* BB 1981, 1533 (1537).

[53] KK-AktG/*Mertens/Cahn* Rn. 33; MHdB AG/*Hoffmann-Becking* § 31 Rn. 104; *Wiesner* BB 1981, 1533 (1537); trotz geändertem Gesetzestext immer noch krit.: Spindler/Stilz/*Spindler* Rn. 40; MüKoAktG/*Habersack* Rn. 2, 24.

[54] BT-Drs. 16/6140, 52 re. Sp.

[55] MüKoAktG/*Habersack* Rn. 25; GroßkommAktG/*Hopt/Roth* Rn. 78.

[56] GroßkommAktG/*Hopt/Roth* Rn. 78; Spindler/Stilz/*Spindler* Rn. 42; *Luther/Rosga* FS Meilicke, 1985, 80 (90); *Stein* ZGR 1999, 264 (282 ff.); aA KK-AktG/*Mertens/Cahn* Rn. 34.

[57] MüKoAktG/*Habersack* Rn. 25.

[58] MüKoAktG/*Habersack* Rn. 25; Spindler/Stilz/*Spindler* Rn. 42; aA KK-AktG/*Mertens/Cahn* Rn. 34; *Wiesner* BB 1981, 1533 (1538).

[59] MüKoAktG/*Habersack* Rn. 25; aA KK-AktG/*Mertens/Cahn* Rn. 34.

[60] Spindler/Stilz/*Spindler* Rn. 42; GroßkommAktG/*Hopt/Roth* Rn. 79; *Buck-Heeb* AG 2015, 801 (805).

[61] BGH BeckRS 2013, 10118.

Aufsichtsratsbeschluss, handelt er als Vertreter ohne Vertretungsmacht (§ 177 BGB). Dies kann vom Aufsichtsrat genehmigt werden.[62]

18 **3. Mängel bei der Vertretung.** Was die rechtlichen Folgen fehlerhaften Vertretungshandelns sind, ist umstritten und höchstrichterlich noch nicht entschieden. Überwiegend wird danach differenziert, ob der Mangel beim handelnden Vorstandsmitglied bzw. einem Dritten oder beim handelnden Aufsichtsratsmitglied liegt.[63]

19 **a) Vertretungsmangel beim Aufsichtsratsmitglied.** Vertretungsmängel bei einem Aufsichtsratsmitglied führen nach hM zur Anwendung der Vorschriften der Vertretung ohne Vertretungsmacht gemäß **§§ 177 ff. BGB**[64] mit der Folge, dass Handeln ohne Vertretungsmacht durch den Aufsichtsrat genehmigungsfähig ist (→ § 107 Rn. 51). Nach der von der Rechtsprechung[65] entwickelten Grundsätze zur Behandlung von Beschlüssen unter Mitwirkung fehlerhaft bestellter Aufsichtsratsmitglieder (§ 108 Rn. 719) ist fraglich, wie sich Mängel eines Aufsichtsratsbeschlusses auf die Vertretungsmacht auswirken. Weder das amtierende noch das ausgeschiedene Vorstandsmitglied werden im Zweifel den Beschlussmangel erkennen, deshalb erscheint es sinnvoll bei § 112 nicht grundsätzlich vom Durchschlagen des Beschlussmangels auf die Vertretungsmacht auszugehen, sondern die Grundsätze des Missbrauchs der Vertretungsmacht anzuwenden. Nur wenn dem Vorstandsmitglied der Mangel erkennbar war, entfällt die Vertretungsmacht.[66] Die Überschreitung der Vertretungskompetenz des Aufsichtsratsvorsitzenden führt bei Handeln im Rahmen der Vertretungsmacht des Aufsichtsrats zur Genehmigungsfähigkeit.[67] Ein Verlassen dieses Rahmens führt jedoch zwangsläufig zur Nichtigkeit.[68]

20 **b) Vertretungsmangel beim Vorstandsmitglied.** Liegt der Vertretungsmangel beim Vorstandsmitglied (oder dem Dritten), schließt die bisher hM unter Verweis auf die zwingende Kompetenzzuweisung des § 112 und auf den Grundsatz der höchstpersönlichen und weisungsfreie Amtsführung (§ 111 Abs. 5) die Genehmigungsfähigkeit unter Hinweis auf die **Nichtigkeit gemäß § 134 BGB** aus.[69] Eine im Vordringen befindliche Gegenmeinung[70] geht auch in diesen Fällen von der Genehmigungsfähigkeit aus. Dem ist zu folgen, da § 112 dem Vorstandshandeln als solchen nicht die rechtsgeschäftliche Wirksamkeit nehmen will, vielmehr lediglich – zum Schutze der abstrakten Gefährdung der Gesellschaftsinteressen – die Unverbindlichkeit kompetenzüberschreitenden Handelns des Vorstandes für die Aktiengesellschaft im Falle vermuteter Interessenkonflikte gewährleisten soll.[71] Dem Aufsichtsrat als dem für die Vertretung in Rechtsgeschäften mit dem Vorstand zuständigen Organ, muss es überlassen bleiben, über das Geschäft zu entscheiden, zumindest so lange, wie die andere Seite ihre Willenserklärung nicht wirksam widerrufen hat. Einem solchen Ergebnis steht auch nicht der Grundsatz der höchstpersönlichen Amtsführung entgegen.[72]

21 Klagt die Aktiengesellschaft, vertreten durch den Vorstand, gegen ein Vorstandsmitglied kann eine Heilung dieses Vertretungsmangels nicht durch eine Rubrumsberichtigung eintreten. Der Aufsichtsrat kann aber die Prozessführung des nicht berechtigten Vertreters (Vorstand) genehmigen und als gesetzlicher Vertreter in den Prozess eintreten.[73]

22 Die Versagung der Vertretungsbefugnis für den Vorstand ist Sanktion genug; die Nichtigkeitsfolge muss nicht noch hinzutreten. Allerdings ist dann eine Einschränkung geboten, wenn das Gesetz, wie zB bei der Vergütungserhöhung (§ 87) durch den Vorstand wegen der Befangenheit des Vorstandes

[62] BGH BeckRS 2013, 10118.

[63] MüKoAktG/*Habersack* Rn. 31.

[64] BGH NZG 2013, 792 (794); OLG Karlsruhe AG 1996, 224 (225); GroßkommAktG/*Hopt/Roth* Rn. 101; Hüffer/*Koch* Rn. 12; KK-AktG/*Mertens/Cahn* Rn. 5; Spindler/Stilz/*Spindler* Rn. 49; MüKoAktG/*Habersack* Rn. 31; *Fischer/Hoffmann* NZG 2013, 1419; offenlassend BGH AG 2008, 894 (895); aA MüKoAktG/*Semler*, 2. Aufl. 2004, Rn. 80; *Semler* FS Rowedder, 1994, 441 (455 f.); *Stein* AG 1999, 28 (35 ff.); OLG Brandenburg DStR 2015, 1877 (1880).

[65] BGH NJW 2013, 1535.

[66] Spindler/Stilz/*Spindler* Rn. 44; *Cahn* FS Hoffmann-Becking, 2013, 247 (275 ff.).

[67] Spindler/Stilz/*Spindler* Rn. 43; aA *Stein* AG 1999, 28 (35); MüKoAktG/*Semler*, 2. Aufl. 2004, Rn. 81.

[68] OLG München AG 1996, 234 (235); OLG Karlsruhe WM 161, 164 ff.; Spindler/Stilz/*Spindler* Rn. 45.

[69] OLG Frankfurt BeckRS 2008, 09147; OLG Stuttgart AG 1993, 85 (86); KK-AktG/*Mertens/Cahn* Rn. 11; Hüffer/*Koch* Rn. 7; GroßkommAktG/*Hopt/Roth* Rn. 109; *Schmits* AG 1992, 149 (155); *Stein* AG 1999, 28 (39 ff.); aA OLG München ZIP 2008, 220 (222); MüKoAktG/*Habersack* Rn. 32; *Nägele/Böhm* 2005, 2197 (2199); *Werner* ZGR 1989, 369 (392 ff.).

[70] BGH WM 2009, 717 f.; OLG München ZIP 2008, 220; MüKoAktG/*Habersack* Rn. 32; *Nägele/Böhm* BB 2005, 2197 (2199); *Werner* ZGR 1999, 369 (392 ff.).

[71] OLG München ZIP 2008, 220 (222).

[72] MüKoAktG/*Habersack* Rn. 32.

[73] BGH WM 2009, 717; OLG Frankfurt Urteil vom 17.8.2011 – 13 U 100/10; BeckRS 2011, 24234.

diesem die Zuständigkeit entzieht, um den Eintritt des Geschäftserfolges abzuwenden.[74] Ein solches Rechtsgeschäft ist gemäß § 134 BGB iVm § 84 nichtig.

c) **Prozessuale Folgen.** Eine **Klageerhebung** führt **bei Vertretungsmangel,** wie zB bei der Vertretung der Gesellschaft durch ein Aufsichtsratsmitglied, zur **Unzulässigkeit;**[75] dasselbe gilt beim Passivprozess.[76] Zulässigkeit der Klage kann jedoch vorliegen, wenn die Gesellschaft „vertreten durch den Aufsichtsratsvorsitzenden" verklagt wurde; die Klage ist so auszulegen, dass die Gesellschaft durch den Aufsichtsrat als Gesamtorgan vertreten und die Klage an den Aufsichtsratsvorsitzenden zugestellt werden soll.[77] Die Klage ist zulässig, wenn der Vertretungsmangel erst nachträglich eintritt.[78] 23

Prozessual ist die Unzulässigkeit der Klage auch noch in der Revisionsinstanz von Amts wegen zu beachten[79] mit der Folge, dass die Gesellschaft nicht nach den Vorschriften des Gesetzes vertreten ist (§ 547 Nr. 4 ZPO).[80] Heilung des Formmangels durch Genehmigung ist möglich, indem der Aufsichtsrat in den Prozess eintritt.[81] Konkludente Genehmigung ist möglich.[82] Praktisch möglich scheinen solche Fälle lediglich in Aktivprozessen der Gesellschaft.[83] 24

d) **Nachweis der Vertretungsmacht.** Für den behördlichen oder gerichtlichen Nachweis der Vertretungsmacht reicht in aller Regel die Vorlage der Geschäftsordnung, des betreffenden Beschlusses oder der entsprechenden Sitzungsniederschrift.[84] Die Vorlage einer entsprechenden Satzungsregelung ist nicht ausreichend. 25

III. Abdingbarkeit

Die Norm hat **zwingenden** Charakter. Abweichende Regelungen sind weder durch die Satzung noch durch die Geschäftsordnung möglich. Weder Satzung noch Geschäftsordnung können die Vertretungsbefugnis auf einzelne Aufsichtsratsmitglieder oder Ausschüsse beschränken.[85] Zulässig ist jedoch, dass der Aufsichtsrat durch Beschluss oder die Hauptversammlung durch die Satzung den Aufsichtsratsvorsitzenden oder einen anderen Funktionsträger zur Erklärung des Willens des Aufsichtsrates nach außen ermächtigt.[86] Dies ist ebenfalls durch die Satzung möglich.[87] Da der Aufsichtsrat jedoch Herr der inneren Ordnung ist, kann er Abweichendes beschließen.[88] In der Regel wird von einer stillschweigenden Ermächtigung des Aufsichtsratsvorsitzenden oder eines Ausschusses zur Erklärungsvertretung ausgegangen werden können.[89] Eine entsprechende Befugnis kraft Amtes liegt hingegen nicht vor.[90] 26

IV. Darlegungs- und Beweislast

Die Vorschrift sieht keine Abweichung von den allgemeinen Regelungen über die Darlegungs- und Beweislast vor. Es bleibt bei dem Grundsatz, dass jede Partei die Tatsachen zu behaupten und beweisen hat, die von der ihr günstigen Norm vorausgesetzt werden.[91] 27

---

[74] AA Hüffer/*Koch* Rn. 12.

[75] BGHZ 130, 108 (110 ff.) = NJW 1995, 2559; BGH WM 1999, 2026; OLG Stuttgart AG 2013, 599 (600); KK-AktG/*Mertens/Cahn* Rn. 13; GroßkommAktG/*Hopt/Roth* Rn. 112; *Werner* ZGR 1989, 369 (373); ausf. *Born/Ghassemi-Tabar/Gehle* NJW 2015, 2215 ff.

[76] BGH DStR 1997, 1174 (1175); Hüffer/*Koch* Rn. 13.

[77] OLG Hamburg NZG 2001, 889 (899); OLG Stuttgart AG 2013, 599 (601).

[78] BGHZ 157, 151 (154 ff.) = NJW 2004, 1528; Hüffer/*Koch* Rn. 13.

[79] BGH WM 1997, 1210; NJW 1987, 254; AG 1990, 359; GroßkommAktG/*Hopt/Roth* Rn. 112; Hüffer/*Koch* Rn. 13.

[80] BGH WM 1997, 1210; für Berufungsinstanz OLG München WM 1996, 1859 (1860).

[81] BGH NJW 1987, 254; 1989, 2055 f.; Hüffer/*Koch* Rn. 8; *Brandner* FS Quack, 1991, 201 (202).

[82] BGH NJW 1999, 3263 f.; Hüffer/*Koch* Rn. 13.

[83] Hüffer/*Koch* Rn. 13.

[84] Spindler/Stilz/*Spindler* Rn. 47; KK-AktG/*Mertens/Cahn* Rn. 42; *Leuering* FS Kollhosser, 2004, 361 (375).

[85] Spindler/Stilz/*Spindler* Rn. 2; KK-AktG/*Mertens/Cahn* Rn. 4; MüKoAktG/*Habersack* Rn. 3.

[86] BGHZ 139, 89 (92 ff.) = NJW 1998, 3274; OLG Düsseldorf NGZ 2004, 141 (143); KK-AktG/*Mertens/Cahn* Rn. 21; MüKoAktG/*Habersack* Rn. 26; GroßkommAktG/*Hopt/Roth* § 107 Rn. 112 f.; *Luther/Rosgar* FS Meilicke, 1985, 80 (86); *Hüffer* FS Claussen, 1997, 171 (181 ff.); *Semler* FS Rowedder, 1994, 441 (450).

[87] MüKoAktG/*Habersack* § 107 Rn. 59; *Steiner* BB 1998, 1910 (1911).

[88] So auch OLG Frankfurt AG 1975, 18; MüKoAktG/*Habersack* § 107 Rn. 59; GroßkommAktG/*Hopt/Roth* Rn. 85, § 107 Rn. 113; *Semler* FS Rowedder, 1994, 441 (445 f.); aA KK-AktG/*Mertens/Cahn* Rn. 31; wohl auch Begr. RegE *Kropff* Textausgabe, 1965, 156.

[89] MüKoAktG/*Habersack* Rn. 26; OLG München AG 2003, 452 (453).

[90] MüKoAktG/*Habersack* § 107 Rn. 59, 26.

[91] OLG München AG 2003, 459 (453); Hüffer/*Koch* § 243 Rn. 59.

§ 113 Vergütung der Aufsichtsratsmitglieder

(1) [1]Den Aufsichtsratsmitgliedern kann für ihre Tätigkeit eine Vergütung gewährt werden. [2]Sie kann in der Satzung festgesetzt oder von der Hauptversammlung bewilligt werden. [3]Sie soll in einem angemessenen Verhältnis zu den Aufgaben der Aufsichtsratsmitglieder und zur Lage der Gesellschaft stehen. [4]Ist die Vergütung in der Satzung festgesetzt, so kann die Hauptversammlung eine Satzungsänderung, durch welche die Vergütung herabgesetzt wird, mit einfacher Stimmenmehrheit beschließen.

(2) [1]Den Mitgliedern des ersten Aufsichtsrats kann nur die Hauptversammlung eine Vergütung für ihre Tätigkeit bewilligen. [2]Der Beschluß kann erst in der Hauptversammlung gefaßt werden, die über die Entlastung der Mitglieder des ersten Aufsichtsrats beschließt.

(3) [1]Wird den Aufsichtsratsmitgliedern ein Anteil am Jahresgewinn der Gesellschaft gewährt, so berechnet sich der Anteil nach dem Bilanzgewinn, vermindert um einen Betrag von mindestens vier vom Hundert der auf den geringsten Ausgabebetrag der Aktien geleisteten Einlagen. [2]Entgegenstehende Festsetzungen sind nichtig.

Schrifttum: *Armbrüster,* Interessenkonflikte in der D&O-Versicherung, NJW 2016, 897; *Arnold,* Die Herabsetzung der Aufsichtsratsvergütung im laufenden Geschäftsjahr, AG Report 2009, R 33; *Bosse/Malchow,* Unterstützung und Kostentragung für die Aus- und Fortbildung von Aufsichtsratsmitgliedern – Der Kodex bezieht Stellung, NZG 2010, 972; *Buckel,* Die unterjährige Herabsetzung der Aufsichtsratsvergütung, AG 2013, 451; *Fassbach/Wettich,* Die D&O-Versicherung in der Hauptversammlung, GWR 2016, 199; *Gehling,* Erfolgsorientierte Vergütung des Aufsichtsrats, ZIP 2005, 549; *Habersack,* Die erfolgsabhängige Vergütung des Aufsichtsrats und ihre Grenzen, ZGR 2004, 721; *ders.,* Grund und Grenzen der Compliance-Verantwortung des Aufsichtsrats der AG, AG 2014, 1; *Haarmann,* Gleichheit aller Aufsichtsräte, eine sinnvolle Fiktion? Möglichkeiten der differenzierten Vergütung von Aufsichtsräten, FS Hüffer, 2010, 243; *Harzenetter,* Abtretung des Freistellungsanspruchs aus einer D&O-Versicherung, NZG 2016, 728; *Hiéramente,* Die Aufsichtsratsvergütung – (k)ein strafrechtliches Problem?, NZWiSt 2014, 291; *Hoffmann-Becking,* Rechtliche Anmerkungen zur Vorstands- und Aufsichtsratsvergütung, ZHR 169 (2005), 155; *Kästner,* Aktienrechtliche Probleme der D&O-Versicherung, AG 2000, 113; *Kort,* Rechtsfragen der Höhe und Zusammensetzung und Vergütung von Mitgliedern des Aufsichtsrats einer AG, FS Hüffer, 2010, 483; *Kort,* Rechtsfragen der Höhe und Zusammensetzung der Vergütung von Mitgliedern des Aufsichtsrats einer AG, FS Hüffer, 2010, 483; *Krieger,* Gewinnabhängige Aufsichtsratsvergütungen, FS Röhricht, 2005, 349; *Knapp,* Die Entwicklung des Rechts des Aufsichtsrates im Jahr 2010 – Aktuelles für die Praxis aus Gesetzgebung und Rechtsprechung (Teil 1), DStR 2011, 177; *Lange,* Zulässigkeitsvoraussetzungen einer gesellschaftsfinanzierten D&O-Versicherung, ZIP 2001, 1524; *Leyendecker-Langner/Huthmacher,* Kostentragung für Aus- und Fortbildungsmaßnahmen von Aufsichtsratsmitgliedern, NZG 2012, 1415; *Lutter,* Gesetzliche Gebührenordnung für Aufsichtsräte?, AG 1979, 87; *ders.,* Zur Zulässigkeit der Vergütung des Aufsichtsrats in Aktien der Gesellschaft, FS Hadding, 2004, 561; *Mäger,* Vergütung des Aufsichtsrats – welchen Spielraum gibt das Aktienrecht?, BB 1999, 1389; *Marsch-Barner,* Aktuelle Rechtsfragen zur Vergütung von Vorstands- und Aufsichtsratsmitgliedern einer AG, FS Röhricht, 2005, 349; *Martinius/Zimmer,* Keine Boni mehr für Aufsichtsräte?, BB 2011, 3014; *Maser/Göttle,* Rahmen für die Vergütung des Aufsichtsrats, NZG 2013, 201; *Mertens* Bedarf der Abschluss einer D&O-Versicherung durch die Aktiengesellschaft der Zustimmung der Hauptversammlung?, AG 2000, 447; *ders.,* Beratungsverträge mit Aufsichtsratsmitgliedern, FS Steindorff, 1990, 173; *Mutter,* Zur Anpassung der Vergütung von Aufsichtsräten an den Deutschen Corporate Governance Kodex, ZIP 2002, 1230; *Mutter/Kruchen,* Zur Frage der Untreue durch Aufsichtsratsmitglieder bei der Abrechnung und Auszahlung von Sitzungsgeldern unter bewusstem Verstoß gegen eine Satzung im Sinne des § 113 AktG CCZ 2013, 125; *Potthoff/Trescher,* Das Aufsichtsratsmitglied – Ein Handbuch der Aufgaben, Rechte und Pflichten, 2003; *Reichard/Kaubisch,* Sitzungsgeld für Telefon- und Videokonferenzen des Aufsichtsrats?, AG 2013, 150; *Reimsbach,* Fehlanreize der erfolgsabhängigen Aufsichtsratsvergütung nach DCGK 5.4.6, BB 2011, 940; *Rieble,* Sonderbezahlung von Arbeitnehmervertretern bei Aufsichtsrat, AG 2016, 315; *Schockenhoff/Fiege,* Neue Verjährungsfragen im Kapitalgesellschaftsrecht, ZIP 2002, 917; *Schruff,* Zur Bilanzierung von Stock Options, FS Müller, 2001, 219; *Semler,* Verpflichtungen der Gesellschaft durch den Aufsichtsrat und Zahlungen der Gesellschaft an seine Mitglieder, FS Claussen, 1997, 381; *Simons,* Aufsichtsratssitzung – Aufsichtsratsbeschlüsse – Sitzungsgeld, AG 2013, 547; *Vetter,* Aufsichtsratsvergütung und Verträge mit Aufsichtsratsmitgliedern, ZIP 2008, 1; *ders.,* Stillschweigender Grundsatzbeschluss der Hauptversammlung zur Bewilligung der Aufsichtsratsvergütung, BB 1989, 442; *Wollmert/Hey,* Einzelfragen bei der Bilanzierung von echten Aktienoptionen nach US-GAAP, DB 2002, 1061.

Übersicht

I. Allgemeines

1. Normzweck. Zweck dieser Regelung ist es, die Höhe der Aufsichtsratsvergütung in angemessenem Rahmen zu halten und die **ausschließliche Zuständigkeit** für die Vergütung der Aufsichtsratstätigkeit der **Hauptversammlung** zuzuschreiben. Diese kann die Vergütung in der Satzung regeln oder von Fall zu Fall beschließen. Damit wird einem Selbstbedienungsvorwurf gegen den Aufsichtsrat sowie einem möglichen Interessenkonflikt bei einer Festlegung durch den Vorstand vorgebeugt. Durch die Kompetenzzuweisungen an die Hauptversammlung wird auch dem Aspekt der Publizität Rechnung getragen. Die Publizität wird einerseits über die Veröffentlichung der Tagesordnung der Hauptversammlung und nach erfolgter Satzungsänderung über die Eintragung im Handelsregister erreicht. Ergänzt wird sie über die Offenlegungsvorschriften bezüglich des Jahresabschlusses; nach den §§ 285 Nr. 9 lit. a, 314 Abs. 1 Nr. 6 lit. a HGB müssen (bei mittelgroßen und großen Gesellschaften, §§ 267 Abs. 2 und 3, 288 HGB) die Gesamtbezüge aller Aufsichtsratsmitglieder als Summe, anders als bei den Vorstandsmitgliedern nicht individualisiert (für Aufsichtsratsmitglieder börsennotierter Unternehmen aber → Rn. 6), im Anhang und im Konzernanhang angegeben werden (→ Rn. 6). 1

Bei Verstößen gegen § 113 schützt die **Nichtigkeitsfolge des § 134 BGB** vor Wirksamkeit der Vergütungsvereinbarung und § 93 Abs. 3 Nr. 7 iVm § 116 S. 1 mit seiner Haftungsfolge vor zu Unrecht erfolgenden Zahlungen. 2

§ 113 ist in **engem Wechselspiel zu § 114** zu sehen. Während nach § 114 Verträge mit dem Aufsichtsratsmitglied, die sich auf Leistungen außerhalb der geschuldeten Überwachungstätigkeit beziehen, dem Organ Aufsichtsrat zur Zustimmung vorgelegt werden müssen, sollen gemäß § 113 die als Aufsichtsrat geschuldeten Leistungen mit Zustimmung der Hauptversammlung vergütet werden. Das System der Vorschriften stellt die Unabhängigkeit des Aufsichtsratsmitglieds dadurch sicher, dass der Vorstand dem Aufsichtsrat nicht über die Vergütung außerhalb der Aufsichtsratstätigkeit geschuldeter Leistungen Sondervorteile zuwenden kann. 3

2. Regelungsgehalt. Die Tätigkeit als Aufsichtsratsmitglied ist nicht bereits kraft Gesetzes vergütungspflichtig.[1] Die Beziehung zwischen Aufsichtsratsmitglied und Gesellschaft gestaltet sich nicht aufgrund eines schuldrechtlichen Vertragsabschlusses, sondern aufgrund eines **korporationsrechtlichen Rechtsverhältnisses,** auf das vertragliche Regelungen keine Anwendung finden.[2] Für die Gewährung einer Vergütung bedarf es daher nach Abs. 1 eines besonderen Rechtsgrundes, der in der Satzung, in jährlichen Bewilligungsbeschlüssen der Hauptversammlung sowie auch in Ad hoc-Beschlüssen der Hauptversammlung, die über einen längeren Zeitraum gelten und nicht in die Satzung aufgenommen werden müssen,[3] festgelegt werden kann. Ferner schreibt Abs. 1 die Angemessenheit der Vergütung im Verhältnis zu den Aufgaben der Aufsichtsratsmitglieder und zur Lage der Gesellschaft sowie die erforderliche einfache Mehrheit für die Vergütungsherabsetzung durch die Hauptversammlung vor. Für den ersten Aufsichtsrat bestimmt Abs. 2, dass nur die Hauptversammlung die Vergütung seiner Mitglieder bewilligen kann und zwar erst in der Hauptversammlung, die über die Entlastung der Mitglieder des ersten Aufsichtsrates beschließt. Abs. 3 regelt, wie die Vergütung berechnet wird, wenn den Aufsichtsratsmitgliedern ein Anteil am Jahresgewinn gewährt werden soll. 4

3. DCGK. Ziff. 5.4.6 DCGK widmet sich ausführlich der Aufsichtsratsvergütung. In seinem Abs. 1 wird in S. 1 und 2 die gesetzliche Lage beschrieben. S. 3 empfiehlt bei der Vergütungsbemessung den Vorsitz, den stellvertretenden Vorsitz sowie eine Mitgliedschaft im Ausschuss und dessen Vorsitz zu berücksichtigen. Solche **Zulagen** sind in der Praxis weit verbreitet und aufgrund der Tatsache, dass mit ihnen eine höhere Arbeitsbelastung und Verantwortung verbunden ist, mit dem 5

[1] GroßkommAktG/*Hopt/Roth* Rn. 9; MHdB AG/*Hoffmann-Becking* § 33 Rn. 10.
[2] MHdB AG/*Hoffmann-Becking* § 33 Rn. 10; *Lutter/Krieger/Verse* Rechte und Pflichten 357; aA KK-AktG/*Mertens/Cahn* § 101 Rn. 7.
[3] *Vetter* ZIP 2008, 1 (2 ff.).

Gleichbehandlungsgrundsatz zu vereinbaren.[4] Die **Standardvergütung des Aufsichtsratsvorsitzenden** beträgt das Doppelte der Vergütung des einfachen Mitgliedes, beim stellvertretenden Aufsichtsratsvorsitzenden beträgt sie in der Regel das Eineinhalbfache. Da dies zumindest bei großen börsennotierten Gesellschaften oft nicht der tatsächlich anfallenden Arbeitsbelastung und dem mit der Tätigkeit verbundenen Risiko entspricht, zahlen bereits einige Unternehmen dem Vorsitzenden des Aufsichtsrates das Dreifache (zB Bayer, BMW, Commerzbank, DaimlerChrysler, E. ON, Linde, RWE, Thyssen Krupp, TUI), im Einzelfall sogar das Vierfache (zB Deutsche Bank).[5]

6 Abs. 2 S. 2 von Ziff. 5.4.6 DCGK empfiehlt für den Fall, dass den Aufsichtsratsmitgliedern eine **erfolgsorientierte Vergütung** zugesagt wurde, diese auf den langfristigen Unternehmenserfolg (sog. „long term incentives" oder LTI) auszurichten. Zur Erhöhung der Transparenz empfiehlt Abs. 3 die Vergütung der Aufsichtsratsmitglieder aufgegliedert nach Bestandteilen individualisiert, wie schon gesetzlich für die Vorstandsmitglieder börsennotierter Unternehmen geltend, im Anhang oder Lagebericht auszuweisen. Aufgenommen werden sollen hierzu auch die persönlich erbrachten Leistungen, wie Beratungs- und Vermittlungsleistungen, an Aufsichtsratsmitglieder gezahlte Vergütungen oder gewährte Vorteile. Mit diesen Empfehlungen ergänzt der DGCK die Transparenzempfehlungen betreffend die detaillierten Angaben über Aktienoptionsprogramme etc (Ziff. 7.1.3 DCGK) und die Angaben des Erwerbs und der Veräußerung von Aktien und Finanzinstrumenten (Ziff. 6.2 DCGK). Bemerkenswert ist, dass sich die Kommission des DGCK bisher nicht erkennbar mit folgender Besonderheit befasst hat: Gemäß § 10 Nr. 4 KStG ist die Gesellschaft befugt, lediglich 50% der an die Aufsichtsräte gezahlten Vergütung als Betriebsausgabe in ihrer Steuererklärung zu berücksichtigen. Damit wird die Haltung des Fiskus deutlich, dass der Tätigkeit nur eine Semi-Professionalität beigemessen wird und ein solches Amt immer noch wie ein Ehrenamt angesehen wird. Ein derartiges Bild wird der Verantwortung und dem Risiko einer solchen Funktion nicht gerecht.

7 **4. Anwendungsbereich der Norm.** Die Norm ist anwendbar auf AG, KG aA (§ 278 Abs. 3) und dualistisch verfasste SE (Art. 9 Abs. 1 lit. c ii) SE-VO) sowie auf Gesellschaften, die dem MitbestG (§ 25 Abs. 1 S. 1 Nr. 2), dem MontanMitbestG (§ 93 Abs. 1), dem MitbestErgG (§ 3 Abs. 1) und dem Drittelbeteiligungsgesetz (§ 1 Abs. 1 Nr. 3) unterliegen. Sie gilt entsprechend für die Verwaltungsratsmitglieder der monistisch verfassten SE (§ 38 Abs. 1 SE-AG). Aufgrund des Gleichbehandlungsgrundsatzes aller Aufsichtsratsmitglieder gilt § 113 uneingeschränkt auch für gerichtlich bestellte Aufsichtsratsmitglieder[6] sowie die Arbeitnehmerseite im Aufsichtsrat. Hier ist jedoch darauf hinzuweisen, dass Gewerkschaftsmitglieder verpflichtet sind, einen bestimmten Anteil ihrer Vergütung an die Hans-Böckler-Stiftung abzuführen (10% Abführung bei Vergütung bis zu 3500 Euro, darüber hinaus 90%; Ausnahmen bilden der Aufsichtsratsvorsitzende mit einem Schwellenwert von 7000 Euro und der stellvertretende Aufsichtsratsvorsitzende mit 5.250 Euro). Obwohl rechtspolitisch fraglich, sind solche Verpflichtungen aktienrechtlich zulässig.[7] Vielfach erhalten Aufsichtsratsmitglieder der Arbeitnehmerseite, die zugleich dem Betriebsrat angehören, eine zweite Vergütung. Diese kann bei großen Unternehmen für den stellvertretenden Aufsichtsratsvorsitzenden mehr als 200.000 Euro betragen. Dies verstößt gegen die Betriebsverfassung und wird ein Governance-Problem mit erheblichen Strafbarkeitsrisiken auf.[8] Beamte müssen je nach Amtsstellung und Besoldungsgruppe einen Teil ihrer Aufsichtsratsbezüge an die Staatskasse abführen (§ 69 BBG, §§ 6 ff. Bundesnebentätigkeitenverordnung). Für Ehrenvorsitzende und Ehrenmitglieder findet § 113 keine Anwendung, da sie keine Organmitglieder sind. Die Hauptversammlung oder der Aufsichtsrat, wenn dieser den Ehrenvorsitzenden bestellt hat, können einen Ehrensold festlegen.[9]

II. Rechtstatsachen

8 Nach einer Untersuchung von Towers Watson[10] über die Vergütungsstruktur der DAX-Aufsichtsräte ist die durchschnittliche Aufsichtsratsvergütung in den letzten Jahren stetig gestiegen. So hat sich beispielsweise die Gesamtvergütung der Aufsichtsratsvorsitzenden der DAX-30 Unternehmen im Schnitt von 262.000 in 2010 auf 312.000 Euro in 2012 und 365.500 in 2014 erhöht.[11] Die höchste

[4] KBLW/*Kremer* Rn. 1433 ff.; Spindler/Stilz/*Spindler* Rn. 2.

[5] *Lutter* ZHR 159 (1995), 287 (308 f.), der das Vierfache für den Aufsichtsratsvorsitzenden und das Doppelte für den Stellvertreter fordert.

[6] MüKoAktG/*Habersack* Rn. 5.

[7] KK-AktG/*Mertens/Cahn* Rn. 58; KBLW/*Kremer* Rn. 1430; BAG BeckRS 2015, 71600 Rn. 47.

[8] *Rieble* AG 2016, 315 ff.

[9] Spindler/Stilz/*Spindler* Rn. 8; GroßkommAktG/*Hopt/Roth* Rn. 13.

[10] Studie Aufsichtsratsvergütung DAX 2014.

[11] FAZ vom 25.10.2012 Nr. 249, 216, Studie Aufsichtsratsvergütung DAX 2014.

Gesamtvergütung erhalten die Aufsichtsratsvorsitzenden von Volkswagen (1.215.000 Euro), Deutsche Bank (900.000 Euro) und Siemens (587.000 Euro).

9 Da nicht zuletzt durch die Neuerungen des BilMoG (→ § 107 Rn. 105 ff.) die Ausschussarbeit immer mehr in das Zentrum effizienter Aufsichtsratstätigkeit rückt, gewinnt auch die Ausschussvergütung zunehmend an Bedeutung.

III. Einzelerläuterungen

10 **1. Vergütungsanspruch (Abs. 1). a) Vergütungsarten (Abs. 1 S. 1). aa) Allgemeines.** § 113 begründet selbst noch **keinen Vergütungsanspruch.** Nur wenn die Vergütung in der Satzung festgelegt oder von der Hauptversammlung durch Beschluss bewilligt wurde, ggf. auch nachträglich,[12] haben die Aufsichtsratsmitglieder, auch die gerichtlich bestellten Aufsichtsratsmitglieder sowie auch die Arbeitnehmervertreter im Aufsichtsrat, einen Vergütungsanspruch. Fehlt es an einer Satzungsbestimmung oder an einem Hauptversammlungsbeschluss, haben die Aufsichtsratsmitglieder ihre Tätigkeit unentgeltlich auszuüben.[13] Das korporationsrechtlich geprägte Rechtsverhältnis zwischen Aufsichtsratsmitglied und Gesellschaft, das durch die Satzung und den Bewilligungsbeschluss konkretisiert wird, ist alleiniger Rechtsgrund des Vergütungsanspruches. Ein Anstellungsverhältnis zwischen Aufsichtsratsmitglied und Gesellschaft, aus dem eine Entgeltlichkeit vermutet werden könnte oder eine stillschweigende Vergütungsabsprache unterstellt werden könnte, besteht in diesem Verhältnis eben nicht.[14] Dem § 113 zuwiderlaufende Vertragsbestimmungen sind nichtig.[15] Wird eine Vergütung ohne eine Satzungsbestimmung oder ohne Bewilligungsbeschluss der Hauptversammlung gewährt, ist das Aufsichtsratsmitglied verpflichtet, die Vergütung nach §§ 812 Abs. 1 S. 1, 819 Abs. 2 BGB zurückzuzahlen. Bei Pflichtverletzung haften die Mitglieder des Vorstandes und des Aufsichtsrates nach §§ 93 Abs. 3 Nr. 7, 116 S. 1 (→ § 116 Rn. 85 ff.). Soweit Dienst- und/oder Werkleistungen, die außerhalb der Tätigkeit im Aufsichtsrat liegen, erbracht werden, können hierfür im Rahmen des § 114 vertragliche Vergütungsansprüche begründet werden.

11 Von § 113 erfasst werden hingegen **funktionsbezogene Zulagen,** zB die Verdoppelung der Vergütung für den Aufsichtsratsvorsitzenden sowie Nebenleistungen der Gesellschaft wie zB die Überlassung eines Dienstwagens zur privaten Nutzung; nicht jedoch die Erstattung angemessener Auslagen, auf die das Aufsichtsratsmitglied gemäß § 670 BGB einen gesetzlichen Anspruch hat. Ferner werden alle Vergütungsleistungen erfasst, die an eine vom Aufsichtsratsmitglied beherrschte Gesellschaft oder an eine Gesellschaft gehen, deren gesetzlicher Vertreter das Aufsichtsratsmitglied ist, sowie die Vergütungen, die es von einem von der Gesellschaft abhängigen Unternehmen erhält, vorausgesetzt die genannten Leistungen basieren nicht auf einer zulässigen Vereinbarung mit diesem Unternehmen.[16]

12 Der Anspruch auf die feste Vergütung entsteht mit **Beginn des Geschäftsjahres.** Auch der Anspruch auf eine dividenden- oder ergebnisorientierte Vergütung entsteht mit Beginn des Geschäftsjahres, er ist jedoch aufschiebend bedingt durch die Feststellung des Jahresabschlusses bzw. die Vornahme des Dividendenbeschlusses.[17]

13 Der Anspruch auf die feste und variable Vergütung besteht für das ausscheidende Mitglied **pro rata temporis.** Gleiches gilt bei Tod oder Widerruf.[18] Bleibt bei einer formwechselnden Umwandlung der Aufsichtsrat bestehen, bleibt auch der Vergütungsanspruch bestehen. Er erlischt hingegen mit der Eröffnung des Insolvenzverfahrens. Erlischt die Gesellschaft wegen Verschmelzung oder Abspaltung, hat das Aufsichtsratsmitglied einen Anspruch auf zeitanteilige Vergütung. Der Abschluss eines Gewinnabführungsvertrages ist ohne Einfluss auf den Vergütungsanspruch. Die ruhende Mitgliedschaft eines Aufsichtsratsmitglieds, das gemäß § 105 Abs. 2 vorübergehend zum Vorstandsmitglied bestellt wurde, begründet keinen Vergütungsanspruch.[19]

14 Fällig wird der Anspruch auf die feste Vergütung mit **Abschluss des Geschäftsjahres;** der Anspruch auf die gewinnorientierte Vergütung jedoch erst mit **Feststellung des Jahresabschlusses,** die dividendenorientierte Vergütung mit dem Gewinnverwendungsbeschluss der Hauptversammlung. Die Satzung oder der Bewilligungsbeschluss der Hauptversammlung können einen

---

[12] Spindler/Stilz/*Spindler* Rn. 6; GroßkommAktG/*Hopt/Roth* Rn. 9; *Kort* FS Hüffer, 2010, 483 f.

[13] HM, KK-AktG/*Mertens/Cahn* Rn. 8; GroßkommAktG/*Hopt/Roth* Rn. 9; MüKoAktG/*Habersack* Rn. 27; MHdB AG/*Hoffmann-Becking* § 33 Rn. 10.

[14] GroßkommAktG/*Hopt/Roth* Rn. 16; Spindler/Stilz/*Spindler* Rn. 6.

[15] MüKoAktG/*Habersack* Rn. 27, 9.

[16] MüKoAktG/*Habersack* Rn. 9; KK-AktG/*Mertens/Cahn* Rn. 7.

[17] MüKoAktG/*Habersack* Rn. 47; *Mertens* FS Steindorff, 1990, 173 (186); aA KK-AktG/*Mertens/Cahn* Rn. 34 zum Tantiemeanspruch.

[18] GroßkommAktG/*Hopt/Roth* Rn. 71; MHdB AG/*Hoffmann-Becking* § 33 Rn. 26.

[19] GroßkommAktG/*Hopt/Roth* Rn. 72; KK-AktG/*Mertens/Cahn* Rn. 38.

abweichenden Fälligkeitszeitpunkt bzw. Abschlagszahlungen vorsehen.[20] Der Anspruch auf Auslagenersatz gemäß § 670 BGB (→ Rn. 25 ff.) wird mit Beendigung der ihn begründenden Tätigkeit fällig.

15 Die Aufsichtsratsvergütung ist ein **Entgelt für geleistete Arbeit** und nur in zweiter Linie eine Entschädigung für das übernommene Haftungsrisiko. Bleibt das Aufsichtsratsmitglied untätig, kann die Vergütung gekürzt werden bzw. in Gänze entfallen. Dies gilt insbesondere, wenn das Aufsichtsratsmitglied unentschuldigt Sitzungen des Aufsichtsrates fern bleibt.[21] Anders als der Untätigkeitseinwand ist der Einwand zu beurteilen, das Aufsichtsratsmitglied habe seine Überwachungs- und Kontrollpflicht nicht hinreichend erfüllt. Da die Überwachung des Vorstandes Sache des Gesamtorgans ist, kommt eine Kürzung der Vergütung nur in Betracht, wenn dem Aufsichtsratsmitglied besondere Aufgaben übertragen werden, die es nicht erfüllt hat.[22]

16 Im Rahmen der Vergütungsregel ist der **Grundsatz der Gleichbehandlung** zu beachten. Eine Differenzierung nach Gruppenzugehörigkeit (Arbeitnehmer-, Anteilseignerseite) ist ebenso unzulässig wie eine Unterscheidung nach sachfremden Kriterien. Eine Differenzierung zwischen gewählten, entsandten oder gerichtlich bestellten Mitgliedern ist nicht statthaft. Zulässig ist jedoch eine funktionsbezogene Unterscheidung, wie die Gewährung von erhöhter Vergütung für den Vorsitzenden oder seinen Stellvertreter, aber auch für die Mitgliedschaft und den Vorsitz in Ausschüssen.[23] Der DCGK empfiehlt eine solche Differenzierung für börsennotierte Gesellschaften (Ziff. 5.4.6 DCGK).

17 **bb) Feste Vergütung.** Die feste Vergütung war in der Praxis die Ausgangsform des § 113. Sie kann entweder allein oder in Kombination mit einer variablen Vergütung oder durch Sachleistungen, zB Dienstwagen oder durch Freiflüge wie bei der Lufthansa (mittlerweile hat die Lufthansa die entsprechende Regelung aus der Satzung gestrichen) etc, gewährt werden.[24] Eine ausschließlich am Unternehmenserfolg orientierte Vergütung kommt in der Praxis so gut wie nicht vor, da sie die Aufsichtsratsmitglieder in arbeitsintensiven Krisenzeiten zu unentgeltlichem Tätigwerden zwingen würde. Das Verhältnis zwischen fester und variabler Vergütung sollte ausgeglichen sein; die variable Vergütung sollte zur Hälfte aus einer jährlichen und einer langfristigen Vergütung bestehen.[25] Als besondere Unterform der festen Vergütung ist das immer beliebter gewordene **Sitzungsgeld** zu nennen, das die Besonderheit aufweist, dass die Gewerkschaftsvertreter im Aufsichtsrat dies nicht an die Hans-Böckler-Stiftung abzuführen haben (→ Rn. 7).[26] Sitzungsgeld ist dann als fester Vergütungsbestandteil anzusetzen, wenn es als Pauschalbetrag **zusätzlich zu dem nachgewiesenen Auslagenersatz** gewährt wird. Vergütungscharakter bekommt es dadurch, dass es auch den zeitlichen Aufwand mitabdecken soll.[27] Eine Abrechnung nach Stunden- oder Tagessatzbasis kommt für die Aufsichtsratsmitglieder nicht in Betracht, da die zeitliche Komponente individuell unterschiedlich ausfallen würde, kaum kontrollierbar ist und somit die Vergütungskompetenz der Hauptversammlung schwächen würde.[28] Insgesamt ist festzustellen, dass bei einigen DAX-Unternehmen der Trend zu einer reinen festen Vergütung geht.[29] So haben 2014 14 DAX-Unternehmen ausschließlich eine feste Vergütung gezahlt; 16 Unternehmen richten die Vergütung am kurz- und langfristigen Unternehmenserfolg aus.[30]

18 **cc) Variable Vergütung.** Variable Vergütung tritt nicht zuletzt auch durch den Verzicht auf die frühere Empfehlung in Ziff. 5.4.6 DCGK in den Hintergrund. Wird sie jedoch zugesagt, soll sie nach dem Kodex auf eine nachhaltige Unternehmensentwicklung ausgerichtet sein.

19 **(1) Ergebnisorientierte Vergütung.** Denkbar ist eine Beteiligung am Jahresgewinn, deren Berechnung zwingend nach § 113 Abs. 3 erfolgt (→ Rn. 42 ff.). Weit verbreitet ist eine solche Regelung – zumindest bei DAX-Unternehmen – jedoch nicht.[31] Verbreiteter sind Vergütungen,

---

[20] GroßkommAktG/*Hopt/Roth* Rn. 76 ff.; KK-AktG/*Mertens/Cahn* Rn. 35.
[21] GroßkommAktG/*Hopt/Roth* Rn. 78.
[22] MüKoAktG/*Habersack* Rn. 45; GroßkommAktG/*Hopt/Roth* Rn. 79.
[23] *Mäger* BB 1999, 1389 (1390); *Kort* FS Hüffer, 2010, 483 (486 ff.); aA *Haarmann* FS Hüffer, 2010, 243 (247 ff.).
[24] Spindler/Stilz/*Spindler* Rn. 14; GroßkommAktG/*Hopt/Roth* Rn. 32; *Mutter* ZIP 2002, 1230 ff.
[25] *Marsch-Barner* FS Röhricht, 2005, 400 (415).
[26] *Vetter* ZIP 2008, 1 (3).
[27] MüKoAktG/*Habersack* Rn. 11.
[28] MüKoAktG/*Habersack* Rn. 11.
[29] *Martinius/Zimmer* BB 2011, 3014 (3015); *Reimsbach* BB 2011, 940 (944); FAZ vom 25.10.2012 Nr. 249, 16.
[30] Towers Watson, DAX Aufsichtsratsvergütung, 2014.
[31] *Maser/Göttle* NZG 2013, 201 (203).

die zulässigerweise an die **Dividende** – meist ein bestimmter Betrag je Prozent Ausschüttung – bzw. an betriebswirtschaftliche Kennziffern wie **EBIT, EBT** oder **ROCE** anknüpfen.[32] Die Bindung an den Cash-Flow ist jedoch, soweit die Gesellschaft dadurch schlechter gestellt ist als bei der Regelung des § 113 Abs. 3, unzulässig.[33] Erfolgsbezogene Vergütungen, bei denen der Börsenkurs nur ein Parameter von mehreren ist, sollten zulässig sein.[34] Die an die Dividende anknüpfende Tantieme ist nach hM dem Berechnungsverfahren nach § 113 Abs. 3 nicht unterworfen.[35] – Die am Jahresgewinn orientierte Vergütung bezieht sich meist auf einen bestimmten Vomhundertsatz des Bilanzgewinns und damit auf den Teil des Jahresüberschusses, der gemäß § 58 Abs. 3, 4 Gegenstand des Gewinnverwendungsbeschlusses ist und der gemäß § 158 Abs. 1 S. 1 Nr. 5 durch Gewinnvortrag/Rücklagenauflösung erhöhte und durch Verlustvortrag/Einstellung in die Gewinnrücklagen verminderte Jahresüberschuss, ohne Kürzung um die Tantieme.[36] Zu beachten ist jedoch, dass bei **bilanziellen Sondereffekten,** wie Sonderausschüttungen, eine erfolgsabhängige Tantieme in der Regel nicht gerechtfertigt ist.[37] Von dem entstandenen Bilanzgewinn sind gemäß Abs. 3 4% der auf den geringsten Ausgabebetrag der Aktien geleisteten Einlagen (früher Nennbetrag) abzuziehen. Errechnet sich die Tantieme nach dem Jahresgewinn, so ist die Berechnung nach Abs. 3 zwingend. Satzung oder Hauptversammlung können keine abweichenden Bestimmungen treffen; diese sind nach Abs. 3 S. 2 nichtig, soweit sie über die korrekte Berechnung hinausgehen. Die Vergütung ist dann gemäß § 139 BGB anzupassen.[38]

(2) Aktienkursorientierte Vergütung. Die Frage der Zulässigkeit einer an den Aktienkurs anknüpfenden Aufsichtsratsvergütung ist seit der BGH-Entscheidung zu Mobilcom[39] beantwortet. Danach ist die Vergütung für Aufsichtsratsmitglieder durch Bedienung selbständiger **Optionsrechte,** durch **eigene Aktien** sowie durch eine **Kapitalerhöhung** unter Bezugsrechtsausschluss genauso wie durch die Begebung von **Wandel- oder Optionsanleihen** nach § 221 **unzulässig.**[40] Das ergibt sich zum einen für Aktienoptionen aus bedingtem Kapital bereits aus dem Wortlaut des § 192 Abs. 2 Nr. 3 und zum anderen für die Bedienung der Optionen mit eigenen Aktien aus § 71 Abs. 1 Nr. 8 S. 5 iVm § 193 Abs. 2 Nr. 4.[41] Darüber hinaus hat der BGH die Kontrollfunktion des Organs Aufsichtsrat bei gleichgerichteten Vergütungsinteressen von Vorstand und Aufsichtsrat als gefährdet angesehen.[42] Hiervon sind auch ehemalige Vorstandsmitglieder, die nach ihrem Ausscheiden aus dem Vorstand in den Aufsichtsrat eingetreten sind, erfasst, da die §§ 192 Abs. 2 Nr. 3, 71 Abs. 1 Nr. 8 S. 5 die Gewährung von Aktienoptionen an Aufsichtsratsmitglieder ausschließen. Sofern nichts anderes geregelt ist, ist den ehemaligen Vorstandsmitgliedern der Optionsanspruch jedoch abzufinden und zwar in Höhe des Wertes der Optionsrechte.[43] 20

Es ist umstritten, ob den Aktienoptionsmodellen nachgebildete **Phantom Stocks** oder **Stock Appreciation Rights** entsprechend zu behandeln sind.[44] Unter Hinweis auf noch fehlende höchstrichterliche Rechtsprechung und ein Fehlen des gesetzlichen Verbotes identischer Ergebnisanreize für Vorstand und Aufsichtsrat sowie die Alleinzuständigkeit der Hauptversammlung in dieser Frage wird diskutiert, diese „Placebos" zuzulassen, sofern der variable Anteil gegenüber dem festen Anteil deutlich zurücktritt. Machen diese Modelle nicht mehr als ein Drittel der Gesamtvergütung aus, so wird dies noch als zulässig betrachtet.[45] Die Argumente vermögen nicht zu überzeugen. Es ist nicht einsehbar, warum unzulässigen Aktienoptionen für Aufsichtsratsmitglieder nachgebildete virtuelle Gestaltungen als Vergütungsbestandteil zulässig sein sollen, wenn die Grund- und Ausgangsform dieser Vergütungsart dem Aufsichtsrat rechtlich verwehrt bleibt. Demnach sind nach der hier vertrete- 21

[32] BGH ZIP 2003, 723 f.; *Gehling* ZIP 2005, 549 (533); *Marsch/Barner* FS Röhricht, 2005, 401 (417); MüKo-AktG/*Habersack* Rn. 62; für Unzulässigkeit Spindler/Stilz/*Spindler* Rn. 44.

[33] BGHZ 145, 1 (3 f.) = NJW 2000, 2998; BGH NZG 2003, 533 (534).

[34] Hüffer/*Koch* Rn. 11; *Marsch-Barner* FS Röhricht, 2005, 401.

[35] Hüffer/*Koch* Rn. 11; KK-AktG/*Mertens/Cahn* Rn. 22; Spindler/Stilz/*Spindler* Rn. 48; MHdB AG/*Hoffmann-Becking* § 33 Rn. 32; aA MüKoAktG/*Habersack* Rn. 62, 15; GroßkommAktG/*Hopt/Roth* Rn. 119.

[36] Hüffer/*Koch* Rn. 10; MüKoAktG/*Habersack* Rn. 58; krit. KK-AktG/*Mertens/Cahn* Rn. 20, 23.

[37] BGHZ 145, 1 (4 ff.) = NJW 2000, 2998; MüKoAktG/*Habersack* Rn. 15.

[38] Spindler/Stilz/*Spindler* Rn. 43.

[39] BGHZ 148, 122 = AG 2004, 265.

[40] MüKoAktG/*Habersack* Rn. 19; Spindler/Stilz/*Spindler* Rn. 51; *Vetter* in Marsch-Barner/Schäfer HdB AG § 29 Rn. 42; *Habersack* ZGR 2004, 721 (729 f.); *Hoffmann-Becking* ZHR 169 (2005), 155 (188); aA Großkomm-AktG/*Hopt/Roth* 43 f.; Hüffer/*Koch* Rn. 10; *Lutter* FS Hadding, 2004, 561 (567 ff.) mwN; mit Einschränkungen *Gehling* ZIP 2005, 549 (577).

[41] *Vetter* ZIP 2008, 1 (5).

[42] MüKoAktG/*Habersack* Rn. 17, 14.

[43] MüKoAktG/*Habersack* Rn. 18; *Habersack* ZGR 2004, 721 (727).

[44] Dafür *Gehling* ZIP 2005, 549 (557); modifizierend *Vetter* ZIP 2008, 1 (5); aA MüKoAktG/*Habersack* Rn. 19.

[45] *Vetter* ZIP 2008, 1 (5).

nen Auffassung Phantom Stocks und Stock Appreciation Rights als Vergütungsinstrument für Aufsichtsratsmitglieder unzulässig.[46]

22 **dd) Kein Vergütungscharakter. (1) D&O-Versicherung.** Da sich der Abschluss von D&O-Versicherungen (→ § 116 Rn. 5) auch zugunsten von Aufsichtsratsmitgliedern mittlerweile zumindest bei großen Unternehmen zu einem Standard entwickelt hat, ist die Frage der Zustimmungskompetenz der Hauptversammlung nach wie vor aktuell. Im Ergebnis kann davon ausgegangen werden, dass die Prämien, die von der Gesellschaft zum Schutz der Aufsichtsratsmitglieder an die D&O-Versicherung bezahlt werden, keinen Vergütungscharakter haben.[47] Zu begründen ist dies damit, dass der Abschluss einer solchen Vermögensschaden-Haftpflichtversicherung mit Blick auf die Möglichkeit eines effektiven Regresses **überwiegend im Interesse der Gesellschaft liegt.**[48] Die Zahlung der Prämie stellt keine Gegenleistung der Gesellschaft für die Aufsichtsratstätigkeit dar. Der Freistellungsanspruch aus der D&O-Versicherung ist auch abtretbar.[49]

23 Ziff. 3.8 Abs. 2 und 3 DCGK empfiehlt für die Aufsichtsratsmitglieder die Vereinbarung eines **Selbstbehaltes,** der dem gesetzlichen Selbstbehalt eines Vorstandsmitgliedes (§ 93 Abs. 2 S. 3) entspricht und der jedoch für die Qualifizierung als Nicht-Vergütung nicht zwingend ist.[50] Ausgewiesen werden die Versicherungsentgelte für die Aufsichtsratsmitglieder unter der Position „Gesamtbezüge" gemäß § 285 Nr. 9 lit. a S. 1 HGB, was aus ihnen jedoch noch keinen Vergütungsbestandteil macht, da diese Rechnungslegungsvorschrift lediglich die Transparenz des Gesamtaufwandes beim Aufsichtsrat herstellen will.[51]

24 **(2) Auslagenerstattung.** Nicht von § 113 erfasst und damit nicht der Hauptversammlung vorlagepflichtig ist die Erstattung derjenigen Aufwendungen[52] (analog § 670 BGB iVm korporationsrechtlichem Rechtsverhältnis), die das Aufsichtsratsmitglied nach den Umständen[53] und unter Berücksichtigung der Gepflogenheiten des Vorstandes für erforderlich halten durfte.[54] Zulässig ist auch eine **Pauschalierung** des Aufwandes, die sich am typischen Aufwand des Aufsichtsratsmitglied zu orientieren hat und keine versteckte Vergütung enthalten darf.[55] Im Zusammenhang mit der Aufsichtsratstätigkeit entstehende Kosten umfassen in der Regel Übernachtungs-, Aufenthalts- und Reisekosten (zB Flug-, Taxi-, Leihwagenkosten) iVm Aufsichtsrats- und Ausschusssitzungen, Hauptversammlungen sowie entsprechenden Vorbesprechungen.[56] Ferner fallen hierunter Kosten im Zusammenhang mit der Ausübung des Einsichts- und Prüfungsrechtes sowie insbesondere Telefon-, Korrespondenz-, Dolmetscher- und ggf. Prozesskosten. Nicht erstattungsfähig sind allgemeine Kosten des Aufsichtsratsmitgliedes, wie Büromiete oder Kosten für Hilfskräfte;[57] ebenso wenig Einkommensverluste.[58]

24a Umstritten ist seit der Einführung von Ziff. 5.4.5 DCGK die Frage, inwieweit Aus- und Fortbildungskosten der Aufsichtsratsmitglieder erstattungsfähig sind. Jedes Aufsichtsratsmitglied muss in der Lage sein, die für das Unternehmen maßgeblichen wirtschaftlichen Zusammenhänge zu verstehen, insbesondere in den Bereichen Bilanzierung und Rechnungswesen und dem rechtlichen Rahmen der Aufsichtsratstätigkeit. Die Erlangung und Aufrechterhaltung dieser Kenntnisse gehören in die Kernkompetenzen des Aufsichtsratsmitglieds. Kosten, die in diesem Zusammenhang entstehen, sind nicht erstattungsfähig.[59] Soweit der **Erwerb** und die **Fortentwicklung spezieller**

---

[46] Ebenso *Habersack* ZGR 2004, 721 (731); MüKoAktG/*Habersack* Rn. 19; aA wohl Hüffer/*Koch* Rn. 12; GroßkommAktG/*Hopt/Roth* Rn. 47, einschr. *Hoffmann-Becking* ZHR 169 (2005), 155 (178 ff.); aA *Maser/Göttle* NZG 2013, 201 (205).

[47] KBLW/*Kremer* Rn. 1429; MüKoAktG/*Habersack* Rn. 13; *Mertens* AG 2000, 447 (450); *Lutter/Krieger/Verse* Rechte und Pflichten 360; aA Hüffer/*Koch* Rn. 2a mwN; *Kästner* AG 2000, 113 (116); *Armbrüster* NJW 2016, 897 (900); *Fassbach/Wettich* GWR 2016, 199 (200); offenlassend BGH ZIP 2009, 860 (862).

[48] MüKoAktG/*Habersack* Rn. 13; GroßkommAktG/*Hopt/Roth* Rn. 53; Spindler/Stilz/*Spindler* Rn. 16; *Mertens* AG 2000, 447 (452).

[49] BGH NZG 2016, 745; *Harzenetter* NZG 2016, 728 ff.

[50] MüKoAktG/*Habersack* Rn. 13; wohl auch so Spindler/Stilz/*Spindler* Rn. 16, 19; aA GroßkommAktG/*Hopt/Roth* Rn. 53; *Lutter/Krieger/Verse* Rechte und Pflichten 426.

[51] AA *Lange* ZIP 2001, 1524 (1528).

[52] So hM vgl. Hüffer/*Koch* Rn. 2b; aA *Bosse/Malchow* NZG 2010, 972.

[53] Spindler/Stilz/*Spindler* Rn. 9; GroßkommAktG/*Hopt/Roth* Rn. 19.

[54] MüKoAktG/*Habersack* Rn. 21; *Semler* FS Claussen, 1997, 381 (386 ff.); Spindler/Stilz/*Spindler* Rn. 10; GroßkommAktG/*Hopt/Roth* Rn. 19.

[55] Spindler/Stilz/*Spindler* Rn. 12; GroßkommAktG/*Hopt/Roth* Rn. 19.

[56] *Semler* FS Claussen, 1997, 381 (385).

[57] GroßkommAktG/*Hopt/Roth* Rn. 23; Spindler/Stilz/*Spindler* Rn. 11.

[58] So GroßkommAktG/*Hopt/Roth* Rn. 20; aA KK-AktG/*Mertens/Cahn* Rn. 12.

[59] *Bosse/Malchow* NZG 2010, 972 (973); GroßkommAktG/*Hopt/Roth* Rn. 20 mwN.

technischer oder rechtlicher Kenntnisse im Einzelfall notwendig ist, um die Überwachung in solchen Bereichen sicherzustellen, ist eine Erstattungspflicht zu bejahen.[60] Die im Schrifttum zT vertretene Differenzierung in erstattungsfähige interne Unterstützungsleistungen und den aktienrechtlichen Beschränkungen unterliegende externe Maßnahmen,[61] ist keine rechtssichere Entscheidungshilfe. Die Entscheidung, eine bestimmte Fortbildungsmaßnahme vorzunehmen, trifft das Aufsichtsratsplenum. Der Vertrag wird durch den Aufsichtsratsvorsitzenden oder ein durch Beschluss bestimmtes Aufsichtsratsmitglied als Vertreter des Gesamtaufsichtsrats abgeschlossen. Der Vorstand ist verpflichtet im Rahmen der Begleichung der Kosten gemäß § 93 Abs. 3 Nr. 7 die Erforderlichkeit und Angemessenheit der vorgenommenen Fortbildungsmaßnahme zu überprüfen und ggf. die Kosten unzulässiger Fortbildungsveranstaltungen vom Aufsichtsratsmitglied zurückzufordern.[62]

Da es sich beim Auslagenersatz um keine Vergütung handelt, trifft die Hauptversammlung keine 25
Entscheidung über Grund und Höhe des Auslagenersatzes. Der Aufwendungsersatz wird **durch den Vorstand** im Rahmen seiner Geschäftsführungsbefugnis **gewährt;** wobei sicherzustellen ist, dass keine verdeckte Vergütung bezahlt wird. Bei Unstimmigkeiten über Grund und Höhe der Aufwandsentschädigung ist umstritten, wer letztendlich die Entscheidung trifft. Ein Teil der Literatur sieht die Entscheidung beim Aufsichtsratsvorsitzenden;[63] teilweise wird auch vertreten, dass die Frage nach dem ob durch den Aufsichtsrat und die Frage nach der Höhe durch den Vorstand entschieden wird;[64] richtigerweise entscheidet der Aufsichtsrat über den Auslagenersatz.[65] Der Vorstand ist verpflichtet im Rahmen der Begleichung der Kosten gemäß § 93 Abs. 3 Nr. 7 die Erforderlichkeit und Angemessenheit des Auslagenersatzes zu überprüfen. Damit ist die Kontrollfunktion des Aufsichtsrates nicht gefährdet, da der Vorstand sein Kontrollorgan insoweit nicht überprüft. Die Höhe der Aufwendung sollte sich nach den Gepflogenheiten des Vorstandes richten,[66] so dass diese Entscheidung richtigerweise auch vom Vorstand entschieden wird. Dem Aufsichtsrat steht auch **kein eigenes Budget** zu und auch keine Verfügungsmacht hinsichtlich der Gesellschaftskonten zu.[67] Soweit der Aufsichtsrat Verbindlichkeiten eingeht, sind diese nach den Grundsätzen der Abwicklung des Aufwandsersatzes abzuwickeln.

Kostenpauschalen sind nur zulässig, wenn sie keinen Vergütungsbestandteil beinhalten. Unab- 26
hängig oder neben dem Auslagenersatz gezahlte Pauschalen unterliegen in jedem Fall dem § 113; Gleiches gilt für **Sitzungsgelder.**[68] Sitzungsgelder für Telefon- und Videokonferenzen sind nur zulässig, wenn Hauptversammlung oder Satzung dies ausdrücklich vorsehen.[69] Nur wenn die Pauschalen in etwa auf der Höhe der üblicherweise anfallenden Kosten liegen, liegt keine Vergütung vor.[70] Die Abwägung zwischen Verwaltungsvereinfachung durch Pauschalierung und konkreter Einzelpostenabrechnung sollte zur Vermeidung von Abgrenzungsproblemen eindeutig zur konkreten Abrechnung gehen. Zur strafrechtlichen Problematik von Sitzungsgeldern s. auch OLG Braunschweig BeckRS 9988, 65377.[71]

b) Festsetzung und Bewilligung (Abs. 1 S. 2, 4). aa) Satzung. Die Vergütung kann in der 27
Satzung festgelegt werden. Die Satzungsregelung muss **hinreichend bestimmt** sein, um einen Vergütungsanspruch begründen zu können. Es reicht nicht aus, dass die Satzung das „Ob" der Vergütung regelt und die Hauptversammlung oder ein anderes Organ ermächtigt die Höhe festzusetzen. Es ist erforderlich, dass die Satzung die Vergütung in Geld beziffert[72] oder im Falle der variablen Vergütung sich die Höhe des Anspruchs aus der Satzungsregelung berechnen lässt.[73] Nach allgemeiner Meinung reicht es jedoch aus, dass die Satzung einen Gesamtbetrag für die Vergütung festlegt, den die Aufsichtsratsmitglieder gemäß § 420 BGB – also nach Köp-

---

[60] *Bosse/Malchow* NZG 2010, 972 (973); MüKoAktG/Habersack Rn. 24.

[61] MüKoAktG/*Habersack* Rn. 24; *Knapp* DStR 2011, 177.

[62] *Leyendecker-Langner/Huthmacher* NZG 2012, 1415 (1419); MüKoAktG/*Habersack* Rn. 26; aA *Bosse/Machow* NZG 2010, 972 (973).

[63] Spindler/Stilz/*Spindler* Rn. 9.

[64] MüKoAktG/*Semler,* 2. Aufl. 2004, Rn. 134 ff.

[65] GroßkommAktG/*Hopt/Roth* Rn. 26; MüKoAktG/*Habersack* Rn. 26.

[66] *Semler* FS Claussen, 1997, 381 (386 f.).

[67] *Habersack* AG 2014, 1 (7); aA *Hoffmann-Becking* § 33 Rn. 17.

[68] GroßkommAktG/*Hopt/Roth* Rn. 29; *Lutter/Krieger/Verse* Rechte und Pflichten 361; *Simons* AG 2013, 547 (553).

[69] *Reichard/Kaubisch* AG 2013, 150 f.

[70] Spindler/Stilz/*Spindler* Rn. 12; MHdB AG/*Hoffmann-Becking* § 33 Rn. 13 f.

[71] *Hiéramente* NZWiSt 2014, 291; *Mutter/Kruchen* CCZ 2013, 125 (126).

[72] Hüffer/*Koch* Rn. 3.

[73] MüKoAktG/*Habersack* Rn. 29; *Welkamp* WM 2001, 489 (490 f.).

fen – unter sich aufzuteilen haben.[74] Es ist zulässig, dass die Satzung den Aufsichtsrat ermächtigt, die Gesamtvergütung nach billigem Ermessen zu verteilen; die Satzungsregelung muss jedoch eindeutig dem Aufsichtsrat ein solches Ermessen zuerkennen.[75] Das Plenum des Aufsichtsrates hat sich in Ausübung des Ermessens an funktions- und leistungsbezogenen Kriterien zu orientieren[76]

28 Die Hauptversammlung kann die von ihr in der Satzung festgelegte Vergütung nur im Wege der **Satzungsänderung** ändern (zu den Beschlussmehrheiten bei Reduzierung und Erhöhung → Rn. 34, 35). Eine Satzungsregelung über die Vergütung wird mit Eintrag ins Handelsregister wirksam (§ 181 Abs. 3). Der erhöhte Vergütungsanspruch entsteht dann erst für das folgende Geschäftsjahr, es sei denn die Satzung regelt etwas anderes oder die Hauptversammlung bewilligt eine Vergütungserhöhung für das abgelaufene oder laufende Geschäftsjahr durch Beschluss mit einfacher Mehrheit.[77] Entsprechendes ist auch im Wege der rückwirkenden Satzungsänderung möglich.[78] Der Wirksamkeitsbeginn von Herabsetzungsbeschlüssen ist jedoch streitig. Für zurückliegende Geschäftsjahre ist eine Rückwirkung der Herabsetzung ausgeschlossen, selbst wenn der Jahresabschluss noch nicht festgestellt wurde.[79] Für die Vergütung des laufenden Geschäftsjahres kann nichts anderes gelten,[80] da das Aufsichtsratsmitglied, das seit Beginn des Geschäftsjahres für den Aufsichtsrat und die Gesellschaft tätig ist, bereits zu diesem Zeitpunkt eine unentziehbare Anwartschaft auf den festen Vergütungsanspruch hat, wie er zu diesem Zeitpunkt besteht. Bei der variablen Vergütung entsteht der Anspruch, auch bereits aufschiebend bedingt, so dass ein unterjähriger Herabsetzungsbeschluss ebenfalls einen Eingriff in die Position des Aufsichtsratsmitglied bedeuten würde.[81] Demgegenüber wird teilweise zur Entscheidung für diese Frage zwischen der festen und variablen Vergütung unterschieden,[82] wobei für die variable Vergütung zum Teil vorgeschlagen wird, eine anteilige Herabsetzung für die Zeit nach Hauptversammlungsbeschluss[83] bzw. rückwirkend im laufenden Geschäftsjahr zuzulassen, da Rechtsgrundlage nicht ein gegenseitiger Vertrag, sondern die einseitige Festsetzung durch Satzung oder Beschluss ist.[84] Reduzierung während eines laufenden Geschäftsjahres ist für die Vergangenheit dann nur noch mit Zustimmung des Aufsichtsratsmitglieds möglich. Eine klarstellende Regelung in der geänderten Satzung ist sinnvoll.

29 **bb) Bewilligung durch die Hauptversammlung.** Enthält die Satzung keine abschließende Regelung, kann die Hauptversammlung durch Beschluss mit einfacher Mehrheit entscheiden. Damit die Regelung den Bestimmtheitserfordernissen genügt, muss aus dem Beschluss **Höhe und Zeitraum der Vergütung** eindeutig hervorgehen. Inhaltlich ist die Hauptversammlung in ihrer Gestaltung frei. In der Praxis sind Grundsatzbeschlüsse häufiger als Einzelbeschlüsse für das jeweilige Geschäftsjahr. Der Grundsatzbeschluss zeichnet sich – ohne dass dies ausdrücklich formuliert sein muss – dadurch aus, dass er für eine Vielzahl von Jahren gelten kann und zwar bis er durch Beschluss aufgehoben oder geändert wird.[85] Eine rückwirkende Herabsetzung oder Streichung ist auch hier nicht möglich.[86] Wird dem Aufsichtsratsmitglied zB aufgrund eines Beratervertrages Vergütung für eine Tätigkeit geschuldet, zu der er bereits aufgrund seiner Organstellung verpflichtet ist, ist dies nicht nach § 114 Abs. 1 genehmigungsfähig; die Vereinbarung ist vielmehr wegen Verstoßes nach § 113 gemäß § 134 BGB nichtig (→ § 114 Rn. 13).[87]

30 **c) Angemessenheit (Abs. 1 S. 3).** Für den Vorstand sieht § 87 die Angemessenheit der Vergütung zwingend vor; für den Aufsichtsrat gibt es jedoch nur die Sollvorschrift des § 113 Abs. 1 S. 3,

[74] RGZ 75, 308; OLG Dresden OLGE 24, 141; MüKoAktG/*Habersack* Rn. 29; einschr. Hüffer/*Koch* Rn. 3; KK-AktG/*Mertens/Cahn* Rn. 47.

[75] MüKoAktG/*Habersack* Rn. 30 mwN.

[76] *Gehling* ZIP 2005, 549 (552); aA Spindler/Stilz/*Spindler* Rn. 23.

[77] MüKoAktG/*Habersack* Rn. 31, 32.

[78] GroßkommAktG/*Hopt/Roth* Rn. 86; GroßkommAktG/*Wiedemann* § 181 Rn. 165.

[79] GroßkommAktG/*Hopt/Roth* Rn. 96; KK-AktG/*Mertens/Cahn* Rn. 52; Hüffer/*Koch* Rn. 6.

[80] KK-AktG/*Mertens/Cahn* Rn. 53; MüKoAktG/*Habersack* Rn. 34; GroßkommAktG/*Hopt/Roth* Rn. 96; *Vetter* in Marsch-Barner/Schäfer HdB AG § 29 Rn. 36; LG München AG 2013, 138 (140); aA LG Magdeburg JW 1930, 228; Hüffer/*Koch* Rn. 6; MHdB AG/*Hoffmann-Becking* § 33 Rn. 26; *Buckel* AG 2013, 451 (454).

[81] MüKoAktG/*Habersack* Rn. 34.

[82] MHdB AG/*Hoffmann-Becking* § 33 Rn. 26; LG München NZG 2013, 182 (183).

[83] GroßkommAktG/*Hopt/Roth* Rn. 96; für Gleichbehandlung von fester und variabler Vergütung *Arnold* AG Report 2009, R 33 f.

[84] LG München NZG 2013, 182.

[85] KK-AktG/*Mertens/Cahn* Rn. 52; Hüffer/*Koch* Rn. 3; MHdB AG/*Hoffmann-Becking* § 33 Rn. 21; aA *Vetter* BB 1989, 442 (443).

[86] MüKoAktG/*Habersack* Rn. 36; Spindler/Stilz/*Spindler* Rn. 36.

[87] BGH AG 2007, 484 (485); 2007, 80.

wonach die Vergütung angemessen sein soll. Dies entspricht nach hM auch dem Sinn und Zweck der Norm, die Bezüge lediglich nach oben zu begrenzen[88] Ein Zwang niedrige Vergütungen anzuheben, besteht nicht.[89] Mit der angemessenen Vergütung soll der **Arbeitsaufwand,** aber auch die Verantwortlichkeit der Aufsichtsratsmitglieder **abgegolten** werden;[90] sie bezieht sich auf die gesamte Vergütung einschließlich der Sitzungsgelder aber ohne den echten Auslagenersatz.[91] Als Vergleichsmaßstab für die Angemessenheit können vergleichbar große Unternehmen in ähnlichen Branchen herangezogen werden.

Da es bei § 113 Abs. 1 S. 3 nur um eine **Sollvorschrift** handelt, kann die Grenze der Üblichkeit 31
und des angemessenen Niveaus durchaus überschritten werden. Schadensersatzklagen der Gläubiger gegenüber der Hauptversammlung im Falle des Überschreitens der Grenze sieht das Gesetz nicht vor.[92] Bei Verstoß setzt jedoch die registerrechtliche Kontrolle ein, die bei Unangemessenheit zur Ablehnung der Eintragung oder zur Löschung von Amts wegen gemäß § 395 FamFG führen kann.[93] Die Kontrolle des Hauptversammlungsbeschlusses erfolgt nach den allgemeinen Vorschriften zur Nichtigkeit und Anfechtbarkeit. Wurde die Satzungsbestimmung oder ein entsprechender Hauptversammlungsbeschluss nicht geändert, gelöscht, aufgehoben oder für unwirksam erklärt, ist die Gesellschaft gleichwohl an ihn gebunden.

Differenzierungen in der Höhe der Einzelvergütungen sind lediglich **funktions- und aufga-** 32
benbedingt statthaft (s. auch für börsennotierte Unternehmen Ziff. 5.4.6 Abs. 1 DCGK).[94] Eine Unterscheidung nach dem „Marktwert" ist nicht zulässig;[95] ebenso wenig eine Sondervergütung für einzelne Aufsichtsratsmitglieder.[96] Neben den Aufgaben der Aufsichtsratsmitglieder ist die Lage der Gesellschaft ein wichtiger Parameter für die Angemessenheit der Vergütung. Unter **Lage der Gesellschaft** ist primär die Vermögenslage der Gesellschaft zu verstehen. Die Sanierungsbedürftigkeit einer Gesellschaft zwingt nicht notwendigerweise dazu, eine niedrigere Vergütung festzusetzen. Gerade in Sanierungssituationen ist vom Aufsichtsratsmitglied ein deutlich höherer Zeitaufwand verbunden mit einer gesteigerten Verantwortung geschuldet, so dass möglicherweise eine Vergütungserhöhung in Betracht kommen kann.[97]

d) Herabsetzung der Vergütung (Abs. 1 S. 4). Der Herabsetzungsbeschluss als solcher bedarf 33
der **einfachen Mehrheit** (§ 113 Abs. 1 S. 4); § 179 Abs. 2 gilt nicht.[98] Eine Verschlechterung der Ertrags- und Vermögenslage der Gesellschaft verpflichtet noch nicht zur Herabsetzung der Vergütung. Die Herabsetzung oder gar die Streichung der Vergütung insgesamt kann jedoch zur Mandatsniederlegung aus wichtigem Grund führen, jedoch nicht zur Unzeit.[99]

Alle anderen Änderungen der satzungsgemäßen Vergütungsregelung erfolgen nach Maßgabe der 34
§§ 179 ff. und der eventuell in der Satzung vorgeschriebenen Mehrheit für Satzungsänderungen. Sieht die Satzung hingegen eine Mindestvergütung vor, kann die Hauptversammlung mit **einfacher Mehrheit** eine **höhere Vergütung** festlegen. Im Zweifel ist jedoch vom abschließenden Charakter der Satzungsregelung auszugehen.[100]

e) Steuerpflicht. aa) Beim Aufsichtsratsmitglied. (1) Einkommensteuer. Die Aufsichts- 35
rats-Vergütung ist eine **Einkunftsart aus selbständiger Tätigkeit** gemäß § 18 Abs. 1 Nr. 3 EStG und unterliegt beim Aufsichtsratsmitglied der Einkommensteuer.[101] Nicht von der Gesellschaft erstattungsfähige Auslagen, die beim Aufsichtsratsmitglied für die Ausübung der Aufsichtsratstätigkeit anfallen, können von ihm als Betriebsausgabe geltend gemacht werden.[102] Ebenso können die Arbeitnehmervertreter im Aufsichtsrat mit den an die Hans-Böckler-Stiftung abzuführenden Vergütungstei-

---

88 KK-AktG/*Mertens/Cahn* Rn. 30; Spindler/Stilz/*Spindler* Rn. 27; *Kort* FS Hüffer, 2010, 483 (493 f.).
89 GroßkommAktG/*Hopt/Roth* Rn. 56; Hüffer/*Koch* Rn. 4; MüKoAktG/*Habersack* Rn. 41.
90 MüKoAktG/*Habersack* Rn. 40.
91 Spindler/Stilz/*Spindler* Rn. 31.
92 Spindler/Stilz/*Spindler* Rn. 28; *Gehling* ZIP 2005, 549 (552); aA *Welkamp* WM 2001, 489 (494).
93 MüKoAktG/*Habersack* Rn. 42; KK-AktG/*Mertens/Cahn* Rn. 49.
94 GroßkommAktG/*Hopt/Roth* Rn. 58; Spindler/Stilz/*Spindler* Rn. 29.
95 Spindler/Stilz/*Spindler* Rn. 30; aA *Maser/Göttle* NZG 2013, 201 (205).
96 GroßkommAktG/*Hopt/Roth* Rn. 102 ff.; Spindler/Stilz/*Spindler* Rn. 32.
97 *Lutter* AG 1979, 87.
98 Hüffer/*Koch* Rn. 6; MüKoAktG/*Habersack* Rn. 33; *Kort* FS Hüffer, 2010, 483 (490).
99 MüKoAktG/*Habersack* Rn. 33; GroßkommAktG/*Hopt/Roth* Rn. 96; vorsichtiger KK-AktG/*Mertens* Rn. 35.
100 MüKoAktG/*Habersack* Rn. 31; GroßkommAktG/*Hopt/Roth* Rn. 85; *Vetter* in Marsch-Barner/Schäfer HdB AG § 29 Rn. 34.
101 KK-AktG/*Mertens/Cahn* Rn. 56; Hüffer/*Koch* Rn. 7; MüKoAktG/*Habersack* Rn. 51.
102 BStBl. 1987 II S. 42 (43); BFH BStBl. 1972 II S. 810 (811); MüKoAktG/*Habersack* Rn. 51.

len verfahren.[103] Zahlungen an betriebliche Einrichtungen aufgrund einer Selbstverpflichtung können ebenso behandelt werden; dies gilt jedoch nicht für Zuwendungen an die Belegschaft.[104]

36 **(2) Umsatzsteuer.** Aufsichtsratsvergütung und erstattete Auslagen unterliegen beim Aufsichtsratsmitglied – ohne Unterschied, ob der Eigner- oder Arbeitnehmerseite zugehörig – der Umsatzsteuer (§§ 1 Abs. 1 Nr. 1 S. 1, 10 Abs. 1 S. 2 UStG).[105] Sollte die Satzung oder der **Hauptversammlungs-Bewilligungsbeschluss** nicht regeln, dass die auf die Vergütung jeweils entstehende Umsatzsteuer von der Gesellschaft zu tragen ist, besteht nach inzwischen hM gleichwohl ein Ersatzanspruch gegen die Gesellschaft, da es sich für diese im Regelfall in Folge des Vorsteuerabzugs nur um einen durchlaufenden Posten handelt und keine Mehrbelastung stattfindet.[106]

37 **bb) Bei der Gesellschaft.** Gemäß § 10 Nr. 4 KStG kann die Gesellschaft die Aufsichtsratsvergütung nur zu **50%** als **Betriebsausgabe** absetzen. Die Regelung wird vom BVerfG als verfassungskonform gesehen.[107] Dem vollen Abzug unterliegen jedoch der zu erstattende tatsächliche Aufwand[108] und die aufgrund von Dienstleistungs- und Werkverträgen erhaltenen Vergütungen.[109]

38 **2. Erster Aufsichtsrat (Abs. 2).** Die Vergütung des von den Gründern gemäß §§ 30, 31 zu bestellenden Aufsichtsrats kann nur von der Hauptversammlung festgesetzt werden (Abs. 2 S. 1).[110] Es ist nicht zulässig, die Vergütung im Zuge der Gründung in der Satzung festzulegen. Dieser gesonderte Hauptversammlungsbeschluss darf erst in der **Hauptversammlung, die über die Entlastung des ersten Aufsichtsrates beschließt,** gefasst werden. Wird die Beschlussfassung über die Entlastung der Mitglieder des ersten Aufsichtsrates verschoben, kann über die Vergütung nicht entschieden werden. Erst mit der Beschlussfassung über die Entlastung kann auch über die Vergütung beschlossen werden. Dabei kommt es nicht darauf an, ob dem Aufsichtsrat Entlastung erteilt wird oder nicht. Auch bei Nichtentlastung kann eine Vergütung festgesetzt werden.[111] Die Festsetzung der Vergütung muss nicht in der ersten Hauptversammlung, die über die Entlastung des ersten Aufsichtsrates beschließt, festgesetzt werden, sie kann auch auf einer späteren Hauptversammlung festgesetzt werden. Die Festlegung der Vergütung kann auch in Form einer Satzungsänderung erfolgen.

39 Da die **Amtszeit** der Mitglieder des **ersten Aufsichtsrates** gemäß § 30 Abs. 3 S. 1 mit der Beendigung der Hauptversammlung, die über die Entlastung für das erste Rumpf- oder Vollgeschäftsjahr beschließt, endet, wird ein Einfluss der Gründer auf die Festsetzung der Vergütung ausgeschlossen. Vergütungsvereinbarungen zwischen dem Vorstand, den Gründern und allen oder einzelnen Aufsichtsratsmitgliedern sind ebenso nichtig wie ein vor dem Zeitpunkt des Abs. 2 gefasster Hauptversammlungsbeschluss (§ 241 Nr. 3).[112]

40 Bei der **formwechselnden Umwandlung** findet Abs. 2 keine Anwendung, wenn der Aufsichtsrat gemäß § 203 UmwG fort besteht. Aber auch im Falle des § 197 S. 2 und 3 UmwG kann die Gründungssatzung die Aufsichtsratsvergütung regeln.[113]

41 **3. Gewinnorientierte Tantieme (Abs. 3). a) Allgemeines.** Eine an dem Unternehmensgewinn orientierte Tantieme ist zulässig. Der Berechnungsmodus des Anteils am Jahresgewinn ist in Abs. 3 S. 1 geregelt. Ist die Bezugsgröße der Anteil am Jahresgewinn, erfolgt die Berechnung zwingend nach Abs. 3. S. 2 regelt die Nichtigkeitsfolge bei Verstoß mit der Konsequenz, dass entsprechend § 139 BGB nur der „überschießende" Teil unwirksam ist.[114] Die **praktische Bedeutung** von Abs. 3 ist **gering.**

42 Zweck der **Berechnungsformel** ist das Dividendeninteresse der Aktionäre zu schützen und sicherzustellen, dass diese nicht im Vergleich zu den Aufsichtsratsmitgliedern leer ausgehen.[115] Vom entstandenen Bilanzgewinn soll den Aktionären daher vorrangig vor der am Jahresgewinn orientierten Aufsichtsratsvergütung 4% der auf den geringsten Ausgabebetrag der Aktien geleisteten Einlagen

[103] BFH BStBl. 1981 II S. 29.
[104] BFH BStBl. 1981 II S. 29; DB 1970, 957.
[105] BStBl. 1987 II S. 42; Hüffer/*Koch* Rn. 7; KK-AktG/*Mertens/Cahn* Rn. 57.
[106] Hüffer/*Koch* Rn. 7; KK-AktG/*Mertens/Cahn* Rn. 57; MüKoAktG/*Habersack* Rn. 52.
[107] BVerfGE 34, 103.
[108] GroßkommAktG/*Hopt/Roth* Rn. 132.
[109] MüKoAktG/*Habersack* Rn. 53, § 114 Rn. 39.
[110] GroßkommAktG/*Hopt/Roth* Rn. 114.
[111] GroßkommAktG/*Hopt/Roth* Rn. 114; KK-AktG/*Mertens/Cahn* Rn. 45.
[112] GroßkommAktG/*Hopt/Roth* Rn. 115; Spindler/Stilz/*Spindler* Rn. 56.
[113] MüKoAktG/*Habersack* Rn. 55; MHdB AG/*Hoffmann-Becking* § 33 Rn. 40.
[114] MüKoAktG/*Habersack* Rn. 61.
[115] Spindler/Stilz/*Spindler* Rn. 44; *Krieger* FS Röhricht, 2005, 349 (357).

zukommen (Abs. 3 S. 1 Hs. 2). Diese 4% stellen einen Mindestbetrag dar. Die Satzung kann einen höheren Betrag festlegen.[116]

Ist der Anknüpfungspunkt das **Konzernergebnis,** ist Abs. 3 nicht anwendbar,[117] da dies zum einen nicht vom Wortlaut gedeckt ist („... der Gesellschaft ...") und zum anderen die Korrelation zum Dividendenanspruch des Aktionärs nicht besteht. Zulässig ist die Anknüpfung an Kennzahlen wie **EBT, EBIT, EBITA** und **ähnliche Kennzahlen;**[118] unstreitig zulässig ist eine Anknüpfung an Umsatzzahlen oder das Ergebnis einzelner Geschäftsbereiche.[119] Eine Anbindung an den cash flow ist nur zulässig, wenn die Gesellschaft sich hierdurch besser stellt.[120] 43

Da mit der Einführung des TransPuG eine entsprechende Regelung (§ 86 aF) für Vorstandsmitglieder entfallen ist, stellt sich zurecht die Frage der Daseinsberechtigung des Abs. 3.[121] Dem Schutzzweck wird bereits das Angemessenheitsgebot des Abs. 1 S. 3 gerecht. 44

b) Berechnungsmodus. Basis der Berechnung der Vergütung ist der **Bilanzgewinn.** Nach § 158 Abs. 1 Nr. 5 errechnet sich der Bilanzgewinn aus dem Jahresüberschuss/Jahresfehlbetrag, der sich durch Gewinnvortrag und Entnahmen aus Gewinnrücklagen erhöht oder durch Verlustvortrag oder Einstellung in die Gewinnrücklagen ermäßigt. Die Verknüpfung der Vergütungsregelung mit dem Bilanzgewinn hat ggf. die Auswirkungen, dass 45

- der Gewinnvortrag des Vorjahres, der der Vergütungspflicht unterliegt und dann als Teil des Bilanzgewinns mehrfach vergütungspflichtig sein kann,[122]
- Entnahmen aus Gewinnrücklagen, die aus dem Jahresüberschuss früherer Jahre gebildet wurden, der Vergütungspflicht unterliegen,[123]
- Einstellungen aus dem Jahresüberschuss in die gesetzliche Rücklage oder im Rahmen der Feststellung des Jahresabschluss gebildete Gewinnrücklagen (§ 58 Abs. 1, 2) nicht vergütungspflichtig sind,[124]
- von der Hauptversammlung im Beschluss über die Verwendung des Bilanzgewinns beschlossene Einstellung in andere Gewinnrücklagen oder als Gewinnvortrag vergütungspflichtig sind, da sie den Bilanzgewinn nicht mindern.[125]

Der Bilanzgewinn ist für die Berechnung der Aufsichtsratsvergütung **um mindestens 4%** der auf den geringsten Ausgabenbetrag der Aktien geleisteten Einlagen **zu vermindern.** Die Prozentangabe bezog sich bis zum Inkrafttreten des Stück AG auf den Nennbetrag der Aktien. Mit der Umstellung auf den geringsten Ausgabebetrag wird der Zulassung der Stückaktien Rechnung getragen. Für die Berechnung ist daher entweder der Nennbetrag der Aktien oder der Anteil am Grundkapital der Gesellschaft maßgebend (§ 8 Abs. 2 und 3). Ist das Grundkapital noch nicht voll eingezahlt, bezieht sich der Kürzungsbetrag auf die geleisteten Einlagen und nicht auf das nominelle Grundkapital. Ein geleistetes Aufgeld (Agio) bleibt außer Ansatz, da sich Abs. 3 S. 1 auf § 9 Abs. 1 und nicht auf § 9 Abs. 2 bezieht.[126] 46

Eigene Aktien sind, obwohl nach § 71b nicht dividendenberechtigt, nicht herauszurechnen.[127] Der Abzug von 4% ist immer vorzunehmen, auch wenn die tatsächliche Dividende niedriger ist. Die Satzung kann einen höheren Prozentsatz vorsehen. 47

c) Nichtigkeitsfolge. Entgegenstehende Festsetzungen sind nichtig (Abs. 3 S. 2), soweit sie über den durch Abs. 3 S. 1 festgelegten Rahmen der Vergütung hinaus gehen. Entsprechende Satzungsbestimmungen und auch Bewilligungen der Hauptversammlung sind nichtig. Unberührt von Abs. 3 bleibt das Angemessenheitsgebot des Abs. 1 S. 3. 48

4. Publizität. Gemäß §§ 285 Nr. 9 lit. a, 314 Abs. 1 Nr. 6 HGB ist für große und mittelgroße Kapitalgesellschaften die Höhe der Gesamtbezüge aller Aufsichtsratsmitglieder im Anhang zur Bilanz bzw. im Konzernanhang zu veröffentlichen. **Anzugeben** sind die **Vergütungen** nach **§ 113** inklusive 49

---

[116] GroßkommAktG/*Hopt/Roth* Rn. 121; MüKoAktG/*Habersack* Rn. 61.

[117] Spindler/Stilz/*Spindler* Rn. 44; *Krieger* FS Röhricht, 2005, 349 (360).

[118] *Gehling* ZIP 2005, 549 (553); aA *Krieger* FS Röhricht, 2005, 349 (359); Spindler/Stilz/*Spindler* Rn. 44; wohl auch *Hoffmann-Becking* ZHR 169 (2005), 155 (177).

[119] *Krieger* FS Röhricht, 2005, 349 (348); Spindler/Stilz/*Spindler* Rn. 44.

[120] BGH NZG 2003, 535 (536).

[121] MüKoAktG/*Habersack* Rn. 56; Hüffer/*Koch* Rn. 9; *Krieger* FS Röhricht, 2005, 349 (365 ff.); *Hoffmann-Becking* ZHR 169 (2005), 155 (174 f.).

[122] GroßkommAktG/*Hopt/Roth* Rn. 120; KK-AktG/*Mertens/Cahn* Rn. 23.

[123] MüKoAktG/*Habersack* Rn. 58; KK-AktG/*Mertens/Cahn* Rn. 23.

[124] MüKoAktG/*Habersack* Rn. 58.

[125] GroßkommAktG/*Hopt/Roth* Rn. 120; *Gehling* ZIP 2005, 549 (555).

[126] Hüffer/*Koch* Rn. 10; MüKoAktG/*Habersack* Rn. 60.

[127] MüKoAktG/*Habersack* Rn. 60; GroßkommAktG/*Hopt/Roth* Rn. 121.

der Sondervergütungen und der Sitzungsgelder, **nicht** jedoch Auslagen und Vergütung aufgrund von Verträgen iSd **§ 114.** Die Individualisierung der Bezüge ist nicht gesetzlich gefordert im Gegensatz zu den Vorstandsbezügen, die gemäß Vorstandsvergütungsoffenlegungsgesetz (VGOG) im Einzelnen auszuweisen sind.[128]

50 Demgegenüber empfiehlt **Ziff. 5.4.6 DCGK** börsennotierten Unternehmen die Vergütung der Aufsichtsratsmitglieder **individualisiert,** aufgegliedert nach Bestandteilen im Anhang oder Lagebericht, **auszuweisen.** Auch die gezahlten Vergütungen oder gewährten Vorteile für persönlich erbrachte Leistungen, insbesondere Beratungs- und Vermittlungsleistungen, sollen individualisiert gesondert angegeben werden. Die Empfehlung erstreckt sich auch auf alle Vergütungen und Vorteile, die ein Aufsichtsratsmitglied zB wegen anderweitiger Konzernmandate, aus dem Konzern erhalten hat.[129]

51 **Aktienoptionsprogramme,**[130] **virtuelle Aktienoptionen**[131] und sonstige aktienbasierte Vergütungen sind angabepflichtig.[132]

IV. Abdingbarkeit, Rechtsfolgen, Verjährung

52 Die Vorschrift ist **zwingend,** insbesondere soweit als sie in Abs. 1 S. 2 und 4 die Grundlagen des Vergütungsanspruches und in Abs. 3 die Berechnung der Tantieme regelt. Auch wenn das Angemessenheitsgebot nur als Sollvorschrift geregelt ist, gilt Entsprechendes, da ein zuwiderlaufender Beschluss anfechtbar ist bzw. die Eintragung abgelehnt werden kann.[133]

53 Ein Anspruch auf Vergütung besteht nur, wenn die Voraussetzung der §§ 113, 114 vorliegen. Für zu Unrecht empfangene Leistungen haben Aufsichtsratsmitglieder gemäß § 93 Abs. 3 Nr. 7 iVm § 116 Schadensersatz zu leisten. Der Bereicherungsanspruch der Gesellschaft kann unter Umständen § 818 Abs. 3 BGB entgegengehalten werden, da § 819 Abs. 2 BGB auch positive Kenntnis des Empfängers voraussetzt.[134] Vergütungsansprüche der Aufsichtsratsmitglieder verjähren gemäß § 195 BGB in drei Jahren.[135]

V. Darlegungs- und Beweislast

54 Die Vorschrift sieht keine Abweichung von den allgemeinen Regelungen über die Darlegungs- und Beweislast vor. Es bleibt bei dem Grundsatz, dass jede Partei die Tatsachen zu behaupten und beweisen hat, die von der ihr günstigen Norm vorausgesetzt werden.[136]

§ 114 Verträge mit Aufsichtsratsmitgliedern

(1) Verpflichtet sich ein Aufsichtsratsmitglied außerhalb seiner Tätigkeit im Aufsichtsrat durch einen Dienstvertrag, durch den ein Arbeitsverhältnis nicht begründet wird, oder durch einen Werkvertrag gegenüber der Gesellschaft zu einer Tätigkeit höherer Art, so hängt die Wirksamkeit des Vertrags von der Zustimmung des Aufsichtsrats ab.

(2) [1]Gewährt die Gesellschaft auf Grund eines solchen Vertrags dem Aufsichtsratsmitglied eine Vergütung, ohne daß der Aufsichtsrat dem Vertrag zugestimmt hat, so hat das Aufsichtsratsmitglied die Vergütung zurückzugewähren, es sei denn, daß der Aufsichtsrat den Vertrag genehmigt. [2]Ein Anspruch des Aufsichtsratsmitglieds gegen die Gesellschaft auf Herausgabe der durch die geleistete Tätigkeit erlangten Bereicherung bleibt unberührt; der Anspruch kann jedoch nicht gegen den Rückgewähranspruch aufgerechnet werden.

Schrifttum: *Bicker,* Zulässigkeit von Vorstandszahlungen an Aufsichtsratsmitglieder, DStR 2011, 2155; *Bosse,* Rechtliche Anforderungen an Verträge mit Aufsichtsratsmitgliedern und die Zustimmung des Aufsichtsrats nach § 114 AktG, NZG 2007, 172; *Deckert,* Organschaftliche und vertragliche Beratungspflichten des Aufsichtsratsmitglieds, AG 1997, 109; *Fischer,* Der Rückgewähranspruch bei Beraterverträgen mit Aufsichtsratsmitgliedern, BB

[128] Spindler/Stilz/*Spindler* Rn. 65.
[129] KBLW/*Kremer* Rn. 1445; Spindler/Stilz/*Spindler* Rn. 65.
[130] *Schruff* FS Wolf Müller, 2001, 219 ff., *Vater* DB 2000, 2177 ff.
[131] GroßkommAktG/*Hopt/Roth* Rn. 140.
[132] Zu den Besonderheiten nach US-GAAP, IAS, IFRS *Wollmert/Hey* DB 2002, 1061 ff.; *Kunzi/Hasbargen/Kahre* DB 2000, 285; *Oser/Vater* DB 2001, 1261 ff.
[133] MüKoAktG/*Habersack* Rn. 3; Spindler/Stilz/*Spindler* Rn. 62.
[134] Spindler/Stilz/*Spindler* Rn. 61 mwN.
[135] GroßkommAktG/*Hopt/Roth* Rn. 81; ebenso zum Vergütungsanspruch des Vorstands *Schockenhoff/Fiege* ZIP 2002, 917 (924).
[136] OLG München AG 2003, 452 (453); Hüffer/*Koch* § 243 Rn. 59.

2015, 1411; *Happ,* Anwaltlicher Beratungsvertrag und Aufsichtsratsmandat, FS Priester, 2007, 175; *Hellwig,* Beratungsverträge des Abschlussprüfers – Genehmigungspflicht analog § 114 AktG und Publizitätspflicht analog § 125 Abs. 1 Satz 3 AktG, ZIP 1999, 2117; *Hoffmann-Becking,* Beratungsverträge mit Aufsichtsratsmitgliedern – grenzenlose Anwendung des § 114 AktG, FS K. Schmidt, 2009, 657; *ders.,* Unabhängigkeit im Aufsichtsrat, NZG 2014, 801; *Ihrig,* Vergütungszahlung auf einen Beratervertrag mit einem Aufsichtsratsmitglied vor Zustimmung des Aufsichtsrats, ZGR 2013, 417; *Kanzler,* Rückabwicklung von Beratungsverträgen in der Aktiengesellschaft, AG 2013, 554; *König/v. Eiff,* Zur Frage der Zulässigkeit einer Zahlung an Aufsichtsratsmitglieder für eine anwaltliche Beratung, CCZ 2013, 119; *Königshausen,* Unter welchen Voraussetzungen sind Beratungsverträge mit Aufsichtsratsmitgliedern genehmigungsfähig?, GWR 2015, 111; *Krümmel/Küttner,* Dienst- und Werkverträge mit Aufsichtsratsmitgliedern nach § 114 AktG, DB 1996, 193; *Lorenz/Pospiech,* Beratungsverträge mit Aufsichtsratsmitgliedern in Zeiten moderner Corporate Governance, NZG 2011, 81; *Lutter,* Beratungsverträge mit Aufsichtsratsmitgliedern in Gesellschaft und Konzern, FS Westermann, 2008, 1171; *Lutter/Drygala,* Die besondere sachverständige Beratung des Aufsichtsrats durch seine Mitglieder, FS Ulmer, 2003, 381; *Mertens,* Beratungsverträge mit Aufsichtsratsmitgliedern, FS Steindorff, 1990, 173; *Peltzer,* Beratungsverträge der Gesellschaft mit Aufsichtsratsmitgliedern: Ist das gute Corporate Governance?, ZIP 2007, 305; *Pietzke,* Beratungsverträge mit Aufsichtsratsmitgliedern – der BGH hat jetzt das letzte Wort, BB 2012, 658; *Ruoff,* Der richtige Umgang mit Beratungsaufträgen an Aufsichtsratsmitglieder nach dem Fresenius-Urteil des BGH, BB 2013, 899; *Schlaus,* Verträge mit Aufsichtsratsmitgliedern gemäß § 114 AktG, AG 1968, 376; *Semler,* Corporate Governance – Beratung durch Aufsichtsratsmitglieder, NZG 2007, 881; *Spindler,* Beratungsverträge mit Aufsichtsratsmitgliedern – Vorabzustimmung oder nachträgliche Genehmigung?, NZG 2011, 334; *ders.,* Beratungsverträge mit Aufsichtsratsmitgliedern. Die Fresenius-Entscheidung des BGH NZG 2012, 1161; *Töphoven,* Sind Rahmen-Beratungsvereinbarungen mit Aufsichtsratsmitgliedern (doch) noch zu retten?, BB 2007, 2413; *van Kann/Keiluweit,* Beraterverträge mit ausgeschiedenen Vorstandsmitgliedern im Konzern, AG 2010, 805; *v. Bünau,* Beratungsverträge mit Aufsichtsratsmitgliedern im Aktienkonzern, 2004; *v. Schenck,* Verträge mit Beratungsunternehmen, denen ein Aufsichtsratsmitglied des beratenden Unternehmens angehört, DStR 2007, 395; *Vetter,* Aufsichtsratsvergütung und Verträge mit Aufsichtsratsmitgliedern, AG 2008, 1; *ders.,* Zur Compliance Verantwortung des Aufsichtsrates in eigenen Angelegenheiten, GS M. Winter, 2011, 701; *Wissmann/Ost,* Im Blickpunkt: Der Beratungsvertrag mit der Sozietät eines Aufsichtsratsmitglieds, BB 1998, 1957.

Übersicht

I. Allgemeines

1. Sinn und Zweck der Norm. § 114 regelt die Zustimmungspflicht des Aufsichtsrats zu bestimmten Verträgen (nämlich zu Dienst- und Werkverträgen), nicht jedoch zu allen Arten von Verträgen, zB nicht zu Kauf-, Mietverträgen etc zwischen der Gesellschaft und einem Aufsichtsratsmitglied.[1] Durch die Zustimmungspflicht will der Gesetzgeber eine **Umgehung der Vergütungsregelung** für den Aufsichtsrat **gemäß § 113 verhindern** (zum Wechselspiel mit § 113 → § 113 Rn. 3).[2] Damit soll **vermieden werden,** dass **Aufsichtsratsmitglieder** durch sachlich ungerechtfertigte Sonderleistungen im Wege von Beratungsverträgen im Sinne des Vorstandes **unsachlich beeinflusst werden.** Die Unabhängigkeit der Aufsichtsratsmitglieder gegenüber dem Vorstand soll gewährleistet werden und Scheinverträge verhindert werden.[3] 1

Vergütungen, die ein Aufsichtsratsmitglied erhalten hat, ohne dass der Aufsichtsrat zugestimmt hat, sind zurückzugewähren, eine Aufrechnungsmöglichkeit gegen den Rückgewähranspruch schließt die Norm aus, es sei denn, der Aufsichtsrat hat den Vertrag genehmigt, also nachträglich zugestimmt (Abs. 2). Gleiches gilt auch für Verträge, die Leistungen zum Inhalt haben, deren Erbringung das Aufsichtsratsmitglied aus den Pflichten seiner Organstellung schuldet und die gemäß § 113 durch 2

---

[1] GroßkommAktG/*Hopt/Roth* Rn. 51; MüKoAktG/*Habersack* Rn. 20.
[2] Begr. RegE *Kropff* Textausgabe, 1965, 158.
[3] *Lutter* FS Westermann, 2008, 1171 (1172).

die Aufsichtsratsvergütung bereits abgegolten sind; letztere sind allerdings auch nicht zustimmungsfähig, so dass diese Leistungen allein nach Maßgabe von § 113 vergütet werden können (→ Rn. 10).

3 **2. Anwendungsbereich.** Die Vorschrift findet auf die AG, KGaA (§ 278 Abs. 3) und nach § 25 Abs. 1 S. 1 Nr. 2 MitbestG, § 3 Abs. 2 MontanMitbestG, § 3 Abs. 1 MitbestErgG und § 1 Abs. 1 Nr. 3 DrittelbG auf die mitbestimmte GmbH und über Art. 9 Abs. 1 lit. c Ziff. ii SE-VO auf die dualistisch verfasste SE Anwendung. Nach § 52 Abs. 1 GmbHG findet § 114 auf die mitbestimmungsfreie GmbH nur Anwendung, wenn im Gesellschaftsvertrag nichts anderes bestimmt ist.[4] Für die Mitglieder des Verwaltungsrats einer monistisch verfassten SE bestimmt § 38 Abs. 2 SEAG die Anwendung von § 114. Eine analoge Anwendung auf Beraterverträge mit Abschlussprüfern kommt nicht in Betracht.[5]

4 **3. Zustimmung des Aufsichtsrates.** Der zwischen dem Aufsichtsratsmitglied und der Gesellschaft abgeschlossene Werk- oder Dienstvertrag bedarf der Zustimmung des Aufsichtsrats. Der **Aufsichtsrat entscheidet durch** ausdrücklichen, nicht nur konkludenten **Beschluss** (§ 108 Abs. 1).[6] Die Zustimmung steht im **pflichtgemäßen Ermessen** des Aufsichtsrats; bei Ablehnung bedarf es keiner Angabe eines wichtigen Grundes.[7] Sowohl der Vorstand als auch das betroffene Aufsichtsratsmitglied sind verpflichtet, den Beschluss einzuholen. Die Zustimmung kann sowohl durch Einwilligung vor Vertragsschluss als auch durch nachträgliche Genehmigung erfolgen (§§ 183, 184 BGB).[8] **Solange die Zustimmung nicht vorliegt,** ist der Vertrag **schwebend unwirksam,**[9] mit der Verweigerung der Zustimmung wird er nichtig (§ 114 AktG iVm § 134 BGB). Solange der Vertrag mit dem Aufsichtsratsmitglied nicht vom Aufsichtsrat genehmigt ist, darf der Vorstand, auch nach erbrachter Leistung, keine Zahlungen leisten. Leistet er trotzdem, handelt er pflichtwidrig. Die Genehmigung kann gemäß § 114 Abs. 2 S. 1 AktG auch nachträglich erfolgen und zwar auch noch nach Zahlung der Vergütung. Der Beratervertrag ist dann wirksam, das pflichtwidrige Handeln des Vorstands bleibt jedoch bestehen.[10] Soll das Aufsichtsratsmitglied de facto nicht beratend tätig werden, ist der Vertrag als Scheingeschäft gemäß § 117 BGB nichtig[11] mit den Konsequenzen, die eine Vermögensschädigung der Gesellschaft zivilrechtlich und ggf. auch strafrechtlich nach sich zieht.

5 Das betroffene Aufsichtsratsmitglied ist bei der Beschlussfassung entsprechend § 34 BGB nicht stimmberechtigt (zu Stimmverboten → § 108 Rn. 31 ff.). Der Aufsichtsrat kann die Zustimmungskompetenz einem Ausschuss, in der Regel dem Präsidium oder dem Personalausschuss, übertragen, da die **Delegierfähigkeit** dieser Kompetenz **nicht** in § 107 Abs. 3 **ausgeschlossen** ist.[12] Besteht der Aufsichtsrat oder der Ausschuss, auf den delegiert wurde, nur aus drei Mitgliedern, ist dieser beschlussfähig, wenn das betroffene Aufsichtsratsmitglied sich der Stimme enthält.[13] Mit der Enthaltung ist dem Schutzzweck und der Gefahr der Beeinflussung des Abstimmungsergebnisses hinreichend Genüge getan. Die Zustimmung steht im pflichtgemäßen Ermessen des Aufsichtsrates und bedarf keiner Begründung.[14] Die Zustimmung kann nicht durch einen Beschluss der Hauptversammlung ersetzt werden.[15] Es steht der Hauptversammlung jedoch frei, einem Aufsichtsratsmitglied eine dem vertraglichen Entgelt entsprechende Sondervergütung gemäß § 113 zu gewähren. Ein solcher Beschluss kann jedoch materiell anfechtbar sein, wenn er nicht mit dem Prinzip der Gleichbehandlung der Aufsichtsratsmitglieder vereinbar ist.

6 Der Aufsichtsrat muss bei der Beschlussfassung die **wesentlichen Inhalte des Vertrages,** insbesondere den Vertragsgegenstand kennen.[16] Dazu gehören ferner insbesondere die **Art und der Umfang der Tätigkeit** und die **Höhe der Vergütung,** wobei ausreichend ist, dass die Größenordnung oder die Berechnungsmodalitäten bekannt sind. Die Bezugnahme auf eine amtliche Gebühren-

---

[4] *Krümmel/Küttner* DB 1996, 193 (194).
[5] GroßkommAktG/*Hopt/Roth* Rn. 46; aA *Hellwig* ZIP 1999, 2117 (2125 f.).
[6] Spindler/Stilz/*Spindler* Rn. 21; MüKoAktG/*Habersack* Rn. 27; OLG Köln AG 1995, 90 (91) = OLGR 1995, 57.
[7] Spindler/Stilz/*Spindler* Rn. 26; GroßkommAktG/*Hopt/Roth* Rn. 49, MüKoAktG/*Habersack* Rn. 29.
[8] *Lutter/Drygala* FS Ulmer, 2003, 381 (396); Hüffer/*Koch* Rn. 9 mwN; *Bicker* DStR 2011, 2155 (2157); *Pretzke* BB 2012, 658 (660); aA OLG Frankfurt ZIP 2011, 425 (426 f.); *Spindler* NZG 2011, 334 (336); *ders.* NZG 2012, 1161 f.; diff. *Vetter* GS M. Winter, 2011, 701 (717).
[9] Begr. RegE *Kropff* Textausgabe, 1965, 158.
[10] BGH NZG 2012, 1064 (1065).
[11] Spindler/Stilz/*Spindler* Rn. 26; *Lutter/Kremer* ZGR 1992, 87 (93).
[12] GroßkommAktG/*Hopt/Roth* Rn. 48; Spindler/Stilz/*Spindler* Rn. 21.
[13] BGH AG 2007, 484 (485); aA BayObLG NZG 2003, 691 (692 f.); OLG Frankfurt AG 2005, 925 (927).
[14] Spindler/Stilz/*Spindler* Rn. 26; GroßkommAktG/*Hopt/Roth* Rn. 49.
[15] OLG Köln ZIP 1994, 1773 (1775); Spindler/Stilz/*Spindler* Rn. 25.
[16] BGH WM 2006, 1581 (1584); BGHZ 126, 340 (344 f.) = NJW 1994, 2484; Spindler/Stilz/*Spindler* Rn. 22.

ordnung reicht aus; nicht ausreichend ist eine allgemeine Formulierung wie „üblicher Stundensatz" ohne Bezifferung.[17] Unklare Formulierungen führen zur mangelnden Genehmigungsfähigkeit. Enthält der Beratungsvertrag mehrere Beratungsgegenstände, von denen einige genehmigungsfähig sind und andere nicht, gilt für die nicht genehmigungsfähigen Bestandteile gemäß § 139 BGB Teilnichtigkeit.[18]

4. DCGK. Leistungen aus Beratungsverträgen sind nach den Rechnungslegungsvorschriften **nicht ausweispflichtig,** für börsennotierte Gesellschaften empfiehlt Ziff. 5.4.6. Abs. 3 S. 2 DCGK auch die sonstigen für persönliche Leistungen erhaltenen Vergütungen der Aufsichtsratsmitglieder, insbesondere aus Beratungs- und Vermittlungsleistungen, individualisiert im Anhang oder im Lagebericht, der Teil des Geschäftsberichts ist, auszuweisen. Da der Wortlaut Bezug nimmt auf Vergütungen, die vom Unternehmen gewährt werden, und der Kodex mit Unternehmen nicht nur die Gesellschaft, sondern auch ihre Konzerntöchter erfasst, macht er deutlich, dass es ihm auf eine konzernweite Betrachtung ankommt.[19] Damit sind sämtliche Vergütungen, die die Gesellschaft und ihre Konzernunternehmen zB wegen des Bestehens weiterer Aufsichtsratsmandate, an Aufsichtsratsmitglieder zahlt, offenzulegen.[20] Börsennotierte Unternehmen müssen gemäß § 161 erklären, ob sie dieser Empfehlung gefolgt sind. 7

II. Rechtstatsachen

Die Transparenz der wirtschaftlichen Beziehungen zwischen den Aufsichtsratsmitgliedern und der Gesellschaft erhält durch die stark in den Fokus gerückte Diskussion um die Managergehälter erhöhte Aufmerksamkeit. Im Rahmen des KonTraG hat der Gesetzgeber davon abgesehen, die Zustimmung zu solchen Verträgen der Hauptversammlung zu übertragen. Es wurden nur besondere Publizitäts- und Berichtspflichten eingeführt, zB VorstOG. 8

III. Einzelerläuterungen

1. Zustimmungspflichtige Verträge (Abs. 1). a) Zustimmungskompetenz des Aufsichtsrats. Zustimmungspflichtig sind Dienst- oder Werkverträge, die ein Aufsichtsratsmitglied mit der Gesellschaft – vertreten durch den Vorstand – schriftlich oder mündlich schließt.[21] Mündlich geschlossene Verträge müssen jedoch, um § 114 zu genügen, hinreichend dokumentiert sein.[22] **Grundsätzlich nicht betroffen** sind nach herkömmlicher Meinung **Verträge mit verbundenen Unternehmen** der Gesellschaft (zum Streitstand → Rn. 16).[23] Liegen jedoch Indizien für eine missbräuchliche Umgehung vor, insbesondere wenn der Vertrag nach seinem Gegenstand ebenso gut oder ausschließlich mit der Muttergesellschaft hätte abgeschlossen werden können, so ist eine entsprechende Anwendung anzunehmen, auch wenn § 114 keine Umgehungstatbestände wie § 115 beinhaltet.[24] Keine Anwendung finden die §§ 113, 114 auf Ersatzmitglieder des Aufsichtsrats. 9

Üblicherweise handelt es sich bei den problematischen **Verträgen** um solche, **die Beratungsfunktionen zum Gegenstand** haben, die das Aufsichtsratsmitglied bereits aufgrund seiner Organstellung schuldet. Wird ein solcher Vertrag während der Amtszeit des Aufsichtsratsmitgliedes geschlossen, so ist er **nichtig** (§ 134 BGB iVm § 113). Daran ändert auch eine Zustimmung des Aufsichtsrats nichts. Wird der Vertrag vor Beginn der Amtszeit des Aufsichtsratsmitgliedes geschlossen und liegt keine Zustimmung des Aufsichtsrats vor, so ist er während der Amtsdauer unwirksam;[25] er lebt nach Beendigung des Mandates wieder auf.[26] Die hierzu vertretene Mindermeinung[27] übersieht, dass das BGB das Institut der schwebenden Unwirksamkeit auch für solche Fälle geschaffen 10

[17] Hüffer/*Koch* Rn. 8; MüKoAktG/*Habersack* Rn. 25; LG Stuttgart ZIP 1998, 1275 (1279); *Lorenz/Pospiech* NZG 2011, 81 (84).

[18] Spindler/Stilz/*Spindler* Rn. 26; *Happ* FS Priester, 2007, 166 f.; aA *Lutter* FS Westermann, 2008, 1171 (1176).

[19] KBLW/*Kremer* Rn. 1445; *Happ* FS Priester, 2007, 196 f.; aA *Lutter* FS Westermann, 2008, 1171 (1176).

[20] KG AG 1997, 42 (44); KK-AktG/*Mertens/Cahn* Rn. 4.

[21] BGH ZIP 2007, 22 (24).

[22] wohl auch BGH ZIP 2007, 22 (24).

[23] OLG Hamburg AG 2007, 404 (408); Spindler/Stilz/*Spindler* Rn. 7; MHdB AG/*Hoffmann-Becking* § 33 Rn. 52; *Schlaus* AG 1968, 376 (377).

[24] KK-AktG/*Mertens/Cahn* Rn. 5; MHdB AG/*Hoffmann-Becking* § 33 Rn. 52.

[25] BGHZ 114, 127 (129 f.) = NJW 1991, 1830; BGHZ 126, 340 (344 f.) = NJW 1994, 2484; *Lutter/Kremer* ZGR 1992, 87 (100).

[26] HM, BGHZ 114, 127 (133 f.) = NJW 1991, 1830; *HüfferKoch* Rn. 2; MüKoAktG/*Habersack* Rn. 10 mwN; aA MüKoAktG/*Semler,* 2. Aufl. 2004, Rn. 35 ff.

[27] MüKoAktG/*Semler,* 2. Aufl. 2004, Rn. 35 ff.

hat.[28] Auch vor Antritt des Aufsichtsratsmandates abgeschlossene Verträge, die das Aufsichtsratsmitglied zu einer Leistung verpflichten, die er nicht bereits aufgrund einer Organstellung schuldet (sog. zustimmungsfähige Verträge), bedürfen der nachträglichen Zustimmung des Aufsichtsrates, wenn der Berater später zum Aufsichtsratsmitglied bestellt wird, und zwar ohne Rücksicht auf die zeitliche Nähe zur Bestellung.[29] Wird die Zustimmung nicht erteilt oder wird sie verweigert, verliert der Vertrag für die Dauer des Aufsichtsratsmandates seine Wirkung.

11 § 114 regelt die Vertragsbeziehungen zwischen Aufsichtsratsmitglied und der Gesellschaft; zur Vermeidung von Umgehungen gilt § 114 auch dann, wenn die Gesellschaft den **Vertrag** nicht mit dem Aufsichtsratsmitglied, sondern **mit einer Gesellschaft** (zB Anwalts- und Steuerberatungssozietäten sowie Wirtschaftsprüfungsgesellschaften) **abschließt,**[30] **die dem Aufsichtsratsmitglied zu 100% gehört,**[31] der das Aufsichtsratsmitglied **als gesetzlicher Vertreter** oder geschäftsführender Gesellschafter **angehört;**[32] ebenso wenn das Aufsichtsratsmitglied **alleiniger Vorstand der vertragsschließenden Aktiengesellschaft** ist.[33] Es wird hier bereits als ausreichend erachtet, dass der Vertrag mit der Sozietät/Gesellschaft zustande kommt, ohne dass die Vertragsleistung vom Aufsichtsratsmitglied selbst erbracht wird.[34] Gleiches gilt, wenn das Aufsichtsratsmitglied an der Beratungsgesellschaft beteiligt ist und ihm deshalb mittelbar nicht ganz geringfügige Zuwendungen für seine Beratertätigkeit zufließen, wobei es auf die Höhe der Vergütung und nicht auf andere Vorteile wie Ansehen in der Sozietät etc, ankommt.[35] Dabei ist nicht mehr entscheidend, ob das Aufsichtsratsmitglied an der Gesellschaft beherrschend beteiligt ist.[36] In einem Fall flossen der Gesellschaft des Aufsichtsratsmitglieds 125.000 Euro zu, im anderen Fall war ein Stundenhonorar von 180 Euro streitbefangen.

12 **b) Dienst- oder Werkvertrag.** § 114 erfasst Dienst- oder Werkverträge (§§ 611, 631, 675 und ggf. § 651 BGB), bei denen eine **Tätigkeit höherer Art** geschuldet wird. Handelt es sich dabei um eine Beratungsleistung oder eine Geschäftsbesorgung, muss die Tätigkeit **über den alltäglichen Rahmen** hinausgehen, zB indem die Gesellschaft insbesondere wegen der Vertrauensstellung des Aufsichtsratsmitglieds oder seiner speziellen Kenntnisse auf einem Gebiet die Beratungsleistungen des Aufsichtsratsmitglieds kraft besonderen Vertrages in Anspruch nehmen möchte. Der Gesetzgeber zielte vor allem auf Beraterverträge ab.[37] Zu diesen zählen nach allgemeiner Meinung die Tätigkeiten der Rechtsanwälte, Steuerberater, Wirtschaftsprüfer und Architekten.[38] Die Norm nimmt Arbeitsverträge von der Zustimmungspflicht aus. „Ein Dienstvertrag begründet ein Arbeitsverhältnis, wenn sich bei typologischer Gesamtwürdigung eine persönliche Abhängigkeit des Dienstverpflichteten ergibt, die sich in Weisungsabhängigkeit hinsichtlich seiner Dienstleistung niederschlägt."[39] Mit Ausnahme ihrer Arbeitsverträge gelten für Aufsichtsratsmitglieder der Arbeitnehmer die gleichen Kriterien für die Zustimmungsfähigkeit von Verträgen wie für die Anteilseignervertreter.

13 **c) Außerhalb der Tätigkeit des Aufsichtsrats.** § 114 kann nur im Zusammenhang mit § 113 gesehen werden (→ § 113 Rn. 3). Die Leistungen, die das Aufsichtsratsmitglied der Gesellschaft für Beratung und Überwachung schuldet, sind durch § 113 abgegolten. Die Vergütung ist entweder durch die Satzung festgelegt oder durch die Hauptversammlung bewilligt. Weitergehende Vergütungsansprüche stehen dem Aufsichtsratsmitglied für seine Tätigkeit im Aufsichtsrat nicht zu. Verpflichtet es sich durch gesonderten Vertrag zu Leistungen für die Gesellschaft, so müssen diese **Leistungen über den Umfang** seiner **als Aufsichtsrat geschuldeten Leistungen hinausgehen,** um iSd § 114 genehmigungsfähig zu sein. Liegen die Leistungen im Rahmen seiner als Aufsichtsrat

---

[28] BGHZ 114, 127 (133 f.) = NJW 1991, 1830; Spindler/Stilz/*Spindler* Rn. 6; Hüffer/*Koch* Rn. 2; GroßkommAktG/*Hopt/Roth* Rn. 34.

[29] *Mertens* FS Steindorf, 1990, 173 (182).

[30] Spindler/Stilz/*Spindler* Rn. 9; KK-AktG/*Mertens/Cahn* Rn. 14, *Lutter/Krieger/Verse* Rechte und Pflichten 338; aA GroßkommAktG/*Hopt/Roth* Rn. 43.

[31] BGH ZIP 2006, 1329; GroßkommAktG/*Hopt/Roth* Rn. 42; KK-AktG/*Mertens/Cahn* Rn. 14; Hüffer/*Koch* Rn. 2a; *Lutter* FS Westermann, 2008, 1171 (1178).

[32] BGH DStR 2006, 1610 (1612); MHdB AG/*Hoffmann-Becking* § 33 Rn. 51; *von Schenck* DStR 2007, 395.

[33] KG AG 1997, 42 (44 f.).

[34] LG Stuttgart ZIP 1998, 1275 (1280); *Lutter/Krieger/Verse* Rechte und Pflichten 338; aA *Wissmann/Ost* BB 1998, 1947 (1960).

[35] BGH NJW 2007, 298; DB 2007, 1296; GroßkommAktG/*Hopt/Roth* Rn. 42; *Hoffmann-Becking* FS K. Schmidt, 657 (663); *Spindler* NZG 2011, 334 (335 f.); aA OLG Frankfurt ZIP 2011, 425 (426 f.).

[36] HM, MüKoAktG/*Habersack* Rn. 14; krit. KK-AktG/*Mertens/Cahn* Rn. 15 f.

[37] Begr. RegE *Kropff* Textausgabe, 1965, 158.

[38] *v. Bünau,* Beratungsverträge mit Aufsichtsratsmitgliedern im Aktienkonzern, 2004, 7.

[39] Hüffer/*Koch* Rn. 3.

geschuldeten Leistungen, dh Organpflicht und Beratertätigkeit decken sich, ist der Vertrag nicht zustimmungsfähig und nach § 134 BGB nichtig.

Die Abgrenzung ist im Einzelfall schwierig, da das Aufsichtsratsmitglied im Rahmen des Aufsichtsratsmandates auch und gerade Beratung schuldet. Gegenstand des Beratervertrages muss also eine **Beratungstätigkeit außerhalb der Tätigkeit im Aufsichtsrat** sein. Nach § 111 Abs. 1 S. 1 hat der Aufsichtsrat die Geschäftsführung zu überwachen. Da diese Organpflicht auch in die Zukunft gerichtet ist, umfasst sie auch die Beratung des Vorstandes in grundsätzlichen Fragen der künftigen Geschäftspolitik, insbesondere Rechtmäßigkeit, Zweckmäßigkeit und Wirtschaftlichkeit der Geschäftsführung.[40] Für die Abgrenzung zwischen Aufsichtratstätigkeit und sonstiger Beratungstätigkeit kommt es nicht darauf an, ob die Beratung dem Vorstand oder dem Aufsichtsrat geleistet wird oder ob der Beratungsvertrag auf Seiten der Gesellschaft durch den Vorstand oder den Aufsichtsrat abgeschlossen wird.[41] Die Abgrenzung kann auch nicht nach dem Umfang der Beratungsleistung erfolgen; wenn die besonderen Verhältnisse der Gesellschaft einen über den üblichen Rahmen hinausgehenden Einsatz erfordern, muss das Aufsichtsratsmitglied ihn dennoch leisten.[42] **Maßgebend** für die Abgrenzung ist allein der **Gegenstand der Beratung.** Zulässig sind allein Verträge über Dienste, die Fragen eines besonderen Fachgebietes betreffen, sofern sich die zu erbringenden Beratungsleistungen nicht auch dabei auf übergeordnete, in den Rahmen der Aufsichtsratstätigkeit fallende allgemeine Fragen der Unternehmenspolitik beziehen.[43] Es gehört nicht zu den Aufgaben eines Aufsichtsratsmitglieds, sich mit derartigen speziellen Geschäften zu befassen.[44] Bei den Fragen eines besonderen Fachgebietes geht es um spezielle Einzelfragen, die eine besondere Beratungstiefe erfordern.[45] Soweit Stellungnahmen zu einzelnen Fragen rechtlicher oder technischer Art mit einer berufsrechtlichen Haftung verbunden sind, gehören sie nicht in den Organpflichtkreis.[46] 14

d) Einzelfälle unzulässiger Verträge. Folgende Leistungen gehören zum Aufgabenbereich eines Aufsichtsratsmitglieds und sind damit weder zustimmungs- noch **genehmigungsfähig:** Beratung der Gesellschaft in wesentlichen Fragen der Unternehmensführung, insbesondere in Sachen der Datenverarbeitung;[47] die Beratung der Gesellschaft in wesentlichen Konzernangelegenheiten; die Durchführung von Sonderprüfungen; die Beratung und Mitwirkung bei der Gründung eigener Unternehmen im In- und Ausland oder bei dem Erwerb von Beteiligungen an in- und ausländischen Gesellschaften; die Mitwirkung bei der Betreuung von Tochtergesellschaften im In- und Ausland und von Beteiligungen aller Art.[48] Bei der Beratung im Finanzbereich, der Beratung beim Abschluss betriebsnotwendiger Versicherungen, sowie bei der Beratung und Unterstützung in allen Fragen im Zusammenhang mit der Privatisierung der Gesellschaft liegt zwar eine Beratung in einer Vielzahl von Gebieten vor, die aber teilweise Aufgaben betreffen, die zumindest auch im Bereich der organschaftlichen, als Bestandteil des Kontrollaufgabe geschuldeten Beratungspflicht liegen.[49] Konsultationen im Zusammenhang mit staatlichen Investitionszuschüssen gehören ebenso zur Organtätigkeit eines Aufsichtsratsmitgliedes.[50] Auch ein Beratungsvertrag, der vorsieht, im bisherigen Umfang in betriebswirtschaftlichen und steuerrechtlichen Fragen in der Bundesrepublik Deutschland zu beraten, genügt nicht den gesetzlichen Anforderungen. Die allgemein gehaltene Bezeichnung der Beratung „in betriebswirtschaftlichen Fragen" erlaubt keine klare Abgrenzung gegenüber der organschaftlichen Aufgabe und ist keine Beratung auf einem besonderen Fachgebiet.[51] Auch die Beratung der Gesellschaft beim Abschluss von Unternehmens- und Beteiligungskaufverträgen und bei der Eingehung strategischer Allianzen (Joint Ventures), und die Beratung zu Finanzierungsmodellen, zur Kapitalausstattung mit liquiden Mitteln (Kapitalerhöhungen, Inhaber- und Wandelschuldverschreibungen), sowie bei sonstigen Kapitalmaßnahmen, zB Aktiensplits und die Beratung bei internen Strukturierungen sind bereits von den Pflichten des Aufsichtsratsmitglieds erfasst.[52] Ein **Beratungsrahmenvertrag** ist schon dann nicht genehmigungsfähig, sondern **nichtig, wenn er** die Aufgaben des Aufsichts- 15

[40] BGHZ 114, 127 (129 f.) = NJW 1991, 1830; *Deckert* AG 1997, 109 (111).
[41] BGHZ 114, 127 (130 f.) = NJW 1991, 1830; MHdB AG/*Hoffmann-Becking* § 33 Rn. 46.
[42] BGHZ 114, 127 (130) = NJW 1991, 1830; *Lutter/Kremer* ZGR 1992, 87 (94).
[43] BGHZ 126, 340 (341) = NJW 1994, 2484; *Boujong* AG 1995, 203 (204).
[44] BGHZ 114, 127 (130) = NJW 1991, 1830.
[45] BGH DB 2007, 1296 (1297).
[46] *Pietzke* BB 2012, 658 (659).
[47] OLG Köln AG 1995, 90 (91).
[48] BGHZ 170, 60 = NJW 2007, 298; BGHZ 114, 127 (132 f.) = NJW 1991, 1830.
[49] BGHZ 126, 340 (345) = NJW 1994, 2484.
[50] BGHZ 170, 60 = NJW 2007, 298.
[51] BGH DStR 2006, 1610 (1613).
[52] BGH NJW 2007, 289 (290).

ratsmitglieds **nicht abschließend bezeichnet,** sondern nur beispielhaft aufzählt[53] bzw das dafür zu entrichtende Entgelt nicht eindeutig feststellbar ist.[54] Auch eine anwaltliche Beratung in sämtlichen Angelegenheiten der Gesellschaft („ausgelagerte Rechtsabteilung[55]), insbesondere in den Bereichen Wirtschaftsrecht und Recht der Aktiengesellschaften, ist zu allgemein gefasst; die Bezeichnung „anwaltliche Beratung" ist zu unspezifisch, zumal zu dem organschaftlichen Pflichtenkreis eines Aufsichtratsmitglieds auch der Einsatz seiner individuellen Fachkenntnisse gehört.[56] Hingegen kann eine rechtliche Beratung im Einzelfall durchaus genehmigungsfähig sein. Eine Abgrenzung zwischen organschaftlich geschuldeter Leistung und darüber hinausgehender nicht aufsichtsratsimmanenter Beratung kann zB anhand des Katalogs der Berichtspflichten des § 90 Abs. 1 durchgeführt werden.[57] Für die Frage der Genehmigungsfähigkeit ist nicht entscheidend, ob die Beratungstätigkeit für Vorstände, leitende Angestellte oder den Aufsichtsrat insgesamt erfolgt.[58]

15a **Einzelfälle zulässiger Verträge:** Entwicklung eines EDV-gestützten Controlling-Systems,[59] Auswahl eines Abteilungsleiters in einem zentralen Unternehmensbereichs,[60] Vorbereitung einer speziellen Emission,[61] spezielle Rechts- und Steuerberatung,[62] technische Vorbereitung und Abwicklung eines Unternehmenskaufs.[63] Auch die Führung eines Arbeitsgerichtsprozesses durch ein Aufsichtsratsmitglied, das Fachanwalt für Arbeitsrecht ist, kann gemäß § 114 gesondert vergütet werden.[64]

16 **e) Verträge im Konzern.** Umstritten ist die Frage, inwiefern der Wortlaut des § 114 in Bezug auf die **Zustimmungspflicht** des Aufsichtsrats auch **auf Konzernsachverhalte** ausgedehnt werden kann. Dies betrifft Fälle, in denen Beraterverträge zwischen Aufsichtsratsmitgliedern der herrschenden Gesellschaft mit Tochter- oder Enkelgesellschaften abgeschlossen werden. Nach herkömmlicher Meinung wird für solche Verträge eine Zustimmungspflicht des Aufsichtsrats nach § 114 verneint, da in § 114 eine ausdrückliche Regelung wie in § 115 Abs. 1 S. 2 die für Kreditverträge eine konzernweite Anwendung vorsieht, fehlt.[65] Das Fehlen einer solchen Regelung deute auf einen entsprechenden gesetzgeberischen Willen hin.[66] Demgegenüber wird aus dem Schutzzweck des § 114 eine differenzierte Ansicht vertreten.[67] Auch bei solchen Konzernsachverhalten müsse entsprechend § 114 eine Zustimmungspflicht des Aufsichtsrats der herrschenden Gesellschaft Anwendung finden, sofern im Beratervertrag die Beratungsleistung eines Aufsichtsratsmitglieds der herrschenden Gesellschaft von der beherrschten Gesellschaft in Anspruch genommen wird und die Organe der Obergesellschaft zum Überwachungs- und Beratungskreis des Aufsichtsrats gehören oder Interessenkollision mit dem Eigeninteresse der abhängigen Gesellschaft drohen.[68] Hier sei die Gefahr einer sachwidrigen Beeinflussung durch den Vorstand des herrschenden Unternehmens gegeben.[69] Im umgekehrten Fall, also in dem Fall, in dem Aufsichtsratsmitglieder der Tochter-/Enkelgesellschaften Beraterverträge mit der herrschenden Gesellschaft abschließen, besteht nach überwiegender Meinung mangels Beeinflussungsgefahr kein Bedürfnis der Zustimmung, so dass in diesen Fällen § 114 nicht zur Anwendung kommt.[70] Vereinzelt wird auch eine generelle analoge Anwendung des § 115 Abs. 1 S. 2 für angemessen erachtet.[71] In der Konstellation, dass ein Aufsichtsratsmitglied der Obergesellschaft noch an anderer Stelle Aufsichtsratsfunktion im Konzern übernimmt, hat der Aufsichtsrat der Obergesellschaft der Doppelmandatsübernahme zuzustimmen.[72] Dies hat seinen Grund darin, dass das Aufsichtsrats-

---

[53] BGH NJW 2007, 298 (299).
[54] OLG Köln BeckRS 2013, 03323.
[55] OLG Köln BeckRS 2013, 03323.
[56] BGH DB 2007, 1296 (1297); *Bosse* NZG 2007, 172 (173).
[57] OLG Frankfurt ZIP 2005, 2322; GroßkommAktG/*Hopt/Roth* Rn. 20; Spindler/Stilz/*Spindler* Rn. 17.
[58] LG Stuttgart ZIP 1998, 1275 (1278 f.); GroßkommAktG/*Hopt/Roth* Rn. 21.
[59] OLG Köln NJW-RR 1995, 230 (231).
[60] *Lutter/Krieger/Verse* Rechte und Pflichten Rn. 860.
[61] *Lutter/Krieger/Verse* Rechte und Pflichten Rn. 860.
[62] *Semler* NZG 2007, 881 (883).
[63] *Lutter/Krieger/Verse* Rechte und Pflichten Rn. 860.
[64] *Lorenz/Pospiech* NZG 2011, 81 (84).
[65] KK-AktG/*Mertens/Cahn* Rn. 12; *Hoffmann-Becking* NZG 2014, 801 (803); aA GroßkommAktG/*Hopt/Roth* Rn. 41.
[66] AA HK-AktR/*Bürgers/Israel* Rn. 12.
[67] Umfassend KK-AktG/*Mertens/Cahn* Rn. 14 ff.; MHdB AG/*Hoffmann-Becking* § 33 Rn. 51.
[68] Spindler/Stilz/*Spindler* Rn. 8; *Lutter/Krieger/Verse* Rechte und Pflichten 336 f.
[69] *Vetter* AG 2008, 1 (9); *Lutter* FS Westermann, 2008, 1171 (1183).
[70] OLG Hamburg NZG 2007, 470 = BeckRS 2007, 6322; MüKoAktG/*Semler,* 2. Aufl. 2004, Rn. 45 ff. mwN; aA *v. Bünau,* Beratungsverträge mit Aufsichtsratsmitgliedern im Aktienkonzern, 2004, 72; MüKoAktG/*Habersack* Rn. 17.
[71] MüKoAktG/*Habersack* Rn. 17.
[72] Spindler/Stilz/*Spindler* Rn. 8; aA GroßkommAktG/*Hopt/Roth* Rn. 45.

mitglied zum einen den Vorstand der Obergesellschaft überwachen soll und zum anderen in seiner Aufsichtsratsfunktion in der Untergesellschaft dem Einfluss des Vorstandes der Obergesellschaft ausgesetzt ist. Der inhärente Interessenkonflikt wird hingegen vom Gesetzgeber (vgl. § 100) geduldet. Die Frage, ob auch die Übernahme von Aufsichtsratsmandaten in abhängigen Gesellschaften der Zustimmung des Aufsichtsrats der Obergesellschaft bedarf, ist zu verneinen.[73]

Der Abschluss eines Beratervertrages einer Tochtergesellschaft mit einem ehemaligen Mitglied des Vorstandes der Obergesellschaft bedarf nicht der Zustimmung des Aufsichtsrats der Obergesellschaft. Übt der amtierende Vorstand der Obergesellschaft zB durch Weisungen wirksam Einfluss aus, bedarf diese Einflussnahme der Zustimmung des Aufsichtsrats der Obergesellschaft.[74] **16a**

f) Anforderungen vertraglicher Ausgestaltung. Ein nach Maßgabe von § 114 wirksamer Beratungsvertrag muss eindeutige Feststellungen darüber ermöglichen, ob die zu erbringende Leistung außer- oder innerhalb der organschaftlichen Pflichten des Aufsichtsratsmitglieds liegt und der Vertrag darüber hinaus keine verdeckten Sonderzuwendungen enthält.[75] Formulierungen, die eine Beratung in allgemeinen, kaufmännischen Bereichen beinhalten oder die laufende rechtliche Beratung zum Inhalt haben, sind Anhaltspunkte für einen unzulässigen, gemäß § 113 iVm § 134 BGB nichtigen Vertrag.[76] Die **speziellen Beratungsgegenstände** sind daher möglichst **genau zu benennen,**[77] die Tätigkeitsgebiete (zB Recht, Steuern, Bank-, Finanzwesen, EDV) sind detailliert zu beschreiben. Soweit im Einzelfall erforderlich, sollten auch die Regionen und ggf. die Länder, in denen die Leistung erfolgen soll, aufgeführt werden. Besteht die zu erbringende Leistung in einer aktiven Verhandlungsführung bei dem Erwerb von Beteiligungen, so geht dies über die als Aufsichtsratsmitglied geforderten Pflichten hinaus. Öffnungsklausel oder Negativabgrenzung deuten eher auf einen unzulässigen Vertrag hin. Außerdem ist das zu entrichtende Entgelt so konkret zu bezeichnen, dass sich der Aufsichtsrat ein eigenständiges Urteil über Art und Umfang der Leistung sowie die Angemessenheit der Vergütung bilden kann.[78] Ein eigenständiges Urteil über die **Höhe und Angemessenheit der Vergütung** wird dem Aufsichtsrat insbesondere ermöglicht, wenn Tages- und Stundensätze im Vertrag verankert sind und diese der Marktüblichkeit, gemessen am Hintergrund und der Spezialerfahrung des Aufsichtsratsmitglieds, entsprechen. Auch die Vereinbarung eines **Pauschalhonorars** für eine bestimmte Tätigkeit ist grundsätzlich **zulässig,** wenn der Leistungsumfang mit Beratertagen oder Beraterstunden festgelegt ist. Die Festlegung einer betragsmäßigen Obergrenze für Mandate zu Jahresbeginn und die am Jahresende erfolgende Genehmigung der einzelnen Mandate ist zwar zulässig, dennoch darf eine Vergütung der Leistungen des Aufsichtsratsmitglieds erst erfolgen, wenn die einzelnen Mandate genehmigt wurden.[79] Die sich ergebende zeitliche Verzögerung der Honorarzahlung ist der Preis, den ein Aufsichtsratsmitglied zahlen muss, wenn es von der Gesellschaft Aufträge bekommen will.[80] Schlussendlich ist entscheidend, dass der gezahlten Vergütung auch die tatsächlich erbrachte Leistung gegenübersteht, da ansonsten eine Schädigung des Gesellschaftsvermögens vorliegt. **17**

Ein unzureichend konkretisierter Vertrag kann nach einer Nachbesserung genehmigt werden, wobei dies nur möglich ist, wenn der Vertrag noch nicht vollzogen ist. Nach hM ist nach Vollzug nicht auszuschließen, dass ein zu großer faktischer Druck für die anderen Aufsichtsratsmitglieder besteht, den Vertrag zu genehmigen.[81] Im Versagensfall hat das betroffene Aufsichtsratsmitglied keinen Anspruch nach § 280 Abs. 1 iVm § 311 Abs. 2 BGB, da es kein schützenswertes Interesse hat. **18**

2. Rückgewähransprüche (Abs. 2). Solange der Aufsichtsrat dem Vertrag nicht zugestimmt hat, bei endgültiger Verweigerung der Zustimmung oder im Falle eines Verstoßes gegen § 113 ist das betroffene Aufsichtsratsmitglied gemäß Abs. 2 verpflichtet, die **empfangene Vergütung zurückzugewähren.** § 114 Abs. 2 S. 1 begründet einen eigenen aktienrechtlichen Rückgewähranspruch, der der regelmäßigen Verjährung unterliegt. §§ 116, 93 Abs. 6 iVm Abs. 3 Nr. 7 sind im Regelfall nicht anwendbar. Die Vergütung ist sofort und ohne Rücksicht auf bereicherungsrechtliche Besonderheiten **19**

[73] GroßkommAktG/*Hopt/Roth* Rn. 45; aA MüKoAktG/*Semler,* 2. Aufl. 2004, Rn. 53.
[74] *van Kann/Keiluweit* AG 2010, 805 (809).
[75] BGH NJW 2007, 298 (299).
[76] *Tophoven* BB 2007, 2413 (2416).
[77] BGH ZIP 2006, 1529 (1533); 2007, 1056; GroßkommAktG/*Hopt/Roth* Rn. 22; *Peltzer* ZIP 2007, 305 (307); *Lutter* FS Westermann, 2008, 1171 (1176).
[78] BGH NJW 2007, 298 (299).
[79] BGHZ 170, 60 Rn. 9 = NJW 2007, 298; BGH NZG 2012, 1064 Rn. 21; *Königshausen* GWR 2015, 111 (113); aA *König/v. Eiff* CCZ 2013, 119 (123).
[80] BGH NZG 2012, 1064 Rn. 20; näher dazu *Ihrig* ZGR 2013, 417 (431 f.); *Ruoff* BB 2013, 899 (901 ff.).
[81] HM, OLG Frankfurt AG 2005, 925 (927); offen gelassen von BGH ZIP 2007, 22 (24); aA *Vetter* AG 2008, 1 (8).

zurückzuzahlen. Der Anspruch erfasst auch Gegenstände, die die Gesellschaft dem Aufsichtsratsmitglied im Rahmen des Vertrages überlassen hat.[82] Damit wird erreicht, dass der leicht festzustellende Rückgewähranspruch der Gesellschaft nicht durch einen langwierigen Rechtsstreit über eine etwaige Bereicherung, deren Höhe bzw. deren Wegfall, verzögert wird.[83] Wurde der Vertrag nicht mit einem Aufsichtsratsmitglied persönlich, sondern mit einer ihm zuzurechnenden Gesellschaft geschlossen, so haften diese Gesellschaft und das betreffende Aufsichtsratsmitglied für die Rückgewähr der Vergütung.[84]

20 Der **Vorstand ist verpflichtet,** den **Rückzahlungsanspruch** als Organ im Namen der Gesellschaft **geltend zu machen.** Davon unabhängig haben die Aufsichtsratsmitglieder selbst Zahlungen, die entgegen der Norm an einzelne Aufsichtsratsmitglieder geleistet wurden, bei Verletzung ihrer Sorgfaltspflichten zu ersetzen.[85] Der Vorstand und das betroffene Aufsichtsratsmitglied machen sich nach § 93 bzw. § 116 iVm § 93 schadensersatzpflichtig, wenn sie, gleich in welcher Weise, der gesetzlichen Regelung des § 114 zuwiderhandeln (→ § 116 Rn. 82 f.).

21 Das Aufsichtsratsmitglied bzw. die mit ihm verbundene Gesellschaft hat bei Vorliegen der Voraussetzungen der §§ 812 ff. BGB einen Bereicherungsanspruch (Wertersatzanspruch gemäß § 818 Abs. 2 BGB) gegen die Gesellschaft, jedoch nur für Tätigkeiten, die nicht bereits zum organschaftlichen Pflichtenkreis eines Aufsichtsrats gehören.[86] Häufig wird § 814 BGB dem Anspruch entgegenstehen, da ein Aufsichtsratsmitglied in der Regel wissen wird, dass der abgeschlossene Vertrag der Zustimmung des Aufsichtsrats bedarf. Weiß das Aufsichtsratsmitglied nichts von der Zustimmungsbedürftigkeit, ist eine Leistungskondiktion möglich; § 814 BGB steht ihr nicht entgegen. Leistet das Aufsichtsratsmitglied dagegen in Kenntnis der schwebenden Unwirksamkeit, ist § 812 Abs. 1 S. 1 Var. 1 BGB ausgeschlossen.[87] Möglich ist dann aber eine Zweckverfehlungskondiktion gemäß § 812 Abs. 1 S. 2 Var. 2 BGB,[88] auf die § 814 BGB keine Anwendung findet.[89] Bei verweigerter Zustimmung besteht kein Anspruch des Aufsichtsratsmitglieds nach §§ 280 Abs. 2, 311 Abs. 2 BGB, da dies dem Zweck des § 114 zuwider liefe.[90] Unterlässt der Vorstand die Geltendmachung des Rückzahlungsanspruches, stellt dies eine Sorgfaltspflichtverletzung nach § 93 Abs. 3 Nr. 7 dar.[91] Die Ansprüche verjähren nach drei Jahren (Regelverjährung gemäß § 195 BGB). Zum Teil wird jedoch auch die fünfjährige Verjährung des § 93 gefordert.[92]

IV. Abdingbarkeit

22 Die Vorschrift ist **nicht abdingbar.** Ihre besondere Bedeutung wird schon durch die explizite Aufführung der Schadensersatzpflicht in § 93 Abs. 3 Nr. 7 hervorgehoben.[93]

V. Darlegungs- und Beweislast

23 Die Vorschrift sieht keine Abweichung von den allgemeinen Regelungen über die Darlegungs- und Beweislast vor. Es bleibt bei dem Grundsatz, dass jede Partei die Tatsachen zu behaupten und beweisen hat, die von der ihr günstigen Norm vorausgesetzt werden.[94] § 114 enthält bezüglich der Aufrechnungs- und Zurückbehaltungsmöglichkeiten Einschränkungen (→ Rn. 22).

§ 115 Kreditgewährung an Aufsichtsratsmitglieder

(1) [1]Die Gesellschaft darf ihren Aufsichtsratsmitgliedern Kredit nur mit Einwilligung des Aufsichtsrats gewähren. [2]Eine herrschende Gesellschaft darf Kredite an Aufsichtsratsmitglieder eines abhängigen Unternehmens nur mit Einwilligung ihres Aufsichtsrats, eine abhängige Gesellschaft darf Kredite an Aufsichtsratsmitglieder des herrschenden Unternehmens nur mit Einwilligung des Aufsichtsrats des herrschenden Unternehmens gewähren. [3]Die Einwilligung kann nur für bestimmte Kreditgeschäfte oder Arten von Kreditge-

---

[82] BGHZ 126, 340 (350) = AG 1994, 509 (510).
[83] OLG Köln AG 1995, 90 (92).
[84] BGH DStR 2006, 1610 (1612); NJW 2007, 298 (300).
[85] BGHZ 114, 127 (134).
[86] BGH DB 2009, 1870 f.; *Kanzler* AG 2013, 554 (555 f.); *Fischer* BB 2015, 1411 (1417).
[87] BGH NJW 1976, 104 (105); *Fischer* BB 2015, 1411 (1417).
[88] *Fischer* BB 2015, 1411 (1417).
[89] BGH NJW 1979, 763 f.
[90] KK-AktG/*Mertens/Cahn* Rn. 32; Spindler/Stilz/*Spindler* Rn. 29; *Schlaus* AG 1968, 376 (377).
[91] KK-AktG/*Mertens/Cahn* Rn. 3; Hüffer/*Koch* Rn. 11.
[92] *Lutter* FS Westermann, 2008, 1171 (1188).
[93] MüKoAktG/*Habersack* Rn. 5; GroßkommAktG/*Hopt/Roth* Rn. 6.
[94] OLG Frankfurt AG 2011, 36 (39); OLG München AG 2003, 452 (453); Hüffer/*Koch* § 243 Rn. 59.

schäften und nicht für länger als drei Monate im voraus erteilt werden. [4]Der Beschluß über die Einwilligung hat die Verzinsung und Rückzahlung des Kredits zu regeln. [5]Betreibt das Aufsichtsratsmitglied ein Handelsgewerbe als Einzelkaufmann, so ist die Einwilligung nicht erforderlich, wenn der Kredit für die Bezahlung von Waren gewährt wird, welche die Gesellschaft seinem Handelsgeschäft liefert.

(2) Absatz 1 gilt auch für Kredite an den Ehegatten, Lebenspartner oder an ein minderjähriges Kind eines Aufsichtsratsmitglieds und für Kredite an einen Dritten, der für Rechnung dieser Personen oder für Rechnung eines Aufsichtsratsmitglieds handelt.

(3) [1]Ist ein Aufsichtsratsmitglied zugleich gesetzlicher Vertreter einer anderen juristischen Person oder Gesellschafter einer Personenhandelsgesellschaft, so darf die Gesellschaft der juristischen Person oder der Personenhandelsgesellschaft Kredit nur mit Einwilligung des Aufsichtsrats gewähren; Absatz 1 Satz 3 und 4 gilt sinngemäß. [2]Dies gilt nicht, wenn die juristische Person oder die Personenhandelsgesellschaft mit der Gesellschaft verbunden ist oder wenn der Kredit für die Bezahlung von Waren gewährt wird, welche die Gesellschaft der juristischen Person oder der Personenhandelsgesellschaft liefert.

(4) Wird entgegen den Absätzen 1 bis 3 Kredit gewährt, so ist der Kredit ohne Rücksicht auf entgegenstehende Vereinbarungen sofort zurückzugewähren, wenn nicht der Aufsichtsrat nachträglich zustimmt.

(5) Ist die Gesellschaft ein Kreditinstitut oder Finanzdienstleistungsinstitut, auf das § 15 des Gesetzes über das Kreditwesen anzuwenden ist, gelten anstelle der Absätze 1 bis 4 die Vorschriften des Gesetzes über das Kreditwesen.

Schrifttum: *Fleischer,* Aktienrechtliche Zweifelsfragen der Kreditgewährung an Vorstandsmitglieder, WM 2004, 1057; *Heinsius,* Zur Auslegung des Begriffes „Kredit" in § 89 Abs. 4 und § 115 Abs. 3 AktG 1965, BB 1966, 290; *Wilhelm,* Selbstwahl eines Aufsichtsratsmitglieds in den Vorstand, NJW 1983, 912.

Übersicht

I. Allgemeines

1. Zweck. Die Regelung will nicht Kredite an Aufsichtsratsmitglieder verhindern, sondern vor allem **Missbräuchen entgegenwirken.**[1] Eine unangemessene Beeinflussung einzelner Aufsichtsratsmitglieder durch eine großzügige Kreditgewährung seitens der Gesellschaft soll vermieden werden. Der Aufsichtsrat soll unbeeinflusst seine Kontroll- und Überwachungsfunktion wahrnehmen.[2] Die Regelung ist nach allgemeiner Meinung zwingend, zulässig sind jedoch Satzungsbestimmungen, die den Schutz der Gesellschaft erhöhen.[3] 1

2. Inhalt. Die Norm regelt zwingend die **Kreditgewährung an Aufsichtsratsmitglieder.**[4] 2
Gemäß Abs. 1 bedarf die Kreditgewährung der Einwilligung des Aufsichtsrats. Diesen Inhalt wiederholt auch Ziff. 3.9 DCGK für börsennotierte Unternehmen. Darüber hinaus sind die Kreditgewährung von abhängigen Unternehmen an Aufsichtsratsmitglieder des herrschenden und umgekehrt von herrschenden Unternehmen an Aufsichtsratsmitglieder des abhängigen Unternehmens die Zustimmungsnotwendigkeiten und -modalitäten geregelt. Abs. 2 und 3 erweitern den Kreis der Kreditnehmer; Abs. 4 enthält die Rechtsfolgen bei Verstößen und Abs. 5 enthält eine Ausnahmeregelung für Kreditinstitute und Finanzdienstleistungsinstitute. Die Norm ist fast identisch mit den Regelungen des § 89, insoweit wird auch auf die Ausführungen dort verwiesen. Abweichungen

[1] Schmidt/Lutter/*Drygala* Rn. 2; Spindler/Stilz/*Spindler* Rn. 5.
[2] Begr. RegE *Kropff* Textausgabe, 1965, 160; GroßkommAktG/*Hopt/Roth* Rn. 2.
[3] KK-AktG/*Mertens/Cahn* Rn. 3; Spindler/Stilz/*Spindler* Rn. 2; GroßkommAktG/*Hopt/Roth* Rn. 4 f.; aA MüKoAktG/*Habersack* Rn. 4.
[4] GroßkommAktG/*Hopt/Roth* Rn. 4; Spindler/Stilz/*Spindler* Rn. 2.

finden sich bei der Bagatellgrenze (Kleinkreditgrenze) des § 89 Abs. 1 S. 5, diese kennt § 115 nicht; ebenso wenig eine Entnahmeregelung entsprechend § 89 Abs. 1 S. 4. Umgekehrt findet der Warenkredit des § 115 keine Entsprechung bei § 89.

3 **3. Ausweispflicht.** Nach § 285 Nr. 9c HGB sind die Kredite an Aufsichtsratsmitglieder in den **Anhang zum Jahresabschluss** aufzunehmen; dies erhöht die Transparenz. Dies gilt auch – entgegen der Prüfungspraxis – für Mitarbeiterdarlehen an Arbeitnehmervertreter im Aufsichtsrat.[5]

II. Einzelerläuterungen

4 **1. Einwilligung des Aufsichtsrates (Abs. 1).** Die Kreditgewährung an ein Mitglied des Aufsichtsrats bedarf der Einwilligung des Aufsichtsrats als Organ; anstelle des Gesamtorgans **kann auch ein Ausschuss,** normalerweise der Personal- oder Präsidialausschuss, **tätig werden,** sofern der Gesamtaufsichtsrat dies auf diesen delegiert (§ 107 Abs. 3). Das betroffene Aufsichtsratsmitglied kann an der Sitzung teilnehmen, muss sich jedoch der Stimme analog § 34 BGB enthalten.[6] Stimmt es dennoch mit, so ist der Beschluss nur dann nichtig, wenn seine Stimme kausal für den Ausschlag des Abstimmungsergebnisses war.[7] Die **Einwilligung** ist **vor der Kreditgewährung einzuholen;** maßgeblicher Zeitpunkt ist der Abschluss des Kreditvertrages. Maßgebend für die Zustimmungspflicht ist, ob der Begünstigte zu diesem Zeitpunkt Aufsichtsratsmitglied ist oder nicht.[8]

5 Der Kreditbegriff ist wirtschaftlich in Anlehnung an das Gesetz über das Kreditwesen zu fassen und weit auszulegen.[9] Unter Kredit iSd § 115 ist jede Überlassung von Kapital auf Zeit zu verstehen, insbesondere: Darlehen, Stundungen, Bürgschaften, Garantien, Gewährung von Sicherheiten, Übernahme von Darlehensforderungen, Selbsteintritt, Vorschüsse auf Aufsichtsratsvergütungen.[10] Guthaben bei einer Bank stellen keinen Kredit gemäß § 115 dar, sie sind Einlagen im Sinne des KWG. Langfristige Darlehen sind hingegen Kredite nach § 115.[11] Entscheidend für das Einwilligungserfordernis ist der **Zeitpunkt der Kreditzusage** und damit der Zeitpunkt des Vertragsabschlusses und nicht der Zeitpunkt der Auszahlung,[12] nämlich das Abschlussdatum des Kreditvertrages. Vor Abschluss des Kreditvertrages müssen die Voraussetzungen des § 115 erfüllt sein und zwar als ausdrücklicher Beschluss.[13] Das Einwilligungserfordernis gilt für alle Aufsichtsratsmitglieder, gleichgültig ob sie der Arbeitnehmerseite oder der Arbeitgeberseite zuzurechnen sind. Auch wenn es möglicherweise für ein Mitarbeiterdarlehen an einen Arbeitnehmervertreter eine Erschwernis darstellt; hier hat der Gleichbehandlungsgrundsatz Vorrang. Im Übrigen hat der Gesetzgeber im § 115 auf eine Bagatellgrenze bewusst verzichtet.

6 Die **kreditgewährende Gesellschaft** muss nach hM ein **deutsches Unternehmen** sein und zwar in der Rechtsform der AG, KGaA, einer mitbestimmten GmbH oder einer dualistisch verfassten SE.[14] Demnach unterliegt die Kreditgewährung ausländischer (herrschender oder abhängiger) Unternehmen an ein Aufsichtsratsmitglied eines deutschen Unternehmens nicht § 115 mit der Konsequenz, dass jedoch die Vorschriften des jeweiligen Landes zu beachten sind. Die Mindermeinung stellt darauf ab, dass das Zustimmungserfordernis auf Seiten der kreditgewährenden herrschenden Gesellschaft greift, unabhängig davon, ob sie eine abhängige inländische Gesellschaft oder eine abhängige ausländische Gesellschaft ist.[15] Damit stellt sie allein auf die Tatsache ab, dass das den Kredit empfangende Aufsichtsratsmitglied in einem deutschen Recht unterliegenden Aufsichtsrat sitzt, wofür es nach hier vertretener Auffassung keinen Ansatzpunkt gibt. Keine Anwendung findet § 115 ferner nach allgemeiner Auffassung bei Kreditgewährungen deutscher abhängiger Unternehmen an Mitglieder des Aufsichtsrats (oder eines vergleichbaren Gremiums) von sie beherrschenden ausländischen Gesellschaften.[16] Die Aufsichtsratsmitglieder, denen ein Kredit gewährt wird, müssen Mitglieder des Aufsichtsrats einer AG, KGaA oder einer mitbestimmten GmbH sein, gleich ob sie dem herrschenden oder dem abhängigen Unternehmen angehören. Im Einzelnen sind folgende Fälle zu unterscheiden:

---

[5] Hüffer/*Koch* Rn. 2; Spindler/Stilz/*Spindler* Rn. 16; GroßkommAktG/*Hopt/Roth* Rn. 11.

[6] HM, Hüffer/*Koch* § 108 Rn. 9 mwN; aA – als Form des Insichgeschäfts iSd § 181 BGB – *Wilhelm* NJW 1983, 912 (913).

[7] BGHZ 47, 341 (346); KK-AktG/*Mertens* § 108 Rn. 49.

[8] MüKoAktG/*Habersack* Rn. 10; GroßkommAktG/*Hopt/Roth* Rn. 9.

[9] GroßkommAktG/*Hopt/Roth* Rn. 18; *Spinder/Stilz/Spindler* Rn. 7.

[10] GroßkommAktG/*Hopt/Roth* Rn. 18; Spindler/Stilz/*Spindler* Rn. 7; MüKoAktG/*Habersack* Rn. 7 mit Verweis auf MüKoAktG/*Spindler* § 89 Rn. 8 ff.; *Fleischer* WM 2004, 1057 (1064).

[11] *Heinsius* BB 1966, 290.

[12] MüKoAktG/*Habersack* Rn. 10; GroßkommAktG/*Hopt/Roth* Rn. 9.

[13] GroßkommAktG/*Hopt/Roth* Rn. 25; MüKoAktG/*Habersack* Rn. 17.

[14] KK-AktG/*Mertens* Rn. 4; GroßkommAktG/*Hopt/Roth* Rn. 14; aA MüKoAktG/*Habersack* Rn. 14.

[15] MüKoAktG/*Habersack* Rn. 14.

[16] GroßkommAktG/*Hopt/Wiedemann* Rn. 14; KK-AktG/*Mertens* Rn. 4.

- „Der Einwilligung des Aufsichtsrats des herrschenden Unternehmens bedürfen Kredite des herrschenden Unternehmens an Mitglieder des eigenen Aufsichtsrats, wenn es sich um eine AG, KGaA oder eine mitbestimmte GmbH handelt.
- Der Einwilligung des Aufsichtsrats des herrschenden Unternehmens bedürfen Kredite des herrschenden Unternehmens an Aufsichtsratsmitglieder eines abhängigen Unternehmens, wenn es sich bei dem abhängigen Unternehmen um eine AG, KGaA oder eine mitbestimmte GmbH handelt.
- Der Einwilligung des Aufsichtsrats des herrschenden Unternehmens bedürfen Kredite eines abhängigen Unternehmens an Mitglieder des Aufsichtsrats im herrschenden Unternehmen, wenn es sich bei diesem um eine AG, KGaA oder eine mitbestimmte AG handelt."[17]

2. Nahestehende Personen (Abs. 2). Erfasst werden weiter dem Aufsichtsratsmitglied nahestehende Personen (Ehegatten, Lebenspartner, minderjährige Kinder, nichteheliche Kinder und Adoptivkinder), um Umgehungen zu vermeiden. Auch faktische Aufsichtsratsmitglieder sowie Kredite an mittelbare Stellvertreter werden von der Vorschrift erfasst.[18] 7

Bei der Beschlussfassung sind der **Kreditbetrag,** die **Rückzahlung,** die **Verzinsung** und die **Sicherheiten anzugeben.** Sind diese Mindestanforderungen nicht erfüllt, liegt kein wirksamer Beschluss vor. Ein Vorratsbeschluss darf nur für höchstens drei Monate gefasst werden (§ 115 Abs. 1 S. 3). 8

3. Juristische Personen (Abs. 3). Gemäß Abs. 3 besteht auch ein Zustimmungserfordernis bei Krediten an juristische Personen, wenn ein Aufsichtsratsmitglied dort gesetzlicher Vertreter ist, ebenso wie in den Fällen, in denen der Kreditnehmer eine Personenhandelsgesellschaft ist, an der das Aufsichtsratsmitglied beteiligt ist.[19] Dies entspricht § 89 Abs. 4 S. 1 (vgl. dort). Ausgenommen sind jedoch Warenkredite an diese juristischen Personen oder Personenhandelsgesellschaften sowie sonstige Kredite an die zuvor genannten Personen, die mit der den Kredit gewährenden Gesellschaft iSd §§ 15 ff. verbunden sind. Auch dies entspricht dem Regelungsgehalt des § 89 Abs. 4 S. 2. Um jedoch auch hier Umgehungen zu vermeiden, gilt die Privilegierung des Abs. 3 S. 2 nicht in den Fällen, in denen das Aufsichtsratsmitglied Kreditgeber und Kreditnehmer beherrscht.[20] 9

Für die Einwilligung ist **im Konzern der Aufsichtsrat der Konzernobergesellschaft** zuständig, wenn die herrschende Gesellschaft Kredite an ihre eigenen Aufsichtsratsmitglieder oder an Aufsichtsratsmitglieder von Tochtergesellschaften gewähren will oder die Tochtergesellschaft einen Kredit an Aufsichtsratsmitglieder der Muttergesellschaft gewähren will. 10

Ohne Einwilligung ist der sog. **Warenkredit** möglich. Hier wollte der Gesetzgeber den Warenaustausch zwischen der Gesellschaft und ihrem Kunden, der gleichzeitig Aufsichtsratsmitglied ist, nicht erschweren.[21] Demnach dürfen Kredite für den Bezug von verkaufsfähigen Waren, die das Aufsichtsratsmitglied in seinem Handelsgewerbe als Einzelkaufmann kauft, um sie weiterzuverkaufen, ohne Zustimmung des Aufsichtsrats gewährt werden. Dagegen ist die Kreditierung des Kaufpreises bei Investitionsgütern oder bei der Beschaffung von Dienstleistungen (zB Softwareprogramme für den eigenen Gebrauch) nicht von der Ausnahme erfasst.[22] Die Ausnahme gilt entsprechend für Warenkredite an juristische Personen oder Personenhandelsgesellschaften, deren gesetzlicher Vertreter oder Gesellschafter das Aufsichtsratsmitglied ist (Abs. 3 S. 2). 11

4. Rechtsfolgen des Verstoßes (Abs. 4). Fehlt es an der Einwilligung des Aufsichtsrats, ist das Kreditgeschäft weiterhin wirksam,[23] der **Kreditnehmer** ist jedoch **zur sofortigen Rückzahlung** des Kredites **verpflichtet,** wenn keine nachträgliche Zustimmung des Aufsichtsrats durch Beschluss eingeholt wird. Dies gilt auch, wenn der Beschluss nicht den Anforderungen des Abs. 1 S. 4 entspricht. Der Aufsichtsrat kann nachträglich durch Beschluss mit den vorgenannten Voraussetzungen der Kreditgewährung zustimmen. Die nachträgliche Zustimmung kann während der gesamten Laufzeit des Kredites erfolgen. Der Gesetzgeber hat im Gegensatz zu § 15 Abs. 4 S. 5 KWG (vier Monate) auf eine Frist verzichtet. Der Pflichtverstoß bleibt jedoch bestehen. Vorstand und Aufsichtsrat können sich bei Verstößen gegen § 115 schadensersatzpflichtig gemäß §§ 116, 93 machen. Wurde der Kredit nicht an das Aufsichtsratsmitglied selbst gewährt, unterliegt es zwar nicht dem Rückzahlungsgebot 12

[17] MüKoAktG/*Semler,* 2. Aufl. 2004, Rn. 22; vgl. auch MüKoAktG/*Habersack* Rn. 13.
[18] MüKoAktG/*Habersack* Rn. 9; Schmidt/Lutter/*Drygala* Rn. 7.
[19] Schmidt/Lutter/*Drygala* Rn. 8; MüKoAktG/*Habersack* Rn. 12.
[20] BGH ZIP 2006, 1529 (1532); MüKoAktG/*Habersack* Rn. 12.
[21] Begr. RegE *Kropff* Textausgabe, 1965, 160.
[22] Spindler/Stilz/*Spindler* Rn. 8; GroßkommAktG/*Hopt/Roth* Rn. 21; aA Schmidt/Lutter/*Drygala* Rn. 5.
[23] OLG Frankfurt ZIP 2010, 425 (426); GroßkommAktG/*Hopt/Roth* Rn. 32; MüKoAktG/*Habersack* Rn. 19; Schmidt/Lutter/*Drygala* Rn. 11.

des Abs. 4, es kann sich jedoch unter Umständen schadensersatzpflichtig machen. Ein eigenständiger Rückgewähranspruch wird mit Abs. 4 nicht begründet, sondern lediglich die Fälligkeit des vertraglichen Anspruches vorverlegt.[24]

13 **5. Sonderregelungen (Abs. 5).** Für Kreditinstitute und Finanzdienstleistungsinstitute gelten anstelle der Abs. 1–4 die Bestimmungen des Gesetzes über das Kreditwesen, insbesondere § 15 KWG.

14 **6. Publizität.** Gemäß § 285 Nr. 9 lit. c HGB müssen die den Mitgliedern des Aufsichtsrats gewährten Vorschüsse und Kredite unter Angabe der Zinssätze, der wesentlichen Bedingungen und der ggf. im Geschäftsjahr zurückgezahlten Beträge sowie zugunsten dieser Person eingegangene Haftungsverhältnisse, allerdings nicht nach Personen, aufgeführt werden. Kredite an Aufsichtsratsmitglieder verbundener Unternehmen sind gemäß § 314 Nr. 6 lit. c HGB im Konzernanhang auszuweisen. Kredite an Personen gemäß § 115 Abs. 2 und 3 sind ebenfalls auszuweisen, auch wenn die Bestimmung diesen Personenkreis nicht ausdrücklich nennt.[25]

III. Abdingbarkeit

15 § 114 ist – wie die Vorschrift für die Kreditgewährung an Vorstandsmitglieder (§ 89) – **zwingend.** Die Satzung kann die Kreditgewährung erschweren oder ganz ausschließen aber nicht erleichtern.[26]

IV. Darlegungs- und Beweislast

16 Die Vorschrift sieht keine Abweichung von den allgemeinen Regelungen über die Darlegungs- und Beweislast vor. Es bleibt bei dem Grundsatz, dass jede Partei die Tatsachen zu behaupten und beweisen hat, die von der ihr günstigen Norm vorausgesetzt werden.[27]

§ 116 Sorgfaltspflicht und Verantwortlichkeit der Aufsichtsratsmitglieder

[1]Für die Sorgfaltspflicht und Verantwortlichkeit der Aufsichtsratsmitglieder gilt § 93 mit Ausnahme des Absatzes 2 Satz 3 über die Sorgfaltspflicht und Verantwortlichkeit der Vorstandsmitglieder sinngemäß. [2]Die Aufsichtsratsmitglieder sind insbesondere zur Verschwiegenheit über erhaltene vertrauliche Berichte und vertrauliche Beratungen verpflichtet. [3]Sie sind namentlich zum Ersatz verpflichtet, wenn sie eine unangemessene Vergütung festsetzen (§ 87 Absatz 1).

Schrifttum: *Annuß/Theusinger,* Das VorstAG – Praktische Hinweise zum Umgang mit dem neuen Recht, BB 2009, 2434; *Bank,* Die Verschwiegenheitspflicht von Organmitgliedern in Fällen multipler Organmitgliedschaften, NZG 2013, 801; *Bastuck,* Enthaftung des Managements 1986; *Bauer/Arnold,* Festsetzung und Herabsetzung der Vorstandsvergütung nach dem VorstAG, AG 2009, 717; *Bieder,* Grund und Grenzen der Verfolgungspflicht des Aufsichtsrats bei pflichtwidrigem Vorstandshandeln, NZG 2015, 1178; *Bihr/Philippsen,* Qualitätsaspekte bei der Arbeit von Aufsichtsratsgremien – Grundsätze ordnungsgemäßer Überwachung für Aufsichtsräte, DStR 2011, 1133; *Bosse,* Das Gesetz zur Angemessenheit der Vorstandsvergütung (VorstAG) – Überblick und Handlungsbedarf, BB 2009, 1650; *Brammsen,* Aufsichtsratsuntreue, ZIP 2009, 1504; *Brand/Petermann,* Die Auswirkungen der „AUB-Rechtsprechung" auf die Untreuehaftung des Aufsichtsrats, WM 2012, 62; *Buchta/van Kann,* Die Haftung des Aufsichtsrats einer Aktiengesellschaft – aktuelle Entwicklungen in Gesetzgebung und Rechtsprechung, DStR 2003, 1665; *Buck-Heeb,* Die Plausibilitätsprüfung bei Vorliegen eines Rechtsrats – zur Enthaftung von Vorstand, Geschäftsführer und Aufsichtsrat, BB 2016, 1347; *Cahn,* Aufsichtsrat und Business Judgment Rule, WM 2013, 1293; *Canaris,* Hauptversammlungsbeschlüsse und Haftung der Verwaltungsmitglieder im Vertragskonzern, FS Würdinger, ZGR 1978, 207; *Casper,* Hat die grundsätzliche Verfolgungspflicht des Aufsichtsrats im Sinne des ARAG/Garmenbeck-Urteils ausgedient?, ZHR 176 (2012), 617; *Deilmann/Otte,* Verteidigung ausgeschiedener Organmitglieder gegen Schadensersatzklagen – Zugang zu Unterlagen der Gesellschaft, BB 2011, 1291; *Dittmar,* Weitergabe von Informationen im faktischen Aktienkonzern, AG 2013, 498; *Dreher,* Das Ermessen des Aufsichtsrats, ZHR 158 (1994), 614; *ders.,* Interessenkonflikte bei Aufsichtsratsmitgliedern von Aktiengesellschaften, JZ 1990, 896; *ders.,* Die kartellrechtliche Bußgeldverantwortlichkeit von Vorstandsmitgliedern – Vorstandshandeln zwischen aktienrechtlichem Legalitätsprinzip und kartellrechtlicher Unsicherheit, FS Konzen 2006, 85; *Drinhausen/Marsch-Barner,* Die Rolle des Aufsichtsratsvorsitzenden in der börsennotierten Aktiengesellschaft, AG 2014, 337; *Eggers/Reiß/Schichold,* Der Sachverstand des Financial Expert: Praxisfragen nach BilMoG, Der Aufsichtsrat – Sonderausgabe 01/2010, 06; *Fischbach/Lüneborg,* Die Organpflicht bei der Durchsetzung von Organhaftungsansprüchen im Aktienkonzern, NZG 2015, 1142; *Fleischer,* Zum Grundsatz der Gesamtverantwortung im Aktienrecht, NZG 2003, 449; *ders.,* Zur aktienrechtlichen Verantwortung faktischer

[24] Schmidt/Lutter/*Drygala* Rn. 12; Hüffer/*Koch* § 89 Rn. 8; GroßkommAktG/*Hopt/Roth* Rn. 32.
[25] KK-AktG/*Mertens/Cahn* Rn. 10.
[26] HM, GroßkommAktG/*Hopt/Roth* Rn. 4; Spindler/Stilz/*Spindler* Rn. 2; aA MüKoAktG/*Habersack* Rn. 4, der eine qualifizierte Beschlussmehrheit ablehnt.
[27] OLG München AG 2003, 452 (453); Hüffer/*Koch* § 243 Rn. 59.

Organe, AG 2004, 517; *ders.*, Angemessenheit der Vorstandsvergütung im Aktienrecht, DStR 2005, 1279; *ders.*, Das Mannesmann-Urteil des BGH – Eine aktienrechtliche Nachlese, DB 2006, 542; *ders.*, Rechtsrat und Organwalterhaftung im Gesellschafts- und Kapitalmarktrecht, FS Hüffer, 2010, 187; *ders.*, Regresshaftung von Geschäftsleitern wegen Verbandsgeldbußen, DB 2014, 345; *ders.*, Verjährung von Organhaftungsansprüchen; Rechtspraxis – Rechtsvergleichung – Rechtspolitik, AG 2014, 457; *ders.*, Aufsichtsratsverantwortlichkeit für die Vorstandsvergütung und Unabhängigkeit der Vergütungsberater, BB 2010, 67; *Fleischer/Kalss*, Kapitalmarktrechtliche Schadenersatzhaftung und Kurseinbrüche an der Börse, AG 2002, 329; *Fonk*, Zustimmungsvorbehalte des AG-Aufsichtsrats, ZGR 2006, 841; *Freund*, Zur gerichtlichen Kontrolle fehlerhafter Aufsichtsratsbeschlüsse, Der Aufsichtsrat 2010, 124; *Goerdeler*, Zur Überwachungsaufgabe des Aufsichtsrats, WPg 1982, 33; *Goette*, Leitung, Aufsicht, Haftung – zur Rolle der Rechtsprechung bei der Sicherung einer modernen Unternehmensführung, FS BGH, 2000, 123; *ders.*, Zur Verteilung der Darlegungs- und Beweislast der objektiven Pflichtwidrigkeit bei der Organhaftung, ZGR 1995, 648; *ders.*, Zur ARAG/Garmenbeck-Doktrin, GS M. Winter, 2011, 153; *ders.* Grundsätzliche Verfolgungspflicht des Aufsichtsrats bei sorgfaltswidrig schädigendem Verhalten im AG-Vorstand?, ZHR 176, 588; *Grootehorst*, Pflichten und Haftung des Aufsichtsrats bei zustimmungsbedürftigen Geschäften des Vorstandes, NZG 2011, 921; *Habersack*, Die Einbeziehung des Tochtervorstands in das Aktienoptionsprogramm der Muttergesellschaft – ein Problem der §§ 311 ff. AktG?, FS Raiser, 2005, 111; *ders.*, Die Verantwortlichkeit des Aufsichtsorgans der Gesellschaft – Referat auf dem 3. Europäischen Juristentag (Genf), ZSR 124 (2005) II, 533; *ders.*, 19 Jahre „ARAG/Garmenbeck" – und viele Fragen offen, NZG 2016, 321; *ders.*, Perspektiven der aktienrechtlichen Organhaftung ZHR 177 (2013), 782; *Harbarth/Höfer*, Beginn der Dreijahresfrist des § 93 IV 3 AktG bei nicht abgeschlossener Schadensentstehung, NZG 2016, 686; *Hasselbach*, Überwachungs- und Beratungspflichten des Aufsichtsrats in der Krise, NZG 2012, 41; *Hasselbach/Ebbinghaus*, Anwendung der Business Judgment Rule bei unklarer Rechtslage, AG 2014, 873; *Hasselbach/Seibel*, Die Freistellung von Vorstandsmitgliedern und leitenden Angestellten von der Haftung für Kartellrechtsverstösse, AG 2008, 770; *Hauschka*, Grundsätze der pflichtgemäßen Unternehmensführung, ZRP 2004, 65; *Henze*, Leitungsverantwortung des Vorstands – Überwachungspflicht des Aufsichtsrats, BB 2000, 20; *Herb/Merkelbach*, Herabsetzung der Vorstandsbezüge wegen Verschlechterung der Lage der Gesellschaft, GWR 2016, 95; *Herrmann/Olufs/Barth*, Haftung des Vorstands und des Aufsichtsrats in der Staatsschuldenkrise, BB 2012, 1935; *Hoffmann*, Urteilsbindungs- und Verhinderungspflicht des Aufsichtsrats, AG 2012, 478; *Hoffmann-Becking*, Rechtliche Anmerkungen zur Vorstands- und Aufsichtsratsvergütung, ZHR 169 (2005), 155; *ders.*, Vorstandsvergütung nach Mannesmann, NZG 2006, 127; *Hohenstatt*, Das Gesetz zur Angemessenheit der Vorstandsvergütung, ZIP 2009, 1349; *v. Hoyningen-Huene*, Die Information der Belegschaft durch Aufsichtsrats- und Betriebsratsmitglieder, DB 1979, 2422; *Hüffer*, Das Leitungsermessen des Vorstands in der Aktiengesellschaft, FS Raiser, 2005, 163; *Kau/Kukat*, Haftung von Vorstands- und Aufsichtsratsmitgliedern bei Pflichtverletzungen nach dem Aktiengesetz, BB 2000, 1045; *Keilich/Brummer*, Reden ist Silber, Schweigen ist Gold – Geheimhaltungspflichten auch für Arbeitnehmer im Aufsichtsrat, BB 2012, 897; *Keiser*, Die Herabsetzung von Managergehältern in der Krise als Organpflicht des Aufsichtsrats, RdA 2010, 280; *Koch*, Keine Ermessensspielräume bei der Entscheidung über die Inanspruchnahme von Vorstandsmitgliedern, AG 2009, 93; *Korth* Interessenkonflikte bei Organmitgliedern der AG, ZIP 2008, 717; *Krebs*, Interessenkonflikte bei Aufsichtsratsmandanten in der Aktiengesellschaft, 2002; *Krieger*, Aktionärsklagen zur Kontrolle des Vorstands- und Aufsichtsratshandeln, ZHR 163 (1999), 343; *Kröger*, Korruptionsschäden, Unternehmensgeldbußen und Imageschaden 2013; *Kropff* Aufsichtsratsmitglied „im Auftrag", FS Huber, 2006, 841; *Kübler*, Aktie, Unternehmensfinanzierung und Kapitalmarkt. Rechtsvergleichende Untersuchung, AG 1997, Sonderheft August, 48; *Kunkel*, Strafbares Verhalten des Vorstandsmitglieds einer AG: Voraussetzung für Übernahmen einer Geldstrafe, Geldbuße oder Geldauflage durch die Gesellschaft, jurisPR-StrafR 24/2014 Anm. 1; *Lanfermann/Röhricht*, Pflichten des Prüfungsausschusses nach dem BilMoG, BB 2009, 887; *Lange*, Das Unternehmensinteresse der Zielgesellschaft und sein Einfluss auf die Rechtsstellung der die Übernahme fördernden Aufsichtsratsmitglieder, WM 2002, 1737; *Lieder*, Das unabhängige Aufsichtsratsmitglied – Zu den Änderungen des Deutschen Corporate Governance Kodex, NZG 2005, 569; *Lohse*, Unternehmerisches Ermessen. Zu den Aufgaben und Pflichten von Vorstand und Aufsichtsrat, 2005; *Lowe*, Fehlerhaft gewählte Aufsichtsratsmitglieder: Organstellung, Tätigkeit und Anstellungsverhältnis, 1989; *Lutter*, Bankenvertreter im Aufsichtsrat, ZHR 145 (1981), 224; *Lutter* Bankenkrise und Organhaftung, ZIP 2009, 197; *ders.*, Rechtsgutachten zu den Pflichten von Vorstand und Verwaltungsrat der Bayerischen Landesbank im Zusammenhang mit dem Kauf der Hypo Group Alpe Adria, 2010, 39; *Martens*, Stand und Entwicklung im Recht der Stock-Options, FS Ulmer, 2003, 399; *Mertens*, Die gesetzlichen Einschränkungen der Disposition über Ersatzansprüche der Gesellschaft durch Verzicht und Vergleich in der aktien- und konzernrechtlichen Organhaftung, FS Fleck, 1988, 209; *Möllers*, Interessenkonflikte von Vertretern des Bieters bei Übernahme eines Aufsichtsratsmandats der Zielgesellschaft, ZIP 2006, 1615; *Mülbert/Sajnovits*, Verschwiegenheitspflichten von Aufsichtsratsmitgliedern als Schranken der Wissenszurechnung, NJW 2016, 2540; *Müller*, Bilanzentscheidungen und Business Judgment Rule, FS Happ, 2006, 179; *Mutter/Gayk*, Wie die Verbesserung der Aufsichtsratsarbeit – wider jede Vernunft – die Haftung verschärft, ZIP 2003, 1773; *Nagel*, Die Verlagerung der Konflikte um die Unternehmensmitbestimmung auf das Informationsproblem, BB 1979, 1799; *Oetker*, Nachträgliche Eingriffe in die Vergütung von Geschäftsführungsorganen im Lichte des VorstAG, ZHR 175 (2011), 527; *Paefgen*, Die Inanspruchnahme pflichtvergessener Vorstandsmitglieder als unternehmerische Ermessensentscheidung des Aufsichtsrates, AG 2008, 761; *ders.*, Organhaftung: Bestandsaufnahme und Zukunftsperspektiven, AG 2014, 554; *Peiniger*, Verlängerung der Verjährung von Organhaftungsansprüchen, Der Aufsichtsrat 2011, 36; *Polley/Kroner*, Der Aufsichtsrat 2012; *Priester*, Geltendmachung von Schadensersatzansprüchen gegen Vorstandsmitglieder der AG durch den Aufsichtsrat, EWiR 1997, 677; *Raiser*, Pflicht und Ermessen von Aufsichtsratsmitgliedern – Zum Urteil des OLG Düsseldorf im Fall ARAG/Garmenbeck, NJW 1996, 552; *Redeke* Auswirkungen des UMAG auf die Verfolgung von Organhaftungsansprüchen seitens des Aufsichtsrats?, ZIP 2008, 1549; *Reich/Lewerenz*, Das neue Mitbestimmungsgesetz, AuR 1976, 262; *Rieble*, Der Fall Holzmann und seine Lehren, NZA 2000, 225; *Rieger* Gesetzeswortlaut und Rechtswirklichkeit im Aktiengesetz, FS Peltzer, 2001, 339; *Schäfer*, Die Binnenhaftung von

Vorstand und Aufsichtsrat nach der Renovierung durch das UMAG, ZIP 2005, 1253; *Säcker,* Aktuelle Probleme der Verschwiegenheitspflicht der Aufsichtsratsmitglieder, NJW 1986, 803; *ders.,* Informationsrechte der Betriebs- und Aufsichtsratsmitglieder und Geheimsphäre des Unternehmens, 1979; *Scheffler* Rolle des Aufsichtsrats bei der Vermeidung und Überwindung von Unternehmenskrisen, BB 2014, 2859; *Schneider,* Der Aufsichtsrat des abhängigen Unternehmens im Konzern – Ein Beitrag zum Konzernverfassungsrecht –, FS Raiser, 2005, 341; *Schwintowski,* Verschwiegenheitspflicht für politisch legitimierte Mitglieder des Aufsichtsrats, 2009; *Seibt/Schwarz,* Aktienrechtsuntreue, AG 2010, 301; *Semler,* Aktienrechtlicher Aufsichtsrat in der Unternehmenskrise, AG 1983, 141; *ders.,* Entscheidung und Ermessen im Aktienrecht, FS Ulmer, 2003, 627; *Selter,* Haftungsrisiken von Vorstandsmitgliedern bei fehlendem und von Aufsichtsratsmitgliedern bei vorhandenem Fachwissen, AG 2012, 11; *ders.,* Die Pflicht von Aufsichtsratsmitgliedern zur eigenständigen Risikoanalyse, NZG 2012, 660; *Spindler,* Vorstandsvergütungen und Abfindungen auf dem aktien- und strafrechtlichen Prüfstand – Das Mannesmann-Urteil des BGH, ZIP 2006, 349; *Spindler,* Rechtsfolgen einer unangemessenen Vorstandsvergütung, AG 2011, 725; *Stein,* Das faktische Organ, 1984; *Sünner,* Anfechtung eines Hauptversammlungs-Entlastungsbeschlusses, AG 2006, 450; *Talaska,* Übernahme einer Geldsanktion gegen ein Vorstandsmitglied durch die Aktiengesellschaft aus strafrechtlicher Perspektive, AG 2015, 118; *Theisen,* Information und Berichterstattung des Aufsichtsrats, 2007; *Thum,* Der ungetreue Aufsichtsrat – Handlungsmöglichkeiten des Vorstands bei Pflichtverletzungen des Aufsichtsrats, NZG 2010, 1087; *Thümmel,* Aufsichtsräte in der Pflicht? – Die Aufsichtsratshaftung gewinnt Konturen, DB 1999, 885; *ders.,* Aufsichtsratshaftung vor neuen Herausforderungen – Überwachungsfehler, unternehmerische Fehlentscheidungen, Organisationsmangel und andere Risikofelder, AG 2004, 83; *Ulmer,* Zur Haftung der abordnenden Körperschaft nach § 31 BGB für Sorgfaltsverstöße des von ihr benannten Aufsichtsratsmitglieds, FS Stimpel, 1985, 705; *van Kann/Keiluweit,* Das neue Gesetz zur Angemessenheit der Vorstandsvergütung, DStR 2009, 1587; *Veil,* Weitergabe von Informationen durch den Aufsichtsrat an Aktionäre und Dritte, ZHR 172 (2008), 239; *Verse,* Doppelmandate und Wissenszurechnung im Konzern, AG 2015, 413; *v. Schenck,* Hilfskräfte und Berater von Aufsichtsratsmitgliedern – Ist das „Hertie-Urteil" des Bundesgerichtshofs noch zeitgemäß?, Liber Amicorum Dolf Weber, 2016, 407; *Wagner/Spermann,* Organhaftungs- und Strafbarkeitsrisiken für Aufsichtsräte, NZG 2015, 945; *Waldenberger/Kaufmann,* Nachträgliche Herabsetzung der Vorstandsvergütung, Vermeidung von Haftungsrisiken für den Aufsichtsrat, BB 2010, 2257; *Wellkamp,* Die Gesellschaftsklage im Spannungsfeld von Unternehmensführung und Mitgliedsrechten, DZWiR 1994, 221; *Werner,* Aufsichtsratstätigkeit von Bankenvertretern, ZHR 145 (1981), 225; *Westermann,* Freistellungserklärungen für Organmitglieder im Gesellschaftsrecht, FS Beusch, 1993, 871; *Winter,* Die Verantwortlichkeit des Aufsichtsrat für „Corporate Compliance", FS Hüffer, 2010, 1103; *Witte/Indenduck,* Wege aus der Haftung – die Beauftragung externer Berater durch den Aufsichtsrat, BB 2014, 2563; *Witte/Hrubesch,* Die persönliche Haftung von Mitgliedern des Aufsichtsrats einer AG – unter besonderer Berücksichtigung der Haftung bei Kreditvergaben, BB 2004, 725; *Wittgens/Vollertsen,* Gruppenvorbesprechungen im Aufsichtsrat – Zulässigkeit, Zweckmäßigkeit, Praxisfragen, AG 2015, 261; *Wittuhn/Hamann,* Herabsetzung von Vorstandsvergütungen in der Krise, ZGR 2009, 845; *Zimmermann,* Aktienrechtliche Grenzen der Freistellung des Vorstands von kartellrechtlichen Bußgeldern, DB 2008, 687; *Zitzewitz,* Konzernrechtliche Probleme bei Stock Options, NZG 1999, 698.

Übersicht

A. Allgemeines

I. Sinn und Zweck

Die Vorschrift regelt die **Sorgfaltspflicht** und **Verantwortlichkeit** der Aufsichtsratsmitglieder und verweist hierzu auf die entsprechende Anwendung der Vorschriften über Sorgfaltspflicht und Verantwortlichkeit der Vorstandsmitglieder (§ 93). Somit ist auch für den Aufsichtsrat, der nicht vertraglich, sondern korporationsrechtlich mit der Gesellschaft verbunden ist, eine Grundlage für die Haftung der Aufsichtsratsmitglieder gegenüber der Gesellschaft geschaffen. § 93 ist mit allen seinen Absätzen (Abs. 1–6) sinngemäß anwendbar. Die besondere Verschwiegenheitspflicht für Vorstandsmitglieder, die in § 93 Abs. 1 S. 3 normiert ist, gilt bereits kraft Verweisung entsprechend für Aufsichtsratsmitglieder. Gleichwohl hat das TransPuG[1] die Verschwiegenheitspflicht wegen ihrer besonderen Bedeutung als S. 2 in § 116 aufgenommen. Diese „Insbesondere-Regelung" schränkt jedoch die weitergehende Regelung des § 93 Abs. 1 S. 3 nicht ein. Die dort beschriebene Verpflichtung zur Wahrung von Betriebs- und Geschäftsgeheimnissen bleibt bestehen. 1

Mit dem VorstAG[2] wurde § 116 um einen neuen S. 3 ergänzt, der im Kern jedoch nichts inhaltlich Neues bringt.[3] Danach sind Aufsichtsratsmitglieder namentlich zum Schadensersatz verpflichtet, wenn sie eine unangemessene Vergütung für Vorstandsmitglieder festsetzen (→ Rn. 24). Trotz Nichterwähnung im Gesetz haftet der Aufsichtsrat auch dann, wenn er eine gebotene Herabsetzung der Vergütung unterlässt.[4] Es wird sich für den Aufsichtsrat, insbesondere seinen Vorsitzenden empfehlen, den Entscheidungsprozess des Gremiums bei Festsetzung oder auch Herabsetzung sorgfältig zu dokumentieren. Hilfreich zur Haftungsvermeidung wird auch die Einschaltung externer Berater zur Bestimmung der Angemessenheit sein. 2

Der Schutzzweck der Norm dient der **Schadensprävention** und dem **Schadensausgleich.** Sie gibt Verhaltenspflichten vor, deren Verletzung zum Schadensausgleich führen kann. Anders als beim durch Anstellungsvertrag der Gesellschaft verpflichteten Vorstandsmitglied sind Pflichten des ein Nebenamt ausübenden Aufsichtsratsmitgliedes an der Sorgfalt eines ordentlichen und gewissenhaften Überwachers und Beraters zu messen, so dass seine geschuldete Sorgfalt anhand der speziellen Aufgaben eines Aufsichtsratsmitgliedes zu konkretisieren ist.[5] Durch die Verweisung auf § 93 werden die Verhaltenspflichten des Aufsichtsratsmitgliedes durch jede Gesetzesänderung der Vorstandsverantwortung inzident miterfasst und geändert. So hat beispielsweise die durch das UMAG[6] gesetzlich normierte Business Judgment Rule Einfluss auf das vom Aufsichtsrat geschuldete Verhalten. 3

II. Anwendbarkeit

Die Vorschrift ist anwendbar auf AG, KGaA (§ 278 Abs. 3), die mitbestimmte GmbH (§ 25 Abs. 1 S. 1 Nr. 2 MitbestG, § 1 Abs. 1 Nr. 3 DrittelbG, § 3 Abs. 2 MontanMitbestG, § 3 Abs. 1 MitbestErgG), die dualistisch verfasste SE (Art. 51 SE-VO) sowie die monistisch verfasste SE (Art. 41 SE-VO, § 39 SEAG); für die SE ist die Verschwiegenheitspflicht der Organwalter in Art. 49 SE-VO geregelt. Die **Bedeutung des § 116 nimmt** – beschleunigt zuletzt durch die Finanzkrise – ebenso wie die Haftung des Vorstandes in der Praxis **zu.** Ein solcher Trend wird unterstützt durch die Risikoverlagerung auf die D&O-Versicherungen sowie durch die Wende in der Rechtsprechung mit der Entscheidung des BGH zu ARAG/Garmenbeck,[7] wonach der Aufsichtsrat verpflichtet ist, zum Schaden führende Sorgfaltspflichtverletzungen des Vorstandes zu ahnden. Durch den Verweis auf § 93 gilt dies auch im umgekehrten Fall, in dem der Aufsichtsrat seinen Überwachungs- und Sorgfaltspflichten nicht nachkommt. Der Vorstand muss ähnlich wie im umgekehrten Fall den Aufsichtsrat bzw. das/die betreffende(n) Aufsichtsratsmitglied(er) bei Vorliegen der Voraussetzung verklagen. Eine Ermessensentscheidung kann ihm allenfalls bei Vorliegen übergeordneter Gründe zukommen.[8] (→ Rn. 39) Virulent werden solche Fälle in der Praxis meistens mit einem Wechsel im Vorstand und/oder im Aufsichtsrat. 4

---

[1] Vgl. Art. 1 Nr. 10 Transparenz- und Publizitätsgesetz vom 19.7.2002 (BGBl. I S. 2681).
[2] Vgl. Art. 2 Gesetz zur Angemessenheit der Vorstandsvergütung vom 31.7.2009 (BGBl. I S. 2509).
[3] RegE, BT-Drs. 16/12278, 8; *Bosse* BB 2009, 1650 (1653).
[4] *Annuß/Theusinger* BB 2009, 2434 (2440).
[5] BGHZ 114, 127 (130); MüKoAktG/*Habersack* Rn. 2; Hüffer/*Koch* Rn. 1 und 2.
[6] Vgl. Art. 1 Nr. 1 lit. a Gesetz zur Unternehmensintegrität und Modernisierung des Anfechtungsrechts vom 22.9.2005 (BGBl. I S. 2802).
[7] BGHZ 135, 244 = NJW 1997, 1926 – ARAG/Garmenbeck.
[8] BGHZ 135, 244 (253) = NJW 1997, 1926 – ARAG/Garmenbeck; *Priester* EWiR 1997/677; *Raiser* NJW 1996, 552 (554); *Dreher* ZHR 158 (1994), 2614 ff.

III. DCGK

5 Der DCGK gibt in seinen Ziff. 3.8 und 3.5 die Gesetzeslage wieder. Obwohl das VorstAG[9] durch die Nichtanwendung von § 93 Abs. 2 S. 3 auf einen zwingenden Selbstbehalt für Aufsichtsräte verzichtet, empfiehlt Ziff. 3.8 Abs. 3 DCGK börsennotierten und kapitalmarktorientierten Unternehmen für den Fall des Abschlusses einer D&O-Versicherung die Vereinbarung eines Selbstbehaltes, der dem eines Vorstandsmitgliedes entspricht. Der **Abschluss einer D&O-Versicherung** (→ § 113 Rn. 22 f.), und damit die Abwälzung des Haftungsrisikos unter bestimmten Voraussetzungen auf die Versicherung oder das Versicherungskonsortium, **steht § 116 nicht entgegen;** ebenso wenig ist der Versicherungsschutz gefährdet, wenn entgegen der Empfehlung des DCGK kein Selbstbehalt vereinbart wird oder dieser nicht angemessen ist.[10] Unabhängig davon haftet jedoch das Aufsichtsratsmitglied einer börsennotierten Gesellschaft für eine Pflichtverletzung wie die fehlerhafte Entsprechenserklärung nach § 161, ohne dass § 161 jedoch eine Außenhaftung selbst auslöst, da § 161 kein Schutzgesetz iSd § 823 Abs. 2 BGB ist,[11] wobei jedoch darauf hinzuweisen ist, dass die Bedeutung des § 161, wie die jüngere Rechtsprechung[12] zeigt, zunimmt.

B. Rechtstatsachen

6 In den letzten Dekaden hat die Bedeutung der Haftung von Organmitgliedern zugenommen. Eine erste diese neue Richtung bekräftigende Entscheidung war die ARAG/Garmenbeck-Entscheidung des BGH (→ § 111 Rn. 40).[13] Darin hat der BGH die Grundsätze festgelegt, nach denen der **Aufsichtsrat verpflichtet** ist, **Ersatzansprüche** der Gesellschaft **gegenüber dem Vorstand zu verfolgen.** Das LG Bielefeld hat im sog. **Balsam-Fall** ein Aufsichtsratsmitglied zum Schadensersatz verpflichtet, weil es bestimmten Informationen über „Luftforderungen" im Rahmen des Factoring-Geschäftes nicht nachgegangen ist und den Aufsichtsrat in seiner Gesamtheit über Hinweise und Bedenken nicht informiert hat.[14] Die Zahl spektakulärer Unternehmenspleiten hat in den letzten Jahrzehnten zugenommen, beginnend mit dem Herstatt-Fall über die Bremer Vulkan Verbund AG, die Schneider Gruppe, die Metallgesellschaft AG, Sachsenmilch AG etc. Es muss jedoch nicht zwangsläufig zur Insolvenz kommen, um Organverhalten auf den Prüfstand zu bringen. So zeigt auch die Dimension der sog. Korruptionsaffäre von Siemens, dass Managementfehler in Konzernen bis zum Vorstand, und wenn ein Überwachungsfehler vorliegen sollte, bis zum Aufsichtsrat durchschlagen können. Die Corporate Governance Diskussion und das öffentliche Interesse gerade an Organhaftungsthemen wird dazu führen, dass die Norm aus ihrem Dornröschenschlaf erwacht – unabhängig von der Frage, ob dies tatsächlich Einfluss auf das Organverhalten hat.[15] Nicht zuletzt haben die Finanzkrise sowie diverse Unternehmensskandale dazu geführt, dass die Frage der Pflichtgemäßheit des Organverhaltens auf den Prüfstand kommt.[16]

C. Einzelerläuterungen

I. Haftung analog § 93 Abs. 2

7 **1. Allgemeines.** Aufsichtsratsmitglieder haften gemäß § 116 S. 1 analog § 93 Abs. 2–6 für die Verletzungen von Sorgfaltspflichten gemäß § 93 Abs. 1 (→ Rn. 13 ff.). Das Aufsichtsratsmitglied haftet der Gesellschaft **(Innenhaftung)** und nicht den Aktionären (Außenhaftung) für den Schaden, der durch seine schuldhafte Pflichtverletzung entstanden ist. Dies folgt aus § 116 S. 1 iVm § 93 Abs. 2 S. 1. Ein Rückgriff auf § 823 Abs. 2 BGB ist nicht erforderlich,[17] da sie nur gegenüber der Gesellschaft vermögensbetreuungspflichtig sind. Nach Maßgabe von § 148 können die Aktionäre jedoch die Schadensersatzansprüche der Gesellschaft gemäß §§ 116, 93 geltend machen. Im Übrigen wird auf die Geltendmachung von Ersatzansprüchen nach § 147 verwiesen. Eine Anspruchsverfolgung durch einzelne Aktionäre ist nur zulässig, wenn Sondervorschriften wie §§ 309 Abs. 4, 318 Abs. 2 und 4

[9] BT-Drs. 16/13 433.
[10] MüKoAktG/*Habersack* Rn. 6, 74.
[11] Hüffer/*Koch* § 161 Rn. 28; vgl. *Buchta/van Kann* DStR 2003, 1665 (1669).
[12] BGH WM 2009, 459; weitere Rspr.-Hinweise bei Hüffer/*Koch* § 161 Rn. 31.
[13] BGHZ 135, 244 (253) = NJW 1997, 1926.
[14] LG Bielefeld BB 1999, 2630; vgl. auch zum Philipp-Holzmann-Fall *Rieble* NZA 2000, 225 ff.
[15] *Hopt* FS Mestmäcker, 1996, 909 (914 f.).
[16] Vgl. dazu *Lutter* ZIP 2009, 197 (200).
[17] AllgM, Hüffer/*Koch* § 93 Rn. 36.

ihnen diesen Anspruch einräumen. Darüber hinaus ist es umstritten, ob unter besonderen Voraussetzungen einzelne Aktionäre den Anspruch verfolgen können.[18] Dieselbe Pflichtverletzung des Aufsichtsratsmitgliedes kann zu einer Haftung gegenüber den Aktionären gemäß § 823 Abs. 1 BGB (Verletzung eines Mitgliedschaftsrechtes) sowie gegenüber Dritten gemäß § 823 Abs. 2 BGB (Verletzung eines Schutzgesetzes) sowie unter den Voraussetzungen der sittenwidrigen Schädigung gemäß § 826 BGB führen (→ Rn. 94).

2. Grundlagen. a) Grundsatz gleicher Verantwortung. Der Gesellschaft muss durch das Tun oder Unterlassen des Aufsichtsratsmitgliedes ein Schaden entstanden sein. Das Tun oder Unterlassen muss auf der Verletzung einer Sorgfaltspflicht oder Treuepflicht beruhen. Die **Haftung trifft alle Aufsichtsratsmitglieder gleichermaßen,** unabhängig von der Tatsache, ob sie der Arbeitnehmer- oder Anteils-Eignerseite angehören, in den Aufsichtsrats entsandt oder gewählt wurden, gerichtlich bestellt wurden oder als Ersatzmitglied für ein ausgeschiedenes Aufsichtsratsmitglied in den Aufsichtsrat eintreten (die Haftung des § 116 beginnt allerdings erst mit Eintritt in den Aufsichtsrat) und korreliert damit mit dem Gleichheitsgebot (→ § 107 Rn. 129 ff.). Erfasst werden von der Haftung unwirksam in den Aufsichtsrat bestellte Personen, die von der Wirksamkeit der Bestellung ausgehen und daher als Aufsichtsratsmitglieder tätig werden.[19] Entsprechendes gilt auch in den Fällen, in denen kein Bestellakt vorlag, die betreffende Person sich aber wie ein Aufsichtsratsmitglied verhält;[20] ebenso verhält es sich in den Konstellationen, in denen sich das Aufsichtsratsmitglied trotz wirksamen Widerrufs als Aufsichtsratsmitglied verhält.[21] Eine Haftung ist jedoch dann ausgeschlossen, wenn eine wirksame Bestellung fehlerhaft widerrufen wird, selbst wenn das Aufsichtsratsmitglied davon Kenntnis hat und sich gegen den Widerruf wehrt.[22] Vereinfacht lässt sich daher sagen, dass derjenige – unabhängig von einem wirksam bestehenden Aufsichtsratsmandat –, der Einfluss nimmt und das auch kann, wie ein Organmitglied haften soll. Hingegen haften Stimmboten iSd § 108 Abs. 3 sowie Personen, die nach § 109 Abs. 3 anstelle von Aufsichtsratsmitgliedern an Aufsichtsratssitzungen teilnehmen, nicht. 8

b) Ausnahmen. aa) Differenzierung der Verantwortung. Einfluss auf den Grad der Verantwortung eines Aufsichtsratsmitgliedes haben **Art** und **Größe des Unternehmens.** Demzufolge unterscheiden sich die Mindestqualifikationen eines Aufsichtsratsmitgliedes einer Großbank deutlich von denen eines Aufsichtsratsmitgliedes einer mittelständischen AG, die Waren produziert. Eine **Differenzierung** der Verantwortung **für bestimmte Personengruppen** wie Arbeitnehmervertreter, Kleinaktionärsvertreter oder Anteilseignervertreter der öffentlichen Hand, ist **nicht möglich.**[23] Eine **Differenzierung** der Verantwortungsgrade und der Qualifikation einzelner Aufsichtsratsmitglieder kann jedoch **durch ihre unterschiedlichen Funktionen im Gremium** bestimmt werden. So kommt dem Aufsichtsratsvorsitzenden in seiner Brückenkopffunktion zum Vorstand der Gesellschaft eine herausgehobene Funktion zu, die den Stellvertreter genauso trifft, wenn er den Aufsichtsratsvorsitzenden vertritt. Entsprechend gesteigerte Pflichten gelten auch für Ausschussvorsitzende und Stellvertreter sowie den unabhängigen Finanzexperten nach § 107 Abs. 4 (in der bis 16.6.2016 geltenden Fassung).[24] Als zu weitgehend sieht der BGH es jedoch an, eine Haftung des Aufsichtsratsvorsitzenden zu bejahen, weil er die rechtlichen Probleme eines vom Vorstand beabsichtigten Kapitalanlagenmodells ohne deren Prüfung nicht sofort erkannte.[25] In den letzten Jahren, unter anderem bedingt durch den immer stärker gewordenen angelsächsischen Einfluss, kommt vor allem bei kapitalmarktorientierten Gesellschaften den Vorsitzenden des Prüfungsausschusses eine besonders hervorgehobene Rolle zu. Nach dem BilMoG (§ 107 Abs. 4 in der bis 16.6.2016 geltenden Fassung) muss ein Mitglied des Aufsichtsrats unabhängig sein, wenn die Gesellschaft einen Prüfungsausschuss hat 9

[18] Für Unzulässigkeit Hüffer/*Koch* § 148 Rn. 2; *Krieger* ZHR 163 (1999), 343, 344; *Lutter/Krieger/Verse* Rechte und Pflichten Rn. 1028; aA *Wellkamp* DZWiR 1994, 221, 223 f.

[19] RGZ 152, 273 (277); BGH AG 2013, 387 Rn. 20, 21; BGHZ 75, 96 (106) = NJW 1979, 1879 – Herstatt; so auch BGHZ 196, 195 Rn. 19 trotz Ablehnung der Lehre von der fehlerhaften Organbestellung (→ § 108 Rn. 71a; → § 112 Rn. 19); Spindler/Stilz/*Spindler* Rn. 13; grds. auch MüKoAktG/*Habersack* § 101 Rn. 69; Hüffer/*Koch* § 101 Rn. 20; *Lowe,* Fehlerhaft gewählte Aufsichtsratsmitglieder: Organstellung, Tätigkeit und Anstellungsverhältnis, 1989, 86 f.; *Kau/Kukat* BB 2000, 1045 (1048).

[20] RGZ 152, 273 (277); MüKoAktG/*Semler,* 2. Aufl. 2004, Rn. 52; für den Vorstand BGHZ 75, 96 (106 f.) – Herstatt; GroßkommAktG/*Hopt/Roth* § 93 Rn. 49; *Fleischer* AG 2004, 517 (528); aA *Stein,* Das faktische Organ, 1984, 121, 200.

[21] KK-AktG/*Mertens* § 93 Rn. 8; MüKoAktG/*Semler,* 2. Aufl. 2004, Rn. 44; aA *Stein,* Das faktische Organ, 1984, 121, 148 mwN.

[22] Spindler/Stilz/*Spindler* Rn. 12; MüKoAktG/*Semler,* 2. Aufl. 2004, Rn. 46.

[23] *Schwark* FS Werner, 1984, 841 (850).

[24] *Lanfermann/Röhricht* BB 2009, 887 (889).

[25] BGH AG 2007, 484 (486 f.).

(im Einzelnen → § 107 Rn. 108). Nach Ziff. 5.3.2 S. 2 DCGK soll der Vorsitzende des Prüfungsausschusses über besondere Kenntnisse und Erfahrungen in der Anwendung von Rechnungslegungsgrundsätzen und internen Kontrollverfahren verfügen. Er soll nach Ziff. 5.3.2 S. 3 DCGK **unabhängig** und kein ehemaliges Vorstandsmitglied der Gesellschaft sein, dessen Bestellung vor weniger als zwei Jahren endete. Im Übrigen soll der Aufsichtsratsvorsitzende nach Ziff. 5.2 Abs. 2 DGCK den Vorsitz im Prüfungsausschuss nicht innehaben. Wählt der Aufsichtsrat einen ungeeigneten Funktionsträger, so kann ihn ein Auswahl- und das betreffende Aufsichtsratsmitglied ein Übernahmeverschulden treffen.[26]

10 Während die Anforderungen an die Mindestqualifikation für alle Mitglieder gleichermaßen gelten, führen nach hM **gesteigerte Spezialkenntnisse** des Aufsichtsratsmitgliedes sozusagen als Kehrseite der Medaille zu **erhöhten Sorgfaltsanforderungen** an ihn.[27] Dies überzeugt, da die Aufgaben des Aufsichtsrates vielfältiger Natur sind und eine arbeitsteilige Vorgehensweise der einzelnen Aufsichtsratsmitglieder entsprechend ihrer fachlichen Expertise die Arbeitsabläufe und -resultate optimiert. Dies stellt eine sachliche Rechtfertigung für die formale Ungleichbehandlung hinsichtlich der Sorgfaltsanforderungen dar und entspricht der Empfehlung von Ziff. 5.4.1 S. 1 DCGK sowie der Vorschlagsverantwortung der Aufsichtsratsmitglieder.[28] Sollten im Einzelfall nicht ausreichende Kenntnisse im Aufsichtsrat vorliegen, kann er gehalten sein, sich externen Rat, beispielsweise Rechtsrat, einzuholen (→ § 111 Rn. 54 ff.).[29]

11 **bb) Delegation der Verantwortung in Ausschüsse.** Nach § 107 Abs. 3 S. 1 obliegt es dem Plenum darüber zu entscheiden, ob es einzelne Aufgaben und damit seine Verantwortungsbereiche auf Ausschüsse überträgt (→ § 107 Rn. 120 ff.). Die **primäre Verantwortung** für die delegierten Aufgaben liegt **beim Ausschuss** und seinen Mitgliedern.[30] Für die dem Ausschuss nicht angehörenden Mitglieder tritt keine vollständige, jedoch eine gewisse Haftungsentlastung ein, da sie nur für Auswahl und Überwachung der Ausschussmitglieder haften (→ § 107 Rn. 179 f.).[31] Sie dürfen sich grundsätzlich auf die Vorarbeit der eigenen Ausschüsse verlassen. Entscheidend ist jedoch, Aufgaben und Verantwortung der jeweils zuständigen Ausschüsse oder auch einzelner Ausschussmitglieder transparent zu machen, so dass Klarheit über Verantwortlichkeit und Zusammenarbeit herrscht. Der in der Praxis bedeutendste Fall einer solchen Ausschussdelegation ist der des Prüfungsausschusses (→ § 107 Rn. 104 ff.). Das nicht einem Ausschuss angehörende Aufsichtsratsmitglied handelt pflichtgemäß, wenn es sich über die Ausschussarbeit in den Plenarsitzungen berichten lässt, auf Plausibilität überprüft und auch alle sonstigen Informationen verwendet und bewertet.[32]

12 **cc) Übernahmeverschulden des Aufsichtsratsmitgliedes.** Obwohl es keine objektiven Qualifikationsvoraussetzungen für die Mandatsannahmen gibt, hat jedes Aufsichtsratsmitglied vor der Übernahme des Mandates zu prüfen, ob seine individuellen Kenntnisse und Fähigkeiten ausreichen, um das angebotene Mandat sorgfältig wahrzunehmen (→ § 111 Rn. 84).[33] Eine **Exkulpation über subjektive Unfähigkeit** ist nach Mandatsübernahme **nicht** mehr **möglich.**[34] Auf Seiten der übrigen Aufsichtsratsmitglieder besteht eine Vorschlagsverantwortung (§ 124 Abs. 3 iVm Ziff. 5.4.1 DCGK). Eine Berufung eines einzelnen Aufsichtsratsmitgliedes auf das (Mit-)Verschulden anderer Aufsichtsratsmitglieder oder von Aktionären ist jedoch nicht zulässig.[35]

13 **3. Sorgfaltspflichten (Abs. 1). a) Allgemeines.** Während die Vorstandsmitglieder bei ihrer Geschäftsführung die Sorgfalt eines ordentlichen und gewissenhaften Geschäftsleiters anzuwenden haben (§ 93 Abs. 1 S. 1), schulden Aufsichtsratsmitglieder die **Sorgfalt eines ordentlichen** und **gewissenhaften Beraters** bei der Überwachung und Beratung der Geschäftsführung. Der Pflichten-

---

[26] MüKoAktG/*Habersack* Rn. 27.

[27] BGH NZG 2011, 1271 (1274); OLG Düsseldorf ZIP 1984, 825 (830 f.); KK-AktG/*Mertens/Cahn* Rn. 63; MüKoAktG/*Habersack* Rn. 28; Hüffer/*Koch* Rn. 4; aA GroßkommAktG/*Hopt/Roth* Rn. 52; krit. *Selter* AG 2012, 11 (19); weit Hinw *Grootehorst* NZG 2011, 921 (925).

[28] MüKoAktG/*Habersack* Rn. 28.

[29] Vgl. iE dazu *Fleischer* FS Hüffer, 2010, 187 ff. sowie *Buck-Heeb* BB 2016, 1347 ff.

[30] GroßkommAktG/*Hopt/Roth* Rn. 62; MüKoAktG/*Habersack* § 107 Rn. 168.

[31] BGH NJW 1995, 2850 (2851); BGHZ 133, 370 (377 f.); MüKoAktG/*Habersack* § 107 Rn. 169; Hüffer/*Koch* Rn. 16; MüKoAktG/*Habersack* § 107 Rn. 169 f., 135.

[32] Spindler/Stilz/*Spindler* § 107 Rn. 118, 120; Hüffer/*Koch* Rn. 51; *Cahn* WM 2013, 1293 (1300 f.).

[33] BGHZ 85, 293 (295) – Hertie; MüKoAktG/*Habersack* Rn. 70; KK-AktG/*Mertens/Cahn* Rn. 63; GroßkommAktG/*Hopt/Roth* Rn. 284; *v. Schenck* Liber Amicorum Dolf Weber, 2016, 410.

[34] MüKoAktG/*Habersack* Rn. 22.

[35] LG München I AG 2007, 827 (828); MüKoAktG/*Habersack* Rn. 70; s. auch KK-AktG/*Mertens/Cahn* § 93 Rn. 50.

inhalt im Einzelnen ergibt sich aus den Aufgaben des Aufsichtsrates[36] (→ Rn. 15 ff.) und umfasst nicht die Durchführung eines eigenen unternehmerischen Entscheidungsprozesses.[37] Das Aufsichtsratsmitglied hat sich bei seiner überwachenden und beratenden Tätigkeit am **Interesse des Unternehmens** zu orientieren.[38] Das Unternehmensinteresse ist insofern das gleiche, wie es mittlerweile für den Vorstand und seine eigenverantwortliche Geschäftsführung in § 76 Abs. 1 gilt (→ § 76 Rn. 19). Hierbei spielt die pluralistische Struktur einer AG und der Dreiklang zwischen Kapital, Arbeit und dem Gemeinwohl eine prägende Rolle,[39] wobei jedoch der in der mitbestimmten Struktur bereits zum Ausdruck kommenden sozialen Verantwortung keine rechtliche Durchsetzbarkeit zukommt. Die Unternehmensorgane sollen jedoch die berechtigten Interessen unterschiedlicher Stakeholdergruppen wie Arbeitnehmer, Aktionäre, Gläubiger unter anderem ausgleichend zusammenführen, „ohne dass eine Gruppe das Präjudiz hätte".[40] Eine eher pluralistisch angelegte Interessenverfolgung ohne vorgegebene klare Leitlinie und unter großer Konkretisierungsflexibilität für die Organe ist wenig hilfreich bei dem Versuch der Definition des Unternehmensinteresses. Zielführender ist da eher der Rückgriff auf greifbare, klassisch betriebswirtschaftliche Grundsätze wie die Sicherstellung des Bestands des Unternehmens und damit dauerhafte Rentabilität,[41] worin nicht nur ein ökonomisches Gebot, sondern auch eine Rechtspflicht gesehen wird.[42] Im Übrigen wird auf die Ausführungen zu § 76 verwiesen.

Ziff. 5.5.1 DCGK bestimmt für börsennotierte und kapitalmarktorientierte Unternehmen, dass jedes Aufsichtsratsmitglied bei seinen Entscheidungen weder persönliche Interessen verfolgen noch Geschäftschancen, die dem Unternehmen zustehen, für sich nutzen darf. Sowohl aus dem Nebentätigkeitscharakter des Amtes als auch aus der Regelung des § 100 folgt, dass nichts dagegen spricht, dass ein Aufsichtsratsmitglied auch Mandate in anderen Unternehmen annehmen kann. Es ist ihm auch **nicht per se untersagt,** ein **Mandat in einem Wettbewerbsunternehmen** zu übernehmen.[43] Entscheidend ist, dass er in seiner Funktion die Interessen des Unternehmens, in dem die Entscheidung getroffen wird, in den Mittelpunkt seiner eigenen Beurteilung stellt (zu Interessenkonflikten → Rn. 73 ff.). 14

Zu den **wesentlichen Pflichten** (zu Überwachungs- und Beratungspflichten → § 111 Rn. 9 ff., 41 ff.) eines Aufsichtsmitgliedes gehören: 15

- das Einrichten und Aufrechterhalten einer adäquaten **funktionsgerechten Organisation**
- die **aktive Mitarbeit** im Gremium
- das Verschaffen und Behalten eines Überblicks über die **wichtigsten Geschäftsvorfälle** sowie über die **wesentlichen Grundlagen** der Geschäftsführung
- die **wechselseitige Überwachung** der anderen Mitglieder sowie
- die **Pflicht zum Handeln** bei Sorgfaltswidrigkeiten des Vorstandes[44] sowie
- die **Pflicht zur Festsetzung** einer angemessenen Vorstandsvergütung (§§ 116 S. 2, 87).

Aufgrund der größeren Nähe des Vorstandes zu Geschäft und Lage der Gesellschaft und der damit bestehenden Wissensasymmetrie[45] hat jedes einzelne Aufsichtsratsmitglied darauf hinzuwirken, dass es vom Vorstand in ausreichendem Maße mit Informationen versorgt wird (§ 90 Abs. 3 S. 2), in regelmäßigen Abständen zu Sitzungen eingeladen wird (§ 110 Abs. 1, 2) und in Sondersituationen zur außerordentlichen Sitzung geladen wird – was mit einer Pflicht des Aufsichtsratsvorsitzenden korreliert[46] (→ § 110 Rn. 5 ff.) –, in angemessener Weise Ausschüsse gebildet werden sowie ein den Verhältnissen der Gesellschaft angemessener Zustimmungskatalog gemäß § 111 Abs. 4 S. 2 verabschiedet wird (→ § 111 Rn. 72 ff.).[47] 16

Vom Aufsichtsratsmitglied wird erwartet, dass es nicht nur regelmäßig an den Sitzungen teilnimmt (→ § 109 Rn. 3), sondern diese auch **sorgfältig vorbereitet** und **aktiv am Sitzungsverlauf mit-** 17

[36] Spindler/Stilz/*Spindler* Rn. 37; KK-AktG/*Mertens/Cahn* Rn. 5; MüKoAktG/*Semler,* 2. Aufl. 2004, Rn. 99 ff.

[37] OLG Düsseldorf AG 2008, 666.

[38] Vgl. hierzu im Zusammenhang mit der ARAG/Garmenbeck-Entscheidung *Goette* GS M. Winter, 2011, 143 (161 ff.).

[39] Spindler/Stilz/*Spindler* Rn. 24; in diese Richtung gehend auch BVerfGE 14, 263 (282); BVerfGE 50, 290 (315 f.).

[40] BGHZ 64, 325 (329) = NJW 1975, 1412; Spindler/Stilz/*Spindler* Rn. 29.

[41] OLG Hamm AG 1995, 512 (514) re. Sp.; Hüffer/*Koch* § 76 Rn. 36; KK-AktG/*Mertens* § 76 Rn. 17, 22; *Goette* FS 50 Jahre BGH, 2000, 123 (127); *Hüffer* FS Raiser, 2005, 163 (168 ff.).

[42] Hüffer/*Koch* § 76 Rn. 36.

[43] MüKoAktG/*Habersack* Rn. 44.

[44] BGH NJW 1991, 1830 (1831); OLG Karlsruhe AG 2008, 900 (902).

[45] *Peltzer* NZG 2002, 10 (14).

[46] LG München I NZI 2007, 609 = AG 2007, 827.

[47] MüKoAktG/*Habersack* Rn. 30; GroßkommAktG/*Hopt/Roth* Rn. 120 ff.; KK-AktG/*Mertens/Cahn* Rn. 12.

wirkt. Hierzu gehört auch die Teilnahme an Beschlussfassungen. Im Schrifttum[48] wird vertreten, dass selbst in Situationen eines Interessenkonfliktes (→ Rn. 73 ff.) die Stimmenthaltung (→ § 108 Rn. 29) grundsätzlich nicht mit der Gesamtverantwortung aller Aufsichtsratsmitglieder vereinbar ist. Dem ist im Grundsatz zuzustimmen, nämlich, dass das Aufsichtsratsmitglied sich entscheiden sollte, ob es für oder gegen eine Maßnahme ist. Es sind jedoch Situationen denkbar, in denen dem Aufsichtsratsmitglied in zulässiger Weise zugestanden werden sollte, sich der Stimme in diesem Einzelfall zu enthalten. Es ist zB nicht selten, dass ein Vorstandsmitglied X einer Gesellschaft A aufgrund seiner persönlichen Expertise in den Aufsichtsrat des Unternehmens B gewählt wird. In den Fällen, in denen zwischen A und B Geschäftsbeziehungen bestehen, kann es durchaus Konstellationen geben, zB bei Maßnahmen, die dem Zustimmungsvorbehalt unterliegen, die bei X zu einem Interessenkonflikt führen. Sollte der Interessenkonflikt wie in dem Beispielsfall kein dauerhafter sein, ist nicht einzusehen, warum gleich die Ultima Ratio – die Mandatsniederlegung – greifen sollte, und warum nicht die mildere Maßnahme, die Enthaltung im Einzelfall, eine adäquate Reaktion des Aufsichtsratsmitgliedes sein sollte. Es muss daher **in Ausnahmefällen zulässig** sein, die **Enthaltung** statt der Zustimmung oder Ablehnung zu wählen.

18 Die laufende Überwachung des „day to day business" der Geschäftsführung ist nicht vom Aufsichtsrat geschuldet; vielmehr konzentriert sich die **Überwachungspflicht** des Aufsichtsrates auf die **Rechtmäßigkeit des Vorstandshandelns,** dessen **Ordnungsmäßigkeit, Zweckmäßigkeit** und **Wirtschaftlichkeit** einschließlich einer gewissen Konzerndimensionalität.[49] Der Pflicht des Vorstandes den Aufsichtsrat vollumfänglich in Gesellschaftsangelegenheiten gemäß § 90 Abs. 1 zu informieren, entspricht die Pflicht der Aufsichtsratsmitglieder nach § 116 S. 2 zur Verschwiegenheit (→ Rn. 62 ff.). Da die Verschwiegenheitspflicht per se als Sorgfaltspflicht des Aufsichtsratsmitgliedes besteht, gibt die „insbesondere"-Formulierung hinsichtlich der Berichte und Beratungen nur Beispiele.[50] Die Kontrollpflicht des Aufsichtsrats erstreckt sich auf die nach Größe, Struktur und Besonderheit der Gesellschaft angemessene Unternehmensorganisation und -planung. Je angespannter die wirtschaftliche Situation der Gesellschaft, umso intensiver gestaltet sich die Überwachungspflicht.[51] So hat der Aufsichtsrat, wenn Anzeichen für eine ungünstige Geschäftsentwicklung bestehen, „den Ursachen mit allen zu Gebote stehenden Mitteln" nachzugehen und auf Abhilfe bedacht zu sein.[52] Die Überwachungsaufgabe des Aufsichtsrates kann sich daher in einer besonderen Risikosituation oder bei Maßnahmen, die von wesentlichem Einfluss auf die Entwicklung und Lage der Gesellschaft sind, intensivieren.[53] Wenn auch die Hauptverantwortung in der Krise beim Vorstand bleibt, so passt sich auch der Grad der Überwachungspflicht dem Ausmaß der Unternehmensbedrohung an. Den Aufsichtsrat trifft eine erhöhte Wachsamkeitspflicht und größere Kontrolldichte.[54] Bereits im Vorfeld einer Krise, zB bei einer Verschlechterung der Vermögens-, Finanz- und Ertragslage muss der Aufsichtsrat eng mit dem Vorstand zusammenarbeiten, die Situation analysieren und mit dem Vorstand erörtern, wie Besserung zu erreichen ist.[55] Im Sanierungsfall prüft der Aufsichtsrat alle relevanten Sachverhalte und lässt sich die abhilfegeeigneten Maßnahmen offenlegen und erklären. Der Aufsichtsrat entscheidet letztendlich über das „ob" des Sanierungskonzeptes. Zweifelt er ernsthaft daran, trifft den Aufsichtrat die Überwachungspflicht, dass der Vorstand die insolvenzrechtlich relevanten Maßnahmen ergreift (§ 92 Abs. 2 AktG iVm § 15a InsO). Im Insolvenzverfahren selbst bleibt der Aufsichtsrat zwar im Amt. Seine Überwachungsaufgaben beschränken sich dann jedoch auf die dem Vorstand im insolvenzfreien Raum verbliebenen Aufgaben sowie auf die sachgerechte Vorstandsbesetzung.[56] Der BGH hat weiter eine Haftung des Aufsichtsrates bejaht, wenn die Aufsichtsratsmitglieder die Zustimmung zu einer Maßnahme gemäß § 111 Abs. 4 S. 2 erteilten, obwohl sie diese bei pflichtgemäßem Handeln hätten verweigern müssen.[57] Wegen der im Fall des BGH bestehenden Verdachtslage wären Erkundigungen über den Sachverhalt vor Aufsichtsratsentscheidung geboten gewesen,

---

48 KK-AktG/*Mertens/Cahn* Rn. 11, 25; MüKoAktG/*Habersack* Rn. 31 mwN; Spindler/Stilz/*Spindler* Rn. 37.

49 BGHZ 114, 127 (129) = NJW 1991, 1830; KK-AktG/*Mertens/Cahn* § 111 Rn. 14, 28; *Buchta/van Kann* DStR 2003, 1665; *Thümmel* AG 2004, 83 (86).

50 Hüffer/*Koch* Rn. 9.

51 OLG Hamburg DB 2001, 583 (584); OLG Stuttgart ZIP 2006, 756 (759); GroßkommAktG/*Hopt/Roth* § 111 Rn. 310 ff., 317; KK-AktG/*Mertens/Cahn* § 111 Rn. 14 ff., 25; Spindler/Stilz/*Spindler* Rn. 39, § 111 Rn. 25 f.; MüKoAktG/*Habersack* Rn. 44 ff.; *Boujong* AG 1995, 203 (205); *Goerdeler* WPg 1982, 33 (34); *Henze* BB 2000, 209 (214); *Sünner* AG 2006, 450 ff.

52 BGHZ 85, 293 (296 ff., 300) = NJW 1983, 991 – Hertie.

53 BGH AG 2007, 484 (486 f.); *v. Schenk* in Semler/v. Schenck AR HdB § 7 Rn. 206 ff.

54 *Scheffler* BB 2014, 2859 f.

55 *Scheffler* BB 2014, 2859 (2861).

56 *Scheffler* BB 2014, 2859 (2862); *Polley/Kroner* Der Aufsichtsrat 2012, 71.

57 BGH DNotZ 2007, 310; GroßkommAktG/*Hopt/Roth* § 111 Rn. 700, 717.

das Vertrauen auf eine günstigere Einschätzung des früheren Aufsichtsrates war nicht zulässig.[58] Die Aufsichtsratsmitglieder haften ferner, wenn sie Hinweisen auf fehlende Darlehensbesicherung in den Abhängigkeitsberichten und den zugrunde liegenden Jahresabschlussberichten nicht nachgehen und müssen bei der Bonitätseinschätzung des Schuldners auch die mit der Darlehensvergabe verbundenen langfristigen Risiken berücksichtigen.[59] Im Regelfall ist es jedoch ausreichend, wenn das Aufsichtsratsmitglied mittels regelmäßiger Sitzungen den Überblick über die wesentlichen Geschäftsvorfälle in der Gesellschaft behält. Die Anforderungen an die Qualität der Überwachung steigen jedoch. Nach der BGH-Rechtsprechung in Sachen Volkswagen/Piëch[60] muss sich ein Aufsichtsratsmitglied über Geschäfte mit erheblichen Risiken informieren und das Ausmaß der Risiken unabhängig vom Vorstand einschätzen.[61] In Ausnahmefällen kann die Mitarbeit in einem Ausschuss oder Prüfungstätigkeit gemäß § 111 Abs. 2 S. 2 von ihm erwartet werden (→ § 111 Rn. 42 ff.).[62]

Die **Überwachung** erstreckt sich **auch auf die Tätigkeit anderer Aufsichtsratsmitglieder,** 19
da das Aufsichtsratsmitglied verpflichtet ist, sorgfaltswidriges Verhalten anderer Mitglieder abzustellen und ggf. sogar auf eine Abberufung nach § 103 Abs. 3 hinzuwirken.[63] Bei Ausschussbildung haben die Nicht-Ausschussmitglieder die Arbeit des Ausschusses zu überwachen; bei Aufgabendelegation an einzelne Aufsichtsratsmitglieder haben die übrigen Mitglieder das Einzelmitglied zu überwachen (→ § 107 Rn. 179 f.).[64] Jedes einzelne Aufsichtsratsmitglied trägt in diesen Fällen die Verantwortung für die ihm als Ausschussmitglied oder als Einzelperson des Aufsichtsrats übertragenen Aufgaben. Die zT im Schriftum vorgenommene Differenzierung in vorbereitende und abschließend entscheidende Ausschüsse erscheint sachgerecht.[65] **Vorbereitende Ausschüsse** legen dem Plenum ihren Vorschlag vor. Die Letztverantwortung liegt beim Plenum; dieses kann sich grundsätzlich auf die Ausschuss-Vorarbeiten stützen, hat jedoch eine eigene Plausibilitätsprüfung vorzunehmen.[66] Der Aufsichtsrat hat hingegen bei **abschließend entscheidenden Ausschüssen** die Tätigkeit des Ausschusses zu überwachen und bei Zweifel an der Ordnungsgemäßheit der Ausschussarbeit tätig zu werden.[67] Die mit der Delegation eintretende Haftungsentlastung befreit jedoch nicht von der Gesamtverantwortung.[68] Basis dieser arbeitsteiligen (Einzel-)Aufgabenzuordnung ist das Vertrauensprinzip, das bis zum Vorliegen „greifbarer Zweifel" gilt.[69]

Eine Sorgfaltspflichtverletzung des Aufsichtsrates kann aber auch vorliegen, wenn ein Aufsichts- 20
ratsmitglied **ohne** entsprechenden Sachverstand vorgibt die **erforderliche Qualifikation** zu besitzen und die Gesellschaft durch fehlerhafte Beschlüsse des Aufsichtsrates geschädigt wird (→ § 107 Rn. 109).[70]

Ebenso verhält es sich beim **pflichtwidrigen Verhalten des Vorstandes.** Der Aufsichtsrat hat 21
fehlerhaftes und gesellschaftsschädigendes Verhalten abzuwenden, und zwar nicht nur bei abgeschlossenen Vorgängen, sondern auch bei laufenden Geschäften und Maßnahmen.[71] Das dies erkennende Aufsichtsratsmitglied hat für eine Behandlung im Aufsichtsrat oder im dafür zuständigen Ausschuss zu sorgen. Im Extremfall, in dem der Fortbestand der Gesellschaft gefährdet ist, kann das Mitglied verpflichtet sein, darauf hinzuwirken, bestimmte Maßnahmen der Geschäftsführung ad hoc zustimmungspflichtig zu machen.[72] Die Verantwortung des Aufsichtsratsmitgliedes kann als Ultima Ratio bis zur Abberufung des Vorstandsmitgliedes führen.[73] Für besonders schwerwiegende Ausnahmesituationen wird vertreten, wenn alle internen Maßnahmen fruchtlos bleiben, dass das Aufsichtsratsmitglied als letzte Möglichkeit die Öffentlichkeit oder Behörden informiert.[74] Während

[58] BGH DNotZ 2007, 310 f.
[59] OLG Jena AG 2007, 785 (786 ff.) = NZG 2008, 275.
[60] BGHZ AG 2013, 90 f.
[61] *Drinhausen/Marsch-Barner* AG 2014, 337 (351).
[62] OLG Stuttgart AG 2012, 298 (300); KK-AktG/*Mertens/Cahn* Rn. 20; MüKoAktG/*Habersack* Rn. 37.
[63] GroßkommAktG/*Hopt/Roth* Rn. 118; MüKoAktG/*Habersack* Rn. 35.
[64] Spindler/Stilz/*Spindler* Rn. 55; MüKoAktG/*Habersack* Rn. 34; für eine gesteigerte Überwachungspflicht bei Delegation an ein Einzelmitglied KK-AktG/*Mertens/Cahn* § 107 Rn. 181.
[65] Schmidt/Lutter/*Drygala* Rn. 6.
[66] Schmidt/Lutter/*Drygala* Rn. 6; MüKoAktG/*Habersack* § 107 Rn. 169; *Lutter/Krieger/Verse* Rechte und Pflichten Rn. 1003.
[67] OLG Hamburg AG 1996, 84 f.; Spindler/Stilz/*Spindler* Rn. 55.
[68] MüKoAktG/*Habersack* § 107 Rn. 169; *Gittermann* in Semler/v. Schenck AR HdB § 6 Rn. 100.
[69] BGHZ 46, 146 (150) = NJW 1971, 1409; Spindler/Stilz/*Spindler* Rn. 55; *Fleischer* NZG 2003, 449 (455); KK-AktG/*Mertens/Cahn* Rn. 11.
[70] Hüffer/*Koch* Rn. 4; *Eggers/Reiß/Schichold* Der Aufsichtsrat – Sonderausgabe 1/2010, 06, 08.
[71] BGHZ 179, 71 Rn. 21 = NZG 2009, 107; MüKoAktG/*Habersack* § 111 Rn. 33.
[72] OLG Karlsruhe AG 2008, 900 (902); *Semler* FS Ulmer, 2003, 627 (630 f.).
[73] LG Bielefeld WM 1999, 2457 (2465) = ZIP 2000, 20 (23 ff.).
[74] OLG Düsseldorf ZIP 2012, 2299 f.; MüKoAktG/*Habersack* Rn. 33; KK-AktG/*Mertens/Cahn* Rn. 17; wohl noch weitergehend *Säcker* NJW 1986, 803 (804 f.).

dies für Gesellschaften, die einer behördlichen Aufsicht unterliegen (zB Unternehmen in der Finanzdienstleistungsbranche), als Ultima Ratio bei rechtswidrigem Vorstandsverhalten noch vertretbar erscheint, ist die zuvor zitierte Auffassung mit Blick auch auf den bei der Gesellschaft potentiell durch eine solche Offenlegung entstehenden Schaden sehr weitgehend.

22 Das Aufsichtsratsmitglied ist auch zur Abwehr des Schadens verpflichtet, den das Gremium selbst verschuldet. Es hat daher alles in seiner Macht stehende zur **Schadensabwehr** zu unternehmen. Diese Verpflichtung umfasst, dass es bei Beratungen und Diskussionen seine Bedenken erläutert (→ § 111 Rn. 31 ff.) und, wenn gleichwohl Beschluss gefasst wird, dagegen stimmt. Für Beweiszwecke ist eine Dokumentation dieser Dissenting Opinion sinnvoll.[75] Bei Vorliegen außergewöhnlicher Umstände kann es geboten sein, den Beschlussinhalt gerichtlich überprüfen zu lassen.[76] Eine Verpflichtung deshalb das Mandat niederzulegen oder Feststellungsklage zu erheben, besteht jedoch nicht;[77] anderes gilt für die letzte Möglichkeit, wenn der Gesellschaft ein erheblicher Schaden droht oder Strafrechtsvorschriften verletzt werden.[78]

23 Die Haftung eines verhinderten Aufsichtsratsmitglieds kommt allenfalls bei unberechtigtem und bewusstem Fernbleiben in Betracht.[79]

24 **b) Besondere Pflichten.** Mit der Einführung des VorstAG vom 31.7.2009 (BGBl. I S. 2509) hat der Gesetzgeber die Pflicht zur Festsetzung einer angemessenen Vorstandsvergütung (§ 87 Abs. 1) besonders hervorgehoben (→ § 87 Rn. 16 ff.; → Rn. 47 ff.). Damit will er verdeutlichen, dass die angemessene Vergütungsfestsetzung zu den wichtigsten Aufgaben des Aufsichtsrats gehört und dass er für die Einhaltung dieser Pflichten persönlich haftet.[80] Der Wortlaut des § 116 S. 3 („namentlich") zeigt, dass der Verweis auf § 87 Abs. 1 nur beispielhaft gemeint ist. Die Regelung gilt gleichermaßen für die Vergütungsherabsetzung nach § 87 Abs. 2.[81] Da es sich bei der Prüfung der Tatbestandsvoraussetzungen des § 87 Abs. 2 um eine rechtlich gebundene Entscheidung handelt, findet die business judgment rule des § 93 Abs. 1 S. 2 keine Anwendung.[82] Aus Gründen der Haftungsvermeidung empfiehlt es sich für den Aufsichtsrat die Voraussetzungen der Herabsetzungspflicht kontinuierlich zu beobachten.[83] Daneben trifft das Aufsichtsratsmitglied eine **Fülle von spezifischen Überwachungs- und Handlungspflichten.**

25 Eine Vielzahl von Urteilen zu (strafrechtlichen) Untreuehandlungen (§ 266 StGB) von Organmitgliedern[84] führt dazu, dass sich die Gerichte auch mit der zivilrechtlichen Seite solchen Handelns beschäftigen. Entscheidend für einen Verstoß gegen § 116 ist, dass die primär verletzte Rechtsnorm vermögenschützenden Charakter hat.[85]

26 Der BGH hat entschieden, dass der Aufsichtsrat einer abhängigen Gesellschaft im faktischen Konzern bei Darlehensgewährungen an den Mehrheitsgesellschafter die Werthaltigkeit seiner Darlehensforderung laufend zu kontrollieren hat.[86] Danach ist das Aufsichtsratsmitglied verpflichtet sich zu vergewissern, dass dem Vorstand der kreditgewährenden Konzerngesellschaft die für die laufende Bonitätskontrolle erforderlichen Informationsgrundlagen zur Verfügung stehen, damit er rechtzeitig auf die Gefährdungslagen reagieren kann.

27 Bei Finanzinstituten stellt die **Kreditvergabe in Sanierungssituationen** eine besondere Herausforderung für das Aufsichtsratsmitglied dar, was ihm eine besonders kritische Beschäftigung mit der vom Vorstand erstellten Analyse abverlangt.[87] Das Betreiben von **Derivategeschäften** durch die Gesellschaft fordert ihm gerade wegen der aufgekommenen Krisen im Finanzdienstleistungssektor eine erhöhte Sorgfalt ab, eine Berufung auf mangelnde Kenntnisse von Finanzprodukten ist unzulässig;[88] insbesondere konzentriert sich hier die Überwachungspflicht des Aufsichtsrates auf die Erfüllung der Organisationspflichten des Vorstandes nach § 91 Abs. 2. Wenn die eigene Sachkenntnis

---

75 *Thümmel* AG 2004, 83 (86).

76 *Freund* Der Aufsichtsrat 2010, 124 (126).

77 KK-AktG/*Mertens*/*Cahn* Rn. 64; Spindler/Stilz/*Spindler* Rn. 51; nur ausnahmsweise für Mandatsniederlegung MüKoAktG/*Habersack* Rn. 38; *Vetter* DB 2004, 2623 (2627).

78 *Vetter* DB 2004, 2623 (2626).

79 Spindler/Stilz/*Spindler* Rn. 52.

80 So auch *Waldenberger*/*Kaufmann* BB 2010, 2257 (2262).

81 *Waldenberger*/*Kaufmann* BB 2010, 2257 (2262); aA wohl *Hohenstatt* ZIP 2009, 1350 (1354).

82 *Waldenberger*/*Kaufmann* BB 2010, 2257 (2262).

83 Hüffer/*Koch* § 87 Rn. 31; für jährlichen Turnus *Waldenberger*/*Kaufmann* BB 2010, 2257 (2264).

84 BGH NJW 2016, 2585 – Nürburgring, betr. eine GmbH mit Aufsichtsrat gemäß § 52 GmbHG; OLG Braunschweig NJW 2012, 3798; s. dazu *Seibt*/*Schwarz* AG 2010, 301.

85 Vom BGH verneint im Falle Siemens/AUB BGH AG 2010, 874 (876); s. auch *Petermann* WM 2012, 62 ff.

86 BGHZ 179, 71 = NJW 2009, 850.

87 *Witte*/*Hornbach* BB 2004, 725 (732).

88 OLG Stuttgart AG 2012, 298 (301); Spindler/Stilz/*Spindler* Rn. 67 f.

des Aufsichtsratsmitgliedes nicht ausreicht, kann die Hinzuziehung eines externen Sachverständigen geboten sein (→ § 111 Rn. 53 ff.).[89] Es ist jedoch auf eine vorrangige Inanspruchnahme der im Aufsichtsrat selbst vorhandenen Beratungsmöglichkeiten zu achten.[90]

In **Liquiditätsengpasssituationen** oder Fällen sich abzeichnender Zahlungsunfähigkeit der Gesellschaft ist vom Aufsichtsratsmitglied besonders darauf zu achten, dass unzulässige Verzögerungen der Insolvenzantragstellung nicht hingenommen werden.[91] Im Fall der Insolvenzreife hat der Aufsichtsrat darauf hinzuwirken, dass der Vorstand rechtzeitig Insolvenzantrag stellt und verbotswidrige Zahlungen unterlässt.[92] In der sog „Doberlug-Entscheidung" des BGH hat dieser für den Aufsichtsrat eine AG ausgeführt, dass Anhaltspunkte für eine verbotswidrige Zahlung (§ 92 Abs. 2) vorliegen, wenn die Gesellschaft Arbeitnehmer beschäftige und der Vorstand das Unternehmen nach Eintritt der Insolvenzreife fortführe. Ferner hat er Pflichtverstösse des Aufsichtsrats bejaht, wenn dieser die Ausgabe neuer Aktien per Leistung der Bareinlage[93] oder die Festsetzung einer untauglichen Sacheinlage[94] nicht verhinderte. Pflichtwidrig handelt der Aufsichtsrat auch bei Duldung von Zahlungen an den Aufsichtsrat entgegen § 113.[95] Der BGH hat pflichtwidriges Vorstandsverhalten bejaht, weil dieser Geschäfte tätigte, die nicht vom Gegenstand der Gesellschaft gedeckt waren.[96] In Fortführung dieses Gedankens handelt der Aufsichtsrat pflichtwidrig, wenn er dieses Handeln ohne Einschreiten duldet. Bei komplexen Geschäften, wie zB bei Options- und Derivategeschäften in größerem Umfang trifft nach der Entscheidung des OLG Stuttgart im Porsche-Fall das Aufsichtsratsmitglied die Pflicht den Sachverhalt vollständig und richtig zu erfassen sowie die Pflicht zur selbständigen Risikoabschätzung, notfalls durch Hinwirken auf die Hinzuziehung externer Berater nach § 111 Abs. 2 S. 2.[97] Ob daraus jedoch folgen muss, dass jedes Aufsichtsratsmitglied eine Pflicht zur eigenständigen Risikoanalyse trifft, ist fraglich. Erfolgreiche Überwachung und Beratung durch den Aufsichtsrat macht sich gerade nicht an der Gleichartigkeit der Qualifikation, sondern an der Art seiner Zusammensetzung fest (Vielfalt). Für Maßnahmen besonderer Tragweite kann und sollte er ad-hoc-Ausschüsse einsetzen, die sich aus Mitgliedern zusammensetzen, die wegen ihrer Erfahrung bzw. Ausbildung am besten zur eigenständigen Risikoanalyse geeignet sind.[98] 28

Beim Zustimmungskatalog des § 111 Abs. 4 S. 2 bedarf es einer kritischen Prüfung der Entscheidungsvorlage, insbesondere, ob bei Veräußerung von Aktiva diese nicht erheblich unter Wert verkauft werden.[99] Die Entscheidungsvorlage soll dem Aufsichtsrat eine angemessene Informationsgrundlage geben. Relevant wird dies insbesondere im M&A Geschäft eines Unternehmens, das bekanntermaßen extrem risikobelastend bis hin zu existenzgefährdend sein kann. Besondere Sorgfalt ist hier geboten, so dass es für den Aufsichtsrat erforderlich werden kann, vom Vorstand ein Bewertungsgutachten sowie eine Rentabilitätsrechnung anzufordern.[100] Die teilweise vertretene Ansicht,[101] dass der Aufsichtsrat verpflichtet ist, einen Due Diligence Auftrag zu erteilen, sofern der Vorstand das unterlassen hat, erscheint zu weitgehend. Von einer intensivierten Prüfungspflicht wie in Unternehmenskrisen wird man bei Unternehmenskäufen nicht sprechen können, da der Vorstand das alleinige Initiativrecht für M&A Aktivitäten hat.[102] 29

Es sind Situationen wie zB beim **Management Buy Out** denkbar, die aufgrund des inhärenten Interessenkonflikts der Vorstandsmitglieder das Aufsichtsratsmitglied dazu verpflichten können, auf einen Beschluss hinzuwirken, der dieses Geschäft auch dem Zustimmungsvorbehalt des Aufsichtsrates unterwirft.[103] 30

Schließlich ist seit der Mannesmann-Entscheidung des BGH[104] bei Aufsichtsratsentscheidungen betreffend die **Vorstandsvergütung** darauf zu achten, dass insbesondere mit im Dienstvertrag 31

[89] BGH NJW 1993, 1991; MüKoAktG/*Habersack* § 111 Rn. 135; Spindler/Stilz/*Spindler* Rn. 67.

[90] BGHZ 85, 294 (296 ff., 300) = NJW 1983, 991 – Hertie; MüKoAktG/*Habersack* § 111 Rn. 135.

[91] BGHZ 75, 96 = NJW 1979, 1823 – Herstatt; BGHZ 69, 207 (214) = NJW 1977, 2311.

[92] BGH AG 2010, 785 – Doberlug; OLG Düsseldorf BeckRS 2012, 21503; OLG Stuttgart AG 2012, 762.

[93] BGHZ 175, 265 = NZG 2008, 425 – Rheinmöve.

[94] BGH ZIP 2011, 2097 – Ision.

[95] OLG Braunschweig ZIP 2012, 1860 (1861 ff.).

[96] BGH ZIP 2013, 455 Rn. 16 – Corealcredit Bank.

[97] OLG Stuttgart AG 2012, 298 (300 ff.) – Porsche/VW (Piëch); Anm. *Schubert* zu OLG Stuttgart CCZ 2013, 174 f.; *Selter* NZG 2012, 660 f.; abschwächend *Hoffmann* AG 2012, 478 (482 f.).

[98] *Selter* NZG 2012, 660 f.

[99] LG Stuttgart AG 2000, 237 (238 f.) für die Veräußerung eines Betriebsgrundstücks.

[100] *Grootehorst* NZG 2011, 921 (923).

[101] *Lutter/Krieger/Verse* Rechte und Pflichten Rn. 119.

[102] AA wohl *Grootehorst* ZGR 2011, 921 (924); *Lutter,* Rechtsgutachten zu den Pflichten von Vorstand und Verwaltungsrat der Bayerischen Landesbank im Zusammenhang mit dem Kauf der Hypo Group Alpe Adria, 2010, 39 (41 f.).

[103] Spindler/Stilz/*Spindler* Rn. 71.

[104] BGH ZIP 2006, 72.

nicht vorgesehenen Anerkennungsprämien eine besondere Anreizfunktion für die Zukunft verbunden ist (→ § 87 Rn. 41).[105] Die Frage, ob variable Vergütungsbestandteile im Vorstand einer abhängigen Gesellschaft, die sich am wirtschaftlichen Erfolg der herrschenden Gesellschaft orientieren, zulässig sind, ist umstritten. Wegen des Setzens möglicher Fehlanreize wird dies von einem Teil des Schriftums als unzulässig angesehen.[106] Dem ist jedoch entgegenzuhalten, dass der Aufsichtsrat eine Gesamtschau des Vergütungspakets vornehmen muss und bewerten muss, ob die Anreize insgesamt noch im Interesse des abhängigen Unternehmens stehen. Gegen eine generelle Unzulässigkeit spricht auch die Erwähnung von etwaigen Konzernbezügen in Ziff. 4.2.2 Abs. 2 S. 1 DCGK. Anders ist der Sachverhalt zu beurteilen, wenn wie im Fall des OLG München[107] der Bezug auf die Muttergesellschaft mehr als 80% der Vorstandsvergütung ausmacht. Bedenkenfrei erscheint daher eine Situation, in der die fixen und variablen Vergütungsbestandteile, die sich auf die Untergesellschaft beziehen, überwiegen. Fehlanreize sind dann wohl nicht zu befürchten.[108] Um die Anreizfunktion nicht zu gefährden, hat der Aufsichtsrat im Vorstandsanstellungsvertrag darauf zu achten, dass die Vorstandsmitglieder kein Hedging betreiben, um ihre Aktienoptionen abzusichern.[109]

32 Die Bildung eines **Prüfungsausschusses** (→ § 107 Rn. 104 ff.) entlastet zwar das Aufsichtsratsplenum und kann die Haftungsrisiken des Aufsichtsratsmitgliedes besser austarieren.[110] Offenkundige Rechtsverstöße der Rechnungslegung muss jedoch jedes Aufsichtsratsmitglied erkennen können.[111] Besondere persönliche Fähigkeiten, wie sie von Ziff. 5.3.2 S. 2 DCGK für den Ausschussvorsitzenden gefordert werden, bzw. in § 100 Abs. 5, § 107 Abs. 4 (→ § 107 Rn. 109 ff.) für ein Aufsichtsratsmitglied verlangt wird, erhöhen die Pflichten und damit das Haftungsrisiko des Aufsichtsratsmitgliedes.[112] Untätigbleiben des Aufsichtsratsmitgliedes, wenn der Abschlussprüfer entgegen § 171 Abs. 1 S. 2 der Bilanzsitzung des Aufsichtsrates fern bleibt, kann ebenfalls zur Haftung führen.[113]

33 Sollte ein Aufsichtsratsmitglied sich inhaltlich gegen die **Mehrheit des Aufsichtsrates** stellen wollen, die beabsichtigt, einen **rechtswidrigen Beschluss** zu fassen, so ist es verpflichtet, sich zu bemühen, den Aufsichtsrat von seiner Meinung zu überzeugen. Je nach Lage des Einzelfalls kommt ein Spektrum von Reaktionsmöglichkeiten für das nicht zustimmende Mitglied in Betracht: vom Widerspruch zu Protokoll[114] über die gerichtliche Überprüfung des gegen seine Auffassung gefassten Beschlusses[115] bis in Ausnahmefällen zur Amtsniederlegung des Aufsichtsratsmitgliedes (→ § 107 Rn. 21).[116]

34 **c) Business Judgment Rule für den Aufsichtsrat. aa) Geltung vor UMAG.** Die entsprechend für den Aufsichtsrat über §§ 116 S. 1, 93 Abs. 1 S. 2 geltende **Business Judgment Rule** (→ § 93 Rn. 29 ff.) wurde zwar erst durch Art. 1 Nr. 1a lit. a **UMAG** in den Gesetzestext aufgenommen, galt inhaltlich jedoch bereits zuvor. Danach ist eine Sorgfaltspflichtverletzung des Aufsichtsratsmitglieds ausgeschlossen, wenn „das Aufsichtsratsmitglied eine unternehmerische Entscheidung trifft, für die es vernünftigerweise annehmen durfte, auf der Grundlage angemessener Information zum Wohl der Gesellschaft zu handeln".[117] Bereits in der ARAG/Garmenbeck-Entscheidung des BGH[118] hat dieser ausgeführt, dass, wo immer der Aufsichtsrat die unternehmerische Tätigkeit des Vorstandes im Sinne einer präventiven Kontrolle begleitend mitgestaltet, er am unternehmerischen Ermessen des Vorstandes teil hat.[119]

---

[105] Spindler/Stilz/*Spindler* Rn. 57.
[106] OLG München AG 2008, 593; MHdB GesR/*Wiesner* § 21 Rn. 42; KK-AktG/*Mertens/Cahn* § 87 Rn. 11; diff. in Vertragskonzern und faktischen Konzern MüKoAktG/*Spindler* § 87 Rn. 64 ff., 70.
[107] OLG München ZIP 2008, 1237 (1239) – RWE.
[108] MüKoAktG/*Spindler* § 87 Rn. 71, 97; so auch Hüffer/*Koch* § 87 Rn. 14 f.
[109] MHdB GesR/*Wiesner* § 21 Rn. 59; MüKoAktG/*Spindler* § 87 Rn. 110; KK-AktG/*Mertens/Cahn* § 87 Rn. 68.
[110] *Thümmel* AG 2004, 83 (90).
[111] Spindler/Stilz/*Spindler* Rn. 73.
[112] OLG Düsseldorf ZIP 1984, 825 (830 ff.); *Mutter/Gayk* ZIP 2003, 1773 (1775 f.).
[113] *Lutter/Krieger/Verse* Rechte und Pflichten Rn. 184; Hüffer/*Koch* § 171 Rn. 14; Spindler/Stilz/*Spindler* Rn. 73.
[114] MüKoAktG/*Habersack* Rn. 38.
[115] KK-AktG/*Mertens/Cahn* Rn. 64; MüKoAktG/*Habersack* Rn. 38; *Lutter/Krieger/Verse* Rechte und Pflichten Rn. 1000.
[116] MüKoAktG/*Habersack* Rn. 38; aA *Lutter/Krieger/Verse* Rechte und Pflichten Rn. 1000.
[117] OLG München BeckRS 2015, 16492.
[118] BGHZ 135, 244 f. = NJW 1997, 1926; vgl. zur Anwendung des § 93 Abs. 1 S. 2 auf die GmbH-Geschäftsführung BGH NJW 2008, 3361 = BeckRS 2008, 17920.
[119] Gegen Beschränkung auf Unternehmensinteresse *Hauschka* ZRP 2004, 65 (66).

bb) Ermessensausübung des Aufsichtsrates. Ermessen[120] übt der Aufsichtsrat aus bei Entscheidungen über Umfang eines Zustimmungskataloges gemäß § 111 Abs. 4 S. 2 sowie über daraus folgende Einzelmaßnahmen (→ § 111 Rn. 75). Dieses **Ermessen** kann sich jedoch in besonderen Situationen; wie zB im Falle gesetzwidrigen oder besonders risikoträchtigen Vorstandshandelns[121] **auf Null reduzieren.**[122] Sind die zur Entscheidung vorgelegten Unterlagen unvollständig, nicht plausibel oder ergeben sich hieraus Zweifel, muss der Aufsichtsrat eigene Ermittlungen anstellen, einschließlich der Klärung der Fragen zum beabsichtigten Zweck der Maßnahme oder des Geschäftes, des Einsatzes und der Eignung der Mittel, Chancen und Risiken sowie Handlungsalternativen. Gegebenenfalls sind diese weiteren Aufklärungsarbeiten unter Einschaltung von Sachverständigen zu unternehmen.[123] Personalentscheidungen, wie Bestellung und Mandatsverlängerung von Vorstandsmitgliedern sind ebenfalls Ermessensentscheidungen. Hier hat sich der Aufsichtsrat neben der erforderlichen Fachkompetenz über darüber hinaus bestehende Führungsqualitäten zu vergewissern.[124] In Abberufungsfällen reduziert sich meist wegen Vorliegens eines wichtigen Grundes das Ermessen auf Null.[125] Mit der Mannesmann-Entscheidung des BGH ist höchstrichterlich entschieden, dass es sich bei der Vergütungsentscheidung des Aufsichtsrates um die Ausübung unternehmerischen Ermessens handelt und somit die Business Judgment Rule § 93 Abs. 1 S. 2 greift.[126] Eingeschränkt wird dieses jedoch durch die in § 87 Abs. 1 S. 1 genannten gesetzlichen Vorgaben (→ Rn. 47).[127] Bei der Freistellung von Vorstandsmitgliedern von Ansprüchen Dritter, der sog. Außenhaftung, ist Vorsicht geboten. Liegt eine Pflichtverletzung des Vorstandes vor, kann wegen der Beschränkungen des § 93 Abs. 3 S. 4, Abs. 4 nicht freigestellt werden. Liegt jedoch keine Pflichtverletzung des Vorstandes vor, hat er einen gesetzlichen Ersatzanspruch gemäß §§ 670, 257 S. 1 BGB, so dass kein Platz für Ermessen besteht.[128] 35

Eindeutige **unternehmerische Entscheidungen des Aufsichtsrates** und damit der Business Judgment Rule zugängig sind die Beschlüsse über die Erteilung des Prüfungsauftrages nach § 111 Abs. 2 S. 3, über die Empfehlung zur Wahl des Abschlussprüfers und von Aufsichtsratsmitgliedern, die Mitwirkung beim Jahres- und Konzernabschluss sowie beim Vorschlag über die Gewinnverwendung.[129] Ferner gehören hierzu die Entscheidungen nach § 87 Abs. 1, Abs. 2 S. 1 und 2 (Festsetzung und Herabsetzung der Vergütung, → Rn. 47 ff.),[130] § 89 (Kreditgewährung an Vorstandsmitglieder), § 114 (Verträge mit Aufsichtsratsmitgliedern), § 115 (Kreditgewährung an Aufsichtsratsmitglieder), § 194 Abs. 1 S. 2 (bedingte Kapitalerhöhung mit Sachzulage) und die Mitwirkung nach §§ 27, 33 Abs. 1 S. 2 WpÜG (Stellungnahme des Aufsichtsrates der Zielgesellschaft) sowie Maßnahmen der Selbstorganisation des Aufsichtsrates.[131] 36

Ein Vorstoß im Schriftum[132] versucht die haftungsprivilegierende Wirkung der Business Judgment Rule auch bei unternehmerischen Entscheidungen bei **unklarer Rechtslage** anzuwenden. Mag das Bedürfnis nach Lösungen jenseits von der schuldbefreienden Wirkung des Verbotsirrtums bei Management-Entscheidungen im rechtsunsicheren Umfeld auch groß sein, so sind die hierzu vertretenen Thesen zwar pragmatisch hilfreich, dogmatisch jedoch zweifelhaft. 37

Bei der **rückwärts gerichteten Überwachung der Vorstandstätigkeit** kann der Aufsichtsrat kein eigenes unternehmerisches Ermessen ausüben, er hat vielmehr zu prüfen, ob der Vorstand bei der damaligen Maßnahme seine eigene Entscheidung ermessensfehlerfrei ausgeübt hat.[133] Er ist nicht 38

---

[120] *Fonk* ZGR 2006, 841 (849 ff.); *Lohse,* Unternehmerisches Ermessen, 2005, 268 ff., 320 ff.

[121] BGHZ 124, 127 = NJW 1994, 127; *Kau/Kukat* BB 2000, 1045 (1048); *Semler* FS Ulmer, 2003, 627 (631).

[122] Für weitergehendes Ermessen *Dreher* ZHR 158 (1994), 614 (629, 644 f.).

[123] *Thümmel* AG 2004, 83 (89).

[124] *Hopt* FS Mestmäcker, 1996, 909 (927).

[125] UHH/*Ulmer/Habersack/Henssler* MitbestG § 31 Rn. 32; GroßkommAktG/*Gach* MitbestG § 31 Rn. 26; aA OLG Stuttgart NZG 2002, 971 (972).

[126] BGH ZIP 2006, 72 (73); LG München I WM 2008, 81 (83); KK-AktG/*Mertens/Cahn* § 87 Rn. 4; MüKoAktG/*Spindler* Rn. 46; Spindler/Stilz/*Spindler* Rn. 57; *Fleischer* DB 2006, 542; *Hoffmann-Becking* NZG 2006, 127 (128); *Hoffmann-Becking* ZHR 169 (2005), 155 (157); *Spindler* ZIP 2006, 349 (350 f.); aA wohl MüKoAktG/*Habersack* Rn. 41; Hüffer/*Koch* Rn. 19, § 87 Rn. 23: „Pflichtaufgabe mit Ermessensspielraum"; *Habersack* ZSR 124 (2005) II, 533 (542); *Schäfer* ZIP 2005, 1253 (1258).

[127] OLG München BeckRS 2008, 10264.

[128] *Thümmel* AG 2004, 83 (89).

[129] *Müller* FS Happ, 2006, 179 ff.

[130] MüKoAktG/*Spindler* § 87 Rn. 134, 179; Spindler/Stilz/*Spindler* Rn. 66; *van Kann/Keiluweit* DStR 2009, 1587; aA MüKoAktG/*Habersack* Rn. 41.

[131] MüKoAktG/*Habersack* Rn. 41; vgl. hierzu auch *Thümmel* AG 2004, 83 (89 f.).

[132] *Hasselbach/Ebbinghaus* AG 2014, 873 ff.

[133] BGHZ 135, 244 (255) = NJW 1997, 1926; s. auch LG Essen NZG 2012, 1307; *Goette* FS BGH, 2000, 123 (129 ff.); *Semler* FS Ulmer, 2003, 627 (628 f.).

befugt den beim Vorstand bestehenden Entscheidungsspielraum durch eine eigene Entscheidung zu ersetzen.[134] Der Aufsichtsrat hat, sofern die Gesellschaft einen Schaden erlitten hat, in zwei Stufen zu prüfen. In einem ersten Schritt muss er feststellen, ob dem Vorstand ein schuldhaftes, pflichtwidriges Verhalten (tatsächliche und rechtliche Tatbestandsfeststellung) vorzuwerfen ist – wobei auch die Business Judgment Rule des Vorstands zu beachten ist (→ § 93 Rn. 29 ff.) und zu berücksichtigen ist, dass auch ein sorgfältig handelnder Kaufmann geschäftliche Risiken eingehen kann und er dabei auch der Gefahr von Fehlurteilen und -einschätzungen unterliegen kann –, ein Prozessrisiko besteht und ob die Ansprüche durchsetzbar sind.[135] Die Feststellung einer Pflichtverletzung des Vorstandes setzt eine **Sachverhaltsermittlung** voraus. Sind Vorstandsmitglieder möglicherweise in die relevanten Vorgänge involviert oder handelt es sich um Sachverhalte, zB denkbar bei Kartellverstössen oder Korruption, in denen hinreichende Compliance-Vorkehrungen fehlten, trifft den Aufsichtsrat in Ausübung seines Einsichts- und Prüfungsrechts nach § 111 Abs. 2 AktG eine **eigene Ermittlungspflicht** als Ausdruck seiner **Compliance-Verantwortung** (→ § 111 Rn. 111, 13, 19).[136] Bei der Feststellung einer Pflichtverletzung hat der Aufsichtsrat **keinen Ermessensspielraum.**[137] Etwas anderes gilt bei der Prozessrisikoanalyse, wo der weite Handlungsspielraum des Vorstandes zu berücksichtigen ist.[138] Kommt der Aufsichtsrat nun zu dem Ergebnis, dass haftungsbegründendes Fehlverhalten vorliegt und dieses durchsetzbar ist, muss der Aufsichtsrat jedoch in einem zweiten Schritt prüfen, ob es gleichwohl berechtigte Belange der Gesellschaft gibt, die es ratsam erscheinen lassen, von der Anspruchsverfolgung abzusehen (→ § 111 Rn. 40). Der Maßstab für solche Gegengründe ist hier ein sehr hoher.[139] In welcher Reihenfolge er beide Stufen prüft, entscheidet der Aufsichtsrat nach ökonomischen Aspekten.[140]

39 Seit den aktienrechtlichen Änderungen des UMAG vom 22.9.2005 (BGBl. I S. 2802) wird im Schrifttum auf der zweiten Prüfungsstufe, dem „ob" der Verfolgung differenziert argumentiert. *Koch*[141] stellt auf die Verfolgungspflicht des § 147 Abs. 1 S. 1 AktG ab, die nach entsprechendem Hauptversammlungsbeschluss besteht. Aus der Tatsache, dass bei Aktionärsklagen nur bei entgegenstehenden überwiegenden Gründen des Gesellschaftswohls von der Verfolgung abzusehen ist (§ 148 Abs. 1 S. 2 Nr. 4) schließt Koch, dass dieser engere Maßstab auch bei der Verfolgungspflicht des Aufsichtsrats gelte.[142] Ein Ermessensspielraum bestehe nicht.[143] Anders jedoch der gegenläufige Trend im Schrifttum, der dem Aufsichtsrat in der Frage der Verfolgungsentscheidung einen **unternehmerischen Ermessenspielraum** gewährt[144] mit der Folge des **Ausschlusses einer gerichtlichen Kontrolle.** Nach der hier vertretenen Meinung hat der Aufsichtsrat bei seiner Entscheidung über das „ob" der Weiterverfolgung ein Abwägungsermessen, bei dem im Gesellschaftsinteresse die überwiegenden Gründe für eine Verfolgung der Ersatzansprüche sprechen müssen.[145] So führt *Habersack*[146] zu Recht einige Beispielsfälle an, in denen es **legitimierende Gründe** (Interesse am Verbleib des leicht fahrlässig und nicht eigennützig handelnden Vorstandsmitglieds, Gesellschaftsinteresse an Vermeidung der Inanspruchnahme durch Dritte, Gefahr des Reputationsschadens) für die **Nichtverfolgung des Anspruchs** gibt. Auch in Fällen der Offenlegung von Unternehmensgeheimnissen oder vergleichbar wichtigen Tatsachen im Zusammenhang mit der Anspruchsverfolgung kann der Aufsichtsrat **ausnahmsweise** die **Weiterverfolgung** der Ansprüche **unterlassen.**[147] Denkbar

[134] *Semler* FS Ulmer, 2003, 627 (630).

[135] *Bieder* NZG 2015, 1178 (1180); *Herrmann/Olufs/Barth* BB 2012, 1935 (1942); zur Überspitzung der Beweisanforderungen im Einzelfall s. OLG Nürnberg GWR 2015, 54.

[136] *Reichert/Ott* NZG 2014, 241 (248).

[137] BGHZ 135, 244 (254) = NJW 1997, 1926; Hüffer/*Koch* Rn. 8.

[138] BGHZ 135, 244 (253 und 255) = NJW 1997, 1926.

[139] *Kau/Kukat* BB 2000, 1045 (1046); weitergehend *Paefgen* AG 2008, 761 (764); *Bieder* NZG 2015, 1178 (1181).

[140] *Goette* GS M. Winter, 2011, 153 (163); so auch *Mertens* FS K. Schmidt, 2009, 1183 (1192).

[141] Hüffer/*Koch* § 111 Rn. 9.

[142] Hüffer/*Koch* § 111 Rn. 9; *Redeke* ZIP 2008, 1549 (1551 ff.); aA *Casper* ZHR 176 (2012), 617 (629 f.); *Goette* ZHR 176 (2012), 588 (599 f.); Spindler/Stilz/*Spindler* Rn. 59.

[143] Hüffer/*Koch* § 111 Rn. 11; Spindler/Stilz/*Spindler* § 111 Rn. 27, § 116 Rn. 47.

[144] Für umfassenden Ermessensspielraum *Bieder* NZG 2015, 1178 (1181, 1184); *Paefgen* AG 2014, 554 (571 ff.); *ders.* AG 2008, 761 (762 ff.); *Goette* GS Winter, 2011, 153 (155) Fn. 7; ähnlich *Cahn* WM 2013, 1293 (1295 ff.); für eingeschränkten Ermessensspielraum LG Essen NZG 2012, 1307; Schmidt/Lutter/*Drygala* § 111 Rn. 17, 8; MüKoAktG/*Habersack* Rn. 42, § 111 Rn. 35, 37 f.; *Habersack* NZG 2016, 321 (322 f.); aA Hüffer/*Koch* § 111 Rn. 11; Spindler/Stilz/*Spindler* § 111 Rn. 27, § 116 Rn. 47.

[145] MüKoAktG/*Habersack* Rn. 42, § 111 Rn. 34 ff.; *Paefgen* AG 2008, 761 (764); *Goette* GS M. Winter, 2011, 153 (164 ff.); *ders.* ZHR 176 (2012), 588; Ermessensspielraum abl. *Koch* AG 2009, 93 (100).

[146] *Habersack* NZG 2016, 321 (323 ff.); *ders.* ZHR 177 (2013), 782 (786 ff.).

[147] BGHZ 135, 244 (255) = NJW 1997, 1926; *Lutter/Krieger/Verse* Rechte und Pflichten Rn. 449; weitere Beispiele bei *Casper* ZHR 176 (2012), 617 (632 ff.).

ist auch, dass in **Bagatellfällen** ein Verzicht auf die Anspruchsverfolgung vertretbar erscheint.[148] **Reputationsschäden** oder **Schädigungen** bei **Belegschaft** oder **Geschäftspartnern** können für Verzicht ebenso einen Grund darstellen.[149] Andererseits sollen zB in der Insolvenz die Verfolgungsinteressen in der Regel überwiegen.[150]

Kommt der Aufsichtsrat zu der begründeten Ansicht, dass aufgrund des Gesellschaftsinteresses etwaige Schadensersatzansprüche nicht verfolgt werden müssen, liegt darin auch eine zulässige Billigung der Verjährung.[151] Sollten jedoch vor Verjährung neue Umstände auftreten, hat er erneut zu prüfen, ob die Nichtverfolgung weiterhin dem Gesellschaftsinteresse entspricht.[152] Konsequenterweise ergibt sich daraus die Verpflichtung rechtzeitig vor Eintritt der Verjährung zu prüfen, ob die Legitimierung zur Nichtverfolgung weiterbesteht.[153] 40

In einer **dritten Stufe** der Prüfung außerhalb des Gesellschaftswohls beim Vorstandsmitglied liegende persönliche Gründe für das Absehen der Anspruchsverfolgung zu berücksichtigen, kann – wenn überhaupt – nur in **besonderen Ausnahmefällen** greifen.[154] 41

Einen **generellen Anspruch auf Schonung** des Vorstandsmitgliedes **gibt es nicht.** Die Haftung des Vorstandsmitgliedes betrifft sein gesamtes Vermögen, auch wenn er nur quotal zum Ersatz des Schadens herangezogen wird.[155] Übersteigt der Schaden das Vermögen des ersatzpflichtigen Vorstandsmitglieds, ist allein aus diesem Grund nicht von der Inanspruchnahme abzusehen.[156] Der Aufsichtsrat ist verpflichtet, seine Nichtverfolgungsentscheidung unter den auflösenden Vorbehalt neuer Erkenntnisses zu stellen und muss in jedem Fall dafür Sorge tragen, dass der Anspruch der Gesellschaft nicht verjährt. 42

Auch gegen das Unternehmen verhängte **Bußgelder** stellen grundsätzlich einen ersatzpflichtigen Schaden dar;[157] sie können jedoch nur insoweit geltend gemacht werden, wie sie auch gegen das Vorstandsmitglied persönlich verhängt werden können.[158] Eine Gewinnabschöpfung kann die Gesellschaft nicht beim Vorstandsmitglied geltend machen, da der Strafcharakter für die Gesellschaft entfiele (Bereicherungsverbot).[159] 43

Ob die Übernahme von **Geldstrafen-, Geldbußen- oder -auflagen** durch die Gesellschaft **allein vom Aufsichtsrat** beschlossen werden kann, ist **umstritten.**[160] Nach der jüngsten Rechtsprechung des BGH[161] und der überwiegenden Meinung in der Literatur (→ § 84 Rn. 51)[162] ist jedoch in entsprechender Anwendung von § 93 Abs. 4 S. 3 die **Zustimmung der Hauptversammlung** erforderlich, wenn die der Geldbuße, -strafe, -auflage zugrundeliegende Straftat gleichzeitig eine Pflichtverletzung gegenüber der Gesellschaft darstellt. Die Argumentation, dass sich die Gesellschaft damit einen Schaden zufügt, der eigentlich gemäß § 93 vom Vorstand zu tragen wäre, überzeugt. Die Sanktionsübernahme führt ähnlich einem Verzicht auf Schadensersatzansprüche zu einer dauerhaften Vermögenseinbuße der Gesellschaft. Die Einschaltung der Hauptversammlung entspricht, so der BGH[163] auch dem Zweck von § 93 Abs. 4, dem Schutz des Gesellschaftsvermögens und der Minderheitsaktionäre. Ein Verstoß gegen § 93 Abs. 4 S. 3 führt,[164] zur Nichtigkeit, weil die Vertretungsbefugnis des Aufsichtsrats insoweit begrenzt ist. Liegt hingegen keine Pflichtverletzung des Vorstandes vor, ist eine Beschlussfassung des Aufsichtsrates zur Übernahme von Geldstrafe, -auflage oder -buße zulässig.[165] 44

---

[148] BGHZ 135, 244 (255 f.) = NJW 1997, 1926; KK-AktG/*Mertens/Cahn* § 111 Rn. 44.

[149] Spindler/Stilz/*Spindler* Rn. 60; aA MüKoAktG/*Habersack* § 111 Rn. 37.

[150] *Paefgen* AG 2014, 554 (573).

[151] *Habersack* NZG 2016, 321 (325).

[152] *Habersack* NZG 2016, 321 (326); s. auch OLG Stuttgart BeckRS 2015, 14340 Rn. 280 f.

[153] *Habersack* NZG 2016, 321 (326).

[154] BGHZ 135, 244 (255 f.) = NJW 1997, 1926; MüKoAktG/*Habersack* § 111 Rn. 36; Hüffer/*Koch* § 111 Rn. 12, § 93 Rn. 51 f.; s. auch einschr. *Caspar* zur Anspruchshöhe ZHR 176 (2012), 617 (627, 636 ff.).

[155] MüKoAktG/*Habersack* § 111 Rn. 38a.

[156] MüKoAktG/*Habersack* § 111 Rn. 38b.

[157] Spindler/Stilz/*Spindler* Rn. 63, *Fleischer* DB 2014, 345 (347 f.) mwN; aA *Dreher* FS Konzen, 2006, 85 (106); *Kröger,* Korruptionsschäden, Unternehmensgeldbußen und Imageschaden, 2013, 215 ff.

[158] Spindler/Stilz/*Spindler* Rn. 63; *Fleischer* DB 2014, 345 (346 f.).

[159] *Fleischer* DB 2014, 345 (348).

[160] Dafür *Bastuck,* Enthaftung des Managements, 1986, 138 ff.; *Fonk* in Semler/v. Schenck AR HdB § 10 Rn. 172; nur bei gewichtigen Gründen des Unternehmenswohls: Hüffer/*Koch* § 84 Rn. 23; *Hasselbach/Seibel* AG 2008, 770 (776 f.).

[161] BGH NZG 2014, 1058 f.

[162] KK-AktG/*Mertens/Cahn* § 84 Rn. 94; *Zimmermann* DB 2008, 687 (690 f.).

[163] BGH NZG 2014, 1058 Rn. 20.

[164] BGH NZG 2014, 1058 Rn. 32.

[165] BGH NZG 2014, 1058 Rn. 21; *Kunkel* jurisPR-StrafR 24/2014 Anm. 1.

45 Für **Haftungsfälle im Konzern** steht die Diskussion noch am Anfang. Zwar gelten die Vorgaben der ARAG/Garmenbeck-Entscheidung des BGH grundsätzlich auch für den Aufsichtsrat der Tochtergesellschaft. Im **Vertragskonzern** kann die Muttergesellschaft durch Hauptversammlungsbeschluss bei der Tochtergesellschaft gemäß §§ 93 Abs. 4 S. 3, 83 Abs. 1 einen Verzicht oder Vergleich beschließen lassen; danach ist der Aufsichtsrat der Tochtergesellschaft insoweit von seiner Haftung befreit.[166] Hingegen trifft den Aufsichtsrat der Obergesellschaft keine Pflicht zur Durchsetzung von Organhaftungsansprüchen bei Konzerntöchtern.[167]

46 Wo es an einem Entscheidungselement fehlt, zB bei der **zukunftsgerichteten Vorstandsberatung in Geschäftsführungsfragen,** kommt ein unternehmerisches Ermessen des Aufsichtsrates nicht in Betracht.[168] Die in die Zukunft gerichtete **begleitende strategische Kontrolltätigkeit** des Aufsichtsrates ist eine unternehmerische Funktion, bei dem ihm genauso wie dem Vorstand ein Ermessenfreiraum zukommt.[169] Erfüllt das Aufsichtsratsmitglied eine gesetzliche Pflicht, wie beispielsweise die Pflicht das Plenum über ihm zugegangene Vorstandsberichte zu informieren oder vor einem Handeln für den Aufsichtsrat (→ § 107 Rn. 46) einen entsprechenden Plenumsbeschluss einzuholen, kommt es hingegen nicht in den Genuss der Business Judgment Rule.[170]

47 **cc) Ermessensausübung bei Festsetzung/Herabsetzung der Vorstandsvergütung (§ 116 S. 3 iVm § 87 Abs. 1 und 2). Festsetzung der Vergütung nach § 87 Abs. 1 S. 1:** Auch nach dem VorstAG bleiben Vergütungsfestsetzung und -überprüfung eine unternehmerische Entscheidung des Aufsichtsrates, für die die **Business Judgment Rule** gilt (→ Rn. 34).[171] Die **Verantwortlichkeit des Aufsichtsrates** insbesondere für die Vorstandsvergütung wird durch die Gesetzesnovelle **gestärkt** und **konkretisiert** (zum Gesamtthema → § 87 Rn. 10). Während er nach altem Recht bei der Festsetzung der Vergütungshöhe neben den Aufgaben des Vorstandsmitgliedes und der Lage des Unternehmens unter anderem auch Qualifikation, Kenntnisse, Fähigkeiten und Erfahrungen,[172] Marktwert[173] sowie familiäre Verhältnisse[174] berücksichtigen durfte, sind nach der Gesetzesnovelle nun auch **die Leistungen** des Vorstandes von Bedeutung (§ 87 Abs. 1 S. 1). Zusätzlich darf die **übliche Vergütung** nicht ohne besondere Gründe überstiegen werden.

48 Um das Haftungsprivileg der Business Judgment Rule anwenden zu können, muss der Aufsichtsrat für seine Vermögensentscheidung eine ausreichende Informationsgrundlage haben (§ 93 Abs. 1 S. 2 iVm § 116). Das beinhaltet auch eine Kosten-/Nutzenentscheidung, ob die Einschaltung eines externen Vergütungsberaters angebracht ist. Aufgrund der §§ 285 S. 1 Nr. 9 lit. a, 314 Abs. 1 Nr. 6 lit. a HGB gibt es bereits zur Verfügung stehendes Vergleichsmaterial, das der Aufsichtsrat beschaffen und analysieren muss. Hilfreich können auch die dem DCGK beigefügten Mustertabellen sein, die dazu beitragen werden, die Vergleichbarkeit künftig zu erleichtern. Ferner verfügen Personalberatungsfirmen über vergleichende Analysen von Gehaltsstrukturen.

49 Wenn dies nicht ausreicht, kann für den Aufsichtsrat eine Pflicht bestehen, externe Vergütungsberater einzuschalten. Ansonsten besteht insoweit ein Ermessen des Aufsichtsrates (Ziff. 4.2.2 Abs. 3 DCGK). Das Votum des externen Beraters ist auf Plausibilität zu prüfen. Es kann zur Basis der Aufsichtsratsentscheidung gemacht werden, wenn der Aufsichtsrat von der Unabhängigkeit der Vergütungsberater ausgehen durfte.[175]

50 **Langfristige Anreize nach § 87 Abs. 1 S. 2:** Bei börsennotierten Gesellschaften hat der Aufsichtsrat nunmehr die Vergütungsstruktur auf eine **nachhaltige Unternehmensentwicklung** auszurichten (§ 87 Abs. 1 S. 2). Variable Vergütungsbestandteile sollen künftig auf einer mehrjährigen Bemessungsgrundlage erfolgen.[176] Reine Fixvergütungen werden durch die Novelle nicht verboten. Eine Kombination mit kurzfristigen Anreizen ist zulässig, solange die Orientierung insgesamt langfristig ist.[177] Ein Proporz von 40% fix, 20% Jahresboni, 20% langfristig ausgerichtete Boni und 20% aktienbasierte Vergütung erscheint vertretbar.

---

166 Vgl. hierzu und weitere Fälle im Konzern *Fischbach/Lüneborg* NZG 2015, 1142 ff.

167 *Fischbach/Lüneborg* NZG 2015, 1142 (1149).

168 MüKoAktG/*Habersack* Rn. 42.

169 BGHZ 135, 244 (252, 254); *Thümmel* AG 2004, 83 (84).

170 *v. Schenck* AG 2010, 649 (656).

171 MüKoAktG/*Spindler* § 87 Rn. 134; Spindler/Stilz/*Spindler* Rn. 57; *Hohenstatt* ZIP 2009, 1349 (1354); *Spindler* AG 2011, 725 (727); *Cahn* WM 2013, 1293 (1297); aA nur für gewissen Beurteilungsspielraum MüKoAktG/*Habersack* Rn. 41.

172 *Fleischer* DStR 2005, 1279 (1280) mwN.

173 *Lutter/Krieger/Verse* Rechte und Pflichten 167.

174 HM, Hüffer/*Koch* § 87 Rn. 4 mwN.

175 MüKoAktG/*Spindler* § 87 Rn. 129; *Fleischer* BB 2010, 67 (70 f.).

176 BT-Drs. 16/13433, 10 li Sp.

177 BT-Drs. 16/13433, 10 li Sp.

Vereinbarung von Caps nach § 87 Abs. 1 S. 3: Bei börsennotierten Gesellschaften hat der Aufsichtsrat nunmehr zusätzlich für **außerordentliche Entwicklungen** eine **Begrenzungsmöglichkeit (Cap)** zu vereinbaren (§ 87 Abs. 1 S. 3 Hs. 2). Diese neue „Soll"-Vorschrift ist wie die neue „Soll"-Formulierung des § 87 Abs. 2 so zu verstehen, dass nur bei Vorliegen besonderer Umstände von ihr abgewichen werden darf.[178] 51

Herabsetzung der Vergütung nach § 87 Abs. 2: Eine Verschärfung der Aufsichtsratspflicht enthält auch § 87 Abs. 2 nF, wonach der Aufsichtsrat die **Vorstandsvergütung** herabsetzen soll, wenn die **Weitergewährung** der Bezüge **bei** – nicht mehr nur wesentlicher – **Verschlechterung unbillig** für die Gesellschaft wäre. Die Herabsetzung erfolgt im Wege einer Gestaltungserklärung, „die der Aufsichtsrat in Vertretung der Gesellschaft (§ 112 AktG) gegenüber dem Vorstandsmitglied abgibt".[179] Mit Kundgabe gegenüber dem betreffenden Vorstandsmitglied wird die Herabsetzung wirksam.[180] Mit dieser Norm erhält der Aufsichtsrat eine Handhabe den Vorstand am Schicksal der Gesellschaft teilhaben zu lassen.[181] Von dieser Sollvorschrift darf nach dem Willen des Gesetzgebers[182] nur bei besonderen Umständen abgewichen werden. Ob dem Aufsichtsrat ein „Entschließungsermessen" zukommt, ist umstritten.[183] Auf jeden Fall besteht kein Beurteilungs- oder Ermessensspielraum hinsichtlich der Tatbestandsvoraussetzungen und der Minderungsquote.[184] Eine Verschlechterung der Lage der Gesellschaft tritt jedenfalls mit Insolvenzreife ein.[185] Die Weiterzahlung der Bezüge ist unbillig, „wenn der Vorstand pflichtwidrig gehandelt hat oder ihm zwar kein pflichtwidriges Verhalten vorzuwerfen ist, die Verschlechterung der Lage der Gesellschaft jedoch in die Zeit seiner Vorstandsverantwortung fällt und ihm zurechenbar ist".[186] Unter die neue Sollvorschrift soll konkret bereits die Situation fallen, in der die Gesellschaft Entlassungen oder Lohnkürzungen vornimmt **und** die Gesellschaft keine Gewinne mehr ausschütten kann.[187] Nach Sinn und Zweck der Vorschrift dürften Thesaurierungen, dh freiwillige Entscheidungen den Gewinn in die Rücklagen einzustellen, vom Sachverhalt nicht erfasst werden. Das bis zur Novelle bestehende Erfordernis der „schweren" Unbilligkeit als unangemessenes Missverhältnis zwischen der wirtschaftlichen Lage der Gesellschaft und den Vorstandsgehältern wurde in „Unbilligkeit" abgeschwächt. Bei der Festsetzung der Unbilligkeit für die Gesellschaft dürfen die persönlichen Verhältnisse des Vorstandsmitglieds bei der Billigkeitsprüfung nicht völlig außer Acht bleiben.[188] Das kann ebenso wie auch unterschiedliche Gründe der Zurechenbarkeit zu einer unterschiedlichen Herabsetzung der Vergütung einzelner Vorstandsmitglieder führen. Die Herabsetzung von Vergütungsbestandteilen wie Ruhegehalt, Hinterbliebenenbezüge und Leistungen verwandter Art kann nach § 87 Abs. 2 S. 2 nur in den ersten drei Jahren nach Ausscheiden aus der Gesellschaft erfolgen (→ § 87 Rn. 56 ff.). 52

4. Treuepflichten. a) Allgemeines. Wie bereits bei den Sorgfaltspflichten sind auch die Treuepflichten anhand der Aufgaben des Aufsichtsrates unter Berücksichtigung des Nebenamtscharakters zu ermitteln. Gerade Letzterer unterscheidet die Treuepflicht eines Aufsichtsratsmitgliedes von der eines Vorstandsmitgliedes. Während das Vorstandsmitglied hauptamtlich den Interessen der Gesellschaft verpflichtet ist,[189] hat ein Aufsichtsratsmitglied oft organschaftliche Funktionen auch in anderen Unternehmen, auch bei Konkurrenten, was selbst bei einer dortigen Vorstandstätigkeit des Aufsichtsratsmitglieds rechtlich zulässig ist.[190] Ziff. 5.4.2 DCGK empfiehlt jedoch für börsennotierte und kapitalmarktorientierte Unternehmen, dass Aufsichtsratsmitglieder keine Organfunktion oder Beratungsaufgaben bei wesentlichen Wettbewerbern ausüben sollen. Weiter soll nach Ziff. 5.5.2 DCGK jedes Aufsichtsratsmitglied Interessenkonflikte gegenüber dem Aufsichtsrat offenlegen. Damit soll sicher gestellt werden, dass die Konfliktsituation bei der Meinungs- und Willensbildung des Aufsichts- 53

[178] BT-Drs. 16/13433, 10 li. Sp.; *Hohenstatt* ZIP 2009, 1349 (1352); *Witthuhn/Hamann* ZGR 2009, 845 (864).
[179] BGH DStR 2016, 681 f.
[180] BGH DStR 2016, 681 (684).
[181] BGH DStR 2016, 681 (683).
[182] BT-Drs. 16/13433, 10 li. Sp.; BGH DStR 2016, 681; *Annuß/Theusinger* BB 2009, 2434 (2438).
[183] Gegen Ermessen: GroßkommAktG/*Korth* § 87 Rn. 440; MüKoAktG/*Spindler* § 87 Rn. 179; *Keiser* RdA 2011, 280 (285); *Kort* NZG 2015, 369 (372); aA OLG Stuttgart NZG 2015, 194 – nrkr; Schmidt/Lutter/*Seibt* § 87 Rn. 19; *Lutter/Krieger/Verse* Rechte und Pflichten Rn. 416; *Oetker* ZHR 175 (2011), 527 (539 f., 544 ff.).
[184] BGH DStR 2016, 681; *Herb/Merkelbach* GWR 2016, 95; Hüffer/*Koch* § 87 Rn. 27.
[185] BGH DStR 2016, 681 (685).
[186] BT-Drs. 16/12278, 6; BGH DStR 2016, 681 (685).
[187] Hüffer/*Koch* § 87 Rn. 25; *Bauer/Arnold* AG 2009, 717 (725).
[188] BGH DStR 2016, 681 (687).
[189] BGHZ 36, 296 (307); BGH NJW 1980, 1629 (1630); *Lutter* ZHR 145 (1981), 224 (239 ff.).
[190] Spindler/Stilz/*Spindler* Rn. 88; Hüffer/*Koch* § 103 Rn. 13b: „diskutabel"; aA *Lutter/Krieger/Verse* Rechte und Pflichten Rn. 21 ff. bei Konkurrenzsituation in zentralen Tätigkeitsbereichen.

rates Berücksichtigung findet.[191] Das Aufsichtsratsmitglied hat **bei Wahrnehmung seiner Organfunktion** zwar dem **Unternehmensinteresse** (→ Rn. 13), dessen Aufsichtsratsmandat es wahrnimmt, den uneingeschränkten **Vorrang** gegenüber kollidierenden anderen Interessen **zu geben,** ist jedoch nicht gehindert, bei Tätigwerden außerhalb dieser Organfunktion anders zu handeln.[192] Nebenamtscharakter und das Fehlen eines Wettbewerbsverbotes für Aufsichtsräte können in den Fällen, in denen die Organfunktion des Aufsichtsratsmitgliedes nicht betroffen ist, auch dazu führen, dass auch berechtigte eigene Belange oder solche Dritter zulässigerweise Berücksichtigung finden.[193] Gegenüber der Gesellschaft, in der sie Organfunktion haben, besteht nur eine allgemeine Rücksichtspflicht, die sie jedoch nicht an der Verfolgung eigener Interessen hindert.[194] Dem entspricht auch, dass das Aufsichtsratsmitglied **Geschäftschancen,** von denen es **außerhalb seiner Organfunktion** erfährt, **wahrnehmen kann** (für börsennotierte und kaptialmarktorientierten Unternehmen s. Ziff. 5.5.1 DCGK).[195] Im anderen Fall, in dem es die im Rahmen der Organfunktion erfahrene Geschäftschance nutzt, liegt jedoch ein treuwidriges Verhalten vor,[196] sofern dies für die Gesellschaft nachteilig ist, was auch die Beeinträchtigung oder bereits Gefährdung der Interessen der Gesellschaft einschließt.[197]

54 **b) Besondere Pflichten.** Anders als bei den Sorgfaltspflichten gibt es für das Aufsichtsratsmitglied **bei den Treuepflichten keinen Beurteilungsspielraum.**[198] Die Treuepflichten statuieren vielmehr zwingend einzuhaltende Pflichten, die dem Schutz der Gesellschaft dienen. So stellt es eine Verletzung der Treuepflicht dar, wenn ein Aufsichtsratsmitglied Journalisten gegenüber einen unternehmensinternen Konflikt nach außen trägt und damit die Kreditwürdigkeit der Gesellschaft gefährdet.[199] Das Aufsichtsratsmitglied ist seinem Amt verpflichtet und darf es nicht dazu benutzen, um der Gesellschaft zugunsten eigener Interessen oder der Interessen Dritter einen Nachteil zuzufügen. So handelt zB ein Aufsichtsratsmitglied treuwidrig, wenn es entgegen § 14 WpHG aF bzw. Art. 14 MAR Insiderhandel betreibt. Unabhängig davon, ob der Gesellschaft ein Schaden entstanden ist, stellt ein Verstoß gegen die Norm eine Pflichtverletzung dar, die zur Abberufung führen kann. Auf Seiten der Gesellschaft ist eine Informationssperre durch Errichtung sog. Chinese Walls schon aufgrund des Anspruches des Aufsichtsrates gegen den Vorstand auf Information gemäß § 90 Abs. 3 und der ihm gemäß § 111 zukommenden Überwachungsfunktion nicht zulässig.

55 Für das Aufsichtsratsmitglied ist es über den **Insiderhandel** hinaus ebenfalls unzulässig, Geschäftschancen wahrzunehmen, von denen das Aufsichtsratsmitglied aufgrund seines Mandates Kenntnis hat. Handelt es sich hingegen jedoch um **Geschäftschancen,** von denen es **außerhalb seiner Aufsichtsratstätigkeit** erfahren hat, ist ihm die Ausnutzung gestattet.[200] Dem steht auch bei börsennotierten und kapitalmarktorientierten Gesellschaften nicht Ziff. 5.5.1 DCGK entgegen.[201] Ebenso wenig handelt das Aufsichtsratsmitglied treuwidrig, wenn es in Vorstandsfunktion bei einer anderen Gesellschaft einem Aufhebungsvertrag mit einem leitenden Angestellten nicht zustimmt, obwohl der Aufsichtsrat der Gesellschaft, in der es Aufsichtsratsmitglied ist, bereits einen Beschluss zur Bestellung des leitenden Angestellten zum Vorstandsmitglied gefasst hat.[202] Differenzierter ist wohl in **Übernahmesachverhalten** nach dem WpÜG zu urteilen. Wenn das Aufsichtsratsmitglied neben seiner Organfunktion in der Zielgesellschaft gleichzeitig Organstellung (Vorstand- oder Aufsichtsratsfunktion) in der Bietergesellschaft hat, entsteht für es eine **besondere Konfliktsituation.** Diese kann auch in Konstellationen vorliegen, in denen das Aufsichtsratsmitglied der Zielgesellschaft zwar nicht Organ beim Bieter ist, aber dem Bieter in anderer Weise verbunden ist, wie dies zB der Fall ist, wenn das Aufsichtsratsmitglied einem Organ der den Bieter beratenden Bank angehört.[203] **Oberstes**

---

[191] KBLW/*Kremer* Rn. 1097.

[192] MüKoAktG/*Habersack* Rn. 44.

[193] MüKoAktG/*Habersack* Rn. 48; KK-AktG/*Mertens/Cahn* Rn. 31; GroßkommAktG/*Hopt/Roth* Rn. 177 ff.

[194] GroßkommAktG/*Hopt/Roth* Rn. 178; KK-AktG/*Mertens/Cahn* Rn. 26.

[195] KK-AktG/*Mertens/Cahn* Rn. 31; Spindler/Stilz/*Spindler* Rn. 78, 92.

[196] Spindler/Stilz/*Spindler* Rn. 78; MüKoAktG/*Habersack* Rn. 47 f.

[197] OLG Stuttgart AG 2012, 298 (302); Spindler/Stilz/*Spindler* Rn. 78; KK-AktG/*Mertens/Cahn* Rn. 31; Hüffer/*Koch* Rn. 7; GroßkommAktG/*Hopt/Roth* Rn. 194.

[198] Spindler/Stilz/*Spindler* Rn. 76.

[199] OLG Stuttgart AG 2012, 298 (302) – Porsche/VW (Piech); *Selter* NZG 2012, 660 f.

[200] KK-AktG/*Mertens/Cahn* Rn. 31; Spindler/Stilz/*Spindler* Rn. 78; *Lutter/Krieger/Verse* Rechte und Pflichten Rn. 880.

[201] KBLW/*Kremer* Rn. 1096.

[202] KK-AktG/*Mertens/Cahn* Rn. 31.

[203] MüKoAktG/*Semler,* 2. Aufl. 2004, Rn. 183 ff.; Spindler/Stilz/*Spindler* Rn. 96; GroßkommAktG/*Hopt/Roth* Rn. 202, 213; *Möllers* ZIP 2006, 1615 ff.; *Krebs,* Interessenkonflikte bei Aufsichtsratsmandanten in der Aktiengesellschaft, 2002, 240 ff.

Ziel muss für das Aufsichtsratsmitglied sein, die **Interessen der Zielgesellschaft** zu verfolgen.[204] Ist der Konflikt nicht lösbar, kann das Aufsichtsratsmitglied nicht dauerhaft an den Organsitzungen teilnehmen. Wenn es aufgrund gegenüber anderen bestehenden Verschwiegenheitspflichten eine Gefahr bzw. Schädigung des Unternehmens oder einen Verstoß gegen das Unternehmenswohl bzw. -interesse nicht offenbaren kann, bleibt ihm zur Vermeidung von Treupflichtverletzungen nur die Amtsniederlegung.[205] Da das Aufsichtsratsmitglied in solchen Situationen nicht unbefangen darüber entscheiden kann, ob ein Interessenkonflikt vorliegt, sollte die Entscheidung hierüber nicht bei ihm liegen, sondern beim Aufsichtsrat liegen.[206] Maßgeblich dürfte alleine sein, ob das Aufsichtsratsmitglied potentiell in einen Interessenkonflikt kommen kann, ohne dass es auf die Interessenkonvergenz oder -divergenz der Zielgesellschaft und des Bieters ankommt.[207]

Nimmt das Aufsichtsratsmitglied auf andere Aufsichtsratsmitglieder der Eignerseite oder 56 auch auf Arbeitnehmervertreter **Einfluss**[208] oder **veranlasst** es gar ein Mitglied des Vorstands **zu** einem für die Gesellschaft **nachteiligen Handeln,**[209] so stellt dies ebenfalls eine Treupflichtverletzung dar. Im Falle einer Zustimmung zu einer Maßnahme iSd § 111 Abs. 4 S. 2, die der Marktüblichkeit entspricht, kann gleichwohl eine Treupflichtverletzung des Aufsichtsratsmitgliedes vorliegen, nämlich dann, wenn es auf den Vorstand Druck ausgeübt hat, diese Maßnahme an Stelle einer anderen für die Gesellschaft günstigen durchzuführen.[210] Letzteres gilt sogar in den Fällen des Zustimmungsvorbehaltes von § 111 Abs. 4 S. 2, in denen das Geschäft zwar der Üblichkeit entspricht, jedoch vom Aufsichtsratsmitglied ausgeübter Druck das Vorstandsmitglied bewogen hat, ein besseres Geschäfts auszuschlagen.[211]

Obwohl die **Annahme von Geschenken ohne legitime Gegenleistung** nicht zwingend einer 57 **Treupflichtverletzung** darstellen muss, liegt die Annahme einer solchen jedoch nahe.[212] Die Annahme von Leistungen, Geschenken oder die **Vereinbarung von Provisionen,** um zu bewirken, dass die Gesellschaft bestimmte Geschäfte mit einem Dritten abschließt, ist treuwidrig.[213] Als Sanktionen kommen hier bei Entstehen eines Schadens der Schadensersatzanspruch und parallel die Möglichkeit der Abberufung aus wichtigem Grund in Betracht.[214] Pflichtwidrig handelt der Aufsichtsrat, der die Insolvenzreife kennt und nicht darauf hinwirkt, dass der Vorstand rechtzeitig einen Insolvenzantrag stellt.[215]

Eine Treuepflicht des Organmitglieds kann jedoch nicht angenommen werden, wenn ein Auf- 58 sichtsratsmitglied an geplanten Kapitalmaßnahmen nicht mitwirkt, die die Gefahr späterer Täuschungsvorwürfe durch die Erwerber in sich bergen.[216]

Auch die **Vertreter von Hoheitsträgern** treffen Treuepflichten. Sie sind nicht daran gehindert, 59 die Position des Hoheitsträgers im Aufsichtsrat darzulegen, haben jedoch bei der Abstimmung dem Unternehmensinteresse den Vorrang zu geben.[217]

Vergleichbares gilt für die Arbeitnehmer- und Gewerkschaftsvertreter im Aufsichtsrat und Vertre- 60 ter der Banken.[218] Bei letzteren ist insbesondere zu beachten, dass sie die im Aufsichtsrat gewonnenen Erkenntnisse nicht zu Lasten der Gesellschaft für ihr Handeln in der Bank, zB für Kreditentscheidungen, verwenden dürfen. Auch hier bleibt bei unlösbarer Konfliktsituation nur die Mandatsniederlegung.[219]

Ein in Konzernkonstellation nicht seltener Fall ist die gleichzeitige Innehabung einer Organfunk- 61 tion in Mutter- und Tochterunternehmen (**„Konzerndoppelmandate“;** → Rn. 45). Eine solche Situation ist **rechtlich zulässig** und findet ihre Balance im faktischen Konzern durch den Nachteilsausgleich gemäß § 311. Ob dies jedoch dazu führen kann, dass auch die Organe im faktischen

[204] Spindler/Stilz/*Spindler* Rn. 96.
[205] BGHZ 64, 325 = NJW 1975, 1412; BGH NJW 1980, 1629 (1630); GroßkommAktG/*Hopt/Roth* Rn. 2; MüKoAktG/*Habersack* Rn. 46; *Lange* WM 2002, 1738.
[206] So noch Spindler/Stilz/*Spindler*, 2. Aufl. 2010, Rn. 78.
[207] Spindler/Stilz/*Spindler* Rn. 98.
[208] KK-AktG/*Mertens/Cahn* Rn. 33.
[209] GroßkommAktG/*Hopt/Roth* Rn. 185; Spindler/Stilz/*Spindler* Rn. 80.
[210] Spindler/Stilz/*Spindler* Rn. 80.
[211] Spindler/Stilz/*Spindler* Rn. 62.
[212] Spindler/Stilz/*Spindler* Rn. 81.
[213] KK-AktG/*Mertens/Cahn* Rn. 31.
[214] Vgl. für die parallele Geltendmachung von §§ 687 Abs. 2, 681 S. 2, 667 BGB (Herausgabe des Erlangten) GroßkommAktG/*Hopt* § 93 Rn. 468; KK-AktG/*Mertens/Cahn* Rn. 31, § 93 Rn. 73.
[215] BGH ZIP 2009, 860 (861).
[216] OLG München AG 2008, 638 (640) – Kloster Andechs.
[217] Spindler/Stilz/*Spindler* Rn. 93.
[218] Spindler/Stilz/*Spindler* Rn. 94.
[219] *Lutter* ZHR 145 (1991), 224 (246).

Konzern den **Interessen der beherrschenden Gesellschaft** den Vorrang geben dürfen, ist im Schrifttum umstritten.[220] Nach der hier vertretenen Auffassung hat auch das Organmitglied der Untergesellschaft im faktischen Konzern primär die Interessen der Untergesellschaft zu verfolgen. Zwar kann es im Einzelfall nach pflichtgemäßer Ermessensentscheidung den Interessen des Konzerns den Vorrang geben, hat jedoch dann für sich zu prüfen, ob den Anforderungen des § 311 Rechnung getragen wird und damit die Interessen der abhängigen Gesellschaft ausreichend berücksichtigt sind.[221] Die Problematik im Falle eines dauerhaften Konfliktes ist im faktischen Konzern kaum lösbar, es sei denn eines der beiden Mandate wird niedergelegt.[222]

62 **c) Verschwiegenheitspflicht. aa) DCGK.** Neben die gesetzliche Geltung des Verschwiegenheitsgebotes – als Ausdruck der allgemeinen Treuepflicht – treten für börsennotierte und kapitalmarktorientierten Unternehmen die Regelungen des DCGK. Ziff. 3.5 DCGK führt aus, dass gute Unternehmensführung eine offene Diskussion zwischen Vorstand und Aufsichtsrat sowie in Vorstand und Aufsichtsrat voraussetzt. Dafür ist – so der DCGK – die umfassende Wahrung der Vertraulichkeit von entscheidender Bedeutung. In Abs. 2 bestimmt Ziff. 3.5 DCGK weiter, dass alle Organmitglieder sicherstellen, dass die von ihnen eingeschalteten Mitarbeiter die Verschwiegenheitspflicht in gleicher Weise einhalten. Damit stellt die **Verschwiegenheitspflicht** sozusagen das **Korrelat** für die **umfassende Offenheit der Diskussion** dar.

63 **bb) Zweck und Inhalt.** Zweck des Verschwiegenheitsgebotes ist der Schutz der Gesellschaft, ihrer Wettbewerbsfähigkeit, ihres Ansehens und insbesondere der Funktionsfähigkeit seiner Corporate Governance.[223] Nach der Rechtsprechung des BGH[224] gewährleistet nur ein **absolutes Verschwiegenheitsgebot** die Aufrechterhaltung der Überwachungs- und Beratungsfunktion des Aufsichtsrates. Der BGH sieht die Funktion in notwendiger Korrelation zu den umfassenden Informationsrechten des Aufsichtsrats und -Pflichten des Vorstandes.[225] Es ist unverzichtbar, dass eine unzulässige Weitergabe von Informationen unterbleibt und wirtschaftliche Nachteile daraus für das Unternehmen nicht zu befürchten sind. Die Geheimhaltungspflicht umfasst **vertrauliche Angaben** und **Geheimnisse der Gesellschaft** wie Betriebs- und Geschäftsgeheimnisse.[226] Entscheidend ist das objektive Interesse der Gesellschaft an Geheimhaltung.[227] Ein eigenes Entscheidungsrecht des Aufsichtsratsmitglieds, welche Informationen vertraulich sind und welche nicht, besteht nicht.[228] Unter vertraulichen Angaben versteht man die für den Aufsichtsrat bestimmten Mitteilungen oder Stellungnahmen der Organmitglieder über Vorkommnisse, die den Organ- oder sonstigen Unternehmensbereich betreffen.[229] Erfasst sind damit Tatsachen, „die nicht offenkundig sind und nach geäußertem oder aus Geschäftsinteresse ableitbarem mutmaßlichen Willen der Aktiengesellschaft auch nicht offenkundig werden sollen, sofern ein objektives Geheimhaltungsbedürfnis besteht".[230] Es ist die Verantwortung jedes einzelnen Aufsichtsratsmitglieds zu erkennen, ob es sich um vertrauliche Angaben oder Geheimnisse der Gesellschaft handelt.[231] Hierunter fallen beispielsweise **Personalangelegenheiten** und **-äußerungen, Abstimmungsverhalten** und **maßgebende finanzielle Kennzahlen.**[232] Erfasst sind nicht nur alle Sitzungsunterlagen wie Berichte oder Tischvorlagen, sondern **auch Meinungsäußerungen** sowie **Informationen von Aufsichtsratsmitgliedern** oder anderen **Sitzungsteilnehmern.**[233] Verboten sind nicht nur klare Aussagen des Aufsichtsratsmitgliedes zu vertraulichen Vorgängen. Das Verschwiegenheitsgebot gilt vielmehr auch für vage Äußerungen, aus denen Rückschlüsse auf den Inhalt des vertraulichen

[220] Dafür MüKoAktG/*Semler,* 2. Aufl. 2004 § 100 Rn. 181; ähnlich *Mertens* AG 1987, 40; *Timm* NJW 1987, 977 (986); aA Spindler/Stilz/*Spindler* Rn. 97; MüKoAktG/*Altmeppen* § 311 Rn. 411; *Potthoff/Trescher* Rn. 521; *Kropff* FS Huber, 2006, 841 (855); *Schneider* FS Raiser, 2005, 341 ff.

[221] So auch *Schneider* FS Raiser, 2005, 341 (352).

[222] Spindler/Stilz/*Spindler* Rn. 97.

[223] Begr. RegE TransPuG, BT-Drs. 14/8709, 18, 25; *Veil* ZHR 172 (2008), 239 (243); *Bank* NZG 2013, 801 f.

[224] BGH NJW 2016, 2569 Rn. 32.

[225] BT-Drs. 14/8769, 18.

[226] KK-AktG/*Mertens/Cahn* Rn. 44 ff.; *Lutter/Krieger/Verse* Rechte und Pflichten Rn. 259 ff.

[227] BGH NJW 2016, 2569 Rn. 34; BGHZ 64, 325 (329); OVG Koblenz BeckRS 2016, 48854 Rn. 51; Hüffer/*Koch* § 116 Rn. 10; *Veil* ZHR 172 (2008), 239 (244).

[228] OLG Stuttgart NZG 2007, 72.

[229] MüKoAktG/*Habersack* Rn. 54; KK-AktG/*Mertens/Cahn* Rn. 49.

[230] BGH NJW 2016, 2569 Rn. 31; OLG Stuttgart NZG 2007, 72 (74); MüKoAktG/*Semler,* 2. Aufl. 2004, Rn. 464 f.

[231] *Wittgens/Vollertsen* AG 2015, 261 f.

[232] *Wittgens/Vollertsen* AG 2015, 261 f.; KBLW Rn. 368.

[233] OLG Düsseldorf AG 2015, 908 (911); MüKoAktG/*Habersack* Rn. 54.

Vorgangs möglich sind.[234] Der Gesetzeswortlaut umfasst auch die Beratungen des Aufsichtsrats mit der Folge, dass der **Gang der Diskussion** im Aufsichtsrat und das **Abstimmungsverhalten** der einzelnen Aufsichtsratsmitglieder auch dann **der Schweigepflicht unterfallen,** wenn die Ergebnisse der Beratungen nicht der Geheimhaltung unterliegen.[235] Dem Vorstand oder der Mehrheit des Aufsichtsrates steht nicht das Recht zu, über den Vertraulichkeitscharakter von Diskussionsbeiträgen und Abstimmungsverhalten eines Einzelnen ohne dessen Einverständnis zu verfügen.[236] Im Grundsatz soll dies auch für das eigene Abstimmungsverhalten gelten.[237] Vertrauliche Angaben oder Geheimnisse unterfallen solange der Schweigepflicht bis sie allgemein bekannt geworden sind oder freiwillig durch den Vorstand bzw. aufgrund gesetzlicher Vorschriften öffentlich gemacht wurden.[238]

Das **Aufsichtsratsmitglied** ist im Rahmen seiner pflichtgemäßen Amtsausübung **verpflichtet,** 64
zu **prüfen,** ob die **Voraussetzungen zur Verschwiegenheit** vorliegen. Ein Beurteilungs- oder Ermessensspielraum steht ihm dabei nicht zu.[239] Eine abstrakte Differenzierung von Unternehmensdaten in geheimhaltungspflichtige und andere Informationen ist nicht möglich.[240] Ausschlaggebender Faktor ist das Unternehmensinteresse an der Geheimhaltung, für das auch die Interessen bestimmter „Stakeholder" bzw. die Interessen der Mitarbeiter berücksichtigt werden dürfen.[241] Eine allgemeine Einschränkung der Geheimhaltungspflicht aufgrund von Belegschaftsinteressen ist nicht zulässig.[242] Eine irrtümliche Fehleinschätzung der Geheimhaltungspflicht kann jedoch zum Fehlen des Verschuldens bei der Pflichtverletzung führen.[243] Aufgrund bestehender Auslegungsschwierigkeiten ist es ratsam, dass der Aufsichtsrat beschließt, bestimmte Angelegenheiten als vertraulich zu behandeln.[244] Es stellt **keine unzulässige Verschärfung des Verschwiegenheitsgebotes** dar, wenn die Satzung oder die Geschäftsordnung des Aufsichtsrates eine Rückgabepflicht der Unterlagen des Aufsichtsratsmitglieds nach Mandatsbeendigung verlangen,[245] da in §§ 116, 93 bindend und abschließend Inhalt und Umfang der Schweigepflicht geregelt wurden, jedoch nicht, bei wem die überlassenen vertraulichen Unterlagen aufzubewahren sind. Ein Verstoß gegen § 107 Abs. 2 S. 4 liegt ebenfalls nicht vor, da das Aushändigungsrecht des Aufsichtsratsmitgliedes mit seiner Mandatsbeendigung entfällt.[246]

cc) Sonderfälle der Verschwiegenheit. Grundsätzlich sind die Aufsichtsratsmitglieder der 65
öffentlichen Hand wie die übrigen Aufsichtsratsmitglieder zur Verschwiegenheit verpflichtet.[247] Etwas anderes kann aus den §§ 394, 395 folgen. S. auch die Sondervorschriften bei Beteiligung von Gebietskörperschaften der §§ 394, 395.

(1) Konzernsachverhalt. Auch in Konzernsachverhalten sind die **Aufsichtsratsmitglieder** 66
grundsätzlich **zur Verschwiegenheit** verpflichtet, da die Informationserteilung der abhängigen Gesellschaft an das beherrschende Unternehmen über den Vorstand erfolgt.[248] Handelt es bei dem betreffenden Aufsichtsratsmitglied jedoch um einen **Doppelmandatsträger** (→ Rn. 45), kann eine andere Betratung geboten sein. Während das OLG Celle[249] die **Verschwiegenheitspflicht bei Doppelmandatsträgern** im Konzern bejahte, werden im Schrifttum **Lockerungen** der Vertraulichkeit für den **Informationsfluss „von unten nach oben"** diskutiert.[250] Nach der hier vertrete-

---

[234] OLG Stuttgart NZG 2007, 72 f.; *Keilich/Brummer* BB 2012, 897 f.

[235] Begr. RegE, BT-Drs. 14/8769, 18; BGHZ 64, 325, 331 f.; BGH BeckRS 21439 Rn. 47; OLG Frankfurt AG 2014, 87 (92); MüKoAktG/*Habersack* Rn. 54.

[236] MüKoAktG/*Habersack* Rn. 54.

[237] KK-AktG/*Mertens/Cahn* Rn. 54; *Lutter/Krieger/Verse* Rechte und Pflichten Rn. 267; offen gelassen von BGHZ 64, 325 (332) = NJW 1974, 1472; aA *Säcker* NJW 1986, 803 (807 ff.); einschr. *Keilich/Brummer* BB 2012, 897 f.

[238] BGH NJW 2016, 2569 Rn. 35; MüKoAktG/*Habersack* Rn. 50.

[239] OLG Stuttgart NZG 2007, 72 (74); GroßkommAktG/*Hopt/Roth* Rn. 242; Spindler/Stilz/*Spindler* Rn. 107; MüKoAktG/*Habersack* Rn. 53; aA KK-AktG/*Mertens/Cahn* Rn. 50.

[240] MüKoAktG/*Habersack* Rn. 53; UHH/*Ulmer/Habersack* § 25 Rn. 105.

[241] UHH/*Ulmer/Habersack* MitbestG § 25 Rn. 105, Rn. 94.

[242] UHH/*Ulmer/Habersack* MitbestG § 25 Rn. 105; aA *Köstler/Kittner/Zachert/Müller* Rn. 548; ferner AG München ZIP 1985, 1141.

[243] UHH/*Ulmer/Habersack* MitbestG § 25 Rn. 104 mwN.

[244] *Flore* BB 1993, 133 f.

[245] OLG Düsseldorf AG 2007, 747 f.

[246] OLG Düsseldorf AG 2007, 747 f.

[247] *Lutter/Krieger/Verse* Rechte und Pflichten Rn. 1430 ff.

[248] MüKoAktG/*Habersack* Rn. 57; Spindler/Stilz/*Spindler* Rn. 121; *Bank* NZG 2013, 801 (803).

[249] OLG Celle Urt. v 24.8.2011 – 9 U 41/11, nrkr, S. 13 f.

[250] Zur Frage der Zulässigkeit des Informationsflusses von „oben nach unten" s. *Verse* AG 2015, 413 f.

nen Auffassung ist es für Zwecke der Konzernleitung zulässig, dass der Organwalter des herrschenden Unternehmens die Information, die er als Aufsichtsratsmitglied in abhängigen Unternehmen erhält, verwendet.[251]

67 **(2) Due Diligence-Situationen.** Die Weitergabe von Information im Rahmen einer Due Diligence bei der Gesellschaft ist grundsätzlich dem Vorstand der Gesellschaft vorbehalten.[252] Jedoch kann der Aufsichtsrat die Preisgabe der Informationen an Dritte gemäß § 111 Abs. 4 S. 2 seiner Zustimmung unterwerfen.

68 **(3) Keine Verschwiegenheit innerhalb des Aufsichtsrates und gegenüber Vorstand.** Die Pflicht zur Verschwiegenheit besteht gegenüber allen nicht zu den Organmitgliedern der Gesellschaft gehörenden Personen.[253] Das Verschwiegenheitsgebot gilt nicht für Aufsichtsratsmitglieder untereinander,[254] grundsätzlich auch nicht für Ausschussmitglieder gegenüber nicht dem Ausschuss angehörenden Mitgliedern, es sei denn, das Teilnahmerecht nach § 109 Abs. 2 (→ § 109 Rn. 14 ff.) wurde ausgeschlossen.[255] Grundsätzlich gilt es auch nicht gegenüber Vorstandsmitgliedern, es sei denn, es handelt sich um eine kontroverse Diskussion im Aufsichtsrat oder Vorstandsangelegenheiten, wie zB Inhalt der Anstellungsverträge oder die Geltendmachung von Ersatzansprüchen ist betroffen.[256] Der BGH hat in seiner Entscheidung vom 26.4.2016[257] die hM bestätigt und entschieden, dass **gesetzliche Verschwiegenheitspflichten** der Aufsichtsratsmitglieder als Schranken der Wissenszurechnung anerkannt werden.[258] Kollidierende **vertragliche** oder **organschaftliche Offenbarungspflichten** ändern daran nichts.[259] Gleiches gilt für gesetzliche und hierbei insbes. aufsichtsrechtliche Offenbarungspflichten, die nur zur Aufhebung der Verschwiegenheitspflicht gegenüber der jeweiligen Behörde oder dem Kapitalmarkt führen.[260]

69 **(4) Beratung des Aufsichtsratsmitgliedes.** Sollte das Aufsichtsratsmitglied für die sorgfältige Wahrnehmung einzelner Aufgaben eine Beratung durch externe Dritte in Anspruch nehmen müssen, so ist dies ebenfalls zulässig, wobei jedoch den eigenen Beratungsmöglichkeiten des Aufsichtsrates stets der Vorrang zu geben ist.[261] Der Dritte ist – sofern er nicht bereits einer beruflichen Schweigepflicht unterliegt – zur Verschwiegenheit zu verpflichten. Sollten Zweifel an der Zuverlässigkeit des Informationsempfängers bestehen, kann ein Weitergabeverbot bestehen.

70 **(5) Krisensituation für das Aufsichtsratsmitglied.** In besonderen Krisensituationen, wie zB zur Abwehr unberechtigter Ansprüche, zur Verteidigung in einem Strafverfahren bzw. einem drohenden Abberufungsverfahren oder auch zur Begründung einer Unwirksamkeitsklage gegen gefasste Aufsichtsratsbeschlüsse, **kann** die **Einhaltung** der **Verschwiegenheit** für das Aufsichtsratsmitglied **unzumutbar werden.**

71 **(6) Keine Ausnahmen für Wiederwahl, Berichterstattung, Betriebsratsmitglieder.** Das Verschwiegenheitsgebot gilt auch in den Fällen, in denen sich ein Aufsichtsratsmitglied zur Wiederwahl stellt.[262] Ebenso wenig unterliegt nach hM die Berichterstattung und Rechenschaftslegung der Ausnahme von der Verschwiegenheit,[263] da sich alle Aufsichtsratsmitglieder gleich behandeln lassen müssen und die im Aktienrecht geltenden Regeln für den Kommunikationsfluss (Vorstand unterrichtet die Stakeholder Aktionäre, Betriebsrat, Belegschaft) auch die mitbestimmte AG treffen. Auch

---

[251] KK-AktG/*Mertens/Cahn* Rn. 42; MHdB AG/*Hoffmann-Becking* § 33 Rn. 48; *Dittmar* AG 2013, 498 (500); aA MüKoAktG/*Habersack* Rn. 57; Spindler/Stilz/*Spindler* Rn. 121 ff. mit Hinweis auf mangelndes Weisungsrecht des Konzernvorstands an Aufsichtsrat der abhängigen Gesellschaft.

[252] Ausf. MüKoAktG/*Spindler* § 93 Rn. 120.

[253] BGH NJW 2016, 2569 Rn. 32.

[254] OLG Hamburg AG 1984, 248 (251); *Spinder/Stilz/Spindler* Rn. 106.

[255] *Lutter/Krieger/Verse* Rechte und Pflichten Rn. 276; *Behme/Zickgraf* AG 2015, 841 (844); aA *Gittermann* in Semler/v. Schenck AR HdB § 6 Rn. 104.

[256] GroßkommAktG/*Hopt/Roth* Rn. 255; Spindler/Stilz/*Spindler* Rn. 106.

[257] BGH NJW 2016, 2569.

[258] BGH NJW 2016, 2569 Rn. 29, 32; *Mülbert/Sajnovits* NJW 2016, 2540 (2541).

[259] BGH NJW 2016, 2569 Rn. 33; *Mülbert/Sajnovits* NJW 2016, 2540 (2541).

[260] *Mülbert/Sajnovits* NJW 2016, 2540 (2541 f.); MüKoAktG/*Habersack* Rn. 51; aA *Veil* ZHR 172 (2008), 239 (244).

[261] BGHZ 85, 293 (296 ff.) – Hertie.

[262] Für von Gebietskörperschaften entsandte Aufsichtsratsmitglieder *Lutter/Krieger/Verse* Rechte und Pflichten 116; aA für Art. 5 Abs. 1 GG *Säcker,* Aufsichtsratsausschüsse nach dem Mitbestimmungsgesetz, 1976, 60; *ders.* NJW 1986, 803 (804).

[263] OLG Stuttgart NZG 2007, 72 (73 f.); aA für Arbeitnehmervertreter *Reich/Lewerenz* AuR 1976, 343 (349); *Nagel* BB 1979, 1799 (1803 f.).

Einbindung oder Mitgliedschaft des Aufsichtsratsmitglieds **im Betriebsrat rechtfertigen keine Ausnahmen von der Verschwiegenheit.**[264]

d) Zur Information Verpflichtete. Das für die Weiterleitung von Informationen zuständige Organ ist der Vorstand.[265] „Herr der Geschäftsgeheimnisse" ist ausschließlich der Vorstand. Allein er kann im Einzelfall nach sorgfältiger Abwägung der widerstreitenden Interessen sich für eine Offenlegung entscheiden.[266] Ihm obliegt ferner die Erfüllung von Offenlegungspflichten, insbesondere die nach Kapitalmarktrecht. Das Aufsichtsratsmitglied ist im Rahmen der gesetzlichen Vorgaben[267] zur Offenlegung verpflichtet.[268] Nur hinsichtlich der aus dem Aufsichtsrat selbst stammenden Umstände (Abstimmungsgegenstände, Diskussionsinhalte) kann sich der Aufsichtsrat in Einzelfällen selbst von der Verschwiegenheit befreien.[269] Ferner bleibt es Aufsichtsratsmitgliedern der Arbeitnehmerseite unbenommen, Informationen, die nicht den Vertraulichkeitsbereich betreffen, in ihrem Belegschaftsorgan weiterzugeben. Hierbei ist jedoch darauf zu achten, dass die **Öffentlichkeitsarbeit** und **Außendarstellung ausschließliche Aufgabe des Vorstandes** bleibt. So darf zB die Berichterstattung des Vorstandes nach § 90 nicht als Belegschaftsinformation an diese weitergegeben werden. Selbst regelmäßige Weitergabe von nicht an das Verschwiegenheitsgebot gebundenen Informationen wäre ein Verstoß gegen die des Aufsichtsratsmitglied betreffenden Loyalitäts- und Treuepflichten.[270] 72

5. Interessenkonflikte. a) Regelungen im AktG und DCGK. Das AktG kennt **keine generelle Lösung für Interessenkonflikte** (→ § 108 Rn. 32). Ansätze finden sich in zwei Fällen. Zum einen gibt das Gesetz dem Aufsichtsratsmitglied als Pendant für seinen Informationsanspruch die Pflicht zur Verschwiegenheit in § 116 und verpflichtet damit das Aufsichtsratsmitglied im Konflikt mit anderen Interessen, über seine Informationen, die es aus dem Aufsichtsratsmandat zieht, zu schweigen. Die andere vom Gesetzgeber als konfliktgeneigt gesehene Situation ist die des Vertragsabschlusses zwischen dem Aufsichtsratsmitglied und der Gesellschaft (§ 114) sowie die Sondersituation der Kreditgewährung (§ 115). Beide Konfliktfälle löst der Gesetzgeber mit der Zustimmungspflicht des Aufsichtsrates. Des Weiteren regelt er zur Vermeidung des Entstehens von Konfliktsituationen in § 100 Abs. 2 und § 105 Abs. 1 Hinderungsgründe und Inkompatibilitäten. Demgemäß ist zu folgern, dass das AktG den Konflikt als solchen duldet.[271] Diese Grenze wird überschritten bei Entstehen oder Bestehen eines Pflichtenkonfliktes, dh im Falle eines Konfliktes zwischen zwei Interessen, die jeweils rechtlich verpflichtend sind und zu berücksichtigen sind. Als Lösung kommt in diesem Fall nur die Amtsniederlegung in Betracht (→ Rn. 33; → § 107 Rn. 21);[272] entsprechendes gilt für den dauerhaften, erheblichen Interessenkonflikt.[273] 73

Der **DCGK** enthält **einige konkrete Regeln zum Verhalten im Interessenskonfliktfall.** Ziff. 5.5.1 DCGK verpflichtet die Aufsichtsratsmitglieder auf das **Unternehmensinteresse.** Ziff. 5.5.2 DCGK verlangt, dass jedes Aufsichtsratsmitglied Interessenkonflikte, „insbesondere solche, die aufgrund einer Beratung oder Organfunktion bei Kunden, Lieferanten, Kreditgebern oder sonstigen Dritten entstehen können", dem Aufsichtsrat **offenlegen** soll. Nach der Rechtsprechung[274] bezieht sich dies nur auf „aufgetretene" Interessenkonflikte. Dies erscheint vor dem Hintergrund zwar potenzieller, aber gravierender Kollisionsfälle sehr zweifelhaft. Als spätester Zeitpunkt für die Offenlegung ist der Zeitpunkt anzusehen, in dem der Konflikt Auswirkungen auf die Beratungen des Aufsichtsrates hat.[275] In der Praxis werden in der Regel Einzelheiten wie Zeitpunkt und Umfang der Offenlegung mit dem Aufsichtsratsvorsitzenden abgestimmt. Seine Aufgabe ist es dann zu prüfen, welche Maßnahmen zu ergreifen sind (→ § 107 Rn. 55 f.). Möglich ist auch die Beauftragung eines Ausschusses. Das Plenum würde in einem solchen Fall beschließen, dass der Ausschuss die Interessenkonfliktsituation analysiert und eine Empfehlung zur weiteren Behandlung gibt.[276] 74

[264] BAG DB 2009, 1131 (1133); OLG Stuttgart NZG 2007, 72 f.; *Keilich/Brummer* BB 2012, 897 ff.; *dies.* BB 2012, 897 (900) zu den Rechtsfolgen bei Verstößen gegen die Verschwiegenheitspflicht.

[265] MüKoAktG/*Habersack* Rn. 62; *Lutter/Krieger/Verse* Rechte und Pflichten Rn. 284.

[266] BGH NJW 2016, 2569 Rn. 35; BGHZ 64, 325 (329); MüKoAktG/*Habersack* Rn. 62; Spindler/Stilz/*Spindler* Rn. 102.

[267] § 44 KWG, §§ 4 Abs. 3 und 9, 37o Abs. 4 WpHG aF bzw. §§ 6, 107 Abs. 5 WpHG nF.

[268] MüKoAktG/*Habersack* Rn. 58; KK-AktG/*Mertens/Cahn* Rn. 43.

[269] BGH NJW 2016, 2569 Rn. 35; BGHZ 196, 195 Rn. 30 = NJW 2013, 1535.

[270] *Schwintowsky* NJW 1990, 1009 (1010); aA *v. Hoyningen-Huene* DB 1979, 2422 (2424).

[271] *Dreher* JZ 1990, 896 (902).

[272] *Dreher* JZ 1990, 896 (903).

[273] *Dreher* JZ 1990, 886 (902) mwN.

[274] OLG München ZIP 2009, 1667.

[275] *Korth* ZIP 2008, 717 (724).

[276] KBLW/*Kremer* Rn. 1105; *Korth* ZIP 2008, 717 (724).

75 Über aufgetretene **Interessenkonflikte** und deren Behandlung soll der Aufsichtsrat in seinem **Bericht an die Hauptversammlung** informieren (Ziff. 5.5.3 S. 1 DCGK). Diese Pflichtverletzung führt nicht automatisch zur Unrichtigkeit der Entsprechenserklärung nach § 161 und Anfechtbarkeit der Entlastungsentscheidung. Es muss sich hierfür um einen **eindeutigen** und **schwerwiegenden Gesetzesverstoß** handeln, bei dem der objektiv urteilende Aktionär die Erteilung der Information als Voraussetzung für die sachgerechte Wahrnehmung seines Teilnahme- und Mitgliedschaftsrechts ansähe.[277]

76 Gemäß Ziff. 5.5.3 S. 2 DCGK sollen wesentliche, nicht nur vorübergehende Interessenkonflikte zur **Beendigung des Mandates** führen. Nach Ziff. 5.5.4 DCGK bedürfen Berater- und sonstige Dienstleistungs- und Werkverträge von Aufsichtsratsmitgliedern mit der Gesellschaft der Zustimmung des Aufsichtsratsplenums. Über den von Ziff. 5.3.3 DCGK vorgeschlagene Nominierungsausschuss (→ § 107 Rn. 113 f.) haben die Eignervertreter im Aufsichtsrat börsennotierter und kapitalmarktorientierter Gesellschaften zudem die Möglichkeit, die zur Aufsichtsratswahl anstehenden Kandidaten auf potentielle Interessenkonflikte zu screenen und die Aktionäre der börsennotierten und kapitalmarktorientierten Gesellschaften können durch die Veröffentlichung von weiteren Mandaten (§ 125 Abs. 1 S. 3) das Risiko einer Konfliktsituation bereits vor Wahlbeschluss abprüfen.[278]

77 Bei Einzelkonfliktsituationen kann aus der Einzelanalogie zu § 34 BGB sowie aus der Gesamtanalogie zu den mitgliedschaftlichen Stimmverboten des Gesellschaftsrechts (§ 34 BGB, § 47 Abs. 4 GmbHG, § 43 Abs. 6 GenG, § 136 AktG, §§ 36 S. 1 und 53 Abs. 2 VAG) dann auf ein **Stimmverbot** (→ § 108 Rn. 31 ff.) geschlossen werden, wenn vom Aufsichtsratsmitglied eine verantwortungsbewusste Abwägung der konfligierenden Interessen nicht mehr erwartet werden kann.[279] Sollte das einzelne Aufsichtsratsmitglied diesen Weg nicht beschreiten, bleibt dem Aufsichtsrat das Recht, die vorzeitige **Abberufung durch die Hauptversammlung** zu beantragen.[280] Die zum Teil angedachte Ergänzung des Stimmverbotes um ein **Teilnahmeverbot** an der Willensbildung erscheint nicht zielführend, da weiterhin eine Beeinflussung auch außerhalb der Sitzung möglich ist und die Anwesenheit sowie möglicherweise klärende Ausführungen des vom Stimmverbot betroffenen Aufsichtsratsmitglied durchaus sinnvoll sein können.[281]

78 Will man solchen Situationen vorbeugen, kann die Hauptversammlung die Satzung beschließen, die **bestimmte Personen von der Wählbarkeit** zum Aufsichtsratsmitglied **ausschließt.** Es werden daher mitunter Klauseln aufgenommen, die Personen, die in geschäftlichen Beziehungen zur Gesellschaft stehen oder näher bezeichnete Verbindungen zu Wettbewerbsunternehmen haben, ausschließen.[282]

79 **b) Vertreter der Anteilseigner.** Da das Aufsichtsratsmandat nur ein Nebenamt ist, kommt es in der Praxis häufig zu **Doppelmandaten.** Ein umfassendes allgemeines Wettbewerbsverbot wie für den Vorstand gibt es nicht.[283] Eine Exkulpation eines Aufsichtsratsmitgliedes, die Pflichterfüllung gegenüber der einen Gesellschaft rechtfertige die Pflichtverletzung gegenüber einer anderen, ist nicht möglich. Der DCGK enthält in Ziff. 5.4.2 Regelbeispiele, die die Unabhängigkeit von Aufsichtsräten konkretisieren. Danach darf es für das Erfordernis der Unabhängigkeit ua keine Beziehungen zu einem **kontrollierenden Aktionär** oder einem **mit diesem verbundenen Unternehmen** geben, die einen **wesentlichen und nicht nur vorübergehenden** Interessenkonflikt begründen können (→ § 107 Rn. 110). Damit hat sich die Regierungskommission im Wesentlichen von der EU-Kommissionsempfehlung vom 15.5.2005[284] leiten lassen Im Übrigen werden die Besonderheiten des Einzelfalles zu bewerten sein. Es sind stets die Interessen der Gesellschaft zu berücksichtigen, in der das Aufsichtsratsmitglied an der Entscheidung teilnimmt.[285] Dies gilt auch für Vertreter von Hoheitsträgern.[286] Als ultima ratio der Konfliktlösung kommt die Mandatsniederlegung in

---

277 BGH NZG 2013, 783.

278 *Kübler* AG-Sonderheft 8/1997, 48 (50); *Buchta/van Kann* DStR 2003, 1665 (1668).

279 *Lutter/Krieger/Verse* Rechte und Pflichten Rn. 897 ff.; *Buchta/van Kann* DStR 2003, 1665 (1668); *Dreher* JZ 1990, 896, 903.

280 OLG Hamburg AG 1990, 218; *Buchta/van Kann* DStR 2003, 1665 (1668).

281 *Dreher* JZ 1990, 896 (901).

282 BGHZ 39, 116 (117) für die GmbH.

283 Spindler/Stilz/*Spindler* Rn. 88.

284 Empfehlung der Kommission vom 15.5.2005 zu den Aufgaben von nicht geschäftsführenden Direktoren/Aufsichtsratsmitgliedern börsennotierter Gesellschaften sowie zu den Ausschüssen des Verwaltungs-/Aufsichtsrats, ABl. L 51; wobei die EU-Kommission die Beziehung zu mit dem Mehrheitsaktionär verbundenen Unternehmen unerwähnt lässt.

285 BGHZ 36, 296 (307).

286 OLG Hamburg WM 1990, 311; Spindler/Stilz/*Spindler* Rn. 93; KK-AktG/*Mertens/Cahn* Rn. 35.

Betracht.[287] Das gilt gleichermaßen für Vertreter öffentlich-rechtlicher Körperschaften sowie für Bankenvertreter.[288]

c) **Arbeitnehmervertreter.** Interessenkonflikte können insbesondere bei der Arbeitnehmerseite zB **bei Tarifverhandlungen** oder bei **Arbeitskämpfen** entstehen. Während die Teilnahme an Tarifverhandlungen auf Seiten der Gewerkschaften mit der Aufsichtsratstätigkeit vereinbar ist,[289] ist die aktive Mitwirkung am Arbeitskampf, wie zB der Aufruf zum Streik gegen das Unternehmen, als Verstoß gegen die Neutralitätspflicht anzusehen.[290] Die schlichte passive Streikbeteiligung ist zulässig.[291] In Betracht kommt in solchen Situationen ein Ausschluss der Arbeitnehmervertreter von der Sitzungsteilnahme nach § 109 (→ § 109 Rn. 15), sofern es um Beratung und Abstimmung über Angelegenheiten des Arbeitskampfes geht. 80

6. Pflichtverletzung. Die den Schadensersatzanspruch auslösende Pflichtverletzung kann auf einer Verletzung von Gesetz, Satzung oder Geschäftsordnung basieren. Die in diesem Zusammenhang zu nennenden Pflichten sind die zuvor behandelten Sorgfalts- (→ Rn. 13 ff.) und Treuepflichten (→ Rn. 53 ff.). Es müssen Pflichten sein, die für das Aufsichtsratsmitglied gegenüber der Gesellschaft gelten, wozu (explizit) auch die Pflichten gegenüber anderen Organen gehören.[292] Die Pflichtverletzung kann durch ein Tun oder Unterlassen eines Aufsichtsratsmitgliedes, alleine oder mit anderen Aufsichtsratsmitgliedern und/oder ggf. mit Vorstandsmitgliedern begangen werden. In der Regel liegt die Pflichtwidrigkeit in unterlassener ausreichender Überwachung der Vorstandsmitglieder, die ihrerseits pflichtwidrig handelten. Denkbar sind jedoch auch pflichtwidrige Zustimmungen zu schadensbegründenden Maßnahmen. 81

Auch folgende Konstellation kann haftungsbegründende Wirkung haben: ein ehemaliges Vorstandsmitglied wechselt in den Aufsichtsrat. Es trifft eine besondere Pflicht, die Kenntnisse seiner Arbeit im Unternehmen in das Gremium einfließen zu lassen und ggf. gegenzusteuern.[293] Ferner haftet der Aufsichtsrat für eine viel zu unkritische Prüfung eines Mietvertrages der Gesellschaft mit ihrem Vorstandsvorsitzenden sowie Unterzeichnung desselben ohne hinreichende Prüfung.[294] Auf jeden Fall empfiehlt es sich seine Überwachungstätigkeit, insbesondere Vor- und Nachbereitung der Sitzung sorgfältig zu dokumentieren.[295] 82

Die dem Aufsichtsrat zur retrospektiven Kontrolle zur Verfügung stehenden Instrumente sind die Informationsrechte nach § 90. Der Vorstand ist zur Berichterstattung verpflichtet (§ 90 Abs. 1 und 2). Der Aufsichtsrat und jedes einzelne Mitglied kann Bericht gemäß § 90 Abs. 3 verlangen. Dies verdichtet sich zu einer Pflicht, wenn die Berichterstattung unzureichend bzw. nicht plausibel ist oder sich Zweifel für den Informationsempfänger ergeben. Der Aufsichtsrat hat gemäß § 171 Abs. 1 die Möglichkeit, über Unregelmäßigkeiten direkt an die Hauptversammlung zu berichten bzw. die Hauptversammlung zu diesem Zwecke gemäß § 111 Abs. 3 einzuberufen (→ § 111 Rn. 69 f.). Ihm stehen weiter zur Vermeidung eigener Pflichtverletzung die **Organhaftungsansprüche** gegen den Vorstand – nach Abwägung des Gesellschaftsinteresses – sowie die Vorstandsabberufung aus wichtigem Grund zur Verfügung.[296] 83

7. Schaden. Durch die Pflichtverletzung (Ursachenzusammenhang) muss bei der Gesellschaft ein Schaden, dh ein **vermögensminderndes Ereignis** eingetreten sein. Nicht entscheidend ist in diesem Zusammenhang die Verminderung des Wertes des Unternehmensanteils (Kurswertminderung bei börsennotierten Unternehmen), da es auf den Schaden bei der Gesellschaft und nicht beim Aktionär ankommt. In der Regel wird der Schaden darin liegen, dass durch geschuldetes Eingreifen des Aufsichtsrates eine vom Vorstand zu verantwortende negative Entwicklung früher hätte gestoppt oder umgekehrt werden können und weitere Verluste hätten verhindert werden können, so dass es sehr entscheidend darauf ankommt, die vom Aufsichtsrat gebotene Maßnahme zu definieren.[297] Der Schaden ist auch dann eingetreten, wenn bei pflichtgemäßem Verhalten des Aufsichtsrates die Insol- 84

---

[287] BGH NJW 1980, 1629; MHdB AG/*Hoffmann-Becking* § 33 Rn. 65; *Lutter/Krieger/Verse* Rechte und Pflichten Rn. 900; *Potthoff/Trescher/Theisen* Rn. 237; *Korth* ZIP 2008, 717 (721); vgl. auch Ziff. 5.5.3 S. 2 DCGK für nicht nur vorübergehende Interessenkonflikte.
[288] *Korth* ZIP 2008, 717 (722).
[289] *Korth* ZIP 2008, 717 (721).
[290] *Potthoff/Trescher/Theisen* Rn. 940.
[291] *Korth* ZIP 2008, 717 (721); weitergehend GroßkommAktG/*Oetker* MitbestG § 26 Rn. 17.
[292] Spindler/Stilz/*Spindler* Rn. 126.
[293] *Winter* FS Hüffer, 2010, 1103 (1123 f.).
[294] OLG Frankfurt AG 2011, 462.
[295] *Bihr/Philippsen* DStR 2011, 1133 (1137).
[296] Vgl. auch *Thümmel* AG 2004, 83 (86).
[297] *Thümmel* AG 2004, 83 (86).

venz zu einem früheren Zeitpunkt eingetreten wäre und der Masseanspruch der Gläubiger größer gewesen wäre.[298] Das Aufsichtsratsmitglied trifft in analoger Anwendung des § 93 Abs. 2 S. 2 die Beweislast für fehlendes Verschulden, für die fehlende Pflichtwidrigkeit und dafür, dass der Schaden auch bei pflichtgemäßem Handeln eingetreten wäre.[299] Dies gilt **auch** in den **Fällen,** in denen das **Aufsichtsratsmitglied bereits ausgeschieden** ist. Das ehemalige Aufsichtsratsmitglied hat dann ein Recht auf Einsichtnahme in die relevanten Unterlagen[300] gemäß § 260 BGB. Mangels anderer Regelung trägt die Gesellschaft die Kosten der Auskunftserteilung.[301] Aufgrund der Verjährungsverschärfung bei börsennotierten Unternehmen und Kreditinstituten (→ Rn. 103) ist dieses Recht für den ehemaligen Aufsichtsrat noch wichtiger geworden.

85 **8. Kausales und schuldhaftes Handeln.** Wenn der nachgewiesenermaßen entstandene Schaden auch bei pflichtgemäßem Verhalten eingetreten wäre, kann das Aufsichtsratsmitglied **rechtmäßiges Alternativverhalten** einwenden (→ § 93 Rn. 262);[302] dies gilt jedoch nicht, wenn es um die Verletzung von Organisations-, Kompetenz- oder Verfahrensregeln geht.[303] Insbesondere wenn das Aufsichtsratsmitglied es pflichtwidrig unterlassen hat, andere Organwalter zu informieren, wird zu unterstellen sein, dass diese aufgrund dieser Information pflichtgemäß gehandelt hätten.[304]

86 Der Einwand des Aufsichtsratsmitgliedes auch ohne sein Zutun (Handeln oder Unterlassen) wäre der schädigende Erfolg eingetreten, ist unzulässig.[305] Beispielsweise bei Beschlussfassungen kann das Aufsichtsratsmitglied nicht einwenden, dass die Mehrheit auch ohne ihn erreicht worden sei und daher der durch die Beschlussfassung eintretende schädigende Erfolg auch ohne seine Mitwirkung entstanden wäre. In den Fällen, in denen ein Aufsichtsratsmitglied überstimmt wird, haftet es mangels Kausalität nicht für seine Stimmabgabe, jedoch dafür, dass es Maßnahmen unterlassen hat, die die Beschlussfassung oder deren Ausführung vermieden hätten.[306]

87 Die Haftung nach §§ 116, 93 setzt schuldhaftes Handeln voraus, das sich anhand eines **typisierten Maßstabs** (wie § 276 Abs. 1 S. 2 BGB) bestimmt und bei objektiv pflichtwidrigem Handeln in der Regel vorliegt (im Übrigen → § 93 Rn. 248 ff.),[307] da es in der Regel auch subjektiv zumutbar ist, eine ordentliche und gewissenhafte Überwachungsleistung zu erbringen,[308] so dass dem Tatbestandsmerkmal „Verschulden" in der Praxis relativ wenig Bedeutung zukommt. **Übernahmeverschulden** (→ Rn. 12), kann bei mangelnder Fachkompetenz des Aufsichtsratsmitgliedes vorliegen.[309] Die Nichtkenntnis der Rechtslage ist nur entschuldbar, wenn sofort zu handeln ist.[310] Der Vorsatz entfällt, wenn ein Aufsichtsratsmitglied glaubte, rechtmäßig zu handeln. Hier greift jedoch – bei Missachtung ordentlicher und gewissenhafter Sorgfalt – der Fahrlässigkeitsvorwurf ein, der auch nicht unter Berufung auf schlechte Vorhersehbarkeit des schädigenden Ereignisses ausgeräumt werden kann.[311] **Einfache Fahrlässigkeit** ist ausreichend.[312]

88 Die Haftung erstreckt sich nur auf eigenes Verschulden. **Mitverschulden anderer** Aufsichtsratsmitglieder im Rahmen des Gesamtschuldnerregresses ist jedoch im Rahmen des Gesamtschuldnerregresses **zu berücksichtigen.**[313] Einzelne für den Schaden verantwortliche Aufsichtsratsmitglieder haften nämlich als Gesamtschuldner auf die gesamte Höhe mit der Konsequenz des Anspruchs auf Ausgleich im Innenverhältnis (§ 426 BGB). Entscheidend für die Höhe des Befreiungs- oder Ausgleichsanspruchs ist entsprechend § 254 BGB das Maß des individuellen Verursachungs- und Verschuldensgrades. In den Fällen, in denen der Aufsichtsrat wegen der fehlenden Verhinderung einer Maßnahme des Vorstandes haftet, ist in der Regel der Verursachungs- und Verschuldensgrad der Vorstandsmitglieder höher. Ersatzansprüche, die die Gesellschaft gegen Dritte erlangt, sind in entsprechender Anwendung des § 255 BGB an das Aufsichtsratsmitglied abzutreten.[314]

---

298 LG Bielefeld BB 1999, 2630 – Balsam.
299 *Deilmann/Otte* BB 2011, 1291.
300 BGHZ 152, 280 (285); *Deilmann/Otte* BB 2011, 1291 (1293).
301 BGH NJW 1982, 1643 f.
302 MüKoAktG/*Habersack* Rn. 69a; KK-AktG/*Mertens/Cahn* Rn. 66; GroßkommAktG/*Hopt/Roth* Rn. 283.
303 GroßkommAktG/*Hopt/Roth* Rn. 283; Spindler/Stilz/*Spindler* Rn. 131.
304 LG Hamburg AG 1982, 41 (42 f.); KK-AktG/*Mertens* Rn. 60.
305 RGZ 161, 129 (141); *Habersack* ZSR 124 (2005) II, 533, 562.
306 MüKoAktG/*Habersack* Rn. 69a.
307 GroßkommAktG/*Hopt/Roth* Rn. 284; MüKoAktG/*Habersack* Rn. 70.
308 GroßkommAktG/*Hopt/Roth* Rn. 284; Spindler/Stilz/*Spindler* Rn. 132.
309 Spindler/Stilz/*Spindler* Rn. 132; KK-AktG/*Mertens/Cahn* Rn. 63; GroßkommAktG/*Hopt/Roth* Rn. 284.
310 Spindler/Stilz/*Spindler* Rn. 132; aA KK-AktG/*Mertens* § 93 Rn. 4.
311 Spindler/Stilz/*Spindler* Rn. 133.
312 GroßkommAktG/*Hopt/Roth* Rn. 284; MüKoAktG/*Semler,* 2. Aufl. 2004, Rn. 506.
313 MüKoAktG/*Habersack* Rn. 70.
314 OLG Jena ZIP 2007, 1314 (1319).

Haftungsfreistellungsvereinbarungen mit Dritten, wie zB der Abschluss von **D&O-Versicherungen** der Gesellschaft mit Versicherungsgesellschaften – auch unter Verzicht auf einen Selbstbehalt (§ 116 S. 1 nF nimmt die Anwendung von § 93 Abs. 2 S. 3 nF ausdrücklich aus) – sind **zulässig** (→ § 113 Rn. 22 f.).[315] Zu beachten ist jedoch, dass vorsätzliches Handeln den Versicherungsschutz ausschließt. Bedingter Vorsatz kann schon vorliegen, wenn das betroffene Vorstandsmitglied die Pflichtverletzung zwar nicht angestrebt hat, sich aber auch nicht ernsthaft um ihre Vermeidung bemüht hat.[316] 89

9. Anspruchsinhaber. a) Gesellschaft. Inhaber des Anspruchs gegen das/die Aufsichtsratsmitglied(er) ist die Gesellschaft, vertreten durch ihren Vorstand nach §§ 116 S. 1, 93 Abs. 2, wenn ersterer seine Aufsichtsratspflichten gegenüber der Gesellschaft verletzt.[317] Mit Ausnahme der actio pro socio für die vertraglich konzernierte oder eingegliederte AG nach §§ 310 Abs. 4, 323 Abs. 1 S. 2, 309 Abs. 4 und für die abhängige AG nach § 318 Abs. 4, 309 Abs. 4 sind Aktionäre **grundsätzlich** nur zur **Geltendmachung** von **Ansprüchen der Gesellschaft** nach § 148 befugt. Zuständig sind die ordentlichen Gerichte (auch für Klagen gegen Arbeitnehmervertreter), dh das Gericht des Sitzes der Gesellschaft als Gericht des Erfüllungsortes nach § 29 ZPO.[318] 90

Die ARAG/Garmenbeck-Entscheidung des BGH[319] (→ Rn. 21) gilt analog in den Fällen der Inanspruchnahme des Aufsichtsrates bzw. einzelner seiner Mitglieder. Liegen Anhaltspunkte für eine Haftung vor, muss der Vorstand Sachverhalt und Erfolgsaussichten einer Anspruchsgeltendmachung ermitteln. Von seiner Verpflichtung Ansprüche geltend zu machen ist er – wie um umgekehrten Fall der Geltendmachung von Ansprüchen gegen den Vorstand seitens des Aufsichtsrates – nur befreit, wenn überwiegend oder zumindest gleichwertige berechtigte Belange bestehen (→ Rn. 21, 39; → § 111 Rn. 41b).[320] Analog der Einsichtsrechte des Aufsichtsrates kann auch der Vorstand Einsicht in Aufsichtsratsprotokolle nehmen, soweit sie im Zusammenhang mit dem Kontrollanlass bestehen. 91

b) Aktionäre. Obwohl Aktionäre außer im Rahmen von konzernrechtlichen Sondervorschriften[321] direkt Ansprüche der Gesellschaft gegen Aufsichtsratsmitglieder lediglich im Rahmen von § 148 geltend machen können, haftet das Aufsichtsratsmitglied jedoch ggf. nach § 117 Abs. 1 S. 2 für einen über den reinen Reflexschaden hinausgehenden Eigenschaden des Aktionärs. Da der Aufsichtsrat genauso wie der Vorstand nur gegenüber der Gesellschaft zur Treue und Sorgfalt verpflichtet ist, stellen § 116, 93 **keine Schutzgesetze** iSd **§ 823 Abs. 2 BGB** dar. 92

Ein **Eingriff** in die Mitgliedschaft der Aktionäre kann vorliegen, wenn der Aufsichtsrat im Zusammenwirken mit dem Vorstand in die **mitgliedschaftlichen Rechte der Aktionäre** eindringt. Als Anspruchsgrundlagen kommen dann für die Aktionäre §§ 823 Abs. 1, 1004 BGB in Betracht. Denkbar scheinen solche Sachverhalte bei Zustimmungsbeschlüssen des Aufsichtsrates zu Handlungen des Vorstandes, die nicht mehr vom satzungsgemäßen Unternehmensgegenstand erfasst sind oder unter die „Gelatine"-Rechtsprechung fallen.[322] Eine die Schädigung der Gesellschaft reflektierende Minderung des Anteilswertes stellt für sich alleine noch keinen Schadensersatzanspruch auslösenden Eingriff in die Mitgliedschaft dar.[323] Ähnlich sind die Fälle der Mitwirkung des Aufsichtsrates an einem rechtswidrigen Bezugsrechtsausschluss der Aktionäre nach § 194 Abs. 1 S. 2 zu behandeln. 93

c) Dritte. Ebenso wenig ist eine Haftung von Aufsichtsratsmitgliedern gegenüber Dritten der Regelfall, da es am Schutzgesetzcharakter der §§ 116, 93 mangelt. Aufsichtsratsmitglieder unterliegen jedoch der **Haftung** nach **§§ 823 Abs. 2, 826 BGB,** soweit sie ein Schutzgesetz verletzen oder Dritte in vorsätzlicher und sittenwidriger Weise schädigen. Dies wurde von der Rechtsprechung bestätigt. So hat das OLG Düsseldorf die Schadensersatzpflicht für den Fall bejaht, in dem das Aufsichtsratsmitglied strafbares oder sittenwidriges Verhalten des Vorstandes vorsätzlich veranlasst oder aktiv unterstützt.[324] Danach kommt die Haftung insbesondere in Betracht, wenn der Vorstand sittenwidrig oder strafbar im Zusammenhang mit einer Kapitalerhöhung handelt, da der Aufsichtsrat gemäß § 202 Abs. 3 S. 2 im Rahmen des genehmigten Kapitals und gemäß § 184 bei der Anmeldung der Kapitalerhöhung zum Handelsregister mitwirkt. Das OLG Karlsruhe sprach Anlegern einer Fondgesellschaft Schadensersatzansprüche zu, da der Aufsichtsratsvorsitzende psychische Beihilfe zum 94

[315] Spindler/Stilz/*Spindler* Rn. 184.
[316] *Hasselbach* NZG 2012, 41 (47).
[317] BGH NJW-RR 1986, 1158 (1159); OLG Düsseldorf AG 2008, 666.
[318] KK-AktG/*Mertens/Cahn* § 93 Rn. 9; GroßkommAktG/*Hopt* § 93 Rn. 452.
[319] BGH NJW 1997, 1926.
[320] *Lutter/Krieger/Verse* Rechte und Pflichten Rn. 1013; *Thum* NZG 2010, 1087.
[321] MüKoAktG/*Habersack* Rn. 77.
[322] BGHZ 149, 30.
[323] MüKoAktG/*Habersack* Rn. 78.
[324] OLG Düsseldorf AG 2008, 666; MüKoAktG/*Semler,* 2. Aufl. 2004, Rn. 745.

Betrug des Vorstands geleistet hatte.[325] In Betracht kommen in der Praxis Sachverhalte im Zusammenhang mit der Insolvenzverschleppung des Vorstandes sowie die fehlerhafte Entsprechenserklärung nach § 161.

95 Vorgänge im Zusammenhang mit der **kapitalmarktrechtlichen ad hoc-Veröffentlichungspflicht**[326] sowie der börsenrechtlichen Prospekthaftung liegen in der **Sphäre des Vorstandes.** Die Pflicht des Aufsichtsrates konzentriert sich auf die Überwachung des diesbezüglichen rechtmäßigen Verhaltens des Vorstandes. Eigene Erklärungspflichten des Aufsichtsrates bestehen insofern nicht (Ausnahme: § 15a WpHG aF begründet zwar den Aufsichtsrat auch zum Erklärungsverpflichteten; die Norm hat jedoch keinen Schutzgesetzcharakter iSd § 823 Abs. 2).[327]

96 **10. Zurechnung von Fehlverhalten nach § 31 BGB.** Die Gesellschaft muss sich das Verschulden eines Aufsichtsratsmitgliedes nach § 31 BGB zurechnen lassen,[328] Ihre Haftung gegenüber Dritten kommt nur dann in Betracht, wenn das Aufsichtsratsmitglied im Zusammenhang mit seiner Amtstätigkeit eine Handlung oder Unterlassung gegenüber dem Gläubiger vorgenommen hat. Im Wesentlichen wird es sich dabei um **Vertretungs-** oder **Repräsentationsverhalten** (→ § 107 Rn. 54) des Aufsichtsratsmitgliedes handeln.[329] Im Schrifttum genannte Beispielsfälle sind die kapitalmarktrechtliche Schadensersatzhaftung,[330] drittschädigende Äußerungen zB des Aufsichtsratsvorsitzenden[331] sowie die Fälle des § 400 (unrichtige Darstellung der Verhältnisse der Gesellschaft), § 404 (Verletzung von Geheimhaltungspflichten), § 331 HGB (falsche Darstellung in Eröffnungsbilanz, Jahresabschlüssen oder Lageberichten, Auskünfte an den Abschlussprüfer) genannt[332] Nicht ausreichend für die Haftung der Gesellschaft ist eine Überwachungspflichtverletzung des Aufsichtsratsmitgliedes oder die Zustimmung zu einer Vorstandsmaßnahme im Rahmen des § 111 Abs. 4 S. 2 (→ § 111 Rn. 75).[333]

97 **Streitig** ist, **ob** neben dem Aufsichtsratsmitglied auch **Drittgesellschaften,** die die Wahl eines Repräsentanten im Aufsichtsrat veranlassen oder einen solchen entsenden, **für ein Fehlverhalten „ihres" Aufsichtsratsmitgliedes** nach § 31 BGB iVm §§ 116 S. 1, 93 Abs. 2 **haften.** Dies ist mit dem BGH abzulehnen,[334] da das Aufsichtsratsmitglied zur unabhängigen und weisungsfreien Amtsführung verpflichtet und dem Unternehmensinteresse der Gesellschaft und nicht dem Interesse der entsendenden Körperschaft verpflichtet ist.[335] Die Gegenmeinung,[336] wonach die Entsendegesellschaft haftet, wenn das entsandte Mitglied den Interessen der abordnenden Gesellschaft den Vorrang gibt, verkennt, dass das Aktiengesetz das Aufsichtsratsmandat als persönliches Mandat ausgestaltet hat. Überlegungen, wonach sich das entsandte Aufsichtsratsmitglied als Organ der abordnenden Gesellschaft sieht oder wonach es als Organ beider Gesellschaften (der abordnenden und der aufnehmenden) angesehen wird, gehen fehl. § 31 BGB regelt lediglich die Zurechnung der Haftung, begründet sie jedoch nicht.[337]

II. Haftung analog § 93 Abs. 3–6

98 **1. § 93 Abs. 3 analog (Sondertatbestände).** Als besonders schwere Fälle der Pflichtverletzung sieht der Gesetzgeber die Verwirklichung der Tatbestände des § 93 Abs. 3 durch den Vorstand.[338] Den Aufsichtsrat trifft hier eine besondere Pflicht dies zu vermeiden.[339]

99 Hinsichtlich der Beweissituation gilt die Besonderheit, dass aufgrund der Schwere der Verstöße eine **Schadensvermutung** eintritt, so dass das Aufsichtsratsmitglied den Beweis erbringen muss,

325 OLG Karlsruhe AG 2008, 900 (902).

326 BGHZ 160, 134 (149) = NJW 2004, 2664; BGH NZG 2007, 269 = ZIP 2007, 326.

327 Assmann/Schneider/*Sethe* WpHG § 15a Rn. 114.

328 KK-AktG/*Mertens/Cahn* Rn. 83; GroßkommAktG/*Hopt/Roth* Rn. 320; MüKoBGB/*Reuter* § 31 Rn. 20 ff.; *Kau/Kukat* BB 2000, 1045 (1049).

329 MüKoAktG/*Habersack* Rn. 82.

330 *Fleischer/Kalss* AG 2002, 329 ff.

331 GroßkommAktG/*Hopt/Roth* Rn. 320; zum Vorstandsvorsitzenden OLG München NJW 2004, 226.

332 *Kau/Kukat* 2000, 1045 (1049).

333 MüKoAktG/*Habersack* Rn. 81; GroßkommAktG/*Hopt/Roth* Rn. 320.

334 BGHZ 90, 381 f. (397 f.) = NJW 1984, 1893; BGHZ 36, 296 (309 ff.) = NJW 1962, 864; für das entsandte Vorstandsmitglied aber auch BGH JZ 1987, 781 mAnm *Wiedmann*; iErg so KK-AktG/*Mertens/Cahn* Rn. 84.

335 LG München I NZI 2007, 609; MüKoAktG/*Semler*, 2. Aufl. 2004 § 101 Rn. 107.

336 KK-AktG/*Mertens/Cahn* Rn. 84, Vor § 95 Rn. 15; GroßkommAktG/*Hopt/Roth* Rn. 322; *Ulmer* FS Stimpel, 1985, 705 (718, 721); nur ausnahmsweise für Zurechnung Spindler/Stilz/*Spindler* Rn. 208.

337 MüKoAktG/*Habersack* Rn. 83 mwN.

338 Hierzu BGH WM 2008, 784 (786 f.); zum Inhalt der Pflicht zum Schadensersatz OLG Hamm BeckRS 2008, 6654; OLG Düsseldorf AG 2013, 171.

339 Spindler/Stilz/*Spindler* Rn. 141; MüKoAktG/*Semler*, 2. Aufl. 2004, Rn. 518.

dass trotz Pflichtverletzung der Gesellschaft kein Schaden entstanden ist.[340] Nachzuweisen hat es, dass eine Schädigung der Gesellschaft als Folge der Pflichtverletzung nicht möglich ist.[341] Da § 93 Abs. 3 als eigene Anspruchsgrundlage anzusehen ist,[342] erfolgt die Ersatzpflicht des über den Fehlbetrag hinausgehenden Schadens mit den gleichen Erleichterungen des Abs. 3;[343] dies gilt jedoch nicht für die Schadensvermutung.[344]

2. § 93 Abs. 4 S. 1 anlog (Hauptversammlungsbeschluss). Eine Besonderheit für die Aufsichtsratshaftung ergibt sich jedoch aus der Verweisung auf § 93 Abs. 4 S. 1. Zwar ist grundsätzlich auch für den Aufsichtsrat die Haftung nach § 116 S. 1 ausgeschlossen, wenn die schadensbegründende Handlung auf einem **gesetzmäßigen Beschluss der Hauptversammlung** beruht. Es ist jedoch zu berücksichtigen, dass der Aufsichtsrat nicht wie etwa der Vorstand nach § 83 Abs. 2 verpflichtet ist, die Beschlüsse der Hauptversammlung auszuführen; hinzu kommt, dass die Haftungsausnahme einen gesetzmäßigen Hauptversammlungsbeschluss voraussetzt, so dass die Anwendung dieser Norm regelmäßig nicht in Betracht kommt.[345] Anders verhält es sich jedoch, wenn die Hauptversammlung gemäß § 147 Abs. 1 beschließt, Ersatzansprüche gegen Vorstandsmitglieder geltend zu machen. Im umgekehrten Fall jedoch (Hauptversammlung beschließt, nicht gegen den Vorstand vorzugehen) wird der Aufsichtsrat nicht von der eigenen Verantwortung befreit, er bleibt vielmehr zur Anspruchsverfolgung grundsätzlich verpflichtet.[346] 100

3. § 93 Abs. 4 S. 3 analog (Verzicht und Vergleich). Vergleiche, Verzichte oder **sonstige Rechtsgeschäfte,** einschließlich entsprechender prozessualer Handlungen, die den Anspruch der Gesellschaft gegenüber dem Aufsichtsratsmitglied schmälern, sind an die Voraussetzungen des § 93 Abs. 4 S. 3 gebunden.[347] Danach sind solche Vereinbarungen mit dem Aufsichtsratsmitglied nur mit Zustimmung der Hauptversammlung wirksam und zwar frühestens drei Jahre nach Entstehen des Anspruches.[348] Diese Zeitspanne wird damit begründet, dass sich die Auswirkungen der schädigenden Handlung meist nicht gleich voll überblicken lassen.[349] Die Hauptversammlung ist einzubinden, um kollusivem Verhalten zwischen Vorstand und Aufsichtsrat entgegenzuwirken.[350] Eine Minderheit von 10% des vorhandenen Grundkapitals darf dem nicht widersprochen haben. Bei der Vorbereitung des Hauptversammlungsbeschlusses hat der Aufsichtsrat darauf zu achten, dass er den **Sachverhalt hinlänglich aufgeklärt hat** und sachgemäße Erwägungen bei der Ausarbeitung des Vergleichsvorschlags anstellt, ansonsten ist er zum Schadensersatz nach S. 1 iVm § 93 Abs. 2 AktG verpflichtet.[351] Eine Haftungsfreistellung des Aufsichtsratsmitgliedes im Innenverhältnis durch einen Aktionär kann als zulässig erachtet werden.[352] Der Abschluss eines Schiedsvertrages zwischen Aufsichtsrat und Gesellschaft binnen drei Jahren ist entgegen der hM für zulässig zu erachten, da er keine materielle Wirkung auf den Schadensersatzanspruch hat und sich nur auf das Verfahren bezieht.[353] Verstöße gegen § 93 Abs. 4 S. 3 führen zur Nichtigkeit. In Insolvenzsituationen kann die Dreijahresfrist gemäß § 93 Abs. 4 S. 4 entfallen. 101

4. § 93 Abs. 5 analog (Verfolgung der Ansprüche der Gläubiger). Die Anwendung von Abs. 5 analog, wonach **Gläubiger** der Gesellschaft, wenn sie von dieser keine Befriedigung erlangen können und die Handlung/Unterlassung – außer in den Fällen des Abs. 3 – grob fahrlässig war, **direkt ein Klagerecht** in eigenem Namen und auf Zahlung an sich **gegen das Aufsichtsratsmitglied** geltend machen können, ist in der Praxis nicht sehr relevant geworden, da in der Insolvenz der Gesellschaft der Insolvenzverwalter die Ansprüche der Gesellschaft geltend macht. Wird die 102

[340] RGZ 149, 211; LG Bochum ZIP 1989, 1557 (1558 f.); GroßkommAktG/*Hopt/Roth* § 93 Rn. 235; Spindler/Stilz/*Spindler* Rn. 143.

[341] RGZ 159, 211.

[342] GroßkommAktG/*Hopt/Roth* § 93 Rn. 233; Hüffer/*Koch* § 93 Rn. 69; Spindler/Stilz/*Spindler* Rn. 142.

[343] Spindler/Stilz/*Spindler* Rn. 146.

[344] GroßkommAktG/*Hopt/Roth* § 93 Rn. 238.

[345] MüKoAktG/*Habersack* Rn. 71; GroßkommAktG/*Hopt/Roth* Rn. 295; Spindler/Stilz/*Spindler* Rn. 159; aA *Canaris* ZGR 1978, 207 (209).

[346] GroßkommAktG/*Hopt/Roth* Rn. 295.

[347] Spindler/Stilz/*Spindler* Rn. 161.

[348] Vgl. dazu auch *Harbarth/Höfer* NZG 2016, 686 (688 f.).

[349] AllgM, Hüffer/*Koch* § 93 Rn. 76; KK-AktG/*Mertens/Cahn* § 93 Rn. 164; Spindler/Stilz/*Spindler* Rn. 161.

[350] GroßkommAktG/*Hopt/Roth* § 93 Rn. 354; Hüffer/*Koch* § 93 Rn. 78; KK-AktG/*Mertens/Cahn* § 93 Rn. 161; Spindler/Stilz/*Spindler* Rn. 163.

[351] KK-AktG/*Mertens/Cahn* § 93 Rn. 163; *Fleischer* AG 2015, 133 (136).

[352] Spindler/Stilz/*Spindler* Rn. 170; MüKoAktG/*Habersack* Rn. 74; aA *Westermann* FS Beusch, 1993, 871 (885 ff.).

[353] Spindler/Stilz/*Spindler* Rn. 162; MüKoAktG/*Habersack* Rn. 4; aA hM: MüKoAktG/*Semler,* 2. Aufl. 2004, Rn. 567; *Mertens* FS Fleck, 1988, 209 (211).

Eröffnung des Insolvenzverfahrens abgelehnt, fehlt den Gläubigern häufig die erforderliche Kenntnis, um ihre Ansprüche substantiiert vorzutragen.[354]

103 **5. § 93 Abs. 6 analog (Verjährung).** Ansprüche der Gesellschaft oder ihrer Gläubiger gegen das Aufsichtsratsmitglied verjähren seit dem Inkrafttreten des Restrukturierungsgesetzes (BGBl. I S. 2010, 1900 ff.) zum 1.1.2011 bei börsennotierten Gesellschaften und Kreditinstituten in 10 Jahren, bei allen anderen Gesellschaften in **fünf Jahren.**[355] Dies ergibt sich aus der Verweisung des § 116 auf § 93 Abs. 6 und Abs. 5; dies gilt nach hM als unabdingbar.[356] Die Verjährungsfrist beginnt zunächst mit dem Entstehen des Anspruchs.[357] Bei der Verjährung gibt es keine Besonderheiten für das Aufsichtsratsmitglied, so dass auf die Ausführungen zu § 93 Abs. 6 verwiesen wird.

D. Abdingbarkeit

104 Die Vorschrift sowie der in Bezug genommene § 93 sind **zwingend.** Eine Verminderung oder Verschärfung der Haftung in Satzung oder in Geschäftsordnung ist nicht zulässig.[358] Zulässig ist jedoch die Konkretisierung zB der Verschwiegenheitspflicht.

E. Beweislast und Sonstiges

105 Die **Beweislast** hinsichtlich der **Pflichtverletzung** und des Verschuldens liegt nach §§ 116, 93 Abs. 2 S. 2 **beim Aufsichtsratsmitglied.**[359] Die Gesellschaft hat lediglich zu beweisen, dass ein Schaden eingetreten ist und dieser möglicherweise auf Tun oder Unterlassen des Aufsichtsrates beruht.[360] Weist die Gesellschaft den Schaden nach, muss das Aufsichtsratsmitglied das Fehlen der Pflichtverletzung und das mangelnde Verschulden nachweisen.[361] Hierbei wird man mit der Rechtsprechung[362] davon ausgehen müssen, dass die Gesellschaft auch Umstände darlegen und beweisen muss, aus denen sich zumindest der Anschein ergibt, dass das Verhalten des Aufsichtsratsmitgliedes pflichtwidrig sein könnte. Mit dieser Beweislastumkehr trifft den Aufsichtsrat eine deutliche **Haftungsverschärfung.**[363] Wegen des zwingenden Charakters der Vorschrift (→ Rn. 104) sind auch vertragliche Änderungen nicht zulässig.[364] Der Entlastungsbeschluss der Hauptversammlung (§ 120) enthält weder einen Anspruchsverzicht noch ändert er die Beweislast.[365] Gewisse Beweis- und Darlegungserleichterungen kann es in dem Fall geben, in dem sich der Anspruch gegen ein bereits ausgeschiedenes Aufsichtsratsmitglied richtet, dem treuwidrig von der Gesellschaft Verteidigungs- oder Entlastungsmaterial, zB Sitzungsprotokolle, vorenthalten wird.[366]

106 In den letzten Jahren sind auch die Strafbarkeitsvorwürfe, insbesondere Untreuevorwürfe (§ 266 StGB) gegen Aufsichtsratsmitglieder stärker in den Mittelpunkt getreten. Mittlerweile wird es als pflichtwidrig iSv § 266 StGB angesehen, wenn ein Aufsichtsratsmitglied „es im Rahmen seiner Überwachungstätigkeit unterlässt den Vorstand etwa von Schmiergeldzahlungen, Kartellierungen, der Einrichtung sog. schwarzer Kassen bzw. sonstigem gesetzwidrigem Verhalten abzubringen".[367] Es muss nach dem BGH[368] ein gravierender oder grober Pflichtverstoß vorliegen. Bei Kenntnis von

[354] Spindler/Stilz/*Spindler* Rn. 189; *Semler* AG 1983, 81 ff.

[355] *Peiniger* Der Aufsichtsrat 2011, 36 f.

[356] Spindler/Stilz/*Spindler* Rn. 176; KK-AktG/*Mertens/Cahn* § 93 Rn. 199; GroßkommAktG/*Hopt* § 93 Rn. 432; MüKoAktG/*Semler*, 2. Aufl. 2004, Rn. 673; für Zulässigkeit individualvertraglicher Verjährungsabreden *Fleischer* AG 2014, 457 (461, 462).

[357] Vgl. zu weiteren Einzelheiten Spindler/Stilz/*Spindler* Rn. 180; *Fleischer* AG 2014, 457 (460).

[358] MüKoAktG/*Habersack* Rn. 4 mwN.

[359] OLG Stuttgart BeckRS 2012, 14126; *Lutter/Krieger/Verse* Rechte und Pflichten Rn. 1021; *Goette* ZGR 1995, 648 ff.

[360] OLG Stuttgart BeckRS 2012, 14126; vgl. LG München I NZI 2007, 609 = BeckRS 2007, 11876.

[361] BGHZ DStR 2003, 124 (125); Hüffer/*Koch* § 93 Rn. 53; *Buchta/van Kann* DStR 2003, 1665 (1669).

[362] OLG Nürnberg NZG 2015, 555 m. Bespr. *Lenz* jurisPR HaGesR 5/2015 Anm. 13; *Talaska* AG 2015, 118 f.

[363] *Thümmel* DB 1997, 261 ff.; *ders.* DB 1999, 885 ff.

[364] Spindler/Stilz/*Spindler* Rn. 135.

[365] Spindler/Stilz/*Spindler* Rn. 138; GroßkommAktG/*Hopt/Roth* Rn. 290; MüKoAktG/*Semler*, 2. Aufl. 2004, Rn. 517.

[366] Spindler/Stilz/*Spindler* Rn. 139; GroßkommAktG/*Hopt/Roth* Rn. 290; *Rieger* FS Peltzer, 2001, 339 (351).

[367] *Brand/Petermann* WM 2012, 62 (63); *Wagner/Spermann* NZG 2015, 945 (947).

[368] BGH NZG 2002, 471; *Seibt/Schwarz* AG 2010, 301 (310 ff.); *Witte/Indenduck* BB 2014, 2565 (2566); aA BGHSt NZG 2006, 141.

drohenden oder bestehenden Pflichtverstößen haben Aufsichtsratsmitglieder eine Garantenstellung bezüglich der betreffenden Vorstandsmitglieder. Die Aufsichtsratsmitglieder müssen zur Vermeidung oder Behebung von Pflichtverstößen auf diese einwirken.[369] Ansonsten machen sie sich der psychischen Beihilfe strafbar.[370] Weitere Beispielsfälle für Missbrauchsuntreue sind die Festlegung der Vorstandsbezüge (§ 87 iVm § 112), die vorfristige Vertragsverlängerung beschuldigter Organverwalter sowie die unterlassene Geltendmachung von Schadensersatzansprüchen.[371] Ein Restrisiko von Strafbarkeit wegen Untreue besteht auch in den Fällen, in denen der Aufsichtsrat die Übernahme einer Geldsanktion durch die Gesellschaft gegenüber einem oder mehreren Vorstandsmitgliedern, ggf. auch mit Zustimmung der Hauptversammlung, beschlossen hat.[372] Im Übrigen kann solange nicht über die Haftung des Aufsichtsrates entschieden werden wie nicht über die Haftung des Vorstandes entschieden ist.[373]

Dritter Abschnitt. Benutzung des Einflusses auf die Gesellschaft

§ 117 Schadenersatzpflicht

(1) [1]Wer vorsätzlich unter Benutzung seines Einflusses auf die Gesellschaft ein Mitglied des Vorstands oder des Aufsichtsrats, einen Prokuristen oder einen Handlungsbevollmächtigten dazu bestimmt, zum Schaden der Gesellschaft oder ihrer Aktionäre zu handeln, ist der Gesellschaft zum Ersatz des ihr daraus entstehenden Schadens verpflichtet. [2]Er ist auch den Aktionären zum Ersatz des ihnen daraus entstehenden Schadens verpflichtet, soweit sie, abgesehen von einem Schaden, der ihnen durch Schädigung der Gesellschaft zugefügt worden ist, geschädigt worden sind.

(2) [1]Neben ihm haften als Gesamtschuldner die Mitglieder des Vorstands und des Aufsichtsrats, wenn sie unter Verletzung ihrer Pflichten gehandelt haben. [2]Ist streitig, ob sie die Sorgfalt eines ordentlichen und gewissenhaften Geschäftsleiters angewandt haben, so trifft sie die Beweislast. [3]Der Gesellschaft und auch den Aktionären gegenüber tritt die Ersatzpflicht der Mitglieder des Vorstands und des Aufsichtsrats nicht ein, wenn die Handlung auf einem gesetzmäßigen Beschluß der Hauptversammlung beruht. [4]Dadurch, daß der Aufsichtsrat die Handlung gebilligt hat, wird die Ersatzpflicht nicht ausgeschlossen.

(3) Neben ihm haftet ferner als Gesamtschuldner, wer durch die schädigende Handlung einen Vorteil erlangt hat, sofern er die Beeinflussung vorsätzlich veranlaßt hat.

(4) Für die Aufhebung der Ersatzpflicht gegenüber der Gesellschaft gilt sinngemäß § 93 Abs. 4 Satz 3 und 4.

(5) [1]Der Ersatzanspruch der Gesellschaft kann auch von den Gläubigern der Gesellschaft geltend gemacht werden, soweit sie von dieser keine Befriedigung erlangen können. [2]Den Gläubigern gegenüber wird die Ersatzpflicht weder durch einen Verzicht oder Vergleich der Gesellschaft noch dadurch aufgehoben, daß die Handlung auf einem Beschluß der Hauptversammlung beruht. [3]Ist über das Vermögen der Gesellschaft das Insolvenzverfahren eröffnet, so übt während dessen Dauer der Insolvenzverwalter oder der Sachwalter das Recht der Gläubiger aus.

(6) Die Ansprüche aus diesen Vorschriften verjähren in fünf Jahren.

(7) Diese Vorschriften gelten nicht, wenn das Mitglied des Vorstands oder des Aufsichtsrats, der Prokurist oder der Handlungsbevollmächtigte durch Ausübung
1. der Leitungsmacht auf Grund eines Beherrschungsvertrags oder
2. der Leitungsmacht einer Hauptgesellschaft (§ 319), in die die Gesellschaft eingegliedert ist,
zu der schädigenden Handlung bestimmt worden ist.

Schrifttum: *Brüggemeier,* Die Einflußnahme auf die Verwaltung einer Aktiengesellschaft, AG 1988, 93; *Kort,* Die Haftung des Einflußnehmers auf Kapitalgesellschaften in ausländischen Rechtsordnungen – Vorbild für ein neues Verständnis von § 117 AktG?, AG 2005, 453.

---

[369] OLG Karlsruhe BeckRS 2008, 20896 Rn. 432.
[370] OLG Karlsruhe BeckRS 2008, 20896 Rn. 432 ff.; OLG Braunschweig NZG 2012, 1196.
[371] Vgl. *Brammsen* ZIP 2009, 1504 (1508 ff.).
[372] *Talaska* AG 2015, 118 f.
[373] OLG Frankfurt AG 2008, 897 (898).

Übersicht

I. Normzweck und Rechtsnatur

1 Die aktienrechtliche Haftungsklausel[1] des § 117 soll die Gesellschaft dagegen schützen, dass Dritte ihren Einfluss auf herausgehobene Verwaltungsmitglieder zum Schaden der Gesellschaft ausnutzen. Die Norm bezweckt damit die Integrität des Verwaltungshandelns sowie den Schutz des Gesellschaftsvermögens durch die Anordnung eines entsprechenden Schadensausgleichs, schließlich den Schutz der Aktionäre, soweit von ihnen erlittener Schaden nicht durch eine Schadensersatzleistung in das Gesellschaftsvermögen ausgeglichen werden kann.[2] Nach seiner Entstehungsgeschichte und Textfassung ist § 117 ein besonderer Tatbestand des **Deliktsrechts.**[3] Soweit die schädliche Einflussnahme von einem Aktionär ausgeht, kann dessen Haftung heute auch aufgrund einer Verletzung seiner mitgliedschaftlicher Treuepflicht konzipiert werden.[4] – § 117 Abs. 5 S. 3 wurde mit Wirkung zum 1.1.1999 neu gefasst.[5] In § 117 Abs. 7 wurde im Rahmen des UMAG die Sonderregelung über die Haftungsprivilegierung des Großaktionärs für die Stimmrechtsausübung gestrichen.[6]

II. Haftung wegen schädigender Beeinflussung (Abs. 1)

2 **1. Objektiver Tatbestand.** Adressat des § 117 ist nicht nur jeder Aktionär, sondern **jedermann,** also auch Dritte wie Lieferanten und Kreditgeber.[7] Auch die Mitglieder von Vorstand und Aufsichtsrat kommen als Haftende in Betracht, wenn sie andere Verwaltungsmitglieder oder Prokuristen und Handlungsbevollmächtigte zu einer Handlung iSd Abs. 1 (→ Rn. 4) bestimmen.[8] In diesem Fall entsteht auch eine Haftung nach § 93 oder § 116.

3 Der Haftende muss einen **Einfluss auf die Gesellschaft** haben. Der Einfluss muss nicht gesellschaftsrechtlich vermittelt sein;[9] es genügt jeder Einfluss, der nach Art und Intensität geeignet ist, Führungspersonen der Gesellschaft zu einem schädigenden Handeln zu bestimmen.[10] Dies kann der unmittelbare Einfluss auf die Gesellschaft als Großaktionär, aber auch ein eher mittelbarer Einfluss aufgrund einer sonstigen Machtstellung (Lieferant, Kreditgeber etc) oder aufgrund des Einflusses auf den Vorstand oder einen Großaktionär sein. Des Weiteren kommt die Einflussnahme auf die Arbeitnehmervertreter im Aufsichtsrat durch andere Arbeitnehmer oder Gewerkschaften in Betracht.[11] Auch eine sich erst abzeichnende Aktienübernahme kann dem künftigen Aktionär bereits Einfluss verschaffen, wenn sich der Vorstand im konkreten Fall auf dessen Wünsche einstellt.[12]

[1] So die treffende Kapitelüberschrift bezüglich § 117 bei *Würdinger,* Aktienrecht und das Recht der verbundenen Unternehmen, 4. Aufl. 1981, § 31, 155; ebenso *Raiser/Veil* KapGesR § 11 Rn. 57.

[2] Hüffer/*Koch* Rn. 1.

[3] BGH NJW 1992, 3167 (3172); Hüffer/*Koch* Rn. 2; Schmidt/Lutter/*Hommelhoff/Witt* Rn. 2; MüKoAktG/*Spindler* Rn. 4; MüKoBGB/*Wagner* 6. Aufl. 2013 § 826 Rn. 145.

[4] BGH NJW 1992, 3167 (3172); Hüffer/*Koch* Rn. 2; Schmidt/Lutter/*Hommelhoff/Witt* Rn. 2; MüKoAktG/*Spindler* Rn. 6.

[5] Art. 47 Nr. 6 EGInsO (BGBl. 1994 I S. 2911).

[6] Art. 1 Nr. 3 UMAG (BGBl. 2005 I S. 2802) – dazu auch *Baums* (Hrsg.), Bericht der Regierungskommission Corporate Governance, 2001, Rn. 164.

[7] MHdB AG/*Wiesner* § 27 Rn. 2.

[8] *v. Godin/Wilhelmi* Anm. 3, 11; Hüffer/*Koch* Rn. 3; KK-AktG/*Koppensteiner* Vor § 311 Rn. 33; MüKoAktG/*Spindler* Rn. 15, 18; MHdB AG/*Wiesner* § 27 Rn. 2.

[9] MüKoAktG/*Spindler* Rn. 16.

[10] Hüffer/*Koch* Rn. 3.

[11] *v. Godin/Wilhelmi* Anm. 3; MüKoAktG/*Spindler* Rn. 10; *Würdinger,* Aktienrecht und das Recht der verbundenen Unternehmen, 4. Aufl. 1981, § 31, 155.

[12] MüKoAktG/*Spindler* Rn. 17.

Weitere Voraussetzung ist, dass dieser Einfluss benutzt wird, um ein Mitglied des Vorstands, des Aufsichtsrats, einen Prokuristen (§§ 48 ff. HGB) oder einen Handlungsbevollmächtigten (§ 54 HGB) zu einem Handeln zu bestimmen. Dabei genügt jede Form der **Benutzung des Einflusses;** anstelle des früheren „Ausnutzen" (so noch § 101 Abs. 1 AktG 1937) spricht das Gesetz heute von „benutzen", womit klargestellt wird, dass kein über das Verleiten zu gesellschaftsschädlichem Handeln hinaus anstößiges, missbräuchliches oder unehrenhaftes Verhalten erforderlich ist.[13] Der Einfluss muss in der Weise benutzt werden, dass unmittelbar oder mittelbar ein Mitglied des Vorstandes oder des Aufsichtsrats, ein Prokurist oder ein Handlungsbevollmächtigter bestimmt wird, zum Schaden der Gesellschaft oder ihrer Aktionäre zu handeln. Es muss also ein **Ursachenzusammenhang** zwischen der Benutzung des Einflusses und der Entschließung des Handelnden bestehen,[14] wobei es genügt, dass die Einflussnahme mitursächlich für das fragliche Handeln ist.[15] 4

Aus dem Handeln des Beeinflussten muss ein **Schaden der Gesellschaft** oder ihrer Aktionäre hervorgehen. Schaden ist dabei jede Vermögensminderung einschließlich entgangener Gewinne.[16] Auch diesbezüglich ist Kausalität erforderlich.[17] – Zu den ersatzfähigen Schäden der Aktionäre → Rn. 9. 5

2. Rechtswidrigkeit. Eine Haftung nach § 117 Abs. 1 setzt des Weiteren eine Rechtswidrigkeit der Einflussnahme voraus. Dies folgt aus der deliktsrechtlichen Natur des Anspruchs und ist dem Grunde nach unstreitig.[18] Unterschiedlich wird aber beurteilt, wann die Verleitung rechtswidrig ist.[19] Vorzugswürdig erscheint, dass die Tatbestandsmäßigkeit eines Handelns im Ergebnis nicht bereits dessen Rechtswidrigkeit indiziert; vielmehr muss die Rechtswidrigkeit durch eine **Interessenabwägung** positiv festgestellt werden, ohne dass es dabei auf Pflichtwidrigkeit des Beeinflussten ankäme.[20] Bei jeder die Gesellschaft schädigenden Einflussnahme ist daher zu fragen, ob die vermögensmäßige nachteilige Maßnahme im Unternehmensinteresse gerechtfertigt ist.[21] 6

3. Vorsatz. Der Haftende muss, wie § 117 Abs. 1 S. 1 ausdrücklich ausspricht, vorsätzlich gehandelt haben. Dieser Vorsatz muss das Wissen, Einfluss auf die Gesellschaft zu haben, den Willen, diesen Einfluss zur Bestimmung des Verwaltungsmitglieds zu einem Handeln oder Unterlassen zu benutzen, das Wissen um die Kausalität des Einflusses sowie das Bewusstsein, dass dieses Handeln oder Unterlassen objektiv gegen die Pflichten des verleiteten Verwaltungsmitglieds verstößt, umfassen.[22] Eventualvorsatz ist dabei zur Haftungsbegründung ausreichend.[23] 7

4. Rechtsfolge: Haftung. Der so Handelnde ist der Gesellschaft zum Ersatz des ihr daraus entstehenden Schadens verpflichtet. Wie § 117 Abs. 1 S. 1 klar ausspricht, steht der Ersatzanspruch der Gesellschaft zu. Er ist nach allgemeinen Regeln **vom Vorstand geltend zu machen** (§ 78 Abs. 1), im Falle der Haftung von Vorstandsmitgliedern vom Aufsichtsrat (§ 112). Die Geltendmachung kann gemäß § 147 durch einfachen Mehrheitsbeschluss der Hauptversammlung erzwungen werden. 8

Nach § 117 Abs. 1 S. 2 hat der so Handelnde auch den Aktionären den Schaden zu erstatten, der ihnen über die Schädigung der Gesellschaft hinaus zugefügt wurde. Soweit der Schaden für die Aktionäre in der Schädigung der Gesellschaft liegt (**Reflexschaden** des Gesellschafters), haben sie keinen eigenen Anspruch auf Ersatz. Ein der Gesellschaft entstandener Schaden kann folglich nur von ihr, ein darüber hinausgehender besonderer Schaden dagegen von den Aktionären geltend gemacht werden. Der Ausgleich des Reflexschadens erfolgt folglich allein über das Gesellschaftsvermögen, also als Reflex des Gesellschaftsanspruchs, damit der AG die praktische Durchsetzung ihrer Forderung nicht erschwert wird.[24] 9

5. Beweislast. Gemäß den allgemeinen Regeln muss der Kläger die anspruchsbegründenden Tatsachen beweisen. Eine Umkehrung der Beweislast nach dem Vorbild des § 93 Abs. 2 S. 2 ist nicht 10

[13] Begr. RegE *Kropff* Textausgabe, 1965, 162; MüKoAktG/*Spindler* Rn. 21.
[14] Hüffer/*Koch* Rn. 4; MHdB AG/*Wiesner* § 27 Rn. 3.
[15] MüKoAktG/*Spindler* Rn. 26.
[16] Hüffer/*Koch* Rn. 5; MüKoAktG/*Spindler* Rn. 27; Spindler/Stilz/*Schall* Rn. 18; MHdB AG/*Wiesner* § 27 Rn. 4.
[17] Hüffer/*Koch* Rn. 5; MüKoAktG/*Spindler* Rn. 30.
[18] Hüffer/*Koch* Rn. 6.
[19] Darstellung des Meinungsstandes bei MüKoAktG/*Spindler* Rn. 32–39.
[20] Schmidt/Lutter/*Hommelhoff/Witt* Rn. 10; Hüffer/*Koch* Rn. 6; Spindler/Stilz/*Schall* Rn. 23; MHdB AG/*Wiesner* § 27 Rn. 5.
[21] MHdB AG/*Wiesner* § 27 Rn. 5.
[22] MüKoAktG/*Spindler* Rn. 40 f.
[23] Begr. RegE *Kropff* Textausgabe, 1965, 162.
[24] BGHZ 94, 55 (58 f.); BGHZ 105, 121 (130 f.) = NJW 1988, 2794; MHdB AG/*Wiesner* § 27 Rn. 4.

vorgesehen. Auch generelle Beweiserleichterungen derart, dass bei nachteiliger Veranlassung oder bei Schäden aus dem Umgang mit in der Verwaltung vertretenen Unternehmen Schädigungsvorsatz zu vermuten ist, sind nicht gerechtfertigt.[25] Sind allerdings der Schaden der Gesellschaft und ein entsprechender Vorteil des Einflussträgers belegt, so mag im Einzelfall die tatsächliche Vermutung gerechtfertigt sein, dass der Einfluss gemäß § 117 ausgeübt wurde.[26]

III. Mithaftung von Verwaltungsmitgliedern (Abs. 2)

11 Gemäß § 117 Abs. 2 haften der Gesellschaft und den geschädigten Aktionären neben dem Handelnden die Verwaltungsmitglieder der Gesellschaft als **Gesamtschuldner** nach §§ 421 ff. BGB, wenn sie unter Verletzung ihrer Pflichten gehandelt haben, dh wenn sie die Sorgfalt eines ordentlichen und gewissenhaften Geschäftsleiters außer acht gelassen haben. Dazu müssen die Voraussetzungen sowohl des § 117 Abs. 1 als auch diejenigen der §§ 93, 116 erfüllt sein.[27] Ist dies der Fall, besteht nicht nur eine Haftung der Verwaltungsmitglieder gegenüber der Gesellschaft, sondern auch gegenüber den Aktionären, sofern diese einen nach § 117 Abs. 1 S. 2 ersatzfähigen Schaden (→ Rn. 9) erleiden.[28]

12 Entsprechend § 93 Abs. 4 stellt § 117 Abs. 2 S. 3 und 4 klar, dass die Ersatzpflicht entfällt, wenn die Handlung auf einem gesetzmäßigen Beschluss der Hauptversammlung beruht. Eine Billigung durch den Aufsichtsrat genügt ebenso wenig wie im Rahmen von § 93.

IV. Mithaftung des Nutznießers (Abs. 3)

13 Neben dem Einflussnehmer und den Verwaltungsmitgliedern haftet als **Gesamtschuldner** (§§ 421 ff. BGB) auch, wer durch die schädigende Handlung einen Vorteil erlangt, sofern er die Beeinflussung vorsätzlich veranlasst hat. Jeder Vorteil genügt. Dabei ist Veranlassen weniger als Anstiften (vgl. § 830 Abs. 2 BGB).[29] Wer aus der Handlung des Beeinflussten seinen Vorteil zieht, soll haften, wenn er um die Handlung weiß und diese will.[30]

V. Haftungsmodalitäten (Abs. 4 bis 6)

14 Für die **Aufhebung der Ersatzpflicht** verweist § 117 Abs. 4 auf die Regelungen des § 93 Abs. 4 S. 3 und 4. Ein Verzicht auf oder ein Vergleich über Ansprüche der Gesellschaft sind also grundsätzlich erst nach Ablauf von drei Jahren zulässig, die Hauptversammlung muss dem zustimmen. Eine Minderheit von 10% des Grundkapitals darf nicht widersprechen (§ 93 Abs. 4 S. 3). Für die Ersatzansprüche der Aktionäre gibt es keine entsprechenden Beschränkungen bezüglich der Aufhebung der Verpflichtung.[31]

15 Gemäß § 117 Abs. 5 kann der Ersatzanspruch der Gesellschaft auch von ihren **Gläubigern** geltend gemacht werden, soweit sie von der Gesellschaft keine Befriedigung erlangen können. Dies entspricht weitgehend der Regelung in § 93 Abs. 5 mit der Abweichung, dass hier (und anders als in § 93 Abs. 5 S. 2) eine gröbliche Pflichtverletzung der Organmitglieder nicht erforderlich ist. Die übrigen Voraussetzungen der § 93 und § 116 gelten nur für die Haftung derjenigen Verwaltungsmitglieder, welche die Schädigungshandlung weder unmittelbar noch mittelbar selbst verübt, sondern ihre Sorgfaltspflicht nur durch Unterlassung der Überwachung verletzt haben; ansonsten besteht eine Haftung gegenüber Gläubigern schon aufgrund des Tatbestandes des Abs. 1 ohne die übrigen Voraussetzungen der §§ 93 und 116 (im Einzelnen → § 93 Rn. 322 ff.).[32] Die Aktionäre können den Anspruch aus § 117 Abs. 1 S. 1 nicht geltend machen.[33] Hier besteht eine Abweichung zu den konzernrechtlichen Haftungsvorschriften (§ 309 Abs. 4, § 310 Abs. 4, § 317 Abs. 4, § 318 Abs. 4).

16 Der Anspruch **verjährt** gemäß § 117 Abs. 6 in fünf Jahren ab Entstehung des Anspruchs (§ 200 S. 1 BGB; → § 93 Rn. 335 ff.).

VI. Ausnahmen von der Haftung (Abs. 7)

17 Die Ersatzpflicht der Verwaltungsmitglieder tritt nicht ein, wenn das Organmitglied oder der leitende Mitarbeiter durch die Ausübung der Leitungsmacht kraft Beherrschungsvertrags (§ 308) oder

---

[25] MüKoAktG/*Spindler* Rn. 43 mwN zu abweichenden Auffassungen.
[26] MüKoAktG/*Spindler* Rn. 43 wiederum mwN zum Meinungsbild.
[27] Hüffer/*Koch* Rn. 10; MHdB AG/*Wiesner* § 27 Rn. 7.
[28] MHdB AG/*Wiesner* § 27 Rn. 7.
[29] *v. Godin/Wilhelmi* Anm. 6.
[30] *v. Godin/Wilhelmi* Anm. 6.
[31] Hüffer/*Koch* Rn. 12.
[32] *v. Godin/Wilhelmi* Anm. 11.
[33] OLG Bremen AG 2002, 620; Hüffer/*Koch* Rn. 8; s. aber die von MüKoAktG/*Spindler* Rn. 48 vorgeschlagenen Ausnahmen.

der Leitungsmacht kraft Eingliederung (§ 323) zu der schädlichen Handlung bestimmt worden ist (§ 117 Abs. 7 Nr. 1 und 2). – Die Sonderregelung über die Haftungsprivilegierung des Großaktionärs für die Stimmrechtsausübung wurde durch das UMAG gestrichen (→ Rn. 1).

VII. Weitere Haftungstatbestände

§ 117 ist nach allgemeiner Meinung **kein Schutzgesetz** iSd § 823 Abs. 2 BGB.[34] Dies bedingt, dass andere Personen als die Gesellschaft, ihre Aktionäre und ihre Gläubiger keine Ansprüche aus § 117 geltend machen können. Neben § 117 anwendbar ist indes § 826 BGB.[35] – Besteht ein **Beherrschungsvertrag** und wird die daraus folgende Leitungsmacht unzulässig ausgeübt, kann neben die Haftung aus §§ 309, 310 eine Ersatzpflicht nach § 117 in Betracht kommen.[36] Dies erlangt insbesondere im Fall der Ausübung von Weisungsrechten auf Grund einer Delegation praktische Bedeutung, da dies keine Haftung § 309 zu begründen vermag.[37] – Im **faktischen Konzern** verdrängt die Regelung des § 311 in seinem Anwendungsbereich § 117.[38] Erfolgt allerdings eine Nachteilszufügung ohne angemessenen Ausgleich (§ 311 Abs. 2), so ist neben § 317 auch § 117 anwendbar.[39] Auch für Angestellte des herrschenden Unternehmens (einschließlich deren Prokuristen und Handlungsbevollmächtigte), die per se nicht nach § 317 haften, kommt eine Haftung aus § 117 gegenüber der abhängigen Gesellschaft in Betracht.[40] 18

Eine besondere Haftpflicht für den **Beeinflussten,** also für denjenigen, der aufgrund des Einflusses handelt und den Schaden der Gesellschaft oder der Aktionäre herbeiführt, bestimmt das Gesetz nicht. Hier gelten die allgemeinen Regeln. Verwaltungsmitglied haften in aller Regel aus §§ 93, 116. Entstand der Schaden dadurch, dass auf einen Prokuristen oder einen Handlungsbevollmächtigten Einfluss ausgeübt wurde, können diese aus ihrem Anstellungsvertrag gegenüber der Gesellschaft haftbar sein.[41] 19

Vierter Abschnitt. Hauptversammlung

Erster Unterabschnitt. Rechte der Hauptversammlung

§ 118 Allgemeines

(1) [1]Die Aktionäre üben ihre Rechte in den Angelegenheiten der Gesellschaft in der Hauptversammlung aus, soweit das Gesetz nichts anderes bestimmt. [2]Die Satzung kann vorsehen oder den Vorstand dazu ermächtigen vorzusehen, dass die Aktionäre an der Hauptversammlung auch ohne Anwesenheit an deren Ort und ohne einen Bevollmächtigten teilnehmen und sämtliche oder einzelne ihrer Rechte ganz oder teilweise im Wege elektronischer Kommunikation ausüben können.

(2) Die Satzung kann vorsehen oder den Vorstand dazu ermächtigen vorzusehen, dass Aktionäre ihre Stimmen, auch ohne an der Versammlung teilzunehmen, schriftlich oder im Wege elektronischer Kommunikation abgeben dürfen (Briefwahl).

(3) [1]Die Mitglieder des Vorstands und des Aufsichtsrats sollen an der Hauptversammlung teilnehmen. [2]Die Satzung kann jedoch bestimmte Fälle vorsehen, in denen die Teilnahme von Mitgliedern des Aufsichtsrats im Wege der Bild- und Tonübertragung erfolgen darf.

(4) Die Satzung oder die Geschäftsordnung gemäß § 129 Abs. 1 kann vorsehen oder den Vorstand oder den Versammlungsleiter dazu ermächtigen vorzusehen, die Bild- und Tonübertragung der Versammlung zuzulassen.

Schrifttum: *Bezzenberger,* Die Geschäftsordnung der Hauptversammlung, ZGR 1998, 352; *DAV,* Stellungnahme des Deutschen Anwaltvereins zum Referentenentwurf eines Transparenz- und Publizitätsgesetzes, NZG

---

[34] *v. Godin/Wilhelmi* Anm. 2; Hüffer/*Koch* Rn. 14; MüKoAktG/*Spindler* Rn. 87.

[35] *v. Godin/Wilhelmi* Anm. 2; MüKoAktG/*Spindler* Rn. 88; MüKoBGB/*Wagner,* 5. Aufl. 2009, BGB § 826 Rn. 126.

[36] *Fleischer* in Fleischer HdB VorstandsR § 16 Rn. 68; Emmerich/Habersack/*Habersack* § 309 Rn. 53; Hüffer/*Koch* Rn. 1 und 14; KK-AktG/*Koppensteiner* § 309 Rn. 61, § 310 Rn. 10.

[37] Emmerich/Habersack/*Habersack* § 309 Rn. 26; KK-AktG/*Koppensteiner* § 309 Rn. 36.

[38] Emmerich/Habersack/*Habersack* § 311 Rn. 88; Hüffer/*Koch* Rn. 14; KK-AktG/*Koppensteiner* § 311 Rn. 164.

[39] *Fleischer* in Fleischer HdB VorstandsR § 18 Rn. 84; Emmerich/Habersack/*Habersack* § 317 Rn. 34; Hüffer/*Koch* Rn. 14; KK-AktG/*Koppensteiner* § 311 Rn. 52; Spindler/Stilz/*Schall* Rn. 10; aA *Brüggemeier* AG 1988, 93 (101 f.).

[40] KK-AktG/*Koppensteiner* § 311 Rn. 47; Spindler/Stilz/*Schall* Rn. 10.

[41] Begr. RegE *Kropff* Textausgabe, 1965, 162; MüKoAktG/*Spindler* Rn. 60.

2002, 115; *Drinhausen/Keinath,* Referentenentwurf eines Gesetzes zur Umsetzung der Aktionärsrichtlinie (ARUG) – Ein Beitrag zur Modernisierung der Hauptversammlung, BB 2008, 1238; *Drinhausen/Keinath,* Regierungsentwurf eines Gesetzes zur Umsetzung der Aktionärsrechterichtlinie (ARUG) – Überblick über die Änderungen gegenüber dem Referentenentwurf, BB 2009, 64; *Grossfeld/Spennemann,* Die Teilnahmeberechtigung mehrerer gesetzlicher Vertreter von Gesellschaften in Mitgliederversammlungen von Kapitalgesellschaften und Genossenschaften, AG 1979, 128; *Mutter,* Änderungen bei der Durchführung von Hauptversammlungen durch das TransPuG, AG-Report 2003, 34; *Noack,* Neuerungen im Recht der Hauptversammlung durch das Transparenz- und Publizitätsgesetz und den Deutschen Corporate Governance Kodex, DB 2002, 620; *Noack,* Hauptversammlung der Aktiengesellschaft und moderne Kommunikationstechnik – aktuelle Bestandsaufnahme und Ausblick, NZG 2003, 241; *Obermüller,* Einsichtnahme in das Teilnehmerverzeichnis durch Pressevertreter in der Hauptversammlung einer AG, NJW 1969, 265; *Paschos/Goslar,* Der Regierungsentwurf des Gesetzes zur Umsetzung der Aktionärsrechterichtlinie, AG 2009, 14; *Seibert/Florstedt,* Der Regierungsentwurf des ARUG – Inhalt und wesentliche Änderungen gegenüber dem Referentenentwurf, ZIP 2008, 2145; *Stützle/Walgenbach,* Leitung der Hauptversammlung und Mitspracherechte der Aktionäre in Fragen der Versammlungsleitung, ZHR 155 (1991), 516; *Vetter,* Die Teilnahme ehemaliger Vorstandsmitglieder an der Hauptversammlung, AG 1991, 171.

Übersicht

A. Allgemeines

I. Regelungsgegenstand und -zweck

1 § 118 normiert den Grundsatz, dass Aktionäre ihre Kontroll- und Mitbestimmungsrechte in Angelegenheiten der Gesellschaft in der Hauptversammlung ausüben. Die Hauptversammlung hat zwei Funktionen: Zum einen ist sie das **Willensbildungsorgan** der Aktionäre, zum anderen dient sie der regelmäßigen **Zusammenkunft und Aussprache** von Verwaltungsorganen und Aktionären.

2 In seinen vier Absätzen erfasst § 118 jeweils unterschiedliche Regelungsbereiche. **Abs. 1** regelt zunächst positiv die Mitwirkungsrechte der Aktionäre. Gleichzeitig beinhaltet Abs. 1 auch eine negative Ausgestaltung, indem die Ausübung der Mitgliedschaftsrechte auf die Hauptversammlung beschränkt wird. Die so erreichte Bündelung und Konzentration der Aktionärsrechte dient der Mediatisierung und formalen Ordnung ihrer Einflussmöglichkeit.[1] Ferner kann gemäß Abs. 1 in der Fassung des Gesetzes zur Umsetzung der Aktionärsrechte-RL **(ARUG)** vom 30.7.2009 (BGBl. I S. 2479) nunmehr durch Satzungsregelung die Möglichkeit der „Online-Teilnahme" an der Hauptversammlung vorgesehen werden. Der ebenfalls durch das ARUG eingeführte **Abs. 2** ermöglicht die dem deutschen Aktienrecht bis dahin unbekannte Briefwahl. **Abs. 3** regelt die Teilnahmepflicht des Vorstands und des Aufsichtsrats. **Abs. 4** ermöglicht die Übertragung der Hauptversammlung in Ton und Bild aufgrund entsprechender Regelungen in Satzung oder Geschäftsordnung.

[1] Hüffer/*Koch* Rn. 1; MüKoAktG/*Kubis* Rn. 31.

II. Gesetzesänderungen

3 Die Hauptversammlung war herkömmlich als Präsenzversammlung ausgestaltet und durch die physische Zusammenkunft der Verwaltungsorgane mit den Aktionären zu einer bestimmten Zeit an einem bestimmten Ort geprägt (§ 121 Abs. 3 S. 1). Im Zuge veränderter Rahmenbedingungen und neuer Entwicklungen, besonders im Bereich der Kommunikationstechnologie, haben Gesetzesreformen **(NaStraG,**[2] **TransPuG)**[3] zur teilweisen Lockerung des Charakters der Hauptversammlung als Präsenzveranstaltung geführt, indem etwa für bestimmte Fälle die Teilnahme von Aufsichtsratsmitgliedern auf elektronischem Wege zugelassen wurde.[4] Die jüngsten Änderungen in diesem Zusammenhang beruhen auf der **Aktionärsrechte-RL** (RL 2007/36/EG). Sie zielt auf eine Modernisierung, Deregulierung und Flexibilisierung des Aktienrechts sowie eine Stärkung der Aktionärsrechte ab, insbesondere durch Verbesserung der Aktionärsinformation und Erleichterung der grenzüberschreitenden Ausübung von Aktionärsrechten durch verstärkten Einsatz moderner Kommunikationsmedien. Die Vorgaben der Aktionärsrechte-RL wurden durch das Gesetz zur Umsetzung der Aktionärsrechte-RL (ARUG) vom 30.7.2009 (BGBl. I S. 2479) in das deutsche Recht umgesetzt.

B. Einzelerläuterungen

I. Aktionärsrechte in der Hauptversammlung (Abs. 1 S. 1)

4 **1. Hauptversammlung. a) Begriffsbestimmung.** Die Aktionäre üben in den Angelegenheiten der Gesellschaft ihre Mitgliedschaftsrechte in der Hauptversammlung aus. Wie der Begriff der Hauptversammlung zu verstehen ist, wird vom Gesetz nicht explizit vorgegeben. Aus den gesetzlichen Regelungen zur Hauptversammlung ergibt sich zum einen ihre Stellung als **Organ** der Gesellschaft, zum anderen ihre Funktion als bestimmten Formalien unterliegende **Zusammenkunft** von Aktionären und Organen (Vorstand und Aufsichtsrat).

5 **aa) Hauptversammlung als Willensbildungsorgan.** Neben dem Vorstand als Leitungsorgan und dem Aufsichtsrat als Überwachungsorgan bildet die Hauptversammlung das dritte Organ der Gesellschaft. Sie ist im Gegensatz zu den Verwaltungsorganen grundsätzlich kein Handlungsorgan mit Außenwirkung, sondern ein internes Willensbildungsorgan (zu den Ausnahmefällen, in denen die Hauptversammlung als Vertretungsorgan nach außen auftritt, s. sogleich).[5] Die Organqualität der Hauptversammlung als solche ist allgemein anerkannt.[6] Die Hauptversammlung bildet ihren Willen, der der Gesellschaft aufgrund der organschaftlichen Stellung der Hauptversammlung zugerechnet wird,[7] durch Beschlüsse. Im Gegensatz zum Vorstand (§ 78) und – in bestimmten Fällen – dem Aufsichtsrat (§ 112), steht der Hauptversammlung die **Vertretung** der Gesellschaft **grundsätzlich nicht zu.** Ausnahmen bestehen unter anderem in folgenden Fällen: Bei gesellschaftsinternen Willenserklärungen wie der Bestellung und Abberufung von Aufsichtsratsmitgliedern und der Entlastung der Organmitglieder nach § 120, der Bestellung besonderer Vertreter gemäß § 147 Abs. 2 und der Zustimmungserteilung gemäß § 68 Abs. 2 S. 3; ferner im Außenverhältnis bei der Bestellung von Sonderprüfern nach § 142 Abs. 1.[8]

6 **bb) Hauptversammlung als Zusammenkunft.** Der Begriff der Hauptversammlung umfasst ferner die unter Beachtung der formellen Regelungen der §§ 121 ff. ordnungsgemäß einberufene und durchgeführte Zusammenkunft der Aktionäre und Verwaltungsorgane.[9] Im Wesentlichen beschränkt sich diese Definition des Hauptversammlungsbegriffs darauf, sie von anderen Zusammenkünften und Informationsveranstaltungen der Aktionäre, den nicht beschlussfähigen sog. **Scheinversammlungen,** zu unterscheiden.[10] Um eine Hauptversammlung handelt es sich damit nur dann, wenn die Aktionäre der Gesellschaft in der Versammlung ihre mitgliedschaftlichen Rechte ausüben und die formellen Vorgaben der §§ 121 ff. gewahrt werden.[11]

---

[2] Gesetz zur Namensaktie und Erleichterung der Stimmrechtsausübung vom 25.1.2001 (BGBl. I S. 123).
[3] Gesetz zur Transparenz und Publizität vom 19.7.2002 (BGBl. I S. 2681).
[4] Näher dazu *Drinhausen/Keinath* BB 2008, 1238 (1239).
[5] Hüffer/*Koch* Rn. 3; Schmidt/Lutter/*Spindler* Rn. 10.
[6] Hüffer/*Koch* Rn. 2; MüKoAktG/*Kubis* Rn. 8.
[7] Hüffer/*Koch* Rn. 3.
[8] GroßkommAktG/*Mülbert* Vor §§ 118–147 Rn. 22 f.; MüKoAktG/*Kubis* § 119 Rn. 19.
[9] MüKoAktG/*Kubis* Rn. 1.
[10] Vgl. MükoAktG/*Kubis* § 18 Rn. 1.
[11] GroßkommAktG/*Mülbert* Vor §§ 118–147 Rn. 66.

7 Eine Ausnahme zu den Frist- und Formwahrungsgeboten der §§ 121–128 besteht im Fall der sog. **Vollversammlung** (§ 121 Abs. 6). Um eine Vollversammlung handelt es sich, wenn sämtliche Aktionäre in der Hauptversammlung erscheinen oder sich vertreten lassen (→ § 121 Rn. 46). Für diesen Fall erlaubt § 121 Abs. 6, von den Regelungen zur ordnungsgemäßen Einberufung der Hauptversammlung gemäß §§ 121–128 abzuweichen, sofern kein Aktionär Widerspruch gegen die Beschlussfassung einlegt. Nicht erfasst von der Befreiung ist die Teilnahmepflicht von Vorstand und Aufsichtsrat (§ 118 Abs. 2).[12]

8 Begrifflich zu unterscheiden sind die **ordentliche** und die **außerordentliche Hauptversammlung.** Die ordentliche Hauptversammlung ist in den §§ 175 und 176 geregelt und meint die alljährlich in den ersten acht Monaten des Geschäftsjahrs abzuhaltende Versammlung, in der über die Gewinnverwendung und die Entlastung der Organe beschlossen werden soll (§ 175).[13] Jede weitere Hauptversammlung in einem Geschäftsjahr zählt zu den außerordentlichen Versammlungen, unterliegt aber grundsätzlich denselben Form- und Fristvorschriften wie die ordentliche Hauptversammlung.[14]

9 **b) Stellung der Hauptversammlung gegenüber anderen Organen.** Die Hauptversammlung ist als notwendiges Organ für die Rechtsausübung und kollektive Willensbildung der Aktionäre gesetzlich vorgesehen. Sie kann daher auch durch Satzungsregelung weder vollständig durch ein anderes Gremium ersetzt werden noch die ihr zugewiesenen Kompetenzen auf ein anderes Organ oder Gremium übertragen (§ 23 Abs. 5).[15] Zulässig ist dagegen die Einrichtung **zusätzlicher Gremien** der Gesellschaft, die lediglich informatorische oder beratende Funktionen wahrnehmen (etwa Aktionärsausschüsse oder Beiräte).[16]

10 Die Hauptversammlung ist – obwohl sie lediglich punktuell unter Beachtung bestimmter Formalia zusammentreten und nur dann tätig werden kann – ein **ständiges Organ** der Gesellschaft (str.),[17] das bereits mit Gründung der Gesellschaft notwendig entsteht[18] und dessen fortwährende Organeigenschaft durch zwischenzeitliche Veränderungen der Aktionärsstruktur unberührt bleibt.

11 **2. Aktionäre.** In der Hauptversammlung ist grundsätzlich jeder Aktionär der Gesellschaft zur Ausübung seiner Rechte berechtigt, auch wenn er Inhaber nur einer Aktie ist. Ein Mindestbesitz von Aktien ist nur für die Ausübung bestimmter Aktionärsrechte erforderlich. Aktionärsrechte stehen grundsätzlich den Inhabern aller Gattungen von Aktien zu, wobei je nach Ausgestaltung der Aktiengattung bestimmte Rechte ausgeschlossen sein können (zB Vorzugsaktien ohne Stimmrecht, § 12 Abs. 1 S. 2).

12 **3. Rechte in Gesellschaftsangelegenheiten.** § 118 Abs. 1 bindet die Ausübung der mitgliedschaftlichen Rechte von Aktionären an die Hauptversammlung. Das betrifft alle Rechte, die unmittelbarer Ausfluss der Mitgliedschaft sind. Dazu zählen unter anderem das Recht auf Teilnahme an der Hauptversammlung, das Rederecht, das Stimmrecht (§ 134), das Auskunftsrecht (§ 131), das Recht auf Einsicht in das Teilnehmerverzeichnis (§ 129 Abs. 4 S. 1), das Recht, Widerspruch zur Niederschrift zu erklären (§ 245 Nr. 1), das Beschlussantragsrecht und bestimmte Minderheitenrechte (zB Minderheitsverlangen gemäß §§ 147 Abs. 1, 137 und 120 Abs. 1 S. 2).[19] Die Versammlungsbindung der Ausübung von Aktionärsrechten gemäß Abs. 1 kann nicht unter die Disposition der Satzung gestellt werden.[20] Bei Verletzungen der **versammlungsgebundenen** Rechte können die betroffenen Hauptversammlungsbeschlüsse anfechtbar sein.[21]

13 Um **nicht versammlungsgebundene** Rechte handelt es sich dagegen bei sämtlichen Vermögensrechten des Aktionärs (zB dem Anspruch auf Auszahlung der Dividende nach Fassung des Gewinnverwendungsbeschlusses), bestimmten Kontrollbefugnissen (etwa der Erhebung von Beschlussmängelklagen), Informationsrechten (beispielsweise Mitteilungen gemäß § 125 Abs. 2) und Minderheitenrechten (etwa §§ 122, 126, 127), die gesetzlich der Hauptversammlung vorgelagert sind, und satzungsmäßigen Sonderrechten.[22] Diese Rechte können bzw. müssen außerhalb der Hauptversammlung ausgeübt werden.

---

[12] Schmidt/Lutter/*Spindler* Rn. 8.
[13] GroßkommAktG/*Mülbert* Vor §§ 118–147 Rn. 16.
[14] Hüffer/*Koch* Rn. 5.
[15] Spindler/Stilz/*Hoffmann* Rn. 5.
[16] GroßkommAktG/*Mülbert* Vor §§ 118–147 Rn. 28.
[17] HK-AktG/*Reger* Rn. 1; GroßkommAktG/*Mülbert* Vor §§ 118–147 Rn. 24; MüKoAktG/*Kubis* Rn. 11; MHdB AktG/*Bungert* § 35 Rn. 7; diff. Hüffer/*Koch* Rn. 6.
[18] GroßkommAktG/*Mülbert* Vor §§ 118–147 Rn. 24 f., 42.
[19] Spindler/Stilz/*Hoffmann* Rn. 8.
[20] Schmidt/Lutter/*Spindler* Rn. 18.
[21] MüKoAktG/*Kubis* Rn. 46.
[22] MüKoAktG/*Kubis* Rn. 47 ff.

Ebenfalls nicht in der Hauptversammlung auszuüben sind Rechte von Aktionären gegenüber der Gesellschaft, die nicht aus ihrer Aktionärsstellung erwachsen. Hierzu zählen auch Rechte aus Options- und Wandelschuldverschreibungen (§ 221 Abs. 1) oder Genussscheinen (§ 221 Abs. 3), auch wenn sie Bezugsrechte auf Aktien der Gesellschaft gewähren; ferner American Depositary Receipts, da es sich hierbei nur um schuldrechtliche Ansprüche handelt, die unabhängig von der Mitgliedschaft bestehen und keine Aktionärsrechte „in den Angelegenheiten der Gesellschaft" darstellen.[23] 14

II. Teilnahme auf elektronischem Wege (Abs. 1 S. 2)

1. Allgemeines. Der durch das ARUG neu eingefügte Abs. 1 S. 2 soll Satzungsautonomie hinsichtlich der aktiven Teilnahme an der Hauptversammlung auf elektronischem Weg ermöglichen.[24] Abs. 1 S. 2 lässt deshalb zu, dass die **Satzung selbst vorsehen** oder den **Vorstand dazu ermächtigen** kann vorzusehen, dass die Aktionäre an der Hauptversammlung auch **ohne physische Anwesenheit** am Versammlungsort und ohne Bevollmächtigung eines Dritten **teilnehmen** und sämtliche oder einzelne ihrer Rechte ganz oder teilweise im Wege elektronischer Kommunikation ausüben können. Gemeint ist hiermit in erster Linie die **„Online-Hauptversammlung".**[25] Bei dieser schauen die Aktionäre nicht nur passiv über das Internet zu, sondern die Online-Zuschaltung gilt als **aktienrechtliche Teilnahme** und die Ausübung von Aktionärsrechten – vor allem des Stimmrechts – ist in Echtzeit möglich.[26] Nicht zu verwechseln ist die Online-Hauptversammlung mit der **„virtuellen Hauptversammlung",** bei der die Versammlung nicht mehr an einem physischen Versammlungsort stattfindet. Die virtuelle Hauptversammlung in diesem Sinne ist auch nach Einfügung von Abs. 1 S. 2 unzulässig, da die Regelung im Grundsatz immer noch von einer **Präsenz-Hauptversammlung** in einem physischen Versammlungsraum ausgeht.[27] Da theoretisch auch alle Aktionäre über elektronische Kommunikationsmedien zugeschaltet sein können, kommt die Regelung im Ergebnis der Zulassung der „virtuellen Hauptversammlung" aber sehr nahe.[28] 15

2. Umfang der Satzungsautonomie. Abs. 2 S. 1 dient der Umsetzung von Art. 8 RL 2007/36/EG.[29] Die Aktionärsrechte-RL zwingt nur den Gesetzgeber zur Zulassung der Teilnahme von Aktionären mittels moderner Kommunikationsmedien, nicht aber die Gesellschaft selbst. In diesem Sinne ist auch Abs. 1 S. 2 **weit ausgestaltet,** so dass bereits das „Ob" der Online-Teilnahme satzungsfrei gestellt ist. Die Hauptversammlung kann außerdem alle denkbaren Zwischenstufen bestimmen. Sie kann die **Ausübung sämtlicher oder nur einzelner versammlungsgebundener Rechte** (va Stimmrecht, Teilnahmerecht, Rederecht, Frage- und Widerspruchsrecht) auf elektronischem Wege zulassen (etwa nur des Stimmrechts), sie kann die Rechte auch nur teilweise für die Online-Teilnahme öffnen (zB das Fragerecht ohne Recht auf Antwort, Stimmrecht ohne Recht zur Online-Abgabe eines Widerspruchs zur Niederschrift).[30] Entscheidend ist stets, dass das teilweise eingeräumte Recht kein **aliud,** sondern ein **minus** des Vollrechts darstellt, da ansonsten eine unzulässige Schlechterstellung der Präsenzteilnehmer festzustellen wäre. Die teilweise Einräumung wird insbesondere iRd Fragerechts der Online-Teilnehmer virulent, da zB das Stimmrecht kaum modifizierbar sein dürfte.[31] Zulässig ist eine zahlen- und umfangmäßige Beschränkung des Fragerechts der Online-Teilnehmer, aber auch eine inhaltliche Beschränkung auf bestimmte Tagesordnungspunkte.[32] Die streitig diskutierte Frage nach der Einschränkung des Fragerechts aufgrund von Mindestquoren und Mindesthaltedauer ist dahin zu beantworten, dass auch derartige Einschränkungen zulässig sind. Insofern ist die gesetzliche Konzeption der Online-Teilnahme zugrunde zu legen, wonach eine solche vollständig unter den Vorbehalt der Satzung gestellt ist. Wird diese sodann einer bestimmten Aktionärsgruppe der Online-Teilnehmer unter Erfüllung der Mindesthaltedauer oder des Mindestquorums ermöglicht, so ist darin kein Verstoß gegen den Gleichbehandlungsgrundsatz des § 53a zu sehen, da die nicht erfassten Aktionäre ihre Rechte weiterhin als Präsenzaktionäre wahrnehmen können.[33] Die Satzung selbst muss nicht unmittelbar die Möglichkeit der Online-Teilnahme an der Hauptversammlung 16

[23] MüKoAktG/*Kubis* Rn. 34; Spindler/Stilz/*Hoffmann* Rn. 10.
[24] Begr. RegE, BT-Drs. 16/11642, 26.
[25] Begr. RegE, BT-Drs. 16/11642, 26.
[26] Begr. RegE, BT-Drs. 16/11642, 26.
[27] So ausdrücklich Begr. RegE, BT-Drs. 16/11642, 26.
[28] Begr. RegE, BT-Drs. 16/11642, 26.
[29] RL 2007/36/EG vom 11.7.2007 (ABl. L 184, 17).
[30] Begr. RegE, BT-Drs. 16/11642; *Drinhausen/Keinath* BB 2008, 1238 (1240); *Seibert/Florstedt* ZIP 2008, 2145 (2146).
[31] *Noack* WM 2009, 2289 (2293); *Noack* NZG 2008, 441 (444).
[32] *Kersting* NZG 2010, 130 (132); *Noack* NZG 2008, 441 (444).
[33] So auch *Noack* WM 2009, 2289 (2293); aA *Kersting* NZG 2010, 130 (132).

vorgeben, sondern kann auch **den Vorstand generell dazu ermächtigen,** im Vorfeld der einzelnen Hauptversammlung zu entscheiden, ob, in welchem Umfang und auf welche Weise eine Online-Teilnahme zugelassen wird. Dies bringt den Vorteil der Flexibilität bei der Ausgestaltung der technischen Möglichkeiten für die Online-Teilnahme, weil die Eröffnung der Möglichkeit zur Online-Teilnahme im Einzelfall auch maßgeblich davon abhängig sein wird, welche technischen Lösungen zu ihrer Realisierung auf dem Markt angeboten werden. Starre Satzungsregelungen sind hier hinderlich.[34] Ausweislich des Gesetzeswortlauts kann die Ermächtigung nur zugunsten des Vorstands erteilt werden und nicht etwa zugunsten des Einberufenden. Daher kann stets nur der Vorstand von einer entsprechenden Ermächtigung Gebrauch machen, auch wenn die Hauptversammlung ausnahmsweise von einem Dritten, etwa dem Aufsichtsrat oder einer gerichtlich ermächtigten Aktionärsminderheit, einberufen wird.

17 **3. Folgen der Online-Teilnahme.** Online teilnehmende Aktionäre sind „erschienen" und zählen zur Präsenz.[35] Dementsprechend ist der online teilnehmende Aktionär nach § 245 Nr. 1 grundsätzlich anfechtungsberechtigt; dies setzt aber voraus, dass die Satzung oder der Vorstand auch die Ausübung des Rechts auf Einlegung von Widerspruch zur Niederschrift auf elektronischem Wege zugelassen hat.[36] Anderenfalls hat der online teilnehmende Aktionär keine Möglichkeit, rechtswirksam Widerspruch einzulegen, und ist folglich nicht gemäß § 245 Nr. 1 anfechtungsbefugt.[37] Um bei der Möglichkeit, an der Hauptversammlung online teilzunehmen und Rechte auszuüben, die Anfechtbarkeit wegen technischer Störungen zu vermeiden, wird die Anfechtbarkeit gemäß § 243 Abs. 3 Nr. 1 ausgeschlossen, wenn die Rechtsverletzung durch eine technische Störung verursacht wurde. Dies gilt nicht, wenn der Gesellschaft Vorsatz oder grobe Fahrlässigkeit vorzuwerfen ist. Durch die Formulierung „es sei denn" in § 243 Abs. 3 Nr. 1 wird klargestellt, dass die Beweislast für das Vorliegen eines Verschuldens beim Anfechtungskläger liegt.[38] Der für die Gesellschaft geltende Verschuldensmaßstab kann durch die Satzung verschärft, aber nicht herabgesetzt werden.

III. Briefwahl (Abs. 2)

18 Der durch das ARUG eingefügte Abs. 2 dient der Umsetzung von Art. 12 RL 2007/36/EG und ermöglicht die Zulassung der „Briefwahl" durch Satzungsregelung oder – bei entsprechender Satzungsermächtigung – durch den Vorstand. Insoweit kann die Regelung der Einzelheiten nicht nur den Zeitpunkt und den Ort der „Briefabgabe" erfassen, sondern auch ob und bis wann ein Widerruf der Abstimmung in Betracht kommt.[39] Das Wort „Briefwahl" meint die Stimmabgabe durch den Aktionär bereits im Vorfeld der Versammlung (Art. 12 RL 2007/36/EG).[40] „Brief" bedeutet nicht „Papier", so dass auch die Briefwahl im Wege **elektronischer Kommunikation** erfolgen kann.[41] Der Begriff der elektronischen Kommunikation ist untechnisch zu verstehen und erfasst sowohl die elektronische Form (§ 126a BGB) als auch die Textform (§ 126b BGB) sowie jede andere Form einseitiger elektronischer Willensäußerung (zB Internetformular oder Internetdialog).[42] Die Abgabe per E-Mail ist ebenfalls denkbar, wobei sichergestellt werden muss, dass der Absender zweifelsfrei festgestellt werden kann, was in der Praxis regelmäßig problematisch sein wird.[43] Anders als bei der Online-Teilnahme (→ Rn. 15) gilt der Aktionär bei der Briefwahl nicht als erschienen und ist folglich nicht anfechtungsberechtigt.[44] Briefwahlstimmen sind aber abgegebene Stimmen iSd § 133 und gehören zu dem bei der Beschlussfassung vertretenen Grundkapital;[45] auch bei Stimmabgabe per Briefwahl ist daher die Anwendung des Subtraktionsverfahrens bei der Stimmauszählung möglich.[46] Bei der Satzungsregelung zur Abstimmung durch Briefwahl kommt die Stimmabgabe auf Papier oder auf elektronischem Wege, etwa per Bildschirmdialog oder E-Mail, gleichermaßen in Betracht.[47]

---

[34] Begr. RegE, BT-Drs. 16/11642, 26.
[35] Begr. RegE, BT-Drs. 16/11642, 26.
[36] *Drinhausen/Keinath* BB 2008, 1238 (1240).
[37] *Drinhausen/Keinath* BB 2008, 1238 (1240 Fn. 28).
[38] Begr. RegE, BT-Drs. 16/11642, 26.
[39] *Noack* NZG 2008, 441 (444); *Nussbaum* GWR 2009, 215.
[40] *Seibert/Florstedt* ZIP 2008, 2145 (2146).
[41] *Paschos/Goslar* AG 2009, 14 (18); *Seibert/Florstedt* ZIP 2008, 2145 (2146).
[42] Hüffer/*Koch* Rn. 17; *Noack* NZG 2008, 441 (445).
[43] Zurückhaltend daher *Nussbaum* GWR 2009, 215.
[44] Begr. RegE, BT-Drs. 16/11642, 27.
[45] Begr. RegE, BT-Drs. 16/11642, 27.
[46] *Drinhausen/Keinath* BB 2009, 64 (67).
[47] Begr. RegE, BT-Drs. 16/11642, 28.

IV. Teilnahme an der Hauptversammlung (Abs. 3)

19 **1. Teilnehmerkreis.** § 118 Abs. 3 sieht explizit vor, dass die Mitglieder des Vorstands und des Aufsichtsrats an der Hauptversammlung teilnehmen sollen. Keine ausdrückliche Erwähnung findet die Teilnahme der Aktionäre, die als Ausfluss des Mitgliedschaftsrechts aber als selbstverständlich vorausgesetzt wird.[48]

20 **a) Aktionäre.** Aktionäre haben ein Recht auf Teilnahme an der Hauptversammlung. Sie sind jedoch zur Teilnahme nicht verpflichtet.[49] Teilnahmeberechtigt ist jeder Aktionär, auch **Vorzugsaktionäre** (§ 140 Abs. 1), Inhaber **nicht voll eingezahlter** Aktien (§ 134 Abs. 2) und mit **Stimmverbot** belastete Aktionäre (§ 136 Abs. 1).[50] Auch bei **Verpfändung** und **Nießbrauch** an Aktien bleibt der Verpfänder und Überlasser des Nießbrauchs als Inhaber der Aktie teilnahmeberechtigt. Die **Wertpapierleihe** hingegen überträgt das Vollrecht an der Aktie an den Entleiher und qualifiziert ihn damit bis zum Ablauf der vereinbarten Rückgewährfrist zur teilnahmeberechtigten Person.[51] **Nicht teilnahmeberechtigt** sind Aktionäre, deren sämtliche Rechte aus der Aktie infolge der Verletzung von Meldepflichten gemäß § 20 Abs. 7 oder gemäß § 28 WpHG aF bzw. § 44 WpHG nF ruhen. Das Teilnahmerecht des Aktionärs ist **kein höchstpersönliches Recht** und kann auch von einem Vertreter wahrgenommen werden.[52]

21 **b) Verwaltungsmitglieder (Vorstand und Aufsichtsrat).** Das **Teilnahmerecht** für Vorstands- und Aufsichtsratsmitglieder folgt aus Abs. 3 und besteht unabhängig davon, ob sie zugleich Aktionäre sind.[53] Über den Wortlaut des § 118 Abs. 3 als „Soll"-Vorschrift hinaus regelt die Norm auch eine **Teilnahmepflicht.** Ein bloßes Teilnahmerecht nach pflichtgemäßem Ermessen, wie es noch nach alter Gesetzesfassung vor der Aktienrechtsreform 1965 verstanden wurde, erschien dem Gesetzgeber angesichts der zentralen Rolle der Hauptversammlung nicht als angemessen.[54] Die Teilnahmepflicht bezieht sich **individuell** auf die einzelnen Verwaltungsmitglieder und nicht auf die Organe als solche.[55] Sie ist **höchstpersönlicher Natur.** Die Verwaltungsmitglieder können ihre Pflicht daher nur in eigener Person wahrnehmen, eine Vertretung ist ausgeschlossen.[56] Verpflichtet sind **nur amtierende Mitglieder** des Vorstands und Aufsichtsrats, ehemalige Verwaltungsmitglieder sind regelmäßig weder berechtigt noch verpflichtet an der Hauptversammlung teilzunehmen. Ausnahmsweise kann bei Nachwirkungen des Anstellungsverhältnisses mit der Gesellschaft eine Teilnahmepflicht begründet werden (§ 675 Abs. 1 BGB iVm §§ 666, 667 BGB).[57] Das Teilnahmerecht ist für Verwaltungsmitglieder in seinem Kern unentziehbar und kann durch die Satzung nicht beschränkt werden. Bezüglich der Teilnahmepflicht sind Modifikationen durch die Satzung im Rahmen von Abs. 3 S. 2 zulässig (→ Rn. 39).[58]

22 **c) Dritte.** Dritten steht ein Teilnahmerecht grundsätzlich nur in den Fällen zulässiger Vertretung von Aktionären oder aufgrund besonderer gesetzlicher Anordnung zu. Im Übrigen unterliegt die Zulassung Dritter zur Teilnahme an der Hauptversammlung den Satzungsregelungen der Gesellschaft oder dem Ermessen der Hauptversammlung und des Versammlungsleiters.[59] In der Praxis ist es üblich, Gäste zur Teilnahme an der Hauptversammlung zuzulassen. Diese haben weder Stimm- noch sonstige Rechte (→ Rn. 29 f.).

23 **aa) Gesetzliche und rechtsgeschäftliche Vertreter.** Aktionäre können einen Vertreter nach §§ 134 Abs. 3, 135 Abs. 1 S. 1 rechtsgeschäftlich bevollmächtigen, sie bei der Ausübung ihrer Aktionärsrechte in der Hauptversammlung zu vertreten; der Bevollmächtigte hat dann ein Teilnahmerecht an der Hauptversammlung. Gleiches gilt für gesetzliche Vertreter, etwa die Eltern, den Vormund, den Pfleger, Mitglieder der Geschäftsführung einer juristischen Person oder den Testamentsvollstrecker.[60] Der Umfang der Rechte, die der Vertreter auf der Versammlung ausüben kann, entspricht grundsätzlich dem der Rechte des vertretenen Aktionärs; der Aktionär kann die Rechte, die sein

---

[48] Schmidt/Lutter/*Spindler* Rn. 14.
[49] Unstr., vgl. nur Hüffer/*Koch* Rn. 20; MüKoAktG/*Kubis* Rn. 98.
[50] GroßkommAktG/*Mülbert* Rn. 48.
[51] *Butzke* HV Kap. C Rn. 7 ff.
[52] GroßkommAktG/*Mülbert* Rn. 47.
[53] Hüffer/*Koch* Rn. 21.
[54] Begr. RegE *Kropff* Textausgabe, 1965, 164.
[55] GroßkommAktG/*Mülbert* Rn. 29; *Vetter* AG 1991, 171 (172).
[56] MüKoAktG/*Kubis* Rn. 101.
[57] GroßkommAktG/*Mülbert* Rn. 41; *Vetter* AG 1991, 171 (172).
[58] Schmidt/Lutter/*Spindler* Rn. 38.
[59] MüKoAktG/*Kubis* Rn. 113; Spindler/Stilz/*Hoffmann* Rn. 29.
[60] Geßler/Hefermehl/*Eckardt* Rn. 21.

Vertreter ausüben darf, aber bei der Bevollmächtigung einschränken. Üblicherweise wird etwa eine Beschränkung auf die bloße Stimmrechtsausübung vorgenommen. Dabei ist eine Beschränkung auf die Stimmrechtsvollmacht aber derart zu verstehen, dass dem Vertreter wenigstens auch die für ihre Ausübung nötigen Hilfsrechte, wie das Auskunfts- und das Rederecht, zur Verfügung stehen.[61]

24 Bei der **Legitimationszession** (§ 129 Abs. 3) wird das Teilnahmerecht vom Aktionär auf den Legitimationsaktionär übertragen, indem ihn der Aktionär iSd § 185 Abs. 1 BGB dazu ermächtigt, das fremde Teilnahmerecht im eigenen Namen auszuüben.

25 **Rechtsgemeinschaft.** Steht eine Aktie mehreren Berechtigten zu (zB im Falle einer Erbengemeinschaft oder Bruchteilsgemeinschaft), können die Aktionäre ihr Teilnahmerecht nur durch einen **gemeinschaftlichen Vertreter** ausüben (§ 69 Abs. 1); nur dieser ist teilnahmeberechtigt.[62]

26 **Bevollmächtigung mehrerer Vertreter.** Soweit die Satzung nichts anderes vorsieht, steht es dem Aktionär grundsätzlich frei, mehrere Personen mit der Ausübung seiner Aktionärsrechte zu bevollmächtigen.[63] Dies gilt unabhängig davon, ob der Aktionär eine Aktie oder mehrere Aktien besitzt, so dass der Inhaber einer einzigen Aktie mehrere Personen als Gesamtvertreter bevollmächtigen kann. Inhaber mehrerer Aktien können ihr Stimmrecht auch auf **mehrere Vertreter** aufteilen, die dadurch grundsätzlich **alle** ein Teilnahmerecht an der Hauptversammlung erhalten; dies folgt aus der durch das ARUG eingefügten ausdrücklichen Regelung des § 134 Abs. 3 S. 2.[64] Die Gesellschaft ist in diesem Fall jedoch berechtigt, einen oder mehrere Bevollmächtigte zurückzuweisen (§ 134 Abs. 3 S. 2); in diesem Fall sind nur der oder die nicht Zurückgewiesene(n) zur Teilnahme und Stimmrechtsausübung befugt.[65]

27 **bb) Gesetzlich zugelassene Teilnehmer.** Der **Abschlussprüfer** ist gemäß § 176 Abs. 2 S. 1 verpflichtet, an den Verhandlungen über die Feststellung des Jahresabschlusses teilzunehmen. Wird die Feststellung des Jahresabschlusses mit der Gewinnverwendung (§ 175 Abs. 3 S. 2) oder der Entlastung (§ 120 Abs. 3 S. 1) verbunden, ist der Abschlussprüfer zur Teilnahme auch an diesen Tagesordnungspunkten jedenfalls berechtigt, wobei dies zunehmend bezweifelt wird.[66] Einigkeit besteht insoweit jedoch, dass der Versammlungsleiter die Teilnahme des Abschlussprüfers zulassen kann. Inwieweit darüber hinaus ein Teilnahmerecht an der gesamten Hauptversammlung besteht, ist ebenso umstritten (→ § 176 Rn. 19 f.).

28 Kraft besonderer Vorschriften können Vertreter staatlicher **Aufsichtsbehörden** ein Teilnahmerecht haben. Zu den Gesellschaften, die typischerweise der staatlichen Aufsicht unterliegen, gehören:[67]

- **Kreditinstitute, Bausparkassen und Hypothekenbanken:** Solche Gesellschaften unterliegen der Aufsicht der Bundesanstalt für Finanzdienstleistungsaufsicht (BaFin). Durch § 44 Abs. 4 S. 1 KWG wird die BaFin dazu ermächtigt, Vertreter in die Hauptversammlung zu entsenden. Über das reine Teilnahmerecht hinaus erteilt § 44 Abs. 4 S. 2 KWG den Vertretern ausdrücklich auch ein Rederecht. Ein Antragsrecht steht ihnen dagegen nicht zu.[68]
- **Versicherungs-AG:** Auch bei solchen Gesellschaften haben Vertreter der BaFin nach dem neuen § 306 Abs. 1 Nr. 4 VAG[69] (§ 83 Abs. 1 Nr. 5 VAG aF) ein Teilnahme- und ein Rederecht an deren Hauptversammlungen, jedoch kein Antragsrecht. Anders als im obigen Beispiel muss es sich hierbei allerdings um Bedienstete der Aufsichtsbehörde handeln.
- **Verwertungsgesellschaft:** Den staatlichen Auftrag zur Aufsicht über Verwertungsgesellschaften hat das Deutsche Patent- und Markenamt (DPAM, § 19 Abs. 3 WahrnG). Für das Teilnahmerecht an den Hauptversammlungen gilt das zu der Versicherungs-AG Gesagte.

An Hauptversammlungen von Gesellschaften, an denen der Bund beteiligt ist oder die dem Bund gehören, besteht kein Teilnahmerecht für Vertreter des Bundesrechnungshofs.

---

[61] GroßkommAktG/*Mülbert* Rn. 52.

[62] MüKoAktG/*Kubis* Rn. 59.

[63] Hüffer/*Koch* § 134 Rn. 27.

[64] Vor Inkrafttreten des ARUG war die Frage str., s. dazu etwa MüKoAktG/*Kubis,* 2. Aufl. 2004, Rn. 65 mwN.

[65] Vgl. Begr. RegE zur Änderung von § 134 Abs. 2 S. 2, BT-Drs. 16/11642, 32.

[66] Wie hier GroßkommAktG/*Mülbert* Rn. 43; KK-AktG/*Ekkenga* § 176 Rn. 16; aA Hüffer/*Koch* § 176 Rn. 7; MüKoAktG/*Hennrichs/Pöschke* § 176 Rn. 26, die die Teilnahme freilich für sinnvoll erachten; vgl. auch die Erläuterungen zu § 176 Rn. 17 ff.

[67] Geßler/Hefermehl/*Eckardt* Rn. 34 ff.; Semler/Volhard/*Bärwaldt* HV HdB § 8 Rn. 86 ff.

[68] AA Schmidt/Lutter/*Spindler* Rn. 47; MüKoAktG/*Kubis* Rn. 110 (aus dem Recht, Aufnahme von Beschlussgegenständen in die Tagesordnung zu verlangen, folge auch ein Antragsrecht).

[69] Das alte VAG wurde durch Art. 3 Gesetz zur Modernisierung der Finanzaufsicht über Versicherung vom 1.4.2015 mWv 1.1.2016 aufgehoben und durch ein neues, grdl. reformiertes VAG ersetzt.

29 **cc) Nicht zur Teilnahme berechtigte Dritte.** Hauptversammlungen sind keine öffentlichen Versammlungen.[70] Sofern die Satzung oder, falls existent, die Geschäftsordnung der Hauptversammlung keine anderweitigen Regelungen vorsieht, bestehen für alle übrigen Personen **keinerlei Teilnahmerechte;** ihre Teilnahme unterliegt der Zustimmung der Hauptversammlung oder des Versammlungsleiters. Sie können nur als **Gäste** zugelassen werden und haben weder ein Rede- noch ein Antrags- oder Auskunftsrecht. Auch ein Einsichtsrecht in die Teilnehmerliste nach § 129 Abs. 4 S. 1 steht ihnen nicht zu, denn die Gästeeinladung qualifiziert sie nicht als Teilnehmer im Sinne des AktG (→ § 129 Rn. 29).[71]

30 Gäste sind auch **Berater** oder **Beistände** des Aktionärs, sofern sie nicht von ihm bevollmächtigte Vertreter sind.[72] Auch der **Notar,** dessen Anwesenheit zur notariellen Beurkundung von Hauptversammlungsbeschlüssen erforderlich ist (§ 130 Abs. 1), hat kein eigenes Teilnahmerecht.[73] Liegen die Voraussetzungen des § 130 Abs. 1 S. 3 nicht vor, muss der Notar aber als Gast zugelassen werden, um die Nichtigkeit der gefassten Beschlüsse gemäß § 241 Nr. 2 zu vermeiden. Auch Mitglieder des **Betriebsrats** der Gesellschaft haben kein eigenes Teilnahmerecht.[74] Die Zurückweisung von Betriebsratsmitgliedern oder des Betriebsratsvorsitzenden könnte allerdings aus Gründen des Betriebsfriedens bedenklich erscheinen. Auch **Medien- und Pressevertreter** gehören zu den Gästen.[75]

31 Wird eine Sonderprüfung vorgenommen, ist der Prüfungsbericht in der nächsten Hauptversammlung als Gegenstand der Tagesordnung bekanntzumachen (§ 145 Abs. 6 S. 4). Eine Teilnahmepflicht oder ein Teilnahmerecht für den **Sonderprüfer** lässt sich der Vorschrift dennoch nicht (ausdrücklich) entnehmen. Aus Zweckmäßigkeitsgesichtspunkten erscheint es aber sachgerecht, den Sonderprüfer als Gast zumindest zu diesem Tagesordnungspunkt zuzulassen und ihm ein Rederecht einzuräumen, um ihm die Möglichkeit zur Stellungnahme und zur Abwehr von Kritik zu gewähren.[76]

32 Trifft der Hauptversammlungsleiter eine Maßnahme über die (Nicht-)Zulassung von Gästen, ist **streitig,** ob im Falle eines Aktionärswiderspruchs die Letztentscheidung über die (Nicht-)Zulassung einem Hauptversammlungsbeschluss oder der Entscheidung des Versammlungsleiters unterfällt. Die wohl **hM**[77] **bejaht** die **Letztentscheidungskompetenz der Hauptversammlung** und begründet dies damit, dass die Belange der Hauptversammlung letztlich Angelegenheit der Aktionäre selbst seien und ihnen somit auch die Entscheidung überlassen werden müsse. Eine unsachgemäße Kompetenzverschiebung vom Versammlungsleiter auf die Hauptversammlung sei darin deshalb nicht zu erkennen, weil der Kompetenzbereich des Versammlungsleiters im Grunde nicht betroffen sei. Da dem Gast keinerlei versammlungsspezifische Rechte zustehen – etwa Rederecht, Antragsrecht, Stimmrecht – berühre seine bloße körperliche Anwesenheit als solche auch nicht die Versammlungsleitung. Überzeugender ist es, von einer ausschließlichen Entscheidungskompetenz des Versammlungsleiters auszugehen, da aus eben diesem Fehlen von Rechten durch die Anwesenheit des Gastes die Belange der Aktionäre weniger berührt werden als die Belange der Versammlungsleitung. Denn ungeachtet ihrer fehlenden rechtlichen Befugnisse kann die Anwesenheit von Gästen zu tatsächlichen Störungen des Ablaufs der Hauptversammlung führen, was unmittelbar den Kompetenzbereich des Versammlungsleiters betrifft. Für dieses Ergebnis sprechen zudem praktische Zweckmäßigkeitsgesichtspunkte, da eine Letztentscheidung durch die Hauptversammlung zu Verzögerungen und Ablaufschwierigkeiten führen kann, etwa durch langwierige Einzelabstimmungen über die Zulassung jedes einzelnen Gastes, zB bestimmter Medienvertreter, auf Antrag einzelner Aktionäre.[78] Dem Versammlungsleiter ist es im Einzelfall aber freigestellt, seine Entscheidungsbefugnis an die Hauptversammlung zu delegieren.[79]

33 **2. Teilnahmerecht und -pflicht. a) Umfang der Teilnahmepflicht.** Die Teilnahmepflicht für Vorstands- und Aufsichtsratsmitglieder erstreckt sich grundsätzlich auf die Pflicht zur **körperlichen**

---

[70] Geßler/Hefermehl/*Eckardt* Rn. 42; Hüffer/*Koch* Rn. 28; relativierend, aber in den rechtlichen Konsequenzen zust. MüKoAktG/*Kubis* Rn. 7.

[71] NK-AktR/*Krenek/Pluta* Rn. 49; Spindler/Stilz/*Hoffmann* Rn. 30.

[72] Hüffer/*Koch* Rn. 26.

[73] GroßkommAktG/*Mülbert* Rn. 73; Semler/Volhard/Reichert/*Bärwaldt* HV HdB § 8 Rn. 95; aA *Obermüller* NJW 1969, 265.

[74] Geßler/Hefermehl/*Eckardt* Rn. 40.

[75] Geßler/Hefermehl/*Eckardt* Rn. 42; Schmidt/Lutter/*Spindler* Rn. 48.

[76] Geßler/Hefermehl/*Eckardt* Rn. 33; Semler/Volhard/Reichert/*Bärwaldt* HV HdB § 8 Rn. 85.

[77] *Grossfeld/Spennemann* AG 1979, 128 (135); MüKoAktG/*Kubis* Rn. 114; Spindler/Stilz/*Hoffmann* Rn. 29; *Obermüller* NJW 1969, 265; *Butzke* HV Kap. C Rn. 34; *Stützle/Walgenbach* ZHR 155 (1991), 516 (526).

[78] So auch Geßler/Hefermehl/*Eckardt* Rn. 42; GroßkommAktG/*Mülbert* Rn. 75; *Schaaf* Praxis der HV Rn. 304; für Publikums-AG zust. *Bezzenberger* ZGR 1998, 352 (360); *Martens* Leitfaden HV 36 f.

[79] Geßler/Hefermehl/*Eckardt* Rn. 42; MüKoAktG/*Kubis* Rn. 114.

Anwesenheit und zur **Ausführung** hauptversammlungsspezifischer **Organpflichten** (etwa Beantwortung von Auskunftsverlangen der Aktionäre gemäß § 131 durch den Vorstand). Die grundsätzliche Pflicht zur physischen Anwesenheit besteht auch, wenn den Aktionären die Teilnahme im Wege elektronischer Kommunikation gestattet wird, da Abs. 1 S. 2 sich ausdrücklich auf die Aktionäre beschränkt und Organmitglieder nicht einbezieht. Eine Ausnahme besteht lediglich für Aufsichtsratsmitglieder, denen gemäß Abs. 3 S. 2 die Teilnahme im Wege der Bild- und Tonübertragung gestattet ist (→ Rn. 39). Im Falle gewichtiger **Verhinderungsgründe** (zB Krankheit) entfällt die Teilnahmepflicht.[80]

34 **b) Umfang des Teilnahmerechts.** Konkrete Ausgestaltungen des Teilnahmerechts der **Aktionäre** sind unter anderem das Recht auf Anwesenheit in der Hauptversammlung, das Rederecht, das Antragsrecht, das Auskunftsrecht (§ 131) und das Recht auf Einsichtnahme in das Teilnehmerverzeichnis (§ 129 Abs. 4). Ausfluss dieser Rechte ist ferner der **ungehinderte Zugang** zu den Versammlungsräumen, was aber allgemeine **Zugangskontrollen** – besonders zur Identitätsprüfung oder zwecks allgemeiner Sicherheit – nicht ausschließt. Unzulässig sind Zugangskontrollen allerdings dann, wenn sie eine angemessene Intensität überschreiten oder mit derart unverhältnismäßig langen Wartezeiten verbunden sind, dass sie ein rechtzeitiges Eintreffen zu Versammlungsbeginn verhindern. Ferner dürfen sie nicht unverhältnismäßig in die Persönlichkeitsrechte der Aktionäre eingreifen. Nach der Rechtsprechung des OLG Frankfurt ist daher das Öffnen und **Durchsuchen von Gepäckstücken** ohne begründeten Anlass unzulässig. Verweigert ein Aktionär danach die Öffnung und Durchsuchung seiner mitgeführten Gepäckstücke und wird er deshalb am Zutritt zum Versammlungsraum gehindert, begründet dies grundsätzlich die Anfechtbarkeit sämtlicher Hauptversammlungsbeschlüsse wegen unberechtigter Teilnahmeverweigerung.[81] Zulässig ist hingegen die Durchleuchtung von Gepäckstücken mittels entsprechender Geräte oder die Bereitstellung von Aufbewahrungsmöglichkeiten (etwa Schließfächer), so dass der Aktionär die Möglichkeit hat, Gepäckstücke, deren Durchsuchung er verweigert hat, während der Hauptversammlung sicher aufzubewahren, ohne sie in den Versammlungsraum mitzuführen.[82] Ebenfalls zulässig sind **Personenkontrollen** mittels Metalldetektoren.[83]

35 **Satzungsregelungen** zur Einschränkung des Teilnahmerechts oder der Teilnahmepflicht sind (mit Ausnahme der in § 118 Abs. 3 S. 2 und § 123 Abs. 2 und 3 vorgesehenen Fälle) grundsätzlich nicht zulässig. Als zulässig erachtet wird jedoch die nähere Ausgestaltung der **Modalitäten der Teilnahme,** wie beispielsweise der Zutrittsbedingungen zur Hauptversammlung (etwa durch Verpflichtung zur Vorlage eines Lichtbildausweises oder einer Eintrittskarte zwecks Identifikation).[84]

36 Auch eine etwaige **Geschäftsordnung** der Hauptversammlung (→ § 129 Rn. 3 ff.) kann ergänzende Regelungen treffen. Ihr Regelungsspielraum beschränkt sich allerdings auf **ordnungsrelevante Zugangsfragen** und auf Befugnisse des Versammlungsleiters.[85]

37 **c) Grenzen des Teilnahmerechts.** Zulässige Beschränkungen des Teilnahmerechts sind in Fällen möglich, in denen der Teilnehmer den reibungslosen Ablauf der Hauptversammlung **stört** und dadurch die Beschlussfassung gefährdet. Ist die Störung nicht auf andere Weise zu beheben, kann der Versammlungsleiter als ultima ratio dem Aktionär einen Saalverweis erteilen.[86] Dabei ist der **Ausschluss des Aktionärs restriktiv** zu handhaben, da hiermit der Aktionär der Möglichkeit seiner aus der Mitgliedschaft abgeleiteten Rechtsausübung beraubt wird. Besteht die Möglichkeit, die Störung durch Beschränkung oder (temporären) Entzug eines weniger bedeutenden Rechts zu beheben, ist dies als mildere Maßnahme geboten. Zum Beispiel kann es bei Beleidigungen durch den Aktionär geboten sein, zunächst nur das Rederecht zu entziehen oder einen Saalverweis nur für die Dauer der Verhandlungen zu einem bestimmten Tagesordnungspunkt anzuordnen.[87]

38 **3. Teilnahmeform.** Die Hauptversammlung ist im Wesentlichen als Präsenzversammlung konzipiert. Die Teilnahme erfolgt damit grundsätzlich durch physische Anwesenheit zu einer bestimmten Zeit an einem bestimmten Ort. Neben der Zulassung der Online-Teilnahme von Aktionären gemäß Abs. 1 S. 2 durch das ARUG (→ Rn. 15) ist auch Mitgliedern des Aufsichtsrats gemäß Abs. 3 S. 2

[80] MüKoAktG/*Kubis* Rn. 101; MHdB AktG/*Hoffmann-Becking* § 37 Rn. 1; aA, nach der nur die Vorwerfbarkeit der Pflichtverletzung entfällt, GroßkommAktG/*Mülbert* Rn. 29; *Butzke* HV Kap. C Rn. 25.
[81] OLG Frankfurt NZG 2007, 310 (311 f.).
[82] OLG Frankfurt NZG 2007, 310 (311); vgl. auch AG München AG 1995, 335.
[83] AG München AG 1995, 335.
[84] Vgl. MüKoAktG/*Kubis* Rn. 69.
[85] Spindler/Stilz/*Hoffmann* Rn. 34.
[86] BGHZ 44, 245.
[87] Geßler/Hefermehl/*Eckardt* Rn. 45 ff.

unter bestimmten Voraussetzungen die Teilnahme über Bild- und Tonübertragung gestattet. Abs. 4 lässt ferner eine allgemeine Bild- und Tonübertragung der Hauptversammlung in beliebigen Medien zu.

a) Teilnahme von Aufsichtsratsmitgliedern mittels Bild- und Tonübertragung. Abs. 3 S. 2 sieht eine Ausnahme vom Grundsatz der Verpflichtung der Organmitglieder zur physischen Anwesenheit am Versammlungsort vor und lässt die Teilnahme von Aufsichtsratsmitgliedern im Wege der Bild- und Tonübertragung auf der Grundlage entsprechender Satzungsregelungen zu. Damit soll dem Umstand der zunehmenden Globalisierung und der Beteiligung ausländischer Aufsichtsratsmitglieder Rechnung getragen werden.[88] Aufsichtsratsmitglieder können sich somit extern über eine Audio-/Videoübertragung, zB via Internet, zuschalten lassen und gleichermaßen ihre Rechte und Pflichten ausüben.[89] Die Ausnahme gilt ausdrücklich nur für Mitglieder des Aufsichtsrats, während Mitglieder des Vorstands aufgrund ihrer tragenden Rolle in der Hauptversammlung zur physischen Anwesenheit am Versammlungsort verpflichtet bleiben. 39

b) Allgemeine Bild- und Tonübertragung der Hauptversammlung (Abs. 4). Gemäß Abs. 4 kann die Satzung oder die Geschäftsordnung der Hauptversammlung die Übertragung der Hauptversammlung in Bild und Ton gestatten. Die Wahl des Mediums stellt das Gesetz frei, so dass die Übertragung etwa via Internet, Werkfernsehen oder auf jede andere technisch machbare Weise vorgesehen werden kann. Über den Umfang der öffentlichen Verbreitung der Versammlung enthält das Gesetz keine Vorgaben und erlaubt dem Satzungsgeber oder der Geschäftsordnung demnach, sowohl hinsichtlich der Übertragungsart (zB nur Bild- oder nur Tonübertragung oder beides) als auch der Übertragungslänge (gesamte Hauptversammlung oder nur Ausschnitte) frei zu entscheiden. Durch das ARUG wurde mit Abs. 4 Hs. 2 die Möglichkeit eröffnet, die Entscheidungsbefugnis, ob, in welchem Umfang und über welche Medien die Versammlung in Bild und Ton übertragen wird, auf den Vorstand oder den Versammlungsleiter zu übertragen. Enthält die Satzung/Geschäftsordnung eine entsprechende Bestimmung oder Ermächtigung, kann der einzelne Aktionär der öffentlichen Verbreitung nicht mehr mit dem Einwand widersprechen, die Übertragung seiner Redebeiträge stelle einen rechtswidrigen Eingriff in sein allgemeines Persönlichkeitsrecht dar.[90] 40

V. Rechtsfolgen von Verletzungen des Teilnahmerechts

Werden Teilnahmerechte eines Aktionärs verletzt, kann er die Beschlüsse der Hauptversammlung wegen Verletzung des Gesetzes **anfechten** (§ 243 Abs. 1; zu Einzelheiten → § 243 Rn. 5 ff.). Der Aktionär hat ferner die Möglichkeit zur gerichtlichen Durchsetzung seines Teilnahmerechts durch Leistungsklage oder einstweilige Verfügung. Unter Umständen kann bei Vorliegen eines Rechtsschutzinteresses eine Feststellungsklage zulässig sein. Denkbar sind auch eventuelle Schadensersatzansprüche, sofern der Schaden nicht durch Anfechtungsklage hätte verhindert werden können.[91] 41

C. Abdingbarkeit

§ 118 Abs. 1 S. 1 ist nicht abdingbar; das Teilnahmerecht an der Hauptversammlung ist als mitgliedschaftliches Kernrecht **nicht entziehbar** oder von der Aktie abtrennbar, ebenso wenig kann durch Satzungsregelung vom **Grundsatz der Ausübung von Aktionärsrechten in der Hauptversammlung** abgewichen werden. Einschränkungen des Teilnahmerechts durch Satzungsbestimmung sind jedoch im Rahmen von § 123 Abs. 2 und Abs. 3 zulässig; eine Lockerung vom Gebot der Ausübung von Aktionärsrechten in der Versammlung lässt Abs. 2 durch die Ermöglichung der Stimmabgabe außerhalb der Versammlung im Wege der „Briefwahl“ zu. **Im Übrigen** gewährt § 118 **weitreichende Flexibilität** für die Satzung bzw. die Geschäftsordnung der Hauptversammlung. Der Grundsatz der Präsenzhauptversammlung kann durch Regelungen oder Ermächtigungen in der Satzung gemäß Abs. 1 S. 2 (Online-Teilnahme) und die Gestattung der Teilnahme von Aufsichtsratsmitgliedern durch Bild- und Tonübertragung gemäß Abs. 3 weitgehend gelockert, jedoch nicht vollständig aufgehoben werden. 42

[88] BT-Drs. 14/8769, 19; krit. Hüffer/*Koch* Rn. 22; *Hoffmann-Becking* DAV-Ausschuss NZG 2002, 115 (117).
[89] *Mutter* AG-Report 2003, 34 f.; *Noack* DB 2002, 620 (624).
[90] MüKoAktG/*Kubis* Rn. 118; *Noack* NZG 2003, 241 (245).
[91] GroßkommAktG/*Mülbert* Rn. 63.

§ 119 Rechte der Hauptversammlung

(1) Die Hauptversammlung beschließt in den im Gesetz und in der Satzung ausdrücklich bestimmten Fällen, namentlich über

1. die Bestellung der Mitglieder des Aufsichtsrats, soweit sie nicht in den Aufsichtsrat zu entsenden oder als Aufsichtsratsmitglieder der Arbeitnehmer nach dem Mitbestimmungsgesetz, dem Mitbestimmungsergänzungsgesetz, dem Drittelbeteiligungsgesetz oder dem Gesetz über die Mitbestimmung der Arbeitnehmer bei einer grenzüberschreitenden Verschmelzung zu wählen sind;
2. die Verwendung des Bilanzgewinns;
3. die Entlastung der Mitglieder des Vorstands und des Aufsichtsrats;
4. die Bestellung des Abschlußprüfers;
5. Satzungsänderungen;
6. Maßnahmen der Kapitalbeschaffung und der Kapitalherabsetzung;
7. die Bestellung von Prüfern zur Prüfung von Vorgängen bei der Gründung oder der Geschäftsführung;
8. die Auflösung der Gesellschaft.

(2) Über Fragen der Geschäftsführung kann die Hauptversammlung nur entscheiden, wenn der Vorstand es verlangt.

Schrifttum: *Arnold,* Mitwirkungsbefugnisse der Aktionäre nach Gelatine und Macrotron, ZIP 2005, 1573; *Ebenroth/Daum,* Die Kompetenz des Vorstands einer Aktiengesellschaft bei der Durchführung und Abwehr unkoordinierter Übernahmen (Teil I), DB 1991, 1105; *Fleischer,* Börseneinführung von Tochtergesellschaften, ZHR 165 (2001), 513; *Geßler,* Einberufung und ungeschriebene Hauptversammlungszuständigkeiten, FS Stimpel, 1985, 771; *Groß,* Vorbereitung und Durchführung von Hauptversammlungsbeschlüssen zu Erwerb oder Veräußerung von Unternehmensbeteiligungen, AG 1996, 111; *Gross,* Zuständigkeit der Hauptversammlung bei Erwerb und Veräußerung von Unternehmensbeteiligungen, AG 1994, 266; *Grunewald,* Rückverlagerung von Entscheidungskompetenzen der Hauptversammlung auf den Vorstand, AG 1990, 133; *Henze,* Holzmüller vollendet das 21. Lebensjahr, FS Ulmer, 2003, 211; *Joost,* „Holzmüller 2000" vor dem Hintergrund des Umwandlungsgesetzes, ZHR 163 (1999), 164; *Liebscher,* Ungeschriebene Hauptversammlungszuständigkeiten im Lichte von Holzmüller, Macroton und Gelatine, ZGR 2005, 1; *Lutter,* Ehrenämter im Aktien- und GmbH-Recht, ZIP 1984, 645; *ders.,* Zur Vorbereitung und Durchführung von Grundlagenbeschlüssen in Aktiengesellschaften, FS Fleck, 1988, 169; *Lutter/Leinekugel,* Der Ermächtigungsbeschluss der Hauptversammlung zu grundlegenden Strukturmaßnahmen – zulässige Kompetenzübertragung oder unzulässige Selbstentmachtung, ZIP 1998, 805; *Martens,* Die Entscheidungsautonomie des Vorstands und die „Basisdemokratie" in der Aktiengesellschaft, ZHR 147 (1983), 377; *Priester,* Die klassische Ausgliederung – ein Opfer des Umwandlungsgesetzes 1994?, ZHR 163 (1999), 187; *Reichert,* Mitwirkungsrechte und Rechtsschutz der Aktionäre nach Macrotron und Gelatine, AG 2005, 150; *Renner,* Holzmüller-Kompetenz der Hauptversammlung beim Erwerb einer Unternehmensbeteiligung, NZG 2002, 1091; *Simon,* Von „Holzmüller" zu „Gelatine" – Ungeschriebene Hauptversammlungszuständigkeiten im Lichte der BGH-Rechtsprechung (Teil II), DStR 2004, 1528; *Timm,* Rechtsfragen zur Konzernumbildung, ZIP 1993, 114; *Weißhaupt,* Holzmüller-Informationspflichten nach den Erläuterungen des BGH in Sachen „Gelatine", AG 2004, 585; *Werner,* Zuständigkeitsverlagerung in der Aktiengesellschaft durch Richterrecht?, ZHR 147 (1983), 429.

Übersicht

I. Allgemeines

1. Regelungsgegenstand. § 119 regelt die Beschlusskompetenz der Hauptversammlung in den Angelegenheiten der Gesellschaft. Abs. 1 ordnet der Hauptversammlung die Beschlusskompetenz für alle im Gesetz und in der Satzung der Gesellschaft geregelten Fälle zu, von denen exemplarisch einige in den Nr. 1–8 genannt werden. Aus der Formulierung „namentlich" geht hervor, dass es sich nur um eine beispielhafte Aufzählung handelt. Zugleich erfährt **Abs. 1** durch den Zusatz „ausdrücklich" abschließenden Charakter und beschränkt die Hauptversammlungszuständigkeit so auf die satzungsmäßig und gesetzlich geregelten Fälle. Die Hauptversammlung hat damit insbesondere keine Zuständigkeit in Fragen der Geschäftsführung.[1] Nur auf Verlangen des Vorstands darf sie über einzelne Fragen der Geschäftsführung entscheiden **(Abs. 2).** Die damit einhergehende Enthaftungsmöglichkeit für den Vorstand (§ 93 Abs. 4 S. 1) ist entgegen teilweise vertretener Ansicht nicht vom Normzweck des § 119 erfasst, sondern nur ein Nebeneffekt.[2] Aufgrund seines zwingenden Charakters kann die Kompetenzverteilung des § 119 nicht durch Satzungsregelung verändert werden. 1

2. Gesetzesänderungen. Nach alter Gesetzesfassung des **Aktienrechts des HGB 1897** oblag die Beschlussfassung in Geschäftsführungs- und sonstigen Angelegenheiten grundsätzlich der Hauptversammlung, soweit nicht zwingendes Recht oder eine Satzungsbestimmung die Zuständigkeit des Vorstands oder Aufsichtsrats ausdrücklich begründete (§ 32 Abs. 1 BGB aF und § 250 HGB aF). Diese Zuständigkeit wurde mit der Regelung des **§ 103 AktG 1937** aufgehoben und die Kompetenz der Hauptversammlung auf die im Gesetz und der Satzung der Gesellschaft ausdrücklich bestimmten Fälle beschränkt. § 119 hat den Regelungsgehalt des § 103 aF in seiner wörtlichen Formulierung übernommen und ihn um die Aufzählung einiger Beispiele ergänzt.[3] 2

3. Beschlussfassende und beschlusslose Hauptversammlung. Die Hauptversammlung bildet ihren Willen durch Beschlussfassung. Das Gesetz durchbricht diese Beschlussorientierung der Hauptversammlung und sieht in einigen Fällen eine Hauptversammlung zu rein informatorischen Zwecken ohne Beschlussfassung vor: Gemäß § 92 Abs. 1 ist die Hauptversammlung zur Information einzuberufen, wenn ein Verlust in Höhe der Hälfte des Grundkapitals eingetreten ist; vorbehaltlich § 120 Abs. 3 muss der Vorstand die Hauptversammlung gemäß § 175 Abs. 1 auch einberufen, um den Jahresabschluss entgegenzunehmen, wenn mangels Bilanzgewinn kein Verwendungsbeschluss gefasst werden kann.[4] 3

Umstritten ist, ob es außerhalb der gesetzlich geregelten Fälle zulässig ist, zum Wohl der Gesellschaft (§ 111 Abs. 3; § 121 Abs. 1) **„geplant beschlusslose"** und damit rein informatorische Hauptversammlungen einzuberufen.[5] Dieser Streit muss seit der Änderung des § 122 Abs. 2 durch das Gesetz zur Umsetzung der Aktionärsrechte-RL **(ARUG)** vom 30.7.2009 (BGBl. I S. 2479) als entschieden angesehen werden. Nach § 122 Abs. 2 haben Minderheitsaktionäre nunmehr ausdrücklich das Recht, die Ergänzung der Tagesordnung um beschlusslose Gegenstände zu verlangen (zu den Grenzen → § 122 Rn. 18). Angesichts dessen ist nicht einzusehen, dass eine Hauptversammlung nicht von vorneherein zur Aussprache ohne Beschlussfassung einberufen werden kann. Gleichwohl hat dies **nicht** zur Folge, dass Vorstand und Aufsichtsrat ihr Einberufungsrecht **schrankenlos** ausüben können. Jede derartige Einberufung hat nach pflichtgemäßem Ermessen und unter Berücksichtigung aller Umstände des Einzelfalls, wie der Relevanz der Informationen und der damit verbundenen Kosten, zu erfolgen.[6] 4

II. Einzelerläuterungen

1. Ausdrücklich geregelte Zuständigkeit der Hauptversammlung (Abs. 1). a) Gesetzliche Zuständigkeit. § 119 Abs. 1 ordnet der Hauptversammlung alle ihr im Gesetz zugewiesenen Bereiche zur **alleinigen Entscheidung** zu. Die einzelnen Kompetenzen der Hauptversammlung sind dabei nicht systematisch im Aktiengesetz zusammengefasst, sondern über **verschiedene Gesetze** verstreut. Im Hinblick auf das Vorliegen der bereits spezialgesetzlichen Kompetenzzuweisungen ist § 119 Abs. 1 für die Beschlusskompetenz der Hauptversammlung nicht konstitutiv, sondern 5

---

[1] Schmidt/Lutter/*Spindler* Rn. 1.

[2] So auch *Geßler* FS Stimpel, 1985, 771 (773 f.); Hüffer/*Koch* Rn. 1; MüKoAktG/*Kubis* Rn. 1; Schmidt/Lutter/*Spindler* Rn. 1; aA GroßkommAktG/*Mülbert* Rn. 8; *Martens* ZHR 147 (1983), 377 (383).

[3] Hüffer/*Koch* Rn. 1.

[4] Schmidt/Lutter/*Spindler* Rn. 5.

[5] Dazu Hüffer/*Koch* Rn. 4; KK-AktG/*Zöllner,* 1985, § 118 Rn. 8.

[6] So auch *Henn* HdBAktR § 21 Rn. 754; MHdB AG/*Bungert* § 36 Rn. 6; vgl. auch HK-AktG/*Reger* Rn. 2.

nur deklaratorisch.[7] Im Einzelnen ergeben sich die gesetzlichen Beschlusskompetenzen im Wesentlichen aus Vorschriften des AktG, des HGB und des UmwG.

6 Bei dem Katalog des **§ 119 Abs. 1 Nr. 1–8** handelt es sich um folgende Zuständigkeiten: **Nr. 1:** Bestellung der Mitglieder des Aufsichtsrats gemäß § 101 Abs. 1, soweit sie nicht in den Aufsichtsrat nach § 101 Abs. 2 zu entsenden oder als Arbeitnehmervertreter nach den Mitbestimmungsgesetzen zu wählen sind (§§ 9 ff. MitbestG, § 5 MitbestErgG, §§ 4 ff. DrittelbG, §§ 24 ff. MgVG); **Nr. 2:** Verwendung des Bilanzgewinns (§ 174 Abs. 1); **Nr. 3:** Entlastung der Vorstands- und Aufsichtsratsmitglieder (§ 120 Abs. 1); **Nr. 4:** Bestellung des Abschlussprüfers und des Konzernabschlussprüfers gemäß § 318 Abs. 1 HGB, soweit es sich bei der Gesellschaft nicht um ein Versicherungsunternehmen handelt, dann gilt § 341k Abs. 2 S. 1 HGB; **Nr. 5:** Änderungen der Satzung (§ 179 Abs. 1); **Nr. 6:** Maßnahmen der Kapitalbeschaffung und Kapitalherabsetzung, einschließlich der Ausgabe von Wandel- und Gewinnschuldverschreibungen und der Einräumung von Genussrechten (§§ 182 Abs. 1, 192 Abs. 1, 202 Abs. 1, 203, 207, 221, 222, 229, 237); **Nr. 7:** Bestellung von Sonderprüfern zur Prüfung von Vorgängen bei der Gesellschaftsgründung oder der Geschäftsführung (§ 142 Abs. 1) und **Nr. 8:** Auflösung der Gesellschaft (§ 262).

7 Beschlusskompetenzen aus **sonstigen Vorschriften des AktG und des HGB** sind beispielsweise: **Zustimmungsbeschlüsse:** Zustimmung zu Nachgründungsverträgen (§ 52 Abs. 1); Zustimmung zu Rechtsgeschäften, soweit Verlangen des Vorstands und Zustimmungsverweigerung des Aufsichtsrats vorliegt (§ 111 Abs. 4 S. 3); Zustimmung zur vertraglichen Verpflichtung zur Übertragung des gesamten Vermögens, soweit diese nicht unter die Vorschriften des UmwG fällt (§ 179a Abs. 1 S. 1); Zustimmung zu Abschluss oder Änderung eines Unternehmensvertrages (§§ 293 Abs. 1, 295 Abs. 2 S. 2) und Zustimmung zu außergewöhnlichen Geschäften einer KGaA (§ 278 Abs. 2 iVm § 164 HGB); **Feststellungsbeschlüsse:** Feststellung des Jahresabschlusses und der Liquidationseröffnungsbilanz während der Abwicklung (§ 270); Feststellung des Jahresabschlusses bei der KGaA (§ 286 Abs. 1) und Feststellung des Jahresabschlusses in Sonderfällen: bei Verweigerung der Zustimmung des Aufsichtsrats zu dem vom Vorstand aufgestellten Jahresabschluss (§ 173 Abs. 1 S. 1 Alt. 2); bei Überlassung der Feststellung des Jahresabschlusses an die Hauptversammlung durch Beschluss von Vorstand und Aufsichtsrat (§ 173 Abs. 1 S. 1 Alt. 1) und bei einer Rückwirkung der Kapitalherabsetzung (§ 234 Abs. 1). **Sonstige Beschlüsse:** Verzicht und Vergleich über Ersatzansprüche der Gesellschaft gegenüber Gründern, Vorstands- und Aufsichtsratsmitgliedern oder sonstigen Schädigern (§§ 50, 93 Abs. 4, 116 S. 1 iVm §§ 93 Abs. 4, 117 Abs. 4 S. 2, 309 Abs. 3, 310 Abs. 4, 317 Abs. 4, 318 Abs. 4, 323 Abs. 1 S. 2); Geltendmachung von Ersatzansprüchen gegenüber Gründern und Verwaltungsmitgliedern (§ 147 Abs. 1); Bestellung besonderer Vertreter zur Geltendmachung von Ersatzansprüchen (§ 147 Abs. 2); Bestellung und Abberufung von Abwicklern (§ 265 Abs. 2, 5); Regelung der Vertretungsmacht bei der Abwicklung (§ 269 Abs. 2, 3); Entlastung der Abwickler und Aufsichtsratsmitglieder während der Abwicklung (§ 270 Abs. 2 S. 1 Alt. 2); Maßnahmen zur Vorbereitung und Durchführung von Hauptversammlungsbeschlüssen durch den Vorstand (§ 83 Abs. 1); Festsetzung einer Geschäftsordnung mit Bestimmungen für die Vorbereitung und Durchführung der Hauptversammlung (§ 129 Abs. 1 S. 1); Vertrauensentzug gegenüber Vorstandsmitgliedern (§ 84 Abs. 3); Abberufung von Aufsichtsratsmitgliedern (§ 103 Abs. 1); Festsetzung der Aufsichtsratsvergütung (§ 113 Abs. 1); Fortsetzung der aufgelösten Gesellschaft (§ 274 Abs. 1 S. 1, Abs. 2); Eingliederung der Gesellschaft und Beendigung der Eingliederung (§§ 319, 320, 327 Abs. 1 Nr. 1); Verwendung des Ertrags, der durch höhere Bewertung aufgrund einer Sonderprüfung entsteht (§ 261 Abs. 3 S. 2); Ermächtigung zum Erwerb eigener Aktien (§ 71 Abs. 1 Nr. 8) und Ausschluss von Minderheitsaktionären auf Verlangen des Hauptaktionärs („Squeeze-Out", § 327a).

8 Aus den **Vorschriften des UmwG** ergeben sich beispielsweise folgende Kompetenzen: Zustimmung zur Verschmelzung (§§ 65, 73 UmwG); Zustimmung zur Spaltung in Form der Aufspaltung, Abspaltung, Ausgliederung (§ 125 iVm §§ 65, 73 UmwG) und Zustimmung zur Vermögensübertragung im Wege der Gesamtrechtsnachfolge oder der Teilrechtsnachfolge (§ 174 iVm § 65, § 177 iVm §§ 126, 65 UmwG).

9 **b) Durch Satzung begründete Zuständigkeit.** Die Hauptversammlung hat ferner die Beschlusszuständigkeit für die ihr in der Satzung zugewiesenen Angelegenheiten. Aufgrund der eingeschränkten Satzungsautonomie (§ 23 Abs. 5) ist die praktische Bedeutung dieser Befugnis allerdings gering. Von einer „echten" Ermächtigung in § 119 Abs. 1 zur satzungsmäßigen Erweiterung der Hauptversammlungskompetenzen ist somit nicht auszugehen, da die meisten Beschlussgegenstände die gesetzlich festgelegten Kompetenzen eines anderen Organs berühren würden. Gestattet sind nur Modifikationen der bereits durch Gesetz unter Satzungsdisposition gestellten Regelungsbe-

---

[7] Vgl. HK-AktG/*Reger* Rn. 3.

reiche,[8] zB Regelungen über die Zustimmung zur **Veräußerung vinkulierter Namensaktien** gemäß § 68 Abs. 2 S. 3 oder die Schaffung zusätzlicher **Gremien** (Beiräte, Aktionärsausschüsse) ohne organschaftliche Funktionen.[9] Auch denkbar ist die Vergabe von **Ehrenämtern.**[10]

Nicht gestattet ist dagegen die Einsetzung der Hauptversammlung als **Schiedsrichter** für Streitigkeiten zwischen der Gesellschaft und Aktionären oder ihre Zuständigkeit zur **Einforderung von Einlagen** (§ 63 Abs. 1).[11] 10

2. Derivative Zuständigkeit der Hauptversammlung in Fragen der Geschäftsführung (Abs. 2). a) Grundsatz. Die originäre Entscheidungskompetenz über Fragen der Geschäftsführung steht dem Vorstand zu (§ 76 Abs. 1), wobei Geschäftsführung jede rechtliche oder tatsächliche Tätigkeit erfasst, die unmittelbar auf die Verfolgung des Gesellschaftszwecks gerichtet ist.[12] Die Hauptversammlung besitzt in Geschäftsführungsfragen **keine Zuständigkeit** und kann eine solche auch nicht selbständig durch Beschluss begründen. Sie ist auf ein entsprechendes Verlangen des Vorstands angewiesen (§ 119 Abs. 2). Aus § 119 Abs. 2 folgt aber nur, dass die Hauptversammlung in Geschäftsführungsangelegenheiten nicht „entscheiden" darf. Damit steht es ihr frei, Fragen der Geschäftsführung zu erörtern. Sie kann auch Beschlüsse fassen und damit zur Geschäftsleitung des Vorstands Stellung beziehen.[13] Ein solcher Beschluss ist aber für den Vorstand nicht bindend.[14] 11

b) Ausnahme. § 119 Abs. 2 begründet eine **derivative Zuständigkeit** der Hauptversammlung in Fragen der Geschäftsführung. Der Vorstand kann verlangen, dass die Hauptversammlung über ihr vorgelegte Maßnahmen der Geschäftsführung entscheidet. Dies gilt auch für Geschäftsführungsangelegenheiten, die einem Zustimmungsvorbehalt des Aufsichtsrats nach § 111 Abs. 4 S. 2 unterstehen.[15] Ein Spezialfall der Anrufung der Hauptversammlung liegt in § 111 Abs. 4 S. 3, der § 119 Abs. 2 verdrängt. Danach kann der Vorstand zur Ersetzung einer vom Aufsichtsrat verweigerten Zustimmung einen Hauptversammlungsbeschluss erbitten, der aber im Gegensatz zu einem Verlangen nach § 119 Abs. 2 eine qualifizierte Beschlussmehrheit in der Hauptversammlung erfordert, § 111 Abs. 4 S. 4, 5. 12

c) Voraussetzungen. Über die Anrufung der Hauptversammlung entscheidet ausschließlich der **Vorstand** als Organ. Einzelne Vorstandsmitglieder können die Hauptversammlung nicht anrufen. Ein **Anrufungsrecht** des Aufsichtsrats besteht nicht. Der Aufsichtsrat hat aber das Recht, sich zu der Anrufungsentscheidung des Vorstands inhaltlich zu äußern. Vorbehaltlich anderweitiger Satzungs- oder Geschäftsordnungsregelungen beschließt der Vorstand über die Anrufung einstimmig (§ 77). Das einfache Mehrheitserfordernis des § 121 Abs. 2 S. 1 wird von dem Einstimmigkeitserfordernis des § 77 verdrängt, sofern Satzung oder Geschäftsordnung nichts anderes bestimmen.[16] Ob der Vorstand von seinem Anrufungsrecht Gebrauch macht, entscheidet er nach seinem freien **Ermessen.** Seine Grenzen erreicht das Vorstandsermessen dort, wo es zu einem Missbrauch der Delegationsbefugnis führt, etwa weil die Anrufung zu einer vollständigen Verlagerung der Geschäftsleitung an die Hauptversammlung führen würde.[17] 13

Um die Entscheidungskompetenz der Hauptversammlung begründen zu können, muss der Vorstand sein Entscheidungsverlangen in Form eines **Beschlussvorschlags** stellen (§ 124 Abs. 3). Über den Antrag entscheidet die Hauptversammlung grundsätzlich mit einfacher Stimmenmehrheit (§ 133 Abs. 1). Die Satzung kann abweichend davon eine strengere Regelung treffen. 14

d) Wirkung. Macht der Vorstand von seiner Befugnis nach § 119 Abs. 2 Gebrauch, steht es der Hauptversammlung frei, über den Beschlussvorschlag des Vorstands zu befinden. Lehnt sie eine Sachentscheidung ab, muss der Vorstand über die Maßnahme selbst beschließen oder darf diese in den Fällen des § 111 Abs. 4 S. 3 nicht durchführen. Die Hauptversammlung kann sich auch darauf beschränken, eine unverbindliche Empfehlung zu erteilen.[18] Fasst sie dagegen einen zustimmenden Beschluss, ist dieser für den Vorstand **bindend.** Dies gilt auch dann, wenn der Beschluss der Hauptversammlung in zulässiger Weise vom Beschlussvorschlag des Vorstands abweicht. Keine 15

[8] Spindler/Stilz/*Hoffmann* Rn. 48.
[9] MHdB AG/*Bungert* § 35 Rn. 45.
[10] *Lutter* ZIP 1984, 645 (648).
[11] Hüffer/*Koch* Rn. 10.
[12] GroßkommAktG/*Mülbert* Rn. 24.
[13] Hüffer/*Koch* Rn. 11.
[14] MHdB AG/*Bungert* § 35 Rn. 15.
[15] MüKoAktG/*Kubis* Rn. 24.
[16] MHdB AG/*Bungert* § 35 Rn. 17.
[17] GroßkommAktG/*Mülbert* Rn. 47; MüKoAktG/*Kubis* Rn. 22.
[18] MHdB AG/*Bungert* § 35 Rn. 19.

Ausführungspflicht begründet allerdings die Ersetzung der Aufsichtsratszustimmung durch Zustimmung der Hauptversammlung gemäß § 111 Abs. 4 S. 3,[19] da die Durchführung der betroffenen Geschäftsführungsmaßnahme auch nach erfolgter Zustimmung des Aufsichtsrats – die durch die Zustimmung der Hauptversammlung nur ersetzt wird – stets im Ermessen des Vorstands steht. Befolgt der Vorstand den Beschluss der Hauptversammlung trotz Ausführungspflicht nicht, machen sich die Vorstandsmitglieder gegenüber der Gesellschaft **schadensersatzpflichtig.** Umgekehrt schützt ein gesetzmäßiger Beschluss der Hauptversammlung den Vorstand gegenüber der Gesellschaft vor einer Schadensersatzpflicht (§ 93 Abs. 4 S. 1). Davon unberührt bleibt allerdings eine Schadensersatzpflicht gegenüber den Gesellschaftsgläubigern nach § 93 Abs. 5 S. 3 (zum Ganzen → § 93 Rn. 322 ff.).

16 **3. Ungeschriebene Zuständigkeit der Hauptversammlung für Grundlagenentscheidungen. a) Holzmüller-Entscheidung.** In seiner sog. Holzmüller-Entscheidung[20] hat der BGH einen Konzernbildungssachverhalt zum Anlass genommen, Aussagen zu **ungeschriebenen Hauptversammlungskompetenzen** zu machen. In dem zu entscheidenden Fall sollte ohne Zustimmung der Hauptversammlung die Ausgliederung des wertvollsten Betriebsteils auf eine zu diesem Zweck gegründete 100%ige Tochtergesellschaft erfolgen. Der BGH entschied, es gebe Geschäftsführungsentscheidungen, die „durch die Außenvertretungsmacht des Vorstandes, seine gemäß § 83 begrenzte Geschäftsführungsbefugnis wie auch durch den Wortlaut der Satzung formal noch gedeckt sind, gleichwohl aber so tief **in die Mitgliedsrechte der Aktionäre** und deren im Anteilseigentum verkörpertes Vermögensinteresse **eingreifen,** dass der Vorstand vernünftigerweise nicht annehmen kann, er dürfe sie in ausschließlich eigener Verantwortung treffen, ohne die Hauptversammlung zu beteiligen".[21] Eine Maßnahme von solcher Tragweite sah der BGH in dem entschiedenen Fall als gegeben an, da es sich um die Abspaltung des „wertvollsten Betriebszweigs" handelte und diese die Unternehmensstruktur von Grund auf änderte.[22] Der Vorstand sei in solchen Fällen verpflichtet, die Geschäftsführungsentscheidung nach § 119 Abs. 2 der Hauptversammlung zur Entscheidung vorzulegen.[23] Die Verletzung der internen Vorlagepflicht beeinträchtigt jedoch die Vertretungsmacht des Vorstandes im Außenverhältnis nicht.[24]

17 Nach Ansicht des BGH führt die **Verlagerung wesentlicher Teile des Betriebsvermögens** einer Aktiengesellschaft auf eine Tochtergesellschaft auch dann zu einer Schwächung der Rechtsstellung der Aktionäre und damit zu einer ungeschriebenen Hauptversammlungszuständigkeit, wenn sämtliche Anteile an der Tochtergesellschaft in den Händen der Obergesellschaft verbleiben.[25] Die Aktionäre verlören „dadurch namentlich die Möglichkeit, im Rahmen der der Hauptversammlung vorbehaltenen Befugnisse den Einsatz des abgespaltenen Betriebskapitals, das Risiko seines Verlusts und die Verwendung seiner Erträge unmittelbar zu beeinflussen" (sog. Mediatisierung).[26] Denn im Tochterunternehmen übe bei 100%iger Beteiligung der Vorstand der Obergesellschaft alle Gesellschafterrechte aus, „für den hierbei formal – unbeschadet seiner Verantwortlichkeit gemäß § 93 – weder die Satzung der Tochtergesellschaft noch verschärfte Mehrheitserfordernisse ein unüberwindbares Hindernis bilden" und der beispielsweise auch hinsichtlich der Verwendung des Jahresüberschusses praktisch keinen Beschränkungen unterliege.[27] Wichtige Entscheidungen würden auf diese Weise mit dem übertragenen Gesellschaftsvermögen aus der Ober- in die Tochtergesellschaft verlagert. Darüber hinaus sah der BGH die Gefahr, dass der Vorstand durch Unternehmensverträge mit einem Dritten oder durch Aufnahme fremder Gesellschafter, etwa im Wege einer Kapitalerhöhung, die Mitgliedschaftsrechte der Aktionäre in der Obergesellschaft vollends aushöhlt.[28]

18 Die so begründete Mitwirkungsbefugnis der Aktionäre ist nicht nur auf die Ausgliederung selbst beschränkt, sondern erstreckt sich auch auf die Beteiligung der Aktionäre der Obergesellschaft bei **grundlegenden, für ihre Rechtsstellung bedeutsamen Entscheidungen in der Tochtergesellschaft,** die sich für die Aktionäre auswirken wie Angelegenheiten der Obergesellschaft selbst.[29] Ausdrücklich von dieser Mitwirkungsbefugnis umfasst sind nach Ansicht des BGH Kapitalerhöhun-

[19] MüKoAktG/*Kubis* Rn. 27.
[20] BGH NJW 1982, 1703 ff.
[21] BGH NJW 1982, 1703 (1705).
[22] BGH NJW 1982, 1703 (1705).
[23] BGH NJW 1982, 1703 (1705).
[24] BGH NJW 1982, 1703 (1705); Hüffer/*Koch* Rn. 18.
[25] BGH NJW 1982, 1703 (1706).
[26] BGH NJW 1982, 1703 (1706).
[27] BGH NJW 1982, 1703 (1706).
[28] BGH NJW 1982, 1703 (1706).
[29] BGH NJW 1982, 1703 (1707).

gen in einer durch Ausgliederung wesentlicher Betriebsteile entstandenen Tochtergesellschaft.[30] Dies gilt auch dann, wenn die Obergesellschaft sämtliche Aktien aus der Kapitalerhöhung übernimmt.[31]

Die Holzmüller-Entscheidung hat in der Praxis zu erheblicher **Rechtsunsicherheit** insbesondere darüber geführt, wann Geschäftsführungsmaßnahmen konkret der Hauptversammlung zur Zustimmung vorzulegen sind.[32] 19

b) Gelatine-Urteile. Im Jahr 2004 hatte der BGH in seinen sog. **Gelatine-Urteilen**[33] Gelegenheit, die in der Holzmüller-Entscheidung entwickelten Grundsätze zu konkretisieren. Der BGH bestätigte die Existenz **ungeschriebener Mitwirkungsbefugnisse** der Hauptversammlung. Diese stützt er allerdings nicht mehr auf eine analoge Anwendung von § 119 Abs. 2, sondern sieht sie als Ergebnis einer offenen Rechtsfortbildung an.[34] Eine solche ungeschriebene Hauptversammlungszuständigkeit kommt nach Ansicht des BGH jedoch nur für Geschäftsführungsmaßnahmen in Betracht, die an die „Kernkompetenz der Hauptversammlung, über die Verfassung der Gesellschaft zu bestimmen, rühren und in ihren Auswirkungen einem Zustand nahezu entsprechen, der allein durch eine Satzungsänderung herbeigeführt werden kann".[35] Der BGH weist in diesem Zusammenhang ausdrücklich den Ansatz zurück, lediglich nach Bagatellgrenzen zu suchen, ohne deren Überschreitung der Vorstand bei seinem Handeln frei ist.[36] Auch die Definition fester Schwellenwerte, bei deren Überschreitung eine Hauptversammlungszuständigkeit bestehe, lehnt der BGH als untaugliches Kriterium ab.[37] Zur Begründung der Hauptversammlungszuständigkeit sei eine Maßnahme erforderlich, die in ihrer Bedeutung für die jeweilige Gesellschaft „die Ausmaße der Ausgliederung in dem [...] ‚Holzmüller'-Fall erreicht".[38] Genaue Wertgrenzen lassen sich aufgrund dieser Formulierung nicht festlegen. In dem Holzmüller-Fall machte der ausgegliederte Betriebsteil rund 80% der Aktiva der Gesellschaft aus. Zusätzlich zu diesem quantitativen Kriterium bestätigt der BGH das Erfordernis eines qualitativen Kriteriums und fordert einen Mediatisierungseffekt, also die Verringerung des Einflusses der Aktionäre hinsichtlich des von den Maßnahmen betroffenen Gesellschaftsvermögens. In den beiden zu entscheidenden Fällen sah der BGH diese Voraussetzungen als nicht erfüllt an. 20

c) Fallgruppen. Mit den Gelatine-Urteilen hat der BGH in den zwei zentralen Fragen, wann eine Maßnahme der Hauptversammlung zur Entscheidung vorzulegen ist und welche Hauptversammlungsmehrheit einen zustimmenden Beschluss erfordert, für erheblich mehr Klarheit gesorgt. Insbesondere hinsichtlich des quantitativen Kriteriums hat er mit deutlichen Worten enge Grenzen für das Bestehen einer ungeschriebenen Hauptversammlungszuständigkeit gezogen. Wann Geschäftsführungsmaßnahmen konkret der Hauptversammlung zur Entscheidung vorzulegen sind, ist auch nach den Gelatine-Urteilen anhand einer Entscheidung des Einzelfalls zu klären. Dazu lassen sich bestimmte Fallgruppen bilden: **Ausgliederung:** Die Ausgliederung von Unternehmensteilen auf Tochtergesellschaften im Wege der Einzelrechtsnachfolge führt regelmäßig zu einer Mediatisierung des Einflusses der Aktionäre und erfüllt damit das qualitative Kriterium zur Begründung einer ungeschriebenen Hauptversammlungszuständigkeit. Im Einzelfall ist zu entscheiden, ob die Ausgliederung in quantitativer Hinsicht die Anforderungen an die Begründung einer Hauptversammlungszuständigkeit erfüllt. Bei Ausgliederungen nach UmwG bleibt für die Anwendung der Holzmüller-Pflichtigkeit kein Raum, da für diese Maßnahmen ein Beschluss der Hauptversammlung bereits nach den Vorschriften des UmwG erforderlich ist.[39] **Konzernleitung:** In seinen Gelatine-Urteilen hat der BGH ausdrücklich klargestellt, dass auch Maßnahmen der konzerninternen Umstrukturierung zu einem Mediatisierungseffekt und – Erfüllung des quantitativen Kriteriums vorausgesetzt – zu einer ungeschriebenen Hauptversammlungszuständigkeit führen können.[40] In den zu entscheidenden Fällen ging es jeweils um die Einbringung einer zunächst von der Aktiengesellschaft selbst gehaltenen Beteiligung in eine Tochtergesellschaft. Der BGH bejahte hier „ohne Weiteres" einen Mediatisierungseffekt aufgrund der Schaffung einer weiteren hierarchischen Ebene.[41] In beiden Fällen sah der BGH jedoch das quantitative Kriterium als nicht erfüllt an, 21

[30] BGH NJW 1982, 1703 (1708).
[31] BGH NJW 1982, 1703 (1708).
[32] Zur Diskussion Hüffer/*Koch* Rn. 16 ff.
[33] BGH NZG 2004, 571 (574) – Gelatine I; NZG 2004, 575 (578) – Gelatine II.
[34] BGH NZG 2004, 571 (575).
[35] BGH NZG 2004, 571 (574).
[36] BGH NZG 2004, 571 (574).
[37] BGH NZG 2004, 571 (574).
[38] BGH NZG 2004, 571 (574).
[39] Schmidt/Lutter/*Spindler* Rn. 33.
[40] BGH NZG 2004, 571 (573) sowie NZG 2004, 575 (578).
[41] BGH NZG 2004, 575 (579); NZG 2004, 571 (575).

indem er in dem einen Fall einen Anteil von 30% (bei Betrachtung des Konzerns) von Bilanzsumme, Eigenkapital, Umsatz und Ergebnis vor Steuern als zu gering bewertete.[42] In dem anderen Gelatine-Urteil ließ es der BGH nicht genügen, dass die betroffene Gesellschaft rund 25% zum Konzernergebnis vor Steuern beitrug, ohne dass weitere Faktoren hinzukommen.[43] Als solche sieht der BGH etwa die Inhaberschaft von Schutzrechten, Grundstücken oder Maschinen an, auf welche die Gesellschaft für die Verfolgung ihres Unternehmensgegenstandes angewiesen ist.[44] Als unproblematisch scheint der BGH jedoch zu Recht konzerninterne Umstrukturierungen zu bewerten, bei denen lediglich Anteile an einer Enkelgesellschaft von einer 100%igen Tochtergesellschaft auf eine andere 100%ige Tochtergesellschaft übertragen werden.[45] Ebenso ist anzunehmen, dass die Verschmelzungs- und Spaltungsvorgänge zwischen Tochtergesellschaften sowie der Rechtsformwechsel einer Tochtergesellschaft grundsätzlich keine Zustimmungsbedürftigkeit auslösen.[46] Bei diesen Gestaltungen wird es in aller Regel an dem erforderlichen Mediatisierungseffekt fehlen; eine Zustimmungsbedürftigkeit kann sich dabei allenfalls im Einzelfall ergeben, wenn die Einflussmöglichkeiten der Aktionäre sich infolge der Umstrukturierungsmaßnahme – etwa aufgrund Hinzutretens weiterer Gesellschafter – signifikant verringern. **Kapitalerhöhungen:** Bereits in seiner Holzmüller-Entscheidung hat der BGH Kapitalerhöhungen in einer durch Ausgliederung wesentlicher Betriebsteile entstandenen Tochtergesellschaft in den Kreis möglicher ungeschriebener Hauptversammlungszuständigkeiten einbezogen.[47] Unklar bleibt allerdings, ob Kapitalerhöhungen in Tochtergesellschaften immer anhand der Kriterien für ungeschriebene Hauptversammlungszuständigkeiten zu prüfen sind oder ob dies nur dann gilt, wenn vorher Betriebsteile im Rahmen einer nach den Holzmüller- und Gelatine-Grundsätzen hauptversammlungspflichtigen Maßnahme auf diese Tochtergesellschaft ausgegliedert wurden; ausdrücklich offen gelassen hat der BGH auch die Frage, ob das Zustimmungserfordernis entfällt, wenn die Hauptversammlung der Obergesellschaft der Ausgliederung mit satzungsändernder Mehrheit zugestimmt hat. **Erwerb von Beteiligungen:** Maßnahmen des Vorstands zum Erwerb von Beteiligungen werden zum Teil unter die Zustimmungskompetenz der Hauptversammlung gestellt.[48] Hierfür wird der Vergleich mit den Fällen der Ausgliederung herangezogen, wonach hier wie dort die Beteiligungsrechte der Aktionäre ähnlich beeinträchtigt seien und ein vergleichbarer Mediatisierungseffekt eintrete. Insbesondere sei auf diesem Wege der unmittelbare Zugriff auf dividendenfähige Gewinne entzogen. Diese Gleichstellung von Ausgliederungen und Beteiligungserwerben ist abzulehnen.[49] Anders als bei einer Ausgliederung wird beim Beteiligungserwerb keine bereits bestehende unternehmerische Substanz dem Einfluss der Aktionäre entzogen.[50] **Veräußerung von Beteiligungen:** Eine Zustimmungspflicht nach „Holzmüller"/„Gelatine"-Grundsätzen besteht nach der Rechtsprechung des BGH nicht, so dass eine Entscheidungszuständigkeit der Hauptversammlung im Zusammenhang mit der Veräußerung von Unternehmensbeteiligungen nur bei Erfüllung der Voraussetzungen des § 179a besteht.[51] **Initial Public Offering (IPO):** Der Börsengang der Gesellschaft stellt keine zustimmungspflichtige Maßnahme dar, da er als solcher nicht zu einer Verringerung der Aktionärsrechte führt. Soweit auf verschärfte Informationspflichten zur Begründung einer Hauptversammlungszuständigkeit bei einem IPO abgestellt wird, überzeugt dies nicht.[52] Ebenso wenig erfordert der Börsengang einer Tochtergesellschaft eine Beschlussfassung der Hauptversammlung (zum Delisting → Rn. 29).[53]

---

[42] BGH NZG 2004, 571 (575).

[43] BGH NZG 2004, 575 (580).

[44] BGH NZG 2004, 575 (580).

[45] BGH NZG 2004, 571 (575).

[46] Vgl. HK-AktG/*Reger* Rn. 18; MüKoAktG/*Kubis* Rn. 74.

[47] BGH NJW 1982, 1703 (1708).

[48] LG Stuttgart AG 1992, 236 (237 f.); Emmerich/Habersack/*Habersack* Vor § 311 Rn. 42; *Henze* FS Ulmer, 2003, 211 (229 f.); *Hirte,* Bezugsrechtsausschluss und Konzernbildung, 1986, 16 ff.; *Liebscher* ZGR 2005, 1 (23 f.); Schmidt/Lutter/*Spindler* Rn. 34; im Ausgangspunkt auch Spindler/Stilz/*Hoffmann* Rn. 30b.

[49] LG Heidelberg AG 1999, 135 (137); *Ebenroth/Daum* DB 1991, 1105 (1109); *Gross* AG 1994, 266 (273 ff.); *Joost* ZHR 163 (1999), 164 (183); MüKoAktG/*Kubis* Rn. 67; MHdB AG/*Krieger* § 70 Rn. 10; *Reichert* AG 2005, 150 (155); *Renner* NZG 2002, 1091 ff.; *Timm* ZIP 1993, 114 (117); *Werner* ZHR 147 (1983), 429 (447 f.).

[50] Weitergehend die Entscheidung des LG Frankfurt NZG 2010, 391, wonach die Veräußerung von Unternehmensbeteiligungen zustimmungsbedürftig sei, wenn durch sie die Kapitalstruktur der Gesellschaft verändert werde.

[51] BGH NZG 2007, 234.

[52] Str., wie hier MüKoAktG/*Kubis* Rn. 84; aA *Weber* in diesem Werk § 76 Rn. 46; *Trapp/Schick* AG 2001, 381 (382); *Vollmer/Grupp* ZGR 1995, 459 (466); Schmidt/Lutter/*Spindler* Rn. 38; GroßkommAktG/*Mülbert* § 119 Rn. 30.

[53] Str., wie hier *Gross* AG 1994, 266 (275 f.); MHdB AG/*Krieger* § 70 Rn. 10; aA *Fleischer* ZHR 165 (2001), 513 (524 ff.); *Lutter/Leinekugel* ZIP 1998, 805 (806); MüKoAktG/*Kubis* Rn. 84; Schmidt/Lutter/*Spindler* Rn. 38.

d) Konzeptbeschluss. Weitestgehend anerkannt ist auch die Möglichkeit eines sog. „Konzeptbeschlusses" bei Holzmüller-Maßnahmen.[54] Auf diesem Wege kann die Hauptversammlung in Form eines **allgemeinen Ermächtigungsbeschlusses** die Durchführung von Maßnahmen und Transaktionen an den Vorstand delegieren, ohne dass sich der Beschluss bereits auf eine konkrete Vereinbarung beziehen muss. Beschlussgegenstand ist dann das unternehmerische Konzept und nicht etwa ein bestimmter Vertrag. So wie für bestimmte Fälle normierter Hauptversammlungskompetenzen eine Verlagerung auf den Vorstand anerkannt wird, etwa bei Wandelschuldverschreibungen gemäß § 221 Abs. 2 oder der Kapitalerhöhung gegen Einlagen nach § 202 Abs. 2[55] – spricht grundsätzlich auch nichts gegen eine Delegationsbefugnis bei ungeschriebenen Hauptversammlungszuständigkeiten, denen ebenso wie in den gesetzlichen Fällen Strukturcharakter zukommt.[56] Dies ist besonders im Interesse der **Flexibilität der Geschäftsführung** eines Unternehmens zu berücksichtigen. Erforderlich ist zur Vermeidung einer Aushöhlung von Hauptversammlungszuständigkeiten aber, dass das vorgelegte Strukturkonzept hinreichend konkretisiert ist. Die Hauptversammlung kann den Konzeptbeschluss durch ausdrückliche Beschließung befristen oder bei der nächsten Hauptversammlung, soweit die Maßnahme bis dahin noch nicht durchgeführt worden ist, widerrufen.[57] 22

e) Beschlussanforderungen. aa) Mehrheitserfordernis. In den Gelatine-Entscheidungen hat der BGH klargestellt, dass die Zustimmung der Hauptversammlung mit qualifizierter, satzungsfester Mehrheit von drei Vierteln des bei Beschlussfassung vertretenen Grundkapitals erfolgen muss.[58] Dies gilt auch dann, wenn die Satzung eine sog. **Konzernklausel** enthält oder bestimmt, dass alle Beschlüsse der Hauptversammlung mit einfacher Mehrheit gefasst werden können.[59] Der Zustimmungsbeschluss der Hauptversammlung unterliegt keiner materiellen Beschlusskontrolle hinsichtlich der sachlichen Rechtfertigung der Maßnahme. 23

bb) Informationspflichten. Zur sachgerechten Entscheidung muss der Vorstand der Hauptversammlung die hierfür nötigen Informationen zur Verfügung stellen. Insofern hat der Vorstand entsprechend § 124 Abs. 2 S. 2 eine erweiterte **Bekanntmachungspflicht.**[60] Er muss bei Einberufung der Hauptversammlung den wesentlichen Inhalt der beabsichtigten Maßnahmen bekanntmachen. Richtigerweise wird verbreitet darüber hinaus angenommen, dass der Vorstand verpflichtet ist, einen sog. **Holzmüller-Bericht** zu erstellen.[61] Gerade bei Maßnahmen mit strukturveränderndem Charakter besteht ein qualifiziertes Bedürfnis der Aktionäre, nicht nur über den wesentlichen Inhalt der Maßnahme, sondern auch über die unternehmerischen Gründe in rechtlicher und wirtschaftlicher Hinsicht im Vorfeld ihrer Entscheidung sachgerecht informiert zu werden. Eine entsprechende Berichtspflicht für ungeschriebene Strukturmaßnahmen ergibt sich wegen der vergleichbaren Interessenlage in Analogie zu gesetzlich geregelten Strukturmaßnahmen. Der Bericht ist den Aktionären ab Einberufung der Hauptversammlung zugänglich zu machen. Aus denselben Gründen ist, falls über einen Vertrag zu beschließen ist, der Vertrag selbst in seinem vollständigen Wortlaut mit allen Nebenvereinbarungen zugänglich zu machen.[62] Soweit der Vertrag nicht in deutscher Sprache gefasst ist, muss eine deutsche Übersetzung zugänglich gemacht werden.[63] Soll die Hauptversammlung über 24

---

[54] BeckHdB AG/*Reichert* § 5 Rn. 74 f.; Emmerich/Habersack/*Habersack* Vor § 311 Rn. 51; *Groß* AG 1996, 111 (113); *Grunewald* AG 1990, 133 (136); *Lutter/Leinekugel* ZIP 1998, 805 (811 ff.); *Martens* ZHR 147 (1983), 377 (393 f.); MHdB AG/*Krieger* § 70 Rn. 12; *Reichert* AG 2005, 150 (155); Schmidt/Lutter/*Spindler* Rn. 40; *Simon* DStR 2004, 1528 (1529).

[55] Für den Bezugsrechtsausschluss der Hauptversammlung bei Kapitalerhöhung BGHZ 136, 133 = NJW 1997, 2815 – Siemens/Nold.

[56] Emmerich/Habersack/*Habersack* Vor § 311 Rn. 51; *Henze* FS Ulmer, 2003, 211 (131 f.); *Lutter/Leinekugel* ZIP 1998, 805 (811 ff.).

[57] BGH ZIP 2003, 387 (391); MüKoAktG/*Kubis* Rn. 101; aA *Grunewald* AG 1990, 133 (136 f.); Semler/Stengel/*Schlitt* UmwG Anh. § 173 Rn. 39.

[58] BGH NZG 2004, 571 (574).

[59] BGH NZG 2004, 571 (575).

[60] Vgl. BGHZ 146, 288 (294); OLG München AG 1995, 232 (233); LG Frankfurt AG 2001, 431 (432 f.); Hüffer/*Koch* Rn. 27.

[61] Bejahend auch OLG Frankfurt AG 1999, 378 (379 f.); LG Frankfurt NZG 1998, 113 (115); LG Karlsruhe ZIP 1998, 385 (387 ff.); *Groß* AG 1996, 111 (116); *Lutter* FS Fleck, 1988, 169 (176 f.); *Lutter/Leinekugel* ZIP 1998, 805 (814 f.); MHdB AG/*Krieger* § 70 Rn. 14; *Reichert* AG 2005, 150 (158 f.); Semler/Stengel/*Schlitt* UmwG Anh. § 173 Rn. 53 ff.; abl. LG Hamm AG 1997, 238; Hüffer/*Koch* Rn. 27; *Priester* ZHR 163 (1999), 187 (200 f.); diff. nach Beschlussgegenstand, wonach nur bei Konzeptbeschluss Berichtspflicht besteht, nicht dagegen bei Vertrag, MüKoAktG/*Kubis* Rn. 55; *Weißhaupt* AG 2004, 585 (589 f.).

[62] LG Frankfurt NZG 1998, 113; Semler/Stengel/*Schlitt* UmwG Anh. § 173 Rn. 68.

[63] LG München BB 2001, 1648.

ein Strukturkonzept beschließen, ist nur dieses zugänglich zu machen.[64] Dies gilt auch dann, wenn die Umsetzung des Konzepts durch einen Vertrag erfolgt.

25 **cc) Initiativrecht.** Die ungeschriebenen Mitwirkungsbefugnisse der Hauptversammlung werden durch ein ungeschriebenes Initiativrecht entsprechend § 83 Abs. 1 komplettiert.[65] Die Entscheidung des BGH, die ungeschriebenen Mitwirkungsbefugnisse dogmatisch nicht § 119 Abs. 2 zuzuordnen, zeigt, dass sie gerade keine von dem Vorstand abgeleiteten Mitwirkungsbefugnisse darstellen, sondern originäre Hauptversammlungskompetenzen iSd § 119 Abs. 1 sind.

26 **f) Beschlusswirkung.** Der Zustimmungsbeschluss der Hauptversammlung entfaltet **keine Außenwirkung.** Die Vertretungsmacht des Vorstands bleibt unberührt, so dass von ihm ohne Vorliegen eines Zustimmungsbeschlusses vorgenommene Rechtsgeschäfte mit Dritten trotz Verletzung der ungeschriebenen Hauptversammlungskompetenzen im Außenverhältnis wirksam sind.[66] Eine Ausnahme von diesem Grundsatz gilt nur bei missbräuchlicher Ausübung der Vertretungsmacht,[67] etwa bei kollusivem Zusammenwirken.[68]

27 **aa) Rechtsschutz der Gesellschaft.** Wird im Innenverhältnis der Gesellschaft die ungeschriebene Beschlusskompetenz der Hauptversammlung verletzt, können daraus für die Gesellschaft **Schadensersatzansprüche** wegen sorgfaltspflichtwidrigem Verhalten des Vorstands iSd § 93 Abs. 2 entstehen.[69] Ferner kommt die **Abberufung** des Vorstands wegen grober Pflichtverletzung iSd § 84 Abs. 3 in Betracht.[70]

28 **bb) Rechtsschutz der Aktionäre.** Aktionären steht ein **individueller Unterlassensanspruch** zu. Sie können auch im Wege des vorläufigen Rechtsschutzes eine einstweilige Verfügung gegen die Durchführung von Maßnahmen erwirken, die einer ungeschriebenen Hauptversammlungszuständigkeit unterliegen. Ist die Maßnahme bereits durchgeführt, kommt für Aktionäre ferner ein **Wiederherstellungsanspruch** in Betracht.[71] Ebenso können sie eine **allgemeine Feststellungsklage** (§ 256 ZPO) gegen die Gesellschaft richten, deren Gegenstand auf die Feststellung der Pflichtwidrigkeit der Vornahme einer Maßnahme gerichtet ist.[72] Solche Klagen sind allerdings in einer angemessenen Frist zu erheben, die nicht „außer Verhältnis" zur Monatsfrist der Anfechtungsklage stehen darf.[73] Eine Frist von 2½ Jahren hat der BGH als deutlich zu lang angesehen.[74]

29 **4. Delisting.** Das Delisting meint den vollständigen Rückzug einer Aktiengesellschaft von der Börse. Beim **echten Delisting** erfordert der Rückzug von der Börse einen Antrag der Gesellschaft auf Widerruf der Zulassung nach § 38 Abs. 4 S. 1 BörsG. Es war lange umstritten, ob für die Fälle des Delistings die Herbeiführung einer Hauptversammlungsentscheidung erforderlich ist. Weder das AktG noch das BörsG geben Aufschluss hierüber. In seiner **Macrotron-Entscheidung** hatte sich der BGH mit einem Fall des echten Delistings auseinanderzusetzen und erstmals ausdrücklich Stellung bezogen.[75] Der BGH hatte dabei das Delisting als Anwendungsfall ungeschriebener Hauptversammlungskompetenzen angesehen. Die jederzeitige Möglichkeit der Realisierung des Verkehrswertes sei als Eigenschaft des Aktieneigentums von hoher Bedeutung und unmittelbarer Ausfluss des Mitgliedschaftsrechts.[76] Durch das Delisting werde eben jene **Verkehrsfähigkeit des Aktieneigentums** beeinträchtigt, woraus sich die Entscheidungszuständigkeit der Hauptversammlung ergebe.[77] In seiner „Macrotron II" Entscheidung vom 8.10.2013 hat der BGH diese Rechtsprechung ausdrücklich aufgegeben und entschieden, dass der Rückzug aus dem regulierten Markt weder die Zustimmung der Hauptversammlung noch ein Abfindungsangebot erfordere.[78] Die Rechtsprechungsänderung

---

[64] *Groß* AG 1996, 111 (117); Semler/Stengel/*Schlitt* UmwG Anh. § 173 Rn. 68.
[65] *Arnold* ZIP 2005, 1573 (1578); KK *Mertens* § 83 Rn. 2; *Liebscher* ZGR 2005, 1 (31 f.); aA HK-AktG/*Reger* Rn. 26.
[66] BGH NZG 2004, 575 (577); MHdB AG/*Krieger* § 70 Rn. 15.
[67] Emmerich/Habersack/*Habersack* Vor § 311 Rn. 53; MHdB AG/*Krieger* § 70 Rn. 15; Schmidt/Lutter/*Spindler* Rn. 47.
[68] Spindler/Stilz/*Hoffmann* Rn. 52.
[69] AllgM, MüKoAktG/*Kubis* Rn. 102.
[70] Spindler/Stilz/*Hoffmann* Rn. 53.
[71] BGH NJW 1982, 1703 (1706 f.).
[72] MHdB AG/*Bungert* § 35 Rn. 63, 65.
[73] BGH NJW 1982, 1703 (1706).
[74] BGH NJW 1982, 1703 (1706).
[75] BGHZ 153, 47 ff.
[76] BGHZ 153, 47 (54).
[77] BGHZ 153, 47 (54 ff.).
[78] BGH NZG 2013, 1342.

stützt der BGH auf die Feststellung des BVerfG, wodurch der Widerruf der Börsenzulassung für den regulierten Markt den Schutzbereich des Eigentumsgrundrechts des Aktionärs nicht berührt.[79]

Ein **unechtes Delisting** liegt vor, wenn der Rückzug von der Börse durch den Wegfall der Zulassungsvoraussetzungen der Gesellschaft eintritt. Beispiele dafür sind Rechtsformumwandlungen der Gesellschaft in eine nicht für die Börsennotierung zulässige Rechtsform, etwa in eine GmbH oder eine Personen(handels)gesellschaft oder Verschmelzung durch Übertragung des Gesellschaftsvermögens. Das Problem der Zuständigkeitsabgrenzung zwischen Vorstand und Hauptversammlung wird für diese Fälle obsolet. Denn für die Rechtsformumwandlung oder die Verschmelzung ist ein Zustimmungsbeschluss der Hauptversammlung ohnehin erforderlich, so dass die Hauptversammlungskompetenz bereits aus den jeweiligen spezialgesetzlichen Regelungen folgt. 30

§ 120 Entlastung; Votum zum Vergütungssystem

(1) [1]Die Hauptversammlung beschließt alljährlich in den ersten acht Monaten des Geschäftsjahrs über die Entlastung der Mitglieder des Vorstands und über die Entlastung der Mitglieder des Aufsichtsrats. [2]Über die Entlastung eines einzelnen Mitglieds ist gesondert abzustimmen, wenn die Hauptversammlung es beschließt oder eine Minderheit es verlangt, deren Anteile zusammen den zehnten Teil des Grundkapitals oder den anteiligen Betrag von einer Million Euro erreichen.

(2) [1]Durch die Entlastung billigt die Hauptversammlung die Verwaltung der Gesellschaft durch die Mitglieder des Vorstands und des Aufsichtsrats. [2]Die Entlastung enthält keinen Verzicht auf Ersatzansprüche.

(3) Die Verhandlung über die Entlastung soll mit der Verhandlung über die Verwendung des Bilanzgewinns verbunden werden.

(4) [1]Die Hauptversammlung der börsennotierten Gesellschaft kann über die Billigung des Systems zur Vergütung der Vorstandsmitglieder beschließen. [2]Der Beschluss begründet weder Rechte noch Pflichten; insbesondere lässt er die Verpflichtungen des Aufsichtsrats nach § 87 unberührt. [3]Der Beschluss ist nicht nach § 243 anfechtbar.

Schrifttum: *Grunewald,* Rückverlagerung von Entscheidungskompetenzen der Hauptversammlung auf den Vorstand, AG 1990, 133; *Kubis,* Die Entlastung nach rechtswidrigem Organhandeln in der Aktiengesellschaft, NZG 2005, 791; *Lutter,* Blockabstimmungen im Aktien- und GmbH-Recht, FS Odersky, 1996, 845; *ders.,* Die entschlußschwache Hauptversammlung, FS Quack, 1991, 301; *Schuler,* Die Klage auf Entlastung im Aktienrecht, NJW 1960, 601; *Schmidt,* Entlastung, Entlastungsrecht und Entlastungsklage des Geschäftsführers einer GmbH – Versuch einer Neuorientierung, ZGR 1978, 425; *Sethe,* Die aktienrechtliche Zulässigkeit der sogenannten „Teilentlastung", ZIP 1996, 1321; *Tellis,* Die Rechtsnatur der gesellschaftsrechtlichen Entlastung und die Entlastungsklage, 1988; *Volhard/Weber,* Entlastung, wie oft?, NZG 2003, 351; *Weitemeyer,* Die Entlastung im Aktienrecht – neueste Entwicklungen in Gesetzgebung und Rechtsprechung, ZGR 2005, 280.

Übersicht

I. Allgemeines

1. Regelungsgegenstand und -zweck. Die Vorschrift befasst sich mit **Inhalt, Verfahren und Wirkungen** der Entlastung der Verwaltungsmitglieder, also des Vorstands und des Aufsichtsrates. Durch die Acht-Monats-Regelung nach Abs. 1 S. 1 und durch die Bindung der Entlastung an 1

[79] BVerfG NZG 2012, 826.

die Verhandlung über die Bilanzgewinnverwendung nach Abs. 3 S. 1, welche ihrerseits mit der Entgegennahme des Jahresabschlusses nebst Lagebericht verbunden ist (§ 175 Abs. 1 S. 1), wird mittelbar der Zweck verfolgt, die Entlastung in die Regularien der ordentlichen Hauptversammlung einzugliedern.[1] Dem Aktionär soll eine ausreichende Informationsgrundlage für seine Entlastungsentscheidung ermöglicht werden.[2]

2 Seit dem AktG 1965 ist der Streit um die **Präklusionswirkung** des Entlastungsbeschlusses erledigt. Ausweislich des seit dem AktG 1965 neu gefassten § 120 Abs. 2 S. 2 bleiben etwaige Ersatzansprüche der Gesellschaft trotz Entlastung unberührt.[3]

3 **2. Gesetzesänderungen.** Durch das Gesetz zur Umsetzung der Aktionärsrechte-RL **(ARUG)** vom 30.7.2009 (BGBl. I S. 2479) wurden in Abs. 3 die S. 2 und 3 gestrichen. Die dort normierte Pflicht, bestimmte Unterlagen zur Rechnungslegung zugänglich zu machen, ist nunmehr nur noch in § 176 vorgesehen, der die Informationspflichten während der ordentlichen Hauptversammlung regelt (→ § 176 Rn. 5 f.).

4 Durch das Gesetz zur Angemessenheit der Vorstandsvergütung (VorstAG) vom 31.7.2009 (BGBl. I S. 2509) wurde Abs. 4 eingefügt. Ziel des Gesetzgebers ist es, den Aktionären durch Abs. 4 ein Instrument zur Kontrolle des bestehenden Vergütungssystems an die Hand zu geben (→ Rn. 42).

II. Rechtstatsachen

5 Obwohl die Entlastung **kaum rechtliche Konsequenzen** für die Gesellschaft oder die Verwaltungsmitglieder nach sich zieht (aber → Rn. 26 ff.), kommt der Entscheidung über die Entlastung in der Praxis eine **große Bedeutung für das Ansehen** der Verwaltungsmitglieder zu. Die Entscheidung über die Entlastung gibt Aktionären Gelegenheit, ihr Missfallen hinsichtlich diverser Angelegenheiten der Gesellschaft zum Ausdruck zu bringen.[4] Die Verweigerung der Entlastung bzw. die Entlastung durch mit geringen Mehrheiten gefasste Beschlüsse bei börsennotierten Gesellschaften lenkt das öffentliche Interesse und die Aufmerksamkeit der Medien stark auf sich und verursacht damit einen hohen psychologischen Druck für Vorstand und Aufsichtsrat (zu den Rechtsfolgen der verweigerten Entlastung → Rn. 29).[5]

III. Einzelerläuterung

6 **1. Entlastungsbeschluss (Abs. 1).** § 120 Abs. 1 regelt **die Zuständigkeit, die Art. der Abstimmung und die Frist,** innerhalb derer über die Entlastung zu beschließen ist. Für den Entlastungsbeschluss ist gemäß § 120 Abs. 1 S. 1 ausschließlich die Hauptversammlung zuständig. Die Zuständigkeit der Hauptversammlung erstreckt sich auf die Entlastung sämtlicher Mitglieder von Vorstand und Aufsichtsrat einschließlich des Arbeitsdirektors im Vorstand und der Arbeitnehmervertreter im Aufsichtsrat sowie der auf Basis von Entsendungsrechten oder gerichtlich bestellten Mitglieder des Aufsichtsrates.[6]

7 Der (positive oder negative) Entlastungsbeschluss ist ausdrücklich zu fassen. Eine Ausnahme gilt nur für die sog. **Einmann-AG.** Hier bedarf es keines Entlastungsbeschlusses, soweit der Alleinaktionär über seine eigene Entlastung als Mitglied des Vorstands oder des Aufsichtsrates zu entscheiden hätte, da ein solcher Beschluss schon aufgrund des Stimmrechtsausschlusses gemäß § 136 Abs. 1 S. 1 nicht gefasst werden könnte.[7]

8 **a) Begriff und dogmatische Einordnung.** Entlastung meint zunächst die **Billigung** der Verwaltung für die Vergangenheit; typischerweise enthält sie ferner die Kundgabe des Vertrauens in die zukünftige Verwaltung.[8] Die Entlastung ist eine einseitige organschaftliche Erklärung und als solche ein **gesellschaftsrechtliches Institut sui generis.**[9] Wegen der Anwesenheitspflicht der Verwaltungsmitglieder in der Hauptversammlung, die über die Entlastung beschließt (§ 118 Abs. 3), und mangels unmittelbarer Rechtsfolgen bedarf der Entlastungsbeschluss bei der Aktiengesellschaft (strei-

---

[1] Schmidt/Lutter/*Spindler* Rn. 4.

[2] Schmidt/Lutter/*Spindler* Rn. 1.

[3] Ausf. zum Meinungsstreit *Tellis,* Die Rechtsnatur der gesellschaftsrechtlichen Entlastung und die Entlastungsklage, 1988, 42 ff.

[4] GroßkommAktG/*Mülbert* Rn. 11.

[5] Vgl. HK-AktG/*Reger* Rn. 1; MüKoAktG/*Kubis* Rn. 2.

[6] HK-AktG/*Reger* Rn. 2; Spindler/Stilz/*Hoffmann* Rn. 3.

[7] Schmidt/Lutter/*Spindler* Rn. 14.

[8] Hüffer/*Koch* Rn. 2.

[9] Vgl. Hüffer/*Koch* Rn. 3; anders noch RGZ 106, 258 (262), wonach die Entlastung ein negatives Schuldanerkenntnis darstellte.

tig ist diese Frage bei der GmbH) keiner besonderen rechtsgeschäftlichen Bekanntmachungserklärung und deren Zugang gegenüber den Organmitgliedern.[10] Entlastungsbeschlüsse sind nach hM grundsätzlich bedingungsfeindlich.[11] Die Entlastungsentscheidung würde sonst von erst künftig erkennbaren und für die Hauptversammlung nicht immer sicher feststellbaren Umständen abhängig gemacht, was aus Gründen der Rechtssicherheit unzulässig ist.[12]

b) Beschlussantrag. Der Beschlussantrag muss inhaltlich auf Erteilung der Entlastung 9
(→ Rn. 10) oder auf Vertagung der Entlastungsentscheidung (→ Rn. 25) gerichtet sein. Die Entlastung ist automatisch verweigert, wenn die erforderliche Mehrheit für die Entlastungserteilung nicht erreicht wird, der Entlastungsbeschluss nichtig ist oder erfolgreich angefochten wird.[13] Der Antrag muss nicht explizit den Begriff „Entlastung" enthalten, es genügt eine hierauf gerichtete sinngemäße Formulierung.[14] Zwingend erforderlich ist aber, die Entlastung als selbständigen Beschlussgegenstand zu fassen. Unzulässig ist es daher, aus anderen Beschlussgegenständen eine **konkludente Entlastungsentscheidung** zu entnehmen,[15] etwa aus der Feststellung des Jahresabschlusses durch die Hauptversammlung nach § 173[16] oder aus einem Zustimmungsbeschluss nach § 119 Abs. 2.[17]

Strittig ist, ob der Antrag zur Beschlussfassung nur **positiv auf Erteilung der Entlastung** gerichtet 10
sein kann oder ob auch ein negativer Antrag auf Verweigerung der Entlastung zulässig ist. Der Wortlaut „die Hauptversammlung beschließt über die Entlastung" in § 120 indiziert, dass nur ein positiv auf Erteilung der Entlastung gerichteter Beschlussantrag gestellt werden kann, nicht aber ein negativ auf Verweigerung der Entlastung gerichteter.[18] Die Verweigerung der Entlastung kommt dann dadurch zustande, dass der auf Entlastung gerichtete Antrag nicht die erforderliche Mehrheit erhält.

c) Gesamt- oder Einzelentlastung. Die Entlastung der Verwaltungsmitglieder kann in Form 11
einer Gesamtentlastung jeweils des **Organs Vorstand** und des **Organs Aufsichtsrat** erfolgen oder in Form einer Einzelentlastung **einzelner Mitglieder** des Vorstands und Aufsichtsrates, wobei die Gesamtentlastung den gesetzlichen Regelfall darstellt (vergleiche den Wortlaut des Abs. 1 S. 2). Unzulässig ist hingegen die Beschlussfassung über die Entlastung der Mitglieder beider Organe in einem einzigen Abstimmungsvorgang.[19] Vorstands- und Aufsichtsratsmitgliedern, die zugleich Aktionäre der Gesellschaft sind, ist es gemäß dem Stimmverbot des § 136 Abs. 1 untersagt, über ihre eigene Entlastung abzustimmen, auch als Stimmrechtsvertreter anderer Aktionäre oder durch Vertretung Dritter für den eigenen Aktienanteil (→ § 136 Rn. 10 ff.).[20]

aa) Einzelentlastung aufgrund Hauptversammlungsbeschlusses. Gemäß Abs. 1 S. 2 Alt. 1 12
wird ausnahmsweise einzeln über die Entlastung bestimmter Mitglieder beschlossen, wenn die Hauptversammlung es beschließt. Nach zutreffender Auffassung handelt es sich bei dem Beschluss, im Wege der Einzelentlastung zu beschließen, um einen **Beschluss zur Geschäftsordnung.**[21] Wenn der Versammlungsleiter vor Beginn der Abstimmung einen entsprechenden Hinweis erteilt, liegt in der Ablehnung des Antrags auf Gesamtentlastung implizit der Verfahrensbeschluss der Hauptversammlung, nunmehr im Wege der Einzelentlastung zu beschließen.[22] Der Versammlungsleiter kann allerdings auch selbst von Anfang an die Einzelentlastung vorsehen (→ Rn. 17). **Antragsberechtigt** ist jeder **Aktionär,** unabhängig von der Höhe seines Anteilsbesitzes, ferner die Mitglieder des **Vorstands und Aufsichtsrates.**[23] Der **Antrag** kann sowohl eine gesonderte Entlastung jedes einzelnen Mitglieds von Vorstand und Aufsichtsrat umfassen, als auch die Einzelentlastung nur eines einzigen Vorstands- oder Aufsichtsratsmitglieds neben der Gesamtentlastung aller übrigen Verwal-

---

[10] Hüffer/*Koch* Rn. 4; Schmidt/Lutter/*Spindler* Rn. 22, jeweils mwN; für Erfordernis des Zugangs *Schuler* NJW 1960, 601, aber noch vor Änderung durch das AktG 1965.

[11] OLG Düsseldorf AG 1996, 273 f.; MüKoAktG/*Kubis* Rn. 25; *Butzke* HV Kap. I Rn. 15; *Sethe* ZIP 1996, 1321 (1325); aA *Grunewald* AG 1990, 133 (137).

[12] MüKoAktG/*Kubis* Rn. 25.

[13] HK-AktG/*Reger* Rn. 4.

[14] GroßkommAktG/*Mülbert* Rn. 80.

[15] HK-AktG/*Reger* Rn. 4; MüKoAktG/*Kubis* Rn. 6 mwN.

[16] Hüffer/*Koch* Rn. 7; MüKoAktG/*Kubis* Rn. 6.

[17] HK-AktG/*Reger* Rn. 4; MüKoAktG/*Kubis* Rn. 6.

[18] GroßkommAktG/*Mülbert* Rn. 82; Spindler/Stilz/*Hoffmann* Rn. 6; aA HK-AktG/*Reger* Rn. 4; MüKoAktG/*Kubis* Rn. 6.

[19] OLG München WM 2006, 1486; Hüffer/*Koch* Rn. 8; MHdB AG/*Bungert* § 35 Rn. 23.

[20] Hüffer/*Koch* Rn. 7.

[21] MüKoAktG/*Kubis* Rn. 8; MHdB AG/*Bungert* § 35 Rn. 25; Schmidt/Lutter/*Spindler* Rn. 23; aA Hüffer/*Koch* Rn. 9.

[22] So Hüffer/*Koch* Rn. 9.

[23] OLG München DB 1995, 1020; GroßkommAktG/*Mülbert* Rn. 100; MüKoAktG/*Kubis* Rn. 8.

tungsmitglieder.[24] Eine Grenze findet sich einzig dort, wo bei mitbestimmten Aufsichtsräten eine gruppenbezogene oder eine tätigkeitsbezogene Aufteilung der Entlastung stattfindet.[25] Sofern keine strengeren Anforderungen durch die Satzung vorgeschrieben werden, beschließt die Hauptversammlung mit einfacher Mehrheit (§ 133 Abs. 1). Vom Stimmverbot des § 136 umfasst wird nur die Sachentscheidung über die Entlastung, nicht erfasst ist hingegen die Abstimmung über den Geschäftsordnungsantrag, im Wege der Einzelentlastung abzustimmen.[26] Ebenfalls nicht vom Stimmverbot umfasst und daher zulässig ist die Mitwirkung eines Organmitglieds an der Beschlussfassung über die Entlastung eines anderen Organmitglieds oder einer Gruppe von anderen Organmitgliedern.[27]

13 **bb) Einzelentlastung aufgrund Minderheitsbegehrens.** Außer durch Beschluss der Hauptversammlung kann ein Einzelentlastungsverfahren auch durch eine qualifizierte Minderheit gemäß Abs. 1 S. 2 Alt. 2 herbeigeführt werden. Erforderlich ist dafür das Verlangen von Aktionären, die zusammen **10% des Grundkapitals oder einen anteiligen Betrag von einer Million Euro** halten. Das Verlangen ist vor der Abstimmung über den Tagesordnungspunkt „Entlastung" gegenüber dem Versammlungsleiter zu äußern.[28]

14 **Strittig** ist, ob für den **Nachweis des erforderlichen Quorums** des Minderheitsverlangens der den Antrag stellende Aktionär oder der Versammlungsleiter verantwortlich ist. Man wird davon ausgehen müssen, dass der Versammlungsleiter, wenn Aktionäre das Verlangen äußern, nachfragen muss, ob andere Aktionäre sich dem Verlangen anschließen möchten,[29] und dass ihm auch die anschließende Feststellung obliegt, ob das Quorum erreicht wird.[30] Bei Verfehlen des Quorums kann der das Verlangen äußernde Aktionär allerdings noch den Verfahrensantrag auf Einzelentlastung stellen, über den in der Hauptversammlung abzustimmen ist, und somit den Ablauf der Hauptversammlung verzögern.[31]

15 Ist die erforderliche Stimmenmehrheit für das Einzelentlastungsverfahren im Wege der Beschlussfassung durch die Hauptversammlung nicht zustande gekommen, ist **umstritten,** ob dieses negative Abstimmungsergebnis in ein Minderheitsbegehren iSd Abs. 1 S. 2 Alt. 2 umgedeutet werden kann, sofern die erforderliche qualifizierte Minderheit (10%) erreicht worden ist. Für eine derartige **Umdeutung** wird angeführt, man könne in der Praxis davon ausgehen, dass diejenigen Aktionäre, die bei der Beschlussfassung für eine Einzelentlastung stimmen, ihre Unterstützung auch für ein entsprechendes Minderheitsbegehren iSd Abs. 1 S. 1 Alt. 2 geben würden, sodass aus verfahrensökonomischen Gründen auf ein gesondertes Verfahren hierzu verzichtet werden könne.[32] Setzt man danach die Stimmabgabe zum Geschäftsordnungsbeschluss mit dem Minderheitsbegehren gleich, lässt sich aber das Nebeneinander der beiden gesetzlichen Alternativen in der Vorschrift des Abs. 1 S. 2 nicht plausibel erklären; Abs. 1 S. 2 Alt. 1 wäre danach überflüssig, da ein Mehrheitsbeschluss der Hauptversammlung für die Abstimmung im Wege der Einzelentlastung nie erforderlich wäre. Nach richtiger Auffassung genügt es daher nicht, die Zustimmungsquote der Beschlussfassung in ein Minderheitsbegehren nach § 120 Abs. 1 S. 2 Alt. 2 umzudeuten.[33]

16 **cc) Rechtsmissbrauch.** Für einen Antrag auf Einzelentlastung bedarf es **keiner sachlichen Rechtfertigung.**[34] Lediglich die **Grundsätze des Rechtsmissbrauchs** finden Anwendung. Stellt ein Antrag auf Entscheidung im Wege der Einzelentlastung sich als rechtsmissbräuchlich dar, kann der Versammlungsleiter das Einzelentlastungsverfahren abweisen. Kein Fall des Rechtsmissbrauchs begründet aber ein Minderheitsbegehren zur Einzelentlastung von Aktionären, die allesamt Vorstands- bzw. Aufsichtsratsmitglieder sind.[35] Der begründeten Gefahr gegenseitiger Entlastung der Verwaltungsmitglieder durch missbräuchliche Umgehung des Stimmverbots (§ 136 Abs. 1) wird auf Ebene der materiell-rechtlichen Sachentscheidung über die Entlastung hinreichend begegnet. Dort unterliegen bei der konkreten Sachentscheidung auch die von der jeweiligen Einzelentlastung nicht betroffenen Verwaltungs- bzw. Aufsichtsratsmitglieder dem Stimmverbot, sofern diese aufgrund ähn-

---

[24] MüKoAktG/*Kubis* Rn. 8.

[25] *Butzke* HV Kap. I Rn. 28.

[26] OLG München AG 1995, 381 (382).

[27] Hüffer/*Koch* Rn. 7.

[28] MüKoAktG/*Kubis* Rn. 11.

[29] Hüffer/*Koch* Rn. 9.

[30] MüKoAktG/*Kubis* Rn. 11; Spindler/Stilz/*Hoffmann* Rn. 19; aA HK-AktG/*Reger* Rn. 7; *Butzke* HV Kap. I Rn. 23.

[31] MüKoAktG/*Kubis* Rn. 11.

[32] So GroßkommAktG/*Mülbert* Rn. 105; MüKoAktG/*Kubis* Rn. 9.

[33] HK-AktG/*Reger* Rn. 7; *v. Godin/Wilhelmi* Anm. 4; Hüffer/*Koch* Rn. 9; *Butzke* HV Kap. I Rn. 25.

[34] GroßkommAktG/*Mülbert* Rn. 104; Schmidt/Lutter/*Spindler* Rn. 30.

[35] So auch GroßkommAktG/*Mülbert* Rn. 104; Hüffer/*Koch* Rn. 10; MüKoAktG/*Kubis* Rn. 13; Spindler/Stilz/*Hoffmann* Rn. 20; aA OLG München BB 1995, 1048.

licher Sachlage in gleicher Weise betroffen sind.[36] Ein Rechtsmissbrauch bereits auf Ebene der verfahrensrechtlichen Entscheidung über die Einzelentlastung ist damit nicht zu befürchten.

dd) Einzelentlastung aufgrund Entscheidung des Versammlungsleiters. Umstritten, mit der hM aber zu bejahen, ist die über die in Abs. 1 S. 2 genannten Alternativen hinausreichende Berechtigung des Versammlungsleiters, von sich aus die Abstimmung im Wege der Einzelentlastung anzuordnen.[37] Der Hinweis der älteren Gegenansicht auf den abschließenden Charakter der Ausnahmen in Abs. 1 S. 2[38] lässt sich weder dem Wortlaut des Gesetzes noch den Gesetzesmaterialien[39] entnehmen.[40] Jedenfalls steht dem Versammlungsleiter die Anordnung einer Einzelentlastung zu, wenn die Gesamtentlastung verweigert wurde.[41] Kritisch zu sehen ist die Anordnungsbefugnis des Versammlungsleiters, wenn zugleich ein Aktionärsantrag auf Beschlussfassung zur Einzelentlastung vorliegt. Für diesen Fall würde das für die Hauptversammlung gesetzlich vorgesehene zweistufige Abstimmungsverfahren nach Abs. 1 S. 2 Alt. 1, zunächst über das Abstimmungsverfahren und anschließend in der Sache zu entscheiden, umgangen werden.[42] 17

ee) Entlastungskriterien. Grundsätzlich steht die Entlastungsentscheidung im **freien Ermessen** der Hauptversammlung. **Umstritten** ist, inwieweit das Ermessen dadurch einzuschränken ist, dass pflichtwidriges Verhalten der Verwaltungsmitglieder als Kriterium für den Entlastungsbeschluss berücksichtigt werden muss. Relevant wird die Frage vor allem für die Möglichkeit der Anfechtung von Entlastungsbeschlüssen wegen Inhaltsmängeln (→ Rn. 41). Je größer das der Hauptversammlung zugestandene Ermessen ist, desto weniger Raum bleibt für Anfechtungsklagen gegen Entlastungsbeschlüsse. Nach der Rechtsprechung des BGH ist ein Entlastungsbeschluss auch anfechtbar, wenn „Gegenstand der Entlastung ein Verhalten ist, das eindeutig einen schwerwiegenden Gesetzes- oder Satzungsverstoß darstellt".[43] Dem haben sich Instanzgerichte und Literatur zum Teil angeschlossen.[44] Ein Teil der instanzgerichtlichen Rechtsprechung und des Schrifttums sieht in der Entlastung hingegen eine reine **Zweckmäßigkeitsentscheidung,** sodass auch schwerwiegende Verstöße gegen Gesetz und Satzung einer Entlastung nicht entgegenstehen.[45] Da die Entlastung – anders als beispielsweise der Verzicht auf Ersatzansprüche nach § 93 – keine materiell-rechtlichen Wirkungen entfaltet, vermag die Ansicht, die Entlastungen bei schwerwiegenden Gesetzes- oder Satzungsverstößen für unzulässig hält, nicht recht zu überzeugen. Mangels Präklusionswirkung hinsichtlich Ersatzansprüchen ist nicht ersichtlich, aus welchem Grund die Entscheidungsfreiheit der Hauptversammlung eingeschränkt werden müsste. 18

d) Frist. Nach Abs. 1 ist über die Entlastung alljährlich in den **ersten acht Monaten** des Geschäftsjahres bezüglich des vergangenen Geschäftsjahres zu beschließen (zur Fristberechnung → § 175 Rn. 9 f.). Wegen der in § 120 Abs. 3 vorgesehenen Verknüpfung der Entlastung mit dem Beschluss über die Gewinnverwendung entspricht die Frist des § 120 Abs. 1 derjenigen des § 175 Abs. 1 S. 2 für die Einberufung der ordentlichen Hauptversammlung.[46] Da § 175 Abs. 1 seinerseits den Beschluss über die Gewinnverwendung an die Entgegennahme des Jahresabschlusses und des Lageberichts bindet, ist die Entlastung **faktisch** auch **an** die **Rechenschaftslegung** des § 175 Abs. 1 **gebunden.** Aufgrund der Soll-Vorschrift des § 120 Abs. 3 ist diese Bindung aber **nicht zwingend,** sondern lediglich aus Zweckmäßigkeitsgesichtspunkten geboten.[47] 19

Die **Nichteinhaltung** der Achtmonatsfrist für die Entlastungsentscheidung begründet kaum rechtliche Sanktionen (anders die Fristverletzung für die Einberufung der ordentlichen Hauptversammlung, → § 175 Rn. 12). Den einzelnen Aktionären steht keine Leistungsklage auf Einberufung der Hauptversammlung zwecks Entlastung zu; ein Zwangsgeld gemäß § 407 Abs. 1 S. 1 kommt ebenfalls nicht in Betracht, da diese Vorschrift § 120 – im Gegensatz zu § 175 – nicht in Bezug 20

---

[36] Hüffer/*Koch* § 136 Rn. 20; *Lutter* FS Odersky, 1996, 845 (848 f.); MüKoAktG/*Schröer* § 136 Rn. 10; *Butzke* HV Kap. I Rn. 31; vgl. für die GmbH BGHZ 97, 28 (33 f.); aA für Stimmrecht Spindler/Stilz/*Hoffmann* Rn. 20.

[37] GroßkommAktG/*Mülbert* Rn. 106; Hüffer/*Koch* Rn. 10; MüKoAktG/*Kubis* Rn. 12; Spindler/Stilz/*Hoffmann* Rn. 15; *Butzke* HV Kap. I Rn. 29; Schmidt/Lutter/*Spindler* Rn. 28; MHdB AG/*Bungert* § 35 Rn. 26; ferner *v. Godin/Wilhelmi* Anm. 4 mit der Einschränkung, dass kein Aktionär widerspricht.

[38] So Geßler/Hefermehl/*Eckardt* Rn. 19.

[39] Begr. RegE *Kropff* Textausgabe, 1965, 167.

[40] GroßkommAktG/*Mülbert* Rn. 106; Schmidt/Lutter/*Spindler* Rn. 28.

[41] Hüffer/*Koch* Rn. 10; MHdB AG/*Bungert* § 35 Rn. 26.

[42] GroßkommAktG/*Mülbert* Rn. 107; aA MüKoAktG/*Kubis* Rn. 12; Hüffer/*Koch* Rn. 10.

[43] BGH NJW 2003, 1032 (1033) – Macroton.

[44] Hüffer/*Koch* Rn. 11 mwN.

[45] Etwa OLG Hamburg AG 2002, 460 (462); GroßkommAktG/*Mülbert* Rn. 25; MüKoAktG/*Kubis* Rn. 17 mwN; wN auch bei Hüffer/*Koch* Rn. 11.

[46] Hüffer/*Koch* Rn. 6.

[47] Vgl. MüKoAktG/*Kubis* Rn. 4.

nimmt.[48] Die Fristversäumnis führt auch nicht zur Unwirksamkeit eines – nach Fristablauf – gefassten Entlastungsbeschlusses.[49] Mit der Fristverletzung ist zwar eine Pflichtverletzung der Verwaltungsmitglieder anzunehmen, die Grundlage eventueller Schadensersatzansprüche der Gesellschaft sein könnte. In der Praxis wird ein Schadensersatzanspruch der Gesellschaft allerdings in der Regel mangels Schadens kaum vorstellbar sein.[50] Die Pflichtverletzung kann allenfalls Anlass für einen negativen Entlastungsbeschluss bieten oder einen wichtigen Grund für die Abberufung eines Vorstandsmitglieds iSd § 84 Abs. 3 oder Aufsichtsratsmitglieds nach § 103 Abs. 3 S. 1 darstellen.[51] Einziges Mittel zur Erzwingung der Einhaltung der Frist bleiben die Minderheitenrechte der Aktionäre nach § 122 Abs. 1 (Einberufung der Hauptversammlung) und Abs. 2 (Ergänzung der Tagesordnung).[52]

21 **e) Inhalt der Entlastung. aa) Personelle Reichweite.** Die **Gesamtentlastung** erstreckt sich auf alle zur Zeit des Entlastungsbeschlusses im Amt befindlichen sowie die während der Entlastungsperiode (→ Rn. 22) ausgeschiedenen Mitglieder des Vorstands bzw. des Aufsichtsrates. Von der **Einzelentlastung** umfasst sind hingegen nur die im Antrag namentlich aufgeführten Personen.[53]

22 **bb) Zeitliche Reichweite.** Die Entlastung umfasst einen bestimmten in der Vergangenheit liegenden Zeitraum **(Entlastungsperiode).** In der Regel bezieht sie sich auf das abgelaufene Geschäftsjahr, kann aber auch modifiziert werden. Die Erstreckung auf weiter zurückliegende Zeiträume kann in Betracht kommen, wenn etwa ein früherer Entlastungsbeschluss vertagt oder erfolgreich angefochten wurde.[54] Die Erstreckung auf einen Zeitraum, für den die Hauptversammlung in der Vergangenheit die Entlastung verweigert hat, ist allerdings unzulässig.[55]

23 **cc) Sachliche Reichweite.** Mit der Entlastung billigt die Gesellschaft die Tätigkeit der Verwaltung für die Vergangenheit.[56] Erfasst werden die Vorgänge, die während der Entlastungsperiode vorgenommen wurden oder Wirkungen entfaltet haben und für die noch nicht über die Entlastung entschieden worden ist.[57] **Nachträglich bekannt gewordene Umstände** wirken sich nicht mehr auf die Entlastung aus, können aber die Grundlage für einen Widerruf darstellen (→ Rn. 28).[58]

24 Eine sog. **Teilentlastung** ist zulässig, sofern sachlich und zeitlich klar abgrenzbare Vorgänge aus der Entlastung ausgesondert werden. Betreffen die ausgesonderten Teilbereiche dagegen den wesentlichen Kern der Amtsausführung der Verwaltung, ist eine Teilentlastung unzulässig und der entsprechende Beschluss anfechtbar.[59] Dies gilt beispielsweise für eine Pflichtverletzung der Verwaltung, die sich auf ihr gesamtes oder wesentliches Tätigkeitsfeld erstreckt.[60] Unzulässig ist auch die Entlastung bezüglich einzelner Geschäftsführungsmaßnahmen.[61]

25 Anstelle einer inhaltlichen Entscheidung über die Entlastung kann auch die **Vertagung der Entlastung** beschlossen werden.[62] Ein Beschluss über die Entlastung wird dann vorerst nicht gefasst. Die Vertagung kann zB dann sinnvoll sein, wenn ein Sonderprüfungsverfahren zu Vorgängen aus der Entlastungsperiode noch nicht abgeschlossen oder aus anderen Gründen noch keine abschließende Bewertung möglich ist.[63] Die Hauptversammlung ist in solchen Fällen jedoch nicht gezwungen, eine Vertagung zu beschließen, sondern kann stattdessen über die Entlastung entscheiden. Zwingend ist eine Vertagung nunmehr ebenso wenig, wenn die Unterlagen zur ordnungsgemäßen Rechenschaftslegung inhaltlichen oder verfahrensrechtlichen Mängeln unterliegen, wie sich aus der Streichung des Abs. 3 S. 2 und 3 ergibt.[64] Der Versammlungsleiter muss einen Vertagungsantrag vor dem

---

[48] HK-AktG/*Reger* Rn. 3; MüKoAktG/*Kubis* Rn. 5.

[49] GroßkommAktG/*Mülbert* Rn. 57.

[50] GroßkommAktG/*Mülbert* Rn. 57.

[51] Schmidt/Lutter/*Spindler* Rn. 17.

[52] MüKoAktG/*Kubis* Rn. 5.

[53] HK-AktG/*Reger* Rn. 10; Schmidt/Lutter/*Spindler* Rn. 36.

[54] *Butzke* HV Kap. I Rn. 13; Schmidt/Lutter/*Spindler* Rn. 37; *Volhard/Weber* NZG 2003, 351 (352 f.).

[55] MüKoAktG/*Kubis* Rn. 20; Schmidt/Lutter/*Spindler* Rn. 37.

[56] BGHZ 96, 324 (326); GroßkommAktG/*Mülbert* Rn. 26.

[57] OLG Hamburg AG 2005, 355 (356); HK-AktG/*Reger* Rn. 11.

[58] KK-AktG/*Zöllner* Rn. 38; MüKoAktG/*Kubis* Rn. 28; Schmidt/Lutter/*Spindler* Rn. 40; MHdB AG/*Bungert* § 35 Rn. 32; anders noch MHdB AG/*Semler*, 3. Aufl. 2007, § 34 Rn. 28.

[59] OLG Düsseldorf AG 1996, 273 (274); HK-AktG/*Reger* Rn. 9; Hüffer/*Koch* Rn. 12a; *Butzke* HV Kap. I Rn. 14; *Sethe* ZIP 1996, 1321 (1324).

[60] *Sethe* ZIP 1996, 1321 (1324).

[61] Hüffer/*Koch* Rn. 12a.

[62] HK-AktG/*Reger* Rn. 4; GroßkommAktG/*Mülbert* Rn. 92; MüKoAktG/*Kubis* Rn. 27; Schmidt/Lutter/*Spindler* Rn. 43; einschr. Spindler/Stilz/*Hoffmann* Rn. 6, wonach Vertagung nur innerhalb der Achtmonatsfrist zulässig sein soll.

[63] GroßkommAktG/*Mülbert* Rn. 92; MüKoAktG/*Kubis* Rn. 27.

[64] MüKoAktG/*Kubis* Rn. 27; aA zur alten Rechtslage noch GroßkommAktG/*Mülbert* Rn. 92; MüKoAktG/*Kubis*, 2. Aufl. 2004, Rn. 25.

Sachantrag über die Entlastung zur Abstimmung stellen.[65] Dies dürfte auch nach der Streichung der Verpflichtung in Abs. 3 S. 2 und S. 3 aF zur Vorlage der Rechnungslegung durch das ARUG fortgelten, da der Gesetzgeber davon ausging, dass die Verpflichtung zum Zugänglichmachen der Rechnungslegung bei der Beschlussfassung über die Entlastung bereits aus § 175 (vor der Hauptversammlung) und § 176 (während der Hauptversammlung) folgt (→ § 176 Rn. 7).

2. Wirkungen der Entlastung (Abs. 2). Aus dem Entlastungsbeschluss als solchem folgen keine **unmittelbaren Rechtswirkungen:** Wegen § 120 Abs. 2 S. 2 geht mit der Entlastung keine Präklusionswirkung einher, so dass die Gesellschaft Ersatzansprüche gegen die Mitglieder von Vorstand und Aufsichtsrat weiterhin geltend machen kann. Diese Wirkung ergibt sich bereits aus der Sperrfrist von drei Jahren gemäß § 93 Abs. 4 S. 3, gilt aber selbst dann, wenn die Entlastung einstimmig beschlossen oder für einen Zeitraum beschlossen wird, der länger als drei Jahre zurückliegt.[66] Auch die Abberufung von Vorstands- und Aufsichtsratsmitgliedern gemäß §§ 84 Abs. 3 S. 1, 103 Abs. 1 ist ungeachtet ihrer Entlastung möglich.[67] Rechtlich beachtlich wird die Entlastung aber insoweit, als sich die Hauptversammlung mit ihrem Entlastungsverhalten nicht in Widerspruch zu anderen Vorgehensweisen setzen kann **(venire contra factum proprium).**[68] Daher wird es teilweise als unzulässig angesehen, wenn die Hauptversammlung dem Vorstand in derselben Hauptversammlung die Entlastung erteilt und iSd § 84 Abs. 3 S. 2 Var. 3 das Vertrauen entzieht.[69] Das ist kritisch zu sehen. Wenn der Entlastungsbeschluss keiner inhaltlichen Kontrolle unterliegt, darf er für weitere Entscheidungen der Hauptversammlung auch keine präkludierende Wirkung entfalten. Widersprüchliches Verhalten liegt aber jedenfalls dann nicht vor, wenn sich die für die Entlastung maßgeblichen Umstände noch während der Hauptversammlung ändern oder als unzutreffend herausstellen, etwa weil vorher unbekannte Tatsachen bekannt werden. In diesem Fall kann die Hauptversammlung die Entlastung widerrufen (zum Widerruf der Entlastung → Rn. 28).[70] Weiterhin steht es der Hauptversammlung frei, dem Vorstand das Vertrauen zu entziehen, wenn die hierfür zugrunde gelegten Umstände einen von der Entlastung ausgeklammerten Komplex betreffen (→ Rn. 24).[71] 26

Eine weitere mittelbare Wirkung der Entlastung ergibt sich aus § 102 Abs. 1 S. 1: Danach markiert der Entlastungsbeschluss für das vierte Geschäftsjahr nach Amtsantritt (bzw. im Fall einer neu gegründeten Gesellschaft gemäß § 30 Abs. 3 S. 1 der Entlastungsbeschluss für das erste Geschäftsjahr) das Ende der Amtszeit der Mitglieder des Aufsichtsrates, wenn sie nicht für eine kürzere Amtszeit bestellt waren. 27

Wegen des Grundsatzes des freien Entscheidungsermessens steht es der Hauptversammlung frei, einen **Widerruf der Entlastung** zu beschließen. Sie ist grundsätzlich zu keinem späteren Zeitpunkt an ihren Entlastungsbeschluss gebunden.[72] Dem Widerruf der Entlastung darf aber der Grundsatz des Vertrauensschutzes nicht entgegenstehen.[73] Ein schutzwürdiges Vertrauen der entlasteten Verwaltungsmitglieder ist dann ausgeschlossen, wenn nachträglich **entscheidungsrelevante Tatsachen** bekannt werden, in deren Kenntnis die Aktionäre keine Entlastung erteilt hätten.[74] Ferner kommt ein Widerruf auch ohne veränderte Umstände jedenfalls dann in Betracht, wenn der Entlastungsbeschluss unter Verletzung der Informationspflichten der Aktionäre erteilt worden ist oder andere die Anfechtung begründenden Umstände vorliegen.[75] Der Widerruf der Entlastung ist zeitlich dahin zu beschränken, dass er nur in derselben oder der nächsten Hauptversammlung nach Bekanntwerden der entscheidungserheblichen Umstände beschlossen werden darf, nicht in einer späteren Hauptversammlung.[76] 28

3. Wirkungen der Entlastungsverweigerung. Nach allgemeiner Ansicht ist die Entlastung verweigert, wenn die erforderliche Mehrheit eines positiv auf Entlastung gerichteten Beschlussantrags nicht erreicht wird, ein nichtiger Entlastungsbeschluss vorliegt oder ein Entlastungsbeschluss erfolgreich angefochten wird. Wie bei der Erteilung der Entlastung hat auch die Entlastungsverweigerung keine Auswirkungen auf mögliche Schadensersatzansprüche der Gesellschaft. Ebenso wenig entstehen 29

[65] MüKoAktG/*Kubis* Rn. 27.

[66] GroßkommAktG/*Mülbert* Rn. 40 f.; MüKoAktG/*Kubis* Rn. 30.

[67] HK-AktG/*Reger* Rn. 13.

[68] Spindler/Stilz/*Hoffmann* Rn. 29.

[69] GroßkommAktG/*Mülbert* Rn. 43; MüKoAktG/*Kubis* Rn. 32; Spindler/Stilz/*Hoffmann* Rn. 29.

[70] GroßkommAktG/*Mülbert* Rn. 43; MüKoAktG/*Kubis* Rn. 32; aA gegen Notwendigkeit eines Widerrufs der Entlastung Spindler/Stilz/*Hoffmann* Rn. 29.

[71] HK-AktG/*Reger* Rn. 13; MüKoAktG/*Kubis* Rn. 30.

[72] *Lutter* FS Quack, 1991, 301 (306); *Butzke* HV Kap. I Rn. 40; Schmidt/Lutter/*Spindler* Rn. 44; Spindler/Stilz/*Hoffmann* Rn. 8.

[73] MüKoAktG/*Kubis* Rn. 26; Schmidt/Lutter/*Spindler* Rn. 44; Spindler/Stilz/*Hoffmann* Rn. 9.

[74] GroßkommAktG/*Mülbert* Rn. 93; MüKoAktG/*Kubis* Rn. 28.

[75] Spindler/Stilz/*Hoffmann* Rn. 9.

[76] MüKoAktG/*Kubis* Rn. 28; Schmidt/Lutter/*Spindler* Rn. 44; aA Spindler/Stilz/*Hoffmann* Rn. 9: unter Einschränkungen auch später möglich.

unmittelbare rechtliche Folgen für die Amtsstellung der Verwaltungsmitglieder.[77] Keinesfalls liegt in der Entlastungsverweigerung die Abberufung von Aufsichtsratsmitgliedern iSd § 103 Abs. 1, da die Abberufung einen selbständigen Beschlussgegenstand darstellt und nicht Teil des Entlastungsbeschlusses ist.[78] Die Entlastungsverweigerung ist auch **nicht ohne weiteres als Vertrauensentzug** gegenüber dem Vorstand iSd § 84 Abs. 3 S. 2 Var. 3 zu sehen;[79] vielmehr ist dafür ein gesonderter, ausdrücklich auf den Vertrauensentzug als Beschlussgegenstand gerichteter Beschluss der Hauptversammlung erforderlich. Dies gilt insbesondere in Anbetracht dessen, dass die Entlastung nicht nur dann verweigert ist, wenn die erforderliche Mehrheit nicht erreicht wird, sondern auch, wenn sich der mit der erforderlichen Mehrheit gefasste Entlastungsbeschluss als nichtig herausstellt oder – etwa aus formellen Gründen – erfolgreich angefochten wird. In diesen Fällen bestehen keine Anhaltspunkte für den Willen der Hauptversammlung, dem Vorstand das Vertrauen zu entziehen.

30 Bei einer unberechtigten Entlastungsverweigerung sind die Organmitglieder zur **Amtsniederlegung** berechtigt. Für diesen Fall steht dem betroffenen Verwaltungsmitglied trotz der Amtsniederlegung die Fortzahlung seiner Bezüge zu. Es kann ferner das Dienstverhältnis aus wichtigem Grund gemäß § 626 BGB außerordentlich kündigen und Schadensersatz gemäß § 628 Abs. 2 BGB geltend machen.[80] Ein darüber hinausreichendes Recht zur Niederlegung des Amtes aufgrund berechtigter Entlastungsverweigerung ist dagegen abzulehnen.[81]

31 **4. Verbindung der Verhandlungen (Abs. 3 S. 1).** Gemäß § 120 Abs. 3 S. 1 sollen die Verhandlungen über die Entlastung mit den Verhandlungen über die Gewinnverwendung verbunden werden. Die Sachentscheidungen sind aber in jeweils getrennten Beschlüssen zu fassen.[82] Der Grund für das Verbindungsgebot ergibt sich daraus, dass es zweckmäßig erscheint, den für die Gesellschaft ökonomisch relevanten Vorschlag der Verwaltung über die Gewinnverwendung an die Frage der Billigung der Verwaltung zu knüpfen. Aus der Soll-Vorschrift des § 120 Abs. 3 S. 1 ergibt sich, dass die Verbindung keinen zwingenden Charakter hat und ein Verstoß gegen dieses Gebot auch keine Rechtsfolgen nach sich zieht, etwa nicht zu einer Anfechtung berechtigt.[83] Zu Informationspflichten vor und während der Hauptversammlung nach Streichung von § 120 Abs. 3 S. 2 und S. 3 durch das ARUG → Rn. 25; ferner → § 176 Rn. 7 sowie zu den vor der Hauptversammlung zugänglich zu machenden Unterlagen → § 175 Rn. 14.

32 **5. Rechtsschutz. a) Gegen Entlastungsverweigerung.** Die Verwaltungsmitglieder können gegen einen unterbliebenen Entlastungsbeschluss oder eine verweigerte Entlastung unabhängig von deren sachlicher Rechtfertigung **keine Leistungsklage** (sog. Entlastungsklage) erheben, weil ihnen kein Anspruch auf Entlastung zusteht.[84] Wegen der Möglichkeit zur Amtsniederlegung und Fortzahlung der Bezüge bei Entlastungsverweigerung ohne sachlichen Grund (→ Rn. 30) bleibt das Verwaltungsmitglied aber nicht ohne Rechtsschutz.

33 Sofern die von der Entlastungsverweigerung betroffenen Organmitglieder nicht Aktionäre sind (→ Rn. 35 ff.), steht ihnen auch keine Befugnis zur Erhebung einer **Anfechtungsklage** gegen den Hauptversammlungsbeschluss zu. Insoweit sind die Mitglieder des Vorstands und Aufsichtsrates aufgrund von § 245 Nr. 4 und 5 nicht klagebefugt. Nr. 4 berechtigt nur den Vorstand als Gesamtorgan, nicht dagegen einzelne Vorstandsmitglieder, und für Aufsichtsratsmitglieder besteht ohnehin nur eine Klagebefugnis für die in Nr. 5 genannten Fälle.[85]

34 Das Verwaltungsmitglied kann aber im Wege einer **negativen Feststellungsklage** gegen die Gesellschaft vorgehen. Es kann gerichtlich feststellen lassen, dass der Gesellschaft keine Ansprüche aus seiner Organtätigkeit zustehen. Voraussetzung ist, dass die Gesellschaft konkrete Ansprüche gegen das Organmitglied erhebt und das Organmitglied nicht die pauschale Feststellung verlangt, dass der Gesellschaft grundsätzlich keinerlei Ansprüche zustehen.[86] Ein Obsiegen des Verwaltungsmitglieds im Gerichtsverfahren kann seine Entlastung jedoch nicht herbeiführen.[87]

---

[77] NK-AktR/*Krenek/Pluta* Rn. 25; *Volhard/Weber* NZG 2003, 351 (352).

[78] Spindler/Stilz/*Hoffmann* Rn. 33.

[79] HK-AktG/*Reger* Rn. 14; Hüffer/*Koch* Rn. 16; MüKoAktG/*Kubis* Rn. 35; Spindler/Stilz/*Hoffmann* Rn. 32.

[80] HK-AktG/*Reger* Rn. 14; MHdB AG/*Bungert* § 35 Rn. 32 § 35 Rn. 36; zur fristlosen Kündigung GroßkommAktG/*Mülbert* Rn. 46.

[81] Hüffer/*Koch* Rn. 16; Spindler/Stilz/*Hoffmann* Rn. 38; ähnlich *Weitemeyer* ZGR 2005, 280 (304); aA MüKoAktG/*Kubis* Rn. 37; *Schmidt* ZGR 1978, 425 (439).

[82] Spindler/Stilz/*Hoffmann* Rn. 41.

[83] NK-AktR/*Krenek/Pluta* Rn. 28.

[84] Begr. RegE *Kropff* Textausgabe, 1965, 167; HK-AktG/*Reger* Rn. 15; *Kubis* NZG 2005, 791 (793); Spindler/Stilz/*Hoffmann* Rn. 35; *Volhard/Weber* NZG 2003, 351 (352).

[85] MüKoAktG/*Kubis* Rn. 40; *Butzke* HV Kap. I Rn. 46; Schmidt/Lutter/*Spindler* Rn. 51.

[86] GroßkommAktG/*Mülbert* Rn. 51; MüKoAktG/*Kubis* Rn. 41; *Butzke* HV Kap. I Rn. 46.

[87] MüKoAktG/*Kubis* Rn. 41; Schmidt/Lutter/*Spindler* Rn. 51.

b) Gegen fehlerhafte Entlastungsbeschlüsse. Wie für alle Beschlüsse der Hauptversammlung gelten auch für Entlastungsbeschlüsse die allgemeinen Vorschriften der **§§ 241 ff.** Danach können Entlastungen grundsätzlich nichtig sein oder durch Anfechtung für nichtig erklärt werden. Außer in den Fällen fehlender Einberufung der Hauptversammlung nach Nr. 1 und fehlender Beurkundung nach Nr. 2, wird die **Nichtigkeit** von Entlastungsbeschlüssen in der Praxis selten vorkommen.[88] Praktisch bedeutsam ist dagegen die Möglichkeit der **Anfechtung** fehlerhafter Entlastungsbeschlüsse gemäß § 243 Abs. 1 aufgrund verfahrensrechtlicher oder inhaltlicher Verstöße. 35

aa) Anfechtbarkeit aufgrund von Verfahrensfehlern. Einen Anfechtungsgrund für Entlastungsbeschlüsse können sowohl allgemeine Verfahrensfehler, wie zB Fehler bei der Abstimmung oder der Feststellung des Beschlussergebnisses (→ § 243 Rn. 16 ff.), als auch Verstöße gegen die spezifisch für die Entlastung geltenden Verfahrensvorschriften liefern. 36

(1) Informationsmängel. Häufiger Grund für Anfechtungsklagen sind entlastungsspezifische Informationsmängel bei der Beschlussfassung. Darunter fallen zum einen Verstöße gegen die **Rechnungslegungs-, Rechenschafts- und Auskunftspflichten** sowie eventuell gegen die Pflicht zur Konzernrechnungslegung und zur Vorlage des Abhängigkeitsberichts.[89] Betroffen ist nur die Pflicht zum Zugänglichmachen der Rechnungslegungsunterlagen und -berichte iSd § 175 Abs. 2 und § 176 Abs. 1 (zur Fortgeltung der Informationspflichten über die Rechnungslegung nach Streichung von § 120 Abs. 3 S. 2 und S. 3 durch das ARUG → Rn. 25), nicht ein Verstoß gegen das Gebot zur Verbindung der Verhandlungen über die Entlastung mit denen über die Gewinnverwendung gemäß Abs. 3, da dieses nicht zwingend vorgeschrieben ist. Die Anfechtung ist nur unter den Voraussetzungen des § 243 Abs. 4 möglich (→ § 243 Rn. 82 ff.). 37

Wird ein **Auskunftsrecht** der Aktionäre iSd § 131 verletzt, liegt darin ein Anfechtungsgrund, wenn das Auskunftsbegehren auf Vorgänge „von einigem Gewicht" gerichtet ist, dh die verweigerte Information in der Fragesituation zur sachgerechten Beurteilung des Beschlussgegenstands erforderlich ist[90] (→ § 131 Rn. 10 ff.). 38

(2) Beschlussverfahren. Einen entlastungsspezifischen Anfechtungsgrund begründen auch Mängel im Beschlussverfahren über **Gesamt- oder Einzelentlastung.** Derartige Verfahrensfehler liegen etwa vor, wenn über einen Verfahrensantrag auf Abstimmung im Wege der Einzelentlastung nicht abgestimmt wird oder trotz Beschlusses zur Durchführung einer Einzelentlastung eine Gesamtentlastung beschlossen wird.[91] 39

Wird die **Achtmonatsfrist** in § 120 Abs. 1 S. 1 überschritten, liegt darin kein Anfechtungsgrund wegen Verstoßes gegen eine Verfahrensvorschrift. Die Fristüberschreitung kann allenfalls einen Grund für die Verweigerung der Entlastung infolge Pflichtverletzung der Verwaltung darstellen (→ Rn. 20).[92] 40

bb) Anfechtbarkeit aufgrund von Inhaltsfehlern. Eine Anfechtungsklage aufgrund von inhaltlichen Mängeln der Entlastung ist wegen der weitgehenden Ermessensfreiheit der Hauptversammlung nur in begrenztem Maße erfolgreich möglich.[93] Nur soweit die Hauptversammlung das ihr zugewiesene Ermessen (→ Rn. 18) überschreitet, bleibt Raum für eine Anfechtung.[94] 41

6. Beschluss über das Vergütungssystem. Mit dem Gesetz zur Angemessenheit der Vorstandsvergütung (VorstAG) wurde Abs. 4 eingefügt, nach dessen S. 1 die Hauptversammlung börsennotierter Gesellschaften einen Beschluss über die Billigung des Systems zur Vergütung der Vorstandsmitglieder fassen darf. Es handelt sich hierbei nicht um einen in regelmäßigen Zeitabständen wiederkehrenden Beschlussgegenstand und es besteht nach dem Willen des Gesetzgebers auch **keine Verpflichtung** der Verwaltung, den entsprechenden Gegenstand auf die Tagesordnung einer Hauptversammlung zu setzen.[95] Allerdings kann auch ein solcher Beschlussgegenstand auf Verlangen einer Minderheit nach § 122 Abs. 2 auf die Tagesordnung einer Hauptversammlung gesetzt werden. Der Beschluss begründet nach der ausdrücklichen Formulierung in Abs. 4 S. 2 **weder Rechte noch Pflichten** und ist nach S. 3 auch nicht nach § 243 anfechtbar. Der Gesetzgeber erwartet jedoch, 42

[88] OLG München AG 2001, 197 (198); eingehend MüKoAktG/*Kubis* Rn. 52.
[89] Vgl. BGH NJW 1974, 855; OLG Düsseldorf NZG 2000, 314 (315) für fehlenden Abhängigkeitsbericht; vgl. OLG Stuttgart NZG 2003, 778 (780) für fehlenden Konzernabschluss.
[90] BGH NJW 2005, 828 (829); aA – stets die Anfechtung begründend – *Kubis* NZG 2005, 791 (796); *Weitemeyer* ZGR 2005, 280 (299).
[91] GroßkommAktG/*Mülbert* Rn. 118; MüKoAktG/*Kubis* Rn. 56.
[92] GroßkommAktG/*Mülbert* Rn. 120; MüKoAktG/*Kubis* Rn. 57.
[93] HK-AktG/*Reger* Rn. 19; Spindler/Stilz/*Hoffmann* Rn. 44.
[94] OLG München AG 2001, 197.
[95] BT-Drs. 16/13433, 18.

dass ein Beschluss der Hauptversammlung, der das bestehende Vergütungssystem für den Vorstand missbilligt, erhebliche Öffentlichkeitswirkungen erzeugen wird und hält diese tatsächlichen Auswirkungen für ausreichend, um eine angemessene Kontrolle des bestehenden Vergütungssystems durch die Hauptversammlung zu gewährleisten.[96] In Anlehnung an die Wirkung des Entlastungsbeschlusses lässt ein billigender Beschluss der Hauptversammlung über das Vergütungssystem jedoch auch die Verpflichtungen des Aufsichtsrates nach § 87 unberührt (→ § 87 Rn. 11). Unklar ist, welche Informationen den Aktionären im Vorfeld und während der Hauptversammlung zu erteilen sind, wenn die Hauptversammlung über die Billigung des Vergütungssystems beschließen soll. Richtigerweise ist davon auszugehen, dass grundsätzlich die Angaben zur Vorstandsvergütung im Lagebericht (§ 289 Abs. 2 Nr. 5 HGB) sowie die Angaben im Anhang zum Jahresabschluss (§§ 285 S. 1 Nr. 9 lit. a, 314 Abs. 1 Nr. 6 lit. a HGB) und, falls der Empfehlung in Ziff. 4.2.5 DCGK entsprochen wird, im Vergütungsbericht ausreichend sind und grundsätzlich keine Verpflichtung zur Gewährung zusätzlicher Informationen besteht.[97] Gelangt die Beschlussfassung über die Billigung des Vorstandsvergütungssystems durch Entscheidung der Verwaltung auf die Tagesordnung (und nicht aufgrund eines Ergänzungsverlangens von Aktionären gemäß § 122 Abs. 2), hat nicht nur der Aufsichtsrat, sondern auch der Vorstand gemäß § 124 Abs. 3 einen Beschlussvorschlag zu unterbreiten, da das Gesetz die Beschlussgegenstände, zu denen nur der Aufsichtsrat einen Beschlussvorschlag zu unterbreiten hat, in § 124 Abs. 3 abschließend auflistet.[98] Zulässig ist nur die Beschlussfassung über die Billigung des „Systems zur Vergütung der Vorstandsmitglieder". Anträge – auch in Form von Gegenanträgen oder Ergänzungsverlangen –, die auf die Billigung der individuellen Vergütung einzelner Vorstandsmitglieder gerichtet sind, sind daher unzulässig und müssen nicht zur Abstimmung gestellt werden.[99]

IV. Abdingbarkeit

43 Die Regelungen des § 120 sind grundsätzlich **zwingend** und lassen sich nicht durch die Satzung modifizieren. Ebenso wie die Achtmonatsfrist zur Durchführung der ordentlichen Hauptversammlung gemäß § 175 Abs. 1 kann die Achtmonatsfrist des Abs. 1 S. 1 nach zutreffender Auffassung jedoch durch die Satzung verkürzt werden (→ § 175 Rn. 10).

V. Beweislast

44 Die die Verwaltungsorgane treffende Beweislast der ordnungsgemäßen und gewissenhaften Geschäftsleitung im Rahmen von Schadensersatzansprüchen der Gesellschaft gegenüber ihren Organen gemäß §§ 93, 116 wird durch den Entlastungsbeschluss **nicht zu Lasten der Gesellschaft umgekehrt.**[100] Ebenso wenig ändert die Verweigerung der Entlastung die dem Abberufungsorgan obliegende Beweislast für die Abberufung von Verwaltungsmitgliedern (§§ 84 Abs. 3, 103).[101]

Zweiter Unterabschnitt. Einberufung der Hauptversammlung

§ 121 Allgemeines

(1) Die Hauptversammlung ist in den durch Gesetz oder Satzung bestimmten Fällen sowie dann einzuberufen, wenn das Wohl der Gesellschaft es fordert.

(2) [1]Die Hauptversammlung wird durch den Vorstand einberufen, der darüber mit einfacher Mehrheit beschließt. [2]Personen, die in das Handelsregister als Vorstand eingetragen sind, gelten als befugt. [3]Das auf Gesetz oder Satzung beruhende Recht anderer Personen, die Hauptversammlung einzuberufen, bleibt unberührt.

(3) [1]Die Einberufung muss die Firma, den Sitz der Gesellschaft sowie Zeit und Ort der Hauptversammlung enthalten. [2]Zudem ist die Tagesordnung anzugeben. [3]Bei börsennotierten Gesellschaften hat der Vorstand oder, wenn der Aufsichtsrat die Versammlung einberuft, der Aufsichtsrat in der Einberufung ferner anzugeben:

1. die Voraussetzungen für die Teilnahme an der Versammlung und die Ausübung des Stimmrechts sowie gegebenenfalls den Nachweisstichtag nach § 123 Absatz 4 Satz 2 und dessen Bedeutung;

---

[96] BT-Drs. 16/13433, 18.

[97] *Drinhausen/Keinath* BB 2010, 3 (8); aA *Bosse* BB 2009, 1650 (1653).

[98] *Drinhausen/Keinath* BB 2010, 3 (8); für weitergehende Informationspflichten, falls die im Lagebericht und Vergütungsbericht zur Verfügung gestellten Informationen nicht ausreichend sind, *Bosse* BB 2009, 1650 (1653).

[99] Vgl. *Annuß/Theusinger* BB 2009, 2434 (2439); *Drinhausen/Keinath* BB 2010, 3 (8); *Spindler* NJOZ 2009, 3282 (3290).

[100] MüKoAktG/*Kubis* Rn. 36.

[101] HK-AktG/*Reger* Rn. 14 mwN.

2. das Verfahren für die Stimmabgabe
   a) durch einen Bevollmächtigten unter Hinweis auf die Formulare, die für die Erteilung einer Stimmrechtsvollmacht zu verwenden sind, und auf die Art und Weise, wie der Gesellschaft ein Nachweis über die Bestellung eines Bevollmächtigten elektronisch übermittelt werden kann sowie
   b) durch Briefwahl oder im Wege der elektronischen Kommunikation gemäß § 118 Abs. 1 Satz 2, soweit die Satzung eine entsprechende Form der Stimmrechtsausübung vorsieht;

3. die Rechte der Aktionäre nach § 122 Abs. 2, § 126 Abs. 1, den §§ 127, 131 Abs. 1; die Angaben können sich auf die Fristen für die Ausübung der Rechte beschränken, wenn in der Einberufung im Übrigen auf weitergehende Erläuterungen auf der Internetseite der Gesellschaft hingewiesen wird;

4. die Internetseite der Gesellschaft, über die die Informationen nach § 124a zugänglich sind.

(4) [1]Die Einberufung ist in den Gesellschaftsblättern bekannt zu machen. [2]Sind die Aktionäre der Gesellschaft namentlich bekannt, so kann die Hauptversammlung mit eingeschriebenem Brief einberufen werden, wenn die Satzung nichts anderes bestimmt; der Tag der Absendung gilt als Tag der Bekanntmachung.

(4a) Bei börsennotierten Gesellschaften, die nicht ausschließlich Namensaktien ausgegeben haben oder welche die Einberufung den Aktionären nicht unmittelbar nach Absatz 4 Satz 2 übersenden, ist die Einberufung spätestens zum Zeitpunkt der Bekanntmachung solchen Medien zur Veröffentlichung zuzuleiten, bei denen davon ausgegangen werden kann, dass sie die Information in der gesamten Europäischen Union verbreiten.

(5) [1]Wenn die Satzung nichts anderes bestimmt, soll die Hauptversammlung am Sitz der Gesellschaft stattfinden. [2]Sind die Aktien der Gesellschaft an einer deutschen Börse zum Handel im regulierten Markt zugelassen, so kann, wenn die Satzung nichts anderes bestimmt, die Hauptversammlung auch am Sitz der Börse stattfinden.

(6) Sind alle Aktionäre erschienen oder vertreten, kann die Hauptversammlung Beschlüsse ohne Einhaltung der Bestimmungen dieses Unterabschnitts fassen, soweit kein Aktionär der Beschlußfassung widerspricht.

(7) [1]Bei Fristen und Terminen, die von der Versammlung zurückberechnet werden, ist der Tag der Versammlung nicht mitzurechnen. [2]Eine Verlegung von einem Sonntag, einem Sonnabend oder einem Feiertag auf einen zeitlich vorausgehenden oder nachfolgenden Werktag kommt nicht in Betracht. [3]Die §§ 187 bis 193 des Bürgerlichen Gesetzbuchs sind nicht entsprechend anzuwenden. [4]Bei nichtbörsennotierten Gesellschaften kann die Satzung eine andere Berechnung der Frist bestimmen.

Schrifttum: *v. Bar/Grothe,* Hauptversammlungen deutscher Aktiengesellschaften im Ausland, IPRax 1994, 269; *Baums/Keinath/Gajek,* Fortschritte bei Klagen gegen Hauptversammlungsbeschlüsse? Eine empirische Studie, ZIP 2007, 1629; *Behrends,* Einberufung der Hauptversammlung gem. § 121 IV AktG (mittels eingeschriebenem Brief) trotz abweichender Satzungsbestimmung, NZG 2000, 578; *Drinhausen/Keinath,* Regierungsentwurf eines Gesetzes zur Umsetzung der Aktionärsrechterichtlinie (ARUG) – Überblick über die Änderungen gegenüber dem Referentenentwurf, BB 2009, 64; *Happ/Freitag,* Die Mitternachtsstund' als Nichtigkeitsgrund?, AG 1998, 493; *Hoffmann-Becking,* Gesetz zur „kleinen AG" – unwesentliche Randkorrekturen oder grundlegende Reform?, ZIP 1995, 1; *Linnerz,* Ort, Terminierung und Dauer einer Hauptversammlung, NZG 2006, 208; *Lutter,* Das neue „Gesetz für kleine Aktiengesellschaften und zur Deregulierung des Aktienrechts", AG 1994, 429; *Paschos/Goslar,* Der Regierungsentwurf des Gesetzes zur Umsetzung der Aktionärsrechterichtlinie (ARUG), AG 2009, 14; *Pluskat,* Auswirkungen der Aktionärsrichtlinie auf das deutsche Aktienrecht, WM 2007, 2135; *Ratschow,* Die Aktionärsrechte-Richtlinie – neue Regeln für börsennotierte Gesellschaften, DStR 2007, 1402; *Wilhelmi,* Der Notar in der Hauptversammlung der Aktiengesellschaft, BB 1981, 1331.

Übersicht

I. Allgemeines

1 **1. Regelungsgegenstand und -zweck.** § 121 regelt die Grundanforderungen an die ordnungsgemäße Einberufung einer Hauptversammlung, insbesondere die Einberufungsgründe (Abs. 1), die zur Einberufung Berechtigten (Abs. 2), Form und Inhalt der Einberufung (Abs. 3, 4 und 4a) und den Verzicht auf die Einberufungsformalia im Fall der Vollversammlung (Abs. 6). Ferner werden Regelungen zum Versammlungsort getroffen (Abs. 5). Schließlich enthält § 121 die allgemeine Regelung zur Berechnung von Fristen (Abs. 7). Die §§ 121–128 im Allgemeinen sowie § 121 im Besonderen dienen dazu, die Teilnahmemöglichkeit der Aktionäre am Leben der Gesellschaft zu gewährleisten.[1] Durch eine form- und fristgerechte sowie den inhaltlichen Anforderungen des Gesetzes entsprechende Einberufung sollen die Aktionäre diejenigen **Informationen** erhalten, die für die Ausübung ihrer Aktionärsrechte in der Hauptversammlung unerlässliche **Mindestvoraussetzung** sind. § 121 enthält daher zwingende Vorgaben für die ordnungsgemäße Einberufung einer Hauptversammlung, von denen nur teilweise durch Satzungsregelung (→ Rn. 52) oder im Fall der Vollversammlung (→ Rn. 45 ff.) abgewichen werden kann.

2 **2. Gesetzesänderungen.** Die Vorschrift hat weitreichende Änderungen durch das Gesetz zur Umsetzung der Aktionärsrechte-RL **(ARUG)** vom 30.7.2009 (BGBl. I S. 2479) erfahren. Die Änderungen beruhen größtenteils auf der Aktionärsrechte-RL.[2] Art. 5 RL 2007/36/EU enthält Anforderungen an die Einberufung einer Hauptversammlung bei Aktiengesellschaften, deren Aktien an einem geregelten Markt in der EU oder im übrigen EWR-Bereich notiert sind.[3] Danach müssen die Mitgliedstaaten börsennotierte Gesellschaften insbesondere verpflichten, in der Einberufung Angaben zu den Modalitäten für die Stimmabgabe und zu Aktionärsrechten (Ergänzung der Tagesordnung, Gegenanträge, Auskunftsrecht) aufzunehmen; ferner müssen sie vorschreiben, dass die Einberufung der Hauptversammlung börsennotierter Gesellschaften in Medien zu veröffentlichen ist, „bei denen vernünftigerweise davon ausgegangen werden kann, dass sie die Informationen tatsächlich an die Öffentlichkeit in der gesamten Gemeinschaft weiterleiten" (Art. 5 Abs. 2 RL 2007/36/EU). Die Vorgabe beruht auf der Zielsetzung der Richtlinie, die grenzüberschreitende Ausübung von Aktionärsrechten zu erleichtern (insbesondere Erwägungsgrund Nr. 5 der RL 2007/36/EU). Das ARUG hat die entsprechenden Erweiterungen der Informationspflichten auf börsennotierte Gesellschaften beschränkt. Die Mindestanforderungen an die Einberufung der Hauptversammlung nicht börsennotierter Gesellschaften sind hingegen durch das ARUG verringert worden: Sie sind nicht mehr verpflichtet, die Bedingungen für die Teilnahme an der Hauptversammlung und für die Ausübung des Stimmrechts in der Einberufung aufzuführen (anders noch § 121 Abs. 3 in der Fassung vor Inkrafttreten des ARUG, der diese Angaben für börsennotierte und nicht börsennotierte Gesellschaften gleichermaßen vorschrieb). Der Gesetzgeber hat das ARUG ferner genutzt, um die Berechnung von Fristen im Bereich der Hauptversammlung grundlegend zu vereinfachen und Rechtsunsicherheiten zu beseitigen. Alle Fristenregelungen sehen nun einheitlich vor, dass die Fristen jeweils von der Hauptversammlung zurückberechnet werden und der jeweilige Handlungs- oder Ereignistag nicht mitgezählt wird. Die vor Inkrafttreten des ARUG in § 123 Abs. 4 verortete allgemeine Rege-

[1] GroßkommAktG/*Werner* Rn. 2; MüKoAktG/*Kubis* Rn. 1.
[2] Richtlinie 2007/36/EG vom 11.7.2007 (ABl. L 184, 17).
[3] Vgl. dazu *Pluskat* WM 2007, 2135 (2139 ff.); *Ratschow* DStR 2007, 1402 (1403 ff.).

bleibt die Angabe des Sitzes, so ist auch dies unschädlich, wenn aus der Einberufung anderweitig zweifelsfrei auf den Sitz geschlossen werden kann.[47]

bb) Versammlungszeit. In der Einberufung müssen das **kalendermäßige Datum** der Hauptversammlung (Tag, Monat, Jahr) und die **Uhrzeit** angegeben werden, zu der die Hauptversammlung beginnt.[48] Nicht ausreichend ist die alleinige Bezeichnung des Versammlungstages in volkstümlicher oder religiöser Terminologie (etwa „Rosenmontag").[49] Nicht anzugeben ist die geplante Dauer oder die Endzeit der Hauptversammlung.[50] Das Gesetz regelt nicht, an welchen Wochentagen oder zu welchen Uhrzeiten die Hauptversammlung stattzufinden hat. Das bedeutet gleichwohl nicht, dass eine Hauptversammlung zu jeder erdenklichen Zeit einberufen werden kann. Vielmehr muss eine Versammlungszeit gewählt werden, die ein Erscheinen für die Aktionäre nicht unzumutbar macht.[51] Zumindest bei Publikumsgesellschaften ist daher das Anberaumen einer Hauptversammlung für Sonntage sowie gesetzliche Feiertage nicht zulässig.[52] Letzteres wird man allerdings auf bundeseinheitliche sowie gesetzliche Feiertage am Sitz der Gesellschaft beschränken müssen, um die möglichen Zeitpunkte für eine Hauptversammlung nicht zu sehr einzuschränken.[53] Ebenfalls unzulässig ist die Einberufung der Hauptversammlung für die Nachtzeit.[54] Hingegen ist nach zutreffender hM die Einberufung der Hauptversammlung auf einen Samstag unabhängig vom Aktionärskreis der Aktiengesellschaft zulässig.[55] 21

Nach richtiger Ansicht führt die Fortsetzung der Hauptversammlung **nach Mitternacht,** also an einem neuen Kalendertag, nicht zur Nichtigkeit der nach Mitternacht gefassten Beschlüsse gemäß § 241 Nr. 1, auch wenn für diesen Tag nicht einberufen wurde, da die Dauer der Hauptversammlung nicht von § 121 Abs. 3 S. 1 erfasst ist und angesichts des mitgeteilten Beginns der Hauptversammlung auch nicht die Gefahr besteht, dass Aktionärsrechte verkürzt werden.[56] Auch wenn die Fortsetzung der Hauptversammlung über Mitternacht hinaus keinen Anfechtungsgrund darstellt, bleibt der Versammlungsleiter aber gleichwohl berechtigt und in der Regel auch verpflichtet, die auf einen Tag einberufene Hauptversammlung vor Mitternacht zu Ende zu bringen. Dies folgt daraus, dass die Fortsetzung einer Hauptversammlung, die in der Regel gegen 10 Uhr morgens begonnen haben wird, über Mitternacht hinaus mit über zwölf Stunden Gesamtdauer unzumutbar ist. Angesichts der uneinheitlichen instanzgerichtlichen Rechtsprechung sollte vorsorglich für zwei Tage einberufen werden, wenn damit zu rechnen ist, dass die Hauptversammlung nicht vor Mitternacht beendet werden kann.[57] Dabei sollte ausdrücklich darauf hingewiesen werden, dass die Fortsetzung der Hauptversammlung am zweiten Tag nur erfolgt, wenn sie nicht doch bereits am ersten Tag geschlossen wird, um Nichtigkeitsklagen wegen eines Einberufungsmangels vorzubeugen, wenn die Hauptversammlung doch bereits am ersten Tag beendet werden kann.[58] 22

cc) Versammlungsort. Ferner muss die Einberufung den Ort der Hauptversammlung so genau angeben, dass die Teilnehmer ihn ohne Mühe finden können[59] (zu den gesetzlichen oder satzungsmäßigen Vorgaben für die Auswahl des Versammlungsorts → Rn. 39 ff.). Anzugeben ist daher grundsätzlich die genaue **postalische Anschrift** des Versammlungsraums, also Postleitzahl, Ort, Straße und Hausnummer.[60] Handelt es sich um ein großes Gebäude mit mehreren Räumen, sollte neben der Anschrift auch der konkrete Versammlungssaal genannt werden.[61] Um das Auffinden zu erleichtern, sollte bei Großstädten auch der Ortsteil oder der Name der Vorstadt angegeben werden, in 23

[47] OLG Düsseldorf ZIP 1997, 1153; Spindler/Stilz/*Rieckers* Rn. 21.
[48] MüKoAktG/*Kubis* Rn. 34; Spindler/Stilz/*Rieckers* Rn. 22.
[49] MüKoAktG/*Kubis* Rn. 34.
[50] OLG Koblenz ZIP 2001, 1093; MüKoAktG/*Kubis* Rn. 35; Schmidt/Lutter/*Ziemons* Rn. 30; Spindler/Stilz/*Rieckers* Rn. 22.
[51] GroßkommAktG/*Werner* Rn. 53; Hüffer/*Koch* Rn. 17; MHdB AG/*Bungert* § 36 Rn. 48.
[52] GroßkommAktG/*Werner* Rn. 53; MHdB AG/*Bungert* § 36 Rn. 48; Schmidt/Lutter/*Ziemons* Rn. 32.
[53] Vgl. MüKoAktG/*Kubis* Rn. 36.
[54] GroßkommAktG/*Werner* Rn. 53.
[55] GroßkommAktG/*Werner* Rn. 54; ähnlich *Butzke* HV Kap. B Rn. 8; MHdB AG/*Semler* § 35 Rn. 30; diff. je nach Weite des Aktionärskreises Schmidt/Lutter/*Ziemons* Rn. 32.
[56] OLG Koblenz ZIP 2001, 1093; Hüffer/*Koch* Rn. 17 mwN; aA, wenn Überlänge bei der Einberufung absehbar ist, LG Düsseldorf AG 2007, 797 = EWiR 2007, 419 Ls. mAnm *Wilsing/Siebmann*; LG Mainz NZG 2005, 819; LG Stuttgart AG 1994, 425 (426).
[57] NK-AktR/*Müller* Rn. 19.
[58] Vgl. Schmidt/Lutter/*Ziemons* Rn. 30.
[59] MHdB AG/*Bungert* § 36 Rn. 42.
[60] Schmidt/Lutter/*Ziemons* Rn. 36.
[61] Schmidt/Lutter/*Ziemons* Rn. 37.

der sich das Versammlungslokal befindet.[62] Ausnahmsweise kann das Fehlen der genauen postalischen Anschrift unschädlich sein – also nicht zur Nichtigkeit gemäß § 241 Nr. 1 führen – wenn das Versammlungslokal dennoch aufgrund eindeutiger Bezeichnung zweifelsfrei identifizierbar ist, etwa wenn eine überregional bekannte Bezeichnung wie „Ostseehalle in Kiel" verwendet wird.[63] Der **Wechsel des Versammlungslokals** nach Bekanntmachung der Einberufung – etwa am Versammlungstag, weil sich eine unerwartet hohe Anzahl von Teilnehmern einfindet – begründet keinen Einberufungsmangel, wenn das neue Versammlungslokal mit nur geringer zeitlicher Verzögerung erreicht werden kann und am ursprünglichen Versammlungslokal eindeutige Hinweise angebracht werden, die das Auffinden des neuen Versammlungsortes ohne Schwierigkeiten ermöglichen.[64] Unschädlich ist insbesondere der Wechsel des Raumes innerhalb desselben Gebäudes.[65] Ebenfalls keinen Einberufungsmangel begründen das **gänzliche Fehlen oder Unrichtigkeiten von Anfahrtsskizzen,** die den Teilnehmern als freiwillige zusätzliche Serviceleistung zur Verfügung gestellt werden.[66]

24 **b) Tagesordnung (S. 2). aa) Tagesordnung als Bestandteil der Einberufung.** Der durch das ARUG eingefügte S. 2 schreibt vor, dass die Tagesordnung nicht mehr wie in § 124 Abs. 1 S. 1 aF „bei der Einberufung", sondern zwingend als **integrierter Bestandteil** der Einberufung selbst bekanntzumachen ist. Diese Vorgabe ergibt sich aus Art. 5 Abs. 3 RL 2007/36/EG (zur Aktionärsrechte-RL → Rn. 2). Im Ergebnis handelt es sich aber nur um eine sprachliche Anpassung, da Einberufung und Tagesordnung bereits vor Inkrafttreten des ARUG in der Praxis regelmäßig in einem Text bekanntgemacht wurden.[67]

25 **bb) Begriff und Inhalt der Tagesordnung.** Nach hM besteht die Tagesordnung aus den einzelnen Beschlussgegenständen und zur Verhandlung anstehenden Themen (Tagesordnungspunkten) und ihrer konkreten Reihenfolge.[68] Die zu behandelnden Gegenstände müssen zumindest so **konkret angegeben** werden, dass die Aktionäre anhand der Tagesordnung in die Lage versetzt werden, über ihre Teilnahme an der Hauptversammlung zu entscheiden. Das genaue Ausmaß der notwendigen Konkretisierung lässt sich allerdings nicht abstrakt, sondern nur anhand von Einzelfällen beschreiben. So erfasst der Tagesordnungspunkt „Gewinnverwendung" nur die Ausschüttung des Bilanzgewinns des abgelaufenen Geschäftsjahres.[69] Die „Entlastung von Organen" meint jeweils das Gesamtorgan,[70] eine etwa beabsichtigte Beschränkung der Entlastung auf einzelne Personen muss sich aus der Tagesordnung ergeben.[71] Die „Wahl des Abschlussprüfers" betrifft ausschließlich die Wahl für das laufende Geschäftsjahr.[72] Die bloße Bezeichnung „Angelegenheiten des Aufsichtsrats" ist hingegen zu ungenau, da nicht erkennbar wird, worüber Beschluss gefasst werden soll.[73] Bei Satzungsänderungen ist die Bezifferung der zu ändernden Vorschrift beziehungsweise deren Inhalt schlagwortartig anzugeben, so dass die Aktionäre erkennen können, welche Vorschrift der Satzung geändert werden soll. Nicht erforderlich ist es, den Wortlaut der vorgeschlagenen Änderung bereits in der Tagesordnung anzugeben; der Wortlaut der Satzungsänderung muss aber gemäß § 124 Abs. 2 S. 2 zusammen mit der Tagesordnung bekanntgemacht werden (→ § 124 Rn. 8). Der in der Praxis häufig verwendete Tagesordnungspunkt „Verschiedenes" ist rechtlich bedeutungslos, da er weder eine Beschlussfassung zu nicht bekanntgemachten Gegenständen erlaubt noch erforderlich ist, um aktuelle Fragen ohne anschließende Beschlussfassung gemäß § 124 Abs. 4 S. 2 Var. 3 zu diskutieren.[74] Soll über eine **Kapitalmaßnahme** beschlossen werden, soll die Angabe der Essentialia bereits im entsprechenden Tagesordnungspunkt erforderlich sein.[75] Dazu soll die Angabe, um welche Art der Kapitalmaßnahme es sich handelt (Bar- oder Sachkapitalerhöhung/ordentliche oder vereinfachte Kapitalherabsetzung), ebenso gehören wie die Angabe des Betrags. Ob die ausdrückliche Aufnahme dieser Informationen in den Tagesordnungspunkt selbst erforderlich ist, ist jedoch zweifelhaft, da das Gesetz dies lediglich bei der Sachkapitalerhöhung und beim Bezugsrechtsausschluss ausdrücklich vorschreibt: Über eine

---

[62] Vgl. MüKoAktG/*Kubis* Rn. 39.
[63] MüKoAktG/*Kubis* Rn. 39.
[64] NK-AktR/*Müller* Rn. 32.
[65] MüKoAktG/*Kubis* Rn. 39.
[66] MüKoAktG/*Kubis* Rn. 39.
[67] Vgl. Begr. RegE, BT-Drs. 16/11642, 27.
[68] MüKoAktG/*Kubis* § 121 Rn. 44 mwN; MHdB AG/*Bungert* § 36 Rn. 56.
[69] MüKoAktG/*Kubis* § 121 Rn. 48.
[70] MüKoAktG/*Kubis* § 121 Rn. 49.
[71] MüKoAktG/*Kubis* § 121 Rn. 49.
[72] MüKoAktG/*Kubis* § 121 Rn. 51.
[73] MüKoAktG/*Kubis* § 121 Rn. 52 mwN.
[74] Vgl. GroßkommAktG/*Werner* § 124 Rn. 27; *Butzke* HV Kap. B Rn. 83.
[75] MüKoAktG/*Kubis* § 121 Rn. 54.

Sachkapitalerhöhung darf gemäß § 183 Abs. 1 S. 2 nur beschlossen werden, wenn die Festsetzungen gemäß § 183 Abs. 1 S. 1 und der Umstand, dass es sich um eine Kapitalerhöhung gegen Sacheinlagen handelt, ordnungsgemäß und ausdrücklich bekanntgemacht wurden. Obwohl in § 183 Abs. 1 S. 2 der Verweis auf § 124 Abs. 1 – der in der Fassung vor Inkrafttreten des ARUG die Bekanntmachung der ursprünglichen Tagesordnung ohne Ergänzungen durch Minderheitenanträge regelte – durch das ARUG gestrichen wurde, ist anzunehmen, dass diese Angaben sich weiterhin[76] bereits aus dem Tagesordnungspunkt ergeben müssen, da der Gesetzgeber mit der Streichung offenbar keine inhaltliche Änderung bezweckte.[77] Entsprechendes gilt für den **Bezugsrechtsausschluss** (§ 186 Abs. 4 S. 1).[78] Die verschiedentlich zu beobachtende Praxis, Tagesordnungspunkte so stichwortartig zu beschreiben, dass sie erst unter Einbeziehung des Beschlussvorschlags den Anforderungen an die Konkretisierung der Tagesordnung gerecht werden, ist kritisch zu betrachten. Sie ist jedenfalls unzulässig bei Einberufung der Hauptversammlung oder Ergänzung der Tagesordnung auf Verlangen einer Minderheit. Über Gegenstände, die nicht von der bekanntgemachten – ggf. gemäß § 122 ergänzten – Tagesordnung umfasst sind, dürfen keine Beschlüsse gefasst werden (§ 124 Abs. 4 S. 1).

c) Weitergehende Pflichten börsennotierter Gesellschaften (S. 3). Der durch das ARUG 26
eingefügte Abs. 3 S. 3 führt auf der Grundlage der **Aktionärsrechte-RL** (→ Rn. 2) eine Unterscheidung der Informationspflichten börsennotierter und nicht börsennotierter Gesellschaften ein. Für börsennotierte Gesellschaften wurden die erforderlichen Mindestangaben in der Einberufung erweitert. Nicht börsennotierte Gesellschaften sind durch die Gesetzesänderung hingegen dadurch entlastet worden, dass für sie die bisher alle Gesellschaften treffende Verpflichtung, in der Einberufung die Bedingungen für die Teilnahme an der Hauptversammlung und die Ausübung des Stimmrechts aufzuführen, nicht mehr gilt.[79] Die Neuregelungen gelten gemäß § 20 Abs. 1 EGAktG erstmals für Hauptversammlungen, die nach dem 31.10.2009 einberufen werden. Börsennotierte Gesellschaften müssen – wenn die Hauptversammlung vom Vorstand oder Aufsichtsrat, nicht hingegen, wenn sie durch gerichtlich ermächtigte Aktionäre (§ 122 Abs. 3) einberufen wird – dann nach S. 3 folgende zusätzliche Informationen in die Einberufung aufnehmen:

- Nach Nr. 1 sind die Voraussetzungen für die **Teilnahme** und die **Ausübung des Stimmrechts** 27
  aufzuführen. Darunter fallen besondere satzungsmäßige Bedingungen, die nach § 123 Abs. 2 zulässig sind, da das Gesetz selbst für die Teilnahme an der Hauptversammlung und die Ausübung des Stimmrechts nur die Aktionärseigenschaft voraussetzt.[80] Ferner fallen darunter Angaben zur Teilnahme auf elektronischem Wege, soweit diese auf Basis von § 118 Abs. 1 S. 2 zugelassen wird. Erforderlich ist die vollständige Wiedergabe der Bedingungen, der bloße Verweis auf die Satzung genügt nicht.[81] Unter Bedingungen für die Ausübung des Stimmrechts wurden herkömmlich Satzungsregelungen über die Person des Stimmrechtsbevollmächtigten ebenso wie satzungsmäßige Formerleichterungen bei der Bevollmächtigung verstanden.[82] Angaben zu Stimmrechtsbeschränkungen durch Gesetz oder Satzung oder das Ruhen von Stimmrechten gemäß § 28 WpHG aF bzw. § 44 WpHG nF, § 20 Abs. 7 sind hingegen nicht erforderlich.[83] Nach Inkrafttreten des ARUG sind Angaben zur Stimmrechtsbevollmächtigung bereits ausdrücklich gemäß Nr. 2 lit. a erforderlich. Auch Hinweise auf die Stimmabgabe auf schriftlichem oder elektronischem Weg auf Basis von § 118 Abs. 1 S. 2 oder durch Briefwahl gemäß § 118 Abs. 2 und entsprechender Satzungsregelungen sind ausdrücklich gemäß Nr. 2 lit. b gefordert. Unter Nr. 1 dürften daher nur noch Vorgaben hinsichtlich des Kreises der Bevollmächtigten fallen. Zudem ist das **Datum des Nachweisstichtages** („Record Date") gemäß § 123 Abs. 3 anzugeben. Die Regelung beruht auf Art. 5 Abs. 3 RL 2007/36/EG (zur Aktionärsrechte-RL → Rn. 2). Um insbesondere Kleinaktionäre zu schützen, muss auch die Bedeutung des sog. Record Date erläutert werden.[84] Die Erläuterung muss deshalb darauf hinweisen, dass nur Personen zur Teilnahme an der Hauptversammlung und zur Stimmabgabe berechtigt sind, die an dem Stichtag Aktionäre sind (→ § 123 Rn. 13).
- Nach Nr. 2 sind ferner Angaben zu bestimmten **Verfahren bei der Stimmabgabe** aufzunehmen, 28
  und zwar zum einen für die Stimmabgabe durch einen Bevollmächtigten (lit. a), zum anderen – soweit nach der Satzung zulässig – für den Fall der Stimmabgabe per Briefwahl oder im Wege

---

[76] Vgl. MüKoAktG/*Kubis* § 124 Rn. 12 zur Rechtslage vor Inkrafttreten des ARUG.
[77] Vgl. Begr. RegE, BT-Drs. 16/11642, 36.
[78] Vgl. dazu Begr. RegE, BT-Drs. 16/11642, 37; Hüffer/*Koch* § 186 Rn. 22.
[79] Begr. RegE, BT-Drs. 16/11642, 28.
[80] MüKoAktG/*Kubis* Rn. 61.
[81] MüKoAktG/*Kubis* Rn. 62.
[82] Vgl. MüKoAktG/*Kubis*, 2. Aufl. 2004, Rn. 40; Schmidt/Lutter/*Ziemons* Rn. 46.
[83] MüKoAktG/*Kubis* Rn. 62.
[84] Bericht des Rechtsausschusses, BT-Drs. 16/13098, 38; vgl. auch Art. 5 Abs. 3 lit. c Aktionärsrechte-RL.

elektronischer Kommunikation (lit. b; → § 118 Rn. 18). Hinsichtlich der Stimmabgabe durch einen Vertreter ist insbesondere ein Hinweis auf die Formulare für die Bestellung des Bevollmächtigten aufzunehmen (§ 30a Abs. 1 Nr. 5 WpHG aF bzw. § 48 Abs. 1 Nr. 5 WpHG nF) sowie auf die Art und Weise, wie der Gesellschaft der Nachweis über die Bestellung des Bevollmächtigten elektronisch übermittelt werden kann (→ § 134 Rn. 45 f.). Angesichts der unterschiedlichen instanzgerichtlichen Rechtsprechung (→ Rn. 4 mwN) sollte aus Vorsichtsgründen auch darauf hingewiesen werden, dass Stimmrechtsvollmachten für Kreditinstitute, Aktionärsvereinigungen und ihnen gemäß § 135 Abs. 8 gleichgestellte Personen auch dann nicht der Textform bedürfen, wenn im Übrigen mangels Erleichterungen auf der Basis von Satzungsregelungen gemäß § 134 Abs. 3 S. 3 das Textformerfordernis gilt.

29 – Nr. 3 setzt Art. 5 Abs. 3 lit. b Ziff. i RL 2007/36/EG (zur Aktionärsrechte-RL → Rn. 2) um. Nach dieser Richtlinienvorgabe sind in der Einberufung Angaben zu dem Recht der Aktionäre aufzunehmen, die **Tagesordnung** um neue Punkte **zu ergänzen** oder Gegenanträge zu bereits in der Tagesordnung vorgesehenen Punkten zu stellen. Weiter ist das Auskunftsrecht der Aktionäre während der Hauptversammlung zu erläutern. Bei beiden Punkten kann sich die Gesellschaft allerdings auf Angaben zu den jeweils einzuhaltenden Fristen beschränken, sofern auf der Internetseite der Gesellschaft eine ausführliche Darstellung des jeweiligen Rechts enthalten ist und hierauf in der Einberufung hingewiesen wird. Die Fristen sollen konkret berechnet und angegeben werden.[85] Der letzte Tag, an dem ein Verlangen nach § 122 Abs. 2 gestellt oder ein Antrag nach § 126 oder § 127 der Gesellschaft zugehen muss, ist daher mit Datum zu benennen.[86] Hinsichtlich des Auskunftsrechts gemäß § 131 Abs. 1 ist in diesem Zusammenhang anstelle der Angabe einer „Frist" in der Einberufung darauf hinzuweisen, dass die Ausübung des Rechts nur in der Hauptversammlung erfolgen kann. Angesichts der von der Gesetzesbegründung geforderten „ausführlichen" Darstellung sollten sich die Ausführungen zur Vermeidung von Anfechtungsrisiken nicht auf die bloße Wiedergabe des Gesetzestextes beschränken, sondern zumindest eine knappe darüber hinausgehende Erläuterung des Rechtsinhalts enthalten.

30 – Nach Nr. 4 ist in der Einberufung zudem die **Internetseite** der Gesellschaft anzugeben, über die im Vorfeld der Hauptversammlung Informationen gemäß § 124a zugänglich gemacht werden (→ § 124a Rn. 3 ff.).

31 **4. Bekanntmachung der Einberufung (Abs. 4). a) Gesellschaftsblätter (S. 1).** Die Aktionäre erhalten im Fall des S. 1 Kenntnis von der Einberufung durch deren Bekanntmachung in den Gesellschaftsblättern, zu denen in jedem Fall der **elektronische Bundesanzeiger** gehört (§ 25 S. 1). Nach Streichung des § 25 S. 2 durch die Aktienrechtsnovelle 2016 vom 22.12.2015 (BGBl. I S. 2565) kann die Satzung neben dem elektronischen Bundesanzeiger nicht länger weitere Medien als Gesellschaftsblätter bestimmen. In der Praxis war der elektronische Bundesanzeiger ohnehin regelmäßig einziges satzungsmäßiges Gesellschaftsblatt.[87] Der Streit, wann die Bekanntmachung erfolgt ist, wenn mehrere Gesellschaftsblätter in der Satzung vorgesehen waren und die Bekanntmachung in diesen jeweils zu unterschiedlichen Zeitpunkten erfolgte, hat sich im Zuge dessen erledigt.[88] Regelungen in Altsatzungen bis zum Stichtag am 30.12.2015 bleiben nach § 26h Abs. 3 EGAktG freilich wirksam. Verstöße gegen die Bekanntmachungspflicht haben nach § 241 Nr. 1 die Nichtigkeit der in der Hauptversammlung gefassten Beschlüsse zur Folge.

32 **b) Einberufung durch eingeschriebenen Brief (S. 2).** Die Einberufung der Hauptversammlung ist nach Abs. 4 S. 2 anstelle der Bekanntmachung in den Gesellschaftsblättern auch durch eingeschriebenen Brief (also durch Übergabeeinschreiben)[89] möglich, wenn alle Aktionäre der Gesellschaft namentlich bekannt sind und die Satzung nichts anderes bestimmt. Die Satzung kann **Erleichterungen** vorsehen, etwa die Einberufung mit einfachem Brief, per Einwurfeinschreiben, per E-Mail oder per Telefax;[90] sie kann aber auch eine strengere Form, etwa die Übersendung durch Einschreiben mit Rückschein, vorschreiben.[91] Die Information von Aktionären **börsennotierter Gesellschaften** per E-Mail setzt gemäß § 30b Abs. 3 WpHG aF bzw. § 49 Abs. 3 WpHG nF allerdings einen entsprechenden Beschluss der Hauptversammlung sowie die Einwilligung der Aktionäre voraus. Eine Satzungsbestimmung, die die (fern-)mündliche Einberufung zulässt, dürfte nach S. 2 zwar zulässig sein,[92] empfiehlt

[85] Vgl. *Drinhausen/Keinath* BB 2009, 64 (66).
[86] Begr. RegE, BT-Drs. 16/11642, 28.
[87] Hüffer/*Koch* § 25 Rn. 1.
[88] Vgl. hierzu 2. Aufl. Rn. 31 mwN.
[89] HK-AktG/*Reger* Rn. 16.
[90] MüKoAktG/*Kubis* Rn. 82.
[91] HK-AktG/*Reger* Rn. 16.
[92] MüKoAktG/*Kubis* Rn. 82.

sich angesichts der damit verbundenen Nachweisschwierigkeiten aber für die Praxis nicht. Für die namentliche Kenntnis der Aktionäre kommt es auf den Zeitpunkt der Absendung des eingeschriebenen Briefs an.[93]

aa) Namensaktien. Alle Aktionäre sind grundsätzlich namentlich bekannt, wenn die Gesellschaft **nur Namensaktien** ausgegeben hat.[94] Dies gilt auch bei börsennotierten Gesellschaften mit blanko indossierten Namensaktien.[95] Aus der **Eintragung im Aktienregister** gehen Name und Adresse eines jeden Aktionärs hervor (§ 67 Abs. 1). Gegenüber der Gesellschaft gelten als Aktionäre gemäß § 67 Abs. 2 ausschließlich die im Aktienregister eingetragenen Aktionäre. Dies ist auch dann der Fall, wenn die Aktionäre materiell-rechtlich nicht oder nicht mehr Rechtsinhaber sind.[96] Eine Ausnahme besteht jedoch, soweit Aktienregister freie Meldebestände aufweisen. Gesellschaften mit Namensaktien, die von der Einberufung durch eingeschriebenen Brief Gebrauch machen möchten, sollten daher darauf achten, dass zumindest die Depotbank anstelle des Aktionärs eingetragen wird (§ 67 Abs. 4 S. 2). 33

bb) Inhaberaktien. Auch bei Inhaberaktien ist die Einberufung durch eingeschriebenen Brief **grundsätzlich möglich.**[97] Obwohl bei der Ausgabe von Inhaberaktien kein Register besteht, das über jeden Aktionär Aufschluss gibt und der Aktionär auch nicht verpflichtet ist, eine Anteilsveräußerung bei der Gesellschaft anzumelden, können doch alle Aktionäre der Gesellschaft namentlich bekannt sein. 34

Erhalten bei Gesellschaften mit Inhaberaktien **irrtümlich** nicht alle Aktionäre eine Einberufung durch eingeschriebenen Brief, so führt dies nach zutreffender Ansicht nur dann zur Nichtigkeit der auf der Hauptversammlung gefassten Beschlüsse nach § 241 Nr. 1, wenn die Gesellschaft den Irrtum über den Aktionärskreis zu vertreten hat (str.).[98] 35

cc) Zeitpunkt der Einberufung. Als Tag der Bekanntmachung gilt bei der Einberufung durch eingeschriebenen Brief gemäß § 121 Abs. 4 S. 2 Hs. 2 der Tag der **Absendung** des letzten Briefes.[99] 36

dd) Verlegung oder Absage der Hauptversammlung. Die Verlegung der Hauptversammlung auf einen anderen Termin oder an einen anderen Versammlungsort (zum bloßen Wechsel des Versammlungslokals → Rn. 23) **nach Bekanntmachung** der Einberufung erfordert eine erneute Einberufung, bei der ihrerseits die Frist des § 123 Abs. 1 zu beachten ist. Dasselbe gilt für eine nachträgliche Änderung der Teilnahmebedingungen.[100] Die Hauptversammlung kann jedenfalls bis zu ihrer Eröffnung, aber stets nur durch den Einberufenden durch Rücknahme der Einberufung **abgesagt** werden.[101] Der BGH hat jüngst klargestellt, dass eine Absage auch zuvor schon nicht mehr zulässig ist, wenn die Aktionäre sich nach der Einlasskontrolle im Versammlungsraum eingefunden haben und die in der Einberufung angegebene Zeit des Beginns der Hauptversammlung verstrichen ist.[102] Die Rücknahme der Einberufung muss nicht notwendigerweise in der gleichen Form wie die Einberufung erfolgen, jedoch in einer Art und Weise geschehen, die den Aktionären die **rechtzeitige Kenntnisnahme** ermöglicht.[103] In der Praxis ist daher zumindest die Bekanntmachung in den Gesellschaftsblättern, Pressemitteilungen oder die Mitteilung gemäß § 125 empfehlenswert.[104] 37

5. Zuleitungspflicht (Abs. 4a). Der durch das ARUG eingefügte Abs. 4a statuiert für börsennotierte Gesellschaften eine Zuleitungspflicht zwecks Verbreitung der Information innerhalb der EU iSd Art. 5 Abs. 2 RL 2007/36/EG (zur Aktionärsrechte-RL → Rn. 2). Die Regelung soll ausländischen Aktionären die Wahrnehmung ihrer Rechte erleichtern. Die Gesellschaft hat danach die Einberufung solchen Medien zuzuleiten, bei denen davon ausgegangen werden kann, dass sie die Information an die **Öffentlichkeit in der gesamten EU** weiterleiten. „Medien" in diesem Sinne können dabei auch die Gesellschaftsblätter iSd Abs. 4 S. 1 sein und damit auch der Betreiber des elektronischen 38

---

93 MüKoAktG/*Kubis* Rn. 78.

94 Hüffer/*Koch* Rn. 11c; *Lutter* AG 1994, 429 (437); MüKoAktG/*Kubis* Rn. 78; Schmidt/Lutter/*Ziemons* Rn. 48.

95 *Hoffmann-Becking* ZIP 1995, 1 (6); ausf. *Lutter* AG 1994, 429 (437 f.).

96 MHdB AG/*Bungert* § 36 Rn. 40.

97 Begr. RegE, BT-Drs. 12/6721, 8.

98 Wie hier HV-HdB/*Reichert/Balke* § 4 Rn. 35; *Lutter* AG 1994, 429 (438); aA die hM, s. Hüffer/*Koch* Rn. 11d; MüKoAktG/*Kubis* Rn. 79; *Hoffmann-Becking* ZIP 1995, 1 (6); MHdB AG/*Bungert* § 36 Rn. 40.

99 *Lutter* AG 1994, 429 (437).

100 GroßkommAktG/*Werner* Rn. 70; Hüffer/*Koch* Rn. 18.

101 GroßkommAktG/*Werner* Rn. 69; Hüffer/*Koch* Rn. 18.

102 BGH NZG 2015, 1227 Rn. 29 ff.

103 Hüffer/*Koch* Rn. 18.

104 Vgl. HK-AktG/*Reger* Rn. 29; MüKoAktG/*Kubis* Rn. 103.

Bundesanzeigers, sofern der vom Gesetz geforderte Verbreitungsdienst von ihnen angeboten wird.[105] Die Verpflichtung gilt nicht für Gesellschaften, die ausschließlich Namensaktien ausgegeben haben und ihre einzelnen Aktionäre durch eingeschriebenen Brief oder gemäß anderweitiger Satzungsregelung unmittelbar über die Einberufung informieren. Entgegen dem missverständlichen Wortlaut ist jedoch davon auszugehen, dass die Verpflichtung auch für börsennotierte Gesellschaften mit Inhaberaktien entfällt, wenn diese alle ihre Aktionäre kennen und ihnen die Einberufung gemäß Abs. 4 S. 2 durch eingeschriebenen Brief oder in anderer durch die Satzung vorgesehener Form übersenden,[106] da die Information sämtlicher in- und ausländischer Aktionäre hier ebenso gewährleistet ist wie bei Namensaktien. **Verletzungen** der Pflichten gemäß Abs. 4a führen nicht zur Nichtigkeit oder Anfechtbarkeit von Hauptversammlungsbeschlüssen (§ 246 Abs. 3 Nr. 2); sie stellen aber eine Ordnungswidrigkeit dar (§ 405 Abs. 3a Nr. 1).

39 **6. Ort der Hauptversammlung (Abs. 5). a) Allgemeines.** Die Hauptversammlung soll nach § 121 Abs. 5 S. 1 am **Sitz der Gesellschaft** stattfinden, wenn die **Satzung** der Gesellschaft keine anderweitige Ortsbestimmung enthält. Nach § 121 Abs. 5 S. 2 kann die Hauptversammlung bei börsennotierten Gesellschaften, deren Aktien zum Handel im regulierten Markt zugelassen sind, auch am Börsensitz stattfinden, allerdings ebenfalls nur, wenn in der Satzung nichts anderes bestimmt ist. Die Wahl des Versammlungsortes steht demnach im Grundsatz zur Disposition des Satzungsgebers.[107] Tatsächlich legen fast alle deutschen Aktiengesellschaften den Ort oder die möglichen Orte für die Abhaltung der Hauptversammlung in ihrer Satzung fest;[108] in der Regel sind dies Gesellschafts- und Börsensitz. In der Praxis spielen daher die gesetzlichen Soll- und Kann-Vorschriften eine untergeordnete Rolle.

40 **b) Sitz der Gesellschaft.** Mit dem Sitz der Gesellschaft ist der zum Zeitpunkt der Einberufung im Handelsregister **eingetragene Sitz** gemeint.[109] Hat die Gesellschaft einen **Doppelsitz,** ist die Abhaltung der Hauptversammlung an beiden Orten möglich.[110] Das Gesetz schreibt nicht zwingend vor, dass die Hauptversammlung mangels anderweitiger Satzungsbestimmung am Gesellschaftssitz abzuhalten ist; bei § 121 Abs. 5 S. 1 handelt es sich lediglich um eine „Soll-Vorschrift". Dennoch sind vom Gesellschaftssitz abweichende Versammlungsorte ohne Satzungsbestimmung nur in engen Grenzen zulässig.[111] Der gewählte Ort muss für alle Aktionäre besser erreichbar sein als der Ort des Sitzes der Gesellschaft.[112] Die Abhaltung der Hauptversammlung an einem unzulässigen Ort stellt richtigerweise einen Anfechtungsgrund nach § 243 Abs. 1 dar.[113]

41 **c) Ortsbestimmung in der Satzung.** Der Satzungsgeber hat bei der Bestimmung des Versammlungsortes einen **weiten Spielraum** (zur Hauptversammlung im Ausland → Rn. 43 f.).[114] Es muss sich lediglich um einen Ort handeln, den jeder Aktionär ohne unverhältnismäßige Schwierigkeiten erreichen kann.[115] Eine Satzungsbestimmung, die der Verwaltung bei der Bestimmung des Versammlungsortes freie Wahl lässt, ist allerdings nicht zulässig.[116] Ebenfalls unzulässig ist es, der Hauptversammlung die Wahl des Ortes der jeweils nächsten Hauptversammlung zu überlassen.[117]

42 Die Ortsbestimmung muss hinreichend **genau** sein. Jeder Aktionär muss in der Lage sein, den Ort der Hauptversammlung genau und sicher festzustellen.[118] Die Satzung kann allerdings auch mehrere Orte zur Wahl stellen.

43 **d) Hauptversammlung im Ausland.** Die bislang umstrittene Frage, ob eine **Hauptversammlung im Ausland** prinzipiell zulässig ist, hat der **BGH** inzwischen **bejaht.**[119] Dem ist mit Blick auf die zunehmende Internationalisierung deutscher Aktiengesellschaften[120] sowie die häufig bessere

---

[105] *Paschos/Goslar* AG 2009, 14 (16); Begr. RegE, BT-Drs. 16/11642, 28.
[106] Vgl. Hüffer/*Koch* Rn. 11i.
[107] MüKoAktG/*Kubis* Rn. 88.
[108] MüKoAktG/*Kubis* Rn. 88.
[109] MüKoAktG/*Kubis* Rn. 89; Schmidt/Lutter/*Ziemons* Rn. 28.
[110] Hüffer/*Koch* Rn. 12.
[111] Schmidt/Lutter/*Ziemons* Rn. 28.
[112] BGH AG 1985, 188 (189); OLG Dresden AG 2001, 489.
[113] BGH AG 1985, 188 (189); vgl. auch OLG Celle NJW-RR 1998, 970 zur GmbH; Hüffer/*Koch* Rn. 12; Spindler/Stilz/*Rieckers* Rn. 70.
[114] Spindler/Stilz/*Rieckers* Rn. 68.
[115] GroßkommAktG/*Werner* Rn. 46.
[116] BGH NJW 1994, 320 (322); MüKoAktG/*Kubis* Rn. 91; Spindler/Stilz/*Rieckers* Rn. 72.
[117] BGH NJW 1994, 320 (322); Spindler/Stilz/*Rieckers* Rn. 72.
[118] GroßkommAktG/*Werner* Rn. 45.
[119] BGH NJW 2015, 363; zum Meinungsstand vgl. 2. Aufl. Rn. 43.
[120] Hüffer/*Koch* Rn. 14.

Erreichbarkeit (größerer) ausländischer Städte verglichen mit (kleineren) deutschen Orten[121] zuzustimmen.[122] Der Versammlungsort im Ausland muss freilich im Einzelfall tatsächlich ohne wesentliche Hindernisse erreichbar sein.[123]

Es bleibt zu klären, in welcher Form der Beschluss einer Hauptversammlung im Ausland, wie von § 130 Abs. 1 S. 1 vorgeschrieben, notariell beurkundet werden kann. Auch hierzu hat der BGH Stellung bezogen, indem er eine **Auslandsbeurkundung** zuließ, ihre Gleichwertigkeit mit der Niederschrift durch einen deutschen Notar vorausgesetzt.[124] Gleichwertig ist eine Auslandsbeurkundung, wenn die ausländische Urkundsperson nach Vorbildung und Stellung im Rechtsleben eine dem deutschen Notar äquivalente Funktion ausübt und für die Urkunde ein Verfahrensrecht zu beachten hat, das den tragenden Grundsätzen des deutschen Beurkundungsrechts entspricht.[125] 44

7. Vollversammlung (Abs. 6). Für den Fall, dass alle Aktionäre entweder persönlich auf der Hauptversammlung anwesend oder vertreten sind (Vollversammlung), sieht Abs. 6 die Möglichkeit des **Verzichts** auf sämtliche Einberufungserfordernisse der §§ 121–128 vor. Widerspricht kein Aktionär, so kann die Vollversammlung Beschlüsse fassen, auch wenn sie nicht oder nicht ordnungsgemäß einberufen wurde. 45

a) Begriff der Vollversammlung. Eine Vollversammlung liegt vor, wenn **alle Aktionäre** persönlich erschienen oder vertreten sind.[126] Persönliche Anwesenheit ist daher nicht zwingend erforderlich. Offene und verdeckte Stellvertretung sowie das Auftreten eines Legitimationsaktionärs sind zulässig.[127] Eine Vollversammlung ist stets bei der Beschlussfassung einer sog. Einmann-Aktiengesellschaft gegeben.[128] Im Übrigen müssen alle Aktionäre anwesend oder vertreten sein, unabhängig davon, ob sie ein Stimmrecht haben. Für das Vorliegen einer Vollversammlung iSd Abs. 6 müssen folglich auch Inhaber von stimmrechtslosen Vorzugsaktien anwesend oder vertreten sein.[129] 46

b) Kein Widerspruch. Damit die Rechtsfolge des Abs. 6 eintritt, darf zudem kein Aktionär der Beschlussfassung widersprechen. Der Widerspruch muss gegenüber dem Versammlungsleiter erfolgen sowie in die Niederschrift aufgenommen werden.[130] Der Widerspruch des Aktionärs bedarf **keiner Begründung.** Keinen Widerspruch stellt es dar, wenn einzelne Aktionäre mit den gefassten Beschlüssen nicht einverstanden sind und dies kundtun oder bei der Abstimmung gegen den Beschluss stimmen, ohne einen Widerspruch zur Niederschrift zu erklären.[131] 47

c) Rechtsfolgen. Liegen die Voraussetzungen des Abs. 6 (→ Rn. 46, 47) vor, so kann die Hauptversammlung Beschlüsse **ohne Einhaltung der §§ 121–128** fassen. Das bedeutet, dass es in diesen Fällen für die Wirksamkeit gefasster Beschlüsse unerheblich ist, ob eine Einberufung im Hinblick auf Form, Frist oder Inhalt fehlerhaft oder ob sie überhaupt erfolgt ist. Erfasst sind auch mit § 124 zusammenhängende besondere Bekanntmachungspflichten, etwa gemäß § 183 Abs. 1 S. 2 im Falle der Sachkapitalerhöhung oder gemäß den §§ 186 Abs. 4 S. 1, 203 Abs. 2 S. 2 im Falle des Bezugsrechtsausschlusses, da diese voraussetzen, dass überhaupt eine Bekanntmachung vorliegt.[132] Die Vollversammlung muss allerdings diejenigen Verfahrensvorschriften beachten, die außerhalb der §§ 121–128 liegen, insbesondere etwa die §§ 129, 130.[133] Ferner hilft Abs. 6 auch nicht über inhaltliche Beschlussmängel hinweg.[134] 48

8. Fristen- und Terminberechnung (Abs. 7). Das durch das ARUG vereinfachte und vereinheitlichte Berechnungssystem für Fristen und Termine im Zusammenhang mit der Hauptversammlung hatte nach der Regierungsbegründung das Ziel, die Praxis zu entlasten und Auslegungsspielräume zu beseitigen.[135] Alle Fristen und Termine des Unterabschnittes der §§ 121 ff. werden von der Hauptversammlung **zurück berechnet.** Dabei ist einheitlich weder der Tag der Versammlung 49

---

[121] MüKoAktG/*Kubis* Rn. 88; *Linnerz* NZG 2006, 208 (209).
[122] So auch KK-AktG/*Noack/Zetzsche* Rn. 187; HK-AktG/*Reger* Rn. 24; Spindler/Stilz/*Rieckers* Rn. 74.
[123] BGH NJW 2015, 336.
[124] BGH NJW 2015, 336 (337).
[125] BGH NJW 2015, 336 (337) unter Berufung auf BGHZ 1980, 76 (78).
[126] MHdB AG/*Bungert* § 35 Rn. 71.
[127] Hüffer/*Koch* Rn. 20; MüKoAktG/*Kubis* Rn. 97.
[128] Hüffer/*Koch* Rn. 20; MüKoAktG/*Kubis* Rn. 95; MHdB AG/*Semler* § 34 Rn. 53.
[129] MHdB AG/*Bungert* § 35 Rn. 71; Spindler/Stilz/*Rieckers* Rn. 86.
[130] MüKoAktG/*Kubis* Rn. 98.
[131] Vgl. MüKoAktG/*Kubis* Rn. 98; MHdB AG/*Bungert* § 35 Rn. 72.
[132] MüKoAktG/*Kubis* Rn. 95; MHdB AG/*Bungert* § 35 Rn. 72.
[133] MüKoAktG/*Kubis* Rn. 95.
[134] MüKoAktG/*Kubis* Rn. 95.
[135] *Paschos/Goslar* AG 2009, 14 (15).

noch der Tag mitzurechnen, an dem ein Erfolg bewirkt oder eine Handlung vorgenommen werden muss. Eine Anmeldefrist von sechs Tagen ist danach beispielsweise so zu bemessen, dass sechs volle Kalendertage zwischen dem Tag der Anmeldung und dem der Versammlung liegen.[136]

50 Des Weiteren wurde der Begriff des **Termins** im Sinne des Aktienrechts eingeführt. Diese Termine sind juristische Sekunden, die auf den Beginn des errechneten Tages, also 0 Uhr fallen.[137] Solche Termine sind für den Nachweis der Aktionärslegitimation nach § 123 Abs. 4 S. 2 und bei der Mitteilung nach § 125 Abs. 2 sowie nach § 128 Abs. 1 vorgesehen.

51 Mit der Einfügung des Abs. 7 wurde auch das **Feiertagsprivileg aufgegeben.** Die Verlegung von Fristenden oder Terminen von einem Sonnabend, Sonntag oder Feiertag auf den zeitlich vorausgehenden oder folgenden Werktag kommt bei börsennotierten Gesellschaften nicht mehr in Betracht, auch entsprechende Satzungsbestimmungen sind für sie nicht zulässig.[138] Da die notwendige Berechnungstechnik nunmehr vollständig im Aktiengesetz geregelt ist und um jede Verschiebung von Fristenden oder Terminen zu unterbinden, wird die Anwendung der **§§ 187–193 BGB klarstellend ausgeschlossen.**[139] Nur nichtbörsennotierte Gesellschaften können abweichende Berechnungsregeln, etwa einen Feiertagsschutz oder eine Sonntagsruhe in der Satzung vorsehen.

IV. Abdingbarkeit

52 § 121 enthält weitgehend **zwingende Vorgaben** für die Einberufung der Hauptversammlung. Lediglich Abs. 5 bestimmt, dass der Ort der Hauptversammlung abweichend von den gesetzlichen Vorschriften durch Satzungsregelung festgelegt werden kann (→ Rn. 41 f.). Abweichungen durch Satzungsregelung sind ferner für die Einberufung durch eingeschriebenen Brief gemäß Abs. 4 S. 2 möglich; nicht börsennotierte Gesellschaften dürfen ferner von Abs. 7 abweichende Satzungsregelungen zur Fristberechnung vorsehen. Des Weiteren sieht Abs. 6 für den Fall der Vollversammlung vor, dass es einer Einhaltung der Vorschriften des § 121 (ebenso wie der §§ 122–128) nicht bedarf.

V. Beweislast

53 Es gelten grundsätzlich die **allgemeinen Regelungen** über die Darlegungs- und Beweislast (→ § 243 Rn. 96 ff.). Jede Partei muss die Tatsachen beweisen, die von den ihr günstigen Normen vorausgesetzt werden. Wer eine Nichtigkeits- oder Anfechtungsklage gegen einen Hauptversammlungsbeschluss auf Gesetzesverstöße bei der Einberufung stützt, hat folglich die Voraussetzungen der Gesetzesverletzung darzulegen und zu beweisen.

§ 122 Einberufung auf Verlangen einer Minderheit

(1) [1]Die Hauptversammlung ist einzuberufen, wenn Aktionäre, deren Anteile zusammen den zwanzigsten Teil des Grundkapitals erreichen, die Einberufung schriftlich unter Angabe des Zwecks und der Gründe verlangen; das Verlangen ist an den Vorstand zu richten. [2]Die Satzung kann das Recht, die Einberufung der Hauptversammlung zu verlangen, an eine andere Form und an den Besitz eines geringeren Anteils am Grundkapital knüpfen. [3]Die Antragsteller haben nachzuweisen, dass sie seit mindestens 90 Tagen vor dem Tag des Zugangs des Verlangens Inhaber der Aktien sind und dass sie die Aktien bis zur Entscheidung des Vorstands über den Antrag halten. [4]§ 121 Absatz 7 ist entsprechend anzuwenden.

(2) [1]In gleicher Weise können Aktionäre, deren Anteile zusammen den zwanzigsten Teil des Grundkapitals oder den anteiligen Betrag von 500 000 Euro erreichen, verlangen, daß Gegenstände auf die Tagesordnung gesetzt und bekanntgemacht werden. [2]Jedem neuen Gegenstand muss eine Begründung oder eine Beschlussvorlage beiliegen. [3]Das Verlangen im Sinne des Satzes 1 muss der Gesellschaft mindestens 24 Tage, bei börsennotierten Gesellschaften mindestens 30 Tage vor der Versammlung zugehen; der Tag des Zugangs ist nicht mitzurechnen.

(3) [1]Wird dem Verlangen nicht entsprochen, so kann das Gericht die Aktionäre, die das Verlangen gestellt haben, ermächtigen, die Hauptversammlung einzuberufen oder den Gegenstand bekanntzumachen. [2]Zugleich kann das Gericht den Vorsitzenden der Ver-

---

[136] Begr. RegE, BT-Drs. 16/11642, 29.
[137] *Drinhausen/Keinath* BB 2009, 64 (65).
[138] Begr. RegE, BT-Drs. 16/11642, 29.
[139] Begr. RegE, BT-Drs. 16/11642, 29.

sammlung bestimmen. [3]Auf die Ermächtigung muß bei der Einberufung oder Bekanntmachung hingewiesen werden. [4]Gegen die Entscheidung ist die Beschwerde zulässig. [5]Die Antragsteller haben nachzuweisen, dass sie die Aktien bis zur Entscheidung des Gerichts halten.

(4) Die Gesellschaft trägt die Kosten der Hauptversammlung und im Fall des Absatzes 3 auch die Gerichtskosten, wenn das Gericht dem Antrag stattgegeben hat.

Schrifttum: *Halberkamp/Gierke,* Das Recht der Aktionäre auf Einberufung einer Hauptversammlung, NZG 2004, 494; *Horn,* Änderungen bei der Vorbereitung und Durchführung der Hauptversammlung nach dem Referentenentwurf zum ARUG, ZIP 2008, 1558; *König/Römer,* Gerichtliche Ermächtigung von Aktionären zur Einberufung der Hauptversammlung, DStR 2003, 219; *Mertens,* Das Minderheitsrecht nach § 122 Abs. 2 AktG und seine Grenzen, AG 1997, 481; *Paschos/Goslar,* Der Regierungsentwurf des Gesetzes zur Umsetzung der Aktionärsrechterichtlinie, AG 2009, 14.

Übersicht

I. Allgemeines

1 **1. Regelungsgegenstand und -zweck.** § 122 räumt Aktionärsminderheiten das Recht ein, die **Einberufung** einer Hauptversammlung (Abs. 1) sowie die **Ergänzung der Tagesordnung** einer Hauptversammlung (Abs. 2) zu verlangen. Für den Fall, dass ihrem Verlangen nicht entsprochen wird, sieht die Vorschrift die Möglichkeit einer gerichtlichen Ermächtigung der Aktionäre zur Einberufung der Hauptversammlung bzw. zur Bekanntmachung des zusätzlichen Tagesordnungspunktes vor (Abs. 3) und trifft Regelungen zur Kostentragung (Abs. 4). Der Zweck des § 122 liegt im Schutz von Minderheitsaktionären.[1] Zwar ermöglichen die in § 122 eingeräumten Rechte der Minderheit nicht, einen positiven Beschluss der Hauptversammlung über ergänzte Beschlussgegenstände zu erzwingen. Dies wäre auch mit dem Mehrheitsprinzip im Kapitalgesellschaftsrecht nicht vereinbar. Jedoch kann mithilfe von § 122 erreicht werden, dass sich die Hauptversammlung als Willensbildungsorgan der Gesellschaft überhaupt mit den von der Minderheit gewünschten Gegenständen befasst. Im Rahmen der Hauptversammlung kann es der Minderheit dann gelingen, auf die übrigen Aktionäre argumentativ einzuwirken und eine Mehrheit für ihr Anliegen zu gewinnen.[2]

2 **2. Gesetzesänderungen.** Eine umfassende Änderung erfuhr § 122 durch das Gesetz zur Umsetzung der Aktionärsrechte-RL **(ARUG)** vom 30.7.2009 (BGBl. I S. 2479). Durch die Änderung wurde in Abs. 2 ein Recht der Minderheit vorgesehen, zu verlangen, dass „Gegenstände" auf die Tagesordnung gesetzt und bekanntgemacht werden. Zuvor bezog sich das Minderheitsrecht auf die Bekanntmachung von Gegenständen „zur Beschlussfassung".[3] Ferner wurde in Abs. 2 eine Fristenregelung für den Zugang des Ergänzungsverlangens eingeführt, damit dieses noch rechtzeitig vor der Hauptversammlung bekanntgemacht werden kann. Die Aktienrechtsnovelle 2016 vom 22.12.2015 (BGBl. I S. 2565) brachte zum einen einen neuen Abs. 1 S. 3 und 4 mit sich, der die zeitliche **Nachweispflicht** der Antragsteller geringfügig modifizierte und damit einige bislang offene Fragen klärte (→ Rn. 7 f.). Zum anderen wurde Abs. 3 S. 5 neu eingfügt, der die Haltefrist im Fall der gerichtlichen Entscheidung über ein Minderheitsverlangen regelt.

[1] GroßkommAktG/*Werner* Rn. 2; NK-AktR/*Müller* Rn. 5; Hüffer/*Koch* Rn. 1; MüKoAktG/*Kubis* Rn. 1.
[2] MüKoAktG/*Kubis* Rn. 1.
[3] Begr. RegE, BT-Drs. 16/11642, 29.

II. Rechtstatsächliche Bedeutung

3 Die praktische Relevanz des § 122 **nimmt stetig zu.**[4] Immer häufiger setzen Aktionärsminderheiten ihren Willen in Bezug auf die Einberufung einer Hauptversammlung gegenüber der Unternehmensleitung durch. Dies gilt in besonderem Maße für Fälle des § 122 Abs. 2, wenn also Aktionäre erwirken, dass die Tagesordnung einer Hauptversammlung um neue Gegenstände ergänzt wird.[5]

III. Einzelerläuterung

4 **1. Minderheitsverlangen auf Einberufung der Hauptversammlung (Abs. 1). a) Berechtigte. aa) Aktionärseigenschaft.** Das Recht, die Einberufung der Hauptversammlung zu verlangen, steht allen Aktionären der Gesellschaft zu. Die Aktionärseigenschaft muss ebenso lange wie das Quorum bestanden haben (→ Rn. 7 f.). Hat die Gesellschaft Namensaktien ausgegeben, sind zur Antragstellung im Aktienregister eingetragene Personen, die gemäß § 67 Abs. 2 gegenüber der Gesellschaft als Aktionär gelten, berechtigt, auch wenn sie materiell-rechtlich nicht Aktionär sein sollten. Der materiell-rechtliche Aktionär ist in diesem Fall nicht berechtigt, das Verlangen zu stellen.[6] Obwohl § 122 vorrangig dem Minderheitenschutz dient, kann auch ein Mehrheitsaktionär das Verlangen nach Abs. 1 stellen.[7] Die **Art der Aktie** (Stamm- oder Vorzugsaktie, Inhaber- oder Namensaktie) und die Leistung der Einlage (voll oder nur teilweise eingezahlt) sind für einen Antrag nach § 122 nicht von Belang.[8] Das Minderheitsverlangen kann daher auch von Aktionären ohne Stimmrecht gestellt werden. Die antragstellenden Aktionäre müssen ihre Aktionärsstellung nachweisen können. Dies kann entweder durch das Vorlegen einer Urkunde oder Bankbescheinigung oder durch das Aktienregister geschehen.[9] Hinterlegung der Aktien ist nicht erforderlich.[10] Ein Minderheitsverlangen kann auch im Wege der **Stellvertretung** geltend gemacht werden. Eine Vollmacht muss allerdings schriftlich vorgelegt werden (→ Rn. 9) und nicht nur auf die Ausübung von Stimmrechten, sondern auch auf die Geltendmachung des Einberufungsverlangens bezogen sein.[11] Minderheitsverlangen können in gesetzlicher Stellvertretung der Insolvenzverwalter, der Testamentsvollstrecker, der Nachlassverwalter, aber auch der Abwesenheitspfleger[12] stellen.[13]

5 **bb) Quorum.** Aktionäre, die das Verlangen geltend machen, müssen zusammen ein **Quorum von zumindest 5%** des Grundkapitals der Gesellschaft auf sich vereinen. Maßgeblich ist das Grundkapital, das zum Zeitpunkt des Verlangens im Handelsregister eingetragen ist.[14] Für die Berechnung der 5%-Schwelle ist es daher unerheblich, ob die Gesellschaft eigene Aktien hält.[15] Noch nicht ausgenutztes bedingtes und genehmigtes Kapital ist bei der Berechnung ebenfalls nicht zu berücksichtigen.[16] Dies gilt allgemein auch für beschlossene Kapitalerhöhungen oder -herabsetzungen, die noch nicht in das Handelsregister eingetragen sind.[17] Ist hingegen bedingtes Kapital ausgenutzt, müssen die jungen Aktien bei der Berechnung des Grundkapitals zum maßgeblichen Zeitpunkt (→ Rn. 8) berücksichtigt werden, da der Handelsregistereintragung nur deklaratorische Wirkung zukommt.[18]

6 Die **Satzung** kann gemäß Abs. 1 S. 2 vorsehen, dass ein **geringeres Quorum** als 5% des Grundkapitals der Gesellschaft zum Minderheitsverlangen berechtigt. Zulässig sind ausschließlich satzungsmäßige Erweiterungen des Minderheitenschutzes, ein Heraufsetzen des Quorums ist nicht möglich.[19] Da das Gesetz keine Vorgaben macht, ist auch eine Satzungsregelung als zulässig anzusehen, die als Voraussetzung für das Minderheitsverlangen lediglich das Halten einer Aktie verlangt.[20]

---

[4] *Halberkamp/Gierke* NZG 2004, 494; MüKoAktG/*Kubis* Rn. 2; *Paschos/Goslar* AG 2009, 605 (609).
[5] *Mertens* AG 1997, 481.
[6] MüKoAktG/*Kubis* Rn. 4.
[7] *Halberkamp/Gierke* NZG 2004, 494 (496); Hüffer/*Koch* Rn. 2; *König/Römer* DStR 2003, 219; Schmidt/Lutter/*Ziemons* Rn. 8.
[8] MüKoAktG/*Kubis* Rn. 3.
[9] *Halberkamp/Gierke* NZG 2004, 494 (495); NK-AktR/*Pluta* Rn. 9; Hüffer/*Koch* Rn. 3.
[10] NK-AktR/*Müller* Rn. 9.
[11] HK-AktG/*Reger* Rn. 3; NK-AktR/*Müller* Rn. 7; Hüffer/*Koch* Rn. 2 f.; MüKoAktG/*Kubis* Rn. 5.
[12] OLG Frankfurt AG 1987, 48; NK-AktR/*Müller* Rn. 7.
[13] MüKoAktG/*Kubis* Rn. 5.
[14] Schmidt/Lutter/*Ziemons* Rn. 7.
[15] HK-AktG/*Reger* Rn. 3; *Halberkamp/Gierke* NZG 2004, 494 (495); NK-AktR/*Müller* Rn. 8; Hüffer/*Koch* Rn. 3; MüKoAktG/*Kubis* Rn. 6; Schmidt/Lutter/*Ziemons* Rn. 7.
[16] NK-AktR/*Müller* Rn. 8; Spindler/Stilz/*Rieckers* Rn. 9.
[17] GroßkommAktG/*Werner* Rn. 5; MüKoAktG/*Kubis* Rn. 6.
[18] GroßkommAktG/*Werner* Rn. 6; MüKoAktG/*Kubis* Rn. 6.
[19] Hüffer/*Koch* Rn. 8.
[20] Hüffer/*Koch* Rn. 8.

cc) Aktienbesitzzeit. Voraussetzung für eine Antragsberechtigung ist gemäß § 122 Abs. 1 S. 3 nF zunächst, dass die Aktionäre zum Zeitpunkt des Minderheitsverlangens ihre Aktien **seit mindestens neunzig Tagen** halten. Dieses Erfordernis einer **Vorbesitzzeit** dient der Verhinderung des Missbrauchs des Antragsrechts durch kurzfristige Beschaffung der nötigen Aktien, etwa durch Wertpapierleihe.[21] Die Vorgängerregelung verwies noch auf § 142 Abs. 2 S. 2, dessen Dreimonatsfrist vom Tag der Hauptversammlung zurückgerechnet wurde. Der Versammlungstag ist zum Zeitpunkt des Einberufungsverlangens freilich noch nicht bestimmbar. Deshalb hielt die hM stattdessen den Tag des Einberufungsverlangens für maßgeblich.[22] Dem hat sich der Gesetzgeber nun angeschlossen. Daneben beseitigte er bisherige Unklarheiten im Rahmen der Fristberechnung durch den Verweis in § 122 Abs. 1 S. 4 nF auf die Regelungen in § 121 Abs. 7.[23] Die Vorbesitzzeit ist **nachzuweisen.** Dies kann durch eine Depotbescheinigung geschehen.[24] Nach allgemeiner Ansicht gilt das Erfordernis der Vorbesitzzeit **nicht** für Aktionäre **Europäischer Gesellschaften (SE),** da Art. 56 SE-VO und § 50 Abs. 2 SEAG insoweit abschließend sind und zusätzliche Erfordernisse für die Antragstellung nicht zulassen.[25] 7

Bei der Frage, bis zu welchem **Zeitpunkt** das **Quorum** bestehen muss, ist zu differenzieren: Kommt der Vorstand dem Minderheitsverlangen nach und beruft die Hauptversammlung ein, so war bislang umstritten, ob die Mindestbeteiligung lediglich bis zum Zeitpunkt des Verlangens, bis zur Einberufung der Hauptversammlung oder gar bis zum Tag der Hauptversammlung selbst vorliegen muss.[26] Der Gesetzgeber der Aktienrechtsnovelle 2016 hat sich für den Tag der Vorstandsentscheidung über die Einberufung entschieden.[27] Weigert sich hingegen der Vorstand, eine Hauptversammlung einzuberufen, und kommt es zu einer gerichtlichen Ermächtigung, so muss das Quorum bis zur rechtskräftigen Entscheidung des Gerichts über den Ermächtigungsantrag bestehen.[28] Es genügt für das Vorliegen eines Quorums nicht, dass dieses während des maßgeblichen Zeitraums nur rechnerisch vorhanden ist. Das Quorum muss vielmehr von Aktionären, die das Verlangen an den Vorstand gerichtet haben, oder deren Gesamtrechtsnachfolgern (Einzelrechtsnachfolge genügt nach ganz hM nicht)[29] erfüllt sein.[30] Besteht ein Quorum von mindestens 5% zu keinem Zeitpunkt oder zumindest nicht fortlaufend zu den maßgeblichen Zeitpunkten, beruft der Vorstand aber gleichwohl die Hauptversammlung im Glauben an das Vorliegen des Quorums ein, so bleibt die Einberufung wirksam.[31] 8

b) Das Minderheitsverlangen. aa) Form. Gemäß Abs. 1 S. 1 ist das Minderheitsverlangen schriftlich (§ 126 BGB) zu stellen. Alle Aktionäre, die mit ihren Anteilen zur Erreichung des Quorums beitragen, oder deren Bevollmächtigte haben demnach das Verlangen zusammen zu unterzeichnen.[32] Elektronische Form iSd § 126a BGB, also mit elektronischer Signatur, reicht aus (§ 126 Abs. 3 BGB). Ein Verlangen via Telefax genügt dem Schriftformerfordernis hingegen nicht.[33] Im Falle der Stellvertretung muss die Vollmacht urkundlich – namentlich analog § 134 Abs. 3 S. 3 in Textform – nachgewiesen werden.[34] Sie kann allerdings nachgereicht werden, sofern der Vorstand nicht gemäß § 174 BGB unverzüglich eine Zurückweisung vornimmt.[35] 9

Gemäß Abs. 1 S. 2 kann die **Satzung** das Minderheitsverlangen an eine **andere Form** als die Schriftform knüpfen. Durch den Wortlaut „andere Form" entsteht der Eindruck, als seien auch Formerschwerungen zulässig. Gleichwohl lässt der Schutzzweck der Norm lediglich Formerleichterungen durch die Satzung zu.[36] 10

[21] Begr. RegE zu § 122 Abs. 1 idF des KonTraG, BT-Drs. 13/9712, 17; Spindler/Stilz/*Rieckers* Rn. 10.
[22] Vgl. 2. Aufl. Rn. 7 mwN.
[23] Vgl. Hüffer/*Koch* Rn. 3a.
[24] NK-AktR/*Müller* Rn. 9.
[25] S. etwa MüKoAktG/*Kubis* SE-VO Art. 56 Rn. 6; KK-AktG/*Kiem* SE-VO Art. 56 Rn. 20; Spindler/Stilz/*Eberspächer* SE-VO Art. 55, 56 Rn. 3.
[26] Vgl. 2. Aufl. Rn. 8 mwN.
[27] Begr. RegE, BT-Drs. 18/4349, 22.
[28] Begr. RegE, BT-Drs. 18/4349, 22; Hüffer/*Koch* Rn. 3a.
[29] Hüffer/*Koch* Rn. 3a, 10; KK-AktG/*Noack/Zetzsche* Rn. 88; MüKoAktG/*Kubis* Rn. 45; Schmidt/Lutter/*Ziemons* Rn. 52; Spindler/Stilz/*Rieckers* Rn. 50; aA HK-AktG/*Reger* Rn. 18: Einzelrechtsnachfolge aufgrund rechtsgeschäftlicher Übertragung genügt.
[30] OLG Düsseldorf NZG 2004, 239 (240); Hüffer/*Koch* Rn. 3a.
[31] MHdB AG/*Bungert* § 36 Rn. 22.
[32] HK-AktG/*Reger* Rn. 6; GroßkommAktG/*Werner* Rn. 14; MHdB AG/*Bungert* § 36 Rn. 23; aA MüKoAktG/*Kubis* Rn. 12, wonach es ausreicht, wenn jeder Aktionär auch ein von ihm unterzeichnetes Dokument einreicht; so nunmehr auch Spindler/Stilz/*Rieckers* Rn. 18.
[33] HK-AktG/*Reger* Rn. 6; Schmidt/Lutter/*Ziemons* Rn. 15; aA MüKoAktG/*Kubis* Rn. 12.
[34] Hüffer/*Koch* Rn. 3.
[35] Hüffer/*Koch* Rn. 4.
[36] Vgl. Begr. RegE, BT-Drs. 14/4987, 30; HK-AktG/*Reger* Rn. 14; Hüffer/*Koch* Rn. 8.

11 **bb) Inhalt.** Die Aktionäre müssen mit ihrem Verlangen unmissverständlich deutlich machen, dass sie den Vorstand unbedingt zur Einberufung der Hauptversammlung auffordern.[37] Das Verlangen hat den Zweck und die Gründe anzugeben. Der **Zweck** muss dabei nicht gesondert dargelegt werden.[38] Nach der durch das ARUG eingeführten Änderung in § 122 Abs. 2, wonach Aktionäre auch die Ergänzung der Tagesordnung um Gegenstände verlangen dürfen, zu denen kein Beschluss gefasst werden soll (→ Rn. 18), können Aktionäre im Rahmen des Einberufungsverlangens nach Abs. 1 nicht mehr nur die Einberufung einer Hauptversammlung mit Beschlussfassung verlangen. Die praktische Relevanz dieser Änderung dürfte allerdings gering sein, da auch die Einberufung der Hauptversammlung nur zu solchen Gegenständen erfolgen darf, die in die Zuständigkeit der Hauptversammlung fallen (→ Rn. 18). Die Gegenstände sind so genau anzugeben, dass der Vorstand sie ordnungsgemäß bekanntmachen kann. Soll über eine Satzungsänderung oder einen zustimmungsbedürftigen Vertrag iSd § 124 Abs. 2 S. 3 beschlossen werden, muss das Verlangen daher auch die von dieser Vorschrift geforderten Informationen enthalten. Verlangt eine Minderheit die Einberufung einer Hauptversammlung mit Gegenständen, die in die alleinige Entscheidungszuständigkeit von Vorstand oder Aufsichtsrat fallen, so ergeben sich aus dem Verlangen keine Pflichten für den Vorstand.[39] Ein Einberufungsverlangen zwecks Diskussion oder Entscheidung über Geschäftsführungsfragen, für die der Hauptversammlung keine Zuständigkeit zukommt, ist daher unzulässig.[40] Als **Grund** für das Einberufungsverlangen ist anzugeben, weshalb nicht bis zur nächsten ordentlichen Hauptversammlung gewartet werden kann.[41] Umfassendere Ausführungen zur Begründung des Verlangens sind dabei nicht erforderlich.[42] Auch die in dem Verlangen mitgeteilten Beschlussgegenstände müssen nicht begründet werden.[43]

12 **cc) Adressat.** Gemäß Abs. 1 S. 1 Hs. 2 ist Adressat des Verlangens der **Vorstand.** Gemeint ist damit die Gesellschaft, die durch den Vorstand vertreten wird.[44] Den gesetzlichen Anforderungen ist daher auch dann Genüge getan, wenn das Verlangen nicht an den Vorstand selbst, sondern lediglich an die Gesellschaft gerichtet ist.[45] Der Aufsichtsrat kommt als Adressat nicht in Betracht, auch nicht, wenn es an einem Vorstand oder an dessen Handlungsfähigkeit fehlt (str.).[46] In einem solchen Fall ist Adressat des Minderheitsverlangens vielmehr der einzurichtende Notvorstand (→ § 85 Rn. 9 ff.).[47]

13 **dd) Rücknahme des Verlangens.** Das Verlangen kann nach Zugang an den Vorstand **bis zur Einberufung** zurückgenommen werden.[48] Für die Rücknahme gelten die gleichen Formanforderungen wie für das Verlangen selbst. Die Rücknahme lässt das Verlangen gegenstandslos werden.[49] Hat der Vorstand die Hauptversammlung vor Rücknahme des Verlangens bereits einberufen, bleibt die Einberufung wirksam; der Vorstand kann die Einberufung in diesem Fall aber wieder zurücknehmen (zur Art und Weise der Rücknahme → § 121 Rn. 37).[50]

14 **ee) Rechtsmissbräuchliches Verlangen.** Der Aktionär unterliegt hinsichtlich der ihm gesetzlich eingeräumten Minderheitsrechte, wie dem Minderheitsverlangen nach Abs. 1, der Treuebindung gegenüber der Gesellschaft.[51] Ein Minderheitsverlangen kann daher, auch wenn es formal und inhaltlich ordnungsgemäß ist, rechtsmissbräuchlich und damit für den Vorstand **ohne Bedeutung** sein.[52] Ein Fall des Rechtsmissbrauchs liegt allerdings nicht schon deswegen vor, weil mit der Einberufung einer Hauptversammlung aufgrund Minderheitsverlangens eine Belastung für die Gesellschaft und

---

[37] Hüffer/*Koch* Rn. 4; Schmidt/Lutter/*Ziemons* Rn. 17.
[38] HK-AktG/*Reger* Rn. 7; Hüffer/*Koch* Rn. 4; MüKoAktG/*Kubis* Rn. 13; aA *Mertens* AG 1997, 481 (487).
[39] MüKoAktG/*Kubis* Rn. 15.
[40] MHdB AG/*Bungert* § 36 Rn. 26.
[41] GroßkommAktG/*Werner* Rn. 15; MüKoAktG/*Kubis* Rn. 13; MHdB AG/*Bungert* § 36 Rn. 24; Spindler/Stilz/*Rieckers* Rn. 19.
[42] MüKoAktG/*Kubis* Rn. 13; MHdB AG/*Bungert* § 36 Rn. 24.
[43] HK-AktG/*Reger* Rn. 7.
[44] HK-AktG/*Reger* Rn. 8; Hüffer/*Koch* Rn. 5; MüKoAktG/*Kubis* Rn. 11; Schmidt/Lutter/*Ziemons* Rn. 16.
[45] HK-AktG/*Reger* Rn. 8; GroßkommAktG/*Werner* Rn. 19; MüKoAktG/*Kubis* Rn. 11; MHdB AG/*Bungert* § 36 Rn. 23.
[46] HK-AktG/*Reger* Rn. 8; GroßkommAktG/*Werner* Rn. 20; NK-AktR/*Müller* Rn. 18; aA nunmehr MüKoAktG/*Kubis* Rn. 11.
[47] HK-AktG/*Reger* Rn. 8; GroßkommAktG/*Werner* Rn. 20; NK-AktR/*Müller* Rn. 18; aA OLG Celle NJW 1964, 112 (113).
[48] HK-AktG/*Reger* Rn. 9; MüKoAktG/*Kubis* Rn. 14.
[49] MüKoAktG/*Kubis* Rn. 14.
[50] Vgl. Hüffer/*Koch* Rn. 4.
[51] NK-AktR/*Müller* Rn. 19; Hüffer/*Koch* Rn. 6; *Mertens* AG 1997, 481 (490); MüKoAktG/*Kubis* Rn. 18.
[52] OLG Hamburg NZG 2003, 132 (133 ff.) für Einberufungsverlangen nach Beendigung der Abwicklung der Gesellschaft; Hüffer/*Koch* Rn. 6; MüKoAktG/*Kubis* Rn. 18; MHdB AG/*Bungert* § 36 Rn. 29.

möglicherweise den Mehrheitsaktionär einhergeht.[53] Damit würde der Minderheitenschutz des Abs. 1 unangemessen verkürzt. Insbesondere der Umstand, dass die in dem Einberufungsverlangen bezeichneten Beschlussgegenstände keine realistische Aussicht auf eine Mehrheit haben, begründet allein noch keinen Rechtsmissbrauch.[54] Grundsätzlich ist bei der Annahme eines rechtsmissbräuchlichen Minderheitsverlangens **Zurückhaltung** geboten, um den vom Gesetzgeber intendierten Minderheitenschutz nicht auszuhöhlen.

Rechtsmissbräuchlich kann das Minderheitsverlangen zB sein, wenn **nicht ersichtlich** ist, weshalb mit den in dem Verlangen bezeichneten Gegenständen nicht in zumutbarer Weise bis zur nächsten ordentlichen Hauptversammlung gewartet werden kann,[55] wenn das mit der Einberufung verfolgte Ziel trotz Beschlussmehrheit nicht erreicht werden kann, wenn über die bezeichneten Gegenstände bereits beschlossen wurde, ohne dass seither Änderungen eingetreten sind, wenn das Verlangen offensichtlich der Schädigung der Gesellschaft dient[56] oder wenn es in kränkender oder beleidigender Form gestellt ist.[57] 15

c) Rechtsfolge. Liegen die Voraussetzungen des Abs. 1 vor, so ist die Hauptversammlung **durch den Vorstand einzuberufen.** Der Vorstand kann die Einberufung verweigern, wenn die Voraussetzungen des Quorums nicht vorliegen, wenn das Verlangen formell oder inhaltlich fehlerhaft ist oder wenn ein rechtsmissbräuchliches Verlangen vorliegt.[58] Ist dies nicht der Fall, so muss der Vorstand dem Minderheitsverlangen unverzüglich stattgeben. Der Vorstand beschließt mit einfacher Mehrheit.[59] Der Beschluss muss dem Minderheitsverlangen vollständig entsprechen.[60] Vollständig bedeutet, dass die mit der Einberufung bekanntgemachte Tagesordnung alle von der Minderheit verlangten Gegenstände enthalten muss.[61] Die Tagesordnung kann allerdings durch den Vorstand erweitert werden.[62] Bei der Einberufung sind die §§ 121, 123 und 124 zu beachten.[63] Ferner muss aus der Einberufung hervorgehen, dass ihr ein Minderheitsverlangen nach Abs. 1 zugrunde liegt.[64] Eine Einberufung aufgrund eines Minderheitsverlangens muss nicht erfolgen, wenn eine Hauptversammlung bereits einberufen ist. In diesem Falle reicht es aus, wenn der Vorstand die Tagesordnung um die von der Minderheit verlangten Gegenstände ergänzt.[65] 16

2. Minderheitsverlangen auf Ergänzung der Tagesordnung (Abs. 2). a) Berechtigte (S. 1). Gemäß Abs. 2 kann die Minderheit nicht nur verlangen, dass eine Hauptversammlung einberufen wird, sondern auch, dass die Tagesordnung einer ohnehin geplanten oder bereits einberufenen Hauptversammlung ergänzt und die Ergänzungen entsprechend bekanntgemacht werden. Auch ein Verlangen nach Abs. 2 kann nur von Aktionären gestellt werden, die insgesamt mindestens 5% des Grundkapitals oder – in Erweiterung des Kreises der Berechtigten gegenüber Abs. 1 – Aktien im **anteiligen Betrag von 500.000 Euro** halten. Das Verlangen nach Abs. 2 kann „in gleicher Weise“ wie das Verlangen nach Abs. 1 gestellt werden. Zu den berechtigten Aktionären sowie dem 5%-Quorum gelten daher die Ausführungen zu Abs. 1 entsprechend (→ Rn. 4 ff.). Der Verweis betrifft aber nicht nur die Modalitäten der Antragstellung,[66] sondern bezieht sich nach richtigem Verständnis auch auf die neunzigtägige **Vorbesitzzeit.**[67] Die gegenteilige Ansicht findet im Wortlaut des Gesetzes keine Stütze. Auch der Sinn und Zweck der Vorschrift spricht für die hier vertretene Auslegung, da kein Grund ersichtlich ist, weshalb im Rahmen des Ergänzungsverlangens insoweit andere Grundsätze gelten sollten als beim Einberufungsverlangen nach Abs. 1. In beiden Fällen beugt die Vorbesitzzeit einem missbräuchlichen Verhalten durch kurzfristiges Beschaffen von Aktien vor.[68] Ebenso wie beim Einberufungsverlangen nach Abs. 1 ist die Vorbesitzzeit im Rahmen von Abs. 2 vom Tag des 17

[53] MHdB AG/*Bungert* § 36 Rn. 29.
[54] Hüffer/*Koch* Rn. 6; Spindler/Stilz/*Rieckers* Rn. 26.
[55] GroßkommAktG/*Werner* Rn. 35; Hüffer/*Koch* Rn. 6; MHdB AG/*Bungert* § 36 Rn. 30.
[56] Vgl. KG NZG 2003, 441.
[57] Zu diesen und weiteren Fällen vgl. MüKoAktG/*Kubis* Rn. 19 ff.
[58] Hüffer/*Koch* Rn. 7.
[59] Hüffer/*Koch* Rn. 7.
[60] Hüffer/*Koch* Rn. 7; MüKoAktG/*Kubis* Rn. 36; Schmidt/Lutter/*Ziemons* Rn. 26.
[61] Hüffer/*Koch* Rn. 7.
[62] Hüffer/*Koch* Rn. 7; MüKoAktG/*Kubis* Rn. 40.
[63] Hüffer/*Koch* Rn. 7; MüKoAktG/*Kubis* Rn. 40.
[64] MüKoAktG/*Kubis* Rn. 40.
[65] MüKoAktG/*Kubis* Rn. 36.
[66] So aber Schmidt/Lutter/*Ziemons* Rn. 33.
[67] So die hM, s. *Butzke* HV Kap. B Rn. 113; Hüffer/*Koch* Rn. 9; MüKoAktG/*Kubis* Rn. 29; Spindler/Stilz/*Rieckers* Rn. 39 (beide noch für die Fassung des Abs. 1 vor der Aktienrechtsnovelle 2016, die jedoch insoweit keine neue Sichtweise bedingt).
[68] Davon ging offenbar auch der Gesetzgeber aus, vgl. Begr. RegE KonTraG, BT-Drs. 13/9712, 17.

Zugangs des Ergänzungsverlangens zurückzurechnen. Das Quorum muss bis zur muss wiederum bis zur Entscheidung des Vorstands – in diesem Falle über die Ergänzung der Tagesordnung – erfüllt sein. Aktionäre müssen ferner – etwa mittels entsprechenden Sperrvermerks – nachweisen, dass sie die Aktien bis zum Zeitpunkt der Bekanntmachung der Ergänzung (also bis spätestens 24 Tage bzw. bei börsennotierten Gesellschaften spätestens 30 Tage) vor der Hauptversammlung halten werden. Nur bei diesem Verständnis der Verweisung wird den Anforderungen des § 122 Abs. 1 S. 3 – neunzigtägige Vorbesitzzeit und Haltepflicht bis zur Entscheidung über die Bekanntmachung des Ergänzungsverlangens – zutreffend entsprochen. Der anteilige Betrag einer Aktie errechnet sich bei Stückaktien mittels Division des Grundkapitals durch die Aktienzahl. Dieses alternative Quorum stellt insbesondere bei großen Publikumsgesellschaften eine erhebliche Erweiterung des Kreises der Berechtigten dar.[69]

18 Das Verlangen nach Abs. 2 kann „in gleicher Weise" wie das Verlangen nach Abs. 1 gestellt werden. Das bedeutet, dass sich hinsichtlich **Form** (→ Rn. 9) und **Adressat** (→ Rn. 12) des Verlangens keine Unterschiede zu Abs. 1 ergeben.[70] **Inhaltlich** bezieht sich das Verlangen gemäß Abs. 2 auf die Ergänzung der Tagesordnung einer bereits geplanten oder einberufenen Hauptversammlung durch weitere Gegenstände. Diese sind so genau anzugeben, dass der Vorstand sie ordnungsgemäß bekanntmachen kann. Durch das ARUG wurde der Wortlaut der Vorschrift dahingehend geändert, dass die Ergänzung der Tagesordnung um neue „Gegenstände" sowie deren Bekanntmachung verlangt werden kann; es muss sich im Gegensatz zur Altfassung nicht mehr um Gegenstände „zur Beschlussfassung" handeln. Daher kann nunmehr im Grundsatz auch die Ergänzung der Tagesordnung um **beschlusslose Punkte** verlangt werden (s. auch Art. 6 Abs. 1 lit. a RL 2007/36/EG).[71] Die Bezeichnung dieser Punkte hat so genau zu erfolgen, dass feststeht, worüber die Erörterung in der Hauptversammlung erfolgen soll. Die praktische Relevanz der Ergänzung von Tagesordnungspunkten ohne Beschlussfassung dürfte allerdings gering sein, da auch Ergänzungsverlangen nur hinsichtlich solcher Gegenstände gestellt werden dürfen, die in die Zuständigkeit der Hauptversammlung fallen – in Betracht kommt etwa die Erörterung von Jahres- oder Konzernabschluss. Insbesondere kann ein Ergänzungsverlangen sich daher nicht auf die Erörterung von Geschäftsführungsmaßnahmen beziehen, wenn die Hauptversammlung nicht dafür zuständig ist, beispielsweise aufgrund eines entsprechenden Verlangens des Vorstands gemäß § 119 Abs. 2 (→ Rn. 11 f. zu Abs. 1).[72] Wurde vor Inkrafttreten des ARUG noch die Ansicht vertreten, dass das Verlangen keine besonderen Ausführungen über die Gründe der Ergänzung enthalten muss, sofern sich der Zweck aus der Benennung der Beschlussgegenstände ergibt,[73] stellt Abs. 2 S. 2 jetzt klar, dass jedem neuen Gegenstand eine Begründung oder eine Beschlussvorlage beizufügen ist.

19 **b) Frist (S. 3).** Das Ergänzungsverlangen muss nichtbörsennotierten Gesellschaften spätestens 24 Tage und börsennotierten Gesellschaften spätestens 30 Tage vor der Hauptversammlung zugehen, wobei der Tag des Zugangs jeweils nicht mitzurechnen ist. Kritisch betrachtet wird, dass ein Ergänzungsverlangen bei börsennotierten Gesellschaften bereits am gesetzlich vorgesehenen **letztmöglichen Einberufungstag** zugehen muss.[74] Der Regierungsentwurf zum ARUG führt hierzu an, dass die 30 Tage Einberufungsfrist bei börsennotierten Gesellschaften in der Praxis stets nach § 123 Abs. 2 S. 5, Abs. 3 Hs. 2 um einen ausreichenden Zeitraum (im gesetzlichen Regelfall sechs Tage) verlängert wird.[75] Dies entspricht zwar der Praxis; es ist aber wenig überzeugend, wenn der Gesetzgeber die Ausnutzung einer bestehenden Gestaltungsmöglichkeit zur Begründung einer gesetzlichen Regelung als gegeben voraussetzt.[76] Geht das Ergänzungsverlangen der Gesellschaft nicht fristgemäß zu, muss es nicht bekanntgemacht werden. In diesem Fall darf die Hauptversammlung mangels ordnungsgemäßer Bekanntmachung keinen Beschluss über den entsprechenden Gegenstand fassen (§ 124 Abs. 4 S. 1).

20 **c) Rechtsfolge.** Liegen die Voraussetzungen des Abs. 2 vor, ist die Ergänzung der Tagesordnung gemäß § 124 Abs. 1 S. 2 Hs. 1 in derselben Weise **bekanntzumachen** wie die Einberufung, also gemäß § 121 Abs. 3 (→ § 124 Rn. 4 f.). Bei börsennotierten Gesellschaften ist die Ergänzung ferner gemäß § 124 Abs. 1 S. 2 Hs. 2 den in § 121 Abs. 4a bezeichneten Medien zwecks Verbreitung zuzuleiten (→ § 121 Rn. 38) und gemäß § 124a S. 2 auf der Internetseite der Gesellschaft zu veröffentlichen (→ § 124a Rn. 8).

---

[69] MüKoAktG/*Kubis* Rn. 28; krit. NK-AktR/*Müller* Rn. 24.
[70] MüKoAktG/*Kubis* Rn. 30.
[71] *Horn* ZIP 2008, 1558 (1561).
[72] *Horn* ZIP 2008, 1558 (1561 f.).
[73] *Mertens* AG 1997, 487.
[74] *Paschos/Goslar* AG 2009, 18.
[75] Begr. RegE, BT-Drs. 16/11642, 29.
[76] *Paschos/Goslar* AG 2009, 18.

3. Gerichtliche Ermächtigung (Abs. 3). Kommt der Vorstand seinen Pflichten nach Abs. 1 oder 2 nicht nach, so kann das zuständige Gericht **die Aktionäre,** die das Minderheitsverlangen gestellt haben, **ermächtigen,** die Vorstandshandlungen selbst durchzuführen. Die mit den gestellten Minderheitsverlangen verfolgten Anliegen (Einberufung einer Hauptversammlung oder Ergänzung der Tagesordnung) können damit durch die Aktionäre gerichtlich erzwungen werden. Der von § 122 verfolgte Minderheitenschutz erhält durch Abs. 3 damit erst seine Effektivität. 21

a) Antrag. Die gerichtliche Ermächtigung ist von den **Aktionären,** deren Verlangen erfolglos geblieben ist, zu beantragen.[77] Der Antrag muss auf die Ermächtigung zu Einberufung gemäß Abs. 1 oder Bekanntmachung eines zusätzlichen Gegenstands gemäß Abs. 2 gerichtet sein.[78] Zum Zeitpunkt der Einreichung des gerichtlichen Antrags bis zur rechtskräftigen Entscheidung (Abs. 3 S. 5) muss das erforderliche Quorum noch erreicht sein. Sind Aktionäre von dem Antrag zurückgetreten und wird das Quorum bei Antragstellung nur durch bislang nicht beteiligte Aktionäre erreicht, so muss ein neues Verlangen an den Vorstand gestellt werden.[79] Eine Frist für den Antrag auf gerichtliche Ermächtigung ist nicht vorgesehen.[80] Wird allerdings nach Ablehnung des Verlangens durch den Vorstand zu lange gewartet, so kann dies die unveränderte Geltung der ablehnenden Entscheidung in Frage stellen und den Antrag unzulässig werden lassen.[81] Zuständiges Gericht ist gemäß § 23a Abs. 2 Nr. 4 GVG iVm § 375 Nr. 3 FamFG das Amtsgericht am Sitz der Gesellschaft. 22

b) Ermächtigung. Obwohl nach dem Wortlaut des Abs. 3 S. 1 das Gericht die Aktionäre ermächtigen „kann“, muss das Gericht dem Antrag der Minderheit stattgeben, wenn dieser **zulässig und begründet** ist.[82] Die Ermächtigung erfolgt durch Beschluss.[83] Nach Abs. 3 S. 2 kann das Gericht zudem einen Versammlungsleiter für die Hauptversammlung bestimmen. Diesbezüglich kann das Gericht im Gegensatz zur Ermächtigung nach Abs. 3 S. 1 frei entscheiden. Die Möglichkeit, auch den Versammlungsleiter zu bestimmen, hat den Hintergrund, dass ein Vorstand, der sich trotz Minderheitsverlangens gegen die Einberufung der Hauptversammlung stellt, nicht selten die Unterstützung des Aufsichtsrats haben wird, dessen Vorsitzender in der Regel aufgrund Satzungsbestimmung die Hauptversammlung der jeweiligen Gesellschaft leitet.[84] Gegen den Ermächtigungsbeschluss steht der Gesellschaft das Rechtsmittel der Beschwerde gemäß §§ 375 Nr. 3, 402 FamFG zu. 23

c) Ausübung der Ermächtigung durch die Aktionäre. Erfolgt die gerichtliche Ermächtigung, so steht den Aktionären das Recht zu, die Hauptversammlung einzuberufen (Abs. 1) oder neue Beschlussgegenstände bekanntzumachen (Abs. 2). Es muss also trotz gerichtlicher Ermächtigung nicht zu einer Einberufung oder Ergänzung der Tagesordnung kommen. Üben die Aktionäre ihre Ermächtigung aus, so müssen sie nach Abs. 3 S. 3 bei Einberufung oder Ergänzung der Tagesordnung auf die **gerichtliche Ermächtigung hinweisen.** Den gesetzlichen Anforderungen genügt der Hinweis, dass Einberufung bzw. Bekanntmachung aufgrund einer gerichtlichen Ermächtigung erfolgen. Der Hinweis muss hingegen nicht das ermächtigende Gericht, das Datum oder das Aktenzeichen der Ermächtigungsentscheidung enthalten.[85] Unterbleibt der Hinweis in der Einberufung, sind alle gefassten Beschlüsse anfechtbar;[86] ist in der Bekanntmachung der um einen neuen Gegenstand ergänzten Tagesordnung ein Hinweis auf die Ermächtigung nicht enthalten, so ist lediglich der Beschluss über diesen Gegenstand anfechtbar. Bei Einberufung oder Bekanntmachung der ergänzten Tagesordnung durch die Aktionäre sind die Vorschriften der §§ 121, 123 und 124 ebenfalls zu beachten. 24

4. Kosten (Abs. 4). Die Kosten der aufgrund des Minderheitsverlangens einberufenen Hauptversammlung sind **von der AG** zu tragen (etwa Kosten für den Notar, die Raummiete oder das Personal).[87] Zu diesen gehören auch die durch die Einberufung selbst verursachten Kosten.[88] Die 25

[77] LG Duisburg AG 2004, 159; Hüffer/*Koch* Rn. 10.
[78] NK-AktR/*Müller* Rn. 28.
[79] OLG Düsseldorf NZG 2004, 239 (240); LG Duisburg NZG 2004, 195; Hüffer/*Koch* Rn. 10; Schmidt/Lutter/*Ziemons* Rn. 52; nunmehr auch MüKoAktG/*Kubis* Rn. 41 – aA noch MüKoAktG/*Kubis,* 2. Aufl. 2004, Rn. 41.
[80] Spindler/Stilz/*Rieckers* Rn. 53.
[81] Vgl. Hüffer/*Koch* Rn. 10; Spindler/Stilz/*Rieckers* Rn. 53.
[82] Hüffer/*Koch* Rn. 11; MüKoAktG/*Kubis* Rn. 57; Spindler/Stilz/*Rieckers* Rn. 54.
[83] NK-AktR/*Müller* Rn. 30.
[84] MüKoAktG/*Kubis,* 2. Aufl. 2004, Rn. 39.
[85] RGZ 170, 83 (95 f.); Hüffer/*Koch* Rn. 12; MüKoAktG/*Kubis* Rn. 72; Spindler/Stilz/*Rieckers* Rn. 66; aA KK-AktG/*Zöllner* Rn. 41.
[86] NK-AktR/*Müller* Rn. 35; Spindler/Stilz/*Rieckers* Rn. 66.
[87] Vgl. hierzu GroßkommAktG/*Werner* Rn. 78.
[88] Hüffer/*Koch* Rn. 13.

Gesellschaft trägt auch dann die Kosten von Einberufung und Bekanntmachung, wenn diese aufgrund gerichtlicher Ermächtigung nach Abs. 3 erfolgt sind.[89] Die nach Abs. 3 ermächtigten Aktionäre haben einen entsprechenden Erstattungsanspruch gegen die Gesellschaft. Sie können die Gesellschaft hinsichtlich der Kosten hingegen nicht direkt verpflichten.[90] Ferner sind die Gerichtskosten von der Gesellschaft zu ersetzen, wenn das Gericht dem Antrag der Aktionärsminderheit stattgegeben hat. Die außergerichtlichen Kosten, darunter insbesondere Rechtsanwaltskosten, sind hingegen im Grundsatz von den Beteiligten selbst zu tragen.[91] Die Gesellschaft kann diese freiwillig ersetzen, ohne dass dies einen Verstoß gegen § 57 Abs. 1 S. 1 darstellt.[92]

IV. Abdingbarkeit

26 Die Vorgaben des § 122 sind weitgehend **zwingend.**[93] Der mit der Vorschrift verfolgte Minderheitenschutz (zum Regelungszweck → Rn. 1) kann durch Satzungsvorschriften nicht reduziert werden. Es muss also zum einen überhaupt die Möglichkeit für eine Minderheit geben, die Einberufung einer Hauptversammlung (Abs. 1) oder die Ergänzung der Tagesordnung (Abs. 2) gegenüber dem Vorstand zu verlangen. Zum anderen darf die Ausübung des Verlangens nicht erschwert werden, indem etwa strengere Anforderungen als die in § 122 vorgesehenen gestellt werden. Die Anforderungen an das Minderheitsverlangen nach den Abs. 1 und 2 können durch die Satzung im Hinblick auf Form und Anteilsbesitz lediglich verringert werden (→ Rn. 6 und 10).

V. Beweislast

27 Die ein Minderheitsverlangen stellenden **Aktionäre** müssen ihre Anteilsinhaberschaft nachweisen. Dies kann entweder durch das Vorlegen einer Urkunde oder Bankbescheinigung oder durch das Aktienregister geschehen (→ Rn. 4).[94] Auch die Vorbesitzzeit (→ Rn. 7) muss nachgewiesen werden, etwa durch eine Depotbescheinigung.[95] Hat der Vorstand Zweifel an den Nachweisen, so muss er diese unverzüglich rügen.[96]

§ 123 Frist, Anmeldung zur Hauptversammlung, Nachweis

(1) [1]Die Hauptversammlung ist mindestens dreißig Tage vor dem Tage der Versammlung einzuberufen. [2]Der Tag der Einberufung ist nicht mitzurechnen.

(2) [1]Die Satzung kann die Teilnahme an der Hauptversammlung oder die Ausübung des Stimmrechts davon abhängig machen, dass die Aktionäre sich vor der Versammlung anmelden. [2]Die Anmeldung muss der Gesellschaft unter der in der Einberufung hierfür mitgeteilten Adresse mindestens sechs Tage vor der Versammlung zugehen. [3]In der Satzung oder in der Einberufung auf Grund einer Ermächtigung durch die Satzung kann eine kürzere, in Tagen zu bemessende Frist vorgesehen werden. [4]Der Tag des Zugangs ist nicht mitzurechnen. [5]Die Mindestfrist des Absatzes 1 verlängert sich um die Tage der Anmeldefrist.

(3) Die Satzung kann bestimmen, wie die Berechtigung zur Teilnahme an der Versammlung oder zur Ausübung des Stimmrechts nachzuweisen ist; Absatz 2 Satz 5 gilt in diesem Fall entsprechend.

(4) [1]Bei Inhaberaktien börsennotierter Gesellschaften reicht ein durch das depotführende Institut in Textform erstellter besonderer Nachweis des Anteilsbesitzes aus. [2]Der Nachweis hat sich bei börsennotierten Gesellschaften auf den Beginn des 21. Tages vor der Versammlung zu beziehen und muss der Gesellschaft unter der in der Einberufung hierfür mitgeteilten Adresse mindestens sechs Tage vor der Versammlung zugehen. [3]In der Satzung oder in der Einberufung auf Grund einer Ermächtigung durch die Satzung kann eine kürzere, in Tagen zu bemessende Frist vorgesehen werden. [4]Der Tag des Zugangs ist nicht mitzurechnen. [5]Im Verhältnis zur Gesellschaft gilt für die Teilnahme an

[89] MüKoAktG/*Kubis* Rn. 73; Spindler/Stilz/*Rieckers* Rn. 69.
[90] MüKoAktG/*Kubis* Rn. 73; Spindler/Stilz/*Rieckers* Rn. 69; vgl. auch NK-AktR/*Müller* Rn. 37, der de lege ferenda aber eine direkte Zahlungsverpflichtung fordert.
[91] GroßkommAktG/*Werner* Rn. 76.
[92] HK-AktG/*Reger* Rn. 24; GroßkommAktG/*Werner* Rn. 79; MüKoAktG/*Kubis* Rn. 68.
[93] MüKoAktG/*Kubis* Rn. 77 f.; Schmidt/Lutter/*Ziemons* Rn. 4.
[94] *Halberkamp/Gierke* NZG 2004, 494 (495); Hüffer/*Koch* Rn. 3.
[95] NK-AktR/*Müller* Rn. 9.
[96] NK-AktR/*Müller* Rn. 10; Hüffer/*Koch* Rn. 3.

der Versammlung oder für die Ausübung des Stimmrechts als Aktionär nur, wer den Nachweis erbracht hat.

(5) Bei Namensaktien börsennotierter Gesellschaften folgt die Berechtigung zur Teilnahme an der Versammlung oder zur Ausübung des Stimmrechts gemäß § 67 Absatz 2 Satz 1 aus der Eintragung im Aktienregister.

Schrifttum: *Butzke,* Hinterlegung, Record Date und Einberufungsfrist, WM 2005, 1981; *Drinhausen/Keinath,* Regierungsentwurf eines Gesetzes zur Umsetzung der Aktionärsrechterichtlinie (ARUG) – Überblick über die Änderungen gegenüber dem Referentenentwurf, BB 2009, 64; *Seibert/Florstedt,* Der Regierungsentwurf des ARUG – Inhalt und wesentliche Änderungen gegenüber dem Referentenentwurf, ZIP 2008, 2145; *Simon/Zetzsche,* Aktionärslegitimation und Satzungsgestaltung – Überlegungen zu § 123 AktG idF des UMAG, NZG 2005, 369.

Übersicht

I. Allgemeines

1. Regelungsgegenstand und -zweck. § 123 regelt zunächst die **Einberufungsfrist,** somit den Zeitraum, der mindestens zwischen Einberufung und Hauptversammlung liegen muss (Abs. 1). Ferner werden der Rahmen für Satzungsregelungen über Voraussetzungen für die **Teilnahme** an der Hauptversammlung, die Ausübung des Stimmrechts (Abs. 2) sowie die **Legitimation** bei Inhaber- (Abs. 4) und nunmehr auch bei Namensaktien (Abs. 5) börsennotierter Gesellschaften vorgegeben. Zweck der Einberufungsfrist ist insbesondere der Schutz der Dispositionsfreiheit der Aktionäre.[1] Diese sollen anhand der in der Einberufung enthaltenen Informationen in einem angemessenen Zeitrahmen vor der Hauptversammlung notwendige Vorkehrungen für ihre Teilnahme oder die Bevollmächtigung von Vertretern treffen können. Neben dem Dispositionsschutz der Aktionäre dient § 123, indem er ein durch die Satzung begründbares Anmeldeerfordernis zulässt, auch der Informationssicherheit der Gesellschaft, die ihrerseits die Hauptversammlung vorzubereiten hat.[2] Schließlich hat die Vorschrift allgemein die Verbesserung der Hauptversammlungspräsenz zum Ziel.[3] 1

2. Gesetzesänderungen. Große Teile des § 123 sind durch das Gesetz zur Unternehmensintegrität und Modernisierung des Anfechtungsrechts (UMAG) vom 22.9.2005 (BGBl. I S. 2802) geändert worden. Zuvor hatte die Vorschrift bereits durch das Gesetz zur Namensaktie und zur Erleichterung der Stimmrechtsausübung (NaStraG) vom 18.1.2001 (BGBl. I S. 123) Modifikationen erfahren. Im Zuge des Gesetzes zur Umsetzung der Aktionärsrechte-RL **(ARUG)** vom 30.7.2009 (BGBl. I S. 2479) wurden die Fristenregelungen der Vorschrift vereinfacht, insbesondere in Bezug auf die Anmeldung (Abs. 2) und den Nachweisstichtag (nun Abs. 4). Die Novellierung war Teil der umfassenden Vereinfachung und Vereinheitlichung der Fristenregelungen, die durch das ARUG eingeführt wurde (→ § 121 Rn. 49 ff.). Die Neuerungen durch die **Aktienrechtsnovelle 2016** vom 22.12.2015 (BGBl. I S. 2565) sind, anders als der erste Blick auf die Vorschrift vermuten lässt, nur geringfügig.[4] 2

II. Rechtstatsächliche Bedeutung

Die Einberufungsfrist des Abs. 1 ist von erheblicher rechtstatsächlicher Relevanz. Sie führt iVm weiteren für die Einberufung erforderlichen Maßnahmen dazu, dass die Durchführung einer Haupt- 3

[1] Hüffer/*Koch* Rn. 1; MüKoAktG/*Kubis* Rn. 1.
[2] NK-AktR/*Müller* Rn. 5.
[3] NK-AktR/*Müller* Rn. 5.
[4] Vgl. Hüffer/*Koch* Rn. 9.

versammlung teils **erhebliche Vorlaufzeiten** benötigt.[5] Unternehmerische Entscheidungen, die der Zustimmung der Hauptversammlung bedürfen, können daher oftmals nur mit beträchtlicher zeitlicher Verzögerung durchgeführt werden. Dass regelmäßig von einer Vorlaufzeit von einem Vierteljahr auszugehen ist, wird insbesondere mit Blick auf die Durchführung außerordentlicher Hauptversammlungen mit dringlichen Beschlussgegenständen zu Recht als inakzeptabel angesehen.[6]

III. Einzelerläuterung

4 **1. Einberufungsfrist (Abs. 1).** Die Einberufung muss gemäß Abs. 1 S. 1 mindestens **30 Tage** vor dem Tag der Hauptversammlung erfolgen. Diese Frist von 30 Tagen wird allerdings – zumindest bei börsennotierten Gesellschaften – in der Regel durch die satzungsmäßige Anmeldefrist um bis zu sechs Tage verlängert (→ Rn. 6). Eine noch frühzeitigere Einberufung ist zulässig und aus Vorsichtsgründen gängige Praxis. Eine längere Einberufungsfrist kann auch verbindlich in der Satzung festgelegt werden.[7] Bei der Fristberechnung ist gemäß Abs. 1 S. 2 der Tag der Hauptversammlung nicht mitzurechnen (zur Berechnung → Rn. 16). Mit dieser ausdrücklichen Regelung beseitigte der Gesetzgeber Rechtsunsicherheiten, die durch unterschiedliche Rechtsprechung von Instanzgerichten entstanden waren.[8] Vorbehaltlich eines in der Praxis häufig vorkommenden satzungsmäßigen Anmeldeerfordernisses ist folglich die Hauptversammlung spätestens um 24 Uhr am 31. Tag vor dem Versammlungstag einzuberufen.[9] Ist eine mehrtätige Hauptversammlung angesetzt, so kommt es für den Fristbeginn auf den ersten Versammlungstag an.[10] Der Tag der Einberufung ist der Tag der Bekanntmachung im elektronischen Bundesanzeiger (§ 25). Verzögert sich das Einrücken der Bekanntmachung im elektronischen Bundesanzeiger, geht dies zu Lasten der Gesellschaft.[11] Gibt es nach der Satzung mehrere Gesellschaftsblätter, liegt eine Einberufung erst in dem Zeitpunkt vor, in dem die Bekanntmachung in allen Blättern erfolgt ist (→ § 121 Rn. 31). Bei einer Einberufung durch eingeschriebenen Brief ist gemäß § 121 Abs. 4 S. 2 Hs. 2 der Tag der Absendung des letzten Briefes maßgeblich für den Tag der Bekanntmachung, nicht hingegen der Briefzugang.[12] Gemäß § 16 Abs. 4 WpÜG gilt für die Einberufung von Hauptversammlungen eine verkürzte Frist von zwei Wochen, wenn die Gesellschaft Zielgesellschaft eines Übernahmeangebots ist.[13]

5 **2. Anmeldung zur Hauptversammlung (Abs. 2). a) Allgemeines.** Im Grundsatz hat jeder Aktionär ohne Erfüllung weiterer Voraussetzungen das Recht, an der Hauptversammlung teilzunehmen und – soweit er stimmberechtigte Aktien hält – über die Beschlussgegenstände mit abzustimmen.[14] Gemäß Abs. 2 S. 1 kann die **Satzung** allerdings die Teilnahme an der Hauptversammlung oder die Ausübung des Stimmrechts von einer Anmeldung durch die Aktionäre abhängig machen. Ein solches satzungsmäßig begründetes Anmeldeerfordernis verfolgt nicht den Zweck der Legitimation des Aktionärs (→ Rn. 9 ff. zu Abs. 3), weswegen es für die Anmeldung eines Berechtigungsnachweises nicht bedarf.[15] Die Anmeldung soll der Gesellschaft vielmehr die Vorbereitung auf die Hauptversammlung vereinfachen.[16] Die Satzung kann ein Anmeldeerfordernis auch bei Namensaktien vorsehen, da Abs. 2 – wie inzwischen auch Abs. 3 – nicht zwischen Inhaber- und Namensaktien unterscheidet. Die Festlegung eines Anmeldeerfordernisses in der Satzung ist gängige Praxis.

6 **b) Anmeldeerfordernis und Einberufungsfrist.** Sieht die Satzung ein Anmeldeerfordernis vor, so ergeben sich Änderungen für die Einberufungsfrist des Abs. 1. Nach § 123 Abs. 2 S. 2 muss die Anmeldung der Gesellschaft mindestens **sechs Tage** vor der Versammlung zugehen. Der Tag des Zugangs ist nicht mitzurechnen (Abs. 2 S. 4). Dies bedeutet, dass die Anmeldung spätestens um 24 Uhr am 7. Tag vor der Versammlung zugegangen sein muss (wenn die Satzung keine kürzere Anmeldefrist vorsieht, → Rn. 7).[17] Die Tage der Anmeldefrist werden der Einberufungsfrist des Abs. 1 hinzuaddiert (Abs. 2 S. 5). Zweck dieser Regelung ist es, dem Aktionär auch im Falle eines

---

[5] MüKoAktG/*Kubis* Rn. 2.
[6] MüKoAktG/*Kubis* Rn. 2.
[7] Hüffer/*Koch* Rn. 2; MHdB AG/*Bungert* § 36 Rn. 41.
[8] Vgl. dazu einerseits OLG Frankfurt NZG 2008, 343 (Tag der Einberufung zählt nicht mit) und LG München I BeckRS 2009, 6345 andererseits (Tag der Einberufung zählt mit).
[9] Begr. RegE, BT-Drs. 16/11642, 29; *Seibert/Florstedt* ZIP 2008, 2145 (2149).
[10] MüKoAktG/*Kubis* Rn. 3.
[11] MüKoAktG/*Kubis* Rn. 4.
[12] MüKoAktG/*Kubis* Rn. 4.
[13] Vgl. hierzu NK-AktR/*Müller* Rn. 10 ff.
[14] Schmidt/Lutter/*Ziemons* Rn. 16.
[15] HK-AktG/Reger Rn. 5.
[16] NK-AktR/*Müller* Rn. 13; Hüffer/*Koch* Rn. 6.
[17] Beispielhaft Begr. RegE, BT-Drs. 16/11642, 29; *Seibert/Florstedt* ZIP 2008, 2145 (2148).

Anmeldeerfordernisses stets mindestens 30 Tage zu geben, in denen er über seine Teilnahme an der Hauptversammlung entscheiden und die für die Teilnahme erforderlichen Voraussetzungen schaffen kann.[18] Die Einberufungsfrist des Abs. 1 kann damit auf bis zu 37 Tage verlängert werden. Dies ist in der Praxis der Regelfall.

c) Verkürzung der Anmeldefrist. Nach Abs. 2 S. 3 Alt. 1 kann die **Satzung** eine kürzere Anmeldefrist als sechs Tage vor der Hauptversammlung festlegen. Es muss sich hierbei um eine in Kalendertagen bemessene Frist handeln. Die Satzung kann aber auch eine Ermächtigung vorsehen, in der Einberufung der Hauptversammlung eine kürzere, in Kalendertagen zu bemessende Frist festzulegen (Abs. 2 S. 3 Alt. 2). Diese durch das ARUG[19] nunmehr ausdrücklich eröffnete Möglichkeit reagierte auf die Rechtsprechung, die diese in der Praxis gängige Methode als unzulässig angesehen hatte.[20] Insofern hat der Satzungsgeber die Wahl, entweder unmittelbar selbst eine kürzere Anmeldefrist festzulegen oder die Festlegung einer kürzeren Anmeldefrist zur **Disposition des Einberufenden** zu stellen.[21] Eine satzungsmäßige Verlängerung der Frist ist hingegen nicht möglich.[22] Hinsichtlich der Fristberechnung gilt § 121 Abs. 7.[23] Wegen der Regelung des § 123 Abs. 2 S. 5, wonach der Tag des Zugangs der Anmeldung bei der Gesellschaft nicht mitzurechnen ist, bleiben dem Aktionär in jedem Fall 30 Tage, innerhalb derer er sich für die Hauptversammlung anmelden kann. Gemäß § 16 Abs. 4 S. 4 WpÜG beträgt die Anmeldefrist im Falle einer Hauptversammlung in einer Übernahmesituation unabhängig von einer abweichenden Satzungsregelung vier Tage, sofern die Einberufungsfrist des Abs. 1 gemäß § 16 Abs. 4 S. 1 WpÜG in zulässiger Weise unterschritten worden ist. 7

d) Form und Zugang der Anmeldung. § 123 regelt nicht, in welcher Form die Anmeldung zu erfolgen hat. Der Satzungsgeber kann mithin im Rahmen des Zumutbaren frei über die Formanforderungen entscheiden. Als unzumutbar ist etwa das Erfordernis einer notariellen Beglaubigung der Anmeldung anzusehen.[24] Ist auch in der Satzung die Anmeldungsform nicht geregelt, so ist die Anmeldung **ohne jegliches Formerfordernis** möglich, also etwa auch durch E-Mail, Telefax oder mündlich via Telefon,[25] aber auch durch konkludente Willenserklärung, beispielsweise durch Erbringung des Legitimationsnachweises gemäß Abs. 3.[26] Die Anmeldung muss der Gesellschaft unter der hierfür in der Einberufung mitgeteilten Adresse zugehen.[27] Ist keine Adresse mitgeteilt, so kann der Zugang am Ort der Hauptverwaltung oder der Geschäftsleitung erfolgen.[28] Der Aktionär muss den Zugang der Anmeldung im Zweifel nachweisen können.[29] 8

3. Legitimation (Abs. 3–5). a) Allgemeines. Nach allgemeinen Grundsätzen muss derjenige, der ein Recht behauptet, sich auch als Berechtigter legitimieren können.[30] Im Hauptversammlungskontext bedeutet dies, dass jeder Aktionär, der an einer Hauptversammlung teilnehmen möchte, in der Lage sein muss, nachzuweisen, dass er zur Teilnahme und zur Stimmrechtsausübung berechtigt ist.[31] Geprüft wird die Berechtigung beim Zutritt zur Hauptversammlung.[32] Das Legitimationserfordernis besteht unabhängig von einem satzungsmäßigen Anmeldeerfordernis nach Abs. 2.[33] Es wird nicht von Abs. 3 normiert, sondern von ihm vorausgesetzt. Abs. 3–5, zu welchen der Gesetzgeber der Aktienrechtsnovelle 2016 Abs. 3 aF ausdifferenziert hat, geben dem Satzungsgeber nur vor, welchen **inhaltlichen Anforderungen** eine (nicht zwingend erforderliche) satzungsmäßige Legitimationsregelung zumindest gerecht werden muss. Regelt die Satzung Art und Weise des Berechtigungsnachweises und setzt sie dabei eine Nachweisfrist, so verlängert sich die 30-Tagefrist des Abs. 1 gemäß Abs. 3 Hs. 2 iVm Abs. 2 S. 5 um die Tage der Nachweisfrist (entsprechend zur Einberufungsfrist bei einem Anmeldeerfordernis → Rn. 6). Nur derjenige Inhaber von Inhaberaktien, der den 9

---

[18] Vgl. Hüffer/*Koch* Rn. 7.
[19] Begr. Rechtsausschuss, BT-Drs. 16/13098, 57.
[20] OLG München WM 2008, 1072 (1073); ebenso bereits in der Vorinstanz LG München I NZG 2007, 952.
[21] Begr. Rechtsausschuss, BT-Drs. 16/13098, 57.
[22] Begr. RegE, BT-Drs. 15/5092, 13.
[23] Begr. RegE, BT-Drs. 16/11642, 29.
[24] Spindler/Stilz/*Rieckers* Rn. 9.
[25] HK-AktG/*Reger* Rn. 5.
[26] Schmidt/Lutter/*Ziemons* Rn. 24.
[27] Hüffer/*Koch* Rn. 7; Schmidt/Lutter/*Ziemons* Rn. 25.
[28] Hüffer/*Koch* Rn. 7; Schmidt/Lutter/*Ziemons* Rn. 25.
[29] HK-AktG/*Reger* Rn. 5.
[30] Hüffer/*Koch* Rn. 3.
[31] Schmidt/Lutter/*Ziemons* Rn. 31; *Simon/Zetzsche* NZG 2005, 369 (370).
[32] HK-AktG/*Reger* Rn. 5.
[33] Begr. RegE, BT-Drs. 15/5092, 13.

Berechtigungsnachweis entsprechend den gesetzeskonformen Satzungsregelungen erbringt, gilt gemäß Abs. 4 S. 5 gegenüber der Gesellschaft als Aktionär und damit als teilnahme- und stimmberechtigt.

10 Abs. 3 gilt nunmehr für alle Arten von Aktien. Abs. 4 befasst sich näher mit **Inhaberaktien,** Abs. 5 mit der Art und Weise der Legitimation bei **Namensaktien.** Für die Festschreibung in Abs. 5 bestand genau genommen kein Bedürfnis, da die Norm lediglich § 67 Abs. 2 S. 1 wiederholt.[34] Insofern wird nur aus Gründen systematischer Klarheit[35] (noch einmal) festgehalten, dass auch im Rahmen des § 123 AktG der im Aktienregister als Aktionär Eingetragene unwiderleglich der Gesellschaft gegenüber als Aktionär gilt. Auch wenn das Aktienregister nicht mit der materiellen Rechtslage übereinstimmt, ist der Eingetragene daher gegenüber der Gesellschaft legitimiert. Einen über das Aktienregister hinausgehenden Berechtigungsnachweis von Namensaktionären darf die Satzung nicht verlangen.[36] Über das Anmeldeerfordernis des Abs. 2 hinaus können Namensaktionäre damit nicht zur Erfüllung weiterer Teilnahmebedingungen verpflichtet werden.

11 Gemäß Abs. 4 S. 1 genügt bei **börsennotierten Gesellschaften** als Berechtigungsnachweis bei **Inhaberaktien** ein in Textform (§ 126b BGB) erstellter besonderer Nachweis des Anteilsbesitzes durch das depotführende Institut **(Bankbescheinigung).** Die Textform iSd § 126b BGB kann durch verkörperte Erklärungen auf Papier, CD-ROM, E-Mail oder Computerfax gewahrt werden.[37] Depotführende Institute sind Kreditinstitute oder Finanzdienstleistungsinstitute.[38] Der Nachweis durch Bankbescheinigung ist in jedem Falle ausreichend.[39] Die Praxis hat die Anregung des Gesetzgebers[40] weitgehend aufgegriffen und inhaltliche Regelungen über die Sprache (Nachweise in deutscher und englischer Sprache) und – weniger verbreitet – die Form der Bankbescheinigung in Satzungen verankert. Nach hM muss die Bankbescheinigung aber nicht zwingend die einzige Möglichkeit des Berechtigungsnachweises sein.[41] Andere Formen des Legitimationsnachweises sind neben der Bankbescheinigung auf der Basis entsprechender Satzungsregelungen denkbar.[42] Einschränkungen oder strengere Anforderungen an die Form des Berechtigungsnachweises durch Satzungsregelung sind dabei allerdings nicht zulässig.[43]

12 Bei **nicht börsennotierten Gesellschaften** kann der Satzungsgeber die Art und Weise der Legitimation eines jeden Aktionärs demgegenüber weitgehend **frei bestimmen.**[44] Die gesetzlichen Vorgaben des Abs. 4 S. 1 und 2 (zu letzterem → Rn. 13) gelten lediglich für börsennotierte Gesellschaften. Eine inhaltliche Anlehnung an die Vorgaben des Abs. 4 S. 1 und 2 ist aber zulässig und kann sich gerade bei Notierung im Freiverkehr anbieten.[45] Als Regelungsgegenstände für eine Satzungsbestimmung kommen insbesondere Form und Sprache des Nachweises in Betracht.[46] Möglich ist etwa – bei entsprechender Verbriefung – auch das Erfordernis der Legitimation durch Hinterlegung der Aktien.[47] Auch ein Record Date, also der Tag, auf den sich der Berechtigungsnachweis beziehen muss, ist in Abs. 4 S. 2 nur für börsennotierte Gesellschaften verbindlich festgelegt (→ Rn. 13) und kann bei nicht-börsennotierten Gesellschaften in der Satzung geregelt werden.[48] Die Anforderungen an die Legitimation müssen für die Aktionäre allerdings **zumutbar** sein.[49] Unzumutbar können deutlich von der gesetzlichen Regelung abweichende Fristen oder das Erfordernis einer notariellen Beglaubigung der Bankbescheinigung sein.[50] Unzulässig sind auch satzungsmäßige Regelungen, die für einen erfolgreichen Berechtigungsnachweis einen Mindestanteilsbesitz oder eine Mindestbesitzzeit verlangen.[51] **Fehlt eine Satzungsregelung,** so erfolgt die Legitimierung bei verbrieften Aktien durch Vorlage der Aktienurkunde oder einer Bescheinigung des depotführenden Kreditinstituts, bei unverbrieften Aktien im Falle des derivativen Rechtserwerbs durch Vorlage von

---

[34] Hüffer/*Koch* Rn. 14.
[35] RAusschuss BT-Drs. 18/6681.
[36] HK-AktG/*Reger* Rn. 6; *Butzke* WM 2005, 1981 (1982); Schmidt/Lutter/*Ziemons* Rn. 32.
[37] Palandt/*Ellenberger* BGB § 126b Rn. 3.
[38] Begr. RegE, BT-Drs. 15/5092, 13.
[39] Begr. RegE, BT-Drs. 15/5092, 13; NK-AktR/*Müller* Rn. 20.
[40] BT-Drs. 15/5092, 28.
[41] NK-AktR/*Müller* Rn. 20; Hüffer/*Koch* Rn. 11; aA *Gantenberg* DB 2005, 207 f.
[42] Begr. RegE, BT-Drs. 15/5092, 13; NK-AktR/*Müller* Rn. 16.
[43] HK-AktG/*Reger* Rn. 8.
[44] NK-AktR/*Müller* Rn. 17; Hüffer/*Koch* Rn. 10; Schmidt/Lutter/*Ziemons* Rn. 38.
[45] NK-AktR/*Pluta,* 3. Aufl. 2011, Rn. 17; Hüffer/*Koch* Rn. 10.
[46] Vgl. ferner HK-AktG/*Reger* Rn. 7.
[47] HK-AktG/*Reger* Rn. 7; Hüffer/*Koch* Rn. 10; Schmidt/Lutter/*Ziemons* Rn. 38.
[48] HK-AktG/*Reger* Rn. 7; NK-AktR/*Müller* Rn. 17.
[49] HK-AktG/*Reger* Rn. 7.
[50] HK-AktG/*Reger* Rn. 7; *Butzke* WM 2005, 1981 (1983).
[51] HK-AktG/*Reger* Rn. 7.

Abtretungsurkunden (§§ 410, 413 BGB analog), die auf den Zeichner zurückführen.[52] Der Zeichner selbst muss sich nicht legitimieren können, da die Gesellschaft die hierfür erforderlichen Unterlagen zur Verfügung hat.[53] Der Erbe legitimiert sich über den Erbschein (§ 2365 BGB).

b) Nachweisstichtag (Record Date). Nach Abs. 4 S. 2 muss sich die Legitimation der **Inhaberaktionäre** bei börsennotierten Gesellschaften auf den **Beginn des 21. Tages vor der Hauptversammlung** (sog. Record Date) beziehen. Eine abweichende Bestimmung des Record Date durch Satzungsregelung ist bei börsennotierten Gesellschaften nicht möglich.[54] Nachweise, die vor dem Record Date ausgestellt wurden, können keine legitimierende Wirkung entfalten.[55] Derjenige, der sich zum Stichtag legitimieren kann, verliert seine Teilnahme- und Stimmrechte sowie sonstige versammlungsbezogene Rechte auch dann nicht, wenn er seine Aktien noch vor der Hauptversammlung veräußert.[56] Nach dem Record Date erworbene Aktien verleihen keine Teilnahme- und Stimmrechte in der Hauptversammlung.[57] Für die Berechnung des Record Dates gilt § 121 Abs. 7 (→ Rn. 16). Von den zwischenzeitlichen Plänen, das nun in Abs. 4 S. 2 verortete Record Date auf **Namensaktionäre** auszudehnen, hat der Gesetzgeber der Aktienrechtsnovelle 2016 letztlich Abstand genommen.[58] Auch für Namensaktionäre kann nach hM allerdings eine zeitliche Grenzziehung dadurch erreicht werden, dass für das Aktienregister ein Umschreibestopp in zulässiger Zeitspanne vor der Hauptversammlung eingerichtet wird.[59] Der Record Date ist ein Termin iSd § 121 Abs. 7.[60] 13

c) Zugang des Nachweises. Der Berechtigungsnachweis des Aktionärs muss der Gesellschaft unter der in der Einberufung mitgeteilten Adresse zugehen,[61] und zwar grundsätzlich mindestens sechs Tage vor der Versammlung (Abs. 4 S. 2). Der Tag des Zugangs ist dabei nicht mitzurechnen (Abs. 4 S. 4). Wie in Abs. 4 S. 2 kann die Satzung selbst eine kürzere Frist vorsehen oder den Einberufenden ermächtigen, in der Einberufung eine kürzere Frist festzulegen (→ Rn. 7). 14

d) Fehlen einer Satzungsregelung. Abs. 3 HS. 1 sieht ausdrücklich vor, dass die Satzung die Art und Weise der Legitimation von Inhaberaktien bestimmen „kann". Macht der Satzungsgeber hiervon keinen Gebrauch, so gelten für die Inhaberaktionäre börsennotierter Gesellschaften dieselben Legitimationsanforderungen wie für die Aktionäre nicht börsennotierter Gesellschaften, die keine Satzungsregelung zur Legitimation ihrer Aktionäre vorsehen (→ Rn. 12). Es stellt sich dann aber die Frage, ob die Gesellschaft – auch ohne entsprechende Satzungsbestimmung – von den Aktionären eine Legitimation für die Hauptversammlung nach den Vorgaben des Abs. 4 S. 1 und 2 etwa durch Mitteilung in der Einberufung verlangen kann. Dies ist zu bejahen. Abs. 4 regelt lediglich, welchen inhaltlichen Anforderungen ein satzungsmäßiges Legitimationserfordernis zwingend genügen muss. Er besagt nicht, dass diese Anforderungen, die auch die Interessen des Aktionärs im Blick haben, im Falle einer fehlenden Satzungsbestimmung von der Gesellschaft nicht gestellt werden dürfen.[62] 15

4. Fristberechnung. Das Fristenregime im Bereich der Hauptversammlung wurde durch das ARUG neu geordnet. Für die Berechnung von Fristen im Vorfeld einer Hauptversammlung ist § 121 Abs. 7 einschlägig, der § 123 Abs. 4 aF ersetzt hat. Zu beachten ist, dass § 121 Abs. 7 die §§ 187 ff. BGB ausdrücklich für nicht anwendbar erklärt und das Feiertagsprivileg des § 123 Abs. 4 aF aufgibt (zu Einzelheiten → § 121 Rn. 49 ff.). 16

IV. Abdingbarkeit

Die Vorgaben des § 123 sind **teilweise abdingbar.** Der Satzungsgeber kann eine längere Einberufungsfrist als die in Abs. 1 genannten 30 Tage verbindlich in der Satzung festlegen (→ Rn. 4). Ob es für die Teilnahme an der Hauptversammlung einer Anmeldung durch die Aktionäre bedarf, kann der Satzungsgeber nach Abs. 2 frei entscheiden. Auch bezüglich Form (→ Rn. 8) und Frist (→ Rn. 7) der Anmeldung hat der Satzungsgeber einen Regelungsspielraum. Schließlich steht nach Abs. 3 auch eine Regelung über die Legitimation von Inhaberaktionären zur Disposition des Satzungsgebers. Bei börsennotierten Gesellschaften unterliegt der Satzungsgeber dabei den gesetzlichen 17

[52] Hüffer/*Koch* Rn. 3 und 5; Schmidt/Lutter/*Ziemons* Rn. 33.
[53] Hüffer/*Koch* Rn. 3.
[54] NK-AktR/*Müller* Rn. 24.
[55] Schmidt/Lutter/*Ziemons* Rn. 47.
[56] Spindler/Stilz/*Rieckers* Rn. 31.
[57] Begr. RegE, BT-Drs. 15/5092, 14; NK-AktR/*Müller* Rn. 28; Schmidt/Lutter/*Ziemons* Rn. 53.
[58] BT-Drs. 18/4394, 23 f. auch zu den Gründen.
[59] Vgl. dazu Hüffer/*Koch* § 67 Rn. 20.
[60] *Drinhausen/Keinath* BB 2009, 64 (65).
[61] Spindler/Stilz/*Rieckers* Rn. 13.
[62] So iErg auch Schmidt/Lutter/*Ziemons* Rn. 58.

Vorgaben des Abs. 4 S. 1 und 2 (→ Rn. 11, 13 ff.), bei nicht börsennotierten Gesellschaften kann die Art und Weise des Berechtigungsnachweises weitgehend frei bestimmt werden (→ Rn. 12).

V. Beweislast

18 Den rechtzeitigen Zugang der Anmeldung und des Legitimationsnachweises muss im Zweifel der **Aktionär** beweisen. Zudem obliegt es dem Aktionär – Inhaber- und Namensaktionär gleichermaßen – nachzuweisen, dass er zur Teilnahme, zur Stimmrechtsausübung und zur Ausübung sonstiger versammlungsbezogener Rechte berechtigt ist (→ Rn. 9).

§ 124 Bekanntmachung von Ergänzungsverlangen; Vorschläge zur Beschlussfassung

(1) [1]Hat die Minderheit nach § 122 Abs. 2 verlangt, dass Gegenstände auf die Tagesordnung gesetzt werden, so sind diese entweder bereits mit der Einberufung oder andernfalls unverzüglich nach Zugang des Verlangens bekannt zu machen. [2]§ 121 Abs. 4 gilt sinngemäß; zudem gilt bei börsennotierten Gesellschaften § 121 Abs. 4a entsprechend. [3]Bekanntmachung und Zuleitung haben dabei in gleicher Weise wie bei der Einberufung zu erfolgen.

(2) [1]Steht die Wahl von Aufsichtsratsmitgliedern auf der Tagesordnung, so ist in der Bekanntmachung anzugeben, nach welchen gesetzlichen Vorschriften sich der Aufsichtsrat zusammensetzt; ist die Hauptversammlung an Wahlvorschläge gebunden, so ist auch dies anzugeben. [2]Die Bekanntmachung muss bei einer Wahl von Aufsichtsratsmitgliedern börsennotierter Gesellschaften, für die das Mitbestimmungsgesetz, das Montan-Mitbestimmungsgesetz oder das Mitbestimmungsergänzungsgesetz gilt, ferner enthalten:
1. Angabe, ob der Gesamterfüllung nach § 96 Absatz 2 Satz 3 widersprochen wurde, und
2. Angabe, wie viele der Sitze im Aufsichtsrat mindestens jeweils von Frauen und Männern besetzt sein müssen, um das Mindestanteilsgebot nach § 96 Absatz 2 Satz 1 zu erfüllen
[3]Soll die Hauptversammlung über eine Satzungsänderung oder über einen Vertrag beschließen, der nur mit Zustimmung der Hauptversammlung wirksam wird, so ist auch der Wortlaut der vorgeschlagenen Satzungsänderung oder der wesentliche Inhalt des Vertrags bekanntzumachen.

(3) [1]Zu jedem Gegenstand der Tagesordnung, über den die Hauptversammlung beschließen soll, haben der Vorstand und der Aufsichtsrat, zur Wahl von Aufsichtsratsmitgliedern und Prüfern nur der Aufsichtsrat, in der Bekanntmachung Vorschläge zur Beschlußfassung zu machen. [2]Bei Gesellschaften, die kapitalmarktorientiert im Sinne des § 264d des Handelsgesetzbuchs, die CRR-Kreditinstitute im Sinne des § 1 Absatz 3d Satz 1 des Kreditwesengesetzes, mit Ausnahme der in § 2 Absatz 1 Nummer 1 und 2 des Kreditwesengesetzes genannten Institute, oder die Versicherungsunternehmen im Sinne des Artikels 2 Absatz 1 der Richtlinie 91/674/EWG sind, ist der Vorschlag des Aufsichtsrats zur Wahl des Abschlussprüfers auf die Empfehlung des Prüfungsausschusses zu stützen. [3]Satz 1 findet keine Anwendung, wenn die Hauptversammlung bei der Wahl von Aufsichtsratsmitgliedern nach § 6 des Montan-Mitbestimmungsgesetzes an Wahlvorschläge gebunden ist, oder wenn der Gegenstand der Beschlußfassung auf Verlangen einer Minderheit auf die Tagesordnung gesetzt worden ist. [4]Der Vorschlag zur Wahl von Aufsichtsratsmitgliedern oder Prüfern hat deren Namen, ausgeübten Beruf und Wohnort anzugeben. [5]Hat der Aufsichtsrat auch aus Aufsichtsratsmitgliedern der Arbeitnehmer zu bestehen, so bedürfen Beschlüsse des Aufsichtsrats über Vorschläge zur Wahl von Aufsichtsratsmitgliedern nur der Mehrheit der Stimmen der Aufsichtsratsmitglieder der Aktionäre; § 8 des Montan-Mitbestimmungsgesetzes bleibt unberührt.

(4) [1]Über Gegenstände der Tagesordnung, die nicht ordnungsgemäß bekanntgemacht sind, dürfen keine Beschlüsse gefaßt werden. [2]Zur Beschlußfassung über den in der Versammlung gestellten Antrag auf Einberufung einer Hauptversammlung, zu Anträgen, die zu Gegenständen der Tagesordnung gestellt werden, und zu Verhandlungen ohne Beschlußfassung bedarf es keiner Bekanntmachung.

Schrifttum: *Deilmann/Messerschmidt,* Vorlage von Verträgen an die Hauptversammlung, NZG 2004, 977; *Drinhausen/Keinath,* Referentenentwurf eines Gesetzes zur Umsetzung der Aktionärsrichtlinie (ARUG) – Ein Beitrag zur Modernisierung der Hauptversammlung, BB 2008, 1238; *Horn,* Änderungen bei der Vorbereitung und Durchführung der Hauptversammlung nach dem Referentenentwurf zum ARUG, ZIP 2008, 1558; *Kort,* Neues zu „Holzmüller": Bekanntmachungspflichten bei wichtigen Verträgen, AG 2006, 272; *Meder,* Die Mitwirkung des Vorstands am Kandidatenauswahlverfahren für Aufsichtsratswahlen, DStR 2008, 1242; *Paschos/Goslar,* Der Regierungsentwurf des Gesetzes zur Umsetzung der Aktionärsrechterichtlinie, AG 2009, 14; *Scholz,* Unzulässigkeit der Beschlussfassung der Hauptversammlung gem. § 124 Abs. 4 AktG, AG 2008, 11; *Werner,* Bekanntmachung der Tagesordnung und bekanntmachungsfreie Anträge – Ein Beitrag zur Auslegung des § 124 AktG, FS Fleck, 1988, 401.

Übersicht

I. Allgemeines

1 **1. Regelungsgegenstand und -zweck.** § 124 betrifft die **Bekanntmachung** von Ergänzungsverlangen sowie der Beschlussvorschläge von Vorstand und Aufsichtsrat. Die Norm hängt eng mit der Einberufung der Hauptversammlung gemäß § 121 zusammen und ergänzt die Minderheitenrechte gemäß § 122. Abs. 1. Sie soll gewährleisten, dass die nach § 124 Abs. 2 S. 2 für eine Beschlussfassung erforderliche Bekanntmachung der ergänzten Tagesordnungspunkte umgehend und rechtzeitig vor der Hauptversammlung erfolgt.[1] Abs. 3 betrifft die Beschlussvorschläge der Verwaltung und Abs. 4 regelt schließlich die Rechtsfolgen einer nicht ordnungsgemäßen Bekanntmachung.

2 Die Bekanntmachungsvorschriften dienen der **rechtzeitigen Information** der Aktionäre, Kreditinstitute und Aktionärsvereinigungen. Diesen soll Gelegenheit zur Vorbereitung auf die Hauptversammlung gegeben und die Entscheidung erleichtert werden, ob sie teilnehmen bzw. welche Vorgaben sie etwaigen Stimmrechtsvertretern erteilen möchten.

3 **2. Gesetzesänderungen.** § 124 ist durch das Gesetz zur Umsetzung der Aktionärsrechte-RL **(ARUG)** vom 30.7.2009 (BGBl. I S. 2479) modifiziert worden. § 124 Abs. 1 S. 1 aF besagte, dass die Tagesordnung der Hauptversammlung bei der Einberufung in den Gesellschaftsblättern bekannt zu machen ist. Der bisherige S. 1 ist entfallen, da die Tagesordnung nunmehr Bestandteil der Einberufung ist (§ 121 Abs. 3), so dass es keiner gesonderten Regelung für ihre Bekanntmachung bedarf.[2] Ferner ist die Regelung zur Bekanntmachung von nach § 122 Abs. 2 ergänzten Tagesordnungspunkten präzisiert worden. In Verbindung mit der Änderung des § 122 Abs. 2, wonach Ergänzungsverlangen der Gesellschaft spätestens 24 bzw. bei börsennotierten Gesellschaften 30 Tage vor der Versammlung zugehen müssen, ist somit gewährleistet, dass Ergänzungen der Tagesordnung bei börsennotierten Gesellschaften frühzeitig vor der Hauptversammlung bekanntgemacht werden. In jüngerer Zeit wurde die Vorschrift von zwei weiteren Änderungsgesetzen modifiziert. Zunächst wurde durch das **Gesetz für die gleichberechtigte Teilhabe von Frauen und Männern an Führungspositionen in der Privatwirtschaft und im öffentlichen Dienst** vom 24.4.2015 (BGBl. I S. 264) Abs. 2 S. 2 eingefügt (→ Rn. 8). Im Zuge des **Abschlussprüfungsreformgesetzes** vom 10.5.2016 (BGBl. I S. 1142) wurde dann der Kreis der von Abs. 3 S. 2 erfassten Gesellschaften erweitert.

II. Einzelerläuterung

4 **1. Bekanntmachung von Ergänzungen der Tagesordnung (Abs. 1).** Hat eine Minderheit iSd § 122 Abs. 2 (Quorum: 5% des Grundkapitals oder ein anteiliger Betrag von 500.000 Euro; → § 122 Rn. 17) ordnungsgemäß die Ergänzung der Tagesordnung (zum Begriff der Tagesordnung → § 121 Rn. 25) verlangt, muss die Gesellschaft diese Ergänzungen bekanntmachen. Die Veröffentlichung der Ergänzung muss entweder bereits mit der Einberufung oder – im praktisch deutlich

[1] Begr. RegE, BT-Drs. 16/11642, 29 f.
[2] Begr. RegE, BT-Drs. 16/11642, 29.

relevanteren Fall des Zugangs des Ergänzungsverlangens nach Einberufung der Hauptversammlung – unverzüglich (also ohne schuldhaftes Zögern, s. § 121 Abs. 1 S. 1 BGB) nach Zugang des Verlangens erfolgen.[3] Dadurch soll gewährleistet werden, dass die Aktionäre baldestmöglich über die ergänzte Tagesordnung informiert werden, so dass sie auf Änderungen ggf. noch durch eine rechtzeitige Anmeldung zur Hauptversammlung bzw. Abstimmung per Brief (§ 118 Abs. 2) oder Benennung eines Vertreters reagieren können.[4] Dies schließt aber nach der Regierungsbegründung zum ARUG eine kurze Frist zur **rechtlichen Überprüfung** des Antrags nicht aus,[5] da es sich hierbei nicht um „schuldhaftes Zögern" handelt. Man wird dem Vorstand daher eine Frist von etwa drei bis fünf Tagen nach Zugang des Verlangens zugestehen dürfen, innerhalb derer er das Verlangen prüfen und die Ergänzung – soweit sie zulässig ist (→ § 122 Rn. 17 ff.) – bekanntmachen kann.[6]

5 Die **Art und Weise** der Bekanntmachung regeln S. 2 und 3. S. 2 Hs. 1 verweist auf § 121 Abs. 4; die Bekanntmachung der Änderungen erfolgt daher nach denselben Regelungen, die für die Bekanntmachung der Einberufung gelten (→ § 121 Rn. 31 ff.). Börsennotierte Gesellschaften haben ferner die Pflicht, die Änderungen solchen Medien zur Veröffentlichung zuzuleiten, bei denen davon ausgegangen werden kann, dass sie die Information in der gesamten Europäischen Union verbreiten, S. 2 Hs. 2 iVm § 124 Abs. 4a (→ § 121 Rn. 38).[7] Nach S. 3 müssen börsennotierte Gesellschaften eine auf Antrag von Aktionären geänderte Tagesordnung „in gleicher Weise" bekanntmachen und zuleiten wie die in der Einberufung vorgeschlagene Tagesordnung. Die Regelung dient der Umsetzung von Art. 6 Abs. 4 RL 2007/36/EG (Aktionärsrechte-RL). Sie bezieht sich sowohl auf die Art und Weise der Bekanntmachung (§ 121 Abs. 4) als auch auf die Zuleitungspflicht des § 121 Abs. 4a.[8] Wurde also die Tagesordnung nur im elektronischen Bundesanzeiger bekanntgemacht, ist auch die Ergänzung nur im elektronischen Bundesanzeiger bekannt zu machen. Nicht zulässig wäre demnach etwa die ausschließliche Bekanntmachung von Ergänzungen im elektronischen Bundesanzeiger, wenn die Gesellschaft die Einberufung den ihr namentlich bekannten Aktionären gemäß § 121 Abs. 4 S. 2 unmittelbar übersandt hat; stattdessen müsste die Ergänzung in derselben Form unmittelbar an die Aktionäre versendet werden. Bei börsennotierten Gesellschaften muss die Ergänzung des Weiteren dem gleichen Medium zur Verbreitung gemäß S. 2 Hs. 2 iVm § 121 Abs. 4a zugeleitet werden, dem zuvor die Tagesordnung gemäß § 121 Abs. 4a zugeleitet worden ist. Börsennotierte Gesellschaften müssen die Ergänzungen ferner gemäß § 124a S. 2 auf ihrer Internetseite veröffentlichen (→ § 124a Rn. 7 f.).[9]

6 **2. Besondere Bekanntmachungspflichten (Abs. 2).** Spezielle Bekanntmachungspflichten sieht das Gesetz für die Wahl von **Aufsichtsratsmitgliedern,** für beabsichtigte **Satzungsänderungen,** in der Praxis insbesondere Kapitalerhöhungen, sowie für die **Zustimmung zu Verträgen** vor. Analoge Anwendung findet die Norm auf die sog. Holzmüller/Gelatine-Beschlüsse (→ Rn. 13; → § 119 Rn. 16 ff.). Nach überwiegender Ansicht sind die besonderen Bekanntmachungen iSd Abs. 2 primär Zusatzinformationen, nicht aber zwangsläufig Teil der Tagesordnung.[10]

7 **a) Wahl von Aufsichtsratsmitgliedern.** Der **Einberufende,** und zwar unter Umständen auch die Minderheit iSd Abs. 1 S. 1, wenn sie gerichtlich ermächtigt wurde, die Einberufung selbst vorzunehmen, hat anzugeben, nach welchen gesetzlichen Vorschriften sich der Aufsichtsrat zusammensetzt. Dies sind entweder §§ 95 f. oder, bei mitbestimmten Aktiengesellschaften, § 96 und die Vorschriften des anwendbaren Mitbestimmungsgesetzes (§§ 6 ff. MitbestG 1976, §§ 4 ff. MontanMitbestG, §§ 5 ff. MitbestErgG oder §§ 4 ff. DrittelbG). Beim Aufsichtsorgan einer nicht mitbestimmten SE mit dualistischer Organisationsverfassung ist die maßgebliche gesetzliche Vorschrift § 17 SEAG, beim Verwaltungsrat einer nicht mitbestimmten monistischen SE § 23 SEAG; bei mitbestimmten SE, für die keine Vereinbarung über die Mitbestimmung in den Organen abgeschlossen wurde, gelten ferner die §§ 34 ff. SEBG. Obwohl Abs. 2 S. 1 nur auf die „gesetzlichen Vorschriften" abstellt, ist beim Aufsichtsorgan (oder Verwaltungsrat) einer SE, deren Mitbestimmung einer Vereinbarung mit den Arbeitnehmern unterliegt, anzugeben, dass die Zusammensetzung sich nach dieser Vereinbarung richtet, da die Vereinbarung in diesem Fall an die Stelle der gesetzlichen Regelungen tritt. Ferner ist anzugeben, ob die Hauptversammlung an Wahlvorschläge gebunden ist, was sich aus §§ 6 oder 8 MontanmitbestG oder, bei der SE, aus § 36 Abs. 4 SEBG oder einer Vereinbarung über die Beteili-

[3] *Paschos/Goslar* AG 2009, 14 (18).
[4] Begr. RegE, BT-Drs. 16/11642, 30.
[5] Begr. RegE, BT-Drs. 16/11642, 30.
[6] Vgl. zum angemessenen Prüfungszeitraum *Horn* ZIP 2008, 1558 (1562); *Paschos/Goslar* AG 2009, 14 (18).
[7] *Drinhausen/Keinath* BB 2008, 1238 (1243).
[8] Begr. RegE, BT-Drs. 16/11642, 30.
[9] *Drinhausen/Keinath* BB 2008, 1238 (1243).
[10] *Butzke* HV Kap. I Rn. 81.

gung der Arbeitnehmer ergeben kann. Eine inhaltliche Beschreibung der gesetzlichen Regelungen oder die Angabe der genauen Zahl der Aufsichtsratsmitglieder ist nicht erforderlich;[11] dennoch wird empfohlen, zumindest die Anzahl der Arbeitnehmervertreter und der Anteilseignervertreter zu nennen.[12] Zu den Angaben über die vorgeschlagenen Kandidaten für den Aufsichtsrat → Rn. 18 zu Abs. 3 S. 4.

Der 2015 hinzugekommene Abs. 1 S. 2 ist im Zusammenhang mit § 96 Abs. 2 zu sehen. Dort wird für Aufsichtsräte börsennotierter mitbestimmter Gesellschaften eine **Mindestquote** von Frauen und Männern von jeweils 30% festgestellt (§ 96 Abs. 2 S. 1). Dass die Gesellschaft bekanntmachen muss, ob der Gesamterfüllung nach § 96 Abs. 2 S. 3 widersprochen wurde, und wie viele Aufsichtsratssitze jeweils von Frauen und Männern besetzt sein müssen, damit 30% erreicht werden, soll eine sachgerechte Vorbereitung auf eine quotierte Aufsichtsratswahl ermöglichen.[13] Daneben wollte der Gesetzgeber festlegen, dass schon der vorbereitende Wahlvorschlag den Vorgaben des § 96 Abs. 2 gerecht werden muss.[14] 8

b) Satzungsänderungen. Die beabsichtigte Änderung ist **im Wortlaut** bekanntzumachen. Eine Begründung oder Erläuterung ist gesetzlich ebenso wenig vorgeschrieben wie eine Gegenüberstellung von alter und neuer Fassung der Satzung.[15] Dies gilt unabhängig davon, ob der Tagesordnungspunkt seitens der Verwaltung oder aufgrund eines Minderheitsverlangens aufgenommen wurde.[16] Während nach einer in der Literatur vertretenen Ansicht lediglich die Annahme oder Ablehnung der im Wortlaut vorgeschlagenen Änderung beschlossen werden kann,[17] ist nach hM nur der jeweilige Tagesordnungspunkt für die Reichweite des Beschlussgegenstands maßgeblich, die zusätzliche Angabe des vorgeschlagenen neuen Satzungswortlauts allein schränkt den Beschlussgegenstand also nicht ein. Im Rahmen der bekanntgemachten Tagesordnung abweichende Satzungsänderungen dürfen daher beantragt und beschlossen werden, da es sich dabei um Anträge und Beschlüsse „zu Gegenständen der Tagesordnung" handelt (→ Rn. 24; → § 121 Rn. 25 zu den Anforderungen an die Konkretisierung von Tagesordnungspunkten).[18] Anderes soll nur dann gelten, wenn der Tagesordnungspunkt ausdrücklich auf den bekanntgemachten Satzungswortlaut beschränkt wird (etwa: „Änderung von § X der Satzung gemäß dem nachstehenden Beschlussvorschlag").[19] In diesem Fall ist die Beschlussfassung über eine anderslautende Satzungsänderung gemäß § 124 Abs. 4 S. 1 nicht möglich. 9

Ist Gegenstand der Satzungsänderung eine **Kapitalmaßnahme,** so ist ein Bericht zur wirtschaftlichen Notwendigkeit der Maßnahme und eine Darstellung des Gesamtkonzepts nicht erforderlich. Für eine Analogie zu Abs. 2 Alt. 2 besteht aufgrund der Existenz des § 186 Abs. 4 S. 2, der gerade keine allgemeine Berichtspflicht für Kapitalmaßnahmen vorsieht, sondern diese ausdrücklich auf den Bezugsrechtsausschluss beschränkt, nach hM kein Raum.[20] Zu zusätzlichen Anforderungen an die Formulierung des Tagesordnungspunktes bei Beschlüssen über Kapitalmaßnahmen → § 121 Rn. 25. 10

c) Zustimmung zu Verträgen. Die Zustimmung der Hauptversammlung kann **aufgrund Gesetzes** oder, nach ganz hM,[21] aufgrund vertraglicher Vereinbarung für das Wirksamwerden eines Vertrages der Gesellschaft erforderlich sein. Praktisch relevant sind vor allem Unternehmens- und Verschmelzungsverträge, Verträge zur Vermögensübertragung, Nachgründungsverträge iSd § 52 und Verträge, durch die die Gesellschaft auf Ansprüche gegen Gründer oder Dritte verzichtet oder sich über diese vergleicht.[22] 11

Bekanntzumachen ist der **„wesentliche Inhalt"** des zustimmungspflichtigen Vertrages. Zum wesentlichen Inhalt gehören die Regelungen, von denen ein **verständiger Durchschnittsaktionär** 12

---

[11] HK-AktG/*Reger* Rn. 9; GroßkommAktG/*Werner* Rn. 28; MüKoAktG/*Kubis* Rn. 25.
[12] MüKoAktG/*Kubis* Rn. 25.
[13] Begr. RegE, BT-Drs. 18/3784, 124.
[14] Begr. RegE, BT-Drs. 18/3784, 124.
[15] KG WM 1996, 1454 (1457); LG Mannheim AG 1967, 83; MüKoAktG/*Kubis* Rn. 14; *Butzke* HV Kap. B Rn. 90.
[16] Hüffer/*Koch* Rn. 9.
[17] So GroßkommAktG/*Werner* Rn. 34.
[18] So OLG Celle WM 1992, 1703 (1704); HK-AktG/*Reger* Rn. 12; Hüffer/*Koch* Rn. 9; MüKoAktG/*Kubis* Rn. 29; MHdB AG/*Bungert* § 36 Rn. 71.
[19] Hüffer/*Koch* Rn. 9.
[20] LG München BeckRS 2008, 2051; Urteil vom 29.11.2007 – 5 HKO 16 291/07 = ZIP 2008, 562 Ls. zur Kapitalerhöhung; vgl. auch MHdB AG/*Krieger* § 61 Rn. 15; Spindler/Stilz/*Marsch-Barner* § 222 Rn. 16, jeweils zur Kapitalherabsetzung.
[21] MüKoAktG/*Kubis* Rn. 18 mwN.
[22] Hüffer/*Koch* Rn. 10.

seine Entscheidung über die Zustimmung zum Vertrag abhängig machen würde.[23] Dazu gehören zumindest die Vertragsparteien und die Hauptleistungspflichten,[24] Gewährleistungen,[25] etwaige Schutzmaßnahmen für Aktionärsminderheiten (zB Abfindungsregelungen bei der Verschmelzung gemäß § 29 UmwG),[26] unter Umständen auch atypische Klauseln[27] sowie etwaige Nachteile des Vertrags[28] (etwa Vertragsstrafen oder Wettbewerbsverbote). Bei Dauerschuldverhältnisse sollen ferner Angaben zu Regelungen über die Vertragsbeendigung erforderlich sein.[29] Schreibt das Gesetz für einen Vertrag einen Mindestinhalt vor – zB die Angaben gemäß §§ 5 Abs. 1 oder 122c UmwG bei der Verschmelzung – soll die Bekanntmachung sich auch mindestens auf die dort genannten Punkte erstrecken.[30] Nimmt der Vertrag **auf einen anderen Vertrag Bezug** oder steht er mit diesem in engem Zusammenhang, so ist auch der wesentliche Inhalt des anderen Vertrags bekanntzumachen, soweit die Aktionäre anderenfalls die Bedeutung des zur Zustimmung vorgelegten Vertrags nicht zutreffend erfassen können.[31] Für den **Verkauf von Unternehmensbeteiligungen** müssen neben den Vertragsparteien auch das Verkaufsobjekt und der Preis, wenigstens aber die Kriterien, nach denen der Preis ermittelt wird, angegeben werden;[32] bei einem Kauf und (teilweisen) Rückverkauf müssen der Kaufpreis und der Rückverkaufspreis angegeben werden.[33] Bei einem Vertrag über die **Veräußerung des Kerngeschäfts** ist das Gesamtkonzept darzustellen.[34] Dazu gehören auch die Gründe für den Verkauf – wobei die bloße Angabe „strategische Gründe" nicht ausreicht – und der Inhalt eines Sachverständigengutachtens, das die Grundlage für die Ermittlung des Kaufpreises bildet.[35] Ergibt sich das Erfordernis der Zustimmung durch die Hauptversammlung aus einer Vereinbarung, so muss dieser Umstand ebenfalls bekanntgemacht werden.[36] Der bekanntgemachte Vertragsinhalt muss richtig und darf nicht irreführend sein;[37] eine „Heilung" falscher Angaben kann auch durch Zugänglichmachen des vollständigen Vertragstextes nicht erfolgen.[38] Unbedeutende Falschbezeichnungen, zB in Bezug auf das Datum des Vertragsschlusses, sind allerdings unschädlich und führen nicht zu einem Einberufungsmangel.[39] Wie die Bekanntmachung des Wortlauts bei Satzungsänderungen (→ Rn. 8) führt auch die Bekanntmachung des wesentlichen Vertragsinhalts nicht zu einer Einschränkung des Beschlussgegenstands, wenn der Tagesordnungspunkt nicht ausdrücklich auf den bekanntgemachten Vertragsinhalt beschränkt wird.[40]

13 Die bloße Wiedergabe des **Vertragswortlauts** genügt dem Erfordernis der Bekanntmachung des wesentlichen Inhalts angesichts des Informations- und Vorbereitungszwecks der Vorschrift nicht ohne weiteres[41] und sollte aus Vorsichtsgründen allenfalls bei kürzeren Vertragswerken von geringer Komplexität erfolgen, die ohne weitere Erläuterung aus sich heraus verständlich sind.[42] Eine Literaturansicht nimmt demgegenüber an, die wörtliche Wiedergabe des Vertragstextes befreie nicht von der Verpflichtung, den wesentlichen Inhalt bekannt zu machen.[43] Dies basiert auf der Annahme, der Zweck der Angabe des wesentlichen Inhalts bestehe darin, dem Aktionär die Entscheidung zu überlassen, ob er den ganzen Vertragstext – der in der Regel vor und während der Hauptversammlung zugänglich zu machen sein wird (s. etwa § 293f Abs. 1 Nr. 1 und Abs. 3) – einsehen oder von der Einsichtnahme absehen möchte. Im Fall eines kurzen und übersichtlichen Vertrags würde die Wiedergabe des wesentlichen Inhalts jedoch häufig nicht wesentlich kürzer ausfallen als die Wiedergabe des Vertragstexts selbst und auch keinen Informationsmehrwert liefern,[44] so dass die Wiedergabe

[23] OLG München AG 1995, 232 (233).
[24] HK-AktG/*Reger* Rn. 15; MüKoAktG/*Kubis* Rn. 20.
[25] Schmidt/Lutter/*Ziemons* Rn. 57.
[26] KK-AktG/*Koppensteiner* § 293 f. Rn. 10 zu Unternehmensverträgen; MüKoAktG/*Kubis* Rn. 20.
[27] Schmidt/Lutter/*Ziemons* Rn. 57.
[28] GroßkommAktG/*Werner* Rn. 51.
[29] MüKoAktG/*Kubis* Rn. 20; Schmidt/Lutter/*Ziemons* Rn. 57.
[30] MüKoAktG/*Kubis* Rn. 20.
[31] OLG Schleswig NZG 2006, 951 (953).
[32] LG Frankfurt ZIP 2005, 579 (580).
[33] OLG München NZG 2002, 678.
[34] LG München I AG 2007, 336 (337).
[35] LG München I AG 2007, 336 (337 f.).
[36] OLG Schleswig NZG 2006, 951.
[37] MüKoAktG/*Kubis* Rn. 22; Schmidt/Lutter/*Ziemons* Rn. 57.
[38] Hüffer/*Koch* Rn. 15.
[39] MüKoAktG/*Kubis* Rn. 22.
[40] MüKoAktG/*Kubis* Rn. 17.
[41] *Butzke* Anm. zu OLG Schleswig WuB II.A § 124 AktG 1.06, 380.
[42] Vgl. *Butzke* HV Kap. B Rn. 94; *Deilmann/Messerschmidt* NZG 2004, 977 (979); Schmidt/Lutter/*Ziemons* Rn. 58.
[43] MüKoAktG/*Kubis* Rn. 21.
[44] *Deilmann/Messerschmidt* NZG 2004, 977 (979).

des gesamten Textes für den Aktionär eine bessere Informationsquelle darstellen dürfte als die Zusammenfassung des wesentlichen Inhalts. Die Verpflichtung zur Bekanntmachung des wesentlichen Inhalts erscheint in diesen Fällen als bloße Förmelei. Wird der Vertragstext wörtlich wiedergegeben, muss bei fremdsprachigen Vertragswerken zumindest eine Übersetzung in der Sprache beigefügt werden, in der die Hauptversammlung abgehalten wird, in der Regel also eine Übersetzung ins Deutsche.[45]

d) Analoge Anwendung. Analoge Anwendung findet Abs. 2 S. 2 auf **Verträge** und **unternehmerische Konzepte,** denen die Hauptversammlung nach den Grundsätzen der **Holzmüller/Gelatine-Rechtsprechung** wegen der grundlegenden Bedeutung für die Gesellschaft und des damit verbundenen Eingriffs in die Mitgliedschaftsrechte der Aktionäre zustimmen muss;[46] ferner auf Verträge, die der Vorstand der Hauptversammlung freiwillig gemäß § 119 Abs. 2 zur Zustimmung vorlegt.[47] Den Aktionären soll unabhängig von der rechtlichen Grundlage, auf der das Zustimmungserfordernis der Hauptversammlung basiert, Gelegenheit zur Vorbereitung der Beschlussfassung gegeben werden.[48] Die geplanten Maßnahmen sind auch dann bekanntzumachen, wenn der Vorstand beabsichtigt, sie der Hauptversammlung nach § 119 Abs. 2 vorzulegen und die Zustimmung der Aktionäre einzuholen, obwohl er hierzu rechtlich nicht verpflichtet oder das Ausmaß dieser Pflicht unklar ist.[49] Entscheidend ist also lediglich die tatsächliche Vorlage an die Hauptversammlung. In diesem Fall müssen die Aktionäre jedenfalls die zur Vorbereitung und Beschlussfassung erforderlichen Informationen erhalten, zB über das unternehmerische Konzept und die Maßnahmen zu seiner Verwirklichung.[50] 14

3. Beschlussvorschläge der Verwaltung (Abs. 3). Zu jedem Tagesordnungspunkt, zu dem ein Beschluss gefasst werden soll, hat die Verwaltung einen Beschlussvorschlag zu veröffentlichen. Dieser muss so bestimmt formuliert sein, dass er als **Antrag in der Hauptversammlung** wiederholt werden kann.[51] Alternativ- oder Eventualvorschläge sind nach hM zulässig.[52] Der Beschlussvorschlag dient dazu, die Aktionäre über den Inhalt des Beschlussgegenstandes umfassender zu informieren, als es durch die oft nur stichwortartige Angabe eines bloßen Tagesordnungspunktes möglich ist. Gemäß dem durch das BilMoG eingefügten, im Zuge des Abschlussprüfungsreformgesetzes in seinem Anwendungsbereich ausgedehnten S. 2 ist bei den genannten kapitalmarktorientierten Gesellschaften, Kreditinstituten und Versicherungsunternehmen der Vorschlag des Aufsichtsrats zur Wahl des Abschlussprüfers auf die Empfehlung des Prüfungsausschusses zu stützen, wenn der Aufsichtsrat der Gesellschaft einen Prüfungsausschuss eingerichtet hat. Der Aufsichtsrat ist nicht verpflichtet, der Empfehlung zu folgen; er kann der Hauptversammlung auch einen von der Empfehlung abweichenden Beschlussvorschlag unterbreiten. In diesem Fall muss er allerdings im Beschlussvorschlag die Gründe für die Abweichung darlegen.[53] Gemäß Abs. 3 S. 3 Hs. 1 ist ein Beschlussvorschlag **entbehrlich,** wenn die Hauptversammlung an Wahlvorschläge nach dem MontanMitbestG gebunden ist; dies dürfte im Fall der Hauptversammlung einer SE, die gemäß § 36 Abs. 4 S. 2 SEBG oder nach Maßgabe einer Vereinbarung über die Beteiligung der Arbeitnehmer an Wahlvorschläge gebunden ist, ebenfalls gelten. Ferner ist ein Beschlussvorschlag nicht gesetzlich gefordert, wenn ein Tagesordnungspunkt auf Verlangen einer Minderheit aufgenommen wurde (Abs. 3 S. 3 Hs. 2). Im Einzelfall kann es aber im Interesse der Gesellschaft liegen, die Ablehnung des Vorschlags der Minderheit zu empfehlen.[54] 15

Teilweise wird beklagt, die Praxis **unterscheide** nicht immer sauber **zwischen Beschlussvorschlag und Tagesordnung.**[55] Beschlussvorschläge sind grundsätzlich nicht Bestandteil der Tagesordnung, sondern ergänzen und erläutern lediglich die einzelnen Punkte.[56] Dies folgt bereits aus dem Gesetzeswortlaut des Abs. 3, wonach die Beschlussvorschläge zu den Gegenständen der Tagesordnung „in der Bekanntmachung der Tagesordnung" zu unterbreiten sind. Die Anordnung der 16

---

[45] Vgl. OLG Schleswig NZG 2006, 951 (955) zur Auslegung eines englischsprachigen Vertrags während der Hauptversammlung.

[46] OLG Schleswig NZG 2006, 951 (953); zweifelnd *Kort* AG 2006, 272 (275).

[47] BGH NZG 2001, 405 (407).

[48] Schmidt/Lutter/*Ziemons* Rn. 54.

[49] LG Frankfurt ZIP 2005, 579.

[50] MHdB AG/*Bungert* § 36 Rn. 74.

[51] MüKoAktG/*Kubis* Rn. 35.

[52] GroßkommAktG/*Werner* Rn. 76; Hüffer/*Koch* Rn. 17; MüKoAktG/*Kubis* Rn. 36; MHdB AG/*Bungert* § 36 Rn. 76, jeweils mwN; aA Schmidt/Lutter/*Ziemons* Rn. 17.

[53] Begr. RegE, BT-Drs. 16/10067, 103.

[54] GroßkommAktG/*Werner* Rn. 70.

[55] GroßkommAktG/*Werner* Rn. 23.

[56] GroßkommAktG/*Werner* Rn. 66; *Butzke* HV Kap. B Rn. 75; aA wohl Schmidt/Lutter/*Ziemons* Rn. 68.

gemeinsamen Bekanntmachung wäre nicht erforderlich, wenn der Beschlussvorschlag bereits Bestandteil der Tagesordnung wäre. Entsprechend kann die Hauptversammlung von den Vorschlägen auch abweichen und anderslautende Beschlüsse fassen, ohne gegen Abs. 4 S. 1 zu verstoßen und damit die Anfechtbarkeit zu begründen (→ Rn. 22). Etwas anderes kann nur gelten, wenn der Tagesordnungspunkt gerade auf den Beschlussvorschlag Bezug nimmt und dadurch auf den Beschlusswortlaut beschränkt wird (zum vergleichbaren Fall der Bezugnahme auf den zu ändernden Satzungswortlaut → Rn. 9).

17 Das Gesetz verlangt **je einen Beschlussvorschlag** von Aufsichtsrat und Vorstand, wenn diese auch in der Praxis häufig gleich lauten oder sich der Aufsichtsrat dem Vorstandsvorschlag lediglich anschließt. Bei der Beschlussfassung über den jeweiligen Vorschlag müssen Aufsichtsrat und Vorstand ordnungsgemäß besetzt und beschlussfähig gewesen sein.[57] Fehlt der Vorschlag eines der beiden Verwaltungsorgane oder war die Beschlussfassung dieses Organs unwirksam, so ist ein dennoch gefasster Beschluss der Hauptversammlung nach Auffassung der instanzgerichtlichen Rechtsprechung[58] und eines Teils der Literatur[59] anfechtbar. Nicht zur Anfechtbarkeit führt aber die (ursächliche) Mitwirkung eines Aufsichtsratsmitglieds an einem Beschlussvorschlag, auch wenn später die Wahl dieses Mitglieds in den Aufsichtsrat erfolgreich angefochten wird.[60] Nach zutreffender Ansicht reicht es jedoch aus, wenn wenigstens eines der Verwaltungsorgane seinen Beschlussvorschlag bekanntgemacht hat, da auch der Beschlussvorschlag eines der Verwaltungsorgane den Aktionären eine hinreichende Vorbereitung auf die Beschlussfassung und ggf. die Bevollmächtigung von Stimmrechtsvertretern ermöglicht.[61]

18 Für die **Wahl von Aufsichtsratsmitgliedern und Prüfern** darf nur der Aufsichtsrat einen Beschlussvorschlag bekanntmachen. Der Vorstand darf keinen Beschlussvorschlag unterbreiten, da die zu wählenden Personen die Tätigkeit des Vorstands überwachen und prüfen sollen.[62] Veröffentlicht der Vorstand dennoch einen Wahlvorschlag, ist der Wahlbeschluss nach hM selbst dann anfechtbar, wenn der Vorstandsvorschlag außer Acht gelassen wird.[63] Dies soll jede mögliche Einflussnahme des Vorstands auf das Wahlergebnis ausschließen.[64] In der Praxis wird das Auswahlverfahren jedoch entgegen der Intention des Gesetzgebers in einigen Fällen von den Vorständen dominiert.[65] Ein offensichtlicher Gesetzesverstoß lässt sich bei diesem Vorgehen vermeiden, indem der endgültige Beschluss über den Personalvorschlag allein vom Aufsichtsrat gefasst wird.

19 Gemäß Abs. 3 S. 4 sind neben dem Namen des zur Wahl vorgeschlagenen Aufsichtsratsmitglieds auch dessen **ausgeübter Beruf und Wohnort** anzugeben. Hierfür reicht die bloße Angabe der beruflichen Qualifikation nicht, vielmehr sind die konkrete Tätigkeit und das Unternehmen anzugeben, in dem sie ausgeübt wird.[66] So genügt die alleinige Berufsbezeichnung als „Kaufmann", „Rechtsanwältin", „Ingenieur" oder „selbstständiger Unternehmer" grundsätzlich nicht den Anforderungen des Abs. 3 S. 4.[67] Ausreichend ist demgegenüber die Bezeichnung als „Rechtsanwalt in der Kanzlei XY" oder „Finanzvorstand der Z-AG".[68] Streitig ist allerdings, ob eine ungenaue Angabe ohne weiteres zur Anfechtbarkeit des Wahlbeschlusses führt. Nach überwiegender und zutreffender Ansicht führt eine „marginale" Abweichung („Kaufmann" statt „kaufmännischer Tätigkeit für verschiedene Gesellschaften") nicht zur Anfechtbarkeit des Wahlbeschlusses, da sie aus der Sicht eines verständigen Aktionärs für die Entscheidung über seine Teilnahme und Abstimmung bei der Wahl ohne Relevanz ist[69] bzw. der Aktionär in der Hauptversammlung sein Fragerecht ausüben und eine Präzisierung des Wahlvorschlags verlangen kann.[70] Nach anderer Ansicht führt eine zu allgemeine Berufsbeschreibung zur Anfechtbarkeit, da das sich hieraus ergebende Informationsdefizit kausal für den Wahlbeschluss sei.[71] Die inzwischen herrschende Relevanztheorie stellt für die Frage der

[57] BGH NJW 2002, 1128 (1129); MüKoAktG/*Kubis* Rn. 31 mwN.
[58] OLG München NZG 2002, 678 (679); LG Frankfurt NZG 2004, 672 (674).
[59] *Ek* Praxisleitfaden § 5 Rn. 246; Schmidt/Lutter/*Ziemons* Rn. 28.
[60] BGH NJW 2013, 1535 (1538).
[61] GroßkommAktG/*Werner* Rn. 72 und 99; MHdB AG/*Bungert* § 36 Rn. 83.
[62] GroßkommAktG/*Werner* Rn. 73.
[63] BGH NJW 2003, 970; Hüffer/*Koch* Rn. 18 mwN; einschr. Spindler/Stilz/*Rieckers* Rn. 47.
[64] Vgl. Hüffer/*Koch* Rn. 18.
[65] *Meder* DStR 2008, 1242 (1243 mwN).
[66] LG Düsseldorf BeckRS 2008, 4090 = EWiR 2008, 67 Ls.; aA bzgl. Angabe des Unternehmens Schmidt/Lutter/*Ziemons* Rn. 44.
[67] OLG Frankfurt ZIP 2007, 232, bestätigt durch BGH DStR 2007, 1493 mAnm *Goette;* LG München I Der Konzern 2007, 448 (452).
[68] Begr. RegE, BT-Drs. 13/9712, 17.
[69] OLG Frankfurt ZIP 2007, 232; bestätigt durch BGH DStR 2007, 1493 mAnm *Goette.*
[70] LG Düsseldorf AG 2007, 797 = EWiR 2008, 67 Ls.
[71] LG München I Der Konzern 2007, 448 (452).

Anfechtbarkeit auf den Zweck der verletzten Norm ab.[72] Laut Begründung des Gesetzes zur Kontrolle und Transparenz im Unternehmensbereich (KonTraG) vom 27.4.1998 (BGBl. I S. 786) wurde die Anforderung des „ausgeübten" statt des bis dahin ausreichenden „erlernten" Berufs eingeführt, um erkennbar werden zu lassen, ob ein **Kandidat** nach seiner **individuellen Belastungssituation** und möglichen **Interessenkonflikten für das Amt geeignet** ist.[73] Hieran ist daher im Einzelfall zu messen, ob ein relevanter Mitteilungsmangel vorliegt.[74]

4. Rechtsfolgen fehlerhafter oder unterbliebener Bekanntmachung (Abs. 4). Beschlüsse, die ohne vorherige Bekanntmachung des jeweiligen Tagesordnungspunktes gefasst werden, sind wegen Verstoßes gegen Abs. 4 S. 1 gemäß § 243 Abs. 1 **anfechtbar.** Nach hM gilt dies für sämtliche Verstöße gegen die in Abs. 1–3 geregelten Bekanntmachungspflichten,[75] obwohl weder die besonderen Bekanntmachungspflichten nach Abs. 2 noch die Beschlussvorschläge nach Abs. 3 zur Tagesordnung zählen. In der Regel handelt es sich dabei um einen relevanten Verstoß im Sinne der zu § 243 entwickelten Grundsätze.[76] **20**

Zum Schutz der nicht erschienenen Aktionäre ist der Beschluss auch dann anfechtbar, wenn alle anwesenden oder vertretenen Aktionäre mit der Beschlussfassung einverstanden waren.[77] Die Anfechtungsbefugnis folgt für den erschienenen Aktionär aus § 245 Nr. 1, für den nicht erschienenen aus § 245 Nr. 2 Alt. 3. **Ausnahmen** gelten für den Fall einer Vollversammlung gemäß § 121 Abs. 6 und bei Bekanntmachungsfehlern, die so marginal sind, dass das Risiko einer Beschlussanfechtung im Vergleich zu dem mit einer neuen Einberufung verbundenen Zeit- und Kostenaufwand aus Sicht des Versammlungsleiters hingenommen werden kann.[78] **21**

a) Abweichung von Beschlussvorschlägen. Aufsichtsrat und Vorstand können unproblematisch darauf **verzichten,** ihre Beschlussvorschläge in der Hauptversammlung zur Abstimmung zu stellen.[79] Streitig ist aber, ob die Verwaltungsorgane auch inhaltlich vom bekanntgemachten Vorschlag abweichen können. In diesem Fall wäre der der Beschlussfassung zugrundeliegende Beschlussvorschlag nicht rechtzeitig bekanntgemacht, was einen Verstoß gegen Abs. 3 darstellen und dementsprechend zur Anfechtbarkeit führen könnte. In der Rechtsprechung ist allerdings anerkannt, dass die Verwaltung sich Gegenanträge der Aktionäre zu eigen machen und anstelle ihres ursprünglichen Antrags zur Abstimmung stellen darf.[80] Offen geblieben ist bisher, ob ein Beschluss anfechtbar ist, wenn Hauptaktionär und Vorstand bei der Antragstellung bewusst zusammenwirken, etwa indem der Aktionär seinen Gegenantrag in Absprache mit dem Vorstand stellt und dieser ihn sich anschließend zu eigen macht.[81] **22**

Nach einer Ansicht kann die Verwaltung von ihrem Vorschlag abweichen, wenn nach dessen Bekanntmachung **neue Tatsachen** aufgetreten oder bekannt geworden sind.[82] Hierfür spricht der Wortlaut des Abs. 4 S. 1, der sich ausdrücklich nur auf die Tagesordnung bezieht, zu der die Beschlussvorschläge gerade nicht zählen (→ Rn. 15). Zudem besteht ein praktisches Bedürfnis, auf aktuelle Entwicklungen noch in der Hauptversammlung reagieren zu können. Daher ist die zum Teil in der Literatur vertretene Ansicht, Änderungsvorschläge müssten zwingend aus den Reihen der Aktionäre kommen,[83] abzulehnen. Allerdings ergibt sich aus Sinn und Zweck der Norm, nämlich der Vorbereitung der Aktionäre und Stimmrechtsvertreter, dass die Verwaltung nicht ohne jeden Grund von ihrer eigenen Beschlussgrundlage abweichen können soll.[84] Zu weit führt deshalb die Ansicht, ein Abweichen sei unabhängig vom Auftreten neuer Tatsachen möglich.[85] Die Grenze für etwaige Veränderungen liegt aber in jedem Fall in dem Erfordernis der Bekanntmachung der Tagesordnung mit der Einberufung (§ 121 Abs. 3 S. 2) gemäß Abs. 4 (→ § 121 Rn. 24 f.), ohne die über einen Tagesordnungspunkt kein Beschluss gefasst werden darf. **22a**

---

[72] Hüffer/*Koch* § 243 Rn. 13 ff. mwN.
[73] BT-Drs. 13/9712, 17.
[74] *Goette* Anm. zu BGH DStR 2007, 1493.
[75] Spindler/Stilz/*Rieckers* Rn. 43 mwN; diff. MüKoAktG/*Kubis* Rn. 49 ff.; aA *Scholz* AG 2008, 11 (13).
[76] Hüffer/*Koch* § 243 Rn. 14 f.
[77] Hüffer/*Koch* Rn. 27.
[78] GroßkommAktG/*Werner* Rn. 101.
[79] Hüffer/*Koch* Rn. 17.
[80] OLG Hamm AG 2005, 361.
[81] OLG Hamm AG 2005, 361 (363).
[82] MüKoAktG/*Kubis* Rn. 45; Schmidt/Lutter/*Ziemons* Rn. 78 f.
[83] *Deilmann/Messerschmidt* AG 2004, 977 (986).
[84] MüKoAktG/*Kubis* Rn. 45.
[85] So die mittlerweile wohl hM, vgl. OLG Hamm AG 2005, 361 (363); GroßkommAktG/*Werner* Rn. 80; MHdB AG/*Bungert* § 36 Rn. 77; Spindler/Stilz/*Rieckers* Rn. 26; großzügig auch Hüffer/*Koch* Rn. 17.

23 **b) Verhandlungen ohne Beschlussfassung.** Der Begriff der sog. **„beschlusslosen" Gegenstände** iSd Abs. 4 S. 2 Var. 3 ist einschränkend auszulegen. Er umfasst nur Gegenstände, die sich nach Bekanntmachung der Tagesordnung oder aus der Hauptversammlung heraus als aktueller Diskussionsstoff ergeben haben.[86] Die Norm will damit den Versammlungsleiter von der Pflicht entbinden, die inhaltliche Befassung wegen fehlender vorheriger Bekanntgabe abzulehnen.[87] Sie erfasst hingegen nicht die gemäß § 176 iVm § 175 Abs. 2 der Hauptversammlung zwingend vorzulegenden Dokumente oder die Anzeige nach § 92, die zwar ebenfalls nicht Gegenstände einer Beschlussfassung sind, deren beabsichtigte Vorlage bzw. Anzeige aber als Tagesordnungspunkt bekannt zu machen ist.

24 **c) Anträge zu Gegenständen der Tagesordnung.** Anträge zu Gegenständen der Tagesordnung iSd Abs. 4 S. 2 Var. 2 sind Geschäftsordnungsanträge[88] und Anträge „innerhalb" des bekanntgemachten Tagesordnungspunktes, zum Teil auch ergänzende Anträge. Insoweit ist im Einzelfall zu prüfen, ob der Antrag noch zum Gegenstand der Tagesordnung gerechnet werden kann. Zulässig sind Anträge, die ordnungsgemäß bekanntgemachte Gegenstände der Tagesordnung **ergänzen.** Danach darf etwa im Zusammenhang mit dem Tagesordnungspunkt **„Entlastung von Vorstand und Aufsichtsrat"** beantragt werden, einen **Sonderprüfer** zur Prüfung von Vorgängen zu bestellen, die das Geschäftsjahr betreffen, auf das sich die Entlastung bezieht;[89] der Antrag auf Bestellung eines Sonderprüfers für einen Prüfungszeitraum, der nicht Gegenstand der Entlastung ist, wäre hingegen keine Ergänzung des Tagesordnungspunktes „Entlastung" und dürfte ohne vorherige eigene Bekanntmachung nicht zur Abstimmung gestellt werden. Zum Tagesordnungspunkt der Entlastung von Vorstand oder Aufsichtsrat zählt auch die Verweigerung der Entlastung des Gesamtorgans oder einzelner Organmitglieder.[90] Demgegenüber liegt ein Antrag, dem Vorstand oder einem Vorstandsmitglied das Vertrauen zu entziehen oder den Aufsichtsrat abzuberufen, nach zutreffender Auffassung nicht mehr innerhalb des bekanntgemachten Tagesordnungspunktes „Entlastung", ein entsprechender Beschluss der Hauptversammlung ist anfechtbar.[91] Anträge, die auf inhaltliche Änderungen der bekanntgemachten Beschlussgegenstände gerichtet sind, sind nur zulässig, wenn sie wirtschaftlich nicht oder nur unmaßgeblich von dem bekanntgemachten Beschlussgegenstand abweichen und nicht ihrerseits besonderen gesetzlichen Bekanntmachungserfordernissen unterliegen, die nicht erfüllt wurden.[92] Zulässig sind etwa Anträge auf andere als die von der Verwaltung vorgeschlagene **Verwendung des Bilanzgewinns** oder abweichende Wahlvorschläge.[93] Bei **Satzungsänderungen** wurde eine andere Fassung der zur Änderung vorgeschlagenen Satzungsklausel für unzulässig erachtet.[94]

25 Für zulässig erachtet wird wegen des für den Aktionär günstigeren Ergebnisses ferner die Beschlussfassung über eine **Kapitalerhöhung** gegen Bareinlagen statt der bekanntgemachten Kapitalerhöhung gegen Sacheinlagen,[95] ebenso die Beschlussfassung über eine Kapitalerhöhung unter Wahrung des Bezugsrechts anstelle der angekündigten Kapitalerhöhung mit Bezugsrechtsausschluss.[96] Der umgekehrte Fall der Beschlussfassung über eine Sachkapitalerhöhung statt der vorgeschlagenen Barkapitalerhöhung ist hingegen bereits deshalb unzulässig, weil die besonderen Bekanntmachungsanforderungen des § 183 Abs. 1 S. 2 nicht erfüllt sein werden; dasselbe gilt für die Beschlussfassung über eine Kapitalerhöhung mit Bezugsrechtsausschluss, wenn eine Kapitalerhöhung ohne Bezugsrechtsausschluss angekündigt war (s. die besondere Bekanntmachungspflicht gemäß § 186 Abs. 4).[97] Anträge auf Abweichungen vom **angekündigten Betrag einer Kapitalmaßnahme** (Kapitalerhöhung oder -herabsetzung) dürften allenfalls zulässig sein, wenn sie auf die Festsetzung eines niedrigeren Betrags als des angekündigten gerichtet sind, da ein niedrigerer Betrag grundsätzlich von der Bekanntmachung eines höheren Betrags umfasst ist, umgekehrt ein höherer Betrag aber nicht mehr als ordnungsgemäß bekanntgemacht angesehen werden kann.[98]

---

[86] MHdB AG/*Bungert* § 36 Rn. 64; *Schaaf* Praxis HV Rn. 117.
[87] GroßkommAktG/*Werner* Rn. 15.
[88] Vgl. hierzu MHdB AG/*Bungert* § 36 Rn. 67.
[89] GroßkommAktG/*Werner* Rn. 87; MüKoAktG/*Kubis* Rn. 60.
[90] GroßkommAktG/*Werner* Rn. 86.
[91] LG München I ZIP 2005, 1598; GroßkommAktG/*Werner* Rn. 89; MüKoAktG/*Kubis* Rn. 60; aA *Reger* Rn. 26; Hüffer/*Koch* Rn. 29; Schmidt/Lutter/*Ziemons* Rn. 75.
[92] RGZ 87, 155 (156); GroßkommAktG/*Werner* Rn. 93; MüKoAktG/*Kubis* Rn. 61.
[93] GroßkommAktG/*Werner* Rn. 86.
[94] LG München I AG 2007, 255 (256).
[95] LG München I ZIP 2008, 562.
[96] MüKoAktG/*Kubis* Rn. 61.
[97] GroßkommAktG/*Werner* Rn. 93; MüKoAktG/*Kubis* Rn. 61.
[98] Vgl. RGZ 87, 155 (156); OLG Frankfurt AG 2005, 167; aA MüKoAktG/*Kubis* Rn. 61; diff. GroßkommAktG/*Werner* Rn. 94 und Fn. 96; *ders.* FS Fleck, 1988, 401 (417): höherer Betrag ist zulässig, wenn Abweichung nicht mehr als 20% beträgt.

III. Abdingbarkeit

Die gesetzlich vorgesehenen Bekanntmachungspflichten für Ergänzungen der Tagesordnung und Beschlussvorschläge sind **zwingend.** Daher können die Aktionäre nicht im Voraus auf die Bekanntmachung verzichten.[99] Auch kann die Satzung keine Zustimmungsfiktionen für den Verstoß gegen Bekanntmachungspflichten vorsehen, etwa für den Fall, dass keiner der erschienenen oder vertretenen Aktionäre in der Hauptversammlung widerspricht.[100] Die Satzung kann jedoch zusätzliche Informationspflichten zugunsten der Aktionäre vorsehen[101] und weitergehende Anforderungen aufstellen, wie etwa, dass die Tagesordnung außer im elektronischen Bundesanzeiger in weiteren Publikationsorganen zu veröffentlichen oder den Aktionären per (eingeschriebenem) Brief mitzuteilen ist.[102] 26

IV. Beweislast

Im Rahmen der Beschlussanfechtung wegen Verstoßes gegen die Bekanntmachungspflichten des § 124 gilt allgemein das **Günstigkeitsprinzip,** dh jede Partei hat die ihr günstigen Tatsachen zu beweisen. Hinzu kommt, dass nach der von der Rechtsprechung entwickelten Relevanztheorie die anfechtende Partei die Relevanz des jeweiligen Verfahrensverstoßes für das Beschlussergebnis darlegen muss. 27

§ 124a Veröffentlichungen auf der Internetseite der Gesellschaft

[1]Bei börsennotierten Gesellschaften müssen alsbald nach der Einberufung der Hauptversammlung über die Internetseite der Gesellschaft zugänglich sein:
1. **der Inhalt der Einberufung;**
2. **eine Erläuterung, wenn zu einem Gegenstand der Tagesordnung kein Beschluss gefasst werden soll;**
3. **die der Versammlung zugänglich zu machenden Unterlagen;**
4. **die Gesamtzahl der Aktien und der Stimmrechte im Zeitpunkt der Einberufung, einschließlich getrennter Angaben zur Gesamtzahl für jede Aktiengattung;**
5. **gegebenenfalls die Formulare, die bei Stimmabgabe durch Vertretung oder bei Stimmabgabe mittels Briefwahl zu verwenden sind, sofern diese Formulare den Aktionären nicht direkt übermittelt werden.**

[2]Ein nach Einberufung der Versammlung bei der Gesellschaft eingegangenes Verlangen von Aktionären im Sinne von § 122 Abs. 2 ist unverzüglich nach seinem Eingang bei der Gesellschaft in gleicher Weise zugänglich zu machen.

Schrifttum: *Drinhausen/Keinath,* Referentenentwurf eines Gesetzes zur Umsetzung der Aktionärsrechterichtlinie (ARUG) – Ein Beitrag zur Modernisierung der Hauptversammlung, BB 2008, 1238; *Horn,* Änderungen bei der Vorbereitung und Durchführung der Hauptversammlung nach dem Referentenentwurf zum ARUG, ZIP 2008, 1558; *Seibert/Florstedt,* Der Referentenentwurf eines Gesetzes zur Umsetzung der Aktionärsrechterichtlinie (ARUG), ZIP 2008, 2145; *v. Werder/Talaulicar,* Kodex Report 2008: Die Akzeptanz der Empfehlungen und Anregungen des Deutschen Corporate Governance Kodex, DB 2008, 825.

I. Allgemeines

§ 124a wurde durch das Gesetz zur Umsetzung der Aktionärsrechte-RL **(ARUG)** vom 30.7.2009 (BGBl. I S. 2479) auf der Grundlage von Art. 5 Abs. 4 RL 2007/36/EG neu eingeführt. Er verpflichtet **börsennotierte Aktiengesellschaften,** bestimmte Dokumente von der Einberufung der Hauptversammlung an den Aktionären auf der **Internetseite der Gesellschaft** zur Verfügung zu stellen. Ausweislich der Regierungsbegründung wurde die Regelung eingeführt, um die Internetseite börsennotierter Gesellschaften zum zentralen Medium des Informationsaustausches zwischen Gesellschaft und Aktionär auszubauen.[1] Zugleich soll der Zugriff auf hauptversammlungsrelevante Informationen erleichtert werden. Ziff. 2.3.1 DCGK enthält eine entsprechende Empfehlung, der die meisten börsennotierten Gesellschaften bereits zuvor nachgekommen sind.[2] Durch die Bereitstellung hauptversammlungsrelevanter Dokumente auf der Internetseite der Gesellschaft konnte die 1

[99] GroßkommAktG/*Werner* Rn. 7.
[100] MüKoAktG/*Kubis* Rn. 65.
[101] GroßkommAktG/*Werner* Rn. 7.
[102] MüKoAktG/*Kubis* Rn. 65.
[1] Begr. RegE, BT-Drs. 16/11642, 30.
[2] *v. Werder/Talaulicar* DB 2008, 825 (827).

Auslegung und Übersendung in Papierform zuvor nur für die in § 175 Abs. 2 genannten Dokumente sowie nach bestrittener Auffassung für den Vorstandsbericht über den Bezugsrechtsausschluss gemäß § 186 Abs. 4 S. 2[3] ersetzt werden (§ 175 Abs. 2 S. 4, der durch das ARUG unverändert geblieben ist). Das ARUG hat entsprechende Regelungen in die anderen aktien- und umwandlungsrechtlichen Vorschriften eingefügt, die **Auslegungs- und Übersendungspflichten** für Dokumente im Vorfeld der Hauptversammlung vorsehen (§§ 52 Abs. 2 S. 4, 179a Abs. 2 S. 3, 293f Abs. 3, 319 Abs. 3 S. 3, 327c Abs. 5 sowie §§ 62 Abs. 3 S. 7, 230 Abs. 2 S. 3 UmwG). Daher ist es bei börsennotierten Gesellschaften, die zur Veröffentlichung auf ihrer Internetseite gemäß § 124a verpflichtet sind, nicht erforderlich, die relevanten Dokumente vor der Hauptversammlung zusätzlich in Papierform auszulegen. Werden die Unterlagen den Aktionären auch **während der Hauptversammlung** in geeigneter elektronischer Form, etwa über bereitgestellte Computer, zugänglich gemacht, kann auf die Erstellung von **Druckexemplaren sogar ganz verzichtet** werden.[4] **Nicht börsennotierten Gesellschaften** steht es frei, die Unterlagen ebenfalls auf ihrer Internetseite zu veröffentlichen; eine Verpflichtung besteht für sie nicht. Stellen sie sie ab dem Zeitpunkt der Einberufung der Hauptversammlung auf ihrer Internetseite zur Verfügung, entfällt auch für sie die Verpflichtung zu Auslegung und Übersendung in Papierform.

2 Da der Gesetzgeber angesichts der weiten Verbreitung und Nutzung des Internet keine technischen Schwierigkeiten bei der Erfüllung der Vorgaben des § 124a erwartet hat,[5] wurde von der Ermächtigung des Art. 5 Abs. 4 S. 2 RL 2007/36/EG (zur Aktionärsrechte-RL → Rn. 1), auch die Bereitstellung in Papierform zuzulassen, kein Gebrauch gemacht.

II. Einzelerläuterung

3 **1. Veröffentlichungen ab der Einberufung (S. 1).** Zu veröffentlichen ist zunächst der **Inhalt der Einberufung (Nr. 1).** Dazu gehört zum einen die **Tagesordnung** der Hauptversammlung. Dies folgt aus § 121 Abs. 3 S. 2, wonach die Tagesordnung Teil der Einberufung ist. Zum anderen sollen nach der Gesetzesbegründung – obwohl der Wortlaut von Nr. 1 nur von der „Einberufung" spricht – auch die **Beschlussvorschläge** der Verwaltung erfasst sein, die gemäß § 124 Abs. 3 zu jedem Beschlussgegenstand zusammen mit der Einberufung bekanntzumachen sind.[6] Zu **beschlusslosen Gegenständen der Tagesordnung** (zu beschlusslosen Gegenständen → § 121 Rn. 11) sind Erläuterungen zu veröffentlichen **(Nr. 2).** Die Regelung dient der Umsetzung von Art. 5 Abs. 4 S. 1 lit. d RL 2007/36/EG (zur Aktionärsrechte-RL → Rn. 1). Eine kurze Beschreibung des Verhandlungsgegenstands, aus der die Aktionäre entnehmen können, was erörtert werden soll, ist dabei grundsätzlich als ausreichend anzusehen.[7]

4 In Umsetzung von Art. 5 Abs. 4 S. 1 lit. c RL 2007/36/EG (zur Aktionärsrechte-RL → Rn. 1) sind die **der Hauptversammlung zugänglich zu machenden Unterlagen** zu veröffentlichen **(Nr. 3).** Welche Unterlagen dies sind, ergibt sich, abhängig von den Tagesordnungspunkten der betreffenden Hauptversammlung, aus den jeweiligen materiellrechtlichen Regelungen des AktG und des UmwG. Zugänglich zu machende Unterlagen sind danach: bei der Nachgründung Nachgründungsverträge (§ 52 Abs. 2 S. 2), bei der ordentlichen Hauptversammlung Jahresabschluss, Einzelabschluss, Konzernabschluss, Lagebericht, Konzernlagebericht, Bericht des Aufsichtsrates und Vorschlag über die Verwendung des Bilanzgewinns (§ 120 Abs. 3 bzw. § 175 Abs. 2), bei Beschlüssen gemäß § 179a Verträge über die Übertragung des gesamten Vermögens (§ 179a Abs. 2), bei Strukturmaßnahmen Unternehmensverträge (§ 293f Abs. 1 und Abs. 2), Eingliederungsverträge (§ 319 Abs. 3 S. 1 und S. 2), beim Squeeze-Out Entwurf des Übertragungsbeschlusses, Jahresabschlüsse und Lageberichte, Bericht des Hauptaktionärs, Prüfungsbericht (§ 327c Abs. 3 und 4), bei Umwandlungsmaßnahmen Verschmelzungsvertrag (oder, bei der grenzüberschreitenden Verschmelzung, der Verschmelzungsplan gemäß § 122c UmwG) bzw. sein Entwurf, Jahresabschlüsse und Lageberichte der an der Verschmelzung beteiligten Gesellschaften, ggf. Zwischenbilanz, Verschmelzungsberichte und Prüfungsberichte §§ 62 Abs. 3 S. 1 und S. 7, 63 Abs. 1–3 UmwG), Umwandlungsbericht beim Formwechsel (§ 230 Abs. 2 S. 1 und S. 2 UmwG).

5 Die Pflicht zur **Angabe der Gesamtzahl der Aktien und Stimmrechte (Nr. 4)** setzt Art. 5 Abs. 4 S. 1 lit. b RL 2007/36/EG (zur Aktionärsrechte-RL → Rn. 1) um. Anzugeben ist die Gesamtzahl der Aktien und Stimmrechte im Zeitpunkt der Einberufung. Eigene Aktien sind dabei

[3] Dazu *Drinhausen/Keinath* BB 2008, 1238 (1242); ferner Hüffer/*Koch* § 186 Rn. 23.
[4] *Drinhausen/Keinath* BB 2008, 1238 (1241 f.).
[5] Begr. RegE, BT-Drs. 16/11642, 30.
[6] Begr. RegE, BT-Drs. 16/11642, 30.
[7] *Horn* ZIP 2008, 1558 (1561).

mitzurechnen.[8] Hat die Gesellschaft mehrere Aktiengattungen (§ 11 S. 2) ausgegeben, ist zusätzlich die Gesamtzahl der Aktien und Stimmrechte anzugeben, die auf jede Gattung entfallen.

Ferner sind **Formulare für die Bevollmächtigung** eines Dritten zur Ausübung des Stimmrechts oder **für die Briefwahl** im Internet bereitzustellen **(Nr. 5).** Die Vorschrift setzt Art. 5 Abs. 4 S. 1 lit. e RL 2007/36/EG (zur Aktionärsrechte-RL → Rn. 1) um. Die Formulare müssen nur dann im Internet bereitgestellt werden, wenn die Gesellschaft ihre Verwendung zwingend vorschreibt.[9] Die Bereitstellung von Formularen, deren Verwendung die Gesellschaft optional anbietet, steht ihr hingegen frei. Die Verpflichtung zur Bereitstellung zwingend vorgegebener Formulare entfällt, wenn die Gesellschaft diese den Aktionären direkt übermittelt (etwa bei der Einberufung mittels eingeschriebenen Briefes gemäß § 121 Abs. 4 S. 2). 6

2. Veröffentlichung von Minderheitsverlangen (S. 2). S. 2 regelt die elektronische Veröffentlichung von Minderheitsverlangen iSd § 122. Die Verpflichtung zur Veröffentlichung von **Gegenanträgen** auf der Internetseite börsennotierter Gesellschaften ist hingegen in § 126 geregelt. Der Grund für die Nichtaufnahme in § 124a liegt wohl in den unterschiedlichen Rechtsfolgen von Pflichtverstößen:[10] Ein Verstoß gegen § 126 führt – im Gegensatz zu einem Verstoß gegen § 124a – zur Anfechtbarkeit des entsprechenden Beschlusses. 7

3. Zeitpunkt der Veröffentlichung. Die **Informationen und Unterlagen gemäß S. 1** müssen „alsbald nach der Einberufung der Hauptversammlung" auf der Internetseite der Gesellschaft zugänglich sein. Nach der Regierungsbegründung bedeutet dies, dass die Einstellung auf die Internetseite nach der Bekanntmachung der Einberufung im elektronischen Bundesanzeiger erfolgen muss, was aber „erfahrungsgemäß schon wegen der betriebsinternen Abläufe und der erforderlichen Technik eine gewisse Zeit" benötige.[11] Man wird daher davon ausgehen dürfen, dass es noch ausreicht, wenn die Informationen am Tag nach der Veröffentlichung im elektronischen Bundesanzeiger (bzw. bei Einberufung mittels eingeschriebenen Briefes oder eines anderen in der Satzung vorgesehenen Mediums gemäß § 121 Abs. 4 S. 2 am Tag nach der Absendung) auf der Internetseite abrufbar sind. **Verlangen auf Ergänzung der Tagesordnung gemäß S. 2** sind „unverzüglich" (also ohne schuldhaftes Zögern, § 121 BGB) nach ihrem Eingang bei der Gesellschaft auf der Internetseite zugänglich zu machen. Der Wortlaut der Regelung deutet darauf hin, dass das Ergänzungsverlangen ohne vorherige Überprüfung unmittelbar so zu veröffentlichen ist, wie es der Gesellschaft zugegangen ist. Gemäß § 124 Abs. 1 ist die bereits ergänzte Tagesordnung ebenfalls „unverzüglich" nach Zugang des Ergänzungsverlangens bekanntzumachen und Medien gemäß § 121 Abs. 4a zur Verbreitung zuzuleiten, wobei der Gesellschaft vor Ergänzung der Tagesordnung eine kurze Frist zur rechtlichen Prüfung des Verlangens zugestanden wird (→ § 124 Rn. 4). Ergibt die Prüfung, dass das Ergänzungsverlangen nicht ordnungsgemäß ist, muss die Tagesordnung nicht ergänzt werden, so dass auch die Verpflichtung zur Bekanntmachung bzw. Zuleitung gemäß § 124 Abs. 1 entfällt. Würde man demgegenüber im Rahmen von § 124a verlangen, das ungeprüfte Ergänzungsverlangen unmittelbar im Anschluss an den Zugang auf der Internetseite zu veröffentlichen, könnte der Fall eintreten, dass das Ergänzungsverlangen veröffentlicht wird, die rechtliche Prüfung dann aber seine Unzulässigkeit ergibt, so dass die Ergänzung der Tagesordnung unterbleibt. In diesem Fall wäre die Veröffentlichung des Verlangens auf der Internetseite für die Aktionäre unverständlich und irreführend. Es ist daher davon auszugehen, dass der Gesetzgeber mit S. 2 einen Gleichlauf zwischen der Bekanntmachung der ergänzten Tagesordnung und der Veröffentlichung der Ergänzung im Internet erreichen wollte. Ebenso wie bei der Bekanntmachung der Ergänzung gemäß § 124 Abs. 1 wird man daher auch im Rahmen von S. 2 eine Frist von drei bis fünf Tagen zur rechtlichen Prüfung des Ergänzungsverlangens zugestehen müssen, so dass die Bekanntmachung der – ordnungsgemäßen – Ergänzung gemäß § 124 Abs. 1 und ihre Veröffentlichung im Internet parallel erfolgen können. 8

4. Rechtsfolgen von Pflichtverletzungen. Verletzungen der Informationspflichten des § 124a sind eine **Ordnungswidrigkeit** gemäß § 405 Abs. 3a Nr. 2, führen aber nicht zur Nichtigkeit oder Anfechtbarkeit von Hauptversammlungsbeschlüssen (§ 243 Abs. 3 Nr. 2). Von der Gesellschaft nicht zu vertretende technische Störungen oder kurzzeitige Unterbrechungen der Abrufbarkeit im Internet, etwa infolge von Wartungsarbeiten, sind keine ordnungsgeldbewehrten Pflichtverletzungen.[12] 9

[8] Begr. RegE, BT-Drs. 16/11642, 30.
[9] Vgl. dazu Begr. RegE, BT-Drs. 16/11642, 30.
[10] Vgl. Begr. RegE, BT-Drs. 16/11642, 30; *Seibert/Florstedt* ZIP 2008, 2145 (2147 f.) und Fn. 41.
[11] Begr. RegE, BT-Drs. 16/11642, 30.
[12] Vgl. Begr. RegE, BT-Drs. 16/11642, 30.

III. Abdingbarkeit

10 Die Vorschriften des § 124a sind für börsennotierte Aktiengesellschaften **zwingend.**

§ 125 Mitteilungen für die Aktionäre und an Aufsichtsratsmitglieder

(1) [1]Der Vorstand hat mindestens 21 Tage vor der Versammlung den Kreditinstituten und den Vereinigungen von Aktionären, die in der letzten Hauptversammlung Stimmrechte für Aktionäre ausgeübt oder die die Mitteilung verlangt haben, die Einberufung der Hauptversammlung mitzuteilen. [2]Der Tag der Mitteilung ist nicht mitzurechnen. [3]Ist die Tagesordnung nach § 122 Abs. 2 zu ändern, so ist bei börsennotierten Gesellschaften die geänderte Tagesordnung mitzuteilen. [4]In der Mitteilung ist auf die Möglichkeiten der Ausübung des Stimmrechts durch einen Bevollmächtigten, auch durch eine Vereinigung von Aktionären, hinzuweisen. [5]Bei börsennotierten Gesellschaften sind einem Vorschlag zur Wahl von Aufsichtsratsmitgliedern Angaben zu deren Mitgliedschaft in anderen gesetzlich zu bildenden Aufsichtsräten beizufügen; Angaben zu ihrer Mitgliedschaft in vergleichbaren in- und ausländischen Kontrollgremien von Wirtschaftsunternehmen sollen beigefügt werden.

(2) [1]Die gleiche Mitteilung hat der Vorstand den Aktionären zu machen, die es verlangen oder zu Beginn des 14. Tages vor der Versammlung als Aktionär im Aktienregister der Gesellschaft eingetragen sind. [2]Die Satzung kann die Übermittlung auf den Weg elektronischer Kommunikation beschränken.

(3) Jedes Aufsichtsratsmitglied kann verlangen, daß ihm der Vorstand die gleichen Mitteilungen übersendet.

(4) Jedem Aufsichtsratsmitglied und jedem Aktionär sind auf Verlangen die in der Hauptversammlung gefassten Beschlüsse mitzuteilen.

(5) Finanzdienstleistungsinstitute und die nach § 53 Abs. 1 Satz 1 oder § 53b Abs. 1 Satz 1 oder Abs. 7 des Gesetzes über das Kreditwesen tätigen Unternehmen sind den Kreditinstituten gleichgestellt.

Schrifttum: *Drinhausen/Keinath,* Regierungsentwurf eines Gesetzes zur Umsetzung der Aktionärsrichtlinie (ARUG) – Überblick über die Änderungen gegenüber dem Referentenentwurf, BB 2009, 64; *Fleischhauer,* Hauptversammlung und Neue Medien, ZIP 2001, 1133; *Gantenberg,* Die Reform der Hauptversammlung durch den Regierungsentwurf eines Gesetzes zur Unternehmensintegration und Modernisierung des Anfechtungsrechts – UMAG, DB 2005, 207; *Lingemann/Wasmann,* Mehr Kontrolle und Transparenz im Aktienrecht: Das KonTraG tritt in Kraft, BB 1998, 853; *Lommatzsch,* Vorbereitung der HV durch Mitteilungen und Weisungen nach §§ 125, 128 AktG nF, NZG 2001, 1017; *Marsch-Barner,* Neue Entwicklungen im Vollmachtsstimmrecht der Banken, FS Peltzer, 2001, 261; *Paschos/Goslar,* Der Regierungsentwurf des Gesetzes zur Umsetzung der Aktionärsrichtlinie (ARUG), AG 2009, 14; *Schütz,* UMAG Reloaded – Der Regierungsentwurf eines Gesetzes zur Unternehmensintegrität und Modernisierung des Anfechtungsrechts (UMAG) vom 17.11.2004, NZG 2005, 5.

Übersicht

I. Allgemeines

1 § 125 regelt Mitteilungspflichten der Gesellschaft in Bezug auf die Einberufung der Hauptversammlung, die vom Vorstand zu erfüllen sind. Die Vorschrift wird durch § 128 ergänzt, der die Verpflichtung von Kreditinstituten zur Weiterleitung der Mitteilungen an Aktionäre normiert. Zweck der Regelungen ist in erster Linie die **Unterrichtung der Aktionäre** von der Einberufung der Hauptversammlung.[1] Dies soll zwar in erster Linie durch die Bekanntmachung der Einberufung

[1] Hüffer/*Koch* Rn. 1; Spindler/Stilz/*Rieckers* Rn. 1.

gemäß § 121 Abs. 4 erfolgen; in der Praxis werden die Bekanntmachungen in den Gesellschaftsblättern (§ 121 Abs. 4 S. 1) aber regelmäßig von einem Großteil der Aktionäre nicht zur Kenntnis genommen, so dass bei Gesellschaften, die nicht mittels eingeschriebenen Briefes (§ 121 Abs. 4 S. 2) einberufen, die Aktionäre in der Regel erst über die Mitteilungen die notwendigen Informationen über die Hauptversammlung erhalten.[2] Mitteilungsberechtigte sind Kreditinstitute und Aktionärsvereinigungen (§ 125 Abs. 1) sowie die den Kreditinstituten gleichgestellten Institute und Unternehmen (§ 125 Abs. 5). Die Kreditinstitute selbst sind zur Weitergabe der erhaltenen Informationen an die Aktionäre verpflichtet, die Aktiendepots bei ihnen unterhalten (§ 128 Abs. 1 S. 1). Mitteilungsberechtigt sind ferner bestimmte Aktionäre (§ 125 Abs. 2) und Aufsichtsratsmitglieder (§ 125 Abs. 3). § 125 Abs. 4 begründet außerdem einen Anspruch der Aktionäre und Aufsichtsratsmitglieder auf Mitteilung der in der Hauptversammlung gefassten Beschlüsse. § 125 hat durch das Gesetz zur Umsetzung der Aktionärsrechte-RL **(ARUG)** vom 30.7.2009 (BGBl. I S. 2479) zahlreiche Änderungen erfahren.

II. Einzelerläuterung

1. Mitteilungspflichten im Vorfeld der Hauptversammlung (Abs. 1–3, 5). a) Mitteilungsberechtigte. aa) Aktionärsvereinigungen, Kreditinstitute (Abs. 1) und ihnen gleichgestellte Organisationen (Abs. 5). Mitteilungsberechtigte sind gemäß Abs. 1 S. 1 zunächst Kreditinstitute und Aktionärsvereinigungen. **Kreditinstitute** im Sinne der Vorschrift sind Kreditinstitute gemäß §§ 1 Abs. 1, 2 Abs. 1 KWG. **Aktionärsvereinigungen** sind auf Dauer angelegte Personenzusammenschlüsse, deren Hauptzweck in der organisierten Wahrnehmung von Aktionärsrechten und Interessen ihrer Mitglieder gegenüber Aktiengesellschaften besteht; sie sind typischer-, aber nicht notwendigerweise in der Rechtsform des Vereins organisiert.[3] Reine Poolverträge sind insofern nicht ausreichend.[4] Die Mitteilungspflicht besteht nur gegenüber solchen Kreditinstituten und Aktionärsvereinigungen, die die Mitteilung ausdrücklich verlangt oder in der letzten Hauptversammlung der Gesellschaft Stimmrechte für Aktionäre ausgeübt haben. Das **Verlangen** kann form- und fristlos gestellt werden.[5] Es muss jedoch hinreichend deutlich sein und vor jeder Hauptversammlung neu gestellt werden; für die Zukunft fortwirkende „Daueraufträge" zur Übersendung der Mitteilungen können Kreditinstitute und Aktionärsvereinigungen nach hM nicht erteilen.[6] Ob ein Kreditinstitut oder eine Aktionärsvereinigung **in der letzten Hauptversammlung Stimmrechte** eines Aktionärs **ausgeübt** hat, muss die Gesellschaft von sich aus anhand der ihr vorliegenden Unterlagen (insbesondere des Teilnehmerverzeichnisses gemäß § 129) prüfen.[7] 2

Nach **Abs. 5** werden **Finanzdienstleistungsinstitute** (§§ 1 Abs. 1a, 2 Abs. 6 KWG) und Unternehmen, die nach § 53 Abs. 1 S. 1 KWG oder § 53b Abs. 1 S. 1, Abs. 7 KWG tätig sind, den Kreditinstituten gleichgestellt. Die Gleichstellung begründet nur einen Anspruch auf die Mitteilungen gemäß Abs. 1; Ansprüche nach Maßgabe der Abs. 2–4 werden hingegen nicht begründet.[8] Im Zuge des ARUG wurde dies durch die Streichung der in der alten Fassung des Abs. 5 enthaltenen Formulierung „nach Maßgabe der vorstehenden Absätze" klargestellt.[9] 3

bb) Aktionäre (Abs. 2). Nach **Abs. 2 S. 1 Alt. 1** sind Mitteilungen ferner an Aktionäre zu richten, die dies **verlangt** haben. Im Unterschied zu Abs. 1 sind nach hM auch **„Daueraufträge"** zulässig, der Aktionär kann also das Verlangen auch mit Wirkung für zukünftige Hauptversammlungen stellen.[10] Eine besondere Form ist für das Verlangen nicht vorgeschrieben.[11] Ebenso wenig enthält das Gesetz Angaben zu dem mit dem Verlangen zusammenhängenden **Nachweis der Aktionärseigenschaft.** Die Gesellschaft kann hierauf gänzlich verzichten; in jedem Fall ausreichend ist die in § 123 Abs. 3 S. 2 vorgesehene Bestätigung des depotführenden Instituts.[12] 4

Bei Gesellschaften, die **Namensaktien** ausgegeben haben, ist jeder Aktionär mitteilungsberechtigt, der zu Beginn des 14. Tages vor der Versammlung **als Aktionär im Aktienregister** der Gesellschaft (§ 67) eingetragen ist **(Abs. 2 S. 1 Alt. 2).** Die Pflicht zur Mitteilung besteht in diesem 5

---

[2] Vgl. MüKoAktG/*Kubis* Rn. 1 f.; Spindler/Stilz/*Rieckers* Rn. 1.
[3] Hüffer/*Koch* Rn. 3; MüKoAktG/*Kubis* Rn. 7.
[4] Hüffer/*Koch* Rn. 3; Spindler/Stilz/*Rieckers* Rn. 10.
[5] Hüffer/*Koch* Rn. 4.
[6] HK-AktG/*Reger* Rn. 3; Hüffer/*Koch* Rn. 4; MüKoAktG/*Kubis* Rn. 5; *Butzke* HV Kap. B Rn. 135; einschr. GroßkommAktG/*Werner* Rn. 42; aA *v. Godin/Wilhelmi* Anm. 5.
[7] HK-AktG/*Reger* Rn. 3; *Butzke* HV Kap. B Rn. 135.
[8] Hüffer/*Koch* Rn. 9; MüKoAktG/*Kubis* Rn. 8.
[9] Begr. RegE zu § 125 Abs. 5 BT-Drs. 16/11642, 46: „redaktionelle Korrektur".
[10] Begr. RegE, BT-Drs. 15/5092, 15; HK-AktG/*Reger* Rn. 5; Hüffer/*Koch* Rn. 16; NK-AktR/*Müller* Rn. 18.
[11] *Fleischhauer* ZIP 2001, 1133 (1134); *Schütz* NZG 2005, 5 (8).
[12] Begr. RegE, BT-Drs. 15/5092, 15; *Ganterberg* DB 2005, 207 (209).

Fall auch ohne entsprechendes Verlangen des Aktionärs. Die Mitteilungspflichten gemäß Abs. 2 und Abs. 1 bestehen unabhängig voneinander, so dass Mitteilungen gemäß Abs. 2 auch an solche eingetragenen Namensaktionäre zu übermitteln sind, die sich in der vorangegangenen Hauptversammlung durch ein Kreditinstitut, eine Aktionärsvereinigung oder eine gemäß Abs. 5 gleichgestellte Institution vertreten ließen, denen deshalb gemäß Abs. 1 ebenfalls eine Mitteilung zu übermitteln ist (in diesem Fall besteht allerdings keine Verpflichtung des Kreditinstituts zur Weitergabe der Mitteilung an den Aktionär, da § 128 Abs. 1 S. 1 diese bei Namensaktien nur vorsieht, wenn das Kreditinstitut selbst im Aktienregister eingetragen ist, → § 128 Rn. 4).[13] Die in § 125 Abs. 2 S. 1 Alt. 2 enthaltene **Stichtagsregelung** wurde durch das ARUG anstelle der früheren Zweiwochenfrist eingeführt und stellte eine rechtstechnische Anpassung an die neuen Berechnungsregeln für Fristen und Termine (§ 121 Abs. 7 dar (zu Einzelheiten → § 121 Rn. 49 ff.).[14] Es handelt sich um einen **Termin** iSd § 121 Abs. 7.[15] Bei der Berechnung wird der Tag der Versammlung nicht mitgerechnet (§ 121 Abs. 7 S. 1).

6 **cc) Aufsichtsratsmitglieder (Abs. 3).** Die Mitteilungspflicht im Vorfeld der Hauptversammlung besteht gemäß Abs. 3 auch gegenüber denjenigen Mitgliedern des Aufsichtsrats, die die Mitteilung verlangen. Das **Verlangen** kann für die **Dauer der Amtszeit** geäußert werden.[16] Bei dem Mitteilungsrecht handelt es sich um ein unentziehbares und unbeschränkbares **Individualrecht** jedes einzelnen Aufsichtsratsmitglieds (nicht des Gesamtorgans).[17]

7 **b) Mitteilungsschuldner.** Obwohl der Wortlaut des Abs. 1 S. 1 den Vorstand nennt, ist die **Gesellschaft** Schuldnerin der Mitteilungspflichten aus § 125; der Vorstand wird lediglich für sie tätig.[18] Da die Mitteilungspflichten kraft Gesetzes festgeschrieben sind und dem Vorstand keinen Entscheidungsspielraum lassen, erfordert ihre Erfüllung keinen Vorstandsbeschluss; auch ein aufgrund Unterbesetzung beschlussunfähiger Vorstand kann den Mitteilungspflichten daher wirksam nachkommen.[19]

8 **c) Inhalt.** Inhalt der Mitteilung ist gemäß Abs. 1 S. 1 die **Einberufung der Hauptversammlung,** wie sie in den Gesellschaftsblättern bekanntgemacht wurde (→ § 121 Rn. 19 ff.). Aktionärsanträge iSd §§ 126, 127 sind den nach § 125 Berechtigten nach ihrem Zugang bei der Gesellschaft gemäß § 126 Abs. 1 zugänglich zu machen (→ § 126 Rn. 10 ff.). Die gesonderte Mitteilung der Bekanntmachung **der Tagesordnung** ist seit der Neufassung des § 125 Abs. 1 S. 1 durch das ARUG nicht mehr vorgesehen, da die Tagesordnung nach § 121 Abs. 3 S. 2 nF notwendiger **Bestandteil der Einberufung** ist. Wird die Tagesordnung für die Hauptversammlung einer börsennotierten Gesellschaft auf einen **Ergänzungsantrag** hin gemäß § 122 Abs. 2 geändert, ist die geänderte Tagesordnung mitzuteilen **(Abs. 1 S. 3).** Durch die Regelung des § 122 Abs. 2 S. 3 Hs. 2, wonach Ergänzungsanträge bei börsennotierten Gesellschaften der Gesellschaft spätestens 30 Tage vor der Versammlung zugehen müssen, ist gewährleistet, dass die Gesellschaft die Ergänzung in die Mitteilungen einbeziehen kann. Die Pflicht zur Mitteilung der ergänzten Tagesordnung gemäß Abs. 1 S. 3 richtet sich **ausschließlich an börsennotierte** Gesellschaften, da nichtbörsennotierte Gesellschaften – denen Ergänzungsanträge gemäß § 122 Abs. 2 S. 3 Hs. 1 noch bis spätestens 24 Tage vor der Versammlung zugehen können – angesichts der 21-Tagefrist für die Mitteilung nach § 125 Abs. 1 S. 1 unter Umständen nicht mehr die Möglichkeit haben, die Tagesordnung rechtzeitig vor Übermittlung der Mitteilungen zu ändern. Bei ihnen genügt deshalb eine Bekanntmachung der geänderten Tagesordnung gemäß § 124 Abs. 1 nach Zugang des Ergänzungsverlangens (→ § 124 Rn. 4 f.).[20]

9 Nach Abs. 1 S. 4 muss die Mitteilung einen **Hinweis** darauf enthalten, dass den Aktionären die Möglichkeit offen steht, ihre **Stimmrechte durch einen Bevollmächtigten,** der auch eine Aktionärsvereinigung sein kann, ausüben zu lassen. Dadurch soll den Aktionären verdeutlicht werden, dass Kreditinstitute kein „Vertretungsmonopol“ besitzen.[21]

10 Börsennotierte Gesellschaften sind nach **Abs. 1 S. 5** verpflichtet, in Bezug auf Vorschläge zur Wahl von Aufsichtsratsmitgliedern ergänzende Angaben über Mitgliedschaften der Kandidaten in anderen Kontrollgremien mitzuteilen. Die Regelung des Abs. 1 S. 5 soll **personelle Verflechtun-**

[13] HK-AktG/*Reger* Rn. 4.

[14] Begr. RegE zu § 125 Abs. 2 BT-Drs. 16/11642, 46.

[15] Begr. RegE zu § 121 Abs. 7 BT-Drs. 16/11642, 42.

[16] Hüffer/*Koch* Rn. 16; Spindler/Stilz/*Rieckers* Rn. 15.

[17] Hüffer/*Koch* Rn. 16; MüKoAktG/*Kubis* Rn. 30.

[18] OLG Frankfurt WM 1975, 336 (339); Hüffer/*Koch* Rn. 3; *Lommatzsch* NZG 2001, 1017; MüKoAktG/*Kubis* Rn. 3.

[19] HK-AktG/*Reger* Rn. 8; GroßkommAktG/*Werner* Rn. 27.

[20] Begr. RegE zu § 125 Abs. 1 BT-Drs. 16/11642, 30.

[21] Begr. RegE, BT-Drs. 13/9712, 18.

gen transparent machen.[22] § 124 Abs. 3 S. 3 gilt nach hM entsprechend, so dass die Mitteilungspflicht nicht für Wahlvorschläge von Aktionären gemäß § 127 gilt.[23] Sofern der Kandidat Mitglied in einem **gesetzlich zu bildenden Aufsichtsrat** ist, normiert Abs. 1 S. 5 Hs. 1 hinsichtlich der Mitteilung eine **Muss-Vorschrift.** Im Gegensatz hierzu unterliegen Angaben zu Mitgliedschaften in **vergleichbaren in- und ausländischen Kontrollgremien** nach Abs. 1 S. 5 Hs. 2 gesetzestechnisch einer **Soll-Vorschrift.** Unter die Mitgliedschaften im letztgenannten Sinne fallen vor allem Mandate in Verwaltungs- oder Beiräten in Wirtschaftsunternehmen; karitative, wissenschaftliche oder vergleichbare Einrichtungen sind auch von der Soll-Vorschrift nicht erfasst.[24] In zeitlicher Hinsicht sind Angaben zu solchen Mandaten beizufügen, die im Zeitpunkt des Wahlvorschlags bestehen. Ergibt sich danach noch eine Änderung, ist diese vom Vorstand zu berücksichtigen, soweit er hiervon Kenntnis erlangt hat und eine Berücksichtigung noch möglich ist.[25] Obwohl dazu keine gesetzliche Pflicht besteht, wird empfohlen, Konzernmandate gesondert auszuweisen und Vorsitzmandate anzugeben, um deutlich zu machen, dass den Vorgaben des § 100 Abs. 2 entsprochen wird.[26] Unter Abs. 1 S. 5 fallende Mandate sind zugleich Pflichtangaben des Anhangs (§ 285 S. 1 Nr. 10 HGB).

d) Form und Frist. Gesetzlich ist keine bestimmte Mitteilungsform vorgegeben. Die inzwischen hM fordert indes, dass die Mitteilungen **schriftlich verkörpert** sind.[27] Schriftform iSd § 126 BGB ist damit freilich nicht gemeint. Zulässig ist insbesondere auch die Mitteilung im Wege **elektronischer Übertragung.**[28] Die für die Übermittlung an Kreditinstitute gewählte Form muss gewährleisten, dass die Institute die empfangenen Informationen im Rahmen ihrer Weitergabepflicht den Aktionären zeitig zukommen lassen können.[29] Soweit erforderlich, ist von den Mitteilungsempfängern eine Papierfassung herzustellen.[30] Diese sind auch für erforderliche Vervielfältigungen zuständig.[31] Durch das ARUG wurde **Abs. 2 S. 2** eingefügt, wonach die Satzung der Gesellschaft vorsehen kann, dass die unmittelbare **Informationsübermittlung** von der Gesellschaft **an Aktionäre ausschließlich auf elektronischem Weg** erfolgt. Der Übermittlungsweg kann hierbei spezifiziert werden. Den Gesellschaften soll hierdurch die Möglichkeit eröffnet werden, die Übermittlung ganz oder teilweise auf Elektronik umzustellen.[32] Denkbar sind demnach auch Satzungsregelungen, nach denen die Übermittlung für bestimmte Fälle – etwa allein den Nachversand oder nur an Aktionäre, deren E-Mail-Adresse der Gesellschaft bekannt ist – auf den elektronischen Weg beschränkt und im Übrigen die Übermittlung in Papierform beibehalten wird.[33] Zu berücksichtigen ist dabei allerdings, dass Informationen an Aktionäre börsennotierter Gesellschaften nur dann elektronisch übermittelt werden dürfen, wenn diese nicht widersprechen (§ 30b Abs. 3 Nr. 1 lit. d WpHG aF bzw. § 49 WpHG nF) und die Hauptversammlung der elektronischen Übermittlung zugestimmt hat (§ 30b Abs. 3 Nr. 1 lit. a WpHG aF bzw. § 49 WpHG nF). Die Übermittlung ausschließlich per E-Mail ist danach zB zulässig, wenn der Aktionär für diese Zwecke eine E-Mail Adresse angegeben hat.[34] Nach § 125 Abs. 3 sind Mitteilungen an Aufsichtsratsmitglieder zu „übersenden". Hier ist schon aus dem Erfordernis der „Übersendung" zu schließen, dass die Übermittlung nach wie vor in schriftlich verkörperter Form zu erfolgen hat.[35] 11

An die Stelle der Zwölftagefrist des § 125 Abs. 1 S. 1 aF ist mit dem ARUG eine **neue Fristenregelung** getreten: Gemäß § 125 Abs. 1 S. 1 nF muss die Mitteilung mindestens **21 Tage vor der Hauptversammlung** erfolgen. Nach zutreffender hM kommt es für die Fristwahrung auf die Absendung, nicht auf den Zugang der Mitteilung an.[36] Da die Frist von der Versammlung zurückzurechnen ist, gilt für ihre Berechnung § 121 Abs. 7 (zu Einzelheiten → § 121 Rn. 49 ff.). Der Tag der Versammlung und der Tag der Mitteilung werden nicht mitgerechnet (§ 121 Abs. 7 S. 1 und § 125 Abs. 1 S. 2). Die Mitteilungspflicht besteht nicht mehr, wenn ein Verlangen so spät gestellt 12

[22] *Marsch-Barner* FS Peltzer, 2001, 261 (263); MüKoAktG/*Kubis* Rn. 13; Spindler/Stilz/*Rieckers* Rn. 19.
[23] HK-AktG/*Reger* Rn. 10; Hüffer/*Koch* Rn. 6; Spindler/Stilz/*Rieckers* Rn. 20; aA MüKoAktG/*Kubis* Rn. 13.
[24] Begr. RegE, BT-Drs. 13/9712, 17; Hüffer/*Koch* Rn. 6.
[25] HK-AktG/*Reger* Rn. 10; Hüffer/*Koch* Rn. 6.
[26] HK-AktG/*Reger* Rn. 10; Hüffer/*Koch* Rn. 6.
[27] Hüffer/*Koch* Rn. 7; KK-AktG/*Noack/Zetzsche* Rn. 60; MüKoAktG/*Kubis* Rn. 16.
[28] MüKoAktG/*Kubis* Rn. 16; Spindler/Stilz/*Rieckers* Rn. 23.
[29] HK-AktG/*Reger* Rn. 12; Hüffer/*Koch* Rn. 8.
[30] GroßkommAktG/*Werner* Rn. 79; HK-AktG/*Reger* Rn. 12.
[31] Hüffer/*Koch* Rn. 5.
[32] Begr. RegE zu § 125 Abs. 2 BT-Drs. 16/11642, 31.
[33] Begr. RegE zu § 125 Abs. 2 BT-Drs. 16/11642, 31.
[34] *Drinhausen/Keinath* BB 2009, 64 (67); *Paschos/Goslar* AG 2009, 14 (17).
[35] HK-AktG/*Reger* Rn. 12; MüKoAktG/*Kubis* Rn. 30; aA Hüffer/*Koch* Rn. 16.
[36] Hüffer/*Koch* Rn. 10 mwN.

wird, dass die Gesellschaft die Frist nicht mehr einhalten kann.[37] Bei **Übernahmesachverhalten** gilt die Sonderregelung des § 16 Abs. 4 S. 3 WpÜG.

13 **2. Mitteilungspflichten nach der Hauptversammlung (Abs. 4). Aufsichtsratsmitglieder** und **Aktionäre** können gemäß Abs. 4 verlangen, dass ihnen die in der Hauptversammlung gefassten Beschlüsse mitgeteilt werden. Die Mitteilung können auch Aktionäre verlangen, die nicht an der Hauptversammlung teilgenommen haben.[38] Mitzuteilen sind Inhalt und Ergebnis der Beschlussfassung; kein Anspruch besteht jedoch auf Übermittlung der Hauptversammlungsniederschrift.[39] Nach hM erstreckt sich die Mitteilungspflicht nicht auf reine Verfahrensbeschlüsse.[40] Auch für die Mitteilung nach Abs. 4 schreibt das Gesetz keine besondere Form vor; die Ausführungen → Rn. 11 gelten daher auch hier. Die bloße Veröffentlichung der Beschlüsse auf der Internetseite der Gesellschaft oder ein Verweis des Aktionärs oder Aufsichtsratsmitglieds hierauf kann die Mitteilung gemäß Abs. 4 rechtlich nicht ersetzen; sie ist allenfalls praktisch geeignet, die Zahl der Mitteilungsverlangen zu reduzieren.[41] Die Mitteilung hat **unverzüglich** (§ 121 Abs. 1 S. 1 BGB) nach Zugang des Verlangens zu erfolgen, da der Inhalt der Mitteilung der Vorbereitung einer Anfechtungsklage dienen kann, die innerhalb eines Monats nach der Beschlussfassung erhoben werden muss (§ 246 Abs. 1).[42]

14 **3. Rechtsfolgen bei Verstößen. a) Beschlussanfechtung.** Eine **unterbliebene Mitteilung** führt zur Anfechtbarkeit der von ihr betroffenen Hauptversammlungsbeschlüsse;[43] dabei gelten die allgemeinen Grundsätze (→ § 243 Rn. 84 ff.). Unterbleibt die Mitteilung vollständig, kann dies daher die Anfechtbarkeit sämtlicher Beschlüsse zur Folge haben. Wird entgegen Abs. 1 S. 5 Hs. 2 keine Angabe zur Mitgliedschaft von Aufsichtsratsmitgliedern in vergleichbaren in- und ausländischen Kontrollgremien beigefügt, kann dies nicht die Anfechtbarkeit der Wahlbeschlüsse begründen, da die Regelung als Soll-Vorschrift ausgestaltet ist.[44] Eine Anfechtung kann auch nicht auf einen Verstoß gegen die nachträgliche Mitteilungspflicht aus Abs. 4 gestützt werden, da diese Pflicht zeitlich erst nach dem jeweiligen Hauptversammlungsbeschluss entsteht und ihre Verletzung für die Beschlussfassung somit nicht relevant sein kann.[45]

15 Wird die Mitteilungspflicht durch eine **verspätete Mitteilung** seitens der Gesellschaft verletzt, kann dies zur Anfechtbarkeit führen, wenn die nach Zugang der Mitteilung verbleibende Zeit zur Vorbereitung auf die Hauptversammlung nicht mehr ausreicht.[46] Dies ist anhand des Umfangs und der Komplexität der zu treffenden Beschlüsse zu beurteilen.[47] Hat die Gesellschaft ihre Mitteilungspflichten rechtzeitig erfüllt, das Kreditinstitut aber seine Weitergabepflicht gemäß § 128 verletzt, führt dies nicht zur Anfechtbarkeit von Hauptversammlungsbeschlüssen.[48]

16 **b) Schadensersatz.** Als weitere Rechtsfolge einer Verletzung von Mitteilungspflichten aus § 125 kommt ein Schadensersatzanspruch der **Gesellschaft gegen den Vorstand** (§ 93) in Betracht.[49] Als Schadensposition sind insbesondere die Kosten eines erfolgreichen Anfechtungsprozesses denkbar.[50] **Aktionäre** können hingegen keinen unmittelbaren Schadensersatzanspruch **gegen den Vorstand** geltend machen, da der Vorstand nur als Organ verpflichtet wird und § 125 kein Schutzgesetz iSd § 823 Abs. 2 BGB darstellt.[51] Ein Schadensersatzanspruch der **Aktionäre gegen die Gesellschaft** kann allenfalls bei Verletzung der Mitteilungspflichten aus § 125 Abs. 2 und 4 bestehen, da die Aktionäre nicht Mitteilungsberechtigte iSd § 125 Abs. 1 sind.[52]

17 **c) Leistungs-/Feststellungsklage.** Den nach § 125 Berechtigten steht es offen, ihre Mitteilungsansprüche durch Leistungsklage durchzusetzen. Diese Option besteht **neben** der Möglichkeit einer

[37] HK-AktG/*Reger* Rn. 13; aA Spindler/Stilz/*Rieckers* Rn. 9: Mitteilungspflicht besteht, aber ohne Fristenzwang; so nunmehr auch Hüffer/*Koch* Rn. 10.
[38] HK-AktG/*Reger* Rn. 14; GroßkommAktG/*Werner* Rn. 85.
[39] GroßkommAktG/*Werner* Rn. 81; MüKoAktG/*Kubis* Rn. 35.
[40] HK-AktG/*Reger* Rn. 14; GroßkommAktG/*Werner* Rn. 81; aA MüKoAktG/*Kubis* Rn. 35.
[41] NK-AktR/*Müller* Rn. 27; Hüffer/*Koch* Rn. 17; Spindler/Stilz/*Rieckers* Rn. 37.
[42] NK-AktR/*Müller* Rn. 28; Hüffer/*Koch* Rn. 17; MüKoAktG/*Kubis* Rn. 37.
[43] Hüffer/*Koch* Rn. 19; MüKoAktG/*Kubis* Rn. 39; *Butzke* HV Kap. O Rn. 22.
[44] HK-AktG/*Reger* Rn. 16; *Lingemann/Wasmann* BB 1998, 853 (857); ebenso, zusätzlich mit der Trennung der Fallgruppen in § 125 Abs. 1 S. 1 argumentierend, Hüffer/*Koch* Rn. 10.
[45] HK-AktG/*Reger* Rn. 16.
[46] MüKoAktG/*Kubis* Rn. 42; Semler/Volhard/*Reichert* HV HdB § 4 Rn. 267.
[47] HK-AktG/*Reger* Rn. 17.
[48] HK-AktG/*Reger* Rn. 17.
[49] Hüffer/*Koch* Rn. 19; Spindler/Stilz/*Rieckers* Rn. 44.
[50] MüKoAktG/*Kubis* Rn. 47.
[51] HK-AktG/*Reger* Rn. 18; GroßkommAktG/*Werner* Rn. 97.
[52] HK-AktG/*Reger* Rn. 18.

Beschlussmängelklage; sie besteht auch dann, wenn bei Stattgabe durch das Gericht die nach § 125 relevanten Fristen schon abgelaufen sind.[53] Ferner ist die Anspruchsverfolgung im Wege der einstweiligen Verfügung (§§ 935, 940 ZPO) möglich.[54] Eine Klage mit dem Ziel, die Mitteilungspflicht feststellen zu lassen, ist hingegen mangels rechtlichen Interesses an der bloßen Feststellung der Verpflichtung unzulässig.[55]

III. Abdingbarkeit

Die in § 125 normierten Mitteilungspflichten können aufgrund ihres **zwingenden** Charakters (§ 23 Abs. 5 S. 1) nicht durch die Satzung ausgeschlossen oder beschränkt werden.[56] Eine Ausnahme besteht nach der Neuregelung des Abs. 2 S. 2 insoweit, als die Satzung bestimmen kann, dass die unmittelbaren Mitteilungen an Namensaktionäre nur im Wege elektronischer Kommunikation übermittelt werden (→ Rn. 11). Ferner können in der Satzung weitergehende Mitteilungspflichten bestimmt werden.[57] 18

§ 126 Anträge von Aktionären

(1) [1]Anträge von Aktionären einschließlich des Namens des Aktionärs, der Begründung und einer etwaigen Stellungnahme der Verwaltung sind den in § 125 Abs. 1 bis 3 genannten Berechtigten unter den dortigen Voraussetzungen zugänglich zu machen, wenn der Aktionär mindestens 14 Tage vor der Versammlung der Gesellschaft einen Gegenantrag gegen einen Vorschlag von Vorstand und Aufsichtsrat zu einem bestimmten Punkt der Tagesordnung mit Begründung an die in der Einberufung hierfür mitgeteilte Adresse übersandt hat. [2]Der Tag des Zugangs ist nicht mitzurechnen. [3]Bei börsennotierten Gesellschaften hat das Zugänglichmachen über die Internetseite der Gesellschaft zu erfolgen. [4]§ 125 Abs. 3 gilt entsprechend.

(2) [1]Ein Gegenantrag und dessen Begründung brauchen nicht zugänglich gemacht zu werden,
1. soweit sich der Vorstand durch das Zugänglichmachen strafbar machen würde,
2. wenn der Gegenantrag zu einem gesetz- oder satzungswidrigen Beschluß der Hauptversammlung führen würde,
3. wenn die Begründung in wesentlichen Punkten offensichtlich falsche oder irreführende Angaben oder wenn sie Beleidigungen enthält,
4. wenn ein auf denselben Sachverhalt gestützter Gegenantrag des Aktionärs bereits zu einer Hauptversammlung der Gesellschaft nach § 125 zugänglich gemacht worden ist,
5. wenn derselbe Gegenantrag des Aktionärs mit wesentlich gleicher Begründung in den letzten fünf Jahren bereits zu mindestens zwei Hauptversammlungen der Gesellschaft nach § 125 zugänglich gemacht worden ist und in der Hauptversammlung weniger als der zwanzigste Teil des vertretenen Grundkapitals für ihn gestimmt hat,
6. wenn der Aktionär zu erkennen gibt, daß er an der Hauptversammlung nicht teilnehmen und sich nicht vertreten lassen wird, oder
7. wenn der Aktionär in den letzten zwei Jahren in zwei Hauptversammlungen einen von ihm mitgeteilten Gegenantrag nicht gestellt hat oder nicht hat stellen lassen.

[2]Die Begründung braucht nicht zugänglich gemacht zu werden, wenn sie insgesamt mehr als 5000 Zeichen beträgt.

(3) Stellen mehrere Aktionäre zu demselben Gegenstand der Beschlußfassung Gegenanträge, so kann der Vorstand die Gegenanträge und ihre Begründung zusammenfassen.

Schrifttum: *Ek,* Einreichung von Gegenanträgen für die Hauptversammlung bei Außenstellen von Aktiengesellschaften, NZG 2002, 664; *Mimberg,* Schranken der Vorbereitung und Durchführung der Hauptversammlung im Internet – die Rechtslage nach dem Inkrafttreten von NaStraG, Formvorschriften-AnpassungsG und TransPuG, ZGR 2003, 21; *Mutter,* Gegenanträge – was sind 5000 Zeichen?, ZIP 2002, 1759; *Noack,* Das neue Recht der Gegenanträge nach § 126 AktG, BB 2003, 1393; *Noack,* Neuerungen im Recht der Hauptversammlung durch das Transparenz- und Publizitätsgesetz und den Deutschen Corporate Governance Kodex, DB 2002, 620; *Pentz,* Nochmals: Gegenanträge – was sind 5000 Zeichen?, ZIP 2003, 1925; *Sasse,* § 126 AktG – Rechtsunsicherheiten

[53] OLG Frankfurt WM 1975, 336 (338); MüKoAktG/*Kubis* Rn. 48.
[54] OLG Frankfurt WM 1975, 336 (337); HK-AktG/*Reger* Rn. 19.
[55] MüKoAktG/*Kubis* Rn. 49.
[56] *Butzke* HV Kap. B Rn. 146.
[57] MüKoAktG/*Kubis* Rn. 50; Spindler/Stilz/*Rieckers* Rn. 1.

bei der Behandlung von Gegenanträgen, NZG 2004, 153; *Seibert/Florstedt,* Der Regierungsentwurf des ARUG, ZIP 2008, 2145; *Stehle,* Zur Behandlung von Gegenanträgen, die einen Verweis auf die Homepage des opponierenden Aktionärs enthalten, ZIP 2003, 980.

Übersicht

I. Allgemeines

1 **1. Regelungsgegenstand und -zweck.** § 126 regelt die Behandlung von Gegenanträgen, die Aktionäre zu Beschlussvorschlägen der Verwaltung einreichen (sog. **Oppositionen**). Nach **Abs. 1** sind Gegenanträge den in § 125 Abs. 1–3 genannten Berechtigten zugänglich zu machen, wenn sie mindestens 14 Tage vor der Hauptversammlung ordnungsgemäß eingereicht wurden. **Abs. 2** enthält Tatbestände, die von der Pflicht zum Zugänglichmachen befreien. **Abs. 3** eröffnet dem Vorstand die Möglichkeit, mehrere Gegenanträge zusammenzufassen, die sich auf denselben Beschlussgegenstand beziehen. Bei **Übernahmesachverhalten** erfolgt eine Modifizierung der Norm durch § 16 Abs. 4 WpÜG. § 126 verfolgt einen **Informationszweck,** indem die Mitaktionäre über eine beabsichtigte Opposition frühzeitig in Kenntnis gesetzt werden und entscheiden können, ob sie dem Gegenantrag zustimmen möchten. Die fristgemäße Einreichung eines Gegenantrags und dessen Zugänglichmachen im Vorfeld der Hauptversammlung ist hingegen nicht Voraussetzung für das Stellen des Gegenantrags in der Hauptversammlung; aus § 124 Abs. 4 S. 2 folgt vielmehr, dass ein Gegenantrag zu einem Tagesordnungspunkt auch ohne vorherige Bekanntmachung während der Hauptversammlung gestellt werden kann (→ § 124 Rn. 24 f.). Allerdings ist die Chance, eine Mehrheit für den Gegenantrag zu erhalten, bei vorheriger Information der übrigen Aktionäre größer, da sie dann die Möglichkeit haben, den Gegenantrag bei ihrer Entscheidung über die Teilnahme an der Hauptversammlung oder die Erteilung von Weisungen an Stimmrechtsvertreter zu berücksichtigen.[1]

2 **2. Gesetzesänderungen.** Eine umfassende Änderung hat § 126 durch das Gesetz zur weiteren Reform des Aktien- und Bilanzrechts, zu Transparenz und Publizität **(TransPuG)** vom 19.7.2002 (BGBl. I S. 2681) erfahren. Unter anderem wurden Gegenanträge und ihre Begründungen danach aus dem Verfahren der Mitteilung nach §§ 125 Abs. 1 S. 1 aF, 126 Abs. 1 S. 1 aF herausgenommen und stattdessen vorgesehen, dass sie den nach § 125 Abs. 1–3 Berechtigten nur noch zugänglich gemacht werden müssen. Begründet wurde diese Änderung mit der Kostspieligkeit und Fehleranfälligkeit des bisherigen Informationssystems.[2] Weitere Modifikationen von § 126 Abs. 1 wurden durch Gesetz zur Umsetzung der Aktionärsrechte-RL **(ARUG)** vom 30.7.2009 (BGBl. I S. 2479) vorgenommen. Für börsennotierte Gesellschaften wurde das schon nach bisher geltendem Recht zulässige Einstellen der Gegenanträge auf der gesellschaftseigenen Internetseite als Form der Zugänglichmachung nunmehr verbindlich vorgeschrieben (§ 126 Abs. 1 S. 3). Ferner sind rechtstechnische Anpassungen an das neue Berechnungsmodell für Fristen und Termine (§ 121 Abs. 7) erfolgt.[3] Das neue, einheitliche Berechnungssystem sollte zu einer Entlastung der Praxis führen und bestehende Unklarheiten beseitigen.[4]

II. Rechtstatsachen

3 Die Opposition wird als **wesentliches Instrument** der Aktionärsdemokratie gesehen.[5] Insbesondere bei Hauptversammlungen von großen Aktiengesellschaften ist die Zahl der gestellten Gegenan-

[1] Vgl. MüKoAktG/*Kubis* Rn. 1; GroßkommAktG/*Werner* Rn. 5, 67; aA Spindler/Stilz/*Rieckers* Rn. 3.
[2] Begr. RegE, BT-Drs. 14/8769, 20.
[3] Begr. RegE, BT-Drs. 16/11642, 31.
[4] Begr. RegE, BT-Drs. 16/11642, 28 zu § 121 Abs. 7.
[5] NK-AktR/*Müller* Rn. 3.

träge beachtlich. Die Opposition stellt gerade bei diesen Gesellschaften ein wichtiges Instrument für die Aktionäre dar, um ihre eigenen Interessen zu artikulieren,[6] da die Vielzahl von Anteilsinhabern vorab nur sehr bedingt eine Einflussnahme auf Beschlussvorschläge der Verwaltung ermöglicht.[7]

III. Einzelerläuterung

4 **1. Zugänglichmachen von Gegenanträgen (Abs. 1).** Eine **Verpflichtung** der Gesellschaft, Gegenanträge zugänglich zu machen, besteht nur in Bezug auf Gegenanträge iSd Abs. 1, die ein Berechtigter mit Begründung form- und fristgemäß an die in der Einberufung genannte Adresse übersandt hat. Anträge, die diese Anforderungen nicht erfüllen, müssen von der Gesellschaft nicht veröffentlicht werden. Zu den Ausnahmen von der Publizitätspflicht gemäß Abs. 2 → Rn. 14 ff.

5 **a) Anforderungen an die Antragstellung. aa) Berechtigung zur Antragstellung.** Ein Gegenantrag kann von jedem **Aktionär** gestellt werden. Bei Gesellschaften mit Namensaktien ist jede im Aktienregister als Aktionär eingetragene Person antragsberechtigt (§ 67 Abs. 2 S. 1). Die Aktionärsstellung muss bei Einreichung des Gegenantrags gegeben sein.[8] Unerheblich für die Antragsberechtigung ist die Zahl der gehaltenen Aktien.[9] Ein **Stimmrechtsausschluss** schließt die Antragsberechtigung ebenfalls nicht aus, da der Gegenantrag auch mit dem (alleinigen) Ziel gestellt werden kann, andere – stimmberechtigte – Aktionäre zur Zustimmung zu veranlassen.[10] Ist der Aktionär **nicht berechtigt,** an der Hauptversammlung **teilzunehmen,** besteht jedoch keine Antragsberechtigung, da der Aktionär in diesem Fall den Gegenantrag in der Hauptversammlung nicht zur Abstimmung stellen kann.[11] Dies steht im Einklang mit § 126 Abs. 2 S. 1 Nr. 6, wonach ein Gegenantrag nicht zugänglich gemacht werden muss, wenn der Aktionär zu erkennen gibt, dass er an der Hauptversammlung nicht teilnehmen und sich auch nicht vertreten lassen wird. Dementsprechend besteht auch keine Antragsberechtigung, wenn sämtliche Rechte aus der Aktie gemäß § 28 WpHG aF bzw. § 44 WpHG nF oder gemäß § 21 Abs. 4 infolge der **Verletzung von Meldepflichten** ruhen.[12] Dasselbe gilt für **eigene Aktien,** die von der Gesellschaft selbst, von ihr abhängigen Unternehmen oder von für ihre Rechnung handelnden Dritten gehalten werden und aus denen gemäß §§ 71b und 71d keine Rechte ausgeübt werden dürfen.[13] Bei Inhaberaktien muss der Aktionär seine **Aktionärseigenschaft** grundsätzlich innerhalb der Frist des § 126 Abs. 1 auch **nachweisen.**[14] Legt der Aktionär der Gesellschaft mit dem Gegenantrag keinen Legitimationsnachweis vor und hat diese Zweifel an seiner Aktionärseigenschaft, muss sie ihn unverzüglich auf ihre Zweifel hinweisen, damit er die Möglichkeit hat, den Nachweis fristgemäß nachzureichen, anderenfalls muss sie die behauptete Berechtigung gegen sich gelten lassen.[15] Der Nachweis kann durch die Vorlage der Aktienurkunde in Kopie oder eine zeitnah ausgestellte Bescheinigung eines Kreditinstituts erfolgen.[16] In der **Praxis** ist es allerdings empfehlenswert, grundsätzlich von der Aktionärsstellung auszugehen, um der ansonsten drohenden Anfechtungsgefahr vorzubeugen.[17] Bei Aktionären mit Namensaktien ist kein Legitimationsnachweis erforderlich, da sie aufgrund ihrer Eintragung im Aktienregister gemäß § 67 Abs. 2 S. 1 der Gesellschaft gegenüber als Aktionär gelten. Der Antrag kann auch durch einen **Bevollmächtigten** des Aktionärs gestellt werden.[18] Damit die Gesellschaft ihren Publizitätspflichten ordnungsgemäß nachkommen kann, muss sich der Opponent im Antrag **namentlich** ausweisen (s. § 126 Abs. 1 S. 1, wonach der Antrag „einschließlich des Namens des Aktionärs" zugänglich zu machen ist).[19] Daher müssen auch Anträge, die durch Bevollmächtigte gestellt werden, den Namen des Aktionärs offenlegen; dies gilt nach zutreffender Auffassung auch für Gegenanträge, die durch ein Kreditinstitut, eine Aktionärsvereinigung, einen institutionellen Stimmrechtsvertreter oder eine diesen gemäß §§ 135 Abs. 10, 125 Abs. 5 gleichgestellte Person eingereicht werden.[20]

---

[6] *Noack* BB 2003, 1393.
[7] MüKoAktG/*Kubis* Rn. 2.
[8] HK-AktG/*Reger* Rn. 3.
[9] GroßkommAktG/*Werner* Rn. 2; MüKoAktG/*Kubis* Rn. 3.
[10] HK-AktG/*Reger* Rn. 3; MüKoAktG/*Kubis* Rn. 3.
[11] MüKoAktG/*Kubis* Rn. 5; GroßkommAktG/*Werner* Rn. 5; aA Schmidt/Lutter/*Ziemons* Rn. 15.
[12] MüKoAktG/*Kubis* Rn. 5; Schmidt/Lutter/*Ziemons* Rn. 13.
[13] GroßkommAktG/*Werner* Rn. 4; MüKoAktG/*Kubis* Rn. 5.
[14] HK-AktG/*Reger* Rn. 4; GroßkommAktG/*Werner* Rn. 11; MüKoAktG/*Kubis* Rn. 6; Schmidt/Lutter/*Ziemons* Rn. 14.
[15] MüKoAktG/*Kubis* Rn. 6.
[16] HK-AktG/*Reger* Rn. 4; GroßkommAktG/*Werner* Rn. 11; MüKoAktG/*Kubis* Rn. 6.
[17] Zu den Anfechtungsrisiken etwa Spindler/Stilz/*Rieckers* Rn. 45; MüKoAktG/*Kubis* Rn. 41.
[18] MüKoAktG/*Kubis* Rn. 4; Schmidt/Lutter/*Ziemons* Rn. 16.
[19] Spindler/Stilz/*Rieckers* Rn. 13; NK-AktR/*Müller* Rn. 17; MüKoAktG/*Kubis* Rn. 13.
[20] MüKoAktG/*Kubis* Rn. 4; NK-AktR/*Müller* Rn. 12; aA Schmidt/Lutter/*Ziemons* Rn. 16.

6 **bb) Inhaltliche Anforderungen.** Ein gemäß Abs. 1 zugänglich zu machender **Gegenantrag** ist ein Antrag zur Beschlussfassung über einen Tagesordnungspunkt, der sich **gegen einen Beschlussvorschlag** von Vorstand und/oder Aufsichtsrat (§ 124 Abs. 3) richtet.[21] Der Antrag ist damit notwendigerweise auf einen konkreten und im Antrag zu benennenden Punkt der Tagesordnung der Hauptversammlung zu beziehen (Abs. 1 S. 1 am Ende)[22] und muss auf eine vom entsprechenden Verwaltungsvorschlag inhaltlich abweichende Beschlussfassung gerichtet sein.[23] Nicht erforderlich ist die Ausformulierung als Beschlussvorschlag.[24] Reine Unmutsäußerungen oder die Ankündigung der Absicht, in der Hauptversammlung gegen den Verwaltungsvorschlag zu stimmen, sind grundsätzlich nicht ausreichend;[25] dies gilt nach zutreffender Ansicht auch, wenn Vorstand und Aufsichtsrat **unterschiedliche Beschlussvorschläge** bekanntgemacht haben und der Aktionär ankündigt, für bzw. gegen einen der Vorschläge zu votieren.[26] Da ein Gegenantrag grundsätzlich einen Beschlussvorschlag der Verwaltung voraussetzt, sind „prophylaktische Anträge", die bereits vor Bekanntmachung der Beschlussvorschläge der Verwaltung gemäß § 124 Abs. 3 gestellt werden, keine gemäß § 126 publizitätspflichtigen Gegenanträge.[27] Dasselbe gilt für Anträge zu einem Beschlussgegenstand, der aufgrund Minderheitsverlangens gemäß § 122 Abs. 2 auf die Tagesordnung gesetzt wurde und zu dem die Verwaltung keinen Beschlussvorschlag unterbreitet hat[28] (anders allerdings, wenn die Verwaltung freiwillig einen Beschlussvorschlag zu dem ergänzten Tagesordnungspunkt bekanntgemacht hat und der Antrag sich gegen diesen richtet).[29] Hat die Verwaltung hingegen unter Verletzung von § 124 Abs. 3 mit der Einberufung der Hauptversammlung keinen Beschlussvorschlag bekanntgemacht, so gilt jeder Beschlussantrag als Gegenantrag.[30] Zielt der Antrag auf die **Absetzung** eines Punktes der Tagesordnung oder auf die Vertagung der Hauptversammlung insgesamt ab, ist auch hierin ein Gegenantrag zu sehen.[31] Dem Aktionär steht die Möglichkeit eines **Haupt- und Hilfsantrags** offen.[32] Hingegen kann er seinen Gegenantrag nicht an eine Bedingung knüpfen.[33] Ferner sind Alternativanträge nicht zulässig.[34]

7 Dem Gegenantrag ist gemäß Abs. 1 S. 1 zwingend eine **Begründung** beizufügen.[35] Diese hat in der gebotenen Kürze zu erfolgen, wobei eine Begründung, die aus maximal 5000 Zeichen besteht (→ Rn. 22), diese Vorgabe erfüllt (§ 126 Abs. 2 S. 2).[36] Aus der Begründung muss hervorgehen, auf welche Argumente der Aktionär seinen Gegenantrag stützt.[37] Zwar muss die Argumentation nicht schlüssig sein;[38] sogar eine teilweise unrichtige oder unsachliche Begründung kann ausreichen; die Grenze bildet in diesem Fall Abs. 2 Nr. 3, wonach Gegenantrag und Begründung nicht publiziert werden müssen, wenn die Begründung offensichtlich falsche oder irreführende Angaben oder Beleidigungen enthält, → Rn. 17.[39] Nicht ausreichend sind bloße inhaltliche Wiederholungen des Gegenantrags, Pauschalbehauptungen oder Allgemeinplätze.[40] Hat der opponierende Aktionär auf seiner Internetseite Argumente für den Gegenantrag veröffentlicht, ist ein bloßer Hinweis hierauf keine Begründung iSd § 126 Abs. 1 S. 1;[41] die Gesellschaft ist auch nicht verpflichtet, den Hinweis auf die Internetseite des Aktionärs zu publizieren.[42]

---

[21] HK-AktG/*Reger* Rn. 6; MüKoAktG/*Kubis* Rn. 8.

[22] Spindler/Stilz/*Rieckers* Rn. 9.

[23] Hüffer/*Koch* Rn. 2; MüKoAktG/*Kubis* Rn. 7 f.

[24] Hüffer/*Koch* Rn. 2; Spindler/Stilz/*Rieckers* Rn. 8; MüKoAktG/*Kubis* Rn. 7; *Butzke* HV Kap. B Rn. 152; aA Schmidt/Lutter/*Ziemons* Rn. 8.

[25] Hüffer/*Koch* Rn. 2; Spindler/Stilz/*Rieckers* Rn. 8; MüKoAktG/*Kubis* Rn. 7.

[26] Hüffer/*Koch* Rn. 2; aA HK-AktG/*Reger* Rn. 7; MüKoAktG/*Kubis* Rn. 10; GroßkommAktG/*Werner* Rn. 18.

[27] OLG Frankfurt NJW 1975, 392 (393); HK-AktG/*Reger* Rn. 6; MüKoAktG/*Kubis* Rn. 9.

[28] MüKoAktG/*Kubis* Rn. 9; aA Schmidt/Lutter/*Ziemons* Rn. 10.

[29] MüKoAktG/*Kubis* Rn. 9.

[30] HK-AktG/*Reger* Rn. 6; MüKoAktG/*Kubis* Rn. 9; *Butzke* HV Kap. B Rn. 151.

[31] Hüffer/*Koch* Rn. 2; Spindler/Stilz/*Rieckers* Rn. 10.

[32] HK-AktG/*Reger* Rn. 7; MüKoAktG/*Kubis* Rn. 11.

[33] HK-AktG/*Reger* Rn. 7.

[34] HK-AktG/*Reger* Rn. 7; MüKoAktG/*Kubis* Rn. 11.

[35] HK-AktG/*Reger* Rn. 11; MüKoAktG/*Kubis* Rn. 14.

[36] Schmidt/Lutter/*Ziemons* Rn. 17.

[37] Hüffer/*Koch* Rn. 3; MüKoAktG/*Kubis* Rn. 15.

[38] Schmidt/Lutter/*Ziemons* Rn. 17.

[39] MüKoAktG/*Kubis* Rn. 15.

[40] HK-AktG/*Reger* Rn. 11; MüKoAktG/*Kubis* Rn. 15.

[41] HK-AktG/*Reger* Rn. 11; *Stehle* ZIP 2003, 980 ff.

[42] Ausf. hierzu und zur sich anschließenden Frage der Haftung für Hyperlinks, wenn die Gesellschaft den Hinweis dennoch mitteilt, *Stehle* ZIP 2003, 980 ff.

cc) Form. Nach § 126 Abs. 1 S. 1 muss der Aktionär den Gegenantrag mit Begründung an die in der Einberufung hierfür mitgeteilte Adresse übersenden. Antrag und Begründung müssen in einer Form übersendet werden, die es der Gesellschaft ermöglicht, beides den Berechtigten zugänglich zu machen (zur Form des Zugänglichmachens → Rn. 10).[43] Erforderlich ist daher eine schriftliche Verkörperung; eine (fern)mündliche Mitteilung genügt nicht. Das Einhalten der Schriftform iSd § 126 BGB ist nicht notwendig, aber jedenfalls ausreichend.[44] Auch die Übermittlung per Telefax oder in elektronischer Form, etwa per E-Mail, ist ausreichend,[45] wenn die Gesellschaft eine entsprechende Faxnummer oder E-Mail-Adresse zu diesem Zweck in der Einberufung angegeben hat (dazu sogleich). Anstelle der Übersendung ist auch die Überreichung entsprechender Dokumente an eine empfangsberechtigte Person zulässig.[46] Die Gesellschaft kann für die Übersendung der Gegenanträge in der Einberufung eine **Zieladresse** benennen und dadurch den Zugang der Gegenanträge auf eine bestimmte Adresse konzentrieren. Verpflichtet ist die Gesellschaft zur Mitteilung einer Adresse nicht. Sofern sie aber von dieser Möglichkeit Gebrauch machen möchte, hat sie die Adresse konkret als solche zum Einreichen von Gegenanträgen zu bezeichnen.[47] Bei der Adresse kann es sich um eine Postanschrift, Faxnummer oder E-Mail-Adresse der Gesellschaft handeln.[48] Der Gegenantrag mit Begründung kann dann grundsätzlich nur noch an diese Adresse übersendet werden; an eine abweichende Adresse übersandte Anträge dürfen unberücksichtigt bleiben.[49] Umstritten ist allerdings, ob Gegenanträge auch dann per **E-Mail oder Fax** übermittelt werden können, wenn seitens der Gesellschaft nur eine Postanschrift angegeben wurde. Richtigerweise besteht die Möglichkeit der Übersendung per E-Mail oder Fax in diesem Fall nicht.[50] Umgekehrt ist aber ein Zugang beim Sitz der Verwaltung durch Übersendung per Post oder durch Aushändigung auch dann möglich, wenn von der Gesellschaft nur eine E-Mail-Adresse oder Faxnummer mitgeteilt worden ist.[51] Wurde hingegen seitens der Gesellschaft keine Adresse für die Übersendung von Gegenanträgen mitgeteilt, so gilt das allgemeine Vertretungsrecht.[52] Der Zugang ist dann jedenfalls durch Übersendung oder Übergabe am Hauptsitz der Gesellschaft möglich. Umstritten ist hingegen, ob auch ein Zugang bei Zweig- oder Außenstellen der Gesellschaft genügt. Dies ist richtigerweise abzulehnen.[53] Der Zugang an Zweig- oder Außenstellen der Gesellschaft ist nur dann als ausreichend anzusehen, wenn diese den Gegenantrag noch innerhalb der Zweiwochenfrist an die Gesellschaft weitergeleitet haben.[54] Gesetzlich verpflichtet sind sie hierzu allerdings nicht.[55] 8

dd) Frist. Die Frist für den Zugang von Gegenanträgen wurde durch das ARUG modifiziert. Musste der Gegenantrag der Gesellschaft in der alten Gesetzesfassung spätestens zwei Wochen vor dem Tage der Hauptversammlung zugehen, hat dies nunmehr **mindestens 14 Tage** vor der Versammlung zu geschehen (Abs. 1 S. 1). Maßgeblich für die Frist ist der Zeitpunkt des Zugangs bei der Gesellschaft, die bloße Absendung innerhalb der Frist ist richtigerweise nicht ausreichend.[56] Von der Versammlung wird rückwärts gerechnet, wobei der Tag der Versammlung nicht mitzuzählen ist (Abs. 1 S. 2). Für die Fristberechnung gilt § 121 Abs. 7 (→ § 121 Rn. 49 ff.). Gegenanträge und ihre Begründung müssen demzufolge bis zum Ablauf (24 Uhr)[57] des 15. Tages vor der Versammlung der Gesellschaft zugegangen sein. Die Frist wird auch gewahrt, wenn zunächst nur der Gegenantrag ohne Begründung eingeht, die Begründung aber noch innerhalb der Frist nachgereicht wird.[58] Nicht fristgerecht zugegangene Gegenanträge muss die Gesellschaft nicht zugänglich machen. 9

b) Art und Weise des Zugänglichmachens. Liegt ein form- und fristgerechter Gegenantrag vor, muss die Gesellschaft diesen – wenn keine der Ausnahmen des Abs. 2 eingreift (→ Rn. 14 ff.) – den in § 125 Abs. 1–3 aufgeführten Berechtigten zugänglich machen. **Berechtigte** sind demnach 10

43 Hüffer/*Koch* Rn. 4.
44 Spindler/Stilz/*Rieckers* Rn. 14; MüKoAktG/*Kubis* Rn. 17.
45 Hüffer/*Koch* Rn. 4.
46 Spindler/Stilz/*Rieckers* Rn. 14; MüKoAktG/*Kubis* Rn. 17.
47 Begr. RegE, BT-Drs. 14/8769, 20.
48 Spindler/Stilz/*Rieckers Rn.* 16.
49 HK-AktG/*Reger* Rn. 12; Hüffer/*Koch* Rn. 5; MüKoAktG/*Kubis* Rn. 17.
50 HK-AktG/*Reger* Rn. 8, 12; *Noack* BB 2003, 1393 (1394); *Sasse* NZG 2004, 153 (155); Schmidt/Lutter/*Ziemons* Rn. 21; NK-AktR/*Pluta* Rn. 20 ff.; aA *Mimberg* ZGR 2003, 21 (34).
51 *Noack* BB 2003, 1393 (1394); *Sasse* NZG 2004, 153 (155); MüKoAktG/*Kubis* Rn. 17.
52 Begr. RegE, BT-Drs. 14/8769, 20.
53 *Ek* NZG 2002, 664 (666); Hüffer/*Koch* Rn. 5; *Butzke* HV Kap. B Rn. 154; aA MüKoAktG/*Kubis* Rn. 18.
54 HK-AktG/*Reger* Rn. 13; *Ek* NZG 2002, 664 (666); Hüffer/*Koch* Rn. 5.
55 GroßkommAktG/*Werner* Rn. 33.
56 Hüffer/*Koch* Rn. 5; MüKoAktG/*Kubis* Rn. 19.
57 Vgl. BGH NJW 2000, 1328; OLG Frankfurt AG 1999, 233 f.; aA LG Frankfurt EWiR 1997, 385.
58 MüKoAktG/*Kubis* Rn. 14.

Kreditinstitute und (über den Wortlaut von Abs. 1 hinaus) nach § 125 Abs. 5 gleichgestellte Institutionen[59] und Aktionärsvereinigungen, die Mitteilungen gemäß § 125 verlangt haben oder in der vorangehenden Hauptversammlung Stimmrechte für Aktionäre ausgeübt haben, Aufsichtsratsmitglieder und Aktionäre, die Mitteilungen gemäß § 125 verlangt haben und, bei Gesellschaften mit Namensaktien, zu Beginn des 14. Tages vor der Hauptversammlung im Aktienregister als Aktionär eingetragene Personen. Nach § 128 Abs. 1 haben die Kreditinstitute die erhaltene Information an die Aktionäre weiterzuleiten (→ § 128 Rn. 3 ff.).

11 **Inhaltlich** umfasst die Publizitätspflicht den Gegenantrag im Wortlaut mit dem Namen des Opponenten, die Begründung des Gegenantrags und eine etwaige freiwillige Stellungnahme der Verwaltung. Zu beachten ist dabei, dass die Verpflichtung zum Zugänglichmachen der Begründung – nicht aber auch des Gegenantrags selbst – gemäß § 126 Abs. 2 S. 2 entfällt, wenn sie aus insgesamt mehr als 5000 Zeichen besteht (→ Rn. 22).

12 Der Gesellschaft stehen grundsätzlich unterschiedliche **Formen der Zugänglichmachung** offen. Erforderlich ist jedoch immer, dass die Berechtigten objektiv die Möglichkeit des Informationszugangs haben.[60] Möglich ist zum einen die – auch ausschließliche – Veröffentlichung des Gegenantrags auf der gesellschaftseigenen **Internetseite.**[61] Diese Art des Zugänglichmachens ist nach § 126 Abs. 1 S. 3 für **börsennotierte Gesellschaften** durch das ARUG verbindlich vorgegeben; die Regelung findet erstmals auf Hauptversammlungen Anwendung, die nach dem 31.10.2009 einberufen werden (§ 20 Abs. 1 EGAktG). Die Internetseite muss hierbei so gestaltet werden, dass die Gegenanträge **leicht auffindbar** sind.[62] Dieser Art der Veröffentlichung steht nicht entgegen, dass der Gegenantrag dadurch einem breiten Personenkreis zugänglich gemacht wird, da nach der bestehenden Rechtslage die öffentliche Bekanntmachung von Gegenanträgen zulässig ist.[63] Um die Kenntnisnahme durch unerwünschte Dritte auszuschließen, kann der Zugriff auf die Internetseite insoweit von der Eingabe eines Passwortes abhängig gemacht werden.[64] Ein solches Passwortsystem ist allerdings mit einem erheblichen Aufwand verbunden und dürfte in der Praxis den Ausnahmefall darstellen.[65] Zum anderen kann eine Veröffentlichung über die Gesellschaftsblätter erfolgen.[66] Ferner kann die Gesellschaft die Berechtigten per Brief, Telefax oder E-Mail informieren.[67] Hierbei ist allerdings der Gleichbehandlungsgrundsatz (§ 53a) zu beachten.[68] Bei Übernahmesachverhalten lässt § 16 Abs. 4 S. 5 WpÜG die Veröffentlichung der Information auf der Internetseite unter Angabe der Fundstelle in der Hinweisbekanntmachung genügen.

13 In **zeitlicher** Hinsicht muss die Gesellschaft **unverzüglich** (also gemäß § 121 Abs. 1 S. 1 BGB ohne schuldhaftes Zögern) nach Zugang tätig werden und den Gegenantrag zugänglich machen.[69] Dem Vorstand ist allerdings das Recht einzuräumen, zuvor in angemessener Zeit zu überprüfen, ob die Voraussetzungen des § 126 Abs. 1 vorliegen und ob die Pflicht zur Veröffentlichung ggf. nach § 126 Abs. 2 entfällt. Freiwillige Stellungnahmen von Vorstand und/oder Aufsichtsrat können zusammengefasst für alle Gegenanträge nach Ablauf der Gegenantragsfrist zugänglich gemacht werden,[70] so dass die für die Erarbeitung der Stellungnahme aufzuwendende Zeit bei Beurteilung der Unverzüglichkeit nicht zu berücksichtigen ist.[71]

14 **2. Ausnahmen von der Publikationspflicht (Abs. 2). a) Allgemeines.** In bestimmten Fällen müssen Gegenanträge und ihre Begründungen nicht zugänglich gemacht werden. Dies gilt zunächst für den Fall, dass schon die Voraussetzungen des Abs. 1 nicht erfüllt sind.[72] Ferner normiert **Abs. 2 S. 1** besondere Umstände, bei deren Vorliegen die Pflicht zur Weitergabe des Gegenantrags und seiner Begründung entfällt. Die dortige Aufzählung ist abschließend.[73] Durch Abs. 2 S. 1 soll verhindert werden, dass die Gesellschaft verpflichtet ist, unzulässige oder rechtsmissbräuchliche Gegenanträge

[59] Schmidt/Lutter/*Ziemons* Rn. 25.
[60] *Noack* BB 2003, 1393 (1395); Spindler/Stilz/*Rieckers* Rn. 19 ff.; NK-AktR/*Müller* Rn. 28; anders noch NK-AktR/*Pluta,* 3. Aufl. 2011, Rn. 28.
[61] Hüffer/*Koch* Rn. 6; vgl. auch Begr. RegE zur Änderung von § 126 durch das ARUG, BT-Drs. 16/11642, 31.
[62] *Noack* BB 2003, 1393 (1396); *Sasse* NZG 2004, 153.
[63] *Mimberg* ZGR 2003, 21 (36); *Sasse* NZG 2004, 153 (156); Hüffer/*Koch* Rn. 6.
[64] *Noack* DB 2002, 620 (623).
[65] So auch *Noack* DB 2002, 620 (623); *Sasse* NZG 2004, 153 (156).
[66] *Mimberg* ZGR 2003, 21 (36); Hüffer/*Koch* Rn. 6; Schmidt/Lutter/*Ziemons* Rn. 27.
[67] *Sasse* NZG 2004, 153 (157); Schmidt/Lutter/*Ziemons* Rn. 27.
[68] Schmidt/Lutter/*Ziemons* Rn. 27; aA MüKoAktG/*Kubis* Rn. 21.
[69] Schmidt/Lutter/*Ziemons* Rn. 29.
[70] Hüffer/*Koch* Rn. 6.
[71] Schmidt/Lutter/*Ziemons* Rn. 29.
[72] Hüffer/*Koch* Rn. 7.
[73] LG Frankfurt AG 1992, 235; Hüffer/*Koch* Rn. 8; MüKoAktG/*Kubis* Rn. 25.

zugänglich zu machen.[74] Ferner sieht **Abs. 2 S. 2** für den Fall einer überlangen Begründung eine Ausnahme von der Pflicht zum Zugänglichmachen der Begründung – nicht auch des Gegenantrags – vor. Die Entscheidung, ob es sich bei dem Gegenantrag um einen nichtveröffentlichungspflichtigen Gegenantrag handelt bzw. darüber, ob ein nichtveröffentlichungspflichtiger Gegenantrag dennoch zugänglich gemacht wird, erfolgt durch **Beschluss** des Vorstands.[75] Dieser Beschluss darf nicht mit einem Zustimmungsvorbehalt zugunsten des Aufsichtsrats verbunden werden.[76] Zur Vermeidung von Konflikten in der Hauptversammlung sollte in der **Praxis** die Tendenz eher dahingehen, im Zweifel den Gegenantrag mit Begründung zugänglich zu machen.[77] Dem steht § 126 Abs. 2 nicht entgegen, da dieser nur das Recht einräumt, von der Zugänglichmachung anzusehen, aber keine entsprechende Pflicht begründet. Zu beachten ist allerdings der Gleichbehandlungsgrundsatz (§ 53a).

b) Tatbestände des Abs. 2 S. 1. aa) Abs. 2 S. 1 Nr. 1. Die Pflicht zur Zugänglichmachung von Gegenantrag und Begründung wird nach Abs. 2 S. 1 Nr. 1 für den Fall ausgeschlossen, dass sich der Vorstand durch das Zugänglichmachen **strafbar** machen würde. Richtigerweise muss dies auch gelten, wenn er eine Ordnungswidrigkeit begehen würde, da dem Vorstand eine Verpflichtung zur Begehung einer Ordnungswidrigkeit ebenso wenig auferlegt werden kann wie eine Verpflichtung zur Begehung einer Straftat.[78] Ausreichend ist auch eine Strafbarkeit als Teilnehmer.[79] Denkbar ist die Erfüllung eines Straftatbestandes durch das Zugänglichmachen etwa, wenn Gegenantrag oder Begründung Beleidigungen enthalten (§§ 185 ff. StGB; in Betracht kommt dabei eine Strafbarkeit wegen Beihilfe gemäß § 27 StGB)[80] oder Geschäftsgeheimnisse der Gesellschaft offenbaren (§ 404).[81] Besteht die Möglichkeit, den strafrechtlich relevanten Inhalt des Gegenantrags oder der Begründung unter gleichzeitiger Sinnwahrung zu entfernen, ist der verbleibende Teil durch den Vorstand zugänglich zu machen, da die Verpflichtung zur Publikation gemäß Abs. 2 S. 1 Nr. 1 nur entfällt, „soweit" sie eine Strafbarkeit begründen würde (allerdings entfällt eine Verpflichtung, Gegenantrag und Begründung zugänglich zu machen, in diesem Fall gemäß Abs. 2 S. 1 Nr. 3, → Rn. 17).[82] 15

bb) Abs. 2 S. 1 Nr. 2. Nach Abs. 2 S. 1 Nr. 2 entfällt die Pflicht zum Zugänglichmachen, wenn der Gegenantrag zu einem gesetz- oder satzungswidrigen Hauptversammlungsbeschluss führen würde. Erfasst sind mithin diejenigen Fälle, die die **Anfechtbarkeit oder Nichtigkeit** des Beschlusses der Hauptversammlung zur Folge hätten. Der Beschluss kann hierbei sowohl an formellen als auch materiellen Mängeln leiden.[83] Der Gegenantrag ist aber zugänglich zu machen, wenn seine Gesetzes- oder Satzungswidrigkeit nur zweifelhaft ist.[84] Der Ausnahmetatbestand des Abs. 2 S. 1 Nr. 2 ist beispielsweise einschlägig, wenn der Gegenantrag einen Beschlussgegenstand betrifft, der nicht mehr von der bekanntgemachten Tagesordnung umfasst ist, so dass eine Beschlussfassung gemäß § 124 Abs. 4 S. 1 unzulässig wäre,[85] ferner die Konstellation, dass die Hauptversammlung ohne ein entsprechendes Verlangen des Vorstands gemäß § 119 Abs. 2 über Fragen der Geschäftsführung entscheiden soll.[86] 16

cc) Abs. 2 S. 1 Nr. 3. Ein Gegenantrag und dessen Begründung müssen nach Abs. 2 S. 1 Nr. 3 nicht zugänglich gemacht werden, wenn die Begründung in wesentlichen Punkten offensichtlich falsche oder irreführende Angaben (Alt. 1) oder Beleidigungen enthält (Alt. 2). Über die Gesetzesformulierung hinausgehend gilt dies auch dann, wenn der Gegenantrag selbst diese Merkmale aufweist.[87] Das Merkmal der **Wesentlichkeit** ist erfüllt, wenn es sich um einen zentralen und nicht nur nebensächlichen Punkt der Begründung handelt.[88] Dieser zeichnet sich dadurch aus, dass er für die Entscheidung der Aktionäre bedeutend ist.[89] Die Frage der **Offensichtlichkeit** ist aus Sicht eines unbefangenen und mit den Verhältnissen nicht im Detail vertrauten Lesers zu beantworten.[90] Mit **Beleidigungen** 17

---

[74] Hüffer/*Koch* Rn. 1.
[75] MüKoAktG/*Kubis* Rn. 25.
[76] Schmidt/Lutter/*Ziemons* Rn. 32; MüKoAktG/*Kubis* Rn. 25.
[77] NK-AktR/*Müller* Rn. 40.
[78] GroßkommAktG/*Werner* Rn. 44; aA MüKoAktG/*Kubis* Rn. 26.
[79] MüKoAktG/*Kubis* Rn. 23; GroßkommAktG/*Werner* Rn. 40.
[80] Hüffer/*Koch* Rn. 8; Spindler/Stilz/*Rieckers* Rn. 28.
[81] MüKoAktG/*Kubis* Rn. 26.
[82] MüKoAktG/*Kubis* Rn. 23; aA GroßkommAktG/*Werner* Rn. 43.
[83] Schmidt/Lutter/*Ziemons* Rn. 37.
[84] HK-AktG/*Reger* Rn. 16; MüKoAktG/*Kubis* Rn. 27.
[85] Hüffer/*Koch* Rn. 8; Schmidt/Lutter/*Ziemons* Rn. 37.
[86] Hüffer/*Koch* Rn. 8; aA Schmidt/Lutter/*Ziemons* Rn. 38.
[87] GroßkommAktG/*Werner* Rn. 54, 59; MüKoAktG/*Kubis* Rn. 30.
[88] MüKoAktG/*Kubis* Rn. 31.
[89] HK-AktG/*Reger* Rn. 18.
[90] OLG Stuttgart AG 1995, 236; GroßkommAktG/*Werner* Rn. 55; MüKoAktG/*Kubis* Rn. 31.

sind Äußerungen gemeint, die unter die §§ 185 ff. StGB fallen, also auch solche, die die Tatbestände der üblen Nachrede oder Verleumdung (§§ 186 ff. StGB) erfüllen;[91] in diesen Fällen wird zugleich der Ausnahmetatbestand gemäß Nr. 1 erfüllt sein. Die Pflicht zur Zugänglichmachung entfällt in den Fällen der §§ 186, 187 StGB nur dann, wenn der Opponent innerhalb der Gegenantragsfrist keinen Wahrheitsbeweis erbringt oder kein berechtigtes Interesse nach § 193 StGB darlegt.[92]

18 **dd) Abs. 2 S. 1 Nr. 4.** Nr. 4 erfasst die Konstellation, dass ein auf denselben Sachverhalt gestützter Gegenantrag des Aktionärs bereits zu einer früheren Hauptversammlung der Gesellschaft oder ihrer Rechtsvorgängerin[93] nach § 125 zugänglich gemacht worden ist. Über den Verweis auf § 125 hinaus erfasst Abs. 2 S. 1 Nr. 4 aber auch den Fall der vorherigen Zugänglichmachung eines Gegenantrags gemäß § 126 zu demselben Sachverhalt.[94] Die Gesellschaft wird dadurch vor offensichtlich erfolglosen, da sich wiederholenden Gegenanträgen geschützt. Erforderlich ist hierbei nicht ein identischer Gegenantrag; entscheidendes Kriterium ist vielmehr die **Identität des einem Gegenantrag zugrundeliegenden Sachverhalts.**[95] Von einer solchen ist dann auszugehen, wenn im Kern derselbe Vorgang betroffen ist.[96] Eine bloße Sachverhaltsähnlichkeit ist damit nicht ausreichend.[97] Weiterhin muss der frühere Sachverhalt einem Gegenantrag desselben Opponenten zugrunde gelegen haben.[98]

19 **ee) Abs. 2 S. 1 Nr. 5.** Die Publizitätspflicht entfällt gemäß Abs. 2 S. 1 Nr. 5, wenn derselbe Gegenantrag des Aktionärs mit im Wesentlichen gleicher Begründung in den letzten fünf Jahren bereits zu mindestens zwei Hauptversammlungen der Gesellschaft nach § 125 zugänglich gemacht worden ist und in der Hauptversammlung weniger als der zwanzigste Teil des vertretenen Grundkapitals für ihn gestimmt hat. Der Ausnahmetatbestand erfüllt wie Abs. 2 S. 1 Nr. 4 den Zweck, die Gesellschaft vor sich wiederholenden und damit offensichtlich erfolglosen Gegenanträgen zu bewahren. Entscheidend sind für den Wegfall der Publizitätspflicht nach Nr. 5 im Gegensatz zu Nr. 4 jedoch die **Identität des Gegenantrags** und die **Identität der Begründung.** Identische Gegenanträge liegen vor, wenn die Anträge denselben Vorschlag enthalten.[99] Unterschiede, die sich allein aus dem unterschiedlichen Zeitpunkt der Antragsstellung ergeben – zB ein anderes Geschäftsjahr als vorher – bleiben dabei unberücksichtigt.[100] Die Identität der Begründung ist gegeben, wenn die entscheidenden Argumente dieselben sind.[101] Der Gegenantrag und dessen Begründung müssen weiterhin in einem Zeitraum von fünf Jahren schon zu mindestens zwei Hauptversammlungen der Gesellschaft (oder ihrer Rechtsvorgängerin) zugänglich gemacht worden sein. Die Fristberechnung erfolgt durch Rückwärtsrechnung vom Tag des Eingangs des aktuellen Gegenantrags.[102] Im Übrigen gelten die Ausführungen zu Abs. 2 S. 1 Nr. 4 entsprechend. Damit muss der Antragsteller identisch sein;[103] ferner erfasst die Ausnahme ebenso wie Abs. 2 S. 1 Nr. 4 über den auf frühere Mitteilungen gemäß § 125 verweisenden Wortlaut hinaus auch den Fall einer vorherigen Zugänglichmachung eines identischen Gegenantrags nach § 126.[104]

20 **ff) Abs. 2 S. 1 Nr. 6.** Gegenantrag und Begründung müssen nach Abs. 2 S. 1 Nr. 6 nicht zugänglich gemacht werden, wenn der Aktionär zu erkennen gibt, dass er an der Hauptversammlung nicht teilnehmen oder sich vertreten lassen wird. Dem Antrag fehlt in diesem Fall die Ernsthaftigkeit. Die entsprechende Absicht des Aktionärs darf vom Vorstand allerdings nicht nur vermutet, sondern muss vielmehr vom Aktionär durch eine **eindeutige Äußerung** kundgetan werden.[105] Adressaten der Äußerung können hierbei neben der Gesellschaft selbst auch außerhalb der Gesellschaft stehende Dritte sein.[106]

21 **gg) Abs. 2 S. 1 Nr. 7.** Wenn der opponierende Aktionär in den letzten zwei Jahren in zwei Hauptversammlungen einen von ihm mitgeteilten Gegenantrag nicht gestellt hat oder nicht hat

---

[91] Hüffer/*Koch* Rn. 8a; Spindler/Stilz/*Rieckers* Rn. 34.
[92] HK-AktG/*Reger* Rn. 19; MüKoAktG/*Kubis* Rn. 32.
[93] MüKoAktG/*Kubis* Rn. 33.
[94] Schmidt/Lutter/*Ziemons* Rn. 44; MüKoAktG/*Kubis* Rn. 33.
[95] MüKoAktG/*Kubis* Rn. 33.
[96] LG Frankfurt AG 1982, 235 f.; GroßkommAktG/*Werner* Rn. 66; Beispiele für Sachverhaltsidentität bei HK-AktG/*Reger* Rn. 20 und MüKoAktG/*Kubis* Rn. 33.
[97] MüKoAktG/*Kubis* Rn. 33.
[98] HK-AktG/*Reger* Rn. 21; MüKoAktG/*Kubis* Rn. 33.
[99] MüKoAktG/*Kubis* Rn. 34.
[100] HK-AktG/*Reger* Rn. 22.
[101] MüKoAktG/*Kubis* Rn. 34.
[102] GroßkommAktG/*Werner* Rn. 79.
[103] MüKoAktG/*Kubis* Rn. 34.
[104] MüKoAktG/*Kubis* Rn. 34; Schmidt/Lutter/*Ziemons* Rn. 44.
[105] HK-AktG/*Reger* Rn. 23; MüKoAktG/*Kubis* Rn. 35; GroßkommAktG/*Werner* Rn. 83.
[106] MüKoAktG/*Kubis* Rn. 35; Schmidt/Lutter/*Ziemons* Rn. 43.

stellen lassen, entfällt die Verpflichtung zum Zugänglichmachen gemäß Abs. 2 S. 1 Nr. 7. Wie im Fall des Abs. 2 S. 1 Nr. 6 handelt es sich hier um keinen ernsthaften Gegenantrag des Aktionärs. Der Ausnahmetatbestand erfasst in seinem Anwendungsbereich auch **Hauptversammlungen anderer Gesellschaften,** dh die genannten zwei Hauptversammlungen müssen nicht zwingend Hauptversammlungen der Gesellschaft selbst sein.[107] Der Aktionär selbst muss von der Stellung seiner Gegenanträge in den Hauptversammlungen abgelassen haben, es genügt also nicht, wenn sie aufgrund einer Entscheidung des Versammlungsleiters nicht zur Abstimmung gestellt wurden, weil etwa die entgegengesetzten Vorschläge der Verwaltung zuvor zur Abstimmung gestellt wurden und die notwendige Mehrheit erhalten haben.[108]

c) Ausnahme von der Pflicht zur Zugänglichmachung der Begründung (Abs. 2 S. 2). 22
Übersendet der Aktionär einen Gegenantrag mit einer Begründung, die allein – also ohne den Text des Gegenantrags – insgesamt mehr als 5000 Zeichen enthält, entfällt die Verpflichtung zum Zugänglichmachen der Begründung wegen Überlänge. Die Pflicht zur Zugänglichmachung des Gegenantrags, des Namens des Aktionärs und einer etwaigen Stellungnahme der Verwaltung bleibt davon unberührt.[109] Zu den 5000 Zeichen zählen Buchstaben, Symbole, Satzzeichen und Zahlen.[110] Richtigerweise sind **Leerzeichen** nicht mitzuzählen.[111] Dem Vorstand der Gesellschaft obliegt keine Pflicht, durch eine selbständige Zusammenfassung die überlange Begründung auf die noch zulässige Länge zu **kürzen** oder nur den nicht überschießenden Teil von 5000 Zeichen zugänglich zu machen.[112] Vielmehr ist der Vorstand hierzu aufgrund der Gefahr des Sinnverlustes überhaupt nicht berechtigt[113] und sollte hiervon zur Vermeidung von Anfechtungsrisiken absehen. In der **Praxis** empfiehlt es sich, die Zählung der Zeichen um des Rechtsfriedens willen großzügig zu handhaben[114] und insbesondere Satz-[115] und Leerzeichen[116] bei der Ermittlung der 5000 Zeichen nicht zu berücksichtigen. In jedem Fall ist allerdings der Gleichbehandlungsgrundsatz (§ 53a) zu beachten.

3. Zusammenfassung von Gegenanträgen und ihren Begründungen (Abs. 3). Der Vor- 23
stand ist nach § 126 Abs. 3 berechtigt, Gegenanträge und ihre Begründungen bei der Publikation zusammenzufassen, wenn mehrere Aktionäre zu demselben Gegenstand der Beschlussfassung Gegenanträge stellen. Hierbei spielt es keine Rolle, ob nur die Gegenanträge voneinander abweichen oder die Gegenanträge gleich und nur die Begründungen unterschiedlich sind.[117] Entscheidend ist die **Identität des Beschlussgegenstandes,** nicht eine Identität der Gegenanträge.[118] Zu beachten ist, dass zwischen dem Beschlussgegenstand und einem Tagesordnungspunkt nicht notwendigerweise Deckungsgleichheit besteht.[119] Enthält ein Tagesordnungspunkt mehrere Beschlussgegenstände, müssen sich die Gegenanträge auf denselben Beschlussgegenstand beziehen.[120] Der Vorstand kann Gegenanträge und ihre Begründungen zunächst **räumlich** zusammenfassen.[121] **Inhaltlich** kann der Vorstand Wiederholungen weglassen und Überflüssiges streichen.[122] Eine bestimmte Untergrenze im Hinblick auf den Umfang der Kürzung muss er nicht beachten.[123] Ferner kann der Vorstand verbale Entgleisungen glätten.[124] Wichtig ist jedoch, dass die Zusammenfassung keine sachlichen Verkürzungen oder Verfälschungen zur Folge hat; Anträge und entscheidende Argumente dürfen daher nicht verloren gehen.[125] Insbesondere ist bei der Zusammenfassung darauf zu achten, dass inhaltlich nicht identische Gegenanträge und/oder Begründungen weiterhin dem jeweiligen Oppo-

[107] HK-AktG/*Reger* Rn. 23; GroßkommAktG/*Werner* Rn. 85; Schmidt/Lutter/*Ziemons* Rn. 44.
[108] MüKoAktG/*Kubis* Rn. 36.
[109] HK-AktG/*Reger* Rn. 24; Hüffer/*Koch* Rn. 9.
[110] Hüffer/*Koch* Rn. 9.
[111] Hüffer/*Koch* Rn. 9; *Pentz* ZIP 2003, 1925 (1928) mwN zum Streitstand; aA *Mutter* ZIP 2002, 1759.
[112] HK-AktG/*Reger* Rn. 24; NK-AktR/*Müller* Rn. 33; Hüffer/*Koch* Rn. 9; MüKoAktG/*Kubis* Rn. 37; Schmidt/Lutter/*Ziemons* Rn. 28.
[113] Hüffer/*Koch* Rn. 9; MüKoAktG/*Kubis* Rn. 37; aA HK-AktG/*Reger* Rn. 24; NK-AktR/*Müller* Rn. 33; Spindler/Stilz/*Rieckers* Rn. 42; Schmidt/Lutter/*Ziemons* Rn. 28.
[114] NK-AktR/*Müller* Rn. 33; Hüffer/*Koch* Rn. 9; *Mutter* ZIP 2002, 1759; Spindler/Stilz/*Rieckers* Rn. 42.
[115] NK-AktR/*Pluta,* 3. Aufl. 2011, Rn. 33.
[116] *Mutter* ZIP 2002, 1759.
[117] GroßkommAktG/*Werner* Rn. 93.
[118] Hüffer/*Koch* Rn. 10; Spindler/Stilz/*Rieckers* Rn. 43.
[119] MüKoAktG/*Kubis* Rn. 39.
[120] GroßkommAktG/*Werner* Rn. 93; MüKoAktG/*Kubis* Rn. 39.
[121] MüKoAktG/*Kubis* Rn. 40.
[122] Hüffer/*Koch* Rn. 10; Begr. RegE *Kropff* Textausgabe, 1965, 179.
[123] Hüffer/*Koch* Rn. 10.
[124] Hüffer/*Koch* Rn. 10; MüKoAktG/*Kubis* Rn. 40.
[125] Hüffer/*Koch* Rn. 10; MüKoAktG/*Kubis* Rn. 40; Spindler/Stilz/*Rieckers* Rn. 44.

nenten zugeordnet werden können.[126] Für die **Praxis** ist zu empfehlen, von dem Redaktionsrecht keinen oder nur zurückhaltend Gebrauch zu machen, um Beschlussanfechtungen auf der Grundlage angeblicher Sinnentstellungen zu vermeiden und den Rechtsfrieden nicht zu gefährden.[127]

24 **4. Rechtsfolge von Verstößen.** Kommt die Gesellschaft ihrer Publizitätspflicht nicht oder nur unzureichend nach, führt dies zur **Anfechtbarkeit** des Hauptversammlungsbeschlusses, auf den der Gegenantrag bezogen war.[128]

IV. Abdingbarkeit

25 Hinsichtlich der Abdingbarkeit gilt es zu differenzieren: satzungsmäßige **Verschärfungen** zulasten des Opponenten sind unzulässig; Abweichungen **zugunsten** des Opponenten sind hingegen zulässig.[129]

V. Beweislast

26 Sieht die Aktiengesellschaft unter Hinweis auf **Abs. 2** von einer Zugänglichmachung ab, hat sie diejenigen Tatsachen darzulegen und zu beweisen, die zum Wegfall der entsprechenden Pflicht geführt haben.[130] Im Übrigen liegt die Beweislast für Verletzungen der Pflichten aus § 126 beim Opponenten bzw. dem, der sich auf die Verletzung beruft.

§ 127 Wahlvorschläge von Aktionären

[1]Für den Vorschlag eines Aktionärs zur Wahl von Aufsichtsratsmitgliedern oder von Abschlußprüfern gilt § 126 sinngemäß. [2]Der Wahlvorschlag braucht nicht begründet zu werden. [3]Der Vorstand braucht den Wahlvorschlag auch dann nicht zugänglich zu machen, wenn der Vorschlag nicht die Angaben nach § 124 Absatz 3 Satz 4 und § 125 Abs. 1 Satz 5 enthält. [4]Der Vorstand hat den Vorschlag eines Aktionärs zur Wahl von Aufsichtsratsmitgliedern börsennotierter Gesellschaften, für die das Mitbestimmungsgesetz, das Montan-Mitbestimmungsgesetz oder das Mitbestimmungsergänzungsgesetz gilt, mit folgenden Inhalten zu versehen:

1. **Hinweis auf die Anforderungen des § 96 Absatz 2,**
2. **Angabe, ob der Gesamterfüllung nach § 96 Absatz 2 Satz 3 widersprochen wurde und**
3. **Angabe, wie viele der Sitze im Aufsichtsrat mindestens jeweils von Frauen und Männern besetzt sein müssen, um das Mindestanteilsgebot nach § 96 Absatz 2 Satz 1 zu erfüllen.**

I. Allgemeines

1 Die Vorschrift ordnet in Ergänzung zu § 126 die Pflicht der Gesellschaft zur Zugänglichmachung von Aktionärsvorschlägen zur Wahl von Aufsichtsratsmitgliedern und Abschlussprüfern an. Wie § 126 dient auch § 127 der **Information** der Aktionäre. Sie sollen frühzeitig über Wahlvorschläge aus dem Kreis der Aktionäre informiert werden (→ § 126 Rn. 1 zum Regelungszweck des § 126). Teilweise wird die gesonderte Regelung von Wahlvorschlägen in § 127 als unnötig angesehen, da es sich bei den Wahlvorschlägen gemäß § 127 auch um inhaltlich von den entsprechenden Verwaltungsvorschlägen abweichende Aktionärsanträge und damit um Gegenanträge iSd § 126 handelt.[1] Da § 127 die Regelungen des § 126 für entsprechend anwendbar erklärt, ergeben sich aus der Regelung in einer gesonderten Vorschrift aber keine praktischen Unterschiede.

II. Rechtstatsachen

2 In seiner praktischen Bedeutung für Hauptversammlungen ist § 127 dem **§ 126** gleichzusetzen. Insofern gelten die Erläuterungen zu § 126 hier entsprechend (→ § 126 Rn. 3).

III. Einzelerläuterung

3 **1. Publizitätszwang für Wahlvorschläge (S. 1).** S. 1 ordnet die sinngemäße Geltung von § 126 für Vorschläge der Aktionäre hinsichtlich der Wahl von Aufsichtsratsmitgliedern oder Abschlussprü-

[126] Schmidt/Lutter/*Ziemons* Rn. 46.
[127] NK-AktR/*Müller* Rn. 42; vgl. auch *Seibert/Florstedt* ZIP 2008, 2145 (2148 Fn. 41).
[128] NK-AktR/*Müller* Rn. 43.
[129] Ausf. MüKoAktG/*Kubis* Rn. 42.
[130] MüKoAktG/*Kubis* Rn. 41.
[1] Vgl. HK-AktG/*Reger* Rn. 1; GroßkommAktG/*Werner* Rn. 1; MüKoAktG/*Kubis* Rn. 1.

fern an, die sich gegen die von der Verwaltung vorgeschlagenen Kandidaten richten. Die Gesellschaft ist danach verpflichtet, entsprechende Wahlvorschläge ebenso zugänglich zu machen wie Gegenanträge gemäß § 126 (→ § 126 Rn. 10 ff.). § 126 gilt ferner entsprechend für die Berechtigung (→ § 126 Rn. 5) sowie Form (→ § 126 Rn. 8) und Frist (→ § 126 Rn. 9) zur Einreichung eines Wahlvorschlags. Ebenso wie bei Gegenanträgen gemäß § 126 besteht das Recht des Aktionärs, alternative Wahlvorschläge auch erst in der Hauptversammlung vorzubringen, unabhängig davon, ob er den Wahlvorschlag der Gesellschaft vor der Hauptversammlung ordnungsgemäß übermittelt und diese ihn zugänglich gemacht hat.[2] Über seinen Wortlaut hinaus findet § 127 **analoge** Anwendung für Wahlvorschläge von **Sonderprüfern** und **Abwicklern** sowie von Mitgliedern anderer **Gremien** (etwa eines Beirats), die von der Hauptversammlung zu wählen sind.[3] Unter sinngemäßer Anwendung des § 126 Abs. 3 können Wahlvorschläge (und etwaige freiwillig beigefügte Begründungen; zum fehlenden Begründungszwang im Rahmen von § 127 → Rn. 5) zusammengefasst werden (→ § 126 Rn. 23).[4]

4 Richtigerweise ist ein Wahlvorschlag iSd § 127 nur der **positiv formulierte Vorschlag,** einen anderen Kandidaten als den von der Verwaltung vorgeschlagenen zu wählen. Die bloße Ablehnung eines verwaltungsseitig vorgeschlagenen Kandidaten ist als Gegenantrag iSd § 126 zu behandeln mit der Folge, dass die Publizitätspflicht der Gesellschaft nur und erst dann eintritt, wenn der Aktionär gemäß § 126 Abs. 1 S. 1 eine Begründung übersendet hat.[5]

5 **2. Fehlender Begründungszwang (S. 2).** Anders als Gegenanträge nach § 126 ist ein Wahlvorschlag auch zugänglich zu machen, wenn **keine Begründung** beigefügt ist. Der Aktionär bleibt gleichwohl berechtigt, seinen Wahlvorschlag zu begründen. Wird eine Begründung fristgemäß an die Gesellschaft übermittelt, muss auch diese zugänglich gemacht werden.[6] Dabei sind die für die Publizitätspflicht geltenden Ausnahmetatbestände des § 126 Abs. 2 und Abs. 3 entsprechend anwendbar.

6 **3. Ausnahmen von der Publizitätspflicht (S. 1 iVm § 126 Abs. 2 und S. 3).** Aufgrund der Verweisung in § 127 S. 1 gelten die **Ausnahmetatbestände des § 126 Abs. 2** für das Zugänglichmachen von Gegenanträgen sinngemäß. § 126 Abs. 2 Nr. 1 und Nr. 3 dürften in der Praxis aber nur dann Bedeutung erlangen, wenn der Wahlvorschlag mit einer Begründung versehen ist, da die begründungslose Bekanntgabe eines Wahlvorschlags keinen Straftatbestand erfüllen bzw. keine Beleidigungen enthalten wird; in Betracht kommen allenfalls offensichtlich falsche oder irreführende Angaben gemäß Nr. 3, etwa hinsichtlich des Namens oder Berufs des vom Aktionär vorgeschlagenen Kandidaten. Nr. 4 und 5 kommen aufgrund der jeweils spezifischen Wahlsituation in der Praxis selten in Betracht.[7] Entsprechend § 126 Abs. 2 S. 2 braucht eine überlange Begründung nicht zugänglich gemacht zu werden.

7 Weitere Ausnahmen von der Publizitätspflicht enthält **S. 3.** Danach kann die Verwaltung die Veröffentlichung von Wahlvorschlägen verweigern, wenn darin die gemäß § 124 Abs. 3 S. 4 erforderlichen Angaben über den Namen, den Beruf oder den Wohnort des vorgeschlagenen Kandidaten fehlen. Seit Inkrafttreten des Art. 1 Nr. 16 KonTraG[8] muss bei börsennotierten Aktiengesellschaften der Wahlvorschlag zusätzlich auch Angaben zu Mitgliedschaften des Kandidaten in anderen gesetzlich zu bildenden Aufsichtsräten beinhalten (§ 125 Abs. 1 S. 5), um die Bekanntmachungspflicht auszulösen. Unzumutbar und daher sanktionslos ist dagegen das Fehlen von Angaben über Mitgliedschaften in vergleichbaren in- und ausländischen Kontrollgremien (s. auch „Soll"-Charakter des § 125 Abs. 1 S. 5 Hs. 2).[9]

8 **4. Angaben börsennotierter mitbestimmter Gesellschaften (S. 4).** S. 4, eingefügt durch das Gesetz für die gleichberechtigte Teilhabe von Frauen und Männern an Führungspositionen in der Privatwirtschaft und im öffentlichen Dienst vom 24.4.2015 (BGBl. I S. 264), entspricht im Wesentlichen § 124 Abs. 2 S. 3 (→ § 124 Rn. 8). Wie dort die Bekanntmachung muss hier der Wahlvorschlag die genannten Angaben enthalten. Auch § 127 S. 4 soll damit helfen, die von § 96 Abs. 2 angeordnete **Geschlechterquote** umzusetzen.[10] Ratsam ist allerdings, einen Aktionärsbeschluss, der ex ante zu

---

[2] HK-AktG/*Reger* Rn. 1.

[3] MüKoAktG/*Kubis* Rn. 3; *Butzke* HV Kap. B Rn. 163; zweifelnd an der Anwendbarkeit für Abwickler Schmidt/Lutter/*Ziemons* Rn. 3.

[4] GroßkommAktG/*Werner* Rn. 11.

[5] OLG Düsseldorf AG 1968, 19; MüKoAktG/*Kubis* Rn. 4; MHdB AG/*Bungert* § 36 Rn. 114; aA GroßkommAktG/*Werner* Rn. 3.

[6] NK-AktR/*Müller* Rn. 4; Hüffer/*Koch* Rn. 1.

[7] Ausführlicher GroßkommAktG/*Werner* Rn. 8 f.; vgl. auch MüKoAktG/*Kubis* Rn. 8.

[8] Gesetz zur Kontrolle und Transparenz im Unternehmensbereich vom 27.4.1998 (BGBl. I S. 786).

[9] So NK-AktR/*Müller* Rn. 6; MüKoAktG/*Kubis* Rn. 8; Spindler/Stilz/*Rieckers* Rn. 2.

[10] Hüffer/*Koch* Rn. 2.

einer nicht quotengerechten Besetzung führt, gleichwohl zu veröffentlichen; so ist denkbar, dass sich die Geschlechterzusammensetzung bis zur Hauptversammlung noch ändert.[11]

9 **5. Rechtsfolgen.** Verletzungen der Publizitätspflicht führen zur **Anfechtbarkeit** des Hauptversammlungsbeschlusses, auf den sich der Wahlvorschlag des Aktionärs bezogen hat.[12]

§ 127a Aktionärsforum

(1) Aktionäre oder Aktionärsvereinigungen können im Aktionärsforum des Bundesanzeigers andere Aktionäre auffordern, gemeinsam oder in Vertretung einen Antrag oder ein Verlangen nach diesem Gesetz zu stellen oder in einer Hauptversammlung das Stimmrecht auszuüben.

(2) Die Aufforderung hat folgende Angaben zu enthalten:

1. den Namen und eine Anschrift des Aktionärs oder der Aktionärsvereinigung,

2. die Firma der Gesellschaft,

3. den Antrag, das Verlangen oder einen Vorschlag für die Ausübung des Stimmrechts zu einem Tagesordnungspunkt,

4. den Tag der betroffenen Hauptversammlung.

(3) Die Aufforderung kann auf eine Begründung auf der Internetseite des Auffordernden und dessen elektronische Adresse hinweisen.

(4) Die Gesellschaft kann im Bundesanzeiger auf eine Stellungnahme zu der Aufforderung auf ihrer Internetseite hinweisen.

(5) Das Bundesministerium der Justiz und für Verbraucherschutz wird ermächtigt, durch Rechtsverordnung die äußere Gestaltung des Aktionärsforums und weitere Einzelheiten insbesondere zu der Aufforderung, dem Hinweis, den Entgelten, zu Löschungsfristen, Löschungsanspruch, zu Missbrauchsfällen und zur Einsichtnahme zu regeln.

Schrifttum: *Deutsches Aktieninstitut,* Stellungnahme zum Entwurf einer Verordnung über das Aktionärsforum nach § 127a AktG (Aktionärsforumsverordnung – AktFoV) vom 4.11.2005, NZG 2005, 1001; *DAV-Handelsrechtsausschuss,* Stellungnahme zum Referentenentwurf eines Gesetzes zur Unternehmensintegrität und Modernisierung des Anfechtungsrechts (UMAG), NZG 2004, 555; *ders.,* Stellungnahme zu dem Regierungsentwurf eines Gesetzes zur Unternehmensintegrität und Modernisierung des Anfechtungsrechts (UMAG), NZG 2005, 388; *Herb,* Gesetz für die gleichberechtigte Teilhabe an Führungspositionen – Umsetzung in der Praxis, DB 2015, 964; *Seibert,* Aktionärsforum und Aktionärsforumsvereinigung nach § 127a AktG, AG 2006, 16; *ders.,* Grenzen des übernahmerechtlichen Zurechnungstatbestandes in § 30 Abs. 2 WpÜG (Acting in Concert), ZIP 2004, 1829; *Spindler,* Die Reform der Hauptversammlung und der Anfechtungsklage durch das UMAG, NZG 2005, 825.

I. Allgemeines

1 Die Einführung des § 127a geht auf das Gesetz zur Unternehmensintegrität und Modernisierung des Anfechtungsrechts **(UMAG)** vom 22.9.2005 (BGBl. I S. 2802) zurück.[1] Das Aktionärsforum verfolgt den **Zweck,** die **Kommunikation** zwischen den Aktionären zu ermöglichen und so die **Wahrnehmung von Minderheitsrechten,** die an ein bestimmtes Quorum geknüpft sind (zB Einberufung der Hauptversammlung gemäß § 122 Abs. 1, Bekanntmachung von Gegenständen zur Beschlussfassung gemäß § 122 Abs. 2, Antrag auf Sonderprüfung gemäß § 142 Abs. 2 oder Haftungsklage gemäß § 148), zu erleichtern.[2] § 127a wird durch die Aktionärsforumsverordnung **(AktFoV)** vom 22.11.2005 (BGBl. I S. 3193), die auf Grundlage von § 127a Abs. 5 vom Bundesjustizministerium erlassen wurde, ergänzt und konkretisiert. In der Praxis hat das Aktionärsforum bisher allerdings kaum Bedeutung erlangt.

II. Einzelerläuterung

2 **1. Aufforderung im Aktionärsforum (Abs. 1). a) Aktionärsforum.** Das Aktionärsforum ist ausschließlich als Internet-Plattform ausgestaltet.[3] Es handelt sich dabei um ein gemeinsames Forum,

---

[11] *Herb* DB 2015, 966 (967).

[12] MüKoAktG/*Kubis* Rn. 11.

[1] Rechtspolitisch krit. zur Regelung des § 127a und AktFOV DAV-Handelsrechtsausschuss NZG 2004, 555 (558); *ders.* NZG 2005, 388 (390).

[2] Begr. RegE, BT-Drs. 15/5092, 15.

[3] Das Aktionärsforum ist erreichbar unter www.bundesanzeiger.de, www.unternehmensregister.de und www.aktionaersforum.de (§ 1 Abs. 1 AktFoV).

das Aktionäre und Aktionärsvereinigungen sämtlicher Gesellschaften nutzen können; gesonderte Foren für die einzelnen Gesellschaften existieren nicht. Betreiber ist der **Bundesanzeiger,** nicht die Gesellschaften.[4] Der Bundesanzeiger ist zur Einrichtung des Aktionärsforums verpflichtet (§ 1 Abs. 1 S. 1 AktFoV). Die genaueren Bestimmungen zur Ausgestaltung und Inanspruchnahme des Aktionärsforums sind in der AktFoV geregelt. Das Forum bietet Berechtigten (→ Rn. 3) die Möglichkeit, Aktionäre zu **gemeinsamen Aktionen aufzurufen,** welche ausschließlich von Aktionären und Aktionärsvereinigungen vorgenommen werden dürfen. Es darf nicht als Diskussionsforum genutzt werden, sondern dient ausschließlich der Veröffentlichung von Aufforderungen zum Stellen von Minderheitsanträgen oder der Ausübung des Stimmrechts in einem bestimmten Sinne.[5]

b) Berechtigung zum Aufruf. Jeder Aktionär ist zum Aufruf berechtigt, unabhängig davon, ob es sich um Namens-, Inhaber- oder Vorzugsaktionäre handelt und ob er selbst aus seinen Aktien Stimmrechte ausüben kann.[6] Berechtigt sind außerdem **Aktionärsvereinigungen** iSd § 125 Abs. 1 S. 1 bzw. § 135 Abs. 8 (→ § 125 Rn. 2). Als Nachweis für die Berechtigung eines Aufrufs genügt die Versicherung des Auffordernden, dass er Aktionär der betreffenden Gesellschaft oder eine Aktionärsvereinigung ist (§ 3 Abs. 2 S. 1 AktFoV). Eine Prüfungspflicht des Betreibers (Bundesanzeiger) besteht nur bei begründetem Zweifel (§ 3 Abs. 2 AktFoV).[7] Verliert der Auffordernde seine Eigenschaft als Aktionär oder Aktionärsvereinigung nach Veröffentlichung seiner Aufforderung, hat er die Löschung der Aufforderung zu bewirken (§ 3 Abs. 4 S. 2 AktFoV).[8] Der Auffordernde hat **keinen Anspruch auf Veröffentlichung** gegen den Betreiber des Aktionärsforums, sondern muss mit ihm einen Vertrag zu dessen Geschäftsbedingungen eingehen.[9] Der Betreiber kann mit dem Auffordernden ein angemessenes Entgelt vereinbaren (§ 9 AktFoV). Laut AGB des elektronischen Bundesanzeigers werden aktuell für Eintragungen pauschal 20 Euro berechnet. Ein Anspruch des Auffordernden auf Kostenerstattung gegenüber der betroffenen Gesellschaft kommt nicht in Betracht.[10] Der Auffordernde muss sich zur Nutzung einmalig registrieren (§ 3 AktFoV). Die bloße Einsichtnahme in das Forum ist dagegen jedermann ohne vorherige Registrierung kostenfrei gestattet und erfolgt ausschließlich über das Internet (§ 7 AktFoV). Im Aktionärsforum veröffentlichte Eintragungen sind gleichfalls Inhalt des Unternehmensregisters (§ 8b Abs. 2 Nr. 6 HGB). 3

c) Gegenstand der Aufforderung. Eine Aufforderung im Aktionärsforum kann auf die Stellung eines nach den Vorschriften des AktG vorgesehenen **Antrags** oder **Verlangens** oder die **Ausübung des Stimmrechts** in der Hauptversammlung gerichtet sein. Die Aufforderung kann daher etwa das Stellen eines Minderheitenantrags gemäß §§ 122 Abs. 1 oder Abs. 2, 142 Abs. 2 oder 148 zum Gegenstand haben; ferner kann zur Stellung von Gegenanträgen oder Wahlvorschlägen aufgerufen bzw. dazu aufgefordert werden, sich entsprechenden Anträgen in der Hauptversammlung anzuschließen.[11] Aufforderungen für die Ausübung des Stimmrechts müssen sich auf einen konkreten, in der Aufforderung angegebenen Tagesordnungspunkt (Abs. 2 Nr. 3) einer bestimmten Hauptversammlung (Abs. 2 Nr. 4) beziehen; es kann dazu aufgerufen werden, für oder gegen den Beschlussvorschlag der Verwaltung oder einen bestimmten Gegenantrag zu stimmen.[12] Eine Aktionärsvereinigung (oder ein Aktionär) kann sich auch als **Stimmrechtsvertreter** für Aktionäre anbieten. Dies folgt aus der Formulierung in Abs. 1, wonach die Aufforderung auch darauf gerichtet sein kann, „gemeinsam oder in Vertretung [...] das Stimmrecht auszuüben".[13] Die Aufforderung muss den Antrag, das Verlangen oder den Vorschlag für die Ausübung des Stimmrechts angeben, auf den sie sich bezieht (Abs. 2 Nr. 3). 4

2. Inhalt und Umfang der Aufforderung (Abs. 2). Neben der Angabe des Gegenstands der Aufforderung gemäß Abs. 2 Nr. 3 (→ Rn. 4) muss die Aufforderung die in Abs. 2 Nr. 1, 2 und 4 genannten Angaben enthalten. Dies sind Name und Anschrift des Auffordernden (Nr. 1), seine E-Mail-Adresse (§ 3 Abs. 3 S. 1 AktFoV), die Firma der Gesellschaft, auf die sich die Aufforderung bezieht (Nr. 2) und der Tag der Hauptversammlung, wenn sich die Aufforderung auf eine bestimmte Hauptversammlung bezieht (Nr. 4); letzteres ist zB nicht der Fall bei Aufforderungen zum Stellen eines 5

---

[4] Vgl. dazu *Seibert* AG 2006, 16 (17); krit. Stellungnahme BR-Drs. 3/05, 8 f.
[5] HK-AktG/*Reger* Rn. 2; vgl. auch Begr. RegE, BT-Drs. 15/5092, 15 und § 3 Abs. 5 AktFoV.
[6] NK-AktR/*Müller* Rn. 6.
[7] Krit. *DAI* NZG 2005, 1001 (1002), welches ein sichereres Nachweissystem einfordert.
[8] HK-AktG/*Reger* Rn. 3.
[9] Begr. RegE, BT-Drs. 15/5092, 16.
[10] Begr. RegE, BT-Drs. 15/5092, 17.
[11] Vgl. zu den Beispielen *Seibert* AG 2006, 16 f.
[12] Vgl. Schmidt/Lutter/*Ziemons,* 2. Aufl. 2010, Rn. 7. Angesichts dessen, dass das Aktionärsforum kaum praktische Bedeutung erlangt hat, hat Schmidt/Lutter/*Ziemons* in seiner 3. Aufl. weitgehend auf eine Kommentierung verzichtet (→ Rn. 3). Daher wird im Rahmen dieser Vorschrift jeweils auf die 2. Aufl. verwiesen.
[13] Krit. zu dieser Formulierung Schmidt/Lutter/*Ziemons,* 2. Aufl. 2010, Rn. 8.

Minderheitsverlangens auf Einberufung einer Hauptversammlung gemäß § 122 Abs. 1. Die Aufforderung darf den Umfang von 500 Zeichen (einschließlich Leerzeichen)[14] nicht überschreiten (§ 3 Abs. 3 S. 3 AktFoV). Für die Inhalte der veröffentlichten Aufforderung ist ausschließlich der Auffordernde verantwortlich, nicht das Bundesjustizministerium oder der elektronische Bundesanzeiger als Betreiber.[15] Dem Betreiber obliegt lediglich in den Grenzen des § 3 AktFoV eine **eingeschränkte Prüfungspflicht.**[16] Diese Prüfungspflicht erstreckt sich auf die Überprüfung der Vollständigkeit der Aufforderung nach den gesetzlichen Vorgaben des § 127a Abs. 1 und 2 sowie der Anforderungen des § 3 AktFoV. Fehlt etwa die postalische Anschrift des Auffordernden (Abs. 2 Nr. 1), enthält die Aufforderung Werbung für Produkte (§ 3 Abs. 5 Nr. 4 AktFoV) oder handelt es sich nicht um eine Aufforderung iSd Abs. 1 (§ 3 Abs. 5 Nr. 1 AktFoV), ist die Veröffentlichung unzulässig.[17]

6 **3. Begründung (Abs. 3).** Im Aktionärsforum selbst darf nur ein neutraler Aufruf ohne Begründung veröffentlicht werden.[18] Nach Abs. 3 darf der Auffordernde aber mittels einer Verlinkung auf seine Website hinweisen, auf der eine nähere Begründung des Aufrufs nachgelesen werden kann.[19] Nach § 5 AktFoV muss die Internetseite, auf die der Link führt, **unmittelbar** die Begründung enthalten, dh mit einem Anklicken des Links zugänglich sein. Der Betreiber ist nicht zur Kontrolle oder Korrektur der Begründung verpflichtet,[20] aber im Fall missbräuchlicher Inhalte gemäß § 5 Abs. 1 S. 2 AktFoV dazu berechtigt, die Eintragung zu verweigern oder ohne Kostenerstattung zu löschen. Die betroffene Gesellschaft muss auf sie bezogene Aufrufe daher im Zweifel selbst überprüfen. Der elektronische Bundesanzeiger kann Dienste einrichten, die den Nutzer über neue, ihn betreffende Eintragungen sofort informieren, um Gesellschaften die Verfolgung von Eintragungen zu erleichtern.[21] Besteht der Verdacht, dass die Begründung des Auffordernden zu kriminellen Handlungen aufruft oder Aussagen enthält, die beleidigend oder geschäftsschädigend sind, stehen der Gesellschaft die allgemeinen Abwehransprüche und prozessualen Rechtsbehelfe, insbesondere der einstweilige Rechtsschutz, zur Verfügung.[22]

7 **4. Stellungnahme der Gesellschaft (Abs. 4).** Will die Gesellschaft eine (Gegen-)Stellungnahme bezüglich einer sie betreffenden Eintragung veröffentlichen, kann sie gemäß Abs. 4 im Aktionärsforum einen Hinweis auf die eigene Webseite veröffentlichen; die Stellungnahme selbst wird nicht im Aktionärsforum veröffentlicht. Wie der Hinweis auf die Begründung des Aufrufenden erfolgt auch der Hinweis der Gesellschaft auf ihre Stellungnahme in Form einer Verlinkung. Diese ist im Aktionärsforum im **räumlichen Zusammenhang** mit der Aufforderung zu veröffentlichen, auf die sich die Stellungnahme bezieht (§ 4 Abs. 1 S. 2 AktFoV). Hinsichtlich der Eintragung der Stellungnahme gelten die Ausführungen zur Begründung entsprechend (vgl. § 5 AktFoV; → Rn. 6). Auch die Gesellschaft muss sich entsprechend den Maßgaben, die für Aktionäre und Aktionärsvereinigungen zur Eintragung ihrer Aufrufe gelten, registrieren lassen, bevor der Hinweis auf ihre Stellungnahme eingetragen wird (§ 4 Abs. 2 iVm § 3 Abs. 1 AktFoV). Wird ein Aufruf gelöscht, führt dies nicht automatisch zur Löschung des Hinweises der Gesellschaft auf ihre Stellungnahme, da ein berechtigtes Interesse der Gesellschaft am Fortbestehen ihrer Eintragung vorliegen kann, etwa, weil die Gefahr einer erneuten Aufforderung gleichen Inhalts besteht, was für die Gesellschaft erneut finanziellen und zeitlichen Aufwand verursachen würde.[23]

8 **Weitere Gegenmaßnahmen** der Gesellschaft gegen Aufrufe von Aktionären oder Aktionärsvereinigungen sind nur beschränkt möglich. Ist der Aufruf missbräuchlich, kann die Gesellschaft den Betreiber darauf hinweisen, der nach einer Untersuchung und Feststellung eines Missbrauchs die Eintragung zu löschen hat.[24] Im Übrigen stehen die allgemeinen Abwehransprüche (→ Rn. 6) zur Verfügung.

9 **5. Acting in concert.** Die Vorschrift des § 127a verdrängt nicht die Zurechnungsvorschriften der § 22 Abs. 2 S. 1 WpHG aF bzw. § 34 Abs. 2 S. 1 WpHG nF und § 30 Abs. 2 S. 1 WpÜG. Nach diesen Bestimmungen für börsennotierte Gesellschaften muss sich ein Meldepflichtiger die Stimmrechte eines Dritten bei der Berechnung der meldepflichtigen Schwellenwerte zurechnen

---

14 Schmidt/Lutter/*Ziemons,* 2. Aufl. 2010, Rn. 9.
15 Begr. RegE, BT-Drs. 15/5092, 16; HK-AktG/*Reger* Rn. 2.
16 Begr. RegE, BT-Drs. 15/5092, 16.
17 Begr. RegE, BT-Drs. 15/5092, 16.
18 Begr. RegE, BT-Drs. 15/5092, 15.
19 Begr. RegE, BT-Drs. 15/5092, 15; *Seibert* AG 2006, 16 (18).
20 NK-AktR/*Müller* Rn. 18.
21 Begr. RegE, BT-Drs. 15/5092, 16; vgl. *Seibert* AG 2006, 16 (18).
22 Begr. RegE, BT-Drs. 15/5092, 16.
23 HK-AktG/*Reger* Rn. 8; *DAI* NZG 2005, 1001 (1003).
24 *Seibert* AG 2006, 16 (18); Schmidt/Lutter/*Ziemons,* 2. Aufl. 2010, Rn. 13.

lassen, wenn er sein Verhalten durch Vereinbarung oder in sonstiger Weise mit dem Dritten abstimmt (sog. „acting in concert"). Dabei richtet sich der Tatbestand des acting in concert auf ein langfristig angelegtes abgestimmtes Verhalten in Bezug auf die Zielgesellschaft, das sich auf eine dauerhafte Einflussnahme auf die Geschäftsleitung durch die Ausübung von Stimmrechten in der Hauptversammlung bezieht.[25] Nach dem Wortlaut des § 127a stellen die Aufrufe der Auffordernden dagegen eindeutig und ausdrücklich lediglich auf **Einzelfälle** bzw. einzelne Tagesordnungspunkte einer konkreten Hauptversammlung ab.[26] Derartige punktuelle Zusammenschlüsse reichen für eine Zurechnung der Stimmrechte iSd § 22 Abs. 2 S. 1 WpHG aF bzw. § 34 Abs. 2 S. 1 WpHG nF bzw. § 30 Abs. 2 S. 1 WpÜG aber nicht aus.[27]

§ 128 Übermittlung der Mitteilungen

(1) [1]Hat ein Kreditinstitut zu Beginn des 21. Tages vor der Versammlung für Aktionäre Inhaberaktien der Gesellschaft in Verwahrung oder wird es für Namensaktien, die ihm nicht gehören, im Aktienregister eingetragen, so hat es die Mitteilungen nach § 125 Abs. 1 unverzüglich an die Aktionäre zu übermitteln. [2]Die Satzung der Gesellschaft kann die Übermittlung auf den Weg elektronischer Kommunikation beschränken; in diesem Fall ist das Kreditinstitut auch aus anderen Gründen nicht zu mehr verpflichtet.

(2) Die Verpflichtung des Kreditinstituts zum Ersatz eines aus der Verletzung des Absatzes 1 entstehenden Schadens kann im voraus weder ausgeschlossen noch beschränkt werden.

(3) [1]Das Bundesministerium der Justiz und für Verbraucherschutz wird ermächtigt, im Einvernehmen mit dem Bundesministerium für Wirtschaft und Energie und dem Bundesministerium der Finanzen durch Rechtsverordnung vorzuschreiben, dass die Gesellschaft den Kreditinstituten die Aufwendungen für
1. die Übermittlung der Angaben gemäß § 67 Abs. 4 und
2. die Vervielfältigung der Mitteilungen und für ihre Übersendung an die Aktionäre
zu ersetzen hat. [2]Es können Pauschbeträge festgesetzt werden. [3]Die Rechtsverordnung bedarf nicht der Zustimmung des Bundesrates.

(4) § 125 Abs. 5 gilt entsprechend.

Schrifttum: *Claussen,* Hauptversammlung und Internet, AG 2001, 161; *Drinhausen/Keinath,* Referentenentwurf eines Gesetzes zur Umsetzung der Aktionärsrechterichtlinie (ARUG) – Ein Beitrag zur Modernisierung der Hauptversammlung, BB 2008, 1238; *Evers/Fett,* Der Versand der Mitteilung nach § 125 AktG, NZG 2012, 530; *v. Falkenhausen,* Das Bankenstimmrecht im neuen Aktienrecht, AG 1966, 69; *Lommatzsch,* Vorbereitung der HV durch Mitteilungen und Weisungen nach §§ 125, 128 AktG nF, NZG 2001, 1017; *Schmidt,* Die Ausübung des sog. Depotstimmrechts durch Kreditinstitute, BB 1967, 818.

Übersicht

I. Allgemeines

1 **1. Regelungsgegenstand und -zweck.** § 128 soll, zusammen mit den Bekanntmachungen der Gesellschaft gemäß §§ 121 Abs. 3, 124 und 124a, gewährleisten, dass die Anteilseigner im Vorfeld einer Hauptversammlung über ein ausreichendes Maß an Informationen verfügen.[1] Aus diesem

[25] Vgl. Baums/Thoma/*Diekmann* WpÜG § 30 Rn. 79.
[26] Begr. RegE, BT-Drs. 15/5092, 16.
[27] OLG Frankfurt NZG 2004, 865 (867); HK-AktG/*Reger* Rn. 5; *Seibert* AG 2006, 16 (17 f.); *Seibt* ZIP 2004, 1829 (1837); offen Schmidt/Lutter/*Ziemons,* 2. Aufl. 2010, Rn. 3; aA *Spindler* NZG 2005, 825 (828).
[1] Geßler/Hefermehl/*Geßler* Rn. 2; Hüffer/*Koch* Rn. 1.

Grund verpflichtet § 128 Abs. 1 Kreditinstitute und ihnen gemäß § 125 Abs. 5 gleichgestellte Institutionen, die Mitteilungen, die sie gemäß § 125 von der Gesellschaft erhalten haben, an die Aktionäre weiterzuleiten, deren Aktien sie verwahren. Pflichten der *Gesellschaft* zur Weitergabe von Mitteilungen sind hingegen allein in § 125 geregelt.

2 **2. Gesetzesänderungen.** § 128 wurde durch das Gesetz zur Umsetzung der Aktionärsrechte-RL **(ARUG)** vom 30.7.2009 (BGBl. I S. 2479) neu gefasst. § 128 Abs. 2 und Abs. 3 aF sahen vor, dass ein Kreditinstitut, welches beabsichtigte, in der Hauptversammlung das Stimmrecht für Aktionäre auszuüben, neben der Weiterleitung der Mitteilungen iSd § 125, den Aktionären eigene Abstimmungsvorschläge zu unterbreiten hat. Diese Verpflichtung wurde durch das ARUG aus § 128 herausgenommen und in § 135 Abs. 2 kodifiziert. Des Weiteren wurden Aktionärsvereinigungen von der Pflicht zur Weiterleitung von Mitteilungen ausgenommen; § 128 verpflichtet in seiner Neufassung nur noch Kredit- und diesen gleichgestellte Finanzdienstleistungsinstitute. Das ARUG hat ferner die Möglichkeit geschaffen, durch Satzungsänderung die Weiterleitung der Mitteilungen auf den elektronischen Weg zu beschränken, um eine Möglichkeit zur Kostenersparnis zu eröffnen.[2]

II. Einzelerläuterung

3 **1. Pflicht zur Weitergabe von Mitteilungen (Abs. 1 S. 1). a) Weitergabeschuldner/Weitergabeberechtigte.** Weitergabepflichtig sind zunächst Kreditinstitute, die spätestens 21 Tage vor der Hauptversammlung **Inhaberaktien** einer Aktiengesellschaft in Verwahrung genommen haben (Abs. 1 S. 1 Alt. 1). Zum Begriff des Kreditinstituts → § 125 Rn. 2. In Bezug auf Inhaberaktien, mit deren Verwahrung das Kreditinstitut zu einem späteren Zeitpunkt als dem Beginn des 21. Tages vor der Hauptversammlung beauftragt wurde, besteht ein **Versendungsstopp.**[3] Die Art der Verwahrung durch das Kreditinstitut (Sonder-, Sammel- oder Tauschverwahrung) ist für die Weitergabepflicht unerheblich.[4] In der Praxis werden die Aktien in der Regel bei einer Wertpapiersammelbank, etwa bei der Clearstream Banking AG aufbewahrt. Die Kreditinstitute bleiben dann jedoch als Zwischenverwahrer gemäß § 3 Abs. 2 DepotG zur Weiterleitung gemäß § 128 verpflichtet.[5] Den Kreditinstituten iSd § 125 Abs. 5 gleichgestellte Institutionen sind gemäß Abs. 4 ebenfalls weitergabepflichtig.

4 Abs. 1 S. 1 Alt. 2 begründet eine Weitergabepflicht ferner für Kreditinstitute, die für **Namensaktien,** die ihnen nicht gehören, im Aktienregister eingetragen sind. Die Gesellschaft ist gemäß § 125 Abs. 2 S. 1 Alt. 2 verpflichtet, die Mitteilung an das Kreditinstitut zu übermitteln, wenn dieses zu Beginn des 14. Tages vor der Hauptversammlung als Aktionär im Aktienregister eingetragen ist; aufgrund der Eintragung gilt es gemäß § 67 Abs. 2 gegenüber der Gesellschaft als Aktionär. Unerheblich ist, ob das Kreditinstitut als Legitimationsaktionär (§ 129 Abs. 3) oder als Treuhänder eingetragen ist.[6] Abs. 1 S. 1 Alt. 2 soll sicherstellen, dass die Mitteilung den tatsächlichen materiell-rechtlichen Aktionär erreicht. Sollte der tatsächliche Aktionär zu Beginn des 14. Tages vor der Hauptversammlung selbst im Aktienregister eingetragen sein, ist dieser bereits selbst Adressat der Mitteilung durch die Gesellschaft gemäß § 125 Abs. 2 S. 1 Alt. 2, weshalb die Pflicht der Weitergabe der Mitteilung für das Kreditinstitut auch dann entfällt, wenn die Gesellschaft ihm die Mitteilung im Rahmen von § 125 Abs. 1 aufgrund der Stimmrechtsausübung für den Aktionär in einer vorangegangenen Hauptversammlung übermittelt hat (**keine Doppelmitteilung,** → § 125 Rn. 5).[7]

5 Für die Berechnung der **Verwahrungsfrist** gilt § 121 Abs. 7, da es sich um einen Termin im Sinne dieser Vorschrift handelt, der von der Hauptversammlung zurückberechnet wird (→ § 121 Rn. 49 ff.).[8]

6 **Berechtigte** der Weitergabepflicht sind Inhaberaktionäre sowie nicht selbst im Aktienregister eingetragene Namensaktionäre, deren Aktien von einem Kreditinstitut oder einer § 125 Abs. 5 gleichgestellten Institution verwahrt werden. Eine bestimmte Mindestanzahl an Aktien ist nicht erforderlich.[9] Der Weiterleitungsanspruch steht auch **ausländischen Aktionären** zu, sofern die Aktien bei einem inländischen Kreditinstitut oder der inländischen Niederlassung eines ausländischen Kreditinstituts verwahrt werden.[10]

---

[2] Vgl. RegE, BT-Drs. 16/11642, 31.
[3] Hüffer/*Koch* Rn. 3.
[4] MüKoAktG/*Kubis* Rn. 4; Spindler/Stilz/*Rieckers* Rn. 8.
[5] Hüffer/*Koch* Rn. 4; Spindler/Stilz/*Rieckers* Rn. 8.
[6] Hüffer/*Koch* Rn. 3; MüKoAktG/*Kubis* Rn. 5.
[7] Vgl. Hüffer/*Koch* Rn. 3.
[8] Vgl. Begr. RegE, BT-Drs. 16/11642, 31 zu § 128; BT-Drs. 16/11642, 28 zu § 121 Abs. 7.
[9] MüKoAktG/*Kubis* Rn. 7.
[10] GroßkommAktG/*Werner* Rn. 6.

b) Inhalt der Weitergabepflicht. aa) Eigene Pflicht. Die Weitergabepflicht stellt eine **eigene gesetzliche Pflicht** der verwahrenden Institute dar und wird nicht aus dem im Innenverhältnis zwischen Institut und Aktionär bestehenden Depotvertrag begründet.[11] Dies schließt nicht aus, dass der Depotvertrag für das Kreditinstitut weitere Informationspflichten begründet.[12] Der Depotvertrag kann die Weitergabepflicht jedoch nicht ausschließen oder einschränken.[13] 7

bb) Gegenstand der Weitergabepflicht. Das Kreditinstitut ist zur Weitergabe der Mitteilungen verpflichtet, die es gemäß § 125 Abs. 1 von der Gesellschaft erhält (zur Mitteilungspflicht gegenüber Kreditinstituten → § 125 Rn. 2; zum Inhalt der Mitteilung → § 125 Rn. 8 ff.). Nach zutreffender hM ist es nicht verpflichtet, die zugesandten Mitteilungen auf ihre inhaltliche **Richtigkeit und Vollständigkeit** zu überprüfen.[14] Kreditinstitute, die Inhaberaktien eines Aktionärs verwahren und in der vorangegangenen Hauptversammlung keine Stimmrechte ausgeübt haben, trifft nach inzwischen einhelliger Ansicht eine **Pflicht zur Anforderung** der Mitteilungen.[15] Hierfür spricht insbesondere die gesetzlich vorgesehen Stellung des Kreditinstituts als Informationsmittler. Folglich ist die Gesellschaft gemäß § 125 Abs. 1 S. 1 Alt. 2 nur zur Übermittlung von Mitteilungen an das Kreditinstitut verpflichtet, wenn das Kreditinstitut diese ausdrücklich verlangt (zum Verlangen → § 125 Rn. 2). Übermittelt die Gesellschaft dem Kreditinstitut die Mitteilung ohne ein entsprechendes Verlangen, ist das Kreditinstitut dennoch zur Weiterleitung verpflichtet.[16] Hat das Kreditinstitut die Mitteilung nicht von der Gesellschaft, sondern von einem **Dritten** erhalten, besteht die Pflicht zur Weiterleitung nur, wenn der Dritte von der Gesellschaft beauftragt wurde, die Mitteilungen gemäß § 125 weiterzuleiten.[17] Eine gesetzliche Verpflichtung zur Übermittlung **weiterer Unterlagen** neben der Mitteilung (etwa Quartalsabschlüsse oder Aktionärsbriefe) durch das Kreditinstitut besteht nicht;[18] sie kann aber durch entsprechende Vereinbarungen mit der Gesellschaft begründet werden.[19] 8

cc) Form der Weiterleitung (Abs. 1 S. 2). Der durch das ARUG neu eingefügte Abs. 1 S. 2 bietet der Gesellschaft die Möglichkeit, in der **Satzung** festzulegen, dass die Weiterleitung durch die Kreditinstitute nur im Wege der **elektronischen Kommunikation** (zB per E-Mail oder durch Einstellen in das elektronische Postfach des Depotkunden beim Online-Banking)[20] erfolgt. Bezweckt wird damit die Entlastung der Gesellschaften von finanziellem und administrativem Aufwand.[21] Enthält die Satzung eine entsprechende Beschränkung, sind die Institute nach dem ausdrücklichen Willen des Gesetzgebers nicht mehr zu einer anderen Form der Weiterleitung verpflichtet[22] (auch nicht aus dem Auftragsverhältnis mit dem Depotkunden oder allgemeinen Geschäftsbedingungen); eine Weiterleitung an die Aktionäre in Papierform erfolgt dann nur noch auf freiwilliger Basis oder aufgrund entsprechender individualvertraglicher Vereinbarungen, die auch Regelungen zur Kostenverteilung enthalten sollten, da die auf Grundlage von Abs. 4 erlassene Rechtsverordnung zur Kostenerstattung durch die Gesellschaft hierfür nicht gilt.[23] 9

Enthält die Satzung keine Bestimmungen über die Versendungsform, ist davon auszugehen, dass die Versendung grundsätzlich in Papierform erfolgen muss, es sei denn, die Aktionäre erklären ihr Einverständnis mit einer elektronischen Übersendung.[24] Sollte dem Kreditinstitut in diesem Fall nur eine begrenzte Anzahl an Exemplaren oder lediglich eine elektronische Fassung von der Gesellschaft übermittelt worden sein, ist das Institut zur Herstellung einer ausreichenden Anzahl an Papierfassungen verpflichtet, um die Mitteilungen allen Aktionären, deren Aktien es verwahrt, zusenden zu können;[25] das Institut kann aber Ersatz der durch die Vervielfältigung und Übersendung entstandenen Kosten von der Gesellschaft verlangen (→ Rn. 15). 10

---

[11] Hüffer/*Koch* Rn. 6; KK-AktG/*Noack/Zetzsche* Rn. 25; MüKoAktG/*Kubis* Rn. 8; aA *Schmidt* BB 1967, 818 (819).

[12] MüKoAktG/*Kubis* Rn. 8.

[13] HM, vgl. Hüffer/*Koch* Rn. 6 mwN; MüKoAktG/*Kubis* Rn. 3.

[14] HK-AktG/*Reger* Rn. 8; MüKoAktG/*Kubis* Rn. 9; für eingeschränkte Prüfungspflicht in Bezug auf die Vollständigkeit hingegen GroßkommAktG/*Werner* Rn. 12.

[15] GroßkommAktG/*Werner* Rn. 15; Hüffer/*Koch* Rn. 8; MüKoAktG/*Kubis* Rn. 9; aA noch *v. Falkenhausen* AG 1966, 69 (73).

[16] Vgl. Hüffer/*Koch* Rn. 5; MüKoAktG/*Kubis* Rn. 9.

[17] MüKoAktG/*Kubis* Rn. 11.

[18] Hüffer/*Koch* Rn. 5.

[19] MüKoAktG/*Kubis* Rn. 10.

[20] Begr. RegE, BT-Drs. 16/11642, 31; *Evers/Fett* NZG 2012, 530 (531).

[21] Vgl. Begr. RegE, BT-Drs. 16/11642, 31; *Evers/Fett* NZG 2012, 530 (532).

[22] *Evers/Fett* NZG 2012, 530 (532).

[23] Begr. RegE, BT-Drs. 16/11642, 31.

[24] HK-AktG/*Reger* Rn. 11; *Claussen* AG 2001, 161 (168); *Lommatzsch* NZG 2001, 1017 (1018).

[25] Vgl. HK-AktG/*Reger* Rn. 11; GroßkommAktG/*Werner* Rn. 17.

11 **dd) Frist zur Weiterleitung.** Die Mitteilungen sind von dem Institut **unverzüglich** (§ 121 Abs. 1 S. 1 BGB) nach Zugang an die Aktionäre zu übermitteln. Vor Inkrafttreten des ARUG war in § 128 Abs. 2 aF zusätzlich geregelt, dass die Kreditinstitute den Depotkunden Abstimmungsvorschläge mitzuteilen haben, wenn sie beabsichtigen, das Stimmrecht für die Aktionäre auszuüben. Aufgrund dessen wurde nach allgemeiner Meinung den Instituten eine angemessene Überlegungsfrist zwischen Erhalt der Mitteilungen und deren Weiterleitung zugestanden.[26] Die Pflicht zur Übermittlung von Abstimmungsvorschlägen wurde durch das ARUG in § 135 Abs. 2 verlagert; danach müssen die Institute die Vorschläge nur noch „rechtzeitig" zugänglich machen und nicht mehr zwangsläufig zusammen mit den Mitteilungen übermitteln.[27] Vor diesem Hintergrund und in Ermangelung einer inhaltlichen Prüfungspflicht der Kreditinstitute (→ Rn. 8) wird man davon ausgehen müssen, dass die Weiterleitung nunmehr unmittelbar nach Erhalt der Mitteilung erfolgen muss. Bei postalischer Versendung von Papierfassungen kann dies – je nach Anzahl der zu benachrichtigenden Aktionäre und der Erforderlichkeit der Vervielfältigung durch das Institut – mehrere Tage beanspruchen, ohne dass schuldhaftes Zögern vorliegt. Sollte der elektronische Kommunikationsweg gemäß Abs. 1 S. 2 zulässig sein (→ Rn. 9 f.), verkürzt sich die Weiterleitungszeit entsprechend. Eine **verspätete Zusendung** der Mitteilungen durch die Gesellschaft ändert nach allgemeiner Meinung nichts an der unverzüglichen Weitergabepflicht der Institute; verspätet zugegangene Mitteilungen sind zumindest dann unverzüglich an die Aktionäre weiterzuleiten, wenn diese die Informationen noch vor der Hauptversammlung erhalten können.[28]

12 **2. Rechtsfolgen bei Pflichtverletzung (Abs. 2). a) Schadensersatz.** Verstößt das Kreditinstitut gegen seine Pflichten aus Abs. 1, macht es sich gegenüber den Aktionären schadensersatzpflichtig.[29] Grundlage hierfür sind § 823 Abs. 2 BGB iVm § 128 oder vertragliche Schadensersatzansprüche gemäß §§ 280 ff. BGB wegen Pflichtverletzung aus dem Depotvertrag.[30] Da die Weitergabepflicht des Kreditinstituts nur in Bezug auf die Mitteilungen besteht, die es seinerseits von der Gesellschaft erhalten hat, kann das pflichtwidrige Unterlassen der Übersendung von Mitteilungen durch die Gesellschaft dem Institut nicht nach § 278 BGB zugerechnet werden.[31] Eine eigenständige Pflichtverletzung des Kreditinstituts kann aber bestehen, wenn das Institut es pflichtwidrigerweise (→ Rn. 8) unterlassen hat, die Übermittlung von Mitteilungen von der Gesellschaft gemäß § 125 Abs. 1 S. 1 Alt. 2 zu verlangen. Der Schadensersatzanspruch kann gemäß Abs. 2 **im Voraus nicht ausgeschlossen** oder beschränkt werden. Ein Verzicht gemäß § 397 BGB oder Vergleich nach Entstehung des Anspruchs bleibt jedoch möglich.[32] Die praktische Bedeutung des Schadensersatzanspruchs ist gering, da es dem Aktionär schwerfallen wird, seinen Schaden genau zu beziffern und die erforderliche Kausalität zwischen Pflichtverletzung und Schaden nachzuweisen.[33]

13 **b) Beschlussanfechtung.** Die Verletzung der Pflicht zur Weiterleitung durch die Institute kann, wie § 243 Abs. 3 Nr. 2 klarstellt, nicht zur Anfechtbarkeit von Hauptversammlungsbeschlüssen führen, da es sich bei der Weiterleitung um eine eigene Pflicht der Institute handelt, auf deren Erfüllung die Gesellschaft keinen Einfluss hat.[34]

14 **c) Weitere Folgen.** Wenn ein Institut die Weitergabepflicht verletzt, steht dem Aktionär ein **Anspruch** gegen das Institut auf Weiterleitung der Mitteilungen zu. Aufgrund der kurzen Zeitspanne zwischen Weiterleitung und Hauptversammlung hat aus rechtstatsächlicher Sicht eine Leistungsklage jedoch kaum Chancen auf rechtzeitigen Erfolg. Die rechtzeitige Durchsetzung des Anspruchs ist daher praktisch nur im Wege der einstweiligen Verfügung möglich.[35]

15 **3. Kostenverteilung (Abs. 3).** Die Erstattung der Kosten für die Weiterleitung ist auf der Grundlage von Abs. 3 (vor Inkrafttreten des ARUG war die Ermächtigungsgrundlage in Abs. 6 enthalten, der im Zuge des ARUG unter Streichung des Kostenersatzes für Aktionärsvereinigungen zu Abs. 3 wurde) in der KredInstAufwV[36] geregelt. Von der **Erstattungspflicht umfasst** sind die Kosten für die Weiterleitung der Mitteilungen, die das Institut von der Gesellschaft erhalten hat (§ 1 KredIn-

---

[26] GroßkommAktG/*Werner* Rn. 18.
[27] *Drinhausen/Keinath* BB 2008, 1238 (1244).
[28] *Geßler* Rn. 4; MüKoAktG/*Kubis* Rn. 17.
[29] GroßkommAktG/*Werner* Rn. 89; Spindler/Stilz/*Rieckers* Rn. 25.
[30] Hüffer/*Koch* Rn. 9; Spindler/Stilz/*Rieckers* Rn. 26.
[31] MüKoAktG/*Kubis* Rn. 8.
[32] Hüffer/*Koch* Rn. 9.
[33] MüKoAktG/*Kubis* Rn. 19.
[34] *Evers/Fett* NZG 2012, 530 (534); KK-AktG/*Noack/Zetsche* Rn. 38.
[35] GroßkommAktG/*Werner* Rn. 92.
[36] Verordnung über den Ersatz von Aufwendungen der Kreditinstitute vom 17.6.2003 (BGBl. I S. 885).

stAufwV), sowie die Kosten für ihre Vervielfältigung (§ 2 KredInstAufwV). Von der **Erstattungspflicht ausgenommen** sind dagegen die Kosten für freiwillige Mitteilungen der Kreditinstitute; erstattet werden also nur die Kosten für die Weiterleitung von Mitteilungen iSd § 125.[37] Die Erstattung der Kosten für die Weitergabe zusätzlicher Unterlagen kann durch entsprechende Vereinbarungen mit der Gesellschaft geregelt werden. Die Kostenerstattung für die Weitergabe der für die Führung des Aktienregisters erforderlichen und geeigneten Angaben iSd § 67 Abs. 4 ist ebenfalls in der Verordnung geregelt (§ 3 KredInstAufwV). Für die Kostenerstattung wurden feste Pauschalbeträge festgesetzt.

4. Gleichgestellte Unternehmen (Abs. 4). Gemäß Abs. 4 gelten die Regelungen des § 128 auch für den Kreditinstituten gleichgestellte Institutionen iSd § 125 Abs. 5 (→ § 125 Rn. 3). 16

III. Abdingbarkeit

Die gesetzliche **Verpflichtung zur Weiterleitung** von Mitteilungen kann nicht durch vertragliche Vereinbarung ausgeschlossen oder eingeschränkt werden, möglich ist aber eine Erweiterung der Mitteilungspflicht (→ Rn. 7); gemäß Abs. 2 ist der Anspruch auf **Schadensersatz** bei Verletzung der Mitteilungspflichten im Vorhinein nicht verzichtbar (→ Rn. 12). Die **Form der Weiterleitung** hingegen kann durch die Satzung der Gesellschaft von der kostenintensiveren Papierversendung hin auf die ausschließlich elektronische Übermittlung beschränkt werden (Abs. 1 S. 2, → Rn. 9). 17

IV. Beweislast

§ 128 enthält keine Regelungen zur Beweislastverteilung; es gilt daher der allgemeine Grundsatz, wonach jede Partei die Tatsachen beweisen muss, die von den für sie anspruchsbegründenden Normen vorausgesetzt werden. Eine Beweislastumkehr kommt nur im Rahmen des Schadensersatzanspruches gemäß § 280 Abs. 1 S. 2 BGB in Betracht, wenn ein möglicher Schadensersatzanspruch auf die Verletzung einer Pflicht aus dem Depotvertrag gestützt wird. 18

Dritter Unterabschnitt. Verhandlungsniederschrift. Auskunftsrecht

§ 129 Geschäftsordnung; Verzeichnis der Teilnehmer

(1) ¹Die Hauptversammlung kann sich mit einer Mehrheit, die mindestens drei Viertel des bei der Beschlußfassung vertretenen Grundkapitals umfaßt, eine Geschäftsordnung mit Regeln für die Vorbereitung und Durchführung der Hauptversammlung geben. ²In der Hauptversammlung ist ein Verzeichnis der erschienenen oder vertretenen Aktionäre und der Vertreter von Aktionären mit Angabe ihres Namens und Wohnorts sowie bei Nennbetragsaktien des Betrags, bei Stückaktien der Zahl der von jedem vertretenen Aktien unter Angabe ihrer Gattung aufzustellen.

(2) ¹Sind einem Kreditinstitut oder einer in § 135 Abs. 8 bezeichneten Person Vollmachten zur Ausübung des Stimmrechts erteilt worden und übt der Bevollmächtigte das Stimmrecht im Namen dessen, den es angeht, aus, so sind bei Nennbetragsaktien der Betrag, bei Stückaktien die Zahl und die Gattung der Aktien, für die ihm Vollmachten erteilt worden sind, zur Aufnahme in das Verzeichnis gesondert anzugeben. ²Die Namen der Aktionäre, welche Vollmachten erteilt haben, brauchen nicht angegeben zu werden.

(3) ¹Wer von einem Aktionär ermächtigt ist, im eigenen Namen das Stimmrecht für Aktien auszuüben, die ihm nicht gehören, hat bei Nennbetragsaktien den Betrag, bei Stückaktien die Zahl und die Gattung dieser Aktien zur Aufnahme in das Verzeichnis gesondert anzugeben. ²Dies gilt auch für Namensaktien, als deren Aktionär der Ermächtigte im Aktienregister eingetragen ist.

(4) ¹Das Verzeichnis ist vor der ersten Abstimmung allen Teilnehmern zugänglich zu machen. ²Jedem Aktionär ist auf Verlangen bis zu zwei Jahren nach der Hauptversammlung Einsicht in das Teilnehmerverzeichnis zu gewähren.

(5) § 125 Abs. 5 gilt entsprechend.

Schrifttum: *Bachmann,* Die Geschäftsordnung der Hauptversammlung, AG 1999, 210; *Bezzenberger,* Die Geschäftsordnung der Hauptversammlung, ZGR 1998, 352; *DAV,* Stellungnahme des Handelsrechtsausschusses des Deutschen Anwaltvereins eV – zum RefE eines Gesetzes zur Namensaktie und zur Erleichterung der Stimmrechtsausübung – Namensaktiengesetz (NaStraG), NZG 2000, 443; *Dietrich,* Voraussetzungen und Inhalt einer Geschäftsordnung der Hauptversammlung, NZG 1998, 921; *Hennerkes/Kögel,* Eine Geschäftsordnung für die

[37] MüKoAktG/*Kubis* Rn. 27.

Hauptversammlung, DB 1999, 81; *Henseler,* Die Abstimmung in der Hauptversammlung einer Aktiengesellschaft, BB 1962, 1023; *Kindler,* Der Aktionär in der Informationsgesellschaft, NJW 2001, 1678; *Schaaf,* Die Geschäftsordnung der AG-Hauptversammlung – eine praktische Notwendigkeit?, ZIP 1999, 1339.

Übersicht

I. Allgemeines

1 Die §§ 129–132 enthalten Bestimmungen über die Durchführung der Hauptversammlung. § 129 regelt zwei Teilbereiche: zum einen die Ermächtigung zur Schaffung einer Geschäftsordnung für die Hauptversammlung (Abs. 1 S. 1), zum anderen die Verpflichtung zur Führung eines Teilnehmerverzeichnisses (Abs. 1 S. 2–5). Mit der **Geschäftsordnung** kann die Vorbereitung und Durchführung der Hauptversammlung näher ausgestaltet werden. Abs. 1 S. 1 wurde durch das Gesetz zur Kontrolle und Transparenz im Unternehmensbereich (KonTraG) vom 27.4.1998 (BGBl. I S. 786) in das AktG eingefügt. Der Gesetzgeber beabsichtigte damit eine „Revitalisierung der Hauptversammlung" sowie eine „inhaltliche Konzentration auf die Sachdebatte".[1] Schon vor der Neuregelung wurde es als zulässig erachtet, Regeln über den Inhalt und Ablauf der Hauptversammlung in einer Geschäftsordnung niederzulegen.[2] Die Bestimmung hat daher weitgehend klarstellenden Charakter.[3] Aufgrund des weitgehend nicht disponiblen Normgefüges des AktG ist die Bedeutung einer Geschäftsordnung für die Hauptversammlung in der Praxis jedoch gering.[4]

2 Das obligatorische **Teilnehmerverzeichnis** hat nach der Gesetzesbegründung den **Zweck,** festzuhalten, welche Personen an der Hauptversammlung teilgenommen haben.[5] Die Eignung des Teilnehmerverzeichnisses für diese Zwecke ist jedoch relativ gering, weil im Hinblick auf die Regelungen der Abs. 2 und 3 nur ein Teil der Aktionäre im Verzeichnis aufgeführt ist (→ Rn. 13).[6] Auch kann das Verzeichnis von Interessierten nicht ohne weiteres eingesehen werden, da nach der Änderung des § 130 Abs. 3 durch das Gesetz zur Namensaktie und zur Erleichterung der Stimmrechtsausübung (NaStraG) vom 18.1.2001 (BGBl. I S. 123) der Notar das Verzeichnis nicht mehr als Anlage zu seiner Niederschrift über die Hauptversammlung nehmen muss, so dass es regelmäßig nicht mehr zum Handelsregister gelangt.[7] Das Teilnehmerverzeichnis ist jedoch weiterhin wichtig, soweit es, wie in der Praxis üblich, als Präsenzliste verwendet wird.[8] In diesem Sinne ist es Grundlage für (i) die Prüfung der Beschlussfähigkeit, (ii) die Prüfung von Stimmrechtsausschlüssen gemäß § 136 Abs. 1, (iii) die Prüfung von Rede- und Fragerechten Anwesender und (iv) die Feststellung, welche Kreditinstitute bzw. Aktionärsvereinigungen in der letzten Hauptversammlung Stimmrechte ausgeübt haben[9] und daher Empfänger der Mitteilungen gemäß § 125 Abs. 1 S. 1 sind.[10]

II. Einzelerläuterung

3 **1. Geschäftsordnung der Hauptversammlung (Abs. 1 S. 1).** Die Geschäftsordnung ist die rechtsgeschäftliche Zusammenfassung von Verfahrensregelungen, denen sich die Hauptversammlung

---

[1] Begr. RegE KonTraG, BT-Drs. 13/9712, 19.
[2] Vgl. nur *Bezzenberger* ZGR 1998, 352 (363) mwN; *Butzke* HV Kap. D Rn. 92; Schmidt/Lutter/*Ziemons* Rn. 1; Spindler/Stilz/*Wicke* Rn. 1.
[3] Schmidt/Lutter/*Ziemons* Rn. 1; Spindler/Stilz/*Wicke* Rn. 1.
[4] *Butzke* HV Kap. D Rn. 92; Spindler/Stilz/*Wicke* Rn. 1.
[5] MüKoAktG/*Kubis* Rn. 2.
[6] GroßkommAktG/*Werner* Rn. 2; NK-AktR/*Terbrack/Lohr* Rn. 16; Hüffer/*Koch* Rn. 1.
[7] Geßler/Hefermehl/*Geßler* Rn. 1; NK-AktR/*Terbrack/Lohr* Rn. 16; MüKoAktG/*Kubis* Rn. 2.
[8] GroßkommAktG/*Werner* Rn. 3; Hüffer/*Koch* Rn. 1; Spindler/Stilz/*Wicke* Rn. 16.
[9] GroßkommAktG/*Werner* Rn. 3.
[10] Hüffer/*Koch* Rn. 1; Schmidt/Lutter/*Ziemons* Rn. 16.

kraft Selbstbindung unterwirft.[11] In der Normenhierarchie ist sie nach zutreffender hM unterhalb von Gesetz und Satzung angesiedelt.[12]

a) Möglicher Inhalt der Geschäftsordnung; Grenzen. Inhalt der Geschäftsordnung können nach Abs. 1 S. 1 Regelungen zu Vorbereitung und Durchführung der Hauptversammlung sein. Aus der Nachrangigkeit der Geschäftsordnung gegenüber den gesetzlichen Bestimmungen und der Satzung folgt, dass die Geschäftsordnung keine Regelungen treffen darf, die Bestimmungen des Gesetzes oder der Satzung entgegenstehen.[13] Die Geschäftsordnung kann solche Bestimmungen aber deklaratorisch wiederholen. Eigene Regeln darf die Geschäftsordnung nur treffen, soweit auch die Satzung vom Gesetz abweichende oder ergänzende Regelungen treffen könnte (es aber bislang nicht getan hat)[14] und die Regelungskompetenz nicht ausschließlich der Satzung zugewiesen ist (vgl. zB § 118 Abs. 4).[15] Die Geschäftsordnung darf ferner nicht die Ordnungs- oder Leitungsbefugnisse des Versammlungsleiters beschneiden.[16] Denn dessen Befugnisse sind weder aus einem „Hausrecht" abgeleitet, noch werden sie von der Hauptversammlung gewährt; sie folgen vielmehr unmittelbar aus seinem Amt.[17] Schließlich darf die Geschäftsordnung Rechte der Verwaltung oder Individualrechte von Aktionären nicht einschränken.[18] 4

Zulässig sind nach allgemeiner Ansicht etwa Regelungen zu **Vertagung und Absetzung** von Tagesordnungspunkten,[19] Vertagung,[20] Schließung oder Fortsetzung der Hauptversammlung,[21] Bestimmung des **Versammlungsleiters** (soweit nicht durch die Satzung vorgegeben),[22] **Bild- und Tonübertragung** der Versammlung (§ 118 Abs. 4), Art und Form der **Publikation von Beschlussanträgen** (etwa durch Verweis auf die mit der Einberufung bekanntgemachten Beschlussvorschläge statt Verlesung),[23] Abstimmung über eine **Einzelentlastung** von Vorstands- und Aufsichtsratsmitgliedern (§ 120 Abs. 1 S. 2)[24] sowie die Ermächtigung des Versammlungsleiters zur Beschränkung des **Rede- und Fragerechts** (§ 131 Abs. 2 S. 2). Geregelt werden kann gleichfalls die **Wiederaufnahme** der Verhandlungen abgeschlossener Tagesordnungspunkte, wenn neue Tatsachen bekannt werden.[25] Auch die **Zulassung Dritter** zur Hauptversammlung, wie Medienvertreter, Aktionärsbegleiter oder Gäste, kann geregelt werden.[26] Abschlussprüfern kann über das Anwesenheitsrecht des § 176 Abs. 2 hinaus in der Geschäftsordnung die Teilnahme am weiteren Verlauf der Hauptversammlung gestattet werden.[27] 5

Unzulässig ist die Regelung von Gegenständen, die der zwingenden Letztentscheidungsbefugnis des Versammlungsleiters unterfallen.[28] Entgegen der Regierungsbegründung zu § 129 in der Fassung des KonTraG[29] können nach zutreffender hM daher nicht in der Geschäftsordnung geregelt werden:[30] Fragen der **Sicherheitskontrollen,** die Voraussetzungen einer Schließung der **Rednerliste** und die Ausübung allgemeiner **Ordnungsbefugnisse** in der Hauptversammlung. Die Geschäftsordnung darf ferner keine Vorgaben für die gesetzlich vorgegebenen **Bekanntmachungen und Mitteilungen** bei der Einberufung der Hauptversammlung (§§ 124–127) oder das Zugänglichmachen von Unterlagen und Informationen im Vorfeld der Hauptversammlung machen. Hierfür könnte zwar der Gesetzeswortlaut sprechen, wonach die Geschäftsordnung Regeln für die „Vorbereitung" der Hauptversammlung enthalten darf. Jedoch würde eine solche Regelung in die 6

---

[11] Hüffer/*Koch* Rn. 1b.
[12] HK-AktG/*Reger* Rn. 2; NK-AktR/*Terbrack/Lohr* Rn. 5; Hüffer/*Koch* Rn. 1b; MüKoAktG/*Kubis* Rn. 4 f.; Spindler/Stilz/*Wicke* Rn. 2; aA *Dietrich* NZG 1998, 921 (922): Gleichstellung mit Satzung.
[13] Hüffer/*Koch* Rn. 1c; Schmidt/Lutter/*Ziemons* Rn. 4.
[14] MüKoAktG/*Kubis* Rn. 5; Schmidt/Lutter/*Ziemons* Rn. 4; Spindler/Stilz/*Wicke* Rn. 6.
[15] MüKoAktG/*Kubis* Rn. 4; Schmidt/Lutter/*Ziemons* Rn. 4.
[16] MüKoAktG/*Kubis* Rn. 6; Schmidt/Lutter/*Ziemons* Rn. 5.
[17] HK-AktG/*Reger* Rn. 4; MüKoAktG/*Kubis* Rn. 6.
[18] *Bachmann* AG 1999, 210 (212); HK-AktG/*Reger* Rn. 6.
[19] HK-AktG/*Reger* Rn. 7; Spindler/Stilz/*Wicke* Rn. 10.
[20] *Bezzenberger* ZGR 1998, 352 (364).
[21] *Butzke* HV Kap. D. Rn. 96; *Bezzenberger* ZGR 1998, 352 (361).
[22] Begr. RegE, BT-Drs. 13/9712, 19; Spindler/Stilz/*Wicke* Rn. 10.
[23] MüKoAktG/*Kubis* Rn. 12; Schmidt/Lutter/*Ziemons* Rn. 7.
[24] Spindler/Stilz/*Wicke* Rn. 10.
[25] Spindler/Stilz/*Wicke* Rn. 10.
[26] Begr. RegE, BT-Drs. 13/9712, 19; Schmidt/Lutter/*Ziemons* Rn. 7.
[27] Begr. RegE, BT-Drs. 13/9712, 19; HK-AktG/*Reger* Rn. 7; MüKoAktG/*Kubis* Rn. 12; aA *Schaaf* ZIP 1999, 1339 (1340).
[28] MüKoAktG/*Kubis* Rn. 12.
[29] BT-Drs. 13/9712, 19.
[30] Vgl. insgesamt MüKoAktG/*Kubis* Rn. 12.

bestehende Kompetenzverteilung zwischen Vorstand und Hauptversammlung eingreifen.[31] Auch dürfen – mit Ausnahme von Beschränkungen des Rede- und Auskunftsrechts gemäß § 131 Abs. 2 S. 2 – keine Regelungen aufgenommen werden, die das Auskunftsrecht der Aktionäre beschränken oder erschweren würden, beispielsweise durch die Pflicht der schriftlichen Stellung von Auskunftsbegehren vor der Hauptversammlung.[32] Die **Form der Ausübung des Stimmrechts** kann entgegen der wohl hM ebenfalls nicht geregelt werden, da dies gemäß § 134 Abs. 4 (bzw. im Fall der Briefwahl gemäß § 118 Abs. 2) der Satzung vorbehalten ist.[33]

7 Der **Umfang der Geschäftsordnung** steht zur Disposition der Hauptversammlung. Statt umfassenden Regelungswerken kann auch eine einzige Bestimmung Gegenstand einer Geschäftsordnung sein.[34]

8 **b) Verfahrensfragen. aa) Erlass einer Geschäftsordnung.** Der Erlass der Geschäftsordnung erfolgt durch Beschluss der Hauptversammlung, der mit **einfacher Stimmenmehrheit** (§ 133 Abs. 1) und einer Mehrheit von **mindestens drei Vierteln** des bei der Beschlussfassung **vertretenen Grundkapitals** (§ 129 Abs. 1 S. 1) gefasst werden muss. Anders als für Satzungsänderungen (§ 179 Abs. 2 S. 2) kann die Satzung keine andere, insbesondere keine geringere, Kapitalmehrheit vorsehen, da § 129 Abs. 1 S. 1 insoweit keine Satzungsermächtigung enthält.[35] Dies erscheint zwar als Wertungswiderspruch,[36] muss aufgrund des klaren Wortlauts des Gesetzes jedoch hingenommen werden.[37] Aufgrund dieses qualifizierten Mehrheitserfordernisses ist auch die Hauptversammlung nicht börsennotierter Gesellschaften **notariell beurkundungspflichtig,** wenn sie über den Erlass einer Geschäftsordnung beschließt (§ 130 Abs. 1 S. 1 und S. 3).[38] Die Beschlussfassung über die Geschäftsordnung muss als Tagesordnungspunkt mit entsprechendem Beschlussvorschlag (§ 124 Abs. 3) mit der Einberufung der Hauptversammlung bekanntgemacht werden (§ 121 Abs. 3, 4).[39] Fraglich ist, ob zur Ankündigung auch zwingend entsprechend § 124 Abs. 2 S. 2 Alt. 1 die **Mitteilung des geplanten Wortlauts** der Geschäftsordnung gehört. Dies wird teilweise mit Hinweis auf die satzungsergänzende Funktion der Geschäftsordnung und ihre Fortgeltung für künftige Hauptversammlungen bejaht.[40] Mit der hM ist die Bekanntmachung des **wesentlichen Inhalts** entsprechend § 124 Abs. 2 S. 2 Alt. 1 jedoch als ausreichend zu erachten,[41] da die Geschäftsordnung gerade nicht der Satzung gleichsteht und keinen gleichwertigen Eingriff in Mitgliedsrechte von Aktionären bewirken kann.[42] Außerdem wird der Wortlaut der Geschäftsordnung in der Regel vom Beschlussvorschlag der Verwaltung umfasst sein, der zusammen mit der Einberufung der Hauptversammlung bekanntzumachen ist (§ 124 Abs. 3). Zu Unrecht wird teilweise gefordert, dass der vorgeschlagene Wortlaut der Geschäftsordnung zusätzlich entsprechend § 175 Abs. 2 zugänglich zu machen ist,[43] so dass er bei börsennotierten Gesellschaften dann auch entsprechend § 124a S. 1 Nr. 3 auf der Internetseite der Gesellschaft zu veröffentlichen wäre. Dies überzeugt nicht, da es an der für eine Analogie erforderlichen planwidrigen Regelungslücke fehlt. Die Geschäftsordnung ist, anders als die Satzung, weder im Handelsregister einzutragen noch dort zu hinterlegen, da eine § 181 entsprechende Vorschrift für die Geschäftsordnung nicht existiert.[44]

9 **bb) Aufhebung, Änderung.** Die Geschäftsordnung bleibt so lange in Kraft, bis sie von der Hauptversammlung ausdrücklich geändert oder aufgehoben wird.[45] Das Gesetz enthält keine Bestimmungen zur Änderung oder Aufhebung der Geschäftsordnung. Die **Änderung** der Geschäftsordnung unterliegt entsprechend[46] § 129 Abs. 1 S. 1 **denselben Mehrheitserfordernissen und demselben**

---

[31] *Bachmann* AG 1999, 210 (212).

[32] *Bachmann* AG 1999, 210 (212).

[33] Hüffer/*Koch* Rn. 1c; Schmidt/Lutter/*Ziemons* Rn. 6; aA HK-AktG/*Reger* Rn. 7, § 134 Rn. 28; MüKoAktG/*Kubis* Rn. 12, § 119 Rn. 146; Spindler/Stilz/*Wicke* Rn. 10.

[34] *Bachmann* AG 1999, 210 (213).

[35] Vgl. Hüffer/*Koch* Rn. 1d; MüKoAktG/*Kubis* Rn. 9; Spindler/Stilz/*Wicke* Rn. 11.

[36] Vgl. Hüffer/*Koch* Rn. 1d; Spindler/Stilz/*Wicke* Rn. 11.

[37] Spindler/Stilz/*Wicke* Rn. 11.

[38] NK-AktR/*Terbrack/Lohr* Rn. 10; MüKoAktG/*Kubis* Rn. 9.

[39] Vgl. Hüffer/*Koch* Rn. 1d; MüKoAktG/*Kubis* Rn. 9.

[40] HK-AktG/*Reger* Rn. 8; Schmidt/Lutter/*Ziemons* Rn. 11.

[41] So auch *Hennerkes/Kögel* DB 1999, 81; Hüffer/*Koch* Rn. 1d; MüKoAktG/*Kubis* Rn. 9; *Schaaf* ZIP 1999, 1339 (1341); Semler/Volhard/*Semler* HV HdB § 1 Rn. 267; Spindler/Stilz/*Wicke* Rn. 11; *Ek* Praxisleitfaden § 18 Rn. 595.

[42] MüKoAktG/*Kubis* Rn. 9.

[43] MüKoAktG/*Kubis* Rn. 9; Spindler/Stilz/*Wicke* Rn. 11.

[44] MüKoAktG/*Kubis* Rn. 9.

[45] Vgl. Hüffer/*Koch* Rn. 1e; MüKoAktG/*Kubis* Rn. 10.

[46] Anders NK-AktR/*Terbrack/Lohr* Rn. 11, die bei einer Änderung § 129 Abs. 1 S. 1 für direkt anwendbar halten.

Verfahren wie der Erlass, da es sich rechtlich um eine Teilaufhebung und einen Teilerlass handelt.[47] Bei der ersatzlosen **Aufhebung** einer einzelnen Bestimmung oder der gesamten Geschäftsordnung ist hingegen nach zutreffender Auffassung die **einfache Mehrheit** ausreichend, da das Gesetz nur für den Erlass eine qualifizierte Mehrheit verlangt, nicht aber für die Aufhebung.[48] Dementsprechend besteht bei nicht börsennotierten Gesellschaften gemäß § 130 Abs. 1 S. 3 auch keine Pflicht zur Beurkundung des Aufhebungsbeschlusses. Sowohl die Änderung als auch die (Teil-)Aufhebung der Geschäftsordnung ist als Tagesordnungspunkt der Einberufung mit Beschlussvorschlag bekanntzumachen.

c) Durchbrechung der Geschäftsordnung. Die Hauptversammlung kann sich im Wege eines 10 Durchbrechungsbeschlusses unproblematisch über eine Bestimmung der Geschäftsordnung hinwegsetzen, wenn die Geschäftsordnung eine dahingehende **Öffnungsklausel** enthält oder das für den Erlass einer Geschäftsordnung vorgesehene Verfahren eingehalten wird.[49] Bei einer Durchbrechung, die einen **Dauerzustand** begründet, handelt es sich um eine Änderung, also einen teilweisen Neuerlass, oder eine (Teil-)Aufhebung (→ Rn. 9). Problematisch ist, ob darüber hinaus die Geschäftsordnung vorübergehend durch einen Beschluss mit einfacher Stimmmehrheit außer Kraft gesetzt werden kann (sog. punktuelle Durchbrechung oder ad hoc Durchbrechung).[50] Nach zutreffender Ansicht ist in diesem Fall die einfache Mehrheit ausreichend.[51] Es ist nicht ersichtlich, weshalb für die einmalige Nichtbefolgung eine höhere Mehrheit erforderlich sein sollte als für die dauerhafte Aufhebung der gesamten Geschäftsordnung oder der fraglichen Regelung, für die ebenfalls die einfache Mehrheit ausreicht (→ Rn. 9).

d) Rechtsfolgen von Verstößen. aa) Verstoß gegen Bestimmungen der Geschäftsord- 11 nung; fehlerhafte Beschlüsse. Die Rechtsfolgen von Hauptversammlungsbeschlüssen, die unter Verstoß gegen Regelungen der Geschäftsordnung gefasst wurden, sind umstritten. Eine Ansicht hält solche Beschlüsse gemäß § 243 Abs. 1 für anfechtbar, da die Geschäftsordnung auf § 129 Abs. 1 S. 1 beruhe und damit Gesetzesrecht verletzt sei.[52] Nach zutreffender Ansicht liegt ein Gesetzesverstoß iSd § 243 Abs. 1 jedoch nur vor, wenn sich die fehlerhafte Behandlung der Geschäftsordnung selbst unabhängig von der Niederlegung in der Geschäftsordnung als Gesetzesverstoß darstellt, etwa bei einer **Verletzung von Anwesenheits-, Rede- und Auskunftsrechten (§ 53a)** oder der **Treuepflicht.**[53] § 243 Abs. 1 verlangt für die Anfechtbarkeit ausdrücklich einen Verstoß gegen Gesetz (Alt. 1) oder Satzung (Alt. 2), ein Verstoß gegen die Geschäftsordnung der Hauptversammlung wird hingegen nicht genannt. Würde der Verstoß gegen ein Regelwerk, das aufgrund einer gesetzlichen Ermächtigung erlassen wurde, bereits als Verstoß gegen das Gesetz gelten, welches die Ermächtigung enthält, und deshalb einen Anfechtungsgrund iSd § 243 Abs. 1 Alt. 1 darstellen, wäre Alt. 2, wonach auch ein Verstoß gegen die Satzung zur Anfechtbarkeit führt, überflüssig, denn ein Satzungsverstoß wäre dann stets bereits ein Verstoß gegen § 23 bzw. die Ermächtigungsgrundlage für die einzelne Satzungsregelung, gegen die verstoßen wurde. Satzungsqualität kommt der Geschäftsordnung gerade nicht zu, so dass auch eine analoge Anwendung von § 243 Abs. 1 Alt. 2 ausscheidet.

bb) Verstoß bei Erlass der Geschäftsordnung. Bei Erlass der Geschäftsordnung ist zwischen 12 Verfahrensmängeln und inhaltlichen Mängeln zu unterscheiden. **Verfahrensmängel,** wie beispielsweise das Fehlen der erforderlichen Mehrheit, können nach allgemeinen Grundsätzen die Anfechtbarkeit des Beschlusses begründen (§ 243).[54] Daneben ist die Geschäftsordnung nichtig, wenn eine erforderliche notarielle Beurkundung (→ Rn. 8) unterblieben ist (§ 241 Nr. 2).[55] Als **inhaltliche Mängel** kommen Verstöße von Bestimmungen der Geschäftsordnung gegen höherrangiges Recht (Gesetz oder Satzung), Eingriffe in die Befugnisse anderer Organe oder des Versammlungsleiters oder die unzulässige Beschränkung von Individualrechten in Betracht. Die betreffende Bestimmung

[47] HK-AktG/*Reger* Rn. 10; Hüffer/*Koch* Rn. 1e; MüKoAktG/*Kubis* Rn. 10; *Butzke* HV Kap. D Rn. 98; Schmidt/Lutter/*Ziemons* Rn. 12.

[48] *Butzke* HV Rn. D 98; HK-AktG/*Reger* Rn. 10; Hüffer/*Koch* Rn. 1e; MüKoAktG/*Kubis* Rn. 10; Spindler/Stilz/*Wicke* Rn. 12; aA Schmidt/Lutter/*Ziemons* Rn. 13; NK-AktR/*Terbrack/Lohr* Rn. 11.

[49] *Bachmann* AG 1999, 210 (214); Spindler/Stilz/*Wicke* Rn. 13; vgl. auch MüKoAktG/*Kubis* Rn. 11.

[50] Zu den Begrifflichkeiten NK-AktR/*Wagner* § 179 Rn. 18.

[51] HK-AktG/*Reger* Rn. 11; Hüffer/*Koch* Rn. 1f; Spindler/Stilz/*Wicke* Rn. 13; MüKoAktG/*Kubis* Rn. 11; aA wohl NK-AktR/Terbrack/*Lohr* Rn. 12.

[52] *Ek* Praxisleitfaden § 18 Rn. 601; MüKoAktG/*Kubis* Rn. 14; Schmidt/Lutter/*Ziemons* Rn. 15.

[53] Hüffer/*Koch* Rn. 1g.

[54] Spindler/Stilz/*Wicke* Rn. 14.

[55] Spindler/Stilz/*Wicke* Rn. 14.

ist dann in der Regel gemäß § 241 Nr. 3 nichtig.[56] Die Wirksamkeit der nicht zu beanstandenden Regelungen der Geschäftsordnung ist nach hM entsprechend § 139 BGB zu beurteilen.[57]

13 **2. Teilnehmerverzeichnis (Abs. 1 S. 2 bis Abs. 4). a) Überblick.** § 129 Abs. 1 S. 2 bis Abs. 5 regelt die Aufstellung, den Inhalt und die Publizität des Teilnehmerverzeichnisses. Das Gesetz unterscheidet zwischen **fünf Gruppen,** die im Teilnehmerverzeichnis aufgeführt werden müssen: (1) erschienene Aktionäre, die im eigenen Namen Aktien halten, (2) durch einen offenen Stellvertreter vertretene Aktionäre, (3) die offenen Stellvertreter selbst (jeweils Fälle des Eigenbesitzes, Abs. 1 S. 2), (4) verdeckte Stellvertreter (Vollmachtsbesitz, Abs. 2) und (5) Legitimationsvertreter (Fremdbesitz, Abs. 3). Die gewünschte Transparenz der Teilnehmerstruktur wird in der Praxis nur bedingt erreicht, da die im Wege von Abs. 2 und 3 vertretenen Aktionäre namentlich nicht aufgeführt werden müssen und es jedem Aktionär freisteht, sich in dieser Form vertreten zu lassen.

14 **b) Aufstellung des Teilnehmerverzeichnisses. aa) Pflicht zur Aufstellung, Zuständigkeit.** Die Pflicht zur Aufstellung eines Teilnehmerverzeichnisses folgt aus Abs. 1 S. 2. Sie gilt nach zutreffender hM auch für beschlusslose Hauptversammlungen und Versammlungen mit wenigen Teilnehmern sowie für Vollversammlungen,[58] dagegen nicht für Hauptversammlungen der sog. Einmann-Aktiengesellschaft.[59] Im letzteren Fall genügt die Protokollierung der Erklärungen des Alleinaktionärs.[60]

15 Die Frage, wer für die Aufstellung des Teilnehmerverzeichnisses **zuständig** ist, hat das Gesetz nicht geregelt und ist umstritten. Während nach einer Ansicht der Vorstand in Vertretung der Gesellschaft für die ordnungsgemäße Aufstellung zu sorgen hat,[61] soll nach anderer Ansicht allein der Versammlungsleiter verantwortlich sein.[62] Nach richtiger und wohl auch überwiegender Meinung ist zu **differenzieren:**[63] Die Pflicht zur Vorbereitung und Durchführung kann nur bei der Gesellschaft liegen, da sie über die erforderlichen Vorabinformationen (aufgrund der Hinterlegung und/oder Anmeldung bzw. aus dem Aktienregister) und die – gerade bei Publikumsgesellschaften erforderlichen – notwendigen Organisationsmöglichkeiten verfügt. In der Kompetenz des Versammlungsleiters liegt es allein, mit den bereitgestellten Mitteln die ordnungsgemäße Erstellung der Teilnehmerliste zu organisieren. Nur diesbezüglich kann er auch verpflichtet sein.[64] Steht die Person des Versammlungsleiters schon vor der Hauptversammlung fest, so kann überdies gefordert werden, dass er bereits im Vorfeld die organisatorische Vorbereitung zur Aufnahme der Präsenz überprüft. Bei erheblichen Beanstandungen kann ihn unter Umständen die Verpflichtung treffen, die Hauptversammlung nicht zu eröffnen.[65] Von einer Hauptpflicht der Gesellschaft bzw. des Vorstands zur Aufstellung kann aber insoweit gesprochen werden, als die Überwachungspflicht des Versammlungsleiters keine persönliche Haftung desselben begründen kann, sondern Fehler bei der Aufstellung lediglich zu Beschlussmängeln und Anfechtbarkeit der Beschlüsse führen können.[66] Die **Unterzeichnung** des Teilnehmerverzeichnisses ist nicht mehr vorgeschrieben und daher nicht erforderlich.[67]

16 Den protokollierenden **Notar** (zur Erforderlichkeit der notariellen Beurkundung → § 130 Abs. 1) trifft hinsichtlich der Aufstellung des Teilnehmerverzeichnisses nur eine oberflächliche Kontrollpflicht.[68] Er kann sich auf eine **Plausibilitätsprüfung** der Ordnungsmäßigkeit des Verfahrensgangs beschränken, was beispielsweise eine persönliche Inaugenscheinnahme der organisatorischen Vorkehrungen einschließt.[69] Erhöhte Sorgfaltsanforderungen können dann bestehen, wenn das Teilnehmer-

---

[56] MüKoAktG/*Kubis* Rn. 13; Spindler/Stilz/*Wicke* Rn. 14.

[57] HK-AktG/*Reger* Rn. 13; MüKoAktG/*Kubis* Rn. 13; Schmidt/Lutter/*Ziemons* Rn. 14; aA Spindler/Stilz/*Wicke* Rn. 14: grundsätzlich Wirksamkeit im Übrigen.

[58] GroßkommAktG/*Werner* Rn. 4; NK-AktR/*Terbrack/Lohr* Rn. 17; Hüffer/*Koch* Rn. 5; MüKoAktG/*Kubis* Rn. 15; MHdB AG/*Hoffmann-Becking* § 37 Rn. 23; *Butzke* HV Kap. C Rn. 64; Spindler/Stilz/*Wicke* Rn. 19.

[59] NK-AktR/*Terbrack/Lohr* Rn. 17; Hüffer/*Koch* Rn. 5; MüKoAktG/*Kubis* Rn. 15; *Butzke* HV Kap. C Rn. 64.

[60] MüKoAktG/*Kubis* Rn. 15.

[61] Schmidt/Lutter/*Ziemons* Rn. 16; MHdB AG/*Hoffmann-Becking* § 37 Rn. 26.

[62] *Henseler* BB 1962, 1023 (1024).

[63] HK-AktG/*Reger* Rn. 17; NK-AktR/*Terbrack/Lohr* Rn. 23 f.; Hüffer/*Koch* Rn. 6 f.; Spindler/Stilz/*Wicke* Rn. 20; wohl auch MüKoAktG/*Kubis* Rn. 16, der zwischen dem Teilnehmerverzeichnis und dem Anmeldeverzeichnis als dessen Entwurf unterscheidet.

[64] GroßkommAktG/*Werner* Rn. 8.

[65] Hüffer/*Koch* Rn. 7.

[66] MüKoAktG/*Kubis* Rn. 16.

[67] AllgM, vgl. nur Hüffer/*Koch* Rn. 7; MHdB AG/*Hoffmann-Becking* § 37 Rn. 26.

[68] Vgl. NK-AktR/*Terbrack/Lohr* Rn. 24; MüKoAktG/*Kubis* Rn. 17; Spindler/Stilz/*Wicke* Rn. 22.

[69] HK-AktG/*Reger* Rn. 18; MüKoAktG/*Kubis* Rn. 17; Spindler/Stilz/*Wicke* Rn. 22.

verzeichnis zur Ermittlung der Mehrheitsverhältnisse herangezogen wird (Präsenzliste).[70] Die primäre Verantwortlichkeit verbleibt jedoch stets beim Vorstand bzw. dem Versammlungsleiter (→ Rn. 15).[71] Pflichtverletzungen des Notars können nicht zur Nichtigkeit von Hauptversammlungsbeschlüssen nach § 241 Nr. 2 führen, da die Aufstellung des Teilnehmerverzeichnisses nicht protokollierungspflichtig iSd § 130 Abs. 2 ist.[72] Insbesondere darf der Notar die Beurkundung nicht wegen formaler oder inhaltlicher Fehler des Teilnehmerverzeichnisses ablehnen.[73] Zu den Rechtsfolgen sonstiger Verstöße bei Aufstellung und Führung des Teilnehmerverzeichnisses Rn. 32.

bb) Zeitpunkt der Aufstellung. Gemäß § 129 Abs. 1 S. 2 ist das Teilnehmerverzeichnis „in der Hauptversammlung" aufzustellen. Nach allgemeiner Meinung kann mit der Aufstellung aber schon vor der Hauptversammlung begonnen werden (→ Rn. 19).[74] Bei Publikumsgesellschaften wird hierbei das **Anmeldeverzeichnis** zugrunde gelegt, das bei Erscheinen der angemeldeten Aktionäre sukzessive in ein Teilnehmerverzeichnis umgewandelt wird.[75] Dieses sog. **Erstverzeichnis** ist spätestens vor der ersten Abstimmung abzuschließen, da es dann gemäß § 129 Abs. 4 S. 1 allen Teilnehmern zugänglich zu machen ist. Abstimmung in diesem Sinne meint alle Arten von Abstimmungen, auch über Angelegenheiten der Geschäftsordnung.[76] Abgänge sind bis kurz vor Schließung des Erstverzeichnisses zu berücksichtigen. 17

Wird das Teilnehmerverzeichnis als **Präsenzliste** verwendet, um beispielsweise als Zählbasis für die vertretenen Stimmen im Subtraktionsverfahren zu dienen, so muss das Teilnehmerverzeichnis vor jeder einzelnen Abstimmung aktualisiert werden.[77] Zusätzlich empfiehlt sich eine Anordnung des Versammlungsleiters, die Ein- und Ausgänge während der Abstimmung geschlossen zu halten, um Präsenzänderungen zu vermeiden.[78] Die wohl hM in der Literatur verlangt darüber hinaus, dass auch in den Fällen, in denen das Teilnehmerverzeichnis nicht als Präsenzliste verwendet wird, Zu- und Abgänge sowie Vertreterwechsel dokumentiert werden.[79] Begründet wird dies mit der Dokumentationsfunktion des Teilnehmerverzeichnisses.[80] Andernfalls könne die nachträgliche Feststellung von Beschlüssen kaum erreicht werden.[81] Der hM ist zuzugeben, dass eine fortlaufende Aktualisierung unter Transparenzgesichtspunkten wünschenswert ist und aus Sicht der Gesellschaft zu Beweiszwecken dienlich sein kann. Eine Rechtspflicht lässt sich aber weder aus dem Wortlaut noch aus Sinn und Zweck der Regelungen ableiten.[82] Aus dem Dokumentationszweck eine Rechtspflicht abzuleiten, erscheint zu weitgehend. 18

cc) Art und Form der Aufstellung. Das Teilnehmerverzeichnis wird in der Praxis regelmäßig im Vorfeld der Hauptversammlung vorbereitet (Nachweise → Rn. 17). Der Entwurf[83] basiert auf Hinterlegungsbescheinigungen und Anmeldungen oder auf Angaben des Aktienregisters. Das Teilnehmerverzeichnis kann **elektronisch geführt** werden;[84] eine schriftliche Verkörperung ist seit Inkrafttreten des NaStraG nicht mehr erforderlich.[85] Es muss jedoch für die Teilnehmer einsehbar sein, vorzugsweise auf bereitgestellten Computern oder Bildschirmen (Abs. 4, → Rn. 29).[86] Zu Beweiszwecken in späteren Beschlussmängelverfahren ist zu empfehlen, neben der elektronischen Darstellung auch eine Papierfassung zu verwenden.[87] Nicht mehr erforderlich ist nach § 130 Abs. 3 nF die Einreichung des Teilnehmerverzeichnisses zum Handelsregister. Diese kann zwar grundsätzlich 19

---

[70] GroßkommAktG/*Werner* Rn. 10; Spindler/Stilz/*Wicke* Rn. 22.
[71] Spindler/Stilz/*Wicke* Rn. 22.
[72] Spindler/Stilz/*Wicke* Rn. 22.
[73] NK-AktR/*Terbrack/Lohr* Rn. 25; Spindler/Stilz/*Wicke* Rn. 22.
[74] MüKoAktG/*Kubis* Rn. 18; Spindler/Stilz/*Wicke* Rn. 24.
[75] MüKoAktG/*Kubis* Rn. 18.
[76] NK-AktR/*Terbrack/Lohr* Rn. 27.
[77] MüKoAktG/*Kubis* Rn. 20.
[78] NK-AktR/*Terbrack/Lohr* Rn. 27; MüKoAktG/*Kubis* Rn. 20.
[79] GroßkommAktG/*Werner* Rn. 16; Hüffer/*Koch* Rn. 10; *Butzke* HV Kap. C Rn. 67; Spindler/Stilz/*Wicke* Rn. 24.
[80] GroßkommAktG/*Werner* Rn. 16; Hüffer/*Koch* Rn. 10; *Butzke* HV Kap. C Rn. 67; Spindler/Stilz/*Wicke* Rn. 24.
[81] GroßkommAktG/*Werner* Rn. 16.
[82] IErg wohl auch Schmidt/Lutter/*Ziemons* Rn. 24.
[83] Muster bei *Butzke* HV Anh. 4, 605.
[84] Begr. RegE NaStraG, BT-Drs. 14/4051, 14 f. zu § 129; NK-AktR/*Terbrack/Lohr* Rn. 26; Schmidt/Lutter/*Ziemons* Rn. 21.
[85] Vgl. zur früheren Rechtslage und der Änderung MüKoAktG/*Kubis,* 2. Aufl. 2004, Rn. 39.
[86] Vgl. Spindler/Stilz/*Wicke* Rn. 23.
[87] HK-AktG/*Reger* Rn. 21.

freiwillig erfolgen, börsennotierte Gesellschaften sollten davon im Zweifel allerdings aufgrund ihrer Datenschutzpflichten aus § 30a Abs. 1 Nr. 3 WpHG aF bzw. § 48 Abs. 1 Nr. 3 WpHG nF absehen.[88]

20 **c) Inhalt des Teilnehmerverzeichnisses. aa) Inhalt bei Eigenbesitz (Abs. 1 S. 2).** Nach Abs. 1 S. 2 sind im Teilnehmerverzeichnis der Name und Wohnort des Aktionärs anzugeben. Wohnort ist die politische Gemeinde; liegt der Wohnort im Ausland, ist zusätzlich der Staat anzugeben.[89] Bei juristischen Personen tritt an die Stelle des Namens die Firma inklusive des Rechtsformzusatzes und anstelle des Wohnorts der Sitz der Gesellschaft (bei Einzelkaufleuten der Ort der Hauptniederlassung).[90] Die Angabepflichten gelten sowohl in Bezug auf **persönlich erschienene** als auch im Wege der **offenen Stellvertretung** vertretene Aktionäre sowie in letzterem Fall für die Stellvertreter (auch Unterbevollmächtigte;[91] bei berufsmäßigen Vertretern kann der Dienstsitz anstelle des Wohnortes angegeben werden[92]). Die Aufnahme des Vornamens von natürlichen Personen wird teilweise für verzichtbar gehalten,[93] was jedoch unzutreffend ist, da ansonsten der verdeckten Teilnahme von Familienangehörigen Vorschub geleistet wird und es zu Missverständnissen bei ausländischen Namen kommen kann.[94] Angaben zu Beruf, Titel und Geburtsdaten sind allerdings nicht erforderlich.[95]

21 Abs. 1 S. 2 verlangt ferner die Angabe des **Umfangs** der gehaltenen oder vertretenen **Aktien** sowie ihrer **Gattung** (§ 11). Bei Nennbetragsaktien ist der Betrag (bzw. Gesamtbetrag) anzugeben, bei Stückaktien die Anzahl.[96] Ist ein Aktionär Inhaber von Aktien mehrerer Gattungen, so ist dies unter Nennung des Gesamtbetrags bzw. der Gesamtstückzahl jeder Gattung aufzunehmen.[97] Die Angabe der Gattung ist erforderlich, weil Sonderabstimmungen in Betracht kommen können (zB §§ 179 Abs. 3, 182 Abs. 2 S. 2, 222 Abs. 2 S. 2).[98] Entscheidend ist der Aktienbesitz, mit dem an der Hauptversammlung teilgenommen wird. Das Verzeichnis muss keine Angaben über **Stimmverbote** bezogen auf die einzelnen Abstimmungsvorgänge enthalten.[99] Im Fall der Erteilung einer Stimmrechtsvollmacht an einen anderen Teilnehmer während der Hauptversammlung muss die **Änderung der Besitzverhältnisse** entsprechend den Anforderungen des § 129 Abs. 1 S. 2 vermerkt werden.[100]

22 **Nicht erforderlich** sind Angaben zur **Stimmenzahl** und zur Leistung der **Einlage.**[101] Die Stimmenzahl ergibt sich im Regelfall aus den Nennbeträgen oder der Stückzahl der repräsentierten Aktien.[102]

23 **bb) Inhalt bei Vollmachtsbesitz (Abs. 2).** Abs. 2 gestattet es bestimmten Personen und Institutionen, im Teilnehmerverzeichnis als Stellvertreter zu erscheinen, ohne dass der Name des Vertretenen, also des Aktionärs, offengelegt wird („Handeln **im Namen dessen, den es angeht**"). Befugt hierzu sind: (1) Kreditinstitute (Abs. 2 S. 1), (2) die in § 135 Abs. 8 aufgeführten Personen und Institutionen: Aktionärsvereinigungen, Geschäftsleiter und Angestellte depotführender Kreditinstitute und geschäftsmäßige Stimmrechtsvertreter (Abs. 2 S. 1) und (3) die in § 125 Abs. 5 beschriebenen Finanzdienstleister (Abs. 5). Nach zutreffender hM können auch von der Gesellschaft benannte **Stimmrechtsvertreter** iSd § 134 Abs. 3 verdeckte Stellvertreter sein.[103] Lässt sich ein Aktionär durch eine Person vertreten, die nicht unter die genannten Gruppen fällt, ist dies nur im Wege der offenen Stellvertretung gemäß Abs. 1 S. 2 zulässig.[104] Grundsätzlich sind hinsichtlich des verdeckten Stellvertreters die von Abs. 1 S. 2 geforderten Angaben zu machen (→ Rn. 20 ff.); Angaben zum vertretenen Aktionär sind hingegen nicht erforderlich.[105]

---

[88] Schmidt/Lutter/*Ziemons* Rn. 43.
[89] Zum Ganzen NK-AktR/*Terbrack/Lohr* Rn. 18; Hüffer/*Koch* Rn. 3; MüKoAktG/*Kubis* Rn. 24; Spindler/Stilz/*Wicke* Rn. 26.
[90] Hüffer/*Koch* Rn. 3; Spindler/Stilz/*Wicke* Rn. 26.
[91] MüKoAktG/*Kubis* Rn. 27; Spindler/Stilz/*Wicke* Rn. 26.
[92] MüKoAktG/*Kubis* Rn. 25; Spindler/Stilz/*Wicke* Rn. 26.
[93] GroßkommAktG/*Werner* Rn. 26; *Butzke* HV Kap. C Rn. 57 und Spindler/Stilz/*Wicke* Rn. 26: Angabe nur bei Verwechslungsgefahr erforderlich.
[94] So auch HK-AktG/*Reger* Rn. 23; MüKoAktG/*Kubis* Rn. 25.
[95] GroßkommAktG/*Werner* Rn. 26; Hüffer/*Koch* Rn. 3; Spindler/Stilz/*Wicke* Rn. 26.
[96] HK-AktG/*Reger* Rn. 23; Hüffer/*Koch* Rn. 3.
[97] Hüffer/*Koch* Rn. 3.
[98] GroßkommAktG/*Werner* Rn. 29.
[99] Spindler/Stilz/*Wicke* Rn. 30.
[100] Spindler/Stilz/*Wicke* Rn. 24.
[101] HM, vgl. nur Hüffer/*Koch* Rn. 4; MüKoAktG/*Kubis* Rn. 31.
[102] Hüffer/*Koch* Rn. 4; MüKoAktG/*Kubis* Rn. 31.
[103] Vgl. nur MüKoAktG/*Kubis* Rn. 33; Schmidt/Lutter/*Ziemons* Rn. 33; Spindler/Stilz/*Wicke* Rn. 27.
[104] Hüffer/*Koch* Rn. 11.
[105] Schmidt/Lutter/*Ziemons* Rn. 33; Spindler/Stilz/*Wicke* Rn. 27.

Die verdeckte Stellvertretung ist als solche im Teilnehmerverzeichnis zu kennzeichnen.[106] Vertritt ein Bevollmächtigter mehrere Aktienbesitzer, so muss nicht jedes einzelne Vollmachtsverhältnis im Teilnehmerverzeichnis einzeln aufgeführt werden. Nach Nennbeträgen oder Stücken und Gattungen gleichartige Aktien können stattdessen zu einer einzigen Position zusammengefasst werden.[107] Hinsichtlich der Angaben zum Umfang des Aktienbesitzes und der Gattungen bestehen im Übrigen keine Unterschiede zu den Anforderungen des Abs. 1 S. 2.[108] **24**

cc) Inhalt bei Fremdbesitz (Abs. 3). Abs. 3 regelt die Angaben im Teilnehmerverzeichnis bei Legitimationsübertragungen auf dritte Personen, die die (fremden) Stimmrechte aus den Aktien im **eigenen Namen** geltend machen. Die Legitimationsübertragung ist gesetzlich nicht ausdrücklich zugelassen, wird aber von § 129 Abs. 3 und § 135 Abs. 6 vorausgesetzt; sie ist, im Gegensatz zur verdeckten Stellvertretung gemäß Abs. 2, nicht auf bestimmte Personengruppen beschränkt.[109] Rechtlich handelt es sich um eine zeitlich befristete Ermächtigung iSd § 185 BGB, fremde Stimmrechte in eigenem Namen auszuüben.[110] Vom offenen oder verdeckten Stellvertreter unterscheidet sich der Legitimationszessionar dadurch, dass der Stellvertreter im fremden, der Legitimationszessionar dagegen im eigenen Namen handelt. Kein Fremdbesitzer iSd § 129 Abs. 3 ist der **Treuhänder,** der im Außenverhältnis rechtlich zwar uneingeschränkt Inhaber der Aktien ist, diese aber im Innenverhältnis wirtschaftlich für einen anderen hält.[111] Hingegen wird die Ausübung von Stimmrechten durch Insolvenzverwalter und Testamentsvollstrecker als Fall des § 129 Abs. 3 erachtet.[112] **25**

Probleme wirft die Legitimationszession in Hinblick auf die **Folgebefugnisse** auf, die die Aktionärsstellung vermittelt, so zB die Befugnis zur Erhebung einer Anfechtungsklage oder zur Einleitung eines Auskunftserzwingungsverfahrens gemäß § 132.[113] Grundsätzlich ist davon auszugehen, dass die Stimmrechtsermächtigung nur bei ausdrücklicher Anordnung durch den Aktionär auch die Geltendmachung anderer Aktionärsbefugnisse wie beispielsweise des Anfechtungsrechts oder die Antragsbefugnis gemäß § 132 umfasst (→ § 132 Rn. 5).[114] **26**

Als **Angaben im Teilnehmerverzeichnis** sind lediglich Name und Wohnort (bzw. Firma und Sitz) des Legitimationsaktionärs (ggf. dessen gesetzlichen Vertreters) aufzuführen; Angaben zum Aktionär müssen nicht aufgenommen werden.[115] Tritt ein Legitimationsaktionär für mehrere Hintermänner auf, dürfen nach wohl hM wert- und gattungsgleiche Aktien im Teilnehmerverzeichnis entgegen der Formulierung des Gesetzes („gesondert anzugeben") nach § 129 Abs. 3 S. 1 in einer Position zusammengefasst werden.[116] Sie sind gesondert zu kennzeichnen, üblicherweise als Fremdbesitz („F"). **27**

dd) Sonstiger Inhalt. Weitere Personen außer den in Abs. 1 S. 2 bis Abs. 3 Genannten sind nicht in das Teilnehmerverzeichnis aufzunehmen.[117] Auch Angaben zu eigenen Aktien sind nicht erforderlich, weil diese der Gesellschaft kein Stimmrecht vermitteln (§ 71b).[118] Ebenso wenig sind dingliche Belastungen von Aktien etwa aufgrund Nießbrauchs oder Pfandrechts anzugeben.[119] **28**

d) Publizität des Teilnehmerverzeichnisses. Nach § 129 Abs. 4 ist das Teilnehmerverzeichnis vor der ersten Abstimmung allen „Teilnehmern" an der Hauptversammlung zugänglich zu machen. Hinsichtlich des **berechtigten Personenkreises** bezieht sich die Formulierung „Teilnehmer" nicht nur auf Aktionäre und deren Vertreter, sondern auch auf andere Personen, die an der Hauptversammlung teilnehmen dürfen.[120] Hierzu zählen auch die Mitglieder von Vorstand und Aufsichtsrat, der Versammlungsleiter, ggf. die Abschlussprüfer sowie, aufgrund seiner Bestellung, der Notar (zum **29**

[106] GroßkommAktG/*Werner* Rn. 30; MüKoAktG/*Kubis* Rn. 34; Spindler/Stilz/*Wicke* Rn. 27.
[107] GroßkommAktG/*Werner* Rn. 30; MüKoAktG/*Kubis* Rn. 34.
[108] Spindler/Stilz/*Wicke* Rn. 27.
[109] Spindler/Stilz/*Wicke* Rn. 29.
[110] Vgl. nur Hüffer/*Koch* Rn. 12; MüKoAktG/*Kubis* Rn. 35; Spindler/Stilz/*Wicke* Rn. 28, jeweils mwN.
[111] NK-AktR/*Terbrack/Lohr* Rn. 21.
[112] GroßkommAktG/*Werner* Rn. 32; MüKoAktG/*Kubis* Rn. 35; Spindler/Stilz/*Wicke* Rn. 29.
[113] MüKoAktG/*Kubis* Rn. 35.
[114] Spindler/Stilz/*Wicke* Rn. 28.
[115] NK-AktR/*Terbrack/Lohr* Rn. 20; MüKoAktG/*Kubis* Rn. 36; Spindler/Stilz/*Wicke* Rn. 28.
[116] Spindler/Stilz/*Wicke* Rn. 28 mwN; aA MüKoAktG/*Kubis* Rn. 36; Schmidt/Lutter/*Ziemons* Rn. 24.
[117] KK-AktG/*Noack/Zetzsche* Rn. 45; MüKoAktG/*Kubis* Rn. 32; *Butzke* HV Kap. C Rn. 55; Spindler/Stilz/*Wicke* Rn. 31.
[118] Spindler/Stilz/*Wicke* Rn. 31.
[119] MüKoAktG/*Kubis* Rn. 32; Spindler/Stilz/*Wicke* Rn. 31.
[120] HK-AktG/*Reger* Rn. 28; Hüffer/*Koch* Rn. 13; MüKoAktG/*Kubis* Rn. 37; Schmidt/Lutter/*Ziemons* Rn. 39; Spindler/Stilz/*Wicke* Rn. 33.

Begriff der Teilnehmer → § 118 Rn. 19 ff.). Gästen hingegen kann, muss aber nicht, durch den Versammlungsleiter Einsicht gewährt werden; dabei besteht kein Anspruch auf Gleichbehandlung.[121]

30 Das Teilnehmerverzeichnis muss zwar nicht vor der ersten Aussprache,[122] aber jedenfalls **vor der ersten Abstimmung** (einschließlich der Abstimmung über Verfahrensanträge)[123] zugänglich gemacht werden. Dies folgt aus dem Zweck, Stimmrechtsausschlüsse kontrollieren und, soweit das Verzeichnis als Präsenzliste dient, das Abstimmungsergebnis feststellen zu können. Nach zutreffender hM ist es nicht erforderlich, vor der ersten Abstimmung eine Mindestwartezeit einzuhalten, um allen Aktionären die Einsichtnahme zu ermöglichen.[124] Dies würde bei großen Publikumsgesellschaften zu erheblichen Verzögerungen führen und ist auch nicht erforderlich, da das Teilnehmerverzeichnis nicht dazu dient, sämtlichen Aktionären die Kontrolle zu ermöglichen. Die Einsichtnahmemöglichkeit muss bis zum Ende der Hauptversammlung gewährleistet sein.[125] Bei beschlusslosen Hauptversammlungen ist es ausreichend, wenn das Teilnehmerverzeichnis zu einem beliebigen Zeitpunkt vor dem Ende der Hauptversammlung für die teilnahmeberechtigten Personen zugänglich gemacht wird.[126]

31 Gemäß Abs. 4 S. 2 ist eine **nachträgliche Einsichtnahme** jedem Aktionär auf dessen Verlangen bis zu zwei Jahren nach der Hauptversammlung zu gewähren. Damit wird ein Ausgleich zu der nicht mehr geltenden handelsregisterlichen Publizität des Teilnehmerverzeichnisses geschaffen, da das Teilnehmerverzeichnis nicht mehr zum Handelsregister eingereicht werden muss. Die nachträgliche Einsichtnahme ist dem Wortlaut nach „Aktionären" zu gewähren. Hierzu zählen zunächst all diejenigen Aktionäre, die im Zeitpunkt des Einsichtnahmeverlangens Aktionäre sind; ferner diejenigen, die als Aktionäre oder Vertreter im Teilnehmerverzeichnis aufgeführt sind.[127] Auch bei der nachträglichen Einsichtnahme hat die Gesellschaft die Wahl zwischen elektronischer Darstellung oder Papierform.[128] Teilweise wird die Darstellung auf der Homepage der Gesellschaft für ausreichend erachtet, wobei aber aus Datenschutzgründen der Zugang auf Berechtigte beschränkt werden muss (etwa durch Zugangscodes).[129] Ferner ist inzwischen anerkannt, dass den Aktionären als Kompensation für den nicht mehr bestehenden Anspruch aus § 9 Abs. 2 HGB aF (jetzt § 9 Abs. 4 HGB) gegen Kostenerstattung (§ 811 Abs. 2 BGB analog)[130] ein Anspruch auf Abschriftenerteilung zuzubilligen ist.[131] Letzteres lässt sich nunmehr anhand des Rechtsgedankens von § 9 Abs. 4 HGB nF begründen und wird zudem von der Regierungsbegründung zu § 130[132] vorausgesetzt. Für die Berechnung der Zweijahresfrist gilt § 187 Abs. 1 BGB. Hinsichtlich der Fristwahrung kommt es auf den Zugang des Einsichtnahmeverlangens bei der Gesellschaft an.[133] Eine besondere Form ist nicht vorgeschrieben.

32 **e) Rechtsfolgen von Verstößen.** Verstöße gegen die Pflicht zur Aufstellung, Führung und rechtzeitigen Zugänglichmachung des Teilnehmerverzeichnisses sind Gesetzesverletzungen iSd § 243 Abs. 1 und können zur **Anfechtbarkeit** von Hauptversammlungsbeschlüssen führen.[134] Für den Erfolg der Anfechtungsklage ist entscheidend, ob der Verstoß für die sachgerechte Meinungsbildung der Aktionäre relevant war (→ § 243 Rn. 16 ff.). Falls das Teilnehmerverzeichnis ohne Verschulden der Gesellschaft unrichtig geworden ist, beispielsweise aufgrund falscher Angaben Dritter (zB Aktionäre oder ihre Vertreter), hat die Gesellschaft ihre Aufstellungs- oder Führungspflicht nicht verletzt.[135] In diesem Fall liegt kein Gesetzesverstoß vor.[136] Die vorsätzlichen unrichtigen Angaben durch Aktio-

---

[121] HK-AktG/*Reger* Rn. 28; GroßkommAktG/*Werner* Rn. 49; NK-AktR/*Terbrack/Lohr* Rn. 28; Hüffer/*Koch* Rn. 13; MüKoAktG/*Kubis* Rn. 37; Schmidt/Lutter/*Ziemons* Rn. 39; Spindler/Stilz/*Wicke* Rn. 33.

[122] So aber Schmidt/Lutter/*Ziemons* Rn. 41.

[123] HK-AktG/*Reger* Rn. 27; GroßkommAktG/*Werner* Rn. 44; Hüffer/*Koch* Rn. 13; MüKoAktG/*Kubis* Rn. 38; Spindler/Stilz/*Wicke* Rn. 32.

[124] HK-AktG/*Reger* Rn. 29; GroßkommAktG/*Werner* Rn. 46; Spindler/Stilz/*Wicke* Rn. 32; aA MüKoAktG/*Kubis* Rn. 39.

[125] MüKoAktG/*Kubis* Rn. 40.

[126] GroßkommAktG/*Werner* Rn. 45; MüKoAktG/*Kubis* Rn. 40.

[127] MüKoAktG/*Kubis* Rn. 42; Schmidt/Lutter/*Ziemons* Rn. 42.

[128] HK-AktG/*Reger* Rn. 31; NK-AktR/*Terbrack/Lohr* Rn. 29.

[129] HK-AktG/*Reger* Rn. 31; *DAV* NZG 2000, 443 (447).

[130] Spindler/Stilz/*Wicke* Rn. 34.

[131] HK-AktG/*Reger* Rn. 31; Hüffer/*Koch* Rn. 14; *Kindler* NJW 2001, 1678 (1686); MüKoAktG/*Kubis* Rn. 42; Spindler/Stilz/*Wicke* Rn. 34.

[132] Begr. RegE NaStraG, BT-Drs. 14/4051, 15 zu § 130.

[133] MüKoAktG/*Kubis* Rn. 42.

[134] HK-AktG/*Reger* Rn. 34; GroßkommAktG/*Werner* Rn. 54; NK-AktR/*Terbrack/Lohr* Rn. 30; Hüffer/*Koch* Rn. 16; MüKoAktG/*Kubis* Rn. 44, mit Beispielen zu Verstößen in MüKoAktG/*Kubis* Rn. 45.

[135] GroßkommAktG/*Werner* Rn. 55; MüKoAktG/*Kubis* Rn. 45.

[136] HK-AktG/*Reger* Rn. 34; NK-AktR/*Terbrack/Lohr* Rn. 30.

näre oder deren Vertreter stellen **Ordnungswidrigkeiten** iSd § 405 Abs. 2 dar.[137] Ein Verstoß gegen die Aufstellungs- oder Führungspflicht kann ferner zu Schadensersatz verpflichten, da § 129 ein **Schutzgesetz iSd § 823 Abs. 2 BGB** ist.[138]

3. Kreditinstituten gleichgestellte Finanzdienstleistungsinstitute (Abs. 5). Abs. 5 erklärt § 125 Abs. 5 für entsprechend anwendbar. Nach dieser Vorschrift sind Finanzdienstleistungsinstitute und die nach § 53 Abs. 1 S. 1 oder § 53b Abs. 1 S. 1 oder Abs. 7 KWG tätigen Unternehmen Kreditinstituten gleichgestellt. Danach gelten die Regelungen des Abs. 2 über die verdeckte Stellvertretung neben Kreditinstituten auch für andere Finanzdienstleistungsinstitute, die Versammlungsrechte der Aktionäre wahrnehmen (→ Rn. 23). 33

III. Abdingbarkeit

Die Regelungen des § 129 sind **nicht abdingbar.** Insbesondere kann in der Satzung die für den Erlass einer Geschäftsordnung erforderliche Mehrheit von drei Vierteln nicht herauf- oder herabgesetzt werden. Auch kann auf die Erstellung oder die Zugänglichmachung des Teilnehmerverzeichnisses nicht verzichtet werden. 34

Anh. § 129 Leitung der Hauptversammlung

Schrifttum: *Krieger,* Abwahl des satzungsmäßigen Versammlungsleiters?, AG 2006, 355; *Max,* Die Leitung der Hauptversammlung, AG 1991, 77; *Wicke,* Die Leitung der Hauptversammlung einer Aktiengesellschaft – Praxisrelevante Fragen und neuere Entwicklungen, NZG 2007, 771; *Wilsing/von der Linden,* Hauptversammlungsleitung durch einen Unternehmensfremden, ZIP 2009, 641.

Übersicht

I. Allgemeines

Anders als die Einberufung der Hauptversammlung sind deren Ablauf und Leitung im Gesetz nur **lückenhaft geregelt.** Aus § 122 Abs. 3 S. 2, § 130 Abs. 2 S. 1 und 3 sowie § 131 Abs. 2 S. 2 lässt sich jedoch das Erfordernis eines Versammlungsleiters ableiten, dem für den Ablauf der Hauptversammlung eine zentrale Rolle zufällt. Lediglich bei einer Ein-Personen-AG ist ein Versammlungsleiter entbehrlich;[1] bei der Vollversammlung hingegen ist er erforderlich, da § 121 Abs. 6 nur die Einhaltung der Einberufungserfordernisse der §§ 121–128 suspendiert.[2] Die Befugnisse des Versammlungsleiters werden nach überwiegender Ansicht auf den gewohnheitsrechtlichen Grundsatz gestützt, dass die ordnungsgemäße Durchführung einer Mitgliederversammlung eine Versammlungsleitung erfordert.[3] 1

II. Person des Versammlungsleiters

1. Bestimmung des Versammlungsleiters. Zur Person des Versammlungsleiters enthält das Gesetz **keine ausdrücklichen Bestimmungen.** Kraft einer funktionalen Inkompatibilität zu dem Amt des Versammlungsleiters sind die Mitglieder des Vorstandes[4] sowie der beurkundende Notar 2

---

137 GroßkommAktG/*Werner* Rn. 55; MüKoAktG/*Kubis* Rn. 46; Spindler/Stilz/*Wicke* Rn. 37.

138 HK-AktG/*Reger* Rn. 35; GroßkommAktG/*Werner* Rn. 56; NK-AktR/*Terbrack/Lohr* Rn. 30; MüKoAktG/*Kubis* Rn. 47; Spindler/Stilz/*Wicke* Rn. 37.

1 *Wicke* NZG 2007, 771.

2 MüKoAktG/*Kubis* § 119 Rn. 105.

3 MüKoAktG/*Kubis* § 119 Rn. 121 mwN.

4 *Wicke* NZG 2007, 771; *Wilsing/von der Linden* ZIP 2009, 641 (642).

von der Sitzungsleitung ausgeschlossen.[5] In der Regel bestimmt die Satzung der Gesellschaft den Aufsichtsratsvorsitzenden zum Versammlungsleiter.[6] Sofern dieser verhindert ist und keine besonderen satzungsmäßigen Regelungen bestehen, nimmt gemäß § 107 Abs. 1 S. 3 sein Stellvertreter diese Funktion wahr. Trifft die Satzung eine Regelung, ist sie an mitbestimmungsrechtliche Vorgaben nicht gebunden.[7] Sofern weder die Satzung noch die Geschäftsordnung[8] eine Bestimmung über den Versammlungsleiter enthalten oder der dort bestimmte Versammlungsleiter und etwaige Stellvertreter verhindert sind oder das Amt niederlegen, ist es Aufgabe der Hauptversammlung, einen Leiter zu wählen.[9] Jedoch muss in diesem Fall bis zu dessen Wahl die Versammlungsleitung provisorisch übernommen werden. Die provisorische Leitung obliegt nach überwiegender Ansicht demjenigen, der die Hauptversammlung einberufen hat. Für den wohl häufigsten Fall der Einberufung durch den Vorstand fällt die provisorische Versammlungsleitung dem Vorstandsvorsitzenden zu.[10] Zum Versammlungsleiter kann auch ein Unternehmensfremder gewählt werden.[11] Der Versammlungsleiter muss nicht der deutschen Sprache mächtig sein,[12] jedoch ist dann eine Simultanübersetzung erforderlich.[13] Wenn die Hauptversammlung gemäß § 122 Abs. 3 auf Verlangen einer Aktionärsminderheit kraft gerichtlicher Ermächtigung einberufen wird, kann das Gericht auch den Versammlungsleiter bestimmen (→ § 122 Rn. 23; zur Abberufung eines gerichtlich bestellten Versammlungsleiters → Rn. 4).

3 **2. Amtsniederlegung.** Der Versammlungsleiter kann sein Amt **jederzeit** durch Erklärung gegenüber der Hauptversammlung niederlegen.[14] Sofern ein satzungsmäßig bestimmter Versammlungsleiter sein Amt niederlegt, wird die Funktion auf den von der Satzung vorgesehenen Vertreter übertragen.[15] Bestimmt die Satzung keinen Vertreter oder ist dieser verhindert, muss die Hauptversammlung einen Versammlungsleiter wählen (→ Rn. 2).[16]

4 **3. Abberufung durch die Hauptversammlung.** Eine **gesetzliche Regelung** zur Abberufung des Versammlungsleiters **fehlt.** Die Möglichkeit der Abberufung hängt davon ab, auf welche Weise der Versammlungsleiter bestellt wurde. Bei einer gerichtlichen Bestellung des Versammlungsleiters nach § 122 Abs. 3 S. 2 ist die Abberufung durch die Hauptversammlung stets ausgeschlossen.[17] Sofern der Versammlungsleiter durch die Hauptversammlung gewählt wurde, kann diese ihn ohne Vorliegen eines wichtigen Grundes mit einfacher Mehrheit abwählen.[18]

5 Dagegen wird die Zulässigkeit der Abberufung eines mittels Satzung oder Geschäftsordnung[19] bestimmten Versammlungsleiters durch die Hauptversammlung nicht einheitlich beurteilt. Die überwiegende und zutreffende Ansicht hält sie zumindest bei Vorliegen eines **wichtigen Grundes** für zulässig.[20] Dogmatisch wird dies mit einer interessengerechten Auslegung der jeweiligen Bestellungsklausel begründet.[21] Die in der Satzung oder Geschäftsordnung festgelegten Anforderungen an die Berufung eines Versammlungsleiters können in diesen Fällen keine Geltung beanspruchen. Der Schutz der Hauptversammlung vor einem grob rechtswidrigen Verhalten des Versammlungsleiters muss effektiv gewährleistet werden.[22] Mangels eines für diesen Fall speziell geregelten Mehrheitserfor-

---

[5] MüKoAktG/*Kubis* § 119 Rn. 106; *Wilsing/von der Linden* ZIP 2009, 641 (642).

[6] *Marsch-Barner* in Marsch-Barner/Schäfer HdB AG § 33 Rn. 20. Das Amt kann er auch dann ausüben, wenn eine Beschlussmängelklage gegen seine Bestellung anhängig ist, BGH NJW 2013, 1535 (1538).

[7] Spindler/Stilz/*Wicke* Anh. § 119 Rn. 2; Schmidt/Lutter/*Ziemons* Rn. 60.

[8] Vgl. GroßkommAktG/*Mülbert* Vor §§ 118–147 Rn. 76.

[9] MüKoAktG/*Kubis* § 119 Rn. 111.

[10] GroßkommAktG/*Mülbert* Vor §§ 118–147 Rn. 78; MüKoAktG/*Kubis* § 119 Rn. 111; *Butzke* HV Kap. D Rn. 10; aA Geßler/Hefermehl/*Eckhardt* Vor § 118 Rn. 33: Zuständigkeit des ältesten Aktionärs.

[11] Dazu ausf. *Wilsing/von der Linden* ZIP 2009, 641 ff.

[12] OLG Hamburg NZG 2001, 513 (516); Hüffer/*Koch* § 129 Rn. 18.

[13] OLG Hamburg NZG 2001, 513 (516) für Übersetzung durch vereidigten Dolmetscher; *Marsch-Barner* in Marsch-Barner/Schäfer HdB AG § 33 Rn. 20.

[14] MüKoAktG/*Kubis* § 119 Rn. 120.

[15] MüKoAktG/*Kubis* § 119 Rn. 120.

[16] MüKoAktG/*Kubis* § 119 Rn. 120.

[17] GroßkommAktG/*Mülbert* Vor §§ 118–147 Rn. 82; *Butzke* HV Rn. D 13.

[18] Vgl. GroßkommAktG/*Mülbert* Vor §§ 118–147 Rn. 82; *Krieger* AG 2006, 355; *Butzke* HV Kap. D Rn. 13; Spindler/Stilz/*Wicke* Anh. § 119 Rn. 4.

[19] Ausdrücklich erwähnt in GroßkommAktG/*Mülbert* Vor §§ 118–147 Rn. 83; MüKoAktG/*Kubis* § 119 Rn. 109, 117.

[20] LG Frankfurt BB 2005, 1071; LG Köln AG 2005, 696; GroßkommAktG/*Mülbert* Vor §§ 118–147 Rn. 83; MüKoAktG/*Kubis* § 119 Rn. 112; MHdB AG/*Hoffmann-Becking* § 37 Rn. 40; *Butzke* HV Kap. D Rn. 14; aA *Krieger* AG 2006, 355 (359 ff.).

[21] GroßkommAktG/*Mülbert* Vor §§ 118–147 Rn. 83.

[22] MHdB AG/*Semler,* 3. Aufl. 2011, § 36 Rn. 38.

dernisses bedarf der Beschluss für die Abberufung bei Vorliegen eines wichtigen Grundes lediglich der einfachen Mehrheit.[23] Nach richtiger Ansicht regelmäßig nicht möglich ist hingegen die Abberufung durch die Hauptversammlung **ohne Vorliegen eines wichtigen Grundes.** Ein entsprechender Abberufungsbeschluss würde eine Durchbrechung der Satzung oder Geschäftsordnung darstellen.[24] Demzufolge wären die Erfordernisse der §§ 129, 179 zu beachten, sofern die Satzung oder Geschäftsordnung neben der Bestimmung nicht auch die Abberufung des Versammlungsleiters in anderer Weise regelt. Dafür sind die jeweils geltenden Formalien einzuhalten, was schon mangels vorheriger Bekanntmachung nach § 124 während der Hauptversammlung nicht umsetzbar ist.[25] Wird ein substantiierter Antrag zur Abberufung des Versammlungsleiters aus wichtigem Grund nicht zur Abstimmung gestellt, soll dies nach der instanzgerichtlichen Rechtsprechung gemäß § 241 Nr. 2 iVm § 130 Abs. 2 zur Nichtigkeit aller später gefassten Beschlüsse der Hauptversammlung führen, da nicht feststehe, ob diese Beschlüsse durch den rechtmäßigen Versammlungsleiter gefasst worden sind.[26]

III. Aufgaben und Befugnisse des Versammlungsleiters

1. Organisation der Hauptversammlung im Vorfeld. Schon **vor Eröffnung** der Hauptversammlung werden dem Versammlungsleiter Rechte und Pflichten auferlegt, die hilfsweise durch den provisorischen Versammlungsleiter ausgeübt werden. Dazu gehört die Entscheidung über die Zulassung einzelner Aktionäre und sonstiger teilnahmeberechtigter Personen oder Gäste zur Hauptversammlung in Zweifelsfällen.[27] Er ist ferner verpflichtet, für einen ungehinderten Zugang zur Hauptversammlung zu sorgen,[28] und ihm obliegt die angemessene Organisation der Sicherheitskontrolle (zur Angemessenheit von Zugangskontrollen → § 118 Rn. 34).[29] Seine Befugnisse enden jedoch – auch wenn Störer den Zugang zur Versammlung behindern – außerhalb des Versammlungsgeländes.[30] 6

2. Leitung der Hauptversammlung. a) Eröffnung der Hauptversammlung. Die Hauptversammlung wird vom Versammlungsleiter eröffnet; dies darf jedoch nicht vor der in der Einberufung **festgelegten Zeit** geschehen.[31] Sofern beim Einlass der Aktionäre zur Versammlung Verzögerungen eingetreten sind, ist der Eröffnungszeitpunkt angemessen zu verschieben.[32] Bei der Eröffnung werden üblicherweise alle erschienenen Personen begrüßt und die ordnungsgemäße Einberufung der Hauptversammlung festgestellt;[33] eine Rechtspflicht dazu besteht jedoch nicht.[34] Ferner sollten Ausführungen zu den allgemeinen Verfahrensregeln gemacht werden, um eine ordnungsgemäße Durchführung der Versammlung zu gewährleisten. 7

b) Abwicklung der Tagesordnung. Im Rahmen der Abhandlung der Tagesordnung steht dem Versammlungsleiter bei der Reihenfolge der einzelnen Tagesordnungspunkte ein **Dispositionsrecht** zu.[35] Dieses kann durch Beschluss der Hauptversammlung oder satzungsmäßigen Bestimmungen eingeschränkt bzw. konkretisiert werden (str.).[36] Nicht verallgemeinerungsfähig ist aber die in § 137 geregelte Ausnahme für die Festlegung der Abstimmungsfolge.[37] Ferner hat der Versammlungsleiter das Recht, offenkundig unzulässige Anträge zurückzuweisen; er kann dazu sogar verpflichtet sein, wenn ein auf Antrag gefasster Beschluss gemäß § 241 nichtig wäre.[38] Soweit die Satzung nicht die Art und Form der Abstimmung gemäß § 134 Abs. 4 regelt, hat der Versammlungsleiter die Befugnis, diese festzulegen.[39] Nach wohl richtiger Ansicht muss es der Hauptversammlung jedoch zustehen, ihn durch Beschluss auf einen bestimmten Abstimmungsmodus festzulegen.[40] Ausdrücklich wird dem Versammlungsleiter nach § 130 Abs. 2 die Befugnis zur Beschlussfeststellung übertragen. 8

---

[23] GroßkommAktG/*Mülbert* Vor §§ 118–147 Rn. 83; aA Spindler/Stilz/*Wicke* Anh. § 119 Rn. 4.
[24] GroßkommAktG/*Mülbert* Vor §§ 118–147 Rn. 83; *Butzke* HV Kap. D Rn. 14.
[25] *Krieger* AG 2006, 355 (357); *Butzke* HV Kap. D Rn. 14.
[26] LG Frankfurt BB 2005, 1071; LG Köln AG 2005, 696.
[27] MüKoAktG/*Kubis* § 119 Rn. 129 ff.
[28] *Wicke* NZG 2007, 771.
[29] *Butzke* HV Kap. D Rn. 22.
[30] MüKoAktG/*Kubis* § 119 Rn. 129.
[31] GroßkommAktG/*Mülbert* Vor §§ 118–147 Rn. 98.
[32] MüKoAktG/*Kubis* § 119 Rn. 133.
[33] BeckHdB AG/*Reichert* § 5 Rn. 165.
[34] MüKoAktG/*Kubis* § 119 Rn. 134; *Butzke* HV Kap. D Rn. 24.
[35] GroßkommAktG/*Mülbert* Vor §§ 118–147 Rn. 108 f.; Hüffer/*Koch* § 129 Rn. 22.
[36] *Butzke* HV Kap. D Rn. 29; aA GroßkommAktG/*Mülbert* Vor §§ 118–147 Rn. 108 f.; zum Meinungsstand MüKoAktG/*Kubis* § 119 Rn. 137.
[37] GroßkommAktG/*Mülbert* Vor §§ 118–147 Rn. 115; Hüffer/*Koch* § 129 Rn. 22.
[38] GroßkommAktG/*Mülbert* Vor §§ 118–147 Rn. 114.
[39] Hüffer/*Koch* § 134 Rn. 34; *Max* AG 1991, 77 (87).
[40] Hüffer/*Koch* § 134 Rn. 34; *Max* AG 1991, 77 (87); aA GroßkommAktG/*Mülbert* Vor §§ 118–147 Rn. 123.

9 Teilweise wird vertreten, dass die Hauptversammlung selbst für die Entscheidung über eine **Unterbrechung** der Hauptversammlung zuständig ist.[41] Um jedoch Unterbrechungsanträgen entgegenzuwirken, welche gezielt zur Störung eingesetzt werden könnten, ist anzunehmen, dass die Befugnis zur Unterbrechung allein beim Versammlungsleiter liegt, der die Entscheidung hierüber aber an die Hauptversammlung delegieren kann.[42]

10 Die **Absetzung und Vertagung** von Tagesordnungspunkten ist nach allgemeiner Meinung hingegen dem Zuständigkeitsbereich der Hauptversammlung zuzuordnen.[43]

11 Hinsichtlich der **erneuten Behandlung** bereits erledigter Tagesordnungspunkte ist zu differenzieren: Beschlusslose Tagesordnungspunkte kann der Versammlungsleiter anhand sachdienlicher Kriterien jederzeit wieder aufgreifen und eine Aussprache zulassen.[44] Bei bereits erfolgter Beschlussfassung über Tagesordnungspunkte ist er verpflichtet, eine neue Abstimmung herbeizuführen, sofern in der weiteren Diskussion völlig neue Aspekte vorgetragen wurden, die entscheidungserheblich sein könnten;[45] dies wird jedoch nur in seltenen Fällen eintreten.

12 **c) Rednerliste.** Der **Versammlungsleiter** legt die Rednerliste fest.[46] Wortmeldungen, bei denen davon auszugehen ist, dass sie für einen Großteil der Aktionäre bedeutsam sind, dürfen vorgezogen werden.[47] Es ist zulässig, die Stellungnahmen und Antworten der Verwaltung an den, wenn auch nur vorläufigen, Schluss der Debatte zu stellen.[48]

13 **d) Beendigung der Hauptversammlung.** Die Hauptversammlung ist zu beenden, wenn **alle Tagesordnungspunkte** abgehandelt wurden.[49] Alle Abstimmungen und Beschlussfassungen müssen demnach erledigt sein. Die Hauptversammlung kann grundsätzlich die Fortsetzung beschließen.[50] Dies ist jedoch ausgeschlossen, wenn der zeitliche Rahmen bereits ausgeschöpft wurde.[51]

14 **3. Ordnungsmaßnahmen. a) Beschränkung des Rederechts.** Gemäß § 131 Abs. 2 S. 2 kann die **Satzung oder Geschäftsordnung** den Versammlungsleiter zu einer einheitlichen Beschränkung der Redezeit ermächtigen. Dazu und zu Beschränkungen des Auskunftsrechts → § 131 Rn. 24 ff.

15 **b) Schließung der Rednerliste.** Sofern die Beschränkung des Rederechts nicht ausreicht, kommt die Schließung der Rednerliste zur Einhaltung des zulässigen Zeitrahmens in Betracht.[52] Die Maßnahme ist jedoch nur dann **verhältnismäßig,** wenn der Versammlungsleiter sie zuvor erfolglos angedroht hat.[53]

16 **c) Schluss der Debatte.** Als letztes Mittel zur Einhaltung des zeitlichen Rahmens kann der Versammlungsleiter den Schluss der Debatte anordnen.[54] Um einer sachgerechten Erledigung der Versammlungsgegenstände Rechnung zu tragen, ist es der Hauptversammlung versagt, die Redezeitbeschränkung oder Schließung der Debatte durch den Versammlungsleiter wieder aufzuheben.[55]

17 **d) Wortentzug und Saalverweis.** Der Versammlungsleiter ist dann befugt, einem Aktionär das Wort zu entziehen, wenn dieser Redezeitbeschränkungen missachtet, beleidigende oder unsachgemäße Äußerungen tätigt oder sich nicht zu dem aktuell behandelten Tagesordnungspunkt äußert.[56] Als milderes Mittel im Sinne des **Verhältnismäßigkeitsprinzips** muss dem Wortentzug stets eine Abmahnung oder ein Ordnungsruf vorausgegangen sein.[57] Als ultima ratio kann der Versammlungsleiter nach erfolgter Abmahnung einen den Versammlungsablauf störenden Aktionär des Saales verweisen, wenn die Störung sich auf keine andere Art und Weise beheben lässt.[58]

---

41 KK-AktG/*Zöllner* § 119 Rn. 68.
42 Vgl. GroßkommAktG/*Mülbert* Vor §§ 118–147 Rn. 129; Spindler/Stilz/*Wicke* Anh. § 119 Rn. 8.
43 GroßkommAktG/*Mülbert* Vor §§ 118–147 Rn. 130; Hüffer/*Koch* § 129 Rn. 23; Spindler/Stilz/*Wicke* Anh. § 119 Rn. 8.
44 MüKoAktG/*Kubis* § 119 Rn. 139.
45 Vgl. GroßkommAktG/*Mülbert* Vor §§ 118–147 Rn. 128; MüKoAktG/*Kubis* § 119 Rn. 139; aA Spindler/Stilz/*Wicke* Anh. § 119 Rn. 8.
46 *Max* AG 1991, 77 (85).
47 BeckHdB AG/*Reichert* § 5 Rn. 171.
48 GroßkommAktG/*Mülbert* Vor §§ 118–147 Rn. 111.
49 MüKoAktG/*Kubis* § 119 Rn. 160; *Butzke* HV Kap. D Rn. 50.
50 GroßkommAktG/*Mülbert* Vor §§ 118–147 Rn. 134; Spindler/Stilz/*Wicke* Anh. § 119 Rn. 8.
51 *Butzke* HV Kap. D Rn. 53.
52 *Wicke* NZG 2007, 771 (773).
53 *Butzke* HV Kap. D Rn. 64; aA MüKoAktG/*Kubis* § 119 Rn. 168.
54 Hüffer/*Koch* § 129 Rn. 30.
55 Hüffer/*Koch* § 129 Rn. 30; aA *Max* AG 1991, 77 (92).
56 GroßkommAktG/*Mülbert* Vor §§ 118–147 Rn. 159; *Martens* Leitfaden HV 59.
57 *Martens* Leitfaden HV 59.
58 BGH NJW 1966, 43; Spindler/Stilz/*Wicke* Anh. § 119 Rn. 13.

§ 130 Niederschrift

(1) [1]Jeder Beschluß der Hauptversammlung ist durch eine über die Verhandlung notariell aufgenommene Niederschrift zu beurkunden. [2]Gleiches gilt für jedes Verlangen einer Minderheit nach § 120 Abs. 1 Satz 2, § 137. [3]Bei nichtbörsennotierten Gesellschaften reicht eine vom Vorsitzenden des Aufsichtsrats zu unterzeichnende Niederschrift aus, soweit keine Beschlüsse gefaßt werden, für die das Gesetz eine Dreiviertel- oder größere Mehrheit bestimmt.

(2) [1]In der Niederschrift sind der Ort und der Tag der Verhandlung, der Name des Notars sowie die Art und das Ergebnis der Abstimmung und die Feststellung des Vorsitzenden über die Beschlußfassung anzugeben. [2]Bei börsennotierten Gesellschaften umfasst die Feststellung über die Beschlussfassung für jeden Beschluss auch
1. die Zahl der Aktien, für die gültige Stimmen abgegeben wurden,
2. den Anteil des durch die gültigen Stimmen vertretenen Grundkapitals am eingetragenen Grundkapital,
3. die Zahl der für einen Beschluss abgegebenen Stimmen, Gegenstimmen und gegebenenfalls die Zahl der Enthaltungen.
[3]Abweichend von Satz 2 kann der Versammlungsleiter die Feststellung über die Beschlussfassung für jeden Beschluss darauf beschränken, dass die erforderliche Mehrheit erreicht wurde, falls kein Aktionär eine umfassende Feststellung gemäß Satz 2 verlangt.

(3) Die Belege über die Einberufung der Versammlung sind der Niederschrift als Anlage beizufügen, wenn sie nicht unter Angabe ihres Inhalts in der Niederschrift aufgeführt sind.

(4) [1]Die Niederschrift ist von dem Notar zu unterschreiben. [2]Die Zuziehung von Zeugen ist nicht nötig.

(5) Unverzüglich nach der Versammlung hat der Vorstand eine öffentlich beglaubigte, im Falle des Absatzes 1 Satz 3 eine vom Vorsitzenden des Aufsichtsrats unterzeichnete Abschrift der Niederschrift und ihrer Anlagen zum Handelsregister einzureichen.

(6) Börsennotierte Gesellschaften müssen innerhalb von sieben Tagen nach der Versammlung die festgestellten Abstimmungsergebnisse einschließlich der Angaben nach Absatz 2 Satz 2 auf ihrer Internetseite veröffentlichen.

Schrifttum: *Bezzenberger,* Die Niederschrift über eine beurkundungsfreie Hauptversammlung, FS Schippel, 1996, 361; *Blanke,* Private Aktiengesellschaft und Deregulierung des Aktienrechts, BB 1994, 1505; *ders.,* Praktische Erleichterungen für die Tätigkeit von Vorständen nicht börsennotierter Aktiengesellschaften, BB 1995, 681; *v. Falkenhausen,* Die nächste Hauptversammlung, BB 1966, 337; *Heckschen,* Die „kleine AG" und Deregulierung des Aktienrechts – Eine kritische Bestandaufnahme –, DNotZ 1995, 275; *ders.,* Die Europäische AG aus notarieller Sicht, DNotZ 2003, 251; *Hoffmann-Becking,* Gesetz zur „kleinen AG" – unwesentliche Randkorrekturen oder grundlegende Reform?, ZIP 1995, 1; *Kindler,* Die Aktiengesellschaft für den Mittelstand. Das Gesetz für kleine Aktiengesellschaften und zur Deregulierung des Aktienrechts, NJW 1994, 3041; *Lamers,* Die Beurkundung der Hauptversammlung einer Aktiengesellschaft, DNotZ 1962, 287; *Lutter,* Das neue „Gesetz für kleine Aktiengesellschaften und zur Deregulierung des Aktienrechts", AG 1994, 429; *Max,* Die Leitung der Hauptversammlung, AG 1991, 77; *Priester,* Aufgaben und Funktionen des Notars in der Hauptversammlung, DNotZ 2001, 661; *Reul,* Die notarieller Beurkundung einer Hauptversammlung, AG 2002, 543; *Roeckl-Schmidt/Stoll,* Auswirkungen der späteren Fertigstellung der notariellen Niederschrift auf die Wirksamkeit von Beschlüssen der Hauptversammlung, AG 2012, 225; *Schulte,* Die Niederschrift über die Verhandlung der Hauptversammlung einer Aktiengesellschaft, AG 1985, 33; *Sigel/Schäfer,* Die Hauptversammlung der Aktiengesellschaft aus notarieller Sicht, BB 2005, 2137; *Wilhelmi,* Der Notar in der Hauptversammlung der Aktiengesellschaft, BB 1987, 1331.

Übersicht

I. Allgemeines

1 § 130 soll eine **vollständige und transparente Dokumentation** der Hauptversammlung sicherstellen und deren Willensbildungsprozess nachvollziehbar machen.[1] Zu diesem Zweck wird in § 130 Abs. 1 die Pflicht zur Protokollierung der in der Hauptversammlung gefassten Beschlüsse (Abs. 1 S. 1) und bestimmter Minderheitsverlangen (Abs. 1 S. 2) begründet. Das notarielle Hauptversammlungsprotokoll ist eine mit Beweiskraft ausgestattete öffentliche Urkunde iSd § 415 ZPO.[2] Es soll auch dazu beitragen, den Gegenstand möglicher Anfechtungsklagen zu konkretisieren.[3] Dabei dient die Protokollierung nicht nur dem Interesse der Gesellschaft und ihrer Aktionäre, sondern durch die Schaffung von **Rechtssicherheit** auch dem Interesse der Gesellschaftsgläubiger und der Allgemeinheit.[4] Gemäß § 138 S. 2 gelten die Regelungen des § 130 für Sonderbeschlüsse und Sonderversammlungen entsprechend.

2 § 130 ergänzt die Regelungen des **BeurkG,** insbesondere die Vorschriften der §§ 36 ff. BeurkG über notarielle Niederschriften. Diese Vorschriften werden nicht von § 130 verdrängt (§ 59 BeurkG). Da es sich um eine notarielle Niederschrift handelt, findet der zweite Abschnitt über die Beurkundung von Willenserklärungen (§§ 6–35 BeurkG) keine Anwendung.[5]

3 Durch Abs. 1 S. 3 wird die Protokollierung von Hauptversammlungen nicht börsennotierter Gesellschaften insofern **erleichtert,** als die Niederschrift statt durch den Notar auch vom Vorsitzenden des Aufsichtsrats aufgenommen werden kann, wenn in der Hauptversammlung keine Beschlüsse gefasst werden, für die gesetzlich, fakultativ oder zwingend eine Mehrheit von mindestens drei Viertel des bei Beschlussfassung vertretenen Grundkapitals erforderlich ist. Die durch den Aufsichtsratsvorsitzenden aufgenommene Niederschrift hat nicht die Beweiskraft einer öffentlichen Urkunde iSd § 415 ZPO.[6] Das Bestreben, die „kleine AG“ dadurch an die Rechtslage bei der GmbH (§ 48 GmbHG) anzunähern, ist teilweise auf Kritik gestoßen.[7]

4 Abs. 5 begründet die Pflicht des Vorstands, die Niederschrift und ihre Anlagen abschriftlich zum Handelsregister einzureichen. Die Einreichung zum Handelsregister dient der **Publizität** des Hauptversammlungsablaufs, die durch die Einsichtnahmemöglichkeit nach § 9 HGB sichergestellt wird. Weitere Publizität wird bei börsennotierten Gesellschaften durch Abs. 6 hergestellt, der durch das Gesetz zur Umsetzung der Aktionärsrechte-RL **(ARUG)** vom 30.7.2009 (BGBl. I S. 2479) angefügt wurde. Danach sind börsennotierte Gesellschaften verpflichtet, die Abstimmungsergebnisse innerhalb von sieben Tagen nach der Hauptversammlung auf ihrer Internetseite zu veröffentlichen. Durch das ARUG wurden für börsennotierte Gesellschaften ferner die erforderlichen Angaben zur Beschlussfeststellung in Abs. 2 erweitert.

II. Einzelerläuterung

5 **1. Beurkundungspflicht (Abs. 1). a) Gegenstand der Beurkundungspflicht. aa) Hauptversammlungsbeschlüsse (Abs. 1 S. 1).** Die Beurkundungspflicht erstreckt sich auf alle Beschlüsse einer ordentlichen oder außerordentlichen Hauptversammlung; dies gilt auch für Vollversammlungen und die Hauptversammlung einer Einpersonen-Gesellschaft.[8] Unerheblich sind die Art des Beschlusses (Sachbeschluss oder Verfahrensbeschluss) und des Abstimmungsergebnisses.[9] **Keine Beschlüsse** iSd § 130 sind nach zutreffender hM informelle Abstimmungen wie Befragungen oder die Erstellung von Meinungsbildern, da diesbezüglich grundsätzlich keine Rechtsfolgen gewollt sind und die Vor-

[1] Vgl. BGH NJW 1994, 3094 (3095); Hüffer/*Koch* Rn. 1; Spindler/Stilz/*Wicke* Rn. 1.
[2] GroßkommAktG/*Werner* Rn. 3; Hüffer/*Koch* Rn. 1.
[3] *Bezzenberger* FS Schippel, 1996, 361 (366).
[4] Vgl. BGH NJW 1994, 3094 (3095); Hüffer/*Koch* Rn. 1; MüKoAktG/*Kubis* Rn. 1.
[5] MHdB AG/*Semler* § 41 Rn. 21.
[6] HK-AktG/*Reger* Rn. 3.
[7] Vgl. NK-AktR/*Terbrack/Lohr* Rn. 3; Hüffer/*Koch* Rn. 14a; Spindler/Stilz/*Wicke* Rn. 36 mwN.
[8] GroßkommAktG/*Werner* Rn. 7; MüKoAktG/*Kubis* Rn. 3.
[9] HK-AktG/*Reger* Rn. 4; GroßkommAktG/*Werner* Rn. 7; Hüffer/*Koch* Rn. 2.

schriften über Willensmängel keine Anwendung finden sollen.[10] Aus Gründen der Vorsicht empfiehlt es sich aber, auch solche Beschlüsse in das Protokoll aufzunehmen.[11]

bb) Minderheitsverlangen (Abs. 1 S. 2). Neben der Pflicht zur Protokollierung von Beschlüssen verlangt das Gesetz in Abs. 1 S. 2 zusätzlich die **Protokollierung von Minderheitsverlangen** nach § 120 Abs. 1 S. 2 und § 137; nicht erfasst sind außerhalb der Hauptversammlung geltend gemachte Minderheitsverlangen gemäß §§ 122 und 142 Abs. 2.[12] Die Beurkundungspflicht besteht unabhängig davon, ob das Verlangen in einen Beschlussantrag oder eine Abstimmung mündet.[13] 6

cc) Auskunftsverweigerung, Widersprüche, Willenserklärungen. Pflichten zur Aufnahme in die nach § 130 zu erstellende Niederschrift ergeben sich auch aus anderen Vorschriften. Gemäß § 131 Abs. 5 sind die Frage eines Aktionärs, zu der ihm die **Auskunft verweigert** wurde, und der Grund der Auskunftsverweigerung in die Niederschrift aufzunehmen, wenn der Aktionär dies ausdrücklich verlangt. Nicht von der Beurkundungspflicht erfasst sind sonstige Ausführungen des Aktionärs oder im Zusammenhang mit dem Auskunftsverlangen erteilte Auskünfte.[14] Der Notar kann den Aktionär auffordern, die Frage zur wörtlichen Aufnahme in das Protokoll zu formulieren.[15] 7

Widersprüche von Aktionären gegen Beschlüsse sind aufgrund von § 245 Nr. 1 zu beurkunden, da die Aufnahme des Widerspruchs in die Niederschrift Voraussetzung für die Befugnis zur Beschlussanfechtung ist. Protokollierungspflichtig sind ferner:[16] der Widerspruch gegen die Wahl des Abschlussprüfers (§ 315 Abs. 3 S. 2 HGB), der Widerspruch einer Minderheit als Hemmnis für eine Verzichts- oder Vergleichsabrede mit Gründern (§ 50 S. 1) oder mit Organmitgliedern (§ 93 Abs. 4 S. 3 iVm § 116), der Widerspruch einer Minderheit von außenstehenden Aktionären als Hinderungsgrund für Verzichts- oder Vergleichsabreden mit dem herrschenden Unternehmen im Vertragskonzern (§ 302 Abs. 3 S. 3) bzw. im faktischen Konzern (§ 309 Abs. 3 S. 1 iVm § 317 Abs. 4, 318 Abs. 4) sowie der Widerspruch bei der Eingliederung (§ 323 Abs. 1 S. 2 iVm § 309 Abs. 3 S. 1) und der Widerspruch einzelner Aktionäre als Anspruchsvoraussetzung für die Barabfindung nach einer Verschmelzung (§ 29 Abs. 1 S. 1 UmwG bzw. § 122i Abs. 1 S. 1 bei grenzüberschreitender Verschmelzung ins Ausland und § 7 Abs. 1 S. 1 SEAG bei Verschmelzung zur Gründung einer SE mit Sitz im Ausland), einer Spaltung (§§ 125 S. 1, 29 Abs. 1 S. 1 UmwG) oder eines Formwechsels (§ 207 Abs. 1 S. 1). 8

Teilweise sieht das Gesetz ein Beurkundungserfordernis für **Willenserklärungen** vor, die von Gesellschaftern im Zusammenhang mit der Hauptversammlung abgegeben werden.[17] Dies betrifft beispielsweise Zustimmungserklärungen von persönlich haftenden Gesellschaftern einer KGaA gemäß § 285 Abs. 2, 3 und Verzichtserklärungen nach den §§ 8 Abs. 3, 9 Abs. 3 und 16 Abs. 3 S. 2 UmwG. Die Beurkundung solcher Willenserklärungen unterliegt den Regeln über die Beurkundung von Willenserklärungen, so dass in Bezug auf diese Erklärungen die einschlägigen Verlesungs- und Belehrungspflichten gelten.[18] 9

dd) Weitere Protokollierungspflichten. Aufgrund der in Abs. 1 S. 1 enthaltenen Formulierung „über die Verhandlung" ist fraglich, ob auch sonstige beschlusserhebliche Vorgänge protokollierungspflichtig sind.[19] Eine derartige Ausdehnung jedenfalls der **aktienrechtlichen Beurkundungspflicht** ist im Hinblick auf die Nichtigkeitsfolge des § 241 Nr. 2 aber wenig überzeugend. Der Katalog des § 130 Abs. 2 ist grundsätzlich als abschließend anzusehen.[20] Umstritten ist, ob und inwieweit aus der **Amtspflicht des Notars** ein erweiterter Protokollinhalt folgt: Einer Auffassung nach hat der Notar alles aufzunehmen, was zur Beurteilung der Wirksamkeit eines Beschlusses oder seines ordnungsgemäßen Zustandekommens von Interesse sein könnte.[21] Einer anderen Ansicht zufolge beschränkt sich die Beurkundungspflicht auf unmittelbar beschlussrelevante Vor- 10

[10] HK-AktG/*Reger* Rn. 4; Hüffer/*Koch* Rn. 2; KK-AktG/*Noack/Zetzschke* § 130 Rn. 112; MüKoAktG/*Kubis* Rn. 4; Spindler/Stilz/*Wicke* Rn. 5 mwN.

[11] HK-AktG/*Reger* Rn. 4; GroßkommAktG/*Werner* Rn. 7.

[12] GroßkommAktG/*Werner* Rn. 10.

[13] Vgl. Hüffer/*Koch* Rn. 3.

[14] Hüffer/*Koch* Rn. 4.

[15] GroßkommAktG/*Werner* Rn. 13.

[16] Hierzu MHdB AG/*Semler*, 3. Aufl. 2011, § 40 Rn. 20 ff.; Spindler/Stilz/*Wicke* Rn. 9.

[17] Hierzu *Butzke* HV Kap. N Rn. 13.

[18] Zu den Einzelheiten vgl. Spindler/Stilz/*Wicke* Rn. 11.

[19] *Lamers* DNotZ 1962, 287 (293); *v. Falkenhausen* BB 1966, 337 (342); *Wilhelmi* BB 1987, 1331 (1334 f.).

[20] OLG Düsseldorf NZG 2003, 816 (817); HK-AktG/*Reger* Rn. 18; zur Regelungsintention des historischen Gesetzgebers vgl. *Bezzenberger* FS Schippel, 1996, 361 (376).

[21] *Lamers* DNotZ 1962, 287 (293); *Wilhelmi* BB 1987, 1331 (1334 f.); wohl auch HK-AktG/*Reger* Rn. 18.

gänge.[22] Letztere Auffassung ist zutreffend, da es aufgrund der Amtspflicht des Notars zur vollständigen Beurkundung einen weiteren Protokollinhalt geben kann, dieser in Hinblick auf die etwaig entstehende Amtshaftung aber nicht zu weit begriffen werden darf. Als in der Regel unmittelbar beschlussrelevant wird unter anderem folgendes angesehen: förmliche Beschlussanträge, rechtserhebliche Feststellung des Versammlungsleiters zur Ordnungsmäßigkeit der Einberufung der Hauptversammlung, Zutrittsverweigerungen oder Ordnungsmaßnahmen des Versammlungsleiters wie das Festsetzen von Frage- oder Redezeit sowie Anträge von Aktionären, die zurückgewiesen werden.[23] Eine Verletzung der Amtspflichten zur erweiterten Protokollierung führt jedoch mangels Verstoßes gegen die Beurkundungspflichten aus § 130 weder zur Nichtigkeit von Beschlüssen gemäß § 241 Nr. 2 noch zu ihrer Anfechtbarkeit gemäß § 243 Abs. 1, da insoweit keine Gesetzesverletzung vorliegt; sie kann allenfalls Schadensersatzansprüche gegen den Notar auslösen.[24] Die Nichtaufnahme der genannten Vorgänge in ein privatschriftliches Protokoll gemäß Abs. 1 S. 3 bleibt dagegen folgenlos.[25]

11 **ee) Fakultative Angaben.** Über den gesetzlich oder durch notarielle Amtspflichten vorgeschriebenen Mindestinhalt hinaus kommen weitere fakultative Angaben in Betracht, die der Notar oder der privatschriftliche Protokollführer nach pflichtgemäßem Ermessen in das Protokoll aufnehmen kann.[26] Orientiert werden sollte sich daran, dass die Niederschrift nach der gesetzgeberischen Konzeption ein **„Ergebnisprotokoll"** ist und den Versammlungsverlauf zur Beweissicherung (§ 415 ZPO) dokumentieren soll.[27] Sinnvoll sind Angaben zur Person des Hauptversammlungsleiters, zu seinen Ordnungsmaßnahmen, zu den Namen der anwesenden Organmitglieder, zu verbotener Stimmrechtsausübung sowie allgemein zum Ablauf der Hauptversammlung (Begrüßung und Hinweise des Versammlungsleiters, Namen und Reihenfolge der Redner etc).[28] Ebenfalls empfehlenswert ist, festzuhalten, dass das Teilnehmerverzeichnis vor der ersten Abstimmung ausgelegt worden ist und während der gesamten Hauptversammlung auslag,[29] sowie die in der Praxis wichtige Frage des Versammlungsleiters nach offenen Fragen am Ende der Generaldebatte.

12 **b) Notarielle Niederschrift. aa) Beauftragung des Notars.** Der Notar wird durch die **Gesellschaft,** vertreten durch den Vorstand (§ 78), beauftragt. Eine „Abwahl" des Notars durch die Hauptversammlung ist wegen Überschreitung ihrer Kompetenzen unzulässig.[30] Wurde ein rechtmäßiges Minderheitsverlangen auf Einberufung einer Hauptversammlung gestellt (§ 122 Abs. 1), so hat der Vorstand dem nachzukommen (§ 121 Abs. 1); Teil dieser Pflicht ist grundsätzlich auch die Beauftragung des Notars. Nur in dem Fall, dass der Vorstand der Einberufungspflicht nicht Folge leistet und die Minderheitsaktionäre gerichtlich zur Einberufung ermächtigt wurden (§ 122 Abs. 3), entfällt die Verpflichtung des Vorstands, einen Notar zu beauftragen; er bleibt aber zur Beauftragung berechtigt.[31] Nach richtiger Ansicht kann die Minderheit die Gesellschaft mangels Vertretungsmacht nicht verpflichten, sondern muss den Notar selbst beauftragen;[32] die Beauftragung erfolgt jedoch auf Kosten der Gesellschaft (§ 122 Abs. 4), so dass die Aktionäre von ihr Freistellung bzw. Kostenerstattung verlangen können.[33]

13 Die **örtliche Zuständigkeit** für Inlandsbeurkundungen richtet sich nach den standesrechtlichen Vorgaben der §§ 10, 11 BNotO, wobei Verstöße gemäß § 11 Abs. 3 BNotO, § 2 BeurkG keinen Einfluss auf die Wirksamkeit der Beurkundung haben. Hauptversammlungen im Ausland (→ § 121 Rn. 43 f.) können durch einen deutschen Konsularbeamten gemäß § 10 KonsularG beurkundet werden;[34] ebenso ist bei Gleichwertigkeit[35] auch die Beurkundung durch einen ausländischen Notar zulässig.[36]

---

[22] Hüffer/*Koch* Rn. 5; *Priester* DNotZ 2001, 661.

[23] MüKoAktG/*Kubis* Rn. 71; Spindler/Stilz/*Wicke* Rn. 13; zu weiteren Einzelheiten *Priester* DNotZ 2001, 661 (667 f.).

[24] HK-AktG/*Reger* Rn. 18; Hüffer/*Koch* Rn. 5; MüKoAktG/*Kubis* Rn. 71.

[25] MüKoAktG/*Kubis* Rn. 71.

[26] Hüffer/*Koch* Rn. 6; Spindler/Stilz/*Wicke* Rn. 14 sowie MüKoAktG/*Kubis* Rn. 72 mit Beispielen; Einzelheiten auch bei MHdB AG/*Semler*, 3. Aufl. 2011, § 40 Rn. 23; *Butzke* HV Kap. N Rn. 34.

[27] Spindler/Stilz/*Wicke* Rn. 14.

[28] Hüffer/*Koch* Rn. 6.

[29] HK-AktG/*Reger* Rn. 20.

[30] Hüffer/*Koch* Rn. 7; Spindler/Stilz/*Wicke* Rn. 15.

[31] MüKoAktG/*Kubis* Rn. 17.

[32] Hüffer/*Koch* Rn. 7; MüKoAktG/*Kubis* Rn. 17; Spindler/Stilz/*Wicke* Rn. 15; aA NK-AktR/*Terbrack*/*Lohr* Rn. 13.

[33] Hüffer/*Koch* Rn. 7; MüKoAktG/*Kubis* Rn. 17.

[34] Schmidt/Lutter/*Ziemons* Rn. 62.

[35] Dazu grdl. BGH NJW 1981, 1160.

[36] Str., wie hier Hüffer/*Koch* Rn. 8; MüKoAktG/*Kubis* Rn. 12; krit. Spindler/Stilz/*Wicke* Rn. 18.

bb) Amtspflichten des Notars. Beurkundung. Das Beurkundungsverfahren wird durch § 130 und – insoweit subsidiär – die Vorschriften des **BeurkG** geregelt.[37] Die notarielle Niederschrift über die Hauptversammlung ist ein Tatsachenprotokoll, weshalb es weder vorgelesen noch vom Versammlungsleiter genehmigt oder unterschrieben wird.[38] Auch überprüft der Notar nicht die Identität der Beteiligten oder die Vollmachten anwesender Vertreter.[39] Die Niederschrift muss in der Versammlung selbst aufgenommen werden. Bild- und Tonaufzeichnungen, auf Basis derer der Notar später die Niederschrift fertigt, genügen nicht.[40] Stenographische oder verkürzte Mitschriften sind zulässig, sofern sie anschließend formal und inhaltlich korrekt vervollständigt werden.[41] In der Praxis ist üblich, dass der Notar die Niederschrift vorbereitet und sie während der Hauptversammlung ergänzt oder abändert.[42] Der in der Hauptversammlung erstellte Entwurf wird nicht zur Niederschrift iSd § 130 Abs. 1 S. 1, auch wenn er vom Notar unterzeichnet ist, solange dieser sich seiner nicht entäußert hat.[43] Das Hauptversammlungsprotokoll trägt den Charakter eines Berichts über die Wahrnehmungen des Notars und kann nach der Hauptversammlung fertig gestellt werden.[44] Die Vorgehensweise von Notaren in der Praxis, den Entwurf der Niederschrift zwar sofort nach Ende der Hauptversammlung zu unterzeichnen, die endgültige Urschrift aber erst unter Zuhilfenahme weiterer Notizen und Mitarbeiter zu erstellen, ist daher zulässig.[45] Die Frage, ob der nur vorsorglich unmittelbar im Anschluss an die Hauptversammlung unterzeichnete Entwurf eines Notars den Anforderungen einer Niederschrift nach § 130 Abs. 1 AktG genügen kann, wurde höchstrichterlich noch nicht entschieden; der BGH hat dies in seiner Entscheidung in der Sache Kirch gegen Deutsche Bank aus dem Jahr 2009 ausdrücklich offengelassen.[46] Teilweise wird die vorsorgliche Unterzeichnung als Vorbehalt zur Anfertigung einer Reinschrift qualifiziert.[47] Für die Praxis empfiehlt sich im Zweifel die Hinzuziehung eines Zweitnotars unter der auflösenden Bedingung der Fertigstellung der Niederschrift durch den Erstnotar.[48] So kann die fehlende Entäußerung durch den Erstnotar kompensiert werden. Die **Beurkundungssprache** richtet sich danach, in welcher Sprache die Hauptversammlung abgehalten wird.[49] Wenn eine andere Sprache als Deutsch gewählt wird, muss der Notar grundsätzlich selbst über hinreichende Kenntnisse in der verwendeten Sprache verfügen (§ 5 Abs. 2 BeurkG) oder einen Dolmetscher hinzuziehen.[50] Er muss ferner eine deutsche Übersetzung der Niederschrift anfertigen, die zum Handelsregister einzureichen ist.[51] Die vorstehenden Ausführungen gelten entsprechend für privatschriftliche Niederschriften.[52] Werden **mehrere Notare** beauftragt, so errichtet jeder eine eigene Urkunde.[53] 14

Über die Beurkundung hinausgehende Pflichten. Bis auf wenige Ausnahmen (→ Rn. 16) hat der Notar in seiner Eigenschaft als Urkundsperson im Rahmen einer Hauptversammlung weder eine allgemeine Beratungs-, noch eine umfassende Prüfungs-, Belehrungs- und Einwirkungspflicht.[54] Zwar hat der Notar darauf hinzuwirken, dass die Versammlung ordnungsgemäß durchgeführt wird und über die mit der Tagesordnung angekündigten Anträge rechtswirksame Beschlüsse gefasst werden.[55] Allerdings darf er auf den Verlauf der Hauptversammlung nicht über Gebühr Einfluss nehmen und nicht etwa selbst in den Versammlungsverlauf eingreifen. 15

---

[37] Zum Normverhältnis vgl. Spindler/Stilz/*Wicke* Rn. 16.

[38] Spindler/Stilz/*Wicke* Rn. 16.

[39] Semler/Volhard/Reichert/*Volhard* HV HdB § 13 Rn. 15 f.

[40] NK-AktR/*Terbrack*/*Lohr* Rn. 16.

[41] Spindler/Stilz/*Wicke* Rn. 23.

[42] Spindler/Stilz/*Wicke* Rn. 23; *Roeckl-Schmidt*/*Stoll* AG 2012, 225; Muster bei *Hoffmann-Becking,* Beck'sches Formularbuch Bürgerliches, Handels- und Wirtschaftsrecht, 10. Aufl. 2010, X.23; Happ/*Zimmermann* AktR 10.17.

[43] BGH NZG 2009, 342 (343); *Bohrer* NJW 2007, 2019 (2020); Hüffer/*Koch* Rn. 11; Spindler/Stilz/*Wicke* Rn. 25; aA OLG Frankfurt WM 2007, 1704 (1705).

[44] BGH NZG 2009, 342 (343); Hüffer/*Koch* Rn. 11; *Kanzleiter* DNotZ 2007, 804 f.; *Maaß* ZNotP 2005, 50 (55); Spindler/Stilz/*Wicke* Rn. 25; aA *Eylmann* ZNotP 2005, 300 (301 f.).

[45] BGH NZG 2009, 342 (343); vgl. auch *Roeckl-Schmidt*/*Stoll* AG 2012, 225 (226); *Kanzleiter* DNotZ 2007, 804 f.

[46] BGH NZG 2009, 342 (344).

[47] *Kanzleiter* DNotZ 2007, 804 (811); s. auch *Maaß* ZNotP 2005, 50 (55); *Bohrer* NJW 2007, 2019 (2021); aA *Eylmann* ZNotP 2005, 300 (303).

[48] Schmidt/Lutter/*Ziemons* Rn. 43 mwN.

[49] So wohl auch Spindler/Stilz/*Wicke* Rn. 24.

[50] Hüffer/*Koch* Rn. 11.

[51] MüKoAktG/*Kubis* Rn. 22; Spindler/Stilz/*Wicke* Rn. 24.

[52] Spindler/Stilz/*Wicke* Rn. 24.

[53] Hüffer/*Koch* Rn. 7.

[54] Hüffer/*Koch* Rn. 12; *Priester* DNotZ 2001, 661 (669).

[55] *Bezzenberger* FS Schippel, 1996, 361 (379).

16 Ungeachtet dessen werden dem Notar **spezifische Prüfungs-, Hinweis-** und **Einwirkungspflichten** zugesprochen, deren Grundlage in der notariellen Stellung als unabhängiger und rechtskundiger Träger eines öffentlichen Amtes (§ 1 BNotO) gesehen wird.[56] So ist anerkannt, dass sich der Notar ein Bild von der Ordnungsmäßigkeit des Versammlungsverlaufs zu machen hat[57] und über evidente Rechtsverstöße nicht hinwegsehen darf.[58] Er muss die Ordnungsmäßigkeit der Einberufung und des Teilnehmerverzeichnisses[59] einer Plausibilitätskontrolle unterziehen, nicht jedoch das Abstimmungsergebnis oder Stimmverbote prüfen.[60] Bei drohenden Zuwiderhandlungen gegen das Gesetz oder zur Abwendung offensichtlich mangelhafter Beschlüsse ist der Notar verpflichtet, den Versammlungsleiter auf die drohenden Rechtsfolgen hinzuweisen.[61] Entsprechende Hinweispflichten entstehen auch, wenn mit einem Hauptversammlungsbeschluss offensichtlich unerlaubte oder unredliche Ziele bezweckt werden.[62] Da es sich um eine Verpflichtung aufgrund der Amtsstellung des Notars und nicht um eine aktienrechtliche Pflicht handelt, führt die Nichtbeachtung dieser Pflichten durch den Notar für sich genommen weder zur Nichtigkeit gemäß § 241 Nr. 2 noch zur Anfechtbarkeit von Hauptversammlungsbeschlüssen;[63] die Nichtigkeit bzw. Anfechtbarkeit wird sich in solchen Fällen in der Regel aber unmittelbar aus dem entsprechenden Rechtsverstoß selbst ergeben.

17 **cc) Mitwirkungsverbote für den Notar.** Der Notar kann von der Aufnahme einer Hauptversammlungsniederschrift ausgeschlossen sein, wenn einer der **Ausschlusstatbestände** des § 3 BeurkG erfüllt ist.[64] Ein Mitwirkungsverbot liegt etwa vor, wenn der Notar, einer seiner Angehörigen oder seiner Sozien Mitglied des Vorstands (§ 3 Abs. 1 S. 1 Nr. 6 BeurkG) oder – nach hM in entsprechender Anwendung – des Aufsichtsrats der Gesellschaft ist.[65] Gemäß § 3 Abs. 1 S. 1 Nr. 7 BeurkG führt die Vorbefassung des Notars oder eines seiner Sozien zu einem Ausschluss von der Beurkundung. Gleiches gilt, wenn gemäß § 3 Abs. 1 Nr. 9 BeurkG der Notar mit mehr als 5% der Stimmrechte oder mit einem anteiligen Betrag am Grundkapital von mehr als 2.500 Euro beteiligt ist. Die Aktionärsstellung an sich begründet nach richtiger Ansicht noch kein Mitwirkungsverbot.[66] Dies ergibt sich seit Neueinfügung von § 3 Abs. 1 S. 1 Nr. 9 BeurkG aus einem Umkehrschluss hieraus.

18 Die Mitwirkung von nach § 3 BeurkG ausgeschlossenen Notaren kann **berufsrechtliche Konsequenzen** haben und unter Umständen den Beweiswert der Urkunde beeinträchtigen.[67] Sie begründet jedoch keine Nichtigkeit oder Anfechtbarkeit der protokollierten Hauptversammlungsbeschlüsse, da es sich um eine „Soll-Vorschrift" handelt.[68] § 241 Nr. 2 greift nicht ein, weil die Beurkundung trotz Verstoßes gegen § 3 BeurkG den Anforderungen des § 130 genügt.[69] Für eine Anfechtung nach § 243 wird es zudem in der Regel an der erforderlichen Relevanz nachfolgender Gesetzesverstöße fehlen (→ § 243 Rn. 17 ff.).[70]

19 **dd) Beurkundung fehlerhafter Beschlüsse.** Lediglich **anfechtbare, nicht nichtige Beschlüsse** muss der Notar beurkunden, da nur die Möglichkeit einer Anfechtungsklage besteht und der Beschluss durch Verstreichenlassen der Anfechtungsfrist ohne Erhebung einer Anfechtungsklage Bestandskraft erlangt. Dieser Möglichkeit darf der Notar nicht durch Ablehnung der Beurkundung – die zur Nichtigkeit des Beschlusses gemäß § 241 Nr. 2 führen würde – zuvorkommen.[71] Der Notar hat die Niederschrift abzulehnen, wenn mit der jeweiligen Handlung (hier des Hauptversammlungsbeschlusses oder seiner Durchführung) **unerlaubte oder unredliche Ziele** verfolgt werden (§ 4 BeurkG). Dies wird richtigerweise angenommen bei evidenten Verstößen gegen § 241 Nr. 3 und Nr. 4 oder Straftaten.[72] Bei Hauptversammlungsbeschlüssen, die zwar ihrem Zweck nach nicht zu

---

[56] OLG Düsseldorf NZG 2003, 816 (819); OLG Hamburg OLGZ 1994, 42 (44); Spindler/Stilz/*Wicke* Rn. 28 zurückhaltender MHdB AG/*Hoffmann-Becking* § 41 Rn. 19. Zum Ganzen MüKoAktG/*Kubis* Rn. 34 ff.

[57] Spindler/Stilz/*Wicke* Rn. 29.

[58] Hüffer/*Koch* Rn. 12.

[59] Mit Einschränkungen *Bezzenberger* FS Schippel, 1996, 361 (380).

[60] BGH NZG 2009, 342 (344); aA Hüffer/*Koch* Rn. 12.

[61] *Bezzenberger* FS Schippel, 1996, 361 (379); vgl. auch *Priester* DNotZ 2001, 661 (669).

[62] *Bezzenberger* FS Schippel, 1996, 361 (379).

[63] Vgl. OLG Düsseldorf NZG 2003, 816 (819); MüKoAktG/*Kubis* Rn. 34 mwN.

[64] Vgl. zum Ganzen MüKoAktG/*Kubis* Rn. 15 f.; Spindler/Stilz/*Wicke* Rn. 19 f.

[65] Vgl. nur Hüffer/*Koch* Rn. 9; MüKoAktG/*Kubis* Rn. 15; Spindler/Stilz/*Wicke* Rn. 20.

[66] Hüffer/*Koch* Rn. 9; MüKoAktG/*Kubis* Rn. 15; Spindler/Stilz/*Wicke* Rn. 19; zur Rechtslage vor Einfügung des § 3 Abs. 1 S. 1 Nr. 9 BeurkG vgl. GroßkommAktG/*Werner* Rn. 84.

[67] Spindler/Stilz/*Wicke* Rn. 21.

[68] Spindler/Stilz/*Wicke* Rn. 21.

[69] Hüffer/*Koch* Rn. 10.

[70] Hüffer/*Koch* Rn. 10.

[71] Spindler/Stilz/*Wicke* Rn. 22.

[72] NK-AktR/*Terbrack/Lohr* Rn. 24; MüKoAktG/*Kubis* Rn. 40; Spindler/Stilz/*Wicke* Rn. 22.

beanstanden sind, aber aus anderen Gründen „evident und nach allgemein geteilter Rechtsauffassung" nichtig sind, soll der Notar die Beurkundung nach wohl hM ablehnen dürfen.[73] Dies ist zweifelhaft, da das AktG auch für nichtige Beschlüsse den Eintritt von Bestandskraft unter den Voraussetzungen des § 242 vorsieht. Ferner könnten sich im Einzelfall Unklarheiten ergeben, wann eine solche „evidente", „von der allgemeinen Rechtsauffassung" angenommene Nichtigkeit vorliegt; die Klärung solcher Fragen ist nach dem AktG den zuständigen Gerichten überlassen, nicht dem beurkundenden Notar.[74] Im Zweifelsfall empfiehlt sich aus Sicht des Notars, von der Beurkundungspflichtigkeit auszugehen und dem Versammlungsleiter die Bedenken mitzuteilen.[75] Ein Vermerk im Protokoll ermöglicht im Anschluss die gerichtliche Klärung offener Rechtsfragen.

ee) Kosten der Niederschrift. Die Kosten der Niederschrift hat die **Gesellschaft** zu tragen.[76] 20
Der Geschäftswert wird nach den Vorschriften des § 108 GNotKG ermittelt. Aus dem Geschäftswert erhält der Notar zwei volle Gebühren (KV 21200 GNotKG).

c) Privatschriftliches Protokoll (Abs. 1 S. 3). aa) Allgemeines. Gemäß § 130 Abs. 1 S. 3 21
kann bei nichtbörsennotierten Gesellschaften die notarielle Beurkundung durch eine vom **Vorsitzenden des Aufsichtsrats** zu unterzeichnende Niederschrift ersetzt werden, sofern nicht Beschlüsse gefasst werden, für die eine qualifizierte Mehrheit erforderlich ist (sog. Grundlagenbeschlüsse).

bb) Anwendungsvoraussetzungen. Es muss sich um eine **nichtbörsennotierte Gesellschaft** 22
(iSd § 3 Abs. 2) handeln. Außerdem werden von der Formerleichterung nur solche Beschlüsse erfasst, für die das Gesetz (nicht die Satzung) **keine Dreiviertel- oder eine größere Mehrheit** bestimmt (§ 130 Abs. 1 S. 2 am Ende). Die Vorschrift ist insoweit interpretationsbedürftig, als das Gesetz sowohl eine Dreiviertel-Kapitalmehrheit im Fall von sog. Grundlagenbeschlüssen[77] als auch – vereinzelt – eine Dreiviertel-Stimmenmehrheit[78] kennt. Unter Berufung auf die Gesetzesbegründung, die sich auf „Grundlagenbeschlüsse" und „andere mit gesetzlich vorgesehener Dreiviertelmehrheit des bei der Beschlussfassung vertretenen Grundkapitals zu fassende Beschlüsse" bezieht,[79] hält die hM[80] zu Recht lediglich Grundlagenbeschlüsse mit gesetzlich vorgegebener Dreiviertel-Kapitalmehrheit für von der Vorschrift erfasst, so dass Hauptversammlungen, in denen lediglich Beschlüsse mit Dreiviertel-Stimmenmehrheit gefasst werden, nicht beurkundungspflichtig sind. Mangels einschlägiger Rechtsprechung und angesichts gewichtiger Gegenstimmen[81] empfiehlt es sich aus Sicht der Praxis aber, aus Vorsichtsgründen auch die seltenen mit Dreiviertel-Stimmenmehrheit zu fassenden Beschlüsse beurkunden zu lassen.[82]

Umstritten war bis vor kurzem die Frage, ob auch Beschlüsse aufgrund einer **ungeschriebenen** 23
Hauptversammlungszuständigkeit, also insbesondere Grundlagenbeschlüsse im Sinne der **„Holzmüller/Gelatine"-Rechtsprechung,**[83] für die eine Dreiviertel-Kapitalmehrheit erforderlich ist, vom Ausnahmetatbestand des § 130 Abs. 1 S. 3 erfasst werden. Gegen eine Beurkundungspflicht wurde angeführt, dass aus Gründen der Rechtssicherheit und gerade in Hinblick auf die Nichtigkeitssanktion des § 241 Nr. 2 tatbestandlich klar erkennbare Formerfordernisse wünschenswert sind. Bei ungeschriebenen Hauptversammlungszuständigkeiten, deren Voraussetzungen im Einzelnen noch ungeklärt sind, sei dies nicht gewährleistet.[84] Auch wurde eingewandt, dass sich Grundlagenentscheidungen nach „Holzmüller"-Vorbild nur auf die Geschäftsführungsbefugnis des Vorstands und damit auf § 119 Abs. 2, nicht aber auf den von § 130 Abs. 1 S. 3 gemeinten Bereich des § 119 Abs. 1 beziehen.[85] Diese Bedenken haben sich in jüngerer Zeit allerdings verflüchtigt.[86] Der Verweis auf die erforderliche Rechtssicherheit überzeugt nicht, da die angesprochene Unsicherheit allein auf

---

[73] Hüffer/*Koch* Rn. 13; KK-AktG/*Noack/Zetzsche* Rn. 125 ff.; MüKoAktG/*Kubis* Rn. 40; Spindler/Stilz/*Wicke* Rn. 22; *Wilhelmi* BB 1987, 1331 (1333).

[74] So auch GroßkommAktG/*Werner* Rn. 92 ff.; *Butzke* HV Kap. N Rn. 12; Schmidt/Lutter/*Ziemons* Rn. 61.

[75] Spindler/Stilz/*Wicke* Rn. 22.

[76] Hüffer/*Koch* Rn. 14.

[77] Eine Auflistung von Grundlagenbeschlüssen findet sich bei Spindler/Stilz/*Wicke* Rn. 38 Fn. 216.

[78] Zu den in Betracht kommenden Normen vgl. Spindler/Stilz/*Wicke* Rn. 38 Fn. 227.

[79] BT-Drs. 12/6721, 9.

[80] *Hoffmann-Becking* ZIP 1995, 1 (7); MüKoAktG/*Kubis* Rn. 28.

[81] Happ/*Ludwig* AktR 10.19; *Heckschen* DNotZ 1995, 275 (283); Semler/Volhard/Reichert/*Semler* HV HdB § 13 Rn. 3 f.

[82] So auch Spindler/Stilz/*Wicke* Rn. 38.

[83] BGH NJW 1982, 1703.

[84] *Hüffer,* 10. Aufl. 2012, Rn. 14c; *Kindler* NJW 1994, 3041 (3045); MüKoAktG/*Kubis,* 2. Aufl. 2004, Rn. 25.

[85] *Hüffer,* 10. Aufl. 2012, Rn. 14c.

[86] Vgl. Hüffer/*Koch* Rn. 14c; MüKoAktG/*Kubis* Rn. 29; aA weiterhin NK-AktR/*Terbrack/Lohr* Rn. 7.

die bei „Holzmüller"-Fällen fehlende tatbestandliche Verdichtung zurückzuführen ist.[87] Auch der Hinweis, dass § 130 Abs. 1 S. 3 allein Anwendungsfälle des § 119 Abs. 1 in Bezug nimmt, ist obsolet, seit der BGH in den Gelatine-Urteilen[88] im Anschluss an Stimmen der Literatur[89] die ungeschriebenen Hauptversammlungszuständigkeiten dogmatisch nicht mehr aus § 119 Abs. 2, sondern aus einer offenen Rechtsfortbildung ableitet. Vielmehr spricht für eine Beurkundungspflicht der Gesetzeszweck: Wenn aufgrund der Beweissicherungsfunktion der Niederschrift und der Beratungsfunktion des Notars Grundlagenbeschlüsse mit einer Dreiviertel-Mehrheit von der Befreiung des § 130 Abs. 1 S. 3 ausdrücklich ausgenommen werden, dann muss dies konsequenterweise auch für Beschlüsse gelten, die aufgrund ihrer Bedeutung Grundlagenbeschlüssen iSd § 130 Abs. 1 S. 3 (→ Rn. 22) gleichgestellt werden.[90]

24 Problematisch ist ferner die Frage der Zulässigkeit einer **Aufspaltung der Protokollierungsart,** falls bei der Hauptversammlung einer nichtbörsennotierten Gesellschaft sowohl Grundlagenbeschlüsse als auch einfache Beschlüsse gefasst werden. Die bislang hM sprach sich gegen eine Aufspaltung aus.[91] Zwar stellt der Wortlaut des § 130 Abs. 1 S. 3 („soweit") auf die einzelnen Beschlüsse und nicht auf die Hauptversammlung insgesamt ab, woraus teilweise schon früher die Zulässigkeit unterschiedlicher Protokollierungsarten abgeleitet wurde.[92] Insbesondere dass zwei Niederschriften mit womöglich widersprechendem Inhalt zum Handelsregister einzureichen wären, wurde jedoch als schwererwiegend erachtet.[93] Der BGH hat sich im Jahr 2015 gegen die herrschende Literatur gewandt.[94] Dem Hinweis auf zwei eventuell divergierende Niederschriften tritt er mit dem Argument entgegen, dass auch eine Beurkundung durch mehrere Personen zulässig sei.[95] Der Praxis wird damit die Möglichkeit eröffnet, die Niederschrift in einen notariell beurkundeten und einen vom Aufsichtsratsvorsitzenden zu unterzeichnenden Teil zu spalten. Dies kann der Gesellschaft Kosten ersparen, wenn der notarielle Teil den Höchstgeschäftswert von 5 Mio. Euro unterschreitet, zusammen mit dem übrigen Teil der Niederschrift diesen Wert aber erreicht hätte (§ 35 Abs. 1 GNotKG).[96]

25 **cc) Erstellung und Form des Protokolls.** Der **Vorsitzende des Aufsichtsrats** hat das Protokoll **zu unterzeichnen** (Abs. 1 S. 3). Bei seiner Verhinderung geht die Verpflichtung auf den stellvertretenden Vorsitzenden des Aufsichtsrats über. Der Gesetzgeber ging bei Schaffung des Abs. 1 S. 3 von der üblichen Praxis aus, wonach der Vorsitzende des Aufsichtsrats stets die Versammlungsleitung übernimmt.[97] Die Satzung oder die Hauptversammlung (durch Verfahrensbeschluss oder Geschäftsordnung) kann die Versammlungsleitung aber auch auf eine dritte Person übertragen;[98] in diesem Fall hat nach zutreffender hM die Person, die die Versammlung geleitet hat, und nicht der Aufsichtsratsvorsitzende das Protokoll zu unterzeichnen.[99] Aufgrund des anderslautenden Gesetzeswortlauts, der vertretenen Gegenauffassung und der drohenden Nichtigkeitsfolge (§ 241 Nr. 2) bei Fehlen der erforderlichen Unterschrift sollte das Protokoll in der Praxis in diesem Fall aus Vorsichtsgründen jedoch sowohl durch den Versammlungsleiter als auch durch den Vorsitzenden des Aufsichtsrats (oder bei dessen Verhinderung seinen Stellvertreter) unterzeichnet werden. Darüber, wer das Protkoll **zu erstellen** hat, schweigt das Gesetz. Hierfür wird der **Versammlungsleiter** als zuständig angesehen, also in der Regel ebenfalls der Aufsichtsratsvorsitzende, der diese Aufgabe an einen Protokollanten delegieren darf.[100] Der Inhalt der Niederschrift richtet sich wie bei Beurkundungen nach § 130 Abs. 1 und 2. Inhaltliche oder formelle Mängel des Protokolls lösen die Nichtigkeitsfolge des § 241 Nr. 2 aus (→ Rn. 47).

26 § 130 Abs. 1 S. 3 gilt über die Verweisungen des Art. 53 SE-VO grundsätzlich auch für **nichtbörsennotierte Europäische Gesellschaften (SE)** mit Sitz in Deutschland. Im Hinblick darauf, dass die Rechtsform der SE für Großunternehmen konzipiert ist, wird die Anwendbarkeit der Norm auf

---

[87] Ebenso Spindler/Stilz/*Wicke* Rn. 39.
[88] BGH NZG 2004, 571 (574); NZG 2004, 575 (578).
[89] MHdB AktG/*Semler,* 3. Aufl. 2011, § 34 Rn. 43; wohl auch Hüffer/*Koch* § 119 Rn. 19.
[90] Ebenso *Blanke* BB 1994, 1505 (1510); *Heckschen* DNotZ 1995, 275 (284).
[91] *Hüffer,* 11. Aufl. 2014, Rn. 14c; MüKoAktG/*Kubis* Rn. 30; Spindler/Stilz/*Wicke* Rn. 40.
[92] *Blanke* BB 1995, 681 (682); *Lutter* AG 1994, 429 (440).
[93] Vgl. 2. Aufl. Rn. 24; *Butzke* HV Kap. N Rn. 20.
[94] BGH NZG 2015, 867.
[95] BGH NZG 2015, 867 Rn. 13 ff.
[96] Hüffer/*Koch* Rn. 14c.
[97] So auch NK-AktR/*Terbrack/Lohr* Rn. 6; Hüffer/*Koch* Rn. 14e.
[98] Hüffer/*Koch* Rn. 14e.
[99] Hüffer/*Koch* Rn. 14e; MüKoAktG/*Kubis* Rn. 33; Spindler/Stilz/*Wicke* Rn. 41; aA Schmidt/Lutter/*Ziemons* Rn. 48.
[100] Hüffer/*Koch* Rn. 14d; MüKoAktG/*Kubis* Rn. 31; Spindler/Stilz/*Wicke* Rn. 41.

eine SE teilweise pauschal bestritten.[101] Dies ist jedoch unzutreffend und findet im Gesetz keine Stütze. Dass die Rechtsform der SE auf Großunternehmen abzielt, schließt rechtlich nicht aus, dass auch kleine nichtbörsennotierte Unternehmen in der Rechtsform der SE existieren. Da sie gemäß Art. 10 SE-VO wie Aktiengesellschaften ihres Sitzstaates zu behandeln sind und über die Verweisungen des Art. 53 SE-VO für Organisation und Ablauf der Hauptversammlung insoweit dieselben Vorschriften gelten wie für Aktiengesellschaften, haben sie grundsätzlich unter denselben Voraussetzungen wie diese das Recht, auf einen Notar zu verzichten.[102]

2. Inhalt der Niederschrift (Abs. 2). a) Ort und Tag der Versammlung. Gemäß Abs. 2 S. 1 müssen Ort und Tag der Hauptversammlung in die Niederschrift **aufgenommen** werden. Auch wenn dies nicht deutlich aus dem Gesetzeswortlaut hervorgeht, genügt die Angabe der politischen Gemeinde nicht (str.).[103] Um die Übereinstimmung mit dem in der Einladung angegebenen Ort zu dokumentieren, ist vielmehr die vollständige postalische Anschrift des Versammlungslokals aufzunehmen.[104] Die exakte Bezeichnung des Versammlungsraumes (beispielsweise der Tagungsraum eines Hotels) ist fakultativ.[105] Ferner ist aus den vorgenannten Gründen auch der genaue Zeitpunkt des Versammlungsbeginns und des Endes anzugeben.[106] Falls die Hauptversammlung erst nach Mitternacht geschlossen wird, ist auch dies zu vermerken.[107] Wenn sie sich über mehrere Tage erstreckt, sind die gefassten Beschlüsse den einzelnen Tagen zuzuordnen.[108] 27

b) Name des Notars. In die Niederschrift ist der Name des Notars aufzunehmen, bei Verwechselungsgefahr auch der Vorname.[109] Allein die Unterschrift reicht dafür nicht aus. Der Name des Versammlungsleiters ist nur bei privatschriftlichen Protokollen gemäß Abs. 1 S. 3, nicht aber bei notariellen Niederschriften aufzunehmen.[110] Die namentliche Aufzählung der anwesenden Organmitglieder wird üblicherweise vorgenommen, ist jedoch nicht zwingend erforderlich.[111] 28

c) Art der Abstimmung. Zur anzugebenden Art der Abstimmung gehört zunächst die **Form der Abstimmung** (beispielsweise mittels Stimmkarten, Zuruf, Handzeichen, EDV-Stimmkarten).[112] Anzugeben ist auch der Rechtsgrund für die gewählte Abstimmungsart.[113] Dieser kann sich aus einer Satzungsregelung oder aufgrund der Leitungsbefugnis des Versammlungsleiters ergeben, wenn dieser die Abstimmungsart festlegt. Ob die **Form der Stimmauszählung** ebenfalls als „Art der Abstimmung" aufzunehmen ist, wird teilweise bestritten.[114] Insoweit handele es sich lediglich um eine notarielle und keine aktienrechtlich begründete Pflicht, deren Verletzung nur Amtshaftungsansprüche, aber keine Nichtigkeit auslösen könne. Die hM tritt dieser Auffassung richtigerweise entgegen.[115] Die Stimmauszählung stellt das notwendige Korrelat zum vorangegangenen Abstimmungsvorgang dar und ist daher gleichermaßen für die festzustellende „Art der Abstimmung" von Interesse. Daher ist beispielsweise zu protokollieren, ob die Auszählung mittels Stimmzählern oder Subtraktionsmethode vorgenommen wurde. Fehlen diese Angaben oder sind sie unrichtig, begründet dies die Nichtigkeit des gefassten Beschlusses (§ 241 Nr. 2). 29

Unsicherheit besteht darüber, ob die Art und Weise der **Feststellung der Stimmkraft** des abstimmenden Aktionärs protokolliert werden muss. In Betracht kommt beispielsweise eine elektronische Erfassung anhand der Präsenzliste oder mittels einfacher Nachfrage. Dies wird richtigerweise 30

[101] *Heckschen* DNotZ 2003, 251 (268); Spindler/Stilz/*Wicke* Rn. 37.

[102] Vgl. MüKoAktG/*Kubis* SE-VO Art. 53 Rn. 20; Spindler/Stilz/*Eberspächer* SE-VO Art. 53 Rn. 7; s. dort jeweils auch zur umstrittenen Frage, ob für den Verzicht auf die Beurkundung die nach der SE-VO für bestimmte Beschlüsse geforderte Zwei-Drittel-Stimmenmehrheit entscheidend ist oder die aktienrechtliche Drei-Viertel-Kapitalmehrheit.

[103] Vgl. MüKoAktG/*Kubis* Rn. 44 mwN.

[104] GroßkommAktG/*Werner* Rn. 16; MüKoAktG/*Kubis* Rn. 44; Schmidt/Lutter/*Ziemons* Rn. 10; aA Hüffer/*Koch* Rn. 15; *Schulte* AG 1985, 33 (37); Spindler/Stilz/*Wicke* Rn. 43.

[105] MüKoAktG/*Kubis* Rn. 44.

[106] MüKoAktG/*Kubis* Rn. 44; für eine fakultative Aufnahme Hüffer/*Koch* Rn. 15; *Butzke* HV Kap. N Rn. 24.

[107] GroßkommAktG/*Werner* Rn. 16; MüKoAktG/*Kubis* Rn. 45.

[108] Hüffer/*Koch* Rn. 15.

[109] Str.; wie hier Hüffer/*Koch* Rn. 16; MüKoAktG/*Kubis* Rn. 46; *Schulte* AG 1985, 33 (37).

[110] Vgl. zum Ganzen MüKoAktG/*Kubis* Rn. 47.

[111] MüKoAktG/*Kubis* Rn. 48.

[112] Hierzu *Reul* AG 2002, 543 (545); *Butzke* HV Kap. N Rn. 24.

[113] MüKoAktG/*Kubis* Rn. 50.

[114] Spindler/Stilz/*Wicke* Rn. 45.

[115] OLG Düsseldorf AG 2003, 510 (511); OLG Oldenburg NZG 2003, 691; LG München ZIP 2012, 2209; LG Wuppertal ZIP 2002, 1618; GroßkommAktG/*Werner* Rn. 19; Hüffer/*Koch* Rn. 17; MüKoAktG/*Kubis* Rn. 52; Schmidt/Lutter/*Ziemons* Rn. 17.

bei unübersichtlichen Stimmverhältnissen für erforderlich gehalten,[116] da die Feststellung, aus wie vielen Aktien die Stimmkraft des einzelnen Aktionärs erwächst, für das Ergebnis der Abstimmung essentiell ist. Ebenfalls aus Vorsichtsgründen zu empfehlen, wenn auch nach hier vertretener Ansicht nicht von § 130 Abs. 2 gefordert, ist die Protokollierung, ob und welche Maßnahmen ergriffen wurden, um die **Beachtung von Stimmverboten** zu gewährleisten.[117]

31 **d) Abstimmungsergebnis.** Abs. 2 S. 1 verlangt ferner die Angabe des Abstimmungsergebnisses. Hierzu gehört die **Anzahl der Ja-Stimmen** und der **Enthaltungen** bzw. ungültigen oder gesperrten Stimmen, alternativ die Anzahl der Nein-Stimmen und der Enthaltungen bzw. ungültigen oder gesperrten Stimmen (Subtraktionsverfahren) oder die Anzahl der Ja- und die der Nein-Stimmen (im Additionsverfahren). Beim Subtraktionsverfahren muss in der Niederschrift auch die Präsenz zum Zeitpunkt der Abstimmung angegeben werden.[118] Bei Beschlüssen, für die das Gesetz neben der Stimmenmehrheit zusätzlich eine Kapitalmehrheit verlangt, ist neben der Anzahl der Stimmen auch das durch sie vertretene Grundkapital aufzuführen.[119]

32 Zum Abstimmungsergebnis gehört auch die **rechtliche Folgerung,** ob aufgrund des Abstimmungsergebnisses der Beschluss gefasst wurde.[120] Im Schrifttum besteht Uneinigkeit darüber, ob die Folgerungen des Versammlungsleiters, des Notars oder beider in das Protokoll aufzunehmen sind.[121] Allerdings ergibt sich schon aus Abs. 2 S. 1 letzter Hs. (→ Rn. 34), dass hinsichtlich der Folgerungen zunächst die Feststellungen des Versammlungsleiters relevant sind.[122] Etwaige eigene Folgerungen des Notars sind daher nur dann in das Protokoll aufzunehmen, wenn sie von denen des Versammlungsleiters abweichen.[123]

33 Wenn die **Abstimmung nach Aktiengattungen** getrennt erfolgt, ist eine gesonderte Feststellung der Abstimmungsergebnisse nicht generell erforderlich.[124] Etwas anderes gilt aber bei Sonderbeschlüssen (§ 138 S. 1) und getrennter Auszählung, wenn die Gattungen unterschiedliche Stimmkraft haben.[125]

34 **e) Feststellung des Vorsitzenden.** Nach Abs. 2 S. 1 letzter Hs. ist ausdrücklich die Feststellung des Vorsitzenden über die Beschlussfassung in die Niederschrift aufzunehmen. Dies meint die unzweideutige Feststellung, ob der dem Beschluss zugrunde liegende Antrag angenommen oder abgelehnt wurde bzw. ob der Beschluss mit dem insoweit näher bezeichneten Inhalt zustande gekommen ist.[126] **Rechtlicher Hintergrund** ist, dass die Feststellung und Verlautbarung durch den Vorsitzenden konstitutives Merkmal für die Beschlussfassung ist und der Beschluss nicht wirksam zustande kommt, falls sie unterbleibt.[127] Gleichzeitig bewirken die förmliche Feststellung und deren Protokollierung eine Wirksamkeitsfiktion dahingehend, dass der festgestellte Inhalt gilt, selbst wenn in Wahrheit der Beschluss nicht oder mit einem anderen Inhalt zustande gekommen ist.[128]

35 Nach dem durch das ARUG neu eingefügten **Abs. 2 S. 2** gehören zur in die Niederschrift aufzunehmenden Feststellung des Versammlungsleiters über die Beschlussfassung bei **börsennotierten Gesellschaften** grundsätzlich auch folgende Feststellungen: die Zahl der Aktien, für die gültige Stimmen abgegeben wurden (S. 2 Nr. 1), der Anteil des durch die gültigen Stimmen vertretenen Grundkapitals am eingetragenen Grundkapital (S. 2 Nr. 2) sowie die Zahl der für den Beschluss abgegebenen Stimmen, Gegenstimmen und ggf. die Zahl der Enthaltungen (S. 2 Nr. 3). Anders als in Nr. 1 ist in Nr. 3 nicht nochmals von gültigen Stimmen die Rede, da selbstverständlich ist, dass ungültige Stimmen bei der Abstimmung keine Ja-Stimmen sein können.[129] Durch die Formulierung

---

[116] KG JW 1933, 2465.

[117] AA die hM, s. GroßkommAktG/*Werner* Rn. 18; Hüffer/*Koch* Rn. 18; MüKoAktG/*Kubis* Rn. 53; Schmidt/Lutter/*Ziemons* Rn. 16; Spindler/Stilz/*Wicke* Rn. 46.

[118] HK-AktG/*Reger* Rn. 15.

[119] *Schulte* AG 1985, 33 (38).

[120] Zum Ganzen MHdB AG/*Hoffmann-Becking* § 41 Rn. 10 ff.

[121] Vgl. die Nachweise bei Hüffer/*Koch* Rn. 21.

[122] IErg ebenso MHdB AG/*Hoffmann-Becking* § 41 Rn. 11.

[123] Krit. zu einer allgemeinen Prüfungs- und Überwachungspflicht BGH NZG 2009, 342 (344); Schmidt/Lutter/*Ziemons* Rn. 20; Spindler/Stilz/*Wicke* Rn. 51; aA Geßler/Hefermehl/*Eckardt* Rn. 23: Aufnahme ist stets erforderlich.

[124] So die heute hM, vgl. nur GroßkommAktG/*Werner* Rn. 24; Hüffer/*Koch* Rn. 20; *Schulte* AG 1985, 33 (38); Spindler/Stilz/*Wicke* Rn. 49; *Wilhelmi* BB 1987, 1331 (1334).

[125] GroßkommAktG/*Werner* Rn. 24; Hüffer/*Koch* Rn. 20.

[126] BayObLG NJW 1973, 250.

[127] Spindler/Stilz/*Wicke* Rn. 52.

[128] HM, vgl. *v. Falkenhausen* BB 1966, 337 (341); Hüffer/*Koch* Rn. 22; MüKoAktG/*Kubis* Rn. 62; Schmidt/Lutter/*Ziemons* Rn. 22.

[129] Begr. RegE, BT-Drs. 16/11642, 32.

„und ggf. die Zahl der Enthaltungen“ soll klargestellt werden, dass Enthaltungen nur dann festgestellt werden müssen, wenn das Abstimmungsergebnis nach der Subtraktionsmethode festgestellt wird. Die Regelung soll nichts daran ändern, dass Enthaltungen zu den abgegebenen Stimmen zählen und für die Ermittlung der Beschlussmehrheit nicht maßgebend sind.[130] **Abs. 2 S. 3** ermöglicht eine **vereinfachte Feststellungsform** in der Weise, dass die Feststellung über die Beschlussfassung für jeden Beschluss darauf beschränkt werden kann, dass der Versammlungsleiter feststellt, dass die erforderliche Mehrheit für den jeweiligen Beschluss erreicht wurde. Das Ergebnis der Abstimmung gemäß § 130 Abs. 2 S. 1 AktG darf sich dann aber nicht auf die Angabe des rechtlichen Ergebnisses beschränken.[131] Anderenfalls würden für börsennotierte Gesellschaften deutlich geringere Anforderungen gelten als für nicht börsennotierte Gesellschaften.[132] Der Notar kann sich für seine Angaben auf den Abstimmungsbericht stützen. Dieser sollte ihm vom Versammlungsleiter zugänglich gemacht werden.[133] Dem Publizitätserfordernis ist in diesem Fall dadurch Genüge getan, dass die festgestellten Abstimmungsergebnisse, einschließlich der Angaben nach Abs. 2 S. 2, auf der Internetseite der Gesellschaft zu veröffentlichen sind.[134] Das vereinfachte Feststellungsverfahren bei börsennotierten Gesellschaften ist aber nur möglich, wenn kein Aktionär eine umfassende Feststellung nach S. 2 verlangt. Aus einem Umkehrschluss ergibt sich, dass nichtbörsennotierte Gesellschaften stets das einfache Feststellungsverfahren wählen können, auch wenn Aktionäre nähere Angaben nach S. 2 verlangen sollten. Der Notar muss die Feststellung des Versammlungsleiters so niederschreiben, wie er sie wahrnimmt, gleich, ob er sie für richtig hält oder nicht.[135] Zu den ggf. zusätzlich aufzunehmenden eigenen Folgerungen des Notars hinsichtlich der Feststellungen → Rn. 32. Eine unterschiedliche Einschätzung kann freilich nicht auftreten, wenn bei privatschriftlichen Protokollen nach Abs. 1 S. 3 der Versammlungsleiter gleichzeitig der Protokollführer ist (→ Rn. 25).[136] Der Versammlungsleiter kann seine Feststellungen bis zum Ende der Hauptversammlung **korrigieren,**[137] was dann auch entsprechend in der Niederschrift wiederzugeben ist.

Fehlt die Protokollierung der Feststellung nach Abs. 2 S. 1 oder ist diese fehlerhaft, so begründet dies die Nichtigkeit des Beschlusses (§ 241 Nr. 2). Die Richtigkeit der zahlenmäßigen Feststellung des Vorsitzenden nach Abs. 2 S. 2 und 3 ist kein Beschlusswirksamkeitserfordernis.[138] **36**

3. Anlagen (Abs. 3). a) Einberufungsbelege. Nach Abs. 3 sind die Belege über die Einberufung der Versammlung der Niederschrift als Anlage beizufügen, wenn nicht der Inhalt der Angaben selbst in der Niederschrift aufgeführt ist. Möglich ist nicht nur die Beifügung im Original (Urschrift). Seit Einführung des elektronischen Bundesanzeigers und Zulassung der Einberufung mittels eingeschriebenen Briefes (§ 121 Abs. 4 S. 2) sind auch Ausdrucke der Veröffentlichung im elektronischen Bundesanzeiger[139] bzw. eine Musterkopie der versandten Briefe samt den einzelnen Einschreibungsnachweisen[140] zulässig. Soweit die Satzung die **Einberufung durch E-Mail oder Telefax** zulässt, empfiehlt es sich, neben einem Sendebericht den vollständigen Text der jeweiligen Schreiben beizufügen.[141] Wird von den letztgenannten Medien Gebrauch gemacht, kann aber eine Wiedergabe des Textes der Einberufung in der Niederschrift (dazu unten) unter Verzicht auf die Beifügung nach Abs. 3 Hs. 2 zweckmäßiger sein. Die Belege müssen als Anlage benannt und mit der Niederschrift äußerlich fest verbunden sein, was beim notariellen Protokoll entweder durch Ankleben oder durch Anheften und Siegeln (s. etwa §§ 18 Abs. 2 S. 1, 30, 31 der hessischen Dienstordnung für Notare sowie die entsprechenden Vorschriften in den Dienstordnungen für Notare der anderen Bundesländer)[142] und beim privatschriftlichen Protokoll durch eine entsprechende, praktikable Verfahrensweise geschieht. Sowohl im notariellen als auch im privatschriftlichen Protokoll muss auf die beigefügten **37**

[130] Begr. RegE, BT-Drs. 16/11642, 32.
[131] *Deilmann/Otte* BB 2010, 722 (724); Hüffer/*Koch* Rn. 23b; DNotI-Report 2010, 61 (64); Schmidt/Lutter/*Ziemons* Rn. 31; Spindler/Stilz/*Wicke* Rn. 54; aA *Bosse* NZG 2009, 807 (810); KK-AktG/*Noack/Zetzsche* Rn. 209.
[132] DNotI-Report 2010, 61 (64).
[133] *Deilmann/Otte* BB 2010, 722 (724); DNotI-Report 2010, 61 (64).
[134] Begr. Rechtsausschuss, BT-Drs. 16/13098, 57; krit. zum Stellenwert eines notariellen Protokolls DNotI-Report 2010, 61 (63).
[135] GroßkommAktG/*Werner* Rn. 27; Hüffer/*Koch* Rn. 23; MüKoAktG/*Kubis* Rn. 63.
[136] MüKoAktG/*Kubis* Rn. 63.
[137] MüKoAktG/*Kubis* Rn. 62.
[138] *Allmendinger* DNotZ 2012, 164 (167); KK-AktG/*Noack/Zetzsche* Rn. 194; vgl. auch *Roeckl-Schmidt/Stoll* AG 2012, 225 f.
[139] HK-AktG/*Reger* Rn. 40; MüKoAktG/*Kubis* Rn. 73; Schmidt/Lutter/*Ziemons* Rn. 72.
[140] Schmidt/Lutter/*Ziemons* Rn. 72; Spindler/Stilz/*Wicke* Rn. 57.
[141] Spindler/Stilz/*Wicke* Rn. 57.
[142] HK-AktG/*Reger* Rn. 40.

Anlagen ausdrücklich verwiesen werden.[143] Spätestens bei Unterzeichnung der endgültigen Niederschrift müssen die Anlagen beigefügt werden, da sie Bestandteil der Niederschrift sind.[144] Die Belege über die Einberufung brauchen nicht der Niederschrift beigefügt zu werden, wenn sie unter Angabe ihres Inhalts in der Niederschrift aufgeführt sind (Abs. 3 Hs. 2). Es ist anerkannt, dass der genaue Wortlaut der Belege nicht in die Niederschrift übernommen werden muss.[145] Erforderlich ist aber, dass aus den Angaben die Ordnungsmäßigkeit der Einberufung festgestellt werden kann,[146] so dass eine (fakultative) wörtliche Wiedergabe zweckmäßig ist. Bei der Einpersonen-Gesellschaft[147] und im Fall der Vollversammlung, wenn kein Widerspruch gegen die Art der Vollversammlung erhoben wird,[148] kann auf die Beifügung von Belegen nach Abs. 3 verzichtet werden.

38 **b) Weitere nicht von Abs. 3 erfasste Anlagen.** Abs. 3 ist nicht abschließend. Weitere **obligatorische Anlagen** sind für bestimmte Fälle vorgeschrieben, beispielsweise Nachgründungsverträge (§ 52 Abs. 2 S. 7), Unternehmensverträge (§ 293g Abs. 2 S. 2),[149] Verschmelzungsverträge (§ 13 Abs. 3 S. 2 UmwG) und Spaltungsverträge (§§ 125 S. 1, 13 Abs. 3 S. 2 UmwG) und Verträge zur Übertragung des gesamten Gesellschaftsvermögens (§ 179a Abs. 2 S. 6) sowie Verträge nach dem UmwG zur Vermögensübertragung (§§ 176 Abs. 1, 13 Abs. 3 S. 2 UmwG). Die häufige Vorgehensweise der Praxis, auch den festgestellten Jahresabschluss der Niederschrift beizufügen, wird nicht von Abs. 3 gefordert (zur freiwilligen Beifügung → Rn. 39);[150] erforderlich ist lediglich dessen Einreichung zum Handelsregister gemäß den §§ 325 ff. HGB. Satzungsänderungen sind im vollständigen Text ebenfalls nicht der Niederschrift, sondern gemäß § 181 Abs. 1 der Handelsregisteranmeldung beizufügen.

39 **c) Fakultative Anlagen.** Grundsätzlich können auf freiwilliger Basis **weitere Anlagen** beigefügt werden. Insoweit kommen in Betracht:[151] Jahres- und Konzernabschluss nebst Lageberichten, Teilnehmerverzeichnis und Vorstandsberichte zum Bezugsrechtsausschluss, zu Unternehmensverträgen oder Vorgängen nach dem UmwG. Werden solche Berichte der Niederschrift als Anlage beigefügt oder ihrem Wortlaut nach in die Niederschrift aufgenommen, so können sie bei der Auslegung von Hauptversammlungsbeschlüssen berücksichtigt werden.[152]

40 **4. Unterschrift des Notars (Abs. 4).** Nach Abs. 4 S. 1 ist die Niederschrift vom Notar zu unterzeichnen. Die Unterschrift muss eigenhändig (Nachname genügt)[153] vorgenommen werden und soll die Amtsbezeichnung enthalten (§ 13 Abs. 3 BeurkG). Zeugen müssen nicht hinzugezogen werden (Abs. 4 S. 2). Die Satzung kann nicht die Unterzeichnung durch weitere Personen, insbesondere des Versammlungsleiters, bindend vorschreiben, weil sie den Notar nicht in der Ausübung seiner Amtspflicht beschneiden kann.[154] Falls der Versammlungsleiter irrtümlicherweise mit unterschreiben sollte, ist dies aber nicht unzulässig und hat keine Auswirkungen auf die Wirksamkeit der Niederschrift.[155] Die Unterschrift kann nicht vor Beendigung der Hauptversammlung geleistet werden (zu deren Bedeutung aber → Rn. 14).[156] Sie ist allerdings nach Beendigung schnellstmöglich vorzunehmen, um die „rechtzeitige" (§ 130 Abs. 5) Einreichung beim Handelsregister zu ermöglichen. Dies empfiehlt sich auch, um einer plötzlichen Verhinderung (etwa durch Krankheit, Tod) zuvorzukommen.[157] Mit Ausnahme der Beifügung der Amtsbezeichnung gelten die vorstehenden Ausführungen auch für die Unterzeichnung **privatschriftlicher Protokolle** durch den Versammlungsleiter (zur Person des Unterzeichners → Rn. 25).

41 **5. Einreichung zum Handelsregister (Abs. 5).** Gemäß Abs. 5 ist **unverzüglich,** dh ohne schuldhaftes Zögern (§ 121 Abs. 1 S. 1 BGB),[158] nach der Versammlung eine öffentlich beglaubigte

---

[143] MüKoAktG/*Kubis* Rn. 75.
[144] GroßkommAktG/*Werner* Rn. 50; MüKoAktG/*Kubis* Rn. 75.
[145] HK-AktG/*Reger* Rn. 41.
[146] HK-AktG/*Reger* Rn. 41; GroßkommAktG/*Werner* Rn. 51.
[147] GroßkommAktG/*Werner* Rn. 51; Hüffer/*Koch* Rn. 24; Spindler/Stilz/*Wicke* Rn. 5.
[148] GroßkommAktG/*Werner* Rn. 51; Hüffer/*Koch* Rn. 24; Schmidt/Lutter/*Ziemons* Rn. 74; Spindler/Stilz/*Wicke* Rn. 5.
[149] Zu § 293 Abs. 3 S. 6 aF vgl. BGH NJW 1992, 1452.
[150] LG München I AG 1991, 75; HK-AktG/*Reger* Rn. 43; *v. Falkenhausen* BB 1966, 337 (342); Hüffer/*Koch* Rn. 25; MüKoAktG/*Kubis* Rn. 74.
[151] Schmidt/Lutter/*Ziemons* Rn. 76.
[152] BGH DStR 1995, 459 (460); Hüffer/*Koch* Rn. 24.
[153] GroßkommAktG/*Werner* Rn. 48; Spindler/Stilz/*Wicke* Rn. 60.
[154] GroßkommAktG/*Werner* Rn. 48.
[155] GroßkommAktG/*Werner* Rn. 48.
[156] Spindler/Stilz/*Wicke* Rn. 60.
[157] Hüffer/*Koch* Rn. 26.
[158] Anders Schmidt/Lutter/*Ziemons* Rn. 79, die die Frist des § 246 Abs. 1 für maßgeblich erachtet.

oder, im Falle des Abs. 1 S. 3, eine vom Versammlungsleiter (str., → Rn. 25) unterzeichnete Abschrift der Niederschrift und ihrer Anlagen zum Handelsregister einzureichen. Entgegen dem Wortlaut ist nicht der Vorstand als Organ, sondern die Gesellschaft, vertreten durch den Vorstand, zur Einreichung verpflichtet.[159] Die Pflicht der Einreichung besteht neben der etwaig auch bestehenden Pflicht zur Anmeldung eintragungsbedürftiger Hauptversammlungsbeschlüsse.[160]

a) Einzureichende Urkunden. Bei der Frage nach den einzureichenden Unterlagen ist hinsichtlich der Protokollierungsart (§ 130 Abs. 1) zu unterscheiden. Werden die Beschlüsse der Hauptversammlung **notariell beurkundet,** so ist gemäß Abs. 5 Alt. 1 eine öffentlich beglaubigte Abschrift der Niederschrift und ihrer Anlagen (also aller Anlagen iSd Abs. 3, → Rn. 37, und aller weiteren obligatorischen Anlagen, → Rn. 38) zum Handelsregister einzureichen.[161] Seit Neufassung des § 12 Abs. 2 HGB aufgrund Art. 1 Nr. 2 EHUG[162] ist das Protokoll elektronisch zu übermitteln. Für die elektronische Einreichung öffentlich beglaubigter Abschriften verlangt das Gesetz ein mit einem einfachen elektronischen Zeugnis versehenes Dokument (§ 12 Abs. 2 S. 2 Hs. 2 HGB), wobei die elektronische Beglaubigung durch den Notar mittels einer qualifizierten elektronischen Signatur nach dem Signaturgesetz zu erfolgen hat (§ 39a S. 2 BeurkG). Die Urschrift verbleibt gemäß § 45 Abs. 1 BeurkG beim Notar. 42

Im Falle des **privatschriftlichen Protokolls** ist eine vom Versammlungsleiter (str., → Rn. 25) unterzeichnete Abschrift dieses Protokolls sowie dessen Anlagen zum Handelsregister einzureichen (Abs. 5 Alt. 2). Die Übermittlung zum Handelsregister kann dabei durch eine einfache elektronische Aufzeichnung erfolgen (§ 12 Abs. 2 S. 2 Hs. 1 HGB); eine notarielle elektronische Signatur ist insoweit nicht erforderlich. Das Original verwahrt in diesem Fall die Gesellschaft.[163] Wegen § 13 Abs. 1 HGB nF genügt nunmehr die Einreichung nur eines elektronischen Exemplars beim Registergericht des Hauptsitzes, auch wenn die Gesellschaft über mehrere eingetragene Zweigniederlassungen im Inland verfügt.[164] Sofern Beschlüsse der Hauptversammlung zur Eintragung zum Handelsregister anzumelden sind, kann eine spätere Anmeldung auf die bereits vorgelegte Niederschrift Bezug nehmen.[165] 43

b) Handhabung und Prüfung durch das Registergericht. Das Registergericht hat die Einreichung der Urkunden ggf. durch Zwangsgeld durchzusetzen (§ 14 HGB). Die elektronisch eingereichten Protokolle werden in den **Registerordner** für das Registerblatt der Gesellschaft aufgenommen (§§ 9, 13 HRV). Das Registergericht prüft grundsätzlich[166] nicht die formelle oder inhaltliche Richtigkeit des Protokolls an sich, sondern nur eintragungsbedürftige Beschlüsse, wenn die gesondert erforderliche (→ Rn. 41) Anmeldung zur Eintragung vorliegt.[167] 44

c) Einsichtsrecht. Die Einsichtnahme in die zum Handelsregister eingereichten Dokumente ist **jedermann** zu Informationszwecken gestattet (§ 9 Abs. 1 S. 1 HGB), ohne dass ein berechtigtes Interesse dargelegt werden muss.[168] Das Einsichtsrecht bezieht sich auch auf Anlagen, die der Niederschrift beigefügt sind.[169] Die zum Handelsregister eingereichten Daten und Dokumente sind gleichzeitig über die Internetseite des Unternehmensregisters[170] zugänglich (§ 8b Abs. 2 Nr. 1 HGB). Nach § 9 Abs. 4 HGB können Ausdrucke oder Abschriften der eingereichten Dokumente verlangt werden. Vom Notar kann die Gesellschaft Abschriften verlangen (§ 51 Abs. 1 Nr. 2, Abs. 3 BeurkG), bei der Einberufung aufgrund eines Minderheitenverlangens (§ 122) die Minderheit[171] 45

---

159 MüKoAktG/*Kubis* Rn. 76; Spindler/Stilz/*Wicke* Rn. 61.

160 HK-AktG/*Reger* Rn. 50; GroßkommAktG/*Werner* Rn. 58; NK-AktR/*Terbrack/Lohr* Rn. 38; Hüffer/*Koch* Rn. 27.

161 Hierzu GroßkommAktG/*Werner* Rn. 61 ff., der fakultative Anlagen nicht von der Einreichungspflicht erfasst ansieht.

162 Gesetz über elektronische Handelsregister und Genossenschaftsregister sowie das Unternehmensregister vom 10.11.2006 (BGBl. I S. 2553).

163 HK-AktG/*Reger* Rn. 51.

164 Spindler/Stilz/*Wicke* Rn. 61.

165 Hüffer/*Koch* Rn. 27; Spindler/Stilz/*Wicke* Rn. 61.

166 Zur Ausnahme bei der Nichtigkeit von Aufsichtsratswahlen oder von Wahlen des Abschlussprüfers vgl. GroßkommAktG/*Werner* Rn. 65; MüKoAktG/*Kubis* Rn. 76.

167 HK-AktG/*Reger* Rn. 53; Hüffer/*Koch* Rn. 28; MüKoAktG/*Kubis* Rn. 76.

168 GroßkommAktG/*Werner* Rn. 69; NK-AktR/*Terbrack/Lohr* Rn. 39; Hüffer/*Koch* Rn. 29; Spindler/Stilz/*Wicke* Rn. 63.

169 Hüffer/*Koch* Rn. 29; MüKoAktG/*Kubis* Rn. 77.

170 www.unternehmensregister.de.

171 GroßkommAktG/*Werner* Rn. 66; MüKoAktG/*Kubis* Rn. 79. In Anlehnung an § 69 kann der Notar verlangen, dass die Minderheit einen gemeinsamen Vertreter bestellt, vgl. GroßkommAktG/*Werner* Rn. 67; Spindler/Stilz/*Wicke* Rn. 63 Fn. 394.

und im Fall des § 111 Abs. 3 der Aufsichtsrat.[172] Umstritten, aber angesichts der unbeschränkten Einsichtsmöglichkeit bezüglich der zum Handelsregister eingereichten Unterlagen praktisch irrelevant ist die Frage, inwieweit Aktionäre oder Organmitglieder Einsicht gegenüber der Gesellschaft verlangen können.[173]

46 **6. Veröffentlichung im Internet (Abs. 6).** Der durch das ARUG neu eingefügte Abs. 6 verpflichtet in Umsetzung des Art. 14 Abs. 2 RL 2007/36/EG[174] börsennotierte Gesellschaften, die festgestellten Abstimmungsergebnisse innerhalb von **sieben Tagen** nach der Versammlung auf ihrer Internetseite zu veröffentlichen. Für die Fristberechnung gelten die §§ 187 ff. BGB; da es sich nicht um eine von der Versammlung zurückrechnende Frist handelt, findet § 121 Abs. 7 keine Anwendung. Die Frist von sieben Tagen wird vom Gesetzgeber als angemessen erachtet, da es sich bei der Veröffentlichung im Internet im Wesentlichen nur um einen technischen Vorgang handelt und dem Aktionär dadurch immer noch genug Zeit verbleibt, eine etwaige Anfechtungsklage vorzubereiten und innerhalb der Monatsfrist des § 246 Abs. 1 zu erheben.[175]

47 **7. Rechtsfolgen bei Verstößen. a) Pflicht zur Protokollierung und Unterzeichnung.** Verstöße gegen die Pflichten aus § 130 Abs. 1, 2 S. 1 und 4 führen gemäß § 241 Nr. 2 zur Nichtigkeit des betroffenen Hauptversammlungsbeschlusses. Wegen der umfassenden Verweisung des § 241 Nr. 2 auf § 130 Abs. 1 gelten die Vorschrift und damit auch die folgenden Ausführungen **ebenfalls für privatschriftliche Protokolle** iSd § 130 Abs. 1 S. 3.[176] Fehler bei Angaben, die das gesamte Protokoll betreffen (etwa Ort, Datum oder Name des Protokollführers), haben die **Nichtigkeit des gesamten Protokollinhalts** – und damit sämtlicher Beschlüsse der betroffenen Hauptversammlung – zur Folge.[177] Die fehlende Unterzeichnung (§ 130 Abs. 4) führt ebenfalls zur Nichtigkeit der gesamten Niederschrift. Unschädlich ist aber das Fehlen der Funktionsbezeichnung des Protokollführers als Notar oder beispielsweise als Vorsitzender des Aufsichtsrats.[178] Betreffen Mängel nur einen bestimmten Beschluss (zB Fehler bei der Angabe von Art oder Ergebnis der Abstimmung), so ist im Regelfall[179] nur dieser von der Nichtigkeit erfasst.[180] Beschlüsse sind in diesem Fall selbst dann nichtig, wenn über das Abstimmungsergebnis kein Zweifel besteht.[181] Dasselbe gilt für eine unrichtige Protokollierung, die einer unvollständigen Protokollierung gleich steht.[182] Allerdings können offensichtliche Unrichtigkeiten (aber nur diese)[183] gemäß § 44a Abs. 2 S. 1 BeurkG nach Fertigstellung der Niederschrift noch **berichtigt** werden.[184] Eintragungspflichtige Hauptversammlungsbeschlüsse werden gemäß § 242 Abs. 1 durch ihre Eintragung in das Handelsregister **geheilt.** Unabhängig hiervon können Schadensersatzansprüche gegen den Notar aus § 19 BNotO begründet sein.[185] Die Nichtigkeitsfolge, die das Gesetz an Beurkundungsmängel knüpft, bezieht sich trotz der umfassenden Verweisung in § 241 Nr. 2 auf § 130 Abs. 1 ausschließlich auf die Protokollierung von Hauptversammlungsbeschlüssen und nicht auf die Protokollierung von **Minderheitsverlangen, Auskunftsverweigerungen oder Widersprüchen.**[186] Es liefe dem Normzweck von Abs. 2, die Beweissituation bei solchen Vorgängen zu verbessern, zuwider, wenn Protokollierungsfehler hier zur Nichtigkeit führten.[187] Soweit aus der Niederschrift kein Minderheitsverlangen hervorgeht, indiziert dies aber, dass kein Minderheitsverlangen gestellt wurde.[188]

---

[172] GroßkommAktG/*Werner* Rn. 66; MüKoAktG/*Kubis* Rn. 79; Spindler/Stilz/*Wicke* Rn. 63.

[173] Dazu MüKoAktG/*Kubis* Rn. 78.

[174] Richtlinie 2007/36/EG vom 11.7.2007 (ABl. L 184, 17).

[175] Begr. RegE, BT-Drs. 16/11642, 32.

[176] MüKoAktG/*Kubis* Rn. 81; Spindler/Stilz/*Wicke* Rn. 64.

[177] MüKoAktG/*Kubis* Rn. 83; Spindler/Stilz/*Wicke* Rn. 64; *Wilhelmi* BB 1987, 1331 (1337).

[178] MüKoAktG/*Kubis* Rn. 81.

[179] MüKoAktG/*Kubis* Rn. 83; Spindler/Stilz/*Wicke* Rn. 64. Eine Ausnahme soll gelten, wenn der Beschluss eine wesentliche Grundlage für einen weiteren Beschluss ist, vgl. hierzu Spindler/Stilz/*Wicke* Rn. 64 mwN.

[180] Spindler/Stilz/*Wicke* Rn. 64; *Wilhelmi* BB 1987, 1331 (1337).

[181] BGH WM 1994, 1521; HK-AktG/*Reger* Rn. 55; NK-AktR/*Terbrack/Lohr* Rn. 40; Hüffer/*Koch* Rn. 30. Zu weiteren, mitunter problematischen Differenzierungen bei Mängeln bezüglich Art und Ergebnis der Abstimmung vgl. Spindler/Stilz/*Wicke* Rn. 65 mwN.

[182] HK-AktG/*Reger* Rn. 55; Hüffer/*Koch* Rn. 30; *Wilhelmi* BB 1987, 1331 (1337).

[183] Insoweit orientiert sich die hM an § 319 ZPO, vgl. GroßkommAktG/*Werner* Rn. 113; *Sigel/Schäfer* BB 2005, 2137 (2143); Spindler/Stilz/*Wicke* Rn. 66.

[184] OLG Köln WM 2010, 2315 (2316); Spindler/Stilz/*Wicke* Rn. 65.

[185] HK-AktG/*Reger* Rn. 55.

[186] Unstr., vgl. nur *Bezzenberger* FS Schippel, 1996, 361 (372); GroßkommAktG/*Werner* Rn. 112; NK-AktR/*Terbrack/Lohr* Rn. 40; Hüffer/*Koch* Rn. 31; MüKoAktG/*Kubis* Rn. 89 ff.; Spindler/Stilz/*Wicke* Rn. 6/8.

[187] *Bezzenberger* FS Schippel, 1996, 361 (372); Spindler/Stilz/*Wicke* Rn. 68.

[188] Hüffer/*Koch* Rn. 31; HK-AktG/*Reger* Rn. 56 spricht insoweit von einer „Vermutung".

Lag tatsächlich jedoch ein Minderheitsverlangen vor, dessen Protokollierung der Notar unterlassen hat, so kann sich der Notar aus § 19 BNotO gegenüber den Minderheitsaktionären schadensersatzpflichtig machen.[189] Das **Registergericht** hat bei Protokollierungsmängeln, die zur Nichtigkeit führen, die Eintragung der betroffenen Hauptversammlungsbeschlüsse in das Handelsregister abzulehnen.[190]

b) Beifügungspflicht. Falls die nach § 130 Abs. 3 erforderlichen **Anlagen fehlen,** hat dies auf die Gültigkeit der Protokollierung keinen Einfluss, da § 130 Abs. 3 nicht in § 241 Nr. 2 in Bezug genommen wird.[191] Auch die Anfechtbarkeit von Hauptversammlungsbeschlüssen lässt sich darauf nicht stützen, weil ein bereits gefasster Hauptversammlungsbeschluss niemals auf einem nachfolgenden Gesetzesverstoß (hier der fehlenden Beifügung von Anlagen) beruhen kann.[192] Allerdings können auch bei einer Verletzung der Beifügungspflicht Schadensersatzansprüche gegen den Notar aus § 19 BNotO bestehen.[193] 48

c) Einreichungspflicht. Verstößt die Gesellschaft gegen ihre Pflicht zur Einreichung aus § 130 Abs. 5, kann sie gemäß § 14 HGB mit **Zwangsgeld** belegt werden. Mangels Erwähnung in § 241 Nr. 2 hat eine verzögerte Einreichung ansonsten keine Auswirkung auf das Protokoll und die darin niedergelegten Hauptversammlungsbeschlüsse.[194] 49

d) Rechtsfolgen für den Protokollführer. Hierbei ist zwischen einem Notar und einem protokollierenden Versammlungsleiter zu unterscheiden. Vorsätzliche oder fahrlässige Verstöße des **Notars** gegen seine Pflicht zur vollständigen Protokollierung (§ 130 Abs. 1 S. 1 und 2, Abs. 2, → Rn. 27 ff.), gegen seine in → Rn. 16 genannten Prüfungs-, Hinweis- und Einwirkungspflichten,[195] gegen die Pflicht zur Unterzeichnung (→ Rn. 40) und Fehler im Rahmen der elektronischen Übermittlung der Dokumente an das Registergericht (→ Rn. 42 f.) begründen eine tatbestandliche Amtspflichtverletzung iSd § 19 BNotO. Er hat all jenen die daraus resultierenden Schäden zu ersetzen, gegenüber denen die Amtspflicht bestand (§ 19 Abs. 1 S. 1 BNotO). Amtspflichten bestehen jedenfalls gegenüber der Gesellschaft und ihren Aktionären.[196] Gegenüber Gläubigern der Gesellschaft besteht eine Amtspflicht nur, soweit sie aus dem beurkundeten Vorgang abgeleitet werden kann.[197] Im Fall der Fahrlässigkeit ist die Haftung, wie bei Beamten (§ 839 Abs. 1 S. 2 BGB), allerdings subsidiär (§ 19 Abs. 1 S. 2 BNotO). Über § 19 Abs. 1 S. 3 BNotO iVm § 254 BGB ist die Einbeziehung eines Mitverschuldens der Gesellschaft oder eines geschützten Dritten möglich. War der Notar unzuständig oder hat er gegen das Mitwirkungsverbot verstoßen, so begründet dies allerdings nicht die Unwirksamkeit der Beurkundung,[198] so dass Schadensersatzansprüche nicht in Betracht kommen werden; den Notar werden insoweit aber standesrechtliche Konsequenzen treffen. 50

Den **Versammlungsleiter als nicht-notariellen Protokollführer** treffen keine mit den Pflichten des Notar vergleichbaren Pflichten, so dass Amtshaftungsansprüche gegen ihn nicht in Betracht kommen.[199] Allerdings wird, soweit es sich bei dem Versammlungsleiter um ein Aufsichtsratsmitglied handelt, eine Haftung nach § 116 iVm § 93 für möglich gehalten.[200] Hierfür spricht, dass das Gesetz in § 130 Abs. 1 S. 3 einen Versammlungsleiter in seiner Funktion als Aufsichtsratsvorsitzenden vorsieht, der infolgedessen auch seine allgemeinen Amtspflichten aus dem Aufsichtsratsmandat weiter zu beachten hat. 51

8. Zulässigkeit von Tonbandprotokollen und anderen Aufzeichnungen. Die Gesellschaft kann, obwohl sie nicht dazu verpflichtet ist,[201] zusätzliche Protokolle mittels stenografischer Mitschrift, Ton- oder Bildaufzeichnung erstellen. Hierunter fällt bereits die häufig vorgenommene stenografische Mitschrift der von Aktionären gestellten Fragen zur Beantwortung im sog. „Backof- 52

[189] Hüffer/*Koch* Rn. 31.
[190] Spindler/Stilz/*Wicke* Rn. 67.
[191] HK-AktG/*Reger* Rn. 57; Hüffer/*Koch* Rn. 32; MüKoAktG/*Kubis* Rn. 92; Spindler/Stilz/*Wicke* Rn. 68.
[192] *Bezzenberger* FS Schippel, 1996, 361 (373), allerdings mit Einschränkungen hinsichtlich eines Beschlusses nach § 147 Abs. 1; ferner HK-AktG/*Reger* Rn. 57; Hüffer/*Koch* Rn. 32; Spindler/Stilz/*Wicke* Rn. 68.
[193] HK-AktG/*Reger* Rn. 57; Hüffer/*Koch* Rn. 32.
[194] MüKoAktG/*Kubis* Rn. 93; Spindler/Stilz/*Wicke* Rn. 68.
[195] MüKoAktG/*Kubis* Rn. 96.
[196] HK-AktG/*Reger* Rn. 59; MüKoAktG/*Kubis* Rn. 94; Spindler/Stilz/*Wicke* Rn. 69.
[197] HK-AktG/*Reger* Rn. 59; GroßkommAktG/*Werner* Rn. 108.
[198] GroßkommAktG/*Werner* Rn. 109 f.
[199] MüKoAktG/*Kubis* Rn. 97.
[200] MüKoAktG/*Kubis* Rn. 33; Spindler/Stilz/*Wicke* Rn. 69.
[201] So die ganz hM, vgl. statt aller GroßkommAktG/*Werner* Rn. 121; Hüffer/*Koch* Rn. 33; *Butzke* HV Kap. N Rn. 49.

fice". Diese Protokolle sind von den in Abs. 1 erwähnten Protokollen zu unterscheiden. Zum Schutz des allgemeinen Persönlichkeitsrechts der Redner hat der Leiter der Hauptversammlung auf die Absicht, die Redebeiträge auf **Tonträger** mitzuschneiden oder **Bildaufzeichnungen** anzufertigen, ausdrücklich aufmerksam zu machen und die Teilnehmer darauf hinzuweisen, dass sie für die Dauer ihres Redebeitrags die Unterbrechung der Aufnahme verlangen können.[202] Ein solches Verlangen ist allerdings nicht berechtigt und folglich unbeachtlich, wenn der Mitschnitt aufgrund einer gemäß § 118 Abs. 4 erlassenen Bestimmung in der Satzung oder Geschäftsordnung erfolgt. Dasselbe gilt für die Übertragung der Hauptversammlung im Fernsehen oder Internet. Keiner Zustimmung der Hauptversammlung bedarf allerdings die Übertragung auf eine Großleinwand im Versammlungssaal.[203] Auch **stenografische Protokolle** sind ohne weiteres zulässig.[204] Die Aktionäre haben auf die Aushändigung zusätzlich erstellter Protokolle grundsätzlich keinen Anspruch;[205] ausnahmsweise kann sich ein solcher Anspruch aus § 53a (Gleichbehandlungsgrundsatz) ergeben, wenn einem Aktionär freiwillig eine Abschrift erteilt wurde.[206] Aus dem Mitgliedschaftsverhältnis bzw. der Treuepflicht folgt aber zumindest die Verpflichtung der Gesellschaft, dem Aktionär Zug um Zug gegen Kostenerstattung eine schriftliche Aufzeichnung der Teile des stenografischen Protokolls, der Tonbandaufzeichnung oder der Bildaufzeichnung[207] auszuhändigen, die seine eigenen Fragen und Beiträge sowie die darauf erteilten Antworten einschließlich der dazu abgegebenen Begründungen der Mitglieder des Vorstands enthalten.[208] Ungeklärt ist, ob Aktionäre ohne eigenen Wortbeitrag, die aber einen Widerspruch zur Niederschrift erklärt haben, Anspruch auf einen Protokollauszug haben.[209] Ein solcher Anspruch kann allenfalls den Widerspruch und die Gegenäußerung der Verwaltung hierzu, nicht aber sämtliche Wortbeiträge umfassen, es sei denn, der Aktionär hat sich diese zu eigen gemacht (wie dies in der Praxis häufig vorkommt).[210]

III. Abdingbarkeit

53 § 130 ist nach hM **zwingender** Natur.[211] Ein Verzicht auf die Beurkundung oder die Anfertigung einer privatschriftlichen Niederschrift ist daher nicht möglich.[212] Auch darf die Satzung keine weniger strengen Beurkundungsvorschriften enthalten (§ 23 Abs. 5).[213] Dagegen sind verschärfende Satzungsbestimmungen nicht als unzulässig anzusehen.[214] Die Satzungsautonomie ist, auch wenn damit zusätzliche Gültigkeitserfordernisse für Beschlussfassungen geschaffen werden, zu respektieren.[215] Daher kann zB die Satzung nichtbörsennotierter Gesellschaften abweichend von Abs. 1 S. 3 eine zwingende Beurkundungspflicht auferlegen. Auch spezifische Bestimmungen hinsichtlich der Form und des Inhalts des Protokolls sind zulässig. Ein Verstoß gegen solche ergänzende Satzungsbestimmungen bewirkt mangels Verstoßes gegen § 130 nicht die Nichtigkeit der Beschlüsse gemäß § 241 Nr. 2, aber aufgrund des Satzungsverstoßes ihre Anfechtbarkeit gemäß § 243 Abs. 1.[216]

IV. Beweislast

54 Mangels gesonderter aktienrechtlicher Vorschriften gelten grundsätzlich die **allgemeinen Regelungen** über die Darlegungs- und Beweislast (→ § 243 Rn. 96 ff.). Danach hat jede Partei die Tatsachen zu behaupten und zu beweisen, die von den ihr günstigen Normen vorausgesetzt werden (Normtheorie).[217] Erhebt ein Kläger Nichtigkeitsklage gegen einen Beschluss mit der Begründung, es liege ein Verstoß gegen die Bestimmungen des § 130 vor, so hat er die Voraussetzung der Gesetzesverletzung darzulegen und zu beweisen.

---

202 Ganz hM, vgl. BGH NJW 1994, 3094; Hüffer/*Koch* Rn. 33.
203 HK-AktG/*Reger* Rn. 39.
204 Schmidt/Lutter/*Ziemons* Rn. 82; Spindler/Stilz/*Wicke* Rn. 70.
205 BGH NJW 1994, 3094 ff.; Hüffer/*Koch* Rn. 33.
206 Spindler/Stilz/*Wicke* Rn. 71.
207 Hüffer/*Koch* Rn. 33.
208 BGH NJW 1994, 3094 (3095).
209 Bejahend *Max* AG 1991, 77 (84); offenlassend BGH NJW 1994, 3094; Hüffer/*Koch* Rn. 33.
210 *Butzke* HV Kap. N Rn. 47; Spindler/Stilz/*Wicke* Rn. 71.
211 Spindler/Stilz/*Wicke* Rn. 1.
212 MüKoAktG/*Kubis* Rn. 88; Spindler/Stilz/*Wicke* Rn. 1; *Wilhelmi* BB 1987, 1331 (1337).
213 MHdB AG/*Hoffmann-Becking* § 41 Rn. 1.
214 So aber GroßkommAktG/*Werner* Rn. 5; NK-AktR/*Terbrack*/*Lohr* Rn. 2.
215 In diesem Sinne auch MüKoAktG/*Kubis* Rn. 98.
216 Vgl. MüKoAktG/*Kubis* Rn. 98.
217 Hüffer/*Koch* § 243 Rn. 59.

§ 131 Auskunftsrecht des Aktionärs

(1) [1]Jedem Aktionär ist auf Verlangen in der Hauptversammlung vom Vorstand Auskunft über Angelegenheiten der Gesellschaft zu geben, soweit sie zur sachgemäßen Beurteilung des Gegenstands der Tagesordnung erforderlich ist. [2]Die Auskunftspflicht erstreckt sich auch auf die rechtlichen und geschäftlichen Beziehungen der Gesellschaft zu einem verbundenen Unternehmen. [3]Macht eine Gesellschaft von den Erleichterungen nach § 266 Absatz 1 Satz 3, § 276 oder § 288 des Handelsgesetzbuchs Gebrauch, so kann jeder Aktionär verlangen, dass ihm in der Hauptversammlung über den Jahresabschluss der Jahresabschluss in der Form vorgelegt wird, die er ohne diese Erleichterungen hätte. [4]Die Auskunftspflicht des Vorstands eines Mutterunternehmens (§ 290 Abs. 1, 2 des Handelsgesetzbuchs) in der Hauptversammlung, der der Konzernabschluss und der Konzernlagebericht vorgelegt werden, erstreckt sich auch auf die Lage des Konzerns und der in den Konzernabschluss einbezogenen Unternehmen.

(2) [1]Die Auskunft hat den Grundsätzen einer gewissenhaften und getreuen Rechenschaft zu entsprechen. [2]Die Satzung oder die Geschäftsordnung gemäß § 129 kann den Versammlungsleiter ermächtigen, das Frage- und Rederecht des Aktionärs zeitlich angemessen zu beschränken, und Näheres dazu bestimmen.

(3) [1]Der Vorstand darf die Auskunft verweigern,

1. soweit die Erteilung der Auskunft nach vernünftiger kaufmännischer Beurteilung geeignet ist, der Gesellschaft oder einem verbundenen Unternehmen einen nicht unerheblichen Nachteil zuzufügen;
2. soweit sie sich auf steuerliche Wertansätze oder die Höhe einzelner Steuern bezieht;
3. über den Unterschied zwischen dem Wert, mit dem Gegenstände in der Jahresbilanz angesetzt worden sind, und einem höheren Wert dieser Gegenstände, es sei denn, daß die Hauptversammlung den Jahresabschluß feststellt;
4. über die Bilanzierungs- und Bewertungsmethoden, soweit die Angabe dieser Methoden im Anhang ausreicht, um ein den tatsächlichen Verhältnissen entsprechendes Bild der Vermögens-, Finanz- und Ertragslage der Gesellschaft im Sinne des § 264 Abs. 2 des Handelsgesetzbuchs zu vermitteln; dies gilt nicht, wenn die Hauptversammlung den Jahresabschluß feststellt;
5. soweit sich der Vorstand durch die Erteilung der Auskunft strafbar machen würde;
6. soweit bei einem Kreditinstitut oder Finanzdienstleistungsinstitut Angaben über angewandte Bilanzierungs- und Bewertungsmethoden sowie vorgenommene Verrechnungen im Jahresabschluß, Lagebericht, Konzernabschluß oder Konzernlagebericht nicht gemacht zu werden brauchen;
7. soweit die Auskunft auf der Internetseite der Gesellschaft über mindestens sieben Tage vor Beginn und in der Hauptversammlung durchgängig zugänglich ist.

[2]Aus anderen Gründen darf die Auskunft nicht verweigert werden.

(4) [1]Ist einem Aktionär wegen seiner Eigenschaft als Aktionär eine Auskunft außerhalb der Hauptversammlung gegeben worden, so ist sie jedem anderen Aktionär auf dessen Verlangen in der Hauptversammlung zu geben, auch wenn sie zur sachgemäßen Beurteilung des Gegenstands der Tagesordnung nicht erforderlich ist. [2]Der Vorstand darf die Auskunft nicht nach Absatz 3 Satz 1 Nr. 1 bis 4 verweigern. [3]Sätze 1 und 2 gelten nicht, wenn ein Tochterunternehmen (§ 290 Abs. 1, 2 des Handelsgesetzbuchs), ein Gemeinschaftsunternehmen (§ 310 Abs. 1 des Handelsgesetzbuchs) oder ein assoziiertes Unternehmen (§ 311 Abs. 1 des Handelsgesetzbuchs) die Auskunft einem Mutterunternehmen (§ 290 Abs. 1, 2 des Handelsgesetzbuchs) zum Zwecke der Einbeziehung der Gesellschaft in den Konzernabschluß des Mutterunternehmens erteilt und die Auskunft für diesen Zweck benötigt wird.

(5) Wird einem Aktionär eine Auskunft verweigert, so kann er verlangen, daß seine Frage und der Grund, aus dem die Auskunft verweigert worden ist, in die Niederschrift über die Verhandlung aufgenommen werden.

Schrifttum: *Angerer,* Die Beschränkung des Rede- und Fragerechts des Aktionärs in der Hauptversammlung, ZGR 2011, 27; *Baums/Keinath/Gajek,* Fortschritte bei Klagen gegen Hauptversammlungsbeschlüsse? Eine empirische Studie, ZIP 2007, 1629; *Baums/Vogel/Tacheva,* Rechtstatsachen zur Beschlußkontrolle im Aktienrecht, ZIP 2000, 1649; *Drinhausen/Keinath,* Schadensersatzpflicht eines Berufsklägers wegen rechtsmissbräuchlicher Anfechtungsklage, BB 2007, 2538; *Franken/Heinsius,* Das Spannungsverhältnis der allgemeinen Publizität zum Auskunftsrecht des Aktionärs, FS Budde, 1995, 213; *Groß,* Informations- und Auskunftsrecht des Aktionärs, AG 1997, 97;

Henze, Die Treupflicht im Aktienrecht, BB 1996, 489; *Holzborn/Bunnemann,* Änderungen im AktG durch den Regierungsentwurf für das UMAG, BKR 2005, 51; *Höreth,* Hauptversammlung in vier bis sechs Stunden – Wie realistisch ist die neue Anregung des Corporate Governance Kodex?, HV Magazin 3/2006, 28; *Hüffer,* Minderheitsbeteiligungen als Gegenstand aktienrechtlicher Auskunftsbegehren, ZIP 1996, 401; *Kamprad,* Informations- und Auskunftspflicht über die steuerliche Tarifbelastung der Rücklagen im Jahresabschluß der AG?, AG 1991, 396; *Krömker,* Der Anspruch des Paketaktionärs auf Informationsoffenbarung zum Zwecke der Due Diligence, NZG 2003, 418; *Kort,* Das Informationsrecht des Gesellschafters der Konzernobergesellschaft, ZGR 1987, 46; *Kubis,* Die „formunwirksame" schriftliche Auskunftserteilung nach § 131 AktG, FS Kropff, 1997, 171; *Kuthe,* Die Fortsetzung der Aktienrechtsreform durch den Entwurf eines Gesetzes zur Unternehmensintegrität und Modernisierung des Anfechtungsrechts, BB 2004, 449; *Martens,* Die Reform der aktienrechtlichen Hauptversammlung, AG 2004, 238; *Meilicke,* Ist die Tarifbelastung des verwendbaren Eigenkapitals im Jahresabschluß der AG und gegenüber dem Aktionär offenzulegen?, BB 1991, 241; *Meilicke/Heidel,* Das Auskunftsrecht des Aktionärs in der Hauptversammlung (Teil I), DStR 1992, 72; *Meilicke/Heidel,* Das Auskunftsrecht des Aktionärs in der Hauptversammlung (Teil II), DStR 1992, 113; *Mutter,* Der Deutsche Governance Kodex als „Eingriffsgrundlage" in das Rede- und Fragerecht des Aktionärs, AG 2006, R 380; *Reuter,* Das Auskunftsrecht des Aktionärs – neuere Rechtsprechung zu § 131 AktG, DB 1988, 2615; *Seibert,* UMAG und Hauptversammlung – Der Regierungsentwurf eines Gesetzes zur Unternehmensintegrität und Modernisierung des Anfechtungsrechts (UMAG), WM 2005, 157; *Spitze/Dieckmann,* Verbundene Unternehmen als Gegenstand des Interesses von Aktionären, ZHR 158 (1994), 447; *Trescher,* Die Auskunftspflicht des Aufsichtsrats in der Hauptversammlung, DB 1990, 515; *Trouet,* Die Hauptversammlung – Organ der Aktiengesellschaft oder Forum der Aktionäre?, NJW 1986, 1302; *Weißhaupt,* Informationsmängel in der Hauptversammlung – Die Neuregelungen durch das UMAG, ZIP 2005, 1766.

Übersicht

I. Allgemeines

1 § 131 soll sicherstellen, dass Aktionäre Zugang zu den **Informationen** erhalten, die sie für die Ausübung ihrer Rechte in der Hauptversammlung, beispielsweise für Beschlussfassungen, für die Entscheidung über eine etwaige Beschlussmängelklage oder für die Ausübung sonstiger Minderheitenrechte, wie etwa der Einleitung einer Sonderprüfung, benötigen.[1] Bei § 131 handelt es sich im Kern um ein individuelles Informationsrecht,[2] welches aber nur in der Hauptversammlung geltend gemacht werden kann und sich nur auf Informationserteilung gegenüber der Hauptversammlung richtet. Damit kommt es der Hauptversammlung als Organ zu Gute.[3] Mit der Einfügung des § 131 Abs. 2 S. 2 durch das Gesetz zur Unternehmensintegrität und Modernisierung des Anfechtungsrechts (UMAG) vom 22.9.2005 (BGBl. I S. 2802) wurde der Hauptversammlung die Möglichkeit gegeben, den Versammlungsleiter durch die Satzung oder die Geschäftsordnung der Hauptversammlung (zu letzterer → § 129 Rn. 3 ff.) zu ermächtigen, das Rede- und Fragerecht zu beschränken. Dies soll die inhaltliche Qualität der Hauptversammlungsdebatte verbessern.[4] Nahezu alle DAX-Unterneh-

---

[1] HK-AktG/*Reger* Rn. 1.
[2] *Hüffer* ZIP 1996, 401 (405); *Kubis* FS Kropff, 1997, 171 (180 und 182).
[3] HK-AktG/*Reger* Rn. 1.
[4] Begr. RegE, BT-Drs. 15/5092, 17.

men haben von dieser Möglichkeit mittlerweile Gebrauch gemacht. Neben den mitgliedschaftlichen Auskunftsrechten kommen individuelle Auskunftsansprüche des Aktionärs gegenüber der Gesellschaft oder den Verwaltungsorganen in der Regel nicht in Betracht, insbesondere nicht aus einem Auftragsverhältnis (§ 666 BGB), da ein solches allein aufgrund der Aktionärsstellung nicht besteht.[5]

II. Einzelerläuterung

1. Auskunftspflicht (Abs. 1). Das Auskunftsrecht beinhaltet sowohl das Recht auf Vorlage bestimmter Dokumente (§ 131 Abs. 1 S. 3; wobei nach der Änderung des § 176 Abs. 1 durch das Gesetz zur Umsetzung der Aktionärsrechte-RL **(ARUG)** vom 30.7.2009 (BGBl. I S. 2479) anzunehmen ist, dass auch im Rahmen des Abs. 1 S. 3 das Zugänglichmachen der Dokumente ggf. in elektronischer Form ausreicht, → § 176 Rn. 6) als auch das Recht, in der Hauptversammlung tagesordnungsbezogen (→ Rn. 8) und im Rahmen der Erforderlichkeit (→ Rn. 10 ff.) gezielt Auskünfte zu verlangen (Fragerecht).[6] 2

a) Auskunftsberechtigter. Das Recht, Auskunft zu verlangen, steht – da es nur in der Hauptversammlung ausgeübt werden kann – nur einem Aktionär zu, der **berechtigt ist,** an der Hauptversammlung **teilzunehmen** (ungeschriebenes Tatbestandsmerkmal)[7] und auch **tatsächlich** selbst **teilnimmt** oder sich vertreten lässt.[8] Dies gilt sowohl für den materiell-rechtlichen Aktionär[9] als auch für denjenigen, der gegenüber der Gesellschaft als Aktionär gilt, insbesondere also den im Aktienregister eingetragenen Namensaktionär[10] und bei Inhaberaktien denjenigen, der nach dem Record Date des § 123 Abs. 4 S. 2 seine Aktien veräußert. Nicht teilnahmeberechtigt ist hingegen in einem solchen Fall der Erwerber (§ 123 Abs. 4 S. 5; → § 123 Rn. 13), der allerdings als Vertreter des Aktionärs an der Hauptversammlung teilnehmen und das Auskunftsrecht ausüben kann.[11] Die **Stimmberechtigung** ist hingegen **unerheblich,** so dass auch Vorzugsaktionäre, die nach § 136 von der Beschlussfassung Ausgeschlossenen und Aktionäre, die ihre Einlage iSd § 134 Abs. 2 noch nicht vollständig geleistet haben, auskunftsberechtigt sind.[12] 3

Da das Auskunftsrecht **nicht höchstpersönlich** ist, kann es durch Dritte anstelle des Aktionärs ausgeübt werden. Nach allgemeiner Ansicht können daher Legitimationsaktionäre iSd § 129 Abs. 3 und Vertreter von Aktionären das Auskunftsrecht ausüben.[13] Auch die Stimmrechtsvollmacht berechtigt zum Auskunftsverlangen[14] und erfasst grundsätzlich Auskünfte zu allen Tagesordnungspunkten.[15] 4

Dritte, die nicht nach den vorstehenden Grundsätzen auskunftsberechtigt sind, haben **kein Auskunftsrecht.** Dies gilt auch dann, wenn sie im Einzelfall ein Recht zur Teilnahme an der Hauptversammlung haben.[16] Der Versammlungsleiter darf Nichtberechtigten kein Auskunftsrecht einräumen.[17] Ebenfalls nicht auskunftsberechtigt ist die Hauptversammlung an sich, da sie nur Adressatin der Auskunft ist.[18] Schließlich besteht auch kein Auskunftsrecht von Nießbrauchern an Aktien oder Inhabern von Wandelschuldverschreibungen, Genussrechten oder Gewinnschuldverschreibungen.[19] Das Auskunftsrecht ist nicht selbständig übertragbar.[20] 5

---

[5] BGH NJW 1967, 1462 f.; zu anderen Anspruchsgrundlagen, die ebenfalls kein Auskunftsrecht begründen, vgl. HK-AktG/*Reger* Rn. 3.

[6] HK-AktG/*Reger* Rn. 2.

[7] Spindler/Stilz/*Siems* Rn. 12.

[8] Vgl. OLG Stuttgart AG 1998, 529 (534); HK-AktG/*Reger* Rn. 4.

[9] Zur tatsächlichen Aktieninhaberschaft bei Bruchteilsgemeinschaften oder der Gesamthand und weiteren Fällen vgl. MüKoAktG/*Kubis* Rn. 15 ff.

[10] HK-AktG/*Reger* Rn. 4; GroßkommAktG/*Decher* Rn. 85; MüKoAktG/*Kubis* Rn. 11; Schmidt/Lutter/*Spindler* Rn. 13.

[11] HK-AktG/*Reger* Rn. 4.

[12] HK-AktG/*Reger* Rn. 4; *Franken/Heinsius* FS Budde, 1995, 213 (223); GroßkommAktG/*Decher* Rn. 85; NK-AktR/*Heidel* Rn. 7; Hüffer/*Koch* Rn. 3; KK-AktG/*Kersting* Rn. 61; MüKoAktG/*Kubis* Rn. 10; Schmidt/Lutter/*Spindler* Rn. 13; Spindler/Stilz/*Siems* Rn. 12.

[13] HK-AktG/*Reger* Rn. 4; GroßkommAktG/*Decher* Rn. 4; NK-AktR/*Heidel* Rn. 8; Hüffer/*Koch* Rn. 4; KK-AktG/*Kersting* Rn. 64; MüKoAktG/*Kubis* Rn. 15; Schmidt/Lutter/*Spindler* Rn. 15; Spindler/Stilz/*Siems* Rn. 14.

[14] LG Heilbronn NJW 1967, 1715 (1716); HK-AktG/*Reger* Rn. 4.

[15] LG Köln AG 1991, 38; HK-AktG/*Reger* Rn. 4; GroßkommAktG/*Decher* Rn. 87; NK-AktR/*Heidel* Rn. 8; KK-AktG/*Kersting* Rn. 66; einschr. Geßler/Hefermehl/*Eckardt* Rn. 21.

[16] MüKoAktG/*Kubis* Rn. 14.

[17] Vgl. HK-AktG/*Reger* Rn. 4.

[18] HK-AktG/*Reger* Rn. 4; GroßkommAktG/*Decher* Rn. 89; MüKoAktG/*Kubis* Rn. 18; KK-AktG/*Kersting* Rn. 68; Schmidt/Lutter/*Spindler* Rn. 13.

[19] GroßkommAktG/*Decher* Rn. 88; Spindler/Stilz/*Siems* Rn. 13.

[20] HK-AktG/*Reger* Rn. 4.

6 **b) Auskunftsverpflichteter.** Entgegen dem Wortlaut von Abs. 1 S. 1 ist Schuldner der Auskunft nach allgemeiner Meinung die Gesellschaft, nicht der Vorstand.[21] Der Vorstand ist lediglich funktionell zuständig für die Erteilung der Auskunft.[22] Etwaiger Klagegegner ist somit die Gesellschaft. Dabei handelt es sich immer nur um die Gesellschaft, **auf deren Hauptversammlung** die Auskunft begehrt wird; mit ihr verbundene Unternehmen sind nicht zur Auskunftserteilung verpflichtet.[23] Trotz diverser Reformwünsche[24] ist angesichts des eindeutigen Wortlauts der **Aufsichtsrat** weder neben noch anstelle der Gesellschaft auskunftsverpflichtet und auch nicht funktionell für die Auskunftserteilung zuständig,[25] selbst wenn eine Frage ausdrücklich an ihn gerichtet ist und eine Handlung des Aufsichtsrats betrifft.[26] Ob die Auskunft erteilt oder verweigert wird, **entscheidet** allein der – amtierende[27] – Vorstand als Gesamtorgan (und nicht etwa der Versammlungsleiter).[28] Die Entscheidung über die Auskunftserteilung ist eine **Geschäftsführungsmaßnahme,** die der Regelung des § 77 Abs. 1 S. 1 (Geschäftsführung) unterfällt und vorbehaltlich anderer Bestimmungen in der Satzung oder Geschäftsordnung (§ 77 Abs. 1 S. 2) einstimmig ergehen muss.[29] Der Beschluss kann auch **konkludent** gefasst werden, etwa im Fall der Beantwortung einer Frage durch ein Vorstandsmitglied ohne Widerspruch der anderen.[30] Der Vorstand kann sich bei der Beantwortung auch **Dritter** bedienen, so etwa Aufsichtsratsmitglieder, Versammlungsleiter, Rechtsanwälten oder anderer Berater (zum Abschlussprüfer → § 176 Rn. 21 ff.).[31] Ferner kann er die Auskunftserteilung **delegieren**[32] oder sich eine Antwort zu eigen machen,[33] insbesondere dann, wenn ein Dritter aufgrund besonderer Sachkenntnis zur Antwort besser geeignet ist. Personen, an die die Auskunftserteilung delegiert wurde, werden dadurch aber nicht selbst auskunftspflichtig; die Auskunftspflicht verbleibt auch in diesem Fall stets bei der Gesellschaft.[34]

7 **c) Auskunftsvoraussetzungen.** Die Auskunftsberechtigung (→ Rn. 3 ff.) und ein wirksames Auskunftsverlangen (→ Rn. 13) vorausgesetzt, knüpft Abs. 1 S. 1 den Anspruch auf Auskunftserteilung an **zwei** weitere **Bedingungen:** Die Auskunft muss **Angelegenheiten der Gesellschaft** zum Gegenstand haben (→ Rn. 8 f.) und zur sachgemäßen Beurteilung des Gegenstands der Tagesordnung **erforderlich** sein (→ Rn. 10 ff.).

8 **aa) Angelegenheiten der Gesellschaft.** Der Begriff „Angelegenheiten der Gesellschaft" wird richtigerweise weit verstanden.[35] Unter Gesellschaftsangelegenheiten wird alles verstanden, was sich unmittelbar oder mittelbar auf die Gesellschaft und ihre Tätigkeit bezieht.[36] **Unmittelbare Angelegenheiten** sind beispielsweise Tatsachen aus dem Bereich der Vermögens-, Finanz- und Ertragslage, der rechtlichen und tatsächlichen Verhältnisse, der Geschäftspolitik, der öffentlichen Darstellung der Gesellschaft und des Risikomanagements.[37] Bei unmittelbaren Angelegenheiten **braucht der Aktionär nicht darzulegen,** dass sie eine Relevanz für die Gesellschaft haben (sie müssen aber

---

[21] OLG Stuttgart AG 1998, 529 (534); HK-AktG/*Reger* Rn. 5; *Groß* AG 1997, 97 (103); GroßkommAktG/*Decher* Rn. 90; NK-AktR/*Heidel* Rn. 17; KK-AktG/*Kersting* Rn. 70; MüKoAktG/*Kubis* Rn. 19.

[22] HK-AktG/*Reger* Rn. 5; GroßkommAktG/*Decher* Rn. 90; Hüffer/*Koch* Rn. 5; KK-AktG/*Kersting* Rn. 71; MüKoAktG/*Kubis* Rn. 19; Schmidt/Lutter/*Spindler* Rn. 16; Semler/Volhard/Reichert/*Volhard* HV HdB § 1 Rn. 19; Spindler/Stilz/*Siems* Rn. 16.

[23] HK-AktG/*Reger* Rn. 5.

[24] Vgl. nur *Butzke* HV Kap. G Rn. 28; Spindler/Stilz/*Siems* Rn. 17.

[25] BVerfG NJW 2000, 349 (351); OLG Stuttgart AG 1995, 234 (235); *Butzke* HV Kap. G Rn. 28; *Groß* AG 1997, 97 (99); GroßkommAktG/*Decher* Rn. 91; Hüffer/*Koch* Rn. 6; KK-AktG/*Kersting* Rn. 72; MüKoAktG/*Kubis* Rn. 22; Spindler/Stilz/*Siems* Rn. 17; aA *Steiner,* Die Hauptversammlung der Aktiengesellschaft, 1995, 87; *Trescher* DB 1990, 515 f.

[26] GroßkommAktG/*Decher* Rn. 91.

[27] HK-AktG/*Reger* Rn. 5; GroßkommAktG/*Decher* Rn. 90; KK-AktG/*Kersting* Rn. 71; MüKoAktG/*Kubis* Rn. 20; Schmidt/Lutter/*Spindler* Rn. 16.

[28] HK-AktG/*Reger* Rn. 5; NK-AktR/*Heidel* Rn. 17.

[29] HK-AktG/*Reger* Rn. 5; GroßkommAktG/*Decher* Rn. 90; NK-AktR/*Heidel* Rn. 17; Hüffer/*Koch* Rn. 7; KK-AktG/*Kersting* Rn. 74; MüKoAktG/*Kubis* Rn. 20; Schmidt/Lutter/*Spindler* Rn. 17.

[30] HK-AktG/*Reger* Rn. 5; GroßkommAktG/*Decher* Rn. 90; MüKoAktG/*Kubis* Rn. 20.

[31] HK-AktG/*Reger* Rn. 5; GroßkommAktG/*Decher* Rn. 90; MüKoAktG/*Kubis* Rn. 21; Schmidt/Lutter/*Spindler* Rn. 16.

[32] RGZ 167, 151 (169); MüKoAktG/*Kubis* Rn. 21.

[33] OLG Celle AG 2005, 438 (440); HK-AktG/*Reger* Rn. 5; NK-AktR/*Heidel* Rn. 17; KK-AktG/*Kersting* Rn. 75; MüKoAktG/*Kubis* Rn. 21; Schmidt/Lutter/*Spindler* Rn. 16.

[34] HK-AktG/*Reger* Rn. 5.

[35] HK-AktG/*Reger* Rn. 7; KK-AktG/*Kersting* Rn. 91; Spindler/Stilz/*Siems* Rn. 23.

[36] KK-AktG/*Kersting* Rn. 91; Spindler/Stilz/*Siems* Rn. 23.

[37] HK-AktG/*Reger* Rn. 7; KK-AktG/*Kersting* Rn. 91; MüKoAktG/*Kubis* Rn. 36.

zur Beurteilung eines Tagesordnungspunkts erforderlich sein, → Rn. 10).[38] Etwas anderes gilt für Angelegenheiten, die außerhalb der Gesellschaft liegen (sog. **mittelbare Angelegenheiten**) und sich ebenfalls auf die Gesellschaft auswirken können; sie müssen eine gewisse Erheblichkeit für die Gesellschaft haben: Falls der Vorstand Fragen dazu nicht freiwillig beantwortet, obliegt es dem fragenden Aktionär, die Erheblichkeit darzulegen.[39] Mittelbare Angelegenheiten sind beispielsweise Angelegenheiten, die Unternehmensbeteiligungen, Kunden und Lieferanten betreffen, ferner persönliche Angelegenheiten von Organmitgliedern, die zu Angelegenheiten der Gesellschaft erwachsen können.[40]

Bei Fragen hinsichtlich **verbundener Unternehmen** ist zu differenzieren: Betrifft die Frage Angelegenheiten des verbundenen Unternehmens selbst, so handelt es sich um eine mittelbare Angelegenheit, deren Erheblichkeit seitens des fragenden Aktionärs ggf. darzulegen ist.[41] Etwas anderes gilt für Fragen nach den rechtlichen und geschäftlichen Beziehungen zu verbundenen Unternehmen iSd Abs. 1 S. 2; diese sind unmittelbare Angelegenheiten und vom Vorstand grundsätzlich zu beantworten.[42] Dasselbe gilt für Fragen zur Lage des Konzerns und der einzelnen in den Konzernabschluss einbezogenen Unternehmen iSd Abs. 1 S. 4, wenn die Frage in der Hauptversammlung gestellt wird, in der der Konzernabschluss vorgelegt wird (→ Rn. 19 f.). 9

bb) Erforderlichkeit zur Beurteilung der Tagesordnung. Das Auskunftsverlangen muss „zur sachgemäßen Beurteilung des Gegenstands der Tagesordnung erforderlich" sein (Abs. 1 S. 1). Dieses Kriterium wird ebenfalls weit verstanden. Hinsichtlich der **„Sachgemäßheit"** ist dabei auf einen objektiv denkenden (Durchschnitts-)Aktionär abzustellen, der die Gesellschaftsverhältnisse nur aufgrund allgemein bekannter Tatsachen kennt und deshalb die Auskunft zur Beurteilung der Tagesordnung benötigt.[43] **„Erforderlich"** ist eine Auskunft, wenn sie für die Beurteilung der Tagesordnung notwendig, dh der Aktionär auf die Auskunft angewiesen ist.[44] Ob und in welchem Umfang danach ein Auskunftsrecht besteht, muss daher immer im Zusammenhang mit dem **konkreten Tagesordnungspunkt** der Hauptversammlung, auf den sich das Auskunftsverlangen bezieht, beurteilt und beantwortet werden.[45] Diese Beschränkung des Auskunftsanspruchs durch das Kriterium der Erforderlichkeit steht auch im Einklang mit Art. 9 Abs. 1 S. 1 RL 2007/36/EG.[46] Wenn sich das Auskunftsverlangen nicht auf den aktuell behandelten, sondern einen anderen Tagesordnungspunkt bezieht, ist die Auskunft zunächst nicht erforderlich und braucht nicht erteilt zu werden.[47] Ist die Auskunft im Rahmen eines anderen Tagesordnungspunktes erforderlich, muss das Auskunftsverlangen im Rahmen der Aussprache über diesen Punkt erneut gestellt werden, anderenfalls braucht es nicht beantwortet zu werden. Für die in der Praxis übliche Generaldebatte gelten diese Einschränkungen jedoch nicht; hier muss ein konkreter Bezug nur zu einem der Tagesordnungspunkte bestehen.[48] 10

Beispiele:[49] In Bezug auf den Tagesordnungspunkt „Geschäftsbericht" wurde **für erforderlich gehalten:** die Auskunft über den Buchwert der Anteile an ausländischen und inländischen Kapitalgesellschaften, jeweils aufgegliedert nach Banken, Versicherungen und übrigen Kapitalgesellschaften[50] und die Auskunft, welche konzernfremden Aufsichtsratsmandate die einzelnen Mitglieder des Vorstands zu einem bestimmten Zeitpunkt ausgeübt haben.[51] Hinsichtlich des Tagesordnungspunktes „Entlastung der Mitglieder des Vorstands und des Aufsichtsrats" wurde für erforderlich erachtet: die Auskunft über die Gesamthöhe des Spendenaufkommens der Gesellschaft im abgelaufenen Geschäftsjahr[52] und die Offenlegung der von der Gesellschaft und von verbundenen Unternehmen gehaltenen 11

[38] HK-AktG/*Reger* Rn. 7; Spindler/Stilz/*Siems* Rn. 23.
[39] HK-AktG/*Reger* Rn. 7; MüKoAktG/*Kubis* Rn. 37.
[40] MüKoAktG/*Kubis* Rn. 37.
[41] HK-AktG/*Reger* Rn. 8; *Kort* ZGR 1987, 46 (61 ff.).
[42] OLG Bremen AG 1981, 229 (230); HK-AktG/*Reger* Rn. 8.
[43] AllgM, OLG Stuttgart AG 2012, 377 (378); BayObLG NJW-RR 1996, 679 (680); KG NJW-RR 1994, 162; OLG Frankfurt NJW-RR 1994, 104; HK-AktG/*Reger* Rn. 11; *Spitze/Dieckmann* ZHR 158 (1994), 447 (459).
[44] OLG Frankfurt NJW-RR 1994, 104; OLG Düsseldorf WM 1986, 1435 (1436); *Reuter* DB 1988, 2615; *Trouet* NJW 1986, 1302 (1303); OLG Stuttgart AG 2012, 377 (378).
[45] BayObLG NJW-RR 1996, 679 (680); OLG Frankfurt NJW-RR 1994, 104 (105); *Spitze/Dieckmann* ZHR 158 (1994), 447 (459).
[46] BGHZ 198, 345; Hüffer/*Koch* Rn. 12; KK-AktG/*Kersting* Rn. 112 ff., 128 ff.; Schmidt/Lutter/*Spindler* Rn. 29; vgl. auch *Heidel* Rn. 35.
[47] So BGHZ 119, 1 (14 f.); dem folgend HK-AktG/*Reger* Rn. 11a.
[48] HK-AktG/*Reger* Rn. 11a; NK-AktR/*Heidel* Rn. 15.
[49] Weitere Beispiele bei HK-AktG/*Reger* Rn. 13; Hüffer/*Koch* Rn. 18 ff.
[50] BayObLG NJW-RR 1996, 679 (680).
[51] BayObLG NJW-RR 1996, 679 (680).
[52] OLG Frankfurt NJW-RR 1994, 104.

Anteile, die außer der Gesellschaft selbst in die Berechnung des Deutschen Aktienindex eingehen, wenn sie zum Bilanzstichtag bei den einzelnen Gesellschaften einen Stimmanteil von mindestens 10% umfassen oder einen börsennotierten Wert von mindestens 100 Mio. DM darstellen.[53]

12 Für **nicht erforderlich** wurde gehalten: die Auskunft darüber, wie viele Beschäftigte bei der Holdinggesellschaft und im Konzern ein Einkommen von mehr als 250.000 DM bzw. 500.000 DM (je einschließlich aller Zulagen) bezogen haben;[54] die mündliche Wiederholung von Informationen, die aus dem Jahresabschluss erkennbar sind;[55] Auskünfte über die Tagesordnung von Aufsichtsratssitzungen[56] und über die Einzelvergütung von Mitarbeitern.[57]

13 **cc) Art und Form des Auskunftsbegehrens.** Die Auskunftspflicht setzt gemäß Abs. 1 S. 1 ein entsprechendes Auskunftsverlangen voraus. Eine Pflicht zur Erteilung nicht verlangter Informationen lässt sich – jedenfalls aus § 131[58] – nicht herleiten.[59] Die Auskunft muss ausdrücklich in der Hauptversammlung verlangt werden (was Zwischenrufe, Scherzfragen oder auch rhetorische Fragen[60] ausschließt);[61] die Anerkennung eines **konkludenten Verlangens**[62] ist abzulehnen, da sonst dem Vorwurf unbeantworteter Fragen im Rahmen von Beschlussmängelklagen Tür und Tor geöffnet wäre. Bei Unklarheiten sollte der Versammlungsleiter nachfragen und auf ein konkretes Verlangen hinwirken. Das grundsätzlich[63] in deutscher Sprache vorzubringende Verlangen muss sich auf einen konkreten Tagesordnungspunkt beziehen[64] und ist an den Vorstand (oder den Versammlungsleiter, der es an den Vorstand weiterleitet) zu richten.[65] Falls Auskunftsverlangen im **Vorfeld der Hauptversammlung** bei der Gesellschaft eingereicht werden, ist hierin lediglich die Ankündigung eines Auskunftsverlangens zu sehen; die Fragen müssen in der Hauptversammlung wiederholt werden, anderenfalls besteht keine Verpflichtung, sie zu beantworten.[66] Das Auskunftsverlangen kann **schriftlich oder mündlich** gestellt werden.[67] Da Fragen und deren Beantwortung aber der ganzen Hauptversammlung dienen und der Versammlungsleiter Befugnisse zur Beschränkung von Rede- und Fragerechten gemäß Abs. 2 S. 2 (→ Rn. 24 ff.) ausüben können muss,[68] müssen schriftliche Fragen in der Hauptversammlung verlesen werden.[69] Ein durch die Satzung oder die Geschäftsordnung der Hauptversammlung vorgesehenes Schriftformerfordernis für das Auskunftsbegehren wäre, auch nach Einführung des Abs. 2 S. 2, unzulässig, da Abs. 2 S. 2 nur eine zeitliche Begrenzung erlaubt, jedoch nicht die Einführung besonderer Formerfordernisse.[70] Eine **Begründung** des Auskunftsverlangens ist nach allgemeiner Meinung nicht erforderlich;[71] dem Fragenden obliegt allerdings im Zweifel die Darlegung der Beurteilungserheblichkeit (→ Rn. 8).

14 Der die Auskunft verlangende Aktionär kann das Verlangen bis zur Erteilung der Auskunft zurücknehmen und auch auf die Auskunft verzichten.[72] Ob ggf. ein **konkludenter Verzicht** vorliegt, ist

---

[53] KG NJW-RR 1994, 162.

[54] BayObLG NJW-RR 1996, 679 (681): Auskunft sei nicht erforderlich und es sei dem Vorstand auch nicht zuzumuten, diese in der Hauptversammlung zu erteilen.

[55] BGH NJW 1985, 1693 (1694); OLG Düsseldorf AG 1992, 34 (36).

[56] LG Mannheim AG 2005, 780 (781).

[57] OLG Frankfurt ZIP 2006, 610 (613); LG Frankfurt ZIP 2005, 302 (304 f.).

[58] Eine Pflicht zur unaufgeforderten Auskunftserteilung kann sich ggf. aus anderen Vorschriften ergeben, zB § 76, § 93 iVm § 176 Abs. 1 S. 2. Näher dazu GroßkommAktG/*Decher* Rn. 103 f.

[59] GroßkommAktG/*Decher* Rn. 103; Hüffer/*Koch* Rn. 8; Schmidt/Lutter/*Spindler* Rn. 20; Spindler/Stilz/*Siems* Rn. 18; aA LG Berlin AG 1997, 183 (185 ff.).

[60] LG München I AG 1993, 519; GroßkommAktG/*Decher* Rn. 96.

[61] OLG Celle AG 1984, 266 (272); HK-AktG/*Reger* Rn. 6; MüKoAktG/*Kubis* Rn. 25.

[62] So GroßkommAktG/*Decher* Rn. 96; Schmidt/Lutter/*Spindler* Rn. 23; Spindler/Stilz/*Siems* Rn. 20.

[63] Fremdsprachige Fragen kann der Versammlungsleiter aber nach seinem Ermessen zulassen, vgl. Schmidt/Lutter/*Spindler* Rn. 25; ebenso Spindler/Stilz/*Siems* Rn. 19. Für eine vorherige Zustimmung „sämtlicher Versammlungsteilnehmer" GroßkommAktG/*Decher* Rn. 25.

[64] HK-AktG/*Reger* Rn. 6; GroßkommAktG/*Decher* Rn. 99.

[65] OLG Stuttgart AG 1995, 234 (235); HK-AktG/*Reger* Rn. 6; Hüffer/*Koch* Rn. 8.

[66] Vgl. Schmidt/Lutter/*Spindler* Rn. 21.

[67] HK-AktG/*Reger* Rn. 6; GroßkommAktG/*Decher* Rn. 98; Schmidt/Lutter/*Spindler* Rn. 24; dagegen OLG Frankfurt AG 2007, 672 (675) li. Sp.; MüKoAktG/*Kubis* Rn. 29; enger auch Hüffer/*Koch* Rn. 8, der aber eine Verlesung in der Hauptversammlung nicht in Erwägung zieht.

[68] Vgl. Hüffer/*Koch* Rn. 8.

[69] LG Köln AG 1991, 38; GroßkommAktG/*Decher* Rn. 98; nach Spindler/Stilz/*Siems* Rn. 19 soll ausreichen, wenn die Frage kopiert und an alle Aktionäre ausgeteilt wird.

[70] HK-AktG/*Reger* Rn. 6; Schmidt/Lutter/*Spindler* Rn. 24.

[71] HK-AktG/*Reger* Rn. 6; GroßkommAktG/*Decher* Rn. 100; NK-AktR/*Heidel* Rn. 14; Hüffer/*Koch* Rn. 8; Spindler/Stilz/*Siems* Rn. 21.

[72] LG Mainz AG 1988, 169 (170); HK-AktG/*Reger* Rn. 6a; MüKoAktG/*Kubis* Rn. 32; Schmidt/Lutter/*Spindler* Rn. 27; Spindler/Stilz/*Siems* Rn. 20.

nach den allgemeinen Regeln über die Auslegung von Willenserklärungen zu beurteilen.[73] In einem **vorzeitigen Verlassen** der Hauptversammlung soll ein Verzicht zu sehen sein, wenn nicht der Fragensteller einen weiterhin anwesenden Aktionär zu seinem Vertreter bestellt[74] oder ein anderer Aktionär sich die Frage zu eigen gemacht hat.[75] In der Praxis ist die Beantwortung zu empfehlen, wenn dies nicht sicher auszuschließen ist.[76]

Nicht erforderlich ist es, Fragen – auch wenn es sich um komplizierte Detailfragen handelt – vor der Versammlung **anzukündigen.**[77] Ungeachtet der umfassenden Vorbereitungspflicht des Vorstands (→ Rn. 37) kann dies aber sinnvoll sein, um dem Vorstand die Beantwortung in der Hauptversammlung zu erleichtern.[78] Auch erhöht die Ankündigung einer Frage den Umfang der Pflicht des Vorstands, sich auf deren Beantwortung vorzubereiten.[79] Ob der teilweise begrüßten,[80] der Hauptversammlungskultur aber meist abträglichen Vorgehensweise, durch „unbequeme Fragen" einen „Überraschungseffekt" zu erzielen, mit dem Hinweis auf die vorherige Ankündigungsmöglichkeit entgegengetreten werden kann, ist zweifelhaft.[81] Der zutreffenden instanzgerichtlichen Rechtsprechung zufolge kann aber ein Aktionär, der schwierige Fragen und solche, deren Beantwortung eine vorherige intensive Vorbereitung und Recherche erfordern, nicht vorher ankündigt, keine tiefgehende Antwort in der Hauptversammlung erwarten.[82] Unzweifelhaft sollte jedenfalls sein, dass eine Auskunftspflicht ganz entfallen muss, wenn unangekündigte Detailfragen beispielsweise ohne die Herbeischaffung von Unterlagen schlichtweg während der Dauer der Hauptversammlung nicht geklärt werden können.[83] 15

dd) Missbrauch des Auskunftsrechts. Ein Auskunftsanspruch besteht nicht, wenn das Auskunftsverlangen **missbräuchlich ausgeübt** wird oder missbräuchliche Zwecke verfolgt.[84] Missbräuchliche Ausübung ist zB anzunehmen, wenn das Fragerecht evident genutzt wird, um eine angeordnete Redezeitbeschränkung durch in Frageform präsentierte Redebeiträge zu umgehen.[85] **Keine missbräuchliche Ausübung** liegt vor, wenn der Aktionär zur Stimmabgabe in einer bestimmten Weise unabhängig von der Auskunft bereits entschlossen ist[86] oder wenn er die Antwort auf sein Auskunftsverlangen kennt oder zu kennen meint,[87] da eine Auskunft an die Hauptversammlung auch verlangt werden kann, um andere Aktionäre „auf seine Seite zu ziehen".[88] 16

Schwieriger zu beurteilen sind Fragen sog. **Berufsopponenten.** Vor allem seit Anfang der 1980er[89] Jahre haben sich die Gerichte vermehrt mit Klägern zu beschäftigen, die wiederholt in diversen Hauptversammlungen mit Fragen Opposition betreiben, häufig in der Absicht, Fehler des Versammlungsleiters und/oder des Vorstands zu provozieren und diese dann im Rahmen einer Beschlussmängelklage zu nutzen. Ob in diesen Fällen eine gewisse **Vermutung für Missbrauch** in entsprechender Anwendung der Rechtsprechung zum Missbrauch des Anfechtungsrechts[90] besteht, ist zweifelhaft. Unbestreitbar besteht jedoch auch bei der Ausübung des Fragerechts eine gewisse Rücksichtnahmepflicht hinsichtlich der übrigen Aktionäre.[91] 17

---

[73] Schmidt/Lutter/*Spindler* Rn. 27.

[74] Schmidt/Lutter/*Spindler* Rn. 27.

[75] HK-AktG/*Reger* Rn. 6a; MüKoAktG/*Kubis* Rn. 34.

[76] Hüffer/*Koch* Rn. 8; Schmidt/Lutter/*Spindler* Rn. 27.

[77] LG Frankfurt NZG 2007, 197 (199); GroßkommAktG/*Decher* Rn. 97; NK-AktR/*Heidel* Rn. 14; MüKoAktG/*Kubis* Rn. 31; Schmidt/Lutter/*Spindler* Rn. 26; unter Einschränkung auch Hüffer/*Koch* Rn. 8.

[78] NK-AktR/*Heidel* Rn. 21; Hüffer/*Koch* Rn. 8; Spindler/Stilz/*Siems* Rn. 21.

[79] HK-AktG/*Reger* Rn. 6; GroßkommAktG/*Decher* Rn. 29.

[80] NK-AktR/*Heidel* Rn. 21.

[81] So aber tendenziell Schmidt/Lutter/*Spindler* Rn. 26.

[82] OLG Hamm ZIP 2005, 1457 (1463); OLG Celle AG 2005, 438 (440).

[83] OLG Hamm ZIP 2005, 1457 (1463); OLG Celle AG 2005, 438 (440); GroßkommAktG/*Decher* Rn. 97; wohl auch Hüffer/*Koch* Rn. 10; Schmidt/Lutter/*Spindler* Rn. 26.

[84] Nach richtiger Ansicht gibt ein Missbrauch des Auskunftsrechts der Gesellschaft kein Verweigerungsrecht, weil schon ein Auskunftsanspruch nicht besteht. Anders im Fall der Unmöglichkeit (→ Rn. 37). Zum Ganzen *Henze* BB 1996, 489 (495 f.); aA *Meilicke/Heidel* DStR 1992, 113 (115), wonach ein Missbrauch immer unbeachtlich sei.

[85] HK-AktG/*Reger* Rn. 18b.

[86] OLG Düsseldorf DB 1987, 2512; GroßkommAktG/*Decher* Rn. 146; NK-AktR/*Heidel* Rn. 10; aA LG Dortmund EWiR 1986, 7.

[87] *v. Godin/Wilhelmi* Anm. 2; NK-AktR/*Heidel* Rn. 10.

[88] GroßkommAktG/*Decher* Rn. 146; NK-AktR/*Heidel* Rn. 10.

[89] Vgl. hierzu die Darstellung der Rechtsentwicklung bei NK-AktR/*Heidel* § 245 Rn. 28 ff. und die empirischen Studien von *Baums/Vogel/Tacheva* ZIP 2000, 1649 sowie aktuell *Baums/Keinath/Gajek* ZIP 2007, 1629.

[90] LG Frankfurt BB 2007, 2363 mAnm *Drinhausen/Keinath* 2538; bestätigend OLG Frankfurt NZG 2009, 222.

[91] Vgl. OLG Frankfurt NZG 2009, 222 (223 f.) zur Ausübung des Anfechtungsrechts.

18 **ee) Erlöschen des Auskunftsanspruchs.** Ist ein Auskunftsverlangen den vorgenannten Voraussetzungen entsprechend wirksam gestellt worden, entsteht ein **Auskunftsanspruch.** Dieser erlischt erst mit vollständiger und zutreffender Auskunftserteilung (→ Rn. 22 f.).[92] In diesem Fall kann dieselbe Auskunft in derselben Hauptversammlung nicht erneut verlangt werden,[93] auch nicht durch einen später eintreffenden Aktionär.[94] Der Vorstand kann auf die bereits erteilte Auskunft verweisen.[95]

19 **d) Auskunftspflicht eines Mutterunternehmens (S. 2 und 4).** Hat die Gesellschaft (als Mutterunternehmen iSd § 290 HGB) verbundene Unternehmen, so werden die Auskunftspflichten durch Abs. 1 S. 2 und 4 erweitert, setzen jedoch das Vorliegen der übrigen Voraussetzungen des Auskunftsanspruchs voraus. Aus Abs. 1 S. 2 und 4 kann nicht im Umkehrschluss eine Begrenzung des Auskunftsanspruchs zu konzernrechtlichen Sachverhalten auf die dort genannten Bereiche gefolgert werden.[96] Gemäß Abs. 1 S. 2 erstreckt sich die Auskunftspflicht des Mutterunternehmens auf alle **rechtlichen und geschäftlichen Beziehungen** zu verbundenen Unternehmen. Verbundene Unternehmen sind solche iSd § 15; auch eine **Minderheitsbeteiligung** kann jedoch eine Unternehmensverbindung begründen, wenn die Beziehung zu dem Unternehmen wegen seiner Größe oder Eigenart für die Gesellschaft erheblich ist.[97] Der Pflicht, über Einzelheiten der zwischen den verbundenen Unternehmen getätigten Rechtsgeschäfte Auskunft zu geben, wird nicht durch die Vorlage eines **Abhängigkeitsberichts** Genüge getan.[98] Ob Angelegenheiten der verbundenen Unternehmen zu Angelegenheiten der Muttergesellschaft werden, hängt grundsätzlich von ihrer Bedeutung für die Muttergesellschaft ab.[99] In der Regel wird eine ausreichende Bedeutung für die Muttergesellschaft eher vorliegen, wenn sie ausschließlich als Holding der verbundenen Unternehmen fungiert.[100] In der Hauptversammlung, in der der Konzernabschluss und der Konzernlagebericht vorgelegt werden, ist die Prüfung dieses Tatbestandsmerkmals allerdings kraft der ausdrücklichen Anordnung in S. 4 für die in den Konzernabschluss einbezogenen Gesellschaften entbehrlich (→ Rn. 20).

20 **Abs. 1 S. 4** bestimmt, dass sich die Auskunftspflicht des Mutterunternehmens immer dann auch auf die Lage des Konzerns insgesamt und der in den Konzernabschluss einbezogenen Unternehmen bezieht, wenn in der Hauptversammlung der **Konzernabschluss und der Konzernlagebericht** vorgelegt werden. Die Auskunftspflicht besteht aber nur in der Hauptversammlung, in der der Konzernabschluss vorgelegt wird (in der Regel also die ordentliche Hauptversammlung, s. § 175 Abs. 1 S. 1).[101] S. 4 umfasst alle einzubeziehenden Unternehmen iSd §§ 294, 296 HGB,[102] folglich auch solche, die pflichtwidrig nicht in den Konzernabschluss einbezogen wurden.[103] Zur „Lage des Konzerns" zählen alle geschäftlichen Entwicklungen im Konzern und der in den Konzern einbezogenen Unternehmen,[104] beispielsweise wechselseitige Leistungen und Zahlungen oder Konzernverrechnungspreise.[105]

21 **e) Vorlage des vollständigen Jahresabschlusses (S. 3). S. 3** gewährt Aktionären einen erweiterten Informationsanspruch hinsichtlich des Jahresabschlusses **kleiner und mittlerer Kapitalgesellschaften,** die von den Erleichterungen der § 266 Abs. 1 S. 3 HGB (verkürzte Bilanz), § 276 HGB (Zusammenfassung von Gliederungsposten in der Gewinn- und Verlustrechnung) oder § 288 HGB (Verzicht auf Angaben im Anhang) zumindest teilweise[106] Gebrauch gemacht haben. Jedem Aktionär, der dies in der Hauptversammlung ausdrücklich verlangt (→ Rn. 13 ff.), muss der ungekürzte Jahresabschluss zugänglich gemacht werden; die Erheblichkeit iSd Rn. 8 f. wird unwiderleglich vermutet

---

[92] MüKoAktG/*Kubis* Rn. 73; Schmidt/Lutter/*Spindler* Rn. 59.
[93] MüKoAktG/*Kubis* Rn. 73 f.; Schmidt/Lutter/*Spindler* Rn. 59.
[94] LG Essen BB 1962, 611 (612); Schmidt/Lutter/*Spindler* Rn. 59 mwN.
[95] Schmidt/Lutter/*Spindler* Rn. 59.
[96] Spindler/Stilz/*Siems* Rn. 24.
[97] Hüffer/*Koch* Rn. 14.
[98] HM, vgl. für die Rspr. OLG Stuttgart AG 2005, 94 (95); OLG Düsseldorf AG 1992, 34; für die Lit. NK-AktR/*Heidel* Rn. 32 jeweils mwN.
[99] Hierzu Hüffer/*Koch* Rn. 16 mwN.
[100] Hüffer/*Koch* Rn. 16.
[101] HK-AktG/*Reger* Rn. 16.
[102] Hierzu gehören auch quotenkonsolidierte (§ 310 HGB), nicht aber assoziierte Unternehmen iSd §§ 311 f. HGB, vgl. Hüffer/*Koch* Rn. 20a; MüKoAktG/*Kubis* Rn. 66.
[103] HK-AktG/*Reger* Rn. 16.
[104] HK-AktG/*Reger* Rn. 16.
[105] OLG Stuttgart AG 2005, 94 (96).
[106] MüKoAktG/*Kubis* Rn. 92.

und muss nicht dargelegt werden.[107] Der Anspruch besteht nur in der ordentlichen Hauptversammlung, die den Jahresabschluss entgegennimmt oder über seine Feststellung beschließt.[108] Die Information kann in Papierform oder in elektronischer Form über Bildschirme oder Computerterminals erfolgen (→ § 176 Rn. 6). Mit Einverständnis des Aktionärs kann der Vorstand die Informationspflicht auch durch mündliche Darlegung erfüllen. Ein Anspruch des Aktionärs auf mündliche Darlegung besteht im Ergebnis jedoch nicht, da der Vorstand jedenfalls erfüllt, indem er der Vorlagepflicht nachkommt.[109] Ausreichend ist auch, nur die fehlenden Informationen isoliert mitzuteilen; die Neuaufstellung eines ungekürzten Jahresabschlusses ist nicht erforderlich.[110]

2. Art der Auskunftserteilung; gewissenhafte und getreue Rechenschaft (Abs. 2 S. 1). 22
a) Inhaltliche Anforderungen. Abs. 2 S. 1 regelt die **inhaltlichen Anforderungen** an die Auskunftserteilung. Nach allgemeiner Meinung muss die Auskunft, gemessen am Auskunftsverlangen des Aktionärs, vollständig und sachlich zutreffend sein.[111] Eine allgemein gehaltene Frage kann daher auch allgemein gehalten beantwortet werden. Sieht der Aktionär Präzisierungsbedarf, so hat er dies zu erklären.[112] Der allgemeine Vorhalt, seine Frage sei „unbeantwortet", reicht dabei nicht aus; er muss vielmehr angeben, in welcher Hinsicht er detailliertere Informationen wünscht.[113] In diesem Fall ist der Vorstand zu näherer Auskunft verpflichtet. Die Vollständigkeit beinhaltet auch, dass der Vorstand offenlegt, wenn er Informationen aufgrund eines Auskunftsverweigerungsrechts (Abs. 3) zurückhält. Der Aktionär kann nicht verlangen, dass der Vorstand die Richtigkeit der von ihm erteilten Auskunft an Eides Statt versichert.[114]

b) Zuständigkeit und Form. Schuldner der Auskunft ist die Gesellschaft, die aber durch den Vorstand als Gesamtorgan vertreten wird (→ Rn. 6). Grundsätzlich muss die **Auskunft mündlich erteilt** werden (eine Ausnahme besteht im Fall des Abs. 1 S. 3, → Rn. 21).[115] Das **Verlesen von Urkunden** ist nur ausnahmsweise erforderlich (zB wenn der genaue Wortlaut eines Vertrags für die Beantwortung der Frage wichtig ist) und beschränkt auf die wesentlichen Passagen.[116] Insbesondere kann einer Verlesung der Faktor Zeit entgegenstehen, wenn entweder die Verlesung generell zu lange dauern würde oder die Hauptversammlung bei Verlesung voraussichtlich nicht rechtzeitig beendet werden könnte.[117] Aktionäre haben grundsätzlich außerhalb der gesetzlich normierten Informationspflichten keinen Anspruch auf **Einsicht in Unterlagen.**[118] Der Vorstand kann aber nach freiem Ermessen die mündliche Auskunft durch **Vorlage von Dokumenten** in der Hauptversammlung ersetzen, wenn dies offensichtlich im Interesse des Aktionärs liegt.[119] Dies wurde für den Fall angenommen, dass sich der Aktionär anhand der schriftlichen Unterlagen schneller und zuverlässiger unterrichten konnte als durch eine mündliche Information, weil die begehrte Information im wesentlichen aus einer Fülle von Daten und Zahlen bestand.[120] Die Auskunft hat **in der Hauptversammlung selbst** zu erfolgen.[121] Ein Anspruch auf Auskunft unmittelbar nach Stellung der Frage besteht indes nicht; das üblicherweise praktizierte Sammeln der Fragen und deren Beantwortung en bloc sind zulässig.[122] 23

[107] MüKoAktG/*Kubis* Rn. 92.
[108] Vgl. MüKoAktG/*Kubis* Rn. 92.
[109] GroßkommAktG/*Decher* Rn. 243; MüKoAktG/*Kubis* Rn. 94.
[110] MüKoAktG/*Kubis* Rn. 93.
[111] OLG Stuttgart AG 2005, 94 (96); OLG München NZG 2002, 1113 (1115); HK-AktG/*Reger* Rn. 17; Hüffer/*Koch* Rn. 21; Spindler/Stilz/*Siems* Rn. 69.
[112] LG Braunschweig AG 1991, 36; OLG Stuttgart AG 2005, 94 (96); Hüffer/*Koch* Rn. 21; MüKoAktG/*Kubis* Rn. 77; Schmidt/Lutter/*Spindler* Rn. 63; aA OLG Hamburg AG 1970, 372; LG Dortmund AG 1999, 133; LG München I AG 1987, 185 (188); einschr. auch GroßkommAktG/*Decher* Rn. 246; NK-AktR/*Heidel* Rn. 55, die eine Präzisierungspflicht des Vorstands schon dann annehmen, wenn die Frage erkennbar auf Detailinformationen abzielt.
[113] OLG Hamburg AG 2001, 359 (360).
[114] BayObLG NJW-RR 2002, 1558 (1559); HK-AktG/*Reger* Rn. 5.
[115] Vgl. BGH NJW 1993, 1976 (1982); ebenso BGH NJW 1987, 3186 (3190); LG Saarbrücken AG 2006, 89 (90); OLG Düsseldorf AG 1992, 34 (35); HK-AktG/*Reger* Rn. 17a; Hüffer/*Koch* Rn. 22; Schmidt/Lutter/*Spindler* Rn. 61 mwN.
[116] BGH NJW 1967, 1462 (1463); OLG Stuttgart AG 2005, 94 (96).
[117] BGH NJW 1967, 1462 (1463).
[118] BGHZ NJW 1993, 1976 (1982); HK-AktG/*Reger* Rn. 17; aA *Meilicke/Heidel* DStR 1992, 72 (75).
[119] Vgl. dazu aber *Meilicke/Heidel* DStR 1992, 72 (75), die in diesem Fall für eine Unterbrechung der Versammlung plädieren.
[120] So explizit BGH NJW 1987, 3186 (3190); ähnlich OLG Düsseldorf AG 1992, 34 (35).
[121] OLG Düsseldorf AG 1992, 34 (35); NK-AktR/*Heidel* Rn. 19. Eine Ausnahme besteht dann, wenn sich der Aktionär und die Gesellschaft einvernehmlich auf die Beantwortung nach der Hauptversammlung einigen, hierzu Schmidt/Lutter/*Spindler* Rn. 62 mwN.
[122] HM, vgl. Schmidt/Lutter/*Spindler* Rn. 60 mwN; aA *Meilicke/Heidel* DStR 1992, 72 (74).

24 **3. Beschränkung des Rede- und Fragerechts (Abs. 2 S. 2). a) Voraussetzungen.** Die mit dem UMAG eingeführte Bestimmung ermöglicht der Hauptversammlung, in die **Geschäftsordnung** oder die **Satzung** Regelungen aufzunehmen, nach denen der Versammlungsleiter das Rede- und/oder Fragerecht von Aktionären zeitlich angemessen beschränken kann.[123] Im Kern betrifft die Neuregelung nur das Fragerecht, da das Rederecht schon bisher aufgrund der allgemeinen Leitungsbefugnis des Versammlungsleiters einschränkbar war und auch weiterhin unabhängig von einer etwaigen Ermächtigung einschränkbar bleibt (→ Rn. 28).[124]

25 Aufgrund der Anfechtungsrisiken ist aus Praxissicht nach wie vor problematisch, welche Art und welcher Umfang von Beschränkungen **„angemessen"** im Sinne der Norm sind. Teilweise wird vertreten, dass eine Beschränkung seitens des Versammlungsleiters „willkürfrei" sein und er eine der Bedeutung der anstehenden Tagesordnungspunkte sachangemessene Festlegung treffen müsse.[125] Auch wird eine Beschränkung erst dann für unangemessen erachtet, wenn die Beschränkungsverfügungen des Versammlungsleiters derart in die Auskunftsrechte der Aktionäre eingreifen, dass eine vernünftige Diskussionskultur gar nicht erst aufkommen kann.[126] Nach gesetzgeberischer Vorstellung sollen Hauptversammlungen, in denen keine tiefgreifenden unternehmensstrukturellen Maßnahmen zu erörtern sind, nicht länger als vier bis sechs Stunden dauern.[127] Dies entspricht auch der Anregung in Ziff. 2.2.4 S. 2 DCGK.[128] Neben diesen Vorgaben hat die Beschränkung immer auf den Einzelfall abzustellen und **folgende Kriterien** zu berücksichtigen: Die avisierte Gesamtdauer der Hauptversammlung darf nicht zu kurz sein. Bei wichtigen Strukturmaßnahmen wird in der Regel allein maßgeblich sein, dass die Hauptversammlung nicht notwendigerweise nach vier bis sechs Stunden, sondern vor 24 Uhr des Tages beendet wird, für den sie einberufen wurde (zu den Rechtsfolgen für Beschlüsse, die nach 24 Uhr gefasst wurden, → § 121 Rn. 22).[129] Bei grundlegenden Entscheidungen, bei denen bereits im Vorfeld absehbar ist, dass eine längere Versammlungsdauer erforderlich sein wird, kann der Rechtsprechung vereinzelt die Verpflichtung entnommen werden, die Versammlung auf zwei Tage einzuberufen, um eine ausreichende Aussprache zu ermöglichen.[130] Allerdings wird, von besonderen Ausnahmesituationen abgesehen, eine eintägige Hauptversammlung ausreichend sein.[131] Bei Publikumsgesellschaften dauern Hauptversammlungen in der Regel allerdings länger als 4–6 Stunden.[132] Dem Fragerecht ist eine höhere Bedeutung als dem Rederecht beizumessen, folglich sind zunächst Redebeiträge, anschließend erst Fragen zu beschränken.[133] Rhetorische Fragen sind dem Rederecht zuzuordnen, weil in Wirklichkeit keine Antwort verlangt wird.[134] Ferner ist die Bedeutung des jeweiligen Tagesordnungspunktes zu berücksichtigen.[135]

26 **b) Anwendung in der Praxis.** Über **Satzungsgestaltungen,** die eine Ermächtigung zur Beschränkung des Rede- und Fragerechts beinhalteten, wurde mittlerweile höchstinstanzlich entschieden.[136] Eine abstrakte Ermächtigung, Redebeiträge auf 15 Minuten und die Zeit pro Redner insgesamt auf 45 Minuten beschränken zu können, war zuvor vom Oberlandesgericht Frankfurt für unzulässig erachtet worden, weil so eine sachgerechte Festlegung angemessener Zeitgrenzen ohne Rücksicht auf die Belange der jeweils anstehenden Hauptversammlung nicht möglich sei.[137] Das Landgericht Frankfurt hatte die entsprechende Regelung hingegen für angemessen gehalten.[138] Der

---

[123] NK-AktR/*Heidel* Rn. 55b hält die Norm für verfassungswidrig. Zu den schon vor dem UMAG möglichen Satzungsgestaltungen MüKoAktG/*Kubis,* 2. Aufl. 2004, Rn. 158 f.

[124] So richtigerweise NK-AktR/*Heidel* Rn. 55e; vgl. auch *Angerer* ZGR 2011, 27 (31).

[125] *Kuthe* BB 2004, 449 (450); *Seibert* WM 2005, 157 (160).

[126] *Weißhaupt* ZIP 2005, 1766 (1768).

[127] BT-Drs. 15/5092, 17.

[128] Vgl. hierzu *Mutter* AG 2006, R 380 f.

[129] NK-AktR/*Heidel* Rn. 55 f.; Hüffer/*Koch* Rn. 22c.

[130] Vgl. LG Mainz NZG 2005, 819; LG Düsseldorf AG 2007, 797 = EWiR 2007, 419 Ls. mAnm *Wilsing/Siebmann,* die – allerdings bezogen auf die Frage der ausreichenden Angabe der Versammlungszeit iSd § 121 Abs. 3 – annehmen, dass eine Hauptversammlung auf zwei Tage einzuberufen ist, wenn absehbar ist, dass ein Tag nicht ausreichen wird.

[131] Hüffer/*Koch* Rn. 22c; vgl. auch OLG Koblenz ZIP 2001, 1093.

[132] Vgl. die Untersuchung von *Höreth* HV Magazin 3/2006, 28, der eine Dauer von vier bis sechs Stunden nur bei ordentlichen Hauptversammlungen von kleinen Gesellschaften für realistisch hält.

[133] NK-AktR/*Heidel* Rn. 55g; Hüffer/*Koch* Rn. 22b; *Martens* AG 2004, 238 (242); Spindler/Stilz/*Siems* Rn. 56.

[134] HK-AktG/*Reger* Rn. 2.

[135] NK-AktR/*Heidel* Rn. 55h.

[136] BGH NZG 2010, 423; vgl. auch die Urteilsbesprechung *Angerer* ZGR 2011, 27 ff.

[137] OLG Frankfurt Der Konzern 2008, 577 (579) mAnm *Zetzsche.*

[138] LG Frankfurt NZG 2007, 155.

BGH entschied, dass § 131 Abs. 2 S. 2 eine Satzungsregelung zur Ermächtigung des Versammlungsleiters bezüglich einer Beschränkung des Rede- und Fragerechts erlaubt und die Festlegung eines angemessenen Zeitrahmens für die auf den einzelnen Aktionär entfallende Rede- und Fragezeit zulässig ist.[139] Eine Ermächtigungsklausel sollte **knapp formuliert** sein und eher generelle als starre einzelfallbezogene Regelungen enthalten, um dem Versammlungsleiter hinreichende Flexibilität zu geben.[140] Dies wird auch den Anforderungen der Praxis eher gerecht. Eine beispielhafte Aufführung von Spezialermächtigungen, wie sie vereinzelt vorgeschlagen wurde,[141] ist in der Regel weniger hilfreich. Dies gilt umso mehr, als schon die Anfechtbarkeit einer Spezialermächtigung zur Anfechtbarkeit der gesamten Ermächtigungsregelung führen kann.[142]

In der Hauptversammlung selbst muss der Rahmen der Ermächtigung durch den Versammlungsleiter ausgefüllt werden. Dabei hat er die vorgenannten Kriterien zu beachten. Ganz entscheidend ist die **Beachtung des Gleichbehandlungsgrundsatzes** (§ 53a), gegen den es verstoßen kann, wenn der Versammlungsleiter die Überschreitung des Rede- und Fragerechts durch einen Aktionär nicht rechtzeitig rügt. Falls eine einheitliche Redezeitbeschränkung von Anfang an galt, diese aber zu Beginn nicht durchgesetzt wurde, besteht die Gefahr, gegen den Grundsatz der Gleichbehandlung zu verstoßen, wenn bei späteren Wortmeldungen eine Durchsetzung erfolgt. In Hinblick auf die vom UMAG verfolgte Effizienzsteigerung und mit dem Gleichbehandlungsgebot vereinbar dürfte es jedoch sein, eine Einschränkung nach dem Beteiligungsgewicht vorzunehmen, insbesondere professionelle und institutionelle Vertreter gegenüber Kleinstaktionären bei der Länge der Zeitkontingente zu bevorzugen.[143] In der Praxis ist dies allerdings wegen der damit verbundenen Anfechtungsrisiken eher selten. 27

c) Befugnisse des Versammlungsleiters außerhalb einer Ermächtigung. Auch ohne eine Ermächtigung iSd Abs. 3 S. 2 ist es dem Versammlungsleiter möglich, das **Rederecht** und – in engeren Grenzen – auch das **Fragerecht** zu beschränken.[144] Die Grenzen sind auch hier nicht starr festlegbar und orientieren sich vor allem an dem Gesichtspunkt der Funktionsfähigkeit der Hauptversammlung.[145] 28

4. Auskunftsverweigerung und Grenzen des Auskunftsrechts (Abs. 3). a) Allgemeines. Wie für die Auskunftserteilung ist auch für die Entscheidung über deren Verweigerung der Vorstand als Gesamtorgan zuständig (zur Beschlussfassung → Rn. 6).[146] Obwohl Abs. 3 S. 1 hinsichtlich der Auskunftsverweigerung dem Vorstand ein Ermessen einräumt („darf"), wird, wenn ein Fall der Nr. 1–7 einschlägig ist, aus der Sorgfaltsverpflichtung eines ordentlichen und gewissenhaften Geschäftsleiters (§ 93 Abs. 1) und der Verschwiegenheitspflicht (§ 93 Abs. 1 S. 3) in der Regel auch die Pflicht folgen, die Auskunft zu verweigern.[147] Das Bestehen eines Auskunftsverweigerungsrechts unterliegt vollständig der **gerichtlichen Kontrolle.**[148] Auch wenn verbundene Unternehmen explizit nur in Nr. 1 aufgenommen wurden, ist davon auszugehen, dass auch hinsichtlich der Nr. 2–7 ein Verweigerungsrecht besteht, wenn die dort aufgeführten Anknüpfungstatbestände verbundene Unternehmen (§ 15) betreffen.[149] 29

b) Auskunftsverweigerungsgründe von S. 1 Nr. 1–7. Nr. 1 (Nachteilszufügung): „Nicht unerheblicher Nachteil" ist jede gewichtige Beeinträchtigung der Interessen der Gesellschaft oder verbundener Unternehmen iSd § 15; auf einen Schaden iSd §§ 249 ff. BGB kommt es nicht an.[150] Maßstab für die Beurteilung eines „Nachteils" ist dem Gesetzeswortlaut nach eine vernünftige kaufmännische Beurteilung. Nicht erforderlich ist, dass sich der Nachteil unmittelbar und sicher vorhersehbar realisieren würde; auch jede drohende Beeinträchtigung, deren Ausmaße nicht ohne 30

---

[139] BGH NZG 2010, 423.

[140] Ähnlich Spindler/Stilz/*Siems* Rn. 55; gegen detailierte Satzungsregelungen *Angerer* ZGR 2011, 27 (37); aA NK-AktR/*Heidel* Rn. 55c.

[141] *Weißhaupt* ZIP 2005, 1766 (1768) mit Formulierungsbeispiel ZIP 2005, 1766 (1769).

[142] So im Fall des OLG Frankfurt Der Konzern 2008, 577 (580) mAnm *Zetzsche.*

[143] *Holzborn/Bunnemann* BKR 2005, 51 (54); *Seibert* WM 2005, 157 (161); abl. NK-AktR/*Heidel* Rn. 55b; Spindler/Stilz/*Siems* Rn. 55.

[144] Ebenso Hüffer/*Koch* Rn. 22d; *Mutter* AG 2006, R 380; Schmidt/Lutter/*Spindler* Rn. 57.

[145] Ausf. hierzu Spindler/Stilz/*Siems* Rn. 58 ff.

[146] Hüffer/*Koch* Rn. 23; Spindler/Stilz/*Siems* Rn. 35.

[147] GroßkommAktG/*Decher* Rn. 292; MüKoAktG/*Kubis* Rn. 107; Spindler/Stilz/*Siems* Rn. 35.

[148] BayObLG NJW-RR 1996, 994 (995); OLG Düsseldorf AG 1992, 34 (35); MüKoAktG/*Kubis* Rn. 104; Spindler/Stilz/*Siems* Rn. 35.

[149] Wie hier MüKoAktG/*Kubis* Rn. 116, 120 (124); Spindler/Stilz/*Siems* Rn. 37.

[150] BayObLG NJW-RR 1996, 994 (995); Hüffer/*Koch* Rn. 24; MüKoAktG/*Kubis* Rn. 110; Schmidt/Lutter/*Spindler* Rn. 74; Spindler/Stilz/*Siems* Rn. 38.

weiteres abschätzbar sind, kann ein Auskunftsverweigerungsrecht begründen.[151] Keine Beeinträchtigung begründen vertraglich vereinbarte Geheimhaltungspflichten, auch wenn ihre Verletzung zu Schadensersatzpflichten der Gesellschaft führen würden, da es die Gesellschaft ansonsten in der Hand hätte, das Auskunftsrecht der Aktionäre auszuhöhlen.[152] Letztlich liegt der Entscheidung für die Auskunftserteilung eine Abwägung der Vor- und Nachteile für die Gesellschaft bzw. das mit ihr verbundene Unternehmen (nicht des Aktionärs) zugrunde,[153] die zumindest plausibel begründet werden sollte.[154] Im Gerichtsverfahren muss die Gesellschaft ohne Offenlegung der schädlichen Tatsachen die nachteiligen Auswirkungen schlüssig darlegen; dem Aktionär obliegt dann der Beweis dafür, dass für die Gesellschaft keine überwiegenden Nachteile entstanden wären.[155]

31 **Nr. 2 (Steuern):** Das Verweigerungsrecht erfasst die Wertansätze in der Steuerbilanz und die hieraus abgeleiteten Steuerschulden bzw. -erstattungsansprüche der Gesellschaft und erstreckt sich auch auf vergangene Jahresabschlüsse.[156] Soweit allerdings Wertansätze oder andere steuerrelevante Informationen in die handelsrechtliche Bilanz zu übernehmen sind, entfällt das Auskunftsverweigerungsrecht in Folge teleologischer Reduktion.[157] Der Vorstand darf die Auskunft verweigern, inwiefern Gewinnrücklagen nach § 272 HGB bereits der Körperschaftssteuer unterlagen (sog. tarifbelastetes Eigenkapital).[158]

32 **Nr. 3 (stille Reserven):** Der Wortlaut von Nr. 3 umschreibt den Begriff der „stillen Reserven".[159] Diesbezügliche Auskünfte können verweigert werden, wenn nicht die aktuelle Hauptversammlung über die Feststellung des betreffenden Jahresabschlusses beschließt.[160] Letzteres ist bei der börsennotierten AG die Ausnahme (anders bei der KGaA, § 286 Abs. 1 S. 1). Vom Auskunftsverweigerungsrecht sind auch Fragen erfasst, die mittelbar auf die Aufdeckung des tatsächlichen Wertes von Vermögensgegenständen der Gesellschaft abzielen.[161] Das Verweigerungsinteresse der Gesellschaft besteht aber nicht, wenn die stillen Reserven ohnehin im Jahresabschluss angegeben werden, dh insbesondere dann, wenn die Gesellschaft nach IAS oder IFRS bilanziert.[162] Gleiches gilt, wenn die Bilanz der Gesellschaft eine Unterbilanz aufweist.[163]

33 **Nr. 4 (Bilanzierungs- und Bewertungsmethoden):** Das Verweigerungsrecht besteht ausweislich des Wortlauts nur, soweit schon der Anhang zum Jahresabschluss hinreichende Angaben zu den Bilanzierungsmethoden enthält, um den Aktionären ein ausreichendes Bild über die Vermögens-, Finanz- oder Ertragslage zu vermitteln. Dies ist immer dann anzunehmen, wenn die Gesellschaft ihren Angabepflichten gemäß § 284 Abs. 2 HGB ordnungsgemäß nachgekommen ist, weshalb in der Praxis der Anwendungsbereich der Norm gering ist.[164] Wie im Fall stiller Reserven (Nr. 3) besteht das Auskunftsverweigerungsrecht nicht, wenn die Hauptversammlung den Jahresabschluss feststellt.

34 **Nr. 5 (Strafbarkeit der Auskunftserteilung):** Erfasst sind sämtliche Beteiligungsformen (Täterschaft und alle Formen der Teilnahme) bei allen strafbewehrten Deliktsstadien (insbesondere Versuch) und Ordnungswidrigkeiten.[165] Nach hM berechtigt – mit unterschiedlicher Begründung – eine tatbestandliche Verletzung der Geheimhaltungspflicht iSd § 404 jedoch nicht zur Auskunftsverweigerung.[166] Soweit die Erteilung einer Auskunft nicht iSd Abs. 3 S. 1 Nr. 1 nachteilig ist, soll sie auch nicht nach Nr. 5 zurückgehalten werden können. Ist der Vorstand danach verpflichtet, eine Information zu erteilen, die ein „Betriebs- oder Geschäftsgeheimnis" iSd § 404 darstellt, ist allerdings

---

[151] LG Saarbrücken AG 2006, 89 (90); MüKoAktG/*Kubis* Rn. 110.

[152] BayObLG NJW-RR 1996, 994 (995); LG Koblenz DB 2003, 2766; MüKoAktG/*Kubis* Rn. 112; Schmidt/Lutter/*Spindler* Rn. 75.

[153] HM, Hüffer/*Koch* Rn. 27 mwN.

[154] MüKoAktG/*Kubis* Rn. 113.

[155] BGH NJW 1983, 878 (883); HK-AktG/*Reger* Rn. 20.

[156] HK-AktG/*Reger* Rn. 21; MüKoAktG/*Kubis* Rn. 114.

[157] HK-AktG/*Reger* Rn. 21; GroßkommAktG/*Decher* Rn. 309; MüKoAktG/*Kubis* Rn. 115; Schmidt/Lutter/*Spindler* Rn. 79; aA Spindler/Stilz/*Siems* Rn. 41 f.

[158] Hüffer/*Koch* Rn. 28; *Kamprad* AG 1991, 396; aA *Meilicke* BB 1991, 241 f.; *Meilicke/Heidel* DStR 1992, 113 (117).

[159] Zur Entstehung stiller Reserven Hüffer/*Koch* Rn. 29.

[160] Zur Verfassungsmäßigkeit der Regelung BVerfG NJW 2000, 129; krit. hierzu NK-AktR/*Heidel* Rn. 65 ff.

[161] GroßkommAktG/*Decher* Rn. 318; MüKoAktG/*Kubis* Rn. 119; Schmidt/Lutter/*Spindler* Rn. 80.

[162] Vgl. Schmidt/Lutter/*Spindler* Rn. 80.

[163] OLG Stuttgart AG 1992, 459.

[164] Schmidt/Lutter/*Spindler* Rn. 81.

[165] MüKoAktG/*Kubis* Rn. 126.

[166] GroßkommAktG/*Decher* Rn. 324; NK-AktR/*Heidel* Rn. 71; Hüffer/*Koch* Rn. 31; KK-AktG/*Kersting* Rn. 352; MüKoAktG/*Kubis* Rn. 127; Schmidt/Lutter/*Spindler* Rn. 82; Spindler/Stilz/*Siems* Rn. 49; MHdB AG/*Hofmann-Becking* § 38 Rn. 48; aA noch MHdB AG/*Semler*, 3. Aufl. 2011, § 37 Rn. 37.

anzunehmen, dass jedenfalls kein „unbefugtes Offenbaren" iSd § 404 vorliegt.[167] Die Weitergabe einer gemäß § 131 geschuldeten Auskunft erfolgt auch nicht unbefugt iSd § 14 Abs. 1 Nr. 2 WpHG aF bzw. Art. 14 MAR.[168] Die drohende Strafbarkeit nach ausländischen Strafvorschriften soll grundsätzlich kein Auskunftsverweigerungsrecht gemäß Abs. 3 S. 1 Nr. 5 begründen; in Betracht kommen soll in diesen Fällen aber ein Auskunftsverweigerungsrecht wegen drohender Nachteile für die Gesellschaft infolge der Strafverfolgung ihrer Organe im Ausland.[169]

Nr. 6 (Kreditinstitute): Nr. 6 findet Anwendung auf Kredit- und Finanzdienstleistungsinstitute iSd §§ 1, 2 KWG und betrifft die in §§ 340 ff. HGB geregelten **Bilanzierungserleichterungen.** Voraussetzung ist, dass die Gesellschaft von den Befreiungsmöglichkeiten tatsächlich Gebrauch gemacht hat.[170] Die vor Einführung von Nr. 6 durchgeführte Interessensabwägung[171] ist im Fall von Nr. 6 nicht mehr durchzuführen (str.).[172] Allerdings soll sich der Vorstand nicht auf Nr. 6 berufen können, wenn der begründete Verdacht einer erheblichen Pflichtverletzung besteht und die gewünschte Auskunft der weiteren Aufklärung des zugrunde liegenden Sachverhalts dient.[173] 35

Nr. 7 (Auskünfte auf der Internetseite): Gemäß Nr. 7 besteht keine Verpflichtung zur Erteilung von Informationen, die über einen Zeitraum von mindestens sieben Tagen vor der Hauptversammlung sowie während der Hauptversammlung durchgängig zugänglich sind. Die durch das UMAG eingeführte Vorschrift soll die Hauptversammlung von typischen Standardfragen sowie dem Vortrag oder der Verlesung umfangreicher Listen und Daten entlasten.[174] Im Grunde handelt es sich bei Nr. 7 nicht um ein inhaltliches Auskunftsverweigerungsrecht, sondern um eine Einschränkung des Grundsatzes der Mündlichkeit.[175] Zusätzliche, an die Information auf der Internetseite anknüpfende oder vertiefende Fragen fallen nicht unter Nr. 7.[176] Insofern können Vorabinformationen nicht immer entlastend wirken, sondern im Gegenteil auch zu **vermehrter Nachfrage** anregen, was Gesellschaften bei Vorabveröffentlichungen berücksichtigen sollten. Über die Internetseite der Gesellschaft zugänglich gemacht ist die Information im Sinne des Gesetzes, wenn sie der Aktionär nach Aufrufen der Startseite der Gesellschaft ohne Suchen entweder direkt oder durch eindeutige Verknüpfungen auf die jeweilige Folgeseite problemlos finden kann.[177] Die Information muss bis zum Ende der Hauptversammlung **durchgängig abrufbar** bleiben, wobei allerdings geringfügige und vorübergehende Störungen des allgemeinen Internetzugangs nicht zu einer Fristverlängerung führen.[178] Zusätzlich ist die Information in der Hauptversammlung zugänglich zu machen, was schriftlich durch Auslegung entsprechender Unterlagen in Papierform oder auf elektronischem Weg, etwa über bereitgestellte Bildschirme oder Computer erfolgen kann (→ § 176 Rn. 6).[179] 36

c) Unmöglichkeit als Verweigerungsgrund. Während bei missbräuchlichem Auskunftsverlangen schon kein Auskunftsanspruch besteht, es mithin keines Verweigerungsrechts der Gesellschaft bedarf (→ Rn. 16), kann die Gesellschaft ein berechtigtes Auskunftsverlangen in engen Grenzen verweigern, wenn ihr die Auskunftserteilung unmöglich ist. § 275 Abs. 1 BGB gilt auch für das Auskunftsrecht und befreit die Gesellschaft von der Pflicht, Auskünfte zu erteilen, wenn ihr die Auskunftserteilung unmöglich ist;[180] dies ist durch Abs. 3 S. 2 nicht ausgeschlossen. Allerdings wird sich ein Vorstand nur in seltenen Fällen auf Unmöglichkeit berufen können. Dass beispielsweise andere Personen als der Vorstand das für die Auskunft nötige Wissen besitzen, ist unerheblich, soweit sie dem Unternehmen zuzurechnen sind oder sich der Vorstand das Wissen beschaffen kann;[181] Unmöglichkeit liegt aber vor, wenn die Person, die über die Information verfügt, sich weigert, sie preiszugeben, und der Vorstand sie sich nicht auf anderem Wege beschaffen kann.[182] Der Vorstand 37

[167] GroßkommAktG/*Decher* Rn. 324; anders MüKoAktG/*Kubis* Rn. 127, der eine Strafbarkeit gemäß § 404 in diesem Fall mangels Rechtswidrigkeit verneint.

[168] LG Koblenz DB 2003, 2766 (2767); zu Insiderhandel und Ad-hoc-Publizität vgl. ferner Schmidt/Lutter/*Spindler* Rn. 84 f. und Spindler/Stilz/*Siems* Rn. 50.

[169] MüKoAktG/*Kubis* Rn. 129; Schmidt/Lutter/*Spindler* Rn. 82.

[170] GroßkommAktG/*Decher* Rn. 331; MüKoAktG/*Kubis* Rn. 133; Schmidt/Lutter/*Spindler* Rn. 86.

[171] Vgl. BGH NJW 1987, 3186 (3187 ff.) hinsichtlich § 26a KWG aF.

[172] Wie hier HK-AktG/*Reger* Rn. 25; MüKoAktG/*Kubis* Rn. 134; Schmidt/Lutter/*Spindler* Rn. 87; nunmehr auch Hüffer/*Koch* Rn. 32; aA GroßkommAktG/*Decher* Rn. 332; NK-AktR/*Heidel* Rn. 74.

[173] Schmidt/Lutter/*Spindler* Rn. 87.

[174] Begr. RegE, BT-Drs. 15/5092, 17.

[175] Hüffer/*Koch* Rn. 32b; Schmidt/Lutter/*Spindler* Rn. 90.

[176] Begr. RegE, BT-Drs. 15/5092, 17.

[177] So explizit Begr. RegE, BT-Drs. 15/5092, 17 f.

[178] Begr. RegE, BT-Drs. 15/5092, 18.

[179] Begr. RegE, BT-Drs. 15/5092, 18.

[180] MüKoAktG/*Kubis* Rn. 76 und 86 ff.; Spindler/Stilz/*Siems* Rn. 62.

[181] In diesem Sinne Spindler/Stilz/*Siems* Rn. 17.

[182] Spindler/Stilz/*Siems* Rn. 62.

ist zudem gehalten, sich **auf naheliegende Fragen umfassend vorzubereiten** und ggf. Personal vorzuhalten, das während der Hauptversammlung zur Beantwortung von Fragen erforderliche Unterlagen heraussuchen kann.[183] Die Berufung auf eine Unmöglichkeit der Auskunftserteilung dürfte daher jedenfalls bei großen Gesellschaften, auf deren Hauptversammlungen dem Vorstand ein aufwändiges Back Office mit einem spezialisierten Beraterstab zur Verfügung steht, selten in Betracht kommen.[184] Falls eine Auskunftserteilung im Einzelfall nicht möglich ist, so ist unklar, ob das Auskunftsrecht **erlischt**[185] oder die Auskunftserteilung nach der Hauptversammlung **schriftlich nachzuholen** ist.[186] Überzeugender ist die erstgenannte Ansicht: Die verlangte Information ist ausdrücklich „in der Hauptversammlung" zu erteilen, nicht danach (s. Wortlaut des Abs. 1 S. 1). Ist dies unmöglich, erlischt der entsprechende Anspruch aus § 275 Abs. 1 BGB. Auch wenn die Information wegen unverhältnismäßigen Aufwands nach § 275 Abs. 2 oder Abs. 3 BGB nicht erteilt werden musste, nachträglich aber für die Gesellschaft verfügbar wird und das entsprechende Leistungsverweigerungsrecht wegfällt, wird man nicht von einem Anspruch der Aktionäre auf nachträgliche Informationserteilung ausgehen können: Die Information ist nicht dem einzelnen Aktionär zu erteilen, sondern der Hauptversammlung als Organ, und zwar der Hauptversammlung, die die Tagesordnung behandelt, für deren Beurteilung die Information erheblich ist. Die nachträgliche Information kann daher den Zweck der Informationspflicht nicht mehr erfüllen, der darin besteht, den Aktionären eine sachgerechte Grundlage für die Ausübung ihrer Rechte in der Hauptversammlung, insbesondere für ihr Abstimmungsverhalten und ggf. das Stellen von Anträgen zu bieten. Diese Sichtweise steht auch im Einklang mit § 132 Abs. 4, wonach bei erfolgreichem Auskunftserzwingungsverfahren die Auskunft auch außerhalb der Hauptversammlung zu geben ist, da § 132 eine Verpflichtung zur Auskunftserteilung nach § 131 voraussetzt, welche im Fall der Unmöglichkeit gerade nicht besteht. Bietet die Gesellschaft die nachträgliche schriftliche Auskunftserteilung an, so ist dies lediglich „best practice", ein dahingehender Anspruch der Aktionäre besteht jedoch nicht. Wird allerdings eine Information nach der Hauptversammlung an einzelne Aktionäre erteilt, begründet dies grundsätzlich einen Anspruch der übrigen Aktionäre auf Erteilung der Auskunft in der folgenden Hauptversammlung gemäß Abs. 4, und zwar unabhängig davon, ob sie in dieser Hauptversammlung noch zur sachgemäßen Beurteilung von Tagesordnungspunkten erforderlich ist (→ Rn. 38 ff.).

38 **5. Erweiterte Auskunftspflicht (Abs. 4). a) Aktionärseigenschaft.** Gemäß Abs. 4 kann jeder Aktionär in der Hauptversammlung verlangen, dass ihm Auskünfte erteilt werden, die außerhalb der Hauptversammlung einem anderen Aktionär gegeben wurden. Die Vorschrift ist Ausfluss des Gleichbehandlungsgebots (§ 53a). Voraussetzung ist, dass die Information dem anderen Aktionär gerade wegen seiner Eigenschaft als Aktionär gegeben wurde; der die Auskunft begehrende Aktionär muss dies im Gerichtsverfahren substantiiert vortragen und ggf. beweisen.[187] Umfasst sind auch Legitimationsaktionäre (→ § 129 Rn. 25 f.) sowie Aktionärsvertreter.[188] Werden Auskünfte an Aktionäre erteilt, die auch in anderen rechtlichen oder tatsächlichen Beziehungen zur Gesellschaft stehen, kommt es auf die hauptsächliche Motivation für die Auskunftserteilung an;[189] dies kann allerdings zu Abgrenzungsproblemen führen.[190] Das Auskunftsrecht besteht nicht in Bezug auf Informationen, die einem Aktionär in seiner Eigenschaft als **Aufsichtsratsmitglied** oder aufgrund einer außerhalb des Gesellschaftsverhältnisses begründeten Beziehung zugänglich geworden sind.[191] Dasselbe gilt, wenn ein späterer Paketkäufer im vorhergehenden Verkaufsprozess über den Erwerb der Aktien Informationen erhalten hat (insbesondere im Rahmen einer **Due Diligence**), da hier die Aktionärseigenschaft zum Zeitpunkt der Informationserteilung noch nicht bestanden hat und eine Ungleichbehandlung in solchen Fällen sachlich gerechtfertigt ist.[192] Zur Aktionärseigenschaft im Rahmen einer Konzernverbindung Rn. 40.

39 **b) Auskunftserteilung außerhalb der Hauptversammlung.** Die Information muss einem Aktionär außerhalb einer Hauptversammlung der Gesellschaft erteilt worden sein; zwischenzeitlich

[183] BGH NJW 1960, 1150 (1152 f.); OLG Düsseldorf AG 1992, 34 (35); LG Frankfurt NZG 2007, 197 (198); MüKoAktG/*Kubis* Rn. 88 f.

[184] Das Back Office ist auch bis Versammlungsende vorzuhalten, vgl. BGH NJW 1960, 1150 (1152 f.); LG Frankfurt NZG 2007, 197 (198).

[185] So OLG Celle AG 2005, 438 (440); Schmidt/Lutter/*Spindler* Rn. 55.

[186] *Meilicke/Heidel* DStR 1992, 72 (74); NK-AktR/*Heidel* Rn. 20.

[187] BGH NJW 1983, 878 (880).

[188] HK-AktG/*Reger* Rn. 29; MüKoAktG/*Kubis* Rn. 141; Schmidt/Lutter/*Spindler* Rn. 97.

[189] Schmidt/Lutter/*Spindler* Rn. 98.

[190] Zu Abgrenzungsmöglichkeiten Spindler/Stilz/*Siems* Rn. 76.

[191] BGH NJW 1983, 878 (879 f.).

[192] HK-AktG/*Reger* Rn. 29; *Krömker* NZG 2003, 418 (423).

neu hinzugekommene Aktionäre können daher keine Wiederholung einer Information verlangen, die dem Aktionärskreis im Rahmen einer früheren Hauptversammlung erteilt wurde. Fraglich ist die Beurteilung der Informationserteilung an einzelne Aktionäre **im Verlauf einer Hauptversammlung.** Hier muss darauf abgestellt werden, ob auch die übrigen Aktionäre die Möglichkeit hatten, an die Information zu gelangen; in dem seltenen Fall, dass individuelle Auskünfte vom Back Office mündlich an einzelne Aktionäre erteilt werden, haben daher die anderen Aktionäre einen Auskunftsanspruch gemäß Abs. 4.[193] Der Anwendungsbereich des Abs. 4 ist nicht eröffnet, wenn sich der Aktionär die Informationen unberechtigterweise selbst beschafft,[194] beispielsweise durch Täuschung eines Vorstandsmitglieds, oder wenn er sie ohne Veranlassung durch den Vorstand von einem Mitarbeiter der Gesellschaft erhält.[195] Für die Auskunftserteilung außerhalb der Hauptversammlung ist der Aktionär darlegungs- und beweisführungspflichtig.[196]

c) Auskunftserteilung im Konzern. Abs. 4 S. 3 normiert eine **Ausnahme** vom Grundsatz der **Gleichbehandlung** aller Aktionäre für den Fall, dass eine Gesellschaft Informationen außerhalb der Hauptversammlung im Rahmen der Erstellung des konsolidierten Konzernabschlusses nach § 290 HGB an ihr Mutterunternehmen weitergegeben hat. Auch über die Erstellung der Konzernrechnungslegung hinaus sind Auskünfte, die in einem Vertragskonzern erteilt werden, als leitungsbezogen aufzufassen, so dass sie als nicht durch die Aktionärseigenschaft veranlasst gelten (→ Rn. 38) und deshalb grundsätzlich keine Auskunftsansprüche gemäß Abs. 4 auslösen.[197] Das Gleiche gilt, wenn ein anderer Unternehmensvertrag als ein Beherrschungsvertrag besteht (§§ 291 Abs. 1 Alt. 2, 292).[198] Aber auch ohne Bestehen eines Unternehmensvertrags wird angenommen, dass das faktische Konzernverhältnis die Aktionärseigenschaft überlagert, mit der Folge, dass Informationen, die nicht explizit wegen der Aktionärseigenschaft erteilt wurden, kein Auskunftsrecht nach Abs. 4 S. 1, 2 begründen.[199] Bei bloßer Abhängigkeit iSd § 17 oder Mehrheitsbeteiligung iSd § 16 soll ein Auskunftsrecht gemäß Abs. 4 S. 1 und S. 2 hingegen bestehen.[200] 40

d) Auskunftsverlangen in der Hauptversammlung. Der Auskunftsanspruch muss ausdrücklich **während der Hauptversammlung** geltend gemacht werden (→ Rn. 13). Der die Information begehrende Aktionär muss in der Hauptversammlung Tatsachen darlegen, die einen Auskunftsanspruch nach § 131 Abs. 4 S. 1 und 2 begründen können; allgemeine Behauptungen sind nicht ausreichend.[201] Nicht erforderlich ist jedoch die Nennung des Namens des Aktionärs, dem die Information außerhalb der Hauptversammlung erteilt wurde.[202] Allgemeine Fragen, ob Informationen außerhalb der Hauptversammlung iSd Abs. 4 erteilt wurden, muss die Gesellschaft nach zutreffender Auffassung nicht beantworten.[203] 41

e) Rechtsfolgen. Wenn die vorgenannten Voraussetzungen gegeben sind, hat der fragende Aktionär einen **Anspruch** auf Erteilung genau derselben Information, die außerhalb der Hauptversammlung gegeben wurde. Gemäß Abs. 4 S. 2 darf der Vorstand die Auskunft nicht nach Abs. 3 S. 1 Nr. 1–4 verweigern. Den Ausschluss des Verweigerungsrechts über den Wortlaut hinaus auch auf Nr. 6 zu erstrecken, liegt angesichts der Ähnlichkeit der Tatbestände nahe.[204] Die Information muss nicht zur sachgemäßen Beurteilung der Tagesordnung erforderlich sein, allerdings muss es sich um eine Angelegenheit der Gesellschaft iSd Abs. 1 S. 1 handeln.[205] Ein Anspruch des einzelnen Aktionärs auf spiegelbildliche Informationserteilung außerhalb der Hauptversammlung besteht nach allgemeiner Meinung nicht.[206] 42

---

[193] Vgl. Schmidt/Lutter/*Spindler* Rn. 96.
[194] HK-AktG/*Reger* Rn. 28; Schmidt/Lutter/*Spindler* Rn. 96.
[195] HK-AktG/*Reger* Rn. 28; Hüffer/*Koch* Rn. 40; Schmidt/Lutter/*Spindler* Rn. 96.
[196] OLG Dresden AG 1999, 274 (275 f.).
[197] AllgM, vgl. auch LG München I AG 1999, 138 f.; Hüffer/*Koch* Rn. 38 mwN.
[198] Hüffer/*Koch* Rn. 38.
[199] LG München I Der Konzern 2007, 448 (455 f.); LG Saarbrücken AG 2006, 89 (90); für die Lit. vgl. Hüffer/*Koch* Rn. 38 mwN; aA LG Frankfurt AG 2007, 48 (50).
[200] BayObLGZ 2002, 227 (229); HK-AktG/*Reger* Rn. 32; Schmidt/Lutter/*Spindler* Rn. 101; Spindler/Stilz/*Siems* Rn. 78; aA Hüffer/*Koch* Rn. 38 mwN.
[201] Spindler/Stilz/*Siems* Rn. 80.
[202] Spindler/Stilz/*Siems* Rn. 80.
[203] LG Flensburg AG 2004, 623 (625); MüKoAktG/*Kubis* Rn. 152; Spindler/Stilz/*Siems* Rn. 80; aA *Meilicke/Heidel* DStR 1992, 113 (114).
[204] Wie hier GroßkommAktG/*Decher* Rn. 369; MüKoAktG/*Kubis* Rn. 155; Schmidt/Lutter/*Spindler* Rn. 106; aA Hüffer/*Koch* Rn. 42.
[205] Schmidt/Lutter/*Spindler* Rn. 104.
[206] Nachweise bei Schmidt/Lutter/*Spindler* Rn. 105.

43 **6. Aufnahme der Verweigerung in die Niederschrift (Abs. 5).** Verweigert der Vorstand die Auskunftserteilung, kann der Aktionär verlangen, dass die Verweigerung sowie die Gründe hierfür, wenn solche genannt werden, in die **Niederschrift** aufgenommen werden. Die Protokollierung erfüllt ausschließlich eine Beweisfunktion.[207] Der Anspruch besteht bis zum förmlichen Ende der Hauptversammlung.[208] Der Notar darf Aktionäre auffordern, ihre unbeantworteten Fragen schriftlich an ihn zu übergeben (str.).[209]

44 **7. Rechtsfolgen.** Ist ein Aktionär der Ansicht, ihm sei eine Auskunft zu Unrecht verweigert oder unvollständig erteilt worden, so kann er zum einen das **Auskunftserzwingungsverfahren** des § 132 einleiten oder, sofern die verweigerte Information für einen bestimmten Hauptversammlungsbeschluss relevant war und auch die Voraussetzungen des § 243 Abs. 4 vorliegen, diesen Beschluss (nicht auch alle übrigen in derselben Hauptversammlung gefassten Beschlüsse)[210] nach § 243 Abs. 1 **anfechten** (Einzelheiten bei § 243). Unter Umständen kann eine Auskunftsverweigerung auch mehrere Beschlüsse betreffen.[211] Ferner kann eine Auskunftsverweigerung als Geschäftsführungsmaßnahme Gegenstand einer **Sonderprüfung** sein (§ 142).[212] Soweit der Gesellschaft aufgrund der Auskunftsverweigerung Schaden entsteht, können die Vorstandsmitglieder aus § 93 hierfür ersatzpflichtig sein. Ob auch dem fragenden oder anderen Aktionären ein **Schadensersatzanspruch** aus § 823 Abs. 2 BGB iVm § 131 oder § 400 Abs. 1 Nr. 1 zusteht, ist entgegen der hM zweifelhaft,[213] da § 131 bzw. § 400 Abs. 1 Nr. 1 nicht in erster Linie die finanziellen Interessen des einzelnen Aktionärs schützen. Erhebt hingegen ein Aktionär eine Anfechtungsklage ohne durchgreifenden Rechtsgrund und nur mit dem Ziel, sich den Lästigkeitswert beispielsweise durch Abschluss eines Vergleichs von der Gesellschaft abkaufen zu lassen, so sind grundsätzlich Ersatzansprüche der Gesellschaft für den Schaden denkbar, der ihr aufgrund der Klageerhebung entsteht.[214]

III. Abdingbarkeit

45 § 131 ist **zwingend** und größtenteils abschließend.[215] Zu möglichen Regelungen in Satzung oder Geschäftsordnung zur Beschränkung von Rede- und Fragerechten → Rn. 24.

§ 132 Gerichtliche Entscheidung über das Auskunftsrecht

(1) Ob der Vorstand die Auskunft zu geben hat, entscheidet auf Antrag ausschließlich das Landgericht, in dessen Bezirk die Gesellschaft ihren Sitz hat.

(2) [1]Antragsberechtigt ist jeder Aktionär, dem die verlangte Auskunft nicht gegeben worden ist, und, wenn über den Gegenstand der Tagesordnung, auf den sich die Auskunft bezog, Beschluß gefaßt worden ist, jeder in der Hauptversammlung erschienene Aktionär, der in der Hauptversammlung Widerspruch zur Niederschrift erklärt hat. [2]Der Antrag ist binnen zwei Wochen nach der Hauptversammlung zu stellen, in der die Auskunft abgelehnt worden ist.

(3) [1]§ 99 Abs. 1, 3 Satz 1, 2 und 4 bis 6 sowie Abs. 5 Satz 1 und 3 gilt entsprechend. [2]Die Beschwerde findet nur statt, wenn das Landgericht sie in der Entscheidung für zulässig erklärt. [3]§ 70 Abs. 2 des Gesetzes über das Verfahren in Familiensachen und in den Angelegenheiten der freiwilligen Gerichtsbarkeit ist entsprechend anzuwenden.

(4) [1]Wird dem Antrag stattgegeben, so ist die Auskunft auch außerhalb der Hauptversammlung zu geben. [2]Aus der Entscheidung findet die Zwangsvollstreckung nach den Vorschriften der Zivilprozeßordnung statt.

(5) Das mit dem Verfahren befaßte Gericht bestimmt nach billigem Ermessen, welchem Beteiligten die Kosten des Verfahrens aufzuerlegen sind.

---

[207] LG Frankfurt ZIP 2005, 1275 (1276); HK-AktG/*Reger* Rn. 33.
[208] HK-AktG/*Reger* Rn. 33; MüKoAktG/*Kubis* Rn. 164.
[209] Dazu *Krieger* FS Priester, 2007, 387 (402 ff.).
[210] Hüffer/*Koch* Rn. 44; Schmidt/Lutter/*Spindler* Rn. 116.
[211] OLG Brandenburg AG 2003, 328 (329 f.); Hüffer/*Koch* Rn. 44; Schmidt/Lutter/*Spindler* Rn. 116.
[212] MüKoAktG/*Kubis* Rn. 174.
[213] Wie hier Hüffer/*Koch* Rn. 44; für § 131 AktG KK-AktG/*Kersting* Rn. 564; aA GroßkommAktG/*Decher* Rn. 407; MüKoAktG/*Kubis* Rn. 171; Schmidt/Lutter/*Spindler* Rn. 117; Spindler/Stilz/*Siems* Rn. 90; für § 400 Abs. 1 Nr. 1 AktG KK-AktG/*Kersting* Rn. 565.
[214] Vgl. hierzu OLG Frankfurt NZG 2009, 222; LG Frankfurt BB 2007, 2363.
[215] HK-AktG/*Reger* Rn. 2.

Schrifttum: *Kollhosser,* Probleme konkurrierender aktienrechtlicher Gerichtsverfahren, AG 1977, 117; *Lüke,* Das Verhältnis von Auskunfts-, Anfechtungs- und Registerverfahren im Aktienrecht, ZGR 1990, 657; *Werner,* Fehlentwicklungen in aktienrechtlichen Auskunftsstreitigkeiten – Zugleich ein Beitrag über die Zulässigkeit negativer Feststellungsanträge im Auskunftserzwingungsverfahren, FS Heinsius, 1991, 911.

Übersicht

I. Allgemeines

1 § 132 stellt Aktionären, deren Auskunftsverlangen nach § 131 in der Hauptversammlung nicht erfüllt wurden, ein spezielles gerichtliches Verfahren zur Durchsetzung des **Auskunftsanspruchs** zur Verfügung. Mit der Vorschrift soll ein **beschleunigter Rechtsschutz** ermöglicht werden.[1] Das Auskunftserzwingungsverfahren gemäß § 132 ist als Streitverfahren der freiwilligen Gerichtsbarkeit ausgestaltet (§ 132 Abs. 3 S. 1 iVm § 99 Abs. 1). Die sonst einschlägige Leistungsklage auf Auskunft vor den ordentlichen Zivilgerichten wird durch das Verfahren gemäß § 132 verdrängt. Ob damit eine Verbesserung des Rechtsschutzes erreicht wird, ist teilweise bezweifelt worden.[2] Eine Beschleunigung wird jedoch zumindest dadurch erreicht, dass der Antrag binnen zwei Wochen nach der Auskunftsverweigerung einzureichen ist (§ 132 Abs. 2 S. 2) und eine Beschwerde nur nach Zulassung durch das Landgericht statthaft ist (§ 132 Abs. 3 S. 2). Die Kostenregelung in Abs. 5 soll Aktionären den Zugang zur gerichtlichen Auskunftserzwingung erleichtern.[3]

2 Auskunftserzwingungsverfahren und Beschlussanfechtungsklage sind nach zutreffender hM grundsätzlich voneinander **unabhängige Verfahren** in dem Sinne, dass die Erhebung einer Anfechtungsklage wegen Verletzung des Auskunftsanspruchs nach § 131 kein vorgeschaltetes Auskunftserzwingungsverfahren voraussetzt.[4] Obwohl auf diese Weise divergierende gerichtliche Entscheidungen über denselben Sachverhalt drohen,[5] besteht in der Praxis seit einem entsprechenden Urteil des BGH[6] keine materielle Bindungswirkung der rechtskräftigen Entscheidung im Auskunftserzwingungsverfahren über das Bestehen oder Nichtbestehen eines Auskunftsanspruchs für ein späteres Anfechtungsverfahren.[7]

II. Einzelerläuterung

3 **1. Gerichtliche Zuständigkeit (Abs. 1).** Ausschließlich zuständig für das Auskunftserzwingungsverfahren ist nach Abs. 1 das **Landgericht,** in dessen Bezirk die Gesellschaft ihren Sitz hat. Sofern eine Kammer für Handelssachen vorhanden ist, liegt die funktionelle Zuständigkeit bei dieser (§§ 71 Abs. 2 Nr. 4 lit. b, 94, 95 Abs. 2 Nr. 2 GVG). Landesrechtliche Vorschriften können eine Zuständigkeitskonzentration bei einem bestimmten Gericht vorsehen (§ 71 Abs. 4 GVG).[8] Die genannten Vorschriften des GVG beruhen auf dem FGG-Reformgesetz vom 17.12.2008 (BGBl. I S. 2586), mit dem die inhaltsgleichen § 132 Abs. 1 S. 2–4 aF aufgehoben geworden sind.

4 **2. Antrag (Abs. 2). a) Allgemeines.** Der gemäß § 132 Abs. 1 erforderliche Antrag kann **formlos** gestellt werden. Mangels entsprechender gesetzlicher Anordnung besteht kein Anwaltszwang

[1] Begr. RegE *Kropff* Textausgabe, 1965, 189; Hüffer/*Koch* Rn. 1.
[2] Vgl. die Nachweise bei GroßkommAktG/*Decher* Rn. 2.
[3] Begr. RegE *Kropff* Textausgabe, 1965, 190; Spindler/Stilz/*Siems* Rn. 2.
[4] BGH NJW 1983, 878 (879); OLG Brandenburg NZG 2002, 476 (477); KG AG 2001, 355 (356); HK-AktG/*Reger* Rn. 1; Hüffer/*Koch* Rn. 2; KK-AktG/*Kersting* Rn. 10; *Lüke* ZGR 1990, 657 (661); MüKoAktG/*Kubis* Rn. 60; aA *Kollhosser* AG 1977, 117 (118); *Werner* FS Heinsius, 1991, 911 (918).
[5] OLG München AG 2002, 294 (295); OLG Stuttgart AG 1992, 459; *Lüke* ZGR 1990, 657 (660); *Werner* FS Heinsius, 1991, 911 (921).
[6] BGH NJW 2009, 2207.
[7] Zust. MüKoAktG/*Kubis* Rn. 61; MHdB AG/*Hofmann-Becking* § 38 Rn. 62; hierfür zuvor schon GroßkommAktG/*Decher* Rn. 11.
[8] Zur Umsetzung in den einzelnen Bundesländern s. die Übersicht bei Spindler/Stilz/*Siems* Fn. 9.

(§ 10 Abs. 1 FamFG).[9] **Antragsgegner** ist die Gesellschaft. Sie wird gemäß § 78 Abs. 1 S. 1 durch den Vorstand vertreten, § 246 Abs. 2 S. 2 ist im Rahmen des Auskunftserzwingungsverfahrens nicht anwendbar.[10] **Inhaltlich** muss aus dem Antrag hervorgehen, dass der Antragsteller von der Gesellschaft eine bestimmte Auskunft wünscht, die er trotz Verlangens in der Hauptversammlung nicht erhalten hat, und über diesen Auskunftsanspruch eine gerichtliche Entscheidung begehrt.[11] Die Einhaltung der Vorgaben des § 253 ZPO zum Inhalt einer Klageschrift im Zivilprozess ist dabei nicht erforderlich.[12] Unerheblich ist, ob der Antrag als Leistungsantrag formuliert ist oder als Antrag auf Feststellung der Auskunftspflicht.[13] Das **Rechtsschutzbedürfnis** fehlt nach zutreffender hM, wenn die streitige Frage nach der Hauptversammlung beantwortet wurde bzw. entfällt, wenn sie nach Einleitung, aber vor Beendigung des Auskunftserzwingungsverfahrens beantwortet wird.[14] In diesen Fällen kann der Aktionär den Verstoß gegen § 131 durch fehlende Beantwortung während der Hauptversammlung nur im Wege der Anfechtungsklage rügen.[15] Die **Rücknahme** des Antrags durch den Antragsteller ist bis zur rechtskräftigen Entscheidung jederzeit zulässig und beendet das Verfahren (wenn nicht weitere Antragsteller ihre Anträge aufrechterhalten. Die Einwilligung der Gesellschaft ist nicht entsprechend § 269 Abs. 1 ZPO für die Rücknahme des Antrags erforderlich, selbst wenn die Gesellschaft sich zur Sache eingelassen hat. Ihr fehlt das schutzwürdige Interesse an einer Entscheidung, da diese für ein Beschlussanfechtungsverfahren keine Bindungswirkung entfaltet (→ Rn. 2).[16]

5 **b) Antragsberechtigung.** Antragsberechtigt ist nach **Abs. 2 S. 1 Alt. 1** jeder Aktionär (bei Namensaktien der als Aktionär ins Aktienregister Eingetragene, der gegenüber der Gesellschaft gemäß § 67 Abs. 2 als Aktionär gilt; ferner der **Legitimationsaktionär** iSd § 129 Abs. 3, wenn die Ermächtigung auch die Antragsbefugnis umfasst),[17] der in der Hauptversammlung eine Auskunft verlangt und entgegen seinem Anspruch aus § 131 nicht oder nicht vollständig[18] erhalten hat. Hat sich der Aktionär in der Hauptversammlung durch einen **Bevollmächtigten** vertreten lassen, hat der Vertreter kein eigenes Antragsrecht; er kann aber den Antrag im Namen des Aktionärs stellen, wenn dieser ihm eine Vollmacht erteilt hat, die die Antragstellung umfasst.[19] Die **unrichtige Auskunftserteilung** ist hiervon nach der instanzgerichtlichen Rechtsprechung und eines Teils der Literatur nicht erfasst;[20] der Aktionär wird in diesem Fall auf die Anfechtungsklage oder die Klage im Zivilprozess (gerichtet etwa auf Schadensersatz oder Feststellung der Unrichtigkeit) verwiesen. Der BGH hat die Frage jüngst offengelassen.[21] Die in der Literatur nunmehr wohl vorherrschende Ansicht lässt das Auskunftserzwingungsverfahren gemäß § 132 hingegen zu Recht auch bei unrichtiger Auskunftserteilung zu.[22] Diese Auslegung widerspricht nicht dem Wortlaut des Abs. 2, da in der Gewährung einer unrichtigen Auskunft zugleich auch die Verweigerung der zutreffenden und damit der gemäß § 131 geschuldeten Auskunft liegt. Die Erteilung einer unrichtigen Auskunft ist daher als ein Unterfall der Nichterteilung anzusehen. Auch der Zweck des § 132 spricht für diese Auslegung, denn das Interesse des Aktionärs an der möglichst zeitnahen Erteilung der zutreffenden Auskunft im Fall einer Falschinformation ist nicht anders zu bewerten als das Interesse eines Aktionärs an der Erteilung der – zutreffenden – Auskunft im Fall der völligen Informationsverweigerung. Es ist nicht ersichtlich, weshalb beide Fälle prozessual unterschiedlich gehandhabt werden sollten. Weitere Voraussetzung der Antragsberechtigung ist, dass der Aktionär, dem die Erteilung der (vollständigen und richtigen) Auskunft verweigert wurde, **in der Hauptversammlung wirksam das Auskunftsverlangen** gestellt hat (zum wirksamen Auskunftsverlangen → § 131 Rn. 13), das er nun gerichtlich durchsetzen

[9] Vgl. OLG Dresden AG 1999, 274; HK-AktG/*Reger* Rn. 5; Hüffer/*Koch* Rn. 4.

[10] Vgl. GroßkommAktG/*Decher* Rn. 22; MHdB AG/*Hoffmann-Becking* § 38 Rn. 59.

[11] HK-AktG/*Reger* Rn. 5; MüKoAktG/*Kubis* Rn. 9.

[12] GroßkommAktG/*Decher* Rn. 28; Hüffer/*Koch* Rn. 4; MüKoAktG/*Kubis* Rn. 9.

[13] OLG Koblenz NJW-RR 1995, 1378; Hüffer/*Koch* Rn. 4.

[14] BayObLG AG 2001, 424 (426); BB 1997, 330 f. zum Wegfall des Rechtsschutzbedürfnisses im Beschwerdeverfahren; LG Berlin WM 1990, 978 (983); HK-AktG/*Reger* Rn. 5; GroßkommAktG/*Decher* Rn. 38; Schmidt/Lutter/*Spindler* Rn. 14; aA NK-AktR/*Heidel* Rn. 10; MüKoAktG/*Kubis* Rn. 25.

[15] GroßkommAktG/*Decher* Rn. 38.

[16] GroßkommAktG/*Decher* Rn. 29; Hüffer/*Koch* Rn. 4 mwN; MüKoAktG/*Kubis* Rn. 20.

[17] HK-AktG/*Reger* Rn. 3; MüKoAktG/*Kubis* Rn. 10 f. mwN.

[18] HK-AktG/*Reger* Rn. 3a; Schmidt/Lutter/*Spindler* Rn. 9.

[19] Hüffer/*Koch* Rn. 5; Schmidt/Lutter/*Spindler* Rn. 7.

[20] OLG Dresden AG 1999, 274 (276); LG Dortmund AG 1999, 133; LG Köln AG 1991, 38; NK-AktR/*Heidel* Rn. 10; KK-AktG/*Zöllner* Rn. 5, jeweils mwN.

[21] BGH NZG 423 Rn. 83.

[22] GroßkommAktG/*Decher* Rn. 6; Hüffer/*Koch* Rn. 4a; MüKoAktG/*Kubis* Rn. 16; MHdB AG/*Hoffmann-Becking* § 38 Rn. 60; Schmidt/Lutter/*Spindler* Rn. 9; Spindler/Stilz/*Siems* Rn. 10, jeweils mwN.

möchte.[23] Antragsberechtigt ist ferner gemäß **Abs. 2 S. 1 Alt. 2 jeder andere Aktionär,** der in der Hauptversammlung erschienen ist (also selbst anwesend oder vertreten war),[24] wenn über den Tagesordnungspunkt, auf den sich ein Auskunftsverlangen bezogen hat, **Beschluss gefasst** worden ist und er **Widerspruch zur Niederschrift** erklärt hat. Die Aktionärseigenschaft des Antragstellers muss in beiden Alternativen des Abs. 2 S. 1 bis zur rechtskräftigen gerichtlichen Entscheidung vorliegen.[25] Veräußert er sämtliche Aktien an der Gesellschaft während des laufenden Verfahrens, entfällt die Antragsberechtigung; auch der Erwerber kann das Verfahren nicht fortführen, da § 265 Abs. 2 ZPO keine Anwendung findet.[26]

Kein Antragsrecht haben Aktionäre, die weder selbst noch durch einen Vertreter an der Hauptversammlung teilgenommen haben. Dies gilt auch, wenn die Teilnahme zu Unrecht verweigert wurde;[27] in diesem Fall ist der Aktionär auf die Anfechtungsklage verwiesen (die Anfechtungsbefugnis ergibt sich dabei aus § 245 Abs. Nr. 2 Alt. 1). Seit der Einführung des § 118 Abs. 1 S. 2 durch das Gesetz zur Umsetzung der Aktionärsrechte-RL **(ARUG)** vom 30.7.2009 (BGBl. I S. 2479) ist auch die Teilnahme auf elektronischem Wege möglich, wenn die Satzung sie zulässt; elektronisch an der Hauptversammlung teilnehmende Aktionäre gelten als „erschienen" iSd § 132 Abs. 2.[28] 6

c) Antragsfrist. Die Antragsfrist beträgt nach § 132 Abs. 2 S. 2 **zwei Wochen** ab der Hauptversammlung, in der die verlangte Auskunft verweigert wurde. Es handelt sich um eine materiellrechtliche Ausschlussfrist; eine Wiedereinsetzung in den vorigen Stand oder eine Verlängerung sind daher nicht möglich.[29] Der fristgemäße Zugang des Antrags bei einem unzuständigen Gericht wahrt nach überwiegender Auffassung die Frist unabhängig davon, ob die Abgabe an das zuständige Gericht innerhalb der Frist erfolgt.[30] Für die Fristberechnung gelten die §§ 187 ff. BGB, so dass die Frist an dem Tag beginnt, der auf den Tag der Beendigung der Hauptversammlung folgt (§ 187 Abs. 1 BGB).[31] 7

3. Gerichtliches Verfahren (Abs. 3). a) Allgemeines. Gemäß § 132 Abs. 3 S. 1 gelten für das Verfahren teilweise die Vorschriften über das Statusverfahren gemäß § 99. Soweit danach keine speziellen Regelungen vorgesehen sind – so für die Form der Entscheidung (§ 99 Abs. 3 S. 1), die Beschwerde (§§ 132 Abs. 3 S. 2 und 3, 99 Abs. 3 S. 2 und 4–6) und die Rechtskraft der Entscheidung (§ 99 Abs. 5) – sind über § 99 Abs. 1 die Vorschriften des **FamFG** anzuwenden. Diese werden wiederum teilweise durch die für streitige Verfahren geltenden Grundsätze überlagert: Zulässig sind danach Vergleich, Verzicht und übereinstimmende Erledigung; ferner entfaltet der Antragsinhalt Bindungswirkung für das Gericht.[32] Das Verfahren ist nach hM nicht öffentlich.[33] Die **Tatsachenermittlung** erfolgt **von Amts wegen** (§ 26 FamFG). Für die Beteiligten besteht mithin keine formelle Darlegungs- und Beweislast.[34] Allerdings sind sie zur **Verfahrensförderung** verpflichtet (§ 27 FamFG).[35] 8

b) Rechtsmittel. Gegen den Beschluss des Landgerichts kann nach § 132 Abs. 3 S. 1 iVm § 99 Abs. 3 S. 2 **Beschwerde** eingelegt werden. Die Beschwerde ist allerdings nur statthaft, wenn das LG sie für zulässig erklärt (§ 132 Abs. 3 S. 2). Die Nichtzulassungsbeschwerde ist grundsätzlich ausgeschlossen,[36] wenn die Entscheidung des LG nicht „greifbar gesetzeswidrig" ist, also „nicht nur unrichtig ist, sondern jeder gesetzlichen Grundlage entbehrt".[37] § 132 Abs. 3 S. 3 verweist seit der 9

---

[23] BayObLG NJW-RR 1996, 679 (681); HK-AktG/*Reger* Rn. 3a.

[24] MüKoAktG/*Kubis* Rn. 13; Schmidt/Lutter/*Spindler* Rn. 7.

[25] HK-AktG/*Reger* Rn. 3; GroßkommAktG/*Decher* Rn. 21.

[26] IErg hM mit unterschiedlichen Begründungen, s. etwa GroßkommAktG/*Decher* Rn. 21; MüKoAktG/*Kubis* Rn. 10; Spindler/Stilz/*Siems* Rn. 8.

[27] HK-AktG/*Reger* Rn. 3; Schmidt/Lutter/*Spindler* Rn. 7.

[28] Begr. RegE, BT-Drs. 16/11642, 27 zu § 118 Abs. 1.

[29] BayObLG NZG 2001, 608 (609); Hüffer/*Koch* Rn. 5; MüKoAktG/*Kubis* Rn. 18.

[30] BayObLG NZG 2001, 608 (609); OLG Dresden AG 1999, 274 (275); HK-AktG/*Reger* Rn. 4; Hüffer/*Koch* Rn. 5; MüKoAktG/*Kubis* Rn. 18 mwN; aA KK-AktG/*Zöllner* Rn. 12.

[31] MüKoAktG/*Kubis* Rn. 18.

[32] MüKoAktG/*Kubis* Rn. 34; Spindler/Stilz/*Siems* Rn. 16.

[33] GroßkommAktG/*Decher* Rn. 21; Hüffer/*Koch* Rn. 6; Schmidt/Lutter/*Spindler* Rn. 16; Spindler/Stilz/*Siems* Rn. 18, jeweils mwN; aA HK-AktG/*Reger* Rn. 6; NK-AktR/*Heidel* Rn. 13; MüKoAktG/*Kubis* Rn. 28.

[34] Hüffer/*Koch* Rn. 7; MüKoAktG/*Kubis* Rn. 30, 32; Spindler/Stilz/*Siems* Rn. 17.

[35] GroßkommAktG/*Decher* Rn. 33; Hüffer/*Koch* Rn. 7.

[36] OLG Frankfurt NJW-RR 1996, 678; HK-AktG/*Reger* Rn. 6.

[37] Vgl. OLG Koblenz NJW-RR 1995, 1378 zur Abweisung eines Antrags gemäß § 132, weil dieser als Feststellungsantrag formuliert war; GroßkommAktG/*Decher* Rn. 48; MüKoAktG/*Kubis* Rn. 39; Schmidt/Lutter/*Spindler* Rn. 23; Spindler/Stilz/*Siems* Rn. 20; aA NK-AktR/*Heidel* Rn. 14 unter Berufung auf die Rügemöglichkeit gemäß § 321a ZPO.

Änderung durch das FGG-Reformgesetz vom 17.12.2008 (BGBl. I S. 258) auf § 70 Abs. 2 FamFG. Danach ist das Landgericht zur Zulassung der Beschwerde verpflichtet, wenn die Rechtssache grundsätzliche Bedeutung hat (§ 70 Abs. 2 S. 1 Nr. 1 FamFG) oder eine Entscheidung des Beschwerdegerichts zur Rechtsfortbildung oder Sicherung einer einheitlichen Rechtsprechung erforderlich ist (§ 70 Abs. 2 S. 1 Nr. 2 FamFG). Das Beschwerdegericht ist an die Zulassung gebunden (§ 70 Abs. 2 S. 2 FamFG). Die Beschwerdeschrift muss – im Gegensatz zum erstinstanzlichen Antrag (→ Rn. 4) – von einem Rechtsanwalt unterzeichnet sein (§ 132 Abs. 3 S. 1 iVm § 99 Abs. 3 S. 4). Im Übrigen richten sich Form und Frist der Beschwerdeeinlegung nach § 132 Abs. 3 S. 1 iVm § 99 Abs. 1 und §§ 63 ff. FamFG. Beschwerdegericht ist das OLG, soweit die Länder nicht von ihrer Zuständigkeit zur Verfahrenskonzentration Gebrauch gemacht haben (§ 132 Abs. 3 S. 1 iVm § 99 Abs. 3 S. 5 und 6). Statthaftigkeit und Formalien für die Einlegung der **Rechtsbeschwerde** richten sich nach §§ 70 ff. FamFG.

10 **4. Auskunftserteilung; Zwangsvollstreckung (Abs. 4).** Wird dem Antrag stattgegeben, ist die begehrte Auskunft nach § 132 Abs. 4 S. 1 auch außerhalb der Hauptversammlung zu erteilen. Mit Eintritt der Rechtskraft muss der Vorstand die gerichtliche Entscheidung unverzüglich (§ 121 Abs. 1 S. 1 BGB) zum Handelsregister einreichen (§ 132 Abs. 3 S. 1 iVm § 99 Abs. 5 S. 3). Damit soll es den Aktionären, die nicht am Verfahren beteiligt waren, ermöglicht werden, ihr Auskunftsrecht nach § 131 Abs. 4 auszuüben.[38] Die Entscheidung ist Vollstreckungstitel iSd § 794 Nr. 3 ZPO; vollstreckbar ist sie erst mit Eintritt der Rechtskraft, eine vorläufige Vollstreckbarkeit kommt nicht in Betracht.[39] Die Vollstreckung einer dem Antrag stattgebenden Entscheidung erfolgt nach Maßgabe von § 888 ZPO, da die Auskunftserteilung eine unvertretbare Handlung darstellt.[40]

11 **5. Verfahrenskosten (Abs. 5).** Über die Kostentragung entscheidet das Gericht gemäß Abs. 5 nach billigem Ermessen. Auch **außergerichtliche Kosten** richten sich seit der Neufassung durch das 2. Kostenrechtsmodernisierungsgesetz vom 23.7.2013 (BGBl. I S. 2586) nach dieser Vorschrift.[41] Anders als § 81 Abs. 1 S. 1 FamFG, der gemäß § 132 Abs. 3 S. 1 iVm § 99 Abs. 1 anwendbar ist, **verpflichtet** Abs. 5 das Gericht zu einer Entscheidung über die Kosten.[42] Rechtsbehelf gegen die Kostenentscheidung ist die Beschwerde nach § 83 GNotKG.

Vierter Unterabschnitt. Stimmrecht

§ 133 Grundsatz der einfachen Stimmenmehrheit

(1) Die Beschlüsse der Hauptversammlung bedürfen der Mehrheit der abgegebenen Stimmen (einfache Stimmenmehrheit), soweit nicht Gesetz oder Satzung eine größere Mehrheit oder weitere Erfordernisse bestimmen.

(2) Für Wahlen kann die Satzung andere Bestimmungen treffen.

Schrifttum (zu §§ 133–138): *Andrianesis,* Die Neuregelung der verdeckten Sacheinlagen bei der AG durch das ARUG, WM 2011, 968; *Assmann,* Zur Reform des Vollmachtsstimmrechts der Banken nach dem Referentenentwurf eines Gesetzes zur Kontrolle und Transparenz im Unternehmensbereich (KonTraG-E), AG 1997, Sonderheft August, 100; *Baums,* Höchststimmrechte, AG 1990, 221; *Bayer/Scholz,* Der Legitimationsaktionär – Aktuelle Fragen aus der gerichtlichen Praxis, NZG 2013, 721; *Drinhausen,* Auswirkungen des ARUG auf die künftige Hauptversammlungspraxis, BB 2009, 2322; *Eckardt,* Die Ausübung des Stimmrechts durch einen anderen, insbesondere durch ein Kreditinstitut, DB 1967, 191 und 233; *Fischer,* Entlastung von Vorständen bei Personenidentität in Konzerngesellschaften, NZG 1999, 192; *Geßler,* Die Behandlung von Stimmrechtsverboten in der Hauptversammlung, BB 1962, 1182; *Götze,* Erteilung von Stimmrechtsvollmacht nach dem ARUG, NZG 2010, 94; *Grundmann,* Das neue Depotstimmrecht nach der Fassung im Regierungsentwurf zum ARUG, BKR 2009, 31; *Grunsky,* Stimmrechtsbeschränkungen in der Hauptversammlung, ZIP 1991, 778; *Habersack,* Aktienrecht und Internet, ZHR 165 (2001), 172; *Happ/Bednarz,* Stimmverbot und Doppelmandat – Zur rechtlichen Problematik und zu praktischen Lösungsversuchen, FS Hoffmann-Becking, 2013, 433; *Heermann,* Stimmrechtsvertretung in der Hauptversammlung und Schadensersatzhaftung, ZIP 1994, 1243; *Henrich,* Einfluss des ARUG auf die Stimmrechtsvertretung bei der AG, 2015; *Hirschmann,* Anteilseignerkontrolle im Bank- u. Versicherungswirtschaftsrecht, 2000; *Hölters,* Stimmrechtsbeschränkungen als Schutz vor Überfremdung, DB 1975, 917; *Immenga,* Grenzen einer nachträglichen Einführung von Stimmrechtsbeschränkungen, BB 1975, 1042; *Junge,* Der Verkauf von Teilnahme- und Stimmrechten über das Internet und die zahlenmäßige Begrenzung der Übertragbarkeit von Teilnahme- und Stimmrechten, FS Röhricht, 2005, 277; *Kiefner/Friebel,* Stimmrechtsausübung in der Hauptversammlung durch

[38] Begr. RegE *Kropff* Textausgabe, 1965, 190; Hüffer/*Koch* Rn. 9.
[39] Hüffer/*Koch* Rn. 9; Schmidt/Lutter/*Spindler* Rn. 36.
[40] Hüffer/*Koch* Rn. 9; Schmidt/Lutter/*Spindler* Rn. 36.
[41] Hüffer/*Koch* Rn. 10; Spindler/Stilz/*Siems* Rn. 26.
[42] Begr. RegE, BT-Drs. 17/11471, 28; Spindler/Stilz/*Siems* Rn. 26.

den Vollmachtgeber trotz fortbestehender Bevollmächtigung eines Vertreters?, NZG 2011, 887; *Kiefner/Happ,* Zulässigkeit von Standstill und Lock-up Agreements bei der Aktiengesellschaft, ZIP 2015, 1811; *Marsch-Barner,* Entwicklungen im Vollmachtstimmrecht der Banken, FS Peltzer, 2001, 261; *Martens,* Stimmrechtsbeschränkung und Stimmbindungsvertrag im Aktienrecht, AG 1993, 495; *Max,* Die Leitung der Hauptversammlung, AG 1991, 77; *Noack,* ARUG – das nächste Stück der Aktienrechtsreform in Permanenz, NZG 2008, 441. *Ostler,* Stimmrecht ohne Beteiligungsinteresse, 2010; *Ott,* Die Hauptversammlung einer Einpersonen-AG, RnotZ 2014, 423; *Otto,* Gebundene Aktien: Vertragliche Beschränkungen der Ausübung und Übertragbarkeit von Mitgliedschaftsrechten zugunsten der AG, AG 1991, 369; *Petersen/Schulze De la Cruz,* Das Stimmverbot nach § 136 I AktG bei der Entlastung von Vorstandsdoppelmandatsträgern, NZG 2012, 453; *U. H. Schneider,* Stimmverbote im GmbH-Konzern, ZHR 150 (1986), 609; *ders.,* Geheime Abstimmung in der Hauptversammlung einer Aktiengesellschaft, FS Peltzer, 2001, 425; *Schockenhoff,* Proxy Fights – bald auch in Deutschland?, NZG 2015, 657; *Schröder,* Umgehung der aktienrechtlichen Stimmrechtsbeschränkung, DB 1976, 1093; *Seibert,* Aktienrechtsnovelle NaStraG tritt in Kraft – Übersicht über das Gesetz und Auszüge aus dem Bericht des Rechtsausschusses, ZIP 2001, 53; *Stützle/Walgenbach,* Leitung der Hauptversammlung und Mitspracherechte der Aktionäre in Fragen der Versammlungsleitung, ZHR 155 (1991), 516; *Ulmer,* Gesellschafterbeschlüsse in Personengesellschaften, FS Niederländer, 1991, 415; *Wank,* Der Stimmrechtsausschluss im GmbH-Recht in der neueren Rechtsprechung des BGH, ZGR 1979, 282; *Weber/Kersjes,* Hauptversammlungsbeschlüsse vor Gericht, 2010; *Wettich,* Aktuelle Entwicklungen in der Hauptversammlungssaison 2011 und Ausblick auf 2012, NZG 2011, 721; *Wiebe,* Vorstandsmacht statt Bankenmacht?, ZHR 166, 182; *Wilhelm,* Stimmrechtsausschluss und Verbot des Insichgeschäfts, JZ 1976, 674; *Winnefeld,* Stimmrecht, Stimmabgabe und Beschluss, ihre Rechtsnatur und Behandlung, DB 1972, 1053; *Zimmermann,* Vertrauensentzug durch die Hauptversammlung und Stimmrechtsausübung, FS Rowedder, 1994, 593; *Zöllner,* Die Schranken mitgliedschaftlicher Stimmrechtsmacht bei den privatrechtlichen Personenverbänden, 1963; *ders.,* Stimmrechtsvertretung der Kleinaktionäre, FS Peltzer, 2001, 661.

Übersicht

I. Allgemeines

Regelungsgegenstand des § 133 ist das Zustandekommen von Hauptversammlungsbeschlüssen. In § 133 wird zum einen das **Mehrheitserfordernis für Hauptversammlungsbeschlüsse** festgelegt. Zugleich wird entsprechend § 23 Abs. 5 die Regelungshoheit der Hauptversammlung für die satzungsmäßige Festlegung abweichender Mehrheitserfordernisse definiert. Demnach ist grundsätzlich die **einfache Mehrheit der abgegebenen Stimmen** maßgeblich, nicht etwa die Mehrheit des auf der Hauptversammlung vertretenen Grundkapitals (vgl. zum eingetragenen Verein § 32 Abs. 1 S. 3 BGB: einfache Mehrheit der erschienenen Mitglieder). In der **Satzung** können für das Zustandekommen von Hauptversammlungsbeschlüssen lediglich **höhere, nicht aber niedrigere Mehrheitserfordernisse** festgelegt werden (§ 133 Abs. 1). § 133 Abs. 1 stellt die Grundregel für das Zustandekommen von Hauptversammlungsbeschlüssen dar, von der im AktG selbst durch Festlegung höherer Mehrheitserfordernisse oder durch das Erfordernis einer Kapitalmehrheit an zahlreichen Stellen abgewichen wird (→ Rn. 31 ff.). Auch wenn von den dort geregelten qualifizierten Mehrheitserfordernissen im Einzelfall eine satzungsmäßige Abweichung nach unten zugelassen wird (§ 103 Abs. 1 S. 3), 1 stellt das Erfordernis der einfachen Mehrheit der abgegebenen Stimmen gemäß § 133 Abs. 1 die Untergrenze dar, die nicht unterschritten werden darf. Die einzige Ausnahme von dieser Regel ist in § 133 Abs. 2 geregelt: Für Wahlen kann die Satzung ein geringeres Mehrheitserfordernis vorsehen (→ Rn. 43 ff.).

2 Eine gesetzliche Modifikation der aktienrechtlichen Mehrheitserfordernisse außerhalb des AktG findet sich in dem Gesetz über die Überführung der Anteilsrechte an der Volkswagenwerk Gesellschaft mit beschränkter Haftung in private Hand vom 21.7.1960 (BGBl. I S. 585; sog. **VW-Gesetz**). Gemäß § 4 Abs. 3 des VW-Gesetzes bedürfen Beschlüsse, die nach dem AktG mit einer Dreiviertelmehrheit zu fassen sind, bei der Volkswagen AG einer Mehrheit von mehr als vier Fünfteln des bei der Beschlussfassung vertretenen Grundkapitals. Zugleich bestand ein Höchststimmrecht (zu Höchststimmrechten → § 134 Rn. 5, 9 ff.) gemäß § 2 Abs. 1 des VW-Gesetzes, so dass keinem Aktionär mehr als 20% der Stimmrechte zustehen konnten. Beide Maßnahmen zusammen führten – mit einem Entsenderecht des Landes Niedersachsen in den Aufsichtsrat gemäß § 4 Abs. 1 VW-Gesetz – zu einer Beschränkung der Kapitalverkehrsfreiheit und damit zu einer Verletzung des Art. 56 Abs. 1 EGV (nunmehr Art. 63 AEUV).[1] Nach der daraufhin erfolgten Änderung des VW-Gesetzes vom 8.12.2008 (BGBl. I S. 2369) wurden zwar das Höchststimmrecht und das gesetzliche Entsenderecht abgeschafft, bei dem qualifizierten Mehrheitserfordernis blieb es jedoch.

II. Beschluss der Hauptversammlung

3 **1. Begriff, Rechtsnatur.** Der **Begriff des Hauptversammlungsbeschlusses** wird in § 133 Abs. 1 vorausgesetzt, nicht jedoch definiert. Dementsprechend wurde und wird die Rechtsnatur von Hauptversammlungsbeschlüssen in Rechtsprechung und Literatur kontrovers diskutiert. Der BGH hat die in der älteren Rechtsprechung entwickelte Sozialaktstheorie, wonach Hauptversammlungsbeschlüsse als Akt körperschaftlicher Willensbildung ohne Rechtsgeschäftscharakter gesehen wurden,[2] inzwischen aufgegeben.[3] Eine eindeutige dogmatische Einordnung im Ergebnis vermeidend, nähert man sich der Rechtsnatur des Hauptversammlungsbeschlusses mittlerweile üblicherweise ausgehend von dessen Funktion: Die Willensbildung und -äußerung der Hauptversammlung erfolgt in der Form des Hauptversammlungsbeschlusses. Dieser trägt durchaus den Charakter eines Rechtsgeschäfts, da mit der Feststellung des Beschlusses ein Rechtserfolg eintritt. Es handelt sich jedoch nicht um einen Vertrag, denn anders als eine vertragliche Einigung mittels übereinstimmender (kongruenter) Willenserklärungen kann – und wird in der Regel – der erklärte Wille der beteiligten Aktionäre durchaus uneinheitlich sein und sich in unterschiedlichem Stimmverhalten äußern. Im Unterschied zu vertraglichen Willenserklärungen wird der Hauptversammlungsbeschluss somit nicht vom Konsens getragen, sondern vom Mehrheitswillen. Im Ergebnis handelt es sich daher um ein **mehrseitiges, jedoch nicht vertragliches Rechtsgeschäft eigener Art.**[4] Dies hat praktische Auswirkungen vor allem auf die **Anwendbarkeit der allgemeinen rechtsgeschäftlichen Vorschriften** der §§ 119 ff. BGB. Diese sind **nur ausnahmsweise und ergänzend zu den spezielleren aktienrechtlichen Regeln** anwendbar. So wird der Umgang mit Beschlussmängeln abschließend in den §§ 241 ff. geregelt. Eine Anfechtung nach §§ 119, 120, 123 BGB ist dagegen ebenso ausgeschlossen wie die Anwendbarkeit der BGB-Regelungen über Formnichtigkeit (§ 125 BGB) sowie Nichtigkeit wegen Verstoß gegen ein Verbotsgesetz (§ 134 BGB) und wegen Sittenwidrigkeit (§ 138 BGB). Auch § 181 BGB (Insichgeschäft) ist auf Hauptversammlungsbeschlüsse nicht anwendbar. Bei der Auslegung von Hauptversammlungsbeschlüssen gilt ein objektiver Maßstab, dh anders als bei Willenserklärungen findet eine Auslegung nach Empfängerhorizont (§ 133 BGB) nicht statt. Es ist jedoch anerkannt, dass ein schriftlicher Vorstandsbericht, der einen Gegenstand der Tagesordnung erläutert, ergänzend zur Auslegung herangezogen werden kann.[5]

4 **2. Beschlussarten.** Zu unterscheiden ist zwischen **positiven,** den Beschlussantrag annehmenden, und **negativen,** den Beschlussantrag ablehnenden Beschlüssen. Ein negativer Beschluss kommt zustande, wenn der Beschlussantrag nicht die erforderliche einfache oder aufgrund gesetzlicher oder Satzungsregelung qualifizierte Stimmenmehrheit findet. Sofern für einen Beschluss die einfache Mehrheit erforderlich ist, führt Stimmengleichheit zur Ablehnung. Auch ein negativer Beschluss ist ein Hauptversammlungsbeschluss mit der Folge, dass Beschlussmängel nach den §§ 241 ff. zu behandeln sind.

---

[1] EuGH NJW 2007, 3481 = EuZW 2007, 697.

[2] BGHZ 52, 316 (318) = NJW 1970, 33; RGZ 122, 367 (369).

[3] BGHZ 65, 93 (97 f.) = NJW 1976, 49; BGH WM 1979, 71 (72); offenlassend BGHZ 124, 111 (122) = NJW 1994, 520.

[4] Hüffer/*Koch* Rn. 3 f. mwN.

[5] BGH NJW 1995, 2656.

Von den Hauptversammlungsbeschlüssen zu unterscheiden sind hingegen **Sonderbeschlüsse** bestimmter Aktionärsgruppen, namentlich der Vorzugsaktionäre (§ 141). Allerdings sind Sonderbeschlüsse gemäß § 138 S. 2 Hs. 2 den Hauptversammlungsbeschlüssen gleichgestellt. Daher gilt zB das Mehrheitserfordernis des § 133 Abs. 1 auch für Sonderbeschlüsse. Dagegen sind **Minderheitsverlangen** (§§ 120 Abs. 1 S. 2, 137; das früher in § 147 Abs. 1 S. 1 enthaltene Minderheitsverlangen ist dagegen mit dem UMAG entfallen) keine Beschlüsse und sind diesen auch nicht nach § 138 S. 2 gleichgestellt. Wird ein **Beschlussantrag übergangen,** ohne dass die Hauptversammlung über diesen Beschluss fasst, liegt ebenfalls kein mit der Anfechtungsklage angreifbarer Beschluss vor.[6] Für die Rechtsfigur der sog. **Scheinbeschlüsse**[7] bleibt dagegen nach zutreffender Ansicht[8] kein Raum. Ein formal gefasster, dh vom Versammlungsleiter festgestellter, Beschluss ist mit der Anfechtungsklage gemäß §§ 241 ff. anzugreifen, in allen anderen Fällen entstehen schlicht keine Rechtswirkungen. Der Rechtsverstoß kann im Wege der negativen Feststellungsklage gemäß § 256 ZPO geltend gemacht werden.[9] 5

3. Beschlussantrag. Voraussetzung für das Zustandekommen eines Hauptversammlungsbeschlusses ist zunächst das Vorliegen eines auf den Beschlussgegenstand bezogenen Beschlussantrags, den der Versammlungsleiter zur Abstimmung stellt. Anderes gilt nur bei der Einmann-AG, bei der eine Antragstellung unnütz wäre und nach allgemeiner Ansicht Beschlüsse daher ohne vorhergehende Antragstellung gefasst werden können.[10] **Durch den Beschlussantrag wird der Inhalt des Beschlusses, der selbst nur auf Annahme oder Ablehnung lauten kann, definiert.** 6

Die **Antragsberechtigung** des Aktionärs ist Ausfluss des Teilnahmerechts an der Hauptversammlung und damit Teil der mitgliedschaftlichen Verwaltungsrechte des Aktionärs. Sie ist als solche nicht an das Stimmrecht gebunden. Auch ein Inhaber stimmrechtsloser Vorzugsaktien ist somit antragsberechtigt. Dagegen ist ein Aktionär, dessen Rechte aus Aktien aufgrund eines Verstoßes gegen Mitteilungspflichten (§ 20 Abs. 7 AktG, § 28 Abs. 1 WpHG aF bzw. § 44 Abs. 1 WpHG nF) oder gegen die Pflicht zur Abgabe eines Übernahmeangebots (§ 59 WpÜG) nicht bestehen, nicht zur Teilnahme an der Hauptversammlung und damit nicht zur Stellung von Anträgen berechtigt. Anders als nach früherer Rechtslage sind in den vorgenannten Fällen alle Verwaltungsrechte und eben nicht nur das Stimmrecht betroffen. Sind dagegen nur die Stimmrechte durch bank- oder versicherungsaufsichtsrechtliche Untersagungsverfügung suspendiert (§ 2c Abs. 2 KWG, § 19 Abs. 1 VAG) bleiben das Teilnahme- und mit ihm das Antragsrecht unberührt. Antragsberechtigt sind ferner die an der Hauptversammlung teilnehmenden Aktionärsvertreter und Mitglieder des Aufsichtsrats und des Vorstands, nicht aber der Leiter der Hauptversammlung als solcher.[11] 7

Die Beschlussgegenstände sind gemäß §§ 121 Abs. 3 S. 1, 124 Abs. 4 S. 1 mit der Tagesordnung ordnungsgemäß **bekannt zu machen;** ein ohne solche Bekanntmachung gefasster Beschluss ist anfechtbar. Bei ad hoc, also ohne vorherige Bekanntmachung, gestellten Beschlussanträgen, obliegt dem Versammlungsleiter somit die Beurteilung, ob der Antrag inhaltlich zu einem bekannt gemachten Beschlussgegenstand gehört oder ob es sich in der Sache um einen anderen Beschlussgegenstand handelt. In letzterem Fall wäre die Beschlussfassung wegen des Verstoßes gegen § 124 Abs. 4 S. 1 anfechtbar. 8

Beschlussanträge können **positiv oder negativ formuliert** werden, wobei nur ein positiv formulierter Beschlussantrag zu einem positiven Ergebnis führen kann. Mit anderen Worten: Die Ablehnung eines negativ formulierten Antrags (Beispiel nach *Zöllner:*[12] Antrag auf Verweigerung der Entlastung von Vorstand oder Aufsichtsrat), führt nicht zur Annahme des Gegenteils (im Beispiel: zur Entlastung). 9

Bei **mehreren Anträgen** richtet sich die einzuhaltende **Reihenfolge** nach Effizienz- und Zweckmäßigkeitsgesichtspunkten, dh vor materiellen Beschlussgegenständen sind in der Regel zunächst die verfahrensbezogenen Anträge (also solche zur Tagesordnung) zu verhandeln. Sofern eine Geschäftsordnung der Hauptversammlung (§ 129 Abs. 1 S. 1) Regelungen zur Reihenfolge vorsieht, sind diese vorrangig zu beachten. 10

4. Beschlussverfahren. Das eigentliche Beschlussverfahren wird eingeleitet, indem der Versammlungsleiter den Beschlussantrag zur Abstimmung stellt. Sodann erfolgen die Stimmabgabe 11

[6] Hüffer/*Koch* Rn. 6; Schmidt/Lutter/*Spindler* Rn. 5.

[7] Vgl. BGHZ 11, 231 (236).

[8] S. nur Schmidt/Lutter/*Spindler* Rn. 5.

[9] *Weber/Kersjes,* Hauptversammlungsbeschlüsse vor Gericht, 2010, § 1 Rn. 70.

[10] S. nur *Balzer,* Der Beschluss als rechtstechnisches Mittel, 1965, 103 ff.

[11] Regelmäßig wird die HV durch den Vorsitzenden des Aufsichtsrats geleitet, der in dieser Funktion antragsberechtigt bleibt.

[12] KK-AktG/*Zöllner* Rn. 38.

(→ Rn. 19 ff.), die Auszählung (→ Rn. 24 ff.) und die Feststellung des Beschlussergebnisses durch den Versammlungsleiter. Das Beschlussergebnis ist gemäß § 130 Abs. 1 S. 1 in die notarielle, bei nicht börsennotierten Aktiengesellschaften ggf. (§ 130 Abs. 1 S. 3) auch privatschriftliche Niederschrift der Hauptversammlung aufzunehmen. Voraussetzung eines ordnungsgemäßen Beschlussverfahrens ist ferner, dass die Hauptversammlung gemäß §§ 121 ff. ordnungsgemäß einberufen und beschlussfähig (→ Rn. 12) ist. Ein Beschluss liegt auch vor, wenn der Versammlungsleiter das Ergebnis einer Abstimmung feststellt, an der sich kein Aktionär beteiligt hat oder alle Aktionäre vom Versammlungsleiter von der Abstimmung ausgeschlossen waren (sog. stimmloser Beschluss).[13]

12 **5. Beschlussfähigkeit.** Eine generelle **Mindestpräsenz** ist weder in § 133 noch an anderer Stelle im AktG vorgegeben, so dass auch die Anwesenheit eines Aktionärs mit nur einer Aktie zur Herstellung von Beschlussfähigkeit ausreicht.[14] Lediglich im Fall der Zustimmung zu einem Vertrag, der als **Nachgründung** iSd § 52 Abs. 1 S. 1 zu qualifizieren ist und der innerhalb des ersten Jahres nach Eintragung der Gesellschaft im Handelsregister geschlossen wird, besteht ein solches Quorum: Erforderlich ist in diesem Fall die Zustimmung von mindestens einem Viertel des Grundkapitals. Gemäß § 133 Abs. 1 aE können in der Satzung weitere Erfordernisse für Hauptversammlungsbeschlüsse geregelt werden. Dabei kann es sich insbesondere um Präsenzerfordernisse handeln, die jedoch zumindest bei börsennotierten Gesellschaften ein unnötiges Erschwernis darstellen und daher nur im Ausnahmefall zu empfehlen sind.

III. Stimmrecht

13 Der abstimmende Aktionär muss stimmberechtigt sein. Anderenfalls ist die Stimmabgabe ungültig und darf bei der Feststellung des Abstimmungsergebnisses nicht mitgezählt werden.

14 **1. Inhalt, Rechtsnatur.** Unter dem Stimmrecht wird das **Recht** verstanden, **über das Zustandekommen von Hauptversammlungsbeschlüssen mit zu entscheiden** und – im durch das AktG und die Satzung vorgegebenen Rahmen – auf den Beschlussinhalt Einfluss zu nehmen. Es ist gemäß § 12 Abs. 1 S. 1 Teil der mit der Aktie verbundenen **mitgliedschaftlichen Verwaltungsrechte.**

15 **2. Übertragbarkeit, Abspaltungsverbot.** Als rein mitgliedschaftliche Befugnis kann das Stimmrecht nicht unabhängig von der Aktie existieren, seine isolierte Übertragung auf einen anderen ist daher ausgeschlossen **(Abspaltungsverbot).** Jedoch kann sich der Aktionär zur Ausübung des Stimmrechts Dritter bedienen. Im AktG ist diese Möglichkeit ausdrücklich in den §§ 129 Abs. 2 und 3 und 134 Abs. 3 S. 1 vorgesehen. In der Praxis spielt besonders die Vollmachtserteilung an Kreditinstitute gemäß § 135 eine wichtige Rolle.

16 **3. Sonderfälle (Aktien ohne Stimmrecht, Stimmrechtsverbote und -ausschlüsse).** Der Grundsatz „kein Stimmrecht ohne Aktie" lässt sich nicht umkehren. Aktien ohne Stimmrecht sind in § 12 Abs. 1 S. 2 als sog. **Vorzugsaktien** ausdrücklich zugelassen, wobei als Ausgleich für die Stimmrechtslosigkeit eine Bevorzugung bei der Gewinnverteilung zwingend ist (§ 139 Abs. 1).

17 Die Ausübung des Stimmrechts kann ferner **in eigenen Angelegenheiten** verboten sein (§ 136 Abs. 1) oder wegen der **Verletzung aktienrechtlicher** (§§ 20 Abs. 7, 21 Abs. 4) oder **wertpapierhandelsrechtlicher** (§ 28 WpHG aF bzw. § 44 WpHG nF) **Mitteilungspflichten** sowie gemäß § 59 WpÜG als Teil des umfassenden Rechtsverlusts ausgeschlossen sein. Ferner bestehen **Stimmrechtsbeschränkungen** bei wechselseitigen Beteiligungen (§ 328 Abs. 1) sowie im Falle des Haltens eigener Aktien (§ 71b).

18 Die Stimmrechtausübung kann auch durch **aufsichtsbehördliche Verfügung** untersagt sein, etwa weil dem Inhaber einer sog. bedeutenden Beteiligung an einem Kreditinstitut oder einem Versicherungsunternehmen die gesetzlich geforderte Zuverlässigkeit abgesprochen wird (§ 2c Abs. 2 KWG, § 19 Abs. 1 VAG).[15]

IV. Stimmabgabe

19 **1. Allgemeines.** Bei der Stimmabgabe hat der stimmberechtigte Aktionär drei Möglichkeiten, nämlich **Zustimmung, Ablehnung** und **Enthaltung.** Weitere Alternativen hat der Aktionär nicht; abweichende Äußerungen sind im Zweifel als Enthaltung bzw. ungültige Stimmabgabe zu werten. Sowohl die positive als auch die negative[16] Stimmabgabe des Aktionärs in der zum Beschluss führen-

[13] LG Berlin ZIP 2012, 1034.
[14] RGZ 82, 386 (388).
[15] Dazu *Hirschmann,* Anteilseignerkontrolle im Bank- und Versicherungswirtschaftsrecht, 2000, 181 ff.
[16] AA *Winnefeld* DB 1972, 1053 (1054).

den Abstimmung sind im Gegensatz zum Beschlussantrag und zum Hauptversammlungsbeschluss als **Willenserklärungen** einzustufen. Der Aktionär will mit seiner Stimmabgabe einen Rechtserfolg, nämlich das Zustandekommen oder das Nichtzustandekommen des beantragten Beschlusses, herbeiführen. Daher sind die **§§ 104 ff. BGB** (Geschäftsfähigkeit) und **§§ 119 ff. BGB** auf die positive und die negative Stimmabgabe **anwendbar.** Es handelt sich zudem um **empfangsbedürftige** Willenserklärungen, die mit Zugang beim Versammlungsleiter in seiner Funktion als Vertreter der Gesellschaft wirksam werden (§ 130 Abs. 1 BGB). Die **Enthaltung** ist dagegen ebenso wie die **ungültige Stimmabgabe** keine Willenserklärung, da die Handlung nicht auf Herbeiführung eines bestimmten Rechtserfolges gerichtet ist.

2. Zweifelsfragen (Widerruf, uneinheitliche Stimmabgabe). Fraglich ist, ob ein **Widerruf der Stimmabgabe** auch noch **nach Zugang** beim Verhandlungsleiter möglich ist. Durch die Anwendung des § 130 Abs. 1 BGB wäre dies strenggenommen ausgeschlossen. Ausgehend vom Recht der Personengesellschaften[17] wurde ein solches Widerrufsrecht früher überwiegend bejaht und im Ergebnis aus der gesellschaftsrechtlichen Treuepflicht hergeleitet.[18] Ein Widerrufsrecht bestand nach dieser Auffassung bei **Vorliegen eines wichtigen Grundes,** wenn sich ein Festhalten des Aktionärs an seiner Stimmabgabe als dem Gesellschaftsinteresse zuwiderlaufend und damit als treuwidrig darstellen würde. Das Widerrufsrecht sollte allerdings – aus eher praktischen Erwägungen und analog zur Lehre von den fehlerhaften Vertragsverhältnissen – nur bis zum Vollzug der beschlossenen Maßnahme gelten. Dieser Ansatz vermag sowohl dogmatisch als auch aus Sicht der Praxis nicht zu überzeugen. Gegenüber dem Recht der Personengesellschaften weist das Aktienrecht entsprechend der weit weniger ausgeprägten Personalisierung einen wesentlich höheren Kodifizierungs- und Formalisierungsgrad auf. Beschlussmängel und somit auch Mängel der Willensbildung der Aktionäre sind grundsätzlich nach §§ 241 ff. im Wege der Anfechtungsklage und im Rahmen der dafür aus Gründen der Rechtssicherheit vorgesehenen Frist geltend zu machen. Es besteht daher kein Anlass, die §§ 119 ff. BGB, deren Anwendbarkeit zutreffend bejaht wird, durch Schaffung eines weiteren Widerrufstatbestands aufzuweichen. Fälle, in denen ein Widerrufsrecht nach Zugang aus Gründen gesellschaftsrechtlicher Treuepflicht zu bejahen wäre und in denen gleichwohl kein Beschlussmangel iSd §§ 241 ff. vorläge, sind wohl nur schwer vorstellbar. Rein praktisch ist zumindest dem nicht wesentlich beteiligten Aktionär mit dem Widerruf seiner eigenen Stimmabgabe allein ebenfalls nicht gedient. Mit der Anfechtungsklage gemäß §§ 241 ff. hat er dagegen die Möglichkeit, den fraglichen Beschluss insgesamt aus der Welt zu schaffen. 20

Eine **uneinheitliche Stimmabgabe** liegt vor, wenn ein Aktionär, der über mehrere Stimmen verfügt, zu einem Beschlussantrag jeweils teilweise mit Ja und mit Nein stimmt. Hierbei ist zu unterscheiden: Im Regelfall besitzt dieser Aktionär auch **mehrere Aktien.** In diesem Fall soll es ihm nach zutreffender, hM auch möglich sein, von seinem Stimmrecht unterschiedlich Gebrauch zu machen.[19] Zu begründen ist dies mit der kapitalistischen Ausprägung der Aktiengesellschaft, dh die Mitaktionäre und die Gesellschaft haben kein schützenswertes Interesse an einer einheitlichen Stimmabgabe. Eine **uneinheitliche Stimmabgabe bei Besitz nur einer Aktie** ist nur denkbar, wenn **Mehrstimmrechte** bestehen. Mehrstimmrechte wurden 1998 durch das KonTraG[20] abgeschafft und § 12 entsprechend geändert. Eine Übergangsfrist lief gemäß § 5 Abs. 1 EGAktG am 1.6.2003 ab. Zwar konnte die Hauptversammlung (ohne Beteiligung der Mehrstimmberechtigten) das Fortbestehen der Mehrstimmrechte beschließen, jedoch wurde von dieser Möglichkeit, soweit ersichtlich, allenfalls vereinzelt Gebrauch gemacht. Im Ergebnis ist die Zulässigkeit uneinheitlicher Stimmabgabe bei mehreren Stimmen aus einer Aktie wegen der Einheitlichkeit von Stimme und Aktie abzulehnen, die uneinheitlich abgegebenen Stimmen sind vom Versammlungsleiter als ungültig zu werten. 21

Stimmt ein für mehrere Aktionäre handelnder **Vertreter oder Ermächtigter** entsprechend den Weisungen der verschiedenen Aktionäre uneinheitlich ab, handelt es sich **nicht um eine uneinheitliche Stimmabgabe.**[21] Der Vertreter oder Ermächtigte handelt vielmehr im Einklang mit den unterschiedlichen Aktionärsaufträgen, die zu befolgen er verpflichtet ist (s. auch Art. 13 Abs. 1 und 4 RL 2007/36/EG.[22] Ebenfalls keine uneinheitliche Stimmabgabe liegt vor, wenn sich ein Aktionär, der über mehrere Stimmen verfügt, **teilweise seiner Stimme enthält.**[23] 22

---

[17] *Ulmer* FS Niederländer, 1991, 415 (424 f.) mwN.

[18] Hüffer/*Koch* Rn. 19; Spindler/Stilz/*Rieckers* Rn. 21; MHdB AG/*Austmann* § 40 Rn. 28.

[19] Schmidt/Lutter/*Spindler* Rn. 19; Hüffer/*Koch* Rn. 21; aA – einheitliche Stimmabgabe erforderlich – noch das RG, RGZ 118, 67 (70).

[20] Gesetz zur Kontrolle und Transparenz im Unternehmensbereich vom 27.4.1998 (BGBl. I S. 786).

[21] So bereits RGZ 118, 67 (70).

[22] Richtlinie des Europäischen Parlaments und des Rates über die Ausübung bestimmter Rechte von Aktionären in börsennotierten Gesellschaften vom 11.7.2007 (ABl. L 184, 17).

[23] Hüffer/*Koch* Rn. 20.

23 **3. Technik der Stimmabgabe.** Die Stimmabgabe als Übermittlung an den Hauptversammlungsleiter erfolgt entweder mündlich oder durch Handzeichen, durch Abgabe ausgefüllter Stimmkarten, durch Einwurf der Stimmkarte in mit „Ja" oder „Nein" beschriftete Wahlurnen oder mit Hilfe elektronischer Abstimmungsgeräte (zur Form der Stimmabgabe s. im Übrigen § 134 Abs. 4; näher → § 134 Rn. 1 ff.).

V. Stimmenmehrheit

24 **1. Auszählung.** Beschlüsse kommen mit der „Mehrheit der abgegebenen Stimmen (einfache Mehrheit)" zustande. Ein Antrag ist angenommen, wenn die Zahl der Ja-Stimmen die Zahl der Nein-Stimmen übersteigt. Die Ermittlung des Abstimmungsergebnisses und die Feststellung, ob ein Beschlussantrag angenommen oder abgelehnt wurde, obliegen dem Versammlungsleiter. Bei Stimmengleichheit ist der Beschlussantrag abgelehnt. Enthaltungen müssen nicht erfasst werden, da sie einer nicht abgegebenen Stimme gleichkommen. Der Versammlungsleiter darf sich zur Durchführung der Abstimmung und auch zur Auszählung der Stimmen der Hilfe Dritter bedienen. Bei Publikumsgesellschaften wäre ein zügiges Abarbeiten der Tagesordnungspunkte sonst kaum denkbar.

25 **2. Auszählungsarten.** Die Auszählungsmethode hat grundsätzlich der Versammlungsleiter vor der Abstimmung auszuwählen und zu verkünden. Dabei sind vor allem Zweckmäßigkeitserwägungen zu berücksichtigen. Soweit die Geschäftsordnung der Hauptversammlung (§ 129 Abs. 1) eine bestimmte Auszählungsart vorsieht, ist diese anzuwenden. In der Praxis haben sich im Wesentlichen die **Additionsmethode** und die **Subtraktionsmethode** bewährt.

26 **a) Additionsmethode.** Die Additionsmethode hat den Vorteil einer höheren Sicherheit des ermittelten Ergebnisses, ist jedoch aufwendiger als die Subtraktionsmethode. Sie empfiehlt sich daher für kleine Aktiengesellschaften mit einem überschaubaren Aktionärskreis. Auch bei einem größeren Teilnehmerkreis ist die Additionsmethode geeignet, wenn elektronische Abstimmungsverfahren verwendet werden und das Ergebnis somit „auf Knopfdruck" bereitsteht.[24] Bei der Additionsmethode werden die Ja- und die Nein-Stimmen getrennt voneinander gezählt. Die Gesamtzahl der abgegebenen Stimmen wird dann durch Addition beider Werte ermittelt.

27 **b) Subtraktionsmethode.** Die Subtraktionsmethode stellt demgegenüber eine praktische Erleichterung dar. Gezählt werden nur die Stimmen mit der voraussichtlich geringsten Zahl, in der Regel also die Nein-Stimmen und die Enthaltungen. Es werden auch nur diese Stimmen überhaupt „aktiv" abgegeben, während Schweigen bzw. Untätigkeit (in der Regel) als zustimmende Stimmabgabe gewertet wird. Von der Gesamtzahl der Teilnehmer wird dann zunächst die Zahl der Enthaltungen und der einem Stimmverbot unterliegenden oder aus anderen Gründen nicht stimmberechtigten, jedoch bei der Hauptversammlung vertretenen, Aktien abgezogen. Durch Abzug der Nein-Stimmen von dem so ermittelten Wert wird die Zahl der Ja-Stimmen ermittelt. Ist sie höher als die Zahl der Nein-Stimmen, ist der Beschlussantrag angenommen.

28 Die Zulässigkeit der Subtraktionsmethode ist weitgehend anerkannt.[25] Jedoch stellt sie höhere organisatorische Anforderungen. Zum einen hat der Versammlungsleiter die teilnehmenden Aktionäre eingehend über das Abstimmungs- und Zählverfahren zu belehren und ihnen vor allem die Bedeutung der Nichtabgabe ihrer Stimme zu verdeutlichen. Da es das gute Recht jedes Aktionärs ist, an einer Abstimmung nicht teilzunehmen, ohne sich „aktiv" enthalten zu müssen, darf durch die Anwendung der Subtraktionsmethode kein mittelbarer Zwang zur Stimmabgabe aufgebaut werden. Daher müssen Vorkehrungen getroffen sein, die es den Aktionären erlauben, den Versammlungsraum vor der Abstimmung jederzeit unter Aktualisierung der Präsenzliste zu verlassen. Dabei ist die Definition des Versammlungsraums von entscheidender Bedeutung für die Praxis. Das OLG Karlsruhe[26] ging bei seiner kritischen Würdigung der Subtraktionsmethode offenbar davon aus, dass nur der Saal, in dem die Abstimmung stattfindet (also in der Regel die Wahlurnen zur Abgabe der Stimmkarten bereitstehen bzw. angereicht werden), als Versammlungsraum anzusehen ist. Wer sich „ans Büffet" oder in die Waschräume begibt, verlässt nach dieser Auffassung die Hauptversammlung mit der Folge, dass die Präsenzliste zu aktualisieren ist. Diese Strenge geht indes an der Praxis vorbei. Bei den länger andauernden Hauptversammlungen der Publikumsgesellschaften wechseln ständig Teilnehmer zwischen dem eigentlichen Tagungssaal, dem Foyer, den Waschräumen und dem Verpflegungsraum. Das Geschehen in dem eigentlichen Sitzungssaal kann in der Regel per Audio- und/

[24] Vgl. MüKoAktG/*Schröer* Rn. 25.
[25] BGHZ 152, 63 (67 ff.), allerdings betraf der Fall eine Wohnungseigentümerversammlung nach dem WEG; OLG Frankfurt AG 1999, 231 (232); krit. OLG Karlsruhe NJW-RR 1991, 553 (556).
[26] OLG Karlsruhe NJW-RR 1991, 553 (556).

oder Videoübertragung in den anliegenden Räumen verfolgt werden. Wenn dies so ist, haben die Aktionäre jederzeit die Möglichkeit, sich zu einer Abstimmung wieder in den Saal zu begeben und ihre Stimme abzugeben. Notfalls können sie auch noch vor Ort einen Bevollmächtigten bestellen. Aus diesen Gründen spricht nichts dagegen, den mittels Bild- und/oder Tonübertragung um Foyer, Waschräume und Verpflegungsraum erweiterten Bereich als Versammlungsraum anzusehen und im Rahmen der Subtraktionsmethode auch die Stimmen der „Verpflegungsaktionäre" mitzuzählen. Eine Möglichkeit zum „Auschecken" aus der Präsenzliste muss dann nur an den diesen erweiterten Bereich begrenzenden Außentüren vorgesehen werden.[27]

3. Grundsatz der einfachen Stimmenmehrheit. Gemäß § 133 Abs. 1 genügt für die Fassung von Hauptversammlungsbeschlüssen grundsätzlich eine einfache Mehrheit. Die einfache Mehrheit ist gegeben, wenn die Zahl der Ja-Stimmen die der Nein-Stimmen übersteigt. Enthaltungen bleiben dabei außer Betracht und werden nicht etwa als Nein-Stimmen gezählt. Umgekehrt kann die Nichtabgabe der Stimme **(„unechte Enthaltung")** im Gegensatz zur Abgabe einer Enthalten-Stimme im Rahmen der Subtraktionsmethode als Zustimmung gewertet werden. Ungültige Stimmen gelten ebenfalls als Enthaltungen. 29

4. Weitergehende Anforderungen. Abweichende Mehrheitserfordernisse können entweder im **AktG** oder in **anderen Gesetzen** oder in der **Satzung** der Gesellschaft geregelt sein. 30

a) Weitergehende Anforderungen aufgrund Gesetzes. Im AktG selbst ist eine Erhöhung des in § 133 Abs. 1 geregelten Mehrheitserfordernisses auf **drei Viertel der abgegebenen Stimmen** zB in § 103 Abs. 1 S. 2 (Abberufung von Mitgliedern des Aufsichtsrats) und in § 111 Abs. 4 S. 4 (Ersetzung der verweigerten Zustimmung des Aufsichtsrats durch Hauptversammlungsbeschluss) vorgesehen. 31

Daneben ist nach dem AktG für zahlreiche Maßnahmen eine Mehrheit von drei Vierteln des bei der Beschlussfassung vertretenen und stimmberechtigten Kapitals erforderlich. Dies gilt zunächst für satzungsändernde Beschlüsse (§ 179 Abs. 2 S. 1) sowie für Kapitalmaßnahmen (Kapitalerhöhungen [§ 182 Abs. 1 S. 1], bedingte Kapitalerhöhungen [§ 193 Abs. 1 S. 1], Schaffung genehmigten Kapitals [§ 202 Abs. 2 S. 2], Begebung von Wandelschuldverschreibungen [§ 221 Abs. 1 S. 2], Kapitalherabsetzungen [§§ 222 Abs. 1 S. 1, 229 Abs. 3, 237 Abs. 2 S. 1]). Eine solche qualifizierte Kapitalmehrheit ist darüber hinaus in Fällen erforderlich, deren Bedeutung einer Satzungsänderung oder einer Kapitalmaßnahme gleichkommt (Zustimmung zu Verträgen, die eine Nachgründung darstellen [§ 52 Abs. 5 S. 1], Auflösung der Gesellschaft [§ 262 Abs. 1 Nr. 2] und Fortsetzung einer bereits aufgelösten Gesellschaft [§ 274 Abs. 1 S. 2], Zustimmung zu Abschluss und Änderung von Unternehmensverträgen [§§ 293 Abs. 1 S. 2, 295 Abs. 1 S. 2], Eingliederung [§§ 319 Abs. 2 S. 2, 320 Abs. 1 S. 3]). Zu beachten ist, dass es sich in diesen Fällen um ein zusätzliches Mehrheitserfordernis, nicht jedoch um eine Modifikation des allgemeinen, in § 133 Abs. 1 geregelten Mehrheitserfordernisses handelt. Daher ist neben der qualifizierten Kapitalmehrheit stets auch die einfache Mehrheit gemäß § 133 Abs. 1 erforderlich.[28] Aufgrund bestehender Höchststimmrechte und (als Altfälle, → Rn. 21) Mehrstimmrechte kann es daher im Einzelfall vorkommen, dass zwar die erforderliche Kapitalmehrheit zustande kommt, nicht jedoch die einfache Mehrheit der abgegebenen Stimmen. Wegen stimmrechtsloser Vorzugsaktien dagegen kann es zu einem solchen Auseinanderfallen von Kapitalmehrheit und Stimmenmehrheit nicht kommen, da bei der Abstimmung als Bezugsgröße für die Kapitalmehrheit nur das bei der Beschlussfassung vertretene, mit Ja oder Nein stimmende Kapital dient.[29] 32

Als weitere positive Voraussetzung für das Zustandekommen eines Beschlusses können die **Zustimmung einer bestimmten Aktionärsgruppe** in Form eines **Sonderbeschlusses** (§ 138) oder die **Zustimmung der von einem Beschluss betroffenen Aktionäre** (§§ 179 Abs. 3, 180 Abs. 1 und 2) erforderlich sein. Das AktG kennt darüber hinaus bei Beschlüssen über den Verzicht auf bestimmte Ersatzansprüche als negative Voraussetzung, dass nicht eine **Aktionärsminderheit von insgesamt 10% des Grundkapitals Widerspruch zu Protokoll erklärt** (§§ 50 S. 1, 93 Abs. 4 S. 3, 116, 117 Abs. 4, 309 Abs. 3, 317 Abs. 4). 33

Auch **außerhalb des AktG** können besondere Mehrheitserfordernisse geregelt sein. Dies gilt insbesondere für das **UmwG.** Maßnahmen nach dem UmwG bedürfen bei Aktiengesellschaften mindestens der satzungsändernden Mehrheit von drei Vierteln des bei der Beschlussfassung vertrete- 34

[27] Ähnlich *Max* AG 1991, 77 (87 f.); *Stützle/Walgenbach* ZHR 155 (1991), 516 (535); aA Schmidt/Lutter/*Spindler* Rn. 24; wohl auch MüKoAktG/*Schröer* Rn. 26, s. aber Fn. 92: Stimmen der „Verpflegungsaktionäre" seien mitzuzählen.

[28] RGZ 125, 356 (359); BGH NJW 1975, 212; MüKoAktG/*Schröer* Rn. 37 ff.; Hüffer/*Koch* Rn. 13; KK-AktG/*Zöllner* Rn. 67; Schmidt/Lutter/*Spindler* Rn. 31.

[29] Hüffer/*Koch* § 179 Rn. 14.

nen Grundkapitals (§§ 65 Abs. 1 S. 1, 125, 233 Abs. 2 S. 1, 240 Abs. 1 S. 1, 252 Abs. 2 S. 1 UmwG) oder sogar Einstimmigkeit (§§ 128, 233 Abs. 1, 252 Abs. 1).

35 **b) Abweichende Anforderungen durch Satzung.** Durch Satzungsregelung können **höhere Mehrheitserfordernisse** aufgestellt werden. Die Regelung kann bis hin zum Erfordernis einstimmiger Beschlüsse für bestimmte oder auch alle Beschlussgegenstände gehen. Ein **Unterschreiten des einfachen Mehrheitserfordernisses** ist – mit Ausnahme von Wahlbeschlüssen – gemäß § 133 Abs. 1 nicht zulässig. Eine Erhöhung durch zusätzliche satzungsmäßige Anforderungen ist immer dann möglich, wo im AktG nicht ausdrücklich auf die einfache Mehrheit abgestellt wird (also nicht in den Fällen der §§ 103 Abs. 2 S. 2, 113 Abs. 1 S. 4, 142 Abs. 1 S. 1, 147 Abs. 1 S. 1, bei denen zwingend einfache Stimmenmehrheit gilt). Soweit im AktG selbst höhere Hürden für das Zustandekommen eines Hauptversammlungsbeschlusses aufgestellt werden, können diese im Regelfall nicht durch Satzungsregelung abgesenkt werden, wenn dies nicht ausdrücklich zugelassen ist (so in § 103 Abs. 1 S. 3 – „andere Mehrheit"; ausdrücklich ausgeschlossen sind abweichende Satzungsregelungen dagegen in § 111 Abs. 4 S. 5). Eine satzungsmäßige Absenkung der vom AktG geforderten Kapitalmehrheit ist ebenfalls nur möglich, wenn diese ausdrücklich zugelassen ist (s. zB § 179 Abs. 2 S. 1: Geringere Kapitalmehrheit für Satzungsänderungen nur, wenn es nicht um die Änderung des Unternehmensgegenstandes geht).

VI. Stimmbindungsverträge

36 **1. Gegenstand.** Die Vertragsparteien eines Stimmbindungsvertrags verpflichten sich – einseitig oder gegenseitig – zur Stimmrechtsausübung in einer bestimmten Weise. Gegenstand der Verpflichtung kann auch sein, die Stimmrechtsausübung bestimmten Weisungen zu unterstellen. Die Weisungsbefugnis kann dabei einem Vertragspartner oder einem Dritten übertragen werden, häufig wird die Stimmrechtsausübung an eine vorangegangene Mehrheitsentscheidung der an einem Stimmenpool beteiligten Vertragspartner gebunden. Die – auch teilweise – Nichtausübung des Stimmrechts (sog. **Stimmrechtsausschlussvertrag**)[30] kann ebenfalls vereinbart werden und so zB die ansonsten gebotene Konsolidierung vermeiden (zum Entherrschungsvertrag → § 17 Rn. 18). Ferner kann sich die Stimmbindung auf alle oder nur auf bestimmte Abstimmungsgegenstände beziehen, einmalig oder für eine bestimmte Zeit oder sogar dauerhaft vereinbart sein. In der Praxis kommen Stimmbindungsverträge hauptsächlich bei nicht börsennotierten Gesellschaften vor. Sie dienen beispielsweise dazu, den Einfluss einer Familie oder eines Familienstammes durch einheitliche Stimmabgabe zu sichern (Konsortial- oder Poolverträge) oder die Stimmrechtausübung bei treuhänderisch gehaltenen oder verpfändeten Aktien zu lenken. Bei börsennotierten Gesellschaften sind auf eine Stimmbindung abzielende Abreden wegen der dadurch ausgelösten Zurechnungstatbestände (§ 22 Abs. 2 WpHG aF bzw. § 34 Abs. 2 WpHG nF, § 30 Abs. 2 WpÜG – sog. abgestimmtes Verhalten – „acting in concert") problematisch. Die Zurechnung der Stimmrechte kann zum einen ungewollte Meldepflichten nach § 21 WpHG aF bzw. § 33 WpHG nF auslösen. Schwerer noch wiegt, dass die abgestimmt agierende Aktionärsgruppe allen anderen Aktionären unter Umständen ein auf Erwerb von deren Aktien gerichtetes Pflichtangebot gemäß § 35 Abs. 1 WpÜG unterbreiten muss. Ein solches Pflichtangebot wird gemäß § 35 Abs. 1 S. 1 WpÜG iVm § 29 Abs. 1 und 2 WpÜG und § 30 Abs. 2 WpÜG bereits dann ausgelöst, wenn die an dem zur Zurechnung führenden Stimmbindungsvertrag beteiligten Aktionäre zusammen 30% der Stimmrechte halten.

37 **2. Rechtsnatur, Wirkung.** Stimmbindungsverträge entfalten nur **schuldrechtliche, nicht aber organschaftliche Wirkung,** dh sie binden nur die Vertragsparteien. Daher ist die unter **Verstoß gegen einen rechtmäßigen Stimmbindungsvertrag** abgegebene Stimme wirksam.[31] Der Verstoß begründet auch keine Anfechtbarkeit des gefassten Beschlusses. Der verstoßende Vertragspartner kann jedoch gegenüber den anderen Vertragspartnern nach allgemeinen Grundsätzen schadensersatzpflichtig sein.

38 Die Rechtsnatur von Stimmbindungsverträgen ist unterschiedlich. Verfolgen die Vertragspartner über eine gewisse Dauer einen **gemeinsamen Zweck** (zB Sicherung des Familieneinflusses auf die Gesellschaft), so entsteht gemäß § 705 BGB eine **Gesellschaft bürgerlichen Rechts.** Sofern diese Gesellschaft – wie meistens – nicht nach außen in Erscheinung tritt, handelt es sich um eine **Innengesellschaft.** Liegt die Stimmbindung dagegen im einseitigen Interesse eines Vertragspartners, handelt es sich eher um ein **Auftragsverhältnis** (§§ 662 ff. BGB) oder um eine **Geschäftsbesorgung** (§ 675 BGB), so insbesondere bei Treuhandverhältnissen.

[30] Begriff nach Hüffer/*Koch* Rn. 25.
[31] RGZ 119, 386 (388 f.).

Die aus einem wirksamen Stimmbindungsvertrag folgende Pflicht zur Stimmabgabe ist mit einer **Leistungsklage** durchsetzbar; das rechtskräftige, stattgebende Urteil ersetzt gemäß **§ 894 Abs. 1 ZPO** die Stimmabgabe durch den Verpflichteten.[32] Umstritten ist dagegen, ob auch vorläufiger Rechtsschutz möglich ist, ob also das vertraglich geschuldete Stimmverhalten mittels einer **einstweiligen Verfügung** gemäß §§ 935, 940 ZPO durchgesetzt werden kann. Dies ist von großer praktischer Bedeutung, da ein Hauptsacheurteil regelmäßig zu spät käme. Teilweise wird die Möglichkeit, einer Stimmbindung im Wege einer einstweiligen Verfügung Geltung zu verschaffen, unter Hinweis auf das **Verbot der Vorwegnahme der Hauptsache** abgelehnt; überdies dürfe ein Gericht nicht in den Willensbildungsprozess von Gesellschaften eingreifen.[33] Nach der Gegenauffassung ist die Zulässigkeit einstweiligen Rechtsschutzes nur konsequente Folge der Anerkennung eines einklagbaren und gemäß § 894 ZPO durchsetzbaren Anspruchs.[34] Einige Obergerichte folgen einer vermittelnden Ansicht, die einstweiligen Rechtsschutz jedenfalls bei klarer Rechtslage und einem besonderen Schutzbedürfnis des Antragstellers zulässt.[35] Dieser Auffassung ist zuzustimmen. Wenn sich Aktionäre rechtswirksam zu einer bestimmten Stimmrechtsausübung verpflichtet haben, wird durch eine einstweilige Verfügung auch nicht in einen Willensbildungsprozess eingegriffen. Eine Vorwegnahme der Hauptsache wird auch in anderen Fällen in Kauf genommen, wenn überwiegende Interessen dies gebieten (sog. Leistungsverfügung).[36] Für die Durchsetzung eines bestimmten Abstimmungsverhaltens mittels einstweiliger Verfügung kann nur dann kein schutzwürdiges Interesse bestehen, wenn der Antragsteller den vertragswidrig gefassten Beschluss mit der Anfechtungsklage angreifen und die Vollziehung des Beschlusses ggf. mittels einstweiliger Verfügung verhindern kann. Gerade bei Stimmbindungsverträgen stehen diese Mittel aber wegen der rein schuldrechtlichen Wirkung nicht zur Verfügung. Zur Durchsetzung von Stimmbindungsverträgen wird man eine einstweilige Verfügung somit in aller Regel für zulässig erachten müssen. 39

3. Zulässigkeit, Schranken. a) Allgemeine Schranken, Stimmenkauf. An der grundsätzlichen Zulässigkeit von Stimmbindungsvereinbarungen zum Zweck der Interessenwahrung und -sicherung bestehen keine Zweifel.[37] Auch aus § 136 Abs. 2 und aus § 405 Abs. 3 Nr. 6 und Nr. 7 folgt im Umkehrschluss, dass vertragliche Stimmbindungen nicht per se unstatthaft sind. Stimmbindungsverträge unterliegen zunächst den allgemeinen Grenzen vertraglicher Gestaltungen, dh sie dürfen nicht gegen die guten Sitten (§ 138 BGB) oder gegen ein Verbotsgesetz (§ 134 BGB) verstoßen. Als Ordnungswidrigkeiten geahndet werden gemäß § 405 Abs. 3 Nr. 6 und Nr. 7 Stimmenkaufverträge (wobei die Gegenleistung nicht in Geld bestehen muss). Sie sind dementsprechend gemäß § 134 BGB nichtig. 40

b) Bindung gegenüber Nicht-Aktionär. Umstritten ist, ob eine Stimmbindung wirksam zugunsten eines **Nicht-Aktionärs** eingegangen werden kann. Teilweise wird dies mit Blick auf das Abspaltungsverbot (Grundsatz „kein Stimmrecht ohne Aktie", → Rn. 15 f.) und die gesellschaftsrechtliche Treuepflicht jedenfalls dann verneint, wenn der Stimmbindungsvertrag einen einklagbaren Erfüllungsanspruch begründet. Gegen einen Verstoß gegen das Abspaltungsverbot spricht jedoch, dass auch im Falle einer Stimmbindung der Aktionär Inhaber des Stimmrechts bleibt und dieses ausübt.[38] Schwerer wiegen Bedenken hinsichtlich der Treuepflicht: Der Aktionär darf sein Stimmrecht nicht gesellschaftsfremden oder gar -schädlichen Interessen unterstellen. Ob dies der Fall ist, ist jedoch eine Frage des Einzelfalls und spricht nicht generell gegen eine Stimmbindung gegenüber Nicht-Aktionären. Jedenfalls eine nur auf den konkreten Einzelfall (einen bestimmten Beschlussgegenstand) abzielende Stimmbindung gegenüber einem Nicht-Aktionär begegnet keinen grundlegenden Bedenken.[39] Allerdings wird man nur in Ausnahmefällen annehmen können, dass gesellschaftsfremde Dritte materiell im Interesse der Gesellschaft handeln. 41

c) Schranken gemäß § 136 Abs. 2. Gemäß § 136 Abs. 2 dürfen Aktionäre ihre Stimmrechtsausübung nicht Weisungen der Gesellschaft oder ihrer Verwaltung unterstellen. Entsprechende Verträge sind demgemäß nichtig (im Einzelnen → § 136 Rn. 39 ff.). 42

---

[32] BGHZ 48, 163 (196 ff.); Schmidt/Lutter/*Spindler* § 136 Rn. 49 mwN aus der Lit.; anders noch das RG, RGZ 112, 237 (279); 119, 386 (389 f.); 133, 90 (95); 160, 257 (262 f.); 170, 358 (372).

[33] OLG Celle GmbHR 1981, 264 (265); OLG Frankfurt BB 1982, 274; *Semler* BB 1979, 274.

[34] Schmidt/Lutter/*Spindler* § 136 Rn. 46; MüKoAktG/*Schröer* § 136 Rn. 92 ff.; Hüffer/*Koch* Rn. 31, jeweils mwN.

[35] OLG Koblenz NJW 1991, 1119; 1986, 1692; OLG Saarbrücken NJW-RR 1989, 1512; OLG Stuttgart NJW 1987, 2449.

[36] Beispiele bei Zöller/*Vollkommer* ZPO § 940 Rn. 6 ff.

[37] Vgl. nur BGH NJW 1987, 890 (891).

[38] Schmidt/Lutter/*Spindler* Rn. 35; Hüffer/*Koch* Rn. 27.

[39] BGH AG 2014, 705 = BeckRS 2014, 15556.

VII. Wahlen (Abs. 2)

43 Als gesetzlicher Regelfall gilt das Erfordernis einfacher Mehrheit gemäß § 133 Abs. 1 auch für Wahlbeschlüsse der Hauptversammlung. Durch § 133 Abs. 2 wird jedoch die Möglichkeit eröffnet, in der Satzung für Wahlen abweichende, also sowohl höhere[40] als auch geringere Erfordernisse zu regeln.[41]

44 § 133 Abs. 2 gilt für alle Wahlen, die die Hauptversammlung durchzuführen hat, also für die Wahl des Aufsichtsrats (→ § 101 Rn. 12 ff.) ebenso wie für die Wahl der Abschlussprüfer. Für die Wahl von Sonderprüfern ist dagegen gemäß § 142 Abs. 1 S. 1 zwingend die einfache Mehrheit erforderlich.

45 Die Reichweite der nach § 133 Abs. 2 möglichen Lockerungen ist im Einzelnen umstritten. Anerkannt ist, dass eine **relative Mehrheit** ausreichen kann, bei der ein Kandidat die meisten Stimmen auf sich vereint, ohne die (absolute) Mehrheit der abgegebenen Stimmen zu erlangen.[42] Dies kommt jedoch nur bei – in der Praxis äußerst seltenen – Kampfabstimmungen zum Tragen, wenn es also mehr Kandidaten gibt als Aufsichtsratsmandate zu vergeben sind.

46 Es bestehen ebenfalls keine Bedenken, bei Stimmengleichheit das **Los** entscheiden zu lassen.[43] Ob statt einer Losentscheidung ein **Stichentscheidungsrecht** bestehen kann, ist dagegen umstritten. Ein Stichentscheidungsrecht für einen Nicht-Aktionär (in der Regel den Versammlungsleiter) ist abzulehnen, da die Willensbildung in der Hauptversammlung nicht fremdbestimmt werden darf.[44] Die Gegenauffassung[45] übersieht, dass der Hauptversammlungsleiter in dieser Eigenschaft nur eine moderierende, die Willensbildung der Aktionäre begleitende, Funktion hat. Er darf an der eigentlichen Willensbildung aber nicht im Sinne eines Letztentscheidungsrechts mitwirken. Teilweise wird ein Stichentscheidungsrecht für einen einzelnen Aktionär oder eine Aktionärsgruppe für zulässig gehalten,[46] jedenfalls wenn vorher eine entsprechende Wahl der Stichentscheidungsberechtigten stattgefunden hat.[47] Dagegen ist aber einzuwenden, dass Mehrstimmrechte nach dem gesetzlichen Leitbild gerade nicht bestehen sollen. Dabei macht es keinen Unterschied, ob diese durch eine Wahl der im Ergebnis mehrstimmberechtigten Aktionäre oder durch Satzungsbestimmung bewirkt wird. Stichentscheidungsrechte sind daher abzulehnen.

47 Umstritten ist speziell für den Fall der Aufsichtsratswahlen die Zulässigkeit einer **Verhältniswahl,** bei der Kandidaten in der Reihenfolge ihrer Listenplätze von konkurrierenden Listen entsprechend dem Verhältnis der auf diese Listen entfallenden Stimmen gewählt werden. Bedenken bestehen vor allem im Hinblick auf die Tatsache, dass die Aktionäre bei einer Verhältniswahl ihre Stimme nicht einem bestimmten Kandidaten geben, sondern an eine bei der Aufstellung der Listen erfolgte Vorauswahl gebunden sind.[48] Andererseits sorgt eine Verhältniswahl dafür, dass auch Kandidaten, auf die weniger Stimmen entfallen, in das Gremium gewählt werden können. Die dadurch bewirkte Möglichkeit einer Repräsentation auch der Aktionärsminderheit ist grundsätzlich begrüßenswert.[49] Der Wortlaut des § 133 Abs. 2 steht einer Verhältniswahl ebenfalls nicht entgegen. Gegen eine Satzungsregelung, nach der die Aufsichtsratsmitglieder im Wege einer Verhältniswahl bestimmt werden, bestehen daher keine durchgreifenden Bedenken.[50] In der Praxis sind solche Satzungsregelungen äußerst selten. Dies dürfte auch an der praktischen Schwierigkeit, sinnvoll konkurrierende Listen aufzustellen, liegen. Anders als bei politischen Wahlen stehen sich in der Hauptversammlung keine trennscharfen Parteien mit jeweils eigenem Kandidatenpool gegenüber. Sehr häufig wird dagegen in der Praxis von der Möglichkeit einer **Block- oder Listenwahl** Gebrauch gemacht, bei der alle zu besetzenden Aufsichtssitze *en bloc* durch Wahl einer einzigen Liste besetzt werden. Dies ist jedenfalls dann zulässig, wenn (1.) der Versammlungsleiter vor der Abstimmung erläutert, dass, wer auch mit nur einem Kandidaten nicht einverstanden ist, gegen die ganze Liste stimmen muss und (2.) kein anwesender Aktionär dieser Abstimmungsmethode widerspricht.[51]

---

[40] BGHZ 76, 191 (194).

[41] Hüffer/*Koch* Rn. 32; MüKoAktG/*Schröer* Rn. 77; Schmidt/Lutter/*Spindler* Rn. 50.

[42] MüKoAktG/*Schröer* Rn. 77 mwN; Hüffer/*Koch* Rn. 32.

[43] BGH BB 1989, 239 (240).

[44] Hüffer/*Koch* Rn. 32.

[45] So wohl Schmidt/Lutter/*Spindler* § 136 Rn. 41; KK-AktG/*Zöllner* Rn. 92.

[46] MüKoAktG/*Schröer* Rn. 77.

[47] Schmidt/Lutter/*Spindler* § 136 Rn. 41.

[48] KK-AktG/*Mertens* § 101 Rn. 14; *Geßler/Hefermehl* § 101 Rn. 29; MHdB AG/*Hoffmann-Becking* § 30 Rn. 15.

[49] BGH WM 1962, 811.

[50] Hüffer/*Koch* Rn. 33; MüKoAktG/*Schröer* Rn. 78; KK-AktG/*Zöllner* Rn. 94; MHdB AG/*Semler* § 39 Rn. 86; Schmidt/Lutter/*Spindler* Rn. 53.

[51] So BGH AG 2003, 625 zur Sammelabstimmung über inhaltliche Fragen; Hüffer/*Koch* § 101 Rn. 6 unter zutreffendem Hinweis auf die Empfehlung zur Einzelwahl in Ziff. 5.4.3 DCGK sowie die drohende Gesamtnichtigkeit der AR-Wahl gemäß § 96 Abs. 2 S. 6; MüKoAktG/*Schröer* Rn. 79; Schmidt/Lutter/*Spindler* Rn. 54, jeweils mwN.

§ 134 Stimmrecht

(1) [1]Das Stimmrecht wird nach Aktiennennbeträgen, bei Stückaktien nach deren Zahl ausgeübt. [2]Für den Fall, daß einem Aktionär mehrere Aktien gehören, kann bei einer nichtbörsennotierten Gesellschaft die Satzung das Stimmrecht durch Festsetzung eines Höchstbetrags oder von Abstufungen beschränken. [3]Die Satzung kann außerdem bestimmen, daß zu den Aktien, die dem Aktionär gehören, auch die Aktien rechnen, die einem anderen für seine Rechnung gehören. [4]Für den Fall, daß der Aktionär ein Unternehmen ist, kann sie ferner bestimmen, daß zu den Aktien, die ihm gehören, auch die Aktien rechnen, die einem von ihm abhängigen oder ihn beherrschenden oder einem mit ihm konzernverbundenen Unternehmen oder für Rechnung solcher Unternehmen einem Dritten gehören. [5]Die Beschränkungen können nicht für einzelne Aktionäre angeordnet werden. [6]Bei der Berechnung einer nach Gesetz oder Satzung erforderlichen Kapitalmehrheit bleiben die Beschränkungen außer Betracht.

(2) [1]Das Stimmrecht beginnt mit der vollständigen Leistung der Einlage. [2]Entspricht der Wert einer verdeckten Sacheinlage nicht dem in § 36a Abs. 2 Satz 3 genannten Wert, so steht dies dem Beginn des Stimmrechts nicht entgegen; das gilt nicht, wenn der Wertunterschied offensichtlich ist. [3]Die Satzung kann bestimmen, daß das Stimmrecht beginnt, wenn auf die Aktie die gesetzliche oder höhere satzungsmäßige Mindesteinlage geleistet ist. [4]In diesem Fall gewährt die Leistung der Mindesteinlage eine Stimme; bei höheren Einlagen richtet sich das Stimmenverhältnis nach der Höhe der geleisteten Einlagen. [5]Bestimmt die Satzung nicht, daß das Stimmrecht vor der vollständigen Leistung der Einlage beginnt, und ist noch auf keine Aktie die Einlage vollständig geleistet, so richtet sich das Stimmenverhältnis nach der Höhe der geleisteten Einlagen; dabei gewährt die Leistung der Mindesteinlage eine Stimme. [6]Bruchteile von Stimmen werden in diesen Fällen nur berücksichtigt, soweit sie für den stimmberechtigten Aktionär volle Stimmen ergeben. [7]Die Satzung kann Bestimmungen nach diesem Absatz nicht für einzelne Aktionäre oder für einzelne Aktiengattungen treffen.

(3) [1]Das Stimmrecht kann durch einen Bevollmächtigten ausgeübt werden. [2]Bevollmächtigt der Aktionär mehr als eine Person, so kann die Gesellschaft eine oder mehrere von diesen zurückweisen. [3]Die Erteilung der Vollmacht, ihr Widerruf und der Nachweis der Bevollmächtigung gegenüber der Gesellschaft bedürfen der Textform, wenn in der Satzung oder in der Einberufung auf Grund einer Ermächtigung durch die Satzung nichts Abweichendes und bei börsennotierten Gesellschaften nicht eine Erleichterung bestimmt wird. [4]Die börsennotierte Gesellschaft hat zumindest einen Weg elektronischer Kommunikation für die Übermittlung des Nachweises anzubieten. [5]Werden von der Gesellschaft benannte Stimmrechtsvertreter bevollmächtigt, so ist die Vollmachtserklärung von der Gesellschaft drei Jahre nachprüfbar festzuhalten; § 135 Abs. 5 gilt entsprechend.

(4) Die Form der Ausübung des Stimmrechts richtet sich nach der Satzung.

Übersicht

I. Allgemeines

1 Die Existenz des Stimmrechts als grundlegendes Verwaltungsrecht des Aktionärs ist in § 12 geregelt. § 134 enthält dagegen Regelungen zur Ausübung des Stimmrechts. Die Ausübung des Stimmrechts wird im Hinblick auf die Stimmkraft (Abs. 1 und 2), den Beginn der Stimmberechtigung (Abs. 2), die Bevollmächtigung Dritter (Abs. 3) und die Form (Abs. 4) näher geregelt. Die Regelungen über die Stimmkraft sind im Zusammenhang mit Stimmverboten (§§ 136, 142 Abs. 1 S. 2, 328) und Rechtsverlusten (§§ 20 Abs. 7, 21 Abs. 4, 71b, 71d, § 28 WpHG aF bzw. § 44 WpHG nF, § 59 S. 1 WpÜG) zu sehen. Die Bestimmungen zur Bevollmächtigung Dritter stehen in engem Zusammenhang zu den Regelungen über die Ausübung des Stimmrechts durch Kreditinstitute und geschäftsmäßig Handelnde (§ 135).

2 § 134 Abs. 2 und 3 wurden infolge des Gesetzes zur Umsetzung der Aktionärsrechte-RL[1] (ARUG) vom 30.7.2009 (BGBl. I S. 2479) fast vollständig neu gefasst. Ziel der Umsetzung der Richtlinie war die Verbesserung der Aktionärsinformationen bei börsennotierten Gesellschaften sowie die Erleichterung der grenzüberschreitenden Ausübung von Aktionärsrechten. Der Gesetzgeber hatte die Umsetzung der Richtlinie außerdem zum Anlass genommen, das AktG insbesondere in den von der Richtlinie angesprochenen Gebieten zur Entlastung der Gesellschaften und im Interesse der Aktionäre zu modernisieren, zu deregulieren und zu flexibilisieren. Für den Bereich der Kapitalaufbringungs- und -erhaltungsregelungen sollten darüber hinaus Deregulierungsoptionen aus der Änderung der RL 77/91/EWG durch die RL 2006/68/EG[2] genutzt werden.[3]

3 Hierzu dient insbesondere die Lockerung der Formerfordernisse für die Vollmachtserteilung in § 134 Abs. 3, bei der grundsätzlich die Textform vorgesehen ist. Daneben gestattet das Gesetz durch die Öffnungsklausel in § 134 Abs. 3 S. 3 letzter Hs. zumindest nicht börsennotierten Gesellschaften individuelle Formvorgaben. Bei börsennotierten Gesellschaften sind diese nur zulässig, sofern Erleichterungen zur Textform vorgesehen werden (§ 134 Abs. 3 S. 3 aE).

4 Die Änderungen in § 134 Abs. 2 zur verdeckten Sacheinlage basieren auf Beschlüssen des Rechtsausschusses im Gesetzgebungsverfahren zum ARUG. Die Neuregelung soll sicherstellen, dass das Stimmrecht bei verdeckten Sacheinlagen zumindest bei nicht offensichtlichen Wertunterschieden entsteht, und soll verhindern, dass ein Streit über die Werthaltigkeit einer Einlage in ein Beschlussanfechtungsverfahren getragen wird und dadurch wichtige Strukturmaßnahmen blockiert werden könnten.[4] Der Gesetzgeber hat hier an die Reform des GmbH-Rechts durch das Gesetz zur Modernisierung des GmbH-Rechts und zur Bekämpfung von Missbräuchen (MoMiG) vom 23.10.2008 (BGBl. I S. 2024) angeknüpft, in dem in § 19 Abs. 4 GmbHG die Rechtsfolgen einer verdeckten Sacheinlage bei der GmbH neu geregelt wurden. Da diese Regelung von Praxis und Wissenschaft gut aufgenommen wurde, wurde sie auch in das Recht der AG übertragen[5] (s. § 27 Abs. 3 S. 3; näher → § 27 Rn. 1 ff.).

5 Kontrovers diskutiert wird die in § 134 Abs. 1 S. 2 enthaltene Regelung des Höchststimmrechts. Mit dem KonTraG[6] wurde die Satzungsautonomie im Hinblick auf das bis dahin uneingeschränkt zulässige Höchststimmrecht insoweit eingegrenzt, als ein Höchststimmrecht nur noch bei nicht börsennotierten Gesellschaften vorgesehen werden darf (→ Rn. 9). Ähnlich wie bei der parallelen Abschaffung von Mehrstimmrechten (§ 12 Abs. 2) ging es dem Gesetzgeber um die Durchsetzung des Gleichlaufs von Aktieninhaberschaft und Stimmrecht.[7]

6 § 134 Abs. 4 enthält eine Ermächtigung zur satzungsmäßigen Regelung der Form der Stimmrechtsausübung; im Übrigen sind die Regelungen des § 134 mit Ausnahme der Ermächtigung zur satzungsmäßigen Regelung in § 134 Abs. 3 S. 3 **zwingend,** dh abweichende Satzungsregelungen sind unzulässig. Dies umfasst insbesondere Satzungsregelungen, die einen Stimmrechtsverlust als

---

[1] Richtlinie 2007/36/EG des Europäischen Parlaments und des Rates vom 11.7.2007 über die Ausübung bestimmter Rechte von Aktionären in börsennotierten Gesellschaften (ABl. L 184, 17).

[2] Richtlinie 2006/68/EG des Europäischen Parlaments und des Rates vom 6.9.2006 (ABl. L 264, 32).

[3] Vgl. Beschlussempfehlung und Bericht des Rechtsausschusses BT-Drs. 16/11642, BT-Drs. 16/13098.

[4] Vgl. Beschlussempfehlung und Bericht des Rechtsausschusses zum ARUG, BT-Drs. 16/13098, 57, 2. Spalte.

[5] Begr. der Beschlussempfehlung des Rechtsausschusses zum ARUG, BT-Drs. 16/13098, 53.

[6] Gesetz zur Kontrolle und Transparenz im Unternehmensbereich vom 27.4.1998 (BGBl. I S. 786).

[7] Begr. RegE KonTraG, BT-Drs. 13/9712, 11, 20.

Sanktion bei Verstößen gegen satzungsmäßige Pflichten vorsehen.[8] § 134 iVm § 136 ist insoweit auch als abschließende Regelung zu verstehen. Unabhängig davon kann die Stimmrechtsausübung im Einzelfall aufgrund Verstoßes gegen die gesellschaftsrechtliche Treuepflicht oder den aktienrechtlichen Gleichbehandlungsrundsatz unzulässig sein.[9]

II. Stimmkraft

1. Nennbetragsaktien und Stückaktien. In **§ 134 Abs. 1** ist die Stimmkraft, also der Umfang des mit einer Aktie verbundenen Stimmrechts, geregelt. Die Regelung gilt für den gesetzlichen Normalfall der Aktie mit einfachem Stimmrecht im Gegensatz zu stimmrechtslosen Vorzugsaktien (§§ 139 ff.) und – soweit noch Altfälle existieren – für Aktien mit Mehrstimmrecht (→ § 133 Rn. 21). Bei Aktien, die auf einen bestimmten Nennbetrag lauten (**Nennbetragsaktien,** § 8 Abs. 2), bestimmt sich die Stimmkraft gemäß **§ 134 Abs. 1 S. 1** nach dem Nennbetrag, bei „nennwertlosen" **Stückaktien** (§ 8 Abs. 3) nach der Anzahl der gehaltenen Aktien. Der Nennbetrag einer Nennbetragsaktie muss gemäß § 8 Abs. 2 S. 1 mindestens auf einen Euro lauten, höhere Nennbeträge müssen auf volle Euro lauten (§ 8 Abs. 2 S. 3). Bei Stückaktien gilt lediglich, dass der rechnerische Nennbetrag je Aktie einen Euro nicht unterschreiten darf (§ 8 Abs. 3 S. 3). Es kann sich bei Stückaktien somit ohne weiteres ein nicht auf volle Euro lautender, höherer, rechnerischer Nennbetrag ergeben. Dies ist jedoch für die Berechnung von Stimmrechten ohne Belang, da **jede Stückaktie eine Stimme gewährt.** 7

Bei **Nennbetragsaktien** gilt der Grundsatz „eine Stimme pro Aktie" nur dann, wenn alle Aktien über denselben Nennbetrag verfügen.[10] Gemäß § 8 Abs. 2 S. 1 und 4 können auch Aktien mit unterschiedlichen Nennwerten ausgegeben werden. In diesem Fall **repräsentiert der geringste ausgegebene Wert jeweils eine Stimme, höhere Nennbeträge gewähren demnach ein Vielfaches des geringeren Betrags.** Sofern höhere Nennbeträge durch den niedrigsten Betrag nicht restlos teilbar sind, ist der kleinste gemeinsame Nenner zu bilden, der dann jeweils für eine Stimme steht.[11] 8

2. Stimmrechtsbegrenzungen: Höchststimmrecht. a) Zulässigkeit. Gemäß § 134 Abs. 1 S. 2 in der Fassung des KonTraG sind **Höchststimmrechte nur noch bei nicht börsennotierten Gesellschaften zulässig.** Eine für das AktG gültige Definition des Begriffs „börsennotiert" ist in § 3 Abs. 2 enthalten. Danach sind Gesellschaften börsennotiert, „deren Aktien zu einem Markt zugelassen sind, der von staatlich anerkannten Stellen geregelt und überwacht wird, regelmäßig stattfindet und für das Publikum mittelbar oder unmittelbar zugänglich ist". Hierunter fällt der Regulierte Markt gemäß §§ 32 ff. BörsG in der seit 1.11.2007 geltenden Fassung des Finanzmarkt-Richtlinie-Umsetzungsgesetzes vom 16.7.2007 (BGBl. I S. 1330). Dieser umfasst nunmehr alle öffentlich-rechtlich beaufsichtigten Marktsegmente, während die bis dahin gültige Unterscheidung zwischen amtlichem Handel (§§ 30 ff. BörsG aF) und geregeltem Markt (§§ 49 ff. BörsG aF) obsolet ist. Gesellschaften, deren Aktien im Freiverkehr (§ 48 BörsG, auch „Open Market") als einem rein privatrechtlich organisierten und überwachten Markt gehandelt werden, sind somit nicht börsennotiert iSd §§ 3 Abs. 2, 134 Abs. 1 S. 2. Dies gilt insbesondere für das von der Frankfurter Wertpapierbörse geschaffene Marktsegment Entry Standard, das sich aufgrund gemilderter Transparenzvorschriften speziell für mittelständische Unternehmen eignet (s. auch die Kommentierung bei § 3). 9

b) Gestaltungsformen. Das Stimmrecht kann durch Festsetzung eines bestimmten **Höchstbetrags des Aktiennennwerts,** eines **Bruchteils des Grundkapitals** oder auch einer **Höchstzahl** stimmberechtigter Aktien (bei Stückaktien) begrenzt werden. Die Begrenzung muss wegen des aktienrechtlichen Gleichbehandlungsgrundsatzes (§ 53a) für alle Aktionäre gleichmäßig ausgestaltet werden, also jeden Aktionär, dessen Anteilsbesitz die festgelegten Grenzen erreicht, in gleicher Weise betreffen. Es ist somit **unzulässig,** Stimmrechtsbeschränkungen nur für bestimmte Aktien oder gar für bestimmte Aktionäre oder Aktionärsgruppen festzulegen (Abs. 1 S. 5). Ebenso wenig sind Regelungen statthaft, wonach erst ein bestimmter, den Nennwert einer einzelnen Aktie übersteigende Anteil am Grundkapital oder eine bestimmte Anzahl Aktien eine Stimme gewährt. 10

Dagegen ist es **zulässig,** das **Stimmrecht oberhalb festgelegter Grenzen stufenweise entfallen** zu lassen, so dass zB bis zu einer Beteiligung im Nennwert von einer Million Euro das volle Stimmrecht besteht, über eine Million Euro bis zehn Millionen Euro das halbe Stimmrecht, und 11

[8] Vgl. OGH AG 2002, 571 f.; Schmidt/Lutter/*Spindler* Rn. 3; Hüffer/*Koch* Rn. 1.

[9] Dazu KK-AktG/*Zöllner* Rn. 114–126; *Zöllner,* Die Schranken mitgliedschaftlicher Stimmrechtsmacht bei den privatrechtlichen Personenverbänden, 1963, 98 f.

[10] MüKoAktG/*Schröer* Rn. 6; KK-AktG/*Zöllner* Rn. 22; Hüffer/*Koch* Rn. 2; *Baums* AG 1990, 221.

[11] MüKoAktG/*Schröer* Rn. 6; KK-AktG/*Zöllner* Rn. 22.

über zehn Millionen Euro das Stimmrecht ganz entfällt.[12] Auch bei Stückaktien sind entsprechende Gestaltungen möglich, wobei auf eine bestimmte Anzahl Aktien abzustellen ist. Mittels eines Höchststimmrechts kann der AG auch eine vollkommen personalistische Struktur gegeben werden, indem das Stimmrecht jedes Aktionärs auf eine Stimme begrenzt wird („one man, one vote"). Dies widerspricht zwar dem kapitalistisch ausgerichteten gesetzlichen Leitbild der AG, begegnet aber bei kleinen, nicht börsennotierten Gesellschaften keinen grundlegenden Bedenken.[13]

12 Möglich ist, bei der Festsetzung von Höchststimmrechten nach **Beschlussgegenständen** zu differenzieren, so dass das **Höchststimmrecht nur für bestimmte Beschlussgegenstände** gilt oder diese umgekehrt von der Anwendung des Höchststimmrechts ausgenommen sind. Insbesondere für Wahlen zum Aufsichtsrat kann eine Differenzierung sinnvoll sein, um entweder eine Repräsentation der Aktionärsminderheit zu Lasten des Großaktionärs zu ermöglichen oder – umgekehrt – um den Einfluss des Großaktionärs auf die Aufsichtsratsbesetzung sicherzustellen. Sofern ein **Höchststimmrecht nur für bestimmte Grundlagenbeschlüsse** wie Satzungsänderungen, Zustimmung zu Unternehmensverträgen oder Maßnahmen nach dem UmwG gelten soll, ist zu beachten, dass das **Höchststimmrecht nicht für die** in diesen Fällen zusätzlich erforderliche **qualifizierte *Kapital*mehrheit gilt,** sondern nur die daneben immer auch erforderliche einfache *Stimmen*mehrheit (§ 134 Abs. 1 S. 6).[14] Das Höchststimmrecht eignet sich in diesen Fällen also allein als Instrument des Minderheitenschutzes *gegen* solche Maßnahmen, erleichtert jedoch nicht die Durchsetzung entsprechender Beschlüsse.[15]

13 **c) Zurechnung von Aktien Dritter und von Konzernunternehmen (Umgehungsschutz).** Da es ein Leichtes wäre, Höchststimmrechte durch formale Aufteilung des Aktienbestandes auf Dritte zu umgehen, sind in **§ 134 Abs. 1 S. 3 und 4 Zurechnungsregelungen** enthalten. Sofern ein Zurechnungstatbestand erfüllt ist, sind die entsprechenden Aktien bei der Berechnung der Beteiligung eines Aktionärs und der Bestimmung, ob ein Höchststimmrecht eingreift, zu berücksichtigen. Die Zurechnung findet jedoch **nicht kraft Gesetzes** statt, sondern es wird lediglich die Option einer entsprechenden Satzungsgestaltung eröffnet.

14 Gemäß **§ 134 Abs. 1 S. 3** kann die Satzung eine Zurechnung für Aktien, die **einem Dritten für Rechnung des Aktionärs** gehören, vorsehen. Welches Rechtsverhältnis dem zugrunde liegt, ist ohne Belang. Erfasst werden zunächst Treuhandverhältnisse aller Art, gleichviel ob sie als Auftrag (§§ 662 ff. BGB) oder Geschäftsbesorgung (§ 675 BGB) zu werten sind. Auch Kommissionsgeschäfte mit Aktien (§§ 383 ff., 406 HGB) können zu einer Zurechnung führen.[16] Im Ergebnis werden alle Gestaltungen erfasst, bei denen ein Dritter im Wesentlichen die mit der Aktieninhaberschaft verbundenen **Chancen und Risiken** trägt.[17] Somit kann eine Zurechnung zu dem Begünstigten einer **Call-Option** (Kaufoption) oder dem Stillhalter einer **Put-Option** (Verkaufsoption) geboten sein.[18]

15 Die Satzung kann gemäß **§ 134 Abs. 1 S. 4** darüber hinaus bestimmen, dass auch eine Zurechnung von Aktien erfolgt, die von einem **abhängigen Unternehmen des Aktionärs,** einem ihn beherrschenden oder einem mit ihm konzernverbundenen Unternehmen gehalten werden. Voraussetzung ist, dass der Aktionär selbst als **Unternehmen** anzusehen ist. Die Rechtsordnung kennt keinen einheitlichen Unternehmensbegriff, daher ist stets auf den mit der jeweiligen Rechtsnorm verfolgten Regelungszweck abzustellen. Der bei der Anwendung des § 134 Abs. 1 S. 4 zugrunde zu legende Unternehmensbegriff ist dementsprechend rechtsformunabhängig und weit auszulegen. Unternehmen ist danach jeder Aktionär, der eigene, über das Halten der Beteiligung hinausgehende, wirtschaftliche Interessen bei der Ausübung seiner mitgliedschaftlichen Rechte potenziell über die Interessen der Gesellschaft stellen wird (konzernrechtlicher Unternehmensbegriff, → § 15 Rn. 4 f.).[19] Wann Abhängigkeit und Beherrschung vorliegen, bestimmt sich nach den §§ 17, 18. Eine bloße Mehrheitsbeteiligung (§ 16) allein reicht nicht aus, allerdings greift in diesem Fall die (etwa durch einen Entherrschungsvertrag widerlegbare) Abhängigkeitsvermutung gemäß § 17 Abs. 2 ein. Nicht ausreichend ist ein Unternehmensvertrag iSd § 292, der nicht mit einer Beherrschung einhergeht.[20]

---

[12] Beispiel nach MüKoAktG/*Schröer* Rn. 10.

[13] So die hM, Hüffer/*Koch* Rn. 6; MüKoAktG/*Schröer* Rn. 10, jeweils mwN.

[14] MüKoAktG/*Schröer* Rn. 11.

[15] Hüffer/*Koch* Rn. 15.

[16] Hüffer/*Koch* Rn. 10.

[17] LG Hannover ZIP 1992, 1236 (1239).

[18] MüKoAktG/*Schröer* Rn. 17.

[19] BGHZ 69, 334 (337) – VEBA/Gelsenberg; BGHZ 74, 359 (364) – WAZ; BGHZ 95, 330 (337) – Autokran; BGHZ 115, 187 (189) – Video; BGHZ 122, 123 (127) – TBB.

[20] S. nur Hüffer/*Koch* Rn. 11; KK-AktG/*Zöllner* Rn. 44.

In allen Fällen des § 134 Abs. 1 S. 3 und 4 findet, sofern die entsprechende Satzungsregelung vorhanden ist, die Zurechnung der Stimmrechte **allein aufgrund der objektiven Tatbestandserfüllung** statt. Auf eine subjektive Tatbestandskomponente **(Umgehungsvorsatz)** kommt es dagegen nicht an.[21] 16

Ist ein Zurechnungstatbestand einschlägig, werden die Aktien der betroffenen (zwei oder mehr) Aktionäre zusammengerechnet und sind insgesamt nur bis zur Grenze des Höchststimmrechts zu berücksichtigen. Die mit ihrem jeweiligen Aktienbestand von einer Zusammenrechnung betroffenen Aktionäre sind – wie sich mittelbar aus § 405 Abs. 3 Nr. 5 ergibt – ihrerseits verpflichtet, ihre Stimmrechte insgesamt nur bis zur Höhe des Höchststimmrechts auszuüben. Beabsichtigen sie eine **uneinheitliche Stimmabgabe,** haben sie sich **vor der Abstimmung darüber zu einigen,** mit welchem Teil der verbleibenden Stimmen wie abgestimmt wird.[22] Unterbleibt eine solche Einigung und geben die Aktionäre ihre Stimmen unter Verstoß gegen das Höchststimmrecht ab, sind die abgegebenen Stimmen **proportional bis zur Höhe des Höchststimmrechts zu kappen.**[23] In der Literatur wird teilweise vertreten, dass der Versammlungsleiter den betroffenen Aktionären in diesem Fall auch nachträglich Gelegenheit zu einer einvernehmlichen Aufteilung ihrer Stimmen geben könne.[24] Dies ist entschieden abzulehnen. Der Versammlungsleiter ist weder verpflichtet noch berechtigt, den sich pflichtwidrig verhaltenden Aktionären eine Möglichkeit zur nachträglichen Korrektur des festgestellten Abstimmungsergebnisses einzuräumen. Die „zu viel" abgegebenen Stimmen sind zwingend proportional aus dem Abstimmungsergebnis herauszurechnen.[25] 17

d) Ungeschriebener Umgehungsschutz. Umstritten ist, ob neben den in § 134 Abs. 1 normierten Umgehungstatbeständen Raum für weitere Fallgruppen verbleibt, in denen aufgrund ähnlich gelagerter Interessen eine Zusammenrechnung von Stimmrechten für Zwecke des Höchststimmrechts erfolgen muss.[26] Einigkeit besteht zunächst darüber, dass dies nicht bereits bei Abschluss eines Stimmbindungsvertrags der Fall sein kann.[27] Allerdings wird teilweise angenommen, dass in diesen und ähnlichen Fällen die Satzung ebenfalls eine Zusammenrechnung der Stimmrechte anordnen kann.[28] Dem kann nicht gefolgt werden. Bei der Frage nach ungeschriebenen Umgehungstatbeständen ist zu unterscheiden: Die Annahme eines Umgehungstatbestandes ohne entsprechende, die Zusammenrechnung anordnende Satzungsregelung dürfte sich mit Blick auf § 134 Abs. 1 S. 3 und 4 verbieten, da auch in diesen gesetzlich normierten Fällen erst die Satzungsregelung die verbindliche Grundlage der Zurechnung schafft. Ob darüber hinaus weitergehende, neue Zurechnungstatbestände schaffende Satzungsregelungen zulässig sind, ist eine andere Frage. Dies wird im Ergebnis abzulehnen sein, da das Höchststimmrecht insgesamt den Charakter einer – an sich systemwidrigen – Ausnahme trägt. Dementsprechend und im Hinblick auf die in § 23 Abs. 5 normierte Satzungsstrenge sind auch die Satzungsermächtigungen des § 134 Abs. 1 S. 3 und 4 abschließend zu verstehen.[29] 18

e) Einführung von Höchststimmrechten durch Satzungsänderung. Höchststimmrechte können nur in Form einer Satzungsregelung eingeführt werden. Anders als zB im Falle des Bezugsrechtsausschlusses (vgl. § 186 Abs. 2) ist ein besonderer sachlicher Grund zur Rechtfertigung des Höchststimmrechts mit Blick auf die klare gesetzliche Regelung nicht vonnöten. 19

Die Einführung eines Höchststimmrechts ist grundsätzlich auch **nachträglich mittels eines satzungsändernden Beschlusses** möglich. Der Blick auf § 35 BGB scheint dabei nahezulegen, dass hierfür die Zustimmung derjenigen Aktionäre erforderlich ist, die wegen der Größe ihres Aktienbesitzes von der Regelung betroffen wären. Mit der ganz hM ist dies jedoch abzulehnen, da es sich bei dem Stimmrecht des Aktionärs nicht um ein *Sonder*recht handelt.[30] In das Stimmrecht selbst wird im Übrigen nicht eingegriffen, sondern es wird lediglich die Ausübbarkeit in bestimmten Situationen beschränkt. Dass Aktionäre mit unterschiedlich großen Beteiligungen hiervon unterschiedlich betroffen sind, ändert nichts an dieser Bewertung. 20

Sofern, was grundsätzlich zulässig ist,[31] ein **Höchststimmrecht nur für Aktien einer bestimmten Gattung** (§ 11) eingeführt werden soll, ist allerdings gemäß § 179 Abs. 3 iVm Abs. 2 ein **Sonder-** 21

[21] Begr. RegE *Kropff* Textausgabe, 1965, 192; s. auch *Hölters* DB 1975, 917 (918).
[22] Schmidt/Lutter/*Spindler* Rn. 25; MüKoAktG/*Schröer* Rn. 21.
[23] Zutr. Schmidt/Lutter/*Spindler* Rn. 25.
[24] So wohl MüKoAktG/*Schröer* Rn. 21.
[25] Zutr. Schmidt/Lutter/*Spindler* Rn. 25.
[26] Hüffer/*Koch* Rn. 12; KK-AktG/*Zöllner* Rn. 42; *Schröder* DB 1976, 1093.
[27] Hüffer/*Koch* Rn. 12; *Martens* AG 1993, 495 (497 ff.).
[28] *Martens* AG 1993, 495 (497 ff.); wohl auch Hüffer/*Koch* Rn. 12.
[29] Ebenso MüKoAktG/*Schröer* Rn. 16; Schmidt/Lutter/*Spindler* Rn. 26.
[30] BGHZ 70, 117 (124); MüKoAktG/*Schröer* Rn. 22; Hüffer/*Koch* Rn. 8; MHdB AG/*Semler* § 38 Rn. 16; aA *Immenga* BB 1975, 1042 ff.; KK-AktG/*Zöllner* Rn. 48.
[31] Vgl. Ausschussbericht *Kropff* Textausgabe, 1965, 192.

beschluss der betroffenen Aktionäre mit einer Kapitalmehrheit von drei Vierteln des bei der Beschlussfassung vertretenen Grundkapitals erforderlich.

22 **f) Rechtsfolgen bei Verstoß gegen Höchststimmrecht.** Bei einem Verstoß gegen das Höchststimmrecht sind die zu Unrecht ausgeübten Stimmen – und nur diese – unberücksichtigt zu lassen. Eine darüber hinausgehende Sanktion dergestalt, dass auch die Stimmen bis zur Erreichung der Höchstgrenze ungültig werden, ist im Gesetz nicht vorgesehen. Die Ausübung der unter das Höchststimmrecht fallenden Stimmen sowie die Überlassung dieser Aktien an einen Dritten zur Ausübung des Stimmrechts (Umgehung) stellen gemäß § 405 Abs. 3 Nr. 5 Ordnungswidrigkeiten dar, die mit einer Geldbuße von bis zu 25.000 Euro geahndet werden können. Darüber hinaus können Schadensersatzansprüche der Gesellschaft begründet werden, da § 405 Abs. 3 Nr. 5 als Schutzgesetz iSd § 823 Abs. 2 BGB anzusehen ist.[32]

III. Beginn des Stimmrechts (Abs. 2)

23 **1. Volles Stimmrecht nach vollständiger Einlageleistung.** Das Stimmrecht beginnt gemäß § 134 Abs. 2 S. 1 erst **nach vollständiger Leistung** der von dem Aktionär zu erbringenden Bar- oder Sacheinlage. Dies setzt gemäß § 54 Abs. 2 und 3 bei Bareinlagen die vollständige Zahlung der geschuldeten Einlage (Anteil am Grundkapital plus Aufgeld) zur freien Verfügung des Vorstands auf ein Konto der Gesellschaft voraus. Die Leistung muss, um als Einlageleistung zu gelten, überdies auf eine entsprechende Anforderung des Vorstands erfolgen (§ 36 Abs. 2). Fordert der Vorstand lediglich einen geringeren Betrag ein, bleibt die Einlageleistung unvollständig. Dies ergibt sich aus § 36 Abs. 2 iVm § 134 Abs. 2 S. 5: Danach kann die Anmeldung zum Handelsregister erst erfolgen, wenn der vom Vorstand eingeforderte Betrag auf jede Aktie eingezahlt wurde. Wäre damit die Einlageleistung „vollständig" iSd § 134 Abs. 2 S. 1, bedürfte es der Regelungen über das Hilfsstimmrecht bei unvollständiger Einlageleistung (§ 134 Abs. 2 S. 5, → Rn. 29) nicht.[33] Bliebe es bei der Grundregel „Stimmrecht erst nach vollständiger Einlageleistung", wäre die Hauptversammlung mangels stimmberechtigter Aktionäre beschlussunfähig, wenn **kein Aktionär seine jeweilige Einlageverpflichtung vollständig erfüllt** hat. In § 134 Abs. 2 S. 4 ist daher ein Hilfsstimmrecht für den Fall geregelt, dass zumindest ein Teil der Aktionäre wenigstens die **Mindesteinlage** geleistet hat. Dem Satzungsgeber steht es aber gemäß § 134 Abs. 2 S. 3 und 4 auch offen, in dem dort vorgegebenen Rahmen einen abweichenden Beginn des Stimmrechts festzulegen. Die gesetzliche „Auffangregelung" des § 134 Abs. 2 S. 5 gelangt nur in Ermangelung einer solchen Satzungsregelung zur Anwendung.

24 Bei **Sacheinlagen** ist gemäß § 36a Abs. 2 eine nur teilweise Einlageleistung nicht zulässig. Demgemäß begründet eine nur teilweise Erbringung der von dem jeweiligen Aktionär geschuldeten Sacheinlage auch kein Stimmrecht.[34]

25 Abweichend hiervon sieht § 134 Abs. 2 S. 2 bei Vorliegen einer **verdeckten Sacheinlage** vor, dass das **Stimmrecht nur dann nicht entsteht,** wenn der Wert der verdeckten Sacheinlage offensichtlich nicht dem in § 36a Abs. 2 S. 3 genannten Wert entspricht, dh eine **offensichtliche Überbewertung** der verdeckten Sacheinlage vorliegt. In allen anderen Fällen entsteht das Stimmrecht. Die Formulierung des § 134 Abs. 2 S. 2 stellt klar, dass derjenige die **Darlegungs- und Beweislast** für die Nichtentstehung des Stimmrechts trägt, der sich auf die offensichtlich fehlende Werthaltigkeit der verdeckten Sacheinlage beruft. Die Regelung soll Stimmrechtsstreitigkeiten im Rahmen der Hauptversammlung verhindern (der Versammlungsleiter könnte das Bestehen des Stimmrechts ansonsten nur nach vorheriger Einholung eines Werthaltigkeitsgutachten feststellen) und vor der Anfechtbarkeit der in der Hauptversammlung getroffenen Beschlüsse schützen (→ Rn. 4).[35] Die Regelung ist sinnvoll und wird überwiegend begrüßt.[36]

26 Eine **verdeckte Sacheinlage** (vgl. § 27 Abs. 3 S. 1; → § 27 Rn. 26 ff.) liegt vor, wenn die gesetzlichen Regeln für Sacheinlagen dadurch unterlaufen werden, dass zwar formal eine Bareinlage vereinbart wird, die Gesellschaft aber bei wirtschaftlicher Betrachtung von dem Einleger auf Grund einer im Zusammenhang mit der Übernahme der Einlage getroffenen Absprache einen Sachwert erhält. Zur Feststellung einer solchen Absprache werden Beweiserleichterungen angenommen, wenn ein enger zeitlicher Zusammenhang zwischen der Gründung oder Kapitalerhöhung einerseits und der Erbringung der Sachleistung andererseits besteht (→ § 27 Rn. 26).[37] Nach Rechtslage vor Gel-

[32] S. nur MüKoAktG/*Schröer* Rn. 26.
[33] Missverständlich insoweit Schmidt/Lutter/*Spindler* Rn. 29.
[34] Hüffer/*Koch* Rn. 16; Schmidt/Lutter/*Spindler* Rn. 29; KK-AktG/*Zöllner* Rn. 61.
[35] Vgl. auch *Drinhausen* BB 2009, 2326.
[36] So auch Hüffer/*Koch* Rn. 17a; krit. *Andrianesis* WM 2011, 968 (970).
[37] StRspr; BGH NJW 2009, 2375; BGHZ 132, 133 (135) = NJW 1996, 1286; Hüffer/*Koch* § 27 Rn. 30.

tung des ARUG wurde das verdeckte Sacheinlagengeschäft als schuldrechtlich und dinglich unwirksam angesehen (§ 27 Abs. 3 S. 1 aF) mit der Folge, dass der Einleger im Falle einer Insolvenz seine Einlage doppelt erbringen musste (→ § 27 Rn. 27).[38] Da diese Sanktion als unangemessen empfunden wurde, wird nunmehr mit § 27 Abs. 3 S. 3 angeordnet, dass der Wert der Sacheinlage auf die bestehende Bareinlagepflicht anzurechnen ist. § 134 Abs. 2 S. 2 sieht als Folge dieser Anrechnung der Sacheinlage auf die Bareinlageverpflichtung vor, dass das Stimmrecht des Einlegenden bei verdeckten Sacheinlagen grundsätzlich entsteht, es sei denn es besteht eine offensichtliche Überbewertung der Sacheinlage. Die **Offensichtlichkeit** der Überbewertung soll sich dabei an der entsprechenden Formulierung in § 38 Abs. 2 S. 1 orientieren,[39] dh offensichtlich bedeutet **zweifelsfrei**[40] (→ § 38 Rn. 7). § 134 Abs. 2 S. 2 beruht auf der Erwägung, dass eine exakte, punktgenaue Bewertung der Sachleistung außer in den Fällen des § 33a in aller Regel nicht möglich sein wird. Hält sich die Bewertung der Sachleistung (durch die Gegenleistung) innerhalb der üblichen Bandbreite von Bewertungsdifferenzen, soll das Stimmrecht entstehen.[41]

Die S. 3–7 des § 134 Abs. 2 gelten aus diesem Grund nur für die Fälle der Bareinlage und der verdeckten Sacheinlage. 27

Der Fall, dass **einzelne oder auch alle Aktionäre nicht einmal die Mindesteinlage geleistet haben,** ist indes nur hypothetischer Natur, denn in diesem Fall kann die Gesellschaft gemäß § 36 Abs. 2 nicht im Handelsregister eingetragen werden. Im Stadium zwischen notariellem Gründungsakt und Handelsregistereintragung aber bemisst sich das Stimmrecht der Gründer nicht nach § 134, sondern nach den zur Vor-AG entwickelten Grundsätzen.[42] 28

2. „Hilfsstimmrecht" (Abs. 2 S. 5). Sofern die Satzung keine abweichende Regelung zum Beginn des Stimmrechts enthält (→ Rn. 32) und auf die Aktien wenigstens die **Mindesteinlage** geleistet wurde, entsteht gemäß § 134 Abs. 2 S. 5 ein hilfsweises Stimmrecht. Mindesteinlage ist dabei der Betrag, der vom Vorstand eingefordert werden musste, um gemäß § 36 Abs. 2 die Eintragung der Gesellschaft ins Handelsregister beantragen zu können. Dieser muss gemäß § 36a Abs. 1 S. 1 mindestens ein Viertel „des geringsten Ausgabebetrags und bei Ausgabe der Aktien zu einem höheren als diesem auch den Mehrbetrag umfassen". Geringster Ausgabebetrag ist entsprechend der in § 9 Abs. 1 enthaltenen Definition der Nennbetrag der Aktie oder der auf eine Stückaktie entfallende anteilige Betrag des Grundkapitals. Nach dem eindeutigen Wortlaut des § 36a Abs. 1 S. 1 besteht die Mindesteinlage folglich aus einem Viertel des Nennbetrags bzw. des anteiligen Grundkapitals **zuzüglich des jeweiligen Aufgeldes** (letzteres in voller Höhe). Nach der früher herrschenden Auffassung war das Aufgeld bei der Bestimmung der Mindesteinlage dagegen nicht zu berücksichtigen.[43] Dies wurde vor allem mit Praktikabilitätserwägungen und Berechnungsschwierigkeiten begründet, denn das Hilfsstimmrecht bemisst sich nach dem Verhältnis der geleisteten Einlagen. Die etwas höhere Berechnungskomplexität rechtfertigt es jedoch nicht, eine Norm entgegen ihrem klaren Wortlaut auszulegen.[44] Überdies werden „krumme" Stimmrechtswerte durch § 134 Abs. 2 S. 6 verhindert. Danach sind bei der Berechnung des Stimmenanteils Bruchteile von Stimmen zu berücksichtigen, soweit sie volle Stimmen ergeben. Darüber hinausgehende „krumme" Beträge entfallen. Die Auswirkungen der unterschiedlichen Auffassungen mag folgendes **Berechnungsbeispiel** verdeutlichen: 29

Eine Gesellschaft gibt Aktien zum Nennwert von 10 Euro zuzüglich Aufgeld in Höhe von 6 Euro, insgesamt also zum Wert von 16 Euro aus. Nach der früher hM beträgt in diesem Fall die Mindesteinlage, deren Leistung gemäß § 134 Abs. 2 S. 5 eine Stimme gewährt, 2,50 Euro. Nach dem hier vertretenen Verständnis beträgt die Mindesteinlage dagegen 8,50 Euro. Ein Aktionär muss für zehn Aktien also 85 Euro leisten, um zehn Stimmen zu erhalten. Leistet er 90 Euro, bleibt es gemäß § 134 Abs. 2 S. 6 zunächst bei zehn Stimmen. Nach der früher hM erhielte der Aktionär für 85 Euro dagegen bereits 34 Stimmen und für 90 Euro 36 Stimmen. 30

Dieses Hilfsstimmrecht existiert jedoch nur, solange die Einlageleistung bei allen Aktien unvollständig ist. Erfüllt nur ein einziger Aktionär seine Einlageverpflichtung vollständig, so ist dieser Aktionär unter Umständen als einziger stimmberechtigt. Im vorgenannten Beispiel müsste der Aktionär seine Zahlung an die Gesellschaft also nur mit einer Tilgungsbestimmung versehen, wonach 31

[38] BGH NJW 2000, 725 (726); 1996, 524 (525); BGHZ 110, 47 = NJW 1990, 982.
[39] Begr. des Rechtsausschusses zum ARUG, BT-Drs. 16/13098, 57.
[40] GroßkommAktG/*Röhricht/Schall* § 38 Rn. 32; Hüffer/*Koch* § 38 Rn. 8.
[41] Begr. des Rechtsausschusses zum ARUG, BT-Drs. 16/13098, 57.
[42] Im Einzelnen str., vgl. Hüffer/*Koch* § 41 Rn. 5 ff., 7 mwN.
[43] KK-AktG/*Zöllner* Rn. 56; MHdB AG/*Semler* § 38 Rn. 3; *v. Godin/Wilhelmi* Anm. 13; GroßkommAktG/*Barz,* 3. Aufl. 1973 Rn. 21.
[44] Wie hier MüKoAktG/*Schröer* Rn. 20; Schmidt/Lutter/*Spindler* Rn. 30; Hüffer/*Koch* Rn. 18.

seine Einlageschuld für fünf Aktien vollständig zu tilgen ist, anstelle auf alle zehn gezeichneten Aktien anteilig angerechnet zu werden.

32 **3. Abweichende Satzungsregelungen (Abs. 2 S. 3 und 4).** § 134 Abs. 2 S. 5 und 6 gelangen jedoch nur zur Anwendung, wenn die Satzung keine abweichende Regelung enthält. Gemäß § 134 Abs. 2 S. 3 kann die Satzung bestimmen, dass das (volle) Stimmrecht bereits mit Leistung der Mindesteinlage beginnt. Richtigerweise ist auch hier das Aufgeld mit zu berücksichtigen.[45] Die Satzung kann darüber hinaus eine abweichende, allerdings nur höhere als die gesetzlich vorgeschriebene Mindesteinlage vorsehen. In der Bestimmung der Stimmkraft, welche sich aus der Leistung der Mindesteinlage ergibt, ist der Satzungsgeber jedoch nicht frei. Gemäß § 134 Abs. 2 S. 4 Hs. 2 erhalten Aktionäre nach Leistung der Mindesteinlage eine Stimme. Werden höhere Einlagen geleistet, steigt das Stimmrecht gemäß § 134 Abs. 2 S. 4 Hs. 1 proportional an. Auch insoweit gilt die Regelung des § 134 Abs. 2 S. 6, so dass „krumme" Beträge entfallen.

33 **4. Zwingende Gleichbehandlung aller Aktionäre und Aktiengattungen (Abs. 2 S. 7).** § 134 Abs. 2 S. 7 verbietet es, für den Beginn des Stimmrechts abweichende Satzungsregelungen für einzelne Aktionäre oder – anders als bei der Einführung von Höchststimmrechten (§ 134 Abs. 1 S. 5) – für einzelne Aktiengattungen zu schaffen. Es handelt sich dabei um eine Konkretisierung des allgemeinen aktienrechtlichen Gleichbehandlungsgebots (§ 53a). Von der Satzungsermächtigung des § 134 Abs. 2 S. 3 kann also entweder für alle Aktionäre oder für keinen Aktionär Gebrauch gemacht werden.

IV. Ausübung des Stimmrechts durch Dritte (Abs. 3)

34 **1. Stimmrechtsvollmacht. a) Zulässigkeit (Abs. 3 S. 1).** Die Ausübung des Stimmrechts durch Bevollmächtigte des Aktionärs hat in Deutschland seit langem eine herausragende praktische Bedeutung. Schon für durchschnittliche Aktionäre, die in mehreren Gesellschaften investiert sind, würde der Aufwand, in jedem Frühjahr zu mehreren ordentlichen Hauptversammlungen und darüber hinaus im weiteren Verlauf des Jahres gelegentlich zu einer außerordentlichen Hauptversammlung anreisen zu müssen, den Sinn des Investments in Frage stellen. Dies gilt aus Sicht des Aktionärs sowohl im Hinblick auf den Wert der einzelnen Beteiligung als auch mit Blick auf die doch begrenzten Einflussmöglichkeiten eines einzelnen Kleinaktionärs. Erst die Möglichkeit, Stimmrechtsbevollmächtigte einzuschalten, ermöglicht somit auch Kleinaktionären, ihre Investitionen zu streuen und trotzdem ihre Aktionärsrechte effektiv auszuüben.

35 Vor diesem Hintergrund ist es allein folgerichtig, die Stimmrechtsabgabe – anders als zB die Eheschließung oder die Errichtung eines Testaments – nicht als höchstpersönliche Willenserklärung (zur Qualifikation als Willenserklärung → § 133 Rn. 19) auszugestalten. Dementsprechend darf sich der Aktionär gemäß § 134 Abs. 3 S. 1 bei der Ausübung des Stimmrechts grundsätzlich eines Dritten als Bevollmächtigtem (§§ 164 ff. BGB) bedienen. Dieses Recht kann auch nicht durch Satzungsregelung ausgeschlossen werden.[46]

36 Eine Grenze für die Zulässigkeit von Vollmachten folgt aus dem **Abspaltungsverbot** (→ § 133 Rn. 15), welches eine isolierte Übertragung des Stimmrechts ohne die Aktie verbietet. Eine Vollmacht darf demnach nicht so ausgestaltet sein, dass sie im Ergebnis einer Stimmrechtsübertragung gleichkommt. **Unzulässig ist also jede Form einer unwiderruflichen, verdrängenden Vollmacht.** An der Unzulässigkeit ändert auch die – selbst bei unwiderruflichen Vollmachten immer gegebene[47] – Möglichkeit einer Kündigung aus wichtigem Grund nichts. Eine solche Vollmacht wäre wegen Verstoßes gegen das Abspaltungsverbot gemäß § 134 BGB nichtig.

37 **b) Form der Erteilung und des Widerrufs (Abs. 3 S. 3).** Erteilung und Widerruf der Vollmacht folgen zunächst den allgemeinen Regelungen. Gemäß § 167 Abs. 1 BGB kann eine Vollmacht als **Innenvollmacht** (§ 167 Abs. 1 Alt. 1 BGB, gegenüber dem Bevollmächtigten oder als **Außenvollmacht** (§ 167 Abs. 1 Alt. 2 BGB) gegenüber dem Dritten, dem gegenüber rechtsgeschäftlich gehandelt werden soll, erklärt werden. Im Fall der Stimmrechtsvollmacht ist dieser Dritte die Gesellschaft, in deren Hauptversammlung Stimmrechte ausgeübt werden sollen.

38 Eine erteilte Vollmacht ist jederzeit widerruflich (§ 168 S. 2 BGB). Gemäß § 168 S. 3 BGB folgt der Widerruf der Vollmacht den gleichen Regeln wie ihre Erteilung, nämlich § 167 Abs. 1 BGB. Wenn eine Vollmachtsurkunde erstellt und übergeben wurde oder die Vollmacht als Außenvollmacht erteilt wurde, entfaltet der Widerruf gemäß §§ 171 Abs. 2, 172 Abs. 2 BGB daher erst dann Wirkung,

---

[45] So auch Hüffer/*Koch* Rn. 19; KK-AktG/*Zöllner* Rn. 66.

[46] AllgM, s. nur Hüffer/*Koch* Rn. 21; Schmidt/Lutter/*Spindler* Rn. 37; KK-AktG/*Zöllner* Rn. 72.

[47] BGH NJW 1988, 2603.

wenn die Außenvollmacht in gleicher Weise, also auch im Außenverhältnis, widerrufen bzw. die Urkunde zurückgegeben oder gegenüber der Gesellschaft für kraftlos erklärt wurde.

Durch die Änderungen infolge des Gesetzes zur Umsetzung der Aktionärs-RL (ARUG) vom 30.7.2009 (BGBl. I S. 2479) ist für die Vollmachtserteilung grundsätzlich die Textform (§ 126b BGB) vorgesehen. Hierdurch soll die Vollmachterteilung an Dritte erleichtert werden. Damit sind alle auch bisher – allerdings erst aufgrund einer entsprechenden Satzungsregelung – zulässigen Wege der Vollmachtserteilung wie Telefax, E-Mail, SMS, Bildschirmformular etc erfasst.[48] § 134 Abs. 2 S. 3 lässt Abweichungen hiervon zu, wenn diese durch Satzungsregelungen oder in der Einberufung der Hauptversammlung aufgrund einer Ermächtigung durch die Satzung bestimmt werden. Diese Abweichungen von der Textform können für nicht börsennotierte Gesellschaften (§ 3 Abs. 2) sowohl in weiteren **Formerleichterungen** bis hin zu der unpraktikablen Möglichkeit einer bloß mündlichen oder fernmündlichen Vollmachtserteilung, als auch in **Formerschwerungen** wie beispielsweise der Beibehaltung der Schriftform bestehen. Für börsennotierte Gesellschaften schließt das Gesetz Formerschwerungen aus (§ 134 Abs. 3 S. 3 letzter Hs.). Gemäß § 134 Abs. 3 S. 4 sind börsennotierte Gesellschaften zudem verpflichtet, zumindest einen Weg der elektronischen Kommunikation für die Übermittlung des Nachweises der Vertretungsmacht anzubieten (→ Rn. 45). 39

Die Satzung kann gegenüber der Textform eine **Erleichterung der zur Erteilung der Vollmacht erforderlichen Form** vorsehen. Da die üblichen Methoden der Vollmachtserteilung von der Regelung gedeckt sind (s. oben) und die mündliche Vollmachtserteilung in der Praxis nicht zugelassen wird, da die Gesellschaft die Vollmachtserklärung drei Jahre nachprüfbar festhalten muss (§ 134 Abs. 3 S. 3), also kaum praktikabel wäre, handelt es sich hier um eine Gesetzesregelung, die für alle neuen technischen Entwicklungen offen bleiben will.[49] 40

Eine **strengere Form** als die Textform, dh die Schriftform, kann satzungsmäßig nur bei nicht börsennotierten Gesellschaften vorgesehen werden. 41

Für **Prokuristen** gilt das Textformerfordernis nicht, sofern die Prokura bereits im Handelsregister eingetragen ist. Ist sie eingetragen, muss die Gesellschaft die Prokura gemäß § 15 Abs. 2 HGB gegen sich gelten lassen. In der Literatur umstritten ist, ob die Ausübung von Stimmrechten immer von der Prokura umfasst ist,[50] oder nur dann, wenn der Aktienbestand zum Gewerbebetrieb des Kaufmanns, mithin also nicht zu dessen Privatvermögen gehört.[51] Die praktische Bedeutung dieser Frage ist gering, da sie sich nur bei Einzelkaufleuten stellen kann, bei denen die Zuordnung von Vermögensgegenständen zum Privat- oder Betriebsvermögen zweifelhaft sein kann. Da die Vermögenszuordnung wegen der ohnehin unbeschränkten Haftung des Einzelkaufmanns mit seinem Privatvermögen zivilrechtlich letztlich ohne Belang und für Außenstehende zudem in der Regel nicht erkennbar ist, wird man die Geltung der Prokura auch für die Ausübung von Stimmrechten der im Privatvermögen des Kaufmanns gehaltenen Aktien **im Zweifel** bejahen müssen. Sofern eine Zuordnung zum Privatvermögen dagegen eindeutig möglich ist, besteht kein Grund, die Prokura auf die Stimmrechtsausübung aus diesen Aktien auszudehnen. Bei der **Handlungsvollmacht** (§ 54 HGB) ist zu unterscheiden: Sofern die Ausübung von Stimmrechten zu den im Handelsgewerbe des Prinzipals vorkommenden Geschäften gehört, ist sie von einer Generalhandlungsvollmacht umfasst (§ 54 Abs. 1 HGB). Anderenfalls muss zur Stimmrechtsausübung eigens eine Spezialhandlungsvollmacht erteilt werden.[52] 42

Im Gegensatz zu § 134 Abs. 3 S. 2 aF sieht § 134 Abs. 3 S. 3 in der Fassung durch das ARUG das Textformerfordernis nicht nur für die Erteilung der Vollmacht, sondern auch für deren Widerruf und den Nachweis der Bevollmächtigung gegenüber der Gesellschaft vor. Zur eigenen Wahrnehmung des Teilnahme- und Stimmrechts muss die Vollmacht daher wirksam widerrufen werden. Hierfür reicht grundsätzlich nicht das bloße persönliche Erscheinen des Aktionärs am Ort der Hauptversammlung aus,[53] da der Widerruf nach dem eindeutigen Wortlaut des § 134 Abs. 3 S. 3 der Textform bedarf. Dies gilt nicht, wenn der Aktionär bereits bei Erteilung der Vollmacht die Option des Widerrufs für den Fall seines persönlichen Erscheinens vorsieht (so in der Regel bei den Vollmachtsformularen der Gesellschaft für den Fall der Bevollmächtigung eines Stimmrechtsvertreters der Gesellschaft, bei denen das persönliche Erscheinen des Aktionärs als Widerruf gilt).[54] 42a

c) Nachweis der Vertretungsmacht. Von der Frage der wirksamen Erteilung der Vollmacht zu unterscheiden sind die Anforderungen an die **Legitimation** des Stimmrechtsvertreters zur Teilnahme 43

[48] Begr. RegE ARUG, BT-Drs. 16/11642, 49.
[49] Begr. RegE ARUG, BT-Drs. 16/11642, 49.
[50] Baumbach/*Hopt* HGB § 49 Rn. 1; MüKoAktG/*Schröer* Rn. 59.
[51] Hüffer/*Koch* Rn. 22; dem zuneigend Schmidt/Lutter/*Spindler* Rn. 39 Fn. 128.
[52] Schmidt/Lutter/*Spindler* Rn. 34.
[53] *Kiefner/Friebel* NZG 2011, 887; *Götze* NZG 2010, 93 (95).
[54] So auch *Kiefner/Friebel* NZG 2011, 887 (892).

an der Hauptversammlung. Zuständig für die Legitimationsprüfung ist während der Hauptversammlung der Versammlungsleiter, der sich hierfür jedenfalls bei Publikums-Hauptversammlungen regelmäßig und zulässigerweise entsprechender Hilfskräfte bedient, die an seiner Statt die Einlasskontrolle vornehmen. Vor und nach der Hauptversammlung wird die AG dagegen auch im Falle der Legitimationsprüfung gemäß § 78 Abs. 1 durch den Vorstand vertreten.[55]

44 Die früher bestehende Pflicht zur Vorlage der Vollmachtsurkunde (§ 134 Abs. 3 S. 3 aF) wurde im Rahmen des NaStraG aufgehoben. Nach der Vorstellung des Gesetzgebers sollte dies jedoch einer entsprechenden Satzungsregelung, die eine Vorlage der Vollmachtsurkunde zur Legitimation in der Hauptversammlung verlangt, nicht entgegenstehen.[56] Eine solche Satzungsregelung ist nach allgemeiner Ansicht gemäß § 23 Abs. 5 S. 2 möglich, da § 134 Abs. 3 in der Fassung des NaStraG keine abschließende Regelung darstellt.[57] Dies gilt auch nach der Änderung des § 134 Abs. 3 im Rahmen des ARUG zumindest für nicht börsennotierte Gesellschaften. Liegt bei nicht börsennotierten Gesellschaften weder zur Formerleichterung noch zur Urkundsvorlage eine Satzungsregelung vor, bleibt es also bei dem gesetzlichen Textformerfordernis, so kann die Teilnahme an der Hauptversammlung von der Vorlage eines geeigneten Nachweises der Vollmacht in Textform abhängig gemacht werden. Die Gesellschaft ist jedoch aufgrund der Neufassung des § 134 Abs. 3 im Rahmen des NaStraG nicht mehr berechtigt zu verlangen, dass ihr die Vollmachtsurkunde zur Verwahrung übergeben wird.[58] Mit Hüffer/*Koch*[59] wird man abstrakt die Möglichkeit, das zur Vollmachtserteilung genutzte „Kommunikationsmedium und seinen Inhalt in einer der Vorlegung vergleichbaren Weise unmittelbar sinnlich wahrzunehmen", genügen lassen müssen. In der Praxis könnte dies so aussehen, dass der Stimmrechtsvertreter sein Mobiltelefon oder Smartphone mit der darauf befindlichen SMS oder E-Mail, mit der ihm die Vollmacht erteilt wurde, bei der Einlasskontrolle der Hauptversammlung vorzeigt.[60] Dass dies wenig praktikabel ist, bedarf keiner näheren Erläuterung und erklärt mit, warum die gemäß § 134 Abs. 3 S. 2 bestehende Möglichkeit der Formerleichterung von der Praxis bisher so gut wie nicht angenommen wurde. Besteht bei einer nicht börsennotierten Gesellschaft eine gemäß § 134 Abs. 3 S. 3 zulässige Erschwerung des Nachweises der Erteilung der Vollmacht in Schriftform, kann die Teilnahme an der Hauptversammlung von der Vorlage der Vollmachtsurkunde entsprechend § 174 S. 1 BGB abhängig gemacht werden.

45 Börsennotierte Gesellschaften müssen gemäß § 134 Abs. 3 S. 4 zumindest einen Weg elektronischer Kommunikation für die Übermittlung des Nachweises der Vollmacht anbieten. In der Einberufung der Hauptversammlung sind gemäß § 121 Abs. 3 Nr. 2 lit. a Angaben über die Art und Weise des Nachweises zu machen. Elektronischer Weg bedeutet dabei, dass die Gesellschaft in jedem Fall (auch) einen „PC"-gestützten Kommunikationsweg anbieten muss, dh Übermittlung per E-Mail, und sich nicht etwas auf das Vorhalten eines Faxgerätes beschränken darf.[61] Größere Gesellschaften bieten in der Regel einen internetbasierten Kommunikationsweg für die Übermittlung der Vollmacht an. Nicht börsennotierte Gesellschaften sollen dagegen nicht gezwungen sein, ihre bestehende EDV-Infrastruktur entsprechend zu erweitern: Dies ist sachgerecht, da der Aufwand für viele kleine Gesellschaften mit überschaubarem Aktionärskreis unverhältnismäßig wäre.

46 In der Praxis wird sich – ggf. über externe Anbieter – die Einrichtung von webbasierten Aktionärsportalen durchsetzen, bei denen sich der Aktionär nach einmaliger Identifikation mittels ihm von der Gesellschaft übermittelter Zugangsdaten mit einem Passwort einloggen und die ihn betreffenden Dokumente abrufen, aber auch zB Gegenanträge stellen oder eine Stimmrechtsvollmacht erteilen kann. Ob der Nachweis der Legitimation per elektronischem Weg in der Einberufung zeitlich beschränkt werden kann, ist gesetzlich nicht geregelt. Aus organistorischen Gründen muss es jedoch zulässig sein, entsprechende Zeitvorgaben zu machen und diese auf einen Zeitpunkt bis kurz vor der Hauptversammlung zu beschränken.[62]

47 Einem nicht hinreichend legitimierten Vertreter kann die Teilnahme an der Hauptversammlung verwehrt werden.[63] Nach gefestigter Rechtsprechung[64] und ganz hM in der Literatur[65] besteht keine

---

[55] Ebenso Hüffer/*Koch* Rn. 24.
[56] Begr. RegE NaStraG, BT-Drs. 14/4051, 15.
[57] Statt vieler Hüffer/*Koch* Rn. 24; Schmidt/Lutter/*Spindler* Rn. 46.
[58] Vgl. LG Frankfurt a.M. NZG 2008, 792.
[59] Hüffer/*Koch* Rn. 24.
[60] So auch *Götze* NZG 2010, 95.
[61] Begr. RegE, BR-Drs. 847, 49.
[62] So auch *Wettich* NZG 2011, 721; aA *Höreth* in Semler/Volhard HV HdB § 3 Rn. 43.
[63] OLG Düsseldorf AG 1991, 444 (445).
[64] RGZ 106, 258 (261); BGH WM 1989, 1682 (1687); OLG Düsseldorf AG 1991, 444 (445).
[65] Hüffer/*Koch* Rn. 24; Schmidt/Lutter/*Spindler* Rn. 48; MüKoAktG/*Schröer* Rn. 77; MHdB AG/*Semler* § 39 Rn. 24.

Pflicht zur Zurückweisung. Die Legitimationsprüfung könne auch nach Abschluss der Hauptversammlung nachgeholt werden, da sich aus § 134 Abs. 3 keine zeitliche Grenze ergebe. Dieses Verständnis begegnet insofern Bedenken, als Beschlüsse, die unter Beteiligung nicht ordnungsgemäß bevollmächtigter Vertreter zu Stande kommen, anfechtbar sind.[66] Mindestens faktisch ist die AG deshalb gehalten, eine sorgfältige Legitimitätsprüfung vorzunehmen und nicht hinreichend legitimierte Vertreter sofort zurückzuweisen. In Zweifelsfällen, die sich ad hoc nicht klären lassen, wird man aber eher zur Zulassung eines Vertreters denn zur vorsorglichen Zurückweisung raten müssen. Denn bei einem zu Unrecht ausgeschlossenen Vertreter nimmt die Rechtsprechung zu Gunsten des somit nicht vertretenen Aktionärs an, dass dieser das Abstimmungsergebnis durch Redebeiträge hätte beeinflussen können.[67] Die für eine erfolgreiche Anfechtung gemäß § 243 Abs. 1 erforderliche Kausalität zwischen Beschlussmangel und Abstimmungsergebnis ist damit gegeben. Im umgekehrten Fall der fälschlichen Zulassung eines in Wahrheit nicht ordnungsgemäß bevollmächtigten Vertreters ist der Beschluss dagegen nur anfechtbar, wenn das Abstimmungsergebnis rechnerisch ohne die fälschlich zugelassenen Stimmen anders ausgefallen wäre.

d) Person des Bevollmächtigten. Grundsatz und Grenzen der Wahlfreiheit. Dem Aktionär wird in § 134 Abs. 3 nicht vorgeschrieben, wen er zur Ausübung des Stimmrechts bevollmächtigen darf und wen nicht. Daher ist die Vollmachtserteilung zunächst an **jede natürliche und juristische Person** möglich. Auch ein Mitaktionär kann bevollmächtigt werden (und zugleich ohne Verstoß gegen § 181 BGB das Stimmrecht aus eigenen Aktien ausüben).[68] **Grenzen der Wahlfreiheit** ergeben sich zunächst aus den allgemeinen, auch für die Stimmrechtsvollmacht geltenden Regeln. So ist die Vollmachtserteilung an einen Geschäftsunfähigen nicht möglich, da dieser keine wirksame Willenserklärung abgeben kann. Wohl aber kann gemäß § 165 BGB eine beschränkt geschäftsfähige Person bevollmächtigt werden. Ferner hat der Aktionär bei der Auswahl die **gesellschaftsrechtliche Treuepflicht** sowohl gegenüber seinen Mitaktionären als auch gegenüber der AG zu beachten. Daraus folgt, dass ein Bevollmächtigter, dessen Teilnahme an der Hauptversammlung evident gegen die Interessen der AG verstößt oder kriminellen Zielen dient, von der Teilnahme ausgeschlossen werden kann.[69] Angesichts der herausragenden Bedeutung des Stimmrechts als dem Mitverwaltungsrecht des Aktionärs ist hierbei jedoch größte Zurückhaltung geboten. Ein Bevollmächtigter disqualifiziert sich nicht schon deshalb, weil er mit der AG im Wettbewerb steht[70] oder sich in der Öffentlichkeit kritisch über die AG geäußert hat. Tendenziell wird man bei einer Publikums-AG von einer höheren Toleranzschwelle ausgehen müssen als bei einer personalistisch geprägten kleinen AG. Ob Personen, denen wegen Unzuverlässigkeit die Ausübung ihrer eigenen Stimmrechte nach § 104 Abs. 2 S. 2 VAG oder § 2c Abs. 2 S. 1 KWG untersagt wurde, automatisch als zulässige Bevollmächtigte ausscheiden,[71] ist dagegen fraglich. Sofern es sich um eine Umgehung des Stimmverbots handelt oder der Aktionär unter einem bestimmenden Einfluss des unzuverlässigen Vertreters besteht, hat allerdings die BaFin die Möglichkeit, dem Aktionär die Ausübung seiner Stimmrechte ganz zu untersagen. 48

Satzungsregelung. Es besteht Einigkeit, dass durch Satzungsregelung weder das Recht, sich bei der Ausübung des Stimmrechts vertreten zu lassen, ausgeschlossen, noch umgekehrt Vertretung zwingend vorgeschrieben werden kann.[72] Ob und inwieweit die Entscheidungsfreiheit des Aktionärs bei der Auswahl des Bevollmächtigten durch Satzungsregelung eingeschränkt werden kann, ist dagegen umstritten. Unter Berufung auf den Wortlaut des § 114 Abs. 7 AktG 1937 und die hierzu ergangene Rechtsprechung[73] wird der AG von einer Literaturmeinung das Recht zugestanden, den Kreis der tauglichen Bevollmächtigten mittels Satzungsregelung einzuschränken, insbesondere auf den Kreis der Mitaktionäre zu beschränken.[74] Nach anderer Ansicht kommt eine solche Beschränkung nur bei vinkulierten Namensaktien in Betracht.[75] Beide Auffassungen vermögen im Ergebnis nicht zu überzeugen. Satzungsmäßige Einschränkungen des Auswahlermessens des Aktionärs bei der Bestimmung des für ihn auftretenden Bevollmächtigten lassen sich mit der elementaren Bedeutung des Stimmrechts grundsätzlich nicht vereinbaren und sind nur in Ausnahmefällen, etwa bei einer sehr personalistischen Prägung der AG, denkbar.[76] 49

---

[66] Krit. deshalb KK-AktG/*Zöllner* Rn. 90.
[67] OLG München NZG 2000, 553 (555); OLG Düsseldorf AG 1991, 444 (445).
[68] MüKoAktG/*Schröer* Rn. 36.
[69] Schmidt/Lutter/*Spindler* Rn. 50.
[70] Etwas zu weitgehend insoweit Schmidt/Lutter/*Spindler* Rn. 50.
[71] So wohl Schmidt/Lutter/*Spindler* Rn. 50 Fn. 170.
[72] Hüffer/*Koch* Rn. 25; MüKoAktG/*Schröer* Rn. 42; Schmidt/Lutter/*Spindler* Rn. 51, jeweils mwN.
[73] RGZ 55, 41 f.; KG JW 1938, 2412.
[74] Hüffer/*Koch* Rn. 25.
[75] MüKoAktG/*Schröer* Rn. 42 Fn. 118; KK-AktG/*Zöllner* Rn. 76.
[76] So auch OLG Stuttgart AG 1991, 69 f.; iErg ebenso Schmidt/Lutter/*Spindler* Rn. 51.

50 **e) Von der Gesellschaft benannte Stimmrechtsvertreter (Proxy-Voting).** Nach dem Rechtsgedanken des § 136 Abs. 2 können im Interesse einer effektiven Kontrolle der Verwaltung weder die AG selbst noch ihr Vorstand oder Aufsichtsrat taugliche Stimmrechtsvertreter sein. Fraglich könnte sein, ob daneben auch die Bevollmächtigung einzelner Mitglieder des Vorstands oder des Aufsichtsrats zulässig ist. Dies ist aus folgenden Erwägungen zu verneinen: Da Vorstand und Aufsichtsrat „als Organe" ohnehin nicht rechtsfähig sind und damit nicht als Bevollmächtigte in Betracht kommen,[77] kann es immer nur um eine Bevollmächtigung einzelner oder aller Organmitglieder gehen. Dabei kann es aber keinen Unterschied machen, ob alle, einzelne oder nur *ein* einzelnes Organmitglied bevollmächtigt werden.

51 Mit der Neufassung des § 134 Abs. 3 S. 3 aF im Rahmen des NaStraG wurde die Frage, ob der AG nahestehende sonstige Personen (Mitarbeiter, leitende Angestellte, enge Berater) zur Stimmrechtsausübung bevollmächtigt werden können, beantwortet: Seit dem NaStrG wird in § 134 Abs. 3 S. 3, seit dem ARUG in § 134 Abs. 3 S. 5 die Möglichkeit, von der AG benannte und ihr damit mutmaßlich nahestehende Stimmrechtsvertreter zu bevollmächtigen, als **zulässig** vorausgesetzt. Angesichts des Wortlauts des § 134 Abs. 3 S. 5 besteht daher Einigkeit darüber, *dass* **von der AG benannte Stimmrechtsvertreter eingesetzt werden können.**[78] Ob eine solche Bevollmächtigung nur zulässig ist, wenn dem Stimmrechtsvertreter eine **ausdrückliche Weisung** zum Abstimmungsverhalten in den einzelnen Abstimmungsgegenständen erteilt wird, ist umstritten. Nach wohl hM ist die Fassung des § 134 Abs. 3 S. 5 zu weitgehend und bedarf daher einer entsprechenden **teleologischen Reduktion.**[79] Begründet wird dies mit der zur Zeit der Neufassung der Norm verbreiteten Praxis, bei Namensaktien Stimmrechtsvertreter zu stellen, denen der Aktionär Weisungen zu erteilen hatte.[80] Nur diese Praxis habe mit der – im Übrigen experimentell angelegten – Änderung des § 134 Abs. 3 S. 3 bzw. nun S. 5 legalisiert werden sollen, eine weitergehende Lockerung sei dagegen nicht intendiert gewesen.[81] Zuzugeben ist der hM, dass die Regelung über den Stimmrechtsvertreter nur rudimentär ausgestaltet ist. Es fehlen jegliche Anforderungen zB an die fachliche und persönliche Eignung und/oder Unabhängigkeit des Stimmrechtsvertreters von Weisungen und Interessen der Verwaltung. Aus diesem Grund erscheint es sachgerecht, eine ausdrückliche Weisung des Aktionärs als ungeschriebenes Tatbestandsmerkmal einer wirksamen Stimmrechtsausübung durch den Stimmrechtsvertreter anzusehen.[82] Jedenfalls ist in der Praxis bis zu einer höchstrichterlichen oder gesetzgeberischen Klärung zu raten, dass von der Gesellschaft gestellte Stimmrechtsvertreter nur auf Basis einer ausdrücklichen Weisung tätig werden. Eine andere Frage ist, ob die Gesellschaft aktiv um Vollmachten für von ihr bestellte Vertreter werben darf (sog. **Proxy-Solicitation**), ggf. im Wettbewerb mit aktiven Aktionären (das wäre dann ein sog. **Proxy Fight**). Dies wird überwiegend abgelehnt, weil die Verwaltung sonst einseitig ihre Interessen durchsetzen könnte.[83] Da jedoch nichts dagegen spricht, Aktionären das Werben um Vollmachtserteilungen ihrer Mitaktionäre im Rahmen der anderweitigen gesetzlichen Vorgaben (WpHG, WpÜG, GWB, UWG) zu gestatten,[84] muss der Verwaltung zumindest erlaubt sein, hierauf angemessen zu reagieren und ihrerseits die alternative Erteilung der Vollmacht an den Stimmrechtsvertreter der Gesellschaft in gleicher Weise zu propagieren.

52 Gemäß § 134 Abs. 3 S. 5 muss die AG die Vollmachtserklärung, mit der ein von der AG benannter Stimmrechtsvertreter bevollmächtigt wurde, **drei Jahre lang nachprüfbar festhalten.** Über die Art und Weise der Aufbewahrung wird keine nähere Regelung getroffen. Eine physische Aufbewahrung des Vollmachtsdokuments ist nicht vorgeschrieben, bietet sich in der Praxis aber an, wenn die Vollmacht schriftlich erteilt wurde. Zulässig sind auch Mikroverfilmung und elektronische Speicherung der eingescannten Dokumente. Wurde die Vollmacht in elektronischer Form erteilt, sollten die entsprechenden Dateien gespeichert werden. Dabei ist darauf zu achten, dass es sich nicht um ein „exotisches" Dateiformat handelt, für welches nach Jahren unter Umständen keine geeigneten Programme mehr existieren. Im Zweifel sollte in ein allgemein lesbares Format umgewandelt werden, wobei jedoch die Quellinformationen (Identifikation von Sender und Empfänger etc) zum Zweck der Nachprüfbarkeit erhalten bleiben müssen. Soweit in der Satzung von der Möglichkeit einer Formerleichterung (→ Rn. 39 f.) Gebrauch gemacht wird, empfiehlt es sich, gleich auch die Form

---

[77] Hierauf weisen *Zöllner* FS Peltzer, 2001, 661 (664) und MüKoAktG/*Schröer* § 134 Fn. 96 hin.

[78] Ganz hM, vgl. Hüffer/*Koch* Rn. 26b mwN.

[79] Hüffer/*Koch* Rn. 26b; Schmidt/Lutter/*Spindler* Rn. 56.

[80] OLG Karlsruhe AG 1999, 234 = ZIP 1999, 750 (752 f.); LG Baden-Baden AG 1998, 534 (535) re. Sp.

[81] Hüffer/*Koch* Rn. 26b mwN; *Seibert* ZIP 2001, 53 (55).

[82] Hüffer/*Koch* Rn. 26b; Schmidt/Lutter/*Spindler* Rn. 56; aA *Wiebe* ZHR 166 (2002), 182; krit. auch *Schockenhoff* NZG 2015, 657 (663).

[83] Hüffer/*Koch* Rn. 26b; GroßkommAktG/*Grundmann* Rn. 125 mwN.

[84] *Schockenhoff* NZG 2015, 657 (659 ff.).

der Speicherung in der Satzung zu regeln.[85] Die **Aufbewahrungsfrist** beginnt mit dem (letzten) Tag der Hauptversammlung.[86]

Durch die in § 134 Abs. 3 S. 5 Hs. 2 enthaltene Verweisung auf § 135 Abs. 5 ist klargestellt, dass auch der von der AG benannte Stimmrechtsvertreter abstimmen kann, ohne die Identität des Aktionärs offenzulegen („im Namen dessen, den es angeht").[87] 53

Nach § 135 Abs. 5 ist bei der Ausübung des Depotstimmrechts die Ausübung „im Namen dessen, den es angeht" der Regelfall, dh der Aktionär wird bei Ausübung des Stimmrechts nicht identifiziert, es sei denn, er hätte dies ausdrücklich gewünscht (→ § 135 Rn. 31). Da sich die in § 134 Abs. 3 S. 5 Hs. 2 enthaltene Verweisung auch auf den neugefassten § 135 Abs. 5 bezieht, gilt auch im Falle des von der Gesellschaft benannten Stimmrechtsvertreters, dass die Vollmacht ohne Aufdeckung des Vollmachtgebers ausgeübt wird, sofern der Vollmachtgeber nichts anderes bestimmt hat. 54

f) Mehrere Bevollmächtigte. Dem Aktionär steht es frei, mehrere Personen zu bevollmächtigen, sofern dies nicht durch **Satzungsregelung** ausgeschlossen ist.[88] In Abwesenheit einer solchen Satzungsregelung ist zu unterscheiden: Soweit aus einer **einzelnen Aktie** Einzelvollmachten erteilt sind, **muss die AG nur einen Bevollmächtigten** zur Hauptversammlung zulassen. Nach hM soll dies auch im Fall der **Gesamtbevollmächtigung** aus einer einzelnen Aktie gelten. Die Gesamtbevollmächtigten müssen somit einem der ihren Untervollmacht erteilen, damit dieser wie ein Einzelbevollmächtigter auftreten kann. Eine Ausnahme soll dann greifen, wenn mehrere Bevollmächtigte aufgrund ihrer verschiedenen Fähigkeiten zur sachgerechten Stimmrechtsausübung erforderlich sind.[89] Dies vermag nicht zu überzeugen: Gesetzlich normierter Regelfall ist die persönliche Stimmabgabe durch den Aktionär, dh dem Aktionär werden grundsätzlich die für die verständige Stimmrechtsausübung erforderlichen Kenntnisse zugetraut. Die Möglichkeit einer Vertretung soll auch Aktionären, die persönlich verhindert sind, die Wahrnehmung ihrer Teilhaberechte ermöglichen. Nicht intendiert ist dagegen, durch eine Stellvertretung das Know-how Dritter während der Hauptversammlung für einzelne Aktionäre nutzbar zu machen und durch die Bestellung mehrerer Bevollmächtigter den „Know-how-Pool" gar noch zu optimieren. Zudem lässt sich das Teilnahmerecht als persönliches Hilfsrecht der Stimmrechtsausübung[90] grundsätzlich nicht vervielfältigen. 55

Bei **Besitz mehrerer Aktien** wird dies indes kritisch gesehen: Grundsätzlich folge aus jeder einzelnen Aktie ein gleichwertiges Stimm- und damit auch Teilnahmerecht.[91] Dem Aktionär stehe es frei, das Stimmrecht aus verschiedenen Aktien unterschiedlich auszuüben (darauf verweist *Spindler*),[92] also müsse es ihm auch möglich sein, verschiedene Vertreter zu bestellen, die das Stimmrecht unter Umständen unterschiedlich ausüben. Diese Freiheit ende selbstverständlich, wenn von ihr rechtsmissbräuchlich oder schikanös Gebrauch gemacht wird und die Durchführung der Hauptversammlung durch Bestellung unnötig vieler Vertreter unzumutbar erschwert wird. Im Ergebnis überzeugt dies nicht: Das Teilnahmerecht ist ein persönliches Recht, das aus der Aktionärseigenschaft entspringt und sich grundsätzlich nicht vervielfältigen lässt. Ob der Aktionär eine oder mehrere Aktien besitzt, ist dabei ohne Belang. In der Praxis gibt es regelmäßig die Möglichkeit, zusätzliche Gastkarten zu bestellen, worauf freilich kein Anspruch besteht. 56

Gemäß § 134 Abs. 3 S. 2 kann die AG, wenn mehrere Bevollmächtigte bestellt sind, einen oder mehrere von ihnen zurückweisen (gemeint ist: bis auf einen).[93] Klargestellt ist zunächst, dass mehrere Bevollmächtigte bestellt werden können. Allerdings muss die Gesellschaft nur mindestens einen von ihnen zulassen. Sie kann nach ihrem Ermessen auch eine höhere Zahl von Bevollmächtigten zulassen. 57

g) Mehrere Vollmachtgeber. Mehrere Aktionäre können sich von **einem gemeinsamen Bevollmächtigten** vertreten lassen. **Zwingend** ist dies in den Fällen des **§ 69 Abs. 1,** also bei Bruchteils-, Erben- und Gütergemeinschaft. In der Praxis kommt die sog. **Gruppenvertretung** häufig als Folge von Stimmbindungs- oder Poolverträgen vor, mit denen die Stimmrechtsausübung typischerweise im Konzern oder bei Familiengesellschaften gebündelt wird. Durch **Satzungsregelung** kann eine solche Gruppenvertretung allerdings nicht vorgeschrieben werden, da es im Hinblick auf § 23 Abs. 5 an einer entsprechenden Ermächtigung im AktG fehlt. 58

---

[85] Hüffer/*Koch* Rn. 26c.
[86] Hüffer/*Koch* Rn. 26c.
[87] Hüffer/*Koch* Rn. 26c; *Habersack* ZHR 165 (2001), 172 (188).
[88] Hüffer/*Koch* Rn. 27; Schmidt/Lutter/*Spindler* Rn. 52 mwN.
[89] Hüffer/*Koch* Rn. 27 nennt als Beispiel Vertretung durch einen Anwalt und einen Wirtschaftsprüfer.
[90] Hüffer/*Koch* Rn. 27.
[91] Str., Schmidt/Lutter/*Spindler* Rn. 53; GroßkommAktG/*Mülbert* § 118 Rn. 54; MüKoAktG/*Schröer* Rn. 44; aA Hüffer/*Koch* Rn. 27; MüKoAktG/*Kubis* § 118 Rn. 60; *Junge* FS Röhricht, 2005, 277 (282 ff.).
[92] Schmidt/Lutter/*Spindler* Rn. 53.
[93] Stellungnahme des DAV-Handelsrechtsausschusses Nr. 5/09 Rn. 16.

59 **2. Gesetzliche und organschaftliche Vertreter, Amtswalter.** Bei **gesetzlichen und organschaftlichen Vertretern** des Aktionärs ist eine gesonderte Vollmachtserteilung nicht erforderlich. Für die Stimmrechtsausübung durch Eltern (§ 1629 Abs. 1 S. 2 BGB), Vormund (§ 1793 BGB) oder Pfleger (§§ 1909 ff. BGB) als gesetzliche Vertreter des Aktionärs erfolgt die **Legitimation** nicht gemäß § 134 Abs. 3, sondern durch Vorlage der entsprechenden Personenstands- oder Bestellungsdokumente. Bei **organschaftlichen Vertretern** (Mitglieder des Vorstands, Geschäftsführer) erfolgt die Legitimation ebenfalls durch Vorlage der Bestellungsurkunde oder eines Handelsregisterauszugs. Bei mehrköpfigen und gesamtvertretungsberechtigten Organen wird angenommen, dass alle Organmitglieder zur Abstimmung aus einer Aktie zuzulassen sind.[94] Dem ist grundsätzlich zuzustimmen, jedoch ist klarstellend anzumerken, dass die Zulassung nur bis zum Erreichen einer vertretungsberechtigten Zahl erfolgen muss (Beispiel: Vorstand mit zwölf Mitgliedern, von denen jeweils zwei gemeinschaftlich vertretungsberechtigt sind. Nur zwei sind zuzulassen). Wie bei jeder Gesamtvertretung besteht die Möglichkeit, dass ein gesamtvertretungsberechtigtes Mitglied durch die anderen ermächtigt wird und somit alleine vertreten kann (s. § 76 Abs. 3 S. 1). Die AG kann jedoch nicht verlangen, dass von dieser Möglichkeit auch Gebrauch gemacht wird, um den Teilnehmerkreis der Hauptversammlung aus Kosten- und Praktikabilitätsgesichtspunkten möglichst gering zu halten. An dieser Einschätzung hat sich mit der Einführung des neuen § 134 Abs. 3 S. 2 im Rahmen des ARUG (→ Rn. 57) nichts geändert. Die Norm gilt nur für (rechtsgeschäftlich) Bevollmächtigte, nicht für gesetzliche und organschaftliche Vertreter.

60 Den gesetzlichen Vertretern vergleichbar sind die sog. **Amtswalter,** also Insolvenzverwalter (§ 80 Abs. 1 S. 1 InsO), Nachlassverwalter (§ 1984 Abs. 1 BGB) und Testamentsvollstrecker (§ 2205 S. 1 und 2 BGB). Soweit zu dem verwalteten Vermögen Aktien gehören, ist die Stimmrechtsausübung von den Befugnissen des Amtswalters ohne weiteres umfasst.[95] Wegen des Abspaltungsverbots ebenso unzulässig wie eine gesonderte Abtretung des Stimmrechts ohne die übrigen Mitgliedschaftsrechte ist eine sog. abspaltende Testamentsvollstreckung, bei der nur das Stimmrecht der Testamentsvollstreckung unterworfen wird.[96] Eine ähnliche Stellung wie ein Amtswalter nimmt der **Stimmrechtstreuhänder** gemäß § 19 Abs. 2 S. 1 VAG und § 2c Abs. 2 S. 2 KWG ein: Bei Unternehmen, die nach dem KWG oder dem VAG der Aufsicht durch die BaFin unterliegen, besteht die Möglichkeit, dem Aktionär (genauer: dem Inhaber einer sog. bedeutenden Beteiligung) wegen mangelnder Zuverlässigkeit die Ausübung seiner Stimmrechte zu untersagen und einen Treuhänder mit der Stimmrechtsausübung zu betrauen.

61 **3. Ermächtigung zur Stimmrechtsausübung.** Eine weitere Möglichkeit zur Ausübung des Stimmrechts durch Dritte stellt die Ermächtigung zur Stimmrechtsausübung im eigenen Namen **(Legitimationszession)** dar. Dem liegt der Rechtsgedanke des § 185 Abs. 1 BGB zugrunde, wonach die Verfügung eines Nichtberechtigten wirksam ist, wenn sie mit Einwilligung des Berechtigten erfolgt. Die Legitimationszession ist im AktG nicht ausdrücklich geregelt, wird aber in § 129 Abs. 3 vorausgesetzt.[97] Sie ist daher zulässig, solange sie nicht durch Satzungsregelung ausgeschlossen ist. Bei der Legitimationszession wird der Besitz an den Aktien auf den Ermächtigten übertragen, also durch Indossament und Übergabe oder Abtretung (Namensaktien) oder durch Einigung und Übergabe bzw. Übergabesurrogat (Inhaberaktien). Der Ermächtigte wird damit zum Fremdbesitzer und tritt gegenüber der AG als Vollrechtsinhaber auf,[98] der im Fall von Namensaktien auch im Aktienregister eingetragen wird.

62 **4. Stimmboten.** Bei der Ausübung von Stimmrechten in der AG ist eine **bloße Stimmbotenschaft ausgeschlossen.** Der Stimmbote gibt anders als der Vertreter keine eigene Willenserklärung ab, sondern übermittelt nur eine fremde Erklärung. Die eigentliche Stimmabgabe erfolgt somit gegenüber dem Boten bei dessen Beauftragung und mithin außerhalb der Hauptversammlung. Sie ist daher gemäß **§ 118 Abs. 1** unwirksam. Eine die Stimmbotenschaft zulassende Satzungsregelung wäre bei der AG aufgrund der in § 23 Abs. 5 normierten Satzungsstrenge unstatthaft.

V. Form der Ausübung des Stimmrechts (Abs. 4)

63 **1. Zuständigkeit für die Festlegung der Abstimmungsmodalitäten.** Gemäß § 134 Abs. 4 ist die Zuständigkeit für die Festlegung der Form der Abstimmung dem **Satzungsgeber** zugewiesen.

[94] Hüffer/*Koch* Rn. 30; Schmidt/Lutter/*Spindler* Rn. 60.
[95] BGH NJW 1959, 1820 (1821) für den Testamentsvollstrecker hinsichtlich einer GmbH-Beteiligung.
[96] Hüffer/*Koch* Rn. 31; Schmidt/Lutter/*Spindler* Rn. 61; zum Abspaltungsverbot BGH BB 1953, 926 und BGHZ 3, 354, beide zur KG.
[97] Ein Überblick über Einzelfragen der Legitimationszession findet sich bei *Bayer/Scholz* NZG 2013, 721.
[98] *Jacob* in Semler/Volhard HV HdB § 13 Rn. 88 f.

Inhaltliche Vorgaben macht der Gesetzgeber nicht. In der Praxis enthalten auch die entsprechenden Satzungsregelungen zumeist keine Festlegung der Abstimmungsform, sondern delegieren die Kompetenz an den Vorsitzenden der Hauptversammlung. Diese Kompetenzzuweisung ist dann allerdings auch zwingend und kann nicht durch einen anderslautenden Hauptversammlungsbeschluss kassiert werden.[99] Ein etwaiger satzungsändernder Beschluss würde mangels Handelsregistereintragung frühestens für die nächste Hauptversammlung Wirkung entfalten. Enthält die Satzung hingegen keine Regelung über die Zuständigkeit zur Festlegung der Abstimmungsweise, so kann die Hauptversammlung hierüber verbindlich beschließen. Erforderlich ist ein Antrag zur Geschäftsordnung, über den vor dem Sachantrag, dessen Abstimmungsmodalität festgelegt werden soll, zu entscheiden ist.[100]

2. Formen der Abstimmung. In Ermangelung einer die Abstimmungsform regelnden Satzungsbestimmung oder eines Hauptversammlungsbeschlusses **bestimmt der Versammlungsleiter die Form der Abstimmung.** Dabei entscheidet er nach pflichtgemäßem Ermessen vor allem unter Zweckmäßigkeitsgesichtspunkten. Im Vordergrund steht dabei die Sicherheit des Abstimmungsergebnisses, es ist aber auch das Interesse an einer möglichst zügigen und reibungslosen Durchführung der Abstimmung zu berücksichtigen. **Zu unterscheiden** ist zwischen **offenen** und **verdeckten Abstimmungsformen.** Bei der **offenen Abstimmung** erfolgt die Stimmabgabe durch Handzeichen, Aufstehen oder Zuruf. Denkbar, wenn auch aus Zeitgründen wenig praktikabel, ist auch der in der parlamentarischen Praxis bekannte Einsatz von Abstimmungstüren, die einzeln durchschritten werden (sog. „Hammelsprung", vgl. § 51 Abs. 2 GO-BT – Geschäftsordnung des Deutschen Bundestags). Generell eignen sich offene Abstimmungsarten eher für kleinere Hauptversammlungen, bei denen das Abstimmungsergebnis durch Abzählen rasch ermittelt werden kann. Bei einem größeren Teilnehmerkreis, wie er regelmäßig in Publikumsgesellschaften anzutreffen ist, bieten sich **verdeckte Abstimmungsmethoden** an, bei denen die Stimmabgabe entweder körperlich (in der Regel Abgabe von **Stimmkarten,** denkbar auch: Ausfüllen eines Abstimmungszettels) oder – falls die Voraussetzungen am Veranstaltungsort vorliegen – elektronisch erfasst werden. Ohne weiteres zulässig ist jede geeignete Form **elektronischer Abstimmung,** bei der die in der Hauptversammlung anwesenden Aktionäre zB nach entsprechender Identifikation durch eine Chipkarte einen Abstimmungsknopf drücken. Davon zu unterscheiden ist die Abstimmung nicht am Ort der Hauptversammlung anwesender Aktionäre durch elektronische Kommunikationsmittel oder Briefwahl, die in § 118 Abs. 1 und 2 geregelt sind. Der Begriff der **„virtuellen Hauptversammlung"** ist in diesem Zusammenhang allerdings missverständlich und sollte vermieden werden, da es sich nach wie vor um eine Präsenzversammlung handelt, bei der lediglich nicht Anwesenden eine Abstimmungsmöglichkeit gegeben wird. 64

Auch bei den geschilderten verdeckten Abstimmungsformen kann das Abstimmungsverhalten des einzelnen Aktionärs grundsätzlich nachverfolgt werden. Fraglich ist daher, ob die Aktionäre einen **Anspruch auf geheime Abstimmung** haben können. Im Ergebnis ist dies abzulehnen.[101] Das Interesse der AG an der Kenntnis des individuellen Abstimmungsverhaltens überwiegt etwaige Geheimhaltungsinteressen des Aktionärs, da zB eine treuwidrige Abstimmung Schadensersatzansprüche der AG auslösen kann. Zudem sprechen praktische Erwägung gegen eine anonyme Abstimmung.[102] 65

§ 135 Ausübung des Stimmrechts durch Kreditinstitute und geschäftsmäßig Handelnde

(1) [1]Ein Kreditinstitut darf das Stimmrecht für Aktien, die ihm nicht gehören und als deren Inhaber es nicht im Aktienregister eingetragen ist, nur ausüben, wenn es bevollmächtigt ist. [2]Die Vollmacht darf nur einem bestimmten Kreditinstitut erteilt werden und ist von diesem nachprüfbar festzuhalten. [3]Die Vollmachtserklärung muss vollständig sein und darf nur mit der Stimmrechtsausübung verbundene Erklärungen enthalten. [4]Erteilt der Aktionär keine ausdrücklichen Weisungen, so kann eine generelle Vollmacht nur die Berechtigung des Kreditinstituts zur Stimmrechtsausübung

---

[99] Hüffer/*Koch* Rn. 34; MüKoAktG/*Schröer* Rn. 80; *U. H. Schneider* FS Peltzer, 2001, 425 (434); *Stützle/Walgenbach* ZHR 155 (1991), 516 (534).

[100] Hüffer/*Koch* Rn. 34; *U. H. Schneider* FS Peltzer, 2001, 425 (433); *Stültzle/Walgenbach* ZHR 155 (1991), 516 (534).

[101] Semler/Volhard/*Fischer* HV HdB § 11 Rn. 197; Hüffer/*Koch* Rn. 35 (Hüffer/*Koch* spricht in der 12. Aufl. von „nur selten empfehlenswert" und „unpraktikabel"; Schmidt/Lutter/*Spindler* Rn. 69; MüKoAktG/*Schröer* Rn. 86; KK-AktG/*Zöllner* Rn. 46; aA *U. H. Schneider* FS Peltzer, 2001, 425 (431).

[102] Eingehend Schmidt/Lutter/*Spindler* Rn. 69.

1. entsprechend eigenen Abstimmungsvorschlägen (Absätze 2 und 3) oder
2. entsprechend den Vorschlägen des Vorstands oder des Aufsichtsrats oder für den Fall voneinander abweichender Vorschläge den Vorschlägen des Aufsichtsrats (Absatz 4)

vorsehen. [5]Bietet das Kreditinstitut die Stimmrechtsausübung gemäß Satz 4 Nr. 1 oder Nr. 2 an, so hat es sich zugleich zu erbieten, im Rahmen des Zumutbaren und bis auf Widerruf einer Aktionärsvereinigung oder einem sonstigen Vertreter nach Wahl des Aktionärs die zur Stimmrechtsausübung erforderlichen Unterlagen zuzuleiten. [6]Das Kreditinstitut hat den Aktionär jährlich und deutlich hervorgehoben auf die Möglichkeiten des jederzeitigen Widerrufs der Vollmacht und der Änderung des Bevollmächtigten hinzuweisen. [7]Die Erteilung von Weisungen zu den einzelnen Tagesordnungspunkten, die Erteilung und der Widerruf einer generellen Vollmacht nach Satz 4 und eines Auftrags nach Satz 5 einschließlich seiner Änderung sind dem Aktionär durch ein Formblatt oder Bildschirmformular zu erleichtern.

(2) [1]Ein Kreditinstitut, das das Stimmrecht auf Grund einer Vollmacht nach Absatz 1 Satz 4 Nr. 1 ausüben will, hat dem Aktionär rechtzeitig eigene Vorschläge für die Ausübung des Stimmrechts zu den einzelnen Gegenständen der Tagesordnung zugänglich zu machen. [2]Bei diesen Vorschlägen hat sich das Kreditinstitut vom Interesse des Aktionärs leiten zu lassen und organisatorische Vorkehrungen dafür zu treffen, dass Eigeninteressen aus anderen Geschäftsbereichen nicht einfließen; es hat ein Mitglied der Geschäftsleitung zu benennen, das die Einhaltung dieser Pflichten sowie die ordnungsgemäße Ausübung des Stimmrechts und deren Dokumentation zu überwachen hat. [3]Zusammen mit seinen Vorschlägen hat das Kreditinstitut darauf hinzuweisen, dass es das Stimmrecht entsprechend den eigenen Vorschlägen ausüben werde, wenn der Aktionär nicht rechtzeitig eine andere Weisung erteilt. [4]Gehört ein Vorstandsmitglied oder ein Mitarbeiter des Kreditinstituts dem Aufsichtsrat der Gesellschaft oder ein Vorstandsmitglied oder ein Mitarbeiter der Gesellschaft dem Aufsichtsrat des Kreditinstituts an, so hat das Kreditinstitut hierauf hinzuweisen. [5]Gleiches gilt, wenn das Kreditinstitut an der Gesellschaft eine Beteiligung hält, die nach § 21 [ab 3.1.2018: § 33] des Wertpapierhandelsgesetzes meldepflichtig ist, oder einem Konsortium angehörte, das die innerhalb von fünf Jahren zeitlich letzte Emission von Wertpapieren der Gesellschaft übernommen hat.

(3) [1]Hat der Aktionär dem Kreditinstitut keine Weisung für die Ausübung des Stimmrechts erteilt, so hat das Kreditinstitut im Falle des Absatzes 1 Satz 4 Nr. 1 das Stimmrecht entsprechend seinen eigenen Vorschlägen auszuüben, es sei denn, dass es den Umständen nach annehmen darf, dass der Aktionär bei Kenntnis der Sachlage die abweichende Ausübung des Stimmrechts billigen würde. [2]Ist das Kreditinstitut bei der Ausübung des Stimmrechts von einer Weisung des Aktionärs oder, wenn der Aktionär keine Weisung erteilt hat, von seinem eigenen Vorschlag abgewichen, so hat es dies dem Aktionär mitzuteilen und die Gründe anzugeben. [3]In der eigenen Hauptversammlung darf das bevollmächtigte Kreditinstitut das Stimmrecht auf Grund der Vollmacht nur ausüben, soweit der Aktionär eine ausdrückliche Weisung zu den einzelnen Gegenständen der Tagesordnung erteilt hat. [4]Gleiches gilt in der Versammlung einer Gesellschaft, an der es mit mehr als 20 Prozent des Grundkapitals unmittelbar oder mittelbar beteiligt ist; für die Berechnung der Beteiligungsschwelle bleiben mittelbare Beteiligungen im Sinne des § 22a [ab 3.1.2018: § 35] Absatz 3 bis 6 des Wertpapierhandelsgesetzes außer Betracht.

(4) [1]Ein Kreditinstitut, das in der Hauptversammlung das Stimmrecht auf Grund einer Vollmacht nach Absatz 1 Satz 4 Nr. 2 ausüben will, hat den Aktionären die Vorschläge des Vorstands und des Aufsichtsrats zugänglich zu machen, sofern dies nicht anderweitig erfolgt. [2]Absatz 2 Satz 3 sowie Absatz 3 Satz 1 bis 3 gelten entsprechend.

(5) [1]Wenn die Vollmacht dies gestattet, darf das Kreditinstitut Personen, die nicht seine Angestellten sind, unterbevollmächtigen. [2]Wenn es die Vollmacht nicht anders bestimmt, übt das Kreditinstitut das Stimmrecht im Namen dessen aus, den es angeht. [3]Ist die Briefwahl bei der Gesellschaft zugelassen, so darf das bevollmächtigte Kreditinstitut sich ihrer bedienen. [4]Zum Nachweis seiner Stimmberechtigung gegenüber der Gesellschaft genügt bei börsennotierten Gesellschaften die Vorlegung eines Berechtigungsnachweises gemäß § 123 Abs. 3; im Übrigen sind die in der Satzung für die Ausübung des Stimmrechts vorgesehenen Erfordernisse zu erfüllen.

(6) [1]Ein Kreditinstitut darf das Stimmrecht für Namensaktien, die ihm nicht gehören, als deren Inhaber es aber im Aktienregister eingetragen ist, nur auf Grund einer Ermächtigung ausüben. [2]Auf die Ermächtigung sind die Absätze 1 bis 5 entsprechend anzuwenden.

(7) Die Wirksamkeit der Stimmabgabe wird durch einen Verstoß gegen Absatz 1 Satz 2 bis 7, die Absätze 2 bis 6 nicht beeinträchtigt.

(8) Die Absätze 1 bis 7 gelten sinngemäß für Aktionärsvereinigungen und für Personen, die sich geschäftsmäßig gegenüber Aktionären zur Ausübung des Stimmrechts in der Hauptversammlung erbieten; dies gilt nicht, wenn derjenige, der das Stimmrecht ausüben will, gesetzlicher Vertreter, Ehegatte oder Lebenspartner des Aktionärs oder mit ihm bis zum vierten Grad verwandt oder verschwägert ist.

(9) Die Verpflichtung des Kreditinstituts zum Ersatz eines aus der Verletzung der Absätze 1 bis 6 entstehenden Schadens kann im Voraus weder ausgeschlossen noch beschränkt werden.

(10) § 125 Abs. 5 gilt entsprechend.

Übersicht

I. Allgemeines

Das Depotstimmrecht der Banken ist schon lange Gegenstand der rechtspolitischen Diskussion. 1
Kennzeichnend für die Debatte und die zahlreichen Reformansätze[1] war lange Zeit vor allem die

[1] Schmidt/Lutter/*Spindler* Rn. 1 spricht zu Recht von „jahrzehntelangem Ringen“.

Befürchtung, den ohnehin als mächtig empfundenen Banken mit dem Depotstimmrecht zusätzliche und mutmaßlich eigennützige Einflussnahme auf die „Deutschland AG" zu ermöglichen. Die zahlreichen Fassungen des § 135 waren und sind Ausdruck der gesetzgeberischen Bemühungen, einerseits eine Aktionärsinteressen wahrende Stimmrechtsausübung sicherzustellen, andererseits das Depotstimmrecht aber nicht überzuregulieren und damit die Präsenz von Kleinaktionären im Ergebnis zu schwächen.[2]

2 Die Vorgängernorm zu § 135 befand sich in § 114 Abs. 4 AktG 1937, der sich – mit sprachlichen und technischen Anpassungen und Ergänzungen – in der aktuellen Fassung des § 135 bis heute erkennen lässt. Allerdings war die Geltungsdauer der Vollmacht auf fünfzehn Monate beschränkt. Die Regelung wurde unverändert in § 135 Abs. 1 und 2 AktG 1965 übernommen und zugleich um umfangreiche Regelungen zur Ausübung des Depotstimmrechts in § 135 Abs. 2–11 ergänzt.[3] Dazu gehörte auch der bisherige **§ 128 Abs. 2,** nach dem das depotführende Kreditinstitut einen eigenen, im Aktionärsinteresse liegenden, Abstimmungsvorschlag zu machen hatte. Im Rahmen des **KonTraG**[4] wurde die Regulierung zunächst insoweit verschärft, als die Ausübung des Depotstimmrechts in Gesellschaften, an denen das Kreditinstitut selbst beteiligt ist, beschränkt wurde. Ferner wurde die Pflicht des bevollmächtigten Kreditinstituts zur Unterbreitung von Wahlvorschlägen durch organisatorische Anforderungen und Hinweispflichten flankiert, um eine Beeinflussung durch Interessen aus anderen Geschäftsbereichen des Kreditinstituts zu verhindern. Weiter ausgebaut wurde das Regelwerk des § 135 auch durch das **NaStraG,**[5] jedoch wurde zugleich als **erster Deregulierungsschritt** die Beschränkung der Vollmachtsdauer auf fünfzehn Monate aufgegeben. Durch eine im Rahmen des **UMAG**[6] eingeführte Änderung wurde schließlich der Berechtigungsnachweis für die Teilnahme an der Hauptversammlung erleichtert.

3 § 135 wurde im Rahmen des Gesetzes zur Umsetzung der Aktionärsrechterichtlinie (ARUG) vom 30.7.2009 (BGBl. I S. 2479) grundlegend neu gefasst. Anlass für diese Novellierung war, dass sich „insbesondere die öffentlichen Banken massiv aus dem Depotstimmrecht zurückgezogen haben".[7] Durch die Pflicht, dem Aktionär eigene Abstimmungsvorschläge zu unterbreiten, sowie durch die damit zusammenhängenden Organisations- und Hinweispflichten sahen sich vor allem kleinere Kreditinstitute wie Volks- und Raiffeisenbanken und Sparkassen überfordert. Im Juli 2007 wandten sich daher verschiedene Verbände (DSGV, BDI, BVR, GDV und Deutsches Aktieninstitut) in einer gemeinsamen Presserklärung an die Öffentlichkeit und forderten eine Deregulierung des Depotstimmrechts, insbesondere einen Verzicht auf die Pflicht der Kreditinstitute, die das Depotstimmrecht ausüben wollen, ihren Depotkunden Weisungsvorschläge zu unterbreiten. Hinzu kommt, dass mit international agierenden Hedgefonds, ausländischen Staats- und Pensionsfonds ein neuer Aktionärstypus in den Blick der Politik und der Öffentlichkeit geraten ist, der im Allgemeinen gut organisiert und beraten ist und auf den Hauptversammlungen deutscher Aktiengesellschaften bisweilen sehr entschlossen auftritt. Die unterstellte Kumulation der Bankenmacht durch Depotstimmrecht und eigenen Aktienbesitz tritt in der öffentlichen Wahrnehmung offenbar hinter die Gefahr, dass einzelne, aggressive Aktionäre sich die geringe Hauptversammlungspräsenz zur Durchsetzung ihrer Interessen zu Nutze machen, zurück. Befördert wird dies durch den in den letzten Jahren massiv betriebenen Abbau der Industriebeteiligungen der Banken, der unter dem Schlagwort „Entflechtung der Deutschland AG" Eingang in die öffentliche Diskussion gefunden hat. Die Neufassung des § 135 ist somit vor dem Hintergrund dieser Diskussion zu sehen und dient im Wesentlichen nicht der Umsetzung der Aktionärsrechte-RL (RL 2007/36/EG).

II. Bevollmächtigung von Kreditinstituten (Abs. 1 S. 1–3)

4 **1. Kreditinstitut.** Für Aktien, die ihm nicht gehören und als deren Inhaber es nicht im Aktienregister eingetragen ist, darf ein Kreditinstitut das Stimmrecht nur aufgrund einer ihm hierfür erteilten Vollmacht ausüben (§ 135 Abs. 1 S. 1). Soweit das Depot bei einem inländischen Unternehmen geführt wird, ist zunächst die Definition gemäß § 1 Abs. 1 KWG mit den Ausnahmen des § 2 Abs. 1 KWG für den Begriff des Kreditinstituts maßgeblich. Es besteht aber weitgehende Einigkeit, dass

[2] Zu Normzweck und rechtspolitischer Diskussion umfassend MüKoAktG/*Schröer* Rn. 5 ff., 17 ff.

[3] Dazu Gesetzesmaterialien bei *Kropff* Textausgabe, 1965, 194 ff.

[4] Gesetz zur Kontrolle und Transparenz im Unternehmensbereich vom 27.4.1998 (BGBl. I S. 786).

[5] Gesetz zur Namensaktie und zur Erleichterung der Stimmrechtsausübung vom 18.1.2001 (BGBl. I S. 123).

[6] Gesetz zur Unternehmensintegrität und Modernisierung des Anfechtungsrechts vom 22.9.2005 (BGBl. I S. 2802).

[7] Begr. RegE ARUG, BT-Drs. 16/11642, 49; zur schwindenden Bedeutung des Depotstimmrechts s. auch MüKoAktG/*Schröer* Rn. 20 mwN.

auch **ausländische Kreditinstitute** unter die Regelungen des § 135 fallen, soweit es um Fragen der wirksamen Stimmrechtsausübung in einer deutschen Aktiengesellschaft geht.[8] Darüber hinausgehende Verhaltens- und Hinweispflichten (zB § 135 Abs. 1 S. 6) erfassen ausländische Institute dagegen nur, soweit diese über eine inländische Zweigstelle iSd § 53 Abs. 1 KWG verfügen und sich damit im Geltungsbereich deutscher Gesetze befinden.

2. Fremde Aktien. Die Aktien dürfend dem Kreditinstitut weder gehören noch darf es, sofern es sich um Namensaktien handelt, im Aktienregister eingetragen sein. Für den Eigenbesitz von Kreditinstituten ist § 135 also nicht anwendbar, gleiches gilt für Aktien, die dem Institut sicherungsübereignet sind. Das Kreditinstitut ist im Fall der Sicherungsübereignung, anders als bei einer bloßen Verpfändung, Vollrechtsinhaber. Die treuhänderische Bindung gegenüber dem Sicherungsgeber wirkt nur im Innenverhältnis.[9] 5

3. Legitimationszession unzulässig. Die hM folgert aus § 135 Abs. 1 S. 1, dass die Legitimationszession (Ermächtigung zur Stimmrechtsausübung) an Kreditinstitute unzulässig ist.[10] Dies ist angesichts des Wortlauts von § 135 Abs. 1 S. 1 „darf … nur" sicher zutreffend, angesichts der Möglichkeit der Ausübung des Stimmrechts für den, den es angeht (§ 135 Abs. 5 S. 2) in der Praxis ohne Belang.[11] 6

4. Formale und inhaltliche Anforderungen an die Vollmachtserteilung. a) Form. Die Vollmacht unterliegt keinem gesetzlichen Formerfordernis.[12] Das früher geltende Schriftformerfordernis wurde im Rahmen des NaStraG abgeschafft, da es angesichts der weltweiten Streuung des Aktienbesitzes und elektronischer Möglichkeiten des Nachweises und der Identifikation als zu starr und nicht mehr zeitgemäß empfunden wurde.[13] Die Vollmacht ist gemäß § 135 Abs. 1 S. 2 von dem Kreditinstitut nachprüfbar festzuhalten. Dieses Dokumentationserfordernis kann zB durch Speicherung einer elektronischen Kopie der Vollmachtsurkunde, aber auch durch geeignete Speicherung der Daten einer „nur" elektronisch über ein Bildschirmformular oder per E-Mail erteilten Vollmacht erfüllt werden.[14] Zulässig ist jede Verkörperung, die unmittelbar oder mithilfe geeigneter Geräte und/oder entsprechender Software der menschlichen Wahrnehmung zugänglich ist. Hierunter würde beispielsweise auch die digitalisierte oder analoge Tonaufzeichnung einer telefonisch erteilten Vollmacht fallen. 7

b) Inhalt. Die Vollmacht muss **nicht befristet** sein, dh sie kann bis auf Widerruf erteilt werden (§ 135 Abs. 1 S. 6). Im Übrigen muss ein **bestimmtes Kreditinstitut,** dem die Vollmacht erteilt werden soll, namentlich benannt sein (Abs. 1 S. 2). Es kann und wird sich in der Regel um das depotführende Institut handeln, zwingend ist dies jedoch nicht. Unzulässig ist es demnach, mehrere Kreditinstitute alternativ zu bevollmächtigen, eine Vollmacht zugunsten des jeweiligen „Inhabers" der Urkunde auszustellen oder die Identität des Bevollmächtigten offen zu lassen.[15] Gemäß § 135 Abs. 1 S. 3 muss die Vollmacht überdies **vollständig** sein, dh sie muss die zu ihrer Wirksamkeit notwendigen Essentialia bereits im Zeitpunkt des Zugangs bei dem Kreditinstitut enthalten und darf keiner Ergänzung durch das Kreditinstitut bedürfen.[16] Notwendiger Inhalt sind die Namen des Vollmachtgebers und des Kreditinstituts sowie die Vollmachtserklärung selbst. Zur Bezeichnung der betroffenen Aktien genügt die Nennung des Depots und, falls sich in dem Depot Aktien mehrerer Gesellschaften befinden, der Gesellschaft. Genauere Angaben zum Bestand und den Aktiengattungen sind nicht erforderlich, es sei denn, der Vollmachtgeber möchte hier differenzieren. In § 135 Abs. 1 S. 3 ist ferner untersagt, die Vollmachtserteilung mit **anderen Erklärungen** zu verbinden. Hiermit soll verhindert werden, dass sich Kreditinstitute die Stimmrechtsvollmacht über eine Regelung in ihren allgemeinen Geschäftsbedingungen oder in einem sonstigen abweichenden Zusammenhang erteilen lassen, etwa bei Abschluss eines Vermögensverwaltungsvertrags.[17] Unbeschadet des etwas zu weit gefassten Wortlauts der Norm ist es aber ohne weiteres zulässig die Vollmachtserklärung mit weiteren Erklärungen zu verbinden, die mit der Vollmacht im Zusammenhang stehen und diese weiter ausgestalten. An erster Stelle zu nennen sind hier Weisungen des Aktionärs hinsichtlich der 8

---

[8] Hüffer/*Koch* Rn. 4; MüKoAktG/*Schröer* Rn. 29; KK-AktG/*Zöllner* Rn. 7.

[9] Hüffer/*Koch* Rn. 5.

[10] MüKoAktG/*Schröer,* 2. Aufl. 2004, Rn. 67; MHdB AG/*Semler* § 38 Rn. 61; *Eckardt* DB 1967, 191 (192).

[11] So auch *Hüffer,* 8. Aufl. 2008, Rn. 7.

[12] § 134 Abs. 3 S. 3 gilt insoweit nicht, da § 135 Abs. 1 als Spezialregelung vorrangig ist.

[13] Begr. RegE NaStraG, BT-Drs. 14/4051, 15.

[14] Vgl. Begr. RegE NaStraG, BT-Drs. 14/4051, 16.

[15] KK-AktG/*Zöllner* Rn. 28 f., 34.

[16] Hüffer/*Koch* Rn. 9.

[17] MüKoAktG/*Schröer* Rn. 55.

Stimmrechtsausübung, aber auch Bestimmungen gemäß § 135 Abs. 5 S. 1 und 2, die ausdrücklich Bestandteil der Vollmacht sein sollen.[18]

9 Durch das Gesetz zur Umsetzung der Aktionärsrechterichtlinie (ARUG) vom 30.7.2009 (BGBl. I S. 2479) neu eingeführt wurde die Konkretisierung des Inhalts der Vollmacht in § 135 Abs. 1 S. 4. Sofern der Aktionär keine ausdrücklichen Weisungen erteilt, kann eine generelle Vollmacht nur die Berechtigung des Kreditinstituts zur Stimmrechtsausübung entsprechend eigenen Abstimmungsvorschlägen (§ 135 Abs. 1 S. 4 Nr. 1) oder entsprechend den Vorschlägen der Verwaltung (§ 135 Abs. 1 S. 4 Nr. 2) vorsehen. Dem Kreditinstitut steht es dabei frei, beide Möglichkeiten anzubieten oder aber nur eine (→ Rn. 16 ff.).[19] In jedem Fall ist es dann jedoch verpflichtet, die Verhaltens- und Hinweispflichten gemäß § 135 Abs. 1 S. 5 einzuhalten.

III. Allgemeine Verhaltens- und Hinweispflichten (Abs. 1 S. 5–7)

10 **1. Weiterleitung von Unterlagen.** § 135 Abs. 1 S. 4 enthält die neue Grundregel für den Fall, dass der Aktionär keine ausdrückliche Weisung zur Stimmrechtsausübung erteilt hat. Das Kreditinstitut darf dann nur entweder (Nr. 1) entsprechend eigenen Abstimmungsvorschlägen oder (Nr. 2) entsprechend den Verwaltungsvorschlägen abstimmen. Diese Grundregel wird ergänzt durch spezielle Verhaltens-, Organisations- und Hinweispflichten in Abs. 2, 3 und 4. Ein Kreditinstitut, das eine der beiden oder beide Möglichkeiten der Stimmrechtsausübung anbietet, ist gemäß § 135 Abs. 1 S. 5 verpflichtet, die zur Stimmrechtsausübung erforderlichen Unterlagen bis auf Widerruf an eine Aktionärsvereinigung oder nach Wahl des Aktionärs an einen sonstigen Vertreter zuzuleiten. Sinn und Zweck der Regelung ist, dem Aktionär eine echte Alternative aufzuzeigen und ihm die einfache Wahrnehmung dieser Alternative zu ermöglichen.[20] Der Aktionär soll eine unbürokratische und einfache Möglichkeit erhalten, einem Vertreter seiner Wahl, insbesondere einer Aktionärsvereinigung, eine Vollmacht zur Stimmrechtsausübung über die jeweils in seinem Depot befindlichen Aktien zu erteilen. Das Kreditinstitut ist dabei verpflichtet, die für den Vertreter erforderlichen Legitimationsunterlagen weiterzuleiten, damit dieser das Stimmrecht ausüben kann. Die Regelung soll dem Vertreter dabei nicht nur die Stimmrechtsausübung durch physische Anwesenheit in der Hauptversammlung, sondern auch im Rahmen einer Briefwahl, Online-Abstimmung oder einer Online-Teilnahme an der Hauptversammlung ermöglichen.[21] Das Kreditinstitut ist daher verpflichtet, den Aktionär zur Hauptversammlung anzumelden, die Eintrittskarten zu bestellen und diese dem Vertreter zuzuleiten. „Eintrittskarte" bedeutet in diesem Zusammenhang die erforderlichen zum Nachweis der Legitimation erforderlichen Unterlagen.[22]

11 Der Aktionär kann die Vollmacht jedem beliebigen Dritten als Vertreter erteilen. Das Kreditinstitut hat in diesem Zusammenhang weder eine Prüfung zur Rechtmäßigkeit der Bevollmächtigung (etwa Volljährigkeit, Zuverlässigkeit oder auch nur Existenz des Bevollmächtigten) vorzunehmen, noch ist es für die Auswahl des durch den Aktionär bestimmten Dritten verantwortlich. Hat der Aktionär es unterlassen, dem Dritten unmittelbar eine Vollmacht zu erteilen, liegt in dem Dauerauftrag an das Kreditinstitut konkludent eine Vollmacht an den Dritten und in den weitergeleiteten Legitimationsunterlagen ebenso.[23] Aus dem Wortlaut der Norm folgt, dass in dem Formblatt oder Bildschirmformular (§ 135 Abs. 1 S. 7, → Rn. 14) durch das Kreditinstitut zur Erleichterung der Vollmachtserteilung nach seiner Wahl eine oder mehrere Aktionärsvereinigungen beispielhaft aufgeführt werden können, um den Vorgang der Vollmachtserteilung und Adresseingabe weniger fehleranfällig und einfacher zu gestalten. Eine Verpflichtung des Kreditinstituts hierzu soll allerdings nicht bestehen.[24] Die Weiterleitung der Unterlagen durch das Kreditinstitut muss nur **„im Rahmen des Zumutbaren"** erfolgen, dh an postalisch schwer erreichbare Vertreter, mit unvollständiger oder offensichtlich fehlerhafter Anschrift oder an offensichtlich scherzhaft angegebene Vertreter muss kein Weiterleitungsversuch unternommen werden.[25] Da es sich bei dem Vollmachtsstimmrecht nach § 135 um ein Massengeschäft handelt, können Ermittlungen und Nachfragen zu nicht korrekt benannten Bevollmächtigten vom Kreditinstitut nicht verlangt werden und gehen stets zu Lasten des Aktionärs. Zu den Kosten für die Weiterleitung findet sich im Gesetz keine Regelung, allerdings ist anzunehmen, dass eine angemessene Gebühr für Porto und Verwaltungsaufwand berechnet werden kann.

---

[18] Hüffer/*Koch* Rn. 10.
[19] Vgl. Begr. RegE ARUG, BT-Drs. 16/11642, 50.
[20] Begr. RegE, BT-Drs. 16/11642, 50.
[21] Begr. RegE ARUG, BT-Drs. 16/11642, 51.
[22] Begr. RegE ARUG, BT-Drs. 16/11642, 51.
[23] Vgl. RegE ARUG, BT-Drs. 16/11642, 51.
[24] Vgl. Begr. RegE ARUG, BT-Drs. 16/11642, 51.
[25] Begr. RegE ARUG, BT-Drs. 16/11642, 51.

Das Kreditinstitut seinerseits ist berechtigt, die Stimmrechtsausübung nach § 135 Abs. 1 S. 4 einzuschränken, so dass diese nur für die Aktien deutscher oder europäischer Gesellschaften gilt.[26] 12

2. Hinweis auf Widerrufs- und Änderungsmöglichkeit. In Anlehnung an die frühere Rechtslage (§ 135 Abs. 2 S. 2 aF) hat das Kreditinstitut den Aktionär gemäß § 135 Abs. 1 S. 6 „jährlich und deutlich hervorgehoben" auf die Möglichkeiten des jederzeitigen Widerrufs und der Einsetzung eines anderen Bevollmächtigten hinzuweisen. Wie früher handelt es sich dabei um eine im Ergebnis wenig nützliche, aber auch nicht schädliche Formvorschrift.[27] Der Hinweis kann durch einen Aufdruck auf dem Vollmachtsformblatt oder eine entsprechende Einblendung im Bildschirmformular erfolgen. 13

3. Bereitstellen eines Formblatts oder eines Bildschirmformulars. In § 135 Abs. 1 S. 7 schließlich ist geregelt, dass Kreditinstitute, die sich zur Stimmrechtsausübung erbieten, ein Formblatt oder ein Bildschirm- (sprich: Web-) Formular anzubieten haben, das dem Aktionär (i) die Erteilung von Weisungen zu einzelnen Tagesordnungspunkten, (ii) die Erteilung und den Widerruf einer generellen Vollmacht (S. 4) sowie (iii) die Erteilung und Änderung eines Weiterleitungsauftrags (S. 5) erleichtert. Die Verwendung von Formblättern entspricht der gängigen Praxis und auch dem Interesse des Kreditinstituts an einer standardisierten Handhabung. Der Einsatz von Webformularen in geschützten Login-Bereichen, etwa im Rahmen des Online-Bankings, wird sich daneben zunehmend durchsetzen. Praktische Schwierigkeiten sind in der Anwendung des § 135 Abs. 1 S. 7 daher nicht zu erwarten. 14

IV. Grundsätzliche Weisungsgebundenheit des Kreditinstituts

In § 135 nicht ausdrücklich geregelt, aber gleichwohl vorausgesetzt (vgl. § 135 Abs. 1 S. 4) ist die grundsätzlich bestehende Bindung des Kreditinstituts an Weisungen des Aktionärs. Das Kreditinstitut muss somit grundsätzlich das Stimmrecht entsprechend den von dem Aktionär erteilten Weisungen ausüben.[28] Abweichungen von den erteilten Weisungen sind gemäß § 665 S. 1 BGB zulässig, wenn das Kreditinstitut nach den Umständen annehmen durfte, dass der Aktionär die Abweichung in Kenntnis der Umstände billigen würde. Dass Abweichungen im Ausnahmefall zulässig sind, zeigt sich auch an § 135 Abs. 3 S. 1 und 2. Eine Abweichung von der Weisung ist vor allem dann angezeigt, wenn sich erst in der Hauptversammlung herausstellt, dass die weisungsgemäße Stimmrechtsausübung gesellschaftsschädlich wäre.[29] 15

V. Fehlen einer ausdrücklichen Weisung des Aktionärs: Beschränkung der Stimmrechtsausübung auf eigene Abstimmungsvorschläge oder Abstimmungsvorschläge der Verwaltung (Abs. 1 S. 4)

Fehlt es an einer ausdrücklichen Weisung des Aktionärs, darf das Kreditinstitut das Vollmachtsstimmrecht gemäß § 135 Abs. 1 S. 4 nur ausüben, wenn in der Vollmacht die Ausübung des Stimmrechts entsprechend eigenen Abstimmungsvorschlägen (Nr. 1) oder entsprechend den Vorschlägen des Vorstands, des Aufsichtsrats oder – im Falle abweichender Vorschläge – des Aufsichtsrats (Nr. 2) vorgesehen ist. Das Kreditinstitut ist somit nicht gezwungen, in jedem Fall eigene Abstimmungsvorschläge zu machen (vgl. § 128 Abs. 2 S. 1 aF). Ergänzend gelten die Weiterleitungs- und Hinweispflichten gemäß § 135 Abs. 1 S. 5 und S. 6 (→ Rn. 10 ff., 13). 16

VI. Stimmrechtsausübung entsprechend eigenen Abstimmungsvorschlägen des Kreditinstituts (Abs. 1 S. 4 Nr. 1, Abs. 2 und 3)

1. Zugänglichmachen von Abstimmungsvorschlägen. Auch wenn das Kreditinstitut das Vollmachtstimmrecht ohne ausdrückliche Weisung des Aktionärs ausüben möchte, ist es nicht mehr per se zum Bereitstellen von Abstimmungsvorschlägen verpflichtet, sondern nur noch bei Fehlen von Einzelweisungen des Aktionärs. Auch dann kann das Kreditinstitut alternativ anbieten, das Stimmrecht entsprechend den Verwaltungsvorschlägen auszuüben, und muss dann ebenfalls keine eigenen Abstimmungsvorschläge machen.[30] Soll von der Möglichkeit gemäß § 135 Abs. 1 S. 4 Nr. 1 Gebrauch gemacht werden, muss das Kreditinstitut dem Aktionär aber gemäß § 135 Abs. 2 S. 1 17

---

[26] Vgl. Begr. RegE ARUG, BT-Drs. 16/11642, 52.
[27] Hüffer/*Koch* Rn. 15 mwN.
[28] Hüffer/*Koch* Rn. 11.
[29] LG Düsseldorf AG 1991, 409 (410); *Heermann* ZIP 1994, 1243 (1246).
[30] Krit. *Grundmann* BKR 2009, 31 (36).

rechtzeitig **eigene Abstimmungsvorschläge zugänglich machen.** Durch die Verwendung des Begriffs „zugänglich machen" ist klargestellt, dass eine Übersendung in Papierform nicht erforderlich ist. Ausreichend ist die Veröffentlichung auf der Homepage des Kreditinstituts oder die Übersendung in das elektronische Postfach des Aktionärs bei elektronischer Depotführung.[31] Auch auf ausdrücklichen Wunsch des Aktionärs muss dem Aktionär keine Papierfassung der Abstimmungsvorschläge übersandt werden.[32] Im Sinne einer möglichst weitgehenden Automatisierung und Standardisierung des Depotstimmrechts ist dies uneingeschränkt zu begrüßen. **Rechtzeitig** sind die Vorschläge zugänglich gemacht, wenn der Aktionär vor der Hauptversammlung noch Gelegenheit hat, sie zur Kenntnis zu nehmen und dem Kreditinstitut eigene Weisungen zuzuleiten.[33] Ergänzend wird man dem Aktionär auch einige Tage Überlegensfrist zugestehen müssen.

18 **2. Inhaltliche Anforderungen an die Abstimmungsvorschläge.** § 135 Abs. 2 S. 2 wurde aus dem aufgehobenen § 128 Abs. 2 S. 3 aF „importiert". In Hs. 1 werden zunächst inhaltliche Anforderungen an die Abstimmungsvorschläge des Kreditinstituts aufgestellt. Das Kreditinstitut hat sich bei der Erstellung der Abstimmungsvorschläge von den Interessen des Aktionärs und nicht von seinen Eigeninteressen leiten zu lassen. Damit wird eine Selbstverständlichkeit formuliert, die sich eigentlich schon aus der auftragsartigen Fremdnützigkeit des Depotstimmrechts ergibt. Dabei steht das typisierte Aktionärsinteresse grundsätzlich nicht in einem Gegensatz zu dem Gesellschaftsinteresse, sondern verläuft regelmäßig gleichgerichtet.[34]

19 **3. Organisatorische Vorkehrungen.** Ebenfalls im Hs. 1 des § 135 Abs. 2 S. 2 findet sich die im Rahmen des KonTraG 1998 eingeführte Verpflichtung des Kreditinstituts, durch organisatorische Maßnahmen sicherzustellen, dass die Fremdnützigkeit des Depotstimmrechts gegenüber Eigeninteressen des Kreditinstituts gewahrt wird. Gemeint ist damit vor allem, dass die mit der Aufstellung der Vorschläge betrauten Mitarbeiter insbesondere unabhängig von Weisungen und wirtschaftlichen Interessen anderer Geschäftsbereiche wie dem Kredit- oder Emissionsbereich des Kreditinstituts agieren können sollen.[35]

20 **4. Überwachung durch Mitglied der Geschäftsleitung.** Gemäß § 135 Abs. 2 S. 2 Hs. 2 muss das Kreditinstitut ein Mitglied der Geschäftsleitung benennen, das die Einhaltung der in S. 1 postulierten Pflichten überwacht. Dazu gehört auch die Überwachung der Dokumentation aller getroffenen Maßnahmen und aller Erwägungen bei der Aufstellung der Abstimmungsvorschläge.[36] Die Aufgabenzuweisung erfolgt durch Vorstandsbeschluss oder Geschäftsordnung, ändert aber nichts an der grundsätzlichen Gesamtverantwortung des Vorstands des Kreditinstituts.[37]

21 **5. Hinweispflichten (Abs. 2 S. 3–5).** Das Kreditinstitut hat den Aktionär zusammen mit seinen Abstimmungsvorschlägen **darauf hinzuweisen, dass es das Stimmrecht gemäß den eigenen Abstimmungsvorschlägen ausüben wird,** wenn der Aktionär nicht rechtzeitig eine abweichende Weisung erteilt (§ 135 Abs. 2 S. 3). Auch diese Regelung wurde aus dem früheren § 128 Abs. 2 entnommen, jedoch muss das Kreditinstitut nun nicht mehr ausdrücklich um die Erteilung von Weisungen bitten. **Rechtzeitig** ist die Weisung, wenn sie unter Einbeziehung von Postlauf- und Bearbeitungszeiten regelmäßig noch in der Hauptversammlung berücksichtigt werden kann.[38] Der **Inhalt der Weisung** kann sich nur auf die Stimmrechtsausübung beziehen. Weitergehende Vertretungspflichten, zB zur Stellung von Anträgen im Namen des Aktionärs, obliegen dem Kreditinstitut regelmäßig nicht.[39]

22 Ebenfalls bereits in § 128 Abs. 2 S. 6 aF geregelt war die in § 135 Abs. 2 S. 4 übernommene Hinweispflicht des Kreditinstituts im Falle **personeller Verflechtungen** mit der AG. Das Kreditinstitut hat darauf hinzuweisen, wenn ein Vorstandsmitglied oder ein Mitarbeiter des Kreditinstituts dem Aufsichtsrat der AG angehört. Die namentliche Nennung des Doppelfunktionsträgers ist nicht erforderlich.[40] Die gleiche Hinweispflicht besteht, wenn umgekehrt ein Vorstandsmitglied oder ein Mitarbeiter der AG dem Aufsichtsrat des Kreditinstituts angehört. Es besteht Einigkeit, dass sich bei

---

[31] Begr. RegE ARUG, BT-Drs. 16/11642, 51 f.
[32] Begr. RegE ARUG, BT-Drs. 16/11642, 52.
[33] Begr. RegE ARUG, BT-Drs. 16/11642, 52.
[34] Vgl. MüKoAktG/*Kubis*, 2. Aufl. 2004, § 128 Rn. 25; KK-AktG/*Zöllner* § 128 Rn. 15 f.
[35] Begr. RegE KonTraG, BT-Drs. 13/9712, 18; Hüffer/*Koch* Rn. 21; eingehend *Marsch-Barner* FS Peltzer, 2001, 261 (266 f.).
[36] Begr. RegE KonTraG, BT-Drs. 13/9712, 18.
[37] Hüffer/*Koch* Rn. 22.
[38] Hüffer/*Koch* Rn. 24; MüKoAktG/*Kubis*, 2. Aufl. 2004, § 128 Rn. 32.
[39] Hüffer/*Koch* Rn. 24; aA KK-AktG/*Zöllner* § 128 Rn. 32.
[40] KK-AktG/*Zöllner* § 128 Rn. 28.

Kreditinstituten, die nicht in der Rechtsform der AG betrieben werden, die Meldepflicht auf Mitglieder des entsprechenden Leitungsorgans bezieht (GmbH: Geschäftsführung, KGaA: persönlich haftende Gesellschafter).[41] Auch stellvertretende Vorstandsmitglieder sind gemäß § 94 als Vorstandsmitglieder im Sinne des AktG anzusehen und daher ebenfalls zu melden. Kein Hinweis muss dagegen bei ehemaligen oder sich im Ruhestand befindenden Vorstandsmitgliedern oder Mitarbeitern erfolgen.[42]

Wie bisher hinzuweisen ist gemäß § 135 Abs. 2 S. 5 Alt. 1 (vormals § 128 Abs. 2 S. 7 Alt. 1) auch 23
auf **iSd § 21 WpHG** (ab 3.1.2018: § 33 WpHG) **meldepflichtige Beteiligungen** des Kreditinstituts an der AG. Wie im Falle personeller Verflechtungen sollen dem Aktionär so mögliche Eigeninteressen des Kreditinstituts offen gelegt werden. Zu beachten ist, dass die Eingangsschwelle gemäß § 21 Abs. 1 WpHG aF bzw. § 33 WpHG nF im Rahmen des Transparenzrichtlinie-Umsetzungsgesetzes (TUG) vom 5.1.2007 (BGBl. I S. 10) von 5% auf **3% der Stimmrechte** abgesenkt wurde. Es handelt sich um eine überschießende Regelung, die in der Transparenz-RL[43] nicht vorgegeben war.[44] Bei der Berechnung des Stimmrechtsanteils sind die §§ 22, 23 WpHG aF bzw. §§ 34, 35 WpHG nF zu berücksichtigen. Obwohl nach dem Gesetzeswortlaut nur die Tatsache, dass eine Beteiligung iSd § 21 WpHG aF bzw. § 33 WpHG nF besteht, nicht aber die konkret betroffene Meldeschwelle (3, 5, 10, 15, 20, 25, 30, 50 oder 75% der Stimmrechte) zu nennen ist, empfiehlt sich letzteres, um dem Aktionär eine sachgerechte Entscheidungsgrundlage zu bieten. Auch wenn im Vorjahr eine meldepflichtige Beteiligung bestanden hat, die entfallen ist, sollte der Aktionär zur Vermeidung von Missverständnissen hierauf hingewiesen werden.[45] Die konkreten Beteiligungsquoten sind dagegen nicht zu nennen.

Die gleiche Mitteilungspflicht gilt gemäß § 135 Abs. 2 S. 5 Alt. 2 hinsichtlich der **Beteiligung** 24
des Kreditinstituts an einem Emissionskonsortium, das innerhalb der letzten fünf Jahre die zeitlich letzte Emission von Wertpapieren der AG übernommen hat. Zu beachten ist dabei zunächst, dass jegliche Art von Wertpapieren erfasst wird, also keinesfalls nur die Emission von Aktien (vgl. etwa § 1 Abs. 11 S. 2 KWG). Zur Bestimmung des maßgeblichen Zeitraums ist von dem Zeitpunkt der Zugänglichmachung gemäß § 135 Abs. 2 S. 5 fünf Jahre zurück zu rechnen. Da es nach dem Gesetzeswortlaut auf die Beteiligung am Emissionskonsortium ankommt, ist maßgeblicher Zeitpunkt für die Bestimmung, ob eine Meldung zu erfolgen hat und ggf. welches die zeitlich letzte Emissionstätigkeit war, die Auflösung des Konsortiums wegen Zweckerreichung (§ 726 BGB).[46]

VII. Ausübung des Stimmrechts und Ausübungsbeschränkungen (Abs. 3)

1. Bindung an eigene Abstimmungsvorschläge. Gemäß § 135 Abs. 3 S. 1 ist das Kreditinsti- 25
tut, wenn es nach § 135 Abs. 1 S. 4 Nr. 1 **eigene Abstimmungsvorschläge zugänglich gemacht** und **keine Weisung des Aktionärs** erhalten hat, an die eigenen Abstimmungsvorschläge grundsätzlich gebunden. Das Schweigen des Aktionärs wird insoweit als verbindliche Weisung interpretiert. Die Regelung entspricht § 135 Abs. 5 aF und dient dem Schutz der Aktionäre, die aufgrund ihres Einverständnisses mit den Abstimmungsvorschlägen des Kreditinstituts keine eigenen Vorschläge unterbreitet haben.[47] Wie bereits ausgeführt (→ Rn. 15), ist das Kreditinstitut bei veränderten Umständen und mutmaßlicher Billigung durch den Aktionär aber berechtigt, unter Umständen sogar verpflichtet, von Weisungen des Aktionärs und somit auch von den eigenen Abstimmungsvorschlägen abzuweichen. Gemäß § 135 Abs. 3 S. 2 muss das Kreditinstitut den Aktionär in diesem Fall von der Abweichung und den dafür maßgeblichen Gründen in Kenntnis setzen. Die gleiche Verpflichtung ergäbe sich im Übrigen bereits aus § 665 S. 1 BGB.

2. Ausübung des Stimmrechts in der eigenen Hauptversammlung. In der eigenen Haupt- 26
versammlung darf das Kreditinstitut wie bisher (§ 135 Abs. 1 S. 2 aF) das Vollmachtsstimmrecht gemäß § 135 Abs. 3 S. 3 **nur aufgrund einer ausdrücklichen Weisung** des Aktionärs zu den einzelnen Abstimmungsgegenständen ausüben. Die Regelung war in das AktG 1965 eingefügt worden, um einen bis dahin geführten Meinungsstreit zu beenden.[48] Die Weisung muss inhaltlich

---

[41] Vgl. nur Hüffer/*Koch* Rn. 25.

[42] Begr. RegE KonTraG, BT-Drs. 13/9712, 19.

[43] Richtlinie 2004/109/EG des Europäischen Parlaments und des Rates vom 15.12.2004 zur Harmonisierung der Transparenzanforderungen in Bezug auf Informationen über Emittenten, deren Wertpapiere zum Handel auf einem geregelten Markt zugelassen sind, und zur Änderung der Richtlinie 2001/34/EG (ABl. L 390, 38).

[44] Begr. RegE TUG, BR-Drs. 579/06, 74.

[45] Hüffer/*Koch* Rn. 26.

[46] Hüffer/*Koch* Rn. 27.

[47] Hüffer/*Koch* Rn. 28.

[48] Ausschussbericht *Kropff* Textausgabe, 1965, 196.

eindeutig sein, ist aber an kein Formerfordernis gebunden.[49] Sie kann erst nach Einberufung der Hauptversammlung gemäß § 124 Abs. 1 S. 1 erteilt werden, da vorher allenfalls unbestimmte, nicht auf einen konkreten Abstimmungsgegenstand bezogene, Weisungen möglich sind.[50] Die Ausübung des Stimmrechts trotz Fehlens einer ausdrücklichen Weisung ist gemäß § 135 Abs. 7 dennoch wirksam.

27 **3. Ausübung bei eigener Beteiligung des Kreditinstituts. a) Allgemeines.** Die Ausübbarkeit des Vollmachtsstimmrechts bei eigenem Beteiligungsbesitz des Kreditinstituts an der AG wurde erstmals durch das KonTraG im Jahr 1998 beschränkt. War das Kreditinstitut mittelbar oder unmittelbar zu mehr als 5% am Grundkapital einer AG beteiligt, war es bei Fehlen einer ausdrücklichen Weisung des Aktionärs vor die Wahl gestellt, entweder das Stimmrecht aus den eigenen Aktien oder das Vollmachtsstimmrecht auszuüben (§ 135 Abs. 1 S. 3 aF). Begründet wurde dies mit der bereits zitierten (→ Rn. 1 ff.). Sorge vor einer Kumulation des Bankeneinflusses.[51] Von Anfang an wurde diese Regelung als kontraproduktiv kritisiert,[52] da sie sich letztlich zu Lasten des Vollmachtsstimmrechts auswirkt. Auch wurde der an die Banken gerichtete pauschale Missbrauchsvorwurf in der Praxis nicht stichhaltig belegt. Minimalforderung der Kritiker war daher eine deutliche Erhöhung der relevanten Beteiligungsschwelle.[53] Dieser Forderung ist der Gesetzgeber im Rahmen des ARUG nachgekommen: Die Beteiligungsschwelle wurde auf 20% angehoben, ferner entfiel im Rahmen der Deregulierung die Wahlmöglichkeit des Kreditinstituts, das Vollmachtsstimmrecht anstelle der eigenen Stimmrechte auszuüben. Sofern das Kreditinstitut mit mehr als 20% des Grundkapitals an der AG beteiligt ist, muss es sich also zwingend der Ausübung des Vollmachtsstimmrechts enthalten, soweit keine Einzelweisungen des Aktionärs vorliegen. Die von dem Kreditinstitut selbst unmittelbar oder mittelbar gehaltenen Stimmrechte dürfen dagegen ausgeübt werden. Zu begrüßen ist, dass es sich um eine klare Regelung handelt, auf die sich der Aktionär – auch aufgrund der Hinweispflicht des Kreditinstituts gemäß § 135 Abs. 2 S. 5 (→ Rn. 23) – einstellen kann. Fragwürdig ist an der aktuellen Regelung dagegen, dass sie sich zwingend zu Lasten des Vollmachtsstimmrechts auswirkt, die Beteiligung der Kleinaktionäre an der Willensbildung in der AG somit tendenziell schwächt. Angesichts der hohen Beteiligungsschwelle ist dies für die Praxis aber hinnehmbar.

28 **b) Voraussetzungen des Ausübungsverbots.** Die Ausübung des Vollmachtsstimmrechts muss unterbleiben, wenn das Kreditinstitut mit mehr als 20% am Grundkapital der AG beteiligt ist. Bezugsgröße ist somit das am Tag der Hauptversammlung gültige, dh im Handelsregister eingetragene, Grundkapital (vgl. § 16 Abs. 2 S. 1). Nach dem Gesetzeswortlaut kommt es auf die Gattung der von dem Kreditinstitut gehaltenen Aktien nicht an. Stimmrechtslose Vorzugsaktien sind daher ebenfalls mitzuzählen.[54] Da auch „mittelbar" gehaltene Beteiligungen berücksichtigt werden, sind in die Berechnung unter Umständen Aktien, die formal dritten Unternehmen gehören, einzubeziehen. Dies ist der Fall, wenn das Kreditinstitut eine Mehrheit an dem Drittunternehmen hält oder das Drittunternehmen von dem Kreditinstitut abhängig ist (§ 16 Abs. 4).[55] Zwar ist bei der Neufassung der Norm im Rahmen des ARUG das Tatbestandsmerkmal „über eine Mehrheitsbeteiligung" weggefallen, doch ist nicht anzunehmen, dass damit eine materielle Änderung bewirkt oder auch nur bezweckt wurde. Auch Aktien, die von einem Dritten für Rechnung des Kreditinstituts oder eines von ihm abhängigen Unternehmens gehalten werden, zählen mit. So einbezogene Aktien zählen jeweils voll, dh es sind nicht etwa die Beteiligungsquoten „durchzurechnen". Nicht einzubeziehen sind dagegen nach § 135 Abs. 3 S. 4 Hs. 2 mittelbare Beteiligungen iSd § 22a Abs. 3 bis 6 WpHG (ab 3.1.2018: § 35 Abs. 3 bis 6 WpHG). Die Regelung, die durch das Transparenzrichtlinie-Änderungsrichtlinie-Umsetzungsgesetz vom 20.11.2015 (BGBI. I S. 2029) neu eingefügt wurde, entspricht der außer Kraft getretenen Regelung in § 32 Abs. 2 S. 1 und S. 4 InvG, wonach Ausnahmen für die Zurechnung von Mehrheitsbeteiligungen des Kreditinstituts an Kapitalanlagegesellschaften, die ihrerseits Aktien halten, galten.

29 **c) Rechtsfolgen bei Verstoß.** Der Verstoß gegen ein gemäß § 135 Abs. 3 S. 4 bestehendes Ausübungsverbot stellt gemäß § 405 Abs. 3 Nr. 5 eine Ordnungswidrigkeit dar. Dagegen bleibt der Verstoß für die Wirksamkeit der Stimmabgabe gemäß § 135 Abs. 7 folgenlos. Die Rechtslage unterscheidet sich insoweit von derjenigen vor Inkrafttreten des ARUG.[56]

---

[49] MüKoAktG/*Schröer* Rn. 132.
[50] Hüffer/*Koch* Rn. 31.
[51] Begr. RegE KonTraG, BT-Drs. 13/9712, 20.
[52] S. etwa *Assmann* AG 1997, August-Sonderheft, 100; DAV-Handelsrechtsausschuss ZIP 1997, 163 (167).
[53] *Hüffer,* 8. Aufl. 2008, Rn. 9b mwN.
[54] Hüffer/*Koch* Rn. 34.
[55] Vgl. Begr. RegE KonTraG, BT-Drs. 13/9712, 20.
[56] Dazu Hüffer/*Koch* Rn. 37.

VIII. Stimmrechtsausübung entsprechend Verwaltungsvorschlägen (Abs. 1 S. 4 Nr. 2, Abs. 4)

Sofern das Kreditinstitut beabsichtigt, das Vollmachtsstimmrecht entsprechend den Verwaltungsvorschlägen auszuüben, hat es diese dem Aktionär gemäß § 135 Abs. 4 zugänglich zu machen. Dies gilt allerdings nur subsidiär, nämlich soweit die Verwaltungsvorschläge nicht „anderweitig" zugänglich gemacht werden. Das ist aber der Regelfall und bei deutschen Gesellschaften über die Bekanntmachung der Tagesordnung im elektronischen Bundesanzeiger bzw. auf der Homepage der Gesellschaft (§ 124a) sichergestellt. Da unter anderem aufgrund der Aktionärsrechte-RL (RL 2007/36/EG) EU-weit die gleichen Standards gelten, kann die Norm also nur bei in einem inländischen Depot geführten Aktien einer Gesellschaft mit Sitz außerhalb der EU relevant werden.[57] 30

IX. Untervollmacht (Abs. 5 S. 1)

Nicht ausdrücklich geregelt, aber in § 135 Abs. 5 S. 1 vorausgesetzt, ist die Zulässigkeit einer Unterbevollmächtigung von Angestellten des Kreditinstituts. Anderenfalls müssten stets der Vorstand oder – je nach Ausgestaltung der Vertretungsverhältnisse des Kreditinstituts – ein Vorstandsmitglied und ein Prokurist das Stimmrecht ausüben, was nicht praktikabel wäre. Dritte, die nicht Angestellte des Kreditinstituts sind, können gemäß § 135 Abs. 5 S. 1 mit einer Untervollmacht ausgestattet werden, wenn dies in der dem Kreditinstitut erteilten Stimmrechtsvollmacht ausdrücklich vorgesehen ist. Erfasst wird dabei jegliche Ausgestaltung der Untervollmacht, dh es macht keinen Unterschied, ob die Untervollmacht auf Vertretung des Kreditinstituts oder direkt auf Vertretung des Aktionärs lautet. 31

X. Arten der Vollmachtsausübung

In § 135 Abs. 5 S. 2 ist geregelt, dass die Vollmacht im Regelfall **„im Namen dessen, den es angeht"**, ausgeübt werden kann. Anderes gilt nur, wenn die Vollmacht sich ausdrücklich dagegen ausspricht. Damit wird das früher (§ 135 Abs. 4 S. 2 aF) geltende Regel-Ausnahme-Verhältnis umgekehrt. Der Gesetzeswortlaut wurde durch das ARUG also an die gängige Praxis angepasst, so dass nunmehr die Vollmachtsvordrucke um einen Satz „verschlankt" werden können.[58] Ohne dass es einer Erwähnung im Gesetz bedürfte, ist die Stimmabgabe im Namen des Aktionärs zulässig. Dies folgt schon aus § 164 Abs. 1 BGB. 32

XI. Briefwahl; Nachweis der Stimmberechtigung

Gemäß § 135 Abs. 5 S. 3 darf sich das Kreditinstitut für die Ausübung des Vollmachtsstimmrechts ebenso wie der Aktionär selbst der Briefwahl bedienen, sofern diese bei der Gesellschaft zugelassen ist. Die Briefwahlmöglichkeit wurde ebenfalls im Rahmen des ARUG eingeführt (§ 118 Abs. 2).[59] Da der Briefwähler an der Hauptversammlung selbst nicht teilnimmt, ist die Klarstellung, dass sich auch das Kreditinstitut bei der Ausübung des Vollmachtsstimmrechts der Briefwahl bedienen darf, durchaus hilfreich. § 135 Abs. 5 S. 4 entspricht dem bisherigen § 135 Abs. 4 S. 3, trägt allerdings dem geänderten Wortlaut des § 123 Abs. 2 und 3 Rechnung. Es bleibt aber bei dem bereits seit dem NaStraG geltenden Grundsatz, dass für die Legitimation des Kreditinstituts zur Stimmrechtsausübung keine anderen Anforderungen gelten als im Fall von Eigenbesitz. Die Vorlage der Vollmachtsurkunde ist somit nicht erforderlich.[60] 33

XII. Fremde Namensaktien (Abs. 6)

§ 135 Abs. 6 entspricht dem bisherigen Abs. 7, der im Rahmen des NaStraG neugefasst worden war. Gemäß § 135 Abs. 6 S. 1 darf das Kreditinstitut das Stimmrecht für Namensaktien, die ihm nicht gehören, als deren Inhaber es jedoch **im Aktienregister eingetragen** ist, nur aufgrund einer Ermächtigung ausüben. Eine Bevollmächtigung des Kreditinstituts ist in diesen Fällen logisch ausgeschlossen, da das Kreditinstitut gemäß § 67 Abs. 2 gegenüber der AG als Rechtsinhaber gilt und die Vollmacht somit vom Nichtberechtigten erteilt würde. Für die Erteilung und Ausübung der Ermächtigung gelten gemäß § 135 Abs. 6 S. 2 dieselben Regelungen wie für Erteilung und Ausübung des Vollmachtsstimmrechts. Die Ermächtigung muss also insbesondere nicht schriftlich erteilt werden. Aufgrund der bestehenden Bindung des Kreditinstituts an Weisungen des Aktionärs löst die Eintragung des Kreditinstituts als Legi- 34

[57] Begr. RegE ARUG, BT-Drs. 16/11642, 52.
[58] Vgl. Begr. RegE ARUG, BT-Drs. 16/11642, 52.
[59] Dazu Begr. RegE ARUG, BT-Drs. 16/11642, 39.
[60] Begr. RegE NaStraG, BT-Drs. 14/4051, 16.

timationsaktionär im Aktienregister einer börsennotierten Gesellschaft keine Meldepflicht gemäß §§ 21 ff. WpHG aF bzw. §§ 33 ff. WpHG nF aus. Auch insoweit besteht ein Gleichlauf mit dem Vollmachtsstimmrecht, das gemäß § 22 Abs. 1 Nr. 6 WpHG aF bzw. § 34 Abs. 1 Nr. 6 WpHG nF mangels eigenen Ermessens des Kreditinstituts letzterem nicht zugerechnet wird und somit ebenfalls nicht zu einer Meldepflicht nach §§ 21 ff. WpHG aF bzw. §§ 33 ff. WpHG nF führt.

35 Sofern das **Kreditinstitut nicht im Aktienregister eingetragen** ist, muss es sich zur Ausübung des Stimmrechts wie bei Inhaberaktien bevollmächtigen lassen.

XIII. Rechtsfolgen bei Verstößen gegen die Regelungen zum Depotstimmrecht (Abs. 7 und Abs. 9)

36 **1. Wirksamkeit der Stimmrechtsausübung.** Die Regelung des § 135 Abs. 7 entspricht weitgehend der vor Inkrafttreten des ARUG in Abs. 6 enthaltenen Regelung zur Unwirksamkeit der Stimmabgabe. Als Grundsatz gilt, dass ein Verstoß gegen Abs. 1–6 die Wirksamkeit der Stimmabgabe unberührt lässt. Lediglich das gänzliche Fehlen der Vollmacht (Abs. 1 S. 1) führt zur Unwirksamkeit der Stimmabgabe. In allen anderen Fällen sind mit den unter Verstoß gegen Abs. 1–7 abgegebenen Stimmen gefasste Hauptversammlungsbeschlüsse nicht anfechtbar. Im Unterschied zur Altfassung vor Inkrafttreten des ARUG gilt dies auch bei Verstoß gegen die Ausübungsbeschränkung im Falle eigenen Anteilsbesitzes des Kreditinstituts (Abs. 3 S. 4) und die Art der Stimmrechtsausübung (insbesondere Abs. 5 S. 2).[61]

37 **2. Schadensersatz.** Ein Verstoß gegen § 135 Abs. 1–6 kann zu einem Schaden des Aktionärs und dementsprechend zu einem Schadensersatzanspruch des Aktionärs führen. Als Anspruchsgrundlagen kommen in Betracht eine Verletzung des Depotvertrags oder des mit der Vollmacht verbundenen Auftrags (§ 280 Abs. 1 BGB), eine vorsätzliche sittenwidrige Schädigung (§ 826 BGB) und eine Verletzung des § 135 selbst, der von der hM als Schutzgesetz iSd § 823 Abs. 2 BGB angesehen wird.[62] Aus § 135 Abs. 9 folgt, dass diese Schadensersatzpflicht im Vorhinein – also insbesondere formularmäßig in den Geschäftsbedingungen des Depotvertrags oder in dem Vollmachtsvordruck – nicht ausgeschlossen oder beschränkt werden kann. Zu kritisieren ist, dass auch im Zuge der Neufassung des AktG durch das ARUG die Regelungslücke im Hinblick auf Aktionärsvereinigungen und geschäftsmäßig Handelnde (Abs. 8) nicht geschlossen wurde. Es ist gleichwohl wie bisher anzunehmen, dass § 135 Abs. 9 für diese Gruppen analog anzuwenden ist.[63]

XIV. Sinngemäße Geltung der Regelungen (Abs. 8)

38 **1. Aktionärsvereinigungen.** Gemäß § 135 Abs. 8 Hs. 1 gelten die Regelungen der Abs. 1–7 sinngemäß auch für Aktionärsvereinigungen und **Personen, die sich geschäftsmäßig gegenüber Aktionären zur Ausübung des Stimmrechts erbieten.** Für diese sollen keine geringeren Anforderungen gelten als für Kreditinstitute.[64] Die Regelung entspricht damit im Wesentlichen dem bisherigen § 135 Abs. 9 S. 1 Nr. 1 und 3 mit dem sprachlichen Unterschied, dass aus „Vereinigungen von Aktionären" nunmehr „Aktionärsvereinigungen" geworden sind. Eine inhaltliche Änderung ist damit offenbar nicht intendiert. Der Begriff der **Aktionärsvereinigungen** ist nirgends definiert, wodurch sich wie im Rahmen der Weiterleitungspflicht gemäß § 135 Abs. 1 S. 5 (→ Rn. 10) eine gewisse Unsicherheit ergibt.[65] Letztlich wird hierunter jede auf Dauer angelegte – im Gegensatz zu sich ad hoc bildenden Interessengemeinschaften – mitgliedschaftliche Vereinigung zu fassen sein, deren satzungsmäßiger Gegenstand (nicht nur nebensächlich) die Wahrung von Aktionärsinteressen in börsennotierten Gesellschaften ist.[66]

39 **2. Geschäftsmäßig Handelnde.** Geschäftsmäßig Handelnde sind Personen, die sich **wiederholt** zur Ausübung von Stimmrechten erbieten.[67] Unanwendbar ist die Regelung für Vertreter, die aus Gefälligkeit oder Freundschaft handeln oder mit dem Aktionär in dem in Abs. 8 bezeichneten Sinne verwandt sind. Die praktische Bedeutung dieser Regelung ist bislang gering.[68] Allerdings kann sie dazu führen, dass der von der Gesellschaft gestellte Stimmrechtsvertreter den Absätzen 1–7 unterfällt,

---

[61] Begr. RegE ARUG, BT-Drs. 16/11642, 53.
[62] MüKoAktG/*Schröer*, 2. Aufl. 2004, Rn. 67 mwN.
[63] Hüffer/*Koch* Rn. 51.
[64] Begr. RegE ARUG, BT-Drs. 16/11642, 53.
[65] *Noack* NZG 2008, 441 (443).
[66] Vgl. Hüffer/*Koch* Rn. 48 mwN.
[67] MüKoAktG/*Schröer* Rn. 37.
[68] Ebenso *Noack* NZG 2008, 441 (443).

jedenfalls wenn es sich um eine von der Gesellschaft beauftragte externe Agentur handelt.[69] Für Angestellte der Gesellschaft müsste dies entsprechend gelten.

3. Entfallen: Erstreckung auf Geschäftsleiter und Angestellte eines Kreditinstituts. Nicht mehr in § 135 Abs. 8 enthalten ist die frühere Erstreckung auf Geschäftsleiter und Angestellte eines Kreditinstituts, das die Aktien verwahrt (§ 135 Abs. 9 S. 1 Nr. 2 aF). Mit der Norm sollte die Umgehung der Vorschriften über das Depotstimmrecht verhindert werden.[70] 40

4. Sinngemäße Geltung. Die Regelungen des § 135 Abs. 1–7 gelten für die gemäß Abs. 8 erfassten Personen und Vereinigungen sinngemäß. Infolge der Neufassung und Deregulierung des § 135 gibt es allerdings kaum Regelungen, von denen eine Ausnahme für Aktionärsvereinigungen und geschäftsmäßig Handelnde notwendig ist. Anders ist dies bei der Weiterleitungsverpflichtung gemäß § 135 Abs. 1 S. 5: Sofern die Aktionärsvereinigung oder der geschäftsmäßig Handelnde Adressat einer solchen Weiterleitung ist, muss nicht die (nochmalige) Weiterleitung der Unterlagen angeboten werden. 41

5. Keine Geltung der Regelungen für Angehörige. Angehörige von Aktionären einschließlich der Lebenspartner iSd § 1 LPartG sind gemäß § 135 Abs. 8 Hs. 2 von der sinngemäßen Anwendung der Regelungen über das Depotstimmrecht ausgenommen. Die Ausnahme reicht bis zum vierten Grad der Verwandtschaft bzw. Verschwägerung (§§ 1589 S. 3, 1590 BGB). 42

XV. Entfall des Kontrahierungszwangs für Kreditinstitute

Im Zuge der Deregulierung des § 135 ist der bisher in § 135 Abs. 10 enthaltene Kontrahierungszwang entfallen. Da der Gesetzgeber der Auffassung war, das Depotstimmrecht sollte allen Aktionären zur Verfügung stehen, konnte das depotführende Kreditinstitut den Auftrag zur Stimmrechtsausübung nicht ablehnen, sofern es sich überhaupt zur Ausübung des Stimmrechts in der fraglichen Hauptversammlung erboten hatte.[71] Zudem sollte es dem Kreditinstitut nicht möglich sein, sich missliebigen Weisungen durch Ablehnung des Auftrags zu entziehen.[72] In der Praxis spielte die Vorschrift, soweit ersichtlich, keine Rolle. Die Ausübung des Vollmachtsstimmrechts ist ein Massengeschäft, bei dem, wenn es angeboten wird, nicht zwischen aus Sicht des Kreditinstituts wünschenswerten und nicht wünschenswerten Aufträgen differenziert wird. Der Wettbewerb im Bankensektor führt im Übrigen dazu, dass der Depotkunde immer eine Alternative finden wird. Die Streichung des Kontrahierungszwangs war daher konsequent und zu begrüßen. Gleichwohl hatte der Bundesrat sich im Gesetzgebungsverfahren für die Beibehaltung des Kontrahierungszwangs ausgesprochen.[73] 43

XVI. Kreditinstituten gleichgestellte Institute und Unternehmen

Durch § 135 Abs. 10 iVm § 125 Abs. 5 werden Finanzdienstleistungsinstitute iSd § 1 Abs. 1a KWG den Kreditinstituten für die Anwendbarkeit des § 135 gleichgestellt. Dies gilt auch für ausländische Institute, die im Inland eine Zweigestelle betreiben (§ 53 Abs. 1 S. 1 KWG) und ausländische Institute mit Sitz in einem EWR-Mitgliedstaat, auch wenn diese ohne eigene Zweigstelle ihre Dienste im Inland grenzüberschreitend anbieten (§ 53b Abs. 1 S. 1, Abs. 7 KWG). 44

§ 136 Ausschluß des Stimmrechts

(1) [1]Niemand kann für sich oder für einen anderen das Stimmrecht ausüben, wenn darüber Beschluß gefaßt wird, ob er zu entlasten oder von einer Verbindlichkeit zu befreien ist oder ob die Gesellschaft gegen ihn einen Anspruch geltend machen soll. [2]Für Aktien, aus denen der Aktionär nach Satz 1 das Stimmrecht nicht ausüben kann, kann das Stimmrecht auch nicht durch einen anderen ausgeübt werden.

(2) [1]Ein Vertrag, durch den sich ein Aktionär verpflichtet, nach Weisung der Gesellschaft, des Vorstands oder des Aufsichtsrats der Gesellschaft oder nach Weisung eines abhängigen Unternehmens das Stimmrecht auszuüben, ist nichtig. [2]Ebenso ist ein Vertrag

---

[69] OLG Hamm NZG 2013, 302. Das OLG Hamm lässt offen, ob Entgeltlichkeit als Merkmal der Geschäftsmäßigkeit erforderlich ist. Jedenfalls sei der Stimmrechtsvertreter im vorliegenden Fall von der Gesellschaft bezahlt worden.

[70] Begr. RegE *Kropff* Textausgabe, 1965, 199.

[71] Begr. RegE *Kropff* Textausgabe, 1965, 199.

[72] *Hüffer,* 8. Aufl. 2008, Rn. 32.

[73] Stellungnahme des Bundesrats, BR-Drs. 847/08, 84; s. auch die – überzeugende – Gegenäußerung der Bundesregierung, BR-Drs. 847/08.

nichtig, durch den sich ein Aktionär verpflichtet, für die jeweiligen Vorschläge des Vorstands oder des Aufsichtsrats der Gesellschaft zu stimmen.

Übersicht

I. Allgemeines

1 Regelungsgegenstand des § 136 sind **Stimmverbote** (Abs. 1) und **unzulässige Stimmbindungsverträge** (Abs. 2). § 136 enthielt ursprünglich drei Absätze. Der frühere Abs. 2, der die Ausübung der Stimmrechte aus Aktien betraf, die von der AG selbst oder von unter ihrem Einfluss stehenden Dritten gehalten werden, wurde im Zuge des Verschmelzungsrichtlinien-Gesetzes vom 25.10.1982 (BGBl. I S. 1425) aufgehoben. Entsprechende Regelungen finden sich nunmehr in §§ 71b, 71d.

2 **Stimmverbote** gelten in den Fällen, in denen der Aktionär sein Stimmrecht voraussichtlich zur Durchsetzung von **Partikularinteressen** nutzen würde. Zwar ist die Verfolgung von Eigeninteressen nicht per se unzulässig. In bestimmten Fällen unmittelbarer Betroffenheit würde nach Wertung des Gesetzgebers das Gesellschaftsinteresse bei der Stimmrechtsausübung typischerweise aber so sehr in den Hintergrund treten, dass die Stimmrechtsausübung unzulässig wird.[1]

3 Bei den Stimmverboten (Abs. 1) handelt sich um eine Konkretisierung der allgemeinen, aus der gesellschaftsrechtlichen Treuepflicht folgenden **Grenzen der Stimmrechtsausübung.** Das Gebot, im Einzelfall das Stimmrecht aufgrund der gesellschaftsrechtlichen Treuebindung in einer bestimmten Art und Weise auszuüben, verdichtet sich hier aufgrund der evidenten Interessenkollision zu einem Stimmverbot.[2] Als **dogmatische Grundlage** für die in § 136 Abs. 1 normierten Stimmverbote werden aber auch die allgemeinen Rechtsgedanken, dass niemand Richter in eigener Sache sein oder auf Rechtsgeschäfte, an denen er als Partei teilnimmt, Einfluss nehmen soll,[3] sowie der Rechtsgedanke des § 181 BGB[4] herangezogen.

4 Eine **vertragliche Stimmbindung** (Abs. 2) ist unzulässig, wenn die Stimmen dadurch unter den Einfluss der Gesellschaft oder ihrer Organe gelangen würden und somit eine Selbstkontrolle der Verwaltung hergestellt würde. Sinn und Zweck der Norm ist es, die Gewaltenteilung[5] zwischen Verwaltung und Kapitalgebern (Aktionären) aufrecht zu erhalten. Eine darüber hinausgehende Unvereinbarkeit von Organstellung und Aktionärseigenschaft gibt es jedoch nicht, dh Vorstands- und Aufsichtsratsmitglieder können selbstverständlich Aktionäre sein.[6] Unter welchen Umständen Vorstands- und Aufsichtsratsmitglieder aufgrund eigener Betroffenheit nicht abstimmen dürfen, ist in § 136 Abs. 1 abschließend geregelt.

5 Beide Absätze des § 136 enthalten **abschließende Regelungen.** Durch Satzungsbestimmung kann hiervon weder erweiternd noch einschränkend abgewichen werden.

---

[1] Vgl. RGZ 60, 172 (173); BGHZ 108, 21 (26 f.); KK-AktG/*Zöllner* Rn. 2; *Zöllner,* Die Schranken mitgliedschaftlicher Stimmrechtsmacht, 1963, 146 ff., 157 ff.; Hüffer/*Koch* Rn. 1.

[2] Ähnlich Hüffer/*Koch* Rn. 1.

[3] BGHZ 97, 28 (33); 9, 157 (178); *K. Schmidt* GesR § 21 II 2a.

[4] *Wilhelm* JZ 1976, 674.

[5] Schmidt/Lutter/*Spindler* Rn. 2.

[6] Hüffer/*Koch* Rn. 2.

II. Stimmverbote (Abs. 1)

1. Anwendungsfälle. Die in § 136 Abs. 1 geregelten Stimmverbote sind immer, aber auch nur dann einschlägig, wenn ihr objektiver Tatbestand erfüllt ist. Die Normanwendung einschränkende, subjektive Tatbestandskomponenten sind aus Gründen der Rechtssicherheit nicht zu prüfen.[7] Anders als in § 47 Abs. 4 GmbHG ist in § 136 Abs. 1 bewusst auch kein allgemein gehaltener Auffangtatbestand der „Vornahme eines Rechtsgeschäfts" mit dem Aktionär enthalten. 6

Aufgrund des abschließenden Charakters der Norm verbietet sich eine Erweiterung auf ähnlich gelagerte Fälle möglicher Interessenkollisionen im Wege der **Gesamtanalogie.**[8] Hierfür fehlt es bereits an einer planwidrigen Regelungslücke.[9] 7

Dass darüber hinaus Raum für eine **Einzelanalogie** bleibt, wenn eine Interessenkollision vorliegt, die nach Art und Schwere einem der in § 136 Abs. 1 geregelten Tatbestände gleichkommt, wird überwiegend anerkannt.[10] Die denkbaren Fallgestaltungen sind jedoch limitiert. In der Literatur genannt werden a) die Abstimmung über die Abberufung eines dem Aufsichtsrat angehörenden Aktionärs aus wichtigem Grund und b) die Vertagung der Entscheidung, ob gegen einen Aktionär ein Anspruch geltend gemacht werden soll.[11] Im ersten Fall soll eine Einzelanalogie zu § 136 Abs. 1 S. 1 Alt. 1 (Abstimmung über die eigene Entlastung) vorliegen, im zweiten Fall zu § 136 Abs. 1 S. 1 Alt. 3 (Abstimmung über die Geltendmachung von Ersatzansprüchen gegen den Aktionär). Beides lässt sich mit guten Argumenten vertreten, verträgt sich aber nicht mit dem zentralen gesetzgeberischen Anliegen, eine rechtssichere Regelung zu schaffen. Im Ergebnis ist auch bei der Bildung von Einzelanalogien daher Zurückhaltung geboten. 8

Kein Stimmverbot greift daher zB, wenn es bei der Abstimmung um die eigene Wahl zum Mitglied des Aufsichtsrats oder um die Zustimmung zur Veräußerung der von einem Aktionär gehaltenen vinkulierten Namensaktien (§ 68 Abs. 2 S. 3) geht.[12] In beiden Fällen fehlt es an der für eine Einzelanalogie erforderlichen Vergleichbarkeit mit einem Tatbestand des § 136 Abs. 1. 9

a) Abstimmung über eigene Entlastung (Abs. 1 S. 1 Alt. 1). Ein Stimmverbot besteht gemäß § 136 Abs. 1 S. 1 Alt. 1 für denjenigen, über dessen Entlastung zu beschließen ist. Unter **Entlastung** wird entsprechend § 120 Abs. 2 S. 1 die Billigung der Verwaltung der Gesellschaft durch Vorstand, Aufsichtsrat oder auch Abwickler verstanden. Für die Anwendung des § 136 Abs. 1 S. 1 Alt. 1 macht es **keinen Unterschied, ob der Betroffene noch im Amt ist oder nicht.**[13] Die Entlastung bezieht sich primär auf das vergangene Verwaltungshandeln, enthält aber regelmäßig bei den noch im Amt befindlichen Personen auch eine zukunftsbezogene Komponente **(„Vertrauensvorschuss").** Ein Verzicht auf Ersatzansprüche der Gesellschaft ist mit der Entlastung nach der ausdrücklichen Regelung in § 120 Abs. 2 S. 2 nicht verbunden. Über einen solchen Verzicht bedürfte es eines gesonderten Hauptversammlungsbeschlusses, bei dem der Betroffene gemäß § 136 Abs. 1 S. 1 Alt. 2 (→ Rn. 14) nicht mitstimmen dürfte. 10

Ob der Beschlussgegenstand in der Tagesordnung ausdrücklich als „Entlastung" bezeichnet ist, ist ohne Belang. Es kommt entscheidend darauf an, ob eine inhaltliche Billigung des vergangenen Verwaltungshandelns gemeint ist.[14] Keine Entlastung stellt somit die Billigung von erst geplanten Verwaltungsmaßnahmen dar, die zB gemäß § 119 Abs. 2 vom Vorstand der Hauptversammlung zur Entscheidung vorgelegt werden.[15] Ein Beschluss über die **vorzeitige Abberufung eines Aufsichtsratsmitglieds** gemäß § 103 Abs. 1 kann nicht als Beschluss über die Entlastung interpretiert werden, so dass ein betroffener Aufsichtsrat und Aktionär bei dem Abberufungsbeschluss stimmberechtigt ist.[16] Dies gilt indes unabhängig vom Beschlussergebnis: Findet der Abberufungsantrag keine Mehrheit, kann hierin nicht ein stillschweigender Entlastungsbeschluss gesehen werden. Für einen gegen den Vorstand gerichteten Beschluss über einen **Vertrauensentzug** gemäß § 84 Abs. 3 (→ § 84 Rn. 1 ff.) gilt nichts anderes.[17] 11

---

[7] Hüffer/*Koch* Rn. 17 mit weiterführenden Hinweisen zur Entstehungsgeschichte der Norm.
[8] BGHZ 97, 28 (33); Hüffer/*Koch* Rn. 18; MüKoAktG/*Schröer* Rn. 21; KK-AktG/*Zöllner* Rn. 26.
[9] Schmidt/Lutter/*Spindler* Rn. 27.
[10] Schmidt/Lutter/*Spindler* Rn. 28; Hüffer/*Koch* Rn. 18; MüKoAktG/*Schröer* Rn. 22; KK-AktG/*Zöllner* Rn. 26; aA *Zimmermann* FS Rowedder, 1994, 593 (600 ff.).
[11] Schmidt/Lutter/*Spindler* Rn. 28 und 29 mwN.
[12] BGHZ 48, 163 (167) zur GmbH; Hüffer/*Koch* Rn. 18.
[13] MüKoAktG/*Schröer* Rn. 6.
[14] RGZ 115, 246 (250); 106, 258 (262); statt vieler KK-AktG/*Zöllner* Rn. 7.
[15] BGHZ 108, 21 (25 f.); Hüffer/*Koch* Rn. 19; Schmidt/Lutter/*Spindler* Rn. 21, jeweils mwN.
[16] Statt vieler MüKoAktG/*Schröer* Rn. 7.
[17] Vgl. Schmidt/Lutter/*Spindler* Rn. 21.

12 In der Praxis üblich und zulässig (s. aber § 120 Abs. 1 S. 2) ist es, die Beschlüsse über die Entlastung der Mitglieder von Vorstand und Aufsichtsrat jeweils zusammenzufassen **(„Gesamtentlastung“).** In diesem Fall ist jedoch **keines** der jeweiligen Organmitglieder stimmberechtigt.[18] Wird hingegen über die Entlastung der Organmitglieder einzeln abgestimmt **(„Einzelentlastung“),** erstreckt sich das Stimmverbot nach zutreffender hM ausschließlich auf die eigene Entlastung, dh ein Mitglied des Aufsichtsrats oder des Vorstands ist bei dem Beschluss über die Entlastung seiner Gremienkollegen stimmberechtigt.[19] Die Gegenauffassung[20] ist nicht mit dem Wortlaut des § 136 Abs. 1 vereinbar und widerspricht im Übrigen dem aus Gründen der Rechtssicherheit gewünschten, abschließenden Charakter der Norm (→ Rn. 5). Allerdings soll nach hM eine Ausnahme von diesem Grundsatz gelten, wenn konkrete Anhaltspunkte dafür vorliegen, dass ein an sich stimmberechtigtes Organmitglied an einer bestimmten, den Gegenstand des Entlastungsbeschlusses bildenden Pflichtverletzung eines anderen Organmitglieds mitgewirkt hat.[21] Obgleich betont wird, dass bloße Verdächtigungen nicht ausreichen sollen,[22] bestehen unter dem Gesichtspunkt der Rechtssicherheit und angesichts der Abgrenzungsschwierigkeiten zwischen „Verdacht“ und „konkreter Möglichkeit“ eines Zusammenwirkens[23] Bedenken. Bei der Annahme eines Stimmverbots bei der Abstimmung über die Entlastung eines anderen Organmitglieds ist in der Praxis daher höchste Zurückhaltung geboten.

13 Das Meinungsbild zu der Frage, ob Aktionäre, die dem Aufsichtsrat angehören, bei der Entlastung des Vorstands stimmberechtigt sind, und umgekehrt, gleicht dem Meinungsbild zur Frage des Stimmrechts bei der Einzelentlastung (→ Rn. 12). Nur vereinzelt wird gefordert, dass hierbei ein Stimmverbot gemäß § 136 Abs. 1 S. 1 Alt. 1 greife.[24] Mit der ganz hM[25] ist anzunehmen, dass grundsätzlich ein Stimmrecht besteht, dieses aber bei Mitwirkung an einer Pflichtverletzung ausgeschlossen sein kann.

14 **b) Befreiung von einer eigenen Verbindlichkeit.** Ein Aktionär hat gemäß § 136 Abs. 1 S. 1 Alt. 2 kein Stimmrecht, wenn der Beschluss die Befreiung des Aktionärs von einer Verbindlichkeit zum Gegenstand hat. Welcher Art die Verbindlichkeit ist, insbesondere aus welchem Rechtsgrund sie besteht, ist ohne Bedeutung. Die Verbindlichkeit kann also in jedem **Tun, Dulden oder Unterlassen** bestehen, im Falle eines Leistungsanspruchs kann, aber muss sie nicht auf Geldzahlung gerichtet sein. Auch die Verpflichtung eines Sicherheitengebers (zB Bürge, Garantiegeber) stellt eine – jedenfalls latente – Verbindlichkeit dar und löst ein Stimmverbot aus.[26] Grundlage der Verbindlichkeit kann das **Organverhältnis** (zB §§ 93 Abs. 2 und 3; 116, 117 (309) Abs. 2), allgemein das **Gesellschaftsverhältnis** (§§ 36a, 46 Abs. 2, 55 Abs. 1 und 2) oder jedes andere vertragliche (zB Kauf, Miete, Dienstvertrag, Darlehen) oder gesetzliche (Delikt, rechtsgrundlose Leistung) **Schuldverhältnis** sein.[27] Zu beachten ist, dass ein Verzicht auf die Hauptleistungspflichten des Aktionärs (§§ 54 und 65) gemäß § 66 Abs. 1 (s. auch § 66 Abs. 2) ausgeschlossen ist (zum Fall der Kapitalherabsetzung bei noch ausstehenden Einlagen → Rn. 17).

15 Besteht der Grund der Verbindlichkeit in einem von dem Organ- oder Gesellschaftsverhältnis unabhängigen Sachverhalt, bei dem der Aktionär der AG wie ein fremder Dritter gegenübersteht (Beispiel: Der Aktionär hat Vermögensgegenstände von der AG gekauft, Teile des Kaufpreises sollen ihm erlassen werden), bleibt es bei der **grundsätzlichen Geschäftsführungsbefugnis des Vorstands** (§ 77 Abs. 1). Zu einer Entscheidungszuständigkeit der Hauptversammlung kann es in diesen Fällen daher nur durch eine Vorlage des Vorstands gemäß § 119 Abs. 2 kommen.[28] Hat die Verbindlichkeit ihren Ursprung in dem Organ- oder Gesellschaftsverhältnis, ordnet das AktG die Zuständigkeit der Hauptversammlung für einen Verzicht an (§§ 50, 93 Abs. 4 S. 3, 117 Abs. 4, 309 Abs. 3 S. 1).

16 Der Begriff der **Befreiung** ist nach Sinn und Zweck der Norm denkbar **weit auszulegen.** Neben Erlassvertrag, Verzicht und Vergleich fällt hierunter jede auch nur vorübergehende Entbindung von der Leistungspflicht, zB durch Stundung oder pactum de non petendo.[29]

---

18 BGHZ 108, 21 (25 f.); MüKoAktG/*Schröer* Rn. 8.

19 Dies voraussetzend BGHZ 97, 28 (33); OLG München AG 1995, 381 (382); Hüffer/*Koch* Rn. 20; MüKoAktG/*Schröer* Rn. 8, jeweils mwN.

20 KK-AktG/*Zöllner* Rn. 8; *Zöllner,* Die Schranken mitgliedschaftlicher Stimmrechtsmacht, 1963, 201 ff.

21 Statt vieler Hüffer/*Koch* Rn. 20 mwN; MüKoAktG/*Schröer* Rn. 9.

22 Hüffer/*Koch* Rn. 20; Schmidt/Lutter/*Spindler* Rn. 22.

23 Hüffer/*Koch* Rn. 20.

24 KK-AktG/*Zöllner* Rn. 9; *Schütze* AG 1967, 165.

25 MüKoAktG/*Schröer* Rn. 9; Hüffer/*Koch* Rn. 21; Schmidt/Lutter/*Spindler* Rn. 23.

26 Schmidt/Lutter/*Spindler* Rn. 9.

27 Hüffer/*Koch* Rn. 22; Schmidt/Lutter/*Spindler* Rn. 24.

28 Hüffer/*Koch* Rn. 22.

29 AllgM, s. nur Hüffer/*Koch* Rn. 22; MüKoAktG/*Schröer* Rn. 11; KK-AktG/*Zöllner* Rn. 10; Schmidt/Lutter/*Spindler* Rn. 24.

Es besteht grundsätzlich Einigkeit, dass § 136 Abs. 1 S. 1 Alt. 2 auf den Fall einer **Kapitalherabsetzung bei noch ausstehenden Einlagen** (§ 66 Abs. 3) nicht anwendbar ist, obwohl es sich in der Sache um eine Befreiung von der Einlagepflicht handelt. Grund ist, dass im Regelfall alle Aktionäre gleichmäßig betroffen und auch befangen sind, aber schlechterdings nicht alle Aktionäre von der Abstimmung ausgeschlossen sein können.[30] Diskutiert wird dagegen, ob ein Stimmverbot besteht, wenn nur einzelne Aktionäre ihre Einlage noch nicht geleistet haben und daher in besonderer Weise betroffen sind, oder wenn die Rückstände sehr unterschiedlich hoch ausfallen.[31] Dies ist aus folgenden Gründen abzulehnen: Zum einen ist unklar, wie groß der Unterschied der rückständigen Einlagen sein muss, um eine wesentliche Interessendivergenz der beteiligten Aktionäre zu begründen. Zudem sind die Interessen der Aktionäre bei einer Kapitalherabsetzung jedenfalls formal gleichgerichtet, auch wenn nur ein Teil der Aktionäre die Einlage bereits geleistet hat: Diese Aktionäre erhalten ihre Einlage zurück. 17

c) Geltendmachung von Ansprüchen gegen einen Aktionär. Gemäß § 136 Abs. 1 S. 1 Alt. 3 darf ein Aktionär bei Hauptversammlungsbeschlüssen über die Geltendmachung von gegen ihn gerichteten Ansprüchen nicht mit abstimmen. Der Begriff des **Anspruchs** ist in Übereinstimmung mit der allgemeinen zivilrechtlichen Definition als das Recht zu verstehen, von einem anderen ein Tun, Dulden oder Unterlassen zu verlangen (→ Rn. 14). Art und Herkunft des Anspruchs sind wie bei § 136 Abs. 1 S. 1 Alt. 2 (Befreiung von einer Verbindlichkeit) gleichgültig. **Geltendmachung** ist dabei jede gerichtliche oder außergerichtliche Maßnahme zur Anspruchsverfolgung, also neben Klageerhebung und Einleitung des gerichtlichen Mahnverfahrens bereits die Übersendung einer Mahnung oder eines Anspruchsschreibens (Fristsetzung) oder auch die Beauftragung von Anwälten zur Geltendmachung des Anspruchs. Auch die Bestellung eines besonderen Vertreters gemäß § 147 Abs. 3 zur Geltendmachung von Ansprüchen fällt bereits hierunter.[32] Wie in den Fällen des § 136 Abs. 1 S. 1 Alt. 2 handelt es sich bei der Geltendmachung von Ansprüchen um Geschäftsführungsmaßnahmen, die normalerweise in den Zuständigkeitsbereich des Vorstands fallen. Zu einer Zuständigkeit der Hauptversammlung kann es daher nur aufgrund einer Spezialregelung im AktG (§ 147 Abs. 1) oder aufgrund einer Vorlage des Vorstands gemäß § 119 Abs. 2 kommen.[33] Einschlägig sind ferner alle Phasen der Anspruchsdurchsetzung, also nicht etwa nur die Einleitung, sondern auch die Beendigung durch Klagerücknahme, Vergleich, Erledigungserklärung oder auch eine wesentliche Änderung oder eine Reduktion des geltend gemachten Anspruchs. Überschneidungen mit § 136 Abs. 1 S. 1 Alt. 2 sind dabei jederzeit möglich. 18

Nach hM fällt unter den Begriff der Geltendmachung nicht nur die aktive Anspruchsverfolgung, sondern auch die Entscheidung über die **Abwehr** oder (ggf. **im Vergleichswege, auch teilweise) Anerkennung von Ansprüchen eines Aktionärs.**[34] Wegen der offensichtlich gleichlaufenden Interessenlage wie bei der Einleitung von Aktivprozessen gegen einen Aktionär ist dies interessengerecht. Für die Frage des Stimmverbots kann es allerdings keinen Unterschied machen, ob es sich bei dem klagenden Aktionär um einen Groß- oder Kleinaktionär[35] handelt. Zudem ist die Abgrenzung zwischen Groß- und Kleinaktionär dem AktG fremd und keinesfalls trennscharf. Angesichts des eindeutigen Wortlauts des § 136 Abs. 1 S. 1 Alt. 3 dürfte es sich bei diesem Anwendungsfall dogmatisch um eine Einzelanalogie (→ Rn. 8) handeln. 19

2. Verbotsadressaten. a) Aktionäre. Adressat eines Stimmverbots ist zunächst jeder Aktionär, in dessen Person ein Verbotstatbestand gemäß § 136 Abs. 1 S. 1 verwirklicht ist. Das Stimmverbot gilt dabei auch, wenn der Aktionär das Stimmrecht für einen anderen Aktionär ausüben will, und zwar auch dann, wenn er bei der Stimmrechtsausübung weisungsgebunden ist.[36] Bei der **Einmann-AG** greift kein Stimmverbot, da es per definitionem keine Partikularinteressen geben kann und die Hauptversammlung durch ein Stimmverbot handlungsunfähig würde.[37] Aus den gleichen Gründen kann auch bei **gleichmäßiger Befangenheit** aller stimmberechtigten Aktionäre kein Stimmverbot gelten.[38] 20

[30] Hüffer/*Koch* Rn. 22; MüKoAktG/*Schröer* Rn. 12; Schmidt/Lutter/*Spindler* Rn. 25; KK-AktG/*Zöllner* Rn. 13.

[31] Hüffer/*Koch* Rn. 22; KK-AktG/*Zöllner* Rn. 13.

[32] BGHZ 97, 28 (34).

[33] Hüffer/*Koch* Rn. 23.

[34] Hüffer/*Koch* Rn. 23; KK-AktG/*Zöllner* Rn. 17.

[35] So aber offenbar Hüffer/*Koch* Rn. 23: jedenfalls der Großaktionär dürfe nicht mitstimmen.

[36] Schmidt/Lutter/*Spindler* Rn. 6.

[37] BGHZ 105, 324 (333) zur Einmann-GmbH; für die AG bestätigt durch BGH NZG 2011, 950 (HVB/Unicredit); diff. *Ott* RNotZ 2014, 423 (428).

[38] Hüffer/*Koch* Rn. 5 mwN.

21 **b) Stimmrechtsausübung durch Dritte (Vertretung, Legitimationszession, Treuhand).** Wird das Stimmrecht durch Dritte ausgeübt, ist zu unterscheiden, ob das Stimmverbot in der Person des Vertreters (§ 136 Abs. 1 S. 1) oder des Vertretenen (§ 136 Abs. 1 S. 2) besteht.

22 Gemäß § 136 Abs. 1 erstreckt sich ein **Stimmverbot des Aktionärs** nicht nur auf von diesem Aktionär gehaltene Aktien, sondern verbietet auch die Stimmrechtsausübung durch diesen Aktionär für andere Aktionäre der AG. Dabei macht es keinen Unterschied, ob der vertretene Aktionär ebenfalls einem Stimmverbot unterliegt.[39] Umgekehrt gilt das Stimmverbot auch dann, wenn der Vertreter zwar selbst nicht Aktionär ist, aber als solcher von einem Stimmverbot betroffen wäre.[40] Entsprechend dem Wortlaut des § 136 Abs. 1 ist die Wirkung des Stimmverbots nicht auf Vertretungsfälle beschränkt, sondern deckt alle Formen der Stimmrechtsausübung „für einen anderen", also namentlich Legitimationszession (§ 129 Abs. 3, → § 134 Rn. 61), Treuhand und die Amtswalterverhältnisse (Insolvenzverwalter, § 80 Abs. 1 S. 1 InsO; Nachlassverwalter, § 1984 Abs. 1 BGB; Testamentsvollstrecker, § 2205 S. 1 und 2 BGB, → § 134 Rn. 59 f.). Ein bestehendes Stimmverbot kann auch nicht durch Erteilung einer Untervollmacht durch den ausgeschlossenen Vertreter umgangen werden. Ebenfalls unzulässig ist eine verdeckte Vertretung (dies ist nach dem Gesetz zur Umsetzung der Aktionärsrechterichtlinie – ARUG – vom 30.7.2009, BGBl. I S. 2479, der Regelfall bei der Ausübung des Depotstimmrechts, § 135 Abs. 5 S. 1), bei der die Person des Vertretenen nicht offengelegt wird.

23 Liegt das **Stimmverbot in der Person des Vertretenen** vor, kann das Stimmrecht auch nicht durch einen anderen ausgeübt werden (§ 136 Abs. 1 S. 2). Eine wirksame Stellvertretung des ausgeschlossenen Aktionärs ist somit nicht möglich, auch wenn der Vertreter nicht von einem Stimmverbot betroffen ist.[41] Wiederum (→ Rn. 22) sind alle Arten der Stimmrechtsausübung durch Dritte erfasst, namentlich ist auch eine verdeckte Stimmrechtsvertretung unzulässig. Testamentsvollstrecker können gemäß § 136 Abs. 1 S. 2 ausgeschlossen sein, wenn sie nicht selbst einem Stimmverbot unterliegen, sondern die gesetzlich vertretenen Erben.[42] Zu beachten ist, dass bei einer Erbengemeinschaft ein in der Person eines Erbens vorliegendes Stimmverbot nicht automatisch auf die anderen Erben durchschlägt (→ Rn. 33).

24 **3. Erfassung des Aktienbesitzes dritter Gesellschaften (Zurechnungsfragen). a) Allgemeines.** Eine zu einem Stimmverbot führende Interessenkollision kann nicht nur in Bezug auf von einer natürlichen Person (alleine) gehaltene Aktien vorliegen. Eine ebenso zu bewertende Interessenlage kann bestehen, wenn die Aktien formal von einer Gesellschaft gehalten werden, an der eine von der Stimmrechtsausübung ausgeschlossene Person direkt oder indirekt beteiligt ist. Gleiches gilt, wenn die Aktien von einer Gemeinschaft (insbesondere: Erbengemeinschaft) gehalten werden, deren Mitglied die ausgeschlossene Person ist. Schließlich kann sich auch die Frage stellen, ob ein maßgeblicher Einfluss einer Person, die für eigene Aktien einem Stimmverbot unterläge, auf einen Aktionär zu einem Stimmverbot führt.

25 Bei der Bewertung von Zurechnungsfragen unter Beteiligung dritter Personenmehrheiten wurde früher danach unterschieden, ob es sich um juristische Personen auf der einen Seite oder Gesamthands- oder Bruchteilsgemeinschaften auf der anderen Seite handelt.[43] Angesichts der heute ganz überwiegend anerkannten Rechtsfähigkeit der BGB-Gesellschaft (§§ 705 ff. BGB) erscheint diese Unterscheidung als obsolet und lässt sich so nicht mehr aufrecht erhalten.[44] Nach Sinn und Zweck des § 136, die Durchsetzung gesellschaftsfremder Partikularinteressen zu verhindern, kommt es entscheidend auf die Art und Weise der verbandsinternen Willensbildung an, die sich wiederum in der Stimmrechtsausübung niederschlägt. Diese kann zB in einer personalistisch geprägten AG mit wenigen Gesellschaftern ganz ähnlich ausgestaltet sein wie in einer OHG.[45] Es sind daher zunächst unabhängig von der Rechtsform **Fallgruppen** zu bilden, in denen sich die Verwirklichung eines objektiven Stimmrechtsverbotstatbestandes in einer Person oder Personenmehrheit auf andere Aktieninhaber, die wiederum eine Person oder Personenmehrheit sein können, auswirkt.[46]

26 **b) Stimmverbot gegen Gesellschafter der Drittgesellschaft, Durchgriff auf die Drittgesellschaft.** Von einem Stimmverbot können zunächst Mitglieder einer über einen Aktienbestand

---

[39] BGHZ 56, 47 (53); RGZ 146, 71 (77).
[40] BGHZ 108, 21 (25 f.).
[41] BGHZ 56, 47 (53) zur GmbH.
[42] Vgl. BGHZ 108, 21 (25 f.) zur GmbH.
[43] KK-AktG/*Zöllner* § 146 Rn. 35 ff.; *Wank* ZGR 1979, 222.
[44] So Hüffer/*Koch* Rn. 8; MüKoAktG/*Schröer* Rn. 39; dem folgend Schmidt/Lutter/*Spindler* Rn. 11 f.
[45] Schmidt/Lutter/*Spindler* Rn. 11.
[46] So iErg schon KK-AktG/*Zöllner* Rn. 35 ff.; *Zöllner,* Die Schranken mitgliedschaftlicher Stimmrechtsmacht, 1963, 274 ff.; ebenso Hüffer/*Koch* Rn. 9; Schmidt/Lutter/*Spindler* Rn. 10 f.

verfügenden Gesellschaft betroffen sein. Beispiel: Die Hauptversammlung der A-AG beschließt über die Einleitung eines Rechtsstreits gegen G. G ist Gesellschafter der B-GmbH, die Aktien der A-AG hält. Dass G, hielte er selbst Aktien der A-AG, nicht abstimmen dürfte, ist evident. Ob sich das Stimmverbot auch auf den von der B-GmbH gehaltenen Aktienbestand erstreckt, lässt sich nach heute hM nicht allein aus den in dem Beispielsfall enthaltenen Informationen ablesen. Das Stimmverbot des G wirkt sich nicht automatisch auf die B-GmbH aus, sondern nur, wenn G einen maßgeblichen Einfluss auf die B-GmbH ausüben und damit deren Stimmverhalten in der Hauptversammlung der A-AG bestimmen kann. Nur in diesem Fall materialisiert sich die Gefahr einer unzulässigen Durchsetzung von Sonderinteressen in einem Maß, das die Annahme eines Stimmverbots gebietet.[47] Bei der Ermittlung des maßgeblichen Einflusses ist eine **Gesamtbetrachtung** der Beteiligungs- und Machtverhältnisse innerhalb der B-GmbH anzustellen. Da es für § 136 auf eine abstrakte Gefahr (der Durchsetzung von Sonderinteressen) ankommt, ist diese Gesamtbetrachtung allerdings auf abstrakter Ebene durchzuführen, dh es sind die aufgrund Beteiligungshöhe, Satzungs- oder sonstiger Regelung bestehenden Einflussmöglichkeiten zu analysieren, nicht die tatsächliche Handhabung.[48]

Die gleichen Überlegungen sind grundsätzlich anzustellen, wenn die Aktien nicht von einer juristischen Person, sondern von einer **Personengesellschaft** gehalten werden. Ein Stimmrechtsausschluss ist nicht schon deshalb anzunehmen, weil ein Gesellschafter iSd § 136 Abs. 1 befangen ist, sondern nur dann, wenn dieser in der Lage ist, die Personengesellschaft und ihre Stimmrechtsausübung maßgeblich zu beeinflussen. 27

Folgende **Beispielsfälle** haben sich in der Praxis herausgebildet: Die Befangenheit eines Alleinaktionärs oder -gesellschafters wirkt sich stets auf die von der Gesellschaft auszuübenden Stimmrechte aus.[49] Gleiches gilt, wenn das Stimmverbot alle Gesellschafter oder Aktionäre der die Aktien haltenden Gesellschaft betrifft.[50] Bei Personengesellschaften begründet die Stellung als alleiniger geschäftsführender Gesellschafter oder Komplementär einen zum Durchgriff des Stimmverbots führenden maßgeblichen Einfluss.[51] Im Übrigen ist ein maßgeblicher Einfluss anzunehmen, wenn der befangene Gesellschafter die Drittgesellschaft iSd § 17 beherrscht, dh eine Mehrheitsbeteiligung begründet eine – widerlegbare – Beherrschungsvermutung. Auf die Unternehmenseigenschaft, die Tatbestandsmerkmal des § 17 ist, kommt es in diesem Zusammenhang indes nicht an.[52] 28

c) Stimmverbot gegen Drittgesellschaft, Durchgriff auf ihre Gesellschafter. Anerkannt ist, dass sich auch das gegen eine Drittgesellschaft richtende Stimmverbot auf einen Gesellschafter dieser Drittgesellschaft auswirken kann. Beispiel: G hält Aktien der A-AG und ist zugleich Komplementär der C-KG. Die Hauptversammlung der A-AG hat über die Einleitung eines Rechtsstreits gegen die C-KG zu beschließen. Nach zutreffender, heute wohl hM ist hier ein Stimmverbot nicht allein deswegen anzunehmen, weil G Gesellschafter der C-KG ist. Allerdings besteht aufgrund seiner persönlichen, unbeschränkten Haftung für die Verbindlichkeiten der C-KG ein derart starker wirtschaftlicher **Interessengleichlauf,** dass in diesem Fall eine Ausdehnung des Stimmverbots auf die von G persönlich gehaltenen Aktien geboten ist. Bei juristischen Personen ist ein solcher Interessengleichlauf aufgrund der bestehenden Haftungsabschirmung nicht ohne weiteres anzunehmen, selbst wenn der betroffene Gesellschafter einen beherrschenden oder maßgeblichen Einfluss ausübt (im Einzelnen strittig). Eine hinreichend enge Interessenverknüpfung wird auch bei Alleingesellschaftern und Alleinaktionären der Drittgesellschaft angenommen[53] sowie dann, wenn sich die Anteile der Drittgesellschaft zwar im Besitz mehrerer Personen befinden, diese aber sämtlich auch an der AG beteiligt sind.[54] Ferner sei ein Interessengleichlauf immer dann anzunehmen, wenn die Beteiligung an der Drittgesellschaft wesentlich höher sei als die an der AG gehaltene Beteiligung.[55] Überzeugend ist dies nicht: Die wirtschaftliche Bedeutung der Beteiligung an der AG kann für den Gesellschafter/ Aktionär trotz prozentual niedrigerer Beteiligung erheblich größer sein als die wirtschaftliche Bedeutung der Beteiligung an der Drittgesellschaft. Ohne ergänzende Begleitumstände sollte in diesen Fällen daher keine zu einem Stimmverbot führende Interessenverknüpfung angenommen werden. 29

---

[47] Vgl. KK-AktG/*Zöllner* Rn. 41; *Wank* ZGR 1976, 222 (229); *U. H. Schneider* ZHR 150 (1986), 609 (618 f.); Hüffer/*Koch* Rn. 10; Schmidt/Lutter/*Spindler* Rn. 12.

[48] *U. H. Schneider* ZHR 150 (1986), 609 (620); MüKoAktG/*Schröer* Rn. 43; nach *Happ/Bednarz* FS Hoffmann-Becking, 2013, 433 (443) soll eine Entherrschung im Einzelfall möglich sein und so das Stimmrecht erhalten.

[49] RGZ 146, 385 (392); OLG Brandenburg NZG 2001, 129 (130).

[50] BGHZ 68, 107 (110).

[51] *Wank* ZGR 1979, 220 (230).

[52] Hüffer/*Koch* Rn. 11; *Wank* ZGR 1976, 222 (229); KK-AktG/*Zöllner* Rn. 41.

[53] S. nur Hüffer/*Koch* Rn. 12; Schmidt/Lutter/*Spindler* Rn. 13.

[54] BGHZ 68, 107 (109) für die GmbH; zust. Hüffer/*Koch* Rn. 13.

[55] Schmidt/Lutter/*Spindler* Rn. 13.

30 **d) Stimmverbot gegen Organmitglieder der Drittgesellschaft, Durchgriff auf die Drittgesellschaft.** Analog zu Stimmverboten gegen einzelne Gesellschafter der Drittgesellschaft greifen auch Stimmverbote, denen Organmitglieder (Geschäftsführer, Mitglieder des Vorstands oder des Aufsichtsrats) der Drittgesellschaft unterliegen, nicht automatisch auf den von der Drittgesellschaft gehaltenen Aktienbestand durch. Eine Erstreckung des Stimmverbots ist erst anzunehmen, wenn der oder die betroffenen Organmitglieder aufgrund ihrer Stellung in der Drittgesellschaft einen **maßgeblichen Einfluss** auf die Stimmrechtsausübung haben.[56] Handelt es sich bei der befangenen Person um den alleinigen gesetzlichen Vertreter (Allein-Vorstand oder Alleingeschäftsführer), wird ein Stimmverbot für die Drittgesellschaft regelmäßig anzunehmen sein.[57] Bei Kollegialorganen ist dies dagegen nur ausnahmsweise der Fall,[58] etwa wenn eine „alleinige und vollständige Beherrschung“[59] vorliegt. Neben einer rechtlichen Beherrschung wird „in Ausnahmefällen“ auch die Ausübung eines „krassen faktisch beherrschenden Einflusses“[60] als ausreichend erachtet. Auch eine weitgehende Personenidentität zwischen den Organen der Drittgesellschaft und der AG kann zu einer Ausdehnung des Stimmverbots führen.[61] Unterliegen beide Gesellschaften jedoch der Mitbestimmung nach dem MitbestG ist selbst in Fällen vollständiger Personenidentität der Vorstände von Ober- und Untergesellschaft ein Stimmrechtsausschluss in aller Regel nicht anzunehmen. Denn gemäß § 32 Abs. 1 S. 1 MitbestG ist für die dort aufgelisteten, maßgeblichen Entscheidungen zwingend der Aufsichtsrat der Obergesellschaft zuständig. Der Vorstand der Obergesellschaft führt bei der Stimmrechtsausübung in der Untergesellschaft also nur noch die Weisung des Aufsichtsrats aus und kann daher keinen maßgeblichen Einfluss nehmen.[62]

31 Für die Praxis ist zu empfehlen, mögliche Interessenkollisionen im Einklang mit Ziff. 4.3.4 (Vorstand) und 5.5.2 DCGK offen zu legen und die betroffenen Organmitglieder von der fraglichen Abstimmung auszuschließen.[63] Wirklich rechtssicher kann ein Stimmverbot dadurch zwar nicht vermieden werden, eine gewisse Gegenindikation gegen die Annahme eines maßgeblichen Einflusses kann aber hergestellt werden.[64]

32 **e) Stimmverbot gegen die Drittgesellschaft, Durchgriff auf Organmitglieder.** Im umgekehrten Fall, wenn also die Drittgesellschaft in den objektiven Tatbestand eines Stimmverbots fällt, ist größere **Zurückhaltung** bei der Annahme eines daraus resultierenden Stimmverbots für den von Organmitgliedern der Drittgesellschaft gehaltenen Aktienbesitz geboten. Zu weitgehend ist jedenfalls die Annahme eines generellen Stimmverbots für die Organmitglieder der Drittgesellschaft.[65] Im Ergebnis wird wie bei den Auswirkungen auf Gesellschafter der Drittgesellschaft (→ Rn. 29) auf einen **Interessengleichlauf** abzustellen sein.[66] Da die Stimmrechtsausübung für die Drittgesellschaft grundsätzlich Geschäftsführungsmaßnahme ist und somit im Verantwortungsbereich des Vorstands liegt, wird eine Erstreckung des Stimmverbots für Vorstandsmitglieder eher anzunehmen sein als auf Aufsichtsratsmitglieder der Drittgesellschaft.[67]

33 **4. Gemeinschaftliche Berechtigung, nicht rechtsfähige Gesamthand.** Stehen Aktien mehreren Berechtigten gemeinschaftlich zu, stellen sich grundsätzlich die gleichen Fragen wie bei Aktien, die von einer Gesellschaft gehalten werden. In Betracht kommen namentlich die Bruchteilsgemeinschaft (§§ 741 ff. BGB) und die nicht rechtsfähigen Gesamthandsgemeinschaften Erbengemeinschaft (§§ 2032 ff. BGB) und Gütergemeinschaft (§§ 1415 ff. BGB, soweit die Aktien Gesamtgut sind). Nach der heute hM betrifft das Stimmverbot zunächst nur den Teilhaber, in dessen Person es verwirklicht ist.[68] Eine Ausdehnung des Stimmverbots auf andere Mitberechtigte kommt nur in Betracht, wenn diese unter einem **maßgeblichen Einfluss** des Befangenen stehen. Ein solcher Einfluss liegt zB vor, wenn ein Miterbe, was gemäß § 2038 Abs. 2 S. 1 BGB iVm § 745 Abs. 1 S. 1 BGB möglich ist, mit der alleinigen Verwaltung des Nachlasses betraut wurde.[69]

---

[56] Wohl hM, BGHZ 36, 296 (299); RGZ 146, 385 (391); Hüffer/*Koch* Rn. 14; MüKoAktG/*Schröer* Rn. 45; *U. H. Schneider* ZHR 150 (1986), 609 (620); *Fischer* NZG 1999, 192; Schmidt/Lutter/*Spindler* Rn. 14 mwN.
[57] Schmidt/Lutter/*Spindler* Rn. 14 mwN.
[58] OLG Karlsruhe DB 2000, 1653.
[59] OLG Düsseldorf AG 1968, 19 (20).
[60] OLG Karlsruhe DB 2000, 1653.
[61] LG Köln NJW-RR 1998, 966.
[62] *Petersen/Schulze De la Cruz* NZG 2012, 453 (456) mwN.
[63] Schmidt/Lutter/*Spindler* Rn. 16; MüKoAktG/*Schröer* Rn. 47.
[64] MüKoAktG/*Schröer* Rn. 47.
[65] So aber *Zöllner,* Die Schranken mitgliedschaftlicher Stimmrechtsmacht, 1963, 281.
[66] Ebenso Hüffer/*Koch* Rn. 14; MüKoAktG/*Schröer* Rn. 44; Schmidt/Lutter/*Spindler* Rn. 16.
[67] MüKoAktG/*Schröer* Rn. 44; Schmidt/Lutter/*Spindler* Rn. 16.
[68] BGH WM 1976, 204 (205); BGHZ 51, 209 (219); 49, 183 (193 f.); Hüffer/*Koch* Rn. 15; MüKoAktG/*Schröer* Rn. 49; KK-AktG/*Zöllner* Rn. 35; Schmidt/Lutter/*Spindler* Rn. 17; aA noch RGZ 146, 385 (391).
[69] Hüffer/*Koch* Rn. 15.

5. Nahestehende Personen. Es besteht heute weitgehende Einigkeit, dass ein Stimmverbot der Ehepartner, (eingetragenen oder faktischen) Lebenspartner, Eltern und Kinder eines Aktionärs sich nicht automatisch auf den Aktionär auswirkt.[70] Eine Ausdehnung des Stimmverbots kommt allenfalls im Fall einer Umgehung des Stimmverbots in Betracht, wenn also die Aktien eigens zu diesem Zweck auf zB den Ehepartner übertragen wurden.[71] 34

6. Rechtsfolgen des Stimmverbots. Der von einem Stimmverbot betroffene Aktionär bleibt zur Teilnahme an der Hauptversammlung und auch zur Antragstellung berechtigt. Er hat wie jeder andere Aktionär das **Rede- und Auskunftsrecht.** Insbesondere ist er berechtigt, Widerspruch zu Protokoll zu erklären und gefasste Beschlüsse anzufechten. An **Abstimmungen** darf sich der von einem Stimmverbot betroffene Aktionär nicht beteiligen, er bleibt aber auch während des Abstimmungsvorgangs zur Anwesenheit berechtigt. Sofern das Vorliegen eines Stimmverbots erkennbar ist, schließt der Versammlungsleiter den oder die betroffenen Aktionäre von der Abstimmung aus. Bei Anwendung der **Subtraktionsmethode** (→ § 133 Rn. 27) sind die betroffenen Stimmen von der festgestellten Präsenz abzuziehen, da ansonsten das Ergebnis verfälscht würde. Alternativ können die suspendierten Stimmen bei der Präsenz berücksichtigt bleiben und als Enthaltungen gezählt werden.[72] Diese Vorgehensweise führt zwar zum „richtigen" Ergebnis, bei Entlastungsbeschlüssen aber auch zu einem etwas verzerrten Bild, da der Eindruck erweckt wird, eine größere Zahl von Aktionären habe Vorstand oder Aufsichtsrat die Entlastung nicht erteilen wollen.[73] Bei der Berechnung einer nach Gesetz oder Satzung erforderlichen **Stimmen- oder Kapitalmehrheit** dürfen die suspendierten Stimmen nicht mitgezählt werden.[74] 35

Unter Verstoß gegen ein Stimmverbot abgegebene Stimmen sind nichtig (§ 134 BGB) und daher bei der Feststellung des Beschlussergebnisses nicht mitzuzählen. Ein Beschluss, bei dessen Zustandekommen die nichtigen Stimmen berücksichtigt wurden, ist **anfechtbar (§ 243 Abs. 1),** nicht aber seinerseits nichtig oder gar nur ein Scheinbeschluss. War die Berücksichtigung der verbotswidrig abgegebenen Stimmen für das Abstimmungsergebnis kausal, ist der Beschluss im Anfechtungsprozess aufzuheben.[75] 36

Ist – etwa bei verdeckter Stimmrechtsvertretung durch Banken – **zweifelhaft, ob ein Stimmverbot vorliegt,** so hat der Versammlungsleiter dies durch Nachfrage zu ermitteln. Stimmrechtsvertreter und betroffene Aktionäre sind ihrerseits verpflichtet, die Befangenheit offenzulegen. Aus Sicht der Praxis ist dem Versammlungsleiter zu raten, die betroffenen Stimmen bei verbleibenden Zweifeln zu berücksichtigen und nicht etwa auf Verdacht auszuschließen. Denn in einem späteren Anfechtungsprozess trägt der Kläger die **materielle Beweislast** für die Nichtbeachtung des Stimmverbots.[76] 37

Aktionäre oder Stimmrechtsvertreter, die unter Verstoß gegen ein Stimmverbot Stimmrechte ausüben, können der Gesellschaft gemäß § 823 Abs. 2 BGB iVm § 136 Abs. 1 AktG, § 826 BGB zum **Schadensersatz** verpflichtet sein. Ein Schaden kann der AG insbesondere in Form der Kosten für eine erneute Hauptversammlung entstehen. Daneben kann sich auch der Versammlungsleiter entsprechend §§ 116, 93 Abs. 2 gegenüber der Gesellschaft schadensersatzpflichtig machen, wenn er ein evidentes Stimmverbot pflichtwidrig ignoriert.[77] Wird im Falle der Stimmrechtsvertretung ein bestehendes Stimmverbot nicht aufgedeckt, kann dies sowohl für den Vertreter als auch für den Aktionär eine Ordnungswidrigkeit gemäß § 405 Abs. 3 Nr. 5 darstellen. 38

III. Nichtigkeit von Stimmbindungsverträgen zwischen Aktionären und der Gesellschaft oder deren Organen (Abs. 2)

1. Allgemeines. Gemäß § 136 Abs. 2 sind Stimmbindungsverträge, nach denen ein Aktionär seine Stimmrechtsausübung direkt oder indirekt von Weisungen der AG oder ihrer Organe abhängig macht, nichtig. Sinn und Zweck des § 136 Abs. 2 ist es zu verhindern, dass die Verwaltung der Gesellschaft ihr genehme Hauptversammlungsbeschlüsse herbeiführt oder unangenehme Beschlüsse verhindert und 39

[70] BGHZ 80, 69 (71); 56, 47; OLG Hamm GmbHR 1989, 79; Hüffer/*Koch* Rn. 16; KK-AktG/*Zöllner* Rn. 52; Schmidt/Lutter/*Spindler* Rn. 18; aA *U. H. Schneider* ZHR 150 (1986), 609 (615 f.); *Wank* ZGR 1979, 222 (228 f.).
[71] OLG Hamm GmbHR 1989, 79.
[72] MüKoAktG/*Schröer* Rn. 53; Semler/Volhard/*Volhard* HV HdB Rn. II C 11.
[73] *Geßler* BB 1962, 1182 ff.
[74] MüKoAktG/*Schroer* Rn. 54.
[75] RGZ 106, 258 (263); OLG Frankfurt NJW-RR 2001, 466 (467); KK-AktG/*Zöllner* Rn. 58; MHdB AG/*Semler* § 38 Rn. 29.
[76] Ausf. *Grunsky* ZIP 1991, 778 ff.
[77] MüKoAktG/*Schröer* Rn. 54; KK-AktG/*Zöllner* Rn. 61; Schmidt/Lutter/*Spindler* Rn. 36, der allerdings einen Schadensersatzanspruch des Aktionärs gegen den Versammlungsleiter begründet sieht.

somit die Kompetenzen der Hauptversammlung untergräbt.[78] Wer Vertragspartei des Aktionärs ist, hat nach Wortlaut, Sinn und Zweck des § 136 Abs. 2 keine Bedeutung. Es werden also auch Fallgestaltungen erfasst, in denen ein Dritter – in der Regel ein anderer Aktionär – über eine Stimmbindungsvereinbarung mit anderen Aktionären versucht, die Stellung der Verwaltung zu stärken.[79]

40 **2. Tatbestand.** Nichtig sind gemäß **§ 136 Abs. 2 S. 1 Alt. 1** zunächst Verträge, in denen sich der Aktionär zur Stimmrechtausübung nach Weisung der Gesellschaft verpflichtet. Es macht dabei keinen Unterschied, von wem die Gesellschaft bei Erteilung der Weisung vertreten wird (Vorstand, Prokuristen oder sonstige Vertreter).

41 Gemäß **§ 136 Abs. 2 S. 1 Alt. 2** sind auch solche Verträge von der Nichtigkeitsfolge erfasst, mit denen ein Aktionär seine Stimmrechtsausübung den Weisungen „des Vorstands oder des Aufsichtsrats" unterstellt. Dabei handelt es sich nicht etwa um unselbständige Beispielfälle des § 136 Abs. 2 S. 1 Alt. 1, sondern um eine echte Tatbestandsvariante. Vorstand und Aufsichtsrat als Organe können mangels Rechtsfähigkeit selbst weder Vertragspartei noch gegenüber dem Aktionär weisungsberechtigt sein.[80] Erfasst werden daher Verträge, bei denen die Organmitglieder Weisungsrechte hinsichtlich der Stimmrechtsausübung erhalten.[81] Dabei ist irrelevant, ob diese in ihrer Funktion oder namentlich bezeichnet werden. Weisungsrechte einzelner Organmitglieder sind dagegen grundsätzlich nicht erfasst, solange nicht Gesichtspunkte hinzutreten, die eine Umgehung nahelegen.[82] Nach **§ 136 Abs. 2 S. 1 Alt. 3** ist auch die Bindung an Weisungen abhängiger Unternehmen unzulässig und führt zur Nichtigkeit der entsprechenden Abrede. Wann Abhängigkeit vorliegt, bestimmt sich nach § 17. Solange sie nicht die Stimmrechtsausübung betreffen, sind sog. Standstill- oder Lock-up-Agreements, mit denen sich der Aktionär gegenüber der AG verpflichtet, seine Beteiligungshöhe nicht zu verändern, im Rahmen des § 136 Abs. 2 zulässig.[83]

42 Nach allgemeiner Ansicht sind die **Tatbestandsvarianten 2 und 3** des S. 1 von § 136 Abs. 2 aus Gründen des Umgehungsschutzes **kombiniert** anzuwenden, so dass auch eine Unterstellung unter Weisungen von Organen abhängiger Unternehmen unzulässig ist.[84] Eine Ausweitung des Anwendungsbereichs ist auch dort geboten, wo Konstruktionen zur **eindeutigen Umgehung** der Nichtigkeitsfolge gewählt werden. Als Beispiel ist die Verwendung einer Zwischenholding (zumeist GmbH) zu nennen, die als unmittelbarer Aktionär fungiert. Verpflichten sich die Gesellschafter der Zwischenholding vertraglich gegenüber der AG, die Geschäftsführung der Zwischenholdung so anzuweisen, dass diese von dem Stimmrecht im Sinne der Vereinbarung mit der AG Gebrauch macht, unterfällt dies ebenfalls dem Verbotstatbestand.[85]

43 In § 136 Abs. 2 S. 2 wird schließlich die vertragliche Bindung eines Aktionärs an die Abstimmungsvorschläge der Verwaltung untersagt und mit der Nichtigkeitsfolge belegt. Dabei werden sowohl vorab gemäß § 124 Abs. 3 publizierte als auch ad hoc während der Hauptversammlung unterbreitete Abstimmungsvorschläge erfasst.[86]

44 **3. Rechtsfolgen.** Eine vertragliche Regelung, die auf eine verbotswidrige Stimmbindung abzielt, ist gemäß § 134 BGB **nichtig.** Ob über die Stimmbindung hinausgehende Regelungsinhalte eines Vertrags von der Nichtigkeitsfolge erfasst sind, bestimmt sich nach § 139 BGB. Etwaige **Vertragsstrafeversprechen,** die zur Absicherung einer unwirksamen Stimmbindung abgegeben wurden, sind gemäß § 344 BGB stets nichtig. Ebenso wenig kann die weisungswidrige Stimmabgabe zu einem Schadensersatzanspruch des Vertragspartners führen.[87]

45 Nach ganz hM ist eine trotz Nichtigkeit der Stimmbindung erfolgte, **weisungsgerechte Stimmabgabe grundsätzlich wirksam.**[88] Dies ist deshalb konsequent, weil der Aktionär infolge der Nichtigkeit der Stimmbindungsvereinbarung in seinem Abstimmungsverhalten frei ist. Dass er sich gegenüber dem Vertragspartner unter Umständen dennoch faktisch verpflichtet fühlt, ändert nichts an dieser Abstimmungsfreiheit.

46 Zu den Rechtswirkungen **zulässiger Stimmbindungsverträge** → § 133 Rn. 36 ff.

---

[78] Sog. gebundene Aktien, MüKoAktG/*Schröer* Rn. 74; Hüffer/*Koch* Rn. 25.

[79] Hüffer/*Koch* Rn. 27; KK-AktG/*Zöllner* Rn. 106; nach Schmidt/Lutter/*Spindler* Rn. 40 soll dies wohl nur im Falle des Abs. 2 S. 2 gelten.

[80] Hüffer/*Koch* Rn. 26; KK-AktG/*Zöllner* Rn. 98.

[81] Hüffer/*Koch* Rn. 26; KK-AktG/*Zöllner* Rn. 98.

[82] MüKoAktG/*Schröer* Rn. 78; Schmidt/Lutter/*Spindler* Rn. 39; Hüffer/*Koch* Rn. 26.

[83] Dazu *Kiefner/Happ* ZIP 2015, 1811 (1815).

[84] MüKoAktG/*Schröer* Rn. 78; Schmidt/Lutter/*Spindler* Rn. 40; Hüffer/*Koch* Rn. 26.

[85] Schmidt/Lutter/*Spindler* Rn. 42.

[86] MüKoAktG/*Schröer* Rn. 79; Schmidt/Lutter/*Spindler* Rn. 41.

[87] Begr. RegE *Kropff* Textausgabe, 1965, 201; Hüffer/*Koch* Rn. 29; MüKoAktG/*Schröer* Rn. 86.

[88] OLG Nürnberg AG 1996, 228 (229); KK-AktG/*Zöllner* Rn. 108; MHdB AG/*Semler* § 38 Rn. 47; Schmidt/Lutter/*Spindler* Rn. 45; *Otto* AG 1991, 369 (379); zweifelnd Hüffer/*Koch* Rn. 29.

§ 137 Abstimmung über Wahlvorschläge von Aktionären

Hat ein Aktionär einen Vorschlag zur Wahl von Aufsichtsratsmitgliedern nach § 127 gemacht und beantragt er in der Hauptversammlung die Wahl des von ihm Vorgeschlagenen, so ist über seinen Antrag vor dem Vorschlag des Aufsichtsrats zu beschließen, wenn es eine Minderheit der Aktionäre verlangt, deren Anteile zusammen den zehnten Teil des vertretenen Grundkapitals erreichen.

I. Allgemeines

1 § 137 betrifft die Abstimmungsreihenfolge bei Aufsichtsratswahlen. Über den Vorschlag eines Aktionärs ist unter bestimmten Voraussetzungen vor den Vorschlägen der Mehrheit oder der Verwaltung abzustimmen. Damit sollen die Wahlchancen des von dem Aktionär vorgeschlagenen Kandidaten verbessert werden. Die Norm dient damit letztlich dem Minderheitenschutz.[1] Erreicht wird dieser Schutz durch eine Beschränkung der ansonsten – im Rahmen von Gesetz und Satzung – sehr weitgehenden Verfahrensleitungsbefugnisse des Versammlungsleiters. Für die Gestaltungspraxis bedeutsam ist, dass die Tatbestandsvoraussetzungen des § 137 wegen dessen minderheitsschützenden Charakters in der Satzung nur abgemildert, nicht aber verschärft werden können (Norm ist „halbzwingend").[2] Wird die Aufsichtsratswahl als Verhältniswahl (zu Methode und Zulässigkeit → § 133 Rn. 47) durchgeführt, geht § 137 ins Leere, da über alle Wahlvorschläge gleichzeitig abgestimmt wird.[3]

II. Vorschlag eines Aktionärs zur Wahl von Aufsichtsratsmitgliedern gemäß § 127

2 Um die Abstimmungspriorität auszulösen, muss zunächst ein **Wahlvorschlag eines Aktionärs** vorliegen. Nicht erforderlich ist, dass der vorschlagende Aktionär bei der Wahl oder generell stimmberechtigt ist oder seine Einlage vollständig geleistet hat.[4] Für § 137 relevant sind nur Wahlvorschläge, die die Voraussetzungen eines **mitteilungspflichtigen Antrags** gemäß §§ 127, 126 erfüllen. Der Aktionär muss den Vorschlag also mindestens 14 Tage vor dem Termin der Hauptversammlung (§ 126 Abs. 1 S. 1) und mit den in § 126 Abs. 1 und § 127 vorausgesetzten Angaben bei der AG eingereicht haben. Anträge, die nach § 126 Abs. 2 nicht mitgeteilt werden müssen, können auch nicht gemäß § 137 Abstimmungspriorität beanspruchen.[5] Zu beachten ist, dass der Antrag gemäß § 127 S. 2 keine Begründung enthalten muss. Eine gleichwohl gelieferte Begründung darf allerdings keinen der in § 126 Abs. 2 geregelten Ausschlusstatbestände erfüllen und dadurch die Veröffentlichungspflicht entfallen lassen. In den Antrag sind alle gemäß § 127 S. 3 iVm § 124 Abs. 3 S. 3 und § 125 Abs. 1 S. 5 erforderlichen Informationen über den oder die vorgeschlagenen Kandidaten aufzunehmen. Nach der im Jahr 2003 erfolgten Änderung des § 126 Abs. 1 ist die in der Praxis zur Leerformel gewordene Ankündigung des Antragstellers, dass er in der Hauptversammlung dem Vorschlag der Verwaltung widersprechen und andere Aktionäre veranlassen wolle, für seinen Gegenantrag zu stimmen, nicht mehr erforderlich.[6] Liegen die Voraussetzungen für einen publizitätspflichtigen Antrag gemäß §§ 127, 126 vor, kann der Aktionär unter den weiteren Voraussetzungen des § 137 vorrangige Behandlung verlangen. Ob der Antrag tatsächlich gemäß § 125 publiziert wurde, ist ohne Belang, da ein Fehler der Verwaltung nicht zur Verkürzung von Aktionärsrechten führen kann.[7]

III. Wahlantrag in der Hauptversammlung

3 In der Hauptversammlung selbst muss der Aktionär oder sein Vertreter die Wahl des vorgeschlagenen Kandidaten beantragen. Weder ein auf einen anderen Kandidaten bezogener Wahlantrag des vorschlagenden Aktionärs noch ein auf den vorgeschlagenen Kandidaten bezogener Antrag eines anderen Aktionärs sind ausreichend.[8]

IV. Minderheitsverlangen

4 Erforderlich ist schließlich, dass eine **Minderheit von 10% des vertretenen Grundkapitals** die vorrangige Abstimmung verlangt. Nicht notwendig ist, dass die Minderheit auch die Wahl des vorgeschlagenen Kandidaten unterstützt. Der Versammlungsleiter ist nicht verpflichtet, das Vorliegen

---

1 Vgl. Ausschussbericht *Kropff* Textausgabe, 1965, 201; Hüffer/*Koch* Rn. 1.
2 Hüffer/*Koch* Rn. 1; MüKoAktG/*Schröer* Rn. 6.
3 Hüffer/*Koch* Rn. 1; KK-AktG/*Zöllner* Rn. 6.
4 MüKoAktG/*Schröer* Rn. 5.
5 LG München I ZIP 2016, 973.
6 Dazu MüKoAktG/*Kubis* § 126 Rn. 16; Hüffer/*Koch* Rn. 2.
7 MüKoAktG/*Schröer* Rn. 6.
8 MüKoAktG/*Schröer* Rn. 8; KK-AktG/*Zöllner* § 136 Rn. 4.

des Minderheitsverlangens auf eigene Initiative festzustellen.[9] Vielmehr muss die **Abstimmungspriorität in Anspruch genommen,** dh aus dem Teilnehmerkreis heraus verlangt werden. Ob das Verlangen von dem Antragsteller oder einem anderen Teilnehmer vorgebracht wird, ist gleichgültig.[10] Der Versammlungsleiter ist sodann verpflichtet zu ermitteln, ob die erforderliche Unterstützung von 10% des vertretenen Grundkapitals vorliegt.[11] Von dem Antragsteller selbst wird dieser Nachweis dagegen kaum zu erbringen sein und kann deshalb von ihm auch nicht verlangt werden.[12] Im Zweifel muss der Versammlungsleiter eine Abstimmung anberaumen, um das Erreichen des Zehn-Prozent-Quorums festzustellen.

V. Rechtsfolge: Vorschlag des Aktionärs hat Abstimmungspriorität

5 Liegen die Voraussetzungen des § 137 vor, hat der Wahlvorschlag des Aktionärs zwingend Abstimmungsvorrang vor den Wahlvorschlägen der Verwaltung. Die Leitungs- und Organisationsbefugnisse des Versammlungsleiters werden insoweit überlagert. Hat derselbe Aktionär mehrere Wahlvorschläge gemäß § 127 eingereicht, so können diese einzeln oder insgesamt abgearbeitet werden.[13] Bei Wahlvorschlägen mehrerer Aktionäre, bestimmt der Versammlungsleiter die Abstimmungsreihenfolge; sie sind jedoch insgesamt vor den Verwaltungsvorschlägen abzuhandeln.[14]

6 Wird die Abstimmungspriorität nicht beachtet, ist der Wahlbeschluss fehlerhaft und **gemäß § 251 Abs. 1 S. 1 anfechtbar.** Eine Aufhebung des Wahlbeschlusses erfolgt jedoch nicht, wenn der Fehler in der Abstimmungsreihenfolge sich nicht auf das Abstimmungsergebnis ausgewirkt hat. Die formelle und materielle **Beweislast** hierfür liegt bei der Gesellschaft. Der Beweis wird vor allem dann gelingen, wenn der Verwaltungsvorschlag mit sehr großer Mehrheit gewählt wurde.[15]

Fünfter Unterabschnitt. Sonderbeschluß

§ 138 Gesonderte Versammlung. Gesonderte Abstimmung

[1]In diesem Gesetz oder in der Satzung vorgeschriebene Sonderbeschlüsse gewisser Aktionäre sind entweder in einer gesonderten Versammlung dieser Aktionäre oder in einer gesonderten Abstimmung zu fassen, soweit das Gesetz nichts anderes bestimmt. [2]Für die Einberufung der gesonderten Versammlung und die Teilnahme an ihr sowie für das Auskunftsrecht gelten die Bestimmungen über die Hauptversammlung, für die Sonderbeschlüsse die Bestimmungen über Hauptversammlungsbeschlüsse sinngemäß. [3]Verlangen Aktionäre, die an der Abstimmung über den Sonderbeschluß teilnehmen können, die Einberufung einer gesonderten Versammlung oder die Bekanntmachung eines Gegenstands zur gesonderten Abstimmung, so genügt es, wenn ihre Anteile, mit denen sie an der Abstimmung über den Sonderbeschluß teilnehmen können, zusammen den zehnten Teil der Anteile erreichen, aus denen bei der Abstimmung über den Sonderbeschluß das Stimmrecht ausgeübt werden kann.

Schrifttum: *T. Bezzenberger,* Vorzugsaktien ohne Stimmrecht, 1991.

Übersicht

[9] Hüffer/*Koch* Rn. 3.
[10] KK-AktG/*Zöllner* Rn. 5.
[11] MüKoAktG/*Schröer* Rn. 11; Hüffer/*Koch* Rn. 3; Schmidt/Lutter/*Spindler* Rn. 6.
[12] Schmidt/Lutter/*Spindler* Rn. 6.
[13] OLG Hamburg AG 1968, 332; MüKoAktG/*Schröer* Rn. 14.
[14] MüKoAktG/*Schröer* Rn. 15.
[15] MüKoAktG/*Schröer* Rn. 16 mwN.

I. Allgemeines

Die Norm enthält Regelungen über das **bei Sonderbeschlüssen einzuhaltende Verfahren** und betrifft **alle Arten von Sonderbeschlüssen,** die im AktG oder der Satzung angeordnet sind. Sie dient als Verfahrensvorschrift vor allem dem Schutz der Aktionärsgruppen, deren Mitwirkung an einer Verwaltungsmaßnahme oder Mehrheitsentscheidung der Aktionäre aufgrund gesetzlicher Anordnung oder Satzungsregelung erforderlich ist.[1] Gesonderte Versammlung und gesonderte Abstimmung stehen sich dabei als gleichermaßen zulässige Verfahren zur Durchführung von Sonderbeschlüssen gegenüber.[2] In beiden Fällen ist die Regelung eng an die Vorschriften über reguläre Hauptversammlungsbeschlüsse angelehnt. 1

II. Sonderbeschluss

Unter einem **Sonderbeschluss** ist die **gesonderte Abstimmung bestimmter Aktionäre oder Aktionärsgruppen** zu verstehen. Das Erfordernis eines Sonderbeschlusses ist entweder im Gesetz (AktG oder UmwG) oder in der Satzung der AG geregelt. Für beide Fälle ist § 138 gleichermaßen anwendbar (§ 138 S. 1). 2

1. Gesetzliche Anordnung. In der Praxis **häufigste Anwendungsfälle** des § 138 sind die im **AktG** selbst geregelten Sonderbeschlüsse. Da es sich bei § 138 um eine Verfahrensnorm handelt, gilt diese trotz ihres Wortlauts („in diesem Gesetz") auch für Sonderbeschlüsse nach dem UmwG. Diese Fälle lassen sich weiter unterteilen in **Hauptversammlungsbeschlüsse,** zu deren Wirksamkeit ein zustimmender Sonderbeschluss erforderlich ist, und **Geschäftsführungsmaßnahmen,** die ebenfalls eines zustimmenden Sonderbeschlusses bedürfen. Bei letzteren handelt es sich ausnahmslos um Maßnahmen im Konzern, zu deren Wirksamkeit die Zustimmung der außenstehenden Aktionäre erforderlich ist. Die Fälle, in denen es eines zustimmenden Sonderbeschlusses bedarf, sind im Gesetz (AktG und UmwG) **abschließend geregelt** und keiner Analogie zugänglich.[3] 3

a) Zustimmung zu einem Hauptversammlungsbeschluss. Für das Wirksamwerden eines Hauptversammlungsbeschlusses bedarf es im Normalfall der Feststellung durch den Versammlungsleiter. Existieren verschiedene Gattungen von Aktien und soll durch den Beschluss in die Rechte der Inhaber einer Aktiengattung eingriffen werden oder sind die Rechte der Inhaber dieser Aktiengattung durch die beschlossene Maßnahme abstrakt gefährdet, so ist im AktG und im UmwG die Zustimmung dieser Inhaber im Wege eines Sonderbeschlusses als zusätzliche Wirksamkeitsvoraussetzung vorgesehen. Im Einzelnen lassen sich folgende Fallgruppen auseinanderhalten:[4] 4

- Kapitalmaßnahmen und Maßnahmen nach dem UmwG, jeweils sofern es mehrere Aktiengattungen gibt,
- Beschlüsse, durch die das Verhältnis mehrerer Aktiengattungen zum Nachteil einer Aktiengattung verändert wird und
- Beschlüsse zur Änderung eines Unternehmensvertrags (§§ 291 ff.).

Sind mehrere stimmberechtigte Aktiengattungen vorhanden, so bedürfen **alle Kapitalmaßnahmen** der Zustimmung mittels jeweils eines Sonderbeschlusses jeder dieser Gattungen. Ein Sonderbeschluss der (stimmrechtslosen) Vorzugsaktionäre ist dagegen nicht erforderlich.[5] Das Erfordernis eines Sonderbeschlusses gilt für Maßnahmen der **Kapitalbeschaffung** (Kapitalerhöhung gegen Einlage, § 182 Abs. 2; bedingtes Kapital, § 193 Abs. 1 S. 3; genehmigtes Kapital, § 202 Abs. 2 S. 4; Wandelschuldverschreibungen, § 221 Abs. 1 S. 4; Genussrechte, § 221 Abs. 3; **nicht** jedoch Kapitalerhöhung aus Gesellschaftsmitteln, § 207 Abs. 2) ebenso wie für Maßnahmen der **Kapitalherabsetzung** (ordentliche Kapitalherabsetzung, § 222 Abs. 2; vereinfachte Kapitalherabsetzung, § 229 Abs. 3; Einziehung von Aktien, § 237 Abs. 2 S. 1). Es gilt in gleicher Weise für **Maßnahmen nach dem UmwG,** namentlich **Formwechsel** (§§ 233 Abs. 2 S. 1 Hs. 2; 240 Abs. 1 S. 1 Hs. 2, jeweils iVm § 65 Abs. 2 S. 2 UmwG), **Spaltung** (§§ 135 Abs. 1 S. 1; 125 S. 1, jeweils iVm § 65 Abs. 2 S. 2 UmwG), **Verschmelzung** (§§ 65 Abs. 2 S. 2, 73 UmwG) und **Vermögensübertragung auf die öffentliche Hand** (§§ 176, 177). 5

Gemäß **§ 179 Abs. 3** bedürfen ferner alle Beschlüsse, durch die das bisherige Verhältnis mehrerer Gattungen von Aktien zum Nachteil einer Gattung geändert wird, der Zustimmung im Wege eines 6

[1] MüKoAktG/*Schröer* Rn. 2; Schmidt/Lutter/*Spindler* Rn. 1.
[2] Begr. RegE *Kropff* Textausgabe, 1965, 202.
[3] OLG Celle DB 1972, 1816 (1819); MüKoAktG/*Schröer* Rn. 17; MHdB AG/*Semler* § 39 Rn. 49.
[4] Nach MüKoAktG/*Schröer* Rn. 6.
[5] Klarstellung durch Gesetz für kleine Aktiengesellschaften und zur Deregulierung des Aktienrechts vom 2.8.1994 (BGBl. I S. 1961) in das AktG eingefügt.

Sonderbeschlusses der betroffenen Aktionäre.[6] In § 141 Abs. 1 und 2 (jeweils iVm Abs. 3) sind gegenüber § 179 Abs. 3 speziellere Regelungen enthalten. Eine Zustimmung der **Vorzugsaktionäre** ist erforderlich, wenn der Vorzug aufgehoben oder beschränkt werden soll (§ 141 Abs. 1), und wenn der Vorzug durch die Schaffung weiterer Vorzugsaktien wirtschaftlich beeinträchtigt werden soll (§ 141 Abs. 2).

7 In § 295 Abs. 2 schließlich ist geregelt, dass jede Änderung der Bestimmungen eines **Unternehmensvertrags** über die Leistung eines Ausgleichs an die außenstehenden Aktionäre oder die Pflicht zum Erwerb ihrer Aktien eines Sonderbeschlusses der außenstehenden Aktionäre bedarf.

8 **b) Zustimmung zu einer Geschäftsführungsmaßnahme im Konzern.** Dem Schutz der außenstehenden (Minderheits-)Aktionäre im Konzern dienen neben § 295 Abs. 2 (→ Rn. 7) auch die in **§ 296 Abs. 2** (Aufhebung eines Unternehmensvertrags), **§ 297 Abs. 2** (Kündigung eines Unternehmensvertrags ohne wichtigen Grund), **§ 302 Abs. 3 S. 3** (Verzicht auf den Verlustausgleichsanspruch im Vertragskonzern), **§ 309 Abs. 3 S. 1 und § 310 Abs. 4** (Verzicht auf Schadensersatzanspruch gegen die gesetzlichen Vertreter des herrschenden Unternehmens und gegen die Verwaltungsmitglieder der AG im Vertragskonzern) und **§§ 317 Abs. 4, 318 Abs. 4** (Verzicht auf Schadensersatzanspruch gegen die gesetzlichen Vertreter des herrschenden Unternehmens und gegen die Verwaltungsmitglieder der AG im faktischen Konzern) geregelten Sonderbeschlusserfordernisse. In der Sache handelt es sich um Geschäftsführungsmaßnahmen, die an sich in die originäre Zuständigkeit des Vorstands fallen. Da sowohl im Vertragskonzern als auch im faktischen Konzern vor allem die Vermögensinteressen der außenstehenden, dh der Minderheitsaktionäre gefährdet sind, muss die Zustimmung dieser Aktionäre eingeholt werden, wenn entweder direkt in ihre Rechte (Ausgleichsansprüche) eingegriffen wird oder Ansprüche der AG, die aufgrund des Konzernverhältnisses bestehen, zur Disposition stehen.[7]

9 Die vorgenannten Zustimmungserfordernisse sind **nicht analogiefähig,** dh insbesondere ist angesichts des klaren Wortlauts von § 297 Abs. 2 kein Raum für die Annahme, auch die Kündigung eines Unternehmensvertrags aus wichtigem Grund bedürfe einer Zustimmung der außenstehenden Aktionäre.[8] Jedoch können die Parteien des Unternehmensvertrags zulässigerweise regeln, was zwischen ihnen als wichtiger Grund gelten soll.[9]

10 **2. Anordnung durch Satzungsregelung.** Als aktionärsschützende Regelungen sind die gesetzlichen Sonderbeschlusserfordernisse **halbzwingend,** dh von ihnen kann **nicht zum Nachteil der betroffenen Aktionäre abgewichen werden.**[10] Aber auch für **zusätzliche Sonderbeschlüsse** bleibt nur wenig Raum. Sie können im Hinblick auf § 23 Abs. 5 nur insoweit durch Satzungsregelung eingeführt werden, als nicht das AktG zwingend das Genügen einer einfachen Mehrheit vorsieht (zB §§ 113 Abs. 1 S. 4, 142 Abs. 1 und 147 Abs. 1 S. 1). Unzulässig wäre es auch, bestimmte Aktionäre willkürlich zu einer Gattung zusammen zu fassen und Hauptversammlungsbeschlüsse von ihrer Zustimmung abhängig zu machen, ihnen also ein ihrer Stimmkraft nicht entsprechendes Vetorecht einzuräumen.[11] Die praktische Bedeutung solcher Satzungsregelungen ist daher gering.

III. Gesonderte Versammlung, gesonderte Abstimmung

11 Gemäß § 138 S. 1 kann der Sonderbeschluss auf **zwei verschiedene Arten** herbeigeführt werden, nämlich durch gesonderte Versammlung oder gesonderte Abstimmung innerhalb einer ordentlichen oder außerordentlichen Hauptversammlung. Die Wahl des geeigneten Verfahrens obliegt in der Regel dem Vorstand als dem für die Einberufung zuständigen Organ (§ 121 Abs. 2 S. 1 iVm § 138 S. 2). Aus Zeit- und Kostengründen werden Sonderbeschlüsse in der Praxis zumeist innerhalb oder im Anschluss an eine ohnehin stattfindende Hauptversammlung durchgeführt, soweit nicht eine gesonderte Versammlung zwingend ist. Nur **in zwei Fällen ist eine gesonderte Versammlung zwingend:** Bei einem **Beschluss der Vorzugsaktionäre (§ 141 Abs. 3)** ist im Sinne einer unbeeinflussten Meinungsbildung eine gesonderte Versammlung gesetzlich vorgeschrieben.[12] Ferner muss eine gesonderte Versammlung gemäß **§ 138 S. 3** bei einem entsprechenden **Minderheitsverlangen** abgehalten werden (→ Rn. 16).

---

[6] Vgl. OLG Köln ZIP 2001, 2049: Sonderbeschluss der Stammaktionäre bei Umwandlung von Vorzugs- in Stammaktien erforderlich.
[7] MüKoAktG/*Schröer* Rn. 10 ff.
[8] OLG Celle DB 1972, 1816 (1819); MüKoAktG/*Schröer* Rn. 18.
[9] BGHZ 122, 211 (231 ff.).
[10] MüKoAktG/*Schröer* Rn. 18; Hüffer/*Koch* Rn. 2.
[11] MüKoAktG/*Schröer* Rn. 18 Fn. 30.
[12] S. nur MüKoAktG/*Schröer* Rn. 19.

IV. Sinngemäße Anwendungen der Regelungen zur Hauptversammlung

1. Gesonderte Versammlung. Die für die Hauptversammlung geltenden Regelungen gelten gemäß **§ 138 S. 2** sinngemäß für die gesonderte Versammlung. Einberufung, Teilnahme und Auskunftsrecht sind dabei nur beispielhaft genannt, nicht jedoch im Sinne einer abschließenden Verweisung gemeint.[13] Für die **Einberufung** gelten also sinngemäß die §§ 121 ff. einschließlich der §§ 125, 126 und 128. Die Anwendung von § 127 kommt dagegen nicht in Betracht.[14] Die Einberufung muss **klar erkennen lassen, dass zu einer eigenen Versammlung geladen wird** und es sich nicht um einen Tagesordnungspunkt der Hauptversammlung handelt.[15] **Beschlüsse, die in einer gesonderten Versammlung ohne vorhergehende Ladung gefasst werden, sind nichtig.** Daher kann die Hauptversammlung nicht beschließen, dass ein lediglich als Sonderbeschluss angekündigter Tagesordnungspunkt ad hoc in einer gesonderten Versammlung beschlossen werden soll.[16] 12

Das **Teilnahmerecht** an der gesonderten Versammlung richtet sich nach § 118 mit der Maßgabe, dass nicht alle Aktionäre teilnahmeberechtigt sind, sondern nur die für den Sonderbeschluss stimmberechtigten. Um die Sonderversammlung vor einer Einflussnahme nicht teilnahmeberechtigter Aktionäre zu schützen, reicht es nicht aus, diesen bei Duldung ihrer physischen Anwesenheit lediglich die Mitwirkungsrechte (Antrags-, Rede- und Auskunftsrecht) zu entziehen.[17] Vorstand und Aufsichtsrat sind entsprechend § 118 Abs. 2 zur Teilnahme an der Sonderversammlung verpflichtet. 13

Für das **Auskunftsrecht** gelten die §§ 131 f., wobei Maßstab für die Beurteilung des Auskunftsersuchens ist, ob die Auskunft zur sachgerechten Beurteilung des Gegenstands der gesonderten Versammlung erforderlich ist.[18] Über die **Leitung** der Sonderversammlung findet sich in § 138 keine Aussage, daher hat der **Leiter der Hauptversammlung** grundsätzlich auch die Sonderversammlung zu leiten. Eine abweichende Satzungsbestimmung wäre aber zulässig.[19] 14

2. Gesonderte Abstimmung. Die gesonderte Abstimmung muss gemäß § 138 S. 2 iVm § 124 Abs. 1 S. 1 als eigener Tagesordnungspunkt in der Ladung zur Hauptversammlung angekündigt werden. Der Versammlungsleiter hat durch geeignete Maßnahmen wie die Ausgabe gesonderter Stimmkarten sicherzustellen, dass nur die für den Sonderbeschluss stimmberechtigten Aktionäre an der Abstimmung teilnehmen. Dies ist auch in das notarielle Protokoll aufzunehmen.[20] In das Teilnehmerverzeichnis (§ 129 Abs. 1) ist aufzunehmen, welche Aktionäre zur Teilnahme an dem Sonderbeschluss berechtigt sind. Im Übrigen kommt der Sonderbeschluss wie jeder andere Hauptversammlungsbeschluss durch Antrag, Abstimmung, Beschlussfeststellung und Aufnahme in das notarielle Protokoll (§ 130 S. 1) zustande. 15

V. Minderheitsverlangen (S. 3)

Gemäß § 138 S. 3 hat eine Minderheit von **10% der bei dem Sonderbeschluss stimmberechtigten Aktien** das Recht, die Einberufung einer gesonderten Versammlung oder die Ankündigung von Gegenständen zur gesonderten Abstimmung zu verlangen. Auch in der Hauptversammlung kann ein solches Minderheitsverlangen noch gestellt werden.[21] Wegen des Erfordernisses ordnungsgemäßer Einberufung und Bekanntmachung kann die eigentliche Beschlussfassung aber nicht im Rahmen der oder im Anschluss an die laufende Hauptversammlung abgehalten werden. Unzulässig wäre es auch, anstelle der verlangten Sonderversammlung lediglich die Tagesordnung der (nächsten) Hauptversammlung um einen zur gesonderten Abstimmung gestellten Punkt zu ergänzen[22] oder auch eine außerordentliche Hauptversammlung zu diesem Punkt einzuberufen. Denn geschützt wird auch die von der Minderheit gewählte Art der Abstimmung, mithin im Falle der Sonderversammlung das Recht, unbeeinflusst beraten zu können. 16

Unabhängig davon besteht das allgemeine Recht einer Minderheit von **5% des Grundkapitals,** gemäß § 122 Abs. 1 und Abs. 2 die Einberufung einer Hauptversammlung oder die Bekanntmachung 17

[13] KK-AktG/*Zöllner* Rn. 6.
[14] Hüffer/*Koch* Rn. 4.
[15] GroßkommAktG/*G. Bezzenberger* Rn. 23.
[16] MüKoAktG/*Schröer* Rn. 22; GroßkommAktG/*G. Bezzenberger* Rn. 20; KK-AktG/*Zöllner* Rn. 5.
[17] MüKoAktG/*Schröer* § 141 Rn. 33; aA *T. Bezzenberger* Vorzugsaktien ohne Stimmrecht, 1991, 179.
[18] Hüffer/*Koch* Rn. 4.
[19] MüKoAktG/*Schröer* Rn. 27.
[20] Hüffer/*Koch* Rn. 5.
[21] MüKoAktG/*Schröer* Rn. 34; KK-AktG/*Zöllner* Rn. 5.
[22] Schmidt/Lutter/*Spindler* Rn. 18 mwN.

zusätzlicher Beschlussgegenstände zu verlangen (letzteres steht gemäß § 122 Abs. 2 auch einer Minderheit mit einem Anteil von 500.000 Euro am Grundkapital zu). Da auch § 122 von der Verweisung in § 138 S. 2 erfasst ist, kann diese allgemeine Aktionärsminderheit, auch wenn sie nicht zu den für den Sonderbeschluss stimmberechtigten Aktionären gehört, zudem die Bekanntmachung von Gegenständen zur gesonderten Abstimmung oder die Einberufung einer Sonderversammlung verlangen.[23] Eine Gruppe von Aktionären, die einen Sonderbeschluss durchsetzen will, kann somit das für sie günstigere Quorum wählen.[24]

VI. Wirkung des Sonderbeschlusses

18 Der Sonderbeschluss hat in Bezug auf den zugrunde liegenden Hauptversammlungsbeschluss oder die zugrundeliegende Geschäftsführungsmaßnahme die Wirkung einer **Zustimmung** iSd § 182 BGB. Sie kann als (vorherige) Einwilligung gemäß § 183 BGB oder als (nachträgliche) Genehmigung gemäß § 184 BGB erteilt werden. Bis zur Genehmigung durch den Sonderbeschluss ist der Hauptversammlungsbeschluss oder die Geschäftsführungsmaßnahme **schwebend unwirksam.** Kommt der zustimmende Sonderbeschluss nicht zustande, hat dies die **endgültige Unwirksamkeit**[25] des Hauptversammlungsbeschlusses oder der Geschäftsführungsmaßnahme zur Folge, die von jedem betroffenen Aktionär mittels Feststellungsklage geltend gemacht werden kann.[26] Der Sonderbeschluss alleine, also ohne zugehörige Geschäftsführungsmaßnahme oder zugehörigen Hauptversammlungsbeschluss, entfaltet keine Rechtswirkungen.[27]

VII. Fehlerhafte Sonderbeschlüsse

19 Kraft Verweisung in § 138 S. 2 gelten die Regelungen über Nichtigkeit und Anfechtungsklage von Hauptversammlungsbeschlüssen (§§ 241 ff.) sinngemäß auch für Sonderbeschlüsse. Besonderheiten ergeben sich insoweit, als anfechtungsbefugt neben dem Vorstand und den Organmitgliedern (§ 245 Nr. 4 und 5) nur die bei dem Sonderbeschluss stimmberechtigten Aktionäre sind, wenn die in § 245 Nr. 1–3 aufgeführten Voraussetzungen vorliegen.

Sechster Unterabschnitt. Vorzugsaktien ohne Stimmrecht

§ 139 Wesen

(1) [1]Für Aktien, die mit einem Vorzug bei der Verteilung des Gewinns ausgestattet sind, kann das Stimmrecht ausgeschlossen werden (Vorzugsaktien ohne Stimmrecht). [2]Der Vorzug kann insbesondere in einem auf die Aktie vorweg entfallenden Gewinnanteil (Vorabdividende) oder einem erhöhten Gewinnanteil (Mehrdividende) bestehen. [3]Wenn die Satzung nichts anderes bestimmt, ist eine Vorabdividende nachzuzahlen.

(2) Vorzugsaktien ohne Stimmrecht dürfen nur bis zur Hälfte des Grundkapitals ausgegeben werden.

Schrifttum (zu §§ 139 ff.): *Baums,* Der unwirksame Hauptversammlungsbeschluss, ZHR 142 (1978), 582; *G. Bezzenberger,* Zum Bezugsrecht stimmrechtsloser Vorzugsaktionäre, FS Quack, 1991, 153; *T. Bezzenberger,* Vorzugsaktien ohne Stimmrecht, 1991; *Binz/Sorg,* Vermögensteuerliche Folgen des going public von Familien-Unternehmen, BB 1987, 1996; *Bötcher/Carl/Schmidt/Seibert,* Die Aktienrechtsnovelle, 2016; *Frey/Hirte,* Vorzugsaktionäre und Kapitalerhöhung, DB 1989, 2465; *Hennerkes/May,* Überlegungen zur Rechtsformwahl im Familienunternehmen, DB 1988, 483 und 537; *Herzig/Ebeling,* Substanzsteuerliche Folgen der Börseneinführung stimmrechtsloser Vorzugsaktien, AG 1989, 221; *Jung/Wachtler,* Die Kursdifferenz zwischen Stamm- und Vorzugsaktien, AG 2001, 513; *Kiem,* Die Stellung der Vorzugsaktionäre bei Umwandlungsmaßnahmen, ZIP 1997, 1627; *Kühn,* Der Minderheitenschutz nach dem neuen Aktiengesetz, BB 1965, 1170; *Madaus,* Sind Vorzugsaktionärsrechte letztrangige Insolvenzforderungen? Zur Neubestimmung der Reichweite von Insolvenzplänen durch BGH v 15.4.2010 – IX ZR 188/09, ZIP 2010, 1039; *Pellens/Hildebrandt,* Vorzugsaktien vor dem Hintergrund der Corporate Governance-Diskussion, AG 2001, 57; *Reckinger,* Vorzugsaktien in der Bundesrepublik, AG 1983, 216; *Scheifele,* Zur Praxis des gekreuzten Bezugsrechtsausschlusses, BB 1990, 497; *Siebel,* Vorzugsaktien als „Hybride" Finanzierungsform und ihre Grenzen, ZHR 161 (1997), 628; *Stöber,* Die Aktienrechtsnovelle 2016, DStR 2016, 611; *Volhard/Goldschmidt,* Nötige und unnötige Sonderbeschlüsse der Inhaber stimmrechtsloser Vorzugsaktien, FS Lutter, 2000, 779; *Werner,* Die Beschlussfassung der Inhaber von stimmrechtslosen Vorzugsaktien, AG 1971, 69.

[23] MüKoAktG/*Schröer* Rn. 34.
[24] Hierauf weist MüKoAktG/*Schröer* Rn. 34 hin.
[25] Ganz hM; für Nichtigkeit wohl nur *Baums* ZHR 142 (1978), 582 (585 ff.).
[26] OLG Stuttgart AG 1993, 94.
[27] Hüffer/*Koch* Rn. 7.

Übersicht

I. Allgemeines

Die grundsätzliche Zulässigkeit von stimmrechtslosen Vorzugsaktien ergibt sich aus § 12 Abs. 1 S. 2. Stimmrechtslose Vorzugsaktien bilden eine eigene Aktiengattung iSd § 11. In den §§ 139–141 werden die Voraussetzungen für die Schaffung von Vorzugsaktien sowie die Rechte der Vorzugsaktionäre eingehend geregelt. Die **Voraussetzungen** für einen Stimmrechtsausschluss sind in § 139 Abs. 1 festgelegt, während gemäß § 139 Abs. 2 eine **Höchstgrenze** für stimmrechtslose Vorzugsaktien besteht. Von den Regelungen in § 139 kann durch Satzungsregelung nicht abgewichen werden. Für den Ausschluss des Stimmrechts gilt das Prinzip „ganz oder gar nicht", dh das Stimmrecht kann nur ganz ausgeschlossen, nicht aber auf bestimmte Gegenstände beschränkt oder auf eine geringere Stimmkraft reduziert werden. Letzteres liefe im Ergebnis auf eine Wiedereinführung der unzulässigen (§ 12 Abs. 2; → § 133 Rn. 21) Mehrstimmrechte hinaus.[1] 1

Sinn und Zweck der §§ 139 ff. ist es, der AG ein Finanzierungsmittel an die Hand zu geben, das bilanzielles Eigenkapital generiert, gleichzeitig aber die Mehrheitsverhältnisse nicht verschiebt.[2] Eine entsprechende Regelung war bereits in § 115 des AktG 1937 enthalten. Vorzugsaktien sind gemäß § 57 Abs. 3 nur aus dem ausschüttungsfähigen Bilanzgewinn zu bedienen und belasten die Bilanz daher nicht durch Zinszahlungen und den Ausweis eines höheren Fremdkapitalanteils.[3] Vorzugsaktien eignen sich somit besonders als Finanzierungsinstrument für familiendominierte Unternehmen, die sich einerseits einen Zugang zum Kapitalmarkt eröffnen wollen, andererseits aber keine Mitsprache Dritter bei der unternehmerischen Führung akzeptieren. „Erkauft" wird dies durch die bevorzugte Behandlung der Vorzugsaktionäre bei der Gewinnverteilung. Aus Sicht der Stammaktionäre sind die „Kosten" in Form der Verwässerung ihres Gewinnanspruchs bei der Ausgabe von Vorzugsaktien höher als bei der Ausgabe weiterer Stammaktien. Am Kapitalmarkt werden Vorzugsaktien wegen des fehlenden Stimmrechts in der Regel mit einem Kursabschlag gehandelt.[4] Dass die Vorzugsaktie keineswegs nur für mittelständische Unternehmen geeignet ist und einer guten Kursentwicklung nicht per se entgegensteht, zeigen zahlreiche Beispiele. Allerdings scheint die Vorzugsaktie nach einem gewissen „Boom" in den achtziger Jahren des letzten Jahrhunderts, bedingt durch Börsengänge von Familienunternehmen[5] und die Ausgabe von Mitarbeiteraktien,[6] derzeit eher auf dem Rückzug zu sein. Aufgrund der damit verbundenen Aufmerksamkeit beim Anlegerpublikum und der erhöhten Attraktivität für institutionelle Anleger wird oftmals bereits bei der Erstnotiz von Aktien Augenmerk auf die für eine Indexaufnahme maßgeblichen Kriterien gelegt. Dabei ist von Bedeutung, dass die Deutsche Börse AG seit dem 24.6.2002 Stamm- und Vorzugsaktien bei sämtlichen Auswahlindizes trennt.[7] Durch die Ausgabe mehrerer Gattungen sinkt somit die Wahrscheinlichkeit der Aufnahme in einen Auswahlindex sowie die Gewichtung innerhalb des Index, was seit 2002 verschiedene Unternehmen zur Abschaffung der Vorzugsaktien veranlasst hat (im MDAX etwa 2

[1] KK-AktG/*Zöllner* Rn. 6; MüKoAktG/*Schröer* Rn. 6; Hüffer/*Koch* Rn. 17.
[2] Begr. RegE *Kropff* Textausgabe, 1965, 203.
[3] MüKoAktG/*Schröer* § 138 Rn. 2 mwN.
[4] *Jung/Wachtler* AG 2001, 513 ff.; *Pellens/Hildebrandt* AG 2001, 57 (62 ff.); *Kruse/Berg/Weber* ZBB 1993, 23 ff.
[5] Dazu *Binz/Sorg* BB 1987, 1996 (1997); *Herzig/Ebeling* AG 1989, 221.
[6] Dazu *Reckinger* AG 1983, 216 (220).
[7] Vgl. Leitfaden zu den Aktienindizes der Deutschen Börse, Version 7.2, Mai 2016, zugänglich auf der Homepage der Deutsche Börse AG unter www.deutsche-boerse.com.

die Rhön-Klinikum AG). Aktuell sind im DAX nur noch zwei Unternehmen mit Vorzugsaktien vertreten, die Volkswagen AG und die Henkel KGaA.

2a Seine heutige Gestalt hat § 139 durch die Aktienrechtsnovelle 2016 erhalten. Der Vorzug ist nunmehr nicht mehr zwingend nachzuzahlen (Abs. 1 S. 1). Als Beispiele („insbesondere") einer möglichen Ausgestaltung des Vorzugs werden in Abs. 1 S. 2 die Vorabdividende und die Mehrdividende genannt. Die bisherige Regelung, die einen zwingend nachzahlbaren Vorzug vorsah, erwies sich gerade in der Finanzkrise 2008/2009 als nachteilig für die Kapitalaufnahme von Kreditinstituten und Wertpapierfirmen.[8] Denn nach der sog. Capital Requirements Regulation (CRR),[9] s. Art. 28 Abs. 1 lit. h CRR, erfüllen nachzahlbare Vorzugsaktien nicht die Anforderungen, um als „hartes Kernkapital" anerkannt zu werden und somit die Eigenkapitalbasis der Unternehmen im aufsichtsrechtlichen Sinne zu stärken. Nach mehreren Anläufen[10] wurde die Reform nunmehr umgesetzt. In welchem Maß die Flexibilisierung insbesondere im Finanzsektor angenommen wird, lässt sich noch nicht sagen.

3 **Nicht Regelungsgegenstand** der §§ 139–141 sind **mit Stimmrecht ausgestattete Vorzugsaktien.** Solche kann es geben, da gemäß § 60 Abs. 3 die Gewinnverteilung einer von dem Verhältnis der Anteile am Grundkapital abweichenden Regelung zugänglich ist.[11]

II. Vorzugsaktien

4 **1. Begriff.** Vorzugsaktien sind gemäß § 139 Abs. 1 „echte" Aktien, dh sie vermitteln eine **mitgliedschaftliche Rechtsposition.** Sie stehen damit im Gegensatz zu bloß schuldrechtlichen Beteiligungen am Ergebnis der AG wie Genussrechten.[12] Vorzugsaktionäre verfügen somit **mit Ausnahme des Stimmrechts über alle eine Aktie kennzeichnenden Mitgliedschaftsrechte (§ 140 Abs. 1).** Sie haben namentlich das Recht zur Teilnahme an den Hauptversammlungen einschließlich des Rede- und Auskunftsrechts. Nicht zuletzt können sie Widerspruch zu Protokoll erklären und Hauptversammlungsbeschlüsse anfechten. Von Stammaktien unterscheiden sich Vorzugsaktien neben dem Ausschluss des Stimmrechts durch die zwingende Ausstattung mit einem **Vorzug bei der Gewinnverteilung** (→ Rn. 5 ff.) und einem – nunmehr bei der Ausgabe von Vorzugsaktien nur noch fakultativen – **Recht auf Nachzahlung** der in Vorjahren aufgrund der Ertragslage der AG entfallenen Vorzugsdividenden (→ Rn. 12 ff.).

5 **2. Vorzug bei der Gewinnverteilung. a) Gewinn.** Der für den Stimmrechtsausschluss notwendige Vorzug bei der Verteilung des Gewinns bezieht sich auf den **Bilanzgewinn,** dh den gemäß § 158 Abs. 1 Nr. 5 in der Gewinn- und Verlustrechnung auszuweisenden Posten. Dieser errechnet sich als Saldo aus Jahresüberschuss/Jahresfehlbetrag (Gesamtkostenverfahren: § 275 Abs. 2 Nr. 20 HGB; Umsatzkostenverfahren: § 275 Abs. 3 Nr. 19 HGB) und den in § 158 Abs. 1 Nr. 1–4 genannten Positionen. Im Falle einer Kapitalherabsetzung ist gemäß § 240 auch der aus der Kapitalherabsetzung gewonnene Betrag bei der Ermittlung des Bilanzgewinns zu berücksichtigen.

6 Ein den Ausschluss des Stimmrechts erlaubender Vorzug muss **zwingend aus dem Bilanzgewinn zu bedienen** sein.[13] Andere Vorzugsrechte, etwa auf bevorzugte Berücksichtigung bei der Verteilung des Liquidationserlöses,[14] mögen zulässig sein, genügen allein aber nicht, um den Ausschluss des Stimmrechts zu rechtfertigen.[15]

7 **b) Vorzug. aa) Vorabdividende.** Unter einem den Stimmrechtsausschluss rechtfertigenden Vorzug war bisher ausschließlich die **vorrangige Behandlung der Vorzugsaktionäre bei der Verteilung des Bilanzgewinns** zu verstehen **(Vorabdividende).** Bei der Ausschüttung ist dabei folgende Reihenfolge zu beachten: Soweit keine Nachzahlungsansprüche bestehen (→ Rn. 12), ist zunächst die in der Satzung festgelegte Vorzugsdividende an die Vorzugsaktionäre, ggf. vor diesen nachrangigen Inhabern anderer Vorzugsaktien auszuschütten. Das mitgliedschaftliche Recht auf Teilhabe am Bilanzgewinn (§ 58 Abs. 4) wird durch den Vorzug somit modifiziert. Es wird jedoch kein von der Ertragslage der AG unabhängiger Ausschüttungsanspruch begründet.[16] Ein **Zahlungsanspruch**

---

[8] BR-Drs. 22/15, 9, 24 f.

[9] Verordnung (EU) Nr. 575/2013 des Europäischen Parlaments und des Rates vom 26.6.2013 über Aufsichtsanforderungen an Kreditinstitute und Wertpapierfirmen und zur Änderung der Verordnung (EU) Nr. 646/2012, ABl. L 176, 1.

[10] Zur Vorgeschichte der Aktienrechtsnovelle *Böttcher/Carl/Schmitt/Seibert* § 1.

[11] MüKoAktG/*Schröer* Rn. 7; Hüffer/*Koch* Rn. 4.

[12] Hüffer/*Koch* Rn. 4.

[13] Hüffer/*Koch* Rn. 5; MüKoAktG/*Schröer* Rn. 8; *Herzig/Ebeling* AG 1989, 221.

[14] Hüffer/*Koch* Rn. 5.

[15] MüKoAktG/*Schröer* Rn. 8; KK-AktG/*Zöllner* Rn. 8; Hüffer/*Koch* Rn. 5.

[16] MüKoAktG/*Schröer* Rn. 8; Hüffer/*Koch* Rn. 6.

Im Falle einer als **Höchstdividende** (→ Rn. 11) ausgestalteten Vorzugsdividende entfallen die Schritte (iii) und (iv), da die Vorzugsaktionäre nicht am nach Bedienung des Vorzugs verbleibenden Gewinn teilhaben. Stattdessen wird der nach Befriedigung der Nachzahlungsansprüche und Zahlung der Vorzugsdividende übrige Rest des Bilanzgewinns ausschließlich an die Stammaktionäre nach dem für sie maßgeblichen Schlüssel (§ 60 Abs. 1 und 2 bzw. Satzungsregelung) verteilt. 18

Sofern zusätzlich zur Vorzugsdividende eine **Mehr- oder Zusatzdividende** in der Satzung vorgesehen ist, handelt es sich im Ergebnis um eine von § 60 Abs. 1 und 2 abweichende „andere Art der Gewinnverteilung" iSd § 60 Abs. 3, die nach § 139 Abs. 1 S. 2 nF zulässig ist. Die Bedienung der Mehr- oder Zusatzdividende erfolgt im Regelfall auf der letzten Stufe, gleichrangig mit den Dividendenansprüchen der Stammaktionäre.[31] 19

Existieren mehrere Gattungen von Vorzugsaktien, so ist innerhalb der Schritte (i) und (ii) jeweils die in der Satzung festgelegte Rangfolge der verschiedenen Gattungen zu beachten, dh etwaige Nachzahlungsansprüche der vorrangigen Vorzugsaktien sind vor etwaigen Nachzahlungsansprüchen der nachrangigen Vorzugsaktien und Vorzugsdividenden der vorrangigen Vorzugsaktien sind vor den Vorzugsdividenden der nachrangigen Vorzugsaktionäre zu bedienen. Abweichende Regelungen sind nach der Neufassung jedoch möglich. 20

III. Rechtliche Grundlage für Vorzugsaktien

1. Satzungsregelung. Vorzugsaktien werden **durch Satzungsregelung geschaffen.** Grundlage hierfür sind die **§§ 12 Abs. 1 S. 2, 60 Abs. 3 und 139 Abs. 1.** Sofern Vorzugsaktien **nachträglich** eingeführt werden, ist hierfür eine **Satzungsänderung gemäß § 179** erforderlich. Die weiteren Zustimmungserfordernisse hängen davon ab, auf welchem Weg die Vorzugsaktien kreiert werden sollen. Die größte praktische Bedeutung hat die Einführung von Vorzugsaktien im Wege einer **Kapitalerhöhung** (§§ 182 ff.), da auf diesem Weg neues Kapital aufgenommen und neue Investoren gewonnen werden können, ohne die Mehrheitsverhältnisse zu ändern. Die bisherigen Aktionäre haben hierbei grundsätzlich ein Bezugsrecht (§ 186 Abs. 1), welches gemäß § 186 Abs. 3 ausgeschlossen werden kann. 21

Alternativ können Vorzugsaktien auch durch **Umwandlung von Stammaktien** geschaffen werden, wenn sie entsprechend § 139 Abs. 1 mit Vorzugsdividende und – optional – Nachzahlungsrecht ausgestattet werden. In diesem Fall ist neben der satzungsändernden Mehrheit (§ 179 Abs. 2) die **Zustimmung aller von der Umwandlung betroffenen Aktionäre** erforderlich.[32] Die Frage, ob daneben auch die Zustimmung der nicht von einer Umwandlung in Vorzugsaktien betroffenen Stammaktionäre erforderlich ist, wird uneinheitlich beantwortet. Wegen der in der Vorenthaltung des Vorzugs liegenden Ungleichbehandlung wird das Zustimmungserfordernis im Hinblick auf das in § 53a verankerte Gleichbehandlungsgebot überwiegend bejaht.[33] Der Gegenauffassung ist zwar zuzugeben, dass es sich bei dem Vorzug nur um einen Ausgleich für den Verlust des Stimmrechts handelt. Im Ergebnis müssen die Aktionäre aber ein Wahlrecht haben, ob sie den Vorzug oder das Stimmrecht bevorzugen. Wird die Zustimmung eines „nicht betroffenen" Stammaktionärs nicht eingeholt, so kann dieser den satzungsändernden Beschluss wegen einer Verletzung des Gleichbehandlungsgebots anfechten (§ 53a). Fehlt dagegen die Zustimmung eines von der Umwandlung betroffenen Aktionärs, ist der Beschluss schwebend unwirksam und wird bei Verweigerung der Zustimmung endgültig unwirksam.[34] 22

2. Befristung und Bedingung. Nach allgemeiner Ansicht kann der Vorzug in der Satzung **befristet** ausgestaltet werden[35] mit der Folge, dass der Vorzug bei Fristende für die Zukunft wegfällt und das Stimmrecht auflebt (§ 141 Abs. 4). Umstritten ist dagegen, ob der Vorzug auch unter einer **auflösenden Bedingung** (§ 158 Abs. 2 BGB) stehen kann. Nach der wohl herrschenden Literaturmeinung ist auch eine (auflösende) Bedingung des Vorzugs zulässig.[36] Der Gegenauffassung[37] ist 23

---

[31] MüKoAktG/*Schröer* Rn. 22 mwN; zu den möglichen Satzungsregelungen s. insbes. *T. Bezzenberger,* Vorzugsaktien ohne Stimmrecht, 1991, 51 ff.

[32] AllgM, BGHZ 70, 117 (122) – Mannesmann; *T. Bezzenberger,* Vorzugsaktien ohne Stimmrecht, 1991, 130; *Frey/Hirte* DB 1989, 2465; MüKoAktG/*Schröer* Rn. 5; *Werner* AG 1975, 176 (179); KK-AktG/*Zöllner* Rn. 22.

[33] MüKoAktG/*Schröer* Rn. 5; Hüffer/*Koch* Rn. 18 f.; *T. Bezzenberger,* Vorzugsaktien ohne Stimmrecht, 1991, 130; KK-AktG/*Zöllner* Rn. 22.

[34] MüKoAktG/*Schröer* Rn. 5 Fn. 40.

[35] MüKoAktG/*Schröer* Rn. 9 mwN.

[36] GroßkommAktG/*G. Bezzenberger* Rn. 27; *v. Godin/Wilhelmi* Anm. 3; Hüffer/*Koch* Rn. 10; *Werner* AG 1971, 69 (70).

[37] KK-AktG/*Zöllner* Rn. 7 und 13; *T. Bezzenberger,* Vorzugsaktien ohne Stimmrecht, 1991, 78 f.; Schmidt/Lutter/*Spindler* Rn. 23; für das österreichische Recht OGH AG 1996, 91 (93).

zuzustimmen: Es sind kaum sinnvolle Bedingungen denkbar, die einem Einfluss der AG vollständig entzogen wären. Die Beendigung des Vorzugs darf aber nicht zur Disposition der Verwaltung der AG stehen.

IV. Höchstgrenze für Vorzugsaktien

24 **1. Betragsmäßige Grenze.** Gemäß **§ 139 Abs. 2** dürfen stimmrechtslose Vorzugsaktien nur **bis zur Hälfte des Grundkapitals** ausgegeben werden. Die Regelung ist **zwingend,** eine abweichende Satzungsregelung nicht möglich. Damit soll einer möglichen Beherrschung einer Mehrheit von Kapitalgebern durch eine Minderheit von Stimmrechtsinhabern vorgebeugt werden.[38] Bereits im AktG 1937 war eine Höchstgrenze für Vorzugsaktien vorgesehen. Gemäß § 115 Abs. 2 AktG 1937 durften diese bis zur Höhe der Hälfte des Gesamtnennbetrags der anderen Aktien, also maximal bis zur Höhe eines Drittels des Grundkapitals ausgegeben werden. Diese Regelung fand sich zunächst auch im Regierungsentwurf des AktG 1965 wieder, wurde allerdings auf Anregung von Rechtsausschuss und Wirtschaftsausschuss gelockert.[39] Der Wortlaut des § 139 Abs. 2 wurde im Rahmen des StückAG an die Einführung der Stückaktie angepasst.

25 **Bemessungsgrundlage** für die Höchstgrenze ist das **gesamte Grundkapital** unter Einbeziehung aller Aktiengattungen. Entsprechend dem eindeutigen Wortlaut des § 139 Abs. 2 kommt es dabei nicht darauf an, ob die Einlagen auf die „anderen" Aktien bereits geleistet wurden und das Stimmrecht dieser Aktien begonnen hat.[40] Die Gegenauffassung[41] würde zu einer variablen Höchstgrenze führen, was aus Gründen der Rechtssicherheit wegen der drohenden Nichtigkeit der Satzungsregelung nicht hinnehmbar ist. Demgemäß kommt es auch nicht darauf an, ob die „anderen" Aktien von der Gesellschaft gehalten werden (§§ 71, 71b) oder das Stimmrecht aus diesen Aktien aus anderen Gründen einer Ausübungssperre unterliegt.[42]

26 **2. Maßgeblicher Zeitpunkt.** § 139 Abs. 2 bezieht sich auf den **Zeitpunkt der Ausgabe** der stimmrechtslosen Vorzugsaktien. Eine durchgeführte Kapitalerhöhung, auch wenn mit ihr stimmrechtslose Vorzugsaktien geschaffen werden, verbreitert somit die Bemessungsgrundlage und führt zur Zulässigkeit einer größeren Zahl von Vorzugsaktien ohne Stimmrecht.[43]

27 Da in § 139 Abs. 2 auf die Ausgabe von Vorzugsaktien abgestellt wird, ist die Norm ihrem Wortlaut nach nicht unmittelbar auf Kapitalherabsetzungen anwendbar. Schon aus Gründen des Umgehungsschutzes muss das in § 139 Abs. 2 festgeschriebene Verhältnis stimmrechtsloser und stimmberechtigter Aktien aber **auch bei Kapitalherabsetzungen** gewahrt bleiben.[44]

V. Verstöße gegen Abs. 1 und 2

28 **1. Verstöße gegen Abs. 1.** Ist bereits in der Gründungssatzung eine Regelung über Vorzugsaktien enthalten, die gegen § 139 Abs. 1 verstößt, so ist diese **nichtig.** Das Registergericht hat die Eintragung in diesem Fall abzulehnen. Erfolgt die Eintragung dennoch, entsteht die AG zwar (§ 41 Abs. 1 S. 1), die Satzungsregelung über den **Stimmrechtsausschluss ist jedoch unwirksam** und die fehlerhaften Vorzugsaktien daher mit Stimmrecht ausgestattet.[45] Ein auf den (nachträglichen) Ausschluss des Stimmrechts gerichteter Hauptversammlungsbeschluss, der nicht zugleich den gemäß § 139 Abs. 1 erforderlichen Vorzug einführt, ist nach **§ 241 Nr. 3** nichtig.[46] Nach § 139 Abs. 1 S. 3 nF ausdrücklich zulässig ist dagegen eine Satzungsregelung, die das Nachzahlungsrecht ausschließt.

29 **2. Verstöße gegen Abs. 2.** Die Einhaltung der in § 139 Abs. 2 festgelegten Höchstgrenze liegt **im öffentlichen Interesse.** Wird die geregelte Höchstgrenze für Vorzugsaktien nicht eingehalten, ist der zugrundeliegende Hauptversammlungsbeschluss somit **nichtig gemäß § 241 Nr. 3.**[47] Gleiches gilt für eine entsprechende Satzungsregelung, wenn die Vorzugsaktien unmittelbar bei Gründung der AG geschaffen werden.

---

[38] Hüffer/*Koch* Rn. 21; MüKoAktG/*Schröer* Rn. 22; Spindler/Stilz/*Bormann* Rn. 45.

[39] Ausschussbericht *Kropff* Textausgabe, 1965, 203.

[40] Ganz hM, MüKoAktG/*Schröer* Rn. 23; Hüffer/*Koch* Rn. 21; Schmidt/Lutter/*Spindler* Rn. 25; Spindler/Stilz/*Bormann* Rn. 46.

[41] *T. Bezzenberger,* Vorzugsaktien ohne Stimmrecht, 1991, 92 f.; *Siebel* ZHR 161 (1997), 628 (649).

[42] Vgl. Spindler/Stilz/*Bormann* Rn. 47.

[43] MüKoAktG/*Schröer* Rn. 24.

[44] Ganz hM, MüKoAktG/*Schröer* Rn. 25; Hüffer/*Koch* Rn. 22; KK-AktG/*Zöllner* Rn. 26; *T. Bezzenberger,* Vorzugsaktien ohne Stimmrecht, 1991, 94.

[45] *Spindler/Stilz/Bormann* Rn. 41.

[46] Hüffer/*Koch* Rn. 23 mwN.

[47] Hüffer/*Koch* Rn. 21.

§ 140 Rechte der Vorzugsaktionäre

(1) Die Vorzugsaktien ohne Stimmrecht gewähren mit Ausnahme des Stimmrechts die jedem Aktionär aus der Aktie zustehenden Rechte.

(2) [1]Ist der Vorzug nachzuzahlen und wird der Vorzugsbetrag in einem Jahr nicht oder nicht vollständig gezahlt und im nächsten Jahr nicht neben dem vollen Vorzug für dieses Jahr nachgezahlt, so haben die Aktionäre das Stimmrecht, bis die Rückstände gezahlt sind. [2]Ist der Vorzug nicht nachzuzahlen und wird der Vorzugsbetrag in einem Jahr nicht oder nicht vollständig gezahlt, so haben die Vorzugsaktionäre das Stimmrecht, bis der Vorzug in einem Jahr vollständig gezahlt ist. [3]Solange das Stimmrecht besteht, sind die Vorzugsaktien auch bei der Berechnung einer nach Gesetz oder Satzung erforderlichen Kapitalmehrheit zu berücksichtigen.

(3) Soweit die Satzung nichts anderes bestimmt, entsteht dadurch, dass der nachzuzahlende Vorzugsbetrag in einem Jahr nicht oder nicht vollständig gezahlt wird, noch kein durch spätere Beschlüsse über die Gewinnverteilung bedingter Anspruch auf den rückständigen Vorzugsbetrag.

Übersicht

I. Allgemeines

§ 140 knüpft an § 139 an und setzt die Zulässigkeit stimmrechtsloser Vorzugsaktien, die in §§ 12 Abs. 1 S. 1 und 139 Abs. 1 geregelt ist, voraus. Näher geregelt wird die Rechtsstellung der Vorzugsaktionäre. Gemäß Abs. 1, der insoweit lediglich klarstellenden Charakter hat, verfügen Vorzugsaktionäre mit Ausnahme des Stimmrechts über nicht weniger Rechte als Stammaktionäre.[1] Nicht ausdrücklich erwähnt, doch stillschweigend vorausgesetzt ist, dass die Vorzugsaktionäre auch hinsichtlich ihrer Pflichten (zB Einlagepflicht) den Stammaktionären gleichgestellt sind.[2] Abs. 2 dient der Absicherung der Rechte der Vorzugsaktionäre. Er setzt den Grundsatz um, dass der Vorzug die „Gegenleistung" für das entfallende Stimmrecht ist und das Stimmrecht bei Ausbleiben des Vorzugs auflebt. Entsprechend der mit der Aktienrechtsnovelle 2016 erfolgten Neufassung des § 139 musste auch in § 140 Abs. 2 für den Zeitpunkt des Auflebens des Stimmrechts danach differenziert werden, ob der Vorzug nachzahlbar ausgestaltet ist oder nicht. Abs. 3 schließlich hat wiederum klarstellende Bedeutung und wurde 1965 eingeführt, um den bis dahin geführten Meinungsstreit, ob das Nachzahlungsrecht ein selbständiges Recht darstellt, zu beenden.[3] 1

II. Mitgliedschaftsrechte und -pflichten (Abs. 1)

Inhaber von stimmrechtslosen Vorzugsaktien haben mit Ausnahme des ihnen fehlenden Stimmrechts und des ihnen zustehenden Gewinnvorzugs (Vorzugsdividende und ggf. Nachzahlungsrecht) 2

---

[1] Begr. RegE *Kropff* Textausgabe, 1965, 204 f.
[2] Spindler/Stilz/*Bormann* Rn. 3.
[3] Ausschussbericht *Kropff* Textausgabe, 1965, 205.

die gleichen Rechte und Pflichten wie alle übrigen Aktionäre. Auf sie sind namentlich alle Vorschriften anwendbar, die nicht das Stimmrecht voraussetzen.[4]

3 **1. Mitgliedschaftsrechte. a) Verwaltungsrechte.** Vorzugsaktionäre verfügen mit Ausnahme des Stimmrechts über sämtliche Verwaltungsrechte. Sie haben im Vorfeld der Hauptversammlung alle **Informations- und Einsichtsrechte** sowie Rechte auf **Erteilung von Abschriften,** die auch den anderen Aktionären zustehen (§§ 120 Abs. 3, 125 Abs. 2, 175 Abs. 2 und 3). Zur **Teilnahme** an der Hauptversammlung (§ 123) sind Vorzugsaktionäre berechtigt, dementsprechend kommen auch die mit einer **Vollversammlung** verbundenen Erleichterungen nur zum Tragen, wenn auch alle Vorzugsaktionäre anwesend oder vertreten sind und keiner von ihnen widerspricht (§ 121 Abs. 6). Die Inhaber stimmrechtloser Vorzugsaktien können während der Hauptversammlung **das Wort ergreifen und Fragen stellen** (§ 135 Abs. 1–4). Nicht beantwortete Fragen können sie protokollieren lassen (§ 135 Abs. 5) und **Widerspruch zu Protokoll erklären** (§ 245 Nr. 1). Letzteres gilt auch im Falle von Beschlussmängeln wegen nicht ordnungsgemäßer Einberufung der Hauptversammlung oder sonstigen Formfehlern.[5] Die Vorzugsaktionäre können aber nicht nur durch Widerspruchserklärung eine spätere Anfechtungsklage vorbereiten, sondern auch **Beschlüsse gemäß §§ 241 ff. anfechten.** Sie sind dabei nicht auf die Geltendmachung sie selbst unmittelbar betreffender Rechtsverletzungen beschränkt.[6]

4 Bei der Berechnung von Stimmrechtsmehrheiten und -quoren werden Vorzugsaktien nicht mitgerechnet, wenn und solange das Stimmrecht ausgeschlossen ist. Dies gilt insbesondere für die Berechnung des vertretenen Grundkapitals, zB in §§ 52 Abs. 5, 126 Abs. 2 Nr. 5, 129 Abs. 1 S. 1, 137, 179 Abs. 2 S. 1, 182 Abs. 1 S. 1, 186 Abs. 2 S. 1. Wo im AktG für bestimmte Minderheitenrechte auf die „Anteile am Grundkapital" abgestellt wird, zählen stimmrechtlose Vorzugsaktien aber mit bzw. berechtigen zur Teilnahme an entsprechenden Minderheitenverlangen. Dies ist immer dann der Fall, wenn es um den **Minderheitenschutz** bei dem **Verzicht auf Ansprüche oder die Durchsetzung von Ansprüchen gegen Gründer oder Verwaltungsmitglieder** (§§ 50 S. 1, 93 Abs. 4 S. 2, 147 Abs. 2 S. 1, 148 Abs. 1), die **gerichtliche Bestellung und Abberufung von Sonderprüfern** (§§ 142 Abs. 2 S. 1 und Abs. 4 S. 1, 258 Abs. 2 S. 2, 260 Abs. 1 S. 1, 315 S. 2) und **Abwicklern** (§ 265 Abs. 3 S. 1) oder um die gerichtliche Abberufung von satzungsmäßig entsandten Aufsichtsratsmitgliedern (§ 103 Abs. 3 S. 3) geht. Weiter zählen stimmrechtslose Vorzugsaktien mit, wenn **Vermögensinteressen der Minderheit** zu schützen sind (§ 52 Abs. 5 S. 2: Nachgründung im ersten Jahr; § 254 Abs. 2 S. 2: Anfechtung des Gewinnverwendungsbeschlusses wegen rechtswidriger Thesaurierung).

5 Ferner können die Inhaber stimmrechtloser Vorzugsaktien an Minderheitsverlangen nach **Einzelabstimmung über die Entlastung** der Verwaltungsmitglieder (§ 120 Abs. 1 S. 2) und vorrangiger Abstimmung über Wahlvorschläge eines Aktionärs (§ 137) teilnehmen. Da die stimmrechtslosen Vorzugsaktionäre bei dem durch ein solches Minderheitsverlangen vorbereiteten Hauptversammlungsbeschluss selbst nicht stimmberechtigt sind, ist dies zwar umstritten, im Hinblick auf den eindeutigen Wortlaut der Norm aber im Ergebnis zwingend.[7]

6 Von grundsätzlicher Bedeutung ist die Teilnahme an Minderheitsverlangen zur **Einberufung der Hauptversammlung** und **Stellung von Beschlussanträgen** gemäß § 122 Abs. 1 S. 1 und Abs. 2, die Inhabern stimmrechtsloser Vorzugsaktien offensteht. Hier ist der Kernbereich mitgliedschaftlicher Verwaltungsrechte betroffen, und Vorzugsaktionären wird auf diesem Weg neben dem Teilnahme-, Rede- und Fragerecht ein Minimum an aktiver Mitwirkung am Zustandekommen von Hauptversammlungsbeschlüssen eingeräumt.

7 **b) Vermögensrechte.** Bei den Vermögensrechten sind die Inhaber stimmrechtsloser Vorzugsaktien gegenüber den Stammaktionären durch den – ggf. nachzuzahlenden – Dividendenvorzug (→ § 139 Rn. 5 ff.) besser gestellt. Eine weitere Besserstellung ist zwar zulässig und durchaus üblich, aber nicht zwingend (zu partizipierenden Vorzugsaktien, Mehr- bzw. Zusatzdividende → § 139 Rn. 11). Im Übrigen stehen den Inhabern stimmrechtsloser Vorzugsaktien die gleichen Vermögensrechte zu wie Inhabern von Stammaktien. Hierzu gehört namentlich das **Bezugsrecht** bei Kapitalerhöhungen (§ 186) sowie bei der Ausgabe von Wandel- und Gewinnschuldverschreibungen und Genussrechten (§ 221 Abs. 4). Für das Recht zum Bezug der jungen Aktien bei Kapitalerhöhungen macht es zunächst keinen Unterschied, ob Stamm- und Vorzugsaktien oder nur Aktien einer Gattung ausgegeben werden. Werden nur Stammaktien ausgegeben, haben auch

[4] Hüffer/*Koch* Rn. 2; MüKoAktG/*Schröer* Rn. 2.

[5] MüKoAktG/*Schröer* Rn. 3.

[6] BGHZ 119, 305 (317); Hüffer/*Koch* Rn. 3.

[7] AA GroßkommAktG/*G. Bezzenberger* Rn. 11; *T. Bezzenberger,* Vorzugsaktien ohne Stimmrecht, 1991, 108 f.; *Kühn* BB 1965, 1170; wie hier MüKoAktG/*Schröer* Rn. 3; Spindler/Stilz/*Bormann* Rn. 9.

die Inhaber der Vorzugsaktien ein Bezugsrecht und umgekehrt.[8] Werden mehrere Aktiengattungen ausgegeben, haben alle Aktionäre ein **Mischbezugsrecht** auf Aktien aller Gattungen.[9] Dieses wird in der Praxis jedoch überwiegend ausgeschlossen, so dass die Aktionäre jeweils nur ein Bezugsrecht auf die jungen Aktien „ihrer" Gattung haben (sog. **„gekreuzter Bezugsrechtsausschluss"**). Dies ist aufgrund des legitimen Interesses an einer Wahrung der Stimm- und Beteiligungsverhältnisse ohne weiteres möglich.[10]

III. Stimmrecht bei Nicht- oder teilweiser Nichtzahlung des Vorzugsbetrags (Abs. 2)

Ein effektiver Schutz der stimmrechtslosen Vorzugsaktien ist vor allem dadurch gewährleistet, dass ihr Stimmrecht bei Nichtzahlung des Vorzugs auflebt (§ 140 Abs. 2). Dies ist die konsequente Umsetzung des Konzepts, dass der Gewinnvorzug die zwingende Voraussetzung des Stimmrechtsausschlusses darstellt (→ § 139 Rn. 5 ff.).[11] Dieser Grundsatz gilt zunächst unabhängig davon, ob der Vorzug nachzuzahlen ist oder nicht. 8

1. Nichtzahlung bei nachzuzahlendem Vorzug (Abs. 2 S. 1). Wenn die Satzung die Nachzahlung des Vorzugs vorsieht, richten sich die Folgen der ausgebliebenen Zahlung nach Abs. 2 S. 1. Voraussetzung für das Aufleben des Stimmrechts ist, dass (i) die Vorzugsdividende in einem Geschäftsjahr ganz oder teilweise nicht gezahlt wurde und (ii) auch im Folgejahr keine vollständige Nachzahlung erfolgt ist oder die Vorzugsdividende für das Folgejahr wiederum ganz oder teilweise nicht gezahlt wurde. Die Vorzugsrechte (Vorzugsdividende und/oder Nachzahlungsrecht) müssen also **in zwei aufeinander folgenden Geschäftsjahren** nicht oder nicht vollständig bedient worden sein.[12] Dass es sich um unmittelbar aufeinander folgende Geschäftsjahre handeln muss, ergibt sich bereits zwingend aus dem Wortlaut des § 140 Abs. 2 S. 1, wo vom „nächsten Jahr" die Rede ist. Anderenfalls würde die nur einmalige Nichtzahlung des Vorzugs trotz sofortiger Nachzahlung im nächsten Jahr auch Jahre später noch zum Wiederaufleben des Stimmrechts führen, wenn wieder in einem Jahr der Vorzug nicht (vollständig) gezahlt werden kann. Dies kann nicht gewollt sein und würde den Schutz der Vorzugsaktionäre deutlich überspannen.[13] 9

Aus welchen Gründen der Vorzug ausfällt, ist ohne Belang. Das Stimmrecht lebt also immer dann wieder auf, wenn die Ertragslage der AG keine Gewinnausschüttung erlaubt, ein vorhandener verteilungsfähiger Gewinn nicht zur Ausschüttung genutzt wird oder Vorzugsaktionären die Bedienung ihrer Vorzüge rechtswidrig verweigert wird.[14] Das Stimmrecht entfällt erst wieder, wenn alle bestehenden Rückstände nachgezahlt wurden. 10

2. Nichtzahlung bei nicht nachzuzahlendem Vorzug (Abs. 2 S. 2). Ist der Vorzug nicht nachzuzahlen, lebt das Stimmrecht bereits wieder auf, wenn der Vorzug zum ersten Mal ganz oder teilweise ausbleibt. Diese scheinbare Privilegierung der Inhaber vermeintlich „schlechterer" Vorzugsaktien ohne Nachzahlungsrecht gegenüber Vorzugsaktionären mit Nachzahlungsrecht ist konsequent: Letztere behalten ihre vermögensrechtliche Besserstellung in Form des Nachzahlungsanspruchs ggf. über Jahre. Dagegen ist eine nicht nachzuzahlende Vorzugsdividende, die einmalig nicht gezahlt wurde, endgültig „verloren".[15] Umgekehrt entfällt das Stimmrecht der Vorzugsaktionäre ohne Nachzahlungsrecht bereits dann, wenn der Vorzug – nicht auch die Rückstände – in einem Jahr vollständig gezahlt wird. 11

3. Maßgeblicher Zeitpunkt. Sobald feststeht, dass der Gewinnvorzug – bei nachzuzahlendem Vorzug zum zweiten Mal (Abs. 2 S. 1) und bei nicht nachzuzahlendem Vorzug zum ersten Mal – nicht vollständig bedient wird, lebt das Stimmrecht auf.[16] Im praktisch seltenen Fall der Auszah- 11a

[8] AllgM, s. nur Hüffer/*Koch* Rn. 3; *G. Bezzenberger* FS Quack, 1991, 153 f.; LG Tübingen AG 1991, 406 (407 f.); *Hennerkes/May* DB 1988, 537 (538).

[9] Hüffer/*Koch* § 186 Rn. 30; *Frey/Hirte* DB 1989, 2465 (2466); MüKoAktG/*Schröer* Rn. 4; *T. Bezzenberger,* Vorzugsaktien ohne Stimmrecht, 1991, 153.

[10] LG München WM 1992, 1151 (1154); LG Tübingen AG 1991, 406 (408); *Scheifele* BB 1990, 497 ff.; MüKoAktG/*Schröer* Rn. 4 mwN.

[11] MüKoAktG/*Schröer* Rn. 8; *Siebel* ZHR 161 (1997), 628 (651).

[12] AllgM, anders aber MüKoAktG/*Schröer* Rn. 9.

[13] So aber Spindler/Stilz/*Bormann* Rn. 15.

[14] Begr. RegE *Kropff* Textausgabe, 1965, 204; Hüffer/*Koch* Rn. 4 (seit Aktienrechtsnovelle 2016 differenzierte Betrachtung?); MüKoAktG/*Schröer* Rn. 13 mit Gegenbeispielen, in denen die Zahlung des Vorzugs durch den Aktionär vereitelt wird und folgerichtig das Stimmrecht nicht auflebt.

[15] Vgl. Begr. RegE 18/4349, 26.

[16] Hüffer/*Koch* Rn. 5; MüKoAktG/*Schröer* Rn. 9; *T. Bezzenberger,* Vorzugsaktien ohne Stimmrecht, 1991, 97.

lungsverweigerung durch den Vorstand der AG trotz Vorliegen eines entsprechenden Gewinnverwendungsbeschlusses lebt das Stimmrecht im Augenblick der Verweigerung auf, bei schlichter Untätigkeit ggf. nach Fristablauf.[17] Häufiger ist der Fall, dass der Jahresabschluss bereits keinen (ausreichenden) Bilanzgewinn ausweist oder trotz ausreichenden Bilanzgewinns keine ausreichende Ausschüttung beschlossen wird. Im ersten Fall entsteht das Stimmrecht mit Feststellung des Jahresabschlusses,[18] also regelmäßig mit seiner Billigung durch den Aufsichtsrat gemäß § 172. Die Vorzugsaktionäre sind dann bereits in der darauf folgenden Hauptversammlung, welcher der Jahresabschluss vorgelegt wird, stimmberechtigt. Im zweiten Fall entsteht das Stimmrecht erst mit der Fassung des Gewinnverwendungsbeschlusses, nicht etwa schon mit Vorlage des Beschlussvorschlags durch die Verwaltung. Dabei ist umstritten, ob das Stimmrecht erst mit Beendigung der Hauptversammlung und Unterzeichnung der Niederschrift durch den Notar (§ 130 Abs. 1)[19] oder unmittelbar nach Beschlussfeststellung durch den Vorsitzenden auflebt.[20] Der Meinungsstreit hat praktische Konsequenzen: Folgt man der ersten Auffassung, sind die Vorzugsaktionäre erst in der nächsten Hauptversammlung stimmberechtigt; folgt man der zweiten Ansicht, können sie noch während der laufenden Hauptversammlung an den auf den Gewinnverwendungsbeschluss folgenden Beschlüssen teilnehmen. Zu folgen ist der zweiten Ansicht, da für das Innenverhältnis der Aktionäre die Beschlussfeststellung durch den Vorsitzenden maßgeblich ist und es im Übrigen einem effektiven Schutz der Vorzugsaktionäre zuwiderliefe, wenn sie erst ab der nächsten Hauptversammlung stimmberechtigt wären.

12 **4. Rechtsfolgen der Entstehung des Stimmrechts. a) Umfang des Stimmrechts, Stimmkraft.** Wenn die Voraussetzungen des § 140 Abs. 2 S. 1 oder S. 2 erfüllt sind, lebt das Stimmrecht vollumfänglich auf, dh die Vorzugsaktionäre sind **im gleichen Umfang stimmberechtigt wie die Stammaktionäre.** Sie sind somit **bei allen Beschlussgegenständen stimmberechtigt,** nicht etwa nur bei der Fassung des Gewinnverwendungsbeschlusses.[21] Sofern feststeht, dass Vorzugsaktionäre in der nächsten Hauptversammlung stimmberechtigt sind, ist hierauf in der Einladung entsprechend § 121 Abs. 3 S. 2 hinzuweisen[22] mit der Folge, dass ohne entsprechenden Hinweis gefasste Beschlüsse anfechtbar sind. In das Handelsregister ist das Aufleben des Stimmrechts hingegen nicht einzutragen.[23]

13 Auch hinsichtlich der **Stimmkraft** (→ § 134 Rn. 7 ff.) sind die Vorzugsaktionäre für die Dauer ihrer Stimmberechtigung den Stammaktionären gleichgestellt, dh ein etwaiges Höchststimmrecht gilt auch für sie.[24] Unzulässig, da mit dem Regelungszweck des § 140 Abs. 2 nicht zu vereinbaren, wäre aber ein speziell für diesen Fall eingreifendes Höchststimmrecht.[25]

14 Auch mit aufgelebtem Stimmrecht bilden Vorzugsaktien eine von den Stammaktien zu unterscheidende Aktiengattung. Alle im AktG vorgesehenen **Sonderbeschlüsse** (§§ 141 Abs. 2 S. 1, 179 Abs. 3, 182 Abs. 2, 222 Abs. 2) bleiben also auch dann erforderlich, wenn die Vorzugsaktionäre bei dem zugrunde liegenden Hauptversammlungsbeschluss mitgestimmt haben.[26]

15 **b) Mitteilungspflichten.** Nebenfolge des aufgelebten Stimmrechts ist, dass die Vorzugsaktionäre nun auch Mitteilungspflichten unterliegen, die an den Stimmrechtsanteil anknüpfen (§§ 21, 22 WpHG aF bzw. §§ 33, 34 WpHG nF).[27]

16 **c) Berechnung von Kapitalmehrheiten (Abs. 2 S. 3).** Solange der Stimmrechtsausschluss wirksam ist, werden Vorzugsaktien bei der Berechnung von Kapitalmehrheiten nicht mitgezählt. Dies ändert sich gemäß § 140 Abs. 2 S. 3 mit dem Aufleben des Stimmrechts, so dass die Mehrheitser-

---

[17] IErg ebenso Spindler/Stilz/*Bormann* Rn. 24 mit dem Hinweis, dass das Stimmrecht in diesem Fall somit bei einzelnen Aktionären zu unterschiedlichen Zeitpunkten aufleben kann.

[18] Hüffer/*Koch* Rn. 5; MüKoAktG/*Schröer* Rn. 11; KK-AktG/*Zöllner* Rn. 5.

[19] So MüKoAktG/*Schröer* Rn. 10; GroßkommAktG/*G. Bezzenberger* Rn. 23; MHdB AG/*Semler* § 38 Rn. 25.

[20] So Hüffer/*Koch* Rn. 5; KK-AktG/*Zöllner* Rn. 6; *T. Bezzenberger,* Vorzugsaktien ohne Stimmrecht, 1991, 98.

[21] AllgM, s. nur MüKoAktG/*Schröer* Rn. 14; Hüffer/*Koch* Rn. 6; KK-AktG/*Zöllner* Rn. 7; *T. Bezzenberger,* Vorzugsaktien ohne Stimmrecht, 1991, 95.

[22] Spindler/Stilz/*Bormann* Rn. 26; *T. Bezzenberger* Vorzugsaktien ohne Stimmrecht, 1991, 99 f. und Hüffer/*Koch* Rn. 5 begründen die Hinweispflicht mit § 124 Abs. 1 S. 1.

[23] Hüffer/*Koch* Rn. 5.

[24] Hüffer/*Koch* Rn. 6; KK-AktG/*Zöllner* § 134 Rn. 47; *T. Bezzenberger,* Vorzugsaktien ohne Stimmrecht, 1991, 100.

[25] Hüffer/*Koch* Rn. 6; KK-AktG/*Zöllner* § 134 Rn. 47; aA wohl *Hennerkes/May* DB 1988, 537 (538).

[26] MüKoAktG/*Schröer* Rn. 14; *Werner* AG 1971, 69 (75).

[27] Spindler/Stilz/*Bormann* Rn. 4.

fordernisse auf Basis der erhöhten Gesamtzahl von Stimmen berechnet werden. Wäre dies nicht der Fall, würde das aufgelebte Stimmrecht der Vorzugsaktien überproportional berücksichtigt.[28]

5. Erlöschen des Stimmrechts infolge Nachzahlung. Auch hier ist zwischen nachzuzahlenden und nicht nachzuzahlenden Vorzügen zu unterscheiden: Das Stimmrecht erlischt bei **nachzuzahlenden Vorzügen** gemäß § 140 Abs. 2 S. 1 sobald die rückständigen Vorzüge **vollständig nachgezahlt** sind. Erforderlich und ausreichend ist die tatsächliche Zahlung.[29] Bei dem der Nachzahlung vorausgehenden Gewinnverwendungsbeschluss sind die Vorzugsaktionäre somit noch stimmberechtigt. Vollständig ist die Nachzahlung, wenn **sowohl Nachzahlungsansprüche aus vorangegangenen Geschäftsjahren als auch der aktuelle Anspruch auf Vorzugsdividende restlos erfüllt** werden.[30] Bei **nicht nachzuzahlenden Vorzügen** wird die Uhr gewissermaßen jedes Jahr auf Null gestellt: Wenn in einem Jahr der Vorzug für dieses Jahr satzungsgemäß gezahlt wird, entfällt das Stimmrecht. In beiden Fällen (nachzuzahlender und nicht nachzuzahlender Vorzug) erlischt das Stimmrecht mit vollständiger (Nach-)Zahlung ebenso automatisch wie es durch Nichtzahlung aufgelebt ist; eine besondere Feststellung oder Bekanntmachung hierüber ist nicht erforderlich. 17

IV. Anspruch auf Nachzahlung (Abs. 3)

1. Gesetzlicher Regelfall: unselbständiges Nachzahlungsrecht. Abs. 3 enthält klarstellende Regelungen zur Rechtsnatur des Nachzahlungsrechts, sofern dieses nicht satzungsmäßig ausgeschlossen wurde. Soweit die Satzung keine abweichende Regelung trifft, ist das Nachzahlungsrecht unselbständig und untrennbar mit der Mitgliedschaft verbunden. Es kann nicht getrennt von der Aktie abgetreten oder im Wege einer Zahlungsklage durchgesetzt werden.[31] Erst mit Fassung eines die Bedienung des Nachzahlungsrechts zulassenden Gewinnverwendungsbeschlusses wird daraus ein selbständiger Anspruch. Bis zu diesem Zeitpunkt unterliegt das Nachzahlungsrecht grundsätzlich der Disposition der Hauptversammlung, die es – allerdings nur mit einem zustimmenden Sonderbeschluss der betroffenen Vorzugsaktionäre gemäß § 141 Abs. 1 – wieder aufheben oder beschränken kann.[32] In der **Insolvenz** ist das unselbständige Recht auf die Nachzahlung wie eine letztrangige Insolvenzforderung zu behandeln. Ist die Nachzahlung im Insolvenzplan nicht vorgesehen, gelten die Nachzahlungsrechte gemäß § 225 Abs. 1 InsO als erlassen. Entsprechend § 227 Abs. 1 InsO erlischt auch das Stimmrecht der Vorzugsaktionäre.[33] Soweit aufgrund entsprechender Satzungsregelung (→ Rn. 19) bereits ein selbständiger Anspruch entstanden ist, handelt es sich dementsprechend um eine – gleichfalls letzrangig zu behandelnde – Insolvenzforderung.[34] 18

2. Ausnahme: selbständiges Nachzahlungsrecht bei entsprechender Satzungsregelung. Dem Satzungsgeber wird in § 140 Abs. 3 hinsichtlich der Rechtsnatur des Nachzahlungsanspruchs ein gewisser Gestaltungsspielraum eingeräumt: Durch Satzungsregelung kann das Nachzahlungsrecht als selbständiger schuldrechtlicher Anspruch ausgestaltet werden.[35] Der Zahlungsanspruch entsteht dann unmittelbar mit dem Ausfall der Vorzugsdividende. Da Grundlage einer Dividendenzahlung an Aktionäre immer ein Gewinnverwendungsbeschluss sein muss, ist der Anspruch allerdings auf die Fassung des Gewinnverwendungsbeschlusses **aufschiebend bedingt.**[36] Die Selbständigkeit des Nachzahlungsanspruchs hat also nicht zur Folge, dass dieser unmittelbar mit seiner Entstehung auch geltend gemacht werden kann. Er kann dem Vorzugsaktionär ohne dessen Einwilligung aber nicht mehr gemäß § 141 Abs. 1 S. 1 entzogen werden[37] und ist als selbständiges Recht abtretbar und somit verkehrsfähig. Der Vorzugsaktionär wird durch eine solche Satzungsregelung also deutlich besser gestellt, die Rechtsposition der AG dagegen geschwächt. Das mögliche Auseinanderfallen von Nachzahlungsanspruch und Aktieninhaberschaft erweitert den Kreis der etwa in einer Sanierungssituation zu berücksichtigenden Interessen unnötig. In der Praxis sind derartige Satzungsregelungen daher zu Recht außerordentlich selten anzutreffen.[38] 19

---

[28] Hüffer/*Koch* Rn. 8.
[29] GroßkommAktG/*G. Bezzenberger* Rn. 30; MüKoAktG/*Schröer* Rn. 15; Hüffer/*Koch* Rn. 7; *T. Bezzenberger,* Vorzugsaktien ohne Stimmrecht, 1991, 101.
[30] Hüffer/*Koch* Rn. 7.
[31] MüKoAktG/*Schröer* Rn. 16; Hüffer/*Koch* Rn. 9.
[32] Ausschussbericht *Kropff* Textausgabe, 1965, 205.
[33] BGH NZG 2011, 75; krit. *Madaus* ZIP 2010, 1214.
[34] BGH NZG 2011, 75 (77).
[35] BGHZ 7, 263 (264 f.); 9, 279 (284); RGZ 82, 138 (140 f.); 82, 144 (145); MüKoAktG/*Schröer* Rn. 17.
[36] Hüffer/*Koch* Rn. 10; MüKoAktG/*Schröer* Rn. 17.
[37] OLG Stuttgart AG 1995, 283 f. mwN.
[38] Zurückhaltend auch Spindler/Stilz/*Bormann* Rn. 36.

§ 141 Aufhebung oder Beschränkung des Vorzugs

(1) Ein Beschluß, durch den der Vorzug aufgehoben oder beschränkt wird, bedarf zu seiner Wirksamkeit der Zustimmung der Vorzugsaktionäre.

(2) [1]Ein Beschluß über die Ausgabe von Vorzugsaktien, die bei der Verteilung des Gewinns oder des Gesellschaftsvermögens den Vorzugsaktien ohne Stimmrecht vorgehen oder gleichstehen, bedarf gleichfalls der Zustimmung der Vorzugsaktionäre. [2]Der Zustimmung bedarf es nicht, wenn die Ausgabe bei Einräumung des Vorzugs oder, falls das Stimmrecht später ausgeschlossen wurde, bei der Ausschließung ausdrücklich vorbehalten worden war und das Bezugsrecht der Vorzugsaktionäre nicht ausgeschlossen wird.

(3) [1]Über die Zustimmung haben die Vorzugsaktionäre in einer gesonderten Versammlung einen Sonderbeschluß zu fassen. [2]Er bedarf einer Mehrheit, die mindestens drei Viertel der abgegebenen Stimmen umfaßt. [3]Die Satzung kann weder eine andere Mehrheit noch weitere Erfordernisse bestimmen. [4]Wird in dem Beschluß über die Ausgabe von Vorzugsaktien, die bei der Verteilung des Gewinns oder des Gesellschaftsvermögens den Vorzugsaktien ohne Stimmrecht vorgehen oder gleichstehen, das Bezugsrecht der Vorzugsaktionäre auf den Bezug solcher Aktien ganz oder zum Teil ausgeschlossen, so gilt für den Sonderbeschluß § 186 Abs. 3 bis 5 sinngemäß.

(4) Ist der Vorzug aufgehoben, so gewähren die Aktien das Stimmrecht.

Übersicht

I. Allgemeines

1 § 141 dient dem **Schutz der Vorzugsaktionäre** und der konkreten Ausgestaltung dieses Schutzes. Die Norm stellt damit eine Konkretisierung der allgemeinen Regelung gemäß § 35 BGB dar, wonach Sonderrechte eines Vereinsmitglieds grundsätzlich nur mit dessen Zustimmung beeinträchtigt werden können.[1] Für Eingriffe in die Rechte der Vorzugsaktionäre ist jedoch nicht die Zustimmung jedes einzelnen Vorzugsaktionärs, sondern ein mit **qualifizierter Mehrheit** zu fassender **Sonderbeschluss der Vorzugsaktionäre** erforderlich. Regelungsgegenstand sind direkte Eingriffe in die Rechte der Vorzugsaktionäre (Abs. 1) ebenso wie indirekte Beeinträchtigungen der Vorzüge durch Schaffung konkurrierender Vorzugsaktien (Abs. 2). In Abs. 3 werden nähere Anforderungen an den Sonderbeschluss und die erforderliche Mehrheit gestellt und insoweit an die allgemeine Regelung über Sonderbeschlüsse in § 138 angeknüpft.

2 Wie der gesamte sechste Unterabschnitt (§§ 139–141) der Regelungen über die Hauptversammlung **gilt die Norm nur für Vorzugsaktien ohne Stimmrecht.** Sofern eine Aktiengattung „Vorzugsaktien *mit* Stimmrecht" besteht, richten sich Eingriffe in die damit verbundenen Vorzugsrechte nicht nach § 141, sondern nach § 179 Abs. 3.

3 Die Vorschrift ist insgesamt **zwingend;** davon abweichende Satzungsbestimmungen wären im Hinblick auf § 23 Abs. 5 nichtig.[2]

[1] *T. Bezzenberger,* Vorzugsaktien ohne Stimmrecht, 1991, 115; Spindler/Stilz/*Bormann* Rn. 1.
[2] MüKoAktG/*Schröer* Rn. 1; Hüffer/*Koch* Rn. 1; Spindler/Stilz/*Bormann* Rn. 3.

II. Voraussetzungen für die Aufhebung oder Beschränkung des Vorzugs (Abs. 1)

1. Satzungsändernder Hauptversammlungsbeschluss. Wenn in § 141 Abs. 1 von einem Beschluss die Rede ist, so muss es sich zwingend um einen **satzungsändernden Beschluss** handeln. Denn die Vorzugsaktien sind durch Satzungsregelung eingeführt worden (→ § 139 Rn. 21), die insbesondere den gewährten Vorzug zwingend enthalten muss. Als **actus contrarius** zur Einführung des Vorzugs müssen Aufhebung und Beschränkung des Vorzugs somit ebenfalls in Form eines satzungsändernden Hauptversammlungsbeschlusses erfolgen. Der Beschluss wird ohne Mitwirkung der – auch bei diesem Beschluss stimmrechtlosen – Vorzugsaktionäre gefasst und bedarf gemäß § 179 Abs. 2 einer qualifizierten Mehrheit von drei Vierteln des vertretenen Grundkapitals. Zu seiner Wirksamkeit ist gemäß Abs. 3 ein **zustimmender Sonderbeschluss der Vorzugsaktionäre** erforderlich. Dieser allein entfaltet ohne einen zugrunde liegenden Hauptversammlungsbeschluss aber noch keine Rechtswirkungen.[3] Die Satzungsänderung – und damit die Entstehung des Stimmrechts der Vorzugsaktionäre gemäß Abs. 4 im Falle der Aufhebung des Vorzugs – wird gemäß § 181 Abs. 3 **erst mit Eintragung im Handelsregister wirksam.** 4

2. Unmittelbare Beeinträchtigung des Vorzugs. a) Geschützter Vorzug betroffen. Gegenstand von § 141 Abs. 1 sind Beeinträchtigungen des **Vorzugs iSd § 139 Abs. 1,** also der – ggf. nachzahlbaren – Vorzugsdividende, die den Ausschluss des Stimmrechts rechtfertigt. Geschützt sind also gleichermaßen **Gewinnvorzug und, soweit vorhanden, Nachzahlungsrecht.**[4] 5

Umstritten ist dagegen, ob auch **sonstige Vorzugsrechte** unter die Regelung des § 141 Abs. 1 fallen. Diskutiert wurde dies namentlich für die Fälle der **Mehrdividende** (→ § 139 Rn. 11), eine bevorzugte Berücksichtigung bei der Verteilung des **Liquidationserlöses** sowie **Verwaltungssonderrechte** der Vorzugsaktionäre wie Entsenderechte in den Aufsichtsrat oder **Zustimmungserfordernisse** der Vorzugsaktionäre für bestimmte Maßnahmen. Für die Mehrdividende ist seit der Neufassung der §§ 139, 140 klar, dass diese ebenfalls unter § 141 Abs. 1 fällt. Gleiches muss für alle Gewinnvorzüge gelten, die gemäß § 139 Abs. 1 S. 1 den Stimmrechtsausschluss rechtfertigen. Darüber hinaus wurde die Anwendbarkeit von § 141 Abs. 1 bisher nur für Vorrechte bei der Verteilung des Liquidationserlöses bejaht.[5] Zur Begründung wurde darauf verwiesen, dass ein Vorrang bei der Verteilung des Liquidationserlöses gemäß § 141 Abs. 2 S. 1 vor *mittelbaren* Beeinträchtigungen geschützt sei. Daher sei es widersprüchlich, diesen Schutz bei *unmittelbaren* Eingriffen im Rahmen von § 141 Abs. 1 zu verweigern.[6] Dagegen steht jedoch nach wie vor der klare Wortlaut des § 141 Abs. 1. Zudem sind die Vorzugsaktionäre, sofern § 141 Abs. 1 nicht anwendbar ist, keineswegs schutzlos gestellt, sondern von § 179 Abs. 3 geschützt. Ferner besteht Einigkeit, dass solche „sonstigen Vorzugsrechte", sofern sie zur Ausstattung von stimm*berechtigten* Vorzugsaktien gehören, keinesfalls zum Anwendungsbereich des § 141 Abs. 1 gehören. Warum dies anders sein soll, wenn sie mit einem „echten", dh den Stimmrechtsausschluss legitimierenden Vorzug iSd § 139 Abs. 1 verbunden werden, ist nicht einsichtig. Ein Vorrecht auf den Liquidationserlös fällt somit nicht unter § 141 Abs. 1.[7] Nichts anderes kann somit für die weiteren „sonstigen Vorzugsrechte" gelten, die außerhalb der Vorgaben von §§ 139 Abs. 1, 140 Abs. 1 gewährt werden.[8] 6

b) Unmittelbare Beeinträchtigung. Eine Zustimmung der Vorzugsaktionäre ist gemäß § 141 Abs. 1 nur erforderlich, wenn der Vorzug durch einen satzungsändernden Hauptversammlungsbeschluss unmittelbar beeinträchtigt wird.[9] Die Abgrenzung zwischen unmittelbaren und mittelbaren Eingriffen in den Vorzug basiert auf einer Formulierung der Begründung der AktG-Neufassung von 1884 und hat bis heute unveränderte Gültigkeit. 7

Unmittelbar ist eine Beeinträchtigung, wenn der Vorzug aufgehoben oder die satzungsmäßige Ausgestaltung des Vorzugs zum Nachteil der Vorzugsaktionäre geändert wird, etwa durch Absenkung des Vorzugsbetrags oder der als Vorzug zugesicherten Verzinsung.[10] Gleiches gilt für die Herabstufung 8

---

[3] Hüffer/*Koch* Rn. 2.

[4] MüKoAktG/*Schröer* Rn. 3; KK-AktG/*Zöllner* Rn. 4; Hüffer/*Koch* Rn. 3; *T. Bezzenberger,* Vorzugsaktien ohne Stimmrecht, 1991, 125 f.

[5] Hüffer/*Koch* Rn. 3; KK-AktG/*Zöllner* Rn. 4; Spindler/Stilz/*Bormann* Rn. 5; *Werner* AG 1971, 69.

[6] S. nur Hüffer/*Koch* Rn. 3.

[7] IErg ebenso MüKoAktG/*Schröer* Rn. 3; Schmidt/Lutter/*Spindler* Rn. 12; *T. Bezzenberger,* Vorzugsaktien ohne Stimmrecht, 1991, 135 f.

[8] Wie hier MüKoAktG/*Schröer* Rn. 3; Schmidt/Lutter/*Spindler* Rn. 12; *T. Bezzenberger,* Vorzugsaktien ohne Stimmrecht, 1991, 136; aA Hüffer/*Koch* Rn. 3; KK-AktG/*Zöllner* Rn. 4.

[9] AllgM, KK-AktG/*Zöllner* Rn. 3; *T. Bezzenberger,* Vorzugsaktien ohne Stimmrecht, 1991, 121; Hüffer/*Koch* Rn. 4; MüKoAktG/*Schröer* Rn. 4.

[10] MüKoAktG/*Schröer* Rn. 4.

eines bislang selbständigen Nachzahlungsanspruchs (→ § 140 Rn. 19) in einen unselbständigen.[11] Auch eine nachträgliche Befristung oder Bedingung des Vorzugs (deren Zulässigkeit umstritten ist, → § 139 Rn. 23) oder die Einführung eines sonstigen Vorbehalts für die Zahlung von Vorzugsdividende und deren Nachzahlbarkeit erfordert die Zustimmung der Vorzugsaktionäre gemäß § 141 Abs. 1. Die Zustimmung der Vorzugsaktionäre ist auch erforderlich, wenn die spätere Beschränkung des Vorzugs bei Ausgabe der Vorzugsaktien vorbehalten wurde. Die in § 141 Abs. 2 S. 2 enthaltene Ausnahme (→ Rn. 26) gilt nur für den Fall mittelbarer Beeinträchtigungen des Vorzugs durch Ausgabe konkurrierender Vorzugsaktien.[12]

9 Maßnahmen, die sich **lediglich wirtschaftlich auf den Vorzug auswirken,** lösen **kein Zustimmungserfordernis** gemäß § 141 Abs. 1 aus.[13] Darunter fallen auch satzungsändernde Beschlüsse, wenn sie nicht unmittelbar die Regelungen über den Vorzug betreffen, etwa wenn der Vorstand gemäß § 58 Abs. 2 S. 2 zur Bildung einer höheren Rücklage ermächtigt oder Bilanzierungsvorschriften geändert werden.[14] Auch organisationsrechtliche Maßnahmen wie ein Auflösungsbeschluss (§ 262) oder Beschlüsse über Maßnahmen nach dem UmwG bedürfen keiner Zustimmung der stimmrechtslosen Vorzugsaktionäre.[15] Die Auswirkungen auf den Vorzug – wie zB im Fall der Auflösung die Ausschüttungssperre gemäß § 272 Abs. 1 – sind jeweils nur Folge, nicht aber Gegenstand des Beschlusses.[16] Gleiches gilt für die nachteiligen Auswirkungen eines Aktienrückkaufprogramms.[17] Auch ein Delisiting (Beendigung der Börsenzulassung) der Vorzugsaktien stellt keinen Eingriff in den Vorzug dar und erfordert keinen Sonderbeschluss nach Abs. 3 – sogar, wenn das Delisting ausschließlich die Vorzugsaktien betrifft.[18] Ausreichend ist, wenn die allgemeinen Voraussetzungen eines Delisitings[19] eingehalten werden.

10 **c) Insbesondere: Kapitalmaßnahmen.** Auch wenn die Details zum Teil umstritten sind, bedürfen im Ergebnis alle Kapitalmaßnahmen, die nicht nach § 141 Abs. 2 zustimmungspflichtig sind, auch gemäß § 141 Abs. 1 keiner Zustimmung der Vorzugsaktionäre. Bei **Kapitalerhöhungen gegen Einlage** sind folgende Fälle zu unterscheiden: (1) Werden ausschließlich neue Stammaktien ausgegeben, berührt dies die Vorzugsrechte als solche nicht (§ 216 Abs. 1 S. 1).[20] Nichts anderes gilt für die Schaffung eines genehmigten Kapitals oder eines bedingten Kapitals.[21] (2) Auch bei Ausgabe neuer Vorzugsaktien wird der Vorzug nicht unmittelbar betroffen, sondern es können sich allenfalls wirtschaftliche Auswirkungen ergeben, die im Rahmen des § 141 Abs. 1 unbeachtlich sind.[22]

11 Wird die **Erhöhung des Grundkapitals aus Gesellschaftsmitteln** bewirkt, muss aufgrund der Regelung in § 216 Abs. 1 S. 1 zwar der Vorzug nach unten korrigiert werden, um das Verhältnis zwischen (alten und neuen) Stammaktien einerseits und (alten und neuen) Vorzugsaktien andererseits nicht zum Nachteil der Stammaktien zu verschieben.[23] Die **Rechte der Vorzugsaktionäre bleiben** insgesamt – dh unter Berücksichtigung der alten und der neuen Vorzugsaktien – **unberührt.** § 141 Abs. 1 ist daher auf die Kapitalerhöhung aus Gesellschaftsmitteln nicht anwendbar.[24]

12 Bei **Kapitalherabsetzungen** sind Vorzugsaktionäre aufgrund des Gewinnvorzugs wirtschaftlich stärker betroffen als Stammaktionäre. Dies gilt zumal, wenn der Gewinnvorzug in einer bestimmten Verzinsung des Nennbetrags bzw. des anteiligen Grundkapitals besteht und somit die Bemessungsgrundlage geschmälert wird. Diese stärkere wirtschaftliche Betroffenheit **rechtfertigt die Annahme eines Zustimmungserfordernisses gemäß § 141 Abs. 1 aber nicht,** denn der Vorzug als solcher bleibt durch die Kapitalherabsetzung unberührt.[25] Auch § 222 Abs. 2[26] taugt nicht (mehr) zur

---

[11] OLG Frankfurt DB 1993, 272 (273).

[12] MüKoAktG/*Schröer* Rn. 6; aA KK-AktG/*Zöllner* Rn. 7.

[13] LG Frankfurt AG 1991, 405 (406); GroßkommAktG/*G. Bezzenberger* Rn. 16, 20; Hüffer/*Koch* Rn. 4; *Kiem* ZIP 1997, 1627; *Werner* AG 1971, 69; MüKoAktG/*Schröer* Rn. 7; KK-AktG/*Zöllner* Rn. 4.

[14] Hüffer/*Koch* Rn. 6; Schmidt/Lutter/*Spindler* Rn. 10.

[15] Ganz hM, s. nur Hüffer/*Koch* Rn. 6; MüKoAktG/*Schröer* Rn. 7; Schmidt/Lutter/*Spindler* Rn. 10; für Maßnahmen nach dem UmwG aA *Kiem* ZIP 1997, 1627 (1628 ff.).

[16] *Volhard/Goldschmidt* FS Lutter, 2000, 779 (788).

[17] Eingehend Schmidt/Lutter/*Spindler* Rn. 10 aE.

[18] OLG Celle ZIP 2008, 1875.

[19] Entsprechend der „Macrotron"-Entscheidung, BGH NJW 2003, 387.

[20] S. nur *Volhard/Goldschmidt* FS Lutter, 2000, 779 (781); Schmidt/Lutter/*Spindler* Rn. 13.

[21] *Volhard/Goldschmidt* FS Lutter, 2000, 779 (782).

[22] *Volhard/Goldschmidt* FS Lutter, 2000, 779 (781); MüKoAktG/*Schröer* Rn. 8.

[23] OLG Stuttgart AG 1993, 94 f.; Hüffer/*Koch* Rn. 7; KK-AktG/*Lutter* § 316 Rn. 6; MüKoAktG/*Schröer* Rn. 9.

[24] OLG Stuttgart AG 1993, 94 f.; KK-AktG/*Zöllner* Rn. 5; *T. Bezzenberger* Vorzugsaktien ohne Stimmrecht, 1991, 79 ff.; MüKoAktG/*Schröer* Rn. 9; Hüffer/*Koch* Rn. 7.

[25] So die hM, Hüffer/*Koch* Rn. 9; Schmidt/Lutter/*Spindler* Rn. 15 f.; MüKoAktG/*Schröer* Rn. 10 f.; aA *Frey/Hirte* DB 1989, 2465 (2466) und wohl auch *Decher* EWiR 1991, 943.

[26] Darauf abstellend *T. Bezzenberger* Vorzugsaktien ohne Stimmrecht, 1991, 172 f.

Begründung eines Zustimmungserfordernisses der Vorzugsaktionäre, da die Norm ausdrücklich mehrere Gattungen stimmberechtigter Aktien erfordert.[27]

3. Zustimmung der Vorzugsaktionäre. Sind die Voraussetzungen des § 141 Abs. 1 erfüllt, bedarf der Hauptversammlungsbeschluss eines zustimmenden Sonderbeschlusses der Vorzugsaktionäre, der gemäß Abs. 3 zu fassen ist. Bis ein positiver Zustimmungsbeschluss gefasst wird, ist der zugrunde liegende Hauptversammlungsbeschluss **schwebend unwirksam** (→ § 138 Rn. 13) und darf solange nicht ins Handelsregister eingetragen werden. Bei endgültiger Verweigerung der Zustimmung wird der Hauptversammlungsbeschluss endgültig unwirksam. Zu beachten ist, dass ein **Sonderbeschluss** selbst dann benötigt wird, wenn das **Stimmrecht der Vorzugsaktionäre gemäß § 140 Abs. 2 aufgelebt** ist, diese also an dem satzungsändernden Hauptversammlungsbeschluss mitgewirkt haben. Zu begründen ist dies mit dem zwingenden Charakter von § 141 Abs. 1, zudem darf die Vorenthaltung der Vorzugsdividende nicht zu einer weiteren Schlechterstellung der Vorzugsaktionäre führen.[28] 13

Eine etwa erforderliche Zustimmung der Inhaber anderer beeinträchtigter Aktiengattungen – hierunter fallen insbesondere Vorzugsaktien mit Stimmrecht, auf welche die §§ 139–141 nicht anwendbar sind – richtet sich nicht nach § 141 Abs. 1, sondern nach § 179 Abs. 3.[29] 14

4. Ausnahme: Zustimmung entbehrlich. Keine Zustimmung der Vorzugsaktionäre ist erforderlich, wenn der Vorzug aufgrund der von Anfang an bestehenden Befristung oder auflösenden Bedingung (zur umstrittenen Zulässigkeit → § 139 Rn. 23) entfällt oder sich seine Konditionen nachteilig verändern.[30] Genau genommen liegt in diesen Fällen schon kein satzungsändernder Hauptversammlungsbeschluss vor, so dass § 141 Abs. 1 nicht einschlägig ist. Im Hinblick auf den zwingenden Charakter des § 141 **unzulässig** ist eine **Satzungsregelung,** die es erlaubt, den **Vorzug später ohne Zustimmung der Vorzugsaktionäre einzuschränken,** aufzuheben oder mit einer Bedingung oder Befristung zu versehen.[31] 15

5. Konkurrierende Normen. Eine **tatbestandliche Überschneidung** besteht zwischen **§ 141 Abs. 1 und § 179 Abs. 3,** da eine Beschränkung des Vorzugs immer auch eine Veränderung des Verhältnisses zwischen Stamm- und Vorzugsaktien zum Nachteil der Vorzugsaktien bedeutet.[32] Anwendbar ist in diesem Fall allein § 141 Abs. 1, der als die speziellere Norm den allgemeineren § 179 Abs. 3 verdrängt.[33] 16

Die **gleichzeitige Anwendung von § 182 Abs. 2** (für Kapitalerhöhungen) **oder § 222 Abs. 2** (für Kapitalherabsetzungen) einerseits und § 141 Abs. 1 andererseits ist dagegen bereits tatbestandlich **ausgeschlossen.** Sowohl § 182 Abs. 2 als auch § 222 Abs. 2 betreffen die Zustimmung von Inhabern *stimmberechtigter* Aktiengattungen. Dies wurde durch eine Änderung beider Normen durch das Gesetz für kleine Kapitalgesellschaften und zur Deregulierung des Aktiengesetzes vom 2.8.1994 (BGBl. I S. 1961) klargestellt und ein bis dahin geführter Meinungsstreit somit obsolet.[34] Auch das temporäre Aufleben des Stimmrechts gemäß § 140 Abs. 2 ändert nichts daran, dass die betroffenen Vorzugsaktien eine Gattung stimmrechtloser Aktien bilden, auf die §§ 182 Abs. 2 und 222 Abs. 2 nicht anwendbar sind. 17

Gleiches gilt für § 65 Abs. 2 UmwG (ggf. iVm §§ 125 S. 1 oder 240 Abs. 1 S. 1 UmwG): Erforderlich ist nach dieser Norm nur die Zustimmung der Inhaber stimmberechtigter Aktien, so dass es keine tatbestandliche Überschneidung zu § 141 Abs. 1 gibt. 18

III. Ausgabe neuer Vorzugsaktien (Abs. 2)

§ 141 Abs. 2 betrifft **bestimmte mittelbare Beeinträchtigungen** der gewährten Vorzüge. Erfasst werden aber nicht Beeinträchtigungen aller Art, sondern nur Beschlüsse zur Ausgabe neuer, mit den bestehenden Vorzügen konkurrierenden Vorzugsaktien. Zwar bleiben die bestehenden Vorzüge als solche nominal unverändert. Da durch die Ausgabe neuer Vorzugsaktien eines höheren oder 19

---

[27] Hüffer/*Koch* Rn. 9.

[28] AllgM, s. nur GroßkommAktG/*G. Bezzenberger* Rn. 45; Hüffer/*Koch* Rn. 10; KK-AktG/*Zöllner* Rn. 15.

[29] MüKoAktG/*Schröer* Rn. 16.

[30] Ganz hM, Hüffer/*Koch* Rn. 11; GroßkommAktG/*G. Bezzenberger* Rn. 19; Schmidt/Lutter/*Spindler* Rn. 19; *Werner* AG 1971, 69 (70).

[31] Ganz hM, Hüffer/*Koch* Rn. 11; GroßkommAktG/*G. Bezzenberger* Rn. 19; *T. Bezzenberger* Vorzugsaktien ohne Stimmrecht, 1991, 76 f.; Schmidt/Lutter/*Spindler* Rn. 19; *Werner* AG 1971, 69 (70); aA KK-AktG/*Zöllner* Rn. 7.

[32] MüKoAktG/*Schröer* Rn. 17.

[33] MüKoAktG/*Schröer* Rn. 17 mwN.

[34] MüKoAktG/*Schröer* Rn. 19.

des gleichen Rangs der zur Bedienung der Vorzüge zur Verfügung stehende Bilanzgewinn auf eine größere Zahl von Berechtigten verteilt wird, wird aber der wirtschaftliche Wert der existierenden Vorzugsaktien geschmälert.[35] Liegen die Voraussetzungen des § 141 Abs. 2 vor, ist wie bei § 141 Abs. 1 ein zustimmender Sonderbeschluss der Vorzugsaktionäre erforderlich. Dabei ist § 141 Abs. 2 grundsätzlich abschließend angelegt, dh ein allgemeines Mitspracherecht der Vorzugsaktionäre bei für sie potenziell nachteiligen Maßnahmen soll gerade nicht bestehen.[36] Der Anwendungsbereich des § 141 Abs. 2 kann daher über seinen Wortlaut hinaus nicht ausgedehnt werden.[37]

20 **1. Neue Vorzugsaktien.** Um das Zustimmungserfordernis gemäß § 141 Abs. 2 auszulösen, muss ein **Hauptversammlungsbeschluss** über die Ausgabe neuer Vorzugsaktien gefasst werden. Die **Ausgabe neuer Stammaktien** bedarf somit **keiner Zustimmung der Vorzugsaktionäre.** Dies entspricht auch Sinn und Zweck des § 141 Abs. 2: Da die Dividendenansprüche der Stammaktionäre gegenüber den Dividendenvorzügen bei der Gewinnverteilung nachrangig sind, werden wirtschaftliche Interessen der Vorzugsaktionäre nicht tangiert.[38] Dagegen wird – nach Sinn und Zweck der Norm und über den reinen Wortlaut hinaus – die **Umwandlung von Stammaktien in Vorzugsaktien** von § 141 Abs. 2 erfasst, da es für die Beeinträchtigung des Gewinnvorzugs keinen Unterschied macht, auf welchem Weg die neuen Vorzugsaktien geschaffen werden.[39]

21 Die gleichen Erwägungen gelten auch für die Vorzugsaktien, die unter Ausnutzung eines genehmigten Kapitals oder eines bedingten Kapitals geschaffen werden. Beim **genehmigten Kapital** muss gemäß § 204 Abs. 2 bereits der **Ermächtigungsbeschluss** die Ausgabe gleich- oder vorrangiger Vorzugsaktien vorsehen und bedarf somit der Zustimmung der Vorzugsaktionäre gemäß § 141 Abs. 2 S. 1.[40] Wie zu verfahren ist, wenn bei Fassung des Ermächtigungsbeschlusses noch keine Vorzugsaktien existieren, wohl aber infolge einer zwischenzeitlich erfolgten Kapitalerhöhung bei dessen Ausübung, ist umstritten. Die hM[41] sieht es als einen ausreichenden Schutz der Vorzugsaktionäre an, wenn diese ein Bezugsrecht auf die neuen Vorzugsaktien erhalten.[42]

22 Bei der **bedingten Kapitalerhöhung** (§§ 192 ff.) bedarf dagegen erst der **Vorstandsbeschluss** zur Ausübung des bedingten Kapitals, in dem die Schaffung neuer Vorzugsaktien festgelegt wird, der Zustimmung der bisherigen Vorzugsaktionäre.[43]

23 Für die Anwendung des § 141 Abs. 2 kommt es auch nicht darauf an, ob die neuen Vorzugsaktien ihrerseits „Vorzugsaktien ohne Stimmrecht" iSd §§ 139–141 sind. Das Zustimmungserfordernis wird also auch ausgelöst durch Vorzugsaktien mit Stimmrecht, wobei unerheblich ist, ob sie gleichwohl mit einem den Stimmrechtsausschluss gemäß § 139 Abs. 1 an sich rechtfertigenden Vorzug ausgestattet sind oder über einen anderen Vorzug, etwa bei der Verteilung des Liquidationserlöses, verfügen.[44]

24 **2. Beeinträchtigung der alten Vorzugsaktien.** Die Schaffung neuer Vorzugsaktien ist gemäß § 141 Abs. 2 nicht per se, sondern nur dann zustimmungspflichtig, wenn dadurch die alten Vorzugsaktien beeinträchtigt werden. Dies ist der Fall, wenn die neuen Vorzugsaktien mit ihrem Gewinnvorzug oder bei der Verteilung des Gesellschaftsvermögens den existierenden Vorzugsaktien im Rang vorgehen oder gleichstehen.[45]

25 Da § 141 Abs. 2 S. 1 ausdrücklich nicht nur den Vorzug iSd § 139 Abs. 1, sondern auch die Verteilung des Gesellschaftsvermögens als geschützte Vermögenspositionen nennt, ist die Behandlung folgenden Falles umstritten: Die bestehenden Vorzugsaktien sind mit einem Dividendenvorzug ausgestattet, der dem Dividendenvorzug der neuen Vorzugsaktien vorgeht. Die neuen Vorzugsaktien sind aber im Gegensatz zu den bestehenden Vorzugsaktien mit einem Vorzug bei der Verteilung des Liquidationserlöses ausgestattet.[46] Nach dem Wortlaut des § 141 Abs. 2 S. 1 wäre die Zustimmung der „alten" Vorzugsaktionäre erforderlich, denn ihrem Anspruch auf das Gesellschaftsvermögen geht der Liquidationsvorzug der neuen Vorzugsaktien vor.[47] Dies würde aber zu widersprüchlichen Ergebnissen führen, da die Ausgabe neuer *Stamm*aktien, die zu den bestehenden Vorzugsaktien im Hinblick

---

[35] Hüffer/*Koch* Rn. 12; MüKoAktG/*Schröer* Rn. 21.
[36] Ausschussbericht *Kropff* Textausgabe, 1965, 206.
[37] Hüffer/*Koch* Rn. 12.
[38] S. nur MüKoAktG/*Schröer* Rn. 22.
[39] Ganz hM, MüKoAktG/*Schröer* Rn. 22; Hüffer/*Koch* Rn. 13; KK-AktG/*Zöllner* Rn. 10; *Werner* AG 1971, 69 (72).
[40] S. nur MüKoAktG/*Schröer* Rn. 25 mwN.
[41] *Baumbach/Hueck* § 204 Rn. 4; Hüffer/*Koch* § 204 Rn. 11; KK-AktG/*Lutter* § 204 Rn. 32.
[42] AA mit beachtlichen Argumenten MüKoAktG/*Schröer* Rn. 26.
[43] S. nur MüKoAktG/*Schröer* Rn. 25 mwN.
[44] S. nur MüKoAktG/*Schröer* Rn. 22; Hüffer/*Koch* Rn. 13.
[45] MüKoAktG/*Schröer* Rn. 23; Hüffer/*Koch* Rn. 12; Schmidt/Lutter/*Spindler* Rn. 28.
[46] Beispiel nach MüKoAktG/*Schröer* Rn. 23.
[47] So GroßkommAktG/*Barz* 3. Aufl. § 141 Anm. 5.

auf den Liquidationserlös gleichrangig sind und die Vorzugsaktien insoweit auch beeinträchtigen, ohne Zustimmung der Vorzugsaktionäre möglich wäre.[48] Zudem ist Sinn und Zweck des § 141 Abs. 2 S. 1 nur der Schutz der Vorrechte, nicht der übrigen Vermögensrechte der Vorzugsaktionäre. Die Anwendung der Norm auf neue Vorzugsaktien, die mit einem Liquidationsvorrang ausgestattet sind, ist daher auf Fälle zu beschränken, in denen ein Liquidationsvorrang der bestehenden Vorzugsaktien beeinträchtigt wäre.[49] Im umgekehrten Fall (die alten Vorzugsaktien sind nur mit einem Liquidationsvorrecht ausgestattet, während die neuen über einen Dividendenvorzug verfügen) ist § 141 Abs. 2 erst recht nicht anwendbar, da die bestehenden Vorzugsaktien nicht mit einem für den Stimmrechtsausschluss ausreichenden Vorzug ausgestattet sind und somit nicht unter dem Schutz des § 141 stehen.[50]

3. Ausnahme: Entbehrlichkeit der Zustimmung der alten Vorzugsaktionäre (Abs. 2 S. 2). a) Ausdrücklicher Vorbehalt neuer Vorzugsaktien in der Satzung. Gemäß § 141 Abs. 2 S. 2 gilt das Zustimmungserfordernis des § 141 Abs. 2 S. 1 ausnahmsweise nicht, wenn die Ausgabe neuer Vorzugsaktien von Anfang an in der Satzung vorbehalten war und die bisherigen Vorzugsaktionäre ein Bezugsrecht auf die neuen Vorzugsaktien erhalten. Hintergrund ist, dass die Vorzugsaktionäre in diesem Fall wissen, dass ihre Rechte durch neue Vorzugsaktien verwässert werden können, und sie sich zudem vor einer solchen Verwässerung durch Ausnutzen des Bezugsrechts schützen können. Um dieser Warnfunktion gerecht zu werden, muss der Vorbehalt **in der Satzung selbst enthalten**[51] und hinreichend deutlich und verständlich formuliert sein.[52] Der Vorbehalt muss spätestens bei Ausschluss des Stimmrechts der Vorzugsaktionäre beschlossen und wirksam geworden, dh als Satzungsänderung gemäß § 181 Abs. 3 im Handelsregister eingetragen sein.[53] Soll der Vorbehalt später in die Satzung aufgenommen werden, geht dies nur mit Zustimmung der Vorzugsaktionäre gemäß § 141 Abs. 2 S. 1. 26

b) Kein Bezugsrechtsausschluss der alten Vorzugsaktionäre. Als weitere, kumulative Voraussetzung für die Entbehrlichkeit des Sonderbeschlusses darf das gesetzliche Bezugsrecht (§ 186 Abs. 1) der Vorzugsaktionäre auf die neuen Vorzugsaktien nicht ausgeschlossen sein. Ein teilweiser Ausschluss oder sonstige Beschränkungen des Bezugsrechts reichen bereits aus, um die Anwendung des § 141 Abs. 2 S. 2 auszuschließen: In diesen Fällen ist die Zustimmung der Vorzugsaktionäre gemäß § 141 Abs. 2 S. 1 erforderlich.[54] 27

IV. Sonderbeschluss (Abs. 3)

1. Erfordernis einer gesonderten Versammlung (Abs. 3 S. 1). Die Aufhebung oder Beschränkung des Vorzugs (§ 141 Abs. 1) oder die Ausgabe neuer, die bestehenden Vorzugsrechte verwässernder Vorzugsaktien (§ 141 Abs. 2) bedürfen der Zustimmung der Inhaber beeinträchtigter Vorzugsaktien. Dabei ist – abweichend von der Grundnorm des § 35 BGB – nicht die Zustimmung jedes einzelnen Vorzugsaktionärs erforderlich, sondern es ist eine Mehrheitsentscheidung (Sonderbeschluss) der Inhaber betroffener Vorzugsaktien herbeizuführen. Existieren **mehrere Gattungen** beeinträchtigter Vorzugsaktien, so ist für jede Gattung ein gesonderter Beschluss zu fassen.[55] Für die Beschlussfassung gilt § 138. Dieser wird allerdings durch einige Sonderregelungen in § 141 Abs. 3 ergänzt und modifiziert. Gemäß § 141 Abs. 3 S. 1 ist der Sonderbeschluss abweichend von § 138 zwingend in einer **gesonderten Versammlung** zu fassen.[56] 28

2. Dreiviertelmehrheit (Abs. 3 S. 2 und 3). Gemäß § 141 Abs. 3 S. 2 bedarf der Sonderbeschluss einer Mehrheit von mindestens **drei Vierteln der abgegebenen Stimmen.**[57] Dies ist gemäß § 141 Abs. 3 S. 3 in beide Richtungen zwingend, dh die Satzung kann weder Erleichterungen noch Erschwerungen vorsehen.[58] Dabei gewährt jede Vorzugsaktie eine Stimme, dh etwaige 29

---

[48] MüKoAktG/*Schröer* Rn. 23.

[49] Ganz hM. Hüffer/*Koch* Rn. 14; MüKoAktG/*Schröer* Rn. 23; KK-AktG/*Zöllner* Rn. 14; *T. Bezzenberger* Vorzugsaktien ohne Stimmrecht, 1991, 147; *Werner* AG 1971, 69 (71 f.); Schmidt/Lutter/*Spindler* Rn. 28.

[50] Missverständlich daher Schmidt/Lutter/*Spindler* Rn. 28.

[51] Hüffer/*Koch* Rn. 16; MüKoAktG/*Schröer* Rn. 29; KK-AktG/*Zöllner* Rn. 16; *T. Bezzenberger* Vorzugsaktien ohne Stimmrecht, 1991, 148; aA noch *Werner* AG 1971, 69 (72).

[52] Hüffer/*Koch* Rn. 16.

[53] S. nur Hüffer/*Koch* Rn. 16; MüKoAktG/*Schröer* Rn. 29.

[54] GroßkommAktG/*G. Bezzenberger* Rn. 35; Hüffer/*Koch* Rn. 17; MüKoAktG/*Schröer* Rn. 31; *Werner* AG 1971, 69 (72); KK-AktG/*Zöllner* Rn. 17.

[55] Hüffer/*Koch* Rn. 18; MüKoAktG/*Schröer* Rn. 33.

[56] Ausf. *T. Bezzenberger* Vorzugsaktien ohne Stimmrecht, 1991, 179 f.

[57] Zur Entstehungsgeschichte der Norm Hüffer/*Koch* Rn. 20 mwN.

[58] Begr. RegE *Kropff* Textausgabe, 1965, 205.

Höchststimmrechte gelten nicht. Dogmatisch zu begründen ist dies mit dem rechtsgeschäftlichen Charakter des Sonderbeschlusses als Ersatz für die sonst erforderliche Einzelzustimmung (§ 35 BGB).[59] **Mehrstimmrechte,** soweit sie als Altfälle noch vorkommen, sind bei Vorzugsaktien dagegen nicht denkbar.

30 **3. Sonderfall: Bezugsrechtsausschluss (Abs. 3 S. 4).** Gemäß § 141 Abs. 3 S. 4 kann das Bezugsrecht der Vorzugsaktionäre auf Aktien, die nur mit ihrer Zustimmung ausgegeben werden dürfen, grundsätzlich – unter den dafür geltenden allgemeinen Voraussetzungen – ausgeschlossen werden.[60] Durch den Verweis auf § 186 Abs. 3–5 ist aber klargestellt, dass der Sonderbeschluss der Vorzugsaktionäre den sinngemäß zu übertragenden Anforderungen an einen den Bezugsrechtsausschluss enthaltenden Hauptversammlungsbeschluss genügen muss. Erforderlich ist also zusätzlich zu der Stimmenmehrheit gemäß § 141 Abs. 3 S. 2 eine Kapitalmehrheit gemäß § 186 Abs. 3 S. 2. Der Unterschied kann relevant werden, wenn die Satzung für letztere zulässigerweise höhere Anforderungen stellt.[61] Daneben muss bereits die Beschlussvorlage klar erkennen lassen, dass nicht nur über die Zustimmung zur Ausgabe neuer, konkurrierender Vorzugsaktien entschieden, sondern zugleich auch einem Ausschluss des Bezugsrechts auf diese neuen Aktien zugestimmt werden soll.[62]

V. Rechtsfolge bei Aufhebung des Vorzugs: Stimmrecht (Abs. 4)

31 § 141 Abs. 4 stellt das gesetzliche Gegenstück zu § 139 Abs. 1 dar. Beide regeln den Grundsatz, dass der nachzahlbare Dividendenvorzug der Preis für die Aufhebung des Stimmrechts ist. Wenn der Vorzug wegfällt, muss das Stimmrecht zwingend wieder aufleben. Dies betrifft unstreitig den Fall, dass der gesamte Vorzug iSd § 139 Abs. 1 – also Vorzugsdividende und Nachzahlungsrecht – durch satzungsändernden Beschluss beseitigt werden.[63] Dies hat zur Folge, dass die Vorzugsaktien endgültig das volle Stimmrecht erlangen und zu Stammaktien werden. Da das Stimmrecht kraft Gesetzes entsteht, muss der Hauptversammlungsbeschluss zum Aufleben des Stimmrechts keine Regelung enthalten.[64] Das endgültige Aufleben des Stimmrechts erfolgt im Falle eines befristeten oder auflösend bedingten (zur Zulässigkeit → § 139 Rn. 23) Vorzugs mit Fristende bzw. Bedingungseintritt.

32 Wird dagegen nur ein „sonstiger“ Vorzug aufgehoben (zB ein Vorrang bei der Verteilung des Liquidationserlöses), der nicht zwingende Voraussetzung des Stimmrechtsausschlusses ist, bleibt der Stimmrechtsausschluss unberührt.[65]

33 Weniger eindeutig war bisher das Meinungsbild, wenn nicht der gesamte Vorzug iSd § 139 Abs. 1 (Vorzugsdividende und Nachzahlungsrecht) aufgehoben wird, sondern nur das **Nachzahlungsrecht.** Teilweise wurde dies per se für unzulässig gehalten mit der Folge, dass ein entsprechender Hauptversammlungsbeschluss der Nichtigkeit anheimfallen würde.[66] Nach bislang herrschender Meinung löste dagegen die Aufhebung des Vorzugs allein bereits gemäß Abs. 4 das endgültige Aufleben des Stimmrechts aus.[67] Infolge der Neufassung des § 139 durch die Aktienrechtsnovelle 2016 ist hier eine Neubewertung erforderlich: Das Nachzahlungsrecht ist als zwingende Ausstattung der Vorzugsaktien entfallen. Somit kann es, sofern es ursprünglich gewährt wurde, wieder entzogen werden, ohne dass das Stimmrecht *endgültig* auflebt. Vielmehr sind die Vorzugsaktionäre durch § 140 Abs. 2 geschützt und „wechseln“ vom Anwendungsbereich des § 140 Abs. 2 S. 1 in den Anwendungsbereich des § 140 Abs. 2 S. 2.

34 Uneinheitlich beantwortet wird auch die Frage, ob das Stimmrecht schon bei einer bloßen **Beschränkung des Vorzugs** (zB durch betragsmäßige Herabsetzung der Vorzugsdividende) gemäß § 141 Abs. 4 endgültig auflebt.[68] Dagegen spricht zunächst der Wortlaut des § 141 Abs. 4, der im Gegensatz zu § 141 Abs. 1 („aufgehoben oder beschränkt“) nur die Aufhebung des Vorzugs nennt. Ferner sind auch bei einer betragsmäßigen Einschränkung der Vorzugsdividende alle gemäß § 139 Abs. 1 für den Stimmrechtsausschluss erforderlichen Elemente erhalten. Da überdies die Vorzugsaktionäre durch das Zustimmungserfordernis gemäß § 141 Abs. 1 geschützt sind, ist in diesen Fällen die Anwendung des § 141 Abs. 4 abzulehnen.[69]

---

[59] MüKoAktG/*Schröer* Rn. 35; Hüffer/*Koch* Rn. 20; KK-AktG/*Zöllner* Rn. 20; aA GroßkommAktG/*G. Bezzenberger* Rn. 53; *Werner* AG 1971, 69 (72).
[60] Ausschussbericht *Kropff* Textausgabe, 1965, 206.
[61] MüKoAktG/*Schröer* Rn. 36 mwN.
[62] MüKoAktG/*Schröer* Rn. 37; KK-AktG/*Zöllner* Rn. 22; Hüffer/*Koch* Rn. 21.
[63] MüKoAktG/*Schröer* Rn. 40 f. mwN.
[64] Hüffer/*Koch* Rn. 22.
[65] MüKoAktG/*Volhard* § 141 Rn. 40.
[66] KK-AktG/*Zöllner* Rn. 25; *T. Bezzenberger* Vorzugsaktien ohne Stimmrecht, 1991, 102 f.
[67] MüKoAktG/Schröer Rn. 41; Hüffer/*Koch* Rn. 22.
[68] So wohl MüKoAktG/*Schröer* Rn. 40 f.
[69] IErg ebenso Schmidt/Lutter/*Spindler* Rn. 38.

Siebenter Unterabschnitt. Sonderprüfung. Geltendmachung von Ersatzansprüchen

§ 142 Bestellung der Sonderprüfer

(1) [1]Zur Prüfung von Vorgängen bei der Gründung oder der Geschäftsführung, namentlich auch bei Maßnahmen der Kapitalbeschaffung und Kapitalherabsetzung, kann die Hauptversammlung mit einfacher Stimmenmehrheit Prüfer (Sonderprüfer) bestellen. [2]Bei der Beschlußfassung kann ein Mitglied des Vorstands oder des Aufsichtsrats weder für sich noch für einen anderen mitstimmen, wenn die Prüfung sich auf Vorgänge erstrecken soll, die mit der Entlastung eines Mitglieds des Vorstands oder des Aufsichtsrats oder der Einleitung eines Rechtsstreits zwischen der Gesellschaft und einem Mitglied des Vorstands oder des Aufsichtsrats zusammenhängen. [3]Für ein Mitglied des Vorstands oder des Aufsichtsrats, das nach Satz 2 nicht mitstimmen kann, kann das Stimmrecht auch nicht durch einen anderen ausgeübt werden.

(2) [1]Lehnt die Hauptversammlung einen Antrag auf Bestellung von Sonderprüfern zur Prüfung eines Vorgangs bei der Gründung oder eines nicht über fünf Jahre zurückliegenden Vorgangs bei der Geschäftsführung ab, so hat das Gericht auf Antrag von Aktionären, deren Anteile bei Antragstellung zusammen den hundertsten Teil des Grundkapitals oder einen anteiligen Betrag von 100 000 Euro erreichen, Sonderprüfer zu bestellen, wenn Tatsachen vorliegen, die den Verdacht rechtfertigen, dass bei dem Vorgang Unredlichkeiten oder grobe Verletzungen des Gesetzes oder der Satzung vorgekommen sind; dies gilt auch für nicht über zehn Jahre zurückliegende Vorgänge, sofern die Gesellschaft zur Zeit des Vorgangs börsennotiert war. [2]Die Antragsteller haben nachzuweisen, dass sie seit mindestens drei Monaten vor dem Tag der Hauptversammlung Inhaber der Aktien sind und dass sie die Aktien bis zur Entscheidung über den Antrag halten. [3]Für eine Vereinbarung zur Vermeidung einer solchen Sonderprüfung gilt § 149 entsprechend.

(3) Die Absätze 1 und 2 gelten nicht für Vorgänge, die Gegenstand einer Sonderprüfung nach § 258 sein können.

(4) [1]Hat die Hauptversammlung Sonderprüfer bestellt, so hat das Gericht auf Antrag von Aktionären, deren Anteile bei Antragstellung zusammen den hundertsten Teil des Grundkapitals oder einen anteiligen Betrag von 100 000 Euro erreichen, einen anderen Sonderprüfer zu bestellen, wenn dies aus einem in der Person des bestellten Sonderprüfers liegenden Grund geboten erscheint, insbesondere, wenn der bestellte Sonderprüfer nicht die für den Gegenstand der Sonderprüfung erforderlichen Kenntnisse hat, seine Befangenheit zu besorgen ist oder Bedenken wegen seiner Zuverlässigkeit bestehen. [2]Der Antrag ist binnen zwei Wochen seit dem Tage der Hauptversammlung zu stellen.

(5) [1]Das Gericht hat außer den Beteiligten auch den Aufsichtsrat und im Fall des Absatzes 4 den von der Hauptversammlung bestellten Sonderprüfer zu hören. [2]Gegen die Entscheidung ist die Beschwerde zulässig. [3]Über den Antrag gemäß den Absätzen 2 und 4 entscheidet das Landgericht, in dessen Bezirk die Gesellschaft ihren Sitz hat.

(6) [1]Die vom Gericht bestellten Sonderprüfer haben Anspruch auf Ersatz angemessener barer Auslagen und auf Vergütung für ihre Tätigkeit. [2]Die Auslagen und die Vergütung setzt das Gericht fest. [3]Gegen die Entscheidung ist die Beschwerde zulässig; die Rechtsbeschwerde ist ausgeschlossen. [4]Aus der rechtskräftigen Entscheidung findet die Zwangsvollstreckung nach der Zivilprozeßordnung statt.

(7) Hat die Gesellschaft Wertpapiere im Sinne des § 2 Absatz 1 des Wertpapierhandelsgesetzes ausgegeben, die an einer inländischen Börse zum Handel im regulierten Markt zugelassen sind, so hat im Falle des Absatzes 1 Satz 1 der Vorstand und im Falle des Absatzes 2 Satz 1 das Gericht der Bundesanstalt für Finanzdienstleistungsaufsicht die Bestellung des Sonderprüfers und dessen Prüfungsbericht mitzuteilen; darüber hinaus hat das Gericht den Eingang eines Antrags auf Bestellung eines Sonderprüfers mitzuteilen.

(8) Auf das gerichtliche Verfahren nach den Absätzen 2 bis 6 sind die Vorschriften des Gesetzes über das Verfahren in Familiensachen und in den Angelegenheiten der freiwilligen Gerichtsbarkeit anzuwenden, soweit in diesem Gesetz nichts anderes bestimmt ist.

Schrifttum (zu §§ 142–149): *Bachmann,* Reform der Organhaftung? Materielles Haftungsrecht und seine Durchsetzung in privaten und öffentlichen Unternehmen, NJW-Beilage 2014, 43; *Ball/Haager,* Aktienrechtliche Sonderprüfungen, 2007; *Binder,* Das Informationsstatut des besonderen Vertreters (§ 147 Abs. 2 AktG), ZHR

2012, 380; *Bork,* Prozessrechtliche Notiz zum UMAG, ZIP 2005, 66; *Brommer,* Folgen einer reformierten Aktionärsklage für die Vorstandsinnenhaftung, AG 2013, 121; *DAV-Handelsrechtsausschuss,* Stellungnahme zum Referentenentwurf eines Gesetzes zur Unternehmensintegrität und Modernisierung des Anfechtungsrechts (UMAG), NZG 2004, 555; *ders.,* Stellungnahme zu dem Regierungsentwurf eines Gesetzes zur Unternehmensintegrität und Modernisierung des Anfechtungsrechts (UMAG), NZG 2005, 388; *Diekmann/Leuering,* Der Referentenentwurf eines Gesetzes zur Unternehmensintegrität und Modernisierung des Anfechtungsrechts (UMAG), NZG 2004, 249; *Fleischer,* Aktienrechtliche Sonderprüfung und Corporate Governance. Vergleichende Bestandsaufnahme zum deutschen und französischen Recht, RIW 2000, 809; *Fleischer* Das Gesetz zur Unternehmensintegrität und Modernisierung des Anfechtungsrechts, NJW 2005, 3525; *Haar/Grechenig,* Minderheitenquorum und Mehrheitmacht bei der Aktionärsklge – Bessere Corporate Governance durch Abschaffung der Beteiligungsschwelle gemäß § 148 Abs. 1 AktG; *Habersack,* Zweck und Gegenstand der Sonderprüfung nach § 142 AktG, FS Wiedemann, 2002, 889; *ders.,* 19 Jahre „ARAG/Garmenbeck" – und viele Fragen offen, NZG 2016, 321; *Hirte,* Die Nichtbestellung von Sonderprüfern im Feldmühle-Verfahren, ZIP 1988, 953; *Hopt,* Die Haftung des Wirtschaftsprüfers, WPg 1986, 461; *Humrich,* Die (vermeintlichen) Informationsrechte des besonderen Vertreters nach § 147 II AktG, NZG 2014, 441; *ders.* Der besondere Vertreter im Aktienrecht, ZHR 2014, 485; *Jänig,* Die aktienrechtliche Sonderprüfung und UMAG, BB 2005, 949; *Jänig/Leißring,* FamFG: Neues Verfahrensrecht für Streitigkeiten in AG und GmbH, ZIP 2010, 110; *Kamm,* Die aktienrechtliche Sonderprüfung gemäß §§ 142 ff. AktG, Das Gesellschaftsinteresse in Konflikt mit Anliegen der Aktionäre und der Verwaltung, 2015; *Kirschner,* BB-Forum: UMAG passiert den Bundesrat – Letzter Feinschliff für das Sonderprüfungsrecht?, BB 2005, 1865; *Kocher/Lönner,* Die Anforderungen an Bestimmtheit und Verdachtsmomente bei Beschlüssen über die Bestellung des besonderen Vertreters nach § 147 AktG, ZIP 2016, 653; *Kropff,* Der konzernrechtliche Ersatzanspruch – ein zahnloser Tiger?, FS Bezzenberger, 2000, 233; *Meilicke/Heidel,* UMAG: „Modernisierung" des Aktienrechts durch Beschränkung des Eigentumsschutzes der Aktionäre, DB 2004, 1479; *Mock,* Inhalt und Reichweite der Ersatzansprüche in den §§ 147 f. AktG, NZG 2015, 1013; *ders.,* Der besondere Vertreter zwischen gesetzlicher Vertretung, eigener Klagebefugnis und Nebenintervention, AG 2015, 652; *ders.,* Konkretisierung der vom besonderen Vertreter zu verfolgenden Ansprüche im Bestellungsbeschluss, Anm. zu LG Duisburg Urt. v 16.4.2013 Az. 22 O 12/13, ZIP 2013, 1379; *Obermüller/Werner/Winden,* Sonderprüfung nach dem Aktiengesetz 1965, DB 1967, 1119; *Paschos/Neumann,* Die Neuregelungen des UMAG im Bereich der Durchsetzung von Haftungsansprüchen der Aktiengesellschaft gegen Organmitglieder, DB 2005, 1779; *Peters/Hecker,* Last Man Standing – Zur Anfechtungsklage des besonderen Vertreters gegen den Hauptversammlungsbeschluss über seine Abberufung, NZG 2009, 1294; *Rubner/Leuering,* Der besondere Vertreter der AG, NJW-Spezial 2014, 399; *Schatz,* Gerichtliche Bestimmung eines besonderen Versammlungsleiters für den TOP Verfolgung von Ersatzansprüchen ua gegen den Aufsichtsratsvorsitzenden („STRABAG") – Anm. zu OLG Köln Beschl. v 16.6.2015, Az. 18 Wx 1/15, EWiR 2015, 599; *K. Schmidt,* Verfolgungspflichten, Verfolgungsrechte und Aktionärsklagen: Ist die Quadratur des Zirkels näher gerückt?, NZG 2005, 796; *Schmolke,* Die Aktionärsklage nach § 148 AktG, ZGR 2011, 398; *Schneider,* Der mühsame Weg zur Durchsetzung der Organhaftung nach § 147 AktG, ZIP 2013, 1985; *Spindler,* Haftung und Aktionärsklage nach dem neuen UMAG, NZG 2005, 865; *Stallknecht,* Der besondere Vertreter nach § 147 AktG, 2015; *Schürnbrand,* Sonderprüfung und Sondervertretung in der GmbH, ZIP 2013, 1301; *Wilsing/Neumann,* Die Neuregelung der aktienrechtlichen Sonderprüfungen nach dem Inkrafttreten des UMAG, DB 2006, 31; *Wilsing/v. der Linden/Ogorek,* Gerichtliche Inhaltskontrolle von Sonderprüfungsberichten, NZG 2010, 729; *Wilsing* Der Schutz vor gesellschaftsschädlichen Sonderprüfungen, 2014; *Wilsing/Kleemann,* Nebeninterventionsbefugnis des besonderen Vertreters im Anfechtungsprozess gegen die Verfolgung von Ersatzansprüchen und seine Bestellung, EWiR 2015, 503.

Übersicht

I. Allgemeines

1. Regelungsgegenstand und Normzweck. Gegenstand des § 142 sind von den Aktionären initiierte Sonderprüfungen. Ergänzend zu dem inhaltlich und in der Reichweite beschränkten Auskunftsrecht (§§ 131 f.) werden die Aktionäre in die Lage versetzt, **pflichtwidriges Verhalten von Vorstand, Aufsichtsrat und Gründern überprüfen zu lassen.**[1] Gesetzlicher Regelfall ist die Bestellung des Sonderprüfers durch die Hauptversammlung mittels eines mit einfacher Mehrheit zu fassenden Beschlusses (Abs. 1). Darüber hinaus besteht aber die Möglichkeit der gerichtlichen Bestellung eines Sonderprüfers auf Antrag einer qualifizierten Minderheit (Abs. 2). Ferner kann eine qualifizierte Aktionärsminderheit die gerichtliche Ersetzung des von der Hauptversammlung bestellten Sonderprüfers wegen mangelnder persönlicher oder fachlicher Eignung beantragen (Abs. 4). **Abzugrenzen** ist § 142 von spezielleren Prüfungstatbeständen wie der **bilanzrechtlichen Sonderprüfung** gemäß § 258 Abs. 1 (Abs. 3) oder der **konzernrechtlichen Sonderprüfung** (§ 315; zu Abgrenzungsfragen → Rn. 45 ff.). 1

Damit wird deutlich, dass § 142 vor allem folgenden Zwecken dient: 2

Primär geht es um die **Vorbereitung der Durchsetzung von Schadensersatzansprüchen** der Gesellschaft gegen Vorstand (§ 93), Aufsichtsrat (§ 116) und Personen, die ihren Einfluss auf die Gesellschaft zu deren Schaden verwendet haben (§ 117), sowie gegen Verantwortliche im Rahmen der Gründung einschließlich Nachgründungssachverhalten (§§ 46, 47, 53). Gegenstand der Sonderprüfung ist dabei nicht die Feststellung von Schadensersatzansprüchen – dies bleibt allein dem Gericht im Rahmen einer etwaigen Schadensersatzklage vorbehalten – sondern die **Aufklärung und Sicherung der tatsächlichen Grundlagen** etwaiger Ersatzansprüche.[2] § 142 steht somit im engen Zusammenhang mit § 147 und § 148 und ist diesen vorgeschaltet, allerdings nicht zwingend, sondern als zusätzliche Handlungsoption der Aktionäre. 3

Neben der Geltendmachung von Ersatzansprüchen kann eine Sonderprüfung gemäß § 142 auch der **Vorbereitung personeller Konsequenzen** dienen und die Tatsachenbasis für eine Abberufung von Vorstandsmitgliedern aus wichtigem Grund mit oder ohne vorangehenden Vertrauensentzug durch die Hauptversammlung (§ 84 Abs. 3) oder für die Abberufung von Aufsichtsratsmitgliedern (§ 103) bieten.[3] 4

Aus § 142 Abs. 2 und 4 folgt, dass § 142 **auch ein Instrument des Minderheitenschutzes** ist.[4] Belange des Gläubigerschutzes und des öffentlichen Interesses mögen daneben auch berührt sein, unterfallen aber nicht dem originären Schutzzweck des § 142.[5] Allein die Existenz des § 142 dürfte im Zusammenspiel mit § 147 und § 148 eine – wenn auch kaum jemals quantifizierbare – **präventive Wirkung** haben. 5

[1] MüKoAktG/*Schröer* Rn. 1; KK-AktG/*Kronstein/Zöllner* Rn. 2; *Habersack* FS Wiedemann, 2002, 889 (892 ff.).
[2] MüKoAktG/*Schröer* Rn. 7; Hüffer/*Koch* Rn. 1.
[3] MüKoAktG/*Schröer* Rn. 5.
[4] MüKoAktG/*Schröer* Rn. 6; Hüffer/*Koch* Rn. 1; *Hirte* ZIP 1988, 953 (954).
[5] MüKoAktG/*Schröer* Rn. 6; Schmidt/Lutter/*Spindler* Rn. 2 mwN.

6 **2. Normgeschichte und -entwicklung.** Eine Möglichkeit zur Bestellung von Revisoren durch eine qualifizierte Aktionärsminderheit war bereits in Art. 222a AGHGB geregelt. Die Vorschriften fanden ihre Fortsetzung in § 118 AktG 1937 und § 142 AktG 1965.[6]

7 Seine heutige Form hat § 142 im Wesentlichen durch **UMAG**[7] und **BilKoG**[8] erhalten. Neben der Einführung ergänzender verfahrensrechtlicher Regelungen (§ 142 Abs. 5 S. 3–6, Abs. 8) wurde durch das UMAG vor allem die Schwelle für Minderheitenanträge in § 142 Abs. 2 und 4 gesenkt. Durch das BilKoG wurde die in § 142 Abs. 7 geregelte Mitteilungspflicht für börsennotierte Gesellschaften an die BaFin eingeführt. Zuletzt wurde allerdings mit Art. 6 des infolge der Finanzkrise erlassenen Restrukturierungsgesetzes[9] der Prüfungszeitraum (→ Rn. 34 f.) für zum Zeitpunkt des Vorfalls börsennotierte Gesellschaften auf zehn Jahre verlängert.

8 Obwohl unbestritten ist, dass es sich bei der in § 142 geregelten Sonderprüfung um ein wichtiges Instrument zur Linderung der „Informationsasymmetrie"[10] zwischen Verwaltung und Aktionären handelt, ist die Zahl der durchgeführten Sonderprüfungen auch nach Absenkung des Minderheitserfordernisses in § 142 Abs. 2 relativ gering geblieben. Häufig bleibt es bei einem im Ergebnis erfolglosen Beschlussantrag einer Aktionärsschutzvereinigung auf Einsetzung eines Sonderprüfers.[11] In den letzten Jahren scheint es eine gewisse Belebung zu geben, wie sich an der steigenden Zahl von Gerichtsentscheidungen zum Sonderprüfer zeigt.

II. Bestellung von Sonderprüfern durch die Hauptversammlung

9 **1. Bestimmte Vorgänge als Prüfungsgegenstand.** Eine Sonderprüfung kann gemäß **§ 142 Abs. 1 S. 1** „zur Prüfung von **Vorgängen bei der Gründung oder der Geschäftsführung**" eingeleitet werden. Daraus folgt zunächst – unabhängig von der Beschränkung auf bestimmte Sachbereiche – dass sich die Sonderprüfung auf **bestimmte Vorgänge** beziehen muss. **Prüfungsgegenstand** muss also ein zumindest **grob abgrenzbarer und identifizierbarer, spezifischer Lebenssachverhalt** sein. Nicht ausreichend ist die allgemeine Überprüfung eines bestimmten Zeitabschnitts; der Prüfungsauftrag muss gegenständlich umgrenzt sein[12] und kann sich dabei durchaus auf einen längeren Zeitraum beziehen und mehraktige Sachverhalte umfassen.[13] Allerdings muss der Sachverhalt in der Vergangenheit liegen bzw. zumindest schon begonnen haben. Zukünftige oder geplante Maßnahmen können nicht Gegenstand einer Sonderprüfung sein. Ferner muss die konkrete Sonderprüfung nicht zwingend der späteren Geltendmachung von Schadensersatzansprüchen oder Abberufung von Verwaltungsmitgliedern dienen.

10 Die Anforderungen an die Konkretisierung des Prüfungsgegenstandes dürfen andererseits nicht überspannt werden, da die Sonderprüfung ja erst der Informationsermittlung dient. Zulässig ist es zB, die gesamte Geschäftsbeziehung zu einer bestimmten Person oder einem bestimmten Unternehmen zum Gegenstand der Sonderprüfung zu machen.[14]

11 Welche **Konsequenzen** aus einer nicht hinreichenden Konkretisierung des Prüfungsgegenstandes folgen, ist umstritten: Teilweise wird vertreten, es handele sich in diesem Fall um eine **informelle Sonderprüfung** außerhalb des Anwendungsbereichs der §§ 142–146 mit der Folge, dass bei dem Hauptversammlungsbeschluss die in § 142 Abs. 1 S. 2 und 3 normierten Stimmverbote nicht gelten[15] und der Vorstand nicht den in § 145 geregelten Kooperationspflichten unterliegt.[16] Nach anderer Ansicht hat die Hauptversammlung keine Kompetenz, eine solche informelle Sonderprüfung zu beschließen.[17] Der zweitgenannten Auffassung ist zuzustimmen: Die Kompetenzverteilung zwischen den Organen der AG ist im AktG grundsätzlich zwingend und abschließend geregelt. Die Zuständig-

[6] Eingehend zur Entstehungsgeschichte MüKoAktG/*Schröer* Rn. 8 f. sowie Schmidt/Lutter/*Spindler* 2 Rn. 4–6 mit Hinweisen zur rechtspolitischen Diskussion auf europäischer Ebene.

[7] Gesetz zur Unternehmensintegrität und Modernisierung des Anfechtungsrechts vom 22.9.2005 (BGBl. I S. 2802).

[8] Bilanzkontrollgesetz vom 15.12.2004 (BGBl. I S. 3408).

[9] Gesetz zur Restrukturierung und geordneten Abwicklung von Kreditinstituten, zur Errichtung eines Restrukturierungsfonds für Kreditinstitute und zur Verlängerung der Verjährungsfrist der aktienrechtlichen Organhaftung vom 9.12.2010, BGBl. I S. 1900 (1929 f.).

[10] Schmidt/Lutter/*Spindler* Rn. 1.

[11] S. etwa *Wilsing/Neumann* DB 2006, 31 (32); *Jännig* BB 2005, 949.

[12] RGZ 146, 385 (393 f.); OLG Düsseldorf WM 1992, 14 (22); *ADS* §§ 142–146 Rn. 7; Hüffer/*Koch* Rn. 2.

[13] Spindler/Stilz/*Mock* Rn. 36 mwN.

[14] *Noack* WPg 1994, 225 (228); MüKoAktG/*Schröer* Rn. 14.

[15] Hüffer/*Koch* Rn. 2; MüKoAktG/*Schröer* Rn. 14.

[16] *ADS* §§ 142–146 Rn. 7.

[17] GroßkommAktG/*G. Bezzenberger* Rn. 23; *Jänig,* Die aktienrechtliche Sonderprüfung, 2005, 243; KK-AktG/*Kronstein/Zöllner* Rn. 5 und 12; Spindler/Stilz/*Mock* Rn. 90.

keit der Hauptversammlung ist nicht allumfassend, sondern auf die in § 119 Abs. 1 und 2 genannten Gegenstände beschränkt (für Sonderprüfungen: § 119 Abs. 1 Nr. 7). Daher sind Beschlüsse über eine Sonderprüfung außerhalb der §§ 142–146 gemäß § 241 Nr. 3 nichtig.[18]

2. Sachbereiche der Sonderprüfung. a) Gründung. Der Begriff Gründung erfasst **alle Vorgänge von der Errichtung der Gesellschaft** (Phase der Vor-AG) **bis zur Eintragung in das Handelsregister** gemäß § 41 Abs. 1.[19] Mit umfasst sind auch Nachgründungsvorgänge gemäß § 52.[20] Eine bereits durchgeführte Gründungsprüfung (§ 33) führt nicht zur Unzulässigkeit einer späteren Sonderprüfung.[21] In der Praxis entstehen Aktiengesellschaften oftmals nicht durch Neugründung, sondern durch Formwechsel (§§ 190 ff., 238 ff. UmwG) von Gesellschaften mbH. Gemäß § 245 Abs. 1 UmwG sind die Gründungsvorschriften des AktG auf diesen Fall grundsätzlich anwendbar, so dass auch der Fall einer „Gründung durch Formwechsel" Gegenstand einer Sonderprüfung gemäß § 142 sein kann. 12

b) Geschäftsführung. Der umfassendste Prüfungsbereich ist mit dem Begriff „Vorgänge der Geschäftsführung" umschrieben. Dieser ist im Einklang mit § 76 Abs. 1 weit zu verstehen und umfasst **alle Gegenstände, die zum Verantwortungsbereich des Vorstands gehören.** Dabei ist „Geschäftsführung" funktional zu verstehen, dh es ist unerheblich, ob der Vorstand selbst, leitende oder nicht leitende Angestellte oder sonstige Dritte im Auftrag der AG tätig geworden sind.[22] 13

Tätigkeiten des Aufsichtsrats können Gegenstand einer Sonderprüfung sein, wenn sie mit der Arbeit des Vorstands zusammenhängen. Dies ist der Fall bei der Überwachung der Geschäftsführung (§ 111 Abs. 1) und insbesondere der Zustimmung zu Geschäftsführungsmaßnahmen (§ 111 Abs. 4 S. 2), weiter dann, wenn die Gesellschaft gegenüber Vorstandsmitgliedern durch den Aufsichtsrat vertreten wird (§ 112). Ferner können die als „Vorstandsangelegenheiten" zu umschreibenden Maßnahmen des Aufsichtsrats wie Kreditgewährung (§ 89), Befreiung vom Wettbewerbsverbot (§ 88) und die Festsetzung der Vergütung (§ 87) überprüft werden.[23] Ob auch Bestellung und Abberufung von Vorstandsmitgliedern (§ 84) hierunter fallen,[24] ist dagegen fraglich. Tätigkeiten im Rahmen rein korporationsrechtlicher Zuständigkeiten des Aufsichtsrats wie die Leitung der Hauptversammlung durch den Aufsichtsratsvorsitzenden sind unstreitig nicht umfasst.[25] Da es bei Bestellung und Abberufung von Vorstandsmitgliedern nicht um die Tätigkeit des Vorstands geht, sondern sich um die wesentliche Zuständigkeit des Aufsichtsrats im Kompetenzgefüge der AG handelt, sind derartige Entscheidungen des Aufsichtsrats einer Sonderprüfungen im Ergebnis nicht zugänglich. Anderes gilt zB im Falle einer Abberufung von Vorstandsmitgliedern aus wichtigem Grund, doch ist in diesen Fällen das zur Abberufung der Vorstandsmitglieder führende Verhalten Gegenstand der Sonderprüfung, nicht die Aberrufungsentscheidung des Aufsichtsrats als solche. Verträge mit Aufsichtsratsmitgliedern (§ 114) sind dagegen ohne Weiteres Maßnahmen der Geschäftsführung, da die Gesellschaft hierbei durch den Vorstand vertreten wird.[26] 14

Eine Sonderprüfung kann sich auch auf **Beziehungen zu verbundenen Unternehmen** erstrecken, nicht dagegen auf Vorgänge, die sich ausschließlich und ohne Mitwirkung der AG in Tochterunternehmen abspielen.[27] 15

Jahresabschluss und Konzernabschluss sind wegen der vorrangigen Regelungen über die Abschlussprüfung (§§ 316 ff. HGB) und die bilanzielle Sonderprüfung (§§ 258 ff., dazu § 142 Abs. 3), keine tauglichen Gegenstände einer Sonderprüfung gemäß § 142. Auch **einzelne Posten (Buchungspositionen)** des Jahresabschlusses sind keine Vorgänge der Geschäftsführung,[28] wohl aber die den Buchungen zugrunde liegenden Geschäfte und Ereignisse.[29] 16

---

[18] GroßkommAktG/*G. Bezzenberger* Rn. 36; ebenso MüKoAktG/*Schröer* Rn. 55, jedoch nur falls die Hauptversammlung in Kompetenzen anderer Organe eingreift.

[19] Hüffer/*Koch* Rn. 3; MüKoAktG/*Schröer* Rn. 17; KK-AktG/*Kronstein/Zöllner* Rn. 7.

[20] MüKoAktG/*Schröer* Rn. 17.

[21] GroßkommAktG/*G. Bezzenberger* Rn. 17; *Habersack* FS Wiedemann, 2002, 889 (899); MüKoAktG/*Schröer* Rn. 17.

[22] MüKoAktG/*Schröer* Rn. 18; KK-AktG/*Kronstein/Zöllner* Rn. 8; Spindler/Stilz/*Mock* Rn. 48; Hüffer/*Koch* Rn. 4.

[23] KK-AktG/*Kronstein/Zöllner* Rn. 9.

[24] So MüKoAktG/*Schröer* Rn. 21.

[25] MüKoAktG/*Schröer* Rn. 21; KK-AktG/*Kronstein/Zöllner* Rn. 9.

[26] Hüffer/*Koch* Rn. 5.

[27] GroßkommAktG/*G. Bezzenberger* Rn. 15; MüKoAktG/*Schröer* Rn. 20.

[28] So aber wohl GroßkommAktG/*G. Bezzenberger* Rn. 16, 18; KK-AktG/*Kronstein/Zöllner* Rn. 11; *Habersack* FS Wiedemann, 2002, 889 (902 f.).

[29] IErg ebenso Hüffer/*Koch* Rn. 6; Spindler/Stilz/*Mock* Rn. 52.

17 **c) Maßnahmen der Kapitalbeschaffung und -herabsetzung.** Als **Unterfall der Geschäftsführungsvorgänge** („namentlich") sind in § 142 Abs. 1 S. 1 ausdrücklich Maßnahmen der Kapitalbeschaffung (§§ 182 ff.) und der Kapitalherabsetzung (§§ 222 ff.) genannt. Damit können nicht die zur Durchführung dieser Maßnahmen erforderlichen Hauptversammlungsbeschlüsse als mögliche Gegenstände einer Sonderprüfung gemeint sein, sondern die **den Beschluss vorbereitenden und zu seiner Umsetzung erforderlichen Maßnahmen des Vorstands** einschließlich der erforderlichen Mitwirkungshandlungen des Aufsichtsrats.[30] Für eine hinreichend konkrete (→ Rn. 9 ff.) Umschreibung des Prüfungsgegenstandes genügt es allerdings, die fragliche Kapitalmaßnahme zu bezeichnen; einzelne Maßnahmen oder Handlungen des Vorstands oder Aufsichtsrats, auf die sich die Prüfung fokussieren soll, müssen demgegenüber nicht genannt sein.[31]

18 **d) Zeitliche Grenze.** In § 142 Abs. 1 ist keine feste zeitliche Grenze für die Untersuchung länger zurückliegender Sachverhalte enthalten (anders in § 142 Abs. 2 für die *gerichtliche* Bestellung eines Sonderprüfers, → Rn. 31). Dennoch besteht Einigkeit, dass die Einleitung einer Sonderprüfung nicht beliebig lange nach Abschluss des fraglichen Sachverhalts möglich ist. Schon angesichts der mit einer Sonderprüfung für die AG verbundenen Belastungen (Kosten, Publizität), muss eine zeitliche Grenze eingezogen werden. Erreicht wird dies durch Anwendung der allgemeinen Grundsätze des **Rechtsmissbrauchs.** Eine Sonderprüfung stellt sich als rechtsmissbräuchlich dar, wenn sich aus den Ergebnissen der Sonderprüfung keinerlei Konsequenzen mehr ergeben können, etwa weil mögliche Schadensersatzansprüche verjährt und handelnde Personen nicht mehr im Amt sind.[32] Hieraus darf jedoch nicht gefolgert werden, dass mögliche personelle Konsequenzen oder Schadensersatzansprüche positive Voraussetzungen der Zulässigkeit einer Sonderprüfung sind. Ausreichend ist etwa, dass die Ergebnisse der Sonderprüfung zur Verbesserung bestehender organisatorischer Strukturen herangezogen werden können oder sonstige Schlüsse auf notwendige Veränderungen bestehender Praktiken möglich sind.[33]

19 **3. Beschluss der Hauptversammlung. a) Ankündigung.** Erfolgt die Bestellung des Sonderprüfers gemäß § 142 Abs. 1 S. 1 durch Hauptversammlungsbeschluss, gelten für diesen Beschluss die allgemeinen Vorschriften. Der Beschlussantrag muss also grundsätzlich gemäß **§ 124 Abs. 1 S. 1** zur Tagesordnung angekündigt werden. Es besteht aber Einigkeit, dass die Ankündigung gemäß § 124 Abs. 4 S. 2 entbehrlich ist, wenn der Antrag auf Sonderprüfung im Zusammenhang mit dem Tagesordnungspunkt Entlastung (§ 120) gestellt wird und Entlastungs- und Prüfungszeitraum identisch sind.[34]

20 **b) Mehrheitserfordernis.** Der Beschluss ist zwingend (§ 23 Abs. 5) mit **einfacher Mehrheit** (§ 133 Abs. 1) zu fassen. Die Satzung kann weder eine Erhöhung noch eine Absenkung des Mehrheitserfordernisses vorsehen.

21 **c) Beschlussinhalt.** In § 142 Abs. 1 S. 1 ist lediglich die Bestellung des Sonderprüfers als Beschlussgegenstand genannt. Dies impliziert zugleich die Anordnung einer Sonderprüfung durch die Hauptversammlung und die Zustimmung zum Abschluss des Prüfungsvertrags mit dem Prüfer.[35] Beides muss in dem Beschluss jedoch nicht ausdrücklich erwähnt werden.

22 Zwingend in den Beschluss aufzunehmen sind dagegen der **Name des Prüfers oder der Prüfer** (zur fachlichen und persönlichen Eignung s. § 143) sowie eine **hinreichend konkrete Beschreibung des Prüfungsgegenstandes.** Die Hauptversammlung muss sich somit auf eine oder mehrere Persone(n) festlegen. Die Auswahl darf nicht etwa dem Vorstand oder Aufsichtsrat überlassen werden. Werden mehrere Prüfer bestellt, empfiehlt es sich, das Verhältnis der Prüfer untereinander klarzustellen oder eine bestimmte Aufgabenteilung vorzusehen. In Ermangelung solcher Spezifikationen haben die Prüfer ihre Aufgabe gemeinsam und gleichberechtigt wahrzunehmen.[36]

23 **4. Stimmverbote für Vorstand und Aufsichtsrat (Abs. 1 S. 2 und 3). a) Betroffener Personenkreis.** Ein **Mitglied des Vorstands oder des Aufsichtsrats** ist gemäß **§ 142 Abs. 1 S. 2** von der Abstimmung über die Bestellung eines Sonderprüfers ausgeschlossen, wenn sich die Prüfung auf Vorgänge beziehen soll, die mit der Entlastung eines Mitglieds des Vorstands oder des Aufsichtsrats

[30] Hüffer/*Koch* Rn. 7; MüKoAktG/*Schröer* Rn. 24.
[31] Hüffer/*Koch* Rn. 7.
[32] Ganz hM, statt vieler Hüffer/*Koch* Rn. 8; MüKoAktG/*Schröer* Rn. 26; KK-AktG/*Kronstein/Zöllner* Rn. 15.
[33] MüKoAktG/*Schröer* Rn. 26.
[34] OLG Köln AG 1960, 46 (48); KK-AktG/*Kronstein/Zöllner* Rn. 18; MüKoAktG/*Schröer* Rn. 35; Hüffer/*Koch* Rn. 9.
[35] Spindler/Stilz/*Mock* Rn. 67; zum Prüfungsvertrag → Rn. 28 ff.
[36] MüKoAktG/*Schröer* Rn. 37.

oder der Einleitung eines Rechtsstreits gegen ein solches zusammenhängen. Das Stimmverbot greift bereits bei Betroffenheit nur eines Organmitglieds für alle anderen Mitglieder des Vorstands und des Aufsichtsrats, gleich ob diese an dem fraglichen Vorgang beteiligt waren.[37] Der Gesetzgeber wollte bewusst dem innerhalb der Verwaltung bestehenden möglichen Interessengleichlauf Rechnung tragen.[38] Da es um das Stimmrecht der Verwaltungsmitglieder aus den von ihnen gehaltenen Aktien geht, handelt es sich um eine Erweiterung der allgemeinen Stimmrechtsausschlüsse in § 136 Abs. 1. Von dem Stimmverbot erfasst werden auch **ehemalige Mitglieder des Vorstands oder des Aufsichtsrats,** in deren Amtszeit der den Gegenstand der Sonderprüfung bildende Vorgang stattgefunden hat. Es besteht Einigkeit, dass in diesem Fall auch alle aktuellen Mitglieder von Vorstand und Aufsichtsrat von der Abstimmung ausgeschlossen sind.[39] Ehemalige Vorstands- oder Aufsichtsratsmitglieder, deren Amtszeit keine Überschneidung mit den zu prüfenden Vorgängen aufweist, sind dagegen nicht ausgeschlossen; das Stimmverbot wäre ansonsten im Hinblick auf seinen Sinn und Zweck überdehnt.

Betroffene (ehemalige) Verwaltungsmitglieder können sich **bei der Stimmabgabe auch nicht Dritter bedienen** (§ 142 Abs. 1 S. 3). Greift ein Stimmverbot ein, können sie umgekehrt **nicht ihrerseits das Stimmrecht für einen Dritten ausüben.** Die zu § 136 Abs. 1 entwickelten Grundsätze der Erstreckung des Stimmverbots auf **Aktien, die von Personengesellschaften oder juristischen Personen gehalten werden** (→ § 136 Rn. 24 ff.), können auch im Rahmen des § 142 Abs. 1 S. 2 und 3 herangezogen werden. Zum einen handelt es sich um eine auf § 136 Abs. 1 aufbauende Verschärfung desselben, zum anderen gleichen sich die Interessenlagen. Im Ergebnis erstreckt sich daher das Stimmverbot auch auf den von Personengesellschaften und juristischen Personen gehaltenen Aktienbestand, sofern von einem Stimmverbot betroffene Verwaltungsmitglieder einen maßgeblichen Einfluss auf die die Aktien haltende Gesellschaft ausüben können.[40] 24

Sonstige Aktionäre, die nicht Mitglieder des Vorstands oder Aufsichtsrats sind oder im Prüfungszeitraum waren, sind dagegen von dem Stimmverbot gemäß § 142 Abs. 1 S. 2 nicht betroffen. Dies gilt auch für Aktionäre, die über eine Kapital- oder Stimmenmehrheit verfügen und somit das Abstimmungsergebnis maßgeblich beeinflussen können.[41] An dieser Bewertung ändert sich selbst dann nichts, wenn die Geschäftsbeziehungen dieses Aktionärs zum Gegenstand der Sonderprüfung gemacht werden sollen.[42] Minderheitsaktionäre sind durch die Möglichkeit, die gerichtliche Bestellung eines Sonderprüfers zu beantragen (§ 142 Abs. 2), ausreichend geschützt. 25

b) Entlastung oder Einleitung eines Rechtsstreits. Das Stimmverbot besteht, wenn die Bestellung des Sonderprüfers im Zusammenhang mit der Entlastung (§ 120) oder der Einleitung eines Rechtsstreits gegen das betroffene Verwaltungsmitglied steht. Ein Zusammenhang mit der Entlastung besteht für Vorstandsmitglieder aufgrund der allgemeinen Geschäftsführungskompetenz (§ 76 Abs. 1) bei nahezu allen Geschäftsvorfällen des abgelaufenen Geschäftsjahrs.[43] Unter Einleitung eines Rechtsstreits wird jede gerichtliche Geltendmachung von Ansprüchen oder sonstigen Rechten verstanden, gleich ob die AG sich in der Kläger- oder Beklagtenrolle befindet,[44] und gleich, ob es sich um ein Verfahren vor staatlichen Gerichten oder um ein Schiedsverfahren handelt. An die sachliche Verknüpfung zwischen Sonderprüfung und gerichtlicher Geltendmachung bzw. Entlastung sind keine zu hohen Anforderungen zu stellen.[45] Ein Stimmverbot wird bereits anzunehmen sein, wenn die Sonderprüfung dazu dient, eine spätere Geltendmachung von Schadensersatzansprüchen vorzubereiten. 26

c) Rechtsfolgen des Stimmverbots. Das Stimmverbot gilt für alle betroffenen (aktuellen und ehemaligen) Verwaltungsmitglieder. Ob diese für oder gegen den Antrag stimmen würden, ist ohne Belang.[46] Wird das Stimmrecht verbotswidrig ausgeübt und die suspendierten Stimmen bei der Ergebnisermittlung berücksichtigt, so ist der **Beschluss gemäß § 243 Abs. 1 anfechtbar,** sofern die 27

---

[37] MüKoAktG/*Schröer* Rn. 39; Hüffer/*Koch* Rn. 14; KK-AktG/*Kronstein/Zöllner* Rn. 22.

[38] Begr. RegE *Kropff* Textausgabe, 1965, 207; OLG Hamm AG 2011, 90 (aA Vorinstanz LG Dortmund BeckRS 2009, 23516).

[39] MüKoAktG/*Schröer* Rn. 39 mwN.

[40] Hüffer/*Koch* Rn. 14; MüKoAktG/*Schröer* Rn. 41; Spindler/Stilz/*Mock* Rn. 81 ff.; vgl. OLG Düsseldorf AG 2006, 202 (205) zu § 136 Abs. 1.

[41] OLG Hamburg AG 2003, 46 (48); 1981, 193 f.; *ADS* §§ 142–146 Rn. 11; Hüffer/*Koch* Rn. 15; MüKoAktG/*Schröer* Rn. 42; aA KK-AktG/*Kronstein/Zöllner* Rn. 25.

[42] MüKoAktG/*Schröer* Rn. 42.

[43] MüKoAktG/*Schröer* Rn. 44.

[44] Hüffer/*Koch* Rn. 16.

[45] RGZ 142, 123 (132); 134, 139; MüKoAktG/*Schröer* Rn. 44.

[46] MüKoAktG/*Schröer* Rn. 43.

suspendierten Stimmen für das Zustandekommen des Beschlusses ausschlaggebend waren (→ § 136 Rn. 36). Im Übrigen kann die verbotswidrige Stimmrechtausübung gemäß **§ 405 Abs. 3 Nr. 5** eine geldbußebewehrte Ordnungswidrigkeit darstellen.

28 **5. Vertrag der Gesellschaft mit dem Sonderprüfer.** Durch den positiven Bestellungsbeschluss ist die Bestellung des Sonderprüfers noch nicht vollendet. Dieser muss den Prüfungsauftrag überdies noch annehmen, so dass ein Prüfungsvertrag zustande kommt. In der Literatur existieren verschiedene Ansätze zur Lösung der Frage, **auf welche Weise die AG bei Abschluss des Prüfungsvertrags vertreten wird.** Teilweise wird analog § 318 Abs. 1 S. 4 HGB (Bestellung des Abschlussprüfers) die entsprechende Vertretungskompetenz beim Vorstand gesehen.[47] Dagegen spricht jedoch, dass die Bestellung gemäß § 142 Abs. 1 S. 1 explizit durch die Hauptversammlung erfolgt und nicht auf ein anderes Organ delegiert ist.[48] Dies ist grundsätzlich zutreffend; anders als in § 318 Abs. 1 HGB wird nicht zwischen „Wahl" und „Beauftragung" unterschieden. Die pragmatische Lösung lautet daher: Beim Abschluss des Prüfungsvertrags wird die AG grundsätzlich durch die Hauptversammlung vertreten. Ist der Sonderprüfer bei der Hauptversammlung zugegen, kann der Vertrag sofort abgeschlossen werden. Falls nicht, ist analog § 318 Abs. 1 S. 4 HGB eine dem Vorstand stillschweigend erteilte Vollmacht zum Abschluss des Prüfungsvertrags anzunehmen.[49] Es bleibt der Hauptversammlung jedoch unbenommen, die Bevollmächtigung ausdrücklich und ggf. abweichend (zB an den Versammlungsleiter) bereits in den Bestellungsbeschluss aufzunehmen.

29 Bei dem Prüfungsvertrag handelt es sich dogmatisch um einen – in der Regel entgeltlichen – **Geschäftsbesorgungsvertrag,** der die Erbringung einer Werkleistung zum Gegenstand hat (§§ 631, 675 BGB). Werkleistung ist der zu erstellende Prüfungsbericht. Bei vorzeitiger Beendigung der Prüfertätigkeit durch Abberufung können sich Vergütungsansprüche des Prüfers aus § 649 BGB ergeben.[50] Einzelheiten können in dem Prüfungsvertrag festgelegt werden, doch ist der durch Bestellungsbeschluss und Gesetz (§§ 143, 144) gesteckte Rahmen eng. Der Sonderprüfer ist in Bezug auf die an seine Person und die Erfüllung seiner Aufgabe gestellten Anforderungen, aber auch in Bezug auf seine Rechtsstellung gegenüber der AG weitgehend dem Abschlussprüfer gleichgestellt.[51] Die daraus folgende Unabhängigkeit darf durch den Prüfungsvertrag nicht eingeschränkt werden.

30 Die **Vergütung** des von der Hauptversammlung bestellten Sonderprüfers ist gesetzlich nicht geregelt (für den gerichtlich bestellten Sonderprüfer s. § 142 Abs. 6). Sie kann und sollte daher Inhalt des Prüfungsvertrags sein. Ist keine Vergütung vereinbart, gilt entsprechend § 632 Abs. 1 und 2 BGB eine Vergütung in der üblichen Höhe als vereinbart.

III. Bestellung von Sonderprüfern durch das Gericht (Abs. 2)

31 **1. Allgemeines.** Falls die Bestellung eines Sonderprüfers durch die Hauptversammlung scheitert, kann eine **qualifizierte Minderheit** von Aktionären gemäß § 142 Abs. 2 die gerichtliche Bestellung eines Sonderprüfers durchsetzen. Die Norm dient damit dem Minderheitenschutz und fungiert zugleich als Korrektiv für die in § 142 Abs. 1 normierten engen Stimmrechtsausschlüsse. Liegen die Voraussetzungen vor, hat das Gericht keinen Ermessensspielraum, sondern muss einen Sonderprüfer bestellen.

32 **2. Ablehnender Beschluss der Hauptversammlung zur Bestellung eines Sonderprüfers (Abs. 2 S. 1).** Erste Voraussetzung einer gerichtlichen Bestellung ist das Vorliegen eines ablehnenden Hauptversammlungsbeschlusses.[52] Diese ist zunächst erfüllt, wenn die Hauptversammlung einen Bestellungsantrag ablehnt, der Antrag also nicht die erforderliche einfache Stimmenmehrheit erreicht. Es besteht aber Einigkeit, dass das Erfordernis eines ablehnenden Beschlusses **nicht formalistisch** gesehen werden darf. Auch die spätere Aufhebung einer einmal beschlossenen Sonderprüferbestellung gilt als Ablehnung iSd § 142 Abs. 2 S. 1.[53] Gleiches gilt für den Fall der grundlosen Vertagung der Beschlussfassung oder falls der Beschlussantrag von der Tagesordnung genommen oder über ihn nicht entschieden wird.[54] Inhaltlich muss im Wesentlichen Identität zwischen dem Gegenstand der von der Hauptversammlung abgelehnten und der gerichtlich beantragten Sonderprüfung bestehen.

[47] *ADS* §§ 142–146 Rn. 13.

[48] Für notwendige Vertretung durch die Hauptversammlung KK-AktG/*Kronstein/Zöllner* Rn. 20.

[49] Hüffer/*Koch* Rn. 11.

[50] OLG Düsseldorf BeckRS 2011, 11600.

[51] MüKoAktG/*Schröer* Rn. 52.

[52] Vereinzelt wird als Ansatz einer Neufassung des § 142 diskutiert, auf die Voraussetzung eines ablehnenden Hauptversammlungsbeschlusses zu verzichten, so *Bachmann* NJW-Beil. 2014, 43 (45).

[53] RGZ 143, 401 (410); OLG Düsseldorf GWR 2010, 88; KK-AktG/*Kronstein/Zöllner* Rn. 28; MüKoAktG/*Schröer* Rn. 60; Hüffer/*Koch* Rn. 18.

[54] *v. Godin/Wilhelmi* Anm. 5; KK-AktG/*Kronstein/Zöllner* Rn. 28; MüKoAktG/*Schröer* Rn. 60.

Es ist nicht Sinn und Zweck des § 142 Abs. 2, den mit einem unzulässigen oder zu weit gefassten Sonderprüfungsantrag gescheiterten Aktionären im gerichtlichen Verfahren eine „Nachbesserung" oder Reduktion auf die zulässigen Prüfungsgegenstände zu ermöglichen.[55]

Entsprechend ist auch der Fall zu beurteilen, wenn der bestellte Sonderprüfer wegen eines Bestellungsverbots gemäß § 143 Abs. 2 sein Mandat nicht antreten kann.[56] Auch wenn der Beschluss lediglich anfechtbar (→ § 143 Rn. 8) und somit zunächst „in der Welt" ist, muss ein Antrag gemäß § 142 Abs. 2 möglich sein. Es wäre eine bloße Förmelei, hier auf der vorherigen Durchführung einer Anfechtungsklage zu bestehen und einen Antrag auf gerichtliche Bestellung erst mit Rechtskraft des Anfechtungsurteils zuzulassen.[57] 33

3. Prüfungsgegenstand. Die zulässigen Prüfungsgegenstände sind bei der gerichtlichen Bestellung enger gefasst als bei einer Bestellung des Sonderprüfers durch die Hauptversammlung gemäß § 142 Abs. 1. Gerichtlich bestellt werden kann ein Sonderprüfer nur zur Überprüfung eines **Vorgangs bei der Gründung oder eines nicht über fünf Jahre (bei seinerzeit börsennotierten Gesellschaften: zehn Jahre) zurückliegenden Vorgangs bei der Geschäftsführung.** Inhaltlich unterscheiden sich die Prüfungsgegenstände nicht von dem gemäß § 142 Abs. 1 möglichen Prüfungsprogramm. Dort sind „Maßnahmen der Kapitalbeschaffung und Kapitalherabsetzung" nur als nicht abschließende Beispiele („namentlich") für Geschäftsführungsmaßnahmen genannt (im Einzelnen → Rn. 17). Somit können auch im Rahmen einer gerichtlichen Bestellung gemäß § 142 Abs. 2 **Kapitalmaßnahmen** Gegenstand der Sonderprüfung sein.[58] 34

Soweit es um Geschäftsführungsmaßnahmen geht, ist der Prüfungszeitraum bei nicht börsennotierten Gesellschaften auf nicht länger als **fünf Jahre zurückliegende** Vorgänge beschränkt. Dies hat seinen Ursprung in einem Gleichlauf mit der Verjährungsfrist für Schadensersatzansprüche gegen Vorstandsmitglieder gemäß § 93 Abs. 6.[59] Für börsennotierte (§ 3 Abs. 2) Gesellschaften gilt jedoch nunmehr eine zehnjährige Frist, dh die gerichtliche Einsetzung eines Sonderprüfers ist für bis zu zehn Jahre zurückliegende Vorgänge zulässig, wenn die Gesellschaft zur Zeit des Vorgangs börsennotiert war. Die Frist wird in allen Fällen nicht etwa von der Einreichung des Antrags bei Gericht, sondern, wie sich aus dem Wortlaut des § 142 Abs. 2 S. 1 ergibt, von dem Tag des ablehnenden Hauptversammlungsbeschusses zurückgerechnet.[60] Für die Einhaltung der Frist ist es bei zeitlich gestreckten Vorgängen ausreichend, dass diese noch in die Frist hineinreichen.[61] Dagegen ist nicht Voraussetzung einer gerichtlichen Bestellung, dass die Sonderprüfung auch tatsächlich der Geltendmachung von Schadensersatzansprüchen dient. 35

4. Unredlichkeit oder grobe Rechtsverletzung. Anders als die Hauptversammlung, die ein breites Ermessen bei der Entscheidung über die Bestellung eines Sonderprüfers hat, ist das Gericht an einen entsprechenden Antrag gebunden, sofern die Voraussetzungen gemäß § 142 Abs. 2 vorliegen. Aus diesem Grund sind in § 142 Abs. 2 im Unterschied zu § 142 Abs. 1 Anforderungen an die Qualität der zu prüfenden Vorgänge enthalten. Es muss sich um **„Unredlichkeiten"** oder **„grobe Verletzungen des Gesetzes oder der Satzung"** handeln. Unter **Unredlichkeit** wird im Einklang mit § 148 Abs. 1 Nr. 3 jedes **vorwerfbare, sittlich anstößige Verhalten** verstanden. In aller Regel handelt es sich dabei um Treuepflichtverletzungen, etwa im Falle des Erstrebens persönlicher Vorteile zum Nachteil der AG.[62] **Verletzungen des Gesetzes oder der Satzung** müssen dagegen als **„grob"** zu qualifizieren sein, um die gerichtliche Anordnung der Sonderprüfung zu rechtfertigen.[63] Dies ist gegeben, wenn entweder der Grad des Verschuldens oder die Höhe des verursachten Schadens außergewöhnlich sind. 36

Da die Sonderprüfung diese Vorgänge erst erhellen soll, muss zur Überzeugung des Gerichts ein **durch Tatsachen gerechtfertigter Verdacht,** der auf Unredlichkeiten oder grobe Gesetzes- oder Satzungsverstöße schließen lässt, vorliegen.[64] Für die Antragstellung müssen die Tatsachen weder bewiesen noch glaubhaft gemacht, sondern lediglich behauptet werden. Ausreichend ist, dass das 37

---

[55] Insoweit überzeugend LG Frankfurt a.M. BeckRS 2016, 04920.
[56] AA LG Frankfurt a.M. BeckRS 2016, 04920; dazu → Rn. 44.
[57] Überzeugend Spindler/Stilz/*Mock* Rn. 93; einen anderen Ansatz verfolgt MüKoAktG/*Schröer* Rn. 60, der einen Austausch des Sonderprüfers analog § 318 Abs. 4 S. 2 HGB zulassen will.
[58] AllgM, s. nur Hüffer/*Koch* Rn. 19.
[59] Begr. RegE *Kropff* Textausgabe, 1965, 207.
[60] Hüffer/*Koch* Rn. 19.
[61] OLG Düsseldorf GWR 2010, 88; Hüffer/*Koch* Rn. 19.
[62] GroßkommAktG/*G. Bezzenberger* Rn. 60.
[63] Diskutiert wird, bei einer zu mehr Wirksamkeit führenden Neufassung des § 142 Abs. 2 auf das Merkmal „grob" zu verzichten; s. *Bachmann* NJW Beilage 2014, 43 (45).
[64] *Gottschalk* GWR 2010, 88; *Fleischer* NJW 2005, 3525 (3528).

Gericht von hinreichenden Verdachtsmomenten überzeugt ist oder entsprechend dem Amtsermittlungsgrundsatz gemäß § 26 FamFG eine weitere Sachverhaltsaufklärung für geboten hält.[65] Stehen die vom Antragsteller behaupteten Tatsachen jedoch bereits unstreitig fest, ist der Antrag wegen fehlendem **Rechtsschutzinteresse**[66] unzulässig, da das Verfahren der Sonderprüfung dazu dient, die tatsächlichen Grundlagen für mögliche rechtliche Konsequenzen (Ersatzansprüche der AG) festzustellen.[67] Das Verfahren dient nicht zur Klärung einer zwischen den Beteiligten umstrittenen Rechtsfrage.

38 **5. Antrag einer qualifizierten Minderheit. a) Quorum.** Der Antrag kann gemäß § 142 Abs. 2 S. 1 von einer Aktionärsminderheit gestellt werden, die zusammen 1% oder einen anteiligen Betrag des Grundkapitals von 100.000 Euro hält. Aktionäre, die alleine das Quorum noch nicht erreichen, können das Aktionärsforum des elektronischen Bundesanzeigers (§ 127a) nutzen, um weitere Aktionäre zur Mitwirkung aufzufordern. Das Quorum wurde im Rahmen des UMAG von zuvor 10% des Grundkapitals bzw. 1.000.000 Euro auf den heute gültigen Wert abgesenkt, auch um einen Gleichlauf mit dem im Rahmen des UMAG neu eingeführten Klagezulassungsverfahren (§ 148) herzustellen. Der Regierungsentwurf des UMAG[68] hatte neben dem relativen Quorum von 1% des Grundkapitals noch auf einen „Börsenwert" von 100.000 Euro abgestellt. Beide Werte wurden mit Blick auf befürchtete Missbrauchsmöglichkeiten als zu niedrig kritisiert.[69] Im Sinne der Rechtssicherheit ist jedenfalls zu begrüßen, dass sich die Bezugnahme auf den Börsenwert nicht durchsetzen konnte.

39 Da § 142 Abs. 2 S. 1 ausdrücklich auf das Grundkapital Bezug nimmt, werden bei der Berechnung des Quorums grundsätzlich alle Aktien berücksichtigt, also auch stimmrechtslose Vorzugsaktien (§§ 139 ff.) und teileingezahlte Aktien (§ 134 Abs. 2), bei denen das Stimmrecht noch nicht entstanden ist.[70] Nicht mitzuzählen sind dagegen Aktien, bei denen die Rechte – also nicht bloß das Stimmrecht – gemäß § 28 WpHG aF bzw. § 44 WpHG nF suspendiert sind.[71] Gleiches gilt für von der AG gehaltene Aktien, deren Rechte gemäß § 71b ebenfalls insgesamt ruhen.[72] Weitere Anforderungen an die beantragende Aktionärsminderheit werden nicht gestellt, insbesondere besteht das Antragsrecht völlig unabhängig von dem Abstimmungsverhalten oder der Teilnahme an dem vorangegangenen, die Sonderprüfung ablehnenden Hauptversammlungsbeschluss.[73]

40 **b) Nachweis der Berechtigung.** Gemäß **§ 142 Abs. 2 S. 2** müssen die Antragsteller nachweisen, dass sie die das Quorum erfüllenden Aktien für die vorgeschriebene Mindestdauer und bis zum Abschluss des gerichtlichen Verfahrens halten. Die Aktien müssen sich seit **mindestens drei Monaten vor dem Tag der den ablehnenden Beschluss fassenden Hauptversammlung** im Besitz der Antragsteller befinden. Für die Fristberechnung gilt § 121 Abs. 7. Auf diesem Weg soll einem möglichen Missbrauch des Antragsrechts durch räuberische Aktionäre vorgebeugt werden, die sich den Lästigkeitsfaktor des Sonderprüfungsantrags zunutze machen wollen. Der **Nachweis der Berechtigung** wird durch eine Bestätigung der depotführenden Bank geführt. Eine Hinterlegung der Aktien ist nicht mehr erforderlich, auf freiwilliger Basis aber weiter möglich. In diesem Fall ersetzt die Hinterlegungsbescheinigung der Hinterlegungsstelle des Amtsgerichts oder der AG die Bankbestätigung.[74] Gleiches gilt für den Nachweis der **Fortdauer** des Aktienbesitzes. Dieser lässt sich durch die Bankbestätigung alleine jedoch nicht führen. Vielmehr muss zugleich eine Verpflichtungserklärung der depotführenden Bank vorgelegt werden, wonach diese das Gericht von einer Verringerung des Aktienbestandes unverzüglich in Kenntnis setzen wird.

41 Mit dem Absinken des Beteiligungsbesitzes unter das Quorum entfällt grundsätzlich die Antragsberechtigung, wobei zu beachten ist, dass stets die Gesamtzahl der von den Antragstellern gehaltenen Aktien maßgeblich ist. Die Veräußerung von Aktien eines Antragstellers wird also durch Aktien, die ein anderer Antragsteller unter Erfüllung der Mindesthaltedauer hält, ausgeglichen. Die Aktien müs-

---

[65] Ganz hM, MüKoAktG/*Schröer* Rn. 68; Hüffer/*Koch* Rn. 20; KK-AktG/*Kronstein/Zöllner* Rn. 32; *ADS* §§ 142–146 Rn. 17; für Glaubhaftmachung *Obermüller/Werner/Winden* DB 1967, 1119.

[66] Zur Erforderlichkeit GroßkommAktG/*G. Bezzenberger* Rn. 58; Spindler/Stilz/*Mock* Rn. 135.

[67] KG AG 2012, 412.

[68] BT-Drs. 15/5092.

[69] Stellungnahme des Handelsrechtsauschusses des DAV Nr. 20/2004 NZG 2004, 555 (559); Stellungnahme des Handelsrechtsausschusses des DAV Nr. 21/2005 NZG 2005, 388 (390); krit. auch Hüffer/*Koch* Rn. 22.

[70] MüKoAktG/*Schröer* Rn. 61; Hüffer/*Koch* Rn. 22; *Fleischer* RIW 2000, 809 (812); unklar Spindler/Stilz/*Mock* Rn. 112.

[71] OLG Düsseldorf AG 2006, 202 (205).

[72] MüKoAktG/*Schröer* Rn. 61.

[73] Hüffer/*Koch* Rn. 22.

[74] Hüffer/*Koch* Rn. 23 f.

sen im Übrigen nicht während der Dauer der Sonderprüfung, sondern **nur bis zum Abschluss des gerichtlichen Verfahrens** gehalten werden. Finden während der Haltedauer **Kapitalveränderungen** statt, bezieht sich das Erfordernis der Haltedauer immer auf die **im Zeitpunkt der Antragstellung** zur Erreichung des Quorums erforderliche Aktienzahl. Im Einzelnen: Eine Kapitalerhöhung, die das Absinken der Antragsteller unter das erforderliche Quorum bewirkt, lässt das Antragsrecht entfallen. Dies gilt auch, wenn das Quorum zu Beginn der Frist zunächst erfüllt war.[75] Wird die Kapitalerhöhung dagegen erst nach Antragstellung wirksam, kann dies den Antragstellern nicht zum Nachteil gereichen, da ihre Antragsberechtigung im Zeitpunkt der Antragstellung vorlag und nicht durch Veräußerung von Aktien entfallen ist.[76] „Retten" die Antragsteller ihre Antragsberechtigung durch Teilnahme an der Kapitalerhöhung, kann im Hinblick auf den Zweck der vorgeschriebenen Haltedauer – Missbrauchsschutz – nichts anderes gelten.[77] Im Falle einer Kapitalherabsetzung muss die Mindestbesitzdauer nur in Bezug auf die entsprechend reduzierte Zahl von Aktien erreicht sein.[78]

6. Kein Missbrauch des Antragsrechts; Publizität von Vereinbarungen zur Vermeidung von Sonderprüfungen (Abs. 2 S. 3). Wie jedes andere Recht kann auch das Antragsrecht rechtsmissbräuchlich (§ 242 BGB) ausgenutzt werden und damit entfallen. Abgesehen von den in → Rn. 18 dargestellten Fällen, in denen eine Sonderprüfung wegen Zeitablaufs keinerlei nützliche Folgen mehr haben kann, ist denkbar, dass der Antrag aufgrund **illoyaler und grob eigennütziger Rechtsausübung** als unbegründet abzulehnen ist.[79] Ganz ähnlich wie Anfechtungsklagen haben grundsätzlich auch Anträge gemäß § 142 Abs. 2 einen gewissen Lästigkeitswert und taugen damit im Grundsatz zur erpresserischen Durchsetzung finanzieller Eigeninteressen. Der Gesetzgeber hat das gesehen und daher die in § 142 Abs. 2 S. 3 enthaltene Publizitätsregelung geschaffen. Vereinbarungen, die zur Vermeidung einer Sonderprüfung geschlossen werden, müssen gemäß § 149 iVm § 142 Abs. 2 S. 3 in den Gesellschaftsblättern (§ 25) bekannt gemacht werden. Dabei müssen „Ross und Reiter" genannt werden, dh die Vereinbarung muss im Wortlaut einschließlich etwaiger Nebenabreden offengelegt und die Beteiligten benannt werden (§ 149 Abs. 2 S. 1). Etwaige Leistungen der Gesellschaft oder ihr zuzurechnender Dritter müssen sogar hervorgehoben werden (§ 149 Abs. 2 S. 2). Die mangelnde Offenlegung entfaltet materielle Wirkungen: Leistungen, die nicht ordnungsgemäß offengelegt wurden, können nicht eingefordert bzw. von der AG zurückgefordert werden (§ 149 Abs. 2 S. 3 und 5). 42

Aus Sicht der Praxis ist das Missbrauchsproblem bei § 142 Abs. 2 begrenzt. Während zur Erhebung von Anfechtungsklagen grundsätzlich bereits eine einzige Aktie ausreicht, ist die Eignung von Sonderprüfungsanträgen zur Erpressung einer AG durch das erforderliche Quorum und die vorgeschriebene Haltedauer stark limitiert. In der Praxis sind rechtsmissbräuchliche Sonderprüfungsanträge daher, soweit ersichtlich, ausgesprochen selten und werden eher bei Auseinandersetzungen in Familiengesellschaften denn zur Erpressung börsennotierter Gesellschaften instrumentalisiert. 43

7. Entscheidung. Das Gericht entscheidet durch **Beschluss,** in dem der oder die Sonderprüfer namentlich zu benennen und der Prüfungsgegenstand zu bezeichnen ist. Liegen die Voraussetzungen gemäß § 142 Abs. 2 vor, hat das Gericht hinsichtlich des „Ob" der Sonderprüferbestellung kein Ermessen. Durch eine Entscheidung des LG Frankfurt ist allerdings in Frage gestellt, ob das Gericht – unter Berücksichtigung der Vorgaben in § 143 – ein Auswahlermessen in Bezug auf den oder die zu bestellende(n) Sonderprüfer hat[80] oder ob es an den zuvor in der Hauptversammlung abgelehnten Antrag gebunden ist.[81] Unter Hinweis auf die Subsidiarität der gerichtlichen Bestellung verneint das LG Frankfurt a.M. die eigene Zuständigkeit, den zuvor von der Hauptversammlung abgelehnten Sonderprüfer nunmehr durch einen gerichtlich bestellten anderen Prüfer nach Auswahl des Gerichts zu „ersetzen", es hält sich also für an den Hauptversammlungs-Antrag gebunden. Da in der Person des abgelehnten Sonderprüfers ein Ausschlussgrund vorlag, lehnte es die Bestellung ab und verweigerte auch die hilfsweise beantragte Bestellung eines vom Gericht auszuwählenden Sonderprüfers.[82] 44

---

[75] MüKoAktG/*Schröer* Rn. 66.

[76] So wohl auch MüKoAktG/*Schröer* Rn. 66.

[77] MüKoAktG/*Schröer* Rn. 66.

[78] MüKoAktG/*Schröer* Rn. 66.

[79] Hüffer/*Koch* Rn. 21; eingehend zu den Fallgruppen des Rechtsmissbrauchs MüKoAktG/*Schröer* Rn. 104 ff.; s. auch AG Düsseldorf WM 1988, 1668.

[80] So MüKoAktG/*Schröer* Rn. 78 m.w.N.

[81] So LG Frankfurt a.M. BeckRS 2016, 04920.

[82] Ob ein Hilfsantrag, der eine konkrete Alternative zu dem in dem ablehnenden Hauptversammlungsbeschluss benannten Sonderprüfer vorgeschlagen hätte, erfolgreich gewesen wäre, blieb offen. Konsequenterweise hätte das LG auch dies ablehnen müssen.

Dies überzeugt nicht: Schon der Wortlaut des § 142 Abs. 2 macht durch Fehlen des bestimmten Artikels („hat … Sonderprüfer zu bestellen") deutlich, dass es nicht auf den oder die konkret im ablehnenden Hauptversammlungsbeschluss benannten Sonderprüfer ankommt. Entscheidend ist ersichtlich, dass sich der Antrag auf gerichtliche Bestellung auf den entsprechenden Lebenssachverhalt bezieht, die Hauptversammlung also gleichsam die Prüferbestellung „in dieser Sache" abgelehnt hat, nicht jedoch die Person des oder der abgelehnten oder vom Gericht zu bestellenden Sonderprüfer.

IV. Vorrang der Sonderprüfung nach § 258 (Abs. 3); Abgrenzung von anderen Prüfungstatbeständen

45 **1. Vorrang der Sonderprüfung nach § 258.** Weder die Hauptversammlung noch das Gericht können einen Sonderprüfer im Rahmen des § 142 Abs. 1 und Abs. 2 bestellen, wenn der Prüfungsgegenstand von § 258 abgedeckt ist. Ob tatsächlich eine Sonderprüfung gemäß § 258 erfolgt, ist ohne Belang („Gegenstand … sein *können*").[83] Gemäß § 258 Abs. 1 S. 1 muss das Gericht auf Antrag einen Sonderprüfer einsetzen, wenn der Verdacht besteht, dass einzelne Posten in einem festgestellten Jahresabschluss **wesentlich unterbewertet** sind (Nr. 1) oder die **Berichterstattung im Anhang des Jahresabschlusses fehlt oder unvollständig** ist (Nr. 2). Im Unterschied zu einer Sonderprüfung gemäß § 142 ist die bilanzielle Sonderprüfung zeitlich streng limitiert und kann nur innerhalb eines Monats nach der Hauptversammlung, welcher der Jahresabschluss vorgelegt wurde, beantragt werden (§ 258 Abs. 2 S. 1).

46 **2. Verhältnis zu anderen Prüfungstatbeständen.** Daneben sind an anderen Stellen des AktG Prüfungen vorgesehen. Gemäß § 111 Abs. 2 kann der Aufsichtsrat eine Prüfung durchführen und sich dabei auch Dritter bedienen. Der Vorstand kann im Rahmen seiner Leitungsbefugnisse auch ohne besondere Ermächtigung jederzeit Prüfungen durchführen oder anordnen.[84] Überschneidungen zum Anwendungsbereich des § 142 ergeben sich zum einen bei von der Hauptversammlung ohne explizite gesetzliche Grundlage angeordneten „informellen" Sonderprüfungen (→ Rn. 11), für die nach der hier vertretenen Auffassung jedoch kein Raum bleibt. Zum anderen können sich Überschneidungen zu der Sonderprüfung gemäß § 315 ergeben, die die Beziehungen zu verbundenen Unternehmen zum Gegenstand hat. Eine Prüfung kann gemäß § 315 S. 1 unter den dort geregelten Voraussetzungen bereits von einem einzelnen Aktionär beantragt werden, während unter den – weniger engen – Voraussetzungen des § 315 S. 2 wiederum eine qualifizierte Minderheit erforderlich ist. Die Anwendungsbereiche von § 142 und § 315 überschneiden sich, schließen sich aber nicht gegenseitig aus.

V. Ersetzung eines Sonderprüfers durch das Gericht (Abs. 4)

47 **1. Durch Hauptversammlung bestellter Sonderprüfer.** Gemäß § 142 Abs. 4 S. 1 muss das Gericht auf Antrag einer qualifizierten Minderheit einen anderen Sonderprüfer bestellen, wenn dies aus in der Person des von der Hauptversammlung bestellten Sonderprüfers liegenden Gründen geboten erscheint. Das Ersetzungsverfahren findet nur auf gemäß § 142 Abs. 1 von der Hauptversammlung bestellte Sonderprüfer Anwendung. Bei gerichtlich bestellten Sonderprüfern (§ 142 Abs. 2) sind Zweifel an der Befähigung oder persönlichen Eignung des Sonderprüfers ausschließlich im Verfahren bzw. im Rechtsmittelverfahren geltend zu machen. § 142 Abs. 4 S. 1 ist im Singular gehalten, dennoch ist allgemein anerkannt, dass das Gericht jedenfalls dann, wenn die Hauptversammlung **mehrere Prüfer** bestellt hat, eine gleiche Zahl von Prüfern bestellen kann.[85] Da sich die gerichtliche Entscheidung an dem Erfolg der Prüfung und damit an Komplexität und Umfang des Prüfungsgegenstandes zu orientieren hat, spricht nichts dagegen, auch die Bestellung einer größeren Zahl von Prüfern als ursprünglich von der Hauptversammlung vorgesehen zuzulassen.[86] **Ausgeschlossen** ist jedoch die **Bestellung zusätzlicher Prüfer** unter Beibehaltung des ursprünglich von der Hauptversammlung bestellten Prüfers.[87]

48 **2. Antrag einer qualifizierten Minderheit.** Der Antrag muss von einer qualifizierten Aktionärsminderheit gestellt werden, die 1% oder einen anteiligen Wert von 100.000 Euro des Grundkapitals umfasst. Die Anforderungen an die Erfüllung des Quorums entsprechen den in § 142 Abs. 2 S. 1 festgelegten. Die zusätzlichen Anforderungen an die Haltedauer der Aktien (§ 142 Abs. 2 S. 2) gelten hier nicht. Ferner sind weder Vorstand noch Aufsichtsrat antragsberechtigt.

---

[83] Ganz hM, Hüffer/*Koch* Rn. 26; aA *Wilsing/Neumann* DB 2006, 31.

[84] MüKoAktG/*Schröer* Rn. 2.

[85] Hüffer/*Koch* Rn. 27; MüKoAktG/*Schröer* Rn. 88.

[86] Spindler/Stilz/*Mock* Rn. 169; offen Hüffer/*Koch* Rn. 27; dagegen MüKoAktG/*Schröer* Rn. 88.

[87] MüKoAktG/*Schröer* Rn. 88.

3. Zweifel an der Eignung des bestellten Sonderprüfers. Der von der Hauptversammlung bestellte Prüfer ist **abzuberufen,** wenn er nicht über die zur Wahrnehmung des Prüfungsmandats erforderliche **persönliche oder fachliche Eignung** verfügt. Im Gesetz sind beispielhaft mangelnde Fachkenntnisse, Besorgnis der Befangenheit und Bedenken wegen der Zuverlässigkeit des Prüfers genannt. Ein Abberufungsgrund liegt jedenfalls bei **Nichterfüllung der in § 143 Abs. 1 normierten fachlichen Anforderungen** oder **begründeten Zweifeln an der Unbefangenheit** (§ 143 Abs. 2) des Prüfers vor.[88] Dem steht die Anfechtbarkeit eines Hauptversammlungsbeschlusses, der unter Missachtung des § 143 zustande gekommen ist, nicht entgegen.[89] Welche Anforderungen an die Zuverlässigkeit des Prüfers zu stellen sind, ist im Gesetz nicht geregelt. Die im Gewerberecht zu § 35 GewO herausgebildeten Fallgruppen können eine erste Orientierung geben, müssen jedoch im Hinblick auf die Funktion des Sonderprüfers modifiziert werden. Zweifel an der Zuverlässigkeit können somit namentlich bei strafrechtlichen Vorbelastungen im Bereich der Vermögensstraftaten bestehen. Zu beachten ist, dass das Gesetz nicht die erwiesene Untauglichkeit des bestellten Prüfers voraussetzt, sondern begründete Zweifel („geboten erscheint") ausreichen lässt. Namentlich genügt bereits die „Besorgnis" befangener Mandatsausübung. Da es sich um ein Verfahren der freiwilligen Gerichtsbarkeit handelt, kommt es auf den Parteivortrag grundsätzlich nicht so stark an wie in einem Verfahren nach der ZPO, da das Gericht den Sachverhalt von Amts wegen zu ermitteln hat (§ 26 FamFG). Im Ergebnis wird man dem Gericht einen gewissen Beurteilungsspielraum hinsichtlich der fachlichen und persönlichen Eignung des bestellten Prüfers zugestehen müssen. 49

4. Ausschlussfrist von zwei Wochen. Der Antrag muss gemäß § 142 Abs. 4 S. 2 bei dem zuständigen Gericht innerhalb einer Ausschlussfrist von zwei Wochen gestellt werden. Die **Frist beginnt** mit dem Tag der Hauptversammlung, die den Sonderprüfer bestellt hat, und endet somit gemäß §§ 187 Abs. 1, 188 Abs. 2 BGB mit dem Ablauf des Tages der zweiten Woche, der durch seine Benennung dem Tag der Hauptversammlung entspricht. Zu beachten ist ferner § 16 FamFG iVm §§ 222, 224 Abs. 2 und 3 ZPO und § 225 ZPO: Wenn das Fristende auf ein Wochenende oder auf einen Feiertag fällt, endet die Frist am darauffolgenden Werktag.[90] Umstritten ist, wann die Frist beginnt, wenn Hauptversammlung und Bestellung des Sonderprüfers zeitlich auseinanderfallen, etwa weil der Sonderprüfer(-kandidat) sich eine Bedenkzeit ausbedungen hat oder der Prüfungsvertrag erst nach der Hauptversammlung durch den Vorstand abgeschlossen wird. Nach einer starken Literaturmeinung soll es in diesen Fällen auf das Wirksamwerden der Bestellung ankommen.[91] Dies widerspricht jedoch dem klaren Wortlaut des § 142 Abs. 4 S. 2. Zudem hat sich die Hauptversammlung mit der Beschlussfassung auf die Person des Prüfers festgelegt. Wenn also Bedenken gegen den Prüfer bestehen, können diese geltend gemacht werden, ohne dass das Wirksamwerden des Prüfungsmandats abgewartet werden müsste. Folgte man der Gegenauffassung, wäre der Fristbeginn für die Aktionäre unter Umständen nicht klar erkennbar, so dass auch Rechtssicherheitserwägungen für den Gesetzeswortlaut sprechen.[92] 50

Da es sich um eine materielle Ausschlussfrist handelt, ist bei Versäumnis rechtzeitiger Antragstellung keine Wiedereinsetzung in den vorigen Stand möglich. Das Antragsrecht erlischt mit Fristende. 51

5. Entscheidung. Wie im Falle des § 142 Abs. 2 entscheidet das Gericht durch **Beschluss.** Ein stattgebender Beschluss ist zwingend, wenn die Voraussetzungen des § 142 Abs. 4 vorliegen, dh insoweit hat das Gericht keinen Ermessensspielraum. Es hat allerdings ein Auswahlermessen hinsichtlich der konkret zu bestellenden Prüfer, wobei wiederum die Vorgaben des § 143 zu erfüllen sind. 52

VI. Gerichtliches Verfahren

Bei den Verfahren gemäß § 142 Abs. 2 und Abs. 4 handelt es sich um Verfahren der freiwilligen Gerichtsbarkeit, auf die das FamFG Anwendung findet (§ 142 Abs. 8). Ergänzende Verfahrensregelungen sind in § 142 Abs. 5 enthalten. 53

1. Zuständiges Gericht. Vor der Neufassung des § 142 im Rahmen des UMAG waren die Amtsgerichte sachlich zuständig. § 142 Abs. 5 S. 3 verlagert die Zuständigkeit auf das **Landgericht,** in dessen Bezirk sich der Gesellschaftssitz befindet. Diese Neuerung war auf Wunsch der Praxis[93] in 54

---

[88] MüKoAktG/*Schröer* Rn. 85; Hüffer/*Koch* Rn. 27; Spindler/Stilz/*Mock* Rn. 173 f.
[89] MüKoAktG/*Schröer* Rn. 85 f.; Spindler/Stilz/*Mock* Rn. 174.
[90] MüKoAktG/*Schröer* Rn. 84.
[91] Hüffer/*Koch* Rn. 28; GroßkommAktG/*G. Bezzenberger* Rn. 76; Spindler/Stilz/*Mock* Rn. 172.
[92] MüKoAktG/*Schröer* Rn. 84.
[93] Stellungnahme des Handelsrechtsausschuss des DAV Nr. 20/2004 NZG 2004, 555 (559); *Diekmann/Leuering* NZG 2004, 249 (252).

das Gesetzgebungsverfahren eingeführt worden, um der Komplexität und Bedeutung der Sonderprüfungsverfahren Rechnung zu tragen. § 142 Abs. 5 S. 4–6, die vormals die Zuständigkeit der Kammer für Handelssachen und die Zuständigkeitskonzentration für die Landesregierung angeordnet haben, wurden infolge der Neuregelung des Beschwerderechts im FamFG und der Anbindung des Verfahrens an das GVG im Rahmen des FGG-Reformgesetzes[94] gestrichen. Die Zuständigkeit des Landgerichts und dort der Kammer für Handelssachen ergibt sich nun aus § 71 Abs. 2 und § 95 Abs. 2 GVG.[95] Die Konzentrationsermächtigung für die Landesregierungen findet sich in § 71 Abs. 4 GVG.[96]

55 **2. Anhörung.** Der Kreis der – schriftlich oder mündlich – anzuhörenden Personen wird in § 142 Abs. 5 S. 1 erweitert: Neben den Antragstellern und der AG als Antragsgegnerin sind der Aufsichtsrat und im Ersetzungsverfahren gemäß § 142 Abs. 4 der von der Hauptversammlung bestellte Sonderprüfer anzuhören. Zu beachten ist, dass der Aufsichtsrat als Kollegialorgan angehört wird, und nicht die einzelnen Aufsichtsratsmitglieder. Der Aufsichtsrat hat somit gemäß § 108 Abs. 1 eine Stellungnahme im Beschlusswege zu verabschieden.[97]

56 **3. Entscheidung und Rechtsmittel.** Das Landgericht entscheidet durch Beschluss, der zu begründen ist.[98] Wenn der Antrag zulässig und begründet ist, muss ihm stattgegeben werden. Im Falle des § 142 Abs. 2 wird ein Sonderprüfer, ggf. auch mehrere Sonderprüfer, bestellt und der Prüfungsauftrag formuliert. Im Falle des § 142 Abs. 4 wird der von der Hauptversammlung bestellte Sonderprüfer abberufen und ein neuer Sonderprüfer bestellt. Der oder die Sonderprüfer sind im Beschluss namentlich zu bezeichnen.[99] Gegen den Beschluss findet seit der Abschaffung des Rechtsmittels der sofortigen Beschwerde durch das FGG-Reformgesetz gemäß § 142 Abs. 5 S. 2 die Beschwerde statt. Das Verfahren richtet sich nach §§ 58 ff. FamFG. Gemäß § 64 Abs. 1 FamFG ist die Beschwerde bei dem Gericht einzulegen, dessen Beschluss angefochten wird. Gemäß § 65 Abs. 1 FamFG sollte die Beschwerde begründet werden, als Mindestinhalt muss sie den angefochtenen Beschluss bezeichnen und die Erklärung enthalten, dass Beschwerde gegen diesen Beschluss eingelegt wird (§ 64 Abs. 2 FamFG). Die Beschwerde ist in jedem Fall zu unterzeichnen. Die Beschwerdefrist beträgt gemäß § 63 Abs. 1 FamFG grundsätzlich einen Monat. Zum Gang des Beschwerdeverfahrens wird auf §§ 68 ff. FamFG verwiesen. Da das Beschlussgericht gemäß § 39 FamFG Rechtsmittel, Beschwerdegericht und einzuhaltende Form und Frist zu bestimmen hat, besteht insofern Rechtssicherheit. Beschwerdegericht ist gemäß § 119 Abs. 1 Nr. 1 lit. b Nr. 2 GVG das Oberlandesgericht.[100]

57 **4. Auslagenersatz und Vergütung der gerichtlich bestellten Sonderprüfer (Abs. 6).** Gemäß § 142 Abs. 6 S. 1 hat der gerichtlich bestellte Sonderprüfer Anspruch auf Ersatz angemessener (entgegen dem insoweit obsoleten Gesetzeswortlaut: nicht nur „barer") Auslagen sowie auf eine Vergütung. Schuldner ist in jedem Fall die AG, nicht etwa die Staatskasse oder die antragstellende Aktionärsminderheit.[101] Auslagen und Vergütung werden gemäß § 142 Abs. 6 S. 2 vom Gericht auf Antrag festgesetzt. Gegen diesen Beschluss ist die Beschwerde statthaft (§ 142 Abs. 6 S. 3). Infolge der Änderung des Verfahrens der freiwilligen Gerichtsbarkeit durch das FGG-Reformgesetz wurde das Rechtsmittel der sofortigen Beschwerde abgeschafft. Der Ausschluss der Rechtsbeschwerde (§ 70 FamFG) in § 142 Abs. 6 dient nur der Klarstellung, dass neben der Beschwerde keine weiteren Rechtsmittel existieren.[102]

58 Bei der Festsetzung der Vergütung hat sich das Gericht gemäß §§ 632 Abs. 2, 675 BGB an der üblichen Vergütung zu orientieren. Es spricht jedoch nichts dagegen, eine abweichende Vereinbarung des Prüfers mit der Gesellschaft zuzulassen.[103] Bedenken, dass hierdurch die Unabhängigkeit des Sonderprüfers gefährdet würde, bestehen nicht, da sie den von der Hauptversammlung bestellten Prüfer in gleicher Weise treffen würden.[104]

---

[94] Art. 74 Nr. 12 des Gesetzes zur Reform des Verfahrens in Familiensachen und in den Angelegenheiten der freiwilligen Gerichtsbarkeit (FGG-ReformG) vom 17.12.2008 (BGBl. I S. 2586).

[95] Art. 22 Nr. 11 lit. a und Nr. 13 FGG-ReformG.

[96] Art. 22 Nr. 11 lit. b FGG-ReformG.

[97] Spindler/Stilz/*Mock* Rn. 189.

[98] Hüffer/*Koch* Rn. 35.

[99] OLG Frankfurt AG 2004, 104 (105).

[100] Zum neuen Verfahrensrecht nach dem FamFG *Jänig/Leißring* ZIP 2010, 110 ff.

[101] Hüffer/*Koch* Rn. 33.

[102] Begr. RegE FGG-ReformG, BT-Drs. 309/07, 819.

[103] Str., wie hier Hüffer/*Koch* Rn. 33; MüKoAktG/*Schröer* Rn. 93.

[104] AA Schmidt/Lutter/*Spindler* Rn. 71; Spindler/Stilz/*Mock* Rn. 196 f.; GroßkommAktG/*G. Bezzenberger* Rn. 91.

VII. Abberufung des Sonderprüfers

59 Die Abberufung des Sonderprüfers folgt als actus contrarius grundsätzlich den für seine Bestellung geltenden Regelungen. Die **Hauptversammlung** kann den von ihr bestellten Sonderprüfer **jederzeit** abberufen oder austauschen, wobei die Stimmverbote gemäß § 142 Abs. 1 S. 2 gelten.[105] Ein **gerichtlich bestellter Sonderprüfer** kann dagegen nur durch gerichtliche Entscheidung abberufen werden.[106]

VIII. Exkurs: Ersetzung des nachträglich weggefallenen Sonderprüfers (§ 318 Abs. 4 S. 2 HGB analog)

60 Nicht im AktG geregelt ist der Fall, dass der gerichtlich oder durch die Hauptversammlung bestellte Sonderprüfer die Annahme des Prüfungsmandats ablehnt, weggefallen ist oder an der Durchführung des Auftrags gehindert ist. Es ist weitgehend anerkannt, dass in diesen Fällen analog § 318 Abs. 4 S. 2 HGB[107] eine gerichtliche Bestellung des Ersatz-Sonderprüfers erfolgen kann. Der Vorteil dieser Lösung ist, dass den Antrag der Vorstand, der Aufsichtsrat oder auch jeder Aktionär stellen kann, ohne an ein bestimmtes Quorum gebunden zu sein. Zu beachten ist, dass der Vorstand entsprechend § 318 Abs. 4 S. 3 ggf. verpflichtet ist, den Antrag zu stellen. Dem Problem kann vorgebeugt werden, indem von Anfang an ein Ersatz-Sonderprüfer bestellt wird.

IX. Mitteilungspflichten (Abs. 7)

61 In § 142 Abs. 7 sind Pflichten zur Mitteilung an die BaFin geregelt, die eingreifen, wenn die AG Wertpapiere iSd § 2 Abs. 1 S. 1 WpHG emittiert hat, die an einer inländischen Börse zum Handel im regulierten Markt zugelassen sind. Betroffen sind also Gesellschaften, die im Inland börsennotiert iSd § 3 Abs. 2 sind, aber auch solche, die sonstige Wertpapiere wie Genussscheine oder Inhaberschuldverschreibungen emittiert haben. **Meldepflichtig** ist (i) im Falle einer Prüferbestellung gemäß § 142 Abs. 1 S. 1 der Vorstand und (ii) im Falle eines Verfahrens gemäß § 142 Abs. 2 S. 1 das Gericht. Mitzuteilen sind die Bestellung des Sonderprüfers und dessen Prüfbericht; ferner im Falle eines Verfahrens gemäß § 142 Abs. 2 S. 1 auch der Eingang des Antrags bei Gericht.

62 § 142 Abs. 7 wurde im Rahmen des Bilanzkontrollgesetzes vom 15.4.2004 (BGBl. I S. 3408) in das AktG eingefügt und greift mit § 342b Abs. 3 HGB und § 37o Abs. 2 WpHG aF bzw. § 107 Abs. 3 WpHG nF ineinander. Die Sonderprüfung gemäß § 142 genießt Vorrang vor einer durch BaFin (§ 37o WpHG aF bzw. § 107 WpHG nF) oder Prüfstelle (§ 342b HGB) durchgeführten Enforcement-Prüfung.[108] Aus diesem Grund ist die BaFin über durchzuführende Sonderprüfungen zu informieren.

X. Geltung des FamFG (Abs. 8)

63 In § 142 Abs. 8 schließlich ist geregelt, dass das FamFG auf das gerichtliche Verfahren gemäß § 142 Abs. 2–6 ergänzend Anwendung findet. Die Norm hat lediglich klarstellenden Charakter und wurde im Rahmen des UMAG eingeführt, da § 142 Abs. 2–6 infolge der Zuständigkeitsverlagerung auf die Landgerichte in dem Zuständigkeitskatalog der Amtsgerichte gemäß § 375 FamFG nicht mehr vorkommen.[109] Für Verfahren zur gerichtlichen Bestellung eines Sonderprüfers, die vor dem Inkrafttreten des FamFG, dh vor dem 1.9.2009, eingeleitet worden sind, ist gemäß Art. 111 Abs. 1 FGG-RG auf das gesamte Verfahren bis zu seinem rechtskräftigen Abschluss das seinerzeit geltende Verfahrensrecht (FGG) anzuwenden und zwar in sämtlichen den Antrag betreffenden gerichtlichen Instanzen.[110] Ausreichend für die Anwendung des FGG in allen Instanzen, dh auch für die Einlegung von Rechtsmitteln, ist die Antragstellung vor dem 1.9.2009.

§ 143 Auswahl der Sonderprüfer

(1) Als Sonderprüfer sollen, wenn der Gegenstand der Sonderprüfung keine anderen Kenntnisse fordert, nur bestellt werden

1. Personen, die in der Buchführung ausreichend vorgebildet und erfahren sind;

2. Prüfungsgesellschaften, von deren gesetzlichen Vertretern mindestens einer in der Buchführung ausreichend vorgebildet und erfahren ist.

---

105 KK-AktG/*Kronstein/Zöllner* Rn. 44.

106 Eingehend MüKoAktG/*Schröer* Rn. 102.

107 GroßkommAktG/*G. Bezzenberger* Rn. 83 ff.; MüKoAktG/*Schröer* Rn. 89 ff.; Spindler/Stilz/*Mock* Rn. 183 ff.

108 Näher Schmidt/Lutter/*Spindler* Rn. 73; Begr. RegE Bilanzkontrollgesetz, BT-Drs. 15/3421, 21.

109 Ausschussbericht, BT-Drs. 15/5693, 17.

110 BGH ZIP 2010, 446.

(2) [1]Sonderprüfer darf nicht sein, wer nach § 319 Abs. 2, 3, § 319a Abs. 1, § 319b des Handelsgesetzbuchs nicht Abschlußprüfer sein darf oder während der Zeit, in der sich der zu prüfende Vorgang ereignet hat, hätte sein dürfen. [2]Eine Prüfungsgesellschaft darf nicht Sonderprüfer sein, wenn sie nach § 319 Abs. 2, 4, § 319a Abs. 1, § 319b des Handelsgesetzbuchs nicht Abschlußprüfer sein darf oder während der Zeit, in der sich der zu prüfende Vorgang ereignet hat, hätte sein dürfen.

§ 319 HGB Auswahl der Abschlussprüfer und Ausschlussgründe

(1) [nicht abgedruckt]

(2) Ein Wirtschaftsprüfer oder vereidigter Buchprüfer ist als Abschlussprüfer ausgeschlossen, wenn während des Geschäftsjahres, für dessen Schluss der zu prüfende Jahresabschluss aufgestellt wird, oder während der Abschlussprüfung Gründe, insbesondere Beziehungen geschäftlicher, finanzieller oder persönlicher Art, vorliegen, nach denen die Besorgnis der Befangenheit besteht.

(3) [1]Ein Wirtschaftsprüfer oder vereidigter Buchprüfer ist insbesondere von der Abschlussprüfung ausgeschlossen, wenn er oder eine Person, mit der er seinen Beruf gemeinsam ausübt,

1. Anteile oder andere nicht nur unwesentliche finanzielle Interessen an der zu prüfenden Kapitalgesellschaft oder eine Beteiligung an einem Unternehmen besitzt, das mit der zu prüfenden Kapitalgesellschaft verbunden ist oder von dieser mehr als zwanzig vom Hundert der Anteile besitzt;
2. gesetzlicher Vertreter, Mitglied des Aufsichtsrats oder Arbeitnehmer der zu prüfenden Kapitalgesellschaft oder eines Unternehmens ist, das mit der zu prüfenden Kapitalgesellschaft verbunden ist oder von dieser mehr als zwanzig vom Hundert der Anteile besitzt;
3. über die Prüfungstätigkeit hinaus bei der zu prüfenden oder für die zu prüfende Kapitalgesellschaft in dem zu prüfenden Geschäftsjahr oder bis zur Erteilung des Bestätigungsvermerks
   a) bei der Führung der Bücher oder der Aufstellung des zu prüfenden Jahresabschlusses mitgewirkt hat,
   b) bei der Durchführung der internen Revision in verantwortlicher Position mitgewirkt hat,
   c) Unternehmensleitungs- oder Finanzdienstleistungen erbracht hat oder
   d) eigenständige versicherungsmathematische oder Bewertungsleistungen erbracht hat, die sich auf den zu prüfenden Jahresabschluss nicht nur unwesentlich auswirken,

   sofern diese Tätigkeiten nicht von untergeordneter Bedeutung sind; dies gilt auch, wenn eine dieser Tätigkeiten von einem Unternehmen für die zu prüfende Kapitalgesellschaft ausgeübt wird, bei dem der Wirtschaftsprüfer oder vereidigte Buchprüfer gesetzlicher Vertreter, Arbeitnehmer, Mitglied des Aufsichtsrats oder Gesellschafter, der mehr als zwanzig vom Hundert der den Gesellschaftern zustehenden Stimmrechte besitzt, ist;
4. bei der Prüfung eine Person beschäftigt, die nach den Nummern 1 bis 3 nicht Abschlussprüfer sein darf;
5. in den letzten fünf Jahren jeweils mehr als dreißig vom Hundert der Gesamteinnahmen aus seiner beruflichen Tätigkeit von der zu prüfenden Kapitalgesellschaft und von Unternehmen, an denen die zu prüfende Kapitalgesellschaft mehr als zwanzig vom Hundert der Anteile besitzt, bezogen hat und dies auch im laufenden Geschäftsjahr zu erwarten ist; zur Vermeidung von Härtefällen kann die Wirtschaftsprüferkammer befristete Ausnahmegenehmigungen erteilen.

[2]Dies gilt auch, wenn der Ehegatte oder der Lebenspartner einen Ausschlussgrund nach Satz 1 Nr. 1, 2 oder 3 erfüllt.

(4) [1]Wirtschaftsprüfungsgesellschaften und Buchprüfungsgesellschaften sind von der Abschlussprüfung ausgeschlossen, wenn sie selbst, einer ihrer gesetzlichen Vertreter, ein Gesellschafter, der mehr als zwanzig vom Hundert der den Gesellschaftern zustehenden Stimmrechte besitzt, ein verbundenes Unternehmen, ein bei der Prüfung in verantwortlicher Position beschäftigter Gesellschafter oder eine andere von ihr beschäftigte Person, die das Ergebnis der Prüfung beeinflussen kann, nach Absatz 2 oder Absatz 3 ausgeschlossen sind. [2]Satz 1 gilt auch, wenn ein Mitglied des Aufsichtsrats nach Absatz 3 Satz 1 Nr. 2 ausgeschlossen ist oder wenn mehrere Gesellschafter, die zusammen mehr als zwanzig vom Hundert der den Gesellschaftern zustehenden Stimmrechte besitzen, jeweils einzeln oder zusammen nach Absatz 2 oder Absatz 3 ausgeschlossen sind.

(5) Absatz 1 Satz 3 sowie die Absätze 2 bis 4 sind auf den Abschlussprüfer des Konzernabschlusses entsprechend anzuwenden.

§ 319a HGB Besondere Ausschlussgründe bei Unternehmen von öffentlichem Interesse

(1) [1]Ein Wirtschaftsprüfer ist über die in § 319 Abs. 2 und 3 genannten Gründe hinaus auch dann von der Abschlussprüfung eines Unternehmens, das kapitalmarktorientiert im Sinn des § 264d, das CRR-Kreditinstitut im Sinne des § 1 Absatz 3d Satz 1 des Kreditwesengesetzes, mit Ausnahme der in § 2 Absatz 1 Nummer 1 und 2 des Kreditwesengesetzes genannten Institute, oder das Versicherungsunternehmen im Sinne des Artikels 2 Absatz 1 der Richtlinie 91/674/EWG ist, ausgeschlossen, wenn er

1. *(aufgehoben)*
2. in dem Geschäftsjahr, für dessen Schluss der zu prüfende Jahresabschluss aufzustellen ist, über die Prüfungstätigkeit hinaus Steuerberatungsleistungen im Sinne des Artikels 5 Absatz 1 Unterabsatz 2 Buchstabe a Ziffer i und iv bis vii der Verordnung (EU) Nr. 537/2014 erbracht hat, die sich einzeln oder zusammen auf den zu prüfenden Jahresabschluss unmittelbar und nicht nur unwesentlich auswirken; eine nicht nur unwesentliche Auswirkung liegt insbesondere dann vor, wenn die Erbringung der Steuerberatungsleistungen im zu prüfenden Geschäftsjahr den für steuerliche Zwecke zu ermittelnden Gewinn im Inland erheblich gekürzt hat oder ein erheblicher Teil des Gewinns ins Ausland verlagert worden ist, ohne dass eine über die steuerliche Vorteilserlangung hinausgehende wirtschaftliche Notwendigkeit für das Unternehmen besteht, oder
3. in dem zu prüfenden Geschäftsjahr oder bis zur Erteilung des Bestätigungsvermerks über die Prüfungstätigkeit hinaus bei der zu prüfenden oder für die zu prüfende Kapitalgesellschaft Bewertungsleistungen im Sinne des Artikels 5 Absatz 1 Unterabsatz 2 Buchstabe f der Verordnung (EU) Nr. 537/2014 erbracht hat, die sich einzeln oder zusammen auf den zu prüfenden Jahresabschluss unmittelbar und nicht nur unwesentlich auswirken.

[2]§ 319 Abs. 3 Satz 1 Nr. 3 letzter Teilsatz, Satz 2 und Abs. 4 gilt für die in Satz 1 genannten Ausschlussgründe entsprechend. [3]Satz 1 Nummer 2 und 3 gilt auch, wenn Personen, mit denen der Wirtschaftsprüfer seinen Beruf gemeinsam ausübt, die dort genannten Ausschlussgründe erfüllen; erbringt der Wirtschaftsprüfer Steuerberatungsleistungen im Sinne des Artikels 5 Absatz 1 Unterabsatz 2 Buchstabe a Ziffer i und iv bis vii der Verordnung (EU) Nr. 537/2014 oder Bewertungsleistungen im Sinne des Artikels 5 Absatz 1 Unterabsatz 2 Buchstabe f der Verordnung (EU) Nr. 537/2014, so hat er deren Auswirkungen auf den zu prüfenden Jahresabschluss im Prüfungsbericht darzustellen und zu erläutern. [4]Verantwortlicher Prüfungspartner ist, wer den Bestätigungsvermerk nach § 322 unterzeichnet oder als Wirtschaftsprüfer von einer Wirtschaftsprüfungsgesellschaft als für die Durchführung einer Abschlussprüfung vorrangig verantwortlich bestimmt worden ist.

(1a), (2) und (3) *(nicht abgedruckt)*

§ 319b HGB Netzwerk

(1) [1]Ein Abschlussprüfer ist von der Abschlussprüfung ausgeschlossen, wenn ein Mitglied seines Netzwerks einen Ausschlussgrund nach § 319 Abs. 2, 3 Satz 1 Nr. 1, 2 oder Nr. 4, Abs. 3 Satz 2 oder Abs. 4 erfüllt, es sei denn, dass das Netzwerkmitglied auf das Ergebnis der Abschlussprüfung keinen Einfluss nehmen kann. [2]Er ist ausgeschlossen, wenn ein Mitglied seines Netzwerks einen Ausschlussgrund nach § 319 Abs. 3 Satz 1 Nr. 3 oder § 319a Abs. 1 Satz 1 Nr. 2 oder 3 erfüllt. [3]Ein Netzwerk liegt vor, wenn Personen bei ihrer Berufsausübung zur Verfolgung gemeinsamer wirtschaftlicher Interessen für eine gewisse Dauer zusammenwirken.

(2) Absatz 1 ist auf den Abschlussprüfer des Konzernabschlusses entsprechend anzuwenden.

Übersicht

I. Allgemeines

1 In § 143 sind fachliche und persönliche Anforderungen an Sonderprüfer geregelt. Dabei macht es keinen Unterschied, ob die Bestellung durch die Hauptversammlung (§ 142 Abs. 1) oder durch das Gericht (§ 142 Abs. 2–6) erfolgt. Die Regelung ist insoweit **zwingend,** als abweichende Satzungsregelungen nicht zulässig sind (§ 23 Abs. 5).[1] Sinn und Zweck der Norm ist es sicherzustellen, dass Sonderprüfungen nur von Personen durchgeführt werden, die **fachlich geeignet** sind und über die erforderliche **persönliche Unabhängigkeit für eine unparteiische Prüfung** verfügen.

2 Der ursprüngliche § 143 Abs. 3, der eigene Ausschlusstatbestände für Prüfungsgesellschaften enthielt, wurde im Rahmen des Bilanzrichtliniengesetzes (BiRiLiG) vom 19.12.1985 (BGBl. I S. 2355) zugunsten der in Abs. 2 S. 2 enthaltenen Verweisung auf §§ 319 Abs. 2 und 4, 319a und 319b HGB aufgehoben.

[1] Hüffer/*Koch* Rn. 1.

II. Fachliche Eignung der Sonderprüfer

3 Fachliche Anforderungen an Sonderprüfer sind in § 143 Abs. 1 geregelt, wobei § 143 Abs. 1 Nr. 1 natürliche Personen und § 143 Abs. 1 Nr. 2 Prüfungsgesellschaften betrifft. Wie bei der Gründungsprüfung (§ 33 Abs. 4) ist eine Zulassung als Wirtschaftsprüfer oder Wirtschaftsprüfungsgesellschaft nicht erforderlich. § 319 Abs. 1 HGB gilt im Rahmen des § 143 Abs. 1 nicht und ist auch von der Verweisung in § 143 Abs. 2 nicht umfasst. Umgekehrt kann bei Wirtschaftsprüfern und Wirtschaftsprüfungsgesellschaften vorausgesetzt werden, dass diese über die erforderliche Fachkenntnis verfügen (vgl. § 2 WPO). Gleiches gilt für vereidigte Buchprüfer (vgl. § 129 WPO). Notwendig und hinreichend sind eine ausreichende Vorbildung und Erfahrung in der Buchführung. Bei Prüfungsgesellschaften muss diese Qualifikation in der Person mindestens eines gesetzlichen Vertreters vorliegen.

4 Die Verwendung des Wortes „soll" in § 143 Abs. 1 indiziert nicht, dass die geforderten Kenntnisse im Bereich der Buchführung nicht zwingend erforderlich wären. Sie können aber im Einzelfall im Hinblick auf den Prüfungsgegenstand hinter andere Fähigkeiten, Erfahrung und Kenntnisse zurücktreten. In der Praxis von zunehmender Bedeutung sind etwa Kenntnisse im Bereich der Datenverarbeitung und Informationstechnologie oder Kenntnisse der Produktions- und Arbeitsorganisation, wenn es in diesem Bereich zu Unregelmäßigkeiten gekommen sein soll. In aller Regel lassen sich diese Themen aber nicht völlig unabhängig von buchhalterischen und bilanziellen Fragestellungen betrachten, so dass im Zweifel mehrere Prüfer mit unterschiedlichen fachlichen Schwerpunkten bestellt werden können und sollten.[2]

III. Bestellungsverbote

5 **1. Natürliche Personen (Abs. 2 S. 1).** Natürliche Personen sind gemäß § 143 Abs. 2 S. 1 von der Bestellung zum Sonderprüfer in den gleichen Fällen ausgeschlossen, in denen sie **gemäß §§ 319 Abs. 2 und 3, 319a Abs. 1, 319b HGB von der Bestellung zum Abschlussprüfer ausgeschlossen wären.** Für Sonderprüfer werden die Ausschlusstatbestände in § 143 Abs. 2 **zeitlich erweitert:** Ein Ausschlusstatbestand ist nicht nur maßgeblich, wenn er zum Zeitpunkt der Bestellung vorliegt, sondern auch, wenn er während der Zeit, in die der zu prüfende Vorgang (ggf. teilweise) fällt, vorgelegen hat. Wer in dem im Rahmen der Sonderprüfung zu überprüfenden Zeitraum nicht hätte Abschlussprüfer sein können, scheidet auch als tauglicher Sonderprüfer aus. Neben den im Einzelnen sehr detaillierten Ausschlusstatbeständen gemäß §§ 319 Abs. 3 und 319a Abs. 1 HGB, die auf gesellschaftsrechtliche und personelle Verflechtungen sowie (vermutete) wirtschaftliche Abhängigkeiten abstellen, existiert mit § 319 Abs. 2 HGB eine **Generalklausel,** nach der schon die **Besorgnis der Befangenheit** stets zum Ausschluss führt. Gemäß § 319b Abs. 1 HGB führt ein Ausschlussgrund eines Netzwerkpartners des Prüfers ebenfalls zum Ausschluss des Prüfers.

6 **2. Prüfungsgesellschaften (Abs. 2 S. 2).** § 143 Abs. 2 S. 2 verweist auf die zum Ausschluss von Prüfungsgesellschaften als Abschlussprüfer führenden Normen **(§§ 319 Abs. 2 und 4, 319a Abs. 1, 319b HGB).** Inhaltlich handelt es sich um dieselben Tatbestände wie bei natürlichen Personen, allein wird der maßgebliche Personenkreis durch § 319 Abs. 4 HGB (ggf. iVm § 319a Abs. 1 S. 2 HGB) erweitert: Zu einem Ausschluss der Prüfungsgesellschaft führt auch das Vorliegen eines Ausschlussgrundes in der Person eines ihrer gesetzlichen Vertreter, eines Gesellschafters mit einer Beteiligung von mehr als 20% der Stimmrechte, eines verbundenen Unternehmens oder eines Gesellschafters oder Mitarbeiters, der bei der Prüfung in verantwortlicher Position tätig ist bzw. das Prüfungsergebnis beeinflussen kann.

IV. Rechtsfolgen bei Verstoß

7 Hinsichtlich der Rechtsfolgen eines Verstoßes gegen § 143 ist zu unterscheiden, ob ein gemäß § 143 Abs. 1 fachlich ungeeigneter Sonderprüfer bestellt wurde, oder ob ein Ausschlussgrund gemäß § 143 Abs. 2 vorlag. Weiter ist zu differenzieren, ob der Fehler der Hauptversammlung bei einer Bestellung gemäß § 142 Abs. 1 oder dem Gericht bei einer Bestellung gemäß § 142 Abs. 2 oder 4 unterlaufen ist.

8 **1. Fachlich ungeeigneter Sonderprüfer. a) Bestellung durch die Hauptversammlung.** Nach ganz hM führt die Bestellung eines fachlich untauglichen Sonderprüfers durch die Hauptversammlung unter Verstoß gegen § 143 Abs. 1 **zur Anfechtbarkeit des Hauptversammlungsbe-**

[2] Hüffer/*Koch* Rn. 2.

schlusses gemäß § 243 Abs. 1.[3] Nach einer älteren Literaturmeinung bleibt die Verletzung des § 143 Abs. 1 im Hinblick auf dessen Charakter als „Soll"-Norm folgenlos.[4] Dies wird der Bedeutung der in § 143 Abs. 1 für die Gewähr einer sachkundigen Prüfung geregelten Anforderungen aber nicht gerecht. Auch die Möglichkeit eines Minderheitenantrags gemäß § 142 Abs. 4 reicht nicht aus, da sie nicht das Anfechtungsrecht als Individualrecht ersetzen kann.[5]

b) Bestellung durch das Gericht. Erfolgt die Bestellung eines nicht den Anforderungen des 9
§ 143 Abs. 1 genügenden Sonderprüfers durch das Gericht gemäß § 142 Abs. 2 oder 4, so ist dieser Beschluss durch Beschwerde (→ § 142 Rn. 56) anzugreifen. Anderenfalls erwächst er in Rechtskraft.[6]

2. Verletzung eines Bestellungsverbots. a) Bestellung durch die Hauptversammlung. 10
Der Verstoß gegen ein Bestellungsverbot gemäß § 143 Abs. 2 hat nach hM die **Nichtigkeit des Hauptversammlungsbeschlusses** zur Folge, da § 143 Abs. 2 zwingend sei und die Bestellung unbefangener Prüfer im öffentlichen Interesse (§ 243 Abs. 1 Nr. 3) liege.[7] Die Gegenauffassung lässt es bei der Anfechtbarkeit des Beschlusses bewenden.[8] Dem ist zuzustimmen, da eine von § 143 Abs. 1 abweichende Bewertung nicht angezeigt ist: Beide Normen sind zwingend und dienen vor allem dem Interesse der Aktionäre.[9]

b) Bestellung durch das Gericht. Nichtig soll nach der früher vorherrschenden Auffassung 11
auch ein gerichtlicher Bestellungsbeschluss (§ 142 Abs. 2 und 4) sein, der gegen § 143 Abs. 2 verstößt.[10] Auch im Verfahren in Angelegenheiten der freiwilligen Gerichtsbarkeit gilt jedoch der allgemeine Grundsatz, dass auch rechtswidrige gerichtliche Entscheidungen Gültigkeit beanspruchen und mit Rechtsmitteln angefochten werden müssen. Warum im Fall des § 142 Abs. 2 und 4 von diesem Grundsatz abgewichen werden sollte, erschließt sich nicht. Die gerichtliche Entscheidung ist daher wirksam und kann im Wege der Beschwerde (vgl. § 142 Abs. 5) angefochten werden.

§ 144 Verantwortlichkeit der Sonderprüfer

§ 323 des Handelsgesetzbuchs über die Verantwortlichkeit des Abschlußprüfers gilt sinngemäß.

§ 323 HGB Verantwortlichkeit des Abschlußprüfers

(1) [1]Der Abschlußprüfer, seine Gehilfen und die bei der Prüfung mitwirkenden gesetzlichen Vertreter einer Prüfungsgesellschaft sind zur gewissenhaften und unparteiischen Prüfung und zur Verschwiegenheit verpflichtet; § 57b der Wirtschaftsprüferordnung bleibt unberührt. [2]Sie dürfen nicht unbefugt Geschäfts- und Betriebsgeheimnisse verwerten, die sie bei ihrer Tätigkeit erfahren haben. [3]Wer vorsätzlich oder fahrlässig seine Pflichten verletzt, ist der Kapitalgesellschaft und, wenn ein verbundenes Unternehmen geschädigt worden ist, auch diesem zum Ersatz des daraus entstehenden Schadens verpflichtet. [4]Mehrere Personen haften als Gesamtschuldner.

(2) [1]Die Ersatzpflicht von Personen, die fahrlässig gehandelt haben, beschränkt sich auf eine Million Euro für eine Prüfung. [2]Bei Prüfung einer Aktiengesellschaft, deren Aktien zum Handel im regulierten Markt zugelassen sind, beschränkt sich die Ersatzpflicht von Personen, die fahrlässig gehandelt haben, abweichend von Satz 1 auf vier Millionen Euro für eine Prüfung. [3]Dies gilt auch, wenn an der Prüfung mehrere Personen beteiligt gewesen oder mehrere zum Ersatz verpflichtende Handlungen begangen worden sind, und ohne Rücksicht darauf, ob andere Beteiligte vorsätzlich gehandelt haben.

(3) Die Verpflichtung zur Verschwiegenheit besteht, wenn eine Prüfungsgesellschaft Abschlußprüfer ist, auch gegenüber dem Aufsichtsrat und den Mitgliedern des Aufsichtsrats der Prüfungsgesellschaft.

(4) Die Ersatzpflicht nach diesen Vorschriften kann durch Vertrag weder ausgeschlossen noch beschränkt werden.

---

[3] *ADS* §§ 142–146 Rn. 23; *Obermüller/Werner/Winden* DB 1967, 1119 (1121); *v. Godin/Wilhelmi* Anm. 2; Hüffer/*Koch* Rn. 5; KK-AktG/*Kronstein/Zöllner* Rn. 4; GroßkommAktG/*G. Bezzenberger* Rn. 8; MüKoAktG/*Schröer* Rn. 12.

[4] GroßkommAktG/*Barz,* 3. Aufl. 1973,, § 143 Anm. 3; *Baumbach/Hueck* § 143 Rn. 2.

[5] Hüffer/*Koch* Rn. 5.

[6] Hüffer/*Koch* Rn. 5.

[7] GroßkommAktG/*Barz,* 3. Aufl. 1973, § 143 Rn. 4; *v. Godin/Wilhelmi* § 142 Rn. 6; Hüffer/*Koch* Rn. 6; KK-AktG/*Kronstein/Zöllner* Rn. 11.

[8] MüKoAktG/*Schröer* Rn. 23 f.; *ADS* §§ 142–146 Rn. 29; Hüffer/*Koch* Rn. 6.

[9] MüKoAktG/*Schröer* Rn. 23.

[10] GroßkommAktG/*Barz* 3. Aufl. 1973, § 143 Rn. 4; *Baumbach/Hueck* § 143 Rn. 4.

I. Allgemeines

1 Schon § 120 AktG 1937 verwies für die Verantwortlichkeit des Sonderprüfers auf die entsprechende Norm für Abschlussprüfer (§ 141 AktG 1937). Die Regelungstechnik wurde unverändert in das AktG 1965 übernommen.[1] Im Rahmen des BiRiLiG vom 19.12.1985 (BGBl. I S. 2355) wurde § 168, auf den § 144 bis dahin verwiesen hatte, durch § 323 HGB ersetzt.

2 Haftungsrechtlich sind Sonderprüfer durch § 144 somit den **Abschlussprüfern gleichgestellt.** Im Hinblick auf die Ähnlichkeit der Aufgabenstellung und der Anforderungen an fachliche und persönliche Eignung ist dies sachgerecht.[2]

II. Maßstab: Verantwortlichkeit des Abschlussprüfers gemäß § 323 HGB

3 **1. Pflichten des Sonderprüfers. a) Erfasster Personenkreis.** Gemäß § 323 Abs. 1 S. 1 beschränkt sich der Kreis der verpflichteten Personen nicht auf den Sonderprüfer, sondern umfasst auch seine **Gehilfen und die bei der Prüfung mitwirkenden gesetzlichen Vertreter** (Vorstände, Geschäftsführer) der Prüfungsgesellschaft. Dadurch wird ein eigener Haftungstatbestand für Gehilfen begründet, der neben die Haftungszurechnungsnormen der §§ 31 und 278 BGB tritt.

4 **b) Pflichten.** Gemäß § 323 Abs. 1 S. 1 Hs. 1 HGB sind die Sonderprüfer und ihre Gehilfen zur **gewissenhaften und unparteiischen Prüfung** verpflichtet. **Gewissenhaft** ist die Prüfung, wenn die anwendbaren Gesetze und fachlichen Regeln beachtet werden. Dies umfasst die Pflicht zur Nachprüfung von Angaben, die die Prüfer von Dritten erhalten.[3] Das Merkmal der **Unparteilichkeit** verlangt von den Prüfern, sich allein von den Interessen der AG leiten zu lassen und Partikularinteressen einzelner Aktionäre, Organmitglieder oder Organe oder auch gesellschaftsfremder Dritter nicht nachzugeben. Über die im Zusammenhang mit der Prüfung zu ihrer Kenntnis gelangten Tatsachen haben die Prüfer **Stillschweigen zu bewahren.** Dies gilt auch nach Beendigung des Prüfungsmandats und gemäß § 323 Abs. 3 HGB auch gegenüber dem Aufsichtsrat der Prüfungsgesellschaft. Den Sonderprüfern ist es gemäß § 323 Abs. 1 S. 2 HGB ferner untersagt, **Geschäfts- und Betriebsgeheimnisse der geprüften Gesellschaft zu verwenden.** Dabei ist es gleich, ob die Geschäfts- und Betriebsgeheimnisse zum Gegenstand der Prüfung gehören oder nur gelegentlich der Prüfung zur Kenntnis der Prüfer gelangten.

5 **2. Schadensersatz bei Pflichtverletzung. a) Grundsatz.** Die Sonderprüfer und die in Abs. 1 S. 1 genannten weiteren Verpflichteten sind der AG zum Ersatz aller aus einer mindestens fahrlässigen Verletzung ihrer Pflichten entstehenden Schäden verpflichtet **(§ 323 Abs. 1 S. 3 HGB).** Anspruchsberechtigt sind auch verbundene Unternehmen der AG, die aufgrund einer Pflichtverletzung geschädigt sind. Mehrere Schädiger haften gesamtschuldnerisch.

6 **b) Höhe und Verjährung.** Bei lediglich **fahrlässigen Pflichtverletzungen** ist die Haftung der Ersatzpflichtigen gemäß **§ 323 Abs. 2 S. 1 HGB** auf den Betrag von 1 Mio. Euro je Prüfung beschränkt. Sind mehrere Personen an der Prüfung beteiligt gewesen, bleibt es grundsätzlich bei dem Haftungshöchstbetrag, dh dieser Betrag kann nur einmal in Anspruch genommen werden. Der Höchstbetrag gilt auch im Rahmen des Gesamtschuldnerausgleichs der Schädiger untereinander, dh er kann einem auf einen höheren Betrag in Anspruch genommenen Gesamtschuldner entgegen gehalten werden. Da Kapitalanleger in besonderem Maß auf die Richtigkeit der Jahresabschlüsse vertrauen müssen, ist in § 323 Abs. 2 S. 2 HGB für börsennotierte Gesellschaften eine Haftungsobergrenze von 4 Mio. Euro vorgesehen.[4] Für Sonderprüfungen gilt dies nicht, daher ist es sachgerecht, die erhöhte Haftungsobergrenze des § 323 Abs. 2 S. 2 HGB im Rahmen der Verweisung durch § 144 nicht anzuwenden.[5] Gemäß § 323 Abs. 4 HGB sind darüber hinausgehende vertragliche Haftungsbeschränkungen nicht zulässig. Die Verjährungsfrist für Schadensersatzansprüche gegen Sonderprüfer betrug früher gemäß § 323 Abs. 5 HGB aF fünf Jahre ab Entstehung des Anspruchs. Seit der Aufhebung des § 323 Abs. 5 HGB durch das WPRefG[6] gilt die dreijährige Regelverjährung gemäß § 195 BGB.

7 **3. Strafrechtliche Verantwortlichkeit.** Für Sonderprüfer gelten die §§ 403 (Verletzung der Berichtspflicht) und 404 (Verletzung der Geheimhaltungspflicht) in gleicher Weise wie für Abschlussprüfer.

[1] Begr. RegE *Kropff* Textausgabe, 1965, 210.
[2] MüKoAktG/*Schröer* Rn. 2.
[3] *Hopt* WPg 1986, 461 (504).
[4] Vgl. Begr. RegE KonTraG, BT-Drs. 13/9712, 29.
[5] GroßkommAktG/*G. Bezzenberger* Rn. 28; MüKoAktG/*Schröer* Rn. 15.
[6] Wirtschaftsprüfungsexamens-ReformG vom 1.12.2003 (BGBl. I S. 2446).

§ 145 Rechte der Sonderprüfer. Prüfungsbericht

(1) Der Vorstand hat den Sonderprüfern zu gestatten, die Bücher und Schriften der Gesellschaft sowie die Vermögensgegenstände, namentlich die Gesellschaftskasse und die Bestände an Wertpapieren und Waren, zu prüfen.

(2) Die Sonderprüfer können von den Mitgliedern des Vorstands und des Aufsichtsrats alle Aufklärungen und Nachweise verlangen, welche die sorgfältige Prüfung der Vorgänge notwendig macht.

(3) Die Sonderprüfer haben die Rechte nach Absatz 2 auch gegenüber einem Konzernunternehmen sowie gegenüber einem abhängigen oder herrschenden Unternehmen.

(4) Auf Antrag des Vorstands hat das Gericht zu gestatten, dass bestimmte Tatsachen nicht in den Bericht aufgenommen werden, wenn überwiegende Belange der Gesellschaft dies gebieten und sie zur Darlegung der Unredlichkeiten oder groben Verletzungen gemäß § 142 Abs. 2 nicht unerlässlich sind.

(5) [1]Über den Antrag gemäß Absatz 4 entscheidet das Landgericht, in dessen Bezirk die Gesellschaft ihren Sitz hat. [2]§ 142 Abs. 5 Satz 2, Abs. 8 gilt entsprechend.

(6) [1]Die Sonderprüfer haben über das Ergebnis der Prüfung schriftlich zu berichten. [2]Auch Tatsachen, deren Bekanntwerden geeignet ist, der Gesellschaft oder einem verbundenen Unternehmen einen nicht unerheblichen Nachteil zuzufügen, müssen in den Prüfungsbericht aufgenommen werden, wenn ihre Kenntnis zur Beurteilung des zu prüfenden Vorgangs durch die Hauptversammlung erforderlich ist. [3]Die Sonderprüfer haben den Bericht zu unterzeichnen und unverzüglich dem Vorstand und zum Handelsregister des Sitzes der Gesellschaft einzureichen. [4]Auf Verlangen hat der Vorstand jedem Aktionär eine Abschrift des Prüfungsberichts zu erteilen. [5]Der Vorstand hat den Bericht dem Aufsichtsrat vorzulegen und bei der Einberufung der nächsten Hauptversammlung als Gegenstand der Tagesordnung bekanntzumachen.

Übersicht

I. Allgemeines

1 Der Regelungsgehalt des § 145 erstreckt sich auf **zwei Bereiche:** Zum einen sind die **Auskunftsrechte des Sonderprüfers** gegenüber der AG und verbundenen Unternehmen geregelt (Abs. 1–3). Der zweite Teil der Norm (Abs. 4–6) befasst sich mit dem **Prüfbericht** und dessen notwendigem Inhalt. Sinn und Zweck des ersten Teils der Norm (Abs. 1–3) ist es, dem Sonderprüfer den **notwendigen Einblick in die Vorgänge der zu prüfenden AG** zu geben, um den mit der Prüfung verfolgten **Aufklärungszweck** zu erreichen. Erst durch die in Abs. 1–3 geregelten Rechte des Prüfers und Mitwirkungspflichten der Gesellschaftsorgane wird die Sonderprüfung zu einem wirkungsvollen Instrument der (nachträglichen) Überwachung der Geschäftsführung. Im zweiten Teil der Norm (Abs. 4–6) ist geregelt, in welcher Weise die Ergebnisse der Prüfung festzuhalten (schriftlicher Bericht) und der Gesellschaft, den Aktionären und der Öffentlichkeit zugänglich zu machen sind. Die **Norm dient somit insgesamt der Effektivität der Prüfung,** indem sie sicherstellt, dass den Prüfern einerseits die notwendigen Informationen nicht vorenthalten werden und andererseits das Ergebnis der Prüfung zur Kenntnis genommen werden kann. Der Prüfbericht dient als Basis für die Beratungen der Hauptversammlung und als Grundlage für die zu beschließenden Maßnahmen wie zB einen Vertrauensentzug (§ 84 Abs. 3 S. 2) oder die Geltendmachung von Schadensersatzansprüchen.

2 Anders als § 121 Abs. 3 AktG 1937 enthält § 145 Abs. 6 keine Schutzklausel, die es gestattet oder gar gebietet, Tatsachen, deren Bekanntwerden sich nachteilig auf die AG oder die Allgemeinheit auswirken könnten, wegzulassen. Im bewussten Gegensatz zu dieser Regelung des AktG 1937 ist in

§ 145 Abs. 6 S. 2 geregelt, dass auch solche Tatsachen in den Prüfbericht aufzunehmen sind, deren Bekanntwerden sich für die AG schädlich auswirken könnte.[1] Erst im Rahmen des **UMAG**[2] wurde mit Abs. 4 und 5 eine Regelung geschaffen, die es ermöglicht, eine gerichtliche Zustimmung zur Nichtaufnahme bestimmter Tatsachen in den Prüfbericht einzuholen. Der Gesetzgeber hatte mit dieser Maßnahme der Gefahr eines Missbrauchs des Sonderprüfungsrechts zur Ausforschung von Geschäftsgeheimnissen der AG entgegenwirken wollen.[3]

II. Rechte der Sonderprüfer

3 **1. Prüfungsrechte (Abs. 1).** Gemäß § 145 Abs. 1 ist der Vorstand verpflichtet, die Prüfungshandlungen zu „gestatten". Hierunter ist nicht allein die passive Duldung zu verstehen. Der Vorstand hat vielmehr den oder die Prüfer zu unterstützen, indem auf Verlangen alle relevanten Unterlagen zugänglich gemacht werden. Es sind Räumlichkeiten zur Verfügung zu stellen und ggf. weitere logistische Hilfestellungen zu geben. Soweit Unterlagen auf einem Speichermedium archiviert sind (zB Mikrofilm, elektronische Archivierung), sind kompatible Lesegeräte oder lesbare Ausdrucke zur Verfügung zu stellen. Dies gilt auch, wenn die Unterlagen sich bei einem Dritten befinden, der sie für die Gesellschaft verwahrt oder verarbeitet.[4]

4 Die Auswahl der zu prüfenden Unterlagen obliegt dem Prüfer, nicht dem Vorstand. Ein Geheimhaltungsinteresse gegenüber dem Prüfer gibt es nicht. Ein **unmittelbarer Zusammenhang** der zu prüfenden Unterlagen zu dem Prüfungsgegenstand ist nicht erforderlich.[5] Allein rechtsmissbräuchliche, also der Prüfung in keiner denkbaren Weise dienliche, Prüfungsverlangen können abgelehnt werden.[6] Die **Beweislast** für einen Missbrauch der Prüferrechte liegt allerdings beim Vorstand.[7] Im Zweifel ist die gewünschte Prüfung daher zu gestatten.

5 **2. Aufklärungs- und Nachweisrecht (Abs. 2).** Von den Mitgliedern des Vorstands und des Aufsichtsrats[8] kann der Sonderprüfer gemäß § 145 Abs. 2 alle Aufklärungen und Nachweise verlangen, die für eine sorgfältige Prüfung der fraglichen Vorgänge notwendig sind. Adressaten des Aufklärungs- und Nachweisrechts sind die einzelnen Mitglieder des Vorstands und des Aufsichtsrats, nicht die Organe als solche. Ehemalige Mitglieder des Vorstand oder des Aufsichtsrats sind von § 145 Abs. 2 nicht mehr unmittelbar erfasst. Sie sind aber in der Regel infolge nachwirkender Treuepflicht gegenüber der Gesellschaft verpflichtet, auf deren Wunsch hin dem Sonderprüfer in gleicher Weise Auskunft zu erteilen. Diese Verpflichtung besteht grundsätzlich unabhängig davon, ob die ehemaligen Organmitglieder noch über Pensionsansprüche mit der AG verbunden sind.[9] Mitarbeiter der AG unterhalb der Vorstandsebene sind ebenfalls keine Adressaten des § 145 Abs. 2, können und müssen aber durch eine entsprechende Weisung des Vorstands zur Mitwirkung verpflichtet werden.

6 Inhaltlich umfasst das Auskunftsrecht „Aufklärungen und Nachweise". Unter **„Aufklärungen"** sind dabei alle Auskünfte und Erläuterungen zu verstehen, die dem Sonderprüfer auf dessen Anfrage hin mündlich oder schriftlich zu erteilen sind. **„Nachweise"** sind alle Unterlagen, Datenträger oder Informationen, die zur Verifizierung oder Falsifizierung ungeklärter Tatsachen beitragen können.[10]

7 Im Gegensatz zu den Prüfungsrechten gemäß § 145 Abs. 1 stehen dem Sonderprüfer die Aufklärungs- und Nachweisrechte gemäß § 145 Abs. 2 nur zu, soweit sie **für die sorgfältige Prüfung der den Gegenstand der Sonderprüfung bildenden Vorgänge notwendig** sind. Das an ein Mitglied des Vorstands oder des Aufsichtsrats gerichtete Auskunftsverlangen des Sonderprüfers muss sich demnach in dem durch das Prüfungsthema definierten Rahmen bewegen.[11] Um die Arbeit des Sonderprüfers nicht ungebührlich zu erschweren, muss ihm bei der Beurteilung

---

[1] Begr. RegE *Kropff* Textausgabe, 1965, 211 f.

[2] Gesetz zur Unternehmensintegrität und Modernisierung des Anfechtungsrechts vom 22.9.2005 (BGBl. I S. 2802).

[3] Begr. RegE UMAG, BR-Drs. 3/05, 19.

[4] Hüffer/*Koch* Rn. 2.

[5] Ganz hM, *ADS* §§ 142–146 Rn. 31; Hüffer/*Koch* Rn. 2; KK-AktG/*Kronstein*/*Zöllner* Rn. 5 f.; MüKoAktG/*Schröer* Rn. 10.

[6] Hüffer/*Koch* Rn. 2.

[7] Schmidt/Lutter/*Spindler* Rn. 9.

[8] Für den Auskunftsanspruch des besonderen Vertreters gemäß § 147 Abs. 2 gilt dagegen mangels einer § 145 Abs. 2 entsprechenden Norm, dass Anspruchsgegner des Auskunftsanspruchs die AG ist; s. LG Heidelberg BeckRS 2016, 01668.

[9] Hüffer/*Koch* Rn. 3.

[10] Vgl. GroßkommAktG/*G. Bezzenberger* Rn. 17.

[11] Hüffer/*Koch* Rn. 4; MüKoAktG/*Schröer* Rn. 16; Schmidt/Lutter/*Spindler* Rn. 12.